LE MONDE POLITIQUE

LE PETIT LAROUSSE

GRAND FORMAT

LE PETIT LAROUSSE

GRAND FORMAT

84 500 articles
3 600 illustrations en couleurs
288 cartes

DOSSIERS EXCLUSIFS

un atlas géographique
un atlas historique
une chronologie universelle

LAROUSSE

17 Rue du Montparnasse 75298 Paris cedex 06

« Distributeur exclusif au Canada : les Éditions Françaises Inc. »

ISBN 2-03-301297-2

AUX LECTEURS

Depuis 1906, le *Petit Larousse* fait partie intégrante du patrimoine culturel et sentimental de tous les Français et de tous les amoureux de la langue française.

Cette année encore, plus d'un million de lecteurs, en France, en Belgique, en Suisse, au Québec, en Afrique..., achèteront un nouveau *Petit Larousse.*

Symbole de savoir-faire et d'expérience en matière de dictionnaire, le *Petit Larousse* est traduit et adapté en espagnol, finnois, italien, néerlandais, portugais, serbo-croate et turc, devenant ainsi une référence internationale. Une version en langue anglaise est actuellement en préparation.

Si le *Petit Larousse* est une véritable institution, c'est parce que son objectif est double : offrir à ses lecteurs ce qui constitue leur patrimoine linguistique et culturel, tout en reflétant l'évolution du monde contemporain.

Ainsi, chaque année et toujours avec discernement, il enregistre des mots nouveaux, accueille des personnalités et, sans cesse mis à jour dans ses développements encyclopédiques, il rend compte des évènements les plus actuels.

Le succès du *Petit Larousse* tient aussi à l'importance capitale qu'il a, le premier, accordée à l'illustration. Les dessins, les photographies, les cartes et les schémas éclairent les mots, prolongent les définitions ; les planches mettent en relation les éléments dispersés par l'ordre alphabétique.

L'expérience prouve que l'illustration, en plus de son rôle didactique, est aussi un extraordinaire vecteur d'émotion qui attise la curiosité et s'inscrit dans la mémoire de chacun.

Cette édition, sous son élégante reliure, vous offre par son format un confort de lecture exceptionnel et met particulièrement en valeur l'illustration : 3 600 dessins, schémas et photographies, 285 cartes géographiques et historiques.

De plus, cette édition vous fait bénéficier d'un atlas mondial, d'un atlas historique et d'une chronologie universelle.

Plus que jamais, le *Petit Larousse* est la référence vivante d'un monde vivant.

Larousse vous remercie de votre confiance.

LES ÉDITEURS

direction éditoriale

Patrice MAUBOURGUET

direction de l'ouvrage

Daniel PÉCHOIN (partie langue), assisté de Christine OUVRARD
François DEMAY (partie noms propres), assisté de Jacques DEMOUGIN

direction artistique

Henri SERRES-COUSINÉ, assisté d'Alain JOLY (conception graphique)

direction informatique éditoriale

Joaquín SUÁREZ-PRADO, assisté de Jocelyne REBENA et de Gabino ALONSO
avec la collaboration d'Yves GARNIER et de Claude KANNAS

rédaction

Aimée ALJANCIC, Anne BANCKAERT, Astrid BONIFACJ, Catherine BRUGUIÈRE,
Laura CARTER, Didier CASALIS, Jean-Noël CHARNIOT, Anne CHARRIER, Pierre CHIESA,
Sylvie COMPAGNON, Georges de CORGANOFF, Christine DAUPHANT, Françoise DELACROIX,
Jacqueline DEMION, Laurence DUBOIS, Bruno DURAND, Dominique DUSSIDOUR, Marie-Thérèse EUDES,
Philippe FAVERJON, Henri FRIEDEL, Gilbert GATELLIER, Horacio HORMAZABAL, Sylvie HUDELOT,
Nathalie KRISTY, Philippe de LA COTARDIÈRE, Philippe LACROUTS, Jean LAMBERT, Nadeige LANEYRIE-DAGEN,
Élisabeth LAUNAY, Fabienne LAURE, Agnès LEBLANC-KHAIRALLAH, Jérôme LECAT, Tony LÉVY, Éric MATHIVET,
Jean-Pierre MÉVEL, Catherine MICHAUD-PRADEILLES, Dorine MOREL,
René OIZON, Anne OLLIER, Gérard PETIT, Gonzague RAYNAUD, Nicole REIN-NIKOLAEV, Bernard ROUX,
Danielle SAFFAR-NAKACHE, Jean-Christophe TAMISIER, Myriam TAZEROUALTI, Jacques TRAMONI,
Mady VINCIGUERRA, Michel WALDBERG, Nicolas WITKOWSKI, Édith YBERT-CHABRIER, Édith ZHA

Les belgicismes ont bénéficié de la contribution de Jean-Marie KLINKENBERG, professeur à l'université de Liège ; les helvétismes ont été sélectionnés à partir d'une importante liste établie par Pierre KNECHT, Violaine SPICHIGER et Dominique DESTRAZ, du centre de dialectologie de Neuchâtel ; les québécismes ont été traités en fonction des recommandations de l'Office de la langue française du Gouvernement du Québec, avec l'amical concours de Jean-Claude CORBEIL ; pour le domaine africain, l'Inventaire du français d'Afrique établi par l'Association des universités partiellement ou entièrement de langue française (A.U.P.E.L.F.) a fourni une abondante et précieuse documentation.

présente édition

Claude KANNAS (partie langue), assistée de Bruno DURAND
François DEMAY (partie noms propres), assisté de Mady VINCIGUERRA

correction-révision

Bernard DAUPHIN, chef du service de correction, Pierre ARISTIDE,
Monique BAGAÏNI, Chantal BARBOT, Nicole CHATEL, Claude DHORBAIS,
Isabelle DUPRÉ, Christine LAVERGNE, René LOUIS,
Françoise MOUSNIER, Madeleine SOIZE, Annick VALADE

secrétariat

Régine CASALIS, Patricia COTAYA, Anne-Marie DIENY, Janine FAURE,
Méry M'BAYE, Marie-Thérèse SOBUSIAK

maquette

Guy CALKA, assisté d'Alix COLMANT et de Jacky SULLÉ
Serge LEBRUN, chef de studio

documentation iconographique

Bernard CROCHET, chef de projet, assisté d'Isabelle HEURTEBIZE,
Jacques GRANDREMY, Marianne PROST
secrétariat : Michèle STROMBERG, Danielle JACQUEMAIN

dessin

Lucien LALLEMAND
Animex Productions, Ernest BERGER, Laurent BLONDEL, Paul BONTEMPS, André BOOS, Vincent BOULANGER, Claude CHAMBOLLE, Mireille CHENU, Fabrice DADOUN, Jacky DEUM, Alain DOUSSINEAU, Jos FICHET, Marina FULCHIRON, Christian GODARD, Patrick GRACE, Roland GUILLET, Philippe GUINOT, François GUIOL, Charles JAILLARD, Danielle JOURDRAN, Geneviève KRISTY, Daniel LORDEY, Nicole LUCK, Gilbert MACÉ, Lucien MATHIEU, Emmanuel MERCIER, Catherine MEUNIER, Isabelle MOLINARD, Patrick MORIN, Hubert NOZAHIC, Jacqueline PAJOUÈS, Jean-Marc PARISELLE, Jean-Marc PAU, Claude POPPÉ, François POULAIN, Dominique ROUSSEL, Gisèle RUCQ, Dominique SABLONS, Michel SAEMANN, Tom SAM YOU, Léonie SCHLOSSER, Masako et Patrick TAËRON, Claire WITT

cartographie

René OIZON
Michèle BÉZILLE, Claire DOLLFUS, Geneviève PAVAUX
Les cartes de géographie (pays et départements) du présent ouvrage ont été réalisées par Bartholomew pour Larousse (à l'exception des cartes des anciennes républiques soviétiques et yougoslaves, dues à l'A.F.D.E.C., de la Slovaquie et de la Rép. tchèque, dues à K. MAZOYER).
Les cartes de l'atlas du monde en fin d'ouvrage ont été réalisées par Bartholomew
(par la S.F.E.R.C. pour les cartes spéciales, France, Belgique et Suisse).
L'indexation a été réalisée par F. WARIN et A. KANNAS.

photographie

Gérard LE GALL
assisté de Jacques BOTTET, Jean DECOUT, Ginette FOUGERIT, Jacques TOROSSIAN, Michel TOULET

couverture

Gérard FRITSCH

direction technique

Gérard WEYMIENS, assisté de Jacques SUHUBIETTE, Martine TOUDERT et Michel VIZET

PRÉSENTATION DU DICTIONNAIRE

Dictionnaire encyclopédique, le *Petit Larousse* s'est voulu, dès son origine, tout à la fois moyen d'information sur les mots de la langue, permettant à chacun de maîtriser les ressources du français, et outil d'acquisition de la connaissance, aidant l'utilisateur à accroître son savoir sur les choses que désignent les mots.

PARTIE LANGUE

Fidèle à sa tradition encyclopédique, le *Petit Larousse* intègre, dans ses 59 000 mots, de nombreux termes spécifiques des sciences et des techniques d'aujourd'hui, notamment en médecine, informatique, biologie, sciences de l'ingénieur.

D'autre part, comme chaque année, les créations du français vivant, de la langue d'aujourd'hui, ont été enregistrées, sans concession toutefois pour les vulgarismes ou pour les mots pouvant choquer par leur caractère discriminatoire à l'égard du sexe, de l'origine ethnique ou des convictions philosophiques ou religieuses – ce qui se comprend aisément, s'agissant d'un ouvrage qui s'adresse au plus large public et qui a pour vocation de présenter à ses lecteurs une sorte de consensus minimal sur la langue acceptable, et acceptée, par tous les usagers du français.

Une part très importante est faite par ailleurs à la francophonie hors de France (Belgique, Suisse, pays d'Afrique, Québec, Louisiane) ainsi qu'aux vocabulaires français régionaux.

En outre, de nombreux mots de la langue littéraire et de la langue ancienne sont conservés : l'un des éléments de la modernité en cette fin de XXe siècle est l'intérêt pour le passé, et notamment pour le passé de la langue, témoin de l'épaisseur de notre culture. Il a été largement tenu compte de cet intérêt.

Les recommandations de l'Académie française sont mentionnées chaque fois que l'état d'avancement des travaux du *Dictionnaire* nous le permet. Les recommandations officielles en matière de terminologie, en particulier les équivalents proposés pour les termes techniques d'origine étrangère, sont mentionnées chaque fois qu'elles existent.

Le corps des articles. Les articles sont présentés selon une structure sémantique hiérarchisée donnant au lecteur une vision plus synthétique de la langue : les mots sont mis « en situation » dans des exemples aussi souvent qu'il est nécessaire.

Chaque fois qu'un mot nous a paru soulever une difficulté particulière (risque de confusion avec un mot de consonance analogue, particularité de construction, hésitation sur le genre d'un substantif, emploi courant dans la langue commune mais abusif en science, etc.), il a fait l'objet d'une remarque spécifique.

La prononciation a été donnée chaque fois qu'elle semblait pouvoir poser problème. Les verbes difficiles comportent un renvoi à un grand tableau présentant 115 conjugaisons-types. Les pluriels irréguliers ont été systématiquement mentionnés.

PARTIE NOMS PROPRES

Le choix des 25 600 entrées de cette partie a été guidé par le souci d'arriver au plus près de l'équilibre, toujours difficile à réaliser, entre culture de base et notoriété passagère, entre domaines français et étrangers et enfin entre différentes disciplines. La nomenclature, riche et cohérente, a été optimisée par des procédures informatiques permettant une analyse fine des contenus.

Des articles nombreux et documentés sont consacrés aux œuvres esthétiques, non seulement écrites mais aussi plastiques, architecturales, musicales et cinématographiques.

Les articles consacrés aux créateurs scientifiques, aux inventeurs, aux ingénieurs apportent des informations factuelles montrant en quoi ces hommes et ces femmes ont contribué chacun d'une manière décisive au progrès de l'humanité tout entière.

Une attention toute particulière a été portée aux domaines du savoir et aux activités qui caractérisent le monde actuel (sciences exactes, techniques, économie, médias, cinéma, sport).

Les grands pays font l'objet de longs développements qui s'articulent autour de différentes rubriques : institutions, géographie, histoire, culture et civilisation (le terme étant entendu dans sa plus grande extension et s'appliquant à des domaines aussi variés que l'archéologie, les beaux-arts, la littérature, la musique et le cinéma).

Le lecteur trouvera également en annexe :
la prononciation et les signes spéciaux p. 8
un tableau de 115 conjugaisons-types p. 9
les accords du participe p. 17
le pluriel des noms p. 18
la liste des préfixes et suffixes p. 19
le tableau des abréviations p. 22
les pages roses p. 1089.
Pour cette édition :
l'atlas du monde p. 1787
l'atlas historique p. 1833
la chronologie universelle p. 1858.

STRUCTURE-TYPE DE QUELQUES ARTICLES

PRÉSUMER [prezyme] v.t. (lat. *praesumere,* prendre d'avance). Croire d'après certains indices ; conjecturer, supposer. ◆ v.t. ind. ***(de).*** Avoir une trop bonne opinion de.	**Bloc-entrée :** outre l'entrée elle-même, en majuscules grasses, il comporte systématiquement l'indication de la catégorie grammaticale (n., v., adj., etc.) et, très souvent, l'étymologie du mot ; parfois (c'est le cas ici), la prononciation en alphabet phonétique international.
1. PRÊT n.m. (de *prêter*). **I. 1.** Action de prêter. **2.** Chose ou somme prêtée. *Rendre, rembourser un prêt.* **3.** Contrat par lequel une chose, une somme sont prêtées sous certaines conditions. *Prêt à intérêt.* **II.** Prestation en argent à laquelle	**Homographes :** les homographes sont distingués par un chiffre qui évite toute ambiguïté dans les renvois. **Plan :** le plan de l'article, ordonné selon une structure arborescente, est mis en évidence par des numéros gras en chiffres romains ou arabes, des lettres grasses, des losanges éclairés et des tirets, avec la hiérarchie suivante : **A., I., 1., a.,** ◇, –.
2. PRÊT, E adj. (lat. *praesto,* à portée de main). **1.** Disposé, décidé à ; en état de. *Prêt à partir.* **2.** Dont la préparation est terminée ; disponible. *Le repas est prêt.*	**Homographes** (voir ci-dessus). **Définition,** en romain. **Exemple,** en italique.
PRÊTER v.t. (lat. *praestare,* fournir). **1.** Céder pour un temps, à charge de restitution. *Prêter de l'argent.* **2.** Accorder, offrir spontanément. – *Prêter attention :* être attentif. – *Prêter l'oreille à :* écouter attentivement. – *Prêter serment :* prononcer un serment. ◇ Fig. *Prêter le flanc à :* donner prise à. *Prêter le flanc à la critique.* **3.** Attribuer une parole, un acte, etc., à qqn qui n'en est pas l'auteur. ◆ v.t. ind. ***(à).*** Fournir matière. *Prêter à la critique. Prêter à rire.* ◆ **se prêter** v.pr. ***(à).*** **1.** Se plier à, consentir à. *Se prêter à un arrangement.* **2.** Être propre à, convenir à.	Le **tiret** est généralement employé pour séparer les unes des autres les différentes locutions dans lesquelles peut figurer l'entrée. Le **losange éclairé** est souvent employé pour marquer le passage d'un sens propre à un sens figuré, ou le passage d'un emploi libre à un emploi partiellement ou totalement figé (emploi ou locution) ; il peut marquer également une subdivision à l'intérieur d'un sens repéré par une lettre minuscule grasse. Le **losange noir** marque les différentes constructions d'un verbe (constructions transitive, transitive indirecte, intransitive, pronominale) ou le changement de catégorie grammaticale (de nom à adjectif, ou l'inverse, le plus souvent). **Construction des verbes :** la préposition avec laquelle le verbe se construit est indiquée en italique gras.

PRONONCIATION DU FRANÇAIS

Ont été indiquées dans cet ouvrage les prononciations des mots français qui présentent une difficulté. Afin que nos lecteurs étrangers puissent, aussi bien que les lecteurs français, lire ces prononciations, nous avons suivi le tableau des sons du français de l'Association phonétique internationale, en le simplifiant.

consonnes

[p]	*p*	dans *p*as, dé*p*asser, ca*p*
[t]	*t*	dans *t*u, é*t*aler, lu*tt*e
[k]	*c, k, qu*	dans *c*aste, a*cc*ueillir, *k*épi, *qu*e
[b]	*b*	dans *b*eau, a*b*îmer, clu*b*
[d]	*d*	dans *d*ur, bro*d*er, ble*d*
[g]	*g*	dans *g*are, va*g*ue, zi*g*za*g*
[f]	*f*	dans *f*ou, a*ff*reux, che*f*
[v]	*v*	dans *v*ite, ou*v*rir
[s]	*s*	dans *s*ouffler, cha*ss*e, héla*s* !
[z]	*z* ou *s*	dans *z*one, ga*z*, rai*s*on
[ʃ]	*ch*	dans *ch*eval, mâ*ch*er, Au*ch*
[ʒ]	*j* ou *g*	dans *j*ambe, â*g*é, pa*g*e
[l]	*l*	dans *l*arge, mo*ll*esse, ma*l*
[r]	*r*	dans *r*ude, ma*r*i, ouv*r*i*r*
[m]	*m*	dans *m*aison, a*m*ener, blê*m*e
[n]	*n*	dans *n*ourrir, fa*n*al, dolme*n*
[ɲ]	*gn*	dans a*gn*eau, bai*gn*er
[x]	*j*	espagnol dans *j*ota
[ŋ]	*ng*	anglais dans planni*ng*, ri*ng*

voyelles orales

[i]	*i*	dans *i*l, hab*i*t, d*î*ner
[e]	*é*	dans th*é*, d*é*
[ɛ]	*è*	dans *ê*tre, proc*è*s, d*ai*s
[a]	*a*	dans *a*voir, P*a*ris, p*a*tte
[ɑ]	*a*	dans *â*ne, p*â*te, m*â*t
[ɔ]	*o*	dans *o*r, r*o*be
[o]	*o*	dans d*o*s, chev*au*x
[u]	*ou*	dans *ou*vrir, c*ou*vert, l*ou*p
[y]	*u*	dans *u*ser, t*u*, s*û*r
[œ]	*eu*	dans c*œu*r, p*eu*r, n*eu*f
[ø]	*eu*	dans f*eu*, j*eu*, p*eu*
[ə]	*e*	dans l*e*, pr*e*mier

voyelles nasales

[ɛ̃]	*in*	dans *in*térêt, p*ain*, s*ein*
[œ̃]	*un*	dans al*un*, parf*um*
[ɑ̃]	*an, en*	dans bl*an*c, *en*trer
[ɔ̃]	*on*	dans *on*dée, b*on*, h*on*te

semi-voyelles ou semi-consonnes

[j]	*y*	+ voyelle dans *y*eux, *l*ieu
[ɥ]	*u*	+ voyelle dans h*u*ile, l*u*i
[w]	*ou*	+ voyelle dans *ou*i, L*ou*is

REM. Le *h* initial dit « aspiré » empêche les liaisons. Il est précédé d'un astérisque [*] dans le dictionnaire.

NOTICE SUR LES SIGNES SPÉCIAUX

Nombre de pays ont adopté l'alphabet latin. Certains y ont adjoint des lettres supplémentaires affectées de signes spéciaux appelés « signes diacritiques ». Plutôt que d'utiliser des transcriptions fondées sur des à-peu-près phonétiques et manquant de rigueur scientifique, nous avons jugé bon d'indiquer dans la partie noms propres les signes diacritiques pour tous les alphabets latins. Ainsi le lecteur connaîtra-t-il l'orthographe réelle de chaque nom. Pour les langues qui ne se servent pas de l'alphabet latin, nous avons utilisé des systèmes de transcription ou de translittération cohérents, mais qui ne bouleversent pas trop les traditions solidement implantées en France. Le lecteur pourra, s'il le désire, consulter dans la partie langue les alphabets arabe, hébreu, grec et cyrillique (russe, bulgare, serbe).
Pour l'écriture chinoise, le système de transcription adopté est le « pinyin ». L'écriture pinyin, créée par les Chinois eux-mêmes, est, en effet, internationale et maintenant utilisée couramment dans les quotidiens français. Toutefois, pour ne pas dérouter les lecteurs familiarisés avec le système de transcription de l'École française d'Extrême-Orient (E.F.E.O.), nous avons fait suivre les entrées en pinyin de la forme E.F.E.O.
Afin de faciliter la recherche, nous avons multiplié les renvois, qui conduiront des diverses graphies approximatives d'un nom propre à son orthographe exacte. Dans le cas où la tradition a imposé solidement une habitude de transcription, nous avons suivi l'usage, mais en précisant en second lieu la graphie exacte.
Dans la partie langue, l'orthographe des entrées d'origine étrangère est conforme aux traditions graphiques françaises. S'il y a lieu, l'orthographe usitée dans les éditions érudites est donnée dans le corps de l'article après la mention *Graphie savante.*

Principaux signes diacritiques des alphabets latins

lettre	*langue*	*prononciation approximative*
ä	allemand, suédois et finnois	*è* dans père
ä	slovaque	intermédiaire entre *a* et *ê*
á	hongrois et tchèque	*a* dans patte (mais long)
ã	portugais	*en* dans *en*core
â	roumain	intermédiaire entre *u* et *i*
å	danois, norvégien, suédois	*ô* dans h*ô*te
ă	roumain	*eu* dans f*eu*
ą	polonais	*on* dans *on*cle
ç	turc et albanais	*tch* dans *tch*èque
ć	serbo-croate	*t* (mouillé) dans *t*iare
ć	polonais	*tch* (mouillé)
č	serbo-croate et tchèque	*tch* dans *tch*èque
ď	tchèque	*d* (mouillé) dans *d*iable
ë	albanais	*eu* dans f*eu*
ě	tchèque	*iè* dans b*ie*lle
ẽ	portugais	*é* fermé nasal
ę	polonais	*in* dans f*in*
ğ	turc	*gh* (faible) ou y (devant les voyelles *e, i, ö, ü*)
í	tchèque et hongrois	*i* long
ı	turc	entre *i* et *é*
î	roumain	intermédiaire entre *u* et *i*
ł	polonais	*l* vélaire dans l'anglais *well*
ń	polonais	*gn* dans a*gn*eau
ñ	espagnol	*gn* dans a*gn*eau
ň	tchèque	*gn* dans a*gn*eau
ö	allemand, finnois, hongrois, turc	*œu* dans *œu*vre
ö	allemand, suédois	*eu* dans f*eu* ou p*eu*
ő	hongrois	*eu* long et fermé dans j*eu*
ó	hongrois et tchèque	*ô* dans n*ô*tre
ó	polonais	*ou* dans f*ou*
õ	portugais	*on* dans *on*cle
ø	danois et norvégien	*eu* dans f*eu* ou p*eu*t
ř	tchèque	*rj* dans bou*rg*eon *rch* dans pe*rch*e
š	serbo-croate et tchèque	*ch* dans *ch*eval
ş	turc et roumain	*ch* dans *ch*eval
ś	polonais	*ch* (mouillé) dans *ch*ien
ť	tchèque	*t* (mouillé) dans *t*ien
ţ	roumain	*ts* dans *ts*ar
ü	allemand, hongrois et turc	*u* dans t*u*
ű	hongrois	*u* dans b*û*che
ú	hongrois et slovaque	*ou* long
ů	tchèque	*ou* long
ý	tchèque	*i* dans v*i*lle (mais long)
ź	polonais	*g* (mouillé) dans *g*îte
ż	polonais	*g* dans *g*êne
ž	serbo-croate et tchèque	*j* dans *j*ambe

TABLEAU DES CONJUGAISONS

	1 avoir	2 être	3 chanter	4 baisser	5 pleurer
Ind. présent	j'ai	je suis	je chante	je baisse	je pleure
Ind. présent	tu as	tu es	tu chantes	tu baisses	tu pleures
Ind. présent	il, elle a	il, elle est	il, elle chante	il, elle baisse	il, elle pleure
Ind. présent	nous avons	nous sommes	nous chantons	nous baissons	nous pleurons
Ind. présent	vous avez	vous êtes	vous chantez	vous baissez	vous pleurez
Ind. présent	ils, elles ont	ils, elles sont	ils, elles chantent	ils, elles baissent	ils, elles pleurent
Ind. imparfait	il, elle avait	il, elle était	il, elle chantait	il, elle baissait	il, elle pleurait
Ind. passé s.	il, elle eut	il, elle fut	il, elle chanta	il, elle baissa	il, elle pleura
Ind. passé s.	ils, elles eurent	ils, elles furent	ils, elles chantèrent	ils, elles baissèrent	ils, elles pleurèrent
Ind. futur	j'aurai	je serai	je chanterai	je baisserai	je pleurerai
Ind. futur	il, elle aura	il, elle sera	il, elle chantera	il, elle baissera	il, elle pleurera
Cond. présent	j'aurais	je serais	je chanterais	je baisserais	je pleurerais
Cond. présent	il, elle aurait	il, elle serait	il, elle chanterait	il, elle baisserait	il, elle pleurerait
Subj. présent	que j'aie	que je sois	que je chante	que je baisse	que je pleure
Subj. présent	qu'il, elle ait	qu'il, elle soit	qu'il, elle chante	qu'il, elle baisse	qu'il, elle pleure
Subj. présent	que nous ayons	que nous soyons	que nous chantions	que nous baissions	que nous pleurions
Subj. présent	qu'ils, elles aient	qu'ils, elles soient	qu'ils, elles chantent	qu'ils, elles baissent	qu'ils, elles pleurent
Subj. imparfait	qu'il, elle eût	qu'il, elle fût	qu'il, elle chantât	qu'il, elle baissât	qu'il, elle pleurât
Subj. imparfait	qu'ils, elles eussent	qu'ils, elles fussent	qu'ils, elles chantassent	qu'ils, elles baissassent	qu'ils, elles pleurassent
Impératif	aie	sois	chante	baisse	pleure
Impératif	ayons	soyons	chantons	baissons	pleurons
Impératif	ayez	soyez	chantez	baissez	pleurez
Part. présent	ayant	étant	chantant	baissant	pleurant
Part. passé	eu, eue	été	chanté, e	baissé, e	pleuré, e

	6 jouer	7 saluer	8 arguer	9 copier	10 prier
Ind. présent	je joue	je salue	j'argue, arguë	je copie	je prie
Ind. présent	tu joues	tu salues	tu argues, arguës	tu copies	tu pries
Ind. présent	il, elle joue	il, elle salue	il, elle argue, arguë	il, elle copie	il, elle prie
Ind. présent	nous jouons	nous saluons	nous arguons	nous copions	nous prions
Ind. présent	vous jouez	vous saluez	vous arguez	vous copiez	vous priez
Ind. présent	ils, elles jouent	ils, elles saluent	ils, elles arguent, arguënt	ils, elles copient	ils, elles prient
Ind. imparfait	il, elle jouait	il, elle saluait	il, elle arguait	il, elle copiait	il, elle priait
Ind. passé s.	il, elle joua	il, elle salua	il, elle argua	il, elle copia	il, elle pria
Ind. passé s.	ils, elles jouèrent	ils, elles saluèrent	ils, elles arguèrent	ils, elles copièrent	ils, elles prièrent
Ind. futur	je jouerai	je saluerai	j'arguerai, arguërai	je copierai	je prierai
Ind. futur	il, elle jouera	il, elle saluera	il, elle arguera, arguëra	il, elle copiera	il, elle priera
Cond. présent	je jouerais	je saluerais	j'arguerais, arguërais	je copierais	je prierais
Cond. présent	il, elle jouerait	il, elle saluerait	il, elle arguerait, arguërait	il, elle copierait	il, elle prierait
Subj. présent	que je joue	que je salue	que j'argue, arguë	que je copie	que je prie
Subj. présent	qu'il, elle joue	qu'il, elle salue	qu'il, elle argue, arguë	qu'il, elle copie	qu'il, elle prie
Subj. présent	que nous jouions	que nous saluions	que nous arguions	que nous copiions	que nous priions
Subj. présent	qu'ils, elles jouent	qu'ils, elles saluent	qu'ils, elles arguent, arguënt	qu'ils, elles copient	qu'ils, elles prient
Subj. imparfait	qu'il, elle jouât	qu'il, elle saluât	qu'il, elle arguât	qu'il, elle copiât	qu'il, elle priât
Subj. imparfait	qu'ils, elles jouassent	qu'ils, elles saluassent	qu'ils, elles arguassent	qu'ils, elles copiassent	qu'ils, elles priassent
Impératif	joue	salue	argue, arguë	copie	prie
Impératif	jouons	saluons	arguons	copions	prions
Impératif	jouez	saluez	arguez	copiez	priez
Part. présent	jouant	saluant	arguant	copiant	priant
Part. passé	joué, e	salué, e	argué, e	copié, e	prié, e

	11 payer (1)		12 grasseyer	13 ployer	14 essuyer
Ind. présent	je paie	je paye	je grasseye	je ploie	j'essuie
Ind. présent	tu paies	tu payes	tu grasseyes	tu ploies	tu essuies
Ind. présent	il, elle paie	il, elle paye	il, elle grasseye	il, elle ploie	il, elle essuie
Ind. présent	nous payons	nous payons	nous grasseyons	nous ployons	nous essuyons
Ind. présent	vous payez	vous payez	vous grasseyez	vous ployez	vous essuyez
Ind. présent	ils, elles paient	ils, elles payent	ils, elles grasseyent	ils, elles ploient	ils, elles essuient
Ind. imparfait	il, elle payait	il, elle payait	il, elle grasseyait	il, elle ployait	il, elle essuyait
Ind. passé s.	il, elle paya	il, elle paya	il, elle grasseya	il, elle ploya	il, elle essuya
Ind. passé s.	ils, elles payèrent	ils, elles payèrent	ils, elles grasseyèrent	ils, elles ployèrent	ils, elles essuyèrent
Ind. futur	je paierai	je payerai	je grasseyerai	je ploierai	j'essuierai
Ind. futur	il, elle paiera	il, elle payera	il, elle grasseyera	il, elle ploiera	il, elle essuiera
Cond. présent	je paierais	je payerais	je grasseyerais	je ploierais	j'essuierais
Cond. présent	il, elle paierait	il, elle payerait	il, elle grasseyerait	il, elle ploierait	il, elle essuierait
Subj. présent	que je paie	que je paye	que je grasseye	que je ploie	que j'essuie
Subj. présent	qu'il, elle paie	qu'il, elle paye	qu'il, elle grasseye	qu'il, elle ploie	qu'il, elle essuie
Subj. présent	que nous payions	que nous payions	que nous grasseyions	que nous ployions	que nous essuyions
Subj. présent	qu'ils, elles paient	qu'ils, elles payent	qu'ils, elles grasseyent	qu'ils, elles ploient	qu'ils, elles essuient
Subj. imparfait	qu'il, elle payât	qu'il, elle payât	qu'il, elle grasseyât	qu'il, elle ployât	qu'il, elle essuyât
Subj. imparfait	qu'ils, elles payassent	qu'ils, elles payassent	qu'ils, elles grasseyassent	qu'ils, elles ployassent	qu'ils, elles essuyassent
Impératif	paie	paye	grasseye	ploie	essuie
Impératif	payons	payons	grasseyons	ployons	essuyons
Impératif	payez	payez	grasseyez	ployez	essuyez
Part. présent	payant	payant	grasseyant	ployant	essuyant
Part. passé	payé, e	payé, e	grasseyé, e	ployé, e	essuyé, e

(1) Pour certains grammairiens, le verbe *rayer* (et ses composés) garde le *y* dans toute sa conjugaison.

	15 créer	16 avancer	17 manger	18 céder (1)	19 semer
Ind. présent	je crée	j'avance	je mange	je cède	je sème
Ind. présent	tu crées	tu avances	tu manges	tu cèdes	tu sèmes
Ind. présent	il, elle crée	il, elle avance	il, elle mange	il, elle cède	il, elle sème
Ind. présent	nous créons	nous avançons	nous mangeons	nous cédons	nous semons
Ind. présent	vous créez	vous avancez	vous mangez	vous cédez	vous semez
Ind. présent	ils, elles créent	ils, elles avancent	ils, elles mangent	ils, elles cèdent	ils, elles sèment
Ind. imparfait	il, elle créait	il, elle avançait	il, elle mangeait	il, elle cédait	il, elle semait
Ind. passé s.	il, elle créa	il, elle avança	il, elle mangea	il, elle céda	il, elle sema
Ind. passé s.	ils, elles créèrent	ils, elles avancèrent	ils, elles mangèrent	ils, elles cédèrent	ils, elles semèrent
Ind. futur	je créerai	j'avancerai	je mangerai	je céderai	je sèmerai
Ind. futur	il, elle créera	il, elle avancera	il, elle mangera	il, elle cédera	il, elle sèmera
Cond. présent	je créerais	j'avancerais	je mangerais	je céderais	je sèmerais
Cond. présent	il, elle créerait	il, elle avancerait	il, elle mangerait	il, elle céderait	il, elle sèmerait
Subj. présent	que je crée	que j'avance	que je mange	que je cède	que je sème
Subj. présent	qu'il, elle crée	qu'il, elle avance	qu'il, elle mange	qu'il, elle cède	qu'il, elle sème
Subj. présent	que nous créions	que nous avancions	que nous mangions	que nous cédions	que nous semions
Subj. présent	qu'ils, elles créent	qu'ils, elles avancent	qu'ils, elles mangent	qu'ils, elles cèdent	qu'ils, elles sèment
Subj. imparfait	qu'il, elle créât	qu'il, elle avançât	qu'il, elle mangeât	qu'il, elle cédât	qu'il, elle semât
Subj. imparfait	qu'ils, elles créassent	qu'ils, elles avançassent	qu'ils, elles mangeassent	qu'ils, elles cédassent	qu'ils, elles semassent
Impératif	crée	avance	mange	cède	sème
Impératif	créons	avançons	mangeons	cédons	semons
Impératif	créez	avancez	mangez	cédez	semez
Part. présent	créant	avançant	mangeant	cédant	semant
Part. passé	créé, e	avancé, e	mangé, e	cédé, e	semé, e

(1) Dans la 9e édition de son dictionnaire (1993), l'Académie écrit au futur et au conditionnel *je cèderai, je cèderais.*

	20 rapiécer (1)	21 acquiescer	22 siéger (1 et 2)	23 déneiger	24 appeler
Ind. présent	je rapièce	j'acquiesce	je siège	je déneige	j'appelle
Ind. présent	tu rapièces	tu acquiesces	tu sièges	tu déneiges	tu appelles
Ind. présent	il, elle rapièce	il, elle acquiesce	il, elle siège	il, elle déneige	il, elle appelle
Ind. présent	nous rapiéçons	nous acquiesçons	nous siégeons	nous déneigeons	nous appelons
Ind. présent	vous rapiécez	vous acquiescez	vous siégez	vous déneigez	vous appelez
Ind. présent	ils, elles rapiècent	ils, elles acquiescent	ils, elles siègent	ils, elles déneigent	ils, elles appellent
Ind. imparfait	il, elle rapiéçait	il, elle acquiesçait	il, elle siégeait	il, elle déneigeait	il, elle appelait
Ind. passé s.	il, elle rapiéça	il, elle acquiesça	il, elle siégea	il, elle déneigea	il, elle appela
Ind. passé s.	ils, elles rapiécèrent	ils, elles acquiescèrent	ils, elles siégèrent	ils, elles déneigèrent	ils, elles appelèrent
Ind. futur	je rapiécerai	j'acquiescerai	je siégerai	je déneigerai	j'appellerai
Ind. futur	il, elle rapiécera	il, elle acquiescera	il, elle siégera	il, elle déneigera	il, elle appellera
Cond. présent	je rapiécerais	j'acquiescerais	je siégerais	je déneigerais	j'appellerais
Cond. présent	il, elle rapiécerait	il, elle acquiescerait	il, elle siégerait	il, elle déneigerait	il, elle appellerait
Subj. présent	que je rapièce	que j'acquiesce	que je siège	que je déneige	que j'appelle
Subj. présent	qu'il, elle rapièce	qu'il, elle acquiesce	qu'il, elle siège	qu'il, elle déneige	qu'il, elle appelle
Subj. présent	que nous rapiécions	que nous acquiescions	que nous siégions	que nous déneigions	que nous appelions
Subj. présent	qu'ils, elles rapiècent	qu'ils, elles acquiescent	qu'ils, elles siègent	qu'ils, elles déneigent	qu'ils, elles appellent
Subj. imparfait	qu'il, elle rapiéçât	qu'il, elle acquiesçât	qu'il, elle siégeât	qu'il, elle déneigeât	qu'il, elle appelât
Subj. imparfait	qu'ils, elles rapiéçassent	qu'ils, elles acquiesçassent	qu'ils, elles siégeassent	qu'ils, elles déneigeassent	qu'ils, elles appelassent
Impératif	rapièce	acquiesce	siège	déneige	appelle
Impératif	rapiéçons	acquiesçons	siégeons	déneigeons	appelons
Impératif	rapiécez	acquiescez	siégez	déneigez	appelez
Part. présent	rapiéçant	acquiesçant	siégeant	déneigeant	appelant
Part. passé	rapiécé, e	acquiescé	siégé	déneigé, e	appelé, e

(1) Dans la 9e édition de son dictionnaire (1993), l'Académie écrit au futur et au conditionnel *je rapiècerai, je rapiècerais ; je siègerai, je siègerais.* – (2) *Assiéger* se conjugue comme *siéger,* mais son participe passé est variable.

	25 peler	26 interpeller	27 jeter	28 acheter	29 dépecer
Ind. présent	je pèle	j'interpelle	je jette	j'achète	je dépèce
Ind. présent	tu pèles	tu interpelles	tu jettes	tu achètes	tu dépèces
Ind. présent	il, elle pèle	il, elle interpelle	il, elle jette	il, elle achète	il, elle dépèce
Ind. présent	nous pelons	nous interpellons	nous jetons	nous achetons	nous dépeçons
Ind. présent	vous pelez	vous interpellez	vous jetez	vous achetez	vous dépecez
Ind. présent	ils, elles pèlent	ils, elles interpellent	ils, elles jettent	ils, elles achètent	ils, elles dépècent
Ind. imparfait	il, elle pelait	il, elle interpellait	il, elle jetait	il, elle achetait	il, elle dépeçait
Ind. passé s.	il, elle pela	il, elle interpella	il, elle jeta	il, elle acheta	il, elle dépeça
Ind. passé s.	ils, elles pelèrent	ils, elles interpellèrent	ils, elles jetèrent	ils, elles achetèrent	ils, elles dépecèrent
Ind. futur	je pèlerai	j'interpellerai	je jetterai	j'achèterai	je dépècerai
Ind. futur	il, elle pèlera	il, elle interpellera	il, elle jettera	il, elle achètera	il, elle dépècera
Cond. présent	je pèlerais	j'interpellerais	je jetterais	j'achèterais	je dépècerais
Cond. présent	il, elle pèlerait	il, elle interpellerait	il, elle jetterait	il, elle achèterait	il, elle dépècerait
Subj. présent	que je pèle	que j'interpelle	que je jette	que j'achète	que je dépèce
Subj. présent	qu'il, elle pèle	qu'il, elle interpelle	qu'il, elle jette	qu'il, elle achète	qu'il, elle dépèce
Subj. présent	que nous pelions	que nous interpellions	que nous jetions	que nous achetions	que nous dépecions
Subj. présent	qu'ils, elles pèlent	qu'ils, elles interpellent	qu'ils, elles jettent	qu'ils, elles achètent	qu'ils, elles dépècent
Subj. imparfait	qu'il, elle pelât	qu'il, elle interpellât	qu'il, elle jetât	qu'il, elle achetât	qu'il, elle dépeçât
Subj. imparfait	qu'ils, elles pelassent	qu'ils, elles interpellassent	qu'ils, elles jetassent	qu'ils, elles achetassent	qu'ils, elles dépeçassent
Impératif	pèle	interpelle	jette	achète	dépèce
Impératif	pelons	interpellons	jetons	achetons	dépeçons
Impératif	pelez	interpellez	jetez	achetez	dépecez
Part. présent	pelant	interpellant	jetant	achetant	dépeçant
Part. passé	pelé, e	interpellé, e	jeté, e	acheté, e	dépecé, e

	30 **envoyer**	31 **aller** (1)	32 **finir** (2)	33 **haïr**	34 **ouvrir**
Ind. présent	j'envoie	je vais	je finis	je hais	j'ouvre
Ind. présent	tu envoies	tu vas	tu finis	tu hais	tu ouvres
Ind. présent	il, elle envoie	il, elle va	il, elle finit	il, elle hait	il, elle ouvre
Ind. présent	nous envoyons	nous allons	nous finissons	nous haïssons	nous ouvrons
Ind. présent	vous envoyez	vous allez	vous finissez	vous haïssez	vous ouvrez
Ind. présent	ils, elles envoient	ils, elles vont	ils, elles finissent	ils, elles haïssent	ils, elles ouvrent
Ind. imparfait	il, elle envoyait	il, elle allait	il, elle finissait	il, elle haïssait	il, elle ouvrait
Ind. passé s.	il, elle envoya	il, elle alla	il, elle finit	il, elle haït	il, elle ouvrit
Ind. passé s.	ils, elles envoyèrent	ils, elles allèrent	ils, elles finirent	ils, elles haïrent	ils, elles ouvrirent
Ind. futur	j'enverrai	j'irai	je finirai	je haïrai	j'ouvrirai
Ind. futur	il, elle enverra	il, elle ira	il, elle finira	il, elle haïra	il, elle ouvrira
Cond. présent	j'enverrais	j'irais	je finirais	je haïrais	j'ouvrirais
Cond. présent	il, elle enverrait	il, elle irait	il, elle finirait	il, elle haïrait	il, elle ouvrirait
Subj. présent	que j'envoie	que j'aille	que je finisse	que je haïsse	que j'ouvre
Subj. présent	qu'il, elle envoie	qu'il, elle aille	qu'il, elle finisse	qu'il, elle haïsse	qu'il, elle ouvre
Subj. présent	que nous envoyions	que nous allions	que nous finissions	que nous haïssions	que nous ouvrions
Subj. présent	qu'ils, elles envoient	qu'ils, elles aillent	qu'ils, elles finissent	qu'ils, elles haïssent	qu'ils, elles ouvrent
Subj. imparfait	qu'il, elle envoyât	qu'il, elle allât	qu'il, elle finît	qu'il, elle haït	qu'il, elle ouvrît
Subj. imparfait	qu'ils, elles envoyassent	qu'ils, elles allassent	qu'ils, elles finissent	qu'ils, elles haïssent	qu'ils, elles ouvrissent
Impératif	envoie	va	finis	hais	ouvre
Impératif	envoyons	allons	finissons	haïssons	ouvrons
Impératif	envoyez	allez	finissez	haïssez	ouvrez
Part. présent	envoyant	allant	finissant	haïssant	ouvrant
Part. passé	envoyé, e	allé, e	fini, e	haï, e	ouvert, e

(1) *Aller* fait à l'impér. *vas* dans *vas-y. S'en aller* fait à l'impér. *va-t'en, allons-nous-en, allez-vous-en.* Aux temps composés, le verbe *être* peut se substituer au verbe *aller* : *avoir été, j'ai été,* etc. Aux temps composés du pronominal *s'en aller, en* se place normalement avant l'auxiliaire : *je m'en suis allé(e),* mais la langue courante dit de plus en plus *je me suis en allé(e).* – (2) *Maudire* (tableau 104) et *bruire* (tableau 105) se conjuguent sur *finir,* mais le participe passé de *maudire* est *maudit, maudite,* et *bruire* est défectif.

	35 **fuir**	36 **dormir** (1)	37 **mentir** (2)	38 **servir**	39 **acquérir**
Ind. présent	je fuis	je dors	je mens	je sers	j'acquiers
Ind. présent	tu fuis	tu dors	tu mens	tu sers	tu acquiers
Ind. présent	il, elle fuit	il, elle dort	il, elle ment	il, elle sert	il, elle acquiert
Ind. présent	nous fuyons	nous dormons	nous mentons	nous servons	nous acquérons
Ind. présent	vous fuyez	vous dormez	vous mentez	vous servez	vous acquérez
Ind. présent	ils, elles fuient	ils, elles dorment	ils, elles mentent	ils, elles servent	ils, elles acquièrent
Ind. imparfait	il, elle fuyait	il, elle dormait	il, elle mentait	il, elle servait	il, elle acquérait
Ind. passé s.	il, elle fuit	il, elle dormit	il, elle mentit	il, elle servit	il, elle acquit
Ind. passé s.	ils, elles fuirent	ils, elles dormirent	ils, elles mentirent	ils, elles servirent	ils, elles acquirent
Ind. futur	je fuirai	je dormirai	je mentirai	je servirai	j'acquerrai
Ind. futur	il, elle fuira	il, elle dormira	il, elle mentira	il, elle servira	il, elle acquerra
Cond. présent	je fuirais	je dormirais	je mentirais	je servirais	j'acquerrais
Cond. présent	il, elle fuirait	il, elle dormirait	il, elle mentirait	il, elle servirait	il, elle acquerrait
Subj. présent	que je fuie	que je dorme	que je mente	que je serve	que j'acquière
Subj. présent	qu'il, elle fuie	qu'il, elle dorme	qu'il, elle mente	qu'il, elle serve	qu'il, elle acquière
Subj. présent	que nous fuyions	que nous dormions	que nous mentions	que nous servions	que nous acquérions
Subj. présent	qu'ils, elles fuient	qu'ils, elles dorment	qu'ils, elles mentent	qu'ils, elles servent	qu'ils, elles acquièrent
Subj. imparfait	qu'il, elle fuît	qu'il, elle dormît	qu'il, elle mentît	qu'il, elle servît	qu'il, elle acquît
Subj. imparfait	qu'ils, elles fuissent	qu'ils, elles dormissent	qu'ils, elles mentissent	qu'ils, elles servissent	qu'ils, elles acquissent
Impératif	fuis	dors	mens	sers	acquiers
Impératif	fuyons	dormons	mentons	servons	acquérons
Impératif	fuyez	dormez	mentez	servez	acquérez
Part. présent	fuyant	dormant	mentant	servant	acquérant
Part. passé	fui, e	dormi	menti	servi, e	acquis, e

(1) *Endormir* se conjugue comme *dormir,* mais son participe passé est variable. – (2) *Démentir* se conjugue comme *mentir,* mais son participe passé est variable.

	40 **venir**	41 **cueillir**	42 **mourir**	43 **partir**	44 **revêtir**
Ind. présent	je viens	je cueille	je meurs	je pars	je revêts
Ind. présent	tu viens	tu cueilles	tu meurs	tu pars	tu revêts
Ind. présent	il, elle vient	il, elle cueille	il, elle meurt	il, elle part	il, elle revêt
Ind. présent	nous venons	nous cueillons	nous mourons	nous partons	nous revêtons
Ind. présent	vous venez	vous cueillez	vous mourez	vous partez	vous revêtez
Ind. présent	ils, elles viennent	ils, elles cueillent	ils, elles meurent	ils, elles partent	ils, elles revêtent
Ind. imparfait	il, elle venait	il, elle cueillait	il, elle mourait	il, elle partait	il, elle revêtait
Ind. passé s.	il, elle vint	il, elle cueillit	il, elle mourut	il, elle partit	il, elle revêtit
Ind. passé s.	ils, elles vinrent	ils, elles cueillirent	ils, elles moururent	ils, elles partirent	ils, elles revêtirent
Ind. futur	je viendrai	je cueillerai	je mourrai	je partirai	je revêtirai
Ind. futur	il, elle viendra	il, elle cueillera	il, elle mourra	il, elle partira	il, elle revêtira
Cond. présent	je viendrais	je cueillerais	je mourrais	je partirais	je revêtirais
Cond. présent	il, elle viendrait	il, elle cueillerait	il, elle mourrait	il, elle partirait	il, elle revêtirait
Subj. présent	que je vienne	que je cueille	que je meure	que je parte	que je revête
Subj. présent	qu'il, elle vienne	qu'il, elle cueille	qu'il, elle meure	qu'il, elle parte	qu'il, elle revête
Subj. présent	que nous venions	que nous cueillions	que nous mourions	que nous partions	que nous revêtions
Subj. présent	qu'ils, elles viennent	qu'ils, elles cueillent	qu'ils, elles meurent	qu'ils, elles partent	qu'ils, elles revêtent
Subj. imparfait	qu'il, elle vînt	qu'il, elle cueillît	qu'il, elle mourût	qu'il, elle partît	qu'il, elle revêtît
Subj. imparfait	qu'ils, elles vinssent	qu'ils, elles cueillissent	qu'ils, elles mourussent	qu'ils, elles partissent	qu'ils, elles revêtissent
Impératif	viens	cueille	meurs	pars	revêts
Impératif	venons	cueillons	mourons	partons	revêtons
Impératif	venez	cueillez	mourez	partez	revêtez
Part. présent	venant	cueillant	mourant	partant	revêtant
Part. passé	venu, e	cueilli, e	mort, e	parti, e	revêtu, e

	45 courir	**46 faillir** (1)	**47 défaillir** (2)	**48 bouillir**	**49 gésir** (3)
Ind. présent	je cours	je faillis, faux	je défaille	je bous	je gis
Ind. présent	tu cours	tu faillis, faux	tu défailles	tu bous	tu gis
Ind. présent	il, elle court	il, elle faillit, faut	il, elle défaille	il, elle bout	il, elle gît
Ind. présent	nous courons	nous faillissons, faillons	nous défaillons	nous bouillons	nous gisons
Ind. présent	vous courez	vous faillissez, faillez	vous défaillez	vous bouillez	vous gisez
Ind. présent	ils, elles courent	ils, elles faillissent, faillent	ils, elles défaillent	ils, elles bouillent	ils, elles gisent
Ind. imparfait	il, elle courait	il, elle faillissait, faillait	il, elle défaillait	il, elle bouillait	il, elle gisait
Ind. passé s.	il, elle courut	il, elle faillit	il, elle défaillit	il, elle bouillit	
Ind. passé s.	ils, elles coururent	ils, elles faillirent	ils, elles défaillirent	ils, elles bouillirent	
Ind. futur	je courrai	je faillirai, faudrai	je défaillirai	je bouillirai	
Ind. futur	il, elle courra	il, elle faillira, faudra	il, elle défaillira	il, elle bouillira	
Cond. présent	je courrais	je faillirais, faudrais	je défaillirais	je bouillirais	
Cond. présent	il, elle courrait	il, elle faillirait, faudrait	il, elle défaillirait	il, elle bouillirait	
Subj. présent	que je coure	que je faillisse, faille	que je défaille	que je bouille	
Subj. présent	qu'il, elle coure	qu'il, elle faillisse, faille	qu'il, elle défaille	qu'il, elle bouille	
Subj. présent	que nous courions	que nous faillissions, faillions	que nous défaillions	que nous bouillions	
Subj. présent	qu'ils, elles courent	qu'ils, elles faillissent, faillent	qu'ils, elles défaillent	qu'ils, elles bouillent	
Subj. imparfait	qu'il, elle courût	qu'il, elle faillît	qu'il, elle défaillît	qu'il, elle bouillît	
Subj. imparfait	qu'ils, elles courussent	qu'ils, elles faillissent	qu'ils, elles défaillissent	qu'ils, elles bouillissent	
Impératif	cours	faillis, faux	défaille	bous	
Impératif	courons	faillissons, faillons	défaillons	bouillons	
Impératif	courez	faillissez, faillez	défaillez	bouillez	
Part. présent	courant	faillissant, faillant	défaillant	bouillant	gisant
Part. passé	couru, e	failli	défailli	bouilli, e	

(1) La conjugaison de *faillir* la plus employée est celle qui a été refaite sur *finir*. Les formes conjuguées de ce verbe sont rares. – (2) On trouve aussi *je défaillerai, tu défailleras*, etc., pour le futur, et *je défaillerais, tu défaillerais*, etc., pour le conditionnel, de même pour *tressaillir* et *assaillir*. – (3) *Gésir* est défectif aux autres temps et modes.

	50 saillir (1)	**51 ouïr** (2)	**52 recevoir**	**53 devoir**	**54 mouvoir**
Ind. présent		j'ouïs, ois	je reçois	je dois	je meus
Ind. présent		tu ouïs, ois	tu reçois	tu dois	tu meus
Ind. présent	il, elle saille	il, elle ouït, oit	il, elle reçoit	il, elle doit	il, elle meut
Ind. présent		nous ouïssons, oyons	nous recevons	nous devons	nous mouvons
Ind. présent		vous ouïssez, oyez	vous recevez	vous devez	vous mouvez
Ind. présent	ils, elles saillent	ils, elles ouïssent, oient	ils, elles reçoivent	ils, elles doivent	ils, elles meuvent
Ind. imparfait	il, elle saillait	il, elle ouïssait, oyait	il, elle recevait	il, elle devait	il, elle mouvait
Ind. passé s.	il, elle saillit	il, elle ouït	il, elle reçut	il, elle dut	il, elle mut
Ind. passé s.	ils, elles saillirent	ils, elles ouïrent	ils, elles reçurent	ils, elles durent	ils, elles murent
Ind. futur		j'ouïrai, orrai	je recevrai	je devrai	je mouvrai
Ind. futur	il, elle saillera	il, elle ouïra, orra	il, elle recevra	il, elle devra	il, elle mouvra
Cond. présent		j'ouïrais, orrais	je recevrais	je devrais	je mouvrais
Cond. présent	il, elle saillerait	il, elle ouïrait, orrait	il, elle recevrait	il, elle devrait	il, elle mouvrait
Subj. présent		que j'ouïsse, oie	que je reçoive	que je doive	que je meuve
Subj. présent	qu'il, elle saille	qu'il, elle ouïsse, oie	qu'il, elle reçoive	qu'il, elle doive	qu'il, elle meuve
Subj. présent		que nous ouïssions, oyions	que nous recevions	que nous devions	que nous mouvions
Subj. présent	qu'ils, elles saillent	qu'ils, elles ouïssent, oient	qu'ils, elles reçoivent	qu'ils, elles doivent	qu'ils, elles meuvent
Subj. imparfait	qu'il, elle saillît	qu'il, elle ouït	qu'il, elle reçût	qu'il, elle dût	qu'il, elle mût
Subj. imparfait	qu'ils, elles saillissent	qu'ils, elles ouïssent	qu'ils, elles reçussent	qu'ils, elles dussent	qu'ils, elles mussent
Impératif	*inusité*	ouïs, ois	reçois	dois	meus
Impératif		ouïssons, oyons	recevons	devons	mouvons
Impératif		ouïssez, oyez	recevez	devez	mouvez
Part. présent	saillant	oyant	recevant	devant	mouvant
Part. passé	sailli, e	ouï, e	reçu, e	dû, due, dus, dues	mû, mue, mus, mues

(1) Il s'agit ici du verbe 2. *saillir.* (V. à son ordre alphabétique.) – (2) V. REM. au verbe à son ordre alphabétique.

	55 émouvoir	**56 promouvoir** (1)	**57 vouloir**	**58 pouvoir** (2)	**59 savoir**
Ind. présent	j'émeus	je promeus	je veux	je peux, puis	je sais
Ind. présent	tu émeus	tu promeus	tu veux	tu peux	tu sais
Ind. présent	il, elle émeut	il, elle promeut	il, elle veut	il, elle peut	il, elle sait
Ind. présent	nous émouvons	nous promouvons	nous voulons	nous pouvons	nous savons
Ind. présent	vous émouvez	vous promouvez	vous voulez	vous pouvez	vous savez
Ind. présent	ils, elles émeuvent	ils, elles promeuvent	ils, elles veulent	ils, elles peuvent	ils, elles savent
Ind. imparfait	il, elle émouvait	il, elle promouvait	il, elle voulait	il, elle pouvait	il, elle savait
Ind. passé s.	il, elle émut	il, elle promut	il, elle voulut	il, elle put	il, elle sut
Ind. passé s.	ils, elles émurent	ils, elles promurent	ils, elles voulurent	ils, elles purent	ils, elles surent
Ind. futur	j'émouvrai	je promouvrai	je voudrai	je pourrai	je saurai
Ind. futur	il, elle émouvra	il, elle promouvra	il, elle voudra	il, elle pourra	il, elle saura
Cond. présent	j'émouvrais	je promouvrais	je voudrais	je pourrais	je saurais
Cond. présent	il, elle émouvrait	il, elle promouvrait	il, elle voudrait	il, elle pourrait	il, elle saurait
Subj. présent	que j'émeuve	que je promeuve	que je veuille	que je puisse	que je sache
Subj. présent	qu'il, elle émeuve	qu'il, elle promeuve	qu'il, elle veuille	qu'il, elle puisse	qu'il, elle sache
Subj. présent	que nous émouvions	que nous promouvions	que nous voulions	que nous puissions	que nous sachions
Subj. présent	qu'ils, elles émeuvent	qu'ils, elles promeuvent	qu'ils, elles veuillent	qu'ils, elles puissent	qu'ils, elles sachent
Subj. imparfait	qu'il, elle émût	qu'il, elle promût	qu'il, elle voulût	qu'il, elle pût	qu'il, elle sût
Subj. imparfait	qu'ils, elles émussent	qu'ils, elles promussent	qu'ils, elles voulussent	qu'ils, elles pussent	qu'ils, elles sussent
Impératif	émeus	promeus	veux, veuille	*inusité*	sache
Impératif	émouvons	promouvons	voulons, veuillons		sachons
Impératif	émouvez	promouvez	voulez, veuillez		sachez
Part. présent	émouvant	promouvant	voulant	pouvant	sachant
Part. passé	ému, e	promu, e	voulu, e	pu	su, e

(1) Les formes conjuguées de ce verbe sont rares. – (2) À la forme interrogative, avec inversion du sujet, on a seulement *puis-je ?*

	60 **valoir**	61 **prévaloir**	62 **voir**	63 **prévoir**	64 **pourvoir**
Ind. présent	je vaux	je prévaux	je vois	je prévois	je pourvois
Ind. présent	tu vaux	tu prévaux	tu vois	tu prévois	tu pourvois
Ind. présent	il, elle vaut	il, elle prévaut	il, elle voit	il, elle prévoit	il, elle pourvoit
Ind. présent	nous valons	nous prévalons	nous voyons	nous prévoyons	nous pourvoyons
Ind. présent	vous valez	vous prévalez	vous voyez	vous prévoyez	vous pourvoyez
Ind. présent	ils, elles valent	ils, elles prévalent	ils, elles voient	ils, elles prévoient	ils, elles pourvoient
Ind. imparfait	il, elle valait	il, elle prévalait	il, elle voyait	il, elle prévoyait	il, elle pourvoyait
Ind. passé s.	il, elle valut	il, elle prévalut	il, elle vit	il, elle prévit	il, elle pourvut
Ind. passé s.	ils, elles valurent	ils, elles prévalurent	ils, elles virent	ils, elles prévirent	ils, elles pourvurent
Ind. futur	je vaudrai	je prévaudrai	je verrai	je prévoirai	je pourvoirai
Ind. futur	il, elle vaudra	il, elle prévaudra	il, elle verra	il, elle prévoira	il, elle pourvoira
Cond. présent	je vaudrais	je prévaudrais	je verrais	je prévoirais	je pourvoirais
Cond. présent	il, elle vaudrait	il, elle prévaudrait	il, elle verrait	il, elle prévoirait	il, elle pourvoirait
Subj. présent	que je vaille	que je prévale	que je voie	que je prévoie	que je pourvoie
Subj. présent	qu'il, elle vaille	qu'il, elle prévale	qu'il, elle voie	qu'il, elle prévoie	qu'il, elle pourvoie
Subj. présent	que nous valions	que nous prévalions	que nous voyions	que nous prévoyions	que nous pourvoyions
Subj. présent	qu'ils, elles vaillent	qu'ils, elles prévalent	qu'ils, elles voient	qu'ils, elles prévoient	qu'ils, elles pourvoient
Subj. imparfait	qu'il, elle valût	qu'il, elle prévalût	qu'il, elle vît	qu'il, elle prévît	qu'il, elle pourvût
Subj. imparfait	qu'ils, elles valussent	qu'ils, elles prévalussent	qu'ils, elles vissent	qu'ils, elles prévissent	qu'ils, elles pourvussent
Impératif	vaux	prévaux	vois	prévois	pourvois
Impératif	valons	prévalons	voyons	prévoyons	pourvoyons
Impératif	valez	prévalez	voyez	prévoyez	pourvoyez
Part. présent	valant	prévalant	voyant	prévoyant	pourvoyant
Part. passé	valu, e	prévalu, e	vu, e	prévu, e	pourvu, e

	65 **asseoir** (1)		66 **surseoir**	67 **seoir** (2)	68 **pleuvoir** (3)
Ind. présent	j'assieds	j'assois	je sursois		
Ind. présent	tu assieds	tu assois	tu sursois		
Ind. présent	il, elle assied	il, elle assoit	il, elle sursoit	il, elle sied	il pleut
Ind. présent	nous asseyons	nous assoyons	nous sursoyons		
Ind. présent	vous asseyez	vous assoyez	vous sursoyez		
Ind. présent	ils, elles asseyent	ils, elles assoient	ils, elles sursoient	ils, elles siéent	
Ind. imparfait	il, elle asseyait	il, elle assoyait	il, elle sursoyait	il, elle seyait	il pleuvait
Ind. passé s.	il, elle assit	il, elle assit	il, elle sursit	*inusité*	il plut
Ind. passé s.	ils, elles assirent	ils, elles assirent	ils, elles sursirent		
Ind. futur	j'assiérai	j'assoirai	je surseoirai		
Ind. futur	il, elle assiéra	il, elle assoira	il, elle surseoira	il, elle siéra	il pleuvra
Cond. présent	j'assiérais	j'assoirais	je surseoirais		
Cond. présent	il, elle assiérait	il, elle assoirait	il, elle surseoirait	il, elle siérait	il pleuvrait
Subj. présent	que j'asseye	que j'assoie	que je sursoie		
Subj. présent	qu'il, elle asseye	qu'il, elle assoie	qu'il, elle sursoie	qu'il, elle siée	qu'il pleuve
Subj. présent	que nous asseyions	que nous assoyions	que nous sursoyions		
Subj. présent	qu'ils, elles asseyent	qu'ils, elles assoient	qu'ils, elles sursoient	qu'ils, elles siéent	
Subj. imparfait	qu'il, elle assît	qu'il, elle assît	qu'il, elle sursît	*inusité*	qu'il plût
Subj. imparfait	qu'ils, elles assissent	qu'ils, elles assissent	qu'ils, elles sursissent		
Impératif	assieds	assois	sursois	*inusité*	*inusité*
Impératif	asseyons	assoyons	sursoyons		
Impératif	asseyez	assoyez	sursoyez		
Part. présent	asseyant	assoyant	sursoyant	seyant	pleuvant
Part. passé	assis, e	assis, e	sursis	*inusité*	plu

(1) L'usage tend à écrire avec *-eoi-* les formes avec *oi* : *je m'asseois, il, elle asseoira, que tu asseoies, ils, elles asseoiraient.* – (2) *Seoir* a ici le sens de « convenir ». Aux sens de « être situé », « siéger », *seoir* a seulement un participe présent *(séant)* et un participe passé *(sis, e)*. – (3) *Pleuvoir* connaît au figuré une troisième personne du pluriel : *les injures pleuvent, pleuvaient, pleuvront, plurent, pleuvraient...*

	69 **falloir**	70 **échoir**	71 **déchoir**	72 **choir**	73 **vendre**
Ind. présent			je déchois	je chois	je vends
Ind. présent			tu déchois	tu chois	tu vends
Ind. présent	il faut	il, elle échoit	il, elle déchoit	il, elle choit	il, elle vend
Ind. présent			nous déchoyons	*inusité*	nous vendons
Ind. présent			vous déchoyez	*inusité*	vous vendez
Ind. présent		ils, elles échoient	ils, elles déchoient	ils, elles choient	ils, elles vendent
Ind. imparfait	il fallait	il, elle échoyait	*inusité*	*inusité*	il, elle vendait
Ind. passé s.	il fallut	il, elle échut	il, elle déchut	il, elle chut	il, elle vendit
Ind. passé s.		ils, elles échurent	ils, elles déchurent	ils, elles churent	ils, elles vendirent
Ind. futur			je déchoirai	je choirai, cherrai	je vendrai
Ind. futur	il faudra	il, elle échoira, écherra	il, elle déchoira	il, elle choira, cherra	il, elle vendra
Cond. présent			je déchoirais	je choirais, cherrais	je vendrais
Cond. présent	il faudrait	il, elle échoirait, écherrait	il, elle déchoirait	il, elle choirait, cherrait	il, elle vendrait
Subj. présent			que je déchoie	*inusité*	que je vende
Subj. présent	qu'il faille	qu'il, elle échoie	qu'il, elle déchoie		qu'il, elle vende
Subj. présent			que nous déchoyions		que nous vendions
Subj. présent		qu'ils, elles échoient	qu'ils, elles déchoient		qu'ils, elles vendent
Subj. imparfait	qu'il fallût	qu'il, elle échût	qu'il, elle déchût	qu'il, elle chût	qu'il, elle vendît
Subj. imparfait		qu'ils, elles échussent	qu'ils, elles déchussent	*inusité*	qu'ils, elles vendissent
Impératif	*inusité*	*inusité*	*inusité*	*inusité*	vends
Impératif					vendons
Impératif					vendez
Part. présent	*inusité*	échéant	*inusité*	*inusité*	vendant
Part. passé	fallu	échu, e	déchu, e	chu, e	vendu, e

	74 répandre	75 répondre	76 mordre	77 perdre	78 rompre
Ind. présent	je répands	je réponds	je mords	je perds	je romps
Ind. présent	tu répands	tu réponds	tu mords	tu perds	tu romps
Ind. présent	il, elle répand	il, elle répond	il, elle mord	il, elle perd	il, elle rompt
Ind. présent	nous répandons	nous répondons	nous mordons	nous perdons	nous rompons
Ind. présent	vous répandez	vous répondez	vous mordez	vous perdez	vous rompez
Ind. présent	ils, elles répandent	ils, elles répondent	ils, elles mordent	ils, elles perdent	ils, elles rompent
Ind. imparfait	il, elle répandait	il, elle répondait	il, elle mordait	il, elle perdait	il, elle rompait
Ind. passé s.	il, elle répandit	il, elle répondit	il, elle mordit	il, elle perdit	il, elle rompit
Ind. passé s.	ils, elles répandirent	ils, elles répondirent	ils, elles mordirent	ils, elles perdirent	ils, elles rompirent
Ind. futur	je répandrai	je répondrai	je mordrai	je perdrai	je romprai
Ind. futur	il, elle répandra	il, elle répondra	il, elle mordra	il, elle perdra	il, elle rompra
Cond. présent	je répandrais	je répondrais	je mordrais	je perdrais	je romprais
Cond. présent	il, elle répandrait	il, elle répondrait	il, elle mordrait	il, elle perdrait	il, elle romprait
Subj. présent	que je répande	que je réponde	que je morde	que je perde	que je rompe
Subj. présent	qu'il, elle répande	qu'il, elle réponde	qu'il, elle morde	qu'il, elle perde	qu'il, elle rompe
Subj. présent	que nous répandions	que nous répondions	que nous mordions	que nous perdions	que nous rompions
Subj. présent	qu'ils, elles répandent	qu'ils, elles répondent	qu'ils, elles mordent	qu'ils, elles perdent	qu'ils, elles rompent
Subj. imparfait	qu'il, elle répandît	qu'il, elle répondît	qu'il, elle mordît	qu'il, elle perdît	qu'il, elle rompît
Subj. imparfait	qu'ils, elles répandissent	qu'ils, elles répondissent	qu'ils, elles mordissent	qu'ils, elles perdissent	qu'ils, elles rompissent
Impératif	répands	réponds	mords	perds	romps
Impératif	répandons	répondons	mordons	perdons	rompons
Impératif	répandez	répondez	mordez	perdez	rompez
Part. présent	répandant	répondant	mordant	perdant	rompant
Part. passé	répandu, e	répondu, e	mordu, e	perdu, e	rompu, e

	79 prendre	80 craindre	81 peindre	82 joindre	83 battre
Ind. présent	je prends	je crains	je peins	je joins	je bats
Ind. présent	tu prends	tu crains	tu peins	tu joins	tu bats
Ind. présent	il, elle prend	il, elle craint	il, elle peint	il, elle joint	il, elle bat
Ind. présent	nous prenons	nous craignons	nous peignons	nous joignons	nous battons
Ind. présent	vous prenez	vous craignez	vous peignez	vous joignez	vous battez
Ind. présent	ils, elles prennent	ils, elles craignent	ils, elles peignent	ils, elles joignent	ils, elles battent
Ind. imparfait	il, elle prenait	il, elle craignait	il, elle peignait	il, elle joignait	il, elle battait
Ind. passé s.	il, elle prit	il, elle craignit	il, elle peignit	il, elle joignit	il, elle battit
Ind. passé s.	ils, elles prirent	ils, elles craignirent	ils, elles peignirent	ils, elles joignirent	ils, elles battirent
Ind. futur	je prendrai	je craindrai	je peindrai	je joindrai	je battrai
Ind. futur	il, elle prendra	il, elle craindra	il, elle peindra	il, elle joindra	il, elle battra
Cond. présent	je prendrais	je craindrais	je peindrais	je joindrais	je battrais
Cond. présent	il, elle prendrait	il, elle craindrait	il, elle peindrait	il, elle joindrait	il, elle battrait
Subj. présent	que je prenne	que je craigne	que je peigne	que je joigne	que je batte
Subj. présent	qu'il, elle prenne	qu'il, elle craigne	qu'il, elle peigne	qu'il, elle joigne	qu'il, elle batte
Subj. présent	que nous prenions	que nous craignions	que nous peignions	que nous joignions	que nous battions
Subj. présent	qu'ils, elles prennent	qu'ils, elles craignent	qu'ils, elles peignent	qu'ils, elles joignent	qu'ils, elles battent
Subj. imparfait	qu'il, elle prît	qu'il, elle craignît	qu'il, elle peignît	qu'il, elle joignît	qu'il, elle battît
Subj. imparfait	qu'ils, elles prissent	qu'ils, elles craignissent	qu'ils, elles peignissent	qu'ils, elles joignissent	qu'ils, elles battissent
Impératif	prends	crains	peins	joins	bats
Impératif	prenons	craignons	peignons	joignons	battons
Impératif	prenez	craignez	peignez	joignez	battez
Part. présent	prenant	craignant	peignant	joignant	battant
Part. passé	pris, e	craint, e	peint, e	joint, e	battu, e

	84 mettre	85 moudre	86 coudre	87 absoudre (1)	88 résoudre (2)
Ind. présent	je mets	je mouds	je couds	j'absous	je résous
Ind. présent	tu mets	tu mouds	tu couds	tu absous	tu résous
Ind. présent	il, elle met	il, elle moud	il, elle coud	il, elle absout	il, elle résout
Ind. présent	nous mettons	nous moulons	nous cousons	nous absolvons	nous résolvons
Ind. présent	vous mettez	vous moulez	vous cousez	vous absolvez	vous résolvez
Ind. présent	ils, elles mettent	ils, elles moulent	ils, elles cousent	ils, elles absolvent	ils, elles résolvent
Ind. imparfait	il, elle mettait	il, elle moulait	il, elle cousait	il, elle absolvait	il, elle résolvait
Ind. passé s.	il, elle mit	il, elle moulut	il, elle cousit	il, elle absolut	il, elle résolut
Ind. passé s.	ils, elles mirent	ils, elles moulurent	ils, elles cousirent	ils, elles absolurent	ils, elles résolurent
Ind. futur	je mettrai	je moudrai	je coudrai	j'absoudrai	je résoudrai
Ind. futur	il, elle mettra	il, elle moudra	il, elle coudra	il, elle absoudra	il, elle résoudra
Cond. présent	je mettrais	je moudrais	je coudrais	j'absoudrais	je résoudrais
Cond. présent	il, elle mettrait	il, elle moudrait	il, elle coudrait	il, elle absoudrait	il, elle résoudrait
Subj. présent	que je mette	que je moule	que je couse	que j'absolve	que je résolve
Subj. présent	qu'il, elle mette	qu'il, elle moule	qu'il, elle couse	qu'il, elle absolve	qu'il, elle résolve
Subj. présent	que nous mettions	que nous moulions	que nous cousions	que nous absolvions	que nous résolvions
Subj. présent	qu'ils, elles mettent	qu'ils, elles moulent	qu'ils, elles cousent	qu'ils, elles absolvent	qu'ils, elles résolvent
Subj. imparfait	qu'il, elle mît	qu'il, elle moulût	qu'il, elle cousît	qu'il, elle absolût	qu'il, elle résolût
Subj. imparfait	qu'ils, elles missent	qu'ils, elles moulussent	qu'ils, elles cousissent	qu'ils, elles absolussent	qu'ils, elles résolussent
Impératif	mets	mouds	couds	absous	résous
Impératif	mettons	moulons	cousons	absolvons	résolvons
Impératif	mettez	moulez	cousez	absolvez	résolvez
Part. présent	mettant	moulant	cousant	absolvant	résolvant
Part. passé	mis, e	moulu, e	cousu, e	absous, oute	résolu, e

(1) Le passé simple et le subjonctif imparfait, admis par Littré, sont rares. – (2) Il existe un participe passé *résous, résoute* (rare), avec le sens de « transformé » *(Un brouillard résous en pluie).*

	89 suivre	90 vivre (1)	91 paraître	92 naître	93 croître
Ind. présent	je suis	je vis	je parais	je nais	je croîs
Ind. présent	tu suis	tu vis	tu parais	tu nais	tu croîs
Ind. présent	il, elle suit	il, elle vit	il, elle paraît	il, elle naît	il, elle croît
Ind. présent	nous suivons	nous vivons	nous paraissons	nous naissons	nous croissons
Ind. présent	vous suivez	vous vivez	vous paraissez	vous naissez	vous croissez
Ind. présent	ils, elles suivent	ils, elles vivent	ils, elles paraissent	ils, elles naissent	ils, elles croissent
Ind. imparfait	il, elle suivait	il, elle vivait	il, elle paraissait	il, elle naissait	il, elle croissait
Ind. passé s.	il, elle suivit	il, elle vécut	il, elle parut	il, elle naquit	il, elle crût
Ind. passé s.	ils, elles suivirent	ils, elles vécurent	ils, elles parurent	ils, elles naquirent	ils, elles crûrent
Ind. futur	je suivrai	je vivrai	je paraîtrai	je naîtrai	je croîtrai
Ind. futur	il, elle suivra	il, elle vivra	il, elle paraîtra	il, elle naîtra	il, elle croîtra
Cond. présent	je suivrais	je vivrais	je paraîtrais	je naîtrais	je croîtrais
Cond. présent	il, elle suivrait	il, elle vivrait	il, elle paraîtrait	il, elle naîtrait	il, elle croîtrait
Subj. présent	que je suive	que je vive	que je paraisse	que je naisse	que je croisse
Subj. présent	qu'il, elle suive	qu'il, elle vive	qu'il, elle paraisse	qu'il, elle naisse	qu'il, elle croisse
Subj. présent	que nous suivions	que nous vivions	que nous paraissions	que nous naissions	que nous croissions
Subj. présent	qu'ils, elles suivent	qu'ils, elles vivent	qu'ils, elles paraissent	qu'ils, elles naissent	qu'ils, elles croissent
Subj. imparfait	qu'il, elle suivît	qu'il, elle vécût	qu'il, elle parût	qu'il, elle naquît	qu'il, elle crût
Subj. imparfait	qu'ils, elles suivissent	qu'ils, elles vécussent	qu'ils, elles parussent	qu'ils, elles naquissent	qu'ils, elles crûssent
Impératif	suis	vis	parais	nais	croîs
Impératif	suivons	vivons	paraissons	naissons	croissons
Impératif	suivez	vivez	paraissez	naissez	croissez
Part. présent	suivant	vivant	paraissant	naissant	croissant
Part. passé	suivi, e	vécu, e	paru, e	né, e	crû, crue, crus, crues

(1) *Survivre* se conjugue comme *vivre*, mais son participe passé est toujours invariable.

	94 accroître (1)	95 rire	96 conclure (2)	97 nuire (3)	98 conduire
Ind. présent	j'accrois	je ris	je conclus	je nuis	je conduis
Ind. présent	tu accrois	tu ris	tu conclus	tu nuis	tu conduis
Ind. présent	il, elle accroît	il, elle rit	il, elle conclut	il, elle nuit	il, elle conduit
Ind. présent	nous accroissons	nous rions	nous concluons	nous nuisons	nous conduisons
Ind. présent	vous accroissez	vous riez	vous concluez	vous nuisez	vous conduisez
Ind. présent	ils, elles accroissent	ils, elles rient	ils, elles concluent	ils, elles nuisent	ils, elles conduisent
Ind. imparfait	il, elle accroissait	il, elle riait	il, elle concluait	il, elle nuisait	il, elle conduisait
Ind. passé s.	il, elle accrut	il, elle rit	il, elle conclut	il, elle nuisit	il, elle conduisit
Ind. passé s.	ils, elles accrurent	ils, elles rirent	ils, elles conclurent	ils, elles nuisirent	ils, elles conduisirent
Ind. futur	j'accroîtrai	je rirai	je conclurai	je nuirai	je conduirai
Ind. futur	il, elle accroîtra	il, elle rira	il, elle conclura	il, elle nuira	il, elle conduira
Cond. présent	j'accroîtrais	je rirais	je conclurais	je nuirais	je conduirais
Cond. présent	il, elle accroîtrait	il, elle rirait	il, elle conclurait	il, elle nuirait	il, elle conduirait
Subj. présent	que j'accroisse	que je rie	que je conclue	que je nuise	que je conduise
Subj. présent	qu'il, elle accroisse	qu'il, elle rie	qu'il, elle conclue	qu'il, elle nuise	qu'il, elle conduise
Subj. présent	que nous accroissions	que nous riions	que nous concluions	que nous nuisions	que nous conduisions
Subj. présent	qu'ils, elles accroissent	qu'ils, elles rient	qu'ils, elles concluent	qu'ils, elles nuisent	qu'ils, elles conduisent
Subj. imparfait	qu'il, elle accrût	qu'il, elle rît	qu'il, elle conclût	qu'il, elle nuisît	qu'il, elle conduisît
Subj. imparfait	qu'ils, elles accrussent	qu'ils, elles rissent	qu'ils, elles conclussent	qu'ils, elles nuisissent	qu'ils, elles conduisissent
Impératif	accrois	ris	conclus	nuis	conduis
Impératif	accroissons	rions	concluons	nuisons	conduisons
Impératif	accroissez	riez	concluez	nuisez	conduisez
Part. présent	accroissant	riant	concluant	nuisant	conduisant
Part. passé	accru, e	ri	conclu, e	nui	conduit, e

(1) *Recroître* se conjugue comme *accroître*, mais son participe passé est *recrû, recrue, recrus, recrues.* – (2) *Inclure* et *occlure* se conjuguent comme *conclure*, mais leur participe passé est *inclus, incluse ; occlus, occluse.* – (3) *Luire* et *reluire* connaissent une autre forme de passé simple : *je luis, je reluis,* etc.

	99 écrire	100 suffire	101 confire (1)	102 dire	103 contredire
Ind. présent	j'écris	je suffis	je confis	je dis	je contredis
Ind. présent	tu écris	tu suffis	tu confis	tu dis	tu contredis
Ind. présent	il, elle écrit	il, elle suffit	il, elle confit	il, elle dit	il, elle contredit
Ind. présent	nous écrivons	nous suffisons	nous confisons	nous disons	nous contredisons
Ind. présent	vous écrivez	vous suffisez	vous confisez	vous dites	vous contredisez
Ind. présent	ils, elles écrivent	ils, elles suffisent	ils, elles confisent	ils, elles disent	ils, elles contredisent
Ind. imparfait	il, elle écrivait	il, elle suffisait	il, elle confisait	il, elle disait	il, elle contredisait
Ind. passé s.	il, elle écrivit	il, elle suffit	il, elle confit	il, elle dit	il, elle contredit
Ind. passé s.	ils, elles écrivirent	ils, elles suffirent	ils, elles confirent	ils, elles dirent	ils, elles contredirent
Ind. futur	j'écrirai	je suffirai	je confirai	je dirai	je contredirai
Ind. futur	il, elle écrira	il, elle suffira	il, elle confira	il, elle dira	il, elle contredira
Cond. présent	j'écrirais	je suffirais	je confirais	je dirais	je contredirais
Cond. présent	il, elle écrirait	il, elle suffirait	il, elle confirait	il, elle dirait	il, elle contredirait
Subj. présent	que j'écrive	que je suffise	que je confise	que je dise	que je contredise
Subj. présent	qu'il, elle écrive	qu'il, elle suffise	qu'il, elle confise	qu'il, elle dise	qu'il, elle contredise
Subj. présent	que nous écrivions	que nous suffisions	que nous confisions	que nous disions	que nous contredisions
Subj. présent	qu'ils, elles écrivent	qu'ils, elles suffisent	qu'ils, elles confisent	qu'ils, elles disent	qu'ils, elles contredisent
Subj. imparfait	qu'il, elle écrivît	qu'il, elle suffît	qu'il, elle confît	qu'il, elle dît	qu'il, elle contredît
Subj. imparfait	qu'ils, elles écrivissent	qu'ils, elles suffissent	qu'ils, elles confissent	qu'ils, elles dissent	qu'ils, elles contredissent
Impératif	écris	suffis	confis	dis	contredis
Impératif	écrivons	suffisons	confisons	disons	contredisons
Impératif	écrivez	suffisez	confisez	dites	contredisez
Part. présent	écrivant	suffisant	confisant	disant	contredisant
Part. passé	écrit, e	suffi	confit, e	dit, e	contredit, e

(1) *Circoncire* se conjugue comme *confire*, mais son participe passé est *circoncis, circoncise.*

	104 maudire	105 bruire (1)	106 lire	107 croire
Ind. présent	je maudis	je bruis	je lis	je crois
Ind. présent	tu maudis	tu bruis	tu lis	tu crois
Ind. présent	il, elle maudit	il, elle bruit	il, elle lit	il, elle croit
Ind. présent	nous maudissons	*inusité*	nous lisons	nous croyons
Ind. présent	vous maudissez		vous lisez	vous croyez
Ind. présent	ils, elles maudissent		ils, elles lisent	ils, elles croient
Ind. imparfait	il, elle maudissait	il, elle bruyait	il, elle lisait	il, elle croyait
Ind. passé s.	il, elle maudit	*inusité*	il, elle lut	il, elle crut
Ind. passé s.	ils, elles maudirent		ils, elles lurent	ils, elles crurent
Ind. futur	je maudirai	je bruirai	je lirai	je croirai
Ind. futur	il, elle maudira	il, elle bruira	il, elle lira	il, elle croira
Cond. présent	je maudirais	je bruirais	je lirais	je croirais
Cond. présent	il, elle maudirait	il, elle bruirait	il, elle lirait	il, elle croirait
Subj. présent	que je maudisse	*inusité*	que je lise	que je croie
Subj. présent	qu'il, elle maudisse		qu'il, elle lise	qu'il, elle croie
Subj. présent	que nous maudissions		que nous lisions	que nous croyions
Subj. présent	qu'ils, elles maudissent		qu'ils, elles lisent	qu'ils, elles croient
Subj. imparfait	qu'il, elle maudît	*inusité*	qu'il, elle lût	qu'il, elle crût
Subj. imparfait	qu'ils, elles maudissent		qu'ils, elles lussent	qu'ils, elles crussent
Impératif	maudis	*inusité*	lis	crois
Impératif	maudissons		lisons	croyons
Impératif	maudissez		lisez	croyez
Part. présent	maudissant	*inusité*	lisant	croyant
Part. passé	maudit, e	bruit	lu, e	cru, e

(1) Traditionnellement, *bruire* ne connaît que les formes de l'indicatif présent, imparfait (*je bruyais, tu bruyais*, etc.), futur, et les formes du conditionnel ; *bruisser* (conjugaison 3) tend de plus en plus à supplanter *bruire*, en particulier dans toutes les formes défectives.

	108 boire	109 faire	110 plaire	111 taire
Ind. présent	je bois	je fais	je plais	je tais
Ind. présent	tu bois	tu fais	tu plais	tu tais
Ind. présent	il, elle boit	il, elle fait	il, elle plaît	il, elle tait
Ind. présent	nous buvons	nous faisons	nous plaisons	nous taisons
Ind. présent	vous buvez	vous faites	vous plaisez	vous taisez
Ind. présent	ils, elles boivent	ils, elles font	ils, elles plaisent	ils, elles taisent
Ind. imparfait	il, elle buvait	il, elle faisait	il, elle plaisait	il, elle taisait
Ind. passé s.	il, elle but	il, elle fit	il, elle plut	il, elle tut
Ind. passé s.	ils, elles burent	ils, elles firent	ils, elles plurent	ils, elles turent
Ind. futur	je boirai	je ferai	je plairai	je tairai
Ind. futur	il, elle boira	il, elle fera	il, elle plaira	il, elle taira
Cond. présent	je boirais	je ferais	je plairais	je tairais
Cond. présent	il, elle boirait	il, elle ferait	il, elle plairait	il, elle tairait
Subj. présent	que je boive	que je fasse	que je plaise	que je taise
Subj. présent	qu'il, elle boive	qu'il, elle fasse	qu'il, elle plaise	qu'il, elle taise
Subj. présent	que nous buvions	que nous fassions	que nous plaisions	que nous taisions
Subj. présent	qu'ils, elles boivent	qu'ils, elles fassent	qu'ils, elles plaisent	qu'ils, elles taisent
Subj. imparfait	qu'il, elle bût	qu'il, elle fît	qu'il, elle plût	qu'il, elle tût
Subj. imparfait	qu'ils, elles bussent	qu'ils, elles fissent	qu'ils, elles plussent	qu'ils, elles tussent
Impératif	bois	fais	plais	tais
Impératif	buvons	faisons	plaisons	taisons
Impératif	buvez	faites	plaisez	taisez
Part. présent	buvant	faisant	plaisant	taisant
Part. passé	bu, e	fait, e	plu	tu, e

	112 extraire	113 clore (1)	114 vaincre	115 frire
Ind. présent	j'extrais	je clos	je vaincs	je fris
Ind. présent	tu extrais	tu clos	tu vaincs	tu fris
Ind. présent	il, elle extrait	il, elle clôt	il, elle vainc	il, elle frit
Ind. présent	nous extrayons	nous closons	nous vainquons	*inusité*
Ind. présent	vous extrayez	vous closez	vous vainquez	
Ind. présent	ils, elles extraient	ils, elles closent	ils, elles vainquent	
Ind. imparfait	il, elle extrayait	*inusité*	il, elle vainquait	*inusité*
Ind. passé s.	*inusité*	*inusité*	il, elle vainquit	*inusité*
Ind. passé s.			ils, elles vainquirent	
Ind. futur	j'extrairai	je clorai	je vaincrai	je frirai
Ind. futur	il, elle extraira	il, elle clora	il, elle vaincra	il, elle frira
Cond. présent	j'extrairais	je clorais	je vaincrais	je frirais
Cond. présent	il, elle extrairait	il, elle clorait	il, elle vaincrait	il, elle frirait
Subj. présent	que j'extraie	que je close	que je vainque	*inusité*
Subj. présent	qu'il, elle extraie	qu'il, elle close	qu'il, elle vainque	
Subj. présent	que nous extrayions	que nous closions	que nous vainquions	
Subj. présent	qu'ils, elles extraient	qu'ils, elles closent	qu'ils, elles vainquent	
Subj. imparfait	*inusité*	*inusité*	qu'il, elle vainquît	*inusité*
Subj. imparfait			qu'ils, elles vainquissent	
Impératif	extrais	clos	vaincs	fris
Impératif	extrayons	*inusité*	vainquons	*inusité*
Impératif	extrayez		vainquez	
Part. présent	extrayant	closant	vainquant	*inusité*
Part. passé	extrait, e	clos, e	vaincu, e	frit, e

(1) Le verbe *enclore* possède les formes *nous enclosons, vous enclosez* et *enclosons, enclosez.*

ACCORD DU PARTICIPE

Accord du participe présent

Quand le participe présent exprime une action ou un état (il est alors le plus souvent suivi d'un complément d'objet ou d'un complément circonstanciel), il reste invariable : *des enfants* OBÉISSANT *à leurs parents*. Quand le participe présent exprime une qualité et joue le rôle d'adjectif, il s'accorde en genre et en nombre avec le nom auquel il se rapporte : *des enfants très* OBÉISSANTS.

Accord du participe passé

I. **Participe passé employé sans auxiliaire.** Le participe passé employé *sans auxiliaire* s'accorde (comme l'adjectif) en genre et en nombre avec le nom ou le pronom auquel il se rapporte : *des fleurs* PARFUMÉES.

II. **Participe passé employé avec « être ».** Le participe passé des verbes passifs et de certains verbes intransitifs conjugués avec l'auxiliaire *être* s'accorde en genre et en nombre avec le sujet du verbe : *l'Amérique a été* DÉCOUVERTE *par Christophe Colomb ; nos amis sont* VENUS *hier*.

III. **Participe passé employé avec « avoir ».** Le participe passé conjugué avec l'auxiliaire *avoir* s'accorde en genre et en nombre avec le complément d'objet direct du verbe, quand ce complément le précède : *je me rappelle l'*HISTOIRE *que j'ai* LUE.
Le participe reste invariable :
1° si le complément direct suit le verbe : *nous avons* LU *une* HISTOIRE ; *elle a* REÇU *de bonnes* NOUVELLES ;
2° s'il n'a pas de complément d'objet direct (cas des verbes transitifs employés intransitivement, des verbes intransitifs et des verbes transitifs indirects) : *ils ont* LU ; *elle a* ABDIQUÉ ; *ces histoires nous ont* PLU ; *les enfants vous ont-ils* OBÉI ? ; *ils nous ont* SUCCÉDÉ.
REMARQUE. Dans les phrases : *les nuits qu'ils ont* DORMI, *les mois qu'il a* VÉCU, les participes passés *dormi, vécu* sont invariables ; en effet, *que* représente un complément circonstanciel : *les nuits* PENDANT LESQUELLES *ils ont dormi ; les mois* PENDANT LESQUELS *il a vécu*.
Toutefois, des verbes intransitifs avec un complément de prix, de quantité, de distance, etc., comme *coûter, valoir, peser, courir, vivre*, etc., peuvent devenir transitifs dans un autre sens et être précédés alors d'un complément d'objet direct : *les efforts* QUE *ce travail m'a* COÛTÉS ; *la gloire* QUE *cette action lui a* VALUE ; *les dangers* QUE *j'ai* COURUS ; *les jours heureux qu'elle a* VÉCUS *ici*.

Cas particuliers

Participe passé suivi d'un infinitif.
1. Le participe passé suivi d'un infinitif est *variable* s'il a pour complément d'objet direct le pronom qui précède ; ce pronom est alors le sujet de l'action marquée par l'infinitif : *les fruits* QUE *j'ai* VUS *mûrir*.
On peut dire : *les fruits que j'ai vus mûrissant*. C'étaient les fruits qui mûrissaient. *Que*, mis pour *fruits*, faisant l'action de mûrir, est complément direct de *ai vus*.
2. Le participe passé est *invariable* s'il a pour complément d'objet direct l'infinitif ; le pronom est alors complément d'objet direct de l'infinitif et non du verbe principal : *les fruits que j'ai vu* CUEILLIR.
On ne peut pas dire : *les fruits que j'ai vus cueillant*. Ce n'étaient pas les fruits qui cueillaient. *Que*, mis pour *fruits*, ne faisant pas l'action de cueillir, est complément direct de *cueillir* et non de *vu*.
REMARQUE. Les participes qui ont pour complément d'objet direct un infinitif sous-entendu ou une proposition sous-entendue sont toujours invariables : *il n'a pas payé toutes les sommes qu'il aurait* DÛ (sous-entendu *payer*) ; *je lui ai rendu tous les services que j'ai* PU (sous-entendu *lui rendre*) ; *je lui ai chanté tous les morceaux qu'il a* VOULU (sous-entendu *que je lui chante*).
Le participe passé *fait* suivi d'un infinitif est toujours invariable : *la maison que j'ai* FAIT BÂTIR.

Participe passé des verbes pronominaux. Les verbes pronominaux se conjuguent dans leurs temps composés avec l'auxiliaire *être ;* mais cet auxiliaire *être* peut être remplacé dans l'analyse par l'auxiliaire *avoir : je me* SUIS *consolé* est équivalent de *j'*AI *consolé moi*. Le participe passé d'un verbe pronominal réfléchi ou réciproque s'accorde avec son complément d'objet direct si ce complément le précède : *les lettres* QUE *Paul et Pierre se sont* ÉCRITES *sont aimables*.
Il reste invariable si le complément d'objet direct le suit ou s'il n'a pas de complément d'objet direct : *Paul et Pierre se sont* ÉCRIT *des* LETTRES *aimables ; Paul et Pierre se sont* ÉCRIT.
Le participe passé d'un verbe toujours pronominal (*s'enfuir, s'emparer*, etc.) s'accorde avec le sujet du verbe : *ils se sont* EMPARÉS *de la ville*.
REMARQUE. Les participes passés des verbes transitifs indirects employés pronominalement restent toujours invariables : ils SE SONT RI *de mes efforts ; ils* SE SONT PLU *à me tourmenter*.

Participe passé des verbes impersonnels. Le participe passé des verbes impersonnels est toujours invariable : *les inondations qu'il y a* EU.
Les verbes *faire, avoir* sont transitifs par nature, mais ils deviennent impersonnels quand ils sont précédés du pronom neutre *il : les chaleurs qu'*IL *a* FAIT.

Participe passé et les pronoms « le », « en ». Le participe passé conjugué avec *avoir* et précédé de *le (l')*, complément d'objet direct représentant toute une proposition, reste invariable : *la chose est plus sérieuse que nous ne* L'*avions* PENSÉ *d'abord* (c'est-à-dire *que nous n'avions pensé* CELA, *qu'elle était sérieuse*).
Le participe passé précédé de *en* reste invariable : *tout le monde m'a offert des services, mais personne ne m'*EN A RENDU. Cependant, le participe varie si le pronom *en* est précédé d'un adverbe de quantité, *plus, combien, autant*, etc. : *autant d'ennemis il a attaqués*, AUTANT *il* EN *a* VAINCUS. Mais le participe passé reste invariable si l'adverbe suit le pronom *en* au lieu de le précéder : *quant aux belles villes, j'*EN *ai* TANT VISITÉ...

Participe passé précédé d'une locution collective. Lorsque le participe passé a pour complément d'objet direct une locution collective (adverbe de quantité précédé d'un article indéfini ou mot collectif suivi d'un complément), il s'accorde soit avec l'adverbe ou le mot collectif, soit avec le mot complément, selon que l'on attache plus d'importance à l'un ou à l'autre : *le grand* NOMBRE *de* SUCCÈS *que vous avez* REMPORTÉ (OU REMPORTÉS) ; *le* PEU *d'*ATTENTION *que vous avez* APPORTÉ (OU APPORTÉE) *à cette affaire*.

PLURIEL DES NOMS

Le pluriel des noms communs

Règle générale : le pluriel des noms communs se forme en ajoutant un *s* au singulier,

Un *ennui*, des *ennuis*.
Un *lit*, des *lits*.

Le pluriel et le singulier sont semblables dans les noms terminés par *-s, -x, -z.*

Un *bois*, des *bois*.
Une *noix*, des *noix*.
Un *nez*, des *nez*.

Les noms en -AL ont le pluriel en -AUX. Mais *bal, carnaval, cérémonial, chacal, choral, festival, nopal, pal, récital, régal, santal,* etc., suivent la règle générale.

Un *journal*, des *journaux*.
Un *chacal* des *chacals*.

Le pluriel des noms terminés en -EAU, -AU, -EU se forme en ajoutant un *x* au singulier. Font notamment exception : *landau, sarrau, bleu* et ses composés, *émeu, emposieu, enfeu, feu* (adj.), *lieu* (le poisson), *pneu* et ses composés, *richelieu, schleu* qui prennent un *s* au pluriel.

Un *veau*, des *veaux*.
Un *étau*, des *étaux*.
Un *pieu*, des *pieux*.
Un *pneu*, des *pneus*.

Le pluriel des noms terminés par -OU est en général en -OUS. Font exception : *bijou, caillou, chou, genou, hibou, joujou, pou,* qui prennent un *x* au pluriel.

Un *cou*, des *cous*.
Un *chou*, des *choux*.

Les noms terminés au singulier par -AIL ont un pluriel régulier en -AILS. Font exception : *bail, corail, émail, soupirail, travail, vantail, vitrail,* qui ont le pluriel en -AUX.

Un *rail*, des *rails*.
Un *émail*, des *émaux*.

Les noms AÏEUL, CIEL et ŒIL ont des pluriels irréguliers ; mais on dit BISAÏEULS, TRISAÏEULS et AÏEULS dans le sens de « grands-parents », CIELS dans CIELS DE LIT et ŒILS dans ŒILS-DE-BŒUF, etc.

L'*aïeul*, les *aïeux*.
Le *ciel*, les *cieux*.
L'*œil*, les *yeux*.

Le pluriel des noms composés

1. Les noms composés ÉCRITS EN UN SEUL MOT forment leur pluriel comme des noms simples.

Un *entresol*, des *entresols*.
Un *gendarme*, des *gendarmes*.

Remarque : toutefois, on dit *gentilshommes, bonshommes, messieurs, mesdames, mesdemoiselles, messeigneurs,* pluriels de *gentilhomme, bonhomme, monsieur, madame, mademoiselle, monseigneur.*

2. Les noms composés ÉCRITS EN PLUSIEURS MOTS :

a) S'ils sont formés d'UN ADJECTIF et d'UN NOM, tous deux prennent la marque du pluriel.

Un *coffre-fort*, des *coffres-forts*.
Une *basse-cour*, des *basses-cours*.

b) S'ils sont formés de DEUX NOMS EN APPOSITION, tous deux prennent la marque du pluriel.

Un *chou-fleur*, des *choux-fleurs*.
Un *chef-lieu*, des *chefs-lieux*.

c) S'ils sont formés d'UN NOM et de son COMPLÉMENT introduit ou non par une préposition, le premier nom seul prend la marque du pluriel.

Un *chef-d'œuvre*, des *chefs-d'œuvre*.
Un *timbre-poste*, des *timbres-poste*.

d) S'ils sont formés d'UN MOT INVARIABLE et d'UN NOM, le nom seul prend la marque du pluriel.

Un *avant-poste*, des *avant-postes*.
Un *en-tête*, des *en-têtes*.

e) S'ils sont formés de DEUX VERBES ou d'UNE EXPRESSION, tous les mots restent invariables.

Un *va-et-vient*, des *va-et-vient*.
Un *tête-à-tête*, des *tête-à-tête*.

f) S'ils sont composés d'UN VERBE et de son COMPLÉMENT, le verbe reste invariable, le nom conserve en général la même forme qu'au singulier (ainsi dans tous les composés de ABAT-, PRESSE-).

Un *abat-jour*, des *abat-jour*.
Un *presse-purée*, des *presse-purée*.

Toutefois, dans un certain nombre de noms composés de cette sorte, le nom prend la marque du pluriel.

Un *chauffe-bain*, des *chauffe-bains*.
Un *tire-bouchon*, des *tire-bouchons*.

g) Dans les noms composés avec le mot GARDE, celui-ci peut être un *nom* ou un *verbe*. S'il est un NOM, il prend la marque du pluriel ; s'il est un VERBE, il reste invariable. Dans les deux cas, le nom qui suit peut prendre ou non la marque du pluriel.

Un *garde-voie*, des *gardes-voie*[*s*].
(*Garde* est un nom qui désigne la personne chargée de la garde de la voie.)
Un *garde-boue*, des *garde-boue*.
(Ici *garde* est un verbe. Objet qui garde, protège de la boue.)

h) Dans les noms composés avec l'adjectif GRAND, celui-ci reste ou non invariable s'il accompagne un nom féminin.

Une *grand-mère*, des *grand-mères* ou des *grands-mères*.

Exception : une GRANDE-DUCHESSE, des GRANDES-DUCHESSES.

Un *grand-père*, des *grands-pères*.

Le pluriel des noms communs étrangers

Le pluriel des NOMS ÉTRANGERS est formé comme le pluriel des noms communs.

Un *maximum*, des *maximums* ou des *maxima*.

Certains de ces noms ont conservé le PLURIEL D'ORIGINE ÉTRANGÈRE à côté du PLURIEL FRANÇAIS ; toutefois, ce dernier tend à devenir le plus fréquent.

Un *match*, des *matchs* ou des *matches*.

Le pluriel des noms propres

Le pluriel des NOMS GÉOGRAPHIQUES est formé comme celui des noms communs.

Une *Antille*, les *Antilles*.

Les NOMS DE PERSONNE prennent régulièrement la marque du pluriel :
quand ils désignent les FAMILLES ROYALES ou ILLUSTRES FRANÇAISES ;

Les *Condés*, les *Bourbons*.

quand ils sont pris comme MODÈLES ou TYPES.

Les *Hugos*, les *Pasteurs*.

Ils restent invariables quand ils sont pris dans un sens emphatique, grandiloquent et précédés de l'article.

Les *Molière* et les *Racine* sont l'image de leur temps

Quand ils désignent les ŒUVRES ARTISTIQUES par le nom de l'auteur, ils restent invariables ou prennent la marque du pluriel.

Des *Watteau*, des *Renoirs*.

PRÉFIXES

I Préfixes d'origine grecque ou mots grecs entrant dans la composition de mots français

préfixes	*sens*	*exemples*
a- ou an-	privation	acéphale ; athée analphabète ; anarchie
acanth(o)-	épine	acanthacée ; acanthe
acro-	élevé	acrobate ; acrostiche
actino-	rayon	actinique ; actinométrie
adéno-	glande	adénoïde
aéro-	air	aéronaute ; aérophagie
agro-	champ	agronome
allo-	autre	allopathie ; allotropie
amphi-	1. autour 2. doublement	amphithéâtre amphibie ; amphibologie
ana-	de bas en haut, en arrière, à rebours	anastrophe ; anachronisme
andro-	homme	androgyne
anémo-	vent	anémomètre
angi(o)-	vaisseau ; capsule	angiome ; angiosperme
anth(o)-	fleur	anthémis ; anthologie
anthrac(o)-	charbon	anthracite
anthropo-	homme	anthropologie ; anthropophage
anti-	contre	antialcoolique ; antireligieux
ap(o)-	hors de, à partir de, loin de	apostasie ; apostrophe ; apogée ; aphélie
archéo-	ancien	archéologie
arch(i)-	1. au plus haut degré 2. qui commande, qui est au-dessus	archifou ; archimillionnaire archevêque ; archidiacre
arithm(o)-	nombre	arithmétique
artério-	artère	artériosclérose
arthr(o)-	articulation	arthrite ; arthropode
astér(o)-, astr(o)-	astre, étoile	astérisque astronaute
auto-	de soi-même	autobiographie ; autodidacte
bactéri(o)-	bâton	bactéricide ; bactériologie
baro-	pesant	baromètre
bary-	lourd	barycentre ; baryum
biblio-	livre	bibliographie ; bibliothèque
bio-	vie	biographie ; biologie
blasto-	germe	blastoderme
blépharo(o)-	paupière	blépharite
brachy-	court	brachycéphale
brady-	lent	bradycardie ; bradypsychie
brom(o)-	puanteur	brome ; bromure
bronch(o)-	bronches	broncho-pneumonie
bryo-	mousse	bryophyte
butyr(o)-	beurre	butyrique
caco-, cach-	mauvais	cacophonie ; cachexie
calli-	beau	calligraphie
carcin(o)-	cancer	carcinome ; carcinologie
cardi(o)-	cœur	cardiaque, cardiogramme
cata-	de haut en bas, en dessous	catabatique ; catatonie
cén(o)-	commun	cénobite ; cénesthésie
céphal(o)-	tête	céphalalgie ; céphalopode
chalco-	cuivre	chalcographie
cheir(o)-, chir(o)-	main	chiromancie
chlor(o)-	vert	chlorate, chlorhydrique
chol(é)-	bile	cholagogue ; cholémie
chondr(o)-	cartilage	chondroblaste ; chondrome
chromat(o)-, chrom(o)-	couleur	chromatique ; chromosome
chron(o)-	temps	chronologie ; chronomètre
chrys(o)-	or	chrysanthème ; chrysolite
cinémat(o)-, ciné-, cinét(o)-	mouvement	cinématographe cinétique
cœl(o)-	creux	cœlacanthe ; cœlomate
cœli(o)-	ventre	cœlioscopie ; cœliaque
conch(o)-	coquille	conchyliologie
copro-	excrément	coprolithe ; coprophage
cosm(o)-	monde	cosmogonie ; cosmopolite
cryo-	froid	cryoclastie ; cryogénie
crypt(o)-	caché	cryptogame
cyan(o)-	bleu	cyanure
cycl(o)-	cercle	cyclique ; cyclone
cyto-	cellule	cytologie
dactyl(o)-	doigt	dactylographie
déca-	dix	décamètre
dém(o)-	peuple	démocrate ; démographie
derm(o)-, dermato-	peau	derme dermatologie
di(a)-	séparé de, à travers	diaphane ; diorama

préfixes	*sens*	*exemples*
didact-	enseigner	didactique
diplo-	double	diplocoque
dodéca-	douze	dodécagone
dolicho-	long	dolichocéphale
dynam(o)-	force	dynamite ; dynamomètre
dys-	difficulté, mauvais état	dyspepsie ; dysfonctionnement
échin(o)-	hérisson	échinoderme
ecto-	en dehors	ectoplasme
électr(o)-	ambre jaune	électrochoc
embryo-	fœtus	embryologie
en-	dans	encéphale ; endémie
encéphal(o)-	cerveau	encéphalogramme
end(o)-	à l'intérieur	endocarde ; endocrine
entér(o)-	entrailles	entérite
entomo-	insecte	entomologiste
éo-	aurore	éocène
épi-	sur	épiderme ; épitaphe
erg(o)-	action, travail	ergatif ; ergonomie
ethn(o)-	peuple	ethnie ; ethnologie
étho-	caractère	éthogramme ; éthologie
eu-	bien	euphémisme ; euphonie
exo-	au-dehors	exotisme
galact(o)-	lait	galactose ; galaxie
gam(o)-	mariage	gamète
gastro-	ventre	gastropode ; gastronome
gé(o)-	terre	géographie ; géologie
géront(o)-	vieillard	gérontocratie
gloss(o)-	langue	glossaire
gluc(o)-, glyc(o)-, glycér(o)-	doux, sucré	glucose ; glycogène glycérine
graph(o)-	écrire	graphologie
gyn(éco)-	femme	gynécée ; gynécologie
gyro-	cercle	gyroscope
hapl(o)-	simple	haploïde ; haplologie
hect(o)-	cent	hectomètre ; hectare
héli(o)-	soleil	héliothérapie
hémat(o)-, hémo-	sang	hématose ; hémorragie
hémi-	demi, moitié	hémicycle ; hémisphère
hépat(o)-	foie	hépatique
hept(a)-	sept	heptaèdre
hétéro-	autre	hétérogène
hex(a)-	six	hexagone ; hexose
hiér(o)-	sacré	hiéroglyphe
hipp(o)-	cheval	hippodrome
hist(o)-	tissu	histologie
holo-	entier	holoprotéine
homéo-, hom(o)-	semblable	homéopathie ; homologue
hor(o)-	heure	horoscope
hydr(o)-	eau	hydravion ; hydrologie
hygro-	humide	hygromètre ; hygroscope
hyper-	sur, au-dessus ; excès	hypermétrope ; hypertrophie, hypertension
hypn(o)-	sommeil	hypnose ; hypnotisme
hypo-	sous ; insuffisance	hypogée ; hypotension
hystér(o)-	utérus	hystérographie
icon(o)-	image	icône ; iconoclaste
idé(o)-	idée	idéogramme ; idéologie
idi(o)-	particulier	idiome ; idiotisme
iso-	égal	isomorphe ; isotherme
kilo-	mille	kilogramme
laryng(o)-	gorge	laryngologie
leuco-	blanc	leucocyte
litho-	pierre	lithographique
log(o)-	discours, science	logomachie
macro-	grand	macrocéphale ; macrocosme
méga-, mégalo-	grand	mégalithe mégalomane
mél(o)-	chant	mélodique ; mélodrame
més(o)-	milieu	mésosphère
méta-	après ; changement	métamorphose ; métaphysique
métr(o)-	mesure	métrique ; métronome
micro-	petit	microbe ; microcosme
mis(o)-	haine	misanthrope ; misogyne
mném(o)-	mémoire	mnémotechnique
mon(o)-	seul	monogramme ; monolithe
morpho-	forme	morphologie
my(o)-	muscle	myalgie ; myopathie
myco-	champignon	mycologie

préfixes	*sens*	*exemples*
myél(o)-	moelle	myéline ; myélocyte
myri(a)-	dix mille	myriade
myth(o)-	légende	mythologie
nécro-	mort	nécrologie ; nécropole
néo-	nouveau	néologisme ; néophyte
néphr(o)-	rein	néphrite
neur(o)-, névr(o)-	nerf	neurologie ; névralgie
noso-	maladie	nosologie
octa-, octo-	huit	octaèdre ; octogone
odont(o)-	dent	odontologie
olig(o)-	peu nombreux	oligarchie
onir(o)-	songe	oniromancie
ophtalm(o)-	œil	ophtalmologie
ornitho-	oiseau	ornithologiste
oro-	montagne	orographie
ortho-	droit	orthographe ; orthopédie
osté(o)-	os	ostéite ; ostéomyélite
ot(o)-	oreille	oto-rhino-laryngologie ; otite
oxy-	aigu, acide	oxyton ; oxygène
pachy-	épais	pachyderme
paléo-	ancien	paléographie ; paléolithique
pan-, pant(o)-	tout	panthéisme ; pantographe
par(a)-	1. voisin de 2. protection contre	paralangage ; paratyphoïde parapluie ; parachute
path(o)-	souffrance	pathogène ; pathologie
péd(o)-	enfant	pédiatrie ; pédophile
penta-	cinq	pentagone
péri-	autour	périphérie ; périphrase
phago-	manger	phagocyte
pharmac(o)-	médicament	pharmaceutique ; pharmacopée
pharyng(o)-	gosier	pharyngite
phén(o)-	apparaître, briller	phénotype ; phénol
phil(o)-	aimer	philanthrope ; philatélie
phon(o)-	voix, son	phonographe ; phonologie
photo-	lumière	photographe
phyllo-	feuille	phylloxéra
phys(io)-	nature	physiocrate ; physique
phyt(o)-	plante	phytophage
pleur(o)-	côté	pleurite
plouto-	richesse	ploutocratie
pneumato-, pneumo-	poumon	pneumatophore ; pneumonie
pod(o)-	pied	podomètre
poly-	nombreux	polyèdre ; polygone
pro-	1. devant, 2. pour, partisan de 3. à la place de	prognathe ; prochinois ; proconsul
prot(o)-	premier	prototype
pseud(o)-	faux	pseudonyme
psych(o)-	âme	psychologue
ptéro-	aile	ptérodactyle
pyo-	pus	pyogène
pyr(o)-	feu	pyrotechnie
rhéo-	couler	rhéologie ; rhéostat
rhino-	nez	rhinocéros
rhizo-	racine	rhizome ; rhizopode
rhodo-	rose	rhododendron
sarco-	chair	sarcophage
saur(o)-	lézard	saurien
schizo-	fendre	schizophrénie
séma-	signe	sémaphore
sidér(o)-	fer	sidérurgique
solén(o)-	tuyau	solénoïde
somat(o)-	corps	somatique
spélé(o)-	caverne	spéléologie
sphér(o)-	globe	sphérique ; sphéroïde
stéré(o)-	solide	stéréoscope
stomat(o)-	bouche	stomatologie
syn-, sym-	avec, ensemble	synthèse ; sympathie
tachy-	rapide	tachymètre
tauto-	le même	tautologie
taxi-	arrangement	taxidermie ; taxinomie
techn(o)-	art, science	technique ; technologie
télé-	de loin, à distance	télépathie ; téléphone
tétra-	quatre	tétragone
thalasso-	mer	thalassothérapie
théo-	dieu	théocratie ; théologie
therm(o)-	chaleur	thermomètre
top(o)-	lieu	topographie ; toponymie
typo-	caractère	typographie ; typologie
urano-	ciel	uranoscope
ur(o)-	urine	urémie
xén(o)-	étranger	xénophobe
xér(o)-	sec	xérophile
xylo-	bois	xylophone
zoo-	animal	zoologie

II Préfixes d'origine latine ou mots latins entrant dans la composition de mots français

préfixes	*sens*	*exemples*
ab-, abs-	loin de, séparation	abduction ; abstinence
ad-	vers, ajouté à	adhérence ; adventice
ambi-	de part et d'autre	ambidextre ; ambivalence
anté-	avant, antériorité	antédiluvien ; antépénultième
bi-, bis-	deux	bipède ; biplace
centi-	centième partie	centimètre
circon-, circum	autour	circonlocution ; circumnavigation
co-, col-, com-, con-, cor-	avec	coadjuteur ; collection compère ; concitoyen corrélatif
cupr(o)-	cuivre	cuproalliage
dé-	cessation	dépolitiser
déci-	dixième partie	décimale ; décimètre
dis-	séparé de	disjoindre ; dissymétrie
ex-	1. hors de 2. qui a cessé d'être	expatrier ; exporter ex-député ; ex-ministre
extra-	1. extrêmement 2. hors de	extra-dry ; extrafin extraordinaire ; extraterritorial
in-, im-	dans	infiltrer ; immerger
il-, im-, in-, ir-	privé de	illettré ; impropre ; inexact ; irresponsable
inter-	entre	interallié ; interligne ; international
intra-	au-dedans	intramusculaire
juxta-	auprès de	juxtalinéaire ; juxtaposer
mi-	(à) moitié	mi-temps
milli-	division par mille	millimètre, millibar
multi-	nombreux	multicolore ; multiforme
octa-, octo-	huit	octaèdre ; octosyllabe
omni-	tout	omniscient ; omnivore
pén(é)-	presque	pénéplaine ; pénultième
pluri-	plusieurs	pluridisciplinaire
post-	après ; postériorité	postdater ; postscolaire
pré-	devant ; antériorité	préétabli ; préhistoire
pro-	en avant	projeter ; prolonger
quadr(i)-, quadru-	quatre	quadrilatère ; quadrupède
quasi-	presque	quasi-contrat
quinqu-	cinq	quinquagénaire, quinquennal
radio-	rayon	radiographie ; radiologie
r(e)-, ré-	de nouveau	rouvrir ; réargenter
rétro-	en retour ; en arrière	rétroactif ; rétrograder
semi-	à demi, partiellement	semi-aride
simili-	semblable	similigravure ; similicuir
sub-	sous	subalterne, subdéléguer ; subdiviser
super-, supra-	au-dessus	superstructure ; supranational
sus-	au-dessus	susnommé
trans-	au-delà de, à travers	transformer ; transhumant
tri-	trois	tripartite ; trisaïeul
ultra-	au-delà de	ultrason ; ultraviolet
uni-	un	uniforme
vice-	à la place de	vice-amiral ; vice-consul

SUFFIXES

I Suffixes d'origine grecque

suffixes	*sens*	*exemples*
-algie	douleur	névralgie
-archie	commandement	hiérarchie
-arque	qui commande	monarque
-bare	pression	isobare
-blaste	germe	chondroblaste
-bole	qui lance	discobole
-carpe	fruit	péricarpe
-cène	récent	éocène
-céphale	tête	dolichocéphale
-coque	graine	gonocoque
-cosme	monde	macrocosme
-crate, -cratie	pouvoir, force	aristocrate, ploutocratie
-cycle	roue	tricycle
-cyte	cellule	leucocyte
-dactyle	qui a des doigts	ptérodactyle
-doxe	opinion	paradoxe
-drome	course	hippodrome
-èdre	face, base	dodécaèdre
-émie	sang	urémie
-game	qui engendre	cryptogame
-gamie	mariage, union	polygamie
-gène	qui engendre	hydrogène ; pathogène
-gone	angle	polygone
-gramme	un écrit	télégramme
-graphe	qui écrit	dactylographe
-graphie	art d'écrire	sténographie
-gyne	femme	misogyne
-hydre	eau	anhydre
-iatre	qui soigne	pédiatre
-lâtrie	adoration	idolâtrie
-lithe, -lite	pierre	monolithe, chrysolite
-logie	science, étude	psychologie
-logue	qui étudie, spécialiste	astrologue
-mancie	divination	cartomancie
-mane	qui a la passion, la manie de	kleptomane
-manie	passion, obsession	anglomanie

suffixes	*sens*	*exemples*
-mètre, -métrie	mesure	centimètre, audiométrie
-nome	qui règle ; loi	économe
-nomie	art de mesurer	astronomie
-oïde	qui a la forme	sinusoïde
-ome	maladie, tumeur	angiome ; fibrome
-onyme	qui porte le nom	patronyme
-pathe, -pathie	malade de ; maladie	névropathe ; myopathie
-pédie	éducation	encyclopédie
-phage, -phagie	manger	anthropophage ; aérophagie
-phane	qui brille	diaphane
-phile, -philie	aimer	russophile ; francophilie
-phobe, -phobie	craindre	anglophobe ; agoraphobie
-phone, -phonie	voix, son	microphone ; électrophone, radiophonie, téléphonie
-phore	qui porte	sémaphore
-pithèque	singe	anthropopithèque
-pode	pied	myriapode
-pole	ville	métropole
-pole	vendre	oligopole
-ptère	aile	hélicoptère
-saure	lézard	dinosaure
-scope, -scopie	voir ; vision	télescope ; radioscopie
-sphère	globe	stratosphère
-taphe	tombeau	cénotaphe
-technie	science, art	pyrotechnie
-thèque	armoire, boîte	bibliothèque
-thérapie	traitement médical	héliothérapie ; radiothérapie
-therme, -thermie	chaleur	isotherme ; géothermie
-tomie	action de couper	trachéotomie
-type, -typie	impression	linotype ; phototypie
-urie	urine	albuminurie

II Suffixes d'origine latine

suffixes	*sens*	*exemples*
-cide	qui tue	infanticide
-cole	relatif à la culture	vinicole ; viticole
-culteur, -culture	cultiver	agriculteur ; horticulture
-fère	qui porte	mammifère
-fique	qui produit	frigorifique
-forme	qui a la forme de	cunéiforme ; filiforme

suffixes	*sens*	*exemples*
-fuge	qui fuit ou fait fuir	transfuge ; vermifuge
-grade	qui marche	plantigrade
-lingue	langue	bilingue
-pare	qui enfante	ovipare
-pède	pied	bipède ; quadrupède
-vore	qui se nourrit	carnivore ; herbivore

III Dérivation suffixale en français

Suffixes servant à former des noms

suffixes	*sens*	*exemples*
-ace, -asse	péjoratif	populace, filasse
-ade	action, collectif	bravade, citronnade
-age	action, collectif	balayage, pelage
-aie	plantation de végétaux	pineraie, roseraie
-ail	instrument	éventail, soupirail
-aille	péjoratif collectif	ferraille, mangeaille
-ain, -aine	origine	romain, thébain
-aine	collectif	centaine, dizaine
-aire	agent	commissionnaire, incendiaire
-aison, -ion, -tion, -ation, -sion, -ison	action	livraison, production, augmentation, guérison
-ance	résultat de l'action	appartenance, croyance, espérance
-ard	péjoratif	chauffard, fuyard
-at	profession, état	internat, rectorat
-âtre	péjoratif	bellâtre, marâtre
-ature, -ure	action, instrument	armature, peinture
-aud	péjoratif	lourdaud, maraud
-cule, -ule	diminutif	animalcule, globule
-eau, -elle, -ille	diminutif	chevreau, radicelle, brindille
-ée	contenu	assiettée, maisonnée
-ement,	action	renouvellement,

suffixes	*sens*	*exemples*
-ment		stationnement
-er, -ier, -ière	agent	boucher, épicier, pâtissier
-erie	local, qualité, etc.	charcuterie, épicerie, pruderie
-esse	défaut, qualité	maladresse, sagesse
-et, -ette	diminutif	garçonnet, fillette
-eté, -té, -ité	qualité	propreté, générosité humanité
-eur, -ateur	agent	rôdeur, dessinateur
-ie	état	envie, jalousie
-ien, -en	profession, origine	chirurgien, parisien, lycéen
-is	résultat d'une action, état	fouillis, gâchis, hachis, taillis
-ise	défaut, qualité	gourmandise, franchise
-isme	doctrine, école	communisme, existentialisme
-iste	qui exerce un métier, adepte d'une doctrine	bouquiniste, dentiste, chauffagiste, calviniste, existentialiste, socialiste
-ite	état maladif	gastrite, méningite
-itude	qualité	exactitude, servitude
-oir, -oire	instrument	perchoir, baignoire
-ole	diminutif	bestiole, carriole
-on, -eron, -illon	diminutif	aiglon, chaton, moucheron, aiguillon
-ot	diminutif	chariot, îlot

Suffixes servant à former des adjectifs

suffixes	*sens*	*exemples*
-able, -ible, -uble	possibilité	aimable, audible, soluble
-ain, -ien	habitant	africain, indien
-ais, -ois	habitant	japonais, chinois
-al	qualité	glacial, vital
-an	origine	birman, persan
-ard	péjoratif	richard, vantard
-asse	péjoratif	blondasse, fadasse
-âtre	péjoratif	bleuâtre, douceâtre, rougeâtre
-aud	péjoratif	noiraud, rustaud
-é	état	bosselé, dentelé
-el	qui cause	accidentel, mortel

suffixes	*sens*	*exemples*
-esque	qualité	pédantesque, romanesque
-et, -elet	diminutif	propret, aigrelet
-eux	dérivé du nom	peureux, valeureux
-ier	qualité	altier, hospitalier
-if	qualité	maladif, oisif
-ile	capable d'être	fissile, rétractile
-in	diminutif ou péjoratif	blondin, libertin
-ique	qui a rapport à	chimique, ironique
-iste	qui se rapporte à	égoïste, réaliste
-ot	diminutif ou péjoratif	pâlot, vieillot
-u	qualité	barbu, charnu

Suffixes servant à former des verbes

suffixes	*sens*	*exemples*
-ailler	péjoratif	rimailler, tournailler
-asser	péjoratif	rapetasser, rêvasser
-eler	dérivé du nom	écarteler, renouveler
-er	dérivé du nom	destiner, exploiter
-eter	diminutif	tacheter, voleter
-ifier	qui rend, cause	bêtifier, pétrifier
-iller	diminutif, péjoratif	fendiller, mordiller
-iner	mouvement répété et rapide	piétiner, trottiner

suffixes	*sens*	*exemples*
-ir	dérivé d'adjectif	grandir, noircir, rougir, verdir
-iser	qui rend	angliciser, ridiculiser
-ocher	péjoratif (surtout)	effilocher, rabibocher, amocher
-onner	diminutif, péjoratif	chantonner, mâchonner
-oter	péjoratif	vivoter
-oyer	devenir	nettoyer, poudroyer

RUBRIQUES, ABRÉVIATIONS ET TERMES CONVENTIONNELS EMPLOYÉS DANS CET OUVRAGE

abrév.	abréviation
absolt	absolument
abusif	emploi abusif ; abusivement
Acad.	Académie française
ACOUST.	acoustique
adj.	adjectif ; adjectif, ive ; adjectivement
ADMIN.	administration
adv.	adverbe ; adverbial, e ; adverbialement
AÉRON.	aéronautique
affl.	affluent
AGRIC.	agriculture
ALCH.	alchimie
ALG.	algèbre
all.	allemand
ALP.	alpinisme
alphab.	alphabétique
alt.	altitude
altér.	altération
amér.	américain
ANAT.	anatomie
anc.	ancien ; anciennement (mot qui n'est ni vieux ni vieilli mais qui désigne une réalité aujourd'hui disparue ou devenue rare)
angl.	anglais
anglic.	anglicisme
ANTHROP.	anthropologie sociale
ANTHROP. PHYS.	anthropologie physique
ANTIQ.	Antiquité
ANTIQ. GR.	Antiquité grecque
ANTIQ. ROM.	Antiquité romaine
APIC.	apiculture
app.	en apposition
apr.	après
apr. J.-C.	après Jésus-Christ
ar.	arabe
ARBOR.	arboriculture
ARCHÉOL.	archéologie
ARCHIT.	architecture
arg.	argot ; argotique
ARITHM.	arithmétique
ARM.	armement
arr.	arrondissement
art.	article
ART CONTEMP.	art contemporain
ARTILL.	artillerie
ARTS DÉC.	arts décoratifs
ARTS GRAPH.	arts graphiques
ARTS PLAST.	arts plastiques
ASTROL.	astrologie
ASTRON.	astronomie
ASTRONAUT.	astronautique
ASTROPHYS.	astrophysique
auj.	aujourd'hui
AUTOM.	automobile
autref.	autrefois
auxil.	auxiliaire
av.	avant
AVIAT.	aviation
AVIC.	aviculture
av. J.-C.	avant Jésus-Christ
BACTÉR.	bactériologie
BANQUE	terme particulier au vocabulaire de la banque
BIOCHIM.	biochimie
BIOL.	biologie
B.N.	Bibliothèque nationale
BOT.	botanique
BOUCH.	boucherie
BOURSE	terme particulier au vocabulaire de la Bourse
BOXE	terme particulier au vocabulaire de la boxe
BROD.	broderie
BX-A.	beaux-arts
c.-à-d.	c'est-à-dire
cant.	canton
cap.	capitale
card.	cardinal (adj. num. cardinal)
CATH.	catholique ; catholicisme
cf.	confer : voir aussi, se reporter à
CHASSE	terme particulier au vocabulaire de la chasse
CH. DE F.	chemin de fer
CHIM.	chimie
CHIM. ORG.	chimie organique
chin.	chinois
CHIR.	chirurgie
ch.-l.	chef-lieu
ch.-l. de c.	chef-lieu de canton
CHORÉGR.	chorégraphie
CHRÉT.	chrétien, chrétienne
CIN.	cinéma
CLIMATOL.	climatologie
collab.	collaboration
collect.	collectif
COMM.	commerce
comm.	commune
compl.	complément
COMPTAB.	comptabilité
conj.	conjonction ; conjonctif, ive.
CONSTR.	terme technique de la construction
contemp.	contemporain
contr.	contraire
cour.	courant, couramment

COUT.	couture
CUIS.	cuisine, art culinaire
CYBERN.	cybernétique
CYTOL.	cytologie
DÉF.	défense
déf.	défini
dém.	démonstratif
DÉMOGR.	démographie
dép.	département
dial.	dialecte ; dialectal, e
didact.	didactique (mot employé le plus fréquemment dans des situations de communication impliquant la transmission d'un savoir)
dimin.	diminutif
dir.	direct ; en construction directe
DR.	droit
DR. ADM.	droit administratif
DR. ANC.	droit ancien
DR. CAN.	droit canon
DR. CIV.	droit civil
DR. COMM.	droit commercial
DR. CONSTIT.	droit constitutionnel
DR. COUTUM.	droit coutumier
DR. FÉOD.	droit féodal
DR. FISC.	droit fiscal
DR. INTERN.	droit international
DR. MAR.	droit maritime
DR. PÉN.	droit pénal
DR. ROM.	droit romain
ecclés.	ecclésiastique
ÉCOL.	écologie
ÉCON.	économie
éd.	édition
ÉLECTR.	électricité
ÉLECTRON.	électronique
ellipt.	elliptique ; elliptiquement
EMBRYOL.	embryologie
empr.	emprunt du ; emprunté à
en partic.	en particulier
ENTOMOL.	entomologie
env.	environ
ÉPISTÉMOL.	épistémologie
ÉQUIT.	équitation
ESCR.	escrime
esp.	espagnol
ETHNOL.	ethnologie
ETHNOGR.	ethnographie
ÉTHOL.	éthologie
étym.	étymologie
ex.	exemple
exagér.	exagération (par)
exclam.	exclamation ; exclamatif, ive
express.	expression
f., fém.	féminin
fam.	familier ; familièrement
FAUC.	fauconnerie
FÉOD.	féodalité
fig.	figuré ; au figuré
FIN.	finances
fl.	fleuve
FOREST.	foresterie
FORTIF.	fortifications
fr.	français
anc. fr.	ancien français
fr. mod.	français moderne
gaul.	gaulois
génér.	général, généralement
GÉNÉT.	génétique
GÉOGR.	géographie, géographique
GÉOL.	géologie
GÉOM.	géométrie
GÉOMORPH.	géomorphologie
GÉOPHYS.	géophysique
germ.	germanique
gr.	grec, grecque
GRAMM.	grammaire
GRAV.	gravure
h., hab.	homme, habitant
haut.	hauteur
hébr.	hébreu
HÉRALD.	héraldique
HIST.	histoire
HISTOL.	histologie
hongr.	hongrois
HORTIC.	horticulture
HYDROGR.	hydrographie
HYDROL.	hydrologie
ill.	illustration
imp.	imparfait (temps)
impér.	impératif (mode)
impers.	impersonnel (verbe)
IMPR.	imprimerie
impropr.	improprement
ind.	indicatif (mode)
IND.	industrie ; industriel
indéf.	indéfini
indir.	indirect ; en construction indirecte
inf.	infinitif
infl.	influence
INFORM.	informatique
injur.	injurieux
interj.	interjection ; interjectif, ive
interr.	interrogation ; interrogatif, ive
intr.	intransitivement ; intransitif
inv.	invariable
irland.	irlandais
iron.	ironique ; ironiquement
island.	islandais
it., ital.	italien
jap.	japonais
JARD.	art des jardins, paysagisme
JEUX	terme particulier au vocabulaire des jeux
lat.	latin
LING.	linguistique
litt.	littéraire (mot que l'on rencontre surtout dans les textes écrits)
LITTÉR.	littérature (terme particulier au vocabulaire technique de la littérature, de la critique littéraire)
LITURGIE	terme particulier à la liturgie
loc.	locution
LOG.	logique
long.	longueur
m., masc.	masculin
m.	mort
M.A.M.	musée d'Art moderne
MAR.	marine ; maritime
MAR. ANC.	marine ancienne
MATH.	mathématiques
max.	maximal, e
MÉCAN.	mécanique
MÉD.	médecine ; médical, e
médiév., MÉDIÉV.	médiéval, e
MENUIS.	menuiserie
MÉTALL.	métallurgie
MÉTÉOR.	météorologie
MÉTR.	métrique
MÉTROL.	métrologie
MIL., mil.	militaire
MIN.	mines
MINÉR.	minéralogie
M.N.A.M.	musée national d'Art moderne
mod.	moderne
MONN.	monnaie
MUS.	musique
mus.	musée
MYTH., myth.	mythologie ; mythologique
n.	nom
n°	numéro
néerl.	néerlandais
NEUROL.	neurologie
norvég.	norvégien
notamm.	notamment
n.pr.	nom propre
NUCL.	nucléaire
num.	numéral
NUMISM.	numismatique
OCÉANOGR.	océanographie
onomat.	onomatopée
OPT.	optique
ord.	ordinal, e
ORFÈVR.	orfèvrerie
orig.	origine
ORNITH.	ornithologie
p.	participe ; page
PALÉOGR.	paléographie
PALÉONT.	paléontologie
PAPET.	papeterie
par anal.	par analogie
par ex.	par exemple
par ext.	par extension
par opp. à	par opposition à
par plais.	par plaisanterie
partic.	particulièrement
pass.	passif, forme passive
PATHOL.	pathologie
p.-ê.	peut-être
PÊCHE	terme particulier au vocabulaire de la pêche
PÉDOL.	pédologie
PEINT.	peinture
péj.	péjoratif
pers.	personne ; personnel
PÉTR.	industrie du pétrole
PHARM.	pharmacie
PHILOS.	philosophie

PHON.	phonétique
PHOT.	photographie
PHYS.	physique
PHYSIOL.	physiologie
pl.	pluriel
poét.	poétique
POLIT.	politique
polon.	polonais
pop.	populaire
port.	portugais
poss.	possessif
p. passé	participe passé
p. présent	participe présent
précéd.	précédent, précédemment
préf.	préfixe ; préfecture
PRÉHIST.	préhistoire
prép.	préposition ; prépositive
PRESSE	terme particulier au vocabulaire de la presse
princ.	principal ; principalement
priv.	privatif
PROCÉD.	procédure
pron.	pronom ; pronominal
prov.	provençal ; province
PSYCHAN.	psychanalyse
PSYCHIATRIE	terme particulier au vocabulaire de la psychiatrie
PSYCHOL.	psychologie
PSYCHOPATH.	psychopathologie
qqch	quelque chose
qqn	quelqu'un
RADIOL.	radiologie
RADIOTECHN.	radiotechnique
recomm. off.	recommandation officielle
r. dr.	rive droite
r. g.	rive gauche
région.	régional
REL.	reliure
relat.	relatif
RELIG.	religion
REM.	remarque
RHÉT.	rhétorique
riv.	rivière
roum.	roumain
s.	siècle
S.	San ; Sant, Santo, Santa, Sankt
sanskr.	sanskrit
SC.	sciences ; scientifique
SC. DE LA V.	sciences de la vie
SC. ÉDUC.	sciences de l'éducation
scand.	scandinave
scol.	scolaire
SCULPT.	sculpture
SERRURERIE	terme particulier au vocabulaire de la serrurerie
seult	seulement
SEXOL.	sexologie
signif.	signifiant
sing.	singulier
SOC.	social, e
SOCIOL.	sociologie
spécialt	spécialement
SPÉLÉOL.	spéléologie
SPORTS	terme du vocabulaire sportif
s.-préf.	sous-préfecture
STAT.	statistique
subj.	subjonctif (mode)
suéd.	suédois
suiv.	suivant
SYLV.	sylviculture
symb.	symbole
syn.	synonyme
TECHN.	technique
TECHNOL.	technologie
TÉLÉCOMM.	télécommunications
TÉLÉV.	télévision
TEXT.	textile
THÉÂTRE	théâtre
THÉOL.	théologie
THÉRAP.	thérapeutique
TOPOGR.	topographie
très fam.	très familier, très familièrement
TR. PUBL.	travaux publics
TURF	terme particulier au vocabulaire hippique
v.	verbe, voir ; ville, vers
var.	variante
VÉN.	vénerie
VERR.	verrerie
VÉTÉR.	art vétérinaire
v.i.	verbe intransitif
vieilli	vieilli (mot qui tend à sortir de l'usage, mais qui reste compris de la plupart des locuteurs natifs). Voir *anc.* et *vx.*
VITIC.	viticulture
vol.	volume
v.pr.	verbe pronominal ; ville principale
v.t.	verbe transitif
v.t. ind.	verbe transitif indirect
vulg.	vulgaire ; vulgairement (mot renvoyant à une réalité frappée de tabou, le plus souvent d'ordre sexuel ou excrémentiel)
vx	vieux (mot qui n'est généralement plus compris ni employé). Voir *anc.* et *vieilli.*
ZOOL.	zoologie
ZOOT.	zootechnie
*	se reporter au terme suivi de l'étoile
→	voir

A

A n.m. inv. Première lettre de l'alphabet, première des voyelles. *Prouver par a + b,* rigoureusement. ◇ a : symbole de l'are et symbole de atto-. ◇ A : symbole de l'ampère et ancien symbole chimique de l'argon. ◇ MUS. A : *la,* dans le système de notation en usage dans les pays anglo-saxons et germaniques. ◇ Å, symbole de l'angström. ◇ *Bombe A :* bombe nucléaire de fission.

À prép. (lat. *ad,* vers). **I.** Exprime un rapport : **1.** De lieu. *Être à Paris.* **2.** De temps. *Partir à sept heures.* **3.** De destination. *Aboutir à un échec.* **4.** De possession. *Ce stylo est à moi.* **5.** De moyen. *Pêcher à la ligne.* **6.** De manière. *Marcher à reculons.* **7.** De prix. *Une place à vingt francs.* **II.** Introduit : **1.** Un complément d'objet indirect d'un verbe transitif indirect. *Participer à un jeu.* **2.** Un complément d'objet secondaire. *Prêter de l'argent à un ami.*

ABACA n.m. (esp. *abacá*). Bananier des Philippines, qui fournit une matière textile, le chanvre de Manille. (Famille des musacées.)

ABACULE n.m. Élément d'une mosaïque. SYN. : *tesselle.*

ABAISSABLE adj. Que l'on peut abaisser.

ABAISSANT, E adj. Qui abaisse moralement ; dégradant.

ABAISSE n.f. Morceau de pâte aminci au rouleau servant à foncer un moule, en pâtisserie, en cuisine.

ABAISSE-LANGUE n.m. (pl. *abaisse-langues* ou inv.). Palette avec laquelle on appuie sur la langue pour examiner la bouche et la gorge.

ABAISSEMENT n.m. **1.** Action d'abaisser ; baisse, diminution. **2.** Fait de s'abaisser.

ABAISSER v.t. (de *baisser*). **1.** Faire descendre, mettre à un niveau plus bas. *Abaisser une manette.* ◇ *Abaisser une perpendiculaire,* la mener d'un point à une droite ou à un plan. **2.** Diminuer l'importance, la valeur de ; baisser. *Abaisser ses prix.* ◆ **s'abaisser** v.pr. *(à).* Litt. Perdre sa dignité, se compromettre.

ABAISSEUR adj.m. *Muscle abaisseur,* qui abaisse (telle partie du corps). ◆ n.m. **1.** Muscle abaisseur. *L'abaisseur du sourcil.* **2.** ÉLECTR. Transformateur. *Abaisseur de tension.*

ABAJOUE n.f. Poche de la joue de certains mammifères (notamm. le hamster, certains singes), servant de réserve à aliments.

ABANDON n.m. (anc. fr. *à bandon,* au pouvoir de). **1.** Action d'abandonner, de quitter, de cesser d'occuper. *Abandon de poste. Abandon du domicile conjugal.* ◇ SPORTS. Fait de renoncer à poursuivre une compétition. **2.** Fait de s'abandonner, de renoncer à toute réserve, à toute retenue. **3.** Fait d'être délaissé, négligé. *À l'abandon :* laissé sans soin, en désordre.

ABANDONNER v.t. **1.** Se retirer définitivement de (un lieu) ; cesser d'occuper ; quitter. *Abandonner sa maison, son poste.* **2.** Renoncer à. *Abandonner ses études, la lutte.* ◇ Absolt. *Le boxeur a abandonné au premier round.* **3.** Confier, céder. *Abandonner aux autres le soin de décider pour soi.* **4.** Faire défaut à (qqn). *Ses forces l'ont abandonné.* ◆ **s'abandonner** v.pr. *(à).* Se laisser aller à. *S'abandonner aux confidences, au désespoir.*

ABANDONNIQUE adj. et n. PSYCHOL. Qui vit dans la crainte d'être abandonné. *Enfant abandonnique.*

ABAQUE n.m. (gr. *abax,* table à calcul). **I. 1.** Diagramme, graphique donnant par simple lecture la solution approchée d'un problème numérique. **2.** Anc. Table à calcul ; boulier compteur. **II.** Tablette, assise plus ou moins saillante qui couronne un chapiteau. SYN. : *tailloir.*

ABASIE [abazi] n.f. (du gr. *basis,* marche). MÉD. Impossibilité de marcher, en l'absence d'atteinte motrice ou sensitive caractérisée.

ABASOURDIR [abazurdir] v.t. (anc. fr. *basourdir,* tuer). **1.** Jeter dans la stupéfaction, dérouter. **2.** Étourdir par un grand bruit.

ABASOURDISSANT, E adj. Qui abasourdit.

ABASOURDISSEMENT n.m. Fait d'être abasourdi, stupéfaction.

ABAT n.m. Vx. *Pluie d'abat :* averse violente et abondante.

ABATAGE n.m. → ***abattage.***

ABATANT n.m. → ***abattant.***

ABÂTARDIR v.t. **1.** Faire perdre les qualités de sa race à. **2.** Faire perdre ses qualités originelles, sa vigueur ; faire dégénérer.

ABÂTARDISSEMENT n.m. État de ce qui est abâtardi.

ABATÉE n.f. → ***abattée.***

ABATIS n.m. Canada. Terrain qui n'est pas encore complètement essouché.

ABAT-JOUR n.m. inv. **1.** Dispositif fixé autour d'une lampe et destiné à diriger la lumière tout en protégeant les yeux de l'éblouissement. **2.** Tout dispositif (auvent, lames, soupirail, etc.) laissant pénétrer la lumière et la dirigeant.

ABATS [aba] n.m. pl. Celles des parties comestibles des animaux de boucherie qui ne consistent pas en chair, en muscles (rognons, foie, mou, langue, pieds, etc.).

ABAT-SON ou **ABAT-SONS** n.m. (pl. *abat-sons*). Ensemble des lames obliques posées dans les baies des clochers pour renvoyer vers le sol le son des cloches.

ABATTABLE adj. Qui peut être abattu.

ABATTAGE ou, vx, **ABATAGE** n.m. **1.** Action d'abattre. *Abattage des arbres.* **2.** Action de tuer un animal de boucherie. **3.** Action de détacher le charbon, le minerai d'un gisement. **4. a.** *Avoir de l'abattage,* de l'allant, de l'entrain. **b.** *Vente à l'abattage,* par grandes quantités, avec un bénéfice unitaire réduit.

ABATTANT ou, vx, **ABATANT** n.m. Partie mobile d'un meuble, qu'on peut lever ou rabattre.

ABATTÉE ou, vx, **ABATÉE** n.f. **1. a.** Mouvement d'un navire qui change de route. **b.** Mouvement d'un voilier dont l'axe s'écarte du lit du vent. **2.** Piqué brusque d'un avion, survenant à la suite d'une perte de vitesse.

ABATTEMENT n.m. **1.** Fait d'être abattu ; affaiblissement physique ou moral, épuisement, accablement. *Être dans un état de grand abattement.* **2.** Déduction faite sur une somme à payer. ◇ Fraction de la matière imposable exclue du calcul de l'impôt.

ABATTEUR n.m. Celui qui abat (telle chose, tel être). *Un grand abatteur de gibier.*

ABATTIS n.m. Coupe faite dans un bois. ◇ MIL. Obstacle fait d'arbres inclinés ou abattus. ◆ pl. **1.** Abats de volaille. **2.** Fam. Bras, mains, pieds, jambes.

ABATTOIR n.m. Établissement où l'on abat et où l'on prépare les animaux destinés à la consommation.

ABATTRE v.t. (bas lat. *abbatuere*) 83. **1.** Faire tomber ; renverser, démolir. *Abattre un arbre, un mur.* ◇ *Abattre de la besogne, du travail :* exécuter rapidement, efficacement, des tâches nombreuses. **2.** Tuer (un animal). ◇ *Abattre qqn :* le tuer avec une arme à feu. **3.** Ôter ses forces physiques ou morales à ; épuiser, anéantir. *La fièvre l'a abattu. Se laisser abattre.* **4.** *Abattre ses cartes, son jeu :* déposer ses cartes en les montrant, étaler son jeu ; fig., dévoiler à l'adversaire son plan, ses moyens d'action. ◆ v.i. MAR. S'écarter du lit du vent (par opp. à *lofer*). ◆ **s'abattre** v.pr. Tomber ; se laisser tomber. *La grêle s'est abattue sur la région. L'aigle s'abat sur sa proie.*

1. ABATTU, E adj. Découragé, prostré.

2. ABATTU n.m. Position du chien d'un fusil désarmé.

ABAT-VENT n.m. inv. Appareil placé sur une cheminée, à l'extrémité du conduit, pour faciliter le tirage.

ABAT-VOIX n.m. inv. Dais d'une chaire à prêcher, rabattant vers les fidèles la voix du prédicateur.

ABBASSIDE adj. Des Abbassides.

ABBATIAL, E, AUX [-sjal, o] adj. De l'abbaye. – De l'abbé ou de l'abbesse.

ABBATIALE [-sjal] n.f. Église d'une abbaye.

ABBAYE [abei] n.f. **1.** Couvent, généralement de règle bénédictine, comportant au moins douze moines ou moniales. **2.** Ensemble des bâtiments abritant ces moines ou moniales.

ABBÉ n.m. (lat. *abbas, -atis*). **1.** Supérieur d'une abbaye. **2.** Prêtre séculier. ◇ **Afrique.** Prêtre d'origine africaine (par opp. à *père*).

ABBESSE n.f. Supérieure d'une abbaye.

ABBEVILLIEN n.m. Faciès du paléolithique inférieur, dont l'industrie lithique est caractérisée par des bifaces grossièrement taillés. SYN. (vieilli) : *chelléen.* ◆ **abbevillien, enne** adj. De l'abbevillien.

ABC [abese] n.m. inv. Base d'un art, d'une science. *L'abc du métier.*

ABCÉDER v.i. 18. MÉD. Dégénérer en abcès.

ABCÈS [apsɛ] n.m. (lat. *abcessus,* corruption). **1.** Amas de pus dans une partie du corps. – *Abcès chaud,* dû le plus souvent au staphylocoque ou au streptocoque, et s'accompagnant des signes de l'inflammation. – *Abcès froid,* se développant sans réaction inflammatoire, et généralement d'origine tuberculeuse. ◇ *Crever, vider l'abcès :* dénouer brusquement, résoudre (souvent avec une certaine violence) une situation critique, dangereuse. **2.** *Abcès de fixation :* abcès provoqué artificiellement pour localiser une infection générale (procédé auj. abandonné) ; **fig.,** ce qui permet de circonscrire un phénomène néfaste ou dangereux, de limiter son extension.

ABDICATAIRE adj. et n. Qui a abdiqué.

ABDICATION n.f. Action d'abdiquer.

ABDIQUER v.t. (lat. *abdicare*). Renoncer à (une fonction, un pouvoir). – Spécialt. Renoncer à l'autorité souveraine. *Abdiquer la couronne.* ◇ Absolt. *Le roi a abdiqué.* ◆ v.i. Renoncer à agir, abandonner. *Abdiquer devant les difficultés.*

ABDOMEN [-mɛn] n.m. (mot lat.). **1.** Région inférieure du tronc de l'homme et des mammifères, séparée du thorax par le diaphragme et limitée en bas par le bassin. **2.** Partie postérieure du corps des arthropodes, située à l'arrière des pattes servant à la marche.

■ L'abdomen contient essentiellement l'appareil digestif enveloppé par le péritoine, derrière lequel se trouvent les reins. Ses parois antérieures et latérales sont musculaires. Sa paroi postérieure est constituée par la colonne vertébrale et les muscles lombaires.

ABDOMINAL, E, AUX adj. De l'abdomen.

ABDOMINAUX n.m. pl. **1.** Muscles constituant les parois antérieures et latérales de l'abdomen. **2.** Exercices de gymnastique destinés à renforcer ces muscles. *Faire des abdominaux.*

ABDUCTEUR adj.m. et n.m. (du lat. *abductus,* qui s'écarte). **1.** ANAT. Qui produit l'abduction, en parlant d'un muscle. **2.** CHIM. *Tube abducteur,* qui recueille les gaz dans une réaction chimique.

ABDUCTION n.f. PHYSIOL. Mouvement qui écarte un membre du plan médian du corps.

ABÉCÉDAIRE n.m. (de *abcd*). Vieilli. Livre illustré pour l'apprentissage de l'alphabet, de la lecture.

ABÉE n.f. Ouverture par où passe l'eau actionnant la roue d'un moulin.

ABEILLE n.f. (lat. *apicula*). **1.** Insecte social vivant dans une ruche et produisant le miel et la cire. (Ordre des hyménoptères.) ◇ *Abeille charpentière :* xylocope. **2.** TEXT. *Nid d'abeilles :* tissu qui présente des alvéoles légèrement en relief. ◇ *En nid d'abeilles :* en forme d'alvéoles. – *Nid-d'abeilles,* v. à son ordre alphab.

■ Dans une ruche, on trouve trois sortes d'individus : la *reine,* femelle féconde, qui pond 2 500 œufs par jour, pendant plusieurs années ; quelques centaines de mâles, ou *faux bourdons ;* plusieurs dizaines de milliers d'*ouvrières,* femelles stériles, dont la vie active ne dépasse pas quelques semaines ; ces dernières construisent les alvéoles de *cire,* nourrissent la colonie de *pollen* et de *nectar* butinés sur les fleurs et la défendent grâce à l'aiguillon venimeux terminant leur abdomen.

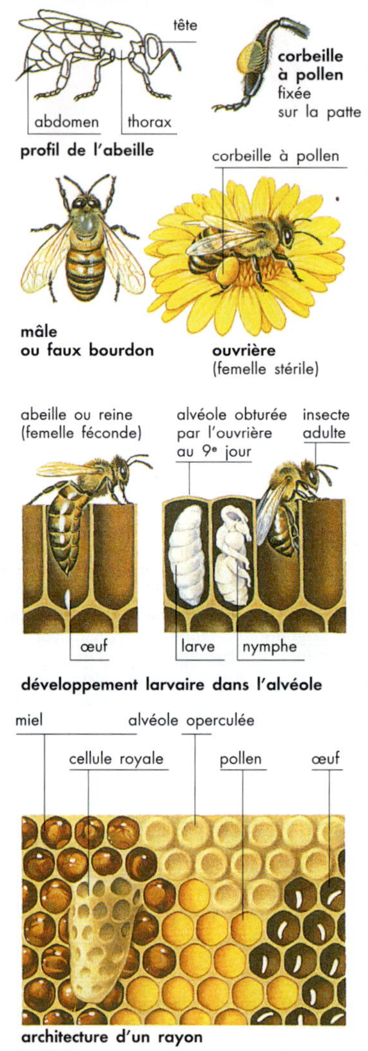

abeille

ABÉLIEN, ENNE adj. (du n. du mathématicien *Abel*). *Groupe abélien,* dont la loi de composition est commutative.

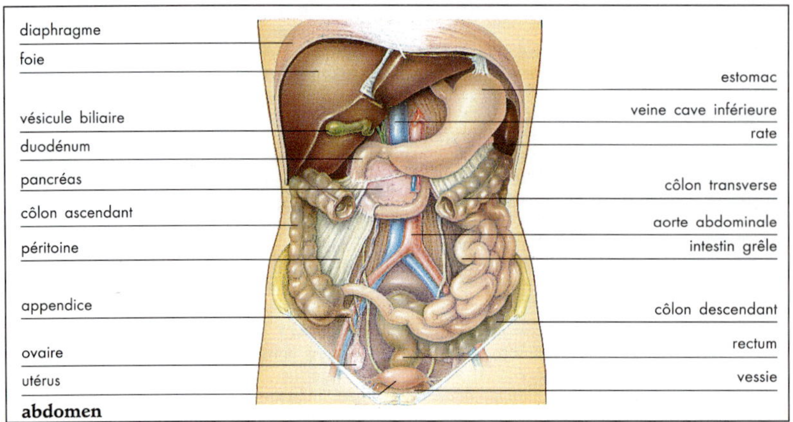

abdomen

ABER [abɛr] n.m. (mot celtique). Basse vallée d'un cours d'eau envahie par la mer, formant un estuaire profond et découpé, en Bretagne. SYN. : *ria.*

ABERDEEN-ANGUS [abərdinɑ̃gys] n. et adj. inv. Bovin d'une race de boucherie dépourvue de cornes, originaire d'Écosse.

ABERRANCE n.f. SC. Caractère d'une grandeur qui s'écarte notablement de la valeur moyenne.

ABERRANT, E adj. (lat. *aberrare,* s'écarter). Qui s'écarte du bon sens, des règles, des normes. *Une idée aberrante.*

ABERRATION n.f. **1.** Erreur de jugement, absurdité. **2.a.** ASTRON. Écart entre la direction apparente d'un astre et sa direction réelle, dû aux mouvements de la Terre. **b.** OPT. Défaut de l'image donnée par un système optique, dû à la constitution même de ce système. **3.** GÉNÉT. *Aberration chromosomique :* anomalie de nombre ou de structure touchant un ou plusieurs chromosomes, cause de diverses maladies génétiques. (L'aberration chromosomique la plus fréquente est une aberration de nombre touchant la 21e paire : c'est la trisomie 21, ou mongolisme.)

ABÊTIR v.t. (de *bête*). Rendre bête, stupide ; abrutir. ◆ **s'abêtir** v. pr. Devenir stupide.

ABÊTISSANT, E adj. Qui abêtit.

ABÊTISSEMENT n.m. Action d'abêtir ; son résultat.

ABHORRER [abɔre] v.t. (lat. *abhorrere*). Litt. Avoir en horreur ; détester, exécrer.

ABIÉTACÉE ou **ABIÉTINÉE** n.f. Pinacée.

ABIÉTIN, E adj. (du lat. *abies,* sapin). BOT. Du sapin.

ABÎME n.m. (gr. *abussos,* sans fond). **1.** Gouffre très profond. **2.** Litt. Ce qui divise, sépare profondément. *Il y a un abîme entre ces deux générations.* **3.** Ruine, désastre. *Être au bord de l'abîme.*

ABÎMER v.t. Mettre en mauvais état, détériorer, endommager. *L'humidité a abîmé le papier peint.* ◆ **s'abîmer** v.pr. **1.** Se détériorer, s'endommager, se gâter. **2.** Litt. Sombrer, s'engloutir. *Le navire s'abîma dans la mer.*

AB INTESTAT [abɛ̃tɛsta] loc. adv. et adj. inv. DR. *Succession ab intestat,* régie par la loi, en l'absence de testament.

ABIOGENÈSE n.f. Vx. Apparition originelle du vivant à partir de la matière inanimée.

ABIOTIQUE adj. Impropre à la vie. *Milieu abiotique.*

ABJECT, E [abʒɛkt] adj. (lat. *abjectus,* rejeté). Qui suscite le mépris par sa bassesse ; ignoble.

ABJECTEMENT adv. De façon abjecte.

ABJECTION n.f. Abaissement moral ; infamie.

ABJURATION n.f. Action d'abjurer.

ABJURER v.t. (lat. *abjurare,* nier par serment). Renoncer solennellement à (une religion, une opinion).

ABLACTATION n.f. Cessation de l'allaitement maternel.

ABLATER v.t. (angl. *to ablate*). ASTRONAUT. Produire l'ablation sur (un matériau). ◆ **s'ablater** v.pr. Subir une ablation.

1. ABLATIF, IVE adj. (de *ablater*). ASTRONAUT. Susceptible de subir l'ablation.

2. ABLATIF n.m. (lat. *ablativus*). LING. Cas des langues à déclinaison exprimant la séparation, l'éloignement, l'origine (et, en latin, l'agent et l'instrument).

ABLATION n.f. (lat. *ablatus,* enlevé). **1.** CHIR. Action d'enlever totalement ou partiellement un organe, une tumeur. SYN. : *exérèse.* **2.** ASTRONAUT. Sublimation du matériau de revêtement d'un engin spatial, avec absorption d'une quantité de chaleur élevée, sous l'effet d'un flux de chaleur intense. **3.** GÉOGR. Perte de substance subie par un relief ou par un glacier *(ablation glaciaire).*

ABLÉGAT n.m. Envoyé extraordinaire du pape.

ABLERET ou **ABLIER** n.m. Filet de pêche carré.

ABLETTE n.f. (lat. *albulus,* blanchâtre). Poisson d'eau douce, à dos vert métallique et à ventre argenté, abondant dans les lacs alpins. (Long. 15 cm ; famille des cyprinidés.)

ABLIER n.m. → ***ableret.***

ABLUTION n.f. (lat. *abluere,* laver). **1.** Toilette purificatrice rituelle prescrite par de nombreuses religions. **2.** Rite de purification du calice, dans la messe catholique. **3.** Litt. (Génér. au pl.). *Faire ses ablutions,* sa toilette.

ABNÉGATION n.f. (lat. *abnegatio,* renoncement). Sacrifice de soi ; renoncement.

ABOI n.m. (de *aboyer*). VÉN. Cri du chien courant devant l'animal arrêté. ◆ pl. VÉN. *Bête aux abois,* réduite à faire face aux chiens qui aboient. ◇ Fig., cour. *Être aux abois,* dans une situation désespérée.

ABOIEMENT n.m. Cri du chien.

ABOLIR v.t. (lat. *abolere*). Annuler, abroger (une loi, une coutume). *Abolir la peine de mort.*

ABOLITION n.f. Annulation, abrogation.

ABOLITIONNISME n.m. Doctrine tendant à l'abolition d'une loi, d'un usage (notamm. : de l'esclavage, autrefois ; de la peine de mort, de nos jours).

ABOLITIONNISTE adj. et n. De l'abolitionnisme ; partisan de l'abolition (d'une loi, d'un usage).

ABOMINABLE adj. **1.** Qui provoque l'aversion, l'horreur. *Un crime abominable.* **2.** Très mauvais, détestable. *Quel temps abominable !*

ABOMINABLEMENT adv. **1.** De façon abominable. *Chanter abominablement.* **2.** Très, extrêmement. *Coûter abominablement cher.*

ABOMINATION n.f. **1.** Irrésistible dégoût, horreur qu'inspire qqch, qqn. **2.** Ce qui inspire le dégoût, l'horreur. *C'est une abomination !*

ABOMINER v.t. (lat. *abominare*). Litt. Avoir en horreur, détester.

ABONDAMMENT [abɔ̃damɑ̃] adv. Avec abondance ; copieusement.

ABONDANCE n.f. **1.** Grande quantité. *L'abondance des légumes sur le marché.* **2.** Ressources considérables, supérieures au nécessaire. *Vivre dans l'abondance. Société d'abondance.* ◇ *Corne d'abondance :* corne débordant de fleurs et de fruits, emblème de l'abondance. **3.** Litt. Richesse d'idées, facilité d'élocution. *Parler d'abondance,* sans notes et longuement.

ABONDANCISTE adj. et n. ÉCON. Partisan de la doctrine de l'abondance, préconisant la répartition des marchandises invendues par des procédés distributifs.

ABONDANT, E adj. Qui abonde, qui existe en grande quantité. *Pluie, récolte abondante.*

ABONDEMENT n.m. (de *abonder*). Versement complémentaire effectué par une entreprise à un organisme, dans le cadre d'un plan d'épargne d'entreprise ou de l'actionnariat des salariés.

ABONDER v.i. (lat. *abundare,* affluer). **1.** Exister en grande quantité. *Le gibier abonde ici.* **2.** *Abonder en :* posséder, produire en grande quantité. *La région abonde en fruits.* **3.** *Abonder dans le sens de qqn :* approuver pleinement ses paroles.

ABONNÉ, E adj. et n. **1.** Titulaire d'un abonnement. **2.** Fam. Coutumier de qqch. *Élève abonné à la dernière place.*

ABONNEMENT n.m. **1.** Convention ou marché, souvent à forfait, pour la fourniture régulière d'un produit ou l'usage habituel d'un service. *Abonnement à un journal. Abonnement au téléphone.* **2.** DR. FISC. Procédé de recouvrement de certains impôts portant sur un même objet et permettant au contribuable de se libérer contre un paiement global à termes réguliers.

ABONNER v.t. (gaul. *bonne,* borne). Prendre un abonnement pour (qqn). *Abonner un ami à une revue.* ◆ **s'abonner** v.pr. Souscrire un abonnement pour soi-même.

ABONNIR v.t. (de *bon*). Rare. Rendre bon, rendre meilleur. *Abonnir le vin.* ◆ **s'abonnir** v.pr. Devenir meilleur.

ABONNISSEMENT n.m. Rare. Fait de s'abonnir ; état de ce qui est abonni.

ablette

ABORD [abɔr] n.m. **1.** Action d'arriver à un lieu, d'y accéder. **2.** Manière d'aborder ou d'accueillir qqn. *Être d'un abord facile.* **3. a.** Litt. *Au premier abord, de prime abord :* à première vue. **b.** *D'abord, tout d'abord :* avant tout, pour commencer. **4.** MAR. *En abord :* à bord du navire et sur le côté. ◆ pl. **1.** Environs, accès immédiats. *Encombrements aux abords de Paris.* **2.** Masses graisseuses sous-cutanées, dont le maniement permet d'apprécier l'état d'engraissement des bovins.

ABORDABLE adj. **1.** Où l'on peut aborder. *Rivage difficilement abordable.* **2.** Qui est d'un abord facile (personnes). **3.** Que l'on peut payer, dont le montant n'est pas trop élevé.

ABORDAGE n.m. **1.** Assaut donné d'un navire à un autre. *Monter à l'abordage.* **2.** Collision accidentelle entre deux bateaux. **3.** Action d'atteindre un rivage, d'aborder.

ABORDER v.i. (de *bord*). Arriver au rivage, atteindre la terre. ◆ v.t. **1.** S'approcher de qqn et lui parler. **2.** Arriver à (un lieu, un passage que l'on doit emprunter). *Aborder un virage.* ◇ *Aborder un problème, une question,* en venir à les traiter. **3. a.** Accoster (un navire) pour lui donner l'assaut. **b.** Heurter (un navire) par accident.

ABORIGÈNE adj. et n. (lat. *aborigenes,* de *origo, -inis,* origine). Qui habite depuis les origines le pays où il vit ; autochtone. *Les aborigènes d'Australie.* ◆ adj. Originaire du pays où il se trouve. *Plante aborigène.*

ABORTIF, IVE adj. et n.m. Se dit d'un produit qui provoque l'avortement. ◆ adj. Fig. Qui s'arrête avant le terme de son évolution normale. *Éruption abortive.*

ABOT n.m. (mot normand). Entrave que l'on attache aux paturons d'un cheval.

ABOUCHEMENT n.m. Action d'aboucher ; son résultat.

ABOUCHER v.t. **1.** Appliquer l'un contre l'autre (des conduits) par leurs ouvertures. *Aboucher deux tuyaux.* **2.** Mettre en rapport (des personnes). ◆ **s'aboucher** v.pr. [*avec*]. (Souvent péj.). Se mettre en rapport (avec). *S'aboucher avec un personnage peu recommandable.*

ABOULER v.t. (de *boule*). Arg. Donner, remettre. *Aboule le pognon.* ◆ **s'abouler** v.pr. Arg. et vx. Venir, arriver.

ABOULIE n.f. (gr. *aboulia*). Incapacité pathologique à agir, à prendre une décision.

ABOULIQUE adj. et n. Atteint d'aboulie.

ABOUT [abu] n.m. Extrémité par laquelle une pièce d'assemblage se joint à une autre.

ABOUTEMENT n.m. Action d'abouter ; son résultat.

ABOUTER v.t. (de *bout*). Joindre par les bouts. *Abouter deux tuyaux.*

ABOUTI, E adj. Qui a été mené à bien. *Un projet abouti.*

ABOUTIR v.t. ind. [*à*] (de *bout*). **1.** Toucher par une extrémité à. *Cette rue aboutit à la Seine.* **2.** Avoir pour résultat, pour conséquence. *Sa démarche a abouti à un échec.* ◆ v.i. Avoir une issue favorable, réussir. *Les pourparlers ont abouti.*

ABOUTISSANT n.m. *Les tenants et les aboutissants* → ***tenant.***

ABOUTISSEMENT n.m. Résultat, point final. *Quel est l'aboutissement de vos démarches ?*

ABOYER [abwaje] v.i. (lat. pop. *abbaudiare*) [13]. **1.** Pousser son cri, en parlant du chien. **2.** Fam. Crier, hurler, en parlant de qqn. ◆ v.t. ind. ***(à, après, contre).*** Invectiver. *Aboyer après qqn.*

ABOYEUR, EUSE adj. Qui aboie. ◆ n. Personne dont le métier exige qu'elle parle en criant. *Les aboyeurs de la Bourse.*

ABRACADABRANT, E adj. (lat. cabalistique *abracadabra*). Bizarre, extravagant, invraisemblable. *Une histoire abracadabrante.*

ABRASER [-ze] v.t. (de *abrasion*). TECHN. User par frottement.

ABRASIF, IVE adj. et n.m. Se dit d'une substance susceptible d'user, de polir par frottement. *Poudre abrasive.*

ABRASIMÈTRE n.m. Appareil servant à déterminer la résistance d'un matériau à l'abrasion.

ABRASION n.f. (lat. *abrasio,* de *abradere,* racler). Action, fait d'abraser ; usure par frottement contre un corps dur.

ABRÉACTION n.f. PSYCHAN. Décharge émotionnelle par laquelle un sujet se libère d'un évènement oublié qui l'avait traumatisé.

ABRÉAGIR v.i. PSYCHAN. Manifester une abréaction.

ABRÉGÉ n.m. **1.** Forme réduite d'un texte plus long. ◇ *En abrégé :* en peu de mots ; en employant des abréviations. **2.** Ouvrage contenant le résumé d'une science, d'une technique, etc. *Un abrégé d'histoire.*

ABRÈGEMENT n.m. Action d'abréger ; fait d'être abrégé.

ABRÉGER v.t. (lat. *brevis,* bref) [22]. **1.** Diminuer la durée de. **2.** Diminuer la longueur de (un texte, un récit, etc.). **3.** Raccourcir un mot par suppression d'une partie des lettres ou des syllabes.

ABREUVEMENT n.m. Action d'abreuver les animaux.

ABREUVER v.t. (lat. pop. *abbiberare ;* du lat. class. *bibere,* boire). **1.** Faire boire (un animal domestique ; fam., une personne). **2.** *Abreuver de :* donner à satiété à (qqn) de ; accabler de. *Abreuver qqn de louanges, d'injures.* **3.** Mouiller abondamment, imbiber. *Terre abreuvée d'eau.* ◆ **s'abreuver** v.pr. Boire, en parlant d'un animal. ◇ Fam. Boire abondamment, en parlant d'une personne.

ABREUVOIR n.m. Lieu ou installation (auge, etc.) où boivent les animaux.

ABRÉVIATIF, IVE adj. Qui sert à noter une abréviation. *Signes abréviatifs.*

ABRÉVIATION n.f. Réduction graphique d'un mot ou d'une suite de mots ; mot ou suite de lettres qui en résulte. *(→ tableau p. 28)*

ABRI n.m. (lat. *apricari,* se chauffer au soleil). **1.** Lieu où l'on peut se mettre à couvert des intempéries, du soleil, du danger, etc. ; installation construite à cet effet. *Un abri souterrain.* ◇ *À l'abri (de) :* à couvert (de) ; hors d'atteinte (de). **2.** DR. *Abri fiscal :* placement encouragé par les pouvoirs publics et donnant droit à une réduction d'impôts.

ABRIBUS [-bys] n.m. (n. déposé). Édicule destiné à servir d'abri aux voyageurs à un point d'arrêt d'autobus, comportant généralement des panneaux publicitaires et, souvent, un téléphone public.

ABRICOT n.m. (catalan *abercoc,* de l'ar.). Fruit de l'abricotier, à noyau lisse, à peau et chair jaunes. ◆ adj. inv. D'une couleur tirant sur le jaune-orangé.

ABRICOTÉ, E adj. Qui tient de l'abricot. *Pêche abricotée.*

ABRICOTIER n.m. Arbre à fleurs blanches ou roses paraissant avant les feuilles, cultivé pour son fruit, l'abricot. (Famille des rosacées.)

abricotier

Abréviations usuelles et sigles

A. D.	Anno Domini (apr. J.-C.)
A. F.	allocations familiales
A. I.	altesse impériale
A. L. A. T.	aviation légère de l'armée de terre
a. m.	ante meridiem (« avant midi »)
A. O. C.	appellation d'origine contrôlée
A. R.	altesse royale
A. S.	association sportive
av.	avenue
bd	boulevard
B. D.	bande dessinée
B. F.	basse fréquence
B. N.	Bibliothèque nationale
B. O.	Bulletin officiel
B. P. F.	bon pour francs
c.-à-d.	c'est-à-dire
C. A. O.	conception assistée par ordinateur
C. C.	corps consulaire ; comité central
C. D.	corps diplomatique
C. E.	comité d'entreprise
cf. ou conf.	confer
c/o	care of (« aux bons soins de »)
C. O. S.	coefficient d'occupation du sol
D. B., D. I.	division blindée, division d'infanterie
D. C. A.	défense contre aéronefs
d^{o}	dito (« ce qui a été dit »)
D. O. M.	département d'outre-mer
D. O. T.	défense opérationnelle du territoire
D. P.	délégué du personnel
D. P. L. G.	diplômé par le gouvernement
D^{r}	docteur
D. T.	vaccin associé contre la diphtérie et le tétanos
D. T. COQ	vaccin associé contre la diphtérie, le tétanos et la coqueluche
D. T. Polio	vaccin associé contre la diphtérie, le tétanos et la poliomyélite
D. T. T. A. B.	vaccin associé contre la diphtérie, le tétanos, la typhoïde et les paratyphoïdes A et B
E.	est
E. A. O.	enseignement assisté par ordinateur
e. g.	exempli gratia (« par exemple »)
Esq.	Esquire (terme honorifique anglais)
E. V.	en ville
f^{co}	franco
F. M.	franchise militaire ; fusil mitrailleur
F M	modulation de fréquence
G. Q. G.	grand quartier général
H. F.	haute fréquence
H. S.	hors service
H. T.	haute tension
ibid.	ibidem (« au même endroit »)
id.	idem (« le même »)
I. H. S.	Iesus Hominum Salvator (« Jésus sauveur des hommes »)
I. L. M.	immeuble à loyer moyen
I. L. N.	immeuble à loyer normal
in-4°, in-8°	in-quarto (« en quatre »), in-octavo (« en huit »)
J.-C.	Jésus-Christ
J. O.	*Journal officiel*
LL. AA.	Leurs Altesses
LL. EEm.	Leurs Éminences
LL. MM.	Leurs Majestés
loc. cit.	loco citato (« à l'endroit cité »)
M.	monsieur
M^{e}	maître
Mgr	Monseigneur
MM.	messieurs
Mme, Mlle	madame, mademoiselle
Mrs.	mistress
M/S	motor ship (navire à moteur Diesel)
N.	nord
N. B.	nota bene (« notez bien »)
N.-D.	Notre-Dame
N.-S. J.-C.	Notre-Seigneur Jésus-Christ
O.	ouest
O. F. M.	ordre des Frères mineurs (franciscains)
O. P.	ordre des Prêcheurs (dominicains)
op. cit.	opere citato (« dans l'ouvrage cité »)
O. S.-B.	ordre de Saint-Benoît (bénédictins)
P. C.	poste de commandement
P. C. C.	pour copie conforme
P. C. V.	à PerCeVoir
P. J.	police judiciaire
P. M.	préparation militaire ; police militaire ; pistolet mitrailleur
p. m.	post meridiem (« après midi »)
P. M. A.	pays les moins avancés
P. M. E.	petites et moyennes entreprises
P. N. B.	produit national brut
p. o.	par ordre
P. O. S.	plan d'occupation des sols
p. p. c.	pour prendre congé
P.-S.	post-scriptum
P. S. V.	pilotage sans visibilité
P.-V.	procès-verbal (contravention)
Q. G.	quartier général
Q. I.	quotient intellectuel
R. N.	route nationale
R. S. V. P.	Répondez, s'il vous plaît
S.	sud
S. ou S^{t}, S^{te}	saint, sainte
S. A.	société anonyme
S. A. I. et R.	Son Altesse Impériale et Royale
S. A. R. L.	société à responsabilité limitée
S. E. ou Exc.	Son Excellence
S. Em.	Son Éminence (le cardinal)
S. G. D. G.	sans garantie du gouvernement
SI	système international (d'unités)
S. J.	Compagnie ou Société de Jésus (jésuites)
S. M.	Sa Majesté
S. P.	secteur postal
S. R.	Service de renseignements
S. S.	Sa Sainteté ; Sécurité sociale
S/S	steam ship
S^{té}	société
S. V. P.	s'il vous plaît
T. H. T.	très haute tension
T. I. P.	titre interbancaire de paiement
T. I. R.	transport international routier
T. O. M.	territoire d'outre-mer
T. S. F.	télégraphie sans fil
T. S. V. P.	Tournez, s'il vous plaît
TU	temps universel
U. V.	unité de valeur
var.	variante
V. D. Q. S.	vin délimité de qualité supérieure
V. I. P.	Very Important Person
V. S. O. P.	Very Special Old Pale
&	et

ABRI-SOUS-ROCHE n.m. (pl. *abris-sous-roche*). Emplacement situé sous un surplomb rocheux et ayant servi d'abri, d'habitation à l'époque préhistorique.

ABRITÉ, E adj. Qui est à l'abri du vent. *Une vallée bien abritée.*

ABRITER v.t. Mettre à l'abri ; protéger du soleil, des intempéries, d'un danger. ◆ **s'abriter** v.pr. Se mettre à l'abri, se protéger.

ABRIVENT n.m. Palissade protégeant les cultures du vent.

ABROGATIF, IVE ou **ABROGATOIRE** adj. DR. Qui a pour effet d'abroger, qui abroge.

ABROGATION n.f. DR. Action d'abroger (une loi, un décret, etc.) ; annulation, abolition.

ABROGATOIRE adj. → *abrogatif.*

ABROGEABLE adj. DR. Qui peut être abrogé.

ABROGER v.t. (lat. *abrogare*) [17]. DR. Annuler, abolir (une loi, un décret, etc.).

1. ABRUPT, E [abrypt] adj. (lat. *abruptus*). **1.** Dont la pente est raide, escarpée. **2.** Rude et entier, en parlant de qqn, de son comportement.

2. ABRUPT [abrypt] n.m. Pente très raide, à-pic.

ABRUPTEMENT adv. De façon abrupte.

ABRUTI, E adj. et n. Qui a des difficultés à comprendre, dont les réactions sont lentes. ◇ Injur. *Espèce de grand abruti !*

ABRUTIR v.t. (de *brute*). Rendre abruti, stupide ; accabler, écraser. *Abrutir un élève de travail.*

ABRUTISSANT, E adj. Qui abrutit.

ABRUTISSEMENT n.m. Action d'abrutir ; état qui en résulte.

ABS [abeεs] n.m. (sigle de l'all. *Antiblockiersystem*). AUTOM. Système antiblocage. – REM. Ce mot est fréquemment utilisé, de façon redondante, en apposition dans l'expression *système ABS.*

ABSCISSE [apsis] n.f. (lat. *abscissa,* coupée). MATH. Nombre associé à la position d'un point, sur une droite graduée et orientée. – Première coordonnée cartésienne d'un point, par opp. à *ordonnée* (la deuxième, dans le plan), à *cote* (la troisième dans l'espace). *Axe horizontal des abscisses.*

ABSCONS, E [apskɔ̃, ɔ̃s] adj. (lat. *absconsus*). Litt. Difficile à comprendre. *Langage abscons.*

ABSENCE n.f. **1.** Fait de n'être pas présent, de manquer. *Signaler l'absence d'un élève. Absence de goût.* **2.** DR. État de qqn dont l'existence est rendue incertaine par sa disparition ou le manque de nouvelles. **3. a.** Moment d'inattention ; brève perte de mémoire. **b.** MÉD. Suspension brutale et brève de la conscience, avec arrêt de l'activité en cours, mais sans chute ni convulsions, dans certaines formes d'épilepsie.

ABSENT, E [apsɑ̃, ɑ̃t] adj. et n. (lat. *absens*). Qui n'est pas présent. ◇ DR. Dont l'existence est juridiquement incertaine. ◆ adj. Litt. Distrait. *Avoir l'air absent.*

ABSENTÉISME n.m. Fait d'être fréquemment absent d'un lieu (notamm. du lieu de travail), de ne pas participer à une activité, etc. *L'absentéisme scolaire. Taux d'absentéisme.*

ABSENTÉISTE adj. et n. Qui est fréquemment absent, qui pratique l'absentéisme.

ABSENTER (S') v.pr. *(de)*. S'éloigner momentanément, sortir d'un lieu.

ABSIDAL, E, AUX ou **ABSIDIAL, E, AUX** adj. De l'abside. *Chapelle absidale.*

ABSIDE [apsid] n.f. (gr. *apsis, -idos,* voûte). Extrémité, en demi-cercle ou polygonale, du chœur d'une église.

ABSIDIOLE n.f. Chacune des petites chapelles attenantes à l'abside.

ABSINTHE [apsɛ̃t] n.f. (gr. *apsinthion*). **1.** Plante aromatique des lieux incultes, contenant une essence amère et toxique. (Haut. 50 cm env. ; famille des composées, genre artemisia.) **2.** Liqueur alcoolique aromatisée avec cette plante (fabrication interdite par la loi, en France).

ABSINTHISME n.m. Intoxication par l'absinthe.

1. ABSOLU, E adj. (lat. *absolutus,* achevé). **1.** Total, complet, sans réserves. *Confiance absolue.* **2.** Sans nuances ni concessions. *Jugement, caractère absolu.* **3.** Qui tient de soi-même sa propre justification ; sans limitation. *Dieu absolu. Pouvoir, monarque absolu.* **4.** MATH. *Valeur absolue d'un nombre réel* a : valeur positive correspondant à ce nombre, indépendamment de son signe (notée $|a|$, elle s'identifie à a si ce nombre est positif, à son opposé s'il est négatif). **5.** *Alcool absolu,* presque pur (moins de 1 p. 100 d'eau).

2. ABSOLU n.m. Ce qui existe indépendamment de toute condition (par opp. à *relatif*). *Soif de l'absolu.*

ABSOLUITÉ n.f. Caractère de ce qui est absolu.

ABSOLUMENT adv. **1.** Complètement, totalement. *C'est absolument faux.* **2.** Sans restriction ni réserve ; nécessairement. *Je dois absolument partir.* **3.** LING. *Verbe transitif employé absolument,* sans complément.

ABSOLUTION n.f. **1.** RELIG. Pardon, rémission des péchés, accordés par un prêtre. *Donner l'absolution.* **2.** DR. Action d'absoudre juridiquement l'auteur d'une infraction, exemptant de la peine.

ABSOLUTISME n.m. Régime politique dans lequel tous les pouvoirs sont sous l'autorité du seul chef de l'État.

ABSOLUTISTE adj. et n. Qui appartient à l'absolutisme ; qui en est partisan.

ABSOLUTOIRE adj. DR. *Excuse absolutoire :* fait précis, prévu par la loi, dont la constatation par le juge entraîne l'exemption de la peine.

ABSORBABLE adj. Qui peut être absorbé.

ABSORBANT, E adj. **1.** Qui absorbe, qui boit. *Tissu absorbant.* **2.** Qui occupe entièrement. *Travail absorbant.*

ABSORBER v.t. (lat. *absorbere,* avaler). **1.** Faire pénétrer ou laisser pénétrer par imprégnation. *L'éponge absorbe l'eau.* **2.** Prendre (une boisson, un aliment), ingérer (un médicament, etc.). *Absorber une forte dose d'alcool.* **3.** Faire disparaître en neutralisant. *Le noir absorbe la lumière. Cette entreprise a absorbé tous ses concurrents.* **4.** Occuper tout le temps de (qqn). ◆ **s'absorber** v.pr. ***(dans).*** Être occupé entièrement par. *S'absorber dans la lecture d'un roman.*

ABSORBEUR n.m. Dispositif, appareil ou élément de machine dont la fonction est d'absorber (un rayonnement, un gaz, des particules, etc.).

ABSORPTION n.f. **1.** Action d'absorber ; son résultat. **2.** PHYS. Phénomène par lequel une partie de l'énergie de rayonnements électromagnétiques ou corpusculaires est dissipée dans un milieu matériel. **3.** ÉCON. Disparition d'une société par apport de son actif et de son passif à une autre société. **4.** CYTOL. Pénétration d'une substance à travers la membrane cellulaire, jusque dans le cytoplasme. ◇ PHYSIOL. Pénétration d'une substance venant de l'extérieur dans un organisme vivant, animal ou végétal. – *Absorption intestinale :* passage des substances nutritives de l'intestin dans le sang. **5.** *Machine frigorifique à absorption,* dans laquelle le fluide frigorigène est absorbé à chaque cycle pour être réenrichi.

ABSORPTIVITÉ n.f. PHYS. Propriété d'absorber les liquides ou les gaz.

ABSOUDRE v.t. (lat. *absolvere*) [87]. **1.** DR. Exempter de la peine (l'auteur d'une infraction). **2.** RELIG. Remettre ses péchés à (un pénitent).

ABSOUTE n.f. CATH. Prières dites autour du cercueil, après l'office des morts.

ABSTÈME adj. et n. Qui s'abstient de boissons alcooliques pour des raisons religieuses, morales ou médicales.

ABSTENIR (S') v.pr. ***[de]*** (lat. *abstinere*) [40]. **I. 1.** Renoncer à ; s'interdire de. *S'abstenir de parler.* **2.** Se priver volontairement de. *S'abstenir d'alcool.* **II. 1.** Renoncer à agir. *Dans le doute, abstiens-toi.* **2.** Ne pas prendre part à un vote.

ABSTENTION n.f. Action de s'abstenir de faire qqch. ◇ Spécialt. Fait de ne pas participer à un vote.

ABSTENTIONNISME n.m. Attitude de ceux qui, délibérément ou non, pratiquent l'abstention.

ABSTENTIONNISTE adj. et n. Qui relève de l'abstentionnisme ; qui en est partisan.

ABSTINENCE n.f. Action de s'interdire certains aliments, certains plaisirs. ◇ Spécialt. Continence, chasteté.

ABSTINENT, E adj. et n. Qui pratique l'abstinence, notamm. en ce qui concerne l'alcool.

ABSTRACT n.m. (mot angl.). Résumé d'un article scientifique, d'un article de revue.

ABSTRACTION n.f. **1.** Action d'abstraire ; résultat de cette action. ◇ *Faire abstraction de qqch :* n'en pas tenir compte. **2.** Idée abstraite. **3.** *L'abstraction :* l'art abstrait.

ABSTRAIRE [apstrɛr] v.t. (lat. *abstrahere,* détourner) [112]. Isoler, séparer mentalement (un élément, une propriété d'un objet) afin de les considérer à part. ◆ **s'abstraire** v.pr. S'isoler mentalement pour réfléchir, méditer, etc.

1. ABSTRAIT, E adj. **1.** Qui résulte d'une abstraction ; qui procède de l'abstraction. *Idée abstraite.* CONTR. : *concret.* **2.** Privé de réalité concrète ou de références à des éléments matériels. *Raisonnement trop abstrait.* **3.** Qui ne cherche pas à représenter la réalité tangible ; non-figuratif. *Art abstrait.*

■ De tout temps, peintres et sculpteurs ont connu et utilisé le pouvoir que possèdent les lignes, les volumes, les couleurs de constituer des ensembles ordonnés, capables d'agir par eux-mêmes sur la sensibilité et la pensée. Mais ils n'estimaient pas possible de dissocier ce pouvoir d'une évocation, plus ou moins ressemblante, du monde visible (à l'exception, partielle, des artistes islamiques). Ce n'est qu'à partir de 1910-1914 que certains peintres, en Occident, renoncent à la représentation. Kandinsky, le premier, définit un courant lyrique et romantique de l'abstraction, projection du monde intérieur et de la vision imaginaire de l'artiste ; c'est au contraire dans la construction géométrique la plus épurée que Malevitch et Mondrian trouvent le lieu de rencontre de leur sens cosmique et de leur volonté rationnelle. À partir des deux pôles ainsi définis se ramifieront, notamment à partir de 1945, bien des variantes : art concret (géométrique), expressionnisme abstrait (fondé sur le geste ou sur l'irradiation chromatique), informel, tachisme, matiérisme, non-figuration, art cinétique, art minimal, etc. *(V. illustration p. 30)*

2. ABSTRAIT n.m. **1.** Ce qui est abstrait. **2.** *L'abstrait :* l'art abstrait. – *Un abstrait :* un peintre abstrait.

ABSTRAITEMENT adv. De façon abstraite.

ABSTRUS, E [apstry, yz] adj. (lat. *abstrusus*). Litt. Difficile à comprendre.

1. ABSURDE adj. (lat. *absurdus,* discordant). Contraire à la logique, à la raison. ◇ PHILOS. Caractérisé par l'absence de sens préétabli, de finalité donnée, chez les existentialistes.

2. ABSURDE n.m. Ce qui est absurde. **1.** *Raisonnement par l'absurde,* qui valide une proposition en montrant que sa négation conduit à une contradiction. **2.** PHILOS. et LITTÉR. *L'absurde :* l'absurdité du monde et de la destinée humaine, qui ne semble justifiée par rien, chez certains auteurs contemporains. *L'absurde chez Sartre, chez Camus. Théâtre de l'absurde* (Beckett, Pinter, Ionesco, etc.).

ABSURDEMENT adv. De façon absurde.

ABSURDITÉ n.f. **1.** Caractère de ce qui est absurde, contraire au sens commun. **2.** Action ou parole absurde.

ABUS [aby] n.m. (lat. *abusus,* utilisation). Usage injustifié ou excessif de qqch ; mauvais usage. *L'abus d'alcool, de tabac.* – Spécialt. **1.** Excès préjudiciable à la collectivité, à la société ; injustice causée par le mauvais usage qui est fait d'un droit, d'un pouvoir. *Dénoncer les abus. Faire cesser un abus.* ◇ Fam. *Il y a de l'abus :* c'est exagéré, cela passe les bornes. **2.** DR. *Abus de pouvoir, d'autorité,* commis par une personne, en partic. par un fonctionnaire, qui outrepasse les limites assignées à l'exercice de son pouvoir (de son autorité) par les dispositions légales ou réglementaires. – *Abus de confiance :* délit consistant à tromper la confiance d'autrui, et notamm. à détourner des objets ou des valeurs confiés à titre précaire. – *Abus de biens sociaux :* délit consistant dans l'usage des biens d'une société par un dirigeant ou un actionnaire contrairement à l'intérêt de la société.

ABUSER v.t. ind. ***(de).*** **1.** Faire un usage mauvais ou excessif de. *Abuser du tabac.* **2.** *Abuser d'une femme,* la violer. ◆ v.t. Litt. Tromper qqn en profitant de sa complaisance ou de sa crédulité. ◆ **s'abuser** v.pr. Litt. Se tromper soi-même, s'illusionner.

ABUSIF, IVE adj. Qui constitue un abus.

ABUSIVEMENT adv. De façon abusive.

ABUSUS [abyzys] n.m. DR. CIV. Droit de disposer de la chose dont on est propriétaire (par opp. à *usus*).

ABYME n.m. (gr. *abussos,* sans fond). *En abyme,* se dit d'une œuvre citée et emboîtée à l'intérieur d'une autre de même nature (récit à l'intérieur d'un récit, tableau à l'intérieur d'un tableau, etc.).

ABYSSAL, E, AUX adj. Des abysses ; propre aux abysses.

ABYSSE n.m. (gr. *abussos,* sans fond). Fond océanique situé à plus de 2 000 m de profondeur.

1. ABYSSIN, E ou **ABYSSINIEN, ENNE** adj. et n. De l'Abyssinie.

2. ABYSSIN n.m. et adj.m. Chat d'une race à la tête triangulaire, au corps svelte, au pelage fauve.

abyssin

Ac, symbole chimique de l'actinium.

ACABIT [akabi] n.m. (prov. *cabir*). Litt. et péj. *De cet acabit, de tout acabit, du même acabit :* de cette sorte, de toute sorte, de même sorte.

ACACIA [akasja] n.m. **1.** BOT. Arbre ou arbrisseau souvent épineux, à feuilles généralement persistantes, représenté par environ 600 espèces, dont un grand nombre sont cultivées,

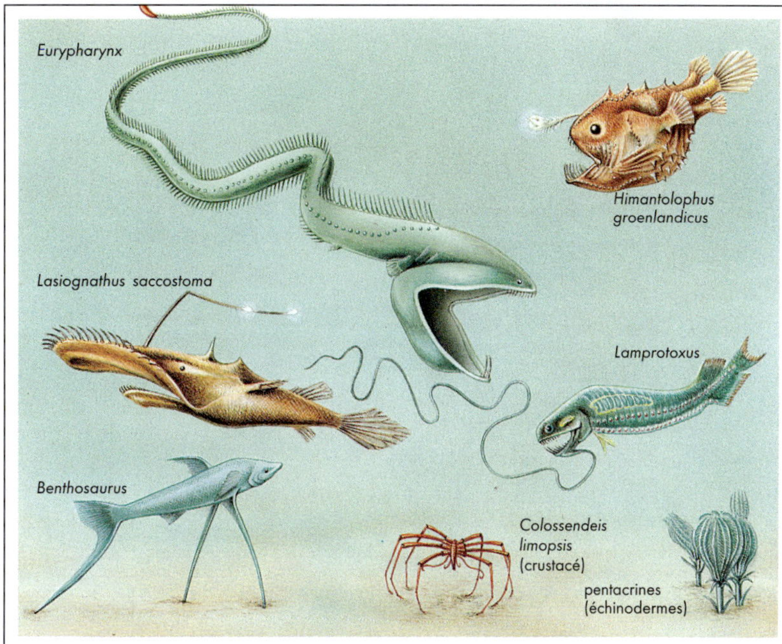

abysse : quelques exemples de la faune abyssale

Improvisation nº 35 (1914),
de Wassily Kandinsky.
(Kunstmuseum, Bâle.)
Quelques années avant cette toile, en observant un de ses paysages par hasard retourné, où le motif n'était plus reconnaissable, le peintre avait eu le pressentiment d'un univers inédit et merveilleux.

Suprématisme (1915), par Kazimir Malevitch.
(Stedelijk Museum, Amsterdam.)
Refusant à la peinture toute fonction de représentation, l'artiste compose un espace géométrisé dont les accords de rythmes sont comparables à ceux que la musique organise dans le temps.

Ci-contre, à droite :
Peinture 1961, par Pierre Soulages.
(C.N.A.C. Georges-Pompidou, Paris.)
Dynamisme gestuel et monumentalité, associés au clair-obscur, chez un artiste qu'a inspiré la rigueur de l'architecture romane.

Construction $y = ax^2 + bx + 18$ (1930),
de Georges Vantongerloo. Laiton laqué noir.
(Coll. Max Bill, Zurich.)
Où la mathématique se concrétise, chez ce membre du groupe De Stijl, dans une forme pure et impérieuse.

L'Aire du vent (1966),
par Maria Elena Vieira da Silva.
(Coll. C. Gulbenkian, Lisbonne.)
L'animation, le chatoiement non figuratif des linéaments de couleur empruntés au monde visible relèvent d'une démarche caractéristique du courant européen de « paysagisme abstrait ».

Peinture 1972, de Louis Cane
(membre du groupe Support/Surface).
[C.N.A.C.]
Originalité de cette toile tendue à la fois sur le mur et sur le sol, qui permet à l'œuvre d'affirmer sa matérialité dans l'espace réel.

Art abstrait

sous le nom impropre de *mimosa,* pour leurs fleurs jaunes odorantes réunies en petites têtes sphériques. **2.** Cour. (abusif en botanique). Robinier faux acacia, arbre épineux, à fleurs en grappes blanches et odorantes.

ACADÉMICIEN, ENNE n. Membre d'une académie. ◇ Spécialt. Membre de l'Académie française.

ACADÉMIE n.f. (it. *accademia,* mot gr.). **1.** Société de gens de lettres, de savants ou d'artistes. *L'Académie des sciences morales et politiques.* ◇ Absolt. (Avec une majuscule). L'Académie française. *Être reçu à l'Académie.* **2.** Circonscription administrative de l'enseignement, en France. **3.** Lieu où l'on s'exerce à la pratique d'un art, d'un jeu, etc. *Une académie de dessin, de danse, de billard.* **4.** BX-A. Figure dessinée, peinte ou sculptée, d'après un modèle vivant et nu. *Peindre une académie.*

ACADÉMIQUE adj. **1.** Propre à, relatif à une académie. **2.** Péj. Conventionnel, sans originalité. **3.** Suisse et Belgique. Universitaire. ◇ Canada. Scolaire.

ACADÉMIQUEMENT adv. De façon académique.

ACADÉMISME n.m. **1.** Observation des règles prônées par les académies. **2.** Imitation sans originalité de règles et de modèles traditionnels.

ACADIEN, ENNE adj. et n. D'Acadie. ◆ n.m. Parler franco-canadien utilisé dans l'est du Canada.

ACAJOU n.m. (port. *acaju*). **1.** Arbre des régions tropicales dont il existe plusieurs espèces appartenant à des genres différents, en Afrique *(khaya)* et en Amérique *(swietenia).* [Famille des méliacées.] **2.** Bois de cet arbre, d'une teinte rougeâtre, très employé en menuiserie et en ébénisterie. ◆ adj. inv. D'une couleur brun rougeâtre.

ACALCULIE n.f. (de *calcul*). NEUROL. Impossibilité pathologique de reconnaître les chiffres, d'utiliser des nombres et de réaliser des opérations arithmétiques.

ACALÈPHE [akalɛf] n.m. *Acalèphes :* classe de méduses de grande taille (cnidaires) comprenant notamm. l'aurélie et le rhizostome. SYN. : *scyphozoaire.*

ACALORIQUE adj. Sans calories. *Régime acalorique.*

ACANTHACÉE [akɑ̃tase] n.f. *Acanthacées :* famille de dicotylédones gamopétales des régions chaudes dont le type est l'acanthe.

ACANTHE n.f. (gr. *akantha,* épine). **1.** Plante ornementale à feuilles longues (50 cm env.), très découpées, recourbées, d'un beau vert, cultivée dans le midi de la France. **2.** *Feuille d'acanthe* ou *acanthe :* ornement d'architecture imité de la feuille de cette plante et caractéristique du chapiteau corinthien.

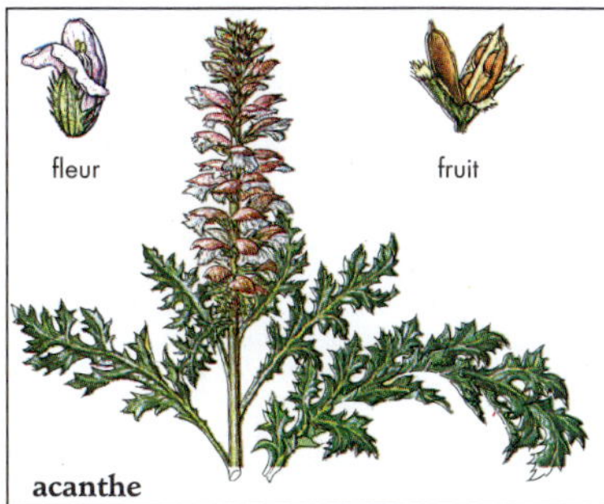

acanthe

acanthes ornementales : art grec
(musée archéologique, Corinthe)

ACANTHOCÉPHALE n.m. Ver parasite de l'intestin des vertébrés.

Exemple d'**académisme** en peinture : *le Combat de coqs* (1846), par J. L. Gérôme.
(Louvre, Paris.)

ACANTHOPTÉRYGIEN n.m. *Acanthoptérygiens :* groupe de poissons osseux à nageoire dorsale épineuse, comprenant notamm. la perche, le maquereau, le thon.

A CAPELLA ou **A CAPPELLA** [akapela] loc. adv. et adj. inv. (loc. it., *à chapelle*). **1.** MUS. *Chanter a capella,* sans accompagnement instrumental, en parlant d'un soliste ou d'un chœur. **2.** Propre aux œuvres musicales religieuses de style polyphonique, exécutées dans les chapelles n'admettant pas les instruments.

ACARIÂTRE adj. (de saint *Acaire,* évêque de Noyon, qui passait au VIIe s. pour guérir les fous). D'une humeur difficile à supporter ; hargneux, grincheux.

ACARICIDE adj. et n.m. Se dit d'un produit qui détruit les acariens.

ACARIEN n.m. *Acariens :* ordre d'arachnides représenté par de nombreuses espèces, toutes de petite taille (quelques millimètres au plus) et dont certaines, comme le sarcopte de la gale, l'aoûtat ou trombidion, la tique sont parasites.

ACARIOSE n.f. Maladie des hommes et des animaux (abeilles) causée par des acariens.

ACARUS [akarys] n.m. Anc. Acarien parasite.

ACAULE adj. BOT. Dont la tige n'est pas apparente. CONTR. : *caulescent.*

ACCABLANT, E adj. Qui accable.

ACCABLEMENT n.m. État d'une personne accablée, très abattue, physiquement ou moralement.

ACCABLER v.t. (normand *cabler,* abattre). **1.** Imposer à (qqn) qqch de pénible, de difficile à supporter. *Accabler qqn de travail, de reproches.* **2.** Prouver la culpabilité de ; confondre. *Ce témoignage l'accable.* ◇ Absolt. *Chaleur, nouvelle qui accable.*

ACCALMIE n.f. **1.** Calme momentané du vent ou de la mer. **2.** Diminution ou cessation momentanée d'une activité particulièrement intense.

ACCAPAREMENT n.m. Action d'accaparer ; son résultat.

ACCAPARER v.t. (it. *accaparrare*). **1.** Vx. Amasser (une denrée) afin d'en provoquer la rareté et de la vendre au plus haut prix. **2.** S'emparer de (qqch) à son seul profit, s'en réserver l'usage. *Accaparer le pouvoir, la conversation.* ◇ *Accaparer qqn,* le retenir près de soi, s'en réserver la compagnie. **3.** Occuper complètement le temps, la pensée de (qqn), le détourner de toute autre activité. *Son travail l'accapare.* ◆ **s'accaparer** v.pr. *(de).* Belgique. S'emparer de.

ACCAPAREUR, EUSE n. et adj. Personne qui accapare (en partic., qui accapare des denrées).

ACCASTILLAGE n.m. (esp. *castillo,* château). **1.** Ensemble des superstructures d'un navire. **2.** Quincaillerie marine.

ACCASTILLER v.t. Garnir (un navire) de son accastillage.

ACCÉDANT, E n. *Accédant à :* personne qui accède à. *Les accédants à la propriété.*

ACCÉDER v.t. ind. [*à*] 18. **1.** Donner accès à (un lieu), permettre d'y pénétrer. *Cette porte accède au jardin.* **2.** Parvenir à, atteindre (un état, une situation, etc.). *Accéder à de hautes fonctions.* **3.** Acquiescer, consentir à (un désir, une demande, etc.).

ACCELERANDO [akselerɑ̃do] adv. (mot it.). MUS. En pressant le mouvement.

1. ACCÉLÉRATEUR, TRICE adj. Qui accélère qqch, en parlant d'une force, d'un dispositif.

2. ACCÉLÉRATEUR n.m. **1.** Organe (en général pédale ou poignée) commandant l'admission du mélange gazeux dans le moteur d'un véhicule et qui permet de faire varier la vitesse de celui-ci. **2.** CHIM., PHYS. Substance qui augmente la vitesse d'une réaction. **3.** Produit destiné à réduire la durée de prise du béton, du plâtre. **4.** PHYS. Appareil permettant de communiquer des vitesses très élevées à des particules char-

accélérateur de particules : portion du SpS (Super Synchrotron à protons) du Cern à Genève (diamètre de l'anneau : 2,2 km)

gées, destiné à l'étude des structures de la matière.

ACCÉLÉRATION n.f. 1. Accroissement de la vitesse, à un moment donné ou pendant un temps donné, d'un corps en mouvement. ◇ SC. Variation, positive ou négative, de la vitesse d'un mobile par unité de temps. 2. Rapidité accrue d'exécution. *Accélération des travaux.*

ACCÉLÉRÉ n.m. CIN. Effet spécial, réalisé le plus souvent à la prise de vues, donnant l'illusion de mouvements plus rapides que dans la réalité.

ACCÉLÉRER v.t. (lat. *accelerare*) [18]. Accroître la vitesse de. *Accélérer l'allure.* ◆ v.i. Aller plus vite. *Le train accélère.* ◆ **s'accélérer** v.pr. Devenir plus rapide. *Son pouls s'accélère.*

ACCÉLÉROGRAPHE n.m. Appareil servant à enregistrer graphiquement l'accélération d'un mouvement.

ACCÉLÉROMÈTRE n.m. Appareil servant à mesurer l'accélération d'un mouvement.

ACCENT n.m. (lat. *accentus,* intonation). I. 1. Prononciation, intonation, rythme propres à l'élocution dans une région, un milieu. *L'accent du Midi. Accent faubourien.* 2. PHON. Mise en relief d'une syllabe, d'un mot ou d'un groupe de mots dans la chaîne parlée. *Accent tonique. Accent de hauteur, d'intensité.* ◇ *Mettre l'accent sur :* mettre en relief ; attirer l'attention sur. 3. Inflexion, intonation expressives de la voix. *Un accent de sincérité.* II. Signe graphique placé sur une voyelle pour noter un fait phonétique ou grammatical. *Accent aigu* (´), *grave* (`), *circonflexe* (ˆ).

ACCENTEUR n.m. Oiseau passereau chanteur qui vit d'insectes et de graines. (Famille des prunellidés.) *Accenteur mouchet. Accenteur alpin.*

ACCENTUATION n.f. 1. Fait d'accentuer, de s'accentuer ; son résultat. 2. Action d'accentuer une syllabe ou un mot. 3. Action d'affecter d'accents certaines voyelles.

ACCENTUÉ, E adj. 1. Marqué. *Visage aux traits accentués.* 2. Qui porte un accent. *Syllabe accentuée.*

ACCENTUEL, ELLE adj. PHON. Qui porte l'accent ; relatif à l'accent.

ACCENTUER v.t. 1. Renforcer, intensifier. *Accentuer un effort, une ressemblance.* 2. Prononcer une syllabe, un mot en les marquant d'un accent. ◇ Placer un accent sur (une voyelle). ◆ **s'accentuer** v.pr. Devenir plus intense, plus fort. *Le froid s'est accentué.*

ACCEPTABILITÉ n.f. LING. Fait pour un énoncé, pour une phrase, d'être accepté, compris ou naturellement émis par les locuteurs d'une langue. *Degré d'acceptabilité d'un énoncé.*

ACCEPTABLE adj. 1. Qui peut être accepté, toléré. *Offre acceptable.* 2. LING. Caractérisé par l'acceptabilité. *Énoncé acceptable.*

ACCEPTANT, E adj. et n. DR. Qui donne son consentement à une convention.

ACCEPTATION n.f. Fait d'accepter qqch, de consentir à. *Acceptation d'un don.*

ACCEPTER v.t. (lat. *acceptare*). Consentir à prendre, à recevoir ; admettre. *Accepter un cadeau, des responsabilités.* ◇ DR. *Accepter une lettre de change, une traite,* s'engager à la payer à l'échéance.

1. ACCEPTEUR, EUSE n. DR. Personne qui s'engage à payer une lettre de change, une traite, etc.

2. ACCEPTEUR n.m. CHIM. Atome ou groupe d'atomes qui attire les électrons de liaison.

ACCEPTION n.f. 1. Sens particulier dans lequel un mot est employé. *Les différentes acceptions du mot* pierre. 2. Litt. *Sans acception de :* sans tenir compte de, sans accorder de préférence à. *Sans acception de personne.*

ACCÈS [aksɛ] n.m. (lat. *accessus,* arrivée). I. 1. Ce qui permet d'accéder à (un lieu, une situation, etc.) ; moyen d'y parvenir, d'en approcher. *Île d'accès difficile.* 2. INFORM. Procédure de recherche ou d'enregistrement d'une donnée dans une mémoire d'ordinateur. II. Période de manifestation intense (d'un état physique, mental, affectif). *Accès de fièvre, de délire, de colère.*

ACCESSIBILITÉ n.f. Caractère de ce qui est accessible.

ACCESSIBLE adj. 1. Qui peut être atteint, abordé, dont on peut s'approcher. *Sommet accessible aux randonneurs.* 2. Compréhensible, intelligible. *Exposé accessible à tous.*

ACCESSION n.f. I. Action d'accéder à qqch. *Accession à la propriété.* II. 1. DR. CIV. Extension du droit de propriété par suite du rattachement d'une chose accessoire à la chose principale. 2. DR. INTERN. Adhésion à une convention internationale d'États n'ayant pas participé à l'élaboration de celle-ci.

ACCESSIT [aksesit] n.m. (mot lat., *il s'est approché*). Distinction honorifique accordée à ceux qui sont les plus proches des lauréats d'un prix. *Obtenir un accessit de géographie.*

1. ACCESSOIRE adj. (lat. *accedere,* ajouter). Qui suit ou qui accompagne une chose principale ; secondaire. *Des frais accessoires.*

2. ACCESSOIRE n.m. I. Ce qui est accessoire. *Distinguer l'accessoire de l'essentiel.* II. (Souvent au pl.). 1. Pièce destinée à compléter un élément principal ou à aider à son fonctionnement. *Accessoires d'automobile, de robot électrique.* 2. Élément qui s'ajoute à la toilette (sac, ceinture, etc.) et avec laquelle il s'harmonise par la couleur, la matière, etc. 3. Objet, élément du décor, des costumes, dans la mise en scène d'une pièce de théâtre, d'un film.

ACCESSOIREMENT adv. De façon accessoire.

ACCESSOIRISER v.t. Agrémenter (une toilette, un costume) par un, des accessoires.

ACCESSOIRISTE n. 1. Personne qui s'occupe des accessoires, dans un théâtre, un studio de cinéma ou de télévision. 2. Commerçant assurant la vente au détail des accessoires d'automobile et de motocyclette.

ACCIDENT n.m. (lat. *accidens,* survenant). 1. Évènement imprévu malheureux ou dommageable. *Accident de chemin de fer.* ◇ DR. *Accident du travail,* qui survient pendant le travail ou à cause du travail. 2. a. Évènement qui modifie ou interrompt fortuitement le cours de qqch. *Les accidents d'une longue carrière.* ◇ *Par accident :* par hasard. – *Accident de parcours :* évènement imprévu sans réelle gravité, simple péripétie qui ne remet pas en cause une évolution favorable. b. MUS. Altération *(dièse, bémol* ou *bécarre)* étrangère à la tonalité. 3. *Accident de terrain :* inégalité du relief. 4. PHILOS. Attribut non nécessaire, qualité relative et contingente (par opp. à *substance, essence*).

ACCIDENTÉ, E adj. Qui présente des accidents, des inégalités. *Terrain accidenté.* ◆ adj. et n. Qui a subi un accident. *Voiture accidentée. Les accidentés du travail.*

ACCIDENTEL, ELLE adj. 1. Dû à un accident ou au hasard. *Mort accidentelle.* 2. PHILOS. De l'accident (par opp. à *essentiel, substantiel*).

ACCIDENTELLEMENT adv. De façon accidentelle.

ACCIDENTER v.t. 1. Causer un accident, un dommage à (qqn, qqch). 2. Litt. Rompre dans son uniformité le déroulement de. *Bien des péripéties ont accidenté ce voyage.*

ACCIDENTOLOGIE n.f. Étude scientifique des accidents, notamm. des accidents mettant en jeu des véhicules automobiles, et de leurs conséquences corporelles.

ACCISE [aksiz] n.f. Vieilli ou Belgique, Canada. Impôt indirect portant sur certaines marchandises, en partic. les alcools.

ACCISIEN n.m. Belgique. Agent du service des accises.

ACCLAMATION n.f. Cri de joie ou d'enthousiasme collectif. ◇ *Par acclamation :* unanimement ou massivement, sans recourir à un scrutin. *Être élu par acclamation.*

ACCLAMER v.t. (lat. *clamare,* crier). Ovationner, saluer par des cris d'enthousiasme.

ACCLIMATABLE adj. Qui peut être acclimaté.

ACCLIMATATION n.f. Action d'acclimater un être vivant à un nouveau milieu ; son résultat.

ACCLIMATEMENT n.m. Adaptation d'un être vivant à un nouvel environnement, à un nouveau climat, etc. *L'acclimatement à l'altitude.*

ACCLIMATER v.t. 1. Adapter (un animal, un végétal) à un nouveau climat. 2. Fig. Habituer (qqn) à un nouveau milieu. ◆ **s'acclimater** v.pr. S'adapter à un nouveau milieu. *Ces oiseaux ne se sont pas acclimatés en France. Il a du mal à s'acclimater à la ville.*

ACCOINTANCES n.f. pl. (du lat. *accognitus,* connu). Péj. Relations, fréquentations.

ACCOINTER (S') v.pr. *(avec).* Fam., péj. Se lier avec (qqn).

ACCOLADE n.f. I. Action de serrer qqn entre ses bras en signe d'affection, d'amitié ou lors d'une remise de décoration. *Recevoir l'accolade.* II. 1. Signe typographique ({}) pour réunir des mots, des lignes, etc. 2. ARCHIT. Arc dont la forme (deux courbes symétriques alternativement convexes et concaves) évoque une accolade horizontale.

ACCOLAGE n.m. Fixation de rameaux, de sarments à des piquets ou à des fils de palissage.

ACCOLEMENT n.m. Action d'accoler, de réunir.

ACCOLER v.t. (de *cou*). 1. Réunir par un trait, par une accolade. *Accoler deux paragraphes.* 2. Joindre, réunir. *Accoler une particule à son nom.* 3. Pratiquer l'accolage de (la vigne).

ACCOMMODANT, E adj. Qui est conciliant, arrangeant.

ACCOMMODAT n.m. BIOL. Changement adaptatif intransmissible présenté par un être vivant hors de son milieu habituel.

ACCOMMODATION n.f. 1. Action d'accommoder qqch à un usage, à une fin ; fait de s'accommoder, adaptation. 2. BIOL. Ensemble des modifications morphologiques et physiologiques non héréditaires par lesquelles un être vivant s'adapte à un nouveau milieu et peut y survivre. 3. PHYSIOL. Modification de la courbure du cristallin de l'œil, qui permet la formation d'images nettes sur la rétine.

ACCOMMODEMENT n.m. Arrangement à l'amiable, compromis.

ACCOMMODER v.t. (lat. *commodus,* convenable). 1. Apprêter (un mets). *Accommoder la salade.* 2. Adapter. *Accommoder ses paroles aux circonstances.* ◆ v.i. Réaliser l'accommodation, en parlant de l'œil. ◆ **s'accommoder** v.pr. 1. S'adapter, s'accorder. *S'accommoder à qqch, avec qqn.* 2. Se contenter de, se satisfaire de. *S'accommoder de tout.*

ACCOMPAGNATEUR, TRICE n. 1. MUS. Personne qui accompagne la partie principale avec un instrument ou avec la voix. 2. Personne qui accompagne et guide un groupe (de touristes, de voyageurs, etc.) ou une autre personne (enfant, infirme, notamm.).

ACCOMPAGNEMENT n.m. 1. Action, fait d'accompagner. 2. a. Suite, escorte. b. Chose qui accompagne. 3. MUS. Partie, ensemble des parties vocales ou instrumentales secondaires soutenant la partie principale.

ACCOMPAGNER v.t. I. 1. Aller quelque part avec (qqn) ; conduire, escorter. *Il l'a accompagnée à la gare.* 2. Mettre en place des mesures visant à atténuer les effets négatifs de qqch ; assister, aider. – *Accompagner un malade, un mourant,* lui apporter les soins et les soutiens nécessaires pour l'aider à supporter ses souffrances physiques et morales. 3. Soutenir par un accompagnement musical. *Accompagner au piano un chanteur, un violoniste.* 4. Ajouter à, joindre à. *Accompagner ses paroles d'un geste de menace.* II. Aller avec, être joint à. *Une lettre accompagne le paquet.*

1. ACCOMPLI, E adj. 1. Achevé, révolu. *Dix ans accomplis.* ◇ *Le fait accompli :* ce sur quoi il n'est plus possible de revenir. *Mettre qqn devant le fait accompli.* 2. Parfait dans son genre. *Une cuisinière accomplie.*

2. ACCOMPLI n.m. LING. Forme verbale ou ensemble de formes verbales indiquant une action achevée. SYN. : *parfait, perfectif.*

ACCOMPLIR v.t. (lat. *complere,* remplir). 1. Faire, exécuter. *Accomplir son devoir.* 2. Réaliser entièrement, achever. *Accomplir son mandat.* ◆ **s'accomplir** v. pr. 1. Se produire. 2. S'épanouir, se réaliser dans qqch. *S'accomplir dans son travail.*

ACCOMPLISSEMENT n.m. Réalisation, achèvement.

ACCON n.m. → ***acon.***

ACCONAGE n.m. → ***aconage.***

ACCONIER n.m. → ***aconier.***

ACCORD n.m. **1.** Entente, harmonie entre des personnes proches par leurs idées, leurs sentiments. **2.** Assentiment, acceptation. *Donner son accord.* ◇ *D'accord :* oui, entendu. – *D'un commun accord :* avec le consentement de tous. – *Se mettre d'accord :* parvenir à s'entendre. **3.** Arrangement, règlement, convention entre plusieurs parties. *Accord entre deux grandes puissances.* **4.a.** Ensemble d'au moins trois sons musicaux émis simultanément. *Accord consonant, dissonant.* – *Accord parfait,* superposant la tonique, la médiante et la dominante. **b.** Action d'accorder un instrument ; son résultat. *Accord du violon* (sol, ré, la, mi). **5.** LING. Rapport entre des mots, des formes dont l'une régit l'autre ou les autres. *Accord en genre de l'adjectif avec le nom qualifié.* **6.** Correspondance, harmonie entre plusieurs choses. *Des accords de couleurs inattendus.*

accords parfaits

ACCORDABLE adj. Qui peut être accordé.

ACCORDAILLES n.f. pl. Vx. Conventions préliminaires à un mariage ; fiançailles.

ACCORD-CADRE n.m. (pl. *accords-cadres*). Accord entre partenaires sociaux, servant de modèle à des accords ultérieurs plus détaillés.

ACCORDÉ, E n. Vx ou dial. Fiancé, fiancée.

ACCORDÉON n.m. (all. *Akkordion*). Instrument de musique portatif, à touches ou à boutons, dont les anches de métal sont mises en vibration par un soufflet.

ACCORDÉONISTE n. Personne qui joue de l'accordéon.

ACCORDER v.t. (lat. pop. *accordare ;* de *cor,* cœur). **1.** Consentir à donner, à octroyer à (qqn). *Je t'accorde une heure.* **2.a.** Régler la justesse de (un instrument de musique). **b.** Mettre (des instruments) au même diapason. **3.** LING. Appliquer à (un mot) les règles de l'accord. **4.** Mettre en harmonie. *Accorder ses actes à ses principes. Accorder des couleurs.* ◆ **s'accorder** v.pr. **1.a.** Se mettre d'accord. **b.** Bien s'entendre. **2.** LING. Être en accord grammatical (avec un autre mot). *L'adjectif s'accorde avec le nom.*

ACCORDEUR, EUSE n. Personne qui accorde (tels instruments de musique). *Accordeur de pianos.*

ACCORDOIR n.m. Outil, clé à accorder. *Accordoir pour clavecins.*

1. ACCORE [akɔr] adj. (néerl. *schore,* escarpé). MAR. Qui plonge verticalement dans une mer profonde, en parlant d'une côte.

2. ACCORE n.f. (néerl. *schore,* étai). Pièce de bois qui étaie un navire pendant sa construction.

ACCORT, E adj. (it. *accorto,* avisé). Litt. (En général au fém.). Gracieux, avenant. *Une accorte servante.*

ACCOSTABLE adj. Où l'on peut accoster. *Quai accostable.*

ACCOSTAGE n.m. Action d'accoster ; son résultat. ◇ *Ouvrages d'accostage :* quais, pontons, ducs-d'Albe, etc.

ACCOSTER v.t. (anc. fr. *coste,* côte). **1.** S'approcher, se ranger bord à bord avec, en parlant d'un navire. *Accoster le quai, un autre navire.* **2.** Aborder qqn pour lui parler.

ACCOT [ako] n.m. Adossement de paille, de feuilles mortes, etc., pour protéger de jeunes plants contre le gel.

ACCOTEMENT n.m. **1.** Partie d'une route comprise entre la chaussée et le fossé. **2.** Partie d'une voie de chemin de fer comprise entre le rail et la crête voisine de la couche de ballast.

ACCOTER v.t. (lat. *cubitus,* coude). Appuyer d'un côté. ◆ **s'accoter** v.pr. S'appuyer. *S'accoter à un mur, contre un mur.*

ACCOTOIR n.m. Appui pour les bras sur les côtés d'un siège. SYN. : *bras, accoudoir.*

ACCOUCHÉE n.f. Femme venant d'accoucher.

ACCOUCHEMENT n.m. Action d'accoucher ; son résultat. *Accouchement naturel, dirigé, eutocique, dystocique, simple, multiple.* – *Accouchement psychoprophylactique* ou, cour., *accouchement sans douleur,* auquel la parturiente a été préparée par un entraînement destiné à atténuer les sensations pénibles et à permettre une relaxation maximale pendant le travail. – *Accouchement prématuré :* accouchement qui a lieu après le 180ᵉ jour de la grossesse (avant ce jour, l'enfant est légalement réputé non viable) et avant le 270ᵉ jour.

■ L'*accouchement à terme* se produit au bout de 280 jours. Il commence par la dilatation du col de l'utérus (phase la plus longue), se poursuit par l'expulsion de l'enfant et se termine par celle du placenta.

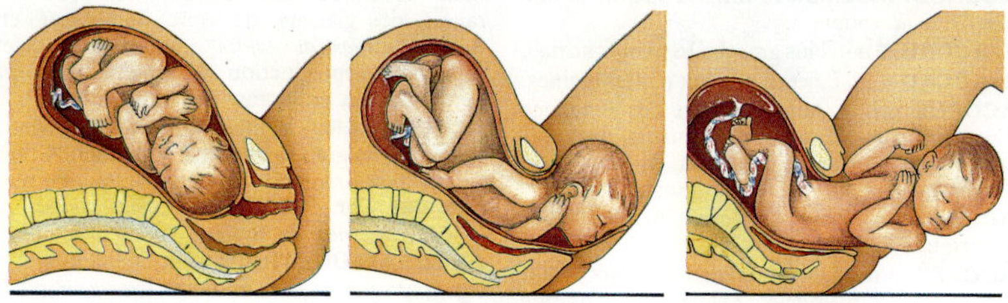

début de l'accouchement — dégagement de la tête et des épaules — expulsion de l'enfant qui est encore relié à sa mère par le cordon ombilical

accouchement

ACCOUCHER v.i. et t. ind. (de *couche*). Mettre (un enfant) au monde. *Accoucher d'une fille.* ◇ Fam. *Accouche ! :* parle, explique-toi. ◆ v.t. Aider (une femme) à mettre au monde.

ACCOUCHEUR, EUSE n. Personne qui fait des accouchements. *Médecin accoucheur.*

ACCOUDEMENT n.m. Action de s'accouder.

ACCOUDER (S') v.pr. S'appuyer sur un, sur les coudes. *S'accouder à, sur qqch.*

ACCOUDOIR n.m. Appui pour s'accouder.

ACCOUER v.t. (de *queue*). Attacher des chevaux l'un à l'autre, de manière qu'ils avancent à la file.

ACCOUPLE n.f. Lien pour attacher ensemble les chiens de chasse.

ACCOUPLEMENT n.m. **I.** Action d'accoupler, de s'accoupler. **II. 1.** Rapprochement physique de deux individus de même espèce et de sexe opposé, assurant la reproduction. **2.** Jonction, liaison de deux ou de plusieurs éléments mécaniques ; dispositif assurant une telle liaison.

ACCOUPLER v.t. **1.** Joindre, réunir (deux choses) ; rendre solidaire dans le fonctionnement. *Accoupler des roues, des moteurs électriques.* **2. a.** Réunir (des animaux) par deux. *Accoupler des bœufs.* **b.** Unir pour la reproduction (le mâle et la femelle d'une même espèce). ◆ **s'accoupler** v.pr. S'unir pour la reproduction.

ACCOURCIR v.t. Vx. Rendre plus court.

ACCOURCISSEMENT n.m. Vx. Diminution de longueur ou de durée.

ACCOURIR v.i. (lat. *accurere*) [45]. [auxil. *avoir* ou *être*]. Venir en hâte.

ACCOUTREMENT n.m. Habillement bizarre ou ridicule.

ACCOUTRER v.t. (lat. *consutura,* couture). Habiller d'une manière bizarre ou ridicule. ◆ **s'accoutrer** v.pr. S'habiller bizarrement. *Regarde un peu comme tu t'es accoutré !*

ACCOUTUMANCE n.f. Fait de s'accoutumer, de s'habituer progressivement à qqch. *Accoutumance au bruit, à la douleur.* ◇ Spécialt. Adaptation permettant aux êtres vivants de supporter des doses croissantes de substances actives ou toxiques. *Accoutumance aux stupéfiants.*

ACCOUTUMÉ, E adj. Ordinaire, habituel. *Se retrouver à l'heure accoutumée.* ◇ *À l'accoutumée :* à l'ordinaire, d'habitude.

ACCOUTUMER v.t. *(à).* Disposer (qqn) à supporter, à faire ; habituer. ◆ **s'accoutumer** v.pr. *(à).* Prendre l'habitude de.

ACCOUVAGE n.m. Technique de l'incubation et de l'éclosion des œufs au moyen de couveuses artificielles.

ACCOUVEUR, EUSE n. Personne qui pratique l'accouvage.

ACCRÉDITATION n.f. Action d'accréditer ; fait d'être accrédité.

ACCRÉDITER v.t. (de *crédit*). **1.** Rendre croyable, vraisemblable. *Plusieurs incidents de frontière tendent à accréditer les rumeurs de guerre.* **2.** Faire ouvrir un crédit auprès d'une banque à (qqn). **3.** Donner l'autorité nécessaire en tant que représentant d'un pays à (qqn). *Accréditer un ambassadeur.* **4.** Pour une administration, une institution, délivrer une autorisation d'accès à un journaliste, un photographe, etc. ◆ **s'accréditer** v.pr. Devenir crédible.

ACCRÉDITEUR, EUSE n. DR. Personne qui donne sa garantie en faveur d'un tiers.

1. ACCRÉDITIF, IVE adj. DR. Qui accrédite.

2. ACCRÉDITIF n.m. BANQUE. Document remis par une banque à un client pour permettre à celui-ci d'obtenir un crédit auprès d'une banque d'une autre place.

ACCRESCENT, E [akresɑ̃, ɑ̃t] adj. BOT. Qui continue à croître après la fécondation, en parlant d'une partie de la fleur autre que l'ovaire.

ACCRÉTÉ, E adj. ASTROPHYS. Capturé par accrétion.

ACCRÉTION n.f. Augmentation de masse par apport de matière, agglomération. **1.** ASTROPHYS. Capture de matière par un astre sous l'effet de la gravitation. **2.** GÉOL. Accroissement d'une région continentale ou océanique par apport de matériaux extérieurs.

ACCRO adj. et n. Fam. **1.** Dépendant d'une drogue, toxicomane. **2.** Qui est passionné pour qqch. *Un accro du jazz.*

ACCROC [akro] n.m. (de *accrocher*). **1.** Déchirure faite dans un tissu par un objet qui accroche. *Faire un accroc à sa jupe.* **2.** Fig. Incident malheureux. *Un voyage sans accroc.*

ACCROCHAGE n.m. **1.** Action d'accrocher qqch. *L'accrochage d'un tableau.* **2.** Action de s'accrocher, de se disputer. *Ils ont parfois de sérieux accrochages.* **3.** MIL. Bref engagement entre détachements adverses de faible effectif.

ACCROCHE n.f. Partie d'un texte publicitaire spécialement conçue pour attirer l'attention.

ACCROCHE-CŒUR n.m. (pl. *accroche-cœurs* ou inv.). Mèche de cheveux aplatie en boucle sur le front ou la tempe ; guiche.

ACCROCHE-PLAT n.m. (pl. *accroche-plats* ou inv.). Dispositif muni de griffes métalliques pour accrocher une assiette ou un plat au mur.

ACCROCHER v.t. (de *croc*). **1.** Suspendre à un crochet, à un clou, etc. *Accrocher un tableau au mur.* **2.** Faire un accroc à. *Accrocher un bas.* **3.** Heurter légèrement, en parlant d'un véhicule ou de son conducteur. *Il a accroché un cycliste.* **4.** Fam. Réussir à obtenir, à saisir. *Accrocher une commande.* **5.** Aborder (qqn) en l'arrêtant dans sa marche. ◆ **s'accrocher** v.pr. **1.** Se cramponner, se retenir avec force. *S'accrocher à la vie.* **2.** Fam. Persévérer, être tenace. *Il va falloir s'accrocher.* **3.** Fam. Se disputer. **4.** MIL. Engager brièvement le combat. *Deux patrouilles se sont accrochées.* **5.** Pop. *Tu peux te l'accrocher ! :* tu peux être sûr que tu ne l'auras pas.

ACCROCHEUR, EUSE adj. Fam. **1.** Qui retient l'attention. *Titre accrocheur.* **2.** Qui montre de la ténacité ; opiniâtre, combatif.

ACCROIRE v.t. (lat. *accredere*). [Usité seult à l'inf., avec les v. *faire* et *laisser*]. Litt. *En faire accroire à qqn :* le tromper, l'abuser.

ACCROISSEMENT n.m. Action d'accroître ; fait de s'accroître, augmentation.

ACCROÎTRE v.t. (lat. *accrescere*) [94]. Augmenter l'importance ou l'intensité de. *Accroître la richesse d'un pays. Cela ne fait qu'accroître son anxiété.* ◆ **s'accroître** v.pr. Devenir plus étendu, plus important ; augmenter.

ACCROUPIR (S') v.pr. S'asseoir sur ses talons.

ACCROUPISSEMENT n.m. Position d'une personne accroupie.

1. ACCRU, E adj. Plus grand. *Des charges accrues.*

2. ACCRU n.m. Rejeton produit par les racines.

ACCRUE n.f. **1.** Augmentation de la surface d'un terrain par le retrait des eaux. **2.** Augmentation de la surface d'une forêt par extension de ses racines sur un terrain voisin.

ACCU n.m. (abrév.). Fam. Accumulateur électrique. *Recharger les accus.*

ACCUEIL n.m. **1.** Action, manière d'accueillir. *Un accueil très chaleureux.* **2.** Lieu où, dans une administration, une entreprise, on accueille les visiteurs. ◇ *Centre d'accueil,* destiné à recevoir des sinistrés, des réfugiés, etc.

ACCUEILLANT, E adj. Qui fait bon accueil. *Une famille accueillante.*

ACCUEILLIR v.t. 41. **1.** Recevoir (qqn) d'une certaine manière. *Accueillir qqn à bras ouverts, froidement.* **2.** Recevoir, donner l'hospitalité à (qqn). **3.** Prendre ; accepter, recevoir. *Comment a-t-elle accueilli la nouvelle ?*

ACCULÉE n.f. MAR. Court mouvement en arrière d'un bateau, causé en général par la houle.

ACCULER v.t. **1.** Pousser contre un obstacle qui empêche de reculer ou dans un lieu sans issue. *Ils l'avaient acculé au fond de l'impasse.* **2.** Mettre dans l'impossibilité de se soustraire à une situation fâcheuse, réduire à telle extrémité. *Ses créanciers l'ont acculée à la faillite.*

ACCULTURATION n.f. SOCIOL. Processus par lequel un groupe entre en contact avec une culture différente de la sienne et l'assimile totalement ou en partie.

ACCULTURER v.t. Adapter à une nouvelle culture (un individu, un groupe).

ACCUMULATEUR n.m. **1.** Cour. Dispositif susceptible d'emmagasiner de l'énergie électrique sous forme chimique et de la restituer. *Accumulateur, batterie d'accumulateurs d'une automobile.* ◇ SC. Tout dispositif susceptible d'emmagasiner de l'énergie et de la restituer. – *Accumulateur électrique :* appareil emmagasinant de l'énergie sous forme chimique pour la restituer sous forme électrique. – *Accumulateur hydraulique :* appareil qui emmagasine de l'énergie sous forme de pression d'un liquide. **2.** INFORM. Registre de l'unité centrale d'un ordinateur où sont enregistrés les résultats des opérations effectuées.

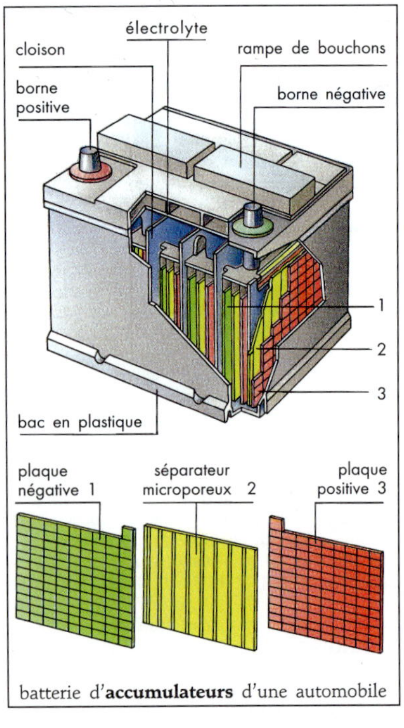

batterie d'**accumulateurs** d'une automobile

ACCUMULATION n.f. **1.** Action d'accumuler ; son résultat. ◇ *Chauffage à* (ou *par*) *accumulation :* dispositif de chauffage électrique utilisant le courant pendant les heures creuses, à tarif réduit, et restituant à la demande, pendant les heures de pointe, la chaleur ainsi accumulée. **2.** GÉOGR. Entassement de matériaux détritiques sous l'action des eaux courantes, des glaciers, du vent, de la mer, etc. **3.** *Accumulation du capital :* dans une société capitaliste, reproduction élargie du capital par incorporation croissante de plus-value.

ACCUMULER v.t. (lat. *accumulare*). Mettre ensemble en grande quantité ; entasser. *Accumuler des marchandises, des témoignages.* ◆ **s'accumuler** v.pr. S'entasser. *La neige poussée par le vent s'accumule en congères.*

ACCUSATEUR, TRICE adj. Qui accuse. *Un regard accusateur.* ◆ n.m. HIST. *Accusateur public :* membre du ministère public auprès du tribunal criminel, pendant la Révolution française.

ACCUSATIF n.m. LING. Cas des langues à déclinaisons exprimant la relation entre le verbe et le complément le plus directement affecté par l'action verbale.

ACCUSATION n.f. **I.** Action d'accuser, de signaler comme coupable ; son résultat. **II.** DR. **1.** Fait de référer à une juridiction répressive la connaissance d'un crime. **2.** *L'accusation :* le ministère public, par opp. à la *défense.* ■ La *chambre d'accusation,* chambre de la cour d'appel qui est chargée notamment de l'instruction de toutes les affaires criminelles, rend un *arrêt de mise en accusation* de l'inculpé, qui renvoie ce dernier devant la cour d'assises.

ACCUSATOIRE adj. DR. *Système accusatoire :* système de procédure pénale dans lequel le rôle assigné au juge est celui d'un arbitre entre l'accusation et la défense (opposé au *système inquisitoire,* dans lequel le juge joue un rôle prépondérant dans la conduite de l'instance et la recherche des preuves).

ACCUSÉ, E n. Cour. Personne à qui l'on impute une infraction ; tout prévenu, tout inculpé. ◇ DR. Personne à qui est imputé un crime ; prévenu, en cour d'assises. ◆ n.m. *Accusé de réception :* avis informant l'expéditeur que l'objet envoyé a été reçu par le destinataire.

ACCUSER v.t. (lat. *accusare*). **I. 1.** Présenter (qqn) comme coupable. *Accuser qqn de meurtre. On l'a accusé de négligence, de malhonnêteté.* **2.** Déférer en justice pour un délit ou un crime. **II. 1.** Mettre en évidence, en relief ; accentuer. *Un maquillage qui accuse les traits.* **2.** Laisser apparaître, montrer. *Son visage accuse la fatigue.* ◇ Fam. *Accuser le coup :* montrer qu'on est affecté, touché. **3.** *Accuser réception :* faire savoir qu'on a reçu un envoi.

ACE [es] n.m. (mot angl., *as*). Balle de service que l'adversaire ne peut toucher, au tennis.

1. ACÉPHALE [asefal] adj. (gr. *kephalê,* tête). Sans tête. *Statue acéphale.*

2. ACÉPHALE n.m. *Acéphales :* classe de mollusques sans tête différenciée, coïncidant aujourd'hui avec la classe des bivalves.

ACÉRACÉE n.f. (lat. *acer,* érable). *Acéracées :* famille de plantes dicotylédones dont le type est l'érable.

ACERBE adj. (lat. *acerbus*). Agressif, mordant. *Des paroles acerbes.*

ACERBITÉ n.f. Litt. Caractère de ce qui est acerbe.

ACÉRÉ, E adj. **1.** Tranchant, aigu. *Griffes acérées.* **2.** Litt. Caustique, mordant. *Critique acérée.*

ACÉRER v.t. 18. Rare. Rendre tranchant.

ACÉRICULTEUR, TRICE n. Canada. Personne qui exploite une érablière.

ACÉRICULTURE n.f. (lat. *acer,* érable). Canada. Exploitation industrielle d'une érablière pour produire du sirop d'érable.

ACESCENCE [asɛsɑ̃s] n.f. Tendance à devenir acide, pour une boisson fermentée.

ACESCENT, E adj. Qui devient acide. *Bière acescente.*

ACÉTABULE n.f. (lat. *acetabulum*). **1.** ANAT. Cavité articulaire de l'os iliaque, recevant la tête du fémur. **2.** ZOOL. Loge squelettique du polype, chez les cnidaires coloniaux.

ACÉTAL n.m. (pl. *acétals*). Corps obtenu par action des aldéhydes sur les alcools (nom générique).

ACÉTALDÉHYDE n.m. CHIM. Éthanal.

ACÉTAMIDE n.m. Amide de l'acide acétique, CH_3CONH_2.

ACÉTATE n.m. (lat. *acetum,* vinaigre). CHIM. Sel ou ester de l'acide acétique. *Acétate d'aluminium.* ◇ *Acétate de cellulose :* ester acétique de la cellulose, constituant de fibres textiles, de matières plastiques, de films, etc. SYN. : *acétocellulose, acétylcellulose.*

ACÉTEUX, EUSE adj. Qui a le goût du vinaigre.

ACÉTIFICATION n.f. Fait d'être acétifié ; transformation en vinaigre.

ACÉTIFIER v.t. Convertir en vinaigre, en acide acétique.

ACÉTIMÈTRE ou **ACÉTOMÈTRE** n.m. Appareil pour déterminer la quantité d'acide acétique contenue dans un liquide.

ACÉTIQUE adj. *Acide acétique :* acide CH_3CO_2H auquel le vinaigre doit sa saveur. SYN. : *acide éthanoïque.* – *Fermentation acétique :* fermentation qui donne naissance au vinaigre.

ACÉTOBACTER n.m. Bactérie responsable de la transformation de l'alcool en acide acétique.

ACÉTOCELLULOSE n.f. Acétate de cellulose.

ACÉTOMÈTRE n.m. → ***acétimètre.***

ACÉTONE n.f. Liquide incolore (CH_3COCH_3), volatil, inflammable, d'odeur éthérée, utilisé comme solvant.

ACÉTONÉMIE n.f. MÉD. Présence anormale dans le sang d'acétone et de corps voisins.

ACÉTONÉMIQUE adj. De l'acétonémie.

ACÉTONURIE n.f. MÉD. Présence d'acétone dans les urines.

ACÉTYLCELLULOSE n.f. Acétate de cellulose.

ACÉTYLCHOLINE [asetilkɔlin] n.f. Médiateur chimique libéré par les nerfs parasympathiques.

ACÉTYLCOENZYME A n.f. Coenzyme jouant un rôle capital dans le métabolisme des aliments chez l'homme et l'animal.

ACÉTYLE n.m. Radical univalent $CH_3CO—$ dérivant de l'acide acétique.

ACÉTYLÈNE n.m. Hydrocarbure non saturé gazeux, $HC \equiv CH$, obtenu notamm. en traitant le carbure de calcium par l'eau.

ACÉTYLÉNIQUE adj. Qui dérive de l'acétylène.

ACÉTYLSALICYLIQUE adj. *Acide acétylsalicylique :* aspirine.

ACÉTYLURE n.m. Dérivé métallique de l'acétylène.

ACHAINE [akɛn] n.m. → ***akène.***

ACHALANDAGE n.m. Vieilli. **1.** Ensemble des marchandises que l'on trouve chez un commerçant. **2.** Clientèle.

ACHALANDÉ, E adj. (de *chaland,* acheteur). **1.** (Emploi critiqué mais cour.). Fourni en marchandises, approvisionné. *Boutique bien achalandée.* **2.** Vx. Qui a des clients.

ACHALANDER v.t. **1.** Fournir (un magasin) en marchandises. **2.** Vx. Faire venir des clients dans (un magasin).

ACHALASIE [akalazi] n.f. (du gr. *khalasis,* relâchement). MÉD. Perte de la coordination des mouvements du tube digestif, entraînant un arrêt du transit.

ACHARDS [aʃar] n.m. pl. (mot malais). Condiment composé de fruits et de légumes macérés dans du vinaigre.

ACHARISME [aʃarism] n.m. Doctrine du théologien musulman Ach'arī (v. 873 - v. 955) et de son école, proche du sunnisme.

ACHARNÉ, E adj. **1.** Qui est fait avec fougue, ardeur. *Une lutte acharnée.* **2.** Qui est tenace, obstiné dans ce qu'il entreprend. *Une travailleuse acharnée.*

ACHARNEMENT n.m. Fait de s'acharner ; ténacité, obstination. *S'entraîner avec acharnement.* – *Acharnement thérapeutique :* fait de chercher à maintenir en vie, par tous les moyens thérapeutiques possibles, une personne dont l'état est jugé désespéré.

ACHARNER (S') v.pr. (de l'anc. fr. *charn,* chair). **1.** *S'acharner sur, contre :* poursuivre (qqn, qqch) avec violence, hostilité. *S'acharner sur sa proie. Le sort s'acharne contre cette famille.* **2.** Mettre beaucoup de ténacité, de fougue dans ce qu'on entreprend ou employer toute son énergie pour obtenir qqch. *Il n'a pas encore réussi, mais il s'acharne.*

ACHAT [aʃa] n.m. **1.** Action d'acheter. *L'achat d'une sculpture.* **2.** Ce qui est acheté. *Déballer ses achats.*

ACHE n.f. (lat. *apium*). Plante à feuilles découpées et à petites fleurs blanches en ombelles, dont une espèce cultivée est le céleri. (Famille des ombellifères.)

ACHEB [akɛb] n.m. (mot ar.). Formation végétale du Sahara, constituée de plantes éphémères qui se développent après une averse.

ACHÉEN, ENNE [-ke-] adj. Des Achéens.

ACHÉMÉNIDE [-ke-] adj. Des Achéménides.

ACHEMINEMENT n.m. Action d'acheminer, de s'acheminer. *L'acheminement du courrier.*

ACHEMINER v.t. Diriger (qqn, qqch) vers un lieu. *Acheminer du courrier par avion.* ◆ **s'acheminer** v.pr. **1.** Se diriger vers un lieu. **2.** Avancer, progresser vers l'aboutissement de qqch. *S'acheminer vers un résultat.*

ACHETABLE adj. Qui peut être acheté.

ACHETER v.t. (lat. *ad,* et *captare,* saisir) [28]. **1.** Obtenir, se procurer (qqch) en payant. *Acheter du pain.* **2.** Payer la complicité, les faveurs de (qqn). *Acheter un témoin.* **3. Fig.** Obtenir avec effort, avec beaucoup de peine. *Acheter très cher sa liberté.*

ACHETEUR, EUSE n. **1.** Personne qui achète qqch pour son compte personnel. **2.** Personne chargée de faire les achats de marchandises pour une entreprise (grand magasin, en partic.).

ACHEULÉEN [aʃøleɛ̃] n.m. (de *Saint-Acheul,* dans la Somme). Faciès culturel du paléolithique inférieur, caractérisé par des bifaces réguliers taillés au percuteur tendre. ◆ **acheuléen, enne** adj. De l'acheuléen.

ACHEVÉ, E adj. Qui est parfait en son genre (en bonne ou mauvaise part). *C'est le type achevé de l'élégante. C'est d'un ridicule achevé.*

ACHÈVEMENT n.m. Action d'achever ; exécution complète. *L'achèvement des travaux.*

ACHEVER v.t. (anc. fr. *chef,* bout) [19]. **1.** Finir, terminer (ce qui est commencé). **2.** Donner le dernier coup qui tue à (un animal, qqn). **3.** Finir d'accabler. *Ce dernier malheur l'a achevé.*

ACHIGAN [aʃigɑ̃] n.m. (mot amérindien). Canada. Poisson d'eau douce ressemblant à la perche. SYN. : *black-bass.*

ACHILLE (TENDON D') : ANAT. Tendon d'insertion du triceps sural (muscles du mollet) sur le calcanéum, permettant l'extension du pied sur la jambe.

ACHILLÉE [akile] n.f. Plante à feuilles très découpées, dont l'espèce la plus commune est la mille-feuille. (Famille des composées.)

ACHOLIE [akɔli] n.f. MÉD. Arrêt de la sécrétion de la bile par le foie, entraînant la décoloration des selles.

ACHONDROPLASIE [akɔ̃droplazi] n.f. Anomalie de l'ossification des cartilages, provoquant un nanisme marqué surtout aux membres.

ACHOPPEMENT n.m. *Pierre d'achoppement :* obstacle, difficulté, cause d'échec.

ACHOPPER v.i. **1. Litt.** Buter du pied contre qqch. **2.** Être arrêté par une difficulté. *Achopper sur un mot difficile à prononcer.*

ACHOURA [aʃura] n.f. (ar. *'Āchūrā'*). Fête religieuse musulmane qui a lieu le 10ᵉ jour de la nouvelle année. (Les chiites commémorent ce jour-là la mort de Ḥusayn.)

ACHROMAT [akrɔma] n.m. OPT. Combinaison de lentilles constituant un système achromatique.

ACHROMATIQUE adj. (gr. *khrôma,* couleur). **1.** Qui laisse passer la lumière blanche sans la décomposer. **2.** Qui ne prend pas les colorants, en parlant d'un constituant cellulaire.

ACHROMATISER v.t. OPT. Remédier à l'aberration chromatique de (un système optique), le plus souvent en associant des lentilles de pouvoirs dispersifs différents.

ACHROMATISME n.m. OPT. Absence des irisations qui accompagnent l'image d'un objet fournie par une lentille. – Propriété d'un système optique achromatique.

ACHROMATOPSIE n.f. Affection de l'œil empêchant de distinguer les couleurs.

ACHROME adj. **1.** Qui n'est pas pigmenté, en parlant d'une lésion. **2.** En noir et blanc, en parlant d'une photographie.

ACHROMIE n.f. MÉD. Décoloration de la peau par absence ou disparition du pigment cutané normal (mélanine).

ACHYLIE [aʃili] n.f. Anomalie du suc gastrique qui ne contient ni pepsine ni acide chlorhydrique.

ACICULAIRE adj. **1.** BOT. Qui se termine en pointe. **2.** MINÉR. Qui cristallise en fines aiguilles.

ACIDALIE n.f. Papillon nocturne à ailes blanchâtres, ocre ou pourpres. (Famille des géométridés.)

1. ACIDE adj. (lat. *acidus*). **1.** Qui a une saveur aigre, piquante. *Boisson trop acide.* **2.** Désagréable, blessant. *Paroles acides.* **3.** CHIM. Qui a les propriétés d'un acide. ◇ GÉOL. *Roche acide :* roche endogène contenant plus de 65 p. 100 de silice. – PÉDOL. *Sol acide,* dont le pH est inférieur à 6,5. – *Pluie, brouillard acides,* v. *pluie.*

2. ACIDE n.m. **1.** CHIM. Corps hydrogéné dont la solution dans l'eau fournit des ions H_3O^+, qui agit sur les bases et les métaux en formant des sels, et qui fait virer au rouge la teinture de tournesol. **2. Fam.** Acide lysergique diéthylamide, L. S. D. *Un trip à l'acide.*

ACIDIFIABLE adj. Qui peut être converti en acide.

ACIDIFIANT, E adj. et n.m. Se dit d'une substance qui a la propriété de transformer en acide, de rendre acide.

ACIDIFICATION n.f. CHIM. Fait de transformer ou d'être transformé en acide.

ACIDIFIER v.t. **1.** Rendre plus acide. **2.** CHIM. Transformer en acide.

ACIDIMÈTRE n.m. **1.** Appareil pour doser les acides. **2.** Appareil pour déterminer l'acidité du lait et du vin.

ACIDIMÉTRIE n.f. Mesure de la concentration d'un acide.

ACIDIPHILE adj. BOT. Qui se développe bien sur les sols acides, en parlant d'une plante (bruyère, ajonc, etc.).

ACIDITÉ n.f. **1.** Saveur acide, aigre. **2.** Caractère mordant, causticité. *Des paroles pleines d'acidité.* **3.** CHIM. Caractère acide d'un corps.

ACIDO-ALCALIMÉTRIE n.f. (pl. *acido-alcalimétries*). Mesure du caractère acide ou alcalin (basique) d'un milieu.

ACIDO-BASIQUE adj. (pl. *acido-basiques*). *Équilibre acido-basique :* rapport constant entre les acides et les bases présents dans l'organisme, qui se traduit par la stabilité du pH sanguin.

ACIDOCÉTOSE n.f. MÉD. Acidose avec présence de corps cétoniques dans le sang, observée dans les diabètes graves.

ACIDOPHILE adj. BIOL. Éosinophile. *Leucocytes acidophiles.*

ACIDOSE n.f. PATHOL. État du sang qui présente une acidité excessive. *Acidose métabolique. Acidose respiratoire.*

ACIDULÉ, E adj. De saveur légèrement acide. *Bonbon acidulé.*

ACIDULER v.t. Rendre légèrement acide.

ACIER n.m. (lat. *acies,* pointe). Alliage de fer et de carbone (moins de 1,8 p. 100) susceptible d'acquérir par traitement mécanique et thermique des propriétés très variées. – *Acier inoxydable :* acier spécial résistant aux divers agents de corrosion à température ambiante ou modérée (300 ºC). – *Acier allié* ou *spécial :* acier constitué par un alliage du fer avec un autre métal (nickel, cuivre, etc.). – *Acier coulé* ou *moulé :* acier très dur, riche en carbone, obtenu par moulage de fonderie. – *Acier au creuset :* acier élaboré par fusion des éléments d'alliage dans un creuset. – *Acier demi-doux,* contenant de 0,25 à 0,40 p. 100 de carbone ; *acier demi-dur* (de 0,40 à 0,60 p. 100) ; *acier doux* (de 0,15 à 0,25 p. 100) ; *acier dur* (de 0,60 à 0,70 p. 100) ; *acier extradoux* (moins de 0,15 p. 100 de carbone) ; *acier extradur* (plus de 0,70 p. 100 de carbone). – *Acier laminé :* acier à teneur modérée en carbone, permettant d'obtenir par laminage des tôles, des rails ou des profilés. – *Acier à l'oxygène,* obtenu par l'un des procédés d'aciérie de convertissage de la fonte en acier. – *Acier rapide :* acier spécial très dur, employé pour la fabrication des outils de coupe à grande vitesse. – *Acier tréfilé,* moins riche en carbone que l'acier coulé, utilisé dans la fabrication des fils pour câbles. – *Acier maraging :* alliage de fer et de nickel, à basse teneur en carbone.

ACIÉRAGE n.m. Opération consistant à donner à un métal la dureté de l'acier.

ACIÉRÉ, E adj. Qui contient de l'acier ; recouvert d'acier.

ACIÉRER v.t. [18]. Convertir (le fer) en acier.

ACIÉRIE n.f. Usine où l'on fabrique de l'acier.

ACIÉRISTE n. Spécialiste de la fabrication de l'acier.

ACINÉSIE n.f. → ***akinésie.***

ACINEUSE adj.f. *Glande acineuse :* glande simple ou complexe, dont les parties sécrétrices sont des acini.

ACINUS [asinys] n.m. (pl. *acini*). Masse arrondie de quelques cellules sécrétrices, autour de l'extrémité en cul-de-sac du canal d'une glande.

ACLINIQUE adj. (du gr. *klinein,* incliner). *Lieu aclinique,* où l'inclinaison du champ magnétique terrestre est nulle (l'aiguille aimantée y prend la position horizontale).

ACMÉ n.m. ou f. (gr. *akmê,* sommet). **Litt.** Point culminant ; apogée. *L'acmé de la vie.*

ACMÉISME n.m. École littéraire russe du début du XXᵉ s. qui réagit contre le symbolisme par la célébration de la vie et la simplicité du style.

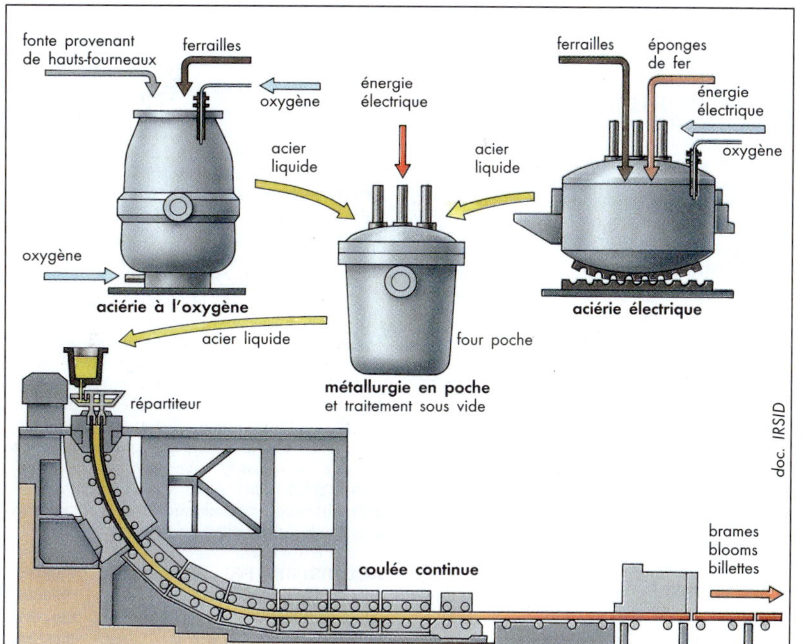

acier : schéma d'élaboration

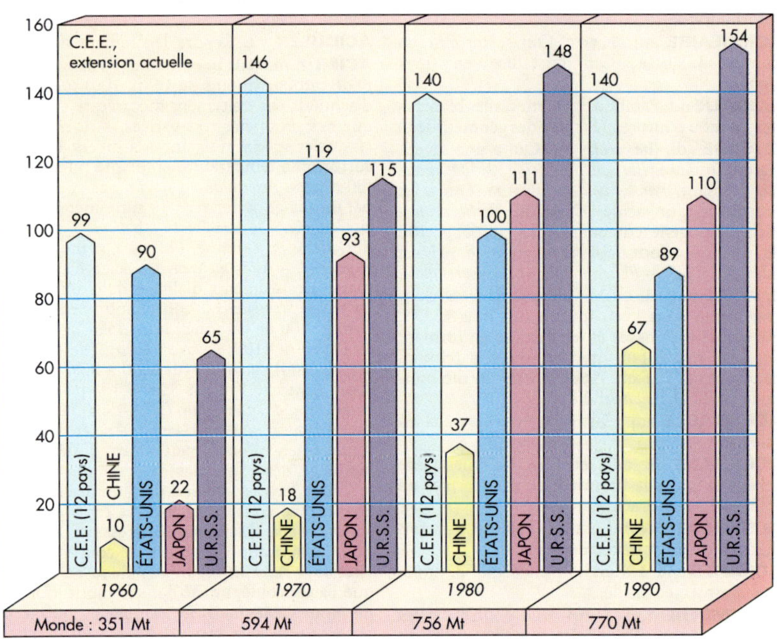

acier : productions comparées (en millions de tonnes)

ACNÉ n.f. (gr. *akmê,* pointe). Dermatose caractérisée par des boutons (papules, pustules), développés aux dépens du follicule pilo-sébacé, siégeant principalement au visage.

ACNÉIQUE adj. et n. Relatif à l'acné ; atteint d'acné.

ACŒLOMATE [aselɔmat] n.m. Animal sans cœlome. *Les cnidaires, les vers plats, les nématodes sont des acœlomates.*

ACOLYTAT n.m. RELIG. CATH. Le plus élevé des quatre ordres mineurs, maintenu par la réforme de 1972.

ACOLYTE n.m. (gr. *akolouthos,* serviteur). **1.** Péj. Compagnon, complice. **2.** RELIG. CATH. Servant du prêtre à l'autel.

ACOMPTE n.m. Paiement partiel à valoir sur le montant d'une somme à payer.

ACON ou **ACCON** n.m. (mot poitevin). Chaland à fond plat servant au chargement et au déchargement des navires.

ACONAGE ou **ACCONAGE** n.m. Transport, transbordement de marchandises au moyen d'acons.

ACONIER ou **ACCONIER** n.m. Entrepreneur en aconage.

ACONIT [akɔnit] n.m. (gr. *akoniton*). Plante vénéneuse des régions montagneuses, souvent cultivée dans les jardins, à feuilles vert sombre et à fleurs (bleues chez l'aconit napel) possédant un pétale supérieur en forme de casque. (Haut. 1 m env. ; famille des renonculacées.)

ACONITINE n.f. Alcaloïde toxique extrait de la racine de l'aconit napel et utilisé à faible dose comme analgésique.

A CONTRARIO [akɔ̃trarjo] loc. adv. et adj. inv. (mots lat.). Se dit d'un raisonnement dont la forme est identique à celle d'un autre, mais dont l'hypothèse et, par conséquent, la conclusion sont inverses.

ACOQUINEMENT n.m. Péj. Liaison, association de caractère douteux.

ACOQUINER (S') v.pr. Péj. Se lier avec (une, des personnes peu recommandables).

ACORE n.m. Plante des marais originaire de l'Inde, aussi appelée *roseau aromatique.* (Famille des aracées.)

À-CÔTÉ n.m. (pl. *à-côtés*). Ce qui est accessoire, en supplément. *Les à-côtés d'une question. Les petits à-côtés imprévus.*

ACOTYLÉDONE adj. et n. BOT. Dont les cotylédons sont peu développés, peu visibles.

ACOUMÈTRE n.m. Audiomètre.

ACOUMÉTRIE n.f. Audiométrie.

À-COUP n.m. (pl. *à-coups*). Arrêt brusque immédiatement suivi d'une reprise ; rupture dans la continuité d'un mouvement ; saccade. ◇ *Par à-coups :* de façon intermittente, irrégulière.

ACOUPHÈNE n.m. (du gr. *akouein,* entendre, et *phainein,* apparaître). Sensation auditive (bourdonnement, sifflement, etc.) perçue en l'absence de tout stimulus extérieur.

ACOUSTICIEN, ENNE n. (du gr. *akouein,* entendre). Spécialiste d'acoustique.

1. ACOUSTIQUE adj. Relatif à la perception des sons.

2. ACOUSTIQUE n.f. **1.** Partie de la physique qui étudie les sons. **2.** Qualité d'un lieu du point de vue de la propagation des sons.

ACQUA-TOFFANA [akwatɔfana] n.f. (it. *acqua,* eau, et *Toffana,* n. de femme). HIST. Poison célèbre en Italie aux XVIe et XVIIe s. (probablement, solution d'anhydride arsénieux).

ACQUÉREUR n.m. Personne qui acquiert (qqch). – REM. Le féminin *acquéreuse* est rare.

ACQUÉRIR v.t. (lat. *acquirere*) [39]. **1.** Devenir propriétaire de (un bien, un droit) par achat, échange, succession. *Acquérir une terre par héritage.* **2.** Arriver à avoir, obtenir (grâce à un effort, à l'expérience, au temps). *Acquérir de l'habileté.* **3.** Faire avoir, procurer. *Ses services lui ont acquis notre reconnaissance.*

ACQUÊT [akɛ] n.m. Bien acquis par l'un des époux à titre onéreux et qui entre dans la masse commune, dans le régime de la communauté légale (par opp. à *bien propre*).

ACQUIESCEMENT n.m. Adhésion, consentement, accord.

ACQUIESCER [akjese] v.i. et v.t. ind. [*à*] (lat. *acquiescere,* se reposer) [21]. Litt. Consentir, dire oui. *Acquiescer d'un signe de tête. Acquiescer à un désir.*

1. ACQUIS, E adj. (de *acquérir*). **1.** Que l'on a acquis, obtenu (par opp. à *naturel, inné, héréditaire*). *Caractères acquis de l'individu.* – *Vitesse acquise :* vitesse d'un corps à un moment donné. **2.** Qui a été obtenu, reconnu une fois pour toutes et ne peut être contesté. *Fait acquis. Droits, avantages acquis.* **3.** Entièrement gagné, dévoué (à une idée, à qqn) ; partisan de. *Être acquis à une cause. Je vous suis tout acquis.*

2. ACQUIS [aki] n.m. Ce qui est acquis ; ensemble de connaissances, d'avantages, de droits, etc., déjà obtenus par une action. *C'est un acquis considérable.*

ACQUISITIF, IVE adj. DR. Relatif à une acquisition ; qui équivaut à une acquisition.

ACQUISITION n.f. **1.** Action d'acquérir. *Faire l'acquisition d'un domaine. L'acquisition du langage.* **2.** Ce que l'on a acquis, chose acquise. *Montre-moi ta dernière acquisition.*

ACQUIT [aki] n.m. (de *acquitter*). **1.** Reconnaissance écrite d'un paiement. – *Pour acquit* (formule au verso d'un chèque, au bas d'un billet, pour certifier qu'ils ont été payés). **2.** *Par acquit de conscience :* pour donner acquit à sa conscience, pour éviter ensuite un regret.

ACQUIT-À-CAUTION n.m. (pl. *acquits-à-caution*). Document administratif, contresigné par une caution, qui permet à un redevable de faire circuler certaines marchandises soumises à l'impôt indirect sans paiement préalable.

ACQUITTABLE adj. Qui peut ou qui doit être acquitté.

ACQUITTÉ, E n. Accusé déclaré non coupable par un tribunal.

ACQUITTEMENT n.m. **1.** Paiement, remboursement. *Acquittement d'une dette.* **2.** Action d'acquitter (un accusé) par une décision judiciaire. CONTR. : *condamnation.*

ACQUITTER v.t. (de *quitte*). **1.** Payer (ce qu'on doit). *Acquitter ses impôts, une facture.* **2.** Déclarer non coupable. *Acquitter un accusé.* ◆ **s'acquitter** v.pr. *(de).* Faire ce qu'on doit. *S'acquitter d'une dette, d'une promesse, d'une tâche.*

ACRA n.m. Boulette de morue pilée ou de pulpe de légume mêlée de pâte à beignet, frite à l'huile bouillante. (Cuisine créole.)

ACRE n.f. (mot anglo-normand). Ancienne mesure agraire variable d'un pays à l'autre (elle valait en France 52 ares env.).

ÂCRE adj. (lat. *acer*). Piquant, irritant au goût, à l'odorat. *L'odeur âcre de la fumée.*

ÂCRETÉ n.f. Caractère de ce qui est âcre.

ACRIDIEN n.m. *Acridiens :* famille d'insectes orthoptères comprenant environ 10 000 espèces parmi lesquelles les criquets et les locustes.

ACRIMONIE n.f. (lat. *acrimonia*). Litt. Mauvaise humeur qui se manifeste par un ton, des propos acerbes, mordants.

ACRIMONIEUX, EUSE adj. Litt. Qui a, manifeste de l'acrimonie.

ACROBATE n. (du gr. *akrobatein,* aller sur la pointe des pieds). **1.** Artiste qui exécute des exercices d'agilité, d'adresse ou de force dans un cirque, un music-hall, etc. **2.** Fig. Personne habile qui recourt à des procédés compliqués souvent fantaisistes ou périlleux. *Un acrobate de la politique.*

ACROBATIE [-si] n.f. **1.** Exercice d'acrobate, difficile ou périlleux. **2.** Fig. Comportement, procédé habile et ingénieux, mais souvent dangereux ou discutable ; virtuosité périlleuse.

ACROBATIQUE adj. Qui tient de l'acrobatie. *Un numéro de clowns acrobatique.* – Fig. *Un redressement financier acrobatique.* – CHORÉGR. *Adage acrobatique,* dont les enchaînements comportent plus de portés et d'exercices d'acrobatie que de pas de danse.

ACROCÉPHALE adj. et n. (gr. *akros,* extrême, et *kephalê,* tête). Atteint d'acrocéphalie.

ACROCÉPHALIE n.f. Malformation du crâne (hauteur anormale et forme en pain de sucre).

ACROCYANOSE [akrɔsjanoz] n.f. (gr. *akros,* extrême, et *kuanos,* bleu). MÉD. Coloration bleutée des extrémités (mains, pieds).

ACRODYNIE n.f. (gr. *akros,* extrémité, et *odynê,* douleur). MÉD. Maladie infantile touchant les extrémités (mains, pieds, nez) qui sont tuméfiées, douloureuses, cyanosées (bleues) et s'accompagnant de troubles nerveux et circulatoires.

ACROLÉINE n.f. (du lat. *acer, acris,* âcre, et *olere,* sentir). Aldéhyde éthylénique $CH_2{=}CH{-}CH{=}O$, liquide volatil suffocant, obtenu par déshydratation de la glycérine ou par oxydation ménagée du propylène.

ACROMÉGALIE n.f. (gr. *akros,* élevé, et *megas, megalos,* grand). MÉD. Développement exagéré des os de la face et des extrémités des membres, dû à un hyperfonctionnement de l'hypophyse.

ACROMION n.m. (gr. *akros,* extrême, et *ômos,* épaule). Apophyse de l'omoplate, en forme de spatule.

ACRONYME n.m. Sigle qui peut être prononcé comme un mot ordinaire (ex. : C.A.P.E.S. [kapɛs]).

ACROPOLE n.f. (gr. *akros,* élevé, et *polis,* ville). **1.** Partie la plus élevée des cités grecques, servant de citadelle. ◇ (Avec une majuscule).

L'Acropole : l'acropole d'Athènes. **2.** Par ext. Cité protohistorique fortifiée située sur une hauteur.

ACROSTICHE n.m. (gr. *akros,* extrême, et *stikhos,* vers). Pièce de vers composée de telle sorte qu'en lisant dans le sens vertical la première lettre de chaque vers on trouve le mot pris pour thème, le nom de l'auteur ou celui du dédicataire.

ACROTÈRE n.m. (gr. *akroterion,* extrémité). ARCHIT. Socle disposé à chacune des extrémités et au sommet d'un fronton ou d'un pignon et portant en général un ornement ; cet ornement.

1. ACRYLIQUE adj. *Acide acrylique* : acide obtenu par oxydation de l'acroléine, dont les esters se polymérisent en verres organiques. ◇ *Peinture acrylique* : peinture-émulsion obtenue par la dispersion de pigments dans un latex (résine thermoplastique) dû à la polymérisation du méthacrylate de méthyle.

2. ACRYLIQUE adj. et n.m. Se dit d'une fibre textile synthétique, polymère de l'acrylonitrile. *Chandail en fibre acrylique, en acrylique.*

ACRYLONITRILE n.m. CHIM. ORG. Composé, obtenu à partir du propylène, de formule $H_2C{=}CH{-}C \equiv N$, l'un des principaux monomères industriels. SYN. : *nitrile acrylique.*

ACTANT n.m. LING. Auteur de l'action exprimée par le verbe. SYN. : *sujet, agent.*

1. ACTE n.m. (lat. *actum,* chose faite). **1.** Toute action humaine adaptée à une fin, de caractère volontaire ou involontaire, et considérée comme un fait objectif et accompli. *Acte instinctif, volontaire. Acte de bonté, de bravoure.* – *Faire acte de* : témoigner de, donner la preuve de. *Faire acte de bonne volonté.* ◇ PSYCHOL. *Passage à l'acte* : réalisation d'une tendance, d'un désir impulsif jusque-là contenu. ◇ PSYCHAN. *Acte manqué* : conduite socialement inadaptée qui réalise un désir inconscient. – PHILOS. *En acte* : qui s'accomplit ou est déjà réalisé (par opp. à *en puissance*). ◇ RELIG. Élan spirituel. *Acte de foi.* **2.** Décision, opération destinée à produire un effet de droit. (On dit aussi *acte juridique.*) **3.** DR. Écrit constatant une opération ou une situation juridique. *Actes de l'état civil. Acte de vente.* ◇ *Prendre acte de* : faire constater (un fait), noter. – *Dont acte* : bonne note est prise.

■ Les actes peuvent être *authentiques* (établis par un officier public [notaire, officier de l'état civil...] et obligatoires dans certains cas [contrat de mariage, vente d'immeuble...]) ou *sous seing privé* (établis et signés par les parties elles-mêmes et en principe non soumis à des conditions de forme particulières).

2. ACTE n.m. (lat. *actus,* représentation scénique). Chacune des grandes divisions d'une pièce de théâtre.

ACTÉE n.f. (gr. *aktaion,* qui vit près du bord). Plante malodorante des forêts de montagne, couramment appelée *cimicaire.* (Famille des renonculacées.)

ACTEUR, TRICE n. **1.** Artiste qui joue dans une pièce de théâtre ou dans un film ; comédien. **2.** Personne qui prend une part déterminante dans une action.

ACTH n.f. inv. (sigle de l'angl. *Adreno-Cortico-Trophic-Hormone*). Hormone de l'hypophyse, qui stimule le cortex de la glande surrénale.

1. ACTIF, IVE adj. **1.** Qui agit, qui manifeste de l'activité, de l'énergie ; qui implique de l'activité. *Rester actif malgré l'âge. Des recherches actives.* ◇ *Méthode active, enseignement actif,* faisant appel à l'initiative de l'élève. **2.** Qui joue un rôle effectif ; qui est en exercice, en activité. *Secteur actif. Membre actif.* – *Citoyen actif,* qui a le droit de vote, dans un régime censitaire. – *Population active* : ensemble des personnes qui exercent une activité professionnelle ou recherchent un emploi. – *Vie active* : période de la vie où l'on exerce une activité professionnelle. *Entrer dans la vie active.* – *Armée active* : ensemble des forces armées présentes sous les drapeaux en temps de paix. **3.** Qui agit efficacement ; énergique, fort. *Remède actif.* **4.** LING. *Forme, voix active,* dans laquelle le sujet du verbe est l'agent. CONTR. : *passif.*

2. ACTIF n.m. **1.** COMPTAB. Ce qui, dans un bilan, figure l'ensemble des biens matériels et immatériels détenus par une entreprise (par opp. à *passif*). ◇ *Avoir (qqch) à son actif* : pouvoir se prévaloir de (qqch). **2.** Personne appartenant à la population active. **3.** LING. Forme, voix active. ◆ pl. En comptabilité nationale, ensemble des créances financières.

ACTING-OUT [aktiŋaut] n.m. inv. (mot angl.). PSYCHAN. Action qui prend la place d'une parole. (Parfois syn. de *passage à l'acte.*)

ACTINIDE n.m. Élément chimique radioactif, naturel ou artificiel, de numéro atomique compris entre 89 et 103 (nom générique).

ACTINIE n.f. (gr. *aktis, -inos,* rayon). ZOOL. Polype mou à nombreux tentacules, fixé aux rochers littoraux, appelé cour. *anémone de mer, ortie de mer.* (Embranchement des cnidaires ; classe des anthozoaires.)

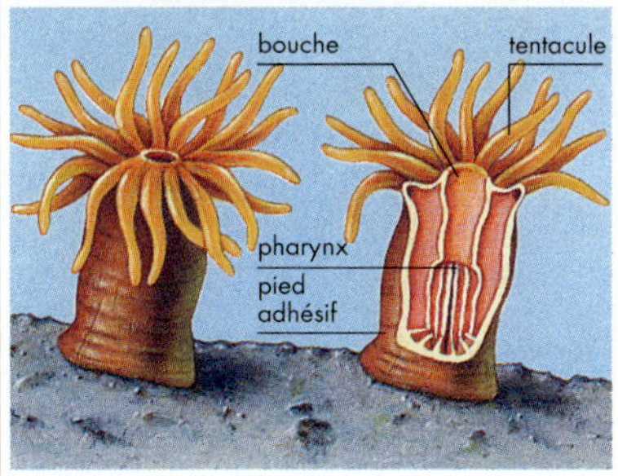

actinies

ACTINIQUE adj. Se dit de radiations qui exercent une action chimique. *Les rayons ultraviolets sont actiniques.*

ACTINISME n.m. Propriété des radiations actiniques.

ACTINITE n.f. Inflammation de la peau due aux rayons solaires.

ACTINIUM [aktinjɔm] n.m. Métal radioactif ; élément (Ac) de numéro atomique 89.

ACTINOLOGIE n.f. Science qui étudie l'effet de la lumière et des radiations sur les tissus vivants.

ACTINOMÉTRIE n.f. Mesure de l'intensité des radiations, et notamm. des radiations solaires.

ACTINOMYCÈTE n.m. *Actinomycètes* : classe de bactéries filamenteuses.

ACTINOMYCOSE n.f. Maladie infectieuse de l'homme et des animaux, causée par des actinomycètes.

ACTINOTE n.f. Amphibole calcique, magnésienne et ferreuse, de couleur verte.

ACTINOTHÉRAPIE n.f. MÉD. Traitement par les rayons du spectre solaire, en particulier les rayons ultraviolets.

1. ACTION n.f. (lat. *actio*). **I.1.** Fait, faculté d'agir, de manifester sa volonté en accomplissant qqch (par opp. à la pensée, à la réflexion). *Être porté à l'action. Passer à l'action. Homme d'action.* – *Mettre en action* : réaliser. **2.** Ce que l'on fait, manifestation concrète de la volonté de qqn, d'un groupe ; acte. *Mobile d'une action. Action d'éclat.* – *Verbe d'action,* exprimant une action (par opp. à *verbe d'état*). ◇ PHILOS. Acte envisagé du point de vue de sa valeur morale. ◇ *Action de grâce* ou *de grâces* : remerciement adressé à la Providence, à Dieu, pour un bienfait. **3.** Effet produit par qqch ou qqn agissant d'une manière déterminée ; manière d'agir. *L'action de l'acide sur le métal. L'action du gouvernement sur les prix. Un remède à action lente.* ◇ MÉCAN. Grandeur égale au double du produit de l'énergie cinétique par la durée du trajet. – *Principe de moindre action,* selon lequel dans le mouvement réel d'un système entre deux positions l'action est minimale. ◇ ART CONTEMP. Performance. **4.** Mouvement collectif organisé en vue d'un effet particulier. *Action revendicative.* – *Action directe* : activité politique violente hors des cadres légaux. ◇ Engagement militaire, combat ; coup de main. **5.** Suisse. Vente promotionnelle. **II.** Ensemble des évènements d'un récit, d'un drame, considérés dans leur progression ; intrigue ; mouvement, rythme de cette intrigue. *Unité d'action.* **III.** Exercice d'un droit en justice. *Intenter une action (en justice).*

2. ACTION n.f. (orig. obscure, p.-ê. de *1. action,* avec influence de *2. actif*). Titre représentant une part d'associé dans certaines sociétés. *Acheter, vendre des actions.*

ACTIONNABLE adj. DR. Contre qui on peut intenter une action en justice.

ACTIONNAIRE n. Personne qui possède des actions d'une société.

ACTIONNARIAT n.m. **1.** Division du capital d'une entreprise en actions, des entreprises. **2.** Fait d'être actionnaire. *Actionnariat des salariés, actionnariat ouvrier.* **3.** Ensemble des actionnaires.

ACTIONNER v.t. **1.** Faire fonctionner, mettre en mouvement (surtout : une machine, un mécanisme). **2.** DR. Intenter une action en justice contre (qqn).

ACTIONNEUR n.m. MÉCAN. Dispositif (mécanique, électrique, pneumatique, hydraulique) permettant d'agir sur une machine, un système, pour modifier son fonctionnement ou son état.

ACTION RESEARCH n.f. Recherche-action.

ACTIVATEUR, TRICE adj. et n.m. Se dit d'une substance qui augmente l'activité de qqch.

ACTIVATION n.f. **1.** Action d'activer ; accélération. **2.** CHIM. Augmentation de la réactivité d'un corps, notamm. par absorption de radiations. ◇ *Activation nucléaire* : opération consistant à rendre radioactif un élément chimique en l'exposant à des radiations (en général un flux de neutrons).

ACTIVE n.f. Armée active. (Surtout dans *d'active*). – *Officier, sous-officier d'active,* de carrière.

ACTIVÉ, E adj. PHYS., CHIM. Rendu plus apte à agir par un procédé d'activation. *Charbon activé.*

ACTIVEMENT adv. De façon active.

ACTIVER v.t. **1.** Rendre plus vif, plus actif. *Activer le feu.* ◇ CHIM. Soumettre à l'activation. **2.** Rendre plus rapide ; hâter. *Activer le mouvement. Activer des préparatifs.* ◆ **s'activer** v.pr. S'affairer ; se hâter.

ACTIVEUR n.m. CHIM. Corps qui augmente l'activité d'un catalyseur.

ACTIVISME n.m. **1.** Attitude politique qui préconise l'action directe, la propagande active. **2.** Attitude morale qui insiste sur les nécessités de la vie et de l'action, plus que sur les principes théoriques.

ACTIVISTE n. et adj. Partisan de l'activisme.

ACTIVITÉ n.f. **1.** Ensemble des phénomènes par lesquels se manifestent certaines formes de vie, un processus, un fonctionnement. *Activité réflexe, intellectuelle. Volcan en activité.* – *Activité solaire* : ensemble de phénomènes (taches, éruptions, sursauts, etc.) qui affectent certaines régions du Soleil suivant un cycle d'environ onze ans. ◇ PHYS. Nombre de désintégrations nucléaires spontanées qu'une source radioactive subit par unité de temps. **2.** Vivacité et énergie dans l'action de qqn ; dynamisme, animation constatés quelque part. *Période d'intense activité.* **3.** Action d'une personne, d'une entreprise, d'une nation dans un domaine défini ; domaine dans lequel s'exerce cette action ; occupation. *Avoir de nombreuses activités. Activité professionnelle. Usine qui étend son activité à de nouveaux secteurs.* **4.** *En activité.* **a.** En exercice, en service. CONTR. : *en retraite, en disponibilité.* **b.** En fonctionnement. *Usine en activité, en pleine activité.*

ACTUAIRE n. (angl. *actuary* ; du lat.). Spécialiste de l'application de la statistique, notamm. du calcul des probabilités, aux opérations de finance et d'assurance.

ACTUALISATION n.f. **1.** Action d'actualiser. **2.** PHILOS. Passage de la puissance à l'acte, de la virtualité à la réalité.

ACTUALISER v.t. **1.** Rendre actuel, adapter à l'époque présente ; mettre à jour. *Actualiser les programmes scolaires.* **2.** ÉCON. Calculer la valeur actuelle de (un bien, une somme d'argent disponible dans l'avenir).

ACTUALITÉ n.f. **1.** Caractère de ce qui est actuel. *L'actualité d'un roman. Un sujet d'actualité.* **2.** Ensemble des évènements, des faits actuels, récents. *L'actualité médicale, littéraire.* ◆ pl. Informations, nouvelles (surtout : à la télévision, à la radio et, anc., au cinéma).

ACTUARIAT n.m. **1.** Technique appliquée par les actuaires. **2.** Fonction d'actuaire.

ACTUARIEL, ELLE adj. *Calculs actuariels,* effectués par des actuaires. ◇ *Taux actuariel* : taux de rendement produit par un capital dont les intérêts et le remboursement sont assurés par une série de versements échelonnés dans le temps.

ACTUEL, ELLE adj. **1.** Qui existe dans le moment présent, l'époque présente, qui lui appartient, lui convient. *Le régime actuel. Un sujet très actuel.* **2.** PHILOS. Qui existe en acte, conçu comme réel, effectif (par opp. à *virtuel*).

ACTUELLEMENT adv. En ce moment.

ACUITÉ n.f. (du lat. *acutus,* aigu). **1.** Caractère de ce qui est aigu. *Acuité d'un son, d'une douleur.* **2.** Pouvoir de discrimination d'un organe des sens ; puissance de pénétration. *Acuité visuelle. Intelligence d'une grande acuité.*

ACUL [aky] n.m. Fond d'un parc à huîtres, du côté de la mer.

ACULÉATE n.m. (du lat. *aculeus,* aiguillon). *Aculéates :* sous-ordre d'insectes hyménoptères portant un aiguillon à l'extrémité de l'abdomen, tels que l'abeille, la fourmi, la guêpe.

ACUMINÉ, E adj. BOT. Qui se termine en une pointe fine et allongée. *Feuille acuminée.*

ACUPUNCTEUR, TRICE ou **ACUPONCTEUR, TRICE** n. Médecin spécialiste de l'acupuncture.

ACUPUNCTURE ou **ACUPONCTURE** n.f. MÉD. Traitement médical d'origine chinoise qui consiste à piquer des aiguilles en certains points du corps, selon des « lignes de force » vitales.

ACUTANGLE adj. *Triangle acutangle,* à trois angles aigus.

ACYCLIQUE adj. **1.** Qui ne présente pas de cycle. *Phénomène acyclique.* **2.** *Composé acyclique :* composé organique à chaîne ouverte.

ACYLATION n.f. Fixation d'un radical acyle sur une molécule.

ACYLE [asil] n.m. Radical organique monovalent RCO—.

A. D. A. C. n.m. (sigle). Avion à décollage et atterrissage courts. SYN. (anglic. déconseillé) : *STOL (short take-off and landing).*

1. ADAGE n.m. (lat. *adagium*). Maxime ancienne et populaire empruntée au droit coutumier ou écrit. (Ex. : *Nul n'est censé ignorer la loi.*)

2. ADAGE n.m. (it. *adagio*). CHORÉGR. Exercices lents destinés à parfaire l'équilibre des danseurs et la ligne de leurs mouvements. ◇ Première partie d'un pas de deux.

ADAGIO [adadʒjo] adv. (mot it.). MUS. Lentement. ◆ n.m. Morceau exécuté dans le tempo adagio.

ADAMANTIN, E adj. (gr. *adamantinos,* dur). **1.** Litt. Qui a la dureté, l'éclat du diamant. **2.** ANAT. *Cellules adamantines,* qui produisent l'émail des dents.

ADAMIQUE adj. Relatif à Adam.

ADAMISME n.m. Doctrine de certains hérétiques du IIe s. qui paraissaient nus dans les assemblées pour exprimer l'état d'innocence d'Adam au moment de la Création.

ADAMITE ou **ADAMIEN, ENNE** n. Adepte de l'adamisme.

ADAPTABILITÉ n.f. Caractère de ce qui est adaptable.

ADAPTABLE adj. Qui peut être adapté.

1. ADAPTATEUR n.m. Instrument, dispositif permettant d'adapter un objet à une utilisation pour laquelle il n'est pas directement conçu. *Adaptateur pour prises de courant.*

2. ADAPTATEUR, TRICE n. Personne qui adapte une œuvre littéraire au cinéma, au théâtre.

ADAPTATIF, IVE adj. BIOL. Qui réalise une adaptation.

ADAPTATION n.f. Action d'adapter ; son résultat. Fait de s'adapter.

ADAPTER v.t. (lat. *adaptare*). **1.** Appliquer, ajuster. *Adapter un robinet à un tuyau.* **2.** Appliquer convenablement ; mettre en accord, approprier. *Adapter les moyens au but.* **3.** Arranger (une œuvre littéraire) pour la rendre conforme au goût du jour ou la transposer dans un autre mode d'expression (théâtre, cinéma, télévision, etc.). ◆ **s'adapter** v.pr. *(à).* Se plier, se conformer à. *S'adapter aux circonstances.*

A. D. A. V. n.m. (sigle). Avion à décollage et atterrissage verticaux. SYN. (anglic. déconseillé) : *VTOL (vertical take-off and landing).*

ADDAX [adaks] n.m. Antilope gris clair des confins sahariens, aux cornes spiralées.

addax

ADDENDA [adɛ̃da] n.m. inv. (mot lat., *choses à ajouter*). Ajout (d'articles, de notes, etc.) fait à un ouvrage pour le compléter.

ADDICTIF, IVE adj. Qui relève de l'addiction ; toxicomaniaque.

ADDICTION n.f. Anglic. Toxicomanie.

ADDISON (MALADIE BRONZÉE D') : affection des glandes surrénales qui se traduit par une grande asthénie et une couleur bronzée de la peau.

1. ADDITIF, IVE adj. **1.** MATH. *Notation additive :* dans un ensemble, emploi du signe + pour représenter une loi de composition interne (loi additive), quelles que soient la nature des éléments et celle de l'opération. **2.** PHYS. *Grandeur additive,* qui, étant mesurable, peut faire l'objet d'une opération d'addition. *Une longueur est une grandeur additive.*

2. ADDITIF n.m. **1.** Substance, produit qu'on ajoute à un autre pour en améliorer les caractéristiques, les propriétés. **2.** Addition faite à un texte.

ADDITION n.f. (lat. *additio,* de *addere,* ajouter). **1.** Action d'ajouter ; ce qu'on ajoute. **2.** MATH. Première des quatre opérations fondamentales de l'arithmétique, symbolisée par le signe + (plus) ; réunion en un seul nombre, la *somme,* des unités ou fractions d'unités constitutives de deux ou plusieurs nombres. **3.** Note de dépenses au café, au restaurant, etc. **4.** CHIM. *Réaction d'addition,* dans laquelle plusieurs molécules s'unissent pour en donner une nouvelle.

ADDITIONNEL, ELLE adj. Qui est ajouté. *Article additionnel.*

ADDITIONNER v.t. **1.** Réunir en un seul nombre (les unités ou fractions d'unités qui forment d'autres nombres) ; totaliser. **2.** Ajouter une chose à (une autre). *Additionner son vin d'un peu d'eau.*

ADDITIONNEUR n.m. INFORM. Organe de calcul analogique ou numérique permettant d'effectuer la somme de deux nombres.

ADDITIVÉ, E adj. *Carburant additivé,* contenant des additifs qui accroissent l'indice d'octane.

ADDUCTEUR adj.m. et n.m. **1.** *Muscle adducteur,* qui produit une adduction. **2.** *Canal adducteur,* qui amène les eaux d'une source à un réservoir.

ADDUCTION n.f. (du lat. *adducere,* amener). **1.** ANAT. Mouvement qui rapproche un membre de l'axe du corps. **2.** Conduction, apport d'un fluide à l'endroit où il est utilisé, consommé. *Adduction d'eau, de gaz.*

ADÉNINE n.f. Base azotée contenue dans toutes les cellules vivantes et qui dérive de la purine.

ADÉNITE n.f. (du gr. *adên,* glande). Inflammation des ganglions lymphatiques.

ADÉNOCARCINOME n.m. Tumeur maligne d'un épithélium glandulaire.

ADÉNOGRAMME n.m. MÉD. Examen des cellules d'un ganglion lymphatique prélevées par ponction.

ADÉNOÏDE [adenɔid] adj. Qui se rapporte au tissu glandulaire. ◇ *Végétations adénoïdes* → ***végétation.***

ADÉNOÏDECTOMIE n.f. Ablation des végétations adénoïdes.

ADÉNOME n.m. Tumeur bénigne qui se développe dans une glande.

ADÉNOPATHIE n.f. Affection des ganglions lymphatiques.

ADÉNOSINE n.f. Nucléoside dont les dérivés phosphorés jouent des rôles importants dans le métabolisme énergétique (adénosine triphosphate ou A. T. P.) et dans la transmission du message hormonal (adénosine monophosphate cyclique ou A. M. P. cyclique).

ADÉNOVIRUS n.m. Virus dont le patrimoine génétique est constitué d'une molécule d'A.D.N. (par opp. à *ribovirus*).

ADENT [adɑ̃] n.m. Entaille oblique destinée à l'assemblage, notamm. d'une pièce de bois.

ADEPTE n. (lat. *adeptus,* qui a obtenu). **1.** Membre d'un mouvement, d'un groupement demandant un engagement personnel. *Adeptes d'une secte.* **2.** Partisan convaincu d'une doctrine ou de son promoteur. **3.** Personne qui pratique telle activité. *Un adepte du ski.*

ADÉQUAT, E [adekwa, at] adj. (lat. *adaequatus,* rendu égal). Qui correspond parfaitement à son objet. *Trouver l'expression adéquate.*

ADÉQUATEMENT adv. De façon adéquate.

ADÉQUATION n.f. Adaptation parfaite.

ADEXTRÉ, E adj. HÉRALD. *Pièce adextrée,* accompagnée d'une pièce secondaire à droite. CONTR. : *senestré.*

ADHÉRENCE n.f. **1.** État d'une chose qui tient à une autre, qui est fortement attachée, collée. *Adhérence d'un matériau.* **2.** ANAT., PATHOL. Accolement normal ou pathologique de deux organes ou tissus.

1. ADHÉRENT, E adj. Fortement attaché. *Branche adhérente au tronc.* ◇ BOT. *Ovaire adhérent,* soudé latéralement au réceptacle floral en forme de coupe (celui de la fleur du pommier, par ex.). SYN. : *infère.*

2. ADHÉRENT, E n. et adj. Membre d'une association, d'un parti politique, etc.

ADHÉRER v.t. ind. [*à*] (lat. *adhaerere*) [18]. **1.** Coller, être fortement attaché (à). *Papier qui adhère mal au mur.* **2.** Fig. Souscrire à (une idée, une opinion) ; s'affilier à, être inscrit à (un parti, une association).

ADHÉSIF, IVE adj. Se dit d'un papier, d'une toile, d'un ruban dont une des faces est enduite d'une substance qui permet l'adhérence à une surface. ◆ n.m. **1.** Substance synthétique capable de fixer deux surfaces entre elles. **2.** Ruban, papier adhésif.

ADHÉSION n.f. **1.** Action de souscrire à une idée ou à une doctrine, de s'inscrire à un parti, à une association. **2.** DR. INTERN. Déclaration par laquelle un État s'engage à respecter les termes d'une convention dont il n'a pas été initialement signataire. ◇ *Contrat d'adhésion,* dont toutes les clauses sont imposées à l'avance par l'un des contractants, sans pouvoir être discutées par l'autre (abonnement au gaz, au téléphone, transports, etc.).

ADHÉSIVITÉ n.f. **1.** Aptitude d'un matériau à adhérer à un autre. **2.** PSYCHOL. Viscosité mentale.

AD HOC [adɔk] loc. adj. inv. (mots lat., *pour cela*). Qui convient à la situation, au sujet.

AD HOMINEM [adɔminɛm] loc. adj. inv. (mots lat.). *Argument ad hominem,* qui est dirigé contre la personne même de l'adversaire.

ADIABATIQUE adj. (du gr. *diabainein,* traverser). PHYS. *Transformation adiabatique,* sans échange de chaleur avec l'extérieur.

ADIABATISME n.m. État d'un système qui ne communique et ne reçoit aucune chaleur.

ADIANTUM [adjɑ̃tɔm] ou **ADIANTE** n.m. (gr. *adiantos,* non sec). Fougère d'origine tropicale cultivée en appartement ou en serre, dite aussi *capillaire de Montpellier* ou *cheveu-de-Vénus* à cause de ses fins pétioles noirs. (Haut. 30 cm env. ; famille des polypodiacées.)

ADIEU interj. et n.m. (de *à* et *Dieu*). [Pour saluer qqn que l'on ne reverra pas de longtemps ou que l'on ne reverra plus]. *Tout est fini entre nous, adieu ! Des adieux déchirants.*

ADIPEUX, EUSE adj. (du lat. *adeps, adipis,* graisse). **1.** Qui a les caractères de la graisse ; qui renferme de la graisse. – *Tissu adipeux :* tissu conjonctif comportant une importante proportion de vacuoles graisseuses. **2.** Bouffi de graisse. *Homme adipeux.*

ADIPIQUE adj. CHIM. *Acide adipique* : acide utilisé dans la fabrication du Nylon.

ADIPOLYSE n.f. Dégradation des graisses de réserve du tissu adipeux au fur et à mesure des besoins de l'organisme.

ADIPOPEXIE n.f. Fixation des graisses dans les tissus adipeux.

ADIPOSE n.f. Excès de graisse dans l'organisme.

ADIPOSITÉ n.f. Accumulation de graisse dans les tissus.

ADIPOSO-GÉNITAL, E, AUX adj. *Syndrome adiposo-génital,* associant une obésité et des troubles génitaux.

ADIPSIE n.f. MÉD. Diminution ou perte complète de la soif.

ADIRÉ, E adj. DR. Vx. Perdu, égaré.

ADJACENT, E adj. (lat. *adjacens,* situé auprès). Voisin, attenant. *Terres adjacentes.* ◇ *Angles adjacents :* angles ayant même sommet, un côté commun, et situés de part et d'autre de ce côté.

ADJECTIF n.m. (lat. *adjectivum*). Mot qui qualifie ou détermine le substantif auquel il est joint. ◇ *Adjectif verbal :* adjectif issu du participe présent du verbe. (Il s'accorde en genre et en nombre : *des enfants obéissants,* alors que le participe présent est invariable : *des enfants obéissant à leurs parents.*)

ADJECTIF, IVE ou **ADJECTIVAL, E, AUX** adj. Qui a le caractère de l'adjectif. *Locution adjective.*

ADJECTIVEMENT adv. Avec la valeur d'un adjectif.

ADJECTIVER ou **ADJECTIVISER** v.t. Transformer en adjectif ; utiliser comme adjectif.

ADJOINDRE v.t. (lat. *adjungere*) [82]. Associer une personne, une chose à une autre. ◆ **s'adjoindre** v.pr. S'associer (qqn). *S'adjoindre un collaborateur.*

ADJOINT, E n. et adj. Personne associée à une autre pour la seconder. ◇ *Adjoint au maire* ou *adjoint :* conseiller municipal qui assiste le maire dans ses fonctions.

ADJONCTION n.f. Action, fait d'adjoindre.

ADJUDANT n.m. (esp. *ayudante*). Sous-officier d'un grade intermédiaire entre ceux de sergent-chef et d'adjudant-chef. (→ ***grade.***)

ADJUDANT-CHEF n.m. (pl. *adjudants-chefs*). Sous-officier d'un grade intermédiaire entre ceux d'adjudant et de major. (→ ***grade.***)

ADJUDICATAIRE n. Bénéficiaire d'une adjudication.

ADJUDICATEUR, TRICE n. Personne qui met en adjudication.

ADJUDICATIF, IVE adj. De l'adjudication.

ADJUDICATION n.f. DR. Attribution d'un marché public ou, dans une vente aux enchères, d'un bien, à celui qui offre le meilleur prix.

ADJUGER v.t. (lat. *adjudicare*) [17]. **1.** Concéder par adjudication. **2.** Attribuer (un avantage, une récompense). ◆ **s'adjuger** v.pr. S'approprier. *S'adjuger la meilleure part.*

ADJURATION n.f. **1.** Action d'adjurer. **2.** RELIG. CATH. Formule d'exorcisme.

ADJURER v.t. (lat. *adjurare*). Supplier instamment. *Je vous adjure de dire la vérité.*

ADJUVANT, E adj. et n.m. **1.** Se dit de ce qui renforce ou complète les effets de la médication principale. *Médicament, traitement adjuvant.* **2.** Se dit d'un produit que l'on ajoute à un autre pour en améliorer les caractéristiques.

ADJUVAT [adʒyva] n.m. (mot lat., *il aide*). Anc. Fonction d'aide, en médecine, en chirurgie.

AD LIBITUM [adlibitɔm] loc. adv. (mots lat.). À volonté, au choix. Abrév. : *ad lib.*

AD LITEM [adlitɛm] loc. adj. inv. (mots lat.). DR. Limité au seul procès en cause. *Acte, procuration, mandat ad litem.*

ADMETTRE v.t. (lat. *admittere*) [84]. **I. 1.** Laisser entrer dans un lieu, un groupe, etc. ; recevoir. *Ne pas admettre les chiens dans un magasin. Admettre un candidat à un concours.* **2.** Laisser la possibilité d'exister à ; supporter, souffrir. *Affaire qui n'admet aucun retard.* **II.** Reconnaître pour vrai. *Admettre le bien-fondé d'une remarque.*

ADMINICULE n.m. DR. Élément de preuve.

ADMINISTRATEUR, TRICE n. **1.** Personne qui gère les biens, les affaires d'un particulier, d'une société, de l'État. ◇ *Administrateur de biens :* mandataire effectuant des opérations d'administration et de gestion et des transactions sur des biens immobiliers. ◇ *Administrateur civil :* fonctionnaire chargé, dans une administration centrale, des fonctions de conception et d'encadrement. ◇ *Administrateur judiciaire :* mandataire de justice chargé, dans le redressement judiciaire d'une entreprise, de surveiller, d'assister ou de remplacer le débiteur et de proposer au tribunal un projet de plan de redressement. **2.** Membre d'un conseil d'administration.

ADMINISTRATIF, IVE adj. De l'administration. ◆ n. Membre du personnel d'administration.

ADMINISTRATION n.f. **1.** Action d'administrer. ◇ *Acte d'administration :* opération juridique commandée par la gestion courante d'un patrimoine. ◇ *Administration légale :* régime selon lequel sont régis les biens d'un mineur. (On distingue l'*administration légale pure et simple,* par le père, lorsque les deux parents exercent l'autorité parentale, et l'*administration légale sous contrôle judiciaire,* lorsqu'un seul parent exerce l'autorité parentale ou lorsque le mineur est un enfant naturel.) **2.** Service public. *L'administration des Douanes.* ◇ Spécialt (avec une majuscule). *L'Administration :* l'ensemble des services de l'État.

ADMINISTRATIVEMENT adv. Par la voie administrative ; du point de vue de l'administration.

ADMINISTRÉ, E n. Personne dépendant d'une administration.

ADMINISTRER v.t. (lat. *administrare,* servir). **I.** Gérer les affaires publiques ou privées ; gouverner, diriger. *Administrer un pays.* **II.** Fournir à qqn (ce dont il a besoin). **1.** MÉD. *Administrer un médicament,* le faire absorber, l'introduire dans l'organisme. ◇ RELIG. CATH. *Administrer les sacrements,* les conférer. ◇ DR. *Administrer une preuve,* la produire en justice. **2.** Fam. Infliger. *Administrer une correction, des coups.*

ADMIRABLE adj. Digne d'admiration.

ADMIRABLEMENT adv. De façon admirable.

ADMIRATEUR, TRICE n. Personne qui admire.

ADMIRATIF, IVE adj. Qui marque l'admiration ; qui est en admiration devant (qqn, qqch). *Geste admiratif.*

ADMIRATION n.f. **1.** Sentiment de satisfaction, de joie, éprouvé à l'égard de qqch ou de qqn qui réalise un certain idéal de grandeur, de noblesse, de beauté, etc. **2.** Objet d'admiration.

ADMIRATIVEMENT adv. Avec admiration.

ADMIRER v.t. (lat. *admirari*). **1.** Éprouver un sentiment d'admiration à l'égard de (qqn, qqch). **2.** Vieilli. Considérer avec étonnement ou stupeur. ◇ Mod. *J'admire ses prétentions,* je les juge étranges, excessives.

ADMISSIBILITÉ n.f. Fait d'être admissible à un examen, un concours.

ADMISSIBLE adj. (du lat. *admissus,* admis). Considéré comme possible, acceptable, valable. *Excuse admissible.* ◆ adj. et n. Qui est admis à se présenter aux épreuves orales d'un examen, d'un concours après en avoir subi les épreuves écrites avec succès.

ADMISSION n.f. **1.** Action d'admettre ; son résultat. *L'admission à un concours, à un emploi.* **2.** *Admission à la cote :* introduction à la Bourse de valeurs mobilières. **3.** Entrée des gaz dans le cylindre ou dans la chambre de combustion d'un moteur. *Soupape d'admission.*

ADMITTANCE n.f. Inverse de l'*impédance.*

ADMIXTION [admiksjɔ̃] n.f. PHARM. Opération d'addition et de mélange d'une substance à une autre.

ADMONESTATION n.f. Litt. Réprimande sévère, avertissement solennel.

ADMONESTER v.t. (lat. *admonere,* avertir). Litt. Réprimander, tancer, faire une sévère remontrance à.

ADMONITION n.f. **1.** Litt. Avertissement. *Les admonitions maternelles.* **2.** DR. CAN. Monition.

A. D. N. n.m. (sigle). Acide désoxyribonucléique*, constituant essentiel des chromosomes du noyau cellulaire. (DNA dans la terminologie anglo-saxonne.)

ADNÉ, E [adne] adj. (lat. *adnatus,* né auprès). BOT. Largement fixé sur le pied, en parlant d'une lamelle de champignon.

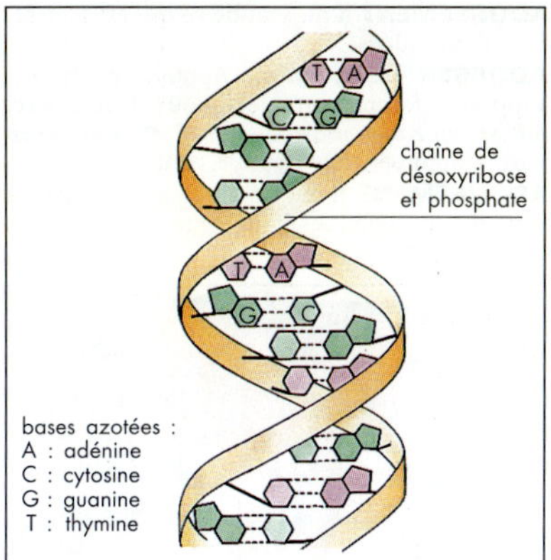

A.D.N. : structure en double hélice

AD NUTUM [adnytɔm] loc. adv. (mots lat., *au moindre signe* [de la tête]). DR. De façon instantanée et en usant d'un pouvoir discrétionnaire.

ADOBE [adɔb] n.m. (mot esp.). Brique rudimentaire mêlée de paille et séchée au soleil.

ADOLESCENCE n.f. Période de la vie entre la puberté et l'âge adulte.

ADOLESCENT, E n. (lat. *adolescens*). Celui, celle qui est dans l'adolescence. Abrév. (fam.) : *ado.*

ADONIS [adɔnis] n.m. (nom d'un dieu gréco-oriental). **I. 1.** BOT. Plante à feuilles très divisées et à larges fleurs rouges ou jaunes. (Famille des renonculacées.) **2.** ZOOL. Papillon d'un bleu éclatant du genre lycæna. **II.** Litt. Jeune homme d'une beauté remarquable.

ADONNER (S') v.pr. **1.** (*à*). Se livrer, s'attacher entièrement à qqch. *S'adonner au plaisir.* **2.** Canada. Fam. S'entendre, s'accorder. ◆ v. impers. Canada. Fam. *Ça adonne :* ça convient ; c'est d'accord.

ADOPTABLE adj. Qui peut être adopté.

ADOPTANT, E adj. et n. Qui adopte.

ADOPTÉ, E adj. et n. Qui a fait l'objet d'une adoption.

ADOPTER v.t. (lat. *adoptare,* choisir). **1.** *Adopter qqn, un enfant,* le prendre légalement pour fils ou pour fille. **2.** Faire sien, admettre ou prendre par choix, par décision. *J'ai adopté votre point de vue. Adopter des mesures exceptionnelles.* **3.** *Adopter qqch (projet, loi, texte, etc.),* l'approuver par un vote.

ADOPTIANISME [adɔpsjanism] n.m. Doctrine professant que le Christ n'est pas Dieu de toute éternité, mais qu'il le devient lors de son baptême, où il est adopté par Dieu.

ADOPTIF, IVE adj. **1.** Qui a été adopté. *Fille adoptive.* **2.** Qui adopte. *Père adoptif.* **3.** Relatif à l'adoption. *À titre adoptif.*

ADOPTION n.f. Action d'adopter ; son résultat. *Adoption d'un enfant, d'une loi.* – *Adoption plénière,* dans laquelle l'enfant adopté s'intègre complètement à la famille de l'adoptant et perd tout lien avec sa famille d'origine. – *Adoption simple,* où les liens avec la famille d'origine ne sont pas rompus. ◇ *Patrie, pays, famille, etc., d'adoption,* que l'on a choisis.

ADORABLE adj. Dont le charme, l'agrément est extrême. *Habiter une adorable maison.*

ADORABLEMENT adv. De façon adorable, exquise.

ADORATEUR, TRICE n. **1.** Personne qui rend un culte à une divinité, à un objet divinisé. *Les adorateurs du Soleil, de l'argent.* **2.** Personne qui éprouve une grande affection, une grande admiration pour qqn. *Femme entourée de ses adorateurs.*

ADORATION n.f. Action d'adorer ; amour ardent pour qqn.

ADORER v.t. (lat. *adorare,* prier). **1.** Rendre un culte à (un dieu, un objet divinisé). **2.** Aimer passionnément. *Elle adore son mari.* **3.** Apprécier beaucoup (qqn, qqch). *Adorer le chocolat.*

ADOS [ado] n.m. (de *dos*). Talus pour protéger les plantes des intempéries.

ADOSSÉ, E adj. **1.** ARCHIT. Qui est solidaire d'un support vertical par un de ses côtés, en parlant d'un élément de construction. *Fontaine adossée.* **2.** HÉRALD. Représenté dos à dos. CONTR. : *affronté.*

ADOSSEMENT n.m. État de ce qui est adossé, fait d'être adossé.

ADOSSER v.t. ***(à, contre).*** Appuyer contre un support en faisant porter le dos ou la face arrière. *Adosser un bâtiment contre un mur.* ◆ **s'adosser** v.pr. S'appuyer, être appuyé contre qqch.

ADOUBEMENT n.m. Cérémonie au cours de laquelle un homme était armé chevalier, au Moyen Âge.

adoubement : armement du chevalier (détail d'une miniature française du XIVe s.) [B.N., Paris]

ADOUBER v.t. (mot germ.). Armer chevalier par l'adoubement, au Moyen Âge.

ADOUCIR v.t. **1.** Rendre plus doux (à la vue, au toucher, etc.). *Adoucir le métal,* le polir. *Adoucir l'eau,* en éliminer les sels de calcium et de magnésium. **2.** Fig. Rendre moins pénible, moins rude. *Adoucir une peine trop sévère. Adoucir le caractère.* ◆ **s'adoucir** v.pr. Devenir plus doux.

ADOUCISSANT, E adj. et n.m. **1.** Qui calme les irritations de la peau ; qui rend la peau plus douce. *Lait adoucissant.* **2.** Qui adoucit l'eau. **3.** Qui adoucit les textiles.

ADOUCISSEMENT n.m. **1.** Action d'adoucir, fait de s'adoucir ; son résultat. *Adoucissement de la température.* **2.** ARCHIT. Élément décoratif placé entre deux surfaces et comblant un angle vif.

ADOUCISSEUR n.m. Appareil servant à adoucir l'eau.

AD PATRES [adpatrɛs] loc. adv. (mots lat., *vers les ancêtres*). Fam. *Aller ad patres :* mourir. *Envoyer ad patres :* tuer.

ADRAGANTE adj.f. (gr. *tragakantha,* de *tragos,* bouc, et *akantha,* épine). *Gomme adragante :* substance mucilagineuse qui exsude du tronc d'arbrisseaux du genre astragale, et qui sert comme colle dans la préparation des étoffes, des papiers, des cuirs (utilisée en pharmacie et en pâtisserie).

ADRAR n.m. (mot berbère). Djebel.

ADRÉNALINE n.f. (du lat. *ad,* auprès de, et *ren,* rein). Hormone sécrétée par la portion médullaire des glandes surrénales, qui accélère le rythme cardiaque, augmente la pression artérielle, dilate les bronches et les pupilles, élève la glycémie.

ADRÉNERGIQUE adj. Qui agit sur certains récepteurs spécifiques du système sympathique à la manière de l'adrénaline. – Par ext. *Récepteurs adrénergiques :* ces récepteurs.

ADRESSAGE n.m. INFORM. Action d'adresser.

1. ADRESSE n.f. **1.** Indication précise du domicile de qqn. *Donner son adresse. Carnet d'adresses.* **2.** Réponse faite par les représentants de la nation au discours du trône, dans une monarchie constitutionnelle. **3.** INFORM. Localisation codée d'une information dans une mémoire électronique.

2. ADRESSE n.f. Habileté physique ou intellectuelle. *Ce jeu exige de l'adresse. Avoir l'adresse de ne pas se faire voir.*

ADRESSER v.t. (de *dresser*). **1.** Faire parvenir à qqn. *Adresser une lettre à son fils.* **2.** Dire, proférer à l'intention de qqn. *Adresser des compliments, des reproches à qqn. – Adresser la parole à qqn,* lui parler. **3.** INFORM. Pourvoir (une information) d'une adresse. ◆ **s'adresser** v.pr. ***(à).*** **1.** Adresser la parole à. **2.** Avoir recours à (qqn). **3.** Être destiné à (qqn). *Cette remarque ne s'adresse pas à vous.*

ADRET [adrɛ] n.m. (mot du Sud-Est). Versant d'une vallée exposé au soleil et opposé à l'*ubac,* dans les pays montagneux. SYN. : *endroit, soulane.*

ADROIT, E adj. (de *droit*). **1.** Qui fait preuve d'adresse, d'habileté. *Un diplomate adroit.* **2.** Qui marque de l'intelligence, de l'habileté. *Une politique adroite.*

ADROITEMENT adv. Avec adresse, habileté.

ADSORBANT, E adj. et n.m. PHYS. Se dit d'un corps qui adsorbe.

ADSORBER v.t. PHYS. Fixer par adsorption.

ADSORPTION n.f. PHYS. Pénétration superficielle d'un gaz ou d'un liquide dans un solide, dans un autre liquide.

ADSTRAT n.m. (du lat. *ad,* près de, et de *substrat*). LING. Ensemble de faits concordants qui apparaissent dans des langues différentes mais en contact géographique, politique ou culturel.

ADULAIRE n.f. Pierre fine, constituée par une variété d'orthose, transparente et incolore.

ADULATEUR, TRICE adj. et n. Litt. Qui adule ; qui flatte bassement.

ADULATION n.f. Litt. Flatterie, admiration excessive.

ADULER v.t. (lat. *adulari*). Litt. Témoigner une admiration passionnée à (qqn). *Une vedette que le public adule.*

1. ADULTE adj. (lat. *adultus,* qui a grandi). Parvenu au terme de sa croissance, de sa formation. *Animal, plante adulte.*

2. ADULTE n. Personne parvenue à sa maturité physique, intellectuelle et affective.

ADULTÉRATION n.f. Vieilli. Action d'adultérer ; falsification.

1. ADULTÈRE adj. Qui se livre à l'adultère, infidèle. ◆ n. Litt. Personne adultère.

2. ADULTÈRE n.m. (lat. *adulterium*). Violation du devoir de fidélité entre les époux.

ADULTÉRER v.t. (lat. *adulterare,* falsifier) [18]. Falsifier, altérer. *Adultérer une monnaie, un texte.*

ADULTÉRIN, E adj. et n. *Enfant adultérin,* né hors du mariage.

ADULTISME n.m. Caractère adulte (d'un comportement).

AD VALOREM [advalɔrɛm] loc. adj. inv. (mots lat., *selon la valeur*). *Taxes, impôts ad valorem,* fondés sur la valeur d'un produit (par opp. à *spécifique*).

ADVECTION n.f. (lat. *advectio,* transport). MÉTÉOR. Déplacement d'une masse d'air dans le sens horizontal (par opp. à *convection*).

ADVENIR [advənir] v.i. (lat. *advenire*) [40] [auxil. *être ;* usité seult aux 3es pers., au p. passé et à l'inf.]. Arriver par accident ; survenir. *Quoi qu'il advienne.* ◇ *Advienne que pourra :* peu importent les conséquences.

ADVENTICE [advɑ̃tis] adj. (lat. *adventicius,* supplémentaire). **1.** Qui s'ajoute accessoirement, incidemment. *Remarques adventices.* **2.** BOT. Qui croît sur un terrain cultivé sans avoir été semé. *Plantes adventices* (chiendent, ivraie, cuscute, etc.). **3.** PHILOS. (chez Descartes). *Idée adventice,* qui vient des sens (par opp. à *idée innée, idée factice*).

ADVENTIF, IVE adj. (lat. *adventicius*). **1.** BOT. Se dit des racines croissant latéralement sur une tige ou des rameaux croissant sur une racine. **2.** GÉOGR. *Cône adventif :* cône volcanique annexe édifié par une nouvelle éruption.

ADVENTISTE n. et adj. (de l'angl.). Membre d'un mouvement évangélique mondial qui attend un second avènement du Messie.

ADVERBE n.m. LING. Mot invariable dont la fonction est de modifier le sens d'un verbe, d'un adjectif ou d'un autre adverbe.

ADVERBIAL, E, AUX adj. Qui a le caractère de l'adverbe. *Locution adverbiale.*

ADVERBIALEMENT adv. Avec la valeur d'un adverbe.

ADVERSAIRE n. Personne qu'on affronte dans un conflit, un combat, un jeu ; antagoniste.

ADVERSATIF, IVE adj. LING. *Conjonction adversative,* qui marque une opposition. (Ex. : mais, cependant.)

ADVERSE adj. (lat. *adversus,* qui est en face). Contraire, opposé ; hostile. ◇ DR. *Partie adverse,* contre laquelle on plaide.

ADVERSITÉ n.f. Litt. Sort contraire, infortune.

ADYNAMIE n.f. (gr. *dunamis,* force). MÉD. Faiblesse musculaire accompagnant certaines maladies.

AÈDE n.m. (gr. *aoidos,* chanteur). Poète grec de l'époque primitive, qui chantait ou récitait en s'accompagnant sur la lyre.

ÆGAGROPILE ou **ÉGAGROPILE** [egagrɔpil] n.m. (gr. *aix, aigos,* chèvre, *agros,* champ, et *pilos,* laine foulée). Concrétion formée de poils et de débris non digestibles que l'on trouve dans l'estomac des ruminants.

ÆGOSOME [egɔzom] n.m. (gr. *aix, aigos,* chèvre, et *sôma,* corps). Insecte longicorne brun-roux, dont la larve vit dans le bois des arbres non résineux. (Long. 4 cm ; ordre des coléoptères ; famille des cérambycidés.)

ÆGYRINE [eʒirin] n.f. Silicate naturel de fer et de sodium, de la famille des pyroxènes.

ÆPYORNIS [epjɔrnis] ou **ÉPYORNIS** n.m. (gr. *aipus,* élevé, et *ornis,* oiseau). Grand oiseau fossile de Madagascar, voisin de l'autruche.

AÉRAGE n.m. Ventilation forcée dans les galeries d'une mine.

AÉRATEUR n.m. Appareil, dispositif permettant l'aération d'une pièce.

AÉRATION n.f. Action d'aérer ; son résultat.

AÉRAULIQUE n.f. Science qui étudie l'écoulement naturel de l'air, des gaz dans les conduits. ◆ adj. Relatif à l'aéraulique.

AÉRÉ, E adj. **1.** Dont l'air est renouvelé ; ventilé. *Un local bien aéré.* **2.** *Centre aéré :* organisme qui propose des activités de plein air pour les enfants des classes maternelles et primaires pendant les vacances. **3.** TECHN. *Béton aéré,* comprenant de très petites bulles d'air occluses dans sa masse, qui le rendent moins dense et améliorent son ouvrabilité et sa résistance au gel.

AÉRER v.t. (lat. *aer,* air) [18]. **1.** Renouveler l'air dans (un espace clos), ventiler. **2.** Exposer à l'air. *Aérer des draps, du linge.* **3.** Rendre moins massif, moins épais, moins lourd. *Aérer un texte en espaçant les paragraphes.*

AÉRICOLE adj. Épiphyte.

1. AÉRIEN, ENNE adj. **I. 1.** Qui se trouve dans l'air, à l'air. *Câble aérien. – Espace aérien d'un pays,* au-dessus de son territoire national. **2.** Litt., Sc. De l'air, constitué d'air. *Courants aériens* (dans l'atmosphère). **3.** Qui semble léger, insaisissable comme l'air. *Une grâce aérienne.* **II.** Relatif aux avions, à l'aviation. *Attaque aérienne. Ligne aérienne. – Droit aérien,* régissant l'usage de l'espace aérien.

2. AÉRIEN n.m. TECHN. Vieilli. Antenne.

AÉRIFÈRE adj. BOT., PHYSIOL. *Tube, conduit aérifère,* qui achemine l'air.

AÉRIUM [aerjɔm] n.m. THÉRAP. Établissement de repos au grand air.

AÉROBIC n.m. (amér. *aerobics ;* de *aérobie*). Gymnastique qui active la respiration et l'oxygénation des tissus par des mouvements rapides exécutés en musique.

AÉROBIE adj. et n.m. **1.** BIOL. Se dit de micro-organismes qui ne peuvent se développer qu'en présence d'air ou d'oxygène. CONTR. : *anaérobie.* **2.** AÉRON. Se dit d'un moteur qui fait appel à l'oxygène de l'air pour alimenter la réaction de combustion développant l'énergie utilisable.

AÉROBIOLOGIE n.f. Partie de la biologie qui étudie le plancton aérien, les micro-organismes vivant dans l'atmosphère.

AÉROBIOSE n.f. BIOL. Mode de vie des organismes aérobies.

AÉRO-CLUB n.m. (pl. *aéro-clubs*). Club dont les membres pratiquent en amateur des activités aéronautiques, et notamm. le vol à moteur et le vol à voile.

AÉROCOLIE n.f. MÉD. Accumulation de gaz dans le côlon.

AÉROCONDENSEUR n.m. Échangeur de chaleur dans lequel la vapeur se condense en échauffant de l'air.

AÉRODROME n.m. Terrain pourvu des installations et des équipements nécessaires pour le décollage et l'atterrissage des avions, et pour assurer la maintenance de ceux-ci.

1. AÉRODYNAMIQUE adj. **1.** Qui est spécialement conçu, dessiné pour offrir peu de résistance à l'air. *Carrosserie aérodynamique.* **2.** Qui a trait à la résistance de l'air. ◇ Relatif à l'aérodynamique, à ses applications.

2. AÉRODYNAMIQUE n.f. Science des phénomènes liés au mouvement relatif des solides par rapport à l'air.

AÉRODYNAMISME n.m. Caractère aérodynamique (d'un véhicule).

AÉRODYNE n.m. Tout appareil de navigation aérienne qui n'est pas un aérostat.

AÉROFREIN n.m. Frein aérodynamique.

AÉROGARE n.f. **1.** Ensemble des bâtiments d'un aéroport réservés aux voyageurs et aux marchandises. **2.** Lieu de départ et d'arrivée des services d'autocars assurant la liaison avec l'aéroport ou les aéroports, dans une ville.

AÉROGASTRIE n.f. MÉD. Excès d'air dans l'estomac.

AÉROGÉNÉRATEUR n.m. Générateur de courant électrique utilisant l'énergie du vent.

AÉROGLISSEUR n.m. Véhicule de transport dont la sustentation est assurée par un coussin d'air de faible hauteur injecté sous lui.

AÉROGRAMME n.m. Papier pour la correspondance vendu affranchi à un tarif forfaitaire permettant de l'envoyer par avion dans n'importe quel pays du monde et qui, rabattu sur lui-même, forme un pli ne nécessitant pas d'enveloppe.

AÉROGRAPHE n.m. (n. déposé). Pulvérisateur projetant des couleurs liquides sous la pression d'air comprimé.

AÉROLITHE ou **AÉROLITE** n.m. (gr. *aêr,* air, et *lithos,* pierre). Vieilli. Météorite.

AÉROLOGIE n.f. Science qui étudie les propriétés des hautes couches de l'atmosphère échappant généralement à l'action du relief terrestre (au-dessus de 3 000 m).

AÉROLOGIQUE adj. Relatif à l'aérologie.

AÉROMOBILE adj. Susceptible d'aéromobilité.

AÉROMOBILITÉ n.f. Aptitude d'une formation militaire à s'affranchir des servitudes du terrain en utilisant l'espace aérien.

AÉROMODÉLISME n.m.Technique de la construction et de l'utilisation des modèles réduits d'avions.

AÉROMOTEUR n.m. Moteur actionné par le vent. SYN. : *éolienne.*

AÉRONAUTE n. (gr. *aêr,* air, et *nautês,* matelot). Membre de l'équipage d'un aérostat.

1. AÉRONAUTIQUE adj. Qui a rapport à la navigation aérienne.

2. AÉRONAUTIQUE n.f. Science de la navigation aérienne, de la technique qu'elle met en œuvre. ◇ *L'aéronautique navale :* les forces aériennes d'une marine militaire.

AÉRONAVAL, E, ALS adj. Relatif à la fois à la marine et à l'aviation. ◆ n.f. *L'aéronavale :* l'aéronautique navale, en France.

AÉRONEF n.m. ADMIN. Tout appareil capable de s'élever ou de circuler dans les airs.

AÉRONOMIE n.f. Science qui étudie la physique et la chimie de la haute atmosphère.

AÉROPATHIE n.f. MÉD. Toute affection provoquée par un changement de pression atmosphérique.

AÉROPHAGIE n.f. MÉD. Déglutition d'air entraînant une aérogastrie.

AÉROPLANE n.m. Vieilli ou par plais. Avion.

AÉROPORT n.m. Ensemble des bâtiments et des équipements nécessaires au trafic aérien, desservant généralement une ville ; organisme qui administre, gère un tel ensemble. *(V. illustration p. 42.)*

AÉROPORTÉ, E adj. Transporté par voie aérienne et parachuté sur l'objectif. *Troupes aéroportées* (à distinguer des *troupes aérotransportées*).

AÉROPORTUAIRE adj. D'un aéroport, des aéroports. *Trafic aéroportuaire.*

AÉROPOSTAL, E, AUX adj. Relatif à la poste aérienne.

AÉROSCOPE n.m. Appareil mesurant la quantité de poussière contenue dans l'air.

AÉROSOL n.m. **1.** Suspension de particules très fines, solides ou, plus souvent, liquides, dans un gaz. **2.** Conditionnement permettant de projeter cette suspension ; bombe.

AÉROSONDAGE n.m. Vx. Sondage par ballon des hautes régions de l'atmosphère.

AÉROSPATIAL, E, AUX adj. Relatif à la fois à l'aéronautique et à l'astronautique. ◆ n.f. *L'aérospatiale :* la construction, les techniques aérospatiales.

AÉROSTAT [aerosta] n.m. (gr. *aêr,* air, et *statos,* qui se tient). Tout appareil dont la sustentation est assurée par un gaz plus léger que l'air ambiant (ballon, dirigeable, etc.).

AÉROSTATION n.f. Technique de la construction et de la manœuvre des aérostats.

AÉROSTATIQUE n.f. Théorie de l'équilibre des gaz. SYN. : *statique des gaz.*

AÉROSTIER n.m. Celui qui manœuvre un aérostat.

AÉROTECHNIQUE n.f. Ensemble des techniques ayant pour objet l'application de l'aérodynamique à l'étude et à la mise au point des aéronefs ou des engins spatiaux. ◆ adj. Qui concerne ces techniques.

AÉROTERRESTRE adj. MIL. Se dit d'une formation composée d'éléments des armées de terre et de l'air, ou d'opérations les mettant en jeu.

AÉROTHÉRAPIE n.f. Traitement par le grand air de diverses affections, notamm. pulmonaires.

AÉROTHERME n.m. Appareil, dispositif de chauffage à air pulsé.

AÉROTHERMIQUE adj. Se dit de phénomènes à la fois thermiques et aérodynamiques provoqués par l'écoulement de l'air aux très grandes vitesses.

AÉROTHERMODYNAMIQUE n.f. Science des phénomènes aérothermiques.

AÉROTRAIN n.m. (n. déposé). Véhicule expérimental à coussin d'air, glissant à grande vitesse sur une voie monorail.

AÉROTRANSPORTÉ, E adj. Transporté par voie aérienne et déposé au sol. *Troupes aérotransportées.*

ÆSCHNE [ɛskn] n.f. Grande libellule à abdomen brun ou bleu. (Envergure 7,5 cm.)

ÆTHUSE [etyz] ou **ÉTHUSE** n.f. (gr. *aithussein,* enflammer). Plante très toxique, appelée aussi *petite ciguë.* (Famille des ombellifères.)

AÉTITE [aetit] n.f. (gr. *aetitês*). Oxyde ferrique, communément appelé *pierre d'aigle.*

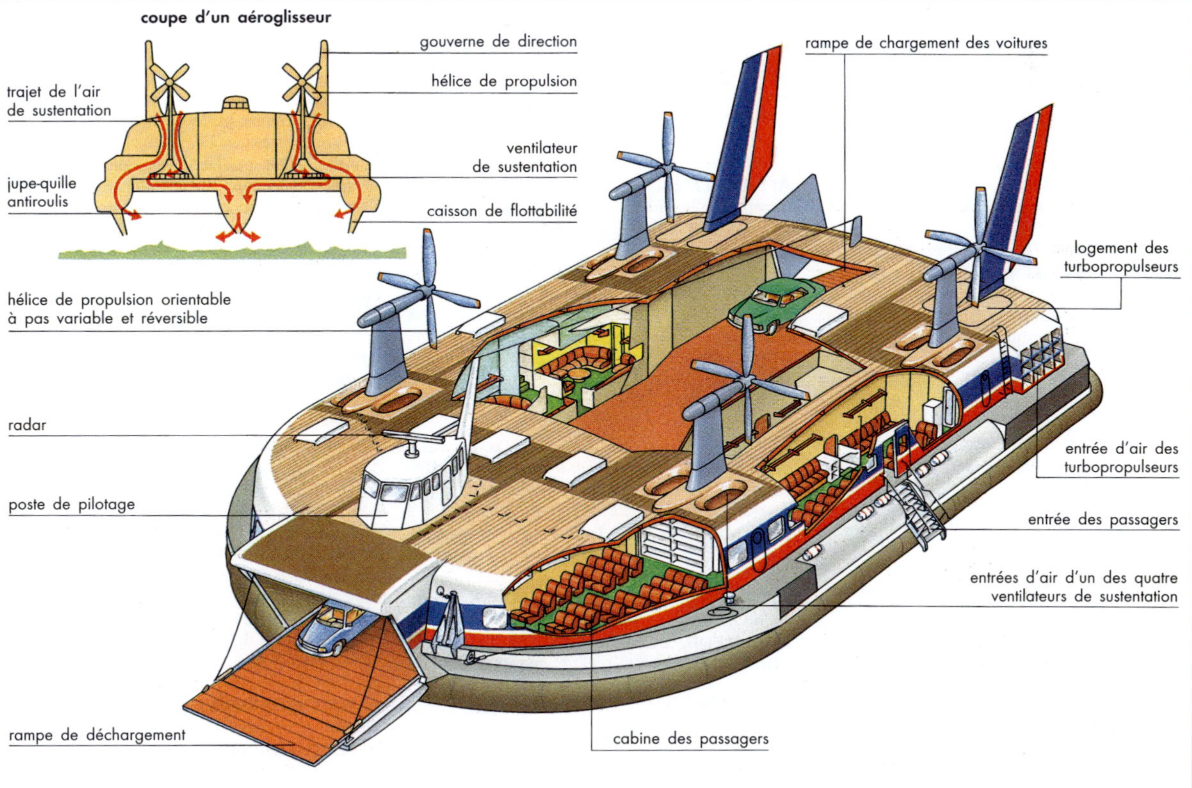

aéroglisseur

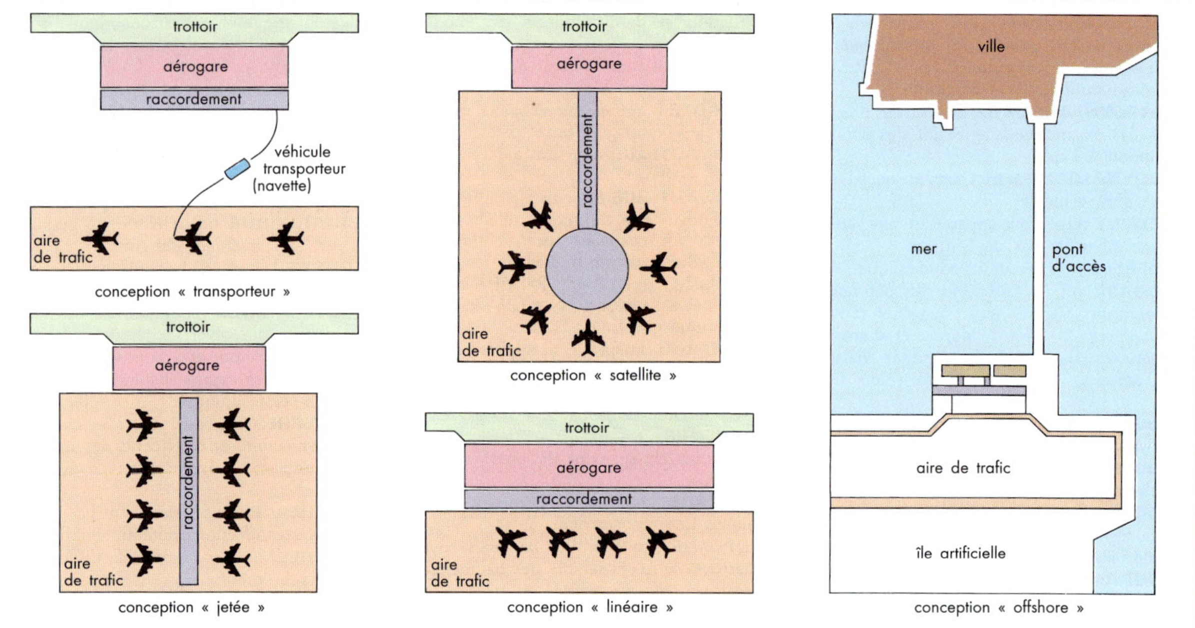

aéroport : différentes conceptions

A. F. A. T. ou **AFAT** [afat] n.f. (sigle) [pl. *afats*]. Auxiliaire féminine de l'armée de terre.

AFFABILITÉ n.f. Qualité, attitude d'une personne affable ; courtoisie, politesse.

AFFABLE adj. (lat. *affabilis,* d'un abord facile). Aimable et courtois, accueillant.

AFFABLEMENT adv. Litt. Avec affabilité.

AFFABULATION n.f. **1.** Arrangement de faits imaginaires, invention plus ou moins mensongère. **2.** Trame, organisation du récit dans une œuvre de fiction.

AFFABULER v.i. Se livrer à une affabulation.

AFFACTURAGE n.m. Transfert de créances commerciales de leur titulaire à un organisme (le *factor*) qui se charge de leur recouvrement et en garantit la bonne fin. SYN. (anglic. déconseillé) : *factoring.*

AFFADIR v.t. (de *fade*). **1.** Rendre fade, faire perdre sa saveur à. **2.** Litt. Affaiblir la vigueur de. *Affadir un récit.*

AFFADISSANT, E adj. Qui affadit.

AFFADISSEMENT n.m. Fait de devenir fade ; perte de saveur.

AFFAIBLI, E adj. Devenu faible. *Un bruit affaibli.*

AFFAIBLIR v.t. Rendre faible. *La maladie l'a beaucoup affaibli.* ◆ **s'affaiblir** v.pr. Devenir faible. *Sa vue s'affaiblit.*

AFFAIBLISSANT, E adj. Litt. Qui affaiblit.

AFFAIBLISSEMENT n.m. Fait de s'affaiblir ; état qui en résulte.

AFFAIBLISSEUR n.m. PHOT. Réactif chimique permettant de diminuer les densités d'un phototype.

AFFAIRE n.f. (de *faire*). **I. 1.** Ce que l'on a à faire ; occupation, obligation. *Vaquer à ses affaires.* ◇ *Être à son affaire :* se plaire à ce qu'on fait. **2.** (*Une affaire.*) Entreprise. *Une affaire de textiles.* **3.** (*Les affaires.*) **a.** Ensemble des activités financières, commerciales, industrielles ; milieu où elles se pratiquent. *Elle est dans les affaires.* ◇ *Homme, femme d'affaires,* qui pratique les affaires. **b.** (Qualifié.) Ce qui fait l'objet d'une gestion publique. *Les affaires municipales, de l'État.* ◇ *Administration des Affaires maritimes,* qui gère tout ce qui a trait à la marine non militaire. – *Les Affaires étrangères :* tout ce qui concerne les relations extérieures d'un pays. **II.** Relation, contact avec qqn. **1. a.** Vx. Querelle engageant l'honneur ; duel. ◇ Fig. *Avoir affaire à qqn,* l'avoir comme adversaire ; être en rapport avec lui. **b.** Litige, procès. *Plaider une affaire.* ◇ Ensemble de faits, souvent à caractère plus ou moins délictueux, qui vient à la connaissance du public ; scandale. *Une affaire de fausses factures.* **c.** Situation périlleuse, embarrassante. *Se tirer, être hors d'affaire.* **2.** Relation, suite d'opérations financières, commerciales. *Traiter une affaire.* ◇ Marché. *Affaire conclue.* ◇ *Faire l'affaire :* convenir. **III. 1.** Chose qui concerne qqn en particulier ; intérêt personnel. *C'est son affaire, pas la mienne.* ◇ *Faire son affaire de qqch :* s'en charger personnellement et y veiller avec une attention toute particulière. **2.** Situation indéfinie impliquant plusieurs personnes ; histoire. *Une affaire délicate.* **3.** *Affaire de :* question de. *Affaire de goût.* ◇ Ce dont il est question, ce dont il s'agit. *Racontez-moi votre affaire. Voilà l'affaire.* ◆ pl. Effets, objets personnels. *Mettez vos affaires dans cette penderie.*

AFFAIRÉ, E adj. Qui a beaucoup à faire, qui est très occupé.

AFFAIREMENT n.m. Fait d'être affairé.

AFFAIRER (S') v.pr. *(auprès de).* S'empresser, s'activer.

AFFAIRISME n.m. Activités, comportement des affairistes.

AFFAIRISTE n. Personne qui a la passion des affaires, qui subordonne tout à la spéculation, fût-elle malhonnête.

AFFAISSEMENT n.m. Fait de s'affaisser ; tassement, écroulement. *Affaissement de terrain.*

AFFAISSER v.t. (de *faix*). Rare. Faire fléchir, baisser sous le poids ; provoquer l'effondrement de. *La pluie a affaissé la route.* ◆ **s'affaisser** v.pr. Plus cour. **1.** Se tasser, s'effondrer. **2.** Ne plus tenir debout, tomber sans force sous son propre poids, en parlant d'une personne.

AFFAITAGE ou **AFFAITEMENT** n.m. Dressage d'un oiseau de proie.

AFFALEMENT n.m. Fait de s'affaler ; état qui en résulte.

AFFALER v.t. (néerl. *afhalen*). MAR. Faire descendre. *Affaler un chalut, une voile.* ◆ **s'affaler** v.pr. Se laisser tomber lourdement. *S'affaler dans un fauteuil.*

AFFAMÉ, E adj. et n. **1.** Qui a une très grande faim. **2.** Fig. *Affamé de :* avide de. *Être affamé d'honneurs.*

AFFAMER v.t. Faire souffrir de la faim ; priver de nourriture.

AFFAMEUR, EUSE n. Personne qui affame autrui, notamm. en créant une situation de disette.

AFFÉAGER v.t. 17. FÉOD. Aliéner (une partie des terres nobles d'un fief) moyennant une redevance.

AFFECT [afɛkt] n.m. **1.** PSYCHOL. Impression élémentaire d'attraction ou de répulsion qui est à la base de l'affectivité. **2.** PSYCHAN. Émotion, charge émotive liée à la satisfaction d'une pulsion qui, lorsqu'elle est refoulée, se convertit en angoisse ou détermine un symptôme névrotique.

1. AFFECTATION n.f. **1.** Destination à un usage déterminé. *Affectation d'une salle à une réunion, d'une somme à une dépense.* **2.** Désignation à une fonction, un poste, une formation militaire. ◇ MIL. *Affectation de défense :* affectation dans un emploi civil d'utilité nationale.

2. AFFECTATION n.f. Manque de naturel dans la manière d'agir.

AFFECTÉ, E adj. Qui n'est pas naturel ; trop recherché. *Langage affecté.*

1. AFFECTER v.t. (anc. fr. *afaitier,* préparer). **1.** Destiner à un usage déterminé. *Affecter des fonds à une dépense.* **2.** Attacher (qqn) à un service, à une formation militaire, etc.

2. AFFECTER v.t. (lat. *affectare,* feindre). **1.** Faire paraître (une manière d'être, des sentiments) qui ne sont pas réellement les siens. **2.** Avoir, prendre (telle ou telle forme). *Affecter la forme d'un cône.*

3. AFFECTER v.t. (lat. *affectus,* disposé). **1.** Causer une douleur morale à, toucher en affligeant. *Cette nouvelle l'a beaucoup affecté.* **2.** Toucher, atteindre en causant une altération physique. *Cette maladie affecte surtout les reins.* ◆ **s'affecter** v.pr. *(de).* S'affliger de.

AFFECTIF, IVE adj. Qui relève des affects, de la sensibilité, des sentiments en général. *Réaction affective.*

AFFECTION n.f. (lat. *affectio*). **1.** Attachement, tendresse. *Donner à qqn des marques d'affection.* **2.** MÉD. Altération de la santé, maladie. *Une affection nerveuse.*

AFFECTIONNÉ, E adj. Qui a de l'affection, dévoué. *Votre neveu affectionné...* (suivi de la signature, à la fin d'une lettre).

AFFECTIONNER v.t. Avoir un goût particulier pour (qqch).

AFFECTIO SOCIETATIS [afɛksjo-] n.m. (express. lat., *attachement à la société*). DR. Intention des associés de poursuivre une œuvre commune, sur un pied d'égalité.

AFFECTIVITÉ n.f. PSYCHOL. Ensemble des phénomènes affectifs (émotions, sentiments, passions, etc.).

AFFECTUEUSEMENT adv. De façon affectueuse ; tendrement.

AFFECTUEUX, EUSE adj. Qui éprouve, manifeste de l'affection ; tendre.

AFFENAGE [afnaʒ] n.m. (lat. *fenum,* foin). Action de donner du fourrage au bétail.

AFFÉRENT, E adj. (lat. *afferens,* qui apporte). **1.** Qui revient à (qqn). *La part afférente à un héritier.* **2.** ANAT. Se dit d'un vaisseau sanguin, d'un nerf qui arrive à un organe, à un centre nerveux. *Nerfs afférents et nerfs efférents.*

AFFERMAGE n.m. Location à ferme ou à bail.

AFFERMER v.t. Louer à ferme ou à bail.

AFFERMIR v.t. (du lat. *firmus,* ferme). Rendre ferme, solide, stable ; consolider, renforcer.

AFFERMISSEMENT n.m. Action d'affermir ; son résultat.

AFFÉTÉ, E adj. Vx. Qui est plein d'afféterie, maniéré.

AFFÉTERIE ou **AFFÈTERIE** (selon l'Académie) [afetri] n.f. Litt. Affectation, recherche excessive ou prétentieuse dans les manières, le langage.

AFFICHAGE n.m. **1.** Action d'afficher ; son résultat. **2.** Visualisation de données, de mesures par des procédés mécaniques ou électroniques. *Affichage numérique, analogique.*

AFFICHE n.f. Feuille imprimée, souvent illustrée, portant un avis officiel, publicitaire, etc., placardée dans un lieu public. ◇ *Mettre, être à l'affiche :* être annoncé par des affiches, en parlant d'un spectacle. *Cette pièce a tenu l'affiche un an,* a été représentée pendant un an. *(V. illustration p. 44.)*

AFFICHER v.t. (de *ficher*). **1.** Placarder, apposer (une affiche). *Afficher un avis imprimé.* **2.** Annoncer par voie d'affiche. *Afficher une vente publique.* ◇ Annoncer au moyen d'un panneau d'affichage, d'un écran cathodique, etc. *Afficher des résultats, un score.* **3.** Montrer avec ostentation (un sentiment, une opinion, etc.) ; étaler. *Afficher son mépris.* ◆ **s'afficher** v.pr. Se montrer ostensiblement (avec).

AFFICHETTE n.f. Petite affiche.

1. AFFICHEUR, EUSE n. **1.** Personne qui pose des affiches. **2.** Professionnel qui fait poser des affiches publicitaires, annonceur qui utilise l'affiche comme support.

2. AFFICHEUR n.m. Organe d'affichage d'un appareil horaire, d'un appareil électronique, etc.

AFFICHISTE n. Artiste spécialisé dans la création d'affiches.

AFFIDAVIT [-vit] n.m. (mot lat., *il affirma*). Déclaration faite sous serment, devant une autorité, par les porteurs étrangers de certaines valeurs mobilières pour obtenir l'exonération d'impôt touchant ces valeurs, déjà taxées dans leur pays d'origine ; certificat authentifiant une telle déclaration.

AFFIDÉ, E n. et adj. (lat. *affidare,* promettre). Litt. Personne à qui l'on se fie pour commettre une action répréhensible ; membre d'une société secrète, d'un complot.

AFFILAGE n.m. Action d'affiler.

AFFILÉ, E adj. Aiguisé, tranchant. ◇ *Avoir la langue bien affilée,* avoir de la repartie ; être bavard et médisant.

AFFILÉE (D') loc. adv. Sans arrêt, sans interruption.

AFFILER v.t. (lat. *filum,* fil). Aiguiser, donner du fil à (un instrument tranchant).

AFFILIATION n.f. Action d'affilier, de s'affilier ; son résultat.

AFFILIÉ, E adj. et n. Qui appartient à une association, à un organisme, etc. ; adhérent.

AFFILIER v.t. (lat. *affiliare ;* de *filius,* fils). Faire entrer (qqn) dans un parti, un groupement, etc. ◆ **s'affilier** v.pr. *(à).* Adhérer, s'inscrire en tant que membre dans (une organisation).

AFFILOIR n.m. Instrument qui sert à affiler ; aiguisoir.

AFFIN, E ou **AFFINE** adj. **1.** Rare. Qui présente une, des affinités. **2.** (*Affine aux deux genres*). MATH. *Fonction affine :* fonction réelle de la variable réelle x de la forme $x \longrightarrow f(x) = ax + b$, a et b étant réels. ◇ *Géométrie affine :* géométrie des propriétés invariantes par des transformations du premier degré. – *Repère affine,* formé, sur une droite, par deux points distincts ; dans un plan, par trois points non alignés ; dans l'espace, par quatre points non coplanaires.

AFFINAGE n.m. Action d'affiner ; opération par laquelle on affine. *L'affinage de l'acier, du fromage.*

AFFINEMENT n.m. Fait de s'affiner.

AFFINER v.t. **1.** Rendre plus pur en éliminant les impuretés, les éléments étrangers. *Affiner des métaux.* – *Affiner le verre,* éliminer les bulles d'air qu'il contient. **2. a.** Rendre plus fin ; faire paraître plus fin. *Coiffure qui affine le visage.* **b.** Rendre plus précis ou plus subtil. *Affiner une méthode de calcul. Affiner le goût.* **3.** *Affiner du fromage,* lui faire achever sa maturation. ◆ **s'affiner** v.pr. **1.** Devenir plus fin. *Sa taille s'est affinée.* **2.** Achever sa maturation. *Le fromage s'affine.*

AFFINERIE n.f. Établissement industriel où l'on affine les métaux.

AFFINEUR, EUSE n. Personne qui conduit une opération d'affinage.

AFFINITÉ n.f. (lat. *affinitas,* voisinage). **1.** Ressemblance, analogie ; lien. *Affinité entre deux langues.* ◇ BIOL. Parenté zoologique ou botanique. **2.** Accord, harmonie, concordance. *Affinité de caractères.* **3.** MATH. Dans un plan, transformation ponctuelle conservant l'une des coordonnées et multipliant l'autre par un coefficient constant. **4.** CHIM. Aptitude ou tendance d'un corps à se combiner avec un autre, de plusieurs corps à se combiner entre eux.

AFFIQUET n.m. (de l'anc. fr. *affiche,* agrafe). Petit bijou qui s'agrafait à un vêtement, à un chapeau.

AFFIRMATIF, IVE adj. **1.** Qui affirme, contient une affirmation. *Un ton affirmatif.* **2.** Qui affirme, soutient qqch. *Il s'est montré tout à fait affirmatif.* ◆ **affirmatif** adv. Oui (dans les transmissions). *Me recevez-vous ? – Affirmatif !*

AFFIRMATION n.f. Action d'affirmer, énoncé par lequel on affirme. ◇ DR. Déclaration solennelle par laquelle on proclame la vérité d'un fait, l'exactitude d'un acte.

AFFIRMATIVE n.f. Réponse affirmative, positive ; approbation. *Répondre par l'affirmative.* – *Dans l'affirmative :* dans le cas d'une réponse affirmative.

AFFIRMATIVEMENT adv. De façon affirmative. *Répondre affirmativement.*

AFFIRMER v.t. (lat. *affirmare*). **1.** Soutenir, assurer qu'une chose est vraie. *J'affirme que j'ignore tout de l'affaire.* **2.** Manifester, prouver. *Affirmer sa personnalité.* ◆ **s'affirmer** v.pr. Se manifester clairement.

AFFIXAL, E, AUX adj. LING. Relatif à un affixe, aux affixes.

1. AFFIXE n.m. (lat. *affixus,* attaché). LING. Élément qui se met au commencement (préfixe), à l'intérieur (infixe) ou à la fin (suffixe) d'un mot pour en modifier le sens ou la valeur grammaticale. (Ex. : dans *enterrement, en-* et *-ment* sont des affixes, *terre* est la racine.)

2. AFFIXE n.f. MATH. Nombre complexe associé à la position d'un point dans un plan. (Si M a pour coordonnées x et y, son affixe est le nombre complexe $x + iy$.)

AFFIXÉ, E adj. LING. Ajouté comme affixe.

AFFLEURAGE n.m. Raffinage partiel de la pâte à papier.

AFFLEUREMENT n.m. **1.** Action de mettre deux surfaces de niveau ; son résultat. **2.** GÉOL. Point où la roche constituant le sous-sol apparaît à la surface.

AFFLEURER v.t. (de *à fleur de*). **1.** Mettre de niveau (deux choses contiguës). *Affleurer les battants d'une porte.* **2.** Arriver au niveau de (une surface, un point) ; arriver à toucher. *La rivière affleure les quais.* ◆ v.i. Apparaître à la surface. *Filon qui affleure.*

AFFLICTIF, IVE adj. DR. *Peine afflictive et infamante* → **peine.**

AFFLICTION n.f. (du lat. *affligere,* abattre). Grand chagrin, douleur profonde.

AFFLIGEANT, E adj. Qui cause de l'affliction.

AFFLIGER v.t. (lat. *affligere,* abattre) 17. Causer une profonde douleur morale, un grand chagrin à. *Sa mort m'afflige.* ◆ **s'affliger** v.pr. *(de).* Éprouver un grand chagrin, de l'affliction (du fait de).

AFFLOUER v.t. Rare. Renflouer (un navire).

AFFLUENCE n.f. Arrivée ou présence de nombreuses personnes en un même lieu. *Prendre le métro aux heures d'affluence.*

AFFLUENT, E adj. et n.m. Se dit d'un cours d'eau qui se jette dans un autre. *Rivière affluente. L'Allier est un affluent de la Loire.*

AFFLUER v.i. (lat. *affluere*). **1.** Couler abondamment vers. *Le sang afflue au cerveau.* **2.** Arriver en grand nombre, en abondance en un lieu. *Les manifestants affluaient sur la place.*

AFFLUX [afly] n.m. **1.** Mouvement d'un fluide vers un point. *L'afflux du pétrole dans un pipeline.* ◇ Spécialt. Brusque arrivée d'un liquide organique, en partic. du sang, dans une partie du corps. *Afflux de sang à la tête.* **2.** Arrivée en un même lieu d'un grand nombre de personnes. *Un afflux de touristes.*

AFFOLANT, E adj. Qui affole, provoque une vive émotion.

AFFOLÉ, E adj. **1.** Rendu comme fou par une émotion violente (passion, terreur) ; qui manifeste un grand trouble. **2.** Qui montre des déviations subites et irrégulières sous l'action des perturbations du champ magnétique, en parlant d'une aiguille aimantée.

AFFOLEMENT n.m. **1.** Fait de s'affoler ; état d'une personne affolée. **2.** État d'une aiguille aimantée affolée.

AFFOLER v.t. (de *fou*). Faire perdre son sang-froid à, rendre comme fou, bouleverser. *Cet accident l'a affolé.* ◆ **s'affoler** v.pr. Perdre la tête.

AFFOUAGE n.m. (anc. fr. *affouer,* chauffer). DR. **1.** Droit de prendre du bois de chauffage ou de participer au produit de l'exploitation du bois dans les forêts appartenant à l'État ou aux communes. **2.** Bois revenant aux affouagistes.

AFFOUAGÉ, E ou **AFFOUAGISTE** n. Personne qui jouit du droit d'affouage.

AFFOUAGER v.t. 17. DR. **1.** Inscrire sur une liste (les habitants d'une commune qui jouissent du droit d'affouage). **2.** Diviser en coupes (une forêt dont les produits seront partagés en vertu du droit d'affouage).

AFFOUILLEMENT n.m. Enlèvement localisé de la matière meuble d'une berge ou d'une côte sous l'effet du courant, des remous, du ressac.

AFFOUILLER v.t. Causer l'affouillement de.

AFFOURAGEMENT n.m. Approvisionnement en fourrage (du bétail, d'une exploitation agricole).

AFFOURAGER v.t. 17. Approvisionner en fourrage.

AFFOURCHER v.t. MAR. Mettre au mouillage sur deux ancres dont les lignes forment un V.

affourcher

Affiche (1892) de Toulouse-Lautrec pour un spectacle d'Aristide Bruant. (Musée Toulouse-Lautrec, Albi.)
En contraste avec le papillotement joyeux des œuvres de J. Chéret, Lautrec imprime toute la puissance synthétique de son style à l'affiche en chromolithographie.

Affiche (1976) du groupe Grapus.
Liberté plastique et technique dans le travail de cet atelier collectif français : enluminure colorée (imprimée en sérigraphie) sur une photo monochrome (en offset).

Affiche (1894) de William Bradley pour la revue *The Chap-Book* publiée à Chicago.
(Bibliothèque des Arts décoratifs, Paris.)
Une version géométrisée de l'Art nouveau par l'un des meilleurs graphistes américains qui se soient révélés à la fin du XIXe s., inspiré notamment par l'Anglais Beardsley.

Affiche de Paul Colin réalisée pendant la « drôle de guerre » (1940). [Musée de l'Affiche, Paris.]
Force d'impact du message par l'utilisation de moyens picturaux sobres : c'est l'art de la génération française des Cassandre, Colin, Loupot, Carlu.

Affiche (v. 1960) de Jan Lenica pour une production du ballet *le Lac des cygnes* au Grand Théâtre de Varsovie. Les affichistes polonais cultivent un design d'esprit tour à tour fantastique, humoristique ou surréalisant, dans une féerie chromatique d'ascendance slave.

AFFRANCHI, E adj. et n. **1.** HIST. Libéré de la servitude. *Esclave affranchi.* **2.** Libéré de tout préjugé, détaché de toute convention (intellectuelle, sociale ou morale). *Esprit affranchi.* **3.** Arg. Qui vit en marge des lois.

AFFRANCHIR v.t. (de *franc*). **1.** Rendre libre, indépendant. *Affranchir de la domination, de la misère, de la crainte.* **2.** HIST. Donner la liberté à (un esclave). **3.** Exempter d'une charge, d'une hypothèque, de taxes. **4.** *Affranchir une lettre, un paquet,* en acquitter le port. **5.** Arg. Renseigner, informer. ◆ **s'affranchir** v.pr. *(de).* Se libérer, se débarrasser. *S'affranchir de sa timidité.*

AFFRANCHISSABLE adj. Qui peut être affranchi.

AFFRANCHISSEMENT n.m. Action d'affranchir ; son résultat.

AFFRES n.f. pl. Litt. Angoisse, tourment, torture. *Les affres de la mort, du doute.*

AFFRÈTEMENT n.m. Louage d'un navire, d'un avion.

AFFRÉTER v.t. (de *fret*) [18]. Prendre (un navire, un avion) en louage.

AFFRÉTEUR n.m. Celui qui loue un navire, un avion (par opp. au *fréteur,* qui le donne à bail).

AFFREUSEMENT adv. **1.** De façon affreuse. **2.** Extrêmement. *Je me suis couché affreusement tard.*

AFFREUX, EUSE adj. (de *affres*). **1.** Qui provoque la peur, la douleur, le dégoût ; atroce, horrible. *Un spectacle affreux ; un affreux personnage ; un crime affreux.* **2.** Très laid. **3.** Qui cause un vif désagrément. *Quel temps affreux !*

AFFRIANDER v.t. Vx. Attirer en flattant le goût, allécher.

AFFRIOLANT, E adj. **1.** Attirant. *Des promesses affriolantes.* **2.** Qui excite le désir ; séduisant. *Un décolleté affriolant.*

AFFRIOLER v.t. (anc. fr. *friolet,* gourmand). Rare. **1.** Attirer, allécher. *Être affriolé par la bonne chère.* **2.** Exciter le désir de.

AFFRIQUÉE n.f. et adj.f. (lat. *fricare,* frotter). PHON. Consonne occlusive au début de son émission et constrictive à la fin. (Ex. : [ts].)

AFFRONT n.m. **1.** Offense, injure ; marque publique de mépris. *Faire un affront à qqn.* **2.** Honte, déshonneur résultant d'un outrage public.

AFFRONTÉ, E adj. HÉRALD. Représenté face à face. *Léopards affrontés.* CONTR. : *adossé.*

AFFRONTEMENT n.m. Action d'affronter ; fait de s'affronter. *L'affrontement de deux idéologies.*

AFFRONTER v.t. (de *front*). **1.** Aborder résolument, de front ; aller avec courage au-devant de (un adversaire, un danger, une difficulté). *Affronter l'ennemi, la mort, un grave problème.* **2.** Mettre de front, de niveau. *Affronter deux panneaux.* ◆ **s'affronter** v.pr. S'opposer, se combattre.

AFFRUITER v.i. ARBOR. Porter, produire des fruits. ◆ v.t. Planter d'arbres fruitiers.

AFFUBLEMENT n.m. Rare. Habillement bizarre, ridicule ; accoutrement.

AFFUBLER v.t. (lat. *affibulare ;* de *fibula,* agrafe). Vêtir d'une manière bizarre, ridicule. ◆ **s'affubler** v.pr. *(de).* S'accoutrer bizarrement.

AFFUSION n.f. Aspersion d'eau sur une partie du corps.

AFFÛT [afy] n.m. (de *affûter*). **1.** Support du canon d'une bouche à feu, qui sert à la pointer, à la déplacer. **2.** CHASSE. Endroit où l'on se poste pour guetter le gibier. ◇ Fig. *Être à l'affût de :* guetter l'occasion, le moment favorable de.

AFFÛTAGE n.m. Action d'affûter, d'aiguiser ; son résultat.

AFFÛTER v.t. Aiguiser (un instrument coupant).

AFFÛTEUR n.m. Ouvrier qui aiguise les outils, en partic. ceux des machines-outils.

AFFÛTEUSE n.f. Machine à affûter.

AFFÛTIAUX [afytjo] n.m. pl. Fam., vx. Objets de parure sans valeur ; bagatelles.

AFGHAN, E [afgɑ̃, an] adj. et n. **1.** D'Afghanistan. **2.** *Lévrier afghan :* lévrier d'une race à poil long, élevé comme chien d'agrément, originaire d'Afghanistan où il sert pour la chasse et la garde. ◆ n.m. Pachto.

AFGHANI n.m. Unité monétaire principale de l'Afghanistan. (→ ***monnaie.***)

AFIBRINOGÉNÉMIE n.f. MÉD. Absence de fibrinogène dans le plasma sanguin, rendant le sang incoagulable et cause d'hémorragies graves.

AFICIONADO [afisjɔnado] n.m. (mot esp.). Amateur de courses de taureaux. ◇ Par ext. Passionné. *Les aficionados du football.*

AFIN DE loc. prép., **AFIN QUE** loc. conj. (de *fin*). [Marquant l'intention, le but]. *Afin de savoir ; afin que vous sachiez.*

AFOCAL, E, AUX adj. Dont les foyers sont rejetés à l'infini, en parlant d'un système optique.

À-FONDS n.m. pl. Suisse. *Faire les à-fonds :* faire les grands nettoyages de printemps.

A FORTIORI [afɔrsjɔri] loc. adv. (mots lat.). À plus forte raison.

AFRICAIN, E adj. et n. D'Afrique.

AFRICANISATION n.f. Action d'africaniser ; son résultat.

AFRICANISER v.t. Rendre africain ; donner un caractère spécifiquement africain à.

AFRICANISME n.m. Tournure, expression propre au français parlé en Afrique noire.

AFRICANISTE n. Spécialiste des langues et des civilisations africaines.

AFRIKAANS [afrikɑ̃s] n.m. Langue néerlandaise parlée en Afrique du Sud. (C'est l'une des langues officielles.)

AFRIKANER [afrikanɛr] ou **AFRIKAANDER** [afrikɑ̃dɛr] n. Personne d'origine néerlandaise parlant l'afrikaans, en Afrique du Sud.

AFRO adj. inv. *Coiffure afro :* coupe de cheveux frisés, qui forme une masse volumineuse autour du visage.

AFRO-AMÉRICAIN, E adj. et n. (pl. *afro-américains, es*). Qui est d'origine africaine, aux États-Unis. *Le jazz, musique afro-américaine.*

AFRO-ASIATIQUE adj. (pl. *afro-asiatiques*). Qui concerne à la fois l'Afrique et l'Asie (du point de vue politique, notamm.).

AFRO-BRÉSILIEN, ENNE adj. et n. (pl. *afro-brésiliens, ennes*). Qui est d'origine africaine, au Brésil.

AFRO-CUBAIN, E adj. et n. (pl. *afro-cubains, es*). Qui est d'origine africaine, à Cuba. *Musique afro-cubaine.*

AFTER-SHAVE [aftœrʃɛv] n.m. inv. (mots angl.). Lotion adoucissante, légèrement alcoolisée que les hommes utilisent en application après s'être rasés. SYN. : *lotion après-rasage.*

Ag, symbole chimique de l'argent.

AGA n.m. → ***agha.***

AGAÇANT, E adj. Qui agace, irrite.

AGACE ou **AGASSE** n.f. Vx. Pie.

AGACEMENT n.m. Irritation, impatience.

AGACER v.t. (lat. *acies,* tranchant) [16]. **1.** Causer de l'irritation à ; énerver. *Bruit continuel qui agace.* ◇ Taquiner, provoquer par jeu. **2.** Produire une sensation désagréable sur. *Amertume qui agace la langue.*

AGACERIE n.f. Mine, parole, regard destinés à provoquer, à aguicher.

AGALACTIE ou **AGALAXIE** n.f. Absence ou cessation de la sécrétion lactée.

AGAME adj. Parthénogénétique.

AGAMÈTE n.m. BIOL. Cellule reproductrice asexuée (par opp. à *gamète*).

AGAMI n.m. (mot caraïbe). Oiseau d'Amérique du Sud, de la taille d'un coq, à plumage noir aux reflets métalliques bleu et vert, appelé aussi *oiseau-trompette* à cause du cri éclatant du mâle. (Ordre des gruiformes.)

AGAMIDÉ n.m. *Agamidés :* famille de lézards des régions chaudes, comprenant notamm. le moloch.

AGAMIE n.f. BIOL. Reproduction asexuée.

AGAMMAGLOBULINÉMIE n.f. MÉD. Déficit ou absence de gammaglobulines dans le plasma sanguin, rendant l'organisme très sensible aux infections.

AGAPE n.f. (gr. *agapê,* amour). Repas pris en commun des premiers chrétiens. ◆ pl. Repas copieux et joyeux entre amis.

AGAR-AGAR n.m. (pl. *agars-agars*). Mucilage obtenu à partir d'une algue des mers extrême-orientales, utilisé en bactériologie comme milieu de culture, dans l'industrie comme produit d'encollage, en pharmacie comme laxatif et en cuisine pour la préparation des gelées. SYN. : *gélose.*

AGARIC n.m. (gr. *agarikon*). Champignon comestible à chapeau et à lamelles, dont le type est le champignon de couche ou *psalliote des champs.* (Classe des basidiomycètes ; famille des agaricacées.)

AGARICACÉE n.f. *Agaricacées :* famille de champignons basidiomycètes à lames, représentée par des espèces comestibles (agaric, lépiote) et d'autres toxiques ou mortelles (certaines amanites).

AGASSE n.f. → ***agace.***

AGASSIN n.m. Bourgeon le plus bas d'une branche de vigne, qui ne donne pas de fruits.

AGATE n.f. (gr. *Akhatês,* n. d'une riv. de Sicile). Roche siliceuse, variété de calcédoine, divisée en zones concentriques de colorations diverses.

AGATISÉ, E adj. Qui a l'aspect poli, brillant de l'agate.

AGAVE ou, rare, **AGAVÉ** n.m. (gr. *agauê,* admirable). Plante originaire d'Amérique centrale, cultivée dans les régions chaudes, restant plusieurs dizaines d'années à l'état végétatif pour fleurir une seule fois en donnant une inflorescence d'env. 10 m de haut, et dont les feuilles fournissent des fibres textiles. (Famille des amaryllidacées ; l'agave est souvent appelé, à tort, *aloès.*)

agave

agami

AGE [aʒ] n.m. (du francique). Pièce maîtresse longitudinale de la charrue, sur laquelle se fixent le soc et toutes les autres pièces. SYN. : *flèche.*

ÂGE [ɑʒ] n.m. (lat. *aetas*). **I. 1.** Durée écoulée depuis la naissance. *Cacher son âge.* – *Âge légal :* âge fixé par la loi pour l'exercice de certains droits civils ou politiques. – *Âge mental :* niveau de développement intellectuel d'un enfant tel qu'il est mesuré par certains tests ; par ext., niveau de maturité intellectuelle d'une personne, quel que soit son âge. – *Classe d'âge :* groupe d'individus ayant approximativement le même âge. **2.** Période de la vie correspondant à une phase de l'évolution de l'être humain. *Un sport praticable à tout âge.* – *Entre deux âges :* entre la jeunesse et la vieillesse, ni jeune ni vieux. – *Troisième âge :* période qui suit l'âge adulte et où cessent les activités professionnelles. – *Quatrième âge :* période suivant le troisième âge, où la plupart des activités deviennent impossibles, et qui correspond à la sénescence. **3.** *L'âge :* la vieillesse. *Les effets de l'âge.* **II.** Période de l'évolution du monde, de l'humanité. *L'âge du bronze.*

ÂGÉ, E adj. **1.** *Âgé de :* qui a (tel âge). *Âgé de 20 ans.* **2.** D'un certain âge, vieux. *Les personnes âgées.*

AGENCE n.f. (it. *agenzia*). **1.** Entreprise commerciale proposant en général des services d'intermédiaire entre les professionnels d'une branche d'activité et leurs clients. *Agence de voyages. Agence immobilière. Agence de publicité.* **2.** Organisme administratif chargé d'une mission d'information et de coordination dans un domaine déterminé. *Agence nationale pour l'emploi.* **3.** Succursale d'une banque. **4.** Ensemble des bureaux, des locaux occupés par une agence.

AGENCEMENT n.m. Arrangement, disposition, aménagement. *L'agencement d'un appartement.*

AGENCER v.t. (anc. fr. *gent*, beau) [16]. Disposer selon un ordre, déterminer les éléments de ; arranger, combiner. *Agencer des rayonnages.*

AGENDA [-ʒɛ̃-] n.m. (mot lat., *ce qui doit être fait*). **1.** Carnet permettant d'inscrire jour par jour ce qu'on a à faire, ses rendez-vous, etc. **2.** Fig. Ensemble de choses à traiter dans une période donnée ; emploi du temps. *Avoir un agenda chargé. L'agenda de l'actualité.*

AGÉNÉSIE [aʒenezi] n.f. (du gr. *genesis*, formation). Absence de formation d'un organe au cours du développement embryonnaire.

AGENOUILLEMENT n.m. Action, fait de s'agenouiller.

AGENOUILLER (S') v.pr. Se mettre à genoux.

AGENOUILLOIR n.m. Petit escabeau sur lequel on s'agenouille.

AGENT n.m. (lat. *agens*, de *agere*, agir). **I. 1.** Tout ce qui agit, opère. *Les agents d'érosion. Agents pathogènes.* – *Agents atmosphériques* ou *météoriques :* phénomènes (précipitations, vents, températures, etc.) qui participent à l'érosion. **2.** GRAMM. Être ou objet qui accomplit l'action exprimée par le verbe. SYN. : *sujet, actant.* – *Complément d'agent :* complément d'un verbe passif, introduit par les prép. *par* ou *de*, et représentant le sujet de la phrase active correspondante. (Ex. : dans « *la souris a été mangée par le chat* », *le chat* est compl. d'agent.) **II.a.** Personne chargée de gérer, d'administrer pour le compte d'autrui. *Agent d'une compagnie maritime.* ◇ *Agent d'assurances :* personne représentant une ou plusieurs compagnies d'assurances pour le compte de qui il fait souscrire des contrats. **b.** *Agent d'affaires :* commerçant qui se charge de gérer en tant qu'intermédiaire les affaires d'autrui. – *Agent de change :* officier ministériel chargé de la négociation des valeurs mobilières. (A été remplacé en 1988 par les sociétés* de Bourse.) – *Agent économique :* personne ou groupement participant à l'activité économique. – *Agent littéraire :* intermédiaire entre les éditeurs et les auteurs ou traducteurs. – *Agent de maîtrise :* salarié se situant entre l'ouvrier et le cadre. – *Agent (de police) :* fonctionnaire subalterne, généralement en uniforme, chargé de la police de la voie publique.

AGERATUM [aʒeratɔm] ou **AGÉRATE** n.m. (gr. *agêraton*). Plante ornementale des jardins, aux fleurs bleues. (Famille des composées.)

AGGIORNAMENTO [adʒjɔrnamɛnto] n.m. (mot it., *mise à jour*). Adaptation au progrès, à l'évolution du monde actuel (en partic. en parlant de l'Église catholique).

AGGLOMÉRANT n.m. Substance, liant servant à agglomérer.

AGGLOMÉRAT n.m. **1.** Dépôt détritique, peu ou non cimenté, d'éléments de plus de 2 mm. **2.** Assemblage de personnes ou de choses, plus ou moins hétéroclites ou disparates.

AGGLOMÉRATION n.f. **1.** Action d'agglomérer. **2.** Ensemble urbain formé par une ville et sa banlieue. *L'agglomération parisienne.* ◇ Groupe d'habitations.

AGGLOMÉRÉ n.m. **1.** Combustible fait de poussier de houille mêlé à du brai sec et comprimé en boulets ou en briquettes. **2.** Bois reconstitué, obtenu par l'agglomération sous forte pression de copeaux, de sciure, etc., mêlés de colle. **3.** Matériau de construction moulé résultant de la prise et du durcissement du mélange d'un liant et de matériaux inertes.

AGGLOMÉRER v.t. (lat. *agglomerare*) [18]. Réunir en une seule masse (des éléments auparavant distincts). *Agglomérer du sable et du ciment.* ◇ *Population agglomérée :* population groupée dans des bourgs ou de gros villages (par opp. à *population dispersée*). ◆ **s'agglomérer** v.pr. Se réunir en un tas, une masse compacte.

AGGLUTINANT, E adj. et n.m. **1.** Qui agglutine, qui réunit en collant. **2.** LING. *Langue agglutinante :* langue qui exprime les rapports syntaxiques par l'agglutination (ex. : le turc, le finnois).

AGGLUTINATION n.f. **1.** Action d'agglutiner, fait de s'agglutiner ; son résultat. ◇ BIOL. Phénomène général de défense des organismes contre les agressions microbiennes ou parasitaires, dont les agents sont collés, agglutinés en masses plus ou moins grosses. **2. a.** LING. Juxtaposition au radical d'affixes distincts pour exprimer les rapports syntaxiques, caractéristique des langues agglutinantes. **b.** PHON. Formation d'un mot par la réunion de deux ou plusieurs mots distincts à l'origine (*au jour d'hui* devenu *aujourd'hui*).

AGGLUTINER v.t. (lat. *agglutinare*). Unir, joindre en collant, en formant une masse. *L'humidité a agglutiné les bonbons dans le sachet.* ◆ **s'agglutiner** v.pr. *(à)*. Se coller. *Les curieux s'agglutinaient aux grilles, devant les grilles.*

AGGLUTININE n.f. BIOL. Anticorps présent dans le sérum, dont la fixation sur l'antigène produit l'agglutination de celui-ci. (Les agglutinines microbiennes contribuent à la défense de l'organisme ; les agglutinines non microbiennes sont la cause des incompatibilités entre sangs de groupes différents.)

AGGLUTINOGÈNE n.m. BIOL. Substance antigénique des groupes sanguins capable de provoquer l'apparition d'anticorps correspondants, appelés *agglutinines*, et d'être agglutinée par eux.

AGGRAVANT, E adj. Qui aggrave. *Circonstances aggravantes.*

AGGRAVATION n.f. Action d'aggraver ; fait de s'aggraver. *L'aggravation d'une maladie, d'un conflit.*

AGGRAVÉE n.f. (de *gravier*). VÉTÉR. Inflammation du pied d'un animal qui a marché ou couru longtemps sur un sol dur et caillouteux.

AGGRAVER v.t. Rendre plus grave, plus difficile à supporter. *Aggraver ses torts. Aggraver la peine de qqn.* ◆ **s'aggraver** v.pr. Devenir plus grave, empirer. *La situation s'est aggravée.*

AGHA ou **AGA** n.m. (mot turc). Anc. **1.** Officier de la cour du sultan, dans l'Empire ottoman. **2.** Chef au-dessus du caïd, en Algérie.

AGILE adj. (lat. *agilis*). **1.** Qui a de l'aisance et de la promptitude dans les mouvements du corps ; souple, alerte. *Marcher d'un pas agile.* **2.** Qui comprend vite. *Esprit agile.*

AGILEMENT adv. Avec agilité.

AGILITÉ n.f. **1.** Légèreté du corps, souplesse. *Agilité d'un danseur.* **2.** Vivacité intellectuelle. *Agilité d'esprit.*

AGIO [aʒjo] n.m. (mot it.). Ensemble des frais qui grèvent une opération bancaire.

A GIORNO [adʒjɔrno] loc. adj. inv. et loc. adv. (mots it.). *Éclairage a giorno*, comparable à la lumière du jour.

AGIOTAGE n.m. DR. Spéculation sur les fonds publics, les changes, les valeurs mobilières.

AGIOTEUR, EUSE n. Vx. Personne qui se livre à l'agiotage.

AGIR v.i. **1.** Entrer ou être en action ; faire qqch. *Ne restez pas là à rien faire, agissez.* **2.** Produire un effet, exercer une influence. *Le médicament n'a pas agi. Agir sur qqn.* **3.** Se comporter, se conduire. *Agir en homme d'honneur. Vous avez mal agi.* ◆ v.t. Litt. ou didact. Faire agir, animer. *La passion qui l'agit.* ◆ **s'agir** v. pr. impers. Être en question. *De quoi s'agit-il ?*

ÂGISME n.m. Discrimination ou ségrégation à l'encontre des personnes du fait de leur âge.

AGISSANT, E adj. Efficace, actif.

AGISSEMENTS n.m. pl. Comportements, manœuvres blâmables.

1. AGITATEUR, TRICE n. Personne qui provoque ou entretient des troubles sociaux, politiques, qui suscite l'agitation.

2. AGITATEUR n.m. CHIM. Petite baguette de verre servant à remuer les liquides.

AGITATION n.f. **1.** État de ce qui est animé de mouvements continuels et irréguliers. *L'agitation de la mer.* **2.** État de trouble et d'anxiété, se traduisant souvent par des mouvements désordonnés et sans but ; ces mouvements. *Calmer l'agitation d'un malade.* **3.** État de mécontentement d'ordre politique ou social, se traduisant par l'expression de revendications, par des manifestations ou par des troubles publics, etc.

AGITATO [aʒitato] adv. (mot it.). MUS. D'un mouvement agité.

AGITÉ, E adj. et n. **1.** Qui manifeste de l'agitation. **2.** Qui est en proie à l'agitation. *Malade agité.*

AGITER v.t. (lat. *agitare*, pousser). **1.** Secouer vivement en tous sens. *Agiter un liquide.* **2.** Fig. *Agiter une question*, l'examiner, en débattre avec d'autres. **3.** Causer une vive émotion à ; troubler, exciter. *Une violente colère l'agitait.* ◆ **s'agiter** v.pr. Remuer vivement en tous sens.

AGIT-PROP [aʒitprɔp] n.f. inv. (abrév. d'*agitation-propagande*). Activité militante pratiquée par certaines organisations révolutionnaires, en particulier sur les lieux de travail.

AGLOSSA n.m. (gr. *glossa*, langue). Papillon dont la chenille, appelée à tort *teigne de la graisse*, se nourrit de débris végétaux.

AGLYPHE adj. (gr. *gluphê*, sillon). Dont aucune dent ne porte de sillon pour l'écoulement du venin, en parlant de certains serpents. *Espèce aglyphe.*

AGNAT, E [agna, at] n. et adj. (lat. *agnatus*, de *agnasci*, naître à côté de). Chacune des personnes qui, descendant d'une même souche masculine, appartiennent à la même famille (par opp. à *cognat*).

AGNATHE [agnat] n.m. *Agnathes :* classe de vertébrés aquatiques, à respiration branchiale, dépourvus de mâchoires, comprenant de nombreuses formes fossiles, et dont les représentants actuels, lamproies et myxines, sont rassemblés dans le groupe des cyclostomes.

AGNATION [agnasjɔ̃] n.f. Lien de parenté civile, par opposition à la parenté naturelle, ou cognation.

AGNEAU n.m. (lat. *agnellus*). **I. 1. a.** Petit de la brebis. *Agneau femelle* ou *agnelle.* ◇ *Doux comme un agneau :* d'une douceur extrême. **b.** Chair d'agneau. *De l'agneau rôti.* **c.** Fourrure, cuir d'agneau. **2.** *Agneau pascal :* agneau immolé

agneau

chaque année par les Juifs pour commémorer la sortie d'Égypte. **II.** *L'Agneau de Dieu* : Jésus-Christ.

AGNELAGE n.m. Mise bas, chez la brebis ; époque de l'année où elle se produit.

AGNELÉE n.f. Ensemble des agneaux d'une portée.

AGNELER v.i. [24]. Mettre bas, en parlant de la brebis.

AGNELET n.m. Petit agneau.

AGNELIN n.m. Peau d'agneau tannée à l'alun, avec sa laine.

AGNELINE adj.f. et n.f. *Laine agneline* : laine courte, soyeuse et frisée, provenant de la première tonte de l'agneau.

AGNELLE n.f. Agneau femelle.

AGNOSIE [agnozi] n.f. (gr. *a,* sans, et *gnôsis,* connaissance). PATHOL. Trouble de la reconnaissance des informations sensorielles, dû à une lésion localisée du cortex cérébral, sans atteinte des perceptions élémentaires. SYN. : *cécité psychique.*

AGNOSIQUE adj. et n. Atteint d'agnosie.

AGNOSTICISME [agnɔstisism] n.m. Doctrine philosophique qui déclare l'absolu inaccessible à l'esprit humain et professe une complète ignorance touchant la nature intime, l'origine et la destinée des choses.

AGNOSTIQUE [agnɔstik] adj. De l'agnosticisme. ◆ n. Personne qui professe l'agnosticisme.

AGNUS-CASTUS [agnyskastys] n.m. Gattilier (plante).

AGNUS DEI [agnysdei] n.m. inv. (mots lat.). RELIG. CATH. Prière de la messe commençant par ces mots. ◆ **agnus-Dei** n.m. inv. Médaillon de cire blanche portant l'image d'un agneau, bénit par le pape.

AGONIE n.f. (gr. *agônia,* combat). **1.** Moment de la vie qui précède immédiatement la mort ; état de ralentissement, d'affaiblissement des fonctions vitales qui caractérise ce moment. **2.** Fig. Déclin, disparition progressive. *L'agonie d'un régime politique.*

AGONIR v.t. [32]. *Agonir qqn d'injures* : l'accabler d'injures.

AGONISANT, E adj. et n. Qui est à l'agonie.

AGONISER v.i. (lat. ecclés. *agonizare,* lutter). Être à l'agonie.

AGONISTE adj. *Muscle agoniste,* qui produit le mouvement considéré, par opp. au *muscle antagoniste.*

AGORA n.f. **1.** Place bordée d'édifices publics, centre de la vie politique, religieuse et économique de la cité, dans l'Antiquité grecque. **2.** Espace piétonnier dans une ville nouvelle.

AGORAPHOBIE n.f. (gr. *agora,* place publique, et *phobos,* crainte). Crainte pathologique des espaces découverts, des lieux publics.

AGOUTI n.m. (mot guarani). Gros rongeur des forêts humides de l'Amérique du Sud. (Long. 50 cm env.)

agouti

AGRAFAGE n.m. Action d'agrafer ; son résultat.

AGRAFE n.f. (anc. fr. *grafe,* crochet). **1.** Pièce de métal, de matière plastique, etc., servant à attacher ensemble certains objets. *Agrafe de bureau.* **2. a.** Crochet servant à réunir les bords opposés d'un vêtement. **b.** Broche servant à cet usage ou à la parure. *Agrafe de brillants.* **c.** Languette destinée à accrocher un stylo au rebord d'une poche. **3.** Petite lame de métal à deux pointes servant à suturer les plaies. **4.** BÂT. **a.** Crampon plat ou coudé utilisé en maçonnerie pour solidariser les pierres d'un mur, un placage et un mur, etc. **b.** Ornement en forme de mascaron ou de console, sur la clef d'une baie.

AGRAFER v.t. **1.** Attacher avec une agrafe ; assembler à l'aide d'agrafes. **2. a.** Fam. Retenir (qqn) pour lui parler. *Agrafer un voisin au passage.* **b.** Pop. Arrêter, appréhender. *Les gendarmes l'ont agrafé.*

AGRAFEUSE n.f. Appareil, machine à poser des agrafes.

AGRAINER v.t. Pourvoir, nourrir de grain (les oiseaux d'élevage). – Appâter (le gibier) au grain.

AGRAIRE adj. (lat. *agrarius*). **1.** Relatif aux terres cultivées, à l'agriculture, à la propriété agricole. *Surfaces et mesures agraires. Civilisation agraire.* **2.** *Réforme agraire,* visant à modifier la répartition des terres en faveur des non-possédants et des petits propriétaires. ◇ ANTIQ. ROM. *Lois agraires,* admettant les plébéiens au partage de l'*ager publicus* (terres appartenant à l'État).

AGRAMMATICAL, E, AUX adj. LING. Qui ne répond pas aux critères de la grammaticalité. *Phrase agrammaticale.*

AGRAMMATICALITÉ n.f. LING. Caractère d'un énoncé agrammatical.

AGRAMMATISME n.m. (du gr. *grammata,* lettres). PATHOL. Trouble du langage caractérisé par une perturbation dans la construction des phrases, dont la syntaxe évoque le style télégraphique.

AGRANDIR v.t. Rendre plus grand ou plus important. *Agrandir une maison. Agrandir une photo.* ◆ **s'agrandir** v.pr. Devenir plus grand, s'étendre. *Ville qui s'agrandit.* ◇ Spécialt. Agrandir son logement ou en prendre un plus grand.

AGRANDISSEMENT n.m. Action d'agrandir, de s'agrandir ; son résultat. ◇ PHOT. Épreuve agrandie d'une photographie.

AGRANDISSEUR n.m. PHOT. Appareil pour exécuter les agrandissements.

AGRANULOCYTOSE n.f. MÉD. Diminution ou disparition des globules blancs polynucléaires (granulocytes) neutrophiles.

AGRAPHIE n.f. (du gr. *graphein,* écrire). PATHOL. Incapacité d'écrire, indépendante de tout trouble moteur.

AGRARIEN, ENNE n. et adj. **1.** HIST. Partisan du partage des terres entre ceux qui la cultivent, notamm. pendant la Révolution française. **2.** Partisan de la défense des intérêts des grands propriétaires (Allemagne, fin du XIXe s.) ou de ceux de l'ensemble de la paysannerie.

AGRÉABLE adj. (lat. *gratus*). Plaisant, attrayant.

AGRÉABLEMENT adv. De façon agréable.

AGRÉAGE n.m. COMM. Agréation.

AGRÉATION n.f. **1.** Belgique. Action d'agréer. ◇ Spécialt. Ratification officielle d'un acte administratif. **2.** COMM. Contrat aux termes duquel un fournisseur reconnaît à un distributeur le droit de diffuser ses produits, sans pour autant lui accorder une exclusivité. (On dit aussi *agréage.*)

AGRÉÉ n.m. Mandataire représentant les parties auprès d'un tribunal de commerce. (La loi du 31 décembre 1971 a supprimé ce titre et les anciens agréés sont devenus avocats.)

AGRÉER [agree] v.t. (de *gré*). Recevoir favorablement, accepter, approuver. *Agréer une demande. Veuillez agréer mes salutations distinguées* (formule de politesse). ◆ v.t. ind. *(à).* Litt. Plaire. *Le projet agréait à tous.*

AGRÉGAT [agrega] n.m. **1.** Substance, masse formée d'éléments primitivement distincts, unis intimement et solidement entre eux. *Le sol, agrégat de particules minérales et de ciments colloïdaux.* **2.** ÉCON. Grandeur synthétique obtenue en combinant divers postes de la comptabilité nationale et caractérisant l'activité économique d'un pays. **3.** MUS. Superposition libre de sons, ne répondant pas aux procédés d'analyse de l'harmonie classique.

AGRÉGATIF, IVE n. et adj. Personne qui prépare le concours de l'agrégation.

AGRÉGATION n.f. **1.** Action d'agréger, de réunir des éléments distincts pour former un tout homogène ; fait de s'assembler ; son résultat. **2.** Concours de recrutement des professeurs de lycée et de certaines disciplines universitaires (droit et sciences économiques, médecine, pharmacie).

AGRÉGÉ, E n. et adj. Personne reçue à l'agrégation.

AGRÉGER v.t. (lat. *aggregare,* réunir) [22]. **1.** Réunir en un tout, une masse. *La chaleur a agrégé les morceaux de métal.* **2.** Admettre (qqn) dans un groupe constitué. ◆ **s'agréger** v.pr. *(à).* Se joindre, s'associer à.

AGRÉMENT n.m. (de *agréer*). **1. a.** Fait d'agréer, de consentir à qqch. *Décider avec, sans l'agrément de ses supérieurs.* **b.** Acceptation, reconnaissance de qqn ou de qqch par une autorité (généralement officielle). *Agrément d'un projet, d'une nomination.* **2.** Qualité par laquelle qqn ou qqch plaît, est agréable. *Compagnie pleine d'agrément.* ◇ *D'agrément* : destiné au seul plaisir, qui n'a pas de destination utilitaire. *Jardin, voyage d'agrément.* – Vx. *Art d'agrément,* pratiqué en amateur. **3.** MUS. Formule d'ornementation mélodique, homologue, dans la musique ancienne, de nos modernes ornements.

AGRÉMENTER v.t. Rendre plus attrayant, plus agréable par des éléments ajoutés. *Agrémenter un récit de détails piquants.*

AGRÈS n.m. pl. (scand. *greida,* équiper). **1.** Litt. (vx en mar.). Éléments du gréement d'un navire (poulies, voiles, vergues, cordages, etc.). **2.** Appareils utilisés en gymnastique sportive (anneaux, barre, poutre, etc.), en éducation physique (corde à grimper), au cirque (trapèze). ◆ sing. Rare. Chacun de ces appareils. *Gymnaste spécialiste d'un agrès.*

AGRESSER v.t. (lat. *aggredi,* attaquer). **1.** Commettre une agression sur (qqn), attaquer. *Agresser un passant.* **2.** Provoquer, choquer (qqn), notamment par la parole. **3.** Constituer une agression, une nuisance pour. *Pluies acides agressant la couverture forestière.*

AGRESSEUR adj.m. et n.m. Qui commet une agression ; qui attaque sans avoir été provoqué. *Pays agresseur. Il n'a pas identifié ses agresseurs.*

AGRESSIF, IVE adj. **1.** Querelleur, violent. *Interlocuteur agressif.* ◇ Qui a un caractère d'agression. *Mesures agressives.* **2.** Fig. Provocant, choquant. *Publicité, couleur agressive.*

AGRESSION n.f. **1.** Attaque non provoquée et brutale. **2.** Atteinte à l'intégrité psychologique ou physiologique des personnes, due à l'environnement visuel, sonore, etc. *Les agressions de la vie urbaine.*

AGRESSIVEMENT adv. De façon agressive.

AGRESSIVITÉ n.f. Caractère agressif de qqn, de qqch ; dispositions agressives.

AGRESTE adj. (lat. *agrestis*). Litt. Rustique, champêtre. *Site agreste.*

AGRICOLE adj. (lat. *agricola,* laboureur). **1.** Qui s'adonne à l'agriculture. *Population agricole.* **2.** Qui concerne l'agriculture. *Enseignement agricole.*

AGRICULTEUR, TRICE n. Personne qui cultive la terre ; personne dont l'activité professionnelle a pour objet de mettre en valeur une exploitation agricole.

AGRICULTURE n.f. Activité économique ayant pour objet la transformation et la mise en valeur du milieu naturel afin d'obtenir les produits végétaux et animaux utiles à l'homme, en partic. ceux destinés à son alimentation.

AGRIFFER (S') v.pr. Litt., rare. S'accrocher avec les griffes (vx) ; s'agripper avec les mains, les ongles.

AGRILE n.m. (lat. *ager,* champ). Bupreste vert métallique vivant sur le chêne et le peuplier. (Ordre des coléoptères.)

AGRION n.m. (gr. *agrios,* sauvage). Petite libellule bleue ou bronzée, appelée aussi *demoiselle.*

AGRIOTE n.m. (gr. *agrios,* sauvage). Coléoptère dont les larves rongent les racines des céréales.

AGRIPAUME n.f. Léonure, plante à fleurs roses, autrefois cultivée pour ses prétendues vertus antirabiques. (Haut. 1 m env. ; famille des labiées.)

AGRIPPEMENT n.m. Action d'agripper, de s'agripper. ◇ MÉD. *Réflexe d'agrippement* : réflexe, pathologique au-delà du quatrième mois de la vie, et qui se manifeste par la tendance à saisir tout ce qui se présente à portée de main. SYN. (anglic. déconseillé) : *grasping-reflex.*

AGRIPPER v.t. (anc. fr. *grippe,* vol). Prendre, saisir vivement en serrant avec les doigts, en s'accrochant. ◆ **s'agripper** v.pr. *(à).* S'accrocher fermement, se cramponner.

AGRITOURISME n.m. Infrastructures et activités développées à l'intention des touristes dans les exploitations agricoles (gîtes ruraux, chambres d'hôte, campings, etc.).

AGROALIMENTAIRE adj. Relatif à l'élaboration, à la transformation et au conditionnement des produits d'origine principalement agricole destinés à la consommation humaine et animale. *Industries agroalimentaires.* ◆ n.m. *L'agroalimentaire* : l'ensemble des industries agroalimentaires.

AGROCHIMIE n.f. Ensemble des activités de l'industrie chimique fournissant des produits pour l'agriculture (engrais et pesticides, notamm.).

AGROCHIMIQUE adj. Relatif à l'agrochimie.

AGRO-INDUSTRIE n.f. (pl. *agro-industries*). Ensemble des industries dont l'agriculture est le débouché (matériel agricole, engrais) ou le fournisseur (agroalimentaire).

AGRO-INDUSTRIEL, ELLE adj. (pl. *agro-industriels, elles*). Relatif à l'agro-industrie.

AGROLOGIE n.f. Partie de l'agronomie qui a pour objet l'étude des terres cultivables.

AGRONOME n. (gr. *agros,* champ, et *nomos,* loi). Spécialiste de l'agronomie. – *Ingénieur agronome,* diplômé des écoles nationales supérieures d'agronomie.

AGRONOMIE n.f. Étude scientifique des relations entre les plantes cultivées, le milieu (sol, climat) et les techniques agricoles.

AGRONOMIQUE adj. Relatif à l'agronomie.

AGROPASTORAL, E, AUX adj. Qui vit de l'agriculture et de l'élevage. *Civilisations agropastorales.*

AGROSTIS [agrɔstis] ou **AGROSTIDE** n.f. Herbe vivace abondante dans les prés. (Famille des graminées.)

AGROTIS [agrɔtis] n.m. Papillon nocturne à ailes brunâtres, dont la chenille s'attaque aux céréales et aux betteraves. (Famille des noctuidés.)

AGRUME n.m. (it. *agruma*). *Les agrumes* : le citron et les fruits voisins (orange, mandarine, cédrat, pamplemousse, etc.). *Un agrume.*

AGRUMICULTURE n.f. Culture des agrumes.

AGUARDIENTE [agwardjɛ̃t] ou [-djɛnte] n.f. (mot esp.). Eau-de-vie, dans les pays de langue espagnole (en partic. les pays d'Amérique du Sud).

AGUERRIR [agerir] v.t. (de *guerre*). Habituer aux fatigues, aux périls de la guerre, et, fig., aux choses pénibles. *Aguerrir des troupes.* ◆ **s'aguerrir** v.pr. S'endurcir. *Elle s'est aguerrie à, contre la douleur.*

AGUETS [agɛ] n.m. pl. (anc. fr. *à guet,* en guettant). *Aux aguets* : qui guette, qui épie.

AGUEUSIE n.f. (gr. *geusis,* goût). Diminution marquée du sens gustatif.

AGUI n.m. MAR. Vieilli. *Nœud d'agui* : nœud de chaise*.

AGUICHANT, E adj. Qui aguiche.

AGUICHE n.f. (pour traduire l'angl. *teaser*). Accroche publicitaire sans mention de produit ou de marque, destinée à intriguer et à retenir l'attention du public jusqu'à la campagne proprement dite. SYN. (anglic. déconseillé) : *teaser.*

AGUICHER v.t. (de *guiche,* accroche-cœur). Provoquer, chercher à séduire (qqn) par la coquetterie, l'artifice.

AGUICHEUR, EUSE adj. et n. Qui aguiche.

Ah, symbole de l'ampère-heure.

AH interj. (Pour accentuer l'expression d'un sentiment, d'une idée, etc.). *Ah ! que c'est beau !*

AHAN [aɑ̃] n.m. Vx. Souffle bruyant marquant un effort pénible, la fatigue.

AHANER [aane] v.i. Litt. Faire entendre des ahans, peiner.

AHURI, E adj. et n. (de *hure*). Étonné au point d'en paraître stupide ; abasourdi, interdit.

AHURIR v.t. Rare. Abasourdir, étourdir ; rendre ahuri.

AHURISSANT, E adj. Qui ahurit ; incroyable, stupéfiant.

AHURISSEMENT n.m. État d'une personne ahurie ; saisissement, stupéfaction.

AÏ [ai] n.m. (mot tupi-guarani). Mammifère arboricole de l'Amérique du Sud que ses mouvements très lents ont également fait nommer *paresseux.* (Long. 60 cm env. ; ordre des xénarthres.) SYN. : *bradype.*

AICHE [ɛʃ], **ÈCHE** ou **ESCHE** n.f. (lat. *esca*). PÊCHE. Appât accroché à l'hameçon.

AICHER, ÉCHER ou **ESCHER** v.t. [4], [18] ou [4]. Garnir d'une aiche. *Aicher un hameçon.*

1. AIDE n.f. **1.** Soutien, secours apporté par qqn ou par qqch ; action d'aider (qqn). **2.** Spécialt. Subvention, secours financier. *Aide à la reconversion des entreprises. Aide au cinéma, au développement...* **a.** *Aide juridique,* accordée aux personnes défavorisées. (Elle comprend l'aide à l'accès au droit et l'aide juridictionnelle, accordée en demande ou en défense devant toute juridiction.) **b.** *Aide sociale* : secours matériel ou financier accordé à certaines catégories de personnes en difficulté. ◆ pl. **1.** ÉQUIT. Moyens dont dispose le cavalier pour guider le cheval. – *Aides naturelles* : assiette, jambes, mains. – *Aides artificielles* : rênes, éperons, cravache, etc. **2.** HIST. Impôts indirects, au Moyen Âge et sous l'Ancien Régime. – *Cour des aides* : cour qui jugeait des procès relatifs aux tailles, aux aides et aux gabelles. ◆ loc. prép. *À l'aide de* : grâce à, au moyen de. *Marcher à l'aide d'une canne.*

■ L'action de l'*aide sociale* s'exerce au niveau départemental par l'intermédiaire des *Directions départementales de l'action sanitaire et sociale (D.D.A.S.S.),* et au niveau communal par les *centres d'aide sociale (C.A.S.).* L'aide sociale s'exerce sous diverses formes : aide sociale à la famille, à l'enfance, aux personnes âgées, aux handicapés ; aide médicale, logement, réadaptation sociale, etc.

2. AIDE n. Personne qui aide, qui seconde (qqn) dans un travail, une fonction. ◇ *Aide anesthésiste* : auxiliaire médical secondant le médecin anesthésiste. – *Aide de camp* : officier attaché à la personne d'un chef d'État, d'un général, etc. – *Aide* ou *travailleuse familiale* : personne, diplômée de l'État, envoyée dans certaines familles défavorisées moyennant un paiement tarifé en fonction des ressources de la famille. – *Aide maternelle* : personne, diplômée de l'État, qui s'occupe des jeunes enfants dans les crèches, les collectivités ou les familles. – *Aide ménagère* : travailleuse sociale envoyée par les centres d'aide sociale pour s'occuper des personnes âgées.

AIDE-COMPTABLE n. (pl. *aides-comptables*). Personne qui seconde un comptable, un chef comptable.

AÏD-EL-FITR ou **AÏD-EL-SÉGHIR** n.f. inv. (ar. *'Īd al-fiṭr, 'Īd al-ṣaghīr*). Fête religieuse musulmane marquant la fin du ramadan.

AÏD-EL-KÉBIR ou **AÏD-EL-ADHA** n.f. inv. (ar. *'Īd al-kabīr*). Fête religieuse musulmane commémorant le sacrifice d'Abraham, célébrée à l'époque du pèlerinage annuel à La Mecque.

AIDE-MÉMOIRE n.m. inv. Recueil de dates, de formules, abrégé de l'essentiel d'une matière, d'un programme d'examen, etc.

AIDER v.t. (lat. *adjutare*). Fournir un secours, une assistance à. *Aider qqn dans son travail.* ◆ v.t. ind. *(à).* Contribuer, faciliter. *Aider au succès d'une entreprise.* ◆ **s'aider** v.pr. *(de).* Se servir, tirer parti de. *S'aider d'une échelle.*

AIDE-SOIGNANT, E n. (pl. *aides-soignants, es*). Personne chargée de donner des soins aux malades, mais qui ne possède pas le diplôme d'infirmier.

AÏE [aj] interj. (Pour exprimer la douleur, l'inquiétude, etc.). *Aïe ! Ça fait mal !*

AÏEUL, E n. (lat. *avus*) [pl. *aïeuls, aïeules*]. Litt. Grand-père, grand-mère.

AÏEUX [ajø] n.m. pl. Litt. Ancêtres.

1. AIGLE n.m. (lat. *aquila*). **I. 1.** Oiseau rapace diurne de grande taille (envergure 2,50 m env.), construisant son aire en haute montagne. (Ordre des falconiformes.) *L'aigle glatit, trompette,* pousse son cri. ◇ *Ce n'est pas un aigle* : il n'est guère brillant, guère intelligent. – *Yeux, regard d'aigle,* vifs, perçants. **2.** Emblème, décoration figurant un aigle. *L'aigle noir de Prusse.* **3.** Lutrin dont le pupitre est porté par une figure d'aigle. **II.** Format de papier de 74 × 105 cm (grand aigle) ou de 60 × 94 cm (petit aigle).

2. AIGLE n.f. **1.** Femelle de l'oiseau rapace. **2.** HÉRALD. Figure représentant un aigle. **3.** HIST. Enseigne nationale ou militaire représentant un aigle. *Les aigles romaines.*

AIGLEFIN n.m. → ***églefin.***

AIGLETTE n.f. HÉRALD. Petite aigle figurant en nombre sur un blason.

AIGLON, ONNE n. Petit de l'aigle.

1. AIGRE adj. (lat. *acer,* piquant). **1.** Qui a une acidité désagréable au goût ; piquant. *Des fruits aigres.* **2.** Fig. Criard, aigu. *Une voix aigre.* **3.** Fig. Désagréable, blessant. *Une remarque aigre.*

2. AIGRE n.m. **1.** Goût, odeur aigre. **2.** Fig. *Tourner à l'aigre* : devenir aigre, s'envenimer, en parlant d'une discussion, d'un débat, etc.

AIGRE-DOUX, -DOUCE adj. (pl. *aigres-doux, -douces*). **1.** D'un goût à la fois acide et sucré. *Porc aigre-doux* (dans la cuisine extrême-orientale). **2.** Fig. Désagréable ou blessant en dépit d'une apparente douceur. *Réflexions aigres-douces, propos aigres-doux.*

AIGREFIN n.m. Personne qui vit de procédés indélicats ; escroc.

AIGRELET, ETTE adj. Légèrement aigre.

AIGREMENT adv. Avec aigreur.

AIGREMOINE n.f. Plante herbacée des prés et des bois, à fleurs jaunes et à fruits crochus. (Famille des rosacées.)

AIGRETTE n.f. (prov. *aigron,* héron). **I. 1.** Faisceau de plumes qui surmonte la tête de certains oiseaux. **2.** Faisceau de poils porté par divers fruits et graines, et qui favorise leur dispersion par le vent. **3.** MIL. Ornement d'un casque, d'un dais, en forme de plumet rigide en plumes ou en crin. **4.** Ornement de pierres fines ou précieuses montées en faisceau. **II.** Grand héron blanc et gris perle des pays chauds, portant au moment de la reproduction de longues plumes recherchées pour la parure.

aigrette

AIGRETTÉ, E adj. ZOOL. Qui porte une aigrette.

AIGREUR n.f. **1.** Fait d'être aigre ; caractère de ce qui est aigre. *L'aigreur des fruits verts. L'aigreur d'une réflexion.* **2.** (Surtout au pl.). Sensations aigres ou amères dans la bouche ou l'estomac.

AIGRI, E adj. et n. Rendu amer et irritable par des déceptions, des échecs, des épreuves.

AIGRIN n.m. Poirier, pommier jeune, donnant des fruits aigres.

AIGRIR v.t. **1.** Rendre aigre. **2.** Fig. Rendre amer et irritable. *Les déceptions ont aigri son caractère.* ◆ v.i. Devenir aigre. *Le lait a aigri.* ◆ **s'aigrir** v.pr. Fig. Devenir irritable et amer. *Il s'est aigri avec l'âge.*

aigle royal

AIGRISSEMENT n.m. Litt. Fait de s'aigrir.

1. AIGU, UË adj. (lat. *acutus,* pointu). **1.** Terminé en pointe ; tranchant, effilé. *Lame aiguë d'un poignard.* **2.** *Angle aigu,* plus petit que l'angle droit. **3.** Haut, d'une fréquence élevée, en parlant d'un son, d'une voix, etc. *Voix aiguë.* **4.** Fin, pénétrant, en parlant du regard, d'une qualité intellectuelle, etc. *Une intelligence aiguë.* – *Avoir un sens aigu de :* être très conscient, très lucide quant à. **5.** Qui s'élève d'un coup à son paroxysme. *Douleur aiguë. Conflit aigu.* ◇ *Maladie aiguë :* qui se déclare soudainement et évolue rapidement (par opp. à *chronique*).

2. AIGU n.m. Son aigu ; ensemble des sons aigus, registre aigu. *Électrophone qui rend bien les aigus. Chanteuse à l'aise dans l'aigu.*

AIGUADE [ɛgad] n.f. MAR. Anc. Lieu d'approvisionnement en eau douce pour les navires.

AIGUAIL [ɛgaj] n.m. (mot poitevin) [pl. *aiguails*]. Litt. Rosée sur les feuilles.

AIGUE-MARINE n.f. (mot prov.) [pl. *aigues-marines*]. Pierre fine, variété de béryl dont la transparence et la couleur bleu clair nuancé de vert évoquent l'eau de mer.

AIGUIÈRE [ɛgjɛr] n.f. (prov. *aiguiera*). Anc. Vase à pied, muni d'un bec et d'une anse et souvent accompagné d'un bassin, destiné à contenir de l'eau.

aiguière en étain ; XVIe-XVIIe s. (Louvre, Paris.)

AIGUILLAGE n.m. **1.** CH. DE F. Dispositif constitué essentiellement de rails mobiles (aiguilles), permettant de faire passer les véhicules ferroviaires d'une voie sur une autre. **2.** Manœuvre d'un tel dispositif ; direction, orientation qui en résulte pour un véhicule, un convoi. *Poste, centre d'aiguillage.* **3.** Fig. Action d'orienter (qqn ; une action). – *Erreur d'aiguillage :* mauvaise orientation.

AIGUILLAT [egɥija] n.m. Requin vivipare qui fournit l'huile de foie de requin. SYN. (cour.) : *chien de mer.* Nom commercial : *saumonette.*

AIGUILLE n.f. (lat. *acus,* pointe). **1. a.** Petite tige d'acier trempé et poli, dont une extrémité est pointue et l'autre percée d'un trou *(chas)* pour passer le fil. *Aiguilles à coudre, à broder...* ◇ *De fil en aiguille :* en passant progressivement d'une idée, d'une parole, d'un acte à l'autre. **b.** *Aiguille à tricoter :* mince tige plus ou moins rigide servant à tricoter. **c.** *Talon aiguille :* talon de forme très effilée vers le bas. **2.** Tige rigide qui indique les heures *(grande aiguille),* les minutes *(petite aiguille),* les secondes *(trotteuse)* sur un cadran de montre, d'horloge. **3.** CH. DE F. Portion de rail mobile d'un aiguillage. **4.** GÉOGR. Sommet pointu d'une montagne. ◇ ARCHIT. Élément vertical et effilé d'un bâtiment (pinacle, flèche, etc.). **5.** BOT. Feuille rigide et aiguë des conifères. *Aiguilles de pin.* **6.** ZOOL. Poisson mince et long (nom commun à plusieurs espèces : orphies, syngnathidés, etc.).

AIGUILLÉE n.f. Longueur de fil enfilée sur une aiguille.

AIGUILLER [egɥije] v.t. **1.** Diriger (un véhicule ferroviaire, un convoi) en manœuvrant un aiguillage. **2.** Fig. Orienter, diriger dans une direction précise.

AIGUILLETAGE n.m. Technique de fabrication d'étoffes consistant à entremêler des fibres textiles disposées en nappes à l'aide d'aiguilles crochetées.

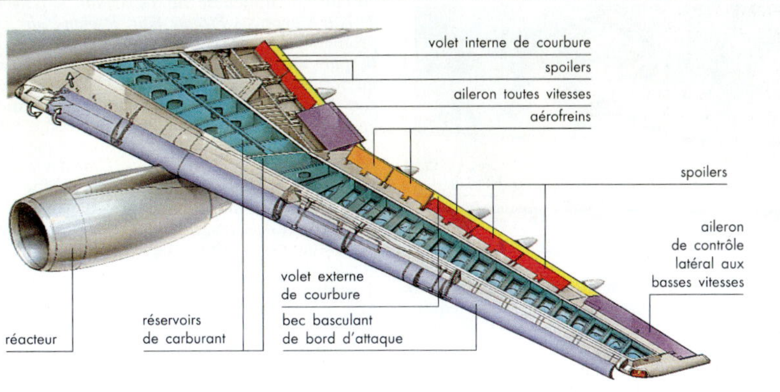

structure d'une **aile** d'avion biréacteur

AIGUILLETÉ, E adj. Fabriqué par l'aiguilletage. *Moquette aiguilletée.*

AIGUILLETER v.t. [27]. Procéder à l'aiguilletage de.

AIGUILLETTE [egɥijɛt] n.f. **1.** Anc. Cordon ferré aux deux bouts servant à fermer ou à garnir les vêtements. ◇ MIL. Ornement d'uniforme fait de cordons tressés. **2. a.** Partie du rumsteck. **b.** Mince tranche de chair prélevée sur l'estomac d'une volaille, d'une pièce de gibier à plumes. **3.** ZOOL. Orphie.

AIGUILLEUR n.m. **1.** Agent du chemin de fer chargé de la manœuvre des aiguillages. **2.** *Aiguilleur du ciel :* contrôleur* de la navigation aérienne.

AIGUILLIER [egɥije] n.m. Étui à aiguilles.

AIGUILLON [egɥijɔ̃] n.m. **1.** Dard de certains insectes (abeilles, guêpes, etc.). **2. a.** Bâton muni d'une pointe de fer, pour conduire les bœufs. **b.** Litt., fig. Ce qui stimule, excite. **3.** Épine de certains végétaux (ronce, rosier, etc.), production épidermique qui se détache en laissant une cicatrice superficielle.

AIGUILLONNER v.t. **1.** Piquer (un bœuf) avec l'aiguillon. **2.** Litt., fig. Exciter, stimuler.

AIGUILLOT n.m. MAR. Ferrure de gouvernail, pièce mâle qui constitue avec le femelot (pièce femelle) l'axe de pivotement du safran.

AIGUISAGE ou **AIGUISEMENT** n.m. Action d'aiguiser ; son résultat.

AIGUISER [egize] v.t. **1.** Rendre tranchant, affûter. **2.** Fig. Exciter, activer. *La marche avait aiguisé son appétit.*

AIGUISEUR, EUSE n. Personne dont le métier est d'aiguiser les instruments tranchants, les outils, etc.

AIGUISOIR n.m. Instrument servant à aiguiser.

AÏKIDO [ajkido] n.m. (mot jap.). Art martial d'origine japonaise, combat pratiqué essentiellement à mains nues et fondé sur la neutralisation de la force de l'adversaire par des mouvements de rotation et d'esquive, et l'utilisation de clés aux articulations.

AIL [aj] n.m. (lat. *allium*) [pl. *ails* ou, plus rare, *aulx*]. Plante potagère à bulbe dont les gousses, à l'odeur forte et au goût piquant, sont utilisées en cuisine.

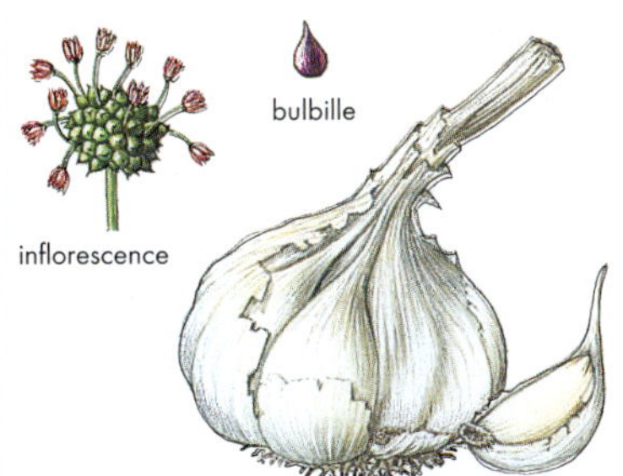

ail

AILANTE n.m. (mot malais, *arbre du ciel*). Arbre des régions tropicales, à feuilles composées pennées, planté en France sur les voies publiques sous le nom de *vernis du Japon.* (Haut. 20-30 m env. ; famille des simarubacées.)

AILE n.f. (lat. *ala*). **I. 1.** Membre mobile assurant le vol, chez les oiseaux, les chauves-souris, les insectes. – Morceau de volaille cuite comprenant l'aile et la chair qui s'y attache. ◇ *Avoir des ailes :* se sentir léger, insouciant, se mouvoir facilement. – *D'un coup d'aile :* sans s'arrêter, rapidement. – *Voler de ses propres ailes :* agir seul, sans l'aide d'autrui. – *Battre de l'aile, ne battre que d'une aile :* être en difficulté, aller mal. **2.** Chacun des principaux plans de sustentation d'un avion. – *Aile libre :* engin servant au vol libre et constitué essentiellement d'une carcasse légère tendue d'une voilure et d'un harnais auquel on se suspend. – *Aile volante :* avion dont le fuselage est plus ou moins intégré dans l'épaisseur de l'aile. ◇ *Ailes d'un moulin à vent :* les châssis mobiles garnis de toile qui meuvent le mécanisme. **II.** Ce qui occupe une position latérale par rapport à une partie centrale. **1.** Partie latérale du nez. **2.** Partie de la carrosserie d'une automobile qui recouvre et entoure la roue. **3.** Courant qui manifeste une orientation particulière, dans un groupe, une formation politique. *Aile radicale, conservatrice d'un parti.* **4.** ARCHIT. Corps de bâtiment construit sur l'alignement du bâtiment principal ou formant retour. **5.** MIL. Partie latérale d'une armée terrestre ou navale rangée en ordre de bataille. ◇ SPORTS. Extrémité de la ligne d'attaque d'une équipe (football, rugby, etc.). **6.** BOT. Chacun des deux pétales latéraux de la corolle des papilionacées ; expansion membraneuse de certains organes (tiges, fruits, graines, etc.). **7.** Bord d'un plat, d'une assiette, séparé du fond par le marli.

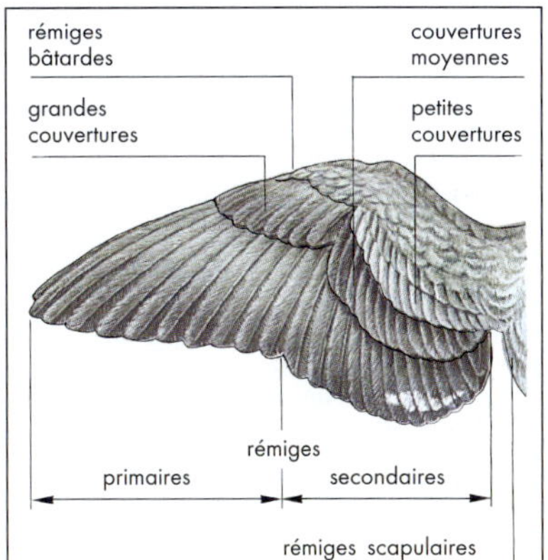

aile de pigeon

AILÉ, E adj. Pourvu d'ailes.

AILERON n.m. **1.** Extrémité de l'aile d'un oiseau. ◇ Nageoire (de quelques poissons). *Ailerons de requin.* **2.** AÉRON. Volet articulé placé à l'arrière d'une aile d'avion, et dont la manœuvre permet à celui-ci de virer. **3.** ARCHIT. Console renversée servant de contrefort à une lucarne, à la partie supérieure d'une façade (églises des XVIIe-XVIIIe s.). [*V. illustration p. 50.*]

AILETTE n.f. **1.** Élément stabilisateur de l'empennage arrière de certains projectiles. *Bombe à ailettes.* **2.** Élément (plaquette, lamelle, etc.) destiné à améliorer la transmission de la chaleur irradiée par un appareil de chauffage, un cylindre de moteur, etc. **3.** Aube du rotor d'une turbine.

ailerons

AILIER n.m. **1.** Joueur qui se trouve placé aux extrémités de la ligne d'attaque d'une équipe de football, de rugby, etc. **2.** AVIAT. Équipier extérieur d'une patrouille de chasse.

AILLADE [ajad] n.f. Croûton de pain frotté d'ail et arrosé d'huile d'olive.

AILLER [aje] v.t. Garnir ou frotter d'ail. *Ailler un gigot.*

AILLEURS adv. (lat. pop. [*in*] *aliore* [*loco*], [dans] un autre [lieu]). **1.** En un autre lieu. **2.** *D'ailleurs.* **a.** D'un autre lieu. *Elle vient d'ailleurs.* **b.** De plus, pour une autre raison. *D'ailleurs, il faut reconnaître que...* **3.** *Par ailleurs :* d'un autre côté, d'autre part ; en outre.

AILLOLI n.m. → ***aïoli.***

AIMABLE adj. Qui cherche à faire plaisir, à être agréable ; bienveillant, sociable. *Un homme aimable. Des paroles aimables.*

AIMABLEMENT adv. Avec amabilité.

1. AIMANT n.m. (gr. *adamas,* diamant). **1.** Minéral, oxyde de fer qui attire naturellement le fer et quelques autres métaux. **2.** Matériau, dispositif qui, comme l'aimant, produit un champ magnétique extérieur. *Aimant permanent.*

2. AIMANT, E adj. Porté à aimer ; affectueux.

AIMANTATION n.f. Action d'aimanter ; fait d'être aimanté.

AIMANTER v.t. Communiquer à (un corps) la propriété de l'aimant.

AIMER v.t. (lat. *amare*). **I. 1.** Éprouver pour (qqn) une profonde affection, un attachement très vif. *Aimer ses enfants.* **2.** Éprouver pour (qqn) une inclination très vive fondée à la fois sur la tendresse et l'attirance physique ; être amoureux de. *Il l'a follement aimée.* **3.** Avoir un penchant, du goût, de l'intérêt pour. *Aimer la danse, la lecture.* – (Avec un inf.). *Aimer danser, lire.* ◇ (Avec *que* et le subj.). *Elle aime qu'on la flatte.* **4.** *Aimer mieux :* préférer. *J'aime mieux la voiture que le train.* **II.** Se développer, croître particulièrement bien dans (tel lieu, tel sol), en parlant des plantes. *La betterave aime les terres profondes.* ◆ **s'aimer** v.pr. Éprouver une affection ou un amour mutuels. *Regardez ces tourtereaux, comme ils s'aiment !*

1. AINE n.f. (orig. incertaine). Baguette sur laquelle on enfile par la tête les harengs à fumer.

2. AINE n.f. (lat. *inguen*). Partie du corps entre le haut de la cuisse et le bas-ventre. – *Pli de l'aine :* pli de flexion de la cuisse sur l'abdomen.

AÎNÉ, E n. et adj. (de l'anc. fr. *ainz,* avant, et *né*). **1.** Le premier-né. *Fille aînée.* **2.** Personne plus âgée (qu'une autre). *Il est mon aîné de trois ans.*

AÎNESSE n.f. Priorité d'âge entre frères et sœurs. ◇ *Droit d'aînesse :* droit qu'avait l'aîné de prendre dans la succession des parents plus que les autres enfants.

AÏNOU [ainu] n.m. Langue sans parenté connue, parlée par les Aïnous.

AINSI adv. (de *si,* lat. *sic*). **1.** De cette façon. *Ainsi va le monde.* ◇ *Ainsi soit-il* (formule qui termine ordinairement les prières). **2.** (En corrélation). Litt. De même. *Comme un navire qui s'échoue, ainsi finit cette lamentable équipée.* **3.** Par conséquent. *Ainsi, je conclus que...* ◆ loc. conj. *Ainsi que :* de la manière que, comme.

AÏOLI ou **AILLOLI** [ajɔli] n.m. (mot prov.). Coulis d'ail pilé avec de l'huile d'olive. ◇ Plat de morue et de légumes pochés servi avec cette sauce.

1. AIR n.m. (lat. *aer,* mot gr.). **1.** Mélange de plusieurs gaz (azote et oxygène, principalement) qui forme l'atmosphère. ◇ *Air comprimé,* dont on réduit le volume par compression en vue d'utiliser l'énergie de la détente. – *Air liquide,* liquéfié par détentes et compressions successives, et utilisé dans l'industrie, en partic. l'industrie chimique. **2. a.** Ce mélange gazeux, en tant que milieu de vie. *Le bon air.* ◇ *Donner de l'air :* aérer. – *Prendre l'air, le grand air :* se promener dans la nature. **b.** Vent léger, souffle. *Il fait de l'air. Courant d'air.* **3. a.** Espace qu'occupe l'air ; atmosphère. *Oiseau qui s'élève dans l'air, dans les airs.* – *Prendre l'air :* s'envoler, en parlant d'un avion, d'un aérostat, etc. ◇ *C'est dans l'air :* on en parle, on évoque cela, on y fait souvent allusion. – *L'air du temps :* ce qui est d'actualité, qui détermine ou influence les opinions, les comportements. *L'air du temps est à la prudence.* **b.** *En l'air :* en haut, au-dessus de la tête ; fig., sans fondement. *Paroles en l'air.* ◇ *Être, mettre en l'air,* en désordre. – *Tête en l'air :* personne étourdie. **4.** *L'air :* l'aviation, l'aéronautique, les transports aériens. *Hôtesse de l'air. Armée de l'air.* – *Mal de l'air :* ensemble de troubles (anxiété, sueurs froides, vomissements) ressentis en avion par certaines personnes.

■ L'air pur est un mélange de plusieurs gaz, dont les deux principaux sont l'oxygène (21 p. 100 en volume) et l'azote (78 p. 100). Il renferme en outre de l'argon (environ 1 p. 100) et des traces d'autres gaz (néon, krypton, xénon, hélium). L'air ordinaire renferme de la vapeur d'eau, du gaz carbonique, des traces d'ozone, et tient en suspension des poussières minérales et organiques, ainsi que des micro-organismes. Un litre d'air pur à 0 °C et sous la pression ordinaire pèse 1,293 g. La pression exercée par l'air est appelée *pression atmosphérique.* Sa valeur normale équivaut à celle exercée par une colonne verticale de 76 cm de mercure ($1{,}013.10^5$ Pa).
• *Air liquide.* Obtenu industriellement depuis 1895, c'est un liquide légèrement bleuâtre, de la densité de l'eau. Il bout à –193 °C en donnant de l'azote, puis à –182 °C en distillant de l'oxygène. On l'utilise notamment pour séparer les divers composants de l'air et pour la fabrication d'explosifs brisants.

2. AIR n.m. **1.** Manière d'être, apparence d'une personne. *Un air modeste, hautain.* – *Avoir un air de famille :* présenter une certaine ressemblance (souvent : due à la parenté). ◆ pl. *Prendre des airs, de grands airs :* affecter la supériorité. **2.** *Avoir l'air :* paraître. (L'accord de l'adj. attribut se fait avec le sujet quand il s'agit de nom de choses : *cette poire a l'air bonne.* S'il s'agit de personnes, l'accord se fait avec le sujet ou avec le mot *air : cette femme a l'air intelligente* ou *intelligent.*) ◇ *N'avoir l'air de rien :* donner l'impression fausse d'être insignifiant, facile ou sans valeur.

3. AIR n.m. (it. *aria*). **1.** Mélodie instrumentale. *Un air de flûte.* **2.** Pièce musicale chantée, chanson. *Air à boire. Air d'opéra.*

AIRAIN n.m. (du lat. *aes, aeris*). Vx ou litt. Bronze, alliage à base de cuivre. ◇ Litt. ... *d'airain :* dur, impitoyable.

AIR BAG n.m. (nom déposé). Coussin destiné à protéger les passagers avant d'un véhicule automobile lors d'un choc, en se gonflant subitement de gaz. (On rencontre aussi la graphie *airbag.*)

AIRBUS n.m. (nom déposé). Avion moyen-courrier européen, pouvant transporter, selon sa version, de 140 à 300 passagers.

AIRE n.f. (lat. *area,* surface unie). **I. 1.** Terrain où l'on bat le grain, en partic. le blé. **2.** Surface sur laquelle les oiseaux de proie construisent leur nid ; ce nid. **II.** *(Aire de).* **1.** Terrain délimité et aménagé pour une activité, une fonction. *Aire de jeu, de stationnement, d'atterrissage, de lancement.* **2.** MATH. Nombre mesurant une surface ; cette surface. *Aire d'un losange.* ◇ Surface d'un ouvrage quelconque. *Aire d'un bassin.* **3.** ANAT.

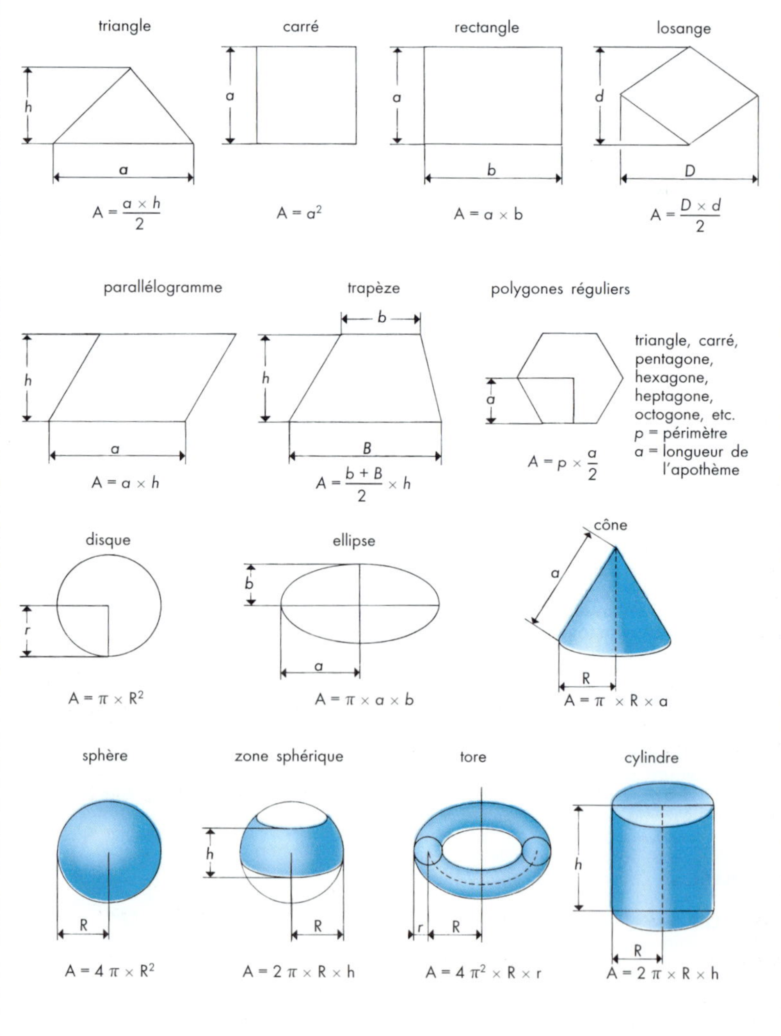

aires des principales surfaces géométriques

Région anatomique. *Aires cérébrales.* **III. 1.** Zone, secteur où se produit un fait observable ; domaine. *Aire d'influence, d'activité.* ◇ SOCIOL., LING. *Aire culturelle, linguistique.* **2.** MAR. *Aire de vent :* trente-deuxième partie de la rose des vents ; direction lui correspondant. SYN. : *rhumb.* **3.** GÉOL. *Aire continentale :* vaste région de l'écorce terrestre qui, au cours des temps géologiques, est demeurée stable et rigide.

AIREDALE [ɛrdɛl] ou **AIREDALE-TERRIER** [ɛrdɛltɛrje] n.m. (mot angl.) [pl. *airedale-terriers*]. Terrier anglais à poil dur, très robuste, élevé à la fois comme chien de chasse et comme chien d'agrément.

AIRELLE n.f. (cévenol *airelo*). Sous-arbrisseau montagnard à baies rouges ou noires rafraîchissantes (haut. 20 à 50 cm ; famille des éricacées ; genre vaccinium) ; son fruit. ◇ *Airelle canneberge* → ***canneberge.***

AIRER v.i. FAUC. Faire son nid, en parlant d'un oiseau de proie.

AIS [ɛ] n.m. (lat. *axis*). **1.** Vx. Longue pièce de bois ; planche, poutre. **2.** Planchette ou plaque d'une matière rigide, utilisée dans différentes opérations de reliure.

AISANCE n.f. (lat. *adjacentia,* environs). **1.** Facilité, air de liberté et de naturel dans les actions, les manières, le langage. *S'exprimer avec aisance.* **2.** Situation de fortune qui permet le bien-être. *Vivre dans l'aisance.* ◆ pl. Vieilli. ... *d'aisances :* destiné à la satisfaction des besoins naturels. *Lieux, cabinets d'aisances.*

1. AISE n.f. (lat. *adjacens,* situé auprès). **1.** *(À l'aise ; à mon, ton,* etc., *aise).* Dans une position, une tenue vestimentaire commode, confortable. *Mettez-vous à l'aise.* – Sans embarras ou appréhension, sans gêne morale. CONTR. : *mal à l'aise.* ◇ *En prendre à son aise :* agir avec désinvolture. **2.** ... *d'aise :* de joie, de contentement. ◆ pl. *Mes (ses) aises :* bien-être, confort. *Aimer ses aises. Prendre ses aises.*

2. AISE adj. Litt. *Être bien aise de, que :* être content de, que.

AISÉ, E adj. **1.** Facile, naturel. – *Aisé à :* facile à. **2.** Qui a une certaine fortune. *Bourgeois aisé.*

AISÉMENT adv. Facilement ; avec aisance.

AISSEAU n.m. (de *ais*). Planchette mince utilisée dans la couverture des toits. SYN. : ***bardeau.***

AISSELLE n.f. (lat. *axilla*). **1.** Cavité située sous l'épaule, à la jonction du bras avec le thorax. **2.** BOT. Partie située au-dessus de l'insertion d'une feuille avec le rameau qui la porte.

AISY [ɛzi] n.m. Liquide acide obtenu par l'action de ferments lactiques sur le lactosérum, dans la fabrication du gruyère.

AIXOIS, E adj. et n. D'Aix-en-Provence, Aix-les-Bains, etc.

AJACCIEN, ENNE adj. et n. D'Ajaccio.

AJISTE [aʒist] n. et adj. Vieilli. Membre du mouvement des Auberges de la jeunesse.

AJOINTER v.t. Joindre bout à bout.

AJONC [aʒɔ̃] n.m. (d'un patois de l'Ouest). Arbrisseau à feuilles épineuses et à fleurs jaunes, croissant sur les sols siliceux. (Haut. 1 à 4 m ; famille des papilionacées, genre ulex.)

AJOUR n.m. ARCHIT., BROD. Jour.

AJOURÉ, E adj. Percé, orné de jours.

AJOURER v.t. Orner avec des jours, des ouvertures. *Ajourer un napperon, une balustrade.*

AJOURNÉ, E n. et adj. **1.** Candidat à un examen renvoyé à une session ultérieure. **2.** MIL. Appelé renvoyé à un nouvel examen médical.

AJOURNEMENT n.m. Renvoi à une date ultérieure.

AJOURNER v.t. Renvoyer à un autre jour. *Ajourner un rendez-vous.* ◇ *Ajourner un candidat,* le renvoyer à une autre session d'examen.

AJOUT [aʒu] n.m. Ce qui est ajouté.

AJOUTE n.f. Belgique. Ajout, addition, annexe.

AJOUTÉ n.m. Addition faite à un manuscrit, à des épreuves d'imprimerie.

AJOUTER v.t. (lat. *juxta,* auprès de). **1.** Joindre (une chose) à (une autre) ; mettre en plus. *Ajouter une rallonge à une table. Ajouter du sel aux légumes.* **2.** Dire en plus. *Ajouter quelques mots.* **3.** *Ajouter foi à qqch,* y croire. ◆ **s'ajouter** v.pr. *(à).* Venir en plus (de).

AJUSTAGE n.m. **1.** Mise à la bonne épaisseur des lames dans lesquelles sont découpées les monnaies afin de leur donner le poids légal. **2.** Vx. Joint. **3.** Opération consistant à donner à une pièce mécanique la dimension exacte nécessaire pour qu'elle s'assemble correctement avec une autre.

AJUSTÉ, E adj. Serré au buste et à la taille par des pinces. *Chemisier bien, mal ajusté.*

AJUSTEMENT n.m. **1.** Action d'ajuster ; son résultat. *Ajustement des tarifs, d'un vêtement.* **2.** TECHN. Degré de liberté ou de serrage entre deux pièces assemblées ; résultat de l'ajustage.

AJUSTER v.t. (lat. *justus,* juste). **1.** Adapter parfaitement (une chose à une autre) ; façonner, faire (qqch) de façon à réaliser un assemblage parfait. *Ajuster un vêtement, un couvercle de boîte.* ◇ MÉCAN. Procéder à l'ajustage de. **2.** Rendre juste, conforme à une norme. *Ajuster une balance, les prix.* ◇ Rendre précis. *Ajuster un tir.* – Prendre pour cible. *Ajuster un lièvre.* **3.** Arranger avec soin. *Ajuster sa cravate, sa coiffure.*

AJUSTEUR, EUSE n. Personne qui procède à l'ajustage (de pièces mécaniques).

AJUTAGE n.m. (de *ajuster*). TECHN. Orifice percé dans la paroi d'un réservoir ou d'une canalisation pour permettre l'écoulement d'un fluide.

AKÈNE ou **ACHAINE** [akɛn] n.m. (gr. *khainein,* ouvrir). BOT. Fruit sec indéhiscent, à une seule graine (gland, noisette).

AKINÉSIE ou **ACINÉSIE** n.f. (du gr. *kinêsis,* mouvement). PATHOL. Grande difficulté à réaliser des gestes, des mouvements volontaires même simples.

AKKADIEN, ENNE adj. et n. D'Akkad. ◆ n.m. Langue sémitique de la Mésopotamie ancienne, écrite en caractères cunéiformes.

AKVAVIT n.m. → ***aquavit.***

Al, symbole chimique de l'aluminium.

AL, abréviation de *année* de lumière.*

ALABANDITE ou **ALABANDINE** n.f. Sulfure naturel de manganèse.

ALABASTRITE n.f. (gr. *alabastron,* albâtre). Albâtre gypseux, très blanc, employé pour faire des vases, des statuettes, etc.

ALACRITÉ n.f. (lat. *alacritas*). Litt. Vivacité gaie, entraînante ; enjouement.

ALAIRE adj. De l'aile, des ailes. *Surface alaire d'un avion.*

ALAISE ou **ALÈSE** n.f. (lat. *latus,* large). Pièce de tissu, qu'on place sous le drap de dessous pour protéger le matelas.

ALAISÉ, E adj. → ***alésé.***

ALAMBIC [alɑ̃bik] n.m. (ar. *al 'inbīq*). Appareil pour distiller, en partic. l'alcool. *Alambic de bouilleur de cru.*

alambic

ALAMBIQUÉ, E adj. Raffiné jusqu'à être obscur, très compliqué. *Phrase alambiquée.*

ALANDIER n.m. TECHN. Foyer d'un four de céramiste.

ALANGUIR [alɑ̃gir] v.t. Abattre l'énergie de, affaiblir. *Cette chaleur m'alanguit.* ◆ **s'alanguir** v.pr. Perdre de son énergie.

ALANGUISSEMENT n.m. Fait de s'alanguir ; état qui en résulte.

ALANINE n.f. (de *aldéhyde*). Acide aminé commun dans les protéines constitutives des êtres vivants.

ALARMANT, E adj. Qui alarme, effraie, inquiète.

ALARME n.f. (it. *all'arme !,* aux armes !). **1.** Appareil, dispositif destiné à prévenir d'un danger. *Alarme automatique.* ◇ *Donner, sonner l'alarme :* prévenir d'un danger ; alerter, alarmer. **2.** Émotion, frayeur due à un danger, réel ou supposé. *L'alarme fut chaude.*

ALARMER v.t. Effrayer, inquiéter par l'annonce d'une menace, d'un danger, etc. *Alarmer l'opinion.* ◆ **s'alarmer** v.pr. S'inquiéter devant un danger, réel ou supposé.

ALARMISME n.m. Tendance à être alarmiste.

ALARMISTE n. et adj. Personne qui répand des propos, des bruits alarmants, souvent imaginaires. ◆ adj. De nature à alarmer. *Nouvelles alarmistes.*

ALASTRIM [alastrim] n.m. (mot port. du Brésil). Variole d'une forme atténuée.

A LATERE [alatere] loc. adv. et adj. inv. (mots lat., *de l'entourage*). CATH. Se dit d'un légat du pape qui est choisi directement dans l'entourage des cardinaux romains pour être envoyé en mission.

ALATERNE n.m. Nerprun d'Europe, toujours vert, à fruits purgatifs. (Famille des rhamnacées.)

ALBANAIS, E adj. et n. D'Albanie. ◆ n.m. Langue indo-européenne parlée en Albanie.

ALBÂTRE n.m. (lat. *alabaster*). **1.** *Albâtre calcaire* ou *albâtre :* carbonate de calcium translucide, de teinte variable. ◇ *Albâtre gypseux* ou *albâtre :* gypse très blanc, appelé également *alabastrite.* **2.** Objet, sculpture d'albâtre. ◇ ... *d'albâtre :* qui a la blancheur éclatante de l'albâtre gypseux.

ALBATROS [albatros] n.m. (port. *alcatraz*). Oiseau palmipède des mers australes, bon voilier, très vorace. (Envergure 3 m env. ; ordre des procellariiformes.)

albatros

ALBÉDO [albedo] n.m. (lat. *albus,* blanc). Fraction de la lumière reçue que réfléchit ou diffuse un corps non lumineux.

ALBERGE n.f. (esp. *albérchiga*). Pêche ou abricot à chair blanche et aigrelette adhérant au noyau.

ALBERGIER n.m. Arbre qui donne l'alberge. (Famille des rosacées.)

ALBIGEOIS, E adj. et n. De la ville d'Albi. ◇ HIST. *Les albigeois :* les cathares et les vaudois du pays d'Oc. *Croisade contre les albigeois.*

ALBINISME n.m. (du lat. *albus,* blanc). Anomalie congénitale et héréditaire due au défaut d'un pigment, la mélanine, et caractérisée par une peau très blanche, des cheveux blancs ou blond paille, un iris rosé. *L'albinisme se rencontre chez l'homme et chez certains animaux.*

ALBINOS [albinos] adj. et n. Atteint d'albinisme.

ALBITE n.f. Feldspath alcalin, silicate naturel d'aluminium et de sodium.

ALBRAQUE n.f. Ensemble de galeries rassemblant les venues d'eau d'une mine avant leur pompage.

ALBUGINÉ, E adj. HISTOL. Blanchâtre. *Tissus albuginés.*

ALBUGINÉE [albyʒine] n.f. ANAT. Une des membranes, albuginée, qui enveloppent le testicule.

ALBUGO [albygo] n.m. (mot lat., *tache blanche*). MÉD. Tache blanche qui se forme dans le tissu de la cornée.

ALBUM [albɔm] n.m. (all. *Album,* mot lat.). **1.** Cahier cartonné destiné à recevoir des photographies, des dessins, etc. *Album de timbres.* **2.** Grand livre abondamment illustré. *Album consacré aux impressionnistes.* **3.** Disque (variétés, jazz...) comportant plusieurs morceaux.

ALBUMEN [albymɛn] n.m. **1.** Blanc d'un œuf. **2.** BOT. Tissu riche en réserves nutritives, qui avoisine la plantule chez certaines graines.

ALBUMINE n.f. Substance organique azotée, visqueuse, soluble dans l'eau, coagulable par la chaleur, contenue dans le blanc d'œuf, le plasma, le lait.

ALBUMINÉ, E adj. BOT. Qui contient un albumen.

ALBUMINEUX, EUSE adj. Qui contient de l'albumine.

ALBUMINOÏDE adj. et n.m. De la nature de l'albumine.

ALBUMINURIE n.f. Présence d'albumine dans l'urine. SYN. : *protéinurie.*

ALBUMOSE n.f. BIOCHIM. Polypeptide qui se forme au cours de la digestion des protéines.

ALCADE [alkad] n.m. (esp. *alcalde,* ar. *al-qāḍī,* le juge). **1.** Anc. Juge, en Espagne. **2.** Mod. Maire, en Espagne.

ALCAÏQUE [alkaik] adj. (de *Alcée,* n. pr.). Se dit de différents vers grecs ou latins et d'une strophe (2 vers de 11 syllabes, 1 vers de 9 syllabes, 1 vers de 10 syllabes) où ils figurent.

ALCALESCENCE [alkalɛsɑ̃s] n.f. Propriété des substances alcalescentes.

ALCALESCENT, E adj. Qui est, qui devient alcalin.

ALCALI n.m. (ar. *al-qilyi,* la soude). **1.** CHIM. Hydroxyde d'un métal alcalin ou de l'ammonium (nom générique). **2.** *Alcali volatil* : ammoniaque.

ALCALIFIANT, E adj. Qui a la propriété d'alcaliniser.

ALCALIMÈTRE n.m. CHIM. Appareil servant à déterminer la masse d'anhydride carbonique dans les substances carbonatées.

ALCALIMÉTRIE n.f. Détermination du titre d'une solution basique.

ALCALIN, E adj. **1.** CHIM. Relatif aux alcalis ; d'un alcali. *Saveur alcaline.* ◇ *Métal alcalin* : métal (lithium, sodium, potassium, rubidium, césium, francium) qui, par combinaison avec l'oxygène, produit un alcali. **2.** Qui contient une base ; qui en a les propriétés basiques. **3.** MÉD. *Médicament alcalin* ou *alcalin,* n.m. : qui a des propriétés antiacides.

ALCALINISER v.t. Rendre alcalin.

ALCALINITÉ n.f. État alcalin.

ALCALINO-TERREUX, EUSE adj. (pl. *alcalino-terreux, euses*). *Métaux alcalino-terreux* : calcium, strontium, baryum et radium.

ALCALOÏDE [alkalɔid] n.m. CHIM., PHARM. Composé organique azoté et basique tiré d'un végétal (nom générique). *La morphine, la quinine, la strychnine sont des alcaloïdes.*

ALCALOSE n.f. Alcalinité excessive du sang.

ALCANE n.m. Hydrocarbure saturé acyclique, de formule C_nH_{2n+2} (nom générique). SYN. (vieilli) : *paraffine.*

ALCARAZAS [alkarazas] n.m. (esp. *alcarraza,* mot ar.). Cruche ou vase de terre poreuse où l'eau se rafraîchit par évaporation.

alcarazas (Espagne)

ALCAZAR [alkazar] n.m. (mot esp., de l'ar.). Palais fortifié des souverains maures d'Espagne ou de leurs successeurs chrétiens.

ALCÈNE n.m. CHIM. Hydrocarbure acyclique à double liaison, de formule générale C_nH_{2n} (nom générique). SYN. : *oléfine.*

ALCHÉMILLE [alkemij] n.f. Plante des lieux incultes (rosacées) aux feuilles très découpées.

ALCHIMIE [alʃimi] n.f. (ar. *al-kīmiyā'*). **1.** Science occulte qui connut un grand développement du XIIe au XVIIIe s., recherche d'inspiration spirituelle, ésotérique, d'un remède universel (élixir, panacée, pierre philosophale) capable d'opérer une transmutation de l'être, de la matière (et, notamm., la transmutation en or des métaux vils). **2.** Fig. Suite complexe de réactions et de transformations. *La mystérieuse alchimie de la vie.*

ALCHIMIQUE adj. Relatif à l'alchimie.

ALCHIMISTE n.m. Celui qui s'occupait d'alchimie.

ALCOOL [alkɔl] n.m. (ar. *al-kuhl,* antimoine pulvérisé). **1.** *Alcool éthylique* ou *alcool* : liquide incolore, C_2H_5OH, qui bout à 78 °C et se solidifie à –112 °C, obtenu par la distillation du vin et des jus sucrés fermentés. SYN. : *éthanol.* – *Alcool absolu,* chimiquement pur. **2.** Toute boisson contenant de l'alcool. ◇ Spécialt. Boisson à fort titre en alcool. *Alcool de prune.* **3.** CHIM. Tout composé organique oxygéné de formule générale $C_nH_{2n+1}OH$ (nom générique).

■ L'alcool éthylique, ou éthanol, provient de la distillation des jus de fruits (raisin, etc.) après fermentation, ou de matières amylacées ou cellulosiques (grains, fécules, bois) après transformation en glucose. Il existe dans le vin (8 à 14 p. 100) et les eaux-de-vie (40 à 60 p. 100). Outre ses utilisations alimentaires et pharmaceutiques, on l'emploie pour la fabrication de produits chimiques et comme carburant.

ALCOOLAT n.m. Liquide obtenu par distillation de l'alcool sur une substance aromatique. *L'eau de Cologne est un alcoolat.*

ALCOOLATURE n.f. Produit obtenu par macération d'une plante dans l'alcool.

ALCOOLÉ n.m. Mélange d'une substance médicamenteuse à l'alcool.

ALCOOLÉMIE n.f. Taux d'alcool dans le sang. *L'alcoolémie pour les conducteurs ne doit pas excéder, en France, 0,50 g/l.*

ALCOOLIER n.m. Industriel fabriquant des boissons alcoolisées.

ALCOOLIFICATION n.f. Transformation d'une substance en alcool par fermentation ; alcoolisation.

ALCOOLIQUE adj. **1.** Qui par nature contient de l'alcool. *Boisson, solution alcoolique.* **2.** Relatif à l'alcool, partic. à l'alcool éthylique. *Fermentation alcoolique.* **3.** Qui résulte de l'alcoolisme. *Délire alcoolique.* ◆ adj. et n. Qui s'adonne à l'alcoolisme.

ALCOOLISABLE adj. Qui peut être converti en alcool.

ALCOOLISATION n.f. **1.** Action d'alcooliser ; son résultat. **2.** MÉD. Imprégnation alcoolique due à l'alcoolisme. **3.** Alcoolification.

ALCOOLISÉ, E adj. Qui contient de l'alcool ; à quoi l'on a ajouté de l'alcool.

ALCOOLISER v.t. **1.** Ajouter de l'alcool à (qqch). **2.** CHIM. Transformer en alcool. ◆ **s'alcooliser** v.pr. Fam. Boire de l'alcool en excès.

ALCOOLISME n.m. Abus de boissons alcooliques ; dépendance, intoxication qui en résulte. SYN. : *éthylisme.*

ALCOOLOGIE n.f. Discipline médicale qui étudie l'alcoolisme et sa prévention.

ALCOOLOGUE n. Spécialiste d'alcoologie.

ALCOOLOMANIE ou **ALCOOMANIE** n.f. PSYCHIATRIE. Dépendance toxicomaniaque à l'égard des boissons alcooliques.

ALCOOMÈTRE n.m. Densimètre pour mesurer la teneur en alcool (des vins, des liqueurs, etc.).

ALCOOMÉTRIE n.f. Ensemble des procédés employés pour la détermination de la richesse en alcool (des vins, des liqueurs, etc.).

ALCORAN n.m. Vx. Coran.

ALCOTEST ou **ALCOOTEST** n.m. (nom déposé). Appareil portatif permettant de déceler et d'évaluer l'alcoolémie d'une personne par la mesure de la teneur en alcool de l'air expiré.

ALCÔVE n.f. (esp. *alcoba,* mot ar.). **1.** Renfoncement ménagé dans une chambre pour recevoir un, des lits. **2.** Fig. ... *d'alcôve* : relatif à la vie galante, intime. *Secret d'alcôve.*

ALCOYLATION [-kɔi-] n.f. Fixation d'un radical alcoyle sur une molécule.

ALCOYLE [alkɔil] ou **ALKYLE** n.m. Radical univalent de formule générale C_nH_{2n+1}, obtenu par l'enlèvement d'un atome d'hydrogène à un alcane.

ALCYNE [alsin] n.m. Hydrocarbure acyclique à triple liaison de formule générale C_nH_{2n-2} (nom générique).

ALCYON [alsjɔ̃] n.m. (gr. *alkuôn*). **1.** Oiseau fabuleux qui passait pour ne faire son nid que sur une mer calme et dont la rencontre était tenue pour un heureux présage. **2.** Animal marin formant des colonies massives de polypes. (Embranchement des cnidaires ; ordre des octocoralliaires.)

ALCYONAIRE n.m. *Alcyonaires* : ordre de cnidaires à huit tentacules, vivant génér. en colonies et comprenant notamm. le corail et l'alcyon. SYN. : *octocoralliaire.*

ALDÉHYDE [aldeid] n.m. (de *al*[*cool*] *dehyd*[*rogenatum*]). **1.** Nom vulgaire de l'éthanal, liquide volatil formé au cours de la déshydrogénation de l'éthanol, de formule CH_3CHO. **2.** Composé organique contenant un groupe $—CH{=}O$ (nom générique).

ALDÉHYDIQUE adj. CHIM. Relatif aux aldéhydes.

AL DENTE [aldɛnte] loc. adj. inv. et loc. adv. (mots it., *à la dent*). *Riz, pâtes,* etc., *al dente,* cuits de manière à rester fermes sous la dent.

ALDERMAN [ɔldərman] n.m. (pl. *aldermans* ou *aldermen*). Magistrat, en Grande-Bretagne et aux États-Unis.

ALDIN, E adj. *Caractères aldins* : caractères d'imprimerie dus à Alde Manuce.

ALDOL n.m. Aldéhyde-alcool provenant de la polymérisation d'un aldéhyde.

ALDOSE n.m. Ose à fonction aldéhyde.

ALDOSTÉRONE n.f. Hormone corticosurrénale qui agit au niveau du rein, provoquant la rétention du sodium et favorisant l'élimination du potassium.

ALE [ɛl] n.f. (néerl. *ale*). Bière anglaise légère, fabriquée avec du malt torréfié.

ALÉA [alea] n.m. (lat. *alea,* coup de dé). Hasard, favorable ou non. ◇ (Souvent pl.). Risque d'incidents défavorables, d'inconvénients. *Cette affaire présente bien des aléas.*

ALÉATOIRE adj. **1.** Qui relève du hasard ; qui dépend d'un événement incertain ; hasardeux, problématique. *Bénéfices aléatoires.* **2.** MATH. *Variable aléatoire* : variable dont la variation dépend d'une loi de probabilité. **3.** ART CONTEMP. *Œuvre aléatoire* : œuvre plastique (notamm. cinétique) ou littéraire dans laquelle l'auteur introduit des éléments de hasard ou d'improvisation. ◇ *Musique aléatoire,* dont la forme ou l'exécution inclut une part d'indétermination.

■ L'expression *musique aléatoire* est née dans les années 1950, en liaison avec des expériences de John Cage, puis de Karlheinz Stockhausen et de Pierre Boulez. La musique aléatoire est apparue par réaction contre le sérialisme intégral.

ALÉATOIREMENT adv. De façon aléatoire.

ALÉMANIQUE adj. et n. Qui appartient à la Suisse de langue allemande.

ALÊNE [alɛn] n.f. (mot germ.). Poinçon servant à percer le cuir.

ALÉNOIS adj.m. (de *orlenois,* orléanais). *Cresson alénois* → **cresson.**

ALENTOUR adv. (de *à l'entour*). Aux environs ; tout autour. *Un château et les bois alentour.* ◇ *D'alentour* : des environs.

ALENTOURS n.m. pl. **1.** Lieux qui environnent un espace, un endroit considéré comme centre. *Les alentours d'une ville.* ◇ *Aux alentours* : aux environs. **2.** Fond décoratif de tapisserie, entourant le sujet central (au XVIIIe s., notamm.).

ALÉOUTE n.m. et adj. Langue proche de l'inuktitut, parlée en Alaska et dans les îles Aléoutiennes.

ALEPH [alɛf] n.m. inv. Première lettre de l'alphabet hébreu. ◇ MATH. (Employé pour désigner le nombre d'éléments, ou *puissance* d'un ensemble infini). *Aleph-zéro est la puissance de l'ensemble des entiers.*

ALÉPINE n.f. (de *Alep,* ville de Syrie). Étoffe dont la chaîne est de soie et la trame de laine.

ALÉRION n.m. HÉRALD. Petite aigle sans bec ni pattes.

1. ALERTE n.f. (it. *all'erta,* sur la hauteur). **1.** Appel, signal qui prévient de la menace d'un danger, invite à prendre les mesures pour y faire face. *Alerte aérienne. Alerte à la bombe, au feu.* **2.** Cette menace même. *Il s'inquiète à la moindre alerte.* **3.** *En état d'alerte, en alerte,* prêt à intervenir. ◆ interj. *Alerte !* (pour prévenir de l'imminence d'un danger).

2. ALERTE adj. Prompt dans ses mouvements, agile, vif.

ALERTEMENT adv. De façon alerte.

ALERTER v.t. **1.** Prévenir (qqn) d'un danger ; inviter à se tenir prêt à l'action. **2.** Mettre en éveil, attirer l'attention de. *Le bruit m'a alertée.*

ALÉSAGE n.m. MÉCAN. Usinage très précis de la surface intérieure d'une pièce de révolution, amenant celle-ci à la cote prévue. ◇ *Alésage d'un cylindre de moteur,* son diamètre intérieur.

ALÈSE n.f. → ***alaise.***

ALÉSÉ, E, ALÉZÉ, E ou **ALAISÉ, E** adj. HÉRALD. Qui ne touche pas les bords de l'écu, en parlant d'une pièce raccourcie.

ALÉSER v.t. (anc. fr. *alaisier,* élargir) 18. Procéder à l'alésage de.

ALÉSEUR, EUSE n. Personne qui travaille sur une aléseuse.

ALÉSEUSE n.f. Machine à aléser.

ALÉSOIR n.m. Outil pour aléser.

ALÉTHIQUE adj. LOG. Se dit d'une proposition ou d'une modalité qui ne concerne que le vrai, le faux et l'indéterminé (par opp. à *déontique*).

ALEURITE [aløʀit] n.f. (du gr. *aleuron,* farine). Arbre d'Extrême-Orient représenté par plusieurs espèces, notamm. l'*arbre à huile,* dont les graines fournissent une huile siccative (huile de bois de Chine), et le *bancoulier,* qui donne une huile purgative. (Famille des euphorbiacées.)

ALEURODE n.m. Puceron blanchâtre dont diverses espèces attaquent le chou, le chêne, etc.

ALEURONE n.f. Substance protéique de réserve qui forme des graines microscopiques dans les cotylédons ou l'albumen de certaines graines.

ALEVIN [alvɛ̃] n.m. (du lat. *allevare,* élever). Très jeune poisson servant à repeupler les étangs, les rivières.

ALEVINAGE n.m. Action de peupler (les étangs, les rivières) avec des alevins.

ALEVINER v.t. Peupler d'alevins.

ALEVINIER n.m. ou **ALEVINIÈRE** n.f. Étang où l'on produit les alevins.

ALEXANDRA n.m. Cocktail composé de cognac, de crème fraîche et de crème de cacao.

1. ALEXANDRIN, E adj. et n. D'Alexandrie d'Égypte. ◇ *Art alexandrin :* art hellénistique dont Alexandrie fut le foyer principal à partir du IIIe s. av. J.-C. – *Poésie alexandrine :* poésie érudite et raffinée, qui eut pour principaux représentants Callimaque, Apollonios de Rhodes, Lycophron, Théocrite.

2. ALEXANDRIN n.m. (du *Roman d'Alexandre,* poème du XIIe s.). Vers de douze syllabes, dans la poésie française.

ALEXANDRINISME n.m. Ensemble des courants artistiques, littéraires et philosophiques qui caractérisent la civilisation grecque d'Alexandrie (IIIe s. av. J.-C.-IIIe s. apr. J.-C.).

ALEXANDRITE n.f. Pierre fine constituée par du chrysobéryl, vert foncé à la lumière du jour et rougeâtre à la lumière électrique.

ALEXIE n.f. (du gr. *lexis,* lecture). Incapacité congénitale ou pathologique à lire. SYN. : *cécité verbale.*

ALEXINE n.f. BIOL. Complément.

ALEZAN, E [alzɑ̃, an] adj. et n. (esp. *alazán,* mot ar.). Dont la robe et les crins sont jaune rougeâtre, en parlant d'un cheval. *Jument alezane.* ◆ n.m. Cheval alezan.

ALÉZÉ, E adj. → ***alésé.***

ALFA n.m. (ar. *halfā*). Herbe d'Afrique du Nord et d'Espagne, appelée aussi *spart* ou *sparte,* employée à la fabrication de sparterie, de cordages, d'espadrilles, de tissus grossiers, de papier d'imprimerie, etc. (Famille des graminées.)

ALFANGE n.f. Anc. Cimeterre mauresque.

ALFATIER, ÈRE adj. Qui se rapporte à l'alfa. *Plaine alfatière.*

ALFÉNIDE n.m. Maillechort utilisé dans la fabrication des couverts.

ALGARADE n.f. (esp. *algarada,* escarmouche, mot ar.). Brusque querelle, altercation survenant inopinément.

ALGAZELLE n.f. (ar. *al-ghazāl*). Antilope du Sahara, à cornes longues et fines, un peu recourbées vers l'arrière. (Haut. au garrot 1 m ; sous-ordre des ruminants.)

ALGÈBRE n.f. (ar. *al-djabr*). **1. a.** (Sens classique). Théorie des équations et des propriétés générales des opérations. **b.** (Sens moderne). Étude des structures abstraites telles que les groupes, les anneaux, les corps. **c.** *Algèbre de Boole* ou *algèbre de la logique :* structure algébrique appliquée à l'étude des relations logiques, et dans laquelle les opérations de réunion, d'intersection et de complémentation expriment respectivement la disjonction, la conjonction, la négation logiques. **2.** Fig. Fam. Chose difficile à comprendre. *C'est de l'algèbre pour moi.*

ALGÉBRIQUE adj. Qui appartient à l'algèbre. ◇ *Équation algébrique :* équation de la forme P (x) = 0 où P est un polynôme. – *Nombre algébrique :* nombre racine d'une équation algébrique à coefficients entiers.

ALGÉBRIQUEMENT adv. De façon algébrique.

ALGÉBRISTE n. Spécialiste d'algèbre.

ALGÉRIEN, ENNE adj. et n. D'Algérie.

ALGÉROIS, E adj. et n. D'Alger.

ALGIDE [alʒid] adj. (lat. *algidus,* glacé). Caractérisé par des sensations de froid. *Période algide d'une affection, d'une maladie.*

ALGIDITÉ n.f. État de ce qui est algide.

ALGIE [alʒi] n.f. MÉD. Douleur physique (quels qu'en soient la cause, le siège, le caractère).

ALGINATE n.m. **1.** Sel de l'acide alginique, utilisé notamment dans l'industrie alimentaire et textile. **2.** Préparation à base d'alginate permettant la prise des empreintes dentaires.

ALGINE [alʒin] n.f. (de *algue*). Substance glaireuse formée au contact de l'eau par le mucilage de certaines algues brunes.

ALGINIQUE adj. *Acide alginique,* dont le sel de sodium se trouve dans certaines algues (laminaires).

ALGIQUE adj. **1.** Qui concerne la douleur. **2.** Qui provoque la douleur.

ALGOL [algɔl] n.m. (de *algo*[*rithmic*] *l*[*anguage*]). INFORM. Langage évolué utilisé pour la programmation des problèmes scientifiques ou techniques.

ALGOLAGNIE n.f. (du gr. *algos,* douleur, et *lagneia,* coït). PSYCHIATRIE. Érotisation de la souffrance causée (sadisme) ou subie (masochisme).

ALGONKIEN, ENNE ou **ALGONQUIEN, ENNE** adj. et n.m. Protérozoïque.

ALGONKIN ou **ALGONQUIN** n.m. (du n. d'une tribu du Canada). Famille de langues indiennes d'Amérique du Nord.

ALGORITHME n.m. (ar. *al-khārezmi,* surnom d'un mathématicien arabe). MATH. et INFORM. Suite finie d'opérations élémentaires constituant un schéma de calcul ou de résolution d'un problème.

ALGORITHMIQUE adj. De la nature de l'algorithme. ◆ n.f. Science des algorithmes, utilisés notamm. en informatique.

ALGUAZIL [algwazil] n.m. (esp. *alguacil,* mot ar.). Anc. Agent de police, en Espagne.

ALGUE [alg] n.f. (lat. *alga*). Végétal chlorophyllien sans racines ni vaisseaux, généralement aquatique. (Embranchement des thallophytes.) – *Algue bleue :* cyanobactérie. – *Algue verte :* chlorophycée.

ALIAS [aljas] adv. (mot lat.). Autrement dit, nommé. *Poquelin, alias Molière.*

ALIBI n.m. (mot lat., *ailleurs*). **1.** Moyen de défense par lequel un suspect, un accusé prouve sa présence, au moment d'un crime, d'un délit, en un autre lieu que celui où ils ont été commis. **2.** Fig. Ce qui sert de prétexte, d'excuse.

ALIBOUFIER n.m. Styrax, plante qui fournissait jadis le benjoin.

ALICANTE n.m. **1.** Vin liquoreux que produit la province d'Alicante. **2.** Cépage français à fruit rouge, appelé aussi *grenache.*

ALIDADE n.f. (ar. *al-idāda*). **1.** Règle graduée portant un instrument de visée permettant de mesurer les angles verticaux, utilisée pour tracer les directions sur une carte. **2.** Partie mobile d'un théodolite.

ALIÉNABILITÉ n.f. Caractère de ce qui peut être aliéné.

ALIÉNABLE adj. Qui peut être aliéné.

ALIÉNANT, E adj. Qui soumet à des contraintes, qui rend esclave.

ALIÉNATAIRE n. et adj. DR. Personne à qui est transféré un droit par aliénation.

ALIÉNATEUR, TRICE n. Personne qui aliène.

ALIÉNATION n.f. **1.** DR. Transmission à autrui d'un bien ou d'un droit. *Aliénation d'une propriété.* **2.** Abandon ou perte d'un droit naturel. ◇ PHILOS. État d'asservissement, de frustration où se trouve un individu lorsqu'il est dépossédé du fruit de son travail et soumis à des conditions de vie qu'il ne peut modifier. **3.** Vieilli. *Aliénation (mentale) :* trouble mental entraînant une inaptitude à vivre en société.

ALIÉNÉ, E n. Vx. Malade mental dont l'état justifie l'internement.

ALIÉNER v.t. (lat. *alienare*) 18. **1.** Transmettre à autrui la propriété de (un bien, un droit). *Aliéner une terre.* **2.** Renoncer à (un droit naturel). *Aliéner son indépendance.* **3.** Éloigner, rendre (une personne) hostile (à qqn). *Cette manière d'agir lui a aliéné tout le monde.* **4.** PHILOS. Entraîner l'aliénation de.

ALIÉNISTE adj. et n. Vx. Psychiatre.

ALIFÈRE adj. *Insecte alifère,* pourvu d'ailes.

ALIFORME adj. Qui a la forme d'une aile.

ALIGNEMENT n.m. **1.** Action d'aligner, de s'aligner. **2.** Ensemble de choses alignées, rangées. ◇ Spécialt. Ensemble de pierres levées alignées. *Les alignements de Carnac.* **3.** Détermination, par l'autorité administrative, des limites d'une voie publique ; servitude qui en résulte pour les riverains. *Maison frappée d'alignement.*

ALIGNER v.t. **1.** Ranger, présenter sur une ligne droite. *Aligner des élèves.* **2.** Fig. *Aligner des arguments (des chiffres, des faits, etc.),* les produire dans un ordre cohérent. **3.** Faire coïncider (une chose avec une autre). *Aligner le cours du franc sur celui du Mark.* ◆ **s'aligner** v.pr. **1.** Se ranger, être rangé sur une même ligne. **2.** *S'aligner sur qqn,* l'imiter ; *s'aligner sur qqch,* s'y conformer.

ALIGOT n.m. Purée de pommes de terre additionnée de tome fraîche. (Cuis. auvergnate.)

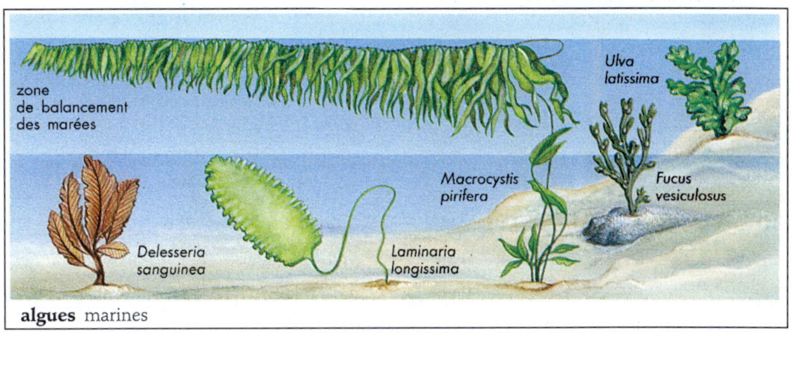

algues marines

ALIGOTÉ n.m. et adj.m. Cépage blanc de Bourgogne ; vin issu de ce cépage.

ALIMENT n.m. (du lat. *alere,* nourrir). **1.** Ce qui sert de nourriture à un être vivant. *Digestion des aliments. Les aliments du bétail.* **2.** Ce qui sert à entretenir, à fortifier qqch (au propre et au fig.). ◆ pl. DR. Ce qui est nécessaire à l'entretien d'une personne (logement, nourriture, etc.).

ALIMENTAIRE adj. **1.** Propre à servir d'aliment. **2.** Relatif à l'alimentation. *Industrie alimentaire.* **3.** *Travail alimentaire,* fait dans un but purement lucratif. **4.** DR. *Obligation alimentaire :* obligation légale de fournir les aliments aux proches parents, de subvenir à leurs besoins essentiels. – *Pension alimentaire,* versée en exécution d'une obligation alimentaire. ◆ n.m. Secteur économique de l'alimentation.

ALIMENTATION n.f. **1.** Action d'alimenter, de s'alimenter. **2.** Produits servant à alimenter ; commerce de ces produits. **3.** Approvisionnement (d'une arme à feu en munitions, d'un moteur en combustible, etc.).

ALIMENTER v.t. **1.** Fournir des aliments à. *Alimenter un malade avec du bouillon.* **2.** Approvisionner. *Le barrage alimente la ville en eau.* **3.** Fig. *Alimenter la conversation,* l'entretenir.

ALINÉA n.m. (lat. *ad lineam,* à la ligne). Retrait d'une ligne annonçant un nouveau paragraphe, dans un texte ; passage compris entre deux retraits.

ALINÉAIRE adj. Qui marque un alinéa.

ALIOS [aljɔs] n.m. (mot gascon). Grès imperméable rougeâtre ou noirâtre, constitué sous la couverture sableuse par des grains de sable agglutinés, notamm. dans la forêt landaise.

ALIPHATIQUE [alifatik] adj. (du gr. *aleiphar, -atos,* graisse). CHIM. *Composé aliphatique :* composé organique acyclique.

ALIQUANTE adj. MATH. Vx. Qui n'est pas contenu un nombre entier de fois dans un tout.

ALIQUOTE [alikɔt] adj. et n.f. MATH. Vx. Qui est contenu un nombre entier de fois dans un tout. *Trois est une partie aliquote de douze.* SYN. : *diviseur.*

ALISE ou **ALIZE** n.f. (mot germ.). Fruit rouge de l'alisier, aigrelet et d'un goût agréable.

ALISIER ou **ALIZIER** [alizje] n.m. Arbre du groupe des sorbiers à feuilles lobées et à fleurs blanches, dont le bois est utilisé en ébénisterie. (Haut. 10-20 m ; famille des rosacées.)

alisier

ALISMA ou **ALISME** n.m. Plantain d'eau.

ALISMACÉE n.f. *Alismacées :* famille de plantes vivaces monocotylédones des eaux douces, comprenant notamment le plantain d'eau, la sagittaire.

ALITEMENT n.m. Action de s'aliter ; fait d'être alité.

ALITER v.t. (de *lit*). Faire garder le lit à. *Aliter un malade.* ◆ **s'aliter** v.pr. Se mettre au lit, garder le lit (par suite de maladie, de fatigue, etc.).

ALIZARI n.m. (ar. *al-'uṣāra,* le jus). Vx. Racine entière de la garance.

ALIZARINE n.f. Matière colorante rouge extraite autrefois de la racine de la garance, obtenue aujourd'hui par synthèse.

ALIZE n.f. → *alise.*

ALIZÉ adj.m. et n.m. (esp. *alisios*). Se dit de vents réguliers qui soufflent constamment sur près du tiers de la surface du globe, des hautes pressions subtropicales vers les basses pressions équatoriales. (L'alizé de l'hémisphère Nord souffle du nord-est vers le sud-ouest, l'alizé de l'hémisphère Sud, du sud-est vers le nord-ouest.)

ALIZIER n.m. → *alisier.*

ALKÉKENGE [alkekɑ̃ʒ] n.m. (persan *kākunadj*). BOT. Physalis, plante ornementale appelée aussi *coqueret, amour-en-cage.*

ALKERMÈS n.m. (esp. *alquermes,* de l'ar. *al-qirmiz,* cochenille). Liqueur d'Italie, à base de cannelle, de girofle, de vanille, etc., colorée en rouge avec la cochenille.

ALKYLE n.m. → *alcoyle.*

ALLACHE [alaʃ] n.f. Poisson appelé aussi *alose, sardinelle.* (Famille des clupéidés.)

ALLAITEMENT n.m. Action d'allaiter.

ALLAITER v.t. Nourrir de lait, de son lait.

1. ALLANT, E adj. Litt. Qui a de l'entrain.

2. ALLANT n.m. Entrain, ardeur. *Perdre son allant.*

ALLANTOÏDE [alɑ̃tɔid] n.f. L'une des trois annexes de l'embryon, propre aux vertébrés supérieurs.

ALLANTOÏDIEN n.m. et adj. m. Amniote. – *Vertébrés allantoïdiens :* reptiles, oiseaux, mammifères.

ALLANTOÏNE n.f. Substance d'élimination de déchets azotés, chez les mammifères non humains, provenant de la transformation de l'acide urique et entrant dans la confection de produits cosmétiques.

ALLÉCHANT, E adj. **1.** Appétissant. *Un dessert alléchant.* **2.** Attirant, séduisant. *Une proposition alléchante.*

ALLÉCHER v.t. (lat. *allectare*) [18]. **1.** Attirer, faire envie en flattant le goût, l'odorat. **2.** Fig. Attirer par l'espérance de qqch d'agréable, de profitable. *Allécher qqn par de belles promesses.*

ALLÉE n.f. (de *aller*). **I. 1.** Voie bordée d'arbres, de haies, de plates-bandes. **2.** Passage entre des rangées de chaises, de bancs. ◇ *Allée couverte :* construction mégalithique formant un couloir plus ou moins long, qui servait de sépulture collective. **II.** *Allées et venues :* déplacements de personnes qui vont et viennent ; trajets en tous sens.

ALLÉGATION n.f. (lat. *allegatio*). Citation d'un fait ; affirmation, assertion.

ALLÈGE [alɛʒ] n.f. (de *alléger*). **1.** CONSTR. Pan de mur fermant l'embrasure d'une fenêtre entre le sol et l'appui. **2.** MAR. Embarcation employée pour le chargement ou le déchargement des navires.

ALLÉGÉ, E adj. et n.m. Se dit d'un produit alimentaire débarrassé de tout ou partie de ses graisses ou de ses sucres.

1. ALLÉGEANCE [aleʒɑ̃s] n.f. (angl. *allegiance*). **1.** HIST. Obligation de fidélité et d'obéissance à un souverain, une nation. **2.** Fig. Manifestation de soutien, de soumission.

2. ALLÉGEANCE [aleʒɑ̃s] n.f. (de *alléger*). MAR. Handicap en temps, rendu par un yacht à un autre, dans une régate ou une course-croisière.

ALLÉGEMENT ou **ALLÈGEMENT** (selon l'Académie) n.m. Diminution de poids, de charge. ◇ SPORTS. Mouvement déchargeant les skis du poids du corps pour permettre un déplacement latéral.

ALLÉGER v.t. (du lat. *levis,* léger) [22]. Rendre moins lourd, moins pénible. *Alléger les programmes scolaires, les taxes.*

ALLÉGORIE n.f. (gr. *allegoria*). **1.** Représentation, expression d'une idée par une figure dotée d'attributs symboliques (art) ou par une métaphore développée (littérature). **2.** Œuvre littéraire ou plastique utilisant cette forme d'expression.

ALLÉGORIQUE adj. Qui a rapport à l'allégorie, qui y appartient.

ALLÉGORIQUEMENT adv. De façon allégorique.

ALLÈGRE adj. (lat. *alacer,* vif). Plein d'un entrain joyeux.

ALLÈGREMENT adv. De façon allègre.

ALLÉGRESSE n.f. Joie très vive qui se manifeste souvent par des démonstrations collectives.

ALLEGRETTO [alegrɛto] adv. (mot it.). MUS. Moins vite qu'*allegro.*

ALLÉGRETTO n.m. Morceau de musique exécuté allegretto.

ALLEGRO adv. (mot it.). Vivement et gaiement.

ALLÉGRO n.m. (pl. *allégros*). **1.** Morceau de musique exécuté allegro (en particulier : premier mouvement de la forme sonate). **2.** CHORÉGR. Partie de ballet ou série d'exercices (sauts, batterie, etc.) exécutée très rapidement.

ALLÉGUER [alege] v.t. (lat. *allegare*) [18]. Mettre en avant pour servir d'excuse ; prétexter.

ALLÈLE n.m. et adj. (gr. *allêlos,* l'un l'autre). Chacune des variantes d'un gène, déterminée par la composition de son A.D.N. modifiable par mutation. (Tout gène peut avoir plusieurs allèles, qui déterminent souvent l'apparition de caractères héréditaires différents. Chez un individu possédant deux lots de chromosomes [diploïde], les gènes sont représentés par deux allèles.)

ALLÉLOMORPHE adj. BIOL. **1.** Qui se présente sous plusieurs formes. **2.** Vieilli. Allèle.

ALLÉLUIA [aleluja] interj. (mot hébreu, *louez Dieu*). Exclamation d'allégresse, dans la liturgie juive et chrétienne. ◆ n.m. **1.** Chant d'allégresse ; cri de joie. **2.** Plante de la famille des oxalidées, qui fleurit à Pâques.

ALLEMAND, E adj. et n. D'Allemagne. ◆ n.m. Langue indo-européenne du groupe germanique, parlée principalement en Allemagne et en Autriche.

ALLEMANDE n.f. Danse de cour d'origine germanique, de caractère grave et de rythme lent.

ALLÈNE n.m. Hydrocarbure (C_3H_4) possédant deux liaisons éthyléniques. SYN. : *propadiène.*

1. ALLER v.i. (lat. *ambulare,* se promener, *vadere* et *ire,* aller) [31] [auxil. *être*]. **I. 1.** Se déplacer d'un lieu à un autre. *Aller à Paris. Aller à pied.* **2.** Conduire, mener d'un lieu à un autre. *Ce chemin va au village.* **II. 1. a.** Agir, se comporter. *Aller vite dans son travail.* **b.** Se porter. *Comment allez-vous ?* **2. a.** Convenir, être adapté à. *Cette robe vous va bien.* **b.** Marcher, fonctionner. *Une voiture qui va bien.* **III.** *Aller* (suivi d'un inf.) : être sur le point de. *Je vais partir.* ◇ *Aller de soi, aller sans dire :* être évident. ◇ *Se laisser aller à :* s'abandonner à. *Se laisser aller à la colère.* ◇ Fam. *Y aller fort :* exagérer. – Fam. *Y aller de (qqch),* l'engager, le produire comme contribution ; le hasarder (au jeu). ◇ *Il y va de (qqch) :* ce qui est en jeu, c'est (cette chose). ◇ *Allons ! Allez ! Va !* (interjections). ◇ *Allons donc !* (marquant l'incrédulité, l'impatience). ◆ **s'en aller** v.pr. **1.** Quitter un lieu. **2.** Fig. **a.** Mourir. **b.** (Choses). Disparaître ; se dégrader.

2. ALLER n.m. **1.** Trajet d'un endroit à un autre. *À l'aller et au retour.* **2.** Billet qui permet de faire ce trajet. *Un aller simple pour Paris.*

ALLERGÈNE [alɛrʒɛn] n.m. Substance responsable d'une réaction de type allergique.

ALLERGIDE n.f. MÉD. Lésion cutanée secondaire à une allergie.

ALLERGIE [alɛrʒi] n.f. **1.** Réaction anormale, excessive de l'organisme à un agent (allergène) auquel il est particulièrement sensible. **2.** Fig. Incapacité à supporter qqn ou qqch ; aversion, hostilité instinctive. *L'allergie à toute nouveauté.*

ALLERGIQUE adj. **1.** Relatif à l'allergie. **2.** Fig. *Être allergique à (qqch),* le supporter mal, y être réfractaire.

ALLERGISANT, E adj. Susceptible de provoquer une allergie.

ALLERGOLOGIE n.f. Partie de la médecine qui étudie les mécanismes de l'allergie et les maladies allergiques.

ALLERGOLOGISTE ou **ALLERGOLOGUE** n. Spécialiste d'allergologie.

ALLEU n.m. (francique *al-ôd*). FÉOD. Terre libre ne relevant d'aucun seigneur et exempte de toute redevance.

ALLEUTIER n.m. Propriétaire d'un alleu.

ALLIACÉ, E adj. Qui tient de l'ail, évoque l'ail.

ALLIAGE n.m. Produit de caractère métallique résultant de l'incorporation d'un ou de plusieurs éléments (métalliques ou non) à un métal.
■ La formation d'un alliage a pour objet d'améliorer les propriétés des métaux et conduit à la constitution de solutions solides des éléments dans le métal ou de combinaisons entre ces éléments et le métal de base. Les alliages les plus courants sont ceux du fer (aciers spéciaux), du cuivre (bronze, laiton, cupronickel, maillechort), du plomb (antifriction), du nickel, du chrome et de l'aluminium (Duralumin, Alpax). Les alliages légers sont surtout à base d'aluminium et de magnésium.

ALLIAIRE n.f. Plante à fleurs blanches exhalant une odeur d'ail. (Haut. 1 m ; famille des crucifères.)

ALLIANCE n.f. **1.** Union contractée entre souverains, entre États. *L'Alliance atlantique.* **2.** Accord entre des personnes, des groupes. *Il a fait alliance avec mes pires ennemis.* **3.** Union (d'un homme et d'une femme, de leurs familles) par mariage. **4.** Anneau de mariage. **5.** Combinaison de choses différentes. *Une alliance d'autorité et de douceur.* ◇ RHÉT. *Alliance de mots :* oxymore. **6.** RELIG. *Ancienne Alliance :* pacte conclu, selon la Bible, entre Dieu et le peuple hébreu ; le judaïsme. ◇ *Nouvelle Alliance,* celle qui lie Dieu à l'ensemble des chrétiens.

ALLIÉ, E adj. et n. **1.** Uni par traité. *Les pays alliés ; l'armée des alliés.* **2.** Uni par alliance. *Parents et alliés.* **3.** Qui aide, appuie.

ALLIER v.t. (lat. *alligare*). **1.** Combiner (des métaux). **2.** Fig. Associer une chose abstraite à une autre. ◆ **s'allier** v.pr. *(à, avec).* **1.** S'unir. **2.** S'associer, s'ajouter (en parlant de choses).

ALLIGATOR n.m. (angl. *alligator,* de l'esp.). Crocodile d'Amérique, qui atteint jusqu'à 5 m de long.

ALLITÉRATION [aliterasjɔ̃] n.f. (lat. *ad* et *littera,* lettre). Répétition d'une consonne ou d'un groupe de consonnes, dans des mots qui se suivent, produisant un effet d'harmonie imitative ou suggestive. (Ex. : *Pour qui sont ces serpents qui sifflent sur vos têtes ?*) [L'allitération s'oppose à l'*assonance*.]

ALLÔ interj. (Servant conventionnellement d'appel dans les conversations téléphoniques). *Allô ! Qui est à l'appareil ?*

ALLOCATAIRE n. **1.** Personne qui perçoit une allocation. **2.** Personne à qui est reconnu le droit aux prestations familiales.

ALLOCATION [alɔkasjɔ̃] n.f. **1.** Action d'allouer qqch à qqn. *L'allocation de devises aux voyageurs.* **2.** Somme, chose allouée. – *Allocations familiales :* prestation assurée aux familles ayant au moins deux enfants à charge.

ALLOCHTONE [alɔktɔn] adj. et n.m. GÉOL. Se dit des terrains qui ont subi un important déplacement horizontal dans les régions à structure charriée. ◆ adj. ZOOL. et BOT. Se dit d'une espèce d'apparition récente dans la région considérée.

ALLOCUTAIRE n. LING. Personne à qui s'adresse le locuteur.

ALLOCUTION [alɔkysjɔ̃] n.f. Discours assez court mais de caractère officiel. *L'allocution télévisée du chef de l'État.*

ALLODIAL, E, AUX adj. FÉOD. Qui concerne un alleu.

ALLOGAMIE n.f. BOT. Pollinisation d'une fleur par le pollen d'une autre fleur, provenant ou non d'une autre plante.

ALLOGÈNE adj. et n. Se dit d'une population d'une arrivée récente dans un pays. CONTR. : *autochtone, indigène.*

ALLONGE n.f. **1.** Pièce pour allonger. ◇ Crochet de boucherie. **2.** SPORTS. Longueur des bras chez un boxeur.

ALLONGÉ, E adj. **1.** Étendu, couché. *Rester allongé.* **2.** Étiré, étendu en longueur. *Une écriture allongée.* **3.** *Mine, figure allongée,* qui exprime la déconvenue.

ALLONGEMENT n.m. Action d'augmenter en longueur ou en durée ; résultat de cette action. *Allongement des vacances. Mesurer l'allongement d'un ressort.*

ALLONGER v.t. [17]. **1. a.** Rendre plus long. *Allonger une robe, un texte.* **b.** Faire paraître plus long. *Un vêtement qui allonge la silhouette.* **2. a.** *Allonger son corps, ses bras, ses jambes,* les déployer, les étendre. **b.** *Allonger le pas :* se hâter en marchant. **c.** Fam. *Allonger un coup,* l'asséner. **3. a.** *Allonger une sauce, une boisson,* y ajouter du liquide. **b.** Pop. *Allonger une somme,* la verser. ◆ v.i. *Les jours, les nuits allongent,* leur durée s'accroît. ◆ **s'allonger** v.pr. **1.** S'étendre. *S'allonger par terre.* **2.** Devenir ou paraître plus long. *La conversation s'allongeait interminablement. Les ombres s'allongent.*

ALLOPATHE n. et adj. Médecin qui traite par l'allopathie.

ALLOPATHIE n.f. (gr. *allos,* autre, et *pathos,* maladie). MÉD. Méthode de traitement qui emploie des médicaments produisant des effets contraires à ceux de la maladie à combattre, par opp. à l'*homéopathie.*

ALLOPATHIQUE adj. *Traitement allopathique,* par l'allopathie.

ALLOPHONE adj. et n. Se dit d'une personne dont la langue maternelle n'est pas celle de la communauté dans laquelle elle se trouve.

ALLOPURINOL n.m. Médicament synthétique qui freine la formation de l'acide urique résultant de la dégradation des nucléoprotéines, utilisé dans le traitement de la goutte.

ALLOSOME n.m. Hétérochromosome.

ALLOSTÉRIE n.f. (gr. *allos,* autre, et *stereon,* relief). Inhibition d'une enzyme protéique par une molécule beaucoup plus petite qui se fixe sur elle et modifie sa forme.

ALLOSTÉRIQUE adj. Relatif à l'allostérie.

ALLOTIR v.t. Répartir, diviser en lots (des biens destinés à être partagés, vendus).

ALLOTROPIE n.f. (gr. *allos,* autre, et *tropos,* manière d'être). Propriété de certains corps, comme le carbone, le phosphore, le soufre, de se présenter sous plusieurs formes ayant des propriétés physiques différentes.

ALLOTROPIQUE adj. Relatif à l'allotropie.

ALLOUER v.t. (lat. *locare,* louer). Accorder, attribuer. *Allouer une indemnité, des crédits, du temps.*

ALLUCHON n.m. (de *aile*). Dent de bois ou de fonte qu'on adapte à certaines roues.

ALLUMAGE n.m. **1.** Action d'allumer ; son résultat. Fait de s'allumer. *L'allumage d'une lampe, du chauffage.* **2. a.** Inflammation du mélange gazeux dans un moteur à explosion. **b.** Dispositif assurant cette inflammation. *Panne d'allumage.* ◇ *Avance, retard à l'allumage :* inflammation du mélange combustible d'un moteur à explosion avant ou après le moment où le piston est au bout de sa course de compression.

ALLUMÉ, E adj. et n. Fam. **1.** Extravagant, un peu fou. **2.** Qui est passionné pour qqch. *Un allumé de l'informatique.* ◆ adj. HÉRALD. Se dit d'un animal dont les yeux sont d'un autre émail que celui du corps.

ALLUME-CIGARE ou **ALLUME-CIGARES** n.m. (pl. *allume-cigares*). Dispositif pour allumer les cigarettes, les cigares (dans une automobile, notamm.).

ALLUME-FEU n.m. (pl. *allume-feux* ou inv.). Ce qui sert à allumer le feu (préparation très inflammable, petit bois, etc.).

ALLUME-GAZ n.m. inv. Petit appareil pour allumer le gaz par échauffement d'un filament ou par production d'étincelles.

ALLUMER v.t. (lat. *luminare,* éclairer). **1.** Enflammer, mettre le feu à. *Allumer un briquet, une cigarette, des bûches.* **2. a.** Éclairer, rendre lumineux. *Allumer le salon. Sa chambre est allumée.* **b.** Fam. *Allumer le chauffage, la télévision, la radio,* les faire fonctionner. **3.** Litt. *Allumer la guerre, les passions,* les provoquer. – Litt. *Allumer le désir, l'imagination,* les susciter. **4.** Fam. *Allumer qqn.* **a.** Provoquer son désir. **b.** Le critiquer violemment. ◆ **s'allumer** v.pr. **1.** Prendre feu. **2. a.** Devenir lumineux. **b.** *Ses yeux s'allument,* deviennent brillants.

ALLUMETTE n.f. **1.** Petit brin de bois, de carton, ou petite mèche enduite de cire, dont l'une des extrémités est imprégnée d'une composition inflammable par frottement. *Craquer une allumette.* ◇ Fam. *Avoir les jambes comme des allumettes,* longues et maigres. **2.** Gâteau feuilleté long et mince.

ALLUMETTIER, ÈRE n. Personne qui fabrique des allumettes.

ALLUMEUR n.m. **1. a.** Dispositif qui sert à l'allumage d'un moteur à explosion. **b.** Dispositif qui provoque la déflagration d'une charge explosive. **2.** *Allumeur de réverbères,* préposé autrefois à l'allumage et à l'extinction des appareils d'éclairage public.

ALLUMEUSE n.f. Fam. et péj. Femme qui cherche à aguicher les hommes.

ALLURE n.f. **1.** Façon plus ou moins rapide de se déplacer, de se mouvoir. *Il est parti à toute allure. Les principales allures d'un cheval sont le pas, le trot, le galop.* **2.** MAR. Direction que suit un bateau à

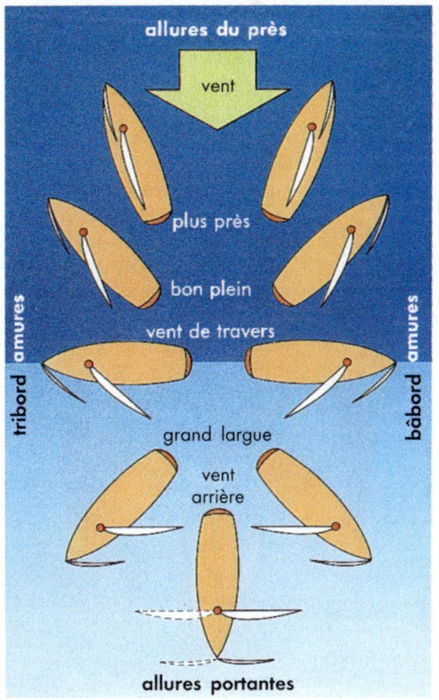

allures d'un voilier

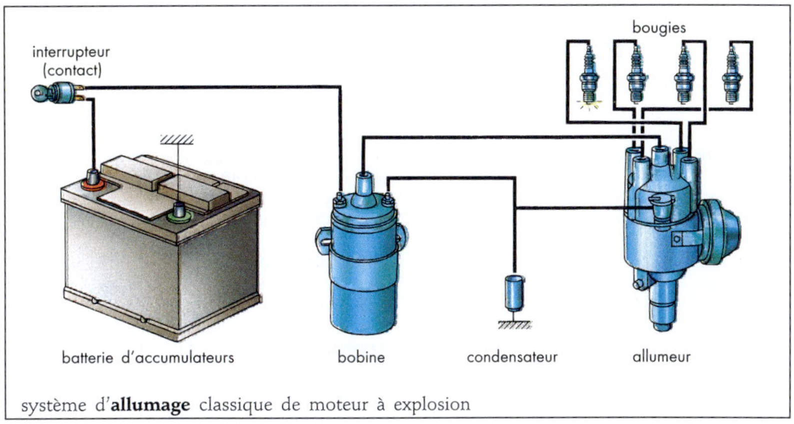

système d'**allumage** classique de moteur à explosion

voiles par rapport au vent. **3. a.** Manière qu'a qqn de marcher, de se conduire, de se présenter. *Une allure digne. Une drôle d'allure.* ◇ *Avoir de l'allure,* un air de distinction, d'élégance. **b.** Aspect de qqch. *Une devanture de belle allure.*

ALLURÉ, E adj. Qui a, qui donne de l'allure. *Un vêtement alluré.*

ALLUSIF, IVE adj. Qui contient une allusion ; qui procède par allusion.

ALLUSION [alyzjɔ̃] n.f. (lat. *alludere,* badiner). Mot, phrase qui évoque une personne, une chose sans la nommer. *À quoi fait-il allusion ?*

ALLUSIVEMENT adv. De façon allusive.

ALLUVIAL, E, AUX adj. Produit, constitué par des alluvions.

ALLUVION n.f. (lat. *ad,* vers, et *luere,* laver). **1.** Vieilli. Alluvionnement. **2.** (Surtout pl.). Dépôts de sédiments (boues, sables, graviers, cailloux) abandonnés par un cours d'eau quand la pente ou le débit sont devenus insuffisants.

ALLUVIONNAIRE adj. Relatif aux alluvions.

ALLUVIONNEMENT n.m. Formation, apport d'alluvions.

ALLUVIONNER v.i. Déposer des alluvions, en parlant d'un cours d'eau.

ALLYLE [alil] n.m. (lat. *allium*). Radical —C_3H_5 de l'alcool allylique, dont certains composés existent dans l'essence d'ail.

ALLYLIQUE adj. *Alcool allylique :* alcool éthylénique de formule C_3H_6O, préparé à partir des pétroles et servant à la synthèse de la glycérine.

ALMANACH [almana] n.m. (ar. *al-manākh*). Calendrier, souvent illustré, comportant des indications astronomiques, météorologiques, ainsi que des renseignements d'ordre varié (médecine, cuisine, astrologie, etc.).

ALMANDIN n.m. Grenat alumino-ferreux.

ALMÉE n.f. (ar. *'alūma*). Danseuse et chanteuse, en Orient.

ALMICANTARAT n.m. (ar. *al-muqanṭara,* l'astrolabe). Cercle céleste parallèle à l'horizon sur la sphère. SYN. : *cercle* ou *parallèle de hauteur.*

ALOÈS [aloɛs] n.m. (gr. *aloê*). Plante d'Afrique, cultivée aussi en Asie et en Amérique, et dont les feuilles charnues fournissent une résine amère, employée comme purgatif et en teinturerie. (Famille des liliacées.)

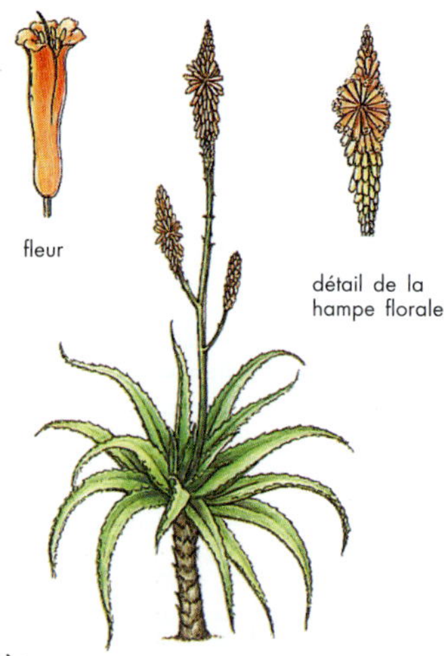

aloès

ALOGIQUE adj. Contraire aux lois de la logique.

ALOI n.m. (de l'anc. fr. *aloier,* faire un alliage). **1.** *De bon, de mauvais aloi :* de bonne ou de mauvaise nature ou qualité. *Une plaisanterie de mauvais aloi. Un succès de bon aloi.* **2.** Vx. Titre d'un alliage.

ALOPÉCIE [alɔpesi] n.f. Chute ou absence, partielle ou généralisée, des cheveux ou des poils.

ALORS [alɔr] adv. (de *lors*). **1.** À ce moment-là. *Je l'ai rencontré, il avait alors vingt ans.* **2.** En conséquence. *Il était hésitant, alors j'ai insisté.* **3.** Fam. (Marquant l'interrogation, l'impatience, l'indignation, l'indifférence). *Alors, tu viens ? Ça alors !* ◆ **alors que** loc. conj. **a.** (Marquant la simultanéité). *Je l'ai connu alors que j'étais étudiant.* **b.** (Marquant l'opposition). *Elle est sortie alors que je l'avais défendu.*

ALOSE [aloz] n.f. (lat. *alausa,* mot gaul.). Poisson voisin de la sardine, appelé aussi *allache,* à chair estimée, se développant dans la mer et venant pondre dans les cours d'eau au printemps. (Long. max. 80 cm ; famille des clupéidés.)

ALOUATE n.m. (mot de Guyane). Autre nom du *hurleur* ou *singe hurleur.*

ALOUETTE n.f. (lat. *alauda,* mot gaul.). Oiseau passereau à plumage brunâtre, commun dans les champs, ne perchant pas sur les arbres. (Famille des alaudidés ; long. de 17,5 cm à 19,5 cm.) *L'alouette grisolle,* pousse son cri.

alouette

ALOURDIR v.t. Rendre lourd, plus lourd.

ALOURDISSEMENT n.m. État de qqn, de qqch qui est rendu plus lourd, plus pesant. *Une sensation d'alourdissement.*

ALOYAU [alwajo] n.m. (lat. *alauda*) [pl. *aloyaux*]. BOUCH. Morceau de bœuf correspondant à la région du rein et de la croupe et renfermant le filet, le contre-filet et le romsteck.

ALPAGA n.m. (esp. *alpaca,* mot péruvien). **1.** Ruminant voisin du lama, domestiqué en Amérique du Sud pour sa longue fourrure laineuse. **2.** Fibre textile douce et soyeuse provenant de cet animal. **3.** Tissu en armure toile composée de fibres naturelles ou artificielles et de fibres d'alpaga.

ALPAGE n.m. Pâturage d'été, en haute montagne. SYN. : *alpe.*

ALPAGUER v.t. Arg. Appréhender, arrêter.

ALPAX n.m. (nom déposé). Alliage d'aluminium et de silicium qui se moule facilement.

ALPE n.f. Alpage.

ALPENSTOCK n.m. (mot all., de *Alpen,* Alpes, et *Stock,* bâton). Long bâton ferré qui servait aux excursions en montagne.

ALPESTRE adj. (it. *alpestre*). Propre aux Alpes. *La végétation alpestre.*

ALPHA [alfa] n.m. inv. **1.** Première lettre de l'alphabet grec (α). – *L'alpha et l'oméga :* le commencement et la fin. **2.** *Rayon alpha :* rayonnement constitué de noyaux d'hélium émis par des corps radioactifs. **3.** *Rythme alpha,* celui des ondes rapides, régulières et de petites amplitudes, recueillies par l'électroencéphalogramme, et qui témoignent d'une réaction d'éveil du cortex.

ALPHABET n.m. (de *alpha* et *bêta,* noms des deux premières lettres de l'alphabet grec). Liste de toutes les lettres servant à transcrire les sons d'une langue et énumérées selon un ordre conventionnel.

ALPHABÈTE adj. et n. Qui sait lire et écrire, par opp. à *analphabète.*

ALPHABÉTIQUE adj. **1.** Qui utilise un alphabet. *Écritures alphabétiques et écritures idéographiques.* **2.** Qui suit l'ordre des lettres de l'alphabet. *Index alphabétique.*

ALPHABÉTIQUEMENT adv. Selon l'ordre alphabétique.

ALPHABÉTISATION n.f. Action d'alphabétiser ; son résultat.

ALPHABÉTISÉ, E adj. et n. Se dit de qqn qui a appris à lire et à écrire à l'âge adulte.

ALPHABÉTISER v.t. Apprendre à lire et à écrire à (un individu, un groupe social).

ALPHABÉTISME n.m. Système d'écriture alphabétique.

ALPHANUMÉRIQUE adj. Qui comporte à la fois des chiffres et des caractères alphabétiques. *Clavier alphanumérique.*

ALPIN, E adj. (lat. *alpinus*). **1. a.** Des Alpes ou de la haute montagne. *Régions alpines. Plantes alpines.* **b.** Relatif aux mouvements orogéniques du tertiaire et aux formes de relief qu'ils ont engendrées. *Chaîne alpine. Plissement alpin.* **2.** Qui concerne l'alpinisme. *Club alpin.* ◇ *Chasseur alpin, troupe alpine :* fantassin, unité spécialisés dans le combat de montagne.

ALPINISME n.m. Sport des ascensions en montagne.

Alpinisme
grandes dates

sommet	*première ascension*
mont Blanc	1786
Cervin	1865
Kilimandjaro	1889
Aconcagua	1897
McKinley	1913
Annapūrnā	1950
Everest	1953

ALPINISTE n. Personne qui pratique l'alpinisme.

ALPISTE n.m. (esp. *alpiste*). Graminée cultivée pour son grain, dont se nourrissent les oiseaux en cage.

ALQUIFOUX n.m. CHIM. Sulfure de plomb pulvérulent servant en partic. à vernir les poteries et à les rendre imperméables.

ALSACE n.m. Vin d'Alsace.

ALSACIEN, ENNE adj. et n. D'Alsace. ◆ n.m. Dialecte germanique parlé en Alsace.

ALTAÏQUE adj. **1.** Des monts Altaï. **2.** *Langues altaïques :* famille de langues turques et mongoles.

ALTÉRABILITÉ n.f. Caractère de ce qui peut être altéré.

ALTÉRABLE adj. Qui peut être altéré ; qui peut s'altérer.

ALTÉRAGÈNE n.m. et adj.m. BIOL. Agent extérieur qui provoque une, des altérations dans les cellules vivantes.

ALTÉRANT, E adj. **1.** Qui altère, qui dénature. **2.** Qui provoque la soif (par opp. à *désaltérant*).

ALTÉRATION n.f. (lat. *alteratio*). **1.** Action d'altérer, de changer la nature de qqch ou l'état d'une situation. **2.** GÉOL. Modification chimique superficielle d'une roche, due notamment aux agents atmosphériques. **3.** MUS. Signe conventionnel placé au début d'un morceau musical par lequel un son se trouve élevé ou abaissé d'un ou de deux demi-tons chromatiques. (Le bémol [♭] abaisse la note d'un demi-ton, le dièse [♯] hausse la note d'un demi-ton, le bécarre [♮] annule tout dièse ou bémol précédent.)

ALTERCATION n.f. (lat. *altercatio*). Vive discussion, querelle.

ALTÉRÉ, E adj. **1.** Faussé, dénaturé. **2.** Assoiffé.

ALTER EGO [alterego] n.m. inv. (mots lat., *un autre moi*). Personne envers qui on a des sentiments fraternels, à qui on se fie totalement et que l'on charge éventuellement d'agir à sa place.

ALTÉRER v.t. (du lat. *alter,* autre) [18]. **1. a.** Changer, modifier en mal la forme ou la nature de. *Altérer le goût du vin.* **b.** Détériorer. *Cette histoire avait altéré leur vieille amitié.* **2.** Donner soif à. *Cette course va les altérer.*

ALTÉRITÉ n.f. (lat. *alter,* autre). Caractère de ce qui est autre.

ALTERNANCE n.f. **1.** Fait d'alterner, de se succéder, régulièrement ou pas, dans le temps, en parlant de deux ou plusieurs choses ; action d'alterner deux ou plusieurs choses dans le temps ou l'espace. *Alternance des saisons. Alternance de lignes bleues et vertes.* **2.** Succession au pouvoir de partis politiques différents. **3.** PHYS. Demi-période d'un phénomène alternatif. **4.** LING. Changement subi par une voyelle ou une consonne à l'intérieur d'un système morphologique (ex. : all. nehmen/nimm/nahm).

ALTERNANT, E adj. **1.** Qui alterne. *Périodes alternantes.* **2.** *Pouls alternant :* pouls caractérisé par des pulsations tantôt normales, tantôt faibles.

ALTERNAT [altɛrna] n.m. Fait, pour des phénomènes différents, de se succéder régulièrement.

ALTERNATEUR n.m. Générateur de tensions et de courants électriques alternatifs.

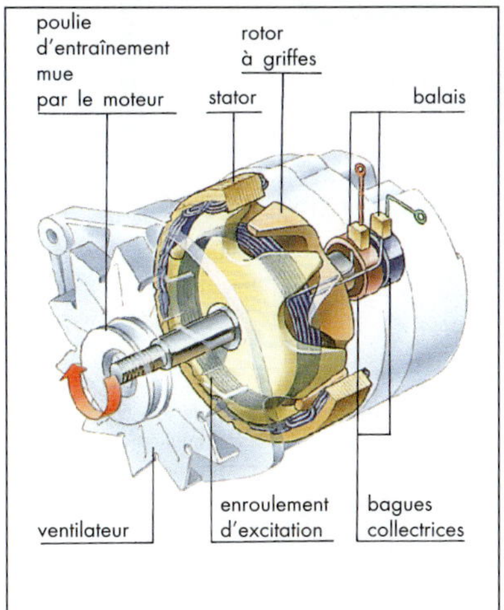

alternateur d'automobile : schéma de fonctionnement

ALTERNATIF, IVE adj. **1.** Périodique et de valeur moyenne nulle, en parlant d'une grandeur électrique (par opp. à *continu*). **2.** Qui propose une alternative, un choix entre deux possibilités. ◇ Qui se propose de mettre en place un mode de production, des circuits de consommation jugés plus adaptés à l'individu que ceux de la société industrielle. *Mouvement alternatif. Librairie alternative.*

ALTERNATIVE n.f. **I. 1.** Choix entre deux possibilités ; dilemme. *Se trouver devant une alternative très embarrassante.* **2.** (Calque de l'angl. *alternative ;* emploi critiqué). Solution de remplacement. *L'alternative démocratique.* **3.** Succession de phénomènes ou d'états opposés. *Alternatives de chaud et de froid.* **II.** Investiture solennelle conférée à un *matador de novillos* (ou *novillero*) pour l'élever au rang de *matador de toros.*

ALTERNATIVEMENT adv. Tour à tour.

ALTERNE adj. (lat. *alternus*). **1.** BOT. Disposé un à un, en spirale, le long de la tige, en parlant d'une feuille, d'une fleur. **2.** MATH. Se dit des angles situés de part et d'autre de la sécante coupant deux droites. *Angles alternes externes* (situés à l'extérieur des deux droites). *Angles alternes internes* (situés à l'intérieur des deux droites). *Lorsque les deux droites sont parallèles, les angles alternes internes sont égaux entre eux ainsi que les angles alternes externes.*

ALTERNÉ, E adj. MATH. **1.** *Série alternée :* série numérique dont les termes, à partir d'un certain rang, sont alternativement positifs et négatifs. **2.** Se dit d'une application linéaire qui change de signe quand on échange deux variables.

ALTERNER v.i. (lat. *alternare*). Se succéder plus ou moins régulièrement, en parlant de deux ou plusieurs choses qui s'opposent ou forment contraste. *La colère alterne avec l'abattement.* ◆ v.t. Faire se succéder régulièrement. *Alterner le blanc et le noir.*

ALTESSE n.f. (it. *altezza*). Titre d'honneur donné aux princes, aux princesses.

ALTHÆA [altea] n.m. Plante du genre des guimauves, en partic. la rose trémière. (Famille des malvacées.)

ALTIER, ÈRE adj. (it. *altiero*). Litt. Qui a ou qui manifeste de l'orgueil, de la fierté. *Un port altier.*

ALTIMÈTRE n.m. (lat. *altus,* haut). Appareil pour mesurer l'altitude.

ALTIMÉTRIE n.f. Mesure des altitudes.

ALTIPORT n.m. Terrain d'atterrissage aménagé en haute montagne près d'une station de sports d'hiver.

ALTISE [altiz] n.f. (gr. *altikos,* sauteur). Insecte coléoptère sauteur, aux couleurs métalliques, qui s'attaque aux plantes potagères et à la vigne. (Long. 5 mm env. ; famille des chrysomélidés.)

ALTISTE n. Personne qui joue de l'alto.

ALTITUDE n.f. (lat. *altitudo,* hauteur). **1.** Élévation au-dessus du sol. *Avion qui prend, gagne, perd de l'altitude.* **2.** Élévation verticale d'un point, d'une région au-dessus du niveau de la mer. *Un village à 1 500 m d'altitude.* – *Mal de l'altitude,* malaise causé par la raréfaction de l'oxygène en altitude.

ALTO n.m. (mot it.) [pl. *altos*]. **1.** Voix de femme la plus grave, dite aussi *contralto ;* chanteuse qui possède cette voix. **2.** Instrument à quatre cordes accordé à la quinte grave du violon et de facture identique. **3.** Tout instrument alto. ◆ adj. Se dit d'un instrument de musique dont l'échelle sonore correspond approximativement à celle de la voix d'alto (ou *contralto*).

ALTOCUMULUS n.m. Nuage d'altitude moyenne (vers 4 000 m), formé de gros flocons aux contours assez nets et disposés en groupes ou en files (ciel pommelé).

altocumulus

ALTOSTRATUS n.m. Nuage d'altitude moyenne (entre 2 000 m et 6 000 m) qui a la forme d'un voile grisâtre assez foncé.

altostratus

ALTRUISME n.m. (lat. *alter,* autre). Litt. Tendance à s'intéresser aux autres, à se montrer généreux et désintéressé.

ALTRUISTE adj. et n. Litt. Qui manifeste de l'altruisme ; qui se soucie des autres (par opp. à *égoïste*).

ALTUGLAS n.m. (nom déposé). Matière synthétique très résistante, translucide ou colorée, aux nombreux usages. *Meubles en Altuglas.*

ALUCITE n.f. (lat. *alucita*). Papillon aux ailes gris-jaune, voisin des teignes, dont la chenille cause des dégâts aux céréales. (Envergure 1 cm env.)

ALUETTE n.f. Jeu originaire d'Espagne, que l'on joue avec 48 cartes spéciales et en utilisant des mimiques codifiées.

ALUMINAGE n.m. Mordançage à l'alumine.

ALUMINATE n.m. Sel dans lequel l'alumine joue un rôle acide. *Aluminate de potassium.*

ALUMINE n.f. (lat. *alumen, -inis,* alun). CHIM. Oxyde d'aluminium (Al_2O_3) qui, diversement coloré, constitue un certain nombre de pierres précieuses (rubis, saphir, etc.). *La bauxite contient surtout de l'alumine hydratée.*

ALUMINER v.t. Recouvrir d'une mince couche d'aluminium.

ALUMINERIE n.f. Canada. Usine de fabrication de l'aluminium.

ALUMINEUX, EUSE adj. Qui contient de l'alumine. *Eau alumineuse.*

ALUMINIAGE n.m. **1.** Procédé de protection par une mince couche d'aluminium. **2.** Aluminisation.

ALUMINISATION n.f. Opération de dépôt d'aluminium sur le verre des miroirs. SYN. : *aluminiage, aluminure.*

ALUMINIUM [alyminjɔm] n.m. Métal blanc brillant, léger, ductile et malléable, s'altérant peu à l'air ; élément (Al) de numéro atomique 13, de masse atomique 26,98.

■ L'aluminium fond à 660 °C et sa densité est de 2,7. Son composé le plus important est son oxyde, obtenu à partir de la bauxite, l'alumine, dont la réduction électrolytique est à la base de la métallurgie de l'aluminium. Il est utilisé pour sa légèreté, pur ou en alliage (Duralumin, Alpax, etc.), dans l'automobile et l'aéronautique ainsi que dans l'industrie électrique, le bâtiment, la décoration, l'emballage, etc. *(V. illustration p. 58.)*

ALUMINOSILICATE n.m. Composé contenant du silicium et de l'aluminium.

ALUMINOTHERMIE n.f. Production de hautes températures par réaction d'aluminium en poudre sur divers oxydes métalliques.

ALUMINURE n.f. Aluminisation.

ALUN [alœ̃] n.m. (lat. *alumen*). Sulfate double d'aluminium et de potassium, ou composé analogue aux propriétés astringentes. *L'alun aide à fixer les teintures.*

ALUNAGE n.m. Action d'aluner (une étoffe).

ALUNER v.t. Imprégner (une étoffe) d'alun.

ALUNIFÈRE adj. Qui contient de l'alun.

ALUNIR v.i. Se poser sur la Lune (terme condamné par l'Académie des sciences et par l'Académie française, qui recommandent *atterrir sur la Lune*).

ALUNISSAGE n.m. Action d'alunir. (Recomm. off. : *atterrissage sur la Lune.*)

ALUNITE n.f. Sulfate naturel d'aluminium et de potassium.

ALVÉOLAIRE adj. **1.** Relatif aux alvéoles. ◇ Spécialt. Relatif aux alvéoles des dents. – *Consonne alvéolaire* ou *alvéolaire,* n.f. : articulée avec la pointe de la langue au niveau des alvéoles des dents. **2.** En forme d'alvéole.

ALVÉOLE n.f. (masc. selon l'Académie) [lat. *alveolus*]. **1.** Cavité des rayons des nids d'abeilles. **2. a.** Cavité creusée dans le tissu du lobule pulmonaire, où s'effectuent les échanges respiratoires. **b.** Cavité des os maxillaires où est enchâssée une dent. **3.** GÉOMORPH. Petite cavité dans une roche homogène, due à l'érosion chimique ou mécanique.

ALVÉOLÉ, E adj. Qui présente, qui a des alvéoles.

ALVÉOLITE n.f. Inflammation des alvéoles pulmonaires ou dentaires.

ALVIN, E adj. MÉD. Relatif au bas-ventre. ◇ *Flux alvin :* diarrhée.

ALYSSE n.f. ou **ALYSSON** n.m. (gr. *alusson,* plante salutaire contre la rage). Plante à fleurs jaunes ou blanches, parfois cultivée comme ornementale. (Haut. 30 cm env. ; famille des crucifères.)

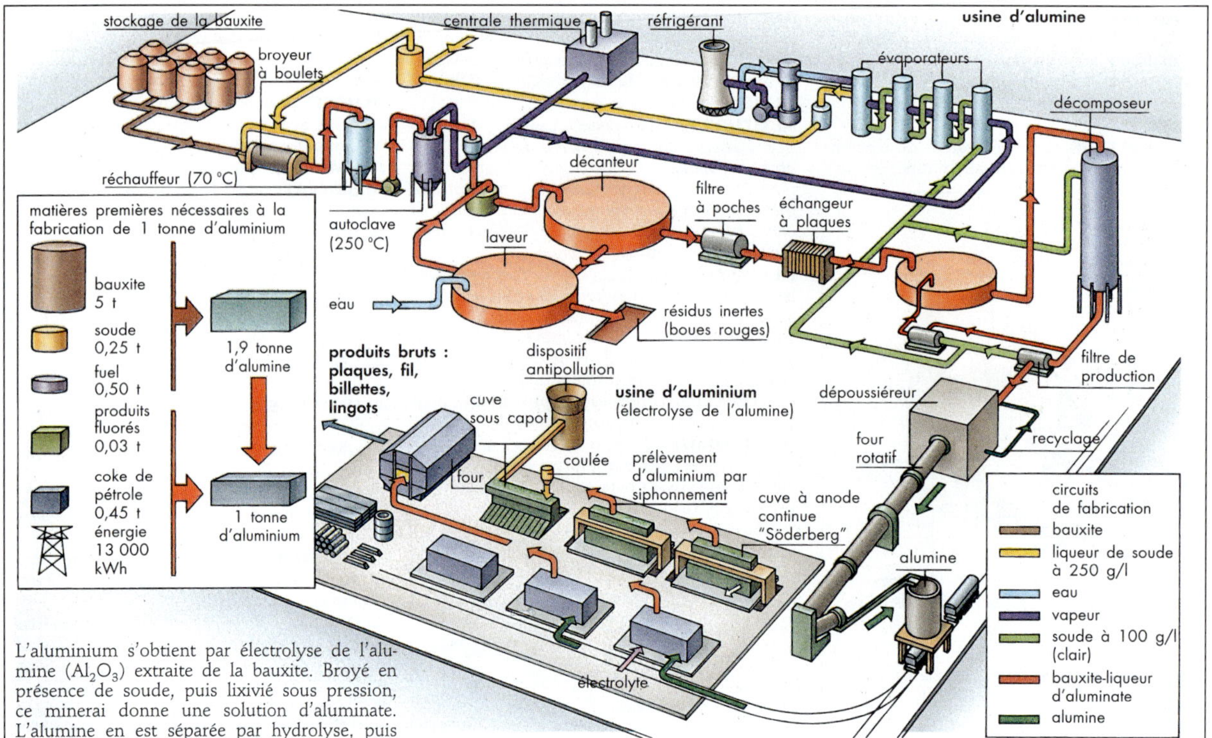

L'aluminium s'obtient par électrolyse de l'alumine (Al_2O_3) extraite de la bauxite. Broyé en présence de soude, puis lixivié sous pression, ce minerai donne une solution d'aluminate. L'alumine en est séparée par hydrolyse, puis dissoute dans la cryolithe fondue et soumise, vers 1 000 °C, à un courant continu de forte intensité (17 000 A) et de faible tension (4 V).

aluminium : schéma d'élaboration

ALYTE n.m. (gr. *alutos,* qu'on ne peut délier). Amphibien anoure d'Europe, dit aussi *crapaud accoucheur.* (Le mâle aide la femelle à expulser ses œufs qu'il enroule en longs cordons autour de ses pattes postérieures et humecte de temps en temps jusqu'à l'éclosion ; long. 5 cm env. ; famille des discoglossidés.)

ALZHEIMER (MALADIE D') : démence présénile caractérisée par une détérioration intellectuelle profonde, accompagnée de la conscience du trouble.

Am, symbole chimique de l'américium.

A/m, symbole de l'ampère par mètre.

AMABILITÉ n.f. Caractère d'une personne aimable ; politesse, affabilité.

AMADOU n.m. (mot prov., *amoureux*). Substance spongieuse provenant de l'amadouvier du chêne et préparée pour prendre feu facilement. *Briquet à amadou.*

AMADOUER v.t. Adoucir, apaiser en flattant, en se montrant aimable.

AMADOUVIER n.m. Champignon non comestible à chapeau blanchâtre épais (10-20 cm), qui vit sur les troncs des arbres feuillus et dont on tire l'amadou. (Famille des polyporacées.)

AMAIGRI, E adj. Devenu maigre, plus maigre.

AMAIGRIR v.t. Rendre maigre (qqn), lui faire perdre du poids. ◆ **s'amaigrir** v.pr. Devenir maigre ; avoir maigri.

AMAIGRISSANT, E adj. Qui fait maigrir. *Régime amaigrissant.*

AMAIGRISSEMENT n.m. Action, fait de maigrir.

AMALGAMATION n.f. **1.** Action d'amalgamer ; son résultat. **2.** CHIM. Procédé qui permet d'extraire, à l'aide du mercure, l'or et l'argent de leurs gangues.

AMALGAME n.m. (lat. *amalgama,* mot ar.). **1.** Alliage du mercure et d'un autre métal. *Amalgame de cuivre.* ◇ Alliage d'argent et d'étain employé pour les obturations dentaires. **2. a.** Mélange de choses ou de personnes très différentes. **b.** Assimilation abusive à des fins polémiques (en politique, notamm.). *Pratiquer l'amalgame.* **3.** MIL. Réunion dans un même corps d'unités de provenances différentes.

AMALGAMER v.t. **1.** Pratiquer l'amalgame de (plusieurs corps). **2.** Rapprocher ou mélanger (des éléments divers, disparates). ◆ **s'amalgamer** v.pr. S'unir, se fondre en un tout.

AMAN [aman] n.m. (ar. *amān*). Octroi de la vie sauve à un ennemi vaincu, sauf-conduit, en pays musulman. – Vx. *Demander l'aman :* faire sa soumission.

AMANDAIE n.f. Lieu planté d'amandiers.

AMANDE n.f. (lat. *amygdala,* mot gr.). **1.** Graine comestible de l'amandier, riche en substances grasses et glucidiques. *Huile d'amande douce.* ◇ *Yeux en amande,* dont la forme oblongue rappelle celle de l'amande. **2.** Graine contenue dans un noyau.

AMANDIER n.m. Arbre originaire d'Asie, cultivé pour ses graines ou amandes. (Haut. 7 m env. ; famille des rosacées.)

amandier

AMANDINE n.f. Tartelette aux amandes.

AMANITE n.f. (gr. *amanitês*). Champignon à lames, ayant un anneau et une volve, très commun dans les forêts. *Certaines espèces d'amanites sont comestibles, d'autres sont dangereuses ou mortelles. – Amanite des Césars :* oronge vraie. *Amanite tue-mouches :* fausse oronge.

amanites non comestibles

AMANT, E n. Vx. Celui, celle qui éprouve un amour partagé pour une personne de l'autre sexe. ◆ n.m. Homme qui a des relations sexuelles avec une femme qui n'est pas son épouse.

AMARANTACÉE n.f. *Amarantacées :* famille de plantes appartenant à l'ordre des chénopodiales et dont le type est l'*amarante.*

AMARANTE n.f. (lat. *amarantus*). **1.** Plante ornementale aux fleurs rouges groupées en longues grappes, appelée aussi *queue-de-renard* ou *passe-velours.* (Haut. 1 m env. ; famille des amarantacées.) **2.** *Bois d'amarante :* acajou de Cayenne, rouge vineux. ◆ adj. inv. D'une couleur rouge bordeaux velouté.

AMAREYEUR, EUSE n. Personne qui s'occupe de l'entretien des parcs à huîtres.

AMARIL, E adj. (esp. *amarillo,* jaune). Relatif à la fièvre jaune.

AMARINAGE n.m. Action d'amariner.

AMARINER v.t. MAR. **1.** Habituer (qqn, un équipage) à la mer. **2.** Faire occuper par un équipage (un navire pris à l'ennemi).

AMARNIEN, ENNE adj. et n. D'Amarna.

AMARRAGE n.m. **1.** Action d'amarrer ; son résultat. **2.** ASTRONAUT. Opération au cours de laquelle deux véhicules spatiaux établissent entre eux une liaison rigide.

AMARRE n.f. Câble, cordage pour maintenir en place un navire.

AMARRER v.t. (néerl. *aanmarren*). **1.** Maintenir, attacher (qqch) avec des amarres, des cordes, des câbles, etc. *Amarrer un cargo. Amarrer une malle sur un porte-bagages.* **2.** Fixer (une amarre, une manœuvre) par un nœud, des tours.

AMARYLLIDACÉE n.f. *Amaryllidacées :* famille de plantes monocotylédones dont le type est l'*amaryllis* et qui comprend aussi le perce-neige, le narcisse et l'agave.

AMARYLLIS [amarilis] n.f. Plante bulbeuse à grandes fleurs d'un rouge éclatant, d'odeur suave, dite *lis Saint-Jacques.*

AMAS [amɑ] n.m. **1.** Accumulation de choses réunies de façon désordonnée ; monceau, tas. *Un amas de ferraille, de paperasses.* **2.** ASTRON. Concentration d'étoiles ou de galaxies appartenant à un même système. – *Amas globulaire :* amas très concentré de plusieurs centaines de milliers d'étoiles. – *Amas ouvert :* amas peu serré comprenant seulement quelques centaines d'étoiles.

AMASSER v.t. (de *masse*). Réunir en une masse importante ; accumuler, entasser. *Amasser de l'argent. Amasser des connaissances.*

AMATEUR n. et adj. (lat. *amator*). **1.** Personne qui pratique un sport, qui s'adonne à un art, etc., pour son agrément, sans en faire profession. ◇ Péj. Personne qui manque de zèle et d'application ; dilettante. **2.** Personne qui a du goût, une attirance particulière pour qqch. *Elle est grand amateur de peinture.* ◇ Fam. Acheteur (notamm. d'œuvres d'art).

AMATEURISME n.m. **1.** Qualité d'une personne qui pratique un sport, un art, etc., en amateur. **2.** Défaut d'une personne qui manque de zèle, qui ne s'engage pas vraiment dans ce qu'elle fait.

AMATIR v.t. Rendre mat (un métal précieux), lui ôter son poli.

AMAUROSE n.f. (gr. *amauros,* obscur). Cécité plus ou moins complète, due à une affection du nerf optique ou des centres nerveux, sans lésion de l'œil lui-même.

AMAZONE n.f. (gr. *Amadzôn*). **1.** Femme qui monte à cheval. ◇ *Monter en amazone,* en ayant les deux jambes du même côté (d'un cheval, d'une moto, etc.). **2.** Longue jupe portée par une femme quand elle monte à cheval. **3.** Arg. Prostituée en voiture.

AMAZONIEN, ENNE adj. et n. De l'Amazone ou de l'Amazonie.

AMAZONITE n.f. Pierre fine constituée par du feldspath vert clair à vert bleuté, presque opaque.

AMBAGES n.f. pl. (lat. *ambages*). *Sans ambages :* d'une manière directe, sans détour.

AMBASSADE n.f. (it. *ambasciata*). **1.** Mission, fonction d'un ambassadeur. **2.** Ensemble du personnel diplomatique, des agents et des services assurant cette mission ; bâtiment qui les abrite.

AMBASSADEUR, DRICE n. **1.** Représentant(e) permanent(e) d'un État auprès d'un État étranger. **2.** Personne chargée d'une mission.

AMBIANCE n.f. **1.** Atmosphère, climat d'un lieu, d'une réunion, etc. *Une mauvaise, une bonne ambiance.* **2.** Fam. Gaieté, entrain. *Elle met de l'ambiance partout !*

AMBIANCER v.i. 16. Afrique. Mettre de l'ambiance, de l'animation.

AMBIANT, E adj. (lat. *ambiens,* entourant). Qui entoure le milieu dans lequel on vit. *Température ambiante.*

AMBIDEXTRE adj. et n. (lat. *ambo,* deux, et *dexter,* droit). Qui se sert avec autant d'habileté de chacune de ses deux mains.

AMBIGU, UË adj. (lat. *ambiguus*). Dont le sens est équivoque, incertain ; que l'on peut comprendre, interpréter de différentes façons.

AMBIGUÏTÉ [ɑ̃bigɥite] n.f. **1.** Caractère de ce qui est ambigu ; ce qui est ambigu. *L'ambiguïté d'une situation. S'exprimer sans ambiguïté.* **2.** LOG. Propriété d'un système d'axiomes dont tous les modèles ne sont pas isomorphes.

AMBIGUMENT adv. De façon ambiguë.

AMBIOPHONIE n.f. Ambiance sonore créée par une réverbération artificielle des sons qui reviennent vers l'auditeur.

AMBISEXUÉ, E adj. Rare. Bisexué.

AMBITIEUSEMENT adv. De façon ambitieuse.

AMBITIEUX, EUSE adj. et n. Qui a, qui témoigne de l'ambition. *Un homme, un projet ambitieux.*

AMBITION n.f. (lat. *ambitio*). **1.** Désir ardent de réussite, de fortune, etc. **2.** Désir profond de qqch. *Sa seule ambition est d'être heureux.*

AMBITIONNER v.t. Désirer vivement (qqch), aspirer à (qqch).

AMBIVALENCE n.f. (lat. *ambo,* deux, et *valere,* valoir). **1.** Caractère de ce qui a deux aspects radicalement différents ou opposés. **2.** PSYCHOL. Disposition d'un sujet qui éprouve simultanément deux sentiments contradictoires vis-à-vis d'un même objet (amour et haine, etc.).

AMBIVALENT, E adj. Qui présente de l'ambivalence, qui paraît être contradictoire, avoir un sens double.

AMBLE n.m. (prov. *amblar,* du lat. *ambulare*). Trot d'un cheval qui lève en même temps les deux jambes du même côté. *Aller l'amble.* (Considérée auj. comme un défaut, cette allure était autrefois recherchée pour sa douceur, notamm. chez les montures destinées aux dames.) ◇ Cette même allure, chez certains quadrupèdes (chameau, girafe, ours, etc.).

AMBLER v.i. Vx. Aller l'amble.

AMBLEUR, EUSE adj. Qui va l'amble.

AMBLYOPE adj. et n. Dont l'acuité visuelle est très diminuée.

AMBLYOPIE n.f. (gr. *amblus,* faible, et *ôps,* vue). Diminution de l'acuité visuelle sans altération organique de l'œil.

AMBLYOSCOPE n.m. Appareil utilisé pour examiner et évaluer la vision de qqn.

AMBLYSTOME n.m. Amphibien urodèle, salamandre du Mexique, dont la larve est l'axolotl.

AMBON [ɑ̃bɔ̃] n.m. (gr. *ambôn,* saillie). **1.** Chacune des deux petites tribunes symétriques à l'entrée du chœur de certaines basiliques chrétiennes, pour la lecture de l'épître et de l'évangile. **2.** Pupitre placé face aux fidèles, pour la prédication.

AMBRE n.m. (ar. *al-' anbar*). **1.** Résine fossile provenant de conifères, de l'époque oligocène, qui poussaient sur l'emplacement de l'actuelle mer Baltique, dite aussi *ambre jaune* ou *succin,* et se présentant sous forme de morceaux durs et cassants, plus ou moins transparents, jaunes ou rougeâtres, utilisée en ébénisterie, en bijouterie, etc. **2.** *Ambre gris :* concrétion intestinale fournie par le cachalot et entrant dans la composition de parfums. ◆ adj. inv. D'une couleur jaune doré ou rougeâtre.

AMBRÉ, E adj. **1.** Parfumé à, qui a le parfum de l'ambre gris. **2.** De la couleur de l'ambre jaune. *Vin ambré.*

AMBRÉINE n.f. Alcool contenu dans l'ambre gris et dont la dégradation à l'air produit des composés odorants pour la parfumerie.

AMBRER v.t. Parfumer à l'ambre gris.

AMBRETTE n.f. Graine d'odeur musquée produite par une malvacée de l'Inde, du genre hibiscus.

AMBROISIE n.f. (gr. *ambrosia,* nourriture des dieux). Nourriture procurant l'immortalité, selon les anciens Grecs. *Les dieux de l'Olympe, buveurs de nectar et mangeurs d'ambroisie.*

AMBROSIAQUE adj. Comparable à l'ambroisie ; d'un goût délicieux, exquis.

AMBROSIEN, ENNE adj. Qui concerne le rite attribué à saint Ambroise.

AMBULACRAIRE adj. Relatif aux ambulacres.

AMBULACRE n.m. (du lat. *ambulare,* se promener). Zone du test des échinodermes percée de trous (trous ambulacraires) laissant le passage aux ventouses locomotrices ou podia.

AMBULANCE n.f. **1.** Véhicule pour le transport des malades ou des blessés. **2.** Anc. Hôpital mobile qui suivait les troupes en campagne.

AMBULANCIER, ÈRE n. Personne attachée au service d'une ambulance.

1. AMBULANT, E adj. (lat. *ambulans,* qui marche). Qui se déplace selon les besoins de sa profession ou d'une activité. *Marchand ambulant.*

2. AMBULANT, E n. et adj. Agent du tri, dans un wagon-poste.

AMBULATOIRE adj. **1.** MÉD. Qui n'interrompt pas les activités habituelles d'un malade. *Soin, traitement ambulatoire.* **2.** DR. Qui n'a pas de siège fixe. *Le parlement fut d'abord ambulatoire.*

ÂME n.f. (lat. *anima,* souffle, vie). **I. 1.** Principe de vie et de pensée de l'homme. *Union de l'âme et du corps.* ◇ *Rendre l'âme :* mourir. **2. a.** Individu, du point de vue moral, intellectuel, etc. *Une âme noble, faible.* ◇ *Bonne âme :* personne compatissante ou, iron., personne malveillante. **b.** Sens moral personnel, sensibilité. *En votre âme et conscience. Vague à l'âme.* – *État d'âme :* sentiment, disposition d'esprit (souvent : jugé déplacé, incompatible avec le rôle social). ◇ *Avec âme :* avec sentiment. **c.** Personne qui anime, qui dirige qqch. *Elle est vraiment l'âme du parti.* **d.** Litt. Habitant. *Une ville de 900 000 âmes.* **II. 1.** Petite baguette de bois placée dans un instrument à cordes et qui communique les vibrations à toutes ses parties. **2. a.** *Âme d'une cathode :* mince feuille de métal de haute pureté sur laquelle se dépose un métal par voie électrolytique, constituant ainsi la partie centrale de la plaque cathode obtenue. **b.** *Âme d'une électrode de soudure :* fil central métallique noyé dans un enrobage. **3.** *Âme d'un câble :* fil, toron ou cordage axial d'un câble. **4.** BX-A. Noyau porteur du revêtement externe d'une sculpture (dans l'art médiéval, notamm.). **5.** ARM. Évidement intérieur d'une bouche à feu.

AMÉLIORABLE adj. Qui peut être amélioré.

AMÉLIORANT, E adj. Qui améliore la fertilité du sol, en parlant d'une plante.

AMÉLIORATION n.f. Action d'améliorer ; son résultat. Fait de s'améliorer.

AMÉLIORER v.t. (du lat. *melior*). Rendre meilleur ; changer en mieux. *Améliorer des résultats.* ◆ **s'améliorer** v.pr. Devenir meilleur.

AMEN [amɛn] n.m. inv. (mot hébreu). [Terminant une prière]. « Ainsi soit-il. » ◇ Fam. *Dire amen :* donner son approbation.

AMÉNAGEABLE adj. Qui peut être aménagé.

AMÉNAGEMENT n.m. Action d'aménager (qqch) ; son résultat. ◇ *Aménagement du territoire,* permettant une meilleure répartition géographique des activités économiques en fonction des ressources naturelles et humaines.

AMÉNAGER v.t. (de *ménage*) 17. **1.** Transformer, modifier pour rendre plus pratique, plus agréable, etc. **2.** Régler les coupes de (une forêt).

AMÉNAGEUR, EUSE n. Personne ou organisme spécialisés dans les études d'aménagement du territoire.

AMÉNAGISTE n. Personne qui organise l'aménagement d'une forêt.

1. AMENDABLE adj. Qui peut être amendé.

2. AMENDABLE adj. Suisse. Passible d'une amende.

AMENDE n.f. **1.** Sanction ou peine pécuniaire. *Payer une amende.* ◇ Par plais. *Mettre qqn à l'amende,* lui infliger par jeu une sanction légère, lui imposer un gage. **2.** HIST. *Amende honorable :* peine infamante exigeant l'aveu public d'une faute, d'un crime. ◇ *Faire amende honorable :* reconnaître ses torts.

AMENDEMENT n.m. **1.** Modification apportée à un projet ou à une proposition de loi par une assemblée législative. **2.** Substance incorporée au sol pour le rendre plus fertile.

AMENDER v.t. (lat. *emendare,* châtier). **1.** Modifier (un texte) par amendement. **2.** Rendre meilleur (qqn, qqch). *Amender la terre.* ◆ **s'amender** v.pr. Litt. Se corriger.

AMÈNE adj. (lat. *amoenus*). Litt. D'une courtoisie aimable, affable.

AMENÉE n.f. TECHN. ... *d'amenée :* qui permet d'amener l'eau, un fluide. *Canal d'amenée.*

AMENER v.t. (de *mener*) [19]. **1. a.** Faire venir (qqn) avec soi. **b.** Porter, transporter (qqn, qqch) vers un lieu. **2. a.** Pousser, entraîner (qqn) à faire (qqch). *Son métier l'amène à voyager beaucoup.* **b.** Occasionner, provoquer. *La grêle amène bien des dégâts.* **3.** MAR. Abaisser. *Amener les voiles.* ◇ *Amener les couleurs :* abaisser le pavillon d'un navire en signe de reddition. ◆ **s'amener** v.pr. Fam. Venir. *Tu t'amènes ?*

AMÉNITÉ n.f. (lat. *amoenitas*). Rare. Parole aimable, acte plaisant. ◇ *Sans aménité :* avec rudesse. ◆ pl. Iron. Paroles blessantes. *Se dire des aménités.*

AMÉNORRHÉE [amenɔre] n.f. (gr. *mên,* mois, et *rhein,* couler). MÉD. Absence de menstruation.

AMENSAL, E, AUX adj. BOT. Qui est inhibé dans sa croissance par une autre espèce, en parlant d'une plante.

AMENSALISME n.m. BOT. Inhibition du développement d'une plante par une autre plante.

AMENTALE [amɑ̃tal] n.f. ou **AMENTIFÈRE** [amɑ̃tifɛr] n.m. *Amentales, amentifères :* superordre d'arbres à chatons tels que le saule, le noyer, le hêtre.

AMENUISEMENT n.m. Fait de s'amenuiser ; diminution.

AMENUISER v.t. (du lat. *minutus,* petit). Rendre (qqch) plus petit. ◆ **s'amenuiser** v.pr. Devenir moins important, diminuer. *Tes chances de réussir s'amenuisent.*

1. AMER, ÈRE [amɛr] adj. (lat. *amarus*). **1.** Qui a une saveur aigre, rude et désagréable. *Le café est amer.* **2. a.** Qui blesse par sa méchanceté. *Reproches amers.* **b.** Litt. Qui cause ou dénote de la tristesse, de l'amertume. *Souvenirs amers.*

2. AMER n.m. **1.** Liqueur obtenue par infusion de plantes amères. **2.** Fiel du bœuf et des poissons.

3. AMER n.m. (néerl. *merk,* limite). MAR. Objet, bâtiment fixe et visible situé sur une côte et servant de point de repère pour la navigation.

AMÉRASIEN, ENNE n. et adj. Métis d'Américain et d'Asiatique.

AMÈREMENT adv. Avec amertume, avec tristesse. *Se plaindre amèrement.*

AMÉRICAIN, E adj. et n. **1.** Des États-Unis d'Amérique. **2.** D'Amérique. *Le continent américain.* **3.** *Vedette américaine :* artiste qui passe sur une scène de music-hall juste avant la vedette principale. **4.** CIN. *Nuit américaine :* effet spécial permettant de filmer de jour une scène censée se dérouler la nuit. **5.** Belgique. *Filet américain :* steak tartare. ◆ n.m. Langue anglaise parlée aux États-Unis, dite aussi *anglo-américain.*

AMÉRICAINE n.f. **1.** Ellipt. **a.** Cigarette américaine. *Fumer des américaines.* **b.** Voiture américaine. **c.** Anc. Voiture hippomobile à quatre roues. **2.** ... *à l'américaine :* avec une sauce à base de tomate fondue, oignon, échalote, ail, vin blanc et cognac. *Homard à l'américaine.* **3.** Course cycliste sur piste par relais.

AMÉRICANISATION n.f. Action d'américaniser ; son résultat. Fait de s'américaniser.

AMÉRICANISER v.t. Donner le caractère américain à. ◆ **s'américaniser** v.pr. Prendre l'aspect, les manières des Américains du Nord, leur mode de vie.

AMÉRICANISME n.m. **1.** Tournure, mot propres à l'anglais d'Amérique du Nord. **2.** Tendance à s'inspirer de ce qui se fait aux États-Unis. **3.** Ensemble des sciences ayant pour objet le continent américain.

AMÉRICANISTE n. et adj. Spécialiste de l'étude du continent américain ; relatif à l'américanisme.

AMÉRICIUM [amerisjɔm] n.m. Élément chimique (Am) artificiel et radioactif, de numéro atomique 95.

AMÉRINDIEN, ENNE adj. et n. Propre aux Indiens d'Amérique.

AMERLO, AMERLOT ou **AMERLOQUE** n. Pop., souvent péj. Américain des États-Unis.

AMERRIR v.i. Se poser sur la mer, sur l'eau (en parlant d'un hydravion ou d'un vaisseau spatial).

AMERRISSAGE n.m. Action d'amerrir.

AMERTUME n.f. (lat. *amaritudo*). **1.** Saveur amère. *L'amertume du café.* **2.** Fig. Ressentiment mêlé de tristesse et de déception. *Des paroles pleines d'amertume.*

AMÉTHYSTE [ametist] n.f. (gr. *amethustos,* pierre qui préserve de l'ivresse). Pierre fine, variété violette de quartz.

AMÉTROPE adj. et n. Atteint d'amétropie.

AMÉTROPIE n.f. (gr. *metron,* mesure, et *ôps,* œil). Anomalie de la réfraction oculaire (myopie, hypermétropie, astigmatisme).

AMEUBLEMENT n.m. Ensemble des meubles et des objets qui garnissent et décorent une habitation. *Tissu d'ameublement.*

AMEUBLIR v.t. **1.** Rendre (une terre) plus meuble. **2.** DR. Faire (d'un immeuble) un bien mobilier.

AMEUBLISSEMENT n.m. Action d'ameublir ; son résultat.

AMEUTER v.t. (de *meute*). **1.** Rassembler en faisant du bruit, du scandale. *Ameuter la foule.* **2.** Mettre (des chiens) en meute.

AMHARIQUE n.m. Langue sémitique parlée en Éthiopie, où elle a le statut de langue officielle.

AMI, E n. et adj. (lat. *amicus*). **1.** Personne pour laquelle on a de l'amitié, de l'affection, ou avec laquelle on a des affinités. *Un vieil ami. Ils ont peu d'amis.* **2.** *(Petit) ami, (petite) amie :* personne qui est liée à une autre par un sentiment tendre, par l'amour ; flirt ou amant, maîtresse. **3.** Personne qui a du goût pour qqch. *Ami de la vérité.* ◆ adj. Accueillant, favorable, en parlant d'un lieu ou de qqch. *Un pays ami.* ◆ n.m. LING. *Faux ami :* terme d'une langue qui présente une ressemblance avec un terme d'une autre langue, mais qui n'a pas le même sens.

AMIABLE adj. (bas lat. *amicabilis*). **1.** Qui concilie des intérêts opposés. *Accord amiable.* **2.** DR. *Amiable compositeur :* arbitre autorisé par les parties à trancher un litige dans le cadre d'un compromis. ◆ loc. adv. *À l'amiable :* en se mettant d'accord de gré à gré.

AMIANTE n.m. (gr. *amiantos,* incorruptible). Silicate naturel hydraté de calcium et de magnésium, à contexture fibreuse, résistant à l'action du feu et utilisé pour fabriquer des matériaux, des tissus incombustibles.

AMIANTE-CIMENT n.m. (pl. *amiantes-ciments*). Matériau fait d'amiante et de ciment, très utilisé dans les secteurs du bâtiment et des travaux publics.

AMIBE n.f. (gr. *amoibê,* transformation). Animal unicellulaire des eaux douces ou salées, des sols humides, se déplaçant par pseudopodes, et dont une espèce parasite l'intestin de l'homme. (Taille entre 30 et 500 micromètres ; embranchement des rhizopodes.)

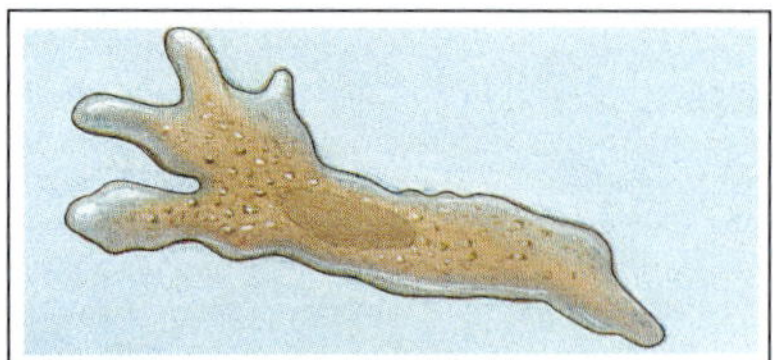

amibe

AMIBIASE n.f. Affection intestinale causée par les amibes et s'étendant parfois au foie, aux reins et au cerveau.

1. AMIBIEN, ENNE adj. Causé par une amibe. *Dysenterie amibienne.*

2. AMIBIEN n.m. *Amibiens :* classe de protozoaires ayant les caractères généraux des amibes.

AMIBOÏDE adj. Qui se rapporte aux amibes ; qui évoque l'amibe. *Mouvements amiboïdes.*

AMICAL, E, AUX adj. **1.** Inspiré par l'amitié. *Un geste très amical.* **2.** Qui ne comporte pas d'enjeu, en parlant d'une rencontre sportive.

AMICALE n.f. Association de personnes de la même profession, de la même école, pratiquant le même sport, etc.

AMICALEMENT adv. De façon amicale.

AMICT [ami] n.m. (lat. *amictus,* manteau). Linge bénit couvrant le cou et les épaules du prêtre pendant l'office.

AMIDE n.m. CHIM. Composé organique dérivant de l'ammoniac par au moins une acylation et éventuellement des alcoylations (nom générique).

AMIDON n.m. (lat. *amylum,* fleur de farine, mot gr.). **1.** Substance organique de réserve qui s'accumule dans certaines parties des végétaux. **2.** Solution colloïdale d'amidon dans l'eau, utilisée pour empeser le linge.

AMIDONNAGE n.m. Action d'amidonner.

AMIDONNER v.t. Enduire, imprégner d'amidon.

AMIDONNERIE n.f. Usine où l'on fabrique l'amidon.

AMIDONNIER, ÈRE adj. Relatif à l'amidon. ◆ n. Personne qui travaille à la fabrication de l'amidon.

AMIDOPYRINE n.f. Antalgique, toxique à haute dose.

AMIÉNOIS, E adj. et n. D'Amiens.

AMIMIE n.f. Perte plus ou moins complète de l'expression par les gestes, observée dans certaines affections neurologiques.

AMIMIQUE adj. et n. Atteint d'amimie.

AMINCIR v.t. Rendre ou faire paraître plus mince, moins épais. *Ce pull t'amincit.* ◆ **s'amincir** v.pr. Devenir plus mince.

AMINCISSANT, E adj. Qui amincit.

AMINCISSEMENT n.m. Action d'amincir, de s'amincir ; son résultat.

AMINE n.f. Composé organique dérivant de l'ammoniac par substitution à l'hydrogène d'un ou de plusieurs radicaux alcoyles. (Ex. : la *monométhylamine* CH_3NH_2.)

AMINÉ, E adj. *Acide aminé :* aminoacide.

AMINOACIDE n.m. Substance organique ayant une fonction amine, constituant fondamental des protéines. SYN. : *acide aminé.*

AMINOGÈNE n.m. Radical univalent —NH_2 existant dans les amines.

AMINOPHYLLINE n.f. Dérivé de la théophylline, utilisé pour stimuler le cœur, la respiration, les reins.

AMINOPLASTE n.m. Résine synthétique thermodurcissable obtenue par action de l'urée sur le formol.

AMIRAL n.m. (ar. *'amīr al-baḥr,* prince de la mer) [pl. *amiraux*]. **1.** Officier général d'une marine militaire. – *Contre-amiral, vice-amiral, vice-amiral d'escadre, amiral :* échelons successifs de la hiérarchie des amiraux, en France. → ***grade.*** **2.** *Amiral de France :* dignité équivalente à celle de *maréchal de France.* ◆ adj. *Bâtiment amiral :* navire ayant à son bord un amiral commandant une force navale.

AMIRALE n.f. Femme d'un amiral.

AMIRAUTÉ n.f. **1. a.** Corps des amiraux ; haut commandement de la marine militaire. **b.** Siège du commandement d'un amiral. **2.** (En Grande-Bretagne) *L'Amirauté :* le ministère de la Marine, naguère. – *Lord de l'Amirauté :* ministre de la Marine (poste supprimé en 1967).

AMITIÉ n.f. (lat. *amicitia*). **1.** Sentiment d'affection, de sympathie qu'une personne éprouve pour une autre ; ce lien, généralement réciproque. **2.** *Amitié particulière :* liaison homosexuelle (notamm. entre deux adolescents, deux adolescentes). ◆ pl. Témoignages d'affection. *Faisleur mes amitiés.*

AMITIEUX, EUSE adj. Belgique. Fam. Affectueux, gentil.

AMITOSE n.f. Division cellulaire directe, simplifiée (sans mitose), par étranglement du noyau et du cytoplasme de la cellule.

AMMOCÈTE [amɔsɛt] n.f. Larve de la lamproie.

AMMODYTE n.f. Grande vipère à tête triangulaire des Balkans et du Proche-Orient, dite *anguille des sables.* (Famille des vipéridés.)

AMMONAL n.m. (pl. *ammonals*). Explosif composé de nitrate d'ammonium et d'aluminium.

1. AMMONIAC n.m. (lat. *ammoniacum,* empr. au gr.). Composé gazeux (NH_3) d'azote et d'hydrogène, à l'odeur très piquante.

2. AMMONIAC, AQUE adj. Qui se rapporte à l'ammoniac. ◇ *Sel ammoniac :* chlorure d'ammonium.

AMMONIACAL, E, AUX adj. Qui contient de l'ammoniac ; qui en a les propriétés.

AMMONIAQUE n.f. Solution aqueuse de gaz ammoniac, appelée aussi *alcali volatil.*

AMMONISATION ou **AMMONIFICATION** n.f. Transformation de l'azote organique en azote ammoniacal sous l'effet des bactéries du sol.

AMMONITE n.f. (lat. *Ammonis cornu,* corne d'Amon). Mollusque fossile à coquille cloisonnée et enroulée, caractéristique de l'ère secondaire. (Classe des céphalopodes.)

ammonite

AMMONIUM [amɔnjɔm] n.m. Radical $—NH_4$ entrant dans la composition de sels ammoniacaux.

AMMONIURIE n.f. Élimination d'ammoniaque par les urines.

AMMOPHILE n.f. (gr. *ammos,* sable). Guêpe qui paralyse les chenilles à coups d'aiguillon et les transporte dans son terrier pour nourrir ses larves. (Long. 2 cm env. ; famille des sphégidés.)

AMNÉSIE n.f. (gr. *amnêsia*). Diminution ou perte totale de la mémoire.

AMNÉSIQUE adj. et n. Atteint d'amnésie partielle ou totale, temporaire ou définitive.

AMNIOCENTÈSE [-sɛ̃tɛz] n.f. Ponction de la cavité utérine pendant la grossesse pour prélever du liquide amniotique aux fins d'analyse.

AMNIOS [amnjɔs] n.m. (gr. *amnion*). Membrane la plus interne qui enveloppe le fœtus, chez les mammifères, les oiseaux et les reptiles.

AMNIOSCOPIE n.f. Examen endoscopique du liquide amniotique.

AMNIOTE n.m. *Amniotes :* groupe de vertébrés dont l'embryon est enveloppé d'un amnios. SYN. : *allantoïdien.*

AMNIOTIQUE adj. Qui appartient à l'amnios ou qui s'y rapporte. – *Liquide amniotique,* qui remplit la poche de l'amnios et dans lequel baigne le fœtus.

AMNISTIABLE adj. Qui peut être amnistié.

AMNISTIANT, E adj. Qui entraîne l'amnistie.

AMNISTIE n.f. (gr. *amnêstia,* pardon). Loi qui fait disparaître le caractère d'infraction d'un fait punissable en effaçant la condamnation ou en empêchant (ou en arrêtant) les poursuites ; effet juridique d'une telle loi. *Voter l'amnistie. Faits couverts par l'amnistie.*

AMNISTIÉ, E adj. et n. Qui est, qui a été l'objet d'une amnistie.

AMNISTIER v.t. Accorder une amnistie à.

AMOCHER v.t. Fam. **1.** Abîmer, détériorer. **2.** Blesser, défigurer.

AMODIATAIRE n. DR. **1.** Preneur à bail de terres cultivables. **2.** Personne à qui la concession d'une mine est amodiée et qui se substitue au concessionnaire pour l'exploitation de celle-ci.

AMODIATEUR, TRICE n. Bailleur de terres cultivables, ou loueur d'une exploitation minière, en vertu d'un contrat d'amodiation.

AMODIATION n.f. Exploitation d'une terre ou d'une mine moyennant une redevance périodique.

AMODIER v.t. (lat. *modius,* boisseau). Concéder par amodiation.

AMOINDRIR v.t. Rendre moindre ; affaiblir. *Son accident l'a beaucoup amoindri.* ◆ **s'amoindrir** v.pr. Devenir moindre ; perdre de ses forces.

AMOINDRISSEMENT n.m. Diminution, affaiblissement.

AMOK n.m. (du malais *âmuk,* par l'angl.). Accès de folie meurtrière observé chez les Malais.

AMOLLIR v.t. (de *mou*). Rendre mou (qqn, qqch). ◆ **s'amollir** v.pr. Devenir mou.

AMOLLISSANT, E adj. Qui amollit.

AMOLLISSEMENT n.m. **1.** Action d'amollir, de s'amollir ; son résultat. **2.** Relâchement, affaiblissement.

AMOME n.m. Plante d'Afrique tropicale dont les graines sont consommées sous le nom de *gingembre, maniguette* ou *graine de paradis.* (Famille des zingibéracées.)

AMONCELER v.t. [24]. Réunir en monceau, en tas ; accumuler.

AMONCELLEMENT n.m. Action d'amonceler ; entassement, accumulation.

AMONT n.m. (lat. *ad,* vers, et *mons,* montagne). **1.** Partie d'un cours d'eau qui est du côté de la source, par rapport à un point considéré (par opp. à *l'aval*). ◇ *En amont de :* plus près de la source, par rapport à un point considéré. *Orléans est en amont de Tours sur la Loire.* **2.** *À l'amont, en amont :* au début d'un processus quelconque. *Reprendre l'enquête en amont.* ◆ adj. inv. Qui est du côté de la montagne, en parlant du ski ou du skieur.

AMONTILLADO [amɔntijado] n.m. Vin de la région de Jerez (Espagne).

AMORAL, E, AUX adj. **1.** Qui est indifférent aux règles de la morale ou qui les ignore. **2.** Qui agit volontairement contre la morale.

AMORALISME n.m. **1.** Attitude d'une personne amorale. **2.** Philosophie qui nie tout fondement objectif et universel à la morale.

AMORALITÉ n.f. Caractère de ce qui est amoral ; conduite amorale.

AMORÇAGE n.m. **1.** Action d'amorcer (qqch), de déclencher un appareil, un dispositif, de commencer à faire (qqch). *Amorçage d'une pompe.* ◇ CHIM. Déclenchement d'une réaction de polymérisation par l'ajout de certaines substances. – ÉLECTR. Ensemble des phénomènes transitoires précédant l'établissement d'un régime permanent. **2.** Dispositif provoquant l'éclatement d'une charge explosive.

AMORCE n.f. (de l'anc. fr. *amordre,* mordre). **1. a.** Commencement, ébauche de qqch. *Ce n'est que l'amorce d'un roman.* **b.** Morceau de film ou de bande magnétique utilisé pour mettre en place le dispositif. **2.** Petite masse d'explosif dont la détonation enflamme la charge d'une cartouche ou d'une mine. **3.** Produit jeté dans l'eau pour attirer le poisson.

AMORCER v.t. [16]. **1.** Commencer à exécuter, à réaliser (qqch). *L'affaire est déjà bien amorcée. Amorcer un virage.* **2.** Mettre en état de fonctionner. *Amorcer une pompe.* **3.** Garnir d'une amorce. *Amorcer un hameçon.* ◇ Chercher à attirer (le poisson) par de l'amorce.

AMORÇOIR n.m. Ustensile de pêche pour déposer l'amorce au fond de l'eau.

AMOROSO [amɔrozo] adv. (mot it.). MUS. De façon tendre, amoureusement.

AMORPHE adj. (du gr. *amorphos,* sans forme). **1.** Qui est ou paraît sans énergie, mou, inactif. **2.** Non cristallisé, en parlant d'un corps.

AMORTI n.m. Action de diminuer ou de supprimer le rebond d'une balle, d'un ballon, dans certains sports.

AMORTIE n.f. Balle résultant d'un amorti.

AMORTIR v.t. (lat. *mors, mortis,* mort). **1.** Diminuer l'effet, la force de qqch, affaiblir. *Amortir un bruit.* **2.** Reconstituer progressivement (le capital employé à une acquisition) grâce aux bénéfices tirés de celle-ci. *Amortir l'achat d'une machine.* **3.** DR. Rembourser (un emprunt) à termes échelonnés ; rembourser (un capital, une fraction de capital [actions]). ◆ **s'amortir** v.pr. S'affaiblir, diminuer.

AMORTISSABLE adj. DR. Qui peut être amorti. *Rente amortissable.*

AMORTISSEMENT n.m. **1.** Action d'amortir ou de s'amortir. *Amortissement d'un choc.* **2. a.** ÉCON. Constatation comptable de la dépréciation d'éléments d'actif résultant de l'usure ou de l'obsolescence. **b.** DR. Remboursement d'un emprunt par tranches successives ; remboursement d'un capital ou d'une fraction de celui-ci (actions). **3.** Diminution d'amplitude d'un mouvement oscillatoire. **4.** ARCHIT. Élément ornemental placé au sommet de tout axe vertical d'une élévation (pinacle, statue, etc.).

AMORTISSEUR n.m. Dispositif qui amortit la violence d'un choc, les vibrations d'une machine, etc. *Changer les amortisseurs.*

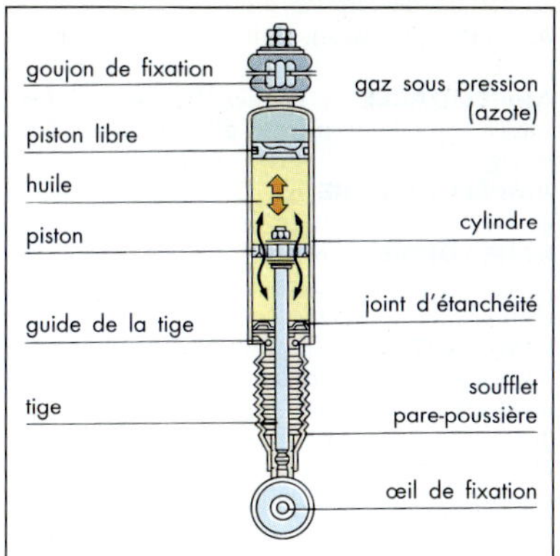

amortisseur d'automobile à gaz et huile

AMOUILLANTE n.f. et adj. f. Vache qui va vêler.

AMOUR n.m. (lat. *amor*) [fém. au pl. dans la langue littéraire : *de belles amours*]. **I. 1.** Sentiment très intense, attachement englobant la tendresse et l'attirance physique, entre deux personnes. *Éprouver de l'amour pour qqn. C'est une vraie histoire d'amour.* ◇ *Faire l'amour :* avoir des relations sexuelles avec un, une partenaire. **2.** Mouvement de dévotion, de dévouement qui porte vers une divinité, un idéal, une autre personne, etc. *L'amour de Dieu, de la vérité, du prochain.* **3.** Goût très marqué, passion, intérêt pour qqch. *L'amour des pierres, des bateaux.* – Fam. *Un amour de* (suivi d'un nom) : qqch ou qqn de charmant, d'adorable. *Un amour de lampe.* **II.** Représentation allégorique ou symbolique de l'amour (souvent sous la forme d'un enfant armé d'un arc) ; cupidon. **III.** *Amour blanc :* poisson originaire de Chine, importé en Europe pour nettoyer les cours d'eau dont il mange les plantes. (Famille des cyprinidés.) ◆ pl. Suisse. Dernières gouttes d'une bouteille de vin.

Amour portant des fleurs. Peinture d'Annibal Carrache. (Musée Condé, Chantilly.)

AMOURACHER (S') v.pr. *(de).* Éprouver (pour qqn) un amour soudain et passager.

AMOUR-EN-CAGE n.m. (pl. *amours-en-cage*). Alkékenge (plante). SYN. : *coqueret, physalis.*

1. AMOURETTE n.f. Amour passager, sans profondeur.

2. AMOURETTE n.f. (lat. *amalusta,* camomille). **1.** Plante des champs (muguet, brize). **2.** *Bois d'amourette :* bois d'une espèce d'acacia utilisé en marqueterie.

AMOURETTES n.f. pl. (anc. prov. *amoretas,* testicules de coq). Morceau de moelle épinière des animaux de boucherie.

AMOUREUSEMENT adv. Avec amour.

AMOUREUX, EUSE adj. et n. Qui éprouve de l'amour pour qqn, de l'attirance pour qqch. *Être, tomber amoureuse. Amoureux de la peinture.* ◆ adj. Qui manifeste de l'amour ; qui se rapporte à l'amour. *Des regards amoureux.*

AMOUR-PROPRE n.m. (pl. *amours-propres*). Sentiment de sa propre valeur, de sa dignité. *Il n'a aucun amour-propre.*

AMOVIBILITÉ n.f. Caractère de ce qui est amovible.

AMOVIBLE adj. (lat. *amovere,* déplacer). **1.** Qui peut être enlevé, séparé d'un ensemble. *Roue amovible.* **2.** Qui peut être destitué ou déplacé, en parlant de certains fonctionnaires.

A. M. P. n.f. (sigle). Adénosine* monophosphate.

AMPÉLIDACÉE n.f. (gr. *ampelos,* vigne). *Ampélidacées :* famille de plantes dicotylédones, dont la vigne est le type. SYN. : *vitacée.*

AMPÉLOGRAPHIE n.f. (gr. *ampelos,* vigne, et *graphein,* décrire). Étude de la vigne.

AMPÉLOPSIS [ɑ̃pelɔpsis] n.m. Arbrisseau grimpant, dont le nom usuel est *vigne vierge.* (Famille des ampélidacées.)

AMPÉRAGE n.m. (Emploi critiqué). Intensité d'un courant électrique.

AMPÈRE n.m. (de *Ampère,* n.pr.). ÉLECTR. **1.** Unité de mesure d'intensité de courant électrique (symb. A), équivalant à l'intensité d'un courant constant qui, maintenu dans deux conducteurs parallèles, rectilignes, de longueur infinie, de section circulaire négligeable et placés à une distance de 1 mètre l'un de l'autre, dans le vide, produirait entre ces conducteurs une force de $2 \cdot 10^{-7}$ newton par mètre de longueur. *L'ampère est l'une des sept unités de base du système international d'unités* (SI). **2.** Unité de mesure de force magnétomotrice (symb. A), équivalant à la force magnétomotrice produite le long d'une courbe fermée quelconque qui entoure une seule fois un conducteur parcouru par un courant électrique de 1 ampère. ◇ *Ampère par mètre :* unité de mesure de champ magnétique (symb. A/m), équivalant à l'intensité de champ magnétique produite dans le vide le long de la circonférence d'un cercle de 1 m de circonférence par un courant électrique d'intensité 1 ampère maintenu dans un conducteur rectiligne de longueur infinie, de section circulaire négligeable, formant l'axe du cercle considéré.

AMPÈRE-HEURE n.m. (pl. *ampères-heures*). Unité de mesure de quantité d'électricité (symb. Ah), équivalant à la quantité d'électricité transportée en 1 heure par un courant de 1 ampère. *1 ampère-heure vaut 3 600 coulombs.*

AMPÈREMÈTRE n.m. Appareil étalonné en ampères, destiné à mesurer l'intensité d'un courant électrique.

AMPÈRE-TOUR n.m. (pl. *ampères-tours*). Anc. Unité de force magnétomotrice ou de potentiel magnétique (symb. At).

AMPHÉTAMINE [ɑ̃fetamin] n.f. Substance médicamenteuse qui stimule l'activité cérébrale, diminue le sommeil et la faim.

AMPHI n.m. Fam. Amphithéâtre.

AMPHIARTHROSE [ɑ̃fiartroz] n.f. (gr. *amphi,* des deux côtés, et *arthrôsis,* articulation). Articulation permettant seulement des mouvements limités aux pièces du squelette qu'elle réunit (vertèbres).

AMPHIBIE [ɑ̃fibi] adj. et n.m. (gr. *amphi,* des deux côtés, et *bios,* vie). **1.** Qui peut vivre à l'air et dans l'eau, en parlant d'un animal ou d'une plante. *La grenouille est un animal amphibie.* **2.** Qui peut se mouvoir sur terre et sur l'eau. *Voiture amphibie.* ◇ *Opération amphibie,* menée conjointement par des forces navales et terrestres, notamm. lors d'un débarquement.

AMPHIBIEN n.m. *Amphibiens :* classe de vertébrés à larve aquatique munie de branchies, à peau nue et à température variable et comprenant trois superordres : les urodèles, les anoures et les apodes. SYN. (anc.) : *batracien.*

AMPHIBIOSE n.f. Mode de vie propre aux animaux et aux plantes amphibies.

1. AMPHIBOLE n.f. (gr. *amphibolos,* équivoque). Minéral noir, brun ou vert, des roches éruptives et métamorphiques. *Les amphiboles sont des silicates de fer et de magnésium.*

2. AMPHIBOLE adj. MÉD. Intermédiaire entre la période d'état et la défervescence, en parlant d'une maladie, d'une fièvre.

AMPHIBOLITE n.f. Roche métamorphique constituée essentiellement d'amphibole.

AMPHIBOLOGIE n.f. (gr. *amphibolos,* équivoque, et *logos,* discours). Double sens présenté par une phrase en raison de sa construction ou du choix de certains mots. (Ex. : *les magistrats jugent les enfants coupables* [= les enfants qui sont coupables ; ou : que les enfants sont coupables].)

AMPHIBOLOGIQUE adj. À double sens, ambigu.

AMPHICTYON n.m. ANTIQ. Député au conseil de l'amphictyonie.

AMPHICTYONIE n.f. (gr. *amphiktuonia*). ANTIQ. Association de cités, puis de peuples autour d'un sanctuaire commun, dans la Grèce ancienne.

AMPHICTYONIQUE adj. ANTIQ. Relatif à une amphictyonie.

AMPHIGOURI n.m. Litt. Écrit ou discours inintelligible.

AMPHIGOURIQUE adj. Litt. Obscur, inintelligible.

AMPHIMIXIE n.f. (gr. *amphi,* des deux côtés, et *mixis,* mélange). Fusion des noyaux mâle et femelle, constituant la phase essentielle de la fécondation.

AMPHINEURE [ɑ̃finœr] n.m. *Amphineures* (ou auj. *polyplacophores*) : classe de mollusques marins tels que le chiton.

AMPHIOXUS [ɑ̃fjɔksys] n.m. (gr. *amphi,* doublement, et *oxus,* aigu). Petit animal marin vivant caché dans le sable, type de l'embranchement des procordés.

AMPHIPHILE adj. CHIM. Se dit de certaines molécules qui ont une moitié hydrophile et une moitié hydrophobe.

AMPHIPODE n.m. *Amphipodes :* ordre de petits crustacés à corps comprimé latéralement, dont certains vivent en eau douce (gammare), d'autres dans la mer (talitre).

AMPHISBÈNE n.m. (gr. *amphis,* des deux côtés, et *bainein,* marcher). Reptile fouisseur d'Amérique tropicale, dont la tête et la queue ont le même aspect, et dit *serpent à deux têtes.* (Ordre des lacertiliens.)

AMPHITHÉÂTRE n.m. (gr. *amphi,* autour, et *theatron,* théâtre). **1.** ANTIQ. Vaste édifice à gradins, de plan souvent elliptique, élevé par les Romains pour les combats de gladiateurs, les chasses, etc. **2.** Grande salle de cours à gradins. *Amphithéâtre de dissection.* **3.** Ensemble des places situées au-dessus des balcons et des galeries, dans un théâtre. **4.** *Amphithéâtre morainique :* rempart de moraines disposé en arc de cercle, situé sur l'emplacement du front d'un ancien glacier. SYN. : *vallum morainique.*

AMPHITRYON n.m. (de *Amphitryon,* n.pr.). Litt. Personne chez qui l'on mange ; hôte.

AMPHOLYTE n.m. CHIM. **1.** Corps pouvant jouer le rôle d'un acide ou d'une base, et subissant simultanément deux dissociations électrolytiques de types différents. **2.** Électrolyte ayant à la fois la fonction acide et la fonction basique.

AMPHORE n.f. (lat. *amphora,* empr. au gr.). ANTIQ. Vase à deux anses symétriques, au col rétréci, avec ou sans pied, servant à conserver et à transporter les aliments.

amphores utilitaires
(Musée de Bodrum [Turquie].)

amphore grecque décorée ; VIe s. av. J.-C.
(Musée municipal, Laon.)

L'**amphithéâtre** romain d'El-Djem (anc. Thysdrus), en Tunisie. IIIe s. apr. J.-C.

AMPHOTÈRE [ɑ̃fɔtɛr] adj. Qui peut jouer le rôle de base ou d'anhydride acide, en parlant d'un oxyde.

AMPICILLINE n.f. Pénicilline semi-synthétique active par voie buccale ou parentérale sur de nombreuses espèces microbiennes.

AMPLE adj. (lat. *amplus*). **1.** Large, vaste. *Cette veste est un peu trop ample.* **2.** Qui est ou paraît très puissant, abondant ; large, ouvert. *Une voix ample. Une vue ample de la situation.*

AMPLECTIF, IVE [ɑ̃plɛktif, iv] adj. (lat. *amplecti*, embrasser). BOT. Qui en enveloppe entièrement un autre, en parlant d'un organe.

AMPLEMENT adv. Avec ampleur ; largement.

AMPLEUR n.f. **1.** Caractère de ce qui est ample, large. **2.** Importance, portée de qqch. *L'ampleur d'un désastre.*

AMPLI n.m. (abrév.). Fam. Amplificateur.

AMPLIATEUR, TRICE n. DR. Personne qui fait une ampliation.

AMPLIATIF, IVE adj. DR. Qui ajoute à ce qui a été dit dans un acte précédent.

AMPLIATION n.f. (lat. *ampliare*, agrandir). **I.** DR. **1.** Double en la forme authentique d'un acte administratif. **2.** Acte ajoutant à ce qui a été dit dans un acte précédent. **II.** MÉD. *Ampliation thoracique* : augmentation du volume de la cage thoracique pendant l'inspiration.

AMPLIFIANT, E adj. Qui amplifie.

1. AMPLIFICATEUR, TRICE adj. et n. Qui amplifie (qqch) ; qui exagère l'effet de qqch.

2. AMPLIFICATEUR n.m. **1.** Dispositif permettant d'accroître l'amplitude d'une grandeur physique (partic. un signal électrique) sans introduire de distorsion notable. **2.** Spécialt. Ce dispositif, avant les haut-parleurs, sur une chaîne électroacoustique. Abrév. (fam.) : *ampli.*

AMPLIFICATION n.f. **1.** Action d'amplifier ; son résultat. **2.** Péj. Développement verbeux.

AMPLIFIER v.t. Accroître le volume, l'étendue ou l'importance de. *Amplifier le son de la voix, un scandale.*

AMPLITUDE n.f. **1.** Valeur de l'écart maximal d'une grandeur qui varie périodiquement. ◇ *Amplitude diurne* : écart entre les températures extrêmes d'une même journée. – *Amplitude moyenne annuelle* : écart entre la moyenne de température du mois le plus froid et celle du mois le plus chaud. **2.** Différence entre la plus grande et la plus petite valeur d'une distribution statistique.

AMPLI-TUNER [ɑ̃plitynɛr] n.m. (pl. *amplis-tuners*). Élément d'une chaîne haute-fidélité regroupant un amplificateur, un préamplificateur et un tuner.

AMPOULE n.f. (lat. *ampulla*, petit flacon). **1.** Enveloppe de verre d'une lampe électrique ; cette lampe. **2.** Petite tuméfaction sous l'épiderme, pleine de sérosité et due à des frottements trop prolongés. *Se faire des ampoules aux mains.* **3.** Tube de verre renflé et fermé à la flamme, après introduction d'un liquide ; contenu de ce tube. *Une ampoule de calcium.* **4.** *La sainte ampoule* : vase contenant le saint chrême pour sacrer les rois de France, autrefois.

AMPOULÉ, E adj. Qui est prétentieux, emphatique, sans profondeur, en parlant d'un style, d'un discours.

AMPUTATION n.f. Action d'amputer ; son résultat.

AMPUTÉ, E adj. et n. Qui a été amputé.

AMPUTER v.t. (lat. *amputare*). **1.** Enlever (un membre, une partie d'un membre) par une opération chirurgicale. *Amputer une main. Amputer un blessé.* **2.** Retrancher une partie de (un tout). *Amputer un article de moitié.*

AMUÏR (S') [amɥir] v.pr. [32]. PHON. Devenir muet, ne plus être prononcé.

AMUÏSSEMENT n.m. PHON. Fait de s'amuïr.

AMULETTE n.f. (lat. *amuletum*). Objet qu'on porte sur soi et auquel on accorde par superstition des vertus de protection.

AMURE n.f. MAR. **1.a.** Anc. Cordage qui retient le point inférieur d'une voile carrée du côté d'où vient le vent. **b.** Mod. *Point d'amure* : angle inférieur avant d'une voile trapézoïdale ou triangulaire. **2.** Côté d'où vient le vent. – *Naviguer bâbord, tribord amures,* en recevant le vent par bâbord, tribord.

AMURER v.t. MAR. Assujettir (une voile) par le point d'amure.

AMUSANT, E adj. Qui amuse, divertit.

AMUSE-GUEULE n.m. (pl. inv. ou *amuse-gueules*). Fam. Menue friandise (petit gâteau salé, canapé, olive, etc.) servie avec l'apéritif.

AMUSEMENT n.m. Action d'amuser, fait de s'amuser ; distraction, divertissement.

AMUSER v.t. (de *muser*). **1.** Distraire agréablement, divertir. *Ce dessin animé m'a bien amusée.* **2.** Retarder ou tromper par des moyens dilatoires, des artifices. *Amuser l'adversaire par une diversion.* ◆ **s'amuser** v.pr. **1.** Se distraire ; passer le temps agréablement. **2.** Perdre son temps.

AMUSETTE n.f. Fam. **1.** Petit amusement ; bagatelle. **2.** Belgique. Personne frivole.

AMUSEUR, EUSE n. Personne qui amuse.

AMUSIE n.f. Incapacité à chanter ou à reconnaître une musique entendue.

AMYGDALE [amidal] n.f. (gr. *amugdalê*, amande). Chacun des organes lymphoïdes de la gorge. *Amygdales palatines* : au nombre de deux, situées de part et d'autre de l'isthme du gosier. *Amygdale pharyngée,* située sur la paroi postérieure du rhino-pharynx. *L'hypertrophie de l'amygdale pharyngée* (constituant les végétations adénoïdes). *Amygdale linguale,* située à la base de la langue.

AMYGDALECTOMIE n.f. Ablation chirurgicale des amygdales.

AMYGDALITE n.f. Inflammation des amygdales.

AMYLACÉ, E adj. De la nature de l'amidon.

AMYLASE n.f. (lat. *amylum*, amidon). Enzyme provoquant l'hydrolyse des glucides.

AMYLE n.m. (gr. *amulon*, amidon). CHIM. Radical $—C_5H_{11}$ entrant dans la constitution des composés amyliques.

AMYLÈNE n.m. Hydrocarbure issu de la déshydratation de l'alcool amylique.

AMYLIQUE adj. Qui renferme un radical amyle. ◇ *Alcool amylique* : alcool $C_5H_{11}OH$, produit notamm. dans la fermentation de la fécule de pomme de terre.

AMYLOBACTER [amilɔbaktɛr] n.m. Bactérie anaérobie très répandue, en partic. dans le tube digestif des mammifères, qui dégrade les glucides avec production d'acide butyrique.

AMYLOÏDE adj. *Substance amyloïde,* riche en sucres et ressemblant à l'amidon, qui infiltre les tissus au cours de l'amylose.

AMYLOSE n.f. Maladie due à l'infiltration des tissus (rein, foie, etc.) par la substance amyloïde.

AMYOTROPHIE n.f. (gr. *mus*, muscle, et *trophê*, nourriture). Atrophie des muscles, en partic. des muscles striés.

AN n.m. (lat. *annus*). **1.** Temps que met la Terre pour faire sa révolution autour du Soleil ; année. – (Précédé d'un adj. num. card., pour indiquer l'âge). *Jeune fille de vingt ans.* ◇ *Bon an mal an* : compensation faite des bonnes et des mauvaises années. **2.** Espace de temps légal compris entre le 1er janvier et le 31 décembre, dans notre calendrier. *L'an dernier* (ou *passé*), *l'an prochain.* – *Le jour de l'an, le nouvel an* : le premier jour de l'année. ◇ Fam. *Je m'en moque comme de l'an quarante* : cela m'est totalement indifférent.

ANA n.m. inv. (mot lat.). Vx. Recueil d'anecdotes, de bons mots.

ANABAPTISME [anabatism] n.m. Doctrine issue de la Réforme (XVIe s.), qui déniait toute valeur au baptême des enfants et réclamait un second baptême à l'âge adulte.
■ Le mouvement anabaptiste surgit en Saxe, vers 1521, autour de Thomas Müntzer dont l'illuminisme révolutionnaire anime la guerre des Paysans. Il se répand aux Pays-Bas avec Melchior Hoffmann et surtout à Münster où, en 1534, Jean de Leyde instaure une dictature théocratique et polygamique. Mennonites et baptistes forment la descendance de l'anabaptisme pacifique.

ANABAPTISTE adj. Qui s'inspire de l'anabaptisme. ◆ adj. et n. Qui professe l'anabaptisme.

ANABAS [anabas] n.m. Poisson amphibie du littoral du Sud-Est asiatique, dit aussi *perche grimpeuse,* qui grimpe dans les buissons pour y dévorer les insectes.

ANABLEPS [anablɛps] n.m. Poisson de la mangrove adapté à voir et à respirer hors de l'eau. (Famille des cyprinodontidés.)

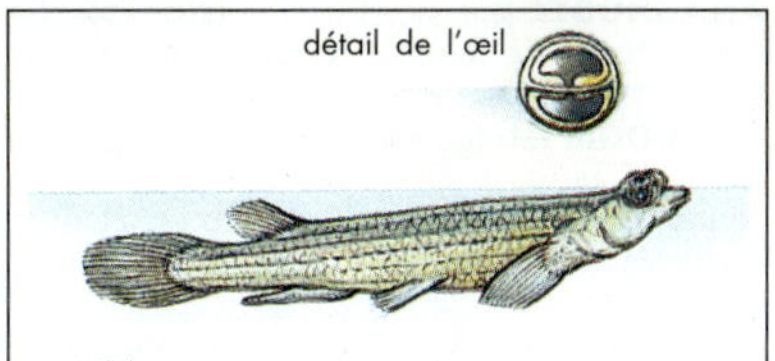

anableps

ANABOLISANT, E adj. et n.m. Se dit d'une substance qui favorise l'anabolisme. – *Stéroïdes anabolisants,* utilisés comme dopants.

ANABOLISME n.m. PHYSIOL. Ensemble des phénomènes d'assimilation chez les êtres vivants (opposé à *catabolisme*).

ANABOLITE n.m. PHYSIOL. Toute substance produite lors de l'anabolisme.

ANACARDE n.m. Fruit de l'anacardier, à graine oléagineuse et comestible. SYN. : *noix de cajou.*

ANACARDIACÉE n.f. *Anacardiacées* : famille d'arbres des régions chaudes, tels que l'anacardier, le pistachier, le sumac, le manguier. SYN. (VX) : *térébinthacée.*

ANACARDIER n.m. Arbre de l'Amérique tropicale dont une espèce, appelée *acajou à pommes,* est cultivée pour ses fruits. (Famille des anacardiacées.)

ANACHORÈTE [anakɔrɛt] n.m. (du gr. *anakhôrein*, s'éloigner). **1.** Moine, ermite vivant dans la solitude (par opp. au *cénobite,* qui vit en communauté). **2.** Litt. Personne qui mène une vie retirée.

ANACHORÉTIQUE adj. D'anachorète.

ANACHORÉTISME n.m. Mode de vie des anachorètes.

ANACHRONIQUE adj. **1.** Entaché d'anachronisme. **2.** Vieilli, désuet. *Des idées anachroniques.*

ANACHRONISME n.m. (gr. *ana*, en haut, et *khronos*, temps). **1.** Erreur qui consiste à ne pas remettre un évènement à sa date ou dans son époque ; confusion entre des époques différentes. **2. a.** Caractère de ce qui est anachronique. **b.** Habitude, manière d'agir surannée.

ANACLINAL, E, AUX adj. GÉOMORPHOL. Se dit d'un cours d'eau dont la direction d'écoulement (ou d'un versant dont la pente) est contraire au pendage.

ANACLITIQUE adj. (gr. *anaklinein*, se coucher sur). PSYCHOL. *Dépression anaclitique* : ensemble des troubles psychologiques de l'enfant séparé de sa mère après avoir passé les premiers mois de sa vie en relation normale avec elle.

ANACOLUTHE n.f. (gr. *anakolouthon*, sans liaison). Rupture dans la construction syntaxique d'une phrase. (Ex. : *Rentré chez lui, sa femme était malade.*)

ANACONDA n.m. Grand serpent de l'Amérique du Sud se nourrissant d'oiseaux et de mammifères. (Long. 8 m ; ordre des ophidiens.) SYN. : *eunecte.*

ANACRÉONTIQUE adj. Qui rappelle l'œuvre d'Anacréon.

ANACROISÉS n.m. pl. (de *anagramme* et *mots croisés*) [nom déposé]. Jeu de mots croisés consistant à reconstituer des mots présentés dans l'ordre alphabétique de leurs lettres.

ANACROUSE n.f. (gr. *ana*, avant, et *krousis*, action de frapper). MUS. Note ou groupe de notes précédant la première barre de mesure et menant au premier temps fort.

ANACYCLIQUE adj. et n.m. (gr. *anakuklikos*). Se dit d'un mot, d'une phrase, d'un vers que l'on peut lire à l'endroit ou à l'envers. (Ex. : *Léon* et *Noël*.) → ***palindrome.***

ANAÉROBIE adj. et n.m. (gr. *aêr*, air, et *bios*, vie). BIOL. Qui peut se développer en l'absence d'air et d'oxygène, en parlant d'un micro-organisme. CONTR. : *aérobie.*

ANAÉROBIOSE n.f. Mode de vie des organismes anaérobies.

ANAGLYPHE [anaglif] n.m. (gr. *anagluphos*, ciselé). **1.** Ouvrage sculpté ou ciselé en bas relief. **2.** Photographie ou projection stéréoscopique en deux couleurs complémentaires, restituant l'impression du relief.

ANAGLYPTIQUE adj. et n.f. Se dit d'une écriture ou d'une impression en relief à l'usage des aveugles. *Écriture anaglyptique.*

ANAGNOSTE [anagnost] n.m. ANTIQ. ROM. Esclave chargé de faire la lecture à haute voix pendant le repas.

ANAGOGIE n.f. (gr. *ana,* en haut, et *agôgos,* qui conduit). RELIG. **1.** Élévation de l'âme dans la contemplation mystique. **2.** Interprétation des Écritures par laquelle on s'élève du sens littéral au sens spirituel.

ANAGOGIQUE adj. Relatif, conforme à l'anagogie.

ANAGRAMMATIQUE adj. Qui a le caractère de l'anagramme.

ANAGRAMME [anagram] n.f. (gr. *anagramma,* renversement de lettres). Mot formé des lettres d'un autre mot disposées dans un ordre différent. (Ex. : *gare* est l'anagramme de *rage.*)

ANAL, E, AUX adj. **1.** De l'anus ; relatif à l'anus. **2.** PSYCHAN. *Stade anal* → ***sadique-anal*** *(stade).*

ANALECTA ou **ANALECTES** n.m. pl. (gr. *analekta,* choses choisies). Morceaux choisis d'un ou plusieurs auteurs.

ANALEPTIQUE adj. et n.m. Se dit d'une substance qui stimule, redonne des forces.

ANALGÉSIE n.f. (du gr. *algos,* douleur). Disparition de la sensibilité à la douleur.

ANALGÉSIQUE adj. et n.m. Se dit d'une substance, d'un médicament qui produit l'analgésie.

ANALITÉ n.f. PSYCHAN. Ensemble des déterminations psychiques liées au stade sadique-anal.

ANALLERGIQUE adj. Qui ne provoque pas de réaction allergique.

ANALOGIE n.f. (gr. *analogia*). **1.** Rapport de ressemblance que présentent deux ou plusieurs choses ou personnes. *Analogie de forme, de goûts.* ◇ *Par analogie :* d'après les rapports de ressemblance constatés entre deux choses. **2.** LING. Apparition dans une langue de nouvelles formes à partir de correspondances qui existent entre des termes d'une même classe.

ANALOGIQUE adj. **1.** Fondé sur l'analogie. *Raisonnement analogique.* **2.** *Dictionnaire analogique,* qui regroupe les mots en fonction des relations sémantiques qu'ils entretiennent entre eux. **3.** TECHN. Qui représente, traite ou transmet des données sous la forme de variations continues d'une grandeur physique. *Signal, calculateur analogique* (opposé à *numérique*).

ANALOGIQUEMENT adv. De façon analogique.

ANALOGON n.m. Didact. Élément d'une analogie.

ANALOGUE adj. Qui offre une ressemblance, des rapports de similitude avec autre chose. *Il a des vues analogues aux vôtres.* ◆ n.m. Ce qui se rapproche de, ressemble à.

ANALPHABÈTE adj. et n. Qui ne sait ni lire ni écrire.

ANALPHABÉTISME n.m. État d'une personne, d'une population analphabète.

ANALYCITÉ ou **ANALYTICITÉ** n.f. LOG. Propriété d'un énoncé analytique.

ANALYSABLE adj. Que l'on peut analyser.

ANALYSANT, E n. Personne qui se soumet à une cure psychanalytique.

ANALYSE n.f. (gr. *analusis,* décomposition). **I.** Décomposition d'un corps, d'une substance en ses éléments constitutifs (analyse qualitative, quantitative). *Analyse de l'air, analyse bactériologique.* **II. 1.** Étude faite en vue de discerner les différentes parties d'un tout, de déterminer ou d'expliquer les rapports qu'elles entretiennent les unes avec les autres. *Analyse d'une œuvre littéraire.* ◇ *En dernière analyse :* après avoir tout bien examiné, en définitive. **2.** GRAMM. **a.** *Analyse grammaticale :* étude de la nature et de la fonction des mots dans une proposition. **b.** *Analyse logique :* étude de la nature et de la fonction des propositions dans une phrase. **3.** INFORM. Ensemble des travaux comprenant l'étude détaillée d'un problème, la conception d'une méthode permettant de le résoudre et la définition précise du traitement correspondant sur ordinateur. **4.** ÉCON. **a.** *Analyse du travail :* étude des opérations élémentaires et des mouvements nécessaires à l'exécution d'un travail donné, en vue de supprimer les efforts improductifs. **b.** *Analyse de la valeur :* étude de produits existants ou à créer en terme de fonctions à remplir pour un coût minimal. **III.** TÉLÉV. Décomposition en points des images à transmettre. **IV.** MATH. Partie des mathématiques relative aux structures et aux calculs liés aux notions de limite et de continuité. **V.** PSYCHAN. Cure psychanalytique. *Analyse didactique,* à laquelle doit se soumettre tout futur psychanalyste.

ANALYSÉ, E n. Sujet ayant entrepris une cure psychanalytique.

ANALYSER v.t. **1.** Soumettre à une analyse, étudier par l'analyse. *Analyser un corps, des documents, un roman.* **2.** Soumettre à une psychanalyse.

1. ANALYSEUR, EUSE n. Personne qui pratique l'analyse psychologique.

2. ANALYSEUR n.m. Appareil permettant de faire une analyse.

ANALYSTE n. **1.** Spécialiste de l'analyse (mathématique, informatique, financière, etc.). **2.** Psychanalyste.

ANALYSTE-PROGRAMMEUR, EUSE n. (pl. *analystes-programmeurs, euses*). Informaticien chargé des travaux d'analyse et de la programmation correspondante.

ANALYTICITÉ n.f. → ***analycité.***

1. ANALYTIQUE adj. (gr. *analytikos,* qui peut être résolu). **1.** Qui procède par voie d'analyse. *Un esprit analytique.* CONTR. : *synthétique.* **2.** Qui comporte une analyse ou qui en résulte. *Compte-rendu analytique.* **3.** Psychanalytique. **4.** LOG. *Énoncé analytique :* proposition dans laquelle le prédicat est contenu dans le sujet. (Ex. : *Tous les octogénaires ont au moins quatre-vingts ans.*) **5.** *Philosophie analytique :* courant de pensée anglo-saxon du XXe s., qui s'oppose aux vastes synthèses abstraites et propose une analyse des faits reposant sur des bases de la logique issue du cercle de Vienne. (Il est représenté notamment par Austin et Quine.)

2. ANALYTIQUE n.f. PHILOS. *Analytique transcendantale :* étude des formes a priori de l'entendement, chez Kant.

ANALYTIQUEMENT adv. Par voie d'analyse, d'une manière analytique.

ANAMNÈSE n.f. (gr. *anamnêsis,* souvenir). **1.** Ensemble des renseignements que le médecin recueille en interrogeant un malade sur l'histoire de sa maladie. **2.** LITURGIE. Prière qui suit la consécration.

ANAMORPHOSE n.f. (du gr. *anamorphoûn,* transformer). **1.** Image déformée d'un objet donnée par certains systèmes optiques (miroirs courbes, notamm.). **2.** BX-A. Représentation (peinte, dessinée, etc.) volontairement déformée d'un objet, dont l'apparence réelle ne peut être distinguée qu'en regardant l'image sous un angle particulier ou au moyen d'un miroir courbe. **3.** MÉD. Déformation volontairement provoquée de l'image radiographique d'une partie du corps, destinée à mettre en évidence des détails peu visibles.

anamorphose à miroir cylindrique (figure d'Indien par Elias Baeck, 1740). [Musée des Arts décoratifs, Paris.]

ANANAS [anana] ou [ananas] n.m. (mot tupi). Plante originaire de l'Amérique tropicale, cultivée pour son gros fruit composé, à pulpe sucrée et savoureuse ; ce fruit. (Famille des broméliacées.)

ananas

ANAPESTE n.m. (gr. *anapaistos,* frappé à rebours). MÉTR. Pied de vers grec ou latin composé de deux brèves et d'une longue.

ANAPHASE n.f. Troisième phase de la division cellulaire par mitose, succédant à la prophase et à la métaphase.

ANAPHORE n.f. (gr. *anaphora,* action d'élever). RHÉT. Reprise d'un mot ou d'un groupe de mots au début de phrases successives, produisant un effet de renforcement, de symétrie.

ANAPHORÈSE n.f. (gr. *anaphorêsis*). CHIM., PHYS. Migration vers l'anode de particules colloïdales en suspension, dans l'électrophorèse.

ANAPHORIQUE adj. et n.m. LING. Se dit d'un terme qui renvoie à un mot ou à une phrase apparus antérieurement dans le discours.

ANAPHRODISIAQUE adj. et n.m. Didact. Se dit d'une substance propre à diminuer le désir sexuel. CONTR. : *aphrodisiaque.*

ANAPHRODISIE n.f. Diminution ou absence de désir sexuel.

ANAPHYLACTIQUE adj. Propre à l'anaphylaxie. *État, choc anaphylactique.*

ANAPHYLAXIE n.f. (gr. *ana,* contraire, et *phulaxis,* protection). MÉD. Sensibilité accrue de l'organisme à l'égard d'une substance donnée, déterminée par la pénétration dans le corps (par ingestion ou injection) d'une dose minime de cette substance.

ANAPLASIE [anaplazi] n.f. (gr. *anaplasis,* reconstitution). MÉD. Perte des caractères morphologiques et fonctionnels des cellules du tissu originel, qui s'observe dans les tumeurs malignes.

ANAPLASTIE n.f. (du gr. *anaplassein,* restaurer). CHIR. Réparation d'une partie mutilée, le plus souvent par autogreffe.

ANAR n. et adj. (abrév.). Fam. Anarchiste.

ANARCHIE n.f. (gr. *anarkhia,* absence de chef). **1.** Anarchisme. **2.** État de trouble, de désordre dû à l'absence d'autorité politique, à la carence des lois. **3.** Désordre, confusion dans un domaine quelconque. *L'anarchie règne dans ce service.* ■ L'anarchie a connu un grand succès en Europe à la fin du XIXe s. Ses théoriciens furent les Russes Bakounine et Kropotkine, l'Allemand Stirner et les Français Élisée Reclus et Jean Grave. Les anarchistes multiplièrent les attentats contre les représentants de l'autorité, en France, entre 1880 et 1894. Ils jouèrent un rôle important dans la guerre civile espagnole (1936-1939).

ANARCHIQUE adj. Qui tient de l'anarchie ; qui est en proie à l'anarchie.

ANARCHIQUEMENT adv. De façon anarchique.

ANARCHISANT, E adj. et n. Qui tend vers l'anarchisme ; qui a des sympathies pour l'anarchisme.

ANARCHISME n.m. Doctrine politique qui préconise la suppression de l'État et de toute contrainte sociale sur l'individu. SYN. : *anarchie.*

ANARCHISTE n. et adj. Partisan de l'anarchisme. Abrév. (fam.) : *anar.* ◆ adj. Qui relève de l'anarchisme.

ANARCHO-SYNDICALISME [anarko-] n.m. Tendance du syndicalisme ouvrier qui réclame pour les syndicats la gestion des affaires économiques sous le contrôle direct des travailleurs.

ANARCHO-SYNDICALISTE [anarko-] n. et adj. (pl. *anarcho-syndicalistes*). Partisan de l'anarcho-syndicalisme. ◆ adj. Qui relève de l'anarcho-syndicalisme.

ANARTHRIE n.f. (gr. *anarthria,* faiblesse d'articulation). PSYCHOL. Incapacité d'articuler les mots à la suite d'une lésion cérébrale.

ANASARQUE n.f. (gr. *ana,* au travers, et *sarx, sarkos,* chair). MÉD. Œdème généralisé.

ANASTIGMATIQUE, ANASTIGMAT ou **ANASTIGMATE** adj. m. Se dit d'un système optique corrigé de l'astigmatisme.

ANASTOMOSE n.f. (gr. *anastomôsis,* ouverture). ANAT. Accolement sur une certaine longueur ou réunion, par un tronçon intermédiaire, de deux vaisseaux sanguins, de deux nerfs ou de deux fibres musculaires. ◇ CHIR. Abouchement chirurgical de deux conduits, canaux ou cavités.

ANASTOMOSER v.t. CHIR. Réunir (deux conduits) par anastomose. ◆ **s'anastomoser** v.pr. Former une anastomose.

ANASTROPHE n.f. (gr. *anastrophê*). GRAMM. Renversement de l'ordre habituel des mots ; inversion.

ANASTYLOSE n.f. (du gr. *anastellein,* remonter). BX-A. Reconstruction d'un édifice ruiné, exécutée surtout avec les éléments retrouvés sur place.

ANATEXIE n.f. (gr. *anatêksis,* fonte). GÉOL. Fusion de roches de la croûte continentale, donnant naissance à un magma granitique.

ANATHÉMATISATION n.f. Action d'anathématiser ; formule employée pour anathématiser.

ANATHÉMATISER v.t. **1.** RELIG. Frapper d'anathème. **2.** Jeter l'anathème sur, blâmer publiquement et solennellement.

ANATHÈME n.m. (gr. *anathêma,* malédiction). **1.** RELIG. Excommunication majeure prononcée contre un hérétique. ◇ Personne frappée de cette sentence. **2.** Fig. Condamnation publique ; blâme sévère, solennel. *Jeter l'anathème sur qqn.*

ANATIDÉ n.m. *Anatidés :* famille d'oiseaux palmipèdes dont le canard est le type.

ANATIFE n.m. (lat. *anas,* canard, et *ferre,* porter). Crustacé marin ressemblant extérieurement à un mollusque en raison de sa coquille calcaire et vivant fixé aux bois flottants par un fort pédoncule. (Ordre des cirripèdes.)

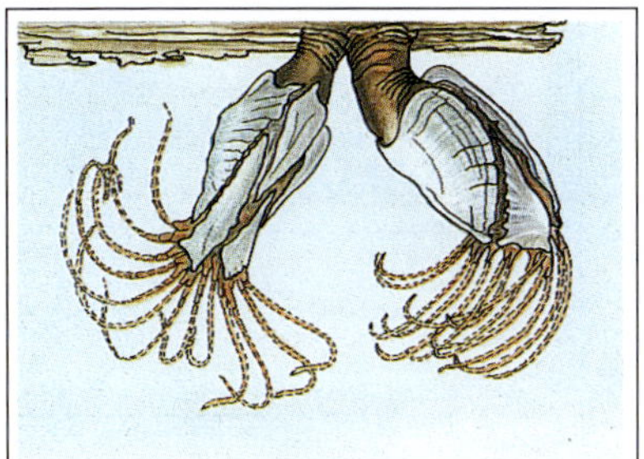

anatifes

ANATOCISME [anatɔsism] n.m. (gr. *ana,* de nouveau, et *tokos,* intérêt). Capitalisation des intérêts d'une somme prêtée, calculée sur une période inférieure à une année.

ANATOMIE n.f. (lat. *anatomia,* du gr. *anatomê,* dissection). **1.** Étude scientifique de la forme, de la disposition et de la structure des organes de l'homme, des animaux et des plantes. *Anatomie humaine. Anatomie végétale.* **2.** Cette forme, cette structure. ◇ Par anal. *Anatomie d'une machine, d'un véhicule.* **3.** Fam. Forme extérieure, aspect du corps humain ; plastique. *Une belle, une triste anatomie. (V. illustration pp. 66-67.)*

ANATOMIQUE adj. **1.** Qui a rapport à l'anatomie. **2.** Qui est spécialement adapté à l'anatomie humaine. *Siège, poignée anatomique.*

ANATOMIQUEMENT adv. Du point de vue de l'anatomie.

ANATOMISER v.t. Vx. Disséquer (un corps).

ANATOMISTE n. Spécialiste d'anatomie.

ANATOMOPATHOLOGIE n.f. Étude des modifications de forme ou de structure provoquées par la maladie, et notamm. des altérations tissulaires microscopiques.

ANATOXINE n.f. Toxine microbienne ayant perdu son pouvoir toxique, capable de conférer l'immunité.

ANAVENIN n.m. Venin de serpent dont la toxicité a été atténuée, capable de conférer l'immunité.

ANCESTRAL, E, AUX [ɑ̃sɛstral, o] adj. Des ancêtres.

ANCÊTRE n. (lat. *antecessor,* prédécesseur). **1.** Personne de qui qqn descend, ascendant (plus éloigné que le grand-père, en général). **2.** Initiateur lointain d'une idée, d'une doctrine. ◆ pl. **1.** Ensemble de ceux dont on descend, de l'ascendance lointaine. **2.** Ceux qui ont vécu avant nous ; aïeux.

ANCHE n.f. (francique *ankja,* tuyau). Languette dont les vibrations produisent les sons dans certains instruments à vent (clarinettes, hautbois, saxophones...) et certains tuyaux de l'orgue. ◆ pl. *Les anches :* les instruments à anche.

ANCHOIS n.m. (anc. prov. *anchoia*). Petit poisson, commun en Méditerranée, qui est le plus souvent conservé dans la saumure ou dans l'huile. (Long. 15 à 20 cm ; famille des engraulidés.)

ANCHOYADE ou **ANCHOÏADE** [ɑ̃ʃɔjad] n.f. Purée d'anchois mélangée d'huile d'olive.

ANCIEN, ENNE adj. (lat. *ante,* avant). **1.** Qui existe depuis longtemps, qui date de longtemps. *Une tradition très ancienne.* **2.** Qui a existé autrefois, qui appartient à une époque révolue. *Les langues anciennes.* **3.** Qui n'est plus en fonction ; qui n'est plus tel. *Un ancien ministre.* ◆ n. Personne qui en a précédé d'autres dans une fonction, un travail. ◆ n.m. **1.** Ce qui est ancien (notamm. : meubles, objets, constructions). *Se meubler en ancien.* **2.** (Avec une majuscule). Personnage ou écrivain de l'Antiquité grécoromaine. **3.** Afrique. Homme à qui son âge confère le rang d'un notable, dans un village.

ANCIENNEMENT adv. Autrefois.

ANCIENNETÉ n.f. **1.** État de ce qui est ancien. *L'ancienneté d'une coutume.* **2.** Temps passé dans une fonction, un emploi, à partir du jour de la nomination. *Avoir 10 ans d'ancienneté.*

ANCILLAIRE [ɑ̃silɛr] adj. (lat. *ancillaris,* de *ancilla,* servante). Litt. De la servante. – *Amours ancillaires,* avec une, des servantes.

ANCOLIE n.f. (lat. *aquilegus,* qui recueille l'eau). Plante vivace dont les fleurs de couleurs variées présentent cinq éperons. (Famille des renonculacées.)

ANCRAGE n.m. **1.** Action d'ancrer (un bateau). **2.** Action, manière d'ancrer qqch, en partic. un élément de construction (poutre, câble, etc.) à un point fixe ; dispositif assurant une telle fixation. ◇ *Point d'ancrage :* endroit de l'habitacle d'un véhicule où est fixée une ceinture de sécurité ; fig., point, élément fondamental autour duquel s'organise un ensemble. *Le point d'ancrage d'une politique.* **3.** Fig. Implantation, enracinement. *L'ancrage d'un parti dans la vie politique.*

ANCRE n.f. (lat. *ancora,* du gr.). **1.** Pièce d'acier ou de fer, en général à deux pattes formant becs, reliée à un câble ou à une chaîne et servant à immobiliser un navire en s'accrochant au fond de l'eau. *Navire qui jette l'ancre* (pour s'immobiliser), *qui lève l'ancre* (pour partir). ◇ Fig. *Je lève l'ancre :* je m'en vais. **2.** CONSTR. Barre de fer destinée à fixer, soutenir ou maintenir un mur, un élément de charpente, etc. **3.** Pièce d'horlogerie qui régularise le mouvement du balancier.

ANCRER v.t. **1.** Immobiliser (un bateau) au moyen d'une ancre. **2.** Assujettir solidement à un point fixe. *Ancrer un câble.* **3.** CONSTR. Consolider à l'aide d'une ancre, par un ancrage. *Ancrer un mur.* **4.** Fixer profondément (un sentiment, une idée) chez qqn ; inculquer. *Qui vous a ancré ces préjugés dans la tête ?* ◆ **s'ancrer** v.pr. S'établir à demeure ; se fixer, s'installer.

ANDAIN n.m. (lat. *ambitus,* pourtour). Alignement de foin ou de céréales fauchés et déposés sur le sol.

ANDALOU, SE adj. et n. D'Andalousie.

ANDANTE [ɑ̃dɑ̃te] ou [ɑ̃dɑ̃t] adv. (mot it.). MUS. Dans un mouvement modéré. ◆ n.m. Morceau exécuté dans ce mouvement (spécialt : deuxième mouvement de la forme sonate).

ANDANTINO [ɑ̃dɑ̃tino] adv. (mot it.). MUS. Dans un mouvement plus vif qu'andante. ◆ n.m. Morceau exécuté dans ce tempo.

ANDÉSITE [ɑ̃dezit] n.f. (de *Andes,* n.pr.). Roche volcanique, noire ou grise, souvent vacuolaire, composée essentiellement de plagioclase et de pyroxène.

ANDIN, E adj. et n. Des Andes.

ANDORRAN, E adj. et n. D'Andorre.

ANDOUILLE n.f. (lat. *inducere,* introduire). **1.** Produit de charcuterie cuite, emballé en boyau noir, constitué principalement du tube digestif des animaux de boucherie, en particulier du porc. **2.** Fam. Personne sotte ou maladroite. *Espèce d'andouille !*

ANDOUILLER n.m. (lat. *ante,* devant, et *oculus,* œil). Ramification des bois du cerf et des animaux de la même famille.

ANDOUILLETTE n.f. Charcuterie cuite, emballée en boyau, faite principalement d'intestins de porc, parfois de veau.

ANDRÈNE n.m. Insecte hyménoptère de la famille des apidés, généralement noir, qui fait son nid dans la terre.

ANDRINOPLE n.f. (de *Andrinople,* n. pr.). Étoffe de coton bon marché, le plus souvent rouge.

ANDROCÉE [ɑ̃drose] n.m. (gr. *anêr, andros,* homme, et *oikia,* maison). Ensemble des étamines (organes mâles) d'une fleur.

ANDROCÉPHALE adj. (gr. *anêr, andros,* homme, et *kephalê,* tête). Se dit d'une statue d'animal à tête humaine.

ANDROGÈNE adj. et n.m. Se dit d'une substance hormonale qui provoque le développement des caractères sexuels mâles.

ANDROGENÈSE ou **ANDROGÉNIE** n.f. Développement de l'œuf à partir du seul noyau spermatique. SYN. : *parthénogenèse mâle.*

ANDROGYNE [ɑ̃drɔʒin] adj. (gr. *anêr, andros,* homme, et *gunê,* femme). **1.** Qui tient des deux sexes ; hermaphrodite. **2.** Se dit des plantes qui portent à la fois des fleurs mâles et des fleurs femelles, comme le noyer. SYN. : *monoïque.* ◆ n.m. Être androgyne.

ANDROGYNIE n.f. Caractère de l'androgyne ; hermaphrodisme.

ANDROÏDE n.m. Automate à figure humaine.

ANDROLOGIE n.f. Étude de la morphologie et de la pathologie de l'appareil génital de l'homme.

ANDROLOGUE n. Spécialiste d'andrologie.

ANDROPAUSE n.f. Diminution de l'activité génitale chez l'homme, à partir d'un certain âge.

ANDROSTÉRONE n.f. Hormone sexuelle mâle.

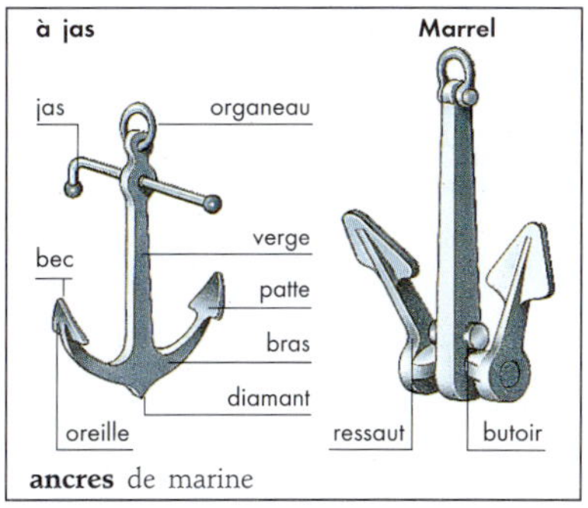

ancres de marine

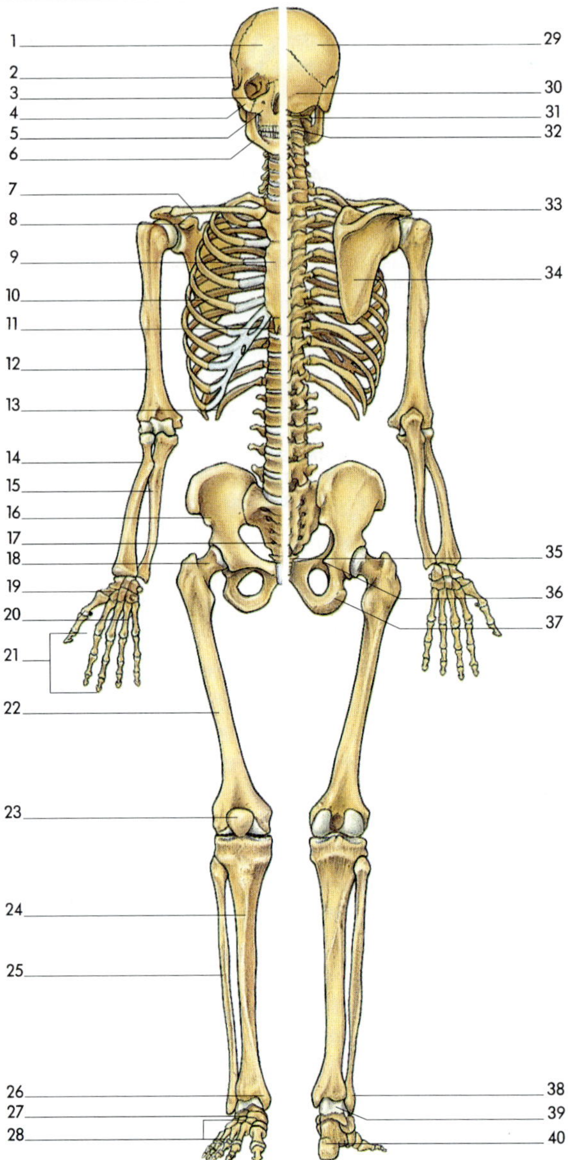

vue antérieure vue postérieure

Squelette

1. Frontal ;
2. Temporal ;
3. Cavité orbitaire ;
4. Os malaire ;
5. Maxillaire supérieur ;
6. Maxillaire inférieur (mandibule) ;
7. Clavicule ;
8. Apophyse coracoïde ;
9. Sternum ;
10. Côte ;
11. Appendice xiphoïde ;
12. Humérus ;
13. Côte flottante ;
14. Radius ;
15. Cubitus ;
16. Os iliaque ;
17. Sacrum ;
18. Tête et col du fémur ;
19. Carpe ;
20. Métacarpiens ;
21. Phalanges ;
22. Fémur ;
23. Rotule ;
24. Tibia ;
25. Péroné ;
26. Malléole interne ;
27. Tarse ;
28. Métatarsien ;
29. Pariétal ;
30. Occipital ;
31. Atlas ;
32. Axis ;
33. Acromion ;
34. Omoplate ;
35. Coccyx ;
36. Épine sciatique ;
37. Tubérosité ischiatique ;
38. Malléole externe ;
39. Astragale ;
40. Calcanéum.

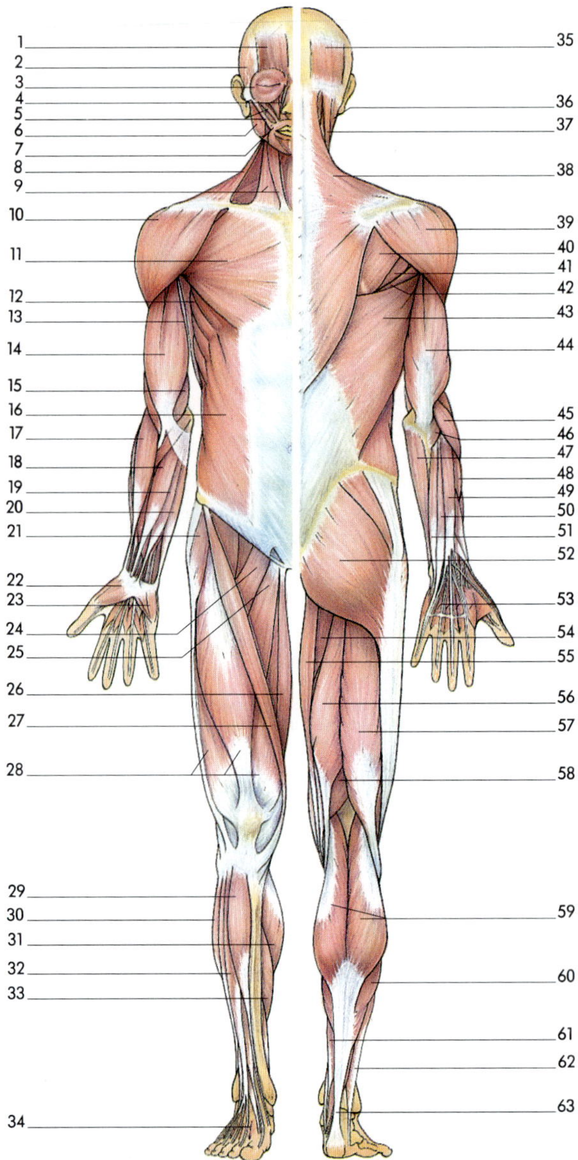

vue antérieure vue postérieure

Muscles

1. Frontal ;
2. Temporal ;
3. Orbiculaire des paupières ;
4. Releveur superficiel de l'aile du nez et de la lèvre supérieure ;
5. Zygomatique ;
6. Masséter ;
7. Orbiculaire des lèvres ;
8. Trapèze ;
9. Sterno-cléido-mastoïdien ;
10. Deltoïde ;
11. Pectoral ;
12. Grand dentelé ;
13. Coraco-brachial ;
14. Biceps ;
15. Brachial antérieur ;
16. Grand oblique ;
17. Long supinateur ;
18. Grand palmaire ;
19. Petit palmaire ;
20. Cubital antérieur ;
21. Tenseur du fascia lata ;
22. Éminence thénar ;
23. Éminence hypothénar ;
24. Pectiné ;
25. Moyen adducteur ;
26. Droit interne ;
27. Couturier ;
28. Quadriceps ;
29. Jambier antérieur ;
30. Long péronier latéral ;
31. Jumeau interne ;
32. Extenseur commun des orteils ;
33. Soléaire ;
34. Interosseux dorsaux (du pied) ;
35. Occipital ;
36. Sterno-cléido-mastoïdien ;
37. Splénius ;
38. Trapèze ;
39. Deltoïde ;
40. Sous-épineux ;
41. Petit rond ;
42. Grand rond ;
43. Grand dorsal ;
44. Triceps ;
45. Premier radial ;
46. Anconé ;
47. Cubital antérieur ;
48. Deuxième radial ;
49. Extenseur commun des doigts ;
50. Extenseur propre de l'auriculaire ;
51. Cubital postérieur ;
52. Grand fessier ;
53. Interosseux dorsaux (de la main) ;
54. Grand adducteur ;
55. Droit interne ;
56. Demi-tendineux ;
57. Biceps fémoral ;
58. Demi-membraneux ;
59. Jumeaux ;
60. Soléaire ;
61. Fléchisseur commun des orteils ;
62. Court péronier latéral ;
63. Tendon d'Achille.

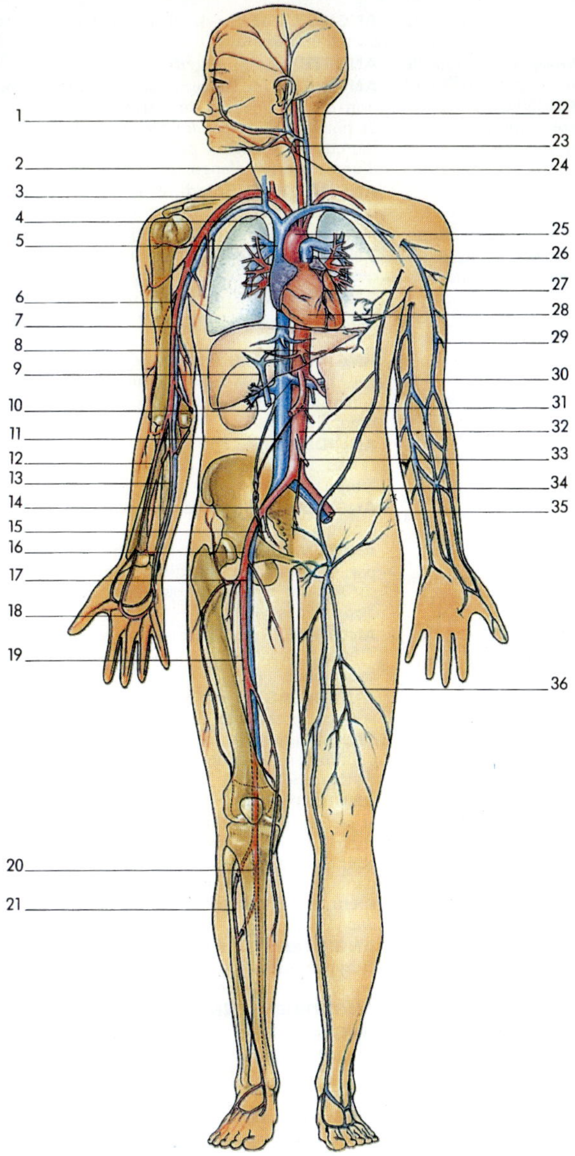

Système vasculaire

1. Artère et veine faciales ;
2. Artère carotide primitive gauche ;
3. Artère sous-clavière droite ;
4. Tronc veineux brachio-céphalique droit ;
5. Veine cave supérieure ;
6. Artère humérale ;
7. Veine humérale ;
8. Tronc cœliaque ;
9. Veine porte ;
10. Veine rénale ;
11. Veine cave inférieure ;
12. Artère radiale ;
13. Artère cubitale ;
14. Vaisseau gonadique ;
15. Artère hypogastrique ;
16. Artère iliaque ;
17. Veine fémorale ;
18. Arcade palmaire ;
19. Artère fémorale ;
20. Artère tibiale postérieure ;
21. Artère tibiale antérieure ;
22. Veine jugulaire interne ;
23. Artère carotide interne ;
24. Artère carotide externe ;
25. Aorte ;
26. Artère pulmonaire ;
27. Artère et veine coronaires ;
28. Cœur ;
29. Veine céphalique ;
30. Veine basilique ;
31. Artère mésentérique supérieure ;
32. Aorte abdominale ;
33. Artère mésentérique inférieure ;
34. Veine épigastrique superficielle ;
35. Artère iliaque primitive ;
36. Veine saphène interne.

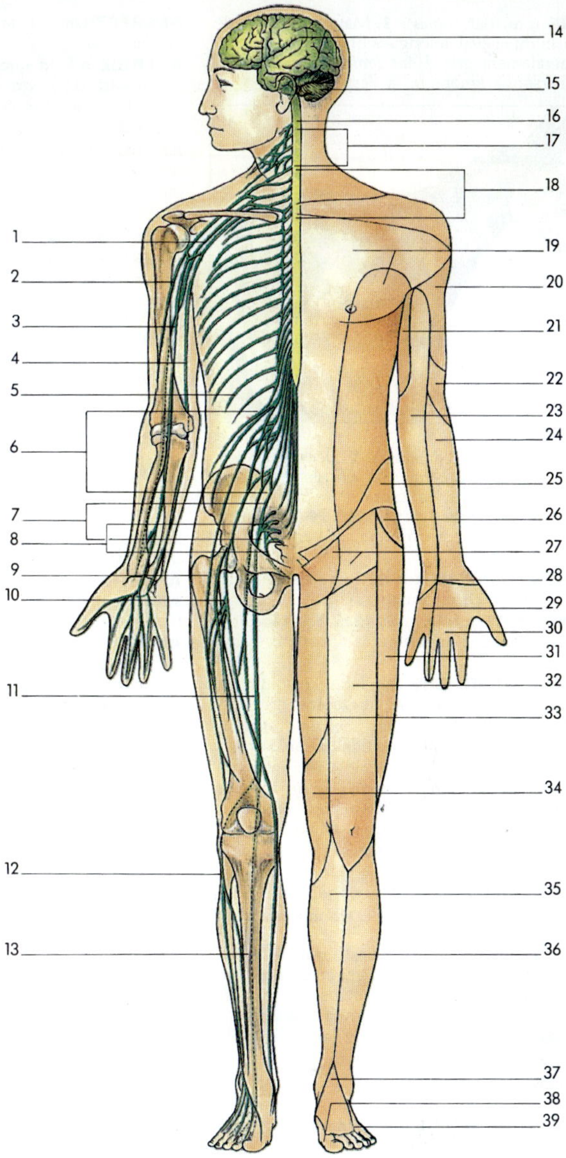

Système nerveux

1. Nerf radial ;
2. Nerf musculo-cutané ;
3. Nerf médian ;
4. Nerf cubital ;
5. Nerf thoracique ;
6. Plexus lombaire ;
7. Plexus sacré ;
8. Plexus honteux ;
9. Nerf fémoro-cutané ;
10. Nerf crural ;
11. Nerf sciatique ;
12. Nerf tibial antérieur ;
13. Nerf tibial postérieur ;
14. Cerveau ;
15. Cervelet ;
16. Moelle épinière ;
17. Plexus cervical ;
18. Plexus brachial ;

Territoires sensitifs :

19. des nerfs thoraciques ;
20. du nerf circonflexe ;
21. du nerf accessoire du brachial cutané interne ;
22. du nerf radial ;
23. du nerf brachial cutané interne ;
24. du nerf musculo-cutané ;
25. du nerf ilio-hypogastrique ;
26. du rameau perforant latéral du nerf abdomino-génital ;
27. du nerf génito-crural ;
28. du nerf ilio-inguinal ;
29. du nerf cubital ;
30. du nerf médian ;
31. du nerf fémoro-cutané ;
32. de la branche du nerf crural ;
33. de la branche du nerf crural ;
34. du nerf obturateur ;
35. du nerf cutané péronier ;
36. de la branche du nerf crural ;
37. du nerf musculo-cutané ;
38. du nerf plantaire interne ;
39. du nerf saphène externe.

ÂNE n.m. (lat. *asinus*). **1.** Mammifère équidé, voisin du cheval, à longues oreilles et au pelage généralement gris. *L'âne brait,* pousse son cri. **2.** Personne ignorante, à l'esprit borné.

âne

ANÉANTIR v.t. (de *néant*). **1.** Détruire entièrement. *La grêle a anéanti les récoltes.* **2.** Ôter ses forces physiques ou morales à ; abattre. *Ces mauvaises nouvelles l'ont anéantie.* ◆ **s'anéantir** v.pr. Disparaître, s'effondrer. *Nos espoirs se sont anéantis.*

ANÉANTISSEMENT n.m. Fait d'être anéanti ; destruction, effondrement, ruine.

ANECDOTE n.f. (gr. *anekdota,* choses inédites). Récit succinct d'un fait piquant, curieux ou peu connu.

ANECDOTIER, ÈRE n. Litt. Personne qui recueille ou raconte des anecdotes.

ANECDOTIQUE adj. Qui tient de l'anecdote, qui ne touche pas à l'essentiel. *Détail purement anecdotique.*

ANÉLASTICITÉ n.f. Propriété d'un matériau dont l'élasticité imparfaite a pour origine un phénomène de frottement intérieur.

ANÉLASTIQUE adj. Qui possède la propriété d'anélasticité.

ANÉMIANT, E adj. Qui provoque une anémie.

ANÉMIE n.f. (gr. *anaimia,* manque de sang). **1.** MÉD. Diminution de la concentration en hémoglobine du sang (au-dessous de 0,13 g/ml chez l'homme et de 0,12 g/ml chez la femme). – *Anémie falciforme :* drépanocytose. **2.** Fig. Affaiblissement. *L'anémie de la production.*

ANÉMIÉ, E adj. Qui tend vers l'anémie, affaibli.

ANÉMIER v.t. Rendre anémique.

ANÉMIQUE adj. et n. Relatif à l'anémie ; atteint d'anémie.

ANÉMOGRAPHE n.m. Anémomètre enregistreur.

ANÉMOMÈTRE n.m. (gr. *anemos,* vent, et *metron,* mesure). Instrument qui sert à mesurer la vitesse d'écoulement d'un fluide gazeux, en partic. la vitesse du vent.

ANÉMONE n.f. (gr. *anemônê*). **1.** Plante herbacée dont plusieurs espèces sont cultivées pour leurs fleurs décoratives. (Famille des renonculacées.) – *Anémone des bois,* dont les fleurs blanches ou roses éclosent au printemps. **2.** *Anémone de mer :* actinie.

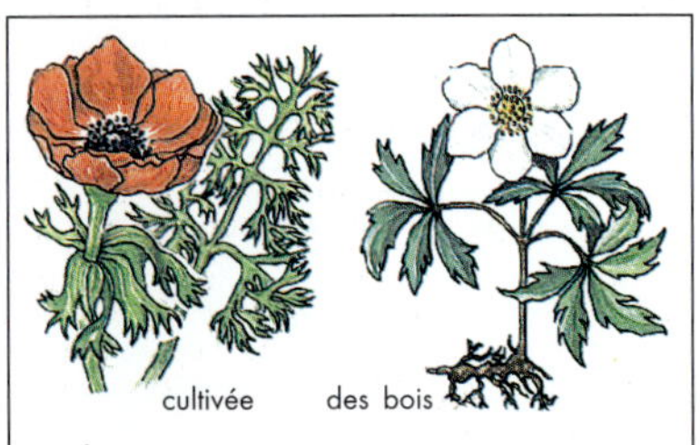

anémones

ANÉMOPHILE adj. BOT. *Plantes anémophiles,* chez lesquelles la pollinisation est effectuée par le vent.

ANÉMOPHILIE n.f. BOT. Pollinisation par le vent.

ANENCÉPHALE [anɑ̃sefal] adj. et n. Atteint d'anencéphalie.

ANENCÉPHALIE n.f. Absence de cerveau.

ANÉPIGRAPHE adj. (gr. *epigraphê,* inscription). ARCHÉOL. Se dit d'un monument, d'une médaille, d'une monnaie dépourvus d'inscription.

ANÉRECTION n.f. MÉD. Absence ou fugacité de l'érection.

ANERGIE n.f. (d'après *allergie*). MÉD. Perte de la capacité de réagir à un antigène à l'égard duquel l'organisme était sensibilisé.

ÂNERIE n.f. Parole ou acte stupide.

ANÉROÏDE adj. *Baromètre anéroïde,* fonctionnant par déformation élastique d'une capsule ou d'un tube métallique.

ÂNESSE n.f. Femelle de l'âne.

ANESTHÉSIANT, E adj. et n.m. Anesthésique.

ANESTHÉSIE n.f. (gr. *anaisthêsia,* insensibilité). **1.** Perte plus ou moins complète de la sensibilité générale ou de celle d'une région du corps, produite par une maladie ou par un agent anesthésique. **2.** Fig. Insensibilité.

■ En chirurgie, on a recours à l'*anesthésie générale,* qui agit sur l'ensemble du système nerveux et provoque un sommeil profond ou *narcose.* Elle est obtenue par inhalation de gaz (protoxyde d'azote, cyclopropane) ou par injection intraveineuse de barbituriques associés aux curares et aux neuroleptiques. Pour certaines interventions, on peut se contenter d'une *anesthésie locale* ou d'une *anesthésie régionale,* qui consistent à infiltrer un territoire ou un tronc nerveux avec un dérivé de la cocaïne (procaïne).

ANESTHÉSIER v.t. **1.** Pratiquer une anesthésie sur (qqn, une partie du corps). **2.** Fig. Endormir, rendre insensible. *Anesthésier l'opinion publique.*

ANESTHÉSIOLOGIE n.f. Science de l'anesthésie et ensemble des techniques qui s'y rattachent (réanimation, notamm.).

ANESTHÉSIOLOGISTE n. Spécialiste de l'anesthésiologie.

ANESTHÉSIQUE n.m. Substance qui produit l'anesthésie par inhalation ou par injection intraveineuse (protoxyde d'azote, chloroforme, penthiobarbital, etc.). SYN. : *anesthésiant.* ◆ adj. Qui se rapporte à l'anesthésie, qui la provoque.

ANESTHÉSISTE n. Médecin qui pratique l'anesthésie.

ANETH [anɛt] n.m. Ombellifère aromatique à feuilles vert foncé, communément appelée *faux anis, fenouil bâtard.*

ANEURINE n.f. Vitamine B1. SYN. : *thiamine.*

ANÉVRYSMAL, E, AUX ou **ANÉVRISMAL, E, AUX** adj. Relatif à l'anévrysme, qui tient de l'anévrysme.

ANÉVRYSME ou **ANÉVRISME** n.m. (gr. *aneurusma,* dilatation). MÉD. Poche formée par les parois altérées d'une artère ou du cœur.

ANFRACTUOSITÉ n.f. (bas lat. *anfractuosus,* tortueux). Cavité profonde et irrégulière.

ANGARIE n.f. (gr. *aggareia,* contrainte). DR. INTERN. Réquisition exercée par un État, en temps de guerre, de véhicules et navires étrangers se trouvant sur son territoire ou dans ses ports.

1. ANGE n.m. (gr. *aggelos,* messager). **1.** Être spirituel, intermédiaire entre Dieu et l'homme. – *Ange gardien,* attaché à la personne de chaque chrétien pour le protéger, dans le catholicisme. ◇ *Être aux anges :* être dans le ravissement. – *Un ange passe,* se dit lorsqu'une conversation est interrompue par un long silence. – *Une patience d'ange :* une patience exemplaire. **2.** Fig. Personne parfaite ou douée de telle éminente qualité. *Un ange de douceur.*

2. ANGE n.m. Grand poisson marin (env. 2 m) du groupe des requins, dont le corps ressemble à celui de la raie.

ANGÉITE ou **ANGIITE** n.f. PATHOL. Inflammation des vaisseaux.

1. ANGÉLIQUE adj. **1.** De la nature de l'ange. **2.** Digne d'un ange. *Voix, douceur angélique.*

2. ANGÉLIQUE n.f. **1.** Plante ombellifère aromatique cultivée pour ses tiges et ses pétioles que l'on consomme confits. **2.** Tige confite de cette plante.

ANGÉLIQUEMENT adv. De façon angélique.

ANGÉLISME n.m. Refus des réalités charnelles, matérielles, par désir de pureté extrême.

ANGELOT [ɑ̃ʒlo] n.m. Petit ange (surtout dans l'iconographie religieuse).

ANGÉLUS [ɑ̃ʒelys] n.m. (lat. *angelus,* ange). **1.** (Avec une majuscule). Prière en latin, commençant par ce mot, récitée ou chantée le matin, à midi et le soir. **2.** Sonnerie de cloche annonçant cette prière.

ANGEVIN, E adj. et n. D'Angers ou de l'Anjou.

ANGIECTASIE [ɑ̃ʒjɛktazi] n.f. PATHOL. Dilatation d'un vaisseau.

ANGIITE n.f. → ***angéite.***

ANGINE n.f. (du lat. *angere,* serrer). **1.** Inflammation des muqueuses de l'isthme du gosier et du pharynx. **2.** *Angine de poitrine :* syndrome douloureux de la région précordiale, accompagné d'une sensation d'angoisse. SYN. : *angor.*

ANGINEUX, EUSE adj. et n. **1.** Accompagné d'angine ; relatif à l'angine ou à l'angine de poitrine. **2.** Qui souffre d'angine, y est sujet.

ANGIOCARDIOGRAPHIE n.f. Radiographie des cavités du cœur et des gros vaisseaux.

ANGIOCHOLITE [ɑ̃ʒjokɔlit] n.f. Inflammation des voies biliaires (canalicules biliaires, cholédoque et cystique).

ANGIOGRAPHIE n.f. (gr. *angeion,* vaisseau, et *graphein,* écrire). Radiographie des vaisseaux après injection de substances opaques aux rayons X.

ANGIOLOGIE n.f. Partie de l'anatomie qui étudie les systèmes circulatoires sanguin et lymphatique.

ANGIOLOGUE n. Médecin spécialiste de l'angiologie.

ANGIOMATOSE n.f. Maladie caractérisée par la formation d'angiomes multiples à la surface des téguments ou dans la profondeur des organes.

ANGIOME [ɑ̃ʒjom] n.m. (gr. *angeion,* vaisseau). Tumeur vasculaire bénigne, le plus souvent congénitale.

ANGIOPLASTIE n.f. MÉD. *Angioplastie transluminale :* technique permettant de traiter les sténoses artérielles au moyen d'une sonde à ballonnet gonflable qui écrase la plaque d'athérome.

ANGIOSPERME n.f. (gr. *angeion,* vase, boîte, et *sperma,* graine). *Angiospermes :* sous-embranchement de plantes phanérogames dont les graines sont enfermées dans un fruit, comprenant près de 300 000 espèces. (Les angiospermes se divisent en *monocotylédones* et *dicotylédones.*)

ANGIOTENSINE n.f. Peptide vasoconstricteur et hypertenseur formé par action de la rénine et qui agit en stimulant la sécrétion d'aldostérone.

ANGKORIEN, ENNE adj. D'Angkor.

ANGLAIS, E adj. et n. D'Angleterre. ◆ n.m. Langue indo-européenne du groupe germanique, parlée principalement en Grande-Bretagne et aux États-Unis.

ANGLAISE n.f. **I. 1.** Écriture cursive, penchée à droite. **2.** Boucle de cheveux longue et roulée en spirale. **3.** Cerise d'une variété au goût acidulé. **II.** *À l'anglaise.* **1.** Sans prendre congé. *S'en aller, filer à l'anglaise.* **2.** CUIS. Cuit à la vapeur. *Pommes à l'anglaise.*

ANGLAISER v.t. *Anglaiser un cheval,* lui sectionner les muscles abaisseurs de la queue pour qu'elle demeure en position horizontale.

ANGLE n.m. (lat. *angulus*). **1.** Coin, encoignure. ◇ Fig. *Arrondir les angles :* concilier les gens, aplanir les difficultés. **2.** MATH. Figure formée par deux demi-droites, ou *côtés,* ou par deux demi-plans, ou *faces,* qui se coupent. ◇ *Sous l'angle de :* du point de vue de.

ANGLEDOZER [ɑ̃glədozœr] n.m. TR. PUBL. Engin de terrassement muni d'une lame agissant obliquement par rapport à la direction de sa progression. Recomm. off. : ***bouteur biais.***

ANGLET [ɑ̃glɛ] n.m. ARCHIT. Moulure creuse, de profil angulaire, séparant notamm. les bossages.

ANGLICAN, E adj. et n. (angl. *anglican*). **1.** De l'anglicanisme. **2.** Qui professe cette religion.

ANGLICANISME n.m. Église officielle de l'Angleterre, reconnaissant pour son chef le souverain du royaume, depuis la rupture d'Henri VIII avec Rome (1534) ; sa doctrine, ses institutions.

ANGLICISATION n.f. Canada. Fait d'opter pour l'anglais, dans le choix de l'école, la langue de travail ou d'affichage ; recours habituel à des mots anglais.

ANGLICISER v.t. Donner un air, un accent anglais à. *Angliciser ses manières, un mot.* ◆ **s'angliciser** v.pr. **1.** Prendre le caractère anglais. **2.** Imiter les manières anglaises.

ANGLICISME n.m. **1.** Tournure, locution propre à la langue anglaise. **2.** Emprunt à l'anglais.

ANGLICISTE n. Spécialiste de la langue, de la littérature, de la civilisation anglaises.

ANGLO-AMÉRICAIN, E adj. et n. (pl. *anglo-américains, es*). **1.** Commun à l'Angleterre et aux États-Unis d'Amérique. **2.** Des Américains de souche anglo-saxonne. ◆ n.m. Anglais parlé aux États-Unis. SYN. : *américain.*

ANGLO-ARABE adj. et n.m. (pl. *anglo-arabes*). Se dit d'une race de chevaux qui provient de croisements entre le pur-sang et l'arabe.

ANGLOMANE adj. et n. Qui admire, emprunte exagérément les usages, les termes anglais.

ANGLOMANIE n.f. Travers des anglomanes.

ANGLO-NORMAND, E adj. et n. (pl. *anglo-normands, es*). **1.** Qui réunit des éléments anglais et normands. – *Cheval anglo-normand,* issu du croisement des races anglaise et normande. **2.** Appartenant à la culture française (normande, angevine) établie en Angleterre après la conquête normande (1066). ◆ n.m. Dialecte de langue d'oïl parlé des deux côtés de la Manche entre 1066 et la fin du XIVe s.

ANGLOPHILE adj. et n. Favorable aux Anglais, à ce qui est anglais.

ANGLOPHILIE n.f. Sympathie pour le peuple anglais, pour ce qui est anglais.

ANGLOPHOBE adj. et n. Qui ressent, manifeste de l'anglophobie.

ANGLOPHOBIE n.f. Aversion pour les Anglais, pour ce qui est anglais.

ANGLOPHONE adj. et n. De langue anglaise.

ANGLO-SAXON, ONNE adj. et n. (pl. *anglo-saxons, onnes*). **1.** De civilisation britannique. **2.** Des peuples germaniques (Angles, Jutes, Saxons) qui envahirent l'Angleterre au Ve s. ◆ n.m. LING. Anglais ancien.

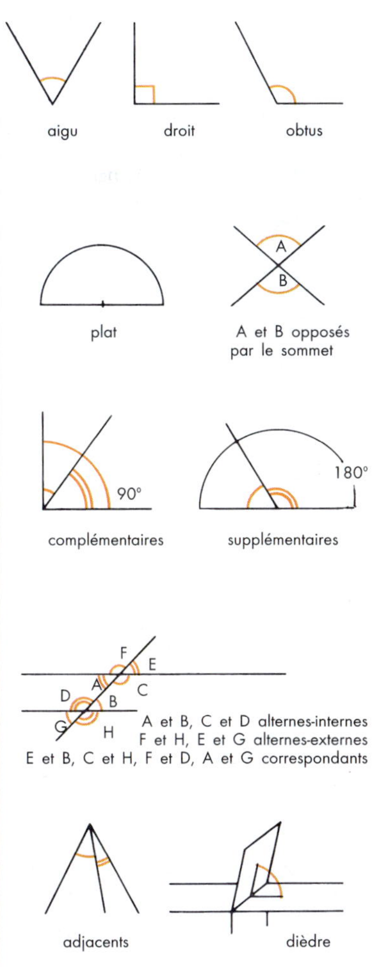

angles

ANGOISSANT, E adj. Qui cause de l'angoisse.

ANGOISSE n.f. (lat. *angustia,* resserrement). **1.** Inquiétude profonde, peur intense, née d'un sentiment de menace imminente et accompagnée de symptômes neurovégétatifs caractéristiques (spasmes, dyspnée, tachycardie, sudation, etc.). **2.** Expérience métaphysique par laquelle l'homme prend conscience de la réalité du monde et de la sienne propre, selon l'existentialisme.

ANGOISSÉ, E adj. et n. **1.** Qui éprouve, révèle de l'angoisse. **2.** Sujet à l'angoisse.

ANGOISSER v.t. Causer de l'angoisse à (qqn).

ANGOLAIS, E adj. et n. De l'Angola.

ANGON [ɑ̃gɔ̃] n.m. Javelot à fer barbelé, utilisé par les Francs.

ANGOR n.m. MÉD. Angine de poitrine.

ANGORA adj. et n. (de la ville d'*Angora,* auj. *Ankara*). **1.** Qui présente des poils longs et soyeux, en parlant de certains animaux (chat, lapin, chèvre). *Un (chat) angora.* **2.** Fait de poil de chèvre ou de lapin angora. *Laine angora.* SYN. : *mohair.*

ANGROIS ou **ENGROIS** n.m. (de *engrais*). Petit coin enfoncé à travers l'œil d'un outil (marteau, etc.), dans l'extrémité du manche, pour en affermir la fixation.

ANGSTRÖM ou **ANGSTROEM** [ɑ̃gstrœm] n.m. (de *Ångström,* n. pr.). Unité de mesure de longueur d'onde et des dimensions atomiques (symb. Å), valant un dix-milliardième de mètre (10^{-10} m).

ANGUIFORME adj. Qui a la forme d'un serpent.

ANGUILLE [ɑ̃gij] n.f. (lat. *anguilla,* petit serpent). **1.** Poisson osseux à chair délicate, à corps allongé et à nageoires réduites, à peau glissante, vivant dans les cours d'eau, mais dont la ponte a lieu dans la mer des Sargasses. (Les larves, ou leptocéphales, qui traversent l'Atlantique pour gagner les fleuves d'Europe, s'appellent *civelles* ou *pibales ;* famille des anguillidés ; long. 1 m.) ◇ *Il y a anguille sous roche :* il y a qqch qui se prépare et que l'on cherche à dissimuler. **2.** *Anguille de mer :* congre.

anguille

ANGUILLÈRE [ɑ̃gijɛr] n.f. Vivier à anguilles.

ANGUILLIDÉ [ɑ̃gilide] n.m. *Anguillidés :* famille de poissons apodes dont le type est l'anguille.

ANGUILLULE [ɑ̃gilyl] n.f. Petit ver dont plusieurs espèces sont de redoutables parasites des végétaux, des animaux et de l'homme. (Classe des nématodes.) *Anguillule du blé, de la betterave.*

ANGUILLULOSE [ɑ̃gi-] n.f. Maladie provoquée par l'anguillule.

ANGULAIRE adj. (lat. *angularis*). **1.** Qui forme un angle. – *Distance angulaire de deux points :* angle formé par les rayons visuels qui joignent l'œil de l'observateur à ces deux points. **2.** Situé à un angle. ◇ *Pierre angulaire :* pierre fondamentale formant l'angle d'un bâtiment. – Base, fondement d'une chose.

ANGULEUX, EUSE adj. **1.** Qui présente des angles, des arêtes vives. ◇ *Visage anguleux,* dont les traits sont fortement prononcés. **2.** MATH. *Point anguleux :* point d'une courbe admettant deux tangentes distinctes.

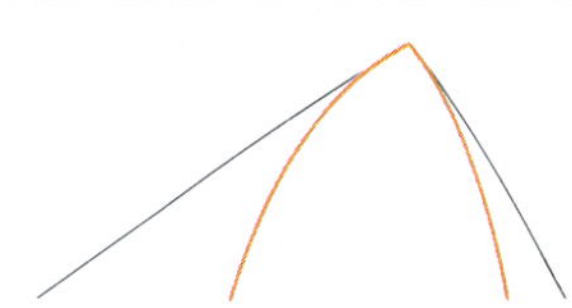

point **anguleux**

ANGUSTICLAVE [ɑ̃gystiklav] n.m. ANTIQ. **1.** Bande de pourpre ornant la tunique des chevaliers romains. **2.** Cette tunique elle-même.

ANGUSTIFOLIÉ, E [ɑ̃gystifɔlje] adj. (lat. *angustus,* étroit, et *folium,* feuille). BOT. Dont les feuilles sont très étroites.

ANGUSTURA ou **ANGUSTURE** n.f. (de *Angostura,* anc. n. de ville). **1.** Écorce de certains arbustes d'Amérique du Sud de la famille des rutacées, autrefois employée comme fébrifuge et tonique, et actuellement distillée comme amer apéritif. **2.** *Fausse angusture :* écorce du vomiquier.

ANHARMONIQUE [anarmɔnik] adj. Vx. *Rapport anharmonique :* birapport.

ANHÉLATION n.f. MÉD. Respiration difficile ; essoufflement.

ANHÉLER v.i. (lat. *anhelare*) [18]. Litt. Respirer péniblement ; haleter.

ANHIDROSE ou **ANIDROSE** n.f. MÉD. Absence ou diminution sensible de la transpiration.

ANHYDRE adj. (gr. *hudôr,* eau). CHIM. Qui ne contient pas d'eau. *Sel anhydre.*

ANHYDRIDE n.m. Corps qui peut donner naissance à un acide en se combinant avec l'eau.

ANHYDRITE n.f. Sulfate naturel anhydre de calcium, plus dur que le gypse.

ANHYDROBIOSE n.f. BIOL. Suspension temporaire des activités vitales, permettant à un organisme végétal ou animal de supporter une longue dessiccation. SYN. : *cryptobiose.*

ANICROCHE n.f. (de *croche*). Fam. Petit obstacle ou ennui qui arrête, retarde.

ANIDROSE n.f. → ***anhidrose.***

ÂNIER, ÈRE n. Personne qui conduit un, des ânes.

ANILINE n.f. (port. *anil,* indigo). Amine cyclique C_6H_5—NH_2, dérivée du benzène, base de nombreux colorants synthétiques, obtenue autrefois par distillation de l'indigo et extraite aujourd'hui de la houille.

ANILISME n.m. Intoxication par l'aniline.

ANIMADVERSION n.f. (lat. *animadversio,* observation). Litt. Antipathie déclarée, réprobation.

1. ANIMAL n.m. (lat. *animal*) [pl. *animaux*]. **1.** Être vivant, organisé, doué de mobilité, de sensibilité et se nourrissant de substances organiques. (On distingue les animaux à une seule cellule ou *protozoaires,* les animaux à deux feuillets embryonnaires, dits *diploblastiques,* et les animaux supérieurs, *épineuriens* ou *hyponeuriens* selon la position de la chaîne nerveuse.) **2.** Être animé, dépourvu du langage (par opp. à l'homme). **3.** Personne stupide, grossière ou brutale.

2. ANIMAL, E, AUX adj. (lat. *animalis,* animé). **1.** Propre aux animaux, par opp. aux végétaux et aux minéraux. *Le règne animal.* ◇ Propre à l'animal, aux animaux, par opp. à l'homme ; qui évoque un animal. *Chaleur animale. Une confiance animale.* **2.** *Pôle animal :* pôle dorsal de l'œuf des vertébrés (par opp. à *pôle végétatif*).

ANIMALCULE n.m. Animal très petit, visible seulement au microscope.

ANIMALERIE n.f. **1.** Lieu où se trouvent, dans un laboratoire, les animaux destinés aux expériences. **2.** Magasin spécialisé dans la vente d'animaux de compagnie.

ANIMALIER, ÈRE adj. **1.** Qui se rapporte à la représentation des animaux. *Sculpture animalière.* **2.** *Parc animalier,* où les animaux vivent en liberté. ◆ n. **1.** Artiste qui représente des animaux. **2.** Personne qui soigne les animaux dans un laboratoire, un zoo.

ANIMALISER v.t. Litt. Rendre animal, rabaisser à l'état d'animal.

ANIMALITÉ n.f. Ensemble des caractères propres à l'animal.

ANIMATEUR, TRICE n. Personne qui mène, anime une réunion, un spectacle, etc. ◇ Recomm. off. pour *disc-jockey.* – Spécialt. Personne chargée d'organiser et d'encadrer des activités dans une collectivité.

ANIMATION n.f. **1.** Fait pour qqn, pour qqch d'animer un groupe, un lieu, de créer ou d'entretenir des relations entre les personnes ; cette action. *Une animation socioculturelle.*

Le Praxinoscope d'Émile Reynaud.
(C.N.A.M., Paris.)

Le Français Émile Reynaud, avec son Praxinoscope puis son Théâtre optique, peut être considéré comme le pionnier de l'animation. Mais c'est l'Américain J. Stuart Blackton qui découvre le premier la prise de vues image par image dans *l'Hôtel hanté* (1906). Le procédé sera repris par le Français Émile Cohl, qui donne au dessin animé ses premiers chefs-d'œuvre. Aux États-Unis, les techniques se perfectionnent, ouvrant la voie aux recherches de Pat Sullivan *(Félix le Chat)*. Walt Disney, qui a créé Mickey en 1928, inaugure les longs-métrages d'animation et impose son style « arrondi ». Tex Avery entraîne le dessin animé vers la loufoquerie et le délire. Après la Seconde Guerre mondiale, d'autres créateurs s'imposent, comme le Canadien Norman McLaren, qui explore toutes les techniques. Les marionnettistes tchèques Karel Zeman et Jiří Trnka empruntent les chemins de la féerie, tandis qu'en Yougoslavie l'école de Zagreb impose un monde caustique et allégorique. De nouvelles perspectives s'ouvrent au cinéma d'animation avec le développement des méthodes informatiques de traitement et de synthèse de l'image.

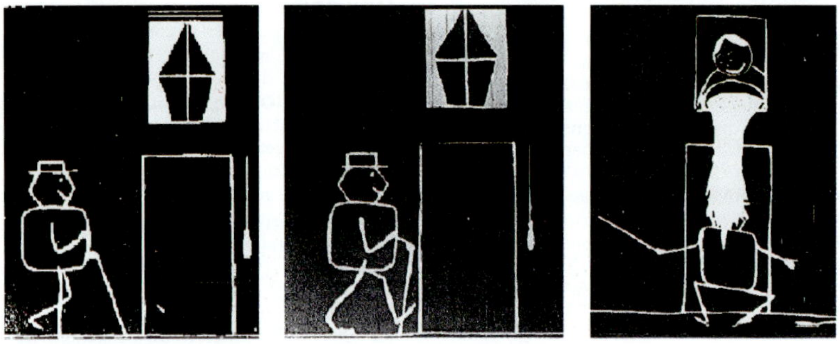

Le Cauchemar du fantoche (1908), par Émile Cohl.

Le Loup, une des créations de Tex Avery.

Bambi (1942), par Walt Disney.

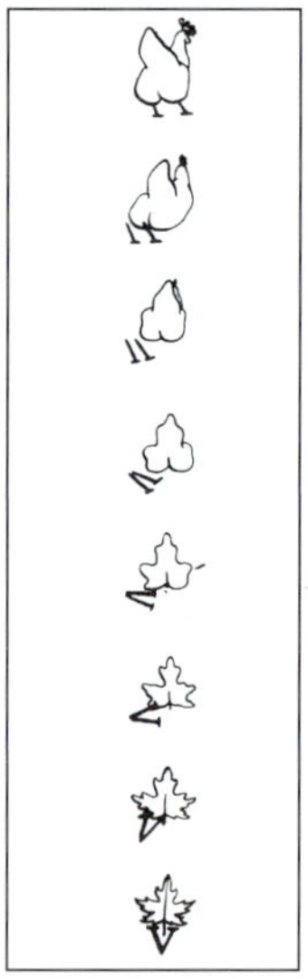

La Poulette grise (1947), de Norman McLaren (figures peintes sur la pellicule).

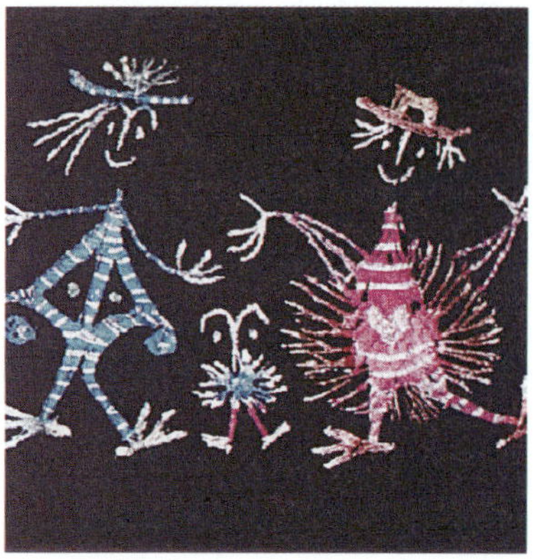

Short and Suite (1959), de Norman McLaren.

Une marionnette du film *le Songe d'une nuit d'été* (1959), de Jiří Trnka.

Image de *la Planète sauvage* (1968-1973), film réalisé par Roland Topor et René Laloux.

2. Mouvement, entrain, généralement collectif. – Chaleur, vivacité. *Discuter avec animation.* **3.** CIN. Technique consistant à filmer image par image des dessins, des marionnettes, etc., que leur projection à 24 images par seconde fera paraître animés. *Film d'animation.*

ANIMATO adv. MUS. Avec animation, avec vivacité.

ANIMÉ, E adj. **1.** Plein d'animation. *Une rue animée.* – *Être animé :* être vivant. **2.** CIN. *Dessin animé* → ***dessin.***

ANIMELLES n.f. pl. (it. *animella*). Mets composé de testicules d'animal, en partic. de bélier.

ANIMER v.t. (lat. *animare*). **1.** Donner du mouvement, du dynamisme à (un lieu, un groupe), etc. **2.** Pousser (qqn) à agir. *L'idéal qui l'anime.* ◆ **s'animer** v.pr. Devenir vif, vivant, rempli d'animation.

ANIMISME n.m. (lat. *anima,* âme). Religion, croyance qui attribue une âme aux animaux, aux phénomènes et aux objets naturels.

ANIMISTE adj. et n. Qui appartient à l'animisme ; partisan de l'animisme.

ANIMOSITÉ n.f. (lat. *animosus,* courageux). Malveillance, antipathie qui se manifeste souvent par l'emportement.

ANION [anjɔ̃] n.m. Ion chargé négativement. *Dans l'électrolyse, l'anion se dirige vers l'anode.*

ANIONIQUE adj. Relatif aux anions. – *Émulsion anionique :* émulsion stable dans un milieu basique alcalin.

ANIS [ani] ou [anis] n.m. (gr. *anison*). Nom commun à la badiane *(anis étoilé)* et à plusieurs ombellifères (pimprenelle, cumin, fenouil) cultivées pour leurs fruits utilisés dans la préparation de tisanes et pour parfumer diverses boissons alcoolisées.

ANISÉ n.m. Liqueur parfumée à l'anis.

ANISER v.t. Aromatiser avec de l'anis.

ANISETTE n.f. Liqueur composée avec de l'esprit d'anis vert, de l'alcool, de l'eau et du sucre.

ANISOGAMIE n.f. BIOL. Hétérogamie.

ANISOTROPE adj. (gr. *isos,* égal, et *tropein,* tourner). PHYS. Relatif aux corps et aux milieux dont les propriétés diffèrent selon la direction considérée.

ANISOTROPIE n.f. PHYS. Caractère des corps ou des milieux anisotropes.

ANKYLOSE n.f. (gr. *ankulôsis,* courbure). Disparition complète ou partielle des mouvements d'une articulation.

ANKYLOSÉ, E adj. Atteint d'ankylose ; engourdi.

ANKYLOSER v.t. Déterminer l'ankylose de. ◆ **s'ankyloser** v.pr. **1.** Être atteint d'ankylose. **2.** Fig. Perdre son dynamisme, sa vivacité ; se scléroser.

ANKYLOSTOME n.m. Ver parasite de l'intestin humain (duodénum), qui provoque des hémorragies anémiantes. (Long. 1 cm env. ; classe des nématodes.)

ANKYLOSTOMIASE n.f. Maladie provoquée par l'ankylostome.

ANNAL, E, AUX adj. DR. Qui dure un an.

ANNALES n.f. pl. Ouvrage qui rapporte les évènements année par année. – Litt. Histoire. *Les annales du crime.*

ANNALISTE n. Auteur d'annales.

ANNALITÉ n.f. DR. État de ce qui dure un an.

ANNAMITE adj. et n. De l'Annam.

ANNATE n.f. HIST. Redevance équivalant à une année de revenu, que payaient au Saint-Siège ceux qui étaient pourvus d'un bénéfice.

ANNEAU n.m. (lat. *annellus*). **1.** Cercle de matière, généralement dure, auquel on peut attacher ou suspendre qqch. *Anneaux de rideau.* – *Anneau de port :* amarrage fixe, comportant généralement un branchement d'eau potable et d'électricité. **2.** Cercle, souvent de métal précieux, bijou sans pierre que l'on porte au doigt. *Anneau nuptial.* – *Anneau épiscopal* ou *pastoral,* porté par les prélats chrétiens. **3.** Ce qui évoque la forme d'un cercle. *Anneau routier.* **4.a.** MATH. Ensemble pourvu de deux lois de composition interne, la première lui conférant la structure de groupe commutatif, la seconde étant associative et distributive par rapport à la première. L'anneau est *commutatif* lorsque la seconde loi est commutative. **b.** PHYS. NUCL. *Anneau de stockage :* dispositif comportant un *(anneau de collisions)* ou deux *(anneaux d'intersection)* anneaux destinés à faire se croiser deux faisceaux de particules élémentaires d'énergie élevée, circulant en sens inverse. **c.** ASTRON. Zone circulaire de matière entourant certaines planètes, formée d'une multitude de fragments solides de petites dimensions, se déplaçant chacun avec sa vitesse propre. *Anneaux de Jupiter, de Saturne et d'Uranus.* **d.** ZOOL. Chacune des subdivisions externes d'animaux segmentés, comme les annélides ou les arthropodes. *Chaque anneau peut porter une paire d'appendices.* SYN. : ***métamère.*** ◆ pl. Agrès mobile de gymnastique, composé essentiellement de deux cercles métalliques fixés aux extrémités de cordes accrochées à un portique.

exercice aux **anneaux**

ANNÉE n.f. (lat. *annus*). **1.** Période de douze mois, correspondant conventionnellement à la durée de la révolution de la Terre autour du Soleil. **a.** (Considérée dans sa durée). *Depuis combien d'années travaillez-vous ? Une année favorable aux cultures.* **b.** (Considérée dans sa situation relative par rapport au calendrier chrétien). *En quelle année êtes-vous né ?* ◇ *Les Années folles :* la période de l'entre-deux-guerres qui précède la grande crise et la « montée des périls » (de 1919 à 1929 env.). **c.** *Année civile* ou *calendaire,* du 1er janvier au 31 décembre. – *Année scolaire,* de la rentrée des classes aux vacances d'été. ◇ *Souhaiter la bonne année :* adresser ses vœux à l'occasion du 1er janvier. **2. a.** Temps que met une planète à faire sa révolution autour du Soleil. *Année vénusienne, martienne.* **b.** *Année sidérale :* intervalle séparant deux passages consécutifs du Soleil par le même point de son orbite apparente. **c.** *Année tropique :* intervalle séparant deux passages consécutifs du Soleil par le point équinoxial du printemps. **3.** *Année de lumière :* unité de longueur (symb. al) équivalant à la distance parcourue en un an par la lumière dans le vide, soit $9{,}461 \times 10^{12}$ km.

■ La date du commencement de l'année a varié selon les peuples et les époques. Chez les Romains, Romulus la fixa au 1er mars (ce qui explique le nom des mois de septembre, octobre, novembre et décembre), avant que César ne la ramène au 1er janvier. En France, l'usage a longtemps varié selon les provinces. Au XIIe s., l'Église fixa le début de l'année à Pâques et, en 1564, Charles IX le rétablit au 1er janvier. Le gouvernement républicain de 1792 fit coïncider l'année civile avec les saisons en décrétant que l'année débuterait le jour de l'équinoxe d'automne. Le 22 septembre 1792 fut le 1er vendémiaire de l'an I de la République. Mais ces dispositions ont été abolies en 1806.

ANNÉE-LUMIÈRE n.f. (pl. *années-lumière*). Année de lumière.

ANNELÉ, E adj. BOT., ZOOL. Qui présente une succession d'anneaux. – ARCHIT. *Colonne annelée,* dont le fût est sculpté d'anneaux ou de bagues.

ANNELER v.t. 24. **1.** Rare. Disposer en anneaux, en boucles. **2.** *Anneler un taureau, un porc :* passer un anneau dans ses naseaux, son groin, afin de le maintenir immobilisé, de l'empêcher de fouir le sol.

ANNELET n.m. Petit anneau. – ARCHIT. Chacun des trois filets séparant le gorgerin de l'échine dans le chapiteau dorique. SYN. : ***armille.***

ANNÉLIDE n.f. *Annélides :* embranchement de vers annelés, formés d'une suite de segments sans pattes, comme le lombric, la sangsue et de nombreuses formes marines (néréide).

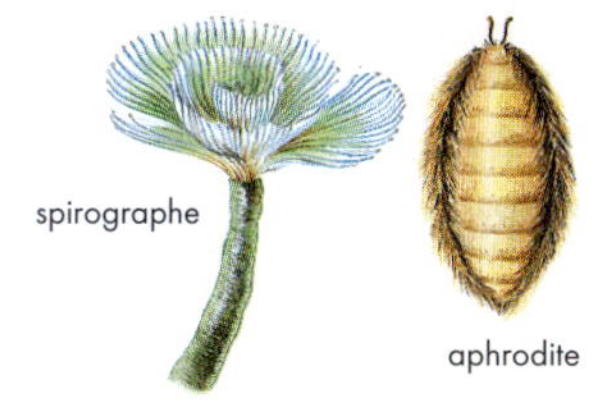

annélides

ANNEXE adj. (lat. *annexus,* attaché à). Qui se rattache, qui est lié à une chose principale. *Un document annexe.* ◆ n.f. **1.** Bâtiment, service annexe. *Les annexes d'une école.* **2. a.** *Annexes de l'utérus :* les ovaires et les trompes. **b.** *Annexes embryonnaires :* organes contenus dans l'œuf fécondé, mais extérieurs à l'embryon qu'ils nourrissent et protègent (amnios, placenta, etc.). **3.** COMPTAB. Document comptable qui explique, commente et complète les informations du bilan et du compte de résultat.

ANNEXER v.t. Faire entrer (qqn, qqch) dans un groupe, un ensemble, le joindre à. – Faire passer (tout ou partie d'un territoire) sous la souveraineté d'un autre État. ◆ **s'annexer** v.pr. S'attacher, s'attribuer (qqn, qqch) de façon exclusive.

ANNEXION n.f. Action d'annexer, de rattacher, en partic. un territoire ; le territoire ainsi annexé.

ANNEXIONNISME n.m. Politique visant à l'annexion d'un ou de plusieurs pays à un autre.

ANNEXIONNISTE adj. et n. Qui vise à l'annexion d'un pays à un autre ; partisan de l'annexionnisme.

ANNEXITE n.f. MÉD. Inflammation des annexes de l'utérus (ovaires et trompes).

ANNIHILATION n.f. Action d'annihiler ; son résultat. *L'annihilation de ses espoirs.* – PHYS. Réaction entre une particule et son antiparticule, au cours de laquelle celles-ci disparaissent pour se transformer en un ensemble d'autres particules, généralement plus légères.

ANNIHILER v.t. (lat. *ad,* vers, et *nihil,* rien). Réduire à rien, détruire, paralyser.

ANNIVERSAIRE adj. et n.m. (lat. *anniversarius,* qui revient tous les ans). Qui rappelle un évènement arrivé à pareil jour une ou plusieurs années auparavant. *Jour anniversaire de l'armistice.* ◆ n.m. Retour annuel d'un jour marqué par un évènement, en partic. du jour de la naissance ; la fête, la cérémonie qui accompagne ce jour. *Son anniversaire tombe un vendredi.*

ANNONCE n.f. **1.** Action d'annoncer (qqn, qqch), de le faire connaître. *L'annonce de l'arrivée d'un chef d'État.* ◇ *Effet d'annonce :* impact produit sur l'opinion par le simple fait d'annoncer une mesure, un évènement. **2.** Indice, présage. *L'annonce du printemps.* **3. a.** Avis, message verbal ou écrit donné à qqn ou au public. – *Petite annonce,* par laquelle un particulier, une société, etc., offre ou demande un emploi, un logement, etc. **b.** Déclaration d'intention faite avant le début du jeu, dans une partie de cartes.

ANNONCER v.t. (lat. *nuntius,* messager) 16. **1.** Faire savoir, rendre public. *Annoncer une bonne, une mauvaise nouvelle.* **2.** Être le signe de, laisser présager. *Silence qui annonce un désaccord.*

ANNONCEUR, EUSE n. Personne qui présente les programmes à la radio, à la télévision. SYN. : *speaker, speakerine.* ◆ n.m. Personne, société qui fait passer une annonce publicitaire dans un journal, à la radio, etc.

1. ANNONCIATEUR, TRICE adj. Qui annonce, présage.

2. ANNONCIATEUR n.m. TÉLÉCOMM. Dispositif optique indiquant l'état d'un circuit ou d'un appareil (libre, occupé, etc.).

ANNONCIATION n.f. RELIG. Message de l'ange Gabriel à la Vierge Marie lui annonçant qu'elle mettra le Messie au monde ; fête instituée par l'Église en mémoire de cette annonce.

ANNONCIER, ÈRE n. Personne chargée de la composition et de la mise en pages des annonces et des petites annonces d'un journal.

ANNONE n.f. (lat. *annona*). HIST. ROM. Impôt en nature perçu sur le produit de la récolte annuelle. – Service public assurant l'approvisionnement de la ville de Rome.

ANNOTATEUR, TRICE n. Personne qui annote.

ANNOTATION n.f. Action d'annoter un ouvrage, un devoir d'élève ; le commentaire, l'appréciation ainsi portés.

ANNOTER v.t. Faire par écrit des remarques, des commentaires sur (un texte, un ouvrage).

ANNUAIRE n.m. (lat. *annuus,* annuel). Ouvrage publié chaque année, donnant la liste des membres d'une profession, des abonnés à un service, etc. *Annuaire du téléphone.*

ANNUALISATION n.f. Action d'annualiser ; son résultat.

ANNUALISER v.t. **1.** Donner une périodicité annuelle à (qqch). **2.** Établir (qqch) en prenant l'année pour base.

ANNUALITÉ n.f. Caractère de ce qui est annuel.

ANNUEL, ELLE adj. Qui dure un an ; qui revient chaque année. *Plante annuelle. Revenu annuel.*

ANNUELLEMENT adv. Par an, chaque année.

ANNUITÉ n.f. DR. **1.** Paiement annuel, au moyen duquel un emprunteur se libère progressivement d'une dette, capital et intérêts. ◇ Fraction des actifs amortie en un an par une entreprise. **2.** Équivalence d'une année de service pour le calcul des droits à une pension, à la retraite, etc.

ANNULABILITÉ n.f. Caractère de ce qui est annulable.

ANNULABLE adj. Qui peut être annulé.

1. ANNULAIRE adj. (lat. *annulus,* anneau). Qui a la forme d'un anneau. – *Éclipse annulaire de Soleil,* durant laquelle le Soleil déborde autour du disque de la Lune comme un anneau lumineux.

2. ANNULAIRE n.m. Le quatrième doigt de la main, qui porte ordinairement l'anneau, l'alliance.

ANNULATIF, IVE adj. DR. Qui annule.

ANNULATION n.f. **1.** Action d'annuler ; son résultat. **2.** PSYCHAN. Processus névrotique par lequel le sujet s'efforce de faire croire et de croire que tel ou tel évènement désagréable n'est pas intervenu pour lui-même.

ANNULER [anyle] v.t. Rendre, déclarer nul, sans effet ; supprimer. *Annuler une élection.*

ANOBIE n.f. Vrillette (insecte).

ANOBLI, E adj. et n. Devenu noble, fait noble.

ANOBLIR v.t. (de *noble*). Accorder, conférer un titre de noblesse à.

ANOBLISSEMENT n.m. Action d'anoblir ; fait d'accéder à la noblesse.

ANODE n.f. (gr. *ana,* en haut, et *hodos,* route). Électrode d'arrivée du courant dans un milieu de conductivité différente (par opp. à *cathode*).

ANODIN, E adj. (du gr. *odunê,* douleur). Inoffensif, sans importance.

ANODIQUE adj. Relatif à l'anode.

ANODISATION n.f. Oxydation superficielle d'une pièce métallique prise comme anode dans une électrolyse, afin d'en améliorer le poli et la résistance à la corrosion.

ANODISER v.t. Procéder à l'anodisation de.

ANODONTE n.m. (gr. *odous, odontos,* dent). Mollusque bivalve d'eau douce, dont la charnière est privée de dents. (Long. max. 20 cm env.) SYN. : *moule d'étang.*

ANODONTIE [anɔdɔ̃si] n.f. Anomalie caractérisée par l'absence totale ou partielle de dents.

ANOMAL, E, AUX adj. (gr. *anômalos*). Qui s'écarte de la norme, de la règle générale.

ANOMALA n.m. Scarabée nuisible à la vigne.

ANOMALIE n.f. (gr. *anômalia,* désaccord). Écart, irrégularité par rapport à une norme, à un modèle. – BIOL. Déviation du type normal.

ANOMALURE n.m. Rongeur arboricole d'Afrique tropicale, capable de vols planés. (Famille des anomaluridés.)

ANOMIE n.f. (gr. *anomia,* violation de la loi). État de désorganisation, de déstructuration d'un groupe, d'une société, dû à la disparition partielle ou totale des normes et des valeurs communes à ses membres.

ANOMIQUE adj. Relatif à l'anomie.

ANOMOURE n.m. *Anomoures :* sous-ordre de crustacés décapodes comprenant les pagures.

ÂNON n.m. Petit de l'âne.

ANONACÉE [anɔnase] n.f. *Anonacées :* famille d'arbres ou d'arbrisseaux des pays chauds dont le type est l'*anone.*

ANONE n.f. Arbre ou arbrisseau des régions équatoriales, fournissant un fruit sucré comestible (pomme cannelle, corossol) ; ce fruit.

ÂNONNEMENT n.m. Action d'ânonner.

ÂNONNER v.i. et t. (de *ânon*). Lire, parler, réciter avec peine et en hésitant.

ANONYMAT n.m. État de qqn, de qqch qui est anonyme.

ANONYME [anɔnim] adj. et n. (gr. *anônumos,* sans nom). **1.** Dont l'auteur est inconnu. *Lettre, don anonyme.* ◇ *Société anonyme* → ***société.*** **2.** Dont le nom est inconnu. *Poètes anonymes de l'Antiquité.* **3.** Sans particularité, sans originalité. *Un appartement anonyme et dépourvu d'âme.* ◆ n. Personne anonyme. *Don d'un généreux anonyme.*

ANONYMEMENT adv. De façon anonyme.

ANOPHÈLE n.m. (gr. *anôphelês,* nuisible). Moustique dont la femelle peut transmettre le paludisme. (Famille des culicidés.)

ANORAK [anɔrak] n.m. (mot inuit, de *anoré,* vent). Veste de sport, imperméable et chaude, avec ou sans capuchon.

ANORDIR v.i. MAR. Tourner au nord, en parlant du vent.

ANOREXIE n.f. (gr. *orexis,* appétit). MÉD. Perte de l'appétit, organique ou fonctionnelle. – *Anorexie mentale :* refus de s'alimenter, surtout chez le nourrisson et l'adolescente, qui traduit un conflit psychique.

ANOREXIGÈNE adj. et n.m. Se dit d'une substance qui provoque une diminution de l'appétit.

ANOREXIQUE adj. et n. Atteint d'anorexie.

ANORGANIQUE adj. MÉD. Se dit d'un phénomène qui semble indépendant de toute lésion organique.

ANORGASMIE n.f. Absence ou insuffisance d'orgasme.

ANORMAL, E, AUX adj. (lat. *anormalis*). Contraire à ou différent de la norme, de la règle générale. *Développement anormal d'un organe. Température anormale.* ◆ adj. et n. Déséquilibré, très instable.

ANORMALEMENT adv. De façon anormale.

ANORMALITÉ n.f. Caractère de ce qui est anormal.

ANOSMIE n.f. (gr. *osmê,* odeur). Diminution ou perte complète de l'odorat.

ANOURE [anur] n.m. (gr. *oura,* queue). *Anoures :* superordre d'amphibiens dépourvus de queue à l'âge adulte, comme la grenouille, le crapaud, la rainette.

ANOVULATOIRE adj. MÉD. *Cycle anovulatoire,* qui se termine par un saignement utérin, sans avoir été précédé d'une ovulation.

ANOXÉMIE n.f. PATHOL. Absence d'oxygène dans le sang.

ANOXIE n.f. (de *oxygène*). PATHOL. Diminution ou suppression de l'oxygène dans les tissus.

ANSE n.f. (lat. *ansa*). **1.** Partie recourbée en arc, en anneau par laquelle on prend un vase, un panier, etc. – Fam., VX. *Faire danser l'anse du panier :* majorer à son profit le prix de courses faites pour qqn. ◇ BX-A. *Arc en anse de panier :* arc surbaissé en demi-ovale formé d'un nombre impair d'arcs de cercle et dont la portée est le plus grand diamètre de l'ovale. **2.** GÉOGR. Petite baie peu profonde.

ANSÉ, E adj. Dont l'une des extrémités est terminée par un petit anneau qui permet de la saisir. *Bougeoir ansé.* – *Croix ansée :* croix suspendue à une anse, dont l'extrémité supérieure se termine par un petit anneau.

ANSÉRIFORME n.m. (du lat. *anser,* oie). *Ansériformes :* ordre d'oiseaux palmipèdes ayant un bec garni de lamelles cornées et comprenant les oies, les canards, les cygnes.

ANSÉRINE n.f. **1.** Chénopode (plante). **2.** Potentille (plante).

ANTAGONIQUE adj. En antagonisme, en opposition. *Forces antagoniques.*

ANTAGONISME n.m. Lutte, opposition entre des personnes, des groupes sociaux, des doctrines, etc. – MÉD. Opposition fonctionnelle entre deux systèmes, deux organes, deux substances biochimiques.

ANTAGONISTE n. et adj. (gr. *antagônistes*). Personne, groupe, etc., en lutte avec un(e) autre, en opposition. ◆ adj. **1.** Contraire, qui s'oppose à. **2.** *Muscles antagonistes,* qui ont une action contraire, par ex. sur une articulation.

ANTALGIE n.f. Abolition ou atténuation des perceptions douloureuses.

ANTALGIQUE adj. et n.m. (gr. *anti,* contre, et *algos,* douleur). MÉD. Se dit d'une substance propre à calmer la douleur. SYN. : *antidouleur.*

ANTAN (D') loc. adj. (lat. *ante annum,* l'année d'avant). Litt. Du temps passé. *Le Paris d'antan.*

ANTARCTIQUE adj. Relatif au pôle Sud et aux régions environnantes.

ANTE [ɑ̃t] n.f. (lat. *hasta,* lance). Pilier ou pilastre cornier.

ANTEBOIS n.m. → ***antibois.***

ANTÉCAMBRIEN, ENNE adj. et n.m. Vieilli. Précambrien.

ANTÉCÉDENCE n.f. GÉOGR. Caractère d'un cours d'eau maintenant son tracé, malgré des déformations tectoniques.

1. ANTÉCÉDENT, E adj. (lat. *antecedens*). Qui précède, antérieur. – GÉOGR. Qui présente un phénomène d'antécédence. *Vallée antécédente de la trouée héroïque du Rhin.*

2. ANTÉCÉDENT n.m. Fait antérieur, qui précède. ◇ LING. Élément qui précède et auquel se rapporte un pronom relatif. ◇ MATH. Pour un élément *b* de l'ensemble B, ensemble d'arrivée d'une correspondance dont l'ensemble de départ est A, élément *a* de A s'il existe, auquel il est associé. – LOG. Le premier des deux termes d'une relation d'implication (par opp. à *conséquent*). ◆ pl. Actes antérieurs de qqn permettant de comprendre, de juger sa conduite actuelle. *Avoir de bons, de mauvais antécédents.*

ANTÉCHRIST n.m. Adversaire du Christ qui, selon saint Jean, doit venir quelque temps avant la fin du monde pour s'opposer à l'établissement du Royaume de Dieu.

ANTÉDILUVIEN, ENNE adj. **1.** Qui a précédé le Déluge. **2.** Fig. Très ancien, démodé.

ANTÉFIXE n.f. ARCHIT. Élément décoratif formé d'un motif répété, ornant la ligne inférieure du versant d'un toit.

ANTÉHYPOPHYSE n.f. Lobe antérieur de l'hypophyse.

ANTÉISLAMIQUE adj. Antérieur à l'islam. SYN. : *préislamique.*

ANTENAIS, E adj. (lat. *annotinus,* âgé d'un an). Dans sa deuxième année, en parlant d'un ovin.

ANTÉNATAL, E, ALS adj. MÉD. Qui s'effectue avant la naissance. *Diagnostic anténatal.*

ANTENNATE n.m. *Antennates :* arthropodes munis d'antennes et de mandibules (insectes, mille-pattes, crustacés). SYN. : ***mandibulate.***

ANTENNE n.f. (lat. *antemna*). **1.** Organe allongé, mobile et pair, situé sur la tête des insectes et des crustacés, siège de fonctions sensorielles. **2.** Élément du dispositif d'émission ou de réception des ondes radioélectriques. SYN. (vx) : *aérien.* – Passage en direct d'une émission de radio, de télévision. *Garder, rendre l'antenne.* **3.** Lieu, service dépendant d'un organisme, d'un établissement principal. – *Antenne chirurgicale :* unité mobile destinée aux interventions de première urgence. **4.** Vergue oblique qui soutient une voile latine. ◆ pl. Fam. Moyen d'information plus ou moins secret. *Il a des antennes à la préfecture.* ◇ Absolt. *Avoir des antennes,* de l'intuition.

ANTENNISTE n. Spécialiste de la pose d'antennes de télévision.

ANTÉPÉNULTIÈME adj. Qui vient immédiatement avant l'avant-dernier. ◆ n.f. Syllabe qui précède l'avant-dernière syllabe d'un mot (*po* dans *napolitain*).

ANTÉPOSER v.t. LING. Placer (un élément de la phrase) devant un autre.

ANTÉPOSITION n.f. LING. Fait d'être antéposé.
ANTÉPRÉDICATIF, IVE adj. LOG. Antérieur à une proposition prédicative.
ANTÉRIEUR, E adj. (lat. *anterior*). **1.** Qui est avant, en avant, par rapport au temps ou au lieu ; précédent. *Époque antérieure. La partie antérieure du corps.* CONTR. : *postérieur, ultérieur.* **2.** PHON. Dont l'articulation se situe dans la partie avant de la cavité buccale.
ANTÉRIEUREMENT adv. Avant, auparavant, précédemment.
ANTÉRIORITÉ n.f. Priorité de temps, de date. *Antériorité d'un droit, d'une découverte.*
ANTÉROGRADE adj. (lat. *anterior,* plus avant, et *gradi,* marcher). *Amnésie antérograde,* dans laquelle la perte du souvenir porte sur les évènements qui suivent l'accident causal.
ANTÉVERSION n.f. MÉD. Inclinaison en avant de l'axe vertical d'un organe. *Antéversion de l'utérus.*
ANTHÉMIS [ɑ̃temis] n.f. (gr. *anthos,* fleur). Plante herbacée aromatique, dont plusieurs espèces sont appelées *camomille.* (Famille des composées.)
ANTHÈRE [ɑ̃tɛr] n.f. (gr. *anthêros,* fleuri). BOT. Partie supérieure de l'étamine des plantes à fleurs, dans laquelle se forment les grains de pollen et qui s'ouvre à maturité pour laisser échapper ceux-ci.
ANTHÉRIDIE n.f. BOT. Organe où se forment les anthérozoïdes.
ANTHÉROZOÏDE n.m. BOT. Gamète mâle, chez les végétaux. (On dit aussi *spermatozoïde.*)
ANTHÈSE n.f. BOT. Développement des organes floraux, de l'épanouissement au flétrissement.
ANTHOCÉROS [-seros] n.m. Petite plante de la classe des hépatiques, remarquable par son cycle reproductif.
ANTHOLOGIE n.f. (gr. *anthos,* fleur, et *legein,* choisir). Recueil de morceaux choisis d'œuvres littéraires ou musicales.
ANTHONOME n.m. Charançon nuisible aux arbres fruitiers et au cotonnier. (Long. 4 mm env. ; ordre des coléoptères.)
ANTHOZOAIRE n.m. ZOOL. *Anthozoaires :* classe de cnidaires qui comprend des polypes isolés *(actinies)* ou coloniaux *(madrépores, corail)* munis de cloisons gastriques. SYN. (vx) : *coralliaire.*
ANTHRACÈNE n.m. (gr. *anthrax, -akos,* charbon). Hydrocarbure polycyclique $C_{14}H_{10}$, extrait des goudrons de houille.
ANTHRACITE n.m. (gr. *anthrax, -akos,* charbon). Charbon de très faible teneur en matières volatiles (moins de 6 à 8 p. 100) qui brûle avec une courte flamme bleu pâle, sans fumée, en dégageant beaucoup de chaleur. ◆ adj. inv. Gris foncé.
ANTHRACITEUX, EUSE adj. Qui ressemble à l'anthracite, qui en contient.
ANTHRACNOSE n.f. (gr. *anthrax,* charbon, et *nosos,* maladie). Maladie cryptogamique de la vigne, du haricot, etc., caractérisée par l'apparition de taches brunes sur les rameaux, les feuilles ou les fruits.
ANTHRACOSE n.f. Maladie professionnelle due à la présence de poussières de charbon dans les poumons.
ANTHRAQUINONE [ɑ̃trakinɔn] n.f. Composé dérivé de l'anthracène, servant à préparer des colorants.
ANTHRAX [ɑ̃traks] n.m. (gr. *anthrax,* charbon). PATHOL. Réunion de plusieurs furoncles s'accompagnant d'une infection du tissu souscutané par le staphylocoque.
ANTHRÈNE n.m. (gr. *anthrênê,* bourdon). Insecte dont la larve se développe dans des substances animales sèches (poils, plumes, etc.) et nuit aux fourrures, tapis et tissus. (Long. 4 mm env. ; ordre des coléoptères.)
ANTHROPIEN, ENNE n. et adj. Hominidé présentant des caractères physiques propres au type humain, fossile (australanthropien, archanthropien, paléanthropien) et actuel (néanthropien).
ANTHROPIQUE adj. Dont la formation résulte essentiellement de l'action humaine, en parlant d'un paysage, d'un sol, etc. *Érosion anthropique.*
ANTHROPOBIOLOGIE n.f. Anthropologie physique.
ANTHROPOCENTRIQUE adj. Propre à l'anthropocentrisme.
ANTHROPOCENTRISME n.m. Conception, attitude qui rapporte toute chose de l'univers à l'homme.
ANTHROPOGENÈSE ou **ANTHROPOGÉNIE** n.f. Étude de l'apparition et du développement de l'espèce humaine.
ANTHROPOÏDE n.m. et adj. (gr. *anthrôpos,* homme). Singe ressemblant le plus à l'homme, caractérisé notamm. par l'absence de queue (orang-outan, chimpanzé, gorille et gibbon).
ANTHROPOLOGIE n.f. **1.** *Anthropologie sociale et culturelle :* étude des croyances et des institutions, des coutumes et des traditions des différentes sociétés humaines. **2.** *Anthropologie physique :* étude des différentes caractéristiques des hommes du point de vue physique (taille, couleur et réflectance de la peau, forme du nez, volume du crâne, forme des yeux, proportions de la bouche, groupes sanguins, etc.). SYN. : *anthropobiologie.*
■ L'*anthropologie physique,* ou *anthropobiologie,* étudie les caractéristiques physiques des différents peuples de la Terre. L'*anthropologie culturelle* s'intéresse aux langues, aux mythes des peuples. L'*anthropologie économique* étudie les formes de production et de répartition des biens de subsistance. L'*anthropologie politique* étudie les formes de pouvoir et de contrôle social, spécialement avant la formation de l'État. L'*anthropologie religieuse* s'attache aux croyances et aux rites des hommes. Les grands noms de l'anthropologie culturelle sont Morgan, Lévy-Bruhl, Marcel Mauss, Radcliffe-Brown, Lévi-Strauss.
ANTHROPOLOGIQUE adj. Qui relève de l'anthropologie.
ANTHROPOLOGUE ou **ANTHROPOLOGISTE** n. Spécialiste en anthropologie.
ANTHROPOMÉTRIE n.f. (gr. *anthrôpos,* homme, et *metron,* mesure). **1.** Branche de l'anthropologie physique ayant pour objet tout ce qui, dans l'organisme humain, peut être mesuré (poids des organes, pression artérielle, etc.). **2.** *Anthropométrie judiciaire :* méthode d'identification des criminels fondée essentiellement, de nos jours, sur l'étude des empreintes digitales.
ANTHROPOMÉTRIQUE adj. Qui relève de l'anthropométrie.
ANTHROPOMORPHE adj. Dont la forme rappelle celle de l'homme.
ANTHROPOMORPHIQUE adj. Qui relève de l'anthropomorphisme.
ANTHROPOMORPHISME n.m. (gr. *anthrôpos,* homme, et *morphê,* forme). Tendance à attribuer aux objets naturels, aux animaux et aux créations mythiques des caractères propres à l'homme.
ANTHROPONYME n.m. Nom de personne.
ANTHROPONYMIE n.f. (gr. *anthrôpos,* homme, et *onoma,* nom). Étude des noms de personnes.
ANTHROPOPHAGE adj. et n. (gr. *anthrôpos,* homme, et *phagein,* manger). Qui mange de la chair humaine, en parlant de l'homme ; cannibale.
ANTHROPOPHAGIE n.f. Comportement de l'anthropophage.
ANTHROPOPHILE adj. Qui vit dans un milieu habité ou fréquenté par l'homme, en parlant des animaux et des plantes.
ANTHROPOPITHÈQUE n.m. (gr. *anthrôpos,* homme, et *pithêkos,* singe). Anc. Hominien fossile de type primitif, comme le pithécanthrope et le sinanthrope.
ANTHROPOSOPHIE n.f. Philosophie fondée par R. Steiner, qui développe une gnose chrétienne et propose un système éducatif encore très vivant dans les pays de langue allemande.
ANTHROPOTECHNIQUE n.f. Étude ayant pour objet de concevoir des systèmes de commande spécialement adaptés aux facultés humaines.
ANTHROPOZOÏQUE adj. Caractérisé par l'apparition de l'homme. *L'ère quaternaire est dite anthropozoïque.*
ANTHURIUM [ɑ̃tyrjɔm] n.m. Plante ornementale à belles feuilles, originaire d'Amérique tropicale. (Famille des aracées.)
ANTHYLLIS ou **ANTHYLLIDE** n.f. Plante herbacée dont une espèce, la *vulnéraire* ou *trèfle jaune,* est cultivée comme fourrage.
ANTIACIDE adj. Qui résiste à l'attaque des acides forts.
ANTIACRIDIEN, ENNE adj. Relatif à la lutte contre les acridiens.
ANTIADHÉSIF, IVE adj. et n.m. Se dit d'un revêtement qui empêche les adhérences, notamm. sur les récipients destinés à la cuisson.
ANTIAÉRIEN, ENNE adj. Qui s'oppose à l'action des avions ou des engins aériens, protège de leurs effets. *Abri antiaérien.*
ANTIAGRÉGANT n.m. *Antiagrégant plaquettaire :* substance qui s'oppose à l'agrégation des plaquettes dans les vaisseaux sanguins.
ANTIALCOOLIQUE adj. Qui combat l'abus de l'alcool, l'alcoolisme.
ANTIALCOOLISME n.m. Lutte contre l'alcoolisme.
ANTIALLERGIQUE adj. Propre à traiter, à prévenir les allergies. *Propriétés antiallergiques des antihistaminiques.*
ANTIAMARIL, E adj. *Vaccination antiamarile,* contre la fièvre jaune.
ANTIAMÉRICANISME n.m. Hostilité à l'égard des États-Unis, de leur politique.
ANTIASTHMATIQUE [ɑ̃tiasmatik] adj. et n.m. Se dit d'un médicament propre à combattre, à apaiser l'asthme.
ANTIATOME n.m. Atome d'antimatière.
ANTIATOMIQUE adj. Qui s'oppose aux effets du rayonnement ou des projectiles atomiques.
ANTIAUTORITAIRE adj. Hostile à toute forme de sujétion, politique ou intellectuelle.
ANTIBIOGRAMME n.m. Examen bactériologique permettant d'apprécier la sensibilité d'une bactérie vis-à-vis de divers antibiotiques.
ANTIBIOTHÉRAPIE n.f. Traitement par les antibiotiques.

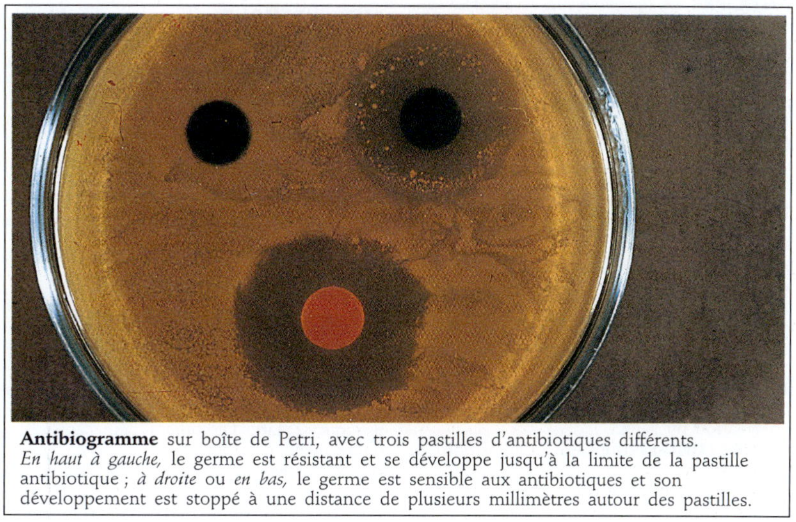

Antibiogramme sur boîte de Petri, avec trois pastilles d'antibiotiques différents. *En haut à gauche,* le germe est résistant et se développe jusqu'à la limite de la pastille antibiotique ; *à droite* ou *en bas,* le germe est sensible aux antibiotiques et son développement est stoppé à une distance de plusieurs millimètres autour des pastilles.

ANTIBIOTIQUE n.m. et adj. Substance naturelle (produite surtout par les champignons inférieurs et par certaines bactéries) ou synthétique, ayant la propriété d'empêcher la croissance des micro-organismes ou de les détruire.

ANTIBLOCAGE adj. Se dit d'un système qui permet de contrôler le freinage pour éviter que les roues d'un véhicule ne se bloquent.

ANTIBOIS ou **ANTEBOIS** n.m. Baguette fixée sur le plancher d'une pièce pour empêcher le contact des meubles avec les murs.

ANTIBOURGEOIS, E adj. Hostile aux bourgeois, à la bourgeoisie.

ANTIBROUILLAGE n.m. Procédé visant à faire échec au brouillage des émissions d'ondes électromagnétiques.

ANTIBROUILLARD adj. inv. et n.m. Propre à percer le brouillard. *Phares antibrouillard.*

ANTIBRUIT adj. inv. Destiné à protéger du bruit. *Mur antibruit.*

ANTICABREUR adj. m. Se dit d'un dispositif mécanique qui s'oppose au cabrage d'un véhicule au démarrage ou lors d'une accélération brutale.

ANTICALCAIRE adj. Qui s'oppose aux dépôts calcaires dans un appareil, une canalisation.

ANTICALCIQUE adj. et n.m. Se dit d'un médicament visant à régulariser le rythme cardiaque et à normaliser la tension artérielle.

ANTICANCÉREUX, EUSE adj. et n.m. Qui est employé dans la prévention ou le traitement du cancer.

ANTICAPITALISTE adj. Hostile au régime capitaliste.

ANTICASSEURS adj. inv. *Loi dite « anticasseurs »,* votée en 1970 et abrogée en 1981, qui réprimait divers types de violences, de voies de fait et de destructions.

ANTICATHODE n.f. Plaque métallique qui, dans un tube électronique, reçoit les rayons cathodiques et émet des rayons X.

ANTICHAMBRE n.f. (it. *anticamera*). Vestibule, salle d'attente, à l'entrée d'un appartement, d'un bureau. ◇ *Faire antichambre :* attendre avant d'être reçu.

ANTICHAR adj. Qui s'oppose à l'action des chars, des blindés.

ANTICHOC adj. Qui permet d'amortir, d'éviter les chocs. *Casque antichoc.*

ANTICHRÈSE [ɑ̃tikrɛz] n.f. (gr. *anti,* contre, et *khrêsis,* usage). DR. Sûreté réelle permettant au créancier d'entrer en possession d'un immeuble du débiteur et d'en percevoir les fruits jusqu'à extinction de la dette.

ANTICIPATION n.f. **1.** Action d'anticiper. *Anticipation de paiement.* ◇ *Par anticipation :* par avance. **2.** Action de prévoir, d'imaginer des situations, des évènements futurs. ◇ *Roman, film d'anticipation,* dont l'action se passe dans l'avenir, dans un monde futur.

ANTICIPATOIRE adj. Qui anticipe, est capable d'anticiper.

ANTICIPÉ, E adj. Qui se fait à l'avance ; qui se produit avant la date prévue. *Remerciements anticipés. Retraite anticipée.*

ANTICIPER v.t. (lat. *anticipare,* devancer). Faire, exécuter avant la date prévue ou fixée. *Anticiper un paiement.* ◆ v.i. et v.t. ind. *(sur).* **1.** Disposer de qqch qui n'existe pas encore ; entamer à l'avance. *Anticiper sur ses revenus.* **2.** *N'anticipons pas :* n'allons pas trop vite, respectons l'ordre normal des évènements. ◆ v.t. et v.t. ind. *(sur).* Prévoir, supposer ce qui va arriver et y adapter par avance sa conduite. *Anticiper sur l'évolution de la situation. Anticiper un problème.*

ANTICLÉRICAL, E, AUX adj. et n. Opposé à l'influence ou à l'ingérence du clergé dans les affaires publiques.

ANTICLÉRICALISME n.m. Attitude, politique anticléricale.

ANTICLINAL, E, AUX adj. (gr. *anti,* contre, et *klinein,* faire pencher). GÉOL. *Pli anticlinal* ou *anticlinal,* n.m. : pli dont la convexité est tournée vers le haut. CONTR. : *synclinal.*

ANTICOAGULANT, E adj. et n.m. MÉD. Se dit d'un corps qui empêche ou retarde la coagulation du sang.

ANTICOLONIALISME n.m. Opposition au colonialisme.

ANTICOLONIALISTE adj. et n. Opposé au colonialisme.

ANTICOMMUNISME n.m. Attitude d'hostilité à l'égard du communisme.

ANTICOMMUNISTE adj. et n. Opposé, hostile au communisme.

ANTICOMMUTATIF, IVE adj. MATH. *Opération anticommutative,* dans laquelle la permutation des composants conduit à un résultat de signes ou de sens contraires.

ANTICONCEPTIONNEL, ELLE adj. Qui empêche la fécondation ; contraceptif.

ANTICONCURRENTIEL, ELLE adj. COMM. Qui s'oppose au libre jeu de la concurrence.

ANTICONFORMISME n.m. Opposition aux usages établis, aux traditions ; non-respect de ces usages, des traditions.

ANTICONFORMISTE adj. et n. Qui ne se conforme pas aux usages établis.

ANTICONJONCTUREL, ELLE adj. Destiné à renverser une conjoncture économique défavorable.

ANTICONSTITUTIONNEL, ELLE adj. Contraire à la Constitution.

ANTICONSTITUTIONNELLEMENT adv. Contrairement à la Constitution.

ANTICORPS n.m. Substance (immunoglobuline) engendrée par l'organisme à la suite de l'introduction dans celui-ci d'un antigène, et concourant au mécanisme de l'immunité.

ANTICORPUSCULE n.m. PHYS. Vieilli. Antiparticule.

ANTICORROSION adj. inv. Qui protège les métaux contre la corrosion.

ANTICRYPTOGAMIQUE adj. et n.m. Fongicide.

ANTICYCLIQUE adj. ÉCON. Destiné à combattre les effets du cycle économique.

ANTICYCLONAL, E, AUX ou **ANTICYCLONIQUE** adj. Relatif à un anticyclone.

ANTICYCLONE n.m. MÉTÉOR. Centre de hautes pressions atmosphériques.

ANTIDATE n.f. (lat. *ante,* avant, et *date*). Date inscrite antérieure à la date réelle.

ANTIDATER v.t. Apposer une antidate sur.

ANTIDÉFLAGRANT, E adj. *Matériel antidéflagrant,* conçu pour fonctionner dans une atmosphère inflammable (mines grisouteuses, etc.) et pour résister à la surpression d'une déflagration sans la propager.

ANTIDÉMOCRATIQUE adj. Opposé à la démocratie, à ses principes.

ANTIDÉPLACEMENT n.m. MATH. Transformation ponctuelle du plan ou de l'espace conservant les distances sans conserver l'orientation.

ANTIDÉPRESSEUR adj.m. et n.m. Se dit d'un médicament qui combat la dépression mentale, ses symptômes. SYN. : *thymoanaleptique.*

ANTIDÉRAPANT, E adj. et n.m. Se dit d'un matériau qui empêche de déraper. *Semelles antidérapantes.*

ANTIDÉTONANT, E adj. et n.m. Se dit d'un produit ajouté à un carburant liquide pour en augmenter l'indice d'octane afin d'empêcher sa détonation dans un moteur à explosion.

ANTIDIPHTÉRIQUE adj. Propre à combattre la diphtérie.

ANTIDIURÉTIQUE adj. et n.m. Se dit d'un médicament qui diminue la sécrétion d'urine.

ANTIDOPAGE ou **ANTIDOPING** [ɑ̃tidɔpiŋ] adj. inv. Qui s'oppose à la pratique du dopage dans les sports.

ANTIDOTE n.m. (gr. *antidotos,* donné contre). **1.** Contrepoison d'un toxique donné. **2.** Remède contre un mal moral, psychologique.

ANTIDOULEUR adj. inv. **1.** Qui vise à atténuer la souffrance physique. *Consultation, centre antidouleur.* **2.** *Médicament antidouleur* ou *antidouleur,* n.m. : antalgique.

ANTIÉCONOMIQUE adj. Contraire à une bonne gestion économique.

ANTIÉMÉTIQUE ou **ANTIÉMÉTISANT, E** adj. et n.m. Se dit d'un médicament propre à combattre les vomissements.

ANTIENGIN adj. inv. Vieilli. Antimissile.

ANTIENNE [ɑ̃tjɛn] n.f. (du gr. *antiphônos,* qui répond). **1.** Verset chanté avant et après un psaume. **2.** Litt. Discours répété sans cesse, d'une manière lassante.

ANTIENZYME [ɑ̃tiɑ̃zim] n.f. Substance qui s'oppose à l'action d'une enzyme, qui empêche une fermentation. SYN. (vieilli) : *antiferment.*

ANTIÉPILEPTIQUE adj. et n.m. Se dit d'un médicament destiné à combattre l'épilepsie.

ANTIESCLAVAGISTE adj. et n. Opposé à l'esclavage.

ANTIÉTATIQUE adj. Opposé à un trop grand pouvoir de l'État.

ANTIFADING [ɑ̃tifadiŋ] n.m. TECHN. Dispositif limitant l'effet du fading.

ANTIFASCISTE adj. et n. Opposé au fascisme.

ANTIFERMENT n.m. Vieilli. Antienzyme.

ANTIFERROMAGNÉTISME n.m. Propriété de certains cristaux dont les atomes présentent des moments magnétiques orientés alternativement dans un sens et dans l'autre. (Leur moment résultant est donc nul.)

ANTIFISCAL, E, AUX adj. Hostile à la fiscalité, à l'augmentation des impôts.

ANTIFONGIQUE adj. et n.m. (du lat. *fongus,* champignon). Se dit d'un médicament qui agit contre les infections provoquées par les champignons ou les levures parasites. SYN. : *antimycosique.*

ANTIFRICTION adj. inv. *Alliage antifriction :* alliage dont les propriétés réduisent le frottement et qui est utilisé dans la fabrication d'organes de machines en mouvement.

ANTIFUMÉE adj. inv. et n.m. PÉTR. Se dit d'une substance qui produit une combustion plus complète et élimine les fumées d'un combustible liquide.

ANTI-G adj. inv. Qui s'oppose à l'action de la gravité (symb. *g*) ou qui en atténue les effets. *Combinaison anti-g des pilotes de chasse.*

ANTIGANG adj. inv. *Brigade antigang* ou *antigang,* n.f. : unité de police constituée spécialement pour la lutte contre la grande criminalité (hold-up, enlèvements, etc.).

ANTIGEL n.m. Substance qui, ajoutée à un liquide, en abaisse notablement le point de congélation.

ANTIGÉLIF n.m. Adjuvant qui garantit le béton durci contre l'altération par le gel.

ANTIGÈNE n.m. MÉD. Substance (micro-organisme, cellule d'une espèce différente, substance chimique ou organique, etc.) qui, introduite dans l'organisme, provoque la formation d'un anticorps.

ANTIGÉNIQUE adj. Relatif aux antigènes.

ANTIGIVRANT, E adj. et n.m. Propre à empêcher la formation de givre. *Dispositifs antigivrants d'un avion.*

ANTIGLISSE adj. inv. *Vêtement antiglisse :* vêtement de ski fait dans un tissu de texture rêche qui accroche la neige et empêche de glisser sur la pente en cas de chute.

ANTIGOUVERNEMENTAL, E, AUX adj. Opposé au gouvernement, à sa politique.

ANTIGRAVITATION n.f. Force hypothétique qui annulerait les effets de la gravitation.

ANTIGRAVITATIONNEL, ELLE adj. Relatif à l'antigravitation.

ANTIGRÈVE adj. inv. Qui s'oppose à une grève.

ANTIHALO adj. inv. et n.m. PHOT. Qui supprime le halo. *Passer un enduit antihalo au dos d'un négatif.*

ANTIHAUSSE adj. inv. Destiné à enrayer ou à ralentir la hausse des prix.

ANTIHÉROS n.m. Personnage de fiction ne présentant pas les caractères convenus du héros traditionnel.

ANTIHISTAMINIQUE adj. et n.m. Se dit d'une substance qui s'oppose à l'action nocive de l'histamine. *Les antihistaminiques sont actifs dans l'urticaire et les affections allergiques.*

ANTIHYGIÉNIQUE adj. Contraire à l'hygiène.

ANTI-IMPÉRIALISME n.m. (pl. *anti-impérialismes*). Opposition à l'impérialisme sous toutes ses formes.

ANTI-IMPÉRIALISTE adj. et n. (pl. *anti-impérialistes*). Opposé à l'impérialisme.

ANTI-INFECTIEUX, EUSE adj. et n.m. (pl. *anti-infectieux, euses*). Se dit d'un médicament propre à combattre l'infection.

ANTI-INFLAMMATOIRE adj. et n.m. (pl. *anti-inflammatoires*). MÉD. Se dit d'un médicament propre à combattre l'inflammation.

ANTI-INFLATIONNISTE adj. (pl. *anti-inflationnistes*). Propre à lutter contre l'inflation.

ANTILACET adj. inv. CH. DE F. Se dit d'un dispositif utilisé pour engendrer un couple s'opposant à la rotation du bogie autour d'un axe vertical.

ANTILITHIQUE adj. MÉD. Qui prévient la formation des calculs, notamm. des calculs urinaires.

ANTILLAIS, E adj. et n. Des Antilles.

ANTILOGARITHME n.m. MATH. Nombre qui a pour logarithme un nombre donné. *En base 10, l'antilogarithme de 1 est 10.*

ANTILOPE n.f. (angl. *antelope*, empr. au gr.). Mammifère ruminant sauvage d'Afrique (gnou, bubale) ou d'Asie (nilgaut) dont la peau souple et légère est utilisée dans la confection de vêtements. (Famille des bovidés.)

ANTIMAÇONNIQUE adj. Opposé à la franc-maçonnerie.

ANTIMATIÈRE n.f. Forme de la matière constituée d'antiparticules.

ANTIMÉRIDIEN n.m. Méridien dont la longitude diffère de 180° de celle du méridien considéré.

ANTIMILITARISME n.m. Hostilité de principe à l'égard des institutions et de l'esprit militaires.

ANTIMILITARISTE adj. et n. Qui témoigne, fait preuve d'antimilitarisme.

ANTIMISSILE adj. inv. DÉF. Destiné à neutraliser l'action de missiles assaillants. *Arme, dispositif, mesure antimissile.*

ANTIMITE adj. inv. et n.m. Se dit d'un produit qui protège (les lainages, les fourrures, etc.) contre les mites et leurs larves. *Boule antimite.*

ANTIMITOTIQUE adj. et n.m. Se dit d'une substance qui s'oppose à l'accomplissement des mitoses, qui empêche la multiplication cellulaire.

ANTIMOINE n.m. (ar. *ithmid*). Corps simple solide d'un blanc bleuâtre, cassant, fondant vers 630 °C, de densité 6,7 environ, et qui se rapproche de l'arsenic ; élément chimique (Sb), de numéro atomique 51, de masse atomique 121,75.

ANTIMONARCHIQUE adj. Opposé à la monarchie.

ANTIMONARCHISTE adj. et n. Adversaire, détracteur de la monarchie.

ANTIMONIATE n.m. Sel d'un acide oxygéné dérivé de l'antimoine.

ANTIMONIÉ, E adj. Qui contient de l'antimoine.

ANTIMONIURE n.m. Combinaison de l'antimoine avec un corps simple.

ANTIMYCOSIQUE adj. et n.m. Antifongique.

ANTINATALISTE adj. Qui vise à réduire la natalité.

ANTINATIONAL, E, AUX adj. Opposé à l'intérêt, au caractère national.

ANTINAZI, E adj. et n. Hostile au nazisme.

ANTINEUTRINO n.m. Antiparticule du neutrino.

ANTINEUTRON n.m. Antiparticule du neutron.

ANTINÉVRALGIQUE adj. et n.m. Se dit d'un médicament propre à calmer les névralgies.

ANTINOMIE n.f. (gr. *anti*, contre, et *nomos*, loi). Contradiction entre deux idées, deux principes, deux propositions. ◇ LOG. Contradiction à l'intérieur d'une théorie déductive ; paradoxe.

ANTINOMIQUE adj. Qui forme une antinomie ; contradictoire.

ANTINUCLÉAIRE adj. et n. Hostile à l'emploi de l'énergie et des armes nucléaires.

ANTIOXYDANT n.m. Agent qui ralentit la dégradation des aliments et de certains matériaux ou composés organiques, due aux effets de l'oxydation.

ANTIPALUDÉEN, ENNE ou, rare, **ANTIPALUDIQUE** adj. et n.m. Se dit d'un médicament propre à traiter ou à prévenir le paludisme.

ANTIPAPE n.m. Pape élu irrégulièrement et non reconnu par l'Église romaine (désigne aussi les papes d'Avignon et de Pise à l'époque du Grand Schisme).

ANTIPARALLÈLE adj. MATH. *Droites antiparallèles*, qui, sans être parallèles, forment avec une troisième des angles égaux.

ANTIPARASITE adj. inv. et n.m. Se dit d'un dispositif qui diminue la production ou l'action des perturbations affectant la réception des émissions radiophoniques et télévisées.

ANTIPARASITER v.t. Munir d'un antiparasite.

ANTIPARLEMENTAIRE adj. et n. Opposé au régime parlementaire.

ANTIPARLEMENTARISME n.m. Opposition au régime parlementaire.

ANTIPARTI adj. inv. *Groupe antiparti* : personnes qui, au sein d'un parti politique, s'opposent au programme de ce parti.

ANTIPARTICULE n.f. Particule élémentaire (positron, antiproton, antineutron), de masse égale, mais de propriétés électromagnétiques et de charge baryonique ou leptonique opposées à celles de la particule correspondante. SYN. (vieilli) : *anticorpuscule*.

ANTIPATHIE n.f. (gr. *anti*, contre, et *pathos*, passion). Hostilité instinctive à l'égard de qqn ou de qqch ; aversion, dégoût.

ANTIPATHIQUE adj. Qui inspire de l'antipathie. CONTR. : *sympathique*.

ANTIPATRIOTIQUE adj. Contraire au patriotisme.

ANTIPATRIOTISME n.m. Attitude antipatriotique.

ANTIPELLICULAIRE adj. Se dit d'un produit qui agit contre les pellicules. *Lotion antipelliculaire.*

ANTIPÉRISTALTIQUE adj. MÉD. *Contractions antipéristaltiques* : contractions anormales de l'œsophage et de l'intestin se produisant de bas en haut et faisant remonter les aliments.

ANTIPERSONNEL adj. inv. MIL. *Armes, engins antipersonnel*, destinés à mettre le personnel ennemi hors de combat.

ANTIPHLOGISTIQUE [ɑ̃tiflɔʒistik] adj. (gr. *anti*, contre, et *phlox*, *phlogos*, flamme). MÉD. Vieilli. Qui combat les inflammations.

ANTIPHONAIRE n.m. (gr. *antiphônos*, répondant à). Livre liturgique contenant l'ensemble des chants exécutés par le chœur à l'office ou à la messe.

ANTIPHRASE n.f. Manière de s'exprimer qui consiste à dire le contraire de ce qu'on pense, par ironie ou euphémisme.

ANTIPODE n.m. (gr. *anti*, contre, et *pous*, *podos*, pied). **1.** Lieu de la Terre diamétralement opposé à un autre lieu. *La Nouvelle-Zélande est à l'antipode, aux antipodes de la France.* ◇ Région très lointaine. *Voyager, habiter aux antipodes.* **2.** *Être à l'antipode, aux antipodes de* : être très éloigné, très différent, à l'opposé de. *Votre raisonnement est à l'antipode du bon sens.* **3.** BOT. Une des cellules du sac embryonnaire opposées à l'oosphère. **4.** CHIM. *Antipodes optiques* : inverses optiques.

ANTIPODISME n.m. Technique acrobatique de l'antipodiste ; figure exécutée par un antipodiste.

ANTIPODISTE n. Acrobate qui, couché sur le dos, exécute des tours d'adresse avec les pieds.

ANTIPOÉTIQUE adj. Contraire à la poésie, à ses règles.

ANTIPOISON adj. inv. *Centre antipoison* : établissement spécialisé dans la prévention et le traitement des intoxications.

ANTIPOLIOMYÉLITIQUE adj. Qui combat ou prévient la poliomyélite.

ANTIPOLLUTION adj. inv. Destiné à éviter ou à diminuer la pollution.

ANTIPROTECTIONNISTE adj. et n. Opposé au protectionnisme.

ANTIPROTON n.m. Antiparticule du proton, de charge négative.

ANTIPRURIGINEUX, EUSE adj. et n.m. Se dit d'un médicament qui combat le prurit, calme les démangeaisons.

ANTIPSYCHIATRE n. Psychiatre qui soutient les thèses de l'antipsychiatrie, pratique ses méthodes.

ANTIPSYCHIATRIE n.f. Mouvement de remise en question de la psychiatrie traditionnelle et de la notion de maladie mentale sur laquelle celle-ci s'appuie.

ANTIPSYCHIATRIQUE adj. Relatif à l'antipsychiatrie.

ANTIPSYCHOTIQUE adj. et n.m. Se dit d'un médicament utilisé pour combattre les processus psychotiques.

ANTIPUTRIDE adj. Qui empêche la putréfaction.

ANTIPYRÉTIQUE adj. et n.m. Fébrifuge.

ANTIPYRINE n.f. Médicament à noyau benzénique, antipyrétique et analgésique.

ANTIQUAILLE n.f. Fam., péj. Objet ancien de peu de valeur.

ANTIQUAIRE n. (lat. *antiquarius*). **1.** Commerçant spécialisé dans la vente et l'achat de meubles et d'objets d'art anciens. **2.** Vx. Archéologue.

1. ANTIQUE adj. (lat. *antiquus*). **1.** Qui appartient à l'Antiquité. *La mythologie antique.* **2. a.** Qui date d'une époque reculée ; qui existe depuis très longtemps. *Une antique croyance.* **b.** Par plais. ou péj. Ancien, passé de mode, en mauvais état. *Une antique guimbarde.*

2. ANTIQUE n.m. Art antique ; ensemble des productions artistiques de l'Antiquité. *Copier l'antique.*

3. ANTIQUE n.f. **1.** Litt. Objet d'art de l'Antiquité. *Une collection d'antiques.* **2.** Caractère d'imprimerie formé de traits d'égale épaisseur.

ANTIQUISANT, E adj. Qui s'inspire de l'antique.

ANTIQUITÉ n.f. **I.** (Avec une majuscule). Période de l'histoire correspondant aux plus anciennes civilisations, que l'on situe des origines des temps historiques à la chute de l'Empire romain. *L'Antiquité orientale, égyptienne.* ◇ Spécialt. La civilisation gréco-romaine. *Le XVIIe siècle prit l'Antiquité comme modèle.* **II. 1.** Caractère de ce qui est très ancien. *L'antiquité d'une coutume.* **2.** Temps très ancien. *Remonter à la plus haute antiquité.* **3.** (Souvent pl.). Œuvre d'art de l'Antiquité. *Musée des antiquités.* ◇ Objet ancien. *Magasin d'antiquités.*

ANTIRABIQUE adj. MÉD. Qui est employé contre la rage. *Vaccin antirabique.*

ANTIRACHITIQUE adj. MÉD. Qui combat ou prévient le rachitisme.

ANTIRACISME n.m. Opposition au racisme.

ANTIRACISTE adj. et n. Hostile au racisme.

ANTIRADAR adj. inv. MIL. Destiné à neutraliser les radars ennemis. *Dispositif antiradar.*

ANTIRADIATION adj. inv. Qui protège de certaines radiations, particulièrement de la radioactivité.

ANTIRATIONNEL, ELLE adj. Contraire aux principes de la raison.

ANTIREFLET adj. inv. Qui supprime la lumière réfléchie sur la surface des verres d'optique, par fluoration. *Traitement, verres antireflet.*

ANTIRÉGLEMENTAIRE adj. Contraire au règlement.

ANTIRELIGIEUX, EUSE adj. Opposé à la religion, aux opinions religieuses.

ANTIRÉPUBLICAIN, E adj. et n. Opposé à la république et aux républicains.

ANTIRIDES adj. et n.m. Se dit d'un produit de beauté destiné à prévenir les rides ou à les atténuer. *Crème antirides.*

ANTIROI n.m. HIST. Roi élu en période de crise alors qu'un autre roi ou empereur était en exercice, dans le Saint Empire.

ANTIROMAN n.m. Forme de la littérature romanesque apparue en France dans les années 50, écrite en opposition à la conception traditionnelle du roman (rejet de l'intrigue, effacement du héros, flou temporel, refus de l'analyse psychologique), et qui met en scène un monde qui se dérobe à toute interprétation humaine. – Œuvre littéraire qui relève de l'antiroman.

ANTIROUILLE adj. inv. et n.m. Se dit d'une substance propre à préserver de la rouille ou à la faire disparaître.

ANTIROULIS adj. Qui s'oppose à l'apparition du roulis d'un véhicule dans un virage ou, sur un bateau, tend à le diminuer. *Dispositif antiroulis.*

ANTISALISSURE adj. Qui a été traité de manière à ne pas retenir la saleté et à pouvoir être facilement nettoyé. *Moquette antisalissure.*

ANTISATELLITE adj. inv. MIL. Se dit de tout moyen de défense destiné à neutraliser les satellites ennemis.

ANTISCIENTIFIQUE adj. Opposé à la science, à l'esprit scientifique.

ANTISCORBUTIQUE adj. MÉD. Propre à prévenir ou à guérir le scorbut.

ANTISÈCHE n.f. Fam. Aide-mémoire, feuille sur laquelle un élève a pris des notes, copié des dates, des formules, etc., et qu'il utilise en fraude à un examen.

ANTISÉGRÉGATIONNISTE adj. et n. Hostile à la ségrégation raciale.

ANTISÉMITE adj. et n. Hostile aux Juifs.

ANTISÉMITISME n.m. Doctrine ou attitude d'hostilité systématique à l'égard des Juifs.

ANTISEPSIE [ɑ̃tisɛpsi] n.f. (gr. *anti,* contre, et *sêpsis,* putréfaction). Ensemble des méthodes qui préservent contre l'infection en détruisant les micro-organismes.

ANTISEPTIQUE adj. et n.m. Se dit d'un agent, d'un médicament propre à prévenir les infections.

ANTISISMIQUE adj. Conçu pour résister aux séismes.

ANTISOCIAL, E, AUX adj. **1.** Qui s'oppose à l'organisation de la société, à l'ordre social. **2.** Contraire à l'amélioration des conditions sociales du travail, ou perçu comme tel. *Mesure antisociale.*

ANTI-SOUS-MARIN adj.m. (pl. *anti-sous-marins*). Qui détecte, combat les sous-marins. *Arme anti-sous-marins.* Abrév. : *A. S. M.*

ANTISOVIÉTIQUE adj. Hostile à l'U. R. S. S.

ANTISPASMODIQUE adj. et n.m. Se dit d'un médicament qui calme les spasmes. SYN. : *spasmolytique.*

ANTISPORTIF, IVE adj. Contraire à l'esprit sportif.

ANTISTATIQUE adj. et n.m. Se dit d'un produit qui empêche ou limite la formation de l'électricité statique.

ANTISTREPTOLYSINE n.f. Anticorps élaboré par l'organisme dans l'infection streptococcique.

ANTISTROPHE n.f. Strophe répondant, selon la même construction, à une strophe précédente, dans la poésie grecque.

ANTISUDORAL, E, AUX adj. Qui combat la transpiration.

ANTISYMÉTRIQUE adj. MATH. Se dit d'une relation binaire définie dans un ensemble et telle que, deux éléments distincts quelconques étant donnés, si le premier est en relation avec le second, le second n'est pas en relation avec le premier. *La relation numérique « être inférieur » est antisymétrique.*

ANTISYNDICAL, E, AUX adj. Contraire à l'action des syndicats ou à leurs droits.

ANTISYPHILITIQUE adj. Qui combat la syphilis. *Prophylaxie antisyphilitique.*

ANTITABAC adj. inv. Qui vise à lutter contre l'usage du tabac. *Campagne antitabac.*

ANTITERRORISTE adj. Relatif à la lutte contre le terrorisme ; qui combat le terrorisme.

ANTITÉTANIQUE adj. Qui combat ou prévient le tétanos.

ANTITHERMIQUE adj. et n.m. MÉD. Fébrifuge.

ANTITHÈSE n.f. (gr. *antithesis,* opposition). **1.** RHÉT. Figure de style opposant dans un même énoncé deux mots ou expressions contraires afin de souligner une idée par effet de contraste. (Ex. : *grand jusque dans les plus petites choses.*) **2.** *L'antithèse de :* l'opposé de.

ANTITHÉTIQUE adj. Qui forme antithèse.

ANTITHYROÏDIEN, ENNE adj. et n.m. MÉD. Qui combat l'hyperthyroïdie.

ANTITOUT adj. inv. Fam. Qui est systématiquement hostile à tout ce qu'on lui propose.

ANTITOXINE n.f. Anticorps élaboré par l'organisme et qui neutralise une toxine.

ANTITOXIQUE adj. et n.m. Qui détruit, neutralise les toxines ; qui combat des effets toxiques.

ANTITRUST [ɑ̃titrœst] adj. inv. Qui s'oppose à la création ou à l'extension de trusts. *Loi antitrust.*

ANTITUBERCULEUX, EUSE adj. et n.m. Qui combat la tuberculose.

ANTITUSSIF, IVE adj. et n.m. Se dit d'un médicament qui calme ou supprime la toux.

ANTIULCÉREUX, EUSE adj. et n.m. Se dit d'un médicament propre à réduire les ulcères de l'estomac et du duodénum.

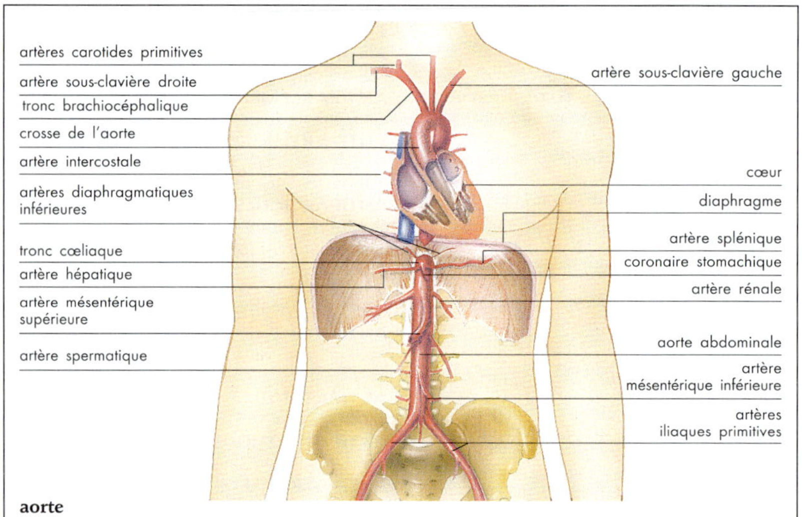

aorte

ANTIUNITAIRE adj. Qui est jugé de nature à porter atteinte à l'unité d'un syndicat, d'un parti. *Menées antiunitaires.*

ANTIVARIOLIQUE adj. Qui combat la variole.

ANTIVÉNÉNEUX, EUSE adj. Qui combat les poisons.

ANTIVÉNÉRIEN, ENNE adj. Qui combat les maladies vénériennes.

ANTIVENIMEUX, EUSE adj. Qui combat l'effet toxique des venins.

ANTIVIRAL, E, AUX adj. et n.m. Se dit d'une substance active contre les virus.

ANTIVOL adj. inv. et n.m. Se dit d'un dispositif de sécurité destiné à empêcher les vols et les effractions.

ANTOINISME n.m. Religion théosophique divinisant l'individu et combattant la maladie par l'esprit, fondée par Louis Antoine (1846-1912).

ANTONOMASE n.f. (gr. *antonomasia*). RHÉT. Substitution à un nom commun d'un nom propre ou d'une périphrase énonçant sa qualité essentielle, ou réciproquement. (Ex. : *c'est un Harpagon,* pour *c'est un avare.*)

ANTONYME n.m. (du gr. *anti,* contre, et *onuma,* nom). LING. Mot qui a un sens opposé à celui d'un autre ; contraire. (Ex. : *laideur* et *beauté.*)

ANTONYMIE n.f. LING. Relation qui unit des mots antonymes.

ANTRE n.m. (lat. *antrum*). **1.** Litt. **a.** Excavation, grotte servant d'abri à un animal sauvage. **b.** Lieu mystérieux et inquiétant. **2.** MÉD. Cavité organique. – *Antre pylorique,* qui, dans l'estomac, précède le pylore.

ANTRUSTION [ɑ̃trystjɔ̃] n.m. (germ. *trust,* fidèle). HIST. Guerrier qui faisait partie de la suite armée (truste) des rois mérovingiens.

ANURIE n.f. (du gr. *ouron,* urine). Arrêt de la sécrétion urinaire.

ANUS [anys] n.m. (mot lat.). Orifice extérieur du rectum. ◇ CHIR. *Anus artificiel :* orifice créé chirurgicalement, appareillé d'une poche adhésive et faisant fonction d'anus.

ANUSCOPIE n.f. Examen endoscopique de l'anus.

ANVERSOIS, E adj. et n. D'Anvers.

ANXIÉTÉ n.f. (lat. *anxietas*). **1.** Vive inquiétude née de l'incertitude d'une situation, de l'appréhension d'un évènement. **2.** MÉD. Angoisse pathologique. ◇ PSYCHIATRIE. État permanent de désarroi, sensation paralysante d'un péril imminent et indéterminé.

ANXIEUSEMENT adv. Avec anxiété.

ANXIEUX, EUSE n. et adj. Personne qui éprouve de l'anxiété (normale ou pathologique). ◇ *Anxieux de :* impatient, désireux de. ◆ adj. Qui s'accompagne d'anxiété ; qui en est le signe. *Attente anxieuse.*

ANXIOGÈNE adj. PSYCHOL. Qui suscite l'anxiété ou l'angoisse.

ANXIOLYTIQUE adj. et n.m. Se dit d'un médicament qui apaise l'anxiété.

AORISTE n.m. (gr. *aoristos,* indéterminé). LING. Temps de la conjugaison en grec, en sanskrit, etc., exprimant une action en train de se finir, ou de commencer *(aoriste inchoatif),* ou un énoncé général *(aoriste gnomique),* parfois avec une valeur de passé.

AORTE n.f. (gr. *aortê,* veine). Artère qui naît à la base du ventricule gauche du cœur et qui est le tronc commun des artères portant le sang oxygéné dans toutes les parties du corps.

AORTIQUE adj. Relatif à l'aorte. ◇ *Arcs aortiques :* arcs osseux et vasculaires de la tête et du thorax des vertébrés (importants en classification).

AORTITE n.f. Inflammation de l'aorte.

AOÛT [u] ou [ut] n.m. (lat. *augustus,* consacré à Auguste). Huitième mois de l'année. ◇ *Le 15-Août :* fête légale de l'Assomption.

AOÛTAT [auta] n.m. Larve du trombidion, dont la piqûre entraîne de vives démangeaisons. (Long. 1 mm env.)

AOÛTÉ, E [aute] ou [ute] adj. Fortifié, mûri par la chaleur d'août. *Rameau, raisin aoûté.*

AOÛTEMENT [autmɑ̃] ou [utmɑ̃] n.m. Maturation des fruits, lignification des rameaux en août.

AOÛTIEN, ENNE [ausjɛ̃, ɛn] n. Personne qui prend ses vacances au mois d'août.

APACHE adj. Des Apaches, tribus indiennes d'Amérique du Nord. *Les révoltes apaches.* ◆ n.m. Vieilli. Malfaiteur, voyou.

APADANA n.f. ARCHÉOL. Salle du trône dans les palais des rois achéménides.

APAGOGIE n.f. (gr. *apagôgê,* réduction [à l'absurde]). LOG. Raisonnement par lequel on démontre la vérité d'une proposition en prouvant l'absurdité de la proposition contraire.

APAGOGIQUE adj. Qui a les caractères d'une apagogie.

APAISANT, E adj. Qui apaise.

APAISEMENT n.m. Action d'apaiser ; fait de s'apaiser.

APAISER v.t. (de *paix*). **1.** Ramener au calme, radoucir (qqn). **2.** Satisfaire un sentiment, un désir. ◆ **s'apaiser** v.pr. Devenir calme.

APANAGE n.m. (du lat. *apanare,* donner du pain, nourrir). Litt. *Être l'apanage de :* appartenir en propre à, de droit ou naturellement. – *Avoir l'apanage de,* l'exclusivité de. ◇ HIST. Portion du domaine royal dévolue aux frères ou aux fils puînés du roi jusqu'à extinction de sa lignée mâle.

A PARI loc. adv. et adj. inv. (mots lat., *par [une raison] égale*). LOG. *Raisonnement a pari,* concluant par analogie à partir de données connues et supposées semblables.

APARTÉ n.m. (lat. *a parte,* à part). **1.** Ce qu'un acteur dit à part soi, et qui, selon les conventions théâtrales, n'est entendu que des spectateurs. **2.** Paroles échangées à l'écart, au cours d'une réunion.

APARTHEID [apartɛd] n.m. (mot afrikaans). HIST. Régime de ségrégation systématique des gens de couleur, en Afrique du Sud.

APATHIE n.f. (gr. *apatheia*). État, caractère d'une personne apathique.

APATHIQUE adj. Qui ne réagit pas, qui paraît sans volonté, sans énergie.

APATHIQUEMENT adv. De façon apathique.

APATITE n.f. MINÉR. Phosphate de calcium présent dans beaucoup de roches éruptives.

APATRIDE adj. et n. (de *patrie*). Sans nationalité légale.

APATRIDIE n.f. DR. Situation juridique de l'apatride.

APAX n.m. → ***hapax.***

APEPSIE n.f. (du gr. *pepsis,* digestion). Mauvaise digestion par insuffisance de sécrétion.

APERCEPTION n.f. PHILOS. Action par laquelle l'esprit appréhende, prend conscience.

APERCEVOIR v.t. (lat. *ad,* vers, et *percipere,* comprendre) [52]. Voir, discerner (qqn, qqch) de façon soudaine ou fugitive. ◆ **s'apercevoir** v.pr. Se rendre compte, remarquer. *Elle s'est aperçue de votre absence, que vous étiez absent.*

APERÇU n.m. Vue d'ensemble, souvent sommaire. *Donner un aperçu d'une question.*

APÉRIODIQUE adj. **1.** Qui ne comporte pas de période, dont les oscillations ne sont pas périodiques. *Phénomène apériodique.* **2.** TECHN. Qui atteint une position d'équilibre sans oscillations. *Appareil apériodique.*

APÉRITEUR, TRICE adj. et n.m. (lat. *aperire,* ouvrir). DR. Qui joue le rôle de principal assureur, dans le cas d'assurances multiples.

1. APÉRITIF, IVE adj. (lat. *aperire,* ouvrir). Litt. Qui ouvre, stimule l'appétit. *Promenade, boisson apéritive.*

2. APÉRITIF n.m. **1.** Boisson alcoolisée servie généralement avant les repas. **2.** Réception, cocktail où sont servis des boissons alcoolisées ou non, des mets, etc.

APÉRO n.m. Fam. Apéritif.

APERTURE n.f. PHON. Ouverture plus ou moins grande du canal buccal dans l'articulation d'un phonème.

APESANTEUR n.f. Disparition des effets de la pesanteur terrestre, notamm. à l'intérieur d'un engin spatial. SYN. : *impesanteur.*

1. APÉTALE adj. Qui n'a pas de pétales.

2. APÉTALE n.f. Plante dicotylédone dont les fleurs sont dépourvues de corolle. *Le chêne, le gui, le saule, l'ortie, la betterave sont des apétales.*

À-PEU-PRÈS n.m. inv. Approximation superficielle, vague.

APEURER v.t. Faire peur à (qqn), effrayer.

APEX [apɛks] n.m. (mot lat., *sommet*). **1.** Pointe, sommet d'un organe animal ou végétal, en partic. de la langue. **2.** ASTRON. Point de la sphère céleste situé dans la constellation d'Hercule et vers lequel semblent se diriger le Soleil et le système solaire.

APHASIE n.f. (du gr. *phasis,* parole). Perte de la parole ou de la compréhension du langage à la suite d'une lésion du cortex cérébral.

APHASIQUE adj. et n. Atteint d'aphasie.

APHÉLANDRA n.m. Plante ornementale d'Amérique tropicale, cultivée en serre chaude et en appartement dans les régions européennes. (Famille des acanthacées.)

APHÉLIE n.m. (gr. *apo,* loin, et *hêlios,* soleil). ASTRON. Point de l'orbite d'une planète ou d'une comète le plus éloigné du Soleil. CONTR. : *périhélie.*

APHÉRÈSE n.f. (gr. *aphairesis,* enlèvement). PHON. Suppression d'un ou de plusieurs phonèmes au début d'un mot. (Ex. : *bus* pour *autobus.*)

APHIDIEN ou **APHIDIDÉ** n.m. *Aphidiens :* famille d'insectes piqueurs, de l'ordre des homoptères, nuisibles aux plantes et comprenant notamm. les pucerons et le phylloxéra.

APHONE adj. (du gr. *phonê,* voix). Qui n'a pas ou n'a plus de voix.

APHONIE n.f. Extinction de la voix.

APHORISME n.m. (gr. *aphorismos,* définition). Courte maxime. (Ex. : *tel père, tel fils.*)

APHRODISIAQUE adj. et n.m. Se dit d'une substance qui est censée créer, stimuler le désir sexuel.

APHTE [aft] n.m. (du gr. *aptein,* brûler). Ulcération superficielle des muqueuses buccales (bouche, langue, lèvres) ou génitales.

APHTEUX, EUSE adj. Caractérisé par la présence d'aphtes. ◇ *Fièvre aphteuse :* maladie épizootique due à un virus et atteignant le bœuf, le mouton, le porc.

APHYLLE adj. BOT. Qui est dépourvu de feuilles.

API n.m. (de *Appius,* qui, le premier, aurait cultivé des pommes de ce genre). *Pomme d'api :* petite pomme rouge et blanc.

À-PIC n.m. inv. Paroi verticale présentant une dénivellation importante.

APICAL, E, AUX adj. (lat. *apex,* sommet). **1.** ANAT. Qui forme le sommet d'un organe. CONTR. : *basal.* **2.** PHON. *Consonne apicale* ou *apicale,* n.f. : réalisée par une mise en contact de la pointe de la langue (apex) avec le palais dur, les alvéoles ou les dents.

APICOLE adj. (lat. *apis,* abeille, et *colere,* cultiver). Qui concerne l'élevage des abeilles.

APICULTEUR, TRICE n. Personne qui élève des abeilles.

APICULTURE n.f. Élevage des abeilles pour leur miel.

APIDÉ n.m. *Apidés :* famille d'insectes hyménoptères mellifères comprenant notamm. l'abeille, le xylocope, le bourdon.

APIÉCEUR, EUSE n. Vx. Ouvrier, ouvrière chargés du montage des vêtements.

APIFUGE adj. Qui éloigne les abeilles. *Produit apifuge.*

APIOL n.m. (lat. *apium,* persil). Principe actif des graines de persil, aux propriétés fébrifuges et emménagogues.

APION n.m. (gr. *apios,* paire). Charançon dont la larve attaque certaines légumineuses. (Long. 4 mm env. ; ordre des coléoptères.)

APIQUAGE n.m. MAR. Action d'apiquer.

APIQUER v.t. MAR. Faire pencher ou incliner de haut en bas (un espar).

APITOIEMENT n.m. Fait de s'apitoyer ; attendrissement, compassion.

APITOYER v.t. (lat. *pietas,* piété) [13]. Exciter la pitié, la compassion de. ◆ **s'apitoyer** v.pr. ***(sur).*** Être pris d'un sentiment de pitié pour (qqn, qqch).

APIVORE adj. et n. (du lat. *apis,* abeille). Se dit d'un animal qui se nourrit d'abeilles ou de couvains d'abeilles.

APLACENTAIRE [-sɑ̃tɛr] adj. et n.m. *Mammifères aplacentaires :* mammifères inférieurs dépourvus de placenta.

APLANAT [aplana] adj. et n.m. Se dit d'un objectif photographique aplanétique.

APLANÉTIQUE adj. (gr. *planê,* aberration). OPT. Qui donne une image nette, parfaitement précise, d'un objet rapproché. *Système, lentille aplanétique.*

APLANÉTISME n.m. Caractère d'un système optique aplanétique.

APLANIR v.t. (de *plan,* uni). **1.** Rendre plan, uni ce qui est inégal, raboteux. **2.** Fig. Faire disparaître, diminuer (ce qui fait obstacle). *Aplanir les difficultés.*

APLANISSEMENT n.m. Action d'aplanir ; fait d'être aplani.

APLASIE [aplazi] n.f. (du gr. *plassein,* façonner). MÉD. Absence de développement d'un tissu, d'un organe. *Aplasie médullaire.*

APLASIQUE adj. Relatif à l'aplasie.

1. APLAT ou **À-PLAT** [apla] n.m. (pl. *à-plats*). Surface, plage de couleur uniforme, dans une peinture, une impression, etc.

2. À-PLAT n.m. (pl. *à-plats*). Propriété d'une feuille de papier de se présenter d'une manière plane, sans aucun défaut superficiel.

APLATI, E adj. Rendu plat ; dont la courbure est peu accentuée ou nulle.

APLATIR v.t. **1.** Rendre plat, plus plat ; écraser (qqch). **2.** Fam. Dominer, humilier (qqn). ◆ v.i. Au rugby, marquer un essai, poser ou plaquer le ballon dans l'en-but de l'adversaire. ◆ **s'aplatir** v.pr. **1.** Prendre une forme aplatie ; s'écraser. **2.** Tomber, s'allonger (sur le sol). **3.** Fam. Prendre une attitude servile (devant qqn).

APLATISSAGE n.m. TECHN. Opération par laquelle on aplatit ; laminage.

APLATISSEMENT n.m. Action, opération d'aplatir ; fait de s'aplatir, d'être aplati.

APLATISSEUR n.m. Machine à écraser le grain pour l'alimentation du bétail.

APLATISSOIR n.m. ou **APLATISSOIRE** n.f. TECHN. Marteau, laminoir pour réaliser l'aplatissage des métaux.

APLITE n.f. MINÉR. Roche magmatique filonienne à grain fin.

APLOMB [aplɔ̃] n.m. **1.** Verticalité donnée par le fil à plomb. **2.** Stabilité, équilibre de ce qui est d'aplomb. ◇ *D'aplomb :* vertical, équilibré ; fam., en bonne santé. **3.** Fam. Confiance en soi, assurance. ◇ *Avoir de l'aplomb,* une assurance excessive, quelque peu insolente. ◆ pl. Position des membres d'un animal, notamm. d'un cheval, par rapport au sol.

APLOMBER v.t. Canada. Mettre d'aplomb, caler. ◆ **s'aplomber** v.pr. Canada. S'installer correctement, se redresser.

APNÉE n.f. (du gr. *pnein,* respirer). Suspension, volontaire ou non, de la respiration. – *Plonger en apnée,* en retenant sa respiration, sans bouteille.

APOASTRE n.m. ASTRON. Point de l'orbite d'un astre gravitant autour d'un autre où la distance des deux corps est maximale. CONTR. : *périastre.*

APOCALYPSE n.f. (gr. *apokalupsis,* révélation). **1.** Cour. Catastrophe épouvantable ; fin du monde. **2.** Livre de la littérature juive et chrétienne, relatif aux mystères de l'histoire et à la fin des temps. ◇ Spécialt. (Avec une majuscule). Dernier livre du Nouveau Testament.

APOCALYPTIQUE adj. **1.** D'apocalypse ; catastrophique, épouvantable. **2.** Relatif aux apocalypses, partic. à celle de Jean.

APOCOPE [apɔkɔp] n.f. (gr. *apokoptein,* retrancher). PHON. Chute d'un ou de plusieurs phonèmes à la fin d'un mot. (Ex. : *ciné* pour *cinéma.*)

APOCOPÉ, E adj. Qui a subi une apocope.

1. APOCRYPHE adj. (gr. *apokruphos,* tenu secret). Non authentique ; douteux, suspect. *Document apocryphe.*

2. APOCRYPHE n.m. *Apocryphes :* livres qui, se présentant comme inspirés par Dieu, ne font pas partie du canon biblique juif ou chrétien.

APOCYNACÉE [apɔsinase] n.f. (gr. *apo,* loin de, et *kuon, kunos,* chien). *Apocynacées :* famille de plantes gamopétales comprenant la pervenche et le laurier-rose.

1. APODE adj. (du gr. *pous, podos,* pied). Qui n'a pas de pieds, de pattes, de nageoires.

2. APODE n.m. *Apodes :* **1.** Ordre de poissons téléostéens nageant par ondulation du corps entier (anguille, murène, etc.). **2.** Ordre d'amphibiens terricoles, comprenant notamm. la cécilie.

APODICTIQUE adj. (gr. *apodeiktikos,* propre à convaincre). PHILOS. D'une évidence irréfutable, absolue (par opp. à *problématique, assertorique*).

APODOSE n.f. LING. Proposition principale placée après une proposition subordonnée ou protase. (Ex. : *si tu veux* [protase], *elle partira* [apodose].)

APOGAMIE n.f. BOT. Développement d'un embryon à partir d'une cellule du sac embryonnaire autre que l'oosphère.

APOGÉE n.m. (gr. *apo,* loin de, et *gê,* terre). **1.** ASTRON. Point de l'orbite d'un corps gravitant autour de la Terre le plus éloigné de celle-ci. CONTR. : *périgée.* ◇ *À l'apogée :* au plus haut degré, au sommet. *Être à l'apogée de sa gloire.*

APOLITIQUE adj. et n. Qui se place en dehors de la politique ; qui professe la neutralité en matière politique.

APOLITISME n.m. Caractère de ce qui est apolitique ; attitude de celui qui est apolitique.

APOLLINIEN, ENNE adj. **1.** Relatif à Apollon. **2.** PHILOS. (Chez Nietzsche). Équilibré, mesuré (par opp. à *dionysiaque*).

APOLLON n.m. (de *Apollon,* dieu grec de la Beauté). Jeune homme d'une grande beauté.

1. APOLOGÉTIQUE adj. Qui contient une apologie ; qui tient de l'apologie.

2. APOLOGÉTIQUE n.f. *Apologétique chrétienne :* partie de la théologie qui a pour objet de montrer la crédibilité des dogmes.

APOLOGIE n.f. (gr. *apologia,* défense). Discours ou écrit destiné à convaincre de la justesse de qqch, à assurer la défense de qqn, de qqch.

APOLOGISTE n. Personne qui fait l'apologie de qqch ; auteur d'apologies. ◇ RELIG. CHRÉT. Docteur chrétien du IIe s. qui présenta une apologie de la foi nouvelle.

APOLOGUE n.m. (gr. *apologos,* récit fictif). Court récit en prose ou en vers, allégorie comportant un enseignement de caractère souvent moral.

APOMIXIE n.f. BOT. Reproduction sexuée sans fécondation, observable chez certaines plantes supérieures.

APOMORPHINE n.f. PHARM. Composé dérivé de la morphine par perte d'eau. *L'apomorphine est un vomitif.*

APONÉVROSE n.f. ANAT. Membrane conjonctive qui enveloppe les muscles et dont les prolongements fixent les muscles aux os.

APONÉVROTIQUE adj. De l'aponévrose.

APOPHONIE n.f. PHON. Alternance vocalique.

APOPHTEGME [apɔftɛgm] n.m. (gr. *apophthegma,* sentence). Litt. Parole mémorable ; pensée concise.

APOPHYSAIRE adj. Qui concerne l'apophyse.

APOPHYSE n.f. (gr. *apo,* hors de, et *phusis,* croissance). ANAT. Excroissance naturelle de la surface d'un os.

APOPLECTIQUE adj. et n. Prédisposé à l'apoplexie. ◆ adj. Relatif à l'apoplexie.

APOPLEXIE n.f. (gr. *apo,* indiquant l'achèvement, et *plessein,* frapper). Perte de connaissance brutale due génér. à une hémorragie cérébrale. *Attaque d'apoplexie.*

APORÉTIQUE adj. PHILOS. Qui a le caractère d'une aporie.

APORIE n.f. (gr. *aporia,* difficulté). PHILOS. Contradiction insurmontable dans un raisonnement.

APOSÉLÈNE n.m. ASTRON. Point de l'orbite d'un corps gravitant autour de la Lune, le plus éloigné de celle-ci. CONTR. : *périsélène.*

APOSIOPÈSE n.f. RHÉT. Interruption d'une phrase par un silence brusque.

APOSTASIE n.f. (gr. *apostasis,* abandon). **1.** Abandon public et volontaire d'une religion, partic. de la foi chrétienne. **2.** Renoncement à l'état sacerdotal ou religieux sans dispense canonique. **3.** Litt. Abandon d'un parti, d'une doctrine, etc.

APOSTASIER v.t. et i. Faire acte d'apostasie.

APOSTAT, E [apɔsta, at] adj. et n. Qui a apostasié.

APOSTER v.t. (it. *appostare,* guetter). Vieilli. Mettre qqn en poste pour qu'il guette, surveille.

A POSTERIORI [apɔsterjɔri] loc. adv. et adj. inv. (mots lat., *en partant de ce qui vient après*). En se fondant sur l'expérience, sur les faits constatés. CONTR. : *a priori.*

APOSTÉRIORITÉ n.f. Caractère de ce qui est a posteriori.

APOSTILLE n.f. (anc. fr. *postille,* annotation). DR. Addition faite en marge d'un acte.

APOSTILLER v.t. DR. Doter (un acte) d'une apostille.

APOSTOLAT [apɔstɔla] n.m. (gr. *apostolos,* apôtre). **1.** Mission d'un ou des apôtres. ◇ Activité de propagation de la foi chrétienne. **2.** Activité à laquelle on se consacre de façon désintéressée.

APOSTOLICITÉ n.f. **1.** Caractère de ce qui est apostolique. **2.** RELIG. CATH. Le fait, pour l'Église, de rester fidèle à l'Église des apôtres par une suite ininterrompue de pasteurs légitimes.

APOSTOLIQUE adj. **1.** Qui vient, procède de la mission des apôtres, lui est conforme. **2.** RELIG. CATH. Qui émane du Saint-Siège, le représente. *Nonce apostolique.* ◇ *Lettres apostoliques :* bulles, brefs, motu proprio et signatures de la Cour de Rome.

APOSTOLIQUEMENT adv. De manière apostolique.

1. APOSTROPHE n.f. (gr. *apostrophê,* action de se retourner). **1.** Interpellation brusque et peu courtoise. **2.** RHÉT. Figure de style par laquelle on s'adresse directement aux personnes ou aux choses personnifiées. ◇ *Mot mis en apostrophe* ou *apostrophe :* fonction grammaticale du mot qui désigne l'être à qui on s'adresse. (Ex. : *toi,* dans *Toi, viens ici !*)

2. APOSTROPHE n.f. (gr. *apostrophos*). Signe (') servant à indiquer une élision (en français de *a* [l'eau], *e* [j'ai], *i* [s'il], *u* [t'as vu ?]).

APOSTROPHER v.t. S'adresser brusquement ou brutalement à (qqn).

APOTHÉCIE [apɔtesi] n.f. (gr. *apothêkê,* réservoir). BOT. Organe reproducteur en forme de coupe où se forment les spores des champignons ascomycètes entrant dans la constitution des lichens.

APOTHÈME n.m. (gr. *apotithenai,* abaisser). MATH. **1.** Perpendiculaire menée du centre d'un polygone régulier sur un de ses côtés. *La surface d'un polygone régulier est égale au produit de son demi-périmètre par la longueur de son apothème.* **2.** Perpendiculaire abaissée du sommet d'une pyramide régulière sur un des côtés du polygone de base.

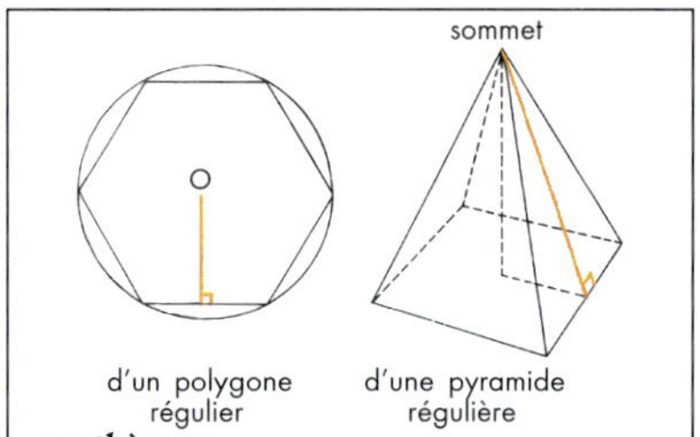

apothèmes

APOTHÉOSE n.f. (gr. *apotheôsis*). **1.** Dernière partie, la plus brillante, d'une manifestation artistique, sportive, etc. **2.** ANTIQ. Déification d'un héros, d'un souverain après sa mort. ◇ Litt. Honneurs extraordinaires rendus à qqn.

APOTHICAIRE n.m. (gr. *apothêkê,* réservoir). Vx. Pharmacien. ◇ *Compte d'apothicaire :* compte compliqué ou mesquin ; compte surévalué.

APÔTRE n.m. (lat. *apostolus ;* du gr.). **1. a.** Chacun des douze disciples choisis par Jésus-Christ (Pierre, André, Jacques le Majeur, Jean, Philippe, Barthélemy, Matthieu, Thomas, Jacques le Mineur, Simon, Jude et Judas [remplacé après sa mort par Matthias]). **b.** Un de ceux qui, tels Paul ou Barnabé, ont été les premiers messagers de l'Évangile. *L'Apôtre des gentils* ou *des païens :* saint Paul. **2.** Propagateur, défenseur d'une doctrine, d'une opinion, etc. *Apôtre du socialisme.* ◇ *Faire le bon apôtre :* contrefaire l'homme de bien.

APPAIRAGE n.m. Groupement (d'articles, de pièces, d'éléments, etc.) par paires.

APPAIRER v.t. Procéder à l'appairage de.

APPALACHIEN, ENNE adj. Des Appalaches. ◇ GÉOMORPHOL. *Relief appalachien,* caractérisé par des lignes de hauteurs parallèles d'altitudes voisines, séparées par des dépressions allongées, et résultant d'une reprise d'érosion dans une région de vieilles montagnes plissées, réduites à l'état de pénéplaines.

APPARAÎTRE v.i. (lat. *apparere*) [91]. [auxil. *être*]. **1.** Se montrer plus ou moins brusquement, devenir visible. *Le jour n'apparaît pas encore.* **2.** Fig. Se faire jour, devenir manifeste. *Les difficultés de l'entreprise apparaissent maintenant.* **3.** (Suivi d'un adj.). Se présenter à la vue, à l'esprit (de telle manière). *Le projet lui apparaissait impossible.* ◇ *Il apparaît que :* on constate que.

APPARAT [apara] n.m. (lat. *apparatus,* préparatif). Éclat, faste qui accompagne certaines actions, certains discours, etc.

APPARATCHIK n.m. (mot russe). Péj. Membre de l'appareil d'un parti (partic. d'un parti communiste), d'un syndicat.

APPARAUX n.m. pl. (du lat. *apparare,* préparer). **1.** MAR. Matériel (d'ancrage, de levage, etc.) équipant un navire. **2.** Agrès de gymnastique.

APPAREIL n.m. (du lat. *apparare,* préparer). **1.** Objet, machine, dispositif formé d'un assemblage de pièces et destiné à produire un certain résultat. *Les appareils ménagers. Appareil de sauvetage. Appareil photographique.* ◇ Absolt. **a.** Appareil photo. *Appareil 24 × 36.* **b.** Téléphone. *Qui est à l'appareil ?* **c.** Avion. *Appareil moyen-courrier.* **d.** Prothèse dentaire ; dentier. *Porter un appareil.* **2.** ANAT. Ensemble des organes qui concourent à une même fonction. *L'appareil respiratoire.* – PSYCHAN. *Appareil psychique :* le psychisme, en tant qu'il est doté de dynamisme et de capacité à transformer les énergies. – **3.** ARCHIT. Type de taille et agencement des éléments d'une maçonnerie. *Grand, moyen, petit appareil de pierre. Appareils cyclopéen, isodome, réticulé, etc.* ◇ *Appareil d'appui,* dispositif articulé assurant l'appui d'une construction métallique ou d'un pont. **4.** Ensemble des organismes assurant la direction et l'administration d'un parti, d'un syndicat, etc. **5.** SPORTS. Agrès.

APPAREILLADE n.f. Appariement (des perdrix).

1. APPAREILLAGE n.m. Ensemble d'appareils et d'accessoires. *Appareillage électrique.*

2. APPAREILLAGE n.m. MAR. Manœuvre de départ d'un navire ; ce départ.

APPAREILLEMENT n.m. **1.** Réunion de deux ou de plusieurs animaux domestiques pour l'exécution d'un travail. **2.** Accouplement d'animaux pour la reproduction.

1. APPAREILLER v.t. (lat. *apparare,* préparer). **1.** Tailler (des pierres) en vue de les assembler. **2.** Munir d'un appareil de prothèse.

2. APPAREILLER v.i. MAR. Quitter le port, le mouillage.

3. APPAREILLER v.t. (de *pareil*). Mettre ensemble (des choses pareilles), assortir.

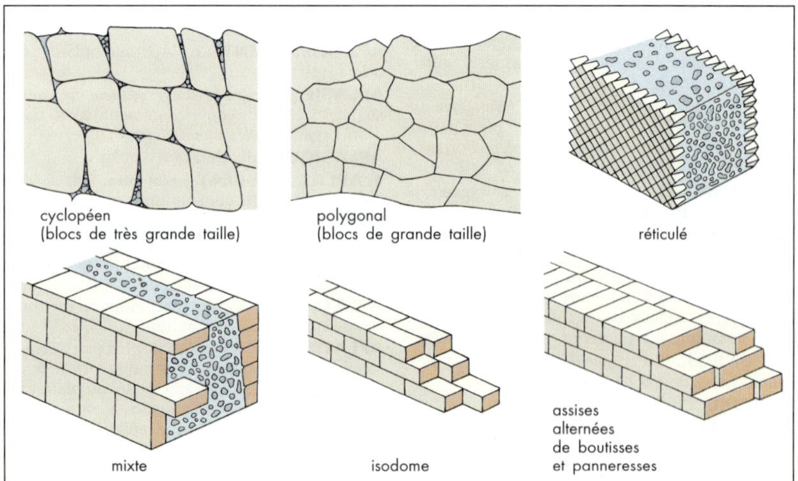

appareils (architecture)

APPAREILLEUR n.m. **1.** Maître maçon chargé de surveiller la taille et la pose des pierres. **2.** Spécialiste chargé de la pose des prothèses.

APPAREMMENT [aparamɑ̃] adv. D'après les apparences.

APPARENCE n.f. (du lat. *apparens,* apparaissant). **1.** Ce qui se présente immédiatement à la vue, à la pensée. *Une maison de belle apparence. Il ne faut pas se fier aux apparences.* ◇ *Contre toute apparence :* contrairement à ce qui a été vu, pensé. – *En apparence :* extérieurement, d'après ce que l'on voit. – *Sauver les apparences :* ne pas laisser paraître ou dissimuler ce qui pourrait nuire à la réputation, aller contre les convenances. **2.** PHILOS. Aspect sensible (des choses, des êtres), par opp. à la réalité en soi.

APPARENT, E adj. **1.** Qui se montre clairement aux yeux ou à l'esprit. *La différence est apparente.* **2.** Qui ne correspond pas à la réalité. *Danger plus apparent que réel.* **3.** ASTRON. Qui caractérise un paramètre physique ou cinématique tel qu'il est observé. *Mouvement apparent, éclat apparent.*

APPARENTÉ, E adj. **1.** Allié par le mariage. **2.** Lié par un accord électoral. **3.** Qui présente des traits communs avec.

APPARENTEMENT n.m. Faculté offerte, dans certains systèmes électoraux, à des listes de candidats de se grouper pour le décompte des votes, afin de remporter des sièges sur des adversaires communs.

APPARENTER (S') v.pr. *(à).* **1.** Avoir des traits communs avec qqn, qqch. **2.** Pratiquer l'apparentement dans une élection. **3.** S'allier, être allié par mariage.

APPARIEMENT n.m. Action d'apparier ; son résultat.

APPARIER v.t. Assortir par paires, par couples. ◆ **s'apparier** v.pr. Se mettre en couple (notamm. en parlant des oiseaux).

APPARITEUR n.m. (lat. *apparitor*). Huissier, dans une université.

APPARITION n.f. (lat. *apparitio*). **1.** Fait d'apparaître, de se manifester (à la vue ou à l'esprit). **2.** Manifestation d'un être, naturel ou surnaturel ; l'être ainsi apparu.

APPAROIR v.i. (usité seulement à l'inf. et à la 3ᵉ pers. de l'ind. prés. *il appert*). DR. Être apparent. – *Il appert :* il ressort avec évidence (que).

APPARTEMENT n.m. Ensemble de pièces destiné à l'habitation, dans un immeuble, une grande maison, etc.

APPARTENANCE n.f. **1.** Fait d'appartenir. *L'appartenance à un parti politique.* **2.** MATH. Propriété d'être un élément d'un ensemble. *Relation d'appartenance* (notée ∈).

APPARTENIR v.t. ind. **[*à*]** (lat. *pertinere,* se rapporter) [40]. **1.** Être la propriété de qqn. *Ce livre ne lui appartient pas.* **2.** Se rattacher à, faire partie de. *Appartenir au corps des fonctionnaires.* ◆ v. impers. Être du devoir de qqn. *Il vous appartient de prendre des mesures.* ◆ **s'appartenir** v.pr. *Ne plus s'appartenir :* ne plus être libre.

APPAS [apɑ] n.m. pl. (de *appâter*). Litt. Charmes physiques d'une femme, et, plus spécialt, sa poitrine.

APPASSIONATO adv. (mot it.). MUS. Avec passion.

APPÂT n.m. **1.** Nourriture placée dans un piège ou fixée à un hameçon. **2.** Fig., litt. *L'appât de qqch,* ce qui pousse à agir.

APPÂTER v.t. (de l'anc. fr. *past,* nourriture). **1.** Attirer avec un appât ; séduire, attirer par la promesse d'une récompense, d'un gain. **2.** Engraisser (la volaille). SYN. : *gaver.*

APPAUVRIR v.t. Rendre pauvre, épuiser, ruiner. ◆ **s'appauvrir** v.pr. Devenir pauvre.

APPAUVRISSEMENT n.m. Action d'appauvrir ; fait de s'appauvrir ; état qui en résulte.

APPEAU n.m. (de *appel*). Petit instrument avec lequel on imite le cri des animaux pour les attirer.

APPEL n.m. **1.a.** Action d'inviter à venir, à agir. *Appel au secours, à l'insurrection.* – *Faire appel à :* demander l'aide, l'appui, le concours de. – Fam. *Appel du pied :* invitation implicite. **b.** DR. Recours ; voie de recours. ◇ *Cour d'appel :* juridiction chargée de juger en appel les décisions des tribunaux du premier degré. ◇ Fig. *Sans appel :* irrévocable ; de façon irrévocable. **2.a.** Action de nommer successivement les personnes d'un groupe pour s'assurer de leur présence. *Faire l'appel.* **b.** Absolt. Rassemblement de militaires ; batterie ou sonnerie prescrivant ce rassemblement. **c.** Convocation des jeunes gens d'un contingent au service national. *Appel de la classe 89.* **3.** *Appel (téléphonique) :* action d'appeler qqn au téléphone, d'entrer en communication téléphonique avec lui. **4.** *Appel d'air :* aspiration d'air, dispositif créant une dépression dans un foyer, pour faciliter l'entrée de l'air nécessaire à la combustion. **5.a.** CHORÉGR. Temps d'élan, pris sur place, sur un des deux pieds, pour amorcer le saut. **b.** SPORTS. Appui qui précède le saut, au terme de la course d'élan. **6.** COMM. *Produit d'appel,* vendu avec une très faible marge bénéficiaire. – *Prix d'appel :* prix pratiqué sur un produit d'appel.

APPELANT, E adj. et n. **1.** DR. Qui fait appel d'une décision juridictionnelle. **2.** Qui appelle par téléphone un organisme, en partic. un service d'assistance.

APPELÉ n.m. Jeune homme accomplissant son service national.

APPELER v.t. (lat. *appellare*) [24]. **1. a.** Inviter à venir, à prêter attention, à agir au moyen d'une parole, d'un cri, d'un geste, etc. ◇ Entrer ou chercher à entrer en communication téléphonique avec (qqn). *Appelez-moi vers cinq heures.* **b.** Rendre souhaitable, nécessaire. *La situation appelle des mesures d'urgence.* ◇ Convoquer au service national. *Appeler un contingent.* **2. a.** Obliger (qqn) à venir, convoquer. *Appeler en justice.* **b.** *Appeler qqn à un poste, à une fonction,* l'y nommer, l'y désigner. **3.** Désigner par un nom. *Appeler un enfant Pierre.* **4.** INFORM. Commander l'exécution d'une séquence d'instructions considérée comme un sous-ensemble autonome d'un programme. ◆ v.t. ind. *(de, à). Appeler d'un jugement :* faire appel (d'un jugement). – *En appeler à, auprès de :* solliciter l'arbitrage de, s'en remettre à. ◆ **s'appeler** v.pr. Avoir pour nom.

APPELLATIF, IVE n.m. et adj. LING. Terme utilisé pour interpeller l'interlocuteur. *« Monsieur » est un appellatif.*

APPELLATION n.f. (lat. *appellatio*). Façon d'appeler, de nommer. *Une appellation injurieuse.* ◇ *Appellation d'origine,* dénomination garantissant l'origine d'un produit. – *Appellation d'origine contrôlée (A. O. C.),* pour les vins.

APPENDICE [apɛ̃dis] n.m. (lat. *appendix,* **qui est suspendu à**). **1.** Partie qui complète, prolonge une partie principale. ◇ ANAT. *Appendice iléo-cæcal* ou *vermiculaire :* diverticule creux, en forme de doigt de gant, abouché au cæcum. – Expansion du corps des insectes et des crustacés en position ventrale et latérale (pattes, antennes, pièces buccales). **2.** Ensemble de notes, de notices, de documents à la fin d'un ouvrage.

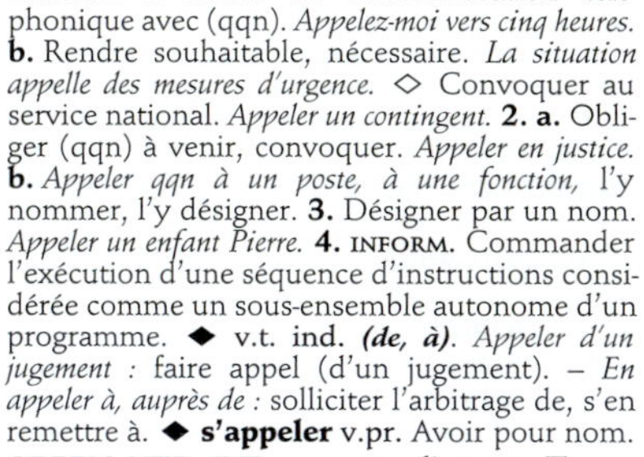

appendice

APPENDICECTOMIE [apɛ̃disɛktɔmi] n.f. CHIR. Ablation de l'appendice iléo-cæcal (dite cour. et abusivement *opération de l'appendicite*).

APPENDICITE n.f. Inflammation de l'appendice iléo-cæcal.
■ La crise d'*appendicite aiguë* se manifeste par une vive douleur dans la fosse iliaque droite (point de McBurney). Elle impose l'intervention d'urgence pour éviter une perforation et une péritonite.

1. APPENDICULAIRE adj. ANAT. Qui concerne un appendice ; qui a la nature, la forme ou les fonctions d'un appendice.

2. APPENDICULAIRE n.m. ZOOL. *Appendiculaires :* groupe de tuniciers qui gardent toute leur vie un aspect larvaire.

APPENDRE v.t. [73]. Litt. Suspendre (des drapeaux, des ex-voto, etc.).

APPENTIS [apɑ̃ti] n.m. (de *appendre*). **1.** Toit à une seule pente, dont le faîte s'appuie à un mur. **2.** Petit bâtiment adossé à un grand.

APPENZELL [apɛnzɛl] n.m. (de *Appenzell,* n.pr.). Gruyère d'une variété suisse, présenté en meules d'env. 10 kg.

APPERT (IL) [ilapɛr] → ***apparoir.***

APPERTISATION n.f. Procédé de conservation des denrées alimentaires par stérilisation à la chaleur, en vase clos.

APPESANTIR v.t. **1.** Rendre plus lourd, moins vif. **2.** Rendre plus dur, plus accablant. ◆ **s'appesantir** v.pr. **1.** Se faire plus lourd. **2.** Fig. *S'appesantir sur qqch,* s'y attarder, y insister.

APPESANTISSEMENT n.m. Action, fait de s'appesantir.

APPÉTENCE n.f. (lat. *appetentia*). Tendance, pour qqn, à satisfaire ses penchants naturels ; désir, envie.

APPÉTISSANT, E adj. Qui excite l'appétit, les désirs.

APPÉTIT n.m. (lat. *appetitus,* désir). **1.** Désir de manger. *Montrer de l'appétit.* ◇ *Rester sur son appétit :* n'avoir pas obtenu tout ce qu'on désirait ; être insatisfait. **2.** Désir de qqch pour la satisfaction des sens.

APPLAUDIMÈTRE n.m. Enregistreur, le plus souvent fictif, de l'intensité et de la durée des applaudissements, censé fournir la mesure de la popularité d'un orateur, d'une vedette.

APPLAUDIR v.t. (lat. *applaudere*). Approuver qqn, qqch, marquer son admiration en battant des mains. ◆ v.t. ind. *(à).* **1.** *Applaudir à qqn,* lui manifester son approbation. **2.** *Applaudir à qqch,* l'approuver entièrement. ◆ **s'applaudir** v.pr. *(de). S'applaudir de qqch,* s'en féliciter, s'en réjouir.

APPLAUDISSEMENT n.m. (surtout pl.). Action d'applaudir ; acclamation, approbation.

APPLAUDISSEUR, EUSE n. Personne qui applaudit ; flatteur.

APPLICABILITÉ n.f. Caractère de ce qui est applicable.

APPLICABLE adj. Susceptible d'être appliqué.

APPLICAGE n.m. TECHN. Action d'appliquer (un revêtement, un objet concret) sur une surface.

APPLICATEUR adj.m. et n.m. Qui sert à appliquer un produit, à fixer un objet sur une surface. *Bouchon applicateur. Un applicateur.*

APPLICATION n.f. **1.** Action d'appliquer (une chose) sur une autre. *L'application d'un enduit sur un mur.* **2.** Mise en œuvre, mise en pratique. *Application d'une théorie.* ◇ *École d'application :* école où les officiers et sous-officiers reçoivent la formation technique particulière à leur arme. **3.** Soin, peine que l'on prend à la réalisation d'une tâche. *Travailler avec application. Travail qui sent l'application.* **4.** BOURSE. Partie des transactions qui se compensent chez un même intermédiaire en Bourse et qui, n'étant pas effectuées sur le marché, n'influencent pas les cours. **5.** MATH. Opération qui consiste à faire correspondre à tout élément d'un ensemble A un élément d'un ensemble B et un seul. **6.** INFORM. Programme ou ensemble de programmes destiné à aider l'utilisateur d'un ordinateur pour le traitement d'une tâche précise.

APPLIQUE n.f. **1.** Appareil d'éclairage fixé directement au mur. **2.** Pièce qu'on applique sur un objet pour l'orner ou le consolider.

APPLIQUÉ, E adj. **1.** Attentif, studieux, travailleur. *Un élève appliqué.* **2.** *Arts appliqués :* arts décoratifs*.

APPLIQUER v.t. (lat. *applicare*). **1.** Mettre (une chose) sur une autre, plaquer. *Appliquer des couleurs sur une toile. Appliquer des ventouses.* ◇ Infliger, donner (une peine, une punition). – Fam. *Appliquer une gifle,* la donner. **2.** Mettre en œuvre, en pratique. *Appliquer une théorie.* ◆ **s'appliquer** v.pr **1.** Convenir, s'adapter. *Cette réflexion s'applique bien à la situation.* **2.** Apporter beaucoup de soin, d'attention à ; s'employer. *S'appliquer à laisser son bureau en ordre.*

APPOGGIATURE [apɔdʒjatyr] n.f. (it. *appoggiatura*). MUS. Note d'ornement qui précède la note réelle à un intervalle de seconde et qui est écrite en caractères plus petits.

APPOINT n.m. **1.** Complément en petite monnaie d'une somme exprimée en chiffres ronds. – *Faire l'appoint :* compléter une somme en petite monnaie et, par ext., payer un achat en remettant la somme exacte. **2.** Ce qui s'ajoute à qqch pour le compléter. *Chauffage d'appoint.*

APPOINTAGE n.m. Action de tailler en pointe, de rendre pointu.

APPOINTÉ n.m. Suisse. Soldat de première classe.

APPOINTEMENTS n.m. pl. Rémunération fixe, salaire attaché à un poste, à un emploi.

1. APPOINTER v.t. Verser des appointements à (qqn).

2. APPOINTER v.t. Tailler en pointe.

APPONDRE v.t. (lat. *apponere,* ajouter) [75]. Suisse. Joindre, fixer bout à bout. *Appondre des cordages.*

APPONTAGE n.m. Prise de contact d'un avion, d'un hélicoptère avec le pont d'un bâtiment porteur (porte-aéronefs).

APPONTEMENT n.m. Plate-forme fixe le long de laquelle un navire vient s'amarrer pour le chargement ou le déchargement.

APPONTER v.i. Réaliser un appontage.

APPONTEUR n.m. Technicien chargé de diriger les opérations d'appontage.

APPORT n.m. **1.** Action d'apporter. *L'apport d'alluvions par les eaux.* **2.** DR. Biens, capitaux que l'on apporte. **3.** Fig. Ce qui est apporté ; part, contribution. *L'apport de la civilisation grecque.*

APPORTER v.t. (lat. *apportare*). **1.** Porter à qqn, porter avec soi en un lieu. *Apportez-moi ce livre. Apportez vos livres.* **2.** Donner, fournir. *Il n'apporte aucune preuve.* **3.** Produire (un effet, un résultat). *Ces cachets m'ont apporté un soulagement.*

APPORTEUR n.m. DR. Personne qui fait un apport.

APPOSER v.t. Appliquer, mettre sur qqch. *Apposer une affiche, une signature.* ◇ DR. *Apposer une clause à un acte :* l'y insérer. – *Apposer les scellés :* appliquer le sceau de justice sur la porte d'un local, sur un meuble, pour qu'on ne puisse soustraire aucun des objets qu'ils renferment.

APPOSITION n.f. (lat. *appositio*). **1.** Action d'apposer. **2.** LING. Procédé par lequel un terme (nom, adj.) ou une proposition qualifient un nom ou un pronom en leur étant juxtaposés ; le mot ou la proposition ainsi juxtaposés. (Ex. : *Paris, capitale de la France.*)

APPRÉCIABILITÉ n.f. Caractère de ce qui est appréciable.

APPRÉCIABLE adj. **1.** Qui peut être apprécié, évalué ; sensible. **2.** Assez important, bénéfique. *Il y a eu des changements appréciables.*

APPRÉCIATEUR, TRICE n. Personne qui apprécie, estime la valeur de (qqch, qqn).

APPRÉCIATIF, IVE adj. Qui marque l'appréciation.

APPRÉCIATION n.f. **1.** Estimation, évaluation. *Faire l'appréciation des marchandises.* **2.** Jugement intellectuel ou moral.

APPRÉCIER v.t. (lat. *pretium,* prix). **1.** Estimer, déterminer la valeur, l'importance de. *Apprécier une distance, les conséquences d'un fait.* **2.** Juger bon, agréable, faire cas de. *Apprécier l'aide de qqn.* ◆ **s'apprécier** v.pr. Prendre de la valeur. *Le Mark s'est apprécié par rapport au dollar.*

APPRÉHENDER v.t. (lat. *apprehendere*). **1.** Procéder à l'arrestation de (qqn). *Appréhender un malfaiteur.* **2.** Craindre, redouter la venue de qqch de désagréable, de dangereux. *J'appréhende de le revoir.* **3.** Litt. Comprendre, saisir intellectuellement. *Appréhender un problème dans toute sa complexité.*

APPRÉHENSIF, IVE adj. Qui a tendance à appréhender, à craindre.

APPRÉHENSION n.f. **1.** Crainte vague, indéfinie. **2.** PHILOS. Acte par lequel l'esprit saisit un objet de pensée, comprend (qqch).

APPRENANT, E n. Personne qui suit un enseignement.

APPRENDRE v.t. (lat. *apprehendere,* saisir) [79]. **1.** Acquérir la connaissance, la pratique de. *Apprendre un métier, les mathématiques.* **2.** Faire acquérir la connaissance, la pratique de ; communiquer un savoir. *Apprendre le dessin à un enfant. Il m'a appris la nouvelle.*

APPRENTI, E n. **1.** Personne qui apprend un métier, qui est en apprentissage. **2.** Personne encore peu habile, inexpérimentée. ◇ *Apprenti sorcier :* celui qui déchaîne des forces qu'il ne peut contrôler.

APPRENTISSAGE n.m. **1. a.** État d'un apprenti ; temps pendant lequel on est apprenti. **b.** Action d'apprendre un métier manuel ; formation professionnelle des apprentis. ◇ *Taxe d'apprentissage :* taxe imposée aux employeurs, qui permet un financement partiel de l'apprentissage. **2.** Action d'apprendre un métier intellectuel, un art, etc. – *Faire l'apprentissage de qqch :* s'y exercer, s'y habituer. **3.** ÉTHOL. Ensemble de méthodes permettant d'établir chez les êtres vivants des connexions entre certains stimuli et certaines réponses.

APPRÊT [aprɛ] n.m. **I.** TECHN. **1.** Traitement que l'on fait subir à certaines matières premières (cuirs, tissus, fils, etc.) avant de les travailler ou de les livrer au commerce ; matière utilisée pour ce traitement. **2.** Préparation, enduit qu'on applique sur une surface à peindre. **II.** Litt. Affectation, recherche. *Style plein d'apprêt.*

APPRÊTAGE n.m. TECHN. Action d'apprêter.

APPRÊTÉ, E adj. Litt. Affecté, dépourvu de simplicité, de naturel. *Un style apprêté.*

APPRÊTER v.t. (du lat. *praesto,* à la portée de). **1.** Litt. Préparer, mettre en état d'être utilisé. *Apprêter un repas, une chambre.* **2.** TECHN. Donner de l'apprêt. ◆ **s'apprêter** v.pr. *(à).* **1.** Se préparer, se disposer à. *S'apprêter à partir.* **2.** Absolt. Faire sa toilette, s'habiller. *S'apprêter pour le bal.*

APPRÊTEUR, EUSE n. TECHN. Personne qui exécute des apprêts.

APPRIVOISABLE adj. Qui peut être apprivoisé.

APPRIVOISEMENT n.m. Action d'apprivoiser ; son résultat.

APPRIVOISER v.t. (du lat. *privatus,* domestique). **1.** Rendre moins sauvage, domestiquer (un animal). **2.** Rendre plus sociable, plus docile (une personne). ◆ **s'apprivoiser** v.pr. Devenir moins farouche.

APPRIVOISEUR, EUSE adj. et n. Qui apprivoise.

APPROBATEUR, TRICE adj. et n. Qui approuve.

APPROBATIF, IVE adj. Qui marque l'approbation. *Murmures approbatifs.*

APPROBATION n.f. (lat. *approbatio*). Action d'approuver ; accord.

APPROBATIVEMENT adv. De façon approbative.

APPROBATIVITÉ n.f. PSYCHOL. Tendance pathologique à approuver toute opinion qui s'exprime.

APPROCHABLE adj. Que l'on peut approcher, accessible.

APPROCHANT, E adj. *Quelque chose d'approchant,* d'analogue, de semblable. – *Rien d'approchant :* rien d'analogue, de semblable.

APPROCHE n.f. **1.** Action d'approcher ; mouvement par lequel on approche, on progresse vers qqch, qqn. *À l'approche du surveillant.* ◇ *Travaux d'approche :* démarches intéressées. **2.** Proximité d'un évènement, d'un moment. *L'approche du danger, de la nuit.* **3.** (Calque de l'angl. *approach ;* emploi critiqué). Manière d'aborder un sujet. ◆ pl. Abords d'un lieu (région, ville, etc.).

APPROCHÉ, E adj. À peu près exact.

APPROCHER v.t. (bas lat. *appropiare*). **1.** Mettre près ou plus près de qqn, de qqch. *Approcher une chaise.* **2.** Venir près de qqn ; avoir accès auprès de qqn. *C'est un homme qu'on ne peut approcher.* ◆ v.t. ind. *(de)* et v.i. **1.** Venir auprès (de qqn, de qqch) ; avancer. *Approchez, j'ai à vous parler.* **2.** Être près d'atteindre (un moment, une époque, une fin, etc.). *Approcher de la quarantaine. Approcher du but.* ◆ v.i. Venir. *L'hiver approche.* ◆ **s'approcher** v.pr. *(de).* Venir, être près de qqn, de qqch.

APPROFONDIR v.t. **1.** Fig., cour. Examiner plus avant. *Approfondir une question.* **2.** Rare. Creuser, rendre plus profond. *Approfondir un canal.*

APPROFONDISSEMENT n.m. Action d'approfondir ; son résultat. Fait de devenir plus profond.

1. APPROPRIATION n.f. Action d'approprier, de s'approprier. *Appropriation des moyens de production par la collectivité.*

2. APPROPRIATION n.f. Belgique. Nettoyage.

APPROPRIÉ, E adj. Qui convient ; juste, pertinent. *Traitement approprié.*

1. APPROPRIER v.t. (bas lat. *appropriare*). **1.** Rendre propre à une destination ; adapter, conformer. *Approprier son discours aux circonstances.* ◆ **s'approprier** v.pr. S'attribuer ; se donner la propriété de.

2. APPROPRIER v.t. (du lat. *proprius,* propre). Belgique. Nettoyer.

APPROUVABLE adj. Qui peut être approuvé.

APPROUVER v.t. (lat. *approbare*). **1.** Considérer (qqch) comme juste, louable ; donner raison à (qqn). *J'approuve votre prudence. Je vous approuve d'avoir refusé.* **2.** Autoriser par décision administrative. ◇ *Lu et approuvé* (formule dont le signataire fait précéder sa signature au bas d'un acte, pour en approuver les termes).

APPROVISIONNEMENT n.m. Action d'approvisionner ; fourniture, provisions. *Service des approvisionnements (de l'armée, d'une entreprise).*

APPROVISIONNER v.t. **1.** Fournir de provisions, de choses nécessaires. *Approvisionner un marché en fruits.* ◇ *Approvisionner un compte en banque,* y déposer de l'argent. **2.** Placer une cartouche, un chargeur dans le magasin de (une arme à feu).

APPROVISIONNEUR, EUSE n. Celui, celle qui approvisionne.

APPROXIMATIF, IVE adj. **1.** Qui résulte d'une approximation, approché. **2.** Qui n'approche que de loin la réalité.

APPROXIMATION n.f. (du lat. *proximus,* très proche). **1.** Évaluation approchée (d'un chiffre, d'une grandeur). ◇ MATH. *Calcul par approximations successives :* algorithme permettant d'obtenir une solution approchée de plus en plus précise d'un problème numérique. **2.** Approche incorrecte, imprécise de la réalité. *Ce ne sont là que des approximations.*

APPROXIMATIVEMENT adv. De façon approximative.

APPUI n.m. **1.** Soutien, support. *Barre d'appui.* **2.** Aide, protection. *Je compte sur votre appui.* ◇ *À l'appui :* pour servir de confirmation. **3.** MIL. Aide fournie par une unité, par une arme à une autre. *Appui aérien, naval.*

APPUI-BRAS ou **APPUIE-BRAS** n.m. (pl. *appuis-bras, appuie-bras*). Support pour appuyer le bras, accoudoir (d'un siège d'automobile, de véhicule de transports en commun, d'avion).

APPUI-MAIN ou **APPUIE-MAIN** n.m. (pl. *appuis-main, appuie-main*). Support pour appuyer la main (pour réaliser un travail minutieux).

APPUI-TÊTE ou **APPUIE-TÊTE** n.m. (pl. *appuis-tête, appuie-tête*). Dispositif adapté au dossier d'un siège et destiné à soutenir la tête, à protéger la nuque en cas de choc. SYN. : *repose-tête.*

APPUYÉ, E adj. Qui insiste, insiste trop. *Une plaisanterie appuyée.*

APPUYER [apɥije] v.t. (du lat. *podium,* base) [14]. **1. a.** Placer (une chose) contre une autre qui lui sert de support. *Appuyer une échelle contre un mur.* **b.** Faire peser (une chose) sur une autre. *Appuyer son dos contre un arbre.* **2. a.** Fig. Soutenir, encourager. *Appuyer un candidat, une demande.* **b.** MIL. Apporter une aide, un appui à (une troupe, une unité, etc.). *Les chars appuient l'infanterie.* ◆ v.i. **1.** Peser plus ou moins fortement, exercer une pression sur. *Appuyer sur une pédale.* **2.** Se porter vers. *Appuyer sur la droite.* **3.** Insister sur. *Appuyer sur une circonstance.* ◆ **s'appuyer** v.pr. *(à, sur).* **1.** Se servir (de qqch, de qqn) comme d'un support, d'un soutien. *S'appuyer à une balustrade. S'appuyer sur des témoignages.* **2.** Fam. Faire (qqch) contre son gré. *S'appuyer une corvée.*

APRAGMATIQUE adj. et n. PSYCHOPATH. Atteint d'apragmatisme.

APRAGMATISME n.m. (du gr. *pragmateia,* activité). PSYCHOPATH. Trouble d'origine psychique se traduisant par l'incapacité de réaliser une action.

APRAXIE n.f. (gr. *praxis,* action). PSYCHOPATH. Incapacité d'exécuter des mouvements coordonnés (écriture, marche) sans atteinte de la motricité ni de la sensibilité.

APRAXIQUE adj. et n. Atteint d'apraxie.

ÂPRE adj. (lat. *asper*). **1. a.** Rude au goût. *Fruit âpre.* **b.** Rude au toucher ; rugueux. **2. a.** Désagréable ; pénible à supporter. *Vent âpre.* **b.** Violent, plein d'aigreur. *Le combat fut âpre. Caractère âpre.* ◇ *Âpre au gain :* avide.

ÂPREMENT adv. Avec âpreté, farouchement.

APRÈS prép. et adv. (bas lat. *ad pressum*, auprès de). **I.** (Marquant la postériorité). **1.** (Dans le temps). *Après dîner. Nous en reparlerons après.* ◇ *Après coup :* une fois la chose faite. – *Après quoi :* ensuite. **2.** (Dans l'espace). *Première rue après le carrefour. Elle devant, moi après. Courir après un lièvre.* ◇ *Après tout :* tout bien considéré. **II.** (Marquant une relation, un ordre, etc.). *Seul maître après Dieu.* ◇ Fam. *Demander après qqn :* désirer sa venue. – Fam. *Être après qqch :* s'en occuper. – Fam. *Être après qqn :* s'en occuper sans cesse ou le harceler. ◆ loc. conj. *Après que* (+ ind.) : une fois que. *Après qu'elle eut parlé.* ◆ loc. prép. *D'après :* à l'imitation de, selon. *Peindre d'après nature. D'après lui, tout va bien.*

APRÈS-COUP n.m. (pl. *après-coups*). PSYCHAN. Remaniement ultérieur d'expériences passées en fonction d'expériences nouvelles.

APRÈS-DEMAIN adv. Le second jour après celui où l'on est.

APRÈS-DÎNER n.m. (pl. *après-dîners*). Temps qui suit le dîner.

APRÈS-GUERRE n.m. ou f. (pl. *après-guerres*). Temps qui suit la guerre.

APRÈS-MIDI n.m. ou f. inv. Partie de la journée comprise entre midi et le soir.

APRÈS-RASAGE adj. inv. et n.m. (calque de l'angl. *after-shave*) [pl. *après-rasages*]. Se dit d'une lotion, d'un baume, etc., que l'on passe sur la peau pour calmer le feu du rasoir.

APRÈS-SKI n.m. (pl. *après-skis*). Chaussure fourrée, bottillon que l'on porte par temps de neige, à la montagne, lorsqu'on ne skie pas.

APRÈS-SOLEIL n.m. (pl. *après-soleils*). Produit cosmétique hydratant la peau après l'exposition au soleil.

APRÈS-VENTE adj. inv. *Service après-vente,* service d'une entreprise qui assure l'installation, l'entretien et la réparation d'un bien vendu.

ÂPRETÉ n.f. Caractère de ce qui est âpre ; fig., violence, acharnement. *L'âpreté de l'hiver. Se défendre avec âpreté.*

A PRIORI loc. adv. et adj. inv. (mots lat., *en partant de ce qui est avant*). En se fondant sur des données admises avant toute expérience. ◇ Cour. Au premier abord. CONTR. : *a posteriori.* ◆ n.m. inv. Préjugé qui ne tient pas compte des réalités. *Avoir des a priori.*

APRIORIQUE ou **APRIORITIQUE** adj. Fondé sur des a priori.

APRIORISME n.m. Raisonnement fondé sur des idées a priori.

APRIORISTE adj. et n. Qui raisonne a priori.

APRIORITÉ n.f. Caractère d'une notion, d'un raisonnement a priori.

À-PROPOS n.m. inv. **1.** Pertinence de l'acte, du geste, sens de la repartie. *Faire preuve d'à-propos.* **2.** LITTÉR. Vx. Pièce de théâtre, poème de circonstance.

APSARA ou **APSARAS** n.f. (mot hindi). Déesse inférieure, représentée en musicienne ou en danseuse, dans la mythologie indienne.

APSIDE n.f. (gr. *apsis*, voûte). ASTRON. Apoastre ou périastre d'une orbite. – *Ligne des apsides :* droite joignant l'apoastre au périastre d'une orbite.

APTE adj. [à] (lat. *aptus*). Qui a des dispositions pour, capable de. *Apte à un travail.* ◇ *Être déclaré apte :* bon pour le service militaire.

APTÈRE adj. (*a* priv. et gr. *pteron*, aile). **1.** ZOOL. Sans ailes. *La puce, le pou sont des insectes aptères.* **2. a.** ANTIQ. *Victoire aptère,* représentée sans ailes pour qu'elle reste à Athènes. **b.** ARCHIT. Sans colonnes sur les faces latérales, en parlant d'un temple.

APTÉRYGOTE n.m. *Aptérygotes :* sous-classe d'insectes primitifs, dépourvus d'ailes, dont l'ordre principal est celui des thysanoures.

APTÉRYX n.m. Oiseau de Nouvelle-Zélande dont les ailes sont presque inexistantes et dont les plumes, brunâtres, ressemblent à des crins. (Haut. 30 cm env. ; ordre des ratites ; nom usuel : *kiwi*.)

aptéryx

APTITUDE n.f. **1.** Disposition naturelle ou acquise (de qqn, à faire qqch). ◇ Spécialt. Fait d'être apte au service militaire. **2.** DR. Capacité, habilitation. *Aptitude à recevoir un legs.*

APUREMENT n.m. DR. **1.** Vérification définitive d'un compte, après laquelle le comptable est reconnu quitte. **2.** *Apurement du passif :* procédure par laquelle un débiteur rembourse tout ou partie de ses dettes.

APURER v.t. (de *pur*). DR. **1.** Vérifier et arrêter définitivement (un compte). **2.** Solder (son passif).

APYRE adj. (du gr. *pur*, feu). Rare. Inaltérable au feu, peu fusible.

APYRÉTIQUE adj. MÉD. **1.** Qui ne s'accompagne pas de fièvre. *Affection apyrétique.* **2.** Qui fait tomber la fièvre.

APYREXIE n.f. (du gr. *pur*, feu). Absence, cessation de fièvre.

APYROGÈNE adj. Qui ne donne pas de fièvre.

AQUACOLE [akwa-] ou **AQUICOLE** [akɥi-] adj. **1.** Qui vit dans l'eau. **2.** Qui a trait à l'aquaculture.

AQUACULTEUR, TRICE ou **AQUICULTEUR, TRICE** n. Personne qui pratique l'aquaculture.

AQUACULTURE ou **AQUICULTURE** n.f. Élevage des animaux aquatiques ; culture des plantes aquatiques.

AQUAFORTISTE [akwafɔrtist] n. (it. *acqua forte*, eau-forte). Graveur à l'eau-forte.

AQUAGYM [akwaʒim] n.f. (nom déposé). Gymnastique aquatique.

AQUAMANILE [akwamanil] n.m. (lat. *aqua*, eau, et *manus*, main). Aiguière pour le lavage des mains, souvent zoomorphe, en usage au Moyen Âge.

aquamanile en forme de paon (bronze islamique ; XIIe s.) [Louvre, Paris]

AQUANAUTE [akwanot] n. Personne qui, grâce à un appareillage spécial (submersible, etc.), effectue des plongées subaquatiques d'une durée relativement longue.

AQUAPLANAGE ou **AQUAPLANING** [akwaplaniŋ] n.m. Perte d'adhérence d'un véhicule automobile, due à la présence d'une mince pellicule d'eau entre la chaussée et les pneus.

AQUAPLANE [akwaplan] n.m. **1.** Sport consistant à se tenir debout sur une planche, tirée sur l'eau par un bateau à moteur ; cette planche. **2.** Bâtiment à plans porteurs qui, en déjaugeant, atteint des vitesses élevées.

AQUARELLE [akwarɛl] n.f. (it. *acquarello*, couleur détrempée). **1.** Peinture délayée à l'eau, légère, transparente, appliquée le plus souvent sur du papier blanc. **2.** Œuvre exécutée selon ce procédé.

AQUARELLÉ, E adj. Rehaussé à l'aquarelle. *Dessin aquarellé.*

AQUARELLISTE [akwa-] n. Personne qui peint à l'aquarelle.

AQUARIOPHILE [akwa-] n. Personne qui pratique l'aquariophilie.

AQUARIOPHILIE n.f. Élevage en aquarium de poissons d'ornement.

AQUARIUM [akwarjɔm] n.m. (mot lat., *réservoir*). Réservoir transparent dans lequel on élève des animaux, des plantes aquatiques.

AQUATINTE [akwatɛ̃t] n.f. (it. *acqua tinta*, eau teinte). Gravure à l'eau-forte imitant le lavis.

AQUATINTISTE n. Graveur utilisant l'aquatinte.

AQUATIQUE [akwatik] adj. (lat. *aquaticus*). **1.** Qui croît, qui vit dans l'eau ou près de l'eau. *Plante, insecte aquatique.* **2.** Où il y a de l'eau. *Paysage aquatique.*

AQUATUBULAIRE [akwa-] adj. Se dit d'une chaudière dont la surface de chauffe est constituée essentiellement par des tubes dans lesquels circule l'eau ou le mélange d'eau et de vapeur. SYN. : *multitubulaire.*

AQUAVIT ou **AKVAVIT** [akwavit] n.m. (mot suédois, *eau de vie*). Eau-de-vie de grain ou de pomme de terre des pays scandinaves, aromatisée de substances végétales diverses.

AQUEDUC [akdyk] n.m. (lat. *aquae ductus*, conduite d'eau). **1. a.** Canal d'adduction d'eau, aérien ou souterrain. **b.** Pont supportant un canal, une conduite d'adduction d'eau. **2.** ANAT. Canal reliant entre elles certaines parties de l'organisme. *Aqueduc de Fallope.*

AQUEUX, EUSE [akø, øz] adj. **1.** Qui est de la nature de l'eau. ◇ *Humeur aqueuse :* liquide contenu dans la chambre antérieure de l'œil. **2.** Qui contient de l'eau. *Fruit aqueux.* ◇ CHIM. *Solution aqueuse :* solution dont le solvant est l'eau.

À QUIA loc. adv. → ***quia (à).***

AQUICOLE adj. → ***aquacole.***

AQUICULTEUR, TRICE n. → ***aquaculteur.***

AQUICULTURE n.f. → ***aquaculture.***

AQUIFÈRE [akɥifɛr] adj. Qui contient de l'eau. ◇ *Nappe aquifère,* souterraine.

AQUILIN [akilɛ̃] adj.m. D'aigle. *Profil aquilin.* ◇ *Nez aquilin,* en bec d'aigle.

AQUILON [akilɔ̃] n.m. Poét. Vent du nord.

AQUITAIN, E [akitɛ̃, ɛn] adj. et n. D'Aquitaine.

AQUITANIEN [aki-] n.m. GÉOL. Étage de la série miocène. ◆ **aquitanien, enne** adj. De l'aquitanien.

AQUOSITÉ [akozite] n.f. Caractère de ce qui est aqueux.

Ar, symbole chimique de l'argon.

ARA n.m. (mot tupi). Grand perroquet d'Amérique latine, à longue queue et au plumage vivement coloré.

ARABE adj. et n. **1.** Des peuples, relatif aux peuples parlant l'arabe. **2.** *Chiffres arabes :* les dix signes de la numération usuelle (par opp. à *chiffres romains*). ◆ n.m. Langue sémitique parlée princ. en Afrique du Nord, au Proche-Orient et en Arabie.

ARABESQUE n.f. (it. *arabesco*). **1.** Ornement peint ou sculpté fondé sur la répétition symétrique de motifs végétaux très stylisés. *(V. illustration p. 82.)* **2.** Ligne sinueuse, formée de courbes. **3.** Figure d'équilibre de la danse académique.

ARABICA n.m. **1.** Caféier originaire d'Arabie, le plus cultivé dans le monde. **2.** Café qu'il produit.

ARABIQUE adj. De l'Arabie. ◇ *Gomme arabique* → ***gomme.***

ARABISANT, E n. et adj. Spécialiste de la langue ou de la civilisation arabe.

ARABISATION n.f. Action d'arabiser ; fait d'être arabisé.

ARABISER v.t. Donner un caractère arabe à. *Arabiser l'enseignement.*

ARABISME n.m. **1.** Particularité propre à la civilisation arabe. **2.** Idéologie du nationalisme arabe. **3.** Tournure propre à la langue arabe.

ARABLE adj. (lat. *arare*, labourer). Qui peut être labouré ; cultivable. *Terre arable.*

ARABO-ISLAMIQUE adj. (pl. *arabo-islamiques*). Qui concerne à la fois l'islam et le monde arabe.

figures isolées	finales	médiales	initiales	nom	valeur
ا	ـا	ـا	ا	alif	ā
ب	ـب	ـبـ	بـ	bā'	b
ت	ـت	ـتـ	تـ	tā'	t
ث	ـث	ـثـ	ثـ	thā'	th, th *angl. sourd*
ج	ـج	ـجـ	جـ	djīm	dj
ح	ـح	ـحـ	حـ	ḥā'	ḥ
خ	ـخ	ـخـ	خـ	khā'	kh, ch *all.*, j *esp.*
د	ـد	ـد	د	dāl	d
ذ	ـذ	ـذ	ذ	dhāl	dh, th *angl. sonore*
ر	ـر	ـر	ر	rā'	r *roulé*
ز	ـز	ـز	ز	zāy	z
س	ـس	ـسـ	سـ	sīn	s
ش	ـش	ـشـ	شـ	chīn	ch
ص	ـص	ـصـ	صـ	ṣād	ṣ *emphat.*
ض	ـض	ـضـ	ضـ	ḍād	ḍ *emphat.*
ط	ـط	ـطـ	طـ	ṭā'	ṭ *emphat.*
ظ	ـظ	ـظـ	ظـ	ẓā'	ẓ, *emphat.*
ع	ـع	ـعـ	عـ	'ayn	' *laryngale*
غ	ـغ	ـغـ	غـ	ghayn	rh, gh, r *grasseyé*
ف	ـف	ـفـ	فـ	fā'	f
ق	ـق	ـقـ	قـ	qāf	q
ك	ـك	ـكـ	كـ	kāf	k
ل	ـل	ـلـ	لـ	lām	l
م	ـم	ـمـ	مـ	mīm	m
ن	ـن	ـنـ	نـ	nūn	n
ه	ـه	ـهـ	هـ	hā'	h
و	ـو	ـو	و	wāw	ū, w
ي	ـي	ـيـ	يـ	yā'	ī, y

alphabet **arabe**

ARABOPHONE adj. et n. De langue arabe. *Les pays arabophones d'Afrique.*

ARAC n.m. → *arak.*

ARACÉE n.f. (gr. *aron,* arum). *Aracées :* famille de plantes monocotylédones comprenant l'arum ou gouet, le philodendron, l'acore, la calla, le taro. SYN. : *aroïdée, aroïdacée.*

ARACHIDE n.f. (lat. *arachidna ;* mot gr.). Légumineuse annuelle, originaire d'Amérique du Sud, cultivée dans les pays chauds et dont la graine, la cacahouète, fournit de l'huile par pression ou est consommée après torréfaction. (Famille des papilionacées.)

ARACHNÉEN, ENNE [arakneɛ̃, ɛn] adj. **1.** De l'araignée. **2.** Litt. Qui a la légèreté de la toile d'araignée. *Dentelle arachnéenne.*

ARACHNIDE [araknid] n.m. (gr. *arakhnê,* araignée). *Arachnides :* classe d'arthropodes terrestres, sans antennes ni mandibules, comprenant les araignées ou aranéides, les scorpions, les acariens, etc.

ARACHNOÏDE [araknɔid] n.f. ANAT. Une des trois méninges, située entre la pie-mère et la dure-mère.

l'arabesque dans l'art islamique (Alhambra de Grenade ; plâtre ; fin du XIVe s.)

ARACHNOÏDIEN, ENNE adj. De l'arachnoïde.

ARACK n.m. → *arak.*

ARAGONAIS, E adj. et n. De l'Aragon.

ARAGONITE n.f. MINÉR. Carbonate de calcium souvent en cristaux isolés.

ARAIGNÉE n.f. (lat. *aranea*). **1.** Animal articulé à quatre paires de pattes et à abdomen non segmenté. (Classe des arachnides, sous-classe des aranéides.) ◇ Fam. *Avoir une araignée dans le plafond :* avoir l'esprit dérangé. **2.** *Araignée de mer :* crabe maïa. – *Araignée d'eau :* hydromètre. **3.** BOUCH. Morceau de bœuf utilisé en biftecks. **4.** PÊCHE. Filet ténu à mailles carrées. **5.** TECHNOL. Crochet de fer à plusieurs branches.

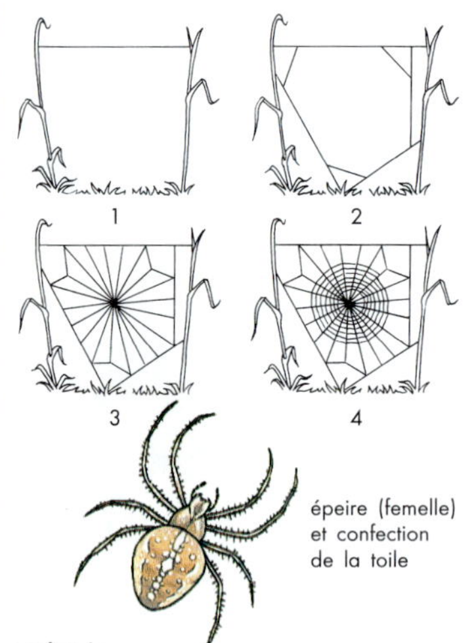

araignée

arachide

l'arabesque dans l'art de la Renaissance (relief en marbre provenant d'une église parisienne ; début du XVIe s.) [Louvre, Paris]

ARAIRE n.m. Instrument de labour qui rejette la terre de part et d'autre du sillon (à la différence de la charrue, qui la retourne).

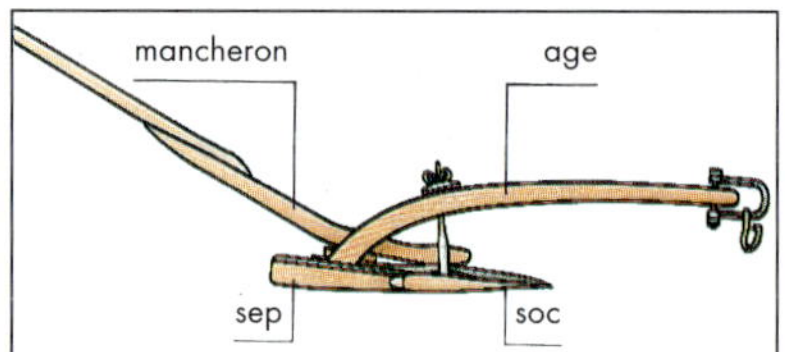

araire

ARAK, ARAC ou **ARACK** n.m. (ar. *'araq*). Eau-de-vie tirée de la distillation de différents produits fermentés (riz, canne à sucre, sève palmiste, orge, raisin, dattes).

ARALIA n.m. Arbuste à feuilles persistantes, palmées et brillantes, dont plusieurs espèces sont utilisées comme plantes d'ornement. (Famille des hédéracées.)

ARALIACÉE n.f. Hédéracée.

ARAMÉEN, ENNE adj. Qui appartient aux Araméens. ◆ n.m. Langue sémitique parlée principalement pendant l'Antiquité dans tout le Proche-Orient.

ARAMIDE adj. (de *ar[omatique]* et *amide*). Se dit de fibres et de fils synthétiques qui possèdent de très bonnes propriétés mécaniques et/ou une excellente résistance à la chaleur.

ARAMON n.m. Cépage répandu dans le midi de la France.

ARANÉIDE n.m. *Aranéides :* sous-classe constituant le groupe le plus important des arachnides et comprenant principalement les araignées.

ARANTÈLE n.f. Vx. Toile d'araignée.

ARASEMENT n.m. **1.** Action d'araser. **2.** État de ce qui est arasé. **3.** Dernière assise d'un mur.

ARASER v.t. (lat. *radere,* raser). **1.** User (un relief, une surface) jusqu'à disparition des saillies. **2.** Mettre de niveau.

ARATOIRE adj. (du lat. *arare,* labourer). Qui concerne le travail de la terre, des champs.

ARAUCARIA n.m. (de *Arauco,* ville du Chili). Arbre d'Amérique du Sud et d'Océanie, aux feuilles en manchon autour des rameaux, souvent cultivé dans les parcs européens. (Famille des pinacées.)

ARAWAK [arawak] n.m. Famille de langues indiennes parlées par les Arawak.

ARBALÈTE n.f. (lat. *arcuballista,* baliste à arc). Arme de trait composée d'un arc monté sur un fût et bandé à la main ou par un mécanisme (cric, moufle).

ARBALÉTRIER n.m. **1.** CONSTR. Pièce inclinée d'une ferme, assemblée au sommet du poinçon et à l'extrémité de l'entrait. **2.** Soldat armé d'une arbalète.

araucaria

ARBALÉTRIÈRE n.f. Meurtrière spécialement aménagée pour le tir à l'arbalète.

ARBITRABLE adj. Qui peut être arbitré.

ARBITRAGE n.m. **1.** Action d'arbitrer. *L'arbitrage d'un match.* **2. a.** Règlement d'un litige par arbitre, d'un conflit entre nations par des juges de leur choix. **b.** Sentence ainsi rendue. **3.** FIN. **a.** Opération de Bourse consistant à vendre une valeur mobilière pour en acheter une autre considérée comme plus avantageuse. **b.** Opération consistant à acheter et à vendre une même valeur ou une même devise négociée simultanément sur plusieurs marchés pour profiter des écarts de cours.

ARBITRAGISTE n. FIN. Opérateur boursier spécialiste des arbitrages.

1. ARBITRAIRE adj. Qui dépend de la seule volonté, du libre choix, souvent aux dépens de la justice ou de la raison. *Mesure, pouvoir arbitraires.*

2. ARBITRAIRE n.m. **1.** Autorité qui n'a pas d'autre fondement que le bon vouloir de celui qui l'exerce. **2.** LING. *Arbitraire du signe :* absence de relation de causalité ou de nécessité entre les deux faces du signe, le signifiant et le signifié.

ARBITRAIREMENT adv. De façon arbitraire.

ARBITRAL, E, AUX adj. **1.** Prononcé par voix d'arbitre. **2.** Composé d'arbitres.

ARBITRALEMENT adv. Par arbitre.

1. ARBITRE n.m. (lat. *arbiter*). **1.** Personne choisie par les parties intéressées pour trancher un différend. **2.** Personne, groupe possédant un poids suffisant pour imposer son autorité. *Être l'arbitre d'une crise politique.* **3.** Personne chargée de diriger une rencontre sportive ou un jeu dans le respect des règlements.

2. ARBITRE n.m. (lat. *arbitrium*). *Libre arbitre :* faculté de se déterminer par la seule volonté, hors de toute sollicitation extérieure.

ARBITRER v.t. (lat. *arbitrari*). Juger ou contrôler en qualité d'arbitre. *Arbitrer un litige, un match.*

ARBORÉ, E adj. Planté d'arbres dispersés. *Savane arborée.*

ARBORER v.t. (it. *arborare,* dresser un mât). **1.** Dresser, hisser, déployer. *Arborer un drapeau.* **2.** Porter avec ostentation. *Arborer un insigne à sa boutonnière.* **3.** Afficher ouvertement, étaler. *Arborer un titre sur huit colonnes.*

ARBORESCENCE [-ʀesɑ̃s] n.f. **1.** État d'un végétal arborescent. **2.** Partie arborescente d'un végétal. **3.** Forme arborescente. *Les arborescences du givre.*

ARBORESCENT, E [-ʀesɑ̃, ɑ̃t] adj. (lat. *arborescens*). Qui prend, qui a la forme d'un arbre.

ARBORETUM [arbɔretɔm] n.m. Plantation d'arbres de nombreuses espèces sur un même terrain, en vue de leur étude botanique.

ARBORICOLE adj. **1.** Qui vit sur les arbres, en parlant d'un animal. **2.** Qui concerne l'arboriculture.

ARBORICULTEUR, TRICE n. Personne qui cultive des arbres.

ARBORICULTURE n.f. Culture des arbres et, en particulier, des arbres fruitiers.

ARBORISATION n.f. Dessin naturel évoquant des ramifications. *Les arborisations du givre, de l'agate.*

ARBORISÉ, E adj. **1.** Qui présente des arborisations. **2.** Suisse. Arboré.

ARBOUSE n.f. (prov. *arbousso*). Fruit de l'arbousier, dont on fait une liqueur.

ARBOUSIER n.m. Arbrisseau du Midi, à feuilles rappelant celles du laurier, dont le fruit, comestible, est l'arbouse. (Haut. max. 5 m ; famille des éricacées.)

ARBOVIROSE n.f. MÉD. Maladie infectieuse due à un arbovirus (dengue, fièvre jaune, etc.).

ARBOVIRUS n.m. MÉD. Virus transmis par piqûre d'arthropode et plus spécifiquement d'insecte (moustique, tique, etc.).

ARBRE n.m. (lat. *arbor*). **I.** Grande plante ligneuse vivace dont la tige, fixée au sol par des racines, n'est chargée de branches et de feuilles qu'à partir d'une certaine hauteur. *Le tronc, le fût de l'arbre.* ◇ Afrique. *Arbre à palabres,* sous lequel se réunissent les anciens du village. ◇ *Arbre de Judée :* gainier. **II. 1.** Axe qui transmet ou transforme un mouvement. *Arbre à cames.* – *Arbre moteur* (ou, MAR., *arbre de couche*), directement entraîné par la machine motrice. **2.** Objet, représentation dont la forme évoque les ramifications d'un arbre. **a.** ANAT. *Arbre de vie :* arborisation que forme la substance blanche du cervelet en se découpant sur la substance grise. **b.** *Arbre généalogique :* représentation graphique en forme d'arbre dont les ramifications figurent la filiation des membres d'une famille. **c.** LING., INFORM. Représentation hiérarchisée d'une structure syntaxique, logique.

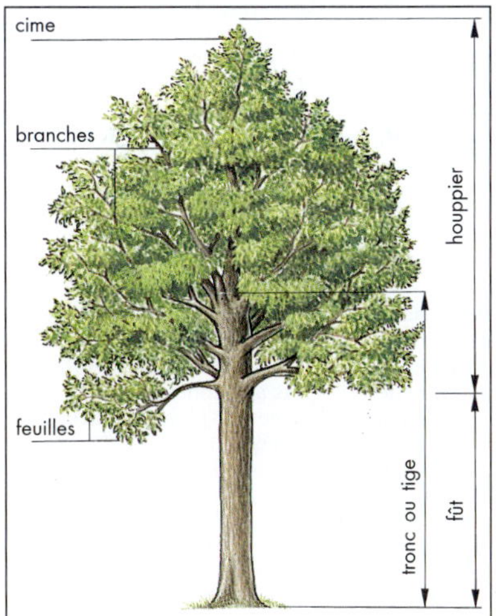

arbre : dénomination des différentes parties

ARBRISSEAU n.m. (lat. *arbuscula*). Cour. Petit arbre. SYN. : *arbuste.* ◇ BOT. Végétal ligneux à tige ramifiée dès la base, qui ne s'élève qu'à une faible hauteur (1 à 4 m).

ARBUSTE n.m. (lat. *arbustum*). Cour. Petit arbre. SYN. : *arbrisseau.* ◇ BOT. Végétal ligneux dont la tige n'est pas ramifiée dès la base et dont la hauteur ne dépasse pas 10 m.

ARBUSTIF, IVE adj. **1.** Relatif à l'arbuste ; composé d'arbustes. **2.** De la taille d'un arbuste.

ARC n.m. (lat. *arcus*). **I.** Arme formée d'une tige flexible dont les extrémités sont reliées par une corde que l'on tend fortement pour lancer des flèches. *Tir à l'arc. Bander son arc.* ◇ Fig. *Avoir plusieurs cordes* ou *plus d'une corde à son arc :* avoir plus d'une solution ; avoir de multiples ressources pour se tirer d'affaire, réussir. **II.** Objet, forme, ligne dont la courbure rappelle celle d'un arc. *L'arc des sourcils.* **1.** ANAT. Partie, portion courbe (de certains organes). *Arc du côlon. Arcs aortiques.* ◇ PHYSIOL. *Arc réflexe :*

tir à l'**arc**

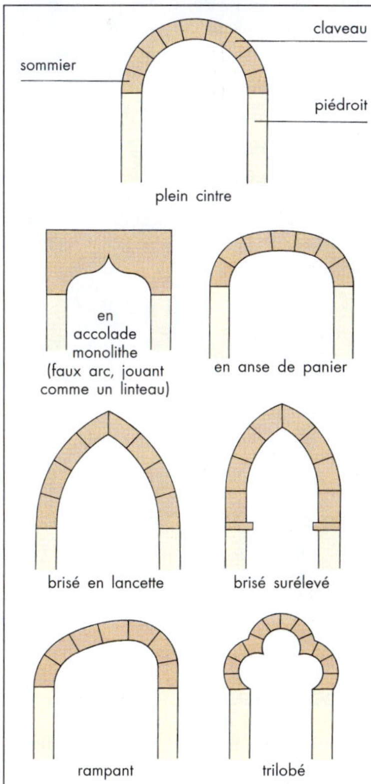

arcs

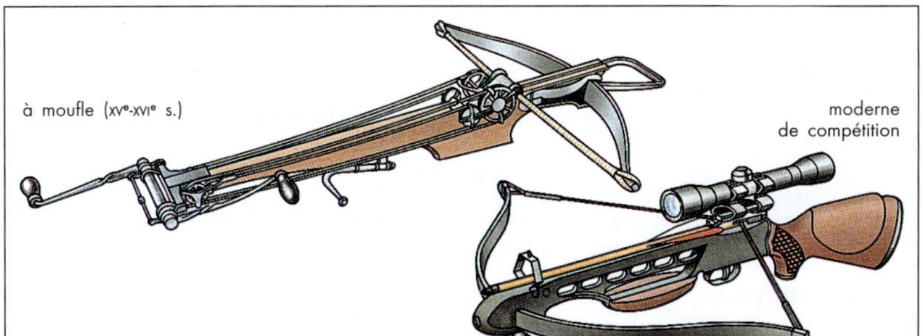

arbalètes

trajet parcouru par l'influx nerveux provoquant un réflexe. **2.** PHYS. *Arc électrique :* conduction gazeuse qui s'établit entre deux conducteurs, accompagnée d'une température et d'une lumière intenses. *Lampe à arc.* **3.** GÉOM. *Arc de cercle :* ensemble des points d'un cercle situés d'un même côté d'une corde. – *Arc de courbe :* portion continue d'une courbe entre deux de ses points. **4.** ARCHIT. Membre architectonique franchissant un espace en dessinant une ou plusieurs courbes (haut d'une baie, renfort d'une voûte...). ◇ *Arc de triomphe :* monument commémoratif formant une grande arcade ornée de bas-reliefs, d'inscriptions, etc. **5.** GÉOL. *Arc insulaire :* guirlande d'îles volcaniques dominant une fosse océanique et dont la formation résulte, à la marge d'une plaque, de la subduction d'une plaque limitrophe.

1. ARCADE n.f. (it. *arcata*). **1.** Ouverture faite d'un arc reposant sur deux piédroits, piliers ou colonnes. – (Au pl.). Suite d'arcades, galerie à arcades. *Les arcades de la rue de Rivoli, à Paris.* ◇ *Arcades de verdure :* masses de verdure disposées de manière à figurer des arcades. **2.** ANAT. Organe, partie du corps en forme d'arc. ◇ *Arcade sourcilière :* proéminence sur laquelle poussent les sourcils.

2. ARCADE n.f. (angl. *arcade,* galerie marchande). **1.** Suisse. Local commercial. **2.** *Jeu d'arcade :* jeu vidéo, généralement installé dans un lieu public, et payant.

ARCADIEN, ENNE adj. et n. **1.** D'Arcadie. **2.** Litt. Idyllique, champêtre. ◆ n.m. Dialecte du grec ancien parlé en Arcadie.

ARCANE n.m. (lat. *arcanus,* secret). Opération mystérieuse dont le secret est connu des seuls initiés. ◆ pl. Litt. Secrets, mystères. *Les arcanes de la politique.*

ARCANNE n.f. (lat. médiév. *alchanna ;* de l'ar. *al-ḥanna,* henné). Craie rouge utilisée en charpenterie et menuiserie.

ARCANSON n.m. (altér. de *Arcachon*). Colophane.

ARCATURE n.f. ARCHIT. Suite décorative de petites arcades, ouvertes ou aveugles.

ARC-BOUTANT n.m. (pl. *arcs-boutants*). Maçonnerie en arc élevée à l'extérieur d'un édifice pour soutenir un mur en reportant la poussée des voûtes sur une culée, caractéristique de l'architecture gothique.

arcs-boutants
(abbatiale du Mont-Saint-Michel ; XVe-XVIe s.)

ARC-BOUTEMENT n.m. (pl. *arcs-boutements*). Fait d'arc-bouter, de s'arc-bouter.

ARC-BOUTER v.t. (de *bouter,* pousser). Soutenir au moyen d'un arc-boutant. ◆ **s'arc-bouter** v.pr. ***(contre, à, sur).*** Prendre fortement appui sur une partie du corps pour exercer un effort de résistance. *S'arc-bouter contre un arbre.*

ARC-DOUBLEAU n.m. (pl. *arcs-doubleaux*). Doubleau.

ARCEAU n.m. **1.** ARCHIT. Partie cintrée d'une voûte ou d'une ouverture, comprenant au plus un quart de cercle. **2.** Objet en forme de petit arc. *Les arceaux du jeu de croquet.*

ARC-EN-CIEL [arkɑ̃sjɛl] n.m. (pl. *arcs-en-ciel*). Arc lumineux coloré parfois visible dans le ciel, à l'opposé du soleil, pendant une averse. ◆ adj. inv. Qui présente les couleurs de l'arc-en-ciel, multicolore. *Un foulard arc-en-ciel.*

■ Observable à l'opposé du soleil, l'arc-en-ciel présente les couleurs du spectre et résulte de la dispersion de la lumière solaire par réfraction et réflexion dans les gouttelettes d'eau qui se forment lorsqu'un nuage se résout en pluie. Une tradition populaire bien établie y comptait sept couleurs : rouge, orangé, jaune, vert, bleu, indigo, violet. Cette manière de voir, probablement liée à la superstition du chiffre sept, n'a plus cours aujourd'hui, du moins parmi les scientifiques.

ARCHAÏQUE [arkaik] adj. Qui appartient à une époque passée ; qui n'est plus en usage, désuet. *Tournure archaïque.* ◇ BX-A. Antérieur aux époques classiques, primitif. *Style archaïque.*

ARCHAÏSANT, E [arkaizɑ̃, ɑ̃t] adj. et n. Qui a les caractères de l'archaïsme ; qui affecte l'archaïsme.

ARCHAÏSME [arkaism] n.m. (gr. *arkhaios,* ancien). **1.** Caractère de ce qui est très ancien, de ce qui est périmé. ◇ Spécialt. Morceau, partie d'une œuvre d'art présentant un caractère archaïque. **2.** Mot, forme, construction qui n'est plus en usage.

ARCHAL [arʃal] n.m. sing. (gr. *oreikhalkos,* laiton). Vx. *Fil d'archal :* fil de laiton.

ARCHANGE [arkɑ̃ʒ] n.m. (gr. *arkhangelos*). Ange d'un ordre supérieur. *Les archanges Gabriel, Michel et Raphaël.*

ARCHANGÉLIQUE adj. Qui tient de l'archange.

ARCHANTHROPIEN [arkɑ̃trɔpjɛ̃] n.m. Anthropien fossile du pléistocène moyen, d'une forme généralement rapportée à l'*Homo erectus,* et représenté par le pithécanthrope, le sinanthrope, l'atlanthrope et l'Homme de Mauer. ◆ **archanthropien, enne** adj. Relatif à l'archanthropien.

1. ARCHE n.f. (lat. *arcus*). **1.** Partie d'un pont formée de la voûte prenant appui sur les deux piles qui la portent. **2.** Petite voûte en berceau percée dans une construction de peu d'épaisseur. **3.** Four pour recuire le verre.

2. ARCHE n.f. (lat. *arca,* coffre). **1.** Vaisseau que, selon la Bible, Noé construisit par ordre de Dieu pour sauver du Déluge sa famille et les espèces animales. **2.** *Arche d'alliance.* **a.** Anc. Coffre où les Hébreux gardaient les Tables de la Loi. **b.** Mod. Armoire où est enfermé le rouleau de la Torah.

ARCHÉE n.f. Portée d'un arc, longueur d'un jet de flèche.

ARCHÉEN [arkeɛ̃] n.m. (gr. *arkhaios,* primitif). GÉOL. Période la plus ancienne du précambrien (2,5 milliards d'années et plus). ◆ **archéen, enne** adj. De l'archéen.

ARCHÉGONE [arkegɔn] n.m. (gr. *arkhê,* principe, et *gonê,* génération). BOT. Organe microscopique femelle en forme de bouteille, contenant l'oosphère ou cellule reproductrice femelle, existant chez les mousses, les cryptogames vasculaires et les gymnospermes.

ARCHELLE n.f. Belgique. Étagère simple de salle à manger, pourvue de crochets pour la suspension de récipients à anse.

ARCHÉOBACTÉRIE [-ke-] n.f. Bactérie d'origine très ancienne, vivant dans des milieux hostiles à la plupart des autres organismes (sources hydrothermales abyssales, par ex.).

ARCHÉOLOGIE [arkeɔlɔʒi] n.f. (gr. *arkhaios,* ancien, et *logos,* science). Étude scientifique des civilisations qui se sont succédé depuis l'apparition de l'homme, notamment par l'analyse des vestiges matériels mis au jour par les fouilles.

ARCHÉOLOGIQUE adj. Propre à l'archéologie ; relatif aux époques étudiées par cette science.

ARCHÉOLOGUE n. Spécialiste de l'archéologie.

ARCHÉOMAGNÉTISME [arkeɔmaɲetism] n.m. Magnétisme terrestre dans le passé archéologique ; science qui l'étudie.

ARCHÉOPTÉRYX [arkeɔpteriks] n.m. Oiseau fossile du jurassique associant des caractères d'oiseau et de reptile.

archéoptéryx (reconstitution probable)

ARCHER n.m. Tireur à l'arc.

ARCHÈRE n.f. → ***archière.***

ARCHERIE n.f. **1.** Technique du tir à l'arc. **2.** Matériel de tir à l'arc. *Rayon d'archerie d'un magasin de sport.* **3.** HIST. Troupe d'archers.

ARCHET n.m. (de *arc*). **1.** Baguette souple tendue de crins, qui sert à faire vibrer, par frottement, les cordes de certains instruments (violon, etc.). **2.** ZOOL. Organe de l'appareil stridulant des sauterelles.

ARCHÈTERIE n.f. Fabrication et commerce des archets.

ARCHETIER, ÈRE n. Fabricant(e) d'archets.

ARCHÉTYPAL, E, AUX ou **ARCHÉTYPIQUE** adj. Qui concerne un archétype.

ARCHÉTYPE [arketip] n.m. (gr. *arkhetupos,* modèle primitif). **1.** Modèle sur lequel sont construits un ouvrage, une œuvre. **2.** PHILOS. **a.** Idée, forme du monde intelligible sur laquelle sont construits les objets du monde sensible, chez Platon. **b.** Idée qui sert de modèle à une autre, pour les empiristes. **3.** PSYCHAN. Contenu de l'inconscient collectif qui apparaît dans les productions culturelles d'un peuple, dans l'imaginaire d'un sujet, chez Jung et ses disciples.

ARCHEVÊCHÉ n.m. Étendue de la juridiction d'un archevêque ; sa résidence.

ARCHEVÊQUE n.m. Anc. Évêque à la tête d'une province ecclésiastique. – Mod. Titre honorifique conféré à certains évêques.

ARCHIATRE [arkjatr] n.m. ANTIQ. ROM. Premier médecin de l'empereur.

ARCHICHANCELIER n.m. Dignitaire de la cour de Napoléon Ier.

ARCHICHLAMYDÉE [-kla-] n.f. *Archichlamydées :* sous-classe de plantes dicotylédones incluant les anciens groupes des apétales et des dialypétales.

ARCHICONFRÉRIE n.f. Association pieuse servant de centre à des sociétés affiliées.

ARCHICUBE n.m. Arg. scol. Ancien élève de l'École normale supérieure.

ARCHIDIACRE n.m. Prélat responsable de l'administration d'une partie du diocèse, sous l'autorité de l'évêque.

ARCHIDIOCÉSAIN, E adj. Relatif à un archevêché ou qui en dépend.

ARCHIDIOCÈSE n.m. Diocèse d'un archevêque.

ARCHIDUC n.m. Prince de la maison d'Autriche.

ARCHIDUCHESSE n.f. **1.** Princesse de la maison d'Autriche. **2.** Femme, fille d'un archiduc.

ARCHIÉPISCOPAL, E, AUX adj. Propre à l'archevêque.

ARCHIÉPISCOPAT n.m. Dignité d'archevêque ; durée de sa fonction.

ARCHIÈRE ou **ARCHÈRE** n.f. Ouverture pratiquée dans une muraille pour tirer à l'arc ou à l'arbalète.

ARCHIMANDRITE [arʃimɑ̃drit] n.m. (du gr. *mandra,* enclos). Anc. Supérieur de monastère, dans les Églises orientales. – Auj. Titre honorifique conféré à certains moines orthodoxes.

ARCHIMÉDIEN, ENNE adj. MATH. Qui satisfait à l'axiome d'Archimède (deux nombres réels *a* et *b* étant donnés, si *a* est plus petit que *b*, on peut trouver un entier *n* tel que *na* soit plus grand que *b*), en parlant de l'ensemble des nombres réels.

ARCHINE [arʃin] n.f. (mot russe). Ancienne mesure de longueur russe valant 0,71 m.

ARCHIPEL n.m. (it. *arcipelago ;* du gr. *pelagos,* mer). Groupe d'îles. *L'archipel des Cyclades.*

ARCHIPHONÈME n.m. LING. Phonème qui neutralise les traits distinctifs communs à deux phonèmes que d'autres traits différencient dans certaines positions. *L'archiphonème* [P] *neutralise dans* [oPty] (obtus) *l'opposition de* [b] *et de* [p].

ARCHIPRESBYTÉRAL, E, AUX adj. Propre à l'archiprêtre.

ARCHIPRÊTRE n.m. **1.** Curé de certaines églises de canton. SYN. : *doyen.* **2.** Curé d'arrondissement.

ARCHIPTÈRE [arkiptɛr] n.m. **1.** Insecte aux ailes finement nervurées et aux métamorphoses incomplètes. **2.** Anc. *Archiptères :* ordre réunissant les libellules, les éphémères, les termites, subdivisé auj. en trois ordres : les odonates, les isoptères et les éphéméroptères.

ARCHITECTE n. (gr. *arkhitektôn,* maître constructeur). **1.** Personne qui conçoit la création et la réalisation d'un édifice, d'un bâtiment, etc., et qui en contrôle l'exécution. (Il doit être titulaire d'un diplôme reconnu par l'État et être accepté par le conseil supérieur de l'Ordre des architectes.) – *Architecte naval :* ingénieur en construction navale chargé de la conception d'un navire, d'une plate-forme marine, etc. **2.** Litt. Personne qui conçoit (un ensemble, une organisation complexe) et qui participe à sa réalisation.

ARCHITECTONIE n.f. NEUROL. Organisation et arrangement dans l'espace des différents éléments du système nerveux central.

ARCHITECTONIQUE n.f. **1.** Ensemble des règles techniques propres à l'architecture. **2.** Fig. Organisation, structure de qqch. *L'architectonique d'un roman.* ◆ adj. Relatif à l'architectonique.

ARCHITECTURAL, E, AUX adj. Relatif à l'architecture ; qui évoque une œuvre d'architecture.

ARCHITECTURE n.f. **1.** Art de concevoir et de construire un bâtiment selon des règles techniques et des canons esthétiques déterminés ; science de l'architecte. **2.** Litt. Structure, organisation. *L'architecture d'un tableau.* *(V. illustration pp. 86-87.)*

ARCHITECTURER v.t. Construire, agencer (une œuvre) avec rigueur.

ARCHITRAVE [arʃitrav] n.f. (it. *architrave*). ARCHIT. Partie inférieure (linteau ou plate-bande) d'un entablement, reposant directement sur les supports.

ARCHITRAVÉE adj.f. et n.f. *Corniche architravée,* liée directement à l'architrave, sans frise.

ARCHIVAGE n.m. Action de recueillir, de classer et de conserver (des documents, etc.) ; son résultat.

ARCHIVER v.t. Procéder à l'archivage de.

ARCHIVES [arʃiv] n.f. pl. (gr. *arkheia*). **1.** Ensemble des documents relatifs à l'histoire d'une ville, d'une famille, etc., propres à une entreprise, à une administration, etc. **2.** Lieu où sont conservés de tels documents.

ARCHIVISTE n. Personne qui garde des archives. ◇ Spécialiste de la conservation, du classement, de l'étude des archives, des documents historiques.

ARCHIVISTE-PALÉOGRAPHE n. (pl. *archivistes-paléographes*). Spécialiste d'archivistique et de paléographie (titre réservé en France aux élèves diplômés de l'École nationale des chartes).

ARCHIVISTIQUE n.f. Science des archives.

ARCHIVOLTE [arʃivɔlt] n.f. (it. *archivolto*). ARCHIT. Face verticale moulurée d'un arc.

ARCHONTAT [arkɔ̃ta] n.m. Dignité d'archonte ; durée de sa charge.

ARCHONTE [arkɔ̃t] n.m. (gr. *arkhôn*). Haut magistrat, dans diverses cités grecques anciennes.

ARÇON n.m. (lat. *arcus,* arc). **1.** Armature de la selle, formée de deux arcades, le pommeau et le troussequin, reliées entre elles. **2.** Sarment de vigne, rameau d'arbre fruitier ayant subi l'arcure.

ARÇONNER v.t. Pratiquer l'arcure de (la vigne).

ARCTIQUE [arktik] adj. (gr. *arktikos,* du nord). Du pôle Nord et des régions environnantes.

ARCURE [arkyr] n.f. AGRIC. Opération qui consiste à courber un sarment de vigne, une branche d'arbre fruitier en arc de cercle afin qu'ils produisent plus de fruits.

ARDÉCHOIS, E adj. et n. De l'Ardèche.

ARDÉIFORME n.m. Vieilli. Ciconiiforme.

ARDEMMENT [ardamɑ̃] adv. Avec ardeur.

ARDENNAIS, E adj. et n. Des Ardennes.

1. ARDENT, E adj. (lat. *ardens,* brûlant). **1.** Qui brûle, chauffe fortement ; qui cause une sensation de brûlure. *Soleil ardent. Soif ardente.* **2. a.** *Chapelle ardente :* chambre mortuaire éclairée de cierges, souvent tendue de noir. **b.** HIST. *Chambre ardente :* cour de justice criminelle qui jugeait des faits exceptionnels (hérésie et empoisonnement, notamm.), et qui siégeait à la lumière de flambeaux. **3.** Fig. **a.** (Choses). Passionné, impétueux, en parlant d'un sentiment, d'un comportement. *Curiosité ardente.* ◇ Vif, éclatant, en parlant d'une couleur. **b.** (Personnes). *Ardent à :* empressé, acharné à. **4.** MAR. Qui a tendance à présenter son avant face au vent, en parlant d'un voilier (par opp. à *mou*).

2. ARDENT n.m. HIST. *Mal des ardents :* maladie présentant les caractères de l'ergotisme, qui sévit sous forme d'épidémie du Xe au XIIe siècle. SYN. : *feu Saint-Antoine.*

ARDEUR n.f. (lat. *ardor*). **1.** Zèle, empressement. *Montrer de l'ardeur au travail.* **2.** Litt. Chaleur extrême.

ARDILLON n.m. (mot germ.). Pointe métallique d'une boucle de ceinture, de courroie.

ARDITI n.m. pl. (pl. de l'it. *ardito,* hardi). Corps francs, dans l'armée italienne, pendant la Première Guerre mondiale.

ARDOISE n.f. (mot gaul.). **1.** Roche schisteuse, gris foncé, se divisant facilement en plaques minces et servant notamment à couvrir les toits. **2.** Tablette, naguère faite d'ardoise, sur laquelle on peut écrire, dessiner à la craie ou avec un crayon spécial (dit *crayon d'ardoise*). **3.** Fam. Somme due, crédit ouvert chez un commerçant, dans un café, etc.

ARDOISÉ, E adj. De la couleur de l'ardoise.

1. ARDOISIER, ÈRE adj. **1.** De la nature de l'ardoise. **2.** Relatif à l'ardoise. *Industrie ardoisière.*

2. ARDOISIER n.m. **1.** Celui qui exploite une ardoisière ou qui y travaille. **2.** Belgique. Couvreur.

ARDOISIÈRE n.f. Carrière d'ardoise.

ARDU, E adj. (lat. *arduus*). Difficile à comprendre, à résoudre ; compliqué, pénible. *Une question ardue.*

ARE n.m. (lat. *area,* surface). Unité de mesure des surfaces agraires (symb. a), valant 100 mètres carrés.

ARÉAGE n.m. Mesurage des terres par ares.

AREC [arɛk] ou **ARÉQUIER** n.m. (port. *areca*). Palmier à tige élancée des régions chaudes de l'Asie du Sud-Est, dont le fruit (noix d'arec) contient une amande dont on extrait un cachou.

ARÉFLEXIE n.f. PATHOL. Absence de réflexes.

ARÉIQUE adj. (du gr. *rhein,* couler). GÉOGR. Privé d'écoulement régulier des eaux, en parlant d'une région, d'un sol. *17 p. 100 des surfaces émergées de la Terre sont aréiques.*

ARÉISME n.m. Caractère d'une région, d'un sol aréique.

ARELIGIEUX, EUSE adj. Qui n'appartient à aucune religion, refuse toute religion.

ARÉNA n.m. ou f. Canada. Patinoire couverte ou centre sportif.

ARÉNACÉ, E adj. De la nature du sable ; qui contient du sable.

ARÈNE n.f. (lat. *arena,* sable). **1. a.** ANTIQ. ROM. Espace sablé d'un cirque, d'un amphithéâtre où se déroulaient les jeux. **b.** Aire sablée du lieu où se déroulent les courses de taureaux. **c.** Fig. Espace public où s'affrontent des partis, des courants d'idées, etc. *L'arène politique.* **2.** GÉOL. Sable de texture grossière, résultant de la désagrégation de roches cristallines. ◆ pl. Édifice tout entier où se déroulaient les jeux, où ont lieu les courses de taureaux. *Les arènes de Nîmes.*

1. ARÉNICOLE adj. Qui vit dans le sable, en parlant d'un animal.

2. ARÉNICOLE n.f. Ver vivant dans un tube en U creusé dans les sables marins. (Long. 20 cm env. ; embranchement des annélides.)

ARÉNISATION n.f. GÉOL. Décomposition d'un sol en arène (sable).

ARÉNOPHILE adj. Qui pousse dans les sols sableux, en parlant des plantes à longues racines.

ARÉOGRAPHIE n.f. (gr. *Arês,* identifié à *Mars,* et *graphein,* décrire). ASTRON. Description de la surface de la planète Mars.

ARÉOLAIRE adj. **1.** ANAT. De l'aréole. **2.** GÉOL. Qui agit latéralement (par opp. à *linéaire*), en parlant de l'érosion. **3.** MATH. *Vitesse aréolaire :* vitesse instantanée de balayage d'une surface par un rayon en mouvement dont l'origine est fixe.

ARÉOLE n.f. (lat. *area,* aire). **1.** ANAT. Cercle pigmenté qui entoure le mamelon du sein. **2.** PATHOL. Zone rougeâtre qui entoure un point inflammatoire.

ARÉOMÈTRE n.m. (gr. *araios,* peu dense). Instrument servant à déterminer la densité d'un liquide. SYN. : *densimètre.*

ARÉOMÉTRIE n.f. Mesure de la densité d'un liquide grâce à un aréomètre.

ARÉOPAGE n.m. (lat. *areopagus ;* du gr. *Areios pagos,* colline d'Arès). **1.** ANTIQ. *L'Aréopage :* tribunal d'Athènes qui siégeait sur la colline consacrée à Arès et qui surveillait les magistrats, interprétait les lois et jugeait les meurtres. **2.** Litt. Assemblée de personnes choisies, particulièrement compétentes, savantes.

ARÉOSTYLE n.m. ARCHIT. Système d'entrecolonnement dans lequel l'intervalle qui sépare deux colonnes voisines est de 3 ou 4 diamètres.

ARÉQUIER n.m. → *arec.*

ARÊTE n.f. (lat. *arista,* épi). **I. 1.** Os du squelette des poissons. **2.** Barbe de l'épi de certaines graminées (orge, seigle, etc.). **II. 1.** MATH. Droite commune à deux plans sécants. *Un cube a douze arêtes. Arête d'un mur.* ◇ ARCHIT. *Voûte d'arêtes :* voûte composée de l'intersection à angle droit de berceaux en triangles curvilignes. **2.** ANAT. Ligne osseuse saillante. *Arête du nez.* **3.** GÉOGR. Ligne qui sépare les deux versants d'une montagne.

ARÊTIER n.m. CONSTR. Ligne saillante formée par la rencontre de deux pans de couverture. ◇ Élément (lame métallique, etc.) couvrant un arêtier.

ARÊTIÈRE n.f. et adj.f. CONSTR. Tuile recouvrant l'angle des couvertures sur l'arêtier.

AREU interj. (Pour imiter les premiers sons émis par un bébé). *Areu, areu, qu'il est mignon ce petit !*

ARGANIER n.m. Arbre épineux au fruit comestible, à l'amande oléagineuse, poussant en Afrique du Nord. (Famille des sapotacées.)

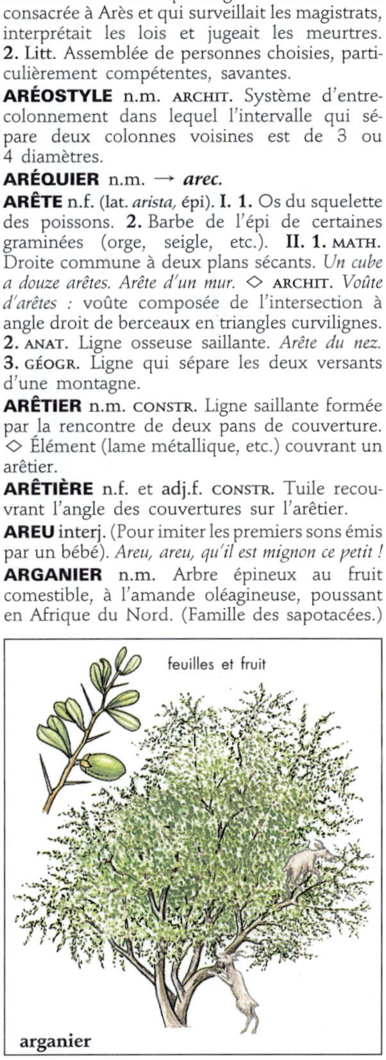

arganier

Karnak, temple de Khonsou, commencé en 1190 av. J.-C. Coupe des structures essentielles d'un temple divin, se déployant derrière l'imposante maçonnerie pleine du pylône (haut. : 16 m).

Sainte-Sophie de Thessalonique (VIIIe s.), vue écorchée. Église byzantine à coupole sur pendentifs, d'une construction massive (bien moins audacieuse que son homonyme de Constantinople), elle représente un compromis entre deux types de plans, en croix grecque (centré) et basilical (allongé).

Élévation et coupe de la pagode (haut. : 33,60 m) du monastère japonais du Yakushi-ji, typique de l'architecture de bois d'Extrême-Orient. Construite à Fujiwara-kyō (698), elle a été transportée à Heijō-kyō (Nara).

Cathédrale d'Amiens (1220-1270 env., style gothique rayonnant) : coupe transversale du chœur, montrant le vaisseau central flanqué du déambulatoire et des chapelles latérales, l'élévation à 3 étages (grandes arcades, triforium, fenêtres hautes) et le report des poussées de la voûte d'ogives (haut. : 43 m) vers les contreforts externes, au moyen des arcs-boutants.

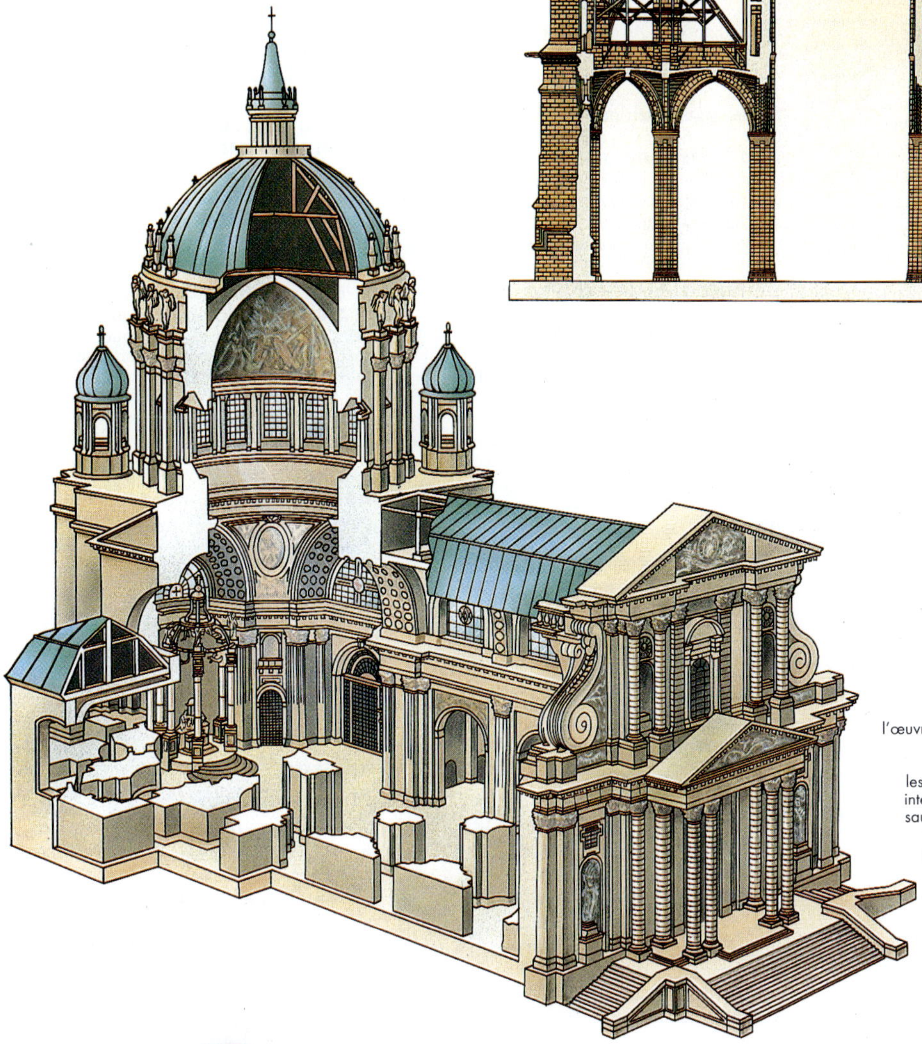

Église du Val-de-Grâce à Paris, vue écorchée. Due à Mansart, Pierre Le Muet et Gabriel Le Duc (1645-1665), l'œuvre s'apparente au Gesù de Vignole avec sa nef voûtée en berceau, bordée de chapelles que séparent les murs de refend formant contreforts intérieurs ; ensemble d'esprit classique, sauf le dôme qui rappelle le baroque romain avec son haut tambour puissamment modelé par des piliers massifs, des consoles, des statues.

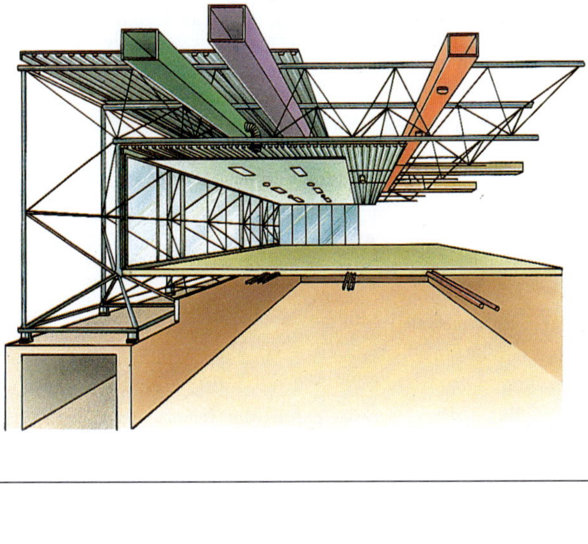

Bureaux à Novedrate, près de Côme, en Italie (48 m × 30 m ; v. 1973 ; archit. : Renzo Piano et Richard Rogers). Un espace librement aménageable, sans murs ni piliers, délimité par une structure tridimensionnelle de tubes d'acier peints. Centrales de chauffage et de ventilation en sous-sol, flux circulant entre les plafonds.

ARGAS [argas] n.m. Parasite externe des oiseaux, dont il suce le sang (Long. 4 à 8 mm env. ; ordre des acariens.)

ARGENT n.m. (lat. *argentum*). **1.** Métal précieux blanc, brillant, très ductile ; élément chimique (Ag), de numéro atomique 47, de masse atomique 107,86. **2.** Monnaie, en pièces ou en billets ; richesse qu'elle représente. *Peux-tu me prêter de l'argent ? Avoir de l'argent sur son compte en banque.* ◇ *Homme, femme d'argent,* qui aime l'argent, qui sait le faire fructifier. – *Faire de l'argent :* s'enrichir. – *En avoir, en vouloir pour son argent,* en proportion de ce qu'on a déboursé, ou, fig., de l'effort entrepris. **3.** HÉRALD. Un des deux métaux employés comme émail, représenté blanc et uni.

■ L'argent se rencontre rarement à l'état pur dans le sol ; il est le plus souvent combiné au soufre ou à l'antimoine. Inoxydable par l'oxygène, il noircit au contact de l'air et se dissout dans l'acide nitrique. L'argent est le plus ductile et le plus malléable de tous les métaux après l'or ; c'est le meilleur conducteur de la chaleur et de l'électricité ; il fond à 960 °C. Sa densité est de 10,5 ; on l'allie au cuivre pour lui donner plus de dureté.

ARGENTAGE n.m. Action d'argenter.

ARGENTAN ou **ARGENTON** n.m. Alliage de nickel, de cuivre et de zinc, dont la couleur blanche rappelle celle de l'argent.

ARGENTÉ, E adj. **1.** Recouvert d'argent. *Cuillère en métal argenté.* **2.** Litt. Qui évoque l'argent, par sa couleur ou son éclat. *Flots argentés.* **3.** Fam. Qui a de l'argent ; fortuné.

ARGENTER v.t. **1.** Couvrir d'une feuille ou d'une solution d'argent. **2.** Litt. Donner la blancheur, l'éclat de l'argent à.

ARGENTERIE n.f. Vaisselle et accessoires de table en argent.

ARGENTEUR, EUSE n. Personne dont le métier est d'argenter, notamment du métal non précieux.

ARGENTIER n.m. **1.** HIST. Officier de la maison du roi chargé de l'ameublement et de l'habillement. **2.** Fam. *Grand argentier :* ministre des Finances.

ARGENTIFÈRE adj. Qui renferme de l'argent, en parlant d'un minerai.

1. ARGENTIN, E adj. Dont le son clair évoque celui de l'argent. *Tintement argentin d'un carillon.*

2. ARGENTIN, E adj. et n. D'Argentine.

ARGENTIQUE adj. CHIM. À base d'argent, en parlant d'un composé.

ARGENTITE n.f. MINÉR. Sulfure naturel d'argent. SYN. : *argyrose.*

ARGENTON n.m. → ***argentan.***

ARGENTURE n.f. Dépôt d'une couche d'argent à la surface d'une pièce.

ARGIEN, ENNE adj. et n. D'Argos.

ARGILACÉ, E adj. Qui est de la nature de l'argile ; qui en a l'aspect.

ARGILE n.f. (lat. *argilla*). Roche sédimentaire meuble, imperméable, grasse au toucher, et qui, imbibée d'eau, peut être façonnée. *Vase en argile.* ◇ *Argile rouge :* dépôt argileux marin des grandes profondeurs. – *Argile à silex :* argile brune, avec des rognons durs de silex résultant de la dissolution sur place des calcaires à silex.

ARGILEUX, EUSE adj. Qui est constitué d'argile, qui en contient.

ARGON n.m. Gaz inerte, incolore, constituant environ le centième de l'atmosphère terrestre ; élément chimique (Ar), de numéro atomique 18, de masse atomique 39,94.

ARGONAUTE n.m. (du gr. *Argonautês,* n. myth.). Mollusque des mers chaudes, dont la femelle fabrique une nacelle calcaire blanche pour abriter sa ponte. (Long. 60 cm env. ; classe des céphalopodes.)

ARGONIDE n.m. *Argonides :* gaz inertes de l'air, dont l'argon est le plus courant.

ARGOT n.m. Vocabulaire particulier à un groupe social, à une profession. ◇ Spécialt. Langage des malfaiteurs, du milieu.

ARGOTIER n.m. Celui qui connaît, qui utilise l'argot.

ARGOTIQUE adj. Propre à l'argot.

ARGOTISME n.m. Mot, expression argotique.

ARGOTISTE n. Spécialiste de l'étude de l'argot.

ARGOUSIER n.m. Hippophaé.

ARGOUSIN [arguzɛ̃] n.m. (esp. *alguacil,* agent de police). **1.** Litt., vieilli. Agent de police. **2.** HIST. Surveillant des forçats.

ARGUER [argɥe] v.t. (lat. *arguere,* prouver) ⑧. **1.** Tirer comme conséquence, déduire. *Que peut-on arguer de ce témoignage ?* **2.** Prétexter. *Il a argué qu'il avait oublié l'heure.* ◆ v.t. ind. ***(de).*** Se servir comme argument, comme prétexte (de qqch). *Arguer de son ignorance.*

ARGUMENT n.m. (lat. *argumentum*). **1.** Preuve, raison qui appuie une affirmation, une thèse, une demande. **2.** Résumé du thème d'une œuvre littéraire. **3.** LOG. Proposition ou ensemble de propositions dont on cherche à tirer une conséquence. – *Argument d'une fonction :* variable, élément de l'ensemble de départ de la fonction. **4.** MATH. *Argument d'un nombre complexe* z : l'angle θ défini à 2 $k\pi$ près par la forme trigonométrique de ce nombre, $z = r$ (cos. θ + i sin. θ), r étant le module de z.

ARGUMENTAIRE n.m. **1.** Ensemble d'arguments à l'appui d'une opinion. **2.** Liste d'arguments de vente à l'usage du vendeur.

ARGUMENTANT n.m. Anc. Celui qui argumentait, dans la soutenance d'une thèse (par opp. à *répondant*).

ARGUMENTATEUR, TRICE n. Litt. Personne qui aime argumenter.

ARGUMENTATIF, IVE adj. Qui concerne l'argumentation.

ARGUMENTATION n.f. Action d'argumenter ; ensemble d'arguments.

ARGUMENTER v.i. **1.** Présenter des arguments, une argumentation sur, contre qqn, qqch. **2.** LOG. Tirer des conséquences. ◆ v.t. Justifier, appuyer par des arguments (un discours, un exposé, etc.).

ARGUS [argys] n.m. (lat. *Argus,* géant aux cent yeux). **1.** Publication spécialisée, donnant des informations précises et chiffrées, notamment sur certaines transactions, etc. *L'argus de l'automobile.* **2.** Litt. Surveillant vigilant, espion. ◇ Par ext. Personne très clairvoyante. **3.** Oiseau voisin du faisan, vivant en Inde et en Malaisie.

ARGUTIE [argysi] n.f. (lat. *argutia,* subtilité). Raisonnement d'une subtilité excessive.

ARGYRASPIDE n.m. Fantassin d'élite de l'armée d'Alexandre le Grand, armé d'un bouclier argenté.

ARGYRISME n.m. (du gr. *arguros,* argent). PATHOL. Affection provoquée par la pénétration d'argent dans l'organisme, par ingestion ou par contact.

ARGYRONÈTE [argirɔnɛt] n.f. (gr. *arguros,* argent, et *nein,* filet). Araignée aquatique, qui tisse dans l'eau, entre les plantes, une sorte de cloche qu'elle remplit d'air et où elle se tient à l'affût. (Long. 1 cm env.)

ARGYROSE [argiroz] n.f. Argentite.

1. ARIA n.m. (anc. fr. *harier,* harceler). Vieilli. Souci, ennui, tracas.

2. ARIA n.f. (mot it.). **1.** MUS. Mélodie vocale ou instrumentale, avec accompagnement. **2.** Partie chantée par un soliste, dans un opéra.

ARIANISME n.m. Doctrine d'Arius et de ses adeptes.

ARIDE adj. (lat. *aridus*). **1.** Sec, privé d'humidité. *Terre, climat aride.* **2. a.** Difficile et dépourvu d'attrait. *Sujet, travail aride.* **b.** Litt. Insensible, sans générosité ni imagination. *Cœur aride.*

ARIDITÉ n.f. État de ce qui est aride.

ARIÉGEOIS, E adj. et n. De l'Ariège.

ARIEN, ENNE adj. et n. De l'arianisme ; partisan de l'arianisme.

ARIETTE n.f. (it. *arietta*). MUS. Courte mélodie de caractère gracieux.

ARILLE n.m. BOT. Tégument charnu entourant la graine de certaines plantes (if, nymphéa, etc.), avec laquelle il constitue un « faux fruit ».

ARILLÉ, E adj. Pourvu d'un arille.

ARIOSO [arjozo] n.m. (mot it.). MUS. Forme vocale tenant à la fois du récitatif et de l'aria.

ARISER ou **ARRISER** v.t. MAR. Diminuer en prenant des ris la surface de (une voile).

ARISTOCRATE n. et adj. Membre de l'aristocratie.

ARISTOCRATIE [-si] n.f. (gr. *aristos,* excellent, et *kratos,* pouvoir). **1. a.** Classe des nobles, des privilégiés. **b.** Gouvernement exercé par cette classe. **2.** Litt. Élite. *L'aristocratie du talent.*

ARISTOCRATIQUE adj. **1.** De l'aristocratie. **2.** Digne d'un aristocrate ; distingué, raffiné.

ARISTOCRATIQUEMENT adv. De façon aristocratique.

ARISTOCRATISME n.m. Tendance à favoriser, à privilégier un groupe social déterminé en fonction de la naissance, de la fortune.

ARISTOLOCHE [aristɔlɔʃ] n.f. (gr. *aristolokhia,* qui favorise les accouchements). Plante grimpante, à fleurs jaunes en tube, dont certaines espèces sont cultivées pour les tonnelles. (Groupe des apétales.)

ARISTOTÉLICIEN, ENNE adj. et n. De l'aristotélisme ; adepte de cette philosophie.

ARISTOTÉLIQUE adj. Vx. D'Aristote.

ARISTOTÉLISME n.m. **1.** Philosophie d'Aristote. **2.** Courant philosophique médiéval, qui interprétait l'œuvre d'Aristote à partir des théologies chrétienne et musulmane.

ARITHMÉTICIEN, ENNE n. Spécialiste d'arithmétique.

1. ARITHMÉTIQUE adj. Qui relève de l'arithmétique. *Opération arithmétique.*

2. ARITHMÉTIQUE n.f. (gr. *arithmêtikê,* science des nombres). [Sens classique]. Partie des mathématiques étudiant les propriétés élémentaires des nombres entiers et rationnels. ◇ (Sens moderne). Théorie des nombres mettant en jeu les méthodes de la géométrie algébrique et la théorie des groupes.

ARITHMÉTIQUEMENT adv. De façon arithmétique.

ARITHMOMANCIE n.f. Divination par les nombres.

ARITHMOMANIE n.f. Comportement névrotique qui pousse le sujet à régler toutes ses actions sur des nombres.

ARKOSE n.f. Grès feldspathique résultant de l'érosion des roches granitiques ou gneissiques.

ARLEQUIN n.m. (anc. fr. *Hellequin,* n. d'un diable). Personnage dont le vêtement bariolé imite celui d'Arlequin. ◇ Litt. *Habit d'arlequin :* ensemble composé de parties disparates.

ARLEQUINADE n.f. Litt. Bouffonnerie, pitrerie.

ARLÉSIEN, ENNE adj. et n. D'Arles.

ARMADA n.f. (de l'*Invincible Armada*). Litt. Grand nombre, grande quantité (de véhicules, etc.). *Une armada de camions.*

ARMAGNAC n.m. Eau-de-vie de vin produite en Armagnac.

ARMAILLI n.m. Suisse. Pâtre des alpages fribourgeois.

ARMATEUR n.m. Personne qui arme, exploite un navire dont elle est propriétaire ou (moins souvent) locataire.

ARMATURE n.f. (lat. *armatura*). **I. 1.** Assemblage de pièces, génér. métalliques, formant l'ossature, la charpente d'un objet, d'un ouvrage, etc., ou destiné à le renforcer, à le soutenir ou à le maintenir. ◇ Partie rigide qui sous-tend un bonnet de soutien-gorge. **2.** Fig. Base d'un projet, d'une organisation ; ce qui soutient, maintient en place. **3. a.** ÉLECTR. Chacun des deux conducteurs d'un condensateur séparés par le diélectrique. **b.** Barre de fer doux réunissant les deux pôles d'un aimant. **II.** MUS. Ensemble des altérations (dièse, bémol) constitutives de la tonalité d'une pièce musicale, placées après la clef et avant le chiffre de mesure. SYN. : *armure.*

ARME n.f. (lat. *arma,* armes). **1.** Objet, appareil, engin servant à attaquer ou à se défendre, par nature ou par usage. *Quelle est l'arme du crime ?* – *Arme blanche :* arme de main dont l'action résulte d'une partie en métal (poignard, par ex.). – *Arme à feu,* qui emploie la force explosive de la poudre. – *Arme de poing :* arme à feu ou courte arme blanche que l'on utilise serrée dans la main (pistolet, poignard). ◇ MIL. *Arme individuelle,* servie par un seul homme (fusil, par ex.), par opp. à *arme collective* (canon, par ex.). ◇ (Souvent au pl.). *Armes spéciales :* armes nucléaires, biologiques ou chimiques, par opp. aux *armes* *classiques* ou *conventionnelles.* ◇ Fam. *Passer l'arme à gauche :* mourir. **2.** Fig. Moyen quelconque d'attaque, de lutte. *Avoir pour seule arme son éloquence.* **3.** Élément de l'armée de terre chargé d'une mission particulière au combat (infanterie, artillerie, blindés). ◆ pl. **1.** *Les armes :* la carrière militaire. ◇ *Sous les armes :* à l'armée. – *Fait d'armes :* exploit militaire, acte de bravoure. – *Faire ses premières armes :* débuter dans la carrière militaire, et, fig., dans une carrière, une entreprise quelle qu'elle soit. – *Passer par les armes :* fusiller. – *Prise d'armes :* cérémonie militaire rassemblant les troupes. **2.** Pratique de l'épée, du fleuret, du sabre ; pratique de l'escrime. *Salle, maître d'armes.* **3.** HÉRALD. Armoiries. *Les armes de Paris.*

1. ARMÉ, E adj. **1.** Muni d'une arme. *Des bandes armées.* **2.** Pourvu d'une armature. *Béton armé.*

2. ARMÉ n.m. Position d'une arme prête à tirer.

ARMÉE n.f. **1.** Ensemble des forces militaires d'un État. *L'armée française. Armée de l'air, de mer.* **2. a.** HIST. Ensemble des hommes réunis sous un commandement militaire unique en vue d'opérations déterminées. *L'armée d'Italie.* ◇ *Grande Armée,* commandée par Napoléon Ier de 1805 à 1814. **b.** Grande unité terrestre groupant plusieurs divisions. *Général d'armée.* **3.** Grande quantité de personnes, foule. *Une armée de supporters.*

■ Au cours des siècles, la forme et l'importance des armées reflètent la démographie, l'évolution technique, la richesse et également le type de société dont les guerres sont issues. On distingue plusieurs types d'armées, qui ont pu exister simultanément. Dès l'Antiquité, les armées de mercenaires, composées d'étrangers qu'un contrat lie à un État ou à un souverain, participent aux conflits régionaux. Les armées féodales sont la réunion temporaire de vassaux sous l'autorité d'un suzerain (nobles à cheval entourés de gens de pied). L'armée de métier est constituée de volontaires nationaux ou étrangers servant à long terme. Ce type d'armée caractérise les systèmes militaires européens du XIXe s. Dans l'armée nationale, tout citoyen est un soldat en puissance. Les progrès de la tactique et de la technique, la volonté de disposer instantanément d'une force armée (armée permanente) ont conduit les États à instaurer un service militaire actif suivi d'une possibilité d'incorporation dans l'armée de réserve ou dans l'armée territoriale. L'une de ses formes est l'armée de milice, qui a existé dans les républiques communales du Moyen Âge et fonctionne de nos jours dans la Confédération suisse, où le contingent n'est appelé que pour une courte période ; ce système de milices repose sur la mobilisation très rapide des réserves.

ARMELINE n.f. Peau d'hermine de Laponie, très blanche et très fine.

ARMEMENT n.m. **1. a.** Action d'armer (un soldat, un lieu, etc.), de donner les moyens d'attaquer ou de se défendre. **b.** Ensemble des armes dont est équipé qqn, qqch. *Armement d'une compagnie, d'un char.* **c.** (Souvent au pl.). Ensemble des moyens dont dispose un État pour assurer sa sécurité. *Course aux armements.* **d.** Étude et techniques du fonctionnement des armes. *Cours d'armement.* **2.** MAR. **a.** Action de munir un navire de ce qui est nécessaire à son fonctionnement et à sa sécurité. **b.** Exploitation commerciale d'un navire, à titre de propriétaire ou de locataire ; entreprise d'un armateur. **3.** ÉLECTR. Ensemble, généralement métallique, destiné à imposer aux lignes électriques une disposition géométrique donnée par rapport à leur support.

ARMÉNIEN, ENNE adj. et n. D'Arménie. ◆ n.m. Langue indo-européenne de la région caucasienne.

ARMER v.t. (lat. *armare*). **1.** Pourvoir (qqn, qqch) en armes. *Armer des volontaires.* **2.** Lever et équiper (des troupes). *Armer cent mille hommes.* **3.** Fig. Donner à (qqn) les moyens d'affronter une situation, d'y faire face. *Ses études l'ont bien armée pour ce métier.* **4.** Placer (une arme à feu) en position d'armé. **5.** Procéder à l'armement de (un navire). **6.** Mettre (un mécanisme) en état de fonctionner (souvent, par tension d'un ressort). *Armer un appareil photo.* ◆ **s'armer** v.pr. ***(de).*** Faire provision de, se munir de. *Armez-vous de patience, il n'est pas encore prêt.*

ARMET [armɛ] n.m. Casque en métal, en usage du XVe au XVIIe s.

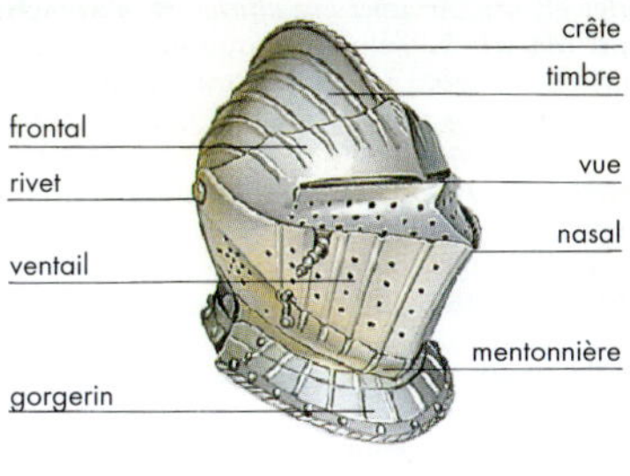

armet

ARMEUSE n.f. Machine servant à disposer une armure de fils ou de rubans d'acier autour des câbles électriques isolés.

1. ARMILLAIRE [armilɛr] adj. (lat. *armilla,* bracelet). ASTRON. *Sphère armillaire :* assemblage de cercles figurant les mouvements apparents des astres et au centre desquels un globe représente la Terre.

sphère **armillaire** (XVIIIe s.)
[Château de Versailles.]

2. ARMILLAIRE n.m. Champignon parasite des racines des arbres.

ARMILLE n.f. ARCHIT. Annelet.

ARMINIANISME n.m. Doctrine d'Arminius.

ARMINIEN, ENNE adj. et n. De l'arminianisme ; partisan de cette doctrine.

ARMISTICE n.m. (lat. *arma,* armes, et *sistere,* s'arrêter). Convention par laquelle des chefs militaires suspendent les hostilités sans mettre fin à l'état de guerre.

ARMOIRE n.f. (lat. *armarium*). **1.** Meuble de rangement, à tablettes, fermé par des portes. – *Armoire frigorifique :* enceinte à parois isolantes dans laquelle une machine maintient une basse température pour conserver les denrées. **2.** Fam. *Armoire à glace, armoire normande :* personne de forte carrure.

ARMOIRIES n.f. pl. (anc. fr. *armoyer,* orner d'armes héraldiques). Ensemble des signes, devises et ornements de l'écu d'un État, d'une ville, d'une famille, etc. SYN. : *armes.*

ARMOISE n.f. (de *plante d'Artémis*). Plante aromatique représentée par plusieurs espèces dont l'absinthe, le génépi et l'estragon. (Famille des composées.)

ARMON n.m. (lat. *artemo*). Avant-train d'une voiture à chevaux sur lequel se fixent les brancards ou le timon.

1. ARMORIAL, E, AUX adj. Relatif aux armoiries.

2. ARMORIAL n.m. (pl. *armoriaux*). Recueil d'armoiries. *L'armorial de la France.*

ARMORICAIN, E adj. et n. D'Armorique.

ARMORIER v.t. Orner d'armoiries.

ARMURE n.f. (lat. *armatura*). **I. 1.** Ensemble des défenses métalliques qui protégeaient le corps de l'homme d'armes au Moyen Âge. **2.** Fig. Litt. Moyen de protection. *Une armure de dédain.* **II. 1.** Mode d'entrecroisement des fils de chaîne et de trame d'un tissu. *Armure toile, sergée.* **2.** MUS. Armature.

ARMURERIE n.f. Atelier, magasin d'armurier.

ARMURIER n.m. **1.** Celui qui fabrique, répare ou vend des armes. **2.** MIL. Celui qui est chargé de l'entretien des armes.

A. R. N. n.m. (sigle). Acide ribonucléique* (RNA dans la terminologie anglo-saxonne).

ARNAQUE n.f. Fam. Escroquerie, tromperie.

ARNAQUER v.t. Fam. **1.** Escroquer, duper. *Arnaquer un client.* **2.** Arrêter, appréhender. *Se faire arnaquer par la police.*

ARNAQUEUR, EUSE n. Fam. Escroc, filou.

ARNICA n.m. ou f. (gr. *ptarmika,* [plantes] sternutatoires). **1.** Plante vivace des montagnes, à fleurs jaunes. (Haut. 50 cm ; famille des composées.) **2.** Teinture extraite de cette plante, utilisée contre les contusions.

AROBE n.f. → ***arrobe.***

AROÏDÉE ou **AROÏDACÉE** n.f. Aracée.

AROL, AROLE ou **AROLLE** n.m. (gallo-roman *areilla*). Pin cembro, qui pousse entre 1 200 et 2 500 m d'altitude.

AROMATE [arɔmat] n.m. Substance végétale odoriférante utilisée en médecine, en parfumerie ou en cuisine.

AROMATHÉRAPIE n.f. Thérapeutique par les huiles essentielles végétales.

1. AROMATIQUE adj. De la nature des aromates ; qui en a le parfum, odoriférant.

2. AROMATIQUE adj. et n.m. CHIM. Composé dont la molécule renferme au moins un noyau benzénique. *Hydrocarbures aromatiques.*

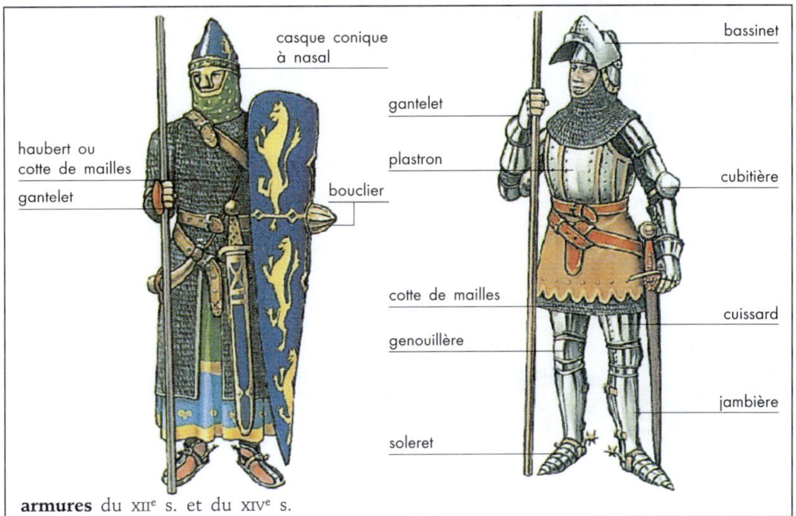

armures du XIIe s. et du XIVe s.

AROMATISANT, E adj. et n.m. Se dit d'une substance qui sert à aromatiser.

AROMATISATION n.f. **1.** Action d'aromatiser. **2.** CHIM. Réaction par laquelle un composé organique est transformé par déshydrogénation en composé aromatique.

AROMATISER v.t. Parfumer avec une substance aromatique.

ARÔME n.m. (gr. *arôma,* parfum). Émanation odorante qui s'exhale de certaines substances végétales ou animales ; odeur, parfum. *L'arôme du chocolat.*

ARONDE [arɔ̃d] n.f. (lat. *hirundo*). Vx. Hirondelle. ◇ *À* ou *en queue d'aronde :* en forme de queue d'hirondelle, plus large à une extrémité qu'à l'autre. – *Assemblage à queue d'aronde,* dans lequel le tenon et la mortaise ont cette forme.

ARPÈGE n.m. (it. *arpeggio*). MUS. Accord exécuté en jouant successivement les notes.

arpège (sur l'accord de sol majeur)

ARPÉGER v.t. [22]. MUS. Exécuter, jouer en arpège. *Arpéger un accord.*

ARPENT n.m. (gaul. *arepennis*). Ancienne mesure agraire divisée en 100 perches et variable suivant les localités (de 35 à 50 ares).

ARPENTAGE n.m. Évaluation de la superficie des terres selon les techniques de l'arpenteur ; ensemble de ces techniques.

ARPENTER v.t. **1.** Mesurer la superficie de (une terre). **2.** Parcourir à grands pas. *Il arpentait la cour de long en large.*

ARPENTEUR n.m. Professionnel spécialiste des levés de terrain et des calculs de surface. *Chaîne d'arpenteur.*

ARPENTEUSE n.f. et adj.f. Chenille de la phalène, qui, pour progresser, replie son corps d'une manière telle qu'elle donne l'impression de mesurer le chemin qu'elle parcourt.

ARPÈTE ou **ARPETTE** n. (de l'all. *Arbeiter,* travailleur). Pop. Jeune apprenti(e).

ARPION n.m. Arg. Pied.

ARQUÉ, E [arke] adj. Courbé en arc. *Jambes arquées.*

ARQUEBUSADE n.f. Décharge d'arquebuse.

ARQUEBUSE n.f. (all. *Hackenbüchse*). Anc. Arme d'épaule (en usage en France de la fin du XVe s. au début du XVIIe), dont la mise à feu se faisait au moyen d'une mèche ou d'un rouet.

ARQUEBUSIER n.m. **1.** Soldat armé d'une arquebuse. **2.** Anc. Armurier fabricant d'arquebuses, aux XVIIe et XVIIIe s.

ARQUER [arke] v.t. (de *arc*). Courber en arc. *Arquer une pièce de bois.*

ARRACHAGE n.m. Action d'arracher (des herbes, des racines).

ARRACHÉ n.m. Exercice d'haltérophilie consistant à soulever la barre d'un seul mouvement continu au-dessus de la tête au bout d'un ou des deux bras tendus. ◇ Fig., Fam. *À l'arraché :* grâce à un effort violent, et souvent de justesse. *Victoire remportée à l'arraché.*

ARRACHE-CLOU n.m. (pl. *arrache-clous*). Outil servant à arracher les clous.

ARRACHEMENT n.m. **1.** Action d'arracher, de détacher par un effort violent ; son résultat. **2.** Séparation brutale, moralement douloureuse ; déchirement.

ARRACHE-PIED (D') loc. adv. Avec acharnement et persévérance. *Travailler d'arrache-pied.*

ARRACHER v.t. (lat. *eradicare,* déraciner). **1.** Enlever de terre. *Arracher des poireaux.* **2.** Enlever de force. *Il lui arracha son arme.* **3.** Obtenir avec peine, de force ou par ruse. *Arracher un aveu.* **4.** Détacher, séparer, soustraire par la force ou avec peine ; faire sortir brutalement ou par de longs efforts. *Arracher une affiche.* ◆ **s'arracher** v.pr. *(de, à).* **1.** S'éloigner, quitter à regret ; se soustraire avec peine. *S'arracher d'un lieu.* **2.** *S'arracher qqn :* se disputer sa présence. ◇ Fig. *S'arracher les cheveux :* être désespéré.

ARRACHEUR, EUSE n. Personne qui arrache (qqch). ◇ Fam. *Mentir comme un arracheur de dents,* effrontément.

ARRACHEUSE n.f. Machine agricole destinée à l'arrachage des tubercules, des racines.

ARRACHIS [araʃi] n.m. FOREST. **1.** Arrachage des arbres ou des souches. **2.** Plant arraché, dont les racines sont à nu.

ARRACHOIR n.m. Outil servant à arracher les plantes, les racines, etc.

ARRAISONNEMENT n.m. Action d'arraisonner (un navire, un avion).

ARRAISONNER v.t. (du lat. *ratio,* compte). Arrêter en mer (un navire) et contrôler son état sanitaire, sa cargaison, l'identité de son équipage, etc. ◇ Contrôler en vol (un avion).

ARRANGEABLE adj. Que l'on peut arranger.

ARRANGEANT, E adj. Avec qui on s'arrange facilement, conciliant, accommodant.

ARRANGEMENT n.m. **I. 1.** Action d'arranger ; manière dont une chose, des choses sont arrangées, disposées, agencées. *Arrangement d'une maison.* **2.** MATH. *Arrangement de* n *objets pris* p *à* p : tout groupement de p objets pris parmi n objets, se distinguant par la nature et l'ordre des objets rassemblés. [Le nombre d'arrangements de p éléments est $A_n^p = n(n-1) \dots (n-p+1)$.] **3.** MUS. Transformation d'une œuvre écrite pour certaines voix, certains instruments ou ensembles, en vue de son exécution par des voix, des instruments ou des ensembles différents. **II.** Accord amiable conclu entre deux parties. *Trouver un arrangement.*

ARRANGER v.t. [17]. **I. 1.** Mettre en ordre, disposer harmonieusement. *Arranger des bouquets sur une table.* **2.** Mettre ou remettre en ordre, en place, en état. *Arranger sa coiffure.* **3.** Modifier pour adapter à sa destination. *Arranger un vêtement. Arranger un texte.* ◇ MUS. Procéder à l'arrangement d'une œuvre musicale. **II. 1.** Régler de manière satisfaisante. *Arranger un différend.* **2.** Organiser, ménager. *Arranger un rendez-vous entre deux personnes.* **3.** Convenir à (qqn), satisfaire. *Ce changement de date m'arrange bien.* **4.** Fam. Maltraiter ; dire du mal de. *La critique l'a drôlement arrangé !* ◆ **s'arranger** v.pr. **1.** Se mettre d'accord, s'entendre. *Il vaut mieux s'arranger que plaider.* **2.** Finir bien, évoluer favorablement. *Tout peut encore s'arranger.* **3.** Prendre ses dispositions. *S'arranger pour arriver à l'heure.* **4.** *S'arranger de :* se contenter de qqch, malgré les inconvénients. *La pièce est petite, mais on s'en arrangera.*

ARRANGEUR, EUSE n. Personne qui fait un arrangement musical.

ARRENTER v.t. (de *rente*). DR. Donner ou prendre à rente.

ARRÉRAGER v.i. ou **S'ARRÉRAGER** v.pr. [17]. DR. Être en retard de paiement, rester dû. *Les termes s'arréragent.*

ARRÉRAGES n.m. pl. (de *arrière*). **1.** Intérêts versés au titulaire d'une rente ou d'une pension. **2.** Ce qui reste dû d'une rente, d'un revenu quelconque.

ARRESTATION n.f. Action d'arrêter qqn par autorité de justice ou de police ; état d'une personne arrêtée.

ARRÊT n.m. **1.** Action d'arrêter, de s'arrêter. *L'arrêt des véhicules au feu rouge.* – *Sans arrêt :* continuellement. – *Coup d'arrêt :* interruption brutale imposée à un mouvement, à un processus. ◇ *Chien d'arrêt,* qui s'immobilise, qui « tombe en arrêt » quand il sent le gibier. – Fig. *Être, tomber en arrêt (devant qqch) :* être saisi d'une immobilité témoignant la surprise, l'intérêt, la convoitise, etc. **2.** Endroit où s'arrête un véhicule public. *Arrêt facultatif.* **3.** Pièce, dispositif destinés à arrêter, à bloquer un élément mobile. **4.** Décision rendue par une juridiction supérieure. *Arrêt de la Cour de cassation.* **5.** Action d'arrêter qqn. – *Maison d'arrêt :* prison réservée aux personnes soumises à la détention provisoire et aux condamnés à une courte peine. ◆ pl. Punition infligée à un militaire, l'astreignant à rester en dehors du service en un lieu déterminé. *Mettre aux arrêts.* – *Arrêts de rigueur :* sanction privative de liberté subie en totalité dans un local dit *d'arrêts.*

1. ARRÊTÉ n.m. Décision exécutoire de certaines autorités administratives.

2. ARRÊTÉ, E adj. Définitif, immuable. *Avoir une idée arrêtée sur une question.*

ARRÊTE-BŒUF n.m. inv. Bugrane (plante).

ARRÊTER v.t. (lat. *restare,* rester). **1.** Empêcher d'avancer, d'agir ; interrompre le mouvement, la marche, le fonctionnement, le déroulement de. *Arrêter un passant, sa voiture. On n'arrête pas le progrès.* ◇ *Arrêter son regard, sa pensée sur qqn, qqch,* s'y attarder, y prêter attention. **2.** Appréhender qqn et le retenir prisonnier. *Arrêter un malfaiteur.* **3.** COUT. Nouer les fils de, maintenir au moyen d'un point ou d'une série de points. *Arrêter une couture, les mailles d'un tricot.* **4.** Déterminer, fixer. *Arrêter un plan, une date.* ◆ v.i. **1.** Cesser d'avancer, de faire qqch ; stopper. *Demander au chauffeur d'arrêter.* **2.** CHASS. Se tenir immobile, en parlant d'un chien qui a senti le gibier. ◆ **s'arrêter** v.pr. **1.** Cesser d'avancer, de parler, d'agir, de fonctionner. **2.** Ne pas aller au-delà d'un certain point, se terminer. *Le chemin s'arrête ici.*

ARRÊTISTE n.m. DR. Juriste qui commente des décisions de justice.

ARRÊTOIR n.m. Saillie, butée qui empêche ou limite un mouvement dans un mécanisme.

ARRHES [ar] n.f. pl. (lat. *arrha,* gage). Somme d'argent qu'une partie verse à la conclusion d'un contrat pour en assurer l'exécution.

ARRIÉRATION n.f. *Arriération mentale :* état d'une personne dont l'âge est supérieur à l'âge mental, et dont le déficit intellectuel est défini par un quotient intellectuel inférieur à 80 au test de Binet-Simon.

■ Suivant le chiffre du Q. I., on distingue des degrés dans l'arriération : débilité, imbécillité, idiotie. Cependant, la capacité d'utiliser un certain potentiel intellectuel est soumise à de multiples facteurs, d'ordre surtout affectif, pédagogique, socio-économique, ainsi qu'à l'association de troubles organiques (cécité, surdité, mutité, épilepsie, handicap moteur).

1. ARRIÈRE adv. et adj. inv. (lat. *ad retro,* en arrière). **1.** Du côté opposé, en sens contraire. *Faire machine arrière, marche arrière.* **2.** Situé dans la partie postérieure. *Roues arrière d'un véhicule.* ◆ interj. *Arrière ! :* au loin ! reculez ! *Arrière, circulez !* ◆ loc. adv. *En arrière.* **1.** Dans le sens opposé à celui vers lequel on regarde ou vers lequel on se dirige. *Regarder en arrière.* **2.** À une certaine distance derrière. *Rester en arrière.* ◆ loc. prép. *En arrière de :* derrière.

2. ARRIÈRE n.m. **1.** Partie postérieure. *L'arrière d'un véhicule, d'un navire.* **2.** Zone en dehors des combats en temps de guerre. CONTR. : *front.* **3.** Joueur placé près de son but et qui participe essentiellement à sa défense, dans les sports d'équipe. ◆ pl. MIL. Zone située derrière la ligne de front et par laquelle une armée assure son ravitaillement et ses communications.

1. ARRIÉRÉ, E adj. **1.** En retard de paiement, demeuré impayé. *Dette arriérée.* **2.** Péj. En retard sur son époque. *Idées arriérées.* ◇ Qui n'a pas été touché, ou fort peu, par le progrès. *Pays arriéré.* ◆ adj. et n. Qui souffre d'arriération mentale.

2. ARRIÉRÉ n.m. **1.** Somme qui n'a pas été payée à la date convenue. *Acquitter un arriéré.* **2.** Retard. *Avoir beaucoup d'arriéré dans sa correspondance.*

ARRIÈRE-BAN n.m. (pl. *arrière-bans*). FÉOD. Levée en masse des arrière-vassaux par le souverain.

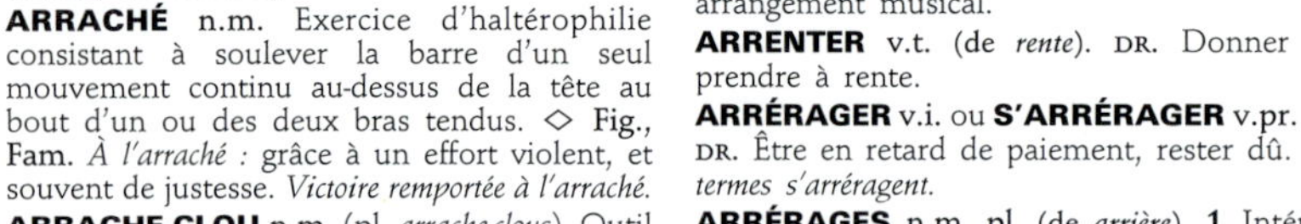

arquebuse à mèche (XVIe s.)

ARRIÈRE-BEC n.m. (pl. *arrière-becs*). TR. PUBL. Saillie d'une pile de pont, du côté de l'aval, destinée à faciliter l'écoulement de l'eau.

ARRIÈRE-BOUCHE n.f. (pl. *arrière-bouches*). Partie postérieure de la bouche.

ARRIÈRE-BOUTIQUE n.f. (pl. *arrière-boutiques*). Pièce située derrière une boutique.

ARRIÈRE-CERVEAU n.m. (pl. *arrière-cerveaux*). ANAT. Partie postérieure du tronc cérébral.

ARRIÈRE-CHŒUR n.m. (pl. *arrière-chœurs*). Chœur situé derrière le maître-autel où, dans une église conventuelle, les religieux cloîtrés sont isolés des laïques.

ARRIÈRE-CORPS n.m. inv. Partie d'un bâtiment placée en retrait.

ARRIÈRE-COUR n.f. (pl. *arrière-cours*). Cour située à l'arrière d'un bâtiment et servant de dégagement.

ARRIÈRE-COUSIN, E n. (pl. *arrière-cousins, es*). Cousin à un degré éloigné.

ARRIÈRE-CUISINE n.f. (pl. *arrière-cuisines*). Petite pièce située derrière une cuisine.

ARRIÈRE-FAIX [-fɛ] n.m. inv. MÉD. et VÉTÉR. Vx. Placenta.

ARRIÈRE-FLEUR n.f. (pl. *arrière-fleurs*). BOT. Fleur qui apparaît après la floraison normale.

ARRIÈRE-FOND n.m. (pl. *arrière-fonds*). Ce qu'il y a de plus profond, de plus secret dans qqch, chez qqn. *L'arrière-fond de la mémoire.*

ARRIÈRE-GARDE n.f. (pl. *arrière-gardes*). **1.** Détachement de sûreté agissant en arrière d'une troupe en marche pour la couvrir et la renseigner. **2. Fig.** *D'arrière-garde :* qui vient trop tard ; dépassé, démodé.

ARRIÈRE-GORGE n.f. (pl. *arrière-gorges*). Partie du pharynx située derrière les amygdales.

ARRIÈRE-GOÛT n.m. (pl. *arrière-goûts*). **1.** Goût que laisse à la bouche un mets, une boisson et qui diffère de ce qu'on avait d'abord senti. **2. Fig.** Sentiment qui subsiste après le fait qui l'a provoqué. *Un arrière-goût de regret.*

ARRIÈRE-GRAND-MÈRE n.f. (pl. *arrière-grands-mères*). Mère du grand-père ou de la grand-mère.

ARRIÈRE-GRAND-ONCLE n.m. (pl. *arrière-grands-oncles*). Frère de l'arrière-grand-père ou de l'arrière-grand-mère.

ARRIÈRE-GRAND-PÈRE n.m. (pl. *arrière-grands-pères*). Père du grand-père ou de la grand-mère.

ARRIÈRE-GRANDS-PARENTS n.m. pl. Le père et la mère des grands-parents.

ARRIÈRE-GRAND-TANTE n.f. (pl. *arrière-grands-tantes*). Sœur de l'arrière-grand-père ou de l'arrière-grand-mère.

ARRIÈRE-MAIN n.f. (pl. *arrière-mains*). Partie postérieure d'un animal, notamm. du cheval, comprenant la croupe et les membres postérieurs.

ARRIÈRE-NEVEU n.m., **ARRIÈRE-NIÈCE** n.f. (pl. *arrière-neveux, arrière-nièces*). Fils, fille du neveu ou de la nièce. SYN. : ***petit-neveu, petite-nièce.***

ARRIÈRE-PAYS n.m. inv. Région située en arrière des côtes, l'intérieur, par opp. à *littoral.*

ARRIÈRE-PENSÉE n.f. (pl. *arrière-pensées*). Pensée, intention qu'on ne manifeste pas.

ARRIÈRE-PETIT-FILS n.m., **ARRIÈRE-PETITE-FILLE** n.f. (pl. *arrière-petits-fils, arrière-petites-filles*). Fils, fille du petit-fils ou de la petite-fille.

ARRIÈRE-PETIT-NEVEU n.m., **ARRIÈRE-PETITE-NIÈCE** n.f. (pl. *arrière-petits-neveux, arrière-petites-nièces*). Fils, fille d'un petit-neveu, d'une petite-nièce.

ARRIÈRE-PETITS-ENFANTS n.m. pl. Enfants du petit-fils, de la petite-fille.

ARRIÈRE-PLAN n.m. (pl. *arrière-plans*). **1.** Plan du fond, dans une perspective, par opp. à *premier plan.* **2. Fig.** *À l'arrière-plan :* dans une position secondaire. *Reléguer qqn à l'arrière-plan.*

ARRIÈRE-PORT n.m. (pl. *arrière-ports*). Partie d'un port la plus éloignée de l'entrée.

ARRIÉRER v.t. [18]. Retarder, différer. *Arriérer un paiement.*

ARRIÈRE-SAISON n.f. (pl. *arrière-saisons*). Période qui termine la belle saison ; fin de l'automne.

ARRIÈRE-SALLE n.f. (pl. *arrière-salles*). Salle située derrière la salle principale.

ARRIÈRE-TRAIN n.m. (pl. *arrière-trains*). **1.** Partie postérieure du corps d'un quadrupède. **2.** Partie d'un véhicule portée par les roues arrière.

ARRIÈRE-VASSAL n.m. (pl. *arrière-vassaux*). FÉOD. Vassal d'un seigneur lui-même vassal d'un autre seigneur.

ARRIÈRE-VOUSSURE n.f. (pl. *arrière-voussures*). ARCHIT. Voûte gauche établie au-dessus de l'embrasure d'une baie cintrée.

ARRIMAGE n.m. Action d'arrimer.

ARRIMER v.t. (du moyen angl. *rimen,* arranger). Disposer méthodiquement et fixer solidement (le chargement d'un navire, d'un véhicule, d'un avion).

ARRIMEUR n.m. Docker qui arrime les marchandises à bord des navires.

ARRISER v.t. → ***ariser.***

ARRIVAGE n.m. Arrivée de marchandises, de matériel, par un moyen de transport quelconque ; ces marchandises elles-mêmes.

ARRIVANT, E n. Personne qui arrive quelque part.

ARRIVÉ, E adj. et n. **1.** Qui est arrivé, parvenu quelque part. **2.** Qui a réussi socialement.

ARRIVÉE n.f. **1.** Action d'arriver ; moment ou lieu précis de cette action. **2.** *Arrivée de :* alimentation en (tel fluide) ; canalisation, ouverture par laquelle se fait cette alimentation. *Arrivée d'air, d'essence.*

ARRIVER v.i. (du lat. *ripa,* rive) [auxil. *être*]. **1.** Parvenir à destination, au terme de sa route. *Le train arrive à 16 heures.* **2.** Venir (de quelque part) ; approcher, se rapprocher. *Arriver de l'étranger. L'hiver arrive.* **3.** Atteindre une certaine taille, un certain niveau, etc. *Il lui arrive à l'épaule.* **4.** Atteindre, aborder (un état, une étape). *Arriver à la conclusion.* ◇ *En arriver à,* s'y résoudre après réflexion ; en venir presque à. **5.** Réussir à obtenir (qqch) ; parvenir enfin à (faire qqch). *Arriver à ses fins.* ◇ Absolt. Réussir socialement. *Vouloir arriver à tout prix.* **6.** Se produire, survenir, s'accomplir. *Tout peut arriver.* ◆ v. impers. **1.** Se produire, survenir. *Qu'arrive-t-il ?* **2.** Se produire parfois, être possible. *Il arrive que je sorte. Il m'arrive de sortir.*

ARRIVISME n.m. État d'esprit, comportement de l'arriviste.

ARRIVISTE n. et adj. Personne qui veut réussir à tout prix ; ambitieux peu scrupuleux.

ARROBE ou **AROBE** n.f. Ancienne mesure de capacité (variant de 10 à 15 l) et de poids (de 12 à 15 kg) encore en usage dans les pays ibériques.

ARROCHE [arɔʃ] n.f. (lat. *atriplex ;* du gr. *atraphaxus*). Plante à feuilles triangulaires comestibles. (Famille des chénopodiacées, genre *atriplex.*) – *Arroche puante :* vulvaire.

ARROGAMMENT adv. Avec arrogance.

ARROGANCE n.f. Orgueil qui se manifeste par des manières hautaines, méprisantes ; morgue.

ARROGANT, E adj. et n. (lat. *arrogans,* revendiquant). Qui témoigne de l'arrogance ; hautain.

ARROGER (S') v.pr. (lat. *arrogare,* demander pour soi) [17]. S'attribuer indûment. *Ils se sont arrogé des pouvoirs excessifs ; les privilèges qu'il s'est arrogés.*

ARROI n.m. Litt. Équipage, appareil entourant un grand personnage. *Arriver en grand arroi.*

1. ARRONDI, E adj. et n.f. PHON. Se dit d'une voyelle ou d'une consonne articulée avec les lèvres poussées en avant.

2. ARRONDI n.m. **1.** Partie, ligne arrondie. *L'arrondi des joues.* **2.** AVIAT. Manœuvre finale d'atterrissage permettant d'amener l'avion tangentiellement au sol.

ARRONDIR v.t. **1.** Donner une forme ronde, courbe à. *Arrondir ses lettres en écrivant.* ◇ *Arrondir une jupe :* dessiner l'ourlet de manière que sa distance au sol soit partout égale. **2.** Augmenter, agrandir. *Arrondir ses terres, sa fortune.* **3.** Substituer (à une valeur numérique) une valeur approchée, sans décimale ou avec un nombre entier de dizaines, de centaines, etc. *Arrondir un résultat. Arrondir au franc supérieur, au franc inférieur.* ◆ **s'arrondir** v.pr. Devenir plus rond, plus plein, plus important. *Ses formes s'arrondissent.*

ARRONDISSAGE n.m. Opération par laquelle on arrondit qqch.

1. ARRONDISSEMENT n.m. Subdivision administrative des départements et de certaines grandes villes.

2. ARRONDISSEMENT n.m. Action d'arrondir (une valeur numérique) pour obtenir un chiffre rond.

ARRONDISSURE n.f. Opération consistant à arrondir le dos d'un livre relié.

ARROSABLE adj. Que l'on peut arroser.

ARROSAGE n.m. Action d'arroser.

ARROSÉ, E adj. **1.** Qui reçoit de l'eau, des précipitations. *La Normandie est une région très arrosée.* ◇ Irrigué. *Régions arrosées par la Seine.* **2.** Fam. Accompagné de vin, d'alcool. *Repas bien arrosé.* – *Café arrosé,* mêlé d'alcool.

ARROSEMENT n.m. Action d'arroser ; fait d'être arrosé. *L'arrosement d'une région par un fleuve.*

ARROSER v.t. (du lat. *ros, roris,* rosée). **1.** Mouiller en répandant de l'eau ou un liquide ; asperger. *Arroser des plantes, un jardin. Arroser un rôti.* ◇ Couler à travers, irriguer. *La Loire arrose Tours.* **2.** Répandre abondamment qqch sur ; inonder. *Des projecteurs arrosent le château d'une vive lumière.* ◇ Bombarder longuement et méthodiquement. *Arroser les lignes ennemies.* **3.** Servir avec du vin, de l'alcool. *Arroser un repas.* ◇ Inviter à boire pour fêter (un évènement). *Arroser sa promotion.* **4.** Fam. Verser de l'argent à (qqn) pour obtenir une faveur. *Arroser un personnage influent.*

ARROSEUR n.m. **1.** Personne qui arrose. ◇ Fig., fam. *L'arroseur arrosé,* celui qui est victime de ses propres machinations. **2.** Appareil, dispositif pour arroser.

ARROSEUSE n.f. Véhicule destiné à l'arrosage des rues.

ARROSOIR n.m. Récipient portatif servant à l'arrosage des plantes.

ARROW-ROOT [arorut] n.m. (mot angl., *racine à flèches*) [pl. *arrow-roots*]. Fécule comestible extraite de rhizomes de diverses plantes tropicales (notamm. du maranta des Antilles).

ARROYO [arɔjo] n.m. (mot esp.). Chenal ordinairement à sec, transformé en cours d'eau temporaire après les pluies, dans les pays tropicaux.

ARS [ar] ou [ars] n.m. (lat. *armus,* épaule d'animal). Point d'union du membre antérieur du cheval avec le tronc.

ARSENAL n.m. (it. *arsenale ;* mot ar.) [pl. *arsenaux*]. **1. a.** Centre de construction et d'entretien des navires de guerre. *L'arsenal de Brest.* **b.** Anc. Fabrique d'armes et de matériel militaire. **2.** Grande quantité d'armes. *La police a découvert un arsenal clandestin.* **3. Fig.** Ensemble de moyens d'action, de lutte. *L'arsenal des lois. Arsenal répressif.* **4.** Équipement, matériel compliqué. *L'arsenal d'un photographe.*

ARSÉNIATE n.m. CHIM. Sel de l'acide arsénique.

ARSENIC [arsənik] n.m. (lat. *arsenicum ;* du gr. *arsenikos,* mâle). **1.** Corps simple de couleur grise, à l'éclat métallique, de densité 5,7, se sublimant vers 450 °C en répandant une odeur d'ail ; élément chimique (As), de numéro atomique 33, de masse atomique 74,92. **2.** Anhydride arsénieux, utilisé comme poison.

ARSENICAL, E, AUX ou **ARSÉNIÉ, E** adj. Qui contient de l'arsenic. ◇ *Hydrogène arsénié :* arséniure d'hydrogène AsH_3.

ARSÉNIEUX adj.m. *Anhydride arsénieux* As_2O_3 : oxyde d'arsenic, très toxique, aussi appelé *arsenic blanc.* – *Acide arsénieux :* acide faible, non isolé, H_3AsO_3.

ARSÉNIQUE adj.m. *Anhydride arsénique :* anhydride As_2O_5. – *Acide arsénique :* acide H_3AsO_4.

ARSÉNITE n.m. Sel de l'acide arsénieux.

ARSÉNIURE n.m. Combinaison de l'arsenic avec un corps simple.

ARSIN adj.m. (de l'anc. fr. *ardre,* brûler). FOREST. *Bois, arbre arsin,* endommagé par le feu.

ARSINE n.f. CHIM. Corps dérivé de l'hydrogène arsénié AsH_3 par substitution de radicaux carbonés à l'hydrogène.

ARSOUILLE n.m. ou f. et adj. Arg. Voyou.

ART n.m. (lat. *ars, artis*). **I.1.** Aptitude, habileté à faire qqch. *Avoir l'art de plaire, d'émouvoir.* **2.** Ensemble des moyens, des procédés, des règles intéressant une activité, une profession ; activité, conduite considérée comme un ensemble de règles à observer. *Art militaire. Art culinaire. Faire qqch dans les règles de l'art.* – *Homme de l'art :* spécialiste d'une discipline ; spécialt, médecin. ◇ Ouvrage contenant les préceptes, les règles d'une discipline. *« L'Art poétique », de Boileau.* **II.1.** Expression désintéressée et idéale du beau ; ensemble des activités humaines créatrices qui traduisent cette expression ; ensemble des œuvres artistiques d'un pays, d'une époque. *Amateur d'art. L'art chinois. L'art roman.* – *L'art pour l'art :* doctrine littéraire qui fait de la perfection formelle le but ultime de l'art. ◇ Manière qui manifeste un goût, une recherche, un sens esthétique. *Disposer un bouquet avec art.* ◇ *Art nouveau :* mouvement de rénovation des arts décoratifs et de l'architecture survenu en Occident dans la dernière décennie du XIXe s. SYN. : *modern style.* **2.** Chacun des domaines où s'exerce la création esthétique, artistique. *L'enluminure, art du Moyen Âge.* – *Le septième art :* le cinéma. ◆ pl. Ensemble de disciplines artistiques, notamm. celles qui sont consacrées à la beauté des lignes et des formes, appelées aussi *beaux-arts.* – *Arts plastiques :* la peinture et la sculpture.

■ En rupture avec l'éclectisme et l'académisme du XIXe s., le style Art nouveau comporte à la fois une inspiration poétique tournée vers l'imitation des formes naturelles (arabesques contournées d'origine végétale) et une rigueur rationaliste qui se manifeste notamm. dans le domaine de l'architecture : Horta en Belgique, Guimard en France sont des techniciens novateurs dans l'emploi du fer, du verre, de la céramique comme dans la liberté fonctionnelle de leurs plans. Préparé par un W. Morris en Angleterre, lié au mouvement symboliste, cet art surgit à Bruxelles, à Nancy (Gallé, V. Prouvé, Majorelle, la verrerie Daum, etc.), à Paris (Lalique, le dessinateur de meubles Eugène Gaillard), à Munich *(Jugendstil),* à Barcelone (avec l'œuvre très particulière de Gaudí), etc. Il s'exprime avec plus de retenue à Glasgow (Mackintosh) et à Vienne (*Secession-Stil :* Klimt, J. Hoffmann, etc.) ; bientôt cubisme et architecture sans ornement, ou compromis du style « Arts déco », supplanteront les féeries imaginatives de l'Art nouveau.

ARTEFACT [artefakt] n.m. (lat. *artis facta,* effets de l'art). Didact. Phénomène d'origine artificielle ou accidentelle, rencontré au cours d'une observation ou d'une expérience.

ARTEL [artɛl] n.m. HIST. En Russie et en U. R. S. S., association volontaire de travailleurs.

ARTÈRE n.f. (gr. *artêria*). **1.** Vaisseau qui porte le sang du cœur aux organes. **2.** Voie de communication urbaine.

ARTÉRIECTOMIE n.f. CHIR. Résection d'un segment d'artère.

ARTÉRIEL, ELLE adj. Des artères. *Pression artérielle.*

ARTÉRIOGRAPHIE n.f. Radiographie des artères et de leurs branches après injection directe d'un produit opaque aux rayons X.

ARTÉRIOLE n.f. ANAT. Petite artère.

ARTÉRIOPATHIE n.f. Toute affection des artères.

ARTÉRIOSCLÉREUX, EUSE adj. et n. De l'artériosclérose ; atteint d'artériosclérose.

ARTÉRIOSCLÉROSE n.f. Maladie de la paroi des artères, aboutissant à leur durcissement. *L'artériosclérose accompagne souvent l'hypertension.*

ARTÉRIOTOMIE n.f. CHIR. Incision de la paroi d'une artère.

ARTÉRITE n.f. MÉD. Inflammation d'une artère.

ARTÉRITIQUE adj. et n. De l'artérite ; atteint d'artérite.

ARTÉSIEN, ENNE adj. et n. **1.** De l'Artois. **2.** *Puits artésien :* puits qui donne une eau, un liquide jaillissant.

ARTHRALGIE n.f. (gr. *arthron,* articulation). MÉD. Douleur articulaire.

ARTHRITE n.f. MÉD. Inflammation d'une articulation.

ARTHRITIQUE adj. et n. De l'arthrite ou de l'arthritisme ; atteint d'arthrite ou d'arthritisme.

ARTHRITISME n.m. MÉD., vieilli. Ensemble d'affections diverses (goutte, rhumatisme, eczéma, etc.) auxquelles on attribuait naguère une origine commune.

ARTHRODÈSE n.f. CHIR. Intervention consistant à bloquer définitivement une articulation malade.

ARTHRODIE n.f. ANAT. Articulation de deux os peu ou pas arrondis à leur jointure.

ARTHROGRAPHIE n.f. Radiographie d'une articulation après injection d'un produit de contraste.

ARTHROGRYPOSE n.f. NEUROL. *Arthrogrypose multiple congénitale :* syndrome associant des raideurs articulaires et un déficit musculaire.

ARTHROPATHIE n.f. MÉD. Affection d'une articulation.

ARTHROPLASTIE n.f. CHIR. Opération d'une articulation en vue de lui rendre sa mobilité et sa fonction.

ARTHROPODE n.m. (gr. *arthron,* articulation, et *pous, podos,* pied). *Arthropodes :* embranchement d'animaux invertébrés, à squelette externe chitineux, dont le corps est annelé et les membres ou appendices composés d'articles, et comprenant plus de la moitié des espèces du règne animal (crustacés, myriapodes, insectes, arachnides). SYN. : *articulé.*

ARTHROSCOPIE n.f. RADIOL. Examen endoscopique d'une cavité articulaire, partic. du genou.

ARTHROSE n.f. MÉD. Affection non inflammatoire des articulations.

ARTICHAUT n.m. (lombard *articiocco ;* de l'ar.). **1.** Plante potagère cultivée pour ses capitules, ou *têtes.* (Famille des composées, genre *cynara.*) **2.** Ce capitule, dont on mange le réceptacle (ou *fond*) et la base des bractées (ou *feuilles*). ◇ *Avoir un cœur d'artichaut :* être inconstant en amour, volage.

artichaut

ARTICHAUTIÈRE n.f. Terrain planté d'artichauts.

ARTICLE n.m. (lat. *articulus,* articulation). **1.** Division, partie génér. référencée d'un traité, d'une loi, d'un contrat, d'un compte, d'un chapitre budgétaire, etc. ◇ *Article de foi :* vérité fondamentale de la foi, contenue dans les symboles ou les définitions des conciles ; par ext., opinion, croyance inébranlable. – *À l'article de la mort :* sur le point de mourir. **2.** Écrit formant un tout distinct dans un journal, une publication. ◇ Sujet traité, point. *Ne pas transiger sur un article.* **3.** Objet proposé à la vente. *Article de luxe.* ◇ *Faire l'article :* faire valoir (une marchandise) ; fig., faire les louanges de qqch, de qqn. **4.** LING. Déterminant du nom, placé avant celui-ci, marquant sa valeur définie ou indéfinie, le nombre et souvent le genre de celui-ci. *Articles définis, indéfinis, partitifs.* **5.** ZOOL. Partie d'un membre, d'un appendice qui s'articule à une autre, chez les arthropodes.

ARTICULAIRE adj. Relatif aux articulations des membres.

ARTICULATEUR n.m. PHON. Organe qui participe à l'émission des sons de la parole (lèvres, langue, palais, etc.).

ARTICULATION n.f. **1.** Liaison, jonction de deux os, deux pièces anatomiques dures leur assurant une mobilité relative ; partie anatomique où se fait cette liaison. ◇ ZOOL. Région du tégument des arthropodes où la chitine s'amincit, permettant les mouvements des segments. ◇ MÉCAN. Assemblage, élément de liaison (axe ou rotule) de deux pièces mécaniques ayant un déplacement angulaire relatif. **2.** Liaison entre les parties d'un discours, d'un livre, etc. ; leur organisation. ◇ DR. Énumération point par point de faits devant être introduits en justice. **3.** Action, manière d'articuler les sons d'une langue.

ARTICULATOIRE adj. LING. Qui concerne l'articulation des sons du langage.

1. ARTICULÉ, E adj. **1.** Qui comporte une, des articulations. ◇ ZOOL. Qui comporte des articles. **2.** Énoncé, exprimé nettement ; audible. *Mot bien, mal articulé.*

2. ARTICULÉ n.m. **1.** *Articulé dentaire :* engrènement des dents du maxillaire supérieur avec celles du maxillaire inférieur. **2.** ZOOL. Arthropode.

ARTICULER v.t. (lat. *articulare*). **1.** Émettre (un, des sons du langage). ◇ Prononcer (un, des mots) distinctement, de façon audible. **2.** Faire l'articulation de (un discours, un livre, etc.), et spécialt (DR.) des faits d'un procès. **3.** MÉCAN. Réaliser l'articulation de (pièces mécaniques). ◆ **s'articuler** v.pr. **1.** Former une articulation anatomique. **2.** Former un ensemble organisé, cohérent.

ARTICULET n.m. Fam. Petit article de journal.

ARTIFICE n.m. (lat. *artificium,* art, métier). **1.** Litt. Procédé ingénieux, habile pour tromper ; ruse. *User d'artifices.* **2. a.** TECHN., MIL. *(Pièce d'artifice).* Composition fulminante pouvant déclencher une action explosive. **b.** *Feu d'artifice :* tir détonant à effets lumineux, pour une fête en plein air, etc. ; fig., succession rapide de traits d'esprit, de répliques brillantes.

ARTIFICIEL, ELLE adj. **1.** Produit par une technique humaine, et non par la nature ; qui se substitue à un élément naturel. *Membre artificiel.* ◇ ALP. *Escalade artificielle,* utilisant des procédés d'ascension (pitons, étriers...), palliant l'absence de prises. **2.** Qui relève du procédé. *Classement artificiel.* ◇ Affecté, factice. *Enjouement artificiel.*

ARTIFICIELLEMENT adv. De façon artificielle.

ARTIFICIER n.m. **1.** Celui qui tire des feux d'artifice. **2.** Militaire chargé de la mise en œuvre des artifices.

ARTIFICIEUSEMENT adv. Litt. Avec artifice, ruse.

ARTIFICIEUX, EUSE adj. Litt. Qui use d'artifices ; rusé, hypocrite.

ARTILLERIE n.f. (de *art*). Ensemble des bouches à feu, de leurs munitions et de leur matériel de transport. *Pièce d'artillerie.* ◇ Partie de l'armée affectée à leur service. *Artillerie navale, nucléaire.* ◇ *Grosse artillerie, artillerie lourde :* moyens puissants ; fig., arguments percutants, dénués de finesse.

ARTILLEUR n.m. Militaire qui sert dans l'artillerie.

ARTIMON n.m. (génois *artimone*). MAR. Mât arrière d'un voilier qui en comporte deux ou davantage ; voile que porte ce mât.

ARTIODACTYLE n.m. ZOOL. *Artiodactyles :* sous-ordre d'ongulés ayant un nombre pair de doigts à chaque patte, comprenant notamm. les ruminants, les porcins, les camélidés.

ARTIOZOAIRE n.m. ZOOL. Vx. Animal à symétrie bilatérale (vertébrés, etc.).

ARTISAN, E n. (it. *artigiano*). Travailleur qui exerce à son compte un métier manuel, souvent à caractère traditionnel, seul ou avec l'aide de quelques personnes (compagnons, apprentis, etc.). – *Artisan taxi :* chauffeur exploitant un taxi pour son propre compte. ◇ *Être l'artisan de,* l'auteur, le responsable de (qqch).

La Maison Coilliot à Lille (1898-1900),
par Hector Guimard :
l'animation d'une façade de largeur médiocre par l'asymétrie, le retrait central, la diversification des matériaux.

Vase « Favrile » (av. 1896)
par le verrier américain L. C. Tiffany :
évocation des plumes de paon
par la savante irisation du verre soufflé.
(Metropolitan Museum of Art, New York.)

Broche de Lalique (v. 1900) :
une perle baroque s'accroche au réseau d'or
où thème végétal et chevelure
se confondent.
[Musée des Arts décoratifs, Paris.]

Maison de Victor Horta (1898) à Bruxelles :
vue d'un salon et de l'escalier.
La ligne sinueuse triomphe
dans la ferronnerie et le mobilier,
dessinés par l'architecte lui-même
(ici, pour son propre usage).

Page de titre d'un calendrier (1912)
par le graphiste autrichien
Kolo (Koloman) Moser :
aspiration à la rigueur géométrique
dans la production tardive
de la « Sécession » viennoise.

ARTISANAL, E, AUX adj. **1.** Propre à l'artisan, à l'artisanat (par opp. à *industriel*). **2.** Qui est fait manuellement ou avec des moyens rudimentaires.

ARTISANALEMENT adv. De manière artisanale.

ARTISANAT n.m. Métier, technique de l'artisan ; ensemble des artisans.

ARTISTE n. **1.** Personne qui pratique un des beaux-arts, partic. un art plastique. ◇ *Travail d'artiste,* très habile. **2.** Interprète d'une œuvre théâtrale, musicale, cinématographique, etc. *Entrée des artistes.* **3.** Personne qui, pratiquant ou non un art, aime les arts, la bohème, le non-conformisme. – Péj. *C'est une artiste, elle n'a pas d'heure.* ◆ adj. Litt. Qui a le goût des arts, l'amour du beau.

ARTISTEMENT adv. Litt. Avec art, avec un goût artistique certain.

ARTISTIQUE adj. **1.** Relatif aux arts, partic. aux beaux-arts. *Les richesses artistiques d'un pays.* **2.** Fait, présenté avec art. *Disposition artistique.*

ARTISTIQUEMENT adv. De façon artistique.

ARTOCARPUS [artokarpys] ou **ARTOCARPE** n.m. Arbre d'Océanie, d'Asie tropicale, dont les gros fruits contiennent une chair amylacée que l'on consomme cuite, et appelé pour cette raison *arbre à pain.* (Famille des moracées.)

ARTOTHÈQUE n.f. Organisme de prêt d'œuvres d'art.

ARUM [arɔm] n.m. (gr. *aron*). Plante herbacée monocotylédone dont il existe de nombreuses espèces spontanées (le *pied-de-veau*, à spathe verte et à baies rouges) ou cultivées (*arum blanc*, à spathe blanche). [Famille des aracées.] SYN. : *gouet.*

arum

ARUSPICE n.m. → *haruspice.*

ARYEN, ENNE adj. et n. **1.** Relatif aux Aryens. **2.** Relatif à la « race » blanche « pure », dans les doctrines racistes d'inspiration nazie.

ARYLAMINE n.f. CHIM. Amine aromatique formée d'un radical aryle.

ARYLE n.m. CHIM. Radical carboné dérivé des composés benzéniques (nom générique).

ARYTÉNOÏDE adj. et n.m. Se dit d'un cartilage mobile du larynx, qui tend les cordes vocales.

ARYTHMIE n.f. Trouble du rythme du cœur, caractérisé par une irrégularité et une inégalité des contractions.

ARYTHMIQUE adj. Qui comporte une arythmie, qui en est le signe.

AS [as] n.m. (mot lat. désignant une petite unité de poids et de monnaie). **I. 1.** Face du dé, moitié du domino ou carte à jouer (génér. la plus forte) marquée d'un seul point. ◇ Fam. *Être plein aux as :* avoir beaucoup d'argent. – *Passer à l'as :* être oublié, escamoté. **2.** Le numéro un, au tiercé, au loto, au restaurant (table), etc. **3.** Personne qui excelle (dans une activité). *As du volant.* **II.** HIST. Unité de poids, de monnaie, de mesure, chez les anciens Romains.

As, symbole chimique de l'arsenic.

ASA FŒTIDA [azafetida] n.f. inv. Ase fétide.

ASANA n.f. (mot sanskr.). Posture de yoga.

ASBESTE [asbɛst] n.f. Substance minérale fibreuse légèrement teintée, inaltérable au feu, et utilisée dans le bâtiment.

ASBESTOSE n.f. Pneumoconiose due à l'inhalation de poussières d'asbeste, d'amiante.

ASCARIDE ou **ASCARIS** [askaris] n.m. (gr. *askaris*). Ver parasite de l'intestin grêle de l'homme, du cheval, du porc, etc. (Long. 15 à 25 cm ; classe des nématodes.)

ASCARIDIASE ou **ASCARIDIOSE** n.f. MÉD. Maladie parasitaire provoquée par les ascarides.

ASCENDANCE n.f. (du lat. *ascendere,* monter). **1.** Ensemble des ascendants, des générations dont est issue une personne ; ses origines. **2.** MÉTÉOR. Courant aérien dirigé de bas en haut.

1. ASCENDANT, E adj. Qui va en montant, en progressant vers le haut.

2. ASCENDANT n.m. **1.** Autorité, influence morale qu'une personne exerce sur qqn, sur un groupe. **2.** ASTROL. Point de l'écliptique qui se lève à l'horizon au moment de la naissance d'un individu. **3.** (Surtout au pl.). Parent dont qqn est issu.

ASCENSEUR n.m. (du lat. *ascendere,* monter). Installation, appareil pour le transport vertical des personnes dans les bâtiments. ◇ Fig., fam. *Renvoyer l'ascenseur :* répondre à une complaisance, un service par une action comparable.

ASCENSION n.f. (lat. *ascensio*). **1.** Fait de s'élever, d'aller vers le haut. *Ascension d'un ballon.* ◇ RELIG. CATH. *L'Ascension :* fête commémorant la montée au ciel du Christ, quarante jours après Pâques ; cette montée elle-même. **2.** Action de monter, de gravir, de progresser vers le haut. *Ascension d'une montagne.* – Fig. Fait de s'élever socialement. *Ascension professionnelle.* **3.** ASTRON. *Ascension droite d'un astre :* arc de l'équateur céleste compris entre le point vernal et le cercle horaire d'un astre, compté dans le sens direct. (L'ascension droite est l'une des coordonnées équatoriales célestes d'un astre.)

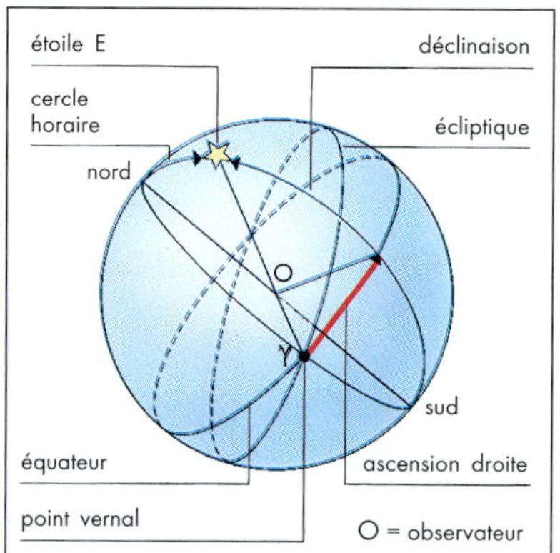

ascension droite de l'étoile E

ASCENSIONNEL, ELLE adj. Qui tend à monter ou à faire monter. *Vitesse ascensionnelle.* ◇ *Force ascensionnelle,* qui provoque l'ascension. – *Parachutisme ascensionnel :* sport consistant à se faire tirer en parachute par un véhicule ou un bateau à moteur.

ASCENSIONNER v.t. Vieilli. Faire l'ascension de (une montagne).

ASCENSIONNISTE n. Vieilli. Personne qui fait une ascension en montagne.

ASCÈSE [asɛz] n.f. (gr. *askêsis,* exercice). Discipline de vie, ensemble d'exercices physiques et moraux pratiqués en vue d'un perfectionnement spirituel.

ASCÈTE [asɛt] n. **1.** Personne qui pratique l'ascèse. **2.** Personne qui soumet sa vie à une discipline stricte, austère.

ASCÉTIQUE adj. D'ascète ; propre à l'ascèse.

ASCÉTISME n.m. **1.** Caractère de ce qui est conforme à l'ascèse. **2.** Pratique de l'ascèse.

ASCIDIE [asidi] n.f. (gr. *askidion,* petite outre). **1.** BOT. Organe en forme d'urne de certaines plantes carnivores (népenthès, notamm.). **2.** ZOOL. *Ascidies :* classe d'animaux marins vivant fixés aux rochers (sous-embranchement des tuniciers ; haut. 15 cm env.).

ASCII (CODE) [sigle de l'angl. *American Standard Code for Information Interchange*] : code utilisé pour l'échange de données informatiques, qui définit les représentations d'un jeu de caractères à l'aide de combinaisons de sept éléments binaires.

ASCITE [asit] n.f. PATHOL. Épanchement d'un liquide séreux dans la cavité péritonéale, provoquant une distension de l'abdomen.

ASCITIQUE adj. Relatif à l'ascite.

ASCLÉPIADACÉE n.f. *Asclépiadacées :* famille de plantes gamopétales dont le type est l'asclépiade.

1. ASCLÉPIADE n.m. (de *Asclépiade,* n. pr.). MÉTR. ANC. Vers lyrique grec ou latin.

2. ASCLÉPIADE n.f. ou **ASCLÉPIAS** n.m. Plante cultivée pour ses fleurs roses odorantes et ses fruits surmontés d'une aigrette soyeuse. (Haut. 2 m ; famille des asclépiadacées.) SYN. : *dompte-venin.*

ASCOMYCÈTE n.m. (gr. *askos,* outre, et *mukês,* champignon). *Ascomycètes :* classe de champignons supérieurs, dont les spores se forment dans des asques, et comprenant notamm. le pénicillium, la pezize, la morille, la truffe.

ASCORBIQUE adj. *Acide ascorbique :* vitamine C (antiscorbutique).

ASCOSPORE n.f. BOT. Spore formée à l'intérieur d'un asque.

ASDIC n.m. (sigle de *Allied Submarine Detection Investigation Committee*). Appareil de détection des sous-marins par ultrasons (mis au point en Angleterre avant 1939 et à l'origine du sonar).

ASE n.f. (gr. *ase,* dégoût). *Ase fétide :* résine malodorante extraite de la férule, autref. utilisée en médecine, appelée aussi *asa fœtida.*

ASELLE n.m. Cloporte d'eau douce. (Ordre des isopodes.)

ASÉMANTIQUE adj. LING. Se dit d'une phrase qui n'a pas de sens tout en pouvant être grammaticalement correcte.

ASEPSIE n.f. (du gr. *sêpsis,* infection). **1.** Méthode, technique visant à protéger l'organisme de toute contamination microbienne, en partic. dans les salles d'opération. **2.** Absence de tout germe infectieux.

ASEPTIQUE adj. **1.** Exempt de tout germe (par opp. à *infectieux, septique*). **2.** Relatif à l'asepsie.

ASEPTISATION n.f. Action d'aseptiser ; son résultat.

ASEPTISÉ, E adj. **1.** Stérilisé. **2.** Fig. Privé d'originalité, impersonnel, neutre. *Un discours aseptisé.*

ASEPTISER v.t. Réaliser l'asepsie de ; stériliser. *Aseptiser une plaie.*

ASEXUÉ, E [asɛksɥe] adj. Qui n'a pas de sexe. ◇ *Multiplication asexuée* (ou *végétative*), qui s'effectue sans l'intermédiaire de cellules reproductrices (par bouture, drageon, stolon, etc.).

ASHKÉNAZE [aʃkenaz] n. et adj. Juif originaire des pays germaniques et slaves (par opp. à *séfarade*). [On emploie aussi le terme hébreu *ashkenazi* (pl. *ashkenazim*).]

ASHRAM [aʃram] n.m. (mot sanskr.). Lieu de retraite où un gourou dispense un enseignement spirituel à ses adeptes, en Inde.

ASIADOLLAR n.m. Dollar déposé hors des États-Unis dans une banque asiatique.

ASIAGO n.m. Fromage italien au lait de vache, à pâte cuite et pressée, utilisé essentiellement comme fromage à râper.

ASIALIE [asjali] n.f. (du gr. *sialon,* salive). MÉD. Absence de salive.

ASIATE n. et adj. Péj. Personne originaire d'Asie ; asiatique.

ASIATIQUE adj. et n. D'Asie.

ASIENTO [asjɛnto] n.m. (mot esp., *contrat d'achat*). HIST. Contrat par lequel la Couronne d'Espagne octroyait un monopole commercial, en partic. pour la traite des esclaves.

ASILAIRE [azilɛr] adj. Relatif à un, aux asiles psychiatriques (souvent péj.).

1. ASILE n.m. (gr. *asulon,* refuge sacré). **1. a.** Lieu où l'on peut trouver refuge, protection. *Trouver asile à l'étranger. Donner asile à des réfugiés.* ◇ *Droit d'asile :* protection accordée par un État à des réfugiés politiques. **b.** Endroit où l'on peut se reposer, trouver le calme. **2.** Vieilli. Établissement psychiatrique.

2. ASILE n.m. Mouche velue qui capture ses proies en vol. (Type de la famille des asilidés.)

ASINIEN, ENNE [azinjɛ̃, ɛn] adj. (du lat. *asinus,* âne). Propre à l'âne.

ASOCIAL, E, AUX adj. et n. Incapable de s'adapter aux normes sociales ; qui refuse de s'y adapter.

ASOCIALITÉ n.f. Caractère d'une personne asociale.

ASOMATOGNOSIE [asɔmatognozi] n.f. PSYCHOL. Trouble du schéma corporel.

ASPARAGINE [asparaʒin] n.f. Amide d'un acide aminé, qu'on trouve notamm. dans les jeunes pousses d'asperge.
ASPARAGUS [asparagys] n.m. (mot lat.). Plante voisine de l'asperge, utilisée par les fleuristes pour ses feuilles délicates. (Famille des liliacées.)
ASPARTAME ou **ASPARTAM** n.m. Succédané hypocalorique du sucre utilisé dans l'industrie agroalimentaire.
ASPE ou **ASPLE** n.m. Dévidoir qui sert à tirer la soie des cocons.
ASPECT [aspɛ] n.m. (lat. *aspectus,* regard). **1.** Manière dont qqn ou qqch se présente à la vue, à l'esprit. *Un château d'un aspect imposant.* ◇ Angle, point de vue. *Envisager la question sous tous ses aspects.* – *À l'aspect de :* à la vue de. **2.** LING. Expression de l'action verbale dans sa durée, son déroulement, son achèvement, etc. ; ensemble des procédés grammaticaux que cette expression met en œuvre.
ASPERGE n.f. (lat. *asparagus*). **1.** Plante potagère dont on mange les pousses, ou *turions.* (Famille des liliacées.) **2.** Fam. Personne grande et maigre.

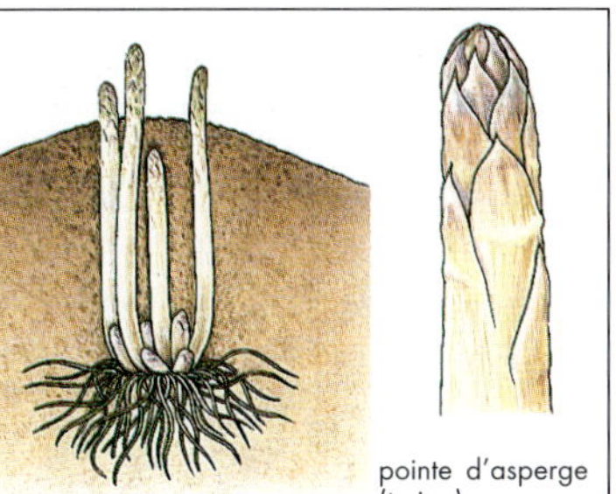

asperge

ASPERGER v.t. (lat. *aspergere*) [17]. **1.** Mouiller légèrement et superficiellement. **2.** Projeter un liquide sur (qqn, qqch).
ASPERGÈS [aspɛrʒɛs] n.m. (lat. *asperges,* tu aspergeras). LITURGIE CATH. **1.** Aspersoir. **2.** Moment où le célébrant fait l'aspersion d'eau bénite sur les fidèles, au début d'une messe solennelle.
ASPERGILLE [aspɛrʒil] n.f. ou **ASPERGILLUS** [aspɛrʒilys] n.m. Moisissure qui se développe sur les substances sucrées (partic., les confitures) ou en décomposition. (Classe des ascomycètes.)
ASPERGILLOSE n.f. Maladie aux symptômes proches de ceux de la tuberculose, due au développement d'une aspergille dans l'organisme.
ASPÉRITÉ n.f. (lat. *asperitas*). **1.** Saillie, inégalité d'une surface (souvent au pl.). **2.** État d'une surface inégale, raboteuse au toucher.
ASPERMATISME n.m. MÉD. Défaut d'éjaculation ou absence de sécrétion du sperme ; aspermie.
ASPERME adj. BOT. Qui ne produit pas de graines. *Fruit asperme.*
ASPERMIE n.f. **1.** BOT. Caractère des plantes aspermes. **2.** MÉD. Aspermatisme.
ASPERSEUR n.m. Petit arroseur rotatif employé dans l'irrigation par aspersion. SYN. : *sprinkler.*
ASPERSION n.f. Action d'asperger. ◇ LITURGIE CATH. Action de projeter de l'eau bénite.
ASPERSOIR n.m. **1.** Pomme d'arrosoir. **2.** LITURGIE CATH. Goupillon.
ASPHALTAGE n.m. Action d'asphalter ; son résultat.
ASPHALTE n.m. (gr. *asphaltos*). **1.** Calcaire imprégné de bitume qui sert au revêtement des trottoirs, des chaussées, etc. **2.** Bitume naturel.
ASPHALTER v.t. Couvrir d'asphalte.
ASPHALTIER n.m. Navire aménagé pour le transport de l'asphalte.
ASPHODÈLE n.m. (gr. *asphodelos*). Plante bulbeuse à fleurs blanches dont une espèce est ornementale. (Famille des liliacées.)
ASPHYXIANT, E adj. Qui asphyxie.
ASPHYXIE n.f. (du gr. *sphuxis,* pouls). **1.** Trouble grave d'un organisme qui manque d'oxygène, qui est en état de détresse respiratoire. **2.** Fig. Blocage, arrêt d'une activité, d'une fonction essentielle ; paralysie.

ASPHYXIÉ, E adj. et n. Victime d'une asphyxie.
ASPHYXIER v.t. Causer l'asphyxie de. ◆ **s'asphyxier** v.pr. Souffrir d'asphyxie ; mourir d'asphyxie.
ASPI n.m. (abrév.). MIL. Fam. Aspirant.
1. ASPIC [aspik] n.m. (lat. *aspis ;* du gr.). Vipère des lieux secs et pierreux, au museau retroussé, l'une des deux espèces vivant en France.
2. ASPIC ou **SPIC** n.m. (prov. *espic*). BOT. Grande lavande.
3. ASPIC n.m. (de 1. *aspic*). CUIS. Préparation enrobée de gelée. *Aspic de volaille, de poisson.*
ASPIDISTRA n.m. Plante d'appartement cultivée pour ses larges feuilles lisses, vert foncé. (Famille des liliacées.)
1. ASPIRANT, E adj. Qui aspire. *Pompe aspirante.*
2. ASPIRANT n.m. **1.** MIL. Grade précédant celui de sous-lieutenant. (→ ***grade.***) **2.** MAR. Grade précédant celui d'enseigne de vaisseau de deuxième classe. **3.** Vx. Candidat à (un emploi, un poste).
ASPIRATEUR n.m. Appareil qui aspire des fluides, des matières pulvérulentes, etc. *Aspirateur de sciure d'une machine à bois.* ◇ Spécialt. Appareil ménager servant à aspirer les poussières, les menus déchets.
ASPIRATION n.f. **1.** Action d'aspirer ; inspiration (d'air). ◇ TECHN. Opération consistant à aspirer (des matières en suspension, des fluides, etc.). **2.** PHON. Souffle perceptible combiné à un son (ex. : *hop !,* en français). **3.** Mouvement, élan vers un idéal, un but.
ASPIRATOIRE adj. Didact. Relatif à une aspiration ; qui se fait par aspiration.
ASPIRÉ, E adj. LING. *H aspiré,* marquant l'interdiction d'une liaison, en français. – *Consonne aspirée* ou *aspirée,* n.f. : consonne qui s'accompagne d'une aspiration.
ASPIRER v.t. (lat. *aspirare,* souffler). **1.** Faire entrer l'air dans ses poumons en respirant. **2.** Attirer (un liquide, un fluide, des poussières, etc.) en créant un vide partiel. ◆ v.t. ind. ***(à).*** Porter son désir vers, prétendre à. *Aspirer à de hautes fonctions.*
ASPIRINE n.f. (nom déposé dans certains pays). Médicament analgésique et antipyrétique (acide acétylsalicylique).
ASPIRO-BATTEUR n.m. (pl. *aspiro-batteurs*). Aspirateur-balai pour le dépoussiérage et le battage des tapis, des moquettes.
ASPLE n.m. → ***aspe.***
ASPLÉNIUM [-njɔm] n.m. Fougère dont deux espèces, *Asplenium nidus* et *Asplenium bulbiferum,* sont utilisées comme plantes d'ornement. (Famille des polypodiacées.)
ASPRE n.f. (lat. *asper,* rude). Colline caillouteuse aride, dans le Roussillon.
ASQUE n.m. (gr. *askos,* outre). Organe microscopique des champignons ascomycètes, où se forment les spores (4 ou 8, selon les espèces).
ASSAGIR v.t. Rendre sage, calmer. ◆ **s'assagir** v.pr. Devenir sage, se ranger.
ASSAGISSEMENT n.m. Fait de s'assagir.
ASSAI [asaj] adv. (mot it.). MUS. (Dans les loc. indiquant le tempo.) Très. – *Lento assai :* très lent.
ASSAILLANT, E adj. et n. Qui assaille.
ASSAILLIR v.t. (lat. *assilire*) [47]. Se jeter sur (qqn), attaquer. ◇ Fig. Harceler, importuner ; tourmenter. *On l'assaille de questions.*
ASSAINIR v.t. Rendre sain. ◇ Purifier, ramener à la normale. *Assainir une situation.*

asphodèle

ASSAINISSEMENT n.m. **1.** Action d'assainir ; son résultat. **2.** Ensemble de techniques d'évacuation et de traitement des eaux usées et des boues résiduaires.
ASSAINISSEUR n.m. **1.** Désodorisant. **2.** Appareil pulsant de l'ozone dans un local.
ASSAISONNEMENT n.m. **1.** Mélange d'ingrédients (sel, épices, aromates, etc.) utilisé en faible proportion pour relever le goût d'un mets. **2.** Action d'assaisonner.
ASSAISONNER v.t. (de *saison*). **1.** Incorporer un assaisonnement à (un mets). **2.** Fig. Rehausser (un style, un propos) d'éléments vigoureux, crus. **3.** Fig., fam. Réprimander, maltraiter qqn.
ASSAMAIS n.m. Langue indo-aryenne parlée en Assam.
1. ASSASSIN n.m. (de l'ar., *fumeur de haschisch*). Personne qui commet un meurtre avec préméditation.
2. ASSASSIN, E adj. Litt. **1.** Qui a commis un assassinat, qui a servi à le perpétrer. *Main assassine.* **2.** Plein d'une séduction provocante. *Œillade assassine.* **3.** Qui manifeste l'hostilité, la malveillance. *Insinuation assassine.*
ASSASSINAT n.m. Meurtre commis avec préméditation.
ASSASSINER v.t. **1.** Commettre un assassinat sur, tuer avec préméditation. **2.** Fam. Exiger de qqn un paiement excessif.
ASSAUT n.m. (lat. *ad,* vers, et *saltus,* saut). **1. a.** Action d'assaillir, d'organiser une attaque vive et violente ; cette attaque. *Donner l'assaut.* ◇ *Prendre d'assaut :* s'emparer par la force. **b.** Attaque verbale, critique exprimée avec vigueur, violence. *Les assauts des journalistes.* ◇ *Faire assaut de :* lutter d'émulation en matière de. **2.** Combat ou exercice d'escrime.
ASSEAU n.m. ou **ASSETTE** n.f. (lat. *ascia,* hache). Marteau de couvreur dont la tête est munie à l'une de ses extrémités d'un tranchant, utilisé pour couper les lattes, les ardoises.
ASSÈCHEMENT n.m. Action d'assécher ; son résultat.
ASSÉCHER v.t. (lat. *siccare,* sécher) [18]. Ôter l'eau de ; mettre à sec. *Assécher un étang.* ◆ **s'assécher** v.pr. Devenir sec.
ASSEMBLAGE n.m. **1.** Action d'assembler (des éléments formant un tout), montage ; ensemble qui en résulte. *Assemblage d'une charpente.* ◇ INFORM. *Langage d'assemblage :* assembleur. **2.** Réunion d'éléments divers ou hétéroclites. *Un assemblage de mots.* ◇ BX-A. Œuvre à trois dimensions tirant effet de la réunion d'objets divers, dans l'art moderne (depuis le cubisme et dada).

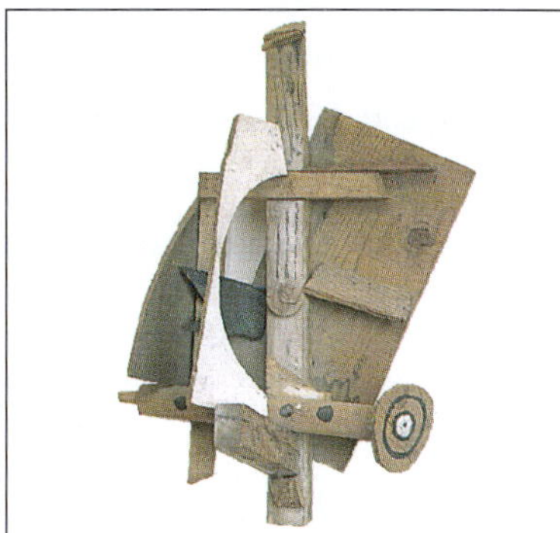
assemblage : *Construction : mandoline et clarinette* (1913), de Picasso. Sapin, crayon, peinture. (Musée Picasso, Paris.)

ASSEMBLÉ n.m. ou **ASSEMBLÉE** n.f. CHORÉGR. Pas de conclusion ou temps de préparation à un pas battu.
ASSEMBLÉE n.f. **1.** Réunion de personnes dans un même lieu ; public, assistance. **2.** Ensemble institutionnel ou statutaire de personnes formant un corps constitué, une société ; lieu, séance qui les réunit. *Assemblée des actionnaires.* ◇ *La Haute Assemblée :* le Sénat, en France.

ASSEMBLER v.t. (du lat. *simul,* ensemble). Mettre ensemble, réunir, partic. pour former un ensemble cohérent. *Assembler les feuilles d'un livre.* ◇ INFORM. Réunir (des éléments), en parlant d'un assembleur. ◆ **s'assembler** v.pr. Se réunir ; aller bien ensemble. *Qui se ressemble s'assemble.*

ASSEMBLEUR n.m. INFORM. **1.** Langage de programmation utilisant des formes mnémoniques et non numériques pour représenter les instructions directement exécutables par un ordinateur. SYN. : *langage d'assemblage.* **2.** Programme traduisant en langage machine un programme écrit en langage d'assemblage.

ASSEMBLEUSE n.f. IMPR. Machine effectuant l'assemblage des cahiers d'un volume.

ASSÉNER ou **ASSENER** [asene] v.t. (de l'anc. fr. *sen,* direction) 19 ou 18. *Asséner un coup,* le porter avec violence.

ASSENTIMENT n.m. (lat. *assentire,* donner son accord). Consentement, approbation, accord.

ASSEOIR v.t. (lat. *assidere*) 65. **1.** Installer (qqn) sur un siège. ◇ Fam. *J'en suis resté assis,* stupéfait, déconcerté. **2.** Poser sur qqch de solide. *Asseoir les fondations d'une maison sur un roc.* **3.** Établir de manière stable. *Asseoir un gouvernement, sa réputation.* **4.** *Asseoir l'impôt,* en établir l'assiette, en fixer la base. ◆ **s'asseoir** v.pr. Se mettre sur un siège, sur son séant.

ASSERMENTATION n.f. Suisse. Prestation de serment.

ASSERMENTÉ, E adj. et n. Qui a prêté serment devant un tribunal ou pour l'exercice d'une fonction, d'une profession. ◇ *Prêtre, curé, évêque assermenté,* celui qui, en 1790, avait prêté serment à la Constitution civile du clergé (par opp. à *réfractaire*).

ASSERMENTER v.t. Faire prêter serment à (qqn).

ASSERTION n.f. (lat. *assertio*). **1.** Proposition que l'on avance et que l'on soutient comme vraie ; affirmation. **2.** LOG. Opération qui consiste à poser la vérité d'une proposition, génér. symbolisée par le signe ⊢ devant la proposition.

ASSERTORIQUE adj. (du lat. *asserere,* affirmer). PHILOS. *Jugement assertorique,* qui énonce une vérité de fait, sans la poser comme nécessaire (par opp. à *jugement apodictique*).

ASSERVIR v.t. (de *serf*). **1.** Réduire à un état de dépendance absolue. *Asservir la presse.* **2.** TECHN. Relier deux grandeurs physiques de manière que l'une obéisse aux variations de l'autre.

ASSERVISSANT, E adj. Litt. Qui asservit.

ASSERVISSEMENT n.m. **1.** Action d'asservir ; état de celui, de ce qui est asservi. **2.** TECHN. Action d'asservir une grandeur physique à une autre ; système automatique dont le fonctionnement tend à annuler l'écart entre une grandeur commandée et une grandeur de commande.

ASSERVISSEUR n.m. CYBERN. Organe régulateur qui, actionné par des appareils commandés, réagit sur le circuit de commande en vue d'imposer certaines conditions.

ASSESSEUR n.m. (du lat. *assidere,* s'asseoir auprès). DR. Juge qui assiste le président d'un tribunal.

ASSETTE n.f. → ***asseau.***

ASSEZ adv. (lat. *ad* et *satis,* suffisamment). En quantité suffisante. *Il a assez mangé.* ◇ Fam. *En avoir assez (de qqn, qqch) :* ne plus pouvoir supporter (qqn, qqch), être excédé. ◇ Belgique. *Assez bien de :* bon nombre de, pas mal de.

ASSIBILATION n.f. PHON. Passage de certaines occlusives à la constrictive [s]. *Assibilation du* [t] *dans* inertie, idiotie, *etc.*

ASSIDU, E adj. (lat. *assiduus*). **1.** Qui est continuellement auprès de qqn, régulièrement présent à l'endroit où il doit être. **2.** Qui manifeste de la constance, de l'application. *Présence assidue aux cours.*

ASSIDUITÉ n.f. Exactitude à se trouver là où l'on doit être ; ponctualité ; application.

ASSIDÛMENT adv. Avec assiduité.

ASSIÉGÉ, E adj. Dont on fait le siège. *Ville assiégée.* ◆ adj. et n. (Surtout pl.). Qui se trouve dans la place au moment d'un siège.

ASSIÉGEANT, E adj. et n. Qui assiège.

ASSIÉGER v.t. 22. **1.** Faire le siège de. **2.** Harceler qqn de sollicitations, de demandes importunes.

ASSIETTE n.f. (du lat. *assidere,* être assis). **I.** Pièce de vaisselle à fond plat et à bord incliné ; son contenu. – *Assiette anglaise :* assortiment de viandes froides. ◇ Vx. *L'assiette au beurre :* la source des profits. **II. 1.** Manière d'être assis à cheval. **2.** Stabilité (d'une chose posée sur une autre) ; base qui assure cette stabilité. **3.** Vx. Disposition d'esprit. ◇ Fam. *Ne pas être dans son assiette :* être mal à son aise. **4.** DR. Base de calcul (d'une cotisation, d'un impôt).

ASSIETTÉE n.f. Contenu d'une assiette.

ASSIGNABLE adj. Qui peut être assigné.

ASSIGNAT n.m. Papier-monnaie créé sous la Révolution française, et dont la valeur était assignée sur les biens nationaux.

ASSIGNATION n.f. **1.** Action d'assigner (qqch) à qqn. **2.** DR. Citation à comparaître en justice. **3.** DR. *Assignation à résidence :* obligation faite à qqn de résider en un lieu précis.

ASSIGNER v.t. (lat. *assignare*). **1.** Attribuer, prescrire (qqch) à qqn. *Assigner une tâche à ses collaborateurs.* **2.** DR. Citer (qqn) en justice. **3.** Affecter des fonds en paiement (d'une dette, d'une obligation).

ASSIMILABLE adj. Qui peut être assimilé.

ASSIMILATEUR, TRICE adj. **1.** Propre à opérer l'assimilation. **2.** Fig. Capable d'assimiler, d'intégrer. *Esprit assimilateur.*

ASSIMILATION n.f. Action d'assimiler ; son résultat. **1.** PHON. Modification apportée à l'articulation d'un phonème par les phonèmes environnants. (Ex. : *sub* devient *sup* dans *supporter.*) **2.** PHYSIOL. Processus par lequel les êtres vivants reconstituent leur propre substance à partir d'éléments puisés dans le milieu environnant et transformés par la digestion. ◇ Vx. *Assimilation chlorophyllienne :* photosynthèse.

ASSIMILÉ, E n. Personne qui a le statut d'une catégorie donnée sans en avoir le titre. *Fonctionnaires et assimilés.*

ASSIMILER v.t. (lat. *assimilare*). **1.** Rendre semblable ; considérer comme semblable. *Assimiler un cas à un autre.* **2.** Intégrer des personnes à un groupe social. *Assimiler des immigrants.* **3.** PHYSIOL. Transformer, convertir en sa propre substance. ◇ Fig. *Assimiler des connaissances, des idées, etc.,* les comprendre, les intégrer. ◆ **s'assimiler** v.pr. **1.** Se considérer comme semblable (à qqn). **2.** Pouvoir être considéré comme semblable (à qqch).

ASSIS, E adj. **1.** Installé sur un siège ; appuyé sur son séant. ◇ *Place assise,* où l'on peut s'asseoir. ◇ *Magistrature assise :* ensemble des magistrats qui siègent au tribunal, par opp. aux magistrats du parquet *(magistrature debout).* **2.** Fig. Solidement fondé, établi.

ASSISE n.f. (de *asseoir*). **1.** Base qui donne de la stabilité, de la solidité. **2.** Rang d'éléments accolés (pierres, briques), de même hauteur, dans une construction. **3.** ANAT., BOT. Ensemble des cellules disposées sur une couche. ◇ *Assises génératrices,* qui produisent les tissus secondaires de la tige et de la racine (liège, liber, bois). – *Assise pilifère,* qui porte les poils absorbants (des jeunes racines).

ASSISES n.f. pl. **1.** Séances tenues par des magistrats, pour juger les crimes ; lieu où se tiennent ces séances. ◇ *Cour d'assises :* juridiction chargée de juger les crimes. **2.** Congrès d'un mouvement, d'un parti politique, d'un syndicat, etc.

■ La cour d'assises tient normalement, dans chaque département, une session ordinaire tous les trois mois. Elle est composée d'un président, de 2 assesseurs et d'un jury de citoyens : 9 jurés et 10 suppléants tirés au sort. Pour juger les crimes terroristes, contre la sûreté de l'État et en matière militaire, elle comprend uniquement 7 magistrats.

ASSISTANAT n.m. **1.** Fonction d'assistant, partic. dans l'enseignement supérieur et les industries du spectacle. **2.** Fait d'être assisté, secouru.

ASSISTANCE n.f. **I. 1.** Action d'assister, d'être présent à (une réunion, une cérémonie, etc.). *Assistance irrégulière aux cours.* **2.** Auditoire, public. *L'assistance applaudit.* **II.** Action d'assister (qqn), de lui venir en aide, de le seconder. *Prêter assistance à qqn.* ◇ Anc. *Assistance publique :* administration chargée de venir en aide aux personnes les plus défavorisées. – REM. On dit aujourd'hui *aide sociale,* mais cette dénomination subsiste à Paris et à Marseille, où l'*Assistance publique* est chargée de la gestion des hôpitaux. – *Assistance technique :* aide internationale apportée à un pays en développement. – *Société d'assistance :* société qui assure par contrat la prestation de certains services, dépannages et secours.

ASSISTANT, E n. **1.** Personne qui assiste (qqn), le seconde. **2.** Anc. Enseignant chargé plus spécialement des travaux dirigés, dans l'enseignement supérieur. **3.** *Assistant social :* personne chargée de remplir un rôle d'assistance (morale, médicale ou matérielle) auprès des individus ou des familles. ◇ *Assistante maternelle :* nourrice agréée. ◆ pl. Personnes présentes en un lieu, qui assistent à qqch ; assistance.

1. ASSISTÉ, E n. et adj. Personne qui bénéficie d'une assistance, notamm. financière.

2. ASSISTÉ, E adj. **1.** TECHN. Pourvu d'un dispositif destiné à amplifier, réguler ou répartir l'effort exercé par l'utilisateur grâce à un apport extérieur d'énergie. *Direction assistée.* **2.** *Assisté par ordinateur,* se dit d'activités dans lesquelles l'ordinateur apporte une aide. *Conception, publication assistée par ordinateur.*

ASSISTER v.t. (lat. *assistere,* se tenir auprès). Seconder (qqn), lui porter aide ou secours. ◆ v.t. ind. ***(à).*** Être présent à ; participer à. *Assister à un spectacle.*

ASSOCIATIF, IVE adj. **1.** Relatif à une association. ◇ *Mouvement associatif,* réunissant des personnes à des fins culturelles, sociales, etc., ou pour défendre des intérêts communs. **2.** MATH. Relatif à l'associativité ; qui présente la propriété d'associativité. *L'addition des entiers est associative, la soustraction ne l'est pas.* ◆ n. Membre d'un mouvement associatif.

ASSOCIATION n.f. **I. 1.** Action d'associer, de s'associer ; son résultat. **2.** Groupement de personnes réunies dans un dessein commun, non lucratif. *Association professionnelle.* **II.** Action d'associer qqn à qqch, des choses diverses entre elles. **a.** *Association d'idées :* processus psychologique par lequel une idée ou une image en évoque une autre. ◇ PSYCHAN. *Association libre :* méthode par laquelle le sujet est invité à exprimer tout ce qui lui vient à l'esprit, sans discrimination. **b.** BOT. *Association végétale :* ensemble des plantes d'espèces différentes vivant dans un même milieu.

ASSOCIATIONNISME n.m. PHILOS. Doctrine qui fait de l'association des idées et des représentations la base de la vie mentale et le principe de la connaissance.

ASSOCIATIVITÉ n.f. MATH. Propriété d'une loi de composition interne dans laquelle on peut remplacer la succession de certains éléments par le résultat de l'opération effectuée sur eux sans affecter le résultat global.

ASSOCIÉ, E n. et adj. Personne liée avec d'autres par des intérêts communs.

ASSOCIER v.t. (du lat. *socius,* allié). **1.** Mettre ensemble, réunir. *Associer des idées, des partis.* **2.** Faire participer qqn à une chose. *Il nous a associés à son projet.* ◆ **s'associer** v.pr. **1.** Participer à qqch. *S'associer à une entreprise criminelle.* **2.** *S'associer à qqn, avec qqn :* s'entendre avec lui en vue d'une entreprise commune. **3.** Former un ensemble harmonieux avec. *L'élégance s'associe à la beauté.*

ASSOIFFÉ, E adj. **1.** Qui a soif. **2.** *Assoiffé de :* avide de. *Assoiffé de richesses.*

ASSOIFFER v.t. Donner soif à (qqn).

ASSOLEMENT n.m. Répartition des cultures entre les parcelles, ou *soles,* d'une exploitation. – *Assolement triennal,* caractérisé par la rotation triennale des cultures.

ASSOLER v.t. (de *sole*). Réaliser l'assolement de.

ASSOMBRIR v.t. **1.** Rendre ou faire paraître obscur. *Ce papier assombrit la pièce.* **2.** Rendre triste. *La mort de son fils a assombri ses dernières années.* ◆ **s'assombrir** v.pr. Devenir sombre ; fig., devenir menaçant.

ASSOMBRISSEMENT n.m. Fait d'assombrir, de s'assombrir ; état de ce qui est assombri.

ASSOMMANT, E adj. Fam. Fatigant, ennuyeux à l'excès.

ASSOMMER v.t. (du lat. *somnus,* sommeil). **1.** Frapper d'un coup qui renverse, étourdit, tue. **2.** Fam. Ennuyer fortement, importuner.

ASSOMMEUR, EUSE n. Personne qui assomme.

ASSOMMOIR n.m. Vx. **1.** Arme qui sert à assommer. **2.** Pop. Débit de boissons de dernière catégorie.

ASSOMPTION n.f. (du lat. *adsumere,* prendre avec soi). RELIG. CATH. **1.** Élévation miraculeuse et présence corporelle de la Vierge au ciel après sa mort. (Dogme défini par Pie XII le 1er novembre 1950.) **2.** *L'Assomption :* le jour où l'Église en célèbre la fête (15 août).

ASSOMPTIONNISTE n.m. Religieux d'une congrégation fondée à Nîmes en 1845 par le P. Emmanuel d'Alzon et consacrée aux œuvres de pèlerinage, d'enseignement et de presse (fondation du journal *la Croix*). SYN. : *augustin de l'Assomption.*

ASSONANCE n.f. (du lat. *assonare,* faire écho). **1.** Répétition d'un même son vocalique dans une phrase (par opp. à *allitération*). **2.** Rime réduite à l'identité de la dernière voyelle accentuée, dans la versification. (Ex. : *sombre, tondre ; peintre, feindre ; âme, âge.*)

ASSONANCÉ, E adj. Caractérisé par l'assonance. *Vers assonancés.*

ASSONANT, E adj. Qui produit une assonance.

ASSORTI, E adj. **1.** Qui est en accord, en harmonie. *Époux assortis. Cravate assortie.* **2.** *Magasin, rayon bien assorti,* pourvu d'un grand choix d'articles.

ASSORTIMENT n.m. **1.** Série de choses formant un ensemble ; mélange, variété. ◇ CUIS. Présentation d'aliments variés mais appartenant à une même catégorie. *Un assortiment de charcuterie, de crudités, etc.* **2.** Collection de marchandises de même genre, chez un commerçant.

ASSORTIR v.t. (de *sorte*). **1.** Réunir (des personnes, des choses) qui se conviennent, s'harmonisent. *Assortir des convives, des étoffes, des fleurs.* **2.** Approvisionner en marchandises. *Assortir un magasin.* ◆ **s'assortir** v.pr. **1.** Être en accord, en harmonie avec. *Le manteau s'assortit à la robe.* **2.** *S'assortir de :* s'accompagner de, être complété par. *Traité qui s'assortit d'un préambule.*

ASSOUPI, E adj. **1.** À demi endormi. **2.** Litt. Atténué, affaibli.

ASSOUPIR v.t. (bas lat. *assopire,* endormir). **1.** Endormir à demi. **2.** Litt. Atténuer, calmer. *Assoupir la douleur.* ◆ **s'assoupir** v.pr. S'endormir doucement, à demi.

ASSOUPISSANT, E adj. Qui a la propriété d'assoupir.

ASSOUPISSEMENT n.m. Fait de s'assoupir ; engourdissement, demi-sommeil.

ASSOUPLIR v.t. **1.** Rendre plus souple. *Assouplir une étoffe.* **2.** Rendre moins rigoureux. *Assouplir des règlements.* ◆ **s'assouplir** v.pr. Devenir plus souple.

ASSOUPLISSANT ou **ASSOUPLISSEUR** n.m. Produit de rinçage qui évite au linge de devenir rêche après son lavage dans une eau calcaire.

ASSOUPLISSEMENT n.m. Action d'assouplir ; fait de s'assouplir.

ASSOURDIR v.t. **1.** Rendre comme sourd par l'excès de bruit. **2.** Rendre moins sonore. *La neige assourdit les bruits.* **3.** Atténuer. *Assourdir une douleur.*

ASSOURDISSANT, E adj. Qui assourdit.

ASSOURDISSEMENT n.m. Action d'assourdir ; son résultat.

ASSOUVIR v.t. (bas lat. *assopire,* endormir). Litt. Satisfaire, apaiser (un besoin, une envie, un sentiment violent). *Assouvir sa faim, sa fureur.*

ASSOUVISSEMENT n.m. Action d'assouvir ; fait d'être assouvi.

ASSUÉTUDE n.f. (lat. *assuetudo,* habitude). PSYCHIATRIE. **1.** Dépendance envers une substance. **2.** Tendance compulsive à réaliser un acte.

ASSUJETTI, E n. et adj. Personne tenue par la loi de verser un impôt ou une taxe, ou de s'affilier à un organisme.

ASSUJETTIR v.t. (de *sujet*). **1.** Placer sous une domination, une dépendance plus ou moins totale (un peuple, une nation). **2.** Soumettre (qqn) à une obligation stricte. *Être assujetti à l'impôt.* **3.** Fixer (une chose) de manière qu'elle soit stable ou immobile.

ASSUJETTISSANT, E adj. Qui assujettit, astreint.

ASSUJETTISSEMENT n.m. Action d'assujettir ; fait d'être assujetti.

ASSUMER v.t. (lat. *assumere*). Prendre volontairement sur soi, se charger de ; accepter les conséquences de. *J'assumerai ma tâche, mes responsabilités.* ◆ **s'assumer** v.pr. Se prendre en charge ; s'accepter tel qu'on est.

ASSURABLE adj. Qui peut être assuré par un contrat d'assurance.

ASSURAGE n.m. ALP., SPÉLÉOL. Action d'assurer ; dispositif (corde, baudrier) servant à assurer.

ASSURANCE n.f. **I. 1.** Certitude, garantie formelle. *J'ai l'assurance que vous réussirez.* **2.** Confiance en soi. *Avoir de l'assurance.* **II.** Garantie accordée par un assureur à un assuré de l'indemniser d'éventuels dommages, moyennant une prime ou une cotisation ; le document attestant cette garantie. ◇ *Assurances sociales :* assurances constituées en vue de garantir les personnes contre la maladie, l'invalidité, la vieillesse, etc. (On dit auj. *Sécurité sociale.*)

ASSURANCE-CRÉDIT n.f. (pl. *assurances-crédits*). Opération d'assurance garantissant un créancier contre le risque de non-paiement de la part de son débiteur.

1. ASSURÉ, E adj. **1.** Ferme, décidé. *Regard assuré.* **2.** Certain. *Succès assuré.*

2. ASSURÉ, E n. Personne garantie par un contrat d'assurance. ◇ *Assuré social :* personne affiliée à un régime d'assurances sociales.

ASSURÉMENT adv. Certainement, sûrement.

ASSURER [asyre] v.t. (lat. pop. *assecurare,* rendre sûr). **1.** Donner comme sûr, certain. *Il m'assure qu'il a dit la vérité. Elle nous a assurés de sa sincérité.* **2.** Rendre plus stable, plus durable, plus solide. *Assurer la paix.* **3.** Rendre sûr dans son fonctionnement, sa régularité, garantir la réalisation de. *Assurer le ravitaillement. Assurer son service.* **4.** ALP., SPÉLÉOL. Garantir d'une chute par un dispositif approprié (corde, piton, etc.). **5.** Garantir, faire garantir par un contrat d'assurance. *Assurer une créance. Assurer une récolte.* ◆ v.i. Fam. **1.** Maintenir son avantage sans prendre de risques excessifs. **2.** Se montrer à la hauteur de sa responsabilité, de sa tâche. *Ce gars-là, il assure un maximum.* ◆ **s'assurer** v.pr. **1.** Rechercher la confirmation de qqch. *Nous nous sommes assurés qu'il n'y avait pas de danger.* **2.** Se garantir le concours de qqn, l'usage de qqch. *S'assurer des collaborateurs.* ◇ Litt. *S'assurer d'un coupable :* l'arrêter. **3.** Se protéger contre qqch ; passer un contrat d'assurance.

ASSUREUR n.m. Celui qui prend les risques à sa charge dans un contrat d'assurance.

ASSYRIEN, ENNE adj. et n. De l'Assyrie.

ASSYRIOLOGIE n.f. Étude de la civilisation, des antiquités assyriennes et, génér., de l'Orient ancien.

ASSYRIOLOGUE n. Spécialiste d'assyriologie.

ASTASIE n.f. (du gr. *stasis,* station verticale). PATHOL. Difficulté ou impossibilité de garder la station debout, souvent liée à l'abasie.

ASTATE n.m. CHIM. Élément instable et radioactif (At) de numéro atomique 85, appartenant au groupe des halogènes.

ASTATIQUE adj. Qui présente un état d'équilibre indifférent. *Système astatique.*

ASTER [astɛr] n.m. (gr. *astêr,* étoile). **1.** Plante souvent cultivée pour ses fleurs décoratives aux coloris variés. (Famille des composées.) SYN. : *vendangeuse.* **2.** CYTOL. Ensemble de lignes rayonnantes qui entourent le ou les centrosomes.

ASTÉRÉOGNOSIE [-gnɔzi] n.f. (du gr. *stereos,* solide, et *gnôsis,* connaissance). MÉD. Perte de la faculté de reconnaître les objets par le toucher.

ASTÉRIDE n.m. *Astérides :* classe d'échinodermes comprenant les animaux cour. appelés *étoiles de mer* ou *astéries.*

ASTÉRIE n.f. ZOOL. Échinoderme de la classe des astérides, appelé usuellement *étoile* de mer.*

ASTÉRISQUE n.m. (gr. *asteriskos,* petite étoile). Signe typographique en forme d'étoile (*), indiquant génér. un renvoi.

ASTÉROÏDE n.m. (gr. *astêr,* étoile, et *eidos,* aspect). Petite planète ; petit corps céleste.

ASTHÉNIE n.f. (du gr. *sthenos,* force). MÉD. État de fatigue et d'épuisement.

ASTHÉNIQUE adj. et n. Qui a rapport à l'asthénie ; qui souffre d'asthénie.

ASTHÉNOSPHÈRE n.f. GÉOL. Couche visqueuse située à l'intérieur de la Terre, et sur laquelle repose la lithosphère.

ASTHMATIQUE [asmatik] adj. et n. Atteint d'asthme.

ASTHME [asm] n.m. (gr. *asthma,* respiration difficile). Affection caractérisée par des accès de dyspnée expiratoire, surtout nocturne.

ASTI n.m. Vin blanc mousseux récolté près d'Asti (Italie).

ASTICOT n.m. Larve de la mouche à viande, utilisée pour la pêche à la ligne.

ASTICOTER v.t. Fam. Contrarier (qqn) pour des bagatelles ; taquiner, harceler.

ASTIGMATE adj. et n. (du gr. *stigma,* point). Atteint d'astigmatisme.

ASTIGMATISME n.m. **1.** Anomalie de la vision, due à des inégalités de courbure de la cornée ou à un manque d'homogénéité dans la réfringence des milieux transparents de l'œil. **2.** Défaut d'un instrument d'optique ne donnant pas d'un point une image ponctuelle.

ASTIQUAGE n.m. Action d'astiquer.

ASTIQUER v.t. (francique *stikjan,* ficher). Faire briller en frottant.

ASTRAGALE n.m. (gr. *astragalos*). **1.** ANAT. Os du tarse qui s'articule avec le tibia et le péroné. **2.** ARCHIT. Moulure située à la jonction du fût et du chapiteau d'une colonne. **3.** BOT. Plante dont une espèce d'Orient fournit la gomme adragante. (Famille des légumineuses.)

ASTRAKAN n.m. (de *Astrakhan,* ville de Russie). Fourrure de jeune agneau d'Asie, à poil frisé.

ASTRAL, E, AUX adj. Relatif aux astres.

ASTRE n.m. (lat. *astrum*). **1.** Corps céleste naturel. **2.** Corps céleste en tant qu'il est supposé exercer une influence sur la vie des hommes.

ASTREIGNANT, E adj. Qui astreint, tient sans cesse occupé.

ASTREINDRE v.t. (lat. *astringere,* serrer) [81]. Soumettre (qqn) à un devoir strict, à une tâche pénible, ardue. ◆ **s'astreindre** v.pr. *(à).* S'obliger à.

ASTREINTE n.f. **1.** DR. Obligation faite à un débiteur de payer une certaine somme par jour de retard. **2.** Litt. Contrainte. **3.** Obligation de disponibilité pour assurer les urgences d'un service. *Être d'astreinte.*

ASTRINGENCE n.f. MÉD. Qualité de ce qui est astringent.

ASTRINGENT, E adj. et n.m. MÉD. Se dit d'une substance qui resserre les tissus ou diminue la sécrétion.

ASTROBIOLOGIE n.f. Exobiologie.

ASTROBLÈME n.m. (du gr. *blêma,* blessure). GÉOL. Trace laissée par l'impact d'une grosse météorite.

ASTROLABE n.m. (ar. *asṭurlāb ;* du gr. *astron,* astre, et *lambanein,* prendre). **1.** Anc. Instrument

astrolabe arabe
(bronze doré ; début du XVIIIe s.)
[Musée des Arts africains et océaniens, Paris.]

permettant d'obtenir, pour une latitude donnée, une représentation plane simplifiée du ciel à une date quelconque. **2.** Mod. Instrument servant à observer l'instant où une étoile atteint une hauteur déterminée.

ASTROLÂTRIE n.f. Culte des astres.

ASTROLOGIE n.f. Art divinatoire fondé sur l'observation des astres, qui cherche à déterminer leur influence présumée sur les évènements terrestres, sur la destinée humaine.

ASTROLOGIQUE adj. De l'astrologie.

ASTROLOGUE n. Personne qui pratique l'astrologie.

ASTROMÉTRIE n.f. Partie de l'astronomie ayant pour objet la mesure de la position des astres et la détermination de leurs mouvements. SYN. : *astronomie de position.*

ASTROMÉTRIQUE adj. De l'astrométrie.

ASTROMÉTRISTE n. Spécialiste d'astrométrie.

ASTRONAUTE n. Pilote ou passager d'un engin spatial. → ***cosmonaute.***

ASTRONAUTIQUE n.f. (gr. *astron,* astre, et *nautikê,* navigation). Science et technique de la navigation dans l'espace.

ASTRONEF n.m. Véhicule spatial.

ASTRONOME n. Spécialiste d'astronomie.

ASTRONOMIE n.f. (gr. *astron,* astre, et *nomos,* loi). Science qui étudie la position, les mouvements, la structure et l'évolution des corps célestes. ◇ *Astronomie de position :* astrométrie. *(V. illustration p. 100.)*

ASTRONOMIQUE adj. **1.** Relatif à l'astronomie. *Observation astronomique.* **2.** Fam. Très élevé, excessif. *Prix astronomiques.*

ASTRONOMIQUEMENT adv. Suivant les lois de l'astronomie.

ASTROPHOTOGRAPHIE n.f. Photographie des astres.

ASTROPHYSICIEN, ENNE n. Spécialiste d'astrophysique.

ASTROPHYSIQUE n.f. Partie de l'astronomie qui étudie la constitution, les propriétés physiques et l'évolution des astres.

ASTUCE n.f. (lat. *astutia*). **1.** Manière d'agir, de parler, qui dénote de l'habileté, de la finesse. *Faire preuve d'astuce.* **2.** Plaisanterie, jeu de mots. *Lancer une astuce dans la conversation.*

ASTUCIEUSEMENT adv. De façon astucieuse.

ASTUCIEUX, EUSE adj. **1.** Qui a de l'astuce, habile, ingénieux. **2.** Qui dénote du savoir-faire, de l'adresse ou de la ruse. *Projet astucieux.*

ASYMBOLIE n.f. PSYCHOL. Incapacité pathologique à comprendre les symboles, les signes.

ASYMÉTRIE n.f. Défaut, absence de symétrie.

ASYMÉTRIQUE adj. Sans symétrie.

ASYMPTOMATIQUE adj. Se dit d'une maladie qui ne s'accompagne pas de symptômes caractéristiques.

ASYMPTOTE n.f. (du gr. *sun,* avec, et *piptein,* tomber). MATH. Droite telle que la distance d'un point d'une courbe à cette droite tend vers zéro quand le point s'éloigne à l'infini de la courbe. ◆ adj. *Courbes asymptotes :* courbes, au nombre de deux, à branches infinies, telles que, si un point s'éloigne indéfiniment sur l'une d'elles, il existe sur l'autre un point variable dont la distance au premier tend vers zéro. ◇ *Point asymptote d'une courbe :* point P tel que, si un point parcourt la courbe, sa distance au point P tend vers zéro.

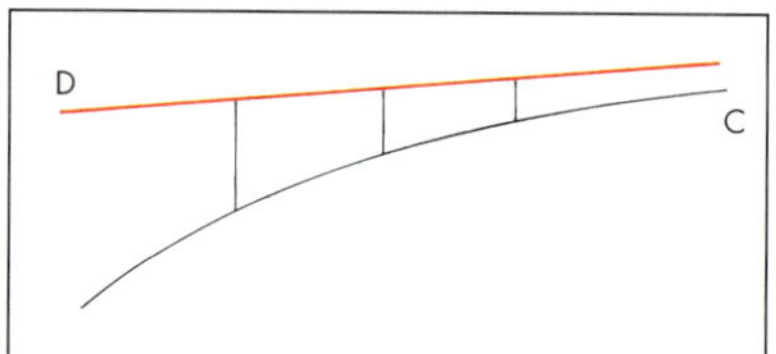

D : droite **asymptote** de la courbe C

ASYMPTOTIQUE adj. Relatif à l'asymptote.

ASYNCHRONE adj. Qui n'est pas synchrone. ◇ *Machine asynchrone :* moteur ou générateur électrique à courant alternatif dont la fréquence des forces électromotrices induites n'est pas dans un rapport constant avec la vitesse.

ASYNCHRONISME n.m. Manque de synchronisme.

ASYNDÈTE [asɛ̃dɛt] n.f. (gr. *asundeton,* absence de liaison). LING. Suppression (à effet stylistique) des mots de liaison (conjonctions, adverbes) dans une phrase ou entre deux phrases.

ASYNERGIE n.f. Manque de coordination entre les mouvements des muscles participant à un geste.

ASYSTOLIE n.f. Vieilli. Insuffisance des contractions du cœur, entraînant une baisse du débit cardiaque.

At, symbole chimique de l'astate.

ATACA n.m. → ***atoca.***

ATARAXIE n.f. (gr. *ataraxia,* absence de troubles). PHILOS. Quiétude absolue de l'âme (principe du bonheur selon l'épicurisme et le stoïcisme).

ATARAXIQUE adj. Qui tend à l'ataraxie, provoque l'ataraxie.

ATAVIQUE adj. Relatif à l'atavisme.

ATAVISME n.m. (du lat. *atavus,* ancêtre). **1.** Réapparition, chez un sujet, de certains caractères ancestraux disparus depuis une ou plusieurs générations. **2.** Cour. Hérédité.

ATAXIE n.f. (gr. *ataxia,* désordre). Absence de coordination des mouvements, caractéristique de certaines maladies neurologiques.

ATAXIQUE adj. et n. Relatif à l'ataxie ; atteint d'ataxie.

ATÈLE n.m. Singe de l'Amérique du Sud, dit *singe-araignée* à cause de la très grande longueur de ses membres.

atèle

ATÉLECTASIE n.f. Aplatissement des alvéoles pulmonaires lorsque celles-ci ne contiennent pas d'air (normal chez le fœtus ; pathologique en cas d'obstruction bronchique).

ATELIER n.m. (anc. fr. *astelle,* éclat de bois ; du lat. *astula*). **1. a.** Lieu, local où travaillent des artisans, des ouvriers ; ensemble des personnes qui travaillent dans ce lieu. **b.** Groupe de travail. *Atelier d'informatique, de vidéo.* ◇ TÉLÉV. *Atelier de production :* subdivision d'une unité de programme chargée de la gestion d'un certain nombre d'émissions. **2. a.** Lieu où travaille un artiste-peintre, un sculpteur, etc. **b.** BX-A. Ensemble des élèves ou des collaborateurs d'un même maître. **3.** Loge des francs-maçons ; local où ils se réunissent.

ATELLANES [atɛlan] n.f. pl. (de *Atella,* ville des Osques). ANTIQ. ROM. Pièces de théâtre bouffonnes.

ATÉMI n.m. (mot jap.). Coup frappé avec le tranchant de la main, le coude, le genou ou le pied, dans les arts martiaux japonais.

A TEMPO [atɛmpo] loc. adv. (mots it.). MUS. En reprenant la vitesse d'exécution initiale du morceau.

ATEMPOREL, ELLE adj. Qui n'est pas concerné par le temps. ◇ LING. *Forme atemporelle :* forme verbale n'exprimant pas un temps.

ATÉRIEN n.m. (de *Bir al-Ater,* lieu-dit d'Algérie, au sud de Tbessa). Faciès culturel caractéristique du paléolithique supérieur au Maghreb. ◆ **atérien, enne** adj. De l'atérien.

ATERMOIEMENT n.m. DR. Délai accordé à un débiteur pour l'exécution de ses engagements. ◆ pl. Action de différer, de remettre à plus tard (un choix, une décision) ; délais, faux-fuyants. *Chercher des atermoiements.*

ATERMOYER [atɛrmwaje] v.i. (anc. fr. *termoyer,* vendre à terme) [13]. Remettre à plus tard, chercher à gagner du temps.

ATHANÉE n.m. Funérarium.

ATHANOR n.m. Fourneau d'alchimiste.

ATHÉE adj. et n. (du gr. *theos,* dieu). Qui nie l'existence de Dieu, de toute divinité.

ATHÉISME n.m. Attitude, doctrine d'une personne qui nie l'existence de Dieu, de la divinité.

ATHÉMATIQUE adj. Qui n'est pas thématique.

ATHÉNÉE n.m. (gr. *athênaion,* temple d'Athéna). Belgique. Établissement d'enseignement secondaire.

ATHÉNIEN, ENNE adj. et n. D'Athènes.

ATHERMANE adj. TECHN. Qui ne conduit pas la chaleur.

ATHERMIQUE adj. PHYS. Qui ne dégage ni n'absorbe de chaleur. *Réaction athermique.*

Quelques grandes dates de l'astronautique

4 octobre 1957	Lancement du premier satellite artificiel, *Spoutnik 1* (U.R.S.S.).
12 avril 1961	Premier vol humain dans l'espace (Gagarine, U.R.S.S.).
27 août 1962	Lancement de la sonde *Mariner 2* (É.-U.) qui réussit la première mission planétaire (survol de Vénus le 14 déc.).
14 février 1963	Lancement du premier satellite de télécommunications géostationnaire, *Syncom 1* (É.-U.).
15 décembre 1965	Premier rendez-vous orbital entre deux vaisseaux habités, *Gemini 6* et *7* (É.-U.).
3 février 1966	Premier atterrissage en douceur d'une sonde sur la Lune (*Luna 9,* U.R.S.S.).
21-27 déc. 1968	Premier vol humain *Apollo* autour de la Lune (É.-U.).
21 juillet 1969	Premier débarquement humain (Armstrong, Aldrin) sur la Lune (*Apollo 11,* É.-U.).
19 avril 1971	Lancement de la première station orbitale, *Saliout 1* (U.R.S.S.).
17 juillet 1975	Rendez-vous orbital américano-soviétique *Apollo-Soyouz.*
20 juillet 1976	Premier atterrissage en douceur d'une sonde sur Mars (*Viking 1,* É.-U.).
12-14 avril 1981	Premier vol de la navette spatiale américaine.
11 avril 1984	Première réparation dans l'espace d'un satellite artificiel, grâce à la navette américaine.
28 janvier 1986	Explosion en vol de la navette américaine *Challenger* avec sept astronautes à bord.
8-13 mars 1986	Survol de la comète de Halley par cinq sondes spatiales.
25 août 1989	Survol par la sonde *Voyager 2* (É.-U.) de la planète Neptune (la plus lointaine explorée).
5-9 décembre 1993	Réparation dans l'espace du télescope spatial *Hubble* (É.-U.).

Ayant acquis la maîtrise des vols spatiaux, l'homme s'emploie désormais à tirer le meilleur parti de l'utilisation de l'espace. Des lanceurs de plus en plus performants (photos 1 et 2) autorisent la mise en orbite de satellites automatiques de plus en plus lourds et complexes qui révolutionnent notamment les télécommunications, l'observation de la Terre (photo 3) et de l'Univers, etc. Mais certaines missions exigent une présence humaine.

L'homme apprend donc à se déplacer et à travailler dans l'espace. Vers la fin du siècle, on assistera à la mise en service d'une station spatiale internationale, assemblée en orbite autour de la Terre. Elle constituera un laboratoire scientifique et technologique dans lequel se relaieront en permanence des astronautes. Des vaisseaux spatiaux récupérables assureront sa desserte pour la relève des équipages et le transport de fret.

(1) Lancement d'une fusée européenne *Ariane 4* (vol 42, 2 mars 1991) du Centre spatial de Kourou (Guyane française). [Hauteur : de 54,1 à 58,4 m selon la version utilisée. Masse au décollage : de 243 à 480 t. Charge utile : de 2 020 à 4 460 kg en orbite de transfert géosynchrone.]

(2) Le lanceur lourd bi-étage soviétique *Energia* constitué d'un corps central propulsé par quatre moteurs à oxygène et hydrogène liquides, flanqué de quatre propulseurs auxiliaires. Premier vol le 15 mai 1987. (Haut. : 60 m. Masse au décollage : 2 000 t. Charge utile : plus de 100 t en orbite basse.)

(3) Image radar de la Camargue et des contreforts des Cévennes obtenue en 1992 grâce au satellite européen ERS 1 (visible en surimpression en haut, à gauche). Les villes apparaissent en blanc : Nîmes est située en haut au centre de l'image et Arles à droite, sur le Rhône.

(4) Mise en orbite du télescope spatial *Hubble* le 25 avril 1990. Fruit d'une coopération américano-européenne, ce télescope de 13,3 m de long, pesant 11,3 t, est muni d'un miroir principal de 2,4 m de diamètre. Un défaut de courbure de ce miroir l'a handicapé durant ses trois premières années de fonctionnement, mais il a pu être réparé dans l'espace en décembre 1993.

La matière de l'Univers se concentre au sein d'immenses agglomérations d'étoiles et de nébuleuses gazeuses, appelées galaxies (photo 1). Ce que nous savons des astres provient de l'étude du rayonnement qu'ils émettent, absorbent, réfléchissent ou diffusent.
Longtemps limitée à la lumière visible, cette étude couvre désormais l'ensemble des rayonnements électromagnétiques (ondes radio, infrarouge, ultraviolet, rayons X, rayons γ). Elle s'effectue au sol à l'aide de télescopes (photo 2) ou de radiotélescopes (photo 3), aux dimensions souvent imposantes, ou dans l'espace à l'aide de satellites (photos 4, 5) opérant au-dessus de l'écran atmosphérique terrestre, équipés de détecteurs très performants et de dispositifs d'analyse du rayonnement (spectrographes).

(1) Le Grand Nuage de Magellan, galaxie irrégulière voisine de la nôtre (distance : 160 000 années de lumière), photographié à l'aide du télescope de 3,60 m de l'ESO, au Chili. Une supernova y a été observée le 23 février 1987.

(2) Le télescope britannique William Herschel de 4,20 m d'ouverture installé à l'observatoire Roque de Los Muchachos à La Palma (Canaries).

(3) Radiotélescope à antenne unique de 30 m de diamètre de l'I.R.A.M. (Institut de radioastronomie millimétrique), franco-allemand, au pico Veleta (Espagne).

(4) Intégration en chambre propre du miroir de 2,40 m de diamètre du télescope spatial de la NASA.

(5) Vue d'artiste du futur satellite européen *ISO* (Infrared Space Observatory), doté d'un télescope de 60 cm d'ouverture pour l'étude du ciel dans l'infrarouge, et dont le lancement est prévu en 1995.

ATHÉROME n.m. (gr. *athérôma,* loupe graisseuse). PATHOL. Dégénérescence graisseuse de la tunique interne des artères.

ATHÉROSCLÉROSE n.f. PATHOL. Affection dégénérative des artères, très répandue, associant les lésions de l'artériosclérose et de l'athérome.

ATHÉTOSE n.f. (du gr. *athetos,* non fixé). NEUROL. Syndrome caractérisé par des mouvements involontaires, lents et ondulatoires, partic. aux mains.

ATHÉTOSIQUE adj. et n. Relatif à l'athétose ; atteint d'athétose.

ATHLÈTE n. (gr. *athlêtês*). **1.** Personne qui pratique un sport, et en partic. l'athlétisme. **2.** Personne ayant une musculature très développée. *Une carrure d'athlète.*

ATHLÉTIQUE adj. D'athlète ; relatif à l'athlétisme.

ATHLÉTISME n.m. Ensemble des sports individuels comprenant des courses de plat et d'obstacles, des concours de saut et de lancer.

ATHREPSIE n.f. (du gr. *threpsis,* action de nourrir). MÉD. Défaut d'assimilation des aliments chez le nourrisson, entraînant un amaigrissement progressif et un affaiblissement de l'état général.

ATHYMHORMIE ou **ATHYMIE** n.f. (du gr. *thumos,* cœur, sentiment, et *hormein,* exciter). PSYCHOPATH. État d'indifférence affective apparente du schizophrène.

ATLANTE n.m. (it. *atlante,* du n. du géant *Atlas*). Statue d'homme soutenant un entablement, une corniche, etc. SYN. : *télamon.*

ATLANTHROPE n.m. Hominien fossile découvert en Afrique du Nord, voisin du pithécanthrope de Java.

ATLANTIQUE adj. De l'océan Atlantique ou des pays qui le bordent.

ATLANTISME n.m. Doctrine des partisans du pacte de l'Atlantique Nord (1949).

ATLANTOSAURE [-zɔr] n.m. Reptile fossile du crétacé pouvant atteindre 40 m de long.

ATLAS n.m. (de *Atlas,* n. myth.). **1.** Recueil, ensemble de cartes géographiques, historiques, etc. **2.** Première vertèbre du cou.

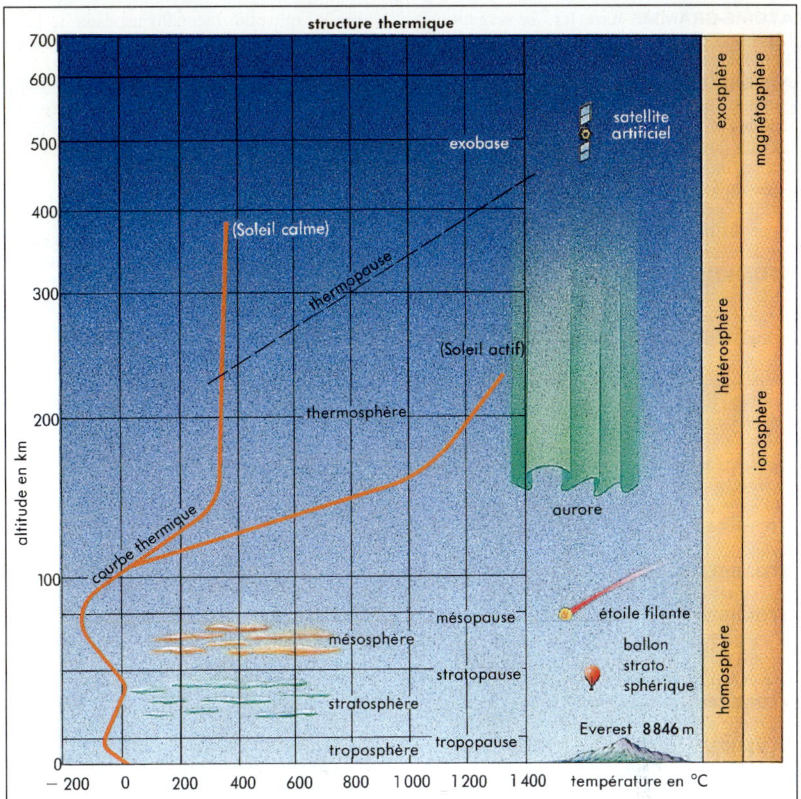

atmosphère : structure de l'atmosphère terrestre

ATMAN n.m. (mot sanskr.). RELIG. Souffle vital, âme, dans l'hindouisme.

ATMOSPHÈRE n.f. (gr. *atmos,* vapeur, et *sphaira,* sphère). **I. 1.** Air que l'on respire en un lieu. *Atmosphère surchauffée, malsaine.* **2.** Fig. Milieu environnant, ambiance particulière à un lieu, et dont on subit l'influence. *Une atmosphère de paix.* **II. 1.** Couche gazeuse qui enveloppe la Terre et d'autres corps célestes. **2.** Couche extérieure d'une étoile d'où provient le rayonnement de celle-ci. **3.** Anc. Unité de pression des gaz, équivalant à $1{,}01 \cdot 10^5$ pascals.

ATMOSPHÉRIQUE adj. Relatif à l'atmosphère. *Conditions atmosphériques.* ◇ *Moteur atmosphérique :* moteur dont les cylindres sont alimentés en air à la pression atmosphérique, sans surpression ni alimentation forcée.

ATOCA ou **ATACA** n.m. (mot amérindien). Canada. Airelle canneberge.

ATOCATIÈRE n.f. Canada. Terrain où pousse, où l'on cultive l'atoca.

ATOLL n.m. (mot des îles Maldives). Île des mers tropicales, formée de récifs coralliens qui entourent une lagune centrale, dite *lagon.*

ATOME n.m. (gr. *atomos,* qu'on ne peut diviser). **1.** Constituant élémentaire de la matière, assemblage de particules fondamentales. *Un corps constitué d'atomes identiques est un corps simple.* ◇ Fam. *Atomes crochus :* sympathie, entente entre des personnes. **2.** Parcelle, très petite quantité de qqch. *Elle n'a plus un atome de bon sens.* **3.** ANTHROP. *Atome de parenté :* structure de parenté la plus élémentaire (le sujet, le père, la mère et le frère de la mère).

■ L'atome est constitué d'un noyau massif (10 000 fois plus petit que l'atome lui-même) environné d'un nuage d'électrons, particules chargées négativement. Le noyau est constitué de neutrons, sans charge électrique, et de protons, chargés positivement. Dans un atome donné, le nombre de protons, égal au nombre d'électrons, est le nombre (ou numéro) atomique.

Les atomes peuvent échanger des électrons pour établir des liaisons chimiques et donner des molécules ou des corps composés.

Deux atomes isotopes ne diffèrent que par leur nombre de neutrons. Les noyaux des atomes radioactifs ont tendance à se désintégrer tandis que les noyaux des atomes les plus légers peuvent fusionner, ces deux processus libérant une énergie considérable (radioactivité, bombe atomique, fusion).

atlantes, par J.-Cl. Rambot (pavillon de Vendôme [1665] à Aix-en-Provence)

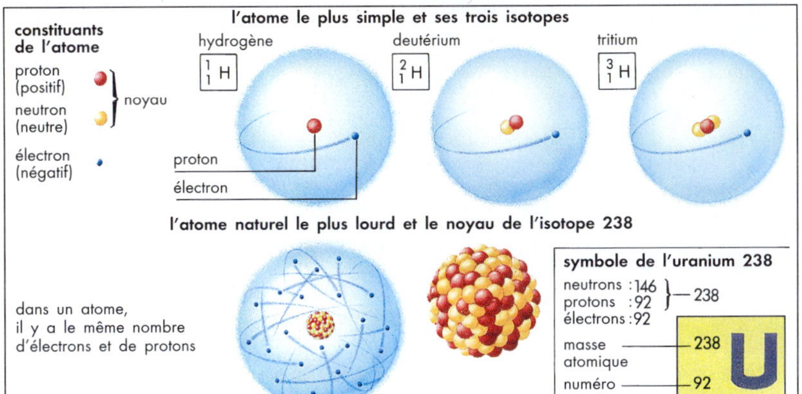

atome

ATOME-GRAMME n.m. (pl. *atomes-grammes*). Masse en grammes d'une mole d'atomes d'un élément chimique.

ATOMICITÉ n.f. 1. CHIM. Nombre d'atomes contenus dans une molécule. 2. ÉCON. Caractère de l'offre (ou de la demande) sur un marché où les vendeurs (ou les acheteurs) sont suffisamment importants et assez nombreux pour qu'aucun d'eux ne puisse, par sa seule action, exercer une influence sur le fonctionnement du marché et, par voie de conséquence, sur la détermination du prix.

ATOMIQUE adj. I. 1. Relatif aux atomes. 2. *Masse atomique* : rapport de la masse de l'atome d'un élément chimique au douzième de la masse du carbone 12. 3. *Numéro* ou *nombre atomique* : numéro d'ordre d'un élément dans la classification périodique, égal au nombre de ses électrons (et à celui de ses protons). II. 1. Vieilli. *Énergie atomique* : énergie libérée par des réactions nucléaires. 2. *Arme atomique* : arme utilisant les réactions de fission du plutonium ou de l'uranium, employée pour la première fois en 1945. → ***nucléaire, thermonucléaire.***

ATOMISATION n.f. Action d'atomiser ; son résultat.

ATOMISÉ, E adj. et n. Qui a subi les effets des radiations nucléaires.

ATOMISER v.t. I. 1. Détruire avec des armes atomiques. 2. Réduire un corps en fines particules, à partir de son état liquide. II. Désagréger, diviser (un groupe, un ensemble cohérent, qqch).

ATOMISEUR n.m. Appareil servant à disperser finement des liquides, solutions ou suspensions.

ATOMISME n.m. PHILOS. 1. Doctrine antique selon laquelle l'univers est formé d'atomes qui se combinent entre eux de façon fortuite et mécanique. *L'atomisme de Démocrite, de Lucrèce.* 2. *Atomisme logique* : théorie de B. Russell, qui conçoit le monde comme un ensemble de faits exprimés dans un langage logique formalisé.

ATOMISTE n. et adj. 1. Spécialiste de physique atomique. 2. Partisan de l'atomisme philosophique.

ATOMISTIQUE adj. Relatif à l'atomisme.

ATONAL, E, ALS ou **AUX** adj. MUS. Écrit suivant les principes de l'atonalité.

ATONALITÉ n.f. Écriture musicale contemporaine, caractérisée en partic. par l'abandon des règles de l'harmonie et de la tonalité classiques, et utilisant les douze degrés de la gamme chromatique. (Les grands représentants de l'atonalité sont Schönberg, Berg, Webern, Boulez, Stockhausen, Xenakis, etc.)

ATONE adj. (gr. *atonos,* relâché). 1. Qui est ou paraît sans vitalité, sans vigueur ; qui manque de dynamisme. *Un regard atone.* 2. Qui ne porte pas d'accent tonique, en parlant d'une voyelle ou d'une syllabe.

ATONIE n.f. Caractère de ce qui est atone, manque de force, de vitalité.

ATONIQUE adj. Qui a rapport à l'atonie ou qui en résulte.

ATOURS n.m. pl. (anc. fr. *atourner,* disposer). Litt. L'ensemble des vêtements, de la parure d'une femme. *Être dans ses plus beaux atours.*

ATOUT n.m. (de *tout*). 1. Couleur choisie ou prise au hasard et qui l'emporte sur les autres, aux jeux de cartes. 2. Fig. Chance de réussir. *Avoir de bons atouts.*

ATOXIQUE adj. MÉD. Dépourvu de toxicité.

A. T. P. n.f. (sigle). Adénosine* triphosphate.

ATRABILAIRE adj. et n. Litt. Facilement irritable ; sombre.

ATRABILE n.f. (lat. *bilis atra,* bile noire). Bile noire qui passait pour causer la mélancolie et l'instabilité, dans la médecine ancienne.

ÂTRE n.m. (du gr. *ostrakon,* morceau de brique). Litt. Partie de la cheminée où l'on fait le feu ; la cheminée elle-même.

ATRÉSIE n.f. (du gr. *tresis,* trou). MÉD. Étroitesse ou obstruction d'un orifice ou d'un conduit naturel.

ATRIAU n.m. Suisse. Crépinette ronde.

ATRIUM [atrijɔm] n.m. (mot lat.). 1. Pièce principale qui commandait la distribution de la maison romaine, avec une ouverture carrée au centre du toit pour recueillir les eaux de pluie. 2. Cour bordée de portiques, devant la façade de certaines églises primitives.

ATROCE adj. (lat. *atrox, -ocis*). 1. Qui provoque de la répulsion, qui est horrible, insoutenable à cause de sa cruauté, de sa dureté ou de sa laideur. *Un crime atroce.* 2. Insupportable, très pénible à endurer. *Des souffrances atroces.*

ATROCEMENT adv. De manière atroce.

ATROCITÉ n.f. 1. Caractère de ce qui est atroce. *L'atrocité de la guerre.* 2. Action cruelle, crime. *Ils ont commis des atrocités innommables.*

ATROPHIE n.f. (du gr. *trophê,* nourriture). MÉD. Diminution de volume et mauvais fonctionnement d'un tissu, d'un organe, d'un organisme.

ATROPHIÉ, E adj. Qui a subi une atrophie.

ATROPHIER (S') v.pr. 1. MÉD. Diminuer de volume, en parlant d'un membre ou d'un organe. 2. Perdre de sa vigueur, s'affaiblir ; se dégrader.

ATROPINE n.f. (lat. *atropa,* belladone). Alcaloïde extrait de la belladone, utilisé pour dilater la pupille et combattre les spasmes.

ATTABLER (S') v.pr. S'asseoir à une table (pour manger, travailler, etc.).

ATTACHANT, E adj. Qui émeut, qui touche ; qui suscite de l'intérêt.

ATTACHE n.f. 1. Ce qui sert à attacher (lien, courroie, etc.). 2. Partie du corps où est fixé un muscle, un ligament. 3. *Port d'attache,* où un navire est immatriculé. ◆ pl. Relations, rapports amicaux ou familiaux. *J'ai toutes mes attaches dans cette ville.*

ATTACHÉ, E n. 1. Membre d'une ambassade, d'un cabinet ministériel, etc. *Attaché culturel.* 2. *Attaché de presse* : personne chargée d'assurer les relations avec les médias, dans une entreprise publique ou privée.

ATTACHÉ-CASE [ataʃekɛz] n.m. (de l'angl.) [pl. *attachés-cases*]. Mallette plate et rigide servant de porte-documents.

ATTACHEMENT n.m. 1. Sentiment d'affection ou de sympathie éprouvé pour qqn ou qqch. 2. Relevé journalier des travaux et des dépenses d'un entrepreneur.

ATTACHER v.t. (anc. fr. *estachier,* fixer). 1. Fixer à qqch, maintenir à un endroit ou réunir ensemble avec une agrafe, une chaîne, etc. 2. Donner, attribuer. *Elle n'attache aucune importance à ce qu'il dit.* 3. Lier, associer durablement. *Attacher son nom à un procédé.* ◆ v.i. Coller au fond d'un récipient pendant la cuisson. *Les pâtes ont attaché.* ◆ **s'attacher** v.pr. 1. *S'attacher à qqn, à qqch* : devenir proche de qqn, l'apprécier ; s'intéresser à qqch. 2. *S'attacher à* : s'appliquer à.

ATTAGÈNE n.m. (mot gr.). Petit coléoptère dont les larves brunes s'attaquent aux fourrures, aux tapis, etc.

ATTAQUABLE adj. Qui peut être attaqué.

ATTAQUANT, E adj. et n. Qui attaque.

atrium (avec impluvium et compluvium) d'une maison d'Herculanum (fin du IIe s. av. J.-C.)

ATTAQUE n.f. I. 1. Action d'attaquer ; agression. *Attaque à main armée.* ◇ Fam. *(Être) d'attaque,* en forme. 2. Critique violente, accusation. *Il ne réagit même plus à ses attaques.* 3. Action militaire pour conquérir un objectif ou pour détruire des forces ennemies. 4. SPORTS. Action offensive. – Ensemble des joueurs participant à cette action, dans les sports d'équipe. II. Accès subit d'une maladie. ◇ *Une attaque* : une hémorragie ou une embolie cérébrale.

ATTAQUER v.t. (it. *attaccare,* attacher, commencer). I. 1. Agresser physiquement ; assaillir. *Il l'a attaqué par-derrière. Attaquer un pays.* 2. Incriminer, critiquer avec une certaine violence, verbalement ou par écrit. *Attaquer les institutions.* ◇ Intenter une action judiciaire. *Il va les attaquer en justice.* 3. Entamer ; corroder, ronger. *La rouille attaque le fer.* II. 1. Commencer, entreprendre. *Attaquer un roman.* 2. Fam. Commencer à manger. *On attaque le gâteau ?* ◆ **s'attaquer** v.pr. *(à).* Affronter sans hésiter. *S'attaquer à plus fort que soi.*

ATTARDÉ, E adj. et n. 1. Dont l'intelligence s'est peu développée. *Un enfant très attardé.* 2. En retard sur son époque, périmé.

ATTARDER (S') v.pr. 1. Rester longtemps quelque part. *S'attarder à bavarder chez des amis.* 2. Prendre son temps pour faire (qqch). *Il s'est attardé à réparer sa bicyclette.*

ATTEINDRE v.t. (lat. *attingere,* toucher) [81]. I. a. Toucher en blessant, avec un projectile. *Une balle perdue l'avait atteint au genou.* b. Troubler profondément, bouleverser. *Vos paroles l'ont atteint.* II. 1. Parvenir à. *Atteindre la retraite.* 2. Réussir à joindre, à rencontrer. *Il est difficile à atteindre.* ◆ v.t. ind. *(à)* Parvenir avec effort. *Atteindre à la perfection.*

ATTEINTE n.f. 1. Action, fait d'atteindre. ◇ *Hors d'atteinte* : qui ne peut être touché. 2. Dommage, préjudice. *Atteinte à la liberté.* – *Atteinte à la sûreté de l'État* : infraction contre les intérêts du pays, la défense nationale, etc. 3. Douleur physique. *Résister aux atteintes du froid.*

ATTELAGE n.m. 1. Action ou manière d'atteler (un ou plusieurs animaux) ; ensemble des animaux attelés. 2. Dispositif d'accrochage de plusieurs véhicules entre eux.

ATTELER v.t. (lat. *protelum,* attelage de bœufs) [24]. 1. Attacher (des animaux) à une voiture ou à une machine agricole. 2. Fam. Faire entreprendre à qqn (une tâche pénible et généralement de longue haleine). 3. a. CH. DE F. Accrocher des (voitures, des wagons). b. Relier (un véhicule, une machine agricole) à un véhicule moteur pour le tracter. ◆ **s'atteler** v.pr. *(à).* Entreprendre (un travail long et difficile). *S'atteler à une thèse de 300 pages.*

ATTELLE n.f. (lat. *astula,* de *assis,* planche). Petite pièce de bois ou de métal pour maintenir des os fracturés. SYN. : *éclisse.*

ATTENANT, E adj. (lat. *attinens*). Contigu, adjacent.

ATTENDRE v.t. et i. (lat. *attendere,* prêter attention) [73]. 1. Demeurer, rester quelque part jusqu'à ce qu'arrive (qqn, qqch). *Je t'attends depuis une heure. Attendre un taxi.* 2. Compter sur, prévoir, espérer. *Attendre une lettre, une réponse.* 3. Être prêt pour (qqn), en parlant d'une chose. *Le dîner nous attend.* 4. *En attendant* : a. Jusqu'à tel moment. b. En tout cas. ◆ v.t. ind. *(après).* Compter sur qqn, qqch avec impatience, en avoir besoin. *Il attend après cette somme.* ◆ **s'attendre** v.pr. *(à).* Prévoir, imaginer. *Elle ne s'attend pas à cette surprise.*

ATTENDRIR v.t. 1. Émouvoir, toucher (qqn). *Elle l'avait attendri.* 2. Rendre moins dur. *Attendrir de la viande.* ◆ **s'attendrir** v.pr. Être ému.

ATTENDRISSANT, E adj. Qui attendrit, qui émeut.

ATTENDRISSEMENT n.m. Fait de s'attendrir sur qqn ou qqch, d'être attendri.

ATTENDRISSEUR n.m. Appareil de boucherie pour attendrir la viande.

1. ATTENDU prép. Vu, en raison de. *Attendu les évènements.* ◆ loc. conj. *Attendu que* : vu que, puisque.

2. ATTENDU n.m. DR. (Surtout au pl.). Alinéa qui énonce les arguments sur lesquels sont fondés une requête, un jugement, etc.

ATTENTAT n.m. Attaque criminelle ou illégale contre les personnes, les droits, les biens, etc. ◇ DR. *Attentat à la pudeur :* acte contraire aux mœurs commis par une personne sur un tiers.

ATTENTATOIRE adj. Qui porte atteinte (à qqch). *Mesure attentatoire à la liberté.*

ATTENTE n.f. **1.** Action d'attendre qqn ou qqch ; temps pendant lequel on attend. **2.** Espérance, souhait. *Répondre à l'attente de ses admirateurs.* ◇ *Contre toute attente :* contrairement à ce qu'on attendait.

ATTENTER v.t. ind. **[à]** (lat. *attentare,* attaquer). Commettre une tentative criminelle contre ; porter gravement atteinte à. *Attenter à ses jours, à la vie de qqn.*

ATTENTIF, IVE adj. **1.** Qui prête, porte attention à qqn, à qqch. *Un auditoire attentif.* **2.** Plein d'attentions, vigilant. *Des soins attentifs.*

ATTENTION n.f. (lat. *attentio*). **1.** Action de se concentrer sur qqch ou sur qqn, de s'appliquer ; vigilance. *Regarder qqch avec attention.* **2.** Marque d'affection, d'intérêt ; égard. *Une délicate attention de sa part.* ◆ **interj.** *Attention ! :* prenez garde.

ATTENTIONNÉ, E adj. Plein d'attentions, de gentillesse.

ATTENTISME n.m. Tendance à attendre les évènements avant d'agir, de parler ; opportunisme.

ATTENTISTE adj. et n. Qui pratique l'attentisme.

ATTENTIVEMENT adv. D'une façon attentive.

ATTÉNUANT, E adj. Qui atténue. ◇ *Circonstances atténuantes :* faits particuliers qui accompagnent une infraction et dont les juges tiennent compte pour diminuer la peine prévue par la loi.

ATTÉNUATEUR n.m. Dispositif qui permet de diminuer l'amplitude d'une grandeur électrique.

ATTÉNUATION n.f. Action d'atténuer, fait de s'atténuer ; diminution, adoucissement.

ATTÉNUER v.t. (lat. *attenuare,* affaiblir). Diminuer la force, l'intensité, la brutalité de qqch. *Atténuer un son.* ◆ **s'atténuer** v.pr. Devenir moindre. *Sa douleur s'atténue peu à peu.*

ATTERRAGE n.m. MAR. (Surtout au pl.). Approche, voisinage (de la terre, d'un port). *Les atterrages du Cotentin.*

ATTERRANT, E adj. Consternant, accablant.

ATTERRER v.t. (de *terre*). Jeter dans la stupéfaction ; consterner, accabler.

ATTERRIR v.i. **1. a.** Prendre contact avec le sol, en parlant d'un avion, d'un engin spatial, etc. **b.** Toucher terre, en parlant d'un navire. **2.** Fam. Arriver, se trouver quelque part inopinément. *Comment ce livre a-t-il atterri sur ma table ?*

ATTERRISSAGE n.m. Action d'atterrir ; son résultat.

ATTERRISSEMENT n.m. Amas de terres, de sables apportés par les eaux.

ATTESTATION n.f. Déclaration verbale ou écrite qui témoigne de la véracité d'un fait, certifie.

ATTESTÉ, E adj. Connu par un emploi daté, en parlant d'un mot, d'une forme.

ATTESTER v.t. (lat. *attestari,* de *testis,* témoin). **1.** Certifier la vérité ou l'authenticité de. *J'atteste que cet homme est innocent.* **2.** Prouver, témoigner. *Cette lettre atteste sa bonne foi.* **3.** Litt. Prendre à témoin. *Attester le ciel.*

ATTICISME [atisism] n.m. (gr. *attikos,* attique). Style élégant et sobre propre aux artistes de la Grèce antique aux Vᵉ et IVᵉ s. av. J.-C., notamm. aux écrivains (d'Eschyle à Démosthène).

ATTIÉDIR v.t. Litt. Rendre tiède.

ATTIÉDISSEMENT n.m. Litt. Action d'attiédir ; son résultat.

ATTIFEMENT n.m. Fam. Action ou manière d'attifer.

ATTIFER v.t. (anc. fr. *tifer,* parer). Fam. et péj. Habiller, parer avec mauvais goût ou d'une manière un peu ridicule. ◆ **s'attifer** v.pr. Fam. et péj. S'habiller d'une manière bizarre. *Comment t'es-tu attifée aujourd'hui !*

ATTIGER v.i. [17]. Pop. Exagérer.

1. ATTIQUE adj. Relatif à l'Attique, à Athènes et à leurs habitants. *L'art attique.* ◆ n.m. Dialecte ionien qui était la langue de l'Athènes antique.

2. ATTIQUE n.m. ARCHIT. Couronnement horizontal décoratif ou petit étage terminal d'une construction, placés au-dessus d'une corniche ou d'une frise importante.

ATTIRABLE adj. Qui peut être attiré.

ATTIRAIL n.m. (anc. fr. *atirier,* disposer). Ensemble d'objets divers, généralement encombrants, destiné à un usage bien précis. *Attirail de pêcheur à la ligne, de photographe.*

ATTIRANCE n.f. Caractère de ce qui est attirant, de ce vers quoi on est attiré.

ATTIRANT, E adj. Qui attire, séduit.

ATTIRER v.t. (de *tirer*). **1.** Tirer, amener à soi. *L'aimant attire le fer.* **2. a.** Faire venir en exerçant un attrait, en éveillant l'intérêt. *Ce spectacle m'attire beaucoup.* **b.** Occasionner. *Son impertinence va lui attirer des ennuis.*

ATTISEMENT n.m. Litt. Action d'attiser.

ATTISER v.t. (du lat. *titio,* tison). **1.** Aviver, ranimer (le feu, les flammes). *Attiser un feu.* **2.** Litt. Exciter, entretenir. *Attiser la haine.*

ATTITRÉ, E adj. **1.** Qui est chargé en titre d'un emploi, d'un rôle. *L'humoriste attitré d'un journal.* **2.** Que l'on se réserve exclusivement ; dont on a l'habitude, que l'on préfère. *Avoir sa place attitrée.*

ATTITUDE n.f. (it. *attitudine,* posture). **1.** Manière de tenir son corps, posture. *Attitude avachie.* ◇ CHORÉGR. Pose de la danse classique dans laquelle les bras et l'une des jambes sont levés. **2.** Manière dont on se comporte avec les autres. *Son attitude a été odieuse.*

ATTITUDINAL, E, AUX adj. Qui concerne l'attitude psychologique de qqn.

ATTO-, préfixe (symbole *a*) qui multiplie par 10^{-18} l'unité devant laquelle il est placé.

ATTORNEY n.m. (mot angl., anc. fr. *atorné,* préposé à). Homme de loi, dans les pays anglo-saxons. – *Attorney général :* ministre de la Justice, aux États-Unis ; membre du gouvernement qui représente la Couronne auprès des tribunaux en Grande-Bretagne.

ATTOUCHEMENT n.m. Action de toucher légèrement, en partic. avec la main.

ATTRACTIF, IVE adj. **1.** Qui a la propriété d'attirer. *La force attractive d'un aimant.* **2.** (Emploi critiqué). Attrayant. *Des prix particulièrement attractifs.*

ATTRACTION n.f. (lat. *attractio,* de *trahere,* tirer). **I. 1.** Force en vertu de laquelle un corps est attiré par un autre. *L'attraction terrestre.* ◇ *Loi de l'attraction universelle :* loi, énoncée par Newton, selon laquelle deux masses s'attirent mutuellement, en raison directe de leurs masses, en raison inverse du carré de leurs distances et selon la droite qui les joint. **2.** Ce qui attire, séduit. *Une secrète attraction le portait vers elle.* **3.** LING. Modification subie par un mot sous l'influence d'un autre mot. **II. 1. a.** Distraction mise à la disposition du public dans certains lieux ou à l'occasion de manifestations, de réjouissances collectives. *Parc d'attractions.* **b.** Numéro de cirque, de variétés qui passe en intermède d'un spectacle plus important. **2.** Objet d'intérêt ou de curiosité.

ATTRACTIVITÉ n.f. Caractère de ce qui est attractif, attrayant.

ATTRAIRE v.t. [112]. DR. *Attraire (qqn) en justice :* assigner ou citer (qqn) devant un tribunal.

ATTRAIT n.m. (lat. *attrahere,* tirer à soi). Qualité par laquelle une personne ou une chose attire, plaît.

ATTRAPADE n.f. ou **ATTRAPAGE** n.m. Litt. Réprimande.

ATTRAPE n.f. **1.** Objet destiné à tromper (par jeu, par plaisanterie). *Magasin de farces et attrapes.* **2.** Tromperie faite pour plaisanter ; farce.

ATTRAPE-MOUCHE n.m. (pl. *attrape-mouches*). Plante dont les fleurs ou les feuilles emprisonnent les insectes (dionée, drosera, etc.).

ATTRAPE-NIGAUD n.m. (pl. *attrape-nigauds*). Ruse grossière.

ATTRAPER v.t. (de *trappe*). **1. a.** Saisir, prendre, atteindre (qqn ou qqch qui bouge). *Attrape-le, il va s'échapper. Attraper un bus.* **b.** Prendre au piège. *Attraper une souris.* **2.** Fam. Contracter (une maladie). *Tu as encore attrapé un rhume.* **3.** Fam. Faire des reproches à ; réprimander. *Attraper un enfant en retard.* **4.** Tromper, abuser. *Se laisser attraper par des flatteries.*

ATTRAPE-TOUT adj. inv. Dont le programme peu précis permet d'attirer une grande variété d'électeurs, en parlant d'un parti politique.

ATTRAYANT, E adj. Attirant, séduisant.

ATTREMPAGE n.m. Action d'attremper.

ATTREMPER v.t. Chauffer progressivement (un four de verrerie).

ATTRIBUABLE adj. Qui peut être attribué.

ATTRIBUER v.t. (lat. *attribuere*). **1.** Accorder comme avantage, donner. *Attribuer des fonds à un organisme.* **2.** Considérer (qqn) comme auteur, (qqch) comme cause. *On lui attribue tout le succès de ces négociations. Attribuer un échec à la fatigue.* ◆ **s'attribuer** v.pr. S'approprier, faire sien. *Il s'est attribué la meilleure part.*

ATTRIBUT n.m. (lat. *attributum,* qui a été attribué). **1.** Ce qui appartient, ce qui est inhérent à qqn ou à qqch. *Le rire est un attribut de l'homme.* ◇ PHILOS. Propriété d'une substance. **2.** Symbole attaché à une fonction. *La balance est l'attribut de la justice.* **3.** GRAMM. Terme (adjectif, nom, etc.) qualifiant le sujet ou le complément d'objet direct par l'intermédiaire d'un verbe (*être, devenir, paraître,* etc., pour l'attribut du sujet ; *rendre, nommer,* etc., pour l'attribut de l'objet). ◇ LOG. Prédicat.

ATTRIBUTAIRE n. DR. Personne à qui a été attribué qqch.

ATTRIBUTIF, IVE adj. LOG. Qui indique ou énonce un attribut.

ATTRIBUTION n.f. **1.** Action d'attribuer. *Attribution d'un prix.* **2.** GRAMM. *Complément d'attribution :* nom ou pronom qui désigne la personne ou la chose à laquelle s'adresse un don, un ordre, un discours, etc., ou à laquelle appartient un être ou une chose. (Ex. : *amie* dans *Donner un livre à une amie.*) ◆ pl. **1.** Pouvoirs qui sont attribués à qqn. *Cela ne rentre pas dans mes attributions.* **2.** DR. Dévolution d'un bien en faveur d'un copartageant, dans un partage.

ATTRISTANT, E adj. Qui rend triste, déçoit.

ATTRISTER v.t. Rendre triste. *Cette mort subite l'a beaucoup attristée.* ◆ **s'attrister** v.pr. Devenir triste.

ATTRITION n.f. (lat. *attritio,* frottement). THÉOL. Regret d'avoir offensé Dieu, causé par la crainte du châtiment éternel. SYN. : *contrition imparfaite.*

ATTROUPEMENT n.m. Rassemblement plus ou moins tumultueux de personnes sur la voie publique.

ATTROUPER v.t. Rassembler des personnes, grouper. ◆ **s'attrouper** v.pr. Se réunir en foule. *Des badauds commençaient à s'attrouper.*

ATYPIE n.f. ou **ATYPISME** n.m. Absence de conformité relativement à un modèle que l'on prend comme référence.

ATYPIQUE adj. Qui diffère du type habituel ; que l'on peut difficilement classer.

AU, AUX art. contractés pour *à le, à les.*

Au, symbole chimique de l'or.

AUBADE n.f. (prov. *aubada*). Litt. Concert donné à l'aube, le matin, sous les fenêtres de qqn.

AUBAIN n.m. (lat. *alibi,* ailleurs). HIST. Individu fixé dans un pays étranger sans être naturalisé.

AUBAINE n.f. (de *aubain*). **1.** Avantage inespéré, occasion. *Profite de l'aubaine !* **2.** HIST. Droit par lequel la succession d'un aubain décédé sans postérité était attribuée au souverain.

1. AUBE n.f. (lat. *alba,* blanche). Litt. Première lueur du jour qui apparaît à l'horizon. ◇ *À l'aube de :* au commencement de.

2. AUBE n.f. (lat. *albus,* blanc). LITURGIE CATH. Longue robe de tissu blanc portée par les prêtres et les enfants de chœur pendant les offices, ainsi que par les premiers communiants.

3. AUBE n.f. (lat. *alapa,* soufflet). TECHN. Partie d'une roue hydraulique sur laquelle s'exerce l'action du fluide moteur. – Partie d'une turbomachine servant à canaliser un fluide.

AUBÉPINE n.f. (lat. *alba,* blanche, et *épine*). Arbre ou arbrisseau épineux à fleurs blanches ou roses, à baies rouges. (Famille des rosacées.)

AUBÈRE adj. et n.m. (esp. *hobero ;* mot ar.). Se dit d'un cheval dont la robe est composée d'un mélange de poils blancs et alezans.

AUBERGE n.f. (de *héberger*). **1.** Anc. Établissement simple et sans luxe situé à la campagne et offrant le gîte et le couvert pour une somme modique. ◇ Fam. *On n'est pas sortis de l'auberge :* on est loin d'en avoir fini avec les difficultés. – *Auberge espagnole :* lieu où l'on ne trouve que ce qu'on apporte. **2.** Mod. Restaurant ou hôtel-restaurant au cadre intime et chaleureux, généralement situé à la campagne.

AUBERGINE n.f. (catalan *albergínia ;* mot ar.). Fruit comestible, généralement violet, produit par une solanacée annuelle originaire de l'Inde. ◆ adj. inv. De la couleur violet sombre de l'aubergine.

aubergines

AUBERGISTE n. Personne qui tient une auberge.

AUBETTE n.f. (anc. fr. *hobe,* d'origine germanique). Région. (Nord, Alsace) ; Belgique. Kiosque à journaux ou abri pour attendre les transports en commun.

AUBIER n.m. (lat. *albus,* blanc). Partie jeune du tronc et des branches d'un arbre, située à la périphérie, sous l'écorce, constituée par les dernières couches annuelles de bois encore vivant et de teinte plus claire que le cœur.

AUBIN n.m. (angl. *hobby*). Allure défectueuse d'un cheval fatigué qui galope avec les antérieurs et trotte avec les postérieurs.

AUBOIS, E adj. et n. De l'Aube.

AUBURN [obœrn] adj. inv. (mot angl. ; anc. fr. *auborne*). D'un brun tirant légèrement sur le roux, en parlant des cheveux.

AUBURNIEN adj.m. Qui combine le régime cellulaire et le travail en atelier pendant la journée, en parlant d'un régime pénitentiaire (institué d'abord en 1816 à Auburn, aux États-Unis).

AUCUBA n.m. (jap. *aokiba*). Arbrisseau venant du Japon, à feuilles coriaces vertes et jaunes, souvent cultivé dans les jardins. (Haut. 2 m env. ; famille des cornacées.)

AUCUN, E adj. ou pron. indéf. (lat. *aliquis,* quelqu'un, et *unus,* un seul). Pas un, nul, personne (avec la négation *ne*). *Aucune ne travaille.* ◆ pl. (Seult devant un nom sans singulier). *Aucunes funérailles.* ◇ Litt. *D'aucuns :* quelques-uns.

AUCUNEMENT adv. Pas du tout.

AUDACE n.f. (lat. *audacia*). **1.** Courage, hardiesse. *Manquer d'audace.* **2.** Insolence, effronterie. *Tu as quand même une sacrée audace !*

AUDACIEUSEMENT adv. Avec audace.

AUDACIEUX, EUSE adj. et n. Qui a de l'audace ; décidé, téméraire.

AU-DEDANS (DE) loc. adv. et prép. À l'intérieur (de).

AU-DEHORS (DE) loc. adv. et prép. À l'extérieur (de).

AU-DELÀ (DE) loc. adv. et prép. Plus loin (que). ◆ **au-delà** n.m. inv. *L'au-delà :* ce qui vient après la vie terrestre. *L'angoisse de l'au-delà.*

AU-DESSOUS (DE) loc. adv. et prép. À un point inférieur ; plus bas (que).

AU-DESSUS (DE) loc. adv. et prép. À un point supérieur ; plus haut (que).

AU-DEVANT (DE) loc. adv. et prép. À la rencontre (de).

AUDIBILITÉ n.f. Fait d'être audible.

AUDIBLE adj. (lat. *audire,* entendre). **1.** Perceptible à l'oreille. **2.** Qui peut être entendu sans difficulté ou sans déplaisir. *Un enregistrement à peine audible.*

AUDIENCE n.f. (lat. *audientia,* action d'écouter). **I. 1.** Entretien accordé par un supérieur, une personnalité. *Solliciter, obtenir une audience. Recevoir qqn en audience.* **2.** DR. Séance au cours de laquelle le tribunal interroge les parties, entend les plaidoiries et rend sa décision (jugement ou arrêt). – *Délit d'audience :* manquement aux obligations professionnelles commis par un avocat pendant une audience. **II.** Attention, intérêt plus ou moins grand que qqn ou qqch suscite auprès du public. ◇ Spécialt. Nombre, pourcentage de personnes touchées par un média.

AUDIENCIA [odjensja] n.f. (mot esp.). HIST. Cour qui administrait la justice royale dans les royaumes hispaniques et dans les possessions espagnoles d'Amérique.

AUDIENCIER adj.m. DR. *Huissier audiencier,* chargé du service intérieur des tribunaux.

AUDIMAT n.m. (nom déposé). **1.** Audimètre très utilisé par les chaînes de télévision françaises. **2.** Par ext. Taux d'écoute d'une chaîne de télévision ; audience. *La course à l'audimat.*

AUDIMÈTRE n.m. Dispositif adapté à un récepteur de radio ou de télévision, utilisé pour mesurer l'audience d'une émission.

AUDIMÉTRIE n.f. Mesure de l'audience d'une émission de télévision ou de radio.

AUDIMUTITÉ n.f. Absence congénitale de langage chez un sujet ne présentant pas de déficits auditif ou intellectuel manifestes.

AUDIO adj. inv. Qui concerne l'enregistrement ou la transmission des sons (par opp. à *vidéo*).

AUDIOCONFÉRENCE n.f. Téléconférence assurée grâce à des moyens de télécommunication ne permettant que la transmission de la parole, et éventuellement de documents graphiques.

AUDIODISQUE n.m. Disque sur lequel sont enregistrés des sons (par opp. à *vidéodisque*).

AUDIOFRÉQUENCE n.f. Fréquence correspondant à des sons audibles, utilisée pour la transmission et la reproduction des sons.

AUDIOGRAMME n.m. **1.** Courbe caractéristique de la sensibilité de l'oreille aux sons. **2.** Disque ou cassette audio (par opp. à *vidéogramme*).

AUDIOLOGIE n.f. Science qui étudie l'audition.

AUDIOMÈTRE n.m. Appareil permettant de mesurer l'acuité auditive ; acoumètre.

AUDIOMÉTRIE n.f. Mesure de l'acuité auditive ; acoumétrie.

AUDIONUMÉRIQUE adj. *Disque audionumérique,* sur lequel les sons sont enregistrés sous forme de signaux numériques et lus par un système à laser. (On dit communément *Compact Disc* ou, par abrév., *CD.*)

AUDIO-ORAL, E, AUX adj. Se dit d'un enseignement principalement fondé sur l'écoute et sur l'expression orale. *Méthodes audio-orales d'enseignement des langues.*

AUDIOPHILE n. Personne passionnée par l'électroacoustique.

AUDIOPHONE n.m. Petit appareil acoustique que certains malentendants portent à l'oreille pour renforcer les sons.

AUDIOPROTHÉSISTE n. Praticien qui délivre, adapte et contrôle les appareils de prothèse auditive.

1. AUDIOVISUEL, ELLE adj. Qui appartient aux méthodes d'information, de communication ou d'enseignement utilisant l'image et (ou) le son.

2. AUDIOVISUEL n.m. **1.** Ensemble des méthodes, des techniques utilisant l'image et (ou) le son. **2.** Œuvre, montage associant l'image, fixe ou animée, et le son enregistré.

AUDIT [odit] n.m. (angl. *Internal Auditor*). **1.** Procédure de contrôle de la comptabilité et de la gestion d'une entreprise et de l'exécution de ses objectifs. **2.** Personne chargée de cette mission. SYN. : *auditeur.*

AUDITER v.t. Soumettre (une entreprise, un compte) à un audit.

AUDITEUR, TRICE n. **1.** Personne qui écoute un cours, un concert, une émission radiophonique, etc. **2.** Audit. **3.** DR. Fonctionnaire qui débute au Conseil d'État ou à la Cour des comptes. ◇ *Auditeur de justice :* futur magistrat, élève à l'École nationale de la magistrature.

AUDITIF, IVE adj. Qui concerne l'ouïe ou l'oreille en tant qu'organe de l'ouïe. *Troubles auditifs. Nerf auditif.*

AUDITION n.f. (lat. *auditio,* de *audire,* entendre). **1.** Fonction du sens de l'ouïe. *Trouble de l'audition.* **2.** Action d'entendre, d'écouter. *L'audition des témoins.* **3.** Présentation par un artiste de son répertoire ou d'un extrait de son répertoire en vue d'obtenir un engagement. *Passer une audition.*

AUDITIONNER v.t. Écouter (un acteur, un chanteur) présenter son répertoire, son tour de chant, lui faire passer une audition. ◆ v.i. En parlant d'un acteur, d'un chanteur, présenter son répertoire en vue d'obtenir un engagement.

AUDITOIRE n.m. (lat. *auditorium*). **1.** Ensemble des personnes qui écoutent un discours, une émission radiophonique, assistent à un cours, etc. ; public. **2.** Belgique, Suisse. Salle de cours ou de conférences.

AUDITORAT n.m. DR. Fonction d'auditeur.

AUDITORIUM [oditɔrjɔm] n.m. (mot lat.). Salle aménagée pour l'audition des œuvres musicales ou théâtrales, pour les émissions de radio ou de télévision, et pour les enregistrements sonores.

AUDOIS, E adj. et n. De l'Aude.

AUDOMAROIS, E adj. et n. De Saint-Omer.

AUDONIEN, ENNE adj. et n. De Saint-Ouen.

AUGE n.f. (lat. *alveus*). **1.** Récipient dans lequel boivent et mangent les animaux domestiques. **2.** Récipient dans lequel les ouvriers du bâtiment délaient le plâtre, le mortier, etc. **3.** Rigole qui conduit l'eau à un réservoir ou à la roue d'un moulin. **4.** GÉOGR. Vallée à fond plat et à versants raides, généralement d'origine glaciaire.

AUGÉE n.f. Contenu d'une auge.

AUGERON, ONNE adj. et n. Du pays d'Auge.

AUGET n.m. Petite auge.

AUGMENT n.m. LING. Affixe préposé à la racine verbale dans la conjugaison de certaines formes du passé (en grec, par ex.).

AUGMENTABLE adj. Que l'on peut augmenter.

AUGMENTATIF, IVE adj. et n.m. LING. Se dit d'un préfixe (ex. : *archi-, super-,* etc.) ou d'un suffixe (ex. : *-issime*) servant à renforcer le sens d'un mot.

AUGMENTATION n.f. **1.** Accroissement en quantité, en nombre, en valeur, etc. *Augmentation des prix. Augmentation du nombre des chômeurs.* **2.** Quantité, somme qui vient s'ajouter à une autre. *Donner une augmentation à une employée.* ◇ *Augmentation de capital :* accroissement du capital d'une société par apport en nature ou en numéraire, ou par incorporation des réserves figurant au bilan. **3.** Ajout d'une ou de plusieurs mailles sur un rang de tricot.

AUGMENTER v.t. (bas lat. *augmentare,* du lat. class. *augere*). **1.** Rendre plus grand, plus important. *Augmenter sa fortune.* **2.** Accroître le prix de. *Augmenter l'essence.* **3.** Faire bénéficier d'une rémunération plus élevée. *Augmenter qqn de dix pour cent.* ◆ v.i. **1.** Devenir plus grand, croître en quantité, en intensité, etc. *Les prix augmentent. Sa peur augmente.* **2.** Devenir plus cher. *Les légumes augmentent en hiver.*

AUGURAL, E, AUX adj. Relatif aux augures.

1. AUGURE n.m. (lat. *augur*). ANTIQ. ROM. Prêtre chargé d'interpréter les présages tirés du vol, du chant des oiseaux, etc.

2. AUGURE n.m. (lat. *augurium*). **1.** ANTIQ. ROM. Présage tiré d'un signe céleste. **2.** Présage, signe qui semble annoncer l'avenir. – *Être de bon, de mauvais augure :* présager une issue heureuse, malheureuse.

AUGURER v.t. Litt. Tirer un présage, un pressentiment, une conjecture de. – *Augurer bien, mal de qqch,* prévoir que l'issue en sera favorable ou non.

1. AUGUSTE adj. (lat. *augustus*). Litt. Qui inspire le respect, la vénération. ◆ n.m. HIST. (Avec une majuscule). Titre des empereurs romains.
2. AUGUSTE n.m. (de *Auguste*, n.pr.). Clown grimé de couleurs violentes. *L'auguste et le clown blanc.*
AUGUSTIN, E n. Religieux, religieuse qui suit les règles spirituelles de saint Augustin.
AUGUSTINIEN, ENNE adj. et n. Qui concerne saint Augustin, sa théologie de la grâce.
AUGUSTINISME n.m. **1.** Doctrine de saint Augustin, en partic. sur la grâce. **2.** Doctrine des jansénistes se réclamant de saint Augustin.
AUJOURD'HUI adv. (de l'anc. fr. *hui* ; lat. *hodie*). **1.** Au jour où l'on est ; ce jour. *Il arrive aujourd'hui.* ◇ *D'aujourd'hui* (ou, moins correct, *aujourd'hui*) *en huit, en quinze* : dans huit jours, dans quinze jours. **2.** Au temps où nous vivons ; maintenant. *La France d'aujourd'hui.*
AULA [ola] n.f. (mot lat.). Suisse. Grande salle d'une université, d'un musée, etc.
AULIQUE adj. (du lat. *aula*, cour). HIST. Qui appartient à la cour des rois. – *Conseiller aulique* : membre du Conseil aulique, tribunal suprême du Saint Empire.
AULNAIE [onɛ] ou **AUNAIE** n.f. Lieu planté d'aulnes.
AULNE [on] ou **AUNE** n.m. (lat. *alnus*). BOT. Arbre du bord des eaux, voisin du bouleau, dont l'espèce la plus courante est le vergne (ou verne).

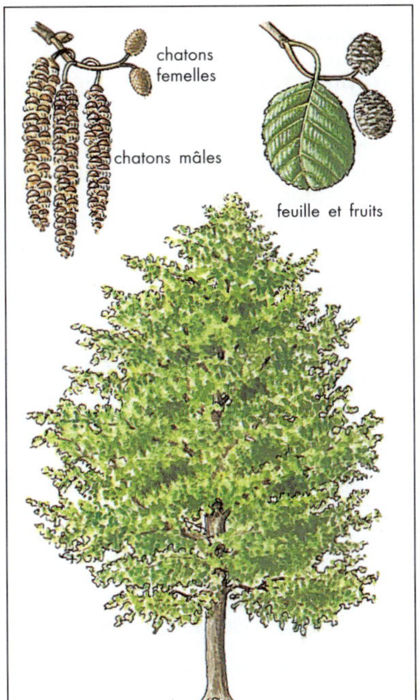

aulne

AULOFFÉE ou **AULOFÉE** n.f. (de *au lof*). MAR. Mouvement d'un voilier qui vient dans le lit du vent.
AULX n.m. pl. → ***ail.***
AUMÔNE n.f. (gr. *eleêmosunê*, pitié). Don fait aux pauvres. *Faire, demander l'aumône.* ◇ Fig. Faveur, grâce. *Faire, accorder à qqn l'aumône d'un sourire.*
AUMÔNERIE n.f. **1.** Charge d'aumônier. **2.** Lieu où un aumônier reçoit, a ses bureaux. *L'aumônerie d'un lycée.*
AUMÔNIER n.m. **1.** Ecclésiastique attaché à un corps ou à un établissement. **2.** HIST. *Grand aumônier de France* : titre du premier aumônier de la cour.
AUMÔNIÈRE n.f. Anc. Bourse portée à la ceinture.
AUMUSSE n.f. Anc. Fourrure portée par les chanoines et les chantres à l'office.
AUNAIE n.f. → ***aulnaie.***
1. AUNE n.m. → ***aulne.***
2. AUNE n.f. (du francique). **1.** Ancienne mesure de longueur, utilisée surtout pour les étoffes, et valant environ 1,20 m. **2.** *À l'aune de* : en prenant pour élément de mesure, de comparaison.
AUNÉE n.f. Plante des lieux humides, à fleurs jaunes. (Famille des composées.)
AUPARAVANT adv. (de *au*, *par* et *avant*). Avant dans le temps ; d'abord.
AUPRÈS (DE) loc. prép. **1.** Tout près de, à côté. *Venez auprès de moi.* **2.** En s'adressant à. *Faire une demande auprès du ministre.* **3.** En comparaison de. *Mon mal n'est rien auprès du sien.* **4.** Dans l'esprit, dans l'opinion de. *Il passe pour un goujat auprès d'elle.* ◆ adv. Litt. Dans le voisinage. *Les maisons bâties auprès.*
AUQUEL pron. relat. et interr. sing. → ***lequel.***
AURA n.f. (mot lat.). **1.** Litt. Atmosphère spirituelle qui enveloppe un être ou une chose. *Une aura de mystère.* **2.** MÉD. Vx. Signe qui annonce une crise d'épilepsie. **3.** Auréole, halo visible aux seuls initiés, dans les sciences occultes.
AURANTIACÉE n.f. Vx. Rutacée.
AURÉLIE n.f. Méduse rose ou blanche des mers tempérées, à l'ombrelle frangée de tentacules.
AURÉOLE n.f. (lat. *aureola* [*corona*], [couronne] d'or). **1.** Cercle dont les peintres, les sculpteurs entourent la tête des saints. SYN. : *nimbe.* **2.** Fig. Gloire, prestige. *L'auréole du martyre.* **3.** Cercle lumineux autour d'un astre, d'un objet ; halo. **4.** Tache en anneau laissée par un liquide, un corps gras sur du papier, du tissu, etc.
AURÉOLER v.t. Litt. Entourer (qqn, qqch) d'une auréole. *Sa chevelure auréolait son visage.* ◇ *Être auréolé de*, paré de (prestige, gloire, etc.).
AUREUS [oreys] n.m. (mot lat., *pièce d'or*). Monnaie d'or de la Rome antique.
1. AURICULAIRE adj. (lat. *auricula*, petite oreille). **1.** De l'oreille. ◇ *Témoin auriculaire*, qui a entendu de ses propres oreilles ce qu'il rapporte. **2.** D'une oreillette, des oreillettes du cœur. *Artères auriculaires.*
2. AURICULAIRE n.m. Cinquième doigt de la main ; petit doigt.
AURICULE n.f. ANAT. **1.** Lobe de l'oreille ou oreille externe tout entière. **2.** Prolongement des oreillettes du cœur.
AURICULÉ, E adj. Muni d'auricules.
AURICULOTHÉRAPIE n.f. Thérapeutique dérivée de l'acupuncture, qui consiste à traiter différentes affections par la piqûre de points déterminés du pavillon de l'oreille.
AURIFÈRE adj. (du lat. *aurum*, or, et *ferre*, porter). Qui contient de l'or. *Sable aurifère.*
AURIFICATION n.f. Action d'aurifier (une dent).
AURIFIER v.t. Obturer ou reconstituer (une dent) avec de l'or.
AURIGE n.m. (lat. *auriga*, cocher). ANTIQ. Conducteur de char, dans les courses.
AURIGNACIEN n.m. (de *Aurignac*). Faciès du paléolithique supérieur, caractérisé par des grattoirs carénés et des sagaies en os, et marqué par l'apparition de l'art figuratif (vers 33000 avant notre ère). ◆ **aurignacien, enne** adj. De l'aurignacien.
1. AURIQUE adj. (néerl. *oorig* ; du lat. *auris*, oreille). MAR. *Voile aurique*, de forme trapézoïdale.
2. AURIQUE adj. (lat. *aurum*, or). CHIM. Qui contient de l'or. *Sel aurique.*
AUROCHS [ɔrɔk] n.m. (all. *Auerochs*). Bœuf sauvage noir de grande taille dont l'espèce est éteinte.
AURORAL, E, AUX adj. **1.** Litt. De l'aurore. **2.** Relatif à une aurore polaire.
AURORE n.f. (lat. *aurora*). **1.** Lueur qui précède le lever du soleil ; moment où le soleil va se lever. *Partir à l'aurore.* – Fig. Commencement. *L'aurore d'une ère nouvelle.* **2.** *Aurore polaire (boréale ou australe)* : phénomène lumineux fréquent dans le ciel des régions polaires, luminescence de la haute atmosphère sous l'action de particules électrisées issues du Soleil. ◆ adj. inv. D'un rose doré.
AUSCITAIN, E adj. et n. D'Auch.
AUSCULTATION n.f. (lat. *auscultatio*). Action d'écouter les bruits produits par les organes pour faire un diagnostic. (Méthode découverte par Laennec.) – *Auscultation immédiate*, par application directe de l'oreille sur le corps. – *Auscultation médiate*, par l'intermédiaire d'un stéthoscope.
AUSCULTATOIRE adj. Qui se rapporte à l'auscultation.
AUSCULTER v.t. (lat. *auscultare*, écouter). Pratiquer l'auscultation de. *Ausculter un malade. Ausculter le thorax.*
AUSPICE n.m. (lat. *auspicium*, de *avis*, oiseau, et *spicere*, examiner). [Surtout au pl.]. **1.** ANTIQ. Présage tiré du vol, du chant, du comportement des oiseaux. *Prendre les auspices.* **2.** Litt. Signe, augure. *Sous d'heureux, de funestes auspices.* ◇ Litt. *Sous les auspices de qqn* : sous sa protection, avec son appui.
AUSSI adv. (lat. *aliud*, autre chose, et *sic*, ainsi). Marque **1.** L'égalité. *Elle est aussi grande que toi. Si tu es content, moi aussi.* ◇ *Aussi bien que* : de même que. *Ceci vous intéresse aussi bien que moi.* **2.** L'addition. *Il y avait beaucoup d'enfants et aussi quelques adultes.* **3.** Le degré extrême. *Aussi surprenant que cela paraisse, c'est pourtant vrai.* ◆ conj. Marque **1.** La conséquence. *Il était très timide, aussi n'osa-t-il rien répondre.* **2.** La cause. *Personne n'a songé à l'inviter, aussi pourquoi n'a-t-elle pas téléphoné ?* ◇ Litt. *Aussi bien* : d'ailleurs. *Je ne partirai pas, aussi bien est-il trop tard.*
AUSSIÈRE ou **HAUSSIÈRE** n.f. Gros cordage employé pour l'amarrage, le touage des navires et pour les manœuvres de force.
AUSSITÔT adv. (de *aussi* et *tôt*). Au moment même, sur l'heure, immédiatement. *Je l'ai appelé et il est accouru aussitôt.* ◇ *Aussitôt que* : dès que.
AUSTÉNITE n.f. (de *Austen*, n. pr.). MÉTALL. Constituant micrographique des aciers.
AUSTÉNITIQUE adj. Qui concerne l'austénite.
AUSTÈRE adj. (lat. *austerus*, âpre au goût). **1.** Sévère, rigide dans ses principes, son comportement. *Une vie, une éducation, un air austère.* **2.** Dépouillé de tout ornement. *Une bâtisse austère.*
AUSTÈREMENT adv. De façon austère.
AUSTÉRITÉ n.f. **1.** Sévérité, rigorisme de mœurs, de comportement. ◇ ÉCON. *Politique d'austérité*, visant à la diminution des dépenses de consommation. **2.** Absence de tout ornement, de toute fantaisie. *L'austérité d'un style.*
AUSTRAL, E, ALS ou **AUX** adj. (lat. *auster*, vent du midi). De la moitié sud du globe terrestre, ou de la sphère céleste, d'un astre. CONTR. : *boréal.*
AUSTRALANTHROPIEN n.m. Australopithèque.
AUSTRALIEN, ENNE adj. et n. D'Australie.
AUSTRALOPITHÈQUE n.m. Hominidé reconnu en Afrique australe, auteur des premiers outils taillés (3 millions d'années). SYN. : *australanthropien.*
AUSTRONÉSIEN, ENNE adj. et n.m. Qui appartient à une famille de langues parlées dans les îles de l'océan Indien et du Pacifique, comprenant notamment l'indonésien et le polynésien. SYN. : *malayo-polynésien.*
AUTAN n.m. (mot prov.). *Autan blanc* ou *autan* : vent violent, chaud et sec, soufflant du sud-est sur le Toulousain. – *Autan noir*, pluvieux, venu d'Espagne.

aurore polaire

AUTANT adv. (lat. *aliud,* autre chose, et *tantum,* tellement). **1.** (Marquant l'égalité de quantité, de valeur, de nombre, etc.). *Elle travaille autant que moi. Il y a ici autant de femmes que d'hommes.* ◇ *D'autant* : dans la même proportion. *Payez un acompte, vous vous libérerez d'autant.* ◇ *Tout autant* : aussi bien. **2.** (Marquant une idée de grande quantité, de degré élevé). *Je n'avais jamais autant couru.* **3.** *Pour autant* : malgré cela ; cependant. ◇ *(Pour) autant que* : dans la mesure où. *Autant que je le sache.* ◇ *D'autant que* : vu, attendu que.

AUTARCIE n.f. (gr. *autarkeia,* qui se suffit à soi-même). **1.** Régime économique d'un pays qui tend à se suffire à lui-même. **2.** Doctrine préconisant ce régime.

AUTARCIQUE adj. Fondé sur l'autarcie.

AUTEL n.m. (lat. *altare*). **1.** Table, construction destinée à la réception des offrandes, à la célébration des sacrifices à la divinité. **2.** LITURGIE CATH. Table où l'on célèbre la messe.

AUTEUR n.m. (lat. *auctor*). **1.** Créateur, réalisateur d'une chose, responsable d'un acte. *L'auteur d'une découverte, d'un accident.* **2.** Écrivain, créateur d'une œuvre littéraire, artistique, etc. *Un auteur à succès. L'auteur d'un film.* ◇ *Droits d'auteur* : droits moraux et patrimoniaux d'un auteur sur son œuvre (artistique, littéraire ; technique [logiciels], etc.). **3.** DR. Personne de qui une autre *(l'ayant droit)* tient un droit ou une obligation.

AUTHENTICITÉ n.f. Caractère de ce qui est authentique, vrai.

AUTHENTIFICATION n.f. Action d'authentifier ; son résultat.

AUTHENTIFIER v.t. **1.** Certifier la vérité, l'exactitude de (qqch). **2.** Rendre authentique, légaliser. *Authentifier une signature.* SYN. (VX) : *authentiquer.*

AUTHENTIQUE adj. (gr. *authentikos,* qui agit de sa propre autorité). **1.** Dont l'exactitude, l'origine est incontestable. *Un manuscrit authentique.* **2.** D'une sincérité totale. *Une émotion authentique.* **3.** DR. Revêtu des formes légales.

AUTHENTIQUEMENT adv. De façon authentique.

AUTHENTIQUER v.t. Vx. Authentifier.

AUTISME n.m. (gr. *autos,* soi-même). PSYCHIATRIE. Repli pathologique sur soi accompagné de la perte du contact avec le monde extérieur. ■ L'autisme apparaît dès les premières années de la vie. Il se marque par le désintérêt total de l'enfant à l'égard de l'entourage, le besoin impérieux de se repérer constamment dans l'espace, des gestes stéréotypés, des troubles du langage et l'inadaptation dans la communication : l'enfant ne parle pas ou émet un jargon qui a la mélodie du langage, mais qui n'a aucune signification. L'origine de l'autisme est controversée et il est impossible de dissocier les facteurs organiques et les facteurs psychiques.

AUTISTE adj. et n. Atteint d'autisme.

AUTISTIQUE adj. Caractéristique de l'autisme.

1. AUTO n.f. (abrév.). Automobile.

2. AUTO n.m. → ***auto sacramental.***

AUTOACCUSATEUR, TRICE adj. et n. **1.** Qui relève de l'autoaccusation. **2.** Qui s'accuse lui-même.

AUTOACCUSATION n.f. Fait de s'accuser soi-même.

AUTOADHÉSIF, IVE adj. Autocollant.

AUTOALARME n.m. MAR. Appareil d'alarme automatique radiotélégraphique installé à bord d'un navire.

AUTOALLUMAGE n.m. Allumage spontané et accidentel du mélange détonant dans un moteur à explosion.

AUTOAMORÇAGE n.m. Amorçage spontané d'une machine ou d'une réaction, sans intervention d'un agent extérieur.

AUTOANALYSE n.f. PSYCHAN. Analyse du sujet par lui-même, recourant aux techniques psychanalytiques de l'association libre et de l'interprétation des rêves.

AUTOBERGE n.f. Rare. Voie automobile sur berge.

AUTOBIOGRAPHIE n.f. Biographie d'une personne écrite par elle-même.

AUTOBIOGRAPHIQUE adj. Qui concerne la vie même d'un auteur.

AUTOBLOQUEUR n.m. Appareil employé en alpinisme et en spéléologie pour l'ascension ou la descente de passages verticaux par glissements et coincements successifs le long d'une corde.

AUTOBRONZANT, E adj. et n.m. Se dit d'un produit cosmétique permettant de bronzer sans soleil.

AUTOBUS n.m. (de *auto* et *bus,* abrév. de *omnibus*). Grand véhicule automobile de transport en commun urbain et suburbain. Abrév. : *bus.*

AUTOCAR n.m. Grand véhicule automobile de transport en commun, routier ou touristique. Abrév. : *car.*

AUTO-CARAVANE n.f. (pl. *autos-caravanes*). Recomm. off. pour *camping-car, motor-home.*

AUTOCARISTE n. Propriétaire d'une compagnie d'autocars ; conducteur d'autocar.

AUTOCASSABLE adj. Qui peut se casser sans lime, en parlant d'une ampoule de verre contenant un médicament, un produit cosmétique, etc.

AUTOCASTRATION n.f. PSYCHIATRIE. Automutilation des organes sexuels mâles.

AUTOCENSURE n.f. Censure effectuée par qqn sur ses propres écrits, ses propres paroles.

AUTOCENSURER (S') v.pr. Pratiquer une autocensure sur ses œuvres, ses propos.

AUTOCENTRÉ, E adj. ÉCON. *Développement autocentré* : développement d'un pays fondé sur ses seules ressources.

AUTOCÉPHALE adj. Qui est relatif aux Églises et aux évêques métropolitains orthodoxes non soumis à la juridiction d'un patriarche.

AUTOCHENILLE n.f. Automobile montée sur chenilles à l'arrière et sur roues à l'avant.

AUTOCHROME [otokrom] adj. Qui enregistre les couleurs par synthèse additive. ◆ n.f. Plaque photographique autochrome.

AUTOCHROMIE n.f. Procédé autochrome d'enregistrement des couleurs.

AUTOCHTONE [otoktɔn] adj. et n. (du gr. *khthôn,* terre). Originaire par voie ancestrale du pays qu'il habite. SYN. : *aborigène.* ◆ adj. GÉOL. Se dit d'un terrain qui n'a pas subi de déplacement latéral et sur lequel se sont avancées les nappes de charriage, dans une région de structure charriée.

AUTOCINÉTIQUE adj. Capable de se mettre en mouvement par soi-même.

AUTOCLAVE adj. et n.m. (du lat. *clavis,* clef). Se dit d'un récipient à parois épaisses et à fermeture hermétique pour réaliser sous pression soit une réaction industrielle, soit la cuisson ou la stérilisation à la vapeur.

AUTOCOAT [otokot] n.m. (de l'angl. *coat,* manteau). Pardessus dont la longueur s'arrête au-dessus du genou.

AUTOCOLLANT, E adj. Qui adhère à une surface sans être humecté. SYN. : *autoadhésif.* ◆ n.m. Image, vignette autocollante.

AUTOCOMMUTATEUR n.m. Installation de connexion automatique entre deux postes d'un réseau téléphonique.

AUTOCONCURRENCE n.f. Concurrence qu'un produit fait à d'autres produits de la même entreprise ou du même groupe d'entreprises.

AUTOCONDUCTION n.f. ÉLECTR. Production de courant dans un corps placé à l'intérieur d'un solénoïde sans être relié à un circuit électrique.

AUTOCONSOMMATION n.f. Consommation de sa propre production par un producteur.

AUTOCOPIANT, E adj. Qui permet l'autocopie. *Papier autocopiant.*

AUTOCOPIE n.f. **1.** Procédé de reproduction d'un original (texte, dessin) par pression localisée, sans papier carbone intercalaire. **2.** Épreuve ainsi obtenue.

AUTOCORRECTIF, IVE adj. Qui permet l'autocorrection.

AUTOCORRECTION n.f. **1.** Correction spontanée d'une erreur, d'un défaut. **2.** Dispositif permettant au sujet de contrôler ses réponses à une épreuve de connaissances.

AUTOCOUCHETTE, AUTOCOUCHETTES ou **AUTOS-COUCHETTES** adj. inv. Qui permet le transport simultané de voyageurs en couchettes et de leur voiture. *Train autos-couchettes.*

AUTOCRATE n.m. (gr. *autokratês,* qui gouverne lui-même). Monarque absolu.

AUTOCRATIE [otokrasi] n.f. Système politique dominé par un monarque absolu.

AUTOCRATIQUE adj. Qui relève de l'autocratie.

AUTOCRITIQUE n.f. Critique de sa propre conduite (notamm. dans le domaine politique).

AUTOCUISEUR n.m. Récipient métallique à fermeture hermétique destiné à la cuisson des aliments à la vapeur, sous pression.

AUTODAFÉ n.m. (port. *auto da fé,* acte de foi). **I. 1.** HIST. Proclamation solennelle d'un jugement de l'Inquisition, en Espagne et dans l'Empire espagnol. **2.** Exécution du coupable (surtout : par le feu). **II.** Destruction par le feu. *Un autodafé de livres.*

AUTODÉFENSE n.f. **1.** Action de se défendre par ses seuls moyens. **2.** MÉD. Réaction d'un organisme contre un agent pathogène.

AUTODÉRISION n.f. Dérision aux dépens de soi-même.

AUTODESTRUCTEUR, TRICE adj. Qui vise à se détruire soi-même.

AUTODESTRUCTION n.f. Destruction de soi par soi-même.

AUTODÉTERMINATION n.f. **1.** Libre choix du statut politique d'un pays par ses habitants. **2.** Action de se déterminer par soi-même.

AUTODICTÉE n.f. Exercice scolaire consistant en la retranscription, de mémoire, d'un texte de quelques lignes.

AUTODIDACTE adj. et n. (du gr. *didaskein,* enseigner). Qui s'est instruit par lui-même.

AUTODIRECTEUR, TRICE adj. Qui peut se diriger vers son objectif sans intervention extérieure. *Missile autodirecteur.*

AUTODISCIPLINE n.f. Discipline que s'impose volontairement un individu ou un groupe.

AUTODROME n.m. (du gr. *dromos,* course). Piste conçue pour les courses et les essais automobiles.

AUTO-ÉCOLE n.f. (pl. *auto-écoles*). École où l'on enseigne la conduite automobile.

AUTOÉLÉVATEUR, TRICE adj. Se dit d'un engin, d'un dispositif susceptible de modifier une de ses dimensions verticales par coulissement, déplacement de certains de ses éléments. ◇ *Plate-forme autoélévatrice* : support de travail en mer prenant appui sur le fond grâce à des piles verticales susceptibles d'être hissées pour permettre le déplacement du support par flottaison.

AUTOÉROTIQUE adj. De l'autoérotisme ; qui relève de l'autoérotisme.

AUTOÉROTISME n.m. Recherche d'une satisfaction sexuelle sans recours à un partenaire.

AUTOEXCITATEUR, TRICE adj. ÉLECTR. Dont le courant alimentant les inducteurs est fourni par l'induit, en parlant d'une machine électrique.

AUTOFÉCONDATION n.f. BIOL. Union de deux éléments de sexe différent (gamètes) produits par le même individu (animal) ou par la même fleur. SYN. : *autogamie.*

AUTOFINANCEMENT n.m. Financement des investissements d'une entreprise au moyen d'un prélèvement sur les bénéfices réalisés.

AUTOFINANCER (S') v.pr. [16]. Pratiquer l'autofinancement.

AUTOFOCUS [-kys] adj. (mot angl., de *to focus,* mettre au point). Se dit d'un système de mise au point automatique équipant un appareil photo, une caméra, un projecteur, etc. ◆ n.m. Appareil équipé selon ce système.

AUTOGAME adj. (du gr. *gamos,* mariage). Capable de se reproduire par autofécondation. (Se dit surtout des végétaux.)

AUTOGAMIE n.f. Autofécondation.

AUTOGÈNE adj. *Soudage autogène* : soudage de deux pièces d'un même métal sans utilisation d'un métal d'apport.

AUTOGÉRÉ, E adj. Soumis à l'autogestion.

AUTOGESTION n.f. **1.** Gestion d'une entreprise par les travailleurs eux-mêmes. **2.** Système de gestion collective en économie socialiste.

AUTOGESTIONNAIRE adj. Qui relève de l'autogestion ; qui prône l'autogestion. *Socialisme autogestionnaire.*

AUTOGIRE n.m. (esp. *autógiro*). Aéronef dont la sustentation est due au mouvement circulaire d'un rotor tournant librement sous l'action du vent relatif créé par le déplacement horizontal de l'appareil.

AUTOGRAPHE adj. (du gr. *graphein,* écrire). Écrit de la main même de l'auteur. *Lettre autographe de Napoléon.* ◆ n.m. Écrit ou signature autographe d'un personnage célèbre. *Chasseur d'autographes.*

AUTOGRAPHIE n.f. **1.** Procédé d'impression par double décalque d'un texte écrit à l'encre grasse. **2.** Reproduction ainsi obtenue.

AUTOGRAPHIER v.t. Reproduire par autographie.

AUTOGRAPHIQUE adj. De l'autographie.

AUTOGREFFE n.f. MÉD. Greffe à partir d'un greffon prélevé sur le sujet lui-même.

AUTOGUIDAGE n.m. Procédé permettant à un mobile (aéronef, missile) de diriger lui-même son mouvement vers le but assigné.

AUTOGUIDÉ, E adj. Dirigé par autoguidage.

AUTO-IMMUN, E [otoimœ̃, yn] adj. (pl. *auto-immuns, es*). MÉD. Dû à l'auto-immunité, en parlant d'un processus, d'une maladie.

AUTO-IMMUNITAIRE adj. (pl. *auto-immunitaires*). Propre à l'auto-immunité.

AUTO-IMMUNITÉ ou **AUTO-IMMUNISATION** n.f. (pl. *auto-immunités, -immunisations*). Production par un organisme d'anticorps dirigés contre ses propres constituants.

AUTO-IMPOSITION n.f. (pl. *auto-impositions*). Assujettissement à l'impôt des établissements publics.

AUTO-INDUCTANCE n.f. (pl. *auto-inductances*). Quotient du flux d'induction magnétique à travers un circuit par le courant qui le parcourt. SYN. (anglic.) : *self-inductance.*

AUTO-INDUCTION n.f. (pl. *auto-inductions*). Induction produite dans un circuit électrique par les variations du courant qui le parcourt. SYN. (anglic.) : *self-induction.*

AUTO-INFECTION n.f. (pl. *auto-infections*). Infection due à la virulence, dans un organisme affaibli, de micro-organismes normalement non pathogènes (dits *germes opportunistes*).

AUTO-INTOXICATION n.f. (pl. *auto-intoxications*). Intoxication provoquée par des déchets non ou mal éliminés de l'organisme.

AUTOLIMITATION n.f. Limitation que quelqu'un s'impose de son propre chef (et concernant en partic. sa consommation, ses achats, etc.).

AUTOLUBRIFIANT, E adj. Qui assure sa propre lubrification.

AUTOLYSAT [otɔliza] n.m. Produit de l'autolyse.

AUTOLYSE n.f. BIOL. Destruction d'un tissu animal ou végétal par ses propres enzymes. *Le blettissement des fruits est une autolyse.* ◇ PSYCHIATRIE. Suicide.

AUTOMATE n.m. (gr. *automatos,* qui se meut par lui-même). **1.** Jouet, objet figurant un personnage, un animal, etc., dont il simule les mouvements grâce à un mécanisme. ◇ Péj. Personne qui semble agir comme un automate, qui est dénuée de réflexion ou d'initiative. **2. a.** Dispositif assurant un enchaînement automatique et continu d'opérations arithmétiques et logiques. **b.** Machine, mécanisme automatique ; robot industriel. ◇ Suisse. Distributeur automatique.

AUTOMATICIEN, ENNE n. Spécialiste de l'automatique (3), de l'automatisation.

AUTOMATICITÉ n.f. Caractère de ce qui est automatique.

AUTOMATION n.f. Automatisation.

1. AUTOMATIQUE adj. **1.** Qui opère, fonctionne sans intervention humaine (par des moyens mécaniques, électriques, électroniques, etc.). *Fermeture des portes automatique.* ◇ *Arme automatique :* arme à feu pouvant tirer plusieurs coups sans être rechargée. **2.** Fait sans que la pensée consciente n'intervienne. *Geste, mouvement automatique.* ◇ *Écriture automatique :* technique d'écriture spontanée, sans sujet préconçu et sans contrôle rationnel, qui est à la base du surréalisme. **3.** Qui se produit régulièrement ou en vertu de règles préétablies. *Reconduction automatique d'un contrat.*

2. AUTOMATIQUE n.m. **1.** Réseau téléphonique automatique (le seul existant en France aujourd'hui). **2.** Arme automatique.

3. AUTOMATIQUE n.f. Science et technique de l'automatisation, qui étudient les méthodes et les technologies propres à la conception et à l'utilisation des systèmes automatiques.

AUTOMATIQUEMENT adv. De façon automatique.

AUTOMATISATION n.f. Fait d'automatiser (l'exécution d'une tâche, d'une suite d'opérations...). – Exécution totale ou partielle de tâches techniques par des machines fonctionnant sans intervention humaine. SYN. : *automation.*

AUTOMATISER v.t. Rendre (un processus, un fonctionnement) automatique ; procéder à l'automatisation de.

AUTOMATISME n.m. **1.** Caractère de ce qui est automatique. ◇ Mécanisme, système automatique. **2.** Acte, geste accompli sans réfléchir, par habitude ou après apprentissage.

AUTOMÉDICATION n.f. Choix et prise de médicaments sans avis médical.

AUTOMÉDON n.m. (gr. *Automedôn,* n. pr.). Litt. Cocher, conducteur habile.

AUTOMITRAILLEUSE n.f. Véhicule blindé, rapide, à roues, armé d'un canon ou de mitrailleuses.

AUTOMNAL, E, AUX adj. De l'automne.

AUTOMNE [otɔn] n.m. (lat. *autumnus*). Saison qui succède à l'été et précède l'hiver et qui, dans l'hémisphère boréal, commence le 22 ou le 23 septembre et finit le 21 ou le 22 décembre. ◇ Litt. *À l'automne de la vie :* au déclin de la vie.

1. AUTOMOBILE adj. **1.** Relatif à l'automobile. *Industrie automobile.* **2.** Qui possède son propre moteur de propulsion. *Canot automobile.*

2. AUTOMOBILE ou **AUTO** n.f. Véhicule routier léger, à moteur, généralement à quatre roues, pour le transport des personnes. SYN. : *voiture.* *(V. illustration p. 108.)*

AUTOMOBILISME n.m. Ensemble des activités industrielles et commerciales se rapportant à l'automobile.

AUTOMOBILISTE n. Personne qui conduit une automobile.

AUTOMORPHISME n.m. MATH. Isomorphisme d'un ensemble sur lui-même.

1. AUTOMOTEUR, TRICE adj. Capable de se déplacer par ses propres moyens sans être tracté ou poussé, en parlant d'un véhicule, d'un bateau, d'une pièce d'artillerie, etc.

2. AUTOMOTEUR n.m. **1.** Bâtiment porteur motorisé, pour le transport fluvial. **2.** Pièce d'artillerie en casemate, ou sous tourelle montée sur un châssis de char.

AUTOMOTRICE n.f. Véhicule à propulsion électrique se déplaçant sur rails grâce à son propre moteur.

AUTOMOUVANT, E adj. Se dit d'une pièce d'artillerie dont le canon est monté sur un châssis chenillé sans blindage de protection.

AUTOMUTILATION n.f. PATHOL. Mutilation qu'un individu s'inflige à lui-même.

AUTONEIGE n.f. Canada. Véhicule automobile équipé de chenilles pour circuler sur la neige.

AUTONETTOYANT, E adj. Qui assure son nettoyage par son propre fonctionnement. *Four autonettoyant, par catalyse ou pyrolyse.*

AUTONOME adj. (du gr. *autos,* soi-même, et *nomos,* loi). Qui jouit de l'autonomie. *Région autonome. Élève autonome.* ◇ *Gestion autonome :* organisation d'une entreprise telle que chaque service, chaque atelier est indépendant des autres. ◆ adj. et n. Se dit de certains contestataires, généralement de la mouvance d'extrême gauche, qui rejettent toute organisation politique.

AUTONOMIE n.f. **1.** Indépendance, possibilité de décider, pour un organisme, pour un individu, par rapport à un pouvoir central, à une hiérarchie, une autorité. *L'autonomie des universités.* ◇ *Autonomie financière :* situation d'un service public qui administre, gère librement ses propres ressources. **2.** Distance que peut parcourir un véhicule à moteur sans nouvel apport de carburant. ◇ Temps pendant lequel un appareil peut fonctionner sans nouvel apport de carburant, d'énergie ou sans intervention extérieure.

AUTONOMISATION n.f. Fait de devenir autonome. ◇ Spécialt. SC. ÉDUC. Acquisition par un enfant de son autonomie dans le comportement.

AUTONOMISTE n. et adj. Partisan de l'autonomie politique d'un territoire. *Les autonomistes basques, bretons.*

AUTONYME n.m. et adj. LING. Mot, signe qui se désigne lui-même. (Ex. : *chat* dans *chat prend un s au pluriel.*) *Emploi autonyme.*

AUTONYMIE n.f. LING. Fait d'être autonyme, caractère d'un mot autonyme.

AUTOPALPATION n.f. Méthode de dépistage du cancer du sein chez la femme, consistant à palper soi-même ses seins.

AUTOPLASTIE n.f. CHIR. Reconstitution par autogreffe d'une région cutanée lésée.

AUTOPOMPE n.f. Véhicule à incendie muni d'une pompe.

AUTOPORT n.m. Vaste parking pour camions près des marchés de gros, des postes de douane, etc.

AUTOPORTANT, E ou **AUTOPORTEUR, EUSE** adj. BÂT. Dont la stabilité résulte de la seule rigidité de la forme.

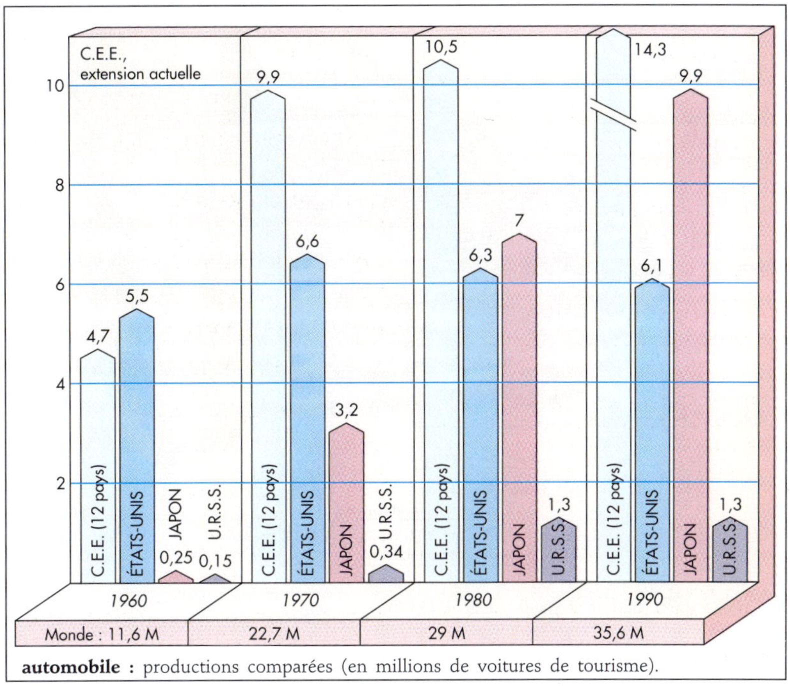

automobile : productions comparées (en millions de voitures de tourisme).

Affiche publicitaire pour les automobiles De Dion-Bouton (vers 1905).

En un siècle, l'automobile s'est très largement démocratisée. Aujourd'hui, dans toutes les gammes, le choix est considérable, la concurrence sévère. L'évolution des modèles se caractérise notamment par une augmentation de la puissance, une diminution de la consommation de carburant, un accroissement du rôle de l'électronique, des efforts dans le confort, la sécurité, la finition et l'équipement. D'une façon générale, les gammes moyennes tendent à rejoindre le niveau d'équipement et de finition réservé naguère aux voitures de haut de gamme. Les carrosseries font l'objet d'études aérodynamiques préalables poussées et sont désormais très profilées pour offrir le minimum de résistance à l'air. Les matériaux nouveaux sont de plus en plus employés en raison de leurs qualités spécifiques (légèreté, résistance au choc et à la corrosion, etc.).

Berline Panhard-Levassor (vers 1910).

Décapotable Rolls-Royce (1913).
[Musée de l'Automobile, Rochetaille-sur-Saône.]

Couverture du catalogue de lancement de la 4 CV Renault (1947).

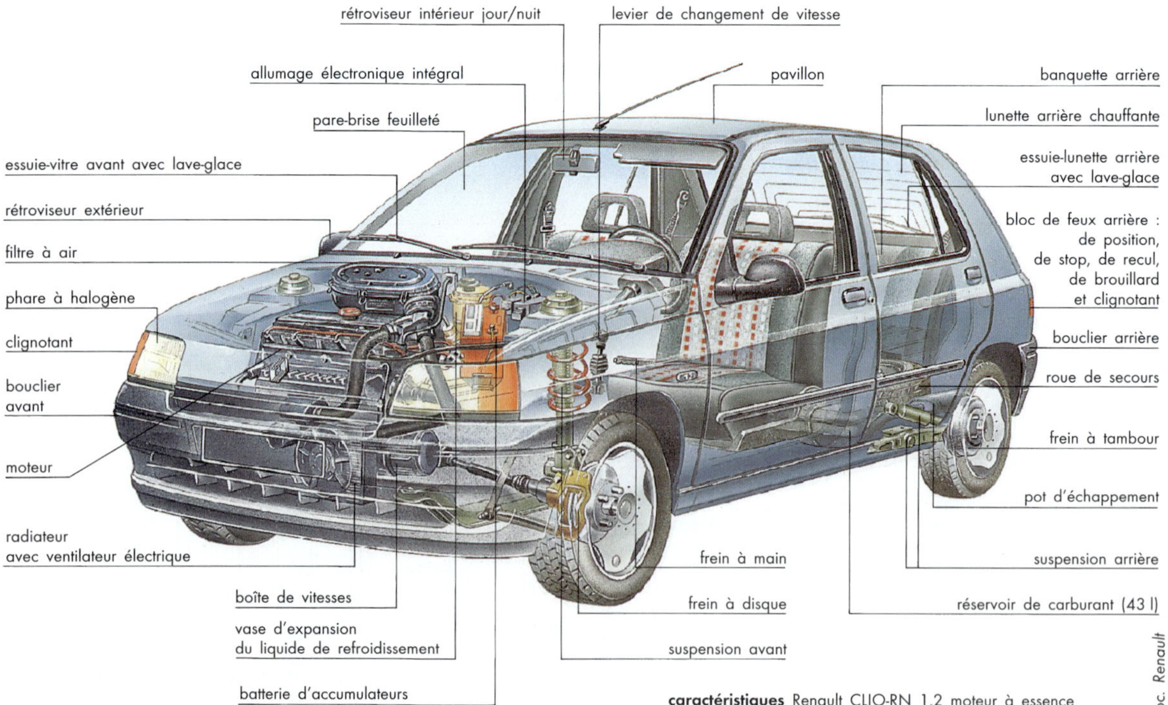

Écorché d'une berline Renault « Clio » (1990).

caractéristiques Renault CLIO-RN 1,2 moteur à essence
longueur : 3,70 m
largeur : 1,62 m
hauteur : 1,39 m
masse totale en charge : 1 265 kg (5 portes)

d'après doc. Renault

AUTOPORTRAIT n.m. Portrait d'un artiste par lui-même.

AUTOPROCLAMER (S') v.pr. Se proclamer de sa propre autorité à telle fonction, telle dignité ; s'octroyer tel statut. *S'autoproclamer État souverain. Parlement autoproclamé.*

AUTOPROPULSÉ, E adj. Qui assure sa propre propulsion. – *Projectile autopropulsé,* dont la poussée est obtenue par la détente des gaz résultant de la combustion. SYN. : *missile.*

AUTOPROPULSEUR n.m. et adj.m. Dispositif assurant l'autopropulsion.

AUTOPROPULSION n.f. Propriété d'un engin de se propulser par ses propres moyens.

AUTOPSIE n.f. (gr. *autopsia,* action de voir de ses propres yeux). Dissection et examen d'un cadavre, en vue de déterminer les causes de la mort. SYN. (VX) : *nécropsie.*

AUTOPSIER v.t. Pratiquer une autopsie.

AUTOPUNITIF, IVE adj. Qui relève d'une autopunition. *Conduite autopunitive.*

AUTOPUNITION n.f. PSYCHIATRIE. Punition qu'un sujet s'inflige à lui-même en réponse à un sentiment de culpabilité.

AUTORADIO n.m. Appareil récepteur de radiodiffusion destiné à fonctionner dans une automobile.

AUTORADIOGRAPHIE n.f. Empreinte laissée sur une émulsion photographique par un objet contenant un produit radioactif.

AUTORAIL n.m. Voiture automotrice, à moteur thermique, sur rails, pour le transport des voyageurs.

AUTORÉFÉRENCE n.f. LOG. Caractéristique d'un énoncé dont le contenu sémantique est exclusivement en relation avec cet énoncé.

AUTORÉGLAGE n.m. Propriété d'un appareil de retrouver un régime établi, après une perturbation.

AUTORÉGULATEUR, TRICE adj. Qui opère sa propre régulation.

AUTORÉGULATION n.f. Régulation d'une fonction, d'une machine par elle-même.

AUTORÉPARABLE adj. Qui, en cas de défaut, peut se réparer automatiquement.

AUTOREVERSE [-rivœrs] adj. et n.m. (mot angl.). Se dit d'un magnétophone, d'un lecteur de cassettes ou d'un magnétoscope muni d'un dispositif permettant le retournement automatique de la bande en fin de course.

AUTORISATION n.f. Action d'autoriser ; document qui autorise.

AUTORISÉ, E adj. **1.** Permis. **2.** Qui fait autorité. *Avis autorisé.* ◇ *Personne autorisée,* qui a l'autorité pour déclarer, faire qqch.

AUTORISER v.t. (du lat. *auctor,* garant). **1.** Donner (à qqn) la permission, le pouvoir ou le droit de (faire qqch). *Elle m'a autorisé à m'absenter.* **2.** Rendre (qqch) possible, permettre. *La situation autorise une hausse des prix.* ◆ **s'autoriser** v.pr. *(de).* Litt. S'appuyer sur. *Il s'autorise de ma confiance.*

AUTORITAIRE adj. et n. Qui impose, fait sentir son autorité d'une manière absolue, sans tolérer la contradiction. *Régime autoritaire. Ton autoritaire.*

AUTORITAIREMENT adv. De façon autoritaire.

AUTORITARISME n.m. Caractère autoritaire de qqn, de qqch.

AUTORITÉ [ɔtɔrite] n.f. (lat. *auctoritas*). **1.** Droit, pouvoir de commander, de prendre des décisions, de se faire obéir. *En vertu de l'autorité du chef de l'État. L'autorité d'une directrice d'école.* – Personne, organisme qui exerce cette autorité. *Décision de l'autorité compétente.* ◇ DR. *Autorité de la chose jugée :* effet attribué par la loi aux décisions de justice et qui interdit de remettre en discussion ce qui a fait l'objet d'un jugement définitif. – *Autorité parentale,* exercée en commun par les père et mère, ou à défaut par l'un des deux, jusqu'à la majorité ou l'émancipation d'un mineur. **2.** Qualité, ascendant par lesquels qqn se fait obéir. *Avoir de l'autorité. Imposer, perdre son autorité.* – Personne, ouvrage, etc., auquel on se réfère, qu'on peut invoquer pour justifier qqch. *L'autorité de Platon.* ◇ *D'autorité, de sa propre autorité :* sans consulter quiconque ; de manière impérative. ◆ pl. Représentants de la puissance publique, hauts fonctionnaires. *Les autorités militaires.*

AUTOROUTE n.f. **1.** Route à deux chaussées séparées, conçue pour une circulation automobile rapide et sûre, aux accès spécialement aménagés et sans croisement à niveau. **2.** *Autoroute électronique* ou *de l'information :* réseau de télécommunication à large bande permettant de transmettre à haut débit, de manière interactive, des textes, des images fixes ou animées, des sons et des données informatiques.

AUTOROUTIER, ÈRE adj. Relatif à une autoroute, aux autoroutes.

AUTO SACRAMENTAL [otosakramɛ̃tal] ou **AUTO** n.m. (mots esp., *drame du saint sacrement*) [pl. *autos sacramentals* ou *autos sacramentales*]. Représentation dramatique donnée en Espagne le jour de la Fête-Dieu, sur des théâtres dressés dans les rues (surtout aux XVIe et XVIIe s.).

AUTOSATISFACTION n.f. Contentement de soi.

AUTOSCOPIE n.f. Technique audiovisuelle de formation, reposant sur l'analyse en groupe de sa propre image filmée.

AUTOS-COUCHETTES adj. inv. → ***autocouchette.***

AUTOSEXABLE adj. Se dit des races d'oiseaux dans lesquelles le mâle et la femelle présentent à l'éclosion des caractères morphologiques facilement reconnaissables.

AUTOSOME [otozom] n.m. Chromosome quelconque, à l'exclusion du chromosome sexuel (ou *allosome*).

AUTOSOMIQUE adj. **1.** D'un autosome. **2.** Dont le gène est porté par un autosome, en parlant d'un caractère.

AUTO-STOP n.m. sing. Pratique consistant, pour un piéton, à faire signe à un automobiliste de s'arrêter et à se faire transporter gratuitement. SYN. (fam.) : *stop.*

AUTO-STOPPEUR, EUSE n. (pl. *auto-stoppeurs, euses*). Personne qui pratique l'auto-stop.

AUTOSTRADE n.f. (it. *autostrada*). Vieilli. Autoroute.

AUTOSUBSISTANCE n.f. Fait pour un groupe social, un pays, de subvenir lui-même à l'essentiel de ses besoins.

AUTOSUFFISANCE n.f. **1.** Caractère de qqn, d'un pays autosuffisant. **2.** LOG. Caractéristique d'un énoncé autosuffisant.

AUTOSUFFISANT, E adj. **1.** Dont les ressources suffisent à assurer les besoins essentiels, sans appel à une aide extérieure. **2.** LOG. Se dit d'un énoncé qui ne contient aucune contradiction. SYN. : *consistant.*

AUTOSUGGESTION n.f. Fait, pour un sujet, de se persuader lui-même de qqch.

AUTOTOMIE n.f. Mutilation réflexe d'une partie du corps, observée chez certains animaux (appendices des crustacés, queue des lézards), et leur permettant d'échapper à leurs prédateurs.

AUTOTRACTÉ, E adj. Se dit d'un engin à traction autonome.

AUTOTRANSFORMATEUR n.m. Transformateur électrique dont les enroulements primaire et secondaire possèdent des parties communes.

AUTOTRANSFUSION n.f. Injection à un sujet de son propre sang préalablement prélevé.

AUTOTREMPANT, E adj. MÉTALL. Dont la trempe est produite par un refroidissement normal à l'air, en parlant d'un alliage.

AUTOTROPHE adj. Capable de se développer à partir des seuls éléments minéraux (par opp. à *hétérotrophe*), en parlant des végétaux verts et de certaines bactéries.

AUTOTROPHIE n.f. Caractère d'un organisme autotrophe.

1. AUTOUR n.m. (lat. *accipiter,* épervier). Oiseau de proie diurne, se nourrissant d'oiseaux, notamm. de corvidés, et de petits mammifères, très apprécié en fauconnerie. (Envergure 110 cm env. ; type de la famille des accipitridés.)

2. AUTOUR (DE) adv. et loc. prép. (de *tour*). **1.** Dans l'espace environnant. *La Terre tourne autour du Soleil.* **2.** Dans le voisinage habituel. *Ceux qui vivent autour de nous.* ◇ Fam. Environ, à peu près. *Posséder autour d'un million.*

AUTOVACCIN n.m. Vaccin obtenu à partir de germes prélevés sur le malade lui-même.

1. AUTRE adj. et pron. indéf. (lat. *alter*). **1.** Différent, distinct. *C'est un tout autre problème.* ◇ *L'autre jour :* un de ces jours derniers. – *Autre part :* ailleurs. – *De part et d'autre :* des deux côtés. – *De temps à autre :* quelquefois. – (Exprimant le doute, l'incrédulité). Fam. *À d'autres ! :* je ne crois pas cela, racontez-le à d'autres. – Suisse. *Sans autre :* avec simplicité, sans façon. **2.** Supplémentaire, nouveau. *Veux-tu une autre pomme ?* ◇ *D'autre part :* en outre.

2. AUTRE n.m. PHILOS. Catégorie de l'être et de la pensée, qualifiant l'hétérogène, le divers, le multiple (par opp. au *même*).

AUTREFOIS adv. Dans un passé lointain.

AUTREMENT adv. **1.** Dans le cas contraire ; sinon, sans quoi. *Partez vite, autrement vous serez en retard.* **2.** De façon différente. *Il parle autrement qu'il ne pense.* ◇ Fam. *Autrement plus :* beaucoup plus.

AUTRICHIEN, ENNE adj. et n. D'Autriche.

AUTRUCHE n.f. (lat. *avis,* oiseau, et *struthio,* autruche). Oiseau de grande taille vivant en bande, aux ailes impropres au vol, pouvant courir très vite. (Haut. 2,60 m env. ; poids 100 kg env. ; longévité 50 ans env. ; sous-classe des ratites.) ◇ Fam. *Estomac d'autruche,* qui digère tout. – *Politique de l'autruche :* refus de prendre un danger, une menace en considération.

autruche (mâle)

AUTRUCHON n.m. Petit de l'autruche.

AUTRUI pron. indéf. Litt. L'autre, le prochain par rapport à soi ; les autres en général.

AUTUNITE n.f. (de *Autun*). MINÉR. Phosphate naturel d'uranium et de calcium.

AUVENT n.m. (mot celtique). **1.** Petit toit généralement en appentis couvrant un espace à l'air libre devant une baie, une façade. **2.** Abri placé sur un mur pour protéger des espaliers.

AUVERGNAT, E adj. et n. D'Auvergne.

AUXILIAIRE n. (lat. *auxilium,* secours). **1.** Personne, chose qui fournit une aide, momentanément ou accessoirement. **2.** Personne recrutée pour un emploi à titre provisoire. ◇ Spécialt. Fonctionnaire non titulaire de l'Administration dont le statut, comme celui des contractuels et des vacataires, offre une moindre garantie de l'emploi. ◇ *Auxiliaire de justice :* homme de loi qui concourt à l'administration de la justice (avocat, expert, huissier, etc.). – *Auxiliaire médical,* qui traite les malades par délégation du médecin (infirmier, kinésithérapeute, orthophoniste, etc.). ◆ n.m. GRAMM. Verbe ou locution verbale qui, perdant sa signification particulière, sert à former les temps composés des autres verbes *(j'ai aimé, je suis parti)* ou à exprimer certains aspects de l'action verbale *(il va partir, elle vient de partir).* ◆ pl. **1.** MAR. Appareils nécessaires au fonctionnement des machines propulsives, à la sécurité et à la vie à bord d'un navire. **2.** HIST. Troupes étrangères, dans l'armée romaine. ◆ adj. **1.** Qui aide, temporairement ou accessoirement. *Maître auxiliaire. Moteur auxiliaire.* **2.** GRAMM. *Verbes auxiliaires :* les verbes *avoir* et *être, faire, laisser* qui servent d'auxiliaires (v. ci-dessus).

AUXILIAIREMENT adv. De manière auxiliaire.

AUXILIARIAT n.m. Fonction de maître auxiliaire, dans l'enseignement.

AUXILIATEUR, TRICE adj. et n. RELIG. Qui secourt, guérit.

AUXINE n.f. Hormone végétale qui favorise notamment la croissance en longueur des plantes.

AUXQUELS, AUXQUELLES pron. relat. et interr. pl. → ***lequel.***

AVACHI, E adj. **1.** Devenu sans forme, sans tenue. *Chaussures avachies.* **2.** Fam. Sans énergie, sans dynamisme. *Se sentir tout avachi.*

AVACHIR (S') v.pr. (francique *waikjan,* rendre mou). **1.** Perdre sa forme, sa fermeté. *Costume qui s'avachit.* **2.** Perdre son énergie, se laisser aller.

AVACHISSEMENT n.m. Action de s'avachir ; fait d'être avachi.

1. AVAL n.m. (de *val*) [pl. inusité]. **1.** Partie d'un cours d'eau comprise entre un point quelconque et l'embouchure ou le confluent (par opp. à *amont*). – *En aval :* plus près de l'embouchure. *Nantes est en aval de Tours sur la Loire.* **2. Fig.** Ce qui, dans un processus quelconque, est plus près du point d'aboutissement. *L'aciérie est à l'aval du haut-fourneau.* ◆ adv. *Virer aval,* en recoupant la ligne de plus grande pente, à skis.

2. AVAL n.m. (it. *avallo,* mot ar.) [pl. *avals*]. **1.** Garantie donnée sur un effet de commerce ou lors de l'octroi d'un prêt, par un tiers qui s'engage à en payer le montant s'il n'est pas acquitté par le signataire ou le bénéficiaire. **2.** Soutien, approbation donnés à la réalisation d'une action. *Donner son aval à une dépense.*

AVALANCHE n.f. (mot de la Suisse romande ; de *avaler,* descendre). **1.** Importante masse de neige qui dévale les flancs d'une montagne à grande vitesse, souvent en entraînant des boues, des pierres, etc. ◇ *Avalanche de fond,* de neige compacte, lourde et humide. – *Avalanche de plaques,* dont la neige se détache en plaques, en fragments. – *Avalanche de poudre,* de neige fraîche. – *Cône d'avalanche :* zone de débris au débouché d'un couloir d'avalanche. **2. Fig.** Masse, grande quantité de choses. *Une avalanche de dossiers. Une avalanche de compliments, d'ennuis.*

AVALANCHEUX, EUSE adj. Comportant un risque d'avalanche.

AVALANT, E adj. (de *aval*). MAR. Qui se dirige vers l'aval.

AVALER v.t. (de *aval*). **1.** Absorber, faire descendre par le gosier. *Avaler sa salive.* ◇ Fam. *Vouloir tout avaler :* avoir des désirs, des ambitions que rien ne limite ; croire qu'aucun obstacle ne résistera. – *Faire avaler (qqch) à qqn,* lui faire croire (qqch) en abusant de sa crédulité. **2. Fig.** *Avaler un livre,* le lire rapidement et avec passion. **3. Fam.** Admettre, supporter. *C'est dur à avaler.*

AVALEUR, EUSE n. **1. Fam.** et vx. Personne, animal qui avale gloutonnement. **2.** *Avaleur de sabres :* banquiste qui fait pénétrer un sabre par le gosier jusque dans l'estomac.

AVALISER v.t. **1.** DR. Revêtir (un effet de commerce) d'un aval. **2.** Appuyer en donnant sa caution. *Avaliser une décision.*

AVALISEUR, EUSE ou **AVALISTE** adj. et n. Qui avalise.

À-VALOIR n.m. inv. Somme à imputer sur une créance.

AVALOIRE n.f. ou **AVALOIR** n.m. Sangle horizontale entourant les fesses du cheval attelé, pour lui permettre de retenir ou de faire reculer la voiture.

AVANCE n.f. **1.** Action d'avancer, de progresser ; gain, partic. de temps ou de distance, acquis par cette action. *Prendre de l'avance dans une course, dans un travail.* ◇ *À l'avance, d'avance, par avance, en avance :* avant l'heure fixée ; par anticipation. *Arriver à l'avance à un rendez-vous.* ◇ **Belgique.** *Il n'y a pas d'avance :* cela ne sert à rien. **2.** Paiement anticipé de tout ou partie d'une somme due ; prêt consenti dans des conditions déterminées. **3.** MÉCAN. Déplacement relatif d'un outil et de la pièce usinée dans le sens de l'effort de coupe. ◆ pl. Premières démarches faites en vue d'une réconciliation, d'une liaison amicale ou sentimentale. *Faire des avances à qqn.*

AVANCÉ, E adj. **1.** En avance, dans l'espace ou dans le temps, par rapport à son début ou à la moyenne. *Position avancée. Journée avancée.* **2.** Progressiste, de gauche ou d'avant-garde. *Des idées avancées.* **3.** Près de se gâter. *Gibier avancé.*

AVANCÉE n.f. **1.** Progression, marche en avant ; progrès. *L'avancée d'une monnaie. Les avancées de la médecine.* **2.** Partie qui avance, fait saillie. *L'avancée d'un toit.* ◇ Partie terminale d'une ligne de pêche.

AVANCEMENT n.m. **1.** Action d'avancer, de progresser. *L'avancement des travaux.* **2.** Promotion dans une carrière. *Obtenir de l'avancement.*

AVANCER v.t. (lat. *ab ante,* en avant) 16. **1.** Porter, pousser en avant dans l'espace. *Avancer le bras. Avancez-lui une chaise.* – Effectuer, fixer avant le moment prévu ; faire progresser. *Avancer son départ. Avancer son travail.* ◇ Mettre en avant, proposer. *Avancer une idée, une hypothèse.* **2.** Prêter de l'argent ; payer à l'avance. ◆ v.i. **1.** Aller de l'avant. *Avancer rapidement.* – Faire des progrès, approcher du terme. *Avancer dans ses études.* ◇ Indiquer une heure plus tardive que l'heure réelle. *Montre qui avance.* **2.** Faire saillie. ◆ **s'avancer** v.pr. **1.** Se porter en avant, progresser. *Il s'avançait à pas de loup.* **2. Fig.** Sortir d'une juste réserve, se hasarder à dire, à faire.

AVANIE n.f. (lat. *avania*). **Litt.** Affront public, humiliation. *Essuyer une avanie.*

1. AVANT prép. et adv. (lat. *ab,* et *ante,* auparavant). [Indiquant l'antériorité, dans le temps ou dans l'espace]. *Trois cents ans avant Jésus-Christ. Arrêtez-vous avant le pont. Elle est partie avant lui.* ◇ *Avant tout :* d'abord ; surtout. – *En avant (de) :* devant. – *Mettre en avant :* alléguer, insister sur. ◆ loc. conj. et prép. *Avant que* (+ subj.), *avant de* (+ inf.). [Indiquant l'antériorité dans le temps]. *Avant qu'il (ne) parte. Avant de partir.*

2. AVANT n.m. **1.** Partie antérieure. *L'avant d'un véhicule.* ◇ *... d'avant :* antérieur, précédent. *L'année d'avant.* – *Aller de l'avant :* avancer, progresser rapidement, avec fougue (propre et fig.). **2.** SPORTS. Joueur de la ligne d'attaque. ◇ Spécialt. Joueur de la ligne d'avants, participant notamment aux touches et aux mêlées, au rugby. **3.** Zone de combats, en temps de guerre. ◆ adj. inv. Situé à l'avant, dirigé vers l'avant. *Les roues avant.*

AVANTAGE n.m. (de *avant*). **1.** Profit, gain. *Les horaires souples sont un avantage.* ◇ *Tirer avantage de :* tirer profit de. – *Profiter de son (mon, ...) avantage,* de sa supériorité actuelle. **2.** DR. Gain résultant d'un acte juridique ou d'une disposition légale. **3.** SPORTS. Au tennis, point marqué par un des joueurs lorsque ceux-ci se trouvent en avoir chacun 40. ◆ pl. *Avantages en nature :* éléments de rémunération fournis par l'employeur à un salarié et qui ne sont pas versés en argent (logement, nourriture, etc.).

AVANTAGER v.t. 17. **1.** Donner un, des avantages à, favoriser (qqn). *Testament qui avantage un enfant.* **2.** Mettre en valeur. *Cette tenue l'avantage.*

AVANTAGEUSEMENT adv. De façon avantageuse, favorablement.

AVANTAGEUX, EUSE adj. **1.** Qui procure un avantage, un profit. *Marché avantageux.* ◇ Économique, intéressant. *Un article avantageux.* **2.** Sûr de soi, suffisant. *Air, ton avantageux.*

AVANT-BASSIN n.m. (pl. *avant-bassins*). Partie d'un port située avant le bassin principal.

AVANT-BEC n.m. (pl. *avant-becs*). Éperon dont est munie, en amont, la base d'une pile de pont pour diviser l'eau et la protéger des corps flottants.

AVANT-BRAS n.m. inv. **1.** Partie du membre supérieur comprise entre le coude et le poignet. **2.** Région du membre antérieur comprise entre le coude et le genou, chez le cheval.

AVANT-CALE n.f. (pl. *avant-cales*). MAR. Prolongement d'une cale de construction au-dessous du niveau de la mer.

AVANT-CENTRE n.m. (pl. *avants-centres*). Joueur placé au centre de la ligne d'attaque, au football.

AVANT-CLOU n.m. (pl. *avant-clous*). Petite vrille servant à percer un trou avant d'enfoncer le clou.

AVANT-CONTRAT n.m. (pl. *avant-contrats*). DR. Convention conclue provisoirement en vue de la réalisation d'une convention future.

AVANT-CORPS n.m. inv. CONSTR. Partie d'un bâtiment en avancée sur l'alignement de la façade, correspondant ou non à un corps de bâtiment distinct.

AVANT-COUR n.f. (pl. *avant-cours*). Cour qui précède la cour principale d'un édifice.

AVANT-COUREUR adj.m. (pl. *avant-coureurs*). Qui annonce un évènement prochain. *Signes avant-coureurs.*

AVANT-CREUSET n.m. (pl. *avant-creusets*). MÉTALL. Cuve placée à côté du creuset des fours à cuve et des cubilots, et communiquant avec lui par sa partie inférieure.

AVANT-DERNIER, ÈRE adj. et n. (pl. *avant-derniers, ères*). Situé immédiatement avant le dernier.

AVANT-GARDE n.f. (pl. *avant-gardes*). **1.** MIL. Détachement de sûreté rapprochée précédant une force terrestre ou navale. **2.** Groupe, mouvement artistique novateur, souvent en rupture avec ce qui l'a précédé. *Les avant-gardes littéraires.* ◇ *D'avant-garde :* en avance sur son temps par son audace. – *Être à l'avant-garde :* être à la pointe de qqch.

AVANT-GARDISME n.m. (pl. *avant-gardismes*). Fait d'être d'avant-garde, de vouloir le paraître.

AVANT-GARDISTE adj. et n. (pl. *avant-gardistes*). Relatif à l'avant-garde, à l'avant-gardisme.

AVANT-GOÛT n.m. (pl. *avant-goûts*). Première impression, agréable ou désagréable, que procure l'idée d'un bien, d'un mal futur.

AVANT-GUERRE n.m. ou f. (pl. *avant-guerres*). Période ayant précédé chacune des deux guerres mondiales.

AVANT-HIER [avɑ̃tjɛr] adv. Avant-veille du jour où l'on est.

AVANT-MAIN n.m. (pl. *avant-mains*). Partie antérieure d'un animal, notamment d'un cheval, comprenant la tête, le cou, la poitrine et les membres antérieurs.

AVANT-MIDI n.m. ou f. inv. **Belgique, Canada.** Matinée.

AVANT-MONT n.m. (pl. *avant-monts*). Relief situé en bordure d'une chaîne principale.

AVANT-PAYS n.m. inv. Région peu accidentée qui borde une chaîne de montagnes.

AVANT-PLAN n.m. (pl. *avant-plans*). **Belgique.** Premier plan.

AVANT-PORT n.m. (pl. *avant-ports*). **1.** Partie d'un port entre la passe d'entrée et les bassins. **2.** Port situé en aval d'un port primitif, généralement sur un estuaire.

AVANT-POSTE n.m. (pl. *avant-postes*). Détachement de sûreté disposé en avant d'une troupe en station.

AVANT-PREMIÈRE n.f. (pl. *avant-premières*). Présentation d'un spectacle, d'un film à des journalistes avant la première représentation, la première projection publique.

AVANT-PROJET n.m. (pl. *avant-projets*). Étude préparatoire d'un projet.

AVANT-PROPOS n.m. inv. Préface, introduction destinée notamment à présenter le livre qui suit.

AVANT-SCÈNE n.f. (pl. *avant-scènes*). **1.** Partie de la scène en avant du rideau. **2.** Loge placée sur le côté de la scène.

AVANT-SOIRÉE n.f. (pl. *avant-soirées*). TÉLÉV. Tranche horaire précédant les émissions du soir et, notamm., le journal télévisé.

AVANT-TOIT n.m. (pl. *avant-toits*). Toit faisant saillie sur la façade d'un bâtiment.

AVANT-TRAIN n.m. (pl. *avant-trains*). **1. Vieilli.** Partie avant d'une voiture, comprenant la suspension, le mécanisme de direction et, parfois, les organes moteurs et tracteurs. **2. Anc.** Voiture hippomobile à deux roues, pour la traction des canons et des caissons d'artillerie.

AVANT-TROU n.m. (pl. *avant-trous*). Amorce de trou pratiquée pour faciliter le percement d'un trou ou le positionnement de pointes ou de vis.

AVANT-VEILLE n.f. (pl. *avant-veilles*). Jour qui précède la veille.

AVARE adj. et n. (lat. *avarus,* avide). **1.** Qui aime à amasser des richesses, de l'argent et craint de dépenser. **2.** *Avare de :* qui ne prodigue pas (telle chose), économe de. *Avare de paroles, de son temps.*

AVARICE n.f. (lat. *avaritia*). Attachement excessif aux richesses et désir de les accumuler.

AVARICIEUX, EUSE [avarisjø, øz] adj. et n. **Litt.** Qui montre de l'avarice dans les plus petites choses.

AVARIE n.f. (it. *avaria,* mot ar.). Dommage survenu à un navire, à un véhicule ou à leur cargaison.

AVARIER v.t. Endommager, gâter. *L'eau a avarié les provisions.*

AVATAR n.m. (sanskrit *avatāra,* descente de Viṣṇu sur terre). **1.** Chacune des incarnations de Viṣṇu, dans la religion hindoue. **2.** Transformation, changement dans le sort de qqn, qqch. **3.** (Abusif). Évènement fâcheux, accident.

AVE ou **AVE MARIA** [ave] ou [avemarja] n.m. inv. (mots lat., *salut, Marie*). Prière catholique à la Vierge.

AVEC prép. (lat. *ab hoc,* de là). Marque **1.** Un rapport de relations (accompagnement, appartenance, accord, association). *Sortir avec une amie. Un appartement avec balcon. Être avec les bons contre les méchants.* **2.** La manière. *Avancer avec peine.* **3.** Le moyen. *Ouvrir avec une clé.* **4.** La cause. *Avec ce temps, je ne peux pas jardiner.* **5.** La simultanéité. *Il se lève avec le jour.* ◆ adv. Fam. (Exprimant l'accompagnement). *Il a pris sa canne et s'en est allé avec.* ◆ loc. prép. *D'avec.* (Exprimant un rapport de différence, de séparation). *Distinguer l'ami d'avec le flatteur. Divorcer d'avec sa femme.*

AVELINE n.f. (lat. *nux abellana,* noisette d'Abella). Grosse noisette, fruit de l'avelinier.

AVELINIER n.m. Noisetier d'une variété à gros fruits.

AVEN [avɛn] n.m. (mot du Rouergue). Puits naturel qui se forme en région calcaire, soit par dissolution, soit par effondrement de la voûte de cavités karstiques.

1. AVENANT n.m. DR. Acte écrit qui modifie les clauses primitives d'un contrat.

2. AVENANT (À L') loc. adv. En accord, en harmonie avec ce qui précède ; pareillement. *De jolis yeux, et un teint à l'avenant.*

3. AVENANT, E adj. (de l'anc. fr. *avenir,* convenir). Qui plaît par son air, sa bonne grâce. *Des manières avenantes.*

AVÈNEMENT n.m. (de l'anc. fr. *avenir,* arriver). **1.** Accession, élévation à une dignité suprême. *Avènement d'une reine. Avènement à la papauté.* **2.** Arrivée, établissement (de qqch d'important). *Avènement d'une ère de prospérité.* ◇ RELIG. *L'avènement du Christ,* sa venue sur terre.

AVENIR n.m. (lat. *advenire,* arriver). **1.** Temps futur ; ce qui adviendra dans les temps futurs. *Se tourner vers l'avenir. Prévoir l'avenir.* – *À l'avenir* : à partir de maintenant, désormais. **2.** Situation, sort futur de qqn, de qqch ; réussite future. *Compromettre, assurer son avenir.* ◇ *... d'avenir,* qui doit se développer, s'imposer dans le futur. *Métiers, techniques d'avenir.* **3.** La postérité, les générations futures. *L'avenir lui rendra justice.*

AVENT n.m. (lat. *adventus,* arrivée). Période de quatre semaines de l'année liturgique, qui précède et prépare la fête de Noël.

AVENTURE n.f. (lat. *adventura,* choses qui doivent arriver). **1.** Évènement imprévu, surprenant. *Un roman plein d'aventures étranges.* ◇ *Dire la bonne aventure* : prédire l'avenir. **2.** Entreprise hasardeuse. *Entraîner qqn dans une aventure.* ◇ *À l'aventure* : sans dessein, sans but fixé. – Litt. *Par aventure, d'aventure* : par hasard. **3.** Liaison amoureuse superficielle et passagère.

AVENTURÉ, E adj. Hasardeux. *Hypothèse aventurée.*

AVENTURER v.t. Exposer à des risques, hasarder. *Aventurer sa vie, sa réputation.* ◆ **s'aventurer** v.pr. Courir un risque ; se hasarder. *S'aventurer dans des ruelles obscures.*

AVENTUREUSEMENT adv. De façon aventureuse.

AVENTUREUX, EUSE adj. **1.** Qui aime l'aventure, qui hasarde. *Esprit aventureux.* **2.** Plein d'aventures, de risques. *Existence aventureuse.*

AVENTURIER, ÈRE n. **1.** Personne qui recherche l'aventure, les aventures. **2.** Péj. Personne sans scrupule, intrigant.

AVENTURINE n.f. Pierre fine et d'ornementation constituée par du quartz à inclusions de mica lui donnant un aspect pailleté.

AVENTURISME n.m. Tendance à prendre des décisions hâtives et irréfléchies.

AVENTURISTE adj. et n. Qui fait preuve d'aventurisme.

AVENU, E adj. (de l'anc. fr. *avenir,* arriver). *Nul et non avenu* : considéré comme sans effet et n'ayant jamais existé.

AVENUE n.f. (de l'anc. fr. *avenir,* arriver). **1.** Grande voie urbaine, souvent bordée d'arbres. **2.** Ce qui conduit à un but. *Les avenues du pouvoir.*

AVÉRÉ, E adj. Reconnu vrai. *Fait avéré.*

AVÉRER (S') v.pr. (du lat. *verus,* vrai) [18]. Se révéler, apparaître. *L'entreprise s'avéra difficile.*

AVERROÏSME n.m. Doctrine d'Averroès*.

AVERS [avɛr] n.m. (lat. *adversus,* qui est en face). Côté face d'une monnaie, d'une médaille, qui contient l'élément principal. CONTR. : *revers.*

AVERSE n.f. (de *à verse*). **1.** Pluie subite et abondante, de courte durée. **2.** *Averse de neige* : chute de neige brève et abondante.

AVERSION n.f. (lat. *aversio*). Répugnance extrême, répulsion. *Avoir de l'aversion pour, contre qqn, qqch.* ◇ PSYCHOL. *Thérapie d'aversion,* visant à faire disparaître un comportement inadapté en lui associant un stimulus pénible.

AVERTI, E adj. **1.** Instruit, prévenu. *Un homme averti en vaut deux.* **2.** Compétent, connaisseur. *Un critique averti.*

AVERTIR v.t. (lat. *advertere*). Informer, attirer l'attention de. *Avertir qqn d'un danger.*

AVERTISSEMENT n.m. **1.** Action d'avertir, de faire savoir. *Il est parti sans le moindre avertissement.* ◇ Avis au contribuable pour le paiement de l'impôt. **2.** Appel à l'attention ou à la prudence. *Un avertissement salutaire.* ◇ Courte préface en tête d'un livre. **3.** Réprimande, remontrance. *Recevoir un avertissement.*

AVERTISSEUR, EUSE adj. et n.m. Se dit d'un dispositif destiné à donner un signal. *Un avertisseur d'incendie. Avertisseur sonore.*

AVESTIQUE n.m. Langue iranienne de l'Avesta.

AVEU n.m. (de *avouer*). **1.** Déclaration par laquelle on avoue, on révèle ou reconnaît (qqch). *Faire l'aveu de ses fautes, de son amour.* ◇ *Passer aux aveux* : avouer sa culpabilité. – *De l'aveu de* : au témoignage de. **2.** FÉOD. Acte par lequel un seigneur reconnaissait qqn pour son vassal et réciproquement. ◇ *Homme sans aveu* : homme sans foi ni loi.

AVEUGLANT, E adj. Qui aveugle, éblouit. *Une lumière aveuglante. Une preuve aveuglante.*

AVEUGLE adj. (lat. *ab oculis,* privé d'yeux). **1.** Privé de la vue. ◇ ANAT. *Point aveugle* : zone de la rétine dépourvue de cellules visuelles, en face du nerf optique. **2.** Privé de clairvoyance, de lucidité sous l'influence d'une passion ; qui suit sa propre impulsion. *La colère rend aveugle. Haine aveugle.* **3.** Qui exclut la réflexion, l'esprit critique. *Confiance aveugle.* **4.** Litt. Qui frappe au hasard, sans discernement. *Destin aveugle.* **5.** Qui ne reçoit pas la lumière du jour. *Pièce, couloir aveugle.* – *Fenêtre, arcade aveugle,* simulée, obstruée. ◇ *Vallée aveugle,* fermée à l'aval par une contre-pente au pied de laquelle les eaux s'infiltrent. **6.** MÉD. *Essai thérapeutique en aveugle* : méthode d'étude d'un traitement par comparaison avec un traitement connu, dans laquelle les malades seuls *(simple aveugle)* ou les malades et les médecins *(double aveugle)* ignorent lequel des deux traitements est appliqué. ◆ n. Personne privée de la vue ; non-voyant.

AVEUGLEMENT n.m. Manque de discernement par passion, obstination.

AVEUGLÉMENT adv. Sans discernement, sans réflexion. *Obéir aveuglément.*

AVEUGLE-NÉ, E adj. et n. (pl. *aveugles-nés, -nées*). Qui est aveugle de naissance.

AVEUGLER v.t. **1.** Priver de la vue, rendre aveugle. **2.** Éblouir. *Les phares m'ont aveuglée.* **3.** Priver de discernement, de lucidité. *La colère l'aveugle.* **4.** Boucher, colmater. *Aveugler une fenêtre, une voie d'eau.* ◆ **s'aveugler** v.pr. *(sur).* Manquer de discernement, se tromper.

AVEUGLETTE (À L') loc. adv. **1.** À tâtons, sans y voir. *Marcher à l'aveuglette.* **2.** Au hasard. *Agir à l'aveuglette.*

AVEULIR v.t. Litt. Rendre veule, sans volonté.

AVEULISSEMENT n.m. Litt. Fait d'être aveuli, de s'aveulir.

AVEYRONNAIS, E adj. et n. De l'Aveyron.

AVIAIRE adj. Qui concerne les oiseaux. *La peste aviaire.*

AVIATEUR, TRICE n. Personne qui pilote un avion.

AVIATION n.f. (du lat. *avis,* oiseau). **1.** Navigation aérienne au moyen d'avions ; ensemble des avions et des installations servant à la navigation aérienne. ◇ *Aviation commerciale,* assurant le transport des passagers et des marchandises. – *Aviation militaire,* conçue et employée à des fins militaires ; armée de l'air. *(V. illustration p. 112.)* **2.** Technique de la construction des avions. **3.** Afrique. Aéroport ou aérodrome.

AVICOLE adj. (du lat. *avis,* oiseau). De l'aviculture.

AVICULTEUR, TRICE n. Personne qui pratique l'aviculture.

AVICULTURE n.f. Élevage des oiseaux, des volailles.

Quelques grandes dates de l'aviation

1890	Premier soulèvement (9 oct.) d'un aéroplane équipé d'un moteur à vapeur, l'*Éole* de Clément Ader, à Armainvilliers.
1903	Premier vol (17 déc.) d'un avion à moteur, piloté par Wilbur et Orville Wright, à Kitty Hawk (Caroline du Nord), sur 284 m.
1906	Premier record de vitesse homologué (12 nov.), réalisé par Santos-Dumont avec 41,29 km/h.
1907	Premier vol (13 nov.) d'un hélicoptère qui, piloté par le Français Paul Cornu (1881-1944) à Lisieux, se soulève de 1,5 m.
1908	Premier vol officiel (13 janv.) sur 1 km en circuit fermé par Henri Farman à Issy-les-Moulineaux.
1909	Première traversée de la Manche (25 juill.), de Calais à Douvres (durée de vol, 37 min), par Louis Blériot.
1910	Premier vol à plus de 1 000 m d'altitude (7 janv.) par le Français Hubert Latham. – Premier vol d'un hydravion (28 mars) sur l'étang de Berre par Henri Fabre. – Premier vol à plus de 100 km/h (9 sept.) par Léon Morane à Reims.
1912	À Houlgate (6 sept.), premier vol au-dessus de 5 000 m par Roland Garros.
1916	Première installation de la radio à bord des avions.
1923	Premier ravitaillement en vol d'un avion (26 juin).
1926	Réalisation du pilote automatique et des instruments de pilotage sans visibilité.
1927	Première traversée de l'Atlantique nord sans escale (20-21 mai), de New York à Paris, par Charles Lindbergh sur l'avion *Spirit of Saint Louis.*
1930	Première liaison Paris-New York sans escale (1er-2 sept.) par Dieudonné Costes et Maurice Bellonte sur le Breguet *Point-d'interrogation.*
1939	Premier vol (27 août) d'un avion propulsé par un turboréacteur, le Heinkel « He 178 ».
1947	Premier vol à vitesse supersonique (14 oct.) effectué par le Bell « X-1 », propulsé par un moteur-fusée, piloté par l'Américain Charles Yeager.
1949	Premier vol (27 juill.) du De Havilland 106 « Comet », premier avion de transport propulsé par turboréacteur.
1962	Record d'altitude (17 juill.) porté à 95 936 m par le North American « X-15 », à moteur-fusée, lancé d'un avion porteur.
1965	Records d'altitude (24 462 m) et de vitesse (3 331,5 km/h) en vol horizontal (1er mars) battus par le Lockheed « YF-12 A ».
1969	Premier vol (9 févr.) de l'avion de transport Boeing « 747 », premier long-courrier à grande capacité. – Premier vol (2 mars) de l'avion de transport supersonique franco-britannique « Concorde ».
1972	Record du monde d'altitude en hélicoptère porté à 12 440 m par un « Lama » piloté par Jean Boulet.
1974	Mise en service (23 mai) de l'Airbus A-300 européen, premier moyen-courrier gros-porteur.
1986	Premier vol autour du monde sans escale (14-23 déc.), par l'avion expérimental « Voyager », piloté par les Américains Dick Rutan et Jeanna Yeager.

Chasseur français Nieuport Ni 17-C Superbébé (1916) [ici, aux couleurs italiennes].

Chasseur allemand Messerschmitt BF 109-F3/Trop (1941).

Bombardier lourd stratégique quadriréacteur américain Rockwell B-1B (1986).

Chasseur bombardier biréacteur soviétique Mig 29 Fulcrum.

Avion français Latécoère 28-1 (1928) en service sur le réseau sud-américain de l'Aéropostale en 1933.

Avion américain Lockheed Constellation (1946) en service sur les lignes d'Air France en 1947.

D'abord confinée aux missions d'observation, l'aviation connaîtra au cours de la Première Guerre mondiale un prodigieux développement, aussi bien dans le domaine technologique (tir à la mitrailleuse à travers l'hélice, généralisation des liaisons radio) que dans le domaine des doctrines d'emploi (création de la chasse et de l'aviation de bombardement). 200 000 appareils seront construits par les belligérants entre 1914 et 1918. La Seconde Guerre mondiale suscitera de nouveaux progrès : viseurs gyroscopiques, radars, propulsion par réaction. Au cours des années 1970-1980, les missions de l'aviation s'organisent autour de trois axes : le combat, le transport et l'appui. Le bombardier stratégique est, aujourd'hui encore, un élément essentiel de la force nucléaire.

Les progrès technologiques de l'aviation militaire au cours du premier conflit mondial profitèrent, une fois la paix revenue, à l'aviation civile. L'entre-deux-guerres se caractérise par l'établissement, puis le développement, de lignes aériennes régulières. Depuis vingt ans, l'aviation a bénéficié de progrès considérables, dans les domaines techniques les plus divers : moteurs à réaction ou à turbine, propulseurs (un nouveau type d'hélice, le propfan, semble promis à un grand avenir), matériaux de structures (alliages légers), voilures (dispositifs hypersustentateurs, aile supercritique).

Avion biréacteur américain de transport commercial Boeing B-767.

Avions biturbopropulseurs suédois de transport commercial Saab S-340.

AVIDE adj. (lat. *avidus*). **1.** Qui désire avec force, violence, passion. *Avide d'argent. Avide d'apprendre.* **2.** Qui exprime l'avidité. *Des yeux avides.*

AVIDEMENT adv. Avec avidité.

AVIDITÉ n.f. Désir ardent et immodéré de qqch.

AVIFAUNE n.f. ÉCOL. Partie de la faune d'un lieu constituée par les oiseaux.

AVILIR v.t. Abaisser jusqu'à rendre méprisable ; dégrader, déshonorer. ◆ **s'avilir** v.pr. S'abaisser, se déshonorer, se dégrader.

AVILISSANT, E adj. Qui avilit, déshonore.

AVILISSEMENT n.m. Action d'avilir, de s'avilir ; dégradation.

AVINÉ, E adj. Ivre de vin ; qui dénote l'ivresse. *Brutes avinées. Voix, haleine avinée.*

AVINER v.t. TECHN. Imbiber (un tonneau) de vin avant de le remplir.

AVION n.m. (nom de l'appareil inventé par Ader ; du lat. *avis,* oiseau). Appareil de navigation aérienne plus lourd que l'air, se déplaçant dans l'atmosphère à l'aide de moteurs à hélice ou à réaction, et dont la sustentation est assurée par des ailes. ◇ *Avion spatial :* petit véhicule spatial piloté, placé en orbite basse autour de la Terre par une fusée, et qui revient au sol en vol plané hypersonique.

AVION-CARGO n.m. (pl. *avions-cargos*). Avion de gros tonnage destiné uniquement au transport du fret.

AVION-CITERNE n.m. (pl. *avions-citernes*). Avion transporteur de carburant destiné à ravitailler en vol d'autres appareils.

AVION-ÉCOLE n.m. (pl. *avions-écoles*). Avion destiné à la formation des pilotes.

AVIONIQUE n.f. **1.** Application des techniques de l'électronique à l'aviation. **2.** Ensemble des équipements électroniques d'un avion, d'un aéronef.

AVIONNERIE n.f. Canada. Usine de construction aéronautique.

AVIONNETTE n.f. Rare. Petit avion qui transporte quelques passagers.

AVIONNEUR n.m. Constructeur de cellules d'avions.

AVIRON n.m. (de l'anc. fr. *viron,* tour, de *virer*). **1.** MAR. Rame. **2.** Sport du canotage, pratiqué à bord d'embarcations spécialement construites, souvent sur des plans d'eau aménagés.

AVIS [avi] n.m. (de l'anc. fr. *ce m'est à vis,* cela me semble bon). **1.** Ce que l'on pense d'un sujet, que l'on exprime dans une discussion ou à la demande de qqn ; opinion, point de vue, sentiment. *Donner son avis. Partager l'avis de qqn.* – *Être d'avis de, que :* penser, estimer que. **2.** Information, nouvelle diffusée auprès du public, notamm. par voie d'affiche. *Avis à la population.* ◇ *Avis au lecteur :* courte préface en tête d'un livre. **3.** Point de vue exprimé officiellement par un organisme, une assemblée, après délibération, et n'ayant pas force de décision. *Avis du Conseil d'État.*

AVISÉ, E adj. Qui a un jugement réfléchi et agit en conséquence, avec prudence et sagacité ; fin, habile. *Un conseiller avisé.*

1. AVISER v.t. (de *viser*). Litt. Apercevoir. *Aviser qqn dans la foule.* ◆ v.i. Litt. Réfléchir pour décider de ce que l'on doit faire. *Je préfère ne pas vous répondre tout de suite, j'aviserai.* ◆ **s'aviser** v.pr. *(de).* **1.** S'apercevoir, prendre conscience. *Elle s'est enfin avisée de ma présence.* **2.** Se mettre en tête l'idée (de) ; oser témérairement. *Ne t'avise pas de le déranger !*

2. AVISER v.t. (de *avis*). Avertir, informer. *Aviser qqn de son départ.*

AVISO [-zo] n.m. (de l'esp. *barca de aviso,* barque pour porter des avis). **1.** Anc. Petit bâtiment rapide qui portait le courrier. **2.** Mod. Bâtiment léger conçu pour les missions lointaines, l'escorte, la protection des côtes et la lutte anti-sous-marins.

AVITAILLEMENT n.m. Action d'avitailler.

AVITAILLER v.t. Approvisionner (un navire) en vivres, en matériel ; ravitailler (un avion) en carburant.

AVITAILLEUR n.m. Navire, avion chargé d'avitailler.

AVITAMINOSE n.f. MÉD. Phénomène pathologique produit par un manque de vitamines.

AVIVAGE n.m. Action d'aviver (une couleur, un objet) ; polissage des métaux.

AVIVÉ adj.m. et n.m. Se dit d'un bois ne présentant que des arêtes vives. *De l'avivé* (poutres, madriers, bastings, planches, chevrons, etc.). *Sciage avivé.*

AVIVEMENT n.m. CHIR. Action d'aviver les bords d'une plaie pour les suturer, favoriser la cicatrisation.

AVIVER v.t. (lat. *vivus,* ardent). **1.** Donner de l'éclat, de la vivacité à. *Aviver une couleur, le teint.* **2.** Rendre plus vif, augmenter. *Aviver des regrets.* **3.** CHIR. Mettre à nu les parties saines d'une plaie en faisant disparaître les parties nécrosées. *Aviver les bords d'une escarre.* **4.** TECHN. Couper à vive arête. *Aviver une poutre.* ◇ Décaper et polir, donner du brillant à. *Aviver une pièce métallique, un marbre.*

AVOCAILLON n.m. Fam. et péj. Avocat médiocre, sans notoriété.

AVOCASSERIE n.f. Vieilli. Mauvaise chicane d'avocat.

AVOCASSIER, ÈRE adj. Vieilli, péj. Relatif aux avocats.

1. AVOCAT, E n. (lat. *advocatus,* appelé auprès). **1.** Auxiliaire de justice qui conseille et représente les parties pour lesquelles il plaide. ◇ *Ordre des avocats :* ensemble des avocats inscrits à un barreau, et représentés par un conseil que préside un bâtonnier. – *Avocat commis d'office,* désigné par le bâtonnier pour défendre une personne dans un procès pénal. – *Avocat général :* membre du ministère public assistant le procureur général, notamm. auprès de la Cour de cassation et des cours d'appel. **2.** Personne qui intercède pour une autre ; défenseur, champion. *Se faire l'avocat d'une cause, d'un projet.* **3.** *Avocat du diable :* officier judiciaire de la foi qui intervient contradictoirement dans un procès de canonisation ; fig., défenseur d'une cause peu défendable.

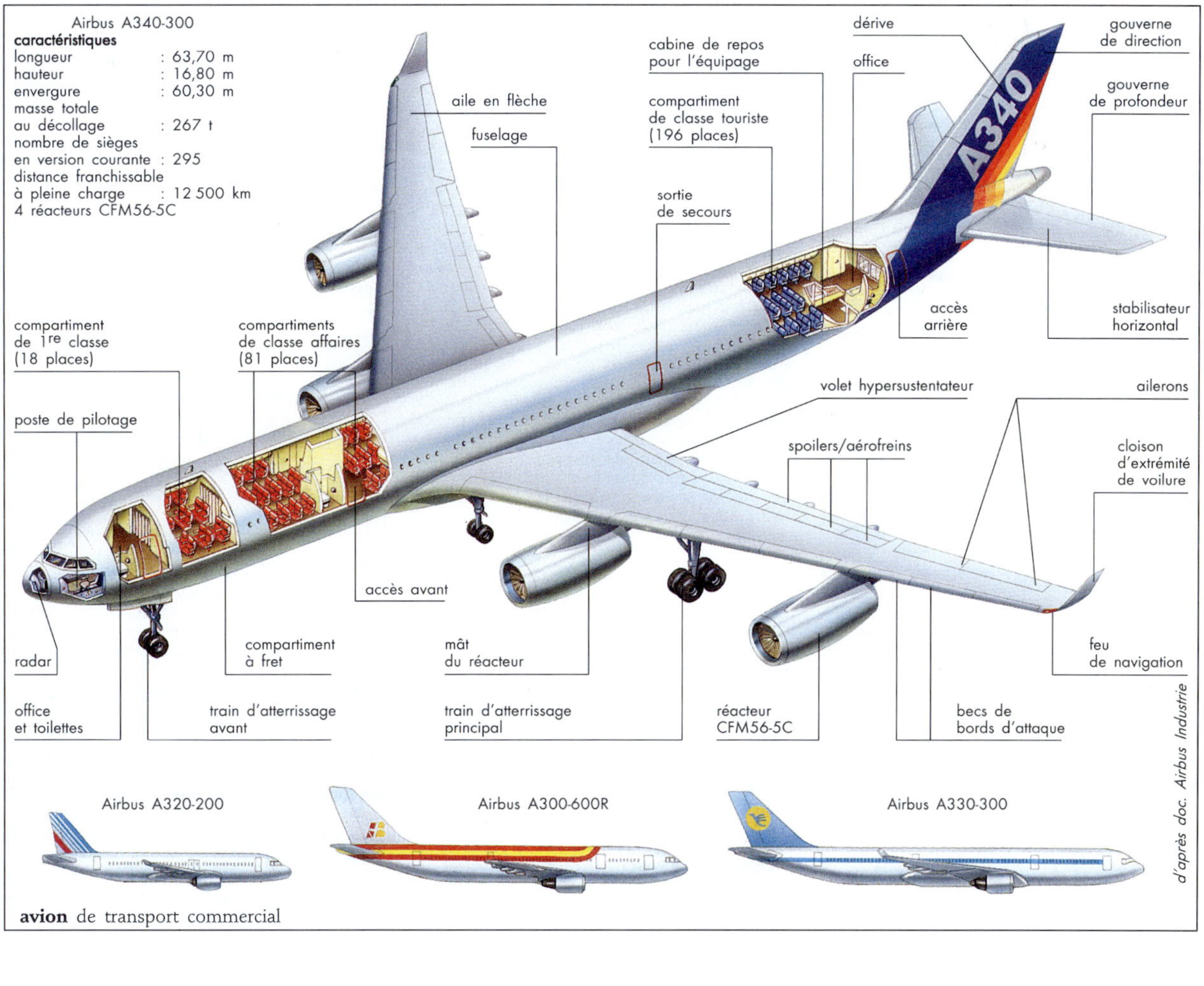

avion de transport commercial

2. AVOCAT n.m. (mot des Caraïbes). Fruit comestible de l'avocatier, en forme de poire, pesant jusqu'à 1 kg.

AVOCATIER n.m. Arbre originaire d'Amérique, cultivé pour son fruit, l'avocat. (Famille des lauracées.)

avocatier

AVOCETTE [avɔsɛt] n.f. (it. *avocetta*). Oiseau échassier du littoral français de l'Océan, à long bec recourbé en l'air, au plumage noir et blanc, de la taille d'un faisan. (Haut. 45 cm env. ; ordre des charadriiformes.)

AVODIRÉ n.m. Arbre d'Afrique, à bois tendre et blanc, utilisé en ébénisterie ; ce bois.

AVOGADRO (NOMBRE D') : nombre d'entités élémentaires (atomes, ions ou molécules) contenues dans une mole de matière, dont la valeur actuellement admise est de $6{,}022\,1 \cdot 10^{23}$ mol^{-1}.

AVOINE n.f. (lat. *avena*). Céréale dont les grains, portés par des grappes lâches, servent surtout à l'alimentation des chevaux. (Famille des graminées.) ◇ *Folle avoine :* avoine sauvage commune dans les champs, les lieux incultes.

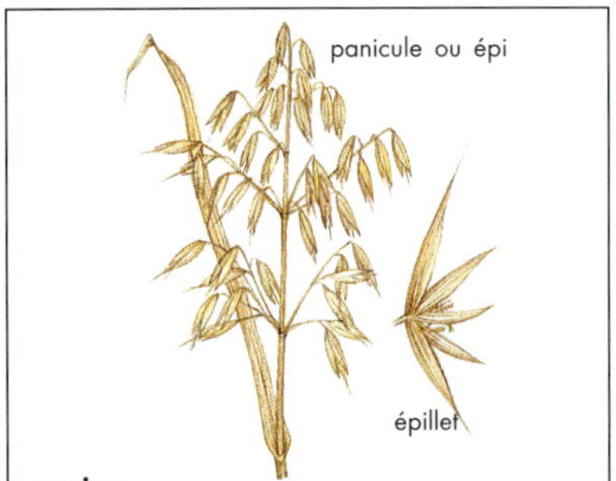

avoine

1. AVOIR v.t. (lat. *habere*) ⊡. **1.** Posséder, disposer de. *Avoir une maison. Avoir de la fortune, du mérite.* **2.** Présenter une certaine caractéristique ; comporter. *Avoir les cheveux bruns. Maison qui a un jardin.* **3.** Être dans une relation de parenté, d'amitié, etc., avec (une, des personnes). *Avoir des enfants, des amis.* **4.** Être dans un certain état (physique, moral ou intellectuel). *Avoir faim, soif. Avoir pitié, peur. Avoir raison.* ◇ *En avoir après, contre :* être irrité contre. ◇ Belgique. *Avoir bon, avoir mauvais :* éprouver du plaisir, se sentir mal à l'aise. **5.** Fam. Tromper, duper. *Nous l'avons bien eu.* **6.** *Avoir à* (+ inf.) : devoir (faire qqch). *J'ai à travailler.* ◆ loc. impers. **1.** *Il y a.* **a.** Il est, il existe. *Il y a des gens dans la rue.* **b.** Depuis. *Il y a une heure qu'il dort.* **2.** *Il n'y a qu'à :* il suffit de. ◆ v. auxiliaire (Suivi d'un participe passé, il forme les temps composés des verbes transitifs, des impersonnels et de quelques intransitifs).

2. AVOIR n.m. **1.** Ensemble des biens qu'on possède. *Voilà tout mon avoir.* **2.** Partie d'un compte où l'on porte les sommes dues à qqn (CONTR. : *doit*) ; crédit dont un client dispose chez un commerçant. ◇ *Avoir fiscal :* dégrèvement fiscal dont bénéficient les actionnaires ayant touché des dividendes au cours de l'année. SYN. : *crédit d'impôt.*

AVOIRDUPOIS ou **AVOIRDUPOIDS** n.m. Système de poids appliqué dans les pays anglo-saxons à toutes les marchandises autres que les métaux précieux, les pierreries et les médicaments.

AVOISINANT, E adj. Proche, voisin.

AVOISINER v.t. Être voisin, proche de. *Les dégâts avoisinent le million.*

AVORTÉ, E adj. Qui a échoué avant d'atteindre son plein développement.

AVORTEMENT n.m. **1.** Interruption naturelle ou provoquée d'une grossesse. **2.** Fig. Échec.

AVORTER v.i. (lat. *abortare,* de *ab-,* et *ortus,* né). **1.** Expulser un embryon ou un fœtus avant le moment où il devient viable. **2.** Ne pas aboutir, échouer. *La conspiration a avorté.* ◆ v.t. Provoquer l'avortement chez (une femme).

AVORTEUR, EUSE n. Péj. Personne qui pratique un avortement illégal.

AVORTON n.m. **1.** Péj. Être chétif et mal fait. **2.** Plante ou animal qui n'a pas atteint un développement normal.

AVOUABLE adj. Qui peut être avoué sans honte. *Motif avouable.*

AVOUÉ n.m. (lat. *advocatus,* appelé auprès). Officier ministériel seul compétent pour représenter les parties devant les cours d'appel.

AVOUER v.t. (lat. *advocare,* recourir à). **1.** Reconnaître qu'on est l'auteur, le responsable de qqch de blâmable, de regrettable. *Avouer ses fautes, un crime.* ◇ Absolt. Reconnaître sa culpabilité. *Le bandit a avoué.* **2.** Reconnaître comme vrai, réel. *Avouer son ignorance. Avouez qu'elle a raison.* ◆ **s'avouer** v.pr. Se reconnaître comme. *S'avouer vaincu.*

AVRIL n.m. (lat. *aprilis*). Le quatrième mois de l'année. ◇ *Poisson d'avril :* attrape, plaisanterie traditionnelle du 1er avril.

AVULSION n.f. (du lat. *avulsus,* arraché). MÉD. Action d'arracher ; extraction.

AVUNCULAIRE [avɔ̃kylɛr] adj. (du lat. *avunculus,* oncle maternel). Relatif à l'oncle, à la tante. *Puissance avunculaire.*

AVUNCULAT n.m. ANTHROP. Système d'organisation sociale propre aux sociétés matrilinéaires, et dans lequel la responsabilité du sort de l'enfant est assumée par l'oncle maternel.

AWACS n.m. (sigle de l'amér. *Airborne Warning And Control System*). Système de surveillance électronique utilisant des radars embarqués à bord d'avions spécialisés ; avion ainsi équipé.

AWALÉ ou **WALÉ** n.m. Afrique. Jeu consistant à déplacer des pions (souvent constitués par des graines ou des petits cailloux) sur un parcours de douze cases.

AXE n.m. (lat. *axis,* essieu). **1.** TECHN. Pièce autour de laquelle tourne un ou plusieurs éléments ; pivot. *Axe de rotation. Axe d'une poulie.* **2.** Ligne réelle ou fictive qui divise qqch en deux parties en principe symétriques. *Axe de symétrie. Axe du corps.* ◇ Droite autour de laquelle s'effectue une rotation. *Axe de rotation. Axe de la Terre.* – *Axe du monde,* joignant les pôles de la sphère céleste. **3.** MATH. Droite orientée munie d'une origine et d'une unité. – *Axes de référence :* axes définis par un repère cartésien. – *Axe de révolution :* droite fixe autour de laquelle tourne une courbe donnée (courbe génératrice) engendrant une surface de révolution. – *Axe d'une rotation :* droite de l'espace dont les points restent invariants dans une rotation. – *Axe d'une symétrie :* droite du plan dont les points restent invariants dans une symétrie axiale. – *Axe de symétrie d'une figure :* axe d'une symétrie dans laquelle la figure est globalement invariante. ◇ *Axe optique d'une lentille,* joignant les centres de courbure de ses deux faces. **4.** Grande voie de communication. *Les axes routiers, ferroviaires d'un pays.* **5.** Direction générale ; orientation. *L'axe d'une politique.* **6.** Lien politique, économique ou financier qui rend solidaires deux pays, deux groupes, deux systèmes. *L'axe Paris-Bonn. L'axe dollar-yen.* **7. a.** BOT. Partie d'un végétal qui supporte des éléments latéraux. **b.** ANAT. *Axe cérébro-spinal,* formé par la moelle épinière et l'encéphale. SYN. : *névraxe.*

AXEL n.m. (du n. du patineur suédois *Axel Polsen*). En patinage artistique, saut dans lequel le patineur effectue une rotation d'un tour et demi en l'air.

AXÈNE ou **AXÉNIQUE** adj. Qui est élevé dès la naissance en milieu stérile et se trouve ainsi exempt de tout germe bactérien ou parasitaire. *Animal, élevage axène.*

AXÉNISATION n.f. Élimination de tout germe en vue d'obtenir un élevage ou un animal axénique.

AXER v.t. **1.** Orienter suivant un axe. **2.** Organiser autour de (un thème, une idée essentiels). *Axer un roman sur des problèmes sociaux.*

AXÉROPHTOL n.m. Vitamine A.

AXIAL, E, AUX adj. Disposé suivant un axe ; relatif à un axe. *Éclairage axial.* ◇ *Symétrie axiale :* transformation ponctuelle du plan telle que le segment joignant un point quelconque et son image ait pour médiatrice une droite donnée, l'axe de symétrie. SYN. : *symétrie orthogonale.*

AXILE adj. HISTOL. Qui forme un axe, relatif à un axe. ◇ BOT. *Placentation axile,* dans laquelle les graines paraissent groupées sur l'axe de l'ovaire.

AXILLAIRE adj. (du lat. *axilla,* aisselle). De l'aisselle. *Pilosité axillaire.* ◇ BOT. *Bourgeon axillaire :* bourgeon latéral placé à l'aisselle d'une feuille.

AXIOLOGIE n.f. (gr. *axios,* valable, et *logos,* science). Théorie des valeurs morales.

AXIOLOGIQUE adj. Relatif à l'axiologie.

1. AXIOMATIQUE adj. Qui concerne les axiomes ; qui se fonde sur des axiomes. ◇ *Théorie axiomatique :* forme achevée d'une théorie déductive construite à partir d'axiomes et développée au moyen de règles d'inférence.

2. AXIOMATIQUE n.f. Ensemble de notions premières *(axiomes)* admises sans démonstration et formant la base d'une branche des mathématiques, le contenu de cette branche se déduisant de l'ensemble par le raisonnement. ◇ LOG. *Axiomatique formelle :* théorie axiomatique où l'on ne donne pas de sens aux termes primitifs de la théorie.

AXIOMATISATION n.f. Procédé qui consiste à poser en principes indémontrables les propositions primitives dont sont déduits les théorèmes d'une théorie déductive.

AXIOMATISER v.t. Soumettre à une axiomatisation.

AXIOME n.m. (gr. *axiôma,* estimation). **1.** Vérité non démontrable qui s'impose avec évidence. **2.** MATH., LOG. Proposition première, vérité admise sans démonstration et sur laquelle se fonde une science, un raisonnement ; principe posé hypothétiquement à la base d'une théorie déductive.

AXIS [aksis] n.m. (mot lat.). ANAT. Deuxième vertèbre cervicale.

AXISYMÉTRIQUE adj. Invariant par une symétrie orthogonale par rapport à une droite.

AXOLOTL [aksɔlɔtl] n.m. (mot mexicain). Vertébré amphibien urodèle des lacs mexicains, capable de se reproduire à l'état larvaire (phénomène de néoténie), et qui prend rarement la forme adulte (dite *amblystome*).

axolotl (état larvaire)

AXONE n.m. Long prolongement du neurone parcouru par l'influx nerveux. SYN. (vx) : *cylindraxe.*

AXONGE n.f. (lat. *axungia,* graisse à essieu). Graisse de porc fondue (saindoux), utilisée en dermatologie.

AXONOMÉTRIE n.f. Mode de représentation graphique d'une figure à trois dimensions, dans lequel les arêtes du trièdre de référence sont projetées suivant des droites faisant entre elles des angles de 120°.

AXONOMÉTRIQUE adj. Relatif à l'axonométrie.

AYANT CAUSE n.m. (pl. *ayants cause*). DR. Personne à qui les droits d'une autre personne ont été transmis.

AYANT DROIT n.m. (pl. *ayants droit*). DR. Personne qui a des droits à qqch.

AYATOLLAH n.m. (ar. *āyāt allāh,* signes d'Allāh). Titre donné aux principaux chefs religieux de l'islam chiite.

AYE-AYE [ajaj] n.m. (pl. *ayes-ayes*). Mammifère primate arboricole de Madagascar, à grands yeux, de mœurs nocturnes. (Long. sans la queue 40 cm env. ; sous-ordre des lémuriens.)

AYMARA [aimara] n.m. Famille de langues indiennes de l'Amérique du Sud.

AYUNTAMIENTO [ajuntamjɛnto] n.m. Conseil municipal, en Espagne.

AZALÉE n.f. (gr. *azalos,* sec). Arbuste originaire des montagnes d'Asie, dont on cultive diverses variétés pour la beauté de leurs fleurs. (Famille des éricacées.)

azalée

AZÉOTROPE n.m. (du gr. *zein,* bouillir, et *tropos,* action de tourner). PHYS. Mélange de deux liquides qui bout à température constante.

AZÉOTROPIQUE adj. PHYS. Qui a les caractères d'un azéotrope.

AZERBAÏDJANAIS, E ou **AZÉRI, E** adj. et n. De l'Azerbaïdjan. ◆ n.m. Langue turque parlée en Azerbaïdjan.

AZEROLE n.f. (esp. *acerola,* mot ar.). Fruit de l'azerolier, ressemblant à une petite cerise jaune et dont on fait des confitures.

AZEROLIER n.m. Grande aubépine cultivée dans le Midi pour son fruit, l'azerole.

AZILIEN n.m. (du *Mas-d'Azil,* dans l'Ariège). Faciès culturel épipaléolithique caractérisé par des grattoirs courts et des canifs en segments de cercle, succédant au magdalénien vers le VIIIe millénaire. ◆ **azilien, enne** adj. De l'azilien.

AZIMUT [azimyt] n.m. (ar. *al-samt,* le droit chemin). **1.** Angle que fait le plan vertical passant par un point donné avec le plan méridien du lieu considéré, compté dans le sens des aiguilles d'une montre à partir du sud en astronomie et à partir du nord en géodésie. – *Azimut magnétique,* formé, en un lieu donné, par le méridien géographique avec le nord magnétique. **2.** Fam. *Tous azimuts, dans tous les azimuts* : dans toutes les directions. *Publicité tous azimuts.* ◇ MIL. *Défense tous azimuts* : système de défense capable de s'opposer à toute agression, d'où qu'elle vienne.

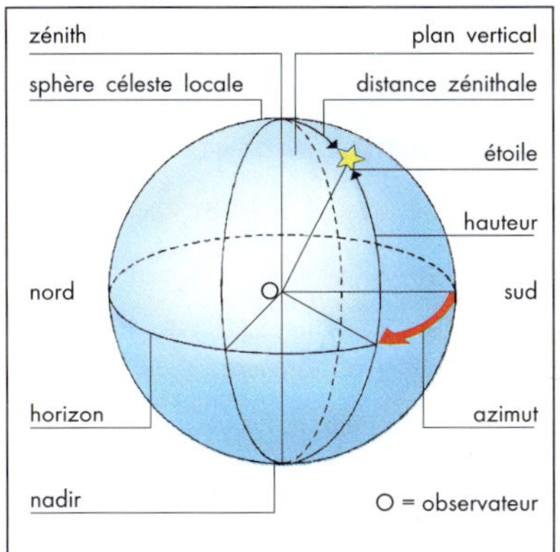

azimut

AZIMUTAL, E, AUX adj. Qui représente ou qui mesure les azimuts.

AZIMUTÉ, E adj. Fam. Déboussolé, fou.

1. AZOÏQUE n.m. et adj. (de *azote*). Composé organique contenant le radical —N=N—, souvent utilisé comme colorant.

2. AZOÏQUE adj. (du gr. *zôon,* animal). BIOL. *Milieu, couche azoïque,* où il n'y a pas de trace de vie animale.

AZONAL, E, AUX adj. Qui peut concerner n'importe quel point du globe.

AZOOSPERMIE [azɔɔspɛrmi] n.f. (du gr. *zôon,* animal, et *sperma,* semence). Absence de spermatozoïdes dans le sperme, cause de stérilité.

AZOTATE n.m. CHIM. Rare. Nitrate.

AZOTE n.m. (du gr. *zôê,* vie). CHIM. Corps simple et gazeux, incolore et inodore ; élément (N) de numéro atomique 7, de masse atomique 14,006.

■ L'azote, bien qu'il constitue environ 80 p. 100 de l'air atmosphérique, ne peut être assimilé directement que par les bactéries dites *autotrophes.* Mais l'azote des composés contenus dans les excréments et les cadavres subit dans le sol une série de transformations bactériennes d'où résultent des nitrates, que peuvent absorber les racines des plantes. Ainsi se ferme le « cycle de l'azote ».

AZOTÉ, E adj. CHIM. Qui contient de l'azote.

AZOTÉMIE n.f. Quantité d'azote contenue dans les composés azotés du sang, protéines exceptées.

AZOTÉMIQUE adj. Relatif à l'azotémie.

AZOTEUX, EUSE adj. Nitreux.

AZOTHYDRIQUE adj. *Acide azothydrique* : acide HN_3 (explosif).

AZOTIQUE adj. Nitrique.

AZOTITE n.m. Nitrite.

AZOTOBACTER [azɔtɔbaktɛr] n.m. Bactérie vivant dans le sol et pouvant fixer l'azote de l'atmosphère.

AZOTURE n.m. Sel de l'acide azothydrique.

AZOTURIE n.f. Quantité d'azote présente sous forme de composés azotés dans les urines (à l'exception des protéines).

AZOTYLE n.m. Radical monovalent $—NO_2$. SYN. : *nitryle.*

AZT [azɛdte] n.m. (nom déposé ; abrév. de *azidothymidine,* auj. *zidovudine*). Médicament utilisé dans le traitement du sida.

AZTÈQUE adj. et n. Relatif aux Aztèques, à leur civilisation.

AZULEJO [azulexo] n.m. (mot esp., de *azul,* bleu). En Espagne, au Portugal, revêtement décoratif, assemblage de carreaux de faïence émaillée à dominante bleue ; chacun de ces carreaux.

détail d'un **azulejo** (Portugal, XVIIe s.)

AZUR n.m. (ar. *lāzaward,* lapis-lazuli). **1.** Bleu clair et intense, notamm. celui du ciel. ◇ Par ext. Le ciel lui-même. **2.** Verre ou émail coloré en bleu par l'oxyde de cobalt. **3.** HÉRALD. Une des couleurs du blason.

AZURAGE n.m. TECHN. Addition d'azurant au cours du blanchiment d'un tissu, d'un papier, d'un linge, pour en aviver l'éclat.

AZURANT n.m. Colorant bleu ou violet utilisé pour l'azurage.

AZURÉ, E adj. De couleur d'azur.

AZURÉEN, ENNE adj. De la Côte d'Azur. *Le climat azuréen.*

AZURER v.t. **1.** Donner une couleur bleu azur à. **2.** Procéder à l'azurage de.

AZURITE n.f. MINÉR. Carbonate naturel de cuivre, de couleur bleue.

AZYGOS [azigɔs] n.f. et adj. (du gr. *zugos,* paire). ANAT. Chacune des trois veines du système cave qui drainent le sang des parois thoracique et abdominale.

AZYME adj. et n.m. (du gr. *zumê,* levain). Qui est cuit sans levain, en parlant du pain. – *Pain azyme,* utilisé rituellement pour la Pâque juive *(fête des Azymes)* ; pain à hosties.

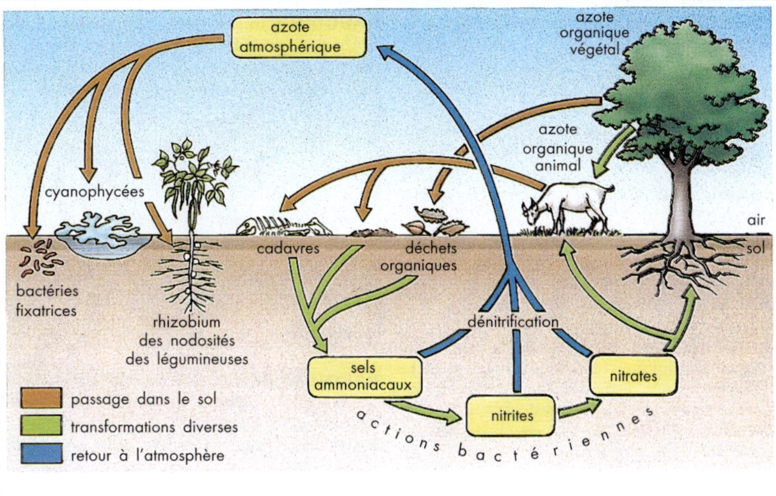

cycle de l'**azote**

B

B n.m. inv. **1.** Deuxième lettre de l'alphabet et la première des consonnes. *« b » est une labiale sonore.* **2.** MUS. B : *si* bémol dans le système de notation germanique ; *si* naturel dans le système anglo-saxon. **3. a.** CHIM. B : symbole chimique du bore. **b.** PHYS. b : symbole du barn.

Ba, symbole chimique du baryum.

B.A. [bea] n.f. (sigle). Bonne action.

B.A.-BA [beaba] n.m. inv. Connaissance élémentaire, premiers rudiments. *Apprendre le B.A.-Ba.*

1. BABA adj. Fam. Frappé d'étonnement, stupéfait. *Rester baba.*

2. BABA n.m. (mot polon.). Gâteau fait avec une pâte levée mélangée de raisins secs, et imbibé, après cuisson, de rhum ou de kirsch.

BABA COOL [babakul] ou **BABA** n. (du hindi *bābā,* papa, et de l'angl. *cool,* calme) [pl. *babas cool*]. Personne qui, dans les années 1970, adoptait le mode de vie et les thèmes non violents, écologiques, du mouvement hippie.

BABÉLISME n.m. (de la *tour de Babel*). Confusion langagière, jargon incompréhensible.

BABEURRE n.m. (de *bas* et *beurre*). Résidu liquide de la fabrication du beurre, de goût aigre.

BABIL [babil] n.m. (de *babiller*). **1.** Bavardage continuel, enfantin ou futile. **2.** Vocalisations spontanées émises par les nourrissons ; lallation.

BABILLAGE n.m. Action de babiller. SYN. : *lallation, babil.*

1. BABILLARD, E adj. et n. Litt. Qui parle beaucoup, bavard.

2. BABILLARD n.m. Canada. Tableau d'affichage.

BABILLARDE n.f. Arg. Lettre, missive.

BABILLER v.i. (onomat.). Parler beaucoup et à propos de rien ; bavarder.

BABINE n.f. (Surtout pl.). Lèvre pendante de certains mammifères (chameau, singe, p. ex.). ◇ Fam. Lèvres. – *Se lécher, se pourlécher les babines :* se délecter à l'avance de qqch.

BABINSKI (SIGNE DE) : inversion du réflexe cutané plantaire, caractéristique des atteintes de la voie nerveuse motrice, qu'on observe dans les paralysies affectant le faisceau pyramidal.

BABIOLE n.f. (it. *babbola,* bêtise). Fam. Bagatelle, chose de peu de valeur.

BABIROUSSA n.m. (malais *babi,* porc, et *rusa,* cerf). Porc sauvage de Célèbes, à canines supérieures très recourbées. (Haut. au garrot 50 cm env. ; famille des suidés.)

BABISME n.m. Doctrine, interprétation du Bāb*.

BÂBORD n.m. (néerl. *bakboord*). Côté gauche d'un navire, en regardant vers l'avant (par opp. à *tribord*).

babiroussa

BÂBORDAIS n.m. MAR. Membre d'équipage faisant partie de la bordée de bâbord, qui prend le quart en alternance avec les tribordais, dans la marine de guerre.

BABOUCHE n.f. (ar. *bābūch,* empr. au persan). Chaussure, pantoufle de cuir sans quartier ni talon.

BABOUIN n.m. (de *babine*). Singe catarhinien d'Afrique, du genre cynocéphale, vivant en troupes nombreuses.

babouin

BABOUVISME n.m. Doctrine de Babeuf et de ses disciples, visant à instaurer une sorte de communisme égalitaire.

BABY [bebi] adj. inv. et n.m. (mot angl., *bébé*). *Whisky baby* ou *baby :* demi-dose de whisky.

BABY-BEEF [bebibif] n.m. inv. (mot angl.). Jeune bovin, génér. mâle et non castré, engraissé pour sa viande.

BABY-BOOM n.m. (pl. *baby-booms*). Augmentation brutale de la natalité.

BABY-FOOT [babifut] n.m. inv. (mot angl.). Football de table comportant des figurines que l'on actionne à l'aide de tiges mobiles.

BABYLONIEN, ENNE adj. et n. De Babylone ou de Babylonie.

BABY-SITTER [bebisitœr] n. (angl. *baby,* bébé, et *to sit,* s'asseoir) [pl. *baby-sitters*]. Personne payée pour garder occasionnellement un, des enfants en l'absence de leurs parents.

BABY-SITTING [bebisitiŋ] n.m. (pl. *baby-sittings*). Activité d'un, d'une baby-sitter.

BABY-TEST [bebitɛst] n.m. (mot angl.) [pl. *baby-tests*]. Test permettant d'apprécier le niveau de développement psychomoteur et intellectuel d'un enfant d'âge préscolaire.

1. BAC n.m. (lat. pop. *baccu,* récipient). **1.** Bateau large et plat assurant la traversée d'un cours d'eau, d'un lac, pour les voyageurs, les véhicules, etc. **2.** Récipient, souvent de forme rectangulaire, servant à divers usages. *Bac d'accumulateur. Bac de teinture. Bac à légumes. Bac à glace d'un réfrigérateur.*

2. BAC n.m. (abrév.). Fam. Baccalauréat.

BACANTE n.f. → **2. *bacchante.***

BACCALAURÉAT n.m. (bas lat. *baccalaureatus,* de *baccalarius,* jeune homme, d'après le lat. *bacca lauri,* baie de laurier). Le premier des grades universitaires, sanctionné par un diplôme qui marque le terme des études secondaires.

BACCARA n.m. Jeu de cartes qui se joue entre un banquier et des joueurs appelés *pontes.*

BACCARAT n.m. Cristal de la manufacture de Baccarat.

BACCHANALE [bakanal] n.f. (lat. *Bacchanalia,* fête de Bacchus). Vieilli, litt. Fête tournant à la débauche, à l'orgie. ◆ pl. ANTIQ. GR. ou ROM. Fêtes en l'honneur de Bacchus (mystères dionysiaques de l'Italie ou dionysies grecques).

1. BACCHANTE [bakɑ̃t] n.f. (de *Bacchus*). Prêtresse du culte de Bacchus. SYN. : *ménade.*

2. BACCHANTE ou **BACANTE** n.f. Fam. (Surtout pl.). Moustache.

BACCIFÈRE [baksifɛr] adj. BOT. Qui porte des baies (fruits). *Plante baccifère.*

BACCIFORME [baksifɔrm] adj. BOT. Qui ressemble à une baie (fruit).

BÂCHAGE n.m. Action de bâcher.

BÂCHE n.f. (lat. *bascauda,* d'orig. celtique). **I.** Toile épaisse et imperméabilisée ; pièce formée de cette toile servant à protéger des intempéries. **II. 1.** Caisse à châssis vitrés, abritant de jeunes plantes. **2.** TECHN. **a.** Carter d'une turbine hydraulique. **b.** Réservoir d'eau pour l'alimentation d'une machine (chaudière, etc.).

BÂCHÉE n.f. Afrique. Camionnette dont la partie arrière est recouverte d'une bâche amovible.

1. BACHELIER n.m. (lat. *baccalarius*). HIST. Jeune homme, en partic. vassal, n'ayant pas encore reçu de fief.

2. BACHELIER, ÈRE n. (lat. *baccalarius*). Personne qui a obtenu le baccalauréat.

BÂCHER v.t. Couvrir d'une bâche.

BACHI-BOUZOUK [baʃibuzuk] n.m. (pl. *bachi-bouzouks*). Soldat irrégulier de l'ancienne armée ottomane.

BACHIQUE adj. **1.** Relatif à Bacchus, à son culte. *Fête bachique.* **2.** Litt. Qui évoque une bacchanale ; qui célèbre le vin, l'ivresse. ◇ *Chanson bachique :* chanson à boire.

1. BACHOT n.m. Fam. Baccalauréat.

2. BACHOT n.m. Petit bac ; petite barque.

BACHOTAGE n.m. Fam. Action de bachoter.

BACHOTER v.i. Fam. Préparer le programme d'un examen (baccalauréat, notamm.) ou d'un concours intensivement, dans le seul souci d'être reçu, sans viser à une formation de fond.

BACHOTTE n.f. (de *bac*). Tonneau pour le transport des poissons vivants.

BACILLAIRE adj. Relatif aux bacilles, partic. à leur morphologie. ◆ adj. et n. Se dit d'un malade atteint de tuberculose pulmonaire, pendant la phase contagieuse de la maladie.

BACILLE [basil] n.m. (lat. *bacillus,* bâtonnet). **1.** Bactérie, le plus souvent pathogène, ayant la forme d'un bâtonnet (simple ou articulé). **2.** Insecte herbivore du midi de la France ressemblant à une brindille. (Long. 10 cm env. ; c'est le seul phasme d'Europe.)

BACILLIFORME adj. En forme de bacille.

BACILLOSE n.f. MÉD. Maladie due à un bacille, en partic. tuberculose.

BACILLURIE n.f. Présence de bacilles (tuberculeux, notamm.) dans les urines.

BACKGAMMON [bakgamɔn] n.m. (mot angl. d'orig. galloise). Jeu de dés proche du jacquet.

BACKGROUND [bakgrawnd] n.m. (mot angl., *arrière-plan*). Contexte, cadre (d'une action, d'un évènement).

BACK-OFFICE n.m. (mot angl.) [pl. *back-offices*]. Ensemble des agents chargés de la gestion administrative des opérations d'une salle de marché. Recomm. off. : *post-marché.*

BÂCLAGE n.m. Fam. Action de bâcler ; exécution rapide et peu soignée.

BÂCLE n.f. Pièce de bois ou de métal qui maintient une porte fermée.

BÂCLER v.t. (lat. pop. *bacculare,* de *baculum,* bâton). Fam. Faire à la hâte et sans précaution. *Bâcler un travail.*

BACON [bekœn] n.m. (mot angl.). **1.** Pièce de carcasse de porc désossée, salée et fumée, débitée en tranches minces, en Grande-Bretagne. **2.** Filet (noix) de porc salé et fumé, découpé en tranches minces, en France.

BACTÉRICIDE adj. et n.m. Se dit d'un produit qui tue les bactéries (eau de Javel, ozone, alcool, etc.).

BACTÉRIDIE n.f. Vieilli. Bactérie immobile (comme la bactérie du charbon).

BACTÉRIE n.f. (gr. *baktêria,* bâton). Être génér. unicellulaire, saprophyte ou parasite, dépourvu de noyau et d'organites, se reproduisant par scissiparité, et dont il existe de nombreuses formes (bacilles, vibrions, spirilles, microcoques, etc.).

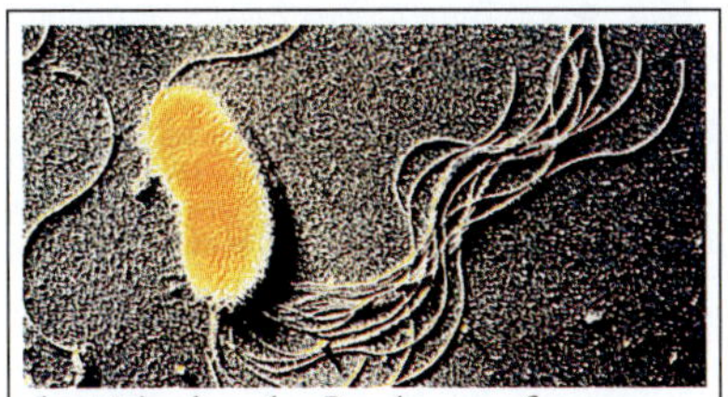

bactérie du sol : *Pseudomonas fluorescens* et ses flagelles

BACTÉRIÉMIE n.f. MÉD. Décharge passagère de bactéries dans le sang à partir d'un foyer infectieux, qui se manifeste par des frissons et une forte poussée de fièvre.

BACTÉRIEN, ENNE adj. Des bactéries ; relatif aux bactéries.

BACTÉRIOLOGIE n.f. Partie de la microbiologie qui étudie les bactéries.

BACTÉRIOLOGIQUE adj. Relatif à la bactériologie. ◇ *Arme, guerre bactériologique,* qui utilise les bactéries porteuses de maladies contagieuses.

BACTÉRIOLOGISTE n. Spécialiste de bactériologie.

BACTÉRIOPHAGE n.m. Virus qui détruit activement certaines bactéries. SYN. : *phage.*

BACTÉRIOSTATIQUE adj. et n.m. Se dit d'un antibiotique qui empêche la multiplication des bactéries sans les détruire.

BACUL [baky] n.m. Large croupière.

BADABOUM interj. (Imitant le bruit de qqn, de qqch qui tombe). *Elle pousse l'autre et... badaboum ! tout le monde se retrouve par terre.*

BADAMIER n.m. (persan *bādām,* amande). Arbre ornemental d'Afrique et d'Asie tropicale dont le bois, mi-dur et léger, est employé en menuiserie.

BADAUD, E n. et adj. (du prov. *badar,* regarder bouche bée). Passant, promeneur dont la curiosité est facilement séduite par un spectacle improvisé, un évènement plus ou moins important de la rue.

BADAUDERIE n.f. Litt. Comportement, attitude du badaud.

BADEGOULIEN n.m. (de *Badegoule,* en Dordogne). Faciès industriel paléolithique correspondant à la première phase du magdalénien. ◆ **badegoulien, enne** adj. Du badegoulien.

BADERNE n.f. Fam. et injur. *Baderne, vieille baderne :* homme (spécialt, militaire) borné et rétrograde.

BADGE [badʒ] n.m. **1.** Insigne distinctif muni d'une inscription ou d'un dessin et porté en broche. *Badge d'organisateur.* ◇ INFORM. Document d'identité codé, lisible par des appareils spéciaux *(lecteurs de badge).* **2.** (Scoutisme). Insigne récompensant une compétence particulière dans un domaine donné. *Badge de cuisinier, d'expert en nœuds.*

BADIANE n.f. Arbuste originaire du Viêt Nam, dont le fruit, appelé *anis étoilé,* contient une essence odorante utilisée pour la fabrication de boissons anisées. (Famille des magnoliacées.)

BADIGEON n.m. Enduit à base de lait de chaux, souvent coloré, pour le revêtement des murs, des façades, etc.

BADIGEONNAGE n.m. Action de badigeonner ; son résultat.

BADIGEONNER v.t. **1.** Peindre avec du badigeon. **2.** Enduire d'une préparation pharmaceutique. *Badigeonner la gorge.*

BADIGEONNEUR, EUSE n. **1.** Personne qui badigeonne. **2.** Péj. Mauvais peintre.

BADIGOINCES n.f. pl. Fam. Lèvres.

1. BADIN, E adj. (mot prov., *sot*). Litt. Qui aime à rire, à plaisanter ; enjoué, d'une gaieté légère. *Un ton badin.*

2. BADIN n.m. (du nom de l'inventeur). AÉRON. Appareil pour mesurer la vitesse relative d'un avion par rapport à l'air ambiant.

BADINAGE n.m. Litt. Action de badiner ; propos badin, attitude badine. *Un badinage galant.*

BADINE n.f. Baguette mince et flexible que l'on tient à la main.

BADINER v.i. Prendre les choses légèrement ; plaisanter. ◆ v.t. ind. ***(avec, sur).*** [Surtout en tournure négative]. Plaisanter (sur, avec qqch), prendre (qqch) à la légère. *On ne badine pas avec l'amour.*

BADINERIE n.f. Ce qu'on dit, ce qu'on fait en plaisantant.

BAD-LANDS [badlɑ̃ds] n.f. pl. (mot angl., *mauvaises terres*). GÉOGR. Terres argileuses disséquées par le ruissellement torrentiel en de multiples ravins qui ne laissent entre eux que des crêtes aiguës.

BADMINTON [badmintɔn] n.m. (mot angl.). Jeu de volant pratiqué sur un court, apparenté au tennis.

BADOIS, E adj. et n. De Bade.

BAFFE [baf] n.f. Fam. Gifle.

BAFFLE [bafl] n.m. (mot angl., *écran*). **1.** TECHN. Écran rigide, monté sur un haut-parleur, limitant les effets d'interférence sonore entre les deux faces de la membrane. **2.** Cour. Enceinte acoustique.

BAFOUER v.t. (d'orig. onomat.). Se moquer de, outrager ; ridiculiser.

BAFOUILLAGE n.m. Fam. Action de bafouiller ; élocution embrouillée, confuse.

BAFOUILLE n.f. Pop. Lettre.

BAFOUILLER v.t. et i. (d'orig. onomat.). Fam. Parler d'une manière inintelligible, embarrassée.

BAFOUILLEUR, EUSE n. et adj. Fam. Personne qui bafouille.

BÂFRER v.t. et i. (onomat. *baf*). Fam. Manger avidement et avec excès.

BÂFREUR, EUSE n. Fam. Personne qui aime bâfrer ; glouton.

BAGAD n.m. (mot breton). Formation musicale comprenant principalement des binious et des bombardes, instruments traditionnels de la Bretagne.

BAGAGE n.m. (anc. fr. *bagues,* paquets). **1.** Sac, valise contenant les affaires qu'on emporte avec soi en voyage. *Bagage à main.* **2.** (Le plus souvent au pl.). Ensemble des affaires, des objets que l'on emporte avec soi en voyage. *Préparer, faire ses bagages.* ◇ Fam. *Plier bagage :* partir. – *Partir avec armes et bagages,* en emportant tout. **3.** Fig. Ensemble des connaissances acquises (dans un domaine). *Bagage littéraire.*

BAGAGISTE n.m. **1.** Employé dans un hôtel, une gare, un aéroport, chargé de porter les bagages. **2.** Industriel fabriquant des bagages.

BAGARRE n.f. (prov. *bagarro,* rixe). **1.** Querelle violente accompagnée de coups, entre plusieurs personnes. ◇ *Chercher la bagarre :* aller au-devant des coups ; chercher querelle. **2.** Fig. Vive compétition, lutte ; match. *Bagarre politique.*

BAGARRER v.i. Fam. Prendre part à une bagarre. *Bagarrer pour une opinion.* ◆ **se bagarrer** v.pr. Prendre une part active dans une bagarre ; se battre, se quereller.

BAGARREUR, EUSE adj. et n. Fam. Qui aime la bagarre ; combatif.

BAGASSE n.f. (esp. *bagazo,* marc). Partie ligneuse de la canne à sucre, restant dans les moulins après l'extraction du jus sucré.

BAGATELLE n.f. (it. *bagatella,* tour de bateleur). **1.** Chose, objet de peu de valeur ; frivolité, vétille. *Acheter des bagatelles. Puni pour une bagatelle.* ◇ *La bagatelle de :* la somme de (souvent iron., en parlant d'une somme importante). **2.** Absolt. Fam. *La bagatelle :* l'amour physique. **3.** MUS. Petit morceau léger, de ton intime, souvent pour le piano.

BAGNARD n.m. Personne purgeant une peine de bagne ; forçat.

BAGNE n.m. (it. *bagno,* établissement de bains). **1.** Établissement, lieu où était subie la peine des travaux forcés ou de la relégation ; la peine elle-même. (Les bagnes coloniaux ont été définitivement supprimés en 1942 et les travaux forcés remplacés par la réclusion.) **2.** Fig. Lieu où l'on est astreint à un travail, à une activité très pénible.

BAGNOLE n.f. Fam. Automobile.

BAGOU ou **BAGOUT** n.m. (anc. fr. *bagouler,* parler à tort et à travers). Fam. Grande facilité de parole. *Avoir du bagou.*

BAGUAGE n.m. Opération consistant à baguer (un oiseau ; un arbre ; un axe de machine).

BAGUE n.f. (néerl. *bagge,* anneau). **1.** Anneau (orné ou non d'une pierre) que l'on porte au doigt. ◇ Fam. *Avoir la bague au doigt :* être marié. **2.** Objet en forme d'anneau. *Bague de cigare.* ◇ Spécialt. **a.** CONSTR. Anneau permettant de fixer une descente. **b.** MAR. Anneau de fer, cordage servant à divers usages. **c.** MÉCAN. Pièce annulaire assurant la fixation, le serrage, la lubrification, etc., génér. autour d'un axe. *Bague de roulement.* **d.** ORNITH. Anneau fixé sur la patte d'un oiseau, notamm. pour étudier ses déplacements. **e.** MÉD. *Bague tuberculinique :* bague munie de fines pointes servant à pratiquer une cuti-réaction. **f.** ARCHIT. Bande circulaire en saillie ceinturant une colonne ; ceinture.

BAGUÉ, E adj. **1.** Garni d'une bague, d'un anneau. *Doigts bagués d'or.* **2.** ARCHIT. *Colonne baguée,* dont le fût est orné de bandes circulaires en saillie. SYN. : *annelé.*

BAGUENAUDE n.f. (prov. *baganaudo,* du lat. *baca,* baie). **1.** Fruit du baguenaudier. **2.** Pop. Promenade, flânerie.

BAGUENAUDER v.i. ou **SE BAGUENAUDER** v.pr. Fam. Se promener sans but ; flâner.

BAGUENAUDIER n.m. Arbrisseau des régions méditerranéennes, à fleurs jaunes et à gousses renflées en vessie. (Famille des papilionacées.)

1. BAGUER v.t. (anc. fr. *baguer,* attacher). COUT. Maintenir (deux épaisseurs de tissu) avec des points de bâti allongés, invisibles à l'endroit.

2. BAGUER v.t. **1.** Garnir d'une bague. **2.** HORTIC. Faire une incision annulaire à (une plante) pour arrêter la descente de la sève. **3.** Identifier, marquer (un oiseau) au moyen d'une bague fixée à l'une des pattes.

BAGUETTE n.f. (it. *bacchetta*). **1.** Petit bâton mince, plus ou moins long et flexible (anc., qui pouvait être l'attribut d'une fonction ministérielle). ◇ *Mener qqn à la baguette,* le diriger avec une autorité intraitable. – *Marcher à la baguette :* obéir sans discussion. **2. a.** Bâton, souvent de coudrier, avec lequel les sourciers, les radiesthésistes prétendent découvrir des sources, des objets perdus ou cachés. **b.** *Baguette magique :* baguette chargée d'un pouvoir magique, avec laquelle les fées opèrent leurs enchantements, dans les contes. ◇ *D'un coup de baguette magique :* comme par enchantement. **3.** Objet ayant la forme d'une baguette. **a.** *Baguette de fusil,* servant à nettoyer le canon du fusil (anc., à le charger). **b.** *Baguettes de tambour :* petits bâtons courts à l'extrémité façonnée en forme d'olive, à l'aide desquels on bat du tambour. ◇ Fam. *Cheveux en baguettes de tambour,* raides. **c.** Pain long d'environ 250 g. **4.** ARCHIT., CONSTR., MENUIS. Petite moulure, souvent arrondie, servant à décorer, masquer un joint, etc. ◇ Ornement linéaire d'un bas, d'une chaussette.

BAGUETTISANT n.m. Sourcier.

BAGUIER n.m. Petit coffret, écrin, coupe, pour ranger des bagues et autres bijoux.

BAGUIO [bagjo] n.m. Typhon des Philippines.

BAH interj. (Exprimant l'étonnement, le doute, l'indifférence). *Bah ! ne pleure pas, ce n'est rien !*

BAHAÏ ou **BÉHAÏ** adj. et n. Relatif au bahaïsme ; adepte du bahaïsme.

BAHAÏSME ou **BÉHAÏSME** n.m. Mouvement syncrétique religieux né du babisme, fondé par Bahā' Allāh (1817-1892).

BAHREÏNI, E adj. et n. De Bahreïn.

BAHT [bat] n.m. Unité monétaire principale de la Thaïlande. (→ *monnaie.*)

BAHUT n.m. **1. a.** Anc. Coffre de voyage, au Moyen Âge. **b.** Buffet rustique long et bas. **2. a.** Fam. Taxi, automobile, camion. **b.** Arg. scol. Lycée, collège. **3.** CONSTR. Mur bas destiné à porter les arcades d'un cloître, une grille, etc. ◇ Chaperon de mur (en pente ou arrondi).

BAI, E adj. (lat. *badius,* brun). Dont la robe est brun roussâtre, et dont les crins et l'extrémité des membres sont noirs, en parlant d'un cheval. ◆ n.m. Cheval bai.

1. BAIE n.f. (esp. *bahía*). Échancrure du littoral plus ou moins ouverte. *Baie d'Hudson.*

2. BAIE n.f. (lat. *baca*). Fruit charnu à graines ou à pépins (sans noyau) [ex. : raisin, groseille].

3. BAIE n.f. (de *béer*). Ouverture fermée ou non d'une façade (arcade, fenêtre, porte). *Baie vitrée.*

BAIGNADE n.f. **1.** Action de se baigner. **2.** Endroit d'une rivière où l'on peut se baigner.

BAIGNER v.t. (lat. *balneare*). **1.** Plonger et tenir totalement ou partiellement dans l'eau, un liquide, notamm. pour laver, soigner. *Baigner un enfant. Baigner son doigt dans l'eau salée.* **2.** Humecter, mouiller. *Baigner ses tempes d'eau fraîche.* **3.** Arroser ; border de ses eaux. *Ce fleuve baigne une contrée fertile. La Méditerranée baigne la Provence.* **4.** Litt. Envelopper, imprégner. *Lumière qui baigne un paysage.* ◆ v.i. **1.** Être immergé dans, être mouillé par (un liquide). *Un rôti baignant dans son jus.* – Litt. *Baigner dans son sang :* être couvert du sang de ses blessures. ◇ Fam. *Ça baigne dans l'huile :* ça va, ça marche bien. – (Exclam.). *Ça baigne !* **2.** Être enveloppé par, imprégné de. *Rome baignait dans la violence.* ◆ **se baigner** v.pr. Prendre un bain.

1. BAIGNEUR, EUSE n. Personne qui se baigne.

2. BAIGNEUR n.m. **1.** Jouet d'enfant figurant un bébé. **2.** Arg. Postérieur.

BAIGNOIRE n.f. **1.** Appareil sanitaire d'une salle de bains dans lequel on prend des bains. **2.** Loge de rez-de-chaussée, dans un théâtre. **3.** MAR. Partie supérieure d'un kiosque de sous-marin, qui sert de passerelle.

BAIL [baj] n.m. (de *bailler*) [pl. *baux*]. Convention par laquelle un bailleur donne la jouissance d'un bien meuble ou immeuble pour un prix et un temps déterminés ; contrat qui constate le bail. – *Bail commercial,* d'un local à usage artisanal, commercial ou industriel. ◇ Fam. *Ça fait un bail :* il y a longtemps.

BAILE [bajle] n.m. (anc. prov.). HIST. Prévôt, au Moyen Âge, dans le midi de la France.

BAILLE n.f. (bas lat. *bajula,* chose qui porte). **1.** MAR. Baquet, tonneau servant à divers usages (lavage, incendie). **2.** Arg. *La baille :* l'eau, la mer. ◇ Arg. mil. *La Baille :* l'École navale.

BÂILLEMENT n.m. **1.** Action de bâiller. **2.** Fait de bâiller, d'être entrouvert ; ouverture d'une chose qui bâille.

BAILLER v.t. (lat. *bajulare,* porter). Vx ou dial. Donner. ◇ *La bailler bonne, la bailler belle à qqn,* lui en faire accroire.

BÂILLER v.i. (lat. *batare,* tenir la bouche ouverte). **1.** Ouvrir largement et involontairement la bouche, de sommeil, faim, ennui ou fatigue. **2.** Présenter une ouverture ; être mal fermé, mal ajusté. *Porte qui bâille. Jupe qui bâille.*

BAILLEUR, ERESSE n. DR. Personne qui donne à bail. ◇ *Bailleur de fonds :* celui qui fournit de l'argent pour une entreprise.

BÂILLEUR, EUSE n. Personne qui bâille.

BAILLI n.m. (anc. fr. *baillir,* administrer). HIST. Agent du roi qui était chargé de fonctions administratives et judiciaires. (D'abord chargés de missions temporaires, les baillis devinrent v. 1260 des officiers sédentaires placés à la tête des bailliages ; à partir du XIVe s. leurs pouvoirs s'amenuisèrent.)

BAILLIAGE n.m. HIST. **1.** Circonscription administrative et judiciaire d'un bailli. **2.** Tribunal du bailli.

BÂILLON n.m. (de *bâiller*). Bandeau, tissu, objet qu'on met sur ou dans la bouche de qqn pour l'empêcher de crier.

BÂILLONNEMENT n.m. Action de bâillonner.

BÂILLONNER v.t. **1.** Mettre un bâillon à. **2.** Fig. Mettre dans l'impossibilité de s'exprimer ; museler. *Bâillonner la presse.*

BAIN n.m. (lat. *balneum*). **1.** Action de se baigner, de baigner qqn, qqch. *Un bon bain. Prendre un bain.* ◇ Fig. *Se remettre dans le bain :* reprendre contact avec (qqch, un milieu, etc.). – *Mettre (qqn) dans le bain,* l'initier à un travail, à une affaire ; péj., le compromettre. **2. a.** Eau, liquide dans lequel on se baigne, on baigne (qqch, une partie du corps, etc.). *Bain de mousse, d'eau salée.* – *Bain de bouche :* solution pour les soins de la bouche. **b.** Solution, préparation dans laquelle on immerge (qqch) pour le soumettre à une opération quelconque ; récipient contenant cette solution. *Bain colorant. Bain de trempe.* **c.** Exposition, immersion dans un milieu quelconque. *Bain de vapeur, de boue.* ◇ Fig. *Bain de foule :* contact direct avec un grand nombre de personnes. ◆ pl. **1.** Établissement public où l'on prend des bains, des douches. **2.** Vieilli. Cure thermale. *Aller aux bains.*

BAIN-MARIE n.m. (de *Marie,* sœur de Moïse, auteur supposé d'un traité d'alchimie) [pl. *bains-marie*]. **1.** Eau bouillante dans laquelle on plonge un récipient contenant un aliment, une préparation à chauffer doucement, sans contact direct avec le feu. *Cuisson au bain-marie.* **2.** Récipient à deux compartiments concentriques pour la cuisson au bain-marie.

BAÏONNETTE n.f. (de *Bayonne,* où cette arme fut mise au point). **1.** Lame effilée qui s'enclenche au bout d'un fusil. **2.** Dispositif de fixation qui évoque celui d'une baïonnette (ergots engagés dans des crans par rotation). *Douille à baïonnette* (d'une lampe).

BAÏRAM, BAYRAM [bairam] ou **BEÏRAM** [beiram] n.m. (turc *bayram*). Chacune des deux fêtes musulmanes qui suivent le ramadan, chez les Turcs.

BAISE n.f. **1.** Vulg. Amour physique ; relations sexuelles. **2.** Belgique. Baiser.

BAISE-EN-VILLE n.m. inv. Très fam. Petite valise avec un nécessaire de nuit.

BAISEMAIN n.m. Geste de respect ou de civilité consistant à effleurer d'un baiser la main d'une femme ou d'un souverain.

BAISEMENT n.m. RELIG. Baiser rituel envers un objet sacré.

1. BAISER v.t. **1.** Donner un baiser, poser ses lèvres sur. **2.** Vulg. Avoir des relations sexuelles avec. **3.** Très fam. Duper, tromper. ◇ *Se faire baiser :* avoir été dupé ; se faire surprendre.

2. BAISER n.m. Action de poser ses lèvres sur. ◇ *Baiser de Judas :* démonstration d'affection hypocrite.

BAISOTER v.t. Fam. Donner de petits baisers répétés.

BAISSE n.f. Action, fait de baisser, de descendre. ◇ BOURSE. *Jouer à la baisse :* spéculer sur la baisse des cours, sur le marché à terme.

BAISSER v.t. (lat. *bassus,* bas). **1.** Mettre, faire descendre plus bas. *Baisser un store.* ◇ *Baisser pavillon :* céder, capituler. **2.** Incliner, diriger vers le bas (une partie du corps). *Baisser la tête, les yeux.* **3.** Diminuer la force, l'intensité, la hauteur, la valeur (de qqch). *Baisser la voix.* ◆ v.i. **1.** Venir à un point inférieur, décroître. *Le niveau de la rivière baisse en été.* **2.** Diminuer de valeur, de prix, d'intensité. *Les actions baissent.* **3.** S'affaiblir, décliner. *Ses facultés intellectuelles baissent.* ◆ **se baisser** v.pr. S'incliner, se courber.

BAISSIER, ÈRE n. Personne qui, à la Bourse, spécule sur la baisse. ◆ adj. Relatif à la baisse des cours.

BAISSIÈRE n.f. Enfoncement où séjourne l'eau de pluie dans une terre labourée.

BAJOUE n.f. (de *bas* et *joue*). **1.** Partie latérale de la tête de certains animaux (veau, cochon partic.), qui s'étend de l'œil à la mâchoire. **2.** Fam. Joue humaine flasque et pendante. **3.** Rare. Abajoue.

BAJOYER [baʒwaje] n.m. **1.** Mur consolidant les rives d'un cours d'eau de part et d'autre d'un pont pour empêcher le courant d'attaquer les culées. **2.** Paroi latérale d'une chambre d'écluse.

BAKCHICH [bakʃiʃ] n.m. (du persan par le turc). Fam. Pourboire, pot-de-vin.

BAKÉLITE n.f. (nom déposé). Résine synthétique obtenue par condensation d'un phénol avec l'aldéhyde formique et employée comme succédané de l'ambre, de l'écaille, etc.

BAKLAVA n.m. (mot turc). Gâteau oriental de pâte feuilletée, au miel et aux amandes.

BAKUFU [bakufu] n.m. (mot jap.). Gouvernement des shogouns, composé de quatre conseils.

BAL n.m. (de l'anc. fr. *baller,* danser) [pl. *bals*]. Réunion où l'on danse ; lieu où se tient cette réunion. ◇ *Bal de têtes,* où les danseurs sont grimés ou masqués à la ressemblance de personnages connus.

BALADE n.f. (de *ballade*). Fam. Promenade.

BALADER v.t. Fam. Promener. *Balader des enfants.* ◆ v.i. Fam. *Envoyer balader :* éconduire vivement ; rejeter. *Envoyer balader qqn, qqch.* ◆ **se balader** v.pr. Fam. Se promener.

1. BALADEUR, EUSE adj. **1.** Fam. Qui aime à se balader, à se promener. **2.** TECHN. *Train baladeur :* pièce du mécanisme d'un changement de vitesse. ◇ *Micro baladeur,* muni d'un long fil qui permet de le déplacer.

2. BALADEUR n.m. **1.** MÉCAN. Pièce qui coulisse le long d'un arbre porteur tout en restant entraînée par lui au moyen de cannelures. **2.** HORLOGERIE. Roue montée sur un support pouvant tourner autour d'un axe et prendre deux positions. **3.** Lecteur de cassettes portatif, muni d'écouteurs (recomm. off. pour l'angl. *Walkman*).

BALADEUSE n.f. Lampe électrique munie d'un long fil qui permet de la déplacer.

BALADIN n.m. (mot prov.). Vieilli et litt. Saltimbanque, bateleur qui se produit dans des spectacles de rues ; banquiste.

BALAFON n.m. (mot guinéen). Instrument à percussion de l'Afrique noire comparable au xylophone.

BALAFRE n.f. (de l'anc. fr. *leffre,* lèvre). Longue entaille faite par une arme ou un instrument tranchant, partic. au visage ; cicatrice qu'elle laisse.

BALAFRÉ, E adj. et n. Qui présente une ou plusieurs balafres.

BALAFRER v.t. Faire une balafre à.

BALAI n.m. (mot gaul.). **1.** Ustensile employé pour le nettoyage des sols et composé essentiellement d'un long manche auquel est fixé une brosse ou un faisceau de branchettes, de fibres animales ou végétales, etc. ◇ *Balai mécanique :* balai à brosses roulantes montées sur un petit chariot. – *Balai d'essuie-glace :* raclette en élastomère qui se déplace sur la partie vitrée d'un véhicule pour la nettoyer. ◇ *Coup de balai :* renvoi massif du personnel d'une entreprise, etc. ◇ Pop. *Du balai :* dehors, à la porte. **2.** Fam. Dernier métro, dernier train ou dernier autobus d'un réseau, en fin de journée. ◇ (En app.). *Voiture-balai :* voiture qui ramasse les coureurs contraints à l'abandon, dans les courses cyclistes. **3.** Queue des oiseaux de proie. **4.** Pièce conductrice destinée à assurer, par contact glissant, la liaison électrique d'un organe mobile avec un contact fixe. **5.** *Manche à balai :* levier actionnant les organes de commande longitudinale et latérale d'un avion. **6.** Arg. Année d'âge. *Avoir trente balais.*

BALAI-BROSSE n.m. (pl. *balais-brosses*). Brosse très dure montée sur un manche à balai.

BALAIS [balɛ] adj.m. *Rubis balais :* rubis de couleur rose pâle.

BALAISE adj. et n. → ***balèze.***

BALALAÏKA n.f. (mot russe). Instrument de la famille du luth, à caisse triangulaire, à trois cordes, en usage en Russie.

BALAN n.m. (de *balancer*). Suisse. *Être sur le balan :* être indécis, incertain.

BALANCE n.f. (du lat. *bis,* deux fois, et *lanx,* bassin). **I. 1.** Instrument servant à peser, à comparer des masses. (Dans sa forme ordinaire, elle possède deux plateaux fixés aux extrémités d'un fléau reposant sur un couteau.) ◇ *Balance romaine :* appareil manuel à un plateau dans lequel la pesée est obtenue par le déplacement d'un poids sur le bras de levier. – *Balance automatique,* dont l'aiguille indique sur un cadran le poids et généralement le prix des marchandises pesées. **2.** Filet dont la forme évoque un plateau de balance, pour la pêche aux crevettes, aux écrevisses. **3.** Dispositif de réglage de l'équilibre sonore entre les deux voies d'une chaîne stéréophonique. **4.** *La Balance :* constellation et signe du zodiaque (v. partie n. pr.). ◇ *Une balance :* une personne née sous ce signe. **5.** Symbole de la justice, figuré par deux plateaux suspendus à un fléau. **II. 1.** Équilibre ; état d'équilibre. *La balance des forces.* **2.** COMPTAB. Montant représentant la différence entre la somme du débit et la somme du crédit que l'on ajoute à la plus faible des deux pour équilibrer les totaux. ◇ *Balance des paiements :* document comptable retraçant l'ensemble des règlements entre un pays et un autre ou plusieurs autres pays. – *Balance des comptes :* totalité des échanges extérieurs d'un pays. – *Balance commerciale :* solde des importations et des exportations d'un pays. **3.** (Dans des expressions). *Mettre en balance :* peser le pour et le contre, comparer. ◇ *Jeter (qqch) dans la balance :* faire ou dire qqch de décisif. ◇ *Faire pencher la balance (en faveur, du côté de qqn, qqch) :* avantager (qqn), faire prévaloir (qqch). ◇ *Tenir la balance égale (entre deux personnes, entre deux choses) :* ne privilégier aucune des personnes ou des choses comparées. ◆ pl. Avoirs étrangers en une monnaie donnée. *Balances dollars.*

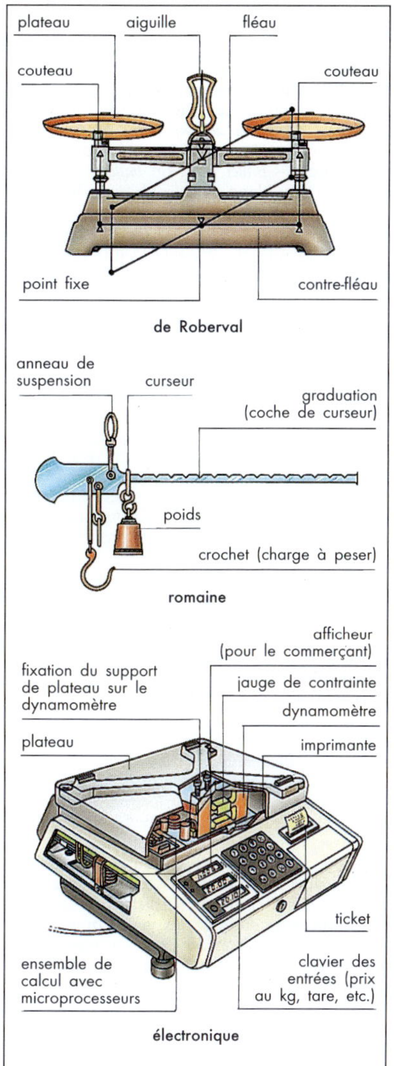

balances

BALANCÉ, E adj. **1.** Équilibré, harmonieux. *Une phrase bien balancée.* **2.** Fam. *Bien balancé :* bien bâti, en parlant d'une personne, de son corps.

1. BALANCELLE n.f. (de *balancer*). Siège de jardin, à plusieurs places, suspendu à une structure fixe et permettant de se balancer.

2. BALANCELLE n.f. (génois *balanzella*). Anc. Embarcation pointue aux deux extrémités, dont le mât portait une grande voile latine.

BALANCEMENT n.m. **1.** Mouvement par lequel un corps, un objet penche alternativement d'un côté, puis de l'autre de son centre d'équilibre. *Balancement d'une barque.* **2.** État de ce qui paraît harmonieux, en équilibre. *Le balancement d'une phrase.*

BALANCER v.t. (de *balance*) [16]. **1.** Mouvoir alternativement d'un côté, puis de l'autre. *Balancer les bras, les jambes.* **2.** Fam. Jeter au loin ; se débarrasser de (qqch ou qqn). ◆ v.i. **1.** Osciller. *Lampe qui balance.* **2.** Litt. Être indécis, hésiter. *Balancer entre deux décisions.* ◆ **se balancer** v.pr. **1.** Se mouvoir d'un côté et d'un autre d'un point fixe. **2.** Faire de la balançoire. **3.** Pop. *Se balancer de qqch :* s'en moquer.

BALANCIER n.m. **I.** Pièce, organe mobile autour d'un axe et qui sert à régulariser ou à stabiliser un mouvement. **1.** Pièce animée d'un mouvement d'oscillation, qui règle la marche d'une machine. *Le balancier d'une horloge.* **2.** Machine pour frapper les monnaies. **3.** REL. Presse à dorer. **II. 1.** ZOOL. Organe stabilisateur des diptères, qui remplace chez ces insectes les ailes postérieures. **2.** *Balancier du danseur de corde, du fildefériste, etc. :* long bâton pour assurer leur équilibre.

BALANCINE n.f. **1.** AÉRON. Roulette placée au bout des ailes d'un avion pour équilibrer celui-ci pendant ses évolutions au sol. **2.** MAR. Cordage soutenant l'extrémité libre d'un espar.

BALANÇOIRE n.f. (de *balancer*). **1.** Siège suspendu par deux cordes (à un portique ou tout autre support) et sur lequel on se balance ; escarpolette. **2.** Longue pièce (de bois, de métal, etc.), mise en équilibre sur un point d'appui, et sur laquelle basculent alternativement deux personnes assises chacune à un bout ; bascule.

BALANE n.f. Petit crustacé fixé sur les rochers littoraux ou sur les coquillages, entouré de plaques calcaires blanches formant une sorte de cratère. (Taille 1 cm env. ; sous-classe des cirripèdes.)

BALANITE n.f. (du gr. *balanos,* gland). MÉD. Inflammation du gland de la verge.

BALANOGLOSSE n.m. Animal vermiforme des plages. (Embranchement des stomocordés ; seul représentant de la classe des entéropneustes.)

BALATA n.f. Gomme tirée d'un arbre de l'Amérique tropicale (*balata,* n.m.), utilisée pour la fabrication d'isolants.

BALAYAGE n.m. Action de balayer.

BALAYER v.t. [11]. **1.** Nettoyer avec un balai. *Balayer une chambre.* **2. a.** Pousser, écarter au moyen d'un balai. *Balayer de la neige, des épluchures.* **b.** Fig. Chasser, disperser. *Le vent balaie les nuages.* **3.** Parcourir, explorer (un espace, une surface). *Les projecteurs balaient le ciel. Balayer une zone au radar. Faisceau électronique qui balaie la surface de l'écran luminescent d'un tube cathodique.*

BALAYETTE n.f. Petit balai, petite brosse.

BALAYEUR, EUSE n. Personne préposée au balayage des rues.

BALAYEUSE n.f. Machine à balayer.

BALAYURES [balɛjyr] n.f. pl. Ordures ramassées avec le balai.

BALBOA n.m. Unité monétaire principale de la République de Panamá. (→ ***monnaie.***)

BALBUTIANT, E adj. Qui balbutie.

BALBUTIEMENT n.m. **1.** Action de balbutier ; paroles indistinctes. **2.** (Surtout au pl.). Débuts incertains, premiers essais.

BALBUTIER [balbysje] v.i. (lat. *balbutire,* de *balbus,* bègue). **1.** Articuler avec hésitation, bredouiller. *L'émotion fait balbutier.* **2.** En être seulement à ses débuts. *Vers 1900, le cinéma balbutiait.* ◆ v.t. Prononcer en bredouillant. *Balbutier un compliment.*

BALBUZARD n.m. (angl. *bald,* chauve, et *buzzard,* rapace). Oiseau de proie piscivore qu'on rencontre sur les côtes et les étangs. (Envergure 160 cm env. ; ordre des falconiformes.)

balbuzard

BALCON n.m. (it. *balcone,* estrade). **1.** Plateforme de faible largeur munie de garde-corps, en saillie sur une façade, devant une ou plusieurs baies. **2.** Chacune des galeries audessus de l'orchestre, dans les salles de spectacle. (Le balcon inférieur est, le cas échéant, dit

baldaquin d'autel
(église Saint-Bruno, Lyon ; XVIIIe s.)

corbeille ou *mezzanine*.) **3.** MAR. Rambarde de sécurité à l'avant ou à l'arrière d'un yacht.

BALCONNET n.m. (nom déposé). Soutien-gorge découvrant le haut de la poitrine.

BALDAQUIN n.m. (it. *baldacchino*, étoffe de soie de Bagdad). **1.** Ouvrage de tapisserie, tenture dressée au-dessus d'un lit, d'un trône, etc. **2.** ARCHIT. Dais à colonnes au-dessus d'un autel, d'un trône, etc. *(V. illustration p. 119.)*

BALE n.f. → ***2. balle.***

BALEINE [balɛn] n.f. (lat. *balaena*). **1.** Mammifère marin, le plus grand des animaux. (Long. max. 33 m ; poids 150 t env. ; ordre des cétacés.) – *Baleine à bosse* : mégaptère. ◇ Fam. *Rire comme une baleine*, en ouvrant grand la bouche ; sans retenue. **2.** Lame ou tige flexible en métal, en matière plastique, etc. (autref., tirée des fanons de la baleine), pour tendre un tissu, renforcer une armature, etc. *Baleine de parapluie.*

■ La baleine se nourrit de plancton, retenu dans les fanons de corne pendant verticalement de sa mâchoire supérieure. Elle peut plonger une demi-heure, puis, en revenant à la surface, elle expire de l'air saturé de vapeur d'eau. Chassée avec excès pour sa viande et pour sa graisse (30 t d'huile par animal), la vraie baleine est actuellement rare et confinée dans les mers polaires, où sa chasse, d'abord réglementée, a été interdite en 1987.

BALEINÉ, E adj. Se dit d'un vêtement, d'un parapluie, etc., muni de baleines.

BALEINEAU n.m. Petit de la baleine.

1. BALEINIER, ÈRE adj. Relatif à la chasse à la baleine.

2. BALEINIER n.m. Navire équipé pour la chasse à la baleine ; marin travaillant sur un tel navire.

BALEINIÈRE n.f. Embarcation légère et pointue aux deux extrémités, servant autrefois à la chasse à la baleine. ◇ Auj. Canot de forme analogue dont sont généralement équipés les bateaux de gros tonnage.

BALÉNOPTÈRE n.m. Mammifère marin voisin de la baleine, à face ventrale striée, et possédant une nageoire dorsale. (La plus grande espèce, le rorqual bleu, atteint 33 m de longueur.)

BALÈS adj. et n. → ***balèze.***

BALESTRON n.m. MAR. Espar servant à établir certaines voiles auriques.

BALÈVRE n.f. **1.** CONSTR. Saillie d'un élément de construction sur un autre. **2.** Bavure de ciment ou de mortier à un joint.

BALÈZE, BALAISE ou **BALÈS** adj. et n. (prov. *balès*, gros). Pop. Grand et fort.

BALINT (GROUPE). PSYCHOL. Groupe de discussion et de travail réunissant des médecins et des travailleurs sociaux sous la direction d'un psychanalyste, pour prendre conscience des processus psychiques intervenant dans la relation au malade.

BALISAGE n.m. **1.** Action de disposer des balises. *Le balisage d'une passe.* **2.** Ensemble des balises et autres signaux disposés pour signaler des dangers à éviter, indiquer la route à suivre. *Balisage d'un port, d'un aérodrome.*

1. BALISE n.f. (orig. inconnue). **1.** Marque, objet (piquet, perche, etc.) indiquant le tracé d'une voie (canal, chemin de fer, etc.). **2.** Dispositif (mécanique, optique, sonore ou radioélectrique) destiné à signaler un danger ou à délimiter une voie de circulation maritime ou aérienne. **3.** INFORM. Dans un système de composition ou de traitement de texte, marque destinée à identifier un élément tout en lui attribuant certaines caractéristiques.

2. BALISE n.f. Fruit du balisier.

BALISER v.t. Munir de balises. ◆ v.i. Fam. Avoir peur.

1. BALISEUR, EUSE n. Personne qui pose, surveille, entretient les balises.

2. BALISEUR n.m. Navire équipé pour placer ou relever les bouées et ravitailler les phares.

BALISIER n.m. Plante monocotylédone originaire de l'Inde et cultivée dans les régions chaudes pour son rhizome, riche en féculents. (Certaines espèces ont des fleurs décoratives.) [Famille des cannacées ; nom sc. : *canna*.]

1. BALISTE n.f. (lat. *ballista*). ANTIQ. ROM. Machine de guerre servant à lancer des projectiles, des traits.

2. BALISTE n.m. Poisson des récifs coralliens.

baleine franche

BALISTICIEN, ENNE n. Spécialiste de la balistique.

1. BALISTIQUE adj. De la balistique ; qui relève de la balistique. ◇ *Trajectoire balistique* : trajectoire d'un projectile soumis à la seule force de la gravitation.

2. BALISTIQUE n.f. Science qui étudie les mouvements des corps lancés dans l'espace et plus spécialement des projectiles.

BALISTITE n.f. Poudre sans fumée et brûlant avec une flamme vive, chaude et brillante, utilisée dans les armes à feu.

BALIVAGE n.m. Choix et marquage des baliveaux.

BALIVEAU n.m. (de l'anc. fr. *baïf*, qui regarde attentivement). **1.** Arbre réservé dans la coupe d'un taillis, pour qu'il puisse croître en futaie. **2.** CONSTR. Longue perche utilisée comme support vertical dans les échafaudages.

BALIVERNE n.f. (Souvent au pl.). Propos futile, souvent sans fondement ou erroné ; occupation puérile, sans intérêt. *Dire des balivernes, passer son temps à des balivernes.*

BALKANIQUE adj. Des Balkans.

BALKANISATION n.f. (de *Balkans*). Processus qui aboutit à la fragmentation en de nombreux États de ce qui constituait auparavant une entité territoriale et politique.

BALKANISER v.t. Morceler par balkanisation.

BALLADE n.f. (prov. *ballada*, danse). **I. 1.** LITTÉR. Poème à forme fixe (constituée au XIVe s.), composé généralement de trois strophes suivies d'un envoi d'une demi-strophe. **2.** (Fin du XVIIIe s.). Poème narratif en strophes inspiré d'une légende ou d'une tradition historique. **II.** MUS. **1.** Anc. Chanson de danse. **2.** Pièce vocale ou instrumentale inspirée par une ballade littéraire ou qui en reflète l'atmosphère. *Ballades romantiques. Ballade pour piano.*

1. BALLANT, E adj. (de *baller*). Qui se balance, qui pend (en parlant d'une partie du corps). *Aller les bras ballants.*

2. BALLANT n.m. Mouvement d'oscillation, balancement d'un objet. *Véhicule qui a du ballant.*

BALLAST [balast] n.m. (mot angl.). **1.** Couche de pierres concassées qui maintiennent les traverses d'une voie ferrée et les assujettissent. – Matériau que constituent ces pierres concassées. **2.** MAR. **a.** Compartiment étanche servant au transport de l'eau douce. **b.** Compartiment servant au lestage et à l'équilibrage d'un navire. **c.** Compartiment dont le remplissage à l'eau de mer permet la plongée d'un sous-marin, et la vidange, sa remontée en surface.

balisier

BALLASTAGE n.m. Action de ballaster.

BALLASTER v.t. **1.** Répartir du ballast sur (une voie de chemin de fer). **2.** Équilibrer (un navire) en remplissant ou en vidant ses ballasts.

BALLASTIÈRE n.f. Carrière d'où l'on extrait le ballast.

1. BALLE n.f. (it. *palla*). **1.** Pelote élastique servant à divers jeux ou sports. *Balle de tennis, de tennis de table.* – *Enfant de la balle* : personne qui continue le métier de ses parents (se dit surtout en parlant des métiers du spectacle : théâtre, cirque, etc.). ◇ *Prendre, saisir la balle au bond* : saisir immédiatement l'occasion. – *Renvoyer la balle* : répliquer, riposter vivement. – *Se renvoyer la balle* : se rejeter mutuellement une responsabilité. **2.** Projectile des armes à feu portatives.

2. BALLE ou **BALE** n.f. (de l'anc. fr. *baller*, vanner). Enveloppe du grain des céréales.

3. BALLE n.f. (francique *balla*). Gros paquet de marchandises.

4. BALLE n.f. (de 1. *balle*). Fam. Franc. *Donne-moi cent balles.*

BALLER v.i. (anc. fr. *baller*, danser). Litt. Osciller, pendre. *Sa tête ballait en arrière.*

BALLERINE n.f. (it. *ballerina*). **1.** Danseuse de ballet. **2.** Chaussure de femme, légère et plate, qui rappelle un chausson de danse.

BALLET n.m. (it. *balletto*). **1.** Spectacle chorégraphique interprété par un ou plusieurs danseurs. ◇ *Ballet abstrait*, sans argument ni livret. – *Ballet d'action*, avec argument ; ballet-pantomime. – *Ballet blanc* ou *ballet romantique*, dansé en tutu blanc. – *Ballet de cour*, dansé par les rois et leurs courtisans (fin du XVIe s.-XVIIe s.). – *Ballet expérimental*, composé sur une partition inédite et utilisant les moyens scéniques et scénographiques contemporains. **2.** Troupe donnant des spectacles chorégraphiques, surtout classiques. (On dit aussi *compagnie de ballet*.) – *Corps de ballet* : ensemble des danseurs d'un théâtre qui ne sont ni solistes ni étoiles ; à l'Opéra de Paris, ensemble de tous les danseurs. – *Maître de ballet* : technicien qui fait répéter les danseurs et assume la réalisation des œuvres dansées par un corps de ballet. **3.** Suite musicale accompagnant un ballet. **4.** Fig. Allées et venues, mouvements (en partic., de diplomates, d'hommes politiques, lors de négociations). *Ballet diplomatique.*

■ Avec l'apparition des danseurs professionnels, la création de l'École de danse de l'Opéra (1713), l'élaboration des règles de la technique et de son vocabulaire, le ballet français fait école, surtout après que Noverre eut mis en œuvre le ballet d'action. Après la Révolution, le ballet blanc représente l'apothéose du romantisme, alors que la pratique des pointes se systématise. Entre la fin du XIXe s. et la fin de la Seconde Guerre mondiale, le ballet classique – après avoir pourtant connu la révélation des Ballets russes de Diaghilev (1909-1929) – souffre autant d'un excès de virtuosité que d'un appauvrissement artistique. Européen, et plus spécialement français, italien et russe, le ballet s'implante en Grande-Bretagne, puis rayonne jusqu'aux États-Unis, où il doit subir le choc de la « danse moderne ». Mais les deux courants subsistent et le ballet contemporain, enrichi des techniques de la « modern dance » et du jazz, s'adresse, grâce aux spectacles itinérants des compagnies internationales, non plus à un public d'initiés et d'esthètes, mais à un public de plus en plus large, pour qui il est désormais un véritable moyen de communication.

BALLETOMANE ou **BALLETTOMANE** n. Amateur passionné de ballet.

Le Lac des cygnes, dansé par le ballet du Kirov à Paris, en 1982. Créé en 1895 à Saint-Pétersbourg – chorégraphie de M. Petipa et L. Ivanov, musique de Tchaïkovski – *le Lac des cygnes* est le ballet romantique par excellence.

Fondée en 1972 par des danseurs de l'Opéra, la troupe du Théâtre du Silence (La Rochelle) fut dissoute en 1985. Ici, Brigitte Lefèvre – auteur de la chorégraphie – interprète *Pas de deux*, sur une musique de Webern (1973).

Reconstitution par Pierre Lacotte, en 1971, pour la Télévision française, de *la Sylphide*. La manière de danser de Maria Taglioni – qui interpréta le rôle-titre pour la première fois en 1832 à Paris – préfigurait le style romantique. Ce ballet, le premier des « ballets blancs », consacra l'utilisation des pointes.

Représentation à Bruxelles en 1973, par les Ballets du xxe siècle de Maurice Béjart, de *Golestān*. Modernité et orientalisme pour ce ballet inspiré de l'œuvre du poète persan Sa'di et dansé sur une musique traditionnelle iranienne.

La compagnie Pilobolus Dance Theater fut créée en 1971 par des danseurs assurant eux-mêmes chorégraphies, décors, costumes. La forme originale de ses spectacles mêle le mime, l'acrobatie, la danse.

ballet

BALLET-PANTOMIME n.m. (pl. *ballets-pantomimes*). Ballet d'action.

1. BALLON n.m. (it. *pallone*). **I. 1.** Grosse balle à jouer, ronde ou ovale, généralement formée d'une vessie de caoutchouc gonflée d'air et recouverte de cuir. **2.** Vessie de baudruche ou de caoutchouc léger, souvent colorée, gonflée d'air ou de gaz et qui peut s'envoler. *Ballon d'enfant.* **3.** Aérostat de taille variable, utilisé à des fins scientifiques, sportives ou militaires. ◇ *Ballon dirigeable* → ***dirigeable.*** **4.** CHORÉGR. *Danseur qui a du ballon,* qui saute haut, rebondit avec souplesse. **II. 1.** CHIM. Vase de verre de forme sphérique. ◇ Par ext. Verre à boire de cette forme ; son contenu. *Un ballon de rouge.* **2.** *Ballon d'oxygène :* réservoir contenant de l'oxygène, pour les malades ; **fig.,** ce qui a un effet tonique, bienfaisant. ◇ **Fig.** *Ballon d'essai :* expérience faite dans le but de sonder le terrain, l'opinion. **3.** Bulle de bande dessinée. **4.** *Ballon réchauffeur :* appareil de production d'eau chaude à réservoir, couramment appelé *ballon d'eau chaude.* **5.** Suisse. Petit pain rond.

2. BALLON n.m. (all. *Belchen*). Sommet arrondi, dans les Vosges.

BALLONNÉ, E adj. **1.** Gonflé, distendu. *Ventre ballonné.* **2.** CHORÉGR. Qui a du ballon, en parlant d'un danseur.

BALLONNEMENT n.m. Distension, gonflement du ventre par des gaz.

BALLONNER v.t. *Ballonner le ventre, l'estomac,* l'enfler, le distendre par l'accumulation de gaz. ◆ **se ballonner** v.pr. S'enfler, se distendre, en parlant d'une partie du corps.

BALLONNET n.m. Petit ballon.

BALLON-SONDE n.m. (pl. *ballons-sondes*). Ballon muni d'appareils enregistreurs destinés à l'exploration météorologique de la haute atmosphère.

BALLOT n.m. (de *balle,* paquet). **1.** Paquet de marchandises. **2.** Fig., fam. Sot, imbécile.

BALLOTE n.f. Plante des décombres, à odeur fétide et à fleurs mauves, dont l'extrait a des propriétés sédatives. (Famille des labiées.) SYN. : ***marrube noir.***

BALLOTIN n.m. Emballage en carton pour les confiseries.

BALLOTTAGE n.m. Situation dans laquelle aucun des candidats n'a réuni au premier tour la majorité requise, dans un scrutin majoritaire à deux tours. – *Scrutin de ballottage :* deuxième tour du scrutin, pour lequel la majorité relative suffit.

BALLOTTE n.f. Vx. Petite balle, utilisée autrefois pour voter.

BALLOTTEMENT n.m. Mouvement de ce qui ballotte, est ballotté. *Le ballottement d'un navire.*

BALLOTTER v.t. (anc. fr. *ballotte,* petite balle). Secouer, balancer dans divers sens. *La tempête ballottait les navires.* ◇ Fig. Faire passer (qqn) d'un sentiment à un autre (surtout au passif). *Être ballotté entre la peur et la curiosité.* ◆ v.i. Remuer ou être secoué en tous sens. *Violon qui ballotte dans son étui.*

BALLOTTINE n.f. Petite galantine roulée, composée de volaille et de farce. SYN. : ***dodine.***

BALL-TRAP [baltrap] n.m. (mot angl.) [pl. *ball-traps*]. Appareil à ressort lançant en l'air des disques d'argile servant de cibles pour le tir au fusil ; tir pratiqué avec cet appareil.

BALLUCHON ou **BALUCHON** n.m. (de *balle,* paquet). Fam. Paquet de vêtements, de linge ; petit ballot.

BALNÉAIRE adj. (lat. *balnearis*). Se dit d'un lieu de séjour situé au bord de la mer et généralement aménagé pour l'accueil des vacanciers. *Station balnéaire.*

BALNÉATION n.f. MÉD. Action de prendre ou de donner des bains dans un but thérapeutique.

BALNÉOTHÉRAPIE n.f. Traitement médical par les bains.

BÂLOIS, E adj. et n. De Bâle.

1. BALOURD, E adj. et n. (it. *balordo*). Dépourvu de finesse, de tact.

ballon libre américain *Double Eagle II* (hauteur : 43 m ; volume : 5 000 m³ d'hélium ; masse : 4,8 t ; enveloppe doublée d'une pellicule aluminisée)

de basket-ball — de football — de handball — de rugby — de volley-ball

ballons

2. BALOURD n.m. MÉCAN. Déséquilibre dans une pièce tournante dont le centre de gravité ne se trouve pas sur l'axe de rotation.

BALOURDISE n.f. Caractère d'une personne balourde ; parole, action sans esprit et mal à propos. *Raconter des balourdises.*

BALOUTCHI n.m. Langue du groupe iranien parlée au Baloutchistan.

BALSA [balza] n.m. Bois très léger (densité 0,15) provenant de l'Amérique centrale, et utilisé notamm. dans la construction des modèles réduits.

BALSAMIER ou **BAUMIER** n.m. Arbre des régions chaudes dont les feuilles, qui possèdent des glandes, exhalent une odeur douce et dont les bourgeons produisent un baume.

BALSAMINE n.f. (du lat. *balsamum,* baume). Plante des bois montagneux, à fleurs jaunes, appelée aussi *impatiente, noli-me-tangere* (ne me touche pas), et dont le fruit, à maturité, éclate au moindre contact en projetant des graines.

BALSAMIQUE adj. Litt. Qui a les propriétés, et en particulier l'odeur du baume. *Senteurs balsamiques.*

1. BALTE adj. et n. De la Baltique et des pays Baltes.

2. BALTE ou **BALTIQUE** n.m. Groupe de langues indo-européennes comprenant le lituanien et le letton.

BALTHAZAR ou **BALTHASAR** [baltazar] n.m. Grosse bouteille de champagne, d'une contenance de seize bouteilles ordinaires.

BALTIQUE adj. Qui avoisine la mer Baltique.

BALUCHITHÉRIUM n.m. Mammifère fossile du tertiaire, proche du rhinocéros. (Haut. 5 m ; poids 16 t env.)

BALUCHON n.m. → ***balluchon.***

BALUSTRADE n.f. (it. *balaustrata*). ARCHIT. **1.** Rangée de balustres, couronnée d'une tablette. **2.** Garde-corps diversement ajouré.

BALUSTRE n.m. (it. *balaustro*). **1.** Colonnette ou court pilier renflé et mouluré, génér. employés avec d'autres auxquels ils sont assemblés par une tablette pour former un appui, une clôture, un motif décoratif. ◇ *Compas à balustre* ou *balustre :* compas dont la tête comporte un ressort qui lui donne la forme d'un balustre. **2.** Colonnette qui orne le dos d'un siège.

BALZACIEN, ENNE adj. **1.** Relatif à Balzac. **2.** Qui rappelle les personnages ou la conception du roman de Balzac.

BALZAN, E adj. (it. *balzano*). Qui a des balzanes, en parlant d'un cheval.

BALZANE n.f. Tache de poils blancs aux pieds de certains chevaux.

BAMBARA adj. inv. en genre. Relatif aux Bambaras. ◆ n.m. Langue africaine du groupe mandé, parlée au Sénégal et au Mali.

BAMBIN n.m. (it. *bambino*). Fam. Petit enfant.

BAMBOCHADE n.f. (it. *bambocciata*). Petit tableau représentant un sujet populaire ou pittoresque (scènes de corps de garde ou de cabaret, beuveries, rixes de paysans), dans le genre de ceux que peignit Van Laer, dit *il Bamboccio.*

BAMBOCHARD, E ou **BAMBOCHEUR, EUSE** adj. et n. Fam., vx. Qui aime la bamboche, la fête ; noceur.

BAMBOCHE n.f. (de *bambochade*). Fam., vx. Partie de plaisir, ripaille, noce.

BAMBOCHER v.i. Fam. et vieilli. Mener une vie faite de bons repas, de parties de plaisir.

BAMBOCHEUR, EUSE adj. et n. → ***bambochard.***

BAMBOU n.m. (malais *bambu*). **1.** Plante des pays chauds, à tige cylindrique ligneuse aux nœuds proéminents, dont il existe environ vingt-cinq genres (graminées arborescentes). **2.** Canne faite d'une tige de bambou. **3.** Fam. *Coup de bambou :* **a.** Fatigue extrême et soudaine. **b.** Insolation. **c.** Note à payer d'un montant excessif (en partic. au restaurant, au café).

BAMBOULA n.f. (d'un mot guinéen, *tambour*). Fam., vieilli. *Faire la bamboula,* la noce, la fête.

1. BAN n.m. (mot germ.). **I. 1.** Vx. Proclamation officielle, publique de qqch. **2.** Sonnerie de clairon ou roulement de tambour commençant ou clôturant une cérémonie militaire. **3.** Applaudissements rythmés en l'honneur de qqn. *Un ban pour l'orateur !* **II.** FÉOD. Ensemble des feudataires tenus, envers le roi ou le seigneur, au service militaire. *Convoquer, lever le ban et l'arrière-ban,* les vassaux directs et indirects ; **mod., fig.,** tous les membres d'une famille, d'une communauté ; toutes les ressources possibles en hommes. **III. 1.** Vx. Condamnation à l'exil, au bannissement. *Être en rupture de ban :* enfreindre une telle condamnation ; **fig.,** vivre en état de rupture avec la société, la famille. **2.** *Mettre qqn au ban de la société,* le déclarer indigne, le condamner devant l'opinion publique. **3. Suisse.** *À ban :* interdit par la loi. *Stationnement à ban.* ◆ **pl.** Annonce de mariage affichée à la mairie (mairie du domicile de chaque futur époux) ou à l'église.

2. BAN n.m. HIST. **1.** Dignitaire, chez les Slaves du Sud et en Valachie. **2.** Représentant du roi, en Croatie.

1. BANAL, E, AUX adj. (de *ban*). FÉOD. Qui bénéficiait du droit de banalité.

2. BANAL, E, ALS adj. (de *ban*). Commun, ordinaire ; dépourvu d'originalité. *Un drame banal de la jalousie.*

BANALEMENT adv. De façon banale.

BANALISATION n.f. Action, fait de banaliser ; son résultat.

BANALISER v.t. **1.** Rendre banal, ordinaire, commun. ◇ *Banaliser un véhicule de la police,* en supprimer les signes distinctifs. **2.** CH. DE F. *Banaliser une voie,* l'équiper afin que les convois puissent circuler dans les deux sens. **3.** Placer (des locaux, des bâtiments, etc.) sous le droit commun.

BANALITÉ n.f. **1.** Caractère de ce qui est banal ; platitude. *La banalité d'un récit. Dire des banalités.* **2.** FÉOD. Servitude consistant dans l'usage obligatoire et public d'un bien appartenant au seigneur. *Banalité des moulins, des fours à pain.*

BANANE n.f. (port. *banana,* empr. au guinéen). **I.** Fruit comestible du bananier, oblong, à peau jaune, à pulpe riche en amidon. **II.** (Par anal.). **1.** Butoir de pare-chocs. **2.** Fam. Décoration militaire. **3.** Fam. Mèche frontale gonflée à la brosse en un mouvement souple d'avant en arrière, dans une coiffure masculine. **4.** ÉLECTR. *Fiche banane :* fiche mâle à lames cintrées. **5.** AÉRON. Grand hélicoptère à deux rotors.

BANANERAIE n.f. Plantation de bananiers.

BANANIER n.m. **1.** Plante à feuilles longues (jusqu'à 2 m), entières, qu'on cultive dans les régions chaudes pour ses fruits, ou *bananes,* groupés en régimes. (Famille des musacées.) **2.** Cargo aménagé pour le transport des bananes.

bananier

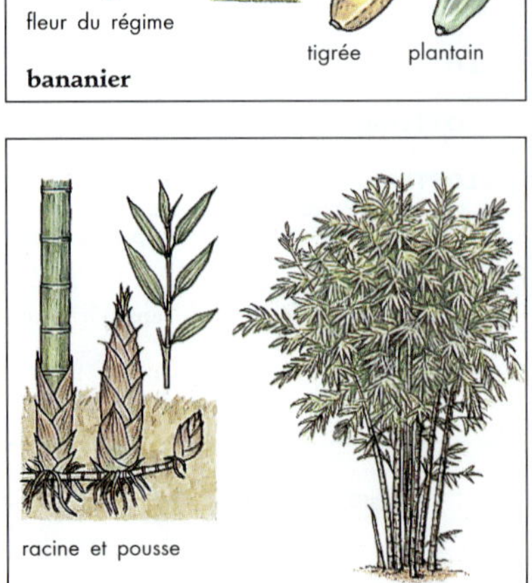

bambou

BANAT n.m. (de 2. *ban*). Territoire administré par un ban.

BANC n.m. (mot germ.). **I.** Siège avec ou sans dossier, étroit et long, où peuvent s'asseoir plusieurs personnes ; ce siège, réservé à certaines personnes (dans une assemblée, un tribunal, etc.). *Banc d'écolier. Être assis au banc des accusés.* – *Banc d'œuvre :* banc d'église autrefois réservé aux marguilliers. **II.** Bâti en bois ou en métal, installation réservée à un usage déterminé (artisanal, technique, etc.). **1.** Établi. *Banc de tourneur, de menuisier.* **2.** *Banc d'essai :* installation permettant de déterminer les caractéristiques d'un moteur, d'une machine ; **fig.,** ce qui permet d'éprouver les capacités de qqn, de qqch ; par ext., première production d'un artiste, d'un écrivain. **III. 1.** *Banc de :* amas de (telle matière) formant un dépôt, une couche, ou constituant un obstacle. *Banc de sable, d'argile. Banc de rochers. Banc de brume, de vapeur, etc.* ◇ **Canada.** *Banc de neige :* amas de neige entassée par le vent. **2.** Élévation du fond de la mer ou d'un cours d'eau. **3.** *Banc de poissons :* réunion en nombre de poissons d'une même espèce.

BANCABLE ou **BANQUABLE** adj. Susceptible d'être réescompté par la Banque de France (en parlant d'un effet de commerce).

BANCAIRE adj. Relatif à la banque.

1. BANCAL, E, ALS adj. **1.** Qui a les jambes torses, qui boite fortement. **2.** *Meuble (chaise, table, etc.) bancal,* qui a des pieds de hauteur inégale ; instable. **3. Fig.** Qui ne repose pas sur des bases solides. *Projet bancal.*

2. BANCAL n.m. (pl. *bancals*). Sabre à lame courbe.

BANCARISATION n.f. Emprise plus ou moins grande de l'institution bancaire sur une population donnée. ◇ *Taux de bancarisation :* pourcentage des ménages ayant au moins un compte en banque. *Le taux de bancarisation dépasse 90 p. 100.*

BANCHAGE n.m. CONSTR. Opération qui consiste à bancher ; son résultat.

BANCHE n.f. CONSTR. Panneau de coffrage pour la construction des murs en béton ou en pisé.

BANCHER v.t. CONSTR. **1.** Couler (du béton, du pisé) à l'aide de banches. **2.** Garnir de banches.

1. BANCO n.m. (mot it.). *Faire banco :* tenir seul l'enjeu contre le banquier, à certains jeux. ◇ Fam. *Banco ! :* d'accord, allons-y !

2. BANCO n.m. **Afrique.** Matériau de construction traditionnel, sorte de pisé.

BANCOULIER n.m. Aleurite, arbre qui donne une huile purgative.

BANCROCHE adj. Fam., vx. Bancal.

BANC-TITRE n.m. (pl. *bancs-titres*). CIN., TÉLÉV. Dispositif constitué par une caméra fonctionnant image par image, et par un plateau perpendiculaire à l'axe optique sur lequel sont placés les éléments à filmer (génériques, sous-titres, etc.) ; procédé consistant en l'utilisation de ce dispositif.

BANDAGE n.m. **1.** Action de bander (une partie du corps) ; la ou les bandes ainsi placées. *Resserrer un bandage.* **2.** Cercle métallique ou bande de caoutchouc entourant la jante d'une roue.

BANDAGISTE n. Personne qui prépare ou vend des bandages chirurgicaux.

BANDANA n.m. Petit carré de coton de couleurs vives, servant généralement de foulard.

1. BANDE n.f. (mot francique). **1. a.** Morceau d'étoffe, de papier, etc., long et étroit, pour lier, serrer, couvrir, protéger qqch. *Une bande de papier collant.* **b.** Lanière de linge ou de gaze pour faire un pansement, un bandage. **c.** Ornement plus long que large. *Une bande de velours vert.* ◇ ARCHIT. *Bandes lombardes :* jambes faiblement saillantes en répétition sur un mur et reliées à leur sommet par une frise d'arceaux, dans l'art roman. **2.** Objet, élément étroit, destiné à des usages spécifiques et servant génér. de support. **a.** *Bande magnétique :* ruban servant de support d'enregistrement des sons,

bandes lombardes
(Saint-Philibert de Tournus ; XIe s.)

des images, des données informatiques, etc. **b.** *Bande sonore :* partie de la pellicule cinématographique où est enregistré le son ; bande-son. **c.** *Bande perforée :* bande de papier ou de plastique où sont enregistrés des chiffres et des lettres sous forme de perforations. **d.** *Bande bimétallique :* bande d'acier doux recouvert d'un alliage non ferreux déposé par coulée, frittage ou laminage. **3.** *Bande dessinée* ou *B. D. :* histoire racontée par une série de dessins et où les paroles, les bruits sont génér. inscrits dans des bulles. **4. a.** Objet, élément long et étroit se détachant d'un ensemble. *Bande de couleur.* **b.** HÉRALD. Pièce honorable qui va de l'angle dextre du chef à l'angle senestre de la pointe. **c.** *Bande d'usure :* partie amovible rapportée sur une pièce soumise à un frottement pour la préserver de l'usure. **d.** *Bande de roulement :* partie d'un pneumatique en contact avec le sol. **5.** Ce qui entoure, borde qqch, est délimité. *Bande de terrain.* ◇ Rebord élastique qui entoure le tapis d'un billard. ◇ Fam. *Par la bande :* indirectement. **6.** Dispositif d'assemblage de cartouches pour alimenter des armes automatiques. **7.** ÉLECTRON. et TÉLÉCOMM. Ensemble des fréquences comprises entre deux limites. – *Bande passante :* intervalle de fréquences transmises par un filtre sans distorsion notable. – *Bande publique* (recomm. off. pour *citizen band*) : bande de fréquence autour de 27 MHz, utilisée notamment par des amateurs équipés d'un appareil émetteur-récepteur à bord de leur automobile. **8.** MATH. Région d'un plan limitée par deux droites parallèles. **9.** GÉNÉT. *Bande chromosomique :* bande transversale observée sur les chromosomes et permettant leur identification. **10.** PHYS. *Théorie des bandes :* théorie quantique de la physique des solides qui prévoit que les niveaux d'énergie des électrons dans un cristal se répartissent en bandes permises séparées par des bandes interdites.

2. BANDE n.f. (germ. *bandwa,* étendard). Groupe de personnes réunies par affinités ou pour faire qqch ensemble. *Une bande de copains. Faire partie d'une bande.* ◇ Fam. *Faire bande à part :* se tenir à l'écart, ne pas vouloir se mélanger à un groupe.

3. BANDE n.f. (prov. *banda,* côté). MAR. Inclinaison que prend un navire sur un bord sous l'effet du vent ou du poids d'une cargaison mal répartie.

BANDÉ, E adj. HÉRALD. Divisé en un nombre pair de parties égales d'émaux alternés dans le sens de la bande. *Écu bandé.*

BANDE-ANNONCE n.f. (pl. *bandes-annonces*). Montage d'extraits d'un film de long métrage, projeté à des fins publicitaires avant la sortie de celui-ci.

BANDEAU n.m. **1.** Bande longue et étroite (de tissu, etc.) pour entourer la tête, serrer le front, tenir les cheveux, mettre devant les yeux, etc. ◇ Fig. *Avoir un bandeau sur les yeux :* ne pas voir la réalité telle qu'elle est, s'aveugler volontairement. **2.** Petite frise (texte ou illustration) en tête d'un chapitre ou d'un article. ◇ PRESSE. Titre placé au-dessus de la manchette d'un journal. **3.** ARCHIT. Large moulure plate ou bombée. ◇ Assise en saillie, pour écarter les eaux de ruissellement.

BANDELETTE n.f. **1.** Petite bande. **2.** Petite moulure plate ; réglet ou listel.

BANDER v.t. **1.** Entourer et serrer avec une bande. *Bander une blessure.* **2.** Couvrir d'un bandeau. *Bander les yeux de qqn.* **3.** Raidir en tendant. *Bander un arc.* ◆ v.i. Vulg. Avoir une érection.

BANDERA n.f. (mot esp.). Compagnie d'infanterie, dans l'armée espagnole.

BANDERILLE [bɑ̃drij] n.f. (esp. *banderilla*). Dard orné de rubans que le torero plante par paires sur le garrot des taureaux.

BANDERILLERO [banderijero] n.m. Torero chargé de planter les banderilles.

BANDEROLE n.f. (it. *banderuola*). **1.** Bande d'étoffe longue et étroite, attachée à un mât ou à une hampe, et qui porte souvent des dessins ou des inscriptions. **2.** Figuration, dans une peinture, un bas-relief, etc., d'un large ruban portant une inscription, les paroles que prononce un personnage. SYN. : *phylactère.*

BANDE-SON n.f. (pl. *bandes-son*). Bande sonore.

BANDE-VIDÉO n.f. (pl. *bandes-vidéo*). Bande magnétique d'enregistrement simultané des images et des sons par une caméra vidéo.

BANDIT n.m. (it. *bandito*). **1.** Personne qui pratique le vol, l'attaque à main armée. **2.** Fam. Personne sans scrupule.

BANDITISME n.m. Ensemble des actions criminelles commises ; criminalité.

BANDONÉON n.m. (du n. de son inventeur, Heinrich *Band*). Petit accordéon hexagonal, utilisé notamment dans les orchestres de tango.

BANDOTHÈQUE n.f. Collection de bandes magnétiques contenant des programmes informatiques.

Extrait de *Little Nemo in Slumberland,* de Winsor McCay (Éditions Pierre Horay). [B.N., Paris.]

Tarzan, créé par Harold Foster en 1929, repris par Burne Hogarth en 1934. (B.N., Paris.)

La bande dessinée est d'abord la simple illustration d'un récit : encore proche de l'image d'Épinal avec R. Tœpffer (*Histoires en estampes,* 1846-47) et Christophe (*la Famille Fenouillard,* 1889), elle se crée, dans la presse américaine de la fin du XIXe s., un espace particulier. D'abord humoristique et considérée comme un divertissement pour la jeunesse avec les héros courageux et débrouillards que sont *Tintin** (1929) de Hergé, *Lucky Luke* (1946) de M. de Bevere (Morris), *Astérix** (1959) de Goscinny et Uderzo, la bande dessinée traduit aujourd'hui les préoccupations intellectuelles des adultes (*Peanuts,* 1950, de Charles Schulz ; *les Frustrés,* 1973, de Claire Bretécher), leurs fantasmes ou leurs passions (*Barbarella,* 1962, de J.-C. Forest ; l'équipe de *Charlie-Hebdo* : Reiser, Wolinski, Cabu), à travers des thèmes souvent proches de la science-fiction et des procédés graphiques qui s'inspirent du cinéma et de la peinture moderne (Philippe Druillet, J.-C. Mézières, P. Christin).

Charlie Brown, son chien Snoopy et Lucy, héros de la bande dessinée *Peanuts* créée en 1950 par Charles Schulz. [Extrait de : *les Amours de Snoopy* (Éditions Hachette).]

Lucky Luke, créé par Maurice de Bevere (Morris), repris ensuite avec Goscinny. (Extrait de l'album *Ma Dalton ;* Éditions Dargaud, 1971.)
[© Dargaud Éditeur, Paris, 1971, de Morris et Goscinny]

bande dessinée

BANDOULIÈRE n.f. (esp. *bandolera,* de *banda,* écharpe). Bande de cuir, d'étoffe portée en diagonale sur la poitrine pour soutenir une arme, un objet quelconque (sac, etc.). ◇ *En bandoulière :* porté en écharpe de l'épaule à la hanche opposée.
BANG n.m. (onomat.). Bruit violent perceptible lorsqu'un avion franchit le mur du son.
BANGLADAIS, E ou **BANGLADESHI** adj. et n. Du Bangladesh.
BANIAN n.m. (mot tamoul, *marchand*). **1.** Membre d'une caste de la classe des vaisya, vouée particulièrement au grand commerce. **2.** BOT. *Figuier banian* ou *banian :* figuier de l'Inde aux racines adventives aériennes.

banian

BANJO [bɑ̃ʒo] ou [bɑ̃dʒo] n.m. (mot anglo-amér.). Instrument de la famille du luth, à caisse ronde, dont la table d'harmonie est formée d'une membrane.

joueur de **banjo**

BANJOÏSTE n. Personne qui joue du banjo.
BANK-NOTE n.f. ou m. (mot angl.) [pl. *bank-notes*]. Vieilli. Billet de banque, dans les pays anglo-saxons.
BANLIEUE n.f. (de *ban,* juridiction, et *lieue*). **1.** Ensemble des localités qui entourent une grande ville et qui, tout en étant administrativement autonomes, sont en relation étroite avec elle. *Petite, grande banlieue.* **2.** Belgique. Train omnibus.
BANLIEUSARD, E n. Personne qui habite la banlieue d'une grande ville, notamm. de Paris.
BANLON n.m. Fibre synthétique très élastique.
BANNE n.f. (lat. *benna*). **1.** Bâche, toile protégeant des intempéries, au-dessus de la devanture d'un magasin. **2.** Panier d'osier.
BANNERET n.m. (de *ban*). Seigneur d'un fief ayant suffisamment de vassaux pour les mener se battre sous sa bannière.
BANNETON n.m. Petit panier, sans anse, doublé de toile, où l'on fait lever le pain avant la cuisson.
BANNETTE n.f. **1.** Petite banne d'osier. **2.** Couchette, à bord d'un bateau.
BANNI, E adj. et n. Proscrit, exilé de sa patrie.
BANNIÈRE n.f. (de *ban*). **1.** Étendard d'une confrérie, d'une corporation, etc. – *Sous la bannière de qqn :* à ses côtés, avec lui. ◇ Fam. *C'est la croix et la bannière :* c'est difficile, compliqué, ennuyeux (à obtenir, à faire). **2.** HIST. Enseigne sous laquelle se rangeaient les vassaux d'un seigneur pour aller à la guerre.
BANNIR v.t. **1.** Litt. Exclure, écarter définitivement. *Bannir un mot de son vocabulaire.* **2.** Condamner au bannissement.
BANNISSEMENT n.m. Peine interdisant à un citoyen de séjourner dans son pays. *Le bannissement, temporaire en France (de 5 à 10 ans), est tombé en désuétude.*
BANQUABLE adj. → ***bancable.***
BANQUE n.f. (it. *banca,* table de changeur). **I.1.** Établissement privé ou public qui facilite les paiements des particuliers et des entreprises, avance et reçoit des fonds, et gère des moyens de paiement ; siège local de cette entreprise. *Succursale d'une banque. Ouvrir, fermer un compte dans une banque.* ◇ Branche de l'activité économique constituée par les banques et les établissements de même nature. *La banque au Moyen Âge.* **2.** *Banque de dépôt,* qui reçoit des dépôts à vue ou à terme sans investir de montants importants dans des entreprises. *Les principales banques de dépôt ont été nationalisées en 1945.* – *Banque d'affaires,* dont l'activité principale est d'investir dans des entreprises existantes ou qui se créent. – *Banque d'émission* ou *banque centrale,* dotée du monopole d'émission des billets de banque. **3.** Fonds d'argent remis à celui qui tient le jeu et destiné à payer ceux qui gagnent, à certains jeux. ◇ *Faire sauter la banque :* gagner tout l'argent que la banque, le banquier a mis en jeu. **II.** *Banque du sang, des yeux, des organes, du sperme :* service public ou privé qui recueille, conserve et distribue du sang, etc. **III.** INFORM. *Banque de données :* ensemble de données relatives à un domaine, organisées par traitement informatique, accessibles en ligne et à distance.
BANQUER v.i. Pop. Payer.
BANQUEROUTE n.f. (it. *banca rotta,* banc rompu, allusion au vieil usage de rompre le banc, ou comptoir, du banqueroutier). **1.** Délit commis par un commerçant qui, à la suite d'agissements irréguliers ou frauduleux, est en état de cessation de paiements. – *Banqueroute publique :* suspension des paiements d'un État aux porteurs de rente. **2.** Échec total. *La banqueroute d'un parti aux élections.*
BANQUEROUTIER, ÈRE n. Personne qui fait banqueroute.
BANQUET n.m. (it. *banchetto,* petit banc). Grand repas, festin organisé pour fêter un évènement important.
BANQUETER v.i. [27]. **1.** Prendre part à un banquet. **2.** Faire bonne chère.
BANQUETEUR, EUSE n. Personne qui banquette.
BANQUETTE n.f. (languedocien *banqueta*). **I. 1.** Banc rembourré ou canné. ◇ *Jouer devant les banquettes :* jouer devant une salle presque vide. **2.** Siège d'un seul tenant, prenant toute la largeur d'une automobile. *La banquette arrière.* **3.** Siège à dossier en forme de banc, dans le métro, le train, etc. **4.** ARCHIT. Banc de pierre dans l'embrasure d'une fenêtre. **II. 1.** *Banquette de tir :* partie surélevée du sol d'une tranchée permettant de tirer par-dessus le parapet. **2.** Chemin pratiqué sur le talus d'une voie ferrée, d'un canal. ◇ Épaulement conservé dans les talus des remblais pour leur donner plus de stabilité.
BANQUIER, ÈRE n. **1.** Directeur d'une banque. **2.** Personne qui tient la banque, dans un jeu.
BANQUISE n.f. (scand. *pakis*). Couche de glace formée par congélation de l'eau de mer dans les régions polaires.
BANQUISTE n. Artiste forain (acrobate, cracheur de feu, chanteur, pitre, etc.) qui se produit sur la voie publique et tire sa rémunération des quêtes faites auprès de ses spectateurs.
BANTOU, E adj. Des Bantous, des peuples de ce groupe. ◆ n.m. Groupe de langues africaines parlées dans toute la moitié sud du continent africain.
BANTOUSTAN n.m. Territoire délimité, « foyer national » que l'on attribue à un peuple, un groupe de peuples noirs, bantous, en Afrique du Sud. SYN. : ***homeland.***
BANYULS [baɲuls] n.m. Vin doux naturel du Roussillon.
BAOBAB n.m. (ar. *bū ḥibab*). Arbre des régions tropicales (Afrique, Australie) dont le tronc peut atteindre 20 m de circonférence. (Famille des bombacacées.)

baobab

BAPTÊME [batɛm] n.m. (du gr. *baptizein,* immerger). **1.** Sacrement de la religion chrétienne, qui constitue le signe juridique et sacral de l'insertion dans l'Église ; cette cérémonie. – *Nom de baptême :* prénom qu'on reçoit au moment du baptême. **2.** *Baptême d'une cloche, d'un navire, etc.,* leur bénédiction solennelle. **3.a.** *Baptême de l'air :* premier vol en avion. **b.** *Baptême du feu :* premier combat. **c.** *Baptême de la ligne* ou *des tropiques :* cérémonie burlesque qui a lieu quand on passe l'équateur ou un tropique pour la première fois.
BAPTISÉ, E n. Personne qui a reçu le baptême.
BAPTISER [batize] v.t. (gr. *baptizein,* immerger). **1.** Administrer le sacrement du baptême à. **2.** Donner un nom de baptême à. **3.** Fam. Salir pour la première fois qqch de neuf avec un liquide. *En renversant du vin, il a baptisé la nappe.* **4.** Fam. *Baptiser du vin, du lait,* y ajouter de l'eau.
BAPTISMAL, E, AUX [batismal, o] adj. Qui se rapporte au baptême. *Fonts baptismaux.*
BAPTISME [batism] n.m. Doctrine religieuse protestante (XVIIe s.) selon laquelle le baptême ne doit être administré qu'à des adultes professant foi et repentir.
BAPTISTAIRE [batistɛr] adj. et n.m. Se dit d'un acte qui constate le baptême.
BAPTISTE [batist] adj. et n. Qui se rapporte au baptisme ; adepte du baptisme.
BAPTISTÈRE [batistɛr] n.m. Bâtiment annexe ou chapelle d'une église destinés à l'administration du baptême.
BAQUET n.m. (de *bac*). **1.** Petite cuve de bois. **2.** Siège bas d'une voiture de sport.
BAQUETURES n.f. pl. Vin recueilli dans le baquet placé sous le robinet d'un tonneau en perce.
1. BAR n.m. (néerl. *baers*). Poisson marin à chair estimée, voisin de la perche, appelé aussi *loup.* (Long. 0,50 à 1 m ; famille des serranidés.)
2. BAR n.m. (angl. *bar,* barre). **1.** Débit de boissons, dont une partie est aménagée pour consommer debout ou assis sur des tabourets hauts devant un comptoir. ◇ *Bar à vins,* où l'on peut boire des vins de qualité au verre. – Suisse. *Bar à café :* établissement qui ne sert que des boissons non alcoolisées. **2.** Comptoir où l'on peut consommer. **3.** Meuble où l'on range les verres et les alcools.
3. BAR n.m. (gr. *baros,* pesanteur). Unité de mesure de pression (symb. bar) valant 10^5 pascals, utilisée pour mesurer la pression atmosphérique. *Un bar est presque égal à une atmosphère.*

BARAGOUIN n.m. (breton *bara,* pain, et *gwin,* vin). Fam. Langage incompréhensible, charabia.

BARAGOUINAGE n.m. Fam. Manière de parler embrouillée, difficile à comprendre.

BARAGOUINER v.t. et i. Fam. **1.** Parler mal une langue. *Baragouiner l'anglais.* **2.** Bredouiller.

BARAGOUINEUR, EUSE n. Fam. Personne qui baragouine.

BARAKA n.f. (mot ar., *bénédiction*). Fam. Chance. *Avoir la baraka.*

BARAQUE n.f. (esp. *barraca*). **1.** Construction légère en planches. **2.** Fam. Maison au confort rudimentaire, ou mal tenue.

BARAQUÉ, E adj. Fam. De forte carrure.

BARAQUEMENT n.m. Construction, ensemble de constructions rudimentaires destinés à l'accueil ou au logement provisoire de personnes.

BARAQUER v.i. (ar. *baraka,* s'accroupir). S'accroupir, en parlant du chameau.

BARATERIE n.f. Préjudice volontaire causé aux armateurs, aux chargeurs ou aux assureurs d'un navire par le capitaine ou un membre de l'équipage.

BARATIN n.m. Fam. Bavardage destiné à séduire ou à tromper. *Arrête ton baratin !*

BARATINER v.i. et t. Fam. Faire du baratin, raconter des boniments.

BARATINEUR, EUSE adj. et n. Fam. Qui sait baratiner.

BARATTAGE n.m. Brassage de la crème du lait pour obtenir le beurre.

BARATTE n.f. (anc. fr. *barate,* agitation). Appareil pour faire le barattage.

BARATTER v.t. Faire le barattage de.

BARBACANE n.f. (probablement de l'ar.). **1.** ARCHIT. Baie étroite pour aérer et éclairer un local. – Ouverture verticale ménagée dans la maçonnerie d'un ouvrage d'art pour l'écoulement des eaux d'infiltration. SYN. : *chantepleure.* **2.** FORTIF. Meurtrière pour tirer à couvert. – Ouvrage pour défendre une porte ou un pont de l'extérieur.

BARBANT, E adj. Fam. Ennuyeux.

BARBAQUE n.f. (roumain *berbec,* mouton). Pop. Viande. ◇ Péj. Viande de mauvaise qualité.

BARBARE adj. et n. (gr. *barbaros,* étranger). **1.** Inhumain, d'une grande cruauté. *Coutume barbare.* **2.** ANTIQ. Étranger, pour les Grecs et les Romains (avec une majuscule comme nom). ◆ adj. **1.** Contraire à l'usage ou au bon goût. *Musique barbare.* **2.** Contraire aux normes de la langue, aux habitudes de ses usagers. *Terme barbare.*

BARBARESQUE adj. et n. (it. *barbaresco*). De l'ancienne Barbarie (Afrique du Nord).

BARBARIE n.f. **1.** Cruauté, férocité. **2.** Manque de civilisation ; déshumanisation.

BARBARISME n.m. Faute consistant à employer un mot inexistant ou déformé ; mot ainsi employé.

1. BARBE n.f. (lat. *barba*). **1. a.** Poil qui pousse sur le menton, les joues de l'homme. ◇ *À la barbe de qqn :* sous ses yeux, malgré lui. – *Parler dans sa barbe :* parler bas, trop bas, de façon inintelligible. – *Rire dans sa barbe,* pour soi-même. – Fam. Ennui. *Quelle barbe, ce type !* **b.** *Barbe à papa :* confiserie faite de filaments de sucre enroulés sur un bâtonnet. **2. a.** Touffe des poils sous la mâchoire de certains animaux. **b.** Chacun des filaments finement ramifiés implantés dans le tuyau d'une plume d'oiseau. **3.** Pointe des épis de céréales. **4.** Filament (en partic., filament métallique) qui reste attaché au bord d'une découpure peu franche. ◆ interj. Fam. (Marquant l'impatience, l'agacement). *Ah, la barbe !*

2. BARBE n.m. et adj. (it. *barbero*). Cheval de selle originaire d'Afrique du Nord (Barbarie), très répandu au Maroc.

BARBEAU n.m. (lat. *barba,* barbe, à cause des quatre barbillons à la lèvre supérieure de ce poisson). **1.** Poisson d'eau douce à chair estimée, mais dont les œufs peuvent être toxiques. (Famille des cyprinidés.) **2.** BOT. Bleuet. **3.** Pop. Souteneur. ◆ adj. inv. *Bleu barbeau :* bleu clair.

barbeau

BARBECUE [barbəkju] n.m. (mot anglo-amér., de l'esp. *barbacoa,* d'orig. indienne). Appareil mobile de cuisson à l'air libre, fonctionnant au charbon de bois, pour griller la viande ou le poisson.

BARBE-DE-CAPUCIN n.f. (pl. *barbes-de-capucin*). Chicorée sauvage amère qu'on mange en salade.

BARBELÉ, E adj. (de *barbe*). **1.** *Fil de fer barbelé* ou *barbelé,* n.m. : fil de fer muni de pointes, servant de clôture ou de moyen de défense. **2.** Garni de dents et de pointes. *Flèche barbelée.*

BARBELURE n.f. Aspérité disposée en barbe d'épi.

BARBER v.t. Fam. Ennuyer.

1. BARBET n.m. HIST. Vaudois du Piémont, puis calviniste des Cévennes.

2. BARBET, ETTE n. et adj. (de *barbe*). Griffon à poil long et frisé.

BARBETTE n.f. (de *barbe*). **1.** Guimpe portée autrefois par les religieuses et les femmes âgées, couvrant la poitrine et le cou. **2.** FORTIF. Plate-forme surélevée permettant le tir du canon par-dessus le parapet. **3.** Arg. mil. *La barbette :* l'arme du génie.

BARBICHE n.f. Touffe de barbe au menton.

BARBICHETTE n.f. Fam. Petite barbiche.

BARBICHU, E adj. et n. Fam. Qui porte une petite barbe, une barbiche.

BARBIER n.m. Anc. Celui dont le métier était de faire la barbe, de raser le visage.

BARBIFIANT, E adj. Fam. Ennuyeux.

BARBIFIER v.t. **1.** Fam. et vx. Raser. **2.** Fam. Ennuyer.

BARBILLE n.f. Petite barbe, petit filament au bord d'une découpure.

BARBILLON n.m. **I. 1.** Filament olfactif ou gustatif placé des deux côtés de la bouche, chez certains poissons. **2.** Repli de la peau situé sous la langue du bœuf ou du cheval. **II.** Barbeau ; petit barbeau (poisson).

BARBITAL n.m. (pl. *barbitals*). Barbiturique, le plus ancien de ceux utilisés en thérapeutique.

BARBITURIQUE adj. Se dit d'un radical chimique (la malonylurée) qui est à la base de nombreux hypnotiques et sédatifs du système nerveux. ◆ n.m. Médicament comportant ce radical, utilisé dans le traitement de l'épilepsie, et, naguère, de l'insomnie.

■ Bien qu'ils aient été parmi les premiers hypnotiques connus, les barbituriques sont de plus en plus délaissés dans le traitement de l'insomnie, d'une part parce qu'ils diminuent le temps de sommeil paradoxal, et d'autre part parce qu'ils entraînent une accoutumance. L'intoxication chronique par les barbituriques engendre apathie et indifférence, et son arrêt brutal déclenche un véritable syndrome de sevrage, caractérisé par des crises convulsives.

BARBITURISME n.m. ou **BARBITUROMANIE** n.f. Accoutumance, intoxication aux barbituriques.

BARBON n.m. (it. *barbone,* grande barbe). Litt., souvent péj. Homme d'un âge avancé.

BARBOTAGE n.m. **1.** Action de barboter dans l'eau. **2.** Fam. Vol. **3.** CHIM. Passage d'un gaz à travers un liquide.

BARBOTE ou **BARBOTTE** n.f. Loche (poisson).

BARBOTER v.i. (de *bourbe*). **1.** S'agiter dans l'eau ou la boue. *Les canards barbotent.* **2.** CHIM. Traverser un liquide, en parlant d'un gaz. *Faire barboter du gaz carbonique dans l'eau de chaux.* ◆ v.t. Fam. Voler. *Il a encore barboté un livre.*

BARBOTEUR, EUSE n. Fam. Personne qui barbote, qui a l'habitude de voler.

BARBOTEUSE n.f. Vêtement d'enfant d'une seule pièce formant une culotte courte légèrement bouffante.

BARBOTIÈRE n.f. Mare aux canards.

BARBOTIN n.m. **1.** MAR. Couronne en acier sur laquelle viennent s'engager les maillons d'une chaîne d'ancre. **2.** Roue dentée reliée au moteur et entraînant la chenille d'un véhicule tout terrain.

BARBOTINE n.f. (de *barboter*). **1.** Argile délayée de même composition que la céramique de base, utilisée pour les raccords et les décors en céramique, ou pour les pièces obtenues par coulage. **2.** Mélange très fluide de ciment et d'eau, avec éventuellement du sable fin et divers adjuvants.

BARBOTTE n.f. → ***barbote.***

BARBOUILLAGE ou **BARBOUILLIS** n.m. Action de barbouiller ; peinture, écriture, dessin ainsi obtenus (souvent au pl.).

BARBOUILLE n.f. Fam. Peinture ; mauvaise peinture.

BARBOUILLER v.t. (onomat.). **1.** Salir, tacher. *Barbouiller son visage de chocolat.* **2.** Peindre grossièrement. *Barbouiller un mur.* ◇ *Avoir l'estomac barbouillé :* avoir la nausée. **3.** Fam. *Barbouiller du papier :* rédiger, écrire sans talent.

BARBOUILLEUR, EUSE n. Personne qui barbouille.

BARBOUZE n.m. ou f. (de *barbe*). Fam. Agent d'un service secret (service de police ou de renseignements).

BARBU, E adj. et n. Qui a de la barbe. ◆ n.m. Fam., péj. Militant islamiste.

BARBUE n.f. (de *barbu*). Poisson marin à chair estimée, voisin du turbot et atteignant 70 cm de longueur.

BARBULE n.f. Crochet des barbes d'une plume d'oiseau.

BARCAROLLE n.f. (it. *barcarolo,* gondolier). **1.** Chanson des gondoliers vénitiens. **2.** Pièce vocale ou instrumentale au rythme ternaire, dans le style de ces chansons.

BARCASSE n.f. Grosse barque. ◇ Péj. Mauvaise barque.

BARCELONAIS, E adj. et n. De Barcelone.

BARD n.m. Civière à claire-voie qui servait à transporter les fardeaux.

BARDA n.m. (ar. *barda'a,* bât d'âne). Fam. Bagage, équipement encombrant qu'on emporte avec soi.

BARDAGE n.m. **1.** CONSTR. Protection en planches autour d'un ouvrage d'art. **2. a.** Revêtement en bardeaux. **b.** Tout revêtement de façade constitué d'éléments rapportés sur une structure. **3.** Transport de fardeaux avec des bards. ◇ Tout transport d'un matériau sur un chantier.

BARDANE n.f. (lyonnais *bardane,* punaise). Plante à fleurs purpurines, commune dans les décombres, et dont les crochets s'accrochent aux vêtements et au pelage des animaux. (Haut. 1 m ; famille des composées.)

bardane

1. BARDE n.m. (lat. *bardus,* mot gaul.). **1.** Poète et chanteur celte. **2.** Poète lyrique.

2. BARDE n.f. (esp. *barde,* de l'ar.). **1.** CUIS. Tranche de lard dont on enveloppe un morceau de viande ou une volaille. **2.** Armure du cheval de guerre (XIIIe-XVIe s.).

1. BARDEAU n.m. (de 2. *barde*). CONSTR. **1.** Planchette en forme de tuile, pour couvrir une toiture ou une façade, notamment en montagne. SYN. : *aisseau.* **2.** Planchette fixée sur les solives d'un plancher et formant une aire pour recevoir un carrelage ou un parquet.

2. BARDEAU n.m. → ***bardot.***

1. BARDER v.t. (de 2. *barde*). **1.** CUIS. Envelopper (un morceau de viande ou une volaille) d'une barde. **2.** Couvrir d'une armure. **3.** *Être bardé de,* couvert, abondamment pourvu. *Être bardé de décorations, de diplômes.*

2. BARDER v. impers. Fam. Être ou devenir violent, dangereux. *Ça va barder !*

BARDIS [bardi] n.m. Cloison longitudinale en planches, pour empêcher le ripage de la cargaison dans la cale d'un navire.

BARDOLINO n.m. Vin rouge léger italien, produit à l'est du lac de Garde.

BARDOT ou **BARDEAU** n.m. (it. *bardotto,* bête qui porte le bât). Hybride produit par l'accouplement d'un cheval et d'une ânesse.

BAREFOOT [bɛrfut] n.m. (mot angl., *pied nu*). Sport comparable au ski nautique mais dans lequel la surface porteuse est constituée par la plante des pieds nus.

BARÈME n.m. (de *Barrême,* mathématicien du XVIIe s.). **1.** Table ou répertoire des tarifs. **2.** Livre de comptes tout faits. *Barème des intérêts.*

BARESTHÉSIE n.f. (gr. *baros,* pression, et *aisthêsis,* sensibilité). Sensibilité qui permet d'évaluer le degré de pression et les différences de poids ou de pression exercés sur le corps.

BARÉTER v.i. [18]. Pousser son cri, en parlant de l'éléphant.

1. BARGE n.f. (bas lat. *barga*). **1.** Grande péniche largement ouverte à la partie supérieure pour les transports de vrac. **2.** Bateau à fond plat, gréé d'une voile carrée. **3.** Meule de foin rectangulaire.

2. BARGE n.f. (orig. inconnue). Oiseau échassier des marais et des plages vaseuses, plus haut sur pattes que la bécasse. (Long. 40 cm env.)

BARGUIGNER [bargiɲe] v.i. (francique *borganjan,* emprunter). Vieilli ou litt. *Sans barguigner :* sans hésiter, sans rechigner.

BARIGOULE n.f. (prov. *barigoulo*). *Artichaut à la barigoule,* farci de lard, de champignons, d'oignons, etc., et cuit au four.

BARIL [baril] n.m. **1.** Petit tonneau ; son contenu. *Baril de poudre.* **2.** Mesure de capacité (symb. bbl) valant env. 159 litres, utilisée pour les produits pétroliers.

BARILLET [barijɛ] n.m. **1.** Petit baril. **2.** Magasin cylindrique et mobile d'un revolver, destiné à recevoir les cartouches. **3.** Partie cylindrique d'un bloc de sûreté, dans une serrure. **4.** Boîte cylindrique contenant le ressort d'entraînement d'une montre, d'une pendule.

BARIOLAGE n.m. Assemblage disparate de couleurs. SYN. : *bigarrure.*

BARIOLÉ, E adj. Recouvert, marqué de taches ou de bandes de couleurs vives (et, souvent, s'harmonisant mal entre elles).

BARIOLER v.t. (de *barre* et anc. fr. *rioler,* rayer). Peindre de couleurs vives et mal harmonisées.

BARIOLURE n.f. Mélange de couleurs contrastées. *Bariolures d'une affiche.*

BARJO ou **BARJOT** adj. et n. (verlan de *jobard*). Fam. Un peu fou, farfelu.

BARKHANE n.f. (turc *barkan*). Dune en forme de croissant, perpendiculaire au vent.

BARLONG, ONGUE [barlɔ̃, ɔ̃g] adj. (lat. *bis,* deux fois, et *long*). ARCHIT. Dont le côté le plus long se présente de face et génér. perpendiculairement à l'axe du bâtiment. *Voûte barlongue.*

BARLOTIÈRE n.f. Barre plate de fer servant au maintien des panneaux d'un vitrail.

BARMAID [barmɛd] n.f. (mot angl.). Serveuse de bar.

BARMAN [barman] n.m. (mot angl.) [pl. *barmans* ou *barmen*]. Serveur de bar qui ne sert qu'au comptoir les boissons qu'il prépare.

BAR-MITSVA n.f. inv. (mot hébreu). Cérémonie juive de la majorité religieuse.

BARN [barn] n.m. (angl. *big as a barn,* grand comme une grange). Unité de mesure de section efficace (symb. b), employée en microphysique et valant 10^{-28} m^2.

BARNABITE n.m. Religieux de l'ordre des clercs réguliers de Saint-Paul, fondé en 1530 par saint Antoine-Marie Zaccaria.

BARNACHE n.f. → ***bernacle.***

BAROGRAPHE n.m. Baromètre enregistreur. ◇ Altimètre enregistreur.

BAROMÈTRE n.m. (gr. *baros,* pesanteur, et *metron,* mesure). **1.** Instrument pour mesurer la pression atmosphérique. *Baromètre anéroïde, à mercure.* **2.** Ce qui est sensible à certaines variations, les exprime. *Les sondages, précieux baromètres de l'opinion publique.*

■ Le *baromètre à mercure,* inventé par Torricelli en 1643, s'obtient en retournant un long tube plein de mercure, ouvert à une extrémité, sur une cuve à mercure. Le mercure descend dans le tube et se stabilise à une hauteur qui mesure la pression atmosphérique s'exerçant à la surface de la cuve. Au niveau de la mer, à cette pression correspond en moyenne une hauteur de 76 cm de mercure ($1{,}01 \cdot 10^5$ Pa). Avec l'altitude, la pression atmosphérique diminue.
Le *baromètre anéroïde* se compose d'une boîte métallique vide d'air, protégée de l'écrasement par un ressort, et qui se déprime plus ou moins selon les variations de la pression atmosphérique.
Le *baromètre enregistreur* est un baromètre anéroïde dont l'aiguille, munie d'une plume, trace une courbe sur le papier d'un cylindre tournant.

BAROMÉTRIE n.f. Partie de la physique traitant des mesures de la pression atmosphérique.

BAROMÉTRIQUE adj. Qui se rapporte au baromètre.

1. BARON, ONNE n. (francique *baro,* homme libre). **1. a.** HIST. Noble possesseur d'une baronnie. **b.** En France, noble possédant un titre nobiliaire entre celui de vicomte et celui de chevalier. **2.** Fig. Personne très importante dans un domaine quelconque, notamment économique. *Les barons de la finance.*

2. BARON n.m. Morceau de mouton ou d'agneau comprenant les gigots, les selles et les filets.

BARONET ou **BARONNET** n.m. Titre de noblesse créé en 1611 par Jacques Ier, en Angleterre.

BARONNAGE n.m. **1.** Qualité de baron. **2.** Corps des barons.

BARONNIE n.f. HIST. Seigneurie, terre d'un baron.

1. BAROQUE n.m. (port. *barroco,* perle irrégulière). Style artistique et littéraire né en Italie à la faveur de la Réforme catholique et qui a régné sur une grande partie de l'Europe et de l'Amérique latine aux XVIIe et XVIIIe s.

■ En littérature, le baroque, défini d'abord négativement comme l'envers du classicisme, est caractérisé par le goût du pathétique, une composition structurée fondée sur un système d'antithèses, d'analogies et de symétries, l'emploi d'images saisissantes ; les représentants les plus typiques de cette forme d'écriture sont, en France, les poètes de la fin du XVIe s. et du début du XVIIe (Maurice Scève, Jean de Sponde, A. d'Aubigné), en Italie Giambattista Marini, en Espagne Góngora, en Allemagne Andreas Gryphius et Grimmelshausen.
En art, le baroque veut étonner, toucher les sens, éblouir, et y parvient par des effets de mouvement et de contraste lumineux, de formes tendues et contrariées jusqu'à suggérer l'éclatement, de perspectives jouant du trompe-l'œil ; architecture, sculpture, peinture tendent à se fondre dans l'unité d'une sorte de spectacle dont le dynamisme scintillant traduit l'exaltation. Cet art trouve sa première expression à Rome, chez les architectes chargés de terminer l'œuvre de Michel-Ange, Maderno et Bernin, suivis de Borromini, Pierre de Cortone, etc. Turin, Naples, Gênes, Venise, la Sicile sont touchés, en même temps que le baroque se propage hors d'Italie. En Europe centrale, ses capitales sont Vienne (avec Fischer von Erlach, Hildebrandt), Prague (les Dientzenhofer), Munich (les Asam, Cuvilliés), Würzburg (J. B. Neumann), mais de nombreux châteaux, églises de pèlerinage et abbayes (Melk, Wies...) témoignent aussi de l'allégresse du *rococo* germanique, qui atteint les terres protestantes de Saxe (Dresde) et de Prusse. En Espagne, le baroque s'incarne dans les pathétiques statues polychromes des processions, dans la profusion ornementale des retables ainsi que dans le style churrigueresque d'un P. de Ribera ; l'Amérique coloniale répercute ces tendances, non sans contagion de caractères indigènes. Terre d'élection pour les jésuites, la Belgique construit au XVIIe s. des églises qui se souviennent de la structure et de l'élan vertical du gothique ; Rubens, le peintre baroque par excellence, y fait claironner ses grands tableaux d'autel. Mis à part l'art éphémère des fêtes de cour et certains éléments fastueux de décor, la France, elle, n'agrée la tentation baroque que vers les années 1630-1660 (Vouet, Le Vau) et, au XVIIIe s., dans les manifestations de la *rocaille**. Dans presque tous les pays, la réaction néoclassique met fin à l'âge baroque vers la fin du XVIIIe s.
En musique, rompant avec le style polyphonique, l'écriture baroque, mélodique et très ornée, favorisa la création de genres nouveaux, dont l'opéra, l'oratorio et la cantate, et de formes nouvelles tels la sonate et le concerto.

2. BAROQUE adj. **1.** Qui appartient au baroque. *Une église baroque.* **2.** Bizarre, original, excentrique. *Une idée, un personnage baroque.*

BAROQUEUX, EUSE n. Musicien prônant, dans l'interprétation d'une œuvre de la période baroque, le respect des conditions d'exécution de l'époque de composition. (Le mouvement est né dans les années 1960.)

BAROQUISANT, E adj. De tendance baroque.

BAROQUISME n.m. Caractère d'une œuvre baroque, ou qui évoque le baroque.

BAROSCOPE n.m. Balance permettant de mettre en évidence la poussée d'Archimède due à l'air.

BAROTRAUMATISME n.m. (gr. *baros,* pesanteur). MÉD. Lésion provoquée par une brusque variation de pression.

BAROUD [barud] n.m. (mot ar.). Arg. mil. Combat. ◇ *Baroud d'honneur :* combat désespéré livré seulement pour l'honneur.

BAROUDEUR, EUSE n. Fam. **1.** Personne qui a beaucoup combattu ou qui aime se battre. **2.** Personne dynamique, qui aime les risques ; aventurier.

BAROUF ou **BAROUFLE** n.m. (it. *baruffa,* bagarre). Pop. Vacarme, tapage.

BARQUE n.f. (lat. *barca*). Petit bateau mû à la voile, à la rame ou par un moteur. ◇ Fig. *Bien, mal mener sa barque :* bien, mal conduire ses affaires.

BARQUETTE n.f. **1.** Petite barque. **2.** Petite pâtisserie en forme de barque. **3.** Récipient léger et rigide utilisé dans le commerce et l'industrie pour le conditionnement des denrées alimentaires, et notamment des plats cuisinés.

BARRACUDA n.m. (mot esp.). Grand poisson marin, carnassier (sphyrénidé).

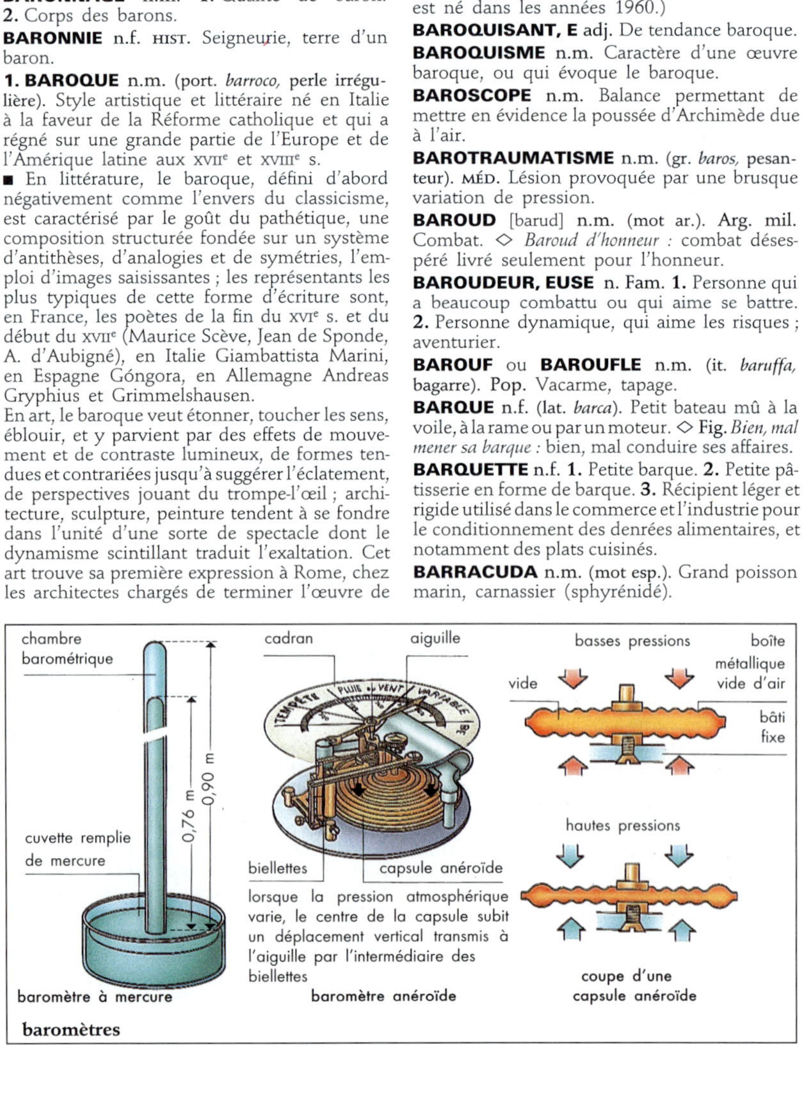

baromètres

Le Martyre de saint Liévin (v. 1635), par Rubens. (Musées royaux des Beaux-Arts, Bruxelles.)
Peinte pour les jésuites de Gand, cette toile de 4,5 m de haut prend une légèreté d'esquisse grâce à sa composition tournoyante, à la vivacité de la touche et au scintillement des lumières.

Façade du palais Carignano, à Turin, élevé par Guarino Guarini (1679-1685). L'architecte a évité la monotonie d'une longue façade sans recourir à une véritable fragmentation en corps de bâtiments distincts, mais par le simple jeu des courbes et contre-courbes, discrètement mis en valeur par la fantaisie des encadrements de fenêtres.

Vue de la place Navone, à Rome. Coupole et clochers de l'église Sainte-Agnès (en partie de Borromini), obélisque, fontaines de Bernin composent une perspective théâtrale. (Au premier plan, la fontaine du Maure, en partie des XVIe et XIXe s.)

Façade de la cathédrale de Murcie (la tour, à gauche, est classique).
Le baroque espagnol (comme ses variétés du Mexique, de Colombie, du Pérou, de l'Équateur) aime composer ces façades mouvementées comparables à de grands retables, ici dans une version rococo pleine d'élégance (dessinée en 1737 par Jaime Bort).

Angelots en bois polychrome dans l'église d'Ottobeuren, en Bavière, exécutés après 1754 par Joseph Anton Feuchtmayer, l'un des meilleurs sculpteurs ornemanistes du rococo allemand.

Fresque (v. 1751) de Tiepolo sur une voussure de la Kaisersaal de la Résidence, à Würzburg, en Bavière (œuvre de J. B. Neumann).

L'église Saint-François-d'Assise à Ouro Preto (Brésil), construite vers 1770 par A. F. Lisboa. Le charme de l'architecture portugaise (pierre des structures principales sur fond de crépi blanc, comme au temps du gothique manuélin), transporté dans le Nouveau Monde.

Le Triomphe de saint Ignace (v. 1690), fresque d'Andrea Pozzo à la voûte de l'église S. Ignazio à Rome. L'espace réel de la nef se trouve prolongé par un trompe-l'œil architectural peuplé de figures volantes. Cet art illusionniste escamote avec une grande virtuosité la consistance physique de la voûte.

Église Saint-Nicolas de la Malá Strana à Prague, élevée de 1703 à 1753 par les Dientzenhofer père et fils (architectes d'origine bavaroise) : espaces courbes scandés de colonnes et de pilastres redoublés, de corniches et de frontons brisés, de statues aux postures expressives, profusion de marbres, stucs, ors et peintures.

BARRAGE n.m. (de *barre*). **I. 1.** Action de barrer le passage, de faire obstacle ; l'obstacle lui-même. *Le barrage d'une rue. Un barrage de police.* **2. a.** *Tir de barrage* (autref. *tir d'arrêt*) : tir d'artillerie destiné à briser une offensive ennemie. **b.** *Barrage roulant :* rideau de feu tendu par l'artillerie devant une formation qui attaque. **c.** SPORTS. *Match de barrage,* destiné à départager des équipes ou des concurrents à égalité. **3.** PSYCHOL. Soudaine interruption dans le cours de la pensée, dans la réalisation d'un acte. **II.** TR. PUBL. Ouvrage artificiel coupant le lit d'un cours d'eau et servant soit à en assurer la régulation, soit à pourvoir à l'alimentation des villes ou à l'irrigation des cultures, ou bien à produire de l'énergie. – *Barrage en enrochement,* constitué d'éboulis de roches, non imperméable dans sa masse, et dont la stabilité repose uniquement sur l'étanchéité du masque amont. – *Barrage en terre homogène,* constitué par de la terre compactée imperméable. – *Barrage en terre hétérogène,* formé d'un noyau central imperméable compris entre des massifs d'appui (à l'aval) ou de protection (à l'amont) constitués de matériaux divers.

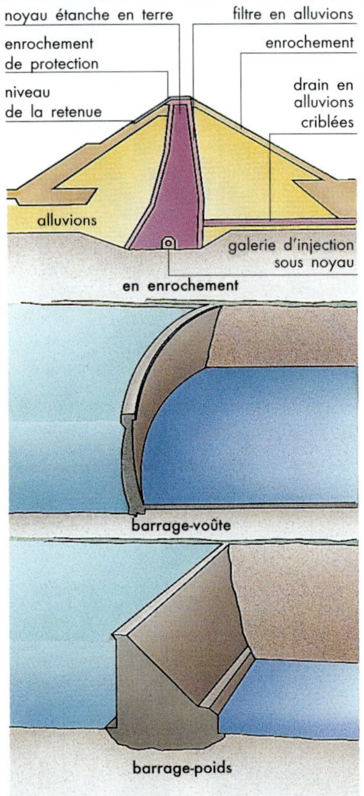

barrages

BARRAGE-POIDS n.m. (pl. *barrages-poids*). TR. PUBL. Barrage en béton, à profil triangulaire, résistant à la poussée de l'eau par son seul poids.

BARRAGE-VOÛTE n.m. (pl. *barrages-voûtes*). TR. PUBL. Barrage en béton à courbure convexe tournée vers l'amont, et repoussant la poussée de l'eau sur les rives par des effets d'arc.

BARRAGISTE n. SPORTS. Équipe, concurrent disputant un match de barrage.

BARRANCO n.m. (mot port.). Ravin entaillé sur les pentes d'un volcan.

BARRE [bar] n.f. (mot gaul.). **I. 1.** Longue et étroite pièce de bois, de métal, etc., rigide et droite. ◇ Fig. *Coup de barre :* fatigue soudaine ; mauvaise nouvelle inattendue ; prix excessif demandé. **2.** Objet de matière quelconque ayant cette forme. *Barre de chocolat.* **3.** Immeuble moderne de grandes dimensions et de forme allongée. *Barres et tours de H.L.M.* **4.** Lingot. ◇ *C'est de l'or en barre :* c'est une valeur sûre, qqn ou qqch de précieux. **5. a.** CHORÉGR. Tringle de bois horizontale, fixée au mur, servant aux exercices des danseurs. **b.** Exercices pratiqués avec l'appui de cette tringle. **6.** SPORTS. **a.** Traverse horizontale fixant le niveau à franchir aux sauts en hauteur et à la perche.

exercice à la **barre** (Bolchoï, Moscou)

exercice à la **barre** fixe

◇ Fig. Niveau. – *Placer haut la barre :* donner, se donner des objectifs ambitieux. **b.** *Barre fixe :* agrès formé d'une traverse horizontale soutenue par deux montants verticaux. **c.** *Barres asymétriques :* agrès composé de deux barres fixes parallèles reposant chacune sur des montants de hauteurs différentes. **d.** *Barres parallèles :* agrès composé de deux barres fixées parallèlement à la même hauteur sur des montants verticaux. **e.** *Barre à disques :* barre d'acier dont les extrémités peuvent recevoir des disques métalliques constituant la charge demandée en haltérophilie. **7. a.** AUTOM. *Barre de direction :* barre de liaison entre la direction et la roue. **b.** *Barre de réaction :* pièce qui permet l'application du couple moteur à l'essieu. **c.** *Barre de torsion :* barre élastique qui tient lieu de ressort pour assurer la suspension d'un véhicule. **8.** NUCL. *Barre de commande :* barre faite d'un matériau absorbeur de neutrons destinée au réglage ou à l'arrêt de la réaction en chaîne, dans un réacteur. **9.** MUS. *Barre d'harmonie :* petite tige de bois collée sous la table des instruments à cordes pour en soutenir la pression. **II. 1.** MAR. Organe de commande du gouvernail. ◇ *Prendre, tenir la barre :* prendre, avoir la direction d'une entreprise. **2.** *Barre de plongée :* organe de commande des gouvernails de profondeur d'un sous-marin. **III.** Barrière d'un tribunal derrière laquelle sont appelés les témoins et où plaident les avocats. **IV. 1.** Crête rocheuse aiguë verticale. **2. a.** Haut-fond formé à l'embouchure d'un fleuve par le contact des eaux fluviales et marines. **b.** Déferlement violent des vagues sur ces hauts-fonds. **V. 1.** Trait graphique droit. **2.** INFORM. *Code à barres* → ***code-barres.*** **3.** MUS. *Barre de mesure :* ligne verticale traversant la portée pour séparer les mesures. **4.** HÉRALD. Pièce honorable qui va de l'angle senestre du chef à l'angle dextre de la pointe. ◆ pl. **1.** Anc. Jeu de course-poursuite entre des joueurs partagés en deux camps. ◇ *Avoir barre(s) sur qqn :* avoir l'avantage sur lui. **2.** Espace entre les incisives et les molaires chez le cheval (où on place le mors), le bœuf, le lapin.

exercice aux **barres** parallèles

exercice aux **barres** asymétriques

1. BARRÉ, E adj. **1.** Fermé à la circulation. *Rue barrée.* **2.** *Chèque barré,* rayé en diagonale par un double trait afin de n'être touché que par l'intermédiaire d'un établissement de crédit. **3.** CHIR. *Dent barrée,* dont la racine déviée rend l'extraction malaisée. **4.** HÉRALD. Divisé en un nombre pair de parties égales d'émaux alternés, dans le sens de la barre. *Écu barré.*

2. BARRÉ n.m. MUS. Appui simultané d'un doigt (plus rarement, de deux) sur plusieurs cordes, à la guitare, au luth, au banjo, etc.

BARREAU n.m. **1.** Petite barre de bois, de métal, etc., qui sert de soutien, de fermeture. *Les barreaux d'une fenêtre, d'une prison.* **2.** Anc. Place réservée aux avocats dans un prétoire, délimitée par une barre de bois. – Par ext. Ensemble des avocats auprès d'un même tribunal de grande instance. *Être inscrit au barreau de Paris.*

BARREL n.m. (angl. *barrel,* baril). Vx. Baril, mesure de capacité pour le pétrole.

BARREMENT n.m. Action de barrer un chèque ; son résultat.

BARREN GROUNDS [barəngrawnts] n.m. pl. (angl. *barren,* stérile, et *ground,* terre). Toundras du Grand Nord canadien.

BARRER v.t. **1.** Fermer (un passage) au moyen d'une barre, d'un obstacle. – Par ext. Empêcher le passage dans. *Barrer un chemin.* ◇ Fig. *Barrer* *la route à qqn,* l'empêcher d'arriver à ses fins. **2.** Région. ; Canada. Fermer à clé ; verrouiller. **3.** Marquer d'une ou de plusieurs barres. *Barrer un chèque.* **4.** Rayer, raturer. *Barrer un paragraphe.* **5.** MAR. Tenir la barre de (une embarcation) pour gouverner. ◆ **se barrer** v.pr. Fam. S'en aller.

1. BARRETTE n.f. (it. *barretta*). Bonnet carré, à trois ou quatre cornes, des ecclésiastiques (noir pour les prêtres, violet pour les évêques, rouge pour les cardinaux). – *Recevoir la barrette :* être nommé cardinal.

2. BARRETTE n.f. **1.** Petite barre. **2.** Épingle à fermoir pour les cheveux. **3.** Broche (bijou) longue et étroite. **4.** Ruban monté sur un support. *La barrette du Mérite national.*

BARREUR, EUSE n. Personne qui manœuvre la barre d'une embarcation ou personne qui rythme la cadence des avirons.

BARRICADE n.f. (de *barrique*). Obstacle fait de matériaux divers entassés en travers d'une rue pour se protéger lors de combats. ◇ *Être de l'autre côté de la barricade :* être du parti adverse.

BARRICADER v.t. **1.** Fermer par des barricades. *Barricader une rue.* **2.** Fermer solidement. *Barricader une porte.* ◆ **se barricader** v.pr. **1.** S'abriter derrière une barricade. **2.** S'enfermer avec soin dans un lieu.

BARRIÈRE n.f. (de *barre*). **1.** Assemblage de pièces de bois, de métal, etc., qui ferme un passage et forme clôture. *Ouvrir, fermer une barrière.* ◇ HIST. Clôture établie à l'entrée d'une ville pour permettre la perception de l'octroi. **2.** Obstacle naturel. *Barrière de feu.* **3.** *Barrière de dégel :* interdiction signalée aux véhicules lourds de circuler sur une voie donnée pendant le dégel. **4.** NUCL. *Barrière (de confinement) :* enceinte destinée à empêcher la dissémination des produits radioactifs dans l'environnement d'une installation nucléaire. **5.** Fig. Ce qui fait obstacle à la liberté d'échange. *Les barrières douanières.*

BARRIQUE n.f. (gascon *barrico*). Tonneau d'une capacité d'environ 200 l ; son contenu.

BARRIR v.i. (lat. *barrire*). Pousser son cri, en parlant de l'éléphant ou du rhinocéros.

BARRISSEMENT n.m. Cri de l'éléphant ou du rhinocéros.

BARROT n.m. MAR. Chacun des éléments de charpente, perpendiculaires à l'axe longitudinal d'un bateau et fixés aux membrures, qui soutiennent les ponts. SYN. (vx) : *bau.*

BARTAVELLE n.f. (prov. *bartavelo*). Perdrix des montagnes, voisine de la perdrix rouge.

BARTHOLINITE n.f. MÉD. Inflammation des glandes de Bartholin, de part et d'autre de la vulve.

BARYCENTRE n.m. Centre de gravité*.

BARYE [bari] n.f. (gr. *barus,* lourd). Ancienne unité C.G.S. de contrainte et de pression, valant 10^{-1} pascal.

BARYMÉTRIE n.f. Méthode d'estimation du poids des animaux à partir de leurs mensurations.

BARYON n.m. Particule ayant une masse au moins égale à celle du proton et un spin demi-entier.

BARYTE n.f. MINÉR. Hydroxyde de baryum $Ba(OH)_2$.

BARYTINE ou **BARYTITE** n.f. MINÉR. Sulfate de baryum naturel.

BARYTON n.m. (gr. *barutonos,* dont la voix est grave). **1.** Voix d'homme intermédiaire entre le ténor et la basse ; chanteur qui possède cette voix. **2.** Tout instrument baryton. ◆ adj. Se dit d'un instrument de musique, et notamm. d'un instrument à vent, dont l'échelle sonore correspond approximativement à celle de la voix de baryton. *Saxophone baryton.*

BARYUM [barjɔm] n.m. (gr. *barus,* lourd). Métal alcalino-terreux blanc argenté, fusible à 710 °C, de densité 3,7, qui décompose l'eau à la température ordinaire ; élément (Ba) de numéro atomique 56, de masse atomique 137,34.

BARZOÏ [barzɔj] n.m. (mot russe). Lévrier russe à poil long.

1. BAS, BASSE adj. (lat. *bassus*). **1.** Peu élevé, qui a une faible hauteur. *Chaise basse.* **2.** Dont le niveau, l'altitude est faible. *Basse mer.* ◇ *Ciel bas,* couvert de nuages situés à peu de hauteur. – *Ce bas monde :* celui où nous vivons, la terre (opposée au ciel, au paradis). – *Basses eaux :* niveau d'un cours d'eau à l'époque de l'année où le débit est le plus faible. **3.** Incliné vers le bas. *Marcher la tête basse.* **4. a.** Grave. *Note basse.* **b.** *Parler, dire qqch à voix basse,* doucement, sans élever la voix. **5. a.** Qui est faible en valeur. *Bas prix.* **b.** *Bas âge :* petite enfance. **6.** De qualité médiocre. *Bas morceaux,* les moins chers en boucherie. **7.** Peu élevé dans une hiérarchie. *Bas clergé, basse classe.* **8.** Dépourvu d'élévation morale ; vil, méprisable. *Une âme basse.* **9.** Relativement proche de l'époque contemporaine, en parlant d'une période historique. *Le Bas-Empire* (romain). ◆ adv. **1.** À faible hauteur. *Voler bas.* ◇ Fam. *Bas les mains, bas les pattes ! :* ne me touchez pas, lâchez-moi. – *Être (bien, très, etc.) bas,* dans un mauvais état physique ou moral. – *Mettre bas, jeter bas :* renverser, abattre. – *Mettre bas :* mettre au monde des petits, en parlant d'une femelle. – *Mettre bas les armes,* les déposer ; fig., renoncer à lutter. **2.** Avec une faible intensité. *Parler bas.* ◆ loc. adv. *En bas :* vers le bas ; au-dessous. – *En bas de :* au pied de. – (Pour conspuer qqch, qqn). *À bas !*

2. BAS n.m. **1.** Partie inférieure. *Le bas du visage, d'une robe.* **2. a.** *Bas de casse :* partie inférieure de la casse des typographes où se trouvent les lettres minuscules. **b.** Ces lettres elles-mêmes *(bas-de-casse).* **3.** Fig. *Les hauts et les bas,* les périodes heureuses et malheureuses.

3. BAS n.m. (de *bas-de-chausses*). **1.** Pièce de vêtement habillant le pied et la jambe. ◇ Fam. *Bas de laine :* économies. **2.** Spécialt. Vêtement féminin, en textile à mailles, qui gaine le pied et la jambe jusqu'au haut de la cuisse.

BASAL, E, AUX adj. **1.** Qui constitue la base de qqch ; fondamental. **2.** HISTOL. *Membrane basale* ou *basale,* n.f. : membrane mince située à la face profonde des épithéliums. **3.** ANAT., BOT. Situé à la base d'un appendice. CONTR. : *apical.*

BASALTE n.m. (lat. *basaltes*). Roche volcanique basique, de couleur sombre, constituée essentiellement de plagioclase, de pyroxène et d'olivine, formant des coulées étendues, montrant souvent une structure prismatique (orgues).

BASALTIQUE adj. Formé de basalte.

BASANE n.f. (prov. *bazana,* doublure). **1.** Peau de mouton tannée utilisée en sellerie, maroquinerie, reliure, etc. **2.** Peau souple qui garnit en partie les pantalons des cavaliers. ◇ Arg. mil. *La basane,* la cavalerie.

BASANÉ, E adj. Bronzé par le soleil, le grand air. *Un teint basané.*

BASANER v.t. Donner une couleur brun foncé à (la peau).

BAS-BLEU n.m. (pl. *bas-bleus*). Vieilli. Femme pédante à prétentions littéraires.

BAS-CÔTÉ n.m. (pl. *bas-côtés*). **1.** Collatéral d'une église, moins élevé que le vaisseau central. **2.** Partie de l'accotement d'une route accessible aux piétons.

BASCULANT, E adj. Qui peut basculer.

BASCULE n.f. (de *basse* et anc. fr. *baculer,* frapper le derrière contre terre). **1.** Appareil de pesage à l'aide duquel on mesure la masse d'une voiture, d'un wagon, de bagages, etc. **2.** Balançoire dont l'une des extrémités s'abaisse quand l'autre s'élève. **3.** Fait de basculer ; alternance de mouvements en sens opposés. ◇ *À bascule :* qui bascule, qui permet de se balancer. *Fauteuil à bascule.* **4.** ÉLECTRON. Dispositif à deux positions d'équilibre, capable de basculer alternativement de l'une à l'autre sous l'action d'excitations successives. SYN. : *multivibrateur.*

BASCULEMENT n.m. Action de basculer.

BASCULER v.i. **1.** Perdre sa position d'équilibre ; tomber. **2.** Renverser brusquement ses positions. *Les partis du centre ont basculé à droite.* ◆ v.t. **1.** Renverser, culbuter (qqch). *Basculer un wagonnet.* **2.** Fig. Faire changer de direction, de destination. *Basculer un appel téléphonique d'un poste sur l'autre.*

BASCULEUR n.m. Dispositif mécanique permettant de décharger par basculement un fût, un conteneur, une berline de mine, etc.

BAS-DE-CASSE n.m. inv. Minuscule d'imprimerie.

BAS-DE-CHAUSSES n.m. inv. Partie inférieure des chausses qui couvrait les jambes.

BASE n.f. (gr. *basis*). **I. 1.** Partie inférieure d'un objet sur laquelle il repose ; assise. *La base d'une colonne.* ◇ Fig. Ensemble des militants d'un parti, d'un syndicat, par rapport aux dirigeants. *Consulter la base.* **2.** Partie basse. *La base d'une montagne.* **3. a.** Côté particularisé d'un triangle ou face particularisée d'un polyèdre, d'un cône. **b.** Chacun des côtés parallèles d'un trapèze. **II. 1.** Principe fondamental d'un raisonnement, d'un calcul, d'un système, d'une recette. *Base d'un accord, d'une théorie.* **2. a.** MATH. *Base d'un système de numération :* nombre d'unités d'un certain ordre nécessaire pour former une unité de l'ordre immédiatement supérieur. **b.** *Base d'un espace vectoriel :* famille de vecteurs telle que tout vecteur de l'espace peut être écrit, d'une manière unique, comme combinaison linéaire des vecteurs de la famille. **3.** Distance mesurée sur le terrain et sur laquelle reposent les opérations de triangulation et d'arpentage. **4.** *Base de vitesse :* parcours prévu pour les essais de vitesse des navires. **5.** INFORM. **a.** Position dans une mémoire à partir de laquelle sont calculées les positions des instructions ou des données d'un programme. **b.** *Base de données :* ensemble de données évolutives, organisé pour être utilisé par des programmes multiples, eux-mêmes évolutifs. **6.** LING. Partie d'un mot considérée comme la plus importante (racine, radical). **7.** Principal composant d'un produit. *Base d'un médicament.* **8.** Crème fluide qui s'applique sur le visage avant le maquillage. **III.** MIL. **1. a.** Zone de réunion et de transit des moyens nécessaires à la conduite d'opérations militaires. **b.** Organisme chargé de ces missions. **c.** *Base de feux :* ensemble des moyens de feux destinés à appuyer une opération. **2.** Lieu de stationnement et d'entretien du personnel et du matériel. *Base navale.* **IV.** ASTRONAUT. *Base de lancement :* lieu où sont réunies les installations nécessaires à la préparation, au lancement et au contrôle en vol des engins spatiaux. **V.** ÉLECTRON. Électrode de commande d'un transistor. **VI.** CHIM. Corps capable de neutraliser les acides en se combinant à eux.

BASE-BALL [bezbol] n.m. (mot angl.) [pl. *base-balls*]. Sport dérivé du cricket, très populaire aux États-Unis.

BASEDOW (MALADIE DE) : maladie résultant d'un excès de fonctionnement de la glande thyroïde et principalement caractérisée par un goitre exophtalmique.

BASELLE n.f. (mot d'une langue de l'Inde). Plante alimentaire d'Amérique et d'Asie tropicales, rappelant l'épinard.

BASER v.t. **1.** Appuyer, fonder. *Baser son raisonnement sur une hypothèse.* **2.** Établir une base militaire. *Baser une unité en Bretagne.* ◆ **se baser** v.pr. *(sur).* Se fonder. *Se baser sur des calculs exacts.*

BAS-FOND n.m. (pl. *bas-fonds*). **1.** Partie élevée du fond de la mer, d'un cours d'eau. SYN. : *haut-fond.* **2.** Fond éloigné de la surface de la mer, d'un cours d'eau. (Contr. en ce sens de *haut-fond.*) **3.** Terrain en contrebas des terrains voisins. ◆ pl. Milieu où règne la misère ; lieux de déchéance.

BASIC [bazik] n.m. (sigle de l'angl. *Beginner's All purpose Symbolic Instruction Code*). INFORM. Langage de programmation conçu pour l'utilisation interactive de terminaux et de micro-ordinateurs.

BASICITÉ n.f. CHIM. **1.** Propriété qu'a un corps de jouer le rôle de base. **2.** Qualité d'un milieu dont le pH est supérieur à 7.

BASIDE n.f. Expansion microscopique portant deux ou quatre spores chez la plupart des

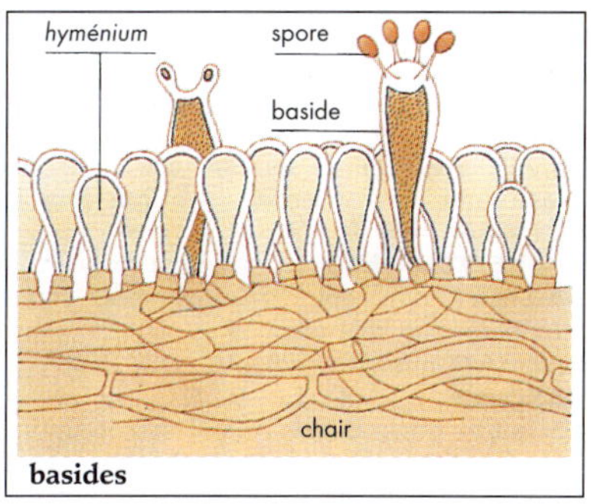

basides

champignons supérieurs. (Les spores mûrissent à l'extérieur de la baside qui les a produites, ce qui distingue *baside* et *asque*.)

BASIDIOMYCÈTE n.m. *Basidiomycètes :* classe de champignons dont les spores apparaissent sur des basides et dans laquelle on range les champignons à lames (amanite, agaric, russule, lactaire, tricholome), à pores (bolet) et certaines formes parasites de végétaux (charbon des céréales).

BASIDIOSPORE n.f. Spore portée par une baside.

BASILAIRE adj. ANAT. **1.** Qui sert de base. **2.** Qui appartient à une base.

BASILEUS [baziløs] n.m. (mot gr., *roi*). Titre officiel de l'empereur byzantin après 630. SYN. : *empereur*.

1. BASILIC n.m. (gr. *basiliskos,* petit roi). **1.** Grand lézard à crête dorsale d'Amérique tropicale, voisin de l'iguane. **2.** MYTH. Reptile fabuleux auquel était attribué le pouvoir de tuer par son seul regard.

2. BASILIC n.m. (gr. *basilikon,* plante royale). Plante originaire de l'Inde, employée comme aromate et comme condiment.

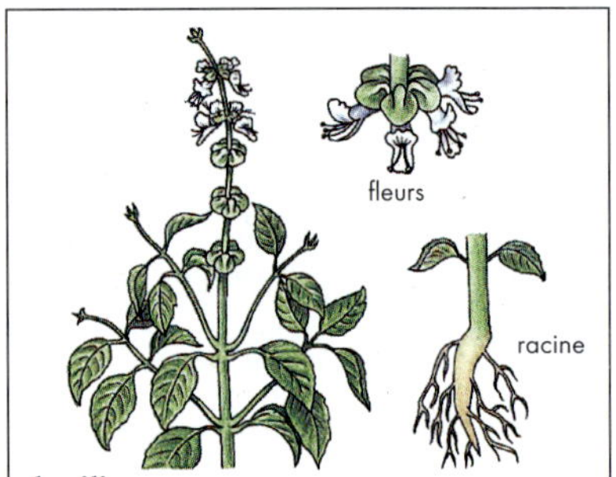

basilic

BASILICAL, E, AUX adj. ARCHIT. D'une, de la basilique. *Plan basilical.*

1. BASILIQUE n.f. (lat. *basilica*). **1.** ANTIQ. ROM. Édifice rectangulaire, généralement divisé en nefs et terminé par une abside, qui abritait diverses activités publiques. **2.** ARCHIT. Église chrétienne bâtie sur le plan des basiliques romaines. **3.** RELIG. CATH. Église dotée par le pape d'une dignité particulière. *Basilique du Sacré-Cœur à Paris.*

2. BASILIQUE adj. et n.f. (gr. *basilikê,* royale, principale). ANAT. *Veine basilique :* veine superficielle de la face interne du bras.

BASIN n.m. (anc. fr. *bombasin,* mot it.). Tissu damassé présentant des effets de bandes longitudinales obtenus par la juxtaposition d'armures différentes.

BASIPHILE adj. Qui croît bien sur les sols basiques, en parlant d'une plante.

1. BASIQUE adj. **1.** CHIM. Qui a les propriétés d'une base. – *Sel basique,* qui interagit avec un acide pour former un sel neutre. **2.** GÉOL. *Roche basique :* roche magmatique qui contient entre 45 et 52 p. 100 de silice.

2. BASIQUE adj. Fondamental, de base. *Français basique.* ◆ n.m. Élément fondamental d'une garde-robe.

BASISTE adj. Relatif à la base, aux militants d'un parti, d'un syndicat.

BAS-JOINTÉ, E adj. (pl. *bas-jointés, es*). Se dit d'un cheval dont le paturon est très incliné sur l'horizontale.

BASKET [-kɛt] n.m. ou f. Chaussure de sport à tige haute, en toile renforcée, munie d'une semelle antidérapante.

BASKET-BALL [baskɛtbol] ou **BASKET** n.m. (mot angl., *balle au panier*) [pl. *basket-balls, baskets*]. Sport entre deux équipes de cinq joueurs qui doivent lancer un ballon dans le panier suspendu de l'équipe adverse.

BASKETTEUR, EUSE n. Joueur de basket-ball.

BAS-MÂT n.m. (pl. *bas-mâts*). MAR. Partie inférieure d'un mât composé.

BASMATI n.m. Riz indien à grain long.

BASOCHE n.f. (du lat. *basilica,* lieu où se tenaient les tribunaux). **1.** Anc. Corps et juridiction des clercs du parlement. **2.** Fam., vieilli et péj. Ensemble des gens de loi.

BASOCHIEN, ENNE adj. et n. De la basoche.

BASOPHILE adj. BIOL. Se dit d'un composant cellulaire ou tissulaire qui fixe les colorants basiques.

BASQUAIS, E adj. Cuit avec une garniture à base de tomates, de poivrons et de jambon cru. *Poulet (à la) basquaise.*

1. BASQUE n.f. (de *baste,* altér. de l'it. *basta,* retroussis). Chacun des deux pans ouverts de la jaquette. – Fig. *Être toujours aux basques de qqn, être pendu à ses basques,* le suivre partout.

2. BASQUE adj. et n. (lat. *vasco*). Du Pays basque. ◆ n.m. **1.** Langue non indo-européenne parlée au Pays basque. **2.** *Tambour de basque :* petit tambour plat garni d'une seule peau et muni de disques métalliques rendant un son de grelots.

BASQUINE n.f. (esp. *basquina*). Jupe des femmes basques.

BAS-RELIEF n.m. (pl. *bas-reliefs*). Sculpture adhérant à un fond, dont elle se détache avec une faible saillie.

1. BASSE n.f. (it. *basso*). **1.** Partie la plus grave d'une composition instrumentale ou vocale. **2.** Voix masculine la plus grave (anc. basse-contre) ; chanteur qui a cette voix. – *Basse chantante :* basse-taille. **3.** Celui des instruments d'une famille instrumentale dont l'échelle sonore correspond approximativement à l'échelle sonore de la voix de basse. *Basse de violon, ou violoncelle.* **4.** Contrebasse, en jazz. **5.** ACOUST. Son grave. *Haut-parleur qui rend bien les basses.* ◆ adj. Se dit d'une basse (instrument). *Trombone basse.*

2. BASSE n.f. (de 1. *bas*). MAR. Fond rocheux situé à faible profondeur.

BASSE-COUR n.f. (pl. *basses-cours*). **1.** Cour, bâtiment d'une ferme où l'on élève la volaille et les lapins. **2.** L'ensemble des animaux de la basse-cour.

BASSE-FOSSE n.f. (pl. *basses-fosses*). Cachot souterrain d'un château fort.

BASSEMENT adv. De façon basse, vile.

BASSESSE n.f. **1.** Manque d'élévation morale. **2.** Action vile, déshonorante. *Commettre des bassesses.*

1. BASSET n.m. Chien courant, aux pattes courtes et parfois torses.

2. BASSET n.m. (it. *bassetto*). MUS. Vx. *Cor de basset :* clarinette alto.

basset

BASSE-TAILLE n.f. (pl. *basses-tailles*). **1.** Timbre de voix masculine entre le baryton et la basse. SYN. : *basse chantante.* **2.** *Émaux de* ou *sur basse-taille :* émaux translucides sur or ou argent champlevés et finement ciselés.

BASSIN n.m. (lat. pop. *baccinus,* récipient). **1.** Récipient portatif large et peu profond. ◇ Vase plat destiné à recevoir les déjections d'un malade alité. **2. a.** Pièce d'eau servant d'ornement ou de réservoir. *Le bassin du jardin du Luxembourg.* **b.** Réceptacle des eaux d'une fontaine ; vasque. **c.** Piscine et, spécialement, chacune des parties d'une piscine de profondeur variable. *Petit, grand bassin.* **d.** Plan d'eau aménagé pour différents usages. *Bassin de pisciculture. Bassin d'essais de carènes.* **3.** MAR. Partie d'un port limitée par des quais et des digues ; rade. *Bassin à flot,* relié à l'avant-port par une écluse. *Bassin de marée,* qui communique librement avec la mer. **4.** GÉOGR. Région drainée par un fleuve et ses affluents. – *Bassin de réception :* partie supérieure d'un torrent où sont rassemblées par ruissellement les eaux tombées sur la montagne. ◇ *Bassin d'emploi :* zone géographique à l'intérieur de laquelle les habitants peuvent trouver un emploi sans changer de domicile. ◇ *Bassin d'audience :* ensemble des personnes susceptibles d'être touchées par un média. **5.** GÉOL. *Bassin sédimentaire* ou, ellipt., *bassin :* vaste dépression naturelle qui, au cours d'une certaine période géologique, s'est remplie de sédiments. *Le Bassin parisien.* – *Bassin d'effondrement,* limité par des failles. – *Bassin océanique :* dépression étalée du fond océanique. ◇ MIN. Vaste gisement sédimentaire formant une unité géographique et géologique. *Bassin houiller, minier.* **6.** ANAT. Ceinture osseuse circonscrite à la base du tronc par le sacrum, le coccyx et les deux os iliaques (os du bassin).

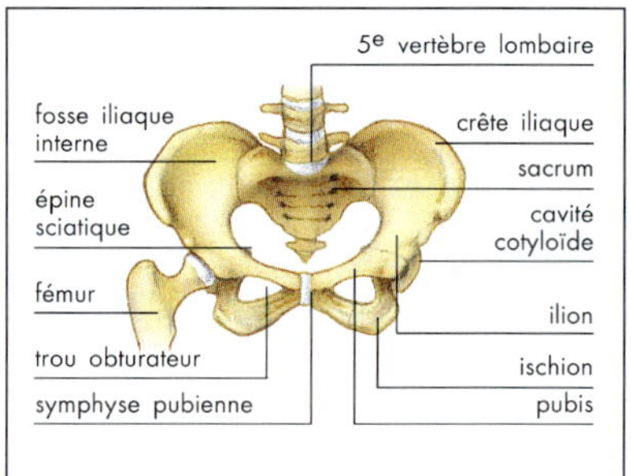

bassin

BASSINANT, E adj. Fam. Qui bassine, importune ; rasant.

BASSINE n.f. Récipient large et profond à usages domestiques ou industriels ; son contenu.

BASSINER v.t. **1.** Humecter légèrement (une partie du corps). **2.** Chauffer (un lit) avec une bassinoire. **3.** Fam. Ennuyer, importuner (qqn) par ses propos.

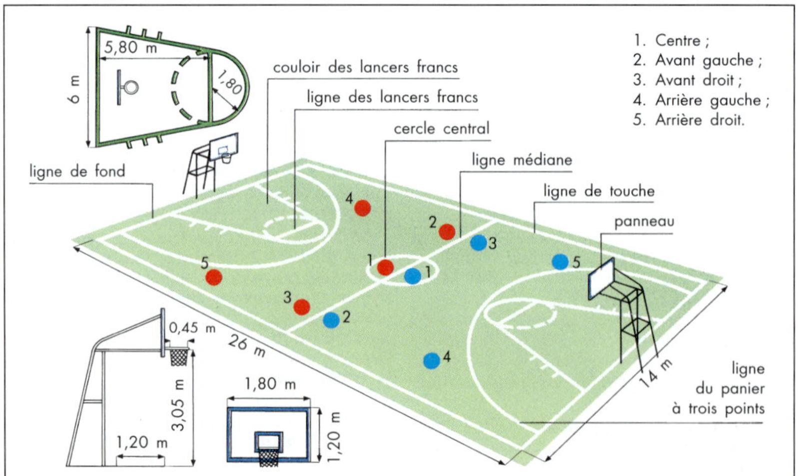

basket-ball : plan du terrain (avec la disposition des joueurs au coup d'envoi)

BASSINET n.m. **I. 1.** Petit bassin, cuvette. **2.** ANAT. Partie élargie de l'appareil excréteur du rein, située à la jonction des grands calices et qui se continue par l'uretère. **II.** ARM. **1.** Casque en usage aux XIIIe et XIVe s. **2.** Partie de la platine des armes à feu qui recevait la poudre de l'amorce.

BASSINOIRE n.f. Bassin à long manche et couvercle ajouré, garni de braises, que l'on promenait dans un lit pour le chauffer.

bassinoire en cuivre ; XIXe s. (coll. priv.)

BASSISTE n. Contrebassiste.

1. BASSON n.m. (it. *bassone*). Instrument de musique en bois, à vent et à anche double, formant dans l'orchestre la basse de la famille des hautbois.

2. BASSON ou **BASSONISTE** n. Instrumentiste qui joue du basson.

joueur de **basson** (Philippe Coqueux)

BASTA ou, vx, **BASTE** interj. (it. *basta,* il suffit). [Marquant l'impatience ou la lassitude]. *Basta ! :* ça suffit !, c'est assez !

BASTAING n.m. → ***basting.***

BASTAQUE n.f. (anc. angl. *baec,* arrière, et *staeg,* hauban). MAR. Hauban mobile raidi du côté d'où vient le vent, aux allures comprises entre le vent de travers et le près.

1. BASTE interj. Vx → ***basta.***

2. BASTE n.m. (esp. *basto*). Vx. As de trèfle, au jeu de l'hombre.

3. BASTE n.f. (prov. *basto*). Récipient de bois pour transporter la vendange.

BASTERNE n.f. (lat. *basterna*). Anc. **1.** Litière portée par deux mulets. **2.** Char à bœufs (chez les Mérovingiens, notamm.).

BASTIAIS, E adj. et n. De Bastia.

BASTIDE n.f. (prov. *bastida,* de *bastir,* bâtir). **1.** Au Moyen Âge, ouvrage de fortification provisoire ; ville neuve fortifiée, dans le Midi. **2.** Mod. Maison de campagne, en Provence.

BASTIDON n.m. Petite bastide (maison).

BASTILLE n.f. (altér. de *bastide*). **1.** Anc. Ouvrage de défense, à l'entrée d'une ville ; château fort. ◇ Spécialt. *La Bastille* (de Paris) : v. partie n.pr. **2.** Fig. Centre de résistance ; groupe qui défend ses privilèges. *Il reste des bastilles à prendre.*

BASTILLÉ, E adj. HÉRALD. Échancré de créneaux tournés vers la pointe de l'écu.

BASTING ou **BASTAING** [bastɛ̃] n.m. Pièce de bois à arêtes vives de section inférieure à celle du madrier (section courante 0,063 × 0,175 m).

BASTINGAGE n.m. (du prov. *bastingo,* toile matelassée). MAR. **1.** Anc. Caisson à hamacs placé à l'intérieur des pavois sur les bâtiments de guerre. **2.** Mod. Garde-corps.

BASTION n.m. (de *bastille*). **1.** FORTIF. Ouvrage dessinant un angle saillant, destiné à renforcer une enceinte fortifiée. **2.** Fig. Ce qui soutient, défend efficacement. *Cette région est un bastion du protestantisme.*

BASTIONNÉ, E adj. FORTIF. Muni de bastions.

BASTON n.m. ou f. Arg. Bagarre. *Aimer, chercher le baston* (ou *la baston*). – REM. L'usage est hésitant quant au genre.

BASTONNADE n.f. (it. *bastonata*). Volée de coups de bâton.

BASTONNER (SE) v.pr. Arg. Se battre, se bagarrer.

BASTOS [bastos] n.f. Arg. Balle d'arme à feu.

BASTRINGUE n.m. Fam. **1.** Vieilli. Bal populaire, guinguette ; orchestre qui joue une musique populaire bruyante. **2.** Vacarme, désordre bruyant. **3.** Ensemble d'objets hétéroclites.

BAS-VENTRE n.m. (pl. *bas-ventres*). Partie inférieure du ventre.

BÂT [bɑ] n.m. (du gr. *bastazein,* porter un fardeau). Appareil en bois placé sur le dos des bêtes de somme pour le transport des fardeaux. ◇ Fig. *C'est là que le bât blesse :* c'est sur ce point qu'une difficulté s'élève, qu'un problème se pose. – Vieilli. *C'est là que le bât le blesse,* qu'il est sensible, fragile, vulnérable.

BATACLAN n.m. (onomat.). Fam. Attirail embarrassant. ◇ *Et tout le bataclan :* et tout le reste.

BATAILLE n.f. (lat. *battualia,* escrime). **1.** Combat important entre deux groupes armés. ◇ *Cheval de bataille,* dressé pour la guerre ; fig., sujet, argument favori. ◇ *En bataille,* de travers, en désordre. *Cheveux en bataille.* **2.** Lutte, combat réel ou simulé. *Bataille de polochons.* **3.** Jeu de cartes très simple. **4.** *Bataille navale :* jeu dans lequel chacun des deux joueurs doit repérer et couler la flotte adverse, dessinée en secret sur les cases d'un papier quadrillé.

BATAILLER v.i. **1.** Se battre, livrer bataille. **2.** Fig. Lutter avec acharnement. *Batailler contre qqn, qqch, sur qqch.*

BATAILLEUR, EUSE adj. et n. Qui aime à batailler ; querelleur.

BATAILLON n.m. (it. *battaglione,* escadron). **1.** Anc. ou litt. Troupe de soldats au combat. ◇ Auj. Unité militaire composée de plusieurs compagnies. *Bataillon d'infanterie légère d'Afrique* (arg. *bat d'Af.*), bataillon disciplinaire où étaient incorporés des délinquants. **2.** Fig. Groupe nombreux.

1. BÂTARD, E n. et adj. (mot germ.). **1.** Né hors du mariage. **2.** Qui n'est pas de race pure, en parlant d'un animal. ◆ adj. Qui tient de deux espèces différentes ou qui n'a pas de caractère tranché. *Une solution bâtarde.* ◇ CONSTR. *Mortier bâtard :* mortier fait d'eau, de sable et d'un mélange de chaux grasse et de ciment.

2. BÂTARD n.m. Pain d'une demi-livre plus court que la baguette.

BÂTARDE n.f. Écriture qui tient de la ronde et de l'anglaise.

BATARDEAU n.m. (anc. fr. *bastart,* digue). Digue, barrage provisoire établi pour assécher la partie où l'on veut exécuter des travaux.

BÂTARDISE n.f. État du bâtard, de ce qui est bâtard.

BATAVE adj. et n. (lat. *Batavi*). HIST. Des Bataves. – Rare. De Hollande.

BATAVIA n.f. (lat. *Batavi,* Hollandais). Laitue à feuilles dentées et croquantes.

BATAVIQUE adj. *Larme batavique :* goutte de verre trempé, terminée en pointe, obtenue en faisant tomber du verre fondu dans de l'eau froide.

BATAYOLE n.f. (it. *battagliola*). MAR. Montant métallique d'une rambarde.

BÂTÉ, E adj. *Âne bâté :* personne sotte ou ignorante.

BATEAU n.m. (anc. angl. *bât*). **1.** Ouvrage flottant destiné à la navigation. ◇ MAR. Embarcation de faible tonnage ou bâtiment à usages spéciaux. *Bateau de pêche, de plaisance. Bateau-citerne.* **2.** (En apposition). En forme de bateau. *Décolleté bateau.* **3.** Dépression du trottoir, devant une porte cochère, un garage. **4.** Fam. *Monter un bateau à qqn* ou *mener qqn en bateau :* inventer une histoire, une plaisanterie pour le tromper. ◆ adj. inv. Fam. Banal, rebattu. *Une question bateau.*

BATEAU-CITERNE n.m. (pl. *bateaux-citernes*). Bateau aménagé pour le transport des liquides en vrac.

BATEAU-FEU ou **BATEAU-PHARE** n.m. (pl. *bateaux-feux, bateaux-phares*). Bateau muni d'un phare, et mouillé près des endroits dangereux.

BATEAU-LAVOIR n.m. (pl. *bateaux-lavoirs*). Ponton installé au bord d'un cours d'eau où l'on venait laver le linge.

BATEAU-MOUCHE n.m. (pl. *bateaux-mouches*). Bateau qui assure un service de promenade d'agrément sur la Seine, à Paris.

BATEAU-PHARE n.m. → ***bateau-feu.***

BATEAU-PILOTE n.m. (pl. *bateaux-pilotes*). Bateau qui transporte le pilote dont un navire peut avoir besoin pour entrer dans un port ou en sortir.

BATEAU-POMPE n.m. (pl. *bateaux-pompes*). Navire léger de lutte contre l'incendie, dans les zones portuaires.

BATEAU-PORTE n.m. (pl. *bateaux-portes*). Caisson flottant qui sert de fermeture à un bassin de radoub.

BATÉE n.f. (de *battre*). Récipient peu profond dans lequel on lave les sables aurifères.

BATELAGE n.m. (anc. fr. *batel,* bateau). **1.** Droit, salaire payé au batelier. **2.** Service de bateaux assurant la liaison entre des navires ou entre un navire et la côte.

BATELÉE n.f. Vx. Charge d'un bateau.

BATELER v.i. (anc. fr. *baastel,* tour d'escamoteur) [24]. Vx. Faire des tours de bateleur.

BATELET n.m. Litt. Petit bateau.

BATELEUR, EUSE n. (anc. fr. *baastel,* tour d'escamoteur). Vieilli. Personne qui fait des tours d'acrobatie, de force, d'adresse sur les places publiques ; saltimbanque.

BATELIER, ÈRE n. Personne dont le métier est de conduire un bateau sur les cours d'eau ; marinier.

BATELLERIE n.f. **1.** Industrie du transport fluvial. **2.** Ensemble des bateaux de navigation intérieure.

BÂTER v.t. Mettre un bât sur (une bête de somme).

BAT-FLANC [baflɑ̃] n.m. inv. **1.** Pièce de bois qui sépare deux chevaux dans une écurie. ◇ Cloison en bois entre deux lits dans un dortoir, une chambrée. **2.** Plate-forme rabattable qui peut servir de lit dans les prisons, les casernes, etc.

BATH [bat] adj. inv. Fam., vieilli. Très beau, très agréable.

BATHOLITE n.m. GÉOL. Corps plutonique de grandes dimensions (de l'ordre de 100 km²) en forme de dôme ou de culot et recoupant les roches encaissantes.

BATHYAL, E, AUX [batjal, o] adj. (gr. *bathus,* profond). OCÉANOGR. Qui concerne la zone océanique située approximativement entre 300 et 3 000 m de profondeur.

BATHYMÈTRE n.m. Instrument qui sert à mesurer les profondeurs marines.

BATHYMÉTRIE n.f. Mesure, par sondage, des profondeurs marines.

BATHYMÉTRIQUE adj. Relatif à la bathymétrie.

BATHYPÉLAGIQUE adj. (gr. *bathus,* profond, et *pelagos,* mer). OCÉANOGR. Qui concerne la zone océanique située entre 2 000 ou 3 000 m et 6 000 m de profondeur.

BATHYSCAPHE [-skaf] n.m. (gr. *bathus,* profond, et *skaphê,* barque). Engin de plongée à grande profondeur, autonome et habitable.

BATHYSPHÈRE n.f. Sphère de plongée suspendue par un câble à un engin de surface, utilisée naguère pour explorer les profondeurs sous-marines.

1. BÂTI, E adj. **1.** *Propriété, terrain bâtis,* sur lesquels est construit un bâtiment. **2.** *Bien, mal bâti :* bien, mal proportionné.

2. BÂTI n.m. **1.** Assemblage de pièces de menuiserie ou de charpente. **2.** Support sur lequel sont assemblées les diverses pièces d'une machine. **3.** Couture provisoire à grands points.

BATIFOLAGE n.m. Fam. Action de batifoler.
BATIFOLER v.i. (de l'it. *battifolle,* boulevard où l'on s'amuse). Fam. S'amuser à des choses futiles, à des jeux folâtres.
BATIFOLEUR, EUSE n. Fam. Personne qui aime à batifoler.
BATIK n.m. (mot malais). Tissu teint en procédant au préalable à l'application de réserves à la cire ; ce procédé.
BATILLAGE n.m. Déferlement des vagues de sillage d'un bateau contre la berge d'un cours d'eau.
BÂTIMENT n.m. (de *bâtir*). **1.** Construction d'une certaine importance destinée à servir d'abri. **2.** Ensemble des métiers et industries en rapport avec la construction. **3.** Navire, et, en partic., navire de fort tonnage (terme générique).
BÂTIR v.t. (francique *bastjan*). **1.** Élever (une construction) sur le sol. – Fig. Établir, fonder. *Bâtir une théorie.* **2.** Assembler à grands points deux pièces de tissu.
BÂTISSE n.f. **1.** Partie en maçonnerie d'une construction. **2.** Bâtiment de grandes dimensions, sans caractère.
BÂTISSEUR, EUSE n. Personne qui bâtit, édifie, fonde qqch.
BATISTE n.f. (du nom de son créateur, *Baptiste de Cambrai*). Toile de lin très fine et très serrée utilisée en lingerie.
BÂTON n.m. (lat. *bastum*). **1.** Long morceau de bois rond, qu'on peut tenir à la main et qui sert à s'appuyer, à frapper, etc. ◇ Tige d'acier sur laquelle le skieur s'appuie. – *Bâton de vieillesse :* personne qui est le soutien d'un vieillard. – *Mettre des bâtons dans les roues :* susciter des difficultés, des obstacles. **2.** Objet en forme de petit bâton et formé de matière consistante. *Bâton de craie, de rouge à lèvres.* **3.** Vx. Baguette de tambour. – *(Parler) à bâtons rompus,* de manière peu suivie, discontinue. **4.** *Bâton de maréchal :* insigne de son commandement ; fig., réussite suprême. **5.** Trait vertical que font les enfants qui apprennent à écrire. **6.** ARCHIT. *Bâtons rompus :* ornements courants faits de boudins brisés disposés en zigzag, en frette, etc. (art roman). ◇ *Parquet à bâtons rompus,* composé de lames d'égales dimensions disposées perpendiculairement l'une à l'autre et formant un dessin évoquant les arêtes d'un poisson. **7.** Arg. Un million de centimes.
BÂTONNAT n.m. Dignité de bâtonnier ; durée de cette fonction.
BÂTONNER v.t. Frapper à coups de bâton.
BÂTONNET n.m. **1.** Petit bâton. **2.** Élément en forme de petit bâton caractéristique de certaines cellules de la rétine. (→ ***cône.***)
BÂTONNIER n.m. Président, élu par ses confrères, du conseil de l'ordre des avocats d'un barreau.
BATOUDE n.f. (it. *battuta*). Long tremplin utilisé par les acrobates dans les cirques.
BATRACIEN n.m. Vx. Amphibien.
BATTAGE n.m. **1.** Action de battre. *Le battage des tapis.* **2.** AGRIC. Séparation des grains de leurs épis, de leurs gousses. *Le battage du blé, du colza.* **3.** TR. PUBL. Enfoncement d'un pieu, d'une palplanche, etc., au moyen d'un engin frappant sur sa tête. *Battage au mouton.* **4.** MÉTALL. Martelage d'un métal. **5.** Fam. Publicité tapageuse.
1. BATTANT, E adj. **1.** *Pluie battante,* qui tombe avec violence. **2.** *À une, deux, etc., heure(s) battante(s) :* à une, deux, etc., heure(s) sonnante(s), précise(s). **3.** *Tambour battant,* au son du tambour ; fig., rapidement, rondement. *Mener une affaire tambour battant.* **4.** *Porte battante,* munie d'un gond permettant l'ouverture dans les deux sens et la fermeture automatique.
2. BATTANT, E n. Personne combative et énergique.
3. BATTANT n.m. **1.** Pièce métallique suspendue à l'intérieur d'une cloche dont elle vient frapper la paroi. **2.** Partie d'une porte, d'une fenêtre, d'un meuble, mobile autour de gonds. **3.** MAR. Partie d'un pavillon flottant librement (par opp. à *guindant*).
BATTE n.f. (de *battre*). **1.** Outil servant à battre, à tasser, à écraser, etc., de forme variable en fonction de sa destination. **2.** Au cricket et au base-ball, bâton servant à frapper la balle.
BATTÉE n.f. CONSTR. Partie du dormant où bat une porte que l'on ferme.
BATTELLEMENT n.m. CONSTR. Double épaisseur de tuiles plates ou d'ardoises formant le bord inférieur d'un toit. SYN. : *doublis.*
BATTEMENT n.m. **1. a.** Choc dont la répétition, rythmée ou non, entraîne un bruit correspondant. *Battement d'un volet contre un mur.* **b.** Bruit ainsi produit. **2. a.** Mouvement alternatif rapide. *Battement d'ailes.* **b.** CHORÉGR. Passage d'une jambe d'une position de départ à une position dérivée avec retour à la position de départ, le corps restant immobile. **3.** PHYSIOL. Pulsation rythmique du cœur et du système circulatoire. *Battement du cœur, du pouls.* **4.** PHYS. Variation périodique de l'amplitude d'une oscillation résultant de la superposition de deux vibrations de fréquences voisines. **5.** Délai, intervalle de temps disponible. **6.** Petite pièce métallique qui reçoit le choc d'une persienne en bois et sert à l'arrêter.
BATTERIE n.f. (de *battre*). **1.** MIL. **a.** Réunion de pièces d'artillerie et du matériel nécessaire à leur fonctionnement. **b.** Lieu, ouvrage fortifié où elles sont disposées. *Batteries côtières.* **c.** Unité élémentaire d'un régiment d'artillerie. **d.** *Mettre une arme en batterie,* la mettre en état de tirer. **2.** ÉLECTR. Groupement de plusieurs appareils de même type (accumulateurs, piles, condensateurs, etc.) disposés en série ou en parallèle. *Batterie (d'accumulateurs) d'une automobile.* **3.** Réunion d'éléments de même nature destinés à fonctionner ensemble, ou d'éléments qui se complètent. *Batterie de projecteurs. Batterie de cuisine.* **4.** *Batterie de tests :* série, ensemble de tests d'aptitudes. **5.** CHORÉGR. **a.** Croisement rapide ou choc des jambes au cours d'un pas ou d'un saut. **b.** Ensemble des sauts ou des pas battus à fin de virtuosité. **6.** MUS. **a.** Ensemble des instruments à percussion d'un orchestre. **b.** Instrument composé de plusieurs percussions joué par un seul musicien. **c.** Formule rythmique destinée au tambour. ◆ pl. Moyen habile de réussir. *Dresser ses batteries.* – *Démasquer ses batteries :* dévoiler brusquement ses intentions.

batterie de jazz (cymbale charleston, cymbales suspendues, toms, caisse claire et grosse caisse)

1. BATTEUR, EUSE n. **1.** Personne qui effectue le battage du grain, des métaux, etc. **2.** MUS. Joueur, joueuse d'instruments à percussion, particulièrement de batterie (→ ***drummer***). **3.** Au cricket, au base-ball, joueur qui renvoie la balle avec une batte.
2. BATTEUR n.m. **1.** Appareil ménager servant à battre, à mélanger. **2.** Dans une batteuse agricole, rouleau muni de battes tournant à grande vitesse. **3.** TEXT. Machine de filature pour le battage du coton.
BATTEUSE n.f. Machine dont on se sert pour égrener les céréales par l'effet de chocs répétés ou de froissement de l'épi.
BATTITURES n.f. pl. Parcelles d'oxyde de fer qui jaillissent au cours du forgeage.
BATTLE-DRESS [batəldrɛs] n.m. inv. (mot angl., *vêtement de combat*). **1.** Tenue de combat. **2.** Courte veste de toile.
BATTOIR n.m. Anc. Palette de bois utilisée pour essorer le linge.
BATTRE v.t. (lat. *battuere*) [83]. **1.** Donner des coups à une personne, un animal. ◇ *Battre qqn comme plâtre,* le frapper à tour de bras. **2.** Vaincre. *Battre un ennemi, un adversaire.* **3.** Frapper qqch dans un but précis. *Battre un tapis, le blé, le fer.* ◇ *Battre le fer pendant qu'il est chaud :* profiter sans tarder d'une occasion favorable. **4.** Agiter pour mélanger. *Battre des œufs.* ◇ *Battre les cartes,* les mêler. **5. a.** *Battre les bois, la région, le pays,* les parcourir. **b.** *Battre le pavé :* errer sans but. **6.** Heurter fréquemment et violemment contre qqch. *La mer bat la falaise.* ◆ v.i. **1.** Frapper à coups répétés contre (qqch). *La pluie bat contre les vitres.* **2.** Produire des mouvements rapides et répétés. *Battre des mains.* **3.** *Battre en retraite :* se retirer en combattant ; fig., cesser de soutenir une opinion. ◆ **se battre** v.pr. ***(contre).*** **1.** Combattre (contre qqn). *Il s'est battu contre de nombreux ennemis.* **2.** Se combattre mutuellement. *Ils se sont battus en duel.*
BATTU, E adj. **1.** Qui a reçu de nombreux coups. ◇ *Avoir l'air d'un chien battu :* avoir l'air humble et craintif. **2.** Vaincu dans une bataille, une compétition. **3.** Foulé, durci par une pression répétée. *Terre battue.* ◇ *Chemin, sentier battu :* manière banale d'agir, de penser. **4.** *Yeux battus,* marqués par la fatigue, le chagrin, d'un cerne bleuâtre. **5.** CHORÉGR. *Pas, saut battu,* ou *battu,* n.m. : pas, saut exécuté avec un choc ou un ou plusieurs croisements rapides des jambes.
BATTUE n.f. Action de battre les bois, les taillis, les champs pour en faire sortir le gibier, pour rechercher qqn.
BATTURE n.f. Canada. Partie du rivage découverte à marée basse.
BAU n.m. (francique *balk,* poutre) [pl. *baux*]. Vx. Barrot. – Mod. *Maître bau :* le plus grand bau du navire ; l'endroit où le navire est le plus large. *Section, au maître bau.*
BAUD [bo] n.m. (de *Baudot,* n.pr.). En télégraphie et téléinformatique, unité de rapidité de modulation valant une impulsion par seconde.
BAUDELAIRIEN, ENNE adj. Propre à Baudelaire, dans sa manière.
BAUDET n.m. (anc. fr. *bald,* lascif). **1.** Âne reproducteur. **2.** Fam. Âne.
BAUDRIER n.m. (anc. fr. *baldrei*). **1.** Bande de cuir ou d'étoffe portée en écharpe et qui soutient une arme, un tambour, le ceinturon. **2.** Harnais constitué de sangles (ceinture, bretelles, sangles cuissardes) utilisé par l'alpiniste ou le spéléologue.
BAUDROIE n.f. (prov. *baudroi*). Poisson comestible à tête énorme, couverte d'appendices et d'épines. (Long. max. 1,50 m ; famille des lophiidés.) Nom usuel : *lotte de mer.*

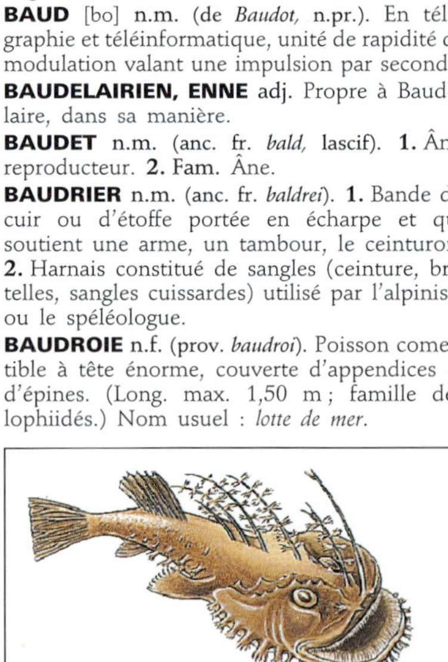
baudroie

BAUDRUCHE n.f. **1.** Pellicule fabriquée avec le gros intestin du bœuf ou du mouton et dont on faisait les ballons autrefois. **2. a.** Pellicule de caoutchouc dont on fait des ballons très légers. **b.** Ballon. **3.** Personne sans caractère.
BAUGE n.f. (mot gaul.). **1.** Gîte fangeux du sanglier. ◇ Fig. Lieu très sale. **2.** Nid de l'écureuil. **3.** CONSTR. Torchis.
BAUHINIA [boinja] n.m. ou **BAUHINIE** [boini] n.f. Arbre ou arbuste des régions tropicales, à grandes fleurs. (Famille des césalpiniacées.)

BAUME n.m. (lat. *balsamum*). **1.** Substance résineuse odorante sécrétée par certaines plantes et employée en pharmacie (*baume de Tolú,* comme expectorant) ou dans l'industrie (*baume du Canada,* pour coller des lentilles optiques). **2.** Onguent analgésique et cicatrisant. ◇ Fig. *Verser, mettre du baume au cœur :* apaiser, consoler.

BAUMÉ n.m. **1.** Aréomètre de Baumé. **2.** *Degré Baumé :* élément de la division de l'échelle conventionnelle employée sur cet appareil.

BAUMIER n.m. → ***balsamier.***

BAUQUIÈRE n.f. (de *bau*). MAR. Ceinture intérieure d'un navire, servant à lier les couples entre eux et à soutenir les baux.

BAUX n.m. pl. → ***bail*** et ***bau.***

BAUXITE n.f. (du nom des *Baux-de-Provence*). Roche sédimentaire de couleur rougeâtre, composée surtout d'alumine, avec oxyde de fer et silice, et exploitée comme minerai d'aluminium.

BAVARD, E adj. et n. **1.** Qui parle beaucoup, souvent inutilement ; prolixe. **2.** Incapable de garder un secret.

BAVARDAGE n.m. **1.** Action de bavarder. **2.** (Surtout pl.). Propos futiles, médisants ou indiscrets ; ragots.

BAVARDER v.i. (de *bave*). **1.** Parler beaucoup, avec futilité. **2.** Parler indiscrètement.

BAVAROIS, E adj. et n. De Bavière.

BAVAROISE n.f. ou **BAVAROIS** n.m. Entremets froid constitué d'une crème anglaise additionnée de gélatine.

BAVASSER v.i. Péj. et fam. Bavarder, cancaner.

BAVE n.f. (lat. pop. *baba*). **1.** Salive qui s'écoule de la bouche, ou de la gueule d'un animal. **2.** Liquide visqueux sécrété par certains mollusques. **3.** Litt. Propos ou écrits haineux, calomnieux.

BAVER v.i. **1.** Laisser échapper de la bave. **2.** *Baver de :* manifester sans retenue le trouble causé par (un sentiment vif). *Baver d'admiration, de jalousie.* ◇ Pop. Être envieux. **3.** Pop. *En baver :* souffrir ; se donner beaucoup de mal. **4.** Fam. *Baver sur qqn, qqch :* les dénigrer. **5.** En parlant d'un liquide, s'étaler en produisant des souillures. *Encre qui bave.*

BAVETTE n.f. **1.** Partie du tablier qui couvre la poitrine. **2.** BOUCH. Nom donné à plusieurs morceaux de bœuf découpés dans la partie abdominale. **3.** Fam. *Tailler une bavette (avec qqn) :* bavarder ; faire la causette.

BAVEUX, EUSE adj. **1.** Qui bave. **2.** *Omelette baveuse,* peu cuite et moelleuse.

BAVOCHER v.i. **1.** En parlant de l'encre, déborder sur les traits, empâter. **2.** En parlant d'un tirage, être imprimé sans netteté.

BAVOCHURE n.f. Empâtement des traits, des caractères d'imprimerie.

BAVOIR n.m. Pièce de lingerie protégeant la poitrine des bébés.

BAVOLET n.m. (de *bas* et *volet*). Anc. **1.** Coiffe de paysanne couvrant la nuque. **2.** Volant flottant derrière un chapeau de femme.

BAVURE n.f. **1.** Trace de métal laissée par les joints d'un moule. **2.** Trace d'encre qui empâte les lettres d'un texte. **3. a.** Erreur, faute dans la conduite d'une action. **b.** Conséquence fâcheuse qui en découle. ◇ Fam. *Sans bavures :* d'une manière irréprochable.

1. BAYADÈRE n.f. (port. *bailadeira,* danseuse). Danseuse sacrée de l'Inde.

2. BAYADÈRE adj. Se dit d'un tissu qui présente de larges rayures multicolores.

BAYER v.i. (lat. *batare,* bâiller). *Bayer aux corneilles :* regarder niaisement en l'air, bouche bée ; rêvasser.

BAYOU n.m. (d'un mot indien, *petite rivière*) [pl. *bayous*]. Louisiane. Bras secondaire du Mississippi, ou méandre abandonné.

BAYRAM n.m. → ***baïram.***

BAZAR n.m. (persan *bāzār*). **I. 1.** Marché public en Orient et en Afrique du Nord. **2.** Magasin où l'on vend toutes sortes d'articles. **3.** Fam. Lieu où règne le désordre. **4.** Fam. Ensemble d'objets hétéroclites de peu de valeur. **II.** Arg. mil. Élève officier de première année à l'école de Saint-Cyr.

BAZARDER v.t. Fam. **1.** Vendre (qqch) rapidement à bas prix. **2.** Se débarrasser de (qqch).

BAZOOKA [bazuka] n.m. (mot amér.). Lance-roquette portable antichar.

B. C. B. G. [besebeʒe] loc. adj. et n. (abrév.). Fam. Bon chic* bon genre. *Une tenue très B. C. B. G.*

B. C. G. [beseʒe] n.m. (nom déposé ; sigle). Vaccin bilié de Calmette et Guérin, contre la tuberculose.

■ Le vaccin B. C. G. est obtenu à partir de cultures d'un bacille tuberculeux d'origine bovine auquel on a fait perdre sa virulence tout en conservant son pouvoir immunisant contre l'infection tuberculeuse. Les sujets vaccinés ont une cuti-réaction positive. On emploie également le B. C. G. en thérapeutique anticancéreuse non spécifique pour stimuler les défenses immunitaires de l'organisme.

B. D. [bede] n.f. (sigle). Bande dessinée.

Be, symbole chimique du béryllium.

BEAGLE [bigl] n.m. (mot angl.). Chien courant d'origine anglaise, basset à jambes droites.

BÉANCE n.f. **1.** État de ce qui est béant. **2.** MÉD. *Béance du col de l'utérus,* ouverture de celui-ci au cours de la grossesse, cause d'accouchement prématuré.

BÉANT, E adj. (anc. fr. *béer,* être ouvert). Largement ouvert. *Plaie béante.*

BÉARNAIS, E adj. et n. **1.** Du Béarn. ◇ *Le Béarnais :* Henri IV. **2.** *Sauce béarnaise* ou *béarnaise,* n.f. : sauce à l'œuf et au beurre fondu.

1. BEAT [bit] adj. inv. (de *beatnik*). Relatif aux beatniks, à la *beat generation* (v. partie n.pr.).

2. BEAT [bit] n.m. (mot angl., *battement*). MUS. Temps fort de la mesure, dans le jazz, le rock, la pop music.

BÉAT, E adj. (lat. *beatus,* heureux). **1.** Bienheureux et paisible. **2.** Qui manifeste un contentement un peu niais. *Un sourire béat.*

BÉATEMENT adv. D'un air béat, de façon béate. *Sourire béatement.*

BÉATIFICATION n.f. RELIG. CATH. Acte solennel par lequel le pape met une personne défunte au rang des bienheureux.

BÉATIFIER v.t. (lat. *beatificare*). RELIG. CATH. Mettre au rang des bienheureux par l'acte de la béatification.

BÉATIFIQUE adj. RELIG. Qui procure la béatitude. – *Vision béatifique :* contemplation de Dieu que les élus auront dans le ciel.

BÉATITUDE n.f. (lat. *beatitudo*). **1.** RELIG. Félicité céleste des élus. **2.** Bonheur parfait, euphorie. ◆ pl. *Les Béatitudes :* les huit sentences de Jésus-Christ qui ouvrent le Sermon sur la montagne et qui commencent par le mot « Bienheureux » *(Beati).*

BEATNIK [bitnik] n. (amér. *beat generation,* de *beat,* foutu). Adepte d'un mouvement social et littéraire américain né dans les années 50 en réaction contre les valeurs et le mode de vie des États-Unis et la société industrielle moderne.

1. BEAU (**BEL** devant une voyelle ou un h muet), **BELLE** adj. (lat. *bellus*). **1.** Qui éveille un sentiment esthétique, qui suscite un plaisir admiratif. *Un bel homme. Un très beau tableau. Une belle vue.* **2.** Qui est agréable. *Nous avons eu beau temps. Faire un beau voyage.* **3.** Qui est conforme aux bienséances, convenable. *Ce n'est pas beau de mentir.* **4.** Qui est noble, élevé, généreux. *Un beau geste.* – *Un beau joueur,* qui perd de bonne grâce au jeu. **5.** Qui est remarquable par son importance ; considérable. *Une belle fortune. Un bel héritage.* **6.** Qui est satisfaisant. *Avoir un beau jeu. Une belle santé.* **7.** *Beau monde :* société brillante. – *Le bel âge :* la jeunesse. – *Un bel âge :* un âge avancé. – *Un beau jour, un beau matin :* inopinément. ◆ adv. *Avoir beau* (+ inf.), s'efforcer en vain de. – *Bel et bien :* réellement, véritablement. – *De plus belle :* de plus en plus. – Litt. *Il ferait beau voir :* il serait incroyable, scandaleux de voir cela. – *Tout beau :* doucement, modérez-vous.

2. BEAU n.m. **1.** Ce qui fait éprouver un sentiment esthétique d'admiration et de plaisir ; beauté. *Le goût du beau.* ◇ Iron. *C'est du beau ! :* il n'y a pas de quoi être fier. **2.** *Faire le beau :* en parlant d'un chien, se tenir dressé en levant ses pattes de devant ; en parlant de qqn, se pavaner. ◇ *Vieux beau :* homme âgé qui cherche encore à plaire.

BEAUCERON, ONNE adj. et n. De la Beauce.

BEAUCOUP adv. (de *beau* et *coup*). **1.** (Avec un verbe, exprimant la quantité, l'intensité, la fréquence). *Boire, manger beaucoup. J'aime beaucoup ce livre. Rêver beaucoup en couleurs.* **2.** (Avec un nom, ou employé nominalement, indiquant un grand nombre de personnes, une grande quantité de choses). *Beaucoup (de gens) sont d'accord. Avoir beaucoup de charme. Il y aurait beaucoup à dire.* **3.** (Avec un comparatif d'adj. ou d'adv., marquant un renforcement). *Il est beaucoup plus grand que toi. Tu conduis beaucoup trop vite.* **4.** *De beaucoup.* (Après un comparatif, avant ou après un superlatif relatif, avec des verbes marquant l'inégalité, soulignant l'importance de la différence.) *Il est plus âgé de beaucoup.*

BEAUF [bof] n.m. Fam. **1.** Beau-frère. **2.** Péj. Type de Français moyen aux idées étroites, bornées.

BEAU-FILS n.m. (pl. *beaux-fils*). **1.** Fils que la personne que l'on épouse a eu d'un précédent mariage. **2.** Gendre.

BEAUFORT n.m. Fromage voisin du gruyère, fabriqué en Savoie.

BEAUFORT (ÉCHELLE DE) : échelle utilisée pour mesurer la force du vent, cotée de 0 à 12 degrés.

BEAU-FRÈRE n.m. (pl. *beaux-frères*). **1.** Mari de la sœur ou de la belle-sœur. **2.** Frère du conjoint.

BEAUJOLAIS n.m. Vin du Beaujolais.

BEAU-PÈRE n.m. (pl. *beaux-pères*). **1.** Père du conjoint. **2.** Second mari de la mère, par rapport aux enfants issus d'un premier mariage.

BEAU-PETIT-FILS n.m. (pl. *beaux-petits-fils*). Rare. Fils de la personne dont on a épousé le père ou la mère.

BEAUPRÉ n.m. (néerl. *boegspriet*). Mât placé plus ou moins obliquement à l'avant d'un voilier.

BEAUTÉ n.f. **1.** Caractère de ce qui est beau, conforme à un idéal esthétique. *La beauté d'une statue, d'un paysage. La beauté de Venise.* **2.** Qualité d'une personne belle. *Un homme d'une grande beauté.* – *Être en beauté :* paraître plus beau, plus belle que d'habitude. – Fam. *Se faire (se refaire) une beauté :* rectifier son maquillage, sa coiffure. – *Soins de beauté :* ensemble des soins qui entretiennent et embellissent le visage et le corps. ◇ *Une beauté :* une personne très belle, séduisante. **3.** Caractère de ce qui est intellectuellement ou moralement digne d'admiration. *La beauté d'un geste désintéressé.* **4.** *En beauté :* d'une manière brillante, avec éclat. *Terminer en beauté.* ◆ pl. Les choses belles. *Les beautés de la Grèce.*

BEAUX-ARTS [bozar] n.m. pl. Nom donné à l'architecture et aux arts plastiques et graphiques (sculpture, peinture, gravure), parfois à la musique et à la danse.

BEAUX-PARENTS n.m. pl. Père et mère du conjoint.

BÉBÉ n.m. (onomat.). **1.** Nouveau-né ou nourrisson. **2.** Fam. Enfant ou adulte dont la conduite est puérile, qui manque de maturité. **3.** Petit d'un animal. *Bébé phoque.* **4.** Fam. Charge, tâche, génér. délicate. *Refiler le bébé (à qqn). Hériter du bébé.*

BÉBÉ-ÉPROUVETTE n.m. (pl. *bébés-éprouvette*). Enfant qui est le fruit d'une grossesse obtenue par implantation dans l'utérus maternel d'un ovule fécondé *in vitro.*

BÉBÊTE adj. Fam. Un peu bête, niais.

BE-BOP [bibɔp] n.m. → ***bop.***

BEC n.m. (lat. *beccus,* du gaul.). **1.** Organe saillant des oiseaux constitué par les deux mâchoires et les pièces cornées qui les recouvrent. **2.** Fam. Bouche. *Avoir la cigarette au bec.* – *Avoir une prise de bec (avec qqn),* une dispute, une altercation. – *Se défendre bec et ongles,* avec acharnement. – *Rester le bec dans l'eau :* être à court d'arguments, ne pas savoir comment se tirer d'affaire. ◇ Suisse. Fam. Baiser. **3.** Extrémité effilée ou en pointe d'un objet, d'un récipient. *Le bec d'une plume, d'une cruche.* **4.** Extrémité effilée en biseau de certains instruments à air, qu'on tient entre les lèvres et à laquelle est assujettie l'anche. *Le bec d'une clarinette.* **5.** Pointe de terre au confluent de deux cours d'eau. *Le bec d'Ambès.* **6.** Partie en saillie qui protège la base des piles d'un pont. **7.** Anc. *Bec de gaz :* lampadaire pour l'éclairage public au gaz. ◇ Fam. *Tomber sur un bec (de gaz) :* rencontrer une difficulté, un obstacle imprévus.

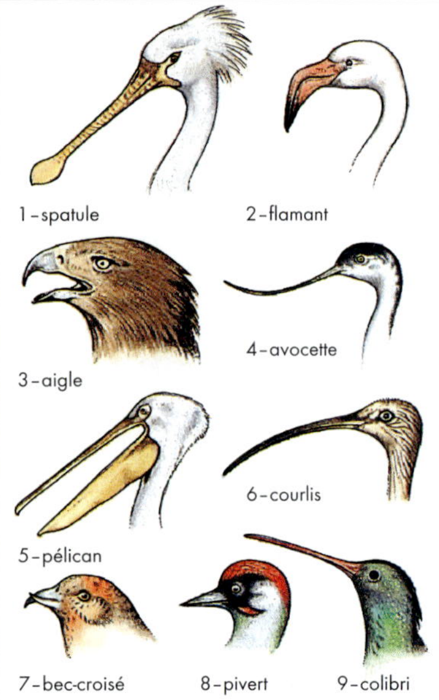

Quelques formes de **becs** et leur fonction :
1. Fouiller la vase et retenir les vers ;
2. En position dessus-dessous, pour fouiller la vase ; 3. Percer les proies ; 4. Débusquer les proies cachées dans la vase ;
5. En forme de poche, pour stocker les poissons ; 6. Attraper les vers ;
7. Casser les noyaux des fruits ;
8. Percer l'écorce des arbres ;
9. Aspirer le nectar des fleurs.

BÉCANE n.f. (p.-ê. arg. *bécant,* oiseau, de *bec*). Fam. **1.** Bicyclette, cyclomoteur ou moto. **2.** Toute machine sur laquelle qqn travaille (machine-outil, micro-ordinateur, etc.).

BÉCARD n.m. (de *bec*). **1.** Saumon mâle dont la mâchoire inférieure est crochue. **2.** Brochet adulte.

BÉCARRE n.m. (it. *bequadro*). MUS. Signe d'altération qui ramène à sa hauteur première une note précédemment modifiée par un dièse ou un bémol.

bécarre

BÉCASSE n.f. (de *bec*). **1.** Oiseau échassier migrateur atteignant 50 cm, à bec long, mince et flexible. (Famille des scolopacidés.) *La bécasse croule,* pousse son cri. **2.** Fam. Femme, fille sotte.

bécasse

BÉCASSEAU n.m. **1.** Petit échassier à bec plus court que chez la bécasse, de passage sur les côtes françaises, surtout du Nord et de l'Ouest. **2.** Petit de la bécasse.

BÉCASSINE n.f. Oiseau échassier voisin de la bécasse, mais plus petit (30 cm de long au plus).

BEC-CROISÉ n.m. (pl. *becs-croisés*). Oiseau passereau, granivore, à gros bec, vivant dans les forêts de conifères des montagnes de l'hémisphère Nord. (Long. 18 cm env.)

BEC-DE-CANE n.m. (pl. *becs-de-cane*). **1.** Serrure fonctionnant sans clé, au moyen d'une béquille ou d'un bouton. **2.** Poignée de porte d'une telle serrure, dont la forme évoque un bec de cane.

BEC-DE-CORBEAU n.m. (pl. *becs-de-corbeau*). **1.** Pince pour couper le fil de fer. **2.** Outil tranchant recourbé à une extrémité.

BEC-DE-CORBIN n.m. (pl. *becs-de-corbin*). Ciseau à fer recourbé, utilisé notamment en armurerie et en menuiserie.

BEC-DE-LIÈVRE n.m. (pl. *becs-de-lièvre*). Malformation congénitale consistant en une fente plus ou moins étendue de la lèvre supérieure.

BEC-DE-PERROQUET n.m. (pl. *becs-de-perroquet*). MÉD. Cour. Ostéophyte.

BECFIGUE n.m. (it. *beccafico*). Région. (Midi). Passereau à bec fin (en partic., la farlouse, le gobe-mouches gris) ainsi nommé en automne, lorsqu'il se nourrit de fruits et qu'on le chasse pour sa chair savoureuse.

BEC-FIN n.m. (pl. *becs-fins*). Passereau au bec droit et effilé (fauvette, rossignol, rouge-gorge, etc.).

BÊCHAGE n.m. Action de bêcher la terre.

BÉCHAMEL n.f. (d'un n. pr.). Sauce blanche composée à partir d'un roux blanc additionné de lait.

BÊCHE n.f. Outil composé d'une large lame de métal, plate et tranchante, adaptée à un long manche, pour retourner la terre. ◇ *Bêche de crosse :* dispositif servant à ancrer dans le sol l'affût d'un canon.

1. BÊCHE-DE-MER n.f. (pl. *bêches-de-mer*). Holothurie.

2. BÊCHE-DE-MER n.m. → ***bichlamar.***

1. BÊCHER v.t. Retourner (la terre) avec une bêche.

2. BÊCHER v.i. (dial. *béguer,* attaquer à coups de bec). Fam. Se montrer hautain et quelque peu méprisant envers (qqn).

BÊCHEUR, EUSE n. Fam. Personne prétentieuse, méprisante.

BÊCHEVETER v.t. [27]. Vx. Ranger, placer tête-bêche.

BÉCHIQUE adj. (gr. *bêx, bêkhos,* toux). Vieilli. Qui combat la toux.

BÉCOT n.m. (de *bec*). Fam. Petit baiser.

BÉCOTER v.t. Fam. Donner de petits baisers à. ◆ **se bécoter** v.pr. Se donner des bécots, s'embrasser. *Amoureux qui se bécotent.*

BECQUÉE ou **BÉQUÉE** n.f. Quantité de nourriture qu'un oiseau prend dans son bec pour la donner à ses petits.

BECQUEREL n.m. (de *H. Becquerel*). Unité de mesure d'activité d'une source radioactive (symb. Bq), équivalant à l'activité d'une quantité de nucléide radioactif pour laquelle le nombre de transitions nucléaires spontanées par seconde est égal à 1.

BECQUET ou **BÉQUET** [bekɛ] n.m. **1.** Petit papier collé sur une copie, une épreuve d'imprimerie pour signaler une modification. **2.** THÉÂTRE. Fragment de scène ajouté ou modifié par l'auteur au cours des répétitions. **3.** AUTOM. Surface de carrosserie située à l'avant et à l'arrière d'une automobile pour en améliorer l'aérodynamisme.

BECQUETER ou **BÉQUETER** [bekəte] v.t. (de *bec*) [27] ou [28]. Piquer, attraper avec le bec, en parlant d'un oiseau.

BECTANCE n.f. Pop. Nourriture.

BECTER v.t. et i. (de *bec*). Pop. Manger.

BEDAINE n.f. (anc. fr. *boudine,* nombril). Fam. Gros ventre.

BÉDANE n.m. (de *bec,* et de l'anc. fr. *ane,* canard). Ciseau en acier trempé, plus épais que large.

BEDEAU n.m. (mot germ.). Employé laïque d'une église, chargé de veiller au bon déroulement des offices, des cérémonies.

BÉDÉGAR n.m. (persan *bâdarvard*). Galle chevelue sur le rosier, l'églantier, produite par la ponte et le développement des larves d'un insecte parasite, le cynips.

BÉDÉPHILE n. Amateur de bandes dessinées.

BEDON n.m. Fam. Ventre rebondi.

BEDONNANT, E adj. Fam. Qui a du ventre.

BEDONNER v.i. Fam. Prendre du ventre.

BÉDOUIN, E n. Arabe nomade du désert, surtout proche-oriental. ◆ adj. Relatif aux Bédouins. *Campement bédouin.*

BÉE adj. f. *Être, rester bouche bée :* être, rester frappé d'admiration, d'étonnement, de stupeur.

BÉER v.i. [15]. Litt. Être grand ouvert.

BEFFROI n.m. (haut all. *bergfrid*). **1.** Tour de guet, dans une ville, servant autrefois à sonner l'alarme pour rassembler les hommes d'armes de la commune. **2.** HIST. Tour en bois montée sur roues, pour l'attaque des remparts.

le **beffroi** de Gand (XIVe s.)

BÉGAIEMENT n.m. Trouble de la parole caractérisé par le fait de répéter involontairement ou de ne pas pouvoir prononcer certaines syllabes.

BÉGARD n.m. Membre d'une société prônant le renouveau spirituel de tendance souvent hétérodoxe (XIIIe s.).

BÉGAYANT, E adj. Qui bégaye.

BÉGAYER [begeje] v.i. (de *bègue*) [11]. Être affecté d'un bégaiement. ◆ v.t. Balbutier, exprimer avec embarras. *Bégayer des excuses.*

BÉGAYEUR, EUSE n. et adj. Personne qui bégaye.

BÉGONIA n.m. (de *Bégon,* intendant général de Saint-Domingue). Plante originaire de l'Amérique du Sud, cultivée pour son feuillage décoratif et ses fleurs vivement colorées. (Type de la famille des bégoniacées.)

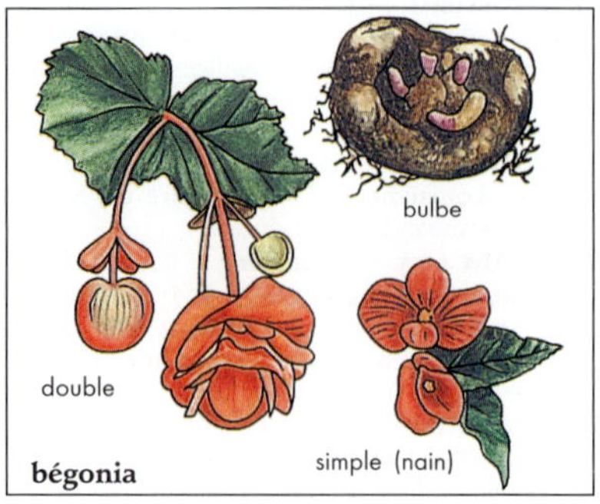

bégonia

BÉGU, UË adj. **1.** Situé en avant des incisives inférieures (par opp. à *grignard*), en parlant des incisives supérieures d'un quadrupède. **2.** Se dit d'un cheval dont le cornet dentaire des incisives disparaît tardivement.

BÈGUE adj. et n. (anc. fr. *béguer,* bégayer, mot néerl.). Atteint de bégaiement.

BÉGUÈTEMENT n.m. Cri de la chèvre.

BÉGUETER v.i. 28. Pousser son cri, en parlant de la chèvre.

BÉGUEULE adj. et n. (de *bée* et *gueule*). Fam. Qui témoigne d'une pruderie excessive ou affectée.

BÉGUEULERIE n.f. Rare. Caractère d'une personne bégueule.

1. BÉGUIN n.m. (de *embéguiner,* se mettre qqch dans la tête). Fam. Penchant amoureux passager, passion sans lendemain. ◇ Personne qui en est l'objet.

2. BÉGUIN n.m. (de *béguine*). **1.** Coiffe à capuchon portée par les béguines. **2.** Bonnet d'enfant noué sous le menton.

BÉGUINAGE n.m. Communauté de béguines ; ensemble des bâtiments abritant une telle communauté.

BÉGUINE n.f. Femme d'une communauté religieuse où l'on entre sans prononcer de vœux perpétuels, notamment aux Pays-Bas et en Belgique.

BÉGUM [begɔm] n.f. Titre donné aux princesses indiennes.

BÉHAÏ adj. et n. → ***bahaï.***

BÉHAÏSME n.m. → ***bahaïsme.***

BÉHAVIORISME n.m. (amér. *behavior,* comportement). Courant de la psychologie scientifique qui s'assigne le comportement comme objet d'étude et l'observation comme méthode, et qui exclut de son champ, comme invérifiables par nature, les données de l'introspection. SYN. : *comportementalisme.*

■ Voulant promouvoir la psychologie au rang de science objective, le béhaviorisme se propose d'établir des lois constantes reliant le stimulus et la réponse, et permettant de prévoir le comportement si l'on connaît le stimulus. Né vers le début du siècle aux États-Unis, le béhaviorisme a pris son essor à partir de la publication (1913) des articles de J. B. Watson. Cette conception déterministe et réductrice a permis à la psychologie de connaître un développement considérable, grâce notamment à Clark Hull (1884-1952), Edward Tolman (1886-1959) et Burrhus Skinner (1904-1990).

BÉHAVIORISTE adj. et n. Du béhaviorisme.

BEIGE n.m. et adj. Brun clair proche du jaune.

BEIGEASSE ou **BEIGEÂTRE** adj. Péj. Pas tout à fait beige ; beige sale.

1. BEIGNE n.f. (anc. fr. *bugne,* bosse, du celtique). Pop. Coup ; gifle.

2. BEIGNE n.m. Canada. Anneau de pâte sucrée frite.

BEIGNET n.m. Préparation composée d'une pâte plus épaisse que la pâte à crêpe enrobant un fruit, un morceau de viande, de poisson, etc., et que l'on fait frire à grande friture.

BEÏRAM n.m. → ***baïram.***

BÉJAUNE n.m. Vieilli ou litt. **1.** Jeune oiseau (dont la partie membraneuse du bec est encore jaune). **2.** Jeune homme inexpérimenté, sot.

BÉKÉ n. Antilles. Créole martiniquais ou guadeloupéen descendant d'immigrés blancs.

1. BEL adj. → ***beau.***

2. BEL n.m. (de *Graham Bell*). Unité sans dimension utilisée essentiellement pour exprimer le rapport des valeurs de deux puissances sonores ; logarithme décimal du rapport d'une puissance sonore à une autre. ◇ Cette unité, utilisée pour exprimer le niveau d'intensité d'un son (la puissance sonore de référence étant égale à 10^{-12} W). [→ ***décibel.***]

BÉLANDRE n.f. (néerl. *bijlander*). Bateau à voile pour le transport du charbon en mer du Nord (XVIIIe et XIXe s.).

BÊLANT, E adj. **1.** Qui bêle. **2.** Iron. Qui évoque le bêlement. *Voix bêlante.*

BEL CANTO [bɛlkɑ̃to] n.m. inv. (mots it.). Style de chant fondé sur la beauté du son et la recherche de la virtuosité.

BÊLEMENT n.m. **1.** Cri des moutons et des chèvres. **2.** Cri geignard.

BÉLEMNITE n.f. (gr. *belemnitês,* pierre en forme de flèche). Mollusque céphalopode fossile, caractéristique de l'ère secondaire, voisin des calmars actuels, et dont on retrouve surtout le rostre.

BÊLER v.i. (lat. *belare*). **1.** Pousser son cri, en parlant du mouton, de la chèvre. **2.** Parler d'une voix tremblotante et geignarde.

BELETTE n.f. (de *belle*). Petit mammifère carnivore au pelage fauve sur le dos et au ventre blanc. (Long. 17 cm env. ; famille des mustélidés.)

belette

BELGE adj. et n. De Belgique.

BELGEOISANT, E adj. et n. Belgique. Péj. Nationaliste belge.

BELGICISME n.m. Mot, tournure propre au français de Belgique.

BÉLIER n.m. (néerl. *belhamel*). **1.** Mouton mâle. *Le bélier blatère,* pousse son cri. **2.** HIST. Machine de guerre, forte poutre terminée par une masse métallique souvent façonnée en tête de bélier, pour renverser les murs, les portes d'un lieu assiégé. ◇ *Coup de bélier :* choc, effort violent exercé contre un obstacle. **3.** *Bélier hydraulique :* dispositif pour faire remonter une masse liquide dans une conduite. ◇ *Coup de bélier :* onde de pression provoquée dans une conduite d'eau par la manœuvre brutale d'une vanne. **4.** *Le Bélier :* constellation et signe du zodiaque (v. partie n. pr.). ◇ *Un bélier :* une personne née sous ce signe.

bélier

BÉLIÈRE n.f. **1.** Sonnette attachée au cou du bélier de tête d'un troupeau. **2.** Anneau de suspension (d'un canif, etc.). – Lanière reliant le sabre au ceinturon.

BÉLINOGRAMME n.m. Document transmis par bélinographe.

BÉLINOGRAPHE n.m. (de É. *Belin*). Appareil de phototélécopie à cylindre.

BÉLÎTRE n.m. (all. *Bettler*). Vx, injur. Homme de rien ; coquin.

BELLADONE n.f. (it. *belladonna,* belle dame). Plante herbacée des taillis et décombres, à baies noires de la taille d'une cerise, très vénéneuse, dont un alcaloïde, l'*atropine,* est employé médicalement à très faible dose. (Famille des solanacées.)

belladone

BELLÂTRE n.m. (de *bel*). Vieilli. Homme d'une beauté fade, imbu de sa personne.

1. BELLE adj. → ***beau.***

2. BELLE n.f. **1.** Partie qui départage deux joueurs, deux équipes à égalité. **2.** Pop. *Faire la belle :* s'évader de prison, d'un lieu clos. **3.** *Belle de Fontenay :* pomme de terre d'une variété assez petite et à chair blanche.

BELLE-DAME n.f. (pl. *belles-dames*). **1.** Arroche ; belladone (plantes). **2.** Papillon du genre *vanesse.*

BELLE-DE-JOUR n.f. (pl. *belles-de-jour*). Liseron dont les fleurs ne s'épanouissent que le jour.

BELLE-DE-NUIT n.f. (pl. *belles-de-nuit*). Mirabilis dont les fleurs ne s'ouvrent que la nuit.

BELLE-DOCHE n.f. (pl. *belles-doches*). Pop. Belle-mère.

BELLE-FAMILLE n.f. (pl. *belles-familles*). Famille du conjoint.

BELLE-FILLE n.f. (pl. *belles-filles*). **1.** Fille que la personne que l'on épouse a eue d'un précédent mariage. **2.** Femme du fils.

BELLEMENT adv. Litt. De belle façon.

BELLE-MÈRE n.f. (pl. *belles-mères*). **1.** Seconde femme du père par rapport aux enfants du premier mariage de celui-ci. **2.** Mère du conjoint.

BELLE-PETITE-FILLE n.f. (pl. *belles-petites-filles*). Rare. Fille de la personne dont on a épousé le père ou la mère.

BELLES-LETTRES n.f. pl. Arts littéraires et poétiques.

BELLE-SŒUR n.f. (pl. *belles-sœurs*). **1.** Épouse du frère ou du beau-frère. **2.** Sœur du conjoint.

BELLICISME n.m. Tendance à préconiser l'emploi de la force pour résoudre un litige, notamment dans les relations internationales.

BELLICISTE n. et adj. Partisan du bellicisme.

BELLIFONTAIN, E adj. et n. De Fontainebleau.

BELLIGÉRANCE n.f. Situation d'un pays, d'un peuple, etc., en état de guerre.

BELLIGÉRANT, E adj. et n.m. (lat. *bellum,* guerre, et *gerere,* faire). En état de guerre, qui participe à une guerre (par opp. à ceux qui restent neutres).

BELLIQUEUX, EUSE adj. (lat. *bellicosus*). **1.** Qui aime la guerre, qui cherche à la provoquer, à l'encourager. **2.** Agressif, batailleur.

BELLOT, OTTE adj. et n. Vieilli. Dont la beauté est attendrissante ; mignon.

BELLUAIRE n.m. (lat. *bellua,* bête). HIST. ROM. Gladiateur qui combattait les bêtes féroces.

BELON n.f. (de *Belon,* fleuve breton). Huître d'une variété plate et ronde, à chair brune.

BELOTE n.f. (de *Belot,* qui a perfectionné ce jeu). Jeu de cartes entre 2, 3 ou 4 joueurs. *Belote sans atout* ou *tout atout.*

BÉLUGA ou **BÉLOUGA** n.m. (russe *bieluha*). **1.** Cétacé proche du narval, de couleur blanche, habitant les mers arctiques. (Long. 3 à 4 m env.) **2.** Bretagne. Dauphin.

BELVÉDÈRE n.m. (it. *bello,* beau, et *vedere,* voir). Pavillon ou terrasse au sommet d'un édifice ou sur un tertre, d'où l'on peut voir au loin.

BÉMOL n.m. (it. *bemolle*). **1.** MUS. Altération qui baisse d'un demi-ton la note qu'elle précède. *Le double bémol baisse la note d'un ton entier.* **2.** Fig., fam. *Mettre un bémol :* parler moins haut ; atténuer la violence, l'ampleur de qqch. ◆ adj. Se dit de la note ainsi abaissée. *Mi bémol.*

bémol et **double bémol**

BÉMOLISER v.t. **1.** Baisser (une note) d'un demi-ton par un bémol. **2.** Fig., fam. Adoucir ses propos, les atténuer.

BEN [bɛ̃] adv. (de *bien*). Pop. Bien, eh bien. *Ben quoi, vous v'nez pas ?*

BÉNARD, E adj. Se dit d'une serrure, d'un verrou s'actionnant des deux côtés par une clé à tige pleine (dite *clé bénarde*).

BÉNARDE n.f. Serrure bénarde.

BÉNÉDICITÉ n.m. (lat. *benedicite,* bénissez) [pl. *bénédicités*]. Prière qui se récite avant le repas et dont le premier mot, en latin, est *Benedicite.*

BÉNÉDICTIN, E n. (lat. *Benedictus,* Benoît). Religieux de l'ordre fondé, v. 529, par saint Benoît de Nursie et dont le monastère du Mont-Cassin, en Italie, fut le berceau. ◇ *Travail de bénédictin,* long et minutieux, qui exige de la patience.
■ La règle bénédictine fait de la liturgie, du travail des mains et du travail de l'esprit la vocation propre de l'ordre. Grands évangélisateurs, les moines sont aussi de grands défricheurs, et les promoteurs de la renaissance carolingienne. Au Xe et au XIe s., la pureté de la règle est restaurée par les réformes de Cluny puis de Cîteaux. Un nouveau mouvement de réformes s'épanouit au XVIIe s. avec les congrégations françaises de Saint-Vanne et de Saint-Maur, pépinières d'érudits. Supprimé en France sous la Révolution, l'ordre fut restauré par dom Guéranger, abbé de Solesmes, et réorganisé en 1893 par Léon XIII ; il comporte 12 000 moines répartis en 225 maisons et 15 congrégations.

BÉNÉDICTINE n.f. (nom déposé). Liqueur préparée à partir de plantes macérées dans l'alcool.

BÉNÉDICTION n.f. Prière, cérémonie par laquelle un religieux bénit qqn, qqch. ◇ *C'est une bénédiction,* un bienfait, qqch qui arrive au bon moment.

BÉNEF n.m. Pop. Bénéfice.

BÉNÉFICE n.m. (lat. *beneficium,* bienfait). **1.** Profit financier réalisé par une entreprise, un commerce, etc., grâce à son activité. *Accroissement des bénéfices.* **2.** Fig. Avantage, bienfait tiré de qqch. *Bénéfice de l'âge.* **3.** DR. *Bénéfice de discussion :* possibilité pour une caution d'exiger d'un créancier qu'il poursuive d'abord le débiteur sur ses biens. – *Bénéfice de division :* possibilité, en cas de pluralité de cautions, d'obliger le créancier à limiter son action à la part de chacune d'elles. – *Bénéfice d'inventaire :* prérogative accordée par la loi permettant à l'héritier qui choisit de faire dresser l'inventaire d'une succession de n'en payer les dettes qu'à concurrence de l'actif qu'il recueille. *Accepter une succession sous bénéfice d'inventaire.* – Cour. *Sous bénéfice d'inventaire :* sous réserve de vérification. **4.** Dignité ou charge ecclésiastique dotée d'un revenu ; terre concédée par le suzerain à un vassal en échange de certains devoirs. **5.** PSYCHAN. Avantage inconscient qu'un sujet tire de la formation de symptômes, sous forme de réduction des tensions issues d'une situation conflictuelle.

BÉNÉFICIAIRE adj. et n. Qui profite d'un bénéfice, d'un avantage, etc. ◆ adj. Du bénéfice ; qui produit un bénéfice. *Marge bénéficiaire.*

1. BÉNÉFICIER n.m. DR. CAN. Personne jouissant d'un bénéfice ecclésiastique.

2. BÉNÉFICIER v.t. ind. *(de).* **1.** Tirer un profit, un avantage de. **2.** Obtenir le bénéfice, l'avantage de. *Bénéficier des circonstances atténuantes.* ◆ v.i. Afrique. Faire des bénéfices.

BÉNÉFIQUE adj. Favorable, bienfaisant.

BENÊT adj. et n.m. (lat. *benedictus,* béni). Niais, sot, dadais. *Un grand benêt.*

BÉNÉVOLAT n.m. Service assuré par une personne bénévole.

BÉNÉVOLE adj. et n. (lat. *benevolus*). Qui fait qqch sans être rémunéré, sans y être tenu. *Animateur bénévole.* ◆ adj. Fait sans obligation, à titre gracieux. *Secours bénévole.*

BÉNÉVOLEMENT adv. De façon bénévole.

1. BENGALI n.m. Petit passereau à plumage brun taché de couleurs vives, originaire de l'Afrique tropicale, souvent élevé en volière. (Famille des plocéidés.)

2. BENGALI, E adj. et n. Du Bengale. ◆ n.m. Langue indo-aryenne parlée au Bengale.

bengali

BÉNIGNEMENT adv. De façon bénigne.

BÉNIGNITÉ [beniɲite] n.f. Caractère de ce qui est bénin.

BÉNIN, IGNE adj. (lat. *benignus*). Sans conséquence grave. *Accident bénin. Maladie bénigne.*

BÉNINCASE n.f. Cucurbitacée d'Asie orientale, très appréciée comme légume.

BÉNINOIS, E adj. et n. Du Bénin.

BENIOFF (PLAN DE) : plan, généralement incliné à 45°, défini par les foyers des séismes et qui correspondrait à la subduction d'une plaque sous une marge continentale ou un arc insulaire.

BÉNI-OUI-OUI n.m. inv. (ar. *ben,* fils de). Fam. Personne approuvant systématiquement les paroles, les actes d'une autorité, d'un pouvoir.

BÉNIR v.t. (lat. *benedicere,* dire du bien) [32]. **1.** Appeler la protection de Dieu sur (qqn, qqch). **2.** Louer (qqn) ; se féliciter de, applaudir à (qqch).

BÉNISSEUR, EUSE adj. et n. Fam. Qui bénit, prodigue des approbations, des compliments.

BÉNIT, E adj. Qui a été rituellement sanctifié. *Eau bénite. Pain bénit.* ◇ Fam. *C'est pain bénit :* c'est une aubaine, c'est tout profit.

BÉNITIER n.m. (anc. fr. *eaubenoitier*). **1.** Vase, bassin à eau bénite. **2.** Mollusque bivalve appelé aussi *tridacne géant,* dont une des valves peut être utilisée comme bénitier. (Diamètre max. 1,30 m.)

BENJAMIN, E n. (de *Benjamin,* dernier fils de Jacob). **1.** Le plus jeune enfant d'une famille, d'un groupe. **2.** Jeune sportif entre 11 et 13 ans.

BENJOIN [bɛ̃ʒwɛ̃] n.m. (lat. *benzoe ;* mot ar.). Résine aromatique tirée du tronc d'un styrax de l'Asie méridionale, et utilisée en médecine comme balsamique et antiseptique.

BENNE n.f. (lat. *benna,* chariot). **1.** Caisson intégré ou non à un camion, un chariot, pour le transport. **2.** Appareil généralement dépendant d'une grue, pour la préhension et le déplacement des matériaux.

BENOÎT, E adj. (lat. *benedictus,* béni). Litt. **1.** Calme, paisible. **2.** Qui affecte un air doucereux.

BENOÎTE n.f. (fém. de *benoît*). Plante herbacée des bois, à fleurs jaunes. (Famille des rosacées ; genre *geum.*)

BENOÎTEMENT adv. Litt. De façon benoîte.

BENTHIQUE [bɛ̃-] adj. Du fond des océans, des mers, des lacs. *Dépôt benthique.*

BENTHOS [bɛ̃tos] n.m. (mot gr., *profondeur*). Ensemble des organismes vivant au fond ou à proximité du fond des mers ou des eaux douces.

BENTONITE n.f. (d'un n. pr.). Argile à fort pouvoir adsorbant et décolorant, aux emplois industriels divers.

BENZÈNE [bɛ̃zɛn] n.m. (lat. *benzoe,* benjoin ; mot ar.). Liquide incolore, volatil, combustible, obtenu à partir du pétrole ou de la houille ; premier terme (C_6H_6) de la série des hydrocarbures aromatiques ou cycliques.

BENZÉNIQUE adj. Du benzène, apparenté au benzène.

BENZIDINE n.f. Arylamine servant à la préparation de colorants azoïques.

BENZINE n.f. Mélange d'hydrocarbures provenant de la rectification du benzol, utilisé comme solvant et détachant.

BENZOATE n.m. Sel ou ester de l'acide benzoïque.

BENZODIAZÉPINE n.f. Radical chimique commun d'un groupe de tranquillisants (benzodiazépines) employés contre l'angoisse, l'agitation, l'insomnie.

BENZOÏQUE adj.m. *Acide benzoïque :* acide $C_6H_5CO_2H$ que l'on trouve dans le benjoin ou que l'on prépare industriellement à partir du toluène.

BENZOL n.m. Mélange de benzène et de toluène, extrait des goudrons de houille.

BENZOLISME n.m. Maladie professionnelle due au contact avec le benzol, qui se manifeste par une anémie et une leucopénie.

BENZONAPHTOL n.m. Benzoate utilisé comme antiseptique intestinal.

BENZOYLE [bɛ̃zɔil] n.m. Radical univalent C_6H_5CO— dérivé de l'acide benzoïque.

BENZYLE n.m. Radical univalent $C_6H_5CH_2$—.

BENZYLIQUE adj. Qui contient le radical benzyle. *Alcool benzylique* $C_6H_5CH_2OH$.

BÉOTIEN, ENNE [beɔsjɛ̃, ɛn] adj. et n. **1.** De Béotie. **2.** Qui manque de goût, qui est peu ouvert aux beaux-arts, à la littérature, etc.

BÉOTISME n.m. Rare. Caractère du béotien.

B. E. P. n.m. (sigle). Brevet d'études professionnelles.

BÉQUÉE n.f. → ***becquée.***

BÉQUET n.m. → ***becquet.***

BÉQUETER v.t. → ***becqueter.***

BÉQUILLARD, E adj. et n. Fam. Qui a des béquilles, qui marche avec des béquilles.

BÉQUILLE n.f. (de *bec* et lat. *anaticula,* petit canard). **1.** Bâton surmonté d'une petite traverse, sur lequel s'appuient les personnes infirmes pour avancer. **2. a.** Support pour maintenir à l'arrêt un véhicule à deux roues. **b.** MAR. Étai, pièce de bois, de métal, etc., pour maintenir droit un navire échoué. **c.** ARM. Dispositif d'appui de certaines armes. **d.** Organe de manœuvre d'une serrure.

BÉQUILLER v.t. Étayer, caler avec une ou plusieurs béquilles.

BER [ber] n.m. (lat. *bercium ;* mot gaul.). Charpente épousant la forme de la coque sur laquelle repose un navire de faible tonnage en construction, en réparation, etc. SYN. : *berceau.*

BERBÈRE adj. et n. (lat. *barbarus*). Des Berbères, peuple d'Afrique du Nord. ◆ n.m. Langue chamito-sémitique parlée par les Berbères et dont le tamazight est le principal dialecte.

BERBÉRIDACÉE n.f. *Berbéridacées :* famille de plantes telles que l'épine-vinette et le mahonia. (Ordre des ranales.)

BERBÉROPHONE adj. et n. De langue berbère.

BERCAIL n.m. sing. (lat. *berbex,* brebis). Fam. Maison paternelle ; foyer familial. *Rentrer au bercail.*

BERÇANTE ou **BERCEUSE** n.f. Canada. Fauteuil à bascule.

1. BERCE n.f. (all. *Bartsch*). Plante commune dans les lieux humides, à grandes ombelles portant des fleurs blanches. (Haut. 1 à 1,50 m ; famille des ombellifères ; genre *heracleum.*)

2. BERCE n.f. Belgique. Berceau.

BERCEAU n.m. (de *ber*). **1.** Lit d'un tout jeune enfant, souvent conçu de façon à pouvoir l'y bercer. ◇ *Au berceau, dès le berceau :* dès la petite

voûte en **berceau** plein cintre (Sainte-Foy de Conques, XIe s.)

enfance. – Fig. Lieu de naissance, d'origine. *La Grèce, berceau de la civilisation occidentale.* **2.** ARCHIT. *Voûte en berceau* ou *berceau :* voûte engendrée par la translation d'un arc suivant une directrice. *Berceau plein cintre, brisé.* ◇ *En berceau :* en forme de voûte. *Treillage en berceau.* **3.** Outil de graveur, pour obtenir un pointillé. **4. a.** MAR. Ber. **b.** MÉCAN. Support d'un moteur.

BERCELONNETTE n.f. Berceau léger suspendu, à rideaux.

BERCEMENT n.m. Action de bercer.

BERCER v.t. (mot gaul.) 16. **1.** Balancer d'un mouvement doux et régulier. **2.** Apaiser, calmer, endormir. **3.** Leurrer, tromper par des apparences illusoires, des paroles vaines. *Il nous berce de promesses.* ◆ **se bercer** v.pr. ***(de).*** S'illusionner, se tromper soi-même (avec). *Se bercer d'illusions.*

BERCEUR, EUSE adj. Qui berce, apaise.

1. BERCEUSE n.f. Chanson au rythme lent, pour endormir les enfants ; pièce musicale dans le même style.

2. BERCEUSE n.f. → ***berçante.***

BÉRET n.m. (béarnais *berret*). Coiffure souple, sans visière ni bords, dont la calotte ronde et plate est resserrée autour de la tête sur une lisière intérieure.

BERGAMASQUE n.f. Danse originaire de Bergame (XVIe-XVIIIe s.).

BERGAMOTE n.f. (it. *bergamotta ;* d'un mot turc). **1.** Fruit du bergamotier, dont on extrait une essence d'odeur agréable. **2.** Bonbon parfumé à la bergamote.

BERGAMOTIER n.m. Arbre voisin de l'oranger, cultivé pour ses fruits, les bergamotes.

1. BERGE n.f. (mot gaul.). Bord d'un cours d'eau.

2. BERGE n.f. (mot tsigane). Pop. Année (surtout, année d'âge).

1. BERGER, ÈRE n. (lat. *berbex,* brebis). Personne qui garde un troupeau de moutons, qui le soigne. – Litt. *Bon, mauvais berger :* bon, mauvais guide, conseiller. ◇ *Étoile du berger :* la planète Vénus.

2. BERGER n.m. Chien de berger. *Berger allemand, berger des Pyrénées.*

berger allemand

BERGÈRE n.f. Large fauteuil à dossier rembourré, avec joues pleines, manchettes et coussin sur le siège.

BERGERIE n.f. **1.** Bâtiment pour abriter les moutons, pour la traite des brebis, les soins. **2.** Comptoir de vente de forme circulaire, dans un magasin. **3. a.** Poème souvent galant, qui évoque des amours pastorales. **b.** Tableau, tapisserie représentant une scène pastorale.

BERGERONNETTE n.f. (de *bergère*). Oiseau passereau habitant au bord des eaux, insectivore, qui marche en hochant sa longue queue. (Long. 15 à 20 cm.) SYN. : *hochequeue, lavandière.*

BERGINISATION n.f. (de *Bergius*). TECHN. Transformation en combustible liquide de substances organiques par hydrogénation catalytique sous pression.

BÉRIBÉRI n.m. (d'une langue de l'Inde). Maladie due à une carence en vitamine B1, caractérisée par des œdèmes et des troubles cardiaques et nerveux. SYN. : *avitaminose B.*

bergère de style Louis XV
(musée des Arts décoratifs, Paris)

BERK ou **BEURK** interj. Fam. (Exprimant le dégoût, l'écœurement). *Beurk ! C'est dégoûtant, ce truc-là !*

BERKÉLIUM [bɛrkeljɔm] n.m. (de *Berkeley,* v. des États-Unis). Corps radioactif artificiel ; élément chimique (Bk) de numéro atomique 97.

BERLINE n.f. (de *Berlin,* lieu de première origine). **1.** Automobile carrossée en conduite intérieure, à quatre portes et quatre glaces latérales. **2.** Voiture hippomobile, suspendue, à quatre roues, recouverte d'une capote. **3.** Wagonnet de mine.

BERLINGOT n.m. (it. *berlingozzo,* gâteau). **1.** Bonbon aromatisé de forme tétraédrique, aux minces filets colorés. **2.** Emballage commercial de forme tétraédrique, pour les liquides.

BERLINOIS, E adj. et n. De Berlin.

BERLUE n.f. (anc. fr. *belluer,* éblouir). Fam. *Avoir la berlue :* avoir une mauvaise vue, une vue trouble ; fig., être le jouet d'une illusion, d'une erreur de jugement.

BERME n.f. (néerl. *berm,* talus). Espace étroit ménagé entre un canal ou un fossé et la levée de terre qui le borde pour éviter les éboulements et servir de chemin.

BERMUDA n.m. (mot amér.). Short long s'arrêtant un peu au-dessus du genou.

BERMUDIEN, ENNE adj. MAR. *Gréement bermudien,* à voile trapézoïdale enverguée sur une corne courte et légère hissée avec une seule drisse. *Voile bermudienne.* ◇ Par ext. Gréement à grand-voile triangulaire inspiré du gréement bermudien proprement dit.

BERNACLE, BERNACHE ou **BARNACHE** n.f. (irland. *bairneach*). **1.** Oie sauvage à bec court et pattes noires, nichant dans l'extrême Nord, de passage l'hiver sur les côtes de l'Europe occidentale. **2.** Anatife (crustacé).

BERNARDIN, E n. Religieux, religieuse de la branche de l'ordre de Saint-Benoît, issue de la réforme appliquée par saint Bernard à Cîteaux.

BERNARD-L'ERMITE ou **BERNARD-L'HERMITE** n.m. inv. (mot languedocien). Pagure (crustacé).

BERNE n.f. (p.-ê. du néerl. *berm,* repli). *Drapeau, pavillon en berne,* hissé à mi-drisse en signe de deuil.

bergeronnettes

BERNER v.t. (anc. fr. *brener,* vanner le blé). Litt. Tromper, leurrer, jouer un mauvais tour à.

1. BERNIQUE ou **BERNICLE** n.f. (breton *bernic*). Patelle (coquillage).

2. BERNIQUE interj. (normand *emberniquer,* salir). Vieilli. (Marquant la déception, ou appuyant un refus). *On m'avait promis une augmentation, mais bernique, rien n'est venu !*

BERNOIS, E adj. et n. De Berne.

BERRICHON, ONNE adj. et n. Du Berry.

BERRUYER, ÈRE adj. et n. De Bourges.

BERSAGLIER [bɛrsalje] n.m. (it. *bersagliere*). Soldat de l'infanterie légère, dans l'armée italienne.

BERTHE n.f. Pièce d'un vêtement, bande de tissu plus ou moins large en bordure d'un décolleté (XIXe s.).

BERTHON n.m. (n. de l'inventeur). MAR. Canot pliant, en toile imperméable, destiné aux petits bâtiments.

BERTILLONNAGE n.m. (de son inventeur, *Bertillon*). Système d'identification des individus, notamm. des criminels, fondé sur des données anthropométriques.

BÉRYL n.m. Gemme constituée de silicate naturel d'aluminium et de béryllium. *Béryl rose* (morganite), *jaune* (héliodore), *vert* (émeraude), *bleu-vert* (aigue-marine).

BÉRYLLIUM [beriljɔm] n.m. Métal léger (densité 1,85), gris, utilisé dans les réacteurs nucléaires et l'industrie aérospatiale ; élément (Be) de numéro atomique 4, de masse atomique 9,012. SYN. (anc.) : *glucinium.*

BERZINGUE (À TOUT, À TOUTE) loc. adv. Pop. À toute allure, à toute vitesse.

BESACE n.f. (lat. *bis,* deux fois, et *saccus,* sac). **1.** Long sac s'ouvrant en son milieu et dont les extrémités forment des poches. **2.** Rencontre de deux pans de maçonnerie dont les éléments sont liés d'une assise à l'autre. ◇ *Assise en besace,* formée de pierres alternativement posées en longueur et en largeur.

BESAIGUË n.f. → ***bisaiguë.***

BESANT n.m. (lat. *byzantium,* monnaie de Byzance). **1.** ARCHIT. Chacun des disques plats employés en nombre pour orner des bandeaux ou des archivoltes, romans en partic. **2.** HÉRALD. Petit meuble circulaire, d'or ou d'argent. **3.** NUMISM. Monnaie d'or de l'Empire byzantin.

BÉSEF ou **BÉZEF** adv. (mot ar.). Pop. *Pas bésef :* pas beaucoup.

BÉSICLES ou **BESICLES** [be-] ou [bəzikl] n.f. pl. (de *béryl,* pierre fine dont on faisait des loupes). Vx ou par plais. *Chausser ses bésicles :* mettre ses lunettes.

BÉSIGUE n.m. Jeu de cartes qui se joue à deux avec 2 jeux de 32 cartes mélangés, et dans lequel la combinaison de la dame de pique et du valet de carreau est appelée *bésigue.*

BESOGNE n.f. (fém. de *besoin*). Travail, ouvrage. *Aller vite en besogne.*

BESOGNER v.i. Péj. Faire un travail difficile, pénible ; travailler avec peine.

BESOGNEUX, EUSE adj. et n. Qui fait un travail pénible et mal rétribué.

BESOIN n.m. (francique *bisunnia*). **1. a.** Désir, envie, naturels ou pas, état d'insatisfaction dû à un sentiment de manque. *Besoin de boire, de manger. J'ai besoin de savoir.* **b.** Ce qui est nécessaire ou indispensable. *Besoin d'argent, de main-d'œuvre.* ◇ *Au besoin :* si nécessaire. – *S'il en est besoin, si besoin est :* s'il est nécessaire. – *Avoir besoin de* (suivi d'un inf.), *que* (suivi d'un subj.) : être dans la nécessité de, que. – *Avoir besoin de (qqn, qqch) :* en sentir la nécessité, l'utilité. **2.** Absolt. *Être dans le besoin :* manquer d'argent. **3.** DR. Personne chez qui peut être présentée une lettre de change au cas où le tiré ne paierait pas. SYN. : *recommandataire.* ◆ pl. **1.** Fait d'uriner, de déféquer. *Faire ses besoins.* **2.** *Pour les besoins de la cause :* dans le seul but de démontrer ce que l'on dit.

BESSEMER [bɛsmɛr] n.m. (n. de l'inventeur). Convertisseur pour transformer la fonte en acier par insufflation d'air sous pression.

BESSON, ONNE n. (lat. *bis,* deux fois). Dial. Jumeau, jumelle.

1. BESTIAIRE n.m. (lat. *bestiarius,* de *bestia,* bête). Gladiateur qui combattait les bêtes féroces, à Rome.

2. BESTIAIRE n.m. (lat. *bestiarium*). **1.** Traité ou recueil d'images inventoriant des animaux réels ou imaginaires, au Moyen Âge. *Un bestiaire illustré.* ◇ Iconographie animalière d'une œuvre ou d'un ensemble d'œuvres ; la vision qu'elle comporte. *Le bestiaire roman.* **2.** Recueil de poèmes ou de fables sur les animaux.

BESTIAL, E, AUX adj. (lat. *bestialis*). Qui tient de la bête, qui fait ressembler à la bête. *Comportement bestial.*

BESTIALEMENT adv. De façon bestiale.

BESTIALITÉ n.f. **1.** Caractère d'une personne qui se conduit bestialement. **2.** Zoophilie.

BESTIAU n.m. (anc. fr. *bestial*) [pl. *bestiaux*]. Pop. Animal quelconque. ◆ pl. Animaux de gros bétail.

BESTIOLE n.f. (lat. *bestiola*). Petite bête.

BEST-SELLER [bɛstsɛlœr] n.m. (mot angl., *le mieux vendu*) [pl. *best-sellers*]. **1.** Grand succès de librairie ; livre à gros tirage. **2.** Grand succès commercial.

1. BÊTA n.m. inv. Deuxième lettre de l'alphabet grec (B, β), correspondant au *b* français. ◇ *Rayons bêta :* flux d'électrons ou de positrons émis par certains éléments radioactifs.

2. BÊTA, ASSE adj. et n. **1.** Fam. Sot, sotte. **2.** (Terme affectueux). *Gros bêta.*

BÊTABLOQUANT, E adj. et n.m. MÉD., PHARM. Se dit d'une substance qui inhibe certains récepteurs *(récepteurs bêta)* du système sympathique.

BÉTAIL n.m. sing. (de *bête*). *Le bétail :* les animaux d'élevage d'une ferme, à l'exception des volailles. – *Gros bétail :* chevaux, ânes, mulets, bovins. – *Petit bétail :* moutons, chèvres, porcs. ◇ *Traité comme du bétail,* sans ménagement.

BÉTAILLÈRE n.f. Véhicule, remorque pour le transport du bétail.

BÊTATHÉRAPIE n.f. Traitement par les rayons bêta.

BÊTATRON n.m. Accélérateur de particules, servant à produire des électrons de haute énergie.

1. BÊTE n.f. (lat. *bestia*). **I. 1.** Animal ; tout animal autre que l'homme. *Bête de selle.* – *Bête à bon Dieu :* coccinelle. ◇ Fam. *Chercher la petite bête,* un détail insignifiant, un défaut sans importance. ◇ *Malade comme une bête :* très malade. **2.** CHASSE. Gibier poursuivi. *Traquer la bête.* ◇ *Bête noire :* sanglier. – *La bête noire de qqn :* personne, chose qui inspire un tracas continuel, une antipathie profonde. **II. 1.** *La bête :* symbole apocalyptique du mal. **2.** Animalité de l'homme ; ses instincts. *La bête humaine.* ◇ *Méchante, sale bête :* personne dangereuse, vile. **3. a.** *Bonne, brave bête :* personne sotte, niaise et dénuée de malice. **b.** Fam. *Bête à concours :* personne qui réussit brillamment dans ses études (souvent : plus par sa ténacité et sa capacité de travail que par son intelligence). ◆ pl. **1.** Le bétail. *Soigner les bêtes.* **2.** Vermine, vers, insectes, etc. *Avoir des bêtes.*

2. BÊTE adj. **1.** Sans intelligence, sot. *Air bête.* ◇ Fam. *Bête comme ses pieds :* très bête. – Fam. *Bête comme chou :* facile à comprendre ou à faire. – *Bête à pleurer :* complètement stupide, désolant. **2.** Distrait, irréfléchi. *Que je suis bête !* ◇ *Rester tout bête,* interdit, sans réaction.

BÉTEL n.m. (port. *betel*). **1.** Poivrier grimpant originaire de Malaisie. (Famille des pipéracées.) **2.** Feuille de cette plante que l'on mastique, mélangée à de la chaux et de la noix d'arec (en Inde, en Extrême-Orient).

BÊTEMENT adv. De manière bête. ◇ *Tout bêtement :* sans y chercher finesse ; tout simplement.

BÊTIFIANT, E adj. Qui bêtifie. *Propos bêtifiants.*

BÊTIFIER v.i. Fam. Affecter la niaiserie, s'exprimer d'une façon puérile.

BÊTISE n.f. (de *bête*). **I. 1.** Caractère de qqn, de qqch de bête. **2.** Parole, action dénuée d'intelligence. *Une grosse bêtise. Dire des bêtises.* **3.** Objet sans importance ; bagatelle. *Se disputer pour une bêtise. Acheter des bêtises.* **II.** Berlingot à la menthe, spécialité de la ville de Cambrai.

BÊTISIER n.m. Recueil plaisant de bêtises. SYN. : *sottisier.*

BÉTOINE n.f. (lat. *bettonica*). Plante à fleurs mauves. (Famille des labiées.)

BÉTOIRE n.f. (du lat. *bibere,* boire). Aven de petite taille.

BÉTON n.m. (lat. *bitumen,* bitume). Matériau de construction obtenu par agrégation de granulats au moyen d'un liant, et, spécialement, par un mélange de graviers, de sable, de ciment et d'eau. ◇ *Béton armé,* coulé sur une armature métallique. – *Béton précontraint :* béton armé dans lequel sont tendus des fils d'acier qui, une fois relâchés, mettent le matériau en compression. – *Béton léger,* dont la densité est réduite par incorporation de produits moussants créant des pores *(béton aéré, béton cellulaire).* ◇ Fig., fam. *C'est du béton, en béton* ou *béton :* c'est très solide, très sûr, inattaquable. *Alibi en béton. Argument béton.* – *Faire, jouer le béton :* regrouper un maximum de joueurs en défense, au football.

BÉTONNAGE n.m. Action de bétonner ; maçonnerie faite avec du béton.

BÉTONNÉ, E adj. Fam. **1.** Rigide, sans nuances, en parlant d'une opinion. **2.** Conçu ou réalisé de manière à ne laisser prise à aucune contestation, à aucune critique ; inattaquable. *Un dossier bétonné.*

BÉTONNER v.t. Construire avec du béton. ◆ v.i. Jouer le béton, au football.

BÉTONNEUSE n.f. Impropr. Bétonnière.

BÉTONNIÈRE n.f. Machine employée pour le malaxage du béton, dont la partie essentielle est une cuve tournante recevant les granulats et l'eau.

BETTE ou **BLETTE** n.f. (lat. *beta*). Plante voisine de la betterave, cultivée pour ses feuilles et ses pétioles aplatis, appelés *côtes.* SYN. : *poirée.*

BETTERAVE n.f. (de *bette* et *rave*). **1.** BOT. Plante à racine charnue dont il existe de nombreuses espèces sauvages et quatre sous-espèces cultivées (bette, betterave potagère, betterave fourragère, betterave sucrière). [Famille des chénopodiacées.] **2.** Cour. Variété potagère de cette plante, appelée aussi *betterave rouge.*

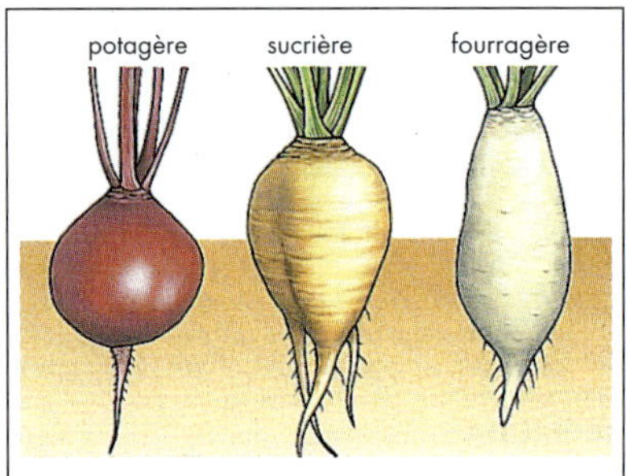

betteraves

1. BETTERAVIER, ÈRE adj. Qui se rapporte à la production ou à l'utilisation de la betterave.

2. BETTERAVIER n.m. Producteur de betteraves.

BÉTULACÉE ou, vx, **BÉTULINÉE** n.f. *Bétulacées :* famille de plantes arborescentes apétales comprenant l'aulne, le bouleau, le charme.

BÉTYLE n.m. (gr. *baitulos,* maison du Seigneur). ARCHÉOL. Pierre levée, symbole de la divinité dans les civilisations du Moyen-Orient.

BEUGLANT n.m. Vieilli. Café-concert populaire, à la fin du XIXe s.

BEUGLANTE n.f. Pop. Chanson braillée à tue-tête. ◇ *Pousser une beuglante :* faire des reproches bruyants à (qqn).

BEUGLEMENT n.m. Cri du bœuf, de la vache et du taureau. SYN. : *meuglement.*

BEUGLER v.i. (du lat. *buculus,* jeune taureau). **1.** Pousser des beuglements. **2.** Fam. Hurler. *La radio beugle.* ◆ v.t. Fam. Hurler (qqch), crier à tue-tête.

BEUR n. (déformation du verlan *rebeu,* arabe). Fam. Jeune d'origine maghrébine né en France de parents immigrés. (On rencontre le fém. *beurette.*) ◆ adj. inv. en genre. Fam. Relatif aux beurs. *La culture beur.*

BEURK interj. → ***berk.***

BEURRE n.m. (lat. *butyrum*). **1.** Matière grasse alimentaire fabriquée à partir de la crème de lait de vache. ◇ Fam. *Faire son beurre :* réussir dans les affaires, s'enrichir. – Fig., fam. *Mettre du beurre dans les épinards :* améliorer ses revenus. – *Compter pour du beurre :* être considéré comme quantité négligeable. **2. a.** *Beurre noir, noisette,* formant une sauce brun-noir, par cuisson. ◇ Fam. *Œil au beurre noir,* meurtri par un coup. **b.** *Beurre blanc :* sauce à base de vinaigre et d'échalotes, réduits dans du beurre. **3.** *Beurre de.* **a.** CUIS. Purée d'aliments écrasés dans du beurre. *Beurre d'anchois, d'écrevisse.* **b.** Matière grasse alimentaire extraite d'un végétal. *Beurre de cacao. Beurre d'arachide.*

1. BEURRÉ, E adj. **1.** Couvert de beurre. **2.** Fam. Ivre.

2. BEURRÉ n.m. Poire d'une variété à chair fondante.

BEURRÉE n.f. Région. Tartine de beurre.

BEURRER v.t. Couvrir de beurre.

BEURRERIE n.f. **1.** Industrie du beurre. **2.** Fabrique de beurre.

BEURRIER n.m. Récipient dans lequel on conserve, on sert du beurre.

BEUVERIE n.f. Réunion où l'on boit beaucoup, jusqu'à l'ivresse.

BÉVATRON n.m. Accélérateur de particules très puissant.

BÉVUE n.f. (préf. péj. *bé-* et *vue*). Méprise, grossière erreur. *Commettre une bévue.*

BEY [bɛ] n.m. (mot turc). HIST. **1.** Souverain vassal du sultan. *Le bey de Tunis.* **2.** Haut fonctionnaire, officier supérieur, dans l'Empire ottoman.

BEYLICAL, E, AUX adj. Du bey.

BEYLICAT n.m. Pouvoir d'un bey ; région soumise à son autorité.

BEYLISME n.m. Attitude, éthique des héros de Stendhal.

BÉZEF adv. → ***bésef.***

BÉZOARD n.m. Concrétion minérale de l'estomac et des intestins des herbivores, à laquelle on attribuait autrefois une valeur de talisman et d'antidote.

BHOUTANAIS, E adj. et n. Du Bhoutan.

Bi, symbole chimique du bismuth.

BIACIDE n.m. Diacide.

BIACUMINÉ, E adj. BOT. Dont l'extrémité se ramifie en deux pointes.

1. BIAIS, E [bjɛ, ɛz] adj. (anc. prov. *biais ;* du gr. *epikarsios,* oblique). Qui n'est pas, par rapport à un autre objet, dans le prolongement, en équerre ou en parallèle.

2. BIAIS n.m. **1.** Ligne, direction oblique. *Biais d'un mur.* **2.** Moyen détourné, habile ; point de vue. *Trouver un biais.* – *Par le biais de :* par le moyen indirect de. **3.** COUT. Diagonale d'un tissu par rapport à ses deux droits-fils. **4.** STAT. Distorsion systématique d'un échantillon statistique, choisi de façon défectueuse, ou d'une évaluation statistique. ◆ loc. adv. *De biais, en biais :* obliquement, de travers. ◇ *Regarder de biais,* sans montrer qu'on regarde.

BIAISÉ, E adj. Légèrement faussé par rapport à la réalité. *Résultat biaisé.*

BIAISER v.i. **1.** Fam. User de moyens détournés. *Biaiser pour persuader qqn.* **2.** Être de biais, aller en biais. *Ce mur biaise un peu.* ◆ v.t. SOCIOL. Introduire un biais dans. *Écart qui biaise les résultats d'une étude.*

BIARROT, E adj. et n. De Biarritz.

BIATHLON [biatlɔ̃] n.m. Épreuve de ski nordique comportant une course de fond coupée de tirs au fusil.

BIAURAL, E, AUX adj. → ***binaural.***

BIAURICULAIRE adj. → ***binauriculaire.***

BIAXE [biaks] adj. OPT., MINÉR. *Milieu, cristal biaxe,* qui comporte deux axes optiques.

BIBASIQUE adj. CHIM. Qui possède deux fois la fonction base. SYN. : *dibasique.*

BIBELOT n.m. **1.** Petit objet décoratif. **2.** IMPR. Travaux de ville, bilboquet.

BIBERON n.m. (du lat. *bibere,* boire). Petite bouteille munie d'une tétine et servant à l'allaitement artificiel des nouveau-nés.

BIBERONNER v.i. et t. Fam. Boire souvent et avec excès (des boissons alcoolisées).

1. BIBI n.m. Fam., vieilli. Petit chapeau de femme.

2. BIBI pron. Pop. Moi (considéré à la troisième personne). *C'est bibi qui fait ça.*

BIBINE n.f. Fam. Boisson alcoolisée, particulièrement bière de mauvaise qualité.

BIBLE n.f. (lat. *biblia ;* du gr.). **1.** *La Bible :* recueil de textes sacrés dont une partie *(Ancien Testament)* est commune aux juifs et aux chrétiens et l'autre propre aux seuls chrétiens *(Nouveau Testament).* [V. partie n.pr.] **2.** Livre contenant ces textes. ◇ *Papier bible :* papier d'imprimerie à la fois très mince et opaque. **3.** Fig. Ouvrage qui fait autorité dans un domaine, sur un sujet, etc.

BIBLIOBUS [biblijɔbys] n.m. Bibliothèque itinérante installée dans un véhicule automobile.

BIBLIOGRAPHE n. (gr. *biblion,* livre, et *graphein,* décrire). **1.** Spécialiste du livre en tant qu'objet documentaire, de l'édition. **2.** Auteur de bibliographie(s).

BIBLIOGRAPHIE n.f. **1.** Liste des ouvrages cités dans un livre ; répertoire des écrits (livres, articles) traitant d'une question, concernant un auteur. **2.** Vieilli. Bibliologie.

BIBLIOGRAPHIQUE adj. Relatif à la bibliographie.

BIBLIOLOGIE n.f. Ensemble des disciplines qui ont le livre pour centre d'intérêt (bibliographie, histoire du livre, psychologie de la lecture, etc.). SYN. (vieilli) : *bibliographie.*

BIBLIOMANIE n.f. Passion de celui qui aime les livres, qui les collectionne.

BIBLIOPHILE n. (gr. *biblion,* livre, et *philos,* ami). Amateur de livres rares et précieux.

BIBLIOPHILIE n.f. Amour des livres.

BIBLIOTHÉCAIRE n. Personne préposée à la direction ou à la garde d'une bibliothèque.

BIBLIOTHÉCONOMIE n.f. Science de l'organisation et de l'administration des bibliothèques.

BIBLIOTHÈQUE n.f. (gr. *biblion,* livre, et *thêkê,* armoire). **1. a.** Lieu, pièce ou établissement, public ou privé, où une collection de livres, d'imprimés, de manuscrits, etc., est rangée, gérée. – *Bibliothèque de gare :* kiosque où sont en vente des livres, des journaux, etc., dans une gare. **b.** Meuble à tablettes pour ranger les livres. **2.** Collection de livres, d'imprimés, de logiciels, de programmes informatiques, etc.

BIBLIQUE adj. Relatif à la Bible.

BIBLISTE n. Spécialiste des études bibliques.

BIC n.m. (nom déposé). Stylo à bille de la marque de ce nom. ◇ (Abusif). Tout stylo à bille, quelle que soit sa marque.

BICAMÉRAL, E, AUX adj. Relatif au bicamérisme.

BICAMÉRISME ou **BICAMÉRALISME** n.m. Système politique comportant deux assemblées législatives.

BICARBONATE n.m. **1.** CHIM. Carbonate hydrogéné d'un métal alcalin. **2.** *Bicarbonate de soude* ou *bicarbonate :* sel de sodium ($NaHCO_3$), utilisé pour le traitement de l'acidité gastrique.

BICARBONATÉ, E adj. Qui contient un bicarbonate, particulièrement du bicarbonate de soude.

BICARBURATION n.f. Système permettant l'usage alterné, dans un véhicule, de deux carburants (G. P. L. ou essence).

BICARRÉ, E adj. Se dit d'une équation du quatrième degré dont l'inconnue n'apparaît qu'avec des exposants pairs : $ax^4 + bx^2 + c = 0$. (La résolution de cette équation se ramène à celle d'une équation du second degré en substituant à x^2 l'inconnue auxiliaire X.)

1. BICENTENAIRE adj. Deux fois centenaire. *Un arbre bicentenaire.*

2. BICENTENAIRE n.m. Commémoration d'un évènement qui a eu lieu deux cents ans auparavant.

BICÉPHALE adj. (du gr. *kephalê,* tête). Qui a deux têtes.

BICEPS [bisɛps] n.m. et adj. (lat. *biceps,* à deux têtes). Muscle dont une extrémité comprend deux corps musculaires distincts et qui a deux tendons d'insertion à cette extrémité. *Biceps brachial, crural.* ◇ Cour. Muscle long qui fléchit l'avant-bras sur le bras.

BICHE n.f. (lat. *bestia,* bête). Femelle du cerf et des cervidés. ◇ Afrique. Gazelle ou antilope.

biche

BICHER v.i. Pop. Se réjouir. ◇ *Ça biche :* ça va bien.

BICHETTE n.f. **1.** Rare. Petite biche. **2.** (Terme d'affection). *Ma bichette.*

BICHLAMAR, BICHELAMAR [biʃlamar] ou **BÊCHE-DE-MER** [pl. *bêches-de-mer*] n.m. (port. *bicho do mar*). Langue mixte à base d'anglais et de mélanésien utilisée pour le commerce, dans les îles du Pacifique sud.

BICHLORURE n.m. CHIM. Chlorure à deux atomes de chlore.

BICHOF, BISCHOF ou **BISHOP** n.m. (all. *Bischof*). Infusion, macération d'orange ou de citron dans du vin.

BICHON, ONNE n. (de *barbichon,* chien barbet). Petit chien ou petite chienne à poil long.

BICHONNAGE n.m. Fam. Action de bichonner, de se bichonner.

BICHONNER v.t. Fam. Arranger, parer avec soin et recherche (qqn, qqch) ; choyer, entourer de soins attentifs (qqn). ◆ **se bichonner** v.pr. Fam. Faire sa toilette, se préparer avec recherche et coquetterie.

BICHROMATE [bikrɔmat] n.m. Sel de l'anhydride chromique ; particulièrement, sel de potassium, jaune-orangé, de formule $K_2Cr_2O_7$.

BICHROMIE [bikrɔmi] n.f. IMPR. Impression en deux couleurs.

BICIPITAL, E, AUX adj. ANAT. Relatif aux biceps.

BICKFORD [bikfɔrd] n.m. Cordeau de matière fusante, dit aussi *cordeau Bickford,* pour l'allumage des explosifs. SYN. : *mèche lente.*

BICOLORE adj. Qui comporte deux couleurs.

BICONCAVE adj. Qui présente deux faces concaves opposées. *Lentille biconcave.*

BICONVEXE adj. Qui présente deux faces convexes opposées.

BICOQUE n.f. (it. *bicocca,* petit fort). Péj., fam. **1.** Maison de médiocre apparence, mal entretenue. **2.** Toute maison. *Chercher une bicoque.*

BICORNE n.m. (lat. *bicornis,* à deux cornes). Chapeau d'uniforme à deux pointes.

BICOT n.m. Fam. Chevreau.

BICOURANT adj. inv. CH. DE F. Qui fonctionne sur courants alternatif et continu. *Locomotive bicourant.*

BICULTURALISME n.m. Coexistence officielle, institutionnelle, de deux cultures, notamm. de deux langues dans un même pays (Belgique, Canada, etc.).

BICULTUREL, ELLE adj. Qui comporte deux cultures, qui en procède.

BICUSPIDE adj. ANAT. Qui comporte deux pointes. *Valvule bicuspide.*

BICYCLE n.m. Véhicule à deux roues de diamètres différents (fin du XIXe s.).

BICYCLETTE n.f. Véhicule à deux roues d'égal diamètre, dont la roue arrière est actionnée par un système de pédales agissant sur une chaîne.

BIDASSE n.m. Fam. Simple soldat.

BIDE n.m. (de *bidon*). Fam. **1.** Ventre. **2.** Échec.

BIDENT n.m. Fourche à deux dents.

BIDET n.m. (de l'anc. fr. *bider,* trotter). **1.** Petit cheval de selle ou de trait léger. ◇ Péj. Cheval. **2.** Appareil sanitaire bas, dont la cuvette sert aux ablutions intimes.

BIDOCHE n.f. Fam. Viande.

1. BIDON n.m. (p.-ê. scand. *bida,* vase). **1.** Récipient qu'on peut fermer, pour le transport d'un liquide ; son contenu. *Bidon d'huile.* ◇ MIL. Gourde. **2.** Fam. Ventre. ◇ Fam. *C'est du bidon :* c'est un mensonge.

2. BIDON adj. inv. Fam. Faux, truqué. *Élections bidon.*

BIDONNAGE n.m. Fam. Action de bidonner, de truquer. *Bidonnage d'un questionnaire.*

BIDONNANT, E adj. Fam. Très amusant.

1. BIDONNER (SE) v.pr. Fam. Rire.

2. BIDONNER v.t. Fam. Truquer, maquiller, falsifier.

BIDONVILLE n.m. Agglomération d'abris de fortune, de constructions sommaires réalisés à partir de matériaux de récupération (bidons, tôles, etc.) et dont les habitants vivent dans des conditions difficiles et peu hygiéniques, notamment à la périphérie des grandes villes.

BIDOUILLAGE n.m. Fam. Action de bidouiller ; son résultat.

BIDOUILLER v.t. Fam. Bricoler. *Bidouiller un appareil.*

BIDOUILLEUR, EUSE n. Fam. Personne qui bidouille.

BIDULE n.m. Fam. **1.** Truc, machin. **2.** Grande matraque en bois des unités de maintien de l'ordre.

BIEF [bjɛf] n.m. (d'orig. gaul.). **1.** Section d'un canal ou d'un cours d'eau comprise entre deux écluses ou entre deux chutes, deux rapides. **2.** Canal de dérivation amenant l'eau à une machine hydraulique.

BIELLE n.f. **1.** Barre, élément dont les extrémités sont articulées à deux pièces mobiles et qui assure la transmission, la transformation d'un mouvement. ◇ CH. DE F. *Bielle d'accouplement (d'une locomotive) :* bielle répartissant l'effort entre deux essieux moteurs accouplés. **2.** Pièce de liaison articulée, dans certaines charpentes métalliques.

BIELLETTE n.f. MÉCAN. Petite bielle.

BIÉLORUSSE adj. et n. De la Biélorussie. ◆ n.m. Langue slave parlée en Biélorussie.

1. BIEN adv. (lat. *bene*). **1.** Conformément à l'idée qu'on se fait du bien, de la perfection ; de manière satisfaisante, excellente. *Travailler bien. L'affaire tourne bien.* ◇ *Faire bien,* bon effet. – *Faire bien de* (suivi d'un inf.) : avoir raison de. – *C'est bien fait :* c'est mérité. – *Être bien fait,* joli, beau. – *Aller bien :* être en bonne santé. – *Être bien avec qqn,* en bons termes avec lui. – *Tant bien que mal :* médiocrement ; laborieusement. **2.** Beaucoup, très. *Merci bien. Bien joli.* ◇ *Bien des :* beaucoup de. *Bien des gens.* **3.** Assurément,

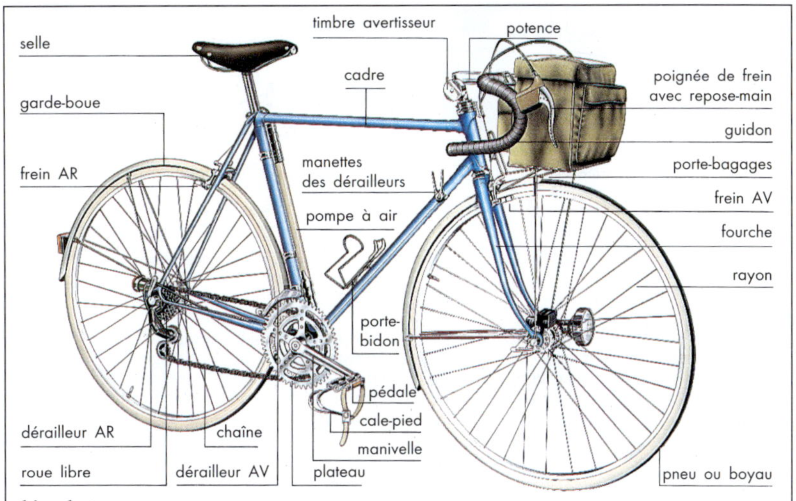

bicyclette

réellement. *Elle habite bien ici. Je pense bien.* ◇ *Bel et bien :* réellement. – *Vouloir bien :* accepter de. – *Il faut (fallait...) bien :* c'est (c'était) nécessaire. **4.** Au moins, approximativement. *Il y a bien trois mois qu'on ne l'a vu.* ◆ loc. conj. *Bien que* (suivi du subj.) : quoique, encore que. – *Si bien que* (suivi de l'ind.) : de sorte que. ◆ interj. (Marquant l'étonnement, la surprise, une hésitation dans la réponse). *Eh bien ! Pour tout dire...*

2. BIEN adj. inv. **1.** Conforme à l'idée qu'on se fait du bien, de la perfection ; satisfaisant, correct. *C'est bien, très bien.* – (Exprimant l'approbation). *Bien. Très bien. Fort bien.* ◇ *Nous voilà bien,* dans une situation difficile. **2.** Beau, agréable. *Bien de sa personne.* – Distingué, chic. *Une femme bien. Les gens bien.* **3.** Qui a des qualités morales. *Un type bien.* **4.** En bonne santé. *Tu n'es pas bien ?*

3. BIEN n.m. **I. 1.** Ce qui est conforme à un idéal, à la morale, à la justice. *Faire le bien.* CONTR. : *mal.* ◇ *Homme de bien,* bon, altruiste. – *En tout bien tout honneur :* sans intentions autres que morales. **2.** PHILOS. *(Le bien).* Ce qui fonde absolument toute valeur. ◇ *Voir tout en bien :* être optimiste. **II. 1.** Ce qui est utile, avantageux pour, correspond à l'intérêt de (qqn). *Elle vous veut du bien.* ◇ *Dire du bien, parler en bien,* de façon favorable. – *Cela fait du bien :* cela a un effet heureux ; bon pour la santé. – (Iron., pour contester l'intérêt de qqch). *Grand bien vous fasse !* **2.** *Le bien commun :* l'intérêt général. **III.** (Souvent au pl.). **1.** Ce qu'on possède. – DR. Chose matérielle ou droit dont une personne dispose et qui lui appartient. *Biens meubles et immeubles.* ◇ *Avoir du bien :* posséder un patrimoine consistant. **2.** ÉCON. Toute chose créée par le travail et correspondant à un besoin de la société. *Les biens et les services. Biens de consommation et biens de production.* **3.** HIST. *Biens nationaux :* ensemble des biens confisqués par l'État pendant la Révolution et revendus à de nouveaux propriétaires. (La vente des biens nationaux aboutit à un transfert massif des propriétés de la noblesse vers la bourgeoisie.)

BIEN-AIMÉ, E adj. et n. (pl. *bien-aimés, es*). Litt. Qui est aimé d'une tendre affection.

BIEN-DIRE n.m. inv. Litt. Art, action de s'exprimer avec éloquence, talent.

BIÉNERGIE n.f. Système de chauffage permettant l'usage alterné de deux énergies.

BIEN-ÊTRE n.m. inv. **1.** Fait d'être bien, satisfait dans ses besoins, ou exempt de besoins, d'inquiétudes ; sentiment agréable qui en résulte. **2.** Aisance matérielle ou financière. ◇ *Économie de bien-être,* dans laquelle l'objectif visé est la répartition optimale du revenu national, selon certaines théories économiques. **3.** Canada. *Bien-être social :* allocations versées par l'État aux personnes défavorisées ; organisme assurant cette aide.

BIENFAISANCE [bjɛ̃fəzɑ̃s] n.f. *De bienfaisance :* dont l'objet est de faire du bien, notamm. d'un point de vue social. *Œuvre de bienfaisance.*

BIENFAISANT, E [bjɛ̃fəzɑ̃, ɑ̃t] adj. (de *bien* et *faire*). Qui a un effet positif, salutaire. *Pluie bienfaisante.*

BIENFAIT n.m. **1.** Acte de générosité, faveur. *Combler qqn de bienfaits.* **2.** *Les bienfaits de qqch :* les avantages, les effets bienfaisants de. *Les bienfaits de la civilisation.*

BIENFAITEUR, TRICE n. Personne qui accomplit, a accompli un, des bienfaits.

BIEN-FONDÉ n.m. (pl. *bien-fondés*). Conformité au droit ; légitimité. *Le bien-fondé d'une demande.*

BIEN-FONDS n.m. (pl. *biens-fonds*). DR. Immeuble, terre ou maison.

1. BIENHEUREUX, EUSE adj. Litt. Qui jouit d'un grand bonheur, est rempli de bonheur ; qui rend heureux.

2. BIENHEUREUX, EUSE n. RELIG. CATH. Personne dont l'Église catholique a reconnu les mérites et les vertus par la béatification et qu'elle a admise à un culte plus restreint que celui réservé aux saints canonisés.

BIEN-JUGÉ n.m. (pl. *bien-jugés*). DR. Décision judiciaire rendue conformément au droit.

BIENNAL, E, AUX adj. (du lat. *annus,* année). **1.** Bisannuel. **2.** Qui dure deux ans. *Charge biennale.*

BIENNALE n.f. Exposition, festival organisés tous les deux ans.

BIEN-PENSANT, E adj. et n. (pl. *bien-pensants, es*). Péj. Dont les convictions sont jugées traditionnelles et conservatrices.

BIENSÉANCE n.f. Litt. Ce qu'il convient de dire ou de faire ; savoir-vivre ; décence. ◇ Caractère de ce qui est bienséant.

BIENSÉANT, E adj. (de *bien* et *seoir*). Litt. Conforme à la bienséance ; qui en relève.

BIENTÔT adv. (de *bien* et *tôt*). **1.** Dans un avenir proche, dans peu de temps. **2.** (Formule de congé). *À bientôt !*

BIENVEILLAMMENT adv. Rare. Avec bienveillance.

BIENVEILLANCE n.f. Disposition favorable envers qqn, indulgence.

BIENVEILLANT, E adj. (de *bien* et anc. fr. *veuillant,* voulant). **1.** Qui montre de la bienveillance. **2.** Qui exprime la bienveillance. *Sourire bienveillant.*

BIENVENIR v.i. (seult à l'inf.). Rare. *Se faire bienvenir :* être bien reçu, bien accueilli.

BIENVENU, E adj. **1.** Accueilli avec plaisir. **2.** Qui arrive à point nommé, à propos. *Une augmentation serait bienvenue.* ◆ n. (Formule d'accueil). *Soyez le bienvenu.*

BIENVENUE n.f. (Formule de courtoisie exprimant que qqn est bienvenu). *Bienvenue à bord.* ◇ *Souhaiter la bienvenue à qqn,* l'accueillir par cette formule ; le recevoir bien. *Cadeau de bienvenue.*

1. BIÈRE n.f. (néerl. *bier*). Boisson fermentée légèrement alcoolisée, préparée à partir de céréales germées, principalement de l'orge, et parfumée avec du houblon. ◇ Fam. *Ce n'est pas de la petite bière :* c'est tout le contraire d'une chose mièvre, inepte.

2. BIÈRE n.f. (francique *bera*). Cercueil. *Mise en bière.*

BIERGOL n.m. Diergol.

BIERMER (MALADIE DE) : anémie mégalocytaire due à une carence en vitamines B12, provoquant des troubles digestifs et neurologiques.

BIÈVRE n.m. (d'orig. gaul.). **1.** Vx. Castor. **2.** ZOOL. Harle du Grand Nord. (Famille des anatidés.)

BIFACE n.m. PRÉHIST. Outil de pierre taillé sur les deux faces. SYN. : *coup-de-poing.*

BIFFAGE ou **BIFFEMENT** n.m. Action de biffer.

BIFFE n.f. Arg. mil. *La biffe* : l'infanterie.

BIFFER v.t. (anc. fr. *biffe,* étoffe rayée). Rayer (ce qui est écrit), barrer.

BIFFIN n.m. **1.** Arg. mil. Fantassin. **2.** Pop. Chiffonnier.

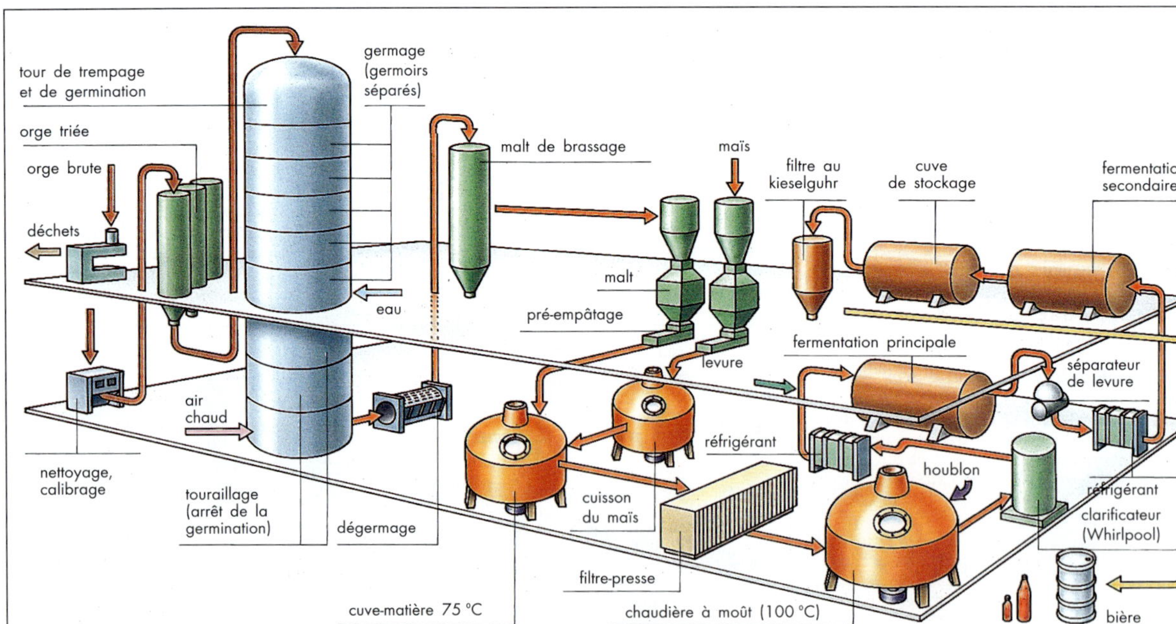

Maltage. L'orge de brasserie nettoyée et triée, gonflée d'eau par trempage, séjourne dans l'un des cinq germoirs. Le germe se développe au cours d'un brassage lent à la température de 12 à 15 °C. Cette opération sera arrêtée par le touraillage, brassage dans l'air à 60 puis 85 °C. Le malt ainsi obtenu sera dégermé et séparé de ses radicelles.

Brassage. Le malt moulu est additionné d'eau : c'est le pré-empâtage ; on y ajoutera, dans la cuve-matière, une décoction de maïs broyé et cuit à part pour former la maische qui sera élevée à 75 °C puis filtrée. Le moût recueilli, additionné de houblon, sera porté à ébullition, filtré, refroidi à 6 °C puis oxygéné et ensemencé en levure.

Fermentation. Le moût va maintenant subir une fermentation principale, suivie de l'extraction de la levure. Le refroidissement de la bière à 0 °C précédera la fermentation secondaire avant l'entrée en cuve de stockage. Au moment du soutirage, la bière subira un dernier filtrage.

élaboration de la **bière**

BIFFURE n.f. Trait par lequel on biffe (un mot, des lettres).

BIFIDE adj. (du lat. *findere,* fendre). Fendu en deux parties. *Langue bifide des serpents.*

BIFIDUS n.m. Bactérie utilisée comme additif alimentaire dans certains produits laitiers.

BIFILAIRE adj. Constitué de deux fils. ◇ ÉLECTR. *Enroulement bifilaire,* qui annule l'inductance.

BIFLÈCHE adj. ARM. *Affût biflèche* (d'un canon), formé de deux flèches s'ouvrant en V.

BIFOCAL, E, AUX adj. OPT. *Verres bifocaux* (d'une paire de lunettes), taillés en deux parties de distances focales différentes, l'une pour la vision à distance, l'autre pour la vision rapprochée.

BIFTECK [biftɛk] n.m. (de l'angl. *beef,* bœuf, et *steak,* tranche). Tranche de bœuf à griller.

BIFURCATION n.f. Division en deux branches, en deux voies.

BIFURQUER v.i. (lat. *bifurcus,* fourchu). Se diviser en deux. ◆ v.t. ind. *(sur, vers).* Prendre une autre direction ; fig., une autre orientation. *Bifurquer sur une voie de garage. Bifurquer vers la politique.*

BIGAME adj. et n. (gr. *gamos,* mariage). Marié à deux personnes en même temps.

BIGAMIE n.f. État de bigame.

BIGARADE n.f. (prov. *bigarrado,* bigarrée). Orange amère utilisée en confiserie, en confiturerie et dans la fabrication du curaçao.

BIGARADIER n.m. Oranger produisant la bigarade et dont les fleurs, par distillation, fournissent une essence parfumée, l'essence de néroli, et l'eau de fleur d'oranger.

BIGARRÉ, E adj. (anc. fr. *garre,* bigarré, d'orig. inconnue). **1.** Aux couleurs variées. *Une étoffe bigarrée.* **2.** Litt. Disparate, hétérogène. *Société bigarrée.*

BIGARREAU n.m. (de *bigarré*). Cerise rouge et blanc, à chair très ferme et sucrée.

BIGARRER v.t. Litt. Marquer de bigarrures.

BIGARRURE n.f. **1.** Assemblage de couleurs, de dessins très variés. **2.** Litt. Réunion d'éléments disparates.

BIG BAND [bigbɑ̃d] n.m. (pl. *big bands*). MUS. Grand orchestre de jazz (par opp. à *combo*). *Les big bands de Count Basie, de Duke Ellington.*

BIG-BANG ou **BIG BANG** [bigbɑ̃g] n.m. sing. (mot amér.). Explosion qui aurait marqué le commencement de l'expansion de l'Univers. *Théorie cosmologique du big-bang.*

BIGE adj. inv. (nom déposé ; sigle de *Billet Individuel de Groupe Étudiant*). *Billet Bige :* billet de train individuel permettant de circuler sur le réseau ferré européen en bénéficiant d'un tarif de groupe, et délivré aux étudiants de moins de vingt-six ans.

BIGLE adj. et n. Vieilli. Bigleux.

BIGLER v.i. (lat. *bisoculare,* loucher). Loucher ; avoir les yeux de travers. ◆ v.t. Fam. Regarder, loucher sur.

BIGLEUX, EUSE adj. et n. Fam. Qui a la vue basse ; qui louche.

BIGNONIA [biɲɔnja] n.m. ou **BIGNONE** n.f. (de *Bignon,* n. pr.). Arbrisseau grimpant, originaire d'Amérique ou d'Asie, cultivé pour ses longues fleurs orangées en doigt de gant. (Type de la famille des bignoniacées.)

bignonia

BIGNONIACÉE [biɲɔ-] n.f. *Bignoniacées :* famille d'arbres ou d'arbustes des régions chaudes, comprenant notamment le bignonia, le catalpa, le jacaranda.

BIGOPHONE n.m. Fam. **1.** Téléphone. **2.** Instrument de musique burlesque.

BIGORNE n.f. (mot prov. ; lat. *bicornis,* à deux cornes). **1.** Petite enclume d'orfèvre. **2.** Pop. *La bigorne :* la bagarre.

BIGORNEAU n.m. (de *bigorne*). Littorine, coquillage comestible appelé aussi *vigneau, escargot de mer.*

BIGORNER v.t. Fam. **1.** Endommager, casser (qqch). **2.** Donner des coups à (qqn). ◆ **se bigorner** v.pr. Fam. Se battre.

BIGOT, E adj. et n. Qui fait preuve de bigoterie.

BIGOTERIE n.f. ou **BIGOTISME** n.m. Pratique étroite et bornée de la dévotion, préoccupée des seules formes extérieures du culte.

BIGOUDEN [bigudɛ̃], au fém. [bigudɛn] adj. et n. (mot breton). De la région de Pont-l'Abbé (Finistère).

BIGOUDI n.m. Petit rouleau sur lequel on enroule les mèches de cheveux pour les boucler.

BIGOURDAN, E adj. et n. De la Bigorre.

BIGRE interj. (de *bougre*). [Exprimant l'étonnement, la surprise]. *Bigre ! L'affaire est d'importance.*

BIGREMENT adv. Fam. Beaucoup, très.

BIGRILLE n.f. et adj. TECHN. Tube électronique à deux grilles.

BIGUANIDE [bigwanid] n.m. Médicament chimique employé par voie orale dans le traitement du diabète.

BIGUE n.f. (prov. *biga,* poutre). TECHN. Appareil de levage formé d'un montant ou d'un bâti articulé en pied, d'inclinaison variable, portant un palan à son extrémité supérieure.

bigue flottante

BIGUINE [bigin] n.f. Danse des Antilles opposant le balancement des hanches à l'immobilité des épaules.

BIHEBDOMADAIRE adj. Qui a lieu, qui paraît deux fois par semaine.

BIHOREAU n.m. Oiseau nocturne, proche du héron, à plumage vert foncé sur le dos, qu'on rencontre dans le sud de la France en été. (Long. 50 cm env.)

bihoreau

BIJECTIF, IVE adj. MATH. *Application bijective :* application d'un ensemble A dans un ensemble B telle que deux éléments distincts de A aient deux images distinctes dans B (application injective) et que tout élément de B ait un antécédent et un seul dans A (application surjective).

BIJECTION n.f. MATH. Application bijective.

BIJOU n.m. (breton *bizou,* anneau) [pl. *bijoux*]. **1.** Objet de parure, d'une matière ou d'un travail précieux. **2.** Ce qui est petit et joli et d'une facture, d'une finition particulièrement soignée. *Ce studio est un bijou.*

BIJOUTERIE n.f. **1.** Fabrication et commerce des bijoux. **2.** Magasin, boutique où l'on vend des bijoux. **3.** Objet fabriqué par le bijoutier.

BIJOUTIER, ÈRE n. Personne qui fabrique ou vend des bijoux.

BIKINI n.m. (nom déposé). Maillot de bain formé d'un slip et d'un soutien-gorge de dimensions très réduites.

BILABIALE n.f. PHON. Consonne labiale réalisée avec la participation des deux lèvres *(p, b, m).*

BILABIÉ, E adj. BOT. *Corolle, calice bilabiés,* divisés en deux lèvres.

BILAME n.m. TECHN. Bande métallique double, formée de deux lames minces et étroites de métaux inégalement dilatables, soudés par laminage, et qui s'incurve sous l'effet d'une variation de température. *Bilame d'un thermostat, d'un disjoncteur.*

BILAN n.m. (it. *bilancio*). **1.** Tableau représentant l'actif et le passif (d'un commerce, d'une entreprise, etc.) à une date donnée. ◇ *Bilan social :* document qui récapitule en chiffres la politique sociale et salariale d'une entreprise. **2.** Résultat positif ou négatif d'une opération quelconque. *Faire le bilan d'une campagne de publicité.* ◇ *Bilan de santé :* check-up.

BILATÉRAL, E, AUX adj. (du lat. *latus, lateris,* côté). **1.** Qui a deux côtés, se rapporte aux deux côtés, aux deux faces d'une chose, d'un organisme. **2.** Qui engage les deux parties contractantes. *Convention bilatérale.*

BILATÉRALEMENT adv. De façon bilatérale.

BILATÉRALITÉ n.f. Caractère de ce qui est bilatéral.

BILBOQUET n.m. (de l'anc. fr. *biller,* jouer à la bille, et *bouquet,* petit bouc). **1.** Jouet composé d'un petit bâton pointu relié par une cordelette à une boule percée d'un trou. *Le jeu de bilboquet consiste à enfiler la boule sur l'extrémité pointue du bâton.* **2.** IMPR. Ouvrage d'impression de peu d'importance (affiche, faire-part, etc.). SYN. : *bibelot, travaux de ville.*

BILE n.f. (lat. *bilis*). Liquide visqueux, de goût amer, sécrété par le foie et accumulé dans la vésicule biliaire, d'où il est déversé dans le duodénum au moment de la digestion. ◇ Fam. *Se faire de la bile :* s'inquiéter. ◇ Litt., vieilli. *Échauffer la bile de qqn :* le mettre en colère.

BILER (SE) v.pr. Fam. S'inquiéter.

BILEUX, EUSE adj. Fam. Qui se fait de la bile, s'inquiète facilement, pour un rien.

BILHARZIE ou **BILHARZIA** n.f. Ver parasite du système circulatoire de l'homme, qui provoque de l'hématurie. (Long. 2 cm env. ; classe des trématodes.)

BILHARZIOSE n.f. Maladie provoquée par les bilharzies et transmise par leurs œufs. SYN. : *schistosomiase.*

BILIAIRE adj. Relatif à la bile. ◇ *Vésicule biliaire :* réservoir où la bile s'accumule entre les digestions (jusqu'à 50 cm^3). SYN. : *poche du fiel.*

BILIÉ, E adj. Qui contient de la bile.

BILIEUX, EUSE adj. et n. **1.** Qui résulte d'un excès de bile, dénote une mauvaise santé. *Teint bilieux.* **2.** Enclin à la colère, à la mauvaise humeur.

BILIGENÈSE n.f. Sécrétion de la bile.

BILINÉAIRE adj. **1.** MATH. Se dit d'une application de deux variables réelles dans ℝ qui, pour chaque valeur d'une des variables, est une application linéaire de l'autre variable. **2.** ANTHROP. *Filiation bilinéaire,* dans laquelle les droits et les devoirs sont déterminés à la fois par l'ascendance maternelle et par l'ascendance paternelle.

BILINGUE adj. (du lat. *lingua,* langue). **1.** Qui est en deux langues. *Inscription bilingue.* **2.** Où l'on parle deux langues. *Pays bilingue.* ◆ adj. et n. Qui parle, connaît deux langues. *Secrétaire bilingue.*

BILINGUISME [bilɛ̃gɥism] n.m. Pratique de deux langues (par un individu ou une collectivité).

BILIRUBINE n.f. Pigment de la bile.

BILIVERDINE n.f. Produit d'oxydation, de couleur verte, de la bilirubine.

BILL [bil] n.m. (mot angl.). **1.** Projet de loi soumis au Parlement, en Grande-Bretagne. **2.** Par ext., la loi votée (dite *act*).

BILLAGE n.m. Action de biller.

BILLARD n.m. **1.** Jeu qui se pratique avec des boules d'ivoire que l'on pousse avec un bâton droit appelé *queue* sur une table spéciale. **2. a.** Table rectangulaire, à rebords (ou *bandes*) élastiques, recouverte d'un tapis vert, servant à ce jeu. ◇ *Billard russe, japonais, américain :* variantes du jeu, de la table de billard. – *Billard électrique :* flipper. **b.** Lieu, salle où l'on joue au billard. **3.** Fam. Table d'opération chirurgicale. *Passer sur le billard.* **4.** Fam. *C'est du billard,* c'est très facile.

1. BILLE n.f. (francique *bikkil,* dé). **1.** Petite boule en pierre, en verre, etc., utilisée dans des jeux d'enfant. *Jouer aux billes.* ◇ Fam. *Reprendre, retirer ses billes :* se retirer d'une affaire, d'une entreprise. **2.** Boule d'ivoire avec laquelle on joue au billard. ◇ Fig., fam. *Bille en tête :* en allant droit au but ; carrément. **3.** TECHN. Sphère d'acier très dur utilisée dans les organes de liaison (butées, paliers, glissières, roulements, etc.). **4.** *Stylo, crayon (à) bille,* dans lequel une petite sphère métallique dépose en roulant sur le papier l'encre grasse contenue dans un réservoir. **5.** Pop. Visage.

2. BILLE n.f. (lat. *bilia,* mot gaul.). SYLV. Tronçon de bois découpé dans une grume ou une grosse branche d'arbre. SYN. : ***billon.***

BILLER v.t. **1.** Projeter, à l'aide d'un jet de gaz comprimé, des billes d'acier ou de verre sur des pièces pour les écrouir ou les décaper. **2.** Mesurer la dureté d'une pièce métallique par l'enfoncement d'une bille.

BILLET n.m. (de 1. *bille*). **1.** Bref écrit que l'on adresse à qqn. *Billet d'invitation.* ◇ Vieilli. *Billet doux :* écrit galant adressé à une femme. **2.** Imprimé ou écrit constatant un droit ou une convention. *Billet de spectacle, de chemin de fer, de loterie.* ◇ *Billet de banque* ou *billet :* monnaie en papier. – *Billet à ordre :* billet que le souscripteur s'engage à payer à une date donnée au bénéficiaire ou à la personne désignée par lui. – *Billets de trésorerie :* titres émis par des entreprises non bancaires et qui, placés sur le marché des capitaux à court terme, leur permettent de faire face à leurs obligations de trésorerie. ◇ MIL. *Billet de logement :* document autorisant un militaire à loger chez un particulier. **3.** Petit article de journal (souvent polémique ou satirique).

BILLETÉ, E adj. HÉRALD. Semé de billettes.

BILLETTE n.f. (de 2. *bille*). **1.** Morceau de bois fendu pour le chauffage. **2.** Petit lingot d'acier laminé. **3.** ARCHIT. Tronçon de tore constituant, par sa répétition, un motif décoratif. **4.** HÉRALD. Petit rectangle, en général employé en nombre.

BILLETTERIE n.f. **1.** Ensemble des opérations ayant trait à l'émission et à la délivrance de billets (transports, spectacles, etc.) ; lieu où les billets sont délivrés. **2.** Distributeur automatique de billets de banque fonctionnant avec une carte de crédit.

BILLETTISTE n. **1.** Personne qui, dans une agence, délivre les billets de voyage ou de spectacle. **2.** Auteur d'un billet de presse.

BILLEVESÉE [bilvəze] n.f. Litt. Propos vide de sens. – *Dire, écrire des billevesées,* des sottises.

BILLION [biljɔ̃] n.m. (de *million*). **1.** Un million de millions (10^{12}). **2.** Vx. Milliard.

1. BILLON [bijɔ̃] n.m. (de 2. *bille*). **1.** AGRIC. Exhaussement de terre obtenu par l'adossement de deux sillons. *Labour en billons.* **2.** SYLV. Bille.

2. BILLON [bijɔ̃] n.m. (de *bille,* lingot). Anc. Monnaie divisionnaire faite d'un alliage pauvre en métal précieux, et ne portant pas en elle-même sa valeur réelle.

BILLONNAGE n.m. Labourage en billons.

BILLOT n.m. **1.** Tronc de bois gros et court sur lequel on coupe la viande, le bois, etc., ou sur lequel travaillent certains artisans ; par ext., plan de travail. **2.** Pièce de bois sur laquelle on décapitait les condamnés. **3.** Bâton d'entrave pour les animaux.

BILOBÉ, E adj. Partagé en deux lobes.

BILOCULAIRE adj. (de *locus,* lieu). BOT., ANAT. Composé de deux loges, de deux cavités.

BILOQUER v.t. AGRIC. Labourer profondément.

BIMANE adj. et n. Qui a deux mains à pouces opposables.

BIMBELOTERIE n.f. Fabrication ou commerce de bibelots. ◇ *De la bimbeloterie :* des bibelots.

BIMBELOTIER, ÈRE n. Fabricant ou marchand de bibelots.

BIMENSUEL, ELLE adj. (du lat. *mensis,* mois). Qui se produit, paraît deux fois par mois. ◆ n.m. Périodique bimensuel.

BIMESTRE n.m. Durée de deux mois. *Le bimestre sert de base à certaines facturations.*

BIMESTRIEL, ELLE adj. Qui se produit, paraît tous les deux mois. ◆ n.m. Périodique bimestriel.

BIMÉTAL n.m. (nom déposé). Métal recouvert d'une couche d'un métal différent.

BIMÉTALLIQUE adj. Composé de deux métaux.

BIMÉTALLISME n.m. Système monétaire établi sur un double étalon (or et argent), par opp. à *monométallisme.*

BIMÉTALLISTE adj. et n. Relatif au bimétallisme ; partisan du bimétallisme.

BIMILLÉNAIRE adj. Qui a deux mille ans. ◆ n.m. Commémoration d'un évènement qui a eu lieu deux mille ans auparavant.

BIMOTEUR adj.m. et n.m. Qui a deux moteurs.

BINAGE n.m. Action de biner.

1. BINAIRE adj. (lat. *binarius,* de *bini,* deux par deux). **1.** Qui met en jeu deux éléments. *Division binaire.* **2.** Qui procède de façon simpliste, manichéenne. *Un raisonnement binaire.* **3.** MATH. **a.** *Numération binaire,* qui a pour base le nombre deux, et n'a que deux chiffres, le zéro et l'unité. **b.** Se dit d'une relation d'un ensemble dans lui-même. **4.** CHIM. *Composé binaire,* formé de deux éléments. **5.** MUS. *Mesure binaire,* dont chaque temps est divisible par deux. – *Coupe binaire :* division d'un morceau de musique en deux parties.

2. BINAIRE n.f. ASTRON. Étoile double physique.

BINARD ou **BINART** n.m. (du lat. *bini,* deux par deux). Chariot à deux ou quatre roues, à plate-forme mobile ou non, pour le transport des pierres de taille.

BINATIONAL, E, AUX adj. et n. Qui a une double nationalité. ◆ adj. Qui relève de deux États.

BINAURAL, E, AUX ou **BIAURAL, E, AUX** adj. Qui concerne l'audition par les deux oreilles.

BINAURICULAIRE ou **BIAURICULAIRE** adj. Relatif aux deux oreilles.

1. BINER v.t. (prov. *binar,* lat. *binare,* de *bini,* deux par deux). AGRIC. Donner une seconde façon à la terre ; ameublir le sol, sarcler avec la binette.

2. BINER v.i. (du lat. *bini,* deux fois). RELIG. Dire deux fois la messe dans une même journée.

BINET-SIMON (TEST ou **ÉCHELLE DE) :** test psychologique portant sur le niveau de l'intelligence, de l'attention, de la mémoire, etc., sans faire intervenir l'apprentissage.

BINETTE n.f. **1.** Outil de jardinier servant au binage ou au sarclage. **2.** Pop. Visage.

BINEUR n.m. ou **BINEUSE** n.f. Machine agricole pour le binage.

BINGO [bingo] n.m. (mot amér.). Jeu de hasard américain, proche du Loto.

BINIOU n.m. (mot breton). Cornemuse bretonne.

BINOCLARD, E adj. et n. Fam., péj. Qui porte des lunettes.

BINOCLE n.m. (du lat. *bini,* et *oculus,* œil). Lunettes sans branches se fixant sur le nez. ◆ pl. Fam. Lunettes.

BINOCULAIRE adj. **1.** Relatif aux deux yeux. *Vision binoculaire.* **2.** *Télescope* (*microscope,* etc.) *binoculaire,* à deux oculaires.

BINÔME n.m. (du gr. *nomos,* part). **1.** MATH. Somme algébrique à deux termes où figurent une ou plusieurs variables. (Ex. : $a + b$; $b^2 - 4ac$.) ◇ *Binôme de Newton :* formule donnant le développement des puissances entières quelconques d'un binôme. **2.** Fam. Ensemble de deux éléments, de deux personnes considérés en bloc. *Éducateurs travaillant en binôme.* ◇ Arg. scol. Condisciple avec lequel on effectue une recherche, un exposé.

BINOMIAL, E, AUX adj. MATH. Relatif au binôme. ◇ *Loi binomiale :* loi de probabilité d'une variable aléatoire discrète X pouvant prendre toute valeur entière de 0 à n, la probabilité que X soit égal à k étant

$$C_n^k p^k q^{n-k}, 0 < p < 1, q = 1 - p, C_n^k = \frac{n!}{k!(n-k)!} ;$$

n et p étant les paramètres de la loi.

BINOMINAL, E, AUX adj. Qui utilise une suite de deux noms pour désigner une espèce, selon le système créé par Linné.

BINON n.m. INFORM. Rare. Élément binaire.

BINTJE [bintʃ] n.f. Pomme de terre d'une variété à chair peu ferme, de large consommation domestique.

BIO adj. inv. (abrév. de *biologique*). Fam. Sans engrais ni pesticides ; naturel. *Des produits bio.*

BIOACOUSTIQUE n.f. Étude des sons significatifs produits par les animaux.

BIOBIBLIOGRAPHIE n.f. Étude de la vie et des œuvres d'un écrivain.

BIOCARBURANT n.m. Carburant obtenu à partir de végétaux (oléagineux, céréales, canne à sucre, etc.). [Certains biocarburants peuvent être mélangés ou substitués à l'essence.]

BIOCÉNOSE ou **BIOCŒNOSE** n.f. (du gr. *bios,* vie, et *koinos,* commun). Association équilibrée d'animaux et de végétaux dans un même biotope.

BIOCHIMIE n.f. Étude des constituants de la matière vivante et de leurs réactions chimiques.

BIOCHIMIQUE adj. Relatif à la biochimie.

BIOCHIMISTE n. Spécialiste de biochimie.

BIOCIDE adj. et n.m. Se dit d'un produit qui détruit les micro-organismes.

BIOCLIMAT n.m. Ensemble des conditions climatiques d'un lieu donné, ayant une influence sur les êtres vivants et en particulier sur la santé humaine.

BIOCLIMATIQUE adj. Relatif à la bioclimatologie.

BIOCLIMATOLOGIE n.f. Étude de l'influence des facteurs du climat sur le développement des organismes vivants.

BIOCŒNOSE n.f. → ***biocénose.***

BIOCOMPATIBLE adj. Compatible avec un organisme vivant.

BIOCONVERSION n.f. Transformation d'une substance organique en une ou plusieurs autres par l'action des micro-organismes.

BIODÉGRADABILITÉ n.f. Qualité d'une substance biodégradable.

BIODÉGRADABLE adj. Qui peut être détruit par les bactéries ou d'autres agents biologiques. *Produit* (*emballage, lessive,* etc.) *biodégradable.*

BIODÉGRADATION n.f. Décomposition d'un produit biodégradable.

BIODIVERSITÉ n.f. Diversité des espèces vivantes et de leurs caractères génétiques.

BIOÉLECTRICITÉ n.f. Électricité animale.

BIOÉLÉMENT n.m. Élément constitutif des tissus vivants.

BIOÉNERGÉTIQUE adj. Relatif à la bioénergie.

BIOÉNERGIE n.f. **1.** Énergie renouvelable obtenue par transformation chimique de la biomasse. **2.** PSYCHOL. Pratique inspirée des théories de W. Reich et visant à restaurer l'équilibre psychosomatique par la libération des flux énergétiques (libido, etc.).

BIOÉTHIQUE n.f. Ensemble des problèmes posés par la responsabilité morale des médecins et des biologistes dans leurs recherches, dans les applications de celles-ci. SYN. : ***éthique médicale.***

BIOFEEDBACK [bjofidbak] n.m. PSYCHOL. Thérapie qui vise à obtenir du sujet le contrôle de lui-même par le conditionnement d'un certain nombre de fonctions physiologiques involontaires ou sous le contrôle du système nerveux végétatif.

BIOGENÈSE n.f. **1.** Première étape de l'évolution du vivant, des premières molécules douées de propriétés biologiques jusqu'à la cellule eucaryote. (Elle fait suite à l'*abiogenèse.*) **2.** Apparition de la vie sur la Terre.

BIOGÉOGRAPHIE n.f. Étude de la répartition des espèces vivantes (végétales et animales) et des causes de cette répartition.

BIOGRAPHE n. Auteur de biographies.

BIOGRAPHIE n.f. (du gr. *bios,* vie, et *graphein,* écrire). Histoire écrite de la vie de qqn.

BIOGRAPHIQUE adj. Relatif à la biographie.

BIO-INDUSTRIE n.f. (pl. *bio-industries*). Exploitation industrielle des techniques de bioconversion, à des fins alimentaires, pharmaceutiques, énergétiques, etc.

BIOLOGIE n.f. (du gr. *bios*, vie, et *logos*, science). Science de la vie et, plus spécialement, étude du cycle reproductif des espèces vivantes. *Biologie animale, végétale.* ◇ *Biologie moléculaire :* étude des molécules et macromolécules constitutives des organites cellulaires (chromosome, ribosome, etc.). – *Biologie cellulaire :* cytologie.

BIOLOGIQUE adj. **1.** Relatif à la biologie. **2.** Sans engrais ni pesticides chimiques. *Pain biologique.* Abrév. (fam.) : *bio.* **3.** *Arme biologique,* utilisant des organismes vivants ou des toxines.

BIOLOGISTE n. Spécialiste de biologie.

BIOLUMINESCENCE n.f. Émission de signaux lumineux par certaines espèces animales, utile à la capture des proies ou à la rencontre des sexes. (Des insectes comme le lampyre, des mollusques comme la pholade et divers céphalopodes, des poissons, des bactéries produisent de la lumière, souvent sans aucune production de chaleur.)

BIOMAGNÉTISME n.m. Sensibilité et réactivité des êtres vivants aux champs magnétiques (terrestre ou artificiels).

BIOMASSE n.f. Masse totale des êtres vivants subsistant en équilibre sur une surface donnée du sol ou dans un volume donné d'eau océanique ou douce.

BIOMATÉRIAU n.m. Substance compatible avec les tissus vivants et utilisée pour réaliser les prothèses internes.

BIOME n.m. Chacun des grands milieux de la planète : océan, forêt, prairie, ensemble des eaux douces, etc.

BIOMÉCANIQUE n.f. Application des lois de la mécanique aux problèmes de biologie, de physiologie et de médecine.

BIOMÉDICAL, E, AUX adj. Qui participe à la fois de la biologie et de la médecine.

BIOMÉTRIE n.f. Étude statistique des dimensions et de la croissance des êtres vivants.

BIOMORPHIQUE adj. Qui évoque des formes organiques, en parlant d'une œuvre d'art moderne.

BIOMORPHISME n.m. Caractère biomorphique que peut prendre une œuvre plastique ou graphique (abstraite, surréaliste, etc.).

BIONIQUE n.f. (amér. *bionics*, de *bio[logy]* et *[electro]nics*). Science ayant pour objet l'étude de certains processus biologiques en vue d'appliquer des processus analogues à des fins militaires ou industrielles.

BIOPHYSIQUE n.f. Étude des phénomènes biologiques par les méthodes de la physique.

BIOPSIE n.f. Prélèvement d'un fragment de tissu sur un être vivant pour l'examen histologique.

BIORYTHME n.m. Variation périodique régulière d'un phénomène physiologique. *On distingue les biorythmes endogènes* (*cardiaque, respiratoire, menstruel,* etc.) *et les biorythmes exogènes* (*diurne, annuel,* etc.).

BIOSCIENCES n.f. pl. Ensemble des sciences de la vie.

BIOSPÉLÉOLOGIE n.f. Étude scientifique des êtres vivant dans les grottes et les cavernes.

BIOSPHÈRE n.f. Ensemble des écosystèmes de la planète, comprenant tous les êtres vivants et leurs milieux.

BIOSTASIE n.f. GÉOMORPH. Phase de stabilité dans l'évolution du relief, où l'absence d'érosion est liée à une couverture végétale continue. CONTR. : *rhexistasie.*

BIOSYNTHÈSE n.f. Formation d'une substance organique au sein d'un être vivant.

BIOTECHNOLOGIE ou **BIOTECHNIQUE** n.f. Technique visant à provoquer et à diriger, en laboratoire, des bioconversions, en vue d'en préparer l'utilisation industrielle.

BIOTHÉRAPIE n.f. Traitement par des substances vivantes (ferments lactiques, levures, etc.).

BIOTINE n.f. Vitamine du groupe B, appelée aussi *vitamine H.*

BIOTIQUE adj. ÉCOL. Qui concerne la vie, permet son développement.

BIOTITE n.f. (de *Biot,* n.pr.). MINÉR. Mica noir.

BIOTOPE n.m. ÉCOL. Aire géographique de dimensions variables, souvent très petites, offrant des conditions constantes ou cycliques aux espèces constituant la biocénose.

BIOTYPE n.m. Élément de la biotypologie.

BIOTYPOLOGIE n.f. Classification des êtres humains en types physiques.

BIOXYDE n.m. Vieilli. Dioxyde.

BIP n.m. (onomat.). **1.** Signal acoustique bref et, souvent, répété émis par un appareil. SYN. : *bip-bip.* **2.** Appareil émettant ce signal.

BIPALE adj. Qui a deux pales.

BIPARTI, E ou **BIPARTITE** adj. **1.** Composé de deux éléments. *Feuille bipartite.* **2.** Constitué par l'association de deux partis politiques. *Gouvernement bipartite.*

BIPARTISME n.m. Organisation de la vie politique d'un État en fonction de deux partis ou de deux coalitions de partis qui alternent au pouvoir.

BIPARTITION n.f. Division en deux parties.

BIPASSE n.m. ou **BY-PASS** [bajpas] n.m. inv. (angl. *by-pass*). Circuit d'évitement, de contournement (d'un appareil, d'un dispositif, etc.) réalisé sur le trajet d'un fluide.

BIP-BIP n.m. (pl. *bips-bips*) → ***bip.***

1. BIPÈDE n. et adj. (du lat. *pes, pedis*). **1.** Animal qui marche sur deux pieds. **2.** Fam., par plais. Personne, individu.

2. BIPÈDE n.m. Ensemble de deux membres, chez un cheval.

1. BIPENNE ou **BIPENNÉ, E** adj. (du lat. *penna,* plume). ZOOL. Qui a deux ailes.

2. BIPENNE n.f. ANTIQ. Hache romaine à double tranchant.

BIPER v.t. Appeler, prévenir qqn au moyen d'un bip.

BIPHASÉ, E adj. ÉLECTR. Se dit d'un système polyphasé sinusoïdal dont les deux phases fournissent des tensions égales et de signe contraire.

BIPIED n.m. Support en V renversé du canon d'une arme à feu (fusil-mitrailleur en particulier).

BIPLACE adj. et n.m. À deux places.

BIPLAN n.m. Avion utilisant deux plans de sustentation placés l'un au-dessus de l'autre.

BIPOINT n.m. MATH. Couple de points.

BIPOLAIRE adj. Qui a deux pôles. ◇ *Coordonnées bipolaires :* système de coordonnées dans lequel un point est déterminé par ses distances à deux points fixes.

BIPOLARISATION n.f. Situation dans laquelle la vie politique s'articule en fonction de deux partis ou de deux coalitions de partis.

BIPOLARISÉ, E adj. Caractérisé par la bipolarisation ou la bipolarité.

BIPOLARITÉ n.f. État de ce qui est bipolaire.

BIPOUTRE adj. Qui comporte deux poutres parallèles. ◇ *Avion bipoutre,* dont l'empennage est relié au reste de la cellule par deux poutres.

BIQUADRATIQUE [bikwa-] adj. MATH. Du quatrième degré.

BIQUE n.f. (de *biche*). Fam. Chèvre.

BIQUET, ETTE n. Fam. Chevreau.

BIQUOTIDIEN, ENNE adj. Qui a lieu deux fois par jour.

BIRAPPORT n.m. MATH. *Birapport de quatre nombres* a, b, c, d, *deux à deux distincts :* le quotient $\frac{c-a}{c-b} : \frac{d-a}{d-b}$. – *Birapport de quatre points A, B, C, D d'une droite :* birapport de leurs abscisses relativement à un axe associé à cette droite. (Ce nombre, $\frac{\overline{AC}}{\overline{BC}} : \frac{\overline{AD}}{\overline{BD}}$, est indépendant du choix de l'axe et se conserve par projection.)

BIRBE n.m. (prov. *birbe,* canaille). Péj. *Vieux birbe :* vieillard rétrograde.

BIRÉACTEUR n.m. Avion à deux turboréacteurs.

BIRÉFRINGENCE n.f. OPT. Propriété qu'ont certains milieux de dédoubler un rayon lumineux qui les traverse.

BIRÉFRINGENT, E adj. OPT. Qui produit une double réfraction.

BIRÈME n.f. ANTIQ. ROM. Galère à deux rangs de rames.

BIRIBI n.m. (it. *biribisso*). **1.** Arg. mil. (Avec une majuscule). Compagnie disciplinaire d'Afrique du Nord. **2.** Anc. Jeu de hasard d'origine italienne.

BIRMAN, E adj. et n. De Birmanie. ◆ n.m. Langue officielle de la Birmanie, du même groupe que le tibétain.

BIROTOR n.m. et adj. Aéronef équipé de deux rotors.

BIROUTE n.f. Arg. Manche à air, sur un terrain d'aviation.

BIRR n.m. Unité monétaire principale de l'Éthiopie. (→ ***monnaie.***)

1. BIS, E [bi, biz] adj. Gris foncé ou gris-brun. *Toile bise.* ◇ *Pain bis,* qui contient du son.

2. BIS [bis] adv. (lat. *bis,* deux fois). Une seconde fois. *Numéro 20 bis.* ◆ interj. et n.m. Cri que l'on adresse (à un auteur, un chanteur, etc.) pour demander la répétition de ce qu'on vient d'entendre ou de voir.

BISAÏEUL, E [bizajœl] n. (pl. *bisaïeuls, bisaïeules*). Père, mère des aïeuls.

BISAIGUË [bizɛgy] ou **BESAIGUË** [bəzɛgy] n.f. (lat. *bis acuta,* à deux tranchants). Outil de charpentier dont les deux bouts sont taillés l'un en ciseau et l'autre en bédane, pour équarrir les pièces en bois et faire des assemblages.

BISANNUEL, ELLE adj. **1.** Qui revient tous les deux ans. SYN. : *biennal.* **2.** BOT. *Plante bisannuelle,* dont le cycle vital est de deux ans.

BISBILLE [bisbij] n.f. (it. *bisbiglio,* murmure). Fam. Querelle de peu d'importance. *Être en bisbille avec qqn.*

BISBROUILLE n.f. Belgique. Fâcherie, bisbille.

1. BISCAÏEN, ENNE ou **BISCAYEN, ENNE** [biskajɛ̃, ɛn] adj. et n. De la Biscaye.

2. BISCAÏEN ou **BISCAYEN** n.m. **1.** Anc. Mousquet de gros calibre, à longue portée. **2.** Balle de ce fusil ; balle sphérique des boîtes à mitraille.

BISCHOF n.m. → ***bichof.***

BISCÔME n.m. Suisse. Gâteau proche du pain d'épice.

BISCORNU, E adj. **1.** De forme irrégulière. *Chapeau biscornu.* **2.** Fam. Bizarre, extravagant. *Des idées biscornues.*

BISCOTIN n.m. (it. *biscottino*). Petit biscuit ferme et cassant.

BISCOTTE n.f. (it. *biscotto,* biscuit). Tranche de pain de mie grillée au four.

BISCOTTERIE n.f. Fabrique de biscottes.

BISCUIT n.m. (de *bis,* deux fois, et *cuit*). **I. 1.** Pâtisserie faite de farine, d'œufs et de sucre. **2.** *Biscuit de marin, de soldat :* galette très dure constituant autrefois un aliment de réserve pour les troupes. **II. 1.** Pâte céramique, notamment porcelaine cuite et non émaillée, imitant le marbre. **2.** Objet (figurine, statuette, etc.) fait en cette matière.

biscuit de porcelaine : *la Nourrice,* sujet en porcelaine dure de Boizot ; fin du XVIIIe s. (musée national de Céramique, Sèvres)

BISCUITER v.t. Amener (la faïence, la porcelaine) à l'état de biscuit.

BISCUITERIE n.f. Fabrication, fabrique de biscuits ; commerce des biscuits.

BISCUITIER n.m. Industriel de la biscuiterie.

1. BISE n.f. (mot francique). Vent froid soufflant du nord ou du nord-est.

2. BISE n.f. Fam. Baiser.

BISEAU n.m. (du lat. *bis,* deux fois). Bord taillé obliquement. ◇ *En biseau :* taillé obliquement.

BISEAUTAGE n.m. Action de biseauter ; son résultat.

BISEAUTER v.t. **1.** Tailler en biseau. **2.** Marquer (des cartes à jouer) sur la tranche pour pouvoir les reconnaître et tricher.

1. BISER v.i. (de *bis,* gris). AGRIC. Dégénérer, noircir, en parlant des céréales.

2. BISER v.t. Fam. Embrasser, donner une bise à.

BISET n.m. (de *bis,* gris). Pigeon sauvage, gris bleuté.

BISEXUALITÉ n.f. **1.** Caractère des plantes et des animaux bisexués. **2.** PSYCHAN. Coexistence, dans le psychisme, de deux potentialités sexuelles, l'une féminine et l'autre masculine. **3.** Pratique sexuelle indifféremment homosexuelle ou hétérosexuelle.

BISEXUÉ, E adj. Qui possède les deux sexes. SYN. : *hermaphrodite.*

BISEXUEL, ELLE adj. et n. Qui pratique la bisexualité.

BISHOP n.m. → ***bichof.***

BISMUTH [bismyt] n.m. (all. *Wismut*). Métal d'un blanc gris rougeâtre, fondant à 270 °C en diminuant de volume, de densité 9,8, cassant et facile à réduire en poudre et dont certains composés sont utilisés comme médicaments ; élément (Bi) de numéro atomique 83, de masse atomique 208,98.

BISMUTHINE n.f. Composé organique de formule générale $BiH_{3-n}R_n$.

BISON n.m. (lat. *bison*). Grand bovidé sauvage, caractérisé par son cou bossu et son grand collier de fourrure laineuse. *Le bison, d'Amérique ou d'Europe, ne subsiste plus que dans les réserves ou en captivité.* (Haut. au garrot 1,80 m env. ; longévité en captivité 30 ans env.)

bison d'Amérique

bison d'Europe

BISONTIN, E adj. et n. (lat. *Bisontium,* autre forme de *Vesontio*). De Besançon.

BISOU ou **BIZOU** n.m. Fam. Baiser.

BISQUE n.f. Potage fait d'un coulis de crustacés. *Bisque d'écrevisses, de homard.*

BISQUER v.i. Fam. *Faire bisquer (qqn),* lui faire éprouver du dépit, l'agacer.

1. BISSE n.m. Suisse. Long canal amenant de l'eau pour l'irrigation, dans le Valais.

2. BISSE n.f. HÉRALD. Guivre.

BISSECTEUR, TRICE adj. MATH. Qui divise en deux parties égales. – *Plan bissecteur :* demi-plan mené par l'arête d'un angle dièdre et divisant cet angle en deux angles dièdres égaux.

BISSECTION n.f. MATH. Division en deux parties égales.

BISSECTRICE n.f. Demi-droite issue du sommet d'un angle et le divisant en deux angles égaux.

BISSEL n.m. (de *Bissel,* n.pr.). Essieu porteur de locomotive qui peut se déplacer par rapport à la machine pour faciliter sa capacité d'évolution dans les courbes.

BISSER v.t. Répéter ou faire répéter. *Bisser un refrain.*

BISSEXTE n.m. Vingt-neuvième jour ajouté au mois de février des années bissextiles.

BISSEXTILE adj.f. (du lat. *bis sextus,* deux fois six jours). *Année bissextile :* année qui comporte un jour de plus en février, soit 366 jours, et qui revient tous les quatre ans.
■ Pour être bissextile, une année doit avoir son millésime divisible par 4. Toutefois celles dont le millésime est divisible par 100 ne sont bissextiles que si leur millésime est aussi divisible par 400 : 2000 sera bissextile, 1700, 1800 et 1900 ne l'ont pas été.

BISTORTE n.f. (lat. *bis torta,* deux fois tordue). Plante des prés montagneux, à fleurs roses, et dont le rhizome est tordu en S. (Famille des polygonacées.)

BISTOUILLE n.f. Région. (Nord). Café mêlé d'eau-de-vie.

BISTOURI n.m. Instrument chirurgical à lame courte et tranchante servant à faire des incisions dans les chairs. ◇ *Bistouri électrique :* bistouri à pointe utilisant les courants de haute fréquence, et servant à la section ou à la coagulation des tissus.

BISTOURNAGE n.m. Castration (du taureau, principalement) par torsion sous-cutanée du cordon testiculaire.

BISTOURNER v.t. Castrer (un animal).

BISTRE n.m. Couleur brun jaunâtre préparée à partir de la suie et utilisée jadis en lavis. ◆ adj. inv. Brun jaunâtre.

BISTRÉ, E adj. Qui a la couleur du bistre.

BISTRER v.t. Teinter de bistre.

BISTROT ou **BISTRO** n.m. **1.** Fam. Débit de boissons, café. – Petit restaurant d'habitués. ◇ *Style bistrot :* style de meubles, d'objets des bistrots du début du siècle, remis à la mode vers 1960. **2.** Vx. Patron de café.

BISULFATE n.m. Sulfate hydrogéné $MHSO_4$, où M est un métal alcalin.

BISULFITE n.m. Sulfite hydrogéné $MHSO_3$, où M est un métal alcalin.

BISULFURE n.m. Sulfure dont la molécule comprend deux atomes de soufre.

BIT [bit] n.m. (angl. *binary digit*). INFORM. Unité élémentaire d'information ne pouvant prendre que deux valeurs distinctes (notées 1 et 0).

BITE n.f. → ***bitte.***

BITENSION n.f. Caractère d'un appareil électrique pouvant être utilisé sous deux tensions différentes.

BITERROIS, E adj. et n. (lat. *Biterro*). De Béziers.

BITONAL, E, ALS ou **AUX** adj. MUS. Qui utilise deux tonalités différentes.

BITONIAU n.m. Fam. Petit objet et, en partic., petite partie d'un dispositif mécanique (bouton, vis, petite boule, etc.).

BITORD n.m. MAR. Cordage composé de fils de caret tortillés ensemble.

BITOS [bitos] n.m. Arg. Chapeau.

1. BITTE n.f. (scand. *biti*). Pièce de bois ou d'acier, cylindrique, fixée verticalement sur le pont d'un navire pour enrouler les amarres.

2. BITTE ou **BITE** n.f. (de l'anc. scand. *bita,* mordre). Vulg. Pénis.

BITTER [bitɛr] n.m. (néerl. *bitter,* amer). Boisson apéritive en général non alcoolisée, parfumée avec des extraits de plantes et des substances amères (gentiane, quinquina, etc.).

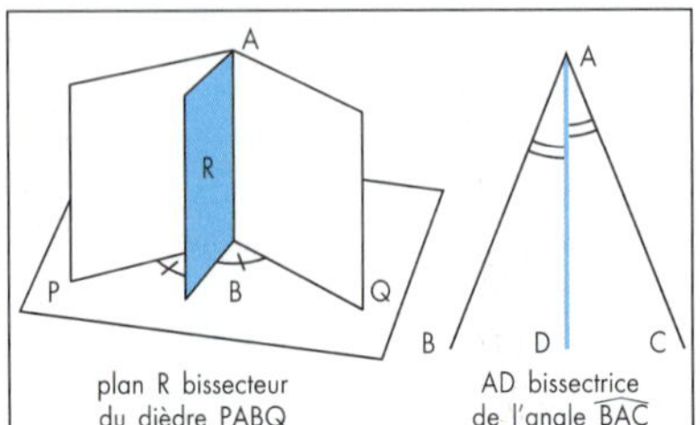

plan **bissecteur** et **bissectrice**

BITTURE n.f. → ***biture.***

BITTURER (SE) v.pr. → ***biturer (se).***

BITUMAGE n.m. Action de bitumer ; son résultat.

BITUME n.m. (lat. *bitumen*). **1.** Matière organique naturelle ou provenant de la distillation du pétrole, à base d'hydrocarbures, brun-noir ou noire, très visqueuse ou solide, utilisée dans le bâtiment et les travaux publics (revêtement des routes, etc.). **2.** Couleur brune, brillante, utilisée en peinture, notamm. au XIXe s.

BITUMER v.t. Enduire, recouvrir de bitume.

BITUMEUX, EUSE adj. Fait avec du bitume. *Revêtement bitumeux.*

BITUMINEUX, EUSE adj. Qui contient du bitume ou du goudron. *Schiste bitumineux.*

BITURBINE adj. Doté de deux turbines à gaz, en parlant d'un avion ou d'un hélicoptère.

BITURE ou **BITTURE** n.f. Pop. *Prendre une biture :* s'enivrer.

BITURER (SE) ou **BITTURER (SE)** v.pr. Pop. S'enivrer.

BIUNIVOQUE [biynivɔk] adj. MATH. *Correspondance biunivoque :* correspondance entre deux ensembles telle qu'à chaque élément de l'un corresponde un élément et un seul de l'autre.

BIVALENCE n.f. Caractère de ce qui est bivalent.

BIVALENT, E adj. **1.** Qui a deux rôles, deux fonctions. **2.** CHIM. Qui possède la valence 2, en parlant d'un corps. SYN. : *divalent.* **3.** *Logique bivalente :* logique qui ne considère que deux valeurs de vérité, le vrai et le faux (par opp. à *logique plurivalente*).

BIVALVE adj. Qui a deux valves. *Une coquille bivalve.* ◆ n.m. *Bivalves :* mollusques lamellibranches, à coquille bivalve.

BIVEAU n.m. Équerre à branches mobiles dont se servent les tailleurs de pierre et les fondeurs de caractères.

BIVITELLIN, E adj. Dizygote. CONTR. : *monozygote, univitellin.*

BIVOUAC n.m. (suisse all. *Biwacht*). **1.** Campement léger et provisoire en plein air. **2.** Lieu de ce campement.

BIVOUAQUER v.i. Camper en plein air ; installer un bivouac.

BIZARRE adj. (it. *bizzarro,* emporté). Qui sort de l'ordinaire, qui n'est pas habituel ; déconcertant. *Elle est vraiment bizarre ! Un goût bizarre.*

BIZARREMENT adv. De façon bizarre.

BIZARRERIE n.f. **1.** Caractère de ce qui est bizarre, étrange. **2.** Chose ou action bizarre, surprenante. *Encore une de ses bizarreries !*

BIZARROÏDE adj. Fam. Qui surprend par son aspect insolite ; qu'on a du mal à saisir, à comprendre.

BIZET n.m. Mouton d'Auvergne d'une race très rustique, à laine grise.

BIZOU n.m. → ***bisou.***

BIZUT ou **BIZUTH** [bizy] n.m. Arg. scol. Élève de première année, notamment dans une grande école et dans les classes des lycées qui y préparent. – Par ext. Novice, débutant.

BIZUTAGE n.m. Arg. scol. Action de bizuter.

BIZUTER v.t. Arg. scol. Faire subir des brimades, des épreuves à (un bizut), à titre d'initiation.

Bk, symbole chimique du berkélium.

BLA-BLA ou **BLA-BLA-BLA** n.m. inv. (onomat.). Fam. Boniment, verbiage.

BLACK n. (avec une majuscule) et adj. Fam. Personne de race noire.

BLACK-BASS n.m. inv. (mot angl., *perche noire*). Perche américaine introduite en France au XIXe s. et que l'on élève dans les étangs. SYN. : *achigan.*

BLACKBOULAGE n.m. Fam. Action de blackbouler ; son résultat.

BLACKBOULER [blakbule] v.t. (angl. *to blackball,* rejeter avec une boule noire). Fam. **1.** Rejeter, évincer, infliger un échec à. **2.** Vieilli. Repousser par un vote.

BLACK JACK [blakʒak] n.m. Jeu de cartes américain issu du jeu de vingt-et-un.

BLACK-OUT [blakawt] n.m. inv. (angl. *black,* noir, et *out,* dehors). Mesure de défense antiaérienne qui consiste à plonger une ville, etc., dans l'obscurité totale. ◇ *Faire le black-out* : faire le silence complet sur qqch, qqn.

BLACK-ROT [blakrɔt] n.m. (mot angl., *pourriture noire*) [pl. *black-rots*]. Maladie de la vigne due à un champignon microscopique, formant des taches noires sur les feuilles et flétrissant les grains de raisin.

BLAFARD, E adj. (all. *bleichvar*). Pâle, d'un blanc terne. *Un teint blafard.*

BLAFF n.m. Antilles. Poisson cuit dans un court-bouillon très épicé.

BLAGUE n.f. (néerl. *blagen*, se gonfler). **I.** Fam. **1.** Farce, plaisanterie ; histoire imaginée pour faire rire ou pour tromper. **2.** Faute commise par légèreté, par distraction. **II.** Petit sac à tabac.

BLAGUER v.i. Fam. Dire des blagues, plaisanter. ◆ v.t. Fam. Railler sans méchanceté. *On l'a un peu blaguée sur son nouveau chapeau.*

BLAGUEUR, EUSE adj. et n. Fam. Qui dit des blagues, qui aime blaguer.

BLAIR n.m. Pop. Nez.

BLAIREAU n.m. (anc. fr. *blaire*, du francique). **1.** Mammifère plantigrade, omnivore, commun dans les bois. (Long. 70 cm ; poids 20 kg ; famille des mustélidés.) **2.** Gros pinceau pour savonner la barbe, à l'origine en poils de blaireau. **3.** Fam. Individu antipathique, conformiste et borné.

blaireau

BLAIRER v.t. Fam. Sentir, supporter. ◇ *Ne pas pouvoir blairer qqn* : éprouver à son égard une grande antipathie.

BLÂMABLE adj. Qui mérite le blâme.

BLÂME n.m. **1.** Sanction disciplinaire ; réprimande. *Recevoir un blâme.* **2.** Jugement défavorable que l'on porte sur le comportement ou les paroles de qqn. *Une attitude qui mérite le blâme.*

BLÂMER v.t. (gr. *blasphêmein*, outrager). **1.** Désapprouver, réprouver. *Sa conduite incorrecte est à blâmer.* **2.** Infliger un blâme à. *Blâmer un élève.*

1. BLANC, BLANCHE adj. (germ. *blank*). **I.1.a.** De la couleur de la neige, du lait, etc. *Des fleurs blanches.* ◇ *Lumière blanche* : lumière dont la composition spectrale est telle qu'elle donne une sensation voisine de celle de la lumière solaire vers le milieu du jour. **b.** Peu coloré, pâle ; d'une couleur proche du blanc. *Raisin blanc.* ◇ *Vin blanc* : vin peu coloré, d'une teinte allant du jaune très pâle au jaune ambré (par opp. à *vin rouge*, à *vin rosé*). **c.** Qui est propre. *Ce rideau n'est plus très blanc.* ◇ Sur quoi rien n'est tracé ; vierge. *Page blanche. Papier blanc.* – *Bulletin blanc* : bulletin de vote qui ne porte aucune inscription, aucun nom. **2.** *Bois blanc* : bois léger (sapin, peuplier, hêtre) utilisé pour faire des meubles à bon marché. *Une table en bois blanc.* **3.** *Mal blanc* : panaris. **4.** *Substance blanche* : ensemble des fibres nerveuses myélinisées. **5.** *Sauce blanche* : préparée avec du beurre et de la farine. **6.** *Métal blanc* : alliage qui ressemble à l'argent, utilisé autrefois pour faire des couverts. **7.** *Pères blancs* : missionnaires appartenant à une congrégation fondée en 1868 par le cardinal Lavigerie pour évangéliser l'Afrique. **II.** Fig. **1.** *Blanc comme neige* : innocent, pur. **2.** *Voix blanche*, sans timbre. **3.** *Nuit blanche* : nuit passée sans dormir. **4.** *Vers blancs*, non rimés. **5.** *Examen blanc, bac blanc*, que l'on passe avant l'épreuve officielle, à titre de préparation. **6.** *Mariage blanc*, non consommé charnellement. **7.** *Opération blanche*, sans profit ni perte.

2. BLANC, BLANCHE n. **I.** (Avec une majuscule). Personne appartenant à la race blanche, ou race leucoderme. (Le terme s'emploie par opp. à *noir, jaune.*) *Des Blancs. Une Blanche.* **II. 1.** Adversaire du régime communiste après 1917, en Russie. **2.** Partisan de la monarchie, pendant la Révolution.

3. BLANC n.m. **I. 1.** Couleur résultant de la combinaison de toutes les couleurs du spectre solaire. *Un blanc mat.* **2.** Matière colorante (peinture, etc.) blanche. *Un tube de blanc.* – *Blanc de céruse, de plomb* : carbonate basique de plomb contenu dans certaines couleurs. – *Blanc d'Espagne* ou *blanc de Meudon* : carbonate de calcium très pur. **II. 1.** Partie d'une page où rien n'est écrit ni imprimé. *Laisser un blanc entre deux paragraphes.* – *Signer en blanc* : apposer sa signature sur un papier en laissant la place pour écrire qqch dont on assume par avance la responsabilité. ◇ *Noir sur blanc* : par écrit. **2.** Silence dans un débat, une conversation, etc. ; lacune dans un récit. **III. 1.** *Blanc de l'œil* : région antérieure de la sclérotique. **2.** *Blanc de volaille* : chair blanche tenant à la poitrine d'une volaille cuite. **3.** *Blanc d'œuf* : partie glaireuse de l'œuf. **4.** *Blanc de champignon* : mycélium du champignon de couche servant à sa multiplication dans les champignonnières. **5.** *Blanc de baleine* : substance huileuse contenue dans la tête du cachalot, et utilisée en cosmétique. SYN. : *spermaceti.* **IV. 1.** Linge de maison. *Exposition de blanc.* **2.** Vin blanc. – *Blanc de blanc* : vin blanc provenant de raisins blancs. **3.** *Cuisson au blanc* : court-bouillon spécial pour conserver leur couleur blanche aux aliments. **4.** *Maladie du blanc*, ou *blanc* : maladie cryptogamique attaquant le pommier, le rosier. **V. 1.** *À blanc* : de manière à rendre ou à devenir blanc. *Chauffer à blanc.* **2.** *Tir à blanc* : tir d'exercice avec une cartouche dite *à blanc*, sans projectile. **3.** Fig. *Saigner (qqn) à blanc* : l'épuiser, lui ôter ses dernières ressources.

BLANC-BEC n.m. (pl. *blancs-becs*). Fam. Jeune homme sans expérience.

BLANC-ÉTOC [blɑ̃ketɔk] ou **BLANC-ESTOC** [-ɛs-] n.m. (pl. *blancs-étocs, blancs-estocs*). SYLV. Coupe dans laquelle on abat tous les arbres.

BLANCHAILLE n.f. PÊCHE. Menus poissons blancs (ablette, gardon, etc.) que l'on pêche à la ligne ou qui servent d'appât.

BLANCHÂTRE adj. D'une couleur qui tire sur le blanc.

BLANCHE n.f. MUS. Note valant la moitié d'une ronde, ou deux noires, ou quatre croches.

BLANCHET n.m. IMPR. Pièce de caoutchouc toilé, enroulée sur un cylindre, qui permet, dans l'impression offset, le transfert de l'encre de l'élément imprimant sur le papier ; le cylindre lui-même.

BLANCHEUR n.f. Caractère de ce qui est blanc ; fait d'être blanc.

BLANCHIMENT n.m. **1.** Action de blanchir ; son résultat. *Blanchiment d'une paroi.* **2.** Action de décolorer certaines matières (pâte à papier, fibres textiles, etc.) en utilisant des solutions chimiques. **3.** Action de blanchir de l'argent.

BLANCHIR v.t. **I. 1.** Rendre blanc ; recouvrir d'une matière blanche. *Blanchir un mur à la chaux.* **2.** Laver, rendre propre. **3.** *Blanchir des légumes*, les passer à l'eau bouillante avant de les cuisiner. **II. 1.** Disculper, innocenter. *Rien ne peut le blanchir.* **2.** *Blanchir de l'argent, des capitaux* : faire disparaître toute preuve de leur origine irrégulière ou frauduleuse. ◆ v.i. Devenir blanc. ◇ Litt. *Blanchir sous le harnois* : vieillir dans un emploi, une activité.

BLANCHISSAGE n.m. **1.** Action de blanchir le linge. **2.** Action de raffiner le sucre.

BLANCHISSANT, E adj. **1.** Qui rend blanc. *Produit blanchissant.* **2.** Qui commence à blanchir.

BLANCHISSEMENT n.m. Fait de blanchir.

BLANCHISSERIE n.f. **1.** Entreprise ou magasin qui se charge du lavage et du repassage du linge. **2.** Métier, corporation des blanchisseurs. *Syndicat national de la blanchisserie.*

BLANCHISSEUR, EUSE n. Personne dont le métier est de laver et de repasser le linge.

BLANCHON n.m. Canada. Petit du phoque, à fourrure blanche.

BLANC-MANGER n.m. (pl. *blancs-mangers*). Entremets froid à base de lait d'amandes.

BLANC-SEING [blɑ̃sɛ̃] n.m. (pl. *blancs-seings*). Feuille blanche au bas de laquelle on met sa signature et que l'on confie à qqn pour qu'il la remplisse à son gré.

BLANDICE n.f. (du lat. *blandus*, caressant). Litt. Charme, séduction (surtout au pl.).

1. BLANQUETTE n.f. (de *blanc*). Ragoût de viande blanche (veau, agneau, volaille, etc.).

2. BLANQUETTE n.f. (prov. *blanqueto*). Vin blanc mousseux du midi de la France.

BLANQUISME n.m. Doctrine politique d'Auguste Blanqui (1805-1881) ayant influencé le parti socialiste et le syndicalisme révolutionnaire.

BLAPS [blaps] n.m. Grand coléoptère noir qui vit dans les lieux obscurs. (Famille des ténébrionidés.)

BLASE ou **BLAZE** n.m. Arg. **1.** Nom. **2.** Nez.

BLASÉ, E adj. et n. Qui ne s'intéresse plus à rien, ne s'enthousiasme plus pour rien.

BLASEMENT n.m. État d'une personne blasée.

BLASER v.t. (néerl. *blasen*, gonfler). Rendre indifférent, incapable d'émotions, de sentiments par une expérience trop répétée, un abus de. *Ses nombreux voyages l'ont blasé.*

BLASON n.m. **1.** Ensemble des armoiries qui composent un écu. **2.** Science de la composition et de l'explication des armoiries ; héraldique. **3.** Court poème en vogue au XVIe s., décrivant qqn ou qqch sous forme d'éloge ou de satire.

BLASONNER v.t. Décrire, interpréter (des armoiries) suivant les règles de la science héraldique.

BLASPHÉMATEUR, TRICE n. et adj. Personne qui blasphème.

BLASPHÉMATOIRE adj. Qui contient ou qui constitue un blasphème ; sacrilège.

BLASPHÈME n.m. (gr. *blasphêmia*, parole impie). Parole, discours qui insulte violemment la divinité, la religion ; par ext., qqn ou qqch de respectable.

BLASPHÉMER v.t. et i. (gr. *blasphêmein*) [18]. Proférer des blasphèmes contre qqn, qqch.

BLASTODERME n.m. (gr. *blastos*, bourgeon, et *derma*, peau). BIOL. Ensemble de cellules embryonnaires constituant les parois de la blastula.

BLASTOGENÈSE n.f. BIOL. Formation du blastoderme.

BLASTOMÈRE n.m. BIOL. Première cellule provenant de la division de l'œuf fécondé.

BLASTOMYCÈTE n.m. Champignon se reproduisant par bourgeonnement, comme la levure de bière, le muguet, etc.

BLASTOMYCOSE n.f. Affection due au développement d'un blastomycète sur la peau ou dans certains organes.

BLASTOPORE n.m. BIOL. Orifice unique de l'embryon des animaux au stade gastrula (il devient la bouche des invertébrés, l'anus des vertébrés).

BLASTULA n.f. BIOL. Stade du développement de l'embryon qui se présente sous la forme d'une sphère creuse à paroi épithéliale. *La blastula succède à la morula et précède la gastrula.*

BLATÉRER v.i. (lat. *blaterare*) [18]. Pousser son cri, en parlant du chameau, du bélier.

BLATTE n.f. (lat. *blatta*). Insecte aplati, de mœurs nocturnes, coureur rapide, appelé aussi *cafard, cancrelat* ou *meunier*, et que l'on trouve surtout dans les dépôts et les cuisines. (Ordre des dictyoptères.)

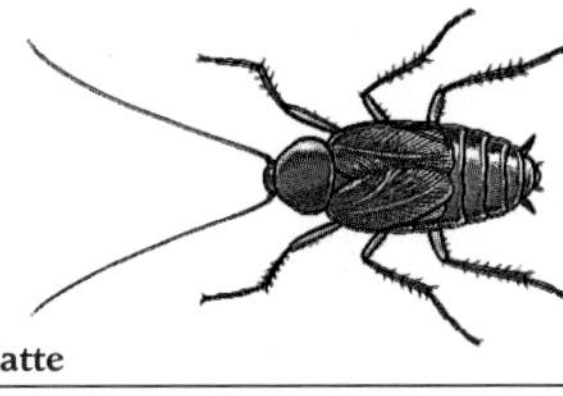

blatte

BLAZE n.m. → ***blase.***

BLAZER [blazœr] ou [blazɛr] n.m. (mot angl. ; de *to blaze*, flamboyer). **1.** Veste croisée ou droite, le plus souvent en tissu bleu marine ou en flanelle grise. **2.** Veste rayée aux couleurs d'un collège anglais.

BLÉ n.m. (francique *blad* ou gaul. *blato*). **1.** Plante herbacée annuelle qui produit le grain (caryopse) dont on tire la farine pour faire notamment le pain et les pâtes alimentaires.

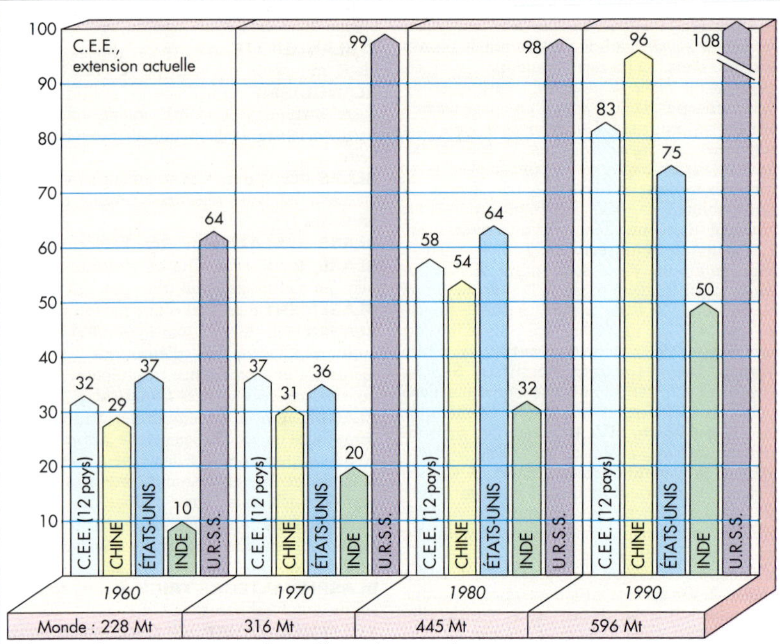

blé : productions comparées (en millions de tonnes)

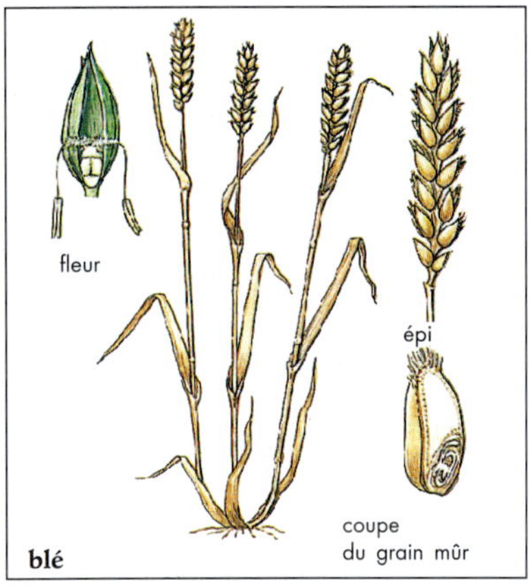

blé

(Famille des graminées, genre *triticum.*) – *Blé noir :* sarrasin. – Canada. *Blé d'Inde :* maïs. ◇ Fig. *Manger son blé en herbe :* dépenser d'avance son revenu. **2.** Arg. Argent.

BLÈCHE adj. Arg. Mou, faible.

BLED [blɛd] n.m. (ar. *blad,* pays, région). **1.** Intérieur des terres, campagne, en Afrique du Nord. **2.** Fam. Village, localité isolés. *Un petit bled perdu dans la montagne.*

BLÉDARD n.m. Anc. Soldat français stationné dans le bled, en Afrique du Nord.

BLÊME adj. **1.** Très pâle, livide, en parlant du visage, du teint de qqn. *Elle était blême de peur.* **2.** D'un blanc mat et terne ; blafard. *Les petits matins blêmes.*

BLÊMIR v.i. (scand. *blâmi,* couleur bleuâtre). Devenir blême. *Blêmir de froid.*

BLÊMISSEMENT n.m. Fait de blêmir.

BLENDE [blɛ̃d] n.f. (mot all.). Sulfure naturel de zinc ZnS, principal minerai de ce métal.

BLENNIE n.f. (gr. *blenna,* mucus). Poisson des eaux douces et du littoral, à grosse tête et à corps allongé. (Long. 20 cm env.)

BLENNORRAGIE n.f. (gr. *blenna,* mucus, et *rhagê,* éruption). Infection des organes génito-urinaires, due au gonocoque.

BLENNORRAGIQUE adj. Relatif à la blennorragie.

BLÉPHARITE n.f. (gr. *blepharon,* paupière). Inflammation des paupières.

BLÈSEMENT n.m. → ***blésité.***

BLÉSER v.i. (lat. *blaesus,* bègue) 18. Substituer, en parlant, une consonne faible à une consonne forte, comme *zerbe* pour *gerbe.*

BLÉSITÉ n.f. ou **BLÈSEMENT** n.m. Défaut de prononciation de la personne qui blèse. SYN. : *zézaiement.*

BLÉSOIS, E adj. et n. De Blois.

BLESSANT, E adj. Offensant, injurieux.

BLESSÉ, E adj. et n. **1.** Qui a reçu une, des blessures. *Blessé au bras.* **2.** Qui a été offensé, atteint dans sa dignité, sa fierté. *Blessé, il gardait un silence hautain.*

BLESSER v.t. (mot francique). **1.** Frapper ou percuter en faisant une plaie, une contusion, une fracture, etc. ; atteindre d'une balle. **2.** Causer une douleur plus ou moins vive à, faire mal à. *Ces chaussures neuves me blessent.* **3.** Causer une sensation désagréable, insupportable sur. *Sons aigus qui blessent l'oreille.* **4.** Faire souffrir moralement ; offenser. *Elle l'a blessé sans le vouloir.* **5.** Litt. Porter préjudice à. *Cette clause blesse vos intérêts.*

BLESSURE n.f. **1.** Lésion de l'organisme produite par un choc, un coup, un objet piquant ou tranchant, une arme à feu, etc. *Ses blessures sont superficielles.* **2.** Souffrance morale ressentie par qqn. *Sa blessure mettra du temps à se refermer.*

BLET, ETTE [blɛ, ɛt] adj. (francique *blet,* pâle). Trop mûr et altéré, en parlant d'un fruit.

BLETTE n.f. → ***bette.***

BLETTIR v.i. Devenir blet.

BLETTISSEMENT n.m. ou **BLETTISSURE** n.f. Excès de maturité qui rend un fruit blet.

1. BLEU, E adj. (mot germ.) [pl. *bleus, bleues*]. **1.** De la couleur du ciel sans nuages, de l'azur. **2. a.** *Maladie bleue :* malformation du cœur entraînant une coloration bleue de la peau par insuffisance d'oxygénation du sang. **b.** Litt. *Sang bleu :* sang noble. **c.** *Peur, colère bleue,* très intense, très violente. **3.** Se dit d'une viande grillée très peu cuite. *Bifteck bleu.* **4.** *Zone bleue :* quartier d'une ville où la durée de stationnement est limitée.

2. BLEU n.m. (pl. *bleus*). **I. 1.** Couleur bleue. *Un ciel d'un bleu très pur.* – *Bleu ardoise,* tirant sur le gris. – *Bleu canard :* bleu-vert. – *Bleu ciel :* bleu clair. – *Bleu électrique :* bleu vif, très lumineux. – *Bleu marine,* très foncé. – *Bleu outremer,* tirant sur le violet. – *Bleu pétrole,* soutenu, tirant sur le vert. – *Bleu de Prusse :* bleu foncé mêlé de vert. – *Bleu roi :* bleu soutenu (celui du drapeau français). ◇ Fam. *N'y voir que du bleu :* ne rien voir, ne rien comprendre à ce qui se passe. **2.** Matière colorante bleue. *Un tube de bleu.* **II. 1.** Ecchymose due à un coup, une contusion, etc. *Se faire un bleu au genou.* **2.** Vêtement de travail en toile bleue. – *Bleu de chauffe :* combinaison de chauffeur. **3. a.** Fromage à moisissures bleues. *Du bleu d'Auvergne.* **b.** *Cuisson au bleu :* mode de préparation de certains poissons qui sont jetés vivants dans un court-bouillon. **4.** Fam. Jeune soldat ; nouvel élève ; nouveau venu. **III.** HIST. **1.** *Les bleus :* la faction représentant le parti aristocratique, dans les villes de l'Empire byzantin, par opp. aux verts. **2.** *Les bleus :* les soldats de la République, vêtus d'un uniforme bleu, pour les vendéens, pendant la période révolutionnaire.

BLEUÂTRE adj. Qui tire sur le bleu.

BLEUET n.m. **1.** Plante à fleurs bleues, très commune dans les blés. (Famille des composées.) SYN. : ***barbeau, bluet.*** **2.** Canada. Petite baie bleue, comestible, proche de la myrtille.

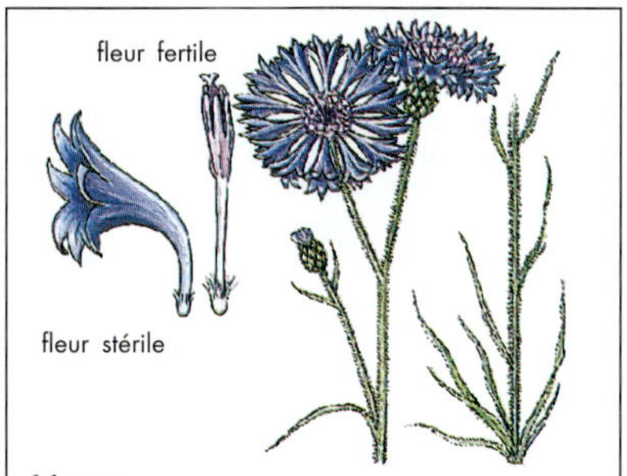

bleuet

BLEUETERIE n.f. Canada. Usine de conditionnement du bleuet.

BLEUETIÈRE [bløetjɛr] n.f. Canada. Terrain où pousse, où l'on cultive le bleuet.

BLEUIR v.t. Rendre bleu. ◆ v.i. Devenir bleu. *Bleuir de froid.*

BLEUISSEMENT n.m. Fait de devenir bleu ; passage d'une couleur au bleu.

BLEUSAILLE n.f. Arg. mil. Jeune recrue. – *La bleusaille :* les jeunes soldats, les bleus.

BLEUTER v.t. Teinter légèrement de bleu.

BLIAUD [blijo] n.m. Longue tunique de dessus portée par les hommes et les femmes, au Moyen Âge.

BLINDAGE n.m. **I. 1.** Action de blinder ; son résultat. **2. a.** Revêtement métallique de protection contre les effets des projectiles. **b.** Plaque de métal installée derrière une porte pour la renforcer, empêcher l'effraction. **II. 1.** Dispositif de protection contre les rayonnements électromagnétiques et nucléaires. **2.** TR. PUBL. Coffrage (bois, acier ou béton) pour éviter les éboulements.

BLINDE n.f. Cadre rectangulaire, le plus souvent en bois, destiné à soutenir la toiture de protection de certains travaux de sape.

BLINDÉ, E adj. **1.** Recouvert d'un blindage. *Porte blindée.* **2.** MIL. *Engin blindé* ou *blindé,* n.m. : véhicule de combat pourvu d'un blindage d'acier. – *Arme blindée cavalerie (A.B.C.) :* arme des forces terrestres équipée d'engins blindés, chargée de renseigner et de combattre par le feu et par le choc. – *Division blindée (D.B.) :* grande unité composée surtout d'engins blindés. **3.** Protégé contre les phénomènes magnétiques extérieurs, en parlant d'un appareil électrique.

BLINDER v.t. (all. *blenden,* aveugler). **1.** Protéger par un blindage. *Blinder un navire.* **2.** Endurcir, rendre moins vulnérable. *Ces déceptions l'ont blindé.*

BLINI [blini] n.m. (russe *blin*). Petite crêpe de sarrasin épaisse servie avec certains hors-d'œuvre, mets russe traditionnel.

BLINQUER v.i. Belgique. Reluire, briller.

BLISTER [blistɛr] n.m. (mot angl.). Emballage constitué d'une coque de plastique transparent collée sur du carton, pour présenter des marchandises de petite taille.

BLIZZARD n.m. (mot anglo-amér.). Vent du nord glacial, accompagné de tempêtes de neige (Canada, nord des États-Unis).

1. BLOC n.m. (néerl. *bloc,* tronc d'arbre abattu). **1.** Masse compacte et pesante. *Un bloc de granite.* **2. a.** Ensemble de feuilles collées les unes aux autres d'un côté et facilement détachables. *Bloc de papier à lettres.* **b.** Bloc-notes. **c.** Union, groupement de partis, d'États, etc., dont les

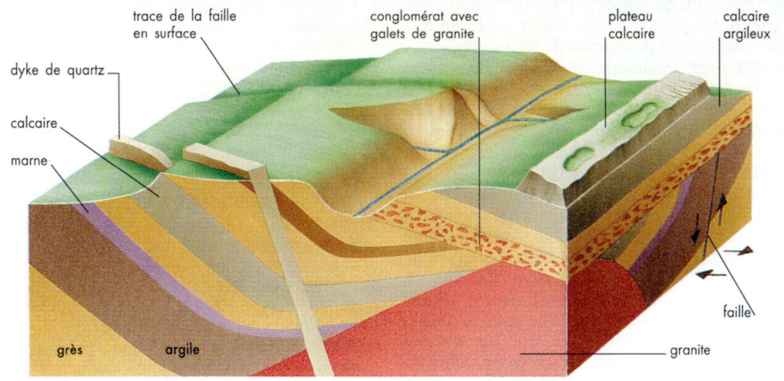

bloc-diagramme

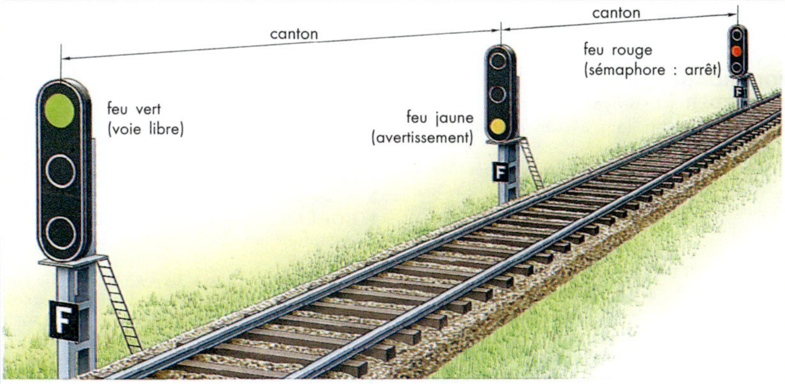

block automatique lumineux

intérêts sont communs. *Bloc occidental. Le Bloc des gauches.* ◇ *Faire bloc :* s'unir étroitement. **3. a.** FORTIF. Massif bétonné doté de moyens de feu et d'observation. **b.** *Bloc opératoire :* ensemble des installations servant aux opérations chirurgicales. **c.** Arg. Prison. *Aller au bloc.* **4.** BOURSE. *Bloc de titres :* importante quantité de titres négociée par des intermédiaires en dehors d'une séance boursière. ◆ loc. adv. *À bloc :* à fond. *Serrer à bloc.* – *En bloc :* en gros, sans faire le détail. *Elle a tout acheté en bloc.*

2. BLOC n.m. (angl. *block,* obstruction). MÉD. Trouble de la conduction des influx électriques qui commandent les contractions cardiaques, pouvant se localiser notamm. entre oreillettes et ventricules *(bloc auriculo-ventriculaire).*

BLOCAGE n.m. **I. 1.** Action de bloquer ; son résultat. *Blocage des freins. Blocage des prix, des salaires.* ◇ *Minorité de blocage :* détention par une ou plusieurs personnes d'un tiers du capital d'une société par actions, permettant de s'opposer à certaines décisions. **2.** PSYCHOL. Impossibilité d'agir ou de réagir intellectuellement dans une situation donnée. **3.** MÉTALL. Interruption du dégagement gazeux des lingots d'acier au cours de la solidification. **II.** Maçonnerie formée de matériaux divers, irréguliers, jetés dans un mortier, pour remplir l'espace entre les deux parements d'un mur.

BLOCAILLE n.f. Matériau constitué de petites pierres, de débris de briques et de moellons.

BLOC-CUISINE n.m. (pl. *blocs-cuisines*). Ensemble d'éléments préfabriqués s'adaptant les uns aux autres dans une cuisine.

BLOC-CYLINDRES n.m. (pl. *blocs-cylindres*). Ensemble des cylindres d'un moteur en une seule pièce venue de fonderie.

BLOC-DIAGRAMME n.m. (pl. *blocs-diagrammes*). Représentation d'une région en perspective et en coupe.

BLOC-EAU n.m. (pl. *blocs-eau*). Gaine de canalisation groupant l'alimentation en eau et la vidange de plusieurs appareils sanitaires.

BLOC-ÉVIER n.m. (pl. *blocs-éviers*). Élément de cuisine préfabriqué comprenant une ou plusieurs cuves, et une ou plusieurs paillasses.

BLOCK n.m. (angl. *to block,* fermer). CH. DE F. Dispositif de signalisation par cantons pour empêcher les collisions de trains circulant ou manœuvrant sur une même voie.

BLOCKHAUS [blɔkos] n.m. (all. *Block,* bloc, et *Haus,* maison). **1.** Ouvrage fortifié ou blindé, pour la défense. **2.** Poste de commandement blindé des grands navires militaires modernes.

BLOC-MOTEUR n.m. (pl. *blocs-moteurs*). Ensemble du moteur, de l'embrayage et de la boîte de vitesses d'une automobile ou d'un camion.

BLOC-NOTES n.m. (pl. *blocs-notes*). Ensemble de feuilles de papier détachables sur lesquelles on prend des notes ; bloc.

BLOC-SIÈGES n.m. inv. Groupe de sièges d'avion loués par une agence de voyages et destinés à la sous-location.

BLOCUS [blɔkys] n.m. (néerl. *blochuus*). Investissement d'une ville, d'un port, d'un pays tout entier pour l'empêcher de communiquer avec l'extérieur et de se ravitailler. – *Blocus économique :* ensemble des mesures prises contre un pays pour le priver de toute relation commerciale.

BLOND, E adj. et n.m. **1.** Entre le châtain clair et le doré. *Barbe blonde.* **2.** *Bière blonde,* fabriquée à partir de malts de couleur claire. ◇ *Tabac blond,* dont la fermentation a été arrêtée au stade du jaunissement de la feuille. ◆ n. et adj. Personne qui a des cheveux blonds. *Une belle blonde.*

BLONDASSE adj. D'un blond fade.

BLONDE n.f. **1. a.** Bière blonde. **b.** Cigarette de tabac blond. **2.** Dentelle aux fuseaux, faite tout d'abord en soie écrue. **3.** Canada. Fam. Petite amie ; épouse.

BLONDEL n.m. Ancienne unité de luminescence.

BLONDEUR n.f. Qualité de ce qui est blond.

1. BLONDIN, E ou **BLONDINET, ETTE** adj. et n. Qui a les cheveux blonds, en parlant d'un enfant, d'une personne très jeune.

2. BLONDIN n.m. (de *Blondin,* n. pr.). Appareil de levage et de transport mécanique comportant un chariot équipé d'une benne ou d'un crochet de levage, qui se déplace sur des câbles tendus entre deux pylônes.

BLONDIR v.i. Devenir blond. ◆ v.t. Rendre blond.

BLOOM [blum] n.m. (mot angl.). MÉTALL. Grosse barre d'acier de section rectangulaire, obtenue en passant plusieurs fois un lingot dans un laminoir.

BLOOMER [blumœr] n.m. (de *Bloomer,* n. pr.). Culotte bouffante resserrée en haut des cuisses. *Bloomer pour bébé.*

BLOQUER v.t. (de *bloc*). **I. 1.** Empêcher de bouger, de se déplacer, immobiliser complètement. *Bloquer une porte, une roue.* – Serrer au maximum. *Bloquer des freins, un écrou.* **2.** Barrer, obstruer. *Bloquer une route.* **3.** *Bloquer le ballon,* l'arrêter dans sa course en l'attrapant, au football, etc. **4.** CONSTR. Garnir de blocage les fondations d'un bâtiment ou d'un mur. **II. 1.** Regrouper, réunir. *Bloquer tous ses rendez-vous en début de semaine.* **2.** Suspendre la libre disposition de (qqch), empêcher tout mouvement d'augmentation. *Bloquer les crédits, les salaires.* **3.** Provoquer un blocage psychologique chez qqn. **4.** Belgique. Fam. Bûcher, potasser.

BLOTTIR (SE) v.pr. (all. *blotten,* écraser). Se recroqueviller, se replier sur soi-même ; se réfugier (contre). *Se blottir dans un coin.*

BLOUSANT, E adj. Qui blouse, en parlant d'un vêtement.

BLOUSE n.f. **1.** Vêtement de travail porté pour se protéger, protéger ses vêtements. *Blouse d'infirmière.* **2.** Corsage de femme de forme ample.

1. BLOUSER v.t. Fam. Tromper, abuser.

2. BLOUSER v.i. Avoir de l'ampleur donnée par des fronces, en parlant d'un vêtement.

BLOUSON n.m. (de *blouse*). **1.** Veste d'allure sportive, courte et ample, serrée à la taille. *Un blouson en daim.* **2.** Vieilli (décennie 1955-1965, environ). *Blouson noir :* jeune voyou vêtu d'un blouson de cuir noir ; jeune délinquant.

BLOUSSE n.f. TEXT. Ensemble de déchets de laine, de coton ou d'étoupe recueillis lors du peignage.

BLUE-JEAN [bludʒin] ou **BLUE-JEANS** [bludʒins] n.m. (mot amér., *treillis bleu*) [pl. *blue-jeans*]. Pantalon en toile bleue très résistante. → ***jean.***

BLUES [bluz] n.m. (mot amér., *mélancolie*). **1.** Complainte du folklore noir américain, caractérisée par une formule harmonique constante et un rythme à quatre temps, dont le style a influencé le jazz dans son ensemble. **2.** Fam. Mélancolie, cafard. *Avoir le blues.*

BLUET n.m. Bleuet.

BLUETTE n.f. (de l'anc. fr. *belluer,* éblouir). Vx. Petit ouvrage littéraire, historiette sentimentale sans prétention.

BLUFF [blœf] n.m. (mot anglo-amér.). **1.** Procédé pratiqué surtout au poker et qui consiste à miser gros sans avoir un bon jeu, pour que l'adversaire renonce à jouer. **2.** Attitude, parole d'une personne qui veut faire illusion, donner le change.

BLUFFER [blœfe] v.t. et i. **1.** Faire un bluff, au poker. **2.** Donner le change en essayant de cacher sa situation réelle ou ses intentions.

BLUFFEUR, EUSE n. et adj. Personne qui bluffe, qui a l'habitude de bluffer.

BLUSH [blœʃ] n.m. (angl. *to blush,* rougir) [pl. *blushs* ou *blushes*]. Fard à joues, applicable au pinceau.

BLUTAGE n.m. Action de bluter ; son résultat.

BLUTER v.t. (moyen néerl. *biutelen*). Faire passer la farine à travers un tamis pour la séparer du son.

BLUTERIE n.f. Appareil pour bluter la farine.

BLUTOIR n.m. Grand tamis pour bluter la farine.

BOA n.m. (lat. *boa,* serpent d'eau). **1.** Serpent d'Amérique tropicale, non venimeux, mesurant jusqu'à 4 m et se nourrissant d'animaux qu'il étouffe. (Type de la famille des boïdés.)

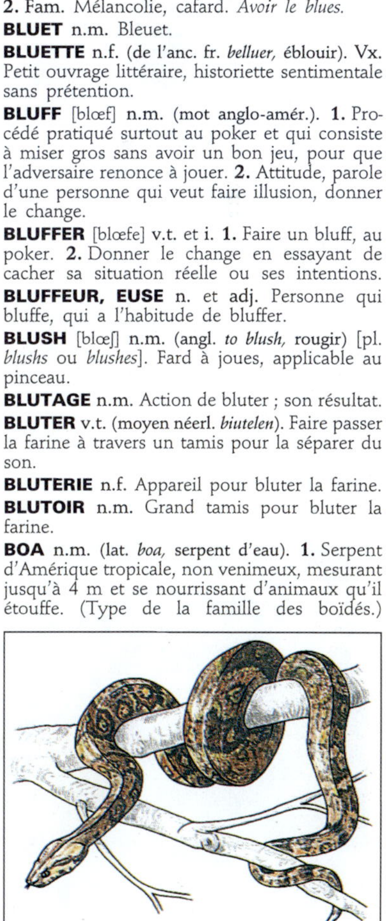
boa constricteur

2. Rouleau de plumes évoquant un serpent par sa forme, que les femmes portaient autour du cou vers 1900.

BOAT PEOPLE [botpipol] n. inv. (mots angl., *gens des bateaux*). Réfugié abandonnant son pays sur une embarcation de fortune.

1. BOB n.m. Chapeau cloche en toile.

2. BOB n.m. (abrév.). Bobsleigh.

BOBARD n.m. Fam. Fausse nouvelle, mensonge. *Il ne raconte que des bobards.*

BOBÈCHE n.f. (de *bobine*). Disque (de verre, de métal, etc.) adapté à un bougeoir pour arrêter les coulures de bougie fondue.

BOBET, ETTE adj. et n. Suisse. Fam. Sot, benêt.

BOBINAGE n.m. **1.** Action de bobiner ; son résultat. **2.** Enroulement de conducteurs formant, sur une machine ou un appareil, un même circuit électrique.

BOBINE n.f. (onomat.). **I. 1.** Petit cylindre en bois, en métal ou en plastique, autour duquel on enroule du fil, de la ficelle, des rubans, des pellicules photographiques, etc. – Le cylindre et la matière enroulée. *Une bobine de fil bleu.* **2.** ÉLECTR. Ensemble de spires conductrices, généralement coaxiales, connectées en série. ◇ *Bobine d'allumage* : petite bobine d'induction servant à allumer le mélange dans un moteur à explosion. – *Bobine d'induction* ou *bobine de Ruhmkorff* : transformateur à circuit magnétique ouvert, dont l'enroulement primaire est parcouru par un courant périodiquement interrompu. **II.** Fam. Visage ; expression du visage. *Tu fais une de ces bobines, aujourd'hui !*

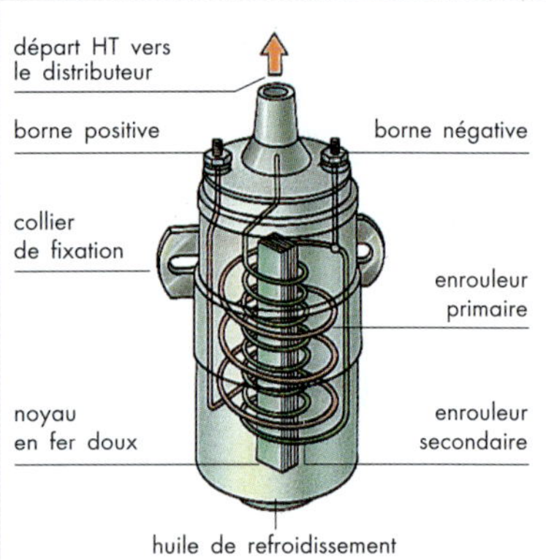

bobine d'allumage

BOBINEAU n.m. → ***bobinot.***

BOBINER v.t. Enrouler (du fil, etc.) sur une bobine.

BOBINETTE n.f. Anc. Petite pièce de bois mobile, servant à fermer les portes.

BOBINEUR, EUSE n. TEXT. Personne chargée du bobinage (dans une filature, etc.).

BOBINEUSE n.f. ÉLECTR. Machine à bobiner.

BOBINIER, ÈRE n. Personne chargée de l'exécution de bobinages électriques.

BOBINOIR n.m. TEXT. Machine à bobiner.

BOBINOT ou **BOBINEAU** n.m. **1.** Support autour duquel on bobine les fibres textiles. **2.** Partie centrale d'une bobine de papier pour rotative, qui reste inutilisée. **3.** Film ou bande vidéo en rouleau utilisé dans les studios de télévision.

BOBO n.m. (onomat.). Fam. ou langage enfantin. Douleur ou blessure légère. *Tu as bobo à ton genou ? Ce n'est pas une vraie blessure, à peine un bobo.*

BOBONNE n.f. Fam., péj. Femme uniquement soucieuse des soins du ménage et de ses enfants.

BOBSLEIGH [bɔbslɛg] ou **BOB** n.m. (mot angl., de *to bob*, se balancer, et *sleigh*, traîneau). Engin monté sur des patins avec lequel on glisse sur des pistes de glace ; sport pratiqué avec cet engin.

BOBTAIL [bɔbtɛjl] n.m. Chien de berger, de taille moyenne, au poil long, abondant et rêche.

BOCAGE n.m. (mot normand). Région où les champs et les prés sont enclos par des levées de terre portant des haies ou des rangées d'arbres, et où l'habitat est dispersé généralement en fermes et en hameaux.

BOCAGER, ÈRE adj. Du bocage. *Région bocagère.*

BOCAL n.m. (it. *boccale*) [pl. *bocaux*]. Récipient en verre à large ouverture et à col très court.

BOCARD n.m. Appareil à pilon pour le broyage des minerais.

BOCARDAGE n.m. Action de bocarder.

BOCARDER v.t. Broyer au bocard.

BOCHE adj. et n. (arg. *alboche*, allemand). Péj. et vieilli. Allemand.

BOCK n.m. (all. *Bockbier*, bière très forte). **1.** Verre à bière d'une contenance d'un quart de litre. **2.** *Bock à injection* ou *bock* : récipient muni d'un tube souple auquel est adaptée une canule, pour les injections, les lavements, etc.

BODHISATTVA [bɔdisatva] n.m. (mot sanskrit, *qui est sur la voie de l'éveil*). Individu destiné, par son existence, à devenir bouddha.

BODY n.m. (angl. *body*, corps). Sous-vêtement féminin appelé également *justaucorps.*

BODY-BUILDING [bɔdibildiŋ] n.m. (mots angl., *construction du corps*) [pl. *body-buildings*]. Culturisme.

BOËSSE [bɔɛs] n.f. Outil pour ébarber et brunir le métal.

BOETTE, BOËTE, BOUETTE [bwɛt] ou **BOITTE** [bwat] n.f. Appât que l'on met à l'hameçon pour la pêche en mer.

1. BŒUF [bœf, au pl. bø] n.m. (lat. *bos*).

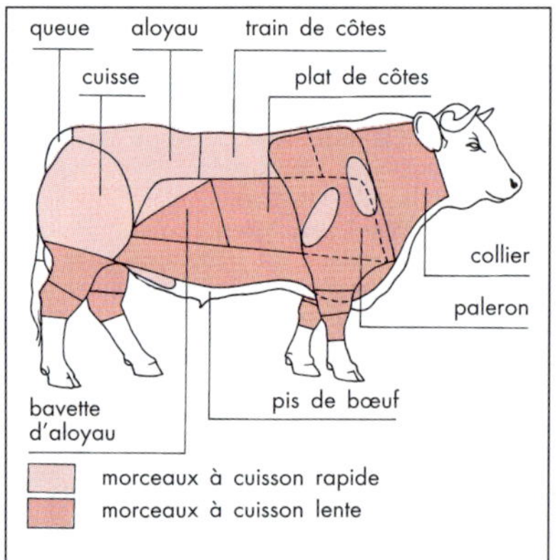

bœuf : désignation des morceaux de boucherie

I. 1. Animal de l'espèce bovine. **2. a.** Mâle châtré adulte de l'espèce bovine. **b.** Viande de cet animal. **3.** *Bœuf à bosse* : zébu. **4.** Fam. Personne douée d'une grande force, d'une grande capacité de travail. **II.** MUS. Réunion de musiciens de jazz jouant pour leur seul plaisir. *Faire un bœuf, le bœuf.*

2. BŒUF adj. inv. Fam. Étonnant, inattendu. *Un effet bœuf.*

BOF interj. (Exprimant le doute, l'indifférence, l'ironie). *Bof ! Ça ne m'étonne pas d'elle.*

BOGHEAD [bɔgɛd] n.m. (du n. d'une localité d'Écosse). Charbon dur, qui brûle en laissant beaucoup de cendres.

BOGHEI, BOGUET [bɔgɛ] ou **BUGGY** [bœge] n.m. (angl. *buggy*). Anc. Cabriolet découvert, à deux roues.

BOGIE ou **BOGGIE** [bɔʒi] n.m. (angl. *bogie*). Châssis à deux (parfois trois) essieux portant l'extrémité d'un véhicule ferroviaire et relié au châssis principal par une articulation à pivot.

BOGOMILE n. (du bulgare *Bog*, Dieu, et *mil*, ami). Membre d'une secte religieuse dualiste bulgare dont la doctrine inspira, notamm., les cathares.

1. BOGUE n.f. (breton *bolc'h*). Enveloppe du marron, de la châtaigne, recouverte de piquants.

2. BOGUE n.m. (angl. *bug*, défaut, avec l'influence de *bogue*, n.f.). INFORM. Défaut de conception ou de réalisation d'un programme, se manifestant par des anomalies de fonctionnement. SYN. : *bug.*

BOGUET n.m. **1.** Suisse. Arg. Cyclomoteur. **2.** → ***boghei.***

1. BOHÈME [bɔɛm] adj. et n. (de *Bohême*). Vieilli. Non-conformiste, dont les habitudes de vie sont irrégulières.

2. BOHÈME [bɔɛm] n.f. *La bohème* : le milieu des artistes, des écrivains, etc., qui mènent une vie au jour le jour, en marge du conformisme social et de la respectabilité ; ce genre de vie.

BOHÊME adj. HIST. *Frères bohêmes* → ***morave*** (Frères moraves).

BOHÉMIEN, ENNE adj. et n. **1.** De Bohême. **2. a.** Rom. **b.** Péj. Vagabond.

BOILLE [bɔj] ou **BOUILLE** n.f. Suisse. Grand bidon cylindrique servant à transporter du lait.

1. BOIRE v.t. (lat. *bibere*) [108]. **1.** Avaler un liquide. *Boire du thé. Boire un verre d'eau.* – Absolt. Absorber de l'alcool avec excès. ◇ *Il y a à boire et à manger*, des avantages et des inconvénients, du vrai et du faux. – *Boire les paroles de qqn* : l'écouter très attentivement, avec admiration. **2.** Absorber un liquide. *Papier qui boit l'encre.*

2. BOIRE n.m. Fait de boire ; ce qu'on boit. *Être si occupé que l'on en perd le boire et le manger.*

BOIS n.m. (bas lat. *boscus*, germ. *bosk*). **I.** Lieu, terrain couvert ou planté d'arbres. *Un bois de châtaigniers. Le bois de Boulogne.* **II.1.** Matière compacte et ligneuse, plus ou moins dure, composant le tronc, les racines et les branches des arbres, recouverte de l'écorce et qui transporte la sève. *Bois de menuiserie, de placage, de charpente.* – *Bois de Panamá* : écorce d'une rosacée du Chili, aux propriétés analogues à celles du savon. ◇ *Toucher du bois* : conjurer le mauvais sort en touchant un objet en bois. – Fam. *Avoir la gueule de bois* : avoir mal à la tête et la langue pâteuse après des excès d'alcool. – *N'être pas de bois* : être vulnérable aux tentations (notamm. d'ordre érotique). **2.a.** Objet ou partie d'un objet en bois. *Bois de raquette.* **b.** Club de golf à tête en bois, destiné aux coups les plus longs. **c.** Gravure sur bois.

bobsleigh

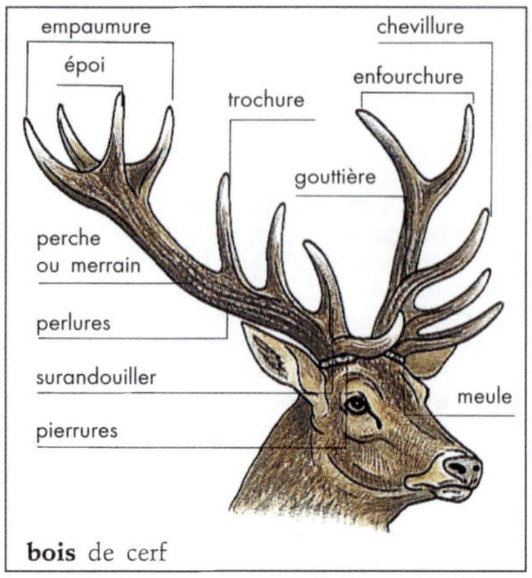

bois de cerf

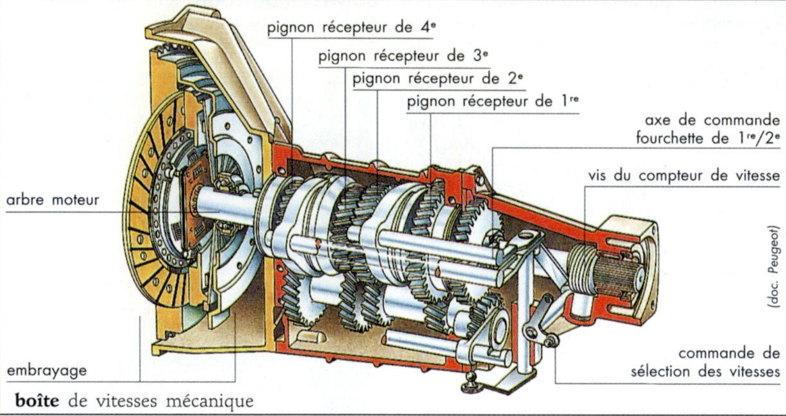

boîte de vitesses mécanique

◆ pl. **1.** Famille des instruments à vent, en bois (hautbois, clarinette, cor anglais, basse) ou dont le timbre est comparable à celui des instruments en bois (flûte, saxophone). **2.** Cornes caduques des cervidés.

BOISAGE n.m. MENUIS. Action de boiser ; son résultat. ◇ Spécialt. Ensemble des éléments de soutènement (en bois ou en métal) des chantiers d'exploitation et des galeries d'une mine.

BOISÉ, E adj. Couvert d'arbres. *Pays boisé.*

BOISEMENT n.m. Plantation d'arbres forestiers.

BOISER v.t. **1.** Planter (un lieu, un terrain) d'arbres. **2.** MENUIS. Renforcer, étayer, soutenir par un boisage.

BOISERIE n.f. Ouvrage de menuiserie dont on revêt les murs intérieurs d'une habitation ; lambris.

BOISEUR n.m. Ouvrier spécialisé chargé de réaliser le boisage de galeries, de tranchées, etc.

BOISSEAU n.m. (lat. *buxitellum*). **1.** Anc. Mesure de capacité pour les grains et les matières analogues, restée en usage dans les pays anglo-saxons pour les céréales ; récipient, instrument de mesure de cette capacité. (Le boisseau de Paris contenait environ 12,5 l.) ◇ *Mettre, garder, cacher qqch sous le boisseau :* mentir, dissimuler qqch. **2.** Trou conique d'un robinet dans lequel tourne la clé. **3.** Élément de construction, tuyau court permettant de construire par emboîtage les conduits de fumée, les conduites des lieux d'aisances.

BOISSELIER n.m. Artisan, ouvrier en boissellerie.

BOISSELLERIE n.f. Fabrication et commerce des menus objets en bois (bobines, pinces à linge, boîtes, etc.). ◇ Spécialt, anc. Fabrication et commerce des objets en bois déroulé (boisseaux, tamis).

BOISSON n.f. (du lat. *bibere,* boire). **1.** Liquide que l'on boit. **2.** Liquide alcoolisé destiné à la consommation. *Impôt sur les boissons.* – *Être pris de boisson :* être ivre. **3.** *La boisson :* l'alcoolisme. *Santé ruinée par la boisson.*

BOÎTE n.f. (lat. *buxida,* gr. *puxis*). **1.** Contenant en matière rigide (bois, métal, carton, plastique, etc.), avec ou sans couvercle, de forme et de dimensions variables. *Boîte à outils. Boîte d'allumettes.* – *Boîte aux lettres,* destinée à recevoir les lettres que l'on expédie par la poste ; en informatique, espace de mémoire de masse réservé à une personne pour y stocker les messages qu'elle envoie ou qu'elle reçoit via un service de messagerie électronique. – Contenu d'une boîte. *Manger une boîte de chocolats.* ◇ Fam. *Mettre qqn en boîte,* le plaisanter, se moquer de lui. **2.** TECHN. *Boîte de vitesses :* organe renfermant les trains d'engrenages du changement de vitesse. ◇ *Boîte d'essieu :* dispositif qui reçoit l'extrémité de l'essieu d'un véhicule ferroviaire et qui en assure le graissage sur les paliers. ◇ *Boîte noire :* appareil enregistreur placé à bord d'un avion, d'un camion, etc., qui permet de connaître les conditions de déroulement d'un trajet, les circonstances d'un accident, etc. ◇ *Boîte à rythmes,* instrument de musique électronique contenant des sons de batterie et de percussions. **3.** Fam. Lieu de travail, entreprise ; école. **4.** *Boîte crânienne :* partie du crâne contenant l'encéphale. **5.** *Boîte de nuit* ou *boîte :* établissement ouvert la nuit, où l'on peut écouter de la musique, danser et boire.

BOITEMENT n.m. Action de boiter.

BOITER v.i. (p.-ê. de [*pied*] *bot*). **1.** Marcher en inclinant le corps d'un côté plus que de l'autre (à cause d'une infirmité, d'une blessure, d'une gêne momentanée). **2. a.** Manquer d'aplomb, d'équilibre. *Chaise qui boite.* **b.** Manquer de rigueur. *Raisonnement qui boite.*

BOITERIE n.f. Irrégularité de la démarche d'une personne, d'un cheval qui boite.

BOITEUX, EUSE adj. et n. Qui boite.

BOÎTIER n.m. **1.** Boîte, coffre à compartiments. **2.** Boîte renfermant un mécanisme, une pile, etc. *Boîtier de lampe de poche, de montre.* **3.** Corps d'un appareil photographique, sur lequel s'adapte l'objectif.

BOITILLEMENT n.m. Boitement léger.

BOITILLER v.i. Boiter légèrement.

BOITON n.m. (mot gaul.). Suisse. Porcherie.

BOIT-SANS-SOIF n. inv. Pop. Personne qui boit de l'alcool avec excès.

BOITTE n.f. → ***boette.***

1. BOL n.m. (angl. *bowl,* jatte). **1.** Récipient hémisphérique, sans anse, plus ou moins grand, pour contenir certaines boissons ; son contenu. *Un bol de lait.* ◇ Fam. *En avoir ras le bol :* ne plus supporter qqch, être excédé. **2.** Fam. Chance. *Avoir du bol, manquer de bol.*

2. BOL n.m. (gr. *bôlos,* motte). **1.** *Bol alimentaire :* masse d'aliments correspondant à une déglutition. **2.** Argile ocreuse non plastique. **3.** Anc. Grosse pilule.

BOLCHEVIQUE ou **BOLCHEVIK** adj. et n. De la fraction du parti ouvrier social-démocrate russe qui suivit Lénine après la scission avec les mencheviks (1903) ; du parti communiste de Russie, puis d'U.R.S.S.

BOLCHEVISME n.m. Courant politique issu de l'Internationale socialiste et dominé par la personnalité et les théories de Lénine.

BOLCHEVISTE adj. et n. Vx. Du bolchevisme ; partisan du bolchevisme.

BOLDO n.m. Arbre du Chili dont les feuilles, utilisées en infusion, ont des propriétés cholérétiques.

BOLDUC [bɔldyk] n.m. (de *Bois-le-Duc,* v. des Pays-Bas). Ruban pour ficeler les paquets.

BOLÉE n.f. Contenu d'un bol.

BOLÉRO n.m. (esp. *bolero,* de *bola,* boule). **1.** Danse d'origine andalouse, à trois temps, au rythme accentué ; air sur lequel elle se danse. **2.** Veste droite, non boutonnée, s'arrêtant à la taille.

bolets

BOLET n.m. (lat. *boletus*). Champignon basidiomycète charnu, à spores contenues dans des tubes, dont certaines espèces sont comestibles (parmi celles-ci, plusieurs sont dénommées *cèpes*).

BOLIDE n.m. (lat. *bolis, -idis,* trait). **1.** Véhicule très rapide. **2.** Météore particulièrement brillant offrant l'aspect d'une boule de feu.

BOLIER ou **BOULIER** n.m. Grand filet de pêche en forme de nappe que les bateaux traînent sur le sable le long des côtes.

BOLIVAR n.m. (de *Simón Bolívar*) [sens 1, pl. *bolivares*]. **1.** Unité monétaire principale du Venezuela. (→ ***monnaie.***) **2.** Chapeau haut de forme, évasé et à larges bords (XIXe s.).

BOLIVIANO n.m. Unité monétaire principale de la Bolivie. (→ ***monnaie.***)

BOLIVIEN, ENNE adj. et n. De Bolivie.

BOLLANDISTE n.m. Membre d'une société, créée au XVIIe s. par le jésuite Jean Bolland, qui assure la publication critique des *Acta sanctorum* (Vies des saints).

BOLLARD n.m. Gros fût cylindrique en acier coulé et à tête renflée, implanté dans un quai pour l'amarrage des navires.

BOLOGNAIS, E adj. *Sauce bolognaise,* à base de tomates et de viande hachée. (Spécialité italienne.)

BOLOMÈTRE n.m. Appareil à résistance électrique servant à mesurer l'énergie rayonnante (infrarouge, visible et ultraviolet).

BOLONAIS, E adj. et n. De Bologne.

1. BOMBAGE n.m. VERR. Cintrage au four des feuilles de verre.

2. BOMBAGE n.m. Action d'écrire, de dessiner avec de la peinture en bombe sur un mur, dans un lieu public ; son résultat.

BOMBAGISTE n.m. (de 1. *bomber*). Ouvrier mettant en forme des plaques de verre par ramollissement à chaud sur des formes appropriées.

BOMBANCE n.f. (anc. fr. *bobance,* altéré par *bombe*). Fam., vieilli. Repas copieux, festin, banquet. – *Faire bombance :* manger beaucoup.

BOMBARDE n.f. **1. a.** Instrument à vent en bois à anche double, de tonalité grave. **b.** Jeu d'orgue assurant la basse du grand jeu. **2.** Bouche à feu primitive tirant des boulets de pierre (XIVe-XVIe s.).

bombarde (XIVe s.)

BOMBARDEMENT n.m. **1.** Action de bombarder ; attaque d'un objectif avec des bombes, des projectiles explosifs. – *Bombardement stratégique,* visant à détruire le potentiel de guerre et les ressources économiques de l'adversaire. – *Bombardement tactique,* limité à des objectifs purement militaires, à la destruction des forces armées adverses. **2.** PHYS. NUCL. Projection sur une cible de particules émises par une substance radioactive ou accélérées par des appareils spéciaux (cyclotron, etc.).

BOMBARDER v.t. (lat. *bombus,* bruit sourd). **1.** Attaquer (un objectif) avec des bombes, des projectiles explosifs. **2.** Lancer en grand nombre des projectiles sur. *On les a bombardées de confettis.* – Fig. Accabler ; harceler. *Bombarder qqn de compliments, de questions.* **3.** Nommer soudainement (qqn) à un poste, à un emploi. *On l'a bombardé préfet.* **4.** PHYS. Projeter des particules, animées de très grandes vitesses, sur (une cible).

BOMBARDIER n.m. **1.** Avion de bombardement. – *Bombardier d'eau :* avion équipé de réservoirs d'eau, utilisé pour la lutte contre les incendies de forêt. **2.** Membre de l'équipage d'un avion chargé du largage des bombes. **3.** Insecte coléoptère qui produit une légère détonation en projetant par l'anus un liquide acide.

BOMBARDON n.m. Contrebasse de bombarde, employée dans les fanfares.

1. BOMBE n.f. (it. *bomba*). **1. a.** Projectile creux chargé de matière explosive ou incendiaire, lancé autref. par des canons, auj. par des avions ; tout projectile explosif. *Attentat à la bombe.* – *Bombe nucléaire,* dont la puissance explosive utilise l'énergie nucléaire. (On distingue les *bombes de fission,* dites *atomiques* ou *A,* et les *bombes de fusion,* dites *thermonucléaires* ou *H.*) [→ ***nucléaire.***] ◇ Fam. *Faire l'effet d'une bombe :* provoquer la stupéfaction, le scandale. **b.** *Bombe volcanique :* morceau de lave projeté par un volcan et qui se solidifie dans l'air. **2.** Récipient métallique contenant un liquide sous pression (insecticide, désodorisant, etc.) destiné à être vaporisé. *Bombe de laque, de peinture.* **3.** *Bombe calorimétrique :* récipient d'un calorimètre mesurant le pouvoir calorifique d'un combustible. **4.** Coiffure hémisphérique rigide, à visière, que portent les cavaliers. **5.** *Bombe glacée :* entremets de glace en forme de demi-sphère ou de cône.

2. BOMBE n.f. (de *bombance*). Fam. *Faire la bombe :* festoyer.

BOMBÉ, E adj. Arrondi, renflé. ◇ *Arc bombé :* arc segmentaire.

BOMBEMENT n.m. Fait d'être bombé ; convexité. *Le bombement d'une chaussée.*

1. BOMBER v.t. **1.** Rendre convexe (une partie du corps). *Bomber la poitrine, le torse.* **2.** Cintrer, donner une forme convexe à. *Bomber du verre.* ◆ v.i. **1.** Présenter une convexité. *Mur qui bombe.* **2.** Fam. Aller très vite.

2. BOMBER v.t. Tracer, dessiner avec de la peinture en bombe. *Bomber un slogan.*

BOMBONNE n.f. → ***bonbonne.***

BOMBYX n.m. (gr. *bombux,* ver à soie). Genre de papillons dont l'espèce la plus connue, le *bombyx du mûrier,* a pour chenille le ver à soie.

BÔME n.f. (néerl. *boom,* arbre). MAR. Espar horizontal sur lequel est enverguée la partie basse d'une voile aurique ou triangulaire. SYN. (vieilli) : *gui.*

BÔMÉ, E adj. MAR. Muni d'une bôme. *Foc bômé.*

1. BON, BONNE adj. (lat. *bonus*). **1.** Qui convient, qui présente les qualités requises par sa nature, sa fonction, sa destination. *Une bonne terre. Un bon médecin.* **2.** Qui procure de l'agrément, du plaisir. *Un bon spectacle.* **3.** Conforme à la norme, à la morale ; qui se distingue par ses qualités propres. *Un bon fils. Une bonne action.* **4.** Qui aime à faire le bien, généreux, charitable. *Une personne bonne pour les autres.* **5.** Qui marque un degré important, une intensité élevée. *Une bonne grippe. Deux bons kilomètres. Faire bonne mesure.* ◇ *C'est bon :* c'est suffisant ; d'accord. **6.** SPORTS. Se dit de la balle tombée dans les limites du jeu, notamm. au tennis, au tennis de table, au volley-ball. **7.** *Bon pour... :* formule dont on fait précéder sa signature sur un acte unilatéral que l'on n'a pas écrit en entier de sa main. ◆ n.m. Personne vertueuse, qui pratique le bien (surtout au masc. pl.). *Les bons et les méchants.* ◆ adv. *Il fait bon :* le temps est doux, agréable. – *Sentir bon :* avoir une odeur agréable. – *Tenir bon :* ne pas lâcher prise, résister. ◆ loc. adv. *Pour de bon, tout de bon :* réellement, sérieusement. ◆ interj. (Exprimant une décision, une constatation, etc.). *Bon ! je crois qu'elle ne viendra pas aujourd'hui.*

2. BON n.m. **1.** Ce qui est bon, agréable. *En toutes choses, il y a du bon et du mauvais.* **2.** Document qui autorise à recevoir qqch. *Bon d'alimentation.* – *Bon de caisse :* bon à ordre ou au porteur émis par une entreprise en contrepartie d'un prêt, portant intérêts et remboursable à une échéance fixe. – *Bon du Trésor :* titre représentant un emprunt à court terme émis par l'État pour financer sa trésorerie. **3.** IMPR. *Bon à composer, à graver, à tirer* (ou *B.A.T.*) : formule d'acceptation portée par le client sur une épreuve, indiquant à l'imprimeur qu'il peut effectuer la composition, la gravure, le tirage.

BONACE n.f. (du lat. *malacia,* calme de la mer, avec l'influence de *bon*). Vieilli. Calme plat, en mer.

BONAMIA n.f. Parasite de l'huître plate apparu en 1979 dans les élevages bretons et dont les ravages ont été considérables.

BONAPARTISME n.m. **1.** Attachement à la dynastie de Napoléon Bonaparte. **2.** Forme de gouvernement autoritaire et plébiscitaire, ratifiée par le suffrage universel.

BONAPARTISTE adj. et n. Relatif au bonapartisme ; partisan du bonapartisme.

BONASSE adj. (de *bonace*). Péj. Trop bon, bon par faiblesse ; qui exprime ce caractère.

BONASSERIE n.f. Rare. Caractère bonasse.

BONBON n.m. (redoublement de *bon*). **1.** Confiserie, friandise, plus ou moins dure, sucrée et aromatisée. **2.** Belgique. Gâteau sec.

BONBONNE ou **BOMBONNE** n.f. (prov. *boumbouno*). Bouteille de contenance variable, souvent de forme renflée.

BONBONNIÈRE n.f. Boîte qui contient habituellement des bonbons.

BON-CHRÉTIEN n.m. (pl. *bons-chrétiens*). Poire d'une variété assez grosse et très estimée, dite aussi *poire Williams.*

BOND n.m. **1.** Mouvement brusque de détente des membres inférieurs ou arrière par lequel une personne ou un animal s'élance vers l'avant, saute ; progression, déplacement rapide vers l'avant, vers le haut. *Elle a fait un bond de deux mètres.* ◇ *Faire faux bond à qqn :* manquer à un engagement qu'on a pris envers lui. **2.** Rebondissement. *Bonds et rebonds d'une balle élastique.* **3.** Fig. Progrès brusque et important, hausse. *Bond en avant de l'industrie.* **4.** MIL. Chacune des étapes successives de la progression d'une formation au combat.

BONDE n.f. (mot gaul.). **1.** Pièce métallique scellée à l'orifice d'écoulement d'un évier, d'un appareil sanitaire. **2.** Trou rond dans une des douves d'un tonneau, pour le remplir ; bouchon qui ferme ce trou. **3.** Fermeture du trou d'écoulement des eaux d'un étang.

BONDÉ, E adj. (de *bonde*). Plein, qui ne peut contenir davantage. *Train bondé.*

BONDELLE n.f. Poisson du genre corégone, vivant dans le lac de Neuchâtel.

BONDÉRISATION n.f. (angl. *to bond,* lier). Transformation chimique d'une surface métallique opérée avant peinture ou vernissage.

BONDÉRISÉ, E adj. Qui a subi une bondérisation.

BONDIEUSERIE n.f. Fam. et péj. **1.** Dévotion démonstrative et superficielle. **2.** Objet de piété de mauvais goût.

BONDIR v.i. (lat. *bombire,* faire du bruit). **1.** Faire un ou plusieurs bonds, sauter ; s'élancer, se précipiter. **2.** Fig. Sursauter sous le coup d'une émotion violente. *Bondir d'indignation.*

BONDISSEMENT n.m. Rare. Action de bondir.

BONDON n.m. Bouchon de la bonde d'un tonneau.

BONDRÉE n.f. (breton *bondrask*). *Bondrée apivore :* buse à longue queue, qui se nourrit de couvains d'abeilles et de guêpes.

BON ENFANT adj. inv. D'une gentillesse pleine de bienveillance. *Elle est assez bon enfant. Un air bon enfant.*

BONGO n.m. Instrument de percussion d'origine latino-américaine, constitué par deux petits tambours fixés l'un à l'autre.

BONHEUR n.m. (de *bon* et *heur*). **1.** État de complète satisfaction, de plénitude. **2.** Chance, circonstance favorable ; joie, plaisir. *Nous avons eu le bonheur de la rencontrer.* ◇ *Au petit bonheur (la chance) :* au hasard. – *Par bonheur :* heureusement.

BONHEUR-DU-JOUR n.m. (pl. *bonheurs-du-jour*). Petit bureau de dame portant, en retrait, un gradin à casiers (XVIIIe s.).

bonheur-du-jour d'époque Louis XVI
(anc. coll. Kraemer)

BONHOMIE n.f. Caractère d'une personne bonhomme, de ses manières.

1. BONHOMME n.m., **BONNE FEMME** n.f. (pl. *bonshommes* [bɔ̃zɔm], *bonnes femmes*). **1.** Fam. Personne, individu (jugé sympathique ou, au contraire, inspirant la réserve ou la méfiance). *C'est une sacrée bonne femme. Ce bonhomme me fait peur.* ◇ *Un petit bonhomme, une petite bonne femme :* un petit garçon, une petite fille. – *Un grand bonhomme :* qqn qu'on admire, respecte. – *Aller son petit bonhomme de chemin,* tranquillement, sans se hâter. **2.** (Au masc.). Représentation humaine grossièrement dessinée ou façonnée. ◇ PSYCHOL. *Test du bonhomme,* consistant en un dessin d'un « bonhomme » que l'on demande à un enfant de réaliser afin d'évaluer le stade de son évolution affective et intellectuelle. (Cette évaluation se fonde sur l'analyse des éléments constitutifs du corps humain sexué qui apparaissent.)

2. BONHOMME adj. Qui exprime la franchise, la simplicité. *Un air bonhomme.*

BONI n.m. (lat. *boni,* génitif de *bonum,* bien) [pl. *bonis*]. **1.** Excédent de la dépense prévue sur les sommes réellement dépensées. **2.** Bénéfice.

BONICHE n.f. → ***bonniche.***

BONICHON n.m. Fam. Petit bonnet.

BONIFICATION n.f. **1.** Avantage, points supplémentaires accordés à un concurrent dans une épreuve sportive. **2.** *Bonification d'intérêts :* prise en charge par le Trésor d'une fraction des intérêts dus par certains emprunteurs. **3.** GÉOGR. Ensemble de travaux destinés à assécher et à assainir des marais.

BONIFIÉ, E adj. **1.** Amélioré. **2.** *Taux bonifié,* inférieur aux taux pratiqués sur le marché.

BONIFIER v.t. (de *bon*). Rendre meilleur. *Bonifier des terres.* ◆ **se bonifier** v.pr. Devenir meilleur. *Le vin se bonifie en vieillissant.*

BONIMENT n.m. (arg. *bonir,* parler). Péj. Discours habile et trompeur pour flatter, séduire ou convaincre.

BONIMENTER v.i. Faire du, des boniments.

BONIMENTEUR, EUSE n. Personne qui bonimente.

BONITE n.f. (esp. *bonito*). Thon de la Méditerranée. (Long. 0,60 m à 1 m.) SYN. : ***pélamide.***

BONJOUR n.m. (Pour saluer qqn qu'on rencontre dans la journée). *Bonjour, comment allez-vous ? Donner, souhaiter le bonjour, dire bonjour.*

BON MARCHÉ adj. inv. Qui n'est pas cher, que l'on peut acquérir pour peu d'argent. *Des denrées bon marché.*

BONNE n.f. **I.** *Bonne à tout faire* ou *bonne :* employée de maison chargée des travaux de ménage. **II. 1.** Fam. Bonne histoire (amusante, pittoresque, etc.). *Je vais vous en raconter une bonne.* **2.** Pop. *Avoir qqn à la bonne,* l'apprécier, le considérer avec sympathie.

BONNE-MAMAN n.f. (pl. *bonnes-mamans*). Fam. (terme d'affection). Grand-mère.

BONNEMENT adv. *Tout bonnement :* tout simplement.

BONNET n.m. (mot germ.). **1.** Coiffure souple et sans bords, qui emboîte la tête. *Bonnet de ski.* – *Bonnet à poil* ou *bonnet d'ourson :* coiffure militaire, portée notamm. par la Garde napoléonienne. – *Bonnet de nuit,* porté autrefois pour dormir. ◇ Fam. *Avoir la tête près du bonnet :* se mettre facilement en colère. – Fam. *C'est bonnet blanc et blanc bonnet :* c'est la même chose, le résultat est le même. – Fam. *Deux têtes sous un même, sous un seul bonnet :* deux personnes complices, toujours du même avis. – Fam. *Gros bonnet :* personne importante. – Fam. *Prendre sous son bonnet,* sous sa responsabilité. **2.** Chacune des poches d'un soutien-gorge. **3.** ZOOL. Seconde poche de l'estomac des ruminants.

BONNET-DE-PRÊTRE n.m. (pl. *bonnets-de-prêtre*). **1.** Fruit du pâtisson. **2.** Fusain (arbrisseau).

BONNETEAU n.m. Jeu d'argent dans lequel le parieur doit repérer une des trois cartes que le bonneteur retourne et intervertit rapidement sous ses yeux.

BONNETERIE [bɔnɛtri] ou [bɔntri] n.f. Industrie, commerce des articles d'habillement en étoffe à mailles ; ces articles (bas, chaussettes, maillots, slips, etc.).

BONNETEUR n.m. Celui qui tient les cartes et prend les paris, au bonneteau.

BONNETIER, ÈRE n. Fabricant, marchand d'articles en tricot et de lingerie.

BONNETIÈRE n.f. Étroite et haute armoire à coiffes, auj. à linge.

BONNETTE n.f. **1.** PHOT. Lentille dont on coiffe un objectif pour en modifier la distance focale. **2.** MAR. Petite voile carrée supplémentaire, en toile légère, installée au vent arrière de part et d'autre des voiles principales pour augmenter la surface de la voilure. **3.** FORTIF. Petit ouvrage avancé.

BONNICHE ou **BONICHE** n.f. Pop. et péj. Employée de maison, bonne à tout faire.

BON-PAPA n.m. (pl. *bons-papas*). Fam. (terme d'affection). Grand-père.

BONSAÏ [bɔ̃zaj] n.m. (mot jap., *arbre en pot*). Arbre nain obtenu par la taille des racines et des rameaux, et la ligature des tiges.

BONSOIR n.m. (Pour saluer qqn qu'on rencontre ou dont on se sépare le soir). *Bonsoir, rentrez bien. Dire bonsoir.*

BONTÉ n.f. (lat. *bonitas,* de *bonus,* bon). Caractère d'une personne bonne, bienveillante. ◆ pl. Manifestations de bienveillance. *Vos bontés me touchent.*

BONUS [bɔnys] n.m. (mot lat., *bon*). **1.** Réduction de la prime d'assurance automobile accordée par l'assureur aux assurés qui ne déclarent pas de sinistre. CONTR. : *malus.* **2.** Fig. Ce qui vient en plus ou en mieux dans un montant, un résultat ; amélioration.

BONZE, BONZESSE n. (port. *bonzo,* du jap. *bozu*). Religieux ou religieuse bouddhiste. ◆ n.m. Fam., péj. Personne qui aime à donner des leçons, qui parle avec emphase.

BONZERIE n.f. Monastère de bonzes.

BOOGIE-WOOGIE [bugiwugi] n.m. (mot anglo-amér.) [pl. *boogie-woogies*]. Style de jazz, né vers 1930 aux États-Unis, d'abord au piano puis à l'orchestre, qui donna naissance à une danse très rythmée, sur des airs de ce style.

BOOK [buk] n.m. (abrév.). Press-book.

BOOKMAKER [bukmɛkœr] n.m. (mot angl.). Professionnel recevant les paris sur les champs de courses (activité soumise en France à une autorisation préalable).

BOOLÉEN, ENNE [buleɛ̃, ɛn] ou **BOOLIEN, ENNE** [buljɛ̃, ɛn] adj. **1.** Relatif aux théories de George Boole. **2.** MATH. *Variable booléenne,* susceptible de prendre deux valeurs s'excluant mutuellement (par exemple 0 et 1).

BOOM [bum] n.m. (mot anglo-amér.). Hausse soudaine, développement rapide (des valeurs en Bourse, en particulier). *Le boom des naissances après la guerre.*

BOOMER [bumœr] n.m. (mot angl.). [Anglic. déconseillé]. Haut-parleur de graves. SYN. : *woofer.*

BOOMERANG [bumrɑ̃g] n.m. (d'une langue d'Australie). **1.** Arme de jet des aborigènes d'Australie, faite d'une lame étroite de bois coudée, capable en tournant sur elle-même de revenir à son point de départ. ◇ Engin pour le jeu et le sport analogue à cette arme ; jeu, sport consistant à le lancer. **2.** Fig. Acte, parole hostile qui se retourne contre son auteur.

BOOSTER [bustœr] n.m. (mot angl.). **1.** ASTRONAUT. Propulseur auxiliaire destiné à accroître la poussée d'une fusée, notamm. au décollage. Recomm. off. : *propulseur auxiliaire, pousseur.* **2.** Amplificateur additionnel destiné à accroître la puissance d'un autoradio et à améliorer la qualité du son fourni. Recomm. off. : *suramplificateur.*

BOOTLEGGER [butlegœr] n.m. Contrebandier d'alcool, pendant la période de la prohibition aux États-Unis.

BOOTS [buts] n.m. pl. (mot angl., *bottes*). Bottes courtes s'arrêtant au-dessus des chevilles, généralement portées avec un pantalon.

BOP ou **BE-BOP** [bibɔp] n.m. (onomat.). Style de jazz, né à New York v. 1944, caractérisé par le développement de la section rythmique et l'apparition de dissonance (quinte diminuée) et de chromatisme.

BOQUETEAU n.m. Petit bois, bouquet d'arbres isolé.

BORA n.f. (mot slovène). Vent froid et sec venant de l'Europe centrale, soufflant l'hiver, en direction de l'Adriatique, sur la Dalmatie.

BORAIN, E adj. et n. → ***borin.***

BORANE n.m. Composé de bore et d'hydrogène (nom générique).

BORASSUS [bɔrasys] ou **BORASSE** n.m. Palmier de l'Inde et d'Afrique, fournissant un bourgeon et des fruits comestibles, dont la sève sert à préparer une boisson. SYN. : *rônier.*

BORATE n.m. Sel de l'acide borique.

BORATÉ, E adj. Qui contient un borate.

BORAX n.m. (ar. *bawraq*). Borate hydraté de sodium $Na_2B_4O_7,10H_2O$.

BORBORYGME n.m. (gr. *borborugmos*). **1.** Bruit causé par le déplacement des gaz et des liquides dans le tube digestif ; gargouillis. **2.** (Souvent au pl.). Parole incompréhensible, son que l'on ne peut identifier.

BORCHTCH ou **BORTSCH** [bɔrtʃ] n.m. Potage russe à base de chou, de betterave et de crème aigre.

BORD n.m. (mot francique). **1.** Partie qui borde, forme le pourtour, la limite d'une surface, d'un objet. *Bord d'une table, d'un chapeau.* – *À pleins bords :* à flots, sans obstacle. – Fam. *Sur les bords :* légèrement, un peu. – *Bord d'attaque, de fuite :* partie frontale, postérieure d'une aile d'avion. **2.** Rivage, côte, berge d'une étendue d'eau. *Les bords du Rhin. Le bord de mer.* ◇ *Être au bord de* (+ n.) : sur le point de (+ inf.). *Être au bord des larmes.* **3.** Côté d'un bateau. *Prendre de la gîte sur un bord puis sur l'autre.* ◇ (Considéré par rapport au vent). *Virer de bord :* changer d'amure. – Fig., cour. Changer d'opinion, de parti. **4.** Le bateau lui-même. *Les hommes du bord.* – Anc. *Vaisseau de haut bord :* bateau de guerre à plusieurs ponts. ◇ Fam. *Être du bord de qqn, du même bord,* de son avis. ◇ *Être à bord de (un véhicule),* à l'intérieur. **5.** MAR. Bordée.

BORDAGE n.m. **1.** MAR. Chacune des planches ou des tôles longitudinales recouvrant la charpente d'un navire (et qui forme, avec d'autres, le *bordé*). **2.** Canada. Bordure gelée des rivières.

BORDE ou **BORDERIE** n.f. HIST. Petite exploitation agricole.

BORDÉ n.m. MAR. Ensemble des bordages d'un navire.

BORDEAUX [bɔrdo] n.m. Vin récolté dans la région de Bordeaux. ◆ adj. inv. Rouge foncé tirant sur le violet.

BORDÉE n.f. (de *bord*). **1.** MAR. **a.** Distance parcourue entre deux virements de bord par un navire qui louvoie. *Courir, tirer une bordée.* SYN. : *bord.* – Fig., fam. *Tirer une bordée :* descendre à terre pour boire et s'amuser, en parlant des marins. **b.** Chacune des deux parties d'un équipage organisées en vue du quart à la mer. **2.** Anc. **a.** Ensemble des canons rangés sur chaque bord d'un navire. **b.** Décharge simultanée des canons d'une même batterie. ◇ Pop. *Une bordée de (injures, jurons, etc.) :* une grande quantité de. ◇ Canada. *Bordée de neige :* chute de neige très abondante.

BORDEL n.m. (prov. *bordelou*). **1.** Vulg. Maison de prostitution. **2.** Très fam. Grand désordre. *Attends une minute, je range un peu mon bordel.*

BORDELAIS, E adj. et n. De Bordeaux, de sa région.

BORDELAISE n.f. **1.** Futaille employée dans le commerce des vins de Bordeaux et qui contient de 225 à 230 litres. **2.** Bouteille de forme spéciale et d'une contenance de 68 à 72 centilitres.

BORDÉLIQUE adj. Très fam. Où règne un grand désordre ; qui est très désordonné.

BORDER v.t. **1.** Garnir le bord de, faire une bordure à. *Border le col d'une robe de dentelle. Border une pelouse de tulipes.* **2.** *Border un lit, qqn (dans son lit) :* replier le bord des draps et des couvertures sous le matelas. **3.** Occuper le bord, se tenir sur le bord de. *Tours qui bordent la Seine.* **4.** MAR. **a.** *Border une voile,* en raidir l'écoute ou les écoutes (par opp. à *choquer*). **b.** Mettre en place le bordé de (un bateau).

BORDEREAU n.m. Document d'enregistrement, état récapitulatif d'opérations financières, commerciales, etc.

BORDERIE n.f. → ***borde.***

BORDERLINE [bɔrdœrlajn] n.m. (mot angl., *ligne de démarcation*). **1.** MÉD. Forme intermédiaire entre deux affections différentes. **2.** PSYCHIATRIE. Structure pathologique de la personnalité, où sont juxtaposés des éléments d'ordre névrotique et des éléments psychotiques, et qui constituerait une organisation de défense contre la psychose. SYN. : *cas, état limite.*

BORDET-WASSERMANN (RÉACTION DE) : réaction sérologique spécifique de la syphilis. Abrév. : *B. W.*

1. BORDIER, ÈRE adj. (de *bord*). *Mer bordière :* mer située en bordure d'un continent. ◆ adj. et n. Suisse. Riverain.

2. BORDIER, ÈRE n. (du francique *borda,* cabane). Vx et dial. Métayer, métayère.

BORDIGUE ou **BOURDIGUE** n.f. (prov. *bourdigo*). Enceinte de claies, sur le bord de la mer, pour prendre ou garder du poisson.

BORDURE n.f. **1.** Partie la plus excentrique d'une surface ; bord, lisière. *La bordure d'un bois.* – *En bordure de :* le long de, immédiatement à l'extérieur. *Maison en bordure de route.* ◇ MAR. Lisière inférieure d'une voile. **2.** Ce qui garnit le bord de qqch ; ce qui marque le bord, la limite de qqch. *Bordure de fleurs.* – *Bordure de trottoir :* rangée de pierres longues sur le bord d'un trottoir.

BORE n.m. (de *borax*). Non-métal solide, dur et noirâtre, de densité 2,4, qui s'apparente au carbone ou au silicium, mais qui est trivalent ; élément chimique (B) de numéro atomique 5, de masse atomique 10,81.

BORÉAL, E, ALS ou **AUX** adj. (gr. *boreas,* vent du nord). Du nord ; qui se situe au nord de l'équateur. *Hémisphère boréal.* CONTR. : *austral.*

BORÉE n.m. Litt. Vent du nord.

BORGNE adj. et n. Qui ne voit que d'un œil. ◆ adj. **1.** À demi bouché. *Fenêtre borgne.* ◇ TECHNOL. *Trou borgne,* qui ne traverse pas complètement une pièce. **2.** *Hôtel borgne,* mal famé, sordide.

BORIE n.f. (mot prov.). En Provence, construction traditionnelle en pierres sèches.

BORIN, E ou **BORAIN, E** adj. et n. Du Borinage.

BORIQUE adj. *Acide borique :* acide oxygéné dérivé du bore (H_3BO_3).

BORIQUÉ, E adj. Qui contient de l'acide borique.

BORNAGE n.m. **1.** Opération qui consiste à mettre en place des bornes délimitant une propriété privée. **2.** Anc. Navigation de bâtiments de faible tonnage dans un rayon de 100 milles autour du port d'attache.

BORNE n.f. (lat. *bodina,* mot gaul.). **1.** Pierre, maçonnerie destinée à matérialiser la limite d'un terrain, à marquer un repère, à barrer un passage, etc. *Chaîne tendue entre deux bornes.*

– *Borne kilométrique,* indiquant sur les routes les distances entre les localités. ◇ Fam. Kilomètre. *Faire cinq bornes à pied.* **2.** Dispositif évoquant par sa forme une borne. *Borne d'incendie. Borne d'alarme.* **3.** (Souvent pl.) Limite. *Les bornes de la connaissance.* – *Ambition sans bornes,* infinie, illimitée. – *Dépasser, franchir les bornes :* aller au-delà de ce qui est juste, permis, convenable. ◇ MATH. *Borne supérieure (inférieure) d'un ensemble ordonné* A : le plus petit (le plus grand), s'il existe, des majorants (des minorants) de A. **4.** ÉLECTR. Point ou composant d'un circuit destiné à établir une connexion. **5.** TÉLÉCOMM., INFORM. *Borne interactive :* appareil équipé d'un écran vidéo et d'un ordinateur spécifique, qui permet de délivrer à un utilisateur des informations sur un ou plusieurs sujets donnés. **6.** Siège collectif circulaire, à dossier central.

BORNÉ, E adj. **1.** Limité, restreint. *Choix borné. Horizon borné.* **2.** Limité intellectuellement ; d'esprit étroit, obtus. **3.** MATH. Se dit d'un ensemble ayant une borne inférieure et une borne supérieure.

BORNE-FONTAINE n.f. (pl. *bornes-fontaines*). Petite fontaine en forme de borne.

BORNER v.t. **1.** Délimiter à l'aide de bornes ; marquer la limite de. *Borner un champ. La place est bornée de vieilles maisons.* **2.** Restreindre, enfermer dans des limites. *Borner ses recherches à l'essentiel.* ◆ **se borner** v.pr. *(à).* Se contenter de, s'en tenir à ; se limiter à. *Je me borne à vous mettre en garde. Ses visites se bornent à quelques minutes par mois.*

BORNOYER v.i. (de *borgne*) [13]. Viser d'un œil, en fermant l'autre, pour vérifier si une ligne est droite, si une surface est plane. ◆ v.t. Tracer, placer en ligne droite avec des jalons par le même procédé. *Bornoyer les arbres d'une allée.*

BOROSILICATE n.m. Combinaison d'un borate avec un silicate.

BOROSILICATÉ, E adj. *Verre borosilicaté :* verre à base de borosilicate utilisé pour la verrerie culinaire.

BOROUGH [bɔrɔ] n.m. (mot angl.). Circonscription administrative du Grand Londres et de New York.

BORRAGINACÉE ou **BORRAGINÉE** n.f. (lat. *borrago, -ginis,* bourrache). *Borraginacées* ou *borraginées :* famille de plantes dicotylédones velues comprenant la bourrache, le myosotis, la pulmonaire, la consoude.

BORRÉLIOSE n.f. Maladie infectieuse due à des spirochètes, transmise par les poux ou les tiques, et se manifestant par des poussées fébriles successives.

BORT [bɔr] n.m. Diamant à usage industriel.

BORTSCH n.m. → *borchtch.*

BORURATION n.f. MÉTALL. Procédé de cémentation par le bore.

BORURE n.m. Composé de bore et d'un autre corps simple.

BOSCO n.m. MAR. Maître de manœuvre.

BOSCOT, OTTE adj. et n. Pop., vieilli. Bossu.

BOSCOYO n.m. Louisiane. Racine aérienne du cipre.

BOSKOOP [bɔskɔp] n.f. (d'une ville des Pays-Bas). Pomme d'une variété à chair ferme.

BOSNIAQUE ou **BOSNIEN, ENNE** adj. et n. De la Bosnie.

BOSON n.m. (de *S. Bose*). Toute particule obéissant à la statistique de Bose-Einstein (mésons, photons, etc.).

BOSQUET n.m. (it. *boschetto*). Groupe d'arbres ou d'arbustes, petit bois.

BOSS n.m. (mot anglo-amér.). Fam. Patron.

BOSSAGE n.m. **1.** ARCHIT. Saillie en pierre laissée à dessein sur le nu d'un mur pour recevoir des sculptures ou servir d'ornement. – *Bossage rustique,* dont le parement est laissé brut, non dressé. **2.** MÉCAN. Partie saillante d'une pièce.

BOSSA-NOVA n.f. (mot port.) [pl. *bossas-novas*]. Musique de danse brésilienne proche de la samba ; cette danse.

BOSSE n.f. (du francique *botan,* frapper). **1.** Enflure qui apparaît à la suite d'un coup. *Se faire une bosse au front.* **2.** Grosseur anormale au dos, due à une déformation vertébrale. ◇ *Rouler sa bosse :* mener une vie aventureuse, voyager beaucoup. **3.** Protubérance naturelle sur le dos de certains animaux. *La bosse du dromadaire.* **4.** Relief naturel du crâne humain ; fig., fam., disposition innée dont ce relief serait le signe. *Avoir la bosse du commerce, des mathématiques.* **5.** Élévation, saillie arrondie. *Les creux et les bosses d'un terrain.* **6.** MAR. Cordage, filin court, dont une extrémité tient à un point fixe du bateau, et servant à divers usages. *Bosse d'amarrage, de remorque. Bosse de ris.* **7.** CH. DE F. *Bosse de débranchement :* portion de voie en dos-d'âne, placée, dans un triage, en tête du faisceau de débranchement, et sur laquelle on pousse par refoulement les trains dont les attelages ont été convenablement coupés. SYN. : *butte de gravité.*

BOSSELAGE n.m. ORFÈVR. Travail du métal en relief.

BOSSELER v.t. [24]. Déformer par des bosses.

BOSSELLEMENT n.m. Action de bosseler ; état de ce qui est bosselé.

BOSSELURE n.f. Ensemble des bosses d'une surface.

1. BOSSER v.t. MAR. Fixer avec une bosse.

2. BOSSER v.i. (de *bosser du dos,* être courbé). Fam. Travailler.

BOSSETTE n.f. **1.** Ornement en saillie des deux côtés d'un mors de cheval. **2.** Petit renflement sur la détente d'une arme à feu, qui prévient le tireur de l'imminence du départ du coup.

BOSSEUR, EUSE adj. et n. Fam. Qui travaille beaucoup.

BOSSOIR n.m. Appareil de levage servant à hisser ou à mettre à l'eau une embarcation, ou à la manœuvre des ancres.

BOSSU, E adj. et n. Qui a une bosse, par suite d'une déformation de la colonne vertébrale ou du sternum ; contrefait. ◇ Fam. *Rire comme un bossu,* beaucoup, à gorge déployée.

BOSSUER v.t. Déformer par des bosses ; bosseler, cabosser.

BOSTON [bɔstɔ̃] n.m. (de la ville de *Boston*). Valse lente.

BOSTONNER v.i. Danser le boston.

BOSTRYCHE [bɔstriʃ] n.m. (gr. *bostrukhos,* boucle de cheveux). Insecte coléoptère à élytres rouges et corselet velu, qui attaque le bois de certains arbres. (Long. 1 cm.)

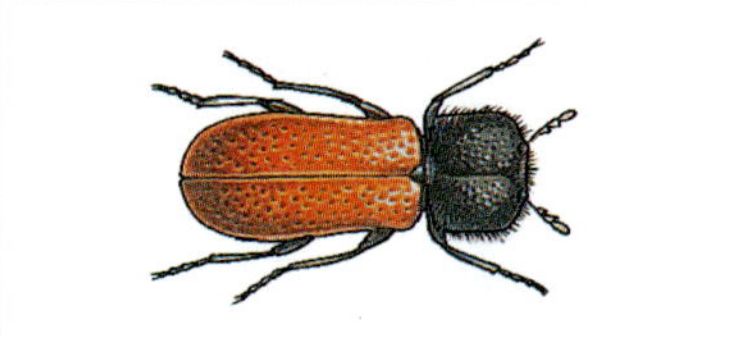
bostryche

BOT, E adj. (germ. *butta,* émoussé). *Pied bot, main bote,* affectés d'une déformation congénitale due à la rétraction de certains muscles et à des malformations osseuses.

BOTANIQUE n.f. (du gr. *botanon,* plante). Science qui étudie les végétaux. ◆ adj. Relatif à l'étude des végétaux. *Jardin botanique.* ◇ *Plante botanique :* plante d'ornement vendue sous sa forme sauvage.

BOTANISTE n. Spécialiste de botanique.

BOTHRIOCÉPHALE n.m. (du gr. *bothrion,* petite cavité, et *kephalê,* tête). Ver voisin du ténia, pouvant atteindre 15 m, parasite de l'intestin de l'homme et de quelques mammifères et dont la larve a pour hôtes certains poissons d'eau douce. (Classe des cestodes ; la contamination s'opère par l'absorption de poissons mal cuits.)

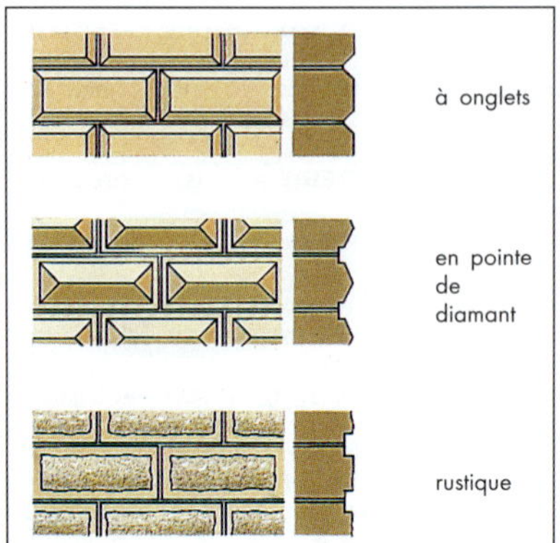

bossages

BOTRYTIS [-tis] n.m. (du gr. *botrus,* grappe). Champignon discomycète, dont une espèce produit la *muscardine* sur le ver à soie et une autre la *pourriture noble* sur la vigne.

BOTSWANAIS, E adj. et n. Du Botswana.

1. BOTTE n.f. (néerl. *bote,* touffe de lin). **1.** Assemblage de végétaux de même nature liés ensemble. *Botte de paille. Botte de radis.* **2.** Arg. scol. Ensemble des élèves sortis les premiers de l'École polytechnique. *Être, sortir dans la botte.*

2. BOTTE n.f. (it. *botta,* coup). **1.** Coup de pointe donné avec le fleuret ou l'épée. **2.** Fig. Attaque vive et imprévue propre à déconcerter l'adversaire, l'interlocuteur.

3. BOTTE n.f. (p.-ê. de *bot*). Chaussure à tige montante qui enferme le pied et la jambe généralement jusqu'au genou. *Bottes de cuir, de caoutchouc. Bottes de cavalier.* – *Être à la botte de qqn,* lui être entièrement dévoué ou soumis. – *Sous la botte :* opprimé militairement. *Pays sous la botte de l'occupant.* – CHORÉGR. *Temps de bottes :* pas caractéristique des danses du folklore russe et d'Europe centrale.

BOTTELAGE n.m. Action de botteler.

BOTTELER v.t. [24]. Lier en bottes.

BOTTELEUR, EUSE n. et adj. Personne qui bottelle.

BOTTELEUSE n.f. Machine à botteler.

BOTTER v.t. **1.** Chausser de bottes. **2.** Fam. Donner un coup de pied à, dans. *Se faire botter les fesses.* **3.** Fam. Convenir, plaire. *Ça me botte.*

BOTTEUR n.m. Joueur chargé de transformer les essais, de tirer les pénalités, au rugby.

BOTTIER n.m. Spécialiste de la confection de chaussures et de bottes sur mesure.

BOTTILLON n.m. Chaussure à tige montante généralement fourrée.

BOTTIN n.m. (nom déposé ; du nom de *S. Bottin,* qui publia le premier annuaire en France). **1.** Annuaire téléphonique. **2.** *Bottin mondain :* répertoire des gens du monde, de l'aristocratie.

BOTTINE n.f. Chaussure montante très ajustée sur le pied. *Bottines à boutons, à élastiques.*

BOTULIQUE ou **BOTULINIQUE** adj. Relatif au botulisme. – *Bacille botulique :* bacille anaérobie qui se développe dans les conserves mal stérilisées.

BOTULISME n.m. (du lat. *botulus,* boudin). Intoxication grave causée par la toxine du bacille botulique, et entraînant des paralysies.

BOUBOU n.m. Longue tunique flottante portée en Afrique noire.

BOUBOULER v.i. (onomat.). Pousser son cri, en parlant du hibou.

BOUC n.m. (gaul. *bucco*). **1.** Mâle de la chèvre. **2.** *Bouc émissaire :* personne rendue responsable de toutes les fautes, de tous les torts (par allusion à la coutume biblique qui consistait à charger un bouc de tous les péchés d'Israël et à le chasser dans le désert). **3.** Barbiche. *Porter le bouc.*

1. BOUCAN n.m. (d'une langue d'Amérique). Viande fumée des Indiens d'Amérique.

2. BOUCAN n.m. (it. *baccano,* tapage). Fam. Bruit, vacarme.

BOUCANAGE n.m. Action de boucaner.

BOUCANER v.t. (de 1. *boucan*). Fumer (de la viande, du poisson).

BOUCANIER n.m. **1.** Aventurier qui chassait le bœuf sauvage aux Antilles pour boucaner la viande ou faire le commerce des peaux. **2.** Pirate, aventurier.

BOUCAU n.m. (gascon *bouco,* bouche). Région. (Midi). Entrée d'un port.

BOUCAUD ou **BOUCOT** n.m. Région. Crevette grise.

BOUCHAGE n.m. Action de boucher.

BOUCHAIN n.m. MAR. Partie courbe de la carène d'un navire comprise entre les fonds et la partie verticale de la muraille.

BOUCHARDE n.f. **1.** Marteau de tailleur de pierre à deux têtes, carrées et découpées en pointes de diamant. **2.** Rouleau de métal dont la périphérie est munie d'aspérités régulières pour lisser une surface en mortier.

BOUCHARDER v.t. Travailler avec la boucharde.

BOUCHE n.f. (lat. *bucca*). **1.** Cavité formant le segment initial du tube digestif de l'homme et de certains animaux, permettant l'ingestion des aliments et assurant notamment des fonctions respiratoires et de phonation. *Porter un aliment à la bouche.* – *Faire venir l'eau à la bouche :* exciter l'appétit, allécher. – *Pour la bonne bouche :* pour la fin. – *Fermer la bouche à qqn,* le faire taire. – *De bouche à oreille :* oralement et, souvent, confidentiellement. **2.** Les lèvres. *Bouche fine, charnue.* **3.** Personne (qui mange). *Avoir des bouches à nourrir.* – *Fine bouche :* gourmet. – *Faire la fine bouche :* faire le difficile. **4.** Orifice, ouverture d'une cavité, d'un conduit. *Bouche d'un four. Bouche de métro. Bouche d'aération.* – *Bouche d'incendie :* prise d'eau à l'usage des pompiers. **5.** ARM. Partie du canon d'une arme à feu par où sort le projectile. ◇ *Bouche à feu :* arme à feu non portative. ◆ pl. **1.** Embouchure d'un fleuve. *Les bouches de l'Amazone.* **2.** Entrée d'un golfe, d'un détroit. *Les bouches de Bonifacio.*

BOUCHÉ, E adj. **1.** Fermé, obstrué. *Tuyau, lavabo bouché. Horizon, avenir bouché.* – *Ciel, temps bouché,* couvert, sans visibilité. **2.** *Vin, cidre bouché,* conservé en bouteilles fermées d'un bouchon de liège. **3.** Fam. Qui comprend lentement, obtus.

BOUCHE-À-BOUCHE n.m. inv. Méthode de respiration artificielle fondée sur le principe d'une ventilation par l'air expiré du sauveteur.

BOUCHE-À-OREILLE n.m. inv. Transmission orale d'une information de personne à personne, de bouche à oreille.

BOUCHÉE n.f. **1.** Quantité d'aliments portée à la bouche en une fois. – *Mettre les bouchées doubles :* aller plus vite. – *Ne faire qu'une bouchée de :* vaincre très facilement. – *Pour une bouchée de pain :* pour presque rien. **2. a.** Croûte en pâte feuilletée garnie de compositions diverses. *Bouchée à la reine.* **b.** Gros bonbon de chocolat fourré.

BOUCHE-PORES n.m. inv. PEINT. Enduit spécial destiné à obturer les pores de la surface des bois et autres matériaux poreux avant de les peindre, ainsi qu'à égaliser leur état de surface.

1. BOUCHER v.t. (de l'anc. fr. *bousche,* gerbe). **1.** Fermer (une ouverture) ; obturer. *Boucher une fente. Boucher une bouteille.* **2.** Fermer, barrer l'accès de, obstruer. *La foule bouchait la rue.* ◇ *Boucher la vue :* faire écran.

2. BOUCHER n.m. **1.** Commerçant qui prépare et vend au détail la viande de bœuf, de veau, de mouton et de cheval. **2.** Fig. Homme cruel, sanguinaire. ◇ Fam. Chirurgien, dentiste maladroit.

BOUCHÈRE n.f. Femme d'un boucher.

BOUCHERIE n.f. **1.** Commerce de la viande. **2.** Boutique où l'on vend de la viande. **3.** Fig. Massacre, carnage. *Envoyer des troupes à la boucherie.*

BOUCHE-TROU n.m. (pl. *bouche-trous*). Personne ou objet qui ne sert qu'à combler une place vide, à figurer, à faire nombre.

BOUCHOLEUR ou **BOUCHOTEUR** n.m. Personne qui pratique l'élevage des moules sur les bouchots.

BOUCHON n.m. **I. 1.** Ce qui sert à boucher, à obturer un orifice ; pièce de liège ou d'une autre matière qui se loge dans le goulot d'une bouteille, d'un flacon. *Bouchon de réservoir d'essence. Bouchon de carafe.* **2.** Jeu consistant à renverser avec un palet un bouchon supportant des pièces de monnaie. **3.** Flotteur d'une ligne de pêche. **4.** Ce qui obstrue, engorge un conduit ou une voie de circulation. *Bouchon de cérumen. Automobilistes retardés par un bouchon.* **II.** Poignée de paille tortillée servant notamment à essuyer et frictionner un cheval. ◇ *Bouchon de linge :* linge chiffonné, roulé en tapon. *Laisser du linge en bouchon.*

BOUCHONNÉ, E adj. *Vin bouchonné,* qui a un goût de bouchon.

BOUCHONNEMENT ou **BOUCHONNAGE** n.m. Action de bouchonner un animal.

BOUCHONNER v.t. **1.** Frotter (un animal) avec un bouchon de paille pour enlever la sueur ou la malpropreté. **2.** *Bouchonner du linge,* le mettre en bouchon, le chiffonner. ◆ v.i. Former un embouteillage.

BOUCHONNIER, ÈRE n. Fabricant, vendeur de bouchons de liège.

BOUCHOT n.m. (mot poitevin). Ensemble de pieux enfoncés dans la vase et souvent réunis par des clayonnages, sur lesquels se fait l'élevage des moules.

BOUCHOTEUR n.m. → ***boucholeur.***

BOUCLAGE n.m. **1.** Action de boucler ; son résultat. **2.** Canalisation assurant une alimentation de secours entre deux réseaux.

BOUCLE n.f. (lat. *buccula,* de *bucca,* bouche). **1.** Anneau ou rectangle métallique muni d'une traverse avec un ou plusieurs ardillons, servant à assujettir les deux extrémités d'une courroie, d'une ceinture, etc. ; objet d'ornement en forme d'anneau. *Boucle de ceinturon. Boucles d'oreilles.* **2.** Ce qui s'enroule en forme d'anneau ; ligne courbe qui se recoupe. *Faire une boucle avec une corde.* – *Boucle de cheveux :* mèche de cheveux enroulée sur elle-même. ◇ Méandre accentué d'un cours d'eau. *Les boucles de la Seine.* ◇ Vieilli. Cercle vertical décrit par un avion. SYN. : *looping.* **3.** Itinéraire qui ramène au point de départ. ◇ INFORM. Ensemble d'instructions d'un programme dont l'exécution est répétée jusqu'à la vérification d'un critère donné ou l'obtention d'un certain résultat. ◇ CYBERN. Suite d'effets telle que le dernier de ces effets réagit sur le premier. **4.** *En boucle,* se dit d'un mode de diffusion dans lequel une séquence est répétée plusieurs fois. *Cours de la Bourse qui défilent en boucle.*

BOUCLÉ, E adj. Qui a des boucles. *Cheveux bouclés. Enfant bouclé.*

BOUCLEMENT n.m. Action de boucler un animal.

BOUCLER v.t. **1.** Serrer, assujettir avec une boucle. *Boucler sa ceinture.* ◇ *Boucler sa valise, ses bagages,* les fermer en vue du départ. ◇ Fam. Fermer. *Boucler sa porte.* ◇ Pop. *La boucler :* se taire. **2.** Fam. Enfermer de façon contraignante. *Boucler qqn.* **3.** Encercler (une zone) pour la contrôler par des forces militaires ou de police. *Boucler un quartier.* **4.** Donner la forme d'une boucle. *Boucler ses cheveux.* **5.** Accomplir (un parcours, une tâche) ; terminer, achever. – *Boucler la boucle :* revenir à son point de départ. – *Boucler un journal, une édition :* terminer la composition ; insérer le dernier élément pour en assurer la fabrication. ◇ *Boucler son budget :* équilibrer les recettes et les dépenses. **6.** VÉTÉR. Passer un anneau dans le nez d'un animal (taureau, en partic.). ◆ v.i. **1.** Former des boucles ; onduler. *Ses cheveux bouclent naturellement.* **2.** INFORM. Entrer dans un processus de calcul sans fin, génér. par suite d'une erreur de programmation.

BOUCLETTE n.f. Petite boucle.

BOUCLIER n.m. (anc. fr. *escu bocler,* écu garni d'une boucle). **1.** Arme défensive portée au bras pour parer les coups de l'adversaire. ◇ *Levée de boucliers :* protestation générale contre un projet, une mesure. **2.** Tout dispositif de protection. – *Bouclier thermique :* blindage des cabines spatiales ou des ogives de missiles balistiques, pour les protéger contre l'échauffement lors de la rentrée dans l'atmosphère. ◇ Plaque de blindage protégeant les servants d'un canon. ◇ Appareil protecteur mobile, servant à étayer les terrains meubles dans le percement des souterrains. **3.** Fig. Moyen de protection, défense. *Le bouclier atomique.* **4.** GÉOL. Vaste surface constituée de terrains très anciens nivelés par l'érosion. *Le bouclier canadien.*

BOUCOT n.m. → ***boucaud.***

BOUDDHA n.m. **1.** Dans le bouddhisme, celui qui s'éveille à la connaissance parfaite de la vérité. **2.** Statue, statuette religieuse représentant un bouddha.

BOUDDHIQUE adj. Relatif au bouddhisme.

BOUDDHISME n.m. Religion et philosophie orientale (Inde, Chine, Japon, etc.), fondée par le Bouddha (Śākyamuni).

■ La doctrine bouddhiste se veut une réponse à la douleur, identifiée avec l'existence elle-même. Pour sortir du cycle des naissances et des morts, c'est-à-dire atteindre le nirvana, il faut commencer par se libérer de la cause de la souffrance, c'est-à-dire du désir, lié intimement à la vie. Il existe deux grands courants bouddhistes : celui du Petit Véhicule (hinayana) et celui du Grand Véhicule (mahayana).

BOUDDHISTE adj. et n. Qui appartient au bouddhisme.

BOUDER v.i. Marquer du dépit, de la mauvaise humeur par une attitude renfrognée. ◆ v.t. Montrer son mécontentement, son indifférence à l'égard de (qqn, qqch), en l'évitant.

BOUDERIE n.f. Action de bouder, dépit ; fâcherie.

BOUDEUR, EUSE adj. et n. Qui boude.

BOUDIN n.m. (de *bod,* onomat. exprimant le gonflement). **1.** Préparation de charcuterie cuite, à base de sang et de gras de porc, mise dans un boyau. – *Boudin blanc,* fait avec une farce à base de viande blanche maigre, principalement de volaille. ◇ Fam. *S'en aller, tourner en eau de boudin :* finir par un échec. **2.** Tout objet long et cylindrique. – *Ressort à boudin,* constitué d'un fil métallique roulé en hélice. **a.** Mèche ou fusée employée pour la mise à feu d'une mine. **b.** ARCHIT. Moulure demi-cylindrique. **c.** Saillie interne de la jante d'une roue de véhicule ferroviaire, assurant son maintien sur les rails. SYN. : *mentonnet.*

BOUDINAGE n.m. Action de boudiner.

BOUDINÉ, E adj. **1.** En forme de boudin, gros. *Des doigts boudinés.* **2.** Serré dans des vêtements étriqués.

BOUDINER v.t. **1.** TECHN. Faire traverser une filière à une matière malléable pour lui donner la forme d'un cylindre de section déterminée ; extruder. **2.** Fam. Serrer de manière à faire saillir des bourrelets. *Cette robe te boudine.*

BOUDINEUSE n.f. Machine servant au boudinage.

BOUDOIR n.m. **1.** Petit salon de dame. **2.** Biscuit allongé saupoudré de sucre.

BOUE n.f. (gaul. *bawa*). **1.** Terre ou poussière détrempée d'eau. *La boue des chemins.* **2.** GÉOL. **a.** Dépôt fin imprégné d'eau. **b.** Dépôt des grands fonds océaniques. **3.** Dépôt qui se forme au fond d'un récipient. *Boue d'un encrier.* **4.** Fig., litt. État d'abjection, de bassesse ou de profonde misère. *Tomber dans la boue.* – *Traîner qqn dans la boue,* l'accabler de propos infamants.

BOUÉE n.f. (germ. *baukn*). **1.** Corps flottant constitué le plus souvent d'un anneau gonflable en matière souple (caoutchouc, plastique, etc.), qui sert à maintenir une personne à la surface

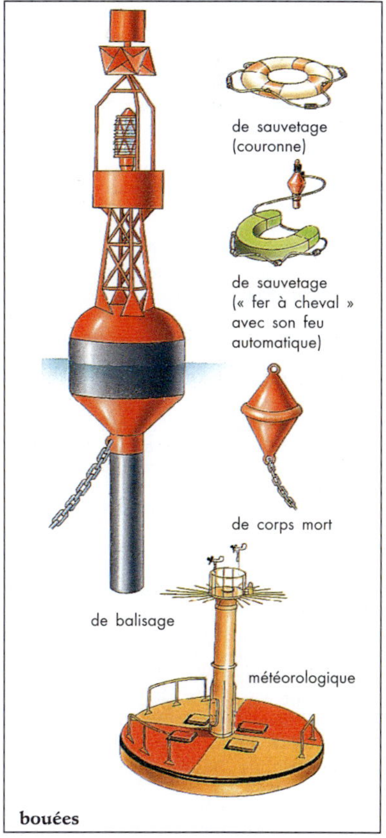

bouées

de l'eau. ◇ *Bouée de sauvetage :* appareil flottant destiné à être jeté à une personne tombée à l'eau ; fig., ce qui peut tirer qqn d'une situation désespérée. *Ce chèque a été ma bouée de sauvetage.* **2.** Corps flottant disposé en mer pour repérer un point, marquer un danger, supporter certains appareils de signalisation, etc. *Bouée lumineuse. Bouée à cloche.*

BOUETTE n.f. → ***boette.***

1. BOUEUX, EUSE adj. Couvert ou taché de boue, plein de boue. *Chemin boueux.*

2. BOUEUX ou, vx, **BOUEUR** n.m. Fam. Éboueur.

BOUFFANT, E adj. **1.** Qui bouffe, qui est comme gonflé. *Cheveux bouffants. Manche bouffante.* **2.** *Papier bouffant :* papier sans apprêt, à l'aspect granuleux.

BOUFFARDE n.f. Fam. Grosse pipe.

1. BOUFFE adj. (it. *opera buffa,* opéra comique). *Opéra bouffe* → ***opéra.***

2. BOUFFE ou **BOUFFETANCE** n.f. Fam. Nourriture ; repas.

BOUFFÉE n.f. (de *bouffer*). **1.** Exhalaison ou inspiration par la bouche ou par le nez. *Aspirer, souffler une bouffée de tabac.* **2.** Mouvement passager de l'air. *Bouffée d'air frais, de fumée.* **3.** Accès brusque et passager. *Bouffée de fièvre, de colère.* – *Bouffée de chaleur :* sensation d'échauffement du visage. – PSYCHIATRIE. *Bouffée délirante :* bref épisode délirant apparaissant brutalement et disparaissant sans laisser de trace.

BOUFFER v.i. (onomat.). Se gonfler, prendre un certain volume. *Faire bouffer ses cheveux. Robe qui bouffe.* ◆ v.t. Fam. **a.** Manger. **b.** Consommer. *Une voiture qui bouffe beaucoup d'essence.* **c.** Absorber. *Se laisser bouffer par son travail.* ◆ **se bouffer** v.pr. Pop. *Se bouffer le nez :* se disputer.

BOUFFETANCE n.f. → ***2. bouffe.***

BOUFFETTE n.f. Petite touffe de rubans, petite houppe de laine, de soie, employée comme ornement.

BOUFFEUR, EUSE adj. et n. Fam. Mangeur. ◇ *Bouffeur de curé :* anticlérical.

BOUFFI, E adj. **1.** Gonflé, enflé, boursouflé. *Des yeux bouffis.* – *Bouffi d'orgueil :* d'une grande vanité. **2.** *Hareng bouffi* ou *bouffi,* n.m. : hareng saur peu fumé.

BOUFFIR v.t. et i. (onomat.). Enfler, devenir enflé. *Visage qui bouffit.*

BOUFFISSAGE n.m. Préparation des harengs bouffis.

BOUFFISSURE n.f. Enflure.

1. BOUFFON n.m. (it. *buffone*). **1.** Personnage de farce. **2.** Personnage grotesque que les rois entretenaient auprès d'eux pour les divertir. **3.** *Querelle des bouffons :* guerre esthétique qui opposa, à Paris, au milieu du XVIIIe s. les partisans de la musique française à ceux de la musique italienne.

2. BOUFFON, ONNE adj. Plaisant, facétieux ; qui prête au gros rire. *Histoire bouffonne.*

BOUFFONNEMENT adv. De manière bouffonne.

BOUFFONNER v.i. Litt. Faire ou dire des bouffonneries.

BOUFFONNERIE n.f. Action ou parole bouffonne ; caractère de ce qui est bouffon.

BOUGAINVILLÉE [bugɛ̃vile] n.f. ou **BOUGAINVILLIER** [bugɛ̃vilje] n.m. (de *Bougainville,* le navigateur). Plante grimpante originaire d'Amérique, cultivée comme plante ornementale pour ses larges bractées d'un rouge violacé. (Famille des nyctaginacées.)

BOUGE n.m. (lat. *bulga*). **I. 1.** Partie la plus renflée d'un tonneau. **2.** Convexité transversale des ponts d'un navire. **II.** Logement malpropre, taudis ; café, bar misérable et mal fréquenté.

BOUGÉ n.m. PHOT. Mouvement de l'appareil photo au moment du déclenchement, qui produit une image floue.

BOUGEOIR n.m. (de *bougie*). Petit chandelier sans pied, muni d'un anneau ou d'un manche.

BOUGEOTTE n.f. Fam. Manie de bouger sans cesse ; envie de se déplacer, de voyager ; difficulté à tenir en place. *Avoir la bougeotte.*

BOUGER v.i. (lat. *bullire,* bouillir) [17]. **1.a.** Faire un mouvement, remuer. *Il bouge sans cesse. Que personne ne bouge !* **b.** Fam. Sortir de chez soi, d'un lieu. *Je n'ai pas bougé de la journée.* **2.** Changer, se modifier ; s'altérer. *Tissu qui bouge, ne bouge pas au lavage.* **3.** Agir, passer à l'action, notamm. pour protester. *Le peuple bouge.* ◆ v.t. Remuer ; déplacer, transporter. *Il n'a pas bougé le petit doigt. Ne bougez rien.* ◆ **se bouger** v.pr. Fam. Se remuer, agir. – *Bouge-toi de là :* va-t'en !

BOUGIE n.f. (de *Bougie,* ville d'où l'on exportait beaucoup de cire). **1.** Bâtonnet cylindrique de cire, de paraffine, etc., entourant une mèche et fournissant une flamme qui éclaire. **2.** Pièce d'allumage électrique d'un moteur à explosion. **3.** CHIR. Sonde flexible ou rigide. **4.** Anc. Unité de mesure d'intensité lumineuse (auj. *candela*).

BOUGNAT [buɲa] n.m. Fam., vieilli. Débitant de boissons et marchand de charbon, souvent d'origine auvergnate.

BOUGON, ONNE adj. et n. (onomat.). Fam. Grognon, de mauvaise humeur.

BOUGONNEMENT n.m. Attitude, propos de qqn qui bougonne.

BOUGONNER v.t. et i. Fam. Murmurer, gronder entre ses dents.

BOUGONNEUR, EUSE adj. et n. Qui bougonne.

BOUGRAN n.m. (altér. de *Boukhara*). Tissu très fin fabriqué autrefois à Boukhara.

BOUGRE, ESSE n. (bas lat. *bulgarus,* bulgare). Fam. **1.** Vieilli. Gaillard, individu. *Ah ! le bougre !* **2.** *Bon bougre :* brave type. ◇ *Il n'est pas mauvais bougre :* il est plutôt brave. **3.** *Bougre de :* espèce de. *Bougre d'idiot.* ◆ interj. (Exprimant la surprise, l'admiration). Vieilli. *Bougre ! Quelle belle femme !*

BOUGREMENT adv. Fam. Très.

BOUI-BOUI n.m. (pl. *bouis-bouis*). Fam. Petit café, restaurant de quartier (emploi souvent péj.).

BOUIF n.m. Arg. Cordonnier.

BOUILLABAISSE n.f. (prov. *bouiabaisso*). Plat provençal préparé à partir de divers poissons cuits dans de l'eau ou du vin blanc et relevé d'ail, de safran, d'huile d'olive, etc.

BOUILLANT, E adj. **1.** Qui bout. *Huile bouillante.* **2.** Très chaud. **3.** Fig. Emporté, ardent. *Caractère bouillant.*

BOUILLASSE n.f. Fam. Boue.

BOUILLAUD (MALADIE DE) : rhumatisme articulaire aigu.

1. BOUILLE n.f. Fam. Visage, expression du visage.

2. BOUILLE n.f. → ***boille.***

BOUILLEUR n.m. **1.** Rare. Distillateur d'eau-de-vie. ◇ Cour. *Bouilleur de cru :* propriétaire qui a le droit de distiller son propre marc, ses propres fruits (privilège non transmissible depuis 1960). **2. a.** Cylindre destiné à augmenter la surface de chauffe d'une chaudière. **b.** Élément d'une machine frigorifique à absorption dans lequel la vapeur du frigorigène est extraite par chauffage de l'absorbant pour alimenter le condenseur.

bougainvillée

1. BOUILLI, E adj. Qui a bouilli. ◇ Anc. *Cuir bouilli :* cuir de vache préparé et durci par ébullition pour la confection d'objets moulés.

2. BOUILLI n.m. Viande bouillie. *Bouilli de bœuf.*

BOUILLIE n.f. **1.** Aliment plus ou moins pâteux composé de farine, de lait ou d'eau bouillis ensemble, notamment pour les enfants en bas âge. ◇ *En bouillie :* écrasé. – Fam. *C'est de la bouillie pour les chats :* c'est un récit, un texte confus, inintelligible. **2.** Pâte très fluide. ◇ *Bouillie bordelaise :* préparation à base de chaux et de sulfate de cuivre pour traiter les vignes. **3.** *Bouillie explosive :* explosif semi-liquide, qu'on peut injecter dans un trou de mine.

BOUILLIR v.i. (lat. *bullire*) [48]. **1.** (En parlant d'un liquide). Être agité sous l'effet de la chaleur, en dégageant des bulles de vapeur qui crèvent en surface. *L'eau pure bout à 100 °C sous la pression atmosphérique normale.* ◇ Fig. *Bouillir (de colère, d'impatience, etc.) :* être violemment ému par. – *Avoir le sang qui bout dans les veines :* être plein d'énergie, de fougue. **2.** Être chauffé, cuit dans un liquide qui bout. *Les légumes bouillent.* **3.** Contenir un liquide qui bout. *La casserole bout.* ◇ Fam. *Faire bouillir la marmite :* assurer la subsistance de la maisonnée, de la famille. ◆ v.t. Fam. Faire bouillir. *Bouillir du linge.*

BOUILLISSAGE n.m. TECHN. **1.** Première phase du blanchiment de la pâte à papier. **2.** Précipitation des sels de calcium d'un jus sucré par ébullition, en sucrerie.

BOUILLOIRE n.f. Récipient en métal pour faire bouillir de l'eau.

BOUILLON n.m. (de *bouillir*). **1. a.** Aliment liquide obtenu en faisant bouillir dans l'eau de la viande, des légumes. ◇ Fig., fam. *Boire un bouillon :* avaler de l'eau en nageant ; essuyer un échec, un revers, souvent financier. – *Bouillon d'onze heures :* breuvage empoisonné. **b.** *Bouillon de culture :* liquide préparé comme milieu de culture bactériologique ; fig., milieu favorable à qqch. **2. a.** Bulle qui s'élève à la surface d'un liquide bouillant (surtout au pl.). *Cuire à gros bouillons.* **b.** Flot d'un liquide, d'un courant qui s'écoule vivement. **3.** Fam. Ensemble des exemplaires invendus d'un journal, etc. **4.** COUT. Pli bouffant d'une étoffe.

BOUILLON-BLANC n.m. (mot gaul.) [pl. *bouillons-blancs*]. Plante couverte d'un duvet blanc, à fleurs jaunes, poussant dans les lieux incultes. (Haut. jusqu'à 2 m ; famille des verbascacées, genre *molène.*)

BOUILLONNANT, E adj. Qui bouillonne.

BOUILLONNÉ n.m. COUT. Bande de tissu froncée en bouillons.

BOUILLONNEMENT n.m. État de ce qui bouillonne ; effervescence. *Le bouillonnement des esprits.*

BOUILLONNER v.i. (de *bouillon*). **1.** Produire des bouillons, être en effervescence. *Le torrent bouillonne.* ◇ Fig. S'agiter. *Mille pensées bouillonnent en lui. Bouillonner de colère.* **2.** PRESSE. Prendre un bouillon, avoir beaucoup d'invendus. ◆ v.t. COUT. Faire des bouillons, un bouillonné à.

BOUILLOTTE n.f. **1.** Récipient pouvant contenir de l'eau chaude ou appareil électrique pour se réchauffer, chauffer un lit. SYN. : *moine.* **2.** Bouilloire.

BOUILLOTTER v.i. Bouillir doucement, à petits bouillons.

BOUKHA n.f. Eau-de-vie de figue fabriquée en Tunisie.

BOULAIE n.f. Terrain planté de bouleaux.

BOULANGE n.f. Fam. Métier ou commerce de boulanger. ◇ *Bois de boulange :* bois pour chauffer le four à pain.

1. BOULANGER v.i. et t. (picard *boulenc*) [17]. Faire du pain.

2. BOULANGER, ÈRE n. Personne qui fait et vend du pain. ◆ adj. Relatif à la boulangerie. ◇ *Pommes boulangères :* pommes de terre en tranches fines cuites au beurre, souvent avec des oignons.

BOULANGÈRE n.f. Femme du boulanger.

BOULANGERIE n.f. **1.** Boutique du boulanger. **2.** Profession du boulanger ; industries qui s'y rattachent.

BOULANGISME n.m. Mouvement politique réunissant divers opposants nationalistes et antiparlementaires autour du général Boulanger (1885-1889).

BOULANGISTE adj. et n. Du boulangisme.

BOULBÈNE n.f. (mot gascon). Terre siliceuse, sablo-argileuse, acide.

BOULDER [buldɛr] n.m. GÉOL. Cailloutis d'origine morainique.

1. BOULE n.f. (lat. *bulla*). **I.** Objet sphérique. *Boule d'ivoire.* **1. a.** Sphère de bois ou de métal destinée à rouler. *Boule de pétanque.* **b.** *La boule :* jeu de casino dans lequel les numéros gagnants sont désignés par une boule lancée dans un plateau en forme de cuvette comportant neuf cases. **c.** *Boule de loto :* jeton, sphère utilisés au jeu de loto. ◇ Fam. *Les yeux en boules de loto,* exorbités. **2.** (Pour divers usages). *Boule de lit,* décorative. ◇ Boule creuse pour préparer un bouillon, une infusion. *Boule à légumes. Boule à thé.* **II.** Objet approximativement sphérique. *Boule de neige.* – *Faire boule de neige :* grossir, prendre de l'ampleur, comme une boule de neige roulant le long d'une pente. – *Vente à la boule de neige :* système de vente prohibé, consistant à faire de chaque client éventuel un vendeur bénévole procurant d'autres clients. ◇ Fig. *Avoir une boule dans la gorge :* étouffer ; être angoissé. **1.** Miche de pain ronde. **2.** *Boule de gomme :* bonbon rond à base de gomme. **3.** Belgique. Bonbon à sucer. **4.** *En boule :* en forme de boule. ◇ Fam. *Être, se mettre en boule :* être, se mettre en colère. **III.** MATH. *Boule de centre* a *et de rayon* R : ensemble des éléments d'un espace métrique dont la distance à *a* est inférieure à R. **IV.** Pop. Tête. ◇ Fam. *Avoir la boule à zéro :* être tondu. – Fam. *Perdre la boule :* s'affoler, devenir fou. ◆ pl. **1.** Jeu qui se joue avec des boules (pétanque, boule lyonnaise, etc.). **2.** Pop. *Avoir les boules :* être angoissé, déprimé, ou exaspéré.

2. BOULE n.m. inv. → ***boulle.***

BOULÊ [bulɛ] n.f. (mot gr.). ANTIQ. Haute assemblée d'une cité grecque, et notamment d'Athènes. (La boulê étudiait les projets de loi, qu'elle proposait au vote de l'*Ecclesia,* et contrôlait l'administration aussi bien que la politique extérieure.)

BOULEAU n.m. (lat. *betula*). Arbre des pays froids et tempérés, à écorce blanche et à bois blanc utilisé en menuiserie et en papeterie. (Haut. 30 m env. ; type de la famille des bétulacées.)

bouleau

BOULE-DE-NEIGE n.f. (pl. *boules-de-neige*). Obier.

BOULEDOGUE [buldɔg] n.m. (angl. *bull-dog*). Chien de petite taille, à la tête carrée très forte, aux oreilles droites, apprécié comme animal de compagnie.

BOULER v.i. Rare. Rouler sur soi-même, comme une boule. ◇ Fam. *Envoyer bouler :* repousser, éconduire vivement.

BOULET n.m. **1.** Boule, projectile de pierre ou de métal dont on chargeait les canons (XIVe-XIXe s.). ◇ *Comme un boulet de canon :* très vite. – *Tirer à boulets rouges sur qqn,* l'attaquer très violemment. **2. a.** Boule fixée à une chaîne qu'on attachait au pied des forçats. – *Avoir un boulet au pied :* être entravé par une obligation pénible. **b.** Personne à charge, contrainte dont on ne peut se libérer. **3.** Aggloméré de charbon de forme ovoïde. **4.** Articulation des membres des chevaux ou des ruminants, entre le canon et le paturon.

BOULETAGE n.m. Agglomération en boulettes d'un minerai pulvérisé. SYN. : *pelletisation.*

BOULETÉ, E adj. Dont le boulet est déplacé, porté en avant, en parlant notamment du cheval.

BOULETTE n.f. **1.** Petite boule. ◇ Spécialt. Préparation façonnée en forme de petite boule destinée à être frite. **2.** Fam. Bévue.

BOULEVARD [bulvar] n.m. (néerl. *bolwere*). **1.** Large rue généralement plantée d'arbres (à l'origine sur l'emplacement d'anciens remparts). **2.** *Le Boulevard :* milieu qui fréquentait les Grands Boulevards (XIXe s.). ◇ *Théâtre de boulevard :* théâtre de caractère léger où dominent le vaudeville et la comédie. ◆ pl. *Grands Boulevards :* les boulevards qui vont de la République à la Madeleine, à Paris.

■ Le théâtre de boulevard est né, à Paris, des spectacles que les bateleurs de la foire Saint-Laurent furent autorisés à présenter sur le boulevard du Temple à partir de 1760 ; après les marionnettes et les chiens savants, le boulevard vit le triomphe du mime, du mélodrame où s'amoncelaient les cadavres (« le Boulevard du crime »), puis de la comédie bourgeoise (Scribe, Labiche, Feydeau, Flers et Caillavet, Guitry, Achard, Roussin).

BOULEVARDIER, ÈRE adj. Propre au théâtre de boulevard.

BOULEVERSANT, E adj. Qui bouleverse.

BOULEVERSEMENT n.m. Action, fait de bouleverser ; état, situation, émotion qui en résulte.

BOULEVERSER v.t. (de *bouler* et *verser*). **1.** Mettre en complet désordre, sens dessus dessous. ◇ Renouveler totalement en perturbant. *Cette découverte a bouleversé la science.* **2.** Provoquer une émotion violente, émouvoir fortement. *Je suis bouleversé.*

1. BOULIER n.m. Appareil fait de boules coulissant sur des tiges et servant à compter.

2. BOULIER n.m. → ***bolier.***

BOULIMIE n.f. (gr. *boulimia,* faim de bœuf). **1.** Besoin pathologique d'absorber de grandes quantités de nourriture. **2.** Fig. *Boulimie de qqch :* fringale, frénésie de.

BOULIMIQUE adj. et n. Relatif à la boulimie ; atteint de boulimie.

BOULIN n.m. Pièce de bois horizontale d'un échafaudage fixée dans la maçonnerie ; trou laissé par cette pièce après qu'on l'a déposée.

BOULINE n.f. (angl. *bowline*). MAR. Anc. Manœuvre halant sur l'avant une voile carrée. ◇ *Naviguer à la bouline :* louvoyer au plus près du vent.

BOULINGRIN [bulɛ̃grɛ̃] n.m. (angl. *bowling-green,* gazon pour jouer aux boules). Parterre de gazon limité par un talus, une bordure.

BOULINIER n.m. Anc. *Bon, mauvais boulinier :* voilier qui navigue bien ou mal à la bouline.

BOULISME n.m. Pratique du jeu de boules.

BOULISTE n. Joueur, joueuse de boules.

BOULLE ou **BOULE** n.m. inv. (de *Boulle,* ébéniste de Louis XIV). Meuble d'un style *(style Boulle)* où dominent les marqueteries et les bronzes dorés. *Acheter un boulle chez un antiquaire.*

BOULOCHAGE n.m. Fait de boulocher, pour un tissu.

BOULOCHER v.i. En parlant d'un tricot, d'un tissu, former de petites boules pelucheuses sous l'effet de frottements.

BOULODROME n.m. Terrain pour le jeu de boules.

BOULOIR n.m. Instrument de maçon, à long manche, pour pétrir le mortier.

BOULOMANE n. Amateur de jeu de boules.

BOULON n.m. **1.** Ensemble d'une vis et de l'écrou qui s'y adapte. ◇ Fig., fam. *Serrer les boulons :* resserrer l'application des règlements, la discipline, les dépenses, etc. **2.** TECHN. Tige ancrée dans un terrain pour le consolider.

BOULONNAGE n.m. Action de boulonner ; son résultat ; ensemble des boulons d'un assemblage.

BOULONNAIS, E adj. et n. **1.** De Boulogne-Billancourt. **2.** De Boulogne-sur-Mer. **3.** Du Boulonnais. ◆ n.m. Cheval de trait d'une race du Boulonnais.

BOULONNER v.t. Maintenir avec un, des boulons. ◆ v.i. Fam. Travailler beaucoup ou durement.

BOULONNERIE n.f. Industrie et commerce des boulons et accessoires ; ces produits.

1. BOULOT, OTTE adj. et n. (de *boule*). Fam. Petit et rondelet. *Elle est un peu boulotte.*

2. BOULOT n.m. Fam. Travail ; emploi. ◇ Fam. *Petit boulot :* emploi précaire et souvent mal rémunéré. *Faire des petits boulots par-ci par-là.*

BOULOTTER v.t. Pop. Manger. ◆ v.i. Pop. Travailler.

1. BOUM interj. (Exprimant le bruit sourd causé par une chute, une explosion, etc.). *Boum ! par terre !*

2. BOUM n.m. Fam. **1.** *En plein boum :* en pleine activité. **2.** Développement considérable. *Boum commercial.*

3. BOUM n.f. Fam. Surprise-partie ; soirée dansante.

BOUMER v.i. Pop. *Ça boume :* ça va.

1. BOUQUET n.m. (forme picarde du francien *boscet,* petit bois). **1.** Touffe serrée d'arbustes, de fleurs ou d'herbes aromatiques. *Bouquet de roses. Bouquet de persil.* ◇ *Bouquet garni :* assortiment de plantes aromatiques servant en cuisine. – *Bouquet de mai :* rameau très court d'un arbre fruitier où se groupent des boutons à fleur autour d'un œil à bois. **2.** Arôme d'un vin, perçu lorsqu'on le boit. *Ce vin a du bouquet, mais pas de corps.* **3.** Final d'un feu d'artifice. ◇ Fam. *C'est le bouquet ! :* c'est le comble ! **4.** DR. Partie du prix d'achat immédiatement payée au vendeur, dans une vente en viager. **5.** TÉLÉV. *Bouquet de programmes :* ensemble des programmes de télévision diffusés par un satellite de radiodiffusion directe.

2. BOUQUET n.m. (de *bouc*). **1.** Grosse crevette rose. **2.** CHASSE. Bouquin.

BOUQUETÉ, E adj. **1.** Parsemé de bouquets d'arbres. **2.** *Vin bouqueté,* qui a beaucoup de bouquet.

BOUQUETIÈRE n.f. Personne qui compose, vend des bouquets de fleurs.

BOUQUETIN n.m. (prov. *boc estaign*). Chèvre sauvage des montagnes, à longues cornes incurvées et annelées. (Famille des bovidés.)

bouquetin

1. BOUQUIN n.m. (de *bouc*). **1.** Vieux bouc. **2.** CHASSE. Lièvre ou lapin mâle. SYN. : *bouquet.*

2. BOUQUIN n.m. (néerl. *boeckin,* petit livre). Fam. Livre.

BOUQUINER v.i. et t. Fam. Lire.

BOUQUINERIE n.f. Commerce des livres vieux ou rares.

BOUQUINEUR, EUSE n. Fam. **1.** Vx. Personne qui aime rechercher de vieux livres. **2.** Personne qui aime bouquiner, qui aime lire.

BOUQUINISTE n. Vendeur de livres d'occasion. *Les bouquinistes des quais de la Seine.*

BOURBE n.f. Boue noire, épaisse qui se dépose au fond des eaux croupissantes (marais, étang) ; boue.

BOURBEUX, EUSE adj. Plein de bourbe ou d'une boue qui a la consistance de la bourbe.

BOURBIER n.m. **1.** Lieu très boueux, très bourbeux, où l'on s'enlise. **2.** Fig. Situation inextricable.

BOURBILLON n.m. (de *bourbe*). MÉD. Tissu mortifié, blanchâtre, qui occupe le centre d'un furoncle.

BOURBON n.m. (n. d'un comté du Kentucky). Whisky à base de maïs, fabriqué aux États-Unis.

BOURBONIEN, ENNE adj. Relatif aux Bourbons. ◇ *Nez bourbonien,* busqué.

BOURBONNAIS, E adj. et n. Du Bourbonnais.

BOURBOUILLE n.f. Éruption de boutons accompagnée de démangeaisons, due à l'inflammation des glandes sudoripares en atmosphère chaude et humide.

BOURDAINE n.f. Arbuste des bois de l'Europe occidentale, dont les tiges sont utilisées en vannerie et dont l'écorce est laxative. (Haut. 3 à 4 m ; famille des rhamnacées ; genre nerprun.)

BOURDE n.f. Fam. Erreur grossière, bévue.

BOURDIGUE n.f. → ***bordigue.***

1. BOURDON n.m. Anc. Long bâton de pèlerin terminé à sa partie supérieure par un ornement en forme de gourde ou de pomme.

2. BOURDON n.m. (onomat.). **1.** Insecte à corps velu et à abdomen annelé, voisin de l'abeille, vivant en groupes peu nombreux. (Ordre des hyménoptères ; famille des apidés.) ◇ *Faux bourdon :* abeille mâle. **2.** MUS. **a.** Grosse cloche à son grave. **b.** Jeu de l'orgue, qui fait sonner des tuyaux bouchés rendant une sonorité douce et moelleuse. **3.** Fam. *Avoir le bourdon :* être triste, mélancolique, avoir le cafard.

3. BOURDON n.m. (de *bourde*). IMPR. Omission d'un mot, d'une phrase, d'un passage tout entier d'un texte imprimé.

bourdon

BOURDONNANT, E adj. Qui bourdonne.

BOURDONNEMENT n.m. **1.** Bruit fait par un, des insectes qui battent des ailes. *Bourdonnement d'une ruche.* **2.** Bruit sourd et continu (d'un moteur, d'une foule, etc.). **3.** Sensation d'un son grave n'ayant pas son origine dans un bruit extérieur. *Bourdonnement d'oreille.* SYN. : ***acouphène.***

BOURDONNER v.i. Faire entendre un bruit sourd et continu. *Une mouche qui bourdonne. Mes oreilles bourdonnent.*

BOURG [bur] n.m. **1.** Village, particulièrement gros village, qui sert de marché pour les villages voisins. **2.** Agglomération centrale d'une commune, par opposition aux hameaux périphériques.

BOURGADE n.f. Petit bourg.

1. BOURGEOIS, E n. (de *bourg*). **1. a.** Personne qui appartient à la bourgeoisie (par opp. à *ouvrier, paysan,* etc.) ou qui en a les manières. ◇ *En bourgeois :* en civil. – *Épater le bourgeois :* faire impression sur le public. **b.** HIST. Habitant d'un bourg, d'une ville jouissant, dans le cadre de la commune, de certains privilèges. **2.** Suisse. Personne qui a droit de bourgeoisie.

2. BOURGEOIS, E adj. **1.** De bourgeois ; de la bourgeoisie. **2.** (Souvent péj.). Relatif à la bourgeoisie, à sa manière de vivre, à ses goûts (par opp. à *artiste, ouvrier,* etc.), à ses intérêts ; conservateur, bien-pensant. *Préjugés bourgeois.* **3.** Aisé, bien installé ; confortable. ◇ *Cuisine bourgeoise :* simple et de bon goût. **4.** DR. *Habitation bourgeoise :* habitation à usage privé et non professionnel.

BOURGEOISE n.f. Pop. Épouse.

BOURGEOISEMENT adv. **1.** De façon bourgeoise ; dans l'aisance. **2.** DR. *Habiter bourgeoisement (un immeuble),* à des fins seulement privées, non professionnelles.

BOURGEOISIAL, E, AUX adj. Suisse. De la bourgeoisie (sens 2).

BOURGEOISIE n.f. **1.** Ensemble des bourgeois, des personnes qui n'exercent pas un travail manuel et dont les revenus sont relativement élevés et réguliers. *Haute, moyenne et petite bourgeoisie.* ◇ Selon le marxisme, classe sociale détentrice des moyens de production et d'échange dans le régime capitaliste, par opp. au prolétariat. **2.** Suisse. Droit de cité, citoyenneté dans une commune.

BOURGEON n.m. (lat. *burra,* bourre). **1.** Petite formation végétale pointue, souvent renflée, constituant en un point d'une plante une ébauche d'organes se développant après son éclosion. *Bourgeons à bois* (ou *à feuilles*). *Bourgeons à fleurs* (ou *à fruits*). *Bourgeons mixtes.* **2.** PATHOL. *Bourgeon charnu* ou *conjonctif :* prolifération de tissu conjonctif compensant la perte de substance d'une plaie. **3.** ANAT. et ZOOL. *Bourgeon gustatif :* cellules des papilles qui perçoivent le goût.

bourgeons

BOURGEONNEMENT n.m. **1.** Fait de bourgeonner ; apparition des bourgeons. **2.** ZOOL. Mode de reproduction asexuée de certains animaux aquatiques, à partir d'une formation analogue à un bourgeon.

BOURGEONNER v.i. **1.** En parlant d'une plante, produire des bourgeons. **2.** En parlant de la peau, se couvrir de boutons.

BOURGERON n.m. (anc. fr. *borge,* sorte de toile). Anc. Courte blouse de toile portée par les soldats à l'exercice, les ouvriers, etc.

BOURGMESTRE [burgmɛstr] n.m. (all. *Bürgermeister*). Belgique, Suisse. Premier magistrat d'une ville.

BOURGOGNE n.m. Vin produit à partir des vignobles de Bourgogne. *Bourgogne aligoté.*

BOURGUEIL n.m. Vin rouge récolté en Touraine.

1. BOURGUIGNON, ONNE adj. et n. De la Bourgogne.

2. BOURGUIGNON n.m. Ragoût de bœuf aux oignons et au vin rouge.

BOURGUIGNONNE n.f. Bouteille utilisée pour les vins de Bourgogne.

BOURLINGUER v.i. **1.** MAR. Rouler bord sur bord par suite du mauvais temps, en parlant d'un navire. **2.** Fam. Voyager beaucoup ; mener une vie aventureuse.

BOURLINGUEUR, EUSE n. et adj. Fam. Personne qui bourlingue, qui aime bourlinguer.

BOURRACHE n.f. (bas lat. *borrago* ; ar. *abū'araq,* père de la sueur). Plante annuelle très velue, à grandes fleurs bleues, fréquente sur les décombres, employée en tisane comme diurétique et sudorifique. (Famille des borraginacées.)

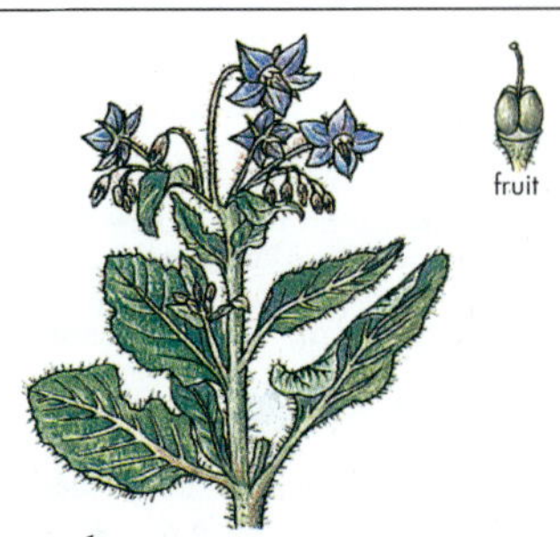

bourrache

BOURRADE n.f. Coup brusque donné pour pousser qqn ou comme marque d'amitié.

BOURRAGE n.m. (de *bourre*). **1.** Action de bourrer ; son résultat. ◇ Fam. *Bourrage de crâne :* propagande intensive ; bachotage. **2.** Matière servant à bourrer. **3.** Incident de fonctionnement d'une machine, d'un appareil qui bourre.

BOURRASQUE n.f. (it. *burrasca*). Coup de vent bref et violent.

BOURRATIF, IVE adj. Fam. Qui bourre, qui alourdit l'estomac, en parlant d'un aliment.

1. BOURRE n.f. (bas lat. *burra,* étoffe grossière). **1.** Amas de poils d'origine animale (bourrellerie) ou autre, pour la confection de feutre, de matériaux isolants, etc. ; matière que constituent des poils, des fibres ou des déchets de fibres en vrac. ◇ *De première bourre :* d'excellente qualité, très bon. **2.** Ces déchets ou toute autre matière servant à bourrer (literie, mobilier). **3.** Tampon de calage d'une charge explosive (dans une cartouche, par ex.). **4.** Duvet d'un bourgeon. **5.** Fam. *Être à la bourre :* être pressé, en retard.

2. BOURRE n.m. Arg., vx. Policier.

BOURRÉ, E adj. Fam. **1.** Plein ou trop plein, comble. **2.** Ivre.

BOURREAU n.m. (de *bourrer,* maltraiter). **1.** Personne qui infligeait les peines corporelles prononcées par une juridiction répressive, notamment la peine de mort. SYN. : ***exécuteur des hautes œuvres.*** **2.** Tortionnaire ; personne qui maltraite (qqn). *Bourreau d'enfants.* ◇ Fam. *Bourreau des cœurs :* grand séducteur. – Fam. *Bourreau de travail :* personne qui travaille sans relâche.

BOURRÉE n.f. Danse et air à danser à deux temps (Berry et Bourbonnais) ou à trois temps (Auvergne et Limousin). ◇ CHORÉGR. *Pas de bourrée :* marche accomplie sur trois pas (un à plat, les deux autres sur pointes ou demi-pointes).

BOURRELÉ, E adj. (de *bourreau*). *Bourrelé de remords :* hanté, torturé par le remords.

BOURRÈLEMENT n.m. Litt. Torture, souffrance morale.

BOURRELET n.m. **1.** Gaine remplie de bourre, de matière élastique, etc., ou bandelette isolante pour protéger des chocs, obstruer une ouverture, etc. **2.** Partie saillante, arrondie, longeant ou faisant le tour de qqch. *Bourrelet d'une cartouche.* **3.** Fam. Renflement adipeux à certains endroits du corps. *Avoir des bourrelets à la taille.*

BOURRELIER, ÈRE n. Artisan qui fabrique et vend les pièces de harnais (comportant ou non de la bourre) pour animaux et, accessoirement, des articles de cuir (courroies, sacs, etc.).

BOURRELLERIE n.f. Profession, commerce du bourrelier.

BOURRER v.t. (de 1. *bourre*). **I. 1.** Garnir de bourre (une pièce de literie, de mobilier). **2.** Remplir (qqch) en tassant. *Bourrer sa pipe.* **3.** Faire manger abondamment ; gaver (qqn). *Bourrer un enfant de chocolats.* **4.** Faire acquérir des connaissances trop vite et en trop grande quantité par (qqn). *Bourrer des élèves de grec et de latin.* ◇ Fam. *Bourrer le crâne de qqn :* l'intoxiquer de propagande ; lui en faire accroire. **II.** *Bourrer qqn de coups :* le frapper de coups répétés, le battre violemment. ◆ v.i. **1.** Fam. Caler, remplir l'estomac. **2.** Tomber en panne par accumulation de matière (notamm. papier, film) en un point du circuit d'alimentation ou de fonctionnement. *Le photocopieur bourre.* **3.** Fam. Aller vite ; se hâter. ◆ **se bourrer** v.pr. Fam. **1.** Manger trop, avec excès. **2.** S'enivrer.

BOURRETTE n.f. Déchets de soie naturelle, obtenus pendant la filature de la schappe.

BOURRICHE n.f. Casier oblong, cageot fermé pour le transport du gibier, du poisson, etc. ; son contenu. *Bourriche d'huîtres.*

BOURRICHON n.m. Pop. *Se monter le bourrichon, monter le bourrichon à qqn :* se bercer d'espoirs, d'illusions ; exciter, exalter qqn en l'illusionnant.

BOURRICOT n.m. Petit âne.

BOURRIDE n.f. Bouillabaisse liée à l'aïoli et aux jaunes d'œufs (spécialité de Sète).

BOURRIN n.m. Pop. Cheval. ◇ Arg. Moteur, et en particulier moteur d'automobile.

BOURRIQUE n.f. (esp. *borrico*). **1.** Âne, ânesse. **2.** Fam. Personne têtue, stupide.

BOURRIQUET n.m. **1.** Ânon. **2.** ARTS GRAPH. Appareil à poncer les pierres lithographiques.

BOURROIR n.m. Pilon, tige pour bourrer un espace étroit, pour pousser une cartouche d'explosif dans un trou de mine.

1. BOURRU, E adj. D'un abord rude et renfrogné, peu aimable.

2. BOURRU, E adj. **1.** *Lait bourru :* lait tel qu'il sort du pis de la vache. SYN. : *lait cru.* **2.** *Vin bourru :* vin en fin de fermentation, encore chargé en gaz carbonique et non clarifié.

1. BOURSE n.f. (gr. *bursa,* outre en cuir). **1.** Petit sac pour mettre de l'argent, de menus objets. ◇ *Sans bourse délier :* sans qu'il en coûte rien. **2.** Argent. *Aider qqn de sa bourse.* ◇ *À la portée de toutes les bourses :* bon marché. **3.** Pension accordée à un élève, un étudiant ou un chercheur pour l'aider à poursuivre ses études. **4.** ANAT. *Bourse séreuse :* poche, dans une articulation. ◆ pl. Scrotum, enveloppe cutanée des testicules.

2. BOURSE n.f. (des *Van der Burse,* banquiers à Bruges). **1.** Édifice, institution où est organisé le marché des valeurs mobilières ; ce marché. *Jouer en Bourse.* – *Coup de Bourse :* spéculation réussie. ◇ Séance de la Bourse. ◇ Milieu des opérateurs en Bourse. *La Bourse s'affole.* **2.** *Bourse de commerce :* marché sur lequel sont négociées des marchandises, des matières premières. **3.** *Bourse du travail :* lieu de réunion où les divers syndicats centralisent cours professionnels, bibliothèques et services de renseignements. ■ De nombreuses *Bourses de valeurs* existent dans le monde, les principales étant à New York, Londres et Tōkyō. En France, la Bourse comprend un marché principal et un « second marché ». Le marché principal comporte un marché au comptant et, pour un certain nombre de valeurs, un « marché à règlement mensuel » qui joue le rôle de marché à terme. Un marché à terme des instruments financiers (M. A. T. I. F.), devenu marché à terme international de France, a été par ailleurs mis en place en 1986. Les *Bourses de commerce* sont les marchés où se négocient des matières premières, des produits alimentaires, etc., les négociations se dénouant *au comptant* par des livraisons effectives ou, le plus souvent, par de simples jeux d'écriture, dans le cadre des *marchés à terme.*

BOURSE-À-PASTEUR n.f. (pl. *bourses-à-pasteur*). Capselle (plante).

BOURSICOTAGE n.m. Action, fait de boursicoter.

BOURSICOTER v.i. (de *boursicot,* petite bourse). Jouer en Bourse.

BOURSICOTEUR, EUSE n. Personne qui boursicote.

1. BOURSIER, ÈRE adj. et n. Qui bénéficie d'une bourse d'études.

2. BOURSIER, ÈRE adj. Relatif à la Bourse. ◆ n. Professionnel qui opère en Bourse.

BOURSOUFLÉ, E adj. **1.** Enflé, bouffi, gonflé. **2.** Vide et emphatique. *Style boursouflé.*

BOURSOUFLEMENT ou **BOURSOUFLAGE** n.m. Fait de se boursoufler ; état qui en résulte.

BOURSOUFLER v.t. Rendre boursouflé, gonfler. ◆ **se boursoufler** v.pr. Se gonfler, s'enfler.

BOURSOUFLURE n.f. **1.** Partie boursouflée de qqch. **2.** Emphase, grandiloquence. *Boursouflure du style.*

BOUSCUEIL [buskœj] n.m. Canada. Amoncellement chaotique de glaces sous l'action du vent, de la marée, d'un courant.

BOUSCULADE n.f. **1.** Agitation, désordre d'une foule où l'on se bouscule ; poussée qui bouscule. **2.** Hâte, précipitation.

BOUSCULER v.t. **1.** Heurter en rompant l'équilibre de (qqn, qqch) ; pousser, écarter violemment (des personnes) pour s'ouvrir un passage. **2.** Apporter un renouvellement brutal, un changement complet dans. *Bousculer les idées reçues.* **3.** Rudoyer. ◇ Inciter à aller plus vite, presser (qqn). ◆ **se bousculer** v.pr. **1.** Se pousser mutuellement ; se presser et s'agiter en se poussant, en parlant de personnes nombreuses. **2.** Se succéder de façon désordonnée. *Mes idées se bousculent.*

BOUSE n.f. Excrément de bœuf, de vache.

BOUSEUX n.m. Fam., péj. Paysan.

BOUSIER n.m. Coléoptère qui façonne des boulettes de bouse pour la nourriture de ses larves (ex. : scarabée sacré).

BOUSILLAGE n.m. **1.** Fam. Action de bousiller ; ouvrage mal fait. **2.** Mélange de chaume haché et de terre détrempée.

BOUSILLER v.t. **I.** Fam. **1.** Exécuter grossièrement et très vite, bâcler (un travail). **2.** Détériorer, détruire (qqch). **3.** Tuer (qqn). **II.** Maçonner en bousillage.

BOUSILLEUR, EUSE n. Fam. Celui, celle qui bousille (un travail ; qqch).

BOUSIN n.m. (de *bouse*). Tourbe de qualité inférieure.

BOUSSOLE n.f. (it. *bussola,* petite boîte). Appareil, boîte contenant une aiguille aimantée qui pivote librement et indique le nord magnétique. ◇ Fam. *Perdre la boussole :* perdre la tête, s'affoler.

BOUSTIFAILLE n.f. Fam. Nourriture.

BOUSTROPHÉDON [bustrɔfedɔ̃] n.m. (gr. *bous,* bœuf, et *strephein,* tourner). Écriture archaïque (grec, étrusque) qu'on lisait alternativement de gauche à droite et de droite à gauche.

BOUT n.m. (de *bouter,* frapper). **1.** Extrémité, partie extrême d'une chose, particulièrement d'un objet long. ◇ *Bout à bout :* l'un à la suite de l'autre. – *À tout bout de champ :* très fréquemment ; à tout propos. – *Du bout des lèvres :* avec dédain ; avec réticence. – *Tirer à bout portant,* de très près. – *Par le bon bout :* du bon côté, de la bonne manière. ◇ *Bois de bout* ou *bois debout :* bois utilisé, notamm. par les graveurs, sous forme de blocs taillés perpendiculairement aux fibres et non pas dans le sens du fil. **2. a.** Limite ; terme, fin. *Le bout du chemin. On n'en voit pas le bout.* ◇ *Tenir le bon bout :* être près de réussir. – *Au bout de :* après une durée de. – *Venir à bout de :* terminer, réussir (qqch) ; triompher de (qqn, qqch). – *Être à bout de qqch,* ne plus en avoir. *Être à bout d'arguments.* **b.** Limite des forces, des possibilités de qqn. *Il tiendra jusqu'au bout.* ◇ *Être à bout :* être épuisé ; sur le point d'éclater (en sanglots, de colère). – *Pousser qqn à bout :* provoquer sa colère. **3.** Morceau, fragment de qqch. *Bout de papier. Par petits bouts.* ◇ CIN. *Bout d'essai :* séquence tournée pour apprécier un comédien. ◇ Arg. *Bout de bois :* jambe. – Fam. *Mettre les bouts :* s'enfuir. ◇ *En connaître un bout :* savoir beaucoup de choses. **4.** *Bout de jardin :* petit jardin. ◇ (Exprimant l'attendrissement, partic. pour qqn de petite taille). *(Petit) bout de femme.* (À un enfant). *Bout de chou.* **5.** MAR. **a.** (Prononcé [but]). Cordage. **b.** *Bout au vent :* face au vent.

BOUTADE n.f. (de *bouter*). Mot d'esprit, propos paradoxal.

BOUTARGUE n.f. → ***poutargue.***

BOUT-DEHORS n.m. (pl. *bouts-dehors*) ou, vx, **BOUTE-HORS** n.m. inv. MAR. Pièce de mâture permettant de gréer une voile supplémentaire. *Bout-dehors de bonnette.* ◇ *Bout-dehors de foc* et, absolt, *bout-dehors :* espar horizontal ou légèrement oblique en avant de l'étrave, sur lequel est amuré le foc.

BOUTE-EN-TRAIN n.m. inv. (de *bouter* et *train*). **1.** Personne qui a le don d'animer joyeusement une réunion, une fête. **2.** ZOOT. Mâle utilisé pour détecter les femelles en chaleur (juments et brebis, en partic.).

BOUTEFAS n.m. Suisse. Saucisson de porc.

BOUTEFEU n.m. **1.** Anc. Bâton muni d'une mèche pour enflammer la charge d'une bouche à feu. **2.** Fam., vieilli. Personne qui suscite ou exacerbe les passions et les querelles.

BOUTE-HORS n.m. inv. → ***bout-dehors.***

BOUTEILLE n.f. (du lat. *buttis,* tonneau). **1.** Récipient de forme variable, à goulot étroit, en verre, en plastique, etc., destiné aux liquides, en particulier aux boissons ; son contenu. ◇ Spécialt. Récipient de 70 à 75 cl, pour le vin d'appellation contrôlée et dont la forme varie selon les régions (par opp. à *litre*). – *Bouteille isolante :* contenant à deux parois entre lesquelles on a fait le vide, et placé dans une enveloppe métallique renfermant un iso-

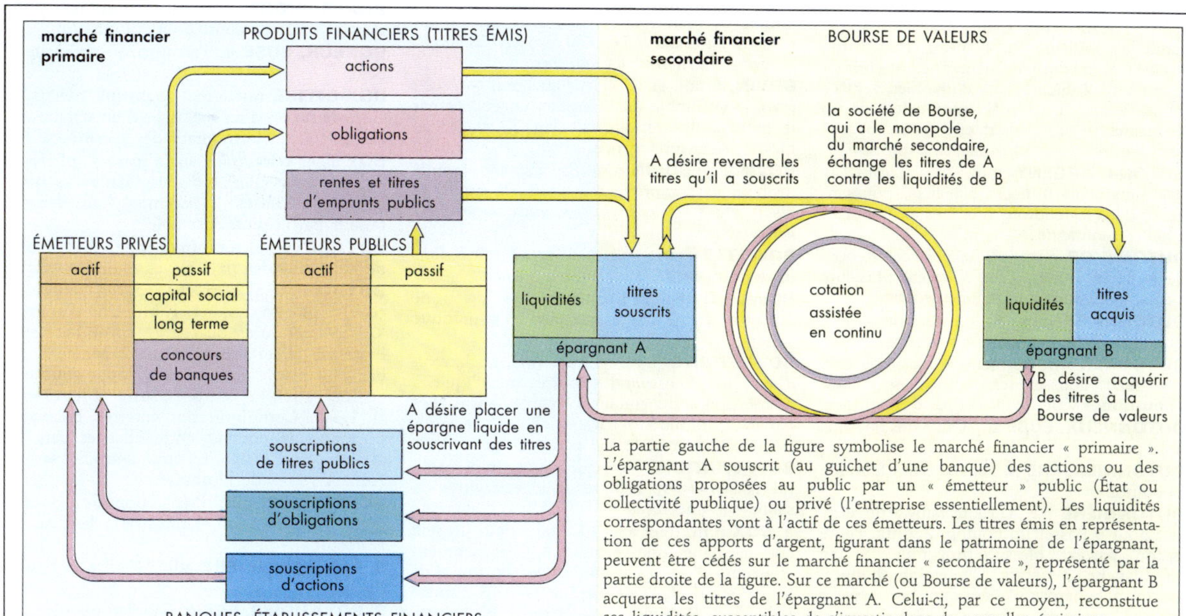

Bourse de valeurs : principe de fonctionnement du marché boursier français.

lant. ◇ Fam. *C'est la bouteille à l'encre,* une situation confuse, embrouillée. **2.** Absolt. Bouteille de vin ou de toute autre boisson alcoolisée. *Aimer la bouteille.* ◇ *Avoir, prendre de la bouteille,* de l'expérience ou de l'âge. **3.** PHYS. **a.** *Bouteille de Leyde :* premier condensateur électrique, construit à Leyde en 1746. **b.** *Bouteille magnétique :* dispositif à électroaimants permettant de confiner un plasma. **4.** Récipient métallique pour contenir des gaz sous pression. *Bouteille de butane, de propane.*

BOUTEILLER ou **BOUTILLIER** n.m. HIST. Officier chargé de l'intendance du vin à la cour d'un roi, d'un prince, etc.

BOUTEILLERIE n.f. **1.** Usine où l'on fabrique les bouteilles. **2.** Fabrication, commerce des bouteilles.

BOUTEILLON n.m. (de *Bouthéon,* n. de l'inventeur). Anc. Marmite de campement utilisée par les militaires.

BOUTER v.t. (mot germ.). Vx. Mettre. ◇ *Bouter hors, dehors :* pousser hors, chasser. *Jeanne d'Arc bouta les Anglais hors de France.*

BOUTEROLLE n.f. **1.** SERRURERIE. **a.** Pièce cylindrique fendue servant d'appui à la tige de clef. **b.** Chacune des fentes de la clef. **2.** ARM. Garniture métallique du bout d'un fourreau d'épée. **3.** TECHNOL. Outil servant à arrondir l'extrémité martelée d'un rivet.

BOUTEROUE n.f. Chasse-roue.

BOUTE-SELLE n.m. (pl. *boute-selles* ou inv.). Anc. Sonnerie de trompette ordonnant aux cavaliers de seller leurs chevaux.

BOUTEUR n.m. Recomm. off. pour ***bulldozer.*** ◇ *Bouteur biais :* recomm. off. pour ***angledozer.***

BOUTIQUE n.f. (du gr. *apothêkê,* magasin). **1.** Local où se tient un commerce de détail. **2.** Magasin où un grand couturier vend sous sa griffe des accessoires ou des articles de confection. **3.** Fam., péj. Maison, entreprise, établissement quelconque. ◇ *Parler boutique :* s'entretenir de sujets professionnels.

1. BOUTIQUIER, ÈRE adj. Péj. De boutique ; du boutiquier.

2. BOUTIQUIER, ÈRE n. Personne qui tient une boutique.

BOUTISSE n.f. (de *bout*). Élément de construction (pierre, brique, etc.) dont la plus grande dimension est placée dans l'épaisseur d'un mur et qui présente une de ses extrémités en parement.

BOUTOIR n.m. (de *bouter*). **1.** Ensemble formé par le groin et les canines du sanglier. ◇ Fig. *Coup de boutoir :* attaque violente ; propos brusque et blessant. **2.** Outil tranchant du maréchal-ferrant et du corroyeur.

BOUTON n.m. (de *bouter*). **I. 1.** Bourgeon dont l'éclosion donne une fleur. **2.** Petite papule, pustule ou vésicule sur la peau. **II. 1.** Petite pièce de matière dure servant à orner ou à fermer un vêtement. **2.** Saillie ronde d'un objet. **3.** Pièce mobile servant à actionner manuellement un mécanisme (serrure, ressort, etc.) ou un appareil électrique. *Bouton de porte. Bouton d'ascenseur.*

BOUTON-D'ARGENT n.m. (pl. *boutons-d'argent*). Renoncule à fleurs blanches, poussant surtout dans les endroits humides et ombragés de haute montagne.

BOUTON-D'OR n.m. (pl. *boutons-d'or*). Renoncule à fleurs jaunes, dont il existe plusieurs espèces, notamment la renoncule âcre.

BOUTONNAGE n.m. Action de boutonner ; manière dont se boutonne un vêtement.

BOUTONNER v.t. Fermer par des boutons. ◆ v.i. BOT. Pousser des boutons. ◆ v.i. ou **se boutonner** v.pr. Se fermer par des boutons.

BOUTONNEUX, EUSE adj. Qui a des boutons sur la peau.

BOUTONNIER, ÈRE n. Personne qui fabrique des boutons.

BOUTONNIÈRE n.f. **1.** Fente faite à un vêtement pour y passer un bouton. **2.** CHIR. Petite incision ; par ext., blessure provoquée par une arme blanche. **3.** GÉOGR. Dépression allongée, ouverte par l'érosion dans un bombement anticlinal.

BOUTON-PRESSION n.m. (pl. *boutons-pression*) ou **PRESSION** n.f. Petit bouton qui entre par pression dans un œillet métallique.

BOUTRE n.m. (mot ar.). Petit voilier arabe, dont l'arrière est surélevé et l'avant effilé.

BOUT-RIMÉ n.m. (pl. *bouts-rimés*). Pièce de vers composée sur des rimes données.

BOUTURAGE n.m. Multiplication des végétaux par bouture.

BOUTURE n.f. (de *bouter*). Jeune pousse prélevée sur une plante, qui, placée en terre humide, se munit de racines adventives et est à l'origine d'un nouveau pied.

BOUTURER v.i. Pousser des drageons, en parlant d'une plante. ◆ v.t. Reproduire (une plante) par boutures.

BOUVERIE n.f. (de *bœuf*). Étable à bœufs.

BOUVET n.m. Rabot de menuisier servant à faire des rainures, des languettes.

BOUVETEUSE n.f. Machine à bois à l'aide de laquelle on fait la rainure et la languette sur les deux côtés des frises pour parquet.

1. BOUVIER, ÈRE n. (de *bœuf*). Personne qui conduit les bœufs et les garde.

2. BOUVIER n.m. *Bouvier des Flandres :* chien de berger de haute taille à poil rêche et hirsute, originaire des Flandres.

BOUVIÈRE n.f. Poisson d'eau douce atteignant au plus 8 cm de long, qui pond ses œufs dans des mollusques bivalves aquatiques (mulette, anodonte). [Famille des cyprinidés.]

BOUVILLON n.m. Jeune bovin castré.

BOUVREUIL n.m. (de *bouvier*). Passereau des bois et des jardins, à tête et ailes noires, à dos gris et ventre rose (femelle) ou rouge (mâle), se nourrissant de fruits et de graines. (Long. 18 cm ; famille des fringillidés.)

bouvreuil

BOUVRIL n.m. Partie d'un abattoir où l'on garde les bœufs avant l'abattage.

BOUZOUKI ou **BUZUKI** n.m. Instrument de la famille du luth, à long manche et à caisse bombée, utilisé dans la musique grecque moderne.

BOVARYSME n.m. (du n. de l'héroïne du roman de Flaubert, *Madame Bovary*). Comportement qui consiste à fuir dans le rêve l'insatisfaction éprouvée dans la vie.

BOVIDÉ n.m. (du lat. *bos, bovis,* bœuf). *Bovidés :* famille de mammifères ruminants aux cornes creuses. *La famille des bovidés comprend les bovins, les ovins, les caprins, les antilopes.*

BOVIN, E adj. et n. Relatif au bœuf. – *Espèce bovine :* ensemble des animaux engendrés par le taureau domestique. ◇ Fig. *Regard bovin,* morne, sans intelligence.

BOVINÉ ou **BOVIN** n.m. *Bovinés :* sous-famille de bovidés comprenant le bœuf, le buffle, le bison, etc. *Chez les bovinés, les deux sexes portent des cornes.*

BOWETTE [bɔvɛt] n.f. Galerie de mine dans un terrain stérile. SYN. : *travers-banc.*

BOWLING [boliŋ] n.m. (mot angl.). Jeu de quilles d'origine américaine ; lieu où se pratique ce jeu.

BOW-STRING [bostriŋ] n.m. (mot angl., *corde d'arc*) [pl. *bow-strings*]. Poutre métallique à membrures indépendantes, réunies entre elles par des montants verticaux, et dont la supérieure affecte une forme parabolique.

BOW-WINDOW [bowindo] n.m. (mot angl.) [pl. *bow-windows*]. Fenêtre ou logette vitrée en saillie sur une façade.

1. BOX n.m. (mot angl.) **1.** Stalle pour un seul cheval, dans une écurie. **2.** Compartiment cloisonné d'une salle commune (dortoir, prétoire, etc.). *Le box des accusés.* **3.** Garage individuel. Recomm. off. : ***stalle.***

2. BOX ou **BOX-CALF** n.m. (mot anglo-amér.) [pl. *box-calfs*]. Cuir de veau teint, tanné au chrome et lissé.

BOXE n.f. (de l'angl. *box,* coup). Sport de combat où les deux adversaires s'affrontent à coups de poing, avec des gants spéciaux *(boxe anglaise)* ou à coups de poing et de pied *(boxe française).* ◇ *Boxe américaine :* sport de combat qui emprunte ses techniques à la fois aux boxes anglaise et française et au karaté, et qui se pratique avec des protections des extrémités (pieds et poings). SYN. : ***full-contact.***

boxe anglaise (direct du gauche)

1. BOXER v.i. Pratiquer la boxe. ◆ v.t. Frapper à coups de poing.

2. BOXER [bɔksɛr] n.m. Chien de garde, voisin du dogue allemand et du bouledogue.

boxer

BOXER-SHORT [bɔksœrʃɔrt] n.m. (pl. *boxer-shorts*). Short de sport doublé d'un slip.

BOXEUR, EUSE n. Personne qui pratique la boxe.

BOX-OFFICE n.m. (mot angl.) [pl. *box-offices*]. Cote de succès d'un spectacle, d'un acteur, etc., calculée selon le montant des recettes.

BOY [bɔj] n.m. (mot angl., *garçon*) [pl. *boys*]. **1.** Jeune serviteur indigène, dans les pays naguère colonisés. **2.** Au music-hall, danseur faisant partie d'un ensemble.

BOYARD [bɔjar] n.m. (mot russe). Anc. Noble de haut rang des pays slaves et de Roumanie.

BOYAU [bwajo] n.m. (lat. *botellus,* petite saucisse) [pl. *boyaux*]. **I. 1.** Intestin d'animal. ◇ *Corde de boyau* ou *boyau :* corde faite avec l'intestin de certains animaux. **2.** Mince chambre à air placée dans une enveloppe cousue et collée sur la jante d'une bicyclette. **II. 1.** MIL. Communication enterrée, reliant les positions de combat entre elles et vers les arrières. **2.** Passage, chemin étroit. ◆ pl. Fam. Viscères de l'homme.

BOYAUDERIE n.f. Préparation des boyaux (pour l'alimentation, l'industrie) ; lieu où on l'effectue.

1. BOYAUDIER, ÈRE adj. Relatif à la boyauderie.

2. BOYAUDIER, ÈRE n. Ouvrier, ouvrière qui travaille à la préparation des boyaux.

BOYAUTER (SE) v.pr. Pop., vieilli. Se tordre de rire.

BOYCOTTAGE ou **BOYCOTT** [bɔj-] n.m. Cessation volontaire de toutes relations avec un individu, un groupe, un pays afin d'exercer une pression ou par représailles.

BOYCOTTER [bɔjkɔte] v.t. (de *Boycott,* premier propriétaire anglais d'Irlande mis à l'index). Pratiquer le boycottage de, mettre en quarantaine.

BOYCOTTEUR, EUSE adj. et n. Qui boycotte.

BOY-SCOUT [bɔjskut] n.m. (mot angl., *garçon éclaireur*) [pl. *boy-scouts*]. Vieilli. Scout.

Bq, symbole du becquerel.

Br, symbole chimique du brome.

BRABANÇON, ONNE adj. et n. Du Brabant.

BRABANT n.m. (de *Brabant,* province où il a été créé). Charrue métallique à avant-train, réversible, très répandue en France avant la motorisation de l'agriculture.

BRACELET n.m. (de *bras*). **1.** Ornement tel qu'anneau ou chaîne que l'on porte au poignet, au bras, à la cheville. **2.** Support de montre, de bijou porté en bracelet. **3.** Pièce de cuir ou d'étoffe que certains travailleurs (ou sportifs) fixent autour du poignet, pour le protéger.

BRACELET-MONTRE n.m. (pl. *bracelets-montres*). Montre portée au poignet et fixée à un bracelet. SYN. : ***montre-bracelet.***

BRACHIAL, E, AUX [brakjal, o] adj. (du lat. *brachium,* bras). ANAT. Relatif au bras.

BRACHIATION [brakjasjɔ̃] n.f. Mode de déplacement de quelques singes, qui se balancent de branche en branche à l'aide des seuls bras.

BRACHIOCÉPHALIQUE [brakjɔsefalik] adj. Relatif au bras et à la tête.

BRACHIOPODE [brakjɔpɔd] n.m. ZOOL. *Brachiopodes :* embranchement d'animaux marins fixés, à coquille bivalve (valves dorsale et ventrale), très nombreux aux ères primaire et secondaire, réduit auj. à quelques espèces.

BRACHYCÉPHALE [brakisefal] adj. et n. (gr. *brakhus,* court, et *kephalê,* tête). Qui a le crâne aussi large que long. CONTR. : ***dolichocéphale.***

BRACHYCÈRE [brakisɛr] n.m. ZOOL. *Brachycères :* sous-ordre d'insectes diptères aux antennes courtes et aux palpes dressés, comprenant notamment les taons et les mouches.

BRACHYOURE [brakjur] n.m. ZOOL. *Brachyoures :* sous-ordre de crustacés décapodes à abdomen réduit, rabattu sous le céphalothorax. SYN. (cour.) : ***crabe.***

BRACONNAGE n.m. Action de braconner ; délit constitué par cette action (chasse ou pêche sans permis, en période de fermeture, en des endroits réservés, ou avec des engins prohibés).

BRACONNER v.i. (du prov. *bracon,* chien de chasse). Chasser ou pêcher sans respecter la loi, les interdits ; se rendre coupable de braconnage.

BRACONNIER n.m. Celui qui braconne.

BRACONNIÈRE n.f. (du lat. *bracae,* braies). Pièce d'armure qui protégeait le bassin et les cuisses (XIVe-XVIIe s.).

BRACTÉAL, E, AUX adj. Propre aux bractées.

BRACTÉE [brakte] n.f. (lat. *bractea,* feuille de métal). Petite feuille, différenciée, à la base du pédoncule floral.

BRADAGE n.m. Action de brader.

BRADEL (RELIURE À LA) : reliure dans laquelle le bloc des cahiers cousus est emboîté dans une couverture cartonnée.

BRADER v.t. (néerl. *braden,* gaspiller). Se débarrasser de qqch à bas prix ou à n'importe quel prix.

BRADERIE n.f. Vente publique de soldes, de marchandises d'occasion.

BRADEUR, EUSE n. Personne qui brade.

BRADYCARDIE n.f. (gr. *bradus,* lent, et *kardia,* cœur). Rythme cardiaque lent (normal ou pathologique).

BRADYKINÉSIE n.f. (gr. *bradus,* lent, et *kinêsis,* mouvement). Ralentissement des mouvements, sans atteinte neurologique.

BRADYPE n.m. (gr. *bradus,* lent, et *pous, podos,* pied). ZOOL. Aï, dit aussi *paresseux.*

BRADYPSYCHIE [bradipsiʃi] n.f. (gr. *bradus,* lent, et *psukhê,* esprit). Ralentissement de la pensée, sans atteinte des processus intellectuels.

BRAGUETTE n.f. (de l'anc. fr. *brague,* culotte). Ouverture verticale sur le devant d'un pantalon.

BRAHMANE [braman] n.m. (sanskr. *brāhmana*). Membre de la caste sacerdotale, la première des castes hindoues.

BRAHMANIQUE adj. Relatif au brahmanisme ; qui en procède.

BRAHMANISME [bramanism] n.m. Système religieux qui, dans l'hindouisme, représente le courant orthodoxe directement inspiré du védisme et auquel est liée une organisation sociale reposant sur une division en castes héréditaires.

BRAHMI n.f. (mot sanskr.). Ancienne écriture de l'Inde. Graphie savante : *brāhmī.*

BRAHMINE n.f. Femme d'un brahmane.

BRAI n.m. (mot gaul.). Résidu pâteux de la distillation de la houille ou du pétrole.

BRAIES n.f. pl. (mot gaul.). Pantalon ample des Gaulois, des Germains et de divers peuples de l'Europe septentrionale.

BRAILLARD, E ou **BRAILLEUR, EUSE** adj. et n. Qui braille.

BRAILLE n.m. (de *Braille,* n. de l'inventeur). Écriture en relief à l'usage des aveugles.

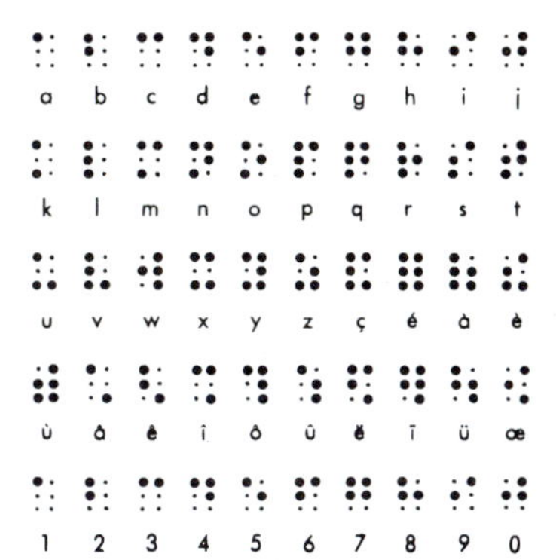

braille

BRAILLEMENT n.m. Action de brailler ; cri de celui qui braille.

BRAILLER v.t. et i. (de *braire*). Donner de la voix d'une manière assourdissante (en parlant, en criant, en pleurant) ; chanter mal et fort.

BRAIMENT n.m. Cri de l'âne.

BRAINSTORMING [brɛnstɔrmiŋ] n.m. (mot angl.). Recherche d'idées originales dans un groupe, par la libre expression, sur un sujet donné, de tout ce qui vient à l'esprit de chacun. Recomm. off. : ***remue-méninges.***

BRAIN-TRUST [brɛntrœst] n.m. (mot angl.) [pl. *brain-trusts*]. Équipe restreinte d'experts, de techniciens, etc., au service d'une direction (dans une entreprise, un ministère, etc.).

BRAIRE v.i. et défectif (mot gaul.) [112]. Pousser son cri, en parlant de l'âne.

BRAISAGE n.m. Action de braiser ; son résultat.

1. BRAISE n.f. (mot germ.). Résidu, ardent ou éteint, de la combustion du bois.

2. BRAISE n.f. Arg., vieilli. Argent.

BRAISER v.t. Faire cuire à feu doux, à l'étouffée.

BRAISETTE n.f. Menue braise.

BRAISIÈRE n.f. **1.** Marmite en fonte dont le couvercle en creux est destiné à recevoir de l'eau pour éviter l'évaporation pendant la cuisson à feu doux. **2.** Récipient destiné à contenir de la braise.

1. BRAME n.f. Ébauche d'acier servant à la fabrication de la tôle.

2. BRAME ou **BRAMEMENT** n.m. Cri de rut du cerf ou du daim.

BRAMER v.i. (prov. *bramar,* braire). Crier, en parlant du cerf ou du daim.

BRAN ou **BREN** n.m. (lat. pop. *brennus*). **1.** Partie la plus grossière du son. **2.** Vx, vulg. Excrément.

BRANCARD n.m. (du normand *branque,* branche). **1. a.** Bras de civière. **b.** Pièce longitudinale d'une brouette, d'une voiture à bras. **c.** Prolonge d'un attelage. ◇ Fig. *Ruer dans les brancards :* regimber, se rebiffer. **2.** Civière à bras.

BRANCARDER v.t. Transporter (un blessé) sur un brancard.

BRANCARDIER, ÈRE n. Porteur de brancard ; préposé au service des brancards (pour blessés).

BRANCHAGE n.m. Ensemble des branches d'un arbre. ◆ pl. Branches coupées.

BRANCHE [brɑ̃ʃ] n.f. (bas lat. *branca,* patte). **I. 1.** Ramification du tronc d'un arbre, d'un arbrisseau ou d'un arbuste. **2.** Ramification ou division d'un élément principal formant axe ou centre. *Branches d'un chemin, d'un chandelier.* **3.** Élément mobile de certains objets articulés. *Branche de compas, de lunette.* **4.** MATH. *Fonction à branche infinie :* fonction dont les points de la courbe relativement à un repère s'éloignent indéfiniment d'un point fixe quand la variable tend vers un nombre donné ou vers l'infini. **II. 1.** Division d'un arbre généalogique. ◇ Fam. *Avoir de la branche,* de la race, de la distinction. **2.** Division d'une science, d'une discipline, etc. ◇ ÉCON. Subdivision statistique employée par la comptabilité nationale. **3.** Activité particulière ; spécialité. *Il est fort dans sa branche.* **III.** Pop. *Vieille branche :* camarade, copain.

BRANCHÉ, E adj. et n. Fam. Au courant, à la mode, dans le coup.

BRANCHEMENT n.m. **1.** Action de brancher. **2.** Circuit secondaire partant d'une canalisation principale pour aboutir au point d'utilisation. **3.** CH. DE F. Appareil d'aiguillage permettant de dédoubler une voie.

BRANCHER v.t. **1.** Rattacher à une canalisation, à une conduite, à un circuit électrique, et, par ext., mettre en marche (un appareil). *Brancher un poste de radio.* **2.** Fam. *Ça me branche :* ça m'intéresse, ça me plaît. ◆ v.i. Percher sur les branches d'un arbre. ◆ **se brancher** v.pr. **1.** ***(sur).*** Capter une émission radiophonique ou télévisée. **2.** ***(sur).*** Fam. S'intéresser particulièrement à (qqch) ; se mettre à participer à (une activité). **3.** Canada. Fam. Se décider, choisir.

BRANCHETTE n.f. Petite branche.

BRANCHIAL, E, AUX [brɑ̃ʃjal, o] adj. Relatif aux branchies.

BRANCHIES [brɑ̃ʃi] n.f. pl. (gr. *brankhia*). Organes respiratoires de nombreux animaux aquatiques qui absorbent l'oxygène dissous dans l'eau et y rejettent le gaz carbonique. *Branchies des poissons, des têtards, des mollusques, des crustacés.*

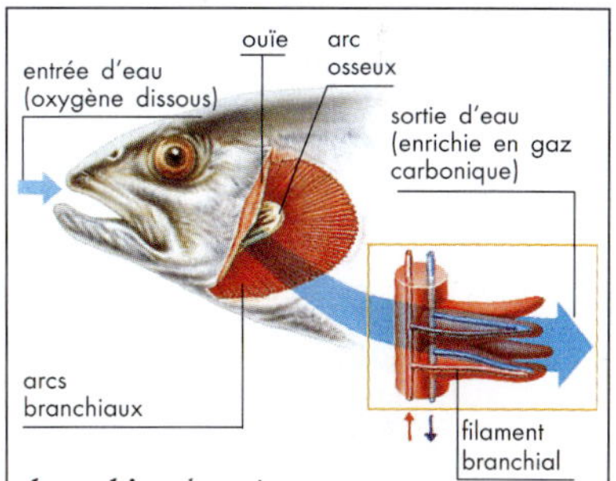

branchies de poisson

BRANCHIOPODE [brɑ̃kjɔpɔd] n.m. (gr. *brankhia,* branchies, et *pous, podos,* pied). *Branchiopodes :* sous-classe (ou superordre, selon les auteurs) de crustacés comprenant la daphnie ou puce d'eau.

BRANCHU, E adj. Qui a beaucoup de branches.

BRANDADE n.f. (prov. *brandado,* de *brandar,* remuer). Préparation de morue à la provençale, pilée avec de l'huile d'olive, de l'ail, etc.

BRANDE n.f. (lat. *branda*). Végétation constituant le sous-bois des forêts de pins (bruyères, ajoncs, fougères, genêts) ; terrain où pousse cette végétation.

BRANDEBOURG n.m. Passementerie, galon formant des dessins variés ou entourant les boutonnières, ou en tenant lieu.

BRANDEBOURGEOIS, E adj. et n. De ou du Brandebourg.

BRANDIR v.t. (de l'anc. fr. *brand,* épée). **1.** Lever (une arme) d'un geste menaçant. **2.** Agiter (qqch) en l'air. *Brandir un drapeau.* **3.** Fig. Agiter la menace de. *Brandir la loi.*

BRANDON n.m. (mot germ.). **1.** Débris enflammé. ◇ Fig. *Brandon de discorde :* cause de querelle, de conflit. **2.** Vx. Tortillon de paille servant de torche.

BRANDY n.m. (mot angl.). Eau-de-vie, en Angleterre.

BRANLANT, E adj. Qui branle, qui manque de stabilité.

BRANLE n.m. **1.** Mouvement d'oscillation, de va-et-vient. *Le branle d'une cloche.* **2.** Impulsion initiale. ◇ *Mettre en branle,* en mouvement, en action. **3.** Ancienne danse régionale (XVe-XVIIe s.).

BRANLE-BAS n.m. inv. (anc. fr. *branle,* hamac, et *bas*). **1.** MAR. **a.** Vx. Ordre de rouler, de dérouler les hamacs. **b.** *Branle-bas de combat :* préparation au combat d'un navire de guerre. **2.** Grande agitation, désordre qui précède une action pour laquelle on se prépare.

BRANLEMENT n.m. Oscillation, balancement continu.

BRANLER v.i. (de *brandir*). Être instable, vaciller. *Une dent qui branle.* ◇ Fam. *Branler dans le manche :* manquer de solidité. ◆ v.t. *Branler la tête,* la remuer.

BRANTE n.f. Suisse. Hotte étanche servant à la vendange.

BRAQUAGE n.m. **1.** Action de braquer (les roues d'une voiture, les parties orientables d'une machine). – *Angle de braquage :* angle formé par les roues directrices avec l'axe longitudinal d'une voiture, lorsqu'on tourne à fond le volant. – *Rayon de braquage :* rayon du cercle décrit par les roues directrices d'une voiture lorsqu'elles sont braquées au maximum. **2.** Fam. Attaque à main armée.

1. BRAQUE n.m. (it. *bracco*). Chien d'arrêt à poil ras et à oreilles pendantes.

2. BRAQUE adj. et n. Fam. Un peu fou ; bizarre, fantasque.

BRAQUEMART n.m. (néerl. *breecmes,* couteau). Épée courte et large (XIIIe-XVe s.).

BRAQUEMENT n.m. Vx. Action de braquer.

BRAQUER v.t. (du lat. *brachium*). **1.** Diriger (une arme, un instrument d'optique) sur un objectif. *Braquer un fusil.* ◇ *Braquer les yeux sur :* fixer son regard sur. **2.** Orienter (les roues directrices d'un véhicule, la gouverne d'un avion, etc.) dans la direction voulue. **3.** Arg. *Braquer (qqn, qqch) :* menacer avec une arme ; attaquer à main armée. **4.** *Braquer qqn (contre qqn, qqch ; avec, par qqch),* le rendre hostile, provoquer chez lui une attitude de rejet. ◆ v.i. Avoir tel rayon de braquage. *Une automobile qui braque bien.* ◆ **se braquer** v.pr. Avoir une attitude d'hostilité, de rejet systématique.

BRAQUET n.m. Rapport de démultiplication entre le pédalier (ou plateau) et le pignon d'une bicyclette. (→ ***développement.***)

BRAQUEUR, EUSE n. Fam. Personne qui effectue une attaque à main armée.

BRAS n.m. (lat. *brachium*). **1.** Première partie du membre supérieur de l'homme, située entre l'épaule et le coude ; le membre supérieur en entier. – *À bout de bras :* avec la seule force de ses bras (au propre et au fig.). – *À bras raccourcis, à tour de bras :* avec une grande violence, en multipliant les coups. – *Bras dessus, bras dessous :* en se donnant le bras. ◇ *Bras de fer :* jeu ou sport où deux adversaires assis face à face, coudes en appui, mains empoignées, essaient chacun de rabattre le bras de l'autre sur la table ; fig., épreuve de force. ◇ Pop. *Bras d'honneur :* geste de mépris, de dérision effectué avec l'avant-bras, qu'on replie en serrant le poing. ◇ Fig. *Avoir le bras long :* avoir de l'influence. – *Avoir qqn sur les bras,* à sa charge. – *Baisser les bras :* renoncer. – *Couper bras et jambes :* ôter toute force ; étonner fortement. – *Recevoir à bras ouverts :* accueillir avec joie. – *Se croiser les bras :* ne rien faire. ◇ Fam. *Gros bras :* personne qui étale sa force. ◇ *Le bras droit de qqn,* son principal assistant. **2.** ZOOL. **a.** Région du membre antérieur comprise entre l'épaule et la jambe, chez le cheval. **b.** Tentacule des céphalopodes. **c.** Pince de certains crustacés. **3.** Objet, partie d'objet dont la forme évoque un bras. *Bras d'un électrophone.* – *Bras de fauteuil :* accotoir. – *Bras de transept :* chacune des deux parties du transept, de part et d'autre de la croisée. ◇ *Bras de levier :* distance d'une force à son point d'appui, mesurée perpendiculairement à la direction de cette force. **4.** GÉOGR. Division d'un fleuve, d'une mer.

BRASAGE n.m. Assemblage de deux pièces métalliques par brasure.

BRASER v.t. (de *braise*). Souder par brasure.

BRASERO [brazero] n.m. (mot esp.). Récipient métallique percé de trous et destiné au chauffage en plein air.

BRASIER n.m. **1.** Foyer de chaleur (d'un feu de charbon, d'un incendie). **2.** Fig. Foyer de passions, d'affrontements, etc.

BRASILLER v.i. Litt. Scintiller ; prendre une couleur de braise.

BRAS-LE-CORPS (À) loc. adv. Par le milieu du corps. *Saisir qqn à bras-le-corps.*

BRASQUE n.f. Enduit passé sur la surface intérieure d'un creuset en matière réfractaire.

1. BRASSAGE n.m. Action de brasser, fait de se brasser ; son résultat. *Un brassage de population.*

2. BRASSAGE n.m. MAR. Action de brasser une vergue.

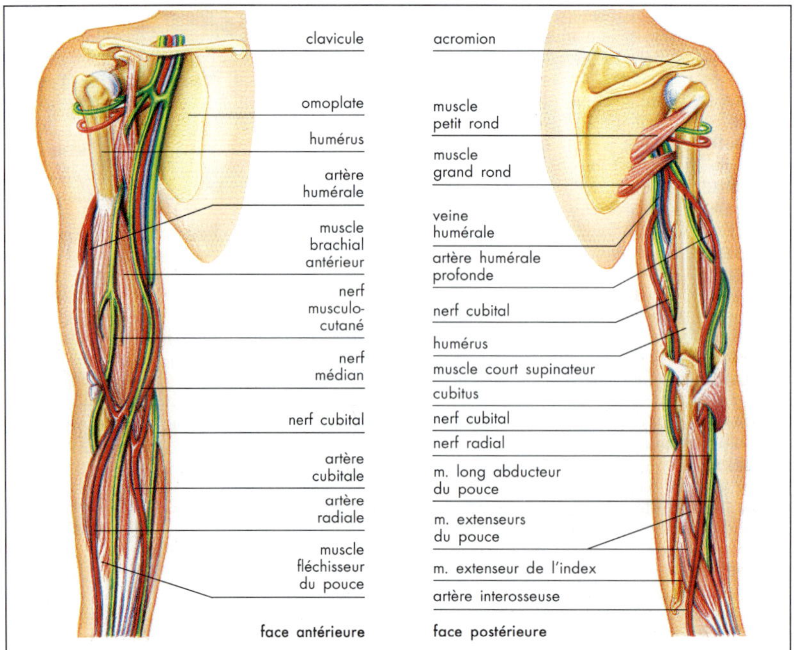

bras et avant-bras

BRASSARD n.m. (de *bras*). **1.** Bande d'étoffe, ruban, crêpe, etc., que l'on porte au bras. **2.** Anc. Partie de l'armure qui couvrait le bras.

BRASSE n.f. (lat. *brachia,* les bras). **1.** Nage ventrale où bras et jambes agissent symétriquement et donnent l'impulsion en avant par détente simultanée. **2. a.** Anc. Mesure de longueur correspondant à l'envergure des bras. **b.** *Brasse anglaise :* unité de mesure de six pieds (env. 1,83 m) utilisée en Grande-Bretagne pour indiquer la profondeur de l'eau.

brasse

BRASSÉE n.f. Ce que peuvent contenir les deux bras. *Une brassée de fleurs.*

1. BRASSER v.t. (de *bras*). MAR. Orienter (les vergues) pour profiter au mieux du vent.

2. BRASSER v.t. (de l'anc. fr. *brais,* orge). **1.** *Brasser la bière :* opérer le mélange du malt avec l'eau. **2.** Mêler en remuant. ◇ *Brasser des affaires,* en traiter beaucoup. ◆ **se brasser** v.pr. Se mêler, se mélanger en un tout.

BRASSERIE n.f. **1.** Lieu où l'on fabrique la bière. **2.** Industrie de la fabrication de la bière. **3.** Établissement où l'on sert des boissons (surtout de la bière) et des repas vite préparés.

1. BRASSEUR, EUSE n. Personne qui fabrique de la bière, en vend en gros. ◇ *Brasseur d'affaires :* homme qui traite de nombreuses affaires.

2. BRASSEUR, EUSE n. Nageur, nageuse qui pratique la brasse.

BRASSICOLE adj. Relatif à la bière, à la brasserie.

BRASSIÈRE n.f. (de *bras*). **1.** Chemise en tissu fin ou chandail en laine pour bébé, qui se ferme dans le dos. **2.** Type de soutien-gorge à larges bords ou de haut moulant qui s'enfile par la tête.

BRASSIN n.m. (de *brasser,* agiter). Cuve où l'on fabrique la bière ; son contenu.

BRASURE n.f. **1.** Soudure obtenue par interposition entre les pièces à joindre d'un alliage ou d'un métal fusible. **2.** Métal ou alliage utilisé pour cette soudure.

BRAVACHE n.m. et adj. (it. *bravaccio*). Faux brave ; fanfaron.

BRAVADE n.f. (de l'it. *bravare,* se vanter). Étalage de bravoure ; action, attitude de défi ; fanfaronnade.

BRAVE adj. et n. (it. *bravo ;* lat. *barbarus,* barbare). **1.** Qui ne craint pas le danger. *Femme brave. Se conduire en brave.* **2.** *Mon brave,* s'emploie par condescendance à l'égard d'un inférieur (ou présumé tel). ◆ adj. (Placé avant le nom). **1.** Bon, honnête, obligeant. *De braves gens.* **2.** Gentil, mais peu subtil. *Il est bien brave.*

BRAVEMENT adv. Avec bravoure ; sans hésitation.

BRAVER v.t. Affronter sans peur ; défier, transgresser orgueilleusement. *Braver la mort. Braver l'opinion, la loi.*

BRAVISSIMO interj. (mot it.). [Superlatif de bravo, cri de vive approbation]. *Bravo ! Bravissimo !*

1. BRAVO interj. (mot it.). [Exclamation pour approuver, applaudir, notamment un spectacle]. *Bravo ! Bis !* ◆ n.m. Cri d'approbation ; applaudissements. *La salle croulait sous les bravos.*

2. BRAVO n.m. (mot it., *brave*) [pl. *bravos* ou *bravi*]. Anc. Tueur à gages, spadassin, en Italie.

BRAVOURE n.f. (it. *bravura*). Courage, vaillance. ◇ *Morceau de bravoure :* morceau à effet, passage brillant d'une œuvre artistique.

BRAYER [brɛje] n.m. **1.** Corde ou sangle dont se servent les maçons pour monter les pierres, le mortier, etc. **2.** Bande de gros cuir soutenant le battant d'une cloche.

1. BREAK [brɛk] n.m. (mot angl.). **1.** Automobile à carrosserie intermédiaire entre la berline et le véhicule utilitaire, comportant à l'arrière une banquette amovible ou articulée et un hayon qui permettent d'utiliser ce véhicule comme une fourgonnette. **2.** Anc. Voiture hippomobile à quatre roues, à siège très élevé sur le devant, à banquettes disposées dans le sens de la longueur.

2. BREAK [brɛk] n.m. (mot angl., *interruption*). **1.** MUS. (Jazz). Courte interruption du jeu de l'orchestre. **2.** SPORTS. **a.** Écart creusé entre deux adversaires, deux équipes. **b.** BOXE. Ordre de l'arbitre pour interrompre un corps-à-corps.

BREAK-DOWN [brɛkdawn] n.m. inv. (mot angl.). Vieilli. Dépression nerveuse.

BREAKFAST [brɛkfəst] n.m. Petit déjeuner à l'anglaise.

BREBIS n.f. (lat. *berbix, -icis*). Mouton femelle. *La brebis bêle,* pousse son cri.

brebis

1. BRÈCHE n.f. (haut all. *brecha,* fracture). **1.** Ouverture faite dans un mur, un rempart, une haie. **2.** Fig. *Battre en brèche :* attaquer vivement. – *Faire une brèche à :* endommager, entamer. – *Être toujours sur la brèche,* en action. – *Mourir sur la brèche,* en luttant. **3.** Brisure faite au tranchant d'une lame, au rebord d'un verre, d'une assiette, etc.

2. BRÈCHE n.f. (mot ligure). GÉOL. Conglomérat formé d'éléments anguleux.

BRÉCHET n.m. (angl. *brisket*). Crête médiane du sternum de la plupart des oiseaux, sur laquelle s'insèrent les muscles des ailes.

BREDOUILLAGE, BREDOUILLEMENT ou **BREDOUILLIS** n.m. Fait de bredouiller ; paroles indistinctes.

BREDOUILLE adj. *Rentrer bredouille,* sans avoir rien pris, sans avoir rien obtenu.

BREDOUILLEMENT n.m. → ***bredouillage.***

BREDOUILLER v.i. et t. (anc. fr. *bredeler,* de *bretonner,* bégayer). Parler, prononcer (des paroles) de manière confuse. *Bredouiller des excuses.*

BREDOUILLEUR, EUSE adj. et n. Qui bredouille.

BREDOUILLIS n.m. → ***bredouillage.***

1. BREF, ÈVE adj. (lat. *brevis*). **1.** De courte durée. *Discours bref.* **2.** *Voix brève, ton bref,* sec, tranchant. ◆ adv. En un mot, enfin, pour conclure. *Bref, je ne veux pas.*

2. BREF n.m. Lettre du pape, de moindre importance qu'une bulle et ne portant pas le sceau pontifical.

BREGMA [brɛgma] n.m. ANAT. Point de jonction des structures osseuses entre les os pariétaux et le frontal.

BREGMATIQUE adj. Du bregma.

BREITSCHWANZ [brɛtʃvɑ̃ts] n.m. (mot all.). Fourrure d'agneau karakul mort-né ou prématuré.

BRELAN n.m. (haut all. *bretling,* table). Réunion de trois cartes de même valeur, au poker. *Un brelan d'as.*

BRÊLER v.t. (de l'anc. fr. *braiel,* ceinture). Fixer, assembler avec des cordages.

BRELOQUE n.f. **1.** Petit bijou, colifichet que l'on porte attaché à un bracelet, à une chaîne, etc. **2.** MIL. Sonnerie de clairon, batterie de tambour ou coup de sifflet qui servait à rassembler les soldats ou à faire rompre les rangs. ◇ *Battre la breloque :* mal fonctionner ou battre irrégulièrement, en parlant d'un mécanisme ; déraisonner, divaguer, en parlant de qqn.

1. BRÈME n.f. (mot germ.). Poisson d'eau douce, au corps comprimé et plat, pouvant atteindre 50 cm de long. (Famille des cyprinidés.)

2. BRÈME n.f. Arg. Carte à jouer.

BREN n.m. → ***bran.***

BRÉSIL n.m. → ***brésillet.***

BRÉSILIEN, ENNE adj. et n. Du Brésil. ◆ n.m. Forme du portugais parlé au Brésil.

1. BRÉSILLER v.t. Teindre avec du brésillet ou du brésil.

2. BRÉSILLER v.t. Litt. Réduire en poudre. ◆ v.i. ou **se brésiller** v.pr. Litt. Tomber en poussière.

BRÉSILLET ou **BRÉSIL** n.m. Arbre du Brésil dont le bois, dit *bois de Pernambouc,* fournit une teinture rouge ; cette teinture.

BRESSAN, E adj. et n. De la Bresse.

BRESTOIS, E adj. et n. De Brest.

BRETÈCHE ou **BRETESSE** n.f. (lat. médiév. *brittisca,* fortification bretonne). **1.** Logette rectangulaire en saillie sur une façade pour en renforcer la défense. **2.** Hune fortifiée des bateaux de guerre.

BRETELLE n.f. (haut all. *brettil,* rêne). **1.** Courroie passée sur les épaules pour porter un objet pesant, un sac, un fusil, etc. **2.** Bande de tissu retenant aux épaules certains vêtements ou sous-vêtements. *Les bretelles d'un pantalon, d'une robe. Bretelles d'un soutien-gorge.* ◇ Fam. *Remonter les bretelles (à qqn),* lui faire des remontrances, le rappeler à l'ordre. **3.a.** Raccordement entre une autoroute et une autre voie routière. **b.** Ensemble d'appareils permettant la jonction dans les deux sens de deux voies de chemin de fer parallèles contiguës. **4.** Ligne de défense intérieure reliant deux organisations défensives.

BRETESSE n.f. → ***bretèche.***

BRETESSÉ, E adj. HÉRALD. Qui est crénelé symétriquement des deux côtés, en parlant d'une pièce héraldique.

BRETON, ONNE adj. et n. De la Bretagne ; habitant ou originaire de Bretagne. ◆ n.m. Langue celtique parlée dans l'ouest de la Bretagne.

BRETONNANT, E adj. et n. Qui a conservé la langue et les coutumes bretonnes, en parlant d'une partie de la Bretagne et de certains de ses habitants. *La Bretagne bretonnante.*

BRETTE n.f. (anc. fr. *bret,* breton). **1.** Instrument dentelé pour bretter. **2.** Épée de duel, longue et étroite (XVIe-XVIIe s.).

BRETTER ou **BRETTELER** v.t. [4] ou [24]. Rayer, strier pour faire un crépissage, au moyen de la brette. *Bretter un mur.*

BRETTEUR n.m. (de *brette*). Vx. Homme qui aimait se battre à l'épée.

BRETZEL [brɛtzɛl] n.m. ou f. (mot alsacien). Pâtisserie alsacienne en forme de huit, saupoudrée de sel et de graines de cumin.

BREUVAGE n.m. (anc. fr. *boivre,* boire ; lat. *bibere*). Litt. ou péj. Boisson.

BRÈVE n.f. **1.** Voyelle ou syllabe dont la durée d'émission est courte (par opp. à *longue*). **2.** Courte information, de dernière heure ou peu importante. **3.** Passereau des forêts équatoriales, aux vives couleurs.

BREVET n.m. (de *bref*). **1.** Diplôme ou certificat délivré après examen par l'État, sanctionnant certaines études, attestant certaines aptitudes et donnant certains droits. *Brevet de pilote.* ◇ Spécialt. Examen sanctionnant le premier cycle de l'enseignement secondaire. – *Brevet d'études professionnelles (B. E. P.) :* diplôme sanctionnant une formation d'ouvrier ou d'employé qualifié. – *Brevet de technicien (B. T.) :* brevet qui se prépare en trois ans, après la classe de troisième et qui donne le titre de technicien ou d'agent technique. – *Brevet de technicien supérieur (B. T. S.) :* diplôme préparé en deux ans dans les sections supérieures des lycées par les bacheliers ou les titulaires du B.T. **2.** *Brevet d'invention :* titre délivré, en France, par l'Institut national de la propriété industrielle ou par une préfecture autre que la Préfecture de Paris, pour protéger une invention ou un procédé et pour en garantir à l'auteur l'exploitation exclusive pendant 20 ans. **3.** DR. *Acte en brevet :* acte notarié dont l'original est remis à l'intéressé (par opp. à la *minute,* qui est conservée par le notaire).

BREVETABLE adj. Qui peut être breveté.

BREVETÉ, E adj. et n. **1.** Qui est titulaire d'un brevet. **2.** Qui est garanti par un brevet. *Invention brevetée.*

BREVETER v.t. [27]. Protéger par un brevet. *Faire breveter un procédé.*

BRÉVIAIRE n.m. (lat. *brevis,* bref). **1.** Livre contenant les prières à lire chaque jour par les prêtres et les religieux catholiques ; l'ensemble de ces prières. **2.** Litt. Livre auquel on se réfère souvent et que l'on considère comme un guide, un modèle.

BRÉVILIGNE adj. et n. Qui a des membres courts et un aspect plutôt trapu, en parlant de qqn. CONTR. : *longiligne.*

BRÉVITÉ n.f. PHON. Qualité d'une voyelle ou d'une syllabe brève.

1. BRIARD, E adj. et n. De la Brie.

2. BRIARD n.m. Chien de berger français, à poil long.

BRIBE n.f. (onomat.). **1.** (Surtout au pl.). Restes d'un repas, petits morceaux d'un aliment. *Des bribes de gâteau.* **2.** Fragment d'un tout. *Saisir seulement une bribe d'une conversation.*

BRIC-À-BRAC [brikabrak] n.m. inv. (onomat.). Amas d'objets divers, usagés ou en mauvais état, entassés n'importe comment.

BRICELET n.m. Suisse. Galette très fine et croustillante.

BRIC ET DE BROC (DE) loc. adv. Avec des éléments de toute provenance.

1. BRICK n.m. (angl. *brig*). Navire à deux mâts gréés à voiles carrées.

2. BRICK n.m. (de l'ar.). Galette très fine à base de blé dur, fourrée de thon, d'œuf, etc., et frite dans l'huile. (Cuis. tunisienne.)

BRICK-GOÉLETTE n.m. (pl. *bricks-goélettes*). Navire à voiles à deux mâts, à gréement carré au mât de misaine et aurique au grand mât.

BRICOLAGE n.m. **1.** Action de bricoler ; son résultat. **2.** Réparation provisoire. **3.** Travail peu rentable.

BRICOLE n.f. (it. *briccola,* machine de guerre). **1.** Fam. Chose sans importance. – Travail mal payé. **2.** Hameçon double. **3.** Pièce du harnais placée sur la poitrine du cheval.

BRICOLER v.i. Faire des petites réparations, des aménagements de ses propres mains, chez soi ou à l'extérieur. *Ils passent leur dimanche à bricoler.* ◆ v.t. Fam. Réparer sommairement. *Bricoler un moteur.*

BRICOLEUR, EUSE n. et adj. Personne qui bricole.

BRIDE n.f. (haut all. *brîdel,* rêne). **1.** Pièce de harnais placée sur la tête du cheval et comprenant notamm. deux mors et quatre rênes. ◇ *À bride abattue, à toute bride :* très vite. – *Avoir la bride sur le cou :* pouvoir agir en toute liberté. – *Lâcher la bride à :* donner toute liberté à. – *Tenir la bride :* ne pas tout permettre. – *Tourner bride :* faire demi-tour. **2.** Suite de points de chaînette formant une boutonnière ou réunissant les parties d'une broderie. **3.** PATHOL. Bande de tissu conjonctif réunissant anormalement deux organes. *Bride péritonéale.* **4.** TECHN. Lien métallique en forme de collier ou de demi-collier, pour unir ou consolider deux ou plusieurs pièces ; collerette.

BRIDÉ, E adj. *Yeux bridés :* yeux aux paupières étirées latéralement et à ouverture réduite.

BRIDER v.t. **1.** Passer la bride à (un cheval, un âne, etc.). ◇ Fig. Contenir, refréner. *Brider une imagination délirante.* **2.** Limiter la puissance de (un moteur, une machine). **3.** Serrer trop. *Cette veste me bride un peu aux épaules.* **4.** *Brider une volaille :* la ficeler pour la faire cuire. **5.** MAR. Réunir (plusieurs cordages) avec un filin. **6.** Fixer (deux ou plusieurs objets) avec une bride métallique.

1. BRIDGE n.m. (mot angl.). Jeu de cartes qui se joue avec 52 cartes, entre deux équipes de deux joueurs. *Jouer au bridge. Faire un bridge.*

2. BRIDGE n.m. (mot angl., *pont*). Appareil de prothèse dentaire en forme de pont entre deux dents saines, pour remplacer des dents absentes ou consolider des dents mobiles.

BRIDGER v.i. [17]. Jouer au bridge.

BRIDGEUR, EUSE n. Personne qui joue au bridge.

BRIDON n.m. Bride simple équipée du seul mors de filet.

BRIE n.m. Fromage fermenté à pâte molle, fabriqué dans la Brie.

BRIEFER [brife] v.t. (de *briefing*). Fam. Mettre au courant, renseigner par un bref exposé.

BRIEFING [brifiŋ] n.m. (mot angl.). Réunion d'information avant une mission aérienne pour donner aux équipages les dernières instructions. ◇ Réunion d'un groupe de travail pour définir les objectifs, les méthodes, etc.

BRIÈVEMENT adv. En peu de mots, de manière très succincte.

BRIÈVETÉ n.f. (lat. *brevitas*). Courte durée d'une action, d'un état. *Brièveté d'une visite.*

BRIFFER v.i. et t. Pop. Manger.

BRIGADE n.f. (it. *brigata*, troupe). **1.** Unité interarmes à prédominance de chars ou d'infanterie. *Brigade de chars.* – *Brigade de gendarmerie :* la plus petite unité de cette arme, installée dans chaque chef-lieu de canton. **2.** DR. Corps de police spécialisé dans un domaine particulier. *Brigade des mineurs, brigade des stupéfiants et du proxénétisme, brigade antigang.* **3.** Équipe d'ouvriers, d'employés qui travaillent ensemble sous la surveillance d'un chef.

BRIGADIER n.m. **1.** Général de brigade. – Anc. Militaire qui avait le grade équivalant à celui de caporal. **2.** Chef d'une brigade de gendarmerie. (→ ***grade.***) **3.** Bâton pour frapper les trois coups au théâtre.

BRIGADIER-CHEF n.m. (pl. *brigadiers-chefs*). Grade intermédiaire entre ceux de brigadier et de maréchal des logis. (→ ***grade.***)

BRIGAND n.m. (it. *brigante*, qui va en troupe). **1.** Personne malhonnête, sans aucun scrupule. **2.** Personne qui vole, qui pille à main armée.

BRIGANDAGE n.m. Vol à main armée commis généralement par des bandes organisées.

BRIGANDINE n.f. (de *brigand*). Petite cotte de mailles (XIIIe-XVIe s.).

BRIGANTIN n.m. (it. *brigantino*). Navire à voiles rapide à deux mâts, analogue au brick mais de plus faible tonnage.

BRIGANTINE n.f. (de *brigantin*). MAR. Voile trapézoïdale enverguée sur la corne d'artimon.

BRIGUE n.f. (it. *briga*, querelle). Litt. Manœuvre, ruse pour triompher d'un concurrent.

BRIGUER v.t. Souhaiter ardemment, chercher à obtenir. *Briguer un poste.*

BRILLAMMENT [brijamɑ̃] adv. De façon brillante. *Être reçu brillamment à un concours.*

BRILLANCE n.f. **1.** Qualité de ce qui brille, éclat lumineux. **2.** PHYS. Anc. Luminance.

1. BRILLANT, E adj. **1.** Qui brille, qui est lumineux. *Des cheveux brillants.* **2.** Qui séduit, qui se fait remarquer par son intelligence, son aisance, etc. *Une personne très brillante.*

2. BRILLANT n.m. **1.** Qualité de ce qui brille, éclat. *Le brillant des chromes.* **2.** Diamant arrondi, taillé à 57 ou 58 facettes pour être monté en bijou.

BRILLANTAGE n.m. Action de brillanter ; son résultat.

BRILLANTÉ n.m. Tissu de coton imprimé à dessins brillants.

BRILLANTER v.t. **I.** Tailler les plus petites facettes de (une pierre, en particulier celles d'un diamant). **II. 1.** Donner un aspect brillant à. *Brillanter une pièce métallique.* **2.** Parsemer d'ornements brillants. *Brillanter une robe avec des paillettes.*

BRILLANTEUR n.m. Produit ajouté à un bain de revêtement électrolytique pour brillanter une surface métallique.

BRILLANTINE n.f. Préparation parfumée pour assouplir les cheveux et leur donner du brillant.

BRILLANTINER v.t. Mettre de la brillantine sur (les cheveux).

BRILLER v.i. (it. *brillare* ; lat. *beryllus*, béryl). **1.** Émettre ou réfléchir une vive lumière ; être lumineux. *La mer brille au soleil. Le diamant brille.* ◇ *Faire briller qqch à qqn*, le lui présenter comme un avantage possible pour le séduire ou l'impressionner. **2.** Manifester, exprimer avec beaucoup d'intensité. *Des yeux, un regard, un visage qui brillent de joie, de colère.* **3.** Fig. Se faire remarquer par une qualité particulière. *Elle brille par son intelligence.*

BRIMADE n.f. (de *brimer*). **1.** Épreuve ou plaisanterie que les anciens imposent aux nouveaux (dans certaines écoles, à l'armée, etc.). **2.** Mesure vexatoire et inutile, provenant de qqn qui veut faire sentir son pouvoir, son autorité. *Subir les brimades de son supérieur.*

BRIMBALER, BRINGUEBALER ou **BRINQUEBALER** v.t. et i. (de *bribe* et *trimbaler*). Fam. Secouer de droite à gauche ; se balancer.

BRIMBORION n.m. (lat. *breviarium*, de *brevis*, bref). Litt. Petit objet de peu de valeur.

BRIMER v.t. (de *brume*). Soumettre à des brimades. – *Se sentir brimé :* éprouver un sentiment d'injustice, de frustration (fondé ou non).

BRIN n.m. **1.** Petite partie d'une chose mince et allongée ; petite tige. *Un brin de paille. Un brin de muguet, d'herbe.* ◇ Fam. *Un beau brin de fille :* une fille très belle, très attirante. ◇ Fam. *Un brin de :* une petite quantité de, un petit peu. **2.** Fil qui, tordu avec d'autres, forme un câble ou un cordage. **3.** Partie d'une courroie passant sur une poulie ou un tambour, et transmettant le mouvement.

BRINDEZINGUE adj. Fam. Ivre. ◆ adj. et n. Fam. Un peu fou.

BRINDILLE n.f. (de *brin*). Branche très mince et légère ; morceau de branche sèche. *Un feu de brindilles.*

BRINELL [brinɛl] n.m. (de *Brinell*, n.pr.). **1.** Machine qui sert aux essais de dureté des métaux. **2.** Essai de dureté pratiqué avec cette machine.

BRINGÉ, E adj. Se dit d'un animal marqué de bringeures, de sa robe.

BRINGEURE [brɛ̃ʒyr] n.f. Bande de poils noirs traversant la robe, généralement de tonalité rouge, d'un chien, d'un bovin.

1. BRINGUE n.f. (de l'all. *bring dir's*, porter un toast). Fam. **1.** Sortie entre amis pour s'amuser, manger, boire. **2.** Suisse. **a.** Querelle, chicane. **b.** Rengaine.

2. BRINGUE n.f. (de *brin*). Fam. *Grande bringue :* fille ou femme plutôt grande et maigre, dégingandée.

BRINGUEBALER ou **BRINQUEBALER** v.t. et i. → ***brimbaler.***

BRINGUER v.i. Suisse. Insister exagérément pour obtenir qqch. ◆ **se bringuer** v.pr. Suisse. Fam. Se quereller.

BRIO n.m. (mot it.). **1.** Vivacité, entrain. **2.** Virtuosité.

BRIOCHE n.f. (du normand *brier*, broyer). **1.** Pâtisserie légère, à base de farine, de levure, de beurre et d'œufs, le plus souvent en forme de boule surmontée d'une boule plus petite. **2.** Fam. Ventre rebondi, embonpoint.

BRIOCHÉ, E adj. Qui se rapproche de la brioche par son goût et sa consistance. *Pain brioché.*

BRIOCHIN, E adj. et n. De Saint-Brieuc.

BRION n.m. MAR. Partie arrondie de l'avant de la coque, faisant la liaison entre l'étrave et la quille.

1. BRIQUE n.f. (néerl. *bricke*). **1.** Matériau de construction à base d'argile, moulé mécaniquement et cuit au four, en forme de parallélépipède rectangle. *Brique pleine, creuse.* – *Brique de verre :* pavé en verre épais. **2.** Produit présenté sous la forme d'une brique. *Une brique de savon.* **3.** Fam. Un million de centimes. ◆ adj. inv. et n.m. Rougeâtre.

2. BRIQUE n.f. (du germ. *brekan*, briser). Suisse. Éclat, fragment, tesson.

BRIQUER v.t. Fam. Nettoyer à fond, astiquer.

1. BRIQUET n.m. (de *brique*, morceau). **1.** Petit appareil servant à produire du feu. *Briquet à gaz.* **2.** *Sabre briquet :* sabre court utilisé dans l'infanterie (XVIIIe et XIXe s.).

2. BRIQUET n.m. (de *braque*). Chien courant de petite taille, à poil long.

BRIQUETAGE n.m. **1.** Action de briqueter ; son résultat. **2.** Maçonnerie de briques. **3.** Enduit auquel on donne l'apparence de la brique.

BRIQUETER v.t. [27]. **1.** Paver, garnir avec des briques. **2.** Couvrir de briquetage.

BRIQUETERIE [brikɛtri] n.f. Usine où l'on fait des briques.

BRIQUETEUR n.m. Ouvrier procédant à l'édification d'ouvrages en brique.

BRIQUETIER n.m. Personne qui fabrique ou qui vend des briques et des tuiles.

BRIQUETTE n.f. Brique faite avec de la tourbe ou des poussières de charbon agglomérées, servant de combustible.

BRIS [bri] n.m. (de *briser*). DR. Rupture illégale et intentionnelle (d'une clôture, d'un scellé).

1. BRISANT, E adj. Qui est à combustion très rapide, en parlant d'un explosif ou d'un obus chargé avec ce genre d'explosif.

2. BRISANT n.m. Écueil sur lequel les vagues déferlent et se brisent. ◆ pl. Lame qui se brise sur un écueil.

BRISCARD ou **BRISQUARD** n.m. (de *brisque*). **1.** HIST. Soldat chevronné. **2.** Cour., fam. *Un vieux briscard :* un homme d'expérience, astucieux et retors.

BRISE n.f. **1.** Petit vent frais peu violent. **2.** *Brise de mer :* vent léger qui, le jour, souffle de la mer vers la terre. – *Brise de terre :* vent léger qui, la nuit, souffle de la terre vers la mer. – *Brise de montagne :* vent léger qui souffle, au crépuscule, de la montagne vers la vallée. – *Brise de vallée :* vent léger qui souffle, le matin, de la vallée vers les sommets.

1. BRISÉ, E adj. **1.** *Ligne brisée :* suite de segments de droites distinctes, telle que l'extrémité de l'un constitue l'origine du suivant. **2.** Qui peut se replier sur lui-même, en parlant d'un volet ou d'un vantail de porte. **3.** ARCHIT. *Arc brisé :* arc à deux branches concaves se rejoignant en pointe au faîte. – *Fronton brisé*, dont les rampants sont interrompus avant le faîte. – *Comble brisé :* comble à la Mansart. **4.** Pâte brisée : pâte faite d'un mélange de beurre et de farine.

2. BRISÉ n.m. CHORÉGR. Pas simple (glissade battue) appartenant à la petite batterie et dont il existe des variantes complexes. *Brisé volé, brisé volé de volée.*

BRISE-BÉTON n.m. inv. Appareil pour briser les ouvrages en béton par percussion.

BRISE-BISE n.m. inv. Rideau court garnissant les fenêtres à mi-hauteur.

BRISE-COPEAUX n.m. inv. Partie d'un outil de coupe contre laquelle le copeau vient se briser en fragments.

BRISÉES n.f. pl. VÉN. Branches d'arbres que le veneur rompt pour marquer le passage d'une bête. ◇ Fig., litt. *Aller, marcher sur les brisées de qqn :* rivaliser, entrer en concurrence avec lui.

BRISE-FER n. inv. Fam. Enfant turbulent et peu soigneux ; brise-tout.

BRISE-GLACE ou **BRISE-GLACES** n.m. inv. **1.** Navire équipé d'une étrave renforcée pour briser la glace et frayer un passage dans les mers arctiques. **2.** Construction en amont d'une pile de pont pour la protéger des glaces flottantes.

BRISE-JET n.m. (pl. *brise-jets* ou inv.). Dispositif (tuyau, petite grille, etc.) adapté à un robinet d'eau pour régulariser son débit.

BRISE-LAMES n.m. inv. Ouvrage construit à l'entrée d'un port ou d'une rade pour les protéger contre la houle du large en cas de tempête.

BRISEMENT n.m. Action de briser, de se briser ou d'être brisé. *Un brisement de cœur.*

BRISE-MOTTES n.m. inv. Rouleau à disques pour écraser les mottes de terre.

BRISER v.t. (mot gaul.). **1.** Casser, mettre en pièces. *Briser une carafe en cristal.* ◇ Fig. *Briser le cœur de qqn*, lui causer une grande peine. **2.** Fig. Détruire, anéantir (une réalisation quelconque). *On a brisé sa carrière.* ◇ Vaincre, faire céder ; réussir à abattre. *Briser l'orgueil de qqn.* **3.** Interrompre assez brutalement. *Briser un entretien.* ◆ v.i. *Briser avec qqn :* cesser toute relation avec lui, rompre. ◆ **se briser** v.pr. **1.** Se casser. **2.** Se diviser en heurtant un obstacle, en parlant de la mer, des vagues.

BRISE-SOLEIL n.m. inv. Dispositif construit en avant des baies vitrées d'une façade pour les protéger du soleil en été.

BRISE-TOUT n. inv. Fam. Personne maladroite qui casse tout ce qu'elle touche.

BRISEUR, EUSE n. **1.** Litt. Personne qui brise qqch. **2.** *Briseur de grève :* personne qui travaille dans une entreprise alors que les autres sont en grève.

BRISE-VENT n.m. inv. Rideau d'arbres ou petite haie qui protègent les plantes du vent. SYN. : *coupe-vent.*

BRISE-VUE n.m. (pl. *brise-vues*). Belgique. Brise-bise.

BRISIS [brizi] n.m. (de *briser*). Partie inférieure, en pente raide, d'un versant de toit brisé (comble à la Mansart).

BRISKA n.m. (russe *britchka*). Anc. Calèche de voyage ou malle-poste, en Russie.

BRISQUARD n.m. → ***briscard.***

BRISQUE n.f. **1.** Jeu de cartes, appelé aussi *mariage.* **2.** Arg. mil. Chevron.

BRISTOL n.m. (de *Bristol,* ville d'Angleterre). **1.** Carton plus ou moins épais, fortement satiné, de qualité supérieure. **2.** Vieilli. Carte de visite.

BRISURE n.f. **1.** Fente, fêlure dans un objet brisé ; fragment. *Les brisures d'une glace.* **2.** Joint articulé de deux parties d'un ouvrage, permettant de les replier l'une sur l'autre. **3.** HÉRALD. Modification apportée aux armoiries d'une famille pour distinguer une branche cadette ou bâtarde de la branche principale ou légitime.

BRITANNIQUE adj. et n. De Grande-Bretagne.

BRITTONIQUE adj. Qui se rapporte aux peuples celtes établis en Grande-Bretagne entre le Ier millénaire et le Ier s. av. J.-C. ◆ n.m. Rameau de la langue celtique comprenant le breton et le gallois.

BRIZE n.f. Herbe des prés et des bois, à épillets larges et tremblotants, appelée aussi *amourette.* (Famille des graminées.)

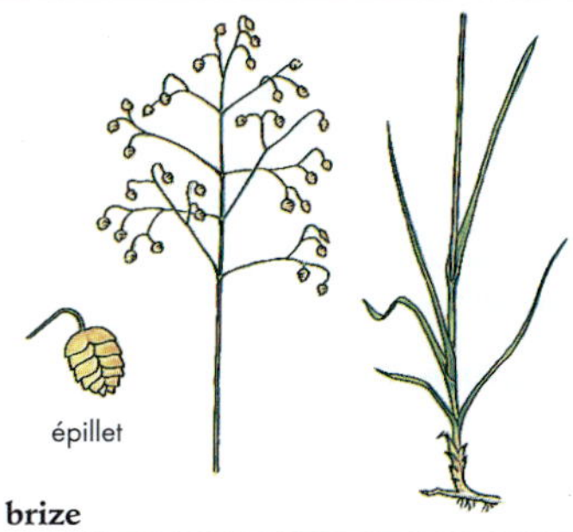

brize

BROC [bro] n.m. (gr. *brokhis,* pot). Récipient haut, à col resserré et à bec muni d'une anse latérale, pour transporter les liquides.

BROCANTE n.f. Commerce, métier de brocanteur.

BROCANTER v.i. (du haut all. *brocko,* morceau). Acheter, vendre ou troquer des objets d'occasion.

BROCANTEUR, EUSE n. Personne qui achète et revend des objets usagés à des particuliers ou à d'autres marchands.

1. BROCARD n.m. (du moyen fr. *broquer,* piquer). Litt. Raillerie offensante, moquerie.

2. BROCARD n.m. (picard *broque,* broche). Chevreuil, cerf, daim âgé d'un an, dont les bois ne sont pas encore ramifiés.

BROCARDER v.t. Litt. Railler, faire des brocards sur.

BROCART n.m. (it. *broccato,* tissu broché). Étoffe brochée de soie, d'or ou d'argent.

BROCATELLE n.f. (it. *broccatello*). **1.** Marbre de plusieurs couleurs. **2.** Étoffe de soie brochée à riches ornements.

BROCCIO [brɔtʃjo] n.m. Fromage corse fabriqué avec du lait de chèvre ou de brebis.

BROCHAGE n.m. **1.** Action de brocher les livres ; son résultat. **2.** Procédé de tissage faisant apparaître sur un tissu de fond certains motifs décoratifs à l'aide de trames supplémentaires. **3.** Utilisation d'une fraise rectiligne, ou *broche,* pour usiner ou calibrer des trous dans du métal.

BROCHANT, E adj. HÉRALD. Se dit d'une pièce qui passe par-dessus une autre. – *Pièce brochant sur le tout,* qui traverse tout l'écu ou qui passe sur deux pièces ou davantage. ◇ Fig. *... et, brochant sur le tout, ...* : et en sus du reste, et pour comble.

BROCHE n.f. (lat. *broccha,* choses pointues). **1.** Bijou muni d'une épingle permettant de l'agrafer sur un vêtement, un foulard, etc. **2. a.** Tige de fer pointue sur laquelle on enfile une viande pour la faire rôtir. *Un poulet cuit à la broche.* **b.** Baguette pour enfiler plusieurs objets. **c.** Tige métallique recevant une bobine sur un métier à filer ; ensemble mécanique dont elle fait partie. **d.** Tige métallique d'une serrure, qui pénètre dans le trou d'une clef forée. **3.** CHIR. Instrument pour maintenir les os fracturés. **4. a.** Arbre d'une machine-outil qui reçoit et transmet le mouvement de rotation à la pièce usinée. **b.** Outil pour calibrer un trou cylindrique ou pour exécuter des rainures. **5.** ÉLECTR. Partie mâle d'une prise de courant, d'un culot de lampe, etc. **6.** Cheville de bois pointue pour boucher le trou fait avec le foret. ◆ pl. Défenses du sanglier.

BROCHÉ n.m. Étoffe tissée selon le procédé du brochage.

BROCHER v.t. (de *broche*). **1.** Plier, assembler, coudre et couvrir les feuilles de (un livre). **2.** Tisser (une étoffe) de fils d'or, de soie, etc., pour faire apparaître des dessins en relief sur le fond uni. **3.** Usiner, calibrer au moyen d'une broche.

BROCHET n.m. (de *broche*). Poisson d'eau douce très vorace, aux mâchoires garnies de dents très nombreuses (700 env.), et qui peut atteindre 1 m de long. (Famille des ésocidés.)

brochet

BROCHETON n.m. Jeune brochet.

BROCHETTE n.f. **1.** Petite broche sur laquelle on enfile des morceaux de viande, de poisson, d'oignon, etc., pour les faire griller. – Ce qui grille sur la brochette. *Manger des brochettes.* **2.** Fig., fam. *Une brochette de* : une rangée, un groupe de.

BROCHEUR, EUSE n. Personne qui broche les livres.

BROCHEUSE n.f. Machine pour brocher les livres.

BROCHURE n.f. **1.** Livre, petit ouvrage broché. *Une brochure de poèmes.* **2.** Travail du brocheur. *La brochure et la reliure.* **3.** Dessin broché sur une étoffe.

BROCOLI n.m. (it. *broccolo*). Chou-fleur vert originaire du sud de l'Italie.

BRODEQUIN n.m. (p.-ê. normand *brosequin ;* esp. *borcegui*). **1.** Forte chaussure, à tige montant au-dessus de la cheville, pour le travail ou la marche. **2.** ANTIQ. Chaussure des personnages de comédie.

BRODER v.t. (mot germ.). **1.** Orner (une étoffe) de dessins en relief, à l'aiguille ou à la machine. *Broder une nappe, un mouchoir.* **2.** Fig. Amplifier (un récit) en inventant des détails.

BRODERIE n.f. **1.** Art d'exécuter à l'aiguille ou à la machine des motifs ornementaux (dessins, lettres, etc.) sur une étoffe servant de support ; ouvrage ainsi réalisé. **2.** MUS. Note ornant une mélodie. **3.** *Parterre de broderie* : parterre dont les plantations (buis, fleurs...) dessinent des arabesques.

BRODEUR, EUSE n. Personne qui travaille dans la broderie ou qui en fait pour son plaisir.

BROIE n.f. Vx. Instrument pour briser la tige du chanvre et du lin, et en séparer la filasse.

BROIEMENT n.m. Broyage.

BROKER [brɔkœr] n.m. (mot angl., *courtier*). Intermédiaire qui effectue les transactions sur les valeurs mobilières, dans les Bourses anglo-saxonnes.

BROMATE n.m. Sel de l'acide bromique.

1. BROME n.m. (gr. *brômos,* puanteur). CHIM. Non-métal liquide rouge foncé, analogue au chlore, bouillant vers 60 °C et donnant des vapeurs rouges et suffocantes ; élément (Br) de numéro atomique 35, de masse atomique 79,90.

2. BROME n.m. Herbe très commune dans les prés, les bois et les lieux incultes. (Famille des graminées.)

BROMÉ, E adj. CHIM. Qui contient du brome.

BROMÉLIACÉE n.f. *Broméliacées* : famille de plantes monocotylédones des pays tropicaux, souvent épiphytes, comprenant notamment l'ananas.

BROMHYDRIQUE adj. *Acide bromhydrique* : acide se formant par combinaison du brome et de l'hydrogène (HBr).

BROMIQUE adj. *Acide bromique* : acide oxygéné du brome ($HBrO_3$).

BROMISME n.m. Intoxication provoquée par le brome et ses composés, notamment le bromure de potassium.

BROMOCRIPTINE n.f. Médiateur neurochimique, inhibiteur de la prolactine, utilisé également dans le traitement de la maladie de Parkinson.

BROMOFORME n.m. Liquide ($CHBr_3$) possédant des propriétés antispasmodiques et dont l'odeur rappelle celle du chloroforme.

BROMURE n.m. **1.** Combinaison du brome avec un corps simple. (Certains bromures ont des propriétés sédatives et hypnotiques.) **2.** Papier photographique au bromure d'argent ; épreuve de photogravure ou de photocomposition sur ce papier.

BRONCA n.f. (mot esp.). Protestation collective ; tollé.

BRONCHE n.f. (gr. *bronkhia*). Conduit faisant suite à la trachée et permettant à l'air de parvenir aux poumons.

■ La trachée se divise en deux bronches souches, droite et gauche, qui pénètrent dans le poumon correspondant où elles donnent naissance aux bronches lobaires (trois à droite, deux à gauche). Celles-ci se divisent à leur tour en de multiples branches qui se terminent dans les lobules pulmonaires. Les bronches se ramifient en bronchioles qui aboutissent aux alvéoles pulmonaires.

BRONCHECTASIE [brɔ̃ʃɛktazi] ou **BRONCHIECTASIE** [brɔ̃ʃjɛktazi] n.f. (de *bronche,* et gr. *ektasis,* dilatation). Dilatation des bronches.

BRONCHER v.i. (lat. pop. *bruncare,* trébucher). **1.** (Surtout en tournure négative). Manifester son désaccord, sa mauvaise humeur par des paroles ou des gestes. *Il a fait son travail sans broncher.* **2.** Faire un faux pas, en parlant d'un cheval.

BRONCHIOLE [brɔ̃ʃjɔl] n.f. Ramification terminale des bronches.

BRONCHIQUE [brɔ̃ʃik] adj. Des bronches.

BRONCHITE [brɔ̃ʃit] n.f. Inflammation des bronches. – *Bronchite capillaire* : broncho-pneumonie des enfants en bas âge, qui atteint les bronchioles.

BRONCHITEUX, EUSE [brɔ̃ʃitø, øz] adj. et n. Sujet à la bronchite.

BRONCHITIQUE [brɔ̃ʃitik] adj. et n. Atteint de bronchite.

BRONCHO-PNEUMONIE ou **BRONCHO-PNEUMOPATHIE** [brɔ̃ko-] (pl. *broncho-pneumonies, -pneumopathies*) n.f. Inflammation grave des bronchioles et des alvéoles pulmonaires.

BRONCHORRHÉE [brɔ̃kɔre] n.f. Expectoration abondante de crachats, au cours de la bronchite chronique.

BRONCHOSCOPE [brɔ̃kɔskɔp] n.m. Endoscope utilisé pour pratiquer la bronchoscopie.

BRONCHOSCOPIE [brɔ̃kɔskɔpi] n.f. Exploration visuelle de la trachée et des bronches avec le bronchoscope.

BRONTOSAURE [brɔ̃tozɔr] n.m. (gr. *brontê,* tonnerre, et *saura,* lézard). Reptile fossile du secondaire, de taille gigantesque (20 m de long), appartenant au groupe des dinosauriens et dont le régime était herbivore.

BRONZAGE n.m. Action, fait de bronzer ; son résultat.

BRONZANT, E adj. Se dit d'un produit qui accélère le bronzage.

BRONZE n.m. (it. *bronzo*). **1.** Alliage de cuivre et d'étain à forte proportion de cuivre. ◇ *Âge du bronze* : période préhistorique au cours de laquelle s'est diffusée la métallurgie du bronze (IIIe millénaire), précédant l'âge du fer (vers 1000 av. J.-C.). **2.** Objet d'art en bronze. *Un bronze des années 30.*

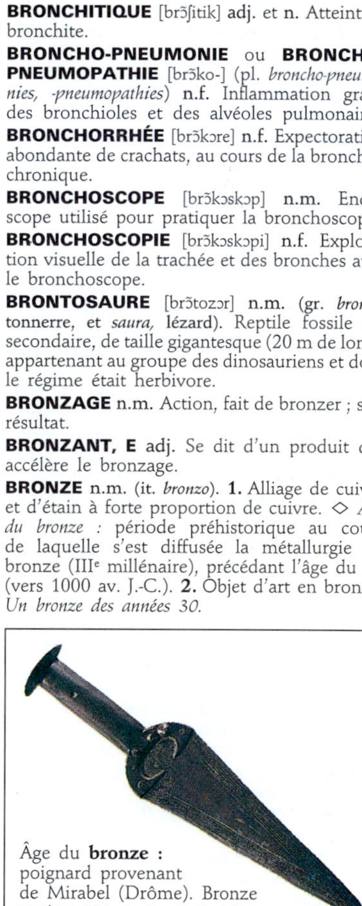
Âge du **bronze** : poignard provenant de Mirabel (Drôme). Bronze ancien. (Musée des Antiquités nationales, Saint-Germain-en-Laye.)

BRONZÉ, E adj. et n. Qui est basané, hâlé.

BRONZER v.t. **1.** Brunir, hâler (la peau). *Le soleil avait bronzé son visage.* **2.** Donner l'aspect ou la couleur du bronze à. ◆ v.i. Être, devenir brun de peau. *Elle bronze très vite.*

BRONZETTE n.f. Fam. Fait de se faire bronzer.

BRONZEUR, EUSE n. Ouvrier, ouvrière spécialiste du bronzage sur métaux ou sur bois.

BRONZIER, ÈRE n. Personne qui pratique la fonte, le ciselage des bronzes.

BROOK [bruk] n.m. (mot angl.). Obstacle de steeple-chase constitué par un fossé rempli d'eau.

BROQUELIN n.m. Ensemble des débris de feuilles de tabac livrés en vrac.

BROQUETTE n.f. (de *broche*). Petit clou à tête plate. SYN. : *semence.*

BROSSAGE n.m. Action de brosser ; son résultat.

BROSSE n.f. (lat. pop. *bruscia*). **1.** Ustensile formé d'une monture en bois, en plastique, etc., portant des poils, des filaments plus ou moins souples, et utilisé pour nettoyer, polir, frotter, etc. *Brosse à dents, à habits.* ◇ *Cheveux en brosse* : cheveux coupés courts et droits. **2.** Pinceau d'artiste peintre, plat et large, aux poils d'égale longueur. – Pinceau de peintre en bâtiment, rond et large, en fibres assez grosses et d'égale longueur. **3.** Houppe de poils située à la face interne des tarses postérieurs des abeilles, et qui sert à ramasser le pollen.

BROSSER v.t. **1.** Frotter avec une brosse pour nettoyer, faire briller, enlever les poils, etc. *Brosser des chaussures, un manteau.* **2.** Peindre, ébaucher (un tableau) avec la brosse. *Brosser une toile, un paysage.* ◇ *Brosser un tableau* : décrire qqch sans rentrer dans les détails, dépeindre à grands traits. **3.** Fam. Belgique. Ne pas assister à. *Brosser un cours.* ◆ **se brosser** v.pr. **1.** Frotter ses vêtements avec une brosse. **2.** Fam. Devoir se passer de qqch que l'on était sûr d'obtenir. *Il comptait sur une prime, il peut toujours se brosser !*

BROSSERIE n.f. Fabrication, commerce de brosses et d'ustensiles analogues (balais, plumeaux, pinceaux).

BROSSIER, ÈRE n. Fabricant, vendeur de brosses.

BROU n.m. (de *brout*, pousse verte). Enveloppe verte des fruits à écale. ◇ *Brou de noix* : liquide brun tiré du brou de la noix.

BROUET [bruɛ] n.m. (mot germ.). Litt. Aliment liquide ; bouillon, potage. ◇ *Brouet lacédémonien* : potage grossier, noir, en usage à Sparte.

BROUETTAGE n.m. Transport à la brouette.

BROUETTE n.f. (lat. *birota*, véhicule à deux roues). Petite caisse évasée, montée sur une roue et munie de deux brancards, servant au transport, à bras d'homme, de petites charges.

BROUETTÉE n.f. (de *brouette*). Contenu d'une brouette.

BROUETTER v.t. Transporter dans une brouette.

BROUHAHA [bruaa] n.m. (onomat.). Bruit de voix confus et tumultueux émanant d'une foule.

BROUILLAGE n.m. Superposition à un signal radioélectrique (une émission de radio, etc.) de signaux différents qui le rendent inaudible.

BROUILLAMINI n.m. Fam. Désordre, confusion, complication inextricable.

1. BROUILLARD n.m. (anc. fr. *broue*, brouillard). **1.** Concentration, à proximité du sol, de fines gouttelettes d'eau en suspension formant un nuage qui limite la visibilité à moins de 1 km. **2.** Fig. *Voir à travers un brouillard* : voir trouble. **3.** Fam. *Foncer dans le brouillard* : s'élancer tête baissée dans une entreprise. – *Être dans le brouillard* : ne pas voir clairement la situation.

2. BROUILLARD n.m. (de *brouiller*). Registre sur lequel on inscrit toute opération commerciale journalière. SYN. : *main courante.*

BROUILLASSE n.f. Brouillard qui tombe en gouttelettes fines.

BROUILLASSER v. impers. Tomber en brouillasse. *Il brouillasse.*

BROUILLE n.f. Désaccord, fâcherie. *Brouille entre deux familles.*

BROUILLÉ, E adj. *Œuf brouillé* : œuf dont le jaune dilué dans le blanc est cuit, additionné de beurre, à feu très doux.

BROUILLER v.t. (anc. fr. *brou*, bouillon). **1.** Mettre en désordre, bouleverser. *Brouiller des fiches.* **2.** Mêler. *Brouiller les œufs.* ◇ *Brouiller des cartes*, les mélanger. **3.** Rendre trouble. ◇ *Brouiller une émission de radio*, la perturber par le brouillage. **4.** Rendre confus. *Brouiller des idées.* **5.** Désunir (des personnes). *Brouiller deux amis.* ◆ **se brouiller** v.pr. **1.** Devenir trouble, confus. *Sa vue se brouille.* **2.** Cesser d'être en bons termes (avec qqn). **3.** *Le temps se brouille*, devient gris, pluvieux.

BROUILLERIE n.f. (de *brouiller*). Fam. Brouille passagère, sans gravité.

BROUILLEUR n.m. Émetteur servant au brouillage volontaire d'une émission radioélectrique (radio, etc.).

1. BROUILLON, ONNE adj. et n. (de *brouiller*). Qui manque d'ordre, de clarté dans les idées. *Esprit brouillon.*

2. BROUILLON n.m. (de *brouiller*). Premier état d'un écrit avant sa remise au net. *Brouillon de lettre.*

BROUILLONNER v.t. Écrire au brouillon, rapidement.

BROUILLY n.m. Vin d'un cru renommé du Beaujolais.

BROUM interj. (Imitant le bruit de démarrage et le ronflement du moteur). *Broum ! Broum ! Sa moto démarre.*

BROUSSAILLE n.f. (de *brosse*, buisson) [Rare au sing.]. Végétation formée d'arbustes et de plantes épineuses, caractéristique des sous-bois et des terres incultes. ◇ *Cheveux, barbe, sourcils en broussaille*, hirsutes.

BROUSSAILLEUX, EUSE adj. **1.** Couvert de broussailles. **2.** Touffu, emmêlé. *Barbe, sourcils broussailleux.*

BROUSSARD n.m. Personne qui vit dans la brousse, qui en a l'expérience. ◇ Afrique. Fam. Provincial, péquenot.

1. BROUSSE n.f. (prov. *brousso*, broussaille). **1.** Végétation caractéristique des régions tropicales à saison sèche et composée d'arbrisseaux, d'arbustes. **2.** Contrée sauvage couverte de cette végétation, à l'écart de toute civilisation. ◇ Fam. Campagne isolée.

2. BROUSSE n.f. (prov. *broce*, caillebotte). Fromage frais, à base de lait de chèvre et de brebis.

BROUSSIN n.m. (lat. *bruscum*, nœud de l'érable). Excroissance ligneuse du tronc de certains arbres. SYN. : *loupe.*

BROUT [bru] n.m. (germ. *brust*, bourgeon). Jeune pousse. ◇ *Mal de brout* : inflammation intestinale du bétail due à l'ingestion de brout.

BROUTAGE n.m. (de *brouter*). Fonctionnement saccadé d'une machine, d'un outil qui broute. SYN. : *broutement.*

BROUTART ou **BROUTARD** n.m. Veau qui a brouté de l'herbe.

BROUTEMENT n.m. (de *brouter*). **1.** Action de brouter. **2.** Broutage.

BROUTER v.t. (anc. fr. *brost*, pousse). Manger l'herbe ou les jeunes pousses en les prélevant sur place, en parlant du bétail. ◆ v.i. Tourner, fonctionner avec des irrégularités, par saccades, en parlant d'une machine, d'un outil en mouvement. *Embrayage qui broute.*

BROUTILLE n.f. (anc. fr. *brost*, pousse). Objet ou fait sans importance, bagatelle.

BROWNIEN [bronjɛ̃] ou [brawnjɛ̃] adj.m. (du n. du botaniste R. *Brown*). *Mouvement brownien* : mouvement incessant de particules microscopiques en suspension dans un liquide ou dans un gaz, dû à l'agitation thermique des molécules du fluide.

BROWNING [broniŋ] ou [brawniŋ] n.m. (du n. de l'inventeur, J. M. *Browning*). Pistolet automatique de 7,65 mm.

BROYAGE n.m. Action de broyer ; son résultat. SYN. : *broiement.*

BROYAT n.m. Produit obtenu par broyage.

BROYER v.t. (du germ. *brekan*, briser) [13]. **1.** Réduire en miettes, écraser par choc ou par pression. *Broyer du poivre, du lin.* ◇ Fig. *Broyer du noir* : être déprimé, avoir des idées tristes, moroses. **2.** Écraser par accident. *La presse lui a broyé la main.*

1. BROYEUR, EUSE adj. et n. Qui broie. ◇ *Insecte broyeur* : qui coupe ou broie ses aliments grâce à ses mandibules.

2. BROYEUR n.m. Machine à broyer.

BRRR interj. (Exprimant un sentiment de crainte ou une sensation de froid). *Brrr ! C'est sinistre, par ici ! Brrr ! Pas chaud, ce matin !*

BRU n.f. (bas lat. *brutis* ; orig. gotique). Épouse du fils, belle-fille.

BRUANT n.m. (de *bruire*). Petit oiseau passereau des champs, des prés et des jardins. (Famille des fringillidés.)

BRUCELLA [brysela] n.f. (du médecin australien D. *Bruce*). Bacille court, Gram négatif, agent des brucelloses (nom générique).

BRUCELLES n.f. pl. (lat. *bercella*). Pince très fine à ressort pour saisir de très petits objets. ◇ Suisse. Pince à épiler.

BRUCELLOSE n.f. Groupe de maladies communes à l'homme *(fièvre de Malte)* et à certains animaux (ruminants, équidés, porcins), causées par une brucella et communiquées à l'homme par contagion animale directe ou par voie digestive, par la consommation du lait ou de fromage crus. (Les brucelloses provoquent, notamm., des avortements chez les bovidés et, chez l'homme, une septicémie à la phase aiguë et des atteintes viscérales et osseuses à la phase de chronicité.) SYN. : *fièvre ondulante, mélitococcie.*

BRUCHE n.f. (lat. *bruchus* ; du gr. *broukhos*). Coléoptère qui pond dans les fleurs du pois et dont la larve dévore les graines de cette plante.

BRUCINE n.f. (lat. sc. *brucea* ; de J. *Bruce*, n. pr.). Alcaloïde toxique extrait de la noix vomique.

BRUGNON n.m. (prov. *brugnoun*). Hybride de pêche à peau lisse et à noyau adhérent.

BRUGNONIER n.m. Pêcher de la variété qui produit les brugnons.

BRUINE n.f. (lat. *pruina*, gelée blanche). Petite pluie très fine.

BRUINER v. impers. Tomber en bruine.

BRUINEUX, EUSE adj. Chargé de bruine. *Un temps bruineux.* – *Pluie bruineuse*, qui tombe sous forme de bruine, ou mêlée de bruine.

BRUIR v.t. (francique *brojan*). Passer à la vapeur des étoffes pour les amollir.

BRUIRE v.i. (lat. pop. *brugere*, braire, croisé avec *rugire*, rugir) [105]. Litt. Faire entendre un son, un murmure confus. *Les arbres bruissent sous le vent.*

BRUISSAGE n.m. Action de bruir ; son résultat.

BRUISSEMENT n.m. Litt. Bruit faible et confus. *Le bruissement du vent, des feuilles.*

BRUISSER v.i. [3]. Bruire. – REM. *Bruisser* tend à supplanter *bruire* dans ses formes défectives.

BRUIT n.m. (de *bruire*). **1.** Ensemble des sons produits par des vibrations, perceptibles par l'ouïe. *Des bruits de pas. Le bruit des vagues.* **2.** Ensemble des sons sans harmonie. *Lutter contre le bruit. Faire trop de bruit.* **3.** Nouvelle ou rumeur répandue dans le public. *C'est un bruit qui court.* – *Faux bruit* : nouvelle infondée. **4.** *Faire du bruit* : en parlant d'un évènement, avoir un grand retentissement. **5.** Perturbation indésirable qui se superpose au signal et aux données utiles, dans un canal de transmission, dans un système de traitement de l'information.

BRUITAGE n.m. Reconstitution artificielle au théâtre, au cinéma, à la radio, etc., des bruits qui accompagnent l'action.

BRUITER v.t. Effectuer le bruitage de (un spectacle, un film, une émission).

BRUITEUR, EUSE n. Spécialiste du bruitage.

BRÛLAGE n.m. **1.** Destruction par le feu des herbes et des broussailles. **2.** Action de brûler la pointe des cheveux après une coupe. **3.** Opération consistant à attaquer à la flamme les vieilles peintures.

BRÛLANT, E adj. **1.** Qui donne une sensation de brûlure ou de grande chaleur. *Le café est brûlant. Soleil brûlant.* **2.** Qui éprouve une sensation de forte chaleur, qui est très chaud. *Avoir les mains brûlantes. Un enfant brûlant.* **3.** Qui témoigne de l'ardeur, de la passion. *Amour brûlant.* **4.** Qui est d'actualité, qui soulève les passions. *Sujet, problème brûlants.* ◇ *Terrain brûlant* : question épineuse ; affaire délicate et pleine de risques.

1. BRÛLÉ, E adj. **1.** *Cerveau brûlé, tête brûlée*, personne exaltée qui aime le risque. **2.** Fam. **a.** Qui n'a plus aucun crédit. *Être brûlé* *chez ses fournisseurs.* **b.** Démasqué, découvert, en parlant de qqn qui se livrait à une activité clandestine, illicite. ◆ adj. et n. Qui souffre de brûlures. *Le service des grands brûlés d'un hôpital.*

2. BRÛLÉ n.m. Ce qui est brûlé. *Une odeur de brûlé. Retirer le brûlé.* – *Sentir le brûlé :* avoir l'odeur d'une chose qui brûle ; fig., prendre mauvaise tournure, laisser présager un danger, une issue fâcheuse.

BRÛLE-GUEULE n.m. inv. Pipe à tuyau très court.

BRÛLE-PARFUM ou **BRÛLE-PARFUMS** n.m. (pl. *brûle-parfums*). Vase dans lequel on fait brûler des parfums ; cassolette.

BRÛLE-POURPOINT (À) loc. adv. Brusquement, sans ménagement.

BRÛLER v.t. (lat. *ustulare,* avec influence de l'anc. fr. *bruir*). **1.** Détruire par le feu. *Brûler des vieux papiers.* ◇ Fig., litt. *Brûler ses vaisseaux :* s'ôter volontairement tout moyen de reculer quand on est engagé dans une affaire. **2.** Endommager, altérer par le feu ou des produits chimiques. *Produit acide qui brûle les tissus. Brûler un vêtement avec une cigarette. Brûler un gâteau.* **3.** Causer une sensation de brûlure, de forte chaleur. *La fumée brûle les yeux. Ce plat me brûle les doigts.* **4.** Tuer par le supplice du feu. *Brûler les hérétiques.* ◇ *Brûler la cervelle à qqn,* le tuer d'un coup de feu tiré de très près et dans la tête. **5.** Utiliser comme source d'énergie pour le chauffage, l'éclairage. *Brûler du charbon, de l'électricité.* **6.** Litt. Provoquer (chez qqn) une excitation intense, un sentiment violent. **7.** Dépasser sans s'arrêter (un signal d'arrêt). *Brûler un feu rouge.* ◇ *Brûler les étapes :* aller trop vite dans une action, un raisonnement, etc. ◇ Litt. *Brûler la politesse à qqn :* passer devant lui ou le quitter brusquement. ◆ v.i. **1.** Se consumer sous l'action du feu. *Ces brindilles brûlent bien.* **2.** Être détruit, endommagé, altéré par le feu. *La maison brûle. Le rôti a brûlé.* **3.** Flamber. *Feu qui brûle dans la cheminée.* **4.** Se consumer en éclairant ; fonctionner. *Laisser brûler l'électricité.* **5.** Être très chaud, brûlant. *Attention, ça brûle !* ◇ Éprouver une sensation de brûlure, de chaleur excessive. *Brûler de fièvre.* **6.** Désirer ardemment, éprouver un sentiment, un désir très vifs. *Brûler d'impatience. Je brûle d'être arrivée.* **7.** Dans certains jeux (notamm. au jeu de cache-tampon), être sur le point de trouver l'objet caché, la solution, etc. ◆ **se brûler** v.pr. Subir les effets du feu, d'une chaleur intense.

BRÛLERIE n.f. **1.** Installation pour la torréfaction du café. **2.** Distillerie d'eau-de-vie.

BRÛLEUR n.m. Appareil assurant le mélange d'un combustible solide, fluide ou pulvérulent et d'un comburant gazeux afin d'en permettre la combustion.

BRÛLIS [bryli] n.m. Partie de forêt incendiée ou de champs dont les herbes ont été brûlées afin de préparer le sol à la culture.

BRÛLOIR n.m. Appareil de torréfaction du café.

BRÛLOT n.m. (de *brûler*). **1.** MAR. Anc. Petit bâtiment rempli de matières inflammables employé pour incendier les vaisseaux ennemis. **2.** Eau-de-vie flambée avec du sucre. **3.** Journal, tract, article violemment polémique. **4.** Canada. Moustique dont la piqûre provoque une sensation de brûlure.

BRÛLURE n.f. **1.** Lésion des tissus provoquée par la chaleur, des produits caustiques, l'électricité ou des rayonnements. **2.** Trace, trou fait par qqch qui a brûlé. *Une brûlure de cigarette.* **3.** Sensation de forte chaleur, d'irritation. *Des brûlures d'estomac.*

BRUMAIRE n.m. (de *brume*). Deuxième mois du calendrier républicain, commençant le 22, le 23 ou le 24 octobre et finissant le 20, le 21 ou le 22 novembre.

BRUMASSE n.f. Petite brume.

BRUMASSER v. impers. Être légèrement brumeux, en parlant du temps.

BRUME n.f. (lat. *bruma,* hiver). **1.** Brouillard léger, qui permet la visibilité au-delà de 1 km (par opp. au brouillard proprement dit). **2.** Litt. État confus, manque de clarté de la pensée. *Les brumes de l'alcool.* **3.** MAR. Brouillard de mer. *Signal de brume.*

BRUMER v. impers. Faire de la brume.

BRUMEUX, EUSE adj. **1.** Couvert de brume. *Landes brumeuses.* **2.** Litt. Qui manque de clarté, obscur. *Pensées brumeuses.*

BRUMISATEUR n.m. (nom déposé). Atomiseur qui projette de l'eau en fines gouttelettes, utilisé en particulier pour les soins du visage.

BRUN, E adj. (bas lat. *brunus ;* du germ.). **1.** D'une couleur intermédiaire entre le roux et le noir. **2.** Qui est bronzé, hâlé. *Avoir la peau brune.* **3.** Relatif au nazisme ou au néonazisme. *La peste brune. Une poussée brune aux élections.* **4. a.** *Sauce brune :* sauce à base d'un roux brun, coloré sur le feu, additionné de bouillon. **b.** *Bière brune :* bière de couleur foncée fabriquée à partir de malts spéciaux. **5.** *Sol brun :* sol fertile des régions tempérées, développé sur roche mère parfois calcaire, sous couvert forestier. ◆ adj. et n. Qui a les cheveux bruns. *Une brune aux yeux bleus.* ◆ n.m. Couleur brune.

BRUNANTE n.f. Canada. *À la brunante :* au crépuscule.

BRUNÂTRE adj. Qui tire sur le brun.

BRUNCH [brœnʃ] n.m. (mot angl., de *breakfast,* petit déjeuner, et *lunch,* déjeuner) [pl. *brunches* ou *brunchs*]. Repas tardif pris dans la matinée, tenant lieu de petit déjeuner et de déjeuner.

BRUNE n.f. **1.** Cigarette brune. **2.** Bière brune. **3.** Litt. Tombée de la nuit. – Litt. *À la brune :* au crépuscule.

BRUNET, ETTE adj. et n. Qui a les cheveux bruns.

BRUNI n.m. Aspect d'un métal poli au brunissoir.

BRUNIR v.t. **1.** Rendre brun. *Le soleil brunit la peau.* **2.** Polir la surface des métaux, les rendre brillants (par opp. à *matir*). ◆ v.i. Devenir brun de peau, bronzé.

BRUNISSAGE n.m. Action de brunir un métal.

BRUNISSEMENT n.m. Action de brunir la peau, de devenir brun.

BRUNISSEUR, EUSE n. Personne qui brunit les métaux.

BRUNISSOIR n.m. Outil d'orfèvre, de doreur, de graveur pour brunir les ouvrages d'or, d'argent, les planches de cuivre, etc.

BRUNISSURE n.f. **1.** Poli donné aux métaux par le brunissage. **2.** Action de donner une teinte brune à une étoffe.

BRUSHING [brœʃiŋ] n.m. (nom déposé). Mise en forme des cheveux, mèche après mèche, à l'aide d'une brosse ronde et d'un séchoir à main.

BRUSQUE adj. (it. *brusco*). **1.** Qui agit avec rudesse, sans ménagement, qui manifeste une certaine brutalité. *Une femme brusque. Des gestes brusques.* **2.** Soudain, imprévu. *Un brusque accès de fièvre.*

BRUSQUEMENT adv. D'une manière brusque, soudaine, brutale.

BRUSQUER v.t. **1.** Traiter avec rudesse, sans ménagement. *Brusquer un enfant.* **2.** Hâter la fin, précipiter le cours de. *Brusquer un dénouement, un départ.*

BRUSQUERIE n.f. **1.** Comportement, manières brusques. *Agir avec brusquerie.* **2.** Caractère brusque, brutal de qqch. *La brusquerie d'un départ.*

BRUT, E [bryt] adj. (lat. *brutus*). **1.** Qui n'a pas été façonné, poli, qui n'a pas subi de transformation. *Diamant brut. De la laine brute.* ◇ *Champagne brut,* très sec, qui n'a pas subi la deuxième fermentation. – *Pétrole brut,* non raffiné. ◇ Fam. *Brut de décoffrage :* sans élaboration, tel quel ; fig., sans nuances. *Une opinion publique brute de décoffrage.* **2.** Qui n'a pas subi certaines déductions de frais, taxes ou retenues (par opp. à *net*). *Salaire brut.* ◇ *Poids brut :* poids de la marchandise et de son emballage, d'un véhicule avec son chargement. **3.** Qui est brutal, sauvage. *Des manières brutes. La force brute.* **4.** *Art brut :* production spontanée et inventive d'œuvres échappant aux normes de ce que le jugement social reconnaît comme l'« art » proprement dit. ◆ adv. Sans défalcation de poids ou de frais. *Ce cageot pèse brut 20 kilos. Cette affaire a rapporté brut 1 million.* ◆ n.m. **1.** Salaire brut. **2.** Pétrole brut. **3.** Champagne brut.

■ L'art brut est le fait d'artistes ayant échappé au conditionnement culturel, généralement autodidactes et, pour certains d'entre eux, déviants mentaux. Un musée issu du Foyer de l'art brut de J. Dubuffet [1947] lui est consacré à Lausanne.

BRUTAL, E, AUX adj. et n. (bas lat. *brutalis*). Qui agit avec violence, qui se comporte de manière grossière. ◆ adj. **1.** Qui manifeste de la violence. *Un geste brutal.* **2.** Qui est soudain, inattendu. *Une nouvelle trop brutale.*

BRUTALEMENT adv. De façon brutale.

BRUTALISER v.t. Traiter de façon brutale.

BRUTALISME n.m. Tendance architecturale contemporaine, apparue au milieu des années 50 en Grande-Bretagne, qui privilégie l'emploi de matériaux bruts (tels que le béton), la non-dissimulation de l'infrastructure technique (tuyauteries, etc.), la liberté des plans.

BRUTALITÉ n.f. **1.** Caractère d'une personne brutale, violente. **2.** Caractère de ce qui est brusque, soudain. *La brutalité de l'orage.* **3.** Acte brutal. *Exercer des brutalités.*

BRUTE n.f. **1.** Personne grossière, inculte. *Agir comme une brute.* **2.** Personne d'une violence excessive. *Méfie-toi, c'est une brute.*

BRUTION [-tjɔ̃] n.m. Arg. scol. Élève ou ancien élève du Prytanée militaire de La Flèche.

BRUXELLOIS, E [brysɛlwa, az] adj. et n. De Bruxelles.

BRUXOMANIE n.f. (du gr. *brukhein,* grincer des dents). Mouvement inconscient de friction des dents antagonistes.

BRUYAMMENT [brɥijamɑ̃] adv. Avec grand bruit.

BRUYANT, E [brɥijɑ̃, ɑ̃t] adj. **1.** Qui fait beaucoup de bruit. *Enfants bruyants.* **2.** Où il y a beaucoup de bruit. *Appartement bruyant.*

BRUYÈRE [bryjɛr] ou [brɥijɛr] n.f. (lat. *brucus*). **1.** Plante à fleurs violettes ou roses poussant sur les sols siliceux, où elle forme des landes d'aspect caractéristique. (Famille des éricacées.) **2.** *Terre de bruyère,* formée par la décomposition des feuilles de bruyère.

bruyère

BRYOLOGIE n.f. (gr. *bruon,* mousse, et *logos,* science). BOT. Étude des mousses.

BRYONE n.f. (gr. *bruônia*). Plante grimpante à fleurs verdâtres, commune dans les haies, dont la racine est toxique. (Famille des cucurbitacées.)

BRYOPHYTE n.f. (gr. *bruon,* mousse, et *phuton,* plante). *Bryophytes :* embranchement de végétaux verts terrestres ou d'eau douce sans racines ni vaisseaux, mais généralement pourvus de feuilles et dont le sporophyte est beaucoup plus réduit que le prothalle, comprenant les mousses et les hépatiques.

BRYOZOAIRE n.m. (gr. *bruon,* mousse, et *dzôon,* animal). Ectoprocte.

B. T. P. n.m. (sigle). Secteur économique du bâtiment et des travaux publics.

B. T. S. n.m. (sigle). Brevet* de technicien supérieur.

BTU (sigle de *British Thermal Unit*), unité de mesure calorifique anglo-saxonne, équivalant à 1 055,06 joules.

BUANDERIE n.f. (de l'anc. fr. *buer,* faire la lessive). **1.** Local qui, dans les dépendances d'une maison, est réservé à la lessive. **2.** Canada. Blanchisserie.

BUANDIER, ÈRE n. Vx. Personne qui lave le linge.

BUBALE n.m. (gr. *boubalos,* buffle). Antilope africaine à cornes en U ou en lyre. (Haut. au garrot 1,30 m.)

BUBON n.m. (gr. *boubôn*). Tuméfaction inflammatoire des ganglions lymphatiques inguinaux, dans certaines maladies (chancre mou, peste, etc.).

BUBONIQUE adj. Caractérisé par la présence de bubons. *Peste bubonique.*

BUCCAL, E, AUX adj. (lat. *bucca,* bouche). De la bouche.

BUCCIN [byksɛ̃] n.m. (lat. *buccinum*). **1.** Trompette romaine en corne, bois ou airain. **2.** Mollusque gastropode des côtes de l'Atlantique. SYN. : *bulot.*

BUCCINATEUR n.m. Muscle de la joue qui permet de tirer en arrière les commissures des lèvres.

BUCCO-DENTAIRE adj. (pl. *bucco-dentaires*). Qui se rapporte à la bouche et aux dents.

BUCCO-GÉNITAL, E, AUX adj. Qui concerne la bouche et les organes génitaux.

BÛCHE n.f. (germ. *busk,* baguette). **1.** Gros morceau de bois de chauffage. ◇ *Bûche de Noël :* gâteau traditionnel composé d'une génoise fourrée de crème au beurre et nappée de moka, affectant la forme d'une bûche. **2.** Personne stupide et d'un esprit lourd. **3.** Fam. *Prendre, ramasser une bûche :* tomber.

1. BÛCHER n.m. (de *bûche*). **1.** Lieu où l'on empile le bois à brûler. **2.** Amas de bois sur lequel on brûlait les personnes condamnées au supplice du feu ; ce supplice.

2. BÛCHER v.t. et i. Fam. Travailler sans relâche ; étudier avec ardeur. *Bûcher les maths. Il a bûché toute la semaine.*

BÛCHERON, ONNE n. (anc. fr. *boscheron,* de *bosc,* bois). Personne dont le métier est d'abattre les arbres.

BÛCHETTE n.f. Menu morceau de bois sec.

BÛCHEUR, EUSE n. Fam. Personne qui travaille, étudie avec ardeur.

1. BUCOLIQUE adj. (gr. *boukolikos,* de *boukolos,* bouvier). Qui évoque la vie des bergers ; pastoral.

2. BUCOLIQUE n.f. Poème pastoral.

BUCRANE n.m. (gr. *bous,* bœuf, et *kranion,* crâne). ARCHIT. Motif ornemental figurant un crâne de bœuf.

bucrane (ornant un autel grec à Délos)

BUDGET n.m. (mot angl. ; de l'anc. fr. *bougette,* petite bourse). **1.** Ensemble des comptes prévisionnels et annuels des ressources et des charges de l'État, des collectivités et établissements publics. **2.** Ensemble des recettes et des dépenses d'un particulier, d'une famille, d'un groupe ; somme dont on dispose. *Établir un budget. Se fixer un budget pour les vacances.*

BUDGÉTAIRE adj. Du, d'un budget. *L'année budgétaire.* ◇ *Contrôle budgétaire :* ensemble des mesures qui, dans une entreprise, visent à établir des prévisions chiffrées, à constater les écarts entre celles-ci et les résultats effectivement obtenus et à décider des moyens propres à atteindre les objectifs fixés.

BUDGÉTER v.t. [18]. Budgétiser.

BUDGÉTISATION n.f. Inscription d'une somme au budget.

BUDGÉTISER v.t. Inscrire (une dépense, une recette) au budget ; budgéter.

BUDGÉTIVORE adj. et n. Fam., péj. Qui émarge au budget de l'État, qui dévore le budget.

BUÉE n.f. (de l'anc. fr. *buer,* faire la lessive). Vapeur d'eau et, spécialt, vapeur d'eau condensée en fines gouttelettes.

BUFFET n.m. **1.** Meuble, souvent à deux corps superposés, où l'on range la vaisselle, les couverts, la verrerie, etc. **2.** Table où sont servis les mets, les boissons, dans une réception ; l'ensemble de ces mets et boissons. ◇ Café-restaurant, dans une gare. **3.** Ouvrage décoratif en menuiserie qui renferme le mécanisme d'un orgue et qui met en valeur sa tuyauterie. **4.** ARCHIT. *Buffet d'eau :* fontaine de jardin adossée, à vasques ou à bassins étagés. **5.** Pop. Ventre, estomac.

BUFFETIER, ÈRE [byftje, ɛr] n. Personne qui tient un buffet de gare.

BUFFLAGE n.m. MÉTALL. Action de buffler.

BUFFLE n.m. (it. *bufalo*). **1.** Mammifère ruminant de la famille des bovidés, dont il existe plusieurs espèces en Europe méridionale, en Asie et en Afrique. *Le buffle souffle,* pousse son cri. **2.** MÉTALL. Disque de polissage constitué par des rondelles accolées, en cuir de bœuf.

buffle

BUFFLER v.t. MÉTALL. Polir une surface avec un buffle.

BUFFLETERIE [byflətri] ou [byflɛtri] n.f. Partie de l'équipement militaire individuel (à l'origine en cuir de buffle) servant à soutenir les armes et les cartouches.

BUFFLON ou **BUFFLETIN** n.m. Jeune buffle.

BUFFLONNE ou **BUFFLESSE** n.f. Femelle du buffle.

BUG [bœg] n.m. (mot angl.). INFORM. (Anglic. déconseillé). Bogue.

1. BUGGY n.m. → ***boghei.***

2. BUGGY [bœge] n.m. Automobile tout terrain à moteur à l'arrière, à carrosserie simplifiée ouverte, à pneus très larges.

1. BUGLE [bygl] n.m. (mot angl. ; du lat. *buculus,* jeune bœuf). Instrument à vent à pistons de la famille des saxhorns, proche du clairon.

2. BUGLE n.f. (lat. *bugula*). Plante herbacée dont une espèce à fleurs bleues est commune dans les bois frais à sols argileux. (Famille des labiées.)

BUGLOSSE n.f. (gr. *bouglôssa,* langue de bœuf). Plante herbacée velue, à fleurs bleues, qui pousse dans les lieux incultes. (Famille des borraginacées.)

BUGNE n.f. Languette de pâte frite à l'huile et saupoudrée de sucre. (Spécialité lyonnaise.)

BUGRANE n.f. (lat. *bucranium*). Plante épineuse à fleurs roses, commune dans les champs. (Famille des papilionacées.) Nom usuel : *arrête-bœuf.*

BUILDING [bildiŋ] n.m. (mot angl.). Vaste immeuble à nombreux étages.

BUIRE n.f. (francique *buk,* ventre). HIST. MÉDIÉV. Vase en forme de cruche, à col allongé surmonté d'un couvercle.

BUIS n.m. (lat. *buxus*). Arbrisseau à feuilles persistantes, souvent utilisé dans les jardins, et dont le bois, très dur, est employé pour le tournage et la sculpture. – *Buis bénit :* branche de buis que l'on bénit le jour des Rameaux.

buis

BUISSON n.m. (de *bois*). **1.** Touffe d'arbrisseaux sauvages et rameux. – *Battre les buissons,* les frapper avec un bâton pour faire lever le gibier. ◇ *Arbre en buisson,* taillé de façon à ne pas dépasser 3 mètres. **2.** CUIS. Plat composé d'éléments dressés en pyramide, dont la disposition évoque un buisson. *Buisson d'écrevisses.*

BUISSON-ARDENT n.m. (pl. *buissons-ardents*). Arbuste méditerranéen ornemental, à baies écarlates. (Famille des rosacées.)

BUISSONNEUX, EUSE adj. Couvert de buissons ou fait de buissons.

BUISSONNIER, ÈRE adj. **1.** Qui habite les buissons. *Lapin buissonnier.* **2.** *Faire l'école buissonnière :* se promener, flâner au lieu d'aller en classe.

BULB [bœlb] ou [bylb] n.m. MAR. Vieilli. Bulbe d'étrave.

BULBAIRE adj. D'un bulbe et, spécialt, du bulbe rachidien.

BULBE n.m. (lat. *bulbus,* oignon). **1.** Organe végétal souterrain formé par un bourgeon entouré de feuilles rapprochées et charnues, remplies de réserves nutritives permettant à la plante de reformer chaque année ses parties aériennes. *Bulbe de l'oignon, du lis, de la jacinthe.* SYN. : *oignon.* **2.** ANAT. Partie renflée de certains organes. *Bulbe aortique, urétral, olfactif, pileux, duodénal.* – *Bulbe rachidien* ou *bulbe :* portion inférieure de l'encéphale, qui constitue un centre nerveux important. **3.** ARCHIT. Dôme, toiture à renflement bulbeux. **4.** ÉLECTR. *Groupe bulbe :* ensemble d'une turbine hydraulique et d'un alternateur installés dans un caisson étanche en forme de bulbe, utilisé dans les centrales de basse chute et les usines marémotrices. **5.** MAR. **a.** Renflement de la partie inférieure de l'étrave de certains navires, destiné à diminuer la résistance à l'avancement. SYN. (vieilli) : *bulb.* **b.** Quille de certains yachts à voiles, constituée par un aileron métallique supportant un lest de forme profilée. SYN. (vieilli) : *bulb-keel.*

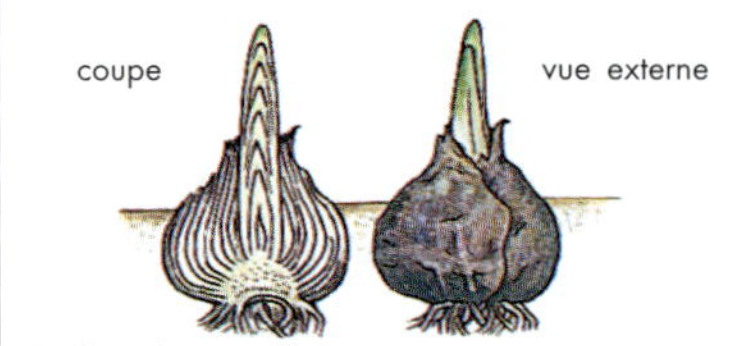

bulbe de jacinthe

BULBEUX, EUSE adj. **1.** Pourvu ou formé d'un bulbe. **2.** En forme de bulbe.

BULBICULTURE n.f. Culture des bulbes de plantes d'ornement (tulipe, glaïeul, etc.).

BULBILLE n.f. (de *bulbe*). Petit bulbe se développant sur les organes aériens de certaines plantes (ficaire, ail) et qui s'en détache, s'enracine et donne naissance à une nouvelle plante.

BULB-KEEL [bœlbkil] n.m. (angl. *bulb,* oignon, et *keel,* quille) [pl. *bulb-keels*]. MAR. Vieilli. Bulbe de quille.

BULGARE adj. et n. De Bulgarie. ◆ n.m. Langue slave parlée en Bulgarie.

BULGE [bœldʒ] n.m. (mot angl., *bosse*). MAR. Compartiment en forme de renflement rapporté, aménagé à l'extérieur de la carène d'un navire de guerre pour éloigner de celle-ci le point d'explosion d'une torpille.

BULL [byl] n.m. Fam. Bulldozer.

BULLAIRE n.m. Recueil de bulles pontificales.

BULLDOG [buldɔg] n.m. (angl. *bull,* taureau, et *dog,* chien). Bouledogue anglais, aux oreilles tombantes.

BULLDOZER [byldɔzɛr] ou [buldozœr] n.m. (mot amér.). **1.** Engin de terrassement sur tracteur à chenilles, très puissant. Recomm. off. : ***bouteur.*** Abrév. (fam.) : ***bull.*** **2.** Fig., fam. Personne que rien n'arrête, qui va son chemin avec détermination et ténacité. *Cette fille-là, c'est un vrai bulldozer !*

1. BULLE n.f. (lat. médiév. *bulla,* sceau). **1.** HIST. Sceau de métal attaché à un acte pour l'authentifier. **2.** Lettre apostolique d'intérêt général portant le sceau du pape. **3.** HIST. Amulette en forme de petite boule, en or ou en cuir, que les enfants romains portaient autour du cou.

bulldozer

2. BULLE n.f. (lat. *bulla,* bulle d'air). **1.** Globule d'air, de gaz qui s'élève à la surface d'un liquide, d'une matière en fusion. – *Bulle (de savon) :* globe constitué par une mince pellicule d'eau savonneuse remplie d'air. **2.** Fig. Espace où l'on se sent protégé, sécurisé, où l'on peut s'épanouir. *La bulle familiale.* **3.** PATHOL. Grosse phlyctène ; cloque. **4.** Élément graphique défini par une ligne fermée, qui sort de la bouche des personnages de bandes dessinées et qui renferme leurs paroles, leurs pensées. SYN. : *phylactère.* **5.** MÉD. Enceinte stérile transparente dans laquelle vivent certains enfants (« enfants bulle ») atteints de déficience immunitaire aiguë. **6.** INFORM. *Bulle magnétique :* petit domaine magnétisé dont la création et la circulation sur un support permettent la réalisation de mémoires de grande capacité *(mémoires à bulles).* **7.** ÉCON. *Bulle financière :* zone de marchés financiers préservée par un fort taux de croissance et des lois protectionnistes.

3. BULLE adj. inv. et n.m. *Papier bulle :* papier grossier et jaunâtre.

BULLÉ, E adj. *Verre bullé,* dans lequel sont enfermées des bulles dans le dessein de produire un effet artistique.

BULLER v.i. **1.** Présenter des cloques, des bulles. *Papier peint qui bulle.* **2.** Fam. Rester oisif ; ne rien faire, se reposer.

BULLETIN n.m. (de 1. *bulle*). **1.** Publication périodique de textes officiels ou d'annonces obligatoires. *Bulletin d'annonces légales obligatoires.* ◇ *Bulletin d'informations :* résumé des nouvelles de la journée, à la radio, à la télévision. – *Bulletin de santé :* rapport périodique sur l'état de santé d'une personne souffrante (en partic. lorsque celle-ci est une personnalité importante, en vue). **2.** Rapport périodique des enseignants et de l'administration d'un établissement d'enseignement sur le travail d'un élève. **3.** Certificat ou récépissé délivré à un usager. *Bulletin de retard, de bagages.* **4.** *Bulletin de vote :* billet ou feuille servant à exprimer un vote. **5.** *Bulletin de salaire* (ou *de paie*) : document qui doit accompagner le paiement de la rémunération d'un salarié et comportant un certain nombre de mentions obligatoires (notamm. le montant du salaire et des différentes retenues).

BULLETIN-RÉPONSE n.m. (pl. *bulletins-réponse*). Imprimé à remplir et à renvoyer pour participer à un jeu, à un concours.

BULLEUX, EUSE adj. PATHOL. Se dit d'une affection, d'une dermatose qui s'accompagne de bulles.

BULL-FINCH [bulfinʃ] n.m. (mot angl.) [pl. *bull-finchs* ou *bull-finches*]. Obstacle de steeple-chase, constitué par un talus de terre surmonté d'une haie.

BULLIONISME n.m. (angl. *bullion,* lingot). Politique monétaire suivie par l'Espagne au XVIe s. et qui tendait à augmenter le stock d'or détenu dans le pays.

BULL-TERRIER [bultɛrje] n.m. (pl. *bull-terriers*). Chien d'origine anglaise, bon chasseur de rats.

BULOT n.m. Buccin (coquillage).

BUN [bœn] n.m. (mot angl.). Petit pain rond en pâte levée.

BUNA n.m. (nom déposé ; de *butadiène,* et *Na,* sodium). Caoutchouc synthétique obtenu par polymérisation du butadiène.

BUNGALOW [bɛ̃galo] n.m. (mot angl. ; du hindi). **1.** Habitation indienne à un étage, entourée de vérandas. **2.** Construction légère servant de résidence de vacances, en partic. à l'intérieur d'un camping, d'un ensemble hôtelier.

1. BUNKER [bunkœr] n.m. (mot all.). Casemate, réduit fortifié.

2. BUNKER [bunkœr] n.m. (mot angl.). Au golf, fosse sableuse sur le parcours d'un trou.

BUNRAKU [bunraku] n.m. (mot jap.). Spectacle traditionnel de marionnettes, au Japon.

BUNSEN (BEC) : brûleur à gaz, employé dans les laboratoires.

BUPRESTE n.m. (gr. *bouprêstis,* qui gonfle les bœufs). Coléoptère de coloration métallique dont la larve vit dans le bois des arbres les plus divers. (Famille des buprestidés.)

BURALISTE n. **1.** Personne préposée à un bureau de paiement, de recette, de poste, etc. **2.** Personne qui tient un bureau de tabac.

1. BURE n.f. (lat. *burra*). **1.** Grosse étoffe de laine brune. **2.** Vêtement fait de cette étoffe. *La bure du moine.*

2. BURE n.m. (anc. all. *bur*). MIN. Puits vertical reliant deux ou plusieurs galeries.

BUREAU n.m. (de *1. bure*). **I. 1.** Table, munie ou non de tiroirs de rangement, sur laquelle on écrit. **2. a.** Pièce où se trouve ce meuble. **b.** Son mobilier. **3.** Lieu de travail des employés d'une administration, d'une entreprise. *Se rendre à son bureau.* **4.** Établissement assurant au public des services administratifs, commerciaux, etc. *Bureau de poste, de vote, de tabac.* **5.** Service ou organisme chargé d'une fonction particulière. *Bureau commercial, bureau d'état-major.* ◇ Anc. *Deuxième bureau :* service de renseignements de l'armée. **II. 1.** Personnel d'un bureau. **2.** Organe dirigeant les travaux d'une assemblée délibérante, d'une commission, d'un parti politique, d'un syndicat.

BUREAUCRATE n. Péj. **1.** Fonctionnaire imbu de l'importance de son rôle, dont il abuse auprès du public. **2.** Employé de bureau.

BUREAUCRATIE n.f. **1.** Pouvoir d'un appareil administratif (d'État, d'un parti, d'une entreprise, etc.). **2.** Péj. Ensemble des fonctionnaires, des bureaucrates, envisagé dans sa puissance abusive, routinière.

BUREAUCRATIQUE adj. Propre à la bureaucratie.

BUREAUCRATISATION n.f. Action de bureaucratiser ; son résultat.

BUREAUCRATISER v.t. Soumettre à une bureaucratie ; transformer en bureaucratie.

BUREAUTIQUE n.f. (nom déposé). Ensemble des techniques informatiques et téléinformatiques visant à l'automatisation des tâches administratives et de secrétariat, des travaux de bureau.

BURELÉ, E adj. **1.** HÉRALD. Divisé en burelles. **2.** PHILATÉLIE. *Fond burelé (d'un timbre),* rayé.

BURELLE ou **BURÈLE** n.f. HÉRALD. Fasce diminuée de largeur, toujours figurée en nombre.

BURETTE n.f. (anc. fr. *buire*). **1.** Petit flacon à goulot long et étroit. *Les burettes d'un huilier.* **2.** LITURGIE CATH. Petit vase contenant l'eau ou le vin de la messe. **3.** Récipient métallique muni d'un tube effilé destiné à injecter de l'huile dans les rouages d'une machine. **4.** CHIM. Tube de verre gradué muni d'un robinet à sa partie inférieure.

BURGAU n.m. **1.** Grosse coquille univalve nacrée. **2.** Burgaudine.

BURGAUDINE n.f. Nacre fournie par le burgau, souvent teintée de vert, très utilisée en incrustation. SYN. : *burgau.*

BURGER [bœrgœr] n.m. (de *hamburger*). Sandwich rond, produit de base de la restauration rapide.

BURGRAVE n.m. (all. *Burg,* forteresse, et *Graf,* comte). Commandant militaire d'une ville ou d'une place forte, dans le Saint Empire.

BURIAL MOUND [bœrjalmaund] n.m. (mot angl., *tumulus*) [pl. *burial mounds*]. ANTHROP. Tertre funéraire caractéristique des cultures indiennes du nord-est des États-Unis Adena* et Hopewell. (On dit aussi *mound.*)

BURIN n.m. (it. *burino*). **1.** Ciseau d'acier que l'on pousse à la main pour graver sur les métaux, le bois. **2. a.** Estampe, gravure obtenue au moyen d'une planche gravée au burin. **b.** Ce procédé de gravure (par opp. à l'eau-forte, à la pointe sèche, etc.). **3.** Ciseau percuté par un marteau ou mécaniquement et destiné à couper les métaux, dégrossir les pièces, etc.

BURINAGE n.m. Action de buriner.

BURINÉ, E adj. Gravé au burin. ◇ *Visage, traits burinés,* marqués de sillons, de rides, comme travaillés au burin.

BURINER v.t. **1.** Graver au burin. *Buriner une planche de cuivre.* **2.** Travailler (une pièce de métal) au burin.

BURINEUR n.m. Ouvrier qui enlève au burin les bavures d'une pièce de métal.

BURINISTE n.m. Graveur au burin.

BURKINABÉ adj. et n. inv. en genre ou **BURKINAIS, E** adj. et n. Du Burkina.

BURLAT n.f. Variété de bigarreau.

BURLE n.f. (onomat.). Région. (Massif central). Vent du nord sec et froid, qui souffle en hiver.

1. BURLESQUE adj. (it. *burlesco ;* du lat. *burla,* farce). **1.** D'un comique extravagant. ◇ Ridicule, absurde, bouffon. **2.** Qui relève du burlesque en tant que genre littéraire ou cinématographique.

2. BURLESQUE n.m. **1.** Caractère d'une chose, d'une personne extravagante, ridicule, absurde. **2. a.** Genre littéraire parodique traitant en style bas un sujet noble. **b.** Genre cinématographique caractérisé par un comique extravagant, plus ou moins absurde, et fondé sur une succession rapide de gags. **3.** Auteur qui pratique ce genre. ■ Au sens le plus général, le burlesque en littérature est un genre parodique pratiqué de l'Antiquité (le *Satiricon* de Pétrone) jusqu'à nos jours (la série des « San-Antonio »). Au sens strict, le burlesque désigne une réaction du XVIe et du XVIIe s. contre le romanesque et la préciosité, qui consiste à prêter aux personnages héroïques consacrés des sentiments et un langage vulgaires.

BURLESQUEMENT adv. De façon burlesque.

BURLINGUE n.m. Pop. Bureau.

BURNOUS [byrnu] ou [byrnus] n.m. (ar. *burnūs*). **1.** Manteau d'homme en laine, à capuchon, porté par les Arabes. **2.** Manteau ou cape à capuchon pour enfants en bas âge.

BURON n.m. (germ. *bur,* cabane). En Auvergne, maison pastorale où l'on fabrique le fromage.

BURUNDAIS, E adj. et n. Du Burundi.

1. BUS n.m. (abrév.). Autobus.

2. BUS n.m. (de l'angl. *omnibus*). INFORM. Dans un ordinateur, ensemble de conducteurs électriques transmettant des données.

BUSARD n.m. (de *buse*). Oiseau rapace diurne fréquentant le voisinage des marais. (Long. 50 cm ; famille des accipitridés.)

BUSC [bysk] n.m. (it. *busco,* bûchette). **1.** Vx. Lame de métal, baleine maintenant le devant d'un corset. **2.** Coude de la crosse d'un fusil. **3.** Pièce en saillie sur laquelle vient buter le bas des portes d'une écluse.

1. BUSE n.f. (lat. *buteo*). **1.** Rapace diurne aux formes lourdes, au bec et aux serres faibles, se nourrissant de rongeurs, de reptiles, de petits oiseaux. (Long. 50 à 60 cm ; famille des accipitridés.) **2.** Fam. et péj. Personne ignorante et sotte.

buse

2. BUSE n.f. (p.-ê. du moyen néerl. *buyse,* conduit). **1.** Tuyau, conduite généralement de fort diamètre, assurant l'écoulement d'un fluide. **2.** Pièce raccordant un appareil de chauffage au conduit de fumée. **3.** Conduit d'aération d'un puits de mine. SYN. : *canar d'aérage.* **4.** Tuyau conique adapté aux tuyères d'un haut-fourneau. **5.** Tuyau étranglé d'un carburateur, augmentant la vitesse de passage de l'air.

3. BUSE n.f. (mot wallon, *chapeau haut de forme*). Belgique. Fam. Échec à un examen, aux élections.

BUSER v.t. Belgique. Fam. Faire échouer, recaler.

BUSH [buʃ] n.m. (angl. *bush,* broussailles) [pl. *bushes*]. Formation végétale adaptée à la sécheresse (Afrique orientale, Madagascar, Australie), constituée d'arbustes serrés et d'arbres bas.

BUSHIDO [buʃido] n.m. (mot jap., *la voie du guerrier*). Code d'honneur des samouraïs.

BUSINESS [biznɛs] n.m. (mot angl., *affaire*). Fam. **1.** Activité économique (commerciale, financière). **2.** Vx. Travail. **3.** Affaire compliquée.

BUSINESSMAN [biznɛsman] n.m. (pl. *businessmans* ou *businessmen*). Homme d'affaires. – REM. On trouve aussi la forme fém. *businesswoman* [-wuman] (pl. *businesswomans* ou *businesswomen*).

BUSQUÉ, E adj. **1.** Vx. Muni d'un busc. *Corset busqué.* **2.** De courbure convexe. *Nez busqué.*

BUSQUER v.t. **1.** Garnir d'un busc. **2.** Vx. Courber, arquer.

BUSSEROLE n.f. Arbrisseau des montagnes, appelé aussi *raisin d'ours,* à fruit rouge comestible. (Haut. 30 cm ; famille des éricacées.)

BUSTE n.m. (it. *busto,* poitrine). **1. a.** Partie supérieure du corps humain, de la taille au cou. **b.** Poitrine de la femme. **2.** Sculpture représentant la tête et le haut du buste d'une personne.

1. BUSTIER n.m. Pièce de l'habillement féminin ou type de soutien-gorge enserrant étroitement le buste et laissant les épaules nues.

2. BUSTIER, ÈRE n. Sculpteur spécialisé dans l'exécution des bustes.

BUT [by] ou [byt] n.m. **1.** Point matériel que l'on vise. *Mettre sa flèche dans le but.* ◇ *De but en blanc :* sans préparation, brusquement (d'abord : *de butte en blanc,* tir d'artillerie. → ***butte,*** *sens mil.*). **2.** Point où l'on doit parvenir. *Courir vers le but.* **3. a.** Dans certains sports, espace délimité que doit franchir le ballon pour qu'un point soit marqué. **b.** Point ainsi obtenu. *Marquer un but.* **4.** Fin que l'on se propose d'atteindre ; objectif. *Tendre vers un but commun. Poursuivre un but.* ◇ PSYCHAN. *But pulsionnel :* activité vers laquelle tend la pulsion, produite par elle, et visant à la satisfaction de celle-ci. ◆ loc. prép. *Dans le but de :* dans l'intention de. (Locution critiquée par certains puristes.)

BUTADIÈNE n.m. Hydrocarbure diéthylénique C_4H_6, utilisé dans la fabrication du caoutchouc synthétique.

BUTANE n.m. Hydrocarbure gazeux saturé C_4H_{10}, employé comme combustible et vendu, liquéfié sous faible pression, dans des bouteilles métalliques.

BUTANIER n.m. Navire spécialisé dans le transport du butane sous pression.

BUTÉ, E adj. Entêté, obstiné.

BUTÉE n.f. (de *buter*). **1.** Massif de maçonnerie destiné à équilibrer la poussée d'une voûte. SYN. : *culée.* **2.** MÉCAN. Pièce ou organe destinés à supporter un effort axial. **3.** MÉCAN. Épaulement limitant le mouvement d'une pièce.

BUTÈNE n.m. → ***butylène.***

1. BUTER v.t. ind. ***(sur, contre)*** [de *but*]. **1.** Appuyer contre. *L'arc bute contre la voûte.* **2.** Heurter contre un obstacle. *Buter (du pied) contre une pierre.* **3.** Fig. Se trouver arrêté par une difficulté. *Il bute contre un problème.* ◆ v.t. **1.** Étayer, soutenir. *Buter un mur.* **2.** Amener (qqn) à une attitude d'entêtement, de refus systématique. ◆ **se buter** v.pr. S'entêter.

2. BUTER v.t. → ***2. butter.***

BUTEUR n.m. SPORTS. Joueur qui marque des buts.

BUTIN n.m. (anc. bas all. *bute,* partage). **1.** Ce qu'on enlève à l'ennemi. **2.** Produit d'un vol, d'un pillage. **3.** Fig. Ce qu'on grappille de-ci de-là. **4.** Produit d'une recherche.

BUTINER v.i. et t. Aller de fleur en fleur en amassant du pollen ou du nectar, en parlant de certains insectes et en particulier des abeilles.

BUTINEUR, EUSE adj. et n.f. Qui butine ; dont le rôle est de butiner. *Une (abeille) butineuse.*

BUTOIR n.m. **1.** Obstacle artificiel placé à l'extrémité d'une voie ferrée. SYN. : ***heurtoir.*** **2.** TECHN. Pièce métallique contre laquelle vient buter l'organe mobile d'un mécanisme. **3.** Fig. Limite stricte fixée à l'avance. *La fin du mois est le butoir* (aussi : *la date-butoir*) *pour la remise de ce rapport.*

BUTOME n.m. Plante du bord des eaux, à fleurs roses en ombelles, appelée aussi *jonc fleuri.* (Famille des butomacées.)

BUTOR n.m. (lat. *butio,* butor, et *taurus,* taureau). **1.** Oiseau échassier voisin du héron, à plumage fauve tacheté de noir, nichant dans les roseaux. (Le cri du mâle rappelle le mugissement du taureau.) [Long. 70 cm ; famille des ardéidés.] **2.** Fig. Homme grossier et stupide.

butor

BUTTAGE n.m. HORTIC. Action de butter.

BUTTE n.f. (de *but*). **1.** Légère élévation de terrain ; tertre ; petite colline. ◇ GÉOGR. *Butte résiduelle :* hauteur taillée dans une roche tendre autrefois surmontée d'une roche dure. – *Butte témoin :* hauteur formée d'une roche dure surmontant des roches tendres et qui témoigne du relief ancien. **2.** CH. DE F. *Butte de gravité :* bosse de débranchement. **3.** MIL. Tertre naturel ou artificiel portant la cible. *Butte de tir.* ◇ Fig. *Être en butte à :* être exposé à, menacé par. **4.** HORTIC. Masse de terre accumulée au pied d'une plante ou sur un rang de culture.

1. BUTTER v.t. HORTIC. Entourer (une plante, un rang de culture) d'une butte de terre.

2. BUTTER ou **BUTER** v.t. Arg. Tuer, assassiner.

BUTTOIR ou **BUTTEUR** n.m. HORTIC. Petite charrue destinée au buttage.

BUTYLE n.m. Radical C_4H_9— dérivé du butane.

BUTYLÈNE ou **BUTÈNE** n.m. Hydrocarbure éthylénique C_4H_8.

BUTYLIQUE adj. Qui se rapporte au radical butyle, qui en dérive (alcool, aldéhyde, ester, etc.).

BUTYRATE n.m. Sel de l'acide butyrique.

BUTYREUX, EUSE adj. (lat. *butyrum,* beurre). Qui a la nature ou l'apparence du beurre. ◇ *Taux butyreux :* quantité de matière grasse contenue dans un kilogramme de lait.

BUTYRINE n.f. Matière grasse que contient le beurre.

BUTYRIQUE adj. **1.** Relatif au beurre. **2.** CHIM. **a.** *Acide butyrique :* acide organique dérivé du butane, contenu dans de nombreuses matières grasses. **b.** *Fermentation butyrique :* décomposition, avec libération d'acide butyrique, de certains corps (sucres, amidon, acide lactique) par divers micro-organismes.

BUTYROMÈTRE n.m. Instrument servant à mesurer la richesse du lait en matière grasse.

BUTYROPHÉNONE n.f. Radical chimique commun à un groupe de neuroleptiques majeurs utilisés pour leur action sédative et antihallucinatoire.

BUVABLE adj. (de *boire*). **1.** Qui peut se boire, qui n'est pas désagréable à boire. ◇ Fig. et fam. Acceptable, supportable (surtout en tournure négative). *Elle est gentille, mais lui n'est vraiment pas buvable.* **2.** PHARM. Dont le contenu doit être absorbé par la bouche. *Ampoules buvables.*

BUVANT n.m. Bord aminci d'un verre à boire.

BUVARD n.m. **1.** Papier non collé propre à absorber l'encre fraîche ; feuille de ce papier. *Un buvard. Du papier buvard.* **2.** Sous-main recouvert d'un buvard.

BUVÉE n.f. Breuvage pour le bétail, formé de son, de farine, etc., délayés dans de l'eau.

BUVETIER, ÈRE n. Personne qui tient une buvette.

BUVETTE n.f. **1.** Petit local, comptoir où l'on sert à boire (dans une gare, un théâtre, etc.). **2.** Dans un établissement thermal, endroit où l'on va boire les eaux.

BUVEUR, EUSE n. **1.** Personne qui boit habituellement et avec excès du vin ou des boissons alcoolisées. **2.** Personne qui boit, qui est en train de boire. **3.** Dans une station thermale, curiste.

BUXACÉE [byksase] n.f. *Buxacées :* petite famille d'arbres ou d'arbustes aux feuilles simples, tels que le buis.

BUZUKI n.m. → ***bouzouki.***

BYE-BYE [bajbaj] ou **BYE** [baj] interj. (angl. [*good*] *bye*). Au revoir, adieu.

BYLINE n.f. (russe *bylina*). LITTÉR. Chant épique de la vieille Russie.

BY-PASS [bajpas] n.m. inv. → ***bipasse.***

BYSSINOSE n.f. (gr. *bussos,* lin, coton). Affection pulmonaire due à l'inhalation de poussières de coton.

BYSSUS [bisys] n.m. (gr. *bussos,* lin, coton). Faisceau de filaments, rappelant des fibres textiles, sécrétés par certains mollusques lamellibranches, comme les moules, pour se fixer sur leur support.

BYZANTIN, E adj. et n. De Byzance, de l'Empire byzantin. ◇ *Discussion byzantine,* oiseuse par ses excès de subtilité évoquant les débats des théologiens byzantins.

BYZANTINISME n.m. Tendance aux discussions byzantines.

BYZANTINISTE ou **BYZANTINOLOGUE** n. Spécialiste de byzantinologie.

BYZANTINOLOGIE n.f. Étude de l'histoire et de la civilisation byzantines.

C

C n.m. inv. **1.** Troisième lettre de l'alphabet et la deuxième des consonnes. (Devant les voyelles *a, o, u,* devant consonne ou en fin de mot, *c* note une gutturale sourde [k] ; marqué d'une cédille *(ç)* ou devant *e, i* et *y*, il note la sifflante sourde [s] : *François, citron, cygne.*) **2.** C : chiffre romain valant cent. **3.** c : symbole de centi, de centime. **4.** MATH. ℂ : symbole désignant l'ensemble des nombres complexes. **5.** C, symbole chimique du carbone. **6.** MUS. C : *do,* dans le système de notation en usage dans les pays anglo-saxons et germaniques ; C et ₵ : signes de mesure. **7.** PHYS. **a.** °C : symbole du degré Celsius. **b.** C : symbole du coulomb. **c.** C/kg : symbole du coulomb par kilogramme. **8.** INFORM. *Langage C :* langage de programmation utilisé pour l'écriture de systèmes d'exploitation.

Ca, symbole chimique du calcium.

1. ÇA pron. dém. Fam. Cela, cette chose-là : *Donnez-moi ça.*

2. ÇA n.m. inv. (traduction du pron. neutre all. *Es*). PSYCHAN. L'une des trois instances de l'appareil psychique, constituant le réservoir des pulsions et du refoulé et à partir de laquelle se différencient génétiquement le moi et le surmoi. (Le contenu du ça est inconscient, mais le ça ne représente pas tout l'inconscient.) – REM. On écrit *le ça* ou *le Ça.*

ÇÀ adv. (lat. *ecce hac*). *Çà et là :* de côté et d'autre. ◆ interj. (Marquant l'étonnement, l'impatience). *Ah çà ! Je ne m'y attendais pas !*

C. A. n.m. (sigle). Chiffre d'affaires.

CAATINGA [kaatinga] n.f. (mot tupi). Formation végétale xérophile de l'intérieur du nord-est du Brésil (sertão), constituée d'arbustes épineux et de cactées.

CAB [kab] n.m. (mot angl.). Cabriolet dont le cocher occupait un siège élevé derrière les passagers.

CABALE n.f. **1.** → ***kabbale.*** **2.** Science occulte tendant à la communication avec le monde surnaturel. **3. a.** Ensemble de menées secrètes, d'intrigues dirigées contre qqn, qqch. **b.** Groupe des participants à une cabale.

CABALER v.i. Litt. Monter une cabale, en faire partie.

CABALISTE n. → ***kabbaliste.***

CABALISTIQUE adj. **1.** → ***kabbalistique.*** **2.** Magique, mystérieux. *Signe cabalistique.*

CABAN n.m. (it. *gabbano ;* de l'ar. *qabā*). **1.** Manteau court, avec ou sans capuchon, en gros drap imperméabilisé, en usage dans la marine. **2.** Longue veste de tissu épais.

CABANE n.f. (prov. *cabana*). **1.** Petite construction rudimentaire faite de matériaux grossiers. ◇ Suisse. Refuge d'alpinisme. **2.** Abri destiné aux animaux. *Cabane à lapins.* **3.** Arg. *En cabane :* en prison. **4.** Canada. *Cabane à sucre :* bâtiment où l'on fabrique le sucre et le sirop d'érable.

CABANEMENT n.m. MAR. Incident qui consiste en une brusque plongée de l'arrière d'un navire lors de son lancement.

CABANER v.t. MAR. Mettre une embarcation la quille en l'air. ◆ v.i. Chavirer.

CABANON n.m. **1.** Petite cabane. **2.** En Provence, petite maison campagnarde. **3.** Chalet de plage. **4.** Cellule où l'on enfermait les malades mentaux agités ou dangereux.

CABARET n.m. (néerl. *cabret*). **1.** Vx. Débit de boissons, taverne. **2.** Établissement de spectacle où l'on peut consommer des boissons, dîner, danser. **3.** Vx. Coffret contenant un service à liqueurs ; ce service. SYN. (mod.) : *cave.*

CABARETIER, ÈRE n. Vx. Personne qui tenait un cabaret.

CABAS [kaba] n.m. (mot prov.). Sac à provisions souple, en paille tressée.

CABASSET n.m. Casque de métal à bords plats (XVe-XVIIe s.).

CABÈCHE n.f. (esp. *cabeza*). Pop. et vx. Tête. *Couper cabèche.*

CABERNET n.m. Cépage rouge du sud-ouest de la France et des pays de la Loire.

CABESTAN n.m. (mot prov.). Treuil à axe vertical, employé pour toutes les manœuvres exigeant de gros efforts.

CABIAI [kabjɛ] n.m. (mot tupi). Rongeur d'Amérique du Sud, végétarien, vivant près des fleuves. (C'est le plus gros des rongeurs ; long. max. 1,20 m ; famille des hydrochœridés.)

cabiai

CABILLAUD n.m. (néerl. *kabeljau*). **1.** Morue fraîche. **2.** Nom parfois donné à l'églefin.

CABILLOT n.m. MAR. Cheville en bois ou en métal servant au tournage des manœuvres à bord d'un navire.

CABIN-CRUISER [kabinkrujzœr] n.m. (mot angl.) [pl. *cabin-cruisers*]. Yacht de croisière à moteur.

CABINE n.f. (de *cabane*). **1.** Petite chambre à bord d'un navire. **2.** Réduit isolé, petite construction à usage déterminé. ◇ *Cabine téléphonique,* mise à la disposition du public pour téléphoner. – *Cabine de bain,* où l'on se change avant ou après le bain, à la plage. – *Cabine de projection,* qui abrite les appareils de projection d'une salle de cinéma. **3.** Habitacle d'un ascenseur. **4.** Espace aménagé pour le conducteur sur un camion, un engin de travaux publics, une motrice de chemin de fer *(cabine de conduite)* ou pour l'équipage d'un aéronef. ◇ *Cabine éjectable,* séparable du fuselage en cas de perte de contrôle de l'avion. – *Cabine spatiale :* habitacle d'un vaisseau spatial piloté.

CABINET n.m. (de *cabine*). **1.** Petite pièce, servant de dépendance ou de complément à une pièce principale. *Cabinet de travail.* – Vieilli. *Homme de cabinet,* qui aime la vie retirée, l'étude. ◇ *Cabinet de toilette :* petite salle d'eau avec un lavabo, attenante à une chambre. – *Cabinet noir :* pièce de débarras sans fenêtre ; HIST., bureau secret de la censure des correspondances, établi sous Louis XIII. **2. a.** Local où qqn exerce une profession libérale ; clientèle d'une personne exerçant une telle profession. *Cabinet de médecin, d'avocat.* **b.** Vieilli. *Cabinet de lecture,* où l'on peut lire ou louer des livres. **3.** Ensemble des membres du gouvernement d'un État ; ensemble des collaborateurs d'un ministre, d'un préfet. *Former un cabinet.* **4.** Département spécialisé d'un musée, d'une bibliothèque. *Cabinet des médailles, des estampes.* – Meuble, coffre à compartiments, tiroirs et portes, pour ranger des objets précieux. ◇ Vieilli. *Cabinet de cire :* musée où sont exposées des reproductions en cire d'hommes et de scènes célèbres. ◆ pl. Lieu réservé aux besoins naturels.

cabinet en ébène de style flamand ; milieu du XVIIe s. (musée des Arts décoratifs, Paris)

CÂBLAGE n.m. **1.** Action de câbler. **2.** Ensemble des connexions d'un dispositif électrique.

CÂBLE n.m. (mot normand). **1.** Gros cordage en fibres textiles ou synthétiques ou en fils métalliques. **2.** Faisceau de fils conducteurs protégés par des gaines isolantes, assurant le transport et la distribution de l'énergie électrique ainsi que les liaisons par télécommunications. ◇ *Télévision par câble(s)* ou *câble* : télédistribution. **3.** Message transmis par câble.

CÂBLÉ, E adj. Fam. À la mode, au courant, « branché ».

CÂBLEAU ou **CÂBLOT** n.m. Câble peu épais.

CÂBLER v.t. (de *câble*). **1.** Tordre ensemble (plusieurs cordes) pour former un câble. – *Fil câblé,* retordu. **2. a.** Équiper (un territoire) d'un réseau de vidéocommunication par câble. **b.** Établir les connexions de (un appareil électrique ou électronique). **3.** Transmettre par câble (un message).

CÂBLERIE n.f. Fabrication et commerce des câbles.

CÂBLEUR, EUSE n. Spécialiste du câblage.

CÂBLIER n.m. Navire aménagé pour la pose et la réparation des câbles sous-marins.

CÂBLISTE n. Agent qui manœuvre les câbles lors des déplacements d'une caméra, à la télévision.

CÂBLODISTRIBUTEUR n.m. Entreprise qui diffuse des programmes de télévision par câble.

CÂBLODISTRIBUTION n.f. Télédistribution.

CÂBLOGRAMME n.m. Vx. Télégramme transmis par câble.

CÂBLO-OPÉRATEUR n.m. (pl. *câblo-opérateurs*). Entreprise qui met en place un réseau de télévision par câble.

CÂBLOT n.m. → ***câbleau.***

CABOCHARD, E adj. et n. Fam. Qui n'en fait qu'à sa tête, entêté.

CABOCHE n.f. (lat. *caput,* tête). **1.** Fam. Tête. **2.** Clou à tête large et ronde, utilisé notamment en cordonnerie. **3.** Tête d'une manoque de feuilles de tabac.

CABOCHON n.m. (de *caboche,* tête). **1.** Pierre fine arrondie et polie, non taillée à facettes. **2.** Clou à tête décorative. **3.** Pièce de protection de certains éléments du système optique d'un véhicule. *Cabochon de clignotant.*

CABOSSE n.f. Fruit du cacaoyer.

CABOSSER v.t. Emboutir, déformer par des bosses ou des creux.

1. CABOT n.m. Fam. Cabotin.

2. CABOT n.m. (normand *cabot,* têtard). **1.** Fam. Chien. **2.** Poisson commun en Méditerranée, à chair estimée, du genre muge. (Long. 50 cm env.)

3. CABOT n.m. Fam. Caporal.

CABOTAGE n.m. Navigation marchande le long des côtes, et spécialement entre les ports d'un même pays, par opp. à la navigation au long cours et au bornage.

CABOTER v.i. (du moyen fr. *cabo,* promontoire). Faire du cabotage ; naviguer à faible distance des côtes.

CABOTEUR n.m. Navire qui pratique le cabotage.

CABOTIN, E n. et adj. (n. d'un comédien du XVIIe s.). **1.** Acteur médiocre qui a une haute opinion de lui-même. **2.** Personne au comportement affecté, théâtral. SYN. (fam.) : *cabot.*

CABOTINAGE n.m. Comportement, attitude du cabotin.

CABOTINER v.i. Se faire remarquer, se conduire en cabotin.

CABOULOT n.m. Vieilli, litt. Petit café à clientèle populaire.

CABRAGE n.m. CH. DE F. Modification sensible des efforts verticaux transmis à la voie par les essieux, lors du démarrage d'une locomotive à moteurs suspendus par le nez.

CABRER v.t. (du lat. *capra,* chèvre). Faire dresser (un animal, en partic. un cheval) sur les membres postérieurs. – *Cabrer un avion* : relever sa partie antérieure pour qu'il prenne de l'altitude. ◇ Fig. Amener (qqn) à une attitude d'opposition, de révolte. ◆ **se cabrer** v.pr. **1.** Se dresser sur ses membres postérieurs, en partic. en parlant d'un cheval. **2.** Fig. S'opposer avec vigueur ou violence, se révolter.

CABRI n.m. (prov. *cabrit*). Chevreau.

CABRIOLE n.f. (it. *capriola ;* du lat. *capra,* chèvre). **1.** Demi-tour exécuté en sautant légèrement, bond agile. ◇ CHORÉGR. Grand pas sauté qui réunit les jambes dans l'espace. **2.** ÉQUIT. Figure de haute école exécutée par un cheval qui se cabre puis rue avant que ses membres antérieurs ne touchent le sol.

CABRIOLER v.i. Faire des cabrioles.

CABRIOLET n.m. (de *cabrioler*). **1. a.** Automobile décapotable. **b.** Anc. Voiture hippomobile légère à deux roues, généralement à capote. **2.** Chaise ou fauteuil à dossier légèrement concave (milieu du XVIIIe s.).

CAB-SIGNAL n.m. (pl. *cab-signaux*). CH. DE F. Système de signalisation dont les indications sont transmises dans la cabine de conduite des véhicules moteurs par des voyants lumineux.

CABUS [kaby] n.m. et adj.m. (lat. *caput,* tête). Chou pommé à feuilles lisses.

C.A.C. 40 (INDICE) [nom déposé] : indice établi à partir du cours de quarante valeurs mobilières, servant de référence à la Bourse française.

CACA n.m. Langage enfantin. Excrément. ◆ adj. inv. et n.m. inv. *Caca d'oie* : jaune verdâtre.

CACABER [kakabe] v.i. (lat. *cacabare*). Pousser son cri, en parlant de la perdrix.

CACAHOUÈTE ou **CACAHUÈTE** [kakawɛt] n.f. (esp. *cacahuate ;* mot aztèque). Fruit ou graine de l'arachide, dont on extrait 45 p. 100 d'huile ou que l'on consomme torréfiés.

CACAO n.m. (esp. *cacao ;* mot aztèque). Graine du cacaoyer, d'où l'on extrait des matières grasses *(beurre de cacao)* et la poudre de cacao, pour préparer le chocolat.

CACAOTÉ, E adj. Qui contient du cacao.

CACAOUI n.m. (mot algonkin). Canada. Canard sauvage de petite taille, originaire de Terre-Neuve.

CACAOYER ou **CACAOTIER** n.m. Petit arbre de la famille des sterculiacées, originaire de l'Amérique du Sud et cultivé pour la production du cacao, principalement en Afrique.

cacaoyer

CACAOYÈRE ou **CACAOTIÈRE** n.f. Plantation de cacaoyers.

CACARDER [kakarde] v.i. (onomat.). Pousser son cri, en parlant de l'oie.

CACATOÈS ou **KAKATOÈS** n.m. (mot malais). Oiseau d'Océanie et de l'Asie du Sud-Est, au plumage coloré, à queue courte et à huppe érectile. (Famille des psittacidés.)

cacatoès

CACATOIS n.m. (de *cacatoès*). MAR. **1.** Voile carrée placée au-dessus du perroquet. **2.** Mât supportant cette voile.

CACHALOT n.m. (port. *cachalotte ;* de *cachola,* caboche). Mammifère cétacé de grande taille, aux dents fixées à la mâchoire inférieure, vivant dans les mers tropicales et subtropicales.

■ Le cachalot est un animal carnassier se nourrissant de grosses proies. Son énorme tête est remplie d'une quantité de graisse liquide, appelée *blanc de baleine* ou *spermaceti,* pesant jusqu'à 5 tonnes. Les résidus de sa digestion forment dans son intestin *l'ambre gris.*

1. CACHE n.f. (de *cacher*). Lieu secret pour cacher qqch ou pour se cacher.

2. CACHE n.m. Feuille de carton, de papier, etc., destinée à cacher une partie d'une surface.

CACHE-BRASSIÈRE n.m. (pl. *cache-brassières* ou inv.). Corsage en tissu fin que l'on met sur la brassière en tricot d'un bébé.

CACHE-CACHE n.m. inv. Jeu d'enfant dans lequel tous les joueurs se cachent, à l'exception d'un seul qui cherche à découvrir les autres.

CACHE-COL n.m. (pl. *cache-cols* ou inv.). Écharpe courte et étroite.

CACHE-CORSET n.m (pl. *cache-corsets* ou inv.). Anc. Pièce de lingerie féminine dissimulant le haut du corset et le buste.

CACHECTIQUE [kaʃɛktik] adj. et n. De la cachexie ; atteint de cachexie.

CACHE-ENTRÉE n.m. (pl. *cache-entrées* ou inv.). Pièce métallique mobile recouvrant l'entrée de clé d'une serrure.

CACHE-FLAMME n.m. (pl. *cache-flammes* ou inv.). Appareil fixé au bout du canon d'une arme à feu, pour dissimuler les lueurs au départ du coup.

CACHEMIRE ou **CASHMERE** [kaʃmir] n.m. **1.** Tissu fin fait avec le poil de chèvres du Cachemire. **2.** Vêtement en cachemire.

CACHE-MISÈRE n.m. inv. Fam. Vêtement ample, pour cacher une tenue négligée.

CACHE-NEZ n.m. inv. Longue écharpe de laine protégeant du froid le cou et le bas du visage.

CACHE-POT n.m. (pl. *cache-pots* ou inv.). Vase décoratif qui sert à dissimuler un pot de fleurs.

CACHE-POUSSIÈRE n.m. inv. Long pardessus ample et léger porté autrefois par les automobilistes.

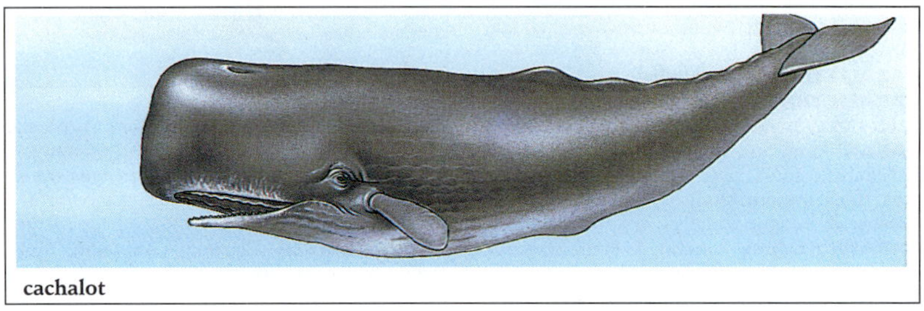
cachalot

CACHE-PRISE n.m. (pl. *cache-prises* ou inv.). ÉLECTR. Dispositif de sécurité que l'on enfonce dans les alvéoles d'une prise de courant pour rendre ses contacts inaccessibles.

CACHER v.t. (lat. *coactare,* serrer). **1.** Mettre, placer dans un lieu secret, pour soustraire à la vue, aux recherches. **2.** Dissimuler, ne pas exprimer. *Cacher sa joie.* ◇ Fig. *Cacher son jeu, ses cartes :* laisser ignorer ses intentions. ◆ **se cacher** v.pr. Se soustraire, être soustrait aux regards, aux recherches. ◇ *Se cacher de qqch,* ne pas en convenir (surtout dans des phrases négatives). *Elle ne se cache pas de son rôle dans cette affaire.* – *Se cacher de (qqn),* lui cacher ce qu'on fait. *Se cacher de ses parents.*

CACHE-RADIATEUR n.m. (pl. *cache-radiateurs* ou inv.). Revêtement pour dissimuler un radiateur d'appartement.

CACHÈRE adj. inv. → ***kasher.***

CACHE-SEXE n.m. (pl. *cache-sexes* ou inv.). Triangle de tissu, etc., couvrant le sexe.

CACHET n.m. (de *cacher*). **1. a.** Tampon en métal ou en caoutchouc portant en relief le nom, la raison sociale, etc., de son possesseur ; empreinte apposée à l'aide de ce tampon. ◇ *Cachet de la poste,* portant le lieu, l'heure et la date de dépôt d'une lettre, d'un colis, etc. **b.** HIST. Sceau gravé, destiné à imprimer sur la cire les armes, le signe de qqn. – *Lettre de cachet,* fermée d'un cachet du roi, donnant généralement ordre d'emprisonner qqn. **c.** Marque distinctive, originalité. *Cette maison a un cachet, du cachet.* **2.** Médicament en poudre contenu dans une enveloppe assimilable par l'organisme. **3.** Rétribution perçue pour une collaboration à un spectacle, une émission. ◇ Vieilli. *Courir le cachet :* chercher du travail, pour un artiste et, autrefois, des leçons particulières, pour un professeur.

CACHETAGE n.m. **1.** Action de cacheter ; son résultat. **2.** Protection d'un ouvrage en béton avec un ciment à prise rapide.

CACHE-TAMPON n.m. (pl. *cache-tampons* ou inv.). Jeu d'enfant dans lequel un des joueurs cache un objet que les autres doivent trouver.

CACHETER v.t. [27]. **1.** Fermer une enveloppe en la collant. **2.** Sceller avec de la cire, marquée ou non d'un cachet. ◇ *Vin cacheté :* vin en bouteille dont le bouchon est recouvert de cire ; vin fin.

CACHETIER n.m. Personne payée au cachet.

CACHETTE n.f. Lieu propre à cacher ou à se cacher. ◇ *En cachette :* en secret, à la dérobée.

CACHEXIE [kaʃɛksi] n.f. (gr. *kakhexia,* mauvaise constitution physique). État d'affaiblissement, d'amaigrissement extrême du corps, constituant la phase terminale de certaines maladies ou infections chroniques.

CACHOT n.m. (de *cacher*). Cellule où un prisonnier est mis à l'isolement.

CACHOTTERIE n.f. Fam. Secret de peu d'importance (souvent au pl.). *Faire des cachotteries.*

CACHOTTIER, ÈRE adj. et n. Fam. Qui aime à faire des cachotteries.

CACHOU n.m. (port. *cacho,* du tamoul *kāsu*) [pl. *cachous*]. **1.** Substance astringente extraite de la noix d'arec ; pastille aromatique parfumée avec cette substance. **2.** Substance extraite du bois d'un acacia de l'Inde et employée en tannerie.

CACHUCHA [katʃutʃa] n.f. Danse populaire d'Andalousie.

CACIQUE n.m. (mot esp.). **1. a.** Notable local, en Espagne et en Amérique espagnole. **b.** Chef de certaines tribus indiennes d'Amérique. **2.** Fam. **a.** (Souvent péj.). Personnalité importante. **b.** Arg. scol. Premier à un concours, en particulier à celui de l'École normale supérieure.

CACOCHYME [kakɔʃim] adj. et n. (gr. *kakokhumos,* mauvaise humeur). Litt. (souvent par plais.). Faible, en mauvaise santé, en particulier en parlant d'un vieillard.

CACODYLATE [kakɔdilat] n.m. (gr. *kakôdês,* mauvaise odeur, et *ulê,* matière). Dérivé arsenical employé naguère en thérapeutique.

CACOGRAPHE n. Litt. Personne qui écrit mal, fautivement.

CACOGRAPHIE n.f. (gr. *kakos,* mauvais, et *graphein,* écrire). Litt. Mauvaise écriture, du point de vue du style, de l'orthographe ou de la graphie.

CACOLET [kakɔlɛ] n.m. (mot béarnais). Double siège à dossier, fixé autrefois sur le dos d'un mulet ou d'un cheval pour le transport des personnes, notamment dans les Pyrénées.

CACOLOGIE n.f. Rare. Locution ou construction fautive.

CACOPHONIE [kakɔfɔni] n.f. (gr. *kakos,* mauvais, et *phônê,* voix). Ensemble de sons, de bruits discordants, peu harmonieux, en particulier de mots, de syllabes.

CACOPHONIQUE adj. Qui tient de la cacophonie, qui constitue une cacophonie.

CACOSMIE n.f. (gr. *kakos,* mauvais, et *osmê,* odeur). PATHOL. Perception d'une odeur désagréable, réelle ou imaginaire.

CACTACÉE ou **CACTÉE** n.f. Plante dicotylédone originaire des régions arides d'Amérique, adaptée à la sécheresse par ses tiges charnues, gorgées d'eau, par ses feuilles réduites à des aiguillons et par son type particulier de photosynthèse. (Les cactacées, ou cactées, forment une famille comprenant entre autres le figuier d'Inde et le cierge.)

CACTUS [kaktys] n.m. (gr. *kaktos,* artichaut épineux). Plante de la famille des cactacées ; plante succulente épineuse.

cactus

CADASTRAL, E, AUX adj. Du cadastre.

CADASTRE n.m. (mot prov. ; gr. *katastrikton*). Ensemble des documents sur lesquels sont enregistrés le découpage d'un territoire en propriétés et en cultures ainsi que le nom des propriétaires des différentes parcelles. ◇ Administration qui a la charge d'établir et de conserver ces documents.

CADASTRER v.t. Soumettre (un territoire) à l'établissement du cadastre.

CADAVÉREUX, EUSE adj. Qui évoque l'apparence d'un cadavre ; cadavérique. *Teint cadavéreux.*

CADAVÉRIQUE adj. **1.** Propre à un cadavre. – *Rigidité cadavérique :* durcissement des muscles dans les heures qui suivent la mort. **2.** Cadavéreux.

CADAVRE n.m. (lat. *cadaver*). **1.** Corps d'un homme ou d'un animal mort. – Fig., fam. *Cadavre ambulant :* personne très maigre. **2.** Fam. Bouteille vide, généralement de vin, d'alcool. **3.** LITTÉR. *Cadavre exquis :* jeu collectif consistant à composer des phrases à partir de mots que chacun écrit à son tour en ignorant la collaboration des autres joueurs (de *le cadavre exquis a bu le vin nouveau,* une des premières phrases générées par les surréalistes, qui pratiquèrent beaucoup ce jeu).

1. CADDIE ou **CADDY** [kadi] n.m. Celui qui porte les clubs d'un joueur de golf.

2. CADDIE [kadi] n.m. (nom déposé). Petit chariot utilisé en libre-service par les clients d'un magasin, les voyageurs d'une gare, etc., pour transporter les marchandises, les bagages, etc.

CADE n.m. (mot prov.). Genévrier du Midi. – *Huile de cade :* goudron obtenu par distillation du bois de cet arbuste, utilisé en dermatologie médicale et vétérinaire.

CADEAU n.m. (prov. *capdel,* lettre capitale, lat. *caput*). Présent, chose offerte à qqn. ◇ Fig., fam. *Ne pas faire de cadeau à qqn :* n'accepter aucune erreur de sa part, ne rien lui pardonner.

CADENAS [kadna] n.m. (prov. *cadenat,* lat. *catena,* chaîne). Petite serrure mobile, munie d'un arceau métallique destiné à passer dans des pitons fermés.

CADENASSER v.t. Fermer (une porte) avec un cadenas.

CADENCE n.f. (it. *cadenza*). **1.** Rythme régulier et mesuré d'une succession de sons, de mouvements, d'actions, créant souvent un effet de répétition. *Marcher en cadence.* **2.** Rythme d'exécution d'une tâche, d'une fonction. *Cadences de travail d'un atelier. Cadences d'approvisionnement d'une entreprise.* ◇ *Cadence de tir d'une arme :* nombre de coups tirés à la minute. **3.** MUS. **a.** Enchaînement d'accords lors de la suspension ou de la conclusion d'une phrase musicale. **b.** Passage de virtuosité réservé au soliste d'un concerto (improvisé jusqu'au XIXe s. env.).

CADENCER v.t. [16]. Donner un rythme régulier à. *Cadencer son pas. Cadencer ses phrases.* – *Pas cadencé,* dont le rythme est régulier et marqué.

CADÈNE n.f. MAR. Pièce métallique fixée à la coque et sur laquelle se fixent les haubans.

CADENETTE n.f. (du seigneur de *Cadenet,* qui mit cette tresse à la mode au XVIIe s.). Tresse de cheveux portée de chaque côté du visage par les militaires de certaines unités, puis par les muscadins en 1793.

1. CADET, ETTE n. et adj. (gascon *capdet*). **1.** Enfant qui vient après l'aîné ou qui est plus jeune qu'un ou plusieurs enfants de la même famille. ◇ Fam. *C'est le cadet de mes (ses) soucis,* un sujet qui me (le) préoccupe peu. **2.** Personne moins âgée et sans relation de parenté. *Ce camarade était mon cadet d'un an.* **3.** Jeune sportif ou jeune sportive âgé(e) de treize à seize ans. ◆ adj. *Branche cadette :* lignée, famille issue du cadet des enfants.

2. CADET n.m. **1.** Anc. Jeune gentilhomme destiné à la carrière militaire. **2.** Élève officier, notamment en Angleterre et aux États-Unis.

CADI n.m. (ar. *qāḍī*). Juge musulman dont la compétence s'étend aux questions en rapport avec la religion.

CADMIAGE n.m. Opération de revêtement d'une surface métallique par dépôt électrolytique de cadmium.

CADMIE n.f. (gr. *kadmeia,* calamine, zinc). Mélange de suie et d'oxydes métalliques qui s'accumule au gueulard des hauts-fourneaux.

CADMIER v.t. Recouvrir de cadmium.

CADMIUM [kadmjɔm] n.m. Métal mou, blanc bleuâtre, de densité 8,6, fusible à 320 °C, utilisé pour protéger l'acier, employé en alliages (plomb, étain, zinc) et sous forme de sels, qui fournissent notamment divers pigments pour la peinture fine ; élément (Cd), de numéro atomique 48, de masse atomique 112,40.

CADOGAN n.m. → ***catogan.***

CADRAGE n.m. **1.** Mise en place du sujet par rapport au cadre du viseur d'un appareil photographique ou cinématographique. **2.** Détermination des dimensions et de l'échelle de reproduction d'un document sur une épreuve d'imprimerie, de photocomposition. **3.** MIN. Installation des cadres de soutènement d'une galerie.

CADRAN n.m. (lat. *quadrans,* quart). **1.** Surface portant les divisions d'une grandeur (temps, pression, vitesse, etc.), et devant laquelle se déplace une aiguille qui indique la valeur de cette grandeur. *Cadran d'une montre, d'un baromètre.* – Fam. *Faire le tour du cadran :* dormir pendant douze heures. ◇ *Cadran solaire :* surface portant des divisions correspondant aux heures du jour et qui, d'après la projection de l'ombre d'un style éclairé par le Soleil, indique l'heure. **2.** Dispositif manuel d'appel d'un téléphone. *Cadran à disque, à touches.*

CADRAT [kadra] n.m. (lat. *quadratus,* carré). Petit lingot de métal plus bas et de même corps que des caractères d'imprimerie, utilisé notamm. pour blanchir les lignes creuses ; blanc ayant cette fonction, en photocomposition.

CADRATIN n.m. Cadrat de même épaisseur que le caractère utilisé ; blanc ayant cette fonction, en photocomposition.

CADRATURE n.f. Anc. Assemblage des pièces qui meuvent les aiguilles d'une montre.

1. CADRE n.m. (it. *quadro,* carré). **1.** Tour, bordure en bois, en métal, etc., d'une glace, d'un tableau, etc. **2.** Ce qui borne, limite l'action de qqn, de qqch ; ce qui circonscrit un sujet. *Sortir du cadre de la légalité.* ◇ *Dans le cadre de :* dans les limites de. **3.** Entourage, milieu, contexte. *Habiter un cadre agréable.*

4. a. Ossature formée de tubes d'une bicyclette, d'une motocyclette. **b.** Soutènement principal d'une galerie de mine, trapézoïdal ou cintré. **5. a.** Conteneur de grandes dimensions, à portes ou à toit ouvrant, pour le transport des marchandises. **b.** Châssis de bois placé dans une ruche afin que les abeilles établissent leurs rayons. **c.** MAR. Couchette en toile tendue sur une armature en bois ou en métal. **d.** Élément d'un récepteur d'ondes radioélectriques.

2. CADRE n.m. **I. 1.** Salarié, salariée exerçant génér. une fonction de direction, de conception ou de contrôle dans une entreprise et bénéficiant d'un statut particulier. **2.** Par ext. Personne qui exerce une fonction d'encadrement dans une organisation, une association. **II. 1.** Chacune des catégories de personnel de la fonction publique, définie par son statut. **2. a.** MIL. *Cadre de réserve :* catégorie d'officiers généraux qui, cessant d'être pourvus d'un emploi, sont placés dans la deuxième section de l'état-major général, où ils restent à la disposition du ministre. **b.** *Cadre noir :* corps des officiers et sous-officiers militaires chargé de l'enseignement de l'équitation, notamment à Saumur.

CADRER v.i. *(avec).* Être en rapport avec, concorder. *Ces résultats ne cadrent pas avec nos prévisions.* ◆ v.t. PHOT., CIN., TÉLÉV. Effectuer un cadrage. *Photo bien, mal cadrée.*

CADREUR, EUSE n. CIN., TÉLÉV. Technicien chargé du maniement d'une caméra et de la détermination du champ de prise de vues pour composer l'image. SYN. (anglic. déconseillé) : *cameraman.*

CADUC, CADUQUE adj. (lat. *caducus*). **1.** BIOL. Qui tombe chaque année. *Feuilles caduques du hêtre. Bois caducs du cerf.* **2.** Qui n'a plus cours, périmé. *Loi caduque.*

CADUCÉE n.m. (lat. *caduceus*). **1.** Principal attribut d'Hermès, formé d'une baguette de laurier ou d'olivier surmontée de deux ailes et entourée de deux serpents entrelacés. **2.** Emblème du corps médical, composé d'un faisceau de baguettes autour duquel s'enroule le serpent d'Épidaure et que surmonte le miroir de la Prudence ; vignette représentant cet emblème sur le pare-brise des voitures des médecins.

CADUCIFOLIÉ, E adj. (de *caduc*). BOT. Qui perd ses feuilles en hiver (ou à la saison sèche sous les tropiques) ; formé de tels arbres, en parlant d'une forêt.

CADUCITÉ n.f. DR. État d'un acte juridique qu'un fait postérieur rend inefficace.

CADUQUE n.f. Couche superficielle de la muqueuse utérine qui se sépare de l'utérus avec les membranes de l'œuf et est expulsée avec le placenta, lors de l'accouchement. SYN. : *déciduale.*

CADURCIEN, ENNE adj. et n. De Cahors.

CÆCAL, E, AUX [sekal, o] adj. Du cæcum.

CÆCUM [sekɔm] n.m. (lat. *caecus,* aveugle). Cul-de-sac formé par la partie initiale du gros intestin, au-dessous de l'abouchement de l'intestin grêle, et portant l'appendice vermiculaire.

CAENNAIS, E [kanɛ, ɛz] adj. et n. De Caen.

CÆSIUM n.m. → ***césium.***

CAF adj. inv. ou adv. (initiales des mots *coût, assurance, fret*). MAR. Dont la valeur en douane comprend, outre le coût de la marchandise, le transport jusqu'au port de destination et l'assurance.

1. CAFARD, E n. et adj. (ar. *kāfir,* renégat). Fam. et vieilli. Personne qui cafarde ; mouchard, rapporteur. (Rare au fém.).

2. CAFARD n.m. **1.** Blatte (insecte). **2.** Fam. Découragement, idées noires. *Avoir le cafard.*

CAFARDAGE n.m. Fam. Action de cafarder, de dénoncer qqn.

CAFARDER v.i. et t. Fam. Dénoncer, moucharder. ◆ v.i. Fam. Avoir le cafard.

CAFARDEUR, EUSE n. et adj. Fam. Dénonciateur, mouchard.

CAFARDEUX, EUSE adj. Fam. Qui exprime ou qui cause du cafard, de la mélancolie.

CAFÉ n.m. (it. *caffè,* ar. *qahwa*). **I. 1.** Graine ou fève du caféier, contenant un alcaloïde et un principe aromatique. **2.** Denrée que constituent les graines torréfiées du caféier. *Un paquet de café.* **3.** Boisson obtenue en versant de l'eau bouillante sur les graines de café torréfiées et moulues ou sur la poudre de grains de café solubilisés ou lyophilisés. *Café au lait, café décaféiné.* **II.** Établissement où l'on sert des boissons, de la restauration légère, etc. – LITTÉR. *Café littéraire :* café qui sert de lieu de rencontre, de réunion à des écrivains, des artistes, des hommes politiques, etc. ◆ adj. inv. Brun presque noir.

CAFÉ-CONCERT n.m. (pl. *cafés-concerts*). Théâtre où l'on pouvait boire et fumer en assistant à des numéros de music-hall (jusqu'en 1914 env.). – Abrév. (fam.) : *caf' conc'.*

CAFÉIER n.m. Arbrisseau qui produit le café. (Haut. 3 m env. dans les plantations, jusqu'à 10 m dans la nature ; famille des rubiacées.)

caféier

CAFÉIÈRE n.f. Plantation de caféiers.

CAFÉINE n.f. Alcaloïde du café, présent aussi dans le thé et le kola, utilisé comme tonique.

CAFÉISME n.m. Tendance à absorber de grandes quantités de café.

CAFETAN ou **CAFTAN** n.m. (ar. *qaftān*). Robe d'apparat, longue, avec ou sans manches, souvent richement brodée, portée dans les pays musulmans.

CAFÉTÉRIA n.f. Établissement généralement implanté dans un lieu de passage (centre commercial ou administratif, ensemble de bureaux, faculté, etc.), où l'on peut consommer des boissons, se restaurer, souvent en libre-service.

CAFÉ-THÉÂTRE n.m. (pl. *cafés-théâtres*). Café, petite salle où se donnent des pièces de théâtre relativement courtes, des spectacles souvent en marge des circuits traditionnels.

CAFETIER n.m. Vieilli. Patron d'un café.

CAFETIÈRE n.f. **1.** Récipient ou appareil ménager pour préparer le café. **2.** Pop. Tête.

CAFOUILLAGE ou **CAFOUILLIS** n.m. Fam. Fonctionnement défectueux, déroulement confus de qqch.

CAFOUILLER v.i. Fam. **1.** Mal marcher, mal fonctionner. *Le moteur cafouille.* **2.** Agir d'une manière désordonnée, inefficace et confuse. *Elle ne sait pas comment s'y prendre, elle cafouille.*

CAFOUILLEUX, EUSE ou **CAFOUILLEUR, EUSE** adj. et n. Fam. Qui cafouille.

CAFRE n. et adj. (ar. *kāfir,* infidèle). Vx. Habitant de la Cafrerie*, des territoires non musulmans de l'Afrique au sud de l'équateur.

CAFTAN n.m. → ***cafetan.***

CAFTER [kafte] v.i. et t. Arg. scol. Moucharder, dénoncer.

CAFTEUR, EUSE n. Arg. scol. Celui, celle qui cafte, qui moucharde.

CAGE n.f. (lat. *cavea*). **1.** Espace clos par des barreaux ou du grillage pour enfermer des oiseaux, des animaux, etc. **2.** *Cage thoracique :* partie du squelette thoracique (vertèbres dorsales, côtes et sternum) enserrant le cœur et les poumons. **3. a.** *Cage d'escalier, d'ascenseur :* espace ménagé à l'intérieur d'un bâtiment pour recevoir un escalier, un ascenseur ; l'ascenseur lui-même. **b.** MIN. *Cage d'extraction :* ascenseur à claire-voie suspendu à un câble d'extraction pour la descente et la remontée des cabines et du personnel. **4.** *Cage de Faraday :* dispositif à paroi conductrice, permettant d'isoler électriquement les corps placés à l'intérieur. **5.** MÉTALL. Bâti double d'un laminoir.

CAGEOT n.m. ou **CAGETTE** n.f. Emballage léger, à claire-voie, pour le transport des fruits, des légumes, etc.

CAGET n.m. ou **CAGEROTTE** n.f. Natte en osier, forme pour égoutter les fromages frais. SYN. : *caseret, caserette.*

CAGIBI n.m. Fam. Réduit, placard.

CAGNA [kaɲa] n.f. (annamite *canha,* paillote). Arg. Abri, maison.

CAGNARD n.m. Région. (Midi). Soleil ardent.

CAGNE n.f. → ***khâgne.***

1. CAGNEUX, EUSE adj. et n. (anc. fr. *cagne,* chienne). **1.** Dont les jambes sont rapprochées à la hauteur des genoux et écartées près des pieds. **2.** ZOOL. Dont les pieds sont tournés en dedans, en parlant notamm. du cheval.

2. CAGNEUX, EUSE n. → ***khâgneux.***

CAGNOTTE n.f. (prov. *cagnotto,* petit cuvier). **1.** Caisse commune des membres d'une association, d'un groupe ; somme recueillie par cette caisse. **2.** Dans certains jeux de hasard, somme d'argent qui s'accumule au fil des tirages et que qqn peut gagner dans sa totalité.

CAGOT, E n. et adj. (mot béarnais, *lépreux blanc*). **1.** Litt. Faux dévot, tartufe. **2.** HIST. Personne mise à l'écart de la société, descendant présumé de lépreux. *Les mesures d'exception qui frappaient les cagots furent abolies à la fin du* XVIIᵉ *s.*

CAGOTERIE n.f. Rare. Attitude du cagot, dévotion outrée et hypocrite.

CAGOU n.m. Oiseau échassier de Nouvelle-Calédonie, à plumage gris et à aigrette, devenu rare et protégé. (Ordre des gruiformes.)

CAGOULARD n.m. HIST. Membre de la Cagoule.

CAGOULE n.f. (lat. *cuculus,* capuchon). **1. a.** Passe-montagne en laine encadrant de très près le visage et se prolongeant autour du cou. **b.** Capuchon percé à l'endroit des yeux. **2.** Manteau de moine, sans manches, surmonté d'un capuchon.

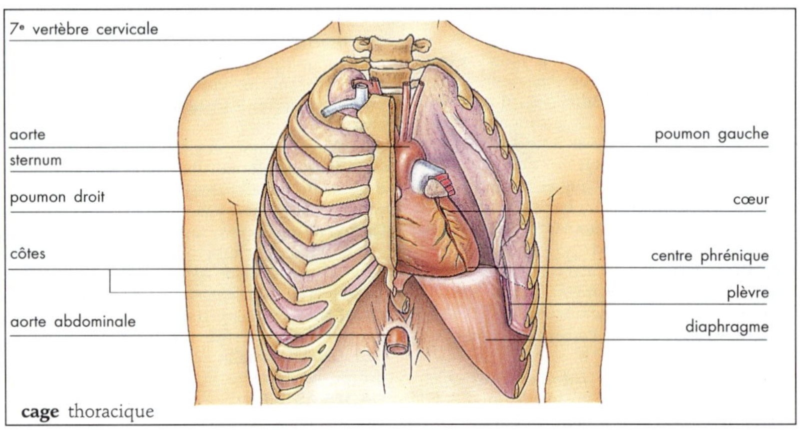

cage thoracique

cagou

CAHIER n.m. (lat. *quaterni,* quatre à quatre). **1.** Assemblage de feuilles de papier cousues ou attachées ensemble, pour écrire, dessiner, etc. *Cahier d'écolier. Cahier de dessins, de tenue de comptes.* **2.** IMPR. Grande feuille imprimée, pliée, découpée au format et assemblée, constituant une partie d'un livre, d'un magazine, etc. *Cahier de 16, 24, 32 pages.* **3.** *Cahier des charges.* **a.** Document écrit qui, dans le cadre d'un contrat administratif, détermine les obligations réciproques de l'Administration et de son cocontractant. **b.** Recueil des caractéristiques que doit présenter un matériel, une réalisation technique à l'étude ou en cours de réalisation. ◆ pl. HIST. *Cahiers de doléances :* documents dans lesquels les assemblées qui préparaient les états généraux consignaient les réclamations et les vœux que leurs représentants devaient faire valoir.

CAHIN-CAHA adv. (onomat.). Fam. *Aller, marcher cahin-caha,* tant bien que mal.

CAHORS n.m. Vin rouge produit dans la région de Cahors.

CAHOT n.m. Rebond, soubresaut que fait un véhicule sur une route inégale.

CAHOTANT, E adj. **1.** Qui cahote. **2.** Fig. Irrégulier. *Écriture cahotante.*

CAHOTEMENT n.m. Fait de cahoter, d'être cahoté.

CAHOTER v.t. (all. *hotten,* faire balancer). Ballotter, secouer. ◆ v.i. Être secoué, ballotté. *Voiture qui cahote.*

CAHOTEUX, EUSE adj. Raboteux, irrégulier. *Chemin cahoteux.*

CAHUTE n.f. (de *cabane,* et *hutte*). Petite cabane, hutte.

CAÏD n.m. (ar. *qā'id,* chef). **1.** Anc. Chef militaire, dans les pays arabes. **2.** Fam. Chef ; chef de bande. *Arrestation d'un caïd de la drogue.*

CAÏEU ou **CAYEU** n.m. (lat. *catellus,* petit chien) [pl. *caïeux, cayeux*]. Bourgeon secondaire qui se développe sur le côté du bulbe de certaines plantes.

CAILLAGE n.m. → ***caillement.***

CAILLASSE n.f. (de *caillou*). **1.** Fam. Cailloux, pierraille. **2.** Pierre dure, d'un gris blanchâtre, pour la construction des murs et l'empierrement.

CAILLE [kaj] n.f. (bas lat. *quaccula,* onomat.). Oiseau voisin de la perdrix, migrateur (en France, au printemps et en été), habitant les champs et les prairies des plaines. (Long. 18 cm env. ; famille des phasianidés.) *La caille margote, carcaille, pousse son cri.*

caille

CAILLÉ n.m. **1.** Lait caillé. **2.** Partie du lait obtenue par coagulation et servant à fabriquer le fromage.

CAILLEBOTIS [kajbɔti] n.m. Treillis de bois, de métal, etc., servant de plancher amovible dans les endroits humides ou boueux, ou employé comme grille d'aération.

CAILLEBOTTE n.f. Masse de lait caillé.

CAILLE-LAIT n.m. inv. BOT. Gaillet, dont le suc fait cailler le lait.

CAILLEMENT ou **CAILLAGE** n.m. Action de faire cailler ; fait de se cailler.

CAILLER v.t. (lat. *coagulare*). Figer, coaguler. *La présure caille le lait.* ◆ v.i. ou **se cailler** v.pr. **1.** Se prendre en caillots. **2.** Fam. Avoir froid. ◇ *Ça caille :* il fait froid.

CAILLETEAU n.m. Petit de la caille.

CAILLETTE n.f. (du lat. *coagulum,* caillé). Dernière poche de l'estomac des ruminants, qui sécrète le suc gastrique.

CAILLOT n.m. Masse semi-solide provenant d'une substance coagulée. *Le caillot de sang est formé de filaments de fibrine qui retiennent les globules sanguins.*

CAILLOU n.m. (mot gaul.) [pl. *cailloux*]. **1.** Fragment de pierre de petite dimension. **2.** Pop. Crâne, tête. – *Il n'a rien dans le caillou :* il n'est pas très intelligent.

CAILLOUTAGE n.m. **1.** Action de caillouter ; son résultat. **2.** Construction faite de cailloux noyés dans un mortier de ciment. **3.** Poterie à pâte fine, dure et blanche. SYN. : *faïence fine.*

CAILLOUTER v.t. Garnir de cailloux ; empierrer. *Caillouter un chemin, une voie ferrée.*

CAILLOUTEUX, EUSE adj. Plein de cailloux, où les cailloux abondent.

CAILLOUTIS [kajuti] n.m. **1.** Amas de cailloux concassés ; ouvrage fait avec de tels cailloux. **2.** GÉOL. Accumulation de cailloux charriés par les rivières et les glaciers.

CAÏMAN n.m. (esp. *caimán ;* mot caraïbe). Crocodile de l'Amérique centrale et méridionale à museau court et large, et dont le cuir est recherché en maroquinerie. (Long. de la plus grande espèce : 6 m.)

CAÏQUE n.m. (it. *caicco ;* mot turc). Embarcation longue et étroite des mers du Levant, manœuvrée à l'aviron.

CAIRN [kɛrn] n.m. (mot irland.). **1.** Tumulus de terre et de pierres recouvrant les sépultures mégalithiques. **2.** Monticule de pierres édifié par des explorateurs, des alpinistes pour marquer un repère, indiquer un passage, etc.

CAIROTE adj. et n. Du Caire.

CAISSE n.f. (lat. *capsa*). **I. 1.** Coffre généralement de bois servant à divers usages, notamm. à l'emballage et au transport des marchandises. *Caisse d'oranges. Caisse à outils.* **2.** Boîte qui renferme un mécanisme ou protège un ensemble délicat. *Caisse d'un piano.* **3.** Carrosserie d'un véhicule. ◇ Arg. Automobile. **4.** MUS. Cylindre de certains instruments à percussion ; l'instrument lui-même. – *Grosse caisse :* gros tambour qu'on frappe avec une mailloche. **5.** ANAT. *Caisse du tympan :* cavité pleine d'air située derrière le tympan, traversée par la chaîne des osselets de l'oreille. **II. 1.** Meuble, coffre, tiroir, etc., où un commerçant range sa recette ; la recette elle-même. *Caisse enregistreuse. Voler la caisse.* **2.** Comptoir d'un magasin où sont payés les achats ; guichet d'une administration où se font les paiements ; les fonds qui y sont déposés. – *Livre de caisse :* registre où sont inscrits les mouvements de fonds. **3. a.** Organisme financier ou administratif qui reçoit des fonds en dépôt pour les administrer. *Caisse des dépôts et consignations. Caisses d'épargne.* **b.** Organisme de gestion d'un régime de sécurité sociale, de retraite, etc. *Caisses de sécurité sociale, de mutualité agricole.* **c.** *Caisse des écoles :* établissement public institué dans chaque commune pour favoriser la fréquentation de l'école publique, et alimenté par des dons et des subventions.

CAISSERIE n.f. Industrie de la fabrication des caisses.

CAISSETTE n.f. Petite caisse.

CAISSIER, ÈRE n. Personne qui tient la caisse d'un établissement.

CAISSON n.m. (de *caisse*). **1.** TR. PUBL. Enceinte étanche permettant de travailler à l'air au-dessous du niveau de l'eau. – *Maladie des caissons :* affection qui touche les personnes soumises à des compressions et à des décompressions trop rapides, et qui est due à la libération d'azote gazeux dans le sang. **2.** MAR. Compartiment étanche d'un navire faisant partie de la coque et assurant sa flottabilité. **3.** ARCHIT. Compartiment creux d'un plafond, orné de moulures, de peintures. **4.** Anc. Voiture servant au transport des munitions. **5.** Pop. *Se faire sauter le caisson :* se tuer d'une balle dans la tête, se brûler la cervelle.

CAITYA [ʃaitja] n.m. Pour les bouddhistes, lieu saint, édifice consacré.

CAJEPUT [kaʒpyt] ou **CAJEPUTIER** n.m. (malais *cajuputi,* arbre blanc). Myrtacée de l'Inde, dont on extrait une essence utilisée autref. en pharmacie ; cette essence.

CAJOLER v.t. (lat. *caveola,* cage). Entourer d'attentions affectueuses, caresser. ◆ v.i. Pousser son cri, en parlant du geai.

CAJOLERIE n.f. Parole, manières caressantes.

CAJOLEUR, EUSE adj. et n. Qui cajole.

CAJOU n.m. (pl. *cajous*). *Noix de cajou :* anacarde.

CAJUN [kaʒœ̃] adj. et n. inv. en genre (déformation de *acadien*). Français de Louisiane. *Parler, culture cajuns.*

CAKE [kɛk] n.m. (mot angl.). Gâteau constitué d'une pâte aux œufs levée, dans laquelle on incorpore des fruits confits et des raisins secs imbibés de rhum.

CAKE-WALK [kɛkwɔk] n.m. (mot amér., *marche du gâteau*). Danse syncopée d'origine négro-américaine, à la mode vers 1900.

cal, symbole de la calorie.

CAL n.m. (lat. *callum*) [pl. *cals*]. **1.** Durillon. **2.** Cicatrice d'un os fracturé. – *Cal vicieux,* exagérément saillant ou fait en mauvaise position. **3.** BOT. Amas de cellulose gélifiée qui, en hiver, obstrue les tubes criblés chez certaines plantes comme la vigne.

CALABRAIS, E adj. et n. De Calabre.

CALADIUM [kaladjɔm] ou **CALADION** n.m. (du malais). Plante ornementale d'appartement, à fleurs odorantes et à feuillage coloré.

CALAGE n.m. Action de caler, d'étayer, de fixer dans une certaine position. ◇ Spécialt. Placement de la forme d'impression sur la machine à imprimer.

CALAISIEN, ENNE adj. et n. De Calais.

CALAISON n.f. MAR. Tirant d'eau.

CALAMAR n.m. → ***calmar.***

CALAMBAC ou **CALAMBOUR** n.m. (mot malais). Bois d'Insulinde et d'Océanie utilisé en tabletterie.

CALAME n.m. Roseau taillé utilisé dans l'Antiquité pour écrire.

CALAMINAGE n.m. Fait de se calaminer, d'être calaminé.

CALAMINE n.f. (lat. médiév. *calamina,* cadmie). **1.** Silicate hydraté naturel de zinc. **2.** Résidu de la combustion d'un carburant qui encrasse les cylindres d'un moteur à explosion. **3.** Oxyde qui apparaît à la surface d'une pièce métallique fortement chauffée.

CALAMINER (SE) v.pr. Se couvrir de calamine.

CALAMISTRÉ, E adj. (lat. *calamistratus,* frisé). *Cheveux calamistrés,* frisés, ondulés au fer ; recouverts de brillantine, gominés.

CALAMITE n.f. Arbre fossile de l'ère primaire, de l'embranchement des ptéridophytes, atteignant 30 m de haut.

CALAMITÉ n.f. (lat. *calamitas*). Malheur public, catastrophe, désastre.

CALAMITEUX, EUSE adj. Litt. Qui abonde en calamités ; qui a le caractère d'une calamité.

CALANCHER v.i. Arg. Mourir.

CALANDRAGE n.m. Opération consistant à calandrer les étoffes, le papier.

1. CALANDRE n.f. (gr. *kulindros,* cylindre). **1.** TECHN. Machine à cylindres pour lisser, lustrer ou glacer les étoffes, le papier, etc. **2.** Garniture, le plus souvent en matière plastique ou en métal, placée devant le radiateur d'une automobile.

2. CALANDRE n.f. (prov. *calandra*). **1.** Grosse alouette du sud de l'Europe. (Long. 20 cm.) **2.** Charançon dont les larves dévorent les grains de céréales.

CALANDRER v.t. TECHN. Passer à la calandre.

CALANDREUR, EUSE n. TECHN. Personne qui conduit une calandre.

CALANQUE n.f. (prov. *calanço*). Crique étroite et escarpée, aux parois rocheuses.

CALAO n.m. (du malais). Oiseau d'Asie, d'Insulinde et d'Afrique, de l'ordre des coraciadiformes, caractérisé par un énorme bec surmonté d'un casque.

calao

CALATHÉA n.m. Plante ornementale à rhizome, d'origine tropicale, aux feuilles tachetées ou rayées. (Famille des marantacées.)

CALBOMBE ou **CALEBOMBE** n.f. Arg., vieilli. Chandelle ; lampe, ampoule. *Souffler sur la calbombe.*

1. CALCAIRE adj. (lat. *calcarius*). Qui contient du carbonate de calcium. *Roche, terrain calcaire.* ◇ *Relief calcaire* → ***karstique.***

2. CALCAIRE n.m. Roche sédimentaire formée essentiellement de carbonate de calcium.

CALCANÉUM [kalkaneɔm] n.m. Os du tarse qui forme la saillie du talon.

CALCAREUX, EUSE adj. Belgique. Calcaire.

CALCARONE [kalkarɔne] n.m. (mot it.). Four à ciel ouvert pour l'extraction du soufre.

CALCÉDOINE [kalsedwan] n.f. (de *Chalcédoine*, ville de Bithynie). Silice translucide cristallisée, très utilisée en joaillerie dans l'Antiquité pour les bijoux et les cachets. (La calcédoine rouge-orangé est la *cornaline,* la brune la *sardoine,* la verte la *chrysoprase,* la noire l'*onyx.*)

CALCÉMIE n.f. (lat. *calx,* chaux, et gr. *haima,* sang). MÉD. Taux de calcium contenu dans le sang (normalement 0,100 g par litre).

CALCÉOLAIRE [kalseɔlɛr] n.f. (lat. *calceolus,* petit soulier). Plante ornementale, originaire de l'Amérique du Sud, dont les fleurs globuleuses ressemblent à des sabots. (Famille des scrofulariacées.)

CALCICOLE adj. Qui prospère sur un sol riche en calcaire. *La betterave, la luzerne sont des plantes calcicoles.*

CALCIF n.m. → ***calecif.***

CALCIFÉROL n.m. Vitamine D synthétique (ou vitamine D2), qui possède un pouvoir antirachitique.

CALCIFICATION n.f. Apport et fixation de sels de calcium dans les tissus organiques.

CALCIFIÉ, E adj. Converti en sels de calcium insolubles.

CALCIFUGE adj. Qui ne se plaît pas en terrain calcaire. *Le châtaignier est calcifuge.* SYN. : ***calciphobe.***

CALCIN n.m. (de *calciner*). **1.** Croûte qui se forme à la surface des pierres de taille exposées aux intempéries. **2.** Dépôt calcaire qui se forme dans les bouilloires et les chaudières. **3.** Débris de verre broyé destinés à être réintroduits dans le four de fusion.

CALCINATION n.f. Action de calciner ; fait de se calciner.

CALCINER v.t. (du lat. *calx, calcis,* chaux). **1.** Transformer (des pierres calcaires) en chaux par chauffage intense. **2.** Soumettre à une température très élevée. **3.** Brûler, carboniser. *Laisser calciner un rôti. Débris calcinés.*

CALCIOTHERMIE n.f. MÉTALL. Opération de réduction permettant d'obtenir certains métaux (uranium, plutonium, thorium) grâce à la réaction du calcium sur des composés des éléments à extraire (généralement des fluorures).

CALCIPHOBE adj. Calcifuge.

CALCIQUE adj. Relatif au calcium, à la chaux.

CALCITE n.f. Carbonate naturel de calcium cristallisé ($CaCO_3$), qui constitue la gangue de nombreux filons.

CALCITONINE n.f. Hormone de la thyroïde qui abaisse le taux sanguin du calcium en empêchant la résorption osseuse. (Elle s'oppose à l'action de l'hormone parathyroïdienne.)

CALCIUM [kalsjɔm] n.m. Métal blanc, mou, de densité 1,54, fusible à 810 °C, obtenu par électrolyse de son chlorure, et qui décompose l'eau à la température ordinaire ; élément (Ca), de numéro atomique 20, de masse atomique 40,08. (Certains de ses composés : oxyde et hydroxyde [chaux], carbonate [calcaire], sulfate [plâtre], etc., sont des matériaux de première utilité.)

CALCIURIE n.f. MÉD. Taux urinaire du calcium (normalement de 100 à 300 mg par 24 h).

CALCSCHISTE [kalkʃist] n.m. Schiste calcaire.

1. CALCUL n.m. (lat. *calculus,* caillou [servant à compter]). **1.** Mise en œuvre des règles élémentaires d'opérations (addition, soustraction, multiplication, division) sur les nombres. *Calcul juste, faux.* ◇ Absolt. Technique de la résolution des problèmes d'arithmétique élémentaire. *Être bon en calcul.* – *Calcul mental,* effectué de tête. **2.** Mise en œuvre de règles opératoires, quelle qu'en soit la nature. *Calcul différentiel. Calcul intégral. Calcul matriciel. Calcul vectoriel.* **3.** Action de calculer, d'évaluer la probabilité de qqch. *Faire un bon, un mauvais calcul.* **4.** Ensemble de mesures habilement combinées pour obtenir un résultat ; intention, préméditation intéressée. *Un calcul sournois. Agir par calcul.*

2. CALCUL n.m. (lat. *calculus,* caillou). MÉD. Concrétion pierreuse qui se forme dans divers organes (vessie, reins, vésicule biliaire, etc.). SYN. : ***lithiase.***

CALCULABILITÉ n.f. Caractère de ce qui est calculable.

CALCULABLE adj. Qui peut être calculé.

1. CALCULATEUR, TRICE adj. et n. **1.** Qui effectue des calculs, qui sait calculer. **2.** Souvent péj. Qui cherche à prévoir, qui combine adroitement, qui agit par calcul. *Un homme ambitieux et calculateur.*

2. CALCULATEUR n.m. Machine de traitement de l'information susceptible d'effectuer automatiquement des opérations numériques, logiques ou analogiques.

CALCULATRICE n.f. Machine qui effectue des opérations numériques.

CALCULER v.t. **1.** Déterminer par le calcul. *Calculer un prix, une distance. Calculer les dépenses de la semaine.* **2.** Évaluer, apprécier, déterminer par la pensée, le raisonnement, en fonction de certains facteurs. *Calculer ses chances de succès.* **3.** Combiner en vue d'un but déterminé ; prévoir, préparer habilement. *Acteur qui calcule ses effets.* ◆ v.i. **1.** Faire des calculs. – *Machine à calculer,* servant à faire automatiquement certains calculs. **2.** Dépenser avec mesure ou parcimonie ; compter.

CALCULETTE n.f. Calculatrice électronique de poche.

CALCULEUX, EUSE adj. MÉD. Relatif aux calculs, aux lithiases.

CALDARIUM [kaldarjɔm] n.m. (mot lat.). ANTIQ. ROM. Partie des thermes où se trouvaient les piscines chaudes ; étuve.

CALDEIRA [kaldɛra] n.f. (mot port., *chaudière*). Vaste dépression, de forme grossièrement circulaire, formée par l'effondrement de la partie centrale d'un appareil volcanique.

CALDOCHE n. et adj. Fam. Blanc établi en Nouvelle-Calédonie.

1. CALE n.f. (all. *Keil*). Objet que l'on place sous ou contre un autre pour mettre celui-ci d'aplomb ou l'immobiliser.

2. CALE n.f. (du gr. *khalân,* abaisser). **1.** Partie interne d'un navire, destinée à recevoir la cargaison. ◇ Fig., fam. *Être à fond de cale,* sans ressources. **2.** Partie d'un quai en pente douce, prévue pour le chargement, le déchargement, le halage des bateaux. ◇ *Cale de construction :* plan incliné, chantier sur lequel on construit ou on répare un bateau. – *Cale sèche* ou *cale de radoub :* bassin que l'on peut mettre à sec pour y réparer un navire.

CALÉ, E adj. Fam. **1.** Instruit, fort, savant. *Calé en histoire.* **2.** Difficile, compliqué. *Un problème calé.* **3.** Belgique. Paré, prêt.

CALEBASSE n.f. (esp. *calabaza*). **1.** Fruit du calebassier et de diverses courges qui, vidé ou séché, sert de récipient. **2.** Pop. Tête.

CALEBASSIER n.m. Arbre de l'Amérique tropicale. (Famille des cucurbitacées.)

CALEBOMBE n.f. → ***calbombe.***

CALÈCHE n.f. (all. *Kalesche*). Anc. Voiture hippomobile découverte, suspendue, à quatre roues, munie à l'avant d'un siège à dossier, à l'arrière d'une capote à soufflet.

CALECIF ou **CALCIF** n.m. Pop. Caleçon, slip.

CALEÇON n.m. (it. *calzoni,* de *calza,* bas). **1.** Sous-vêtement masculin à jambes. **2.** Pantalon féminin très collant, génér. en maille.

CALEÇONNADE n.f. Péj. Spectacle de boulevard à thèmes scabreux.

CALÉDONIEN, ENNE adj. et n. **1.** De la Calédonie. **2.** GÉOL. *Plissement calédonien :* plissement primaire de la fin du silurien, qui a affecté en particulier l'Écosse et la Scandinavie.

CALE-ÉTALON n.f. (pl. *cales-étalons*). Prisme parallélépipédique en acier trempé rectifié servant dans les ateliers à la vérification des calibres de contrôle.

CALÉFACTION n.f. (du lat. *calefacere,* chauffer). PHYS. Phénomène par lequel une goutte d'eau jetée sur une plaque très chaude reste soutenue par la vapeur qu'elle émet.

CALEMBOUR n.m. Jeu de mots fondé sur la différence de sens entre des mots qui se prononcent de la même façon (ex. : *personnalité* et *personne alitée*).

CALEMBREDAINE n.f. Propos extravagant.

CALENDAIRE adj. De calendrier ; relatif au calendrier. *Année calendaire.*

CALENDES n.f. pl. (lat. *calendae*). Premier jour du mois, chez les Romains. ◇ *Renvoyer aux calendes grecques :* remettre à une époque qui n'arrivera pas (les mois grecs n'ayant pas de calendes).

CALENDRIER n.m. (lat. *calendarium,* registre de dettes). **1.** Système de division du temps fondé sur les principaux phénomènes astronomiques (révolution de la Terre autour du Soleil ou de la Lune autour de la Terre). **2.** Tableau des jours de l'année indiquant éventuellement la commémoration des saints, les fêtes liturgiques ou laïques, etc. **3.** Programme, emploi du temps. *Établir un calendrier de travail.*

■ Notre calendrier actuel dérive du calendrier romain réformé en 46 av. J.-C. par Jules César *(calendrier julien).* Celui-ci, en introduisant une année bissextile tous les 4 ans, aboutit à une durée moyenne de l'année civile de 365,25 j. Or, l'année astronomique des saisons (année tropique), fondée sur la révolution de la Terre autour du Soleil, est sensiblement plus courte (365,242 2 j). Au cours des siècles, l'écart n'a donc cessé de se creuser : au XVIe s. il atteignait 10 j, entraînant une dérive correspondante des dates de début des saisons. La réforme opérée en 1582 par le pape Grégoire XIII *(calendrier grégorien)* a rétabli la concordance (le lendemain du jeudi 4 octobre 1582 fut le vendredi 15 octobre) et permis d'éviter une nouvelle dérive trop rapide en supprimant certaines années bissextiles (la dernière année de chaque siècle n'est bissextile que si son millésime est divisible par 400). Ainsi ne subsiste plus désormais qu'une très faible erreur, de l'ordre de 1 jour en 3 000 ans.

Le *calendrier républicain* fut institué par la Convention nationale le 24 octobre 1793 et demeura en usage jusqu'au 1er janvier 1806. L'année commençait à l'équinoxe d'automne (l'an I de l'ère républicaine débuta le 22 sept. 1792) et était partagée en 12 mois de 30 jours chacun, plus 5 ou 6 *jours complémentaires,* qui devaient être consacrés à la célébration des fêtes républicaines. Ces mois étaient : pour l'automne, *vendémiaire, brumaire, frimaire ;* pour l'hiver, *nivôse, pluviôse, ventôse ;* pour le printemps, *germinal, floréal, prairial ;* pour l'été, *messidor, thermidor, fructidor.* Le mois était divisé en trois *décades* de 10 jours nommés : *primidi, duodi, tridi, quartidi, quintidi, sextidi, septidi, octidi, nonidi, décadi.*

CALE-PIED n.m. (pl. *cale-pieds*). Butoir retenant sur la pédale le pied du cycliste.

CALEPIN n.m. (de *Calepino,* auteur it. d'un dictionnaire). **1.** Petit carnet. **2.** ARCHIT. Ensemble de dessins, au 1/20, de l'appareillage d'une construction en pierre de taille. **3.** Belgique. Vieilli. Cartable d'écolier.

1. CALER v.t. (de *cale,* morceau de bois). **1.** Assujettir, immobiliser avec une ou plusieurs cales. *Caler un meuble.* **2.** Bloquer, arrêter brusquement. *Caler son moteur.* **3.** TECHN. Mettre au point, régler le fonctionnement de (un mécanisme, un appareil). *Caler une soupape.* ◆ v.i. **1.** S'arrêter brusquement, en parlant d'un moteur, d'un véhicule. **2.** Fam. **a.** Céder, reculer. **b.** Ne pas pouvoir manger davantage, être pleinement rassasié.

2. CALER v.t. (prov. *calar*). MAR. Abaisser (une voile, un mât).

CALETER v.i. → ***calter.***

CALF [kalf] n.m. (abrév.). Box-calf.

CALFAT [kalfa] n.m. (gr. *kalaphatês*). MAR. Ouvrier qui calfate les navires.

CALFATAGE n.m. Action de calfater.

CALFATER v.t. MAR. Rendre étanche (la coque, le pont d'un navire), en bourrant d'étoupe les joints des bordés et en les recouvrant de brai ou de mastic.

CALFEUTRAGE ou **CALFEUTREMENT** n.m. Action de calfeutrer ; son résultat.

CALFEUTRER v.t. Boucher les fentes de (une baie, une fenêtre, etc.) afin d'empêcher l'air et le froid de pénétrer. 0-3-◆ **se calfeutrer** v.pr. Se tenir enfermé.

CALIBRAGE n.m. Action de calibrer.

CALIBRE n.m. (ar. *qālib,* forme de chaussure). **1.** Diamètre intérieur d'un cylindre creux, d'un objet sphérique. **2.** ARM. **a.** Diamètre intérieur de l'âme d'une bouche à feu. **b.** Diamètre d'un projectile. **c.** Rapport entre la longueur du tube et le diamètre de l'âme d'une bouche à feu. – *Canon de 70 calibres,* dont le tube a une longueur de 70 fois le calibre. **3.** Arg. Revolver. *Sortir un calibre.* **4.** TECHN. Instrument matérialisant une longueur et servant de comparaison pour le contrôle des fabrications mécaniques. **5.** (Dans quelques expressions). Importance, nature. *Une erreur de ce calibre sera difficile à rattraper.* **6.** Fam. Personne considérée du point de vue de son importance dans un domaine. *Un gros, un petit calibre de la distribution.*

CALIBRER v.t. TECHN. **1.** Classer, trier selon le calibre. *Calibrer des fruits.* **2.** IMPR. Évaluer le nombre de signes de (un texte). **3.** Mettre au calibre. *Calibrer un obus.*

CALIBREUR n.m. Machine pour calibrer, trier certains produits agricoles.

CALIBREUSE n.f. Machine pour calibrer, pour mettre au profil des pièces de bois.

CALICE n.m. (gr. *kalux*). **1.** ANTIQ. Coupe, vase à boire. **2.** LITURGIE CATH. Vase sacré dans lequel est consacré le vin, à la messe. ◇ Litt. *Boire le calice jusqu'à la lie :* endurer les pires épreuves, les pires affronts. **3.** BOT. Ensemble des sépales d'une fleur. **4.** ANAT. Canal *(petit calice),* cavité excrétrice *(grand calice)* du bassinet du rein.

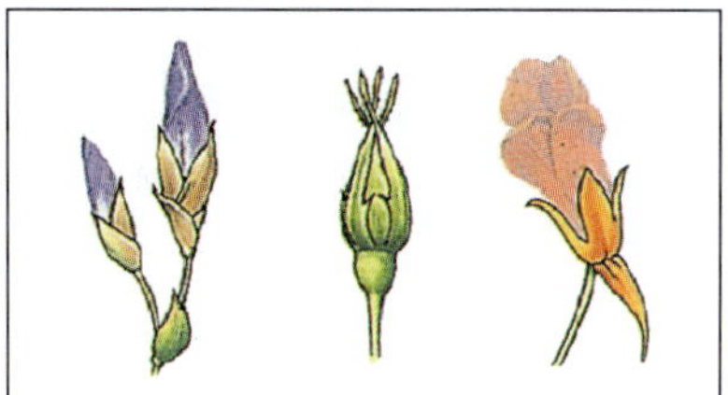

calice de quelques fleurs

CALICHE n.m. Minerai dont on extrait le nitrate de sodium, au Chili et au Pérou.

CALICOT n.m. (de *Calicut,* ville de l'Inde). **1.** Tissu de coton. **2.** Bande d'étoffe portant une inscription ; banderole.

CALICULE n.m. BOT. Ensemble de bractées doublant à l'extérieur le calice, chez certaines fleurs (œillet, fraisier).

CALIER n.m. MAR. Matelot affecté au service de la cale.

CALIFAT ou **KHALIFAT** n.m. **1.** Dignité de calife. **2.** Territoire soumis à son autorité. **3.** Durée de son règne.

CALIFE ou **KHALIFE** n.m. (ar. *khalīfa*). Chef suprême de la communauté islamique, après la mort de Mahomet.

CALIFORNIEN, ENNE adj. et n. De la Californie.

CALIFORNIUM [kalifɔrnjɔm] n.m. Élément chimique radioactif (Cf), de numéro atomique 98, obtenu artificiellement.

CALIFOURCHON (À) loc. adv. (breton *kall,* testicules, et fr. *fourche*). Jambe d'un côté, jambe de l'autre, comme si on était à cheval.

1. CÂLIN, E adj. et n. Qui aime les câlins ; doux, caressant.

2. CÂLIN n.m. Échange de gestes tendres, de caresses affectueuses. *Enfant qui fait un câlin avec sa mère.*

CÂLINER v.t. (mot normand, *se reposer à l'ombre,* du lat.). Cajoler, faire des câlins à. *Câliner un enfant.*

CÂLINERIE n.f. Attitude, manières câlines.

CALIORNE n.f. MAR. Gros palan à poulies triples.

CALISSON n.m. (prov. *calissoun,* clayon de pâtissier). Petit-four en pâte d'amandes, au dessus glacé, spécialité d'Aix-en-Provence.

CALLA n.f. Plante des marais, à baies rouges, parfois cultivée en appartement. (Famille des aracées.)

CALLEUX, EUSE adj. **1.** Qui présente des cals. *Mains calleuses.* **2.** ANAT. *Corps calleux :* lame épaisse de substance blanche, réunissant les hémisphères cérébraux.

CALL-GIRL [kolgœrl] n.f. (mots angl., *fille qu'on appelle*) [pl. *call-girls*]. Prostituée que l'on appelle chez elle par téléphone.

CALLIGRAMME n.m. (de *Calligrammes,* de G. Apollinaire, de *calli[graphie]* et *[idéo]gramme*). Texte, le plus souvent poétique, dont la disposition typographique évoque, figure le thème.

CALLIGRAPHE n. **1.** Artiste qui compose des calligraphies. **2.** Personne qui a une belle écriture.

CALLIGRAPHIE n.f. (gr. *kallos,* beauté, et *graphein,* écrire). Art de former d'une façon élégante et ornée les caractères de l'écriture ; écriture ainsi formée.

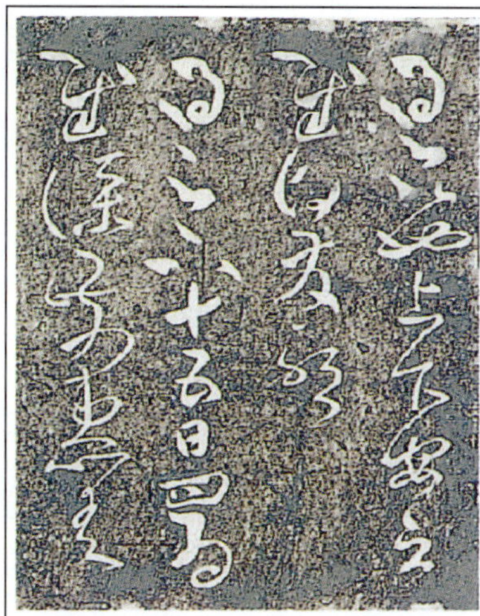
calligraphie chinoise (VIIIe s.) [coll. priv.]

CALLIGRAPHIER v.t. et i. Écrire en calligraphie. *Calligraphier un texte.*

CALLIGRAPHIQUE adj. De la calligraphie.

CALLIPYGE [kalipiʒ] adj. (gr. *kallos,* beauté, et *pugê,* fesse). Qui a de belles fesses. *Statue de Vénus callipyge.*

CALLOSITÉ n.f. (lat. *callositas*). Épaississement, induration de l'épiderme dus à des frottements répétés (mains, pieds, genoux, etc.).

CALMAGE n.m. MÉTALL. Addition de produits tempérant l'effervescence de la coulée, dans l'affinage de l'acier fondu.

CALMANT, E adj. Qui calme. ◆ adj. et n.m. Se dit d'un médicament qui calme la nervosité ou la douleur ; sédatif.

CALMAR ou **CALAMAR** n.m. (it. *calamaro*). Mollusque marin voisin de la seiche, à coquille interne cornée *(plume),* très abondant sur les côtes méditerranéennes, recherché pour sa chair et parfois appelé *encornet.* (Long. de 8 à 50 cm ; classe des céphalopodes.)

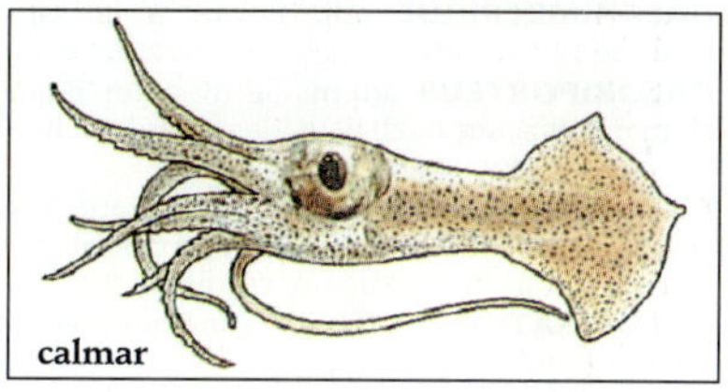
calmar

1. CALME adj. **1.** Sans agitation, paisible. *Mener une vie calme.* **2.** Qui reste maître de lui, serein. *Un homme calme.*

2. CALME n.m. (gr. *kauma,* chaleur étouffante). **1.** Absence d'agitation, tranquillité. *Le calme de la mer.* ◇ *Calmes équatoriaux :* zone de vents faibles correspondant à la région du globe où se produisent essentiellement d'importants mouvements ascendants. **2.** Maîtrise de soi, placidité, pondération. *Garder son calme en toutes circonstances.*

CALMEMENT adv. Avec calme.

CALMER v.t. Rendre calme, apaiser. *Calmer des mécontents. Calmer une douleur.* ◇ Fam. *Calmer le jeu :* détendre une situation trop tendue, une ambiance trop agressive. ◆ **se calmer** v.pr. **1.** S'apaiser. *La tempête se calme.* **2.** Retrouver son sang-froid.

CALMIR v.i. MAR. *La mer, le vent calmit,* se calme.

CALO n.m. (esp. *caló*). Argot espagnol moderne, nourri de locutions et de mots gitans.

CALOMEL n.m. (gr. *kalos,* beau, et *melas,* noir). Chlorure mercureux, autref. employé comme cholérétique et purgatif.

CALOMNIATEUR, TRICE n. Personne qui calomnie ; détracteur, diffamateur.

CALOMNIE n.f. (lat. *calumnia*). Fausse accusation qui blesse la réputation, l'honneur.

CALOMNIER v.t. Atteindre (qqn) dans sa réputation, dans son honneur, par des accusations que l'on sait fausses.

CALOMNIEUSEMENT adv. De façon calomnieuse.

CALOMNIEUX, EUSE adj. Qui constitue une calomnie ; qui contient des calomnies.

CALOPORTEUR n.m. et adj.m. Caloriporteur.

CALORIE n.f. (lat. *calor,* chaleur). **1.** Unité de mesure de quantité de chaleur (symb. cal), équivalant à la quantité de chaleur nécessaire pour élever de 1 °C la température de 1 gramme d'eau à 15 °C sous la pression atmosphérique normale et valant 4,185 5 joules. (Cette unité n'est plus légale en France.) **2.** (Avec une majuscule). Unité de mesure de la valeur énergétique des aliments, en diététique, valant 1 000 calories (soit une *grande calorie*).

CALORIFÈRE n.m. Vieilli. Appareil destiné au chauffage des maisons par air chaud.

CALORIFIQUE adj. Qui produit des calories, de la chaleur.

CALORIFUGE adj. et n.m. Qui empêche la déperdition de chaleur. *L'amiante est calorifuge.*

CALORIFUGEAGE n.m. Action de calorifuger ; son résultat.

CALORIFUGER v.t. [17]. Recouvrir, protéger avec un matériau calorifuge.

CALORIMÈTRE n.m. Instrument pour mesurer les quantités de chaleur fournies ou reçues par un corps.

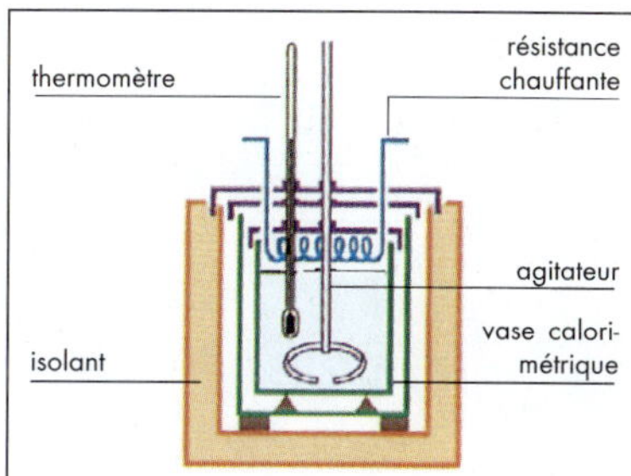

calorimètre électrique

CALORIMÉTRIE n.f. Partie de la physique qui mesure des quantités de chaleur.

CALORIMÉTRIQUE adj. Relatif à la calorimétrie.

CALORIPORTEUR adj.m. Se dit d'un fluide chargé d'évacuer la chaleur dans une machine thermique. SYN. : *caloporteur*.

CALORIQUE adj. De la chaleur ; relatif à la chaleur. ◇ *Ration calorique* : quantité de Calories nécessaires à un organisme, en diététique.

CALORISATION n.f. Cémentation des métaux par l'aluminium.

1. CALOT n.m. (de *calotte*). Coiffure militaire à deux pointes, sans bords et sans visière ; bonnet de police.

2. CALOT n.m. (de *écale*). **1.** Grosse bille (à jouer). **2.** Arg. Œil.

CALOTIN n.m. (de *calotte*). Fam., péj. Catholique pratiquant ; bigot, partisan du cléricalisme.

CALOTTE n.f. (moyen fr. *cale*, coiffure). **1. a.** Petit bonnet rond ne couvrant que le sommet du crâne. *Calotte de chirurgien.* **b.** Partie du chapeau qui emboîte le crâne. **2.** Coiffure liturgique du clergé catholique. *Calotte blanche du pape, violette des évêques.* ◇ Fam., péj. *La calotte* : le clergé ; les calotins. **3.** Fam. Tape donnée sur la tête, la joue. **4.** ANAT. *Calotte crânienne* : partie supérieure de la boîte crânienne. **5.** GÉOGR. *Calotte glaciaire* : masse de neige et de glace recouvrant le sommet de certaines montagnes et les régions polaires. **6.** GÉOM. *Calotte sphérique* : portion d'une sphère limitée par un plan ne passant pas par le centre de la sphère.

CALOTTER v.t. Fam. Donner une, des calottes à ; gifler.

CALOYER, ÈRE [kalɔje, ɛr] n. (gr. *kalogeros*, beau vieillard). Moine, moniale de l'Église d'Orient, et partic. de l'ordre grec de Saint-Basile.

CALQUAGE n.m. Action de calquer.

CALQUE n.m. (it. *calco*). **1.** Reproduction d'un dessin obtenue en calquant. **2.** Papier-calque. **3.** Imitation servile. ◇ Reproduction, représentation fidèle. **4.** LING. Transposition d'un mot ou d'une construction d'une langue dans une autre par traduction (ex. : *gratte-ciel*, de l'amér. *skyscraper*).

CALQUER v.t. (lat. *calcare*). **1.** Reproduire (un dessin) sur un papier calque qui le recouvre. *Calquer une carte.* **2.** Imiter exactement ou servilement.

CALTER ou **CALETER** [kalte] v.i. Pop. S'en aller rapidement, s'enfuir. ◆ **se calter** ou **se caleter** v.pr. Pop. S'enfuir en courant. – REM. *Caleter* et *se caleter* sont inusités aux présents de l'indicatif et du subjonctif aux trois premières personnes du singulier et à la troisième personne du pluriel, et à l'impératif présent à la deuxième personne du singulier.

CALUMET n.m. (forme normande de *chalumeau*). Pipe à long tuyau des Indiens de l'Amérique du Nord.

CALVADOS ou, fam., **CALVA** n.m. Eau-de-vie de cidre.

CALVADOSIEN, ENNE adj. et n. Du Calvados.

CALVAIRE n.m. (du lat. ecclés. *calvaria*, traduisant le grec *Golgotha*, araméen *gulgotâ*, « crâne », nom de la colline où le Christ fut crucifié). **1. a.** Représentation (peinte, sculptée, etc.) de la scène du Calvaire. **b.** Croix en plein air, commémorant la passion du Christ. **2.** Longue suite de souffrances, longue épreuve. **3.** *Filles du Calvaire* : calvairiennes.

calvaire (fin du XVIe s.) à Guimiliau (Finistère)

CALVAIRIENNE n.f. Religieuse appartenant à la congrégation de bénédictines réformées établie à Poitiers par Antoinette d'Orléans et le Père Joseph (1617).

CALVILLE [kalvil] n.f. Pomme d'une variété à peau rouge ou blanche, à chair très estimée.

CALVINISME n.m. Doctrine religieuse issue de la pensée de Calvin et de la Réforme.

CALVINISTE adj. et n. Relatif au calvinisme ; qui professe le calvinisme.

CALVITIE [kalvisi] n.f. (du lat. *calvus*, chauve). État d'une tête chauve ; absence de cheveux.

CALYPSO n.m. Danse à deux temps originaire de la Jamaïque ; musique qui l'accompagne.

CAMAÏEU [kamajø] n.m. (p.-ê. ar. *qamā'il*, bourgeon) [pl. *camaïeux*]. **1.** Peinture monochrome, utilisant différents tons d'une même couleur, du clair au foncé. (Un camaïeu en gris ou jaunâtre est appelé *grisaille*.) *Peindre en camaïeu.* **2.** Gravure en camaïeu, dite aussi *clair-obscur*.

CAMAIL n.m. (prov. *capmalh*) [pl. *camails*]. **1.** Courte pèlerine portée notamm. par certains ecclésiastiques. **2.** Ensemble de longues plumes du cou et de la poitrine, chez le coq. **3.** Anc. Capuchon de mailles qui se portait sur ou sous le casque.

CAMALDULE n. Moine ermite (ou moniale) de l'ordre fondé par saint Romuald en 1012 à Camaldoli, près de Florence.

CAMARADE n. (esp. *camarada*). **1.** Compagnon avec lequel on partage une activité commune (études, loisirs, etc.) ; ami. **2.** (Dans les partis de gauche, les syndicats ouvriers, etc.). Membre du même parti, du même syndicat. – (Appellatif). *Camarades, passons à l'ordre du jour.*

CAMARADERIE n.f. Familiarité, entente ; solidarité entre camarades.

CAMARD, E adj. et n. (de *camus*). Litt. Qui a le nez plat et comme écrasé ; camus. ◆ n.f. *La Camarde* : la Mort.

CAMARGUAIS, E adj. et n. De la Camargue.

CAMARILLA [kamarija] n.f. (mot esp.). **1.** HIST. Coterie influente à la cour d'Espagne. **2.** Litt. Ensemble des personnes qui exercent une influence souvent occulte sur un chef d'État, sur un gouvernement.

CAMBIAL, E, AUX ou **CAMBIAIRE** adj. (it. *cambio*, change). Relatif au change.

CAMBISTE n. et adj. (it. *cambista*, de *cambio*, change). Personne, professionnel(le) qui effectue des opérations de change.

CAMBIUM [kɑ̃bjɔm] n.m. (mot lat.). Zone génératrice engendrant chaque année le bois et le liber secondaires des plantes vivaces.

CAMBODGIEN, ENNE adj. et n. Du Cambodge. SYN. : *khmer*. ◆ n.m. Khmer (langue).

CAMBOUIS [kɑ̃bwi] n.m. Huile ou graisse noircie, oxydée par le frottement des roues d'une voiture ou des organes d'une machine.

CAMBRAGE ou **CAMBREMENT** n.m. Action de cambrer un objet ou de se cambrer.

CAMBRÉ, E adj. **1.** Qui présente une cambrure. **2.** Qui se cambre.

CAMBRER v.t. (picard *cambre*, du lat. *camur*, arqué). Courber en forme d'arc. ◆ **se cambrer** v.pr. Se redresser en bombant le torse.

CAMBRÉSIEN, ENNE adj. et n. De Cambrai ; du Cambrésis.

CAMBREUR n.m. Ouvrier qui opère le cambrage des cuirs de chaussures.

CAMBRIEN n.m. (de *Cambria*, pays de Galles). GÉOL. Première période de l'ère primaire (paléozoïque inférieur). ◆ **cambrien, enne** adj. Du cambrien.

CAMBRIOLAGE n.m. Action de cambrioler.

CAMBRIOLER v.t. (du prov. *cambro*, chambre). Dévaliser (une maison, un appartement) par effraction, escalade, etc.

CAMBRIOLEUR, EUSE n. Personne qui cambriole.

CAMBROUSSARD ou **CAMBROUSARD** n.m. Pop., péj. Paysan.

CAMBROUSSE ou, vx, **CAMBROUSE** n.f. Pop., péj. Campagne.

CAMBRURE n.f. **1.** Courbure en arc ; état de ce qui est cambré. **2.** Pièce qui, dans une semelle, soutient la voûte plantaire.

CAMBUSE n.f. (néerl. *kombuis*). **1.** MAR. Magasin d'un navire contenant les vivres et le vin. **2.** Fam. Chambre, maison sans confort.

CAMBUSIER n.m. MAR. Membre de l'équipage chargé de la gestion de la cambuse.

1. CAME n.f. (all. *Kamm*, peigne). Pièce tournante, en général disque non circulaire à saillie ou encoche, servant à transformer un mouvement de rotation en un mouvement de translation. *Arbre à cames.*

2. CAME n.f. (de *camelote*). **1.** Fam. Marchandise, camelote. **2.** Arg. Drogue.

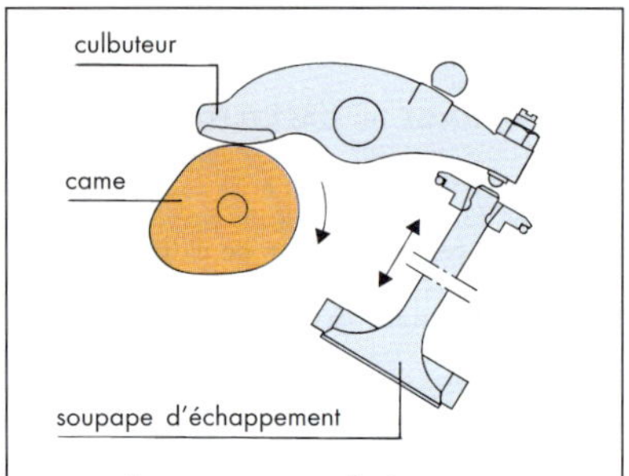

came de moteur à explosion

CAMÉ, E n. et adj. Arg. Drogué.

CAMÉE n.m. (it. *cameo*). **1.** Pierre fine ornée d'une figure en relief (par opp. à *intaille*) tirant généralement effet de la polychromie du matériau. **2.** Camaïeu en grisaille, imitant le camée.

CAMÉLÉON n.m. (gr. *khamaileôn*, lion à terre). **1.** Lézard arboricole insectivore, doué d'homochromie active, vivant en Afrique et dans une partie de l'Asie. (Long. max. 60 cm ; ordre des lacertiliens.) **2.** Fig. Personne versatile, qui change facilement d'opinion.

■ Les caméléons sont remarquables par leur peau, qui peut prendre la couleur du milieu où ils se trouvent, par leur queue préhensile, par leurs yeux indépendants et par leur langue, qu'ils projettent sur leurs proies et qui est aussi longue que le corps.

caméléon

CAMÉLÉONESQUE adj. Rare. Changeant comme un caméléon.

CAMÉLIA n.m. (lat. bot. *camellia*). **1.** Arbrisseau d'origine asiatique dont il existe de nombreuses espèces ornementales. (Famille des théacées.) **2.** Fleur de cet arbrisseau.

CAMÉLIDÉ n.m. (lat. *camelus*, chameau). *Camélidés* : famille de ruminants des régions arides, sans cornes, pourvus de canines supérieures, aux sabots très larges, et comprenant le chameau, le dromadaire, le lama.

CAMELINE ou **CAMÉLINE** n.f. (lat. *chamaemelina*). Plante à petites fleurs jaunes dont on tirait une huile siccative (savons, peintures). [Famille des crucifères.]

CAMELLE n.f. (prov. *camello*). Tas de sel extrait d'un marais salant.

CAMELOT n.m. (arg. *coesmelot*, petit mercier). **1.** Marchand forain vendant des objets de pacotille. **2.** HIST. *Camelot du roi* : militant de l'Action française.

CAMELOTE n.f. Fam. Marchandise de qualité inférieure ; pacotille.

CAMEMBERT n.m. **1.** Fromage à pâte molle fabriqué à partir du lait de vache, principalement en Normandie. **2.** Fam. Graphique rond divisé en secteurs.

CAMER (SE) v.pr. Arg. Se droguer.

CAMÉRA n.f. (angl. [*movie*] *camera,* du lat. *camera,* chambre). Appareil de prise de vues, pour le cinéma ou la télévision.

CAMERAMAN [kameraman] n.m. (mot angl.) [pl. *cameramans* ou *cameramen*]. Cadreur.

CAMÉRIER n.m. (it. *cameriere*). **1.** Dignitaire ecclésiastique ou laïque attaché à la personne du pape. **2.** Anc. Moine administrant les biens d'un monastère.

CAMÉRISTE n.f. (esp. *camarista*). **1.** HIST. Dame d'honneur des femmes de qualité, en Italie, en Espagne. **2.** Litt. Femme de chambre.

CAMERLINGUE n.m. **1.** Cardinal administrateur des biens pontificaux qui, pendant la vacance du Saint-Siège, a la charge de convoquer le conclave. **2.** Anc. Moine chargé des finances d'un monastère.

CAMEROUNAIS, E adj. et n. Du Cameroun.

CAMÉSCOPE n.m. (n. déposé). Caméra vidéo portative à magnétoscope intégré.

1. CAMION n.m. **1.** Gros véhicule automobile pour le transport de lourdes charges. **2.** Seau à peinture, souvent de forme cylindrique.

2. CAMION n.m. BROD. Épingle courte et très fine.

CAMION-CITERNE n.m. (pl. *camions-citernes*). Camion servant au transport en vrac de liquides ou de matières pulvérulentes.

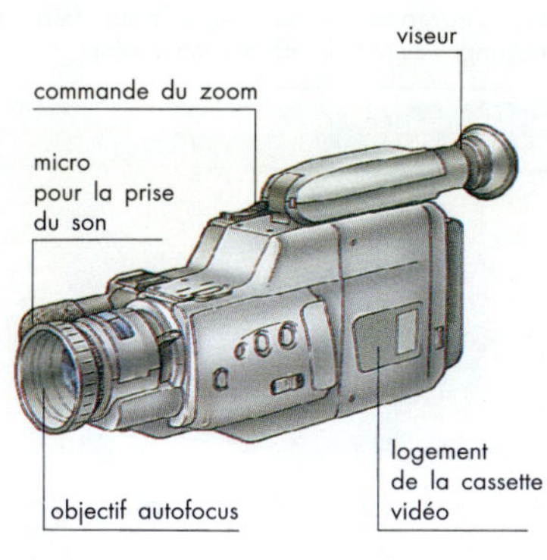

Caméscope

CAMIONNAGE n.m. Transport par camion.

CAMIONNER v.t. Transporter (des marchandises, des matériaux) par camion.

CAMIONNETTE n.f. Petit camion léger et rapide dont la charge utile ne dépasse pas 1 500 kg.

CAMIONNEUR n.m. **1.** Personne qui conduit un camion. **2.** Entrepreneur en camionnage.

CAMISARD n.m. Calviniste cévenol en lutte contre l'administration et les armées de Louis XIV après la révocation de l'édit de Nantes (1685). [La révolte des camisards, commencée en 1702, eut pour principaux chefs Jean Cavalier, qui se soumit en 1704, et Abraham Mazel, exécuté en 1710. Cette exécution, qui mit fin à la guerre, n'entama pas la résistance spirituelle du calvinisme languedocien.]

CAMISOLE n.f. (prov. *camisola,* dimin. de *camisa,* chemise). **1.** Anc. Veste légère en lingerie portée dans l'intimité par les femmes. **2.** Canada. Maillot de corps. **3.** *Camisole de force :* blouse sans manches utilisée autref. pour maîtriser les malades mentaux agités. ◇ *Camisole chimique :* thérapeutique médicamenteuse dont les effets sont comparables à la camisole de force.

CAMOMILLE n.f. (gr. *khamaimêlon*). Plante odorante (famille des composées) dont plusieurs espèces *(camomille romaine, camomille sauvage* ou *matricaire)* sont utilisées en infusion pour leurs propriétés apéritives, digestives et antispasmodiques. – *Camomille puante :* maroute.

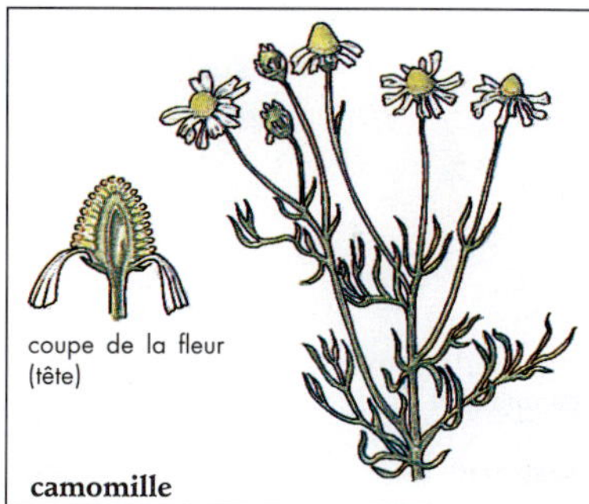

camomille

CAMORRA n.f. (mot it.). Association secrète de malfaiteurs, équivalent napolitain de la Mafia.

CAMOUFLAGE n.m. **1.** Art de dissimuler du matériel de guerre, des troupes, à l'observation ennemie. **2.** Technique de transmission codée où ne sont chiffrés que les mots et les noms propres essentiels. **3.** Dissimulation, déguisement. *Camouflage de bénéfices.*

CAMOUFLER v.t. (de l'anc. fr. *camouflet,* fumée). Rendre méconnaissable ou invisible. *Camoufler un crime en suicide.* ◆ **se camoufler** v.pr. Se cacher.

CAMOUFLET n.m. (anc. fr. *moufle,* museau). **1.** Vx. Plaisanterie consistant à souffler de la fumée au nez de qqn. **2.** Litt. Affront, humiliation. *Essuyer un camouflet.* **3.** MIL. Fourneau de mine destiné à écraser une galerie souterraine adverse.

CAMP n.m. (lat. *campus*). **I. 1.** Lieu aménagé pour le stationnement ou l'instruction d'une formation militaire ; cette formation elle-même. – *Camp volant,* provisoire. – *Camp retranché :* ensemble formé par une place forte et ses forts détachés. ◇ Litt. *Lever le camp,* (fam.) *ficher,* (pop.) *foutre le camp :* s'en aller. **2.** Lieu où l'on campe ; campement. *Camp scout.* **3.** Terrain sommairement équipé, où des personnes sont regroupées dans des conditions précaires. *Camp de réfugiés, de prisonniers. Camp de travail.* **II. 1.** (Dans certains sports ou jeux). Terrain défendu par une équipe ; cette équipe. **2.** Parti opposé à un autre. *Le pays est partagé en deux camps. Le camp des opposants.*

CAMPAGNARD, E adj. et n. Qui est de la campagne.

CAMPAGNE n.f. (forme normande de l'anc. fr. *champaigne,* vaste étendue de pays plat). **I. 1.** Étendue de pays plat et découvert (par opp. à *bois,* à *montagne,* etc.). ◇ GÉOGR. Paysage rural caractérisé par l'absence de haies et de clôtures, par l'assemblage de parcelles souvent allongées, par la division du terroir en quartiers de culture, et correspondant généralement à un habitat groupé. SYN. : *champagne, openfield.* **2.** Les régions rurales, les champs, par opp. à la ville. *Habiter la campagne. Maison de campagne.* ◇ *Battre la campagne,* la parcourir, la fouiller en tous sens pour faire lever le gibier, inquiéter l'ennemi, etc. ; fig., déraisonner, divaguer, ou se livrer à des rêveries extravagantes et quelque peu fiévreuses. **II. 1.** Expédition militaire, ensemble d'opérations militaires menées sur un théâtre déterminé. *La campagne d'Italie.* ◇ *Campagne simple, double :* annuité supplémentaire (correspondant aux services de guerre) entrant dans le calcul des pensions militaires. ◇ Fig. *Entrer en campagne :* commencer une entreprise quelconque. – *Se mettre en campagne :*

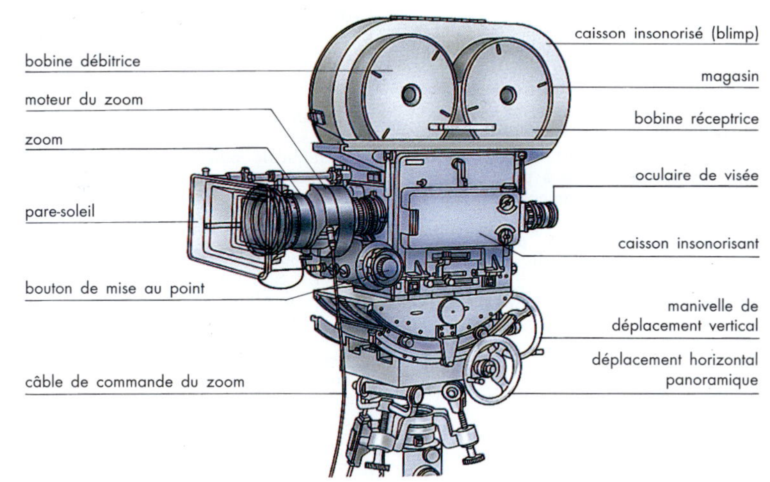

caméra de cinéma professionnelle 35 mm

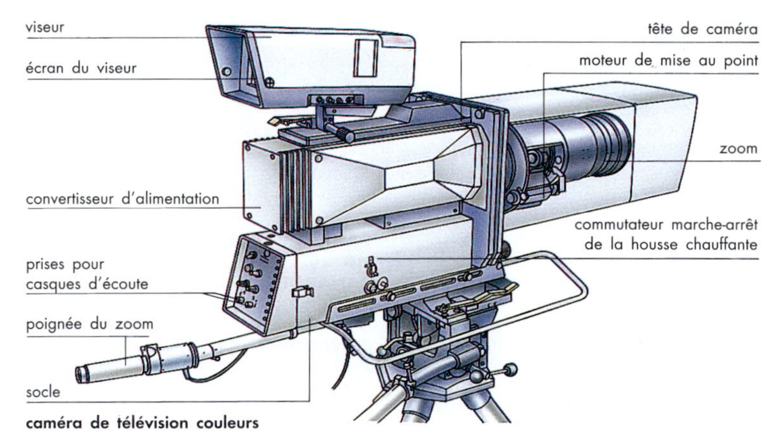

caméra de télévision couleurs

caméras de cinéma et de télévision

commencer à faire des démarches ou des recherches dans une intention déterminée. **2. a.** Ensemble de travaux ou d'activités coordonnées entrepris avec un but déterminé, et d'une durée préalablement calculée. – *Campagne de fouilles :* ensemble de fouilles archéologiques effectuées par tranches dans une aire géographique ou sur un site, selon un plan technique et financier déterminé. **b.** Ensemble concerté d'actions destinées à exercer une influence sur l'opinion, sur certaines personnes, etc. *Campagne de publicité, de presse. Campagne électorale. Faire campagne pour l'abolition d'une loi.*

CAMPAGNOL n.m. (it. *campagnolo,* campagnard). Petit rongeur terrestre ou nageur, à queue courte et velue, très nuisible à l'agriculture. (Long. 10 cm env. ; famille des muridés.)

campagnol terrestre

CAMPANE n.f. (bas lat. *campana,* cloche). **1.** Sonnaille (pour le bétail). **2.** ARCHIT. Corbeille, en forme de cloche renversée, de certains chapiteaux.

CAMPANIEN, ENNE adj. et n. De la Campanie.

CAMPANIFORME adj. ARCHÉOL., HIST. Qui a la forme d'une cloche. ◇ Spécialt. Se dit des chapiteaux égyptiens dont la forme, inspirée par l'ombelle du papyrus, évoque une cloche renversée.

CAMPANILE n.m. (mot it., de *campana,* cloche). **1.** Clocher d'église isolé du corps du bâtiment, à la manière italienne. **2.** Petit clocher à jour, sur le faîte d'un bâtiment.

CAMPANULACÉE n.f. *Campanulacées :* famille de plantes dicotylédones, à fleurs en cloche, telles que la campanule, la raiponce, la lobélie.

CAMPANULE n.f. Plante des champs ou des montagnes, dont les fleurs ont la forme d'une cloche. (Famille des campanulacées.)

CAMPÉ, E adj. *Bien campé :* solide, bien bâti.

CAMPÊCHE n.m. (de *Campeche,* ville du Mexique). **1.** Bois lourd et dur, riche en tanin, d'un arbre de l'Amérique tropicale du genre hœmatoxylon. (Famille des césalpiniacées.) **2.** Matière colorante extraite de ce bois.

CAMPEMENT n.m. **1.** Rare. Action de camper. **2.** Lieu équipé d'installations, d'abris provisoires. ◇ Installation provisoire et rudimentaire.

CAMPER v.i. **1.** Établir un camp militaire ; s'y établir. ◇ Fig. *Camper sur ses positions :* ne pas démordre d'une opinion. **2.** S'installer dans un campement provisoire. **3.** Faire du camping. ◆ v.t. **1.** Vx. Installer dans un camp (un, des corps d'armée). **2.** Vieilli. Poser, placer (qqch) hardiment. *Camper son chapeau sur sa tête.* **3.** Exprimer, représenter avec vigueur, précision (un personnage, une scène, etc.). ◆ **se camper** v.pr. Prendre une pose solide, fière, décidée. *Se camper sur ses jambes.*

CAMPEUR, EUSE n. Personne qui fait du camping.

CAMPHRE n.m. (ar. *kāfūr*). **1.** Substance aromatique cristallisée extraite du camphrier. **2.** *Camphre synthétique :* poudre blanche, cristalline, aux propriétés comparables.

CAMPHRÉ, E adj. Qui contient du camphre.

CAMPHRIER n.m. Laurier de l'Asie orientale et d'Océanie, dont on extrait le camphre.

CAMPIGNIEN n.m. (du site de *Campigny,* en Seine-Maritime). PRÉHIST. Faciès industriel néolithique caractérisé par des outils rudimentaires, assez volumineux. ◆ **campignien, enne** adj. Du campignien.

CAMPING [kɑ̃piŋ] n.m. (mot angl.). **1.** Mode de séjour touristique ou sportif consistant à camper dans des installations (tentes, caravanes, etc.) et avec du matériel adapté à la vie en plein air. **2.** Terrain aménagé pour cette activité.

CAMPING-CAR n.m. (mot angl.) [pl. *camping-cars*]. Fourgonnette aménagée pour faire du camping. Recomm. off. : *auto-caravane.*

camping-car

CAMPING-GAZ n.m. inv. (nom déposé). Petit réchaud de camping à gaz butane.

CAMPOS ou **CAMPO** [kɑ̃po] n.m. (lat. scol. *dare campos,* donner congé). Fam., vieilli. Congé. – *Donner campo à qqn,* lui accorder un moment de liberté, de récréation.

CAMPUS [kɑ̃pys] n.m. (mot amér. ; du lat. *campus,* plaine, champ). Ensemble universitaire regroupant unités d'enseignement et résidences étudiantes.

CAMUS, E [kamy, yz] adj. (de *museau*). Court et plat, en parlant du nez.

CANADA n.f. Pomme reinette d'une variété à peau jaune ou gris-beige.

CANADAIR n.m. (nom déposé). Avion équipé de réservoirs à eau, pour lutter contre les incendies de forêt.

CANADIANISME n.m. Fait de langue, tournure propre au français parlé au Canada.

CANADIEN, ENNE adj. et n. Du Canada.

CANADIENNE n.f. **1.** Veste doublée de fourrure, à col enveloppant et à poches, inspirée de celle des trappeurs canadiens. **2.** Petite tente de camping à deux mâts.

CANAILLE n.f. (it. *canaglia ;* de *cane,* chien). **1.** Individu méprisable, malhonnête. – Par plais. *Petite canaille !* **2.** Vieilli. *La canaille :* la racaille, la pègre. ◆ adj. **1.** Dont l'honnêteté est douteuse. **2.** Qui est d'une vulgarité quelque peu complaisante, étudiée. *Prendre des airs canailles.*

CANAILLERIE n.f. Litt. **1.** Caractère canaille (de qqn, qqch). **2.** Acte de canaille.

CANAL n.m. (lat. *canalis,* de *canna,* roseau, tuyau) [pl. *canaux*]. **I. 1. a.** Voie d'eau artificielle creusée pour la navigation. – *Canal latéral,* construit le long d'un cours d'eau non navigable. **b.** Tranchée, conduit à ciel ouvert creusés pour permettre la circulation de l'eau. – *Canal d'amenée,* servant à conduire les eaux d'un captage au réservoir d'alimentation d'une ville, ou à amener les eaux d'un lac ou d'un cours d'eau jusqu'à une usine hydraulique, une centrale nucléaire, etc. – *Canal de dérivation,* destiné à régulariser le débit d'un cours d'eau, ou conduisant les eaux d'une rivière jusqu'à une usine. – *Canal de fuite,* écoulant les eaux d'une usine hydraulique ou d'une centrale nucléaire. **2.** Bras de mer. *Le canal de Mozambique.* **II. 1.** Conduit pour le transport des liquides ou des gaz. **2.** Conduit naturel permettant l'écoulement de liquides organiques autres que le sang ; structure anatomique tubulaire. – *Canal excréteur,* par où sortent les sécrétions des glandes. – *Canaux de Havers :* canaux nourriciers des os longs. **3. a.** Voie par laquelle transite l'information, moyen de communication entre émetteur et récepteur, dans la théorie de la communication. **b.** ÉCON. *Canal de distribution :* filière suivie par un produit pour aller du producteur au consommateur. **c.** Fig. *Par le canal de :* par l'intermédiaire, par l'entremise de. **4.** *Canal radioélectrique* ou *canal :* partie du spectre radioélectrique destinée à être utilisée par un émetteur de radio ou de télévision. **III.** ARCHIT. Petite moulure creuse, en général de forme arrondie.

CANALICULE n.m. ANAT. Petite ramification d'un conduit anatomique. – *Canalicules biliaires,* qui collectent la bile.

CANALISABLE adj. Qui peut être canalisé.

CANALISATION n.f. **1.** Action de canaliser ; son résultat. **2.** Conduite, tuyauterie assurant la circulation d'un fluide. *Canalisation d'eau, de gaz.* ◇ ÉLECTR. Ensemble formé par plusieurs conducteurs (ou un seul) et par leurs éléments de protection et de fixation.

CANALISER v.t. **1.** Rendre navigable en aménageant comme un canal, en régularisant le débit. *Canaliser un cours d'eau.* **2.** Acheminer dans une direction déterminée en empêchant l'éparpillement, la dispersion. *Canaliser une foule. Le sport canalise son énergie.*

CANANÉEN, ENNE adj. et n. Du pays de Canaan. ◆ n.m. Groupe de langues sémitiques comprenant notamment le phénicien et l'hébreu.

CANAPÉ n.m. (gr. *kônôpeion,* moustiquaire). **1.** Long siège à dossier et accotoirs, pour plusieurs personnes. **2.** Tranche de pain de mie, nature ou grillée, garnie de menus apprêts. ◇ Tranche de pain frite au beurre sur laquelle on dresse certains mets (menu gibier à plume, en partic.). *Bécasses sur canapé.*

CANAPÉ-LIT n.m. (pl. *canapés-lits*). Canapé transformable en lit. SYN. : **convertible.**

CANAQUE ou **KANAK, E** n. et adj. (mot polynésien, *homme*). Mélanésien de Nouvelle-Calédonie.

CANAR n.m. MIN. *Canar d'aérage :* buse d'aérage.

CANARA n.m. → ***kannara.***

CANARD n.m. (de l'anc. fr. *caner,* caqueter). **I. 1.** Oiseau palmipède de la famille des anatidés, bon voilier et migrateur à l'état sauvage, se nourrissant de particules végétales ou de petites proies trouvées dans l'eau et retenues par les lamelles du bec. *Le canard cancane, nasille,* pousse son cri. – *Canard de Barbarie :* canard domestique de couleur noire panachée de blanc ou bronzée. ◇ *Canard boiteux :* personne qui ne suit pas le même chemin que les autres ; affaire, entreprise que sa mauvaise gestion rend incapable de survivre. **2.** Fausse note criarde. **3.** Morceau de sucre trempé dans le café, l'alcool, etc. **4.** Tasse à bec pour faire boire les malades. **5.** AÉRON. *Empennage canard :* empennage horizontal placé à l'avant du fuselage, devant la voilure. **II.** Fam. **1.** Fausse nouvelle. **2.** Journal.

■ Principales espèces : le *canard sauvage* ou *colvert,* souche du canard domestique, le *pilet,* le *souchet.* La femelle est la *cane,* le petit le *canardeau* ou *caneton.*

canards de Barbarie
mâle (à droite) et femelle

CANARDEAU n.m. Jeune canard. SYN. : *caneton.*

CANARDER v.t. Fam. Tirer sur qqn (surtout, avec une arme à feu) en étant soi-même à l'abri. ◆ v.i. MUS. Fam. Faire des canards, des couacs.

CANARDIÈRE n.f. **1.** Mare pour les canards. **2.** Partie d'un étang aménagée pour prendre au filet les canards sauvages. **3.** Long fusil qui sert à tirer les canards sauvages.

1. CANARI n.m. (esp. *canario*). Serin des îles Canaries, de couleur jaune verdâtre, souche des races domestiques.

2. CANARI n.m. (d'une langue indienne de Guyane). Afrique, Antilles. Vase en terre cuite pour l'eau potable.

CANASSON n.m. Pop., péj. Cheval.

CANASTA n.f. (mot esp., *corbeille*). Jeu qui se joue habituellement entre quatre joueurs avec deux jeux de 52 cartes.

CANCALE n.f. Huître de Cancale.

1. CANCAN n.m. (lat. *quamquam,* quoique). Fam. Bavardage malveillant.

2. CANCAN n.m. (de *canard*). Danse excentrique, en vogue dans les bals publics vers 1830. ◇ *French cancan* ou *cancan :* danse de girls, spécialité de certains music-halls ou cabarets.

CANCANER v.i. **1.** Médire, faire des commérages. **2.** Pousser son cri, en parlant du canard.

CANCANIER, ÈRE adj. et n. Qui a l'habitude de faire des commérages, de petites médisances.

CANCEL n.m. **1.** Lieu, fermé d'une grille, où l'on déposait le grand sceau de l'État. **2.** Vx. Chancel.

CANCER n.m. (mot lat., *crabe*). **I. 1.** *(Un cancer).* Tumeur maligne formée par la prolifération désordonnée des cellules d'un tissu ou d'un organe. **2.** *(Le cancer).* Toute prolifération anormale des cellules d'un tissu ou d'un organe ; état morbide, affection qui en résulte. **3.** Fig. Mal insidieux. *Le cancer de la drogue.* **II.** *Le Cancer :* constellation et signe du zodiaque (v. partie n. pr.). ◇ *Un cancer :* une personne née sous ce signe.

■ Le cancer peut atteindre tous les organes et tous les tissus. Quelle qu'en soit la localisation, la *cellule cancéreuse* présente des anomalies caractéristiques (mitoses fréquentes et anormales, noyau volumineux avec altération du caryotype). Le *tissu cancéreux* a une structure anarchique profondément modifiée par rapport au tissu d'origine et il envahit les tissus voisins. Il se dissémine à distance par voie sanguine ou lymphatique (métastases). Le mécanisme qui transforme une cellule normale en cellule cancéreuse est conditionné par des facteurs chimiques (substances cancérogènes), physiques (radiations ionisantes) et surtout viraux. Certains rétrovirus à A. R. N. ont, en particulier, un rôle essentiel dans le processus de la cancérogenèse. Ces virus à pouvoir oncogène, dits « v-onc », pénètrent dans la cellule normale pour y traduire leur génome en une copie en A. D. N., dite « c-onc », qui s'intègre au génome de la cellule parasitée. Dans certaines circonstances, ces *oncogènes* modifient le fonctionnement normal de la cellule et la transforment en cellule cancéreuse.
Selon l'organe atteint, le cancer se manifeste par une grande variété de signes cliniques, mais un diagnostic de plus en plus précoce, fondé essentiellement sur l'examen anatomopathologique (biopsie), permet d'instituer un traitement (chirurgie, radiations, chimiothérapie, immunothérapie) qui, dans de nombreux cas, amène la guérison.

CANCÉREUX, EUSE adj. Du cancer ; de la nature du cancer. *Tumeur cancéreuse.* ◆ adj. et n. Atteint d'un cancer.

CANCÉRIGÈNE adj. et n.m. → ***cancérogène.***

CANCÉRISATION n.f. Dégénérescence cancéreuse (d'un tissu, d'une tumeur bénigne, d'une lésion).

CANCÉRISER (SE) v.pr. Subir une cancérisation. ◇ *Tissu cancérisé,* qui a subi une cancérisation.

CANCÉROGÈNE ou **CANCÉRIGÈNE** adj. et n.m. Qui peut provoquer ou favoriser l'apparition d'un cancer. *Virus, substance, radiation cancérogènes.* SYN. : *carcinogène, oncogène.*

CANCÉROGENÈSE n.f. Processus de formation du cancer. SYN. : *carcinogenèse.*

CANCÉROLOGIE n.f. Discipline scientifique et médicale qui étudie et traite le cancer. SYN. : *carcinologie, oncologie.*

CANCÉROLOGIQUE adj. Relatif à l'étude, au traitement du cancer.

CANCÉROLOGUE n. Spécialiste du cancer.

CANCÉROPHOBIE n.f. Crainte morbide, injustifiée, du cancer.

CANCHE n.f. Graminée dont une espèce est fourragère.

CANCOILLOTTE [kɑ̃kɔjɔt] ou [kɑ̃kwajɔt] n.f. (anc. fr. *caillotte,* lait caillé). Fromage à pâte molle et fermentée, fabriqué en Franche-Comté.

CANCRE n.m. (lat. *cancer,* crabe). Fam. Élève paresseux et nul.

CANCRELAT n.m. (néerl. *kakkerlak*). Blatte.

CANCROÏDE n.m. (de *cancer*). MÉD. Épithélioma de la peau et des muqueuses de type ulcéreux.

CANDACE n.f. Titre des reines de Méroé.

CANDELA [kɑ̃dela] n.f. (mot lat., *chandelle*). Unité de mesure d'intensité lumineuse (symb. cd) équivalant à l'intensité lumineuse, dans une direction donnée, d'une source qui émet un rayonnement monochromatique de fréquence 540 × 10^{12} hertz et dont l'intensité énergétique dans cette direction est 1/683 watt par stéradian. ◇ *Candela par mètre carré :* unité de mesure de luminance lumineuse (symb. cd/m^2) équivalant à la luminance d'une source dont l'intensité lumineuse est 1 candela et l'aire 1 mètre carré.

CANDÉLABRE n.m. (lat. *candelabrum ;* de *candela,* chandelle). **1.** Chandelier ou flambeau à plusieurs branches. **2.** Lampadaire de voie publique. **3.** ARCHIT. **a.** Support ornementé (balustre, colonne, etc.) d'un dispositif d'éclairage. **b.** Ornement fait de coupes, de vases superposés associés à des arabesques, caractéristique de l'art de la Renaissance.

CANDEUR n.f. (lat. *candor,* blancheur). Innocence ; ingénuité excessive.

CANDI adj.m. (ar. *qandī,* sucre cristallisé). *Sucre candi,* purifié et cristallisé. ◇ *Fruit candi,* enrobé de sucre candi.

CANDIDA n.m. (mot lat., *blanche*). Levure responsable de mycoses (muguet, vaginite) et de certaines altérations du vin.

CANDIDAT, E n. (lat. *candidatus,* de *candidus,* blanc [parce que les candidats, à Rome, s'habillaient de blanc]). **1.** Personne qui aspire à un titre, une dignité, une fonction élective. **2.** Personne qui postule un emploi. **3.** Personne qui se présente à un examen, à un concours, à une élection.

CANDIDATURE n.f. Qualité de candidat ; action de se porter candidat. *Poser sa candidature aux élections.*

CANDIDE adj. (lat. *candidus*). Qui manifeste ou qui dénote de la candeur. *Âme candide. Regard candide. Question candide.*

CANDIDEMENT adv. Avec candeur.

CANDIDOSE n.f. Mycose provoquée par un candida.

CANDIR v.t. Cristalliser (du sucre). ◆ **se candir** v.pr. **1.** Se cristalliser, en parlant du sucre. **2.** Se couvrir de sucre cristallisé, en parlant des fruits.

CANDISATION n.f. Action de candir le sucre, les fruits.

CANDOMBLÉ n.m. Macumba du Nordeste du Brésil. *Candomblés de Bahia.*

CANE n.f. **1.** Canard femelle. **2.** Oiseau aquatique de la famille des anatidés, telle la cane de Guinée (canard musqué).

CANÉFICIER n.m. Cassier.

CANEPETIÈRE [kanpətjɛr] n.f. Petite outarde à collier blanc.

CANÉPHORE n.f. (gr. *kanêphoros*). **1.** ANTIQ. GR. Jeune fille qui, dans certaines cérémonies, portait sur la tête une corbeille sacrée. **2.** Représentation sculptée d'une canéphore, servant parfois de support, comme la caryatide.

1. CANER v.i. (de *faire la cane,* s'esquiver). Pop. Reculer devant le danger, la difficulté.

2. CANER ou **CANNER** v.i. (de l'arg. *canne,* jambe). Pop. **1.** S'en aller, s'enfuir. **2.** Mourir.

CANETAGE ou **CANNETAGE** n.m. TEXT. Opération consistant à enrouler sur une canette le fil destiné à constituer la trame d'un tissu.

CANETIÈRE ou **CANNETIÈRE** n.f. TEXT. Machine à enrouler le fil de trame sur une canette.

CANETON [kantɔ̃] n.m. Jeune canard. SYN. : *canardeau.*

1. CANETTE n.f. Petite cane.

2. CANETTE ou **CANNETTE** n.f. (de *canne,* tuyau). **1.** Petite bouteille à bière ; son contenu. **2.** Petite boîte métallique contenant une boisson (bière, soda, etc.) ; son contenu. **3.** Cylindre contenu dans la navette et autour duquel on enroule le fil de trame sur un métier à tisser et le fil à coudre ou à broder sur une machine à coudre.

CANEVAS [kanva] n.m. (anc. fr. *chenevas,* chanvre). **1.** Grosse toile claire à tissage peu serré sur laquelle on exécute la tapisserie ou la dentelle à l'aiguille. **2.** Ensemble des points principaux d'une figure, des points géodésiques servant à l'établissement d'une carte. **3.** Plan, schéma d'une œuvre littéraire, d'un exposé ; esquisse.

CANEZOU n.m. Vx. Corsage de femme en lingerie ou grand fichu de mousseline ou de dentelle.

CANGE n.f. Barque égyptienne utilisée autrefois pour la navigation sur le Nil.

CANGUE n.f. (port. *canga*). En Chine, carcan qui enserrait le cou et les poignets des prisonniers.

CANICHE n.m. Chien d'agrément très répandu, à l'abondante toison bouclée.

CANICULAIRE adj. Torride. *Chaleur caniculaire.*

CANICULE [kanikyl] n.f. (lat. *canicula,* petite chienne, nom donné à l'étoile Sirius). **1.** Période de très grande chaleur ; cette chaleur elle-même. **2.** ASTRON. Époque où l'étoile Sirius se lève et se couche avec le Soleil, et qui marquait jadis le début de l'été (à la latitude du Caire).

CANIDÉ n.m. *Canidés :* famille de mammifères carnassiers aux molaires nombreuses, aux griffes non rétractiles, bons coureurs, à laquelle appartiennent le loup, le chien, le renard, le chacal.

CANIER n.m. Région. (Provence). Lieu où poussent les roseaux.

CANIF n.m. (mot germ.). **1.** Petit couteau de poche à une ou plusieurs lames repliables. **2.** Outil de graveur sur bois de fil formé d'une courte tige emmanchée, de section triangulaire, à l'extrémité en biseau.

CANIN, E adj. (lat. *canis,* chien). Qui relève du chien.

CANINE n.f. Dent souvent pointue, située entre les incisives et les prémolaires. *Les canines sont très développées chez les carnivores et les porcins, réduites ou absentes chez les mammifères végétariens.*

CANISSE n.f. → ***cannisse.***

CANISSIER n.m. → ***cannissier.***

CANITIE [kanisi] n.f. (lat. *canities*). Décoloration complète ou partielle des cheveux.

CANIVEAU n.m. **1.** Canal d'évacuation des eaux, placé de chaque côté d'une chaussée. **2.** Conduit qui reçoit des tuyaux, des câbles électriques.

CANNA n.m. BOT. Balisier.

CANNABINACÉE n.f. *Cannabinacées :* famille de plantes comprenant notamm. le chanvre et le houblon. (Ordre des urticales.)

CANNABIQUE adj. Du cannabis ; relatif au cannabis. *Intoxication cannabique.*

CANNABIS [kanabis] n.m. (mot lat., *chanvre*). Chanvre indien.

CANNABISME n.m. Intoxication par le cannabis.

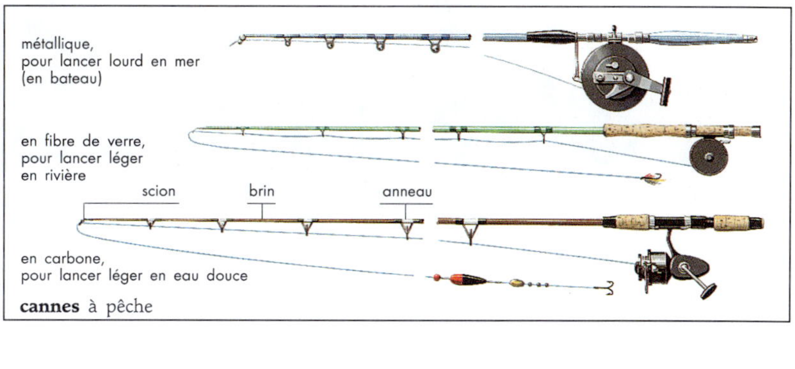

cannes à pêche

CANNAGE n.m. Action de canner un siège ; garniture cannée d'un siège.

CANNAIE n.f. Lieu planté de cannes, de roseaux.

CANNE n.f. (lat. *canna,* roseau). **I.1.** Nom usuel de certains roseaux ou bambous. **2.** *Canne à sucre :* plante tropicale (famille des graminées ; haut. 2 à 5 m) cultivée pour le sucre extrait de sa tige. **3.** Long tube servant à souffler le verre. **II.1.** Bâton sur lequel on s'appuie en marchant. – *Canne anglaise,* munie d'un support pour l'avant-bras et d'une poignée pour la main. SYN. : *canne-béquille.* – *Canne blanche :* canne d'aveugle. – *Canne à épée* → ***canne-épée.*** **2.** *Canne à pêche :* perche flexible à l'extrémité de laquelle s'attache la ligne. *(V. illustration p. 179.)* **III.** Ancienne mesure de longueur, variant de 1,71 m à 2,98 m suivant les régions.

CANNÉ, E adj. Garni d'un cannage (de jonc, de rotin, etc.). *Siège canné.*

CANNE-BÉQUILLE n.f. (pl. *cannes-béquilles*). Canne anglaise.

CANNEBERGE n.f. Arbuste des tourbières des régions froides, à baies comestibles (famille des éricacées) ; cette baie rouge, à goût acidulé. SYN. : *airelle canneberge, atoca.*

CANNE-ÉPÉE n.f. (pl. *cannes-épées*). Canne creuse dissimulant une épée.

CANNELÉ, E adj. Orné de cannelures.

CANNELIER n.m. Arbre du genre laurier, de l'Inde, de Ceylan, de Chine, dont l'écorce fournit la cannelle.

1. CANNELLE n.f. (de *canne*). **1.** Poudre de l'écorce du cannelier, obtenue par raclage et employée comme aromate. **2.** *Pomme cannelle :* fruit comestible d'une espèce d'anone. ◆ adj. inv. Couleur de cannelle, brun clair.

canne à sucre

2. CANNELLE n.f. (de *canne,* tuyau). **1.** Robinet qu'on met à une cuve, un tonneau. **2.** TEXT. Bobine réceptrice d'un métier à tisser.

CANNELLONI [kanɛloni] n.m. (mot it.) [pl. *cannellonis* ou inv.]. Pâte alimentaire roulée en cylindre et farcie.

CANNELURE n.f. **1.** ARCHIT. Chacune des moulures verticales ou en hélice creusées sur le fût d'une colonne, le plat d'un pilastre, etc. **2.** BOT. Strie longitudinale sur la tige de certaines plantes. **3.** GÉOMORPH. Sillon rectiligne ou légèrement courbe creusé par l'érosion dans les roches nues. **4.** TECHN. Rainure longitudinale sur une pièce mécanique de révolution.

1. CANNER v.t. Garnir d'un treillis de jonc, de rotin, etc., le fond, le dossier d'un siège.

2. CANNER v.i. → ***2. caner.***

CANNETAGE n.m. → ***canetage.***

CANNETIÈRE n.f. → ***canetière.***

CANNETILLE n.f. Fil de métal (or, argent, etc.) tourné en spirale, que l'on utilise en broderie.

CANNETTE n.f. → ***2. canette.***

CANNEUR, EUSE ou **CANNIER, ÈRE** n. Personne qui canne les sièges ; rempailleur, rempailleuse.

1. CANNIBALE adj. et n. (esp. *canibal,* de *caribe,* mot caraïbe). **1.** Anthropophage. **2.** Qui dévore les animaux de sa propre espèce. *La mante religieuse est cannibale.*

2. CANNIBALE n.m. (du précéd.). Belgique. Steak tartare servi sur un toast.

CANNIBALESQUE adj. D'une sauvagerie de cannibale.

CANNIBALIQUE adj. PSYCHAN. Relatif au cannibalisme.

CANNIBALISATION n.f. Action de cannibaliser ; son résultat.

CANNIBALISER v.t. (angl. *cannibalize*). **1.** Récupérer les pièces détachées en bon état d'un objet, d'un appareil hors d'usage. **2.** COMM. En parlant d'un produit, concurrencer (un autre produit de la même maison), occuper progressivement sa place sur le marché.

CANNIBALISME n.m. **1.** Fait (pour un homme, un animal) de manger ses semblables. **2.** PSYCHAN. Fantasme du stade oral consistant à vouloir s'incorporer, en le dévorant, l'objet du désir.

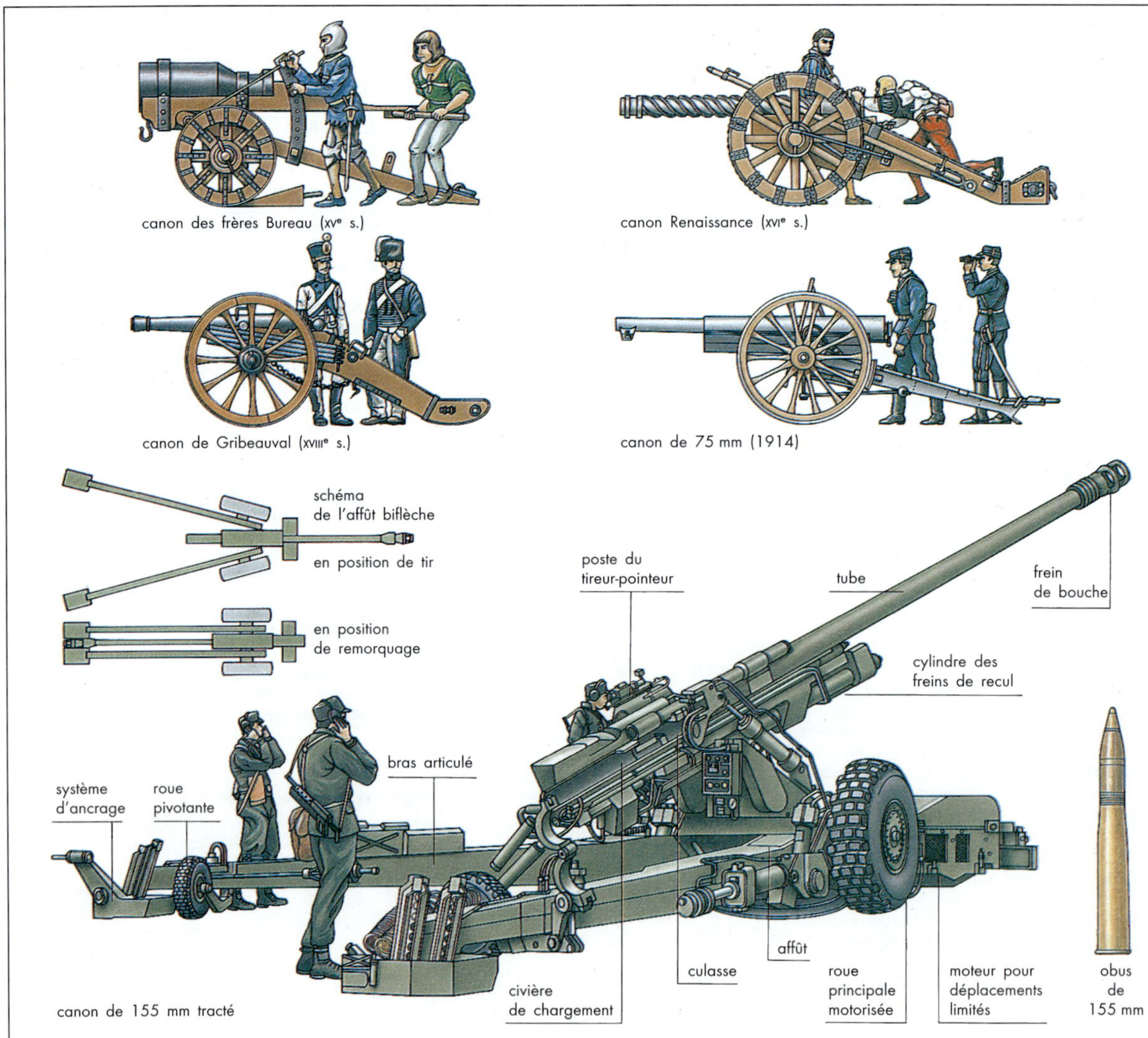

canons

CANNIER, ÈRE n. → *canneur.*

CANNISSE ou **CANISSE** n.f. (mot prov. ; de *canne*). Tige de roseau dont l'assemblage en claies sert notamment de coupe-vent (surtout dans le Midi).

CANNISSIER ou **CANISSIER** n.m. Celui qui travaille, installe les cannisses.

CANOË [kanɔe] n.m. (angl. *canoe,* de l'arawak). Embarcation légère et portative, à fond plat, mue à la pagaie simple ; sport pratiqué avec cette embarcation.

canoë biplace

CANOÉISME n.m. Sport du canoë.

CANOÉISTE n. Personne qui pratique le sport du canoë.

1. CANON n.m. (it. *cannone*). **I. 1.** Pièce d'artillerie non portative servant à lancer des projectiles lourds. *Canon antichar, automoteur, de campagne.* **2.** *Canon d'une arme à feu :* tube par où passe le projectile. *Canon d'un fusil, d'un revolver.* **3.** *Canon à électrons :* dispositif producteur d'un faisceau intense d'électrons. **4.** *Canon à neige :* appareil pour projeter de la neige artificielle sur les pistes. **II. 1.** Objet, partie d'objet cylindrique. *Canon d'une clé :* partie forée d'une clé. ◇ TECHN. *Canon de guidage, de perçage :* cylindre creux destiné à guider un foret. **2.** ZOOL. Chez les équidés, les ruminants, partie d'un membre comprise entre le jarret et le boulet ou bien entre le poignet ou la cheville et les phalanges. **3.** Anc. (XVIIe s.). Ornement enrubanné qui s'attachait au bas de la culotte. **III. 1.** Ancienne mesure pour les liquides valant un huitième de litre. **2.** Pop. Verre de vin. *Boire un canon.*

2. CANON n.m. (gr. *kanôn,* règle). **I. 1.** THÉOL. Décret, règle concernant la foi ou la discipline religieuse. *Les canons de l'Église.* **2.** Ensemble des textes de la Bible tenus pour être d'inspiration divine. **3.** LITURGIE CATH. Partie de la messe qui va de la Préface au Pater. ◇ Anc. *Canons d'autel :* tablettes où étaient inscrites certaines prières de la messe. **II. 1.** BX-A. Ensemble de règles servant à déterminer les proportions idéales du corps humain (à l'origine, dans la statuaire grecque). **2.** Litt. Principe servant de règle ; objet pris comme type idéal. **III.** MUS. Composition à deux ou plusieurs voix répétant à intervalle et à distance fixes le même dessin mélodique. ◆ adj. *Droit canon* ou *droit canonique :* droit ecclésiastique. (Il est régi par un Code, mis en œuvre par Pie X en 1904 et promulgué par Benoît XV en 1917, et dont la réforme a été achevée en 1983.)

3. CANON adj. inv. et n.m. (du précédent). Fam. Se dit d'une personne au physique très attirant. *Une fille canon.*

CAÑON ou **CANYON** [kanjɔ̃] ou [kanjɔn] n.m. (mot esp.). Vallée étroite et profonde aux parois verticales, parfois en surplomb. ◇ *Cañon sous-marin :* dépression allongée et étroite, à versants escarpés, des fonds océaniques.

CANONIAL, E, AUX adj. **1.** Réglé par les canons de l'Église. **2.** Relatif aux chanoines.

CANONICAT n.m. (du lat. *canonicus,* chanoine). Dignité, office de chanoine.

CANONICITÉ n.f. Caractère de ce qui est canonique.

1. CANONIQUE adj. **1.** Conforme aux canons de l'Église. – *Âge canonique :* âge minimal de quarante ans imposé aux servantes des ecclésiastiques ; âge respectable. ◇ *Droit canonique :* droit canon. **2.** Qui pose une règle, un ensemble de règles ; qui s'y conforme, y correspond. **3.** MATH. Se dit de la forme naturelle, intrinsèque, principale de certains êtres ou de certaines représentations mathématiques. – *Injection canonique :* application d'une partie d'un ensemble dans cet ensemble qui, à tout élément de cette partie, associe l'élément lui-même.

2. CANONIQUE n.f. PHILOS. Ensemble des règles servant à énoncer un système.

CANONIQUEMENT adv. De façon canonique.

CANONISABLE adj. Susceptible d'être canonisé.

CANONISATION n.f. Action de canoniser ; proclamation solennelle du pape et cérémonie par lesquelles, au terme du *procès de canonisation,* un personnage est officiellement admis au nombre des saints.

CANONISER v.t. (de 2. *canon*). Mettre au nombre des saints par un procès de canonisation.

CANONISTE n.m. Spécialiste du droit canon.

CANONNADE n.f. Échange ou succession de coups de canon.

CANONNAGE n.m. Action de canonner.

CANONNER v.t. Tirer à coups de canon sur un objectif.

CANONNIER n.m. Militaire spécialisé dans le service des canons.

CANONNIÈRE n.f. **1.** MAR. Bâtiment léger armé de canons et employé sur les fleuves et près des côtes. **2.** Vx. Meurtrière pour le tir d'un canon.

CANOPE n.m. (lat. *canopus*). Urne funéraire de l'Égypte pharaonique, au couvercle en forme de tête humaine ou animale, qui renfermait les viscères des morts. – (En app.). *Vase canope.*

canope
(fin du Nouvel Empire) [Louvre, Paris]

CANOPÉE n.f. Étage sommital de la forêt tropicale humide, qui abrite la majorité des espèces y vivant.

CANOT [kano] n.m. (esp. *canoa,* mot caraïbe). Embarcation non pontée mue à la rame, à la voile ou au moteur. ◇ *Canot pneumatique,* en toile imperméabilisée, gonflé d'air ou d'un gaz inerte. ◇ *Canot de sauvetage :* embarcation munie de caissons d'insubmersibilité et destinée à porter secours en mer aux navires en perdition.

CANOTAGE n.m. Action de canoter.

CANOTER v.i. Manœuvrer un canot ; se promener en canot.

CANOTEUR, EUSE n. Personne qui manœuvre un canot, qui se promène en canot.

CANOTIER n.m. **1.** Rameur faisant partie de l'équipage d'un canot. **2.** Vx. Amateur qui manœuvre un bateau de plaisance. **3.** Chapeau de paille à calotte et bords plats.

CANTABILE [kɑ̃tabile] n.m. (mot it.). Morceau de musique chantée ou jouée, expressif et mélancolique.

CANTAL n.m. (pl. *cantals*). Fromage à pâte ferme fabriqué en Auvergne avec du lait de vache.

CANTALIEN, ENNE ou **CANTALOU, E** adj. et n. Du Cantal.

CANTALOUP [kɑ̃talu] n.m. (de *Cantalupo,* villa du pape, près de Rome, où ce melon était cultivé). **1.** Melon à côtes rugueuses et à chair orange foncé. **2.** Arg. Gros biceps.

CANTATE n.f. (it. *cantata ;* du lat. *cantare,* chanter). Composition musicale écrite à une ou à plusieurs voix avec accompagnement instrumental.

CANTATILLE n.f. Petite cantate de chambre.

CANTATRICE n.f. (lat. *cantatrix*). Chanteuse professionnelle d'opéra ou de chant classique.

CANTER [kɑ̃tɛr] n.m. (mot angl.). Galop d'essai immédiatement avant une course de chevaux.

CANTHARIDE n.f. (gr. *kantharis*). Insecte coléoptère vert doré, long de 2 cm, fréquent sur les frênes. – *Poudre de cantharide,* utilisée autrefois dans la préparation de vésicatoires et d'aphrodisiaques.

CANTHARIDINE n.f. Alcaloïde toxique et congestionnant, extrait des cantharides.

CANTILÈNE n.f. (it. *cantilena*). Au Moyen Âge, poème chanté à caractère épique, dérivant de séquences en latin. (La *Cantilène de sainte Eulalie* [v. 880] en est le plus ancien exemple.)

CANTILEVER [kɑ̃tiləvər] adj.m. et n.m. (mot angl.). TR. PUBL. Se dit d'une structure comportant des consoles sur lesquelles s'appuient en porte à faux des poutres secondaires et, en particulier, d'un pont dont les poutres principales sont prolongées de manière à supporter une poutre de portée réduite.

CANTINE n.f. (it. *cantina,* cave). **1.** Service qui prépare les repas d'une collectivité ; réfectoire où sont pris ces repas. **2.** Petite malle, utilisée en particulier par les militaires.

CANTINER v.i. Arg. Faire des achats à la cantine d'une prison.

CANTINIER, ÈRE n. Personne qui tient une cantine.

CANTINIÈRE n.f. Anc. Femme qui tenait la cantine d'un régiment.

CANTIQUE n.m. (lat. *canticum,* chant). Chant d'action de grâces ; chant religieux en langue vulgaire.

CANTON n.m. (anc. prov. *canton,* coin). **I. 1.** Litt. Région. **2.** En France, subdivision territoriale d'un arrondissement. **3.** En Suisse, chacun des États qui composent la Confédération. **4.** Au Luxembourg, chacune des principales divisions administratives. **5.** Au Canada, division cadastrale de 100 milles carrés. **II. 1.** Ensemble des sections de route confiées à un cantonnier. **2.** *Canton de voie* ou *canton :* unité de découpage d'une voie ferrée servant de base à la signalisation. **III.** HÉRALD. Pièce honorable de forme carrée, en général dans un coin de l'écu.

■ Créé en 1789, le canton est, en France, une circonscription territoriale intermédiaire entre l'arrondissement et la commune, qui sert de cadre aux élections des conseillers généraux *(cantonales).*

CANTONADE n.f. (prov. *cantonada,* angle d'une construction). Anc. Chacun des côtés de la scène d'un théâtre, où se tenaient les spectateurs privilégiés. ◇ *Parler, crier à la cantonade,* en s'adressant à un personnage qui n'est pas en scène ; sans paraître s'adresser précisément à qqn.

CANTONAIS, E adj. et n. De Canton. ◆ n.m. Dialecte chinois parlé au Guangdong et au Guangxi.

CANTONAL, E, AUX adj. Relatif au canton. – *Élections cantonales* ou *cantonales,* n.f. pl. : élections des conseillers généraux dans un canton.

CANTONNEMENT n.m. **1.** Établissement temporaire de troupes dans des lieux habités ; lieu où cantonne une troupe. **2.** DR. Délimitation d'un terrain ; terrain ainsi délimité. **3.** DR. Limitation du droit d'un créancier.

CANTONNER v.t. **1.** *Cantonner des troupes,* les installer dans des cantonnements. **2.** Isoler, mettre à l'écart. **3.** ARCHIT. Garnir dans les angles. ◆ v.i. S'installer, prendre ses quartiers. ◆ **se cantonner** v.pr. Se tenir à l'écart ; se limiter, se borner à.

CANTONNIER n.m. **1.** Ouvrier chargé du bon entretien des routes et chemins, des fossés et talus qui les bordent. **2.** CH. DE F. Agent occupé à l'entretien et aux travaux de la voie.

CANTONNIÈRE n.f. **1.** Bande d'étoffe encadrant une porte, une fenêtre. **2.** Ferrure au coin d'une malle, d'un coffre, etc.

CANTRE n.m. TEXT. Partie de l'ourdissoir ou du bâti, munie de broches pour recevoir les bobines de fil.

CANULANT, E adj. Fam., vieilli. Ennuyeux.

CANULAR n.m. Fam. Mystification, blague.

CANULARESQUE adj. Fam. Qui tient du canular.

CANULE n.f. (lat. *cannula*). Petit tuyau rigide ou semi-rigide, destiné à être introduit dans un orifice (naturel ou non) de l'organisme.

CANULER v.t. **1.** Fam. Ennuyer, importuner. **2.** Arg. scol. Mystifier.

CANUT, USE [kany, yz] n. (de *canne*). Ouvrier, ouvrière spécialisés dans le tissage de la soie sur un métier à bras, à Lyon. (Les canuts se révoltèrent en nov.-déc. 1831 afin de faire respecter le *tarif* minimal qu'ils venaient d'obtenir. Une armée conduite par le duc d'Orléans et Soult écrasa leur mouvement.)

CANYON n.m. → ***cañon.***

CANYONING [kanjɔniŋ] n.m. Sport consistant à descendre des cours d'eau accidentés et mêlant la randonnée, la nage en eau vive et l'escalade.

CANZONE [kɑ̃tsɔne] n.f. (mot it.). **1.** Chanson italienne à plusieurs voix ; puis (v. 1530) transcription pour orgue ou pour luth de cette chanson ; finalement, pièce instrumentale frayant la voie à la sonate préclassique. **2.** LITTÉR. En Italie, petit poème lyrique divisé en stances. Pluriel savant : *canzoni.*

C. A. O. [seao] n.f. (sigle). Conception* assistée par ordinateur.

CAODAÏSME n.m. Religion du mouvement Cao Dai, fondée en 1926 par Ngô Van Chiêu, caractérisée par un syncrétisme où se fondent bouddhisme, confucianisme et christianisme.

CAOUA n.m. (ar. *qahwa*). Fam. Café (boisson).

CAOUANNE [kawan] n.f. Caret (tortue).

CAOUTCHOUC n.m. (d'une langue de l'Amérique du Sud). **1.** Substance élastique et résistante provenant de la coagulation du latex d'arbres tropicaux, notamment du genre hévéa. ◇ *Caoutchouc synthétique* : élastomère de synthèse. – *Caoutchouc Mousse* (marque déposée) : caoutchouc à faible densité, à alvéoles plus ou moins régulières. **2.** Fam. Élastique. **3.** Vêtement en caoutchouc ou imperméabilisé au caoutchouc. ◇ *Des caoutchoucs* : des chaussures en caoutchouc. **4.** Plante décorative d'appartement (n. sc. *Ficus elastica*).

■ Le caoutchouc, d'origine américaine, fut employé d'abord pour imperméabiliser les étoffes, puis pour fabriquer des tissus élastiques ; la découverte de la vulcanisation (1839) a permis son développement industriel. En 1890, son application aux bandages pour véhicules donna au caoutchouc un essor considérable. Il était fourni presque exclusivement par la cueillette en Amazonie et les plantations du Sud-Est asiatique. Mais les caoutchoucs synthétiques (élastomères) sont aujourd'hui prépondérants.

CAOUTCHOUTAGE n.m. Action de caoutchouter ; son résultat.

CAOUTCHOUTER v.t. Enduire, garnir de caoutchouc.

CAOUTCHOUTEUX, EUSE adj. Qui a l'élasticité, la consistance ou l'aspect du caoutchouc.

CAP n.m. (mot prov. ; lat. *caput*, tête). **I. 1.** Pointe de terre qui s'avance dans la mer. ◇ Fig. *Doubler, passer le cap* : franchir une étape difficile, décisive. **2.** Direction de l'axe d'un navire, de l'arrière à l'avant. – *Mettre le cap sur* : se diriger vers. **II.** Vx. Tête. ◇ *De pied en cap* : des pieds à la tête.

C. A. P. [seape] n.m. (sigle). **1.** Certificat* d'aptitude pédagogique. **2.** Certificat* d'aptitude professionnelle.

CAPABLE adj. (du lat. *capere*, prendre, contenir). **1.** *Capable de (qqch)* : qui a le pouvoir de faire (qqch), de manifester (une qualité), de produire (un effet). *Capable de comprendre, capable de dévouement. Programme capable de plaire.* – *Capable de tout* : prêt à tout faire (en bien ou en mal). ◇ Absolt. Qui a des aptitudes, des compétences. *Élève capable. Une collaboratrice très capable.* **2.** DR. Qui est légalement apte à exercer certains droits. **3.** MATH. *Arc capable associé à un angle α et à deux points* A *et* B : arc de cercle composé de tous les points à partir desquels le segment AB est vu sous un angle constant et égal à α.

CAPACIMÈTRE n.m. Appareil servant à la mesure des capacités électriques.

1. CAPACITAIRE n. Personne qui a obtenu le certificat de capacité en droit.

2. CAPACITAIRE adj. *Suffrage capacitaire* : système dans lequel l'exercice du droit de vote est subordonné à un certain degré d'instruction.

CAPACITANCE n.f. ÉLECTR. Impédance présentée par un condensateur à une fréquence déterminée.

CAPACITÉ n.f. (lat. *capacitas* ; de *capax*, qui peut contenir). **I. 1.** Propriété de contenir qqch ; volume, contenance d'un récipient. ◇ *Capacité thoracique* ou *vitale* : la plus grande quantité d'air qu'on puisse faire entrer dans les poumons en partant de l'état d'expiration forcée. (Elle est de 3,5 litres en moyenne chez l'adulte.) **2.** *Mesure de capacité* : récipient utilisé pour mesurer le volume des liquides et des matières sèches. **3.** ÉLECTR. **a.** Quantité d'électricité que peut restituer un accumulateur lors de sa décharge. **b.** Quotient de la charge d'un condensateur par la différence de potentiel entre ses armatures. **4.** PHYS. *Capacité calorifique* ou *thermique* : quantité de chaleur qu'il faut fournir à un corps pour augmenter sa température de 1 kelvin. **5.** INFORM. *Capacité d'une mémoire électronique* : quantité d'informations qu'elle peut contenir. **II. 1.** Aptitude à faire, à comprendre qqch ; compétence. **2.** DR. Aptitude légale. ◇ *Capacité civile* : aptitude à avoir des droits et obligations et à pouvoir les exercer. **3.** *Capacité en droit* : diplôme délivré par les facultés de droit aux élèves non bacheliers (après examen au bout de deux années d'études).

CAPACITIF, IVE adj. TECHN. *Dispositif, circuit capacitif*, dont la grandeur essentielle est la capacité électrique.

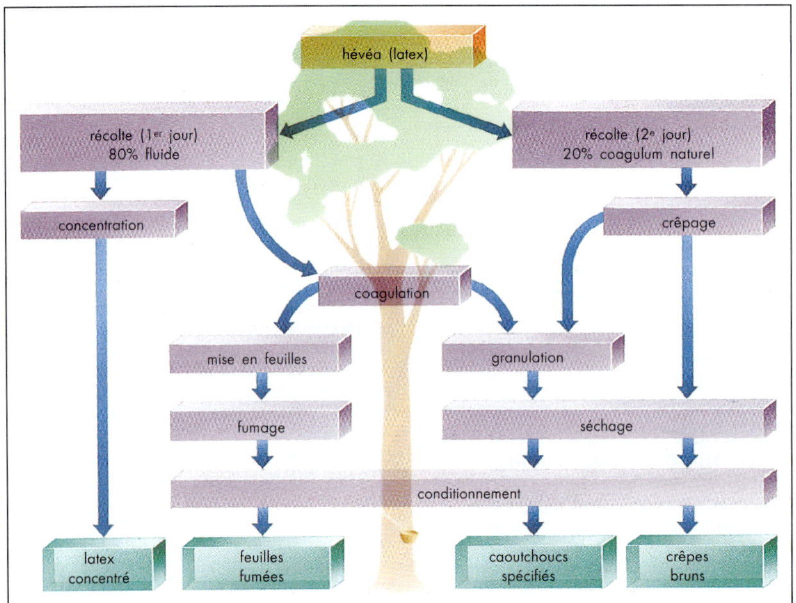

caoutchouc : schéma d'élaboration industrielle

CAPARAÇON n.m. (esp. *caparazón* ; de *capa*, manteau). Housse d'ornement pour les chevaux, dans une cérémonie.

CAPARAÇONNER v.t. **1.** Couvrir (un cheval) d'un caparaçon. **2.** Recouvrir entièrement qqn, une partie du corps, de qqch d'épais, qui protège.

CAPE n.f. (prov. *capa*). **1.** Manteau ample, plus ou moins long, porté sur les épaules, avec ou sans fentes pour passer les bras. – *Roman, film de cape et d'épée* : roman, film d'aventures, qui met en scène des héros chevaleresques et batailleurs. ◇ *Rire sous cape*, à part soi, en cachette. **2.** Feuille de tabac qui forme l'enveloppe, la robe d'un cigare. **3.** MAR. *Être, mettre à la cape* : interrompre sa route pour parer le mauvais temps (et, pour cela, gréer une petite voile très solide appelée *voile de cape*).

CAPÉER v.i. → ***capeyer.***

CAPELAGE n.m. MAR. Ensemble des boucles des manœuvres dormantes qui entourent l'extrémité d'une vergue, la tête d'un mât, etc. ; point de la vergue, du mât où s'appliquent ces boucles.

CAPELAN [kaplɑ̃] n.m. (mot prov.). Poisson osseux, voisin de la morue. (Long. 30 cm ; famille des gadidés.)

CAPELER [kaple] v.t. [24]. MAR. **1.** Disposer le capelage sur. **2.** Entourer avec la boucle d'une manœuvre.

CAPELET [kaplɛ] n.m. Tumeur molle qui se développe à la pointe du jarret du cheval.

CAPELINE [kaplin] n.f. (it. *cappellina*). **1.** Chapeau de femme à grands bords souples. **2.** Casque médiéval des gens de pied.

CAPELLA (A) loc. adv. → ***a capella.***

CAPER v.t. *Caper un cigare* : l'enrouler d'une cape.

C. A. P. E. S. [kapɛs] n.m. (sigle). Certificat* d'aptitude au professorat de l'enseignement du second degré.

CAPÉSIEN, ENNE [kapesjɛ̃, ɛn] n. Titulaire du C. A. P. E. S.

C. A. P. E. T. [kapɛt] n.m. (sigle). Certificat* d'aptitude au professorat de l'enseignement technique.

1. CAPÉTIEN, ENNE adj. et n. Relatif à la dynastie des Capétiens.

2. CAPÉTIEN, ENNE [kapetjɛ̃, ɛn] n. Titulaire du C. A. P. E. T.

CAPEYER [kapeje] v.i. [12] ou **CAPÉER** v.i. [15]. MAR. Mettre, rester à la cape.

CAPHARNAÜM [kafarnaɔm] n.m. (n. d'une ville de Galilée). Endroit très encombré et en désordre. *Cet appartement est un vrai capharnaüm !*

CAP-HORNIER [kapɔrnje] n.m. (pl. *cap-horniers*). Anc. **1.** Grand voilier qui suivait les routes doublant le cap Horn. **2.** Marin, capitaine naviguant sur ces voiliers.

1. CAPILLAIRE adj. (lat. *capillaris*). **1.** Qui se rapporte aux cheveux. *Soins capillaires.* **2.** Fin comme un cheveu. *Tube capillaire.* **3.** ANAT. *Vaisseau capillaire* ou *capillaire*, n.m. : vaisseau filiforme à parois très fines, qui unit les artérioles aux veinules, permettant les échanges nutritifs et gazeux entre le sang et les cellules.

2. CAPILLAIRE n.m. BOT. Fougère à pétioles noirs longs et fins des fentes de rochers et de murs. (Haut. 10 à 20 cm ; famille des polypodiacées.) – *Capillaire de Montpellier* : adiantum.

CAPILLARITE n.f. Inflammation des vaisseaux capillaires.

CAPILLARITÉ n.f. Ensemble des phénomènes physiques (tension capillaire) qui se produisent à la surface d'un liquide, notamment dans les tubes capillaires. *La capillarité joue un rôle dans la montée de la sève.*

CAPILLICULTEUR, TRICE n. Didact. ou par plais. Coiffeur, coiffeuse.

CAPILLICULTURE n.f. Hygiène des cheveux.

CAPILOTADE n.f. (esp. *capirotada*, ragoût). Vx. Ragoût fait de restes coupés en petits morceaux. ◇ Fig., fam. *Mettre en capilotade* : mettre en pièces, écraser.

CAPISTON n.m. Arg. mil., vieilli. Capitaine.

CAPITAINE n.m. (lat. *caput, -itis*, tête). **I. 1.** Officier des armées de terre et de l'air dont le grade est situé entre celui de lieutenant et celui de commandant. *Capitaine de gendarmerie.* **2.** Officier qui commande un navire de commerce. – *Capitaine au long cours :* officier de la marine marchande pouvant assurer le commandement des navires les plus importants. (Le brevet de capitaine au long cours a cessé d'être délivré en 1981 ; il est remplacé par celui de capitaine de 1re classe de la navigation maritime.) **3.** *Capitaine de corvette, de frégate, de vaisseau :* grades successifs des officiers supérieurs dans la marine militaire française. (→ ***grade.***) **4.** Chef d'une équipe sportive. **II. Afrique.** Poisson osseux apprécié pour sa chair. (Famille des polynémidés.)

CAPITAINERIE n.f. **1.** Bureau d'un capitaine de port. **2.** Circonscription administrative de l'Ancien Régime.

1. CAPITAL, E, AUX adj. (lat. *capitalis ;* de *caput,* tête). **I. 1.** Considéré comme essentiel, qui prime tout le reste par son importance. *C'est capital pour elle d'avoir cet argent.* **2.** *Lettre capitale* ou *capitale,* n.f. : majuscule. **3.** *Péchés capitaux :* les sept péchés qui sont au principe des autres péchés (orgueil, avarice, luxure, envie, gourmandise, colère, paresse). **II.** Qui peut entraîner la mort d'un accusé. *Peine, sentence capitale.*

2. CAPITAL n.m. (pl. *capitaux*). **1.** Ensemble des biens, monétaires ou autres, possédés par une personne ou une entreprise, constituant un patrimoine et pouvant rapporter un revenu. *Leur capital n'est pas négligeable.* **2.** Somme d'argent représentant l'élément principal d'une dette et produisant des intérêts. **3.** DR. *Capital social :* montant des sommes ou des biens apportés à une société et de leur accroissement ultérieur, et figurant au passif des bilans. **4.** Pour les marxistes, produit d'un travail collectif qui n'appartient pas à ceux qui le réalisent, mais au propriétaire des moyens de production, et que celui-ci augmente au moyen de la plus-value extorquée aux producteurs mêmes, c'est-à-dire aux salariés. **5. Fig.** Ensemble des ressources (intellectuelles, morales, etc.) dont on dispose à un moment donné. *Capital santé. Capital de sympathie.* ◆ pl. Actifs immobilisés ou circulants dont dispose une entreprise. – ÉCON. *Capitaux flottants* ou *fébriles :* capitaux qui passent rapidement d'une place à une autre pour profiter des variations des taux d'intérêt. SYN. (anglic. déconseillé) : *hot money.*

CAPITALE n.f. (ellipse de *ville capitale, lettre capitale,* etc.). **1. a.** Ville où siège le gouvernement d'un État. **b.** Ville devenue un centre très actif d'industries, de services. *Milan, capitale économique de l'Italie.* **2.** MIL. Perpendiculaire élevée au milieu du front d'un ouvrage ou de la butte d'un champ de tir. **3.** IMPR. Lettre majuscule. *Composer un titre en capitales.* ◇ *Petite capitale :* lettre majuscule de la hauteur d'une minuscule.

CAPITALISABLE adj. Qui peut être capitalisé.

CAPITALISATION n.f. **1.** Action de capitaliser. *Capitalisation des intérêts.* **2.** *Capitalisation boursière :* calcul de la valeur d'une société d'après le cours et le nombre de ses actions.

CAPITALISER v.t. **1.** Ajouter au capital les intérêts qu'il produit. **2. Fig.** Accumuler en vue d'un profit ultérieur. *Capitaliser des connaissances.* **3.** Calculer (un capital) à partir du taux d'intérêt servi. ◆ v.i. Amasser de l'argent, constituer un capital.

CAPITALISME n.m. Système économique et social fondé sur la propriété privée des moyens de production et d'échange. (Le capitalisme se caractérise par la recherche du profit, l'initiative individuelle, la concurrence entre les entreprises.) ◇ Spécialt. Régime économique, politique et social qui, selon la théorie marxiste, est régi par la recherche de la plus-value grâce à l'exploitation des travailleurs par ceux qui possèdent les moyens de production et d'échange.

CAPITALISTE n. et adj. **1.** Personne qui possède des capitaux et les investit dans des entreprises. **2.** Fam., péj. Personne très riche. ◆ adj. Qui se rapporte au capitalisme. *Régime capitaliste.*

CAPITAL-RISQUE n.m. sing. (angl. *venture capital,* capital chance). *Société de capital-risque :* société investissant dans une entreprise présentant des risques.

CAPITAN n.m. (de *Capitan,* personnage de la comédie italienne). Litt. Fanfaron, bravache.

CAPITATION n.f. (lat. *caput, -itis,* tête). Impôt par tête d'origine féodale, devenu impôt public sous Louis XIV et qui, théoriquement fondé sur la richesse, frappa surtout les non-privilégiés.

CAPITÉ, E adj. (du lat. *caput, -itis,* tête). BOT. Terminé en tête arrondie.

CAPITEUX, EUSE adj. (it. *capitoso*). Qui porte à la tête et enivre. *Parfum, vin capiteux.*

CAPITOLE n.m. Édifice servant de centre à la vie municipale ou parlementaire, dans certaines grandes villes.

CAPITOLIN, E adj. Du Capitole. *Jupiter Capitolin* (à Rome).

CAPITON n.m. (it. *capitone*). **1.** Bourre de soie ou de laine. **2.** Garniture à piqûres losangées et boutons. **3.** PHYSIOL. Épaississement du tissu adipeux sous-cutané.

CAPITONNAGE n.m. **1.** Action de capitonner. **2.** Ouvrage capitonné. – Épaisseur protectrice.

CAPITONNER v.t. Rembourrer avec du capiton ou une autre matière.

CAPITOUL [kapitul] n.m. (mot languedocien). HIST. Magistrat municipal de Toulouse.

1. CAPITULAIRE adj. (lat. *capitulum,* chapitre). Qui se rapporte à un chapitre de chanoines, de religieux. *Salle capitulaire.* SYN. : *chapitral.*

2. CAPITULAIRE n.m. Ordonnance émanant des souverains carolingiens.

CAPITULARD, E adj. et n. Péj. Partisan de la capitulation.

CAPITULATION n.f. **1.** Action de capituler, de cesser toute résistance. *Capitulation sans conditions.* **2.** Convention réglant la reddition d'une place, des forces militaires d'un pays. ◆ pl. Conventions réglant autrefois le statut des étrangers, en particulier dans l'Empire ottoman.

CAPITULE n.m. (lat. *capitulum,* petite tête). BOT. Inflorescence formée de petites fleurs serrées les unes contre les autres et insérées sur le pédoncule élargi en plateau. *Les capitules de la marguerite.*

CAPITULER v.i. (du lat. *capitulum,* article, clause). **1.** Céder ; renoncer par force ou par raison, se reconnaître vaincu. *Ce cas est trop difficile, je capitule !* **2.** Se rendre à l'ennemi.

CAPON, ONNE adj. et n. (var. de *chapon*). Fam., vx. Lâche.

CAPONNIÈRE n.f. (it. *capponiera*). Petit ouvrage dont les armes flanquent les fossés d'une place forte.

CAPORAL n.m. (it. *caporale ;* de *capo,* tête) [pl. *caporaux*]. **1.** Militaire dont le grade est situé entre celui de soldat et celui de caporal-chef (infanterie, génie et diverses armes). [→ ***grade.***] ◇ *Petit Caporal :* surnom donné à Napoléon Ier par ses soldats. **2.** Tabac à fumer de goût français.

CAPORAL-CHEF n.m. (pl. *caporaux-chefs*). Militaire dont le grade est situé entre celui de caporal et celui de sergent.

CAPORALISER v.t. Imposer un régime autoritaire à (un peuple, un groupe).

CAPORALISME n.m. **1.** Régime politique militaire. **2.** Autoritarisme étroit et mesquin.

1. CAPOT [kapo] n.m. (de *cape*). **1. a.** Partie mobile de la carrosserie d'une automobile, recouvrant et protégeant le moteur. *Ouvrir, fermer le capot.* **b.** Couvercle amovible protégeant les parties fragiles ou dangereuses d'une machine. **2.** MAR. Pièce de toile protégeant les objets contre la pluie. **3.** MAR. Trou à fermeture étanche par lequel on pénètre dans un sous-marin.

2. CAPOT [kapo] adj. inv. Qui n'a fait aucune levée, en parlant d'un joueur de cartes.

1. CAPOTAGE n.m. **1.** Recouvrement d'un moteur ou d'une machine par un capot. **2.** Vx. Disposition de la capote d'une voiture.

2. CAPOTAGE n.m. Fait de capoter, de se renverser, pour un véhicule.

CAPOTE n.f. (de *cape*). **1.** Toit mobile d'une voiture (cabriolet), d'un landau, etc., en matériau souple, que l'on peut remonter s'il pleut ou s'il fait froid. **2.** Manteau à capuchon. **3.** Manteau des troupes à pied. **4.** Fam. *Capote anglaise* ou *capote :* préservatif masculin.

1. CAPOTER v.t. Rabattre la capote de (une voiture).

2. CAPOTER v.i. (prov. *faire cabot,* saluer). **1.** Chavirer, se renverser, en parlant d'un bateau. **2.** Se retourner complètement, en parlant d'une voiture ou d'un avion. **3.** Échouer, ne pas aboutir, en parlant d'un projet, d'une entreprise. **4.** Canada. Fam. Perdre la tête.

CAPPA ou **CAPPA MAGNA** n.f. Vêtement liturgique en forme de grande pèlerine. SYN. : *chape.*

CAPPADOCIEN, ENNE adj. et n. De la Cappadoce.

CAPPELLA (A) loc. adv. → ***a capella.***

CAPPUCCINO [kaputʃino] n.m. (mot it.). Café au lait mousseux.

CÂPRE n.f. (gr. *kapparis*). Bouton à fleur du câprier qui se confit dans le vinaigre et sert de condiment.

CAPRICANT, E adj. **1.** MÉD. Inégal. *Pouls capricant.* **2.** Litt. Sautillant, désordonné.

CAPRICCIO [kapritʃjo] n.m. MUS. Caprice.

CAPRICE n.m. (it. *capriccio,* frisson). **1.** Désir, exigence soudains et irréfléchis. *Faire des caprices. Obéir, céder aux caprices de qqn.* – Amour très passager, peu sérieux. **2.** Changement soudain, imprévu auquel sont exposées certaines choses. *Les caprices de la mode.* **3.** Morceau instrumental ou vocal de forme libre. SYN. : *capriccio.* – Œuvre d'imagination, d'une fantaisie très libre, en peinture, gravure ou dessin (XVIIe et XVIIIe s.).

CAPRICIEUSEMENT adv. De façon capricieuse.

CAPRICIEUX, EUSE adj. et n. Qui agit par caprice. *Tu es trop capricieuse !* ◆ adj. Sujet à des changements brusques, imprévus. *Un temps capricieux.*

CAPRICORNE n.m. (lat. *capricornus*). **1.** Insecte coléoptère aux longues antennes. (Famille des cérambycidés.) SYN. : *cérambyx, longicorne.* **2.** *Le Capricorne :* constellation et signe du zodiaque (v. partie n. pr.). ◇ *Un capricorne :* une personne née sous ce signe.

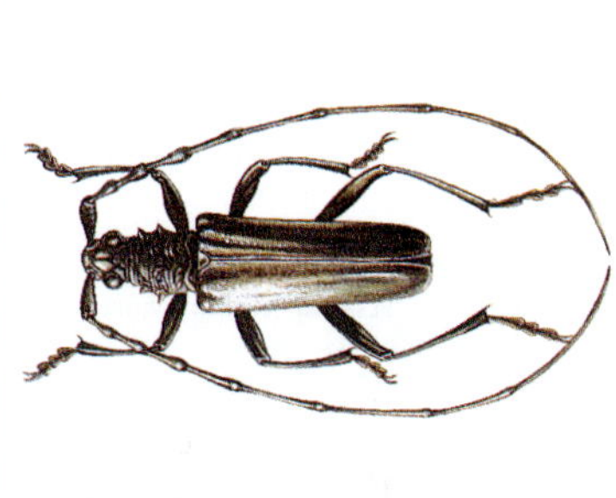

grand **capricorne**

CÂPRIER n.m. Arbuste épineux méditerranéen qui produit les câpres. (Famille des capparidacées.)

CAPRIFICATION n.f. (du lat. *caprificus,* figuier sauvage). AGRIC. Opération qui consiste à placer des figues de figuier sauvage sur les branches des figuiers cultivés pour favoriser la pollinisation de ces derniers.

CAPRIFOLIACÉE n.f. *Caprifoliacées :* famille de plantes gamopétales comprenant notamm. le chèvrefeuille, la viorne, le sureau.

1. CAPRIN, E adj. (lat. *caprinus ;* de *capra,* chèvre). Qui se rapporte à la chèvre. *Race caprine.*

2. CAPRIN ou **CAPRINÉ** n.m. *Caprins* ou *caprinés :* sous-famille de ruminants bovidés, aux cornes rabattues en arrière, tels que la chèvre et le bouquetin.

CAPRIQUE adj. CHIM. *Acide caprique :* acide gras présent dans les beurres de vache, de chèvre, de cacao.

CAPROLACTAME n.m. Composé chimique donnant par polycondensation un polyamide utilisé pour fabriquer des fibres synthétiques.

CAPRON n.m. (de *câpre*). Fraise produite par le capronier.

CAPRONIER ou **CAPRONNIER** n.m. Fraisier à petit fruit, très cultivé autrefois.

CAPRYLIQUE adj. CHIM. *Acide caprylique :* acide gras présent dans le beurre de chèvre et dans de nombreuses matières grasses.

CAPSAGE n.m. Alignement des feuilles de tabac afin de pouvoir les trancher perpendiculairement.

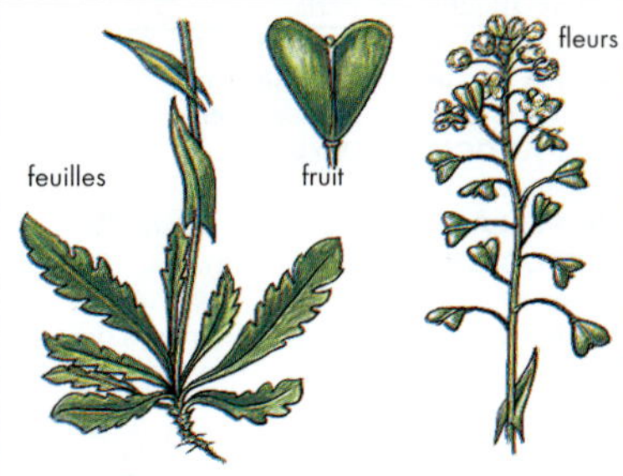

capselle

CAPSELLE n.f. (lat. *capsella,* coffret). Plante commune dans les chemins, appelée aussi *bourse-à-pasteur.* (Famille des crucifères.)

CAPSIDE n.f. BIOL. Assemblage de molécules protidiques enveloppant la molécule d'acide nucléique d'un virus.

CAPSIEN n.m. (de *Capsa,* n. antique de Gafsa en Tunisie). Faciès culturel du paléolithique final et de l'épipaléolithique en Afrique du Nord. ◆ **capsien, enne** adj. Du capsien.

CAPSULAGE n.m. Action de capsuler ; son résultat.

CAPSULAIRE adj. BOT. Qui s'ouvre de lui-même, en parlant d'un fruit sec.

CAPSULE n.f. (lat. *capsula,* petite boîte). **1.** Petit couvercle en métal ou en plastique pour boucher une bouteille. **2.** ANAT. Membrane fibreuse ou élastique enveloppant un organe ou une articulation. *Capsule du rein.* **3.** Enveloppe soluble de certains médicaments. **4.** *Capsule spatiale :* petit véhicule spatial récupérable. **5.** BOT. Fruit sec qui s'ouvre par des fentes (œillet) ou des pores (pavot). **6.** CHIM. Petit récipient hémisphérique pour porter les liquides à ébullition. **7.** Alvéole en cuivre contenant la poudre d'amorçage des fusils dits *à capsule* (XIXe s.).

CAPSULE-CONGÉ n.f. (pl. *capsules-congés*). Attestation de paiement de droits sur les vins et alcools, sous forme de capsule à apposer sur chaque bouteille.

CAPSULER v.t. Garnir d'une capsule (une bouteille ; son goulot).

CAPTAGE n.m. Action de capter ; son résultat.

CAPTAL n.m. (pl. *captals*). Chef militaire au Moyen Âge, en Gascogne et en Guyenne.

CAPTATEUR, TRICE n. DR. Personne qui use de captation.

CAPTATIF, IVE adj. PSYCHOL. Qui a tendance à vouloir concentrer sur soi l'affection de son entourage.

CAPTATION n.f. (de *capter*). DR. Fait de s'emparer d'une succession ou d'arracher une libéralité à qqn par des manœuvres répréhensibles.

CAPTATIVITÉ n.f. PSYCHOL. Tendance à être captatif.

CAPTATOIRE adj. DR. Qui a pour but la captation.

CAPTER v.t. (lat. *captare,* chercher à prendre). **1.** Recevoir au moyen d'appareils radioélectriques. *Capter une émission, un message.* **2.** Recueillir une énergie, un fluide, etc., pour l'utiliser. *Capter le rayonnement solaire.* **3.** Assurer le passage du courant électrique du réseau au moteur d'un véhicule (génér. ferroviaire). **4.** Obtenir, gagner par ruse. *Il a su capter sa confiance.*

CAPTE-SUIES n.m. inv. Appareil placé à la sortie d'une cheminée pour extraire des fumées dégagées les suies en suspension.

CAPTEUR n.m. Dispositif qui délivre, à partir d'une grandeur physique, une autre grandeur, souvent électrique, fonction de la première et directement utilisable pour la mesure ou la commande. SYN. : *détecteur.* ◇ *Capteur solaire :* dispositif recueillant l'énergie solaire pour la transformer en énergie thermique ou électrique.

CAPTIEUX, EUSE [kapsjø, øz] adj. (lat. *captiosus,* de *captio,* piège). Litt. Qui cherche à tromper, à induire en erreur.

1. CAPTIF, IVE n. et adj. Litt. Prisonnier de guerre.

2. CAPTIF, IVE adj. ÉCON. *Marché captif :* marché qui, par nature, est réservé en exclusivité (ou en quasi-exclusivité) à des concurrents en très petit nombre (restaurants d'autoroutes, par ex.).

CAPTIVANT, E adj. Qui attire, qui retient l'attention ; qui charme. *Un personnage captivant.*

CAPTIVER v.t. Séduire, envoûter ; passionner. *Ce livre me captive complètement.*

CAPTIVITÉ n.f. **1.** État de prisonnier. *Sa longue captivité l'a épuisé.* **2.** Privation de liberté.

CAPTURE n.f. **1.** Action de capturer ; fait d'être capturé. **2.** Être ou chose capturé. **3.** GÉOGR. Détournement d'une section d'un cours d'eau par une rivière voisine.

CAPTURER v.t. S'emparer par la force d'un être vivant. *Capturer un voleur. Capturer un renard.*

CAPUCE n.m. (it. *cappuccio*). Capuchon pointu de certains moines.

CAPUCHE n.f. (var. picarde de *capuce*). Capuchon qui descend sur les épaules.

CAPUCHON n.m. (de *cape*). **1.** Partie d'un vêtement en forme de bonnet ample, qui recouvre la tête ou peut se rabattre dans le dos. **2.** Bouchon d'un stylo, d'un tube, etc. **3.** Plaque métallique placée à l'extrémité d'un tuyau de cheminée. **4.** ZOOL. Partie élargie du cou des najas en position de combat.

CAPUCHONNÉ, E adj. Qui porte un capuchon.

1. CAPUCIN, E n. (it. *cappuccino,* petit capuchon). Religieux, religieuse d'une branche réformée de l'ordre des Frères mineurs, créée au XVIe s.

2. CAPUCIN n.m. **1.** Singe d'Amérique du Sud, appelé aussi *saï.* **2.** CHASSE. Lièvre.

CAPUCINADE n.f. Litt. Tirade ennuyeuse et moralisante.

CAPUCINE n.f. (de 1. *capucin*). Plante ornementale originaire d'Amérique du Sud, à feuilles rondes et à fleurs orangées. (Famille des tropéolacées.)

capucine

CAPULET [kapylɛ] n.m. (mot gascon). Capuchon porté autrefois par les femmes dans les Pyrénées.

CAPVERDIEN, ENNE adj. et n. Du Cap-Vert.

CAQUE n.f. Barrique pour presser et conserver les harengs salés ou fumés.

CAQUELON n.m. Poêlon assez profond en terre ou en fonte.

CAQUER v.t. (néerl. *caken*). Mettre en caque (des harengs).

CAQUET [kakɛ] n.m. (onomat.). **1.** Cri, gloussement de la poule qui va pondre ou qui a pondu. **2.** Vieilli. Bavardage indiscret. ◇ *Rabattre le caquet à qqn,* le faire taire, le remettre à sa place.

CAQUETAGE ou **CAQUÈTEMENT** n.m. Action de caqueter.

CAQUETANT, E adj. Qui caquette.

CAQUETER [kakte] v.i. [27]. **1.** Pousser son cri, en parlant de la poule sur le point de pondre ou qui a pondu. **2.** Bavarder, parler sans arrêt et de choses futiles, souvent de façon importune, gênante.

1. CAR conj. (lat. *quare,* c'est pourquoi). [Introduit l'explication, la raison de la proposition précédente]. *Il est parti car il avait un rendez-vous.*

2. CAR n.m. (abrév.). Autocar.

CARABE n.m. (gr. *karabos,* crabe). Insecte coléoptère à corps allongé et à longues pattes, qui dévore les insectes, les escargots, etc., d'où peut-être le nom de *jardinière* donné au carabe doré. (Long. 2 cm ; famille des carabidés.)

carabe doré

CARABIDÉ n.m. *Carabidés :* famille d'insectes coléoptères comprenant les carabes et les genres voisins, en tout 15 000 espèces.

1. CARABIN n.m. (anc. fr. *escarabin,* ensevelisseur de pestiférés). Fam. Étudiant en médecine.

2. CARABIN n.m. Soldat de cavalerie légère (XVIe-XVIIe s.).

CARABINE n.f. (de 2. *carabin*). Fusil léger, souvent court, à canon rayé, utilisé comme arme de guerre, de chasse ou de sport.

CARABINÉ, E adj. Fam. Très fort, très intense ; violent. *Une fièvre carabinée.*

CARABINIER n.m. Soldat à cheval ou à pied, armé d'une carabine (XVIIe-XIXe s.). ◇ (Allusion à une opérette d'Offenbach). Fam. *Arriver comme les carabiniers :* arriver trop tard.

CARABISTOUILLE n.f. Belgique. Fam. Blague, galéjade.

CARACAL n.m. (mot esp. ; turc *kara kulak,* oreille noire) [pl. *caracals*]. Lynx à oreilles noires et à robe fauve qui vit en Afrique et en Asie du Sud-Ouest.

CARACO n.m. **1.** Corsage droit, à manches et basques, flottant sur la jupe ou cintré, porté autrefois par les femmes à la campagne. **2.** Sous-vêtement féminin droit et court, couvrant le buste, souvent porté avec une culotte assortie.

CARACOLE n.f. (esp. *caracol,* limaçon). ÉQUIT. **1.** Série de voltes et de demi-voltes exécutées par des cavaliers au manège. **2.** Suite de mouvements désordonnés d'un cheval.

CARACOLER v.i. **1.** Faire des caracoles. **2.** Se mouvoir, évoluer librement, avec vivacité et légèreté. **3.** Fig. Occuper une place dominante, sans grand risque d'être concurrencé. *Caracoler en tête du peloton, des sondages.*

CARACTÈRE n.m. (gr. *kharaktêr,* signe gravé). **I. 1.** Manière habituelle de réagir propre à chaque personne ; personnalité. *Il a un caractère très passionné. Caractère flegmatique.* **2.** Affirmation plus ou moins forte de soi, force d'âme. *Il manque de caractère.* **3.** Ce qui donne à qqch son originalité. *Une construction sans caractère.* **II. 1.** Marque distinctive de qqch ou de qqn ; état ou qualité propre de qqn, de qqch. *Cette lettre a un caractère d'authenticité.* **2.** BIOL. **a.** *Caractère inné* ou *caractère du génotype :* particularité transmissible génétiquement et représentant un ou plusieurs gènes. **b.** *Caractère acquis :* accommodat. **3.** *Danses de caractère :* danses folkloriques authentiques, adaptées à la scène. **III. 1. a.** Petite pièce de métal fondu dont l'empreinte forme le signe d'imprimerie. **b.** Lettre ou signe d'un dessin ou d'un

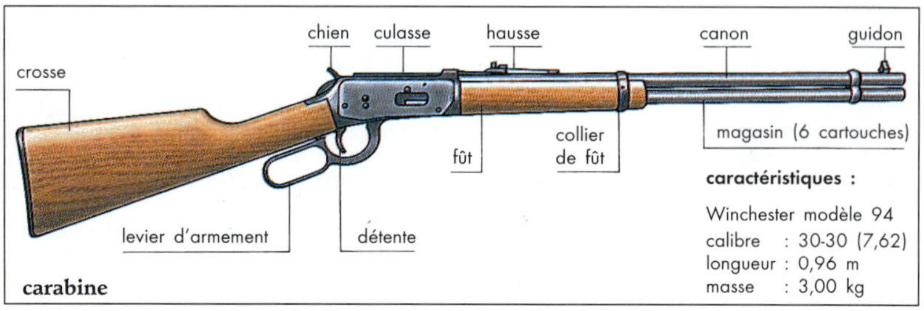

carabine

style particulier servant à la composition ou à l'impression des textes. *Caractère gras, romain, etc.* **2.** Élément, symbole d'une écriture. *Caractères chinois.* **3.** INFORM. Symbole (lettre, chiffre, etc.) pouvant faire l'objet d'un traitement. – Quantité d'information (6 à 8 bits en général), considérée comme unité d'information à traiter par certains organes d'un ordinateur.

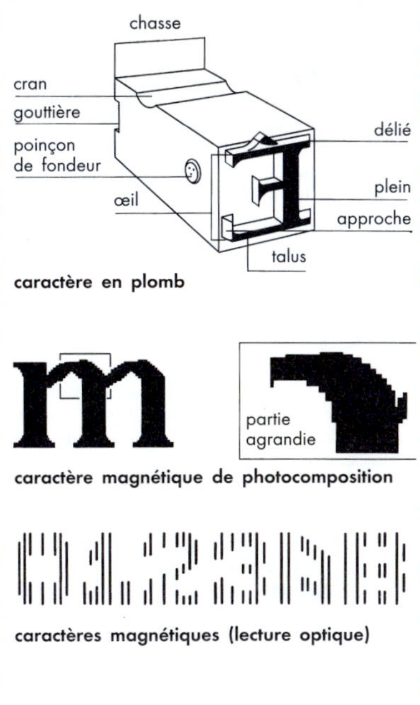

caractères d'imprimerie

CARACTÉRIEL, ELLE n. et adj. Personne (en particulier enfant ou adolescent) dont l'intelligence est normale, mais dont le comportement affectif et social est en rupture continuelle avec le milieu où elle vit. ◆ **adj.** Qui affecte le caractère. *Trouble caractériel.*

CARACTÉRISATION n.f. Action de caractériser ; manière dont qqn ou qqch est défini.

CARACTÉRISÉ, E adj. Qui est nettement marqué ; typique.

CARACTÉRISER v.t. **1.** Définir par un caractère distinctif. **2.** Constituer le caractère essentiel, être le trait dominant de qqn, de qqch. *L'humour qui te caractérise.* ◆ **se caractériser** v.pr. ***(par).*** Avoir pour signe distinctif. *La rougeole se caractérise par une éruption de taches rouges sur la peau.*

1. CARACTÉRISTIQUE adj. Qui caractérise. *Un signe caractéristique.*

2. CARACTÉRISTIQUE n.f. **1.** Ce qui constitue la particularité, le caractère distinctif de qqn ou de qqch. *Les caractéristiques d'une nouvelle moto.* **2.** MATH. Partie entière d'un logarithme décimal.

CARACTÉROLOGIE n.f. Étude et classification des types de caractère.

CARACTÉROLOGIQUE adj. Qui se rapporte à la caractérologie.

CARACUL n.m. → ***karakul.***

CARAFE n.f. (it. *caraffa,* mot ar.). **1.** Bouteille à base large et à col étroit ; son contenu. *Une carafe en cristal. Une carafe de vin blanc.* **2.** Fam. *Rester en carafe :* attendre vainement, rester court. **3.** Pop. Tête.

CARAFON n.m. **1.** Petite carafe. **2.** Pop. Tête.

CARAÏBE adj. et n. Qui se rapporte aux Caraïbes (îles, etc.).

CARAÏTE n. et adj. → ***karaïte.***

CARAMBOLAGE n.m. Action de caramboler ; son résultat.

CARAMBOLE n.f. La bille rouge, au billard.

CARAMBOLER v.i. (esp. *carambola,* fruit exotique). Toucher avec une bille (les deux autres), au billard. ◆ v.t. Fam. En parlant d'un véhicule automobile, heurter par des chocs désordonnés plusieurs obstacles ou objets ; d'autres véhicules).

CARAMBOUILLAGE n.m. ou **CARAMBOUILLE** n.f. (esp. *carambola,* tromperie). Escroquerie qui consiste à revendre au comptant une marchandise sans avoir fini de la payer.

CARAMBOUILLEUR, EUSE n. Personne qui pratique le carambouillage.

CARAMEL n.m. (mot esp.). **1.** Sucre fondu et roussi par l'action de la chaleur. **2.** Bonbon fait avec du sucre, un corps gras (crème, lait) et un parfum. ◆ **adj. inv.** D'une couleur entre le beige et le roux.

CARAMÉLÉ, E adj. **1.** Qui a un goût de caramel. *Une crème caramélée.* **2.** Qui a la couleur ou l'aspect du caramel.

CARAMÉLISATION n.f. Réduction du sucre en caramel sous l'effet de la chaleur.

CARAMÉLISÉ, E adj. Mêlé ou additionné de caramel ; qui a le goût du caramel. *Crème caramélisée.*

CARAMÉLISER v.i. Se transformer en caramel, en parlant du sucre. ◆ v.t. Recouvrir de caramel.

CARAPACE n.f. (esp. *carapacho*). **1.** Revêtement squelettique, dur et solide, qui protège le corps de certains animaux (tortues, crustacés, tatous). **2.** Fig. Ce qui isole qqn des contacts extérieurs, le met à l'abri des agressions de toutes sortes. **3.** MÉTALL. Moule mince en sable additionné de résine thermodurcissable, utilisé pour couler les métaux, surtout la fonte.

CARAPATER (SE) v.pr. Arg. S'enfuir.

CARAQUE n.f. (ar. *karrāka*). Grand navire étroit du haut et très élevé sur l'eau, utilisé au Moyen Âge et jusqu'à la fin du XVIe s.

CARASSE n.f. Empilage de colis de tabacs en feuilles ou fabriqués.

CARASSIN n.m. (all. *Karas ;* du tchèque). Poisson d'eau douce voisin de la carpe. (Le carassin doré est aussi appelé *cyprin doré* ou *poisson rouge.*)

CARAT [kara] n.m. (ar. *qīrāt,* poids). **1.** Quantité d'or fin contenu dans un alliage, exprimée en vingt-quatrièmes de la masse totale. *L'or à vingt-quatre carats est de l'or pur.* ◇ Fam. *Dernier carat :* dernier moment, dernière limite. **2.** *Carat métrique* ou *carat :* unité de mesure de masse de 2 dg, employée dans le commerce des diamants et des pierres précieuses. **3.** Arg. Année d'âge. *Elle a vingt carats à tout casser.*

CARATE n.m. Maladie de peau due à un tréponème *(Treponema carateum)* qui sévit en Amérique centrale et en Amérique du Sud.

CARAVAGESQUE ou **CARAVAGISTE** adj. et n. Qui appartient au caravagisme.

CARAVAGISME n.m. Courant pictural issu de l'œuvre du Caravage, très réaliste et accentuant les contrastes entre l'ombre et la lumière.

CARAVANAGE n.m. Recomm. off. pour *caravaning.*

CARAVANE n.f. (persan *kārawān*). **1.** Roulotte de camping aménagée pour plusieurs personnes et tirée par une voiture. **2.** Groupe de voyageurs, de nomades, de marchands qui traversent ensemble un désert, sur des bêtes de somme ou en voiture. **3.** Groupe de personnes allant de compagnie. *Caravane d'alpinistes.*

CARAVANIER, ÈRE n. **1.** Personne qui pratique le caravaning. **2.** Personne conduisant des bêtes de somme dans une caravane, ou faisant partie d'un groupe traversant des régions désertiques.

CARAVANING [karavaniŋ] n.m. (mot angl.). Camping en caravane. Recomm. off. : *caravanage.*

CARAVANSÉRAIL n.m. (persan *kārawānsarāy*). Vx. Hôtellerie pour les caravanes, en Orient.

CARAVELLE n.f. (port. *caravela*). Navire rapide et de petit tonnage (XVe-XVIe s.).

CARBAMATE n.m. Sel ou ester de l'acide carbamique.

CARBAMIQUE adj. *Acide carbamique :* acide NH_2CO_2H, inconnu à l'état libre, mais connu par ses sels et ses esters (carbamates).

CARBET [karbɛ] n.m. Antilles, Guyane. Petite cabane ou grande case ouverte servant d'abri.

CARBOCHIMIE n.f. Chimie industrielle des produits issus de la houille.

CARBOGÈNE n.m. Mélange gazeux à 90 p. 100 d'oxygène et 10 p. 100 de gaz carbonique, que l'on utilisait pour stimuler la respiration.

CARBOHÉMOGLOBINE n.f. Combinaison instable du gaz carbonique avec l'hémoglobine.

CARBONADE ou **CARBONNADE** n.f. Ragoût à base de tranches de bœuf braisées avec des oignons émincés, mouillées à la bière.

CARBONADO n.m. (mot brésilien, *charbonneux*). Diamant noir utilisé dans les outils de forage des roches.

CARBONARISME n.m. Mouvement politique dont les membres formaient une société secrète qui lutta contre la domination napoléonienne dans le royaume de Naples (1806-1815) puis contre les souverains italiens et qui se développa aussi en France après 1818. SYN. : ***charbonnerie.***

CARBONARO n.m. (mot it., *charbonnier*) [pl. *carbonaros* ou *carbonari*]. Partisan du carbonarisme.

CARBONATATION n.f. Transformation en carbonate.

CARBONATE n.m. Sel ou ester de l'acide carbonique.

CARBONATÉ, E adj. GÉOL. Qui est formé essentiellement de carbonate (calcaire, dolomie), en parlant d'une roche.

CARBONATER v.t. **1.** Transformer en carbonate. **2.** Additionner de carbonate.

CARBONE n.m. (lat. *carbo, -onis,* charbon). **1.** Corps simple non métallique, constituant l'élément essentiel des charbons et des composés organiques, et se présentant sous forme cristallisée (diamant, graphite) ou amorphe (charbon de terre, houille, anthracite, lignite) ; élément (C) de numéro atomique 6 et de masse atomique 12,01. – *Carbone 14 :* isotope radioactif du carbone prenant naissance dans l'atmosphère et permettant la datation d'échantillons d'origine animale ou végétale. – *Cycle du carbone :* suite des transformations et des combinaisons du carbone (atmosphère, plantes vertes, animaux, sol puis atmosphère). [*V. illustration p. 186.*] **2.** *Papier carbone* ou *carbone,* n.m. : papier enduit d'une couche pigmentée transférable par pression, utilisé pour obtenir des copies d'un document.

■ Le carbone est infusible, bon conducteur de la chaleur et de l'électricité ; il est combustible et réducteur. Il forme de très nombreux composés, dont l'étude constitue la *chimie organique.* Il entre dans la composition de tous les tissus animaux ou végétaux.

CARBONÉ, E adj. Qui contient du carbone. – *Roches carbonées :* roches sédimentaires d'origine organique, essentiellement formées de carbone (charbon, pétrole, etc.).

1. CARBONIFÈRE adj. Qui contient du charbon. *Terrain carbonifère.*

2. CARBONIFÈRE n.m. Période de l'ère primaire au cours de laquelle se sont formés les grands dépôts de houille. SYN. : ***houiller.***

CARBONIQUE adj. *Anhydride* ou *gaz carbonique :* gaz (CO_2) résultant de la combinaison du carbone avec l'oxygène. SYN : ***dioxyde de carbone.***

■ L'anhydride carbonique est produit par la combustion du charbon, la fermentation des liquides, la respiration des animaux, des plantes, etc. C'est un gaz incolore, inodore et plus lourd que l'air (d = 1,52). Solidifié (– 78,5 °C), il constitue la *neige carbonique.* En solution aqueuse, l'anhydride carbonique donne l'acide

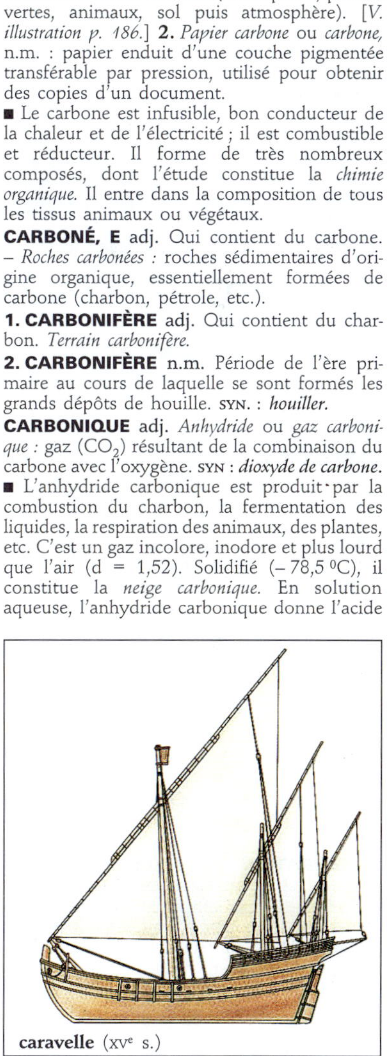

caravelle (XVe s.)

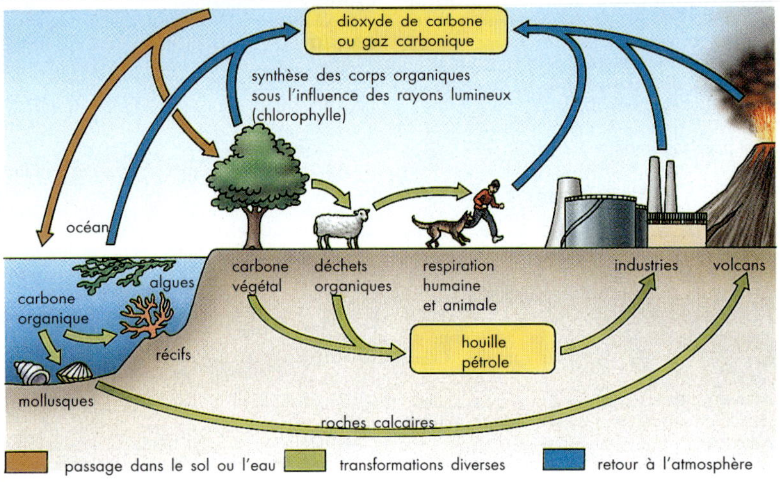

cycle du **carbone**

carbonique H_2CO_3, trop instable pour être isolé, mais dont on utilise les sels, les *carbonates.*

CARBONISAGE n.m. Opération consistant à imprégner la laine d'un acide pour détruire les impuretés végétales qu'elle peut contenir.

CARBONISATION n.f. Transformation d'un corps en charbon, notamment par combustion.

CARBONISER v.t. **1.** Brûler complètement. **2.** Réduire en charbon. *Carboniser du bois.*

CARBONITRURATION n.f. Procédé thermochimique de cémentation de l'acier par le carbone et l'azote.

CARBONITRURER v.t. Effectuer la carbonitruration de (un acier).

CARBONNADE n.f. → ***carbonade.***

CARBONYLE n.m. **1.** CHIM. Radical carboné divalent —CO—. ◇ *Groupe carbonyle :* groupe C=O caractéristique des cétones et des aldéhydes. **2.** PEINT. Mélange d'huile de créosote et d'huile d'anthracène utilisé pour protéger le bois.

CARBONYLÉ, E adj. Qui contient le radical carbonyle, en parlant d'un composé.

CARBORUNDUM [karbɔrɔ̃dɔm] n.m. (nom déposé). Abrasif de la marque de ce nom, carbure de silicium (SiC).

CARBOXYHÉMOGLOBINE n.f. Combinaison, difficilement dissociable, du monoxyde de carbone avec l'hémoglobine, qui se forme au cours de l'intoxication par le monoxyde de carbone.

CARBOXYLASE n.f. Enzyme qui transforme l'acide pyruvique en aldéhyde acétique par dissociation du groupement carboxyle (CO_2H), dans le métabolisme des glucides.

CARBOXYLE n.m. Radical univalent —COOH des acides carboxyliques.

CARBOXYLIQUE adj. *Acide, ester carboxylique,* qui contient le radical carboxyle.

1. CARBURANT adj.m. (lat. *carbo,* charbon). **1.** Qui carbure. **2.** Qui contient un hydrocarbure.

2. CARBURANT n.m. **1.** Combustible qui alimente un moteur à explosion ou un moteur à combustion interne. **2.** MÉTALL. Produit utilisé pour enrichir en carbone un métal ou un alliage.

CARBURATEUR n.m. Organe d'un moteur à explosion qui réalise le mélange gazeux d'essence et d'air.

CARBURATION n.f. **1.** AUTOM. Action de carburer l'air ; formation, dans le carburateur, du mélange gazeux inflammable et combustible alimentant le moteur à explosion. **2.** MÉTALL. Enrichissement du fer en carbone, dans la fabrication de l'acier.

CARBURE n.m. **1.** Combinaison de carbone et d'un autre corps simple. *Carbure d'hydrogène.* **2.** *Carbure de calcium* (CaC_2), utilisé pour produire de l'acétylène (lampes).

CARBURÉ, E adj. **1.** Qui contient du carbure, du carbone. **2.** Qui résulte du mélange d'air et de carburant. *Mélange carburé.*

CARBURÉACTEUR n.m. AVIAT. Carburant pour moteur à réaction ou turbine à gaz.

CARBURER v.t. **1.** MÉTALL. *Carburer le fer,* l'enrichir en carbone. **2.** AUTOM. Mélanger un carburant à l'air pour produire la combustion, en parlant d'un moteur à explosion. ◆ v.i. Pop. **1.** *Carburer à :* boire abondamment, habituellement (telle boisson alcoolisée). *Il carbure au whisky.* **2.** Travailler. ◇ Spécialt. Réfléchir, faire travailler son esprit. *Carbure un peu, tu trouveras la solution.* **3.** *Ça carbure :* ça va bien, vite, rondement.

CARBUROL n.m. Carburant de substitution à l'essence, utilisé en mélange avec celle-ci et obtenu à partir de charbon, de gaz naturel ou de biomasse (canne à sucre, maïs, topinambour).

CARCAILLER ou **COURCAILLER** v.i. (onomat.). Pousser son cri, en parlant de la caille.

CARCAJOU [-ʒu] n.m. (orig. canadienne). Blaireau d'Amérique du Nord.

CARCAN n.m. **1.** Anc. Collier de fer servant à attacher le criminel au poteau d'exposition. **2.** Ce qui entrave la liberté, qui contraint, asservit. *Le carcan de la discipline, du règlement.*

CARCASSE n.f. **1.** Squelette d'un animal. *Carcasse du cheval.* ◇ Spécialt. En boucherie, corps d'un animal sans les abats ni les issues, destiné à la consommation. ◇ Corps d'une volaille sans les cuisses, ni les ailes. *Carcasse de poulet.* **2.** Fam. Corps d'une personne. *Sauver sa carcasse.* **3.** Armature (de certains objets). *Carcasse d'abat-jour. Pneu à carcasse radiale.*

CARCEL [karsɛl] n.m. Anc. Lampe à huile à rouages et à piston, inventée par l'horloger français Carcel en 1800.

CARCÉRAL, E, AUX adj. (lat. *carcer, -eris,* prison). De la prison ; relatif au régime pénitentiaire.

CARCINOGÈNE adj. et n.m. Cancérogène.

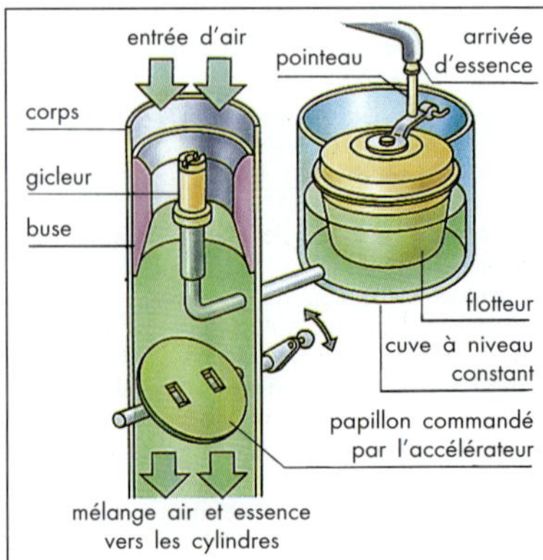

carburateur

CARCINOGENÈSE n.f. Cancérogenèse.

CARCINOÏDE adj. et n.m. Se dit d'une tumeur à malignité réduite.

CARCINOLOGIE n.f. Cancérologie.

CARCINOMATEUX, EUSE adj. De la nature du carcinome.

CARCINOME n.m. (gr. *karkinôma,* tumeur cancéreuse). Cancer à structure épithéliale prédominante. SYN. : *épithélioma.*

CARDAGE n.m. Action de carder ; son résultat.

CARDAMINE n.f. (gr. *kardamon,* cresson). Plante des prés humides mesurant jusqu'à 50 cm de haut, appelée usuellement *cressonnette.* (Famille des crucifères.)

CARDAMOME n.f. (gr. *kardamômon*). Plante d'Asie dont les graines odorantes et de saveur poivrée sont souvent employées, au Proche-Orient, pour parfumer le café. (Famille des zingibéracées.)

CARDAN n.m. (du savant it. *Cardano*). Mécanisme permettant le déplacement angulaire dans toutes les directions de deux arbres dont les axes sont concourants. (Appelé aussi *joint de cardan.*) ◇ Spécialt. En automobile, ce mécanisme, transmettant aux roues motrices et directrices leur mouvement de rotation.

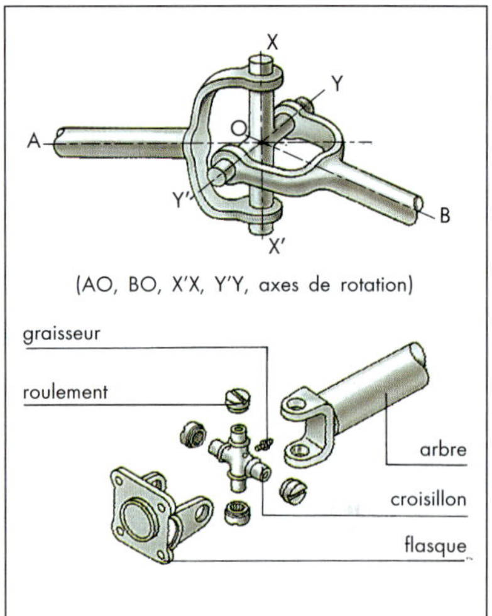

cardan : principe et détail

1. CARDE n.f. (prov. *cardo*). Côte comestible des feuilles de cardon et de bette.

2. CARDE n.f. (picard *carda*). **1.** Tête épineuse de la cardère (ou chardon à foulon) utilisée autrefois pour le cardage. **2.** TEXT. **a.** Machine cylindrique garnie de pointes métalliques pour peigner les matières textiles. **b.** Peigne muni de pointes d'acier pour le cardage à la main.

CARDÉ n.m. **1.** Fil généralement composé de fibres courtes et grossières et n'ayant pas subi l'opération de peignage. **2.** Étoffe tissée avec du cardé.

CARDER v.t. Peigner, démêler (des fibres textiles) avec la carde.

CARDÈRE n.f. (lat. *carduus,* chardon). Chardon haut sur tige, commun dans les fossés et les lieux incultes, utilisé autrefois dans l'industrie textile et appelé usuellement *chardon à foulon.*

cardère

CARDEUR, EUSE n. Ouvrier, ouvrière qui carde.

CARDEUSE n.f. Machine à carder.

CARDIA n.m. (gr. *kardia,* cœur). Orifice supérieur de l'estomac, où s'abouche l'œsophage.

CARDIAL, E, AUX adj. Du cardia.

CARDIALGIE n.f. Douleur siégeant dans la région du cœur ou dans la région du cardia.

CARDIAQUE adj. (gr. *kardiakos,* de *kardia,* cœur). Du cœur. *Artère cardiaque.* ◆ adj. et n. Atteint d'une maladie de cœur.

CARDIGAN n.m. (mot angl., du comte de *Cardigan*). Veste de tricot, à manches longues, sans col, qui se boutonne jusqu'au cou.

1. CARDINAL, E, AUX adj. (lat. *cardinalis,* de *cardo, -inis,* pivot). **1.** *Adjectif numéral cardinal, nombre cardinal* ou *cardinal,* n.m., qui expriment la quantité, le nombre, comme *un, deux, trois,* etc. → ***ordinal.*** **2.** *Points cardinaux,* les quatre points de repère permettant de s'orienter : nord, est, sud, ouest. **3.** Fondamental, essentiel. ◇ CATH. *Vertus cardinales,* les quatre vertus fondamentales : justice, prudence, tempérance, force. ◆ n.m. MATH. *Cardinal d'un ensemble infini :* ensemble de tous les ensembles qui ont même puissance que cet ensemble. (Le cardinal de l'ensemble des entiers se note aleph zéro : [$\aleph_0$].)

2. CARDINAL n.m. (pl. *cardinaux*). **1.** Membre du Sacré Collège, électeur et conseiller du pape. *Les cardinaux réunis en conclave élisent le pape.* ◇ HIST. *Les cardinaux noirs :* les treize cardinaux qui refusèrent d'assister à la bénédiction religieuse du mariage de Napoléon Ier avec Marie-Louise. **2.** Passereau d'Amérique, au plumage rouge écarlate.

CARDINALAT n.m. Dignité de cardinal.

CARDINALICE adj. Des cardinaux. *Siège cardinalice. Pourpre cardinalice.*

CARDIOGRAMME n.m. Tracé obtenu à l'aide d'un cardiographe.

CARDIOGRAPHE n.m. Appareil enregistreur des mouvements du cœur.

CARDIOGRAPHIE n.f. Étude et enregistrement des mouvements du cœur à l'aide du cardiographe.

CARDIOÏDE adj. Didact. En forme de cœur.

CARDIOLOGIE n.f. Partie de la médecine qui traite du cœur et de ses maladies.

CARDIOLOGUE n. Spécialiste de cardiologie.

CARDIOMÉGALIE n.f. MÉD. Augmentation de volume du cœur.

CARDIOMYOPATHIE n.f. Affection du myocarde caractérisée par un dysfonctionnement du cœur et évoluant vers l'insuffisance cardiaque.

CARDIOPATHIE n.f. Affection, maladie du cœur.

CARDIO-PULMONAIRE adj. (pl. *cardio-pulmonaires*). Qui concerne le cœur et les poumons.

CARDIO-RÉNAL, E, AUX adj. (pl. *cardio-rénaux*). Qui concerne le cœur et les reins.

CARDIO-RESPIRATOIRE adj. (pl. *cardio-respiratoires*). Qui concerne le cœur et l'appareil respiratoire.

CARDIOTHYRÉOSE n.f. Trouble cardiaque provoqué par l'hyperthyroïdie.

CARDIOTOMIE n.f. CHIR. Ouverture des cavités cardiaques.

CARDIOTONIQUE adj. et n.m. Se dit d'une substance qui stimule le cœur. SYN. : *tonicardiaque.*

CARDIO-VASCULAIRE adj. (pl. *cardio-vasculaires*). Qui concerne le cœur et les vaisseaux. *Maladies cardio-vasculaires* (infarctus du myocarde, angine de poitrine, etc.).

1. CARDITE n.f. (lat. *cardita,* de *cardia,* cœur). Mollusque bivalve, à coquille ovale, répandu dans les mers chaudes et tempérées.

2. CARDITE n.f. (lat. *carditis,* de *cardia,* cœur). Inflammation d'une membrane ou tunique du cœur → ***péricardite, myocardite*** et ***endocardite.***

CARDON n.m. (prov. *cardoun*). Plante potagère vivace, dont on consomme la base charnue des feuilles (carde) après étiolement.

CARÊME n.m. (lat. *quadragesima dies,* le quarantième jour). **1.** Temps de pénitence consacré, par les Églises chrétiennes, à la préparation de Pâques, et s'étendant du mercredi des Cendres au jeudi saint, soit quarante jours (selon un calcul datant de l'époque où, les dimanches en étant exclus, le carême se prolongeait jusqu'au samedi saint). **2.** Jeûne observé pendant cette période. *Faire carême. – Face de carême :* visage pâle et défait ou triste et maussade. **3.a.** Antilles. Saison sèche. **b.** Afrique. Jeûne du ramadan.

CARÊME-PRENANT n.m. (pl. *carêmes-prenants*). Vieilli. Les trois jours gras qui précèdent le carême.

1. CARÉNAGE n.m. MAR. **1.** Action de caréner un navire ; son résultat. **2.** Partie d'un port où l'on carène.

2. CARÉNAGE n.m. Carrosserie profilée aérodynamique d'un véhicule.

CARENCE n.f. (lat. *carere,* manquer). **1.** DR. Manque de ressources d'un débiteur ; insolvabilité. **2.** Fait pour une personne, une autorité, de se dérober devant ses obligations, de manquer à son devoir ; situation qui en résulte. *La carence du pouvoir, du gouvernement.* **3. a.** MÉD. Absence ou insuffisance d'éléments indispensables à l'organisme (sels minéraux, vitamines, protéines, etc.). **b.** *Carence affective :* absence ou insuffisance de relations affectives de l'enfant avec sa mère pendant la première enfance. **4.** DR. *Délai de carence :* période légale pendant laquelle une personne, notamment un assuré social malade, n'est pas indemnisée.

CARENCER v.t. [16]. MÉD. Déterminer une carence chez (une personne), dans (un organisme).

CARÈNE n.f. (lat. *carina,* coquille de noix). **1.** MAR. Partie immergée de la coque d'un navire comprenant la quille et les œuvres vives. **2.** BOT. Pièce formée par les deux pétales inférieurs, dans la fleur des papilionacées.

1. CARÉNER v.t. [18]. Nettoyer, réparer la carène de (un navire).

2. CARÉNER v.t. [18]. Donner une forme aérodynamique à (une carrosserie) ; pourvoir (un véhicule) d'un carénage. *Locomotive carénée.*

CARENTIEL, ELLE [-sjɛl] adj. MÉD. Relatif, consécutif à une carence.

CARESSANT, E adj. **1.** Qui caresse, aime à caresser. **2.** Qui a la douceur d'une caresse. *Une voix caressante.*

CARESSE n.f. Attouchement tendre, affectueux ou sensuel. ◇ Fig., litt. Frôlement doux et agréable. *Les caresses de la brise.*

CARESSER v.t. (it. *carezzare,* chérir). **1.** Faire des caresses à. *Caresser un enfant, ses cheveux.* ◇ Fig., litt. Effleurer agréablement. *Un vent chaud qui caresse.* **2.** Fig. *Caresser une idée, un rêve, etc.,* en entretenir l'espoir avec complaisance.

1. CARET [karɛ] n.m. (esp. *carey*). Grande tortue des mers chaudes, comestible, renommée pour son écaille. SYN. : *caouanne.*

caret

2. CARET [karɛ] n.m. (picard *car,* char). TEXT. Dévidoir utilisé par les cordiers. ◇ *Fil de caret :* gros fil de fibres naturelles servant à fabriquer les cordages.

CAREX [karɛks] n.m. (mot lat.). BOT. Plante monocotylédone des zones humides, à feuille coupante et à tige triangulaire, communément appelée *laîche.*

CAR-FERRY [karferi] n.m. (mots angl.) [pl. *car-ferrys* ou *car-ferries*]. Navire qui assure le transport simultané de passagers et de véhicules motorisés ou non. Recomm. off. : ***transbordeur*** ou ***navire transbordeur.***

CARGAISON n.f. (prov. *cargar,* charger). **1.** Ensemble des marchandises transportées par un navire, un avion, un camion, etc. SYN. : *fret.* **2.** Fam. Grande quantité.

CARGNEULE [karɲœl] n.f. Dolomie impure contenant du gypse ou du calcaire dont la dissolution par l'érosion chimique différentielle donne à la roche un aspect caverneux.

CARGO n.m. (angl. *cargo-boat,* bateau de charge). Navire réservé au transport des marchandises. ◇ *Cargo mixte :* cargo qui transporte quelques passagers en sus de son fret.

CARGUE n.f. Cordage servant à replier ou à serrer une voile contre la vergue ou le mât.

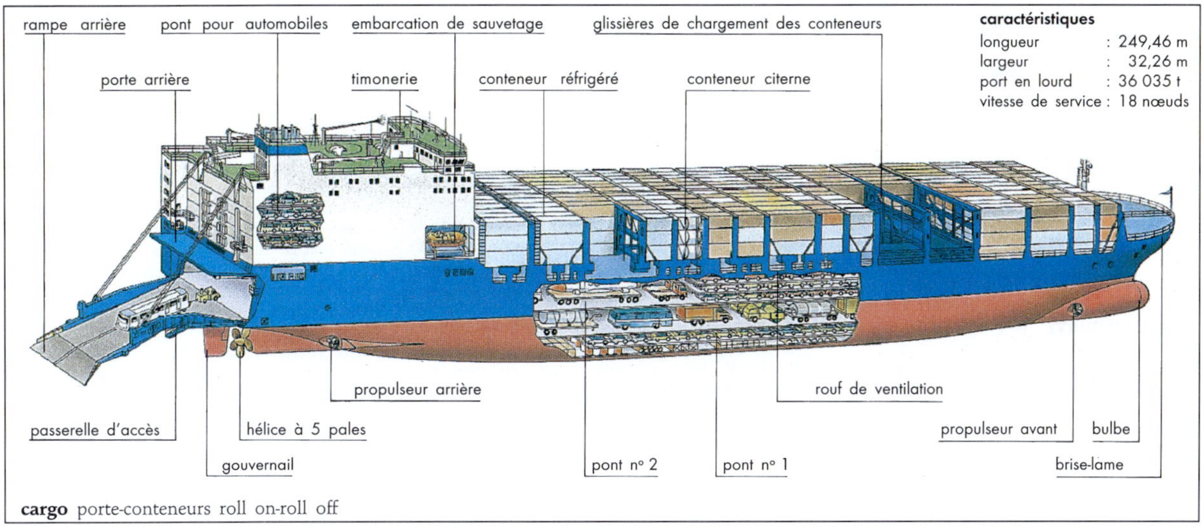

cargo porte-conteneurs roll on-roll off

CARGUER v.t. (prov. *cargar,* charger). MAR. Replier, serrer (une voile) autour d'un espar (vergue, bôme, mât) à l'aide de cargues.

CARI n.m. → ***curry.***

CARIACOU [karjaku] n.m. ZOOL. Cerf américain aux bois recourbés vers l'avant.

CARIANT, E ou **CARIOGÈNE** adj. Qui provoque des caries.

CARIATIDE n.f. → ***caryatide.***

CARIBÉEN, ENNE adj. et n. De la Caraïbe (région géographique).

CARIBOU n.m. (mot algonquin). Renne du Canada.

CARICATURAL, E, AUX adj. **1.** Qui tient de la caricature. **2.** Exagéré, grotesque.

CARICATURE n.f. (it. *caricatura,* du lat. *caricare,* charger). **1.** Dessin, peinture, etc., donnant de qqn, de qqch une image déformée de façon significative, outrée, burlesque. **2.** Description comique ou satirique d'une personne, d'une société. **3.** Représentation infidèle d'une réalité. **4.** Personne laide, ridicule.

Caricature (1840) par Daumier : *la Lecture du journal.* « Ah ! j'espère qu'aujourd'hui enfin mon grand Journal m'apprendra quelque chose de nouveau et de définitif touchant la crise actuelle... voyons... *La situation est grave...* Hum ! Hum ! ça commence à devenir monotone. » (Refrain de chaque matin.) [B.N., Paris]

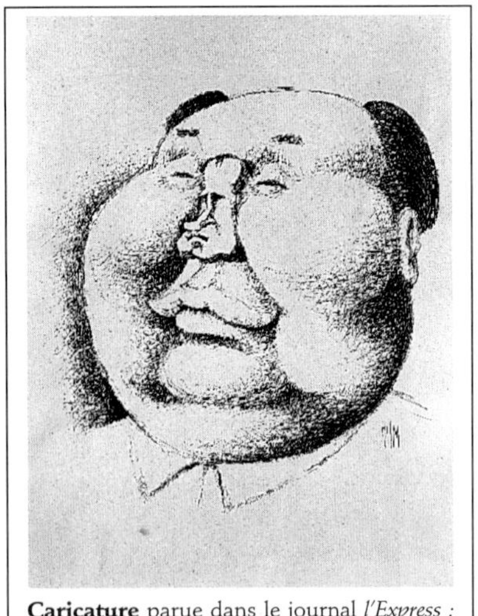

Caricature parue dans le journal *l'Express :* la rencontre de Mao Zedong et du président Nixon à Pékin, en février 1972, vue par Tim.

CARICATURER v.t. Faire une caricature graphique, plastique ou mimée de (qqn, qqch).

CARICATURISTE n. Dessinateur, imitateur qui fait des caricatures.

CARIE n.f. (lat. *caries,* pourriture). **1.** Maladie dentaire due à la dégradation progressive de l'émail et de la dentine, aboutissant à la formation d'une cavité grandissante. **2.** Maladie cryptogamique des plantes, altérant leurs graines.

CARIÉ, E adj. *Dent cariée,* attaquée par la carie.

CARIER v.t. Gâter par l'effet d'une carie. ◆ **se carier** v.pr. Être attaqué par une carie.

CARIEUX, EUSE adj. *Maladie carieuse :* carie dentaire.

CARILLON n.m. (lat. *quaternio,* groupe de quatre objets). **1.** Série de cloches fixes, frappées de l'extérieur, disposées de manière à fournir une ou plusieurs gammes permettant l'exécution de mélodies. **2.** Sonnerie de cloches, vive et gaie, du carillon. **3.** Horloge sonnant les quarts et les demies, et faisant entendre un air pour marquer les heures. **4.** *Carillon électrique :* sonnerie électrique à deux ou plusieurs tons.

CARILLONNÉ, E adj. *Fête carillonnée :* fête solennelle, annoncée par des carillons.

CARILLONNEMENT n.m. Action de carillonner ; son, mélodie produits par un carillon.

CARILLONNER v.i. **1.** Sonner en carillon. *Les cloches carillonnaient.* **2.** Fam. Agiter fortement, longuement une clochette ou une sonnerie. *Carillonner à une porte.* ◆ v.t. **1.** Annoncer par un carillon. *Carillonner une fête.* **2.** Faire savoir avec bruit. *Carillonner une nouvelle.*

CARILLONNEUR, EUSE n. Personne chargée du service d'un carillon.

CARINATE n.m. *Carinates :* sous-classe d'oiseaux dont le sternum est muni d'un bréchet (elle compte tous les oiseaux, sauf les manchots et les ratites).

CARIOCA adj. et n. De Rio de Janeiro.

CARIOGÈNE adj. → ***cariant.***

CARISTE n.m. Conducteur de chariots automoteurs de manutention (dans une usine, un entrepôt, etc.).

CARITATIF, IVE adj. (lat. *caritas,* charité). Relatif à la vertu chrétienne de charité. ◇ Spécialt. Se dit d'associations qui ont pour objet de dispenser aux plus démunis une aide matérielle ou morale. *Association caritative.*

1. CARLIN n.m. (it. *carlino*). Ancienne monnaie napolitaine, d'or ou d'argent.

2. CARLIN n.m. (de l'acteur *Carlo Bertinazzi*). Petit chien à poil ras et au museau aplati.

CARLINE n.f. (prov. *carlino,* chardon). Chardon herbacé ou ligneux des lieux secs.

CARLINGUE n.f. (scand. *kerling*). **1.** Pièce longitudinale placée au fond d'un navire, parallèlement à la quille, pour renforcer la structure. **2.** Partie du fuselage d'un avion occupée par l'équipage et les passagers.

CARLINGUIER n.m. Monteur de carlingues d'avions.

CARLISME n.m. Tendance et système politique des partisans de don Carlos (Charles* de Bourbon, comte de Molina) et de ses descendants qui tentèrent de s'emparer du trône d'Espagne lors de trois guerres : 1833-1839, 1846-1849, 1872-1876. (Le carlisme représente encore en Espagne une sensibilité politique.)

CARLISTE adj. Relatif au carlisme. ◆ adj. et n. Partisan de cette tendance et de ce système politique.

CARMAGNOLE n.f. **1.** Veste courte portée pendant la Révolution. **2.** (Avec la majuscule). Ronde chantée et dansée en farandole par les révolutionnaires.

CARME n.m. (du mont *Carmel,* en Palestine). Religieux de l'ordre du Carmel, ordre contemplatif institué en Syrie au XIIe s., rangé au XIIIe s. parmi les ordres mendiants. (On distingue les *carmes chaussés,* fidèles aux règles d'origine, des *carmes déchaux* ou *déchaussés* [pieds nus dans des sandales], adeptes de la réforme de saint Jean de la Croix, en 1593.)

CARMELINE adj.f. et n.f. (esp. *carmelina*). *Laine carmeline* ou *carmeline :* laine de vigogne.

CARMÉLITE n.f. (de *Carmel*). Religieuse de la branche féminine de l'ordre du Carmel, demeurée contemplative. (Les *carmélites déchaussées* suivent la réforme instituée par sainte Thérèse d'Ávila.)

CARMIN n.m. (ar. *qirmiz*). Matière colorante d'un rouge légèrement violacé, tirée autrefois de la femelle de la cochenille ; la couleur correspondante. ◆ adj. inv. De la couleur du carmin.

CARMINATIF, IVE adj. (du lat. *carminare,* nettoyer). Vx. Qui favorise l'expulsion des gaz intestinaux. *Remède carminatif.*

CARMINÉ, E adj. Qui tire sur le carmin.

CARNAGE n.m. (lat. *caro, carnis,* chair). Massacre sanglant causant de nombreuses victimes.

CARNASSIER, ÈRE adj. (mot prov. ; du lat. *caro, carnis,* chair). **1.** Qui se nourrit de chair crue, de proies vivantes. *Animal carnassier.* SYN. : *carnivore.* **2.** Caractéristique d'un tel mode d'alimentation. *Mœurs carnassières.* ◇ ZOOL. *Dent carnassière* ou *carnassière,* n.f. : grosse molaire coupante des carnivores. **3.** Qui aime la viande.

CARNASSIÈRE n.f. (prov. *carnassiero*). **1.** CHASSE. Sac pour mettre le gibier. **2.** Dent carnassière.

CARNATION [karnasjɔ̃] n.f. Teint, coloration de la peau.

CARNAU n.m. → ***carneau.***

CARNAVAL n.m. (it. *carnevale,* mardi gras) [pl. *carnavals*]. **1.** Temps de réjouissances profanes depuis l'Épiphanie jusqu'au mercredi des Cendres. **2.** Ces réjouissances elles-mêmes (bals, cortèges, mascarades). **3.** Mannequin grotesque personnifiant le carnaval, enterré ou brûlé le mercredi des Cendres. *Sa Majesté Carnaval. Brûler Carnaval.*

CARNAVALESQUE adj. Qui relève du carnaval, qui l'évoque ; grotesque, extravagant.

CARNE n.f. (normand *carne,* charogne). Pop. **1.** Viande dure. **2.** Vieux cheval.

CARNÉ, E adj. (lat. *caro, carnis,* chair). **1.** Qui est d'une couleur chair. *Œillet carné.* **2.** Qui se compose de viande. *Alimentation carnée.*

CARNEAU ou **CARNAU** n.m. (anc. forme de *créneau*). Ouverture pratiquée dans la voûte d'un four pour le passage des flammes.

CARNÈLE n.f. Bordure qui entoure le cordon de la légende de certaines pièces de monnaie.

1. CARNET n.m. (bas lat. *quaternio,* groupe de quatre). **1.** Petit cahier de poche servant à inscrire des notes, des comptes, des adresses, etc. **2.** Assemblage d'imprimés, de tickets, de timbres, de billets, etc., détachables. *Carnet de chèques.* **3.** *Carnet de commandes :* ensemble des commandes reçues par une entreprise.

2. CARNET n.m. (de *carner,* var. de *crener,* entailler). Rigole d'écoulement de l'eau d'une galerie de mine.

CARNIER n.m. (mot prov. ; lat. *caro, carnis,* chair). Gibecière, petite carnassière.

CARNIFICATION ou **CARNISATION** n.f. MÉD. Dégradation d'un tissu, en particulier du parenchyme pulmonaire, qui prend l'aspect d'un tissu musculaire.

1. CARNIVORE adj. et n. (lat. *caro, carnis,* chair, et *vorare,* dévorer). **1.** Qui se nourrit de chair. SYN. : *carnassier.* **2.** Qui aime la viande.

2. CARNIVORE n.m. *Carnivores :* ordre de mammifères terrestres munis de griffes, de fortes canines (crocs) et de molaires tranchantes (carnassières) adaptées à un régime surtout carné. (Il comprend les familles des canidés, ursidés, procyonidés, mustélidés, viverridés, hyénidés et félidés.)

CARNOTSET ou **CARNOTZET** [karnɔtze] n.m. Suisse. Local aménagé, généralement dans une cave, pour boire entre amis.

CAROLINGIEN, ENNE adj. Des Carolingiens, de leur dynastie. *La Renaissance carolingienne.*

CAROLUS [karɔlys] n.m. (lat. *Carolus,* Charles). Monnaie d'argent émise par Charles VIII.

CARONADE n.f. (de *Carron,* v. d'Écosse). Canon gros et court, tirant à mitraille (XVIIIe et XIXe s.).

CARONCULE n.f. (lat. *caruncula*). **1.** ANAT. Excroissance charnue. *Caroncule lacrymale,* située à l'angle interne des paupières. *Grande, petite caroncule :* saillies de la paroi interne du duodénum. (La première reçoit le canal cholédoque et le canal principal du pancréas. Le canal accessoire du pancréas débouche dans la seconde, 3 cm plus haut.) **2.** ZOOL. Excroissance charnue, rouge, ornant la tête et le cou de certains animaux (dindon, coq, pigeon, casoar). SYN. : *fraise.*

CAROTÈNE n.m. BIOL. Pigment jaune ou rouge présent chez les végétaux (carotte surtout) et les animaux (corps jaune de l'ovaire).

CAROTIDE n.f. (gr. *karôtides ;* de *karoun,* assoupir). ANAT. Chacune des artères conduisant le sang du cœur à la tête.

■ L'artère *carotide primitive* droite naît par bifurcation du tronc brachiocéphalique ; l'artère carotide primitive gauche naît directement de la crosse de l'aorte. Chacune des deux carotides primitives se divise en *carotide externe* (qui fournit la vascularisation de la face) et *carotide interne* (vascularisation de l'encéphale).

CAROTIDIEN, ENNE adj. De la carotide.

CAROTTAGE n.m. **1.** Extraction de carottes de terrain. **2.** Fam. Petite escroquerie.

CAROTTE n.f. (lat. *carota,* du gr.). **1.** Plante bisannuelle à racine pivotante de la famille des ombellifères. **2.** Racine comestible de cette plante, riche en sucre. ◇ Fam. *Les carottes sont cuites :* le dénouement (et, le plus souvent, le dénouement fâcheux ou fatal) est proche, inéluctable. – *La carotte et le bâton :* l'alternance de promesses et de menaces. **3.** Feuille de tabac à chiquer roulée en forme de carotte. ◇ Enseigne des bureaux de tabac, évoquant la forme d'une carotte à chiquer. **4.** Échantillon cylindrique de terrain prélevé en profondeur au moyen du carottier. **5.** Fam. *Tirer une carotte à qqn,* lui extorquer qqch par ruse. ◆ adj. inv. De couleur rouge tirant sur le roux. *Cheveux carotte.*

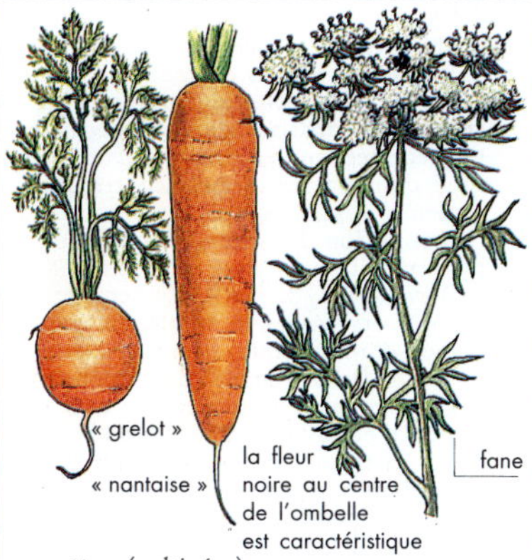

carottes (cultivées)

CAROTTER v.t. **1.** Fam. Soutirer (qqch) à qqn par ruse. **2.** Extraire du sol (une carotte de terrain).

CAROTTEUR, EUSE ou **CAROTTIER, ÈRE** adj. **1.** Fam. Qui carotte, commet de petits vols. **2.** Adapté au prélèvement d'une carotte de terrain. *Outil carotteur.*

CAROTTIER n.m. ou **CAROTTEUSE** n.f. Outil placé à l'extrémité d'une tige de forage et destiné à prélever des échantillons du sous-sol (carottes).

CAROUBE ou **CAROUGE** n.f. (ar. *kharrūba*). Fruit du caroubier, gousse à pulpe sucrée, comestible.

CAROUBIER n.m. Grand arbre méditerranéen à feuilles persistantes. (Haut. max. 12 m ; famille des césalpiniacées.)

CAROUGE n.f. → ***caroube.***

CARPACCIO [karpatʃjo] n.m. (de *Carpaccio,* n. pr.). Viande de bœuf crue, coupée en fines lamelles nappées d'huile d'olive et de citron.

CARPATIQUE adj. Des Carpates.

1. CARPE n.f. (lat. *carpa*). Poisson de la famille des cyprinidés habitant les eaux profondes des rivières et des étangs. ◇ *Muet comme une carpe :* totalement muet. – *Saut de carpe :* bond d'un gymnaste allongé sur le dos qui se relève d'une détente brusque du corps. SYN. : ***saut carpé.***
■ La carpe peut atteindre 80 cm de long et peser 15 kg. La femelle pond au printemps plusieurs centaines de milliers d'œufs. La carpe fournit une chair estimée, qui justifie son élevage en étangs ou en bassins (carpiculture).

carpe

2. CARPE n.m. (gr. *karpos,* jointure). ANAT. Partie du squelette de la main, articulée entre l'avant-bras et le métacarpe.

CARPÉ adj.m. *Saut carpé :* saut de carpe.

CARPEAU n.m. Jeune carpe.

CARPELLE n.m. (gr. *karpos,* fruit). BOT. Chacune des pièces florales dont l'ensemble soudé forme le pistil des fleurs.

CARPETBAGGER [karpɛtbagər] n.m. (mot amér., de *carpetbag,* sac de voyage). HIST. Nordiste venu s'installer dans les États du Sud après la guerre de Sécession et considéré avec mépris par les Sudistes.

CARPETTE n.f. (angl. *carpet ;* de l'anc. fr.). **1.** Petit tapis, souvent rectangulaire. *Carpette servant de descente de lit.* **2.** Fam. Personne servile.

CARPETTIER n.m. Tisseur spécialisé dans la fabrication des carpettes, tapis de sol, moquettes.

CARPICULTURE n.f. Élevage de la carpe.

CARPIEN, ENNE adj. ANAT. Du carpe.

CARPILLON n.m. Très jeune carpe.

CARPOCAPSE n.f. (gr. *karpos,* fruit, et *kaptein,* cacher). Papillon, appelé aussi *pyrale des pommes,* dont la chenille, ou *ver des fruits,* se développe dans les pommes et les poires.

CARQUOIS n.m. (bas lat. *tarcasius,* mot persan). Étui à flèches.

CARRARE n.m. Marbre de Carrare.

CARRE n.f. (de *carrer*). **1.** Angle que forme une face d'un objet avec une des autres faces. **2.** Épaisseur d'un objet plat coupé à angle droit. **3.** Baguette d'acier bordant la semelle d'un ski. **4.** Tranchant de l'arête d'un patin à glace.

1. CARRÉ, E adj. (lat. *quadratus*). **1. a.** Qui a la forme d'un carré. **b.** *Mètre carré :* aire d'un carré d'un mètre de côté. **c.** ALG. *Matrice carrée,* qui a autant de colonnes que de lignes. **d.** *Racine carrée* → ***racine.*** **2. a.** Quadrangulaire, dont les dimensions approchent, rappellent celles d'un carré. *Tour carrée.* **b.** MAR. *Voile carrée,* rectangulaire, enverguée horizontalement. – *Mât carré,* qui porte ces voiles. – *Trois-mâts carré,* gréé de voiles carrées. **3.** Large, aux angles bien marqués. *Épaules carrées.* **4.** Net, tranché, franc. *Être carré en affaires.* ◇ *Tête carrée :* personne de jugement solide, ou, péj., personne obstinée, têtue.

2. CARRÉ n.m. **1.** Quadrilatère plan dont les côtés ont même longueur et dont les angles sont droits. *On obtient l'aire d'un carré en multipliant la mesure de son côté par elle-même.* **2.** ARITHM. et ALG. Produit de deux facteurs égaux. *Carré d'un nombre, d'une expression algébrique.* ◇ *Carré parfait :* nombre entier qui est le carré d'un entier. **3.** Figure, surface, espace ayant une forme carrée ou une forme voisine de celle-ci. **a.** Ancien format de papier (56 × 45 cm). **b.** Partie de jardin où l'on cultive une même plante. **c.** *Carré du transept :* croisée d'une église. **4.** Objet de forme carrée ou cubique. **a.** CH. DE F. Signal d'arrêt absolu. **b.** Foulard court. *Carré de soie.* **c.** BOUCH. Ensemble des côtelettes de mouton, de porc. **d.** *Carré de l'Est :* fromage de forme carrée, voisin du camembert. **5.** Pièce servant de salon, de salle à manger aux officiers d'un navire. **6.** HIST. Formation d'une troupe faisant front des quatre faces. **7.** Réunion de quatre cartes à jouer de même valeur. *Carré d'as.* **8.** Arg. scol. Élève de deuxième année d'une classe préparatoire aux grandes écoles.

CARREAU n.m. (lat. *quadrus,* carré). **I.1.** Petite plaque, généralement carrée, de céramique, marbre, etc., utilisée en assemblage pour le pavage des sols, le revêtement des murs. **2. a.** Sol pavé de carreaux. ◇ Fam. *Sur le carreau :* à terre, assommé ou tué ; éliminé. **b.** *Carreau des Halles* (à Paris, naguère), où l'on vendait les fruits et les légumes. **c.** *Carreau d'une mine :* terrain regroupant l'ensemble des installations de surface d'une mine. **d.** Suisse. Carré de jardin. **3.** Plaque de verre de fenêtre, de porte. **4.** Anc. Coussin carré. ◇ Mod. Métier de dentellière, constitué par un coussin pouvant affecter diverses formes. **5.** Gros fer à repasser de tailleur. **6.** Grosse flèche d'arbalète munie d'un fer à quatre faces. **II.1.** Dessin de forme carrée faisant partie d'un quadrillage. *Étoffe à carreaux.* ◇ *Mettre au carreau :* tracer sur un modèle (dessin, carton) un quadrillage permettant de le reproduire à une échelle différente. **2.** Une des quatre couleurs du jeu de cartes, dont la marque est un losange rouge. ◇ Fam. *Se tenir à carreau :* être sur ses gardes.

CARRÉE n.f. Arg. Chambre.

CARREFOUR n.m. (bas lat. *quadrifurcus*). **1.** Lieu où se croisent plusieurs routes ou rues. **2.** Choix entre diverses perspectives. **3.** Rencontre organisée en vue d'une confrontation d'idées.

CARRELAGE n.m. **1.** Action de carreler. **2.** Pavage ou revêtement de carreaux.

CARRELER [karle] v.t. [24]. **1.** Revêtir (une surface) de carreaux. *Carreler un sol, un mur.* **2.** Quadriller (une surface).

CARRELET [karlɛ] n.m. **1.** Plie (poisson). **2.** Filet de pêche carré monté sur deux cerceaux attachés à une perche. **3.** Grosse aiguille de bourrelier à pointe quadrangulaire. **4.** Règle à section carrée.

CARRELEUR n.m. Ouvrier qui pose des carrelages.

CARRÉMENT adv. **1.** Franchement, sans détour. *Elle le lui a dit carrément.* **2.** Rare. À angle droit, d'équerre.

CARRER v.t. Rendre (qqch) carré. ◆ **se carrer** v.pr. S'installer à l'aise. *Se carrer dans un fauteuil.*

CARRICK n.m. (angl. *curricle ;* du lat. *curriculum,* char de course). Redingote ou manteau à plusieurs collets, à la mode au XIXe s.

CARRIER n.m. Exploitant, ouvrier d'une carrière.

1. CARRIÈRE n.f. (lat. *carrus,* char). **1.** Grand manège d'équitation en terrain découvert. ◇ Litt. *Donner carrière (à) :* donner libre cours. **2.** Profession présentant des étapes, des degrés successifs. *Suivre une carrière.* – *Faire carrière :* gravir les échelons d'une hiérarchie. ◇ *La Carrière :* la diplomatie.

2. CARRIÈRE n.f. (lat. *quadrus,* carré). Endroit d'où l'on extrait de la pierre, du sable, différents minéraux non métalliques ni carbonifères. ◇ DR. Toute exploitation de matériaux destinés à la construction.

CARRIÉRISME n.m. Péj. Comportement, état d'esprit d'un carriériste.

CARRIÉRISTE n. Personne qui mène une carrière et qui ne cherche par celle-ci qu'à satisfaire son ambition personnelle, souvent sans s'embarrasser de scrupules.

CARRIOLE n.f. (mot prov., lat. *carrus,* char). Charrette campagnarde à deux roues, parfois recouverte d'une bâche.

CARROSSABLE adj. Où les voitures peuvent circuler. *Chemin carrossable.*

CARROSSAGE n.m. **1.** Action de carrosser (un véhicule) ; son résultat. **2.** Forme conique donnée à une roue pour lui assurer une bonne rigidité. **3.** Angle que fait l'axe de la fusée d'une roue avec l'horizontale de la route.

CARROSSE n.m. (it. *carrozza*). Voiture de grand luxe, tirée par des chevaux, à quatre roues, couverte et suspendue. ◇ *La cinquième roue du carrosse :* personne peu utile dans un groupe ou considérée comme telle.

CARROSSER v.t. **1.** Munir d'une carrosserie. ◇ Dessiner la carrosserie de. **2.** Vx. Donner du carrossage au train de roues d'une automobile.

CARROSSERIE n.f. **1.** Habillage du mécanisme roulant d'un véhicule, reposant sur les roues par l'intermédiaire de la suspension. *(V. illustration p. 190.)* **2.** Habillage d'un appareil ménager (réfrigérateur, lave-vaisselle, etc.). **3.** Industrie, technique du carrossier.

CARROSSIER n.m. **1.** Professionnel spécialisé dans la tôlerie automobile, qui répare les voitures accidentées. **2.** Concepteur, dessinateur de carrosseries automobiles.

CARROUSEL [karuzɛl] n.m. (it. *carosello*). **1.** Parade au cours de laquelle les cavaliers exécutent des figures convenues ; lieu où se tient cette parade. **2.** Circulation intense ; succession rapide. **3.** Récipient rond servant à projeter des diapositives. **4.** Belgique. Manège forain.

CARROYAGE n.m. Quadrillage.

CARROYER [karwaje] v.t. [13]. Quadriller (une feuille, une carte) ; appliquer un quadrillage sur.

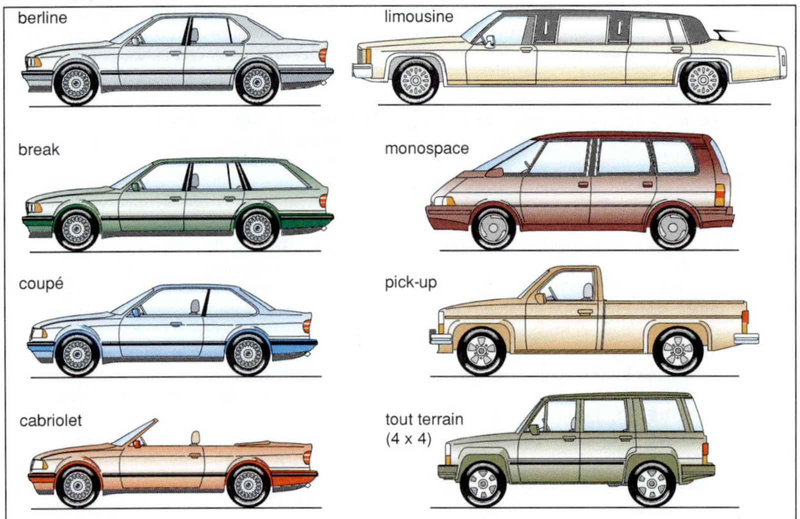

carrosseries d'automobiles

CARRURE n.f. (de *carrer*). **1.** Largeur du dos d'une épaule à l'autre. *Homme de forte carrure.* **2.** Largeur d'un vêtement entre les épaules. **3.** Personnalité de qqn et, en particulier, forte personnalité ; envergure. *Femme d'une carrure exceptionnelle.*

CARRY n.m. → ***curry.***

CARTABLE n.m. Sac à plusieurs compartiments pour porter des livres, des cahiers, etc.

CARTE n.f. (lat. *charta,* papier). **1.** Feuille de carton mince, plus ou moins flexible, destinée à divers usages. *Carte d'invitation. Carte de boutons.* **a.** *Carte postale :* photo, dessin imprimé sur une carte souple et rectangulaire et dont le verso est destiné à la correspondance ainsi qu'à l'adresse et à l'affranchissement. **b.** *Carte de visite* ou *carte :* petit rectangle de bristol sur lequel sont imprimés ou gravés le nom de qqn ou la raison sociale d'une entreprise, l'adresse, etc. **c.** INFORM. *Carte perforée :* carte assez rigide, de format normalisé, sur laquelle des perforations en forme de petits rectangles codaient des informations à traiter en mécanographie. – *Carte à mémoire* ou *carte à puce :* carte dans l'épaisseur de laquelle sont insérés un microprocesseur et une mémoire électronique et servant à divers usages. *Carte de paiement, de téléphone.* **2.** Petit carton fin et rectangulaire, portant sur une face une figure de couleur, avec lequel on joue à divers jeux. *Jouer aux cartes.* ◇ *Brouiller les cartes :* compliquer une situation, semer la confusion. – *Mettre, jouer cartes sur table :* ne dissimuler aucun élément, aucune information sur qqch. – *Carte forcée :* obligation à laquelle on ne peut échapper. – *Jouer sa dernière carte :* mettre en œuvre le dernier moyen dont on dispose. – *Le dessous des cartes :* ce qu'on dissimule d'une affaire, d'un évènement, etc. – *Jouer la carte de* (suivi d'un nom) : s'engager dans qqch d'un certain point de vue. *Jouer la carte de la compréhension.* **3.** Document, imprimé prouvant l'identité de qqn ou permettant d'exercer certains droits, de bénéficier de certains avantages, etc. *Carte électorale, de séjour. Carte d'abonnement, de priorité.* – *Carte grise :* récépissé de déclaration de mise en service d'un véhicule à moteur délivré par la préfecture. ◇ *Donner, laisser carte blanche à qqn :* lui accorder l'autorisation, le pouvoir d'agir à sa guise. **4.** Liste des plats dans un restaurant. – *Repas à la carte,* dont les plats sont choisis librement sur la carte (par opp. à *menu*). ◇ *À la carte :* selon un libre choix. *Horaires à la carte.* **5.** Représentation conventionnelle, génér. plane, de la répartition dans l'espace de phénomènes concrets ou abstraits. *Carte géographique, géologique. Carte du ciel, de la Lune. Carte sanitaire d'un pays. Carte des recherches pétrolifères.* **6.** INFORM. Support de montage de circuits électroniques pouvant être inséré dans un micro-ordinateur pour en étendre les capacités dans un domaine donné (numérisation et restitution du son ou des images, télécommunications, etc.). *Carte graphique. Carte d'extension mémoire.* ◇ *Carte mère :* carte qui regroupe les principaux circuits d'un micro-ordinateur ainsi que les connecteurs d'extension et les interfaces pour les périphériques.

CARTEL n.m. (it. *cartello,* affiche). **1. a.** Entente réalisée entre des entreprises indépendantes d'une même branche industrielle afin de limiter ou de supprimer la concurrence par des accords et une réglementation commune. **b.** Entente réalisée entre des groupements (professionnels, syndicaux, politiques, etc.) en vue d'une action commune. *Le Cartel* des gauches.* **2. a.** Cartouche, encadrement décoratif. **b.** Plaquette, étiquette sur le cadre d'un tableau, le socle d'une sculpture, portant une inscription identifiant l'œuvre. **3.** Pendule d'applique entourée d'un motif décoratif chantourné (XVIIIe s.). **4.** Anc. Défi entre chevaliers, provocation en duel.

CARTE-LETTRE n.f. (pl. *cartes-lettres*). Carte mince, pliée en deux, se fermant par des bords gommés, tarifée comme une lettre.

CARTELLISATION n.f. Regroupement d'entreprises en cartel.

CARTELLISER v.t. Organiser (des entreprises) en cartel.

1. CARTER [kartɛr] n.m. (mot angl. ; de l'inventeur *Carter*). Enveloppe protectrice des organes d'un mécanisme (boîte de vitesses d'automobile, en partic.).

2. CARTER [karte] v.t. Rare. Présenter (qqch) sur, autour d'une carte. *Carter du fil, des boutons.*

CARTE-RÉPONSE n.f. (pl. *cartes-réponse* ou *cartes-réponses*). Carte, imprimé à remplir pour répondre à un questionnaire, une demande de renseignements, etc.

CARTERIE n.f. (nom déposé). Établissement qui vend des cartes postales.

CARTÉSIANISME n.m. (de *Cartesius,* n. lat. de Descartes). **1.** Philosophie de Descartes. **2.** Tendance, pour un philosophe, une philosophie, à se réclamer de la pensée de Descartes ou à y être rattaché.

CARTÉSIEN, ENNE adj. et n. **1.** De Descartes ; relatif à la philosophie, aux œuvres de Descartes. ◇ Méthodique et rationnel. *Esprit cartésien.* **2.** MATH. *Produit cartésien de deux ensembles* E *et* F : ensemble, noté E × F, des couples (x, y) où $x \in E$, et $y \in F$. – *Repère cartésien :* triplet $(O, \vec{i}, \vec{j})$ ou quadruplet $(O, \vec{i}, \vec{j}, \vec{k})$ formé d'un point O et d'une base $(\vec{i}, \vec{j})$ ou $(\vec{i}, \vec{j}, \vec{k})$ de vecteurs du plan ou de l'espace. – *Coordonnées cartésiennes d'un point :* composantes, dans la base de vecteurs du repère utilisé, du vecteur ayant pour origine l'origine du repère et pour extrémité le point donné.

CARTE-VUE n.f. (pl. *cartes-vues*). Belgique. Carte postale illustrée.

CARTHAGINOIS, E adj. et n. De Carthage.

CARTIER n.m. Celui qui fabrique, vend des cartes à jouer.

CARTILAGE n.m. (lat. *cartilago*). Tissu résistant et élastique formant le squelette de l'embryon avant l'apparition de l'os et persistant chez l'adulte dans le pavillon de l'oreille, dans le nez, à l'extrémité des os. (Certains poissons [esturgeon, raie, requin] ont un squelette qui reste à l'état de cartilage.)

CARTILAGINEUX, EUSE adj. De la nature du cartilage. ◇ *Poisson cartilagineux :* chondrichtyen.

CARTISANE n.f. Pièce très étroite, de matière rigide, recouverte de fils de soie, d'or, etc., et formant relief dans un tissu, en passementerie.

CARTOGRAMME n.m. Carte schématique portant essentiellement des renseignements statistiques.

CARTOGRAPHE n. Spécialiste en cartographie.

CARTOGRAPHIE n.f. **1.** Ensemble des opérations d'élaboration, de dessin et d'édition des cartes. – *Cartographie automatique :* cartographie assistée par ordinateur, faisant appel aux techniques informatiques. **2.** Représentation spatiale (d'une réalité non géographique). ◇ *Cartographie du génome :* ensemble des opérations de localisation des gènes sur l'A.D.N. des chromosomes et d'isolement de ces gènes, qui constituent des étapes fondamentales du programme d'étude et de séquençage du génome.

CARTOGRAPHIER v.t. Dresser la carte d'une région.

CARTOGRAPHIQUE adj. Relatif à la cartographie.

CARTOMANCIE n.f. (du gr. *manteia,* divination). Divination par les cartes (cartes à jouer, tarot, etc.).

CARTOMANCIEN, ENNE n. Personne qui pratique la cartomancie, en partic. à des fins lucratives.

CARTON n.m. (it. *cartone*). **1.** Matière composée de plusieurs couches de matières fibreuses (pâte à papier, etc.), plus rigide que le papier, plus ou moins épaisse selon sa destination, génér. présentée en feuilles. – *Carton ondulé,* constitué d'un papier cannelé contrecollé sur une ou deux faces avec un papier de couverture, pour la confection de boîtes, d'emballages, etc. **2.** Objet, emballage fabriqué dans cette matière. *Carton à chaussures.* **3.** Feuille de cette matière servant à divers usages. **a.** Modèle à grandeur d'exécution d'une fresque, d'une tapisserie, etc. ◇ *Carton à dessin :* grand portefeuille pour ranger des dessins, des gravures, etc. **b.** Cible pour le tir d'entraînement. ◇ Fam. *Faire un carton :* tirer sur qqn, qqch ; **fig.**, remporter un succès éclatant. **c.** Petite carte complémentaire d'une carte principale, à échelle souvent plus réduite. **4.** Au football, sanction prise par un arbitre avertissant *(carton jaune)* ou expulsant *(carton rouge)* un joueur. ◇ Fam. *Prendre, ramasser un carton :* subir une défaite sévère, un échec.

CARTON-FEUTRE n.m. (pl. *cartons-feutres*). Carton à base de déchets textiles, de texture lâche, et qui, après imprégnation de goudron, sert pour l'isolation et l'étanchéité des toitures légères.

CARTONNAGE n.m. **1.** Fabrication, commerce des objets en carton. **2.** Boîte, emballage en carton. **3.** Procédé de reliure dans lequel la couverture, formée de papier ou de carton, est ensuite emboîtée au corps d'ouvrage.

CARTONNER v.t. **1.** Garnir, couvrir de carton. **2.** Fam. Critiquer violemment. ◆ v.i. Fam. Obtenir de vifs succès.

CARTONNERIE n.f. **1.** Lieu où l'on fabrique du carton. **2.** Fabrication, commerce du carton.

CARTONNEUX, EUSE adj. Qui a la consistance, l'aspect du carton.

1. CARTONNIER, ÈRE n. et adj. **1.** Personne qui fabrique ou vend du carton, des objets en carton. **2.** *Peintre cartonnier,* spécialisé dans la production de cartons de tapisserie.

2. CARTONNIER n.m. Meuble de bureau à compartiments, pour ranger et classer des dossiers, etc.

CARTON-PAILLE n.m. (pl. *cartons-pailles*). Carton fabriqué à base de pâte de paille hachée.

CARTON-PÂTE n.m. (pl. *cartons-pâtes*). Carton fabriqué à partir de déchets de papier et de colle, susceptible d'être moulé. ◇ *En carton-pâte :* factice (comme un décor de théâtre, de cinéma, etc.).

CARTON-PIERRE n.m. (pl. *cartons-pierres*). Carton durci avec lequel on réalise des éléments de décoration intérieure.

CARTOON [kartun] n.m. (mot angl.). Chacun des dessins d'une bande dessinée, d'un film d'animation ; cette bande dessinée elle-même ; ce film lui-même. (Surtout aux États-Unis.)

CARTOONISTE [kartunist] n. Personne qui dessine des cartoons.

CARTOPHILE ou **CARTOPHILISTE** n. Collectionneur de cartes postales.

CARTOPHILIE n.f. Occupation, passe-temps du cartophile.

CARTOTHÈQUE n.f. Lieu où sont conservées et classées des cartes géographiques, etc.

1. CARTOUCHE n.f. (it. *cartuccia* ; lat. *charta*, papier). **1. a.** Munition d'une arme de guerre ou de chasse comprenant, en un seul ensemble, un projectile (balle, obus, plomb) et une charge propulsive incluse dans un étui ou une douille munis d'une amorce. **b.** Charge d'explosif ou de poudre prête au tir. **2. a.** Recharge, d'encre pour un stylo, de gaz pour un briquet, etc., dont la forme évoque une cartouche. **b.** Emballage groupant plusieurs paquets de cigarettes, boîtes d'allumettes, etc. **c.** Boîtier contenant un logiciel vidéo, permettant son chargement dans un appareil de lecture ; ce logiciel.

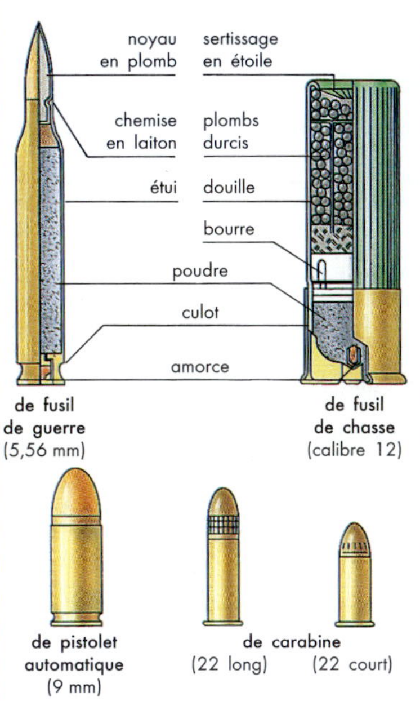

cartouches

2. CARTOUCHE n.m. (it. *cartoccio*, cornet de papier). **1.** Ornement en forme de feuille de papier à demi déroulée ou de tous autres forme ou aspect, servant de support et d'encadrement à une inscription. **2.** Emplacement réservé au titre, dans un dessin, une carte géographique, etc. **3.** ARCHÉOL. Boucle ovale enserrant le prénom et le nom du pharaon dans l'écriture hiéroglyphique.

cartouches (à gauche, celui de Ramsès II) [Louqsor]

CARTOUCHERIE n.f. Usine, atelier où l'on fabrique des cartouches d'armes légères.

CARTOUCHIÈRE n.f. Ceinture à compartiments cylindriques pour recevoir les cartouches pour la chasse.

CARTULAIRE n.m. (lat. *charta*, papier). Recueil de titres relatifs aux droits temporels d'un monastère, d'une église.

CARVA n.m. Arg. scol. **1.** L'École polytechnique. **2.** Polytechnicien.

CARVI n.m. (ar. *karawīya*). Plante des prairies dont les fruits aromatiques sont utilisés en assaisonnement. (Famille des ombellifères.) – Le fruit lui-même. *Fromage au carvi.*

CARY n.m. → ***curry.***

CARYATIDE ou **CARIATIDE** n.f. (gr. *karuatidês*). Statue féminine servant de support architectonique vertical.

CARYOCINÈSE [karjɔsinɛz] n.f. (gr. *karuon*, noyau, et *kinêsis*, mouvement). BIOL. Mitose.

CARYOGAMIE n.f. Fusion des deux noyaux du mycélium secondaire des champignons.

CARYOLYTIQUE adj. et n.m. Se dit d'un médicament anticancéreux qui agit en détruisant le noyau des cellules.

CARYOPHYLLACÉE ou **CARYOPHYLLÉE** n.f. (gr. *karuon*, noyau, et *phullon*, feuille). *Caryophyllacées* ou *caryophyllées* : famille de plantes dicotylédones à feuilles opposées et à tige renflée comportant des nœuds, telles que l'œillet, la saponaire, etc.

CARYOPSE n.m. (gr. *karuon*, noyau, et *opsis*, apparence). BOT. Fruit sec, indéhiscent, soudé à la graine unique qu'il contient. SYN. : *grain.*

CARYOTYPE n.m. (du gr. *karuon*, noyau). BIOL. **1.** Représentation photographique des chromosomes d'une cellule après que ceux-ci ont été réunis par paires de chromosomes identiques et classés par dimension. **2.** L'ensemble des chromosomes lui-même.

1. CAS n.m. (lat. *casus*, accident). **1.** Fait, circonstance ; situation de qqn ou de qqch. *Que faire en pareil cas ? Son cas est très particulier.* – *Cas de conscience* : fait, situation difficile à juger, à résoudre ; dilemme intellectuel. – *Cas de figure* : situation envisagée par hypothèse. ◇ *Faire cas, grand cas de* : attacher de l'importance à, prendre en considération. **2.** DR. Situation particulière par rapport à la loi. *Cas de légitime défense.* – *Cas fortuit* : évènement imprévisible qui rend impossible l'exécution d'un contrat et libère le débiteur. **3.** MÉD. Manifestation d'une maladie chez qqn ; le malade lui-même. *Il y a actuellement de nombreux cas de grippe.* **4.** *Cas social* : personne, enfant en partic., vivant dans un milieu psychologiquement ou socialement défavorable. ◆ loc. adv. *En ce cas* : alors, dans ces conditions. – *En tout cas* : quoi qu'il en soit. ◆ loc. conj. *Au cas, dans le cas où* (suivi du conditionnel) : à supposer que.

2. CAS n.m. (lat. *casus*, terminaison). Forme variable prise par certains mots (substantifs, adjectifs, pronoms, participes) selon leur fonction dans la phrase, dans les langues à déclinaisons.

CASANIER, ÈRE adj. et n. (esp. *casañero*). Qui aime à rester chez soi. *Homme casanier.* ◇ Qui dénote ce caractère. *Habitudes casanières.*

CASAQUE n.f. (persan *kazāgand*, jaquette). **1.** Veste des jockeys. **2.** Veste de femme recouvrant la jupe jusqu'aux hanches. **3.** Manteau porté autrefois par les hommes (XVIe-XVIIe s.). ◇ Fam. *Tourner casaque* : changer de parti, d'opinion.

CASAQUIN n.m. Anc. Blouse de femme.

CASBAH [kazba] n.f. (mot ar.). Citadelle ou palais d'un chef, en Afrique du Nord ; quartier entourant ce palais.

CASCADE n.f. (it. *cascata*, de *cascare*, tomber). **1.** Chute d'eau naturelle ou artificielle. ◇ *En cascade* : en série et rapidement ; en une suite d'évènements dont chacun est la conséquence du précédent. **2.** Acrobatie exécutée par un cascadeur, au cirque, au cinéma, etc.

CASCADER v.i. Rare. Tomber en cascade, en parlant d'un cours d'eau.

caryatides de l'Érechthéion sur l'Acropole d'Athènes (fin du Ve s. av. J.-C.)

CASCADEUR, EUSE n. **1.** Au cirque, acrobate spécialiste des chutes volontaires, des sauts dangereux. **2.** Artiste spécialisé qui joue les scènes dangereuses dans les films comme doublure des comédiens.

CASCARA n.f. (mot esp., *écorce*). Plante originaire des États-Unis et du Mexique dont l'écorce est employée comme purgatif. (Famille des rhamnacées.)

CASCATELLE n.f. Litt. Petite cascade.

1. CASE n.f. (lat. *casa*, hutte). Habitation en paille, en branches d'arbres, etc., dans les pays tropicaux.

2. CASE n.f. (esp. *casa*). **1.** Espace délimité par des lignes perpendiculaires sur une surface quelconque (feuille...), un plateau de jeu (damier, échiquier...), etc. ◇ Fam. *Revenir, retourner à la case départ* : se retrouver au point de départ, au même point. **2. a.** Compartiment d'un meuble, d'un tiroir, etc. ◇ Fam. *Avoir une case en moins, une case vide* : être un peu fou, avoir un comportement bizarre. **b.** Suisse. Boîte postale.

CASÉATION n.f. → ***caséification.***

CASÉEUX, EUSE [kazeø, øz] adj. (lat. *caseus*, fromage). PATHOL. Qui a l'aspect, la consistance du fromage. *Lésion, nécrose caséeuse.*

CASÉIFICATION ou **CASÉATION** n.f. **1.** Transformation du lait en fromage. **2.** PATHOL. Transformation d'un tissu en lésion caséeuse.

CASÉINE [kazein] n.f. (lat. *caseus*, fromage). Substance protéique constituant la majeure partie des protides du lait. ◇ *Caséine végétale* : protéine extraite des tourteaux.

CASEMATE n.f. (it. *casamatta* ; gr. *khasma*, gouffre). **1.** Abri enterré d'un fort, destiné à loger les troupes ou à entreposer les munitions. **2.** Petit ouvrage fortifié.

CASEMATER v.t. Vx. Garnir (un lieu) de casemates.

CASER v.t. **1.** Placer, mettre (qqn, qqch) dans un espace souvent réduit, judicieusement ou au prix d'un effort. *Où caser ces livres ?* **2.** Procurer (un emploi, une situation) à qqn. ◆ **se caser** v.pr. Fam. Se marier ; trouver une situation.

CASERET n.m. ou **CASERETTE** n.f. Caget.

CASERNE n.f. (prov. *cazerna*, groupe de quatre personnes). Partie d'un casernement affectée au logement des militaires ; par ext., ensemble du casernement.

CASERNEMENT n.m. **1.** Action de caserner ; fait d'être caserné. **2.** Ensemble des bâtiments et des locaux affectés à des troupes militaires (caserne, intendance, etc.).

CASERNER v.t. Installer (des militaires) dans une caserne ; encaserner.

CASERNIER n.m. Militaire chargé du matériel des casernements non occupés par les troupes.

CASETTE ou **CAZETTE** n.f. Étui en terre réfractaire qui protège des flammes les pièces céramiques en cours de cuisson.

CASH [kaʃ] adv. (Anglic. déconseillé). Comptant. *Payer cash.* ◆ n.m. Fam. (Anglic. déconseillé). Argent liquide ; espèces. *Avoir du cash sur soi.*

CASH AND CARRY [kaʃɛndkari] n.m. inv. (mots angl.). Libre-service où les détaillants peuvent s'approvisionner en gros. Recomm. off. : *payer-prendre.* (V. partie n.pr.)

CASHER [kaʃɛr] adj. inv. → ***kasher.***

CASH-FLOW [kaʃflo] n.m. (angl. *cash*, argent, et *flow*, écoulement) [pl. *cash-flows*]. Ensemble constitué par le bénéfice net après impôt, auquel sont ajoutés les amortissements et les réserves et provisions n'ayant pas le caractère de dettes. (Il représente la capacité d'autofinancement de l'entreprise.) SYN. : *marge brute d'autofinancement.*

CASHMERE n.m. → ***cachemire.***

CASIER n.m. **1.** Compartiment, case d'un espace de rangement, affecté ou non à des objets spécifiques. **2.** Service de classement et de conservation des relevés des contributions. – *Casier fiscal* : relevé des impositions et des amendes dont un contribuable a été l'objet. ◇ *Casier judiciaire* : lieu où sont centralisés et classés les bulletins constatant les antécédents judiciaires de qqn ; ensemble de ces bulletins. **3.** Nasse pour la pêche des gros crustacés.

CASIMIR n.m. Vx. Étoffe en drap de laine fine tissé ; vêtement taillé dans cette étoffe.

CASING [keziŋ] n.m. (mot angl.). **1.** PÉTR. Tubage. **2.** Caisson étanche et calorifuge enveloppant le faisceau tubulaire des chaudières modernes et constituant la chambre de chauffe.

CASINO n.m. (mot it., de *casa,* maison). Établissement comprenant une ou plusieurs salles de jeux, un restaurant et, souvent, une salle de spectacle.

CASOAR n.m. (malais *kasouari*). **1.** Oiseau coureur d'Australie, au plumage semblable à du crin, au casque osseux coloré sur le dessus de la tête. (Haut. 1,50 m env.) **2.** Plumet rouge et blanc ornant le shako des saint-cyriens depuis 1855.

casoar

CASQUE n.m. (esp. *casco*). **1.** Coiffure en métal, cuir, etc., pour protéger la tête. *Casque de moto.* ◇ *Casque bleu :* membre de la force militaire internationale de l'O. N. U., depuis 1956. **2. a.** Appareil de réception individuel des ondes radiophoniques, téléphoniques, etc., constitué essentiellement de deux écouteurs montés sur un support formant serre-tête. **b.** Appareil électrique pour sécher les cheveux par ventilation d'air chaud. **3.** Mollusque gastropode des mers chaudes, à coquille ventrue. **4.** BOT. Sépale postérieur des fleurs de certaines plantes (orchidée, sauge, etc.).

CASQUÉ, E adj. Coiffé d'un casque.

CASQUER v.i. et t. Pop. Payer (génér. une somme importante) ; faire les frais de qqch.

CASQUETTE n.f. (de *casque*). **1.** Coiffure à calotte plate, munie d'une visière. **2.** Fam. Fonction sociale, en tant qu'elle donne autorité pour qqch, sur qqch. *Parler sous la double casquette de maire et de ministre.*

CASSABLE adj. Qui peut se casser, être cassé.

CASSAGE n.m. Action de casser.

CASSANDRE n.f. (de *Cassandre,* n. myth.). Personne qui prédit une issue défavorable aux évènements, au risque de déplaire ou de ne pas être crue. *Les cassandres* (ou *les Cassandre*) *de l'économie.*

CASSANT, E adj. **1.** Qui se casse facilement. *Matière cassante.* **2.** Qui manifeste une raideur tranchante, catégorique. *Manières cassantes. Parler d'une voix cassante.*

CASSATE n.f. (it. *cassata*). Crème glacée faite de tranches diversement parfumées et garnie de fruits confits.

1. CASSATION n.f. (de *casser*). DR. Annulation, par une cour suprême, d'une décision (jugement, arrêt) rendue en dernier ressort par une juridiction inférieure. (En France, la Cour de cassation et le Conseil d'État remplissent ce rôle.)

2. CASSATION n.f. (it. *cassazione*). MUS. Suite instrumentale composée de morceaux brefs, légers, d'allure volontiers populaire, et qui était exécutée en plein air.

CASSAVE n.f. Galette cuite de farine de manioc.

1. CASSE n.f. **1. a.** Action de casser ; fait de se casser ; objets cassés. *Bruit de casse. Payer la casse.* **b.** Fam. *Mettre, envoyer à la casse,* chez un ferrailleur (en partic. des voitures dont on ne peut récupérer que le métal et les pièces détachées). **2.** Maladie du vin, qui en modifie l'aspect et la saveur. *Casse brune des vins nouveaux.*

2. CASSE n.f. (gr. *kassia*). Laxatif extrait du fruit de certaines espèces de cassiers.

3. CASSE n.f. (it. *cassa*). Boîte plate divisée en compartiments de taille inégale, contenant les caractères employés pour la composition typographique. (On distingue les lettres du haut de casse, ou capitales, ou majuscules, et les lettres du bas de casse, ou bas-de-casse, ou minuscules.)

4. CASSE n.f. (prov. *cassa ;* gr. *kuathos,* écuelle). Grande cuillère métallique de verrier.

5. CASSE n.m. (de *casser*). Arg. Cambriolage avec effraction.

CASSÉ, E adj. **1.** Brisé, rompu ; qui ne fonctionne plus. ◇ *Blanc cassé,* tirant légèrement sur le gris ou le jaune. **2. a.** Voûté, courbé, en parlant d'une personne âgée. **b.** *Voix cassée,* éraillée, tremblante.

CASSEAU n.m. IMPR. Petite casse contenant les caractères spéciaux qui ne figurent pas dans la casse normale ; ensemble de ces caractères.

CASSE-COU n. inv. et adj. inv. Personne qui prend des risques, qui n'a pas peur du danger. ◆ n.m. inv. et adj. inv. Endroit dangereux où l'on risque de tomber. ◇ *Crier casse-cou à qqn,* l'avertir d'un danger.

CASSE-CROÛTE n.m. inv. Fam. Sandwich, collation légère absorbée rapidement.

CASSE-CUL adj. inv. et n. inv. Très fam. Ennuyeux, désagréable.

CASSE-GRAINE n.m. inv. Fam. Casse-croûte.

CASSE-GUEULE n.m. inv. et adj. inv. Très fam. Lieu dangereux ; entreprise hasardeuse.

CASSEMENT n.m. *Cassement de tête :* souci intellectuel, fatigue causée par un problème à résoudre.

CASSE-NOISETTES n.m. inv. Pince pour casser les noisettes.

CASSE-NOIX n.m. inv. **1.** Instrument (pince, etc.) pour casser les noix. **2.** Oiseau vert et brun moucheté de blanc, voisin du corbeau.

CASSE-PATTES n.m. inv. Pop. Eau-de-vie très forte.

CASSE-PIEDS n. inv. et adj. inv. Fam. Importun, gêneur. ◆ adj. inv. Fam. Lassant, qui excède. *Quel travail casse-pieds !*

CASSE-PIERRE ou **CASSE-PIERRES** n.m. (pl. *casse-pierres* ou inv.). Pariétaire (plante).

CASSE-PIPE ou **CASSE-PIPES** n.m. (pl. *casse-pipes* ou inv.). Fam. *Le casse-pipe :* la guerre ; la zone des combats, le front. *Aller au casse-pipe.*

CASSER v.t. (lat. *quassare,* secouer). **1.** Mettre en morceaux, sous l'action d'un choc, d'un coup ; briser. *Casser un verre.* ◇ Fam. *À tout casser :* extraordinaire, inoubliable ; tout au plus, au maximum, en parlant d'une quantité. – Fam. *Ne rien casser :* être sans originalité, sans intérêt particulier. **2.** Causer une fracture à un membre, une articulation, etc. ◇ Fam. *Casser les pieds :* importuner, agacer. – Fam. *Casser la tête, les oreilles :* fatiguer par trop de bruit, de paroles. **3.** Mettre hors d'usage un appareil ; interrompre le cours de qqch. *Casser des relations.* – *Casser les prix :* provoquer une brusque chute des prix de vente. **4.** Annuler une décision juridictionnelle rendue en dernier ressort. **5.** Faire perdre sa situation à (qqn) ; destituer (un militaire). ◆ v.i. Se briser, se rompre. *La corde a cassé.* ◆ **se casser** v.pr. **1.** *Se casser qqch,* se le rompre, se le briser. *Il s'est cassé le bras.* ◇ Fam. *Se casser la tête :* se tourmenter pour trouver la solution d'un problème, résoudre une difficulté. **2.** Arg. S'en aller. **3.** Fam. *Ne pas se casser :* ne pas se fatiguer, se laisser aller.

CASSEROLE n.f. (anc. fr. *casse,* poêle). **1.** Ustensile de cuisine cylindrique, à fond plat et à manche, pour faire cuire. ◇ Fig., pop. *Passer à la casserole :* être tué ; subir une épreuve pénible. **2.** Fam. Son, voix, instrument de musique discordant, peu mélodieux. **3.** Fam. Évènement, action dont les conséquences négatives nuisent à la réputation de qqn. *Traîner une casserole.*

CASSE-TÊTE n.m. inv. **1. a.** Massue rudimentaire dont une extrémité porte ou forme une protubérance. **b.** Arme portative à extrémité plombée ou garnie de clous. **2.** Bruit assourdissant, pénible à supporter. **3.** Travail, problème difficile à résoudre, qui demande une grande application. ◇ *Casse-tête (chinois) :* jeu de combinaisons, d'emboîtage, etc., d'éléments de formes variées.

CASSETIN n.m. Compartiment d'une casse d'imprimerie.

CASSETTE n.f. (anc. fr. *casse,* lat. *capsa,* petit coffre). **1.** Boîtier hermétique contenant une bande magnétique destinée à l'enregistrement, à la reproduction du son, d'images, de données. **2.** Coffret où l'on conserve des objets précieux. ◇ HIST. Trésor personnel d'un prince, d'un souverain.

CASSETTOTHÈQUE n.f. Collection de bandes magnétiques en cassettes.

CASSEUR, EUSE n. **1.** Personne qui fait le commerce des pièces détachées et du métal des voitures mises à la casse. **2.** Personne qui se livre, au cours d'une manifestation, à des déprédations sur la voie publique, dans des locaux administratifs, etc. **3.** Arg. Cambrioleur. **4.** *Casseur de pierres :* ouvrier qui brisait les pierres destinées à la confection des routes, autrefois.

CASSE-VITESSE n.m. inv. Ralentisseur.

CASSIER n.m. ou **CASSIE** n.f. Arbre antillais, de la famille des césalpiniacées, qui fournit la casse. SYN. : *canéficier.*

CASSINE n.f. Vx, fam. Bicoque, maison délabrée.

1. CASSIS [kasis] n.m. (lat. *cassia*). **1.** Arbuste voisin du groseillier, haut de 1 à 2 m, produisant des baies noires, comestibles, dont on fait une liqueur ; le fruit lui-même ; la liqueur elle-même. **2.** Pop. Tête.

2. CASSIS [kasi] n.m. (de *casser*). Brusque dénivellation concave, transversale, sur la chaussée d'une route. CONTR. : *dos-d'âne.*

CASSITÉRITE n.f. (gr. *kassiteros,* étain). MINÉR. Oxyde d'étain naturel SnO_2, principal minerai de ce métal.

CASSOLETTE [kasɔlɛt] n.f. (prov. *casoleta*). **1.** Petit récipient pouvant aller au four et dans lequel on sert un hors-d'œuvre pour une personne ; mets préparé en cassolette. **2.** Vase brûle-parfum.

CASSON n.m. (de *casser*). Pain de sucre informe.

CASSONADE n.f. (de *casson*). Sucre roux qui n'a été raffiné qu'une fois.

CASSOULET n.m. (mot du Languedoc, de *cassollo,* n. d'un récipient). Ragoût de haricots blancs et de viande d'oie, de canard, de mouton, de porc.

CASSURE n.f. **1. a.** Endroit où un objet est cassé. **b.** Pli d'un tissu, d'une draperie. **2.** Rupture, interruption. *Cassure dans une amitié.*

CASTAGNE n.f. (mot gascon, *châtaigne*). Fam. Échange de coups ; bagarre. *Aimer, chercher la castagne.*

CASTAGNETTES n.f. pl. (esp. *castañeta,* petite châtaigne). Instrument de percussion typique de la danse flamenca, composé essentiellement de deux petits éléments creusés en bois, en plastique, etc., qu'on fait résonner en les frappant l'un contre l'autre dans la main.

CASTE n.f. (port. *casta,* chaste). **1. a.** Groupe social qui se distingue par des privilèges particuliers, un esprit d'exclusive à l'égard des autres. **b.** Groupe social, héréditaire et endogame, composé d'individus exerçant généralement une activité commune, surtout professionnelle, caractéristique de la société indienne. **2.** Ensemble des individus adultes assurant les mêmes fonctions (les soldats chez les termites, les ouvrières chez les abeilles), chez les insectes sociaux.

■ En Inde, les diverses castes sont des subdivisions des quatre classes de la société : les *brahmanes,* prêtres et enseignants ; les *ksatriya,* rois et guerriers ; les *vaisya,* marchands et agriculteurs ; les *sudra,* artisans et serviteurs.

CASTEL n.m. (mot prov.). Litt. Manoir, maison ressemblant à un château ; petit château.

CASTILLAN, E adj. et n. De la Castille. ◆ n.m. Espagnol (langue).

CASTINE n.f. (all. *Kalkstein*). Calcaire utilisé dans l'élaboration de la fonte au haut-fourneau, comme fondant et comme épurateur.

CASTING [kastiŋ] n.m. (mot angl., *distribution*). Sélection des acteurs, des figurants, etc., pour un spectacle, un film, une émission de radio ou de télévision.

CASTOR n.m. (gr. *kastôr*). **I. 1.** Mammifère rongeur d'Amérique du Nord et d'Europe, à pattes postérieures palmées et à queue aplatie. **2.** Fourrure de cet animal. **3.** Anc. Chapeau fait en poil de castor. **II.** *Mouvement des castors :* groupement de personnes construisant en commun leurs maisons (créé en Suède en 1927). ■ Les castors construisent des huttes de branchages et de terre, et des digues dans les cours d'eau ; ils abattent des arbres en les rongeant à la base. Ils atteignent 70 cm de long, dont 30 cm pour la queue, et peuvent vivre vingt ans.

castor d'Amérique

CASTORETTE n.f. Fourrure de lapin ou fourrure synthétique traitées de façon à rappeler celle du castor.
CASTORÉUM [kastɔreɔm] n.m. Sécrétion odorante de la région anale du castor, employée en pharmacie et en parfumerie.
CASTRAMÉTATION n.f. Anc. Art de choisir et de disposer l'emplacement d'un camp.
CASTRAT [kastra] n.m. (it. *castrato*). **1.** Chanteur masculin dont la voix d'enfant a été conservée par castration. **2.** Individu mâle qui a subi la castration.
CASTRATEUR, TRICE adj. **1.** Cour. Très sévère, très autoritaire. **2.** PSYCHAN. Qui provoque ou qui est susceptible de provoquer un complexe ou une angoisse de castration.
CASTRATION n.f. **1.** Ablation ou destruction d'un organe nécessaire à la génération, pour les deux sexes (employé plus cour. pour les individus mâles). **2.** PSYCHAN. *Complexe de castration :* réponse fantasmatique aux questions que suscite chez le jeune enfant la différence anatomique des sexes.
CASTRER v.t. (lat. *castrare*). Pratiquer la castration sur ; châtrer.
CASTRISME n.m. Doctrine ou pratique politique qui s'inspire des idées de Fidel Castro.
CASTRISTE adj. et n. Relatif au castrisme ; partisan du castrisme.
CASTRUM [kastrɔm] n.m. (mot lat.). HIST. Petite agglomération fortifiée, souvent placée sur une hauteur. Pluriel savant : *castra*.
CASUARINA n.m. (mot lat.). Grand arbre d'origine australienne, à croissance rapide et à bois très dur. (Type de l'ordre, très primitif, des casuarinales.)
1. CASUEL, ELLE adj. **1.** Qui peut arriver ou non ; éventuel, contingent. **2.** Belgique. Fragile.
2. CASUEL n.m. (lat. *casus*, évènement). Revenu attaché aux fonctions ecclésiastiques.
CASUISTE n.m. (esp. *casuista*). Théologien spécialiste de la casuistique.
CASUISTIQUE [kazɥistik] n.f. **1.** Partie de la théologie morale qui s'attache à résoudre les cas de conscience. **2.** Litt. Tendance à argumenter avec une subtilité excessive, notamm. sur les problèmes de morale.
CASUS BELLI [kazysbɛlli] n.m. inv. (mots lat., *cas de guerre*). Acte de nature à provoquer une déclaration de guerre, les hostilités entre deux États.
C. A. T. [seate] n.m. (sigle). Centre* d'aide par le travail.

CATABATIQUE adj. Propre à un vent descendant.
CATABOLIQUE adj. Relatif au catabolisme.
CATABOLISME n.m. PHYSIOL. Ensemble des réactions biochimiques amenant la transformation de la matière vivante en déchets et constituant la partie destructrice du métabolisme.
CATABOLITE n.m. PHYSIOL. Corps résultant du catabolisme d'une substance.
CATACHRÈSE [katakrɛz] n.f. (gr. *katakhrêsis*, abus). RHÉT. Métaphore qui consiste à employer un mot au-delà de son sens strict (comme dans *les pieds d'une table, à cheval sur un mur*).
CATACLYSMAL, E, AUX ou **CATACLYSMIQUE** adj. De la nature d'un cataclysme.
CATACLYSME n.m. (gr. *kataklusmos*, inondation). Grand bouleversement, destruction causée par un phénomène naturel (tremblement de terre, cyclone, etc.) ou de toute autre nature.
CATACOMBE n.f. (bas lat. *catacumba*). [Surtout au pl.]. Vaste souterrain ayant servi de sépulture ou d'ossuaire. *Les catacombes romaines, creusées comme cimetières ; les catacombes de Paris, anciennes carrières aménagées en ossuaires.*
CATADIOPTRE n.m. Dispositif optique permettant de réfléchir les rayons lumineux vers leur source d'émission (utilisé en circulation routière pour la signalisation).
CATADIOPTRIQUE adj. Relatif à un système optique comprenant des lentilles et un miroir.
CATAFALQUE n.m. (it. *catafalco*). Estrade décorative élevée pour recevoir un cercueil, réel ou simulé, lors d'une cérémonie funéraire.
CATAIRE ou **CHATAIRE** n.f. (bas lat. *cattus*, chat). Plante de la famille des labiées, appelée aussi *herbe-aux-chats*, car elle attire ces animaux.
CATALAN, E adj. et n. De la Catalogne. ◆ n.m. Langue romane parlée en Catalogne.
CATALECTIQUE adj. Relatif à un vers grec ou latin qui se termine par un pied incomplet.
CATALEPSIE n.f. (gr. *katalêpsis*, attaque). PATHOL. Perte momentanée de l'initiative motrice avec conservation des attitudes.
CATALEPTIQUE adj. et n. De la nature de la catalepsie ; atteint de catalepsie.
CATALOGAGE n.m. Action de dresser un catalogue ; son résultat.
CATALOGNE n.f. Canada. Étoffe tissée artisanalement, utilisant en trame des bandes de tissu.
CATALOGUE n.m. (gr. *katalogos*). **1.** Liste énumératrice. *Catalogue d'une bibliothèque. Catalogue des saints.* **2.** Livre, brochure contenant une liste d'articles, de produits proposés à la vente ; fonds constitué par ces articles.
CATALOGUER v.t. **1.** Inscrire, énumérer, classer selon un certain ordre ; dresser le catalogue de. *Cataloguer des plantes. Cataloguer un musée.* **2.** Péj. Ranger, classer définitivement qqn dans une catégorie, en partic. dans une catégorie défavorable.
CATALPA n.m. (mot amérindien). Arbre à très grandes feuilles et à fleurs en grosses grappes, originaire de l'Amérique du Nord. (Haut. 15 m ; famille des bignoniacées.)
CATALYSE n.f. (gr. *katalusis*, dissolution). CHIM. Modification de la vitesse d'une réaction chimique produite par certaines substances (les *catalyseurs*) qui se retrouvent intactes à la fin de la réaction.
CATALYSER v.t. **1.** CHIM. Opérer une catalyse. **2.** Fig. Provoquer une réaction par sa seule présence. *Catalyser l'enthousiasme.*
CATALYSEUR n.m. **1.** CHIM. Corps qui catalyse. **2.** Fig. Élément qui provoque une réaction par sa seule présence ou par son intervention.
CATALYTIQUE adj. CHIM. Relatif à la catalyse. *Pouvoir, action catalytique.*
CATAMARAN n.m. (mot angl., du tamoul *kattu*, lien, et *maram*, bois). MAR. Embarcation à voiles, faite de deux coques accouplées.
CATAPHOTE n.m. (nom déposé). Catadioptre de la marque de ce nom, pour les véhicules automobiles, les cycles, etc.

CATAPLASME n.m. (gr. *kataplasma*, emplâtre). Bouillie médicamenteuse qu'on applique, entre deux linges, sur une partie du corps pour combattre une inflammation.
CATAPLECTIQUE adj. Relatif à la cataplexie.
CATAPLEXIE n.f. (gr. *kataplêxis*). Perte brutale mais de courte durée du tonus d'attitude, sans perte de conscience, et due à une émotion vive.
CATAPULTAGE n.m. Action de catapulter.
CATAPULTE n.f. (gr. *katapeltês*). **1.** Anc. Machine de guerre pour lancer des projectiles. **2.** Mod. *Catapulte à vapeur* ou *catapulte :* dispositif utilisant la force d'expansion de la vapeur pour le lancement des avions, à bord des porte-avions. *(V. illustrations p. 194.)*
CATAPULTER v.t. **1.** Lancer avec une catapulte. *Catapulter un avion.* **2.** Lancer avec force ou violence et loin ; projeter. **3.** Fig., fam. Placer soudainement (qqn) dans un poste, une situation sociale élevés.
CATARACTE n.f. (gr. *kataraktês*). **1.** Chute d'eau importante sur un fleuve. **2.** MÉD. Opacité du cristallin ou de ses membranes produisant une cécité partielle ou totale.
CATARHINIEN n.m. *Catarhiniens :* sous-ordre de singes de l'Ancien Continent, à narines rapprochées, à queue non prenante, et pourvus de 32 dents (cercopithèques, macaques, babouins).

catalpa

catamaran *Charente-Maritime I* (long. : 25,90 m ; larg. : 13,20 m ; déplac. : 9,9 t)

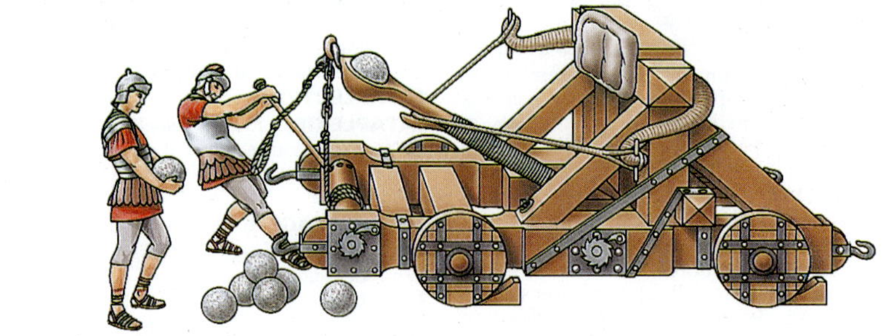
catapulte romaine

Fonctionnement d'une catapulte à vapeur équipant les porte-avions : l'arrivée de vapeur à haute pression (1) pousse dans des cylindres jumelés (2) les pistons (3) solidaires du chariot de lancement (4), auquel est accroché, par l'intermédiaire d'une élingue largable (5), l'avion à lancer (6). En fin de course, après le décollage, le chariot est rapidement arrêté, ses deux béliers (7) pénétrant dans les cylindres (8) remplis d'air, parcourus par un puissant jet d'eau. Le chariot, ramené à sa position initiale par le chariot de remise en batterie (9) freiné par le chariot de tension (10), est prêt pour un nouveau lancement.

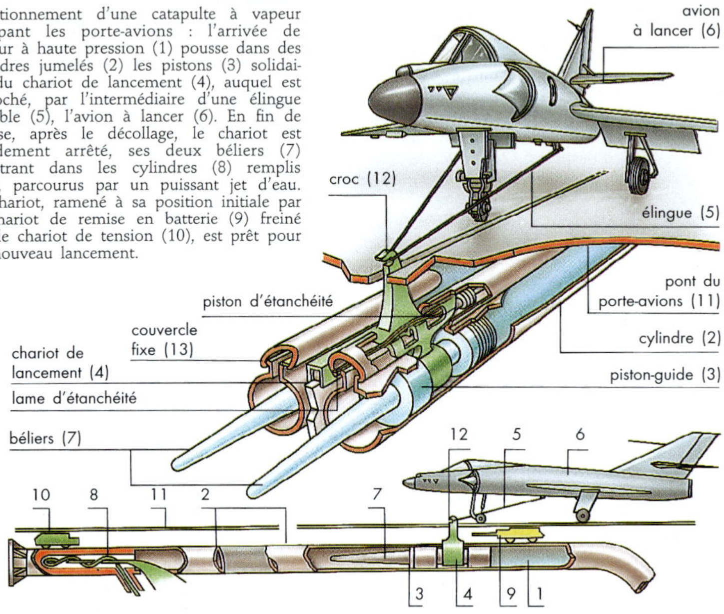

catapulte à vapeur

CATARRHAL, E, AUX adj. Qui tient du catarrhe.

CATARRHE n.m. (gr. *katarrhos,* écoulement). MÉD. Inflammation aiguë ou chronique des muqueuses, avec hypersécrétion.

CATARRHEUX, EUSE adj. et n. Sujet au catarrhe ; atteint de catarrhe.

CATASTROPHE n.f. (gr. *katastrophê,* renversement). **1.** Évènement subit qui cause un bouleversement, pouvant entraîner des destructions, des morts ; grand malheur, désastre. *Catastrophe aérienne. Courir à la catastrophe.* – (En app.). *Film catastrophe :* film à suspense qui relate un grave accident mettant en péril la vie de nombreuses personnes. ◇ *En catastrophe :* en dernier recours ; en hâte ; d'urgence. ◇ MATH. *Théorie des catastrophes :* théorie mathématique issue des travaux de René Thom, visant à décrire des phénomènes discontinus à l'aide de modèles continus simples. **2.** LITTÉR. Évènement décisif qui amène le dénouement d'une tragédie.

CATASTROPHER v.t. Fam. Jeter dans un grand abattement ; accabler, consterner. *Sa mort m'a catastrophé.*

CATASTROPHIQUE adj. Qui a le caractère d'une catastrophe ; désastreux.

CATASTROPHISME n.m. **1.** Tendance à imaginer des catastrophes, à envisager le pire. **2.** Théorie qui attribuait à des cataclysmes les changements survenus à la surface de la Terre.

CATASTROPHISTE adj. Relatif au catastrophisme.

CATATONIE n.f. NEUROL. Syndrome de certaines formes de schizophrénie, caractérisé notamment par le négativisme, l'opposition, la catalepsie et les stéréotypies gestuelles.

CATATONIQUE adj. et n. Relatif à la catatonie ; atteint de catatonie.

CAT-BOAT [katbot] n.m. (mot angl.) [pl. *cat-boats*]. Voilier gréé d'un seul mât et d'une seule voile.

CATCH [katʃ] n.m. (angl. *catch as catch can,* attrape comme tu peux). Lutte libre, très spectaculaire, admettant presque toutes les prises.

CATCHER v.i. Pratiquer le catch.

CATCHEUR, EUSE n. Personne qui pratique le catch.

CATÉCHÈSE [kateʃɛz] n.f. (gr. *katêkhêsis*). Instruction religieuse.

CATÉCHISATION n.f. Action de catéchiser.

CATÉCHISER v.t. (gr. *katêkhizein*). **1.** Enseigner le catéchisme, initier à la religion chrétienne. **2.** Péj. Endoctriner, faire la leçon (à qqn).

CATÉCHISME [kateʃism] n.m. **1.** Enseignement de la foi et de la morale chrétiennes ; livre qui contient cet enseignement ; cours où il est dispensé. *Aller au catéchisme.* **2.** Résumé dogmatique des principes fondamentaux d'une doctrine, d'une religion, etc. ; credo, article de foi.

CATÉCHISTE n. Personne qui enseigne le catéchisme.

CATÉCHISTIQUE adj. Relatif à l'enseignement du catéchisme.

CATÉCHOLAMINE [katekɔlamin] n.f. Substance du groupe des amines dont l'action est analogue à celle du sympathique et qui joue le rôle de neurotransmetteur. *L'adrénaline, la noradrénaline, la dopamine sont des catécholamines.*

CATÉCHUMÉNAT [katekymena] n.m. État et formation des catéchumènes.

CATÉCHUMÈNE [katekymɛn] n. (gr. *katêkhoumenos,* instruit de vive voix). Néophyte que l'on instruit pour le disposer à recevoir le baptême.

CATÉGORÈME n.m. LOG., PHILOS. Terme qui a une signification par lui-même (nom, verbe), par opp. au terme qui tire son sens du contexte (copule).

CATÉGORICITÉ n.f. LOG. Propriété d'une théorie déductive dont tous les modèles sont isomorphes.

CATÉGORIE n.f. (gr. *katêgoria,* attribut). **1.** Ensemble de personnes ou de choses de même nature. *Catégories socioprofessionnelles. Un boxeur de la catégorie des poids légers. Catégories grammaticales.* **2.** PHILOS. (Aristote). Chacun des genres les plus généraux de l'être, irréductibles les uns aux autres (substance, quantité, qualité, relation, lieu, temps, position, avoir, agir, subir). ◇ (Kant). Chacun des douze concepts fondamentaux de l'entendement pur, servant de forme a priori à la connaissance.

CATÉGORIEL, ELLE adj. Qui concerne une ou plusieurs catégories de personnes ; qui est limité à une catégorie, à quelques catégories. *Revendications catégorielles.*

CATÉGORIQUE adj. **1.** Qui ne laisse aucune possibilité de doute, d'équivoque ; absolu, indiscutable. *Réponse, refus catégoriques.* ◇ Qui exprime un avis, une opinion d'une manière nette et sans réplique ; affirmatif. **2.** PHILOS. Relatif aux catégories ; qui ne comporte ni condition, ni alternative. *Jugement catégorique. Impératif catégorique.* CONTR. : ***hypothétique.***

CATÉGORIQUEMENT adv. De façon catégorique. *Répondre catégoriquement.*

CATÉGORISATION n.f. Classement par catégories en vue d'une étude statistique.

CATÉGORISER v.t. Classer par catégories.

CATELLE n.f. Suisse. Carreau vernissé d'un poêle de faïence ; brique servant au carrelage d'une paroi.

CATÉNAIRE adj. (du lat. *catena,* chaîne). CH. DE F. *Suspension caténaire* ou *caténaire,* n.f. : système de suspension du fil d'alimentation en énergie électrique des locomotives ou des tramways (appelé *fil de contact*).

CATERGOL n.m. CHIM. Monergol dont la réaction exothermique exige la présence d'un catalyseur.

CATGUT [katgyt] n.m. (mot angl., *boyau de chat*). CHIR. Lien résorbable utilisé pour les sutures et les ligatures.

CATHARE n. et adj. Adepte d'une secte religieuse manichéenne du Moyen Âge répandue notamment dans le sud-ouest de la France. → ***albigeois.***

CATHARISME n.m. Doctrine des cathares. ■ Le catharisme, apparu dans le Limousin à la fin du XIe s., s'étend au XIIe s. dans le midi de la France (Toulouse, Carcassonne, Foix et Béziers, notamm.). Dualiste, la doctrine cathare oppose le Bien et le Mal, ce dernier identifié à la matière, dont l'homme doit se détacher pour s'unir à Dieu. Un unique sacrement, le *consolamentum,* remplace ceux de l'Église catholique : il fait de celui qui l'a reçu un *parfait,* astreint à une vie chaste et austère. La *croisade des albigeois* (1208-1244) désorganisa le mouvement cathare. Une sévère répression s'ensuivit, manifestation de force de la monarchie capétienne qui annexa les provinces orientales du Languedoc.

CATHARSIS [katarsis] n.f. (mot gr., *purification*). **1.** « Purification » produite chez les spectateurs par une représentation dramatique, selon Aristote. **2.** Méthode psychothérapique reposant sur la décharge émotionnelle liée à l'extériorisation du souvenir d'évènements traumatisants et refoulés.

CATHARTIQUE adj. Relatif à la catharsis. – *Méthode cathartique :* catharsis psychanalytique. ◆ adj. et n.m. MÉD. Se dit d'un médicament qui a un effet purgatif ; laxatif.

CATHÉDRAL, E, AUX adj. (du lat. *cathedra,* siège, chaire épiscopale). Relatif au siège de l'autorité épiscopale.

1. CATHÉDRALE n.f. (de *église cathédrale*). Église épiscopale d'un diocèse. ◇ *Reliure à la cathédrale :* reliure romantique de style néo-gothique.

2. CATHÉDRALE adj. inv. *Verre cathédrale :* verre translucide à surface inégale.

CATHÈDRE n.f. Siège liturgique de l'évêque dans sa cathédrale. SYN. : ***chaire.***

CATHERINETTE n.f. Jeune fille (et, plus particulièrement, ouvrière de la mode) qui est encore célibataire à 25 ans et qui coiffe sainte Catherine (le 25 novembre).

CATHÉTER [kateter] n.m. (gr. *katheter*, sonde). MÉD. Tige creuse que l'on introduit dans un canal naturel.

CATHÉTÉRISME n.m. Introduction d'un cathéter dans un canal ou un conduit naturel à des fins exploratoires *(cathétérisme cardiaque, urétral)* ou thérapeutiques *(cathétérisme œsophagien, duodénal).*

CATHÉTOMÈTRE n.m. (du gr. *kathetos*, vertical). PHYS. Instrument servant à mesurer la distance verticale de deux points.

CATHODE n.f. (gr. *kata*, en bas, et *hodos*, chemin). ÉLECTR. Électrode de sortie du courant dans un électrolyseur, ou électrode qui est la source primaire d'électrons dans un tube électronique (par opp. à *anode*).

CATHODIQUE adj. **1.** Relatif à la cathode. ◇ *Rayons cathodiques :* faisceau d'électrons émis par la cathode d'un tube à vide parcouru par un courant. – *Tube cathodique* (ou *à rayons cathodiques*) : tube à vide dans lequel les rayons cathodiques sont dirigés sur une surface fluorescente (écran cathodique) où leur impact produit une image visible. *Le tube cathodique constitue l'élément essentiel des récepteurs de télévision et des consoles de visualisation d'ordinateurs.* **2.** Fig., fam. Relatif à la télévision en tant que média.

CATHOLICISME n.m. Religion des chrétiens qui reconnaissent l'autorité du pape en matière de dogme et de morale. ◇ *Catholicisme libéral :* courant qui, après 1830, vit le progrès de l'Église dans l'acceptation des libertés proclamées en 1789. ◇ *Catholicisme social :* mouvement né au XIXe s. visant à promouvoir une réforme des structures économiques et sociales dans l'esprit de l'Évangile.

■ Selon l'enseignement catholique, Jésus-Christ a donné à son Église pour chef le pape, successeur de saint Pierre ; les évêques sont soumis à son autorité. L'Église est infaillible quand elle définit une doctrine de foi soit par un concile œcuménique, soit par le pape seul parlant ex cathedra. Ses principaux dogmes sont la Trinité, l'Incarnation, le péché originel et son rachat par Jésus-Christ, la Résurrection. Les fruits de la Rédemption sont appliqués par les sacrements, qui sont au nombre de sept.

CATHOLICITÉ n.f. **1.** Conformité à la doctrine de l'Église catholique. **2.** Ensemble des catholiques.

CATHOLICOS [-kɔs] n.m. Chef religieux de certaines Églises chrétiennes orientales.

CATHOLIQUE adj. et n. (gr. *katholikos*, universel). Qui appartient au catholicisme ; qui professe le catholicisme. ◆ adj. Fam. (Surtout en tournure négative). Conforme à la règle, à la morale courante ; honnête. *Ne pas avoir un air très catholique.*

CATHOLIQUEMENT adv. Conformément à la doctrine catholique.

CATI n.m. Apprêt qui rend les étoffes plus fermes et plus lustrées.

CATIMINI (EN) loc. adv. (gr. *katamênia*, menstrues). En cachette, discrètement.

CATIN n.f. Fam. et vx. Femme de mauvaises mœurs.

CATION [katjɔ̃] n.m. PHYS. Ion de charge positive. CONTR. : *anion.*

CATIONIQUE adj. Qui se rapporte aux cations.

CATIR v.t. TEXT. Donner du cati à (une étoffe) en la pressant.

CATISSAGE n.m. Opération consistant à catir.

CATOBLÉPAS [katɔblepas] n.m. (gr. *katôblepon*, antilope d'Afrique). Animal fantastique à la tête cornue rattachée au corps par un long cou grêle, chez les Anciens.

CATOGAN ou **CADOGAN** n.m. (du n. du général angl. *Cadogan*). **1.** Nœud retenant les cheveux sur la nuque. **2.** Chignon bas sur la nuque.

CATOPTRIQUE n.f. (gr. *katoptron*, miroir). Partie de l'optique qui traite de la réflexion de la lumière. ◆ adj. Relatif à la réflexion de la lumière.

CATTLEYA [katleja] n.m. Plante de l'Amérique tropicale, cultivée en serre pour ses très belles fleurs. (Famille des orchidacées.)

CAUCASIEN, ENNE ou **CAUCASIQUE** adj. et n. Du Caucase. ◇ *Langues caucasiennes* ou *caucasiques :* famille de langues de la région du Caucase, à laquelle appartient le géorgien.

CAUCHEMAR n.m. (anc. fr. *caucher*, fouler, et néerl. *mare*, fantôme). **1.** Rêve pénible, angoissant. **2.** Fig. Idée, chose ou personne qui importune, tourmente.

CAUCHEMARDER v.i. Fam. Faire des cauchemars.

CAUCHEMARDESQUE ou **CAUCHEMARDEUX, EUSE** adj. Qui produit une impression analogue à celle d'un cauchemar.

CAUCHOIS, E adj. et n. Du pays de Caux.

CAUCUS [-kys] n.m. (mot amér.). Canada. Réunion à huis clos des dirigeants d'un parti politique ; personnes ainsi réunies.

CAUDAL, E, AUX adj. (lat. *cauda*, queue). De la queue. *Plumes caudales.* ◇ *Nageoire caudale* ou *caudale*, n.f. : nageoire terminant la queue des cétacés, des poissons, des crustacés.

CAUDATAIRE n.m. **1.** Celui qui, dans les cérémonies, porte la traîne du pape, d'un prélat ou d'un roi. **2.** Fig. Personne obséquieuse, vil flatteur.

CAUDÉ, E adj. Se dit d'une formation anatomique en forme de queue. *Le lobe caudé du foie.*

CAUDILLO [kawdijo] n.m. (mot esp.). **1.** Chef militaire, en Espagne. **2.** Titre porté par le général Franco à partir de 1931.

CAUDRETTE n.f. PÊCHE. Filet en forme de poche, monté sur un cerceau.

CAULERPE n.f. Algue verte originaire des mers tropicales, auj. abondante dans certaines zones de la Méditerranée. (N. sc. *Caulerpa taxifolia ;* classe des chlorophycées.)

CAULESCENT, E adj. BOT. Pourvu d'une tige apparente. *Plante caulescente.* CONTR. : *acaule.*

CAURI [kori] ou **CAURIS** [koris] n.m. (mot hindi). Coquillage du groupe des porcelaines, qui a longtemps servi de monnaie en Inde et en Afrique noire.

CAUSAL, E, ALS ou **AUX** adj. (lat. *causalis*). Qui annonce un rapport de cause à effet. ◇ GRAMM. *Proposition causale* ou *causale*, n.f. : proposition donnant la raison ou le motif de l'action exprimée par le verbe principal.

CAUSALGIE n.f. (gr. *causis*, chaleur, et *algos*, douleur). Douleur permanente donnant l'impression d'une brûlure lancinante exacerbée au moindre contact.

CAUSALISME n.m. PHILOS. Théorie de la causalité.

CAUSALITÉ n.f. Rapport qui unit la cause à l'effet. ◇ PHILOS. *Principe de causalité*, selon lequel tout fait a une cause, les mêmes causes dans les mêmes conditions produisant les mêmes effets.

CAUSANT, E adj. Fam. (Surtout en tournure négative). Qui parle volontiers, communicatif.

CAUSATIF, IVE adj. et n.m. LING. Factitif.

CAUSE n.f. (lat. *causa*). **I. 1.** Ce par quoi une chose existe ; ce qui produit qqch ; origine, principe. *Connaître la cause d'un phénomène. Il n'y a pas d'effet sans cause.* – *Être cause de, la cause de :* être responsable de, être la raison de ; causer, occasionner. **2.** Ce pourquoi on fait qqch ; motif, raison. *J'ignore la cause de son départ.* **3.** DR. But en vue duquel une personne s'engage envers une autre. *Cause d'une obligation, d'une convention.* **II. 1.** Affaire pour laquelle qqn comparaît en justice. *Plaider la cause de qqn.* – *La cause est entendue :* l'affaire est jugée. ◇ *Être en cause :* faire l'objet d'un débat, être concerné. – *Mettre en cause :* incriminer. – *En connaissance de cause :* en connaissant les faits. – *En tout état de cause :* de toute manière. **2.** Ensemble d'intérêts, d'idées que l'on se propose de soutenir. *La cause de l'humanité.* – *La bonne cause*, celle qu'on considère comme juste (souvent iron.). – *Faire cause commune avec qqn :* unir ses intérêts aux siens. – *Prendre fait et cause pour qqn :* prendre son parti, le soutenir sans réserve. ◆ loc. prép. *À cause de :* en raison de ; en considération de ; par la faute de. ◇ *Pour cause de :* en raison de.

1. CAUSER v.t. Être la cause de qqch, occasionner. *Causer de la peine.*

2. CAUSER v.t. ind. (lat. *causari*, plaider). **1.** S'entretenir familièrement avec qqn. *Causer de politique avec une amie.* **2.** Parler trop ou avec malveillance. *On cause beaucoup sur lui dans le quartier.* **3.** Pop. *Causer à qqn*, lui parler. *Eh ! J'te cause !*

CAUSERIE n.f. Petite conférence sans prétention.

CAUSETTE n.f. Fam. Conversation familière. *Faire la causette, un brin de causette.*

CAUSEUR, EUSE n. et adj. Personne qui possède l'art de parler, qui cause volontiers et agréablement.

CAUSEUSE n.f. Petit canapé à deux places.

CAUSSE n.m. (mot prov., du lat. *calx, -cis*, chaux). Plateau calcaire du Massif central *(Grands Causses)* et du bassin d'Aquitaine (Quercy).

CAUSSENARD, E adj. et n. Des Causses.

CAUSTICITÉ n.f. **1.** Caractère de ce qui est caustique, corrosif. **2.** Litt. Esprit mordant, incisif. *La causticité d'un critique. La causticité d'une satire.*

1. CAUSTIQUE adj. et n.m. (gr. *kaustikos*, brûlant). Qui attaque les tissus organiques. *La soude est un caustique.* ◆ adj. Mordant, incisif dans la moquerie, la satire.

2. CAUSTIQUE n.f. OPT. Surface tangente aux rayons lumineux d'un faisceau issus d'un même point et ayant traversé un instrument optique imparfait.

CAUTÈLE [kotɛl] n.f. (lat. *cautela*, prudence). Vx et litt. Prudence rusée.

CAUTELEUX, EUSE [kotlø, øz] adj. Litt. et péj. Qui manifeste à la fois de la méfiance et de la ruse.

CAUTÈRE n.m. (gr. *kautêrion*, brûlure). MÉD. Agent physique (tige métallique chauffée) ou chimique utilisé pour brûler un tissu en vue de détruire des parties malades ou d'obtenir une action hémostatique. ◇ Fam. *Un cautère sur une jambe de bois :* un remède inutile, un moyen inefficace.

CAUTÉRISATION n.f. Action de cautériser ; son résultat.

CAUTÉRISER v.t. Brûler avec un cautère.

CAUTION [kosjɔ̃] n.f. (lat. *cautio*, précaution). **1. a.** Engagement, donné par qqn à l'égard du créancier d'une obligation, de s'acquitter de celle-ci si le débiteur n'y satisfait pas lui-même. **b.** Somme versée pour servir de garantie. **c.** Personne qui cautionne. ◇ *Société de caution mutuelle :* société ayant pour objet de cautionner les engagements professionnels de ses membres. **2.** Garantie morale donnée par qqn jouissant d'un grand crédit ; cette personne. ◇ *Sujet à caution*, dont la vérité n'est pas établie ; suspect, douteux.

CAUTIONNEMENT n.m. DR. **1.** Contrat par lequel qqn se porte caution auprès d'un créancier. **2.** Dépôt de fonds exigé par la loi pour la candidature à une élection, la soumission d'une offre de services à l'État, l'exercice d'une profession (comptable public, par ex.).

CAUTIONNER v.t. **1.** Se porter garant de, répondre de (qqn, son action), appuyer, approuver (des idées, une politique, les personnes qui les mettent en œuvre). **2.** DR. Se porter caution pour (qqn).

1. CAVAILLON n.m. (de *Cavaillon*, n. pr.). Bande de terre que la charrue vigneronne n'atteint pas entre les pieds de la vigne.

2. CAVAILLON n.m. Melon d'une variété cultivée dans la région de Cavaillon.

CAVALCADE n.f. (it. *cavalcata*). **1.** Vx. Défilé d'une troupe de cavaliers, notamment de soldats. **2.** Fam. Course agitée et bruyante d'un groupe de personnes ; ce groupe.

CAVALCADER v.i. Rare. Courir bruyamment en groupe.

CAVALCADOUR adj.m. Anc. *Écuyer cavalcadour*, ayant à charge de surveiller les écuries, les équipages d'un haut personnage.

1. CAVALE n.f. (it. *cavalla*). Poét. Jument.

2. CAVALE n.f. Arg. Évasion. ◇ *En cavale :* évadé d'une prison ; en fuite.

CAVALER v.i. Pop. **1.** Courir ; fuir. **2.** Rechercher les aventures amoureuses. ◆ v.t. Pop. Ennuyer. ◆ **se cavaler** v.pr. Fam. S'enfuir, s'esquiver.

CAVALERIE n.f. **1.** Troupe à cheval. **2.** Corps d'armée constitué à l'origine par des troupes à cheval, puis motorisées. **3.** Fraude financière consistant à créditer artificiellement un compte bancaire (chèques croisés, effets de complaisance, etc.).

CAVALEUR, EUSE adj. et n. Fam. Qui cavale, recherche les aventures amoureuses.

1. CAVALIER, ÈRE n. (it. *cavaliere*). **1.** Personne à cheval. ◇ *Faire cavalier seul :* distancer ses concurrents, dans une course ; fig., agir isolément. **2.** Celui, celle avec qui on forme un couple, dans une réception, un bal. ◆ n.m. **1.** Militaire servant à cheval. **2. a.** Pièce du jeu d'échecs. **b.** Carte du tarot (entre la dame et le valet). **3.** Clou en U. SYN. : *crampillon*. **4.** Pièce adaptable servant au classement des fiches. **5.** Papier au format (46 × 62 cm) intermédiaire entre le raisin et le carré. **6.** FORTIF. Ouvrage surélevé, à l'intérieur des bastions, accroissant la puissance de feu.

2. CAVALIER, ÈRE adj. **1.** Désinvolte jusqu'à la grossièreté ; sans gêne. **2.** *Allée, piste cavalière,* aménagée pour les promenades à cheval.

CAVALIÈREMENT adv. De façon cavalière.

CAVATINE n.f. (it. *cavatina*). MUS. Pièce vocale pour soliste, dans un opéra.

1. CAVE n.f. (lat. *cava,* fossé). **1.** Local souterrain, souvent voûté ; pièce en sous-sol d'un bâtiment, servant de débarras, de cellier, etc. **2. a.** Local souterrain ou non où l'on conserve le vin, pour sa consommation personnelle (bouteilles) ou pour la vente (fûts). **b.** Réserve de vins. *Avoir une belle cave.* **c.** Meuble où l'on range le vin. ◇ *Cave à cigares, à liqueurs :* coffret à cigares, à bouteilles (notamm. de liqueurs). SYN. (VX) : *cabaret*. **3.** Dancing, boîte de nuit en sous-sol.

cave à liqueurs (cave en orme ; flacons et verres en cristal taillé)
[musée des Arts décoratifs, Paris]

2. CAVE n.f. (de 2. *caver*). Somme que chaque joueur place devant lui pour payer ses enjeux, particulièrement au poker.

3. CAVE adj. (lat. *cavus,* creux). Vx. Creux. *Joues caves.* ◇ *Veines caves :* les deux grosses veines *(veine cave supérieure* et *veine cave inférieure)* qui collectent le sang de la circulation générale et aboutissent à l'oreillette droite du cœur.

4. CAVE n.m. **1.** Arg. Personne qui n'est pas du milieu (par opp. à *affranchi*). **2.** Fam. Niais, dupe.

CAVEAU n.m. **1.** Construction, fosse aménagée en sépulture sous un édifice, dans un cimetière. **2.** HIST. Cabaret où se réunissaient des poètes, des chansonniers (XVIIIe-XIXe s.). **3.** Vx. Petite cave.

CAVEÇON n.m. (it. *cavezzone*). ÉQUIT. Demi-cercle métallique fixé à la muserolle pour faire travailler un cheval à la longe.

CAVÉE n.f. VÉN. Chemin creux dans une forêt.

1. CAVER v.t. (lat. *cavare*). Litt., vx. (En parlant de l'eau). Creuser, miner (une roche).

2. CAVER v.i. (it. *cavare,* débourser). Vieilli. Miser, particulièrement au poker.

CAVERNE n.f. (lat. *caverna*). **1.** Cavité naturelle assez vaste, dans une zone rocheuse. ◇ *L'homme des cavernes,* de la préhistoire. **2.** MÉD. Cavité pathologique dans certaines maladies. *Caverne du poumon* (dans la tuberculose).

CAVERNEUX, EUSE adj. **1.** *Voix caverneuse,* grave, qui semble sortir des entrailles. **2.** MÉD. **a.** Qui présente des cavernes, en est le signe clinique. **b.** *Corps caverneux :* tissu érectile des organes génitaux (clitoris, verge).

CAVERNICOLE n.m. et adj. Animal qui supporte l'obscurité et vit dans une grotte. (Beaucoup d'entre eux sont aveugles et décolorés.)

CAVET [kavɛ] n.m. (it. *cavetto*). Moulure concave dont le profil est proche du quart de cercle.

CAVIAR n.m. (turc *khâviâr*). Œufs d'esturgeon égrenés, calibrés et salés, préparés en semi-conserve.

CAVIARDAGE n.m. Fait de caviarder.

CAVIARDER v.t. (de *caviar,* enduit noir dont on recouvrait les articles censurés d'un journal, sous Nicolas Ier). Supprimer un passage de, censurer (un texte, un article).

CAVICORNE n.m. Ruminant dont les cornes sont creuses (bovidés, notamm.).

CAVISTE n. Personne ayant la charge d'une cave à vins, chez un producteur, un restaurateur.

CAVITAIRE adj. MÉD. Relatif à une caverne ; qui en est le symptôme.

CAVITATION n.f. Formation de cavités remplies de vapeur ou de gaz au sein d'un liquide en mouvement lorsque la pression en un point du liquide devient inférieure à la tension de vapeur de celui-ci.

CAVITÉ n.f. (bas lat. *cavitas*). Partie creuse, vide (d'un objet matériel, organique). *Cavités d'un rocher. Cavités du cœur.* ◇ ANAT. *Cavité articulaire,* d'une articulation (limitée par la synoviale, dans une diarthrose).

CAYEU n.m. → ***caïeu.***

CAZETTE n.f. → ***casette.***

C. B. [sibi] n.f. (sigle). **1.** Citizen band. **2.** Appareil émetteur-récepteur pour la citizen band.

Cb, symbole chimique du colombium.

C. C. P. [sesepe] n.m. (sigle). Compte courant postal.

CD n.m. (sigle). Compact Disc.

Cd, symbole chimique du cadmium.

cd, symbole de la candela.

CD-I n.m. inv. (sigle). Compact Disc interactif.

cd/m², symbole de la candela par mètre carré.

CD-ROM [sederɔm] n.m. inv. (sigle de l'angl. *compact disc read only memory,* disque compact à mémoire morte). Disque compact à lecture laser, à grande capacité de mémoire, et qui stocke à la fois des textes, des images et des sons. Recomm. off. : *disque optique compact ;* abrév. : *D. O. C.*

CDV n.m. (sigle). Compact* Disc Video.

1. CE ou **C'** (devant *e*) pron. dém. inv. (lat. *ecce hoc*). **1.** (Indiquant l'objet présent, présent à l'esprit ; sa nature). *Qu'est-ce ? C'est un chat.* ◆ loc. interr. *Qu'est-ce que c'est ?* **2.** (Rappelant ou annonçant une affirmation). *Il s'est tu, et ce, malgré toutes les menaces.* ◇ *Ce faisant :* en faisant cela ; de la sorte. – *Sur ce :* sur ces entrefaites. **3.** (Tournure emphatique). *C'est elle qui est la meilleure.* ◇ (Exclam.). *Ce que :* comme, combien. *Ce qu'on s'amuse !*

2. CE ou **CET** (devant une voyelle, un *h* muet), **CETTE, CES** adj. dém. (lat. *ecce iste*). *Ce livre :* le livre qui est là ; le livre dont nous parlons, dont il est précisément question. ◇ *Ce soir :* le soir qui vient.

Ce, symbole chimique du cérium.

CÉANS [seɑ̃] adv. (de *çà* et de l'anc. fr. *enz,* dedans, lat. *intus*). Vx. Ici, en ces lieux. ◇ Litt. ou par plais. *Le maître de céans :* le maître des lieux.

CÉBIDÉ n.m. *Cébidés :* famille de primates à queue prenante, aux narines plates et aux ongles plats, possédant 36 dents et vivant en Amérique, tels que l'alouate, le capucin, l'atèle, le lagotriche.

CEBUANO n.m. Langue indonésienne parlée dans le centre des Philippines.

CECI [səsi] pron. dém. inv. **1.** Cette chose-ci. **2.** (Par opp. à *cela*). Cette première chose. ◇ *Parler de ceci et cela,* de choses et d'autres. **3.** Ce. *Et ceci, depuis huit jours !*

CÉCIDIE [sesidi] n.f. Didact. Galle des végétaux.

CÉCILIE [sesili] n.f. Batracien fouisseur, aveugle et sans membres, de l'Amérique du Sud. (Ordre des apodes.)

CÉCITÉ n.f. (lat. *caecitas,* de *caecus,* aveugle). Fait d'être aveugle ; état d'une personne aveugle. ◇ *Cécité psychique :* agnosie. – *Cécité verbale :* alexie.

CÉDANT, E adj. et n. DR. Qui cède son droit, son bien. ◆ n. DR. Personne cédante. *Le cédant et le cessionnaire.*

CÉDER [sede] v.t. (lat. *cedere,* s'en aller) [18]. **1.** Abandonner (qqch qu'on a, qu'on occupe). *Céder sa place. Céder la parole.* ◇ Litt. *Céder le pas à qqn :* s'effacer devant lui ; fig., reconnaître sa supériorité. – *Ne le céder en rien à :* rivaliser avec, être l'égal de. **2.** Vendre. *Céder un bail, une créance.* ◆ v.t. ind. ***(à)*** et v.i. **1.** Se laisser fléchir par (qqn), se plier à sa volonté. **2.** Ne pas résister, succomber à. *Céder à la tentation.* ◆ v.i. **1.** Ne pas résister ; se rompre. *Le câble cède sous la charge.* **2.** Reculer, disparaître. *La fièvre a cédé.*

CÉDÉTISTE adj. et n. De la Confédération française démocratique du travail (C.F.D.T.).

CEDEX [sedɛks] n.m. (sigle). Courrier d'entreprise à distribution exceptionnelle.

CÉDI n.m. Unité monétaire principale du Ghana. (→ ***monnaie.***)

CÉDILLE n.f. (esp. *cedilla,* petit *c*). Signe graphique qui se place, en français, sous la lettre *c* devant *a, o, u* pour lui donner le son de *s* [s] (comme dans *façade, leçon, reçu*).

CÉDRAIE n.f. Endroit planté de cèdres.

CÉDRAT [sedra] n.m. (it. *cedrato*). Fruit du cédratier, de plus grande taille et à peau plus épaisse que le citron, utilisé surtout en pâtisserie, en confiserie et en parfumerie.

CÉDRATIER n.m. Arbre des régions chaudes, dont le fruit est le cédrat. (Famille des rutacées ; genre citrus.)

CÈDRE n.m. (gr. *kedros*). **1.** Grand arbre d'Asie et d'Afrique, à branches étalées horizontalement en plans superposés. (Haut. 40 m env. ; ordre des conifères.) **2.** Canada. Arbre du genre thuya.

cèdre de l'Atlas (Afrique)

CÉDRIÈRE n.f. Canada. Terrain planté de cèdres (thuyas).

CÉDULAIRE adj. Anc. *Impôt cédulaire :* imposition déterminée par cédules (avant 1949).

CÉDULE n.f. (bas lat. *schedula,* feuillet). Anc. Catégorie de revenus classée par le fisc (revenu foncier, bénéfice agricole, etc.) et soumise à un régime d'imposition spécifique.

CÉGEP [seʒɛp] n.m. (sigle). Canada. Collège d'enseignement général et professionnel (entre le secondaire et l'université).

CÉGÉPIEN, ENNE n. Canada. Élève d'un cégep.

CÉGÉSIMAL, E, AUX adj. Du système C.G.S.

CÉGÉTISTE adj. et n. De la Confédération générale du travail (C.G.T.).

CEINDRE v.t. (lat. *cingere*) [81]. Litt. **1.** Mettre autour de (la tête, une partie du corps). *Ceindre sa tête d'un bandeau.* **2.** Entourer (le corps, la tête). *Un bandeau ceignait son front.*

CEINTURAGE n.m. SYLV. Marquage des arbres à abattre.

CEINTURE n.f. (lat. *cinctura*). **I. 1. a.** Bande de cuir, d'étoffe, etc., portée pour fixer un vêtement autour de la taille ou comme ornement. ◇ Fam. *Se mettre, se serrer la ceinture :* ne pas manger à sa faim ; renoncer à qqch. ◇ Canada. *Ceinture fléchée :* large ceinture de laine, à motifs en forme de flèches, qui se porte au carnaval. **b.** *Ceinture de sécurité :* bande coulissante, destinée à maintenir une personne sur le siège d'un véhicule, en cas de choc, d'accident. – *Ceinture de sauvetage* → ***sauvetage.*** **c.** Bande de tissu dont la couleur symbolise un grade, un dan, au judo. **2.** Partie fixe d'un vêtement qui maintient celui-ci autour de la taille. **3.** Vieilli. Gaine, corset. – *Ceinture orthopédique :* corset destiné à corriger les déviations de la colonne vertébrale. **4. a.** Taille, partie du corps où se place la ceinture. – *Prise de ceinture :* prise portée à la taille, dans les sports de lutte. **b.** ANAT. Partie du squelette où s'articulent les membres pairs des vertébrés. **II. 1.** Ce qui entoure un lieu, zone concentrique, particulièrement lorsqu'elle protège. *Ceinture de fortifications.* – *La petite ceinture,* autour de Paris. – *Ceinture verte :* espaces verts aménagés autour d'une agglomération. **2.** ARCHIT. Bague. **3.** ARM. Anneau métallique serti sur le culot d'un projectile et qui se moule dans les rayures d'un canon. **4.** ASTRON. *Ceinture de rayonnement :* zone de la magnétosphère d'une planète dans laquelle se trouvent piégées des particules chargées d'énergie élevée. **5.** *Ceinture d'une table, d'un siège,* partie dans laquelle s'ajustent les pieds.

CEINTURER v.t. **1.** Saisir par le milieu du corps en vue de maîtriser. *Ceinturer un adversaire.* **2.** Entourer (qqch ; un lieu, un espace). *Les remparts ceinturent la ville.* **3.** SYLV. Réaliser le ceinturage (des arbres).

CEINTURON n.m. Ceinture très solide, particulièrement d'un uniforme, sur laquelle on peut fixer des accessoires. *Ceinturon de chasseur.*

CELA pron. dém. inv. **1.** Cette chose (par plais. cette personne). *Malgré cela.* ◇ *En cela :* dans cet ordre de choses. **2.** (Par opp. à *ceci*). Cette autre chose.

CÉLADON adj. inv. et n.m. D'une couleur vert pâle. ◆ n.m. Porcelaine d'Extrême-Orient de cette couleur.

CÉLASTRACÉE n.f. *Célastracées :* famille de plantes à fleurs munies d'un anneau nectarifère, comme le fusain.

CÉLÉBRANT n.m. Officiant principal d'une cérémonie religieuse.

CÉLÉBRATION n.f. Action de célébrer.

CÉLÈBRE adj. (lat. *celeber*). Connu de tous ; illustre.

CÉLÉBRER v.t. [18]. **1.** Marquer (une date, un évènement) par une cérémonie, une fête. *Célébrer un anniversaire.* **2.** Accomplir (un office liturgique). *Célébrer un mariage. Célébrer la messe.* **3.** Litt. Faire publiquement l'éloge de, vanter (qqn).

CELEBRET [selebrɛt] n.m. inv. (mot lat., *qu'il célèbre*). RELIG. CATH. Pièce signée de l'autorité ecclésiastique et exigée de tout prêtre qui veut célébrer la messe dans une église où il n'est pas connu.

CÉLÉBRITÉ n.f. **1.** Grande réputation, gloire, renom. *Acquérir de la célébrité.* **2.** Personne célèbre. *C'est une célébrité locale.*

CELER [səle] v.t. (lat. *celare*) [25]. Litt. Cacher, ne pas révéler.

CÉLERI [selri] n.m. (lombard *seleri*). Plante potagère dont on consomme les côtes des pétioles *(céleri ordinaire)* ou la racine *(céleri-rave).* [Famille des ombellifères ; genre apium.]

céleri ordinaire et **céleri-rave**

CÉLÉRIFÈRE n.m. (du lat. *celer,* rapide, et *ferre,* porter). Anc. Véhicule à deux roues reliées par une pièce de bois. *Le célérifère est l'ancêtre de la bicyclette.*

CÉLÉRITÉ n.f. (lat. *celeritas,* de *celer,* rapide). **1.** Litt. Rapidité, promptitude (dans une action, une exécution). **2.** PHYS. Vitesse de propagation d'une onde.

CÉLESTA n.m. Instrument à percussion, pourvu d'un clavier actionnant des marteaux qui frappent des lames d'acier et de cuivre.

CÉLESTE adj. (lat. *caelestis,* de *caelum,* ciel). **1.** Du ciel, du firmament. *Corps céleste.* **2.** Relatif au ciel en tant que séjour divin, des bienheureux ; divin. *Les puissances célestes. Bonté céleste.* ◇ Qui évoque le divin, les dieux. *Musique céleste.* **3.** MUS. *Voix céleste :* registre de l'orgue, aux sons doux et voilés.

CÉLESTIN n.m. Religieux d'un ordre d'ermites fondé en 1251 par le futur pape Célestin V.

CÉLIBAT [seliba] n.m. (du lat. *caelebs, -libis,* célibataire). État d'une personne non mariée.

CÉLIBATAIRE adj. et n. Qui n'est pas marié.

CELLA [sɛlla] n.f. (mot lat.). ARCHÉOL. Naos.

CELLE pron. dém. f. → ***celui.***

CELLÉRIER, ÈRE n. et adj. Économe d'un monastère.

CELLIER n.m. (lat. *cellarium*). Pièce, lieu frais où l'on entrepose le vin et d'autres provisions.

CELLOPHANE n.f. (nom déposé). Pellicule transparente, fabriquée à partir d'hydrate de cellulose et utilisée pour l'emballage.

CELLULAIRE adj. **1.** Formé de cellules. **2.** DR. Relatif aux cellules des prisonniers. ◇ *Régime cellulaire,* dans lequel les prisonniers sont isolés. – *Fourgon cellulaire,* pour le transport des prisonniers. **3.** BIOL. Relatif à la cellule vivante. *Membrane cellulaire. Biologie cellulaire.* **4.** TECHN. *Plastiques cellulaires,* formés d'alvéoles, de pores. **5.** TÉLÉCOMM. Se dit d'un système de radiocommunication qui fonctionne dans une zone divisée en cellules adjacentes contenant chacune un relais radioélectrique.

CELLULAR n.m. (mot angl., *cellulaire*). Tissu souple de coton, dont on fait des vêtements de sport.

CELLULASE n.f. Enzyme possédée par certaines bactéries et certains flagellés, et leur permettant de digérer la cellulose.

CELLULE n.f. (lat. *cellula*). **1.** Pièce, chambre, généralement individuelle, où l'on vit isolé, particulièrement dans un monastère, une prison. ◇ Compartiment d'un fourgon cellulaire. **2.** Alvéole des rayons de cire où les abeilles déposent les couvains et la nourriture. **3.** BIOL. Élément constitutif fondamental de tout être vivant. **4.** Fig. Élément constitutif fondamental d'un ensemble. *Cellule familiale.* ◇ Groupement de base d'un parti politique, notamment du parti communiste, à partir duquel il s'organise. **5.** Au sein d'un organisme, groupe de travail constitué pour traiter d'un problème particulier. *Cellule de réflexion. Cellule de crise.* **6.** TECHN. **a.** Tête de lecture d'un lecteur de disques audio. **b.** *Cellule solaire :* photopile. **c.** *Cellule photoélectrique :* appareil qui utilise l'effet photoélectrique ; posemètre. **7.** AÉRON. Ensemble des structures portantes (ailes, empennages, fuselage) d'un avion. **8.** CONSTR. Élément constitutif de base d'un habitat, notamment en matière de préfabrication.

■ Toute cellule est entièrement entourée d'une *membrane* et contient un *cytoplasme* d'apparence homogène dans lequel flottent des *organites* (noyau, mitochondries, vacuoles, ribosomes, etc.). Le noyau, nu chez les *procaryotes* (bactéries), est entouré d'une membrane chez les *eucaryotes.* Il contient les chromosomes. Les *protistes* sont des eucaryotes unicellulaires. Animaux et plantes sont formés de milliards de cellules diversifiées, mais leur cycle reproductif passe par un stade à une seule cellule, l'*œuf.*

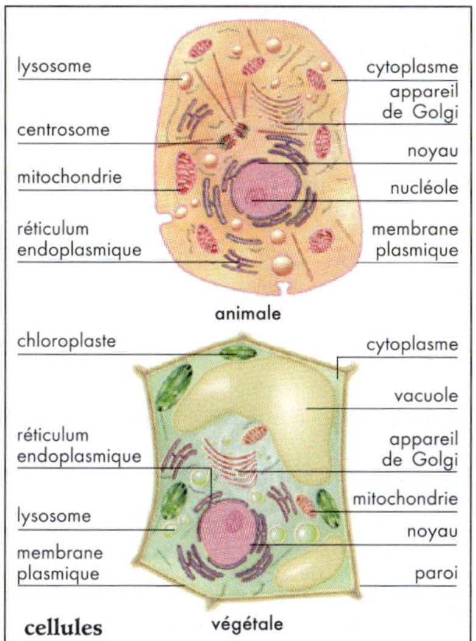

cellules

CELLULITE n.f. Inflammation du tissu conjonctif (en partic. du tissu cellulaire sous-cutané) produisant notamment un gonflement de la peau (« culotte de cheval ») qui prend un aspect capitonné et piqueté (« peau d'orange »).

CELLULITIQUE adj. et n. Relatif à la cellulite ; atteint de cellulite.

CELLULOÏD n.m. (nom déposé). Matière plastique très malléable à chaud et très inflammable, obtenue en plastifiant la nitrocellulose par le camphre.

CELLULOSE n.f. Substance macromoléculaire du groupe des glucides, de formule $(C_6H_{10}O_5)_n$, caractéristique de la membrane des cellules végétales.

CELLULOSIQUE adj. Qui a la nature de la cellulose ; qui en contient. *Colle cellulosique.*

CELSIUS (DEGRÉ) → ***degré.***

1. CELTIQUE ou **CELTE** adj. et n. Des Celtes.

2. CELTIQUE n.m. Langue indo-européenne parlée par les anciens Celtes.

CELUI, CELLE pron. dém. (lat. *ecce,* voici, et *ille,* celui-là) [pl. m. *ceux,* f. *celles*]. (Remplaçant la personne ou la chose dont on parle). *Celle qui sort, ceux qui entrent. Cette maison est celle du notaire.*

CELUI-CI, CELUI-LÀ ; CELLE-CI, CELLE-LÀ pron. dém. [pl. m. *ceux-ci, ceux-là ;* f. *celles-ci, celles-là*]. *Celui-ci :* ce qui est le plus proche, par opp. à *celui-là :* ce qui est le plus éloigné. *Passez-moi celui-ci et allez chercher celui-là.*

CÉMENT n.m. (lat. *caementum*). **1.** ANAT. Tissu dur recouvrant l'ivoire de la racine des dents. **2.** MÉTALL. Matière utilisée dans la cémentation (ex. : le carbone pour l'acier).

CÉMENTATION n.f. MÉTALL. Chauffage d'une pièce métallique au contact d'un cément qui, en diffusant dans sa masse *(cémentation à cœur)* ou à sa surface *(cémentation superficielle),* lui permet d'acquérir des propriétés particulières de dureté, de ductilité, etc.

CÉMENTER v.t. Soumettre à la cémentation.

CÉMENTITE n.f. Carbure de fer (Fe_3C) qui se forme dans les aciers et les fontes blanches.

CÉNACLE n.m. (lat. *cenaculum,* salle à manger). **1.** RELIG. Salle où eut lieu la Cène, puis la Pentecôte. **2.** Litt. Cercle restreint de personnes animées par des idées communes. *Cénacle littéraire, politique.*

CENDRE n.f. (lat. *cinis, cineris*). **1.** Résidu solide, souvent pulvérulent, produit par la combustion d'une substance. ◇ Fig. *Couver sous la cendre :* se développer sourdement avant d'éclater au grand jour. **2.** GÉOL. Fines particules de projections volcaniques s'empilant en strates meubles. ◆ pl. Litt. **1.** Ruines de ce qui a été brûlé, dévasté. ◇ *Réduit en cendres :* anéanti. **2.** Restes des morts. – *Renaître de ses cendres :* prendre un nouvel essor, comme le phénix. **3.** LITURGIE CATH. Symbole de la pénitence dans le rite d'imposition des cendres (*le mercredi des Cendres,* premier mercredi du carême).

1. CENDRÉ, E adj. Litt. Couleur de cendre, gris ou bleuté. *Cheveux blond cendré.*

2. CENDRÉ n.m. Fromage affiné dans des cendres de bois.

CENDRÉE n.f. **1.** Mélange de mâchefer et de sable formant le sol d'une piste d'athlétisme ; la piste elle-même. **2.** Petit plomb pour la chasse du menu gibier.

CENDRER v.t. Litt. Donner une couleur cendrée à (qqch).

CENDREUX, EUSE adj. **1.** Litt. Qui a l'aspect, le ton triste de la cendre. **2.** PÉDOL. *Horizon cendreux,* qui a la couleur, la texture de la cendre (ex. : podzols).

CENDRIER n.m. **1.** Récipient destiné à recevoir les cendres de tabac. **2.** Partie d'un fourneau, d'un poêle où tombe la cendre.

CENDRILLON n.f. (de *Cendrillon,* n.pr.). **1.** Litt. Jeune fille, femme qui s'occupe sans cesse aux travaux ménagers. **2.** Vieilli. Servante pauvre.

CÈNE n.f. (lat. *cena,* repas du soir). **1.** RELIG. CHRÉT. *La Cène :* dernier repas de Jésus-Christ avec ses apôtres, la veille de sa Passion, au cours duquel il institua l'eucharistie. **2.** *La sainte cène :* communion sous les deux espèces (pain et vin), dans le culte protestant.

CENELLE [sənɛl] n.f. Fruit de l'aubépine.

CENELLIER [sənɛlje] n.m. Région. (Centre) ; Canada. Aubépine.

CÉNESTHÉSIE ou, vx, **CŒNESTHÉSIE** [senɛstezi] n.f. (gr. *koinos,* commun, et *aisthêsis,* sensation). Didact. Impression globale résultant de l'ensemble des sensations internes.

CÉNESTHÉSIQUE adj. Relatif à la cénesthésie.

CÉNESTHOPATHIE n.f. PSYCHIATRIE. Trouble de la cénesthésie ; perception douloureuse dont le malade reconnaît le caractère hallucinatoire.

CÉNOBITE n.m. (gr. *koinobion,* vie en commun). **1.** Moine qui vit en communauté. *Anachorètes et cénobites.* **2.** Pagure terrestre d'Océanie.

CÉNOBITIQUE adj. Relatif au cénobite.

CÉNOBITISME n.m. État du cénobite.

CÉNOTAPHE n.m. (gr. *kenos,* vide, et *taphos,* tombeau). Monument élevé à la mémoire d'un mort et qui ne contient pas son corps.

CÉNOZOÏQUE n.m. Ère géologique correspondant au tertiaire et au quaternaire. ◆ adj. Du cénozoïque.

CENS [sɑ̃s] n.m. (lat. *census*). **1.** HIST. Montant, quotité d'imposition nécessaire pour être électeur ou éligible, dans le suffrage censitaire. **2.** FÉOD. Redevance due par des tenanciers au seigneur du fief. **3.** HIST. ROM. Recensement qui servait notamment au recrutement de l'armée et au recouvrement de l'impôt.

CENSÉ, E adj. (lat. *censere,* juger). Supposé, considéré comme. *Nul n'est censé ignorer la loi.*

CENSÉMENT adv. Pour ainsi dire, apparemment. (À distinguer de *sensément.*)

CENSEUR n.m. (lat. *censor*). **1.** ANTIQ. ROM. Magistrat curule chargé de faire le cens et de réprimer les fautes contre les mœurs, dans la Rome républicaine. **2.** ADMIN. Membre d'une commission de censure. **3.** Anc. Fonctionnaire responsable de la discipline générale, dans un lycée. (Il est auj. remplacé par le proviseur adjoint.) **4.** Litt. Personne qui s'érige en juge intransigeant d'autrui.

1. CENSIER, ÈRE adj. et n. FÉOD. Redevable ou bénéficiaire du cens.

2. CENSIER n.m. FÉOD. Registre foncier d'un seigneur, contenant la liste des tenanciers et de leurs tenures.

1. CENSITAIRE n.m. DR. Celui qui payait le cens, dans le suffrage censitaire.

2. CENSITAIRE adj. *Suffrage censitaire :* système dans lequel le droit de vote est réservé aux contribuables versant un montant minimal *(cens)* d'impôts. (En France, le système censitaire, établi en 1791, a été remplacé par le suffrage universel en 1848.)

CENSIVE n.f. FÉOD. Terre assujettie au cens annuel.

CENSORAT n.m. Fonction de censeur.

CENSORIAL, E, AUX adj. Relatif à la censure.

CENSUEL, ELLE adj. FÉOD. Relatif au cens.

CENSURABLE adj. Qui mérite la censure ; qui peut être censuré.

CENSURE n.f. (lat. *censura*). **I. 1.** Contrôle exercé par un gouvernement, une autorité, sur la presse, les spectacles, etc., destinés au public ; examen décidant des autorisations, des interdictions. *Visa de censure d'un film.* ◇ *Commission de censure :* groupe de personnes chargées de cet examen. **2.** Action de censurer, d'interdire tout ou partie d'une communication quelconque. **3. a.** Sanction prononcée contre un officier ministériel, un parlementaire. **b.** DR. CAN. Sanction pénale (excommunication, suspense, interdit) prise à l'encontre d'un chrétien pour l'amener à résipiscence. **4.** *Motion de censure :* motion émanant de l'Assemblée nationale qui propose un vote de défiance à l'égard du gouvernement, pouvant entraîner la démission de celui-ci. **5.** PSYCHAN. Instance psychique qui empêche l'émergence de désirs inconscients sous leur forme brute et provoque leur travestissement dans le rêve. **II.** Fonction de censeur ; exercice de cette fonction.

CENSURER v.t. **1.** Interdire, pratiquer la censure contre. **2.** Voter une motion de censure. *Censurer le gouvernement.* **3.** Litt. Se comporter en censeur (d'autrui, de sa conduite). **4.** PSYCHAN. Refouler.

1. CENT adj. num. et n.m. (lat. *centum*). **I.** adj. num. card. (pl. *cents,* lorsqu'il n'est suivi d'aucun autre adj. card.). **1.** Dix fois dix. *Deux cents canons. Trois cent dix ans. Deux cent mille.* **2.** Un grand nombre de. *Il y a cent moyens d'y arriver.* ◇ *Cent fois :* souvent ; tout à fait. *Avoir cent fois raison.* **II.** adj. num. ord. inv. Centième. *Page deux cent.* ◆ n.m. **1.** (Inv.). [Nombre exprimant la centaine]. *Trois fois cent.* ◇ (Exprimant un rapport). *Pour cent :* pour une quantité de cent unités. *Douze pour cent.* – *Cent pour cent :* entièrement, tout à fait. **2.** (Variable). Centaine. *Plusieurs cents d'huîtres.* ◇ Fam. *Gagner des mille et des cents,* beaucoup d'argent.

2. CENT [sɛnt] n.m. Centième partie de l'unité monétaire principale de divers pays (Australie, Canada, États-Unis, Pays-Bas, etc.).

CENTAINE n.f. (lat. *centena*). **1.** Groupe de cent unités. **2.** Groupe d'environ cent unités. ◇ *Par centaines :* en grand nombre.

CENTAURE n.m. (gr. *kentauros*). Être fabuleux, au buste et au visage d'homme, au corps de cheval, dans la mythologie grecque.

CENTAURÉE n.f. (gr. *kentauriê,* plante du Centaure). Composée tubuliflore telle que le bleuet, la jacée, etc.

CENTAVO [sɛntavo] n.m. (mot esp.). Centième partie de l'unité monétaire principale dans de nombreux pays de l'Amérique latine.

1. CENTENAIRE [sɑ̃tnɛr] adj. et n. (lat. *centenarius*). Qui a cent ans ou plus.

2. CENTENAIRE n.m. Anniversaire d'un évènement centenaire.

CENTENIER n.m. HIST. Chef d'une troupe de cent hommes, dans les armées romaines et médiévales.

CENTENNAL, E, AUX [sɑ̃tɛnal, no] adj. Qui se fait ou qui revient tous les cent ans.

CENTÉSIMAL, E, AUX adj. (lat. *centesimus*). **1.** Divisé en cent parties. **2.** Relatif aux divisions d'une échelle graduée en cent parties égales.

CENT-GARDE n.m. (pl. *cent-gardes*). HIST. Cavalier de la garde d'honneur de Napoléon III (1854-1870).

CENTI-, préfixe (symb. c) qui, placé devant une unité, la multiplie par 10^{-2}.

CENTIARE n.m. Centième partie de l'are (symb. ca), équivalant à 1 m^2.

CENTIÈME adj. num. ord. et n. (lat. *centesimus*). **1.** Qui vient après le quatre-vingt-dix-neuvième. **2.** *Centième partie* ou *centième,* n.m. : produit de la division par cent. ◇ *Pour la centième fois :* encore une fois (après beaucoup d'autres).

CENTIGRADE n.m. **1.** Centième partie du grade (unité d'angle) [symb. cgr]. **2.** (Terme abandonné, en sc., depuis 1948). *Thermomètre centigrade, degré centigrade,* procédant d'une échelle de température à cent degrés *(l'échelle Celsius).*

CENTIGRAMME n.m. Centième partie du gramme (symb. cg).

CENTILAGE n.m. STAT. Division d'une distribution statistique en cent classes d'effectifs égaux.

CENTILE n.m. STAT. Chacune des 99 valeurs répartissant une distribution statistique en 100 classes d'effectif égal.

CENTILITRE n.m. Centième partie du litre (symb. cl).

CENTIME n.m. Centième partie du franc.

CENTIMÈTRE n.m. **1.** Centième partie du mètre (symb. cm). **2.** Ruban divisé en centimètres, servant de mesure. *Centimètre de couturière.*

CENTIMÉTRIQUE adj. Relatif au centimètre, aux mesures auxquelles il sert de base.

CENTON n.m. (lat. *cento,* habit rapiécé). Pièce de vers ou de prose faite de fragments empruntés à divers auteurs.

CENTRAFRICAIN, E adj. et n. De la République centrafricaine.

CENTRAGE n.m. **1.** Action de centrer (qqch ; un objet). **2.** TECHN. **a.** Détermination du centre (géométrique, de gravité, etc.). **b.** Action de disposer les axes de plusieurs pièces mécaniques suivant une même ligne droite. ◇ Dispositif permettant cette opération.

1. CENTRAL, E, AUX adj. **1.** Qui est au centre, près du centre ; du centre. *Europe centrale.* ◇ *Force centrale :* force dont le support passe par un point fixe. **2.** Qui constitue le centre, le pivot d'un ensemble organisé ; qui centralise. *Fichier central. Pouvoir central.* ◇ *Maison, prison centrale* ou *centrale,* n.f. : prison pour les détenus condamnés à des peines de plus d'un an. **3.** Essentiel. *L'idée centrale du livre.*

2. CENTRAL n.m. **1.** TECHN. Poste central. ◇ *Central téléphonique :* lieu où aboutissent les lignes du réseau public et où des équipements de commutation permettent leur mise en communication. **2.** Court principal d'un stade de tennis.

CENTRALE n.f. **1.** Usine génératrice d'énergie électrique. *Centrale hydroélectrique. Centrale nucléaire.* ◇ *Centrale à béton :* usine où se fabrique le béton. **2.** Confédération nationale de syndicats de salariés. **3.** *Centrale d'achats :* organisme commercial gérant les commandes d'approvisionnement des magasins qui lui sont affiliés. **4.** Prison centrale.

CENTRALIEN, ENNE n. Élève ou ancien élève de l'École centrale des arts et manufactures.

CENTRALISATEUR, TRICE adj. Qui centralise.

CENTRALISATION n.f. Action de centraliser ; son résultat.

CENTRALISER v.t. Rassembler en un centre unique ; faire dépendre d'un organisme, d'un pouvoir central. *Centraliser des fonds, des services.*

CENTRALISME n.m. Système d'organisation qui entraîne la centralisation des décisions et de l'action. ◇ *Centralisme démocratique :* système d'organisation propre aux partis communistes, impliquant à la fois l'élection des organismes dirigeants, la démocratie dans l'élaboration d'une ligne politique, la soumission de la minorité à la majorité dans l'application de cette ligne.

CENTRALISTE n. Partisan du centralisme.

CENTRAMÉRICAIN, E adj. et n. De l'Amérique centrale.

CENTRATION n.f. PSYCHOL. *Loi* ou *effet de centration :* surestimation du stimulus sur lequel on porte l'attention, par rapport aux autres stimuli du champ perceptif.

CENTRE n.m. (lat. *centrum,* gr. *kentron,* pointe). **I. 1.** MATH. Point situé à égale distance (le rayon) de tous les points d'un cercle ou d'une sphère. **2.** MATH. *Centre de symétrie d'une figure :* point, s'il existe, tel que tous les points de la figure soient deux à deux symétriques par rapport à lui. **3.** Milieu d'un espace quelconque. *Le centre d'une ville.* ◇ Ensemble des membres d'une assemblée politique qui siègent entre la droite et la gauche ; courant politique intermédiaire entre les idées de droite et les idées de gauche. **4.** Spécialt. Dans certains sports d'équipe, joueur qui se trouve au milieu de la ligne d'attaque. **II.** Point de convergence, de rayonnement de diverses forces. **1.** Siège, lieu principal ou notable d'une activité. *Un centre ouvrier, industriel, touristique. Le centre des affaires* (d'une ville, d'un quartier, etc.). ◇ *Centre commercial :* ensemble regroupant des magasins de détail et divers services (banque, poste, etc.). ◇ *Centre dramatique national :* organisme institué dans certaines villes à partir de 1947, pour y promouvoir un théâtre populaire et décentralisé. **2.** Bureau, organisme centralisateur. *Centre d'achats. Centre de documentation.* **3.** Lieu où sont regroupées, pour une fin commune, certaines catégories d'individus. *Centre d'apprentissage. Centre hospitalier.* ◇ *Centre d'aide par le travail (C. A. T.) :* établissement médico-social fournissant du travail aux handicapés. **4.** MÉTÉOR. *Centre d'action :* anticyclone ou dépression ayant un caractère durable ou permanent, jouant un rôle majeur dans la circulation atmosphérique. **III.** Fig. **1.** Point principal, essentiel. *Le centre de la question.* **2.** Personne vers laquelle converge l'attention, l'intérêt. **IV.** SPORTS. Action de centrer (le ballon).

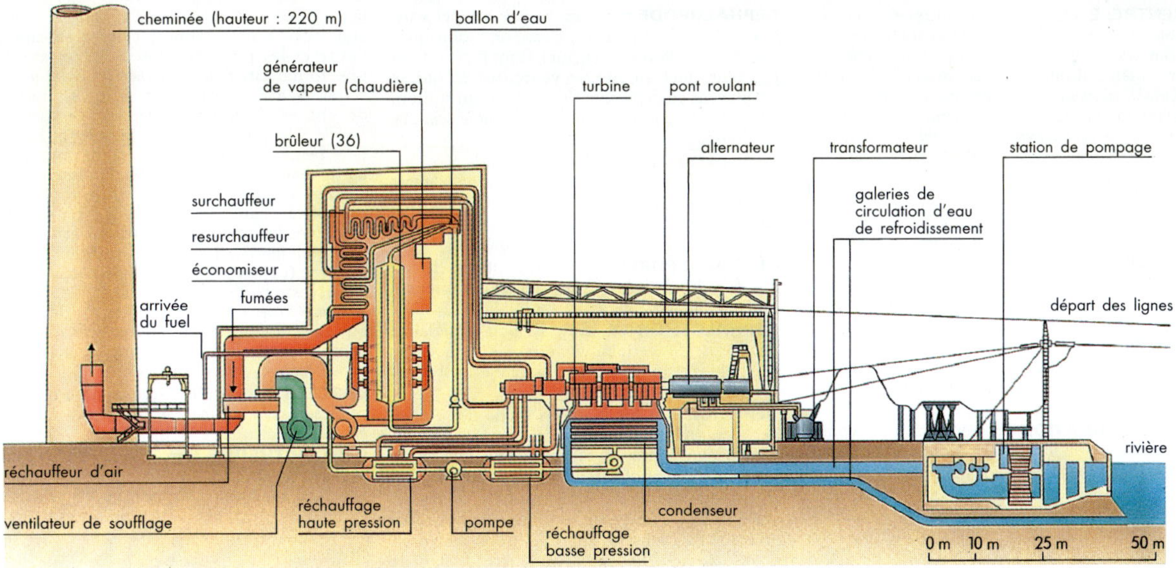

centrale thermique au fuel

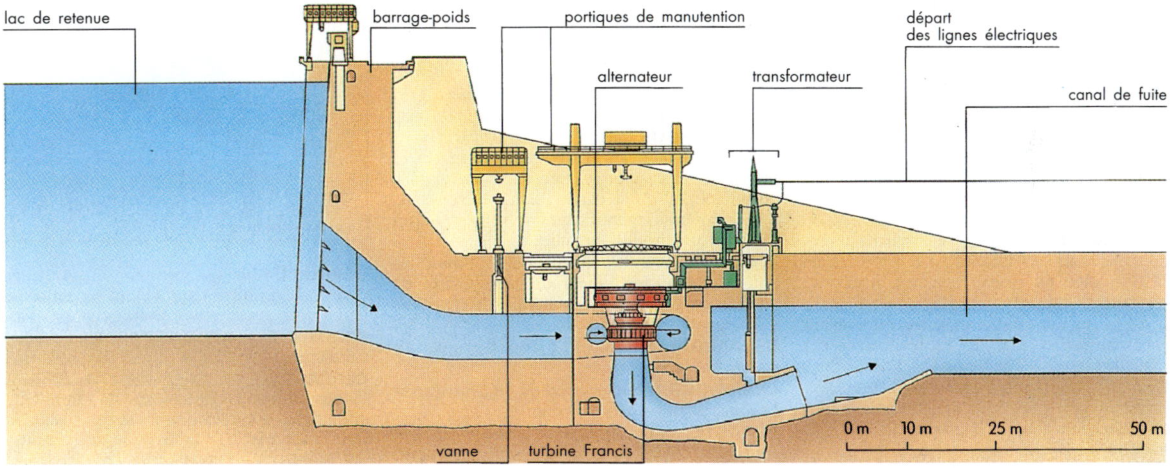

centrale hydroélectrique de lac

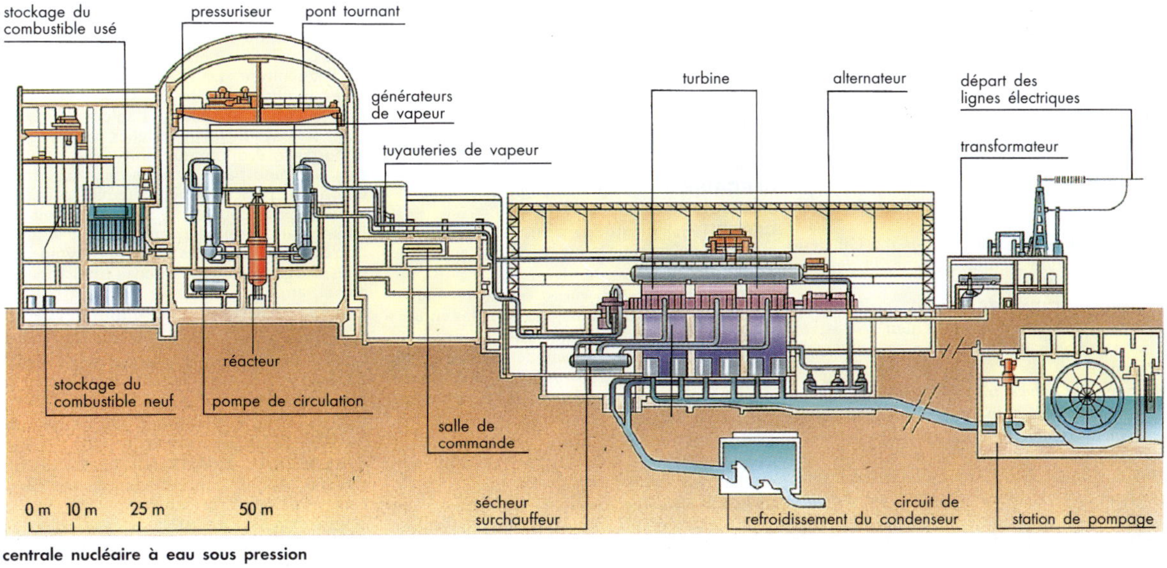

centrale nucléaire à eau sous pression

Une centrale thermique au fuel utilise un combustible fossile, le fuel, pour vaporiser de l'eau. La vapeur produite actionne un turboalternateur (turbine et alternateur montés sur le même arbre) pour produire de l'électricité.
Une centrale hydroélectrique de lac utilise l'eau d'une retenue pour actionner une turbine hydraulique qui entraîne un alternateur.

Une centrale nucléaire à eau sous pression utilise la chaleur créée par la fission nucléaire produite à l'intérieur du cœur du réacteur. Elle comporte trois circuits indépendants de circulation d'eau : le premier transporte la chaleur du réacteur au générateur de vapeur ; le second transmet la vapeur à la turbine entraînant l'alternateur (l'eau, recondensée, revient ensuite au générateur) ; le troisième sert à la réfrigération du condenseur.

centrales

CENTRÉ, E adj. Qui a un centre. ◇ OPT. *Système centré :* ensemble de lentilles (ou de miroirs) dont les centres de courbure sont alignés sur une même droite, dite *axe optique.* ◇ MATH. *Variable aléatoire centrée,* en probabilité, variable ayant une espérance mathématique nulle. *À toute variable, on peut associer une variable centrée égale à la variable diminuée de sa valeur arithmétique.*

CENTRER v.t. **1.** Ramener au centre, placer au milieu. *Centrer un titre dans une page.* **2.** Orienter, axer. *Centrer la caméra sur la vedette. La discussion a été centrée sur les moyens à employer.* **3.** TECHN. *Centrer une pièce,* la fixer en son centre, en déterminer le centre. **4.** SPORTS. Envoyer le ballon vers le grand axe du terrain.

CENTREUR n.m. Dispositif de centrage.

CENTRE-VILLE n.m. (pl. *centres-villes*). Quartier central d'une ville, où se trouvent en général les principaux commerces, et qui est le plus animé.

CENTRIFUGATION n.f. Séparation des constituants d'un mélange par la force centrifuge.

CENTRIFUGE adj. Qui tend à éloigner du centre. *Force centrifuge.* CONTR. : *centripète.* ◇ *Pompe centrifuge :* pompe rotative dont le principe est fondé sur l'action de la force centrifuge.

CENTRIFUGER v.t. [17]. Soumettre à l'action de la force centrifuge ; passer à la centrifugeuse.

CENTRIFUGEUSE n.f. ou **CENTRIFUGEUR** n.m. **1.** Appareil qui effectue la centrifugation. **2.** Appareil ménager électrique destiné à produire du jus de fruits ou de légumes.

CENTRIOLE n.m. BIOL. Corpuscule central du centrosome.

CENTRIPÈTE adj. Qui tend à rapprocher du centre. CONTR. : *centrifuge.*

CENTRISME n.m. Attitude, conception politique fondée sur le refus des extrêmes.

CENTRISTE adj. et n. Du centre, en politique.

CENTROMÈRE n.m. BIOL. Constriction présente dans chaque chromosome et qui participe à la formation du fuseau pendant la mitose.

CENTROSOME n.m. BIOL. Granulation située près du noyau des cellules vivantes, intervenant dans la mitose et dans les battements de cils et flagelles.

CENT-SUISSE n.m. (pl. *cent-suisses*). HIST. Soldat suisse appartenant à la compagnie des cent-suisses affectée à la garde des rois de France (1481-1792).

CENTUMVIR [sɛ̃tɔmvir] n.m. (mot lat.). ANTIQ. ROM. Membre d'un tribunal civil, compétent pour les procès de succession, qui comprenait cent cinq membres.

CENTUPLE adj. et n.m. (lat. *centuplus*). Qui vaut cent fois autant. ◇ *Au centuple :* cent fois plus ; fig., en quantité beaucoup plus grande.

CENTUPLER v.t. **1.** Multiplier par cent. **2.** Augmenter considérablement. ◆ v.i. **1.** Être multiplié par cent. **2.** Augmenter beaucoup.

CENTURIE n.f. (lat. *centuria*). ANTIQ. ROM. Unité politique, administrative et militaire formée de cent citoyens.

CENTURION n.m. (lat. *centurio*). Officier commandant une centurie, dans la légion romaine.

CÉNURE ou **CŒNURE** [senyr] n.m. Ténia parasite de l'intestin grêle du chien. (Sa larve vit dans l'encéphale du mouton et provoque le tournis.)

CEP n.m. (lat. *cippus,* pieu). Pied de vigne.

CÉPAGE n.m. Plant de vigne, considéré dans sa spécificité ; variété de vigne conduisant à un vin déterminé.

CÈPE n.m. (gascon *cep,* tronc). Dénomination commune à plusieurs espèces de bolets comestibles.

CÉPÉE n.f. SYLV. Touffe de tiges ou rejets de bois sortant du même tronc.

CEPENDANT conj. (de *ce* et *pendant*). [Marque une opposition, une restriction]. Pourtant, néanmoins. ◆ adv. Litt. Pendant ce temps. ◆ loc. conj. Litt. *Cependant que :* pendant que, tandis que.

CÉPHALÉE ou **CÉPHALALGIE** n.f. (du gr. *kephalê,* tête). MÉD. Mal de tête.

CÉPHALIQUE adj. De la tête ; relatif à la tête.

CÉPHALOPODE n.m. (gr. *kephalê,* tête, et *pous, podos,* pied). *Céphalopodes :* classe de mollusques marins, carnivores et nageurs, dont la tête porte des tentacules munis de ventouses et qui se propulsent en expulsant de l'eau par un siphon. *La seiche, le calmar, la pieuvre, le nautile sont des céphalopodes.*

CÉPHALO-RACHIDIEN, ENNE adj. (pl. *céphalo-rachidiens, ennes*). Qui concerne l'encéphale et la moelle épinière (ou rachis). SYN. : *cérébro-spinal.* ◇ *Liquide céphalo-rachidien :* liquide clair circulant entre les méninges.

CÉPHALOSPORINE n.f. Antibiotique fongique dont les dérivés agissent sur de nombreuses espèces microbiennes.

CÉPHALOTHORAX n.m. Région antérieure du corps de certains invertébrés (crustacés, arachnides), qui comprend la tête et le thorax soudés.

CÉPHÉIDE n.f. (de *δ Cephei,* l'une des étoiles de la constellation de Céphée). ASTRON. Étoile variable pulsante à courte ou à moyenne période (de un jour à quelques semaines).

CÉRAMBYCIDÉ [serɑ̃biside] n.m. (gr. *kerambux,* pot à cornes). *Cérambycidés :* famille d'insectes coléoptères à longues antennes (d'où leur nom usuel de *capricornes* ou *longicornes*), atteignant jusqu'à 5 cm de long, brillamment colorés, et dont les larves creusent des galeries dans les arbres. *La famille des cérambycidés compte plus de 13 000 espèces.*

CÉRAMBYX n.m. Insecte de la famille des cérambycidés, usuellement appelé *capricorne.*

CÉRAME adj. (gr. *keramos*). *Grès cérame :* grès vitrifié dans la masse.

1. CÉRAMIQUE adj. (gr. *keramikos*). Qui concerne la fabrication des poteries et autres pièces de terre cuite (y compris faïence, grès, porcelaine). ◇ *Matériau céramique* ou *céramique,* n.f. : matériau manufacturé qui n'est ni un métal ni un produit organique.

2. CÉRAMIQUE n.f. **1.** Art de fabriquer les poteries et autres objets de terre cuite, de faïence, de porcelaine. **2.** Objet en terre cuite. **3.** Matériau céramique.

CÉRAMISTE n. Personne qui fabrique ou décore de la céramique.

CÉRAMOGRAPHIE n.f. Étude de l'histoire et des techniques de la céramique.

CÉRASTE n.m. (gr. *kerastês,* cornu). Serpent venimeux d'Afrique et d'Asie, dit aussi *vipère à cornes,* à cause des deux pointes situées au-dessus des yeux. (Long. 75 cm.)

CÉRAT [sera] n.m. (lat. *ceratum*). Onguent à base de cire et d'huile.

CÉRAUNIE n.f. (gr. *keraunos,* foudre). Outil préhistorique aussi appelé *pierre de foudre* (jusqu'au XVIIIᵉ s.).

CERBÈRE n.m. (lat. *Cerberus ;* du gr. *Kerberos,* n. du chien à trois têtes gardien des Enfers). Litt. Portier, gardien sévère, intraitable.

CERCAIRE n.f. (gr. *kerkos,* queue). ZOOL. Larve des douves.

CERCE [sers] n.f. (de *cerceau*). TECHN. Calibre servant à exécuter une construction d'après une courbe donnée.

CERCEAU n.m. (lat. *circus,* cercle). **1.** Cercle léger (en bois, en plastique, etc.) que les enfants poussent devant eux avec un bâton, une baguette. **2.** Cercle ou arceau de bois, de métal, servant d'armature, de support. *Cerceaux d'une robe, d'une bâche.* **3.** Cercle de bois ou de métal servant à maintenir les douves d'un tonneau, d'un baquet.

CERCLAGE n.m. Action de cercler ; son résultat. *Cerclage en châtaignier.*

CERCLE n.m. (lat. *circus*). **I. 1.** Courbe plane dont tous les points sont situés à égale distance d'un point fixe, le centre. ◇ *Grand cercle d'une sphère :* section de la sphère par un plan passant par son centre. – *Petit cercle :* section par un plan ne contenant pas le centre. **2.** Circonscription administrative, division territoriale dans certains pays. **II. 1.** Circonférence d'un cercle (on trouve sa longueur en multipliant le diamètre par π ou 3,1416). *Tracer un cercle au compas.* **2.** Ligne fictive supposée tracée sur la sphère céleste. – *Cercle de hauteur :* cercle de la sphère céleste parallèle à l'horizon en un lieu donné. – *Cercle horaire d'un astre :* demi-grand cercle de la sphère céleste passant par l'astre et les pôles célestes. **3.** Objet affectant une forme circulaire. ◇ BOT. *Cercle annuel :* cerne. **4. a.** Réunion de personnes, ensemble de choses disposées en rond. ◇ *Cercle de famille :* la proche famille réunie. **b.** Par ext. Groupement de personnes réunies pour un but particulier ; local où elles se réunissent. *Cercle d'études. Cercle de jeu. Cercle militaire.* ◇ *Cercle de qualité :* groupe de salariés réunis pour améliorer les méthodes de travail et la qualité des produits. **III. 1.** Ce qui constitue l'étendue, la limite (de la connaissance, de l'activité, etc.). **2.** Succession d'actes, de faits, de pensées. **3.** LOG. *Cercle vicieux :* raisonnement défectueux où l'on donne pour preuve ce qu'il faut démontrer. ◇ Par ext. Situation dans laquelle on se trouve enfermé.

CERCLER v.t. Garnir, entourer d'un cercle, de cercles. *Cercler un tonneau. Poignet que cercle un bracelet.*

CERCOPITHÈQUE n.m. (gr. *kerkos,* queue, et *pithêkos,* singe). Singe à longue queue, dont il existe en Afrique plusieurs espèces. SYN. (VX) : *guenon.*

cercopithèque

CERCUEIL n.m. (gr. *sarkophagos,* qui mange la chair). Long coffre dans lequel on enferme le corps d'un mort. SYN. : *bière.*

CERDAN, E ou **CERDAGNOL, E** adj. et n. De Cerdagne.

CÉRÉALE n.f. (de *Cérès,* déesse des Moissons). Plante cultivée, génér. de la famille des graminées, dont les grains, surtout réduits en farine, servent à la nourriture de l'homme et des animaux domestiques. *Le blé, le seigle, l'avoine, l'orge, le riz, le maïs, etc., sont des céréales.* ◆ pl. Préparation alimentaire à base de blé, de maïs, d'avoine, etc., que l'on consomme génér. avec du lait et du sucre.

■ Les céréales sont cultivées depuis les origines de l'agriculture. Leurs grains entiers (riz) ou après mouture (blé, maïs, millet) constituent la base alimentaire des pays en développement. Dans les pays développés, elles ont une grande importance économique soit dans l'alimentation humaine par les très nombreux produits qu'on tire principalement du blé (pain, pâtes alimentaires, pâtisseries, biscuits), soit dans l'alimentation animale, surtout pour la production des volailles et des porcs (blé, avoine, orge, maïs, sorgho), soit enfin dans l'industrie (bière, alcool, amidon).

CÉRÉALICULTURE n.f. Culture des céréales.

1. CÉRÉALIER, ÈRE adj. Relatif aux céréales.

2. CÉRÉALIER n.m. **1.** Producteur de céréales. **2.** Navire de charge spécialisé dans le transport des grains en vrac.

CÉRÉBELLEUX, EUSE adj. (du lat. *cerebellum,* cervelle). Relatif au cervelet.

1. CÉRÉBRAL, E, AUX adj. (du lat. *cerebrum,* cerveau). **1.** Qui concerne le cerveau. **2.** Qui concerne l'esprit, la pensée.

2. CÉRÉBRAL, E, AUX n. Personne dont l'activité essentielle est celle de la pensée.

CÉRÉBRALITÉ n.f. **1.** Activité du cerveau, considéré comme siège des facultés intellectuelles. **2.** Intellectualité.

CÉRÉBRO-SPINAL, E, AUX adj. Céphalo-rachidien.

CÉRÉMONIAL n.m. (pl. *cérémonials*). **1.** Ensemble des règles qui président aux cérémonies civiles, militaires ou religieuses. **2.** Livre contenant les règles liturgiques des cérémonies du culte.

CÉRÉMONIE n.f. (lat. *caeremonia,* caractère sacré). **1.** Forme extérieure et régulière d'un culte, d'un évènement de la vie sociale. *Les cérémonies du baptême, du 14-Juillet.* **2.** Marque de civilité ; excès de politesse. ◇ *Sans cérémonie :* sans façon, en toute simplicité.

CÉRÉMONIEL, ELLE adj. Relatif à une cérémonie, aux cérémonies.

CÉRÉMONIEUSEMENT adv. De façon cérémonieuse.

CÉRÉMONIEUX, EUSE adj. Qui fait trop de cérémonies ; qui exprime une politesse excessive.

CERF [sɛr] n.m. (lat. *cervus*). Ruminant de la famille des cervidés, des forêts d'Europe, d'Asie et d'Amérique, atteignant 1,50 m de haut et vivant en troupeau. (L'espèce d'Europe, qui pèse en moyenne 150 kg, est l'objet de la chasse à courre. La femelle du cerf est la biche, le petit est le faon ; le mâle porte des bois d'autant plus développés et ramifiés qu'il est âgé ; à un an, c'est un daguet, vers six ans un dix-cors.) *Le cerf brame,* pousse son cri.

cerf d'Europe

CERFEUIL n.m. (gr. *khairephullon*). Plante aromatique cultivée comme condiment. (Famille des ombellifères.)

CERF-VOLANT [sɛrvɔlɑ̃] n.m. (pl. *cerfs-volants*). **1.** Carcasse légère sur laquelle on tend un papier fort ou une étoffe, et que l'on fait voler dans le vent au bout d'une longue ficelle. **2.** Lucane.

CÉRIFÈRE adj. Qui produit de la cire.

CERISAIE n.f. Lieu planté de cerisiers.

CERISE n.f. (lat. *cerasum,* gr. *kerasion*). Fruit comestible du cerisier. *La cerise est une drupe.* ◇ Fam. *La cerise sur le gâteau :* ce qui vient s'ajouter à un ensemble d'éléments positifs ; ce qui couronne le tout. ◆ adj. inv. Couleur de cerise, rouge vif.

CERISETTE n.f. **1.** Boisson à base de jus de cerise. **2.** Cerise séchée. **3.** Petite prune rouge.

CERISIER n.m. Arbre de la famille des rosacées, du genre *Prunus,* cultivé pour ses fruits, ou cerises. (Les cerisiers dérivent de deux espèces : le merisier, ou cerisier doux, qui donne les variétés de bigarreaux et de guignes ; le griottier, d'où proviennent les variétés de cerises acides.)

CÉRITE n.f. MINÉR. Silicate hydraté naturel de cérium.

CÉRITHE n.m. (lat. *cerithium*). Mollusque gastropode à coquille allongée, très abondant dans les roches tertiaires (calcaire grossier parisien).

CÉRIUM [serjɔm] n.m. (de l'astéroïde *Cérès*). Métal dur, brillant, extrait de la cérite, et qui, allié au fer (ferrocérium), entre dans la composition des pierres à briquet (le sulfate de cérium est employé en photographie) ; élément (Ce) de numéro atomique 58, de masse atomique 140,12.

CERMET n.m. (de *céramique* et *métal*). Matériau composite formé de produits céramiques enrobés dans un liant métallique.

CERNE n.m. (lat. *circinus,* cercle). **1.** Cercle bleuâtre autour des yeux, ou autour d'une plaie, d'une contusion, etc. **2.** Couche concentrique d'un arbre coupé en travers (le nombre des cernes permet de connaître l'âge d'un arbre). SYN. : *cercle annuel.* **3.** Contour épais, accusé, dans un dessin, une peinture. **4.** Tache en anneau, auréole.

CERNÉ, E adj. *Yeux cernés,* entourés d'un cercle bleuâtre.

CERNEAU n.m. **1.** Chair des noix vertes. **2.** La noix même, avant sa complète maturité.

CERNER v.t. (lat. *circinare,* faire un cercle). **1.** Entourer, comme d'un cercle. *Cerner une ville.* **2.** Marquer le contour d'une figure d'un trait appuyé. *Cerner une silhouette.* ◇ Fig. *Cerner un problème, une question, etc.,* les délimiter nettement. **3.** *Cerner une branche,* lui enlever un anneau d'écorce, par une incision circulaire. **4.** *Cerner une noix,* la séparer de sa coque.

CERS [sɛrs] n.m. (mot du Languedoc). Vent d'ouest ou de sud-ouest violent, dans le bas Languedoc.

1. CERTAIN, E adj. (lat. *certus,* sûr). **1.** Considéré comme vrai, indubitable ; qui ne manquera pas de se produire. *Succès certain.* **2.** Qui n'a aucun doute. *Témoin certain de ce qu'il a vu.* **3.** MATH. *Évènement certain,* dont la probabilité est égale à l'unité. **4.** DR. **a.** *Corps certain :* telle chose bien déterminée, par opposition à une chose fongible. **b.** *Date certaine :* jour à partir duquel l'existence d'un acte sous seing privé ne peut plus être contestée. ◆ adj. indéf. Relatif ; difficile à déterminer ; quelque. *Elle avait une certaine popularité.* ◆ pron. indéf. pl. Plusieurs. *Certains disent.*

2. CERTAIN n.m. BOURSE et BANQUE. Contrevaleur en francs d'une devise étrangère.

CERTAINEMENT adv. Assurément, indubitablement. *« Viendrez-vous demain ? – Certainement. »*

CERTES adv. (lat. *certo*). Assurément, bien sûr.

CERTIFICAT n.m. (lat. médiév. *certificatum*). Écrit officiel, ou dûment signé d'une personne compétente, qui atteste un fait. *Un certificat d'arrêt de travail, de nationalité, etc.* ◇ *Certificat d'aptitude pédagogique (C. A. P.) :* diplôme nécessaire pour enseigner dans les classes primaires. – *Certificat d'aptitude professionnelle (C. A. P.) :* diplôme décerné à la fin des études de l'enseignement technique court. – *Certificat d'aptitude au professorat de l'enseignement du second degré (C. A. P. E. S.) :* concours de recrutement des professeurs de l'enseignement secondaire. – *Certificat d'aptitude au professorat de l'enseignement technique (C. A. P. E. T.) :* concours de recrutement des professeurs de l'enseignement technique. – *Certificat d'études primaires (C. E. P.) :* diplôme de fin d'études primaires (supprimé en 1989 en France métropolitaine). ◇ *Certificat d'urbanisme :* document indiquant dans quelles conditions un terrain est constructible. ◇ *Certificat de dépôt :* titre à court terme librement négociable émis par les établissements de crédit et permettant aux souscripteurs de faire des placements de trésorerie au taux du marché monétaire. – *Certificat d'investissement :* titre comparable à une action mais qui ne confère pas de droit de vote au porteur.

cerisier

CERTIFICATEUR adj.m. et n.m. DR. Qui garantit en sous-ordre la solvabilité d'une première caution.

CERTIFICATION n.f. DR. **1.** Assurance donnée par écrit. ◇ *Certification d'un chèque :* garantie donnée par le banquier que la provision du compte sur lequel un chèque est tiré est suffisante pour en assurer le paiement. **2.** Attestation de conformité d'une denrée ou d'un produit à des caractéristiques ou à des règles préétablies.

CERTIFIÉ, E n. et adj. Professeur titulaire du C. A. P. E. S., du C. A. P. E. T.

CERTIFIER v.t. Donner pour certain, assurer comme valable ou comme vrai. *Certifier une nouvelle, un chèque.* ◇ DR. *Copie certifiée conforme :* copie attestée conforme au document original par l'autorité compétente.

CERTITUDE n.f. **1.** Caractère de ce qui est certain, assuré, indubitable. ◇ Ce qui est certain. *Ce n'est pas une hypothèse, c'est une certitude.* **2.** Conviction, assurance pleine et entière que l'on a de la vérité de qqch.

CÉRULÉEN, ENNE adj. (lat. *caeruleus*). Litt. De teinte bleuâtre.

CÉRUMEN [serymɛn] n.m. (du lat. *cera,* cire). Substance grasse, jaune-brun, formée dans le conduit auditif externe par les glandes sébacées qui le tapissent.

CÉRUMINEUX, EUSE adj. Qui forme le cérumen.

CÉRUSE n.f. (lat. *cerussa*). Carbonate basique de plomb, appelé aussi *blanc de céruse* ou *blanc d'argent,* et que l'on employait pour la peinture. (La céruse est un poison ; son usage est interdit depuis 1915.)

CÉRUSÉ, E adj. *Bois cérusé :* bois ayant subi une finition qui en souligne le dessin naturel. (Cette finition s'effectue à l'aide d'un produit pâteux qui contenait autref. de la céruse, remplacée auj. par des patines pigmentées non toxiques.)

CERVAISON n.f. Époque où le cerf est gras et bon à chasser.

CERVEAU n.m. (lat. *cerebellum,* cervelle). **I.1.** Partie antérieure de l'encéphale des vertébrés, formée des hémisphères cérébraux et des structures qui les unissent. **2.** Par ext. L'encéphale, totalité de la masse nerveuse contenue dans la boîte crânienne. *(V. illustration p. 202.)* **II.1.** Siège des facultés mentales. **2.** Par anal. Centre de direction, d'organisation ; personne qui a conçu, préparé un coup, une affaire. *Le cerveau d'une entreprise, d'un hold-up.* **3.** Absolt. *C'est un cerveau,* une personne exceptionnellement intelligente. **4.** Vieilli. *Cerveau électronique :* ordinateur.

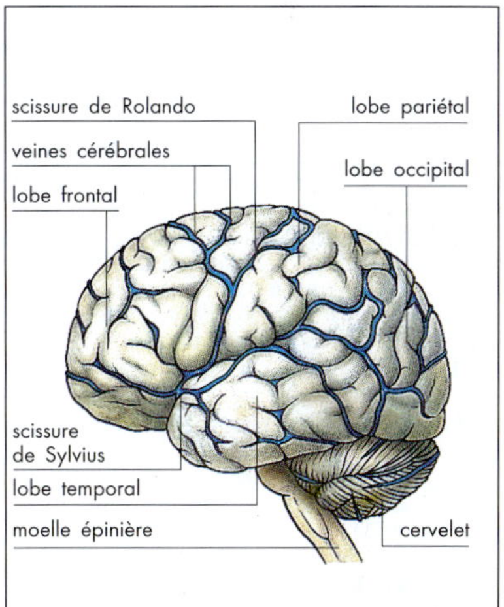

cerveau humain : morphologie générale (face externe, vue latérale)

CERVELAS [sɛrvəla] n.m. (it. *cervellato*). Saucisson cuit, dont il existe différentes variétés régionales.

CERVELET n.m. (de *cervelle*). Partie postérieure et inférieure de l'encéphale, située en arrière du tronc cérébral. *Le cervelet intervient dans le contrôle des contractions musculaires et dans l'équilibration.*

CERVELLE n.f. (lat. *cerebella*). **1.** Substance qui constitue le cerveau. **2.** Fig. Cette substance, considérée comme le siège des facultés intellec-

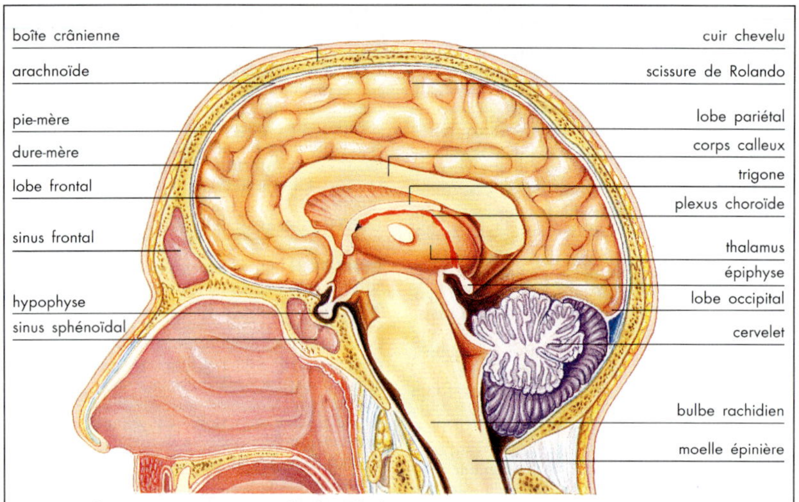

cerveau humain : coupe sagittale dans la boîte crânienne

tuelles. ◇ *Sans cervelle :* étourdi. – Fam. *Ça lui trotte par, dans la cervelle :* ça le préoccupe, l'obsède. **3.** Cerveau de certains animaux, destiné à l'alimentation. *Cervelle d'agneau au beurre noir.*

CERVICAL, E, AUX adj. (du lat. *cervix, -icis,* cou). **1.** Relatif au cou. *Vertèbre cervicale.* **2.** Relatif au col de l'utérus. *Glaire cervicale.*

CERVICALGIE n.f. Douleur ayant son siège au niveau du cou, de la nuque.

CERVICITE n.f. Inflammation du col de l'utérus. SYN. : ***métrite du col.***

CERVIDÉ n.m. (du lat. *cervus,* cerf). *Cervidés :* famille de ruminants comprenant le cerf, le chevreuil, le daim, l'élan, le renne et qui portent des cornes pleines, ramifiées, caduques, appelées *bois.*

CERVOISE n.f. (gaul. *cervesia*). Bière faite avec de l'orge ou d'autres céréales, et consommée dans l'Antiquité et au Moyen Âge.

CES adj. dém. → ***ce.***

C. E. S. [seəɛs] n.m. (sigle). Anc. Collège d'enseignement secondaire.

CÉSALPINIACÉE n.f. *Césalpiniacées :* famille de plantes légumineuses des pays chauds, qui comprend le caroubier, le févier, le gainier.

1. CÉSAR n.m. (lat. *Caesar,* surnom de *Julius* [Jules César]). **1.** Titre affecté aux successeurs de Jules César, puis, à partir d'Hadrien (117-138), à l'héritier du trône. **2.** Empereur germanique. **3.** Empereur, souverain autocrate.

2. CÉSAR n.m. Récompense cinématographique décernée annuellement en France.

CÉSARIEN, ENNE adj. **1.** HIST. Relatif à César, aux césars. **2.** Relatif aux régimes politiques de dictature militaire.

CÉSARIENNE n.f. (du lat. *caedere,* couper). Opération chirurgicale qui consiste à extraire le fœtus par incision de la paroi abdominale et de l'utérus, quand l'accouchement est impossible par les voies naturelles.

CÉSARISER v.t. MÉD. Pratiquer une césarienne sur.

CÉSARISME n.m. Dictature qui s'appuie ou prétend s'appuyer sur le peuple.

CÉSIUM ou **CÆSIUM** [sezjɔm] n.m. (lat. *caesius,* bleu). Métal alcalin, mou, jaune pâle ; élément (Cs), de numéro atomique 55, de masse atomique 132,90.

CESSANT, E adj. *Toute(s) affaire(s)* ou *toute(s) chose(s) cessante(s) :* toute(s) affaire(s) arrêtée(s), suspendue(s) ; avant de rien faire d'autre.

CESSATION n.f. Action, fait de cesser ; arrêt, suspension. *Cessation de travail.* ◇ *Cessation de paiements :* situation d'un commerçant, d'une entreprise qui ne peut exécuter ses engagements par défaut d'actif disponible, entraînant le dépôt de bilan.

CESSE n.f. *N'avoir pas* ou *point de cesse que* (+ subj.) : ne pas s'arrêter avant que. ◆ loc. adv. *Sans cesse :* sans interruption, sans trêve.

CESSER v.t. (lat. *cessare*). Mettre fin à, interrompre. *Cesser le travail. Cesser de parler.* ◆ v.i. Prendre fin. *L'orage a cessé.*

CESSEZ-LE-FEU n.m. inv. Cessation des hostilités.

CESSIBILITÉ n.f. DR. Caractère de ce qui peut être cédé.

CESSIBLE adj. DR. Qui peut ou qui doit être cédé.

CESSION n.f. (du lat. *cedere,* céder). DR. Transmission à un autre de la chose ou du droit dont on est propriétaire ou titulaire.

CESSIONNAIRE n. DR. Bénéficiaire d'une cession.

C'EST-À-DIRE adv. Introduit : **1.** Une explication, une précision. **2.** Une rectification. Abrév. : *c.-à-d.* ◆ loc. conj. *C'est-à-dire que,* introduit une explication, une restriction.

CESTE n.m. (lat. *caestus,* de *caedere,* frapper). Gantelet garni de plomb dont se servaient les athlètes dans les combats de pugilat.

CESTODE n.m. (gr. *kestos,* ceinture, et *eidos,* forme). *Cestodes :* classe de vers plats, parasites, de l'embranchement des platodes, à laquelle appartient le ténia.

CÉSURE n.f. (lat. *caesura,* de *caedere,* couper). Repos ménagé dans un vers après une syllabe accentuée. *La césure coupe l'alexandrin en deux hémistiches.*

CET, CETTE adj. dém. → ***ce.***

CÉTACÉ n.m. (du gr. *kêtos,* gros poisson). *Cétacés :* ordre de mammifères marins parfaitement adaptés à la vie aquatique par leur corps pisciforme et par leurs bras transformés en nageoires, tels que la baleine, le cachalot, le dauphin.

CÉTANE n.m. Hydrocarbure saturé $C_{16}H_{34}$. ◇ *Indice de cétane :* grandeur caractérisant l'aptitude à l'allumage d'un carburant pour moteur Diesel.

CÉTEAU n.m. Petite sole (poisson) allongée.

CÉTÉRAC ou **CÉTÉRACH** [seterak] n.m. (ar. *chiṭaradj*). Fougère commune sur les rochers et les vieux murs.

CÉTOGÈNE adj. Qui entraîne la formation de cétones (notamment d'acétone) dans l'organisme. *Aliment, régime cétogène.*

CÉTOINE n.f. (orig. obscure). Insecte vert doré, de l'ordre des coléoptères, qui se nourrit de fleurs, en particulier des roses, sur lesquelles il vit. (Long. 2 cm.)

cétoine

CÉTONE n.f. Dérivé carbonylé secondaire de formule générale R—CO—R′, R et R′ étant deux radicaux hydrocarbonés (nom générique).

CÉTONÉMIE n.f. Présence de corps cétoniques dans le sang ; taux de ces corps dans le sang.

CÉTONIQUE adj. Qui a trait aux cétones, qui a la fonction cétone.

CÉTONURIE n.f. MÉD. Taux de corps cétoniques dans les urines.

1. CÉTOSE n.m. CHIM. Ose à fonction cétone.

2. CÉTOSE n.f. MÉD. Augmentation du taux sanguin de corps cétoniques.

CEUX, CELLES pron. dém. → ***celui.***

CÉVENOL, E adj. et n. Des Cévennes. ◆ n.m. Dialecte des Cévennes.

CEYLANAIS, E adj. et n. De Ceylan. SYN. : ***sri lankais.***

Cf, symbole chimique du californium.

C. F. A. (FRANC), sigle de *Communauté financière africaine* ou de *Coopération financière en Afrique centrale,* unité monétaire principale de nombreux pays d'Afrique.

C. F. C. n.m. (sigle). Chlorofluorocarbure.

C. G. S., ancien système d'unités dont les unités fondamentales sont le centimètre (longueur), le gramme (masse), la seconde (temps).

ch, symbole du cheval-vapeur.

CHABICHOU n.m. Fromage de chèvre du Poitou.

CHABLER v.t. Dial. *Chabler les noix,* les gauler.

CHABLIS n.m. Vin blanc sec récolté à Chablis.

CHABLON n.m. (all. *Schablone*). Suisse. Pochoir.

CHABOT n.m. (prov. *cabotz,* lat. pop. *capocius,* qui a une grosse tête). Poisson à grosse tête et à large bouche, mesurant de 10 à 30 cm de long. (Une espèce vit dans les eaux courantes propres, d'autres sur les côtes rocheuses. Famille des cottidés.) SYN. : ***cotte.***

CHABRAQUE ou **SCHABRAQUE** n.f. (all. *Schabracke,* turc *tchaprak,* par le hongrois). **1.** Anc. Housse, couverture d'un cheval de cavalerie. **2.** Pop., région. Fille, femme laide, ou stupide, ou de mauvaise vie.

CHABROT ou **CHABROL** n.m. *Faire chabrot* ou *chabrol :* dans le sud-ouest de la France, verser du vin dans la soupe.

CHACAL n.m. (persan *chagâl*) [pl. *chacals*]. Mammifère carnassier d'Asie et d'Afrique, de la taille d'un renard, se nourrissant des reliefs laissés par les grands fauves. *Le chacal jappe,* pousse son cri.

chacal

CHA-CHA-CHA [tʃatʃatʃa] n.m. inv. Danse d'origine mexicaine dérivée de la rumba.

CHACHLIK n.m. (mot russe). Brochette de mouton qui a mariné dans du vinaigre épicé.

CHACONNE ou **CHACONE** n.f. (esp. *chacona*). Danse lente qui apparut en Espagne au XVIe s. – Pièce instrumentale écrite sur ce rythme. (Écrite sur une basse obstinée, elle favorise une suite de variations.)

CHACUN, E pron. indéf. (du lat. *unum cata unum,* un à un, et *quisque,* chacun). **1.** Toute personne, toute chose faisant partie d'un groupe. *Chacun d'eux, de nous. Ces livres coûtent cent francs chacun.* **2.** Absolt. Toute personne.

CHADBURN [tʃadbœrn] n.m. (mot angl., du n. du constructeur). Appareil transmetteur d'ordres à bord d'un navire.

CHADOUF n.m. (mot ar.). Appareil à bascule utilisé en Égypte pour tirer l'eau des puits et des cours d'eau.

CHÆNICHTYS [keniktis] n.m. Poisson des mers froides, remarquable par son sang dépourvu de globules rouges.

CHAFIISME n.m. Une des quatre grandes écoles juridiques de l'islam sunnite, fondée par al-Chāfi'ī (Gaza 767-820). Graphie savante : *chāfi'isme.*

CHAFOUIN, E adj. (de *chat* et *fouin* [masc. de *fouine*]). Sournois et rusé (en parlant d'un personnage, de sa physionomie).

1. CHAGRIN, E adj. (de *chat* et *grigner*). Litt. **1.** Qui éprouve de la tristesse, du déplaisir. **2.** Qui est enclin à la tristesse, à la mauvaise humeur. **3.** Qui exprime, qui suscite cette humeur.

2. CHAGRIN n.m. Souffrance morale, tristesse.

3. CHAGRIN n.m. (turc *çâgrî*). **1.** Cuir grenu, en peau de chèvre ou de mouton, utilisé en reliure. **2.** Fig. *Une peau de chagrin :* une chose qui se rétrécit, diminue sans cesse (par allusion au roman de Balzac).

CHAGRINANT, E adj. Qui chagrine, cause de la peine.

CHAGRINÉ, E adj. *Cuir chagriné,* qui a l'apparence du chagrin.

1. CHAGRINER v.t. Causer du chagrin à, attrister, peiner ; contrarier.

2. CHAGRINER v.t. Préparer une peau pour en faire du chagrin.

CHAH ou **SHAH** n.m. (mot persan, *roi*). Titre porté par des souverains du Moyen-Orient (Iran), de l'Asie centrale et de l'Inde. Graphies savantes : *chāh, shāh.*

CHAHUT n.m. **1.** Agitation, tapage organisés pendant un cours, dans un lieu public, pour gêner ou pour protester contre qqch, contre qqn. **2.** Danse excentrique à la mode entre 1830 et 1850.

CHAHUTER v.t. et i. (de *chat-huant*). **1.** Faire du chahut. **2.** Malmener, traiter sans ménagement.

CHAHUTEUR, EUSE adj. et n. Qui chahute.

CHAI n.m. (gaul. *caio*). Lieu où sont emmagasinés les vins en fûts et les eaux-de-vie.

CHAÎNAGE n.m. **1.** CONSTR. Armature métallique destinée à empêcher l'écartement des murs d'une construction ; mise en place de cette armature. **2.** Action de mesurer à la chaîne d'arpenteur.

CHAÎNE n.f. (lat. *catena*). **I.1.** Succession d'anneaux en métal, en plastique, etc., engagés les uns dans les autres, pour lier ou maintenir qqch, interdire un accès, servir d'ornement, etc. *Une chaîne d'ancre. Chaîne en or.* **2.** *Chaîne d'arpenteur :* chaîne de 10 mètres pour mesurer les longueurs sur le terrain. **3.** Lien flexible fait de maillons métalliques articulés, servant à transmettre sans glissement un mouvement de rotation entre deux arbres parallèles. *Chaîne de vélo.* **4.** Fig., litt. (Surtout au pl.). Lien créant un état de dépendance. **II.** Ensemble de personnes ou d'activités regroupées pour différentes raisons. **1.** *Faire la chaîne :* se placer à la suite les uns des autres pour se passer qqch. **2.** *Travail à la chaîne :* organisation du travail dans laquelle le produit à fabriquer se déplace devant les ouvriers chargés d'une seule et même opération, selon une cadence constante. – *Chaîne de fabrication* ou *de montage :* ensemble de postes de travail conçu pour réduire les temps morts et les manutentions dans la fabrication d'un produit. **3.** *Chaîne du froid :* ensemble des opérations de fabrication, de transport et de distribution des produits congelés ou surgelés. **4.** *Chaîne volontaire :* association de plusieurs entreprises pour organiser en commun les achats, la gestion et la vente. **5.** Ensemble d'établissements commerciaux appartenant à la même organisation. *Une chaîne d'hôtels.* **6.** Figure de danse dans laquelle les danseurs se donnent la main. **7.** LING. *Chaîne parlée :* succession dans le temps d'unités linguistiques formant des énoncés. **III.** Série, succession d'éléments divers. **1.** Ensemble de montagnes rattachées entre elles. *La chaîne des Alpes.* **2.** Ensemble des fils parallèles disposés dans le sens de la longueur d'un tissu, entre lesquels passe la trame. **3.** Système de reproduction du son comprenant une source (tuner, magnétophone, lecteur de cassettes ou de disques compacts, etc.), un élément amplificateur et des éléments reproducteurs (baffles ou enceintes acoustiques). *Chaîne haute-fidélité.* – Ensemble d'émetteurs radioélectriques dont les signaux permettent par recoupement à un navire ou à un avion de déterminer sa position. **4.a.** Réseau d'émetteurs de radiodiffusion ou de télévision diffusant simultanément le même programme. ◇ Organisme responsable de la programmation et du contenu des émissions de radio ou de télévision diffusées sur un canal permanent. **b.** Ensemble de journaux appartenant au même propriétaire. **5.** *Chaîne alimentaire :* ensemble d'espèces vivantes dont chacune se nourrit de la précédente (végétal, herbivore, carnivore). **6.** CHIM. Suite d'atomes de carbone disposés en chaîne ouverte (série grasse) ou en chaîne fermée (série cyclique). **7.** *Réaction en chaîne :* réaction chimique ou nucléaire qui, en se déclenchant, produit les corps ou l'énergie nécessaires à sa propagation ; fig., suite de phénomènes déclenchés les uns par les autres. **8.** Pilier incorporé à un mur pour lui donner de la solidité. – Barre métallique plate reliant deux murs. **9.** CYBERN. *Chaîne d'asservissement* ou *de régulation :* ensemble d'éléments ayant pour rôle d'assurer l'émission, la transmission et la réception de signaux pour réaliser un asservissement. – *Chaîne d'action :* chaîne d'asservissement qui achemine en sens unique des signaux sur le parcours compris entre un organe de mesure ou un comparateur et l'installation réglée. ◆ pl. Dispositif adapté aux pneus d'une voiture pour rouler sur la neige ou la glace.

CHAÎNÉ, E adj. CHORÉGR. *Pas chaînés :* pas exécutés très rapidement ou avec très peu d'amplitude.

CHAÎNER v.t. **1.** Faire le chaînage d'un mur. **2.** Munir les pneus de chaînes. **3.** Mesurer avec la chaîne d'arpenteur.

CHAÎNETIER, ÈRE n. → ***chaîniste.***

CHAÎNETTE n.f. **1.** Petite chaîne. **2.** MÉCAN. Courbe dessinée par un fil homogène pesant, flexible et inextensible, suspendu par ses extrémités à deux points fixes.

CHAÎNEUR, EUSE n. Personne qui mesure avec la chaîne d'arpenteur.

CHAÎNIER n.m. Forgeron travaillant à la fabrication des chaînes.

CHAÎNISTE ou **CHAÎNETIER, ÈRE** n. Spécialiste qui fait des chaînes de bijouterie.

CHAÎNON n.m. **1.** Anneau d'une chaîne. SYN. : ***maillon.*** **2.** Fig. Élément d'un tout, d'une série, indispensable pour établir une continuité ou une suite logique. *Le chaînon manquant d'une généalogie.* **3.** Partie d'une chaîne de montagnes.

CHAINTRE n.f. ou m. AGRIC. Emplacement où les charrues ou les tracteurs font demi-tour à l'extrémité d'un champ qu'on laboure.

CHAIR n.f. (lat. *caro, carnis*). **I. 1.** Tissu musculaire et conjonctif du corps humain et animal, recouvert par la peau. ◇ Fig. *En chair et en os :* en personne. **2.** Aspect, qualité de la peau. *Avoir une chair bien ferme.* ◇ Fig. *Ni chair ni poisson :* sans caractère, indécis. – *Être bien en chair :* être un peu grassouillet. ◇ *Couleur chair :* rose très pâle. **II. 1.** Litt. Enveloppe corporelle, charnelle, par opp. à l'esprit, à l'âme, au divin. *Mortification de la chair.* **2.** Ensemble des désirs, des appétits physiques ; instinct sexuel. *Les plaisirs de la chair. La chair est faible.* **III. 1.** Viande animale hachée servant à la préparation de certains aliments. *Chair à saucisse.* **2.** Pulpe des fruits.

CHAIRE n.f. (lat. *cathedra*). **1.** Tribune, estrade d'où un professeur ou un prédicateur parle à son auditoire. **2.** Poste de professeur d'université. *Elle a obtenu la chaire de poésie américaine.* **3. a.** Siège apostolique, papauté. *La chaire de saint Pierre.* **b.** Cathèdre, siège épiscopal. **4.** Siège de bois à haut dossier et accotoirs pleins, en usage au Moyen Âge et à la Renaissance.

CHAISE n.f. (lat. *cathedra*). **I. 1.** Siège à dossier, sans bras. ◇ Fig. *Entre deux chaises :* dans une situation incertaine, entre deux solutions. ◇ *Politique de la chaise vide :* attitude qui consiste à ne pas venir siéger à une assemblée. – *Chaise longue :* fauteuil, siège, notamm. en toile et pliable, comportant une partie pour allonger les jambes. **2.** *Chaise électrique :* instrument pour l'électrocution des condamnés à mort, constitué d'un siège muni d'électrodes, dans certains États des États-Unis. **3.** Anc. *Chaise percée :* siège aménagé pour satisfaire un besoin naturel. **4.** *Chaise à porteurs :* siège fermé et couvert, dans lequel on se faisait porter par deux personnes. ◇ *Mener une vie de bâton de chaise :* vivre de façon agitée, déréglée. **5.** Anc. *Chaise de poste :* voiture à cheval pour le transport rapide du courrier et des voyageurs. **II. 1.** MÉCAN. Support d'un arbre de transmission. **2.** MAR. Planche pour monter dans la mâture d'un navire. – *Nœud de chaise :* nœud marin utilisé notamm. pour pratiquer une boucle temporaire à l'extrémité d'un cordage. SYN. (vieilli) : *nœud d'agui.*

CHAISIER, ÈRE n. **1.** Personne qui perçoit le prix d'occupation des chaises dans un jardin public, une église, etc. **2.** Personne qui fabrique des chaises.

1. CHALAND n.m. (gr. byzantin *khelandion*). Bateau non ponté, à fond plat, pour transporter les marchandises sur les cours d'eau et dans les ports.

2. CHALAND, E n. (anc. fr. *chaloir,* importer). Vx. Client d'une boutique.

CHALAND-CITERNE n.m. (pl. *chalands-citernes*). Chaland spécialement conçu pour le transport des liquides en vrac.

CHALANDISE n.f. (de *chaland,* client). *Zone de chalandise :* aire d'attraction commerciale d'un magasin, d'une localité, d'une région, etc.

CHALAZE [ʃalaz] n.f. (gr. *khalazion,* de *khalaza,* grêle). **1.** ZOOL. Tortillon axial du blanc d'œuf des oiseaux. **2.** BOT. Point où le faisceau libéro-ligneux venu du placenta s'épanouit dans l'ovule.

CHALAZION [ʃalazjɔ̃] n.m. Petit kyste inflammatoire du bord de la paupière.

CHALCOGRAPHIE [kalkɔgrafi] n.f. (du gr. *khalkos,* cuivre). **1.** Art de graver sur cuivre. **2.** Établissement où sont conservées des planches gravées, dont on tire des épreuves.

CHALCOLITHIQUE [kalkɔlitik] adj. (gr. *khalkos,* cuivre, et *lithos,* pierre). *Période chalcolithique* ou *chalcolithique,* n.m. : période de transition entre le néolithique et l'âge du bronze, où apparaissent les premiers objets en cuivre. SYN. : *énéolithique.*

CHALCOPYRITE [kalkɔpirit] n.f. Sulfure double naturel de cuivre et de fer.

CHALCOSINE [kalkɔzin] ou **CHALCOSITE** [-zit] n.f. Sulfure naturel de cuivre.

CHALDÉEN, ENNE [kaldeɛ̃, ɛn] adj. et n. **1.** Qui se rapporte aux Chaldéens, à la Chaldée. **2.** *Rite chaldéen :* rite pratiqué par les Églises orientales nestoriennes ou ralliées à Rome.

CHÂLE n.m. (hindi *shal,* orig. persane). Grand morceau d'étoffe en laine, en soie, etc., carré ou rectangulaire, que l'on porte sur les épaules. – *Col châle :* col arrondi, croisé, large sur les épaules.

CHALET n.m. (mot de Suisse romande). **1.** Maison construite et décorée princ. avec du bois, au toit très débordant, aux longs balcons, conçue à l'origine pour la haute montagne. **2.** Canada. Maison de campagne. **3.** Vx. *Chalet de nécessité :* édicule abritant des cabinets d'aisances publics.

CHALEUR n.f. (lat. *calor*). **1.** Qualité de ce qui est chaud. – Température élevée d'un corps, d'un lieu, etc. *Quelle chaleur ici !* – Sensation que donne un corps chaud. *Sentir sous ses pieds la chaleur du sable.* **2.** Une des formes de l'énergie qui élève la température, dilate, fait fondre ou décompose les corps, etc. – *Chaleur massique* ou *spécifique :* quantité de chaleur nécessaire pour élever de 1 °C la température d'un corps ayant une masse égale à l'unité. – *Chaleur animale :* chaleur produite par les réactions fonctionnelles dont tout organisme animal est le siège. **3.** Élévation de la température normale du corps, qui s'accompagne d'une sensation de malaise, de fatigue. *La chaleur de la fièvre. Une bouffée de chaleur.* **4.** Ardeur, fougue manifestée dans les sentiments, enthousiasme. *Dans la chaleur de la discussion...* **5.** *Être en chaleur :* rechercher le mâle, en parlant des femelles d'animaux domestiques. ◆ pl. **1.** Période de l'année où il fait très chaud. *Les premières, les grandes chaleurs.* **2.** Période où les femelles des mammifères sont en chaleur.

CHALEUREUSEMENT adv. De façon chaleureuse.

CHALEUREUX, EUSE adj. Qui manifeste de l'enthousiasme, de la chaleur ; très cordial.

CHÂLIT [ʃali] n.m. (lat. pop. *catalectus,* de *lectus,* lit). Bois de lit ou armature métallique d'un lit.

CHALLENGE [ʃalɑ̃ʒ] n.m. (mot angl., *défi*). **1.** Épreuve sportive, tournoi, disputés en dehors des championnats. **2.** La récompense obtenue. **3.** Fig. Gageure ; entreprise difficile dans laquelle on s'engage comme pour relever un défi.

CHALLENGER ou **CHALLENGEUR** [ʃalɑ̃dʒœr] n.m. (mot angl.). Athlète défiant officiellement le détenteur d'un titre (souvent opposé à *tenant du titre*).

CHALOIR v. impers. (lat. *calere,* avoir chaud). Litt. *Peu me* (ou *m'en*) *chaut :* peu m'importe.

CHALOUPE n.f. (anc. fr. *eschalope,* coquille de noix). Grand canot à rames ou à moteur, embarqué sur les navires pour transporter les passagers jusqu'à la côte ou pour les évacuer en cas de naufrage.

CHALOUPÉ, E adj. *Danse, démarche chaloupée,* très balancée du fait qu'on remue les épaules et les hanches.

CHALOUPER v.i. Marcher ou danser en se balançant beaucoup.

CHALUMEAU n.m. (lat. *calamus,* roseau). **1.** Appareil produisant une flamme très chaude par combustion d'un gaz, et qu'on utilise pour souder et découper les métaux. **2.** Vx. Petit tuyau de paille, de roseau. – Petit tuyau en matière plastique pour aspirer un liquide. *Boire avec un chalumeau.* SYN. : *paille.* **3.** Vx. Petit instrument à vent, à anche simple, ancêtre de la clarinette.

CHALUT n.m. Filet de pêche en forme de poche, traîné sur le fond de la mer ou entre deux eaux (chalut pélagique) par un chalutier.

CHALUTAGE n.m. Pêche au moyen d'un chalut.

CHALUTIER n.m. **1.** Bateau de pêche qui traîne le chalut. **2.** Pêcheur qui se sert du chalut.

CHAMADE n.f. (it. *chiamata,* appel). Vx. Batterie de tambour ou sonnerie qui annonçait l'intention de capituler, dans une ville assiégée. ◇ Fig., mod. *Cœur qui bat la chamade :* cœur dont le rythme s'accélère sous l'effet d'une émotion très violente.

CHAMÆROPS n.m. → ***chamérops.***

CHAMAILLER (SE) v.pr. (anc. fr. *chapeler,* frapper, et *mailler,* même sens). Fam. Se disputer pour des raisons futiles.

CHAMAILLERIE ou **CHAMAILLE** n.f. Fam. Dispute, querelle peu sérieuse.

CHAMAILLEUR, EUSE adj. et n. Fam. Qui aime à se chamailler, à se quereller.

CHAMAN [ʃaman] n.m. (mot toungouse). Prêtre magicien de certaines religions d'Asie septentrionale, d'Amérique du Nord, etc., qui communique avec les esprits en utilisant les techniques de l'extase et de la transe.

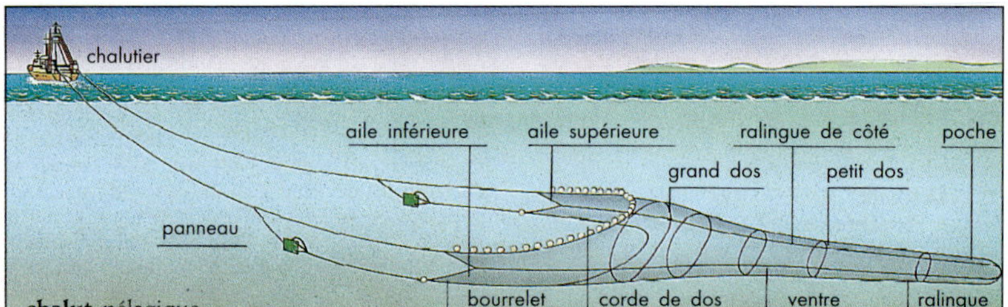

chalut pélagique

CHAMANISME n.m. Ensemble des pratiques magiques du chaman.

CHAMARRER v.t. (esp. *zamarra,* vêtement en peau de mouton). **1.** Orner, charger de galons, de passementeries, etc. *Un uniforme chamarré de décorations.* **2.** Orner de couleurs variées et vives ; barioler.

CHAMARRURE n.f. **1.** Manière de chamarrer. **2.** Ensemble d'ornements voyants et de mauvais goût.

CHAMBARD n.m. Fam. Grand désordre accompagné de vacarme ; scandale.

CHAMBARDEMENT n.m. Fam. Changement, bouleversement total.

CHAMBARDER v.t. (prov. *chambarda*). Fam. **1.** Bouleverser de fond en comble, saccager. **2.** Déranger.

CHAMBELLAN n.m. (mot germ.). Officier qui était chargé de tout ce qui concernait le service intérieur de la chambre d'un prince. – *Grand chambellan :* le chambellan le plus élevé en dignité.

CHAMBERTIN n.m. Vin rouge de Bourgogne produit dans la commune de Gevrey-Chambertin (Côte-d'Or).

CHAMBOULEMENT n.m. Fam. Action de chambouler ; son résultat. Fait d'être chamboulé.

CHAMBOULER v.t. Fam. Bouleverser, mettre sens dessus dessous.

CHAMBRANLE n.m. (lat. *camerare,* voûter). Encadrement d'une porte, d'une fenêtre, d'une cheminée.

CHAMBRAY n.m. Sorte de fil-à-fil dont le fil de chaîne est souvent bleu.

CHAMBRE n.f. (lat. *camera,* plafond voûté). **I. 1.** Pièce d'une habitation, surtout pièce où l'on dort. *Chambre à coucher. Chambre d'hôtel. Chambre d'amis.* – *Garder la chambre :* rester chez soi parce qu'on est fatigué ou malade. – *Travailler en chambre :* travailler à domicile, en parlant d'un artisan. – *Femme, valet de chambre :* domestiques travaillant pour des particuliers ou dans un hôtel. **2.** *Chambre froide* ou *frigorifique :* local spécialement équipé pour conserver les denrées périssables. **3.** *Chambre forte :* pièce blindée où sont placés les coffres, dans une banque. **4.** *Chambre à gaz.* **a.** Local servant aux exécutions capitales par asphyxie, dans certains États des États-Unis. **b.** HIST. Salle alimentée en gaz toxique qui, dans certains des camps d'extermination créés par le Reich hitlérien, servait à donner la mort aux déportés. **5.** MAR. **a.** *Chambre de veille, des cartes* ou *de navigation :* local à proximité immédiate de la passerelle de navigation, où sont rassemblés les instruments et les cartes. **b.** *Chambre de chauffe :* compartiment d'un navire où sont placés les foyers des chaudières. **6.** MIN. *Chambre d'exploitation :* chantier rectangulaire. **II.** Enceinte close. **1.** *Chambre à air :* tube de caoutchouc placé à l'intérieur d'un pneu et gonflé à l'air comprimé. **2.** *Chambre de combustion :* partie d'une turbine à gaz où se produit la combustion du carburant. **3.** Enceinte obscure d'un appareil photographique, recevant la surface sensible. **4.** *Chambre claire :* appareil à prismes ou à miroirs semi-argentés, pour superposer une vue directe et une vue par réflexion. **5.** *Chambre noire.* **a.** Boîte noircie intérieurement, ayant une ouverture munie d'une lentille et par laquelle pénètrent les rayons diffusés par les objets extérieurs, dont l'image se forme ensuite sur un écran. **b.** Local obscur d'un laboratoire pour le traitement et le tirage des photographies. **6.** *Chambre de Wilson, à bulles, à étincelles :* instruments pour observer et photographier les trajectoires de particules élémentaires. **7.** *Chambre sourde :* local spécialement aménagé pour faire des mesures acoustiques. **8.** Partie du canon d'une arme à feu recevant la cartouche ou la charge. **III. 1.** Assemblée parlementaire. *La Chambre des députés.* **2.** Organisme qui représente et défend les intérêts d'une profession. *La Chambre de commerce et d'industrie.* **3.** Subdivision d'une juridiction. *Chambre criminelle.* **IV.** *Chambre de l'œil* ou *chambre antérieure :* cavité de l'œil entre la cornée et l'iris, occupée par l'humeur aqueuse.

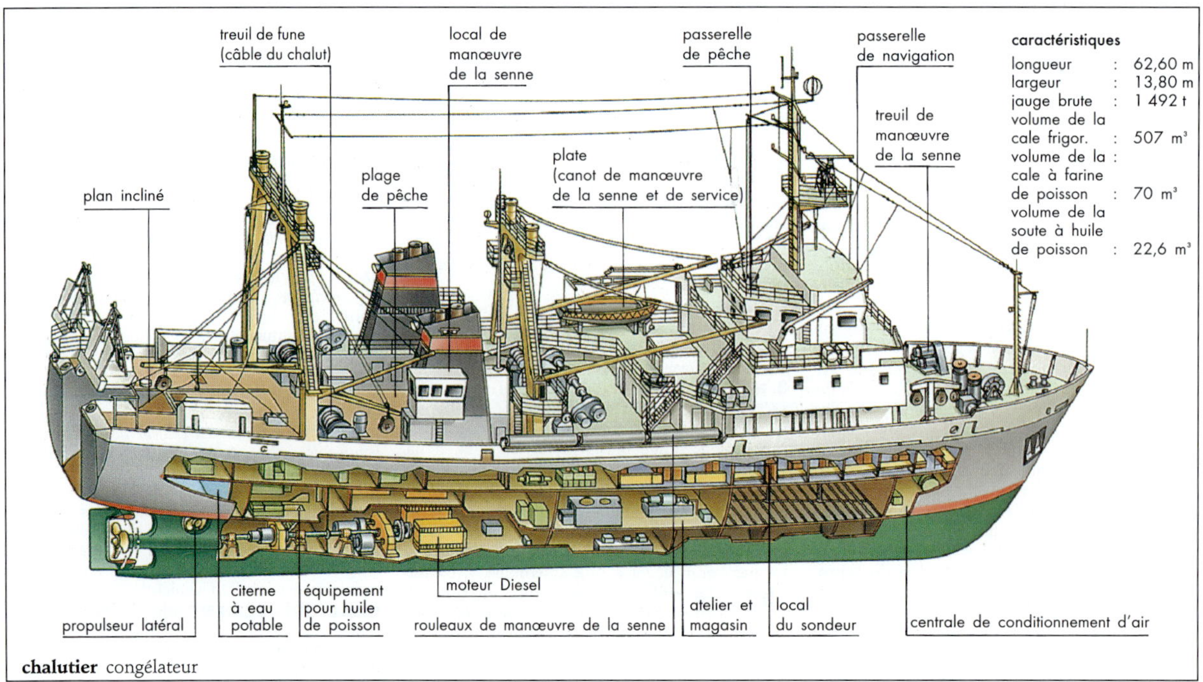

chalutier congélateur

CHAMBRÉE n.f. Ensemble de personnes, plus particulièrement de soldats, couchant dans une même chambre ; cette chambre.

CHAMBRER v.t. **1.** *Chambrer une bouteille de vin :* la faire séjourner quelques heures dans une pièce tempérée pour que le vin soit moins froid et meilleur à déguster. **2.** Tenir qqn à l'écart pour le convaincre. – Fam. *Chambrer qqn :* se moquer de lui.

CHAMBRETTE n.f. Petite chambre.

CHAMBRIER n.m. HIST. Grand officier de la chambre du roi.

CHAMBRIÈRE n.f. **I. 1.** Long fouet pour faire travailler les chevaux dans les manèges. **2.** Pièce mobile qui maintient horizontale une charrette à deux roues dételée. **II.** Litt. Femme de chambre.

CHAMEAU n.m. (gr. *kamêlos*). **1. a.** Mammifère ruminant d'Asie centrale, à deux bosses graisseuses sur le dos, adapté à la vie dans les régions arides où il sert de monture et d'animal de trait. (Famille des camélidés.) *Le chameau blatère,* pousse son cri. **b.** Cour. Dromadaire. **2.** Fam. Personne méchante ou acariâtre. *Quel vieux chameau !*

chameau

CHAMELIER n.m. Conducteur de chameaux ou de dromadaires.

CHAMELLE n.f. Chameau femelle.

CHAMELON n.m. Petit du chameau.

CHAMÉROPS ou **CHAMÆROPS** [kamerɔps] n.m. (gr. *khamarôps,* buisson à terre). Palmier de petite taille, dit aussi *palmier nain,* qui peut croître en pleine terre dans le Midi.

chamérops

CHAMITO-SÉMITIQUE [ka-] adj. et n.m. (pl. *chamito-sémitiques*). Se dit d'une famille de langues comprenant le sémitique, l'égyptien, le berbère, le couchitique et les langues tchadiennes (haoussa).

CHAMOIS n.m. (lat. *camox*). **1.** Mammifère ruminant aux cornes droites et recourbées vers l'arrière au sommet, qui vit dans les hautes montagnes d'Europe et du Proche-Orient. (Haut. au garrot 65 cm ; famille des bovidés.) – *Chamois des Pyrénées :* isard. **2.** *Peau de chamois :* peau chamoisée pour nettoyer les vitres, les chromes, etc. **3.** Épreuve test de niveau à skis consistant en un slalom spécial à effectuer en un temps calculé par rapport au temps de base d'un ouvreur qualifié ; qualification sanctionnant le succès à cette épreuve. *Chamois d'or, de vermeil, d'argent, de bronze* (décernés en fonction du pourcentage du temps réalisé par l'ouvreur). ◆ adj. inv. Jaune clair.

chamois

CHAMOISAGE n.m. Tannage des peaux par traitement aux huiles de poisson.

CHAMOISER v.t. Préparer par chamoisage.

CHAMOISERIE n.f. **1.** Rare. Lieu où l'on chamoise les peaux. **2.** Industrie, commerce des peaux chamoisées.

CHAMOISEUR, EUSE n. Personne qui travaille au chamoisage des peaux.

CHAMOISINE n.f. Tissu à essuyer dont la texture rappelle celle de la véritable peau de chamois.

CHAMONIARD, E adj. et n. De Chamonix ou de sa vallée.

CHAMOTTE n.f. Argile cuite utilisée en céramique.

CHAMP n.m. (lat. *campus*). **I.1.** Étendue de terre cultivable. *Champ de blé. Labourer un champ.* ◇ *À travers champs :* en traversant les champs, les prés. ◇ Fam. *À tout bout de champ :* à tout propos, à tout moment. **2.** *Champ de courses :* hippodrome. **3.** *Champ de mines :* terrain semé de mines. **II.1.** Portion d'espace qu'embrasse l'œil, un objectif photographique, un instrument d'optique, etc. – *Champ visuel :* l'espace qu'on peut percevoir en gardant les yeux immobiles. – *Profondeur de champ :* distance des points extrêmes de l'axe d'un objectif photographique dont les images sont suffisamment au point. ◇ PSYCHOL. *Effets de champ :* interaction des éléments simultanément perçus, entraînant une interprétation globale de la perception. (Les effets de champ suscitent notamment certaines illusions optico-géométriques.) **2.** *Champ opératoire :* région du corps délimitée, sur laquelle porte une intervention chirurgicale. – Compresse stérile pour border cette région. *Des champs opératoires bleus.* **3.** Surface d'un tableau, d'une médaille, etc., sur laquelle se détache un motif, une inscription, etc. **4.** HÉRALD. Surface de l'écu où sont représentés les meubles. **5.** MATH. *Champ de scalaires, de vecteurs, de tenseurs :* application associant à un point de l'espace un scalaire, un vecteur, un tenseur. **6.** PHYS. Ensemble des valeurs que prend une grandeur physique en tous les points d'un espace déterminé ; cet espace. – *Vecteur champ électrique :* vecteur égal au rapport de la force électrique subie par une charge à la valeur de cette charge. – *Vecteur champ magnétique :* vecteur lié à l'existence d'un courant électrique ou d'un aimant, et servant à déterminer les forces magnétiques. **7.** ÉLECTRON. *Dispositif à effet de champ :* dispositif à semi-conducteur où le courant est contrôlé par un champ électrique variable. **8.** INFORM. Dans un enregistrement, emplacement réservé à une catégorie particulière de données. SYN. : *zone.* **9.** LING. Ensemble structuré d'unités lexicales. *Champ sémantique, champ dérivationnel.* **III.1.** Domaine dans lequel se situe une activité, une recherche, etc. – *Champ d'action :* domaine où peut s'étendre l'activité ou le pouvoir de qqn. *Son champ d'action est très limité.* **2.** *Champ libre :* complète liberté d'action. *Il lui a laissé le champ libre pour tout organiser.* **3.** *Champ idéologique :* ensemble des méthodes, des concepts et des objets ayant servi à l'élaboration d'une science. **IV.1.** *Champ de tir :* terrain militaire où sont exécutés les tirs d'exercice ; base de lancement et d'expérimentation de missiles ; zone de l'espace dans laquelle une arme peut tirer. – *Champ de manœuvre :* terrain pour l'instruction des troupes. – Anc. *Champ de Mars :* champ de manœuvre. **2.** Vx. *Champ clos :* lieu où s'affrontaient des adversaires en combat singulier. ◇ Fig. *Prendre du champ :* prendre du recul. **3.** *Champ de bataille :* endroit où a lieu une bataille. – Litt. *Champ d'honneur :* champ de bataille. ◇ *Aux champs :* batterie ou sonnerie pour rendre les honneurs militaires. ◆ pl. Terres cultivées, pâturages. – *Champs ouverts :* parcelles appartenant à plusieurs exploitations, juxtaposées et non séparées par des clôtures.

1. CHAMPAGNE n.m. Vin blanc mousseux que l'on prépare en Champagne.

2. CHAMPAGNE n.f. (lat. *campania*). **1.** GÉOGR. Campagne. **2.** HÉRALD. Pièce honorable occupant le tiers inférieur de l'écu.

3. CHAMPAGNE adj. *Fine champagne :* eau-de-vie de qualité supérieure fabriquée dans la région de Cognac (Charente).

CHAMPAGNISATION n.f. Transformation que l'on fait subir à un vin pour le rendre mousseux, selon la méthode utilisée en Champagne.

CHAMPAGNISER v.t. Préparer un vin à la manière du champagne, afin de le rendre mousseux.

CHAMPART n.m. (de *champ* et *part*). **1.** AGRIC. Mélange de blé, d'orge et de seigle semés ensemble. **2.** HIST. Part sur les récoltes qui revenait aux seigneurs de certains fiefs.

CHAMPENOIS, E adj. et n. De la Champagne.

CHAMPENOISE n.f. Bouteille épaisse utilisée pour les vins de Champagne, qui contient 77,5 cl.

CHAMPÊTRE adj. (lat. *campestris*). Litt. Qui se rapporte à la campagne, aux champs ; qui évoque la vie à la campagne. *Un décor champêtre.*

CHAMPI ou **CHAMPIS, ISSE** n. et adj. Vx. Enfant que l'on a trouvé abandonné dans les champs.

CHAMPIGNON n.m. (anc. fr. *champegnuel,* lat. *campus,* champ). **1.** Végétal cryptogame sans chlorophylle, dont certaines espèces seulement sont comestibles, et qui pousse dans les lieux humides. – *Champignon de couche* ou *champignon de Paris :* agaric des champs, cultivé dans les champignonnières. – *Champignon hallucinogène :* champignon (psilocybe, amanite tue-mouches) provoquant des hallucinations. ◇ *Pousser comme un champignon :* grandir très vite. **2.** Fam. Pédale d'accélérateur. *Appuyer sur le champignon.* ■ Parmi les champignons, on distingue les formes supérieures, de grande taille, comestibles ou vénéneuses, parfois mortelles, qui se reproduisent par des spores nues *(basidiomycètes)* ou encloses *(ascomycètes)* et les formes inférieures : moisissures, levures, agents de maladies des plantes (mildiou, charbon, rouille) et des mycoses chez l'homme, souvent classées comme *siphomycètes.* *(V. illustration p. 206.)*

CHAMPIGNONNIÈRE n.f. **1.** Endroit, le plus souvent souterrain, où l'on cultive les champignons de couche. **2.** Couche de terreau et de fumier qu'on prépare pour cette culture.

CHAMPIGNONNISTE n. Personne qui cultive des champignons.

1. CHAMPION n.m. (mot germ.). Celui qui combattait en champ clos pour défendre sa cause ou celle d'un autre.

2. CHAMPION, ONNE n. **1.** Vainqueur d'un championnat, en sports, dans un jeu. *Champion de saut en longueur.* **2.** Fig. Personne qui parvient à se distinguer (en bien ou en mal) dans un domaine quelconque. **3.** Personne prenant la défense de qqch avec ardeur. *Se faire le champion d'une cause.*

3. CHAMPION adj.m. Fam. Remarquable, que l'on peut admirer.

CHAMPIONNAT n.m. Compétition où le vainqueur (un individu ou une équipe) reçoit le titre de champion. *Remporter un championnat.*

CHAMPIS, ISSE n. et adj. → ***champi.***

CHAMPLEVER [ʃɑ̃ləve] v.t. 19. Creuser une surface unie. **1.** GRAV. Enlever les parties qui doivent donner les blancs, dans la gravure en relief (ou *en taille d'épargne*). **2.** Ménager des alvéoles dans une plaque de cuivre pour y mettre de la poudre ou de la pâte d'émail. *Les émaux champlevés se distinguent des émaux cloisonnés.*

CHAMSIN n.m. → ***khamsin.***

CHANÇARD, E n. et adj. Fam. Personne qui a de la chance.

champignons

CHANCE n.f. (du lat. *cadere,* tomber). **1.** Sort favorable ; part d'imprévu heureux inhérente aux évènements. *Elle a toujours eu beaucoup de chance.* ◇ *Donner sa chance à qqn,* lui donner la possibilité de réussir. **2.** (Surtout au pl.). Probabilité que qqch se produise. *Il a toutes les chances de s'en tirer.*

CHANCEL n.m. (lat. *cancellus,* balustrade). Clôture basse en avant du chœur, dans les églises paléochrétiennes. SYN. (VX) : *cancel.*

CHANCELANT, E adj. Qui chancelle.

CHANCELER v.i. (lat. *cancellare,* disposer une grille) [24]. **1.** Perdre l'équilibre, menacer de tomber ; vaciller. **2.** Fig., litt. Manquer de solidité, de stabilité. *Santé qui chancelle.*

CHANCELIER n.m. (lat. *cancellarius,* huissier). **1.** Dignitaire qui a la garde des sceaux, dans un consulat, un corps, une administration. **2.** Chef du gouvernement, en Allemagne fédérale et en Autriche. **3.** Chef suprême de la justice, sous l'Ancien Régime.

CHANCELIÈRE n.f. **1.** Femme d'un chancelier. **2.** Vx. Sac fourré pour mettre les pieds et les tenir au chaud.

CHANCELLERIE n.f. **1.** Administration, ensemble des services qui dépendent d'un chancelier. ◇ Vx. Lieu où l'on scelle certains actes avec le sceau de l'État. – *Grande chancellerie de la Légion d'honneur :* organisme chargé de la direction et de la discipline de l'ordre. **2.** Administration centrale du ministère de la Justice. **3.** MIL. Bureau chargé des décorations, des récompenses, etc., dans un état-major.

CHANCEUX, EUSE adj. et n. Qui semble favorisé par la chance.

CHANCI n.m. Fumier sur lequel a poussé du blanc de champignon.

CHANCIR v.i. (anc. fr. *chanir,* blanchir, lat. *canere*). Rare ou litt. Moisir.

CHANCISSURE n.f. Rare ou litt. Moisissure.

CHANCRE n.m. (lat. *cancer*). **1.** Ulcération vénérienne de la peau et des muqueuses. – *Chancre induré* ou *chancre syphilitique :* lésion initiale de la syphilis. – *Chancre mou :* maladie vénérienne d'évolution bénigne. **2.** BOT. Maladie des rameaux et du tronc des arbres.

CHANCRELLE n.f. MÉD. Chancre mou.

CHANDAIL n.m. (de *marchand d'ail*). Vêtement en jersey qui s'arrête à la taille ou aux hanches et qu'on enfile par la tête.

CHANDELEUR n.f. (lat. *festa candelarum,* fête des chandelles). Fête catholique (2 février) de la Présentation de Jésus au Temple et de la Purification de la Vierge.

CHANDELIER n.m. (lat. *candelabrum*). **1.** Support, spécialt support muni d'une pointe, pour les bougies, les cierges, les chandelles. – *Chandelier pascal :* candélabre qui reçoit le cierge pascal. **2.** Personne qui fabrique ou vend des chandelles. **3.** MAR. Barre métallique verticale et percée de trous pour passer les tringles ou filières d'un garde-corps.

CHANDELLE n.f. (lat. *candela*). **1.** Tige de suif, de résine ou d'une autre matière inflammable entourant une mèche, utilisée autrefois pour l'éclairage. ◇ *Économie de bouts de chandelle :* économie réalisée sur de trop petites choses pour être vraiment utile. – *Brûler la chandelle par les deux bouts :* ne pas être économe (de son argent, de sa santé). – *Devoir une fière chandelle à qqn,* lui être redevable de qqch de très important. – Fam. *En voir trente-six chandelles :* être abasourdi, éprouver un éblouissement après un choc violent, un coup. **2.** Figure de voltige aérienne. – *Monter en chandelle,* verticalement. **3.** *Chandelle romaine :* pièce d'artifice. **4.** CONSTR. Pièce de bois ou de métal placée verticalement dans une construction, en guise d'étai.

1. CHANFREIN n.m. (lat. *caput,* tête, et *frenare,* freiner). **1.** Partie antérieure de la tête du cheval et de certains mammifères, de la base du front au nez. **2.** Pièce d'armure qui protégeait la tête du cheval.

2. CHANFREIN n.m. (anc. fr. *chant,* côté, et *fraindre,* briser). Surface obtenue en abattant l'arête d'une pierre, d'une pièce de bois, de métal, etc.

CHANFREINER v.t. Tailler en chanfrein.

CHANGE n.m. (bas lat. *cambiare,* échanger). **1.** Opération qui consiste à vendre ou à échanger des valeurs, notamment la monnaie d'un pays contre celle d'un autre pays ; taux auquel se fait cette opération. *Le change est très intéressant. Cours des changes.* – *Contrôle des changes :* intervention de l'État qui régularise les opérations de change sur les devises étrangères. – *Marché des changes :* marché où se font les offres et les demandes de devises étrangères. – *Lettre de change :* effet de commerce transmissible par lequel un créancier donne l'ordre à son débiteur de payer à une date déterminée la somme qu'il lui doit, à l'ordre de lui-même ou d'un tiers. SYN. : *traite.* **2.** Troc. ◇ *Perdre, gagner au change :* être désavantagé ou avantagé par un échange, un changement. **3.** Action de changer un bébé. – *Change complet :* couche entourée d'une feuille de plastique qui tient lieu de culotte et qui se jette après usage. **4.** VÉN. Ruse d'un animal poursuivi qui détourne les chiens vers une autre proie. ◇ *Donner le change à qqn :* arriver à lui cacher parfaitement ses intentions. – Litt. *Prendre le change :* se laisser abuser.

CHANGEABLE adj. Qui peut être changé.

CHANGEANT, E adj. **1.** Inconstant, variable. *Humeur changeante.* **2. a.** Dont la couleur varie selon la lumière. **b.** Qui est tissé de fils de deux tons différents, en parlant d'un tissu.

CHANGEMENT n.m. **1.** Action, fait de changer, de se modifier, en parlant de qqn ou de qqch. *Changement de saison, de décor. Changement de ton. Changement d'attitude.* **2.** *Changement de vitesse :* mécanisme (levier et boîte de vitesses) qui transmet, avec des vitesses différentes, le mouvement du moteur aux roues tractrices d'un véhicule. **3.** SOCIOL. *Changement social :* ensemble des mécanismes permettant la transformation lente des sociétés et non leur reproduction.

CHANGER v.t. (bas lat. *cambiare*) [17]. **1.** Remplacer qqn ou qqch par qqn ou qqch d'autre. *Changer l'acteur d'un film. Changer les ampoules.* – Échanger, convertir une monnaie en une autre monnaie. *Changer trois cents francs en dollars.* **2.** Rendre différent, modifier (qqn ou qqch). *Cette rencontre l'a complètement changé.* **3.** Transformer, faire passer d'un état à un autre. *Le verglas a changé la rue en véritable patinoire.* **4.** *Changer un bébé,* lui mettre des couches propres. ◆ v.i. Passer d'un état à un autre. *Le temps est en train de changer.* ◆ v.t. ind. *(de).* **1.** Remplacer par qqn ou qqch d'autre. *Changer de patron. Changer de voiture.* **2.** *Changer d'air :* partir, s'éloigner d'un lieu provisoirement ou définitivement. **3.** *Changer de visage :* se troubler sous le coup d'une émotion, et le montrer en pâlissant ou en rougissant. ◆ **se changer** v.pr. Fam. Changer de vêtements, s'habiller avec d'autres vêtements. *Se changer pour sortir le soir.*

CHANGEUR n.m. **1.** Appareil dans lequel on introduit une pièce ou un billet pour avoir de la monnaie ou des jetons. **2.** Commerçant faisant des opérations de change. **3.** Dispositif qui change automatiquement les disques sur un électrophone.

CHANLATE ou **CHANLATTE** n.f. Chevron refendu, posé dans le même sens que les lattes, en bas du versant d'un toit.

CHANNE n.f. Suisse. Broc d'étain.

CHANOINE n.m. (lat. *canonicus,* du gr. *kanôn,* règle). Ecclésiastique siégeant au chapitre de la cathédrale ou de la collégiale (chanoine titulaire). – Prêtre doté de ce titre à des fins honorifiques (chanoine honoraire).

CHANOINESSE n.f. **1.** Fille qui, sans faire de vœux, vivait dans une communauté religieuse. **2.** Religieuse qui possédait une prébende dans un chapitre de filles.

CHANSON n.f. (lat. *cantio*). **1.** Composition musicale divisée en couplets et destinée à être chantée. – *Chanson polyphonique :* pièce musicale à plusieurs parties vocales (XVIe s.). **2.** Rengaine, propos sans importance, répété sans cesse. *Ça va, on connaît la chanson !* **3.** *Chanson de geste* → *geste.*

CHANSONNER v.t. Vx. Faire une chanson satirique sur (qqn).

CHANSONNETTE n.f. Petite chanson sur un sujet léger.

1. CHANSONNIER, ÈRE n. Artiste qui compose et interprète des textes ou des chansons, surtout satiriques ou humoristiques.

2. CHANSONNIER n.m. Rare. Recueil de chansons.

1. CHANT n.m. (de *chanter*). **1.** Action, art de chanter ; technique pour cultiver sa voix. **2.** Suite de sons modulés émis par la voix. – Ramage, cris de certains oiseaux. *Le chant de l'hirondelle.* **3.** Division d'un poème épique ou didactique.

2. CHANT n.m. (lat. *canthus,* bord). Côté le plus petit de la section d'une pièce équarrie. ◇ *De chant, sur chant :* dans le sens de la longueur et sur la face la plus petite, dans un plan vertical.

CHANTAGE n.m. **1.** Délit qui consiste à chercher à extorquer de l'argent à qqn en le menaçant de révélations, ou d'imputations diffamatoires. **2.** Fig. Procédé pour obtenir de qqn ce qu'on désire en utilisant des moyens de pression psychologiques, en lui faisant peur, en feignant de souffrir beaucoup, etc.

CHANTANT, E adj. **1.** Qui a des intonations mélodieuses, musicales. *Un accent chantant.* **2.** Qui se chante et se retient facilement. *Une mélodie très chantante.*

CHANTEAU n.m. (de *chant,* bord). Pièce de bois ajoutée sur le côté d'une table ou d'un fond de violon, de violoncelle, pour en augmenter la largeur.

CHANTEFABLE n.f. LITTÉR. Récit médiéval faisant alterner de la prose récitée et des vers chantés.

CHANTEPLEURE n.f. **1.** ARCHIT. Barbacane. **2.** Robinet ajusté au fond d'un tonneau mis en perce. **3.** Entonnoir à long tuyau percé de trous.

CHANTER v.i. et t. (lat. *cantare*). **1.** Produire avec la voix des sons mélodieux, faire entendre une chanson, un chant. *Apprendre à chanter. Chanter faux.* **2.** *Faire chanter qqn :* exercer un chantage sur lui. ◆ v.t. Fam. Raconter des choses sans importance, ou très étonnantes. *Qu'est-ce que tu me chantes ?* ◇ Fam. *Si ça lui chante :* s'il en a envie, si ça lui plaît.

1. CHANTERELLE n.f. (de *chanter*). **1.** Corde la plus aiguë d'un instrument à cordes et à manche. – Fig., vx. *Appuyer sur la chanterelle :* insister sur le point sensible, essentiel. **2.** Oiseau que l'on enferme dans une cage pour qu'il attire par son chant les oiseaux de son espèce.

2. CHANTERELLE n.f. (gr. *cantharos,* coupe). Champignon comestible à chapeau jaune d'or, commun l'été dans les bois, appelé aussi *girolle.* (Classe des basidiomycètes.)

CHANTEUR, EUSE n. (lat. *cantor*). **1.** Personne qui chante en amateur ou en professionnel. *Une chanteuse d'opéra.* – *Chanteur de charme,* qui chante surtout des chansons tendres et sentimentales. **2.** *Maître chanteur :* personne qui exerce un chantage sur qqn. ◆ adj. *Oiseau chanteur :* oiseau dont le chant est agréable (merle, rossignol, etc.).

CHANTIER n.m. (lat. *cantherius,* support). **I. 1.** Lieu, terrain où ont lieu des travaux de construction, de réparation ou d'exploitation. *Entourer un chantier de palissades. Chantier naval.* **2.** Endroit, clôturé ou non, où sont entassés des matériaux de construction, des combustibles, etc. **3.** Fig., fam. Lieu où règne un grand désordre. *Leur appartement est un vrai chantier !* **II. 1.** Assemblage de pièces de bois (madriers, charpente, etc.) pour immobiliser des tonneaux, la quille d'un navire en construction, etc. **2.** Travail, projet, en partic. de grande envergure. **3.** *En chantier :* en travaux. – *Mettre qqch en chantier,* en commencer la réalisation.

CHANTIGNOLE ou **CHANTIGNOLLE** n.f. Pièce de bois soutenant les pannes de la charpente d'un toit, appelée aussi *échantignole.*

CHANTILLY n.f. → *crème.*

CHANTOIR n.m. Belgique. Bétoire.

CHANTONNEMENT n.m. Action de chantonner.

CHANTONNER v.t. et i. Chanter à mi-voix, fredonner.

CHANTOUNG n.m. → *shantung.*

CHANTOURNEMENT n.m. Action de chantourner ; son résultat.

CHANTOURNER v.t. **1.** Découper une pièce de bois ou de métal suivant un profil donné. **2.** ARTS DÉC. Donner à un motif un contour complexe de courbes et de contre-courbes.

CHANTRE n.m. (lat. *cantor*). **1.** Celui qui chante aux offices religieux. **2.** Litt. Personne qui glorifie, loue qqn ou qqch. **3.** BOT. *Herbe aux chantres :* sisymbre.

CHANVRE n.m. (gr. *kannabis*). **1.** Plante annuelle à feuilles palmées, cultivée pour sa tige, qui fournit une excellente fibre textile, et pour ses graines (chènevis) dont on fait de l'huile. (Famille des cannabinacées.) ◇ *Chanvre indien :* variété de chanvre dont on extrait le haschisch et la marijuana. SYN. : *cannabis*. **2.** Filasse retirée du chanvre par les opérations de rouissage, de broyage et de teillage ; textile fait de cette matière. **3.** *Chanvre de Manille :* matière textile tirée de l'abaca. **4.** *Chanvre d'eau :* eupatoire.

CHANVRIER, ÈRE adj. Qui se rapporte au chanvre.

CHAOS [kao] n.m. (gr. *khaos*). **1.** PHILOS. Confusion générale des éléments de la matière, avant la création du monde. – Fig. Désordre épouvantable, confusion générale. **2.** GÉOMORPH. Entassement de blocs qui se forme dans certains types de roches (grès, granite) sous l'action de l'érosion.

CHAOTIQUE adj. Qui tient du chaos.

CHAOUCH [ʃauʃ] n.m. (turc *çauş*). Huissier, appariteur, en Afrique du Nord et au Moyen-Orient.

CHAOURCE n.m. Fromage cylindrique au lait entier de vache fabriqué dans le sud de la Champagne.

CHAPARDAGE n.m. Fam. Action de chaparder.

CHAPARDER v.t. (de l'arg. *choper*). Fam. Voler des choses qui ont peu de valeur ; chiper.

CHAPARDEUR, EUSE n. et adj. Fam. Personne qui chaparde.

CHAPE n.f. (lat. *cappa*, capuchon). **1.** Enduit imperméable (ciment ou asphalte) destiné à empêcher les infiltrations d'eau. **2.** Partie extérieure d'un pneu, constituant la bande de roulement. **3.** Monture métallique portant l'axe d'une poulie, d'une pièce qui peut pivoter, etc. **4.** Vêtement liturgique en forme de grande cape.

1. CHAPÉ, E adj. Revêtu de la chape ecclésiastique.

2. CHAPÉ n.m. HÉRALD. Partition en forme d'angle aigu, formée par deux lignes obliques partant du milieu du chef pour aboutir aux deux angles de la pointe de l'écu.

CHAPEAU n.m. (lat. *cappa*, capuchon). **I. 1.** Coiffure pouvant avoir des formes très variées, avec ou sans bord, que l'on met pour sortir. *Chapeau de paille. Un chapeau de feutre vert.* – Fam. *Travailler du chapeau :* être un peu fou. – Fam. *Porter le chapeau :* être rendu responsable d'un échec. – Fam. *Chapeau ! :* bravo ! – *Coup de chapeau :* salut donné en soulevant légèrement son chapeau ; fig., témoignage d'admiration, d'estime. **2.** *Recevoir le chapeau :* devenir cardinal, en parlant d'un évêque. **II. 1.** Partie supérieure charnue portée par le pied des champignons basidiomycètes. **2.** Courte introduction en tête d'un article de journal ou de revue. **3.** Partie supérieure ou terminale de certaines pièces mécaniques. *Chapeau de coussinet. Chapeau de roue.* – Fam. *Démarrer, prendre un virage sur les chapeaux de roue,* à très grande vitesse.

CHAPEAUTÉ, E adj. Coiffé d'un chapeau.

CHAPEAUTER v.t. Avoir une supériorité hiérarchique sur qqn, un groupe, un service administratif, etc.

CHAPELAIN n.m. (de *chapelle*). Prêtre qui dessert une chapelle privée.

CHAPELET n.m. (dimin. de *chapeau*). **1.** Objet de piété qui a la forme d'un collier à plusieurs grains enfilés et de grosseurs différentes, qu'on fait glisser entre les doigts en récitant des prières ; ensemble des prières récitées. *Chapelet en bois. Chapelet bouddhique, musulman. Dire son chapelet.* **2.** Succession, suite d'objets ou de paroles. *Un chapelet d'îlots. Un chapelet d'injures.* **3.** TECHN. *Pompe à chapelet :* machine pour élever l'eau, composée d'une chaîne sans fin garnie de godets ou de disques. **4.** ARCHIT. Baguette décorative faite d'une suite de perles, d'olives ou de piécettes.

CHAPELIER, ÈRE n. et adj. Personne qui fabrique ou vend des chapeaux d'homme.

CHAPELLE n.f. (lat. *cappa*, capuchon). **1. a.** Petit édifice religieux ayant généralement un autel, isolé dans la campagne ou construit dans un domaine privé, un hospice, etc. *La chapelle d'un hôpital, d'un château.* **b.** Partie annexe d'une église comportant un autel. **2.** *Maître de chapelle :* celui qui dirige les chanteurs et les musiciens dans une église. **3.** Fig. Petit groupe très fermé, cercle d'artistes, d'intellectuels, etc. *Chapelle littéraire.*

CHAPELLENIE n.f. Dignité, bénéfice d'un chapelain.

CHAPELLERIE n.f. Industrie, commerce du chapelier.

CHAPELURE n.f. Pain séché au four, écrasé ou râpé, dont on enrobe certains aliments avant de les faire frire ou gratiner.

CHAPERON n.m. (de *chape*). **1.** Anc. Capuchon couvrant la tête et les épaules. **2.** Femme âgée qui accompagnait une jeune fille ou une jeune femme dans le monde ; personne qui sort avec qqn pour le surveiller. **3.** CONSTR. Couronnement d'un mur, en forme de toit, pour faciliter l'écoulement des eaux de pluie. **4.** Bourrelet circulaire placé sur l'épaule gauche des robes de magistrats, de docteurs, de professeurs, et d'où pend une bande d'étoffe garnie d'hermine. **5.** Petit capuchon dont on coiffe les faucons à la chasse.

CHAPERONNER v.t. Accompagner (qqn) en qualité de chaperon.

CHAPITEAU n.m. (du lat. *caput, capitis,* tête). **1.** ARCHIT. Élément élargi qui forme le sommet d'une colonne, d'un pilier et qui est constitué d'une échine ou d'une corbeille, surmontée d'un abaque, ou tailloir. **2.** Tente de cirque. *Monter un chapiteau.* **3.** Partie supérieure d'un alambic.

CHAPITRAL, E, AUX adj. Qui concerne un chapitre de religieux, de chanoines. SYN. : *capitulaire*.

CHAPITRE n.m. (lat. *capitulum*). **I. 1.** Division d'un livre, d'un traité, d'un code, etc. *Livre en neuf chapitres.* ◇ *Au chapitre de, sur le chapitre de :* en ce qui concerne, à propos de. **2.** *Chapitre du budget :* subdivision du budget d'un ministère. **II.** Assemblée tenue par des chanoines ou des religieux, des religieuses. – *Avoir voix au chapitre :* avoir le droit de prendre la parole et de donner son avis dans une assemblée.

CHAPITRER v.t. Réprimander sévèrement, rappeler à l'ordre.

CHAPKA n.f. (mot russe). Bonnet de fourrure qui protège les oreilles, le front et la nuque.

CHAPLINESQUE adj. Qui se rapporte à Charlie Chaplin ou à sa forme de comique.

CHAPON n.m. (lat. *capo, caponis*). **1.** Coq castré engraissé pour la table. **2.** Croûte de pain frottée d'ail.

CHAPONNAGE n.m. Action de chaponner ; son résultat.

CHAPONNER v.t. Castrer (un jeune coq).

CHAPSKA ou **SCHAPSKA** [ʃapska] n.m. (polon. *czapka*). Coiffure militaire polonaise, constituée d'un casque à panache, adoptée par les lanciers français au XIXe s.

CHAPTALISATION n.f. Action de chaptaliser ; son résultat.

CHAPTALISER v.t. Augmenter la teneur en alcool d'un vin en ajoutant du sucre au moût de raisin.

CHAQUE adj. indéf. (de *chacun*). **1.** (Devant un singulier). Marque la répétition dans le temps ou l'espace, la distribution. *Chaque matin. Elle a donné des crayons à chaque enfant.* **2.** Fam. Chacun. *Combien ça fait ? Neuf francs chaque.*

1. CHAR n.m. (lat. *carrus*). **1.** ANTIQ. Voiture à deux roues, ouverte à l'arrière et fermée sur le devant, pour les combats, les jeux, etc. – Anc. *Char à bancs :* voiture hippomobile à quatre roues, avec des bancs disposés en travers. **2.** *Char de combat, char d'assaut :* véhicule automoteur chenillé et blindé, armé de mitrailleuses, de canons, de missiles, etc. **3.** *Char à voile :* véhicule à roues muni d'une voile et mû par la seule force du vent. **4.** Grande voiture décorée où prennent place des personnages masqués ou symboliques, lors de certaines fêtes publiques. *Les chars fleuris du carnaval de Nice.* **5.** Litt. *Char funèbre :* corbillard. **6.** Canada. Automobile.

2. CHAR ou **CHARRE** n.m. (de *charrier*). Arg. Blague, histoire ; bluff. *Arrête ton char !*

CHARABIA n.m. (mot prov., esp. *algarabia,* la langue arabe). Fam. Langage inintelligible, style très confus ou incorrect.

CHARADE n.f. (occitan *charrado,* causerie). Énigme où l'on doit retrouver un mot de plusieurs syllabes à partir de la définition d'un homonyme de chacune d'entre elles et de la définition du mot entier. (Ex. : « mon premier se sert de mon dernier pour manger mon entier » [*chiendent*].)

CHARADRIIDÉ [karadriide] n.m. (gr. *kharadrios,* pluvier). *Charadriidés :* famille d'oiseaux échassiers, tels que le pluvier, le vanneau, etc.

CHARADRIIFORME [ka-] n.m. *Charadriiformes :* ordre d'oiseaux échassiers, tels que le pluvier, le chionis.

CHARALE [ka-] n.f. ou **CHAROPHYTE** [ka-] n.m. *Charales* ou *charophytes :* ordre ou classe de plantes aquatiques sans fleurs, aux caractères botaniques très originaux.

CHARANÇON n.m. Insecte coléoptère à tête prolongée en bec, nuisible aux graines. *Les*

charançon des noisettes

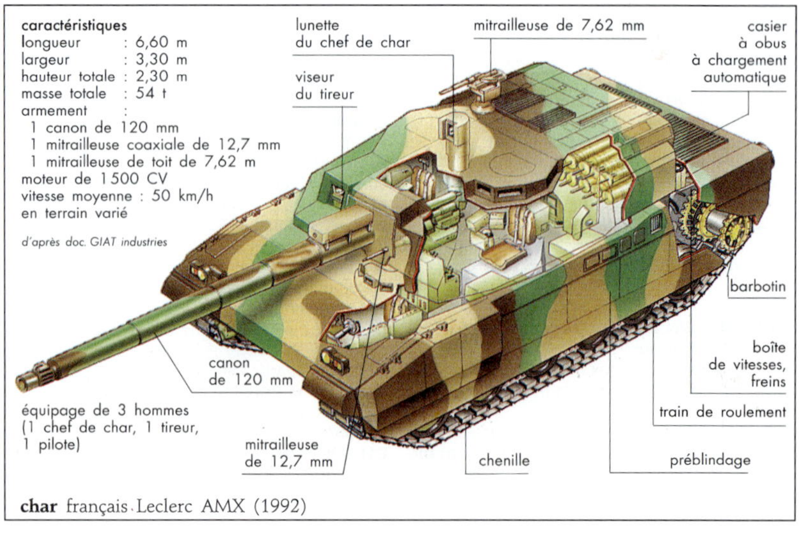

char français Leclerc AMX (1992)

50 000 espèces de charançons forment la famille des curculionidés.

CHARANÇONNÉ, E adj. Attaqué par les charançons.

CHARBON n.m. (lat. *carbo*). **I. 1.** Matière combustible solide, de couleur noire, d'origine végétale et qui renferme une forte proportion de carbone. *Mine de charbon. Se chauffer au charbon.* ◇ **Fig.** *Être sur des charbons ardents :* être très impatient ou inquiet. ◇ **Fam.** *Aller au charbon :* s'astreindre à faire qqch de particulièrement pénible. **2.** Poussière de charbon, escarbille. *Avoir un charbon dans l'œil.* **3.** *Charbon à coke :* charbon qui donne par distillation un coke dur utilisé dans la sidérurgie. **II. 1.** *Charbon de bois :* résidu solide de la carbonisation du bois vers 300-400 °C. – *Charbon actif* ou *activé :* charbon de bois ou de tourbe spécialement traité pour accroître ses propriétés d'adsorption des gaz. **2.** Vieilli. Crayon de fusain pour faire des esquisses, des croquis. **3.** *Charbon animal :* produit qui résulte de la calcination des os en vase clos et qu'on utilise comme décolorant. SYN. : *noir animal.* **III. 1.** Maladie infectieuse septicémique, due au bacille charbonneux, atteignant certains animaux domestiques (ruminants, chevaux, porcins) et l'homme. **2.** Maladie cryptogamique des végétaux, produite par des champignons parasites et nécessitant la désinfection des semences. *Charbon du blé, de l'avoine.* ■ Le charbon, caractéristique surtout de la fin de l'ère primaire, englobe l'anthracite, la houille et le lignite, différenciés selon leurs teneurs en carbone et en matières volatiles. À la base de la révolution industrielle, le charbon a été détrôné (après 1950) par le pétrole, mais demeure la deuxième source d'énergie mondiale, assurant environ 30 p. 100 de la consommation.

CHARBONNAGE n.m. (Surtout au pl.). Ensemble des mines de charbon exploitées dans une région.

CHARBONNER v.t. Noircir en écrivant ou en dessinant avec du charbon. *Charbonner les murs.* ◆ v.i. Produire une fumée, une suie épaisse. *Le poêle charbonne.*

CHARBONNERIE n.f. Carbonarisme.

CHARBONNEUX, EUSE adj. **1.** Qui est noir comme du charbon ; noirci, sali. **2.** Qui se rapporte à la maladie du charbon.

1. CHARBONNIER, ÈRE n. Personne qui vend et livre du charbon. – Personne qui fabrique du charbon de bois.

2. CHARBONNIER, ÈRE adj. Qui se rapporte à la vente ou à la fabrication du charbon. *L'industrie charbonnière.*

3. CHARBONNIER n.m. Cargo destiné au transport du charbon en vrac.

CHARBONNIÈRE n.f. **1.** Mésange à tête noire. **2.** Belgique. Seau à charbon.

CHARCUTAGE n.m. Fam. Action de charcuter ; son résultat.

CHARCUTER v.t. (de *charcutier*). Fam. **1.** Opérer (qqn) de façon maladroite, brutale. **2.** Remanier profondément en dénaturant, en saccageant.

CHARCUTERIE n.f. **1.** Produit à base de viande de porc cuite ou salée, comme le jambon, le saucisson, les rillettes, etc. *Un plat froid de charcuterie.* **2.** Boutique de charcutier. **3.** Activité, commerce de charcutier.

CHARCUTIER, ÈRE n. (de *chair* et de *cuite*). Personne qui prépare et vend de la charcuterie et de la viande de porc. ◆ adj. Relatif à la charcuterie. *Industrie charcutière.*

CHARDON n.m. (lat. *carduus*). **1.** Plante à feuilles et tiges épineuses, de la famille des composées. – *Chardon bleu :* panicaut. – *Chardon à foulon :* cardère. **2.** Ensemble de pointes de fer courbées destiné à empêcher l'escalade d'un mur ou d'une grille.

chardon

CHARDONAY ou **CHARDONNAY** n.m. Cépage cultivé pour la production de vins blancs fins, notamment en Bourgogne et en Champagne.

CHARDONNERET n.m. (de *chardon*). Oiseau passereau chanteur à plumage rouge, noir, jaune et blanc, qui se nourrit notamm. de graines de chardon. (Famille des fringillidés ; long. 12 cm.)

CHARENTAIS, E adj. et n. Des Charentes.

CHARENTAISE n.f. Pantoufle chaude et confortable.

CHARGE n.f. (de *charger*). **I.** Ce qui pèse matériellement ou moralement sur qqn. **1.** Dépense, obligation onéreuse. *Charges de famille. Charges de copropriété, locatives, etc.* – *Être à la charge de qqn :* dépendre totalement de lui pour les besoins matériels. – *Prendre en charge qqn* ou *qqch :* s'engager à l'entretenir financièrement, à s'en occuper pendant une durée plus ou moins longue. **2.** *Charges sociales :* ensemble des dépenses incombant à un employeur, pour assurer la protection sociale des travailleurs. ◇ *Prise en charge :* acceptation par la Sécurité sociale de payer ou de rembourser les frais de traitement de l'assuré. **3.** Ce qui cause une gêne. *Ce travail n'est vraiment pas une charge pour elle.* **4.** Indice ou présomption pouvant faire croire à la culpabilité de qqn. *Ce mensonge constitue une nouvelle charge contre lui.* – *Témoin à charge :* personne qui dépose contre un accusé. **5.** Mission ou responsabilité confiée à qqn. *Elle doit assumer de lourdes charges à ce nouveau poste.* **6.** *Femme de charge :* femme qui s'occupe de toute l'organisation d'une maison. **7.** Fonction publique transmissible exercée dans le cadre d'un office ministériel ; l'office lui-même. *Une charge de notaire.* **II.** Ce qui pèse matériellement ; quantité de qqch. **1. a.** Ce que peut porter qqn, un animal, une voiture, un navire, etc. *La charge d'un camion. Charge de 600 kilos.* **b.** *Unité de charge :* groupement de marchandises sous une forme qui permet de les charger ou de les décharger en une seule opération. **c.** *Charge alaire :* poids théoriquement supporté par chaque mètre carré d'une aile d'avion. **d.** *Charge de rupture :* effort de traction sous lequel se rompt une barre dans les essais de métaux ou de matériaux de construction. **2.** PSYCHOL. *Charge affective :* contenu émotionnel d'une représentation, d'un objet, pouvant déclencher des réactions affectives très fortes chez qqn. **3.** ÉLECTR. Quantité d'électricité portée par un corps. – *Charge d'un accumulateur :* opération consistant à faire passer dans l'accumulateur un courant de sens inverse à celui qu'il débitera. – *Charge d'espace* ou *charge spatiale :* charge électrique dans une région de l'espace, due à la présence d'électrons ou d'ions. **4.** *Charge d'une machine, d'un réseau :* puissance active ou apparente débitée ou absorbée par cette machine ou ce réseau. **5.** HYDROGR. Ensemble des matériaux transportés par un cours d'eau. – *Charge limite :* charge maximale qu'un courant d'une puissance donnée peut transporter. **6.** TECHN. Substance que l'on ajoute à une matière (soie naturelle, pâte à papier, caoutchouc, matières plastiques) pour lui donner du corps. **7.** Quantité de poudre, d'explosif contenue dans un projectile ou une mine. *Charge de plastic.* – *Charge creuse :* charge explosive à grande puissance perforante. – *Charge nucléaire :* ensemble du combustible placé dans un réacteur nucléaire. **III.** Action de charger qqn ou qqch. **1. a.** Attaque d'une troupe contre une autre à l'arme blanche. *Charge à la baïonnette.* – **Fig.** *Revenir à la charge :* insister à plusieurs reprises pour obtenir qqch. **b.** **Anc.** Batterie de tambour, sonnerie de clairon, de trompette donnant le signal de l'assaut. *Sonner la charge.* **2.** Portrait exagérant certains traits, caricature ; récit critique et le plus souvent comique de qqch. *Ce roman est une charge de la bourgeoisie de province.* **IV.** *À charge de revanche :* à cette condition qu'on paiera le service rendu par un autre équivalent.

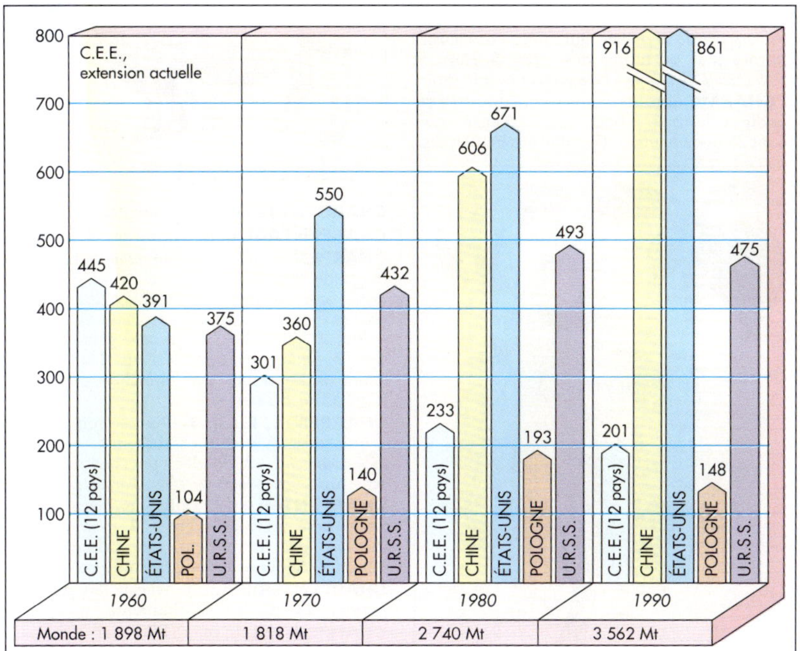

charbon : productions comparées (en millions de tonnes)

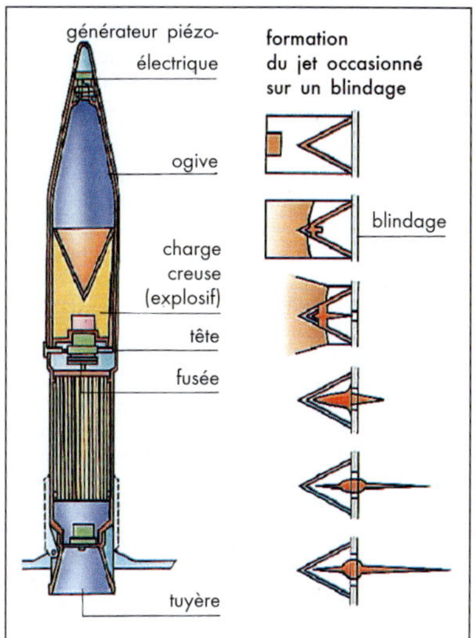

charge creuse : projectile et effets

1. CHARGÉ, E n. **1.** *Chargé de mission :* fonctionnaire ou membre d'un cabinet ministériel responsable d'une étude déterminée ou d'une activité. **2.** *Chargé de cours :* professeur non titulaire de la chaire où il enseigne. **3.** *Chargé d'affaires :* diplomate représentant son gouvernement auprès d'un chef d'État étranger en l'absence ou à défaut d'ambassadeur.

2. CHARGÉ, E adj. **1.** *Estomac chargé,* lourd, qui a du mal à digérer. – *Langue chargée,* recouverte d'un dépôt blanchâtre. **2.** *Temps, ciel chargé,* couvert de nuages. **3.** *Lettre chargée,* contenant des valeurs et enregistrée comme telle en payant une certaine taxe. **4.** HÉRALD. *Pièce chargée :* pièce sur laquelle figurent une ou plusieurs autres pièces.

CHARGEMENT n.m. **1.** Action de charger ; son résultat. *Chargement d'un navire.* **2.** Ensemble des marchandises chargées.

CHARGER v.t. (lat. pop. *carricare,* de *carrus,* char) 17. **I. 1.** Mettre qqch de pesant sur (un véhicule, un navire, etc.). *Charger les bagages sur une voiture. Charger un colis sur ses épaules.* **2.** Prendre qqn ou qqch en charge pour le transporter. *Taxi qui charge des clients.* **II. 1.** Introduire une cartouche dans la chambre d'une arme. *Charger un revolver.* **2.** Munir un appareil de ce qui est nécessaire à son fonctionnement. *Charger un appareil photographique, un briquet, un stylo.* **3.** Emmagasiner de l'énergie dans. *Charger une batterie.* **4.** INFORM. Télécharger. **III. 1.** Donner (à qqn) une responsabilité, une mission. *Il m'a chargé de tout organiser.* **2.** Déposer, témoigner contre qqn. *Charger un accusé.* **3.** Imposer une redevance, une obligation onéreuse. *Charger le pays d'impôts.* **4.** Se précipiter violemment sur ; attaquer. *Un sanglier qui charge les chiens.* **IV. 1.** Couvrir, recouvrir abondamment de qqch. *Un poignet chargé de bracelets.* **2.** Exagérer, grossir. *Charger une histoire.* ◆ **se charger** v.pr. Prendre sur soi la responsabilité de qqn ou de qqch, accepter d'assumer une tâche difficile. *Elle s'est chargée de toutes les démarches.*

CHARGEUR n.m. **I. 1.** Dispositif pour introduire successivement plusieurs cartouches dans une arme à répétition. *Le chargeur d'un fusil de chasse.* **2.** Boîte étanche à la lumière, contenant une certaine quantité de pellicule photographique et permettant de charger en plein jour un appareil de prise de vues. **3.** Appareil pour recharger une batterie d'accumulateurs. **II. 1.** MAR. Négociant qui affrète un navire, y fait charger des marchandises et les expédie. **2.** Personne qui charge des marchandises sur un camion, etc. **3.** Servant d'une arme collective.

CHARGEUSE n.f. **1.** MIN. Machine munie d'une pelle pour ramasser le minerai et le déverser dans les bennes. **2.** TR. PUBL. Engin à godet relevable pour ramasser des matériaux et les poser dans un camion.

CHARIA [ʃarija] n.f. (ar. *charī 'a*). Loi canonique islamique régissant la vie religieuse, politique, sociale et individuelle, toujours en vigueur dans certains États musulmans.

CHARIOT n.m. (lat. *carrus,* char). **1.** Voiture à quatre roues pour le déplacement et parfois le levage des charges, des matériaux, des bagages sur de faibles distances. *Chariot élévateur.* **2.** CIN. Plate-forme mobile roulant sur des rails et portant la caméra et l'opérateur pour les travellings. **3.** Partie d'une machine à écrire comportant le rouleau pour le papier et se déplaçant à chaque frappe. **4.** MÉCAN. Pièce mobile d'une machine-outil où est fixé l'outil ou la pièce à usiner. *Tour à chariot.*

CHARIOTAGE n.m. Action de charioter ; son résultat.

CHARIOTER v.i. Usiner (une pièce) extérieurement, à l'aide du tour à chariot.

CHARISMATIQUE [karismatik] adj. **1.** Qui se rapporte au charisme. – *Assemblée charismatique :* assemblée de prière faisant une part importante à l'inspiration spirituelle des participants. ◇ *Mouvement charismatique :* courant de pensée chrétien qui considère que le charisme doit se manifester par l'action concrète et immédiate, notamment dans les communautés les plus déshéritées. **2.** Qui sait séduire les foules, qui jouit auprès d'elles d'un grand prestige, en parlant d'une personnalité. *Leader charismatique.*

CHARISME [karism] n.m. (gr. *kharisma,* grâce, faveur). **1.** ANTHROP. Autorité d'un chef, fondée sur certains dons surnaturels. **2.** Grand prestige d'une personnalité exceptionnelle, ascendant qu'elle exerce sur autrui. **3.** RELIG. Ensemble des dons spirituels extraordinaires (prophéties, miracles, etc.) octroyés par Dieu à des individus ou à des groupes.

CHARITABLE adj. **1.** Qui agit par charité ; qui dénote de la charité. *Une personne très charitable.* **2.** Qui a de l'indulgence, de la compassion.

CHARITABLEMENT adv. De façon charitable.

CHARITÉ n.f. (lat. *caritas*). **1.** Vertu qui porte à vouloir et à faire du bien aux autres. **2.** Acte fait dans cet esprit, secours apporté à qqn. – *Vente de charité :* vente dont tout le bénéfice est versé à une œuvre. **3.** THÉOL. CHRÉT. Amour de Dieu et du prochain. (C'est une vertu théologale.)

CHARIVARI n.m. (gr. *karêbaria,* mal de tête). Bruit assourdissant, vacarme.

CHARLATAN n.m. (it. *ciarlatano,* habitant de Cerreto, en Italie). **1.** Personne qui sait exploiter la crédulité des gens pour s'imposer quelque part ou pour vanter ses produits, sa science, etc. **2.** Anc. Personne qui vendait des drogues sur les places publiques. **3.** Afrique. Devin, guérisseur, sorcier (non péj.).

CHARLATANESQUE adj. Qui tient du charlatan ; qui se rapporte au charlatanisme.

CHARLATANISME n.m. ou **CHARLATANERIE** n.f. Procédé, comportement de charlatan.

CHARLEMAGNE n.m. *Faire charlemagne :* se retirer brusquement du jeu après avoir gagné et sans accorder de revanche.

1. CHARLESTON [ʃarlɛstɔn] n.m. Danse d'origine américaine, en vogue vers 1925 et remise à la mode dans les années 70.

2. CHARLESTON adj. inv. MUS. *Cymbale charleston :* cymbale double montée sur un mécanisme actionné au moyen d'une pédale, élément important de la batterie de jazz, de rock, etc.

CHARLOT n.m. (de *Charlot,* n.pr.). Fam. Individu peu sérieux, pitre.

CHARLOTTE n.f. Entremets composé de fruits ou de crème, qu'on entoure avec des tranches de pain de mie, de brioche ou des biscuits.

CHARMANT, E adj. **1.** Qui plaît, qui séduit ; plein de grâce, agréable à regarder. *C'est vraiment une personne charmante. Un petit coin charmant.* **2.** Iron. Extrêmement désagréable, en parlant de qqn, de qqch, d'une situation. *C'est charmant ! Tu aurais pu me prévenir !*

1. CHARME n.m. (lat. *carmen*). **1.** Attrait exercé sur qqn par qqn ou qqch, attirance souvent difficile à expliquer. *Être sous le charme, subir le charme de qqn. Cette demeure a un charme étrange.* – *Rompre le charme :* faire cesser ce qui ressemble à un ravissement, reprendre conscience de la réalité. **2.** Qualité de qqn ou de qqch qui charme, qui est gracieux. *Un tableau plein de charme.* – *Faire du charme :* tout faire pour séduire. ◇ *Presse, photo de charme,* qui montre des jeunes femmes plus ou moins dénudées. **3.** Fam. *Se porter comme un charme :* être en très bonne santé.

2. CHARME n.m. (lat. *carpinus*). Arbre très répandu en Europe, à bois blanc et dense, atteignant 25 m de hauteur. (Famille des bétulacées.)

charme

CHARMER v.t. (de 1. *charme*). **1.** Faire du charme (à qqn), séduire ; procurer un grand plaisir (à qqn). *Son sourire l'avait charmé.* **2.** (Formule de politesse). *Être charmé de :* avoir plaisir à, être heureux de. *Je suis charmé de vous connaître.*

CHARMEUR, EUSE n. Personne qui charme. *Quelle charmeuse !* ◆ adj. Qui plaît, qui séduit. *Un regard charmeur.*

CHARMILLE n.f. (de 2. *charme*). **1.** Allée, berceau de charmes. **2.** Vx. Plant de petits charmes.

CHARNEL, ELLE adj. (lat. *carnalis,* de *caro, carnis,* chair). Qui se rapporte au corps, à la chair, aux plaisirs des sens. *Liens charnels. Désirs charnels.*

CHARNELLEMENT adv. D'une façon charnelle.

CHARNIER n.m. (lat. *caro, carnis,* chair). **1.** Fosse où sont entassés des cadavres en grand nombre. **2.** Anc. Lieu couvert où l'on déposait les morts.

CHARNIÈRE n.f. (lat. *cardo, cardinis,* gond). **1.** Ferrure de rotation composée de deux lames rectangulaires, l'une fixe, l'autre mobile, articulées au moyen d'une broche. **2.** Fig. (En app.). Se dit de ce qui sert de transition ou d'articulation entre deux périodes, deux domaines. *Une œuvre, une époque charnière.* **3.** ANAT. *Charnière lombo-sacrée :* articulation importante et délicate, située entre la cinquième vertèbre lombaire et le sacrum. **4.** Petit coin de papier gommé pour fixer les timbres-poste de collection. **5.** GÉOL. Région où se raccordent les deux flancs d'un pli. **6.** Point de jonction d'un système de fortification.

CHARNU, E adj. (lat. *caro, carnis,* chair). **1.** Bien en chair, qui a une chair abondante. *Des lèvres charnues.* – Formé de chair. *Les parties charnues du corps.* **2.** *Fruit charnu :* fruit à pulpe épaisse et consistante.

CHAROGNARD n.m. **1.** Animal qui se nourrit de charognes, comme les vautours et les hyènes. **2.** Fam. Personne peu scrupuleuse qui tire profit du malheur des autres.

CHAROGNE n.f. (lat. *caro, carnis,* chair). **1.** Corps d'un animal mort, abandonné et déjà en putréfaction. **2.** Pop. (Terme d'injure). *Quelle vieille charogne !*

CHAROLAIS, E adj. et n. **1.** Du Charolais. **2.** *Race charolaise :* race française de bovins à robe blanche fournissant une viande de grande qualité.

taureau de race **charolaise**

CHAROPHYTE n.m. → ***charale.***

CHARPENTAGE n.m. Travail du charpentier.

CHARPENTE n.f. (lat. *carpentum*). **1.** Assemblage de pièces de bois, de métal, de béton armé, constituant ou soutenant les diverses parties d'une construction. *La charpente d'un toit.* – *Bois de charpente :* bois propre à la construction. **2.** Squelette d'un être vivant. *Une charpente solide.* **3.** Ensemble des branches principales d'un arbre fruitier.

CHARPENTÉ, E adj. **1.** Qui est robuste, qui a une forte charpente osseuse. *Il est petit mais bien charpenté.* **2.** Solidement construit, bien structuré. *Son roman est bien charpenté.*

CHARPENTER v.t. **1.** Tailler des pièces de bois pour faire une charpente. **2.** *Charpenter un discours, une œuvre, etc.,* leur donner une structure rigoureuse, les construire solidement.

CHARPENTERIE n.f. **1.** Travail, art du charpentier. **2.** Chantier de charpente.

CHARPENTIER n.m. **1.** Ouvrier spécialisé dans les travaux de charpente. **2.** Entrepreneur de travaux de charpente.

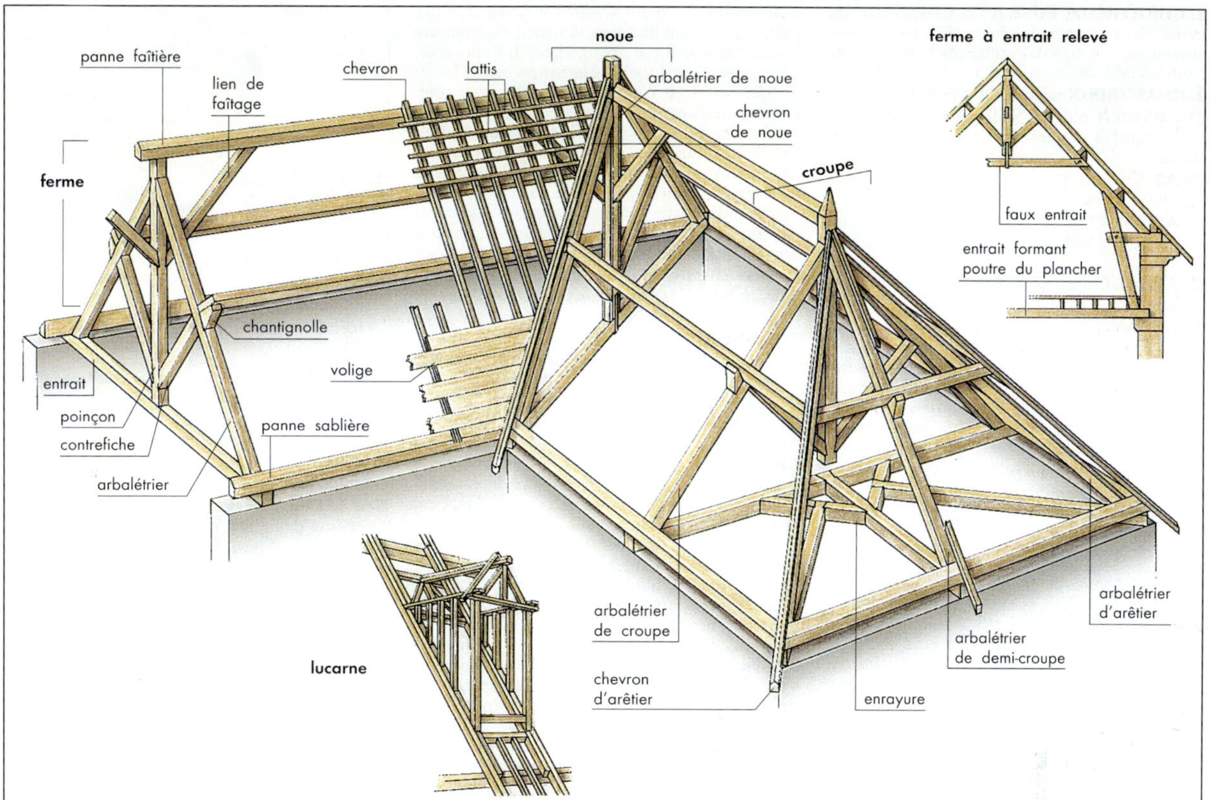

charpente : différentes pièces pouvant constituer une charpente en bois

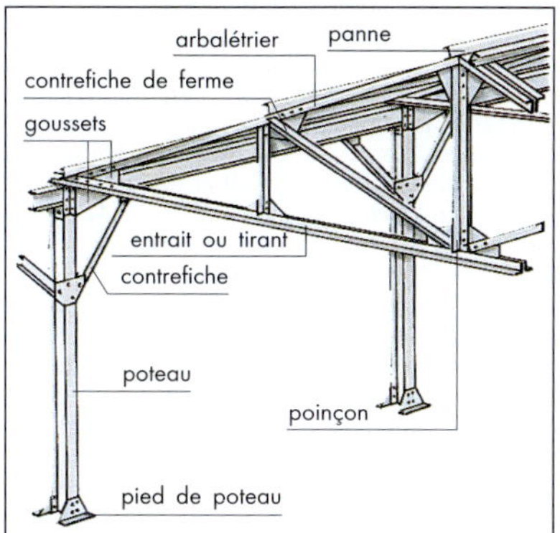

charpente : différentes pièces d'une charpente métallique

CHARPIE n.f. (de l'anc. fr. *charpir,* déchirer). Produit obtenu par effilage ou râpage de la toile usée, qu'on utilisait autrefois pour panser les plaies. – *Mettre, réduire en charpie :* déchirer en menus morceaux, déchiqueter.

CHARRE n.m. → *2. char.*

CHARRETÉE [ʃarte] n.f. Contenu d'une charrette.

CHARRETIER, ÈRE n. Personne qui conduit une charrette. – *Jurer comme un charretier :* proférer des jurons très grossiers à tout propos.

CHARRETON ou **CHARRETIN** n.m. Petite charrette sans ridelles.

CHARRETTE n.f. (de *char*). **1.** Voiture à deux roues, munie d'un brancard simple ou double et de deux ridelles, pour transporter des charges, des bagages. – Vx. *Charrette anglaise :* petite voiture hippomobile de luxe à deux roues, attelée d'un cheval. **2.** Fam. Ensemble de personnes licenciées d'une entreprise, exclues d'une organisation, expulsées d'un pays. **3.** Fam. Travail intensif effectué pour remettre à temps un projet, un ouvrage (notamm. dans les agences d'architecture, de publicité, les métiers de communication).

CHARRIABLE adj. Que l'on peut transporter, charrier.

CHARRIAGE n.m. **1.** Action de charrier. *Le charriage des pierres par les torrents.* **2.** GÉOL. Poussée latérale provoquant le déplacement de masses de terrains loin de leur lieu d'origine. – *Nappe de charriage* ou *charriage,* ces masses de terrains.

CHARRIÉ, E adj. GÉOL. *Terrain charrié :* terrain déplacé par un charriage.

CHARRIER v.t. (de *char*). **1.** Entraîner, emporter dans son cours. *Le fleuve charrie des troncs d'arbres.* **2.** Pop. *Charrier qqn :* se moquer de lui. **3.** Transporter (qqch) en charrette, en chariot. *Charrier du foin.* ◆ v.i. Pop. Exagérer, aller trop loin. *Là, tu charries !*

CHARROI n.m. **1.** Transport par chariot ou par charrette. **2.** Vx. Convoi militaire.

CHARRON n.m. (de *char*). Personne qui fabrique et répare des chariots, des charrettes, des voitures hippomobiles.

CHARRONNAGE n.m. Ouvrage ou métier de charron.

CHARROYER v.t. [13]. Transporter sur des charrettes, des chariots, etc.

CHARRUAGE n.m. Labourage à la charrue.

CHARRUE n.f. (lat. *carruca,* char). **1.** Instrument agricole pour labourer, qui travaille d'une manière dissymétrique en rejetant et en retournant la terre d'un seul côté. *Charrue à six socs.* ◇ Fam. *Mettre la charrue avant, devant les bœufs :* commencer par où l'on devrait finir. **2.** Unité de surface sous l'Ancien Régime, correspondant à ce que pouvait labourer une charrue en une année.

CHARTE ou, vx, **CHARTRE** n.f. (lat. *carta,* papier). **1.** Loi, règle fondamentale. *La charte des droits de l'homme.* **2.** Ensemble des lois constitutionnelles d'un État. *La Grande Charte d'Angleterre de 1215.* **3.** Titre qui consignait des droits, des privilèges, ou qui réglait des intérêts, au Moyen Âge.

CHARTE-PARTIE n.f. (pl. *chartes-parties*). MAR. Écrit constatant l'existence d'un contrat d'affrètement.

CHARTER [ʃartɛr] n.m. (mot angl.). Avion affrété par une compagnie de tourisme ou par un groupe de personnes, sur lequel le prix du billet est très avantageux.

CHARTISME n.m. Mouvement réformiste d'émancipation ouvrière qui anima la vie politique britannique entre 1837 et 1848.

1. CHARTISTE adj. et n. Qui se rapporte au chartisme ; partisan du chartisme.

2. CHARTISTE n. Élève ou ancien élève de l'École des chartes.

3. CHARTISTE n. (angl. *chartist*). Expert dont la tâche est de prévoir les fluctuations des cours de devises ou de certains instruments financiers.

CHARTRAIN, E adj. et n. De Chartres.

CHARTRE n.f. → *charte.*

CHARTREUSE n.f. **1.** Couvent de chartreux. **2.** Liqueur aromatique fabriquée autref. au couvent de la Grande-Chartreuse, auj. à Voiron (Isère).

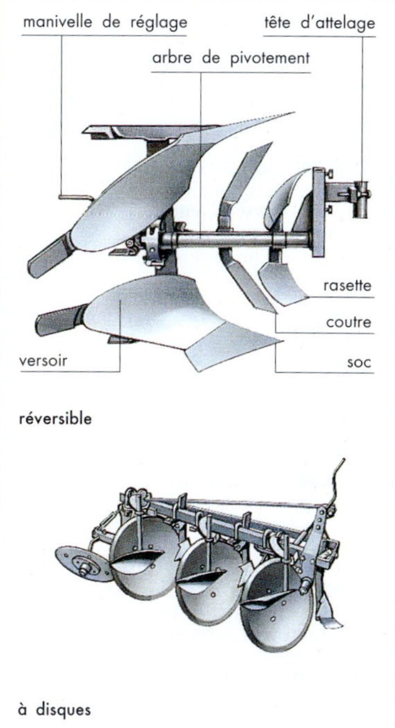

charrues

1. CHARTREUX, EUSE n. (de *Chartreuse,* n. du massif où saint Bruno fonda en 1084 son premier monastère). Religieux, religieuse de l'ordre contemplatif de Saint-Bruno.

2. CHARTREUX n.m. Chat à poil gris cendré.

CHARTRIER n.m. **1.** Salle où l'on classait et conservait les chartes, les titres. **2.** Recueil de chartes.

CHAS [ʃɑ] n.m. (lat. *capsus,* boîte). Trou d'une aiguille, par où passe le fil.

CHASEMENT n.m. HIST. Jouissance, par un vassal ou un serf, d'une terre accordée à titre viager.

CHASSAGE n.m. MIN. Action de chasser, en parlant d'une galerie ou d'un chantier.

CHASSANT, E adj. MIN. Se dit d'un chantier qui s'éloigne de la galerie principale.

CHASSE n.f. **I. 1.** Action de chasser, de guetter et de poursuivre les animaux pour les capturer ou les tuer. *Aller à la chasse. Permis de chasse. Chasse à courre.* – *Être en chasse :* poursuivre le gibier, en parlant des chiens ; être en chaleur, en parlant des animaux femelles. ◇ *Chasse photographique :* approche d'animaux dans leur milieu naturel, pour les photographier. **2.** Espace de terrain réservé pour la chasse. *Chasse gardée.* **3.** Gibier capturé ou tué. **II. 1.** Action de chercher, de poursuivre qqn ou qqch pour s'en emparer. *Chasse à l'homme. Chasse au trésor. Donner la chasse à un voleur.* – *Prendre en chasse :* poursuivre. **2.** *Aviation de chasse* ou *chasse :* corps de l'armée de l'air équipé d'avions légers et rapides, dits *avions de chasse, chasseurs* ou *intercepteurs,* capables de détruire les appareils ennemis en vol. – *Chasse aérienne :* action menée par ces avions. **III. 1.** *Chasse d'eau :* appareil à écoulement d'eau rapide pour vidanger une cuvette de W.-C., une canalisation, etc. **2.** Inclinaison vers l'arrière des pivots des roues directrices d'une voiture ou de la direction d'une motocyclette ou d'une bicyclette. **3.** REL. Partie des plats de la couverture qui déborde sur le bloc des cahiers le long des tranches. **4.** IMPR. Encombrement latéral d'un caractère typographique.

CHÂSSE n.f. (lat. *capsa,* boîte). **1.** Reliquaire en forme de sarcophage muni d'un couvercle à deux pentes, dans lequel on conserve les restes d'un saint ou d'une sainte. **2.** TECHN. Monture, encadrement pour recevoir et maintenir une pièce. *La châsse d'un verre de lunette.*

CHASSÉ n.m. Pas de danse dans lequel le pied qui exécute un mouvement glissant semble chassé par l'autre qui se rapproche de lui.

CHASSE-CLOU n.m. (pl. *chasse-clous*). Poinçon à pointe plate pour enfoncer profondément un clou.

CHASSÉ-CROISÉ n.m. (pl. *chassés-croisés*). **1.** Final des anciens quadrilles, où les deux danseurs passent alternativement l'un devant l'autre. **2.** Suite de mouvements, d'échanges n'aboutissant à aucun résultat. *Un chassé-croisé de démarches.* **3.** Mouvement en sens inverse de deux groupes qui se croisent. *Le chassé-croisé des vacanciers.*

CHASSÉEN n.m. (de *Chassey-le-Camp,* en Saône-et-Loire). Faciès culturel du néolithique moyen français. ◆ **chasséen, enne** adj. Du chasséen.

CHASSE-GOUPILLE n.m. (pl. *chasse-goupilles*). Outil en acier pour faire sortir une goupille de son logement.

CHASSELAS n.m. (n. d'un village de Saône-et-Loire). Cépage réputé, donnant des raisins de table blancs.

CHASSE-MARÉE n.m. inv. Bateau de pêche breton à trois mâts.

CHASSE-MOUCHES n.m. inv. Vx. Touffe de crins fixée à un manche pour chasser les mouches.

CHASSE-NEIGE n.m. inv. **1.** Engin spécialement conçu pour déblayer la neige sur une route ou une voie ferrée. **2.** Position des skis obtenue en écartant les talons, qu'on utilise pour freiner, virer ou s'arrêter ; descente dans cette position.

CHASSE-PIERRES n.m. inv. Appareil fixé à l'avant d'une locomotive pour écarter des rails les pierres ou tout autre objet qui s'y trouvent accidentellement.

CHASSEPOT n.m. (du n. de l'inventeur Antoine *Chassepot,* 1832-1905). Fusil de guerre en usage dans l'armée française de 1866 à 1874.

CHASSER v.t. (lat. *captare,* chercher à prendre). **1.** Guetter, poursuivre un animal pour le capturer ou le tuer. *Chasser le lièvre.* **2.** Faire partir (qqn) d'un lieu avec violence, contraindre à sortir par la force ; congédier. **3.** Repousser, faire disparaître (qqch). *Chasser un clou. Chasser des idées noires.* ◆ v.i. **1.** Déraper, glisser de côté. *Les roues chassent sur le verglas.* **2.** Glisser sur le fond sans mordre, en parlant de l'ancre d'un navire au mouillage. **3.** Se lancer à la poursuite des concurrents, en cyclisme, etc. **4.** MIN. S'éloigner de la galerie principale. **5.** Être poussé, entraîné dans une certaine direction. *Les nuages chassent vers l'ouest.* **6.** IMPR. Espacer la composition de façon à augmenter le nombre de lignes.

CHASSERESSE n.f. et adj.f. **1.** Poét. Femme qui chasse. **2.** MYTH. *Diane chasseresse,* déesse de la Chasse.

CHASSE-ROUE n.m. (pl. *chasse-roues*). Borne ou arc métallique pour protéger des roues des voitures les murs d'angle d'un portail. SYN. : *bouteroue.*

CHÂSSES n.m.pl. (abrév. de *châssis,* fenêtre). Arg. Yeux.

CHASSEUR, EUSE n. **1. a.** Personne qui chasse, qui a l'habitude de chasser. **b.** *Chasseur d'images :* amateur qui recherche des lieux ou des objets originaux qu'il photographie ou filme. **c.** Fam. *Chasseur de têtes :* professionnel spécialisé dans le recrutement des cadres de haut niveau. **2.** Groom en livrée qui fait les courses dans un hôtel, un restaurant, etc. **3.** Soldat de certains corps d'infanterie et de cavalerie. *Chasseurs alpins.* ◆ n.m. **1.** Appareil de l'aviation de chasse ; pilote de ces appareils. – *Chasseur bombardier, d'assaut :* avions spécialisés dans l'attaque d'objectifs terrestres ou maritimes. – *Chasseur d'interception :* intercepteur. **2.** Navire ou véhicule conçu pour une mission particulière. *Chasseur de sous-marins, de chars, de mines.*

CHASSEUR-CUEILLEUR n.m. (pl. *chasseurs-cueilleurs*). ANTHROP. Membre d'une société qui fonde sa subsistance sur la chasse et la cueillette.

CHASSIE [ʃasi] n.f. (lat. *cacare,* déféquer). Substance visqueuse et jaunâtre qui se dépose sur le bord des paupières.

CHASSIEUX, EUSE adj. et n. Qui a de la chassie. *Des yeux chassieux.*

CHÂSSIS [ʃɑsi] n.m. (de *châsse*). **1.** Cadre fixe ou mobile, en bois ou en métal, qui entoure ou supporte qqch. *Le châssis d'une fenêtre.* **2.** Cadre de menuiserie sur lequel est tendue la toile d'un tableau. **3.** Assemblage rectangulaire qui supporte le moteur et la carrosserie d'un véhicule, la caisse d'un wagon ou l'affût de certains canons. **4.** *Châssis d'imprimerie :* cadre métallique pour serrer la composition. **5.** Accessoire contenant le film ou la plaque sensible d'un appareil photographique.

CHÂSSIS-PRESSE n.m. (pl. *châssis-presses*). Cadre dans lequel on place un négatif photographique et le papier sensible pour obtenir le positif par exposition à la lumière.

CHASSOIR n.m. Outil pour enfoncer les cercles des tonneaux, pour refouler, etc.

châssis et caisse d'une automobile 4 × 4

CHASTE adj. (lat. *castus,* pur). **1.** Qui respecte les règles de la pudeur, de la décence ; conforme à la chasteté. *Un baiser chaste.* **2.** Qui ne se réalise pas physiquement, charnellement. *Un amour chaste.*

CHASTEMENT adv. De façon chaste, avec chasteté.

CHASTETÉ n.f. (lat. *castitas,* pureté). Fait de s'abstenir des plaisirs charnels, par conformité à une morale. *Faire vœu de chasteté.*

CHASUBLE [ʃazybl] n.f. (lat. *casula,* manteau à capuchon). **1.** Vêtement liturgique ayant la forme d'un manteau sans manches que le prêtre met pour célébrer la messe. **2.** *Robe chasuble :* robe échancrée sans manches.

CHAT, CHATTE n. (lat. *cattus*). **1.** Mammifère carnivore au museau court et arrondi, aux griffes rétractiles, dont il existe des espèces domestiques et des espèces sauvages. (Famille des félidés.) *Le chat miaule,* pousse son cri. **2.** Fam. *Il n'y a pas un chat :* il n'y a personne. – *Avoir un chat dans la gorge :* être enroué. – *Appeler un chat un chat :* dire les choses telles qu'elles sont. – *Avoir d'autres chats à fouetter :* ne pas avoir le temps, avoir vraiment autre chose à faire. – *Donner sa langue au chat :* renoncer à deviner, s'avouer incapable de répondre à une question. – *Il n'y a pas de quoi fouetter un chat :* ça n'est pas très grave. – *Acheter chat en poche :* acheter sans regarder la marchandise. **3.** *Jouer à chat :* jouer à un jeu de poursuite dans lequel un des joueurs, le chat, poursuit et touche un autre joueur qui devient chat à son tour. **4.** *Chat à neuf queues :* fouet à neuf lanières.

CHÂTAIGNE n.f. (lat. *castanea*). **1.** Fruit du châtaignier, riche en amidon, appelé *marron* lorsque l'amande est entière à l'intérieur de la même enveloppe. **2.** *Châtaigne d'eau :* fruit de la macre. **3.** Pop. Coup de poing.

CHÂTAIGNERAIE n.f. Lieu planté de châtaigniers.

CHÂTAIGNIER n.m. Arbre à feuilles dentées, dont les fruits appelés *châtaignes* sont entourés d'une cupule épineuse (*bogue*), et qui peut vivre plusieurs siècles. (Famille des fagacées ; genre castanea ; jusqu'à 35 m de haut.)

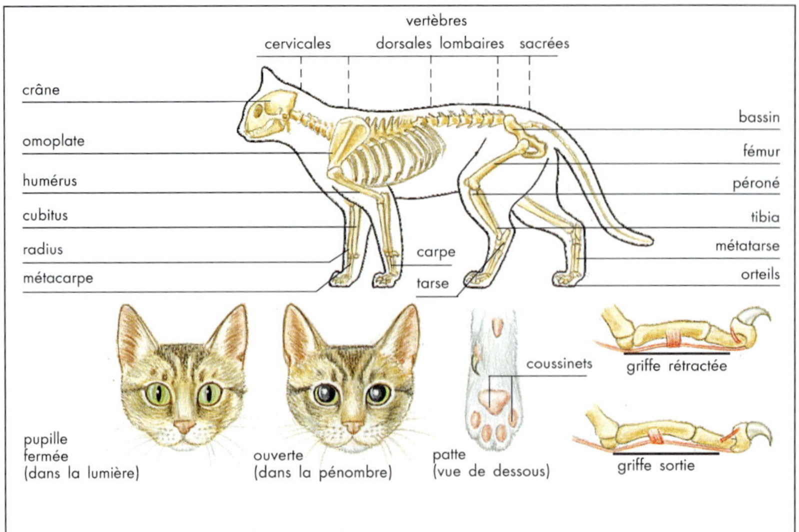

chat : squelette et détails de la morphologie

châtaignier

CHÂTAIN adj. inv. en genre et n.m. (de *châtaigne*). Brun clair, en parlant des cheveux.

CHATAIRE n.f. → ***cataire.***

CHÂTEAU n.m. (lat. *castellum*). **1.** Demeure féodale fortifiée, au Moyen Âge. *Le donjon d'un château fort.* **2.** Résidence seigneuriale ou royale, entourée de jardins ou de parcs. *Les châteaux de la Renaissance. Le château de Versailles.* ◇ Fam. *Le Château :* le lieu abritant les instances suprêmes d'un organisme, d'une société ; spécialt, le palais de l'Élysée. **3.** Grande demeure somptueuse à la campagne, avec ou sans domaine, datant du XIXe s. – **Fig.** *Une vie de château :* une existence passée dans le luxe et l'oisiveté. – **Fig.** *Bâtir des châteaux en Espagne :* faire des projets irréalisables, avoir des espoirs chimériques. – *Château de cartes :* construction qu'on fait avec des cartes ; fig., chose précaire, fragile. **4.** *Château d'eau :* réservoir d'eau exhaussé. **5.** Superstructure placée au milieu d'un navire, sur toute sa largeur, pour le logement des passagers et de l'équipage.

CHATEAUBRIAND ou **CHÂTEAUBRIANT** n.m. Épaisse tranche de filet de bœuf grillé.

CHÂTELAIN, E n. (lat. *castellanus*). **1.** HIST. Seigneur qui possédait un château et les terres qui en dépendaient. **2.** Propriétaire ou locataire d'un château.

CHÂTELAINE n.f. Ornement de ceinture de femme, auquel était suspendue une chaîne avec des bijoux et des clefs (fin du XVIIIe s., époque romantique).

CHÂTELET n.m. Anc. Petit château fort.

CHÂTELLENIE [ʃatɛlni] n.f. Anc. Seigneurie et juridiction d'un châtelain.

CHÂTELPERRONIEN n.m. (de *Châtelperron,* dans l'Allier). Faciès culturel marquant le début du paléolithique supérieur en France, caractérisé par le développement de l'outillage osseux. ◆ **châtelperronien, enne** adj. Du châtelperronien.

CHAT-HUANT [même au pl. l'*h* de *huant* est aspiré] n.m. (pl. *chats-huants*). Hulotte. *Le chat-huant hue,* pousse son cri.

CHÂTIER v.t. (lat. *castigare*). Litt. **1.** Punir sévèrement, corriger. *Châtier les responsables. Châtier l'insolence de qqn.* **2.** *Châtier son style,* lui donner le maximum de correction, de pureté.

CHATIÈRE n.f. (de *chat*). **1.** Petite ouverture au bas d'une porte ou d'un mur pour laisser passer les chats. **2.** Trou d'aération dans les combles.

CHÂTIMENT n.m. Action de châtier ; peine, sanction sévère frappant un coupable ou punissant une faute grave. *Infliger un châtiment. Un châtiment injuste.*

CHATOIEMENT n.m. Reflet brillant et changeant d'une pierre précieuse, d'une étoffe, etc.

1. CHATON n.m. **I.** Jeune chat. **II. 1.** Inflorescence ou épi composé de très petites fleurs, dont la forme rappelle la queue d'un chat. *Les fleurs mâles du châtaignier, du noisetier sont des chatons.* **2.** Amas laineux de poussière.

2. CHATON n.m. (francique *kasto,* caisse). Partie centrale d'une bague où est enchâssée une pierre ou une perle.

CHATONNER v.i. Faire des petits, en parlant d'une chatte.

1. CHATOUILLE n.f. Fam. Toucher léger et répété provoquant généralement le rire. *Faire des chatouilles à qqn.* SYN. : ***chatouillement.***

2. CHATOUILLE n.f. (lat. *septocula,* à sept yeux). Larve de la lamproie.

CHATOUILLEMENT n.m. **1.** Action de chatouiller ; sensation qui en résulte. SYN. (fam.) : *chatouille.* **2.** Léger picotement en certaines parties du corps.

CHATOUILLER v.t. **1.** Causer, par un attouchement léger de la peau, une réaction de rire ou d'agacement. *Chatouiller qqn dans le cou.* **2.** Fam. Exciter, énerver pour provoquer des réactions. *Chatouiller l'adversaire.* **3.** Flatter agréablement. *Chatouiller l'amour-propre de qqn.*

CHATOUILLEUX, EUSE adj. **1.** Sensible au chatouillement. *Ce que tu peux être chatouilleuse !* **2.** Qui est très susceptible, qui se vexe ou s'irrite facilement.

CHATOUILLIS n.m. Fam. Léger chatouillement.

CHATOYANT, E adj. Qui chatoie. *Une étoffe chatoyante.*

CHATOYER v.i. (de *chat,* à cause de ses yeux changeants) 13. Avoir des reflets qui changent suivant les jeux de la lumière, en parlant de pierres précieuses, d'étoffes brillantes, etc.

CHÂTRER v.t. (lat. *castrare*). **1.** Empêcher un animal de se reproduire en lui enlevant les organes sexuels ; rendre stérile. *Châtrer un chat.* SYN. : *castrer.* **2.** *Châtrer un fraisier, un melon,* en ôter les stolons, les fleurs staminées.

CHATTE n.f. → ***chat.***

CHATTEMITE n.f. (de *chatte,* et lat. *mitis,* doux). Litt. *Faire la chattemite :* prendre un air modeste, doux, pour mieux tromper ou séduire.

CHATTERIE n.f. **1.** Friandise très délicate. **2.** (Surtout pl.). Caresse câline, insinuante et hypocrite. *Faire des chatteries à qqn.*

CHATTERTON [ʃatɛrtɔn] n.m. (du n. de son inventeur). Ruban isolant et adhésif, employé par les électriciens pour isoler les fils conducteurs.

CHAT-TIGRE n.m. (pl. *chats-tigres*). Chat sauvage.

1. CHAUD, E adj. (lat. *calidus*). **1.** Qui a ou donne de la chaleur, qui produit une sensation de chaleur, qui est d'une température élevée par rapport à celle du corps humain. *Le soleil*

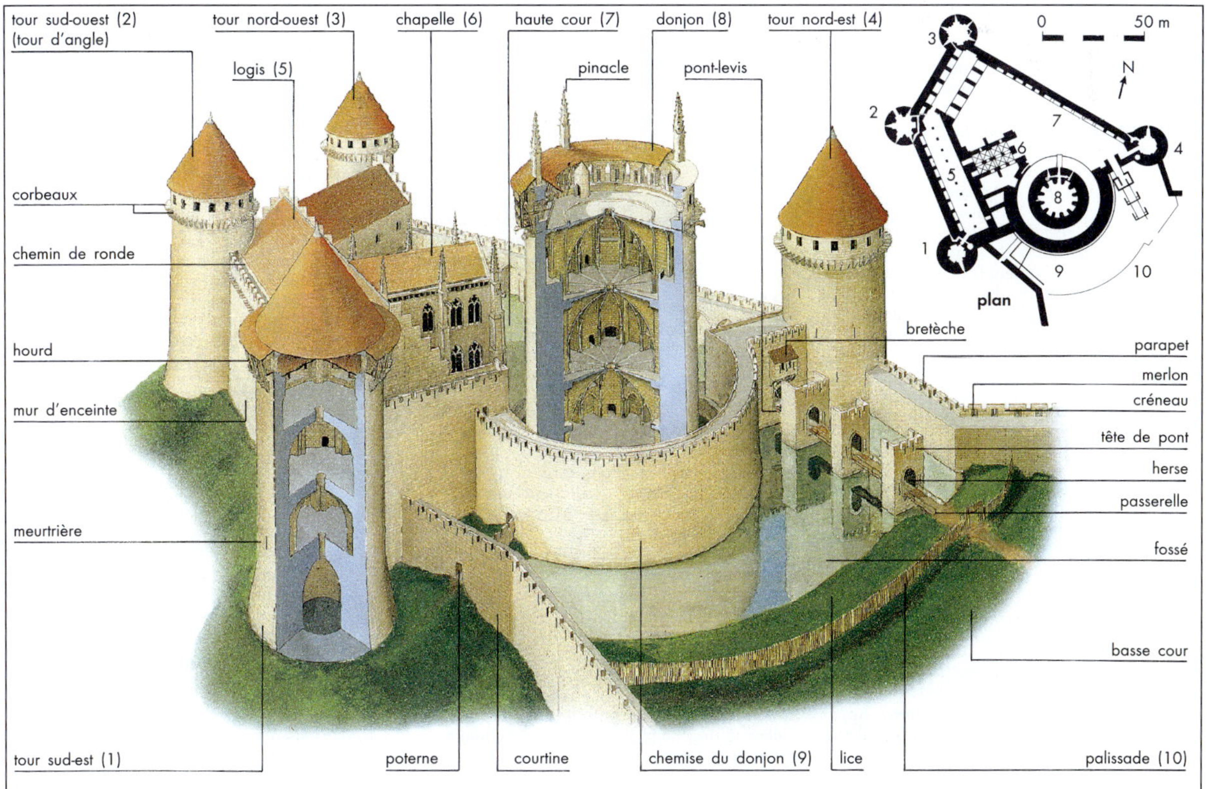

château : reconstitution du château fort de Coucy (XIIIe-XVe s.)

est très chaud à midi. Boire un café chaud. – *Pleurer à chaudes larmes,* abondamment. **2.** Qui est passionné, ardent, enthousiaste. *Elle n'est pas très chaude pour signer ce contrat.* – **Fig.** *Avoir la tête chaude :* s'emporter ou se battre facilement. **3.** Marqué par une forte agitation. *Une chaude alerte. Le printemps sera chaud, on s'attend à des grèves.* ◇ GÉOL. *Point chaud :* émergence, à la surface d'une plaque, d'un magma originaire d'une partie profonde du manteau ; **fig.**, ce qui provoque une violente contestation, ou lieu sur lequel il risque de se produire un conflit. **4.** *Couleurs chaudes :* le rouge, l'orangé, certains jaunes. ◆ adv. *Manger, boire chaud,* un plat chaud, une boisson chaude. – **Fam.** *J'ai eu chaud :* j'ai eu peur, je l'ai échappé belle. – *Cela ne me fait ni chaud ni froid :* cela m'est indifférent.

2. CHAUD n.m. **1.** Chaleur. *Elle endure mieux le chaud que le froid.* **2.** *Un chaud et froid :* un refroidissement soudain qui provoque un rhume ou une bronchite. **3.** *Opérer à chaud,* en pleine crise, avec de la fièvre.

CHAUDE n.f. **1.** Vx. Feu vif pour se chauffer rapidement. **2.** Opération qui consiste à chauffer fortement une pièce de métal à souder ou à marteler.

CHAUDEAU n.m. Boisson faite de lait bouillant, sucré, aromatisé, qu'on verse sur des œufs crus.

CHAUDEMENT adv. **1.** De manière à avoir ou à donner chaud. *Habille-toi chaudement, il fait froid !* **2.** Avec vivacité, ardeur. *Ils l'ont chaudement encouragée.*

CHAUDE-PISSE n.f. (pl. *chaudes-pisses*). Vulg. Blennorragie.

CHAUD-FROID n.m. (pl. *chauds-froids*). Fricassée de volaille ou salmis de gibier refroidis, nappés de leur sauce et lustrés à la gelée.

CHAUDIÈRE n.f. (lat. *caldaria,* étuve). **1.** Générateur de vapeur d'eau ou d'eau chaude (parfois d'un autre fluide), servant au chauffage, à la production d'énergie. *Chaudière de chauffage central. Chaudière à gaz.* **2.** Vx. Grand récipient métallique pour faire chauffer, cuire, bouillir, etc.

CHAUDRON n.m. Récipient cylindrique profond, en cuivre ou en fonte, à anse mobile.

CHAUDRONNERIE n.f. **1.** Profession, marchandises, usine du chaudronnier. **2.** Travail de façonnage de métaux en feuilles ; fabrication industrielle des pièces métalliques rivées, embouties ou estampées.

CHAUDRONNIER, ÈRE n. **1.** Artisan qui fabrique, vend, répare des chaudrons, des objets en cuivre. **2.** Ouvrier qui travaille les métaux en feuilles.

CHAUFFAGE n.m. (de *chauffer*). **1.** Action de chauffer, de se chauffer ; manière de chauffer. – *Bois de chauffage :* bois destiné à être brûlé pour le chauffage. **2.** Appareil, installation servant à procurer de la chaleur. *Monter un peu le chauffage. Un chauffage électrique.* – *Chauffage central :* distribution de chaleur dans les appartements d'un immeuble ou dans les pièces d'une maison à partir d'une source unique. – *Chauffage urbain :* chauffage des immeubles par des centrales alimentant des zones urbaines entières.

CHAUFFAGISTE n.m. Spécialiste de l'installation et de l'entretien du chauffage central.

CHAUFFANT, E adj. Qui produit de la chaleur.

CHAUFFARD n.m. Fam. Conducteur d'automobile très imprudent ou maladroit.

CHAUFFE n.f. **1.** Opération qui consiste à produire par combustion la chaleur nécessaire à un chauffage industriel ou domestique, et à conduire cette combustion. – Durée de cette opération. **2.** *Surface de chauffe :* surface de transmission de la chaleur dans un appareil de chauffage industriel ou domestique. *Surface de chauffe directe ou indirecte d'une chaudière.*

CHAUFFE-ASSIETTE ou **CHAUFFE-ASSIETTES** n.m. (pl. *chauffe-assiettes*). Appareil électrique pour chauffer les assiettes.

CHAUFFE-BAIN n.m. (pl. *chauffe-bains*). Appareil pour produire instantanément de l'eau chaude pour le bain.

CHAUFFE-BIBERON n.m. (pl. *chauffe-biberons*). Appareil électrique pour chauffer les biberons au bain-marie.

CHAUFFE-EAU n.m. inv. Appareil produisant de l'eau chaude à partir du gaz, de l'électricité, de l'énergie solaire, etc.

CHAUFFE-PIEDS n.m. inv. Chaufferette.

CHAUFFE-PLAT n.m. (pl. *chauffe-plats*). Réchaud pour tenir les plats au chaud sur la table.

CHAUFFER v.t. (lat. *calefacere*). **1.** Rendre chaud ou plus chaud. *Chauffer de l'eau. Ce petit radiateur chauffe toute la pièce.* – Donner une impression de chaleur. *Arôme d'alcool qui chauffe les narines.* **2.** Fig. Exciter, animer. *Elle a eu du mal à chauffer son public ce soir.* **3.** Préparer un élève à un examen en le faisant travailler de façon intensive. **4.** Pop. Voler. ◆ v.i. **1.** Devenir chaud. *Le moteur chauffe.* – Produire de la chaleur. *Il est 10 heures et le soleil chauffe déjà.* **2.** Fam. Provoquer de l'animation, du désordre. *Ça va chauffer !* ◆ **se chauffer** v.pr. **1.** S'exposer à une source de chaleur. *Va te chauffer près du feu !* **2.** Chauffer l'endroit où l'on vit. *Se chauffer au gaz.* – **Fig.** *Montrer de quel bois on se chauffe :* montrer de quoi on est capable ; traiter qqn sans ménagement.

CHAUFFERETTE n.f. **1.** Boîte à couvercle percé de trous, contenant de la braise, pour se chauffer les pieds. SYN. : *chauffe-pieds.* **2.** Appareil pour se chauffer les mains ou les pieds (appareil électrique, réservoir d'eau chaude, etc.).

CHAUFFERIE n.f. Local renfermant les appareils de production de chaleur, dans un immeuble, une usine, un navire, etc.

CHAUFFEUR n.m. **1.** Conducteur professionnel d'une automobile ou d'un camion. *Chauffeur de taxi.* **2.** Ouvrier chargé de la conduite et de la surveillance d'un feu, d'un four, d'une chaudière.

CHAUFFEUSE n.f. **1.** Siège bas et confortable, sans bras. **2.** Anc. Chaise basse à haut dossier pour s'asseoir auprès du feu.

CHAUFOUR n.m. Four à chaux.

CHAUFOURNIER n.m. (de *chaux,* et *fournier,* qui tient un four). Ouvrier responsable de la bonne marche d'un four à chaux.

CHAULAGE n.m. Action de chauler ; son résultat.

CHAULER v.t. **1.** Amender un sol avec de la chaux, pour lutter contre l'acidité. **2.** Passer au lait de chaux (les murs, le sol, les arbres, etc.) pour détruire les parasites.

CHAULEUSE n.f. Machine qui répand du lait de chaux ou d'autres liquides antiseptiques sur les voies de chemin de fer.

CHAUMAGE n.m. **1.** Action de chaumer après la moisson. **2.** Époque de l'année où l'on chaume.

CHAUMARD n.m. MAR. Pièce en fonte fixée sur le pont d'un navire pour guider les amarres.

CHAUME n.m. (lat. *calamus*). **1.** Tige creuse des graminées. **2.** Partie de la tige des céréales qui reste sur le champ après la moisson. **3.** Paille longue dont on a enlevé le grain, utilisée jadis pour recouvrir les habitations dans certaines régions. *Des toits de chaume.* ◆ pl. Pâturages dénudés.

CHAUMER v.t. et i. Arracher le chaume après la moisson.

CHAUMIÈRE n.f. Maison couverte d'un toit de chaume.

CHAUMINE n.f. Vx. Chaumière misérable.

CHAUSSANT, E adj. **1.** Qui chausse bien le pied. **2.** Qui sert à chausser. *Articles chaussants.*

CHAUSSE n.f. (lat. *calceus,* chaussure). Poche en molleton, en forme d'entonnoir, pour filtrer les liquides épais (sirops, liqueurs, etc.).

CHAUSSÉ n.m. HÉRALD. Partition en forme d'angle aigu, formée par deux lignes obliques partant de la pointe de l'écu pour aboutir aux deux angles du chef.

CHAUSSÉE n.f. (lat. *calciata via,* chemin durci par l'empierrement). **1.** Partie d'une rue ou d'une route réservée à la circulation des véhicules, par opposition aux trottoirs, aux bas-côtés. *Attention, la chaussée est glissante.* **2.** Écueil allongé et dépassant de peu le niveau de la mer. **3.** Élévation de terre pour retenir l'eau d'une rivière, d'un étang, pour servir de chemin.

CHAUSSE-PIED n.m. (pl. *chausse-pieds*). Lame incurvée en corne, en matière plastique ou en métal, dont on se sert pour entrer le pied dans une chaussure.

CHAUSSER v.t. (lat. *calceare,* de *calceus,* chaussure). **1. a.** Mettre des chaussures, des skis, etc., à ses pieds. **b.** Fournir en chaussures ; faire des chaussures. *Ce magasin chausse toute la famille.* **c.** Enfoncer le pied dans. *Chausser les étriers.* **2.** Fam. *Chausser ses lunettes,* les ajuster sur son nez. **3.** Garnir de pneus les roues d'une voiture, d'une bicyclette. **4.** AGRIC. *Chausser une plante,* la butter. ◆ v.t. et i. Aller au pied de. *Ces chaussures vous chaussent très bien.* ◆ v.i. Avoir telle pointure. *Chausser du 39.*

CHAUSSES n.f. pl. Culotte en tissu, portée de la fin du Moyen Âge jusqu'au XVIIe s., qui couvrait le corps de la ceinture jusqu'aux genoux *(haut-de-chausses)* ou jusqu'aux pieds *(bas-de-chausses).*

CHAUSSE-TRAPE ou **CHAUSSE-TRAPPE** n.f. (anc. fr. *chaucier,* fouler, et *traper,* sauter, ou de *trappe*) [pl. *chausse-trap(p)es*]. **1.** Piège pour attraper les renards ou d'autres animaux sauvages. ◇ Fig. Piège, ruse pour tromper qqn. **2.** Anc. Moyen de défense constitué par un pieu camouflé ou un assemblage de pointes de fer.

CHAUSSETTE n.f. (de *chausse*). Pièce d'habillement tricotée qui monte jusqu'à mi-mollet ou jusqu'au genou.

CHAUSSEUR n.m. Fabricant, marchand de chaussures.

CHAUSSON n.m. (de *chausse*). **1. a.** Chaussure d'intérieur à talon bas ou sans talon, en étoffe ou en cuir souple. **b.** Chaussure de danse, plate, en satin ou en coutil, à semelle de cuir léger ; cette même chaussure avec un bout renforcé, pour faire les pointes. **2.** Pâtisserie faite de pâte feuilletée fourrée de compote de pommes, de poires, etc., ou de crème pâtissière.

CHAUSSURE n.f. **1.** Article d'habillement en cuir ou en matières synthétiques, qui protège et recouvre le pied. *Des chaussures à talons, de marche, de ski.* ◇ Fam. *Trouver chaussure à son pied :* trouver la personne ou la chose qui convient exactement. **2.** Industrie, commerce de la chaussure.

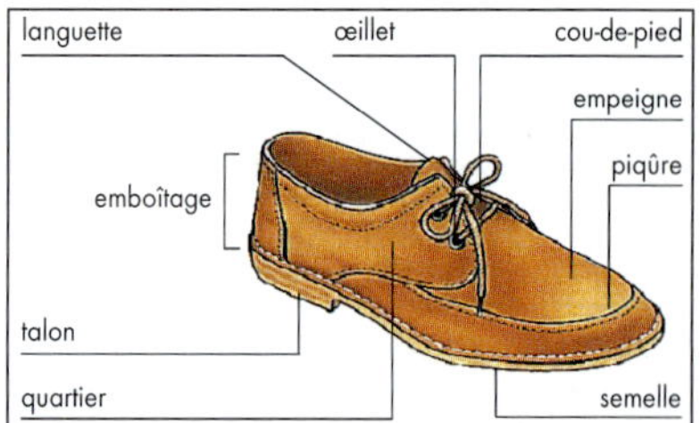

chaussure : éléments constitutifs

CHAUT → *chaloir.*

CHAUVE adj. et n. (lat. *calvus*). Qui n'a plus ou presque plus de cheveux. *Un crâne complètement chauve.* ◆ adj. **1.** Litt. Sans végétation, dénudé. *Des monts chauves.* **2.** BOT. Sans feuilles en hiver. *Un cyprès chauve.*

CHAUVE-SOURIS n.f. (pl. *chauves-souris*). Mammifère insectivore volant de l'ordre des chiroptères, qui se dirige par écholocation, hiverne dans des grottes, et dont il existe 200 espèces.

chauve-souris (pipistrelle)

CHAUVIN, E adj. et n. (de *Chauvin,* type de soldat enthousiaste du premier Empire). Qui éprouve ou qui manifeste un patriotisme excessif, souvent agressif ; qui admire de façon exagérée, trop exclusive sa ville ou sa région.

CHAUVINISME n.m. Patriotisme, nationalisme exagéré et souvent agressif.

CHAUVIR v.i. (francique *kawa*). *Chauvir de l'oreille* ou *des oreilles :* dresser les oreilles, en parlant du cheval, de l'âne, du mulet.

CHAUX n.f. (lat. *calx, calcis,* pierre). Oxyde de calcium obtenu par la calcination de calcaires. ◇ *Chaux éteinte :* chaux hydratée $Ca(OH)_2$, obtenue par action de l'eau sur la chaux vive. – *Chaux vive :* oxyde de calcium anhydre obtenu directement par la cuisson de calcaires. – *Eau de chaux :* solution de chaux. – *Lait de chaux :* suspension de chaux dans de l'eau, utilisée surtout comme badigeon. ◇ Fig. *Bâti à chaux et à sable* ou, vx, *à chaux et à ciment :* très solide, très robuste.

CHAVIREMENT n.m. Fait de chavirer.

CHAVIRER v.i. (prov. *capvira,* tourner la tête en bas). Se renverser, se retourner sens dessus dessous, notamment en parlant d'un bateau ; basculer, perdre l'équilibre. ◆ v.t. **1.** Renverser, retourner. **2.** Fig. Émouvoir, bouleverser. *Visage chaviré par la douleur.*

CHEBEC ou **CHEBEK** [ʃebɛk] n.m. (ar. *chabbāk*). Trois-mâts de la Méditerranée, très fin, allant à la voile ou à l'aviron, utilisé autrefois par les pirates barbaresques.

CHÈCHE n.m. (ar. *chāchīya*). Au Sahara, longue écharpe que l'on enroule autour de la tête.

CHÉCHIA [ʃeʃja] n.f. (ar. *chāchīya*). Coiffure cylindrique ou tronconique de certaines populations d'Afrique.

CHECK-LIST [tʃɛklist] n.f. (mot angl.) [pl. *check-lists*]. AÉRON. Liste d'opérations permettant de vérifier le fonctionnement de tous les organes et dispositifs d'un avion, d'une fusée avant son envol. Recomm. off. : *liste de vérification.*

CHECK-UP [(t)ʃɛkœp] n.m. inv. (mot angl.). **1.** Examen médical complet d'une personne ; bilan de santé. Recomm. off. : *examen de santé.* **2.** Bilan complet du fonctionnement de qqch. *Check-up d'une voiture.*

CHEDDAR n.m. Fromage anglais ou américain, au lait de vache, à pâte dure et colorée.

CHEDDITE n.f. (de *Chedde,* en Haute-Savoie). Explosif à base de chlorate de potassium ou de sodium et de dinitrotoluène.

CHEF n.m. (lat. *caput,* tête). **1. a.** Personne qui commande, qui exerce une autorité, une direction, une influence déterminante. *Chef de famille. Chef d'entreprise.* **b.** (Dans la dénomination de divers grades militaires, administratifs ou privés). *Chef de bataillon, de cabinet, de service.* – *Chef cuisinier* ou *chef :* celui qui est à la tête de la cuisine d'un restaurant. – *Chef de gare,* chargé de la gestion d'une gare et de la coordination de ses différents services. – *Chef d'orchestre :* musicien qui dirige l'exécution d'une œuvre. – *Chef de produit :* dans une entreprise, responsable d'un produit ou d'une famille de produits, notamm. de leur vente. – *Chef de projet :* responsable chargé de lancer des produits nouveaux, des procédés nouveaux. – *En chef :* en qualité de chef. ◇ (En app., pour préciser ce grade). *Médecin-chef.* ◇ (En apostrophe). *Oui, chef.* (S'emploie parfois au fém., dans la langue familière : *la chef.*) **2.** Absolt. Personne qui possède au plus haut degré l'aptitude au commandement. *Avoir les qualités d'un chef.* **3.** Fam. As, champion. *Elle s'est débrouillée comme un chef.* **4.** Point capital sur lequel porte l'accusation. *Chef d'accusation.* – *Au premier chef :* au plus haut point ; avant tout. **5.** *De son chef, de son propre chef :* de sa propre autorité. **6.** HÉRALD. Pièce honorable qui occupe le tiers supérieur de l'écu.

CHEF-D'ŒUVRE [ʃɛdœvr] n.m. (pl. *chefs-d'œuvre*). **1.** HIST. Ouvrage que devait réaliser tout compagnon aspirant à la maîtrise dans sa corporation. **2.** La plus belle œuvre d'un écrivain, d'un artiste. Phèdre *passe pour le chef-d'œuvre de Racine.* ◇ Œuvre d'art particulièrement accomplie. *Chefs-d'œuvre de la musique.* ◇ Ce qui est parfait en son genre. *Un chef-d'œuvre d'ironie.*

CHEFFERIE [ʃɛfri] n.f. **1.** ANTHROP. Autorité politique, souvent jointe à des fonctions religieuses et judiciaires, détenue de façon permanente par un individu dans un groupe. ◇ Afrique. Qualité, charge de chef traditionnel. – Territoire régi par un chef coutumier. **2.** Canada. Direction d'un parti politique. **3.** MIL. Anc. circonscription territoriale du service du génie. (On dit auj. *arrondissement.*)

CHEF-GARDE n.m. (pl. *chefs-gardes*). Belgique. Contrôleur d'un train.

CHEF-LIEU n.m. (pl. *chefs-lieux*). Centre d'une division administrative. – *Chef-lieu de département :* préfecture.

CHEFTAINE n.f. (mot angl., de l'anc. fr. *chevetain,* capitaine). Jeune fille responsable d'un groupe dans une association de scoutisme (louveteaux, jeannettes).

CHEIKH, CHEIK ou **SCHEIK** [ʃɛk] n.m. (ar. *chaikh,* vieillard). **1.** Chef de tribu arabe. **2.** Titre donné à tout musulman respectable par son âge, sa fonction, etc.

CHÉILITE [keilit] n.f. (gr. *kheilos,* lèvre). Inflammation des lèvres.

CHEIRE [ʃɛr] n.f. (mot auvergnat). En Auvergne, coulée volcanique scoriacée à surface rugueuse.

CHÉIROPTÈRE n.m. → *chiroptère.*

CHÉLATE [kelat] n.m. (gr. *khêlê,* pince). Composé dans lequel un atome métallique est pris « en pince » entre des atomes électronégatifs liés à un radical organique.

CHÉLATEUR [kelatœr] n.m. MÉD. Substance formant avec certains poisons (métaux) un chélate éliminable dans les urines et utilisée dans le traitement de certaines intoxications.

CHELEM ou **SCHELEM** [ʃlɛm] n.m. (angl. *slam,* écrasement). Au whist, au bridge, réunion de toutes les levées dans un camp. (On dit aussi *grand chelem.*) – *Petit chelem :* toutes les levées moins une. ◇ *Faire, réussir le grand chelem :* dans divers sports (rugby, tennis, etc.), remporter la totalité d'une série définie de compétitions.

CHÉLEUTOPTÈRE [ke-] n.m. *Chéleutoptères :* ordre d'insectes tels que les phasmes.

CHÉLICÉRATE [ke-] n.m. *Chélicérates :* sous-embranchement d'arthropodes ayant des chélicères (ce sont les arachnides et les mérostomes).

CHÉLICÈRE [kelisɛr] n.m. Chacun des crochets pairs venimeux situés sur la tête des chélicérates.

CHÉLIDOINE [kelidwan] n.f. (gr. *khelidôn,* hirondelle). Plante commune près des murs, à latex orangé et à fleurs jaunes, appelée aussi *grande éclaire* et *herbe aux verrues.* (Famille des papavéracées.)

chélidoine

CHELLÉEN, ENNE [ʃe-] adj. et n.m. (de *Chelles*). Vieilli. Abbevillien.

CHÉLOÏDE [kelɔid] n.f. et adj. (gr. *khêlê,* pince). PATHOL. Cicatrice cutanée formant un bourrelet fibreux souvent douloureux.

CHÉLONIEN [kelɔnjɛ̃] n.m. (gr. *khelônê,* tortue). *Chéloniens :* ordre de reptiles couramment appelés *tortues.*

CHEMIN n.m. (lat. pop. **camminus ;* mot gaul.). **1.** Voie de terre aménagée pour aller d'un point à un autre ; passage. *Chemin de terre. Se frayer un chemin dans les ronces.* – *Chemin de ronde :* passage établi derrière ou sur une muraille fortifiée. **2.** Direction à suivre pour aller quelque part ; itinéraire. *La ligne droite est le plus court chemin d'un point à un autre. Demander son chemin.*

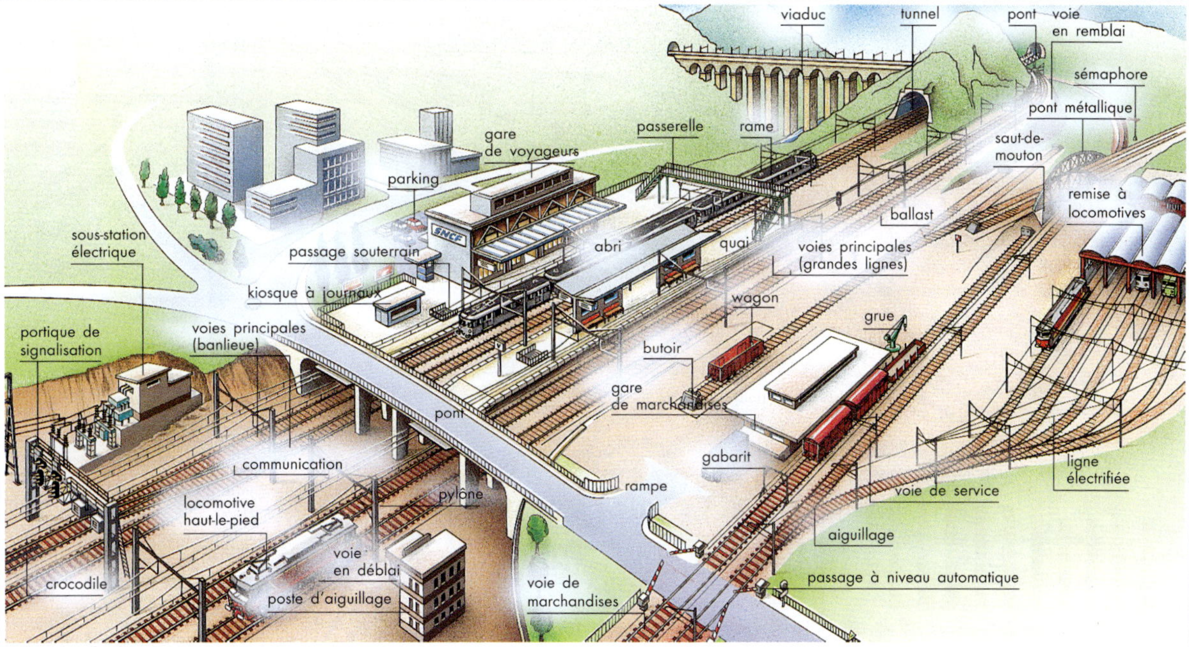

chemin de fer

◇ *Chemin de croix :* suite des quatorze tableaux représentant les scènes de la Passion. **3.** Espace à parcourir pour aller d'un point à un autre ; parcours, trajet ; fig., progression. *En chemin.* – *Faire du chemin :* parcourir un long trajet ; fig., progresser. – *Faire son chemin :* réussir dans la vie. **4.** Ligne de conduite, voie qui mène à un but. *Prendre le chemin qui mène à la réussite.* – *Ouvrir, montrer, tracer le chemin :* donner l'exemple. **5.** Longue bande décorative ou protectrice. *Chemin de table, d'escalier.* **6.** MATH. *Chemin dans un graphe :* suite d'arcs du graphe telle que l'extrémité terminale de chaque arc constitue l'extrémité initiale de l'arc suivant.

CHEMIN DE FER n.m. (calque de l'angl. *railway*) [pl. *chemins de fer*]. **1.** Vx. Voie ferrée constituée de deux rails parallèles sur lesquels roulent les trains. **2.** Moyen de transport utilisant la voie ferrée. *Voyager par chemin de fer.* **3.** (Souvent pl.). Entreprise, administration qui gère l'exploitation de ce moyen de transport. *Employé des chemins de fer.* **4.** Jeu de hasard, baccara à un seul tableau.

CHEMINEAU n.m. Vx ou litt. Vagabond qui parcourt les chemins.

CHEMINÉE n.f. (lat. *caminus*, four). **1.** Ouvrage, généralement de maçonnerie, permettant de faire du feu, comprenant un foyer et un conduit par où s'échappe la fumée. *Cheminée qui tire bien.* **2.** Encadrement du foyer qui fait saillie dans une pièce. *Cheminée de marbre.* **3.** Conduit par où s'échappe la fumée ; extrémité de ce conduit visible au-dessus d'un toit. *Ramonage des cheminées. Cheminées d'usines.* ◇ GÉOMORPH. *Cheminée de fée :* colonne ciselée par les eaux de ruissellement dans une roche meuble et coiffée par un bloc résistant protecteur. SYN. : *demoiselle, demoiselle coiffée.* **4.** Conduit, généralement cylindrique, pour la ventilation, l'aération. *Cheminée d'aération.* **5.** GÉOL. Canal par lequel montent les laves et les projections volcaniques. **6.** ALP. Couloir étroit, presque vertical dans un mur rocheux ou glaciaire.

CHEMINEMENT n.m. **1.** Action de cheminer, progression lente et régulière. **2.** MIL. Itinéraire défilé emprunté par une troupe. **3.** TOPOGR. Détermination sur le terrain des coordonnées d'une ligne polygonale reliant deux points connus.

CHEMINER v.i. **1.** Suivre un chemin souvent long, lentement et régulièrement. *Cheminer sur une petite route.* **2.** Suivre un certain itinéraire. *Sentier qui chemine dans la montagne.* **3.** Fig. Progresser lentement. *Laisser une idée cheminer dans les esprits.* **4.** Faire un cheminement topographique.

CHEMINOT n.m. Employé des chemins de fer.

CHEMISAGE n.m. Opération consistant à garnir d'une chemise, d'un revêtement protecteur.

CHEMISE n.f. (bas lat. *camisia*). **I.1.** Vêtement masculin qui couvre le buste et les bras, comportant le plus souvent un col et un boutonnage devant. *Chemise à manches courtes, longues.* **2.** Vieilli. Sous-vêtement en tissu fin porté à même la peau. – *Chemise américaine,* en jersey de coton (T-shirt). ◇ *Chemise de nuit :* vêtement de nuit en forme de robe plus ou moins longue. **3.** *Chemises brunes :* formations paramilitaires nazies (1925). ◇ *Chemises noires :* milices fascistes italiennes (créées en 1919). ◇ *Chemises rouges :* volontaires qui combattirent aux côtés de Garibaldi ou qui luttèrent dans la tradition garibaldienne. **II.1.** Dossier fait d'un cartonnage léger plié en deux, servant à classer des papiers. **2.** Enveloppe intérieure ou extérieure d'une pièce mécanique, d'un projectile, etc. ◇ ARCHIT. Revêtement en maçonnerie d'une construction, d'une conduite.

CHEMISER v.t. Effectuer le chemisage de. *Chemiser un tuyau, un obus.* SYN. : *enchemiser.*

CHEMISERIE n.f. Fabrique, magasin de chemises.

CHEMISETTE n.f. Chemise légère à manches courtes.

1. CHEMISIER, ÈRE n. Personne qui fait ou vend des chemises.

2. CHEMISIER n.m. Blouse de femme dont le col et les poignets sont inspirés de ceux des chemises d'homme.

CHÉMOCEPTEUR, TRICE [kemosɛptœr] ou **CHÉMORÉCEPTEUR, TRICE** adj. et n.m. Qui est sensible aux stimulations chimiques. *Les cellules gustatives ou olfactives sont des chémocepteurs.*

CHÊNAIE n.f. Lieu planté de chênes.

CHENAL n.m. (lat. *canalis*) [pl. *chenaux*]. **1.** MAR. Passage resserré naturel ou artificiel permettant la navigation entre des îles, des écueils, des bancs, et donnant accès à un port ou à la haute mer. *Balisage des chenaux.* **2.** Courant d'eau aménagé pour le service d'un moulin, d'une usine.

CHENAPAN n.m. (all. *Schnapphahn,* maraudeur). Vaurien, garnement.

CHÊNE n.m. (gaul. *cassanus*). Grand arbre commun dans les forêts d'Europe et caractérisé par son écorce crevassée, ses branches tordues, ses feuilles lobées, et par ses fruits à cupule, les *glands.* (Famille des fagacées ; genre quercus.) ◇ *Chêne vert :* chêne d'une espèce à feuillage persistant des régions méditerranéennes.

■ Le chêne fournit un bois d'œuvre très apprécié ; les racines du *chêne pubescent* nourrissent parfois des truffes (chêne « truffier », cultivé en Périgord et dans la Drôme).

chêne

CHÊNEAU n.m. Jeune chêne.

CHÉNEAU n.m. (de *chenal*). CONSTR. Rigole ménagée à la base d'un toit et conduisant les eaux de pluie au tuyau de descente.

CHÊNE-LIÈGE n.m. (pl. *chênes-lièges*). Chêne des régions méditerranéennes au feuillage persistant, dont l'écorce fournit le liège que l'on détache par larges plaques tous les dix ans environ.

CHENET [ʃənɛ] n.m. (de *chien*). Chacun des deux supports métalliques sur lesquels on place les bûches dans le foyer d'une cheminée.

CHÈNEVIÈRE n.f. Champ de chanvre.

CHÈNEVIS [ʃɛnvi] n.m. (anc. fr. *cheneve,* chanvre). Graine de chanvre, donnée comme nourriture aux oiseaux de cage.

CHENIL [ʃənil] ou [ʃəni] n.m. (de *chien*). **1.** Local destiné à loger les chiens. ◇ Établissement qui pratique l'élevage, la vente et le gardiennage des chiens. **2.** Fig. Logement malpropre et en désordre. **3.** Suisse. Désordre, ensemble d'objets sans valeur.

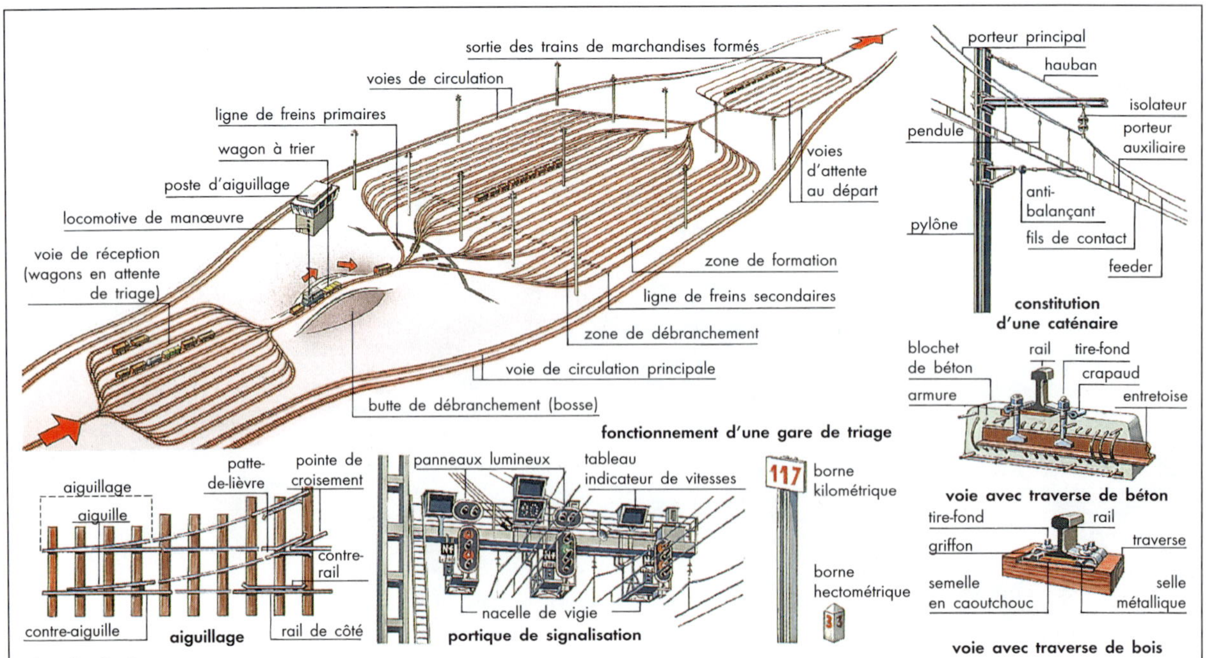

chemin de fer

CHENILLE n.f. (lat. *canicula,* petite chienne). **I.** Larve de papillon, au corps mou formé d'anneaux et généralement velu, se nourrissant de végétaux, et, de ce fait, souvent très nuisible. (Une seule espèce est utile et domestique : le ver à soie, chenille du bombyx du mûrier.) **II. 1.** Bande sans fin, faite de patins articulés, interposée entre le sol et les roues d'un véhicule, lui permettant de se déplacer sur tous les terrains. **2.** Passementerie veloutée en forme de chenille. **3.** Fil de laine ou de coton auquel sont mêlés des brins de soie, donnant au tricot l'aspect du velours. *Pull (en) chenille.*

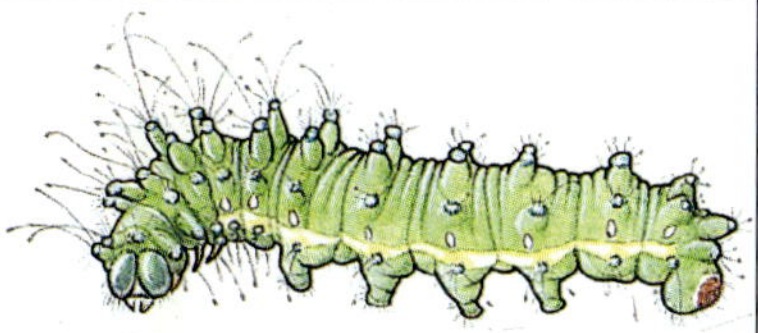

chenille

CHENILLÉ, E adj. Équipé de chenilles. *Véhicule, engin chenillé.*

CHENILLETTE n.f. Petit véhicule chenillé.

CHÉNOPODE [kenɔpɔd] n.m. (gr. *khênopous,* patte d'oie). Plante herbacée couramment appelée *ansérine,* à feuilles triangulaires, commune dans les cultures et les décombres, dont on tire une essence aux propriétés vermifuges. (Type de la famille des chénopodiacées.)

CHÉNOPODIACÉE [kenɔpɔdjase] n.f. *Chénopodiacées :* famille de plantes dicotylédones apétales comprenant le chénopode, l'épinard, la betterave. SYN. : *salsolacée.*

CHENU, E adj. (lat. *canus,* blanc). Litt. Blanchi, marqué par l'âge.

CHEPTEL [ʃɛptɛl] ou (vx) [ʃtɛl] n.m. (lat. *capitale,* le principal d'un bien). Ensemble du bétail d'une exploitation agricole, d'une région, d'un pays. (On dit aussi *cheptel vif.*) *Le cheptel ovin français.* – *Bail à cheptel :* contrat par lequel on remet du bétail à garder et à nourrir selon des conditions convenues à l'avance. ◇ *Cheptel mort :* ensemble du matériel d'une exploitation agricole.

CHÉQUABLE adj. Se dit d'un compte sur lequel on peut tirer des chèques.

CHÈQUE n.m. (angl. *cheque ;* de *exchequer bill,* billet du Trésor). Écrit par lequel une personne, titulaire d'un compte dans un établissement de crédit, effectue, à son profit ou au profit d'un tiers, le retrait ou le virement de tout ou partie des fonds portés à son crédit. *Chèque bancaire, postal.* – *Chèque certifié :* chèque certifiant, par le visa de l'établissement où les fonds sont déposés, qu'il est dûment provisionné et que son montant est bloqué au bénéfice du porteur de ce chèque. – *Chèque documentaire,* qui ne peut être payé qu'accompagné d'un certain document (facture, police d'assurance, etc.). – *Chèque au porteur,* ne comportant pas le nom du bénéficiaire, payable au porteur. – *Chèque à ordre,* comportant le nom du bénéficiaire, transmissible par endossement. – *Chèque en blanc,* signé par le tireur, sans indication de somme. – *Chèque sans provision* ou, fam., *chèque en bois,* qui ne peut être payé faute d'un dépôt suffisant. – *Chèque de voyage :* chèque à l'usage des touristes, émis par une banque et payable par l'un quelconque de ses correspondants. SYN. : *traveller's cheque* ou *traveller's check.*

CHÉQUIER n.m. Carnet de chèques.

CHER, ÈRE adj. (lat. *carus*). **I. 1.** Qui est l'objet d'une vive affection ; aimé, chéri. *Pleurer un être cher.* **2.** Auquel on attache du prix, de l'importance ; précieux. *C'est une idée qui lui est chère.* **3.** (Avant le n., comme formule de politesse ou comme terme d'amitié ou de familiarité). *Chère Madame. Mes chers amis.* **II. 1.** D'un prix élevé ; qui exige de fortes dépenses. *Un tissu cher. Lutter contre la vie chère.* **2.** Qui vend à des prix élevés. *Magasin, commerçant chers.* ◆ adv. A haut prix. *Ces denrées coûtent cher.*

CHERCHER v.t. (lat. *circare,* parcourir). **1.** S'efforcer de trouver, de retrouver, de découvrir. *Chercher un objet qu'on a égaré. Chercher qqn dans la foule. Chercher la solution d'une énigme.* – Fam. *Chercher la petite bête :* être méticuleux à l'excès, tatillon. **2.** S'efforcer de se procurer ; viser à, avoir en vue. *Chercher son intérêt.* ◇ *Chercher à :* s'efforcer, tâcher de. *Chercher à plaire.* **3.** S'exposer volontairement ou imprudemment ; susciter, provoquer. *Chercher les ennuis. Chercher querelle. Chercher noise à qqn.* ◇ Fam. *Chercher qqn,* l'agacer, l'irriter par des provocations continuelles. **4.** *Aller, venir chercher (qqn, qqch) :* aller, venir pour prendre et ramener, emporter (qqn, qqch). **5.** Fam. *Aller chercher :* atteindre (un chiffre, un prix). *Ça va chercher dans les mille francs.*

1. CHERCHEUR, EUSE n. et adj. **1.** Qui cherche. *Chercheur d'or. Tête chercheuse d'un engin.* **2.** Personne qui se consacre à la recherche scientifique. *Les chercheurs du C. N. R. S.*

2. CHERCHEUR n.m. ASTRON. Petite lunette à courte focale et à grand champ montée sur un télescope afin de le diriger plus aisément sur un astre ou la région du ciel qu'on veut observer.

CHÈRE n.f. (gr. *kara,* tête). Litt. Nourriture. *Aimer la bonne chère.*

CHÈREMENT adv. **1.** Au prix de gros sacrifices. *Victoire chèrement payée.* – *Vendre chèrement sa vie :* se défendre vaillamment jusqu'à la mort. **2.** Litt. Tendrement. *Aimer chèrement qqn.*

CHERGUI n.m. Vent d'est, au Maroc.

CHÉRI, E adj. et n. Tendrement aimé.

CHÉRIF n.m. (ar. *charīf*). Prince musulman descendant de Mahomet par 'Alī et Fāṭima.

CHÉRIFIEN, ENNE adj. **1.** D'un chérif. **2.** Du Maroc (où la dynastie régnante est d'origine chérifienne). *État chérifien.*

CHÉRIR v.t. (de *cher*). Aimer tendrement ; être profondément attaché à (qqn, qqch).

CHERMÈS [kɛrmɛs] n.m. Puceron provoquant une galle sur l'épicéa et le sapin.

CHÉROT adj. inv. Pop. Cher, coûteux.

CHERRY [ʃeri] n.m. (mot angl., *cerise*) [pl. *cherrys* ou *cherries*]. Liqueur de cerise.

CHERTÉ n.f. Fait d'être cher, coût élevé. *La cherté de la vie.*

CHÉRUBIN n.m. (hébr. *keroûbîm,* anges). **1.** Ange du second rang de la première hiérarchie, dans la tradition chrétienne. **2.** BX-A. Tête ou buste d'enfant porté par deux ailes. **3.** Fam. Enfant gracieux.

CHERVIS [ʃɛrvi] n.m. (ar. *karawyā*). Plante à racine alimentaire, très cultivée autrefois. (Famille des ombellifères.)

CHESTER [ʃɛstɛr] n.m. Fromage anglais, au lait de vache, à pâte dure.

CHÉTIF, IVE adj. (lat. *captivus*). **1.** De faible constitution, malingre. **2.** Litt. Insuffisant, pauvre. *Une chétive récolte. Une existence chétive.*

CHÉTIVETÉ ou **CHÉTIVITÉ** n.f. Litt. Caractère, état de ce qui est chétif.

CHEVAINE, CHEVESNE ou **CHEVENNE** [ʃəvɛn] n.m. (lat. *capito*). Poisson d'eau douce à dos brun verdâtre et à ventre argenté, appelé aussi *meunier.* (Long. entre 30 et 50 cm ; famille des cyprinidés.)

CHEVAL n.m. (lat. *caballus,* rosse) [pl. *chevaux*]. **I. 1.** Grand mammifère domestique caractérisé

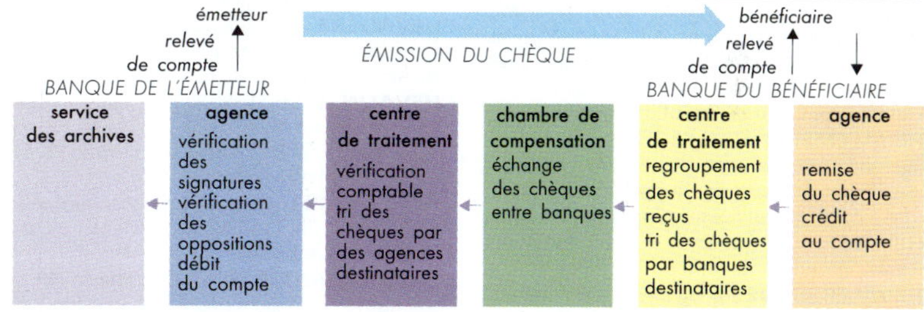

chèque bancaire : circulation et traitement

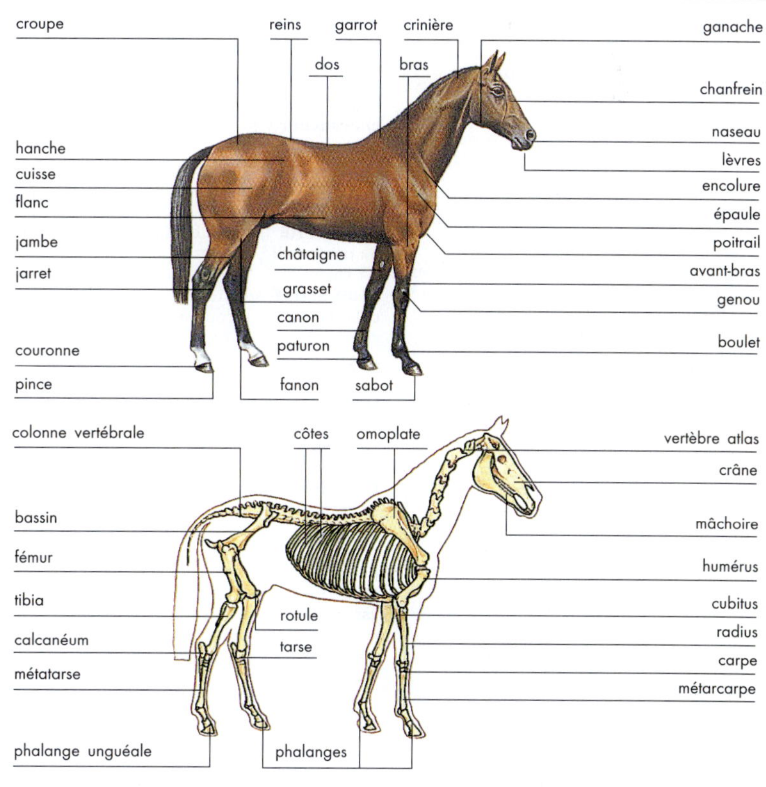

cheval : morphologie et squelette

par la longueur des membres, qui fait de lui un coureur remarquable et une monture d'usage presque universel. (Longévité jusqu'à 30 ans ; ordre des ongulés ; famille des équidés.) *Le cheval hennit,* pousse son cri. *La femelle du cheval est la jument ; son petit est le poulain.* ◇ *À cheval sur :* chevauchant (qqch, des lieux). – *Être à cheval sur les principes,* s'y tenir strictement. ◇ *Remède de cheval :* remède très énergique. – *Fièvre de cheval :* forte fièvre. ◇ *Monter sur ses grands chevaux :* s'emporter, le prendre de haut. – *Cheval de bataille :* argument, thème favori. – **Fam.** *Cheval de retour :* récidiviste. – **Fam.** *Ne pas être un mauvais cheval :* être plutôt gentil. **2.** Équitation. *Faire du cheval.* **3.** Viande de cheval. ◇ *Il a mangé du cheval :* il fait preuve d'une énergie inaccoutumée. **4.** **Fig.** Personne endurante à l'ouvrage. – **Fam.** Femme d'allure peu féminine. **II.** **1.** *Cheval de bois :* jouet d'enfant figurant un cheval, en usage autrefois. – *Chevaux de bois :* manège. **2.** SPORTS. *Cheval de saut :* agrès sur lequel les gymnastes prennent appui, après une course d'élan, pour effectuer un saut. **3.** *Cheval de frise :* pièce de bois défensive hérissée de fils barbelés. **4.** *Petits chevaux :* jeu de société se jouant avec des figurines ayant une tête de cheval. **5.** LITTÉR. *Cheval de Troie :* gigantesque cheval de bois grâce auquel une poignée de Grecs, cachés à l'intérieur, réussirent à pénétrer dans Troie. **III.** **1.** (Abrév.). Cheval-vapeur. **2.** *Cheval fiscal* (abrév. CV) : unité de mesure de cylindrée par laquelle on détermine notamm. le montant de la vignette et des primes d'assurance pour les véhicules automobiles. *Version 7 CV d'un modèle.*

CHEVAL-D'ARÇONS n.m. (pl. *chevaux-d'arçons* ou inv.) ou **CHEVAL-ARÇONS** n.m. inv. Agrès de gymnastique reposant sur des pieds et muni de deux arceaux permettant la voltige.

CHEVALEMENT n.m. **1.** CONSTR. Assemblage de poutres pour chevaler un mur. **2.** MIN. Grande charpente supportant un dispositif d'extraction, au-dessus d'un puits de mine.

CHEVALER v.t. Étayer (un mur) avec des chevalements, pour le reprendre en sous-œuvre.

CHEVALERESQUE adj. (it. *cavalleresco*). Qui fait preuve de chevalerie, évoque l'idéal du chevalier.

CHEVALERIE n.f. **1.** Institution féodale, classe de guerriers nobles qui, au Moyen Âge, associaient à la foi religieuse un idéal de courage, de loyauté, de courtoisie, etc. **2.** Cet idéal. *Faire preuve de chevalerie.* **3.** HIST. Rang de chevalier. **4.** *Ordre de chevalerie.* **a.** HIST. Ordre de chevaliers religieux qui défendaient les Lieux saints ; **b.** **Mod.** Ordre honorifique.
■ La chevalerie rassemblait les combattants à cheval puis les nobles (XIe-XIVe s.). On y accédait par la cérémonie de l'adoubement. L'Église, dans la seconde moitié du XIe s., imposa les règles religieuses et morales du code chevaleresque : protection des pauvres, des orphelins et des veuves, loyauté, fidélité, vaillance. À la fin du Moyen Âge, la chevalerie n'était plus qu'un degré de la noblesse.

Principaux ordres de chevalerie

Anciens ordres internationaux

- Ordre du Saint-Sépulcre de Jérusalem (début du XIIe s.)
- Ordre souverain militaire et hospitalier de Saint-Jean de Jérusalem, de Rhodes et de Malte (1113)
- Ordre du Temple (1119)

France

Ancien Régime :
- Ordre des chevaliers de la noble maison de Saint-Ouen (ou chevaliers de l'Étoile) [1351]
- Ordre du Saint-Esprit (1578)
- Ordre de Notre-Dame-du-Mont-Carmel (1608)
- Ordre de Saint-Louis (1693)
- Ordre de Saint-Michel (1469)

Consulat et Empire :
- Ordre de la Couronne de fer (1805, pour le royaume d'Italie)
- Ordre de la Légion d'honneur (1802)
- Ordre de la Réunion (1811, en l'honneur de la réunion de la Hollande à l'Empire)

Pays étrangers

- Ordre de l'Aigle blanc (Pologne, 1325)
- Ordre de l'Annonciade (Savoie, 1364)
- Ordre de Calatrava (Espagne, 1158)
- Ordre de Saint-Charles (Monaco, 1858)
- Ordre du Christ (Portugal, 1319)
- Ordre du Christ (Vatican, 1905)
- Ordre du Chrysanthème (Japon, 1888)
- Ordre de la Jarretière (Angleterre, 1348)
- Ordre de Saint-André (Russie, 1698)
- Ordre de la Toison d'or (Bourgogne, 1429, avec branche autrichienne et branche espagnole)

CHEVALET n.m. **1.** Support permettant de maintenir : **a.** un objet sur lequel on travaille ; **b.** un tableau en cours d'exécution ou en exposition. **2.** Support des cordes d'un instrument de musique transmettant leurs vibrations à la table d'harmonie. **3.** CONSTR. Étai. **4.** **Anc.** Instrument de torture.

CHEVALIER n.m. **I.** **1.** Guerrier pouvant se doter de l'armement du cavalier, admis en chevalerie par l'adoubement et disposant d'un fief ou d'une tenure. ◇ **Litt.** et **péj.** *Chevalier d'industrie :* individu sans scrupules, qui vit d'escroqueries. **2.** Noble dont le titre est inférieur à celui de baron. ◇ **Auj.** Premier grade de certains ordres honorifiques. *Chevalier de la Légion d'honneur.* **3.** ANTIQ. Citoyen romain du second ordre, l'ordre équestre. **II.** Oiseau échassier européen, voisin du bécasseau, commun près des étangs et des côtes. (Long. 20 à 35 cm ; ordre des charadriidés.)

CHEVALIÈRE n.f. (de *bague à la chevalière*). Bague dont le dessus en plateau s'orne habituellement d'initiales ou d'armoiries gravées.

CHEVALIN, E adj. **1.** Relatif au cheval. *L'amélioration de la race chevaline.* ◇ *Boucherie chevaline,* où se vend de la viande de cheval. **2.** Qui évoque un cheval. *Figure chevaline.*

CHEVAL-VAPEUR n.m. (pl. *chevaux-vapeur*). **Anc.** Unité de puissance valant environ 736 watts (symb. ch).

CHEVAUCHANT, E adj. **1.** Qui chevauche sur autre chose. *Tuile chevauchante.* **2.** BOT. Équitant.

CHEVAUCHÉE n.f. **1.** Course, randonnée, expédition à cheval. **2.** **Litt.** Incursion, voyage.

CHEVAUCHEMENT n.m. Fait de se chevaucher ; empiètement ; ensemble de choses qui se chevauchent.

CHEVAUCHER v.t. **1.** Être à califourchon sur (qqch). **2.** Se superposer en partie à (qqch) ; occuper des parties contiguës de (plusieurs lieux). ◆ v.i. Faire une chevauchée. ◆ **se chevaucher** v.pr. Se superposer ; s'empiler en désordre.

CHEVAU-LÉGER n.m. (pl. *chevau-légers*). Soldat d'un corps de cavalerie légère (en France, du XVIe au XIXe s.).

CHEVÊCHE [ʃəvɛʃ] n.f. (de *chouette*). Chouette de petite taille, commune dans les bois. (Long. 25 cm.)

CHEVELU, E adj. **1.** Qui a des cheveux (particulièrement, beaucoup de cheveux ou de longs cheveux). ◇ *Cuir chevelu :* partie de la peau qui recouvre le crâne et sur laquelle sont implantés les cheveux. **2.** Qui évoque une chevelure.

CHEVELURE n.f. **1.** Ensemble des cheveux. **2.** ASTRON. Partie nébuleuse d'une comète, entourant le noyau au voisinage du Soleil.

CHEVENNE ou **CHEVESNE** n.m. → ***chevaine.***

CHEVET n.m. (du lat. *caput, capitis,* tête). **1.** Partie du lit où l'on pose la tête. ◇ *Être au chevet de qqn,* le soigner, le veiller. – *Livre de chevet :* livre qu'on aime relire. **2.** Partie postérieure, externe, du chœur d'une église.

CHEVÊTRE n.m. Pièce de bois horizontale assemblée entre deux solives ou entre deux murs en angle pour ménager une trémie.

CHEVEU n.m. (lat. *capillus*) [pl. *cheveux*]. **1.** Poil qui pousse sur la tête de l'homme. ◇ **Litt.** *Le cheveu :* les cheveux. *Le cheveu court.* ◇ *Argument tiré par les cheveux,* d'une subtilité suspecte, d'une logique forcée. – *Couper les cheveux en quatre :* se livrer à des subtilités excessives. – *Ne tenir qu'à un cheveu :* dépendre de très peu de chose. – *Saisir l'occasion aux, par les cheveux,* au moment propice, dès qu'elle se présente. – *Faire dresser les cheveux :* faire peur, horreur. – *Se prendre aux cheveux :* se quereller, se battre. ◇ **Fam.** *Avoir mal aux cheveux :* avoir mal à la tête au lendemain d'une beuverie. – **Fam.** *Comme un cheveu sur la soupe :* mal à propos. – **Fam.** *Se faire des cheveux,* du souci. **2.** *Cheveu d'ange.* **a.** Fine guirlande d'arbre de Noël. **b.** Vermicelle très fin.

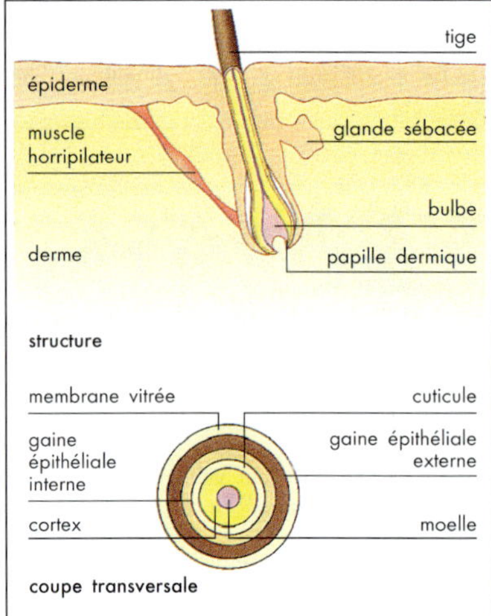

cheveu : structure et vue en coupe

CHEVEU-DE-VÉNUS n.m. (pl. *cheveux-de-Vénus*). Adiantum (plante).

CHEVILLARD n.m. Boucher qui vend la viande à la cheville.

CHEVILLE n.f. (lat. *clavicula,* petite clé). **I.** Partie en saillie entre la jambe et le pied, formée par les malléoles du tibia et du péroné. ◇ **Fam.** *Ne pas arriver à la cheville de qqn,* lui être très inférieur. – **Fam.** *Avoir les chevilles qui enflent,* se dit de qqn qui tire trop de fierté d'un succès. **II.** **1.** Pièce de bois fixant un assemblage de charpentes, de menuiserie. ◇ *Cheville ouvrière :* grosse cheville formant l'axe d'avant-train d'une charrue, d'un chariot, etc. ; **fig.**, personne jouant un rôle essentiel. – **Fam.** *Être en cheville avec qqn :* être de connivence avec lui, lui être associé. **2.** Petite pièce qui consolide la fixation d'une vis dans un trou. **3.** Mot de remplissage qui ne sert que pour la rime ou la mesure, dans un poème. **4.** Petit axe qui sert à régler la tension des cordes d'un instrument de musique. **5.** BOUCH. Barre servant à accrocher les carcasses d'animaux, dans un abattoir. ◇ *Vente à la cheville :* vente en gros ou demi-gros.

CHEVILLER v.t. TECHN. Fixer (les pièces d'un assemblage) avec une cheville. ◇ *Avoir l'âme chevillée au corps :* avoir la vie dure, être résistant.

CHEVILLETTE n.f. Petite cheville, élément des anciennes fermetures de porte.

CHEVILLIER [ʃəvije] n.m. Partie des instruments de musique où sont enfoncées les chevilles.

CHEVIOTTE n.f. (angl. *cheviot,* mouton des Cheviot Hills). Laine d'agneau d'Écosse ; étoffe faite avec cette laine.

CHÈVRE n.f. (lat. *capra*). **1.** Petit ruminant à cornes arquées en arrière, aux nombreuses races sauvages et domestiques. (Ordre des ongulés ; sous-ordre des artiodactyles.) *La chèvre béguète, bêle, chevrote,* pousse son cri. ◇ **Cour.** Femelle

chèvre

adulte de cette espèce (par opp. à *bouc,* à *chevreau*). – Fig. *Ménager la chèvre et le chou :* ne pas prendre position entre deux partis adverses, les ménager. – Fam. *Devenir chèvre :* s'énerver, s'impatienter. **2.** Fourrure de la chèvre. **3.** Femelle du chevreuil ou du chamois. **4.a.** Appareil rustique de levage. **b.** Support pour débiter les pièces de bois. ◆ n.m. Fromage au lait de chèvre.

CHEVREAU n.m. **1.** Petit de la chèvre. **2.** Peau tannée de chèvre ou de chevreau.

CHÈVREFEUILLE n.m. (lat. *caprifolium*). Liane aux fleurs odorantes dont plusieurs espèces sont ornementales. (Famille des caprifoliacées.)

chèvrefeuille

CHEVRETER [ʃəvrəte] v.i. 27 ou **CHEVRETTER** [ʃəvrɛte] v.i. Rare. Mettre bas, en parlant de la chèvre.

CHEVRETTE n.f. **1.** Petite chèvre. **2.** Femelle du chevreuil.

CHEVREUIL n.m. (lat. *capreolus ;* de *capra,* chèvre). Ruminant sauvage des forêts d'Europe et d'Asie, dont les bois, verticaux, n'ont que deux cors. *Le chevreuil brame, rée,* pousse son cri. (Il a pour femelle la chèvre ou la chevrette, pour petits des faons ; haut. au garrot 70 cm ; longévité 15 ans ; famille des cervidés.)

chevreuil

1. CHEVRIER, ÈRE n. Personne qui garde les chèvres.

2. CHEVRIER n.m. Flageolet vert.

CHEVRILLARD n.m. Petit du chevreuil âgé de 7 mois.

CHEVRON n.m. **1.** Chacune des longues pièces de bois reposant sur les pannes d'une charpente dans le sens de la pente du toit et recevant le lattis ou la volige de couverture. ◇ Longue pièce de bois de charpente. **2.** BX-A. Motif décoratif en forme de V, formant avec d'autres un zigzag (ex. : art roman). ◇ *Tissu à chevrons* ou *chevron :* tissu croisé présentant des côtes en zigzag. ◇ Galon d'ancienneté en V renversé sur les manches d'un uniforme. ◇ HÉRALD. Pièce honorable en forme de V, formée par la combinaison partielle de la bande et de la barre, se rencontrant à angle aigu près du bord supérieur de l'écu.

CHEVRONNÉ, E adj. **1.** Vieilli. *Soldat chevronné,* qui porte des chevrons d'ancienneté. ◇ Expérimenté. *Ouvrier chevronné.* **2.** HÉRALD. Couvert de chevrons.

CHEVROTAIN n.m. Petit ruminant sans bois, d'Afrique et d'Asie. (Haut. au garrot 35 cm env.)

CHEVROTANT, E adj. *Voix chevrotante,* qui chevrote.

CHEVROTEMENT n.m. Tremblement dans la voix.

CHEVROTER v.i. **I.** (En parlant de la chèvre). **1.** Bêler. **2.** Chevreter. **II.** Chanter, parler avec des chevrotements dans la voix.

CHEVROTIN n.m. **1.** Petit du chevreuil, avant qu'il devienne chevrillard. **2.** Petit fromage de chèvre. **3.** Peau de chevreau corroyée.

CHEVROTINE n.f. Gros plomb ou petite balle pour la chasse au gros gibier.

CHEWING-GUM [ʃwiŋgɔm] n.m. (mot angl., de *to chew,* mâcher, et *gum,* gomme) [pl. *chewing-gums*]. Pâte à mâcher aromatisée à base de gomme chicle.

CHEZ [ʃe] prép. (lat. *casa,* maison). **1.** Dans le lieu, le milieu, l'époque, etc., où vit qqn. ◇ Fam. *Bien de chez nous :* possédant les qualités qu'on aime de son pays. **2.** Dans l'œuvre de (un auteur). *Chez Proust.* **3.** Dans le caractère, l'espèce, la classe de (un être animé). *Chez les abeilles.*

CHEZ-SOI, CHEZ-MOI, CHEZ-TOI n.m. inv. Fam. Domicile personnel. *Aimer son petit chez-soi.*

CHIADER v.i. et t. Arg. scol. Travailler beaucoup, approfondir (une matière, une discipline) ; fignoler (un travail).

CHIADEUR, EUSE n. et adj. Arg. scol. Personne qui chiade.

CHIALER v.i. Fam. Pleurer ; se plaindre.

CHIALEUR, EUSE adj. et n. Fam. Qui chiale facilement.

CHIANT, E adj. Très fam., vulg. Très ennuyeux ; contrariant.

CHIANTI [kjɑ̃ti] n.m. Vin rouge, légèrement piquant, produit dans le Chianti (Italie).

CHIARD n.m. Pop. Môme, enfant.

CHIASMA [kjasma] n.m. (gr. *khiasma*). ANAT. Croisement en X des voies optiques dans l'encéphale.

CHIASMATIQUE [kja-] adj. NEUROL. Relatif au chiasma optique.

CHIASME [kjasm] n.m. (gr. *khiasma,* croisement). **1.** RHÉT. Procédé qui consiste à placer les éléments de deux groupes formant une antithèse dans l'ordre inverse de celui que laisse attendre la symétrie. (Ex. : *un roi chantait en bas, en haut mourait un dieu.*) **2.** BX-A. (Statuaire classique grecque). Dissymétrie dynamique des parties du corps, des membres d'une statue.

CHIASSE [ʃjas] n.f. (lat. *cacare,* aller à la selle). Vulg. Diarrhée.

CHIBOUQUE n.f. ou **CHIBOUK** n.m. Pipe à long tuyau, en Turquie.

CHIBRE n.m. (all. *Schieber*). Suisse. Variante du jeu de yass.

CHIC n.m. **1.** Vx, péj. Facilité des effets, de l'exécution d'une peinture ; aisance. ◇ Vx. *De chic :* sans préparation, à l'inspiration. – Mod. (Souvent iron.). *Avoir le chic de, pour :* réussir pleinement à. **2.** Allure élégante ; prestance. ◇ *Bon chic bon genre :* conforme à une tradition bourgeoise ; classique, de bon ton. Abrév. : *B. C. B. G.* ◆ adj. inv. en genre. **1.** Élégant. *Un milieu chic.* **2.** Fam. Agréable. *Chic soirée.* **3.** Fam. Généreux. *Chic type.* ◆ interj. (Exprimant le contentement). *Chic ! on part !*

CHICANE n.f. **I. 1.** Artifice dans une procédure. ◇ Litt. *La chicane :* la procédure, dans ce qu'elle a de compliqué ; les procès ; les arguties. **2.** Querelle de mauvaise foi, sur des détails. *Chercher chicane à qqn.* **II. 1.** Passage en zigzag à travers une série d'obstacles ; ces obstacles. ◇ *En chicane :* en zigzag ; en oblique. **2.** TECHN. Dispositif qui contrarie le cheminement naturel d'un fluide en mouvement.

CHICANER v.i. Se livrer à des chicanes, ergoter. *Il chicane sur tout.* ◆ v.t. Faire des reproches mal fondés à (qqn) ; contester (qqch) avec mauvaise foi.

CHICANERIE n.f. Difficulté suscitée par esprit de chicane.

CHICANEUR, EUSE ou **CHICANIER, ÈRE** adj. et n. Qui aime chicaner.

CHICANO [tʃi-] n. et adj. (de l'esp. *mexicano,* mexicain). Fam. Mexicain émigré aux États-Unis.

1. CHICHE adj. (lat. *ciccum,* chose de peu de valeur). Qui répugne à dépenser, avare ; qui témoigne de cet esprit.

2. CHICHE adj.m. (lat. *cicer,* pois). *Pois chiche :* gros pois gris.

3. CHICHE interj. Fam. **1.** (Exprimant un défi). *Chiche que je bois tout !* **2.** (En réponse, exprimant qu'on prend qqn au mot). *« Tu n'iras pas. – Chiche ! »* ◆ adj. Fam. *Être chiche de :* être capable de, assez hardi pour.

CHICHE-KEBAB n.m. (turc *şişkebap*) [pl. *chiches-kebabs*]. Plat à base de brochettes de mouton ; ces brochettes.

CHICHEMENT adv. En se montrant chiche, avec parcimonie.

CHICHI n.m. (onomat.). Fam. (Surtout pl.). Façons maniérées ; simagrées. *Faire des chichis.*

CHICHITEUX, EUSE adj. et n. Fam. Qui fait des chichis.

CHICLE [tʃikle] ou [ʃikl] n.m. (mot amér., d'orig. mexicaine). Latex qui s'écoule du sapotier et qui sert à la fabrication du chewing-gum.

CHICON n.m. **1.** Pomme de la laitue romaine. **2.** Bourgeon de la chicorée de Bruxelles (witloof) ou endive.

CHICORÉE n.f. (gr. *kikhorion*). **1.** Plante herbacée dont on consomme en salade les feuilles de plusieurs variétés (chicorée frisée, barbe-de-capucin, endive). [Famille des composées.] **2.** Racine torréfiée d'une espèce de chicorée que l'on mélange parfois au café.

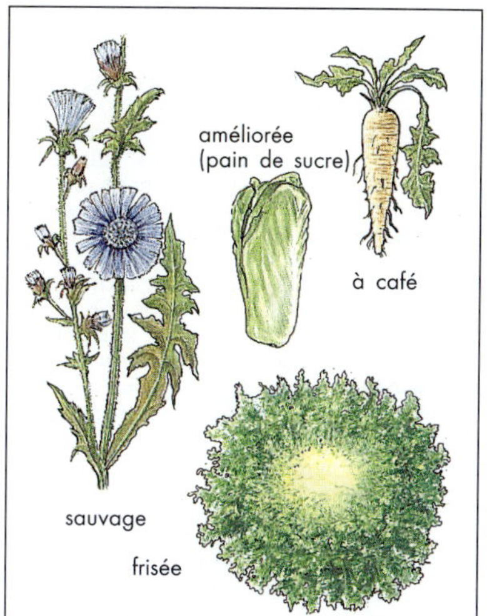

chicorée : différentes variétés

CHICOT [ʃiko] n.m. (d'un radical *tchik-,* petit). **1.** Souche d'un arbre coupé ou rompu, reste d'une branche coupée ou brisée. SYN. : *moignon.* **2.** Fam. Reste d'une dent cassée ou cariée.

CHICOTE ou **CHICOTTE** n.f. (port. *chicote*). Afrique. Fouet, baguette servant à appliquer des châtiments corporels.

CHICOTER v.i. Pousser son cri, en parlant de la souris.

CHICOTIN n.m. (de *socotrin,* aloès de Socotora). Vx. Suc amer extrait de l'aloès, de la coloquinte. ◇ Mod. *Amer comme chicotin :* très amer.

CHIÉE n.f. Très fam., vulg. Grande quantité (de qqch).

CHIEN, CHIENNE n. (lat. *canis*). **I.1.** Mammifère domestique dont il existe un grand nombre de races plus ou moins liées à une fonction (chasse, garde, agrément, trait). [Longévité jusqu'à 20 ans ; ordre des carnivores ; famille des canidés.] *Le chien aboie, jappe, hurle,* pousse son cri. *Le petit du chien est le chiot.* ◇ *Arriver comme un chien dans un jeu de quilles,* inopportunément. – *Malade comme un chien :* très malade. – *Avoir un mal de chien, pour, à,* beaucoup de mal. – *Entre chien et loup :* à la tombée de la nuit. – Litt. *Rompre les chiens :* interrompre une conversation embarrassante. – Fam. *Garder à qqn un chien de sa chienne :* jurer de se venger de lui. ◇ *Coiffé à la chien,* avec une frange sur le front. **2.** Charme, port attrayant (surtout d'une femme). *Avoir du chien.* **3.** Pièce d'une arme à feu qui autrefois portait le silex ; aujourd'hui, guide du percuteur. ◇ *Couché en chien de fusil,* sur le côté, en repliant les jambes. **4.** Talon, au tarot. **II.1.** MAR. *Coup de chien :* coup de vent. **2.** Fam. *Chiens écrasés :* faits divers formant la matière d'articles de journaux. **3.** *Chien de faïence :*

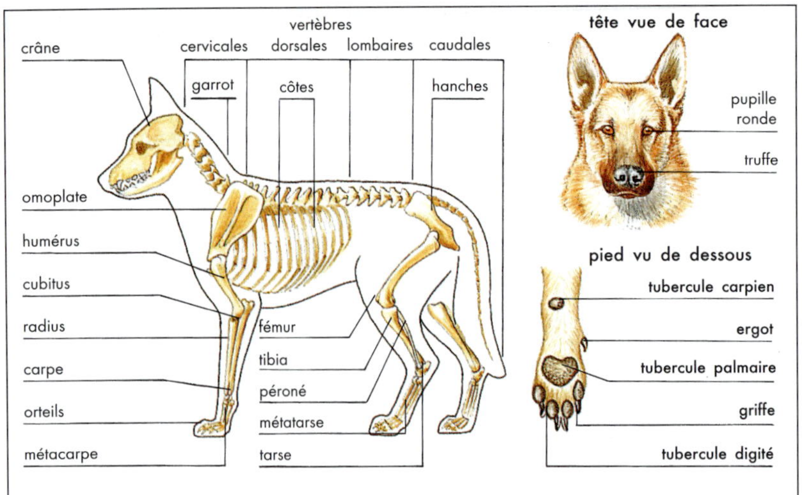

chien : squelette et détails de la morphologie

bibelot en faïence figurant un chien, souvent destiné à être disposé symétriquement à un autre semblable sur une cheminée, une commode, etc. ◇ *Se regarder en chiens de faïence,* avec hostilité. **III.1.** *Chien de mer :* aiguillat, émissole. **2.** *Chien de prairie :* rongeur d'Amérique du Nord, construisant des villages de terriers. **IV.** Personne servile, dont le rôle évoque celui du chien de garde. ◇ *Chien de caserne :* adjudant. ◆ adj. et n. **1.** Individu âpre, dur, méprisable. *Le chien !* **2.** (Inv. en genre). Avare. *Elle est chien.* **3.** *Chien, chienne de ; de chien :* très pénible, dur ; désagréable, mauvais. *Vie de chien. Caractère de chien. Chienne de vie.* ◆ interj. (Juron de dépit, de surprise). *Nom d'un chien !*

CHIEN-ASSIS n.m. (pl. *chiens-assis*). Petite lucarne en charpente servant seulement à aérer et éclairer un comble.

CHIENDENT n.m. (de *chien* et *dent*). **1.** Petite herbe à rhizomes, vivace et très nuisible aux cultures, dont il existe plusieurs genres (agropyrum, cynodon, etc.). [Famille des graminées.] ◇ *Brosse de, en chiendent,* faite avec la racine séchée du chiendent. **2.** Fig., fam. Obstacle ; difficulté. *C'est le chiendent pour y arriver.*

CHIENLIT [ʃjɑ̃li] n.m. ou f. Vx. Masque de carnaval. ◆ n.f. **1.** Vx. Mascarade, déguisement. **2.** Litt. Désordre, pagaille, confusion.

CHIEN-LOUP n.m. (pl. *chiens-loups*). Berger allemand.

CHIENNERIE n.f. Vieilli. Caractère chien, mauvais de (qqn, qqch). ◇ Mod. (Souvent exclam.). *Cette chiennerie de vie :* cette chienne de vie.

CHIER v.i. et t. Vulg. Déféquer. ◇ Très fam. *Ça va chier :* ça va faire du bruit, du remue-ménage. – *Faire chier :* importuner vivement. – *Se faire chier :* s'ennuyer ; peiner sur, à.

CHIFFE n.f. (anc. angl. *chip,* petit morceau). Vx. Mauvaise étoffe. ◇ Mod. *Chiffe molle :* personne sans énergie.

CHIFFON n.m. **1.** Lambeau de vieux linge, de tissu. ◇ *En chiffon :* froissé, disposé sans soin. **2.** *Papier chiffon,* papier de luxe fait avec du chiffon. **3.** *Chiffon de papier :* papier froissé ; bout de papier. ◇ Contrat, document sans valeur. ◆ pl. Toilette, vêtements. – *Parler chiffons :* parler de mode, de vêtements, de toilettes (en particulier féminins).

CHIFFONNADE n.f. CUIS. Feuilles d'oseille, de laitue, etc., ciselées en fines lamelles, employées en garniture, crues ou fondues au beurre.

CHIFFONNAGE ou **CHIFFONNEMENT** n.m. Action de chiffonner.

CHIFFONNE n.f. Branche flexible du pêcher, portant des yeux à fleurs sur toute sa longueur et un œil à bois à l'extrémité.

CHIFFONNÉ, E adj. Fatigué. *Visage chiffonné.*

CHIFFONNER v.t. **1.** Froisser (une étoffe, du papier), mettre en chiffon. **2.** Fam. Contrarier, préoccuper (qqn). *Ça me chiffonne.*

1. CHIFFONNIER, ÈRE n. Personne qui ramasse les chiffons ou les vieux objets pour les revendre. ◇ Fam. *Se battre, se disputer comme des chiffonniers,* avec acharnement.

2. CHIFFONNIER n.m. Petit meuble étroit et haut à tiroirs superposés.

CHIFFRABLE adj. Qui peut être chiffré.

CHIFFRAGE n.m. Action de chiffrer ; son résultat. ◇ MUS. Ensemble des chiffres d'une basse chiffrée.

CHIFFRE n.m. (it. *cifra ;* ar. *ṣifr,* zéro). **1.** Chacun des caractères servant à représenter les nombres. *Chiffres arabes :* 1, 2, 3, 4, 5, 6, 7, 8, 9, 0. *Chiffres romains :* I (1), V (5), X (10), L (50), C (100), D (500), M (1 000). **2.** Montant (d'une somme), total (d'une évaluation). *Chiffre de la population.* ◇ *Chiffre d'affaires :* montant des ventes cumulées entre deux bilans. **3.** Code secret. ◇ *Service du chiffre :* service dépendant d'un ministère, affecté à la correspondance par cryptogrammes. ◇ Combinaison d'une serrure, d'un coffre, etc. **4.** Entrelacs formé des initiales d'un ou de plusieurs noms. *Linge brodé à son chiffre.*

CHIFFRÉ, E adj. **1.** Qui utilise un code secret. *Langage chiffré.* **2.** MUS. *Basse chiffrée :* partie de basse dont certaines notes (notes chiffrées) sont surmontées d'un chiffre signifiant un accord à exécuter.

CHIFFREMENT n.m. Opération qui consiste à transformer un texte clair en cryptogramme.

CHIFFRER v.t. **1.** Numéroter (des pages). **2.** Évaluer le chiffre de (une opération, un ensemble quantifiable). **3.** Transcrire (un message) en langage chiffré. **4.** MUS. Faire le chiffrage de (une basse). **5.** Orner d'un chiffre (du linge, des couverts, etc.). ◆ v.i. Fam. Atteindre un montant important. *Ces réparations commencent à chiffrer.* ◆ **se chiffrer** v.pr. **1.** *(à)* Atteindre le montant de. **2.** *(par, en)* Se compter en. *Se chiffrer par, en millions.*

CHIFFREUR, EUSE n. Personne attachée au service du chiffre.

CHIFFRIER n.m. Registre comptable faisant la preuve de la concordance entre le journal et le grand livre.

CHIGNOLE n.f. (lat. *ciconia,* cigogne). **1.** Perceuse portative, à main ou électrique. **2.** Pop. Mauvaise voiture.

CHIGNON n.m. (lat. *catena,* chaîne). Coiffure féminine, chevelure rassemblée et torsadée au sommet de la tête ou sur la nuque.

CHIHUAHUA n.m. (n. d'une ville). Petit chien d'agrément à poil ras.

CHIISME [ʃiism] n.m. (ar. *chī'a,* parti). Mouvement né du schisme de musulmans qui contestèrent la succession d'Abū Bakr à 'Alī ; ensemble doctrinal commun aux différentes religions qui en dérivèrent. Graphie savante : *chī'isme.*

■ Le chiisme se distingue du sunnisme, courant majoritaire de l'islam, par le rôle assigné aux imams, par une interprétation plus allégorique, souvent mystique, du Coran, et par l'adoption de thèmes spécifiques (Passion de Ḥusayn, fils d'''Alī ; retour de l'imam « caché »). Le chiisme duodécimain (qui reconnaît douze imams) est la religion nationale de l'Iran depuis le XVIe s.

CHIITE adj. et n. Musulman qui appartient à l'une des branches du chiisme (druze, alawite, ismaélien, duodécimain, zaydite, par ex.). Graphie savante : *chī'ite.*

CHILI [ʃi-] ou [tʃi-] n.m. (mot esp.) [pl. *chiles*]. Petit piment rouge d'origine mexicaine. – *Chili con carne :* plat mexicain très épicé à base de viande hachée et de haricots rouges.

CHILIEN, ENNE adj. et n. Du Chili.

CHILOM ou **SHILOM** n.m. Pipe dont le fourneau, en forme d'entonnoir, est dans le prolongement du tuyau, et qui est utilisée pour fumer le haschisch.

CHIMÈRE n.f. (lat. *chimaera,* chèvre). **1.** *La Chimère :* monstre fabuleux, ayant la tête et le poitrail d'un lion, le ventre d'une chèvre et la queue d'un dragon. **2.** Vaine imagination, illusion ; projet irréalisable, utopie. **3.** GÉNÉT. Organisme composé de deux (ou, rarement, de plusieurs) variétés de cellules ayant des origines génétiques différentes. **4.** Poisson marin vivant en eau profonde, peu commun. (Long. 1 m ; ordre des holocéphales.)

chimère d'Arezzo (bronze étrusque ; IVe s. av. J.-C.) [Musée archéologique, Florence]

CHIMÉRIQUE adj. **1.** Qui se complaît dans les chimères. *Esprit chimérique.* **2.** Qui a le caractère irréel d'une chimère ; utopique.

CHIMIE n.f. (de *alchimie*). **1.** Science qui étudie la constitution atomique et moléculaire des corps, ainsi que leurs interactions. ◇ *Chimie générale :* développement des théories physiques fondamentales en chimie (ex. *chimie nucléaire* [des composés radioactifs], *photochimie*). – *Chimie organique :* étude des composés du carbone présents dans tous les êtres vivants (par opp. à *chimie minérale* [étude de tous les autres corps]). – *Chimie biologique* (portant sur les méthodes d'analyse de la matière vivante et des substances qui en sont issues). ◇ *Chimie appliquée :* ensemble des disciplines portant sur les applications de la chimie dans l'industrie (chimie industrielle), la pharmacie, etc. **2.** *Chimie d'un élément :* étude chimique de cet élément. *Chimie du carbone, du brome.*

CHIMILUMINESCENCE n.f. Fluorescence provoquée par un apport d'énergie chimique.

CHIMIORÉSISTANCE n.f. Caractère d'une tumeur ou d'un micro-organisme résistant à la chimiothérapie.

CHIMIOSYNTHÈSE n.f. BIOL. Synthèse directe, par certaines bactéries, des substances organiques dont elles ont besoin (par opp. à *photosynthèse*).

CHIMIOTACTISME n.m. Tactisme dû à un gradient chimique.

CHIMIOTHÉRAPIE n.f. MÉD. Traitement par des substances chimiques.

CHIMIOTHÉRAPIQUE adj. De la chimiothérapie.

CHIMIQUE adj. **1.** Relatif à la chimie, aux phénomènes qu'elle étudie. **2.** Qui procède d'une application de la chimie ; qui en résulte. *Industrie chimique. Produit chimique. Arme chimique.*

CHIMIQUEMENT adv. D'après les lois, les procédés de la chimie.

CHIMISME n.m. SC. Ensemble des lois, des réactions chimiques liées à un phénomène.

CHIMISTE n. Spécialiste de la chimie.

CHIMIURGIE n.f. Rare. Préparation industrielle de produits chimiques.

CHIMPANZÉ n.m. (mot d'une langue d'Afrique). Singe anthropoïde de l'Afrique équatoriale, arboricole, sociable et s'apprivoisant facilement. (Haut. 1,40 m ; poids 75 kg ; longévité jusqu'à 50 ans, en liberté.)

chimpanzé

CHINAGE n.m. TECHN. Action de chiner (un tissu) ; chinure.
CHINCHARD n.m. (anc. fr. *chinche,* punaise). Poisson marin ressemblant au maquereau mais à la chair moins estimée.
CHINCHILLA [ʃɛ̃ʃila] n.m. (mot esp., de *chinche,* punaise). **1.** Rongeur de l'Amérique du Sud, élevé pour sa fourrure gris perle de grande valeur (long. 25 cm sans la queue). **2.** Sa fourrure. *Une toque de chinchilla.*
1. CHINE n.m. Porcelaine de Chine.
2. CHINE n.f. Fam. Métier, milieu des brocanteurs. ◇ *Vente à la chine :* par démarchage à domicile.
CHINÉ, E adj. De plusieurs couleurs mélangées.
1. CHINER v.t. TECHN. Donner des couleurs différentes (aux fils d'un tissu).
2. CHINER v.i. (de *s'échiner*). Fam. **1.** Brocanter. **2.** Chercher des occasions chez les brocanteurs, les antiquaires, etc. ◆ v.t. Vieilli. Railler, plaisanter (qqn).
CHINETOQUE n. Injurieux et raciste. Chinois.
CHINEUR, EUSE n. Fam. Personne qui aime chiner.
1. CHINOIS, E adj. et n. De Chine. ◆ adj. Fam. Qui aime la complication, les subtilités excessives. ◆ n.m. Langue parlée en Chine, aux nombreuses formes dialectales qui s'écrivent grâce à un même système idéographique. ◇ Fam. *C'est du chinois :* c'est incompréhensible (par allusion aux difficultés que présente la langue chinoise pour un Européen, un Français).
2. CHINOIS n.m. Petite passoire fine, à fond pointu.
CHINOISER v.i. Fam. Ergoter, chicaner.
CHINOISERIE n.f. **1.** Bibelot, objet de luxe ou de fantaisie venu de Chine ou de goût chinois (mis à la mode à partir du XVIIIe s.). – Motif ornemental, décor, œuvre d'art d'inspiration chinoise. **2.** Fam. Manie de chinoiser. ◆ pl. Fam. Exigences inutiles et compliquées. *Chinoiseries administratives.*
CHINOOK [ʃinuk] n.m. (mot indien). Vent chaud et sec qui descend des montagnes Rocheuses.
CHINTZ [ʃints] n.m. Toile de coton glacée imprimée, originaire de Grande-Bretagne.
CHINURE n.f. Aspect de ce qui est chiné ; chinage.
CHIONIS [kjɔnis] n.m. Oiseau blanc des côtes antarctiques, ressemblant à un pigeon. (Ordre des charadriiformes.)
CHIOT n.m. (lat. *catellus*). Jeune chien.
CHIOTTE n.f. Pop. Automobile. ◆ pl. Vulg. Cabinets d'aisances.
CHIOURME n.f. (it. *ciurma*). HIST. **1.** Ensemble des rameurs d'une galère. **2.** Ensemble des condamnés d'un bagne.
CHIPER v.t. (anc. fr. *chipe,* chiffon). Fam. Dérober.
CHIPEUR, EUSE adj. et n. Fam. Qui aime chiper.
CHIPIE n.f. Fam. Femme, fille désagréable, au caractère insupportable.
CHIPOLATA n.f. (it. *cipolla,* oignon). Saucisse de porc dans un boyau de mouton. Abrév. (fam.) : *chipo.*
CHIPOTAGE n.m. Fam. Action de chipoter.
CHIPOTER v.i. (anc. fr. *chipe,* chiffon). Fam. Faire des difficultés pour des vétilles. ◇ Spécialt. Faire le difficile pour manger.
CHIPOTEUR, EUSE adj. et n. Fam. Qui chipote.
CHIPPENDALE [ʃipɛndal] n.m. et adj. inv. Meuble fait dans un style anglais d'inspiration rocaille ou similaire, d'une grande fantaisie, souvent en acajou ; ce style.
CHIPS [ʃips] n.f. (mot angl., *copeaux*). *Chips* ou *pomme chips :* pomme de terre frite et salée en très fines rondelles ; cette rondelle.
CHIQUE n.f. **I. 1.** Morceau de tabac à mâcher. ◇ Fam. *Mou comme une chique :* sans énergie. – Fam. *Couper la chique à qqn,* le stupéfier, l'estomaquer. – Pop. et vx. *Avaler sa chique :* mourir. **2.** Fam. Enflure de la joue. **3.** Belgique. **a.** Chewing-gum. **b.** Bonbon acidulé. **4.** TEXT. Petit cocon peu fourni en soie. **II.** Puce des pays tropicaux qui s'introduit sous la peau.
CHIQUÉ n.m. Fam. Affectation prétentieuse. ◇ *C'est du chiqué,* du bluff pour en imposer.
CHIQUEMENT adv. Fam. **1.** Avec chic, goût. **2.** D'une façon chic, généreuse.
CHIQUENAUDE n.f. (prov. *chicanaudo*). Coup appliqué avec un doigt plié et raidi contre le pouce et détendu brusquement.
CHIQUER v.t. et i. **1.** Mâcher du tabac. **2.** Pop. *Y a pas à chiquer :* il n'y a pas à hésiter.
CHIQUEUR, EUSE n. Personne qui chique.
CHIRALITÉ [kiralite] n.f. CHIM. Propriété d'une molécule qui peut exister sous deux variétés optiques inverses l'une de l'autre.
CHIROGRAPHAIRE [kirɔgrafɛr] adj. (gr. *kheir,* main, et *graphein,* écrire). DR. Se dit d'une créance qui n'est garantie par aucun privilège (hypothèque, caution, etc.). ◆ n. Titulaire de cette créance.
CHIROMANCIE [kirɔmɑ̃si] n.f. (gr. *kheir,* main, et *manteia,* divination). Procédé de divination fondé sur l'étude de la main (forme, lignes, etc.).
CHIROMANCIEN, ENNE [kirɔmɑ̃sjɛ̃, ɛn] n. Personne qui exerce la chiromancie.
CHIRONOME [kirɔnɔm] n.m. Petit moucheron dont la larve, dite *ver de vase,* est abondante au fond des mares.
CHIROPRACTEUR [kirɔpraktœr] n.m. Personne qui exerce la chiropractie. Recomm. off. : *chiropraticien.*
CHIROPRACTIE ou **CHIROPRAXIE** [ki-] n.f. (gr. *kheir,* main, et *praktikos,* mis en action). MÉD. Traitement par manipulations des vertèbres.
CHIROPRATICIEN, ENNE [ki-] n. (Recomm. off.). Chiropracteur.
CHIROPRATIQUE n.f. Canada. Chiropractie.
CHIROPTÈRE [ki-] ou **CHÉIROPTÈRE** [kei-] n.m. (gr. *kheir,* main, et *pteron,* aile). *Chiroptères :* ordre de mammifères souvent nocturnes et insectivores, adaptés au vol grâce à des membranes alaires fixées entre leurs doigts, sur les flancs et parfois sur la queue, et appelés communément *chauves-souris.*
CHIROUBLES n.m. Cru renommé du Beaujolais.
CHIRURGICAL, E, AUX adj. **1.** Relatif à la chirurgie. **2.** Fig. Se dit de toute action censée régler un problème de manière nette et définitive. *Une restructuration chirurgicale.*
CHIRURGIE n.f. (gr. *kheirourgia,* opération manuelle). Discipline médicale spécialisée dans le traitement par intervention manuelle et instrumentale sur l'organisme, ses parties internes.
CHIRURGIEN, ENNE n. (Rare au féminin). Médecin spécialiste en chirurgie.
CHIRURGIEN-DENTISTE n.m. (pl. *chirurgiens-dentistes*). Praticien diplômé spécialisé dans les soins de la bouche et des dents.
CHISTERA [ʃistera] n.m. (mot basque). Accessoire en osier, long et recourbé, fixé au poignet pour envoyer la balle contre le fronton, à la pelote basque.
CHITINE [kitin] n.f. (gr. *khitôn,* tunique). Substance organique azotée de la cuticule des insectes et autres arthropodes.
CHITINEUX, EUSE [ki-] adj. Contenant de la chitine ou formé de chitine.
CHITON [kitɔ̃] n.m. **1.** ANTIQ. GR. Tunique. **2.** Mollusque marin des rochers littoraux, dont la coquille est formée de plaques articulées, appelé aussi *oscabrion.* (Long. 5 cm env. ; classe des polyplacophores.)
CHIURE n.f. Excrément (de mouche, d'insecte).
CHLAMYDE [klamid] n.f. (mot gr.). ANTIQ. GR. Pièce de laine drapée, attachée sur l'épaule par une fibule et servant de manteau.

chiton et **chlamyde** (détail d'un bas-relief antique) [Louvre, Paris]

CHLAMYDIA [klamidja] n.f. (pl. *chlamydiae*). BIOL. Bactérie Gram négatif responsable chez l'homme d'infections le plus souvent respiratoires, ou de maladies sexuellement transmissibles.
CHLAMYDOMONAS n.f. Algue verte unicellulaire, pourvue de deux flagelles lui permettant de se déplacer.
CHLEUH, E ou **SCHLEU, E** adj. et n. (de *Chleuh,* Berbère du Maroc) [pl. *chleuhs, es* ou *schleus, es*]. Fam. et péj. Allemand.
CHLINGUER ou **SCHLINGUER** v.i. Pop. Sentir mauvais.
CHLOASMA [klɔasma] n.m. (mot gr.). Ensemble de taches brunes sur la peau du visage, d'origine hormonale, et qui constituent, notamment, le « masque de grossesse ».
CHLORAGE [klɔraʒ] n.m. Opération consistant à soumettre une matière textile à l'action du chlore.
CHLORAL [klɔral] n.m. (pl. *chlorals*). Aldéhyde trichloré CCl_3CHO, autrefois utilisé comme hypnotique.
CHLORAMPHÉNICOL [klɔrɑ̃fenikɔl] n.m. Antibiotique actif sur de nombreuses bactéries (bacilles des fièvres typhoïde et paratyphoïdes, par ex.).
CHLORATE n.m. Sel de l'acide chlorique.
CHLORATION [klɔ-] n.f. **1.** Assainissement de l'eau par le chlore. **2.** CHIM. Substitution d'un atome de chlore à un atome d'hydrogène.
CHLORE [klɔr] n.m. (gr. *khlôros,* vert). Gaz toxique jaune verdâtre, d'odeur suffocante, qu'on extrait des chlorures naturels et qu'on utilise en solution comme désinfectant et décolorant ; élément (Cl) de numéro atomique 17, de masse atomique 35,453 (famille des halogènes).
■ On prépare le chlore par électrolyse du chlorure de sodium. Gazeux ou dissous dans l'eau, le chlore a une grande activité chimique. Par son affinité pour l'hydrogène, il agit comme un oxydant et détruit la partie colorante des matières végétales et animales. L'industrie l'emploie pour le blanchiment des tissus et du papier, la fabrication des hypochlorites (présents dans l'eau de Javel), des chlorates (employés en pyrotechnie), etc. ; c'est un désinfectant puissant.
CHLORÉ, E [klɔre] adj. CHIM. Qui contient du chlore comme élément constituant.
CHLORELLE [klɔrɛl] n.f. Algue verte unicellulaire d'eau douce, très commune. (On a envisagé de l'utiliser industriellement pour l'alimentation humaine.)
CHLOREUX [klɔrø] adj. m. *Acide chloreux :* acide $HClO_2$ (non isolé).
CHLORHYDRATE [klɔr-] n.m. Sel de l'acide chlorhydrique et d'une base azotée.

CHLORHYDRIQUE [klɔr-] adj. *Gaz chlorhydrique :* chlorure d'hydrogène (HCl), gaz incolore d'odeur piquante. ◇ *Acide chlorhydrique :* solution acide de ce gaz dans l'eau, utilisée dans le traitement des métaux, la production de matières plastiques, etc.

CHLORIQUE [klɔ-] adj. *Acide chlorique :* acide $HClO_3$.

CHLORITE [klɔrit] n.m. MINÉR. Sel de l'acide chloreux.

CHLOROFIBRE [klɔrɔ-] n.f. Fibre synthétique ininflammable, fabriquée à partir de polychlorure de vinyle pur.

CHLOROFLUOROCARBURE n.m. CHIM. Gaz utilisé notamm. dans les bombes aérosols, les isolants, les réfrigérants, dont la libération provoque la dissociation des molécules d'ozone de la haute atmosphère. (On emploie plutôt l'abrév. *C. F. C.*)

CHLOROFORME [klɔrɔ-] n.m. (de *chlore* et [*acide*] *formique*). Liquide incolore ($CHCl_3$), d'une odeur éthérée, résultant de l'action du chlore sur l'alcool, et utilisé naguère comme anesthésique.

CHLOROFORMER [klɔrɔ-] v.t. Anesthésier au chloroforme.

CHLOROMÉTRIE [klɔrɔ-] n.f. Dosage du chlore contenu dans une solution (notamm., dans un chlorure décolorant).

CHLOROPHYCÉE [klɔrɔfise] n.f. *Chlorophycées :* classe d'algues d'eau douce et marine, appelées aussi *algues vertes,* ne possédant comme pigment que de la chlorophylle.

CHLOROPHYLLE [klɔrɔfil] n.f. (gr. *khlôros,* vert, et *phullon,* feuille). Pigment vert des végétaux, synthétisé dans les chloroplastes en présence de lumière, et dont le rôle est essentiel dans la photosynthèse.

CHLOROPHYLLIEN, ENNE [klɔrɔ-] adj. De la chlorophylle.

CHLOROPHYTUM n.m. Phalangère.

CHLOROPICRINE [klɔrɔ-] n.f. Dérivé nitré du chloroforme, employé comme gaz de combat, comme agent de destruction des rongeurs et comme insecticide.

CHLOROPLASTE [klɔrɔ-] n.m. Organite des cellules végétales coloré en vert par la chlorophylle et siège de la photosynthèse.

CHLOROQUINE [klɔrɔkin] n.f. Médicament dérivé de la quinoléine et employé dans le traitement du paludisme.

CHLOROSE [klɔroz] n.f. (du gr. *khlôros,* vert). **1.** Disparition partielle de la chlorophylle dans les feuilles d'un végétal, entraînant leur jaunissement. **2.** MÉD. Vx. Anémie hypochrome de la jeune fille.

CHLOROTIQUE [klɔrɔ-] adj. Atteint de chlorose.

CHLORPROMAZINE [klɔr-] n.f. Neuroleptique majeur, du groupe des phénothiazines, qui fut le premier neuroleptique synthétisé.

CHLORURE [klɔryr] n.m. Combinaison du chlore avec un corps autre que l'oxygène ; en particulier, sel de l'acide chlorhydrique. ◇ COMM. *Chlorures décolorants :* chlorures mélangés à des hypochlorites, tels que le chlorure de chaux et l'eau de Javel.

CHLORURÉ, E adj. Qui contient un chlorure.

CHLORURER [klɔ-] v.t. Combiner avec le chlore, transformer en chlorure (un corps).

CHNOQUE adj. et n. → ***schnock.***

CHNOUF n.f. → ***schnouff.***

CHOANE [kɔan] n.m. (gr. *khoanê,* entonnoir). Orifice postérieur des fosses nasales, qui les fait communiquer avec le rhino-pharynx.

CHOC n.m. (de *choquer*). **1. a.** Rencontre, heurt entre des corps. ◇ MÉTÉOR. *Choc en retour :* effet produit par la foudre en un lieu qu'elle ne frappe pas directement ; **fig.**, contrecoup, conséquence indirecte d'un évènement. **b.** Affrontement entre deux armées. – *Troupes de choc,* affectées au combat en première ligne. – MIL. *Unité de choc :* formation spécialisée dans les opérations difficiles à objectif limité (→ ***commando***). **2.** Fig. Affrontement, confrontation. *Le choc des idées, des opinions.* **3.** Émotion violente et brusque, blessure morale. *Ce décès a été pour elle un véritable choc.* ◇ Évènement qui produit un bouleversement. *Choc pétrolier.* **4.** PATHOL. *État de choc :* état aigu et grave résultant d'une insuffisance circulatoire (accident, opération, etc.). – *Choc anaphylactique,* dû à la présence dans le corps de protéines étrangères. – *Choc opératoire, anesthésique,* consécutif à une opération, à l'anesthésie elle-même. ◇ PSYCHIATRIE. *Traitement de choc :* traitement des états psychotiques profonds (mélancolie, catatonie, etc.) par une violente perturbation organique (insulinothérapie, électrochoc, etc.). ◆ adj. inv. en genre. (Postposé, parfois avec un trait d'union). Qui produit de l'effet, est efficace. *Une photo choc. Des mesures-chocs.*

CHOCHOTTE [ʃɔʃɔt] n.f. Fam., péj. Personne excessivement maniérée.

CHOCOLAT n.m. (esp. *chocolate,* mot aztèque). Pâte de cacao préparée avec du sucre, mélangée ou non avec d'autres produits (beurre de cacao, par ex.) et consommée sous diverses formes (tablette, bonbons, boisson, etc.). ◆ adj. inv. **1.** Brun-rouge foncé. **2.** Fam. *Être chocolat :* être déçu, dupé ou bredouille.

CHOCOLATÉ, E adj. Qui contient du chocolat.

CHOCOLATERIE n.f. **1.** Industrie du chocolat ; sa production. **2.** Fabrique de chocolat ou magasin du chocolatier.

CHOCOLATIER, ÈRE n. Personne qui fabrique ou vend du chocolat, notamm. du chocolat fin.

CHOCOLATIÈRE n.f. Récipient à anse et à long bec verseur pour servir le chocolat liquide.

CHOCOTTES n.f. pl. Arg. *Avoir les chocottes :* avoir peur.

CHOÉPHORE [kɔefɔr] n.f. (gr. *khoê,* libation, et *phoros,* qui porte). ANTIQ. GR. Porteuse des offrandes faites aux morts.

CHŒUR [kœr] n.m. (lat. *chorus,* gr. *koros*). **I. 1.** ANTIQ. GR. et LITTÉR. Ensemble des acteurs *(choreutes)* qui chantent ou déclament un fragment lyrique, commentant l'action ; (aussi dans le théâtre classique) ce fragment, ponctuant l'action. **2. a.** Groupe de personnes chantant des chants liturgiques, des polyphonies profanes. *Les chœurs de l'Opéra.* **b.** Morceau polyphonique pour plusieurs voix. **3.** Fig. Ensemble de personnes ayant le même but, la même attitude. *Le chœur des mécontents.* ◇ *En chœur :* unanimement, ensemble. **II.** Partie d'une église, en tête de la nef, où se tiennent le clergé et/ou les chanteurs ; sanctuaire. ◇ *Enfant de chœur :* enfant qui sert la messe, assiste le prêtre. – Fam. *Ce n'est pas un enfant de chœur :* ce n'est pas un naïf, il connaît la vie.

CHOIR v.i. (lat. *cadere,* tomber) [72]. Litt. Tomber. ◇ Fam. *Laisser choir :* abandonner (qqn, un projet).

CHOISI, E adj. **1.** Recherché. *Expressions choisies.* **2.** *Morceaux choisis :* recueil d'œuvres sélectionnées. **3.** Distingué. *Société choisie.*

CHOISIR v.t. (gotique *kausjan,* goûter). **1.** Adopter (qqch, qqn) par préférence ; sélectionner ; élire. ◇ *Choisir son moment :* trouver le moment opportun ou, **iron.**, un très mauvais moment. **2.** *Choisir de :* se déterminer à (faire qqch) ; prendre parti.

CHOIX n.m. **1.** Action de choisir ; son résultat. *Un bon, un mauvais choix.* ◇ Sélection. *Un choix de poèmes.* ◇ *... de choix :* de qualité. **2.** Possibilité de choisir. *Avoir le choix.* ◇ Ensemble (de choses, de solutions) qui offre cette possibilité. *Un choix de cravates.* ◇ *N'avoir que l'embarras du choix :* avoir de nombreuses possibilités de choisir. – *Au choix :* avec liberté de choisir. **3.** PSYCHAN. *Choix d'objet,* mode par lequel le sujet élit une personne sur laquelle se porte son amour.

CHOKE [tʃɔk] n.m. (mot angl.). Suisse. Starter d'automobile.

CHOKE-BORE [tʃɔkbɔr] ou **CHOKE** n.m. (angl. *to choke,* étrangler, et *to bore,* forer) [pl. *choke-bores*]. ARM. Rétrécissement de la bouche d'une arme de chasse à canon lisse, qui concentre la gerbe de plomb, au tir.

CHOLAGOGUE [kɔ-] adj. et n.m. (gr. *kholê,* bile, et *agein,* conduire). Se dit d'une substance dont l'action est cholérétique et facilite l'évacuation de la bile.

CHOLÉCYSTECTOMIE [kɔ-] n.f. (gr. *kholê,* bile, *kustis,* vessie, et *ektomê,* ablation). Ablation de la vésicule biliaire.

CHOLÉCYSTITE [kɔlesistit] n.f. (gr. *kholê,* bile, et *kustis,* vessie). Inflammation de la vésicule biliaire.

CHOLÉCYSTOGRAPHIE [kɔ-] n.f. Radiographie de la vésicule biliaire sous produit de contraste.

CHOLÉCYSTOSTOMIE [kɔ-] n.f. CHIR. Abouchement de la vésicule biliaire à la peau, pour dériver la bile ou drainer une infection biliaire.

CHOLÉDOQUE [kɔledɔk] adj.m. (gr. *kholê,* bile, et *dekhesthai,* recevoir). *Canal cholédoque* ou *cholédoque,* n.m. : canal issu de la réunion du canal hépatique et du canal cystique, et qui conduit la bile au duodénum.

CHOLÉMIE [kɔlemi] n.f. (gr. *kholê,* bile, et *haima,* sang). Taux de la bile dans le sang (très faible à l'état normal, élevé dans les cas d'ictère).

CHOLÉRA [kɔlera] n.m. (gr. *kholera*). **1. a.** Maladie épidémique contagieuse produite par le vibrion cholérique, ou bacille virgule, et caractérisée par des selles très fréquentes, des vomissements, une soif intense, un amaigrissement rapide, des crampes douloureuses dans les membres, un abattement profond avec abaissement de la température, et pouvant se terminer par la mort. ◇ *Choisir entre la peste et le choléra,* entre deux solutions tout aussi dommageables. **b.** *Choléra nostras* ou, vx, *choléra morbus :* diarrhée saisonnière due au colibacille. **2.** Fam., vieilli. Personne méchante.

CHOLÉRÉTIQUE [kɔleretik] adj. et n.m. Se dit d'une substance qui augmente, stimule la sécrétion biliaire, comme l'artichaut, le boldo.

CHOLÉRIFORME [kɔ-] adj. Qui évoque le choléra. *Symptôme cholériforme.*

CHOLÉRINE [kɔ-] n.f. Forme prémonitoire du choléra (selles fréquentes et abattement, sans colique), ou forme bénigne du choléra nostras.

CHOLÉRIQUE [kɔ-] adj. et n. Relatif au choléra ; atteint du choléra.

CHOLESTÉROL [kɔlɛsterɔl] n.m. (gr. *kholê,* bile, et *steros,* solide). Stérol d'origine alimentaire ou synthétisé dans l'organisme, présent dans toutes les cellules et dont le taux élevé peut provoquer la formation de calculs biliaires ou constituer un facteur de risque de l'athérosclérose. ◇ Fam. *Avoir du cholestérol,* un taux élevé de cholestérol.

CHOLESTÉROLÉMIE [kɔ-] n.f. Taux sanguin du cholestérol (compris normalement entre 1,50 et 2,80 g par litre).

CHOLÏAMBE [kɔ-] n.m. MÉTR. ANC. Trimètre ïambique terminé par deux longues.

CHOLINE [kɔlin] n.f. BIOCHIM. Corps azoté présent dans l'organisme surtout sous forme d'esters, telle l'acétylcholine, très importants dans le fonctionnement du système nerveux, et qui, à l'état libre, a un rôle protecteur de la cellule hépatique.

CHOLINERGIQUE [kɔ-] adj. BIOCHIM. Relatif à la libération d'acétylcholine, médiateur de la transmission synaptique. ◇ *Système cholinergique :* toute structure nerveuse fonctionnant par libération d'acétylcholine.

CHOLINESTÉRASE [kɔ-] n.f. BIOCHIM. Enzyme qui, en détruisant l'acétylcholine, stoppe les transmissions cholinergiques (par ex., une commande de l'activité musculaire volontaire).

CHOLURIE [kɔ-] n.f. MÉD. Présence d'éléments biliaires (pigments, par ex.) dans l'urine, accompagnant généralement un ictère.

CHÔMABLE adj. Qui peut être chômé. *Jours chômables et jours chômés.*

CHÔMAGE n.m. **1.** Cessation contrainte de l'activité professionnelle d'une personne (le plus souvent après un licenciement), d'une entreprise ; période, situation résultant de cet arrêt. *Chômage partiel. Être au chômage.* ◇ *Chômage technique,* dû au manque d'approvisionnement en fournitures nécessaires à l'activité d'une entreprise, d'une chaîne. **2.** Fait économique, social constitué par l'ensemble des agents économiques en chômage ; nombre de chômeurs. *Le chômage a augmenté.* ◇ *Allocations de chômage :* allocations versées par un organisme (les A.S.S.E.D.I.C., en France) à un chômeur. – *Assurance chômage :* cotisations versées par les employeurs et les travailleurs salariés à l'organisme qui finance les allocations de chômage. **3.** Vx. Arrêt du travail, les jours chômés.

CHÔMÉ, E adj. **1.** Se dit d'un jour férié et payé, d'après le Code du travail ou les conventions collectives. *Le 1er mai est un jour chômé.* **2.** ÉCON. Se dit d'un jour où l'on ne travaille pas.

CHÔMER v.i. (bas lat. *caumare,* se reposer pendant la chaleur). Ne pas travailler, en partic. par manque d'ouvrage, d'emploi. ◇ *Ne pas chômer :* être très actif ; **vieilli,** en parlant d'une chose, être productif, ne pas ralentir. ◆ v.t. Célébrer (une fête ; **vx,** un saint) par le repos, en ne travaillant pas. *Chômer le 1er mai.*

CHÔMEUR, EUSE n. **1.** Personne au chômage. **2.** ADMIN. Demandeur d'emploi.

CHONDRICHTYEN [kɔ̃driktjɛ̃] n.m. *Chondrichtyens :* classe de poissons dont le squelette reste cartilagineux chez l'adulte (requins, raies, chimères).

CHONDRIOME [kɔ̃drijom] n.m. (gr. *khondrion,* petit grain). CYTOL. Partie de la cellule, formée par l'ensemble des chondriosomes, essentielle dans sa physiologie (respiration, nutrition).

CHONDRIOSOME [kɔ̃drijozom] n.m. (gr. *khondrion,* petit grain, et *sôma,* corps). CYTOL. Organite en forme de bâtonnet, de filament, de grain isolé (mitochondrie) ou disposé en file avec d'autres, et formant une inclusion dans le cytoplasme.

CHONDROBLASTE [kɔ̃drɔblast] n.m. HISTOL. Élément cellulaire jeune du cartilage, remplacé par les ostéoblastes au cours de l'ossification.

CHONDROCALCINOSE [kɔ̃-] n.f. Trouble du métabolisme se manifestant par des crises douloureuses localisées aux grosses articulations et ressemblant aux crises de goutte.

CHONDRODYSTROPHIE [kɔ̃-] n.f. Ensemble des affections héréditaires réalisant un nanisme dysharmonieux.

CHONDROMATOSE [kɔ̃-] n.f. Affection des os dont la calcification ne se fait pas et qui restent cartilagineux.

CHONDROME [kɔ̃-] n.m. Tumeur bénigne du cartilage.

CHONDROSARCOME [kɔ̃-] n.m. Tumeur maligne d'un cartilage.

CHONDROSTÉEN [kɔ̃drɔsteɛ̃] n.m. *Chondrostéens :* superordre de poissons au squelette peu ossifié et aux écailles osseuses, tel l'esturgeon.

CHOPE n.f. (alsacien *schoppe*). Grand gobelet, grand verre à anse pour boire la bière ; son contenu.

CHOPER v.t. Fam. **1.** Attraper, prendre (qqn, qqch). *La police l'a chopé sans papiers. Se faire choper.* **2.** Attraper, contracter (une maladie). *Choper un rhume.* **3.** Voler, dérober.

CHOPINE n.f. (moyen bas all. *schôpen*). **1.** Anc. Mesure de capacité (demi-pinte ; à Paris : 0,466 l). ◇ Canada. Demi-pinte (0,568 l). **2.** Pop. Bouteille.

1. CHOPPER [ʃɔpœr] n.m. (mot angl., *hachoir*). PRÉHIST. Outil très fruste obtenu par éclatement d'un galet sur une seule face (l'un des premiers de l'industrie de la pierre).

2. CHOPPER [ʃɔpœr] n.m. (mot amér.). Moto allongée à guidon haut, conçue pour un pilotage en position inclinée vers l'arrière.

CHOP SUEY [ʃɔpsɔj] ou [-sy] n.m. (mot chin.) [pl. *chop sueys*]. Plat de légumes variés, émincés et sautés, souvent accompagné de poulet ou de porc en lamelles. (Cuisine chinoise.)

CHOQUANT, E adj. Qui blesse ; désagréable, offensant.

CHOQUER v.t. **1.** Litt. Faire subir un choc à, heurter (qqch, qqn). ◇ **Fam., vieilli.** *Choquer les verres :* trinquer. **2.** Déranger (qqn, une société) dans ses habitudes, ses goûts ; provoquer une impression désagréable, blesser, offenser gravement (qqn) dans ses sentiments, ses principes. ◇ Bouleverser (qqn). **3.** MAR. Mollir (un cordage, une écoute) [par opp. à *border*].

1. CHORAL, E, AUX ou **ALS** [kɔral, o] adj. (lat. *chorus,* chœur). Du chœur, d'un chœur. *Chant choral.*

2. CHORAL [kɔral] n.m. (pl. *chorals*). Chant religieux, conçu à l'origine pour être chanté en chœur par les fidèles des cultes protestants. ◇ Pièce instrumentale, en partic. composition pour orgue procédant de la mélodie d'un choral. *Les chorals de Bach.*

CHORALE [kɔral] n.f. Association, groupe de personnes interprétant des chants écrits pour chœur.

CHORDE n.f. → *2. corde.*

CHORDÉ n.m. → *2. cordé.*

CHORÉDRAME [kɔ-] n.m. Drame chorégraphique dont la forme a été créée au XXe s.

CHORÉE [kɔre] n.f. (gr. *khoreia,* danse). MÉD. Syndrome neurologique caractérisé par des mouvements brusques, saccadés et involontaires, évoquant une danse, et commun à plusieurs affections aiguës (danse de Saint-Guy) ou chroniques, dominées par ce syndrome.

CHORÈGE [kɔrɛʒ] n.m. (gr. *khorêgos*). ANTIQ. GR. Citoyen qui organisait à ses frais les chœurs des concours dramatiques et musicaux.

CHORÉGIE [kɔ-] n.f. Fonction de chorège. ◆ pl. Réunion de chorales en vue de festivités. *Les Chorégies d'Orange.*

CHORÉGRAPHE [kɔregraf] n. Personne qui compose des spectacles dansés.

CHORÉGRAPHIE [kɔ-] n.f. Art de composer et de régler un spectacle dansé ; ensemble des pas et des figures composant une danse ou un ballet.

CHORÉGRAPHIER [kɔ-] v.t. Composer la chorégraphie d'une danse, d'un ballet, d'un spectacle dansé.

CHORÉGRAPHIQUE [kɔ-] adj. Relatif à la danse ou au ballet.

CHORÉIQUE [kɔreik] adj. et n. Relatif à la chorée ; atteint de chorée.

CHOREUTE [kɔrøt] n.m. (gr. *khoreutês*). Acteur du chœur, dans le théâtre grec.

CHORÏAMBE [kɔ-] n.m. MÉTR. ANC. Pied composé d'un trochée suivi d'un ïambe.

CHORIO-ÉPITHÉLIOME [kɔ-] n.m. (pl. *chorio-épithéliomes*). MÉD. Tumeur maligne se formant à partir d'une dégénérescence du placenta, la môle.

CHORION [kɔrjɔ̃] n.m. (gr. *khorion,* membrane). BIOL. Enveloppe externe de l'embryon, chez les vertébrés supérieurs.

CHORISTE [kɔrist] n. Personne qui chante dans un chœur.

CHORIZO [tʃorizo] ou [ʃɔrizo] n.m. (mot esp.). Saucisson demi-sec d'origine espagnole, assaisonné au piment rouge, dont il tire sa coloration.

CHOROÏDE [kɔrɔid] n.f. (gr. *khorion,* membrane, et *eidos,* aspect). ANAT. Membrane pigmentée et vascularisée de l'œil, située entre la rétine et la sclérotique, se continuant en avant par l'iris.

CHOROÏDIEN, ENNE adj. De la choroïde.

CHOROLOGIE [kɔrɔlɔʒi] n.f. (du gr. *khôra,* pays). Étude de la répartition des êtres vivants à la surface du globe.

CHORUS [kɔrys] n.m. (mot lat., *chœur*). **1.** MUS. Ensemble des mesures d'un thème de jazz fournissant aux improvisations leur trame harmonique ; improvisation d'un instrumentiste sur cette trame. *Prendre un chorus. Chorus de trompette.* **2.** *Faire chorus :* manifester en chœur, approuver bruyamment ce qui vient d'être dit.

CHOSE n.f. (lat. *causa*). **I. 1. a.** Être, objet inanimé (par opp. à ce qui est vivant). *Les êtres et les choses.* **b.** Entité abstraite, action, évènement, énoncé. **2. a.** (Surtout au pl.). Être, objet de la réalité (par opp. aux mots). – *Appeler les choses par leur nom :* parler franchement, crûment. **b.** La réalité. *Le Créateur de toutes choses.* **c.** PHILOS. (Chez Kant). *Chose en soi :* la réalité absolue, en dehors de l'intuition sensible, donc inconnaissable. **3.** DR. Bien appropriable. *Chose léguée.* **II. 1.** Situation, ensemble d'évènements ; affaire. *Voir les choses en face. Elle a bien pris la chose.* ◇ Litt. *La chose publique :* les affaires publiques, l'État. **2.** Ce qui a lieu. *La nature des choses.* ◇ Ce qui a trait à un domaine. *Les choses de la religion, de la vie.* ◇ *Faire bien les choses :* se montrer généreux, ne pas hésiter à dépenser largement pour assurer une réussite, un succès. **III. 1.** Ceci, cela. *Je vous dirai une chose. La chose dont je parle.* **2.** Quelque chose. *Une chose étrange. Une chose incroyable.* ◇ *C'est peu de chose :* c'est sans importance. ◆ adj. Fam. *Être, se sentir tout chose,* bizarre ; gêné, mal à l'aise.

CHOSIFICATION n.f. Fait de chosifier ; réification.

CHOSIFIER v.t. Traiter comme une chose (une idée, une personne).

CHOTT [ʃɔt] n.m. (ar. *chaṭṭ*). Dépression fermée, souvent d'origine éolienne, dont le fond est occupé par une sebkha, dans les régions arides.

1. CHOU n.m. (lat. *caulis*) [pl. *choux*]. **1. a.** Plante vivace d'Europe *(Brassica oleracea)* dont on a tiré, par sélection, un grand nombre de variétés pour l'alimentation (choux pommés [ex. choux cabus], choux rouges, choux de Bruxelles, brocolis, choux-fleurs, etc.) et le fourrage. (Famille des crucifères.) – *Chou palmiste :* bourgeon comestible de certains palmiers (arec, cocotier, dattier). ◇ Fam. *Aller planter ses choux :* se retirer à la campagne. – Fam. *Bête comme chou :* facile à comprendre. – Fam. *Faire chou blanc :* ne pas réussir. – Fam. *Être dans les choux :* être complètement distancé. – Fam. *En faire ses choux gras :* en faire son profit, son régal. **b.** Fig., fam. *Feuille de chou :* mauvais journal. **c.** Fam. *Bout de chou :* petit enfant. **2.** Pâtisserie soufflée très légère, arrondie comme un chou. ◇ *Pâte à choux,* à base de farine, de beurre et d'œufs à laquelle on incorpore du lait ou de l'eau. **3.** Touffe de larges rubans, en forme de chou.

choux

2. CHOU adj. inv. Fam. Gentil, mignon. *Il est chou, son chapeau.*

3. CHOU, CHOUTE n. Fam. Terme d'affection, de tendresse. *Mon chou. La pauvre choute.*

CHOUAN n.m. (de *Jean Cottereau,* dit *Jean Chouan,* chef des insurgés). Insurgé royaliste des provinces de l'Ouest (Bretagne, Maine), pendant la Révolution.

CHOUANNERIE n.f. Insurrection paysanne née dans le Maine, en 1793, sous l'influence de Jean Chouan, et qui gagna la Normandie et la Bretagne. (Elle prit fin en 1800.)

CHOUCAS [ʃuka] n.m. (onomat.). Petite corneille noire à nuque grise vivant en bande, avec les freux, dans les clochers, les vieux murs. (Long. 35 cm env.)

choucas

CHOUCHEN [ʃuʃɛn] n.m. (mot breton). Région. (Bretagne). Hydromel.

CHOUCHOU, OUTE n. Fam. Enfant, élève préféré, favori. *Elle est son chouchou, sa chouchoute.*

CHOUCHOUTAGE n.m. Fam. Action de chouchouter ; favoritisme.

CHOUCHOUTER v.t. Fam. Gâter, dorloter ; avoir pour chouchou.

CHOUCROUTE [ʃukrut] n.f. (alsacien *sûrkrût,* herbe aigre). **1.** Conserve de choux fermentés dans de la saumure aromatisée de baies de genièvre. **2.** *Choucroute, choucroute garnie :* plat préparé avec cette conserve accompagnée de charcuterie, de viande de porc et de pommes de terre.

1. CHOUETTE n.f. **1.** Oiseau rapace nocturne dont la tête ne porte pas d'aigrette et dont il existe de nombreuses espèces en France, comme la chevêche, l'effraie, la hulotte. *La chouette chuinte,* pousse son cri. (Famille des strigidés.) [*V. illustration p. 224.*] **2.** Fam. *Vieille chouette :* femme méchante, désagréable.

chouette hulotte

2. CHOUETTE adj. Fam. Sympathique, joli, agréable. *Un type très chouette.* ◆ interj. (Exprimant la satisfaction). *Chouette ! Chouette alors !*

CHOUETTEMENT adv. Fam., vieilli. Bien, agréablement.

CHOU-FLEUR n.m. (pl. *choux-fleurs*). Chou d'une variété dont on mange la pomme, qui résulte de l'hypertrophie des inflorescences charnues.

CHOUIA [ʃuja] n.m. (ar. *chuwayya*). Arg. *Un chouia :* une petite quantité, un petit peu. ◇ *Pas chouia :* pas beaucoup.

CHOULEUR n.m. TECHN. Chargeuse équipée d'une benne articulée sur un double bras.

CHOU-NAVET n.m. (pl. *choux-navets*). Rutabaga.

CHOU-RAVE n.m. (pl. *choux-raves*). Chou dont on mange la tige, renflée et charnue.

CHOURINER v.t. → ***suriner.***

CHOW-CHOW [ʃoʃo] n.m. (pl. *chows-chows*). Chien de compagnie d'une race d'origine chinoise.

CHOYER [ʃwaje] v.t. 13. **1.** Entourer (qqn) de soins, d'affection. **2.** Litt. Cultiver, chérir, entretenir (un sentiment, une idée).

CHRÉMATISTIQUE [kre-] n.f. (du gr. *khrêma, -atos,* richesse). Anc. Partie de l'économie qui traite de la production des richesses.

CHRÊME [krɛm] n.m. (gr. *khrisma,* huile). RELIG. Huile bénite mêlée de baume, utilisée pour les consécrations et l'administration de certains sacrements.

CHRÉMEAU [kre-] n.m. RELIG. Bonnet de toile, dont on recouvre la tête de l'enfant après le baptême.

CHRESTOMATHIE [krɛstomati] ou [-si] n.f. (gr. *khrêstomatheia,* recueil de textes utiles). Recueil de textes choisis destinés à l'enseignement.

CHRÉTIEN, ENNE [kretjɛ̃, ɛn] adj. et n. (lat. *christianus*). Qui appartient à l'une des religions issues de la prédication du Christ.

CHRÉTIEN-DÉMOCRATE, CHRÉTIENNE-DÉMOCRATE adj. et n. (pl. *chrétiens-démocrates, chrétiennes-démocrates*). Qui appartient à certains partis démocrates-chrétiens (Allemagne et Europe du Nord).

CHRÉTIENNEMENT adv. De façon chrétienne ; en chrétien. *Mourir chrétiennement.*

CHRÉTIENTÉ n.f. Ensemble des pays, ou des peuples chrétiens ; communauté universelle des chrétiens.

CHRIS-CRAFT [kriskraft] n.m. inv. (nom déposé). Canot automobile de la marque de ce nom, au moteur fixé généralement à l'intérieur de la coque. ◇ Abusif, cour. Canot dont le moteur est fixé à demeure à l'intérieur de la coque (par opp. à *hors-bord*).

CHRISME [krism] n.m. Monogramme du Christ, formé des lettres grecques khi *(X)* et rhô *(P)* majuscules.

CHRIST [krist] n.m. (gr. *khristos,* oint). **1.** *Le Christ :* Jésus (v. partie n. pr.). **2.** Représentation du Christ, notamm. sur la croix ; crucifix. *Un christ d'ivoire.*

CHRISTIANIA [kristjanja] n.m. (de l'anc. nom d'*Oslo*). Mouvement de virage et d'arrêt par changement de direction des skis, qui restent parallèles.

CHRISTIANISATION n.f. Action de christianiser ; son résultat.

CHRISTIANISER [kris-] v.t. Convertir à la religion chrétienne.

CHRISTIANISME [kris-] n.m. (de *Christ*). Ensemble des religions fondées sur la personne et l'enseignement de Jésus-Christ.

■ Issu du judaïsme, le christianisme est fondé par Jésus, Fils de Dieu, Dieu lui-même, venu sur Terre pour sauver les hommes du péché originel. Sa prédication (Évangile : Bonne Nouvelle), qui annonce l'avènement du Royaume de Dieu, est continuée par les Apôtres, notamment saint Paul. Persécutés depuis le règne de Néron jusqu'en 313 (édit de paix de Milan, par Constantin), les chrétiens commencent à se diviser aux IVe-Ve s., époque des grandes hérésies (arianisme, nestorianisme, monophysisme). Ces divisions ne cessent de croître par la suite, quand de l'Église romaine se détachent les Églises orientales (XIe s.) et protestantes (XVIe s.). Le XXe s. est au contraire marqué par un mouvement en faveur de l'union de tous les chrétiens (œcuménisme).

CHRISTIQUE [kris-] adj. THÉOL. Qui concerne la personne du Christ.

CHRISTOLOGIE n.f. Partie de la théologie consacrée à la personne et à l'œuvre du Christ.

CHROMAGE [kro-] n.m. Dépôt d'une mince pellicule résistante de chrome par électrolyse.

CHROMATE [kro-] n.m. Sel de l'acide chromique.

CHROMATIDE [kro-] n.f. BIOL. Chacune des deux copies identiques d'un chromosome, réunies par le centromère avant de se séparer lors de la division cellulaire.

CHROMATINE [kro-] n.f. BIOL. Composant du noyau des cellules, qui se condense lors de la division cellulaire pour former les chromosomes.

CHROMATIQUE [kro-] adj. (du gr. *khrôma,* couleur). **1.** MUS. *Gamme chromatique,* formée d'une succession de demi-tons (intervalles chromatiques) représentant un douzième d'une octave tempérée (par opp. à *diatonique*). **2.** Didact. Relatif aux couleurs. ◇ OPT. *Aberration chromatique :* aberration d'un système dioptrique due à la dispersion d'une lumière complexe qui entraîne l'existence d'une distance focale particulière pour chaque longueur d'onde. **3.** BIOL. Relatif aux chromosomes. *Réduction chromatique.*

CHROMATISME [kro-] n.m. **1.** Didact. Coloration de qqch. **2.** OPT. Type d'aberration chromatique. **3.** MUS. Écriture chromatique ; caractère de ce qui est chromatique.

CHROMATOGRAMME n.m. CHIM. Diagramme d'un mélange obtenu par chromatographie.

CHROMATOGRAPHIE [kro-] n.f. CHIM. Analyse (identification ou dosage) des constituants d'un mélange, fondée sur leur adsorption sélective par des solides pulvérulents ou leur partage en présence de phases liquides ou gazeuses ; cette méthode d'analyse, de séparation.

CHROMATOPHORE [kro-] n.m. Cellule pigmentaire du derme, pouvant migrer dans l'épiderme et capable d'adaptation chromatique chez l'homme et les animaux de nombreux groupes.

CHROMATOPSIE [kro-] n.f. MÉD. Perception visuelle des couleurs.

CHROME [krom] n.m. (gr. *khrôma,* couleur). Métal blanc, dur et inoxydable, employé comme revêtement protecteur et dans certains alliages ; élément (Cr) de numéro atomique 24, de masse atomique 52,01. ◆ pl. Accessoires chromés d'une voiture, d'une bicyclette, etc.

CHROMER [kro-] v.t. **1.** Effectuer le chromage de, recouvrir d'une mince couche de chrome. **2.** Tanner aux sels de chrome. *Chromer du cuir.*

CHROMEUR [kro-] n.m. Spécialiste du chromage électrolytique.

CHROMEUX, EUSE [kro-] adj. Relatif aux composés de chrome divalent.

CHROMINANCE [kro-] n.f. TÉLÉV. *Signal de chrominance :* signal contenant les informations de couleur, en télévision.

CHROMIQUE [kro-] adj. Qui dérive du chrome. *Anhydride chromique* (CrO_3)*, acide chromique. – Sels chromiques :* sels du chrome trivalent.

CHROMISATION [kro-] n.f. Cémentation par le chrome. (On dit aussi *chromage thermique.*)

CHROMISER [kro-] v.t. Traiter (une pièce métallique) par chromisation.

CHROMISTE [kro-] n. Photograveur spécialisé dans la préparation des clichés pour les tirages en couleur.

CHROMITE n.f. Minéral du groupe des spinelles, principal minerai de chrome.

CHROMO n.f. (abrév.). Chromolithographie. ◆ n.m. Image en couleurs, de mauvais goût.

CHROMODYNAMIQUE n.f. *Chromodynamique quantique :* théorie quantique qui rend compte des interactions fortes au moyen de particules (les gluons) considérées comme quanta d'un champ dit *champ de couleur.*

CHROMOGÈNE [kro-] adj. Qui produit de la couleur.

CHROMOLITHOGRAPHIE n.f. (gr. *khrôma,* couleur, *lithos,* pierre, et *graphein,* écrire). Vx. **1.** Procédé lithographique de reproduction d'images en couleurs par impressions successives. **2.** Image obtenue par ce procédé. Abrév. (fam.) : *chromo.*

CHROMOSOME [kromozom] n.m. (gr. *khrôma,* couleur, et *sôma,* corps). Chacun des éléments du noyau de la cellule, s'individualisant sous forme de bâtonnet lors de la division cellulaire, et qui contient les gènes.

■ Les chromosomes se disposent par paires dans les cellules diploïdes (23 paires, soit 46 chromosomes chez l'homme, par ex.) et par unités dans les cellules haploïdes (23 chromosomes dans les gamètes humains). Chaque chromosome est formé d'une seule macromolécule d'A.D.N. associée à des protéines.

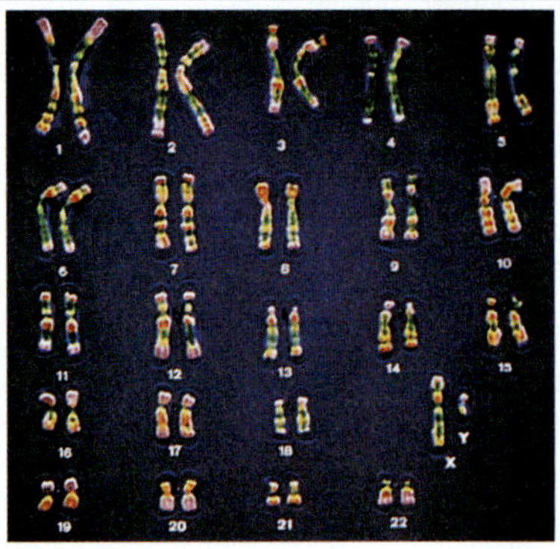

chromosomes : caryotype masculin normal 46, XY

CHROMOSOMIQUE adj. Relatif au chromosome.

CHROMOSPHÈRE [kro-] n.f. Couche inférieure de l'atmosphère solaire, entre la photosphère et la couronne.

CHRONAXIE [krɔnaksi] n.f. (gr. *khronos,* temps, et *axia,* valeur). BIOL. Temps minimal nécessaire à un courant électrique pour stimuler une cellule excitable (neurone, fibre musculaire), quand on utilise une intensité double de la rhéobase.

CHRONICISER (SE) v. pr. Devenir chronique.

CHRONICITÉ [kro-] n.f. Didact. État, caractère de ce qui est chronique.

1. CHRONIQUE [krɔnik] n.f. (gr. *khronos,* temps). **1.** Suite, recueil de faits consignés dans l'ordre de leur déroulement. **2.** Ensemble de nouvelles, de bruits qui circulent. *Défrayer la chronique locale.* **3.** Rubrique de presse (journal, revue, etc.), consacrée à l'actualité dans un domaine particulier. *Chronique politique, sportive.* **4.** STAT. Ensemble des valeurs qu'une variable prend selon des dates successives.

2. CHRONIQUE [krɔnik] adj. **1.** MÉD. Qui évolue lentement et se prolonge. *Maladie chronique.* CONTR. : ***aigu.*** **2.** Qui sévit depuis longtemps, persiste. *Chômage chronique.*

CHRONIQUEMENT [krɔ-] adv. De façon chronique.

CHRONIQUEUR, EUSE [krɔ-] n. **1.** Personne qui tient une chronique dans un journal, un périodique. *Chroniqueur littéraire, dramatique, sportif.* **2.** Auteur de chroniques. *Les chroniqueurs du Moyen Âge.*

CHRONO n.m. (abrév.). Fam. Chronomètre.

CHRONOBIOLOGIE [krɔ-] n.f. Étude scientifique des rythmes biologiques des êtres vivants, en particulier du rythme circadien.

CHRONOGRAMME [krɔ-] n.m. STAT. Représentation graphique des valeurs d'un caractère statistique (axe des ordonnées) se succédant dans le temps (axe des abscisses).

CHRONOGRAPHE [krɔ-] n.m. **1.** Chronomètre. **2.** ASTRON. Appareil permettant d'enregistrer l'instant précis d'un phénomène déterminé, par l'intermédiaire d'un signal électrique.

CHRONOLOGIE [krɔ-] n.f. (gr. *khronos,* temps, et *logos,* science). **1.** Science qui vise à établir les dates des faits historiques. **2.** Succession dans le temps des évènements historiques ou d'évènements pertinents relatifs à un individu, à une famille, à un mouvement, etc.

CHRONOLOGIQUE [krɔ-] adj. Relatif à la chronologie.

CHRONOLOGIQUEMENT [krɔ-] adv. D'après la chronologie ; par ordre de dates.

CHRONOMÉTRAGE [krɔ-] n.m. Action de chronométrer.

CHRONOMÈTRE [krɔ-] n.m. (gr. *khronos,* temps, et *metron,* mesure). **1.** Montre de précision, permettant de mesurer des intervalles de temps en minutes, secondes et fractions de secondes ; chronographe. Abrév. (fam.) : *chrono.* **2.** Montre de précision, réglée dans différentes positions et sous des températures variées, ayant obtenu d'un observatoire un bulletin officiel de marche.

CHRONOMÉTRER [krɔ-] v.t. [18]. Relever exactement le temps dans lequel s'accomplit une action, particulièrement une épreuve sportive ou une opération industrielle.

CHRONOMÉTREUR, EUSE [krɔ-] n. Personne chargée de chronométrer (une épreuve sportive, une opération industrielle).

CHRONOMÉTRIE [krɔ-] n.f. **1.** PHYS. Mesure précise du temps. **2.** Fabrication des chronomètres.

CHRONOMÉTRIQUE [krɔ-] adj. Relatif au chronomètre, à la chronométrie.

CHRONOPHOTOGRAPHIE [krɔ-] n.f. Procédé d'analyse du mouvement par des photographies successives.

CHRYSALIDE [krizalid] n.f. (du gr. *khrusos,* or). Nymphe des lépidoptères, entre le stade chenille et le stade papillon. (La chrysalide est souvent enfermée dans un cocon de soie.)

CHRYSANTHÈME [krizɑ̃tɛm] n.m. (gr. *khrusos,* or, et *anthemon,* fleur). Plante ornementale de la famille des composées, fleurissant au début de l'hiver et dont il existe de nombreuses variétés.

CHRYSÉLÉPHANTIN, E [kri-] adj. (gr. *khrusos,* or, et *elephas,* ivoire). Se dit d'une sculpture dont certaines parties sont d'or et d'ivoire. *Statue chryséléphantine.*

CHRYSOBÉRYL [kri-] n.m. Aluminate naturel de béryllium, constituant des pierres fines de couleur jaune vieil or à vert.

CHRYSOCALE [krizɔkal] n.m. (gr. *khrusos,* or, et *khalcos,* cuivre). Alliage de cuivre, d'étain et de zinc qui imite l'or.

CHRYSOCOLLE [krizɔkɔl] n.f. Silicate hydraté de cuivre, pierre de couleur vert bleuâtre.

CHRYSOLITE [kri-] n.f. (gr. *khrusos,* or, et *lithos,* pierre). Pierre fine d'un vert jaunâtre, variété de péridot.

CHRYSOMÈLE [kri-] n.f. Insecte coléoptère brillamment coloré, dont les nombreuses espèces vivent sur diverses plantes.

CHRYSOMÉLIDÉ [kri-] n.m. *Chrysomélidés :* famille d'insectes coléoptères comprenant les chrysomèles, le doryphore, le criocère, la donacie, etc.

CHRYSOPHYCÉE ou **CHRYSOMONADALE** [kri-] n.f. *Chrysophycées :* algues aquatiques unicellulaires dorées, voisines des algues brunes, des diatomées, des protozoaires, des éponges ou des péridiniens selon l'espèce. (Les coccolites de la craie proviennent d'un groupe de chrysophycées.)

CHRYSOPRASE [kri-] n.f. (gr. *khrusos,* or, et *prasos,* poireau). Calcédoine d'une variété vert pomme.

C. H. S. n.m. (sigle). Centre hospitalier spécialisé. (Désignation officielle de l'hôpital psychiatrique.)

CH'TIMI adj. et n. Fam. Originaire du nord de la France.

CHTONIEN, ENNE ou **CHTHONIEN, ENNE** [ktɔnjɛ̃, ɛn] adj. (du gr. *khthôn,* terre). MYTH. *Divinités chtoniennes,* de la terre, du monde souterrain.

C. H. U. [seaʃy] ou [ʃy] n.m. (sigle). Centre hospitalo-universitaire*.

CHUCHOTEMENT ou **CHUCHOTIS** n.m. Bruit de voix qui chuchotent.

CHUCHOTER v.i. et t. (onomat.). Prononcer à voix basse. *Chuchoter quelques mots à l'oreille.*

CHUCHOTERIE n.f. Fam. et péj. Bavardage à voix basse, souvent médisant.

CHUCHOTEUR, EUSE adj. et n. Qui chuchote ; qui aime à chuchoter.

CHUCHOTIS n.m. → ***chuchotement.***

CHUINTANT, E adj. Qui chuinte. ◇ *Consonne chuintante* ou *chuintante,* n.f. : consonne fricative telle que le [ʃ] de *chou* et le [ʒ] de *joue.*

CHUINTEMENT n.m. Fait de chuinter ; bruit d'une chose qui chuinte.

CHUINTER v.i. (onomat.). **1.** Pousser son cri, en parlant de la chouette. **2.** Prononcer un son chuintant ; substituer, dans la prononciation, une chuintante à une sifflante. **3.** Faire entendre un sifflement sourd. *Bouilloire qui chuinte.*

CHURINGA [ʃyrɛ̃ga] n.m. (d'une langue australienne). ANTHROP. Objet rituel, réceptacle de l'âme des morts ou des vivants à venir.

CHURRIGUERESQUE adj. (de *Churriguera,* n.pr.). D'un baroquisme exacerbé. (Pour caractériser l'architecture espagnole de la première moitié du XVIIIe s. : œuvres de Pedro de Ribera [Madrid], de Narciso Tomé [Tolède], etc.)

CHUT [ʃyt] interj. (onomat.). Se dit pour obtenir le silence.

CHUTE n.f. (de *chu,* p. passé de *choir*). **1.** Fait de tomber, de se détacher de son support. *Faire une chute. Chute des cheveux.* – *Angle de chute* (ou *d'impact*) : angle que fait la trajectoire d'un projectile avec le terrain au point d'impact. ◇ *Point de chute :* point, lieu où qqch tombe, s'abat ; fig., lieu d'arrivée. ◇ *Chute d'eau :* cascade, cataracte. ◇ *Chute du jour,* moment où le jour fait place à la nuit. **2.** Fig. **a.** Fait de s'écrouler ; ruine, effondrement. *La chute d'un gouvernement.* **b.** Litt. Le fait de commettre une faute, de tomber dans la déchéance. ◇ Absolt. *La chute :* le péché originel. **3.** Ce par quoi une chose qui s'abaisse se termine. *La chute des reins :* le bas du dos. ◇ *Chute d'une voile,* sa hauteur, quand elle est étarquée. ◇ *Chute d'un toit :* sa pente. ◇ *Chute d'ornements :* guirlande pendante. ◇ LITTÉR. Trait d'esprit par lequel un texte s'achève. **4.** Ce qu'il reste d'une matière (papier, tissu, bois, etc.) après une coupe. **5.** Aux cartes, ensemble des levées annoncées qui n'ont pas été faites.

CHUTER v.i. **1.** Fam. Tomber. **2.** Fig. Baisser notablement. *Les ventes ont chuté.* **3.** Aux cartes, ne pas effectuer le nombre de levées prévu.

CHUTEUR n.m. *Chuteur opérationnel :* parachutiste militaire employant pour des missions spéciales un parachute à ouverture retardée.

CHUTNEY [ʃœtnɛ] n.m. (mot angl., du hindi). Condiment aigre-doux fait de fruits ou de légumes cuits avec du vinaigre, du sucre et des épices.

CHYLE [ʃil] n.m. (gr. *khulos,* suc). Liquide blanchâtre contenu dans l'intestin grêle et représentant le résultat de la digestion.

CHYLIFÈRE adj. Qui transporte le chyle. *Vaisseaux chylifères.*

CHYME [ʃim] n.m. (gr. *khumos,* humeur). Liquide contenu dans l'estomac et résultant de la digestion gastrique des aliments.

CHYPRIOTE adj. et n. → ***cypriote.***

Ci, symbole du curie.

1. CI adv. (lat. *ecce hic,* voici ici). Marque la proximité dans l'espace ou dans le temps. **1.** En composition avec certains adjectifs ou participes. *Ci-présent, ci-joint, ci-inclus.* **2.** Avec certains adverbes. *Ci-après, ci-contre, ci-dessus, ci-dessous.* **3.** Dans des loc. adverbiales. *Par-ci par-là :* en divers endroits. *De-ci de-là :* de côté et d'autre. **4.** Joint à un nom précédé d'un démonstratif. *Cet homme-ci. Ces jours-ci.* **5.** Joint à un pronom démonstratif. *Celui-ci, ceux-ci.*

2. CI pron. dém. (abrév. de *ceci*). Fam. Ceci. *Exiger ci et ça.* ◇ Fam. *Comme ci comme ça :* ni bien ni mal.

CIAO [tʃao] ou **TCHAO** interj. (mot it.). **1.** Fam. Au revoir. **2.** Région. (Midi). Bonjour.

CI-APRÈS adv. Plus loin dans le texte.

CIBICHE n.f. Fam., vieilli. Cigarette.

CIBISTE n. Utilisateur de la citizen band (ou C. B., fréquence radio réservée au public). Recomm. off. : *cébiste.*

CIBLE n.f. (all. de Suisse *schîbe,* disque). **1.** Objet (plaque de bois, de métal, etc.) que l'on vise dans les exercices de tir. **2. a.** Ce qui est visé, qui est l'objet d'une attaque. *Être la cible des plaisanteries de qqn.* **b.** But, objectif qu'une campagne publicitaire ou une étude de marché cherche à atteindre. **3.** PHYS. Substance soumise à un bombardement par un faisceau de particules. **4.** *Langue cible :* langue dans laquelle doit être donnée la traduction d'un texte.

CIBLER v.t. Définir précisément la cible, la clientèle de. ◇ *Chaîne de télévision ciblée,* spécialisée. CONTR. : *généraliste.*

CIBOIRE n.m. (lat. *ciborium*). Vase sacré, à couvercle, où l'on conserve les hosties consacrées.

CIBORIUM [sibɔrjɔm] n.m. (mot lat.). Baldaquin surmontant un autel, dans les églises du haut Moyen Âge.

CIBOULE n.f. (lat. *caepula,* oignon). Plante cultivée, originaire de Sibérie, dont les feuilles ventrues servent de condiment. (Famille des liliacées.) SYN. : *cive.*

CIBOULETTE n.f. Plante cultivée pour ses feuilles creuses et cylindriques servant de condiment. (Famille des liliacées.) SYN. : *civette.*

CIBOULOT n.m. Pop. Tête (surtout : en tant que siège de la pensée). *N'avoir rien dans le ciboulot.*

CICATRICE n.f. (lat. *cicatrix, -icis*). **1.** Marque laissée par une blessure, une plaie, après guérison. *Visage couvert de cicatrices.* **2.** Fig. Trace laissée par une blessure morale.

CICATRICIEL, ELLE adj. Relatif à une cicatrice.

CICATRICULE n.f. BIOL. Petit disque qui renferme le noyau femelle, puis l'embryon de l'œuf (reptiles, oiseaux).

CICATRISABLE adj. Qui peut se cicatriser.

CICATRISANT, E adj. et n.m. Se dit d'une substance qui favorise la cicatrisation. *Pommade cicatrisante.*

CICATRISATION n.f. Fait de se cicatriser.

CICATRISER v.t. (lat. *cicatricare*). **1.** *Cicatriser une plaie,* la fermer. **2.** *Cicatriser une douleur,* l'apaiser, la calmer. ◆ v.i. ou **se cicatriser** v.pr. Se fermer, en parlant d'une plaie.

CICÉRO [sisero] n.m. Épaisseur de douze points typographiques, qui sert d'unité de longueur en imprimerie. SYN. : *douze.*

CICÉRONE [siserɔn] n.m. (it. *cicerone*) [pl. *cicérones*]. Litt. Guide appointé des touristes étrangers (dans un monument, une ville, un pays) et, par ext., personne qui en guide une autre, d'autres.

CICINDÈLE [sisɛ̃dɛl] n.f. (lat. *cicindela,* ver luisant). Insecte coléoptère à élytres verts tachetés de jaune (long. 1 cm), qui détruit les larves, les limaces phytophages.

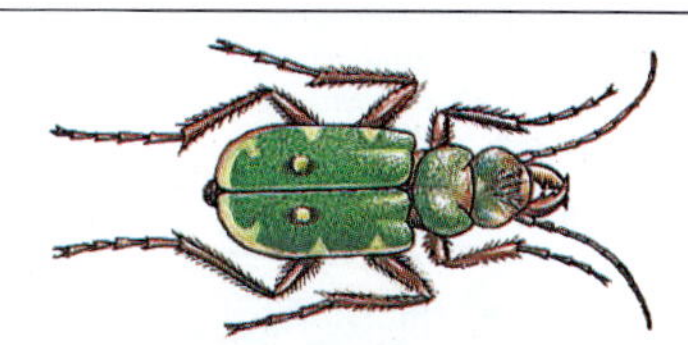

cicindèle

CICLOSPORINE n.f. Médicament immunodépresseur utilisé lors des transplantations d'organes pour éviter une réaction de rejet.

CICONIIDÉ [sikɔniide] n.m. (lat. *ciconia,* cigogne). *Ciconiidés :* famille d'oiseaux échassiers comprenant la cigogne, le marabout, l'ombrette.

CICONIIFORME n.m. *Ciconiiformes :* ordre d'oiseaux de grande taille des pays chauds et tempérés, comprenant notamm. la famille des ciconiidés. SYN. (vieilli) : *ardéiforme.*

CI-CONTRE adv. En regard, vis-à-vis.

CICUTINE [sikytin] n.f. (du lat. *cicuta,* ciguë). Alcaloïde de la grande ciguë, très vénéneux. SYN. : *conicine.*

CI-DESSOUS adv. Plus bas (dans le texte) ; en bas (de la page).

CI-DESSUS adv. Plus haut (dans le texte) ; en haut (de la page).

1. CI-DEVANT adv. Vx. Avant ce temps-ci, précédemment.

2. CI-DEVANT n.inv. Noble déchu de ses titres et de ses privilèges sous la Révolution.

CIDRE n.m. (gr. *sikera,* boisson enivrante). Boisson obtenue par fermentation du jus de pomme.

CIDRERIE n.f. Usine, local où l'on fabrique le cidre.

C^IE (abrév.). Compagnie (dans une raison sociale, pour désigner une partie des associés). *Martin, Durand et Cie.*

CIEL n.m. (lat. *caelum*) [pl. *cieux*]. **I. 1.** Espace visible au-dessus de nos têtes, que limite l'horizon. ◇ Litt. *Le feu du ciel :* la foudre. – *Entre ciel et terre :* en l'air. – *À ciel ouvert :* à l'air libre. – *Sous d'autres cieux :* dans un autre pays. – *Tomber du ciel :* arriver à l'improviste et au bon moment ; être surpris, stupéfait. – *Remuer ciel et terre :* mettre tout en œuvre pour réussir. **2.** (pl. *ciels*). État, aspect du ciel. *Ciel bas, sans nuages, bleu.* **II. 1.** L'espace où se meuvent les astres ; l'ensemble des astres et leur influence supposée sur la destinée. **2.** Séjour de la Divinité, des âmes des justes après leur mort. **3.** Dieu, la puissance divine. *Invoquer le ciel.* **III.** (pl. *ciels*). *Ciel de lit :* dais placé au-dessus d'un lit pour y suspendre des rideaux. ◆ interj. *Ciel ! Ô Ciel !,* exprime la surprise, l'étonnement, la douleur.

CIERGE n.m. (du lat. *cera,* cire). **1.** Longue chandelle de cire que l'on brûle dans les églises. – *Cierge pascal :* grand cierge bénit que l'on allume pendant tout le temps pascal aux offices solennels. ◇ *Brûler un cierge à qqn,* lui témoigner sa reconnaissance. **2.** Plante grasse des régions arides d'Amérique, dont certaines espèces ont l'aspect de colonnes pouvant atteindre 15 m. (Famille des cactacées.)

cierge du Mexique

CIGALE n.f. (prov. *cigala,* lat. *cicada*). Insecte de l'ordre des homoptères, abondant dans la région méditerranéenne et vivant sur les arbres, dont il puise la sève. (Long. avec les ailes : 5 cm.) *La cigale craquette, stridule,* pousse son cri, strident et monotone.

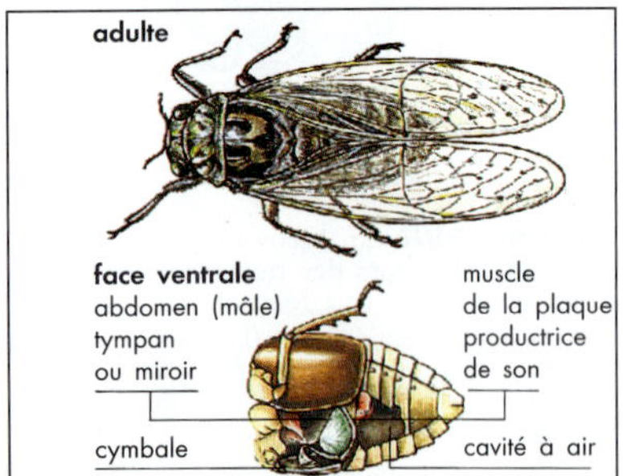

cigale

CIGARE n.m. (esp. *cigarro*). **1.** Petit rouleau de feuilles et de fragments de tabac, que l'on fume. **2.** Pop. Tête. *Recevoir un coup sur le cigare.*

CIGARETTE n.f. Cylindre de tabac haché, enveloppé dans du papier fin. *Rouler, fumer une cigarette.*

CIGARIÈRE n.f. Ouvrière qui confectionne des cigares.

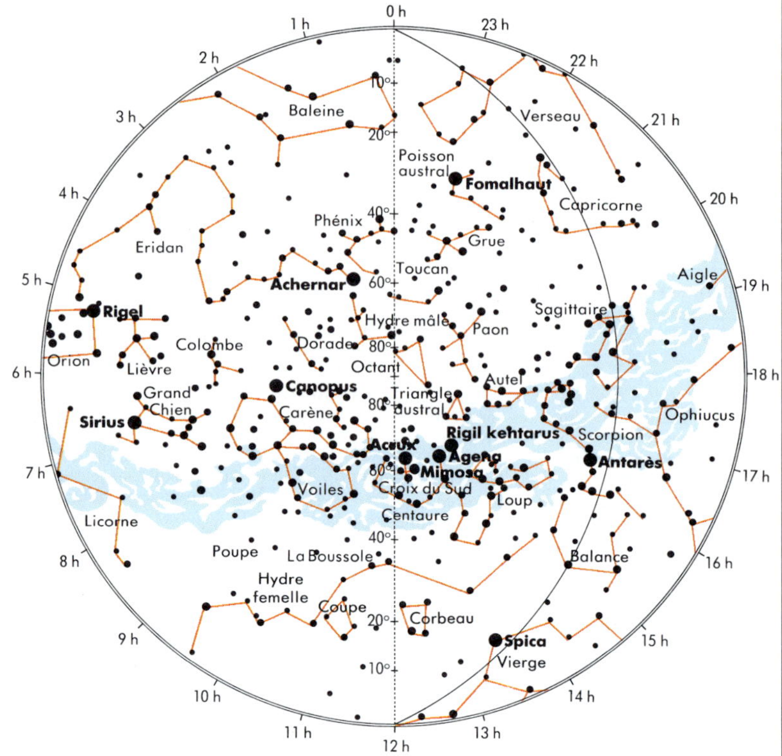

ciel : principales constellations de l'hémisphère austral

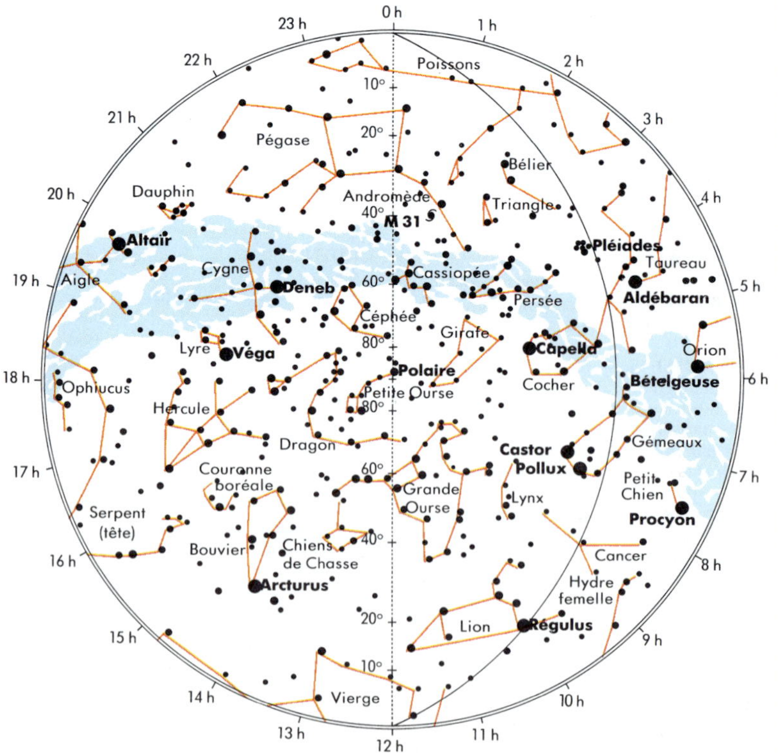

ciel : principales constellations de l'hémisphère boréal

CIGARILLO [sigarijo] n.m. (esp. *cigarrillo*). Petit cigare.

CI-GÎT adv. Ici est enterré (formule ordinaire des épitaphes, précédant le nom du mort).

CIGOGNE [sigɔɲ] n.f. (prov. *cegonha,* lat. *ciconia*). Oiseau échassier migrateur, dont l'espèce la plus connue, la cigogne blanche à ailes noires, atteint plus d'un mètre de hauteur. *La cigogne claquette* ou *craquette,* pousse son cri.

cigogne blanche

CIGOGNEAU n.m. Petit de la cigogne.

CIGUË [sigy] n.f. (lat. *cicuta*). **1.** Plante des décombres et des chemins, qui renferme un alcaloïde toxique, la cicutine. (Famille des ombellifères.) *La grande ciguë peut mesurer jusqu'à 2 m.* ◇ *Petite ciguë :* æthuse. **2.** Poison extrait de la grande ciguë.

ciguë

CI-INCLUS, E adj. (est inv. avant le nom, variable après le nom). Contenu dans cet envoi. *Vous trouverez la quittance ci-incluse. Vous trouverez ci-inclus la quittance.*

CI-JOINT, E adj. (est inv. avant le nom, variable après le nom). Joint à cet envoi. *Vous trouverez la quittance ci-jointe. Vous trouverez ci-joint la quittance.*

CIL n.m. (lat. *cilium*). **1.** Poil qui garnit le bord des paupières de l'homme et des singes. **2.** *Cils vibratiles :* expansions protoplasmiques de certaines cellules animales ou végétales, très fines et nombreuses, qui, par leurs mouvements, permettent le déplacement de la cellule ou créent dans l'organisme un courant de liquide (cellules fixes de certains épithéliums).

CILIAIRE adj. Relatif aux cils. ◇ *Muscles* ou *procès ciliaires :* muscles annulaires situés au pourtour de la cornée et réglant l'ouverture de l'iris.

CILIATURE n.f. BIOL. Ensemble des cils de la même cellule, du même tissu.

CILICE n.m. (lat. *cilicium,* étoffe en poil de chèvre de Cilicie). Anc. Chemise, large ceinture de crin portée sur la peau par pénitence.

1. CILIÉ, E adj. Garni de cils.

2. CILIÉ n.m. Protozoaire à cils vibratiles telles la *paramécie* et la *vorticelle.* (Les ciliés assurent leur rajeunissement génétique par conjugaison.)

CILLEMENT n.m. Action de ciller.

CILLER [sije] v.i. (de *cil*). **1.** Fermer et rouvrir rapidement les paupières, les yeux. **2.** *Ne pas ciller :* rester immobile, impassible.

CIMAISE ou **CYMAISE** n.f. (gr. *kumation,* petite vague). **1.** ARCHIT. Corps de moulures comprenant un talon ou une doucine entre des moulures secondaires et couronnant une corniche ou régnant à hauteur d'appui sur un lambris. **2.** Mur d'une salle d'exposition (dans une galerie, un musée, etc.).

CIME n.f. (gr. *kuma*). Extrémité supérieure, effilée, d'une montagne, d'un arbre, etc.

CIMENT n.m. (lat. *caementum,* pierre non taillée). **1.** Matière pulvérulente formant avec l'eau ou avec une solution saline une pâte plastique liante, capable d'agglomérer, en durcissant, des substances variées. *Ciment prompt* ou *à prise rapide,* qui fait prise en quelques minutes, par opp. au *ciment à prise lente.* **2.** Toute substance interposée entre deux corps durs pour les lier. ◇ Fig., litt. Lien, moyen d'union. **3.** GÉOL. Matière qui soude entre eux les éléments d'une roche.

CIMENTATION n.f. Action de cimenter. ◇ Spécialt. Consolidation d'un puits de pétrole par injection de ciment entre la paroi et le tubage.

CIMENTER v.t. **1.** Lier, garnir avec du ciment. **2.** Fig., litt. Affermir, consolider. *Le pacte a cimenté leur union.*

CIMENTERIE n.f. Fabrique de ciment.

CIMENTIER n.m. Celui qui fabrique ou emploie du ciment.

CIMETERRE n.m. (it. *scimitarra,* du turc). Sabre oriental à lame courbe qui va s'élargissant vers l'extrémité.

CIMETIÈRE n.m. (lat. *coemeterium,* lieu de repos, mot gr.). Lieu où l'on enterre les morts. ◇ *Cimetière de voitures :* lieu où sont rassemblées des carcasses de voitures hors d'usage.

CIMICAIRE n.f. Actée (plante).

CIMIER n.m. (de *cime*). **I. 1.** Ornement qui forme la partie supérieure d'un casque. **2.** Partie supérieure d'un arbre. **3.** HÉRALD. Figure posée sur le timbre du casque qui surmonte l'écu des armoiries. **II.** Pièce de viande sur le quartier de derrière du bœuf, du cerf.

CINABRE [sinabr] n.m. (gr. *kinnabari*). **1.** Sulfure naturel de mercure HgS, de couleur rouge, dont on extrait ce métal. **2.** Couleur rouge vermillon.

CINCHONINE [sɛ̃kɔnin] n.f. (d'un n. pr.). Alcaloïde dérivé du quinquina.

CINCLE [sɛ̃kl] n.m. (gr. *kigklos*). Passereau à plumage gris-brun, vivant près des cours d'eau où il plonge et marche sur le fond à la recherche de sa nourriture. (Famille des turdidés ; long. env. 20 cm.)

CINÉ n.m. (abrév.) Fam. Cinéma.

CINÉASTE n. Auteur ou réalisateur de films.

CINÉ-CLUB n.m. (pl. *ciné-clubs*). Association visant à promouvoir la culture cinématographique.

CINÉMA n.m. (abrév. de *cinématographe*). **1.** Art de composer et de réaliser des films cinématographiques. ◇ Fam. *C'est du cinéma,* de la comédie, de la frime. ◇ *Faire du cinéma, tout un cinéma,* des manières, des complications. **2.** Industrie cinématographique. *Travailler dans le cinéma.* **3.** L'ensemble des œuvres cinématographiques (d'un pays, d'un auteur, etc.). *Le cinéma français, italien.* **4.** Salle de spectacle destinée à la projection d'œuvres cinématographiques.

■ La première projection publique du cinématographe Lumière a lieu le 28 décembre 1895 à Paris. L'appareil des frères Lumière est le premier à assurer de façon rationnelle les deux fonctions du cinéma : la prise de vues et la projection. De nombreux chercheurs s'étaient employés avant eux à donner l'illusion du mouvement (le Belge Plateau et son Phénakistiscope [1832], E. Reynaud). La mise au point de l'instantané photographique à la fin des années 1870 ouvrit la voie à l'analyse du mouvement réel. S'inspirant des expériences de Muybridge, Marey réalise en 1882 un fusil photographique permettant de prendre 12 photos par seconde. Edison invente en 1890 le Kinetograph, assurant, grâce à la perforation du film, un espacement régulier des images. Mais son Kinetoscope (1893), appareil forain à défilement continu et à vision individuelle, exclut la possibilité d'une projection. Simple curiosité scientifique à l'origine, l'invention des Lumière allait rapidement révéler d'immenses possibilités, tant artistiques et expressives que commerciales et industrielles. Les brevets se multiplient (Gaumont, Pathé, Continsouza...). Dès les premières années du XXe s., les appareils ont pris leur allure définitive : la caméra est désormais distincte du projecteur. Tous les apports ultérieurs (tel le remplacement de la manivelle par le moteur) ne seront que des améliorations du dispositif initial. Il ne manque plus au cinéma que la parole et la couleur. Très vite, on a eu l'idée de colorier les films, d'abord à la main, puis mécaniquement ; mais ce n'est qu'en 1934, avec la mise au point du Technicolor trichrome, que commence l'essor du cinéma en couleurs. Le cinéma devient parlant en 1927 (la cadence passe alors de 16 images par seconde à 24). [*V. illustration pp. 228-229.*]

CINÉMASCOPE n.m. (nom déposé). Procédé cinématographique de projection sur un écran large par rétablissement de l'image préalablement déformée à la prise de vues.

CINÉMATHÈQUE n.f. Lieu où l'on conserve et projette des films.

CINÉMATIQUE n.f. (gr. *kinêma, -atos,* mouvement). SC. Partie de la mécanique qui étudie les mouvements des corps, abstraction faite des forces qui les produisent. ◆ adj. Relatif au mouvement.

CINÉMATOGRAPHE n.m. (gr. *kinêma, -atos,* mouvement, et *graphein,* écrire). **1.** Anc. Appareil destiné à enregistrer des images, à projeter sur un écran des vues animées. **2.** Vieilli ou litt. Art de réaliser des films cinématographiques. (On dit aujourd'hui *cinéma.*)

CINÉMATOGRAPHIE n.f. Ensemble des procédés et des techniques mis en œuvre pour reproduire le mouvement par le film.

CINÉMATOGRAPHIQUE adj. Relatif au cinéma.

CINÉMATOGRAPHIQUEMENT adv. Par le cinéma.

CINÉMITRAILLEUSE n.f. Appareil enregistrant les résultats du tir d'une arme automatique.

CINÉMOGRAPHE n.m. Instrument qui enregistre les variations de vitesse d'un mobile.

CINÉMOMÈTRE n.m. Indicateur de vitesse.

CINÉ-PARC n.m. (pl. *ciné-parcs*). Canada. Cinéma en plein air où le spectateur assiste à la projection depuis son automobile (équivaut à l'angl. *drive-in*).

CINÉPHILE n. Amateur de cinéma, du cinéma en tant qu'art.

1. CINÉRAIRE adj. (du lat. *cinis, cineris,* cendre). Qui renferme les cendres d'un corps incinéré. *Urne cinéraire.*

2. CINÉRAIRE n.f. Séneçon au feuillage cendré, aux fleurs pourprées, cultivée comme ornementale.

CINÉRAMA n.m. (nom déposé). Procédé cinématographique qui utilisait la juxtaposition, sur le même écran, de trois images issues de trois projecteurs.

CINÉRITE n.f. GÉOL. Dépôt stratifié de cendres volcaniques.

CINÉROMAN n.m. **1.** Roman-photo tiré d'un film. **2.** Anc. Film à épisodes. SYN. : *serial.*

CINÈSE n.f. ÉTHOL. Déplacement (d'un animal) provoqué par un agent externe et dont la vitesse varie selon l'intensité du stimulus.

CINÉ-SHOP n.m. (pl. *ciné-shops*). Boutique spécialisée dans la vente des produits annexes du cinéma (affiches, livres, disques, etc.).

CINESTHÉSIE n.f. → ***kinesthésie.***

CINESTHÉSIQUE adj. → ***kinesthésique.***

CINÉTHÉODOLITE n.m. Appareil destiné à la poursuite optique et à la photographie d'engins balistiques ou de lanceurs spatiaux.

1. CINÉTIQUE adj. (gr. *kinêtikos,* mobile). Relatif au mouvement. ◇ *Énergie cinétique :* énergie d'un corps en mouvement. (Pour un solide en mouvement de translation, l'énergie cinétique est le demi-produit de sa masse par le carré de sa vitesse.) ◇ *Art cinétique,* forme d'art contemporain fondée sur l'illusion optique (→ ***op art***), le caractère changeant de l'œuvre, son mouvement virtuel ou réel. (Principaux « cinétistes » : Vasarely, Schöffer, Jesús Rafael Soto, Pol Bury, Yaacov Agam.)

Le *scénario* développe le sujet présenté dans le synopsis, décrit chaque scène et précise les dialogues.

Le *casting*, ou distribution des rôles, consiste à rechercher les acteurs et figurants adaptés aux personnages.

Le réalisateur, ou son assistant, procède au *repérage* des lieux où seront tournées les scènes en décors naturels.

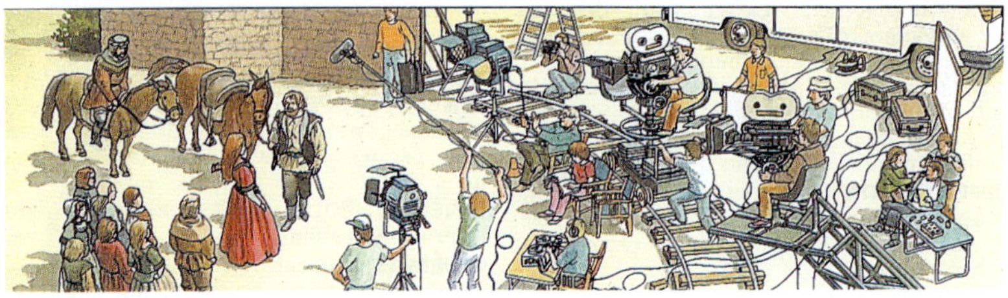

Le *tournage* d'un long métrage demande de 6 à 10 semaines en moyenne, à raison de 3 à 4 minutes de film « utile » par jour. Chaque plan donne lieu à plusieurs prises. Celles qui ont été jugées « bonnes à tirer » sont projetées le lendemain à l'équipe (rushes).

La table de *montage* permet de faire défiler le film, de synchroniser l'image et le son, d'assembler et de raccorder les plans.

cinéma : principales étapes de la réalisation d'un film de long métrage de fiction.

2. CINÉTIQUE n.f. **1.** Partie de la mécanique traitant des mouvements. **2.** Étude de la vitesse des réactions chimiques.

CINÉTIR n.m. MIL. Procédé de tir sur objectif mobile.

CINÉTISME n.m. Caractère de l'art cinétique ; cet art lui-même.

CINGHALAIS n.m. Langue indo-aryenne parlée au Sri Lanka, où elle est la langue officielle.

CINGLANT, E adj. Qui cingle, qui fouette. *Repartie cinglante.*

CINGLÉ, E adj. et n. Fam. Fou.

1. CINGLER v.i. (scand. *sigla*). MAR. Faire voile, naviguer vers un point déterminé.

2. CINGLER v.t. (de *sangler*). **1.** Frapper avec qqch de mince et de flexible. *Cingler un cheval d'un coup de fouet.* ◇ Fig. Atteindre qqn par des mots blessants. *Cingler qqn d'une remarque, d'une insulte.* **2.** Frapper de coups vifs et nombreux (surtout en parlant des éléments : pluie, grêle, vent, etc.). **3.** Forger, corroyer le fer. **4.** Tracer une droite avec une cordelette frottée de craie.

CINNAMIQUE adj. *Alcool, acide, aldéhyde cinnamiques :* alcool, acide, aldéhyde extraits du baume du Pérou.

CINNAMOME n.m. (gr. *kinnamon*). Genre d'arbustes aromatiques originaires des régions chaudes de l'Asie, tels le cannelier, le camphrier.

CINOCHE n.m. Fam. Cinéma.

CINOQUE adj. et n. → ***sinoque.***

CINQ [sɛ̃k] ; *devant une consonne,* [sɛ̃] adj. num. et n.m. inv. (lat. *quinque*). **1.** Quatre plus un. ◇ Fam. *Recevoir, entendre qqn cinq sur cinq :* l'entendre parfaitement. **2.** Cinquième. *Tome cinq.*

CINQUANTAINE n.f. **1.** Nombre de cinquante ou environ. **2.** Cinquante ans ; environ cinquante ans.

CINQUANTE adj. num. et n.m. inv. (lat. *quinquaginta*). **1.** Cinq fois dix. **2.** Cinquantième. *Page cinquante.*

1. CINQUANTENAIRE adj. et n. Qui a entre cinquante et soixante ans.

2. CINQUANTENAIRE n.m. Cinquantième anniversaire.

CINQUANTIÈME adj. num. ord. et n. **1.** Qui occupe un rang marqué par le nombre cinquante. **2.** Qui est contenu cinquante fois dans le tout.

CINQUIÈME adj. num. ord. et n. **1.** Qui occupe un rang marqué par le nombre 5. ◇ *Cinquième maladie :* maladie éruptive bénigne de l'enfance ; mégalérythème. **2.** Qui est contenu cinq fois dans le tout. ◆ n.f. **1.** Deuxième année du premier cycle de l'enseignement du second degré. **2.** CHORÉGR. Une des cinq positions fondamentales données par l'en-dehors.

CINQUIÈMEMENT adv. En cinquième lieu.

CINTRAGE n.m. Action de cintrer ; son résultat.

CINTRE n.m. (de *cintrer*). **1.** Courbure intérieure d'un arc ou d'une voûte. – *Plein cintre :* cintre de courbe circulaire, habituellement un demi-cercle. **2.** Échafaudage courbe soutenant les voussoirs d'un arc ou d'une voûte pendant sa construction. **3.** (Généralement au pluriel). Partie d'un théâtre située au-dessus de la scène, où l'on remonte les décors. **4.** Support incurvé, à crochet, permettant de suspendre les vêtements à une tringle.

CINTRÉ, E adj. Pop. Fou.

CINTRER v.t. (du lat. *cinctura,* ceinture). **1.** Donner une courbure à. *Cintrer une barre de fer.* **2.** Ajuster (un vêtement) à la taille, au buste, par des pinces.

CINTREUSE n.f. Machine servant à cintrer des pièces de bois ou des tubes métalliques.

CIPAYE [sipaj] n.m. (mot port., persan *sipāhi,* soldat). HIST. Soldat autochtone de la Compagnie, puis de l'armée anglaise des Indes. (La révolte des cipayes [1857-1858] provoqua la disparition de la Compagnie anglaise des Indes.)

CIPOLIN [sipɔlɛ̃] n.m. (it. *cipollino ;* de *cipolla,* oignon). Calcaire métamorphique constitué de cristaux de calcite et donnant souvent des marbres de teintes claires.

CIPPE n.m. (lat. *cippus*). ARCHÉOL. Petite stèle funéraire ou votive.

CIPRE n.m. Louisiane. Cyprès chauve, arbre qui pousse dans l'eau.

CIPRIÈRE n.f. Louisiane. Marécage où poussent des cipres.

CIRAGE n.m. **1.** Action de cirer. **2.** Produit destiné à l'entretien et au lustrage des cuirs. ◇ Fam. *Être dans le cirage,* ne rien voir et, par ext., avoir l'esprit confus, brouillé.

CIRCADIEN, ENNE adj. (lat. *circa,* environ, et *dies,* jour). PHYSIOL. *Rythme circadien :* rythme biologique dont la périodicité est d'environ 24 heures.

CIRCAÈTE [sirkaɛt] n.m. (gr. *kirkos,* faucon, et *aetos,* aigle). Oiseau rapace diurne de grande taille (envergure 160 à 180 cm), dont une espèce, le *circaète jean-le-blanc,* habite les régions boisées du centre et du sud de la France.

CIRCASSIEN, ENNE adj. et n. **1.** De la Circassie. **2.** Des Tcherkesses (v. partie n.pr.).

CIRCONCIRE v.t. (lat. *circumcidere,* couper autour) [101]. Pratiquer la circoncision sur.

CIRCONCIS, E adj. et n.m. Qui a subi la circoncision.

CIRCONCISION [sirkɔ̃sizjɔ̃] n.f. (lat. *circumcisio*). Excision totale ou partielle du prépuce. ◇ Spécialt. Excision rituelle du prépuce (chez les juifs, les musulmans et divers peuples).

CIRCONFÉRENCE n.f. (du lat. *circumferre,* faire le tour). **1.** Anc. Cercle. – Actuellement, périmètre d'un cercle (sa longueur est égale à $2\pi R$ [R = rayon]). **2.** Pourtour d'un espace plan (d'une ville, d'un champ).

CIRCONFLEXE adj. (lat. *circumflexus,* fléchi autour). *Accent circonflexe :* signe diacritique (ˆ) servant en français à indiquer une voyelle longue *(pâté)* ou à distinguer des homonymes *(dû)* ; signe d'accentuation grec (˜) notant, sur la même voyelle, une intonation aiguë suivie d'une intonation grave.

CIRCONLOCUTION n.f. (lat. *circumlocutio,* périphrase). Manière de parler dans laquelle on exprime sa pensée d'une façon indirecte ; périphrase.

CIRCONSCRIPTIBLE adj. *Polygone circonscriptible,* qui s'inscrit dans un cercle.

CIRCONSCRIPTION n.f. (de *circonscrire*). Division administrative, militaire, religieuse d'un territoire. *Circonscription électorale.*

CIRCONSCRIRE v.t. (lat. *circumscribere*) [99]. **1.** Tracer une ligne autour de qqch. *Circonscrire un espace.* ◇ MATH. *Circonscrire un polygone à un cercle* (ou *un cercle à un polygone*) : tracer un polygone dont les côtés sont tangents au cercle (ou un cercle passant par les sommets du polygone). **2.** Limiter la propagation, l'extension (d'une épidémie, d'un incendie). **3.** Cerner. *Circonscrire un sujet.*

CIRCONSPECT, E [sirkɔ̃spɛ, ɛkt] ou [sirkɔ̃spɛkt] adj. (lat. *circumspectus*). Qui fait preuve de circonspection, qui la manifeste.

CIRCONSPECTION [sirkɔ̃spɛksjɔ̃] n.f. Prudence, discrétion en actes et en paroles.

CIRCONSTANCE n.f. (du lat. *circumstare,* se tenir autour). **1.** Particularité qui accompagne un fait, une situation. *Se trouver dans une circonstance difficile.* **2.** DR. *Circonstances aggravantes, atténuantes,* éléments qui augmentent ou diminuent la gravité d'une infraction et la peine applicable. **3.** Ce qui détermine un moment donné. *Dans les circonstances actuelles.* – *De circonstance :* adapté à une situation précise.

CIRCONSTANCIÉ, E adj. Détaillé, précis, complet. *Un rapport circonstancié.*

Les *sons postsynchronisés* (paroles, bruitage, musique), enregistrés en auditorium, viennent enrichir ou remplacer le son direct.

Après la copie zéro, première copie étalonnée réunissant l'image et le son, le *laboratoire* tire les copies standards.

Le distributeur prend en charge les problèmes de commercialisation et loue le film à un exploitant, qui gère des *salles de cinéma*.

Après sa sortie en salles, le film peut être diffusé en *vidéocassettes* et par les *chaînes de télévision,* souvent coproductrices.

Le film est l'aboutissement d'un long processus de fabrication, qui fait intervenir plusieurs catégories de professionnels.

• La **conception** et la **préparation.** Un film naît d'une idée et de son financement. Le *scénariste,* l'*adaptateur,* le *dialoguiste* élaborent le scénario, généralement en collaboration avec le *réalisateur* (quand celui-ci n'en est pas le principal auteur), tandis que le *producteur* réunit les moyens financiers. Dès que la décision de faire le film est prise, on procède à la distribution des rôles, au recrutement de l'équipe technique, aux repérages, à la confection des décors. À partir du découpage technique, l'*assistant réalisateur* établit le plan de travail.

• Le **tournage.** Autour du réalisateur, maître d'œuvre du film, opèrent le *directeur de la photographie,* le *cadreur* et les *assistants opérateurs,* le *chef électricien* et son équipe, l'*ingénieur du son* et le *perchiste,* la *scripte,* le *régisseur,* le *décorateur,* l'*accessoiriste,* les *machinistes,* le *costumier,* le *maquilleur,* le *photographe de plateau.*

• La **postproduction.** Sous la responsabilité du réalisateur et du *chef monteur,* les images et les sons enregistrés au tournage sont montés. Les différentes bandes sonores sont mixées. Le laboratoire, qui a déjà assuré le développement et le tirage des rushes, monte le négatif image en conformité avec la copie de travail, réalise certains effets spéciaux, procède à l'étalonnage puis tire les copies.

CIRCONSTANCIEL, ELLE adj. **1.** Qui est lié aux circonstances. *Une déclaration circonstancielle.* **2.** GRAMM. Qui indique les circonstances de l'action verbale. *Complément circonstanciel de temps, de lieu, de cause, etc. Subordonnée circonstancielle.*

CIRCONVALLATION [sirkɔ̃valasjɔ̃] n.f. (lat. *circumvallare,* entourer d'un retranchement). Fortification établie par l'assiégeant d'une place pour se garder contre une armée se portant au secours des assiégés.

CIRCONVENIR v.t. (lat. *circumvenire,* venir autour) [40]. Manœuvrer qqn pour obtenir qqch. *Circonvenir un juge.*

CIRCONVOISIN, E adj. Litt. Situé autour.

CIRCONVOLUTION n.f. (lat. *circumvolvere,* rouler autour). **1.** Enroulement autour d'un axe central. *Un escalier à double circonvolution.* **2.** ANAT. *Circonvolutions cérébrales :* replis sinueux de l'écorce cérébrale chez les mammifères. *Circonvolutions intestinales :* replis des intestins.

CIRCUIT n.m. (lat. *circuire,* faire le tour). **1.** Trajet que représente le tour d'un lieu. *Le circuit d'une ville.* **2.** Itinéraire compliqué. *J'ai fait un long circuit pour arriver ici !* **3.** Parcours touristique ou sportif, parfois en boucle, avec retour au point de départ. *Faire le circuit des châteaux de la Loire. Le circuit du Mans.* – Fam. *Ne plus être dans le circuit :* ne plus être en activité, ni au fait des choses. ◇ *Remettre dans le circuit :* remettre en circulation. **4.** ÉLECTR. et ÉLECTRON. Suite de conducteurs électriques reliés entre eux. *Circuit fermé.* – Ensemble de conducteurs traversés de bout en bout par le courant. – *Circuit imprimé :* dépôt métallique conducteur placé sur un support isolant. – *Circuit intégré :* circuit de faibles dimensions comportant un grand nombre de composants actifs et passifs, réalisé sur une mince plaquette de silicium. –*Circuit logique :* circuit intégré remplissant une fonction logique de base (non, et, ou). **5.** Ensemble de tuyauterie assurant l'écoulement d'un fluide. **6.** Ensemble de salles de cinéma relevant de la même société ou du même programmateur. **7.** Parcours fermé, constitué d'éléments emboîtables, sur lequel on peut faire circuler des jouets (trains, voitures). **8.** Ensemble de compétitions réservées aux professionnels et dont les résultats sont pris en compte pour un classement, dans certains sports (tennis et golf, notamm.). **9.** *Circuit économique :* représentation des faits économiques comme résultat d'enchaînements d'opérations interdépendantes et non séparées.

1. CIRCULAIRE adj. **1.** Qui a la forme d'un cercle. *Piste circulaire.* – Qui décrit un cercle. *Mouvement circulaire.* **2.** MATH. **a.** *Fonctions circulaires :* fonctions trigonométriques (sinus, cosinus, etc.). **b.** *Permutation circulaire :* permutation associant à une suite finie d'éléments la suite constituée des mêmes éléments, décalés d'un ou plusieurs rangs (ex. : 1, 2, 3, 4, 5 → 3, 4, 5, 1, 2). **3.** Qui, à la manière d'un cercle, revient à son point de départ. *Voyage circulaire.*

2. CIRCULAIRE n.f. Lettre, avis administratifs, professionnels ou diplomatiques, tirés à plusieurs exemplaires pour communiquer une même information à plusieurs personnes.

CIRCULAIREMENT adv. En décrivant un cercle.

CIRCULANT, E adj. Qui est en circulation, en parlant de l'argent, de valeurs.

CIRCULARISER v.t. Rendre circulaire.

CIRCULARITÉ n.f. Caractère de ce qui est circulaire, fait revenir au point de départ.

CIRCULATION n.f. **1.** Mouvement d'un liquide. – *Circulation du sang :* mouvement du sang que le cœur envoie par ses artères aux organes et qui revient des organes au cœur par les veines, après être passé par les capillaires. (On distingue une circulation générale, ou *grande circulation,* et une circulation pulmonaire, ou *petite circulation.*) ◇ *Circulation atmosphérique :* mouvement des grandes masses d'air dans la troposphère. **2.** Déplacement de personnes, de véhicules sur une ou plusieurs voies ; trafic. *Route à grande circulation.* ◇ Les véhicules qui circulent. **3.** Échanges économiques, transactions. *Circulation monétaire :* mouvement de la masse monétaire en un temps donné.

CIRCULATOIRE adj. Relatif à la circulation du sang. *Troubles circulatoires.* – *Appareil circulatoire :* ensemble des vaisseaux assurant la circulation du sang et de la lymphe (artères, capillaires, veines).

CIRCULER v.i. (lat. *circulare,* de *circulus,* cercle). **1.** Se mouvoir en circuit fermé et spécialement se déplacer dans les vaisseaux, en parlant du sang. **2.** Se déplacer sur des voies de communication. *On circule mal dans Paris. Circulez !* **3.** Passer de main en main. **4.** Se répandre, être propagé. *L'information circule.*

CIRCUMAMBULATION [-kɔm-] n.f. Pratique magico-religieuse qui consiste à faire le tour d'un emplacement, d'un objet, d'une personne.

CIRCUMDUCTION [-kɔm-] n.f. SC. Rotation d'un membre autour de son insertion sur le tronc selon un cône dont l'articulation forme le sommet.

CIRCUMLUNAIRE [-kɔm-] adj. ASTRON. Qui entoure la Lune, s'effectue autour d'elle. *Orbite circumlunaire.*

CIRCUMNAVIGATION [-kɔm-] n.f. Didact. Voyage maritime autour d'une vaste étendue de terre ou autour du globe.

CIRCUMPOLAIRE [-kɔm-] adj. Didact. Qui est ou qui se fait autour d'un pôle. – *Étoile circumpolaire :* étoile assez voisine du pôle céleste pour rester toujours au-dessus de l'horizon en un lieu donné.

CIRCUMSTELLAIRE [-kɔm-] adj. ASTRON. Qui entoure une étoile.

CIRCUMTERRESTRE [-kɔm-] adj. ASTRON. Qui entoure la Terre, se fait autour d'elle.

CIRE n.f. (lat. *cera*). **I. 1.** *Cire d'abeille :* substance grasse et fusible, de couleur jaune, sécrétée par les glandes cirières des abeilles ouvrières, qui en font les rayons de leur ruche. **2.** Substance végétale analogue. *Arbre à cire.* **3.** Préparation à base de cire d'abeille ou de cire végétale et de solvants utilisée pour l'entretien du bois. **4.** *Cire à cacheter :* composition de gomme laque ou de résine et d'essence, utilisée pour cacheter les lettres, les bouteilles. **5.** *Une cire molle :* une personne influençable. **II.** ORNITH. Membrane qui recouvre la base du bec de certains oiseaux.

1. CIRÉ, E adj. *Toile cirée :* toile enduite d'une composition vernissée qui la rend brillante et imperméable.

2. CIRÉ n.m. Vêtement imperméable en tissu huilé ou plastifié.

CIRER v.t. Enduire de cire ou de cirage.

CIREUR, EUSE n. Personne qui a pour profession de cirer les chaussures. ◇ Personne qui cire. *Cireur de parquets.*

CIREUSE n.f. Appareil ménager, le plus souvent électrique, qui cire les parquets.

CIREUX, EUSE adj. Qui a la couleur jaunâtre de la cire ; blême. *Teint cireux.*

1. CIRIER, ÈRE adj. Qui produit de la cire. *Arbre cirier.* ◇ *Abeille cirière* ou *cirière,* n.f. : abeille qui sécrète la cire.

2. CIRIER n.m. **1.** Celui qui travaille la cire ; marchand, fabricant de cierges, de bougies. **2.** Arbre à cire d'Asie et d'Amérique tropicales.

CIRON n.m. (francique *seuro*). Arachnide aptère minuscule, considéré, avant l'invention du microscope, comme le plus petit animal existant. ◇ Spécialt. Acarien du fromage.

CIRQUE n.m. (lat. *circus*). **1.** Enceinte à gradins où se disputaient les courses de chars, les combats de gladiateurs dans la Rome antique ; arène. **2.** Enceinte circulaire où se donnent des spectacles équestres, acrobatiques, etc. ; entreprise qui assure ce spectacle. ◇ Fig., fam. Désordre, agitation. *Quel cirque !* **3.** GÉOGR. Dépression semi-circulaire, à bords raides, d'origine glaciaire, à l'amont d'un glacier. ◇ ASTRON.

Grand cratère météoritique, aux remparts montagneux, à la surface de la Lune.

■ Le créateur du cirque est l'Anglais Philip Astley (1742-1814), qui ouvrit une succursale à Paris dès 1783. Le Vénitien Antonio Franconi (1737-1836) et ses fils prirent sa suite à la Révolution. On doit à Louis Dejean (1792-1870) la construction du Cirque Napoléon, l'actuel Cirque d'Hiver, inauguré en 1852. Aujourd'hui, la plupart des cirques sont devenus des sociétés. Les plus importants sont, en France, Médrano, Amar, Pinder, Bouglione et Gruss ; à l'étranger, les cirques Ringling Bros, Barnum and Bailey aux États-Unis, Krone en Allemagne, le Cirque du Soleil au Canada, des collectifs d'artistes en Russie et le Théâtre acrobatique chinois.

CIRRE ou **CIRRHE** n.m. (lat. *cirrus,* filament). **1.** ZOOL. Appendice flexueux et rameux de certains invertébrés (vers, mollusques, cirripèdes). **2.** BOT. Vrille des plantes grimpantes.

CIRRHOSE n.f. (gr. *kirrhos,* roux). Maladie du foie caractérisée par une altération des cellules (hépatocytes), une sclérose et des nodules de régénération. *La cirrhose alcoolique est une cirrhose atrophique, dite* à petit foie.

CIRRHOTIQUE adj. et n. Relatif à la cirrhose ; atteint de cirrhose.

CIRRIPÈDE n.m. (lat. *cirrus,* filament, et *pes, pedis,* pied). *Cirripèdes :* sous-classe de crustacés inférieurs marins fixés, comme l'anatife et la balane, ou parasites, comme la sacculine.

CIRROCUMULUS [-lys] n.m. Nuage de la famille des cirrus formé par des groupes de flocons blancs séparés (ciel moutonné).

cirrocumulus

CIRROSTRATUS [-tys] n.m. Nuage de la famille des cirrus qui forme un voile blanchâtre dessinant un halo autour de la Lune ou du Soleil.

cirrostratus

CIRRUS [sirys] n.m. (lat. *cirrus,* filament). Nuage blanc se formant entre 6 et 10 km d'altitude en bandes ou filaments isolés et qui apparaît à l'avant d'une dépression.

CIRSE n.m. (lat. *cirsium*). Chardon épineux des terrains incultes et des lieux humides. (Famille des composées.)

CISAILLE n.f. (du lat. *caedere,* couper). **1.** (Souvent au pl.). Outil en forme de pince coupante ou de gros ciseaux, servant à couper les métaux, à élaguer les arbres. **2.** TECHN. Rognure de métal qu'on refond en lames pour la fabrication des monnaies.

CISAILLEMENT n.m. **1.** Action de cisailler ; son résultat. **2.** Entaillage d'une pièce métallique par une pièce contiguë en mouvement. *Cisaillement d'un boulon.* **3.** AUTOM. Croisement sous un angle faible de deux courants de circulation qui vont dans le même sens.

CISAILLER v.t. **1.** Couper avec des cisailles ou avec un instrument tranchant. **2.** User (une pièce) par cisaillement.

CISALPIN, E adj. Situé en deçà des Alpes par rapport à Rome. *Gaule cisalpine et Gaule transalpine.*

CISEAU n.m. (du lat. *caedere* couper). **1.** Outil formé d'une lame ou d'une tige d'acier biseautée à l'une de ses extrémités et parfois emmanchée, servant à travailler le bois, le fer, la pierre. **2.** SPORTS. Prise de lutte, de catch qui consiste à croiser les jambes autour de l'adversaire. ◆ pl. **1.** Instrument en acier à deux branches mobiles croisées sur un pivot et tranchantes sur leur partie intérieure. **2.** *Sauter en ciseaux :* exécuter un saut en hauteur en écartant et rapprochant les jambes.

CISÈLEMENT ou **CISELAGE** n.m. **1.** Action de ciseler ; son résultat. **2.** Action de débarrasser une grappe de raisin des grains défectueux.

CISELER v.t. (de *ciseau*) [25]. **1.** Travailler finement un ouvrage de métal, de pierre ou de toute autre matière dure à l'aide de ciseaux, de ciselets. *Ciseler un bijou, une statue.* **2.** Découper au moyen de ciseaux des motifs décoratifs dans une étoffe. **3.** VITIC. Pratiquer le cisèlement.

CISELET n.m. Petit ciseau ou pointe à l'usage des bronziers, des orfèvres, des graveurs.

CISELEUR, EUSE n. Artiste, artisan qui cisèle.

CISELURE n.f. **1.** Art du ciseleur. **2.** Ouvrage, ornement ciselé.

CISJURAN, E adj. En deçà du Jura.

CISOIRES n.f. pl. Grosses cisailles de tôlier, de chaudronnier, etc., montées sur un pied.

1. CISTE n.m. (gr. *kisthos*). Arbrisseau méditerranéen à fleurs blanches ou roses, dont une espèce fournit le labdanum.

2. CISTE n.f. (gr. *kistê*). **1.** Corbeille, coffret portés notamment lors des mystères de Déméter, de Dionysos, de Cybèle et contenant les objets du culte. **2.** Tombe mégalithique, dite aussi *sépulture en coffre,* constituée de quatre dalles de chant et recouverte d'une dalle horizontale.

CISTERCIEN, ENNE adj. et n. De l'ordre de Cîteaux.

■ Les cisterciens constituent une famille monastique issue de l'abbaye bénédictine de Cîteaux, près de Dijon, et dont le fondateur fut en 1098 Robert de Molesmes. Les cisterciens veulent observer exactement la règle de saint Benoît par une plus grande austérité et l'exercice du travail manuel. À la fin du XVIIe s., une branche réformée de cisterciens se créa à l'abbaye normande de Notre-Dame de la Trappe, de sorte que l'ordre se compose de cisterciens et de cisterciennes de la commune observance, de trappistes et de trappistines.

cirrus

CISTRE n.m. Instrument de musique à long manche, à cordes pincées et à fond plat (XVIe-XVIIe s.).

CISTRON n.m. (de *cis-* et de *trans-*). CYTOL. Fragment de gène formant une unité fonctionnelle.

CISTUDE n.f. (lat. *cistudo*). Tortue d'eau douce de l'Europe tempérée. (Long. max. 35 cm ; famille des émydidés.)

cistude

CITADELLE n.f. (it. *cittadella,* du lat. *civitas,* cité). **1.** Ouvrage fortifié protégeant et commandant une ville. **2.** Fig. Centre de résistance. ◇ Lieu où l'on défend, maintient certaines idées.

CITADIN, E adj. et n. (it. *cittadino,* du lat. *civitas,* cité). De la ville. ◆ n. Personne habitant une ville.

CITADINE n.f. Automobile particulièrement adaptée à la conduite en ville.

CITATEUR, TRICE n. Personne qui fait une citation d'un texte, de qqn.

CITATION n.f. (lat. *citatio*). **1.** Passage d'un auteur rapporté exactement. **2.** DR. Assignation à comparaître en justice en tant que défendeur ou témoin. **3.** MIL. Mise à l'ordre du jour, pour une action d'éclat, d'une personne, d'une unité.

CITÉ n.f. (lat. *civitas*). **1.** Dans l'Antiquité et au Moyen Âge, unité politique constituée par une ville et ses environs. ◇ *Droit de cité :* **a.** Droit d'être admis au nombre des citoyens, avec l'ensemble de leurs prérogatives. **b.** Fait pour qqch d'être admis, toléré. **2.** État. *Les lois de la cité.* **3.** Litt. Ville. *Cité sainte,* ville particulièrement vénérée par les fidèles d'une religion. – Absolt. *La cité sainte :* Jérusalem. ◇ *La cité céleste :* le paradis. **4.** Partie la plus ancienne de certaines villes (avec majuscule). *L'île de la Cité, à Paris.* **5.** Groupe d'immeubles ayant même destination. *Cité universitaire. Cité ouvrière.* ◇ Absolt. Cité H.L.M. *La rénovation des cités.*

CITÉ-DORTOIR n.f. (pl. *cités-dortoirs*). Agglomération suburbaine essentiellement destinée au logement. SYN. : *ville-dortoir.*

CITÉ-JARDIN n.f. (pl. *cités-jardins*). Ville ou zone résidentielle largement pourvue d'espaces verts.

CITER v.t. (lat. *citare*). **1.** Reproduire exactement (un texte, les paroles de qqn), rapporter. **2.** Désigner avec précision, mentionner. *Citez-moi quelques comédies de Molière.* **3.** Assigner (qqn) en justice. **4.** MIL. Faire de qqn l'objet d'une citation.

CITÉRIEUR, E adj. (lat. *citerior*). Anc. En deçà, de notre côté, plus près de nous. *La Gaule citérieure,* située de ce côté-ci des Alpes, pour les Romains.

CITERNE n.f. (lat. *cisterna ;* de *cista,* coffre). **1.** Réservoir où l'on recueille et conserve les eaux de pluie. **2.** Cuve fermée destinée à emmagasiner des liquides (vin, produits pétroliers) ; son contenu. **3.** Véhicule pour le transport des liquides.

CITHARE n.f. (gr. *kithara*). **1.** ANTIQ. Lyre munie d'une grande caisse de résonance. **2.** Tout instrument à cordes tendues sur une caisse de résonance dépourvue de manche.

CITHARÈDE n. ANTIQ. GR. Personne qui chantait en s'accompagnant de la cithare.

CITHARISTE n. Joueur, joueuse de cithare.

CITIZEN BAND [sitizənbɑ̃d] n.f. (angl. *citizen's band*) [pl. *citizen bands*]. RADIOTECHN. Bande de fréquence autour de 27 MHz utilisée pour les communications entre particuliers, notamment à bord de leurs automobiles. Recomm. off. : *bande publique ;* abrév. : *C. B.*

CITOYEN, ENNE n. (de *cité*). **1.** Dans l'Antiquité, personne qui jouissait du droit de cité. **2.** Membre d'un État considéré du point de vue de ses devoirs et de ses droits civils et politiques. **3.** Sous la Révolution, titre substitué à « monsieur », « madame ». **4.** Fam., péj. Individu quelconque. ◆ adj. Relatif à la citoyenneté et aux conditions de son exercice. *Une exigence citoyenne.*

CITOYENNETÉ n.f. Qualité de citoyen.

CITRATE n.m. (lat. *citrus,* citron). Sel de l'acide citrique.

CITRIN, E adj. Litt. De la couleur du citron.

CITRINE n.f. Quartz jaune appelé aussi fausse topaze.

CITRIQUE adj. *Acide citrique :* acide extrait du citron, des groseilles, de divers fruits.

CITRON n.m. (lat. *citrus*). **1.** Fruit du citronnier, ovoïde, d'un jaune pâle et renfermant un jus acide riche en vitamine C. **2.** Pop. Tête. ◆ adj. inv. Jaune clair.

CITRONNADE n.f. Boisson préparée avec du jus ou du sirop de citron et de l'eau sucrée.

CITRONNÉ, E adj. **1.** Qui sent le citron. **2.** Où l'on a mis du jus de citron.

CITRONNELLE n.f. **1.** Nom générique de graminées aromatiques des régions tropicales cultivées pour leurs huiles essentielles. **2.** Nom usuel de la mélisse, d'une armoise et de la verveine odorante. **3.** Liqueur à base de zestes de citron macérés dans l'eau-de-vie, appelée aussi eau des Barbades.

CITRONNIER n.m. **1.** Arbre du groupe des agrumes, cultivé dans les régions méditerranéennes et subtropicales, et produisant les citrons. (Famille des rutacées.) **2.** Son bois, utilisé en ébénisterie.

citronnier

CITROUILLE n.f. (it. *citruolo ;* lat. *citrus,* citron). Plante de la famille des cucurbitacées, dont le fruit, volumineux, peut atteindre 50 kg ; ce fruit.

citrouille

CITRUS n.m. BOT. Genre de la famille des rutacées formant la tribu des aurantiées (citron, orange, mandarine, clémentine, pamplemousse, etc.).

ÇIVAÏSME n.m. → ***sivaïsme.***

ÇIVAÏTE adj. et n. → ***sivaïte.***

CIVE n.f. (lat. *caepa,* oignon). Ciboule.

CIVELLE n.f. (lat. *caecus,* aveugle). Jeune anguille au moment de sa montée dans les cours d'eau. SYN. : *pibale.*

CIVET [sivɛ] n.m. (de *cive,* ragoût préparé avec des cives). Ragoût de lièvre, de lapin ou d'autre gibier, mariné au vin rouge et cuit dans une sauce au sang avec des oignons.

1. CIVETTE n.f. (it. *zibetto,* mot ar.). **1.** Carnivore à pelage gris orné de bandes et de taches noirâtres, mesurant 50 cm de long. (Famille des viverridés.) **2.** Sécrétion de la poche anale de cet animal, employée en parfumerie.

2. CIVETTE n.f. (de *cive*). Ciboulette.

CIVIÈRE n.f. (lat. *cibarius,* qui sert au transport des provisions). Brancards réunis par une toile pour porter des blessés, des malades, des fardeaux, etc.

1. CIVIL, E adj. (lat. *civilis*). **1.** Qui concerne les citoyens, leur collectivité, leurs rapports sociaux. **a.** *Guerre civile,* entre citoyens d'un même pays. **b.** *État civil* → ***état.*** **c.** *Droits civils,* garantis par la loi à tous les citoyens d'un État considérés comme personnes privées (par opp. à *droits politiques*). **d.** *Code civil :* ouvrage qui réunit la législation relative à l'état et à la capacité des personnes, à la famille, au patrimoine et à sa transmission, aux contrats, obligations et sûretés. **e.** *Partie civile :* personne qui intente une action devant une juridiction pénale pour obtenir réparation du préjudice subi par suite d'une infraction. **2.** Relatif aux rapports juridiques entre particuliers. *Droit civil* (par opp. à *pénal*). **3.** Dépourvu de caractère militaire ou religieux. *Emploi, vêtement, mariage civil.* **4.** PHILOS. *Société civile,* selon Hegel, ensemble des liens juridiques et économiques unissant les individus dans des rapports de dépendance. **5.** Litt. Respectueux des rapports de la bonne société ; conforme à leurs règles.

2. CIVIL n.m. **1.** Homme qui n'est ni militaire ni religieux. ◇ *En civil,* portant un vêtement autre qu'un uniforme. **2.** État, condition du civil. *Dans le civil.* **3.** DR. Ce qui concerne les rapports juridiques des particuliers ; la procédure, les juridictions civiles. *Plaider au civil* (par opp. à *pénal*).

CIVILEMENT adv. **1.** En matière civile, en droit civil (par opp. aux juridictions pénales ou aux autorités religieuses). *Être civilement responsable. Se marier civilement.* **2.** Litt. Avec politesse.

CIVILISABLE adj. Qui peut être civilisé.

CIVILISATEUR, TRICE adj. et n. Qui développe, propage la civilisation.

CIVILISATION n.f. **1.** Action de civiliser ; fait de se civiliser. **2.** Ensemble des caractères propres à la vie culturelle et matérielle d'une société humaine. *La civilisation occidentale.* **3.** Cet ensemble porté à un degré extrême d'évolution.

CIVILISÉ, E adj. et n. Doté d'une civilisation, évolué, policé.

CIVILISER v.t. **1.** Amener une société, un peuple d'un état primitif à un état supérieur d'évolution culturelle et matérielle. **2.** Adoucir, polir le caractère, les manières de qqn. **3.** DR. Transformer en procès civil une affaire pénale.

CIVILISTE n. Spécialiste du droit civil.

CIVILITÉ n.f. (lat. *civilitas*). Litt. Respect des bienséances. ◆ pl. Paroles de politesse, compliments d'usage.

CIVIQUE adj. (lat. *civis,* citoyen). **1.** Qui concerne le citoyen et son rôle dans la vie politique. **a.** *Droits civiques,* légalement conférés aux citoyens. **b.** *Éducation civique,* destinée à préparer les élèves à leur rôle de citoyen. **c.** HIST. *Garde civique :* garde nationale. **2.** Propre au bon citoyen. – *Sens civique :* dévouement envers la collectivité, l'État.

CIVISME n.m. Sens civique.

Cl, symbole chimique du chlore.

CLABAUD [klabo] n.m. (anc. fr. *clabet,* crécelle). Chien courant qui clabaude.

CLABAUDAGE n.m. **1.** Cri du chien qui clabaude. **2.** Criaillerie.

CLABAUDER v.i. **1.** VÉN. Aboyer hors des voies, mal à propos, en parlant du chien courant. **2.** Criailler pour ameuter contre qqn.

CLABAUDERIE n.f. Médisance, criaillerie intempestive.

CLABOT n.m. → ***crabot.***

CLABOTAGE n.m. → ***crabotage.***

1. CLABOTER v.i. Pop. Mourir.

2. CLABOTER v.t. → ***craboter.***

CLAC interj. (onomat.). Exprime un bruit sec, un claquement bref et soudain.

CLACTONIEN n.m. (de *Clacton-on-Sea,* v. d'Angleterre). Faciès industriel du paléolithique inférieur, qui constitue la première industrie sur éclats. ◆ **clactonien, enne** adj. Du clactonien.

CLADE n.m. (gr. *klados,* rameau). BIOL. Grand groupe d'animaux ou de plantes caractérisé par une origine évolutive probablement commune. (Ex. : les cordés, les plantes vasculaires.)

CLADISME n.m. Méthode de classification des êtres vivants selon leur parenté évolutive, fondée sur la recherche des caractères propres aux différents groupes. SYN. : *2. cladistique.*

1. CLADISTIQUE adj. Relatif au cladisme. *Méthode cladistique.*

2. CLADISTIQUE n.f. Cladisme.

CLADOCÈRE n.m. *Cladocères :* ordre de crustacés marins ou d'eau douce, souvent pourvus d'une carapace bivalve, nageant à l'aide d'une paire de longues antennes rameuses et dont le type est la daphnie.

CLAFOUTIS [klafuti] n.m. (de *clafir,* remplir). Gâteau cuit au four, constitué par un mélange de pâte et de fruits, notamment de cerises.

CLAIE [klɛ] n.f. (mot gaul.). **1.** Treillis d'osier, à claire-voie. **2.** Clôture à claire-voie en bois ou en métal.

CLAIM [klɛm] n.m. (mot angl.). **1.** Concession minière d'or, d'argent, d'uranium, etc. **2.** Terrain renfermant un minerai précieux ou rare.

1. CLAIR, E adj. (lat. *clarus*). **I. 1.** Qui répand de la lumière, en a l'éclat. *Une flamme claire.* **2.** Qui reçoit beaucoup de lumière. *Une salle claire.* **3.** Qui laisse passer la lumière ; transparent, pur. *Une source claire.* **4.** Peu consistant. *Une soupe claire.* **5.** De couleur peu foncée. *Une étoffe rose clair.* **6.** En parlant d'un son, net, sonore, cristallin. *Voix claire.* **II. 1.** Facilement intelligible. *Un exposé clair.* **2.** Évident, manifeste. *Clair comme le jour.* **3.** Qui comprend facilement ou se fait aisément comprendre. *Esprit clair.* ◆ adv. **1.** *Il fait clair,* il fait grand jour. **2.** *Voir clair,* distinguer nettement, juger pertinemment. **3.** *Parler clair,* distinctement ; avec netteté et franchise.

2. CLAIR n.m. **1.** Clarté (répandue par un astre). *Clair de lune.* **2.** *Le plus clair de :* l'essentiel de. *Le plus clair du temps.* – *Mettre au clair :* rendre intelligible en ordonnant. *Mettre des idées au clair.* – *Tirer au clair :* éclaircir, élucider (ce qui est embrouillé, obscur). – *En clair :* non chiffré et non codé. *Message en clair.* **3.** Partie éclairée d'un tableau. *Les ombres et les clairs.*

CLAIRANCE n.f. MÉD. Rapport entre la concentration sanguine d'un corps et son élimination urinaire. SYN. (anglic. déconseillé) : *clearance.*

CLAIRE n.f. Bassin peu profond où l'on affine les huîtres. ◇ *Fine de claire* ou *claire,* n.f. : huître n'ayant séjourné en claire que quelques semaines (par opp. à *spéciale*).

CLAIREMENT adv. De façon claire.

CLAIRET, ETTE adj. (de *clair*). **1.** *Vin clairet* ou *clairet,* n.m. : vin léger et peu coloré. **2.** Peu épais. *Bouillon clairet.*

CLAIRETTE n.f. Vin blanc mousseux du Midi ; cépage qui le produit.

CLAIRE-VOIE n.f. (pl. *claires-voies*). Ouvrage fait d'un entrecroisement de lattes ou de fils, laissant passer la lumière. – *À claire-voie :* ajouré. ◇ ARCHIT. Rangée de baies de la partie haute d'une nef d'église ; garde-corps ou clôture ajourés.

CLAIRIÈRE n.f. **1.** Endroit dégarni d'arbres, dans un bois, une forêt. **2.** TEXT. Endroit où le tissu est moins serré. *Clairières d'une toile.*

CLAIR-OBSCUR n.m. (pl. *clairs-obscurs*). **1.** PEINT. et DESS. Procédé consistant à moduler la lumière sur un fond d'ombre de façon à suggérer le relief et la profondeur. ◇ GRAV. Camaïeu. **2.** Lumière douce, tamisée.

CLAIRON n.m. (de *clair*). **1.** Instrument de musique à vent, sans clé ni piston, en usage surtout dans l'armée (depuis 1822 dans l'infanterie) et dans la marine. **2.** Celui qui sonne du clairon.

CLAIRONNANT, E adj. Qui claironne ; puissant et clair, en parlant de la voix.

CLAIRONNER v.i. **1.** Rare. Jouer du clairon. **2.** Parler d'une voix forte et claire. ◆ v.t. Proclamer avec éclat. *Claironner une nouvelle.*

CLAIRSEMÉ, E adj. Planté de-ci, de-là ; épars, dispersé. *Gazon clairsemé. Applaudissements clairsemés.*

CLAIRVOYANCE n.f. **1.** Faculté de l'esprit à juger avec clarté, perspicacité. **2.** En parapsychologie, perception extrasensorielle.

CLAIRVOYANT, E adj. **1.** Qui voit (par opp. à *aveugle*). **2.** Qui juge avec clarté ; perspicace.

CLAM [klam] n.m. (angl. *to clam,* serrer). Petit mollusque marin bivalve, de forme triangulaire, comestible.

CLAMECER v.i. → *clamser.*

CLAMER v.t. (lat. *clamare*). Litt. Exprimer en termes violents ou par des cris. *Clamer son innocence.*

CLAMEUR n.f. (lat. *clamor*). Cri collectif confus et tumultueux.

CLAMP [klɑ̃p] n.m. (nordique *klamp,* crampon). Instrument chirurgical servant à pincer les vaisseaux pour empêcher l'hémorragie.

CLAMSER [klamse] [3] ou **CLAMECER** v.i. [16]. Pop. Mourir. – REM. *Clamecer* est inusité aux présents de l'indicatif et du subjonctif aux trois premières personnes du singulier et à la troisième personne du pluriel, et à l'impératif présent à la deuxième personne du singulier.

CLAN n.m. (mot irland., *descendant*). **1.** Tribu écossaise ou irlandaise, formée d'un certain nombre de familles. **2.** Unité sociologique constituée d'individus se reconnaissant un ancêtre commun. **3.** Péj. Coterie, groupe fermé de personnes réunies par une communauté d'intérêt ou d'opinions.

CLANDÉ n.m. Arg. Maison de prostitution ou maison de jeu clandestine.

CLANDESTIN, E adj. (lat. *clandestinus ;* de *clam,* en secret). Qui se fait en cachette, dans le secret. *Réunion clandestine. – Passager clandestin,* embarqué à bord d'un navire, d'un avion à l'insu de l'équipage et qui reste caché pendant la durée de la traversée, du voyage. ◆ n. Immigré ou travailleur clandestin.

CLANDESTINEMENT adv. De façon clandestine.

CLANDESTINITÉ n.f. **1.** Caractère de ce qui est clandestin. **2.** Situation de ceux qui mènent une existence clandestine. *Résistants qui, entre 1940 et 1944, entrèrent dans la clandestinité.*

CLANIQUE adj. Du clan ; relatif au clanisme.

CLANISME n.m. Système d'organisation sociale reposant sur le clan.

CLAP n.m. (mot angl.). CIN. Claquette.

CLAPET [klapɛ] n.m. (anc. fr. *claper,* frapper). **1.** Partie mobile d'une soupape. **2.** Pop. Bouche, langue (d'une personne bavarde). *Ferme ton clapet !*

CLAPIER n.m. (anc. prov. *clapier,* de *clap,* tas de pierres). **1.** Cabane où l'on élève les lapins. **2.** Fam. Logis sale et exigu.

CLAPIR v.i. Pousser son cri, en parlant du lapin.

CLAPOTEMENT, CLAPOTIS [klapɔti] ou **CLAPOTAGE** n.m. Agitation légère de l'eau, produisant un petit bruit ; ce bruit.

CLAPOTER v.i. (onomat.). Produire un clapotis, en parlant de l'eau, des vaguelettes qui agitent sa surface.

CLAPOTEUX, EUSE ou **CLAPOTANT, E** adj. Qui clapote.

CLAPOTIS n.m. → *clapotement.*

CLAPPEMENT n.m. (onomat.). Bruit sec que fait la langue en se détachant du palais.

CLAPPER v.i. Produire un clappement.

CLAQUAGE n.m. **1.** Distension (d'un muscle, d'un ligament). **2.** ÉLECTR. Destruction d'un isolant par application d'une tension supérieure à sa rigidité diélectrique (tension de claquage).

CLAQUANT, E adj. Fam. Qui épuise.

1. CLAQUE n.f. (de *claquer*). **1.** Coup donné du plat de la main (en partic. au visage). ◇ Fam. *Tête à claques,* personne antipathique, désagréable. **2.** Anc. Groupe de personnes payé pour applaudir à l'opéra, au théâtre, etc. *La claque.* **3. a.** Partie de la tige d'une chaussure qui couvre l'avant-pied. **b.** Canada. Enveloppe légère en caoutchouc pour protéger les chaussures contre la boue. **4.** Pop. *En avoir sa claque (de) :* être excédé (de), ne plus pouvoir supporter.

2. CLAQUE n.m. Chapeau haut de forme à ressort qui peut s'aplatir. (On dit aussi *chapeau claque* ou *gibus.*)

3. CLAQUE n.m. Vulg. Maison de tolérance.

CLAQUEMENT n.m. Fait de claquer ; bruit de ce qui claque.

CLAQUEMURER v.t. (anc. fr. *à claquemur,* en un lieu si étroit que le mur claque). Enfermer étroitement. *Claquemurer des prisonniers.* ◆ **se claquemurer** v.pr. S'enfermer chez soi.

CLAQUER v.i. (onomat.). **1.** Produire un bruit sec. *Faire claquer un fouet.* ◇ Fam. *Claquer des dents, claquer de froid,* avoir très froid. **2.** Fam. Se casser, céder. *Verre, ficelle qui claque.* ◇ Fam. *Claquer dans les doigts, dans les mains :* échouer. **3.** Pop. Mourir. ◆ v.t. **1.** Appliquer, fermer (qqch) avec un bruit sec, violemment. *Claquer une porte.* **2.** Fam. Épuiser, éreinter. *Ce travail m'a claqué.* **3.** Fam. Dépenser, dilapider. *Claquer ses économies.* ◆ **se claquer** v. pr. **1.** Pop. S'épuiser. **2.** *Se claquer un muscle, un tendon :* se faire un claquage lors d'un effort violent.

CLAQUET n.m. Petite latte sur la trémie d'un moulin, qui claque continuellement.

CLAQUETER v.i. [27]. Pousser son cri, en parlant de la cigogne. SYN. : *craqueter.*

CLAQUETTE n.f. **1.** Instrument formé de deux planchettes que l'on fait claquer pour donner un signal ; claquoir. ◇ Spécialt. CIN. Instrument formé de deux plaquettes de bois où sont notées les références du plan et servant de repère sonore et visuel au montage. SYN. : *clap.* **2.** *Danse à claquettes* ou *claquettes,* n.f. pl. : style de danse, d'origine américaine, où l'on fait claquer en rythme la pointe et le talon de la chaussure munis de lames métalliques.

CLAQUOIR n.m. Claquette.

CLARAIN n.m. Constituant le plus fréquent du charbon, d'apparence homogène et brillante.

CLARIAS [klarjas] n.m. Poisson du Nil et des fleuves de l'Inde, qui peut respirer hors de l'eau. (Famille des siluridés.)

CLARIFICATION n.f. Action de clarifier ; son résultat.

CLARIFIER v.t. Rendre clair ; purifier, éclaircir. *Clarifier un liquide trouble. Clarifier la situation.*

CLARINE n.f. (de *clair*). Clochette qu'on pend au cou des animaux à l'alpage.

CLARINETTE n.f. (de l'anc. adj. *clarin,* qui sonne clair [fort]). Instrument à vent, à clés et à anche simple, de la catégorie des bois.

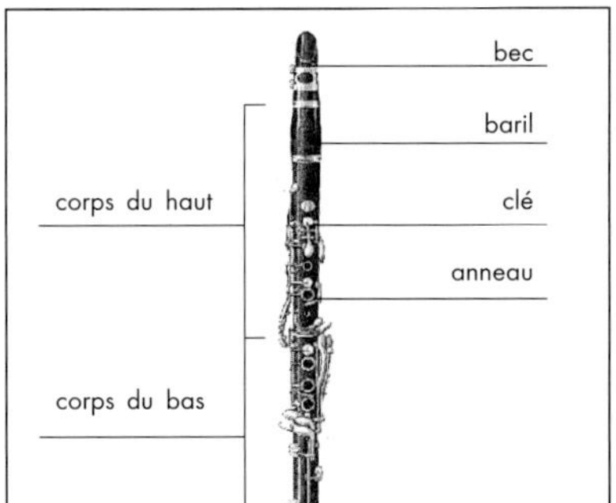

clarinette soprano

CLARINETTISTE n. Joueur de clarinette.

CLARISSE n.f. Religieuse de l'ordre contemplatif fondé par sainte Claire (1212) sur le modèle de la règle franciscaine.

CLARTÉ n.f. (lat. *claritas*). **1.** Lumière, éclairage répandu par qqch de lumineux. *La lampe répand une douce clarté.* **2.** État, caractère de ce qui est clair, lumineux, transparent, limpide. *La clarté d'un appartement. La clarté d'un verre.* **3.** Caractère de ce qui est facile à comprendre ; net, précis. *La clarté d'un raisonnement. S'exprimer avec clarté.* **4.** Litt. Ce qui permet de comprendre, d'éclaircir qqch. **5.** OPT. Rapport des éclairements de la rétine dans l'observation respectivement avec et sans instrument d'optique. ◆ pl. Vx. Connaissances, notions générales. *Avoir des clartés sur tout.*

CLASH [klaʃ] n.m. (mot angl.) [pl. *clashs* ou *clashes*]. Fam. Rupture, conflit, désaccord brutaux et violents.

CLASSABLE adj. Qui peut être classé.

1. CLASSE n.f. (lat. *classis*). **I. 1.** Groupe, ensemble de choses, de personnes ayant des traits communs ; catégorie. *S'adresser à une certaine classe de lecteurs. Classes grammaticales. – Classe politique :* ensemble des hommes politiques d'un pays supposés constituer une entité politique particulière. ◇ SC. DE LA V. Chacune des grandes divisions d'un embranchement d'êtres vivants, elle-même subdivisée en ordres. *Classe des oiseaux, des insectes.* ◇ LOG. Ensemble. – MATH. *Classe d'équivalence :* dans un ensemble muni d'une loi d'équivalence, chacun des sous-ensembles formés par les éléments équivalents entre eux deux à deux. ◇ STAT. Chacun des intervalles disjoints en lesquels on divise l'ensemble des valeurs prises par un caractère quantitatif. **2.** Ensemble d'individus défini en fonction d'un critère économique, historique, sociologique. *Classe bourgeoise, ouvrière. Lutte des classes.* **3.** Catégorie, rang attribué à qqn, à qqch selon un ordre d'importance, de valeur, de qualité. *Hôtel de première classe. Athlète de classe internationale.* **4.** Distinction, valeur, qualité exceptionnelle. *Avoir de la classe, beaucoup de classe.* **II. 1.** Chacun des degrés de l'enseignement primaire et secondaire. **2.** Division, au sein d'un même degré, constituée par un certain nombre d'élèves ; l'ensemble de ces élèves. *Il est le plus âgé de sa classe.* ◇ *Classe verte* ou *classe de nature, classe de neige, classe de mer :* séjour à la campagne, à la montagne ou à la mer d'une classe d'écoliers avec leur instituteur. **3.** Salle occupée par les élèves d'une division. **4.** Enseignement donné dans les écoles, collèges et lycées ; cours. *Livres de classe. Faire la classe.* ◇ *En classe :* à l'école. *Aller en classe.* **5.** Section d'un enseignement artistique. *Classe de solfège, de danse.* **6.** MIL. Ensemble des jeunes gens atteignant la même année l'âge de faire leur service national. ◇ *Faire ses classes :* recevoir l'instruction militaire de base au début du service militaire ; acquérir de l'expérience dans une matière.

2. CLASSE adj. Fam. Qui a de la classe ; distingué, chic.

CLASSEMENT n.m. **1.** Action de classer ; son résultat ; manière de classer. **2.** Rang dans lequel une personne est classée. *Obtenir un bon classement.*

CLASSER v.t. **1.** Ranger, répartir par classes, par catégories ou dans un ordre déterminé. *Classer des documents.* **2.** Assigner à (qqch, qqn) une place dans une classe, une catégorie. *On classe la baleine parmi les mammifères.* ◇ Absolt, péj. Juger définitivement (qqn) ; cataloguer. *Cet individu est classé.* **3.** *Classer un site, un monument,* les déclarer d'intérêt historique ou esthétique et placer leur sauvegarde sous le contrôle de l'État. **4.** *Classer une affaire,* en ranger le dossier, la considérer comme réglée ; DR., la clore par un non-lieu. ◆ **se classer** v.pr. Obtenir un certain rang. *Se classer dans les premiers.*

CLASSEUR n.m. **1.** Meuble, boîte de rangement, chemise servant à classer des papiers. **2.** Meuble à compartiments où l'on classe des documents.

CLASSICISME n.m. (du lat. *classicus,* de première classe). **1.** Caractère de ce qui est classique, conforme à une certaine tradition, notamm. en matière littéraire ou artistique. **2.** Doctrine littéraire et artistique se signalant par une recherche de l'équilibre, de la clarté, du naturel. ◇ Ensemble de tendances et de théories qui se manifestent en France au XVIIe s. et qui s'expriment dans des œuvres littéraires et artistiques considérées comme des modèles.

■ Dans l'histoire littéraire de la France, le classicisme est incarné par la génération de 1660-1680 (La Fontaine, Molière, Racine, Boileau, Bossuet), qui rassemble des écrivains liés non par une doctrine, mais par une communauté de goûts : la codification par Boileau des principes de l'esthétique classique (admiration des Anciens, recherche du naturel et du vraisemblable, goût de la mesure, finesse dans l'analyse morale et psychologique, clarté du style) n'interviendra qu'après les grandes œuvres qui l'illustrent. Le classicisme n'a pris d'ailleurs sa figure définitive qu'à travers son affrontement à deux nouveaux courants de sensibilité, l'esprit des Lumières et le romantisme. En art, les premiers maîtres classiques

Façade de l'hôtel de ville de Rennes, élevée par Jacques V Gabriel en 1734. Deux corps de bâtiment se relient par un décrochement en quart de cercle au motif central en retrait, tour de l'horloge (beffroi communal) comprenant, sur une souche carrée, deux étages circulaires gracieusement amortis par un bulbe inhabituel en France : ce jeu de courbes vient animer des rythmes classiques issus de l'art de Versailles.

La chapelle du château de Versailles, commencée en 1699 par J. Hardouin-Mansart, achevée en 1710 par R. de Cotte. Couronnement de l'art versaillais du « Grand Siècle », le sanctuaire frappe par sa noblesse, son unité, sa force, conséquences de l'harmonie des proportions et d'une savante distribution de la lumière. Le décor, allégé par rapport aux conceptions de Le Brun (mort en 1690), annonce l'art des époques Régence et Louis XV. (Au cul-de-four, *Résurrection du Christ* par La Fosse.)

L'Été (personnifié par Cérès), groupe en plomb (1674) de Thomas Regnaudin d'après un dessin de Le Brun (bassin de l'Été dans les jardins du château de Versailles). Accoudée auprès d'un amour sur des gerbes aux épis gonflés, Cérès, corps opulent légèrement renversé en arrière, se laisse baigner par le soleil fécondateur. Le sculpteur, élève de F. Anguier et collaborateur de Girardon, lui a donné une posture stable mais sans raideur, mesurée, naturelle.

Les Bergers d'Arcadie (v. 1650-1655), par Nicolas Poussin. (Louvre, Paris.) Conversation devant un sarcophage : la mort n'épargne pas l'Arcadie, pourtant séjour idéal du bonheur. L'artiste recueille avec une authentique conviction les leçons de la sagesse antique, qu'il transpose plastiquement dans une eurythmie souveraine.

le **classicisme** français en art

sont les grands Italiens de la seconde Renaissance, notamment les architectes Bramante et A. da Sangallo l'Ancien, puis Palladio, le peintre Raphaël et aussi Titien, suivis, après la crise du *maniérisme,* par les Carrache et leurs élèves, créateurs de l'*académisme* pictural. Dans la seconde moitié du XVIIIe s., une meilleure connaissance de l'Antiquité suscite le *néoclassicisme**. Entre ces deux époques, l'influence de la seconde Renaissance italienne aboutit, alors que l'Italie même se voue à l'impulsion contraire du *baroque,* au classicisme de divers pays d'Europe du Nord, dont l'Angleterre et plus encore la France, où il s'impose en même temps que l'ordre monarchique absolu. Lescot et Delorme annoncent dès le XVIe s. ce classicisme, qu'expriment pleinement F. Mansart ainsi que Poussin et le Lorrain, établis à Rome ; l'effort de coordination mené par Le Brun, par les Académies royales et par Colbert va l'ériger en doctrine officielle à partir de 1660. L'un de ses manifestes est la « colonnade » du Louvre, attribuée à Claude Perrault (1667). À Versailles, les jardins de Le Nôtre reçoivent, sous la direction de Girardon, une grande partie de leur statuaire, et J. H.-Mansart entreprend, en 1678, sa grande campagne d'agrandissement et de régularisation du château. Par-delà l'époque *rocaille,* le classicisme architectural français atteindra à partir de 1750, avec J. A. Gabriel, sa plus haute expression de mesure, d'harmonie vibrante et de délicatesse.

CLASSIFICATEUR, TRICE adj. et n. Qui classifie.

CLASSIFICATION n.f. **1.** Distribution par classes, par catégories, selon un certain ordre et une certaine méthode ; le résultat de cette opération. ◇ *Classification décimale universelle :* répartition bibliographique des connaissances humaines fondée sur la numérotation décimale. **2.** MAR. *Société de classification :* société qui certifie que le navire est construit et entretenu conformément aux normes de sécurité en lui délivrant une note.

CLASSIFICATOIRE adj. **1.** Qui constitue une classification. **2.** ETHNOL. *Parenté classificatoire,* qui n'est pas biologique mais reconnue selon des critères sociaux.

CLASSIFIER v.t. Procéder à la classification (d'un ensemble de données).

1. CLASSIQUE adj. (lat. *classicus,* de première classe). **1. a.** Qui appartient à l'Antiquité gréco-romaine. **b.** Spécialt. Qui s'inspire des modèles esthétiques de l'Antiquité, en parlant des auteurs, artistes et œuvres des XVIe-XVIIIe s. ◇ Qui comporte l'enseignement de la langue et de la littérature grecques et latines. *Études classiques.* ◇ *Musique classique,* des grands auteurs occidentaux, par opp. au jazz, aux variétés. ◇ Se dit d'une époque, dans l'évolution artistique d'une civilisation, où s'allient équilibre et qualité technique (v. 480-330 av. J.-C. en Grèce ; v. 250 à 950 apr. J.-C. chez les Mayas). **2.** Qui est un modèle du genre, qui fait autorité dans son domaine. *Ouvrage classique.* **3.** Qui est conforme à l'usage, à la tradition. ◇ Fam. Qui ne surprend pas, habituel, banal. *C'est le coup classique.* ◇ ARM. *Armes classiques,* autres que les armes nucléaires, biologiques et chimiques. SYN. : *conventionnelles.* ◇ ÉCON. *École classique :* ensemble de doctrines économiques développées en Angleterre entre 1776 et 1848. **4.** *Logique classique :* logique bivalente comprenant obligatoirement certaines lois, notamment celle du tiers exclu et celle de la non-contradiction.

– *Logiques non classiques :* ensemble des logiques comprenant les logiques modales, plurivalentes et affaiblies.

2. CLASSIQUE n.m. **1.** Écrivain ou artiste de l'Antiquité ou qui s'est inspiré de l'Antiquité (notamm. en France, au XVIIᵉ s.). ◇ Partisan du classicisme. **2.** Auteur, ouvrage, œuvre qui peuvent servir de modèle, dont la valeur est universellement reconnue. *C'est un classique du jazz.* **3.** La musique classique, l'art classique. **4.** Ce qui est conforme au goût traditionnel. *S'habiller en classique.*

3. CLASSIQUE n.f. Épreuve sportive consacrée par la tradition. ◇ Spécialt. En cyclisme, grande course sur route disputée en une seule journée.

CLASSIQUEMENT adv. **1.** De façon classique, selon les normes classiques. **2.** Habituellement.

CLASTIQUE adj. (gr. *klastos,* brisé). **1.** GÉOL. Qui est constitué de débris de roches. **2.** PSYCHIATRIE. *Crise clastique,* caractérisée par des actes violents et le bris d'objets. **3.** ANAT. Démontable, en parlant de pièces d'anatomie artificielles. *Écorché clastique.*

CLAUDICANT, E adj. (lat. *claudicare,* boiter). Litt. Qui boite, en parlant d'une personne, de sa démarche. – **Fig.** *Des arguments claudicants,* qui manquent de solidité, de conviction.

CLAUDICATION n.f. Litt. Action de boiter. ◇ Spécialt. Altération pathologique de la marche.

CLAUDIQUER v.i. Litt. Boiter.

CLAUSE n.f. DR. Disposition particulière d'un acte juridique. ◇ *Clause de style :* clause commune aux actes juridiques de même nature ; – par ext. et **cour.** Formule consacrée et sans importance. – *Clause compromissoire :* clause qui prévoit l'arbitrage en cas de litige. – *Clause pénale,* qui fixe le montant de l'indemnité à payer en cas d'inexécution du contrat ou de retard dans son exécution. – *Clause résolutoire,* qui prévoit la résolution automatique de l'acte si une des parties ne remplit pas ses engagements ou si survient un évènement imprévisible indépendant de la volonté des parties.

CLAUSTRA n.m. (mot lat.) [pl. *claustras* ou inv.]. ARCHIT. Paroi ajourée qui clôture une baie, un espace.

CLAUSTRAL, E, AUX adj. (lat. *claustrum,* clôture). Relatif au cloître. – **Fig.** Qui rappelle l'austérité du cloître.

CLAUSTRATION n.f. Action d'enfermer (qqn) dans un cloître ; son résultat. – Par ext. Séjour prolongé dans un lieu clos, à l'écart du monde. ◇ PSYCHIATRIE. Réclusion volontaire d'une personne à son domicile, par crainte des contacts sociaux ou par indifférence à leur égard.

CLAUSTRER v.t. Enfermer (qqn) dans un cloître. – Par ext. Enfermer (qqn) dans un endroit clos et isolé. ◆ **se claustrer** v.pr. S'enfermer, s'isoler.

CLAUSTROMANIE n.f. PSYCHIATRIE. Comportement d'un sujet qui s'impose la claustration.

CLAUSTROPHOBE adj. et n. Qui souffre de claustrophobie.

CLAUSTROPHOBIE n.f. (de *claustrer,* et gr. *phobos,* peur). Crainte morbide de se trouver dans un espace clos.

CLAUSULE n.f. (lat. *clausula,* de *claudere,* terminer). RHÉT. Dernier membre (d'une période oratoire, d'un vers, d'une strophe).

CLAVAIRE n.f. (lat. *clava,* massue). Champignon des bois, en touffes rameuses jaunes ou blanchâtres. (Classe des basidiomycètes.)

CLAVEAU n.m. (lat. *clavellus,* petit clou). **1.** ARCHIT. Chacune des pierres en forme de coin qui constituent une plate-bande, un arc, une voûte. SYN. : *voussoir.* **2.** VÉTÉR. Clavelée.

CLAVECIN n.m. (lat. *clavis,* clef, et *cymbalum,* cymbale). Instrument de musique à cordes métalliques pincées et à clavier.

CLAVECINISTE n. Personne qui joue du clavecin.

CLAVELÉ, E ou **CLAVELEUX, EUSE** adj. VÉTÉR. Qui a la clavelée.

CLAVELÉE n.f. (lat. *clavus,* clou). VÉTÉR. Maladie contagieuse du mouton, analogue à la variole ; claveau.

CLAVER v.t. **1.** ARCHIT. Construire à claveaux ; poser la clef de (une voûte). **2.** MIN. Mettre en

clavecin moderne

serrage un soutènement ou un remblai contre le toit de la couche.

CLAVETAGE n.m. **1.** TECHN. Opération qui consiste à rendre solidaires ou à bloquer deux pièces mécaniques par une clavette ; le résultat de cette opération. **2.** CHIR. Procédé qui consiste à introduire un greffon osseux, formant clavette, entre le tibia et l'astragale. **3.** ARTS GRAPH. Saisie des textes à composer par une opération de frappe sur les touches d'un clavier.

CLAVETER v.t. [27]. Fixer ou assembler au moyen d'une clavette.

CLAVETTE n.f. (lat. *clavis,* clef). **1.** Petite cheville métallique qui, passée au travers d'une autre pièce (boulon, cheville plus grosse), l'immobilise. **2.** Pièce en acier qui, insérée dans l'alésage de deux pièces concentriques, les rend solidaires en rotation.

CLAVICORDE n.m. Instrument à cordes frappées et à clavier, ancêtre du piano.

CLAVICULE n.f. (lat. *clavicula,* petite clef). Chacun des deux os longs faisant partie de la ceinture scapulaire et s'étendant du sternum à l'omoplate.

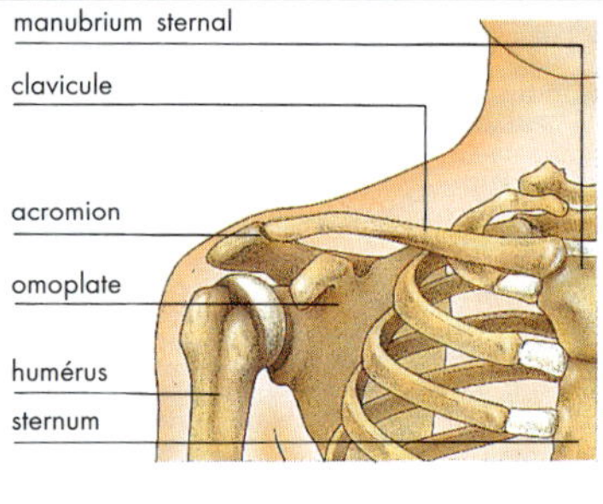

clavicule

CLAVIER n.m. (lat. *clavis,* clef). **1.** Ensemble des touches de certains instruments de musique (piano, orgue, accordéon, etc.), d'une machine à écrire, d'un terminal informatique. *Poste téléphonique à clavier.* **2.** Fig. Ensemble des possibilités dont on dispose dans un domaine donné. *Le clavier des sensations. Poète qui a un riche clavier.* ◆ pl. Ensemble d'instruments électroniques à clavier dirigés par un même musicien.

CLAVIÉRISTE n. Musicien utilisant des claviers électroniques.

CLAVISTE n. ARTS GRAPH. Professionnel qui travaille sur un clavier de composition.

CLAYÈRE [klɛjɛr] n.f. (de *claie*). Parc à huîtres.

CLAYETTE [klejɛt] n.f. **1.** Étagère amovible à claire-voie. *Clayettes d'un réfrigérateur.* **2.** Cageot.

CLAYMORE [klɛmɔr] n.f. (mot angl.). Grande épée que les guerriers écossais maniaient à deux mains (XIVᵉ au XVIᵉ s.).

CLAYON [klɛjɔ̃] n.m. Petite claie servant à faire égoutter les fromages, à faire sécher les fruits, etc.

CLAYONNAGE n.m. **1.** Claie de pieux et de branchages pour soutenir des terres. **2.** Action, manière de préparer cet ouvrage.

CLAYONNER v.t. Garnir de clayonnages. *Clayonner un talus, une route.*

CLÉ n.f. → *clef.*

CLEAN [klin] adj. inv. (mot angl., *propre*). Anglic. Fam. Net, dépouillé, sans surcharge, en parlant notamm. d'un style de décoration, d'un genre d'élégance vestimentaire, etc.

CLEARANCE [klirɑ̃s] n.f. (mot angl., *enlèvement*). MÉD. (Anglic. déconseillé). Clairance.

CLEARING [kliriŋ] n.m. (mot angl., *compensation*). Compensation d'opérations financières ou commerciales. – *Accord de clearing :* accord entre deux pays aux termes duquel le produit d'exportations est affecté au règlement d'importations.

CLÉBARD ou **CLEBS** [klɛbs] n.m. (ar. *kalb,* chien). Pop. Chien.

CLÉDAR n.m. Suisse. Porte à claire-voie d'un jardin.

CLEF ou **CLÉ** n.f. (lat. *clavis*). **I. 1.** Pièce métallique servant à ouvrir ou à fermer une serrure. *Fermer une porte à clef.* – *Sous clef :* en un endroit fermé à clef. – *Mettre la clef sous la porte :* partir furtivement. – *Clef en main :* entièrement terminé, prêt à être utilisé (usine, logement, voiture). ◇ Fig. *La clef des champs :* la liberté. **2.** Fig. Point, position stratégique qui commande un accès. *Gibraltar est la clef de la Méditerranée.* – (En apposition, avec ou sans trait d'union). Ce qui joue un rôle capital, essentiel. *Industrie clef. Rôle clef.* **3.** Ce qui permet l'accès à qqch. *La ténacité est la clef de la réussite.* ◇ *À la clef,* avec, à la fin de l'opération. **4.** Ce qui permet de comprendre ; solution. *La clef d'un mystère.* – *Livre à clef,* où les personnages et les faits sont réels mais travestis. **5.** MUS. Signe placé en début de portée

clefs

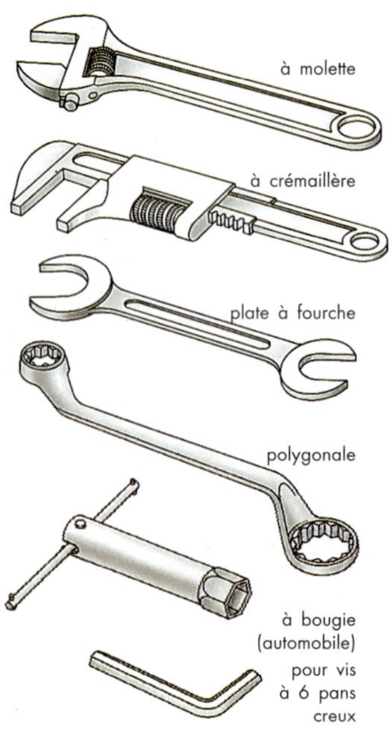

clefs

et qui identifie les notes. *Clef de sol.* **II. 1.** Instrument servant à ouvrir ou à fermer ; outil servant à serrer ou à desserrer, à monter ou à démonter. *Clef plate. Clef anglaise, à molette.* **2.** MUS. Pièce mobile qui ouvre ou bouche les trous d'un instrument à vent. **3.** ARCHIT. Claveau central qui bloque les autres pierres dans la position voulue. *Clef de voûte ;* **fig.,** ce dont dépend l'équilibre d'un système, d'un raisonnement. **4.** SPORTS. Prise de lutte, de judo portée avec le bras et immobilisant l'adversaire.

CLÉMATITE n.f. (lat. *clematitis,* du gr. *klêma,* sarment). Plante ligneuse grimpante, très commune dans les haies, envahissant parfois les arbres et qui conserve tout l'hiver son fruit, surmonté d'une aigrette duveteuse. (Famille des renonculacées.)

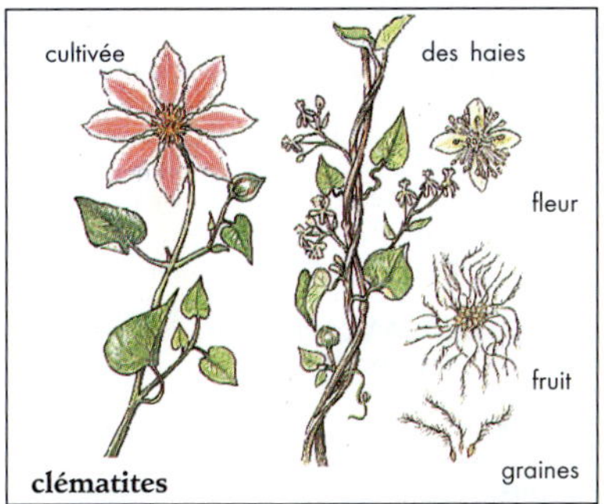

clématites

CLÉMENCE n.f. (lat. *clementia*). **1.** Vertu qui porte à épargner un coupable ou à atténuer son châtiment. **2.** Douceur climatique.

CLÉMENT, E adj. (lat. *clemens*). **1.** Qui agit avec clémence, qui manifeste de la clémence. **2.** Doux, peu rigoureux. *Hiver clément. Ciel clément.*

CLÉMENTINE n.f. (du nom de P. *Clément,* qui obtint le fruit en 1902). Mandarine d'une variété à peau fine, fruit du clémentinier.

CLÉMENTINIER n.m. Arbrisseau voisin de l'oranger. (Famille des rutacées.)

CLENCHE [klɑ̃ʃ] n.f. (francique *klinka*). Pièce principale du loquet d'une porte, qui entre dans le mentonnet et tient la porte fermée. ◇ Belgique. Poignée de porte.

CLEPHTE n.m. → *klephte.*

CLEPSYDRE [klɛpsidr] n.f. (gr. *klepsudra*). Horloge antique, d'origine égyptienne, mesurant le temps par un écoulement d'eau dans un récipient gradué.

CLEPTOMANE n. → *kleptomane.*

CLEPTOMANIE n.f. → *kleptomanie.*

CLERC [klɛr] n.m. (lat. *clericus,* du gr. *klêros*). **I. 1.** Celui qui a quitté l'état laïque pour l'état ecclésiastique, se consacrant ainsi au service d'une Église. **2.** Litt. ou iron. Lettré, savant. – *Être grand clerc en qqch :* être versé dans ce domaine. **II.** Employé d'une étude d'officier public ou ministériel. *Clerc de notaire.* – *Pas de clerc :* bévue, maladresse due à l'inexpérience.

CLERGÉ n.m. (lat. *clericatus*). Ensemble des clercs d'une religion, d'un pays, d'une ville, etc. *Le clergé catholique. Le clergé de France.*

CLERGIE n.f. Vx. Cléricature. ◇ HIST. *Privilège de clergie,* en vertu duquel les clercs, les maîtres et les étudiants de l'Université de Paris étaient jugés par des tribunaux ecclésiastiques.

CLERGYMAN [klɛrdʒiman] n.m. (mot angl.) [pl. *clergymans* ou *clergymen*]. **1.** Ministre protestant anglo-saxon. **2.** *Habit de clergyman :* tenue se rapprochant de la tenue civile, adoptée par les prêtres catholiques depuis 1963.

CLÉRICAL, E, AUX adj. (lat. *clericalis*). Relatif au clergé. ◆ adj. et n. Partisan du cléricalisme.

CLÉRICALISME n.m. Opinion, tendance favorables à l'intervention du clergé dans les affaires publiques.

CLÉRICATURE n.f. État, condition des clercs.

CLERMONTOIS, E adj. et n. De Clermont-Ferrand.

CLÉROUQUE n.m. (gr. *klêros,* part). ANTIQ. Colon athénien qui restait citoyen de la mère patrie.

CLÉROUQUIE n.f. ANTIQ. Colonie de clérouques.

1. CLIC interj. (onomat.). Exprime le bruit sec d'un déclic. ◆ n.m. INFORM. Enfoncement puis relâchement rapides du bouton de la souris d'un micro-ordinateur.

2. CLIC n.m. → *click.*

CLICHAGE n.m. ARTS GRAPH. Action de clicher.

CLICHÉ n.m. **1.** Image photographique négative. ◇ ARTS GRAPH. Plaque métallique ou en plastique photopolymérisable portant en relief l'empreinte d'une composition typographique, en vue de l'impression. **2.** Fig. et péj. Idée trop souvent répétée ; lieu commun, banalité.

CLICHER v.t. ARTS GRAPH. Préparer, établir un cliché, en partic. en coulant un alliage métallique dans l'empreinte d'une composition typographique.

CLICHERIE n.f. ARTS GRAPH. Atelier de clichage.

CLICHEUR, EUSE n. et adj. Ouvrier, ouvrière qui procède aux opérations de clichage.

CLICK ou **CLIC** n.m. (onomat.). PHON. Consonne caractéristique de certaines langues d'Afrique du Sud (bochiman, zoulou) et produite par une double occlusion dans le conduit vocal.

CLIENT, E n. (lat. *cliens*). **1.** Personne qui reçoit de qqn, contre paiement, des fournitures commerciales ou des services. **2.** ANTIQ. ROM. Plébéien qui se plaçait sous le patronage d'un patricien.

CLIENTÈLE n.f. **1.** Ensemble des clients (d'une personne, d'un établissement, d'un pays). *La clientèle d'un médecin. Avoir une grosse clientèle.* **2.** Fait d'être client et, notamm., client fidèle. *Accorder, retirer sa clientèle.* **3.** ANTIQ. ROM. Ensemble des clients protégés par un patron. **4.** Ensemble des partisans, des électeurs d'un parti, d'un homme politique.

CLIENTÉLISME n.m. Péj. Fait, pour un homme politique ou un parti, de chercher à élargir sa clientèle par des procédés plus ou moins démagogiques.

CLIGNEMENT n.m. Action de cligner.

CLIGNER v.t. et i. (lat. *cludere,* fermer). **1.** Fermer à demi les yeux pour mieux distinguer, ou sous l'effet de la lumière, du vent, etc. *Cligner des yeux à la façon des myopes.* **2.** Fermer et ouvrir les paupières rapidement, de manière réflexe ; battre des paupières. *Des yeux qui clignent sans cesse.* ◇ *Cligner de l'œil :* faire un signe de l'œil à qqn.

1. CLIGNOTANT, E adj. Qui clignote.

2. CLIGNOTANT n.m. **1.** Avertisseur lumineux à intermittence. **2.** Signe indicateur d'une évolution alarmante ; indicateur économique.

CLIGNOTEMENT n.m. Action, fait de clignoter.

CLIGNOTER v.i. (de *cligner*). **1.** Remuer les paupières rapidement. *Une lumière trop vive fait clignoter les yeux.* **2.** S'allumer et s'éteindre par intermittence. *Lumière qui clignote.*

CLIMAT n.m. (lat. *clima,* inclinaison, mot gr.). **1.** Ensemble des phénomènes météorologiques (température, pression, vents, précipitations) qui caractérisent l'état moyen de l'atmosphère et son évolution en un lieu donné. **2.** Ensemble des circonstances dans lesquelles on vit ; ambiance.

CLIMATÈRE n.m. (gr. *klimaktêr,* échelon). MÉD. Époque de la vie correspondant à la ménopause chez la femme et à l'andropause chez l'homme.

CLIMATÉRIQUE adj. et n.f. (lat. *climatericus,* qui va par échelons, du gr.). *Année climatérique* ou *climatérique,* n.f. : chacune des années de la vie multiples de 7 ou de 9, que les Anciens disaient critiques, surtout la soixante-troisième *(grande climatérique),* produit de 7 par 9.

CLIMATIQUE adj. Relatif au climat. ◇ *Station climatique,* réputée pour l'action bienfaisante de son climat.

CLIMATISATION n.f. Création ou maintien de conditions déterminées de température et d'humidité dans une enceinte ou un local ; ensemble des moyens visant à ce but.

CLIMATISER v.t. **1.** Assurer la climatisation de (un lieu). **2.** Rendre (un appareil) propre à résister à l'action des climats extrêmes.

CLIMATISEUR n.m. Appareil de climatisation.

CLIMATISME n.m. Ensemble des questions touchant les stations climatiques (hygiène, organisation, thérapeutique) et des moyens mis en œuvre pour leur fonctionnement.

CLIMATOLOGIE n.f. Étude scientifique des climats.

CLIMATOLOGIQUE adj. De la climatologie.

CLIMATOLOGUE n. Spécialiste de la climatologie.

CLIMATOPATHOLOGIE n.f. Étude des effets pathogènes des climats sur l'organisme.

CLIMATOTHÉRAPIE n.f. Utilisation thérapeutique des propriétés des divers climats.

CLIMAX n.m. (gr. *klimax,* échelle). ÉCOL. État idéal d'équilibre atteint par l'ensemble sol-végétation d'un milieu naturel donné (la biomasse y est maximale).

CLIN n.m. (lat. *clinare,* pencher). MAR., CONSTR. *Construction à clin,* dans laquelle les bordages, les planches se recouvrent à la manière d'ardoises.

CLINDAMYCINE n.f. Antibiotique actif sur les bactéries Gram positif.

CLIN D'ŒIL n.m. (pl. *clins d'œil*). Battement de paupière adressé en signe de connivence ou comme appel discret. ◇ *En un clin d'œil :* très vite.

CLINFOC n.m. (all. *klein Fock,* petit foc). MAR. Foc très léger.

CLINICAT n.m. Fonction de chef de clinique.

CLINICIEN, ENNE n. Médecin qui étudie les maladies par l'examen direct des malades.

1. CLINIQUE adj. (lat. *clinicus,* du gr. *klinê,* lit). **1.** Qui se fait au chevet du malade, d'après l'examen direct du malade. *Diagnostic clinique.* ◇ *Signe clinique :* signe, symptôme que le médecin décèle par le seul usage des sens (par opp. aux signes biologiques ou radiologiques). **2.** PSYCHOL. *Psychologie clinique :* branche de la psychologie qui se fixe comme but l'investigation en profondeur de la personnalité à l'aide d'entretiens non directifs, d'observations de la conduite.

2. CLINIQUE n.f. **1.** Établissement de soins privé. *Clinique chirurgicale.* **2.** Enseignement médical donné en présence des malades ; connaissances ainsi dispensées. ◇ *Service de clinique :* service d'hôpital dirigé par un professeur nommé par la faculté de médecine. – *Chef de clinique :* médecin qui assure, dans un service de clinique, l'enseignement aux stagiaires.

CLINIQUEMENT adv. D'après les signes cliniques.

CLINKER [klinkœr] n.m. (mot angl.). Produit de la cuisson des constituants du ciment à la sortie du four, avant broyage.

CLINOMÈTRE n.m. (gr. *klinê,* lit, et *metron,* mesure). TOPOGR. Appareil, souvent associé à une boussole, qui sert à mesurer la pente d'un terrain. SYN. : *inclinomètre.*

CLINORHOMBIQUE adj. Monoclinique.

1. CLINQUANT n.m. (de l'anc. fr. *clinquer,* faire du bruit). **1.** Lamelle d'or, d'argent, etc., brillante et légère, rehaussant une parure. **2.** Mauvaise imitation de pierreries, de métal précieux. **3.** Fig. Faux brillant, éclat trompeur. *Le clinquant d'une conversation.*

2. CLINQUANT, E adj. Qui a trop d'éclat ; qui a du brillant mais peu de valeur.

1. CLIP n.m. (mot angl., *pince*). Pince à ressort sur laquelle est monté un bijou (boucle d'oreille, broche, etc.) ; ce bijou lui-même.

2. CLIP n.m. (mot angl., *extrait*). Court-métrage cinématographique ou vidéo qui illustre une chanson, qui présente le travail d'un artiste. SYN. : *vidéo-clip.* Recomm. off. : *bande vidéo promotionnelle, bande promo* ou *promo.*

CLIPPER [klipœr] n.m. (mot angl.). Anc. Voilier destiné au transport de marchandises, spécialement construit pour la vitesse.

CLIQUE n.f. (anc. fr. *cliquer,* résonner). **1.** Péj. Groupe de personnes qui s'unissent pour intriguer ou nuire. **2.** Ensemble des clairons et tambours d'une musique militaire. **3.** SOCIOL. Groupe primaire dont les membres sont liés par des obligations réciproques.

CLIQUER v.i. INFORM. Actionner la souris d'un micro-ordinateur.

CLIQUES n.f. pl. (de l'onomat. *clic clac*). Fam. *Prendre ses cliques et ses claques :* s'en aller en emportant tout ce qu'on a.

CLIQUET [klikɛ] n.m. (de *clique*). Petit levier qui empêche une roue dentée de tourner dans le sens contraire à son mouvement normal.

CLIQUETANT, E adj. Qui produit un cliquetis. *Bijoux cliquetants.*

CLIQUÈTEMENT ou **CLIQUETTEMENT** n.m. → ***cliquetis.***

CLIQUETER v.i. (anc. fr. *cliquer,* faire du bruit) [27]. Faire entendre un cliquetis.

CLIQUETIS [klikti], **CLIQUÈTEMENT** ou **CLIQUETTEMENT** n.m. Succession de bruits légers, sonores, produits par des corps qui s'entrechoquent. *Cliquetis d'épées, d'un trousseau de clés qu'on agite.* ◇ Bruit anormal du moteur d'une automobile, dû au phénomène de détonation.

CLIQUETTE n.f. Anc. Instrument fait de deux ou trois lamelles de bois, d'os, de métal, etc., que l'on entrechoquait pour attirer l'attention, signaler sa présence. *La cliquette des lépreux.*

CLISSE n.f. (de *claie* et *éclisse*). **1.** Claie pour égoutter les fromages. **2.** Enveloppe d'osier, de jonc pour bouteilles.

CLISSER v.t. Garnir d'une clisse. (Surtout au p. passé). *Bouteille clissée.*

CLITOCYBE n.m. (gr. *klitos,* incliné, et *kubê,* tête). Champignon à chapeau déprimé et à lames décurrentes, généralement comestible, parfois toxique (clitocybe de l'olivier). [Famille des agaricacées.]

CLITORIDECTOMIE n.f. Ablation chirurgicale du clitoris.

CLITORIDIEN, ENNE adj. Du clitoris.

CLITORIS [klitɔris] n.m. (gr. *kleitoris*). ANAT. Petit organe érectile situé à la partie supérieure de la vulve.

CLIVABLE adj. Qui peut être clivé.

CLIVAGE n.m. **1.** Fait de se cliver. **2.** Fracture affectant, suivant les plans d'orientation, des cristaux, des minéraux ou des roches. **3.** Fig. Distinction entre deux groupes selon un certain critère. *Clivages sociaux.* **4.** PSYCHAN. *Clivage du moi :* coexistence au sein du moi de deux potentialités contradictoires, l'une prédisposant à tenir compte de la réalité, l'autre déniant cette réalité.

CLIVER v.t. (néerl. *klieven*). Séparer par couches ou lames (un cristal, un minéral, une roche). ◆ **se cliver** v.pr. **1.** Se fendre, se séparer en couches. **2.** Se scinder, être scindé, divisé en parties distinctes, nettement différenciées.

CLOACAL, E, AUX [klɔakal, o] adj. ZOOL. Du cloaque. *Poche cloacale.*

CLOAQUE [klɔak] n.m. (lat. *cloaca,* égout). **1.** Réceptacle des eaux sales, des immondices ; masse d'eau croupie et infecte ; lieu très sale. **2.** Fig. et litt. Foyer de corruption morale ou intellectuelle. **3.** ZOOL. Orifice commun des voies urinaires, intestinales et génitales de certains vertébrés (notamment des oiseaux).

1. CLOCHARD, E n. (du v. *clocher*). Personne qui, en milieu urbain, vit sans travail ni domicile, recourt à des expédients pour subsister.

2. CLOCHARD n.f. Petite pomme de la variété des reinettes.

CLOCHARDISATION n.f. Fait de se clochardiser.

CLOCHARDISER v.t. Réduire aux conditions de vie les plus misérables. ◆ **se clochardiser** v.pr. Se trouver privé de ressources, de domicile et peu à peu marginalisé par le chômage, la misère.

1. CLOCHE n.f. (bas lat. *clocca,* mot celtique). **I. 1.** Instrument en métal, en forme de coupe renversée, dont on tire des sons au moyen d'un battant ou d'un marteau. ◇ Fam. *Son de cloche :* opinion d'une ou de plusieurs personnes. ◇ Fam. *Déménager à la cloche de bois,* en cachette. ◇ *Courbe en cloche :* courbe rappelant la forme d'une cloche, représentant la loi de probabilité de Laplace-Gauss. **2.** Sonnerie de cloche. ◇ SPORTS. Sonnerie annonçant le dernier tour d'une course pédestre ou cycliste. **II. 1.** Couvercle en verre, en métal, etc., affectant la forme d'une cloche. *Cloche à melon. Cloche à fromage.* ◇ *Cloche à plongeur :* appareil en forme de cloche, permettant de travailler sous l'eau. **2.** CHIM. Vase de verre cylindrique servant à recueillir les gaz, à isoler un corps dans une atmosphère gazeuse, etc. **3.** (En app.). **a.** *Chapeau cloche* ou *cloche,* n.f. : chapeau à bords rabattus. **b.** *Jupe cloche,* qui va en s'évasant. **III.** Pop. *Se taper la cloche :* faire un bon repas.

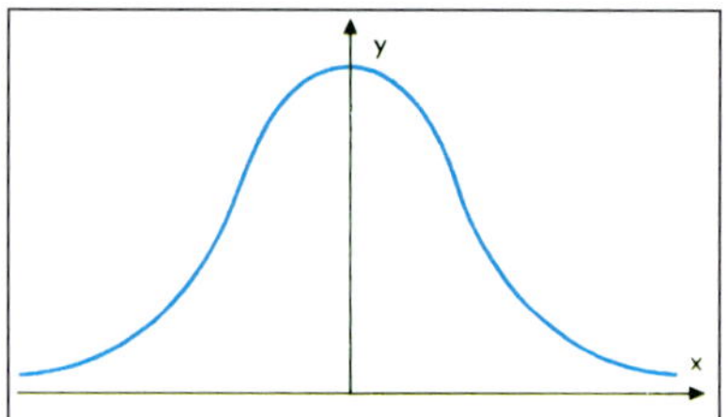

courbe en **cloche**

2. CLOCHE n.f. Fam. *La cloche* : l'ensemble des clochards.

3. CLOCHE adj. et n.f. (du v. *clocher*). Fam. **1.** Maladroit, stupide, incapable. *Il est vraiment cloche ; c'est une cloche.* **2.** De médiocre qualité, ridicule. *Ce qu'elle peut être cloche, sa coiffure !*

CLOCHE-PIED (À) loc. adv. (du v. *clocher*). *Sauter, aller à cloche-pied,* sur un pied.

1. CLOCHER n.m. **1.** Ouvrage (tour, mur percé de baies, campanile, etc.) destiné à recevoir les cloches. **2.** Paroisse, village, pays natal ou d'élection. ◇ *Esprit de clocher :* attachement étroit, particulier, au petit cercle où l'on vit. ◇ *Querelles, rivalités de clocher,* qui opposent des gens du même pays, souvent pour peu de chose.

2. CLOCHER v.i. (du lat. pop. *cloppus,* boiteux). **1.** Vx. Boiter. **2.** Fig., fam. Présenter un défaut ; aller de travers. *Cette comparaison cloche.*

CLOCHETON n.m. ARCHIT. Amortissement en forme de petit clocher, servant d'ornement à la base des flèches, aux angles d'un édifice, etc. ; pinacle.

CLOCHETTE n.f. **1.** Petite cloche. **2.** Corolle de certaines fleurs, en forme de cloche.

CLODO n. Fam. Clochard.

CLOFIBRATE n.m. Médicament qui diminue le taux du cholestérol et des triglycérides dans le sang.

CLOISON n.f. (du lat. *clausus,* clos). **1.** Paroi légère servant à former les divisions intérieures, non portantes, d'un bâtiment. **2. a.** Paroi qui divise un objet en compartiments. *Cloisons d'un casier, d'un tiroir.* **b.** Paroi qui isole un lieu, le protège. *Cloison étanche, cloison d'incendie.* **3.** ANAT. Membrane qui sépare des cavités anatomiques. ◇ BOT. Membrane qui divise en loges l'intérieur de certains fruits. **4.** Fig. Ce qui divise des personnes, les sépare, les empêche de communiquer entre elles.

CLOISONNAGE ou **CLOISONNEMENT** n.m. **1.** Action de cloisonner. **2.** Ensemble de cloisons.

CLOISONNÉ, E adj. **1.** Divisé par des cloisons. **2.** *Émail cloisonné* ou *cloisonné,* n.m. : émail dont les motifs sont délimités par de minces cloisons de métal retenant la matière vitrifiée.

CLOISONNEMENT n.m. → ***cloisonnage.***

CLOISONNER v.t. Séparer par des cloisons. *Cloisonner une salle, une équipe.*

CLOISONNISME n.m. BX-A. Synthétisme.

CLOÎTRE n.m. (lat. *claustrum,* clôture). **1.** Partie d'un monastère, d'une cathédrale, d'une collégiale formée de galeries ouvertes entourant une cour ou un jardin. **2.** La partie close d'un monastère, d'un couvent. **3.** Fig. La vie monastique, conventuelle.

CLOÎTRÉ, E adj. **1.** Qui vit dans un cloître ; qui ne sort pas du cloître. *Religieux cloîtré.* **2.** Qui vit retiré, séparé du monde.

CLOÎTRER v.t. **1.** Enfermer dans un cloître. **2.** Tenir (qqn) enfermé dans une pièce, un lieu clos. ◆ **se cloîtrer** v.pr. **1.** Vivre retiré, cloîtré. **2.** Fig. S'enfermer dans (une attitude), se borner à (une occupation). *Se cloîtrer dans le silence, dans l'étude.*

CLOMIFÈNE n.m. Médicament qui a la propriété de provoquer l'ovulation et employé de ce fait dans le traitement de certaines stérilités.

CLONAGE n.m. BIOL. Obtention, par voie de culture, de nombreuses cellules vivantes identiques à partir d'une cellule unique.

CLONE n.m. (gr. *klôn,* jeune pousse). **1.** BIOL. Individu ou population d'individus provenant de la reproduction végétative ou asexuée d'un individu unique. ◇ Ensemble des cellules résultant des divisions successives d'une cellule unique sans aucune différenciation. *Le cancer est considéré comme un clone résultant de la division d'une cellule devenue maligne.* **2.** Fig., fam. **a.** Individu qui serait la réplique d'un autre individu. **b.** Copie conforme, imitation bon marché. **3.** INFORM. Ordinateur ou micro-ordinateur totalement compatible (matériel et logiciel) avec un modèle donné.

CLONER v.t. BIOL. Pratiquer le clonage de.

CLONIE n.f. MÉD. Contraction brève et involontaire d'un muscle.

CLONIQUE adj. (du gr. *klonos,* agitation). MÉD. Du clonus ou de la clonie.

CLONUS [klɔnys] n.m. MÉD. Contraction répétée d'un muscle provoquée par son étirement et entraînant une trépidation du segment de membre intéressé.

CLOPE n.m. ou f. Fam. Bout de cigarette ; cigarette.

CLOPIN-CLOPANT adv. (anc. fr. *clopin,* boiteux, et *cloper,* boiter). Fam. En boitant, en traînant la jambe.

CLOPINER v.i. (de l'anc. fr. *clopin,* boiteux). Fam. Marcher en boitant un peu.

CLOPINETTES n.f. pl. (de *clope*). Fam. *Des clopinettes :* rien ; presque rien.

CLOPORTE n.m. (de *clore* et de *porte*). Crustacé terrestre atteignant 2 cm de long, vivant sous les pierres et dans les lieux sombres et humides. (Ordre des isopodes.)

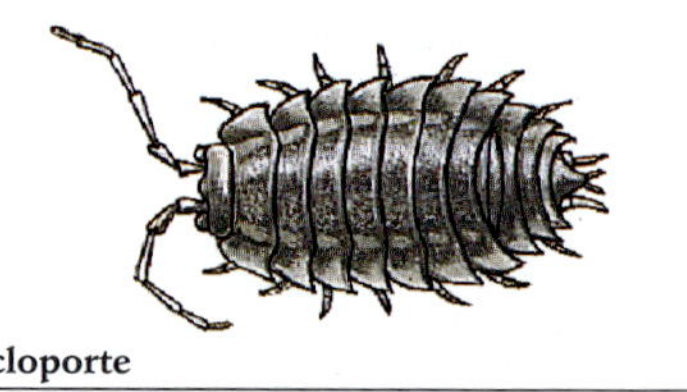

cloporte

CLOQUE n.f. (mot celtique). **1.** Ampoule, bulle de la peau, causée par une brûlure, un frottement, une maladie. SYN. : ***phlyctène.*** **2.** Boursouflure qui se développe sur les feuilles du pêcher sous l'action d'un champignon parasite. **3.** Boursouflure dans une couche de peinture, sur une surface, etc.

CLOQUÉ, E adj. Qui présente des cloques. ◇ *Étoffe cloquée :* étoffe de coton ou de soie gaufrée.

CLOQUER v.i. Former des cloques ; se mettre à présenter des cloques.

CLORE v.t. (lat. *claudere*) [113]. Litt. **1.** Fermer, boucher. *Clore un passage.* **2.** Entourer d'une clôture. *Clore un champ de fossés.* **3.** Mettre un terme à, finir. *Clore un compte, une discussion.*

1. CLOS, E [klo, oz] adj. **1.** Fermé. *Trouver porte close.* ◇ *Maison close :* maison de prostitution. ◇ *En vase clos :* sans contact avec l'extérieur. ◇ *Bouche close :* sans parler. **2.** Clôturé. **3.** Terminé, achevé. *L'incident est clos.* ◇ Litt. *À la nuit close :* à la nuit tombée.

2. CLOS [klo] n.m. (de *clore*). **1.** Terrain cultivé, en partic. vignoble, fermé de murs, de haies ou de fossés. **2.** DR. *Le clos et le couvert :* la clôture et la couverture d'une habitation.

CLOSEAU n.m. ou **CLOSERIE** n.f. Petit clos, petite propriété entourés de murs ou de haies et possédant une maison d'habitation.

CLOSE-COMBAT n.m. (mot angl.) [pl. *close-combats*]. Combat rapproché, à mains nues.

CLOSERIE n.f. → ***closeau.***

CLÔTURE n.f. (lat. *clausura*). **1.** Ouvrage, barrière qui délimite un espace, clôt un terrain. **2.** Enceinte d'un monastère définissant l'espace réservé aux seuls religieux de la communauté et inaccessible aux visiteurs ; loi canonique interdisant l'entrée et la sortie de cette enceinte. ◇ Par ext. Vie claustrale. **3.** Action de terminer, de mettre fin à. *Clôture d'un inventaire, d'un scrutin.* ◇ *Séance de clôture :* séance finale.

CLÔTURER v.t. **1.** Entourer, fermer d'une clôture. *Clôturer un jardin.* **2.** Mettre fin à, arrêter. *Clôturer la discussion, un compte.* ◆ v.i. À la Bourse, atteindre tel taux à la fin d'une séance, en parlant d'une valeur, d'un indice.

CLOU n.m. (lat. *clavus*). **I.1.** Tige métallique pointue à un bout, aplatie à l'autre et servant à fixer ou à suspendre qqch ; pointe. ◇ Fig., fam. *Enfoncer le clou :* revenir avec insistance sur un point embarrassant. **2.** Fam. *Vieux clou :* vieille bicyclette, vieille voiture usagée. **3.** Fam. et vx. *Le clou :* le mont-de-piété. *Mettre sa montre au clou.* **4.** Arg. et vx. Prison, salle de police. *Il s'est fait mettre au clou.* **5.** Principale attraction (d'un spectacle, d'une exposition, etc.). *Le clou de la fête.* **II.1.** *Clou de girofle :* bouton du giroflier, employé comme épice. **2.** Fam. Furoncle. ◆ pl. **1.** *Les clous :* passage clouté ou passage protégé marqué par des bandes. *Il faut traverser aux clous.* **2.** Pop. *Des clous ! :* rien ! ; non !

CLOUAGE n.m. Action ou manière de clouer.

CLOUER v.t. **1.** Fixer avec des clous. **2.** Immobiliser (qqn). *La maladie l'a cloué au lit.* **3.** Fig., fam. *Clouer le bec à qqn,* le réduire au silence.

CLOUTAGE n.m. Action de clouter ; son résultat.

CLOUTARD n.m. Fam. Élève de l'École normale supérieure de Saint-Cloud.

CLOUTÉ, E adj. *Passage clouté :* passage limité par des rangées de clous transversales par rapport à la chaussée (auj. remplacé par des bandes peintes). SYN. : *clous.*

CLOUTER v.t. Garnir de clous.

CLOUTERIE n.f. **1.** Fabrication, commerce des clous. **2.** Fabrique de clous.

CLOUTIER, ÈRE n. Personne qui fabrique ou qui vend des clous.

CLOVISSE n.f. (prov. *clauvisso,* de *claus,* qui se ferme). Mollusque bivalve comestible, aussi appelé *palourde.*

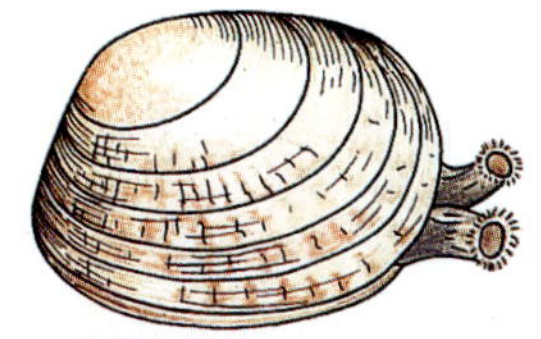

clovisse (palourde)

CLOWN [klun] n.m. (mot angl.). **1.** Personnage maquillé, grotesquement accoutré, qui, dans les cirques, exécute des numéros comiques souvent accompagnés de jongleries et d'acrobaties. **2.** Personne qui se fait remarquer par ses pitreries.

CLOWNERIE [klunri] n.f. Facétie de clown ; pitrerie.

CLOWNESQUE [klunɛsk] adj. Propre au clown ; digne d'un clown.

CLOWNESSE [klunɛs] n.f. Litt. Femme clown ; femme au comportement clownesque.

CLOYÈRE [klwajɛr] n.f. (de *claie*). Panier pour poissons ou huîtres ; son contenu (25 douzaines).

1. CLUB [klœb] n.m. (mot angl.). **1.** Société, association politique, culturelle, sportive. ◇ *Club d'investissement :* groupement d'épargnants formé pour gérer en commun un portefeuille de valeurs mobilières. **2.** Cercle où l'on se réunit pour lire, causer, jouer. **3.** *Fauteuil club :* large fauteuil de cuir des années 30, à l'origine de forme cubique.

2. CLUB [klœb] n.m. (mot angl., *massue*). Crosse de golf.

CLUBISTE [klœbist] n. Membre d'un club politique. ◇ Spécialt. HIST. Celui qui fréquentait un club politique, sous la Révolution.

CLUNISIEN, ENNE adj. et n. De l'ordre de Cluny.

■ Les clunisiens constituent un ordre monastique issu de l'abbaye bénédictine de Cluny*, fondée en 910 par Guillaume le Pieux, duc d'Aquitaine, et d'où partit un mouvement de réforme, d'humanisme, de spiritualité et d'art qui s'étendit à toute la chrétienté (XIe-XIIe s.). Au début du XIIe s., l'ordre clunisien groupait 1 184 maisons.

CLUPÉIDÉ n.m. (du lat. *clupea,* alose). *Clupéidés :* famille de poissons osseux qui comprend l'alose, le hareng, la sardine, le sprat.

CLUSE n.f. (lat. *clusa,* endroit fermé). GÉOGR. Gorge transversale dans un pli anticlinal.

CLUSTER [klystɛr] ou [klœstœr] n.m. (mot angl., abrév. de *tone-cluster*). MUS. Attaque simultanée, au hasard ou non, de plusieurs notes sur un clavier, un instrument à cordes, etc.

CLYSTÈRE n.m. (lat. *clyster ;* du gr. *kluzein,* laver). Vx. Lavement ; seringue pour les lavements.

cm, symbole du centimètre.

Cm, symbole chimique du curium.

cm², symbole du centimètre carré.

cm³, symbole du centimètre cube.

CNÉMIDE n.f. (gr. *knêmis*). Jambière en cuir ou en métal des soldats de la Grèce ancienne.

CNIDAIRE n.m. *Cnidaires :* embranchement d'animaux diploblastiques munis de cellules urticantes dites *nématocystes.* (L'embranchement des cnidaires comprend les classes des hydrozoaires [hydre], des anthozoaires [anémones de mer, corail, madrépores] et des acalèphes [grandes méduses].) SYN. : *cœlentéré.*

Co, symbole chimique du cobalt.

COACCUSÉ, E n. Personne accusée avec une ou plusieurs autres.

COACERVAT n.m. BIOL. Structure macromoléculaire fluide à plusieurs phases.

COACH [kotʃ] n.m. (mot angl.) [pl. *coachs* ou *coaches*]. **1.** Automobile fermée à deux portes et quatre glaces, dont les dossiers des sièges avant se rabattent pour donner accès aux places arrière. **2.** Entraîneur d'une équipe, d'un sportif de haut niveau.

COACQUÉREUR n.m. Personne avec qui une autre acquiert qqch en commun.

COADJUTEUR n.m. Évêque adjoint à un évêque ou à un archevêque, avec ou sans droit de succession.

COADMINISTRATEUR, TRICE n. Personne qui administre en même temps que d'autres.

COAGULABILITÉ n.f. Caractère de ce qui est coagulable.

COAGULABLE adj. Susceptible de se coaguler.

COAGULANT, E adj. et n.m. Se dit d'une substance qui a la propriété de coaguler, de déclencher une coagulation rapide.

COAGULATEUR, TRICE adj. Qui produit la coagulation.

COAGULATION n.f. Phénomène par lequel un liquide organique (sang, lymphe, lait) se prend en une masse solide, ou *coagulum.*

COAGULER v.t. (lat. *coagulare*). Transformer (un liquide organique) en une masse solide. ◆ v.i. ou **se coaguler** v.pr. Se prendre en une masse solide ; se figer, former un caillot.

COAGULUM [kɔagylɔm] n.m. Masse de substance coagulée ; caillot.

COALESCENCE n.f. État de ce qui est coalescent. **1.** CHIM. Union des granules d'une solution colloïdale ou des gouttelettes d'une émulsion. **2.** BIOL. Soudure de deux surfaces tissulaires voisines. **3.** PHON. Contraction de deux unités phoniques contiguës en une seule. **4.** MÉTALL. Concentration, par traitement thermique, d'un constituant structural sous une forme globulaire.

COALESCENT, E adj. Qui est soudé, réuni à un élément proche mais distinct.

COALESCER v.t. [16]. MÉTALL. Traiter un alliage pour obtenir la coalescence d'un constituant.

COALISÉ, E adj. et n. Qui participe à une coalition.

COALISER v.t. (de *coalition*). Unir en vue d'une action commune. ◆ **se coaliser** v.pr. Faire alliance, s'unir pour défendre un intérêt commun, s'opposer à un adversaire commun.

COALITION n.f. (mot angl. ; du lat. *coalescere,* s'unir). **1.** Entente circonstancielle entre puissances, partis, personnes, etc., pour une action commune. **2.** Alliance militaire et politique (de peuples, d'États) contre un adversaire commun. **3.** Anc. Entente entre ouvriers, patrons, commerçants, industriels pour s'octroyer des avantages économiques, professionnels.

COALTAR [koltar] n.m. (mot angl. ; de *coal,* charbon, et *tar,* goudron). Goudron de houille. ◇ *Être dans le coaltar,* dans la confusion, l'hébétude, etc.

COAPTATION n.f. BIOL. Ajustement immédiat et parfait de deux organes d'un même individu formés séparément ou de deux individus de sexe opposé (organes sexuels).

COAPTEUR n.m. CHIR. Dispositif (plaque, appareil) employé dans l'ostéosynthèse pour maintenir les fragments d'os fracturés en contact.

COARCTATION n.f. (lat. *coarctatio*). MÉD. Rétrécissement (de l'aorte).

COARTICULATION n.f. PHON. Variabilité de la réalisation d'un phonème en fonction de ses conditions de production (contexte phonique, facteurs individuels, etc.).

COASSEMENT n.m. Action de coasser ; cri de la grenouille.

COASSER [kɔase] v.i. (lat. *coaxare ;* du gr. *koax*). Pousser son cri, en parlant de la grenouille.

COASSOCIÉ, E n. Associé avec d'autres.

COASSURANCE n.f. Assurance simultanée d'un même risque par plusieurs assureurs, dans la limite de la valeur du bien garanti.

COATI [kɔati] n.m. (mot indigène du Brésil). Mammifère de l'Amérique du Sud, à corps et à museau allongés, chassant lézards et insectes. (Long. : env. 45 cm sans la queue ; ordre des carnivores.)

coati

COAUTEUR n.m. **1.** Auteur qui travaille avec un autre à une même œuvre, notamm. littéraire. **2.** DR. Celui qui a commis une infraction en participation directe et principale avec d'autres individus (à la différence du *complice*).

COAXIAL, E, AUX adj. Qui a le même axe qu'un autre corps. ◇ *Câble coaxial :* câble constitué par deux conducteurs concentriques, séparés par un isolant. ◇ *Hélices coaxiales :* hélices montées sur des arbres moteurs concentriques et tournant en sens inverse l'une de l'autre.

1. COB [kɔb] n.m. (mot angl.). Cheval de demi-sang que l'on peut indifféremment utiliser pour la selle et le trait léger.

2. COB n.m. → *kob.*

COBÆA n.m. → *cobéa.*

COBALAMINE n.f. Composé chimique dont dérive la vitamine B12.

COBALT n.m. (all. *Kobalt*). Métal blanc rougeâtre, dur et cassant, de densité 8,8, fondant vers 1 490 °C ; élément chimique (Co) de numéro atomique 27, de masse atomique 58,93. (Le cobalt est employé en alliages avec le cuivre, le fer et l'acier, ses sels entrent dans la préparation de certains colorants bleus.) ◇ *Bombe au cobalt :* générateur de rayons β et γ thérapeutiques, émis par une charge de radiocobalt, utilisé pour le traitement des tumeurs cancéreuses. ◇ *Cobalt 60, cobalt radioactif :* radiocobalt.

COBALTINE ou **COBALTITE** n.f. Arséniosulfure naturel de cobalt CoAsS.

COBALTOTHÉRAPIE ou **COBALTHÉRAPIE** n.f. Traitement par les rayons β et γ émis par le cobalt 60.

COBAYE [kɔbaj] n.m. (mot indigène d'Amérique). **1.** Mammifère rongeur d'Amérique du Sud, élevé surtout comme animal de laboratoire et appelé aussi *cochon d'Inde.* **2.** Fam. Sujet d'expérience. *Servir de cobaye.*

cobaye (cochon d'Inde)

COBÉA, COBÆA ou **COBÉE** n.m. (du n. du missionnaire *Cobo*). Liane originaire du Mexique, cultivée pour ses grandes fleurs bleues en cloche. (Famille des polémoniacées.)

COBELLIGÉRANT, E adj. et n. *Pays cobelligérant, nation cobelligérante,* qui est en guerre en même temps que d'autres avec un ennemi commun.

COBOL n.m. (sigle de la loc. angl. *COmmon Business Oriented Language*). INFORM. Langage de programmation utilisé pour résoudre les problèmes de gestion.

COBRA n.m. (mot port. ; lat. *colobra*). Serpent venimeux du genre naja, dont certaines espèces dépassent 4 m de long. (Un cobra des Indes est aussi appelé *serpent à lunettes* à cause du dessin visible sur le capuchon lorsque l'animal, inquiété, dilate celui-ci.)

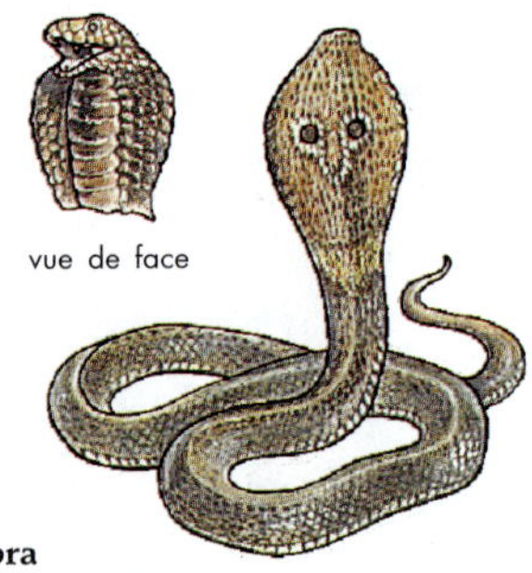

cobra

1. COCA n.m. (mot esp. d'une langue amérindienne). Arbuste du Pérou dont les feuilles ont une action stimulante et qui fournit la cocaïne.

coca

2. COCA n.f. Masticatoire ayant pour base les feuilles du coca.

COCA-COLA ou, fam., **COCA** n.m. inv. (nom déposé). Boisson gazeuse de la marque de ce nom.

COCAGNE n.f. (prov. *coucagno,* boule [de pastel]). **1.** *Mât de cocagne :* mât glissant au sommet duquel sont suspendus des objets qu'il faut aller décrocher. **2.** *Pays de cocagne :* pays d'abondance, d'insouciance. ◇ *Vie de cocagne :* vie de plaisirs.

COCAÏNE n.f. (de *coca*). Alcaloïde extrait des feuilles de coca, anesthésique local et excitant du système nerveux, dont l'usage prolongé aboutit à une toxicomanie grave.

COCAÏNISATION n.f. Anesthésie par la cocaïne.

COCAÏNOMANE n. Toxicomane à la cocaïne.

COCAÏNOMANIE n.f. ou **COCAÏNISME** n.m. Toxicomanie à la cocaïne.

COCARCINOGÈNE adj. et n.m. Se dit de facteurs qui, lorsqu'ils sont associés, peuvent favoriser l'apparition d'un cancer.

COCARDE n.f. (de l'anc. fr. *coquart,* vaniteux). **1.** Insigne circulaire aux couleurs d'une nation, d'un parti, porté autrefois fixé à la coiffure. **2.** Insigne aux couleurs nationales (fixé ou peint sur un véhicule, un avion, etc.). **3.** Rosace de ruban, de perles, etc.

COCARDIER, ÈRE adj. et n. Qui aime l'uniforme, le panache, qui fait preuve d'un patriotisme chauvin.

COCASSE adj. (anc. fr. *coquart,* sot). Fam. D'une bizarrerie drôle.

COCASSERIE n.f. Caractère de ce qui est cocasse ; chose cocasse.

COCCIDIE [kɔksidi] n.f. (gr. *kokkos,* grain, et *eidos,* apparence). Protozoaire de l'embranchement des sporozoaires, parasite des cellules épithéliales de vertébrés et d'invertébrés.

COCCIDIOSE n.f. Maladie grave et très commune du bétail et des volailles, dont l'agent est une coccidie.

COCCINELLE [kɔksinɛl] n.f. (du lat. *coccinus,* écarlate). Petit insecte coléoptère aux élytres orangés ou rouges ornés de points noirs, appelé aussi *bête à bon Dieu,* qui se nourrit de pucerons.

coccinelle

COCCOLITE n.f. Écaille calcaire de coccolithophore, dont l'accumulation fossile a fourni la craie.

COCCOLITHOPHORE n.m. Protiste marin couvert d'écailles (coccolites).

COCCYGIEN, ENNE adj. Du coccyx.

COCCYX [kɔksis] n.m. (gr. *kokkux,* coucou). ANAT. Os formé par la soudure de plusieurs vertèbres atrophiées à l'extrémité du sacrum.

1. COCHE n.m. (hongr. *kocsi,* de *Kocs,* nom d'un relais de poste). Anc. Grande voiture, ancêtre de la diligence, pour le service des voyageurs. ◇ Fig., fam. *Rater, louper le coche :* perdre une occasion favorable. ◇ (Par allusion à la fable de La Fontaine). *Mouche du coche :* personne qui montre un zèle intempestif et stérile.

2. COCHE n.m. (bas lat. *caudica,* sorte de canot). Anc. *Coche d'eau :* chaland pour le transport des voyageurs et des marchandises.

3. COCHE n.f. (lat. pop. *cocca*). Entaille faite à un corps solide ; marque servant de repère.

COCHENILLE n.f. (esp. *cochinilla,* cloporte). **1.** Insecte de la famille des coccidés, dont une espèce mexicaine fournit une teinture rouge, le carmin. **2.** Cette teinture.

1. COCHER n.m. (de 1. *coche*). Conducteur (appointé) d'une voiture à cheval.

2. COCHER v.t. (de 3. *coche*). Marquer d'une entaille, d'un trait. *Cocher un nom sur une liste.*

CÔCHER v.t. (anc. fr. *caucher,* lat. *calcare,* presser). Couvrir la femelle, en parlant d'un oiseau de basse-cour.

COCHÈRE adj.f. *Porte cochère :* grande porte permettant le passage des voitures dans la cour d'un immeuble, d'une maison.

COCHET [kɔʃɛ] n.m. Jeune coq.

COCHEVIS [kɔʃvi] n.m. Alouette portant une huppe.

COCHLÉAIRE [kɔkleɛr] adj. (du lat. *cochlear,* cuiller). ANAT. Qui se rapporte à la cochlée. ◇ *Noyaux cochléaires :* centres nerveux situés dans le myélencéphale et servant de relais aux voies auditives sensitives.

COCHLÉARIA [kɔklearja] n.m. (du lat. *cochlear,* cuiller, à cause de la forme des feuilles). Plante du littoral ou des lieux humides utilisée comme antiscorbutique. (Famille des crucifères.)

COCHLÉE n.f. ANAT. Partie de l'oreille interne où se trouve l'organe récepteur de l'audition (organe de Corti). SYN. : *limaçon.*

1. COCHON n.m. **1.** Mammifère domestique élevé pour sa chair. (Famille des suidés.) SYN. : *porc.* – *Le cochon grogne,* pousse son cri. ◇ *Cochon de lait :* petit cochon qui tète encore. ◇ Fig., fam. *Tour de cochon :* action méchante commise au préjudice de qqn. **2.** Fam. Viande de cochon. *Manger du cochon.* **3. a.** *Cochon d'Inde :* cobaye. **b.** *Cochon de mer :* marsouin.

2. COCHON, ONNE adj. et n. Fam. **1.** Sale, dégoûtant. **2.** Malfaisant, déloyal. **3.** Égrillard, obscène. – *Film, spectacle cochon,* pornographique.

COCHONCETÉ n.f. Fam. Obscénité ; cochonnerie.

COCHONNAILLE n.f. Fam. (Surtout pl.). Viande de porc ; charcuterie. *Aimer les cochonnailles.*

1. COCHONNER v.i. Mettre bas, en parlant de la truie.

2. COCHONNER v.t. Fam. Exécuter salement ; souiller, salir.

COCHONNERIE n.f. Fam. **1.** Malpropreté. **2.** Chose mal faite, sans valeur ; chose désagréable. **3.** Propos, geste égrillard, obscène. **4.** Action déloyale.

COCHONNET n.m. **1.** Petit cochon. **2.** Petite boule servant de but au jeu de boules.

COCHYLIS [kɔkilis] ou **CONCHYLIS** [kɔ̃kilis] n.m. (gr. *konkhulion,* coquille). Papillon tortricidé dont la chenille attaque les grappes de la vigne.

COCKER [kɔkɛr] n.m. (angl. *woodcocker,* bécassier). Chien de chasse à poil long, à oreilles très longues et tombantes.

cocker

COCKNEY n. et adj. Londonien caractérisé par son parler populaire. ◆ n.m. Ce parler.

COCKPIT [kɔkpit] n.m. (mot angl.). **1.** MAR. Emplacement situé à l'arrière d'un yacht, où se tient l'homme de barre. **2.** AÉRON. Habitacle réservé au pilote, à l'équipage de vol d'un avion.

COCKTAIL [kɔktɛl] n.m. (mot anglo-amér.). **1.** Mélange de boissons alcooliques additionnées ou non de sirop, de jus de fruits, de soda, de fruits confits, etc. **2.** Réception mondaine avec buffet. **3.** Fig. Mélange. *Un cocktail de tradition et de modernisme.* **4.** *Cocktail Molotov :* projectile incendiaire à base d'essence.

1. COCO n.m. (mot port.). **1.** Fruit du cocotier, appelé aussi *noix de coco. La noix de coco fournit l'eau* (ou *lait*) *de coco, albumen liquide et blanc qui, dans le fruit mûr, forme l'amande,* ou *coprah.* ◇ *Huile de coco* (ou *de coprah*), employée dans l'alimentation et en savonnerie. ◇ *Fibre de noix de coco :* coir. **2.** Anc. Boisson à base de jus de réglisse et d'eau.

2. COCO n.m. **1.** Œuf, dans le langage enfantin. **2.** Terme d'affection. *Écoute, coco...* ◆ pl. Haricots blancs, aux grains en forme d'œuf.

3. COCO n.m. Fam., péj. Individu. *Un joli coco, un drôle de coco :* un individu peu recommandable.

4. COCO n.f. Fam. Cocaïne. SYN. : *coke.*

COCOLER v.t. Suisse. Fam. Choyer, dorloter.

COCON [kɔkɔ̃] n.m. (prov. *coucoun,* de *coco,* coque). Enveloppe de certaines chrysalides, dont le ver à soie, et des pontes d'araignées.

COCONISATION n.f. Procédé de protection de marchandises ou de matériel par enrobage d'une enveloppe de fibres thermoplastiques.

COCONTRACTANT, E n. DR. Chacune des personnes qui sont parties à un contrat.

COCOON [kɔkun] n.m. inv. (nom déposé). Revêtement plastique de protection anticorrosion de matériel et d'étanchéité dans le domaine architectural.

COCORICO ou **COQUERICO** n.m. (onomat.). **1.** Cri du coq. **2.** (Symbolisant l'expression du chauvinisme français). *Les cocoricos qui ont salué la victoire de l'équipe de France.*

COCOTER v.i. → ***cocotter.***

COCOTERAIE n.f. Lieu planté de cocotiers.

COCOTIER n.m. Palmier des régions tropicales, atteignant 25 m de haut, et dont le fruit est la noix de coco.

cocotiers

1. COCOTTE n.f. (lat. *cucuma,* casserole). Petite marmite en fonte, verrerie culinaire, etc., avec anses et couvercle.

2. COCOTTE n.f. **1.** Poule, dans le langage enfantin. **2.** Papier plié figurant une poule. **3.** Terme d'affection adressé à une femme, une petite fille. **4.** Fam. Cheval. *Hue, cocotte !* **5.** Fam., vieilli. Femme de mœurs légères. **6.** Région. Fièvre aphteuse.

COCOTTE-MINUTE n.f. (nom déposé). Autocuiseur de la marque de ce nom.

COCOTTER ou **COCOTER** v.i. Fam. Puer.

COCRÉANCIER, ÈRE n. Personne qui a une créance sur un débiteur conjointement avec d'autres.

COCTION n.f. **1.** TECHN. Cuisson. **2.** MÉD. Maturation d'une inflammation.

COCU, E adj. et n. (de *coucou*). Fam. Trompé par son conjoint, son amant, sa maîtresse.

COCUAGE n.m. Fam. État d'une personne cocue.

COCUFIER v.t. Fam. Rendre cocu, tromper.

COCYCLIQUE adj. GÉOM. Se dit de points situés sur un même cercle.

CODA n.f. (mot it., *queue*). **1.** Section conclusive d'un morceau de musique. **2.** CHORÉGR. Final d'un ballet classique ; dernière partie d'un pas de deux.

CODAGE n.m. Action d'appliquer un code pour transformer un message, des données en vue de leur transmission ou de leur traitement.

CODE n.m. (lat. *codex*). **1.** Ensemble des lois et dispositions réglementaires qui régissent une matière déterminée ; recueil de ces lois. *Code pénal. Code général des impôts.* – *Code de la route,* qui s'applique à la circulation routière. **2.** Ensemble de préceptes qui font loi dans un domaine (morale, goût, art, etc.). **3.** Système de symboles permettant d'interpréter, de transmettre un message, de représenter une information, des données. *Code de signaux. Code informatique.* – *Code à barres :* code-barres. – *Code postal :* ensemble de cinq chiffres suivi du nom d'une localité, devant figurer sur toute adresse postale pour permettre le tri automatique. **4.** Système conventionnel, rigoureusement structuré, de symboles ou de signes et de règles combinatoires intégré dans le processus de la communication. *Code gestuel. Code de la langue.* **5.** Combinaison alphanumérique qui, composée sur un clavier électronique, autorise un accès. **6.** *Code génétique :* ensemble des mécanismes grâce auxquels l'information génétique est inscrite dans la molécule d'A. D. N. chromosomique puis transcrite en A. R. N. messager et enfin traduite en protéines. ◆ pl. Feux de croisement.

CODÉ, E adj. Exprimé, mis en code. *Langage codé. Message codé.*

CODE-BARRES n.m. (pl. *codes-barres*). Code utilisant des barres verticales, imprimé sur l'emballage d'un article et qui, lu par un lecteur optique, permet l'identification de l'article, l'affichage de son prix, la gestion informatisée du stock. (On dit aussi *code à barres.*)

CODÉBITEUR, TRICE n. Personne qui doit une somme d'argent conjointement avec une ou plusieurs autres. SYN. : *cooblígé.*

CODÉINE n.f. (gr. *kôdeia,* tête de pavot). Alcaloïde extrait de l'opium, utilisé comme antitussif et antalgique.

CODEMANDEUR, ERESSE adj. et n. DR. Qui forme une demande en justice conjointement avec d'autres.

CODER v.t. Procéder au codage de (message, information, données). ◆ v.t. ind. ***(pour).*** GÉNÉT. Contenir sous forme de code les informations nécessaires à l'expression d'un caractère biologique. *Les gènes codent pour des protéines.*

CODÉTENTEUR, TRICE n. DR. Personne qui détient (une chose, un bien, un record, etc.) conjointement avec une ou plusieurs autres personnes.

CODÉTENU, E n. Personne détenue avec une ou plusieurs autres dans un même lieu.

1. CODEUR, EUSE n. INFORM. Personne qui code des données.

2. CODEUR n.m. INFORM. et TÉLÉCOMM. Dispositif réalisant automatiquement la transcription d'une information selon un code.

CODEX n.m. (mot lat.). **1.** Vx. Répertoire officiel des médicaments ; pharmacopée. **2.** Manuscrit des Indiens de Méso-Amérique.

CODICILLAIRE adj. DR. D'un codicille. *Clause codicillaire.*

CODICILLE [-sil] n.m. (lat. *codicillus ;* de *codex, -icis,* code). DR. Acte postérieur ajouté à un testament pour le modifier.

CODIFICATEUR, TRICE adj. et n. Qui codifie.

CODIFICATION n.f. Action de codifier ; son résultat.

CODIFIER v.t. **1.** Réunir dans un code (des dispositions législatives ou réglementaires). **2.** Ériger en système organisé, rationnel ; normaliser. *Codifier l'usage de la langue.*

CODIRECTEUR, TRICE n. et adj. Personne qui dirige avec une ou plusieurs autres.

CODIRECTION n.f. Direction exercée en commun par deux personnes ou davantage.

CODOMINANCE n.f. ZOOT. et GÉNÉT. Manifestation simultanée de deux gènes ou de deux caractères chez un individu hétérozygote.

CODON n.m. GÉNÉT. Unité constitutive de la molécule d'A. D. N., déterminant la synthèse d'un acide aminé déterminé.

CODONATAIRE adj. et n. DR. Qui reçoit une donation conjointement avec d'autres.

CODONATEUR, TRICE adj. et n. DR. Qui fait une donation conjointement avec d'autres.

COÉCHANGISTE n. et adj. DR. Personne qui fait un échange avec une autre.

COÉDITER v.t. Éditer un ouvrage en collaboration avec un ou plusieurs éditeurs.

COÉDITEUR, TRICE n. et adj. Personne ou société qui coédite un ouvrage.

COÉDITION n.f. Édition d'un ouvrage par plusieurs éditeurs.

COÉDUCATION n.f. Éducation donnée ou reçue en commun.

COEFFICIENT n.m. **1.** MATH. Nombre qui multiplie une variable ou ses puissances dans un monôme ou dans un polynôme. ◇ *Coefficient angulaire* ou *directeur d'une droite :* nombre réel m défini par l'équation $y = mx + p$ de la droite dans un repère cartésien. **2.** PHYS. Nombre caractérisant certaines propriétés d'une substance. *Coefficient de dilatation.* **3.** Facteur appliqué à une grandeur quelconque ; pourcentage. ◇ Nombre par lequel on multiplie, dans chaque discipline, les notes d'un candidat à un examen.

CŒLACANTHE [se-] n.m. (gr. *koilos,* creux, et *akantha,* épine). *Cœlacanthes :* genre de poissons marins crossoptérygiens fossiles, dont les nageoires sont des ébauches des membres des tétrapodes. (Une espèce a survécu dans le canal de Mozambique.)

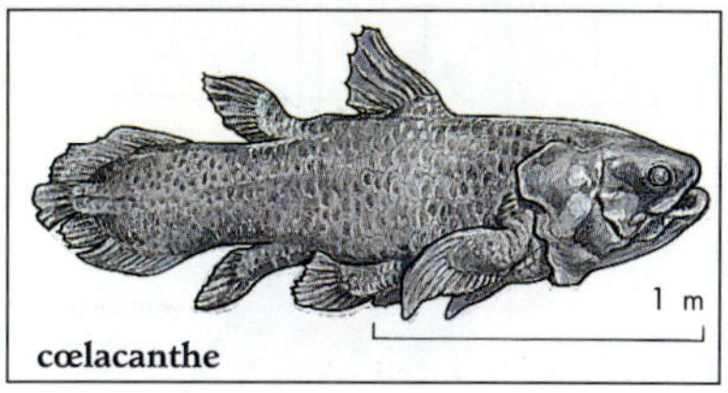

cœlacanthe

CŒLENTÉRÉ [se-] n.m. (gr. *koilos,* creux, et *enteron,* intestin). Cnidaire.

CŒLIAQUE [se-] adj. (gr. *koilia,* ventre). ANAT. Qui se rapporte à la cavité abdominale. – *Tronc cœliaque :* grosse branche de l'aorte qui irrigue les viscères abdominaux. ◇ MÉD. *Maladie cœliaque :* trouble de l'absorption intestinale par intolérance au gluten, observé chez le nourrisson.

COÉLIGIBLE adj. Qui peut être élu en même temps qu'un autre.

CŒLIOSCOPIE [se-] n.f. Examen endoscopique de la cavité abdominale au travers d'une petite incision de la paroi de l'abdomen. SYN. : *laparoscopie.*

CŒLOMATE [se-] n.m. Animal triploblastique pourvu d'un cœlome.

CŒLOME [se-] n.m. BIOL. Cavité comprise entre le tube digestif et la paroi du corps, chez les animaux supérieurs.

CŒLOMIQUE [se-] adj. Relatif au cœlome.

CŒNESTHÉSIE n.f. → ***cénesthésie.***

CŒNURE n.m. → ***cénure.***

COENZYME n.f. BIOCHIM. Partie non protéique d'une enzyme indispensable à l'activité de celle-ci.

COÉPOUSE n.f. Afrique. L'une des femmes d'un polygame par rapport à ses autres épouses.

COÉQUATION n.f. Vx. Répartition proportionnelle des impôts entre les contribuables.

COÉQUIPIER, ÈRE n. Personne qui fait partie d'une équipe avec d'autres.

COERCIBLE adj. (lat. *coercere,* contraindre). Rare. Qui peut être comprimé, réduit.

COERCITIF, IVE adj. Qui a un pouvoir de coercition ; qui contraint.

COERCITION [kɔɛrsisjɔ̃] n.f. (lat. *coercitio*). Action de contraindre.

COÉTERNEL, ELLE adj. THÉOL. Qui existe de toute éternité avec un autre.

CŒUR n.m. (lat. *cor, cordis*). **I. 1.** Organe thoracique, creux et musculaire, de forme ovoïde, moteur central de la circulation du sang. – *Opération à cœur ouvert,* dans laquelle on dévie la circulation dans un appareil, dit *cœur-poumon artificiel,* avant d'ouvrir les cavités cardiaques. **2.** Poitrine. *Serrer (qqn) sur son cœur.* **3.** Fam. Estomac. *Avoir mal au cœur, avoir le cœur barbouillé :* avoir la nausée. **II. 1.** Ce qui a ou évoque la forme d'un cœur (bijou, fromage, etc.). **2.** Une des quatre couleurs du jeu de cartes, dont la marque est un cœur rouge stylisé. **3.** CH. DE F. *Pointe de cœur :* rails soudés en angle aigu dans un branchement ou une traversée de voies. **III. 1.** Partie centrale, la plus profonde de qqch. *Cœur d'une laitue. Fromage fait à cœur.* ◇ Partie centrale d'un tronc d'arbre, où le bois est le plus dur. *Poutre en cœur de chêne.* **2.** Siège de l'activité principale de qqch. *Le cœur d'un réacteur.* **3.** Point essentiel. *Le cœur du problème.* **IV. 1. a.** Siège des sentiments profonds. *Aimer qqn de tout son cœur.* – *Aller (droit) au cœur :* toucher, émouvoir. – *Ne pas porter qqn dans son cœur,* avoir de l'antipathie à son égard. – *Avoir le cœur gros :* être très affligé. – *Avoir le cœur serré :* éprouver du chagrin, de l'angoisse. **b.** Siège des pensées intimes. *Ouvrir son cœur.* – *À cœur ouvert, cœur à cœur :* franchement, avec abandon. – *De bon cœur :* volontiers. – *En avoir le cœur net :* s'assurer de la vérité de qqch. – *Avoir la rage au cœur.* **c.** Siège des élans vers une chose, une action. – *De tout cœur, avec cœur :* avec zèle. – *Coup de cœur :* enthousiasme subit pour qqch. – *Prendre une chose à cœur,* s'y intéresser vivement. – *Ça lui tient à cœur :* il y attache un grand intérêt. **2.** Amour. *Peines de cœur.* **3.** Bonté, générosité, bienveillance. *Avoir*

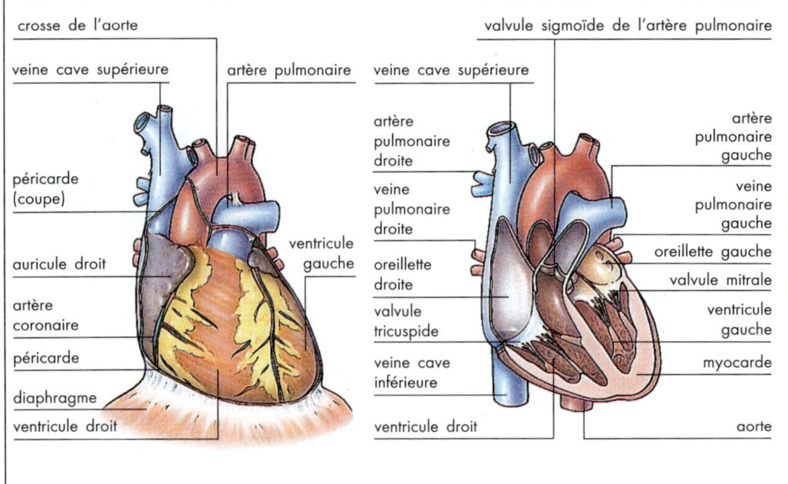

cœur : vue antérieure et coupe frontale

du cœur, bon cœur. – *Être de tout cœur avec qqn :* s'associer à sa peine. ◇ *Un brave cœur :* une personne compatissante. **4.** Courage. *Redonner du cœur à qqn.* – *Faire contre mauvaise fortune bon cœur :* supporter la malchance avec courage. **5.** *Par cœur :* de mémoire.
■ Le cœur est constitué par un muscle, le *myocarde,* dont la face interne est tapissée par une mince membrane, l'*endocarde,* et la face externe recouverte par une enveloppe séreuse, le *péricarde.* Il est divisé en quatre cavités : l'oreillette et le ventricule droits, qui contiennent le sang non oxygéné ; l'oreillette et le ventricule gauches, contenant le sang oxygéné. Cœur droit et cœur gauche sont sans communication l'un avec l'autre. Oreillette et ventricule correspondants communiquent par un orifice muni d'une valvule : valvule mitrale à gauche, valvule tricuspide à droite. Les oreillettes reçoivent les veines pulmonaires à gauche, les veines caves à droite. Du ventricule gauche naît l'aorte, du ventricule droit naît l'artère pulmonaire. La vascularisation du cœur est assurée par les artères coronaires. Le cœur est l'organe propulseur du sang dans l'organisme. Il agit grâce à ses contractions (env. 70 par minute), commandées par son système nerveux autonome.

CŒUR-DE-PIGEON n.m. (pl. *cœurs-de-pigeon*). Cerise d'une variété à chair ferme.

COÉVOLUTION n.f. Évolution parallèle de deux espèces en étroite interaction (les plantes à fleurs et les insectes qui en assurent la pollinisation, par ex.).

COEXISTENCE n.f. **1.** Existence simultanée. **2.** *Coexistence pacifique :* maintien des relations pacifiques entre États ou blocs d'États soumis à des systèmes politiques différents.

COEXISTER v.i. Exister en même temps.

COEXTENSIF, IVE adj. LOG. En parlant d'un concept, d'un terme, susceptible d'avoir la même extension qu'un autre.

COFACTEUR n.m. Facteur qui exerce une action conjointement avec d'autres.

COFFIN n.m. (gr. *kophinos,* corbeille). Anc. Étui contenant de l'eau dans lequel le faucheur met sa pierre à aiguiser.

COFFRAGE n.m. **1.** Charpente en bois ou en fer destinée à prévenir les éboulements dans les puits, les tranchées, les galeries de mine. **2.** Forme destinée au moulage et à la prise du béton. **3.** Pose de cette forme.

COFFRE n.m. (gr. *kophinos,* corbeille). **I. 1.** Meuble de rangement parallélépipédique dont la face supérieure est un couvercle mobile. ◇ Fig., fam. Poitrine, poumons, voix. – *Avoir du coffre :* avoir du souffle, une voix forte ; fig., fam., avoir de l'audace. **2.** Compartiment d'un coffre-fort loué par une banque à ses clients. **3.** Espace pour le rangement des bagages à l'arrière ou à l'avant d'une voiture. **4.** Caisson métallique flottant servant à l'amarrage des navires. **II.** Poisson osseux des mers chaudes, à carapace rigide. (Famille des ostraciontidés.)

COFFRE-FORT n.m. (pl. *coffres-forts*). Armoire d'acier, à serrure de sûreté, pour enfermer de l'argent, des valeurs.

COFFRER v.t. **1.** Entourer d'un coffrage ; préparer par un coffrage. *Coffrer un pilier de béton.* **2.** Fam. Mettre en prison.

COFFRET n.m. **1.** Petit coffre ou boîte de confection soignée. **2.** Ensemble de disques, de cassettes, de livres vendus dans un emballage cartonné.

COFFREUR n.m. Ouvrier spécialiste du coffrage à béton.

COFINANCEMENT n.m. Financement réalisé par un établissement prêteur associé à un ou à plusieurs autres.

COFINANCER v.t. [16]. Financer par un cofinancement.

COFONDATEUR, TRICE n. Personne qui fonde ou a fondé qqch avec une autre, avec d'autres.

COGÉRANCE n.f. Gérance exercée en commun avec une ou plusieurs autres personnes.

COGÉRANT, E n. Personne exerçant une cogérance.

COGÉRER v.t. [18]. Gérer, administrer en commun une entreprise, un service, etc.

COGESTION n.f. **1.** Gestion en commun d'un organisme. **2.** Gestion exercée par le chef d'entreprise avec la participation des travailleurs.

COGITATION n.f. Fam. Pensée, réflexion.

COGITER v.i. et t. (lat. *cogitare*). Fam. Penser, réfléchir, concevoir.

COGITO [koʒito] n.m. inv. (abrév. de la formule de Descartes : *Cogito, ergo sum* [Je pense, donc je suis]). PHILOS. Raisonnement déduisant l'existence de la pensée.

COGNAC n.m. Eau-de-vie de vin réputée de la région de Cognac.

COGNASSIER n.m. (de *coing*). **1.** Arbre fruitier originaire d'Asie, produisant les coings. (Famille des rosacées.) **2.** *Cognassier du Japon :* arbuste ornemental à fleurs rouges, voisin du cognassier.

cognassier

COGNAT [kɔgna] n.m. (lat. *cum,* avec, et *gnatus,* parent). ANTHROP. Parenté par cognation.

COGNATION [kɔgnasjɔ̃] n.f. ANTHROP. Consanguinité (par opp. à *parenté civile,* ou *agnation*).

COGNE n.m. Arg. et vx. Agent de police, gendarme.

COGNÉE n.f. (lat. pop. *cuneata,* en forme de coin). Hache de fer étroit, à long manche, qui sert à abattre les arbres, à dégrossir des pièces de bois, etc. ◇ *Jeter le manche après la cognée :* tout abandonner par découragement.

COGNEMENT n.m. **1.** Action de cogner. **2.** Ensemble de bruits sourds produits par un moteur à explosion dont l'allumage est déréglé ou dont une bielle a pris du jeu.

COGNER v.i. et t. ind. (lat. *cuneus,* coin). **1.** Donner un coup, des coups. *Cogner à la fenêtre, contre la table, cogner du poing sur la table.* **2.** Faire entendre un cognement, en parlant d'un moteur. ◆ v.t. Heurter qqch, qqn, frapper qqn. ◆ **se cogner** v.pr. Se heurter (contre qqch).

COGNITICIEN, ENNE [kɔgni-] n. Ingénieur spécialiste de l'intelligence artificielle.

COGNITIF, IVE [kɔgni-] adj. (lat. *cognitus,* connu). **1.** PHILOS. Qui permet de connaître ; qui concerne la connaissance. **2.** PSYCHOL. Qui se rapporte aux processus par lesquels un être vivant acquiert des informations sur son environnement. **3.** *Sciences cognitives* : ensemble des sciences qui portent sur la cognition (psychologie, linguistique, intelligence artificielle, etc.).

COGNITION [kɔgni-] n.f. PHILOS. Faculté de connaître.

COGNITIVISME n.m. Courant de la psychologie contemporaine qui étudie les processus de formation et le fonctionnement des connaissances. (Le cognitivisme est une des bases des neurosciences.)

COHABITATION n.f. **1.** Fait de cohabiter. **2.** POLIT. Présence simultanée d'un gouvernement, d'une majorité parlementaire et d'un chef de l'État de tendances politiques opposées.

COHABITER v.i. **1.** Habiter ensemble sous le même toit ou sur un même territoire. **2.** Coexister au sein d'un ensemble.

COHÉRENCE n.f. (lat. *cohaerentia*). **1.** Liaison étroite des divers éléments d'un corps matériel. **2.** Harmonie logique entre les divers éléments d'un ensemble d'idées ou de faits. **3.** PHYS. Caractère d'un ensemble de vibrations qui présentent entre elles une différence de phase constante.

COHÉRENT, E adj. (lat. *cohaerens*). **1.** Qui présente des parties en rapport logique et harmonieux, dont toutes les parties se tiennent et s'organisent logiquement. **2.** PHYS. Se dit de vibrations qui ont la propriété de cohérence. **3.** GÉOL. Se dit d'une roche sédimentaire dure dont les constituants sont réunis par un ciment.

COHÉREUR n.m. (du lat. *cohaerere,* adhérer avec). Détecteur d'oscillations électriques inventé par Branly. *Cohéreur à limaille.*

COHÉRITER v.i. Recueillir une succession avec une ou plusieurs autres personnes.

COHÉRITIER, ÈRE n. Bénéficiaire d'une succession avec une ou plusieurs autres personnes.

COHÉSIF, IVE adj. Qui joint, unit. *Force cohésive.*

COHÉSION n.f. Propriété d'un ensemble dont toutes les parties sont intimement unies. *La cohésion d'un groupe.* – Organisation logique. *La cohésion d'un exposé.* ◇ PHYS. Force qui unit les molécules d'un liquide ou d'un solide.

COHORTE n.f. (lat. *cohors*). **1.** Unité tactique de base, formant le dixième d'une légion romaine (env. 600 hommes), ou corps de troupes auxiliaires. **2.** Fam. Groupe de personnes. **3.** DÉMOGR. Ensemble d'individus ou de couples considérés ensemble.

COHUE [kɔy] n.f. (breton *koc'hu,* halle). Foule tumultueuse ; désordre, confusion.

COI, COITE [kwa, kwat] adj. (lat. *quietus*). Vx. Tranquille et silencieux. ◇ *Rester, demeurer, se tenir coi :* rester sans bouger ni parler. – *En rester coi :* rester muet de stupeur.

COIFFAGE n.m. (de *coiffer*). **1.** Action de coiffer ; son résultat. **2.** Pose d'un revêtement protecteur sur la pulpe dentaire lésée par une carie.

COIFFANT, E adj. Qui coiffe bien, qui sied au visage. *Chapeau coiffant.*

COIFFE n.f. (germ. *kufia,* casque). **1.** Coiffure féminine en dentelle ou en tissu dont l'usage autref. répandu se limite auj. à des variétés régionales et à l'habit religieux. **2.** Doublure d'un chapeau, d'un casque. **3.** Membrane fœtale qui recouvre parfois la tête de l'enfant à la naissance. **4.** BOT. Enveloppe protectrice de la racine des végétaux ; capuchon recouvrant la capsule des mousses. **5.** TECHN. Partie supérieure d'une fusée, contenant la charge utile et la protégeant lors du lancement. **6.** REL. Rebord en peau recouvrant le haut et le bas du dos d'un livre relié.

COIFFÉ, E adj. **1.** Qui porte une coiffure. **2.** Dont les cheveux sont arrangés. **3.** Vx. *Être coiffé de qqn,* en être entiché, épris. ◇ Fig. *Être né coiffé :* avoir de la chance.

COIFFER v.t. **1.** Couvrir la tête de qqn d'une coiffure, d'un chapeau. **2.** Mettre sur sa tête. *Coiffer une toque.* ◇ *Coiffer sainte Catherine :* être encore célibataire à 25 ans, pour une femme. **3.** Arranger la chevelure de qqn. **4.** *Coiffer (au poteau) un concurrent,* le dépasser, passer en tête sur la ligne d'arrivée, dans une course. **5.** Être à la tête de, chapeauter, contrôler. *Coiffer plusieurs services.*

COIFFEUR, EUSE n. Personne qui a pour profession de couper et de coiffer les cheveux.

COIFFEUSE n.f. Petite table de toilette munie de tiroirs et d'une glace, devant laquelle les femmes se coiffent et se maquillent.

COIFFURE n.f. **1.** Tout ce qui couvre ou qui orne la tête. **2.** Coupe ou arrangement des cheveux. *Coiffure courte, bouclée.* **3.** Action, art de coiffer. *Salon de coiffure.* ◇ Profession des coiffeurs. *Travailler dans la coiffure.*

COIN n.m. (lat. *cuneus,* coin à fendre). **I. 1.** Angle saillant ou rentrant, formé par deux lignes, deux plans qui se coupent. *Le coin d'une pièce, d'une table. Le coin d'une rue.* ◇ *Le coin d'un bois :* l'intersection entre un bois et une route, l'orée d'un bois ; lieu isolé. *Je n'aimerais pas le rencontrer au coin d'un bois.* – *Un coin fenêtre (dans une voiture de chemin de fer, un avion) :* une encoignure. – *S'asseoir au coin du feu,* à côté de la cheminée. – *Envoyer un enfant au coin,* pour le punir. – *Le coin de la bouche, de l'œil,* les commissures. – *Répondre du coin des lèvres,* avec réticence. – *Regard en coin, regarder du coin de l'œil,* à la dérobée. – *Sourire en coin,* furtif, discret. – *Dans tous les coins, aux quatre coins :* partout. – Fam. *Blague dans le coin :* sérieusement. – Fam. *En boucher un coin à qqn,* l'étonner, l'épater. ◇ Fam. Ce qui est à proximité. *Le tabac du coin.* **2.** Parcelle. *Un coin de terre, de ciel bleu.* ◇ Espace aménagé. *Le coin-cuisine. Le coin poupées dans une classe de petits. Le coin des affaires (dans les grands magasins).* **3.** Endroit retiré ou hors de vue. *Elle habite un coin tranquille. Cacher dans un coin.* ◇ *Connaître qqn, qqch dans les coins,* parfaitement. ◇ Fam. *Le(s) petit(s) coin(s) :* les toilettes. **II. 1.** TECHN. Instrument prismatique ou biseauté, en bois ou en métal, servant à fendre, à caler, à serrer, etc. **2.** Matrice de frappe en acier des monnaies, des médailles. **3.** Troisième incisive du cheval.

COINÇAGE n.m. Action de coincer, de serrer avec un ou plusieurs coins.

COINCÉ, E adj. Fam. Mal à l'aise, inhibé.

COINCEMENT n.m. État de ce qui est coincé, bloqué. *Un coincement de vertèbre.*

COINCER v.t. (de *coin*) [16]. **1.** Fixer avec des coins, caler. *Coincer des rails.* **2.** Empêcher qqn, qqch de bouger ; immobiliser, serrer. *Coincer un bébé entre deux coussins. Coincer un dossier entre des livres.* **3.** Immobiliser, bloquer qqch de mobile. *J'ai coincé la clé dans la serrure.* **4.** Fig. Retenir qqn en un lieu contre sa volonté. *Elle m'a coincé dans le couloir pour me parler.* **5.** Fam. Mettre en difficulté en questionnant. *Coincer un candidat à un examen.* **6.** Fam. Prendre en faute, sur le fait. *On l'a coincé à la douane.* ◆ **se coincer** v.pr. Se bloquer, en parlant de pièces mécaniques ou d'éléments articulés. *La serrure s'est coincée. Elle s'est coincé une vertèbre.*

COÏNCIDENCE [kɔɛ̃sidɑ̃s] n.f. **1.** Simultanéité de faits ; rencontre fortuite de circonstances. **2.** GÉOM. État de deux figures, de deux éléments qui se superposent point par point.

COÏNCIDENT, E [kɔɛ̃sidɑ̃, ɑ̃t] adj. GÉOM. Qui coïncide. *Des triangles coïncidents.*

COÏNCIDER [kɔɛ̃side] v.i. (lat. *coincidere,* tomber ensemble). **1.** Se produire en même temps, correspondre exactement. *Les dates coïncident, les témoignages aussi.* **2. a.** GÉOM. Se superposer point par point. **b.** MATH. Pour deux fonctions f et f' définies sur deux ensembles contenant un même ensemble A, vérifier l'égalité $f(x) = f'(x)$ pour tout x de A.

COIN-COIN n.m. inv. (onomat.). Imitation du cri du canard.

COÏNCULPÉ, E n. Personne inculpée avec une ou plusieurs autres pour la même infraction.

COING [kwɛ̃] n.m. (lat. *cotoneum,* mot gr.). Fruit jaune du cognassier, dont on fait des gelées et des pâtes aux vertus astringentes.

COIR n.m. Fibre de noix de coco utilisée en corderie, en sparterie.

COÏT [kɔit] n.m. (du lat. *coire,* aller ensemble). Accouplement du mâle et de la femelle dans l'espèce humaine ou chez les animaux. ◇ SEXOL. *Coït interrompu :* méthode contraceptive qui consiste à interrompre le coït avant l'éjaculation.

COITE adj.f. → ***coi.***

COÏTER [kɔite] v.i. (de *coït*). S'accoupler, accomplir le coït.

1. COKE n.m. (mot angl.). Combustible obtenu par distillation de la houille en vase clos et ne contenant qu'une très faible fraction de matières volatiles. ◇ *Coke métallurgique :* coke en gros morceaux, très résistant à la compression, utilisé dans les fours sidérurgiques.

2. COKE n.f. Fam. Cocaïne. SYN. : *coco.*

COKÉFACTION n.f. **1.** Transformation de la houille en coke, en vase clos et à haute température. **2.** Transformation par craquage thermique des résidus lourds du pétrole en coke, ainsi qu'en gaz, essence, gazole, etc. SYN. : *coking.*

COKÉFIABLE adj. Transformable en coke.

COKÉFIANT, E adj. Se dit des houilles aptes à donner, sous l'action de la chaleur, un coke de caractéristiques déterminées.

COKÉFIER v.t. Transformer en coke.

COKERIE n.f. Usine qui fabrique du coke destiné à l'industrie, aux hauts-fourneaux.

COKING n.m. (mot angl.). Cokéfaction du pétrole.

COL n.m. (lat. *collum*). **1.** Partie du vêtement qui entoure le cou. *Col d'une chemise, d'une veste.* – *Col châle :* col d'un seul tenant, à bord arrondi qui se prolonge en pointe par-devant. – *Col chemisier :* col à pointes, rapporté à l'encolure par un pied de col. – *Col Claudine,* rond et plat. – *Col officier,* composé d'une bande de tissu étroite, non rabattue, fixé à une encolure ronde et dit aussi *col Mao.* – *Faux col :* col glacé, amovible qui s'adapte à une chemise ; fig., fam., mousse blanche au-dessus de la bière versée dans un verre. *Un demi sans faux col.* ◇ Fam. *Col blanc :* employé de bureau (par opp. à *col bleu,* ouvrier). **2.** Partie rétrécie (de certains objets, de certains organes). *Col d'une bouteille. Col du fémur.* **3.** Partie déprimée d'une crête montagneuse, formant passage.

COLA n.m. → ***kola.***

COLATURE n.f. PHARM. Filtrage d'un liquide par divers procédés (décoction, infusion) ; liquide obtenu par ce filtrage.

COLBACK [kɔlbak] n.m. (turc *kalpak,* bonnet de fourrure). **1.** Ancienne coiffure militaire, bonnet de fourrure en forme de cône tronqué renversé et fermé par une poche conique en drap. **2.** Pop. Cou, collet. *Attraper qqn par le colback.*

COLBERTISME n.m. (de *Colbert,* qui fut en France le théoricien de ce système). Système économique mercantiliste qui postule que la puissance d'un pays dépend de ses disponibilités en métaux précieux. (Celles-ci doivent être accrues par le commerce et l'industrie grâce à un strict protectionnisme et à l'intervention de l'État dans tous les domaines.)

COL-BLEU n.m. (pl. *cols-bleus*). Fam. et vieilli. Marin de la Marine nationale, en France.

COLCHICINE [kɔlʃisin] n.f. Alcaloïde toxique extrait des graines de colchique, inhibiteur des mitoses cellulaires, utilisé à faible dose dans le traitement de la goutte.

COLCHIQUE [kɔlʃik] n.m. (lat. *colchicum*). Plante des prés humides, à fleurs roses, blanches ou violettes, vénéneuse par la colchicine qu'elle contient. (Famille des liliacées.) SYN. : *safran des prés, tue-chien.*

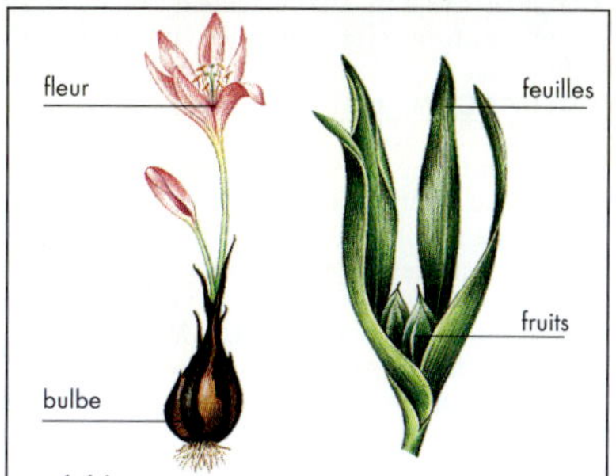

colchique

COLCOTAR n.m. (ar. *qulqutār*). Oxyde ferrique employé pour polir le verre.

COLCRETE [kɔlkrɛt] n.m. et adj.m. (mot angl.). Béton composé de gros agrégats, dans lequel on a injecté un mortier composé uniquement de ciment et d'eau.

COLD-CREAM [koldkrim] n.m. (mot angl.) [pl. *cold-creams*]. Cérat parfumé à la rose, employé en dermatologie, à l'état pur ou comme excipient, pour des préparations magistrales.

COL-DE-CYGNE n.m. (pl. *cols-de-cygne*). Pièce de tuyauterie, robinet dont la double courbure évoque le cou d'un cygne.

COLÉE n.f. (de *col*). FÉOD. Coup donné par le parrain sur la nuque de celui qui était fait chevalier, lors de la cérémonie de l'adoubement. SYN. : *paumée.*

COLÉGATAIRE n. DR. Légataire avec une ou plusieurs autres personnes.

COLÉOPTÈRE n.m. (gr. *koleos,* étui, et *pteron,* aile). *Coléoptères :* ordre d'insectes à métamorphoses complètes, pourvus de pièces buccales broyeuses et d'ailes postérieures pliantes protégées au repos par une paire d'élytres cornés, comprenant plus de 300 000 espèces parmi lesquelles le hanneton, le charançon, la coccinelle, etc.

COLÉOPTILE n.m. BOT. Enveloppe entourant la jeune tige des graminées et qui sécrète l'hormone de croissance (auxine).

COLÈRE n.f. État violent et passager résultant du sentiment d'avoir été agressé ou offensé et qui se traduit par des réactions agressives. *Être en colère.*

COLÉREUX, EUSE ou **COLÉRIQUE** adj. et n. Porté à la colère. *Il est très coléreux. Tempérament colérique.*

COLÉUS n.m. Plante d'ornement, originaire de Java, aux feuilles panachées de coloris très variables. (Famille des labiées.)

COLIBACILLE n.m. (gr. *kôlon,* gros intestin, et *bacille*). Bactérie en forme de bâtonnet à l'extrémité arrondie, Gram négatif, présente dans le sol, l'eau, le lait, certains aliments et qui vit normalement dans l'intestin de l'homme et de l'animal mais peut devenir pathogène. (N. sc. : *Escherichia coli ;* c'est par excellence le matériau d'expérimentation de la biologie moléculaire.)

COLIBACILLOSE n.f. Affection due au colibacille.

COLIBRI n.m. (mot caraïbe). Oiseau passereau des régions tropicales, de très petite taille, au vol rapide, au long bec, au plumage éclatant. (Famille des trochilidés.) SYN. : *oiseau-mouche.*

colibri

COLICITANT, E n. et adj. DR. Chacun des cohéritiers ou des copropriétaires au profit desquels se fait une vente par licitation.

COLIFICHET n.m. (anc. fr. *coeffichier,* ornement d'une coiffe). Petit objet, petit bijou sans grande valeur.

COLIFORME n.m. MÉD. Bacille d'origine fécale ayant la forme et certaines propriétés du colibacille.

COLIMAÇON n.m. (normand *colimachon*). **1.** Vieilli. Limaçon. ◇ *Escalier, rampe en colimaçon,* en hélice, à vis. **2.** Agaric (champignon) à chapeau contourné.

1. COLIN n.m. (néerl. *colfish*). **1.** Poisson marin commun sur les côtes de l'Atlantique et de la Manche. (*Polliachius virens ;* famille des gadidés.) SYN. : *lieu, lieu noir.* **2.** Merlu. (*Merluccius merluccius ;* famille des gadidés.) SYN. : *saumon blanc.*

2. COLIN n.m. (de *Colin,* n. pr.). Oiseau d'Amérique, voisin de la caille.

COLINÉAIRE adj. ALG. *Vecteurs colinéaires,* ayant la même direction.

COLINÉARITÉ n.f. Propriété de vecteurs colinéaires.

COLIN-MAILLARD n.m. (pl. *colin-maillards*). Jeu dans lequel l'un des joueurs, qui a les yeux bandés, doit poursuivre les autres à tâtons et identifier celui qu'il a attrapé.

COLINOT ou **COLINEAU** n.m. Petit colin (poisson).

COLIN-TAMPON n.m. Fam. *Se soucier de qqch comme de colin-tampon :* n'y prêter aucune attention, s'en moquer.

1. COLIQUE n.f. (du gr. *kôlon,* gros intestin). **1.** MÉD. Violente douleur abdominale. – *Colique de plomb,* causée par une intoxication au plomb. ◇ Spécialt. Violente douleur causée par la migration d'un calcul dans les voies biliaires, urinaires, etc. *Colique hépatique, néphrétique.* **2.** Fam. Diarrhée. *Avoir la colique.* ◇ Fig., fam. *Quelle colique ! :* comme c'est désagréable, ennuyeux, fatigant, etc.

2. COLIQUE adj. Du côlon.

COLIS n.m. (it. *colli,* charges sur le cou). Paquet d'objets, de marchandises destiné à être transporté. *Remettre un colis à son destinataire. Expédier un colis. Colis postal.*

COLISTIER, ÈRE n. Chacun des candidats à une élection inscrit sur une même liste électorale.

COLISTINE n.f. Antibiotique actif contre les bactéries Gram négatif et notamm. le colibacille.

COLITE n.f. PATHOL. Inflammation du côlon.

COLITIGANT, E adj. DR. *Parties colitigantes,* qui plaident l'une contre l'autre.

COLLABO n. Péj., fam. Collaborateur, sous l'Occupation.

COLLABORATEUR, TRICE n. **1.** Personne qui travaille avec une autre, d'autres. **2.** HIST. Personne qui pratiquait la collaboration, qui en était partisan, sous l'Occupation. SYN. : *collaborationniste, collabo* (fam.).

COLLABORATION n.f. **1.** Action de collaborer (avec qqn, à qqch). **2.** Politique de coopération avec un ennemi, en partic. avec l'occupant allemand sous l'Occupation (1940-1944).

COLLABORATIONNISTE n. et adj. Collaborateur, sous l'Occupation.

COLLABORER v.t. ind. et i. (lat. *cum,* avec, et *laborare,* travailler). **1.** Travailler avec d'autres (à une œuvre commune). **2.** Péj. Pratiquer la politique de collaboration.

COLLAGE n.m. **1.** Action de coller ; son résultat. **2.** Addition de colle. *Collage du papier* (pour le rendre imperméable à l'encre). – *Collage du vin* (pour le clarifier). **3.** Fam. Liaison qui dure, concubinage. **4.** Procédé de composition (plastique, musicale, littéraire) consistant à introduire dans une œuvre des éléments préexistants hétérogènes, créateurs de contrastes inattendus.

COLLAGÈNE n.m. BIOL. Protéine constituant la substance intercellulaire du tissu conjonctif.

COLLAGÉNOSE n.f. Maladie due à une atteinte diffuse du collagène. SYN. : *connectivite.*

1. COLLANT, E adj. **1.** Qui colle, qui est enduit de colle. *Papier collant.* **2.** Très ajusté. *Pantalon collant.* **3.** Fam. Importun, dont on ne peut se débarrasser.

2. COLLANT n.m. Vêtement de tissu extensible couvrant le corps de la taille aux pieds. *Collant de danse.* ◇ Sous-vêtement féminin associant le slip et les bas en une seule pièce.

COLLANTE n.f. Arg. scol. Convocation à un examen.

COLLAPSUS [kɔlapsys] n.m. (mot lat., *tombé*). MÉD. **1.** Diminution rapide des forces et de la pression artérielle. **2.** Aplatissement (d'un organe, notamm. du poumon, au cours du pneumothorax).

COLLARGOL n.m. (nom déposé). Argent colloïdal, utilisé comme antiseptique.

1. COLLATÉRAL, E, AUX adj. (lat. *cum,* avec, et *latus, lateris,* côté). **1.** Qui est placé à côté. *Nef collatérale.* ◇ *Vaisseau sanguin collatéral,* dont le tracé est à peu près parallèle à celui du tronc principal dont il provient ou auquel il aboutit. – GÉOGR. *Points collatéraux :* points intermédiaires entre les points cardinaux (N.-E., N.-O., S.-E., S.-O.). **2.** Qui est hors de la ligne directe de parenté. – *Parents collatéraux :* frères, oncles, cousins, etc.

2. COLLATÉRAL n.m. **1.** Parent collatéral. **2.** Vaisseau latéral, bas-côté d'une nef d'église.

COLLATEUR n.m. (lat. *collator*). HIST. Celui qui conférait un bénéfice ecclésiastique.

1. COLLATION n.f. (lat. *collatio ;* de *conferre,* fournir, rassembler). **1.** Action de conférer un bénéfice ecclésiastique, un titre, un grade universitaire, etc. **2.** Action de comparer entre eux des textes, des documents.

2. COLLATION n.f. (lat. *collatio,* réunion). Léger repas.

COLLATIONNEMENT n.m. Vérification faite en collationnant.

COLLATIONNER v.t. **1.** Comparer entre eux (des textes) pour les vérifier. **2.** Procéder à la collationnure de (un livre ; ses éléments : cahiers, hors-texte, etc.).

COLLATIONNURE n.f. Vérification, après assemblage, du bon ordre des cahiers et des hors-texte d'un livre.

COLLE n.f. (gr. *kolla*). **1.** Substance, préparation susceptible de maintenir ensemble, par adhérence durable, des matériaux en contact. **2.** Arg. scol. **a.** Interrogation de contrôle, orale ou écrite. **b.** Consigne (punition). **3.** Fam. Question embarrassante, problème difficile à résoudre. *Ah, là, vous me posez une colle.*

COLLECTAGE n.m. Action de collecter.

COLLECTE n.f. (lat. *collatio ;* de *colligere,* réunir). **1.** Action de réunir, de recueillir (notamm. des fonds, des dons, des signatures, des données). **2.** Action de regrouper ; ramassage. *Collecte de lait chez les producteurs. Collecte des déchets.*

COLLECTER v.t. **1.** Recueillir par une collecte ; rassembler. **2.** Capter, rassembler, recueillir (un fluide).

1. COLLECTEUR, TRICE adj. Qui collecte. ◇ *Conduit, tuyau collecteur,* dans lequel se déversent plusieurs conduits ou tuyaux de moindre section. ◆ n. Personne qui fait une collecte.

2. COLLECTEUR n.m. Dispositif qui capte et rassemble un gaz, un liquide. *Collecteur d'eaux pluviales.* – *Collecteur d'échappement :* tuyauterie qui rassemble les gaz d'échappement d'un moteur avant leur évacuation. ◇ Spécialt. Conduit, tuyau, égout collecteur.

1. COLLECTIF, IVE adj. (lat. *collectivus ;* de *colligere,* réunir). Qui concerne un ensemble de personnes ; de groupe. *La conscience collective et la conscience individuelle.*

2. COLLECTIF n.m. **1.** Groupe de personnes qui assurent une tâche politique, sociale, etc., de manière concertée. **2.** LING. *Nom collectif* ou *collectif,* n.m. : nom qui, au singulier, désigne un ensemble d'êtres ou de choses. *« Foule », « amas », « multitude » sont des collectifs.* **3.** *Collectif budgétaire* ou *collectif,* n.m. : appellation courante des lois de finances rectificatives.

COLLECTION n.f. (lat. *collectio ;* de *colligere,* réunir). **1.** Réunion d'objets choisis pour leur beauté, leur rareté, leur caractère curieux, leur valeur documentaire ou leur prix. *Collection de timbres, de monnaies, de chapeaux, de bijoux, de meubles...* ◇ Fam. Ensemble de personnes caractérisées par un trait particulier. *C'est une belle collection d'imbéciles !* **2.** Ensemble d'ouvrages, de publications présentant une unité. *Collection reliée d'un périodique.* **3.** Ensemble de modèles créés et présentés à chaque saison par une maison de haute couture, par certaines maisons de prêt-à-porter. *Présentation des collections d'hiver.* **4.** MÉD. Amas (de liquide, de gaz) dans une cavité de l'organisme. *Collection de pus.*

COLLECTIONNER v.t. **1.** Réunir en collection. **2.** Fam. Accumuler. *Collectionner les gaffes.*

COLLECTIONNEUR, EUSE n. Personne qui se plaît à collectionner, qui fait une, des collections.

COLLECTIONNISME n.m. Besoin pathologique d'acquérir des objets hétéroclites et inutiles.

COLLECTIONNITE n.f. Fam. Manie d'entreprendre des collections de toute sorte.

COLLECTIVEMENT adv. De façon collective.

COLLECTIVISATION n.f. Action de collectiviser ; son résultat.

COLLECTIVISER v.t. Mettre les moyens de production et d'échange aux mains de la collectivité par l'expropriation ou la nationalisation.

COLLECTIVISME n.m. Système économique fondé sur la propriété collective des moyens de production.

COLLECTIVISTE adj. et n. Relatif au collectivisme ; partisan du collectivisme.

COLLECTIVITÉ n.f. **1.** Ensemble de personnes liées par une organisation commune, des intérêts communs. **2.** *Collectivité locale* ou *territoriale :* **a.** Circonscription administrative ayant la personnalité morale (les communes, les départements, les Régions, la Corse, les D. O. M.-T. O. M., Mayotte, Saint-Pierre-et-Miquelon). **b.** Partie du territoire d'un État jouissant d'une certaine autonomie (État fédéré). **3.** *Collectivités publiques :* l'État, les collectivités locales, les établissements publics.

COLLÈGE n.m. (lat. *collegium*). **1.** Établissement du premier cycle de l'enseignement secondaire. **2.** Réunion de personnes revêtues de la même dignité ou ayant la même fonction. *Collège des cardinaux.* **3.** *Collège électoral :* ensemble des électeurs appelés à participer à une élection déterminée.

COLLÉGIAL, E, AUX adj. **1.** Réuni en collège ; exercé par un collège. *Direction collégiale.* **2.** *Chapitre collégial :* collège de chanoines établi dans une église qui n'a pas le titre de cathédrale. ◇ *Église collégiale,* qui possède un chapitre collégial. **3.** Canada. *Enseignement collégial,* dispensé dans un collège d'enseignement général et professionnel (cégep) ou un établissement assimilé.

COLLÉGIALE n.f. Église collégiale.

COLLÉGIALEMENT adv. De façon collégiale.

COLLÉGIALITÉ n.f. Caractère de ce qui est organisé en collège.

COLLÉGIEN, ENNE n. Élève d'un collège.

COLLÈGUE n. (lat. *collega*). Personne qui remplit la même fonction ou qui fait partie du même établissement, de la même entreprise qu'une autre.

COLLEMBOLE n.m. *Collemboles :* ordre de petits insectes inférieurs, sans ailes ni métamorphoses, qui pullulent dans le sol végétal.

COLLENCHYME [kɔlɑ̃ʃim] n.m. (gr. *kolla,* colle, et *enkhuma,* épanchement). BOT. Tissu de soutien des végétaux supérieurs, formé presque uniquement de cellulose.

COLLER v.t. **1.** Faire adhérer, fixer avec de la colle ou une autre substance. *Coller une affiche.* ◇ *Coller du vin,* le clarifier à l'aide de blanc d'œuf ou de colle de poisson. **2.** Appliquer étroitement, appuyer, placer contre. *Coller son oreille à la porte.* **3.** Fig. et fam. Ne pas quitter au point d'importuner. *Cesse de me coller !* **4.** Fam. Mettre, placer d'autorité ou sans précaution. *Il a collé mes affaires au grenier.* **5.** Fam. Donner, imposer, transmettre qqch de désagréable ou qu'on ne souhaite pas. *Coller une punition à qqn. Ce chien va nous coller des puces.* **6.** Fam. Mettre dans l'incapacité de répondre à une question. *Il est difficile de la coller en histoire.* ◇ Ne pas recevoir à un examen. *Se faire coller au bac.* **7.** Fam. Punir d'une colle, consigner. ◆ v.i. et t. ind. *(à).* **1.** Adhérer ; s'appliquer contre. *Ce timbre ne colle pas. Son maillot colle à la poitrine.* **2.** Suivre de très près. *Cycliste qui colle à la roue d'un concurrent.* **3.** Fam. S'adapter étroitement. *Coller à la réalité.* ◆ v.i. Fam. Bien marcher, aller au mieux ; convenir. *Ça colle.*

COLLERETTE n.f. **1.** Volant plissé ou froncé porté en tour de cou, ou garnissant le bord d'une encolure, d'un décolleté. **2.** Objet en forme de couronne, d'anneau. **3.** Anneau fixe entourant la partie supérieure du pied de nombreux champignons. **4.** TECHN. Bride.

COLLET n.m. (de *col*). **1.** Partie du vêtement qui entoure le cou. – *Prendre, saisir au collet :* arrêter. ◇ Fig. *Collet monté :* guindé, affecté ou prude. **2.** Petite pèlerine courte couvrant les épaules. **3.** Nœud coulant pour piéger les oiseaux, les lièvres, etc. **4.** Ligne de séparation entre la racine d'une dent et sa couronne, entre la tige d'une plante et sa racine. **5.** MÉCAN. Rebord, couronne en saillie sur une pièce.

COLLETER (SE) v.pr. [27]. **1.** Se battre, s'empoigner. *Se colleter avec des voyous.* **2.** Fig. Se débattre, affronter une situation difficile. *Se colleter avec ses difficultés.*

COLLETEUR n.m. Braconnier qui pose des collets.

COLLEUR, EUSE n. Personne qui colle. *Colleur d'affiches.*

COLLEUSE n.f. Machine à coller. ◇ Spécialt. Appareil permettant de raccorder des fragments de films.

COLLEY [kɔlɛ] n.m. (mot angl.). Chien de berger écossais à tête fine et museau long, à poil long et fourrure abondante.

COLLIER n.m. (lat. *collarium*). **1.** Bijou, parure qui se porte autour du cou. *Collier de perles.* ◇ Chaîne ouvragée des hauts dignitaires de certains ordres. **2.** Courroie de cuir ou cercle de métal mis au cou de certains animaux domestiques pour les tenir à l'attache. ◇ Pièce du harnais des chevaux de trait. – Fig. *Donner un coup de collier :* fournir un effort intense. – *Reprendre le collier :* se remettre au travail après une période de repos. **3.** Partie du plumage ou de la robe autour du cou de certains animaux dont la couleur diffère de celle du reste du corps. **4.** Barbe courte et étroite qui rejoint les tempes en passant sous le menton. **5.** BOUCH. Partie qui comprend le cou et la naissance des épaules, chez le veau et le mouton. **6.** Cercle métallique servant à fixer un tuyau, une conduite. – *Collier de serrage :* bague réglable servant notamm. à maintenir un tuyau.

COLLIGER v.t. (lat. *colligere,* recueillir) [17]. Didact. **1.** Réunir en recueil. *Colliger des lois.* **2.** Relier (des observations, des abstractions) en une notion synthétique.

COLLIMATEUR n.m. (du lat. savant *collimare,* pour *collineare,* viser). **1.** OPT. Appareil permettant d'obtenir un faisceau de rayons lumineux parallèles. **2.** Appareil de visée pour le tir. ◇ Fig., fam. *Avoir qqn dans le collimateur,* le surveiller de près, se préparer à l'attaquer.

COLLIMATION n.f. Action de viser, d'orienter une lunette dans une direction déterminée.

COLLINE n.f. (lat. *collis*). Relief de faible hauteur, de forme arrondie.

COLLISION n.f. (lat. *collisio*). **1.** Choc de deux corps en mouvement. *Véhicules qui entrent en collision.* ◇ PHYS. Interaction entre des corps, des particules, qui modifie leurs mouvements. **2.** Rencontre violente entre deux groupes, deux individus opposés. ◇ Fig. Opposition, rivalité. *Collision d'intérêts, d'idées.*

COLLISIONNEUR n.m. PHYS. Appareil permettant de réaliser la collision de deux faisceaux de particules.

COLLOCATION n.f. (lat. *collocatio*). **1.** DR. Classement judiciaire des créanciers dans l'ordre où ils doivent être payés. **2.** LING. Association habituelle d'un mot à un autre au sein de l'énoncé.

COLLODION n.m. (gr. *kollôdês,* collant). Solution de nitrocellulose dans un mélange d'alcool et d'éther, employée en photographie, en pharmacie, etc.

COLLOÏDAL, E, AUX adj. De la nature des colloïdes. ◇ *État colloïdal :* état de dispersion de la matière au sein d'un fluide, caractérisé par des granules de dimension moyenne comprise entre 0,2 et 0,002 micromètre.

COLLOÏDE n.m. (angl. *colloid,* du gr. *kolla,* colle). Système dans lequel des particules très petites sont en suspension dans un fluide. CONTR. : *cristalloïde.*

COLLOQUE n.m. (lat. *colloquium,* entretien). **1.** Entretien entre deux ou plusieurs personnes. **2.** Réunion organisée entre spécialistes de questions religieuses, scientifiques, politiques, etc.

COLLOQUER v.t. (lat. *collocare,* placer). DR. *Colloquer des créanciers,* les inscrire dans l'ordre suivant lequel ils doivent être payés.

COLLURE n.f. CIN. Joint entre deux bandes cinématographiques réalisé par collage.

COLLUSION n.f. (lat. *colludere,* jouer ensemble). Entente secrète en vue de tromper ou de causer préjudice.

COLLUSOIRE adj. DR. Fait par collusion.

COLLUTOIRE n.m. (lat. *colluere,* laver). Médicament antiseptique destiné à agir sur le pharynx par pulvérisation ou badigeonnage.

COLLUVION n.f. GÉOL. Dépôt résultant d'une mobilisation et d'un transport à faible distance sur un versant.

COLLYBIE n.f. (gr. *kollubos,* petite pièce de monnaie). Champignon à lames, à pied dur souvent tordu, poussant sur les souches, comme la souchette. (Famille des agaricacées.)

COLLYRE n.m. (gr. *kollurion,* onguent). Médicament liquide qu'on instille dans l'œil.

COLMATAGE n.m. Action de colmater.

COLMATER v.t. (it. *colmata,* de *colmare,* combler). **1.** Boucher, fermer plus ou moins complètement (un orifice, une fente). *Colmater une fuite.* ◇ MIL. Rétablir un front continu après une percée de l'ennemi. *Colmater une brèche.* **2.** Fig. Arranger, combler tant bien que mal. *Colmater un déficit.* **3.** AGRIC. Exhausser et fertiliser des terrains bas ou stériles au moyen de dépôts vaseux formés par les fleuves ou les mers.

COLOBE n.m. Singe d'Afrique, au pouce réduit, au pelage long et soyeux, voisin des semnopithèques.

COLOCASE n.f. Plante tropicale cultivée en Polynésie pour son rhizome riche en féculents. (Famille des aracées.)

COLOCATAIRE n. Locataire d'un immeuble avec d'autres personnes.

COLOCATION n.f. Location en commun. (À distinguer de *collocation.*)

COLOGARITHME n.m. Logarithme de l'inverse du nombre considéré :

$$\text{coln } x = \ln (1/x) = - \ln x.$$

COLOMBAGE n.m. (du lat. *columna,* colonne). Construction en pan de bois dont les vides sont remplis par une maçonnerie légère.

colombages

COLOMBE n.f. (lat. *columba*). **1.** Nom donné à certains pigeons et tourterelles. **2.** Poét. Pigeon, et spécialement pigeon blanc, considéré comme l'emblème de la douceur, de la pureté, de la paix. **3.** Partisan d'une politique de paix, par opp. à *faucon.* **4.** Litt. Jeune fille pure, innocente.

COLOMBIEN, ENNE adj. et n. De Colombie.

1. COLOMBIER n.m. (de *colombe*). Pigeonnier en forme de tour circulaire.

2. COLOMBIER n.m. (du n. du fabricant). Ancien format de papier (0,60 m × 0,80 m ; 0,62 m × 0,85 m ; 0,63 m × 0,90 m).

1. COLOMBIN, E adj. (lat. *columbinus,* couleur de pigeon). D'une couleur entre le rouge et le violet, évoquant le plumage du cou du pigeon. *Soie colombine.*

2. COLOMBIN n.m. Pigeon voisin du ramier. (On dit aussi *pigeon colombin.*) **2.** *Colombins :* ordre d'oiseaux comprenant le pigeon et la tourterelle.

3. COLOMBIN n.m. **1.** Rouleau d'argile molle servant à confectionner des vases sans l'emploi du tour. **2.** Vulg. Étron.

COLOMBINE n.f. Fiente des pigeons et des oiseaux de basse-cour, servant d'engrais.

COLOMBIUM ou **COLUMBIUM** [kɔlɔ̃bjɔm] n.m. CHIM. Vx. Niobium.

1. COLOMBO n.m. (bantou *kalumb*). Racine d'une plante de l'Afrique tropicale aux propriétés astringentes et apéritives.

2. COLOMBO n.m. (de *Colombo,* n.pr.). Antilles. Ragoût de viande ou de poisson, très épicé, accompagné de riz.

COLOMBOPHILE n. et adj. Personne qui élève ou emploie des pigeons voyageurs.

COLOMBOPHILIE n.f. Élevage des pigeons voyageurs.

1. COLON [kɔlɔ̃] n.m. (lat. *colonus*). **1.** Habitant immigré ou descendant d'immigrés d'une colonie. *Au* XIXe *siècle, de nombreux colons s'installèrent en Afrique et en Amérique.* **2.** Enfant d'une colonie de vacances. **3.** DR. Exploitant agricole qui paie au propriétaire un loyer en nature (une partie des fruits de l'exploitation).

2. COLON [kɔlɔn] n.m. (pl. *colones*). Unité monétaire principale du Costa Rica et du Salvador. – REM. On écrit aussi, à l'espagnole, *colón.* (→ ***monnaie.***)

CÔLON [kolɔ̃] n.m. (gr. *kôlon,* intestin). Partie du gros intestin qui commence au cæcum et se termine au rectum. (On le divise en côlons ascendant, transverse et descendant.)

COLONAGE ou **COLONAT** n.m. DR. *Colonage* ou *colonat partiaire :* métayage.

COLONAT n.m. HIST. Mode d'exploitation de la terre dans le Bas-Empire romain, suivant lequel le colon et sa famille étaient attachés à perpétuité à la terre qu'ils cultivaient.

COLONEL n.m. Officier supérieur du grade le plus élevé, dans les armées de terre et de l'air. (→ ***grade.***)

COLONELLE n.f. Fam. Femme d'un colonel.

1. COLONIAL, E, AUX adj. Qui concerne les colonies. ◇ *Artillerie, infanterie coloniale :* nom donné de 1900 à 1958 à l'artillerie, à l'infanterie de marine.

2. COLONIAL, E, AUX n. Personne qui a vécu aux colonies.

COLONIALISME n.m. Doctrine qui vise à légitimer l'occupation d'un territoire ou d'un État, sa domination politique et son exploitation économique par un État étranger.

COLONIALISTE adj. et n. Qui appartient au colonialisme, qui le soutient.

COLONIE n.f. (lat. *colonia,* de *colere,* cultiver). **1.** Territoire occupé et administré par une nation étrangère, et dont il dépend sur les plans politique, économique, culturel, etc. **2.** Groupe de personnes qui s'expatrient pour aller peupler et exploiter un autre pays. **3.** Ensemble d'étrangers originaires d'un même pays et vivant dans la même ville ou la même région. *La colonie française de Lima.* **4.** Groupe d'animaux ayant une vie collective, égalitaire ou hiérarchisée. *Colonie d'abeilles, de polypes.* **5.** *Colonie de vacances :* groupe d'enfants réunis pour des séjours de vacances sous la conduite de moniteurs. **6.** *Colonie pénitentiaire :* **a.** Ancien établissement pour jeunes délinquants (supprimé en 1951). **b.** Colonie qui était affectée à l'exécution des peines coloniales.

COLONISABLE adj. Qui peut être colonisé.

COLONISATEUR, TRICE adj. et n. Qui colonise, qui fonde et exploite une colonie.

COLONISATION n.f. Action de coloniser ; son résultat.

■ L'expansion des peuples et des États de l'Europe se développe à partir du XVIe s. en trois étapes. XVIe-XVIIIe s. : conquêtes portugaises (comptoirs en Afrique et en Inde, Brésil), espagnoles (Amérique centrale et méridionale), anglaises et françaises (Amérique du Nord), néerlandaises (Insulinde). 1783-1826 : les États-Unis et les colonies espagnoles et portugaises accèdent à l'indépendance. 1830-1914 : constitution de l'Empire colonial français (12 millions de km^2) et de l'Empire britannique (35 millions de km^2), acquisition de colonies par la Belgique, l'Allemagne et l'Italie. 1945-1975 : effondrement des empires coloniaux.

COLONISÉ, E adj. et n. Qui subit la colonisation.

COLONISER v.t. **1.** Transformer (un pays) en colonie. **2.** Peupler de colons. *Les Anglais ont colonisé l'Australie.* **3.** Fam. Envahir, occuper (un lieu).

COLONNADE n.f. (it. *colonnato*). File de colonnes et ce qui la surmonte, entablement ou arcs. (Ces deux modalités se trouvent associées dans le cas particulier des *arcades à ordonnance.* Le rythme de la colonnade dépend, notamment, de la valeur de l'*entrecolonnement.*)

COLONNE n.f. (lat. *columna*). **I. 1.** Support architectural vertical de section en principe circulaire. *Base, chapiteau, fût d'une colonne. Colonne dorique, ionique.* ◇ Support, montant cylindrique. *Lit à colonnes.* **2.** Monument en forme de colonne isolée. *Colonne commémorative. La colonne Vendôme.* **II. 1.** Masse de fluide affectant une forme cylindrique d'axe vertical. *Colonne de fumée, d'air.* – *Colonne barométrique :* mercure du tube d'un baromètre. **2.** Chacune des sections verticales qui divisent une page. *Ne rien inscrire dans cette colonne. Les colonnes d'un dictionnaire, d'un journal.* **3.** Annotations, chiffres disposés verticalement les uns au-dessous des autres. *Colonne des unités, des dizaines.* ◇ MATH. Ensemble des éléments d'un déterminant, d'une matrice rangés suivant une même verticale. **4.** *Colonne vertébrale :* ensemble des vertèbres formant un axe osseux qui s'étend de la base du crâne au bassin, chez l'homme et les animaux vertébrés. SYN. : *rachis.* **5.** *Colonne montante :* canalisation groupant les tuyaux et les câbles amenant l'eau, le gaz et l'électricité dans un immeuble. **III. 1.** File de personnes placées les unes derrière les autres. **2.** MIL. Formation dont les éléments sont disposés sur un front étroit et en profondeur ; détachement chargé d'une mission particulière. *Colonne de secours.* ◇ *Cinquième colonne :* ensemble des partisans clandestins qu'une armée compte dans les rangs de l'adversaire.

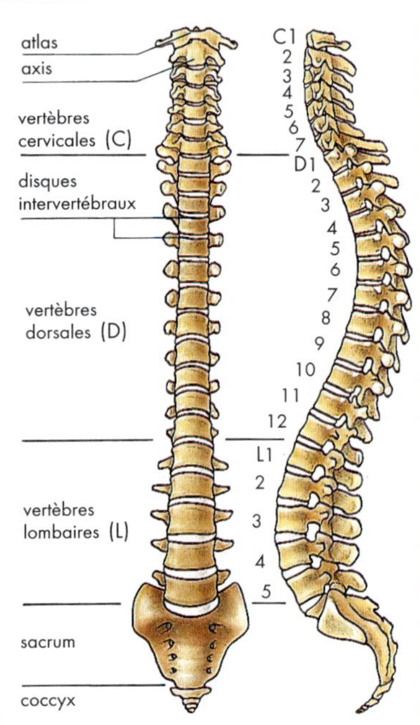

colonne vertébrale

COLONNETTE n.f. Colonne petite ou mince.

COLONOSCOPIE n.f. → ***coloscopie.***

COLOPATHIE n.f. MÉD. Affection du côlon (gros intestin).

COLOPHANE n.f. (gr. *kolophônia,* résine de Colophon [ville d'Asie Mineure]). Résine jaune, solide, transparente, qui forme le résidu de la distillation de la térébenthine et avec laquelle les musiciens frottent les crins des archets. SYN. : *arcanson.*

COLOQUINTE [kɔlɔkɛ̃t] n.f. (gr. *kolokunthis*). Plante voisine de la pastèque, dont le fruit fournit une pulpe amère et purgative. (Famille des cucurbitacées.)

coloquintes

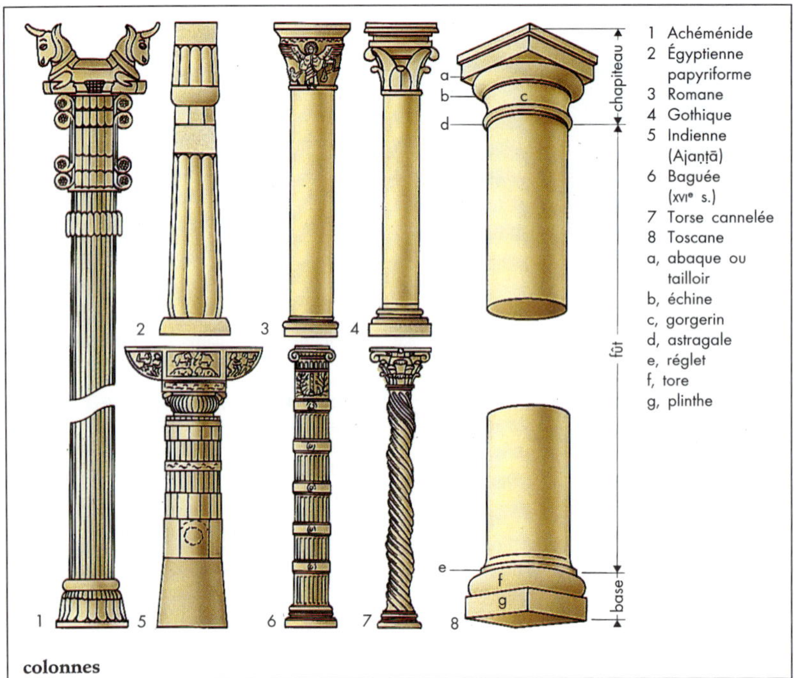

colonnes

1. COLORANT, E adj. Qui colore.

2. COLORANT n.m. Substance colorée naturelle ou synthétique, utilisée pour donner à une matière une coloration durable. ◇ Spécialt. Substance employée pour colorer certains aliments.

COLORATION n.f. Action de colorer ; état de ce qui est coloré. *La coloration de la peau.*

COLORÉ, E adj. **1.** Qui a une couleur, notamment une couleur vive. *Teint coloré.* **2.** Fig. Qui a de l'éclat, de l'originalité. *Style coloré.*

COLORER v.t. (lat. *colorare*). **1.** Donner une certaine couleur, une couleur plus vive à. *L'émotion colora ses joues.* **2.** Fig., litt. Apporter une teinte, une note particulière à ; teinter. *Il colorait ses reproches d'une légère ironie.*

COLORIAGE n.m. **1.** Action de colorier ; résultat ainsi obtenu. **2.** Dessin à colorier (surtout pl.).

COLORIER v.t. Appliquer des couleurs sur. *Colorier un dessin.*

COLORIMÈTRE n.m. Appareil servant à définir une couleur par comparaison avec un étalon.

COLORIMÉTRIE n.f. **1.** Science qui permet de définir et de cataloguer les couleurs. **2.** CHIM. Méthode d'analyse quantitative fondée sur la mesure des couleurs.

COLORIS [kɔlɔri] n.m. (it. *colorito*). **1.** Effet qui résulte du choix et de l'usage des couleurs. *Le coloris d'un peintre. Tissus aux riches coloris.* **2.** Éclat et teinte du visage, des fleurs, des fruits. **3.** Fig., litt. Éclat d'un style expressif, imagé.

COLORISATION n.f. Transformation, par un procédé électronique, des images en noir et blanc d'un film, notamm. d'un film ancien, en images en couleurs.

COLORISER v.t. Transformer (un film) par colorisation.

COLORISTE n. **1.** Artiste qui sait harmoniser, exalter les couleurs ; peintre qui privilégie l'expression par la couleur. **2.** Spécialiste de la réalisation de mélanges colorés servant à la production ou à la reproduction de couleurs (impression, teinture, peinture, etc.). SYN. : *chromiste.*

COLOSCOPIE ou **COLONOSCOPIE** n.f. Examen endoscopique du côlon.

COLOSSAL, E, AUX adj. **1.** Extrêmement grand. *Taille colossale.* ◇ BX-A. *Statue colossale :* représentation statuaire plus grande que nature. – *Ordre colossal :* composition architecturale dans laquelle colonnes ou pilastres s'élèvent sur deux étages ou plus. **2.** Énorme, considérable. *Puissance, richesse colossale.*

COLOSSALEMENT adv. De façon colossale.

COLOSSE n.m. (lat. *colossus,* du gr.). **1.** Statue colossale (d'une échelle supérieure à 1). *Le colosse de Rhodes.* **2.** Homme d'une taille, d'une force extraordinaire.

COLOSTOMIE n.f. Abouchement chirurgical du côlon à la peau (anus artificiel).

COLOSTRUM [kɔlɔstrɔm] n.m. (mot lat.). Liquide jaunâtre et opaque sécrété par la glande mammaire durant les premiers jours qui suivent l'accouchement.

COLOURED [kɔlɔrd] n. (mot angl.). Habitant d'Afrique du Sud ayant des ascendants mixtes parmi les Africains, les Européens, les Asiatiques.

COLPOCÈLE n.f. MÉD. Affaissement des parois du vagin, entraînant un prolapsus (descente) des organes génitaux.

COLPORTAGE n.m. **1.** Action, fait de colporter. **2.** Métier de colporteur. ◇ HIST. *Littérature de colportage :* ouvrages populaires de petit format, très divers (almanachs, ouvrages pieux, contes de fées, romans sentimentaux, guides pratiques d'agriculture, etc.), vendus par des marchands ambulants entre le XVIe et le XIXe s.

COLPORTER v.t. (lat. *comportare,* transporter). **1.** Vieilli. Transporter de petites marchandises de place en place pour les vendre. **2.** Fig. Répandre, propager (des bruits, des nouvelles).

COLPORTEUR, EUSE n. **1.** Marchand ambulant. **2.** Fig. Propagateur. *Colporteur de fausses nouvelles.*

COLPOSCOPIE n.f. (du gr. *kolpos,* vagin). MÉD. Examen du col de l'utérus avec un appareil optique placé dans le vagin.

COLT [kɔlt] n.m. **1.** Pistolet à barillet appelé aussi *revolver,* inventé par Colt en 1835. **2.** Pistolet automatique de 11,43 mm doté d'un chargeur de 7 cartouches, réalisé par les usines Colt à partir de 1911.

colonisation : les empires coloniaux avant la Seconde Guerre mondiale

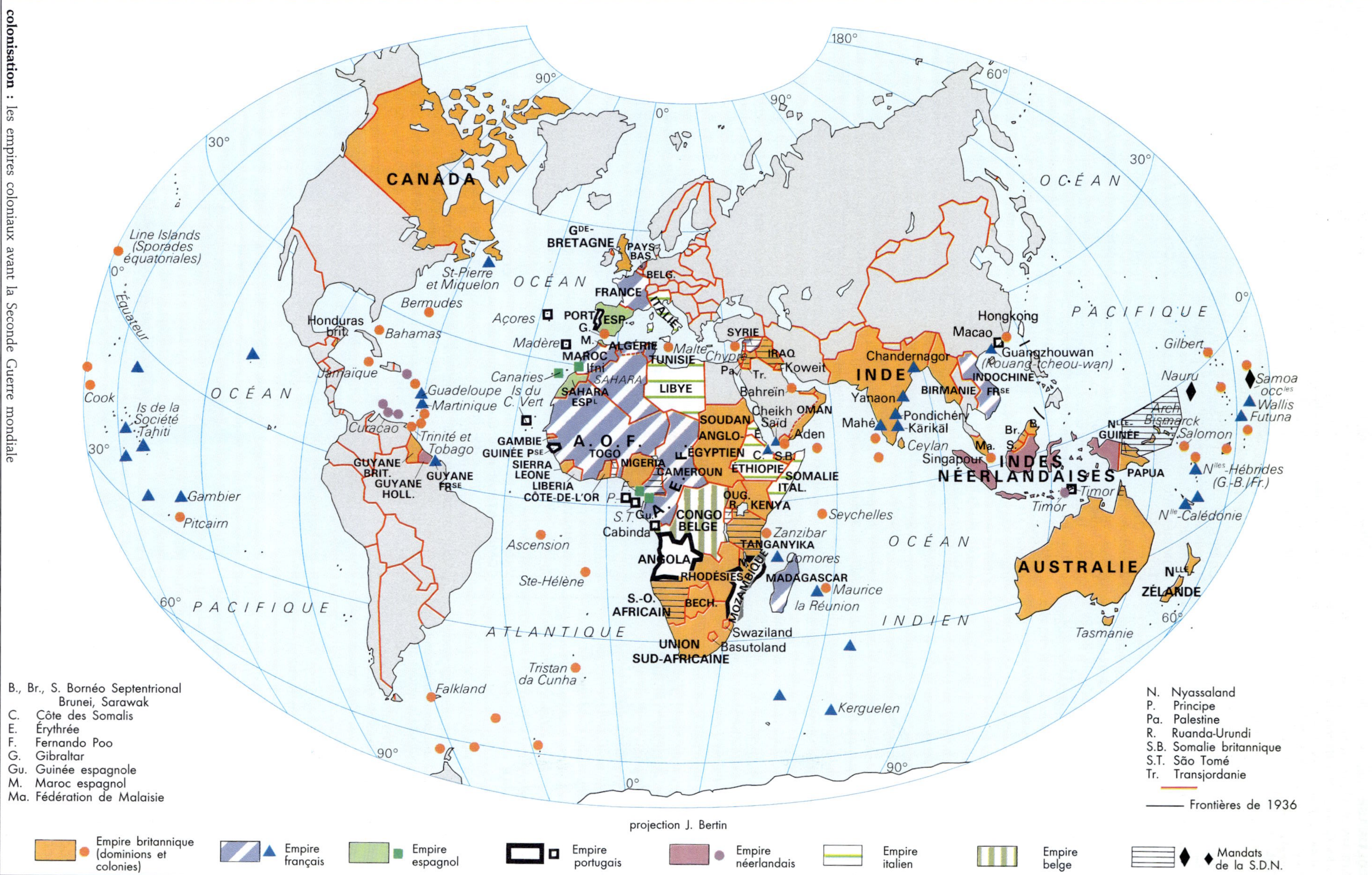

COLTINAGE n.m. Action de coltiner.

COLTINER v.t. (de *coltin,* gilet couvrant la tête et les épaules des forts des Halles). Porter (des fardeaux) sur le cou, les épaules ; porter (de lourdes charges). ◆ **se coltiner** v.pr. Fam. Se charger d'une tâche pénible, désagréable.

COLUBRIDÉ n.m. *Colubridés :* famille de serpents dont les crochets venimeux sont absents ou implantés au fond de la bouche, tels les couleuvres et plus des deux tiers des ophidiens.

COLUMBARIUM [kɔlɔ̃barjɔm] n.m. (mot lat.). Bâtiment pourvu de niches où sont placées les urnes cinéraires, dans une nécropole, un cimetière.

COLUMBIUM [kɔlɔ̃bjɔm] n.m. → ***colombium.***

COLUMELLE n.f. (lat. *columella,* petite colonne). **1.** ANAT. Axe conique du limaçon de l'oreille interne. **2.** BIOL. Axe solide médian, notamm. **a.** d'une coquille de gastropode. **b.** des polypiers. **c.** d'une capsule de mousse.

COLVERT n.m. Canard sauvage très commun de l'hémisphère Nord, dont le mâle présente un capuchon vert en période nuptiale. (Long. 60 cm ; famille des anatidés.)

colvert

COLYMBIFORME n.m. *Colymbiformes :* ordre d'oiseaux aquatiques tels que le plongeon, le grèbe.

COLZA n.m. (néerl. *koolzaad,* semence de chou). Plante voisine du chou, à fleurs jaunes, cultivée pour ses graines fournissant une huile comestible et un tourteau utilisé dans l'alimentation du bétail. (Famille des crucifères.)

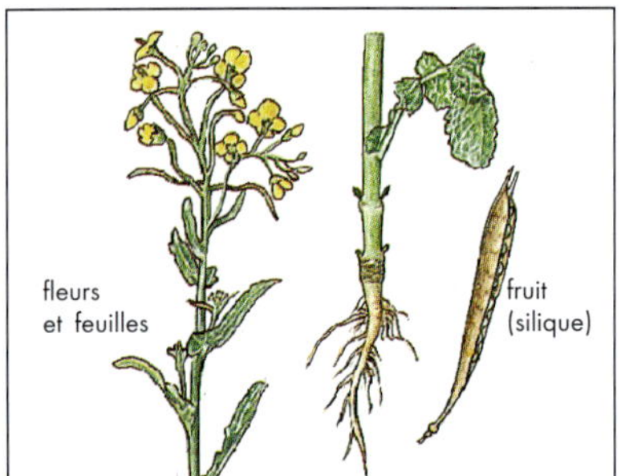

colza

COLZATIER n.m. Cultivateur de colza.

COMA n.m. (gr. *kôma,* sommeil profond). État caractérisé par la perte des fonctions de relation (conscience, mobilité, sensibilité) avec conservation de la vie végétative (respiration, circulation). ◇ *Coma dépassé,* irréversible (mort cérébrale).

COMANDANT n.m. DR. Personne qui, avec une ou plusieurs autres, donne un mandat.

COMANDATAIRE n. DR. Personne qui est chargée d'un mandat avec une ou plusieurs autres.

COMATEUX, EUSE adj. et n. Relatif au coma ; qui est dans le coma.

COMBAT n.m. **1.** Lutte, armée ou non. ◇ Spécialt. **a.** Engagement militaire limité dans l'espace et dans le temps. ◇ *Hors de combat :* dans l'incapacité de poursuivre la lutte ; dans l'impossibilité de faire face. **b.** Rencontre opposant deux adversaires d'un sport de lutte. **2.** Fig. Affrontement d'éléments hostiles, de difficultés. *La vie est un combat.* ◇ Opposition. *Combat du Bien et du Mal.* ◇ *Littérature de combat,* engagée.

COMBATIF, IVE adj. Porté à la lutte ; agressif, belliqueux.

COMBATIVITÉ n.f. Qualité, dispositions combatives ; agressivité.

1. COMBATTANT, E adj. Qui combat.

2. COMBATTANT, E n. Personne, soldat qui prend part directement à un combat, à une guerre, à une rixe. ◆ n.m. ZOOL. **1.** Oiseau échassier voisin du chevalier, dont les mâles, au printemps, se livrent des combats furieux, mais peu dangereux. (Long. 30 cm.) **2.** Petit poisson d'ornement, de couleurs vives, originaire de Thaïlande, et dont les mâles se livrent des combats souvent mortels.

COMBATTRE v.t. (lat. *cum,* avec, et *battuere,* battre) [83]. Se battre contre (qqn) ; s'opposer à l'action de (qqch). ◆ v.i. **1.** Livrer combat. **2.** Œuvrer pour soutenir, défendre (une cause, un point de vue).

COMBE n.f. (mot gaul.). GÉOGR. Vallée entaillée dans la voûte anticlinale d'un pli jurassien et dominée par deux escarpements, les crêts.

COMBIEN adv. (anc. fr. *com,* comment, et *bien*). **1.** Interr. (Quantité, grandeur). *Combien mesure t-il ?* – (Nombre, prix). *Combien as-tu payé ?* **2.** Exclam. (Exprimant une indignation excédée). *Combien de fois je te l'ai dit !* – (En incise). *Ô combien !* ◆ n.m. inv. Fam. (Précédé de l'article, indique la date, le rang, la fréquence). **a.** (Date). *Le combien sommes-nous ?* **b.** (Rang). *Le combien es-tu en français ?* **c.** (Fréquence). *Ce bus passe tous les combien ?*

COMBIENTIÈME adj. et n. Fam. (incorrect, pour *combien, quantième*). À quel rang ; à quel ordre ? *Le combientième du mois viendrez-vous ?*

COMBINABLE adj. Qui peut être combiné.

COMBINAISON n.f. **I. 1.** Assemblage, arrangement selon une disposition, une proportion. *Combinaison de mots, de couleurs.* ◇ Spécialt. **a.** CHIM. Réunion de corps simples dans un composé ; ce composé. **b.** MATH. *Combinaison de* p *éléments d'un ensemble à* n *éléments :* toute partie (groupement) à p éléments d'un ensemble à n éléments ($0 < p \leqslant n$). [Le nombre de combinaisons de p éléments est $C_n^p = n!/[p!(n-p)!]$. **c.** Disposition des éléments mécaniques intérieurs d'une serrure de sûreté dont la configuration déclenche l'ouverture ; nombre permettant ce déclenchement. **2.** Fig. (souvent péj.). Organisation de mesures prises pour assurer le succès d'une entreprise ; ce calcul, ces mesures. *Les minables combinaisons d'un arriviste.* ◇ (Souvent pl.). Accords, arrangements intéressés. **II. 1.** Sous-vêtement féminin d'une seule pièce, maintenu par des bretelles aux épaules et habillant le corps jusqu'aux genoux. **2.** Vêtement d'une seule pièce couvrant la totalité du corps, pour le travail, le sport, etc. *Combinaison de plongée sous-marine.*

COMBINARD, E adj. et n. Fam., péj. Qui use de combines, qui emploie des moyens souvent plus ingénieux qu'honnêtes pour arriver à ses fins.

COMBINAT [kɔ̃bina] n.m. Dans l'ancienne U. R. S. S., groupement, dans une même région économique et en une organisation administrative unique, de plusieurs établissements industriels aux activités solidaires.

COMBINATEUR n.m. Commutateur servant à mettre en service les appareils d'éclairage et d'avertissement d'une automobile.

1. COMBINATOIRE adj. Relatif aux combinaisons.

2. COMBINATOIRE n.f. **1.** Combinaison d'éléments qui, formant un ensemble, ont des positions relatives variables de nombre limité. **2.** MATH. Branche des mathématiques qui étudie les combinaisons, les dénombrements ou les configurations d'ensembles finis. (On dit aussi *analyse combinatoire.*)

COMBINE n.f. Fam. Combinaison, moyen habile pour parvenir à une fin sans préoccupations morales.

1. COMBINÉ, E adj. Qui procède d'une combinaison, d'une organisation. ◇ MIL. Qui intéresse, met en jeu simultanément plusieurs éléments des armées de terre, de mer ou de l'air. *Opérations combinées.*

2. COMBINÉ n.m. **I.** Appareil, dispositif formé d'éléments combinés. **1.** Partie mobile d'un téléphone réunissant l'écouteur et le microphone. **2.** Gaine et soutien-gorge en une pièce. **3.** AVIAT. Appareil combinant les caractéristiques de l'avion et de l'hélicoptère. **II.** Compétition sportive associant des épreuves de nature différente. ◇ *Combiné alpin :* en ski alpin, compétition associant une descente et un slalom. – *Combiné nordique :* en ski nordique, compétition associant une course de 15 km et une épreuve de saut.

COMBINER v.t. (bas lat. *combinare*). **1.** Disposer (des choses, des éléments) en formant une combinaison. *Combiner des couleurs.* ◇ CHIM. Produire la combinaison de (plusieurs corps chimiques). **2.** Organiser, préparer (une combinaison, ses détails). *Combiner un plan.* ◆ **se combiner** v.pr. S'harmoniser.

COMBLANCHIEN n.m. Calcaire très dur et résistant, prenant le poli, utilisé pour faire des revêtements et des dallages.

1. COMBLE n.m. (lat. *cumulus*). **1.** (Souvent pl.). Faîte d'un bâtiment, comportant charpente et toit ; espace intérieur correspondant. **2.** Point culminant, degré extrême. *Être au comble de la joie. Le comble de ses malheurs.* ◇ (Exclam.). *C'est un comble ! :* cela dépasse la mesure. – *De fond en comble :* entièrement, dans sa totalité.

2. COMBLE adj. (de *combler*). Se dit d'un lieu très ou trop plein (de personnes). *Salle, train comble.* ◇ *Faire salle comble :* en parlant d'un spectacle, d'un artiste, d'un conférencier, etc., attirer un très nombreux public. – *La mesure est comble :* cela dépasse les bornes.

COMBLEMENT n.m. Action de combler ; fait d'être comblé.

COMBLER v.t. (lat. *cumulare*). **1.** Remplir entièrement (qqch de creux). *Combler un fossé.* **2.** Satisfaire pleinement (qqn, ses désirs). ◇ *Combler qqn de bienfaits, d'honneurs,* les lui donner en grande quantité.

COMBO n.m. (mot angl., abrév. de *combination,* combinaison). MUS. Petite formation de jazz, n'excédant pas 6 à 8 musiciens (par opp. à *big band*).

COMBURANT, E adj. et n.m. (lat. *comburens,* qui détruit par le feu). Se dit d'un corps qui, par combinaison avec un autre, amène la combustion de ce dernier (ex. : l'oxygène).

COMBUSTIBILITÉ n.f. Propriété des corps combustibles.

1. COMBUSTIBLE adj. Qui a la propriété de brûler ou de se consumer.

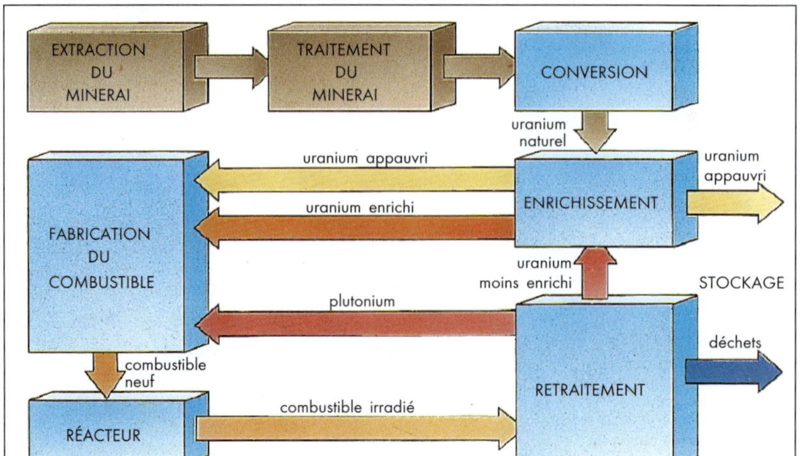

combustible nucléaire : cycle de traitement de l'uranium

2. COMBUSTIBLE n.m. **1.** Matière dont la combustion produit une quantité de chaleur utilisable. **2.** *Combustible nucléaire :* matière capable de dégager de l'énergie par fission ou fusion nucléaires.

COMBUSTION [kɔ̃bystjɔ̃] n.f. (lat. *combustio,* de *comburere,* brûler). Fait, pour un corps, de brûler. – CHIM. Fait, pour un combustible, de s'unir à un comburant (souvent l'oxygène) en dégageant de la chaleur ; ce phénomène. ◇ CHIM. *Combustion lente :* oxydation sans flamme.

COME-BACK [kɔmbak] n.m. inv. (mot angl.). Anglic. Retour en vogue, au premier plan d'une personne naguère célèbre, après une période d'oubli ou d'inactivité.

COMÉDIE n.f. (lat. *comoedia,* du gr.). **1.** Pièce de théâtre qui excite le rire par la peinture des mœurs, des caractères, ou la succession de situations inattendues. **2.** Genre littéraire, cinématographique, etc., qui fait rire ou sourire. ◇ *Comédie musicale :* film, spectacle comportant des scènes dansées et chantées. **3.** Situation, histoire comique. **4. a.** Simulation hypocrite de sentiments. *Jouer la comédie.* **b.** Agissements insupportables. *Cessez cette comédie !* **c.** Complications. *Quelle comédie pour arriver ici !*

COMÉDIEN, ENNE n. Professionnel qui joue au théâtre, au cinéma, à la télévision. ◆ n. et adj. **1.** Personne qui aime se donner en spectacle ; cabotin. **2.** Personne qui joue la comédie ; hypocrite.

COMÉDON n.m. (lat. *comedere,* manger). Petit cylindre de matière sébacée, à l'extrémité noire, qui bouche un pore de la peau. SYN. : *point noir.*

COMESTIBILITÉ n.f. Caractère de ce qui est comestible.

COMESTIBLE adj. (lat. *comestus,* mangé). Qui peut servir de nourriture à l'homme.

COMESTIBLES n.m. pl. Produits alimentaires.

COMÉTAIRE adj. ASTRON. Des comètes ; relatif aux comètes.

COMÈTE n.f. (lat. *cometa ;* gr. *komêtês,* chevelu). **1.** Astre du système solaire formé d'un noyau solide relativement petit qui, au voisinage du Soleil, éjecte une atmosphère passagère de gaz et de poussières à l'aspect de chevelure diffuse, s'étirant dans la direction opposée au Soleil, en une queue parfois spectaculaire. ◇ Fig. *Tirer des plans sur la comète :* faire des projets à partir d'éléments chimériques. **2.** REL. Tranchefile ne comportant qu'un bourrelet aplati.

■ ASTRON. Loin du Soleil, une comète se réduit à un *noyau* irrégulier, de dimensions kilométriques, en rotation sur lui-même, constitué d'un mélange de glaces, de fragments rocheux et de poussières. Lorsque la comète se rapproche du Soleil, les glaces se subliment ; des gaz s'échappent, entraînant des fragments rocheux et des poussières, et il se forme une nébulosité diffuse, la *chevelure,* rendue lumineuse par la diffusion de la lumière solaire par les poussières et sa fluorescence au contact des gaz. Celle-ci est entourée d'une vaste enveloppe d'hydrogène décelable dans l'ultraviolet. Repoussés par le vent* solaire, les ions formés dans la chevelure engendrent dans la direction opposée à celle du Soleil une longue queue bleutée rectiligne, dite *queue de gaz* (ou *de plasma*), qui peut s'étirer sur plusieurs centaines de millions de kilomètres. Les poussières éjectées du noyau, repoussées par la pression du rayonnement solaire, forment elles-mêmes une *queue de poussières* jaunâtre, plus large, plus diffuse et incurvée. Env. 1 200 apparitions de comètes ont été recensées depuis l'Antiquité et l'on découvre ou retrouve chaque année une vingtaine de comètes. Mais il en existerait près de mille milliards, réparties dans un vaste halo, aux confins du système solaire.

la **comète** West (photographiée le 12 mars 1976 à l'observatoire de Sacramento Peak [États-Unis])

COMÉTIQUE n.m. Canada. Traîneau tiré par des chiens.

1. COMICE n.m. (lat. *comitium*). HIST. Assemblée ; association. **1.** Réunion des électeurs pour nommer les membres des assemblées délibérantes, pendant la Révolution française. **2.** *Comice(s) agricole(s) :* association privée de notables ruraux dont le but était le développement de l'agriculture (2e moitié du XIXe s.). ◆ pl. ANTIQ. ROM. Assemblée du peuple aux attributions politiques, judiciaires et religieuses. (Il y en avait trois types sous la République : *comices curiates, centuriates* et *tributes.*)

2. COMICE n.f. Poire à chair fondante et sucrée.

COMICS n.m. pl. (mot angl.). Anglic. Bandes dessinées. *Lire des comics.*

1. COMIQUE adj. (lat. *comicus*). **1.** Qui appartient à la comédie. *Auteur comique.* **2.** Amusant, qui fait rire. *Aventure comique.*

2. COMIQUE n.m. **1.** Le caractère comique de ; ce qui est comique. *Le comique de la situation.* **2.** Genre comique ; la comédie. *Comique de situation.* **3.** Acteur ou chanteur comique. ◇ Fam., péj. Personne peu sérieuse, à qui l'on ne peut se fier. **4.** Litt. (Surtout au pl.). Auteur comique.

COMIQUEMENT adv. De façon comique.

COMITÉ n.m. (angl. *committee*). Assemblée restreinte ayant reçu mission pour une affaire particulière ; groupe délégué ; petite association. *Comité des fêtes.* ◇ *En petit comité, en comité restreint :* entre amis ; en particulier. ◇ *Comité d'entreprise :* organe de l'entreprise composé des représentants élus du personnel et présidé par le chef d'entreprise, qui a des attributions consultatives ou de contrôle en matière professionnelle, économique et sociale. Abrév. : *C.E.* – *Comité d'hygiène, de sécurité et des conditions de travail :* organisme consultatif réunissant l'employeur, des salariés, parfois des techniciens, et dont le rôle est de veiller au respect des règles sur la sécurité, la prévention des accidents du travail et des maladies professionnelles et de contribuer à l'amélioration des conditions de travail. – *Comité de lecture,* chargé de la sélection des manuscrits, dans une maison d'édition.

COMITIAL, E, AUX [kɔmisjal, o] adj. MÉD. Relatif à l'épilepsie (dite *mal des comices*).

COMITIALITÉ n.f. MÉD. Épilepsie.

COMMA n.m. (du gr. *koptein,* couper). MUS. Fraction de ton théorique et imperceptible (1/8 ou 1/9 selon la gamme envisagée ; ex. : entre *ré* dièse et *mi* bémol).

COMMAND n.m. DR. *Déclaration de command :* acte par lequel l'acquéreur ou l'adjudicataire se substitue une autre personne en cas de vente, amiable ou judiciaire.

COMMANDANT n.m. **1.** Officier supérieur qui commande une grande unité, une place ou une base des armées de terre ou de l'air (son grade est entre celui de capitaine et celui de lieutenant-colonel). **2.** Officier qui commande un bâtiment de la marine de guerre. ◇ *Commandant de bord :* celui qui commande à bord d'un avion de ligne ou d'un vaisseau spatial. **3.** Afrique. Personne qui détient l'autorité administrative.

COMMANDE n.f. **1.** Ordre par lequel on demande à un fournisseur la livraison d'une marchandise, l'exécution d'un service, etc. ; cette fourniture ou cette prestation. *Passer commande. Commande livrée.* ◇ *Sur commande :* sur ordre. **2.** Direction, contrôle exercés sur l'évolution d'une machine, d'une installation au moyen des organes qui en assurent la mise en route, le réglage, l'arrêt ; chacun des dispositifs (boutons, leviers, etc.) déclenchant ces organes. ◇ Fig. *Tenir les commandes :* contrôler, diriger. – *Prendre les commandes :* assumer la direction. ◆ loc. adj. *De commande :* apprêté, affecté (par égard à ce que commandent les usages). *Rire de commande.*

COMMANDEMENT n.m. **1.** Action, fait de commander ; ordre donné. *À mon commandement... partez !* ◇ DR. Acte d'huissier enjoignant d'exécuter une obligation avant de procéder aux voies d'exécution forcée (saisie, par ex.). **2.** *Les dix commandements :* les préceptes transmis par Moïse aux Hébreux et conservés dans le christianisme. ◇ Loi morale. **3.** Pouvoir, responsabilité de celui qui commande ; sa fonction. ◇ *Commandement militaire :* ensemble des instances supérieures des armées. **4.** SPORTS. *Être au commandement :* être en tête.

COMMANDER v.t. (lat. *commendare,* recommander). **I. 1.** Ordonner à qqn, en vertu de l'autorité que l'on détient, de faire qqch. *Je lui ai commandé de partir.* **2.** Exercer, avoir une autorité sur (qqn, un groupe de personnes). *Commander un régiment.* **3.** Exiger, forcer (un sentiment, une attitude). *Ce geste commande le respect.* **4.** Contrôler l'accès à (un lieu). *Le fort commande la ville. Porte qui commande l'accès à la cave.* **II. 1.** Passer commande de (une fourniture, une prestation) à (un fournisseur). **2.** Déclencher, faire fonctionner (un mécanisme relié à une commande). *Le palonnier commande le gouvernail de direction.* ◆ v.t. ind. ***(à).*** Litt. **1.** Imposer sa loi, sa direction à (des personnes ; qqch). *Commander aux évènements.* **2.** Dominer, exercer un contrôle sur (des sentiments, des passions). ◆ v.i. Être le chef. *C'est elle qui commande, ici.* ◆ **se commander** v.pr. **1.** *Ne pas se commander :* être indépendant de la volonté, en parlant d'un sentiment. *L'amitié, ça ne se commande pas.* **2.** Communiquer (en parlant des pièces d'un appartement, d'une maison).

COMMANDERIE n.f. **1.** Bénéfice accordé à un dignitaire des ordres religieux hospitaliers. **2.** Résidence du commandeur d'un de ces ordres.

COMMANDEUR n.m. **1.** Celui dont le grade est supérieur à celui d'officier, dans les ordres de chevalerie. **2.** HIST. Chevalier pourvu d'une commanderie. **3.** HIST. *Commandeur des croyants :* titre protocolaire des califes.

COMMANDITAIRE n.m. et adj. **1.** Celui qui commandite. **2.** DR. Associé d'une société en commandite qui apporte des fonds. **3.** Bailleur de fonds. SYN. (anglic. déconseillé) : *sponsor.*

COMMANDITE n.f. (it. *accomandita,* dépôt). **1.** DR. *Société en commandite :* société commerciale dans laquelle les associés sont tenus des dettes sociales (les *commandités*) ou tenus dans les limites de leur apport *(commanditaires).* ◇ Fonds versés par chaque associé d'une société en commandite. **2.** IMPR. Équipe d'ouvriers typographes travaillant en association (pour un salaire aux pièces collectif).

COMMANDITÉ, E n. Associé d'une société en commandite tenu des dettes sociales.

COMMANDITER v.t. **1.** Avancer des fonds à (une entreprise commerciale). **2.** Financer (un projet). SYN. (anglic. déconseillé) : *sponsoriser.* **3.** Organiser, financer (un crime, un délit).

COMMANDO n.m. (mot port.). Formation militaire de faible effectif, chargée de missions spéciales et opérant isolément.

COMME conj. (lat. *quomodo*). **1.** (Comparaison). *Comme son frère.* – Tel que. *Un homme comme lui.* ◇ *Tout comme :* la même chose. – (Express. superlative). *Jolie comme tout :* très jolie. **2.** (Manière). *Ça s'est passé comme il voulait.* ◇ *Comme ça :* ainsi, dans ces conditions. **3.** (Cause). *Comme il s'ennuyait, il salua la compagnie.* **4.** (Temps). *Comme la nuit tombait.* ◆ adv. exclam. **1.** (Intensité). Combien, à quel point. *Comme c'est pénible !* **2.** (Manière). *Comme il nous traite !*

COMMEDIA DELL'ARTE [kɔmedjadɛlarte] n.f. (express. it.). Forme théâtrale italienne basée sur l'improvisation (acrobaties, pantomimes, lazzi, etc.), à partir de canevas et de personnages (« masques ») traditionnels (Arlequin, Matamore, Pantalon, Scaramouche, entre autres).

COMMÉMORAISON n.f. LITURGIE CATH. Mention que l'Église fait d'un saint le jour où l'on célèbre une autre fête plus solennelle.

COMMÉMORATIF, IVE adj. Qui commémore.

COMMÉMORATION n.f. Action de commémorer (un évènement, une personne) ; cérémonie faite à cette occasion.

COMMÉMORER v.t. (lat. *commemorare*). Rappeler le souvenir de (une personne, un évènement) avec plus ou moins de solennité.

COMMENÇANT, E n. Personne qui débute (dans une discipline).

COMMENCEMENT n.m. **1.** Ce par quoi qqch commence ; début. **2.** Litt. Origine, cause première de qqch.

COMMENCER v.t. (lat. *cum* et *initiare*, commencer) [16]. **1.** Aborder ; entamer ; entreprendre (qqch ; une action). *Commencer sa journée. Commencer la conversation.* **2.** Prendre l'initiative de (qqch). *Commencer la guerre.* ◇ Absolt, fam. *C'est lui qui a commencé.* **3.** Être au début, constituer le début de (qqch). ◆ v.t. ind. ***(à*** ou, litt., ***de).*** Se mettre à. *On commençait à s'ennuyer.* ◆ v.i. Débuter ; prendre pour origine. *L'été commence le 21 juin.* ◇ Iron. *Ça commence bien :* ça se présente mal.

COMMENDATAIRE adj. et n. HIST. Pourvu d'une commende.

COMMENDE n.f. (lat. *commendare*, confier). HIST. Collation d'un bénéfice ecclésiastique (évêché, abbaye) à un clerc ou à un laïque qui ne résidait pas, mais touchait les revenus.

COMMENSAL, E, AUX n. (lat. *cum*, avec, et *mensa*, table). Litt. Personne qui mange à la même table qu'une autre. ◆ adj. et n. BIOL. *Espèces commensales,* dont l'une vit associée à l'autre en profitant des débris de ses repas, mais sans lui nuire (ex. : le poisson pilote et le requin).

COMMENSALISME n.m. BIOL. Manière de vivre des espèces commensales.

COMMENSURABLE adj. (lat. *cum*, avec, et *mensurabilis*, qui peut être mesuré). Rare. *Grandeurs commensurables,* qui ont une commune mesure.

COMMENT adv. (de *comme*). **I.** Interr. (Manière, moyen). *Comment a-t-il pu réussir ?* ◆ n.m. inv. Manière dont une chose s'est faite. *Savoir le pourquoi et le comment d'une chose.* **II.** Exclam. (Exprimant la surprise, l'indignation). *Comment ! il n'est pas venu ?* ◇ Fam. (Soulignant l'évidence d'une affirmation). *Et comment !* – (Exprimant l'approbation). *Mais comment donc !*

COMMENTAIRE n.m. (lat. *commentarius*). **1.** Remarque, exposé qui explique, interprète, apprécie un texte, une œuvre, particulièrement en littérature. **2.** Ensemble d'observations, de remarques sur un évènement ou une série d'évènements, dans la presse, les médias. **3.** (Surtout au pl.). Propos désobligeant, médisant. *Épargnez-nous vos commentaires !*

COMMENTATEUR, TRICE n. **1.** Personne qui fait un, des commentaires, spécialt à la radio, à la télévision. **2.** Auteur d'un commentaire sur un texte historique, littéraire, etc. *Les commentateurs de la Bible.*

COMMENTER v.t. (lat. *commentari*, réfléchir). Faire un, des commentaires sur (un texte, des évènements ; vieilli, litt., le comportement de qqn).

COMMÉRAGE n.m. Fam. Bavardage, propos médisant de commères.

COMMERÇANT, E n. Personne qui, par profession, accomplit habituellement des actes de commerce. ◆ adj. Où il se fait du commerce. *Quartier commerçant.*

COMMERCE n.m. (lat. *commercium*). **I.** Litt. **1.** Rapport, relation (avec qqn) ; fréquentation. *Le commerce des honnêtes gens. D'un commerce agréable.* **2.** Relations charnelles. **II.** Mod. **1.** Activité qui consiste en l'achat, la vente, l'échange de marchandises, de denrées, de valeurs, en la vente de services. *Faire du commerce.* **2.** Ensemble des commerçants. **3.** Établissement commercial ; fonds de commerce. **4.** DR. *Acte de commerce,* régi par un ensemble de lois (Code de commerce), dont l'application et l'interprétation relèvent d'une juridiction particulière (tribunal de commerce). – *Livres de commerce :* registres de comptabilité. **5.** ÉCON. Secteur de la vente, de la distribution des produits finis.

COMMERCER v.t. ind. ***(avec)*** [16]. Faire du commerce avec (qqn, une entreprise, un pays).

1. COMMERCIAL, E, AUX adj. **1.** Du, de commerce ; relatif au commerce. *Entreprise commerciale.* **2.** Qui procède du commerce, fait vendre, est vendeur. *Argument commercial.* ◇ Péj. Qui vise le public le plus large, au détriment de la qualité. *Film commercial.* ◆ n. Personne appartenant aux services commerciaux d'une entreprise.

2. COMMERCIAL n.m. Ensemble des services commerciaux d'une entreprise.

COMMERCIALE n.f. Voiture automobile facilement aménageable pour le transport de marchandises (type break, par ex.).

COMMERCIALEMENT adv. Du point de vue commercial, de la vente.

COMMERCIALISABLE adj. Qui peut être commercialisé.

COMMERCIALISATION n.f. Action de commercialiser.

COMMERCIALISER v.t. Mettre sur le marché, lancer, développer la diffusion commerciale de. *Commercialiser un produit.*

COMMÈRE n.f. (lat. *cum*, avec, et *mater*, mère). **1.** Vx. Marraine de l'enfant, par rapport au parrain. **2.** Mod. Personne bavarde, qui colporte les cancans.

COMMÉRER v.i. [18]. Vieilli. Colporter des cancans, faire des commérages.

COMMETTAGE n.m. TECHN., MAR. Assemblage de fils, de torons tordus ensemble pour former un cordage ; manière dont cette torsion est opérée. *Commettage à gauche, à droite.*

COMMETTANT n.m. Celui qui charge une autre personne (commissionnaire) d'exécuter certains actes pour son compte.

COMMETTRE v.t. (lat. *committere*) [84]. **1.** Se rendre coupable de (un acte répréhensible, malencontreux). – Par plais. *Le roman qu'il a commis.* **2.** DR. Désigner, nommer (qqn) à une fonction déterminée. *Avocat commis d'office* (à la défense d'un accusé). ◆ **se commettre** v.pr. ***(avec).*** Litt. Afficher, entretenir des relations compromettantes ou déshonorantes avec.

COMMINATOIRE adj. (du lat. *comminari*, menacer). **1.** Litt. Qui comporte une, des menaces, en a le caractère. *Un ton comminatoire.* **2.** DR. Qui est destiné à faire pression sur le débiteur. *Mesure comminatoire.*

COMMINUTIF, IVE adj. (lat. *comminuere*, mettre en pièces). CHIR. *Fracture comminutive,* qui présente de nombreux fragments.

COMMIS n.m. (de *commettre*). **1.** Employé subalterne dans un bureau, une maison de commerce ; ouvrier, aide, dans certains commerces (boucherie, notamm.). ◇ Anc. Valet de ferme. **2.** Vieilli. *Commis voyageur :* représentant de commerce. **3.** *Grand commis de l'État :* haut fonctionnaire.

COMMISÉRATION n.f. (lat. *commiseratio*). Litt. Sentiment de compassion à l'égard des malheurs d'autrui ; pitié.

COMMISSAIRE n.m. (lat. *committere*, préposer). **I.** Personne chargée d'une mission temporaire. **1.** Par l'État. *Commissaire du gouvernement* (par ex., pour le contrôle d'une entreprise publique). **2.** Membre d'une commission (parlementaire, par ex.). **3.** SPORTS. Personne qui vérifie la régularité d'une épreuve. **4.** *Commissaire aux comptes :* personne nommée par les actionnaires pour contrôler les comptes annuels des sociétés commerciales. (Il est obligatoire dans les sociétés anonymes.) **II.** Fonctionnaire. – *Commissaire du gouvernement :* fonctionnaire d'une juridiction administrative, chargé en toute indépendance de présenter des conclusions pour éclairer le juge. – *Commissaire de la République :* de 1982 à 1988, représentant de l'État dans le département, fonction dévolue en principe aux membres du corps préfectoral. (Le commissaire adjoint de la République est le représentant de l'État dans l'arrondissement.) → ***préfet.*** **1.** *Commissaire de police :* fonctionnaire de la police nationale chargé des tâches de police administrative. (Il est également officier de police judiciaire.) **2.** MIL. *Commissaire de l'armée de terre, de la marine, de l'air :* officier chargé de l'administration et de la comptabilité dans ces armées. **3.** HIST. *Commissaire du peuple :* fonctionnaire ayant un rôle de ministre, au début de l'histoire de la Russie soviétique puis de l'U. R. S. S. (1917-1946).

COMMISSAIRE-PRISEUR n.m. (pl. *commissaires-priseurs*). Officier ministériel chargé de l'estimation et de la vente d'objets mobiliers dans les ventes aux enchères publiques.

COMMISSARIAT n.m. **1.** Locaux où sont installés les services d'un commissaire de police. **2.** Qualité, fonction de commissaire. **3.** Services dépendant d'un haut-commissaire.

COMMISSION n.f. (du lat. *committere*, préposer). **1.** ADMIN. Attribution d'une charge, d'une fonction par une autorité, une administration. ◇ DR. *Commission rogatoire :* acte par lequel un juge charge un autre juge ou un officier de police judiciaire de procéder à un acte d'instruction. ◇ *Commission d'office :* désignation d'un avocat, par le bâtonnier ou le président du tribunal, pour défendre un inculpé. **2.** COMM., DR. Mission, définie par contrat, donnée par un commettant à un commissionnaire ; ce contrat. ◇ Cour. Pourcentage qu'on laisse à un intermédiaire. – Coût d'une opération de banque. **3.** Cour. Charge, mission ; message que l'on confie à qqn. *Se charger d'une commission.* ◇ *Les commissions :* les achats quotidiens, les courses. **4.** Ensemble de personnes désignées par une assemblée, une autorité, pour étudier un projet, opérer une mission de contrôle, etc. ◇ *Commission parlementaire,* spécialisée dans un domaine et chargée d'assurer la préparation des décisions des assemblées. **5.** DR. Fait de commettre volontairement un acte répréhensible.

COMMISSIONNAIRE n. **1.** Personne, et spécialt intermédiaire commercial, qui agit pour le compte de son client (commettant). *Commissionnaire de transport.* **2.** *Commissionnaire en douane :* intermédiaire qui accomplit pour son client les formalités de douane.

COMMISSIONNEMENT n.m. Action de commissionner.

COMMISSIONNER v.t. **1.** Donner une commission à (qqn) et, spécialt, une charge, un mandat. **2.** Donner commission à (un commissionnaire) pour vendre, acheter, etc.

COMMISSOIRE adj. (lat. *commissorius*). DR. *Pacte commissoire :* contrat dont une clause prévoit la résolution de plein droit en cas d'inexécution.

COMMISSURAL, E, AUX adj. D'une, de la commissure.

COMMISSURE n.f. (lat. *commissura*, jointure). ANAT., BOT. Point, région où se réunissent les bords d'une ouverture, ou deux parties anatomiques. ◇ Cour. *Commissure des lèvres.*

COMMISSUROTOMIE n.f. CHIR. Agrandissement de la valvule mitrale par section des commissures.

COMMODAT [kɔmɔda] n.m. (lat. *commodatum*). DR. Prêt à usage (dans lequel l'objet doit être restitué en nature).

1. COMMODE adj. (lat. *commodus*). **1.** Approprié à l'usage qu'on veut en faire ; pratique. *Outil commode.* **2.** Vieilli. (Sauf en tournure négative). D'un caractère facile, aimable. *Un homme commode à vivre.* ◇ *Il n'est pas commode :* il est sévère, il ne plaisante pas. **3.** Vieilli. Trop facile, relâché ; sans rigueur. *Morale commode.* ◇ Fam. *Ça, ce serait trop commode :* c'est une solution de facilité.

2. COMMODE n.f. (de *armoire commode*). Meuble bas, à tiroirs, pour le linge, les vêtements, etc. (Création du XVIIe s.)

COMMODÉMENT adv. De façon commode.

commode (1745) par A.R. Gaudreaux (bois violet, bronzes ciselés et dorés, dessus en marbre) [château de Versailles]

COMMODITÉ n.f. Qualité de ce qui est commode, pratique, agréable. *La commodité d'une maison.* ◆ pl. Litt. **1.** Ce qui rend la vie plus facile ; éléments de confort. *Commodités de la vie.* **2.** Vieilli. Lieux d'aisances.

COMMODORE n.m. (mot angl.). Officier de certaines marines étrangères, d'un rang supérieur à celui de capitaine de vaisseau.

COMMOTION n.f. (lat. *commotio,* mouvement). **1.** Violent ébranlement physique ; perturbation d'un organe, consécutive à un choc, sans atteinte irréversible. *Commotion cérébrale.* **2.** Bouleversement dû à une émotion violente. **3.** Vx ou litt. Secousse très violente. *La commotion d'un tremblement de terre. Les commotions sociales.*

COMMOTIONNER v.t. Frapper de commotion ; traumatiser, bouleverser.

COMMUABLE adj. Qui peut être commué.

COMMUER v.t. (lat. *commutare*). DR. Changer (une peine) en une peine moindre.

1. COMMUN, E adj. (lat. *communis*). **1.** Qui appartient à plusieurs, à tous ; qui concerne tout le monde, le plus grand nombre. *Cour commune. Salle commune. Intérêt commun.* ◇ *Lieu commun :* banalité, idée rebattue. – *Sans commune mesure :* sans comparaison possible. – *Sens commun :* bon sens. **2.** Qui est fait conjointement, à plusieurs. *Œuvre commune.* ◇ *En commun :* ensemble, en société. **3.** Qui est ordinaire, qui se trouve couramment. *Expression peu commune. Une variété de fraises des plus communes.* **4.** Dépourvu d'élégance, de distinction, vulgaire. *Des manières communes.* **5.** GRAMM. *Nom commun,* qui s'applique à un être, une chose considérés comme appartenant à une catégorie générale (par opp. à *nom propre*).

2. COMMUN n.m. **1.** Le plus grand nombre. ◇ *Le commun des mortels :* la très grande majorité ; les gens ordinaires. **2.** Vx, péj. Le bas peuple. ◆ pl. Ensemble des bâtiments, des dépendances d'une grande propriété, d'un château, réservés au service (cuisine, écuries, etc.).

COMMUNAL, E, AUX adj. Qui appartient à une commune, qui la concerne. – Vieilli. *École communale :* école primaire. ◇ Belgique. *Conseil communal :* conseil municipal. – *Maison communale :* mairie.

COMMUNALE n.f. Fam., vieilli. École communale.

COMMUNALISER v.t. Mettre sous la dépendance de la commune.

COMMUNARD, E n. et adj. Partisan, acteur de la Commune de Paris, en 1871.

COMMUNAUTAIRE adj. **1.** Qui relève d'une communauté ; qui a la forme de la communauté. **2.** Spécialt. Qui a trait au Marché commun, à la Communauté européenne. ◆ n. Citoyen de la Communauté économique européenne.

COMMUNAUTARISATION n.f. DR. Gestion en commun par plusieurs États des espaces maritimes qui les bordent et des ressources qu'ils contiennent.

COMMUNAUTARISME n.m. Tendance du multiculturalisme américain qui met l'accent sur la fonction sociale des organisations communautaires (ethniques, religieuses, sexuelles, etc.).

COMMUNAUTÉ n.f. (de *communal*). **I. 1.** État, caractère de ce qui est commun ; similitude, identité. *Communauté de sentiments.* **2.** DR. Régime matrimonial légal des époux mariés sans contrat ; biens acquis pendant le mariage. **II. 1.** Groupe social ayant des caractères, des intérêts communs ; ensemble des habitants d'un même lieu, d'un même État. *La communauté nationale.* ◇ *Communauté urbaine :* établissement public de coopération intercommunale, regroupant une grande ville et des communes voisines en vue d'assurer la construction et le fonctionnement d'équipements destinés à satisfaire leurs besoins communs. – *Communauté de communes :* établissement public regroupant plusieurs communes en milieu rural, destiné à en aménager l'espace et à en assurer le développement. **2.** Ensemble de pays unis par des liens économiques, politiques, etc. *Communauté européenne.* **3. a.** Groupe de personnes vivant ensemble et poursuivant des buts communs. **b.** Spécialt. Société de religieux soumis à une règle commune. **c.** PSYCHIATRIE. *Communauté thérapeutique :* institution psychiatrique qui privilégie l'intensification des relations entre soignants et soignés comme principal instrument thérapeutique. **4.** *Communauté autonome :* division administrative de l'Espagne, correspondant approximativement aux anciennes régions historiques.

■ Les époux mariés sans contrat sont, depuis une loi de 1966 (modifiée en 1985), sous le régime de la communauté *légale* dite *réduite aux acquêts :* les biens acquis à titre onéreux par les époux en commun ou séparément pendant le mariage tombent dans le patrimoine commun.

COMMUNAUX n.m. pl. Terrains appartenant à une commune.

COMMUNE n.f. (lat. *communia,* choses communes). **1.** Collectivité territoriale administrée par un maire assisté du conseil municipal. **2.** HIST. Association des bourgeois d'une même ville, d'un même bourg, jouissant d'une certaine autonomie. **3.** *Chambre des communes* ou *Communes :* assemblée des représentants élus du peuple, en Grande-Bretagne (v. partie n. pr.). **4.** *Commune populaire,* organisme de la Chine populaire qui regroupait plusieurs villages en vue d'exploiter collectivement les terres (1958-1978).

COMMUNÉMENT adv. Ordinairement, généralement.

COMMUNIANT, E n. RELIG. Personne qui communie ou qui fait sa première communion.

COMMUNICABLE adj. Qui peut être communiqué.

COMMUNICANT, E adj. Qui communique.

COMMUNICATEUR, TRICE adj. Qui sert à mettre en communication. *Fil communicateur.* ◆ n. Personne douée pour la communication médiatique.

COMMUNICATIF, IVE adj. **1.** Qui se communique facilement aux autres. *Rire communicatif.* **2.** Qui communique, exprime volontiers ses pensées, ses sentiments, expansif.

COMMUNICATION n.f. **I. 1.** Action, fait de communiquer, d'établir une relation avec autrui. *Être en communication avec qqn.* **2.** Action de communiquer, de transmettre qqch à qqn ; son résultat. *Communication d'une nouvelle.* ◇ *Communication (téléphonique) :* liaison et conversation par téléphone. *Prendre, recevoir une communication.* ◇ *Communication de masse :* ensemble des moyens et techniques permettant la diffusion de messages écrits ou audiovisuels auprès d'une audience plus ou moins vaste et hétérogène. (Équivaut à l'anglic. *mass media.*) **3.** Action pour qqn, une entreprise d'informer et de promouvoir son activité auprès du public, d'entretenir son image, par tout procédé médiatique. **II.** Ce qui permet de joindre deux choses, deux lieux, de les faire communiquer. *Porte de communication. Les communications ont été coupées.*

COMMUNICATIONNEL, ELLE adj. Qui concerne la communication, les communications de masse.

COMMUNIER v.i. (lat. *communicare,* s'associer à). **1.** RELIG. Recevoir la communion, le sacrement de l'eucharistie. **2.** Être en parfait accord d'idées ou de sentiments. *Elles communient dans le même idéal de justice.* ◆ v.t. Rare. Administrer à (qqn) le sacrement de l'eucharistie. *Prêtre qui communie les fidèles.*

COMMUNION n.f. (lat. *communio*). **I. 1.** Union dans une même foi. *La communion des fidèles.* ◇ *Communion des saints :* communauté spirituelle de tous les chrétiens vivants et morts. **2.** Parfait accord (d'idées, de sentiments, etc.). *Être en communion avec qqn.* **II.** RELIG. **1.** Réception du sacrement de l'eucharistie. ◇ Anc. *Communion (solennelle) :* profession de foi. **2.** Partie de la messe où l'on communie. **3.** Antienne chantée à ce moment.

COMMUNIQUÉ n.m. Avis, notification transmis par voie officielle ; information émanant d'une instance, d'une autorité, et diffusée par les médias.

COMMUNIQUER [kɔmynike] v.t. **1.** Transmettre. *Le soleil communique la chaleur.* **2.** Donner connaissance, faire partager à (qqn). *Communiquer une nouvelle importante, sa joie.* ◆ v.t. ind. **1.** Être en communication, être relié (par un passage, une ouverture). *La chambre communique avec le salon.* **2.** Être en relation, en rapport, en correspondance (avec qqn). **3.** *Communiquer sur qqch,* le faire connaître au public par l'intermédiaire des médias.

COMMUNISANT, E adj. et n. Qui sympathise plus ou moins avec le mouvement, le parti communiste.

COMMUNISME n.m. **1.** Doctrine tendant à la collectivisation des moyens de production, à la répartition des biens de consommation suivant les besoins de chacun et à la suppression des classes sociales. **2.** *Communisme primitif :* état des sociétés primitives, caractérisées par l'absence de propriété privée, dans l'analyse marxiste.

■ Le communisme, comme doctrine visant à mettre en commun et à gérer ensemble les biens appartenant à la société, remonte à Platon en Occident (Vᵉ s. av. J.-C.), à Mencius en Chine. Cette doctrine s'est développée en France au XVIIIᵉ s. avec Morelly et surtout Babeuf. Au XIXᵉ s., les théories communistes abondent (Flora Tristan, Pierre Leroux, Wilhelm Weitling) et, jusqu'à Marx et Engels, ne diffèrent que par des nuances des théories socialistes. Ces derniers établissent une distinction longtemps acceptée entre communisme et socialisme (→ ***marxisme***) et sont à l'origine du mouvement internationaliste (→ ***internationale***).

COMMUNISTE adj. et n. **1.** Qui a rapport à l'idéal communiste ; qui s'en réclame. **2.** Partisan du communisme ; membre d'un parti communiste.

COMMUTABLE adj. Qui peut être commuté.

COMMUTATEUR n.m. (du lat. *commutare,* changer). Appareil servant à modifier les connexions d'un ou de plusieurs circuits électriques. SYN. : *interrupteur.* ◇ Spécialt. Dispositif permettant d'établir la liaison entre deux abonnés au téléphone.

COMMUTATIF, IVE adj. **1.** MATH. *Loi de composition commutative :* loi telle que le composé de *a* et *b* est égal à celui de *b* et *a* quels que soient *a* et *b,* éléments d'un même ensemble. *L'addition, la multiplication sont commutatives. Un groupe est commutatif lorsque sa loi est commutative, un anneau lorsque sa deuxième loi de composition est commutative.* **2.** LING. Relatif à une commutation. **3.** PHILOS. *Justice commutative :* échange de droits et de devoirs fondé sur l'égalité des personnes (par opp. à *justice distributive*).

COMMUTATION n.f. **1.** Action de commuter ou de commuer ; son résultat. **2.** LING. Remplacement d'un élément linguistique par un autre de même niveau (phonique, morphologique) afin de dégager des distinctions pertinentes. **3.** TÉLÉCOMM. Établissement d'une connexion (entre deux abonnés au téléphone, entre deux points d'un réseau, etc.).

COMMUTATIVITÉ n.f. Caractère de ce qui est commutatif.

COMMUTATRICE n.f. ÉLECTR. Anc. Machine servant à transformer du courant alternatif en courant continu, ou inversement.

COMMUTER v.t. **1.** Modifier par substitution, par transfert. **2.** TECHN. *Commuter un circuit :* transférer un courant électrique de ce circuit à un autre.

COMORIEN, ENNE adj. et n. Des Comores.

COMOURANTS n.m. pl. DR. Personnes décédées dans un même accident alors qu'elles étaient appelées à se succéder réciproquement.

COMPACITÉ n.f. Qualité de ce qui est compact.

1. COMPACT, E [kɔ̃pakt] adj. (lat. *compactus,* resserré). **I. 1.** Dont les parties sont étroitement serrées, les molécules fortement liées. *Bois compact. Pâte compacte.* **2.** Dont les éléments sont très rapprochés ; dense, serré. *Foule compacte.* **II.** (de l'angl. *compact*). Qui est d'un faible encombrement. *Appareil de photo compact.* ◇ *Disque compact* ou *compact,* n.m. : disque à lecture laser, de faible diamètre mais de grande capacité, sur lequel sont enregistrés des sons, des images et des textes ; cour. Disque audionumérique*. ◇ *Ski compact* ou *compact,* n.m. : ski court (1,50 à 2 m), assez large et très maniable.

2. COMPACT n.m. **1.** Appareil réunissant en un seul ensemble un amplificateur, un tuner, une platine, etc. **2.** Ski compact. **3.** Disque compact. **4.** Appareil de photo compact.

COMPACTAGE n.m. **1.** TECHN. Opération de pilonnage qui a pour but de tasser le sol et d'en accroître la densité. **2.** Compression maximale des ordures ménagères mises en décharge. **3.** INFORM. Réduction par codage de la longueur de données sans perte d'information.

COMPACT DISC n.m. Nom déposé d'un disque audionumérique de 12 cm de diamètre. (On dit aussi communément *disque compact, compact* ou, par abrév., *CD.*) ◇ *Compact Disc Video :* disque compact sur lequel sont enregistrés des programmes audiovisuels restituables sur un téléviseur. Abrév. (cour.) : *CDV.* – *Compact Disc interactif :* système formé d'un microprocesseur et d'un lecteur de disques compacts, connectable à un téléviseur, pour l'exploitation interactive des informations (sons, images, textes) contenues sur des disques compacts. Abrév. (cour.) : *CD-I.*

COMPACTER v.t. Soumettre à un compactage.
COMPACTEUR n.m. Engin de travaux publics utilisé pour compacter un sol.

compacteur à rouleau

COMPAGNE n.f. → ***compagnon.***
COMPAGNIE n.f. (lat. pop. *compania*). **I. 1.** Présence, séjour (d'une personne, d'un animal) auprès de qqn. ◇ *Tenir compagnie à qqn :* rester auprès de lui. – *Fausser compagnie à qqn,* le quitter furtivement. – *Dame, demoiselle de compagnie :* personne (généralement rétribuée) qui tient compagnie à une autre. – *En compagnie de :* auprès de, avec. **2.** Réunion de personnes. *Être en joyeuse compagnie. Salut la compagnie ! ◇ La bonne compagnie :* les gens bien élevés. *Des propos de bonne compagnie.* **II. 1.** Association de personnes réunies pour une œuvre commune ou sous des statuts communs. *Compagnie théâtrale.* ◇ *Compagnie de ballet :* troupe de danseurs itinérante. **2.** Société commerciale assurant un service public. *Compagnie d'assurances.* ◇ *Et compagnie,* s'ajoute à une raison sociale après l'énumération des associés nommés (abrév. : *et Cie*). **III.** Troupe de gens armés. **1.** Unité élémentaire de l'infanterie et des armes autrefois à pied, commandée en principe par un capitaine. **2.** *Compagnies républicaines de sécurité (C.R.S.) :* forces mobiles de police créées en 1945 et chargées du maintien de l'ordre. **IV.** Bande non organisée d'animaux de même espèce. *Compagnie de sangliers, de perdreaux.*
1. COMPAGNON, COMPAGNE n. (du lat. *cum,* avec, et *panis,* pain). Personne qui accompagne qqn, vit en sa compagnie.
2. COMPAGNON n.m. **1.** Membre d'un compagnonnage. **2.** Dans certains métiers, ouvrier qui a terminé son apprentissage et travaille pour un maître, ou patron, avant de devenir maître à son tour.
COMPAGNONNAGE n.m. **1.** Association entre ouvriers d'une même profession à des fins d'instruction professionnelle et d'assistance mutuelle. **2.** Temps pendant lequel l'ouvrier sorti d'apprentissage travaillait comme compagnon chez son patron.
COMPARABILITÉ n.f. Caractère de ce qui est comparable.
COMPARABLE adj. **1.** Qui peut être comparé. **2.** Peu différent.
COMPARAISON n.f. Action de comparer, de noter les ressemblances et les dissemblances entre deux ou plusieurs personnes ou choses ; parallèle. ◇ *En comparaison de :* relativement à ; par rapport à. – *Par comparaison :* d'une manière relative.
COMPARAÎTRE v.i. (lat. *comparere*) [91]. Se présenter par ordre devant un juge ou un tribunal.
COMPARANT, E adj. et n. DR. Qui comparaît (devant un officier public ; en justice).
COMPARATEUR n.m. MÉTROL. Instrument amplificateur utilisé pour comparer la dimension d'une pièce à celle d'un étalon.
1. COMPARATIF, IVE adj. Qui établit une comparaison.
2. COMPARATIF n.m. GRAMM. Degré de comparaison des adjectifs et des adverbes, qui exprime une qualité égale, supérieure ou inférieure.
COMPARATISME n.m. Système, méthode, ensemble de recherches portant sur la grammaire ou la littérature comparées.
COMPARATISTE n. Spécialiste de grammaire comparée ou de littérature comparée.
COMPARATIVEMENT adv. Par comparaison.
COMPARÉ, E adj. Qui est fondé sur la comparaison. ◇ *Grammaire, linguistique comparée :* branche de la linguistique qui étudie les rapports des langues entre elles. ◇ *Littérature comparée :* branche de l'histoire littéraire qui étudie les rapports entre les littératures de différents pays ou l'évolution d'un genre ou d'un thème littéraire.
COMPARER v.t. **[*à, avec*]** (lat. *comparare*). **1.** Rapprocher deux ou plusieurs objets pour en établir les ressemblances et les différences. *Comparer une copie avec l'original.* **2.** Souligner, par une comparaison, les mérites respectifs de deux ou plusieurs choses ou personnes. **3.** Faire valoir une ressemblance, une analogie entre deux êtres ou deux choses.
COMPAROIR v.i. (Seulement à l'inf. et au p. présent *comparant*). DR. Vx. Comparaître.
COMPARSE n. (it. *comparsa*). **1.** LITTÉR. Personnage muet, ou qui joue un très petit rôle, au théâtre. **2.** Péj. Personne qui joue un rôle mineur dans une affaire, notamm. une affaire délictueuse.
COMPARTIMENT n.m. **1.** Division géométrique d'une surface. **2.** Division d'un objet (meuble, tiroir, etc.). **3.** Partie d'une voiture de chemin de fer que l'on a divisée par des cloisons.
COMPARTIMENTAGE n.m. ou **COMPARTIMENTATION** n.f. Action de compartimenter ; son résultat.
COMPARTIMENTER v.t. **1.** Diviser en compartiments. **2.** Fig. Diviser en catégories ; cloisonner.
COMPARUTION n.f. DR. Action, fait de comparaître (en justice).
COMPAS [kɔ̃pa] n.m. (de *compasser*). **1.** Instrument de tracé ou de mesure composé de deux branches articulées à une extrémité. ◇ *Compas d'épaisseur :* instrument permettant de mesurer le diamètre extérieur d'un corps ou le diamètre intérieur d'un cylindre. – *Compas à verge :* compas dont la pointe et le traceur glissent sur une barre horizontale. ◇ Fam. *Avoir le compas dans l'œil :* évaluer correctement à l'œil une mesure, une distance. **2.** MAR. Instrument qui indique la direction du nord magnétique. ◇ *Compas gyroscopique :* gyrocompas.
COMPASSÉ, E adj. Qui présente une raideur exagérée ; affecté, guindé.
COMPASSER v.t. (du lat. *passus,* pas). Mesurer avec le compas.
COMPASSION n.f. (lat. *compassio,* de *pati,* souffrir). Litt. Pitié, commisération.
COMPASSIONNEL, ELLE adj. **1.** Accordé à qqn par compassion. *Prescription compassionnelle.* **2.** Destiné à produire un sentiment de compassion. *Émission compassionnelle.*
COMPATIBILITÉ n.f. Qualité, état de ce qui est compatible. *Compatibilité sanguine, tissulaire.*
COMPATIBLE adj. **1.** Qui peut s'accorder ou coexister avec autre chose. **2.** MÉD. Qui ne provoque pas de rejet immunitaire de la part du sujet receveur, en parlant du sang, d'un tissu, d'un organe ou de celui chez qui ils sont prélevés. *Donneur compatible.* **3.** TECHN. *Matériel (appareillage, installation, ordinateur, etc.) compatible,* qui peut être connecté avec du matériel de nature différente ou obéissant à des spécifications différentes. **4.** STAT. *Évènements compatibles :* évènements pouvant se produire simultanément. ◆ n.m. Ordinateur compatible.
COMPATIR v.t. ind. **[*à*]** (lat. *compati*). S'associer par un sentiment de pitié (à la douleur, au deuil de qqn).
COMPATISSANT, E adj. Qui prend part aux souffrances d'autrui.
COMPATRIOTE n. Personne du même pays, de la même région qu'une autre.
COMPENDIEUSEMENT adv. Vx. Brièvement, succinctement.
COMPENDIEUX, EUSE adj. Vx. Qui s'exprime en peu de mots ; bref, concis.
COMPENDIUM [kɔ̃pɑ̃djɔm] n.m. (mot lat.). Vx. Abrégé, résumé.
COMPENSABLE adj. **1.** Qui peut être compensé. **2.** *Chèque compensable,* susceptible de passer par une chambre de compensation.
COMPENSATEUR, TRICE adj. Qui fournit une compensation. ◇ *Balancier compensateur,* qui conserve une période constante malgré les variations de température.
COMPENSATION n.f. **I. 1.** Action de compenser, de contrebalancer ; son résultat. **2.** Dédommagement matériel ou moral. **II. 1.** FIN. **a.** Opération dans laquelle achats et ventes se règlent au moyen de virements réciproques. ◇ *Chambre de compensation :* lieu où s'échangent les effets et chèques de banque à banque. **b.** Système de règlement des échanges internationaux se caractérisant par des paiements en nature et non en devises. **2.** DR. Mode d'extinction de deux obligations réciproques. **3.** *Caisse de compensation,* chargée de la répartition de certaines charges sociales. **III. 1.** PATHOL. Mécanisme par lequel un organe ou l'organisme tout entier pallie l'altération d'une fonction physiologique. **2.** PSYCHOL. Action de compenser un sentiment de manque, de frustration.
COMPENSATOIRE adj. Qui compense.
COMPENSÉ, E adj. **1.** *Semelles compensées,* formant un seul bloc avec le talon. **2.** MÉD. Se dit d'une lésion, de troubles neutralisés soit par un traitement, soit par une réaction de défense de l'organisme. *Cardiopathie bien compensée.* **3.** *Publicité compensée :* publicité d'un organisme professionnel concernant un produit en général, mais non une marque particulière.
COMPENSER v.t. (lat. *compensare*). Équilibrer un effet par un autre ; neutraliser un inconvénient par un avantage. ◇ MAR. *Compenser un compas :* réduire sa déviation aux différents caps. ◇ DR. *Compenser les dépens :* mettre à la charge de chaque partie les frais de procédure lui incombant.
COMPÉRAGE n.m. Litt. Entente entre deux ou plusieurs personnes visant à en tromper d'autres.
COMPÈRE n.m. (lat. *cum,* avec, et *pater,* père). **1.** Complice en astuces, en supercheries. **2.** Fam., vieilli. Camarade, compagnon. **3.** Vx. Parrain d'un enfant, par rapport à la marraine.
COMPÈRE-LORIOT n.m. (pl. *compères-loriots*). Orgelet, petit furoncle des paupières.
COMPÉTENCE n.f. (lat. *competentia,* juste rapport). **1.** Capacité reconnue en telle ou telle matière, et qui donne le droit d'en juger. **2.** DR. Aptitude d'une autorité à effectuer certains actes, d'une juridiction à connaître d'une affaire, à la juger. *Compétence d'un tribunal.* ◇ *Compétence liée,* celle qui, pour l'Administration, s'exerce dans les limites de la loi qui en fixe le contenu et la nécessité. **3.** LING. Système de règles intériorisé par les sujets parlant une langue. **4.** GÉOGR. Aptitude d'un fluide (eau ou

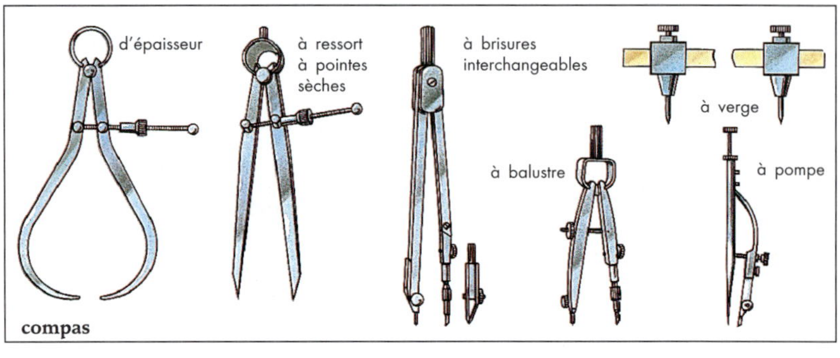

compas

vent) à déplacer des éléments d'une taille donnée.

COMPÉTENT, E adj. (lat. *competens*). **1.** Qui a des connaissances approfondies dans une matière, qui est capable d'en bien juger. *Expert compétent.* **2.** DR. **a.** Qui a la compétence voulue pour connaître d'une affaire. *Juge compétent.* **b.** Qui a l'aptitude à effectuer certains actes. *Autorité compétente.*

COMPÉTITEUR, TRICE n. (lat. *competitor*). **1.** Personne qui, en même temps que d'autres, revendique une charge, une dignité, un emploi, etc. **2.** Personne qui dispute un prix ; concurrent dans une épreuve (sportive, notamment).

COMPÉTITIF, IVE adj. **1.** Susceptible de supporter la concurrence avec d'autres. *Prix compétitif. Entreprise compétitive.* **2.** Où la concurrence est possible. *Marché compétitif.*

COMPÉTITION n.f. (angl. *competition ;* du lat. *competitio*). **1.** Recherche simultanée, par deux ou plusieurs personnes, d'un même poste (d'un même titre, etc.) ou d'un même avantage. ◇ *En compétition :* en concurrence. **2.** Spécialt. Épreuve sportive opposant plusieurs équipes ou concurrents.

COMPÉTITIVITÉ n.f. Caractère de ce qui est compétitif.

1. COMPILATEUR, TRICE n. Personne qui compile.

2. COMPILATEUR n.m. INFORM. Programme d'ordinateur traduisant en langage machine un programme établi en langage évolué.

COMPILATION n.f. **1.** Action de compiler ; ouvrage qui en résulte. ◇ Péj. Livre démarqué d'autres livres ; plagiat. **2.** Disque présentant un choix de grands succès. Abrév. (fam.) : *compil.* **3.** INFORM. Traduction d'un programme par un compilateur.

COMPILER v.t. (lat. *compilare,* piller). **1.** Extraire des morceaux de divers auteurs pour en tirer un ouvrage. ◇ Péj. *Compiler des textes, des auteurs,* les démarquer, les plagier. **2.** INFORM. Traduire en langage machine un programme établi en langage évolué.

COMPISSER v.t. Par plais. Arroser de son urine ; pisser contre, sur.

COMPLAINTE n.f. (du lat. *plangere,* plaindre). **1.** Chanson populaire de caractère plaintif sur un sujet tragique (les malheurs d'un personnage, notamm.). **2.** DR. Action possessoire tendant à faire cesser un trouble de possession.

COMPLAIRE v.t. ind. **[*à*]** (lat. *complacere*) 110. Litt. *Complaire à qqn :* s'accommoder à son goût, à son humeur, à ses sentiments, etc. ◆ **se complaire** v.pr. *Se complaire à, dans qqch :* trouver durablement du plaisir, de la satisfaction dans tel ou tel état.

COMPLAISAMMENT adv. Avec complaisance.

COMPLAISANCE n.f. **1.** Volonté d'être agréable, de rendre service ; obligeance, amabilité. ◇ *De complaisance :* fait par politesse mais sans réelle sincérité. ◇ *Certificat (attestation, etc.) de complaisance,* délivré par obligeance à qqn qui n'y a pas droit. ◇ *Pavillon de complaisance :* nationalité fictive donnée par un armateur à un navire pour échapper au fisc de son pays. **2.** Acte fait en vue de plaire, de flatter. *Avoir des complaisances pour qqn.* **3.** Indulgence excessive. *Complaisance d'un mari à l'égard des infidélités de sa femme.* **4.** Plaisir que l'on éprouve à faire qqch en s'y attardant ; satisfaction de soi. *Regarder qqn avec complaisance. Parler avec complaisance.*

COMPLAISANT, E adj. **1.** Qui cherche à plaire, à rendre service à autrui. **2.** Qui fait preuve d'une indulgence coupable. **3.** Qui dénote la satisfaction personnelle. *Regarder qqn, qqch d'un œil complaisant.*

COMPLANT n.m. DR. *Bail à complant :* bail à charge pour le preneur d'effectuer des plantations.

COMPLANTER v.t. AGRIC. Planter d'espèces différentes ; couvrir de plantations.

COMPLÉMENT n.m. (lat. *complementum*). **1.** Ce qu'il faut ajouter à une chose pour la rendre complète. *Le complément d'une somme. Un complément d'information.* **2.** LING. Mot ou proposition qui dépend d'un autre mot ou proposition et en complète le sens. **3.** MATH. *Complément d'un angle aigu,* son angle complémentaire. **4.** BIOL. Ensemble de protéines plasmatiques intervenant dans des réactions immunologiques. SYN. : *alexine.*

1. COMPLÉMENTAIRE adj. Qui constitue un complément, vient compléter une chose de même nature. *Somme complémentaire.* ◇ MATH. *Arcs* ou *angles complémentaires :* arcs ou angles, au nombre de deux, dont la somme des mesures est 90^0. ◇ PHYS. *Couleurs complémentaires :* ensemble d'une couleur primaire et d'une couleur dérivée dont le mélange optique produit le blanc. *Le vert est la couleur complémentaire du rouge ; le violet, du jaune ; l'orangé, du bleu.*

2. COMPLÉMENTAIRE n.m. MATH. *Complémentaire d'une partie* A *dans un ensemble* E : ensemble, noté $\bar{A}$, de tous les éléments de E n'appartenant pas à A. (On a : $A \cup \bar{A} = E$ et $A \cap \bar{A} = \varnothing$.)

COMPLÉMENTARITÉ n.f. Caractère de ce qui est complémentaire.

1. COMPLET, ÈTE adj. (lat. *completus,* achevé). **1.** À quoi ne manque aucun élément constitutif. *Équipage complet.* **2.** Qui est entièrement réalisé ; total, absolu. *Échec complet.* ◇ Fam. *C'est complet ! :* se dit quand un ultime ennui vient s'ajouter à une série de désagréments. **3.** Où il n'y a plus de place ; plein, bondé. *Autobus complet.* **4.** Qui a toutes les qualités de son genre, de son état. *Athlète complet.* ◆ loc. adv. *Au complet, au grand complet :* sans rien qui manque ; en totalité.

2. COMPLET n.m. Costume de ville masculin composé d'un veston, d'un pantalon et, souvent, d'un gilet coupés dans la même étoffe.

1. COMPLÈTEMENT adv. **1.** De façon complète. **2.** Tout à fait. *Complètement fou.*

2. COMPLÈTEMENT n.m. Action de compléter. ◇ PSYCHOL. *Méthode, test de complètement :* méthode, test projectif consistant à faire compléter une phrase, un dessin, etc., inachevés.

COMPLÉTER v.t. 18. Rendre complet en ajoutant ce qui manque. ◆ **se compléter** v.pr. **1.** Devenir complet. *Le dossier se complète peu à peu.* **2.** Former un tout en s'associant. *Caractères qui se complètent.*

COMPLÉTIF, IVE adj. GRAMM. *Proposition complétive* ou *complétive,* n.f. : subordonnée, conjonctive ou infinitive, qui joue le rôle de complément d'objet, de sujet ou d'attribut de la proposition principale (ex. : *je vois que tout va bien*).

COMPLÉTION [kɔ̃plesjɔ̃] n.f. TECHN. Ensemble des opérations qui précèdent et permettent la mise en production d'un puits de pétrole.

COMPLÉTUDE n.f. LOG. Propriété d'une théorie déductive consistante où toute formule est décidable.

1. COMPLEXE adj. (lat. *complexus,* qui contient). **1.** Qui se compose d'éléments différents, combinés d'une manière qui n'est pas immédiatement saisissable. **2.** MATH. *Nombre complexe :* nombre pouvant s'écrire $x + iy$, où x et y sont réels et i un nombre imaginaire tel que $i^2 = -1$. (x est la partie réelle, y la partie imaginaire. L'ensemble des nombres complexes, doté d'une loi d'addition et d'une loi de multiplication, a une structure de corps commutatif $\mathbb{C}$.) – *Fonction, variable complexe,* qui prend ses valeurs dans le corps $\mathbb{C}$.

2. COMPLEXE n.m. **I. 1.** Ce qui est complexe, composé d'éléments différents. **2. a.** Ensemble d'industries concourant à une production particulière. *Complexe sidérurgique.* **b.** Ensemble d'installations groupées en fonction de leur utilisation. *Complexe touristique.* **3.** CHIM. Composé formé d'un (ou de plusieurs) atome ou d'un ion central, généralement métallique, lié à un certain nombre d'ions ou de molécules. **II.** (all. *Komplex*). PSYCHAN. Ensemble de sentiments et de représentations partiellement ou totalement inconscients, pourvus d'une puissance affective qui organise la personnalité de chacun. *Complexe d'Œdipe, de castration, etc.* ◇ Cour. (Surtout au pl.). Sentiment d'infériorité, conduite timide, inhibée. *Avoir des complexes, être sans complexes.*

COMPLEXÉ, E adj. et n. Qui a des complexes ; timide, inhibé.

COMPLEXER v.t. Donner des complexes à (qqn) ; intimider.

COMPLEXIFICATION n.f. Apparition successive, dans l'Univers, de structures de plus en plus complexes : particule, atome, molécule, premiers êtres vivants, cerveau humain. (En tant que simple constatation, cette notion est indépendante de toute appréciation philosophique ou religieuse.)

COMPLEXIFIER v.t. Rendre plus complexe, plus compliqué.

COMPLEXION n.f. (lat. *complexio*). Litt. Constitution physique (de qqn) ; état de son organisme.

COMPLEXITÉ n.f. Caractère de ce qui est complexe, difficile.

COMPLICATION n.f. **1.** État de ce qui est compliqué ; ensemble compliqué. *La complication d'une machine.* **2.** Élément nouveau qui entrave le déroulement normal de qqch. *Complications sentimentales.* **3.** MÉD. Apparition d'un nouveau phénomène morbide au cours d'une maladie ou d'une blessure.

COMPLICE adj. et n. (lat. *complex, -icis*). **1.** Qui participe au délit, au crime d'un autre. *Être complice d'un vol.* **2.** Qui est de connivence avec qqn. **3.** Fig. Qui manifeste cette connivence. *Sourire complice.*

COMPLICITÉ n.f. **1.** Participation à un crime, à un délit. **2.** Connivence, entente profonde.

COMPLIES [kɔ̃pli] n.f. pl. (lat. *completae horae*). Dernière partie de l'office divin, après vêpres, qui sanctifie le repos de la nuit.

COMPLIMENT n.m. (esp. *cumplimiento*). **1.** Paroles élogieuses ou affectueuses que l'on adresse à qqn pour le féliciter. **2.** Petit discours adressé à une personne à l'occasion d'une fête, d'un anniversaire.

COMPLIMENTER v.t. Adresser à qqn des compliments, des félicitations.

COMPLIMENTEUR, EUSE adj. et n. Qui fait trop de compliments.

COMPLIQUÉ, E adj. **1.** Composé d'un grand nombre d'éléments ; complexe. **2.** Difficile à comprendre, à exécuter. ◆ adj. et n. Qui n'agit pas simplement. *C'est une compliquée.*

COMPLIQUER v.t. (lat. *complicare,* lier ensemble). Rendre difficile à comprendre ; complexifier, embrouiller. ◆ **se compliquer** v.pr. **1.** Devenir plus difficile, obscur, confus. *Les choses se compliquent.* **2.** S'aggraver. *Sa maladie se complique.*

COMPLOT n.m. Dessein concerté secrètement entre plusieurs personnes et dirigé contre un individu, une institution et, partic., contre un gouvernement, un régime. *Complot contre la sûreté de l'État.*

COMPLOTER v.t. et i. **1.** Former un complot, le complot de. *Comploter de renverser l'État. Comploter contre qqn.* **2.** Préparer secrètement et de concert. *Elles complotent notre ruine.*

COMPLOTEUR, EUSE n. Personne qui complote, qui fomente un, des complots.

COMPLUVIUM [-vjɔm] n.m. (mot lat.). Ouverture carrée, au milieu du toit de l'atrium, par où les eaux de pluie se déversaient dans l'impluvium.

COMPOGRAVURE n.f. ARTS GRAPH. Activité industrielle regroupant la composition et la photogravure.

COMPONCTION [kɔ̃pɔ̃ksjɔ̃] n.f. (du lat. *compungere,* affecter). **1.** RELIG. Regret d'avoir offensé Dieu. **2.** Litt. Air de gravité affectée.

COMPONÉ, E adj. HÉRALD. *Bordure, pièces componées,* divisées en segments d'émaux alternés.

COMPORTE n.f. (mot prov.). Cuve de bois servant au transport de la vendange.

COMPORTEMENT n.m. **1.** Manière de se comporter, de se conduire ; ensemble des réactions d'un individu, conduite. **2.** PSYCHOL. Ensemble des réactions, observables objectivement, d'un organisme qui agit en réponse à une stimulation venue de son milieu intérieur ou du milieu extérieur.

COMPORTEMENTAL, E, AUX adj. PSYCHOL. Relatif au comportement.

COMPORTEMENTALISME n.m. Béhaviorisme.

COMPORTER v.t. (lat. *comportare,* transporter). Comprendre, renfermer qqch, par nature. *L'appartement comporte trois pièces.* ◆ **se comporter** v.pr. **1.** Se conduire d'une certaine manière. *Se comporter en honnête homme.* **2.** Fonctionner, marcher. *Cette voiture se comporte bien sur la route.*

1. COMPOSANT, E adj. Qui entre dans la composition de qqch. *Matières composantes d'un mélange.*

2. COMPOSANT n.m. Élément constitutif. **1.** CHIM. Élément qui, combiné avec un ou plusieurs autres, forme un corps composé. **2.** TECHN. Constituant élémentaire d'une machine, d'un appareil ou d'un circuit électrique ou électronique. **3.** CONSTR. Élément de construction industrialisée.

COMPOSANTE n.f. Élément constitutif. *Le chômage est une composante de la crise.* **1.** ASTRON. Chacune des étoiles d'un système double ou multiple. **2.** MÉCAN. Chacune des forces qui interviennent dans la formation d'une résultante. **3.** MATH. Coordonnées d'un vecteur dans une base.

1. COMPOSÉ, E adj. Formé de plusieurs éléments. **1.** CHIM. *Corps composé :* corps formé par la combinaison de plusieurs éléments. **2.** MATH. *Application composée :* produit de deux applications, d'un premier ensemble sur un deuxième, puis du deuxième sur un troisième. **3.** MUS. *Mesure composée :* mesure ternaire. **4.** GRAMM. **a.** *Mot composé* ou *composé,* n.m. : mot constitué de plusieurs mots ou éléments et formant une unité significative (ex. : *chef-lieu, arc-en-ciel*). **b.** *Temps composé :* forme verbale constituée d'un participe passé précédé d'un auxiliaire (*être* ou *avoir*).

2. COMPOSÉ n.m. **1.** Ensemble formé par plusieurs éléments, plusieurs parties. **2.** MATH. *Composé de deux éléments* a *et* b *d'un ensemble* E *muni d'une loi de composition interne* T, l'élément aTb de E.

1. COMPOSÉE n.f. MATH. *Composée de l'application* f *de* E *dans* F *et de l'application* g *de* F *dans* G : application, notée $g \circ f$, de E dans G, qui à x, élément de E, associe $g[f(x)]$. SYN. : ***application composée.***

2. COMPOSÉE n.f. *Composées :* très vaste famille de plantes herbacées comprenant plus de 20 000 espèces dont les fleurs, petites et nombreuses, sont réunies en capitules serrés ressemblant parfois à des fleurs simples (ex. : pâquerette, bleuet, pissenlit). SYN. (VX) : ***synanthérée.***

COMPOSER v.t. (lat. *componere*). **1.** Former un tout en assemblant différentes parties. *Composer un bouquet.* **2.** Entrer (dans un tout) comme élément constitutif. *Les pommes de terre composent l'essentiel du menu.* **3.** TÉLÉCOMM. Former (un numéro, un code) sur un cadran, un clavier. **4.** ARTS GRAPH. Procéder à la composition de (un texte à imprimer). **5.** Élaborer une œuvre et, spécialt, écrire de la musique. **6.** Litt. Étudier (ses attitudes, ses expressions) suivant certaines intentions. *Composer son visage.* **7.** MATH. *Composer des forces,* en faire la somme vectorielle. ◆ v.i. **1.** Faire un exercice scolaire en vue d'un contrôle, d'un examen, etc. *Composer en mathématiques.* **2.** *Composer avec qqn, qqch :* se prêter à un arrangement, à un accommodement ; transiger. *Composer avec ses adversaires.*

COMPOSEUR n.m. **1.** Compositeur d'imprimerie. **2.** *Composeur de numéros :* dispositif qui compose automatiquement les numéros de téléphone.

COMPOSEUSE n.f. ARTS GRAPH. Machine à composer.

COMPOSITE adj. et n.m. (lat. *compositus*). **1.** Formé d'éléments très divers ; hétéroclite. **2.** *Ordre composite* ou *composite,* n.m. : ordre architectural, d'origine romaine, dont le chapiteau combine les volutes de l'ionique et les feuilles d'acanthe du corinthien. **3.** *Matériau composite* ou *composite,* n.m. : matériau formé de plusieurs composants distincts dont l'association confère à l'ensemble des propriétés qu'aucun des composants pris séparément ne possède.

■ Les composites sont très recherchés pour leur légèreté et leur robustesse. Ils trouvent aujourd'hui de nombreuses applications en construction aérospatiale, navale (coques de bateaux de plaisance), automobile, dans les industries mécaniques et électriques, pour la fabrication d'articles de sport (skis, raquettes de tennis, planches à voile), etc. Les plus répandus comportent une matrice en résine organique (époxyde ou polyester) renforcée par une armature de fibres de verre, de carbone, de bore, de polyamides, etc. Pour les applications à hautes températures, on fait appel à des composites carbone-carbone (fibres et matrice de carbone) ou céramique-céramique.

COMPOSITEUR, TRICE n. **1.** Personne qui compose des œuvres musicales. **2.** Personne qui dirige une entreprise de composition de textes ; l'entreprise elle-même. SYN. : ***composeur.***

COMPOSITION n.f. **I. 1.** Action ou manière de composer un tout en assemblant les parties ; structure. *Composition d'un plat. La composition de l'Assemblée nationale.* **2.** CHIM. Proportion des éléments qui entrent dans une combinaison chimique. **3.** ARTS GRAPH. Ensemble des opérations nécessaires pour reproduire un texte en utilisant soit des caractères d'imprimerie (*composition manuelle*), soit des machines de *composition mécanique* ou des *photocomposeuses. Composition manuelle, mécanique, automatique.* **4.** MATH. *Loi de composition :* application qui associe un élément d'un ensemble E soit à un couple d'éléments de E (loi interne), soit à un couple formé d'un élément de E et d'un élément d'un autre ensemble, appelé *domaine d'opérateurs* (loi externe). → ***opération.*** **II. 1.** Action de composer une œuvre de l'esprit, une œuvre d'art ; cette œuvre elle-même. ◇ Spécialt. Œuvre musicale. **2.** Arrangement des parties, ordonnance d'une œuvre littéraire ou artistique. **3.** Exercice scolaire (en vue, notamm., d'un classement). **4.** *Rôle de composition :* représentation par un comédien, un danseur d'un personnage très typé qui nécessite une transformation et un travail de l'expression, de l'attitude, du physique. **III.** Accord, accommodement entre deux ou plusieurs personnes qui transigent. ◇ *Amener (qqn) à composition,* l'amener à transiger. ◇ *Être de bonne composition :* être accommodant.

COMPOST [kɔ̃pɔst] n.m. (mot angl. ; de l'anc. fr. *compost,* composé). Mélange fermenté de résidus organiques et minéraux, utilisé pour l'amendement des terres agricoles.

1. COMPOSTAGE n.m. Marquage au composteur.

2. COMPOSTAGE n.m. Préparation du compost, consistant à laisser fermenter des résidus agricoles ou urbains (ordures ménagères) mélangés ou non avec de la terre végétale.

1. COMPOSTER v.t. Marquer ou valider au composteur.

2. COMPOSTER v.t. Amender (une terre) avec du compost.

COMPOSTEUR n.m. (it. *compostore*). **1.** Appareil à lettres ou à chiffres interchangeables servant à marquer ou à dater des documents. **2.** Appareil mis à la disposition des voyageurs pour valider leurs titres de transport (dans les gares, etc.). **3.** Règle à rebord sur deux de ses côtés, sur laquelle le typographe assemble les caractères de façon à former des lignes d'égale longueur.

COMPOTE n.f. (lat. *compositus,* mélangé). Préparation de fruits cuits avec de l'eau et du sucre. ◇ Fig., fam. *En compote :* meurtri, malmené.

COMPOTIER n.m. Plat creux, coupe à pied dans lesquels on sert des compotes, des fruits, etc.

COMPOUND [kɔ̃pund] adj. inv. (mot angl., *composé*). Se dit d'appareils, d'organes associés. **1.** *Machine compound :* machine où la vapeur agit successivement dans plusieurs cylindres de diamètres inégaux. **2.** *Excitation compound :* excitation d'une machine électrique dont les inducteurs comportent deux enroulements, l'un en dérivation, l'autre en série avec l'induit. **3.** *Moteur compound :* moteur à piston où l'énergie des gaz d'échappement est en partie récupérée sur les aubes d'une turbine.

COMPRADOR n.m. (mot port., *acheteur*) [pl. *compradors* ou *compradores*]. Dans les pays en développement, membre de la bourgeoisie autochtone enrichi dans le commerce avec les étrangers. ◆ **comprador, e** adj. Relatif aux compradors.

COMPRÉHENSIBILITÉ n.f. Rare. Qualité de ce qui est compréhensible.

COMPRÉHENSIBLE adj. **1.** Que l'on peut comprendre ; intelligible. **2.** Que l'on peut admettre ; excusable.

COMPRÉHENSIF, IVE adj. **1.** Qui comprend les autres et les excuse volontiers ; bienveillant, indulgent. **2.** LOG. Qui embrasse dans sa signification un nombre plus ou moins grand de caractères.

COMPRÉHENSION n.f. (lat. *comprehensio*). **I. 1.** Aptitude à comprendre ; intelligence. *Rapidité de compréhension.* **2.** Aptitude à comprendre autrui ; bienveillance, indulgence. **3.** Possibilité d'être compris (en parlant d'une chose). *Texte de compréhension difficile.* **II.** LOG. Totalité des caractères renfermés dans un concept (par opp. à *extension*).

COMPRENDRE v.t. (lat. *comprehendere*) [79]. **I. 1.** Concevoir, saisir le sens de. *Comprendre la pensée de qqn.* **2.** Se représenter avec plus ou moins d'indulgence les raisons de qqn, de qqch ; admettre. **II. 1.** Mettre dans un tout, incorporer. *Comprendre toutes les taxes dans le prix.* ◇ *Y compris, non compris* (inv. avant le n.) : en y incluant, sans y inclure. **2.** Avoir en soi, être formé de. *Paris comprend vingt arrondissements.*

COMPRENETTE n.f. Fam. Faculté de comprendre.

COMPRESSE n.f. (de l'anc. fr. *compresser,* accabler). Pièce de gaze hydrophile qui sert pour le pansement des plaies, ou au cours d'interventions chirurgicales.

COMPRESSER v.t. Serrer, presser. *Compresser des bagages dans un coffre de voiture.*

1. COMPRESSEUR adj.m. Qui sert à comprimer, à aplanir (en parlant d'un appareil). *Rouleau compresseur.*

2. COMPRESSEUR n.m. Appareil servant à comprimer un fluide à une pression voulue. ◇ *Compresseur frigorifique :* organe d'une installation frigorifique aspirant les vapeurs formées dans l'évaporateur et les refoulant à une pression telle que le fluide se liquéfie à la température du condenseur.

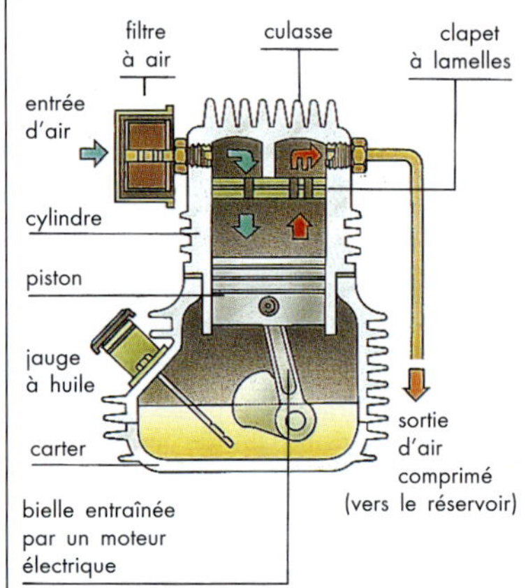

compresseur à piston

COMPRESSIBILITÉ n.f. **1.** Aptitude d'un corps à diminuer de volume sous l'effet d'une augmentation de pression. **2.** Fig. Caractère de ce qui peut être diminué, réduit. *La compressibilité des dépenses publiques.*

COMPRESSIBLE adj. Qui peut être comprimé ou compressé.

COMPRESSIF, IVE adj. **1.** CHIR. Qui sert à comprimer. *Bandage compressif.* **2.** Fig., litt. Opprimant. *Une éducation compressive.*

COMPRESSION n.f. (du lat. *compressus,* comprimé). **1.** Action de comprimer ; effet de cette action. ◇ *Machine frigorifique à compression :* machine frigorifique dans laquelle le fluide frigorigène est successivement vaporisé à basse pression, comprimé, liquéfié à haute pression et détendu. **2.** Dans un moteur, pression atteinte par le mélange détonant dans la chambre d'explosion, avant son allumage. CONTR. : ***dilatation.*** **3.** Fig. Réduction de personnel ou de dépenses. **4.** INFORM., TÉLÉCOMM. *Compression numérique :* technique de réduction du volume des signaux numérisés, en vue d'optimiser leur transmission ou leur stockage.

COMPRIMABLE adj. Qui peut être comprimé.

1. COMPRIMÉ, E adj. Dont le volume a été réduit par pression.

2. COMPRIMÉ n.m. Pastille pharmaceutique contenant une certaine dose de médicament sous un petit volume.

COMPRIMER v.t. (lat. *comprimere*). **1.** Agir sur un corps de manière à en réduire le volume. **2.** Fig. **a.** Réduire, diminuer. *Comprimer les dépenses.* **b.** Empêcher (un sentiment, une émotion) de se manifester. *Comprimer sa colère.*

COMPROMETTANT, E adj. Qui peut causer un préjudice à qqn, atteindre à sa réputation. *Lettres compromettantes.*

COMPROMETTRE v.t. (lat. *compromittere*) [84]. **1.** Exposer qqn à un préjudice moral ; nuire à sa réputation. **2.** Exposer (qqch) à une atteinte, à un dommage. *Compromettre sa santé.* ◆ v.i. DR. S'en remettre à un arbitrage. ◆ **se compromettre** v.pr. Engager, risquer sa réputation.

COMPROMIS [kɔ̃prɔmi] n.m. **1.** Accord obtenu par des concessions réciproques. **2.** DR. **a.** Convention par laquelle les parties décident de soumettre un litige à un arbitre. **b.** *Compromis de vente* : convention provisoire sur les conditions d'une vente, avant la signature du contrat définitif. **3.** Litt. Moyen terme (entre deux choses opposées).

COMPROMISSION n.f. Action de compromettre ou de se compromettre ; accommodement conclu par lâcheté ou par intérêt.

COMPROMISSOIRE adj. DR. Qui concerne un compromis. *Clause compromissoire.*

COMPTABILISATION n.f. Action de comptabiliser ; son résultat.

COMPTABILISER [kɔ̃ta-] v.t. **1.** Faire apparaître (une opération de commerce ou de production) dans la comptabilité. **2.** Compter, enregistrer comme pour une comptabilité. *Je ne comptabilise pas tes mérites.*

COMPTABILITÉ [kɔ̃ta-] n.f. **1.** Technique des comptes. – *Comptabilité à partie double* : enregistrement des opérations commerciales sous la forme de deux écritures égales et de sens contraires, chaque opération étant analysée et la valeur déplacée étant portée au débit d'un compte qui reçoit et au crédit d'un compte qui fournit. – *Comptabilité analytique,* permettant aux entreprises d'évaluer leur prix de revient sans intervention de la comptabilité générale. – *Comptabilité publique* : ensemble des règles spéciales applicables à la gestion des deniers publics ; service préposé à cette gestion. **2.** Ensemble des comptes d'un individu ou d'une collectivité. ◇ *Comptabilité matières* : comptabilité portant sur les matières premières, les produits semi-finis et les produits fabriqués. ◇ *Comptabilité nationale* : présentation chiffrée de l'ensemble des informations relatives à l'économie de la nation. **3.** Service chargé des comptes.

1. COMPTABLE [kɔ̃tabl] adj. **1. a.** Qui a des comptes à tenir ou à rendre. *Agent comptable.* **b.** Fig. Moralement responsable. *Être comptable de ses actions envers qqn.* **2. a.** Qui relève des agents comptables. *Plan comptable.* **b.** Qui concerne la comptabilité. *Pièce comptable.* **3.** LING. Se dit des noms quand ils peuvent s'employer au singulier et au pluriel. (Par ex. : « pain » est comptable dans *trois pains* et non comptable dans *je mange du pain.*)

2. COMPTABLE [kɔ̃tabl] n. Personne qui tient les comptes. ◇ *Comptable agréé* : comptable exerçant une profession libérale réglementée par la loi – réservée aux titulaires du brevet professionnel comptable ou du diplôme d'expert-comptable – et érigée en ordre.

COMPTAGE n.m. Action de compter.

COMPTANT adj.m. et n.m. Payé sur l'heure et en espèces. ◇ *Prendre pour argent comptant* : croire naïvement ce qui est dit ou promis. ◇ *Vendre au comptant,* moyennant paiement immédiat. ◆ adv. *Payer comptant,* immédiatement.

COMPTE [kɔ̃t] n.m. **1.** Calcul d'un nombre, évaluation d'une quantité. *Faire le compte de ses dépenses.* ◇ *À bon compte* : à faible prix ; fig., sans trop de mal. *Tu t'en tires à bon compte.* – Fig. *À ce compte-là* : dans ces conditions. – *Être loin du compte* : se tromper de beaucoup. – *Au bout du compte, en fin de compte, tout compte fait* : tout bien considéré. ◇ Fam. *Avoir son compte* : être à bout de forces, hors de combat. **2. a.** État de ce qui est dû ou reçu. *Vérifier ses comptes.* ◇ *Compte courant* : état, par doit et avoir, des opérations entre deux personnes. – *Compte de dépôt* : compte ouvert par un banquier à un client et alimenté par les versements de ce dernier. ◇ *Compte de résultat* : compte synthétique faisant apparaître les profits ou les pertes engendrés par l'ensemble des opérations – d'exploitation, financières ou exceptionnelles – réalisées par une entreprise au cours d'un exercice. ◇ *À compte d'auteur* : se dit d'un contrat par lequel l'auteur verse à l'éditeur une rémunération forfaitaire, à charge pour ce dernier d'assurer la publication et la diffusion de l'ouvrage faisant l'objet du contrat. – *De compte à demi* : en partageant les bénéfices et les charges, pour certains contrats d'édition. ◇ *Être en compte avec qqn* : être son créancier ou son débiteur. **b.** *Donner son compte à qqn,* lui payer son salaire et le renvoyer. ◇ *Mettre (qqch) sur le compte de qqn,* le rendre responsable de cette chose. – *Trouver son compte à qqch,* y trouver son avantage. – *Prendre à son compte* : assumer. – *Régler un compte* : s'acquitter de qqch ; se venger. – Fam. *Régler son compte à qqn,* le tuer. ◇ *Tenir compte de* : prendre en considération. ◇ *Rendre compte de* : rapporter, relater ; expliquer, analyser. *Rendre compte d'un évènement, d'un livre.* ◇ *Se rendre compte de* : apprécier par soi-même ; s'apercevoir de. – *Se rendre compte que* : comprendre, saisir. ◇ *Sur le compte de qqn* : à son sujet.

COMPTE CHÈQUES ou **COMPTE-CHÈQUES** n.m. (pl. *comptes*[-]*chèques*). Compte bancaire ou postal fonctionnant au moyen de chèques.

COMPTE-FILS n.m. inv. Petite loupe de fort grossissement montée sur charnière.

COMPTE-GOUTTES n.m. inv. Tube de verre effilé, coiffé d'un capuchon (de caoutchouc, de plastique) et servant à compter les gouttes d'un liquide. ◇ Fig., fam. *Au compte-gouttes* : avec parcimonie.

COMPTER [kɔ̃te] v.t. (lat. *computare*). **1.** Calculer le nombre, la quantité de. *Compter des élèves, des livres.* **2.** Faire entrer dans un total, dans un ensemble. *Le garçon ne m'a pas compté le café dans l'addition.* **3.** Estimer, évaluer à un certain prix. *On m'a compté 500 F pour la réparation.* **4.** Évaluer (une quantité, une durée). *Il faut compter une heure de marche.* **5.** Comporter ; être constitué de. *Ville qui compte deux millions d'habitants.* **6.** Avoir parmi d'autres, mettre au nombre de. *Je le compte parmi mes amis.* **7.** (Avec l'inf.). Avoir l'intention de ; se proposer de. *Je compte partir demain.* ◆ v.t. ind. **1.** *Compter avec* : tenir compte de ; accorder de l'importance à. **2.** *Compter sur* : se fier à. ◆ v.i. **1.** Entrer dans un calcul, un compte. *Syllabe qui ne compte pas.* ◇ *Compter pour* : avoir telle importance. – *Compter pour rien* : n'avoir aucune valeur. **2.** Effectuer un calcul ; énoncer la suite des nombres. *Compter sur ses doigts.* ◇ *Sans compter* : avec générosité ou prodigalité. *Dépenser sans compter.*

COMPTE RENDU ou **COMPTE-RENDU** n.m. (pl. *comptes*[-]*rendus*). Rapport fait sur un évènement, une situation, un ouvrage, etc. *Le compte rendu d'une séance de l'Assemblée.*

COMPTE-TOURS n.m. inv. Appareil servant à compter le nombre de tours d'un arbre en rotation pendant un temps donné.

COMPTEUR n.m. Appareil servant à mesurer, à compter et à enregistrer certaines grandeurs (distance parcourue, énergie ou volume de fluides consommés, etc.) ou certains effets mécaniques. *Compteur de vitesse. Compteur d'eau, de gaz, d'électricité.* ◇ *Compteur Geiger, compteur à scintillations* : instruments servant à déceler et à compter les particules énergétiques, comme celles émises par un corps radioactif.

COMPTINE [kɔ̃tin] n.f. (de *compter*). Chanson que chantent les enfants pour désigner celui qui devra sortir du jeu ou courir après les autres, etc. *« Am stram gram Pic et Pic et colegram » sont des paroles de comptine.*

COMPTOIR [kɔ̃twar] n.m. **1. a.** Table longue sur laquelle les marchands étalent ou débitent leurs marchandises. **b.** Table élevée sur laquelle on sert les consommations dans un café. *Se faire servir un demi au comptoir.* **2.** Agence de commerce d'une nation en pays étranger. **3.** Établissement commercial et financier. **4.** Cartel de vente qui se substitue à ses adhérents dans les rapports avec la clientèle. **5.** Suisse. Foire-exposition.

COMPULSER v.t. (lat. *compulsare*). Examiner, consulter, feuilleter des écrits. *Compulser des notes.*

COMPULSIF, IVE adj. Qui fait preuve de compulsion.

COMPULSION n.f. PSYCHIATRIE. Force intérieure par laquelle le sujet est amené irrésistiblement à accomplir certains actes et à laquelle il ne peut résister sans angoisse.

COMPULSIONNEL, ELLE adj. De la nature de la compulsion.

COMPUT [kɔ̃pyt] n.m. (lat. *computus*). Calcul déterminant le calendrier des fêtes mobiles pour les usages ecclésiastiques et partic. la date de Pâques.

COMPUTATION n.f. Action d'établir le comput.

COMPUTER [kɔmpjutœr] ou **COMPUTEUR** n.m. (angl. *computer*). Vieilli. Ordinateur.

COMTADIN, E adj. et n. Du Comtat Venaissin.

COMTAL, E, AUX [kɔ̃tal, o] adj. Qui appartient au comte.

COMTAT [kɔ̃ta] n.m. Comté, dans certaines expressions géographiques. *Comtat Venaissin.*

COMTE [kɔ̃t] n.m. (lat. *comes, -itis,* compagnon). **1.** Titre de noblesse entre ceux de marquis et de vicomte. **2.** Dignitaire du Bas-Empire romain. **3.** Au Moyen Âge, fonctionnaire, révocable par le roi, chargé d'administrer des circonscriptions appelées *pagi,* puis titre héréditaire, qui devint honorifique au XVe s.

1. COMTÉ n.m. **1.** Domaine qui conférait le titre de comte. **2.** Division administrative au Canada, aux États-Unis, en Grande-Bretagne et dans la plupart des États du Commonwealth.

2. COMTÉ n.m. Fromage, proche du gruyère, fabriqué en Franche-Comté.

COMTESSE n.f. Femme qui possède un comté ou épouse d'un comte.

COMTOIS, E adj. et n. De la Franche-Comté. SYN. : *franc-comtois.*

COMTOISE n.f. Horloge rustique de parquet, notamm. d'origine franc-comtoise.

1. CON n.m. (lat. *cunnus*). Vulg. Sexe de la femme.

2. CON, CONNE adj. et n. Très fam. Stupide, inepte.

CONARD, E ou **CONNARD, E** adj. et n. Vulg. Imbécile fieffé.

CONASSE ou **CONNASSE** n.f. Vulg. Femme stupide et, souvent, désagréable.

CONATIF, IVE adj. PHILOS. Relatif à la conation.

CONATION n.f. PHILOS. Force qui porte à l'action, à l'effort.

CONCASSAGE n.m. Action de concasser.

CONCASSER v.t. (lat. *conquassare*). Broyer (une substance) en fragments plus ou moins gros. *Concasser du poivre, du sucre.*

CONCASSEUR n.m. et adj.m. Appareil pour concasser.

CONCATÉNATION n.f. (du lat. *cum,* avec, et *catena,* chaîne). **1.** Didact. Enchaînement (des idées entre elles, des causes et des effets, des éléments constitutifs d'une phrase). **2.** INFORM. Enchaînement de deux chaînes de caractères ou de deux fichiers mis bout à bout.

CONCAVE adj. (lat. *concavus*). Dont la surface présente un creux, un renfoncement. CONTR. : *convexe.*

CONCAVITÉ n.f. État de ce qui est concave ; partie concave de qqch.

CONCÉDER v.t. (lat. *concedere*) [18]. **1.** Accorder comme une faveur un droit, un privilège. *Concéder l'exploitation d'un service public.* **2.** *Concéder qqch à qqn,* le lui accorder dans une discussion. *Je vous concède volontiers que vous aviez raison.* **3.** SPORTS. *Concéder un but, un point,* l'abandonner à l'adversaire en lui laissant prendre un avantage.

CONCÉLÉBRATION n.f. Célébration d'un service religieux par plusieurs ministres du culte.

CONCÉLÉBRER v.t. [18]. Célébrer à plusieurs (un service religieux).

CONCENTRATEUR n.m. **1.** INFORM. Appareil qui regroupe les données provenant de plusieurs terminaux et les achemine sur une seule voie vers l'unité centrale. **2.** TÉLÉCOMM. Dispositif de commutation permettant de desservir de nombreux postes téléphoniques grâce à un petit nombre de circuits.

CONCENTRATION n.f. Action de concentrer, de se concentrer ; son résultat. **1.** ÉCON. Processus de regroupement d'activités industrielles par prise de contrôle des stades successifs d'une même filière de production *(concentration verticale)* ou par diversification des activités d'une société mère *(concentration horizontale)*. **2.** PHYS. Masse d'un corps dissoute dans l'unité de volume d'une solution. **3.** HIST. *Camp de concentration :* camp dans lequel sont rassemblés, sous surveillance militaire ou policière, soit des populations civiles de nationalité ennemie, soit des minorités sociales, ethniques ou religieuses, soit des prisonniers ou des détenus politiques.

CONCENTRATIONNAIRE adj. Relatif aux camps de concentration.

1. CONCENTRÉ, E adj. **1.** Dont la concentration est grande. *Acide concentré.* ◇ *Lait concentré,* obtenu par élimination d'une partie de son eau. – *Lait concentré sucré* ou *condensé,* rendu sirupeux par élimination d'eau et adjonction de sucre. **2.** Fig. **a.** Dont la concentration renforce la puissance. *Énergie concentrée.* **b.** Absorbé (dans une activité intellectuelle). *Esprit concentré.*

2. CONCENTRÉ n.m. **1.** Produit obtenu par élimination de l'eau ou de certains constituants. *Concentré de tomate. Concentré de protéines.* **2.** Fig. (Souvent péj.). Accumulation sous une forme condensée. *Un concentré d'inepties.*

CONCENTRER v.t. (de *centre*). **1.** Faire converger ; rassembler, réunir dans un même lieu. *Concentrer des troupes.* ◇ Fig. Réunir (des choses abstraites jusqu'alors dispersées). *Concentrer des pouvoirs dans une même main.* **2.** Fixer (son attention, son regard, etc.) sur qqn, qqch. **3.** PHYS. *Concentrer une solution,* en augmenter la concentration. ◆ **se concentrer** v.pr. **1.** Se rassembler. **2.** Faire un effort intense d'attention, de réflexion. *Se concentrer sur un problème. Ne pas parvenir à se concentrer.*

CONCENTRIQUE adj. **1.** MATH. *Cercles, disques, sphères concentriques,* qui ont un même centre. **2.** Qui tend à se rapprocher du centre. *Mouvement concentrique.*

CONCEPT [kɔ̃sɛpt] n.m. (lat. *conceptus,* saisi). **1.** Représentation intellectuelle d'un objet conçu par l'esprit. *Le concept de justice.* **2.** Définition des caractères spécifiques d'un projet, d'un produit, par rapport à l'objectif ciblé. *Un journal élaboré selon un nouveau concept.*

CONCEPTACLE n.m. (lat. *conceptaculum*). BOT. Petite cavité où se forment les gamètes, chez certaines algues comme le fucus.

CONCEPTEUR, TRICE n. Personne chargée de la conception (de projets, de produits, d'idées, etc.) dans une entreprise, une agence de publicité.

CONCEPTION [kɔ̃sɛpsjɔ̃] n.f. **1.** Fait (pour un être vivant sexué, pour un enfant) d'être conçu, de recevoir l'existence. **2.** Action d'élaborer qqch dans son esprit ; résultat de cette action. **3.** Manière particulière de se représenter, d'envisager qqch ; idée, opinion. *Une conception originale de la vie.* **4.** *Conception assistée par ordinateur (C. A. O.) :* ensemble des techniques informatiques utilisées pour la conception d'un produit nouveau.

CONCEPTISME n.m. Dans la littérature espagnole, style caractérisé par un excès de recherche, de raffinement dans le jeu des idées.

CONCEPTUALISATION n.f. Action de conceptualiser ; son résultat.

CONCEPTUALISER v.t. Former des concepts à partir de (qqch) ; organiser en concepts.

CONCEPTUALISME n.m. Doctrine scolastique suivant laquelle le concept a une réalité distincte du mot qui l'exprime, mais sans rien qui lui corresponde hors de l'esprit.

CONCEPTUEL, ELLE adj. **1.** PHILOS. Qui est de l'ordre du concept. **2.** *Art conceptuel :* tendance de l'art contemporain qui fait primer l'idée sur la réalité matérielle de l'œuvre. (Depuis la fin des années 60 : les Américains Joseph Kosuth ou Lawrence Weiner, l'Anglais Victor Burgin, l'Allemande Hanne Darboven, etc.)

CONCERNANT prép. À propos de, au sujet de.

CONCERNER v.t. (lat. *concernare*). Avoir rapport à ; intéresser, impliquer. *Cela concerne vos intérêts. Vous n'êtes pas concerné par ce problème.* ◇ *En ce qui concerne :* quant à, pour ce qui est de.

CONCERT [kɔ̃sɛr] n.m. (it. *concerto*). **1.** Séance où sont interprétées des œuvres musicales. ◇ *Concert de danse :* séance chorégraphique. – *Danseur de concert :* danseur qui donne un récital. **2.** MUS. Composition pour ensemble instrumental. **3.** Ensemble de bruits simultanés. *Un concert d'avertisseurs.* **4.** Litt. Accord, harmonie (entre personnes ou groupes). *Le concert des grandes puissances, des nations.* ◇ *Concert d'éloges, de lamentations, etc. :* unanimité dans les éloges, les lamentations, etc. ◇ *De concert :* avec entente, conjointement.

CONCERTANT, E adj. MUS. Caractérisé par l'échange entre différents plans sonores, vocaux ou instrumentaux. *Symphonie concertante.*

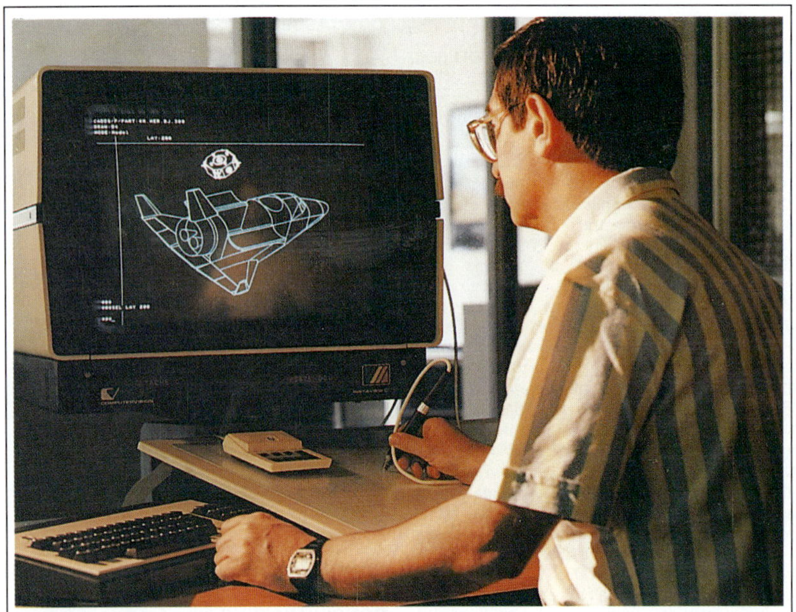

Exemple d'utilisation de la **conception assistée par ordinateur** dans l'aéronautique (sont visibles : l'écran graphique en couleurs, le clavier alphanumérique, la tablette graphique et le photostyle).

CONCERTATION n.f. Action, fait de se concerter, en partic. dans le domaine politique et social.

CONCERTÉ, E adj. Qui résulte d'une entente ou d'un calcul. *Un plan concerté.*

CONCERTER v.t. Préparer (une action) en commun. *Concerter un projet, un mauvais coup.* ◆ **se concerter** v.pr. S'entendre pour agir ensemble.

CONCERTINA n.m. (mot angl.). Accordéon de forme hexagonale, à deux claviers.

CONCERTINO n.m. (mot it.). MUS. **1.** Petit concerto. **2.** Groupe des solistes dans un concerto grosso.

CONCERTISTE n. Instrumentiste qui se fait entendre dans des concerts.

CONCERTO n.m. (mot it.). MUS. Composition pour un ou plusieurs solistes et orchestre. ◇ *Concerto grosso :* forme ancienne opposant un groupe de solistes *(concertino)* à l'orchestre d'accompagnement *(ripieno)*.

CONCESSIF, IVE adj. GRAMM. *Proposition concessive* ou *concessive,* n.f. : proposition (introduite par *quoique, bien que*) qui indique une opposition, une restriction à l'action exprimée dans la principale.

CONCESSION n.f. (lat. *concessio*). **1.** Abandon d'un avantage, d'un droit, d'une prétention. **2.** Avantage accordé (à un adversaire) dans une discussion. **3.** GRAMM. *Proposition de concession :* proposition concessive. **4.** DR. Contrat par lequel l'Administration autorise une personne privée moyennant une redevance à réaliser un ouvrage public ou à occuper privativement le domaine public. *Concession de travaux publics. Concession de voirie, de sépulture.* **5.** Droit exclusif de vente accordé à un intermédiaire par un producteur dans une région donnée. **6.** Afrique. **a.** Terrain à usage d'habitation. **b.** Terrain, le plus souvent clos, regroupant autour d'une cour un ensemble d'habitations occupées par une famille.

CONCESSIONNAIRE adj. et n. **1.** Titulaire d'un contrat de concession. **2.** Intermédiaire qui a reçu d'un producteur un droit exclusif de vente dans une région donnée.

CONCETTI [kɔntʃeti] n.m. pl. (mot it.). Litt. Traits d'esprit.

CONCEVABLE adj. Qui peut se concevoir.

CONCEVOIR v.t. (lat. *concipere,* prendre) [52]. **1.** Se représenter par la pensée, comprendre. *Je ne conçois pas comment vous avez pu vous tromper.* **2.** Former, élaborer dans son esprit, son imagination. *Concevoir un projet.* ◇ *Bien, mal conçu :* **a.** bien, mal organisé, agencé. **b.** bien, mal écrit, rédigé. **3.** Commencer d'éprouver (un sentiment). *Concevoir de l'amitié pour qqn.* ◆ v.t. et i. Litt. **1.** *Concevoir un enfant,* le former en soi, en parlant d'une femme ; le former par le rapprochement sexuel, en parlant d'un couple. **2.** Absolt. Devenir, être enceinte.

CONCHOÏDAL, E, AUX [kɔ̃kɔidal, o] adj. Didact. Qui a la forme d'une coquille.

CONCHOÏDE [kɔ̃kɔid] n.f. (gr. *konkhê,* coquille). MATH. *Conchoïde d'une courbe* C : courbe C′ formée des points M′ alignés avec O et M, M point de C, et tels que MM′ = *h, h* étant constant.

CONCHYLICULTEUR, TRICE [kɔ̃ki-] n. Personne qui pratique la conchyliculture.

CONCHYLICULTURE [kɔ̃ki-] n.f. Élevage des huîtres, moules et autres coquillages.

CONCHYLIOLOGIE [kɔ̃ki-] n.f. (gr. *konkhulion,* coquillage). Étude scientifique des coquilles, des coquillages.

CONCHYLIS n.m. → ***cochylis.***

CONCIERGE n. (lat. *conservus,* compagnon d'esclavage). Personne préposée à la garde d'un hôtel, d'un immeuble, etc. SYN. : *gardien.*

CONCIERGERIE n.f. **1.** Demeure du concierge d'un bâtiment administratif. **2.** Service d'un grand hôtel chargé de l'accueil des clients et de ce qui s'y rattache (courrier, bagages, etc.). **3.** Vx. Fonction de concierge.

CONCILE n.m. (lat. *concilium,* assemblée). RELIG. CATH. Assemblée régulière d'évêques et de théologiens, qui décident des questions de doctrine ou de discipline ecclésiastique.

Les conciles œcuméniques

Lieu	Date	Objet
Nicée I	325	arianisme
Constantinople I	381	arianisme
Éphèse	431	nestorianisme
Chalcédoine	451	monophysisme
Constantinople II	553	nestorianisme
Constantinople III	680-681	monothélisme
Nicée II	787	culte des images
Constantinople IV	869-870	Photios
Latran I	1123	investitures
Latran II	1139	Anaclet II
Latran III	1179	Victorien IV
Latran IV	1215	croisade et réforme de l'Église
Lyon I	1245	droits de l'Église
Lyon II	1274	Église grecque
Vienne	1311-1312	Templiers
Constance	1414-1418	schisme d'Occident
Bâle-Ferrare-Florence	1431-1442	schisme d'Occident
Latran V	1512-1517	Louis XII de France
Trente	1545-1563	réforme de l'Église
Vatican I	1869-1870	monde moderne
Vatican II	1962-1965	monde moderne

CONCILIABLE adj. Qui peut se concilier avec une autre chose.

CONCILIABULE n.m. (lat. *conciliabulum*). Suite d'entretiens, de discussions plus ou moins secrètes.

CONCILIAIRE adj. **1.** Qui a rapport à un concile. **2.** Qui participe à un concile.

CONCILIANT, E adj. **1.** Porté à la conciliation ; accommodant. **2.** Propre à concilier. *Des paroles conciliantes.*

CONCILIATEUR, TRICE adj. et n. Qui concilie, aime à concilier. ◆ n. Personne dont la mission est de susciter le règlement amiable des conflits privés.

CONCILIATION n.f. **1.** Action qui vise à rétablir la bonne entente entre personnes qui s'opposent ; résultat de cette action. **2.** DR. **a.** Intervention d'un juge ou d'un conciliateur auprès de personnes en litige. **b.** Procédure obligatoire de règlement amiable des conflits collectifs du travail. **c.** Mode de résolution pacifique des conflits internationaux. **3.** Action de rendre les choses compatibles ; son résultat.

CONCILIATOIRE adj. DR. Propre à concilier.

CONCILIER v.t. (lat. *conciliare*). **1.** Trouver un rapprochement entre (des choses diverses, des intérêts opposés). **2.** Disposer favorablement (qqn) en faveur de (une personne). *Cette mesure lui a concilié les paysans.* ◆ **se concilier** v.pr. **1.** Disposer en sa faveur. **2.** Être compatible avec autre chose.

CONCIS, E [kɔ̃si, iz] adj. (lat. *concisus*, tranché). Qui exprime beaucoup de choses en peu de mots ; bref et dense.

CONCISION n.f. Qualité de ce qui est concis.

CONCITOYEN, ENNE n. Personne qui est de la même ville, du même pays qu'une autre.

CONCLAVE n.m. (lat. *conclave*, chambre fermée à clé). Assemblée de cardinaux réunis pour l'élection du pape.

CONCLAVISTE n.m. Clerc ou laïque attaché au service d'un cardinal durant l'élection du pape.

CONCLUANT, E adj. Qui établit irréfutablement une conclusion. *Argument concluant, preuve concluante.*

CONCLURE v.t. (lat. *concludere*) [96]. **1.** Achever, terminer ; sceller par un accord. *Conclure une affaire.* **2.** Donner une conclusion à (un discours, un écrit). ◆ v.t. et t. ind. **(*à*).** Déduire comme conséquence. *Il a conclu de mon silence que j'étais d'accord. Les experts ont conclu à la folie.* ◆ v.i. Être probant, concluant. *Les témoignages concluent contre lui.*

CONCLUSIF, IVE adj. Qui conclut.

CONCLUSION n.f. (lat. *conclusio*). **1.** Action de conclure, de clore, de réaliser complètement. *Conclusion d'un traité.* **2.** Partie qui termine un discours, un écrit. **3.** Conséquence logique ; proposition qui clôt un raisonnement. ◇ *En conclusion* : en conséquence, pour conclure. ◆ pl. DR. **1.** Prétentions respectives de chacune des parties dans un procès ; écrit exposant ces prétentions. **2.** Rapport exposant la solution du litige que le commissaire du gouvernement est chargé de présenter devant une juridiction administrative.

CONCOCTER v.t. Fam. Élaborer minutieusement.

CONCOMBRE n.m. (anc. prov. *cocombre*). Plante potagère de la famille des cucurbitacées, cultivée pour ses fruits allongés, que l'on consomme comme légume ou en salade ; ce fruit.

concombre

CONCOMITANCE n.f. Simultanéité de deux ou plusieurs faits.

CONCOMITANT, E adj. (du lat. *concomitari*, accompagner). Qui se produit en même temps. ◇ LOG. *Variations concomitantes* : variations simultanées et proportionnelles de certains phénomènes.

CONCORDANCE n.f. **1.** Conformité (de deux ou plusieurs choses entre elles) ; correspondance, accord. *Concordance de témoignages.* **2.** GÉOL. Disposition parallèle des couches sédimentaires, témoignant d'une continuité de leur dépôt. **3.** PHYS. *Concordance de phases* : état de plusieurs vibrations sinusoïdales synchrones dont la différence de phase est nulle. **4.** GRAMM. *Concordance des temps* : ensemble des règles de syntaxe suivant lesquelles le temps du verbe d'une subordonnée dépend de celui du verbe de la principale. **5.** *Concordance biblique* : index alphabétique systématique des mots employés dans les livres bibliques avec l'indication, pour chaque terme cité, des passages où on le rencontre.

CONCORDANT, E adj. **1.** Qui s'accorde, qui converge. *Témoignages concordants.* **2.** GÉOL. *Couches concordantes*, qui reposent en concordance sur des couches plus anciennes.

CONCORDAT n.m. (lat. *concordatum*). CATH. Convention entre le Saint-Siège et un État souverain réglant les rapports de l'Église et de l'État. – *Le Concordat*, celui de 1801 (v. partie n.pr.).

CONCORDATAIRE adj. HIST. Qui a rapport à un concordat et, spécialt, à celui de 1801.

CONCORDE n.f. Bon accord, entente entre les personnes.

CONCORDER v.i. (lat. *concordare*). Avoir des rapports de similitude, de correspondance ; coïncider. *Les dates concordent.*

CONCOURANT, E adj. Qui converge vers un même point, un même but. *Droites concourantes.*

CONCOURIR v.t. ind. [*à*] (lat. *concurrere*) [45]. Tendre à un même effet (choses), à un même but (personnes) ; aider à. *Concourir au succès d'une affaire.* ◆ v.i. Entrer en concurrence, en compétition avec d'autres ; participer à un concours.

CONCOURISTE n. Personne qui participe aux concours proposés dans les médias.

CONCOURS n.m. (lat. *concursus*). **1.** Le fait de coopérer, d'aider. *Offrir son concours.* **2.** DR. Compétition de personnes ayant les mêmes droits. **3.** Ensemble d'épreuves mettant en compétition des candidats, pour un nombre de places fixé d'avance. *Concours d'agrégation, d'entrée aux grandes écoles.* ◇ *Concours général* : concours annuel entre les meilleurs élèves des classes supérieures des lycées. **4.** Compétition organisée (dans les domaines culturel, sportif, etc.). *Concours de danse. Concours hippique.* ◇ Ensemble des sauts et des lancers, en athlétisme. ◇ *Concours complet* : compétition hippique comprenant une épreuve de dressage, une épreuve de fond et une épreuve de saut d'obstacles. **5. a.** Vx. Rencontre (de personnes) dans un même lieu. *Un grand concours de peuple.* **b.** Coïncidence de choses, d'évènements. *Concours de circonstances.*

1. CONCRET, ÈTE adj. (lat. *concretus*). **I. 1.** Qui se rapporte à la réalité, à ce qui est matériel (par opp. à *hypothétique*, à *théorique*). *Théorie susceptible d'applications concrètes.* **2.** Qui désigne un être ou un objet réel. *Mot, terme concret* (par opp. à *abstrait*). ◇ PSYCHOL. *Opérations concrètes de la pensée* : activité de la pensée qui porte sur des objets manipulables et non sur des notions. (Son acquisition marque un stade dans le développement de l'enfant.) **II.** Cour. **1.** Perceptible par les sens. *Objet concret.* **2.** Tiré de l'expérience. *Morale concrète.* **3.** Qui a le sens des réalités. *Esprit concret.* **III.** MUS. *Musique concrète*, construite à partir de matériaux sonores préexistants, enregistrés puis soumis à diverses transformations. **IV.** Vx. De consistance épaisse (par opp. à *fluide*).

2. CONCRET n.m. Ce qui est concret ; ensemble des choses concrètes.

CONCRÈTEMENT adv. De façon concrète.

CONCRÉTER v.t. [18]. Vx. Rendre concret, solide. ◆ **se concréter** v.pr. Vx. Prendre corps.

CONCRÉTION [kɔ̃kresjɔ̃] n.f. (de *concret*). **1.** Réunion de parties en un corps solide ; le corps ainsi formé. ◇ GÉOL. Masse minérale formée par précipitation autour d'un noyau de matériel, apporté notamm. par la circulation des eaux. **2.** MÉD. Agrégation solide qui se constitue dans les tissus vivants. *Concrétions biliaires.*

CONCRÉTISATION n.f. Action de concrétiser ; fait de se concrétiser.

CONCRÉTISER v.t. Faire passer du projet à la réalisation ; matérialiser. *Concrétiser une idée, un avantage.* ◆ **se concrétiser** v.pr. Devenir réel.

CONCUBIN, E n. (lat. *concubina*). Personne qui vit en concubinage.

CONCUBINAGE n.m. État d'un homme et d'une femme qui vivent ensemble sans être mariés. (On dit aussi *union libre*.)

CONCUPISCENCE n.f. (lat. *concupiscere*, désirer). **1.** THÉOL. Penchant à jouir des biens terrestres. **2.** Litt. Désir des plaisirs sensuels.

CONCUPISCENT, E [kɔ̃kypisɑ̃, ɑ̃t] adj. Litt. Qui éprouve de la concupiscence, qui l'exprime.

CONCURREMMENT [kɔ̃kyramɑ̃] adv. **1.** En même temps. **2.** Par un concours mutuel, de concert. *Agir concurremment avec qqn.*

CONCURRENCE n.f. **1.** Rivalité d'intérêts entre plusieurs personnes provoquant une compétition et, en partic., entre commerçants ou industriels qui tentent d'attirer à eux la clientèle par les meilleures conditions de prix, de qualité, etc. ◇ *Régime de libre concurrence* : système économique qui ne comporte aucune intervention de l'État en vue de limiter la liberté de l'industrie et du commerce, et qui considère les coalitions de producteurs comme des délits. **2.** *Jusqu'à concurrence de* : jusqu'à la somme de.

CONCURRENCER v.t. [16]. Faire concurrence à.

1. CONCURRENT, E adj. (du lat. *concurrere*, courir avec). Vx. Qui participe à une action commune.

2. CONCURRENT, E n. et adj. **1.** Personne qui participe à un concours, à une compétition. *Les concurrents ont pris le départ de la course.* **2.** Personne qui est en rivalité d'intérêts avec une autre, en partic. dans le domaine commercial et industriel.

CONCURRENTIEL, ELLE adj. **1.** Capable d'entrer en concurrence. *Prix concurrentiels.* **2.** Où joue la concurrence. *Marché concurrentiel.*

CONCUSSION n.f. (lat. *concussio,* secousse). Malversation commise dans l'exercice d'une fonction publique, partic. dans le maniement des deniers publics.

CONCUSSIONNAIRE adj. et n. Coupable de concussion.

CONDAMNABLE adj. Qui mérite d'être condamné.

CONDAMNATION [kɔ̃danasjɔ̃] n.f. (lat. *condemnatio*). **1.** Action de blâmer, de réprouver ; acte, fait, écrit portant témoignage contre (qqn, qqch). *Cet échec est la condamnation d'une politique.* **2.** DR. **a.** Décision d'un tribunal imposant à l'un des plaideurs de s'incliner au moins partiellement devant les prétentions de son adversaire. **b.** Décision d'une juridiction prononçant une peine contre l'auteur d'une infraction ; la peine infligée.

CONDAMNATOIRE adj. DR. Qui condamne.

CONDAMNÉ, E n. et adj. Personne qui a fait l'objet d'une condamnation définitive.

CONDAMNER [kɔ̃dane] v.t. (lat. *condemnare*). **I. 1.** Prononcer une peine par jugement contre (la personne jugée coupable d'une infraction). *Condamner un criminel.* **2.** Astreindre, contraindre (à qqch de pénible). *Condamner au silence, à l'immobilité.* **3.** Désapprouver, blâmer ; déclarer répréhensible, interdire. *Condamner une opinion, un usage.* **4.** *Condamner un malade,* le déclarer incurable, perdu. **II.** *Condamner une porte, une ouverture, etc. :* en interdire l'accès, en rendre l'usage impossible.

CONDÉ n.m. Arg. **1.** Policier, gendarme. **2.** Entente avec la police. – *Avoir le condé :* bénéficier d'une tolérance de la police à l'égard d'activités irrégulières (en échange de renseignements, le plus souvent).

CONDENSABLE adj. Qui peut être condensé.

CONDENSATEUR n.m. **1.** PHYS. Appareil constitué par deux armatures conductrices séparées par un milieu isolant, qui emmagasine des charges électriques. **2.** OPT. Condenseur.

CONDENSATION n.f. Action de condenser, fait de se condenser ; effet qui en résulte. **1.** Liquéfaction d'un gaz. **2.** Assemblage de plusieurs molécules chimiques, avec élimination de molécules souvent simples (eau, chlorure d'hydrogène, etc.). **3.** PSYCHAN. Fusion d'éléments provenant d'associations différentes en une représentation unique (dans le rêve, en partic.).

CONDENSÉ n.m. Abrégé, résumé succinct.

CONDENSER v.t. (lat. *condensare,* rendre épais). **1.** Rendre plus dense, réduire à un moindre volume. **2.** Liquéfier (un gaz) par refroidissement ou compression. **3.** Fig. Réduire à l'essentiel. *Condenser sa pensée.* ◆ **se condenser** v.pr. Passer de l'état de vapeur à l'état de solide ou de liquide.

CONDENSEUR n.m. **1.** Appareil d'une machine thermique servant à condenser une vapeur. ◇ Spécialt. Échangeur de chaleur d'une installation frigorifique, refroidi par l'air ou par l'eau, dans lequel le fluide frigorigène préalablement comprimé passe de l'état de vapeur à l'état liquide. **2.** Système optique convergent servant à concentrer un flux lumineux sur une surface ou dans une direction déterminée. (Dans le microscope, il éclaire l'objet examiné.) SYN. : *condensateur.*

CONDESCENDANCE n.f. Attitude hautaine et plus ou moins méprisante d'une personne qui accorde une faveur en faisant sentir qu'elle pourrait la refuser.

CONDESCENDANT, E [kɔ̃desɑ̃dɑ̃, ɑ̃t] adj. Qui marque de la condescendance.

CONDESCENDRE [kɔ̃desɑ̃dr] v.t. ind. **[à]** (lat. *condescendere,* se mettre au niveau de) [73]. Consentir à qqch en faisant sentir qu'on s'abaisse à agir ainsi ; daigner.

CONDIMENT n.m. (lat. *condimentum*). Substance ou préparation ajoutée aux aliments crus ou cuits pour en relever la saveur.

CONDISCIPLE n. (lat. *condiscipulus*). Camarade d'études.

CONDITION n.f. (lat. *condicio*). **I.** Manière d'être, état d'une personne ou d'une chose. **1.** Situation (d'un être vivant, de l'homme) dans le monde. *La condition humaine.* **2.** Litt. Situation sociale, rang dans la société. *Inégalité des conditions.* **3.** État physique ou moral circonstanciel. *Être en bonne condition physique.* ◇ Fig. *Mettre en condition :* soumettre à une propagande intensive. **4.** *Condition des textiles :* leur conditionnement. **II. 1.** Circonstance extérieure à laquelle sont soumises les personnes et les choses. *Conditions politiques, sociales.* ◇ *Dans ces conditions :* dans cet état de choses. **2.** Spécialt. *Conditions normales de température et de pression :* température de 0 °C et pression de 1 013 hP. **3.** Circonstance à laquelle est subordonné l'accomplissement d'une action, soumise la production d'un phénomène. *Le travail est la condition du succès.* **4.** DR. Clause, convention dont dépend la validité d'un acte. ◇ *Acheter à condition,* sous réserve de pouvoir rendre au marchand. ◇ *Sous condition :* en respectant certaines obligations. **5.** MATH. Relation imposée par l'énoncé d'un problème entre les données et l'inconnue. ◇ MATH. et LOG. *Condition nécessaire :* proposition dont la vérité est impliquée par la vérité d'une autre proposition. – *Condition suffisante :* proposition dont la vérité implique la vérité d'une autre proposition. – *Condition nécessaire et suffisante :* proposition dont la vérité équivaut logiquement à celle d'une autre proposition. ◆ loc. prép. *À condition de :* à charge de, sous réserve de. ◆ loc. conj. *À condition que :* pourvu que, si.

CONDITIONNÉ, E adj. **1.** Soumis à certaines conditions. **2.** Qui a subi un conditionnement. *Produits conditionnés.* **3.** *Air conditionné :* air auquel on a donné une température et un degré hygrométrique déterminés. **4.** PSYCHOL. Déterminé à agir de telle ou telle façon par des stimulus, des pressions extérieures. *Consommateur conditionné par la publicité.* ◇ *Réflexe conditionné :* réflexe conditionnel.

CONDITIONNEL, ELLE adj. **1.** Qui dépend de certaines conditions. *Promesse conditionnelle.* ◇ HIST. *Engagé conditionnel* ou *conditionnel,* n.m. : jeune homme qui, moyennant certaines conditions (déterminées par une loi de 1872, abolie en 1889), ne faisait qu'un an de service militaire. **2.** PSYCHOL. **a.** *Réflexe conditionnel* ou *réaction conditionnelle :* réflexe ou réaction acquis à la suite d'un conditionnement. SYN. : *réflexe conditionné.* **b.** *Stimulus conditionnel :* signal qui provoque un réflexe conditionnel ou une réaction conditionnelle. **3.** GRAMM. **a.** *Mode conditionnel* ou *conditionnel,* n.m. : mode du verbe qui présente l'action comme une éventualité ou comme la conséquence d'une condition. (On distingue le conditionnel présent : *j'aimerais,* et le conditionnel passé : *j'aurais aimé* ou *j'eusse aimé.*) **b.** *Subordonnée conditionnelle* ou *conditionnelle,* n.f. : subordonnée exprimant une condition dont dépend la principale. **4.** LOG. *Proposition conditionnelle,* liée à une autre par implication.

CONDITIONNELLEMENT adv. De façon conditionnelle.

CONDITIONNEMENT n.m. **1.** Action de conditionner, fait d'être conditionné. **2.** Emballage de présentation et de vente d'une marchandise. **3.** PSYCHOL. **a.** Élaboration (chez l'homme, l'animal) d'un réflexe conditionnel. **b.** Procédure par laquelle on établit un comportement nouveau chez un être vivant en créant un ensemble plus ou moins systématique de réflexes conditionnels.

CONDITIONNER v.t. **I. 1.** Être la condition de. *Son acceptation conditionne la mienne.* **2 a.** Établir chez (un être vivant) un comportement nouveau. **b.** Déterminer (qqn, un groupe) à agir de telle ou telle manière, à penser de telle ou telle façon (par l'éducation, la propagande, la publicité, etc.). **II. 1.** *Conditionner des articles, des marchandises :* réaliser leur conditionnement, leur emballage. **2.** *Conditionner un local,* en assurer la climatisation.

1. CONDITIONNEUR, EUSE n. Personne employée au conditionnement des marchandises.

2. CONDITIONNEUR n.m. **1.** Appareil servant à effectuer le conditionnement des denrées alimentaires. **2.** Appareil fournissant de l'air conditionné.

CONDOLÉANCES n.f. pl. (de l'anc. fr. *condouloir,* s'affliger avec qqn). Témoignage de regrets, de sympathie devant la douleur d'autrui, en partic. à l'occasion d'un deuil.

CONDOM [kɔ̃dɔm] n.m. Préservatif masculin.

CONDOMINIUM [kɔ̃dɔminjɔm] n.m. (mot angl., du lat. *dominium,* souveraineté). HIST. Droit de souveraineté exercé en commun par plusieurs puissances sur un pays. *Le condominium franco-britannique des Nouvelles-Hébrides.*

CONDOR n.m. (mot esp., du quechua). Grand vautour des Andes.

condor

CONDOTTIERE [kɔ̃dɔtjɛr] n.m. (mot it.). **1.** Anc. Chef de soldats mercenaires, en Italie. **2.** Par ext. Aventurier sans scrupule. Pluriel savant : *condottieri.*

CONDUCTANCE n.f. ÉLECTR. Inverse de la résistance.

1. CONDUCTEUR, TRICE n. (lat. *conductor*). **1.** Personne qui conduit un véhicule. *Le conducteur d'un autobus.* **2.** IMPR., PAPET. Ouvrier, ouvrière chargé(e) de la conduite d'une machine. **3.** *Conducteur de travaux :* agent qui, sur un chantier, dirige les travaux et surveille le personnel.

2. CONDUCTEUR, TRICE adj. Qui conduit. ◇ Fig. *Fil conducteur :* hypothèse, principe qui guide dans une recherche.

3. CONDUCTEUR n.m. **1.** Tout corps capable de transmettre la chaleur, l'électricité. **2.** Câble ou fil utilisé pour transporter un courant électrique.

CONDUCTIBILITÉ n.f. (lat. *conductus,* conduit). **1.** PHYS. Propriété que possèdent les corps de transmettre la chaleur, l'électricité ou certaines vibrations. **2.** PHYSIOL. Propriété qu'a le nerf de propager l'influx nerveux.

CONDUCTIBLE adj. Qui est doué de conductibilité.

CONDUCTION n.f. **1.** Action de transmettre de proche en proche la chaleur, l'électricité. **2.** Action de transmettre l'influx nerveux.

CONDUCTIVITÉ n.f. ÉLECTR. Caractéristique d'une substance conductrice, dont la valeur est l'inverse de la résistivité.

CONDUIRE v.t. (lat. *conducere*) [98]. **I. 1.** Mener (qqn) d'un lieu à un autre. *Conduire une personne chez elle, un enfant à l'école.* **2.** Pousser à certains actes, amener à certains sentiments. *Conduire au désespoir.* **II. 1.** Assurer la direction, la manœuvre de. *Conduire une voiture.* **2.** Avoir la direction, le gouvernement de. *Conduire une affaire.* **III.** Avoir pour conséquence. *Politique qui conduit à l'inflation.* ◆ **se conduire** v.pr. Se comporter, agir de telle ou telle façon.

CONDUIT n.m. (de *conduire*). **1.** Canalisation guidant l'écoulement d'un fluide, d'un solide pulvérulent. **2.** ANAT. *Conduit auditif externe :* canal creusé dans l'os temporal, par lequel les sons parviennent au tympan. – *Conduit auditif interne :* canal creusé dans le rocher, où passent le nerf auditif et le nerf facial.

CONDUITE n.f. **I. 1.** Action, manière de conduire, de diriger (qqn, qqch). *Conduite d'un véhicule, d'un État, d'une entreprise.* **2.** Manière d'agir, de se comporter. ◇ Fam. *Acheter une conduite :* mener une vie plus rangée. **3.** Pilotage (d'une machine, d'une installation complexe). **4.** CH. DE F. Service assuré par les conducteurs de trains. **II. 1.** TECHN. Tuyau de section variable parcouru par un fluide. **2.** *Conduite intérieure :* automobile entièrement fermée.

CONDYLE n.m. (gr. *kondulos,* articulation). ANAT. Surface articulaire arrondie, ou ovoïde, et lisse.

CONDYLIEN, ENNE adj. Relatif à un condyle.

CONDYLOME n.m. Tumeur bénigne, verruqueuse, de la peau ou des muqueuses des régions anale et génitale. SYN. : *crête-de-coq.*

CÔNE n.m. (lat. *conus*, gr. *kônos*). **1.** MATH. Surface engendrée par une droite mobile *(génératrice)* passant par un point fixe *(sommet)* et s'appuyant sur une courbe fixe *(directrice)* ; région de l'espace limitée par cette surface ; solide déterminé par cette surface conique coupée par un plan. ◇ *Cône de révolution* ou *cône droit* : cône dont la directrice est un cercle et dont le sommet est sur l'axe de ce cercle. **2.** ASTRON. *Cône d'ombre* : ombre en forme de cône projetée par une planète dans la direction opposée à celle du Soleil. **3.** GÉOL. *Cône volcanique* : relief formé par l'entassement des produits émis par un volcan (laves, projections) autour de la cheminée. **4.** ANAT. Prolongement en forme de cône de certaines cellules visuelles de la rétine, siège de la vision colorée. **5.** BOT. **a.** Fruit des conifères (pin, sapin). **b.** Inflorescence du houblon. **6.** TECHN. *Embrayage à cônes* : embrayage à friction formé de deux cônes dont l'un pénètre l'autre, s'y coince et provoque l'embrayage. **7.** Coquillage pourvu d'un organe venimeux, commun sur les rochers de la Méditerranée. (Classe des gastropodes.)

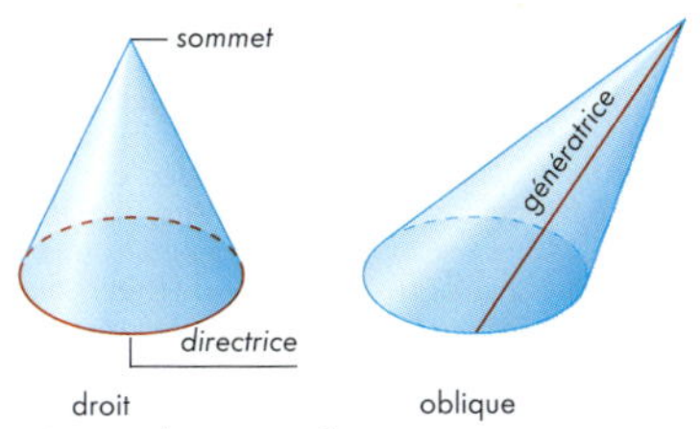

cônes à base circulaire

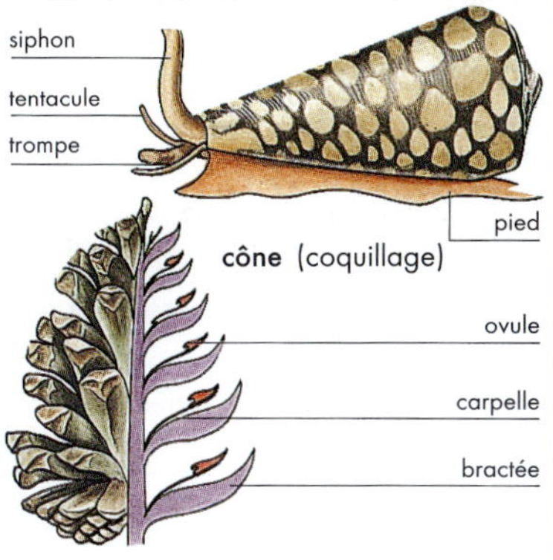

cône femelle du pin

CONFABULATION n.f. PSYCHOL. Fabulation.

CONFECTION n.f. (lat. *confectio*). **1.** Action de faire, de réaliser jusqu'à terme. **2.** Fabrication en série de pièces d'habillement. *Vêtements de confection.* **3.** Prêt-à-porter. *Magasin de confection.*

CONFECTIONNER v.t. Exécuter complètement ; fabriquer, préparer.

CONFECTIONNEUR, EUSE n. Industriel qui fabrique des vêtements de confection.

CONFÉDÉRAL, E, AUX adj. Relatif à une confédération. *Congrès confédéral.*

CONFÉDÉRATION n.f. (lat. *confoederatio*, de *foedus, foederis*, traité). **1.** Association d'États souverains qui ont délégué certaines compétences à des organes communs. – *Confédération suisse* : nom officiel de la Suisse (qui, cependant, constitue depuis 1874 un véritable État fédéral). **2.** Réunion de fédérations syndicales. *La Confédération générale du travail (C. G. T.).* **3.** Groupement de diverses associations de caractère sportif, professionnel, etc.

CONFÉDÉRÉ, E adj. et n. Uni par confédération. ◇ Suisse. Pour un ressortissant d'un canton, ressortissant d'un autre canton. ◆ pl. Aux États-Unis, citoyens des États du Sud ligués contre le gouvernement fédéral pendant la guerre de Sécession (1861-1865).

CONFÉDÉRER v.t. [18]. Réunir en confédération.

CONFER [kɔ̃fɛr] (mot lat., *comparez*). Indication par laquelle on renvoie le lecteur à un passage, un ouvrage à consulter. Abrév. : *conf.* ou *cf.*

CONFÉRENCE n.f. (du lat. *conferre*, réunir). **I. 1.** Échange de vues entre deux ou plusieurs personnes ; réunion. *Être en conférence.* ◇ *Conférence de presse* : réunion au cours de laquelle une ou plusieurs personnalités répondent aux questions des journalistes. ◇ *Conférence du stage* : réunion périodique des avocats stagiaires. **2.** Réunion de représentants de plusieurs États (diplomates, chefs de gouvernements, ministres, etc.) en vue de régler une question d'ordre international. **3.** Exposé oral, public, où l'on traite de questions littéraires, religieuses, scientifiques, politiques, etc. **II.** Poire de taille moyenne, de couleur vert clair.

CONFÉRENCIER, ÈRE n. Personne qui fait une conférence.

CONFÉRER v.i. **[avec]** (lat. *conferre*, réunir) [18]. S'entretenir d'une affaire, discuter. *Conférer avec son avocat.* ◆ v.t. Accorder, donner, en vertu de l'autorité qu'on a pour le faire. *Conférer le baptême, une décoration.*

CONFERVE n.f. (lat. *conferva*). Algue verte, filamenteuse.

CONFESSE n.f. Confession. *Aller à confesse ; revenir de confesse.* (Ne s'emploie qu'avec les prép. *à* et *de*, et sans article.)

CONFESSER v.t. (lat. *confiteri*, avouer). **I.** CATH. **1.** Déclarer (ses péchés) à un prêtre ; avouer (ses fautes). **2.** Entendre en confession. *Confesser un pénitent.* ◇ Fam. *Confesser qqn*, obtenir de lui des aveux, un secret. **II.** Avouer, reconnaître ce qu'on aurait voulu garder secret. *Confesser son ignorance.* **III.** Déclarer publiquement (sa foi). *Confesser le Christ.* ◆ **se confesser** v.pr. **1.** Déclarer ses péchés. **2.** Avouer spontanément ses fautes.

CONFESSEUR n.m. **I. 1.** Prêtre qui entend les confessions. **2.** Personne à qui l'on se confie volontiers. **II. 1.** Chrétien qui, à l'époque des persécutions, proclamait publiquement sa foi. **2.** Saint qui n'est ni apôtre ni martyr.

CONFESSION n.f. (lat. *confessio*). **I. 1.** Acte par lequel on avoue ses péchés à un prêtre pour en obtenir le pardon. **2.** Par anal. Aveu d'un fait, d'une faute, etc. **II. 1.** Déclaration publique que l'on fait de sa foi. **2.** Religion à laquelle on appartient. *Il est de confession israélite.*

CONFESSIONNAL n.m. (it. *confessionale*) [pl. *confessionnaux*]. Meuble en forme d'isoloir où le prêtre entend la confession des pénitents. ◇ *Les secrets du confessionnal*, de la confession.

CONFESSIONNALISME n.m. **1.** Sentiment d'appartenir à une confession, à une religion, plutôt qu'à une nation. **2.** Système politique du Liban qui répartit proportionnellement entre les nombreuses confessions religieuses (maronites, sunnites, chiites, druzes, orthodoxes...) les sièges au Parlement et les postes dans les grandes fonctions publiques.

CONFESSIONNEL, ELLE adj. Relatif à la religion. ◇ *Établissement confessionnel* : école privée qui se réfère à une confession religieuse.

CONFETTI n.m. (mot it.). Rondelle de papier coloré qu'on se lance dans les fêtes.

CONFIANCE n.f. (lat. *confidentia*). **1.** Sentiment de sécurité de celui qui se fie à qqn, à qqch. *Perdre confiance. Avoir confiance en l'avenir.* ◇ *Avoir confiance en soi* : être assuré de ses possibilités. ◇ *Faire confiance à* : se fier à. ◇ *Homme, femme de confiance*, à qui l'on peut se fier. ◇ *Poste de confiance*, que l'on réserve à quelqu'un de sûr. **2.** Approbation donnée à la politique du gouvernement par la majorité de l'Assemblée nationale. *Voter la confiance.* ◆ loc. adv. **a.** *En (toute) confiance* : sans crainte d'être trompé. **b.** *De confiance* : sans hésiter, en toute sûreté.

CONFIANT, E adj. Qui fait preuve de confiance.

CONFIDENCE n.f. (lat. *confidentia*). Déclaration faite en secret à qqn. *Faire des confidences.* ◇ *En confidence* : en secret.

CONFIDENT, E n. (it. *confidente*, du lat. *confidens*). **1.** Personne à qui l'on confie ses plus secrètes pensées. **2.** LITTÉR. Personnage de la tragédie classique qui reçoit les confidences des personnages principaux. ◆ n.m. Double fauteuil en forme d'S, offrant deux places en vis-à-vis (XIXe s.). SYN. : *vis-à-vis*.

CONFIDENTIALITÉ n.f. Caractère confidentiel (d'une information).

CONFIDENTIEL, ELLE adj. **1.** Qui se dit, se fait en confidence ; qui contient des informations secrètes. **2.** Qui concerne un petit nombre de personnes. *Une diffusion confidentielle.*

CONFIDENTIELLEMENT adv. De façon confidentielle.

CONFIER v.t. (lat. *confidere*). **1.** Remettre aux soins, à la garde de qqn, de qqch. *Confier ses clés au gardien.* **2.** Dire sur le mode confidentiel. *Confier ses peines.* ◆ **se confier** v.pr. *Se confier à* : faire ses confidences à.

CONFIGURATION n.f. (lat. *configuratio*). **1.** Forme générale, aspect d'ensemble. *Configuration d'un pays.* **2.** Ensemble des éléments constituant un système informatique.

CONFINÉ, E adj. **1.** *Air confiné*, non renouvelé. **2.** *Vivre confiné chez soi*, reclus, cloîtré.

CONFINEMENT n.m. **1.** Action de confiner ; fait de se confiner, d'être confiné. ◇ Spécialt. Situation d'une espèce animale resserrée en grand nombre dans un espace étroit. **2.** NUCL. Ensemble des précautions prises pour empêcher la dissémination des produits radioactifs dans l'environnement d'une installation nucléaire. – *Enceinte de confinement* : bâtiment étanche entourant un réacteur nucléaire.

CONFINER v.t. ind. **[à]** (de *confins*). **1.** Toucher aux confins (d'un pays). *La Suisse confine à la France.* **2.** Fig. Être à la limite de. *Cet acte confine à la folie.* ◆ v.t. Tenir enfermé, resserré dans un espace étroit. ◆ **se confiner** v.pr. **1.** Se tenir enfermé, se cloîtrer. *Se confiner dans sa chambre.* **2.** Se limiter à (une occupation, une activité).

CONFINS n.m. pl. (lat. *confines*). Limites, extrémités d'un pays, d'un territoire, d'un domaine.

CONFIRE v.t. (lat. *conficere*, achever) [101]. Conserver (les aliments) dans une substance (graisse, vinaigre, sirop) qui en empêche l'altération. *Confire de l'oie, des pêches.* ◆ **se confire** v.pr. Fig., litt. Se pénétrer, s'imprégner de. *Se confire en dévotion.*

CONFIRMAND, E n. RELIG. Personne qui se prépare à recevoir ou à accomplir sa confirmation.

CONFIRMATIF, IVE adj. Qui confirme.

CONFIRMATION n.f. (lat. *confirmatio*). **1.** Action de confirmer ; son résultat. **2.** RELIG. **a.** Chez les catholiques, sacrement, habituellement administré par l'évêque, qui affermit dans la grâce du baptême. **b.** Chez les protestants, acte qui n'a pas valeur sacramentelle et par lequel on confirme publiquement les vœux du baptême avant d'être admis à la cène. **3.** DR. **a.** Acte unilatéral déclarant valable un acte dont on pourrait demander la nullité. **b.** Décision d'une juridiction du second degré qui maintient la décision des premiers juges.

CONFIRMER v.t. (lat. *confirmare*). **1.** Rendre qqn plus ferme, plus assuré dans ses opinions, ses croyances. **2.** Rendre plus sûr ; assurer l'authenticité de. *Confirmer une nouvelle, un témoignage.* **3.** RELIG. Conférer le sacrement de la confirmation.

CONFISCABLE adj. Qui peut être confisqué.

CONFISCATION n.f. (lat. *confiscatio*). Action de confisquer ; son résultat. ◇ DR. Transfert à l'État ou à un établissement public des biens d'un particulier à la suite d'une condamnation pénale ou d'une sanction fiscale.

CONFISCATOIRE adj. Qui a tous les caractères d'une confiscation.

CONFISERIE n.f. **1.** Travail, commerce du confiseur. **2.** Magasin de confiseur. **3.** Ensemble des produits que fabrique et vend le confiseur ; sucreries.

CONFISEUR, EUSE n. Personne qui fabrique et vend des fruits confits, des bonbons, des sucreries, etc.

CONFISQUER v.t. (lat. *confiscare*, de *fiscus*, fisc). Déposséder par un acte d'autorité. *Confisquer des marchandises.*

1. CONFIT, E adj. Conservé dans du sucre, dans du vinaigre, dans de la graisse, etc. *Fruits confits ; cornichons confits.* ◇ Fig. *Mine, figure confite*, mièvre, doucereuse.

2. CONFIT n.m. Morceau de viande cuit et conservé dans sa graisse. *Confit d'oie, de canard, de porc.*

CONFITEOR [kɔ̃fiteɔr] n.m. inv. (mot lat., *je confesse*). Prière catholique commençant par ce mot et par laquelle on se reconnaît pécheur.

CONFITURE n.f. (de *confire*). Préparation de fruits frais et de sucre cuits ensemble et où le sucre, souvent en proportion égale avec le fruit, assure la conservation.

CONFITURERIE n.f. **1.** Art, métier du fabricant de confitures. **2.** Fabrique de confitures.

1. CONFITURIER, ÈRE n. Personne qui fait ou vend des confitures.

2. CONFITURIER n.m. Récipient destiné à recevoir les confitures.

CONFLAGRATION n.f. (lat. *conflagratio*). **1.** Vx. Incendie. **2.** Mod. Conflit international de grande envergure, pouvant aboutir à la guerre.

CONFLICTUEL, ELLE adj. Relatif à un conflit, à un antagonisme (personnel, social, etc.).

CONFLIT n.m. (du lat. *confligere,* heurter). **1.** Antagonisme, opposition de sentiments, d'opinions entre des personnes ou des groupes. *Le conflit des générations.* **2.** PSYCHOL. Antagonisme, opposition de motivations contradictoires chez la même personne. *Être en situation de conflit.* – PSYCHAN. Opposition vécue par l'individu entre les pulsions et les interdits sociaux. *Conflit manifeste, latent.* **3.** Opposition (pouvant aller jusqu'à la lutte armée) entre deux ou plusieurs États. *Un conflit mondial.* **4.** DR. Situation opposant deux tribunaux d'un même ordre ou d'ordre différent qui se considèrent comme compétents dans une même affaire ou bien se déclarent incompétents l'un et l'autre. ◇ *Conflit collectif du travail :* litige opposant un ensemble de salariés à un employeur pour la défense des intérêts communs à cet ensemble. *Conflit qui se traduit par une grève.*

CONFLUENCE n.f. Fait de confluer. ◇ HYDROL. Confluent.

CONFLUENT n.m. (lat. *confluens*). Lieu de rencontre de deux cours d'eau. SYN. : *confluence.*

CONFLUER v.i. (lat. *confluere*). **1.** Se rejoindre, se réunir, en parlant de deux cours d'eau. *La Saône et le Rhône confluent à Lyon.* **2.** Litt. Se diriger vers un même lieu. *Les manifestants confluent vers le point de rassemblement.*

CONFONDANT, E adj. Litt. Qui déconcerte profondément, qui bouleverse. *Entendre de telles bêtises, c'est confondant !*

CONFONDRE v.t. (lat. *confundere*) [75]. **I. 1.** Prendre une chose pour une autre, qqn pour qqn d'autre, faire une confusion. *Confondre le jour et la nuit. Confondre deux jumeaux.* **2.** Litt. Mêler plusieurs choses ensemble et ne plus pouvoir les distinguer. **II. 1.** Réduire au silence, démasquer. *Confondre un accusé, un menteur.* **2.** Litt. Troubler, décontenancer. *Cet enfant confond tout le monde par sa précocité.* – *Être confondu :* être très étonné, être ému par qqch d'excessif ou d'inattendu. *Il est resté confondu quelques secondes par tant de compliments.* ◆ **se confondre** v.pr. **1.** Se mêler, se mélanger ou se ressembler au point de ne plus pouvoir être distingué. *Avec la fatigue, les dates se confondaient dans son esprit. Leurs deux écritures se confondent facilement.* **2.** Litt. *Se confondre en remerciements, en excuses,* les multiplier.

CONFORMATEUR n.m. **1.** Appareil pour élargir les chaussures ou les chapeaux. **2.** Instrument à lattes mobiles pour prendre exactement la mesure et la forme de la tête ou du pied.

CONFORMATION n.f. (lat. *conformatio*). **1.** Manière dont sont organisées, structurées les différentes parties du corps humain ou animal, ou celles d'un organe. *La conformation du squelette.* – *Vice de conformation :* défaut physique congénital. **2.** CHIM. Arrangement que peut prendre une molécule organique par rotation autour d'une ou de plusieurs liaisons simples.

CONFORME adj. (lat. *conformis*). **1.** Qui correspond parfaitement à la forme d'un objet pris comme modèle. – *Pour copie conforme,* formule attestant qu'une copie reproduit exactement l'original. Abrév. : *p. c. c.* **2.** Qui s'accorde bien avec d'autres choses. *Il a trouvé un mode de vie tout à fait conforme à ses besoins.* **3.** Qui répond aux exigences d'une règle, d'une norme. *Des opinions peu conformes.* **4.** MATH. *Représentation* ou *transformation conforme :* transformation ponctuelle qui conserve les angles orientés.

CONFORMÉ, E adj. Qui a telle ou telle conformation naturelle, en parlant d'un être vivant. *Un enfant bien, mal conformé.*

CONFORMÉMENT adv. En conformité (avec). *Conformément à vos ordres.*

CONFORMER v.t. (lat. *conformare*). Mettre en accord (avec) ; adapter. *Conformer ses propos à la situation.* ◆ **se conformer** v.pr. Adapter sa conduite au modèle proposé, se régler sur qqch. *Se conformer au goût du jour.*

CONFORMISME n.m. **1.** Respect étroit de la norme, de la tradition, des usages établis, de la morale en usage. **2.** Profession de foi anglicane, en Angleterre.

CONFORMISTE adj. et n. (angl. *conformist*). Qui respecte les traditions et les usages établis. *Il est terriblement conformiste !*

CONFORMITÉ n.f. (lat. *conformitas*). **1.** État de deux ou de plusieurs choses qui se ressemblent ou qui s'accordent bien ensemble. *Conformité de vues, de goûts.* **2.** MATH. Propriété des transformations ponctuelles conformes.

1. CONFORT n.m. (angl. *comfort ;* de l'anc. fr. *confort,* aide). Bien-être matériel, commodités qui rendent la vie quotidienne plus agréable, plus facile. *Ils ne pourront jamais renoncer à leur confort.* – *Avoir le confort :* avoir tout ce qui rend la vie confortable (chauffage, salle de bains, etc.), en parlant d'un lieu d'habitation.

2. CONFORT n.m. (de *conforter*). MÉD. *Médicament de confort :* médicament prescrit, dans un but surtout psychologique, pour aider le malade à supporter un symptôme désagréable, mais qui ne constitue pas, à proprement parler, un traitement. – REM. Cet emploi est souvent rapproché abusivement de *1. confort.*

CONFORTABLE adj. **1.** Qui procure le confort, qui contribue au bien-être ; où l'on est bien. *Un fauteuil confortable.* **2.** Important, considérable. *Il a des revenus confortables.*

CONFORTABLEMENT adv. De façon confortable.

CONFORTER v.t. (du lat. *fortis,* fort). Renforcer, rendre plus solide, raffermir. *Ceci m'a conforté dans mon opinion.*

CONFRATERNEL, ELLE adj. Propre aux relations entre confrères.

CONFRATERNITÉ n.f. Lien de solidarité entre confrères.

CONFRÈRE n.m. Personne appartenant à une même profession libérale, à une même société littéraire, etc., que d'autres. *Le docteur a invité quelques confrères à dîner.*

CONFRÉRIE n.f. Association de laïques fondée sur des principes religieux.

CONFRONTATION n.f. Action de confronter des personnes ou des choses.

CONFRONTER v.t. (lat. *confrontare,* de *frons,* front). **1.** Mettre des personnes en présence pour comparer ou vérifier leurs affirmations. *Confronter des accusés.* ◇ *Être confronté à un problème :* être en présence d'un problème auquel on doit faire face. **2.** Comparer. *Confronter différents points de vue.*

CONFUCÉEN, ENNE ou **CONFUCIANISTE** adj. et n. Qui appartient au confucianisme ; adepte du confucianisme.

CONFUCIANISME [kɔ̃fysjanism] n.m. Philosophie de Confucius et de ses disciples.

CONFUS, E adj. (lat. *confusus*). **1.** Qui n'est pas clair ; embrouillé, vague. *Avoir les idées confuses. Un souvenir très confus.* **2.** Dont on ne perçoit pas nettement les parties ; brouillé, indistinct. *Une masse confuse. Un murmure confus.* **3.** Désolé, embarrassé. *Je suis vraiment confus pour ce retard.*

CONFUSÉMENT adv. De façon confuse, indistincte ; obscurément.

CONFUSION n.f. (lat. *confusio*). **1.** Action de confondre, de prendre qqn ou qqch pour qqn ou qqch d'autre. *Il y a une confusion dans les dates.* **2.** État de ce qui n'est pas clair, bien défini mentalement. *Jeter la confusion dans les esprits.* – *Confusion mentale :* état pathologique caractérisé par une désorientation spatio-temporelle, des troubles de la mémoire, de l'anxiété et fréquemment un onirisme. **3.** État de ce qui est très désordonné, indistinct ; désordre, agitation. *Dans la confusion générale, il a pu s'échapper.* **4.** DR. Mode d'extinction d'une dette résultant du fait qu'une même personne réunit les qualités de créancier et de débiteur. – *Confusion des peines,* règle selon laquelle, en cas de condamnation pour plusieurs infractions, seule la peine la plus forte est appliquée au condamné.

CONFUSIONNEL, ELLE adj. Qui présente les caractères de la confusion mentale.

CONFUSIONNISME n.m. Attitude d'esprit qui entretient la confusion et empêche l'analyse objective des faits.

CONGA n.f. Danse d'origine cubaine exécutée sur une musique à quatre temps, très en vogue vers 1936-37.

CONGAÏ ou **CONGAYE** [kɔ̃gaj] n.f. (mot annamite). Femme ou jeune fille, au Viêt Nam.

CONGE n.m. **1.** Appareil dans lequel on fait le mélange pour la préparation des liqueurs. **2.** ANTIQ. Mesure de capacité pour les liquides, qui valait environ trois litres (3,283 l) à Rome.

1. CONGÉ n.m. (lat. *commeatus,* permission d'aller et de venir). **I. 1. a.** Autorisation accordée à un salarié de cesser son travail. *Congé de maternité, de maladie. Il a demandé un congé pour le mariage de sa sœur.* – *Congé formation :* autorisation d'absence accordée à un salarié pour qu'il suive un stage de formation. – *Congé parental d'éducation :* congé bénéficiant à l'un des parents à la suite d'une naissance ou d'une adoption et suspendant le contrat de travail. ◇ Position d'un fonctionnaire ou d'un parlementaire autorisé à ne pas exercer ses fonctions pendant une certaine période. **b.** Courte interruption de travail pour les élèves, les salariés à l'occasion d'une fête. *À Pâques, on a congé pendant trois jours. Les congés de février.* **c.** *Congés payés :* période de vacances payées que la loi accorde à tous les salariés. **2.** Résiliation d'un contrat de travail ou de location. *Il veut vendre et a donné congé à ses locataires.* **3.** *Prendre congé de qqn,* le quitter, lui dire au revoir. **II. 1.** Autorisation de transporter une marchandise après paiement du droit de circulation, notamm. les alcools. **2.** MAR. Document attestant le paiement du droit de sortie des navires, délivré par l'Administration des douanes.

2. CONGÉ n.m. (lat. *commeatus,* passage). ARCHIT. et ARTS DÉC. Adoucissement à l'extrémité d'une moulure, d'une cannelure ; cavet servant d'adoucissement.

CONGÉABLE adj. **1.** Vx. Résiliable à la volonté du propriétaire. *Bail congéable.* **2.** *Bail à domaine congéable* ou *bail à convenant :* bail rural dans lequel le preneur devient propriétaire des constructions et des plantations qu'il a effectuées.

CONGÉDIABLE adj. Que l'on peut congédier.

CONGÉDIEMENT n.m. **1.** Action de congédier. **2.** Octroi ou réception d'un congé.

CONGÉDIER v.t. (it. *congedare,* du fr. *congé*). Renvoyer, mettre dehors. *Il l'a congédié sans raison. Congédier un salarié, un locataire.*

CONGELABLE adj. Qui peut être congelé.

CONGÉLATEUR n.m. Appareil frigorifique permettant de congeler les aliments à – 30 °C et de les conserver à – 18 °C.

CONGÉLATION n.f. (lat. *congelatio*). Action de congeler ; fait de se congeler. *La congélation de l'eau, de l'huile.*

CONGELER v.t. (lat. *congelare*) [25]. **1.** Soumettre à l'action du froid pour conserver. *Congeler de la viande, des fruits.* **2.** Transformer (un liquide) en solide par l'action du froid. **3.** Coaguler. *Congeler un sirop.* ◆ **se congeler** v.pr. Devenir solide sous l'action du froid, en parlant d'un liquide. *L'eau se congèle à 0 °C.*

CONGÉNÈRE n. (lat. *congener*). **1.** Animal qui appartient à la même espèce, au même genre qu'un autre. **2.** Péj. Personne semblable à une autre, ayant la même nature. *Toi et tes congénères !*

CONGÉNITAL, E, AUX adj. (lat. *congenitus,* né avec). Qui existe, est présent à la naissance. *Malformation congénitale.*

CONGÉNITALEMENT adv. D'une manière congénitale.

CONGÈRE n.f. (lat. *congeries,* amas). Amas de neige entassée par le vent.

CONGESTIF, IVE adj. Qui se rapporte à la congestion ; qui est porté à la congestion.

CONGESTION n.f. (lat. *congestio,* amas). Accumulation anormale de sang dans les vaisseaux d'un organe. *Congestion cérébrale, hépatique.* – *Congestion active :* congestion d'origine artérielle, liée à une inflammation locale. – *Congestion passive :* ralentissement du débit veineux, lié à un trouble circulatoire.

successif. *Avoir la fièvre trois jours consécutifs.* **2.** *Consécutif à :* qui résulte de. *Fatigue consécutive à une longue marche.* **3.** GRAMM. *Proposition subordonnée consécutive* ou *consécutive,* n.f. : qui exprime le résultat, l'effet, la conséquence. SYN. : *proposition de conséquence.*

CONSÉCUTION n.f. Suite, enchaînement (souvent d'idées, de concepts).

CONSÉCUTIVEMENT adv. Immédiatement après ; sans interruption. ◇ *Consécutivement à :* par suite de ; suite à.

CONSEIL n.m. **1.** Avis sur ce qu'il convient de faire ; recommandation. *Donner, demander un conseil. Prendre conseil de qqn.* **2.** Assemblée de personnes chargées de fonctions consultatives, délibératives, administratives, juridictionnelles, etc. **a.** *Conseil des ministres :* réunion des ministres sous la présidence du président de la République. – *Conseil de cabinet :* réunion des ministres sous la présidence du chef de gouvernement mais en l'absence du chef de l'État. – *Conseil régional :* organe d'administration d'une Région, dont le président est l'organe exécutif. – *Conseil général :* assemblée élue, dont le président est l'organe exécutif du département, et qui délibère sur les affaires départementales. – *Conseil municipal :* assemblée élective présidée par le maire et chargée de délibérer sur les affaires de la commune. – *Conseil supérieur :* organisme consultatif chargé de donner des avis au gouvernement. ◇ Suisse. *Conseil d'État :* gouvernement cantonal. – *Conseil des États :* Chambre des députés des cantons. – *Conseil fédéral :* gouvernement de la Confédération. – *Conseil national :* Chambre des députés. – *Grand conseil :* Parlement cantonal. **b.** *Conseil de sécurité, conseil de tutelle* → ***O. N. U.*** (partie n.pr.). **c.** *Conseil de guerre :* ancienne dénomination (jusqu'en 1928) du tribunal militaire. – *Conseil de révision,* chargé, jusqu'en 1970, de juger l'aptitude des jeunes gens au service militaire. ◇ *Conseil des prises :* organisme chargé de statuer sur la validité des prises maritimes. **d.** *Conseil d'administration :* réunion d'actionnaires désignés par les statuts ou par l'assemblée générale d'une société anonyme pour gérer les affaires de la société. – *Conseil de surveillance :* organisme chargé de contrôler et de surveiller les sociétés à directoire. **e.** *Conseil de prud'hommes :* juridiction instituée pour juger les conflits individuels du travail. ◇ *Conseil de discipline :* organisme chargé de donner un avis sur l'opportunité d'une sanction disciplinaire. **f.** *Conseil de classe :* réunion trimestrielle, dans les lycées et collèges, des professeurs de la classe, des délégués des parents et des délégués des élèves sous la présidence du chef d'établissement. – *Conseil d'établissement :* organisme chargé, dans les lycées et collèges, d'assister le chef d'établissement, qui le préside. – *Conseil de discipline :* conseil d'établissement d'un lycée ou d'un collège qui siège en formation disciplinaire. **g.** *Conseil de famille :* assemblée des parents, présidée par le juge des tutelles, pour délibérer sur les intérêts d'un mineur ou d'un majeur en tutelle. **3.** Personne qui, à titre professionnel, guide, conseille autrui dans la conduite de ses affaires, notamm. en matière juridique. *Prendre l'avis de son conseil.* – (Souvent en app.). *Ingénieur-conseil.* ◇ *Conseil juridique :* spécialiste qui donne des consultations, rédige des actes sous seing privé, assiste ou représente ses clients devant les administrations et juridictions, etc. (Cette profession a fusionné avec celle d'avocat en 1992.)

1. CONSEILLER v.t. **1.** Recommander. *Je te conseille la prudence. Le médecin m'a conseillé d'aller à la montagne.* **2.** Donner un avis, des suggestions à, guider. *Conseiller un étudiant dans la poursuite de ses études.*

2. CONSEILLER, ÈRE n. **1.** Personne qui donne des conseils. ◇ Spécialt. Personne dont la fonction est d'orienter, de donner des conseils dans des domaines spécifiques. ◇ Par ext., fig. Chose qui influe sur le comportement de qqn. *La colère est mauvaise conseillère.* – *Conseiller principal d'éducation :* fonctionnaire qui exerce dans un lycée des tâches éducatives et contrôle le personnel de surveillance. **2.** Membre de divers conseils administratifs. **a.** Magistrat ayant une position hiérarchique élevée. *Conseiller à la Cour de cassation.* **b.** Membre de certaines juridictions. *Conseiller de tribunal administratif.*

CONSEILLEUR, EUSE n. Litt. Personne qui a la manie de donner des conseils. *Les conseilleurs ne sont pas les payeurs.*

CONSENSUEL, ELLE adj. **1.** Qui repose sur un consensus. *Politique consensuelle.* **2.** DR. *Accord consensuel,* formé par le seul consentement des parties.

CONSENSUS [kɔ̃sɛ̃sys] n.m. (mot lat.). Accord entre plusieurs personnes. ◇ Spécialt. En politique, accord et consentement du plus grand nombre, de l'opinion. *Consensus social.*

CONSENTANT, E adj. Qui consent.

CONSENTEMENT n.m. Action de consentir ; accord. *Donner son consentement.*

CONSENTIR v.t. ind. **[*à*]** (lat. *consentire*) [37]. Se prononcer en faveur de (qqch), accepter que qqch se fasse. *La direction consent à ce que les salaires soient augmentés.* ◇ *Qui ne dit mot consent :* celui qui n'exprime pas ses idées est supposé être d'accord. ◆ v.t. Accorder, autoriser. *Consentir un prêt, un délai.*

CONSÉQUEMMENT [-ka-] adv. Litt. En conséquence, par suite.

CONSÉQUENCE n.f. (lat. *consequentia*). Suite logique entraînée par un fait qui en est la cause. *Le chômage est la conséquence de la crise.* ◇ *En conséquence :* de manière appropriée. *J'ai reçu votre lettre, j'agirai en conséquence.* – *En conséquence (de quoi) :* pour cette raison, par suite. – *Sans conséquence :* sans suite fâcheuse, sans importance (par opp. à *de conséquence :* grave, sérieux). – *Ne pas tirer à conséquence :* ne pas comporter de suites graves, n'être guère important. ◇ GRAMM. *Proposition de conséquence :* proposition consécutive.

1. CONSÉQUENT, E adj. (lat. *consequens*). **1.** Qui agit avec esprit de suite, avec logique. *Homme conséquent dans sa conduite.* ◇ Fam. Important, considérable. *Salaire conséquent.* **2.** GÉOGR. Se dit d'une rivière qui, dans un relief de côte, s'écoule suivant une direction parallèle au pendage des couches géologiques. (Elle entaille une *percée conséquente* [vallée s'élargissant vers l'amont].) ◆ loc. adv. *Par conséquent :* comme suite logique, donc.

2. CONSÉQUENT n.m. **1.** LOG. Second énoncé d'un raisonnement, lié au premier *(l'antécédent)* par un rapport d'implication. **2.** MUS. Dans le canon ou la fugue, seconde partie qui imite la première.

1. CONSERVATEUR, TRICE adj. et n. (lat. *conservator*). **1.** Se dit de qqn qui aime conserver les choses, ne pas s'en dessaisir. **2.** *Agent conservateur* ou *conservateur,* n.m. : substance ajoutée à une denrée alimentaire pour assurer sa conservation. ◆ adj. Qui a trait au conservatisme politique, qui en est partisan. *Journal conservateur.* ◇ Spécialt. *Parti conservateur :* l'un des grands partis politiques britanniques, issu du parti tory, et qui, depuis son origine, a disputé le pouvoir aux libéraux, puis aux travaillistes. ◆ n. **1.** Personne qui a la charge des collections d'un musée, d'une bibliothèque. **2.** *Conservateur des hypothèques :* fonctionnaire assurant l'inscription et la publication des hypothèques et des actes translatifs de propriété.

2. CONSERVATEUR n.m. **1.** Appareil frigorifique destiné à conserver à une température de – 18 °C des denrées déjà congelées. **2.** Produit qui assure la conservation des denrées alimentaires.

CONSERVATION n.f. (lat. *conservatio*). Action de conserver, de maintenir intact, dans le même état ; état dans lequel une chose subsiste. – Spécialt. En industrie alimentaire, action de conserver des denrées alimentaires par divers procédés. ◇ *Instinct de conservation :* instinct qui pousse un être, un animal à sauver son existence quand elle est menacée. ◇ PHYS. *Loi de conservation :* loi aux termes de laquelle, sous certaines conditions, certaines grandeurs physiques restent invariantes dans l'évolution d'un système donné.

CONSERVATISME n.m. État d'esprit, tendance de ceux qui sont hostiles aux innovations politiques et sociales.

1. CONSERVATOIRE adj. DR. Qui a pour but de conserver (un droit). *Mesure conservatoire.*

2. CONSERVATOIRE n.m. **1.** Établissement destiné à conserver des traditions, des collections. **2.** Établissement où l'on enseigne les disciplines musicales, la danse, l'art dramatique.

1. CONSERVE n.f. (de *conserver*). Aliment maintenu en état de consommation par différents procédés de conservation. – Spécialt. Aliment stérilisé et conservé dans un bocal ou une boîte en fer-blanc. *Une conserve de carottes.* – Par ext. La boîte, le bocal. *Ouvrir une conserve.* ◇ *En conserve :* en boîte.

2. CONSERVE (DE) loc. adv. (anc. prov. *conserva*). MAR. *Naviguer de conserve,* suivre la même route. – Fig., litt. *Aller de conserve :* suivre le même chemin. – REM. À distinguer de *de concert.*

CONSERVÉ, E adj. *Bien conservé :* qui, malgré son âge, paraît encore jeune.

CONSERVER v.t. (lat. *conservare*). **1.** Maintenir en bon état, préserver de l'altération. *Conserver du poisson.* ◇ Absolt. Garder en bonne santé. *Le sport, ça conserve.* **2.** Garder par-devers soi ; ne pas se séparer de. *Je conserve tout mon courrier.* ◆ **se conserver** v.pr. Se garder, être gardé dans son état. *Cette sauce se conserve au froid.*

CONSERVERIE n.f. **1.** Ensemble des techniques et procédés de fabrication des conserves alimentaires. **2.** Usine où sont fabriquées des conserves alimentaires.

CONSERVEUR n.m. Industriel de la conserverie.

CONSIDÉRABLE adj. (de *considérer*). Dont l'importance est grande ; notable. *Situation considérable, dépense considérable.*

CONSIDÉRABLEMENT adv. Beaucoup, en grande quantité ; notablement.

CONSIDÉRANT n.m. DR. Chacun des alinéas qui motive les arrêts d'une cour ou les décisions d'une juridiction administrative. – Par ext. Motif invoqué pour appuyer une décision.

CONSIDÉRATION n.f. (lat. *consideratio*). **1.** Action d'examiner qqch ou qqn avec attention. *Cette considération m'a décidé.* ◇ *Prendre qqch en considération,* l'examiner, en tenir compte. – *Cela mérite considération :* il faut en tenir compte. **2.** Estime, égard que l'on accorde à qqn. *Traiter qqn avec considération.* ◆ pl. Péj. Remarques, raisonnement plus ou moins oiseux. *Se perdre en considérations.*

CONSIDÉRER v.t. (lat. *considerare*) [18]. **1.** Regarder longtemps et attentivement. *Considérer qqn de la tête aux pieds.* ◇ Spécialt. Examiner de manière critique. *Considérer les avantages. Tout bien considéré.* **2.** Être d'avis, croire, estimer. *Je considère qu'il est trop tard.*

CONSIGNATAIRE n. **1.** DR. Personne qui est chargée de garder des marchandises en dépôt ou de les vendre. **2.** DR. MAR. Négociant mandataire d'un armateur qui est chargé de la cargaison.

CONSIGNATION n.f. **1.** DR. Action de mettre qqch en dépôt, à titre de garantie ; résultat de cette action. ◇ *Caisse des dépôts et consignations :* établissement public habilité à recevoir des fonds d'épargne et des dépôts. **2.** Facturation provisoire d'un emballage. SYN. : *consigne.*

CONSIGNE n.f. **I. 1.** Instruction formelle donnée à qqn qui est chargé de l'exécuter. **2.** MIL. Mesure de sécurité maintenant les militaires dans la caserne. – Par ext. Punition infligée à un militaire, un élève et qui consiste à le priver de sortie. **II. 1.** Service d'une gare, d'un aéroport qui garde les bagages déposés ; local où sont remisés ces bagages. – *Consigne automatique :* casier métallique où l'on dépose des bagages et dont la fermeture est commandée par l'insertion de pièces de monnaie. **2.** Somme perçue en garantie du retour d'un emballage ; consignation.

CONSIGNER v.t. (lat. *consignare,* sceller). **I. 1.** Remettre en dépôt, à titre de garantie. *Consigner un bijou chez un notaire.* **2.** Déposer (un bagage) à la consigne. **3.** Facturer un emballage sous garantie de remboursement. *Consigner une bouteille.* **II.** Rapporter, inscrire dans un acte, un écrit. *Consigner un fait.* **III.** Priver de sortie un militaire, un élève pour un motif déterminé (indiscipline, mesure d'ordre).

CONSILIUM FRAUDIS [kɔ̃siljɔmfrodis] n.m. inv. (mots lat.). Intention frauduleuse du débiteur (ou d'un tiers) causant un préjudice aux créanciers.

CONSISTANCE n.f. (du lat. *consistere,* se tenir ensemble). **1.** État d'un corps considéré du point de vue de la cohésion de ses parties. *L'argile séchée a une consistance dure.* ◇ *Prendre de la consistance :* devenir épais, solide. – Fig. Solidité, force. *Cet argument manque de consistance.* ◇ *Personne sans consistance,* qui manque de caractère, de personnalité. **2.** LOG. Non-contradiction.

CONSISTANT, E adj. **1.** Qui a de la consistance, de la fermeté, en parlant d'un corps, d'une substance. *Une pâte consistante.* **2.** Copieux, nourrissant. *Un petit déjeuner consistant.* **3.** Qui est solide, fondé. *Une information consistante.* **4.** LOG. Autosuffisant.

CONSISTER v.t. ind. **[*à, dans, en*]** (lat. *consistere*). **1.** Reposer sur (qqch), résider en (qqch). *En quoi consiste mon erreur ?* ◇ Être composé de. *Le mobilier consistait en trois chaises et une table.* **2.** Avoir comme caractère essentiel. *Son programme consiste à aider les déshérités.*

CONSISTOIRE n.m. (lat. *consistorium*). RELIG. **1.** Assemblée des cardinaux sous la présidence du pape. **2.** Assemblée de pasteurs ou du conseil de synagogue qui dirige une communauté protestante ou israélite.

CONSISTORIAL, E, AUX adj. RELIG. Du consistoire, qui relève du consistoire.

CONSŒUR n.f. Fém. de *confrère.*

CONSOL n.m. (du n. de son inventeur). MAR. Procédé radioélectrique d'aide à la navigation, reposant sur l'émission de signaux audibles.

CONSOLABLE adj. Qui peut être consolé.

CONSOLANT, E adj. Qui est propre à consoler.

CONSOLATEUR, TRICE adj. et n. Qui apporte une consolation, un apaisement.

CONSOLATION n.f. (lat. *consolatio*). **1.** Réconfort, soulagement (apporté à la peine de qqn, à qqn). ◇ *Lot de consolation :* lot de moindre importance attribué à des candidats malchanceux. **2.** Personne, chose qui console. *Son fils est sa seule consolation dans ce malheur.*

CONSOLE n.f. (de *consoler,* avec infl. de *consolider*). **1.** ARCHIT. Organe en saillie sur un mur, destiné à porter une charge (balcon, corniche, etc.), souvent profilé en talon ou en volute. **2.** Table décorative appliquée contre un mur. **3.** MUS. *Console d'orgue :* meuble, intégré au soubassement de l'orgue ou séparé, qui groupe les commandes de l'instrument (claviers, pédalier, boutons de registre et de combinaison, etc.). **4.** INFORM. Périphérique ou terminal d'un ordinateur, permettant la communication directe avec l'unité centrale. – *Console graphique* ou *de visualisation,* possédant un écran cathodique pour l'affichage ou le tracé des résultats d'un traitement. – *Console de jeux :* micro-ordinateur spécialisé, réservé à la pratique de jeux vidéo introduits sous forme de cassettes.

console (1766) par Victor Louis (bronze argenté et bronze doré ; dessus de marbre) [musée Nissim de Camondo, Paris]

CONSOLER v.t. (lat. *consolari*). **1.** Soulager (qqn, la peine de qqn) ; réconforter. **2.** Apaiser, mettre un terme à (un sentiment douloureux). ◆ **se consoler** v.pr. Cesser de souffrir, recevoir un apaisement.

CONSOLIDATION n.f. **1.** Action de consolider, affermissement ; fait d'être consolidé. – *Consolidation d'une blessure :* stabilisation, sans amélioration possible, d'une blessure, permettant un diagnostic définitif. **2.** FIN. *Consolidation (de rentes) :* conversion de titres remboursables à court ou à moyen terme en titres à long terme ou perpétuels. **3.** COMPTAB. Technique comptable consistant à agréger les comptes des sociétés appartenant à un même groupe, et permettant de présenter les résultats et la situation financière d'ensemble de ce groupe.

CONSOLIDÉ, E adj. COMPTAB. *Résultats consolidés :* résultats, présentés de manière synthétique (selon la technique de la consolidation), des entreprises d'un même groupe.

CONSOLIDER v.t. (lat. *consolidare*). **1.** Rendre plus solide, plus résistant, plus fort ; affermir. *Consolider un mur. Consolider le pouvoir politique.* **2.** COMPTAB. Procéder à une consolidation (des comptes d'un groupe d'entreprises).

CONSOMMABLE adj. Que l'on peut consommer.

CONSOMMATEUR, TRICE n. **1.** Personne qui consomme, qui achète pour son usage des denrées, des marchandises. *Association de consommateurs.* **2.** Personne qui boit ou mange (dans un café, etc.). ◆ adj. Qui consomme, achète des produits (par opp. à *producteur*). *Pays consommateurs de pétrole.*

CONSOMMATION n.f. **1.** Litt. Action de consommer, de mener à son terme. – *Consommation du mariage :* union charnelle des époux. ◇ Litt. *Jusqu'à la consommation des siècles :* jusqu'à la fin des temps. **2.** Action de consommer, de faire usage de qqch. ◇ *Société de consommation :* société d'un pays industriel avancé qui crée sans cesse des besoins artificiels. **3.** Ce qui est consommé (dans un café, etc.) ; boisson. *Renouveler les consommations toutes les heures.*

1. CONSOMMÉ, E adj. **1.** Qui est mené à terme. **2.** Qui est absorbé, utilisé. **3.** Qui est d'une grande qualité ; parfait, accompli. *Art consommé.*

2. CONSOMMÉ n.m. Bouillon de viande.

CONSOMMER v.t. (lat. *consummare*). **1.** Litt. Achever, mener à son terme. **2.** Faire usage de qqch pour sa subsistance. *Consommer des aliments.* **3.** Utiliser comme source d'énergie ou comme matière première. *Consommer de l'électricité.* ◆ v.i. Prendre une consommation (dans un café, etc.).

CONSOMPTIBLE adj. DR. Dont on ne peut se servir sans le détruire. *Biens consomptibles.*

CONSOMPTIF, IVE adj. Litt. Qui provoque l'amaigrissement ou qui s'accompagne de dénutrition.

CONSOMPTION [kɔ̃sɔ̃psjɔ̃] n.f. (lat. *consumptio*). Litt. Amaigrissement et dépérissement progressifs.

CONSONANCE n.f. (lat. *consonantia*). **1.** MUS. Affinité entre deux ou plusieurs sons d'où résulte la tendance à une certaine fusion en unité de perception harmonique. **2.** RHÉT. Uniformité du son dans les terminaisons des mots ou des phrases. **3.** Suite, ensemble de sons. *Un nom aux consonances harmonieuses.*

CONSONANT, E adj. (lat. *consonans*). Qui produit une consonance. *Accord consonant. Phrases consonantes.*

CONSONANTIQUE adj. PHON. Relatif aux consonnes ; des consonnes.

CONSONANTISME n.m. PHON. Système de consonnes d'une langue (par opp. à *vocalisme*).

CONSONNE n.f. (lat. *consona*). **1.** Son du langage caractérisé par la présence d'un obstacle dans le conduit vocal et qui, d'un point de vue fonctionnel, forme la marge de la syllabe (par opp. aux *voyelles,* qui en constituent le noyau). **2.** Lettre de l'alphabet transcrivant une consonne.

■ Selon l'importance de l'obstacle au flux d'air phonatoire, on distingue les occlusives (fermeture totale), les constrictives ou fricatives (fermeture partielle), les affriquées, les nasales, les latérales, les vibrantes. On classe aussi les consonnes, selon l'emplacement de l'obstacle, en labiales, dentales, alvéolaires, palatales, vélaires, uvulaires, pharyngales, laryngales et glottales.

CONSORT [kɔ̃sɔr] adj.m. (lat. *consors,* qui partage le sort). *Prince consort :* mari de la reine, notamm. en Grande-Bretagne et aux Pays-Bas.

CONSORTAGE n.m. Suisse. Association de copropriétaires ou d'exploitants.

CONSORTIAL, E, AUX [kɔ̃sɔrsjal, o] adj. ÉCON. Relatif à un consortium.

CONSORTIUM [kɔ̃sɔrsjɔm] n.m. (mot lat., *association*). ÉCON. Groupement d'entreprises, de banques, en vue d'opérations communes.

CONSORTS n.m. pl. Personnes qui ont des intérêts communs, notamm. dans une même procédure. ◇ Péj. ... *et consorts :* ... et ceux qui sont de la même espèce.

CONSOUDE n.f. (du lat. *consolidare,* affermir). Plante des endroits humides, mesurant jusqu'à 1 m de haut, qui fut utilisée pour ses propriétés cicatrisantes. (Famille des borraginacées.)

CONSPIRATEUR, TRICE n. Personne qui prend part à une conspiration.

CONSPIRATION n.f. (lat. *conspiratio*). Action de conspirer, complot.

CONSPIRER v.i. (lat. *conspirare*). **1.** S'entendre à plusieurs, se mettre d'accord pour renverser un dirigeant, un régime politique ; organiser une conspiration, un complot. *Conspirer contre l'État.* **2.** Litt. **a.** *Conspirer à :* concourir à. **b.** *Conspirer pour :* s'entendre pour. ◆ v.t. Litt. Préparer, organiser. *Conspirer la ruine de qqn.*

CONSPUER v.t. (lat. *conspuere,* cracher sur). Manifester bruyamment et publiquement contre (qqn, qqch). *Conspuer un orateur.*

CONSTABLE [kɔ̃stabl] n.m. (mot angl., de l'anc. fr. *conestable*). Officier de police, en Grande-Bretagne.

CONSTAMMENT [kɔ̃stamɑ̃] adv. D'une manière constante, continue.

CONSTANCE n.f. (lat. *constantia*). **1.** Qualité d'une personne qui persévère dans son action, dans ses sentiments ou ses opinions. *Travailler avec constance. La constance d'une amitié.* ◇ Force morale de qqn qui ne se laisse abattre par rien. *Souffrir avec constance.* **2.** Qualité de ce qui dure, de ce qui est stable, de ce qui se reproduit. *Constance d'un phénomène.* ◇ PSYCHOL. *Constance perceptive :* permanence dans la perception de certaines caractéristiques de l'objet en dépit des modifications du champ sensoriel.

CONSTANT, E adj. (lat. *constans*). **1.** Résolu, persévérant, dans ses actes, ses sentiments, etc. **2.** Qui est continuel, qui dure ou se répète de façon identique. *Bonheur constant.* ◇ Litt. *Il est constant que :* il est évident que. **3.** MATH. *Fonction constante,* qui donne la même image de tous les éléments de son ensemble de définition.

CONSTANTAN n.m. Alliage de cuivre et de nickel (généralement 40 p. 100), dont la résistance électrique est pratiquement indépendante de la température.

CONSTANTE n.f. **1.** (Souvent au pl.). Tendance, orientation générale durable, permanente. *Les constantes du roman moderne.* **2. a.** MATH. Quantité de valeur fixe ; nombre qui est fixe par rapport aux variables figurant dans un polynôme ou une équation. **b.** PHYS. Caractéristique physique (point de fusion ou d'ébullition, masse volumique, etc.) permettant d'identifier un corps pur. – *Constante fondamentale :* grandeur particulière dont la valeur est fixe (masse et charge de l'électron, constante de Planck, etc.) et qui joue un rôle important en physique.

CONSTANTINIEN, ENNE adj. Relatif à l'empereur Constantin Ier le Grand.

CONSTAT [kɔ̃sta] n.m. **1.** Procès-verbal par lequel un huissier ou un agent de la force publique procède à l'enregistrement de certains faits matériels. ◇ *Constat amiable :* déclaration d'accident remplie par les conducteurs de deux ou plusieurs véhicules. **2.** Analyse, examen d'une situation, d'une période, etc. ◇ *Constat d'échec :* bilan négatif.

CONSTATABLE adj. Que l'on peut constater.

CONSTATATION n.f. Action de constater ; fait constaté.

CONSTATER v.t. (lat. *constat,* il est certain). **1.** Remarquer, observer ; enregistrer. *Constater une absence.* **2.** Consigner par écrit. *Constater un décès.*

CONSTELLATION n.f. (du lat. *stella,* étoile). **1.** Groupe d'étoiles voisines sur la sphère céleste, présentant une figure conventionnelle déterminée, à laquelle on a donné un nom particulier. *Constellation d'Orion.* **2.** Région du ciel dans laquelle se trouve ce groupe d'étoiles.

CONSTELLER [kɔ̃stele] v.t. **1.** Couvrir, parsemer d'astres, d'étoiles. *Les étoiles qui constellent le ciel.* **2.** Couvrir, parsemer (qqch) de. *Une robe constellée de taches.*

CONSTERNANT, E adj. Qui consterne.

CONSTERNATION n.f. Stupéfaction, abattement causé par un évènement malheureux.

CONSTERNER v.t. (lat. *consternare,* abattre). Jeter dans la consternation ; abattre ; désoler.

CONSTIPANT, E adj. Qui constipe (par opp. à *laxatif*).

CONSTIPATION n.f. (lat. *constipatio*). Rareté ou difficulté de l'évacuation des matières fécales.

CONSTIPÉ, E adj. et n. **1.** Qui souffre de constipation. **2.** Fam. Embarrassé, mal à l'aise.

CONSTIPER v.t. (lat. *constipare,* serrer). Provoquer la constipation.

1. CONSTITUANT, E adj. et n.m. **1.** Qui entre dans la constitution, la composition de qqch. *Parties constituantes d'une roche. Les constituants mécaniques et les constituants électriques d'une machine.* **2.** *Assemblée constituante,* qui a le droit et le pouvoir d'établir ou de modifier la Constitution d'un État. ◆ n.m. Membre d'une assemblée constituante.

2. CONSTITUANT n.m. LING. Élément résultant de la décomposition syntaxique d'une phrase.

CONSTITUÉ, E adj. **1.** De telle ou telle constitution physique. *Personne bien, mal constituée.* **2.** Instauré, établi par la loi, la Constitution. *Corps constitués.*

CONSTITUER v.t. (lat. *constituere*). **1.** Choisir, regrouper des éléments afin de former un tout. *Constituer une collection, un gouvernement.* **2.** Former l'essence, la base de qqch. *Présence, danger qui constitue une menace.* **3.** Former un tout avec d'autres éléments. *Timbres qui constituent une collection rare.* **4.** *Constituer avocat (avoué) :* charger un avocat d'une affaire (un avoué, pour la représentation en cour d'appel). ◆ **se constituer** v.pr. *Se constituer prisonnier :* se livrer aux autorités, se rendre.

CONSTITUTIF, IVE adj. **1.** Qui entre dans la composition de ; constituant. **2.** Qui établit juridiquement un droit.

CONSTITUTION n.f. (lat. *constitutio*). **I.** Action de constituer (qqch) ; ce qui en résulte, qui constitue (qqch) ; les éléments qui font partie d'un tout. *Constitution d'un dossier, d'un gouvernement.* **II. 1.** Ensemble des traits physiques qui caractérisent un individu ; santé ; caractère. *Avoir une robuste constitution.* **2.** Composition. *Constitution de l'air.* **III.** DR. **1.** Acte par lequel qqch est établi, constitué. *Constitution d'une dot, d'une rente.* **2.** Désignation, mandat. *Constitution d'avocat, d'avoué.* ◇ *Constitution de partie civile :* demande de réparation formée devant un tribunal pénal par une personne qui se prétend victime d'une infraction. **IV.** (Avec une majuscule). Ensemble des lois fondamentales qui établissent la forme d'un gouvernement, règlent les rapports entre gouvernants et gouvernés et déterminent l'organisation des pouvoirs publics.

CONSTITUTIONNALISER v.t. Rendre (qqch) constitutionnel, conforme à la Constitution d'un pays.

CONSTITUTIONNALITÉ n.f. Qualité de ce qui est conforme à la Constitution d'un pays.

CONSTITUTIONNEL, ELLE adj. **I. 1.** Conforme à la Constitution d'un pays. *Procédure constitutionnelle.* **2.** Relatif à la Constitution d'un État. *Droit constitutionnel.* **3.** Soumis à une Constitution. *Monarchie constitutionnelle.* **II.** Relatif à la constitution physique d'un individu. *Vice constitutionnel.* ◆ adj. et n. Se dit des prêtres qui avaient adhéré à la Constitution civile du clergé de 1790.

CONSTITUTIONNELLEMENT adv. De façon conforme à la Constitution d'un État.

CONSTRICTEUR n.m. et adj.m. (lat. *constrictus,* serré). **1.** Muscle qui a pour fonction de resserrer circulairement certains canaux ou orifices. **2.** *Boa constricteur :* boa de grande taille qui étouffe ses proies en s'enroulant autour d'elles. SYN. : *constrictor.*

CONSTRICTIF, IVE adj. MÉD. Qui produit une constriction, donne une sensation de constriction.

CONSTRICTION n.f. (lat. *constrictio*). MÉD. Pression, resserrement circulaire.

CONSTRICTIVE n.f. Consonne caractérisée par un bruit de friction provoqué par la constriction du conduit vocal (par ex. [f], [s], [ʃ], [ʒ]). SYN. : *fricative, spirante.*

CONSTRICTOR n.m. Boa constricteur.

CONSTRINGENT, E [kɔ̃strɛ̃ʒɑ̃, ɑ̃t] adj. (lat. *constringens*). Qui resserre circulairement.

CONSTRUCTEUR, TRICE adj. et n. Qui construit. ◇ *Polypiers constructeurs,* ceux qui édifient des récifs ou des atolls.

CONSTRUCTIBLE adj. Où on peut construire.

CONSTRUCTIF, IVE adj. Positif, efficace d'un point de vue pratique. *Attitude constructive.*

CONSTRUCTION n.f. (lat. *constructio*). **1.** Action de construire ; son résultat. *La construction d'une maison, d'un barrage.* ◇ *La construction :* le secteur d'activité dont l'objet est de bâtir, l'ensemble des industries du bâtiment. **2.** Édifice construit. *Une belle construction.* **3.** *Construction aéronautique, automobile, navale, etc. :* ensemble des techniques propres à l'industrie aéronautique, automobile, navale, etc. ; activité industrielle concernant l'un de ces domaines (souvent regroupés sous le nom de *constructions mécaniques*). **4.** LING. Suite d'éléments dont le groupement obéit à un schéma syntaxique ou morphologique. **5.** PSYCHAN. Élaboration par l'analyse de l'histoire du patient à partir des fragments épars que celui-ci a livrés.

CONSTRUCTIVISME n.m. Courant artistique du XXe s., qui privilégie une construction plus ou moins géométrique des formes.

■ Russe à l'origine, le constructivisme est de nature spirituelle et esthétique chez les frères Gabo et Pevsner*, auteurs du *Manifeste réaliste* de 1920, ainsi que chez Malevitch* à la même époque, tous trois recherchant dans des constructions sculpturales ou picturales de lignes et de plans l'expression d'une essence de l'univers ; le mouvement est, au contraire, tourné vers des réalisations pratiques chez Tatline* (qui l'avait inauguré avec ses « reliefs picturaux », assemblages de 1914), rejoint vers 1923 par Malevitch et Lissitzky dans un même souci d'application à l'architecture, au design, aux arts graphiques. En Occident, des mouvements comme *De Stijl** relèvent du constructivisme, au sens large, de même que la sculpture abstraite de tendance géométrique ; l'art cinétique en est issu. *(V. illustration p. 264.)*

CONSTRUCTIVISTE adj. et n. Qui appartient ou se rattache au constructivisme.

CONSTRUIRE v.t. (lat. *construere*) [98]. **1. a.** Bâtir, édifier. *Construire un pont.* **b.** Assembler les différentes parties d'une machine, d'un appareil, etc. *Construire un voilier.* **2.** Élaborer, concevoir (qqch), dans le domaine intellectuel. *Construire une théorie.* **3.** Disposer (les mots, les phrases) dans un certain ordre.

CONSUBSTANTIALITÉ n.f. THÉOL. Unité et identité de substance des trois personnes de la Trinité divine.

CONSUBSTANTIATION n.f. THÉOL. Présence du Christ dans le pain et le vin de l'eucharistie, selon l'Église luthérienne (par opp. à la *transsubstantiation*). SYN. : *impanation.*

CONSUBSTANTIEL, ELLE adj. (lat. *cum,* avec, et *substantia,* substance). THÉOL. D'une seule et même substance.

CONSUL n.m. (lat. *consul*). **1.** Mod. Agent officiel d'un État, chargé de protéger à l'étranger la personne et les intérêts des ressortissants de celui-ci. **2.** HIST. **a.** ANTIQ. ROM. Magistrat, élu pour un an, qui partageait avec un collègue le pouvoir suprême. **b.** Magistrat municipal, notamment dans le midi de la France. **c.** Chacun des trois chefs du pouvoir exécutif sous le Consulat. – *Le Premier consul :* Bonaparte.

CONSULAIRE adj. **1.** Relatif à un consul, à sa charge ou à un consulat. *Charge consulaire.* **2.** Relatif aux membres d'un tribunal de commerce ou à ce tribunal. *Juge consulaire.*

CONSULAT n.m. (lat. *consulatus*). **1.** Charge de consul ; résidence d'un consul, bureaux consulaires. **2.** HIST. **a.** Charge de consul, dans la République romaine. **b.** (Avec une majuscule). Régime de la France de 1799 à 1804 (v. partie n. pr.).

CONSULTABLE adj. Qui peut être consulté.

CONSULTANT, E n. et adj. **1.** Personne qui donne des consultations, des avis circonstanciés. *Un consultant en gestion. Médecin consultant.* **2.** Vieilli. Personne qui consulte un médecin, un avocat, etc.

CONSULTATIF, IVE adj. Que l'on consulte ; qui émet un, des avis sur qqch. *Comité consultatif. Commission consultative.* – *Avoir voix consultative :* avoir le droit de donner son avis, non celui de voter (par opp. à *délibératif*).

CONSULTATION n.f. **1. a.** Action de consulter, de prendre l'avis de qqn. **b.** Action de chercher des renseignements dans un ouvrage, notamment un dictionnaire. **2. a.** Action de donner un avis sur qqn, qqch, spécialement en parlant d'un avocat, d'un juriste, d'un médecin. **b.** Examen d'un malade par un médecin.

CONSULTE n.f. **1.** DR. Assemblée réunie pour traiter (une affaire, une question précise), en Corse. **2.** HIST. Assemblée, cour de justice, en Italie et dans quelques cantons suisses.

CONSULTER v.t. (lat. *consultare*). **1. a.** Se faire examiner par un médecin. **b.** Prendre avis, conseil de (qqn), et spécialement d'un expert, d'un avocat, etc. **2. a.** Chercher des renseignements dans qqch. *Consulter les astres, un atlas.* **b.** *Ne consulter que (son intérêt, son devoir, etc.) :* prendre pour seul guide (son intérêt, son devoir, etc.). ◆ v.i. Donner des consultations, recevoir des malades. *Médecin qui consulte en fin d'après-midi.*

CONSULTEUR n.m. Théologien chargé de donner son avis sur des questions précises ou d'en préparer l'examen.

CONSUMABLE adj. Qui peut être consumé.

CONSUMER v.t. (lat. *consumere*). **1.** Détruire, anéantir, particulièrement par le feu. **2.** Litt. Épuiser, ronger. *Les soucis le consument.* ◆ **se consumer** v.pr. Litt. S'épuiser, dépérir. *Se consumer en vains espoirs.*

CONSUMÉRISME n.m. (angl. *consumerism*). Tendance pour les consommateurs à se réunir en mouvements ou en associations dans le dessein de défendre leurs intérêts (droit à l'information, à la sécurité, etc.).

CONSUMÉRISTE adj. et n. Relatif au consumérisme ; partisan du consumérisme.

CONTACT n.m. (lat. *contactus*). **1.** État ou position de deux corps ou de deux substances qui se touchent. *Contact des mains. Au contact de l'air.* **2. a.** Possibilité d'entrer en rapport, en relation avec une, des personnes. *Avoir de multiples contacts dans les milieux du théâtre.* ◇ *Prendre contact avec :* entrer en rapport avec. – *Rompre le contact :* casser le rapport, la relation ; (MIL.) se dérober au contact de l'ennemi. SYN. : *décrocher.* **b.** Personne avec qui un agent doit rester en rapport, dans une mission de renseignement. **c.** Impression première, abord de (qqn, qqch). *Bon, mauvais contact avec une ville.* – Comportement vis-à-vis d'autrui. *Personne d'un contact facile, difficile.* ◇ *Prise de contact :* première rencontre ; (MIL.) action destinée à préciser sur le terrain la situation de l'ennemi. **3.** MATH. *Point de contact :* point commun à une courbe et à sa tangente, à une surface et à son plan tangent, à deux courbes tangentes, etc. **4.** ÉLECTR. Surface commune à deux pièces conductrices qui se touchent, pour assurer le passage d'un courant ; chacune de ces pièces. – *Ligne, fil de contact :* fil conducteur sous lequel frotte le pantographe d'une locomotive ou le trolley d'un tramway ou d'un trolleybus. **5.** *Verres de contact :* verres correcteurs de la vue que l'on applique directement sur la cornée. (On distingue le *verre de contact scléral* et la *lentille cornéenne.*) **6.** *Fermeture contact :* fermeture constituée de deux rubans dont l'un comporte des éléments en forme de crochets et l'autre de fines boucles dans lesquelles se prennent ces crochets quand on presse les deux rubans l'un contre l'autre.

CONTACTER v.t. Entrer en rapport, en relation avec qqn, avec un organisme.

CONTACTEUR n.m. Appareil destiné à l'ouverture ou à la fermeture d'un circuit électrique, et dont la position de repos correspond à l'ouverture.

CONTACTOLOGIE n.f. Branche de l'ophtalmologie qui s'occupe des verres et lentilles de contact, de leurs indications et contre-indications.

Maquette en bois du *Monument à la IIIe Internationale,* réalisée en 1919-20 par Vladimir Tatline.
(Musée russe, Saint-Pétersbourg.)
Cet édifice de forme hélicoïdale aurait été plus haut que la tour Eiffel. À l'intérieur devaient être suspendus à des câbles d'acier un cylindre, une pyramide et un cube tournant à des vitesses différentes, aménagés en bureaux et en salles de réunion.

Projet de scénographie (1924) par Alexandra Exter. Gouache sur papier.
(Galerie Chauvelin, Paris.)
Voyageant régulièrement entre Moscou et Paris, familière des milieux cubistes et futuristes, puis influencée par Malevitch et Tatline, le peintre A. Exter est l'un des nombreux artistes qui ont totalement renouvelé, dans les années 20, les arts du décor et du costume au théâtre.

Projection dans l'espace (1927). Sculpture en bronze oxydé noir d'Antoine Pevsner. (The Baltimore Museum of Art.)
Par opposition à la sculpture fondée sur la masse, le plein, inaugurée par les Grecs et les Égyptiens, Pevsner et son frère Naum Gabo ont souhaité exprimer l'espace par une savante utilisation du vide et suggérer de manière dynamique des rapports géométriques essentiels.

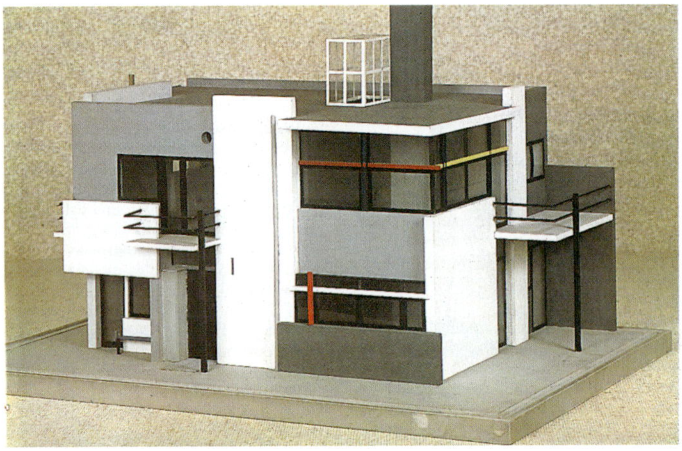

Maquette de la maison construite par Gerrit Thomas Rietveld à Utrecht, en 1924, pour Mme Schröder-Schräder.
(Stedelijk Museum, Amsterdam.)
Cette maison fut, en matière d'architecture, la concrétisation la plus marquante des théories du groupe *De Stijl**, issues du cubisme. Les multiples décrochements des plans orthogonaux de la construction créent une relation entre espaces interne et externe ; intérieurement, le premier étage, avec ses cloisons escamotables, offre le premier exemple de plan libre au XXe s.

constructivisme

CONTACTOLOGUE ou **CONTACTOLOGISTE** n. Praticien qui adapte les prothèses oculaires de contact (lentilles cornéennes et verres scléraux).

CONTAGE n.m. (lat. *contagium*). MÉD. **1.** Contagion. **2.** Possibilité de contact antérieur d'un malade avec un sujet atteint de la même maladie.

CONTAGIEUX, EUSE adj. (lat. *contagiosus*). **1.** Qui se transmet par contagion. **2.** Qui se communique facilement. *Rire contagieux.* ◆ adj. et n. Atteint d'une maladie contagieuse.

CONTAGION n.f. (lat. *contagio,* contact). **1.** Transmission d'une maladie. **2.** Propagation, communication involontaire.

CONTAGIONNER v.t. MÉD., rare. Transmettre par contagion.

CONTAGIOSITÉ n.f. Caractère de ce qui est contagieux.

CONTAINER [kɔ̃tɛnɛr] n.m. (mot angl.) → ***conteneur.***

CONTAINÉRISATION n.f. → ***conteneurisation.***

CONTAINÉRISER v.t. → ***conteneuriser.***

CONTAMINATEUR, TRICE adj. et n. Qui contamine.

CONTAMINATION n.f. **1.** Propagation, transmission de (une maladie, un défaut, etc.). **2.** Fait d'être contaminé. ◇ *Contamination radioactive :* présence indésirable d'une substance radioactive sur une surface ou dans un milieu, dans un organisme (en partic. dans l'organisme humain), etc. **3.** LITTÉR. Amalgame de plusieurs comédies grecques en une seule comédie latine.

CONTAMINER v.t. (lat. *contaminare,* souiller). Infecter (qqn, qqch), transmettre (une maladie contagieuse, un défaut, etc.).

CONTE n.m. (de *conter*). Récit, souvent assez court, de faits, d'aventures imaginaires. ◇ Péj. Discours qui laisse incrédule, récit mensonger. *Conte, histoire à dormir debout.*

CONTEMPLATEUR, TRICE n. Personne qui contemple.

CONTEMPLATIF, IVE adj. et n. **1.** Qui se plaît dans la contemplation. **2.** *Ordre contemplatif :* ordre religieux dont les membres vivent cloîtrés et se consacrent à la prière.

CONTEMPLATION n.f. (lat. *contemplatio*). **1.** Action de contempler (qqn, qqch). *Être, rester en contemplation devant un Picasso.* **2.** Concentration de nature intellectuelle, esthétique. ◇ Méditation de nature notamm. religieuse.

CONTEMPLER v.t. (lat. *contemplari*). Regarder longuement, attentivement et avec admiration.

CONTEMPORAIN, E adj. et n. (lat. *contemporaneus*). **1.** Qui est du même temps, de la même époque. *Hugo et Rimbaud étaient contemporains.* **2.** Qui est du temps présent. *Problèmes contemporains.*

CONTEMPORANÉITÉ n.f. Caractère de ce qui est contemporain.

CONTEMPTEUR, TRICE [kɔ̃tɑ̃ptœr, tris] n. (lat. *contemptor*). Litt. Personne qui méprise, dénigre. *Les contempteurs de l'art moderne.*

CONTENANCE n.f. (de *contenir*). **1. a.** Quantité que peut contenir qqch ; capacité. **b.** Vx. Étendue, superficie. **2.** Façon de se tenir ; attitude, maintien. *Contenance embarrassée.* ◇ *Se donner une contenance :* adopter tel ou tel comportement de façon à dissimuler sa gêne, son trouble, etc. – *Faire bonne, mauvaise conte-*

nance : conserver, perdre son calme, la maîtrise de soi dans une situation difficile. – *Perdre contenance :* perdre son sang-froid, se troubler.

CONTENANT n.m. Ce qui contient, peut contenir (qqch) [par opp. à *contenu*].

CONTENEUR ou **CONTAINER** [kɔ̃tɛnɛr] n.m. **1.** Caisse de dimensions normalisées pour le transport de meubles, de marchandises, pour le parachutage d'armes ou de vivres. **2.** Récipient transportable permettant de pratiquer des cultures hors sol. **3.** Récipient destiné à recevoir des ordures ou des déchets triés (verre, papier, etc.).

CONTENEURISATION ou **CONTAINÉRISATION** n.f. Action de mettre (qqch) en conteneurs.

CONTENEURISER ou **CONTAINÉRISER** v.t. Mettre (des marchandises) dans des conteneurs.

CONTENIR v.t. (lat. *continere*) [40]. **1.** Comprendre dans sa capacité, dans son étendue, dans sa substance. *Le décalitre contient dix litres.* **2.** Renfermer, avoir en soi. *Enveloppe qui contient deux feuilles.* **3.** Retenir dans certaines limites, empêcher de se répandre, de se manifester. *Contenir la foule. Contenir sa colère.* ◆ **se contenir** v.pr. Maîtriser la violence d'un sentiment, sa manifestation (en partic. la colère).

1. CONTENT, E adj. (lat. *contentus*). **1.** Joyeux, heureux. **2.** *Content de :* satisfait par. *Il est content de sa nouvelle voiture. Je suis contente de votre travail.* – *Être content de soi :* avoir une bonne opinion de soi-même.

2. CONTENT n.m. ... *(tout) son content :* suffisamment, de façon à être comblé. *Dormir, manger tout son content.* – Iron. *Avoir (tout) son content de (qqch) :* avoir assez, plus qu'assez de (qqch).

CONTENTEMENT n.m. Action de contenter, d'être contenté ; état qui en résulte. ◇ *Contentement de soi :* vive satisfaction éprouvée à juger sa propre action.

CONTENTER v.t. Rendre content, satisfait. *Contenter la clientèle.* ◆ **se contenter** v.pr. *(de).* Limiter ses désirs à ; se borner à. *Se contenter de peu. Il se contenta de jeter un coup d'œil.*

1. CONTENTIEUX, EUSE [-sjø, øz] adj. (lat. *contentiosus*). DR. Qui est l'objet d'un contentieux, d'un litige. *Affaire contentieuse.* – *Juridiction contentieuse,* exercée par les tribunaux (par opp. à *juridiction gracieuse*).

2. CONTENTIEUX n.m. Ensemble des litiges ou des conflits non résolus entre deux parties ; bureau, service qui s'occupe de ces affaires. ◇ *Contentieux administratif,* relevant d'une juridiction administrative.

CONTENTIF, IVE adj. THÉRAP. Qui exerce une contention.

1. CONTENTION n.f. (lat. *contentio,* lutte). Litt. Tension forte et prolongée des facultés intellectuelles.

2. CONTENTION n.f. (de *contenir*). THÉRAP. Appareil ou procédé destiné à immobiliser un animal ou une partie du corps humain dans un but thérapeutique. *Prothèse de contention.*

1. CONTENU, E adj. Maîtrisé, réfréné. *Colère contenue.*

2. CONTENU n.m. **1.** Ce qui est contenu dans un contenant, un récipient. *Contenu d'un flacon, d'une assiette.* **2.** Ce qui est exprimé dans un écrit, un discours ; signification. ◇ *Analyse de contenu :* dénombrement et classification des éléments qui constituent la signification d'un texte, d'une image fixe, d'un film, etc.

CONTER v.t. (lat. *computare,* calculer). Rapporter (un fait, un évènement), en faire le récit. – *En conter de belles :* rapporter des faits extraordinaires, incroyables. ◇ *En conter à qqn,* le tromper, l'abuser. – (Surtout négatif). *S'en laisser conter :* se laisser tromper, abuser. *Ne t'en laisse pas conter.*

CONTESTABLE adj. Qui peut être contesté.

CONTESTATAIRE n. Personne qui conteste, remet en cause l'ordre social. ◆ adj. Relatif à la contestation sociale. *Discours contestataire.*

CONTESTATEUR, TRICE adj. Qui conteste, exprime une contestation. *Ton contestateur.*

CONTESTATION n.f. **1.** Discussion, désaccord sur le bien-fondé d'un fait, d'un droit ; différend. **2.** Refus global et systématique de l'ordre social, des institutions, de l'idéologie dominante.

CONTESTE (SANS) loc. adv. Incontestablement.

CONTESTER v.t. (lat. *contestari*). **1.** Refuser de reconnaître comme fondé, exact, valable. *Contester une succession. Elle conteste cette version des faits.* **2.** Remettre en question les institutions, la société, etc.

CONTEUR, EUSE n. **1.** Personne qui conte, qui se plaît à conter ; narrateur, récitant de contes. **2.** Auteur de contes.

CONTEXTE n.m. (du lat. *contexere,* tisser ensemble). **1. a.** Texte à l'intérieur duquel se situe un élément linguistique (phonème, mot, phrase, etc.) et dont il tire sa signification ou sa valeur. **b.** Conditions d'élocution d'un discours, oral ou écrit. **2.** Circonstances, situation globale où se situe un évènement. *Replacer un fait dans son contexte historique.*

CONTEXTUEL, ELLE adj. Relatif au contexte.

CONTEXTURE n.f. (de *contexte*). Façon dont sont assemblées les différentes parties d'un tout ; structure.

CONTIGU, UË [kɔ̃tigy] adj. (lat. *contiguus*). **1.** Voisin, proche de. *Pièce contiguë à une autre. Chambres contiguës.* **2.** Rare. Proche, semblable, en contact avec. *Courants d'idées contiguës.*

CONTIGUÏTÉ [kɔ̃tigɥite] n.f. État de deux ou plusieurs choses contiguës.

CONTINENCE n.f. Abstinence des plaisirs sexuels.

1. CONTINENT, E adj. (lat. *continens,* qui retient). Qui pratique la continence.

2. CONTINENT n.m. (de *terre continente,* terre continue). Vaste étendue de terre qu'on peut parcourir sans traverser la mer. ◇ *L'Ancien Continent :* l'Europe, l'Asie et l'Afrique. – *Le Nouveau Continent :* l'Amérique.

CONTINENTAL, E, AUX adj. Relatif aux continents, à l'intérieur des continents (par opp. à *côtier*). – *Climat continental :* climat des latitudes moyennes, caractérisé par de grands écarts de température entre l'été et l'hiver et par des précipitations généralement plus abondantes en été. ◆ n. Personne qui habite le continent, par opp. à *insulaire.*

CONTINENTALITÉ n.f. GÉOGR. Caractère d'un climat continental.

CONTINGENCE n.f. (du lat. *contingere,* arriver par hasard). Caractère de ce qui est contingent ; éventualité, possibilité que qqch arrive ou non. ◆ pl. Évènements imprévisibles, circonstances fortuites.

1. CONTINGENT, E adj. Qui peut se produire ou non (par opp. à *nécessaire*).

2. CONTINGENT n.m. **1.** Ensemble des jeunes gens appelés au service national actif au cours d'une même année civile. **2. a.** Quantité que qqn doit fournir ou recevoir. **b.** Quantité maximale de marchandises qui peuvent être importées ou exportées au cours d'une période donnée.

CONTINGENTEMENT n.m. Action de contingenter ; limitation, répartition.

CONTINGENTER v.t. Fixer un contingent, pour des marchandises (spécialt à l'importation) ; limiter, restreindre.

1. CONTINU, E adj. (lat. *continuus*). **1.** Sans interruption, dans le temps ou dans l'espace ; incessant ; constant. *Bruit continu.* – *Journée continue :* horaire journalier de travail comportant une brève interruption pour le repas. **2.** MATH. *Fonction continue en un point :* fonction $f(x)$ qui, au voisinage d'un point x_0 de son domaine de définition, prend des valeurs voisines de $f(x_0)$. [Quand x tend vers x_0, $f(x)$ tend vers $f(x_0)$.] **3.** MUS. *Basse continue :* partie d'accompagnement (généralement chiffrée) confiée, sans interruption, à un instrument polyphonique (clavecin ou orgue) [du XVIe au XVIIIe s.]. SYN. : *continuo.*

2. CONTINU n.m. **1.** Ce qui est sans intervalles. ◇ *En continu :* sans interruption. *Émettre en continu.* **2.** MATH. *Puissance du continu :* nombre cardinal associé à l'ensemble des points d'une droite ou des nombres réels.

CONTINUATEUR, TRICE n. Personne qui continue (ce qu'une autre a commencé).

CONTINUATION n.f. (lat. *continuatio*). Action de continuer, de poursuivre ; suite, prolongement. *La continuation d'une route, d'une grève.*

CONTINUEL, ELLE adj. (lat. *continuus*). Qui dure sans interruption, qui se renouvelle constamment. *Pannes continuelles.*

CONTINUELLEMENT adv. De façon continuelle.

CONTINUER v.t. (lat. *continuare*). **1.** Poursuivre (ce qui est commencé, ce qui a été interrompu). **2.** *(à, de).* Persister. *Continuer à fumer, de fumer.* ◆ v.i. Ne pas cesser, se poursuivre. *La séance continue.* ◆ **se continuer** v.pr. Ne pas être interrompu.

CONTINUITÉ n.f. Caractère de ce qui est continu. ◇ *Solution de continuité :* interruption qui se présente dans l'étendue d'un corps, d'un ouvrage, dans le déroulement d'un phénomène.

CONTINÛMENT adv. Litt. De façon continue.

CONTINUO n.m. MUS. Basse continue*.

CONTINUUM [kɔ̃tinɥɔm] n.m. (mot lat.). Ensemble d'éléments tels que l'on puisse passer de l'un à l'autre de façon continue. ◇ *Continuum spatio-temporel :* espace à quatre dimensions, dont la quatrième est le temps, dans les théories relativistes.

CONTONDANT, E adj. (du lat. *contundere,* frapper). Qui meurtrit par écrasement, sans couper.

CONTORSION n.f. (bas lat. *contorsio,* de *torquere,* tordre). Mouvement acrobatique ou forcé qui donne au corps ou à une partie du corps une posture étrange ou grotesque.

CONTORSIONNER (SE) v.pr. Faire des contorsions.

CONTORSIONNISTE n. Acrobate spécialiste des contorsions.

CONTOUR n.m. (it. *contorno*). **1.** Ligne ou surface qui marque la limite d'un corps. *Le contour d'un vase, d'un visage. Contours arrondis, harmonieux.* **2.** Ligne sinueuse, courbe. *Contours d'une route, d'une rivière.* **3.** MATH. *Contour apparent :* limite d'une figure vue en perspective ou en projection cylindrique.

CONTOURNÉ, E adj. **1.** Qui présente un contour compliqué, de nombreuses lignes courbes. **2.** Peu naturel, maniéré. *Style contourné.* **3.** HÉRALD. *Animal contourné,* représenté de profil et regardant à senestre.

CONTOURNEMENT n.m. Action de contourner ; manière d'être contourné.

CONTOURNER v.t. (it. *contornare*). **1.** Faire le tour de qqch, de qqn, pour l'éviter. *Contourner un obstacle.* **2.** Rare. Déformer en courbant.

CONTRA n.m. Guérillero hostile au régime socialiste mis en place après la chute du président Somoza, au Nicaragua.

CONTRACEPTIF, IVE adj. Relatif à la contraception. ◆ n.m. Moyen, produit destiné à empêcher la fécondation.

CONTRACEPTION n.f. Ensemble des méthodes visant à éviter, de façon réversible et temporaire, la fécondation ; chacune de ces méthodes.

CONTRACTANT, E adj. et n. DR. Qui passe contrat. *Parties contractantes.*

CONTRACTE adj. Relatif à un mot caractérisé par la contraction de deux voyelles en une seule ; relatif à cette voyelle, en grammaire grecque.

CONTRACTÉ, E adj. **1.** Tendu, nerveux. **2.** GRAMM. Se dit d'un mot formé de deux éléments réunis en un seul (par ex. *du* pour *de le*).

1. CONTRACTER v.t. (du lat. *contractus,* resserré). **1.** Diminuer (qqch) de volume, de longueur. *Le froid contracte les corps.* **2.** Rendre nerveux ; crisper. *La discussion l'a contracté.* **3.** Serrer, raidir (un muscle). *Contracter son biceps.* ◆ **se contracter** v.pr. **1.** Diminuer de volume, de longueur. **2.** Se durcir, se raidir. *Sa mâchoire se contracte.*

2. CONTRACTER v.t. (du lat. *contractus,* convention). **1.** S'engager juridiquement ou moralement. *Contracter une alliance, des obligations.* ◇ *Contracter mariage :* se marier. – *Contracter des dettes :* s'endetter. **2.** *Contracter une maladie,* l'attraper. ◇ *Contracter une habitude,* l'acquérir.

CONTRACTILE adj. Capable de se contracter, en parlant d'un muscle, d'un organe.

CONTRACTILITÉ n.f. Propriété que possèdent certaines cellules, certains tissus, notamment musculaires, de se contracter.

CONTRACTION n.f. (lat. *contractio*). Fait de se contracter, d'être contracté. *Contraction musculaire, nerveuse.*

CONTRACTUALISATION n.f. Action de contractualiser.

CONTRACTUALISER v.t. Donner à qqn le statut d'agent contractuel.

CONTRACTUEL, ELLE adj. **1.** Stipulé par un contrat. **2.** *Agent contractuel* ou *contractuel, elle,* **n.** : agent public non fonctionnaire ; auxiliaire de police chargé d'appliquer les règlements de stationnement.

CONTRACTUELLEMENT adv. Par contrat.

CONTRACTURE n.f. (lat. *contractura*). PATHOL. Contraction musculaire durable et involontaire d'un muscle, accompagnée de rigidité.

CONTRACTURER v.t. Causer la contracture de.

CONTRADICTEUR n.m. (lat. *contradictor*). Personne qui contredit, qui aime à apporter la contradiction.

CONTRADICTION n.f. (lat. *contradictio*). **1.** Action de contredire, de contester, de s'opposer à. *Apporter la contradiction.* ◇ *Esprit de contradiction :* disposition à contredire. **2.** Action, fait de se contredire. *Les contradictions d'un témoignage.* **3. a.** LOG. Proposition fausse quelle que soit la valeur de ses variables (par opp. à *tautologie*). **b.** PHILOS. Opposition de deux termes, de deux thèses au sein d'un mouvement dialectique.

CONTRADICTOIRE adj. **1.** Qui contredit, s'oppose, implique une contradiction. *Opinions contradictoires.* **2.** DR. *Jugement contradictoire,* non susceptible d'opposition, les parties intéressées ayant été entendues. **3.** LOG., MATH. *Théorie contradictoire,* qui admet une relation à la fois vraie et fausse. ◇ *Propositions contradictoires :* propositions opposées, telles que la fausseté de l'une entraîne la vérité de l'autre.

CONTRADICTOIREMENT adv. **1.** De façon contradictoire. **2.** DR. En présence des deux parties.

CONTRAGESTIF, IVE adj. et n.m. Abortif.

CONTRAIGNABLE adj. Qui peut être contraint.

CONTRAIGNANT, E adj. Qui contraint.

CONTRAINDRE v.t. (lat. *constringere*) [80]. **1.** Obliger (qqn) à faire qqch ; imposer. *On l'a contraint à partir. On l'a contrainte au silence.* **2.** Litt. Empêcher (qqn) de donner libre cours à un penchant naturel. *Contraindre qqn dans sa liberté.* ◇ *Contraindre les désirs d'une personne,* les restreindre, les limiter.

CONTRAINT, E adj. Mal à l'aise, peu naturel. *Air contraint.*

CONTRAINTE n.f. **1.** Pression morale ou physique exercée sur qqn ou qqch. *Obtenir qqch par contrainte.* ◇ Obligation créée par les règles en usage dans un milieu, par une nécessité, etc. **2.** DR. Poursuite à l'encontre d'un redevable du fisc, de la Sécurité sociale. ◇ *Contrainte par corps :* emprisonnement d'un débiteur pour l'amener à payer ses dettes. **3.** Gêne qu'éprouve qqn qui subit une pression, à qui on impose une attitude contraire à sa volonté. *Vivre sous la contrainte.* **4.** Effort exercé sur un corps, dû soit à une force extérieure, soit à des tensions internes à ce corps.

1. CONTRAIRE adj. **1.** Qui s'oppose radicalement (à qqch). *Une opinion contraire à la logique.* **2.** Qui a un sens opposé ; inverse. – *Vent contraire,* qui souffle de face. **3.** Qui est incompatible avec (qqch), qui va à l'encontre de. *Cette décision est contraire au règlement.* **4.** Qui est défavorable, nuisible à (qqch, qqn). *Le café est contraire aux insomniaques.* **5. a.** LOG. *Propositions contraires :* propositions de sens opposés et qui peuvent être simultanément fausses. **b.** MATH. *Évènements contraires :* évènements qui ne peuvent se produire simultanément et dont la somme des probabilités est 1.

2. CONTRAIRE n.m. **1.** Personne ou chose qui s'oppose totalement à une autre. **2.** Mot qui a un sens opposé à celui d'un autre ; antonyme. ◆ loc. adv. *Au contraire :* contrairement. ◆ loc. prép. *Au contraire de :* à l'inverse de.

CONTRAIREMENT À loc. prép. En opposition avec.

CONTRALTO n.m. (mot it.). MUS. La plus grave des voix de femme, dite aussi alto. ◆ n.m. ou f. Chanteuse qui possède une telle voix.

CONTRAPUNTIQUE [-pɔ̃-] adj. Relatif au contrepoint ; qui utilise les règles du contrepoint.

CONTRAPUNTISTE [kɔ̃trapɔ̃tist], **CONTRAPONTISTE** ou **CONTREPOINTISTE** n. MUS. Compositeur qui utilise les règles du contrepoint.

CONTRARIANT, E adj. Qui contrarie ; ennuyeux, fâcheux.

CONTRARIÉ, E adj. **1.** Qui éprouve de la contrariété ; déçu. **2.** Qui fait l'objet d'une opposition, qui rencontre des obstacles. *Un amour contrarié.*

CONTRARIER v.t. (lat. *contrariare*). **1.** Faire obstacle à qqch ; s'opposer aux actes, aux projets de qqn. *Contrarier un dessein.* ◇ *Contrarier qqn,* lui causer du mécontentement en s'opposant à ses désirs ; l'ennuyer. *Ce départ imprévu l'a contrariée.* **2.** Grouper par opposition pour produire un effet esthétique. *Contrarier des couleurs.*

CONTRARIÉTÉ n.f. **1.** Ennui, dépit causé par l'opposition que l'on rencontre. *Éprouver une vive contrariété.* **2.** Ce qui contrarie qqn, l'attriste. *Toutes ces contrariétés l'ont rendu malade.* **3.** LOG. Relation logique entre deux propositions contraires.

CONTRARIO (A) loc. adv. → ***a contrario.***

CONTRAROTATIF, IVE adj. MÉCAN. Se dit de pièces, d'organes qui tournent en sens inverse l'un de l'autre, de leur mouvement.

CONTRASTANT, E adj. Qui contraste.

CONTRASTE n.m. Opposition entre deux choses qui sont mises en valeur par leur juxtaposition. ◇ *Faire contraste avec :* s'opposer à. ◇ *En contraste, par contraste avec :* par opposition à. ◇ RADIOL. *Produit de contraste :* substance qui rend certains organes opaques aux rayons X.

CONTRASTÉ, E adj. Dont les contrastes sont très marqués, accusés. *Une photographie contrastée.*

CONTRASTER v.i. et t. ind. ***(avec).*** S'opposer de manière frappante, être en contraste avec. *Cette église moderne contraste avec ces vieilles maisons.* ◆ v.t. Mettre en contraste (dans une œuvre artistique ou littéraire). *Dans son tableau, elle a su contraster les figures.* ◇ *Contraster une photographie :* accentuer les contrastes entre les parties claires et les parties foncées.

CONTRAT n.m. **1.** Convention juridique par laquelle une ou plusieurs personnes s'engagent envers d'autres personnes à faire ou à ne pas faire qqch. – *Contrat bilatéral* ou *synallagmatique :* contrat en vertu duquel les contractants s'engagent réciproquement, les uns envers les autres (par opp. à *contrat unilatéral,* où seule une partie s'engage envers l'autre). – *Contrat de mariage :* contrat qui précise le régime des biens des époux pendant le mariage. – *Contrat de travail :* convention par laquelle un salarié met son activité au service d'un employeur en échange d'un salaire. – *Contrat administratif,* celui qui est conclu par une administration publique pour assurer un service public (marché de travaux publics, concession de service public). ◇ *Remplir, réaliser son contrat :* s'acquitter des obligations que l'on avait contractées, faire ce que l'on avait promis. **2.** Document officiel qui constate cette convention. *Rédiger, signer un contrat.* **3.** *Contrat social :* convention expresse ou tacite qui, selon J.-J. Rousseau, est conclue entre chaque individu et la communauté. **4.** Au bridge, à la manille, au tarot, enchère la plus élevée déterminant le nombre de levées à réaliser.

CONTRAVENTION n.f. (lat. *contra,* contre, et *venire,* venir). **1.** Infraction qui relève des tribunaux de police et qui est sanctionnée par une amende ; cette amende. *Payer une contravention.* **2.** Procès-verbal qui constate cette infraction. *Dresser une contravention.*

CONTRAVIS n.m. Avis contraire à un avis précédent.

1. CONTRE prép. **1.** Juxtaposé à, tout près de, sur (qqch, qqn). *Sa maison est contre la mienne. Serrer son enfant contre soi.* **2.** En opposition avec, hostile. *Ils sont tous contre moi.* – Dans le sens contraire à. *Nager contre le courant.* ◇ *Contre vents et marées :* en dépit de tous les obstacles. **3.** En échange de, pour. *Il a cédé sa fortune contre ce tableau.* ◇ *Parier dix contre un :* être convaincu que l'on a raison, que l'on gagnera. ◆ adv. *Être contre, voter contre :* s'opposer à (qqch, qqn), à faire qqch. ◆ loc. adv. *Par contre :* en revanche. – REM. La locution *par contre* a longtemps fait l'objet des critiques de certains puristes.

2. CONTRE n.m. **1.** *Le contre :* l'opposé. *Le pour et le contre.* **2.** SPORTS. Contre-attaque. ◇ Au volley-ball, arrêt du ballon au filet, bras levés. **3.** Au bridge, à la manille, au tarot, déclaration d'une équipe prétendant que l'équipe adverse ne fera pas son contrat.

CONTRE-ACCULTURATION n.f. (pl. *contre-acculturations*). SOCIOL. Opposition à une acculturation.

CONTRE-ALIZÉ n.m. (pl. *contre-alizés*). Vent qui souffle dans la direction opposée à l'alizé.

CONTRE-ALLÉE n.f. (pl. *contre-allées*). Allée latérale, parallèle à une voie principale.

CONTRE-AMIRAL n.m. (pl. *contre-amiraux*). Premier grade des officiers généraux de la marine. (→ ***grade.***)

CONTRE-APPEL n.m. (pl. *contre-appels*). Appel supplémentaire fait inopinément pour vérifier le premier.

CONTRE-ARC n.m. (pl. *contre-arcs*). MAR. Courbure que prend la coque d'un navire lorsque les couples du milieu s'affaissent par rapport aux couples des extrémités.

CONTRE-ASSURANCE n.f. (pl. *contre-assurances*). DR. Assurance accessoire souscrite pour compléter les garanties d'une assurance principale ou pour en assurer l'exécution.

CONTRE-ATTAQUE n.f. (pl. *contre-attaques*). MIL., SPORTS. Attaque lancée pour neutraliser une offensive adverse. SYN. (en sports) : *contre.*

CONTRE-ATTAQUER v.t. Lancer une contre-attaque contre (qqn, qqch). ◆ v.i. Passer de la défensive à l'offensive.

CONTREBALANCER v.t. [16]. Faire équilibre, compenser. ◆ **se contrebalancer** v.pr. Fam. *Se contrebalancer de qqch,* s'en moquer.

CONTREBANDE n.f. (it. *contrabbando*). Commerce clandestin de marchandises prohibées ou pour lesquelles on n'a pas acquitté les droits de douane ; ces marchandises. ◇ *En contrebande :* en fraudant les règlements douaniers.

CONTREBANDIER, ÈRE n. Personne qui se livre à la contrebande.

CONTREBAS (EN) loc. adv. et prép. À un niveau inférieur (par rapport à autre chose). *Regarder en contrebas, en contrebas de la route.*

1. CONTREBASSE n.f. (it. *contrabbasso*). MUS. **1.** Le plus grand et le plus grave des instruments à cordes de la famille des violons. **2.** Le plus grave des instruments d'une famille instrumentale. *Contrebasse de bombarde.* ◆ adj. Se dit d'une contrebasse (sens 2). *Saxhorn contrebasse.*

2. CONTREBASSE ou **CONTREBASSISTE** n. Musicien qui joue de la contrebasse. SYN. : *bassiste.*

CONTREBASSON n.m. Instrument à vent en bois, à anche double, dont le pavillon est plus grand que celui du basson et qui sonne à l'octave inférieure.

CONTREBATTERIE n.f. MIL. Tir d'artillerie qui vise à neutraliser les batteries de l'ennemi.

CONTRE-BRAQUER v.t. et i. Braquer les roues avant d'un véhicule dans la direction opposée à celle qu'il tend à prendre.

CONTREBUTEMENT n.m. Action de contrebuter ; dispositif qui permet de contrebuter.

CONTREBUTER v.t. CONSTR. Opposer à (une poussée) une poussée ou une force de sens contraire qui la neutralise. *Contrebuter le poids d'une voûte par des arcs-boutants.*

CONTRECARRER v.t. (de l'anc. fr. *contrecarre,* résistance). S'opposer à qqn, qqch, neutraliser. *Contrecarrer les desseins de qqn.*

CONTRECHAMP n.m. CIN. Prise de vues effectuée dans la direction exactement opposée à celle de la précédente.

CONTRE-CHANT n.m. (pl. *contre-chants*). MUS. Contrepoint composé sur les harmonies du thème principal et qui l'accompagne.

CONTRE-CHÂSSIS n.m. inv. Châssis appliqué sur un autre châssis.

CONTRE-CHOC n.m. (pl. *contre-chocs*). Choc en retour.

CONTRECLEF n.f. ARCHIT. Chacun des claveaux qui encadrent la clef de voûte.

1. CONTRECŒUR n.m. **1.** Paroi qui forme le fond d'un foyer de cheminée. **2.** Plaque, généralement en fonte de fer, qui recouvre cette paroi. SYN. : *taque, contre-feu.*

2. CONTRECŒUR (À) loc. adv. Avec répugnance, malgré soi.

CONTRECOLLÉ, E adj. *Tissu contrecollé :* tissu dont l'envers est collé, à la fabrication, à de la mousse synthétique qui lui constitue une doublure.

CONTRECOUP n.m. Répercussion d'un choc moral ou physique provoqué par un évènement fâcheux ; conséquence indirecte d'un acte, d'un évènement. ◇ *Par contrecoup :* par une conséquence indirecte.

CONTRE-COURANT n.m. (pl. *contre-courants*). **1.** HYDROL. Courant en sens contraire du courant principal. ◇ *À contre-courant :* dans le sens opposé au courant principal. *Nager à contre-courant.* – **Fig.** Dans le sens contraire à la tendance générale. *Aller à contre-courant de la mode.* **2.** CHIM. Procédé qui consiste à donner à deux corps (liquide, gaz) devant agir l'un sur l'autre des mouvements en sens inverse.

CONTRE-COURBE n.f. (pl. *contre-courbes*). **1.** ARCHIT., ARTS DÉC. Courbe inversée par rapport à une autre, qu'elle prolonge. **2.** Portion d'une voie ferrée courbe qui suit une autre portion de voie d'incurvation inverse.

CONTRE-CULTURE n.f. (pl. *contre-cultures*). Courant culturel qui rejette toutes les formes de la culture dominante.

CONTREDANSE n.f. (angl. *country dance,* danse de la campagne). **1.** Danse populaire d'origine anglaise ; air de musique des XVIIe et XVIIIe s. **2.** Fam. Contravention.

CONTRE-DÉNONCIATION n.f. (pl. *contre-dénonciations*). DR. Avertissement au débiteur d'une créance saisie (tiers saisi) que celle-ci fait l'objet d'une saisie-arrêt.

CONTRE-DIGUE n.f. (pl. *contre-digues*). Ouvrage destiné à consolider une digue principale.

CONTREDIRE v.t. 103. **1.** Soutenir le contraire de ce que dit qqn. *Contredire un témoin, un témoignage.* **2.** Être en contradiction avec qqch. *Ses actes contredisent sa pensée.* ◆ **se contredire** v.pr. **1.** Être en contradiction avec soi-même. **2.** Être en contradiction l'un par rapport à l'autre. *Ses deux aveux se contredisent.*

CONTREDIT (SANS) loc. adv. Litt. Sans contestation possible ; indiscutablement.

CONTRÉE n.f. (lat. [*regio*] *contrata,* [pays] situé en face). Litt. Étendue de pays. *Contrée fertile.*

CONTRE-ÉCROU n.m. (pl. *contre-écrous*). TECHN. Écrou vissé et bloqué derrière un autre écrou pour éviter que celui-ci ne se desserre.

CONTRE-ÉLECTROMOTRICE adj.f. (pl. *contre-électromotrices*). ÉLECTR. *Force contre-électromotrice :* force électromotrice qui s'oppose au passage du courant dans les récepteurs électriques.

CONTRE-EMPLOI n.m. (pl. *contre-emplois*). Rôle ne correspondant pas au physique, au tempérament d'un comédien.

CONTRE-EMPREINTE n.f. (pl. *contre-empreintes*). TECHN. Empreinte prise sur une première empreinte.

CONTRE-ENQUÊTE n.f. (pl. *contre-enquêtes*). Enquête destinée à contrôler les résultats d'une enquête précédente.

CONTRE-ÉPAULETTE n.f. (pl. *contre-épaulettes*). Épaulette sans franges.

CONTRE-ÉPREUVE n.f. (pl. *contre-épreuves*). **1.** Seconde épreuve permettant de vérifier l'exactitude d'une épreuve précédente. ◇ Spécialt. Dans une assemblée délibérante, vérification d'un scrutin qui consiste à compter les voix qui s'opposent à la proposition après avoir compté les voix favorables. **2.** ARTS GRAPH. Épreuve inversée (d'une gravure) obtenue à partir d'une épreuve fraîchement tirée.

CONTRE-ESPALIER n.m. (pl. *contre-espaliers*). Rangée d'arbres fruitiers palissés sur des fils de fer tendus entre des poteaux (et non contre un mur comme dans l'espalier).

CONTRE-ESPIONNAGE n.m. (pl. *contre-espionnages*). **1.** Activité qui vise à déceler et à réprimer l'activité des espions étrangers tant à l'intérieur qu'à l'extérieur du territoire national. **2.** Le service chargé de cette activité.

CONTRE-ESSAI n.m. (pl. *contre-essais*). Second essai pour contrôler le premier.

CONTRE-EXEMPLE n.m. (pl. *contre-exemples*). Exemple qui contredit une affirmation, une règle.

CONTRE-EXPERTISE n.f. (pl. *contre-expertises*). **1.** Seconde expertise destinée à vérifier les conclusions d'une première expertise. **2.** Les conclusions, le rapport de cette seconde expertise. *Présenter une contre-expertise.*

CONTRE-EXTENSION n.f. (pl. *contre-extensions*). MÉD. Immobilisation de la partie supérieure d'un membre luxé ou fracturé pendant l'extension de ce membre.

CONTREFAÇON n.f. Reproduction frauduleuse (d'une œuvre littéraire, artistique, d'un produit manufacturé, d'une monnaie, etc.).

CONTREFACTEUR, TRICE n. Personne qui commet une contrefaçon. SYN. : *faussaire.*

CONTREFAIRE v.t. (lat. *contrafacere,* imiter) 109. **1.** Imiter en déformant, reproduire de façon ridicule. **2.** Imiter frauduleusement. *Contrefaire une signature.* **3.** Déformer, simuler pour tromper. *Contrefaire la folie.*

CONTREFAIT, E adj. **1.** Modifié, déformé avec une intention frauduleuse. *Une écriture contrefaite.* **2.** Qui présente une difformité, en parlant d'une personne, de son corps.

CONTRE-FENÊTRE n.f. (pl. *contre-fenêtres*). CONSTR. Partie intérieure d'une double-fenêtre.

CONTRE-FER n.m. (pl. *contre-fers*). MENUIS. Pièce métallique ajustée contre le fer de certains outils à fût pour obtenir un bon corroyage et l'évacuation des copeaux.

CONTRE-FEU n.m. (pl. *contre-feux*). **1.** Feu volontairement allumé en avant d'un incendie pour créer un vide et en arrêter ainsi la propagation. **2.** Fig. Action de diversion entreprise pour mettre en échec un projet jugé menaçant. **3.** CONSTR. Contrecœur.

CONTREFICHE n.f. **1.** Étai placé obliquement qui soutient un mur. **2.** MENUIS. Pièce de charpente placée obliquement et qui réunit deux autres pièces de la charpente, l'une verticale, l'autre horizontale ou inclinée. (→ ***charpente.***)

CONTREFICHER (SE) v.pr. Fam. Se moquer complètement (de qqch).

CONTRE-FIL n.m. (pl. *contre-fils*). Sens opposé au sens normal. ◇ Irrégularité dans la structure du bois, orientation des fibres différente, dans une partie d'une pièce, de celle des parties voisines. ◆ loc. adv. *À contre-fil :* à rebours du fil, dans le sens contraire au fil.

CONTRE-FILET n.m. (pl. *contre-filets*). Morceau de bœuf de boucherie correspondant à la région du rein. SYN. : *faux-filet.*

CONTREFORT n.m. **1.** ARCHIT. Pilier, massif de maçonnerie élevé en saillie contre un mur ou un support pour l'épauler. **2.** Pièce de cuir qui sert à renforcer la partie arrière d'une chaussure, au-dessus du talon. **3.** GÉOGR. Montagne moins élevée bordant le massif principal.

contreforts

CONTREFOUTRE (SE) v.pr. Arg. Se contreficher, se moquer complètement (de qqch).

CONTRE-FUGUE n.f. (pl. *contre-fugues*). MUS. Fugue dans laquelle l'imitation reprend le sujet à contresens.

CONTRE-HAUT (EN) loc. adv. et prép. En un point plus élevé (par rapport à autre chose). *La tour est située en contre-haut. Suivre un chemin en contre-haut de la rivière.*

CONTRE-HERMINE n.f. (pl. *contre-hermines*). HÉRALD. Fourrure à mouchetures d'argent semées sur un champ de sable.

CONTRE-INDICATION n.f. (pl. *contre-indications*). MÉD. Circonstance particulière qui s'oppose à l'emploi d'une médication, d'un traitement.

CONTRE-INDIQUÉ, E adj. (pl. *contre-indiqués, es*). **1.** Qui ne doit pas être employé, en parlant d'un médicament, d'un traitement. **2.** Inopportun, inadéquat, déconseillé. *L'achat d'actions est en ce moment contre-indiqué.*

CONTRE-INDIQUER v.t. **1.** Constituer une contre-indication à (un médicament, un traitement, un malade...). *Son état actuel contre-indique toute opération.* **2.** Fig. Déconseiller.

CONTRE-INTERROGATOIRE n.m. (pl. *contre-interrogatoires*). Interrogatoire mené par la partie adverse.

CONTRE-INVESTISSEMENT n.m. (pl. *contre-investissements*). PSYCHAN. Processus lié au refoulement et nécessaire à la défense du moi, par lequel l'individu rejette son désir inconscient d'investissement.

CONTRE-JOUR n.m. (pl. *contre-jours*). Lumière qui éclaire un objet du côté opposé à celui par lequel on le regarde. ◇ *À contre-jour :* dans le sens opposé au jour, dans un faux jour.

CONTRE-LA-MONTRE n.m. inv. SPORTS. Épreuve cycliste contre la montre.

CONTRE-LETTRE n.f. (pl. *contre-lettres*). DR. Acte secret qui annule ou modifie les dispositions d'un acte apparent.

CONTREMAÎTRE, ESSE n. Personne qualifiée responsable d'une équipe d'ouvriers, d'ouvrières.

CONTRE-MANIFESTANT, E n. (pl. *contre-manifestants, es*). Personne qui participe à une contre-manifestation.

CONTRE-MANIFESTATION n.f. (pl. *contre-manifestations*). Manifestation qui s'oppose à une autre.

CONTRE-MANIFESTER v.i. Manifester en opposition à d'autres.

CONTREMARCHE n.f. **1.** MIL. Marche d'une armée faite dans le sens opposé à la direction précédemment suivie. **2.** CONSTR. Face verticale d'une marche d'escalier ; sa hauteur.

CONTREMARQUE n.f. **1.** Carte, ticket, jeton, etc., délivrés à des spectateurs qui sortent momentanément d'une salle de spectacle. **2.** Document individuel qui témoigne d'un billet de passage collectif. **3.** Seconde marque apposée sur qqch.

CONTREMARQUER v.t. Apposer une seconde marque sur.

CONTRE-MESURE n.f. (pl. *contre-mesures*). **1.** Mesure qui s'oppose à une mesure jugée néfaste. *Prendre des contre-mesures pour éviter la spéculation.* ◇ Spécialt. Dans le domaine militaire, mesure destinée à rendre inefficaces les armements ennemis. **2.** MUS. *À contre-mesure :* à contretemps.

CONTRE-MINE n.f. (pl. *contre-mines*). Anc. Galerie souterraine établie préventivement pour se protéger d'une attaque à la mine.

CONTRE-MINER v.t. Protéger par une contre-mine.

CONTRE-OFFENSIVE n.f. (pl. *contre-offensives*). Offensive répondant à une offensive de l'adversaire.

CONTREPARTIE n.f. **1.** Ce qui sert à compenser, à équilibrer ; ce qui est fourni en échange, en dédommagement. *Le billet de banque était gagé par sa contrepartie en or. Ce métier pénible a pour contrepartie de longues vacances.* – *En contrepartie :* en compensation ; en échange ; en revanche. **2.** Opinion contraire. *Soutenir la contrepartie d'une thèse.* **3.** COMPTAB. Double d'un registre sur lequel on inscrit toutes les parties d'un compte. **4.** BOURSE. Opération consistant, pour un intermédiaire, à acheter ou à vendre pour son propre compte les valeurs qu'il a été chargé de négocier pour son client. *Faire de la contrepartie.*

CONTREPARTISTE n. BOURSE. Intermédiaire effectuant des opérations de contrepartie.

CONTRE-PAS n.m. inv. MIL. Demi-pas rapide par lequel on se remet au pas.
CONTRE-PASSATION n.f. (pl. *contre-passations*). COMPTAB. Annulation d'une écriture erronée par une écriture contraire.
CONTRE-PASSER v.t. Faire une contre-passation.
CONTRE-PENTE n.f. (pl. *contre-pentes*). Pente opposée à une autre pente.
CONTRE-PERFORMANCE n.f. (pl. *contre-performances*). Échec subi par qqn, notamment un sportif, dont on attendait la victoire, le succès.
CONTREPET [kɔ̃trəpɛ] n.m. Art d'inventer les contrepèteries ou de les résoudre.
CONTREPÈTERIE n.f. (de l'anc. fr. *contrepéter*, imiter par dérision). Interversion plaisante de lettres ou de syllabes dans un groupe de mots. (Ex. : *trompez, sonnettes*, pour *sonnez, trompettes*.)
CONTRE-PIED n.m. (pl. *contre-pieds*). **1.** Ce qui est diamétralement opposé à qqch ; le contraire. – *Prendre le contre-pied de qqch :* s'appliquer à faire, à soutenir le contraire. ◇ SPORTS. Action d'envoyer la balle ou de se diriger du côté opposé à l'attente de l'adversaire. **2.** VÉN. Direction prise par les chiens, à rebours des voies d'une bête.
CONTREPLACAGE n.m. Application, sur les deux faces d'un panneau de bois, de feuilles de placage dont les fibres sont croisées avec celles du panneau.
CONTREPLAQUÉ n.m. Matériau obtenu par collage sous pression et à fil croisé d'un nombre impair de minces feuilles de bois.

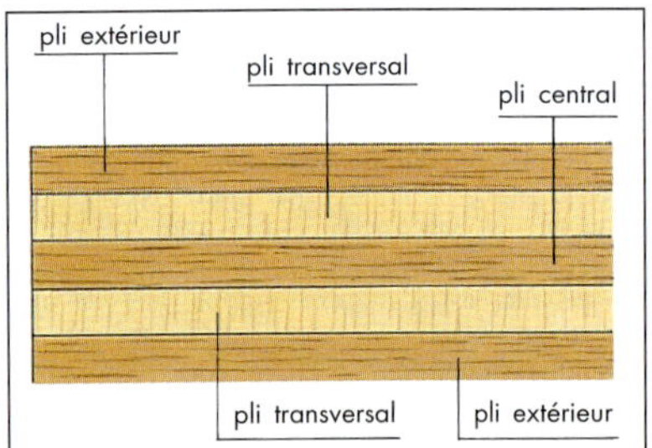

contreplaqué : disposition des feuilles dans un panneau

CONTREPLAQUER v.t. Procéder au contreplacage de.
CONTRE-PLONGÉE n.f. (pl. *contre-plongées*). CIN., PHOT. Prise de vue(s) dirigée de bas en haut.
CONTREPOIDS n.m. **1.** Poids servant à équilibrer une force, un autre poids. *Les contrepoids d'une horloge.* ◇ Balancier d'un équilibriste. **2.** Fig. Ce qui compense, neutralise un effet.
CONTRE-POIL (À) loc. adv. Dans le sens contraire à celui du poil ; à rebrousse-poil. *Caresser un chat à contre-poil.* ◇ Fig. *Prendre qqn à contre-poil,* le heurter, l'irriter.
CONTREPOINT n.m. **1.** MUS. Technique de composition consistant à superposer plusieurs lignes mélodiques ; composition écrite selon les règles de cette technique. **2.** Motif secondaire qui se superpose au thème principal.
CONTRE-POINTE n.f. (pl. *contre-pointes*). **1.** Partie tranchante de l'extrémité du dos de la lame d'un sabre. **2.** Pointe opposée au mandrin qui, sur un tour, sert d'appui à la pièce qu'on usine.
CONTREPOINTISTE n. → **contrapuntiste.**
CONTREPOISON n.m. Remède contre le poison ; antidote.
CONTRE-PORTE n.f. (pl. *contre-portes*). **1.** Porte capitonnée placée devant une autre pour améliorer l'isolation. **2.** Face interne d'une porte aménagée avec des alvéoles de rangement.
CONTRE-POUVOIR n.m. (pl. *contre-pouvoirs*). Pouvoir qui s'organise pour faire échec à une autorité établie.
CONTRE-PRÉPARATION n.f. (pl. *contre-préparations*). MIL. Action d'artillerie destinée à disloquer les préparatifs d'une offensive ennemie.
CONTRE-PRESTATION n.f. (pl. *contre-prestations*). ETHNOL. Dans certaines sociétés, nécessité de fournir des biens en contrepartie de biens reçus. *Le potlatch est une des formes que peut revêtir le système de contre-prestation.*
CONTRE-PRODUCTIF, IVE adj. (pl. *contre-productifs, ives*). Qui produit le contraire de l'effet escompté.
CONTRE-PROJET n.m. (pl. *contre-projets*). Projet opposé à un autre.
CONTRE-PROPAGANDE n.f. (pl. *contre-propagandes*). Propagande visant à neutraliser les effets d'une autre propagande.
CONTRE-PROPOSITION n.f. (pl. *contre-propositions*). Proposition différente d'une autre et souvent opposée.
CONTRE-PUBLICITÉ n.f. (pl. *contre-publicités*). **1.** Publicité qui a un effet contraire à l'effet souhaité. **2.** Publicité destinée à lutter contre les effets d'une autre publicité.
CONTRER v.t. **1.** Faire un contre, à certains jeux de cartes (bridge, manille, tarot, etc.). **2.** S'opposer efficacement à l'action de qqn, à qqch.
CONTRE-RAIL n.m. (pl. *contre-rails*). Rail placé à l'intérieur de la voie pour guider les boudins des roues dans la traversée des aiguilles, passages à niveau, etc.
CONTRE-RÉVOLUTION n.f. (pl. *contre-révolutions*). Mouvement politique et social visant à combattre une révolution, à ruiner ses effets.
CONTRE-RÉVOLUTIONNAIRE adj. et n. (pl. *contre-révolutionnaires*). Relatif à une contre-révolution ; qui en est partisan.
CONTRESCARPE n.f. FORTIF. Talus extérieur du fossé d'un ouvrage.
CONTRESEING [kɔ̃trəsɛ̃] n.m. Signature apposée à côté d'une autre pour l'authentifier. ◇ Signature d'un ministre apposée à côté de celle du chef de l'État, engageant ainsi la responsabilité du gouvernement.
CONTRESENS [kɔ̃trəsɑ̃s] n.m. **1.** Interprétation erronée, opposée à la signification véritable. *Version latine pleine de contresens.* **2.** Action, attitude, situation opposée à ce qui devrait être. *La politique pétrolière de ce pays est un contresens.* **3.** Sens contraire au sens normal. *Contresens d'une étoffe.* ◇ *À contresens :* contrairement au sens normal, au bon sens. *Prendre une rue à contresens. Aller à contresens des intérêts du pays.*
CONTRESIGNATAIRE adj. et n. Qui appose un contreseing.
CONTRESIGNER v.t. Apposer un contreseing.
CONTRE-SOCIÉTÉ n.f. (pl. *contre-sociétés*). Groupe se prévalant d'une idéologie opposée aux valeurs dominantes de la société dont il émane.
CONTRE-SUJET n.m. (pl. *contre-sujets*). MUS. Phrase musicale qui accompagne l'entrée d'un thème, notamment dans la fugue.
CONTRE-TAILLE n.f. (pl. *contre-tailles*). GRAV. Taille qui croise les premières tailles.
CONTRETEMPS n.m. **1.** Circonstance, évènement imprévus qui vont à l'encontre de ce qu'on projetait ; empêchement, ennui, incident. *Un contretemps fâcheux.* ◇ *À contretemps :* mal à propos, d'une manière inopportune. **2.** MUS. Procédé rythmique consistant à attaquer un son sur un temps faible et à le faire suivre d'un silence sur le temps fort.
CONTRE-TERRORISME n.m. (pl. *contre-terrorismes*). Ensemble d'actions ripostant au terrorisme par des moyens analogues.
CONTRE-TERRORISTE adj. et n. (pl. *contre-terroristes*). Relatif au contre-terrorisme, qui y prend une part active.
CONTRE-TIMBRE n.m. (pl. *contre-timbres*). DR. Empreinte apposée sur les papiers timbrés pour modifier la valeur du premier timbre.
CONTRE-TIRER v.t. GRAV. Tirer en contre-épreuve (une gravure).
CONTRE-TORPILLEUR n.m. (pl. *contre-torpilleurs*). Bâtiment de guerre conçu à l'origine pour combattre les torpilleurs. SYN. : *destroyer.*
CONTRE-TRANSFERT n.m. (pl. *contre-transferts*). PSYCHAN. Ensemble des réactions inconscientes de l'analyste à l'égard du patient et qui peuvent interférer avec son interprétation.
CONTRETYPE n.m. **1.** Fac-similé d'une image photographique, obtenu par contact ou par agrandissement. **2.** Copie positive d'un film obtenue à partir d'un double du négatif original.
CONTRETYPER v.t. Établir le contretype de.
CONTRE-UT [kɔ̃tryt] n.m. inv. MUS. *Ut* plus élevé d'une octave que l'*ut* supérieur du registre normal.
CONTRE-VAIR n.m. (pl. *contre-vairs*). HÉRALD. Fourrure constituée par des cloches d'azur et d'argent, réunies deux à deux par leur base.
CONTRE-VALEUR n.f. (pl. *contre-valeurs*). Valeur commerciale donnée en échange d'une autre.
CONTREVALLATION n.f. (de *contre* et lat. *vallatio*, retranchement). FORTIF. Ligne établie par l'assiégeant pour se garder des sorties des assiégés.
CONTREVENANT, E n. Personne qui contrevient à un règlement, une loi.
CONTREVENIR v.t. ind. **(*à*)** [40] [auxil. *avoir*]. DR. Agir contrairement (à une prescription, à une obligation) ; enfreindre, transgresser.
CONTREVENT n.m. **1.** Volet extérieur en bois. **2.** MENUIS. Rare. Contrefiche.
CONTREVENTEMENT n.m. CONSTR. Élément de construction destiné à protéger celle-ci contre le renversement et les déformations dues à des efforts horizontaux.
CONTREVENTER v.t. CONSTR. Renforcer à l'aide d'un contreventement.
CONTREVÉRITÉ n.f. Affirmation contraire à la vérité.
CONTRE-VISITE n.f. (pl. *contre-visites*). Visite médicale destinée à contrôler les résultats d'une autre.
CONTRE-VOIE n.f. (pl. *contre-voies*). Sur une ligne de chemin de fer à double voie, voie parallèle à celle que suit un train et sur laquelle la circulation se fait en sens inverse. ◇ *À contre-voie :* du côté opposé à celui du quai. *Monter, descendre à contre-voie.*
CONTRIBUABLE n. Personne assujettie au paiement de l'impôt.
CONTRIBUER v.t. ind. **[*à*]** (lat. *contribuere*). Participer à un certain résultat par sa présence, par une action, par un apport d'argent. *Le mauvais temps contribue à la hausse des prix. Contribuer à l'entretien d'une maison.*
CONTRIBUTEUR, TRICE n. Personne, groupe qui prend part à la réalisation d'un projet, d'une entreprise.
CONTRIBUTIF, IVE adj. DR. Qui concerne les contributions.
CONTRIBUTION n.f. **1.** Ce que chacun apporte à une œuvre commune ; concours. – *Mettre qqn à contribution,* avoir recours à ses services. **2.** Part que chacun apporte à une dépense commune, et particulièrement aux dépenses de l'État ou des collectivités publiques ; impôt (surtout au pl.). – *Contribution personnelle,* que l'on paie individuellement. – *Service des contributions directes* (versées directement à l'Administration des finances), *des contributions indirectes* (chargé du recouvrement des taxes, des droits frappant certains produits, certains actes). – *Contribution sociale généralisée (C. S. G.) :* prélèvement fiscal destiné à faciliter l'équilibre financier des organismes de la Sécurité sociale.
CONTRISTER v.t. Litt. Plonger dans une profonde tristesse ; affliger.
CONTRIT, E adj. (lat. *contritus*, broyé). Litt. Pénétré du regret de ses actes ; repentant.
CONTRITION n.f. Litt. Regret sincère d'une faute, d'un péché ; repentir. ◇ RELIG. *Contrition imparfaite :* attrition.
CONTRÔLABILITÉ n.f. Caractère de ce qui est contrôlable.
CONTRÔLABLE adj. Qui peut être vérifié.
CONTROLATÉRAL, E, AUX adj. MÉD. Dont l'effet se manifeste du côté opposé au côté atteint. *Lésion, paralysie controlatérales.*
CONTRÔLE n.m. (anc. fr. *contrerole*, registre tenu en double). **I. 1.** Vérification, inspection attentive de la régularité d'un acte, de la validité d'une pièce. *Contrôle des billets. Contrôle d'une comptabilité.* ◇ Vérification du titre des ouvrages de métaux précieux ; apposition du poinçon de l'État attestant cette vérification. **2.** Service chargé de vérifier, de contrôler. ◇ Lieu où s'effectue une vérification. *Se présenter au contrôle.* **3.** Action de contrôler, de surveiller qqch, qqn ; examen minutieux. *Contrôle d'identité. Contrôle médical.* ◇ *Contrôle judiciaire :* mesure du juge d'instruction qui permet de laisser un inculpé en liberté sous réserve de certaines obligations. **4.** Exercice scolaire fait en classe, et destiné à contrôler les

progrès de l'élève, son niveau. ◇ *Contrôle continu des connaissances :* vérification du niveau des connaissances des étudiants par des interrogations et des travaux répartis sur toute l'année. **5.** Action, fait de contrôler qqch, un pays, un groupe, son comportement ; fait d'avoir sur eux un pouvoir, une maîtrise. *Perdre le contrôle de son véhicule. Avoir le contrôle d'un territoire.* ◇ (Trad. de l'angl. *birth control*). *Contrôle des naissances :* procréation dirigée, planning familial. **6.** Action, fait de se contrôler, de se dominer ; maîtrise de soi. **II.** État nominatif des personnes appartenant à un corps. *Officier rayé des contrôles de l'armée.* ◇ *Contrôle général des armées :* corps de hauts fonctionnaires militaires chargés directement par le ministre de vérifier, dans toutes les formations ou établissements relevant de son autorité, l'observation des lois et règlements, notamment en matière financière.

CONTRÔLER v.t. **1.** Soumettre à un contrôle, à une vérification. *Contrôler les dépenses. Contrôler les affirmations de qqn.* **2.** Avoir la maîtrise de la situation dans un secteur ; exercer une autorité, un pouvoir (politique, militaire, financier, etc.). *Les troupes contrôlent cette zone.* ◇ *Contrôler une société :* détenir, directement ou indirectement, un nombre d'actions suffisant pour influer sur sa gestion. **3.** Maîtriser, dominer. *Contrôler ses nerfs, ses passions.* ◆ **se contrôler** v.pr. Avoir la maîtrise de soi.

1. CONTRÔLEUR, EUSE n. Personne chargée d'exercer un contrôle. ◇ *Contrôleur de la navigation aérienne :* professionnel chargé de suivre et de contrôler les mouvements des aéronefs afin d'éviter les risques de collision, particulièrement dans les zones terminales entourant les aéroports. SYN. : *aiguilleur du ciel.* ◇ *Contrôleur de gestion :* personne chargée de surveiller la marche d'une entreprise, d'en évaluer les méthodes, l'organisation, les résultats.

2. CONTRÔLEUR n.m. Appareil de contrôle.

CONTRORDRE n.m. Annulation d'un ordre donné précédemment.

CONTROUVÉ, E adj. Litt. Inventé de toutes pièces.

CONTROVERSABLE adj. Qui peut être controversé.

CONTROVERSE n.f. (lat. *controversia*). Discussion suivie sur une question, motivée par des opinions ou des interprétations divergentes ; contestation ; polémique.

CONTROVERSÉ, E adj. Contesté, discuté. *Une explication très controversée.*

CONTROVERSER v.t. Rare. Mettre en discussion ; contester.

CONTROVERSISTE n. Personne qui traite de controverse en matière de religion.

CONTUMACE [kɔ̃tymas] n.f. (lat. *contumacia,* orgueil). État d'un accusé qui se soustrait à l'obligation de comparaître en justice. *Être condamné par contumace.* ◇ *Purger sa contumace :* se présenter devant le juge après avoir été condamné par contumace.

CONTUMAX [kɔ̃tymaks] adj. et n. Qui est en état de contumace.

CONTUS, E adj. **1.** Atteint de contusions. **2.** Dû à une contusion, ou qui s'accompagne d'une contusion. *Plaie contuse.*

CONTUSION n.f. (lat. *contusio*). Meurtrissure sans déchirure de la peau ni fracture des os.

CONTUSIONNER v.t. Blesser par contusion ; meurtrir.

CONURBATION n.f. (du lat. *cum,* avec, et *urbs,* ville). Agglomération formée de plusieurs villes voisines dont les banlieues se sont rejointes.

CONVAINCANT, E adj. Propre à convaincre ; probant. *Raisonnement convaincant.*

CONVAINCRE v.t. (lat. *convincere*) [114]. **1.** Amener (qqn), par raisonnement ou par preuves, à reconnaître la vérité, l'exactitude d'un fait ou sa nécessité ; persuader. *Convaincre une incrédule.* **2.** *Convaincre qqn de :* apporter des preuves certaines de sa culpabilité en fait de. *Convaincre qqn de mensonge.*

CONVAINCU, E adj. **1.** Qui adhère fermement à une opinion, une croyance ; persuadé. *Partisan convaincu.* **2.** *Être convaincu de :* être accusé, avec des preuves évidentes, de. *Être convaincu de meurtre.* ◆ n. Personne intimement persuadée de la justesse de ses idées. *Prêcher un convaincu.*

CONVALESCENCE n.f. (du lat. *convalescere,* reprendre des forces). Retour progressif à la santé après une maladie.

CONVALESCENT, E adj. et n. Qui relève de maladie, qui est en convalescence.

CONVECTEUR n.m. Appareil de chauffage dans lequel l'air est chauffé par convection au contact de surfaces métalliques.

CONVECTION ou **CONVEXION** n.f. (lat. *convectio,* de *convehere,* charrier). Mouvement d'un fluide, avec transport de chaleur, sous l'influence de différences de température. ◇ Mouvement vertical de l'air, d'origine souvent thermique ou orographique.

CONVENABLE adj. **1.** Approprié à son objet, à un usage, à une situation. *Moment convenable.* **2.** Qui respecte les bienséances, qui est conforme à la morale, au bon sens. *Tenue convenable.* **3.** Qui a les qualités requises, sans plus ; passable. *Un logement convenable.*

CONVENABLEMENT adv. De façon convenable.

CONVENANCE n.f. Litt. Caractère de ce qui convient à son objet, qui y est approprié. *Convenance d'humeur, de mœurs.* ◇ *Mariage de convenance,* conclu en fonction des rapports de fortune, de position sociale, etc., des conjoints. ◇ *Pour convenance(s) personnelle(s) :* pour des motifs relevant de la vie personnelle, privée, et sans autre justification. *Congé pour convenance personnelle.* ◆ pl. Règles du bon usage, bienséances sociales. *Respecter les convenances.*

CONVENANT n.m. DR. *Bail à convenant :* bail à domaine congéable*.

CONVENIR v.t. ind. **[*de, à*]** (lat. *convenire*) [40] (auxil. *avoir* dans le sens de *être approprié ;* dans les autres cas, auxil. *avoir* ou, litt., *être*). **1.** Faire un accord, s'arranger à l'amiable. *Ils ont convenu,* ou, litt., *sont convenus de se réunir.* **2.** Avouer, reconnaître comme vrai. *Elle convient de sa méprise.* **3.** Être approprié à ; agréer. *Cet emploi lui convient.* ◆ v. impers. Être utile, à propos. *Il voudrait savoir ce qu'il convient de faire.*

CONVENT n.m. (mot angl. ; lat. *conventus,* convention). Assemblée générale de francs-maçons.

CONVENTION n.f. (lat. *conventio*). **I. 1.** Accord officiel passé entre des individus, des groupes sociaux ou politiques, des États ; écrit qui témoigne de la réalité de cet accord. *Convention signée entre le patronat et les syndicats.* – *Convention collective du travail,* conclue entre syndicats représentatifs des salariés et employeurs pour régler les conditions d'emploi et de travail. **2.** Règle résultant d'un commun accord, tacite ou explicite. *La langue est un système de conventions.* ◇ *De convention :* admis par convention ; qui manque de naturel, de spontanéité. **II. 1.** Assemblée nationale réunie exceptionnellement pour établir ou modifier une constitution. – *La Convention :* période de l'histoire de France (1792-1795) durant laquelle la Convention nationale (v. partie n.pr.) exerça le pouvoir. **2.** Aux États-Unis, congrès d'un parti réuni en vue de désigner un candidat à la présidence. **3.** Manifestation périodique regroupant les membres d'une profession, d'un parti politique, les spécialistes d'un domaine ; congrès. ◆ pl. Règles de la vie en société, de la bienséance qu'il est convenu de respecter.

CONVENTIONNALISME n.m. **1.** Caractère de ce qui est conventionnel ; tendance au conformisme social. **2.** PHILOS. Théorie qui considère les axiomes des sciences, les principes moraux, etc., comme des hypothèses acceptables par tous.

CONVENTIONNÉ, E adj. Lié à la Sécurité sociale par une convention de tarifs. *Clinique conventionnée.*

1. CONVENTIONNEL, ELLE adj. **1.** Qui résulte d'une convention. *Signe conventionnel.* **2.** Conforme aux conventions sociales ; qui manque de naturel, de vérité ou d'originalité. *Morale conventionnelle. Un éloge conventionnel.* **3.** Relatif aux conventions collectives. **4.** *Arme, armement conventionnels,* classiques, non nucléaires.

2. CONVENTIONNEL n.m. HIST. Membre de la Convention nationale.

CONVENTIONNELLEMENT adv. Par convention.

CONVENTIONNEMENT n.m. Action de conventionner ; son résultat.

CONVENTIONNER v.t. Lier à la Sécurité sociale par un système de conventions.

CONVENTUEL, ELLE adj. (lat. *conventualis,* de *conventus,* couvent). Relatif à une communauté religieuse, à un couvent. ◇ *Frères mineurs conventuels* ou *conventuels,* n.m. pl. : ordre de franciscains n'ayant pas suivi la réforme des observants, au XIVe s.

CONVENTUM [-tɔm] n.m. Canada. Réunion d'anciens élèves d'une même promotion.

CONVENU, E adj. **1.** Établi par une convention, un accord. *Somme convenue.* ◇ *Comme convenu :* conformément à tel accord précédent. **2.** Péj. Étroitement soumis aux conventions (sociales, littéraires, etc.) ; artificiel. *Un style très convenu.*

CONVERGENCE n.f. **1.** Fait de converger. *Convergence de rayons lumineux.* ◇ OPT. Vergence positive d'un système optique centré. ◇ *Convergence des méridiens :* angle que fait, sur une carte, la direction du méridien d'un lieu (nord géographique) avec l'axe sud-nord du carroyage (nord cartographique). **2.** Action de tendre vers un même but. *Convergence des idées, des efforts.* ◇ BIOL. Tendance évolutive, liée à la vie dans un même milieu de divers organismes appartenant à des groupes très différents, vers des formes, des structures ou des fonctionnements semblables. **3.** MATH. Propriété d'une suite dont le terme de rang *n* se rapproche d'un nombre fini, la limite, à mesure que *n* grandit ; propriété d'une série dont la somme des *n* premiers termes est une suite convergente. **4.** OCÉANOGR. *Ligne de convergence :* limite entre deux masses d'eau de densités différentes. ◇ *Ligne de convergence intertropicale :* ligne de contact entre les deux alizés.

CONVERGENT, E adj. **1.** Qui tend au même but, au même résultat. *Des efforts convergents. Des opinions convergentes.* **2.** MATH. Qui tend vers une limite déterminée. *Suite, série convergentes.* **3.** *Lentille convergente,* qui fait converger des rayons lumineux.

CONVERGER v.i. (lat. *cum,* avec, et *vergere,* incliner vers) [17]. **1.** Aboutir au même point ou au même résultat. *Les voies ferrées convergent sur Paris.* **2.** MATH. Tendre vers une valeur déterminée.

CONVERS, E adj. (lat. *conversus,* converti). RELIG. *Frère convers, sœur converse :* religieux, religieuse employés aux services domestiques d'un couvent (par opp. aux religieux, aux religieuses *de chœur,* qui chantent à l'office).

CONVERSATION n.f. **1.** Échange de propos sur un ton généralement familier. *Prendre part à la conversation.* **2.** Manière de parler ; art de converser. *Je n'aime pas sa conversation.* – *Avoir de la conversation :* savoir soutenir et animer une conversation. **3.** Entretien entre des responsables ayant un objet précis ; pourparlers. *Conversations diplomatiques.*

CONVERSATIONNEL, ELLE adj. INFORM. *Mode conversationnel :* mode d'utilisation d'un ordinateur dans lequel l'utilisateur dialogue avec la machine à l'aide d'un terminal fonctionnant en entrée et en sortie (Télétype, unité de visualisation avec clavier, etc.). SYN. : *interactif.*

CONVERSER v.i. (lat. *conversari*). S'entretenir familièrement avec qqn.

CONVERSION n.f. (lat. *conversio*). **I. 1.** Action de se convertir à une croyance, et particulièrement d'abandonner une religion pour en embrasser une autre ; passage de l'incroyance à la foi. **2.** Passage à une conviction, une opinion, une conduite nouvelles. **II. 1.** Action de tourner ; mouvement tournant. *La Terre opère un mouvement de conversion autour de son axe.* **2.** SPORTS. Demi-tour effectué sur place, à skis. **3.** MIL. Évolution tactique qui amène une armée à changer la direction de son front. **III. 1.** Changement d'une chose en une autre. *L'alchimie cherchait la conversion des métaux en or.* **2.** Action d'exprimer une grandeur à l'aide d'une autre unité, un nombre dans un autre système de numération. *Conversion de degrés Celsius en degrés Fahrenheit.* **3.** DR. Changement d'un acte, d'une procédure en une autre. *Conversion d'un procès civil en procès criminel.* **4.** FIN. Changement du taux de l'intérêt d'un emprunt public. **5.** PSYCHIATRIE. Transposition d'un conflit psychique dans des symptômes somatiques. (Ce mécanisme joue notamm. dans l'hystérie dite *de conversion.*)

CONVERTI, E adj. et n. **1.** Amené ou ramené à la religion. ◇ *Prêcher un converti :* chercher à convaincre qqn qui est déjà convaincu. **2.** Qui a radicalement changé de conduite ou d'opinion.

CONVERTIBILITÉ n.f. Caractère de ce qui est convertible. *Convertibilité d'une monnaie.*

CONVERTIBLE adj. **1.** Qui peut s'échanger contre d'autres titres, d'autres valeurs. – *Obligation convertible,* qui peut être échangée contre une, des actions. **2.** Qui peut être transformé pour un autre usage. – *Canapé convertible* ou *convertible,* n.m. : canapé-lit. – *Avion convertible* ou *convertible,* n.m. : avion doté d'hélices basculantes utilisées pour assurer aussi bien la sustentation que la propulsion.

CONVERTIR v.t. (lat. *convertere*). **1.** Amener (qqn) à la foi religieuse ; faire changer (qqn) de religion, d'opinion, de conduite. *Convertir des païens. Elle l'a converti à la course à pied.* **2.** Changer une chose en une autre ; adapter à un usage différent. *Les alchimistes cherchaient à convertir les métaux en or. Convertir une église désaffectée en salle de concerts.* **3.** Mettre sous une autre forme. *Convertir une expression mathématique.* ◇ Réaliser sous forme d'argent des biens, des valeurs mobilières ; échanger une monnaie contre une autre.

CONVERTISSAGE n.m. MÉTALL. Opération effectuée au convertisseur et consistant notamment à transformer la fonte en acier par oxydation.

CONVERTISSEUR n.m. **1.** Celui qui convertit les âmes (souvent par plais.). **2.** MÉTALL. Grande cornue doublée de matériaux réfractaires, dans laquelle s'effectue le convertissage. **3.** Dispositif assurant une conversion d'énergie, l'une de ces énergies, au moins, étant de nature électrique. ◇ Machine permettant de faire varier de façon continue, entre des limites déterminées, la valeur d'un couple moteur. **4.** INFORM. Machine qui transcrit une information d'un support sur un autre, d'une forme à une autre.

CONVEXE adj. (lat. *convexus,* voûté). **1.** Courbé et saillant à l'extérieur. *Miroir convexe.* CONTR. : *concave.* **2.** MATH. Se dit d'une partie du plan ou de l'espace telle que tout segment ayant ses extrémités dans cette partie y est inclus tout entier.

CONVEXION n.f. → ***convection.***

CONVEXITÉ n.f. Rondeur, courbure saillante d'un corps. *La convexité de la Terre.*

CONVICT [kɔ̃vikt] n.m. (mot angl.). Vx. Criminel emprisonné ou déporté, en droit anglais.

CONVICTION n.f. (du lat. *convictus,* convaincu). **1.** Fait d'être convaincu de qqch ; sentiment de qqn qui croit fermement en ce qu'il pense, dit ou fait ; certitude. *J'ai la conviction qu'il ment. Intime conviction du juge.* ◇ PSYCHIATRIE. *Conviction délirante :* certitude absolue non accessible à la critique du jugement ou de l'évidence. **2.** (Surtout pl.). Opinion, principe auxquels on croit fermement. *Convictions politiques, religieuses.*

CONVIER v.t. (lat. *cum,* avec, et *invitare,* inviter). Litt. **1.** Inviter à un repas, à une fête. **2.** Engager, inciter, inviter à qqch, à faire qqch. *Le beau temps convie à la promenade.*

CONVIVE n. (lat. *conviva*). Personne qui prend part à un repas avec d'autres.

CONVIVIAL, E, AUX adj. **1.** Relatif à la convivialité ; qui la favorise. **2.** INFORM. Se dit d'un matériel facilement utilisable par un public non spécialisé.

CONVIVIALITÉ n.f. **1.** SOCIOL. Capacité d'une société à favoriser la tolérance et les échanges réciproques des personnes et des groupes qui la composent ; ensemble de rapports favorables entre les membres d'un groupe. **2.** Goût des réunions joyeuses, des repas pris en commun. **3.** INFORM. Caractère d'un matériel convivial.

CONVOCABLE adj. Qui peut ou doit être convoqué.

CONVOCATION n.f. Action de convoquer ; avis invitant à se présenter. *Convocation d'une assemblée. Lancer une convocation.*

CONVOI n.m. (de *convoyer*). **1.** Suite de véhicules transportant des personnes ou des choses vers une même destination. *Un convoi de blindés. Un convoi de réfugiés.* **2.** Suite de voitures de chemin de fer entraînées par une seule machine. SYN. (usuel) : ***train.*** **3.** Cortège accompagnant le corps d'un défunt à une cérémonie de funérailles.

CONVOIEMENT ou **CONVOYAGE** n.m. Action de convoyer.

CONVOITER v.t. (anc. fr. *coveitier,* du lat. *cupiditas,* désir). Désirer avidement.

CONVOITISE n.f. Désir immodéré de possession ; avidité, cupidité.

CONVOLER v.i. (lat. *convolare,* voler avec). Vieilli ou par plais. Se marier. *Convoler en justes noces.*

CONVOLUTÉ, E adj. (lat. *convolutus,* de *convoluere,* enrouler). BOT. Enroulé sur soi-même. *Feuille convolutée.*

CONVOLVULACÉE n.f. *Convolvulacées :* famille de plantes volubiles aux pétales entièrement soudés, telles que le liseron or l'ipomée.

CONVOQUER v.t. (lat. *convocare*). **1.** Appeler à se réunir. *Convoquer l'Assemblée nationale.* **2.** Faire venir auprès de soi de façon impérative. *La directrice m'a convoqué dans son bureau.*

CONVOYAGE n.m. → ***convoiement.***

CONVOYER v.t. (du lat. *via,* chemin) [13]. Accompagner pour protéger ou surveiller ; escorter.

1. CONVOYEUR, EUSE n. et adj. Personne qui accompagne pour protéger, surveiller. *Convoyeur de fonds.*

2. CONVOYEUR adj.m. et n.m. **1.** *Navire convoyeur :* escorteur. **2.** TECHN. Engin de transport continu en circuit fermé.

CONVULSER v.t. (lat. *convellere,* arracher). Contracter brusquement, tordre par des convulsions. *La peur convulsait son visage.*

CONVULSIF, IVE adj. Caractérisé par des convulsions ; nerveux, saccadé. *Rire convulsif.*

CONVULSION n.f. (lat. *convulsio*). **1.** Contraction spasmodique intéressant la musculature du corps. **2.** Fig. Soubresaut, agitation violente. *Convulsion politique.*

CONVULSIONNAIRE n. HIST. *Les convulsionnaires :* illuminés du début du XVIIIe s. qui se livraient à des manifestations d'hystérie collective autour de la tombe d'un diacre janséniste, au cimetière Saint-Médard, à Paris.

CONVULSIONNER v.t. Déformer par une agitation violente (surtout au p. passé). *Visage convulsionné.*

CONVULSIVANT, E adj. Qui provoque des convulsions.

CONVULSIVEMENT adv. De façon convulsive.

CONVULSIVOTHÉRAPIE n.f. PSYCHIATRIE. Thérapie utilisant des crises convulsives provoquées.

COOBLIGÉ, E adj. et n. DR. Codébiteur.

COOCCUPANT, E n. Personne qui occupe un lieu avec une ou plusieurs autres.

COOCCURRENCE n.f. LING. Apparition d'une unité linguistique en même temps qu'une autre dans un énoncé ; relation existant entre ces unités.

COOKIE [kuki] n.m. (mot amér., du néerl. *koekjes*). Petit gâteau sec comportant des éclats de chocolat, de fruits confits, etc.

COOL [kul] adj. inv. (mot angl., *frais*). **1.** Fam. Calme, décontracté. *Elle est très cool.* **2.** *Jazz cool* ou *cool,* n.m. inv. : style de jazz apparu à la fin des années 1940, en réaction au bop, et caractérisé par des rythmes moins complexes et des sonorités plus douces et feutrées.

COOLIE [kuli] n.m. (mot angl., du hindi). Travailleur, porteur en Extrême-Orient.

COOPÉRANT n.m. Jeune homme effectuant son service national actif dans le service de la coopération.

COOPÉRATEUR, TRICE n. **1.** Membre d'une société coopérative. **2.** Personne qui participe, aide à une action commune.

COOPÉRATIF, IVE adj. **1.** Qui a pour but une coopération. **2.** Qui participe volontiers à une action commune.

COOPÉRATION n.f. **1.** Action de coopérer ; collaboration. **2.** Politique d'aide économique, technique et financière à certains pays en développement. ◇ *Service de la coopération :* forme du service national applicable depuis 1965 aux jeunes gens volontaires pour accomplir une mission culturelle ou technique au titre de la coopération. **3.** ÉCON. Méthode d'action par laquelle des personnes ayant des intérêts communs constituent une entreprise où les droits de chacun à la gestion sont égaux et où le profit est réparti entre les seuls associés au prorata de leur activité.

COOPÉRATISME n.m. Théorie qui voit dans la coopération la solution du problème social.

COOPÉRATIVE n.f. Groupement d'acheteurs, de commerçants ou de producteurs (agriculteurs, notamm.) pratiquant la coopération.

COOPÉRER v.t. ind. *(à)* [18]. Agir conjointement avec qqn. *Coopérer à un travail.*

COOPTATION n.f. (lat. *cooptatio*). Désignation d'un membre nouveau d'une assemblée, d'un corps constitué, d'un groupe, par les membres qui en font déjà partie.

COOPTER v.t. Admettre par cooptation.

COORDINATEUR, TRICE ou **COORDONNATEUR, TRICE** adj. et n. Qui coordonne.

COORDINATION n.f. (du lat. *ordinatio,* mise en ordre). **1.** Action de coordonner ; agencement de choses, d'activités diverses dans un but déterminé. ◇ GRAMM. *Conjonction de coordination,* reliant des mots ou des propositions ayant le même statut dans la phrase. ◇ CHIM. *Composé de coordination :* composé moléculaire donnant des ions complexes en solution. **2.** POLIT. Ensemble de représentants élus, en marge des organisations syndicales, par des grévistes, des manifestants, pour coordonner leurs actions.

COORDINENCE n.f. **1.** CHIM. Liaison chimique qui unit plusieurs molécules en un composé complexe. **2.** Nombre total d'ions ou d'atomes liés à l'élément central d'un complexe.

COORDONNANT n.m. LING. Mot (conjonction, adverbe) ou locution qui assure une coordination entre des mots ou des propositions.

COORDONNATEUR, TRICE adj. et n. → ***coordinateur.***

COORDONNÉ, E adj. **1.** Organisé, associé en vue d'obtenir un résultat déterminé, un ensemble cohérent. **2.** En harmonie, assorti. *Drap et taies d'oreiller coordonnés.* **3.** LING. Relié par un coordonnant.

COORDONNÉE n.f. MATH. Chacun des nombres servant à déterminer la position d'un point sur une surface ou dans l'espace par rapport à un système de référence. *Coordonnées cartésiennes, sphériques.* ◇ *Coordonnées d'un vecteur :* nombres tels que ce vecteur s'exprime de façon unique comme la somme des produits de ces nombres par les vecteurs de la base. ◆ pl. **1.** *Coordonnées géographiques :* couple de coordonnées (longitude et latitude) permettant de repérer un point à la surface du globe à partir d'un méridien origine et de l'équateur. **2.** Fam. Indications (adresse, téléphone, etc.) permettant de joindre qqn.

COORDONNER v.t. Agencer des éléments en vue d'obtenir un ensemble cohérent, un résultat déterminé. *Coordonner des mouvements, des efforts.*

COORDONNÉS n.m. pl. COMM. Éléments différents assortis entre eux et constituant un ensemble harmonieux, dans le domaine de l'habillement, de la décoration.

COPAHU [kɔpay] n.m. (mot tupi). Sécrétion du copaïer, autref. utilisée en thérapeutique.

COPAÏER ou **COPAYER** [kɔpaje] n.m. (de *copahu*). Arbre résineux de l'Amérique tropicale qui produit le copahu. (Famille des césalpiniacées.)

COPAIN, COPINE n. (du lat. *cum,* avec, et *panis,* pain). Fam. Camarade de classe, de travail, de loisirs avec qui on est lié de sympathie, d'amitié.

COPAL n.m. (mot esp., de l'aztèque) [pl. *copals*]. Résine produite par divers arbres tropicaux (conifères ou césalpiniacées) et utilisée dans la fabrication des vernis.

COPARTAGE n.m. DR. Partage entre plusieurs.

COPARTAGEANT, E adj. et n. DR. Qui partage avec d'autres.

COPARTAGER v.t. [17]. Partager avec d'autres.

COPARTICIPANT, E adj. et n. Qui participe avec d'autres à une entreprise, à une association.

COPARTICIPATION n.f. Participation commune de plusieurs personnes.

COPATERNITÉ n.f. DR. Paternité assumée dans ses conséquences légales par deux ou plusieurs personnes. (Le terme est employé, dans le droit de la filiation, en cas de possibilité de plusieurs pères naturels d'un même enfant, pouvant être solidairement tenus à une obligation alimentaire.)

COPAYER n.m. → ***copaïer.***

COPEAU n.m. (lat. *cuspis,* fer d'une lance). Parcelle de bois, de métal, etc., enlevée avec un instrument tranchant, rabot notamment.

COPÉPODE n.m. (gr. *kopê,* rame, et *pous, podos,* pied). *Copépodes :* ordre de crustacés de petite taille qui abondent dans le plancton marin ou d'eau douce, tel le cyclope.

COPERMUTER v.t. Échanger, troquer. *Copermuter des droits.*

COPERNICIEN, ENNE adj. Relatif à Copernic, à son système. – *Révolution copernicienne :* celle qu'opéra le système héliocentrique de Copernic dans la représentation du monde ; par ext., tout changement radical entraîné dans les mentalités par une conception nouvelle.

COPIAGE n.m. **1.** Action de copier frauduleusement, d'imiter servilement. **2.** Fabrication automatique sur une machine-outil d'une pièce identique à un modèle donné.

COPIE n.f. (lat. *copia,* abondance). **1.** Reproduction exacte d'un écrit, du contenu d'un texte, d'une bande magnétique ; double, duplicata. *Copie d'un acte.* ◇ CIN. Film positif destiné à la projection. **2.** Reproduction d'une œuvre d'art, d'un bijou, etc. ; réplique. *Copie d'une toile de maître, d'un meuble ancien.* **3.** Imitation, calque. *L'art n'est pas une copie de la nature.* **4.** Devoir, travail scolaire rédigé sur des feuilles volantes. *Corriger des copies.* ◇ Fig., fam. Dossier, étude dont on a la charge. *Rendre, revoir, réviser sa copie.* **5.** Feuille double de format écolier. *Acheter un paquet de copies.* **6.** ARTS GRAPH. Texte manuscrit ou dactylographié destiné à la composition. ◇ Fam. *Être en mal de copie :* manquer de sujet d'article, pour un journaliste.

COPIER v.t. **1.** Reproduire à un ou à plusieurs exemplaires ; établir une copie. *Peux-tu me copier cette recette de cuisine ?* **2.** Reproduire une œuvre originale, chercher à imiter. *Copier les grands maîtres.* **3.** Péj. Imiter servilement, sans originalité. *Copier les manières de qqn.* ◆ v.t. ind. *Copier (sur qqn, qqch) :* tricher en classe ou à un examen en s'inspirant de notes de cours ou du travail d'autrui. ◇ Absolt. *Vous êtes un tricheur, vous avez copié.*

1. COPIEUR, EUSE n. **1.** Personne qui imite servilement. **2.** Élève qui copie frauduleusement.

2. COPIEUR n.m. **1.** Photocopieur. **2.** TECHN. Dispositif permettant le copiage d'une pièce.

COPIEUSEMENT adv. De façon copieuse.

COPIEUX, EUSE adj. (lat. *copiosus*). Abondant. *Un repas copieux.*

COPILOTE n. Pilote auxiliaire.

COPINAGE n.m. Fam. et péj. Entente, entraide parmi un petit nombre de personnes qui échangent des services intéressés.

COPINE n.f. → ***copain.***

COPINER v.i. Fam. Avoir des relations de camaraderie.

COPINERIE n.f. Fam. Relations entre copains.

COPISTE n. **1.** Personne qui copie, et notamment qui copiait des manuscrits, de la musique. **2.** IMPR. Ouvrier qui effectue la copie de clichés sur une forme d'impression.

COPLANAIRE adj. GÉOM. *Points, droites coplanaires,* appartenant à un même plan.

COPOLYMÈRE n.m. CHIM. Composé formé de macromolécules renfermant des motifs monomères différents.

COPOLYMÉRISATION n.f. CHIM. Synthèse d'une chaîne macromoléculaire à partir de monomères différents.

COPOSSÉDER v.t. [18]. Posséder avec un ou plusieurs autres.

COPOSSESSION n.f. Possession en commun.

COPPA n.f. (mot it.). Charcuterie d'origine italienne, constituée par de l'échine de porc désossée, salée et fumée.

COPRAH ou **COPRA** n.m. (mot angl., du tamoul). Amande de coco débarrassée de sa coque, desséchée et prête à être mise au moulin pour l'extraction de l'huile.

COPRÉSIDENCE n.f. Présidence exercée par deux présidents ou plusieurs.

COPRÉSIDENT, E n. Personne qui partage la présidence avec une ou plusieurs autres.

COPRIN n.m. (gr. *kopros,* excrément). Champignon à lames, à chapeau rabattu contre le pied, poussant sur les fumiers, et comestible à l'état jeune. (Famille des agaricacées.)

coprin chevelu (comestible)

COPROCULTURE n.f. MÉD. Culture en laboratoire, aux fins d'isolement et d'identification, des germes présents dans les selles.

COPRODUCTION n.f. Production d'un film, d'un téléfilm assurée en commun par plusieurs producteurs ; ce film, ce téléfilm.

COPRODUIRE v.t. [98]. Produire en association avec d'autres. *Coproduire un film.*

COPROLALIE n.f. (gr. *kopros,* excrément, et *lalein,* parler). PSYCHIATRIE. Tendance pathologique à proférer des mots orduriers.

COPROLITHE n.m. **1.** GÉOL. Excrément fossile. **2.** MÉD. Calcul dans les selles.

COPROLOGIE n.f. Étude biologique des selles.

COPROPHAGE adj. et n. **1.** Qui se nourrit d'excréments. *Insecte coprophage.* **2.** Atteint de coprophagie.

COPROPHAGIE n.f. (gr. *kopros,* excrément, et *phagein,* manger). PSYCHIATRIE et ZOOL. Ingestion de matières fécales.

COPROPHILE adj. et n. **1.** Atteint de coprophilie. **2.** BIOL. Qui vit dans les excréments.

COPROPHILIE n.f. (gr. *kopros,* excrément, et *philia,* amour). PSYCHIATRIE. Plaisir de manipuler, de toucher, de sentir les produits excrémentiels.

COPROPRIÉTAIRE n. Personne qui est propriétaire avec d'autres d'une maison, d'une terre. *Réunion de copropriétaires.*

COPROPRIÉTÉ n.f. Droit de propriété sur une seule et même chose, commun à plusieurs personnes.

COPS [kɔps] n.m. (mot angl.). Enroulement de fil de forme cylindrique ou cylindro-conique. – Tube sur lequel est effectué cet enroulement.

COPSAGE n.m. Enroulage du fil de trame sur un cops.

COPTE n. et adj. (gr. *aiguptos,* égyptien). Chrétien d'Égypte et d'Éthiopie, qui professe le monophysisme. *Depuis le* XVIII*e s., une minorité de chrétiens coptes se sont ralliés à Rome.* ◆ n.m. Langue chamito-sémitique issue de l'égyptien ancien, écrite en un alphabet dérivé du grec et servant de langue liturgique à l'Église copte.

COPULATIF, IVE adj. LING. et LOG. Qui établit une liaison entre des termes.

COPULATION n.f. (lat. *copulatio,* union). Accouplement d'un mâle et d'une femelle. SYN. : *coït.*

COPULE n.f. (lat. *copula*). LING. Mot qui lie l'attribut au sujet d'une proposition. *Le verbe être est la copule la plus fréquente.*

COPULER v.i. Fam. S'accoupler.

COPYRIGHT [kɔpirajt] n.m. (mot angl.). **1.** Droit exclusif pour un auteur ou son éditeur d'exploiter pendant plusieurs années une œuvre littéraire, artistique ou scientifique. **2.** Marque de ce droit symbolisé par le signe ©, qui est imprimé, dans un livre, au verso de la page de titre et qui est suivi du nom du titulaire du droit d'auteur et de l'indication de l'année de première publication.

1. COQ n.m. (onomat.). **I. 1.** Oiseau domestique, mâle de la poule. ◇ *Au chant du coq :* au point du jour. – *Comme un coq en pâte :* choyé, à l'aise, sans souci. – *Passer du coq à l'âne :* passer sans raison d'un sujet à un autre. **2.** *Coq au vin :* plat préparé à partir de cet oiseau (parfois une poule, un poulet) cuit avec du vin rouge. **3.** *Coq gaulois :* un des emblèmes de la nation française. **II. 1.** Fig. Fanfaron ; séducteur. ◇ *Coq de village :* homme le plus admiré des femmes dans une localité ; séducteur fanfaron et hâbleur. **2.** Catégorie de poids, dans certains sports de combat ; sportif appartenant à cette catégorie. *Poids coq.* **3.** Disque de protection, ciselé, gravé ou émaillé, placé à l'intérieur des montres anciennes pour en abriter le spiral régulateur. **III. 1.** Mâle des oiseaux (surtout des gallinacés). *Coq faisan.* **2.** *Coq de bruyère :* oiseau devenu rare en France, gibier estimé, appelé aussi *tétras.* (Long. 85 cm ; ordre des gallinacés.) **3.** *Coq de roche :* oiseau passereau de l'Amérique du Sud, à plumage orangé chez le mâle, appelé aussi *rupicole.*

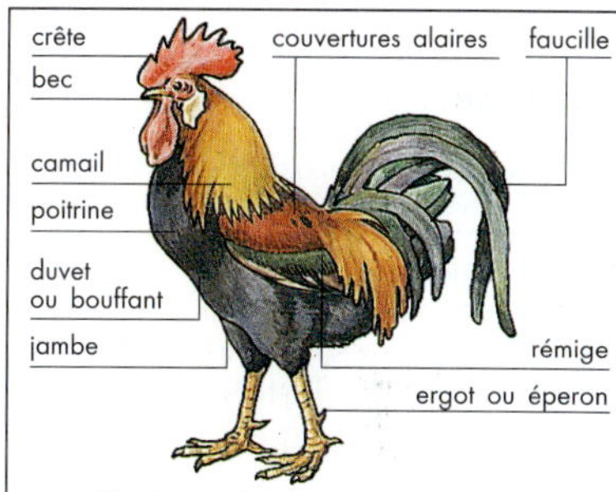

coq (Leghorn doré)

2. COQ n.m. (néerl. *kok,* cuisinier). Cuisinier, à bord d'un navire.

COQ-À-L'ÂNE [kɔkalan] n.m. inv. Fait de passer, en parlant, d'un sujet à un autre n'ayant aucun rapport ; incohérence dans les propos.

COQUART ou **COQUARD** [kɔkar] n.m. Fam. Trace de coup, ecchymose à l'œil.

COQUE n.f. **I. 1.** Vieilli. Coquille de l'œuf des oiseaux. ◇ *Œuf coque, à la coque,* cuit à l'eau bouillante dans sa coque de façon que le jaune reste fluide. **2.** Litt. Coquille ligneuse de certaines graines. *Coque de noix, de noisette, d'amande.* **3.** Coquillage bivalve comestible, enfoui dans le sable à marée basse. **4.** Vx. Cocon d'une larve qui se transforme en chrysalide. **II. 1.** Partie extérieure du navire, revêtement assemblé à la membrure, qui assure la flottaison et supporte les équipements. ◇ Partie inférieure du fuselage d'un hydravion. **2.** AUTOM. Bâti métallique rigide qui tient lieu de châssis et de carrosserie sur certains modèles. **3.** ARCHIT. Voile courbe en ciment armé, en plastique, etc., utilisé comme couverture, ou comme enveloppe. *Structure en coque.*

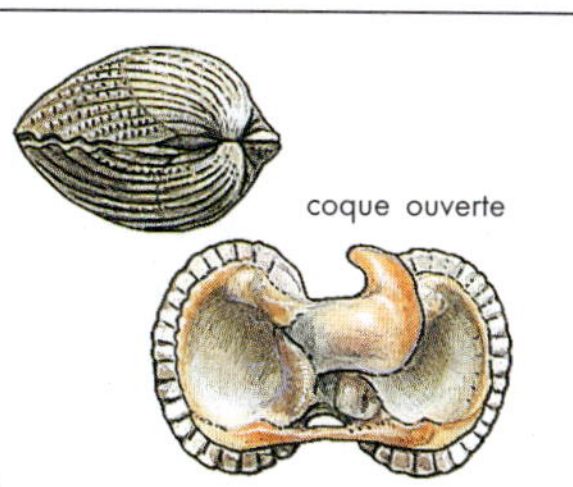

coque

COQUECIGRUE n.f. (de *coq, ci*[*gogne*] et *grue*). Litt., vx. Animal imaginaire et burlesque ; chimère.

COQUELET n.m. Jeune coq.

COQUELEUX, EUSE n. Région. (Nord) ; Belgique. Personne qui élève des coqs de combat.

COQUELICOT n.m. (onomat.). Plante herbacée à fleurs rouges, aux sépales caducs, mauvaise herbe commune dans les champs de céréales. (Famille des papavéracées.)

coquelicot

COQUELUCHE n.f. Maladie très contagieuse, auj. surtout infantile, caractérisée par de violentes quintes de toux dont le paroxysme évoque le chant du coq. ◇ Fig., fam. *Être la coqueluche de :* faire l'objet d'un engouement général chez. *C'est la coqueluche des jeunes filles.*
COQUELUCHEUX, EUSE adj. et n. Relatif à la coqueluche ; atteint de coqueluche.
COQUEMAR n.m. (néerl. *kookmoor*). Anc. Pot de métal à couvercle et à anse.
COQUERELLE n.f. HÉRALD. Meuble formé par trois noisettes réunies par leurs enveloppes.
COQUERET n.m. Physalis (plante). SYN. : *alkékenge, amour-en-cage.*
COQUERICO n.m. → *cocorico.*
COQUERIE n.f. MAR. Cuisine à bord ou à terre.
COQUERON n.m. **1.** MAR. Compartiment étanche, en poupe ou en proue, qu'on peut remplir d'eau pour améliorer l'assiette d'un navire. **2.** Canada. Logement exigu.
COQUET, ETTE adj. et n. (de *coq*). **1.** Bien mis, élégant ; qui cherche à plaire. **2.** Vieilli. Qui aime séduire, exercer son charme. ◆ n.f. *Grande coquette :* rôle de jeune femme séduisante, au théâtre. ◆ adj. **1.** Élégant, soigné ; arrangé avec un soin où se devine l'aisance. *Un appartement coquet.* **2.** Confortable, important, en parlant d'un revenu, d'une somme d'argent.
COQUETEL n.m. Canada. Cocktail.
COQUETER v.i. [27]. Vieilli, litt. Faire le coquet, la coquette.
1. COQUETIER n.m. (de *coque*). Petit godet, petit support pour servir un œuf cuit dans sa coque.
2. COQUETIER, ÈRE n. (de *coq*). Anc. Grossiste qui vendait des œufs, de la volaille ou des légumes.
COQUETIÈRE n.f. Petit ustensile pouvant contenir des œufs pour les cuire à la coque.
COQUETTEMENT adv. De façon coquette.
COQUETTERIE n.f. Caractère, attitude d'une personne coquette ; désir de plaire. ◇ Fam. *Avoir une coquetterie dans l'œil :* loucher légèrement.
COQUILLAGE n.m. Mollusque pourvu d'une coquille ; la coquille elle-même.
COQUILLARD n.m. Pop., vieilli. Œil. ◇ Fam. *S'en tamponner le coquillard :* s'en moquer.
COQUILLART n.m. Pierre calcaire renfermant des coquilles.
COQUILLE n.f. (lat. *conchylium*). **I. 1.** Enveloppe dure, calcaire, constituant le squelette externe de la plupart des mollusques et des brachiopodes. (Elle est sécrétée par une partie du tégument, le *manteau.*) – Fig. *Rentrer dans sa coquille :* se replier sur soi, éviter les autres. ◇ *Coquille Saint-Jacques :* mollusque marin bivalve, comestible, capable de se propulser en refermant ses valves. (Long. 10 cm ; genre pecten [peigne].) **2.** Enveloppe calcaire de l'œuf des oiseaux. ◇ *Coquille d'œuf :* d'une couleur blanc cassé, à peine teinté de beige ou d'ocre. **3.** Enveloppe ligneuse de certains fruits. ◇ Fig. *Coquille de noix :* petite embarcation fragile. **II. 1.** ARTS DÉC. Ornement en forme de coquille de mollusque, notamm. dans les styles Louis XIV et rocaille. **2.** Appareil de protection du bas-ventre, obligatoire dans certains sports de combat. **3.** Expansion inférieure de la garde d'une arme blanche, pour protéger la main. **4.** Plâtre amovible pour le traitement des affections de la colonne vertébrale. **III. 1.** Faute typographique (inversion, transposition, substitution de lettres). **2.** PAPET. Anc. Format de papier aux dimensions de 44 × 56 cm.

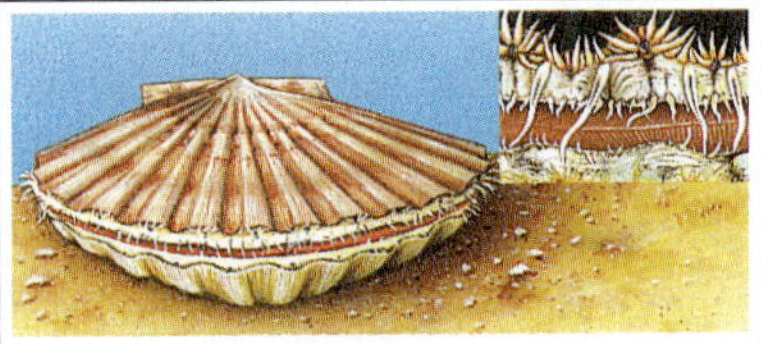

coquille Saint-Jacques et détail des ocelles

COQUILLER v.i. Former des boursouflures, en parlant de la croûte du pain.
COQUILLETTE n.f. Pâte alimentaire en forme de tube cintré, évoquant lointainement une petite coquille.
COQUILLIER, ÈRE adj. *Sable, calcaire coquillier,* formé en grande partie de débris de coquilles fossiles.
COQUIN, E n. (p.-ê. de *coq*). Vieilli (rare au fém.). Individu malhonnête, sans scrupule. ◆ n.m. Fam. et vieilli ou par plais. Amant. *Elle est venue avec son coquin.* ◆ adj. et n. Espiègle, malicieux. *Petit coquin !* ◆ adj. **1.** Fait pour séduire, canaille. *Regard coquin.* **2.** Grivois, égrillard. *Une histoire coquine.*
COQUINERIE n.f. Litt. Acte, geste de coquin.
1. COR n.m. (lat. *cornu,* corne). **I.** Instrument de musique à vent, en cuivre ou en laiton, composé d'une embouchure et d'un tube conique enroulé sur lui-même et terminé par un pavillon évasé. **1.** *Cor de chasse :* trompe utilisée dans les chasses à courre. ◇ *À cor et à cri :* à grand bruit, avec insistance. **2.** *Cor chromatique :* cor d'orchestre, équipé d'un système de pistons permettant de jouer les gammes chromatiques. **II. 1.** *Cor anglais :* hautbois alto. **2.** Vx. *Cor de basset :* clarinette alto. **III.** Chacune des branches adventices du bois d'un cerf. ◇ *Cerf dix cors* ou *dix-cors,* n.m. : cerf qui a atteint sa septième année.

cors chromatiques d'orchestre

2. COR n.m. (lat. *cornu*). Durillon sur les doigts de pied, dû au frottement.
CORACIADIFORME ou **CORACIIFORME** n.m. *Coraciadiformes :* ordre d'oiseaux tels que le calao, le martin-pêcheur, le guêpier, la huppe.
CORACOÏDE adj. (gr. *korax, -akos,* corbeau, et *eidos,* forme). ANAT. **1.** *Apophyse coracoïde* ou *coracoïde,* n.f. : apophyse du bord supérieur de l'omoplate. **2.** *Os coracoïde* ou *coracoïde,* n.m. : os de la ceinture scapulaire des vertébrés.
CORAIL n.m. (lat. *corallium,* du gr.) [pl. *coraux*]. **I. 1.** Animal des mers chaudes, vivant en colonies, polype dont le squelette calcaire forme avec d'autres des polypiers pouvant constituer des récifs. (Embranchement des cnidaires ; ordre des octocoralliaires.) **2.** Matière constituant les polypiers, exploitée en bijouterie pour ses teintes variées, du blanc au rouge. **3.** Tout polypier qui, comme le corail, forme des récifs en s'amassant avec d'autres (ex. : madrépores, hydrocoralliaires). **II. 1.** Partie rouge de la coquille Saint-Jacques, de certains crustacés, utilisée en cuisine. **2.** *Serpent corail :* serpent très venimeux des régions chaudes, dont le corps est annelé de rouge et de noir. ◆ adj. inv. et n.m. inv. D'un rouge éclatant.

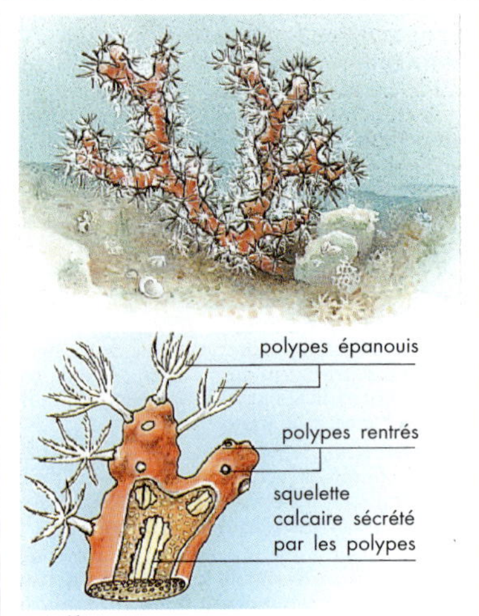

corail rouge

CORAILLEUR, EUSE n. Personne qui pêche ou qui travaille le corail.
CORALLIAIRE n.m. ZOOL. Vx. Anthozoaire.
CORALLIEN, ENNE adj. Formé de coraux. *Récif corallien.*
CORALLIFÈRE adj. Qui porte des coraux. *Atolls corallifères.*
CORALLIN, E adj. Litt. Rouge comme du corail. *Lèvres corallines.*
CORALLINE n.f. Algue rouge marine, formant de petits buissons. (Sous-classe des floridées.)
CORAN n.m. **1.** *Le Coran :* livre sacré des musulmans. (V. partie n.pr.) **2.** Exemplaire du Coran.
CORANIQUE adj. Du Coran. – *École coranique,* où l'on étudie le Coran, dans les pays islamiques.
CORBEAU n.m. (lat. *corvus*). **I. 1.** ZOOL. *(Grand corbeau).* Oiseau passereau de l'hémisphère Nord, au plumage noir, devenu rare en France. (Envergure jusqu'à 1 m ; famille des corvidés.) **2.** Cour. Petit corvidé à plumage noir, tel que freux, corneille, choucas, crave, etc. *Le corbeau croasse,* pousse son cri. **3.** Auteur de lettres ou de coups de téléphone anonymes et comportant des menaces. **II.** Grosse pierre, pièce de bois ou de métal en saillie sur le parement d'un mur, pour supporter une poutre ou toute autre charge.

corbeau

CORBEILLE n.f. (bas lat. *corbicula,* de *corbis,* panier). **I.** Panier en osier, en métal ou de toute autre matière avec ou sans anse ; son contenu. *Corbeille à papier. Offrir une corbeille de fruits.* ◇ *Corbeille de mariage :* ce que reçoit la jeune mariée, soit en dot, soit en cadeaux. **II. 1.** Balcon au-dessus de l'orchestre, dans une salle de spectacle. **2.** Espace circulaire entouré d'une balustrade, autour de laquelle se font les offres et les demandes, à la Bourse. **3.** Parterre circulaire ou ovale couvert de fleurs. **4.** ARCHIT. Partie principale d'un chapiteau, comprise entre l'astragale et l'abaque. **5.** Élément décoratif du style Louis XVI.

CORBEILLE-D'ARGENT n.f. (pl. *corbeilles-d'argent*). Plante ornementale au feuillage argenté, aux fleurs blanches, jaunes ou bleues, selon l'espèce. (Famille des crucifères ; genres *Alyssum* et *Iberis*.)

CORBIÈRES n.m. Vin rouge récolté dans les Corbières.

CORBILLARD n.m. (de *corbillat*, voiture faisant le service de Paris à Corbeil). Voiture dans laquelle on transporte les morts.

CORBILLAT n.m. Petit du corbeau.

CORBILLON n.m. Jeu de société où chacun doit, sous peine de recevoir un gage, répondre par un mot en *on* à la question *Dans mon corbillon, qu'y met-on ?*

CORBIN [kɔrbɛ̃] n.m. (lat. *corvinus*, de *corvus*, corbeau). Vx. *En bec de corbin*, recourbé en pointe. (→ ***bec-de-corbin.***)

CORBLEU interj. (altér. de *corps de Dieu*). Vx. (Juron gaillard, soulignant un propos). *Corbleu ! ne me fâchez pas !*

CORDAGE n.m. **1.** MAR. Câble, corde, filin. **2.** Action de corder une raquette de tennis ; son résultat.

1. CORDE n.f. (lat. *chorda*, gr. *khordê*, boyau). **I.** Assemblage de fils de chanvre, de sisal ou de tout autre textile, tordus ensemble pour former un fil, un câble ; cet assemblage, constituant lui-même : **1.** Une matière. *Échelle de corde.* **2.** Un objet d'usage précis. *Corde à linge.* – Spécialt. **a.** Câble sur lequel dansaient les bateleurs, marchent les funambules. ◇ *Sur la corde raide :* dans une situation délicate. **b.** Lien tendu entre les extrémités d'un arc. ◇ *Avoir plusieurs cordes à son arc :* ne pas manquer de ressources pour réagir, faire face. – *Tirer sur la corde :* abuser d'une situation, de libéralités. ◇ GÉOM. Segment qui a pour extrémités deux points d'une courbe. **c.** Trame d'un tissu. ◇ Fig. *Usé jusqu'à la corde :* éculé, rebattu. **d.** *Corde lisse, corde à nœuds :* agrès de gymnastique. **e.** *Les cordes :* celles qui servent de garde-corps autour d'un ring de boxe, de catch, dont elles marquent les limites. **f.** *Corde à sauter :* corde, souvent munie d'une poignée à chaque extrémité, utilisée par les enfants dans les jeux comportant saut ou course sur place, ou par certains sportifs (boxeurs, en partic.) comme accessoire d'entraînement. **g.** Fig. *Il pleut, il tombe des cordes :* il pleut très fort, à verse. **II. 1.** Limite intérieure d'une piste de course (autref. matérialisée par une corde, dans les hippodromes). ◇ *Tenir la corde :* être bien placé, avoir l'avantage. – *Prendre un virage à la corde,* au plus court. **2.** Supplice de la pendaison. *Mériter la corde.* **3.** Anc. Mesure de bois valant 4 stères (évaluée avec une corde qui en faisait le tour). **III. 1.** Fil de boyau, de soie, d'acier, etc., tendu avec d'autres sur la table d'harmonie d'un instrument de musique. *Instrument à cordes, à cordes pincées* (ex. : guitare), *frappées* (ex. : piano), *frottées* (ex. : violon). ◇ MUS. *Les cordes :* les instruments à cordes frottées (violon, alto, violoncelle, contrebasse) de l'orchestre symphonique (par opp. aux bois, aux cuivres). ◇ Fig. *La corde sensible :* ce qui, chez qqn, est vulnérable, source d'émotions. **2.** Tamis d'une raquette de tennis. **IV.** ANAT. **1.** *Cordes vocales :* épaississement musculo-membraneux du larynx, formant une paire de replis qui limitent entre eux la glotte et constituant l'organe supérieur de la phonation. – Fam. *Ce n'est pas dans mes cordes :* ce n'est pas de ma compétence. **2.** *Corde du tympan :* rameau nerveux qui transmet les sensations gustatives.

2. CORDE ou **CHORDE** n.f. *Corde dorsale :* ébauche de la colonne vertébrale chez l'embryon et les vertébrés primitifs.

1. CORDÉ, E adj. (lat. *cor, cordis*, cœur). Qui a la forme d'un cœur, d'un cœur de carte à jouer.

2. CORDÉ ou **CHORDÉ** n.m. Animal présentant un axe gélatineux dorsal ou *corde*. *Les vertébrés, les procordés et les stomocordés sont des cordés.*

CORDEAU n.m. **1.** Petite corde que l'on tend entre deux points, pour tracer une ligne droite, aligner. ◇ *Tiré au cordeau :* fait, exécuté impeccablement. **2.** Ligne de fond pour la pêche. **3.** TECHN. *Cordeau détonant :* dispositif de mise à feu formé d'une gaine remplie d'explosif. – *Cordeau Bickford* → ***bickford.***

CORDÉE n.f. **1.** Groupe d'alpinistes reliés les uns aux autres par une corde de sécurité. **2.** Petite ficelle attachée à une ligne de fond (cordeau) et portant un hameçon.

CORDELER v.t. [24]. Tordre (des brins) en forme de corde.

CORDELETTE n.f. Corde fine.

CORDELIER n.m. (de *cordelle*, petite corde). HIST. *Les cordeliers :* les franciscains (ou frères mineurs), jusqu'à la Révolution.

CORDELIÈRE n.f. **1.** Corde ronde tressée employée : **a.** dans l'ameublement ; **b.** dans l'habillement, comme ceinture. **2.** Corde à trois nœuds (symbole des vœux de pauvreté, chasteté, obéissance) portée en ceinture par les franciscains.

CORDER v.t. **1.** Tordre en forme de corde. **2.** Litt. Lier avec une corde. *Corder une malle.* **3.** Garnir de boyaux (une raquette de tennis).

CORDERIE n.f. **1.** Métier, commerce du cordier. **2.** Établissement industriel spécialisé dans la fabrication des cordes et des cordages.

1. CORDIAL, E, AUX adj. (lat. *cordialis*). Qui fait preuve de cordialité ; chaleureux. *Invitation cordiale.*

2. CORDIAL n.m. Potion, boisson fortifiante.

CORDIALEMENT adv. De façon cordiale. ◇ Iron. *Elle me déteste cordialement.*

CORDIALITÉ n.f. Bienveillance qui part du cœur ; sympathie.

1. CORDIER, ÈRE n. Personne dont le métier est de faire, de vendre des cordes.

2. CORDIER n.m. Pièce du violon où se fixent les cordes, à l'opposé du chevillier.

CORDIÉRITE n.f. MINÉR. Silicate naturel d'aluminium, de magnésium et de fer.

CORDIFORME adj. Didact. Qui a la forme d'un cœur.

CORDILLÈRE n.f. (esp. *cordillera*). Chaîne de montagnes (surtout dans un contexte hispanique).

CORDITE n.f. Explosif très brisant, à base de nitrocellulose et de nitroglycérine.

CORDOBA n.m. Unité monétaire principale du Nicaragua. – On écrit aussi, à l'espagnole, *córdoba*. (→ ***monnaie.***)

CORDON n.m. **I. 1.** Petite corde tressée. *Cordon de rideau.* **2.** Vx. Corde au moyen de laquelle le concierge ouvrait la porte d'une maison. **3.** Large ruban servant d'insigne aux dignitaires de certains ordres. **4.** ÉLECTR. Ensemble de conducteurs souples isolés. **II. 1.** Série, ligne de personnes rangées. *Cordon de troupes, de police.* ◇ *Cordon sanitaire :* ensemble de postes de surveillance contrôlant une région épidémique ; dispositif de protection. **2.** Bord des monnaies. **3.** ARCHIT. Moulure ou bandeau saillant horizontalement sur un mur. **4.** GÉOGR. *Cordon littoral :* remblai de sables, de galets accumulés par un courant côtier en une bande parallèle à la côte ou en une flèche barrant une baie, isolant une lagune. SYN. : ***flèche littorale.*** **5.** ANAT. *Cordon ombilical :* tige conjonctive contenant les vaisseaux qui unissent le fœtus au placenta.

CORDON-BLEU n.m. (pl. *cordons-bleus*). Cuisinier, cuisinière très habile.

CORDONNER v.t. Tortiller en cordon.

CORDONNERIE n.f. **1.** Métier, commerce du cordonnier. **2.** Boutique du cordonnier.

CORDONNET n.m. **1.** Petit cordon de fil, de soie, d'or ou d'argent, en broderie, en passementerie. **2.** Fil de soie torse. **3.** Ganse ferrée à un bout.

CORDONNIER, ÈRE n. (anc. fr. *cordoan*, cuir de Cordoue). Personne qui répare les chaussures.

1. CORDOUAN, E adj. et n. De Cordoue, ville d'Espagne.

2. CORDOUAN n.m. Cuir de chèvre ou de mouton maroquiné, travaillé à l'origine à Cordoue.

CORÉ n.f. → ***korê.***

CORÉEN, ENNE adj. et n. De Corée. ◆ n.m. Langue parlée en Corée, transcrite grâce à un alphabet original (le hangul).

CORÉGONE n.m. (du gr. *korê*, pupille de l'œil, et *gonia*, angle). *Corégones :* genre de poissons des lacs comprenant le lavaret, la féra. (Famille des salmonidés.)

CORELIGIONNAIRE n. Personne qui professe la même religion qu'une autre.

CORÉOPSIS [kɔreɔpsis] n.m. (gr. *koris*, punaise, et *opsis*, apparence). *Coréopsis :* genre de composées comprenant de nombreuses espèces ornementales.

CORESPONSABLE adj. et n. Qui partage des responsabilités avec d'autres.

CORIACE adj. (bas lat. *coriaceus*, de *corium*, cuir). **1.** *Viande coriace,* dure comme du cuir. **2.** Fig. Dur, tenace, entêté. *Il est coriace en affaires.*

CORIANDRE n.f. (gr. *koriandron*). Plante méditerranéenne, dont le fruit aromatique sert de condiment et dont on tire une huile essentielle utilisée en parfumerie. (Famille des ombellifères.)

CORICIDE n.m. Substance qu'on applique sur les cors aux pieds pour les détruire.

CORINDON n.m. (d'un mot tamoul). MINÉR. *Corindons :* groupe de pierres formées d'alumine (Al_2O_3), les plus dures après le diamant, dont beaucoup sont précieuses, comme le rubis ou le saphir. ◇ Variété granulée de ce minéral, ou alumine artificielle, utilisée comme abrasif (toile émeri, par ex.).

1. CORINTHIEN, ENNE adj. et n. De Corinthe.

2. CORINTHIEN n.m. Ordre d'architecture de la Grèce antique (ve s. av. J.-C.), caractérisé par un chapiteau dont la corbeille est ornée de deux rangées de feuilles d'acanthe et par un entablement richement décoré. ◆ **corinthien, enne** adj. Du corinthien.

CORME n.f. (mot gaul.). Fruit du cormier.

CORMIER n.m. Sorbier domestique, arbre de 5 à 10 m de haut, dont le bois, très dur, est utilisé pour fabriquer des manches d'outils.

CORMOPHYTE n.m. Plante possédant une tige (par opp. à *thallophyte*).

CORMORAN n.m. (anc. fr. *corp*, corbeau, et *marenc*, marin). Oiseau palmipède vivant près des côtes, excellent plongeur, au plumage sombre. (Long. 60 à 80 cm.)

cormoran

CORNAC [kɔrnak] n.m. (port. *cornaca*, d'orig. indienne). Celui qui est chargé de soigner et de conduire un éléphant.

CORNACÉE n.f. *Cornacées :* famille de plantes dialypétales, telles que le cornouiller, l'aucuba.

CORNAGE n.m. (de *corner*). Bruit de respiration difficile : **a.** chez le cheval, le mulet ou l'âne, dans certaines maladies ; **b.** chez l'homme atteint de laryngite suffocante (croup).

CORNALINE n.f. (de *corne*). Agate rouge, employée en bijouterie. *Cachet, bague en cornaline.*

CORNAQUER v.t. Fam. Conduire qqn, lui servir de guide.

CORNARD n.m. Fam., vieilli. Celui qui porte des cornes, dont la femme est infidèle.

CORNE n.f. **I. 1.** Organe pair, dur, souvent pointu, poussant sur la tête de beaucoup de mammifères ruminants. *Cornes creuses des bovidés. Cornes ramifiées et caduques* (ou *bois*) *des cervidés.* ◇ *Prendre le taureau par les cornes :* faire front résolument (à une difficulté). – Fam. *Faire les cornes à qqn :* pointer deux doigts évoquant des cornes dans un geste moqueur (souvent enfantin). ◇ Fam. Attribut d'une infortune conjugale, surtout d'un homme. *Porter des cornes.* **2. a.** Organe corné poussant sur le museau du rhinocéros. **b.** Organe pair dont la forme évoque une corne (antenne des insectes, etc.). *Cornes d'escargot.* **3.** Trompe faite d'une corne d'animal dont on a enlevé la pointe. **4.** MAR.

Corne de brume : instrument émettant des signaux sonores, utilisé par temps de brume. **II. 1.** Partie saillante, pointue d'une chose. *Cornes de la lune.* ◇ FORTIF. *Ouvrage à cornes :* ouvrage avancé à angles saillants. **2.** Pli, repère fait au coin d'une page, d'une carte de visite. **3.** MAR. Vergue placée obliquement et portant une voile aurique ou un pavillon. ◇ *Corne de charge :* espar incliné pivotant sur un mât et utilisé pour charger ou décharger un navire. **4.** *Cornes de gazelle :* gâteau oriental en forme de corne. **III. 1.** Substance produite par l'épiderme, constituant les cornes des animaux et qu'on emploie dans l'industrie. *Peigne de corne. Bouton en corne.* ◇ *Corne à chaussure :* chausse-pied (en corne à l'origine). **2.** Substance dure constituant l'ongle du pied des ongulés. **3.** Callosité de la peau.

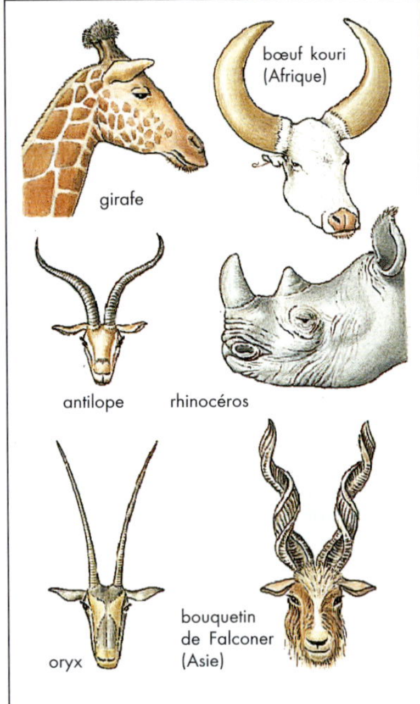

cornes de quelques mammifères

CORNÉ, E adj. (lat. *corneus*). **1.** De la nature de la corne. **2.** Qui a l'apparence de la corne.

CORNED-BEEF [kɔrnbif] n.m. inv. (mot angl., *bœuf salé*). Conserve de viande de bœuf salée.

CORNÉE n.f. (lat. *cornea* [*tunica*], [tunique] cornée). Partie antérieure transparente du globe oculaire, en forme de calotte sphérique un peu saillante, qui constitue le prolongement antérieur de la sclérotique.

CORNÉEN, ENNE adj. Relatif à la cornée. ◇ *Lentilles cornéennes :* verres de contact que l'on applique sur la cornée.

CORNÉENNE n.f. Roche compacte, à grain très fin, résultant du métamorphisme de contact.

CORNEILLE n.f. (lat. *cornicula*). Oiseau passereau voisin des corbeaux, mais plus petit, qui vit d'insectes et de petits rongeurs. *La corneille craille, graille,* pousse son cri.

CORNÉLIEN, ENNE adj. **1.** Relatif à l'œuvre, à l'écriture de Corneille. **2.** Se dit d'une situation dans laquelle s'opposent la grandeur d'une passion et l'honneur d'un devoir, et des circonstances qui entourent une telle situation. **3.** *Héros cornélien,* qui fait passer le devoir avant tout.

CORNEMENT n.m. **1.** Vieilli. Bourdonnement dans l'oreille. **2.** MUS. Son émis accidentellement par un tuyau d'orgue mal obturé.

CORNEMUSE n.f. (de *corner,* et de l'anc. fr. *muser,* jouer de la musette). Instrument de musique à vent, composé d'une outre et de tuyaux à anches.

CORNEMUSEUR ou **CORNEMUSEUX** n.m. Joueur de cornemuse.

1. CORNER v.i. Sonner d'une corne, d'une trompe. ◇ *Corner aux oreilles de qqn,* lui parler très fort. ◆ v.t. **1.** Plier (qqch) en forme de corne. *Corner une carte de visite.* **2.** Fam. Répéter (qqch) partout et sans cesse. *Corner une nouvelle.*

2. CORNER [kɔrnɛr] n.m. (mot angl., *coin*). SPORTS (football). **1.** Faute commise par un joueur qui détourne le ballon et l'envoie derrière la ligne de but de son équipe. **2.** Coup franc accordé à l'équipe adverse à la suite de cette faute.

3. CORNER [kɔrnɛr] n.m. Entente entre spéculateurs visant à provoquer la hausse des cours en acquérant tout le stock disponible d'une marchandise.

CORNET n.m. **I. 1.** Anc. Petite trompe proche de la corne. **2.** Mod. *Cornet à pistons :* instrument à vent en cuivre, à embouchure, muni de pistons et dont la sonorité douce est intermédiaire entre celle du cor et celle de la trompette. **3.** Cornettiste. **II. 1.** Emballage de papier roulé en forme de cône ; son contenu. *Cornet de frites.* ◇ Suisse. Sachet de papier ou de plastique. **2.** Gaufrette conique sur laquelle on présente une, quelques boules glacées. **3.** ANAT. Chacune des trois lames osseuses, enroulées sur elles-mêmes, du squelette des fosses nasales. **4.** RADIOTECHN. Antenne constituée par l'extrémité évasée d'un guide d'ondes. **III.** *Cornet à dés :* gobelet dans lequel on agite les dés avant de les lancer sur le tapis.

1. CORNETTE n.f. (de *corne*). **1.** Coiffure que portent certaines religieuses. **2.** Salade scarole, à feuilles enroulées. **3.** Anc. Étendard de cavalerie. **4.** Long pavillon de marine, à deux pointes (cornes). ◆ pl. Suisse. Pâtes alimentaires tortillées en cornet.

2. CORNETTE n.m. Porte-étendard, puis sous-lieutenant de cavalerie (XVIe-XVIIIe s.).

CORNETTISTE n. Musicien, musicienne qui joue du cornet. SYN. : *cornet.*

CORN FLAKES [kɔrnfleks] n.m. pl. (amér. *cornflakes,* de *corn,* maïs, et *flake,* flocon). Aliment présenté sous forme de flocons grillés, préparé à partir de semoule de maïs.

CORNIAUD ou **CORNIOT** n.m. **1.** Chien bâtard. **2.** Pop. Homme stupide, imbécile. *Quel corniaud !*

CORNICHE n.f. (it. *cornice,* du gr. *korônis*). **1.** Ensemble de moulures en surplomb les unes sur les autres, qui constituent le couronnement d'un entablement, d'une façade, d'un piédestal, d'un meuble. **2.** GÉOGR. Versant, portion de versant, vertical ou en pente abrupte. **3.** Arg. scol. Classe préparatoire à l'École spéciale militaire de Saint-Cyr.

CORNICHON n.m. (de *corne*). **1.** Concombre d'un type cultivé pour ses fruits, mis en conserve dans le vinaigre ou la saumure ; le fruit lui-même, consommé comme condiment. **2.** Fam. Niais, imbécile. **3.** Arg. scol. Élève de la classe de corniche.

1. CORNIER n.m. et adj.m. Arbre qui marque le coin d'une coupe en forêt.

2. CORNIER, ÈRE adj. Qui est à l'angle de qqch.

CORNIÈRE n.f. **1.** Barre métallique composée de deux lames (ailes) assemblées en T, en L ou en V. **2.** Rangée de tuiles placée à la jointure de deux pentes d'un toit pour l'écoulement des eaux. **3.** ARCHIT. Portique formant passage couvert au rez-de-chaussée des maisons et qui borde la place principale d'une bastide. SYN. : *couvert.*

joueur de **cornemuse**

CORNILLON n.m. Prolongement osseux du crâne de certains ruminants, servant de squelette aux cornes.

CORNIOT n.m. → ***corniaud.***

CORNIQUE adj. Du pays de Cornouailles.

CORNISTE n. Musicien, musicienne qui joue du cor.

CORNOUILLE n.f. Fruit du cornouiller.

CORNOUILLER n.m. (de *corne*). Petit arbre commun des bois ou des haies, au bois dur. (Famille des cornacées.)

cornouiller

CORN-PICKER [kɔrnpikœr] n.m. (mot angl.) [pl. *corn-pickers*]. Machine à récolter le maïs, qui cueille les épis et les dépouille de leurs enveloppes.

CORN-SHELLER [kɔrnʃɛlœr] n.m. (mot angl.) [pl. *corn-shellers*]. Machine à récolter le maïs qui cueille et égrène les épis.

CORNU, E adj. (lat. *cornutus*). **1.** Qui a des cornes, des saillies, des appendices en forme de corne. *Blé cornu.* **2.** Qui a la forme d'une corne.

CORNUE n.f. (de *cornu*). **1.** Vase à col étroit et courbé, utilisé en chimie pour la distillation. **2.** TECHN. Four industriel de forme comparable.

COROLLAIRE n.m. (lat. *corollarium,* petite couronne). Conséquence nécessaire et évidente. ◇ MATH., LOG. Proposition qui se déduit immédiatement d'une proposition déjà démontrée.

COROLLE n.f. (lat. *corolla*). BOT. Ensemble des pétales d'une fleur, souvent brillamment colorés.

CORON n.m. (mot picard, anc. fr. *cor,* angle). Groupe d'habitations ouvrières, en pays minier.

CORONAIRE adj. et n.f. *Artère coronaire* ou *coronaire,* n.f. : chacune des deux artères qui naissent de l'aorte et apportent au muscle cardiaque le sang nécessaire à son fonctionnement. *L'oblitération des coronaires entraîne les douleurs de l'angine de poitrine et aboutit à l'infarctus du myocarde.*

CORONAL, E, AUX adj. ASTRON. Qui concerne la couronne solaire.

CORONARIEN, ENNE adj. Des artères coronaires.

CORONARITE n.f. Maladie inflammatoire des artères coronaires.

CORONAROGRAPHIE ou **CORONOGRAPHIE** n.f. Radiographie des artères coronaires sous produit de contraste.

CORONAROPATHIE n.f. Affection des artères coronaires.

CORONELLE n.f. Serpent inoffensif, voisin de la couleuvre. (Long. 85 cm ; famille des colubridés.)

CORONER [kɔrɔnœr] n.m. (mot angl.). Officier de police judiciaire, dans les pays anglo-saxons.

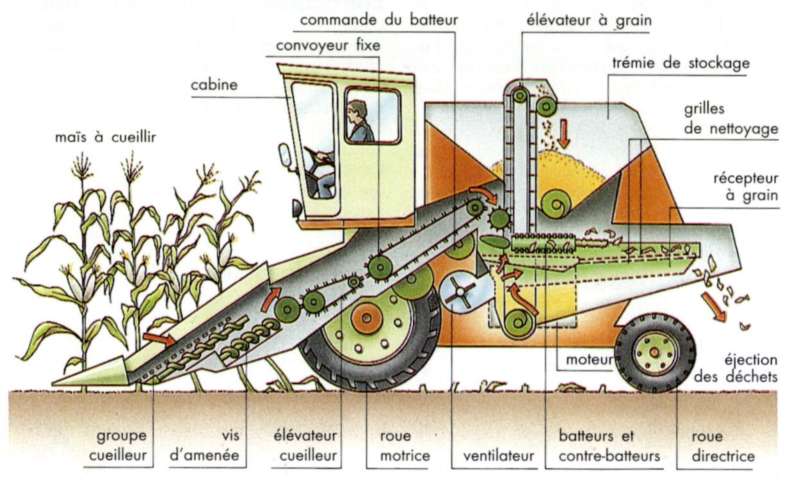

corn-sheller : écorché montrant le fonctionnement

CORONILLE n.f. (esp. *coronilla*). Herbe vivace ou arbuste parfois cultivé comme plante ornementale. (Famille des papilionacées.)

CORONOGRAPHE n.m. ASTRON. Lunette pour l'étude et la photographie de la couronne solaire en dehors des éclipses totales de Soleil.

CORONOGRAPHIE n.f. → ***coronarographie.***

COROSSOL n.m. Gros fruit tropical, rafraîchissant, à l'enveloppe hérissée de pointes.

COROZO n.m. (mot esp.). Substance très dure, blanche, formant l'albumen des graines d'un palmier d'Amérique tropicale *(phytéléphas)* et dont on fait notamm. des boutons. SYN. : *ivoire végétal.*

CORPORAL n.m. (lat. *corporale*, de *corpus*, corps) [pl. *corporaux*]. Linge sacré sur lequel le prêtre pose l'hostie et le calice.

CORPORATIF, IVE adj. Relatif à une corporation.

CORPORATION n.f. (mot angl., du lat. *corporari*, se former en corps). **1.** Ensemble des personnes exerçant la même profession. **2.** HIST. Sous l'Ancien Régime, association qui groupait les membres d'une profession, maîtres, compagnons et apprentis. (Les corporations, dénommées *métiers* jusqu'au XVIIIe s., furent supprimées en 1791.)

CORPORATISME n.m. **1.** Défense exclusive des intérêts professionnels d'une catégorie déterminée de travailleurs. **2.** Doctrine économique et sociale qui prône la création d'institutions professionnelles corporatives représentées auprès des pouvoirs publics.

CORPORATISTE adj. et n. Qui concerne ou soutient le corporatisme.

CORPOREL, ELLE adj. **1.** Relatif au corps humain ; physique, charnel. ◇ PSYCHOL. *Schéma corporel :* image que chacun se fait de son propre corps. ◇ *Art corporel* (en angl. *body art*) : forme d'art contemporain dans lequel l'artiste prend pour matériau son propre corps (à partir de 1969-70 : actions de Vito Acconci aux États-Unis, de G. Pane en France, gestualité picturale de l'Autrichien Arnulf Rainer, etc.). **2.** DR. *Bien corporel :* bien qui a une existence matérielle (par opp. au *bien incorporel*, par ex. un droit d'auteur).

CORPORELLEMENT adv. Litt., didact. De façon corporelle ; physiquement, matériellement.

CORPS n.m. (lat. *corpus*). **I.1.** Organisme de l'homme, de l'animal ; partie matérielle de l'être humain (par opp. à l'âme, à l'esprit). ◇ *Corps et âme :* tout entier, sans réserve. – *Corps à corps :* directement aux prises avec l'adversaire ; avec acharnement. – *À corps perdu :* sans se ménager, dans un élan étourdissant. ◇ PHILOS. *Corps propre :* corps en tant qu'il est vécu par le sujet comme l'ensemble des rapports que celui-ci entretient avec lui. **2.** Tronc (par opp. aux membres). *Bras le long du corps.* ◇ Ce qui habille le tronc, le torse. *Corps de robe. Corps de cuirasse.* **3.** Vx. Homme, individu. ◇ Mod. *À son corps défendant :* malgré soi. **4.** DR. Personne. *Séparation de corps et de biens.* **5.** Cadavre. **II.1.** Partie principale, essentielle. *Corps de bibliothèque. Corps d'un article.* ◇ MAR. Rare. *Corps d'un navire,* sa coque ; DR., l'ensemble de ses éléments fixes, par opp. aux marchandises. – *Perdu corps et biens :* se dit d'un navire qui a sombré avec son équipage, ses passagers ; fig., en totalité. ◇ MOBILIER. *Buffet, armoire à deux corps,* à deux parties superposées. ◇ REL. *Corps d'ouvrage :* ensemble des cahiers cousus et collés, prêt pour la reliure. **2.** *Corps de bâtiment :* partie d'un édifice formant une unité distincte. – *Corps de logis :* corps de bâtiment servant à l'habitation. **III.1.** *Faire corps :* former un ensemble indissoluble ; faire un avec. **2.** Ensemble de personnes appartenant à une même catégorie, une même profession. *Corps électoral. Corps médical.* ◇ *Corps diplomatique (C.D.) :* ensemble des représentants des puissances étrangères auprès du gouvernement. ◇ *Esprit de corps :* solidarité qui unit les membres d'un même corps, d'un même groupe. **3.a.** (En loc.). Organe de l'État dont les membres ne sont pas élus (Administration, justice). *Corps constitués. Grands corps de l'État (Conseil d'État, Cour des comptes, etc.).* **b.** MIL. Unité autonome. *Corps de troupe (ex. : régiment, bataillon). Chef de corps.* – *Corps d'armée :* grande unité tactique. ◇ Formation. *Corps expéditionnaire. Corps de garde.* – *Corps franc :* (anc.) groupe de francs-tireurs ; (auj.) groupe de volontaires affecté à une mission spéciale. **4.** Ensemble de parties formant une unité organique. *Corps de doctrine.* **5.** ALG. Ensemble muni de deux lois de composition interne, dont la première lui confère la structure de groupe commutatif, la seconde conférant aux éléments non nuls la structure de groupe, et la seconde loi étant distributive par rapport à la première. **IV.1.** Substance, objet matériel. *Corps solide. Chute des corps.* ◇ CHIM. (désignant une classe). *Corps gras.* ◇ SC. DE LA V. (désignant de nombreuses parties anatomiques par l'aspect, la propriété de leur tissu). *Corps calleux. Corps caverneux.* ◇ *Prendre corps :* se matérialiser ; se préciser. **2.** Épaisseur, consistance (d'une étoffe, d'un papier) ; vigueur, plénitude en bouche (d'un vin). *Avoir du corps.* **3.** IMPR. Hauteur d'un caractère typographique, traditionnellement exprimée par celle du bloc qui supporte l'œil.

CORPS-MORT n.m. (pl. *corps-morts*). MAR. Dispositif (groupe d'ancres, masse de béton, etc.) coulé au fond de l'eau et relié par une chaîne à une bouée ou à un coffre, destiné à fournir aux navires un mouillage à poste fixe.

CORPULENCE n.f. **1.** Ampleur, volume du corps. *Un homme de forte corpulence.* **2.** Tendance à l'obésité, embonpoint. *Sa corpulence la handicape.*

CORPULENT, E adj. (lat. *corpulentus*). Qui a une forte corpulence.

CORPUS [kɔrpys] n.m. (mot lat., *corps*). Didact. Ensemble de textes, de documents fournis par une tradition ou rassemblés pour une étude, en particulier pour une étude linguistique.

CORPUSCULAIRE adj. Relatif aux corpuscules, aux atomes. ◇ PHYS. *Théorie corpusculaire,* qui suppose une discontinuité de la matière, de l'électricité, de la lumière, etc. (par opp. à *ondulatoire*).

CORPUSCULE n.m. (lat. *corpusculum*). **1.** Très petit élément de la matière ; corps minuscule. ◇ PHYS., VX. Particule. **2.** SC. DE LA V. Organe globuleux et de taille réduite. – ANAT. *Corpuscule du tact :* récepteur sensoriel sensible aux modifications de pression.

CORRAL n.m. (mot esp.) [pl. *corrals*]. Enclos de taille réduite pour : **a.** marquer, vacciner le bétail, à l'origine en Amérique latine ; **b.** présenter les taureaux aux spectateurs, sous les galeries d'une arène.

CORRASION [kɔrazjɔ̃] n.f. (du lat. *corradere,* racler). GÉOMORPH. Travail d'usure qu'accomplit dans les régions désertiques le vent chargé de sable.

CORRECT, E adj. (lat. *correctus*). **1.** Conforme aux règles, au goût, aux convenances. *Style correct. Tenue correcte.* **2.** D'une qualité moyenne, acceptable. *Devoir correct, sans plus.* **3.** *Politiquement correct,* se dit d'un discours, d'un comportement visant à bannir tout ce qui pourrait blesser les membres de catégories ou de groupes minoritaires en leur faisant sentir leur différence comme une infériorité ou un motif d'exclusion. (Calque de l'amér. *politically correct.*)

CORRECTEMENT adv. De façon correcte.

CORRECTEUR, TRICE adj. Dont l'effet est de corriger. *Verres correcteurs.* ◆ n. Personne, professionnel(le) qui corrige : **a.** des copies, spécialement pour un examen, un concours ; **b.** des épreuves d'imprimerie. ◆ n.m. *Correcteur orthographique :* logiciel d'aide à la vérification et à la correction d'un texte établi sur traitement de texte. SYN. : ***vérificateur orthographique.***

1. CORRECTIF, IVE adj. Qui vise à corriger, redresser. *Gymnastique corrective.*

2. CORRECTIF n.m. Remarque, propos qui tempère une affirmation ; mise au point qui redresse un énoncé maladroit. *J'apporterai un correctif à ce qui précède.*

CORRECTION n.f. (lat. *correctio*). **1.** Action de corriger un devoir, une copie d'élève ou d'étudiant. **2.** Châtiment corporel ; coups donnés à qqn. *Infliger, recevoir une correction.* ◇ Fam. Sévère défaite. **3.** Caractère de ce qui est correct ; qualité d'une personne correcte. *Conduite d'une parfaite correction.* **4.** Contrôle de la composition d'un texte destiné à l'impression avec indication et rectification des erreurs ; chacune des indications, des rectifications apportées lors d'un tel contrôle. **5.** Compensation artificiellement apportée à une déficience physique (déficience de la vision, en partic.). *Correction de la myopie par des verres.*

CORRECTIONNALISATION n.f. DR. Action de correctionnaliser ; son résultat.

CORRECTIONNALISER v.t. DR. Rendre (un crime) justiciable des tribunaux correctionnels, en le convertissant en délit, par voie légale ou judiciaire.

CORRECTIONNEL, ELLE adj. DR. Relatif aux délits (par opp. aux contraventions et aux crimes). ◇ *Tribunal correctionnel* ou *correctionnelle,* n.f. : qui juge les délits.

CORREGIDOR [kɔreʒidɔr] n.m. (mot esp.). Anc. Premier officier de justice d'une ville espagnole.

CORRÉLAT n.m. Didact. Objet en corrélation avec un autre.

CORRÉLATEUR n.m. Organe de calcul analogique ou numérique fournissant la fonction de corrélation d'une variable avec elle-même ou avec une autre variable.

CORRÉLATIF, IVE adj. Qui est en relation avec une autre chose. ◇ LING. Se dit de deux termes qui articulent deux membres d'une phrase interdépendants (ex. : *tel... que, trop... pour,* etc.). ◆ n.m. Terme corrélatif.

CORRÉLATION n.f. (lat. *correlatio*). Dépendance réciproque de deux phénomènes qui varient simultanément, qui sont fonction l'un de l'autre, qui évoquent ou manifestent un lien de cause à effet. – STAT. *Coefficient de corrélation :* indice mesurant le degré de liaison entre deux variables. (C'est le quotient de la covariance par le produit des écarts-types.) ◇ Liaison logique.

CORRÉLATIONNEL, ELLE adj. Qui concerne une corrélation.

CORRÉLATIVEMENT adv. De façon corrélative.

CORRÉLÉ, E adj. STAT. *Variables corrélées :* variables statistiques qui présentent une interdépendance non fonctionnelle caractérisée par un coefficient de corrélation.

CORRÉLER v.t. [18]. Mettre en corrélation.

CORRESPONDANCE n.f. **1.** Rapport de conformité, de symétrie, d'harmonie, de concordance. *Correspondance d'idées.* **2.** Échange de lettres ; les lettres elles-mêmes. *Entretenir une correspondance avec qqn. Lire sa correspondance.*

3. Concordance d'horaires entre deux moyens de transport ; moyen de transport dont le service est établi en liaison avec un autre. *Attendre la correspondance.* 4. MATH. Relation générale entre deux ensembles.

CORRESPONDANCIER, ÈRE n. Employé(e) qui s'occupe de la correspondance dans une entreprise commerciale.

1. CORRESPONDANT, E adj. 1. Qui correspond à qqch, à qqn. 2. (Au pl.). Qui manifestent une relation de correspondance. *Idées correspondantes.*

2. CORRESPONDANT, E n. 1. Personne avec laquelle on entretient une communication épistolaire, téléphonique. 2. Journaliste qui ne travaille pas au siège d'un journal, et qui transmet du lieu où il se trouve (province, étranger) des informations ou des articles. 3. Personne chargée de veiller sur un élève interne lors de ses sorties. 4. Celui qui correspond avec un corps savant. *Correspondant de l'Académie des sciences.*

CORRESPONDRE v.i. (lat. *cum,* avec, et *respondere,* répondre) [75]. Entretenir des relations épistolaires ou téléphoniques. *Correspondre avec ses amis.* ◆ v.t. ind. *(à).* 1. Être conforme à (un état de fait). *Cela correspond à la vérité.* 2. Être dans un rapport de symétrie, d'équivalence, de similitude ; être en relation avec. *Le grade de lieutenant de vaisseau correspond à celui de capitaine dans l'armée de terre.*

CORRÉZIEN, ENNE adj. et n. De la Corrèze.

CORRIDA n.f. (mot esp.). 1. Spectacle tauromachique au cours duquel des taureaux sont mis à mort. SYN. : *course de taureaux.* 2. Fig., fam. Suite de difficultés entraînant agitation ou précipitation.

CORRIDOR n.m. (it. *corridore*). 1. Couloir. 2. GÉOGR. Zone de passage étroite. *Le corridor de Dantzig* (entre 1918 et 1939).

CORRIGÉ n.m. Solution type d'un devoir, d'un exercice.

CORRIGER v.t. (lat. *corrigere*) [17]. 1. Faire disparaître les défauts, les erreurs de ; réviser, revoir pour rendre correct, améliorer. *Corriger une épreuve d'imprimerie.* ◇ Rectifier (une erreur, un défaut). 2. *Corriger un devoir, une copie, etc.,* les noter après avoir relevé les fautes. 3. Atténuer (un trait excessif). 4. Infliger une correction à (qqn). ◆ **se corriger** v.pr. *(de).* Se défaire. *Se corriger d'un défaut.*

CORRIGEUR, EUSE n. Personne qui exécute les corrections indiquées sur une épreuve de composition par les correcteurs.

CORRIGIBLE adj. Qui peut être corrigé.

CORROBORATION n.f. Rare. Action de corroborer ; confirmation.

CORROBORER v.t. (lat. *corroborare,* de *robur, roboris,* force). Servir de preuve, de confirmation à (un propos, un fait). *Le récit du témoin corrobore les déclarations de la victime.*

CORRODANT, E adj. et n.m. Qui corrode.

CORRODER v.t. (lat. *corrodere*). Litt. Provoquer la corrosion de (un corps solide, une surface).

CORROI n.m. 1. Façon donnée au cuir. 2. TR. PUBL. Couche de terre argileuse broyée et comprimée, très compacte et de grande cohésion, utilisée pour protéger une berge en terre contre la désagrégation.

CORROIERIE [kɔrwari] n.f. 1. Préparation des cuirs après le tannage. 2. Atelier du corroyeur.

CORROMPRE v.t. (lat. *corrumpere*) [78]. 1. Vieilli. Altérer, provoquer le pourrissement de (une substance). *La chaleur corrompt la viande.* 2. Mod. Rendre mauvais ; dénaturer (qqch). *Corrompre le jugement.* ◇ Dépraver, pervertir (qqn). *Corrompre la jeunesse.* ◇ Engager (une personne investie d'une autorité) à agir contre les devoirs de sa charge ; soudoyer. *Corrompre un juge.*

CORROMPU, E adj. 1. Vx. Pourri. 2. Dépravé ; décadent. ◆ adj. et n. Qui se laisse corrompre, soudoyer. *Un juge corrompu.*

CORROSIF, IVE adj. 1. Qui corrode, ronge. 2. Mordant, caustique. *Ironie corrosive.*

CORROSION n.f. (lat. *corrosio*). Destruction progressive, lente désagrégation, effritement d'une substance, d'une surface par effet chimique.

CORROYAGE [kɔrwajaʒ] n.m. 1. Travail d'assouplissement du cuir. 2. MÉTALL. Opération de déformation à chaud d'un métal ou d'un alliage. 3. MENUIS. Dégrossissage d'une pièce de bois sciée et avivée en vue de son usinage définitif.

CORROYER [kɔrwaje] v.t. (lat. pop. *corredare,* mot germ.) [13]. 1. Apprêter (le cuir). 2. MÉTALL. Déformer (un métal, un alliage) à chaud. 3. MENUIS. Dégrossir (du bois) par rabotage.

CORROYÈRE n.f. Sumac.

CORROYEUR n.m. Celui qui apprête le cuir.

CORRUPTEUR, TRICE adj. et n. Qui corrompt.

CORRUPTIBLE adj. Sujet à la corruption.

CORRUPTION n.f. (lat. *corruptio*). 1. Vx. Pourrissement. 2. Litt. Fait d'être corrompu, dépravé ou perverti. *Corruption des mœurs.* 3. Action de corrompre qqn en le soudoyant pour qu'il agisse contre son devoir ; fait d'être corrompu. *Tentative de corruption.*

CORSAGE n.m. (de *corps*). 1. Vêtement féminin qui recouvre le buste. 2. COUT. Haut de robe d'un seul tenant.

CORSAIRE n.m. (it. *corsaro*). 1. Anc. Navire rapide armé par un équipage habilité par son gouvernement à capturer des bâtiments de commerce ennemis (XVe-XIXe s.). [À distinguer de *pirate*.] 2. Capitaine ou marin d'un tel navire. 3. Pantalon moulant s'arrêtant à mi-mollet.

CORSE adj. et n. De Corse. ◆ n.m. Langue parlée en Corse, dont les formes septentrionales sont proches du toscan et les formes méridionales des dialectes du sud de l'Italie.

CORSÉ, E adj. 1. Qui a un goût relevé. *Vin corsé.* 2. Scabreux. *Histoire corsée.*

CORSELET n.m. (de *corps*). 1. Anc. Corps de cuirasse. 2. Anc. Vêtement féminin qui enserrait la partie inférieure du buste ou qui se laçait par-dessus un corsage. 3. ZOOL. Prothorax (ex. : coléoptères) ou thorax (ex. : hyménoptères) des insectes.

CORSER v.t. (de *corps*). 1. a. Donner du corps à (un vin) en l'additionnant d'alcool. b. Épicer davantage (une sauce). 2. Fig. a. Donner de la vigueur à, renforcer l'intérêt de (un propos, une intrigue...). *Corser un récit de quelques détails savoureux.* b. *Corser la note, l'addition,* en gonfler le total. ◆ **se corser** v.pr. *L'affaire se corse :* elle devient plus complexe, plus délicate.

CORSET n.m. (de *corps*). Sous-vêtement, surtout féminin, destiné à maintenir la taille et le ventre. ◇ *Corset orthopédique :* appareil utilisé dans le traitement des déviations et des fractures de la colonne vertébrale.

CORSETER v.t. [28]. Serrer dans un corset.

CORSETIER, ÈRE n. et adj. Personne qui fait ou vend des corsets.

CORSO n.m. (mot it., *promenade publique*). *Corso fleuri :* défilé de chars fleuris au cours de certaines fêtes en plein air.

CORTÈGE n.m. (it. *corteggio*). 1. Groupe de personnes qui en suivent une autre pour lui faire honneur ; défilé. *Cortège nuptial.* 2. Fig., litt. Suite, accompagnement. *La guerre et son cortège de misères.*

CORTES [kɔrtɛs] n.f. pl. (mot esp.). Parlement bicaméral espagnol.

CORTEX [kɔrtɛks] n.m. (mot lat., *écorce*). 1. BIOL. Partie externe qui forme l'enveloppe d'un organe animal ou végétal ; écorce. SYN. : *corticale.* 2. ANAT. *Cortex cérébral* ou *cortex :* ruban de substance grise situé à la surface des hémisphères cérébraux et formé par les corps cellulaires des neurones. SYN. : *écorce cérébrale.*

CORTI (ORGANE DE) : organe récepteur de l'audition.

CORTICAL, E, AUX adj. (du lat. *cortex, -icis,* écorce). SC. DE LA V. Relatif au cortex d'un organe, à l'écorce d'une plante. Spécialt. : 1. ANAT. Relatif au cortex cérébral. ◇ NEUROL. *Aire corticale :* chacune des zones auxquelles l'expérimentation et l'observation reconnaissent un rôle essentiel dans l'élaboration d'une fonction intellectuelle ou psychologique. 2. ANAT. Relatif au cortex de la glande surrénale.

CORTICALE n.f. Cortex.

CORTICOÏDE ou **CORTICOSTÉROÏDE** adj. et n.m. Se dit des hormones du cortex surrénal, de leurs dérivés et de leurs succédanés synthétiques, employés notamm. comme médicaments anti-inflammatoires. SYN. : *cortisonique.*

CORTICOSTIMULINE n.f. Hormone de l'hypophyse qui stimule la sécrétion de la corticosurrénale. SYN. : *ACTH.*

CORTICOSURRÉNAL, E, AUX adj. et n.f. Se dit de la région périphérique de la glande surrénale, dont les hormones agissent sur le métabolisme des substances organiques et minérales.

CORTICOTHÉRAPIE n.f. Traitement par les corticoïdes.

CORTINAIRE n.m. *Cortinaires :* genre de champignons basidiomycètes aux nombreuses espèces, dont l'une, rare en France, est mortellement toxique.

cortinaires

CORTISOL n.m. Hydrocortisone.

CORTISONE n.f. Hormone corticosurrénale, aux propriétés anti-inflammatoires.

CORTISONIQUE adj. Relatif à la cortisone. ◆ n.m. Corticoïde.

CORTON n.m. Vin renommé récolté dans la commune d'Aloxe-Corton (Côte-d'Or).

CORUSCANT, E adj. Litt. Qui brille d'un vif éclat ; étincelant.

CORVÉABLE adj. et n. HIST. Assujetti à la corvée. ◇ Fig. ou par plais. *Taillable et corvéable à merci :* se dit d'un subordonné soumis à toutes sortes d'obligations.

CORVÉE n.f. (du lat. *corrogare,* convoquer). 1. HIST. Travail gratuit qui était dû par le paysan au seigneur ou au roi. 2. Mod. Travail pénible ou rebutant imposé à qqn. 3. Travail dans l'intérêt commun exécuté à tour de rôle par les membres d'une communauté (militaires, notamm.). *Corvée de pluches.*

CORVETTE n.f. 1. Anc. Bâtiment de guerre, intermédiaire entre la frégate et le brick. 2. Mod. Bâtiment de moyen tonnage armé pour la lutte anti-sous-marine.

CORVIDÉ n.m. (lat. *corvus,* corbeau). *Corvidés :* famille d'oiseaux passereaux de grande taille, tels que le corbeau, la corneille, le geai.

CORYBANTE n.m. (gr. *korubas, korubantos*). ANTIQ. Prêtre du culte de Cybèle.

CORYMBE [kɔrɛ̃b] n.m. (gr. *korumbos*). BOT. Inflorescence où les pédoncules sont de longueur inégale, mais où toutes les fleurs sont sur un même plan (fleur de pommier, par ex.).

CORYPHÉE n.m. (gr. *koruphaios*). 1. Chef de chœur, dans le théâtre grec. 2. Deuxième échelon dans la hiérarchie du corps de ballet de l'Opéra de Paris.

CORYZA n.m. (gr. *koruza,* écoulement nasal). Inflammation de la muqueuse des fosses nasales, dite *rhume de cerveau..*

COSAQUE n.m. (russe *kazak*). HIST. 1. Membre de bandes armées issues des populations nomades ou semi-nomades des steppes de la Russie méridionale, et qui, organisées en communautés démocratiques, tantôt servirent le tsar, tantôt encadrèrent les révoltes paysannes (XVe-XVIIIe s.). 2. Paysan libre astreint au service militaire, membre de régiments spéciaux de la cavalerie russe (XIXe - début du XXe s.).

COSÉCANTE n.f. MATH. Inverse du sinus d'un angle ou d'un arc (symb. cosec).

COSIGNATAIRE n. et adj. Qui a signé avec d'autres.

COSIGNER v.t. Signer avec une ou plusieurs personnes.

COSINUS [kɔsinys] n.m. MATH. Fonction associant à un arc de cercle $\widehat{AM}$ ou à l'angle au centre $\widehat{AOM}$ correspondant le quotient des mesures algébriques de OP et de OA, où P est la projection orthogonale de M sur la droite OA (symb. cos). ◇ ÉLECTR. *Cosinus φ* (phi) : expression mathématique du facteur de puissance d'un circuit parcouru par un courant alternatif sinusoïdal, φ étant l'angle de déphasage entre la tension et l'intensité.

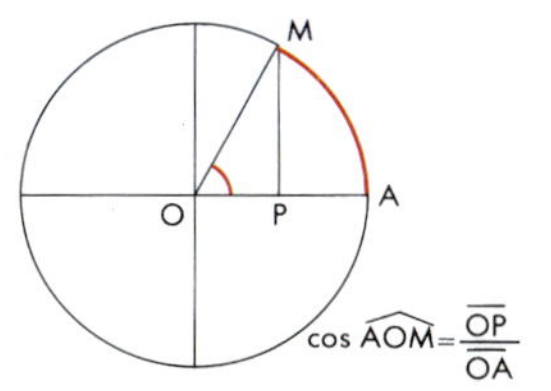

cosinus

COSMÉTIQUE adj. et n.m. (gr. *kosmêtikos*, de *kosmos*, parure). Se dit de toute préparation non médicamenteuse destinée aux soins du corps, à la toilette, à la beauté. ◆ adj. Fig. Se dit de ce qui ne modifie que les apparences, ne va pas à l'essentiel ; superficiel. *Une réforme cosmétique.*

COSMÉTOLOGIE n.f. Étude de la préparation et de l'usage des cosmétiques.

COSMÉTOLOGUE n. Spécialiste de cosmétologie.

COSMIQUE adj. (du gr. *kosmos*, univers). **1.** Relatif au cosmos, à l'Univers, à l'ordre du monde ; infini, vertigineux. *Sentiment cosmique.* **2.** Relatif à l'espace intersidéral. ◇ ASTROPHYS. *Rayons cosmiques* : rayonnement de haute énergie d'origine solaire, galactique ou extragalactique, produisant des phénomènes d'ionisation dans la haute atmosphère.

COSMODROME n.m. Base de lancement d'engins spatiaux, en U. R. S. S. *Le cosmodrome de Baïkonour.*

COSMOGONIE n.f. (gr. *kosmos*, univers, et *gonos*, génération). **1.** Récit mythique de la formation de l'Univers. **2.** Science de la formation des objets célestes (planètes, étoiles, galaxies, nébuleuses, etc.).

COSMOGONIQUE adj. Relatif à une cosmogonie mythique ou à la cosmogonie scientifique.

COSMOGRAPHE n. Spécialiste de cosmographie.

COSMOGRAPHIE n.f. Description des systèmes astronomiques de l'Univers.

COSMOGRAPHIQUE adj. Relatif à la cosmographie.

COSMOLOGIE n.f. Branche de l'astronomie qui étudie la structure et l'évolution de l'Univers considéré dans son ensemble.

COSMOLOGIQUE adj. Relatif à la cosmologie.

COSMOLOGISTE n. Spécialiste de cosmologie.

COSMONAUTE n. Pilote ou passager d'un engin spatial, en U. R. S. S. (→ ***astronaute.***)

COSMOPOLITE adj. (gr. *kosmopolitês*, citoyen du monde). **1.** Traversé, habité par des citoyens du monde entier. *Ville cosmopolite.* **2.** Ouvert à toutes les civilisations, à toutes les coutumes. *Goûts cosmopolites.*

COSMOPOLITISME n.m. État de ce qui est cosmopolite ; disposition d'esprit cosmopolite.

COSMOS [kɔsmɔs] n.m. (mot gr.). **1.** L'Univers considéré dans son ensemble. **2.** Espace intersidéral.

COSSARD, E adj. et n. Fam. Paresseux.

1. COSSE n.f. (lat. *cochlea*, coquille). **1.** Enveloppe de certains légumes. *Cosse de pois.* **2.** Garniture métallique de l'extrémité d'un conducteur électrique. **3.** Œillet fixé à l'extrémité d'un cordage.

2. COSSE n.f. (de *cossard*). Fam. Grande paresse.

COSSER v.i. (it. *cozzare*). Se heurter mutuellement la tête, en parlant des béliers.

COSSETTE n.f. Fragment de betterave à sucre, de racine de chicorée coupée en lamelles.

COSSU, E adj. **1.** Qui dénote la richesse. *Maison cossue.* **2.** Qui vit dans l'aisance. *Un monsieur cossu.*

COSSUS [kɔsys] n.m. (mot du lat. sc.). Papillon nocturne à ailes brun clair, de 6 à 9 cm d'envergure, dont une espèce est appelée en France *gâte-bois*, en raison des profondes galeries que sa chenille creuse dans les arbres.

COSTAL, E, AUX adj. (du lat. *costa*, côte). ANAT. Des côtes.

COSTARD ou **COSTAR** n.m. Fam. Costume d'homme ; complet.

COSTARICAIN, E adj. et n. Du Costa Rica.

COSTAUD adj. et n. Fam. Fort, vigoureux. (Au fém., *costaude* ou *costaud*.)

COSTIÈRE n.f. Rainure dans le plateau d'un théâtre, pour la manœuvre et l'installation de décors.

COSTUME n.m. (mot it., *coutume*). **1.** Ensemble des différentes pièces d'un habillement. *Costume de scène.* **2.** Vêtement d'homme comportant un pantalon, un veston et éventuellement un gilet. **3.** Vêtement typique d'un pays, d'une région ou d'une époque. *Costume grec, écossais. (V. illustration pp. 278-279.)*

COSTUMÉ, E adj. *Bal costumé* : bal où les danseurs sont travestis.

COSTUMER v.t. Travestir.

COSTUMIER, ÈRE n. **1.** Personne qui fait, vend ou loue des costumes de théâtre, de cinéma, etc. **2.** Technicien, technicienne qui s'occupe des costumes d'un spectacle.

COSY ou **COSY-CORNER** [kozikɔrnœr] n.m. (mot angl.) [pl. *cosys*, *cosies* ou *cosy-corners*]. Vieilli. Divan accompagné d'une étagère, servant à meubler une encoignure.

COTABLE adj. Susceptible d'être coté en Bourse.

COTANGENTE n.f. MATH. Inverse de la tangente d'un angle (symb. cotg ou cotan).

COTATION n.f. Action de coter ; son résultat. ◇ BOURSE. Cours d'un titre ou prix d'une marchandise.

COTE [kɔt] n.f. (lat. *quota* [*pars*], quote-part). **I. 1.** Marque pour classer, repérer (les éléments d'une collection, les livres d'une bibliothèque, etc.). **2.** Chiffre porté sur un dessin, un plan, une carte indiquant une dimension, un niveau, une coordonnée, etc. **3.** Par ext. Altitude, position signalée sur une carte ; niveau. ◇ *Cote d'alerte* : niveau d'un cours d'eau au-dessus duquel il y a inondation ; fig., point critique. **4.** MATH. Troisième coordonnée cartésienne d'un point de l'espace. **II. 1.** Constatation officielle des cours (des titres, des monnaies, des marchandises), partic. en Bourse ; tableau, feuille périodique reproduisant ces cours. – *Valeurs hors cote* : titres non admis à la cote officielle des sociétés de Bourse. ◇ Cours officieux de certaines marchandises (voitures d'occasion, par ex.). **2.** Estimation des chances de succès d'un cheval de course ; taux des paris. **3.** Degré d'estime. *Avoir une bonne cote.* ◇ Fam. *Avoir la cote* : être estimé. – *Cote d'amour* : appréciation fondée sur la valeur morale, sociale. **III.** DR. Part que chacun doit payer d'un impôt. ◇ *Cote mal taillée* : compromis.

CÔTE [kot] n.f. (lat. *costa*). **I. 1.** Chacun des os allongés et courbes qui forment la cage thoracique. *Côtes flottantes* : les deux dernières côtes, non rattachées au sternum. – Fam. *Se tenir les côtes* : rire beaucoup. ◇ *Côte à côte* : l'un à côté de l'autre. **2.** Partie supérieure de la côte d'un animal de boucherie, avec les muscles qui y adhèrent. **3.** Partie saillante, allongée ; grosse nervure (d'une feuille). *Étoffe à côtes.* ◇ *Point de côtes* : point de tricot constitué par l'alternance régulière, sur un même rang, de points à l'endroit et de points à l'envers. ◇ Division naturelle (de quelques fruits). *Côtes de melon.* **II. 1.** Partie en pente d'un chemin, d'une route. **2.** Pente d'une colline. **3.** GÉOMORPH. Dans une région de structure faiblement inclinée où alternent couches dures et couches tendres, forme de relief caractérisée par un talus à profil concave en pente raide (front) et par un plateau doucement incliné en sens inverse (revers). SYN. : *cuesta.* **III.** Rivage de la mer. ◇ MAR. *Faire côte, aller à la côte* : s'échouer devant le rivage.

COTÉ, E adj. **1.** *Géométrie cotée* : géométrie descriptive dans laquelle chaque point d'un corps est représenté par sa projection sur un plan horizontal et sa distance (cote) à ce plan. – *Croquis coté* : représentation d'un corps par sa projection sur un plan (horizontal ou vertical) avec mention des dimensions et des cotes. **2.** Estimé, apprécié. **3.** Admis à la cotation en Bourse.

CÔTÉ n.m. (lat. pop. *costatum*, côté du corps, de *costa*, côte). **1.** Partie latérale de la cage thoracique ; flanc. *Couché sur le côté.* ◇ *Être au côté, aux côtés de qqn*, lui apporter son soutien. – *De côté* : de biais, obliquement. *Marcher de côté.* – *Regarder de côté*, furtivement, avec embarras. **2. a.** Partie latérale, limite extérieure d'une chose. *Le côté droit de la rue.* ◇ *À côté* : auprès, non loin ; en dehors. – *Laisser de côté* : négliger, abandonner. – *Mettre de côté*, en réserve. ◇ GÉOM. **b.** Chacun des segments qui composent un polygone ; chacune des droites qui forment un angle. **3.** Partie, endroit quelconque par opposition à d'autres. *De l'autre côté du parc.* ◇ *De tous côtés* : de toutes parts ; partout. **4.** Aspect sous lequel se présente qqch ; manière dont on l'envisage. *Les bons côtés d'une affaire.* **5.** Ligne de parenté. *Le côté paternel. Il n'a plus aucun parent du côté de sa mère.* ◆ loc. prép. **1.** *À côté de* : auprès de ; en comparaison de. **2.** *Du côté de* : **a.** dans la direction de ; aux environs de. **b.** relativement à. – Ellipt., fam. *Côté argent, ça va.* ◇ *De mon côté* : quant à moi.

COTEAU [kɔto] n.m. (de *côte*). **1.** Petite colline. **2.** Versant d'une colline, d'un plateau ; particulièrement, côte plantée de vignes. *Vin de coteau.*

CÔTELÉ, E adj. Se dit d'un tissu qui présente des côtes parallèles. *Velours côtelé.*

CÔTELETTE n.f. Côte des petits animaux de boucherie (mouton, veau, etc.).

COTER v.t. (de *cote*). **1.** Attribuer une cote à (un document, une pièce, un livre, etc.). **2.** Inscrire à la cote ; fixer le cours de (une monnaie, une valeur, une marchandise). **3.** Noter (une copie, un devoir). **4.** Porter, reporter les cotes d'éléments représentés (courbes de niveau, par ex.) sur (une carte, un plan, un dessin). ◆ v.i. Avoir telle cotation, en parlant d'une valeur, d'une monnaie, d'une marchandise. *L'or a coté en baisse.*

COTERIE n.f. (anc. fr. *cotier*, association de paysans). Péj. Petit groupe de personnes qui soutiennent ensemble leurs intérêts.

CÔTES-DU-RHÔNE n.m. inv. Vin des coteaux de la vallée du Rhône, au sud de Lyon.

COTEUR n.m. Employé qui, à la Bourse, inscrit les cours des valeurs négociées.

COTHURNE [kɔtyrn] n.m. (lat. *cothurnus*, du gr.). ANTIQ. Chaussure à semelle épaisse des acteurs tragiques.

COTICE n.f. HÉRALD. Bande diminuée de largeur.

COTIDAL, E, AUX adj. (de l'angl. *tide*, marée). GÉOGR. *Courbe* ou *ligne cotidale*, passant par tous les points où la marée a lieu à la même heure.

CÔTIER, ÈRE adj. Des côtes, qui se fait le long des côtes. *Navigation côtière.* ◇ *Fleuve côtier*, qui a sa source près des côtes.

COTIGNAC n.m. (lat. *cotoneum*, coing). Confiture de coings. (Spécialité d'Orléans.)

COTILLON n.m. **1.** Farandole ou sarabande joyeuse qui termine une soirée dansante. – *Accessoires de cotillon* ou *cotillons* : confettis, serpentins, etc., utilisés au cours d'une fête, d'un bal ou d'un banquet. **2.** Vx. Jupon porté surtout par les paysannes.

COTINGA [kɔtɛ̃ga] n.m. Oiseau passereau du Brésil, au plumage bleu et pourpre ou lie-de-vin.

COTIR v.t. Dial. Meurtrir (un fruit).

COTISANT, E adj. et n. Qui verse une cotisation.

COTISATION n.f. **1.** Action de cotiser ou de se cotiser. **2.** Somme versée par chacun pour contribuer à une dépense commune.

costumes civils

costumes militaires

COTISER v.i. **1.** Payer sa quote-part d'une dépense commune. **2.** Verser régulièrement de l'argent à un organisme, à une association, etc. *Cotiser à une mutuelle.* ◆ **se cotiser** v.pr. Se mettre à plusieurs pour réunir une certaine somme d'argent.

CÔTOIEMENT n.m. Action de côtoyer ; fréquentation.

COTON n.m. (it. *cotone,* de l'ar. *quṭun*). **1.** Fibre textile naturelle recouvrant les graines du cotonnier. – Fam. *Filer un mauvais coton :* être très malade ou se trouver dans une situation très difficile. ◇ Fam. *C'est coton :* c'est difficile. **2.** Fil ou étoffe que l'on fabrique avec cette fibre. *Des chaussettes en coton.* **3.** Morceau d'ouate, de coton hydrophile. – Fig. *Élever un enfant dans du coton,* le protéger de façon excessive. **4.** *Coton de verre :* trame formée de fils de verre très fins qui ont l'apparence de fils de coton.

COTONÉASTER n.m. Arbuste ornemental, à petites feuilles, à fleurs blanches ou roses. (Famille des rosacées.)

COTONNADE n.f. Étoffe de coton, pur ou mélangé.

COTONNER (SE) v.pr. Se couvrir de peluche, de duvet, en parlant d'une étoffe.

COTONNERIE n.f. **1.** Culture du coton. **2.** Lieu où se travaille le coton. **3.** Terrain planté de cotonniers.

COTONNEUX, EUSE adj. **1.** Qui rappelle le coton par son aspect. *Un ciel cotonneux.* **2.** Recouvert de duvet, en parlant d'un fruit, d'un végétal. **3.** Dont la pulpe est fade, spongieuse, en parlant d'un fruit. *Poire cotonneuse.*

1. COTONNIER, ÈRE n. et adj. Ouvrier, ouvrière des filatures de coton. ◆ adj. Qui se rapporte au coton, au cotonnier.

2. COTONNIER n.m. Plante herbacée ou arbuste originaire de l'Inde, à fleurs jaunes ou roses, cultivée dans les régions chaudes pour le coton qui entoure ses graines et pour l'huile contenue dans celles-ci. (Haut. de 0,50 à 1,50 m ; famille des malvacées.)

cotonnier

COTON-POUDRE n.m. (pl. *cotons-poudres*). Explosif formé de nitrocellulose, obtenu en traitant du coton cardé par un mélange d'acides nitrique et sulfurique. SYN. : *fulmicoton.*

COTON-TIGE n.m. (nom déposé). Bâtonnet dont les deux bouts sont munis d'un morceau de coton pour nettoyer les oreilles ou le nez.

CÔTOYER v.t. (de *côte*) [13]. **1.** Marcher auprès de qqn. – Fig. Fréquenter, vivre près de (qqn). *Elle côtoie vraiment de drôles de gens.* **2.** S'approcher de, frôler. *Côtoyer le ridicule.* **3.** Aller le long de. *Côtoyer une rivière.*

COTRE n.m. (angl. *cutter*). Voilier à un seul mât, avec grand-voile, foc et trinquette.

COTRET n.m. Vx. Fagot de bois court.

COTTAGE [kɔtɛdʒ] ou [kɔtaʒ] n.m. (mot angl.). Petite maison de campagne.

1. COTTE n.m. (gr. *kottos*). Chabot (poisson).

2. COTTE n.f. (mot germ.). **1.** Salopette en tissu génér. bleu, pour travailler. *Une cotte de mécanicien.* **2.** Anc. Tunique portée par les femmes et par les hommes. – *Cotte de mailles :* longue chemise formée de mailles métalliques, unies et rivées sans armatures. – *Cotte d'armes :* vêtement ample porté sur l'armure. **3.** Vx. Jupe de paysanne plissée à la taille.

COTUTELLE n.f. Fonction dont est chargé par la loi le mari d'une femme tutrice.

COTUTEUR, TRICE n. Personne qui exerce avec d'autres le rôle de tuteur, de tutrice.

COTYLE n.m. (gr. *kotulê,* cavité). ANAT. **1.** Cavité d'un os qui reçoit un autre os. **2.** Cavité cotyloïde de l'os iliaque.

COTYLÉDON n.m. (gr. *kotulêdôn,* creux d'une tasse). **1.** BOT. Lobe charnu ou foliacé qui s'insère dans la graine sur l'axe de la plantule. *Plante à un, à deux cotylédons.* **2.** ANAT. Lobe du placenta.

COTYLOÏDE [kɔtilɔid] adj. ANAT. *Cavité cotyloïde :* cavité articulaire de l'os iliaque dans laquelle s'engage la tête du fémur.

COU n.m. (lat. *collum*). **1.** Partie du corps de l'homme et de certains vertébrés qui joint la tête aux épaules. *Un cou épais. Avoir mal au cou.* – *Se casser, se rompre le cou :* se tuer. – *Se jeter, sauter au cou de qqn,* l'embrasser avec effusion. – *Prendre ses jambes à son cou :* s'enfuir à toute vitesse. – Fig. *Tendre le cou :* s'offrir en victime sans se défendre, sans réagir. **2.** Rare. Partie longue et étroite d'un récipient. SYN. (plus cour.) : *col.*

COUAC n.m. **1.** Son faux et discordant produit par la voix ou par un instrument de musique. **2.** Fam. Acte ou paroles qui révèlent un manquement à la cohésion générale ou à l'unité d'un groupe ; fausse note.

COUARD, E adj. et n. (lat. *cauda,* queue). Litt. Qui manque de courage.

COUARDISE n.f. Litt. Poltronnerie, lâcheté.

COUCHAGE n.m. **1.** Action de coucher. – *Sac de couchage :* sac de toile tenant lieu de draps, ou sac garni de matière isolante (duvet, etc.) utilisé par les campeurs, les soldats, etc., pour dormir. ◇ Matériel dont on se sert pour se coucher (matelas, draps, couverture, etc.). *Le couchage n'est pas fourni.* **2.** Opération destinée à couvrir le papier ou le carton d'un enduit spécial qui les rend plus opaques et plus imperméables, et qui fait mieux ressortir la finesse de l'impression.

COUCHAILLER v.i. Fam. Avoir des aventures sexuelles épisodiques ; coucher çà et là.

1. COUCHANT, E adj. **1.** *Soleil couchant :* soleil près de disparaître à l'horizon. **2.** *Chien couchant :* chien d'arrêt qui se couche en arrêtant le gibier.

2. COUCHANT n.m. Ouest, occident.

COUCHE n.f. (de *coucher*). **I. 1.** Étendue uniforme d'une substance appliquée ou déposée sur une surface. *Il faudra deux couches de peinture sur le plafond.* ◇ Fam. *En tenir, en avoir une couche :* être très stupide, borné. **2.** Disposition d'éléments superposés. *Les différentes couches de l'atmosphère.* – GÉOL. Dépôt sédimentaire de nature homogène. *Couche argileuse.* **3.** Amas de matières organiques maintenues humides et dégageant par fermentation une chaleur destinée à protéger les jeunes plants du froid, de la gelée. **4.** Catégorie, classe sociale. *Les couches défavorisées.* **5.** *Couche limite :* mince pellicule qui entoure un corps en mouvement dans un fluide et qui est le siège de phénomènes aérodynamiques et thermiques affectant le comportement de ce corps. **II. 1.** Linge absorbant ou rectangle d'ouate placé entre les jambes d'un nourrisson, maintenu par une pointe ou une culotte. **2.** Litt. Lit. *Être étendu sur sa couche.* **III.** *Fausse couche :* avortement spontané. ◆ pl. **1.** État d'une femme qui accouche ou vient d'accoucher. ◇ *Retour de couches :* première menstruation après l'accouchement. **2.** ANAT. Vx. *Couches optiques :* thalamus.

COUCHÉ, E adj. **1.** Penché. *Une écriture couchée.* **2.** *Papier couché :* papier très lisse amélioré par l'opération de couchage et destiné aux impressions fines.

COUCHE-CULOTTE n.f. (pl. *couches-culottes*). Culotte de bébé en tissu imperméable garnie d'une couche jetable.

1. COUCHER v.t. (lat. *collocare*). **1.** Mettre au lit. *Coucher un enfant.* **2.** Étendre (qqn) sur le sol ou sur une surface plane. *Coucher un blessé sur un brancard.* **3.** Mettre (qqch) à l'horizontale. *Coucher des bouteilles de vin.* – *Coucher un fusil en joue,* l'ajuster pour tirer. **4.** Étendre en couche. *Coucher un enduit.* **5.** Inscrire. *Coucher qqn sur son testament.* ◆ v.i. **1.** Passer la nuit, dormir. *Elles ne savent pas où coucher ce soir.* – Fam. *Nom à coucher dehors :* nom difficile à prononcer, à retenir. ◇ Fam. *Coucher avec qqn,* avoir un rapport sexuel avec lui. **2.** MAR. S'incliner. *Navire qui couche.* ◆ **se coucher** v.pr. **1.** Se mettre au lit pour dormir. *Elle s'est couchée à minuit.* **2.** S'allonger, s'étendre. *Se coucher sur le côté.* **3.** Fig. Disparaître à l'horizon, en parlant d'un astre. **4.** Se courber, s'incliner. *Un poteau qui s'est couché en travers de la route.*

2. COUCHER n.m. **1.** Action de coucher qqn ou de se coucher. *L'heure du coucher.* **2.** Moment où un astre disparaît sous l'horizon. *Le coucher du soleil.*

COUCHERIE n.f. Fam., péj. Fait de coucher, d'avoir des relations sexuelles sans amour.

COUCHETTE n.f. **1.** Banquette ou lit escamotable pour dormir, dans un compartiment de chemin de fer. *Louer une couchette.* **2.** Lit aménagé dans une cabine de navire.

COUCHEUR, EUSE n. Fam. *Mauvais coucheur :* personne au caractère difficile, jamais satisfaite.

COUCHEUSE n.f. Machine servant au couchage du papier, du carton.

COUCHIS n.m. CONSTR. Lit d'un matériau quelconque, ou assemblage de pièces de bois formant assise intermédiaire dans l'établissement d'un revêtement de sol.

COUCHITIQUE adj. et n.m. (de *Couch,* anc. n. de l'Éthiopie). *Langues couchitiques :* langues de la famille chamito-sémitique parlées en Éthiopie et en Somalie.

COUCHOIR n.m. **1.** Cône de bois tronqué, pour fabriquer des cordages. **2.** Palette de doreur.

COUCI-COUÇA adv. (it. *così così,* ainsi ainsi). Fam. Comme ci, comme ça ; ni bien ni mal. *Ça va ? – Couci-couça.*

COUCOU n.m. (onomat.). **1.** Oiseau des bois à dos gris et à ventre blanc rayé de brun, insectivore, qui dépose ses œufs dans le nid d'autres oiseaux. **2.** Plante à fleurs jaunes fleurissant au printemps (nom commun à la *primevère officinale* et au *narcisse des bois*). **3.** Fam. Avion vétuste, de petite taille, qui ne donne pas une impression de sécurité. **4.** Pendule de bois munie d'un système d'horlogerie imitant le chant du coucou. ◆ interj. (Pour signaler l'arrivée inopinée de qqn ou pour manifester sa présence). *Coucou, c'est moi !*

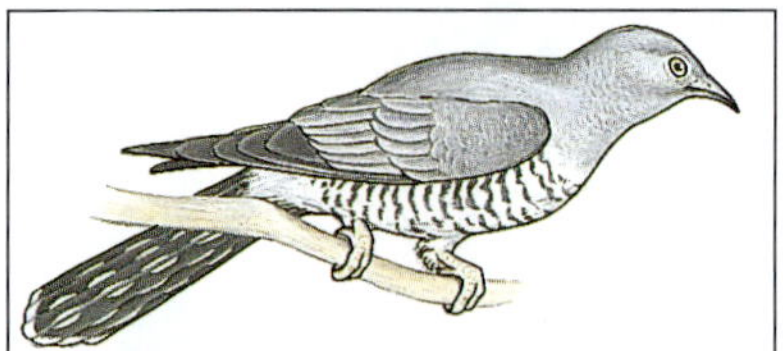
coucou

COUCOUMELLE n.f. (prov. *coucoumèlo*). Champignon comestible à chapeau gris ou jaunâtre, dit aussi *amanite vaginée.*

COUDE n.m. (lat. *cubitus*). **1. a.** Articulation située à la partie moyenne du membre supérieur qui réunit le bras et l'avant-bras. ◇ Fig. *Se serrer, se tenir les coudes :* s'entraider. – Fam. *Jouer des coudes :* se frayer un chemin dans la foule en écartant les gens avec les coudes ; agir sans scrupules pour arriver à ses fins. – Fam. *Lever le coude :* boire beaucoup. – *Coude à coude :* en étant très solidaire. *Travailler coude à coude.* – *Sous le coude :* en attente, en suspens. **b.** Partie de la manche d'un vêtement recouvrant le coude. *Ton pull est troué aux coudes.* **2.** Jonction du bras et de l'avant-bras, chez le cheval. **3.** Courbure en arc de cercle ; angle saillant. *À cet endroit, la rivière forme un coude. Le coude d'un tuyau, d'un mur.*

COUDÉ, E adj. En forme de coude.

COUDÉE n.f. Anc. Mesure de longueur équivalant à la distance qui sépare le coude de l'extrémité du médius (50 cm env.). ◇ *Avoir les coudées franches :* pouvoir agir en toute liberté. – *Être à cent coudées au-dessus de qqn,* lui être très supérieur.

COU-DE-PIED n.m. (pl. *cous-de-pied*). Partie supérieure et saillante du pied.

COUDER v.t. Plier en coude.

COUDIÈRE n.f. Protection matelassée du coude, utilisée dans certains sports.

COUDOIEMENT n.m. Action de coudoyer ; fréquentation quotidienne, habituelle.

COUDOYER v.t. [13]. Fréquenter de façon constante, être souvent en contact avec. *Il coudoie beaucoup de monde mais a très peu d'amis.*

COUDRAIE n.f. Lieu planté de coudriers.

COUDRE v.t. (lat. *consuere*) [86]. Assembler, attacher au moyen de points faits avec un fil et une aiguille, à la main ou à la machine. *Coudre un ourlet, des boutons. Machine à coudre électrique.*

COUDRIER n.m. Noisetier.

COUÉ (MÉTHODE) : méthode de guérison par autosuggestion inventée par Émile Coué (1857-1926), pharmacien français.

COUENNE [kwan] n.f. (lat. *cutis*, peau). **1.** Peau de porc rendue dure par flambage et échaudage. **2.** MÉD. Altération inflammatoire de la peau et des muqueuses ayant l'apparence d'une croûte. **3.** Suisse. Croûte du fromage.

COUENNEUX, EUSE [kwanø, øz] adj. **1.** Qui ressemble à la couenne. **2.** MÉD. Couvert d'une couenne. ◇ *Angine couenneuse :* diphtérie.

1. COUETTE n.f. (lat. *culcita*, oreiller). **1.** Édredon garni de plume, de duvet ou de fibres synthétiques, recouvert d'une housse amovible et servant à la fois de couverture et de drap. **2.** MAR. Pièce de bois qui guide un navire pendant les opérations de lancement.

2. COUETTE n.f. (de *coue*, anc. forme de queue). Fam. Touffe de cheveux rassemblés par un lien sur la nuque ou de chaque côté des oreilles.

COUFFIN n.m. (prov. *coufo*, mot ar.). Grand cabas en paille tressée. ◇ Spécialt. Grand panier de vannerie souple, à anses, garni intérieurement et servant de berceau portatif.

COUFIQUE ou **KUFIQUE** n.m. et adj. (du n. de la ville de *Kūfa*). Écriture arabe la plus ancienne, rigide et angulaire, tracée sur une même ligne de base et utilisée pour la calligraphie du Coran. Graphie savante : *kūfique.*

COUGOUAR ou **COUGUAR** n.m. (brésilien *cuguacuara*). Puma.

COUIC interj. (onomat.). Cri d'un petit animal ou d'un homme à qui on tord le cou.

COUILLE n.f. (gr. *koleos*). Vulg. Testicule.

COUILLON n.m. Très fam. Imbécile, sot.

COUILLONNADE n.f. Très fam. **1.** Erreur, sottise. **2.** Tromperie, duperie. ◇ Affaire peu sérieuse dont il n'y a rien à attendre de bon. *C'est une vaste couillonnade.*

COUILLONNER v.t. Très fam. Tromper, duper.

COUINEMENT n.m. **1.** Cri du lièvre, du lapin ou d'autres animaux (porc, etc.). **2.** Grincement aigu. *Le couinement d'un frein.*

COUINER [kwine] v.i. Fam. **1.** Faire entendre un couinement. **2.** Gémir, pleurnicher. *Arrête de couiner !*

COULABILITÉ n.f. MÉTALL. Aptitude d'un métal ou d'un alliage à remplir un moule lorsqu'on l'y verse à l'état liquide.

COULAGE n.m. **1.** Action de faire couler un liquide, une matière en fusion ou un matériau pâteux. *Le coulage du bronze, du béton.* **2.** Fig. Perte de marchandises due au vol ou au gaspillage. *Il y a beaucoup de coulage depuis quelque temps.*

1. COULANT, E adj. **1.** Qui coule, qui est fluide. *Une pâte coulante.* **2.** Fam. Indulgent, conciliant. *Il est très coulant en affaires.* **3.** Aisé, qui donne l'impression d'être fait sans effort. *Une prose coulante.*

2. COULANT n.m. **1.** Anneau qui glisse le long d'une courroie pour la resserrer et la bloquer, ou qui maintient rabattue l'extrémité d'un bracelet, d'une ceinture, etc. **2.** BOT. Stolon.

1. COULE n.f. (lat. *cucullus*). Ample manteau des moines à capuchon et à larges manches.

2. COULE (À LA) loc. adv. Fam. *Être à la coule :* être très habile ; être au courant de tout ce qui peut aider à faire des petits profits.

1. COULÉ n.m. **1.** MUS. Passage lié d'une note à une autre. **2.** Coup qui consiste à pousser une bille sur une autre de manière à les faire se suivre, au billard.

2. COULÉ, E adj. *Brasse coulée :* nage immergée en position allongée, sur le ventre, sur le dos ou sur le côté.

COULÉE n.f. **I. 1.** Masse de matière plus ou moins liquide ou en fusion qui s'écoule, se répand. *Une coulée de peinture.* – *Coulée de lave :* masse de lave en fusion qui s'échappe d'un volcan ; cette masse de lave une fois solidifiée. **2.** GÉOGR. Déplacement méridien d'une masse d'air perpendiculairement aux flux zonaux de la circulation atmosphérique générale. **3.** Petit sentier, chemin tracé par le passage du gibier. **II.** Action de verser du métal en fusion dans un moule ; masse de métal ainsi versée. – Action de verser du verre en fusion sur une table en fonte.

COULEMELLE n.f. (lat. *columella*). Champignon comestible, dit aussi *lépiote élevée.*

COULER v.i. (lat. *colare*). **I. 1. a.** Aller d'un endroit à un autre, en parlant d'un liquide, d'un cours d'eau. *Les larmes coulaient sur son visage.* – Fig. *Faire couler de l'encre :* faire beaucoup écrire ou parler. ◇ Fig. *Couler de source :* être évident. **b.** Passer à tel endroit, en parlant d'un cours d'eau. *La Seine coule à Paris.* **c.** Laisser échapper un liquide. *Ferme bien le robinet, il coule.* **2.** Litt. Passer, s'écouler, en parlant du temps. *Les années qui coulent.* ◇ Fig. *Laisser couler :* laisser faire. **3.** Glisser ; se répandre. *La bougie a coulé.* **II.** S'engloutir ; se noyer. *Le bateau a coulé à pic.* ◆ v.t. **I. 1.** Verser dans un moule une matière en fusion, une substance pâteuse ou liquide. *Couler du bronze, du béton.* **2.** Fabriquer un objet en métal fondu. **3.** Fig. *Couler des jours heureux :* avoir une vie très paisible. **4.** Détériorer un organe en mouvement par manque de graissage. *Couler une bielle.* **5.** Glisser adroitement. *Elle a coulé un billet dans sa poche.* **II. 1.** Envoyer au fond de l'eau. *Couler une barque.* **2.** Fig. Discréditer ; ruiner une entreprise. *Ce scandale l'a complètement coulé.* ◆ **se couler** v.pr. Se glisser, s'introduire sans faire de bruit. *Se couler dans des draps tout propres.* ◇ Fam. *Se la couler douce :* mener une vie agréable et dépourvue de tout souci.

COULEUR n.f. (lat. *color*). **I. 1.** Sensation que produisent sur l'œil les radiations de la lumière, telles qu'elles sont absorbées ou réfléchies par les corps. (→ ***spectre.***) *Les couleurs de l'arc-en-ciel. Couleurs complémentaires.* ◇ Fam. *En voir de toutes les couleurs :* subir des épreuves ou des affronts. – Fam. *Ne pas voir la couleur de qqch :* être privé de qqch qui était dû ou promis. – *Sous couleur de :* sous prétexte de. **2.** Ce qui s'oppose au blanc, au gris et au noir. *Du linge de couleur.* ◇ PHOT., CIN. *La couleur,* par opp. au *noir et blanc. L'avènement du parlant, puis de la couleur.* **3.** Matière, substance colorante. *Un tube de couleur. Boîte de couleurs. Des crayons de couleurs.* **4.** (Souvent au pl.). Coloration, carnation de la peau. *Prendre des couleurs.* – *Homme, femme de couleur,* qui ne sont pas blancs. – *Changer de couleur :* pâlir ou rougir sous l'effet d'une émotion. **II.** Chacune des quatre marques du jeu de cartes (cœur, carreau, trèfle, pique). – Fam. *Annoncer la couleur :* faire connaître clairement ses intentions. **III. 1.** Opinion politique de qqn, d'un groupe. *Quelle est la couleur de ce journal ?* **2.** Apparence, aspect. *Peindre l'avenir sous de belles couleurs.* **3.** Brillant, éclat d'un évènement, d'une situation, etc. *Une description pleine de couleur.* ◆ pl. **1.** Marque distinctive d'un État, de ses drapeaux, de ses pavillons. *Hisser les couleurs.* **2.** HÉRALD. Émaux autres que les métaux et les fourrures.

COULEUVRE n.f. (lat. *colubra*). Serpent ovipare, non venimeux, dont plusieurs espèces vivent en France, notamm. la couleuvre à collier qui atteint 2 m de long et recherche les lieux humides (marais, rivières). ◇ Fig., fam. *Avaler des couleuvres :* subir des affronts sans réagir ; être très crédule.

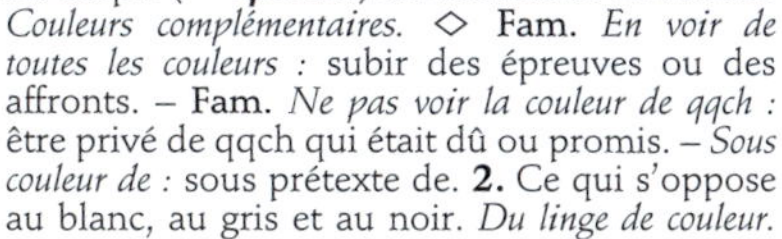

couleuvre à collier

COULEUVREAU n.m. Petit de la couleuvre.

COULEUVRINE n.f. Bouche à feu, fine et longue (XVe-XVIIe s.).

couleuvrine française (XVIe s.) montée sur affût de bois (modèle réduit réalisé au XIXe s.) [musée de l'Armée, Paris]

1. COULIS [kuli] n.m. (de *couler*). **1.** Jus obtenu après avoir cuit lentement puis passé des légumes, de la viande ou du poisson. *Un coulis de tomates.* **2.** Purée de fruits additionnée de sirop. *Un coulis de framboises.* **3.** Mortier liquide que l'on fait pénétrer dans les joints d'un ouvrage en maçonnerie.

2. COULIS adj.m. *Vent coulis :* vent qui se glisse à travers une fente.

COULISSANT, E adj. Qui glisse sur des coulisses. *Porte coulissante.*

COULISSE n.f. (de *porte coulisse*, qui glisse). **1.** Pièce comportant une rainure dans laquelle on fait glisser une partie mobile. *Un volet à coulisse.* **2. a.** (Surtout au pl.). Partie d'un théâtre située de chaque côté et en arrière de la scène, derrière les décors et hors de la vue du public. ◇ Fig. *Dans la coulisse :* caché. – *Regard en coulisse :* regard de côté, en coin. **b.** (Au pl.). Fig. Côté secret d'une chose. *Les coulisses de la politique.* **3.** Ourlet dans lequel passe un cordon pour serrer ou desserrer. **4.** Vx. Marché non officiel, à la Bourse, où se négociaient des valeurs mobilières.

COULISSEAU n.m. **1.** Petite coulisse. **2.** Languette qui se déplace dans une coulisse.

COULISSEMENT n.m. Fait de coulisser.

COULISSER v.t. **1.** Munir de coulisses. *Coulisser un tiroir.* **2.** Faire glisser (un tissu) sur un fil ou sur un cordon de coulisse. *Coulisser les fronces.* ◆ v.i. Glisser sur des coulisses. *Cette porte coulisse bien.*

COULISSIER n.m. Vx. Courtier en valeurs mobilières.

COULOIR n.m. (de *couler*). **1.** Passage ou dégagement en longueur dans un appartement, une maison, un lieu public, une voiture de chemin de fer, etc. ◇ *Bruits, conversations de couloirs,* officieux, confidentiels. **2.** Passage étroit entre deux régions, deux pays. *Le couloir rhodanien.* **3.** Zone d'une piste d'athlétisme délimitée par deux lignes parallèles et dans laquelle doit rester chaque concurrent pendant la course. ◇ Partie latérale d'un terrain de tennis, utilisée exclusivement pour les doubles. **4.** *Couloir aérien :* itinéraire que doivent suivre les avions. **5.** *Couloir d'autobus :* portion de la chaussée exclusivement réservée aux autobus, aux taxis et aux voitures de secours (pompiers, ambulances, etc.). **6.** *Couloir d'avalanche :* ravin qui entaille un versant montagneux et qui est souvent suivi par les avalanches.

COULOMB [kulɔ̃] n.m. (du n. du physicien *Coulomb*). Unité de quantité d'électricité et de charge électrique (symb. C), équivalant à la quantité d'électricité transportée en 1 seconde par un courant de 1 ampère.

COULOMMIERS n.m. Fromage de vache à pâte molle, à croûte moisie.

COULPE n.f. (lat. *culpa*, faute). Confession publique des manquements à la règle, dans certains ordres religieux. ◇ Fig., litt. *Battre sa coulpe :* exprimer son regret, son repentir.

COULURE n.f. **1.** Trace laissée sur une surface par une matière qui a coulé. *Des coulures de peinture blanche.* **2.** Métal qui s'échappe à travers les joints du moule au moment de la coulée. **3.** Chute des fleurs ou des jeunes fruits due à des pluies abondantes qui altèrent le pollen et empêchent la fécondation. *La coulure de la vigne.*

COUMARINE n.f. Substance odorante extraite de la fève tonka ou produite par synthèse.

COUNTRY [kɔntri] adj. inv. (mot angl., *campagne*). *Musique country, country music* ou *country,* n.m. ou f. inv. : style de musique populaire apparu vers 1920 dans le sud-est des États-Unis et issu des folklores écossais, gallois ou irlandais.

COUP n.m. (lat. *colaphus,* du gr. *kolaphos,* soufflet). **I. 1.** Choc rapide et plus ou moins violent d'un corps en mouvement qui vient en frapper un autre. *Un coup de marteau. Donner des coups de poing sur la table. Un coup de bâton, de fouet.* **2. a.** Action de faire du mal à qqn ou à un animal en le frappant avec une partie du corps ou un objet. *Il l'a roué de coups de pied. Attention aux coups de matraque !* – Fig. *Coup de pied de l'âne :* insulte faite par qqn de faible à qqn qui ne peut plus se défendre. **b.** Résultat du choc ; meurtrissure. *Être noir de coups.* **c.** (Au pl.). Voies de fait. *En venir aux coups. Coups et blessures.* **3.** Choc moral causé par une nouvelle, un évènement, etc. *Cette mort a été un coup terrible pour elle.* – *Coup dur :* épreuve ; danger. – Fam. *En prendre un coup :* être très affecté par qqch. **4.** Décharge d'une arme à feu ; la munition elle-même. *Tirer trois coups de feu en l'air.* – *Tir coup par coup :* tir exécuté une cartouche à la fois, par opp. à *tir par rafales.* **5.** Bruit produit par un choc, une vibration. *Coup de sonnette. Au douzième coup de minuit.* **II. 1. a.** Geste ou mouvement rapide que l'on fait avec une partie du corps. *Un coup de langue, de coude.* – *Coup d'œil :* regard rapide. – Fig. et fam. *Coup de pouce :* aide légère apportée à qqn, souvent de façon frauduleuse. – Fig. *Coup de main :* aide, soutien apporté à qqn qui traverse un moment difficile. **b.** Mouvement rapide et momentané pour utiliser un objet. *Se donner un coup de peigne. Donne-toi un coup de brosse !* **2.** Changement, modification de l'état physique ou psychique. – Fam. *Coup de barre, de pompe :* fatigue soudaine. – *Coup de chaleur :* malaise parfois assez grave qui survient quand on reste dans un endroit trop chaud. – *Coup de sang :* hémorragie cérébrale ; fig., violent accès de colère. – *Coup de soleil :* brûlure de la peau par le soleil. **3.** Mouvement soudain des éléments. *Un coup de roulis. Coup de tonnerre.* – *Coup de mer :* gros paquet de mer ; brusque embardée qu'il cause. – Fig. *Coup de foudre :* amour soudain et irrésistible. – Fig. et fam. *Passer en coup de vent,* très vite, sans s'arrêter. **4.** *Coup de téléphone* ou, fam., *coup de fil :* appel téléphonique. **III.** Fam. Quantité de liquide bue en une fois. *Tu viens boire un coup ?* – Fam. *Avoir un coup dans le nez :* être ivre. **IV. 1.** Acte décisif d'une personne ou d'un groupe, comportant certains risques. *Méditer un mauvais coup.* – *Coup de main :* opération militaire locale, menée par surprise sur un objectif limité. – Fam. *Tenter le coup :* essayer, risquer qqch. – Fam. *Valoir le coup :* valoir la peine. – *Manquer son coup :* ne pas réussir. – *Faire les cent coups, les quatre cents coups :* mener une vie très désordonnée. – *Coup d'éclat :* exploit. – *Coup de maître :* action habilement concertée et exécutée. – Fam. *Être, mettre dans le coup :* participer ou faire participer qqn à une affaire ; être, mettre au courant de qqch. – Fam. *Expliquer le coup :* mettre au courant. – *Coup de tête :* décision irréfléchie. – Fam. *Être aux cent coups :* être très inquiet. – Fam. *Tenir le coup :* résister. **2.** Évènement soudain qui semble dû au hasard. *C'est un coup de chance incroyable !* – *Coup du ciel :* évènement heureux et inattendu. – *Coup de théâtre :* changement subit dans une situation. **3.** Façon d'agir ou d'attaquer dans certains sports. *Presque tous les coups sont permis au catch.* – *Coup bas :* coup porté au-dessous de la ceinture, en boxe ; fig., procédé déloyal. – *Coup franc :* sanction contre une équipe, au football, au basket, au rugby. – *Coup d'envoi :* début d'une partie ; fig., début d'une réalisation. – Fig. *Coup de Jarnac :* coup décisif mais peu loyal. – Fig. *Coup d'essai :* tentative. – Fig. *Marquer le coup :* faire comprendre, souligner par son comportement l'importance d'un évènement, d'un incident. **4.** Action ou combinaison d'un joueur, à certains jeux. *Perdre, gagner à tous les coups. Il a réussi un très beau coup de poker. Un coup de dés.* **V. 1.** Fois. *Du premier coup. D'un seul coup.* – *Tout d'un coup :* en une seule fois. – *Pour le coup :* en ce qui concerne cet évènement. – *À tout coup :* à chaque fois. **2.** Loc. *À coup sûr :* sûrement. – *Après coup :* après les faits ; quand ce n'est plus le moment. – *Au coup par coup :* par des actions spécifiques et différentes à chaque fois. – *Coup sur coup :* sans interruption. – *Sur le coup :* tout de suite, au moment des faits. – *Tout à coup :* soudainement. – *Sous le coup de :* sous l'effet de.

tir d'un **coup franc** (le gardien de but plonge pour détourner le ballon)

COUPABLE adj. et n. (lat. *culpabilis,* de *culpa,* faute). **1.** Qui a commis un crime, un délit. *Être coupable d'un meurtre. Plaider coupable, non coupable.* **2.** Qui doit être blâmé, condamné. *Une faiblesse coupable.*

COUPAGE n.m. **1.** Action de couper, de trancher. **2.** Action de mélanger des liquides, notamm. des vins différents ou des alcools.

COUPAILLER v.t. Couper mal, irrégulièrement.

1. COUPANT, E adj. **1.** Qui coupe ou tranche bien. *Des ciseaux coupants.* **2.** Fig. Qui est brutal, dur ; qui n'admet pas de réplique. *Répondre d'un ton coupant.*

2. COUPANT n.m. Fil d'un instrument tranchant.

COUP-DE-POING n.m. (pl. *coups-de-poing*). **1.** Arme et outil de silex datant du paléolithique inférieur. SYN. : *biface.* **2.** *Coup-de-poing américain :* arme de main constituée d'une masse de métal percée de trous pour les doigts.

1. COUPE n.f. (lat. *cuppa*). **1.** Verre à boire, plus large que profond ; son contenu. *Une coupe à champagne en cristal.* **2.** Récipient avec ou sans pied, large et peu profond, à usages divers. **3.** Trophée attribué au vainqueur ou à l'équipe victorieuse d'une épreuve sportive ; la compétition elle-même.

2. COUPE n.f. **I. 1. a.** Action, manière de couper qqch. *Coupe de cheveux. Coupe au rasoir, aux ciseaux.* **b.** Ce qui a été coupé. *Une coupe de bois.* **2.** Action de couper une étoffe, de tailler un vêtement d'après un patron ; la pièce d'étoffe coupée. *Leçons de coupe. Une coupe de drap.* **3.** Opération par laquelle un outil tranchant enlève, sous forme de copeaux, de la matière d'une pièce à usiner. **4.** Action d'abattre des arbres forestiers ; étendue de bois destinée à être coupée. – *Coupe claire :* coupe sévère clairsemant les arbres ; fig., réduction importante d'un budget, d'un effectif, etc. – *Coupe sombre :* coupe partielle épargnant assez d'arbres pour laisser de l'ombre ; fig. (fautif), réduction importante. ◇ Fig., litt. *Mettre en coupe réglée :* exploiter une personne ou un groupe de façon abusive et sans scrupule. **5. a.** Représentation graphique de l'intérieur d'un bâtiment, d'un objet selon une section verticale. **b.** *Coupe géologique :* profil établi suivant un tracé linéaire d'après une carte topographique et la carte géologique qui y correspond. **6.** *Coupe histologique :* tranche mince d'un tissu animal ou végétal préparée pour l'observation au microscope. **II. 1.** Séparation d'un jeu de cartes en deux paquets. – Fig. et fam. *Être sous la coupe de qqn :* être totalement dépendant de lui, subir son influence. **2.** Pause, arrêt dans une phrase, un vers.

1. COUPÉ, E adj. et n.m. HÉRALD. *Écu coupé, pièce coupée :* écu, pièce partagés horizontalement en deux parties égales.

2. COUPÉ n.m. **1.** Voiture fermée à deux places et à deux portes. **2.** Partie antérieure d'une diligence. **3.** CHORÉGR. Pas de dégagement qui permet l'enchaînement d'un autre pas.

COUPE-CHOU ou **COUPE-CHOUX** n.m. (pl. *coupe-choux*). Anc. Sabre court de fantassin.

COUPE-CIGARE ou **COUPE-CIGARES** n.m. (pl. *coupe-cigares*). Instrument pour couper le bout des cigares.

COUPE-CIRCUIT n.m. (pl. *coupe-circuits* ou inv.). Appareil destiné à couper le circuit électrique dans lequel il est inséré, quand l'intensité y devient trop élevée, notamm. en cas de court-circuit.

COUPE-COUPE n.m. inv. Sabre d'abattis.

COUPÉE n.f. Ouverture ménagée dans le flanc d'un navire pour y entrer ou en sortir. *Échelle de coupée.*

COUPE-FAIM n.m. inv. **1.** Petite quantité d'aliment (fruit, biscuit, etc.) prise pour calmer momentanément la faim. **2.** Médicament anorexigène.

COUPE-FEU n.m. inv. Espace de terrain déboisé ou élément de construction destinés à empêcher la propagation des incendies. SYN. : *pare-feu.*

COUPE-FILE n.m. (pl. *coupe-files*). Carte officielle donnant certaines priorités de circulation.

COUPE-GORGE n.m. inv. **1.** Endroit désert, peu éclairé, où l'on risque de se faire attaquer. *Cette impasse est un coupe-gorge.* **2.** Tripot où l'on dépouille les joueurs débutants.

COUPE-JAMBON n.m. inv. Couteau mécanique ou électrique pour débiter en tranches le jambon désossé.

COUPE-JARRET n.m. (pl. *coupe-jarrets*). Litt. Brigand, assassin.

COUPE-LÉGUMES n.m. inv. Instrument pour couper les légumes.

COUPELLATION n.f. MÉTALL. Opération qui consiste à séparer par oxydation, à partir d'un mélange liquide, un ou plusieurs éléments ayant une affinité différente pour l'oxygène.

COUPELLE n.f. **1.** Petite coupe. **2.** Petit creuset utilisé dans les laboratoires.

COUPE-ONGLES n.m. inv. Instrument (pince, ciseaux à lames courtes et incurvées) pour couper les ongles.

COUPE-PAPIER n.m. (pl. *coupe-papiers* ou inv.). Couteau à bord peu tranchant en bois, en métal, en os, etc., pour couper le papier, les feuillets d'un livre, etc.

COUPE-PÂTE n.m. inv. Couteau de boulanger et de pâtissier pour couper la pâte.

COUPER v.t. (de *coup*). **I. 1.** Diviser avec un instrument tranchant. *Couper du pain. Couper les cheveux.* – Fig. *À couper au couteau :* très épais. **2.** Faire une entaille, blesser. *L'éclat de verre lui a un peu coupé le doigt.* – Produire une sensation de coupure. *Vent glacial qui coupe le visage.* **3.** Tailler d'après un patron. *Couper un manteau.* **4.** Donner de l'effet à une balle au tennis, au tennis de table. **5.** Amputer un membre ; enlever un organe. *Couper un bras.* – Fig. *Couper les jambes :* causer une fatigue extrême. **6.** Châtrer. *Couper un chat.* **II. 1.** Interrompre, rompre une continuité. *Couper une communication téléphonique. Couper l'eau.* ◇ *Couper la parole à qqn,* l'interrompre. – *Couper les vivres à qqn,* arrêter de l'entretenir, ne plus lui donner d'argent. **2.** Faire cesser, interrompre (une sensation, un phénomène). *Un médicament qui coupe la faim, la fièvre. Couper l'appétit.* **3.** Passer au milieu de. *Une route qui en coupe une autre.* **4.** Isoler, séparer. *Il l'a coupée de tous ses anciens amis.* **III.** Mélanger un liquide avec un autre. *Couper du vin.* ◆ v.i. Être tranchant. *Ce couteau coupe bien.* ◆ v.t. et i. **1.** Faire deux paquets d'un jeu de cartes. *C'est à toi de couper !* – Prendre avec un atout une carte de son adversaire. **2.** Aller directement. *Couper à travers champs.* ◆ v.t. ind. Fam. *Couper à qqch,* y échapper. ◆ **se couper** v.pr. **1.** Se blesser. **2.** Se croiser. *Deux droites qui se coupent.* **3.** Fam. Se contredire. *Il s'est coupé dans ses réponses.* **4.** S'isoler, se retrancher. *Se couper du monde.*

COUPE-RACINE ou **COUPE-RACINES** n.m. (pl. *coupe-racines*). Machine, outil pour découper les racines ou les tubercules.

COUPERET n.m. **1.** Couteau de boucherie large et court. **2.** Couteau de la guillotine.

COUPEROSE n.f. (lat. *cupri rosa,* rose de cuivre). MÉD. Coloration rouge du visage, due à une dilatation des vaisseaux capillaires.

COUPEROSÉ, E adj. Atteint de couperose.

COUPEUR, EUSE n. **1.** *Coupeur de :* personne qui coupe (telle chose). **2.** Personne spécialisée dans la coupe des vêtements.

COUPE-VENT n.m. inv. **1.** Vêtement dont la texture s'oppose au passage de l'air. **2.** Brise-vent.

COUPLAGE n.m. **1.** Action de coupler deux choses. **2.** Groupement de machines ou d'appareils électriques en vue de leur fonctionnement simultané. – Accouplement de pièces mécaniques.

1. COUPLE n.f. (lat. *copula*). Vx et litt. *Une couple de :* deux choses de même espèce considérées ensemble. *Une couple d'heures.*

2. COUPLE n.m. (de 1. *couple*). **1. a.** Homme et femme unis par le mariage ou par des liens affectifs. **b.** Réunion de deux personnes qui se déplacent ensemble. *Un couple de patineurs.* **c.** Rapprochement de deux personnes liées par l'amitié, une certaine affinité, des intérêts communs, etc. *Un couple d'amis.* **d.** Mâle et femelle d'animaux ou réunion de deux animaux pour un même travail. *Un couple d'aigles, de chamois. Un couple de bœufs.* **2. a.** MÉCAN. et TECHN. Système de deux forces égales, parallèles et de sens contraires ; valeur de leur moment. – *Couple moteur :* couple produisant la rotation du vilebrequin d'un moteur. – *Couple conique :* ensemble des pignons d'engrenage d'une transmission associés par paires et renvoyant à angle droit le mouvement moteur à la machine utilisatrice. – *Couple résistant d'une machine :* couple que doit exercer un moteur d'entraînement pour faire fonctionner cette machine. – *Couple de serrage :* valeur du couple déterminant le serrage d'un organe mécanique. **b.** *Couple thermoélectrique :* thermocouple. **3.** Pièce de construction de la coque d'un navire ou du fuselage d'un avion, placée perpendiculairement à l'axe du navire ou de l'avion. – *Maître couple :* couple situé à la plus grande largeur du navire. **4.** MATH. Ensemble ordonné de deux éléments.

COUPLÉ n.m. Mode de pari mutuel pour désigner, dans l'ordre d'arrivée *(couplé gagnant)* ou non *(couplé placé),* les deux premiers chevaux d'une course.

COUPLER v.t. **1.** Relier, assembler (qqch avec qqch d'autre). *Coupler des pièces, des machines.* **2.** Attacher deux à deux.

COUPLET [kuplɛ] n.m. **1.** Strophe d'une chanson, suivie généralement d'un refrain. **2.** Tirade après laquelle il y a un repos.

COUPLEUR n.m. Dispositif permettant le couplage de deux véhicules, de deux machines, de deux circuits électriques.

COUPOIR n.m. Instrument pour couper les corps durs, utilisé notamm. en imprimerie.

COUPOLE n.f. (it. *cupola*). **1.** ARCHIT. Voûte en forme de vase retourné, de profil semi-circulaire, parabolique, etc., de plan circulaire, elliptique ou polygonal, parfois exhaussée par un tambour ; couverture de cette voûte, dôme. *La coupole du baptistère de Florence.* **2.** *La Coupole :* l'Institut de France, à Paris, qui regroupe plusieurs Académies, dont l'Académie française. – *Être reçu sous la Coupole :* devenir académicien. **3.** MIL. Partie supérieure et bombée d'un blindage.

coupole sur pendentifs encadrée de deux demi-coupoles (mosquée Süleymaniye à Istanbul ; XVIe s.)

COUPON n.m. (de *couper*). **1.** Métrage d'étoffe provenant d'une pièce de tissu et généralement soldé. *Un coupon de satin.* **2.** Billet attestant l'acquittement d'un droit. ◇ **Belgique.** Billet de chemin de fer. **3.** Titre d'intérêt joint à une valeur mobilière, détaché à chaque échéance et donnant droit à un paiement. (La dématérialisation des titres a fait disparaître le coupon en tant qu'objet physique, mais le terme subsiste pour désigner le droit à paiement.)

COUPONNAGE n.m. Technique de vente par correspondance utilisant des coupons-réponse.

COUPON-RÉPONSE n.m. (pl. *coupons-réponse*). **1.** Partie d'une annonce publicitaire qui se détache et qu'on renvoie pour avoir de la documentation sur le produit dont il est question. **2.** Coupon permettant à un correspondant étranger d'obtenir un timbre pour affranchir sa réponse.

COUPURE n.f. **I. 1.** Incision, blessure produite par un instrument tranchant. *Une petite coupure au doigt.* **2.** *Coupure de journal, de presse :* article découpé dans un journal. **3.** Billet de banque. *Il veut être payé en petites coupures.* **4.** Suppression de certains passages dans un film, un roman, etc. *Sa pièce est bonne mais il faudra faire quelques coupures.* **II. 1.** Interruption de l'alimentation en électricité, en gaz, etc. *Il y aura des coupures d'eau demain matin.* **2.** Fig. Rupture, interruption dans une suite d'évènements ; séparation. *Une coupure entre deux courants de l'opposition.* **3.** PHILOS. *Coupure épistémologique :* constitution d'une science avec élaboration de son objet, de ses concepts et de ses modalités techniques d'expérimentation.

COUQUE n.f. Région. (Nord) ; Belgique. Pain d'épice, brioche.

COUR n.f. (lat. *cohors, cohortis*). **I. 1.** Espace découvert, limité par des bâtiments ou des murs, qui est rattaché à une habitation, à un établissement public, etc. *La cour d'un immeuble, d'une ferme. Une cour de récréation.* ◇ Fam. *La cour des grands :* le cercle restreint de ceux qui occupent une position prédominante dans un domaine. *Entrer, jouer dans la cour des grands.* **2.** *Côté cour :* partie de la scène d'un théâtre située à la droite des spectateurs (par opp. à *côté jardin*). **3.** HIST. *Cour des Miracles :* lieu jouissant du droit d'asile où se rassemblaient les mendiants et les malfaiteurs dans les grandes villes ; auj., lieu mal fréquenté, peu rassurant. **4.** *Cour anglaise :* fossé sur lequel donnent les portes et les fenêtres d'un sous-sol. **5. Belgique.** Toilettes, W.-C. **II. 1.** Tribunal d'ordre supérieur. *Arrêt rendu par une cour. Cour d'appel, d'assises. La Cour des comptes.* **2.** Ensemble des magistrats qui composent chacun de ces tribunaux. *Messieurs, la cour !* **III. 1.** Résidence d'un souverain. **2.** Ensemble des personnes qui constituent l'entourage d'un souverain ; ses ministres. – Fig. *Être bien, mal en cour :* jouir ou non de la faveur d'un supérieur. – Fam. *La cour du roi Pétaud :* endroit où chacun commande et où règne le désordre. **3.** Ensemble de personnes qui s'empressent autour d'une femme ou qui cherchent à plaire à qqn d'important pour en obtenir une faveur. *Elle a une cour de jeunes admirateurs.* – *Faire la cour à qqn,* lui exprimer son admiration ; chercher à lui plaire, à le conquérir.

COURAGE n.m. (de *cœur*). **1.** Force de caractère, fermeté que l'on a devant le danger, la souffrance ou dans toute situation difficile à affronter. *Cette femme a beaucoup de courage.* – Fam. *Prendre son courage à deux mains :* vaincre sa timidité, sa peur ; faire appel à toute son énergie. **2.** Ardeur, zèle pour entreprendre qqch ; envie de faire qqch. *Travailler avec courage. Il n'a même plus le courage de peindre.* **3.** Fam. *Avoir le courage de faire qqch :* être capable de le faire par cynisme, avec une certaine insensibilité.

COURAGEUSEMENT adv. Avec courage.

COURAGEUX, EUSE adj. et n. Qui a, qui montre du courage ; brave.

COURAILLER v.i. Vx. Avoir de nombreuses aventures galantes, multiplier les conquêtes faciles.

COURAMMENT adv. **1.** Facilement, rapidement. *Il sait déjà lire couramment.* **2.** D'une façon habituelle, ordinaire. *Cette expression s'emploie très couramment aujourd'hui.*

1. COURANT, E adj. (de *courir*). **1.** Qui est habituel ; ordinaire ; quotidien. *Les dépenses courantes. C'est un mot tellement courant ! Un modèle courant.* ◇ *Prix courant :* prix habituel, tarif. – Fig. *C'est monnaie courante :* c'est habituel, cela se produit très souvent. **2.** *Eau courante :* eau qui s'écoule ; eau qui est distribuée par des canalisations dans une habitation. **3.** Qui est en cours, qui n'est pas terminé au moment où l'on parle. *Le mois courant.* **4.** *Chien courant :* chien dressé à poursuivre le gibier. **5.** *Ornement courant :* motif décoratif qui se répète en suite linéaire. **6.** MAR. *Manœuvre courante :* cordage dont une extrémité au moins est libre, et qui reçoit des efforts qu'il transmet avec mouvement (par opp. à *manœuvre dormante*).

2. COURANT n.m. **I. 1.** Mouvement, déplacement d'une masse d'eau dans tel ou tel sens. *Le courant d'un fleuve. Nager contre le courant.* – *Courant de marée :* courant provoqué par les mouvements de la marée près des côtes et dans les détroits. – *Courant marin* ou *océanique :* mouvement qui entraîne des masses d'eau considérables à la surface des océans et en profondeur. ◇ Fig. *Remonter le courant :* faire face à des difficultés avec succès, redresser une situation un moment compromise. **2.** *Courant d'air :* air qui se déplace d'un lieu à un autre. **3.** Déplacement de charges électriques dans un conducteur. *Une panne de courant.* – *Courant alternatif :* courant périodique dont la valeur moyenne dans le temps est nulle. – *Courant continu :* courant constant dans le temps. – *Courant d'induction :* courant prenant naissance dans une masse métallique conductrice se déplaçant dans un champ magnétique. – *Courants de Foucault :* courants induits dans les masses métalliques placées dans des champs magnétiques variables. – *Courant porteur :* courant alternatif de fréquence élevée, que l'on module pour transmettre des signaux. **4.** Fig. Écoulement d'une période donnée, cours du temps. *Dans le courant du mois, de la semaine.* **II.** Mouvement d'idées ou de sentiments. *Un courant d'opinion en sa faveur. Un courant de sympathie.* **III.** Mouvement ininterrompu de personnes dans une même direction. *Un important courant d'immigration.* **IV.** *Tenir, mettre au courant (de) :* informer (de). – *Être au courant :* être bien renseigné. ◇ *Au courant de la plume :* en écrivant avec beaucoup de facilité.

COURANTE n.f. **1.** Anc. Danse française à trois temps, employée dans la suite instrumentale (XVIIe s.). **2.** Vulg. Diarrhée.

COURBARIL n.m. (mot des Caraïbes). Arbre d'Amérique tropicale, exploité pour son bois et sa résine. (Famille des césalpiniacées.)

COURBATU, E adj. (de *court* et *battu*). Litt. Courbaturé.

COURBATURE n.f. Douleur musculaire, contracture, due à la fatigue ou à une maladie. *Être plein de courbatures.*

COURBATURÉ, E adj. Qui souffre de courbatures ; très fatigué.

COURBATURER v.t. Provoquer, causer une courbature ou une sensation de grande fatigue.

1. COURBE adj. (lat. *curvus*). **1.** Qui s'infléchit en forme d'arc. – *Ligne courbe :* ligne qui change progressivement de direction sans former aucun angle. **2.** *Tir courbe :* tir exécuté avec un angle au niveau supérieur à 45°. SYN. : *tir vertical.*

2. COURBE n.f. **1.** Ligne, forme courbe. *La courbe des sourcils.* – Virage d'une route. **2.** Graphique représentant les variations d'un phénomène. *La courbe de température. La courbe des prix.* **3.** MATH. Ensemble des points du plan ou de l'espace dont les coordonnées sont des fonctions continues de la variable réelle.

COURBEMENT n.m. Action de courber ou de se courber ; son résultat.

COURBER v.t. **1.** Rendre courbe. *Courber un bâton. L'âge courbe la taille.* **2.** Pencher, incliner. *Courber la tête, les épaules.* **3.** Suisse. Fam. *Courber l'école :* faire l'école buissonnière. ◆ v.i. Ployer, plier. *Courber sous le poids.* ◆ **se courber** v.pr. **1.** Incliner le corps en avant. *Se courber pour saluer qqn.* **2.** Être, devenir courbe.

COURBETTE n.f. **1.** Fam. Révérence, politesse exagérée, obséquieuse. – *Faire des courbettes à qqn,* lui prodiguer des marques exagérées de déférence, de politesse. **2.** ÉQUIT. Mouvement du cheval qui se cabre un peu en pliant les membres antérieurs.

COURBURE n.f. **1. a.** Forme courbe d'un objet. *La courbure d'une voûte.* – *Double courbure :* courbure en S. **b.** Partie courbe de qqch. **2.** MATH. Inverse du rayon de courbure. – *Rayon de courbure en un point :* rayon du cercle osculateur en ce point.
COURCAILLER v.i. → ***carcailler.***
COURCAILLET n.m. (onomat.). **1.** Cri de la caille. **2.** Appeau avec lequel on imite ce cri.
COURÇON n.m. → ***courson.***
COURÉE n.f. Impasse, petite cour rattachée à plusieurs habitations, dans les villes du Nord.
COURETTE n.f. Petite cour intérieure.
1. COUREUR, EUSE n. **1.** Personne qui participe à une course. *Coureur de fond. Coureur cycliste.* – Personne ou animal qui court bien, rapidement. *Un bon coureur.* **2.** Personne qui recherche les aventures amoureuses. *Un coureur de jupons.* **3.** Canada. *Coureur des bois :* chasseur ou trafiquant de pelleteries, autrefois.
2. COUREUR n.m. Vieilli. Ratite.
COURGE n.f. (lat. *cucurbita*). Plante cultivée aux tiges traînantes, dont il existe de nombreuses espèces aux fruits volumineux (potiron, courgette, citrouille, giraumon, etc.) que l'on consomme souvent comme légumes. (Famille des cucurbitacées.)
COURGETTE n.f. Courge d'une variété à fruit allongé ; ce fruit, que l'on consomme à l'état jeune.

courgettes

COURIR v.i. (lat. *currere*) [45]. **I. 1. a.** Se déplacer d'un lieu à un autre en faisant mouvoir rapidement et alternativement ses jambes, ou ses pattes pour un animal. *Cours vite, l'autobus arrive ! Courir à toutes jambes. Ce chien a besoin de courir.* **b.** Participer à une épreuve de course à pied ou à une épreuve de vitesse quelconque. *Courir à moto. Ce cheval ne court pas aujourd'hui.* **2.** Se précipiter, aller partout pour trouver qqch. *J'ai couru partout pour trouver ce livre.* **3.** Fam. *Courir après qqn, qqch :* chercher à rattraper qqn ; rechercher, aspirer à qqch. *Courir après un voleur. Courir après la gloire.* – Fam. *Tu peux courir :* tes efforts ne servent à rien, tu n'obtiendras rien. ◇ Fig. *En courant :* à la hâte. **II. 1.** Se propager rapidement, circuler. *C'est un bruit qui court mais rien n'est encore sûr.* **2.** S'écouler ; suivre son cours. *Le temps court trop vite. L'année qui court.* – *Par les temps qui courent,* dans la conjoncture, les circonstances actuelles. – Fam. *Laisser courir :* laisser faire. **3.** Parcourir rapidement. *Un frisson lui courut dans le dos.* **4.** Litt. Sillonner. *Un petit sentier qui court derrière les dunes.* ◆ v.t. **1.** Disputer, participer à (une course). *Courir un cent mètres.* **2.** Parcourir. *Courir le monde.* **3.** Fig. Risquer, être exposé à. *Il sait qu'il court un risque mais il part quand même.* – *Courir sa chance :* tenter qqch en comptant sur la chance ; compter sur la chance pour se sortir d'un mauvais pas. **4.** Se rendre, aller quelque part avec une certaine agitation ; fréquenter habituellement. *Courir les magasins. Courir les cocktails.* **5.** Fam. Ennuyer, importuner. *Tu commences vraiment à me courir !* **6.** Rechercher (les aventures amoureuses). *Courir les filles.* **7.** Rechercher avec empressement. *Courir les honneurs.* **8.** CHASSE. Poursuivre. *Courir le lièvre.* **9.** Fig. *Courir les rues :* être très banal, très commun.
COURLIS [kurli] ou **COURLIEU** n.m. Oiseau échassier migrateur à long bec arqué vers le bas, qui vit près des eaux douces ou sur les côtes. (Famille des charadriidés.)
1. COURONNE n.f. (lat. *corona*). **I. 1.** Cercle de métal précieux, richement orné, qu'on porte sur la tête en signe d'autorité, de dignité, de puissance. *Couronne royale.* **2.** Dynastie souveraine ; État dirigé par un roi ou un empereur. *La Couronne d'Angleterre.* **3.** Cercle de fleurs ou de feuillage porté sur le front comme prix, comme récompense. *Une couronne de lauriers.* **4.** *Triple couronne :* tiare pontificale. **II. 1.** Ensemble de fleurs et de feuilles disposées en cercle. *Couronne mortuaire.* **2.** Objet circulaire en forme de couronne. ◇ Cercle métallique enserrant certains objets. *Couronne d'un cabestan.* **3.** Capsule en métal ou en céramique qui recouvre et protège la partie visible (dite *couronne*) d'une dent en cas de lésion. **4.** Unité monétaire principale du Danemark, de la Suède, de la Norvège, de l'Islande, de la République tchèque, de la Slovaquie et de l'Estonie. (→ ***monnaie.***) **5.** *Couronne solaire :* région externe de l'atmosphère du Soleil, très peu dense. **6.** Tonsure monacale. **7.** Sommet du pied du cheval. **8.** Plafond d'une galerie de mine. – Ensemble d'ouvrages de la fortification à tracé bastionné. **9.** MATH. *Couronne circulaire :* surface comprise entre deux cercles coplanaires et concentriques.

couronne solaire mise en évidence lors d'une éclipse totale de Soleil en 1973

2. COURONNE n.f. et adj. Papier qui portait une couronne en filigrane, aux dimensions de 36 × 46 cm en papeterie et de 37 × 47 cm en édition.
COURONNÉ, E adj. **1.** Qui a reçu un prix, un titre. *Il vient d'être couronné champion du monde.* **2.** Qui a reçu la couronne royale ou impériale. – *Tête couronnée :* souverain, souveraine. **3.** *Cheval couronné :* cheval qui s'est fait une plaie au genou en tombant. ◇ Fam. *Genou couronné,* marqué d'une écorchure.
COURONNEMENT n.m. **1.** Action de couronner ; fait d'être couronné. ◇ Cérémonie pour couronner un monarque ou pour investir un pape. **2.** Fig. Achèvement complet d'une grande entreprise. *Elle voit enfin le couronnement de ses efforts.* **3.** Élément décoratif garnissant la partie supérieure d'un édifice, d'un meuble, etc.
COURONNER v.t. **I. 1.** Mettre sur la tête une couronne, comme ornement ou à titre de récompense. – Poser solennellement une couronne sur la tête d'un souverain. **2.** Fig. Récompenser par un prix, une distinction. *Un livre couronné par l'Académie.* **II. 1.** Former la partie supérieure de qqch. – Litt. Être disposé tout autour. *Les remparts qui couronnent la ville.*

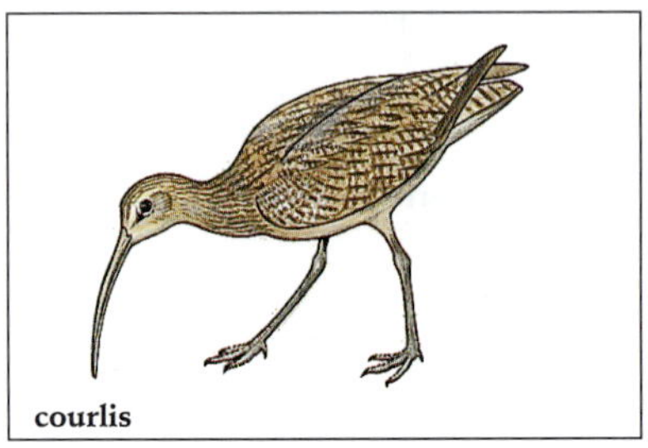

courlis

2. Fig. Constituer la conclusion, l'achèvement parfait. *Cette nomination couronne sa carrière.* ◆ **se couronner** v.pr. Se blesser au genou, en parlant du cheval. ◇ Fam. Se faire une écorchure ou une contusion au genou, en parlant de qqn.
COUROS n.m. → ***kouros.***
COURRE v.t. et i. (lat. *currere*). Vx. Poursuivre à la chasse. – *Chasse à courre :* chasse où l'on poursuit le gros gibier avec des chiens courants, pour le forcer.
COURRERIES [kurri] n.f. pl. (de l'anc. fr. *courre,* courir). Belgique. Allées et venues, démarches, courses.
COURRIER n.m. **1.** Correspondance (lettres, imprimés, paquets) reçue ou envoyée par la poste. *Le courrier n'est pas encore distribué. Qu'y a-t-il au courrier ?* – Totalité des lettres qu'une personne écrit ou reçoit. *Avoir du courrier à finir.* **2.** *Courrier électronique :* messagerie électronique. **3.** Rubrique de journal consacrée à des nouvelles spéciales. *Courrier des lecteurs, du cœur. Courrier de la Bourse.* **4.** Anc. Homme chargé de porter les dépêches.
COURRIÉRISTE n. Journaliste qui tient une rubrique, un courrier littéraire, théâtral, etc. ◇ Journaliste qui tient la rubrique du courrier des lecteurs.
COURROIE n.f. (lat. *corrigia*). **1.** Bande d'un matériau souple (cuir, toile, etc.) pour lier, attacher ou serrer qqch. **2.** Bande souple refermée sur elle-même et servant à transmettre un mouvement de rotation d'un arbre à un autre par l'intermédiaire de poulies, dans de nombreuses machines. ◇ Fig. *Courroie de transmission :* personne, organisme transmettant les directives d'un autre organisme.
COURROUCER v.t. (lat. *corrumpere,* aigrir) [16]. Litt. Mettre en colère.
COURROUX [kuru] n.m. Litt. Vive colère.
COURS n.m. (lat. *cursus*). **I. 1.** Mouvement continu d'une eau courante. *Le cours du Rhône est très rapide.* – Fig. *Donner libre cours à :* laisser s'exprimer sans aucune retenue. ◇ *Cours d'eau :* ruisseau, fleuve ou rivière, etc. **2.** Trajet parcouru par un fleuve ou une rivière. *La Loire a un cours de 1 020 km.* **3.** *Voyage au long cours :* longue traversée en haute mer. **4.** Mouvement réel ou apparent des astres. *Le cours du Soleil.* **II. 1.** Enseignement donné par un professeur sous forme de leçon ou de conférence. *Elle donne des cours de littérature italienne en faculté. Aller à son cours de piano.* **2.** Manuel, traité sur une matière quelconque. **3.** Établissement d'enseignement privé. **III. 1.** Taux, prix auquel se négocient les denrées, les marchandises, les valeurs. *Le cours du sucre a baissé. Le cours des changes, des Halles. Les cours de la Bourse sont en dernière page.* – Fig. *Avoir cours :* être reconnu légalement. **2.** Circulation régulière d'une monnaie, d'une marchandise. – *Cours forcé :* régime monétaire dans lequel les institutions d'émission sont dispensées de l'obligation d'échanger contre du métal précieux les signes monétaires ayant cours légal. – *Cours légal :* régime dans lequel les signes monétaires doivent être acceptés en paiement pour leur valeur nominale. **IV.** Suite, évolution de qqch dans le temps ; écoulement du temps. *Les choses suivent leur cours. Le cours de la vie.* – *Être en cours :* se dérouler, être en train d'être réalisé. ◇ *Au cours de :* pendant toute la durée de. **V.** Avenue servant de promenade.
COURSE n.f. (it. *corsa*). **I. 1.** Action de courir. *Ils avaient pris leur pas de course.* ◇ *À bout de course :* épuisé. **2.** Compétition de vitesse ; épreuve sportive organisée consistant en une telle compétition. *Une course de fond, de demi-fond. Course cycliste. Course de chevaux. Course d'obstacles, de trot, de galop.* ◇ Fig., fam. *N'être pas, plus dans la course :* être complètement dépassé par les évènements. **3.** *Course de taureaux :* corrida. **II. 1. a.** Déplacement, démarche. *J'ai une course urgente à faire, attends-moi.* **b.** Achat fait chez un commerçant. *Faire ses courses pour le dîner.* **2.** Trajet d'un taxi à un tarif donné. **3.** Parcours en montagne, ascension effectuée par un ou plusieurs alpinistes. **4.** Suisse. **a.** Trajet en chemin de fer ou en bateau. **b.** Excursion, voyage organisé. **5.** Mou-

vement rectiligne d'un organe mécanique ; étendue de ce mouvement. *La course d'un piston.* **6.** Déplacement d'un corps dans l'espace. *La course des nuages, du Soleil, des étoiles.* ◇ **Fig.** *En fin de course :* sur son déclin. **7.** Opération d'un navire corsaire. ◆ **pl.** Compétition de vitesse opposant des chevaux (en France ; d'autres animaux, lévriers notamm., dans d'autres pays). *Champ de courses. Jouer aux courses.*

COURSE-CROISIÈRE n.f. (pl. *courses-croisières*). Compétition de yachting qui consiste en une course à la voile sur un parcours en haute mer.

COURSE-POURSUITE n.f. (pl. *courses-poursuites*). Poursuite rapide, souvent marquée de péripéties diverses.

COURSER v.t. Fam. Poursuivre à la course, essayer de rattraper ; suivre.

1. COURSIER n.m. Litt. Cheval de selle.

2. COURSIER, ÈRE n. **1.** Employé(e) chargé(e) de porter des paquets, des lettres, etc., pour le compte d'une entreprise, d'un commerçant. **2.** *Coursier international :* entreprise privée assurant le transport vers l'étranger de documents et de petits colis dont l'acheminement revêt un caractère d'urgence.

COURSIVE n.f. (it. *corsiva,* où l'on peut courir). **1.** MAR. Passage, couloir aménagé à l'intérieur d'un navire, dans le sens de la longueur. **2.** Galerie de circulation desservant plusieurs logements.

COURSON, COURÇON n.m. ou **COURSONNE** n.f. (de l'anc. fr. *corsier,* raccourcir). Branche à fruits, taillée généralement à trois ou quatre yeux.

1. COURT, E adj. (lat. *curtus*). **1.** Qui est peu étendu en longueur ou en hauteur. *Des cheveux très courts. Ton manteau est un peu trop court.* **2.** Qui dure peu de temps, bref. *Les jours sont de plus en plus courts.* – **Fam.** *Avoir la mémoire courte :* oublier vite des obligations, des contraintes. **3.** Fam. Insuffisant, peu satisfaisant. *C'est un peu court, comme explication.* ◇ *À courte vue :* fait sans souci de l'avenir, en parlant d'un projet, d'une action, etc.

2. COURT adv. **1.** D'une manière courte. *Elle s'habille beaucoup trop court.* – **Fig.** *Tourner court :* s'arrêter brusquement. *La discussion a tourné court faute de preuves.* – *Couper court à qqch,* le faire cesser très vite. *Il a coupé court à cet entretien ennuyeux.* – *Demeurer court :* rester sans réaction, sans pouvoir parler ni agir, sous le coup d'une émotion, de la surprise, etc. **2.** *Aller au plus court :* procéder de la manière la plus rapide et la plus simple. – *Prendre qqn de court,* le prendre complètement au dépourvu. – *Être à court de :* être privé de.

3. COURT [kur] n.m. (mot angl. ; anc. fr. *court,* cour). Terrain de tennis.

COURTAGE n.m. (de *courtier*). **1.** Profession du courtier. **2.** Rémunération due à un courtier, à un agent de change.

COURTAUD, E adj. et n. (de *court*). Qui a une taille courte et ramassée.

COURTAUDER v.t. Priver (un animal) de la queue et des oreilles.

COURT-BOUILLON n.m. (pl. *courts-bouillons*). Liquide aromatisé dans lequel on fait cuire le poisson ou la viande.

COURT-CIRCUIT n.m. (pl. *courts-circuits*). Connexion par une très faible résistance ou impédance de deux ou de plusieurs points d'un circuit qui se trouvent normalement à des tensions différentes ; accident qui en résulte (interruption de courant, incendie, etc.).

COURT-CIRCUITER v.t. **1.** Mettre en court-circuit. **2.** Fig. Ne pas suivre la voie hiérarchique pour atteindre un but, ne pas tenir compte des intermédiaires.

COURT-COURRIER n.m. (pl. *court-courriers*). Avion destiné à assurer des transports sur de courtes distances (inférieures à 1 000 km).

COURTEPOINTE n.f. (anc. fr. *coute pointe*). Couverture de lit piquée et ouatinée.

COURTIER, ÈRE n. (de l'anc. fr. *courre,* courir). Personne servant d'intermédiaire dans des opérations commerciales ou autres.

COURTILIÈRE n.f. (anc. fr. *courtil,* jardin). Insecte orthoptère fouisseur, appelé aussi *taupe-grillon,* qui vit dans des terriers et qui est nuisible dans les potagers.

courtilière

COURTINE n.f. (lat. *cortina,* tenture). **1.** Mur d'un rempart joignant les flancs de deux bastions voisins. **2.** Vx. Rideau, notamm. de lit.

COURTISAN n.m. (it. *cortigiano*). **1.** Vx. Homme faisant partie de la cour d'un souverain. **2.** Litt. Celui qui flatte les gens puissants ou influents par intérêt.

COURTISANE n.f. Litt. Prostituée d'un rang social élevé.

COURTISANERIE n.f. Litt. Bassesse de courtisan.

COURTISER v.t. **1.** Faire la cour à, chercher à faire la conquête de. *Courtiser une femme.* **2.** Litt. Flatter une personne importante par pur intérêt.

COURT-JOINTÉ, E adj. (pl. *court-jointés, es*). Qui a des paturons courts, en parlant du cheval.

COURT-JUS n.m. (pl. *courts-jus*). Fam. Court-circuit.

COURT-MÉTRAGE ou **COURT MÉTRAGE** n.m. (pl. *courts-métrages, courts métrages*). Film de moins de 1 600 m et dont la durée excède rarement vingt minutes.

COURTOIS, E adj. (de l'anc. fr. *court,* cour). **1.** Qui parle, qui agit avec une politesse raffinée ; affable, délicat. *Une personne très courtoise. Ce n'est vraiment pas très courtois.* **2.** *Littérature courtoise :* littérature raffinée, célébrant l'amour et les exploits chevaleresques (XIe-XIIe s.).

COURTOISEMENT adv. Avec courtoisie.

COURTOISIE n.f. Politesse raffinée.

COURT-VÊTU, E adj. (pl. *court-vêtus, es*). Qui porte un vêtement court.

COURU, E adj. Fam. Recherché. *Un spectacle très couru.* ◇ **Fam.** *C'est couru :* c'est prévisible.

COUSCOUS [kuskus] n.m. (ar. *kuskus*). Plat d'Afrique du Nord, préparé avec de la semoule de blé dur et servi avec de la viande ou du poisson, des légumes et une sauce relevée ; la semoule elle-même.

COUSETTE n.f. **1.** Fam., vieilli. Jeune couturière. **2.** Petit nécessaire à couture.

COUSEUR, EUSE n. Personne qui coud. ◇ Personne qui travaille sur une couseuse ou qui exécute la couture d'un livre.

COUSEUSE n.f. **1.** Machine à coudre industrielle. **2.** Machine pour coudre les cahiers d'un livre.

1. COUSIN, E n. (lat. *consobrinus*). Personne née ou descendant de l'oncle ou de la tante d'une autre ; son conjoint.

2. COUSIN n.m. (lat. *culex*). Moustique aux longues pattes fines, très commun en France. (Famille des culicidés.) SYN. : *culex.*

COUSINAGE n.m. **1.** Fam. Parenté entre cousins. **2.** Litt. Ensemble des parents.

COUSINER v.i. Litt. Avoir avec qqn des relations amicales, bien s'entendre avec lui.

COUSSIN n.m. (lat. *coxa,* cuisse). **1.** Enveloppe de tissu, de cuir, etc., rembourrée, qui sert d'appui, de siège ou d'ornement. *Caler son dos avec des coussins. S'asseoir par terre sur des coussins.* ◇ **Belgique.** Oreiller. **2.** *Coussin d'air :* système de suspension d'un véhicule, d'un navire, d'un appareil de manutention, par insufflation d'air à faible pression sous le châssis.

COUSSINET n.m. **1.** Petit coussin. **2.** Pièce de fonte ou d'acier fixée sur une traverse de voie ferrée et qui supporte le rail. **3.** MÉCAN. Pièce cylindrique en métal doux dans laquelle peut tourner un arbre mobile.

COUSU, E adj. **1.** Assemblé avec des points de couture. – **Fig.** et **fam.** *C'est du cousu main :* c'est fait avec beaucoup de soin ; c'est très fragile. – **Fig.** *Cousu de fil blanc :* facile à démasquer, qui ne trompe personne, en parlant d'une ruse, d'un artifice. – **Fig.** *Cousu d'or :* très riche. **2.** HÉRALD. *Pièces cousues :* pièces honorables appliquées métal sur métal ou couleur sur couleur.

COÛT n.m. (de *coûter*). **1.** Prix, montant de qqch. *Coût très élevé d'une location.* **2.** *Coût de la vie :* valeur estimée des biens et des services, fondée sur la comparaison des revenus, pendant une période donnée. **3.** *Coût de production :* prix de revient industriel d'une marchandise. – *Coût de distribution :* écart entre le prix de vente d'un produit au consommateur et le prix de production. **4.** Fig. Conséquence, effet négatifs d'une action, d'une situation. *La délinquance, coût d'une mauvaise politique urbaine.*

COÛTANT adj.m. *À, au prix coûtant :* au prix de revient strictement calculé.

COUTEAU n.m. (lat. *cultellus*). **1.** Instrument tranchant composé d'un manche et d'une ou de plusieurs lames. *Un couteau de poche. Faire aiguiser un couteau. Couteau à pain. Couteau électrique.* ◇ **Fig.** *En lame de couteau :* très allongé, mince. – *Mettre le couteau sous* (ou *sur*) *la gorge à qqn,* l'obliger à faire qqch contre sa volonté. – *Au couteau :* âpre, acharné. *Une concurrence au couteau.* – *Être à couteaux tirés avec qqn :* être en très mauvais termes avec lui. – **Fam.** *Second couteau :* comparse, acolyte. **2.** Mollusque bivalve à coquille allongée qui vit enfoui dans le sable des plages (genre solen). **3.** *Couteau à palette :* petite truelle d'acier flexible pour mélanger les couleurs sur une palette ou pour peindre en pleine pâte. **4.** Arête de prisme métallique qui supporte le fléau d'une balance.

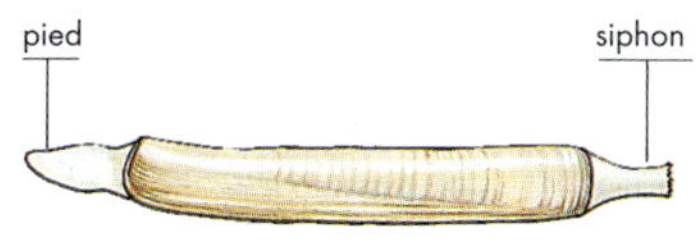

couteau (mollusque)

COUTEAU-SCIE n.m. (pl. *couteaux-scies*). Couteau à lame dentée, utilisé pour couper la viande, le pain, etc.

COUTELAS n.m. (it. *coltellaccio*). **1.** Grand couteau de cuisine à lame large et tranchante. **2.** Sabre court et large qui ne tranche que d'un côté.

COUTELIER, ÈRE n. Personne qui fabrique ou vend des couteaux et autres instruments tranchants.

COUTELLERIE n.f. **1.** Fabrication des couteaux et des instruments tranchants. **2.** Lieu, atelier où sont fabriqués et vendus ces articles. **3.** Ensemble des produits faisant l'objet de ce commerce.

COÛTER v.i. (lat. *constare*). **1. a.** Être vendu au prix de. *Combien coûte ce vase ?* **b.** Causer, entraîner des dépenses. *Cette négligence va sûrement lui coûter très cher.* – **Fam.** *Coûter les yeux de la tête :* coûter très cher. ◇ *Coûte que coûte :* à tout prix. **2.** Fig. Être pénible à supporter ; peser. *Cette démarche lui a beaucoup coûté.* ◆ **v.t.** Causer, occasionner (qqch de pénible). *Ce travail lui a coûté des efforts presque surhumains.* – *Coûter la vie :* causer la mort.

COÛTEUSEMENT adv. De façon coûteuse.

COÛTEUX, EUSE adj. **1.** Qui coûte cher, qui occasionne de grandes dépenses. *C'est un voyage très coûteux pour eux.* **2.** Litt. Qui exige de grands efforts ; qui a des conséquences pénibles. *Une démarche coûteuse.*

COUTIL [kuti] n.m. (de *couette*). Tissu d'armure croisée et très serrée, en fil ou en coton, pour faire les vêtements de travail ou de chasse.

COUTRE n.m. (lat. *culter*). Fer tranchant placé en avant du soc de la charrue pour fendre la terre verticalement.

COUTUME n.f. (lat. *consuetudo*). **1.** Habitude, usage passé dans les mœurs d'un groupe, d'un peuple. *Une coutume ancestrale.* **2.** Manière habituelle d'agir d'une personne. ◇ *Avoir coutume de :* avoir l'habitude de. *Plus, moins, autant que de* *coutume :* en comparaison avec ce qui se passe ordinairement. **3.** DR. Règle de droit établie par l'usage dont l'autorité est reconnue à condition de ne pas aller à l'encontre d'une loi.

1. COUTUMIER, ÈRE adj. **1.** Litt. Qui est habituel, ordinaire. *Les travaux coutumiers. – Être coutumier du fait :* avoir l'habitude de commettre telle action. **2. a.** *Droit coutumier :* loi non écrite mais consacrée par l'usage, la tradition. **b.** Établi par la coutume. *Chef coutumier.*

2. COUTUMIER n.m. Recueil des coutumes d'une province, d'un pays, d'un ordre religieux.

COUTURE n.f. **1. a.** Action, art de coudre. *Faire de la couture. Cours de couture.* **b.** Assemblage de deux morceaux d'étoffe cousus à la main ou à la machine. *Couture simple, rabattue.* – Fig. *Examiner sur* (ou *sous*) *toutes les coutures,* très attentivement. – Fig. *Battre qqn à plate couture :* lui infliger une défaite complète. **2.** Profession de ceux qui confectionnent des vêtements. *Il travaille dans la couture. – La haute couture :* ensemble des grands couturiers qui créent des modèles originaux présentés chaque saison. – *Maison de couture :* entreprise de haute couture ou de confection. **3.** REL. Action de coudre les cahiers d'un livre à brocher ou à relier. **4.** Litt. Cicatrice d'une plaie. *Visage plein de coutures.*

COUTURÉ, E adj. Litt. Couvert de cicatrices, en parlant du corps ; marqué.

1. COUTURIER adj. m. et n.m. *Muscle couturier* ou *couturier :* muscle fléchisseur de la cuisse.

2. COUTURIER, ÈRE n. Personne qui retouche ou confectionne elle-même des vêtements. – *Grand couturier :* personne qui dirige une maison de couture. ◇ THÉÂTRE. Anc. *Représentation des couturières* ou *couturière,* n.f. : répétition précédant la générale, au cours de laquelle les couturières apportaient les dernières retouches aux costumes.

COUVADE n.f. ETHNOL. Coutume rencontrée dans certaines sociétés, où, après l'accouchement, c'est le père qui joue le rôle de la mère.

COUVAIN n.m. ZOOL. Ensemble des œufs, des larves et des nymphes des abeilles et autres insectes sociaux.

COUVAISON n.f. Temps pendant lequel un oiseau couve ses œufs pour les faire éclore ; acte de couver. SYN. : *incubation.*

COUVÉE n.f. **1.** Ensemble des œufs qu'un oiseau couve en même temps. **2.** Ensemble des oisillons nés en même temps. ◇ Fig. *Veiller sur sa couvée :* veiller sur ses enfants, en parlant d'une mère de famille.

COUVENT n.m. (lat. *conventus,* assemblée). **1.** Maison religieuse. **2.** Anc. Pensionnat de jeunes filles tenu par des religieuses.

COUVENTINE n.f. **1.** Religieuse qui vit dans un couvent. **2.** Jeune fille qui était élevée dans un couvent.

COUVER v.t. (lat. *cubare,* être couché). **1.** Abriter, tenir au chaud sous son corps (des œufs) pour les faire éclore, en parlant d'un oiseau. **2.** Fig. Entourer de soins attentifs. ◇ *Couver des yeux :* regarder intensément, avec affection ou convoitise. **3.** Litt. Préparer en secret ; porter en soi, nourrir. *Couver une vengeance.* ◇ *Couver une maladie,* en être atteint sans qu'elle se déclare encore nettement. ◆ v.i. Se préparer, être latent. *Feu qui couve. Complot qui couve.*

COUVERCLE n.m. (lat. *cooperculum*). Pièce mobile qui sert à couvrir (un récipient).

1. COUVERT, E adj. **1.** Qui a sur lui qqch ; qui est abrité, ou dissimulé. – *Terrain couvert :* terrain boisé. – *Ciel couvert :* ciel nuageux. **2.** Fig. *À mots couverts :* de manière allusive, en dissimulant sa véritable pensée.

2. COUVERT n.m. (de *couvrir*). **I. 1.** Litt. Massif d'arbres qui donne de l'ombre et un abri. *Se réfugier sous les couverts.* **2.** Espace couvert, abrité. ◇ *Le vivre et le couvert :* la nourriture et le logement. ◇ *À couvert :* à l'abri, hors d'atteinte. ◇ Litt. *Sous le couvert de :* sous la responsabilité de. *Agir sous le couvert de ses supérieurs.* – Sous les apparences de. *Trahir qqn sous le couvert de l'amitié.* **3.** ARCHIT. Cornière. **II.** Ce dont on couvre la table pour le repas. **1.** *Mettre, dresser le couvert :* mettre sur la table la vaisselle nécessaire au repas. **2.** *Les couverts :* les cuillères, les fourchettes et les couteaux. **3.** Ensemble des ustensiles de table pour une personne. *Ajouter un couvert.* ◇ (Employé comme unité, pour calculer la capacité d'un lave-vaisselle). *Lave-vaisselle de douze couverts.*

COUVERTE n.f. TECHN. Glaçure transparente particulière aux céramiques obtenues à haute température (grès, porcelaine).

COUVERTURE n.f. (de *couvrir*). **I. 1.** Pièce d'étoffe (de fourrure, etc.) destinée à protéger du froid. *Couverture de laine. – Couverture chauffante,* munie d'un dispositif électrique dégageant de la chaleur. ◇ Fam. *Tirer la couverture à soi :* chercher à s'attribuer tout le mérite d'un succès, tout le profit d'une affaire. **2.** Ce qui couvre un bâtiment, en constitue le toit. *Couverture d'ardoise.* **3.** Ce qui couvre, protège un livre, un cahier. **4.** Partie extérieure d'un livre, formée des plats et du dos. *Couverture toilée.* ◇ Partie extérieure d'un magazine où, avec son nom, figurent une illustration et les titres des principaux articles. **5.** GÉOL. Ensemble des sédiments recouvrant un socle. **6.** ZOOL. *Plumes de couverture* ou *couvertures,* n.f. pl. : tectrices. **II.** Ce qui couvre, garantit, protège. **1.** FIN. Ensemble des valeurs servant à la garantie d'une opération financière ou commerciale. **2.** MIL. Dispositif de protection d'une zone ou d'une opération. **3.** *Couverture sociale :* protection dont bénéficie un assuré social. **4.** Occupation, activité qui dissimule des opérations clandestines, illicites. **III. 1.** Fait de couvrir un évènement, pour un journaliste, un organe de presse. **2.** TÉLÉCOMM. *Zone de couverture* ou *couverture :* portion de la surface terrestre desservie par un réseau de télécommunication cellulaire ou à l'intérieur de laquelle la réception des émissions d'un satellite est correcte.

COUVEUSE n.f. **1.** Oiseau femelle (poule, en particulier) qui couve. **2.** Appareil où l'on fait éclore des œufs, remplacé aujourd'hui par l'incubateur. **3.** Appareil consistant essentiellement en une enceinte close, aseptique, maintenue à température constante, où sont placés les prématurés, les nouveau-nés fragiles.

COUVI adj.m. (de *couver*). Vx. *Œuf couvi :* œuf à demi couvé, ou pourri.

COUVOIR n.m. **1.** Panier dans lequel sont disposés des œufs à couver. **2.** Local où sont installés des nids de couveuses ou des incubateurs.

COUVRANT, E adj. Qui couvre d'une couche opaque et facile à étaler, en parlant d'une substance colorante (notamm. : peinture, produit de beauté).

COUVRE-CHEF n.m. (pl. *couvre-chefs*). Fam. Ce qui sert à couvrir la tête ; chapeau.

COUVRE-FEU n.m. (pl. *couvre-feux*). **1.** Signal qui indiquait l'heure de rentrer chez soi et d'éteindre les lumières. **2.** Interdiction temporaire de sortir de chez soi à certaines heures, notamment en temps de guerre.

COUVRE-JOINT n.m. (pl. *couvre-joints*). CONSTR. Ce qui sert à couvrir ou à remplir un joint.

COUVRE-LIT n.m. (pl. *couvre-lits*). Couverture, pièce d'étoffe qui recouvre un lit. SYN. : *dessus-de-lit, jeté de lit.*

COUVRE-LIVRE n.m. (pl. *couvre-livres*). Protection pour un livre ; couverture.

COUVREMENT n.m. ARCHIT. Organe, ouvrage qui limite par le haut (un entrecolonnement, une baie, une pièce, un espace intérieur quelconque).

COUVRE-NUQUE n.m. (pl. *couvre-nuques*). Pièce de métal, de toile, adaptée à un casque ou à une coiffure pour préserver la nuque.

COUVRE-OBJET n.m. (pl. *couvre-objets*). Lamelle de verre dont on recouvre les objets examinés au microscope.

COUVRE-PIED ou **COUVRE-PIEDS** n.m. (pl. *couvre-pieds*). Couverture de lit faite de deux tissus superposés, garnis intérieurement de laine ou de duvet et piqués de dessins décoratifs.

COUVRE-PLAT n.m. (pl. *couvre-plats*). Cloche en métal pour recouvrir un plat et le maintenir chaud.

COUVREUR n.m. Ouvrier qui pose les matériaux de surface de la couverture d'un bâtiment, assure la réparation de celle-ci.

COUVRIR v.t. (lat. *cooperire*) [34]. **I. 1.** Protéger au moyen de qqch qui vient par-dessus. *Couvrir un livre. Couvrir sa tête d'un chapeau.* **2.** Placer qqch sur qqch d'autre. *Couvrir une casserole d'un*

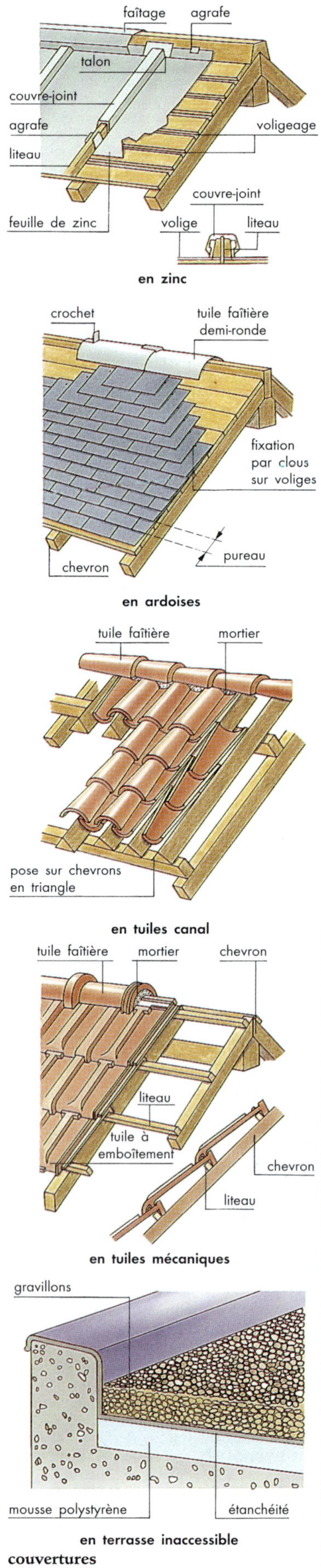

couvertures

couvercle. **3.** Répandre, étaler en grande quantité sur. *Couvrir un mur de peinture.* **4.** Mettre qqch sur qqn pour le vêtir. *Elle couvre trop son fils, il a chaud.* **5.** Donner à qqn beaucoup de choses ; combler. *On l'a couverte de cadeaux.* **II. 1.** Être répandu sur. *La neige couvre le chemin.* **2.** *Couvrir une distance,* la parcourir. **3.** *Couvrir (une femelle) :* saillir, s'accoupler avec, en parlant d'un animal mâle. **4.** Assurer une couverture, garantir, protéger. *Couvrir ses arrières.* **5. a.** Prendre sous sa responsabilité l'erreur de qqn. *Ses supérieurs le couvrent.* **b.** Garantir les conséquences financières de. *Cette assurance couvre l'incendie.* **6.** Compenser, contrebalancer. *Les recettes couvrent les dépenses.* ◇ *Couvrir un bruit, des voix :* empêcher qu'on les entende, en parlant d'un bruit plus intense, de voix plus fortes. **7.** *Couvrir un évènement :* pour un journaliste, assurer une information complète sur cet évènement. **8.** Desservir une zone, en parlant d'un émetteur de radiodiffusion, de télévision. ◆ **se couvrir** v.pr. **1.** Se garnir, se remplir, être parsemé. *Les champs se couvrent de fleurs. Il s'est couvert de honte. Le ciel se couvre (de nuages).* **2.** Se protéger, se garantir. *Se couvrir d'un risque par une assurance.*

COUVRURE n.f. REL. Action d'appliquer la couverture ou les matières de recouvrement sur le livre à brocher ou à relier.

COVALENCE n.f. CHIM. Liaison chimique de deux atomes, par mise en commun d'électrons.

COVARIANCE n.f. STAT. Moyenne arithmétique des produits de deux variables centrées associées à une série statistique double.

COVENANT n.m. (mot angl., *pacte*). HIST. Association formée en vue d'une action commune, notamment en Écosse. (Le covenant de 1638 s'opposa à l'introduction de l'anglicanisme.)

COVENDEUR, EUSE n. Personne qui vend une même chose avec une autre personne.

COVER-GIRL [kɔvœrgœrl] n.f. (mot angl., de *cover,* couverture, et *girl,* jeune femme) [pl. *cover-girls*]. Jeune femme posant pour les photographies des magazines, en partic. pour la page de couverture.

COVOITURAGE n.m. Utilisation d'une même voiture particulière par plusieurs personnes effectuant le même trajet, afin d'alléger le trafic routier et de partager les frais de transport.

COW-BOY [kawbɔj] ou [kobɔj] n.m. (mot angl.) [pl. *cow-boys*]. Gardien et conducteur d'un troupeau de bovins, dans un ranch américain.

COWPER [kopœr] n.m. (du n. de l'inventeur). Appareil à inversion utilisé en sidérurgie pour la récupération de la chaleur latente des gaz des hauts-fourneaux et pour le réchauffage de l'air envoyé aux tuyères.

COW-POX [kopɔks] n.m. inv. (angl. *cow,* vache, et *pox,* variole). Vaccine.

COXAL, E, AUX adj. (lat. *coxa,* cuisse). ANAT. De la hanche. – *Os coxal :* os iliaque.

COXALGIE n.f. (du lat. *coxa,* cuisse). Tuberculose de la hanche.

COXALGIQUE adj. et n. De la coxalgie ; atteint de coxalgie.

COXARTHROSE n.f. Arthrose de la hanche.

COYAU [kɔjo] n.m. (anc. fr. *col,* queue). CONSTR. Petit chevron prolongeant une toiture au-delà de la partie extérieure du mur.

COYOTE n.m. (aztèque *coyotl*). Mammifère carnivore de l'Amérique du Nord, voisin du loup et du chacal.

coyote

C. Q. F. D., abrév. de *ce qu'il fallait démontrer,* formule employée à la fin d'une démonstration.

Cr, symbole chimique du chrome.

CRABE n.m. (néerl. *crabbe*). Crustacé décapode, marin, littoral ou d'eau douce, à abdomen court et replié sous le céphalothorax, et portant une paire de grosses pinces. (Représenté par 2 000 espèces constituant le sous-ordre des brachyoures, dont certaines sont comestibles et communes aux côtes européennes : tourteau, étrille, crabe enragé.)

crabe (tourteau)

CRABIER n.m. Animal mangeur de crabes. *Le phoque, le héron sont des crabiers.*

CRABOT ou **CLABOT** n.m. MÉCAN. Dispositif à dents qui permet d'accoupler deux pièces mécaniques.

CRABOTAGE ou **CLABOTAGE** n.m. MÉCAN. Accouplement de deux pièces mécaniques par un crabot.

CRABOTER ou **CLABOTER** v.t. MÉCAN. Accoupler (deux pièces mécaniques) à l'aide d'un crabot.

CRAC interj. (Exprimant le bruit d'une chose dure qui se rompt, ou la soudaineté). *Tout d'un coup, crac ! l'échelon casse.*

CRACHAT n.m. Matière provenant des voies respiratoires que l'on rejette par la bouche ; expectoration.

CRACHÉ, E adj. Fam. *Être le portrait (tout) craché de qqn,* lui ressembler énormément.

CRACHEMENT n.m. **1.** Action de cracher ; projection. **2.** Crépitement. *Les crachements d'un haut-parleur.*

CRACHER v.i. **1.** Rejeter des crachats. ◇ Fig., fam. *Cracher dans la soupe :* dénigrer ce dont on tire avantage. **2.** Éclabousser. *Stylo qui crache.* **3.** Émettre des crépitements, grésiller. *La radio crache.* ◆ v.t. **1.** Rejeter (hors de la bouche). *Cracher du sang.* **2.** Projeter, lancer. *Volcan qui crache des laves.* **3.** Pop. Donner de l'argent. ◆ v.t. ind. Fam. *Cracher sur qqn,* l'insulter ; le mépriser. – *Ne pas cracher sur qqch,* l'apprécier beaucoup.

CRACHEUR, EUSE adj. et n. Qui crache fréquemment. ◆ n.m. Afrique. Naja qui crache son venin.

CRACHIN n.m. Petite pluie fine et pénétrante.

CRACHINER v. impers. Tomber, en parlant du crachin.

CRACHOIR n.m. Récipient dans lequel on crache. ◇ Fig., fam. *Tenir le crachoir :* parler longtemps. – Fam. *Tenir le crachoir à qqn,* l'écouter sans pouvoir l'interrompre.

CRACHOTANT, E adj. Qui crachote.

CRACHOTEMENT n.m. **1.** Action de crachoter. **2.** Bruit de ce qui crachote.

CRACHOTER ou, fam., **CRACHOUILLER** v.i. **1.** Cracher souvent et peu à la fois. **2.** Émettre un crépitement, en parlant d'appareils défectueux. *Le robinet, le téléphone crachotent.*

1. CRACK n.m. (mot angl., *fameux*). **1.** Cheval de course aux nombreuses victoires. **2.** Fam. Personne qui se distingue par ses compétences dans un domaine précis.

2. CRACK n.m. (mot angl., *coup de fouet*). Arg. Cocaïne cristallisée fumable, d'une très grande toxicité.

CRACKER [krakɛr] ou [krakœr] n.m. (mot angl.). Petit biscuit salé croustillant.

CRACKING [krakiŋ] n.m. (mot angl., de *to crack,* briser). [Anglic. déconseillé]. Craquage.

CRACOVIENNE n.f. Danse populaire d'origine polonaise, à la mode en France vers 1840.

CRACRA adj. inv. Fam. Crasseux.

CRADINGUE, CRADO ou **CRADOT** adj. Pop. Crasseux.

CRAIE n.f. (lat. *creta*). **1.** Calcaire d'origine marine, le plus souvent blanc ou blanchâtre, tendre et friable, qui s'est formé au crétacé. **2.** Bâtonnet de cette substance ou de substance analogue pour écrire au tableau noir ou sur le tissu, le bois, etc.

CRAILLER [kraje] v.i. (onomat.). Pousser son cri, en parlant de la corneille.

CRAINDRE v.t. (lat. *tremere,* et d'un mot gaul.) [80]. **1.** Éprouver de l'inquiétude, de la peur devant qqn, qqch ; redouter. *Je crains qu'il ne vienne. Je ne crains pas qu'il vienne.* **2.** Être sensible à qqch, risquer de subir un dommage. *Ces plantes craignent le gel.* ◆ v.i. Arg. *Ça craint.* **a.** Cela menace d'avoir des conséquences fâcheuses. **b.** C'est très mauvais, très désagréable.

CRAINTE n.f. Sentiment de qqn qui craint ; peur. *Crainte de la solitude.* ◇ *De crainte que* (+ subj. et *ne*), *de crainte de* (+ inf.) : pour éviter que, de. *Fuyez de crainte qu'on ne vous voie, de crainte d'être vu.*

CRAINTIF, IVE adj. et n. Qui est porté à la crainte, qui la manifeste.

CRAINTIVEMENT adv. Avec crainte.

1. CRAMBE n.m. (gr. *krambê,* chou). Crucifère appelée aussi *chou marin,* cultivée pour ses pétioles comestibles.

2. CRAMBE n.m. (gr. *krambos,* sec). Papillon des prairies, du groupe des pyrales.

CRAMCRAM [kramkram] n.m. Afrique. Graminée épineuse dont les graines s'accrochent aux vêtements ; ces graines.

CRAMER v.i. et t. Fam. Brûler.

CRAMINE n.f. (du lat. *cremare,* brûler). Suisse. Fam. Froid intense.

CRAMIQUE n.m. (néerl. *cramicke*). Pain aux raisins. (On dit aussi *pain cramique.*)

CRAMOISI, E adj. (ar. *qirmiz,* cochenille). **1.** D'une couleur rouge foncé. *Velours cramoisi.* **2.** Qui devient tout rouge sous l'effet de l'émotion, de la honte, de la colère, de l'effort, etc. *Visage, teint cramoisi.*

CRAMPE n.f. (francique *krampa,* recourbé). Contraction douloureuse, involontaire et passagère, d'un ou de plusieurs muscles. ◇ *Crampe d'estomac :* douleur gastrique due à la faim, à une mauvaise digestion, etc.

CRAMPILLON n.m. Clou recourbé en forme d'U, à deux pointes parallèles. SYN. : *cavalier.*

CRAMPON n.m. (francique *krampo*). **1.** Pièce de métal recourbée, servant à attacher, à retenir ou à saisir fortement. **2.** Chacun des petits cylindres de cuir, de caoutchouc ou de plastique fixés à la semelle des chaussures de football, de rugby, pour empêcher de glisser. ◇ *Pneu à crampons :* pneu à sculptures très protubérantes, améliorant l'adhérence sur sol glissant. **3.** Organe de fixation de certains végétaux. *Les crampons du lierre.* ◆ pl. Semelle munie de pointes, fixée sous la chaussure, pour se déplacer sur la glace. ◆ adj. et n. Fam. Importun, dont on a du mal à se débarrasser. *Ce que tu peux être crampon !*

CRAMPONNEMENT n.m. Action de cramponner, de se cramponner.

CRAMPONNER v.t. **1.** Poser des crampons à la semelle d'une chaussure de sport. **2.** Fam. Importuner qqn en s'accrochant à lui avec insistance. *Tu nous cramponnes !* ◆ **se cramponner** v.pr. **1.** S'accrocher. *Le lierre se cramponne au mur.* **2.** S'agripper, tenir fermement sans lâcher prise. *Se cramponner au bras de qqn.* **3.** S'attacher à qqch qu'on ne veut pas abandonner, malgré les obstacles. *Se cramponner à la vie, à l'espoir.* ◇ Absolt. Résister, tenir opiniâtrement. *On a tout fait pour le décourager, mais il s'est cramponné.*

CRAN n.m. (de l'anc. fr. *crener,* entailler). **1.** Entaille faite dans un corps dur pour en accrocher un autre ou servir d'arrêt. *Les crans d'une crémaillère.* – *Cran d'arrêt, de sûreté :* cran qui cale la gâchette d'une arme à feu, la lame d'un couteau. **2.** Entaille faite en bordure d'un vêtement ou d'une chaussure en fabrication et qui sert de point de repère. **3.** Ondulation des cheveux. **4.** Rang, degré. – *Reculer d'un cran, monter, baisser d'un cran :* passer à qqch de supérieur ou d'inférieur. **5.** Fam. Sang-froid, courage. *Avoir du cran.* **6.** Fam. *Être à cran :* être exaspéré, à bout de nerfs.

1. CRÂNE n.m. (gr. *kranion*). **1.** Boîte osseuse contenant et protégeant l'encéphale chez les vertébrés. *Fracture du crâne.* **2.** Fam. Tête. *Il a le crâne chauve. Avoir mal au crâne.*

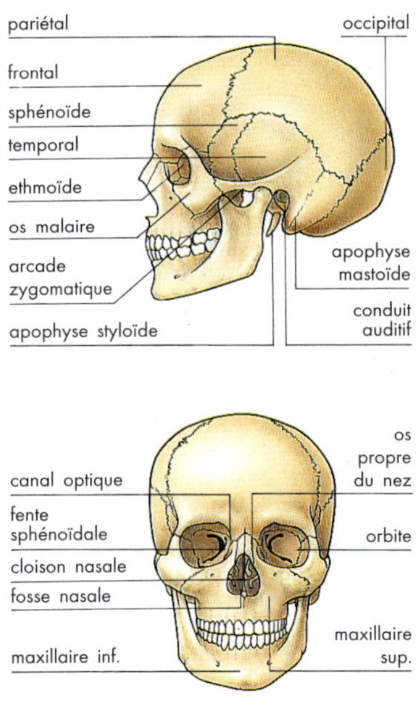

crâne (profil et face)

2. CRÂNE adj. (de 1. *crâne*). Litt. Qui affiche du courage, de la bravoure ; fier, décidé. *Un air crâne.*
CRÂNEMENT adv. Litt. De façon crâne.
CRÂNER v.i. (de 2. *crâne*). Fam. **1.** Affecter la bravoure, faire le brave. *Crâner devant le danger.* **2.** Faire le fier, prendre des airs supérieurs, vaniteux.
CRÂNERIE n.f. **1.** Bravoure, attitude fanfaronne. **2.** Fierté, vanité un peu ostentatoire.
CRÂNEUR, EUSE adj. et n. Fam. Qui crâne, se montre fanfaron ou prétentieux.
CRÂNIEN, ENNE adj. Du crâne. *Nerfs crâniens.*
CRANIOPHARYNGIOME n.m. Tumeur cérébrale située au-dessus de la paroi postérieure du pharynx, se développant aux dépens de reliquats embryonnaires de la région hypophysaire.
CRANIOSTÉNOSE n.f. Malformation congénitale caractérisée par la fermeture prématurée des sutures de la boîte crânienne, causant une souffrance cérébrale.
CRANTER v.t. Faire des crans à, entailler.
CRAPAHUTER ou **CRAPAÜTER** v.i. (de *crapaud*, avec l'influence de *chahuter*). Arg. Marcher, se déplacer en terrain difficile, accidenté.
CRAPAUD n.m. (germ. *krappa*, crochet). **1.** Amphibien de la sous-classe des anoures, à formes lourdes et trapues, à peau verruqueuse, insectivore, donc utile. *Le crapaud siffle, coasse,* pousse son cri. (En France, les crapauds atteignent 10 cm de longueur ; ils ont des mœurs terrestres et ne viennent à l'eau que pour pondre. Certains crapauds d'Amérique mesurent jusqu'à 20 cm de long.) – *Crapaud accoucheur :* alyte. ◇ *(Fauteuil) crapaud :* fauteuil rembourré, évasé et bas. – *(Piano) crapaud :* petit piano à queue. **2.** Défaut dans une pierre précieuse, une roche cristalline, un marbre.

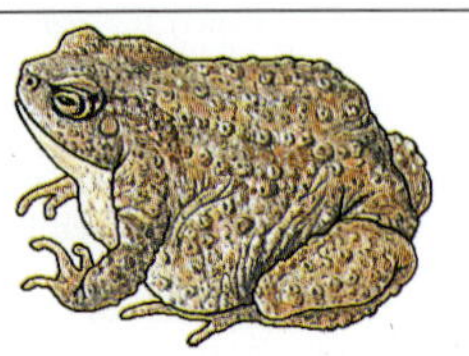

crapaud

CRAPAUD-BUFFLE n.m. (pl. *crapauds-buffles*). Gros crapaud d'Afrique, au coassement puissant.
CRAPAUDINE n.f. (de *crapaud*). **1.** Grille, filtre placés à l'entrée d'un tuyau de descente pour empêcher que des déchets ne s'y introduisent. **2.** Plot métallique scellé dans la maçonnerie et recevant le pivot d'une porte. **3.** MÉCAN. Palier de base d'un arbre vertical, servant de guide pour le mouvement de rotation, et de butée pour les efforts verticaux. **4.** CUIS. *À la crapaudine :* mode de préparation des volailles, en partic. du pigeon, consistant à les aplatir avant de les faire rôtir.
CRAPETTE n.f. Jeu de cartes à deux joueurs consistant à réaliser deux réussites communes.
CRAPOTEUX, EUSE adj. Fam. **1.** Très sale, crasseux. **2.** Très mauvais, sordide. *Une ambiance crapoteuse.*
CRAPOUILLOT n.m. (de *crapaud*). **1.** Petit mortier de tranchée (1915-1918). **2.** Soldat servant ce mortier.
CRAPULE n.f. (lat. *crapula*, ivresse). **1.** Individu sans moralité, capable des pires bassesses. **2.** Litt. Ensemble des gens qui vivent dans la débauche et la malhonnêteté.
CRAPULERIE n.f. **1.** Caractère, comportement d'une crapule. **2.** Acte malhonnête, vol. *Commettre une crapulerie.*
CRAPULEUSEMENT adv. De façon crapuleuse.
CRAPULEUX, EUSE adj. Plein de bassesse ; malhonnête. *Acte, personnage crapuleux.* ◇ *Crime crapuleux,* commis par intérêt, cupidité, pour voler.
CRAQUAGE n.m. **1.** Conversion, sous l'action de la température et éventuellement d'un catalyseur, des hydrocarbures saturés d'une fraction pétrolière en hydrocarbures plus légers (carburants, intermédiaires chimiques). SYN. (anglic. déconseillé) : *cracking.* **2.** Séparation des différents constituants d'une matière première agricole (céréales, lait, etc.) pour les utiliser dans la fabrication de nouveaux produits alimentaires.
CRAQUANT, E adj. Fam. Qui fait craquer ; irrésistible. *Une fille craquante.*
CRAQUE n.f. Fam. Mensonge, vantardise.
CRAQUÉE n.f. Suisse. Fam. Grande quantité. *Une craquée de livres.*
CRAQUELAGE n.m. **1.** Altération de certaines peintures, de certains vernis. **2.** Art ou manière d'obtenir de la porcelaine craquelée.
CRAQUELÉ, E adj. Qui présente des craquelures. *Une porcelaine craquelée.*
CRAQUÈLEMENT n.m. Fait de se craqueler ; état de ce qui est craquelé.
CRAQUELER v.t. [24]. Fendiller la glaçure d'une céramique, le poli d'une surface, etc. ; faire des craquelures sur. *Craqueler de la porcelaine.* ◆ **se craqueler** v.pr. Présenter des craquelures, se fendiller en surface. *La terre se craquelle avec la sécheresse.*
CRAQUELIN n.m. (néerl. *crakelinc*). Petit gâteau sec et croquant fait le plus souvent en pâte à biscuit ou en pâte non levée et non sucrée.
CRAQUELURE n.f. Fendillement, fissure accidentels ou volontaires dans un vernis, la pâte d'une peinture, la glaçure d'une céramique.
CRAQUEMENT n.m. Bruit sec que fait un corps qui craque ou se brise.
CRAQUER v.i. (onomat.). **1.** Produire un bruit sec dû à un frottement ou à une pression. *Le parquet craque. Faire craquer ses doigts.* **2.** Se briser, céder, se déchirer en produisant un bruit sec. *La couture a craqué.* **3.** Être ébranlé, échouer, s'effondrer. *Ce projet va craquer.* **4.** Avoir une grave défaillance physique ou psychologique. *Ses nerfs ont craqué. Le joueur a craqué au dernier set.* **5.** Fam. Tomber sous le charme de qqn, céder à l'attrait de qqch. *Craquer pour une actrice. Craquer sur un collier.* ◆ v.t. **1.** Faire céder, déchirer sous la pression ou l'effort. *Craquer sa poche.* ◇ *Craquer une allumette,* l'allumer en la frottant sur une surface rugueuse. **2.** TECHN. Réaliser le craquage d'un produit pétrolier.
CRAQUÈTEMENT ou **CRAQUETTEMENT** n.m. **1.** Bruit produit par un objet qui craquette. **2.** Cri de la cigogne, de la grue, de la cigale.
CRAQUETER v.i. [27]. **1.** Craquer souvent et à petit bruit. *Les brindilles craquettent dans le feu.* **2.** Pousser son cri, en parlant de la cigogne, de la grue, de la cigale ; claqueter.
CRAQUEUR n.m. Installation de raffinage où l'on craque les hydrocarbures.
CRASE n.f. (gr. *krasis*). **1.** Contraction de la voyelle ou de la diphtongue finale d'un mot avec celle du mot suivant. **2.** MÉD. *Crase sanguine :* ensemble des propriétés coagulantes du sang.
CRASH [kraʃ] n.m. (mot angl.) [pl. *crashs* ou *crashes*]. Atterrissage très brutal effectué par un avion, train rentré.
CRASHER (SE) v.pr. Fam. S'écraser au sol, en parlant d'un avion.
CRASSANE n.f. Passe-crassane.
CRASSE n.f. (lat. *crassus*, gras). **1.** Saleté qui s'amasse sur la peau, le linge, les objets. **2.** Fam. Mauvais tour, acte hostile à l'égard de qqn. *Il nous a fait une crasse.* ◆ pl. Scories produites par un métal en fusion. ◆ adj. *Ignorance, bêtise crasse :* ignorance, bêtise grossière, qui atteint un très haut degré.
CRASSEUX, EUSE adj. Couvert de crasse, malpropre.
CRASSIER n.m. Amoncellement de déchets, scories et résidus d'une usine métallurgique.
CRASSULACÉE n.f. *Crassulacées :* famille de plantes dicotylédones charnues, poussant dans les rocailles, dont fait partie la joubarbe.
CRATÈRE n.m. (gr. *kratêr*, vase). **1.** Dépression arrondie, ouverte le plus souvent au sommet d'un volcan, par où s'échappent les projections et les laves. – *Lac de cratère :* lac formé dans le cratère d'un volcan éteint. ◇ *Cratère (météoritique) :* dépression quasi circulaire creusée par l'impact d'une météorite à la surface d'un astre, en particulier de la Lune. ◇ Trou formé dans le sol par l'explosion d'une bombe. **2.** Orifice d'un fourneau de verrerie. **3.** Grand vase à deux anses et à large ouverture où les Anciens mélangeaient le vin et l'eau.

cratère grec à volutes
(bronze ; VIe s. av. J.-C. ; hauteur : 72 cm)
[Musée national, Belgrade]

CRATERELLE n.f. (bas lat. *craterella*, de *crater*, vase). Champignon comestible en forme d'entonnoir, noir violacé, très apprécié. (Classe des basidiomycètes.) Noms usuels : *trompette-de-la-mort* ou *trompette-des-morts.*
CRATÉRIFORME adj. En forme de cratère.
CRATÉRISÉ, E adj. Parsemé de cratères. *Sol cratérisé de la Lune.*
CRATON n.m. GÉOL. Vaste portion de croûte continentale en dehors des zones orogéniques.
CRAVACHE n.f. (all. *Karbatsche*, du turc). Badine souple et flexible dont se servent les cavaliers pour stimuler ou corriger un cheval. ◇ *Mener qqn à la cravache,* le commander brutalement.
CRAVACHER v.t. Frapper avec la cravache. ◆ v.i. Fam. Aller très vite ; travailler à la hâte.
CRAVATE n.f. (de *Croate*). **1.** Bande d'étoffe que l'on passe autour du cou sous le col d'une chemise, et qui se noue par-devant. ◇ Pop. *S'en jeter un derrière la cravate :* boire un verre. **2.** Insigne de grades élevés de certains ordres. *Cravate de commandeur de la Légion d'honneur.* **3.** Ornement tricolore fixé au fer de lance d'un drapeau ou d'un étendard. **4.** MAR. Cordage qui soutient une ancre.
CRAVATER v.t. **1.** Mettre une cravate à qqn (surtout au passif). **2.** Attaquer qqn en le serrant par le cou. **3.** Pop. Mettre en état d'arrestation. *Se faire cravater par la police.* **4.** Pop. Tromper qqn, abuser de sa crédulité.
CRAVE n.m. Oiseau des montagnes, à bec et à pattes rouges. (Famille des corvidés.)
CRAW-CRAW ou **CROW-CROW** n.m. inv.

Afrique. Manifestation cutanée de l'onchocercose, provoquant des démangeaisons.

CRAWL [krol] n.m. (mot angl.). Nage sur le ventre à propulsion continue par mouvements alternatifs des bras et des pieds.

crawl

CRAWLÉ, E [kro-] adj. *Dos crawlé :* nage en crawl sur le dos.

CRAWLER [krole] v.i. Nager le crawl.

CRAWLEUR, EUSE [kro-] n. Personne qui nage le crawl.

CRAYEUX, EUSE [krɛjø, øz] adj. Qui contient de la craie ; qui en a l'aspect.

CRAYON [krɛjɔ̃] n.m. (de *craie*). **1.** Baguette cylindrique formée d'une mine de graphite ou d'une matière colorée contenue dans une gaine de bois, et servant à écrire et à dessiner. **2.** Dessin fait au crayon. **3.** Manière de dessiner. – *Avoir un bon coup de crayon :* être habile à dessiner. **4.** Bâtonnet de substance médicinale ou de fard. **5.** *Crayon optique :* photostyle.

CRAYON-FEUTRE n.m. (pl. *crayons-feutres*). Feutre utilisant une encre à l'eau et servant essentiellement au coloriage.

CRAYONNAGE n.m. Action de crayonner ; dessin rapide fait au crayon.

CRAYONNÉ n.m. Avant-projet d'une illustration, maquette d'un panneau publicitaire.

CRAYONNER v.t. Écrire ou dessiner à la hâte avec un crayon.

CRAYONNEUR, EUSE n. Personne qui crayonne, dessine des croquis.

CRÉANCE n.f. (lat. *credentia*). **1.** Litt. Fait de croire en la vérité de qqch. *Cela ne mérite aucune créance.* – *Donner créance à qqch,* le rendre croyable. **2.** DR. Droit qu'une personne (le *créancier*) a d'exiger qqch de qqn (le *débiteur*) ; titre qui établit ce droit. **3.** *Lettres de créance :* lettres qu'un ministre ou un ambassadeur remet, à son arrivée, au chef de l'État auprès duquel il est accrédité.

CRÉANCIER, ÈRE n. et adj. **1.** Titulaire d'un droit de créance. **2.** Personne à qui l'on doit de l'argent.

CRÉATEUR, TRICE n. **1.** Personne qui crée, invente qqch de nouveau dans le domaine scientifique, artistique, etc. *Le créateur d'une théorie nouvelle. Une créatrice de mode.* **2.** Personne qui crée, interprète pour la première fois un rôle, une chanson ; auteur. *Le créateur de « la Marseillaise ».* ◆ n.m. *Le Créateur :* Dieu. ◆ adj. Qui a la faculté, le don d'inventer ; créatif, inventif. *Esprit créateur.*

CRÉATIF, IVE adj. **1.** Qui est capable de créer, d'inventer, d'imaginer qqch de nouveau, d'original, qui manifeste de la créativité. *Un esprit créatif.* **2.** Qui favorise la création. *Milieu créatif.* ◆ n. Dans la publicité, la mode, etc., personne chargée d'avoir des idées originales pour créer ou lancer un produit.

CRÉATINE n.f. (gr. *kreas, -atos,* chair). Substance azotée présente dans les muscles, le cerveau et, en très faible quantité, dans le sang, et qui joue un grand rôle dans la contraction musculaire.

CRÉATININE n.f. Dérivé de la créatine dont le taux dans le sang (normalement entre 10 et 18 mg par litre) augmente en cas d'insuffisance rénale.

CRÉATION n.f. (lat. *creatio*). **1.** Action de créer, de tirer du néant. *La création du monde.* **2.** Ensemble du monde créé ; univers. *Les merveilles de la création.* **3.** Action de fonder qqch qui n'existait pas. *La création d'une entreprise.* **4.** Œuvre créée ; modèle inédit. *Les créations d'un grand couturier.* **5.** Première interprétation d'un rôle, d'une chanson, etc. ; première ou nouvelle mise en scène d'une œuvre. *Ce spectacle est une création.*

CRÉATIONNISME n.m. HIST. DES SC. Théorie selon laquelle les animaux et les plantes ont été créés subitement et isolément par espèces fixes et immuables.

CRÉATIONNISTE adj. et n. Adepte du créationnisme.

CRÉATIQUE n.f. SC. ÉDUC. Ensemble des techniques et des méthodes destinées à développer la créativité.

CRÉATIVITÉ n.f. Pouvoir créateur, capacité d'imagination, d'invention, de création. *La créativité artistique, littéraire.*

CRÉATURE n.f. **1.** Tout être créé, en particulier l'homme, par rapport à Dieu, le Créateur. **2.** Être humain, personne. **3.** Fam. Femme et, en particulier, belle femme. *Une créature de rêve. Une jolie créature.* **4.** Vx. Femme de mauvaise vie. **5.** Péj. Personne entièrement soumise à une autre, à qui elle doit sa situation. *Les créatures d'un ministre.*

CRÉCELLE n.f. (lat. *crepitacullum,* hochet). **1.** Petit instrument de bois constitué par un moulinet denté et une languette de bois flexible. *Les lépreux agitaient une crécelle pour annoncer leur approche.* – *Voix de crécelle,* aiguë, criarde. **2.** Fam. Personne bavarde, à la voix désagréable.

CRÉCERELLE n.f. (de *crécelle*). Faucon à longue queue, le plus commun des rapaces diurnes en France.

crécerelles

CRÈCHE n.f. (francique *krippia,* mangeoire). **1.** Vx et litt. Mangeoire basse. – Cour. Mangeoire remplie de paille où Jésus aurait été déposé dans l'étable de Bethléem. – Par ext. Ensemble des statuettes et des décors figurant la Nativité. **2.** Établissement équipé pour accueillir, dans la journée, les enfants bien portants de moins de trois ans, dont les parents ne peuvent s'occuper aux heures ouvrables. – *Crèche familiale :* mode de garde d'un jeune enfant au domicile d'une assistante maternelle. **3.** Arg. Chambre, maison.

CRÉCHER v.i. [18]. Pop. Habiter quelque part.

CRÉDENCE n.f. (it. *credenza,* confiance). **1.** Buffet de salle à manger où l'on range et expose la vaisselle précieuse ; dressoir. **2.** LITURGIE. Table sur laquelle on place les objets nécessaires au culte.

CRÉDIBILISER v.t. Rendre crédible.

CRÉDIBILITÉ n.f. (lat. *credibilitas*). Caractère de ce qui peut être cru, de qqn qui est digne de confiance. *Perdre toute crédibilité.*

CRÉDIBLE adj. (lat. *credibilis,* croyable). Que l'on peut croire, digne de confiance. *Une histoire tout à fait crédible. Homme politique peu crédible.*

CRÉDIRENTIER, ÈRE n. et adj. DR. Titulaire d'une rente.

CRÉDIT n.m. (lat. *creditum,* de *credere,* croire). **1.** Litt. Confiance qu'inspire qqn ou qqch ; influence, considération. *Jouir d'un grand crédit auprès de qqn.* **2.** Confiance dans la solvabilité de qqn ; délai qu'on lui accorde pour le paiement. *Avoir deux mois de crédit.* ◇ *À crédit :* avec paiement différé. – *Faire crédit à qqn,* lui accorder un délai de paiement. – *Carte de crédit :* titre qui permet à son détenteur d'effectuer des retraits dans une billetterie et des paiements sur simple signature d'une facture. **3.** Prêt consenti par une personne, par une banque ; avance. *Ouvrir un crédit à qqn. Crédit à court terme* (moins d'un an), *à moyen terme* (jusqu'à sept ans), *à long terme* (de l'ordre de quinze ans). – *Crédit de campagne :* avance faite aux entreprises devant faire face à des charges saisonnières. – *Crédit relais,* destiné à faire le lien entre une sortie immédiate et une rentrée ultérieure de fonds. – *Lettre de crédit :* document délivré par un banquier à son client, afin de lui permettre de toucher de l'argent dans une autre place. – *Société de crédit différé :* organisme destiné à faciliter l'accession à la propriété. – *Crédit(-)fournisseur* ou *interentreprises,* celui dont bénéficient les entreprises de la part de leurs fournisseurs. **4.** Nom donné à divers établissements de crédit. ◇ *Crédit municipal :* caisse municipale de crédit pratiquant le prêt sur gage à taux modérés, et dite autrefois *mont-de-piété.* **5.** Ensemble des sommes allouées sur un budget. *Vote des crédits. Disposer d'un crédit de 1 000 francs.* **6.** Partie d'un compte qui mentionne les sommes dues à qqn ou ses versements ; avoir. CONTR. : *débit.* – *Crédit croisé :* opération d'échange de monnaies entre deux banques. SYN. : *swap.* ◇ *Crédit d'impôt :* avoir fiscal. **7.** *Crédit photographique :* mention obligatoire du nom du propriétaire des photographies illustrant un ouvrage.

CRÉDIT-BAIL n.m. (pl. *crédits-bails*). Contrat de louage d'un bien mobilier ou immobilier assorti d'une promesse unilatérale de vente en fin de contrat. SYN. (anglic. déconseillé) : *leasing.*

CRÉDITER v.t. **1.** Inscrire une somme au crédit de. *Créditer un compte.* CONTR. : *débiter.* **2.** Fig. Imputer à (qqn) le mérite d'une action, et spécialement d'un résultat, d'une performance sportive. *Cette skieuse a été créditée d'un excellent temps.*

CRÉDITEUR, TRICE n. Personne qui a une somme portée à son crédit sur un compte. ◆ adj. Qui présente un crédit, dont le solde est positif. *Compte créditeur.*

CREDO [kredo] n.m. inv. (mot lat., *je crois*). **1.** CATH. *Le Credo :* le symbole des Apôtres, qui contient les articles fondamentaux de la foi catholique. **2.** Ensemble des principes sur lesquels on fonde ses opinions. *Un credo politique.*

CRÉDULE adj. (lat. *credulus*). Qui croit trop facilement ce qu'on lui dit ; naïf.

CRÉDULITÉ n.f. Trop grande facilité à croire ; confiance aveugle.

CRÉER v.t. (lat. *creare*) [15]. **1.** Donner l'existence à ; tirer du néant. **2.** Réaliser, concevoir (une œuvre de l'esprit) ; inventer. *Créer un modèle de robe.* **3.** Fonder, établir. *Créer une entreprise. Créer des emplois, un poste.* **4.** Interpréter, mettre en scène pour la première fois. *Créer une chanson, un rôle, une pièce.* **5.** Être la cause de ; engendrer. *Créer des ennuis à qqn.*

CRÉMAGE n.m. CHIM., PHYS. Séparation par gravité des particules d'une émulsion.

CRÉMAILLÈRE n.f. (lat. pop. *cramaculus,* du gr. *kremastêr,* qui suspend). **1.** Tige de fer munie de

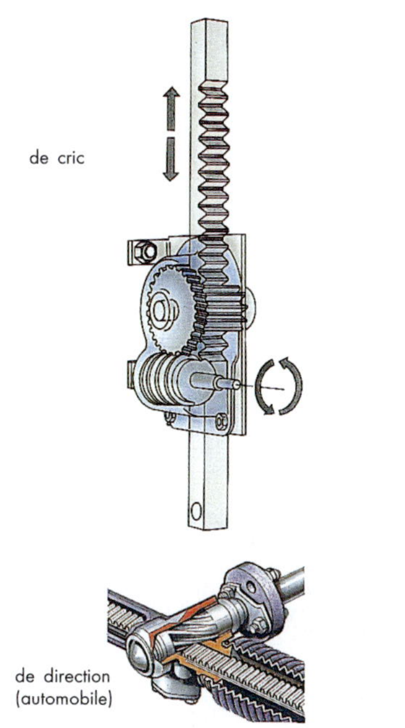

crémaillères

crans, fixée à l'intérieur d'une cheminée pour suspendre les marmites à différentes hauteurs. ◇ *Pendre la crémaillère :* offrir un repas, une réception pour fêter son installation dans un nouveau logement. **2.** Par anal. Dispositif à crans pour régler la hauteur d'éléments. *Bibliothèque à crémaillères.* **3.** Pièce rectiligne dentée engrenant avec une roue ou un pignon, destinée à transformer un mouvement rectiligne en mouvement de rotation ou inversement. *Direction à crémaillère d'une automobile.* ◇ Spécialt. Rail denté de certaines voies ferrées à forte déclivité, sur lequel engrène un pignon de la locomotive. **4.** FIN. *Parité à crémaillère :* régime des changes, aux termes duquel les parités successives sont susceptibles d'être révisées par une succession de modifications de faible amplitude.

CRÉMANT n.m. Vin de Champagne à mousse légère et peu abondante.

CRÉMATION n.f. (lat. *crematio,* de *cremare,* brûler). Action de brûler les morts. SYN. : *incinération.*

CRÉMATISTE n. et adj. Partisan de la crémation.

CRÉMATOIRE adj. et n.m. Relatif à la crémation. ◇ *Four crématoire,* où l'on incinère les morts. – REM. Les résonances historiques de la locution, qui reste attachée au souvenir de la barbarie nazie, lui font généralement préférer le terme technique et neutre de *crématorium.*

CRÉMATORIUM [-rjɔm] n.m. Bâtiment où l'on incinère les morts, dans certains cimetières.

CRÈME n.f. (gaul. *crama*). **1.** Matière grasse du lait, dont on fait le beurre. *Crème liquide.* ◇ Pellicule qui se forme à la surface du lait bouilli. – *Crème fouettée, crème Chantilly* ou *chantilly,* n.f. : crème fraîche fortement émulsionnée. **2.** Fig. et fam. *La crème de :* ce qu'il y a de meilleur en fait de. *C'est la crème des maris.* **3.** Entremets plus ou moins liquide, à base de lait et d'œufs. *Tarte à la crème. Crème glacée.* – *Crème anglaise :* crème de base qu'on peut parfumer ou cuire au bain-marie. **4.** Liqueur sirupeuse obtenue à partir de certains fruits. *Crème de banane.* **5.** Préparation onctueuse pour la toilette ou les soins de la peau. *Crème à raser.* ◆ adj. inv. et n.m. **1.** D'une couleur blanche, légèrement teintée de jaune. **2.** (En app.). *Café crème* ou *crème,* n.m. : café additionné de lait ou de crème.

CRÉMER v.i. [18]. Rare. Se couvrir de crème, en parlant du lait.

CRÉMERIE n.f. Boutique de crémier. ◇ Fig., fam. *Changer de crémerie :* changer d'endroit, de fournisseur ; aller ailleurs.

CRÉMEUX, EUSE adj. **1.** Qui contient beaucoup de crème. *Lait crémeux.* **2.** Qui a l'aspect de la crème.

CRÉMIER, ÈRE n. Commerçant qui vend de la crème, du lait, du beurre, des œufs, du fromage.

CRÉMONE n.f. Dispositif de verrouillage des croisées ou des portes composé de deux tringles métalliques qu'on hausse ou qu'on abaisse en faisant tourner une poignée de forme oblongue.

CRÉNAGE n.m. IMPR. Action de créner ; son résultat.

CRÉNEAU n.m. (anc. fr. *cren,* du bas lat. *crena,* entaille). **1.** Ouverture pratiquée dans un mur pour tirer à couvert sur l'assaillant. *Tour, château à créneaux.* ◇ Fam. *Monter au créneau :* se porter à l'endroit où se déroule l'action. **2. a.** Intervalle disponible entre deux espaces occupés et, spécialt, entre deux véhicules en stationnement. – *Faire un créneau :* se garer dans un tel intervalle. **b.** COMM. Place disponible sur le marché ; segment de marché où peut être exploité un type de produit ou de service. **c.** Temps d'antenne réservé à qqn, à un groupe. – Par ext. Courte période disponible dans un emploi du temps ; trou.

CRÉNELAGE n.m. TECHN. Cordon gravé sur le bord d'une pièce de monnaie, d'une médaille.

CRÉNELÉ, E adj. **1.** Muni de créneaux. **2.** Pourvu de crénelures sur les bords. *Feuille crénelée.*

CRÉNELER v.t. [24]. Entailler de crans, de découpures. *Créneler une roue.* – *Créneler une pièce de monnaie, une médaille,* en exécuter le crénelage.

CRÉNELURE n.f. Dentelure en créneaux.

CRÉNER v.t. [18]. IMPR. Marquer d'un cran, d'une entaille (la tige d'une lettre).

CRÉNOM interj. (de *sacré nom* [*de Dieu*]). Fam. Juron exprimant l'indignation, la surprise, l'impatience. *Crénom de nom !*

CRÉNOTHÉRAPIE n.f. (du gr. *krênê,* source). MÉD. Traitement par les eaux de source, à leur point d'émergence.

CRÉODONTE n.m. *Créodontes :* ordre de mammifères de l'ère tertiaire qui annoncent les carnivores actuels.

CRÉOLE n. et adj. (esp. *criollo*). Personne d'ascendance européenne née dans les anciennes colonies (Antilles, Guyanes, Réunion, etc.). ◆ adj. Propre aux créoles. *Cuisine créole.* ◆ n.m. Parler né à l'occasion de la traite des esclaves noirs (XVIe-XIXe s.) et devenu la langue maternelle des descendants de ces esclaves. (Il existe des créoles à base de français, d'anglais, de portugais, etc.) *Le créole de la Guadeloupe. Les créoles anglais des Caraïbes. Parler créole.* ◆ n.f. Grand anneau d'oreille.

CRÉOLISATION n.f. Processus par lequel un pidgin devient un créole.

CRÉOLISER (SE) v.pr. Être affecté d'un processus de créolisation.

CRÉOLISME n.m. Idiotisme propre à une langue créole.

CRÉOLOPHONE adj. et n. Qui parle un créole.

CRÉOSOTAGE n.m. Action de créosoter.

CRÉOSOTE n.f. (gr. *kreas,* chair, et *sôzein,* conserver). Liquide incolore, d'odeur forte, extrait de divers goudrons par distillation, utilisé pour la désinfection, la conservation du bois, etc.

CRÉOSOTER v.t. Imprégner, injecter (le bois) de créosote ; passer à la créosote.

CRÊPAGE n.m. **1.** Action de crêper une étoffe, un papier. **2.** Action de crêper les cheveux ; son résultat.

1. CRÊPE n.m. (anc. fr. *cresp,* crépu, du lat. *crispus*). **1.** Tissu de soie ou de laine fine dont l'aspect ondulé est obtenu par l'emploi de fils à forte torsion. – *Crêpe de Chine :* crêpe de soie à gros grain. ◇ Morceau de crêpe ou de tissu noir, que l'on porte en signe de deuil. **2.** Caoutchouc brut obtenu par coagulation du latex. *Bottes à semelle (de) crêpe.*

2. CRÊPE n.f. (anc. fr. *cresp,* crépu). Fine couche de pâte de forme ronde, faite de farine, d'œufs et de lait et cuite dans une poêle ou sur une plaque. *Des crêpes bretonnes. Des crêpes de sarrasin.*

CRÊPELÉ, E adj. Frisé à petites ondulations. *Cheveux crêpelés.*

CRÊPELURE n.f. État des cheveux crêpelés.

CRÊPER v.t. (lat. *crispare*). **1.** Peigner (les cheveux) par mèches de la pointe à la racine pour donner du volume à une coiffure. *Avoir les cheveux crêpés.* **2.** TECHN. Donner l'aspect du crêpe à (une étoffe) et, par ext., à du papier. ◆ **se crêper** v.pr. Fam. *Se crêper le chignon :* se prendre aux cheveux, en venir aux mains, en parlant de femmes.

CRÊPERIE n.f. Restaurant où l'on mange principalement des crêpes ; comptoir où sont confectionnées et vendues des crêpes à emporter.

CRÉPI n.m. (de *crépir*). Enduit de plâtre, de mortier, de ciment qui est appliqué sur un mur sans être lissé.

CRÊPIER, ÈRE n. Marchand de crêpes.

CRÊPIÈRE n.f. Poêle très plate ou plaque électrique servant à faire des crêpes.

CRÉPINE n.f. **1.** BOUCH. Membrane graisseuse qui entoure les viscères du porc, du veau ou du mouton. **2.** Plaque perforée qui sert de filtre à l'entrée d'un tuyau d'aspiration.

CRÉPINETTE n.f. Saucisse plate entourée de crépine.

CRÉPIR v.t. (anc. fr. *cresp,* crépu). Enduire de crépi.

CRÉPISSAGE n.m. Action de crépir ; son résultat.

CRÉPITATION n.f. ou **CRÉPITEMENT** n.m. **1.** Succession de bruits secs. **2.** MÉD. Bruit produit par le frottement réciproque des fragments d'un os fracturé (crépitation osseuse) ou par un état inflammatoire des tendons.

CRÉPITER v.i. (lat. *crepitare*). Faire entendre une crépitation, un crépitement. *Le feu crépitait dans la cheminée.*

CRÉPON n.m. et adj.m. **1.** Tissu de crêpe épais. **2.** *Papier crépon :* papier gaufré.

CRÉPU, E adj. (lat. *crispus*). **1.** Frisé en une crêpelure serrée. **2.** Qui porte une telle chevelure.

CRÊPURE n.f. État d'une chevelure crépue, d'un tissu, d'un papier crêpés.

CRÉPUSCULAIRE adj. **1.** Du crépuscule. *Lumière crépusculaire.* **2.** *Animal crépusculaire,* qui ne sort qu'au crépuscule. **3.** PSYCHIATRIE. *État crépusculaire :* obnubilation de la conscience.

CRÉPUSCULE n.m. (lat. *crepusculum*). **1.** Lueur atmosphérique, lorsque le soleil vient de se coucher *(crépuscule du soir)* ou va se lever *(crépuscule du matin).* **2.** Tombée de la nuit. **3.** Litt. Déclin. *Le crépuscule de la vie.*

CRESCENDO [kreʃɛndo] adv. (mot it.). **1.** MUS. En augmentant progressivement la force des sons. **2.** Fig. En augmentant. *Les dépenses allaient crescendo.* ◆ n.m. **1.** Suite de notes à exécuter crescendo. **2.** Fig. Augmentation progressive.

CRÉSOL n.m. Phénol extrait de divers goudrons, utilisé comme désinfectant et dans la fabrication des résines.

CRESSON [kresɔ̃] ou [krəsɔ̃] n.m. (mot francique). **1.** Plante herbacée qui croît dans l'eau douce (cresson de fontaine) et que l'on cultive dans les cressonnières pour ses feuilles comestibles. (Famille des crucifères.) **2.** *Cresson alénois :* passerage cultivée, de saveur piquante. SYN. : *nasitort.*

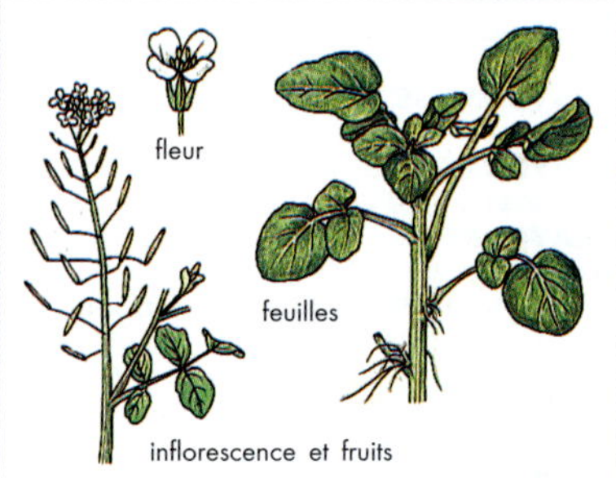

cresson

CRESSONNETTE n.f. Cardamine (plante).

CRESSONNIÈRE n.f. Bassin d'eau courante, fosse inondée où l'on cultive le cresson.

CRÉSUS [krezys] n.m. (de *Crésus*). Litt. Homme très riche.

CRÉSYL n.m. (nom déposé). Produit désinfectant, à base de crésols.

CRÊT [krɛ] n.m. (mot jurassien). GÉOGR. Escarpement rocheux bordant une combe.

CRÉTACÉ n.m. (lat. *creta,* craie). Période géologique de la fin de l'ère secondaire marquée par la formation de la craie. ◆ **crétacé, e** adj. **1.** Du crétacé. **2.** De nature, d'apparence crayeuse.

CRÊTE n.f. (lat. *crista*). **1.** Excroissance charnue, dentelée, sur la tête de certains gallinacés. **2.** Excroissance tégumentaire ornant la tête de certains lézards ou poissons. **3.** Partie étroite, saillante, constituant la cime d'une montagne. ◇ GÉOGR. *Ligne de crête :* ligne de partage des eaux. **4.** Relief sous-marin allongé. **5. a.** Faîte d'un toit, du chaperon d'un mur, d'un barrage. **b.** Ornement découpé, courant sur le faîte d'un toit. **6.** Sommet frangé d'une vague. **7.** ÉLECTR., ÉLECTRON. Valeur maximale que peut prendre une grandeur périodique.

CRÊTÉ, E adj. Qui porte une crête.

CRÊTE-DE-COQ n.f. (pl. *crêtes-de-coq*). **1.** MÉD. Papillome atteignant les muqueuses génitales. **2.** BOT. Rhinanthe.

CRÉTELLE n.f. Plante fourragère herbacée. (Famille des graminées.)

CRÉTIN, E n. et adj. (mot valaisan). **1.** Individu atteint de crétinisme. **2.** Fam. Personne stupide, sotte.

CRÉTINERIE n.f. Fam. Sottise, stupidité.

CRÉTINISANT, E adj. Qui crétinise.

CRÉTINISATION n.f. Action de crétiniser ; son résultat.

CRÉTINISER v.t. Abêtir, abrutir.

CRÉTINISME n.m. **1.** Déficience intellectuelle due à une hypothyroïdie. **2.** Fam. Imbécillité, stupidité, sottise profonde.

CRÉTOIS, E adj. et n. De la Crète.

CRETONNE n.f. (de *Creton*, village de l'Eure). Toile de coton, souvent imprimée de motifs variés.

CREUSEMENT ou **CREUSAGE** n.m. Action de creuser ; son résultat.

CREUSER v.t. **1.** Rendre creux en ôtant de la matière. *Creuser le sol.* **2.** Fig. **a.** Fam. Donner faim. *L'exercice creuse (l'estomac).* **b.** Approfondir. *Creuser un sujet.* **3. a.** Rendre concave, cambrer. *Creuser les reins.* **b.** Amaigrir. **4.** Faire en ôtant de la matière ; pratiquer (une excavation). *Creuser un tunnel.* ◆ **se creuser** v.pr. **1.** Devenir creux. **2.** Fig., fam. *Se creuser (la tête, la cervelle) :* chercher laborieusement.

CREUSET [krøzɛ] n.m. (anc. fr. *croiset*, lampe, lat. *crucibulum*). **1. a.** Récipient en terre réfractaire, en métal, en alliage, utilisé pour fondre ou calciner. **b.** Partie inférieure d'un haut-fourneau où se rassemble le métal en fusion. **2.** Endroit où se mêlent, se fondent diverses choses. *La Méditerranée est un creuset de civilisations.*

CREUSOIS, E adj. et n. De la Creuse.

CREUSURE n.f. TECHN. Rare. Cavité assez grande mais peu profonde.

1. CREUX, EUSE adj. (lat. pop. *crosus*, du gaul.). **1.** Dont l'intérieur est entièrement ou partiellement vide. ◇ *Avoir l'estomac, le ventre creux :* être affamé. – *Avoir le nez creux :* être avisé. **2.** Vide d'idées, de sens. *Cervelle creuse. Discours creux.* **3.** Où l'activité, la consommation, l'affluence sont réduites. *Heure, période creuse.* ◇ DÉMOGR. *Classe creuse :* tranche de la population qui compte un nombre annuel de naissances anormalement bas. **4.** Qui présente une partie concave, une dépression. – *Assiette creuse,* dont la profondeur permet de contenir un liquide. – *Chemin creux :* chemin encaissé. **5.** Amaigri, émacié. *Un visage creux. Des joues creuses.* ◇ *Yeux creux,* enfoncés dans les orbites.

2. CREUX n.m. **1.** Cavité. *Le creux d'un rocher.* ◇ *Avoir un creux (dans l'estomac) :* avoir faim. **2.** Espace vide entre deux choses. **3.** Période d'activité ralentie. *Un creux dans la vente après les fêtes.* **4.** Partie concave. *Le creux de la main.* **5.** MAR. **a.** Profondeur intérieure d'un navire mesurée à mi-longueur entre le pont supérieur et le fond de cale. **b.** Profondeur entre deux lames mesurée de la crête à la base. ◇ Fig. *Au creux de la vague :* dans une période de dépression, d'échec. **6.** SCULPT. Vx. Moule.

CREVAISON n.f. Fait de crever ; son résultat. *Crevaison d'un pneu.*

CREVANT, E adj. Fam. **1.** Épuisant. *Un travail crevant.* **2.** Qui fait rire aux éclats, drôle. *Un spectacle crevant.*

CREVARD, E adj. et n. Pop. **1.** Maladif, famélique. SYN. : *crevé.* **2.** Affamé ; qui mange beaucoup.

CREVASSE n.f. (de *crever*). **1.** Fissure à la surface de qqch (mur, édifice). **2.** Fente étroite et profonde d'un glacier. **3.** Gerçure de la peau.

CREVASSER v.t. Faire des crevasses sur, à, dans (qqch). *Le froid crevasse les mains.* ◆ **se crevasser** v.pr. Se marquer de crevasses. *Ce mur se crevasse.*

CRÈVE n.f. Pop. *Attraper, avoir la crève :* tomber, être malade (spécialt, des suites d'un coup de froid).

1. CREVÉ, E adj. et n. Pop. Crevard.

2. CREVÉ n.m. Anc. Ouverture pratiquée dans une pièce de vêtement et laissant voir la doublure.

CRÈVE-CŒUR n.m. inv. Peine profonde, mêlée de dépit ou de compassion.

CRÈVE-LA-FAIM n.m. inv. Fam. Miséreux.

CREVER v.i. (lat. *crepare*) [19]. **1.** S'ouvrir en éclatant, en se répandant. *Bulle, abcès, nuage qui crève.* ◇ Absolt. Subir la crevaison d'un pneu. *J'ai crevé deux fois depuis Paris.* **2.** Fam. Être plein de, comme près d'éclater ; déborder de. *Crever de santé, d'orgueil, de richesses.* **3.** Mourir, en parlant des animaux, des végétaux et, pop., des hommes. ◇ Pop. *Crever de rire :* rire très fort, sans retenue. **4.** Fam. Être épuisé, accablé de, par. *Crever de chaleur, de fatigue.* – *Crever de faim :* avoir très faim, être dans un dénuement extrême. ◆ v.t. **1.** Percer, déchirer, faire éclater. *Crever un pneu.* ◇ *Cela crève les yeux :* c'est évident. – *Crever le cœur :* peiner cruellement. – *Crever l'écran :* pour un acteur de cinéma, faire une très forte impression sur les spectateurs, par son jeu, sa présence. **2.** Fam. Épuiser de fatigue. *Cette marche m'a crevé. Crever un cheval.* ◆ **se crever** v.pr. Fam. S'épuiser.

CREVETTE n.f. (forme picarde de *chevrette*). **1.** Petit crustacé décapode marin, nageur, dont plusieurs espèces sont comestibles : la *crevette grise,* les *crevettes roses* dont le *bouquet* (palémon). **2.** *Crevette d'eau douce :* gammare.

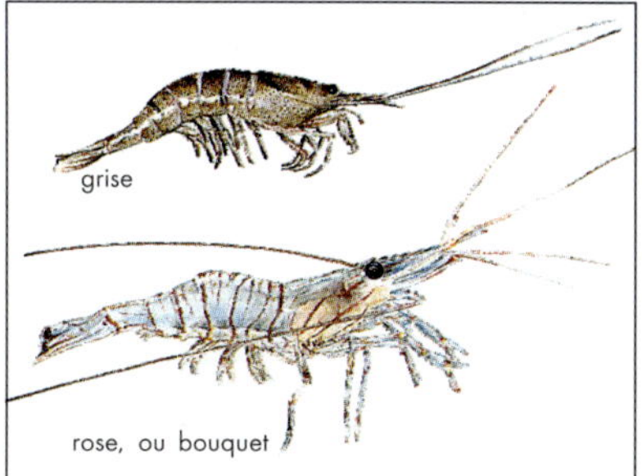

crevettes

CREVETTIER n.m. **1.** Barque pour la pêche à la crevette. **2.** Filet à crevettes.

CRÈVE-VESSIE n.m. (pl. *crève-vessies* ou inv.). Vieilli. Appareil servant à mettre en évidence la pression atmosphérique.

CREVOTER v.i. Suisse. Dépérir, végéter.

CRI n.m. (de *crier*). **1.** Son perçant émis avec force par la voix de l'homme. *Pousser des cris. Cris de douleur.* **2.** Paroles émises à voix très haute en signe d'appel, d'avertissement. – *Cri de guerre :* exclamation de ralliement des soldats au combat. ◇ Anc. *Cris de Paris :* appels des marchands ambulants parisiens. ◇ *Dernier cri :* ce qui se fait de plus moderne, de plus récent. **3.** Ensemble d'éclats de voix, de paroles exprimant hautement un sentiment collectif ; clameur. *Cris de réprobation.* ◇ **a.** *À grands cris :* en insistant vivement. **b.** *Pousser les hauts cris :* protester avec indignation. **4.** *Cri d'honneur :* exclamation réglementaire poussée par l'équipage d'un bâtiment de guerre pour rendre les honneurs. **5.** Mouvement intérieur spontané. *Cri du cœur, de la conscience.* **6.** Son ou ensemble de sons émis par les animaux et caractéristiques de chaque espèce.

CRIAILLEMENT n.m. Cri désagréable.

CRIAILLER v.i. **1.** Crier beaucoup, et le plus souvent pour rien. **2.** Pousser son cri, en parlant de l'oie, du faisan, du paon, de la pintade.

CRIAILLERIE n.f. Cris fréquents, querelles, suite de récriminations.

CRIAILLEUR, EUSE adj. et n. Qui ne fait que criailler, se plaindre.

CRIANT, E adj. **1.** Qui fait crier d'indignation. *Une injustice criante.* **2.** Fig. Qui s'impose à l'esprit. *Vérité criante.*

CRIARD, E adj. **1.** Qui crie désagréablement, qui se plaint souvent sans motif sérieux. **2.** Aigu et désagréable. *Voix criarde.* **3.** *Couleurs criardes :* couleurs crues contrastant désagréablement entre elles. **4.** *Dettes criardes,* dont on réclame instamment les paiements.

CRIB n.m. (mot angl.). Cellule grillagée pour le stockage et le séchage en plein air des épis de maïs.

CRIBLAGE n.m. **1.** Action de cribler ; son résultat. **2.** TECHN. Triage mécanique par grosseur des minerais, de la houille, etc.

CRIBLE n.m. (lat. *cribrum*). Appareil à fond plan perforé, utilisé pour séparer selon leur grosseur des fragments solides (grains, sable, minerais, etc.). ◇ Litt. *Passer au crible :* examiner avec soin, trier.

CRIBLER v.t. (lat. *cribrare*). **1.** Passer au crible. *Cribler du sable.* **2.** Percer de trous nombreux, couvrir de marques. *Être criblé de coups.* ◇ Litt. *Être criblé de dettes,* en être accablé.

CRIBLEUR n.m. Machine à cribler.

CRIBLURE n.f. Résidu du criblage des grains.

1. CRIC interj. Exprimant un bruit sec, un craquement (se joint souvent à *crac !*).

2. CRIC [krik] n.m. (haut all. *kriec*). Appareil agissant directement par poussée sur un fardeau et permettant de le soulever ou de le déplacer sur une faible course.

CRICKET [krikɛt] n.m. (mot angl.). Jeu de balle anglais qui se joue avec des battes de bois.

CRICOÏDE adj. *Cartilage cricoïde* ou *cricoïde,* n.m. : anneau cartilagineux de la base du larynx.

CRICRI n.m. (onomat.). Fam. **1.** Cri du grillon, de la cigale. **2.** Grillon domestique.

CRIÉE n.f. *Vente à la criée* ou *criée :* vente publique aux enchères (de certaines marchandises). *Criée du poisson sur le port.*

CRIER v.i. (lat. *quiritare*). **1.** Pousser un cri, des cris. *Crier de douleur.* **2.** Parler très haut et avec colère. *Parle sans crier.* ◇ *Crier au scandale, à la trahison,* les dénoncer vigoureusement. **3.** Produire un bruit aigre, grincer. *Une porte qui crie.* **4.** Produire un effet désagréable à l'œil. ◆ v.t. **1.** Dire à haute voix. *Crier un ordre.* **2.** Manifester énergiquement. *Crier son indignation.* ◇ *Crier famine, misère,* s'en plaindre, les dénoter. – *Crier vengeance :* mériter une vengeance, en parlant d'un acte condamnable. ◆ v.t. ind. *(après, contre).* Réprimander vivement et d'une voix forte.

CRIEUR, EUSE n. **1.** Personne qui annonce en criant la vente d'une marchandise. *Crieur de journaux.* **2.** *Crieur public :* autrefois, préposé aux proclamations publiques.

CRIME n.m. (lat. *crimen*, accusation). **1.** Meurtre, assassinat. **2.** DR. Infraction que la loi punit d'une peine afflictive et infamante ou simplement infamante. **3.** *Crime de guerre :* violation des lois et coutumes de la guerre (pillage, assassinat, exécution des otages). – *Crime contre l'humanité :* violation des règles de droit international sanctionnée pénalement par les gouvernements des États (déportation, extermination, génocide). **4.** Acte répréhensible, lourd de conséquences.

■ Les crimes de guerre ou contre l'humanité sont des crimes de droit international définis en 1945 par l'Organisation des Nations unies. Les crimes contre l'humanité sont imprescriptibles. Ceux qui ont été commis pendant la Seconde Guerre mondiale furent jugés par le Tribunal international de Nuremberg.

CRIMINALISATION n.f. Action de criminaliser ; son résultat.

CRIMINALISER v.t. DR. Faire passer de la juridiction correctionnelle ou civile à la juridiction criminelle.

CRIMINALISTE n. Juriste spécialisé en matière criminelle.

CRIMINALISTIQUE n.f. DR. Ensemble des techniques mises en œuvre par la police et la justice pour établir la preuve d'un crime et identifier son auteur.

CRIMINALITÉ n.f. **1.** Rare. Nature de ce qui est criminel. **2.** Ensemble des actes criminels et délictueux commis dans un groupe donné à une époque donnée.

CRIMINEL, ELLE adj. et n. Coupable de crime. ◆ adj. **1.** Contraire aux lois naturelles ou sociales. *Acte criminel.* **2.** DR. Relatif aux crimes. *Droit criminel.* ◆ n.m. DR. *Le criminel :* la matière criminelle, ce qui en relève.

CRIMINELLEMENT adv. **1.** De façon criminelle. **2.** DR. Devant la juridiction criminelle.

CRIMINOGÈNE adj. Qui peut engendrer des actes criminels.

CRIMINOLOGIE n.f. Étude scientifique du phénomène criminel.

CRIMINOLOGISTE ou **CRIMINOLOGUE** n. Spécialiste de criminologie.

CRIN n.m. (lat. *crinis*, cheveu). **1.** Poil long et rude qui pousse sur le cou et à la queue des chevaux et de quelques autres quadrupèdes. ◇ *À tous crins :* à outrance. **2.** *Crin végétal :* matière filamenteuse extraite du palmier, de l'agave, etc.

CRINCRIN n.m. Fam. Mauvais violon.

CRINIÈRE n.f. **1.** Ensemble des crins du cou (d'un cheval, d'un lion). **2.** Crins ornant le haut d'un casque et retombant par-derrière. **3.** Fam. Chevelure abondante.

CRINOÏDE n.m. *Crinoïdes :* classe d'échinodermes constitués d'un calice entouré de cinq paires de bras, dont certaines espèces, telles les encrines, se fixent au fond de la mer par un pédoncule articulé. (Les fragments fossiles de tige ou de bras de crinoïdes ont formé le calcaire dit *à entroques*.)

CRINOLINE n.f. (it. *crinolino,* de *crino,* crin, et *lino,* lin). Anc. Armature faite de cerceaux superposés de baleines ou d'acier, donnant de l'ampleur à la jupe des robes (milieu du XIXe s.). *Robe à crinoline* ou, ellipt., *crinoline.*

CRIOCÈRE [krijɔsɛr] n.m. (gr. *krios,* bélier, et *keras,* corne). Insecte coléoptère, dont une espèce rouge attaque les lis et une autre, bleu et jaune, vit sur l'asperge. (Long. moins de 1 cm ; famille des chrysomélidés.)

CRIQUE n.f. (scand. *kriki*). **1.** Petite baie, petite anse du littoral. **2.** MÉTALL. Fente ouverte qui se produit dans un métal et qui provient de la séparation entre grains sous l'effet de contraintes anormales.

CRIQUET n.m. (onomat.). Insecte herbivore se déplaçant en sautant et en volant. (Certains criquets [criquet pèlerin, criquet migrateur] sont très dévastateurs dans les régions chaudes où s'abattent leurs nuées, comprenant plusieurs milliards d'individus. Ordre des orthoptères, famille des acridiens.)

criquet migrateur

CRISE n.f. (gr. *krisis,* décision). **1. a.** Changement subit, souvent décisif, favorable ou défavorable, du cours d'une maladie. **b.** Manifestation soudaine ou aggravation brutale d'un état morbide. *Crise cardiaque. Crise de rhumatismes.* **2.** Accès bref et violent d'un état nerveux ou émotif. – *Crise de nerfs :* état d'agitation bref et soudain avec cris et gesticulation, sans perte de connaissance. **3.** Accès soudain d'ardeur, d'enthousiasme. *Travailler par crises.* **4.** Période décisive ou périlleuse de l'existence. **5. a.** Phase difficile traversée par un groupe social. *Crise de l'Université.* **b.** *Crise économique :* rupture d'équilibre entre grandeurs économiques (notamm. entre production et consommation). **c.** *Crise ministérielle :* période intermédiaire entre la démission d'un gouvernement et la formation du suivant ; démission du gouvernement. **6.** Pénurie, insuffisance. *Crise de la main-d'œuvre, du logement.*

■ Jusqu'au milieu du XIXe s., les crises économiques sont encore des crises de sous-production agricole (type Ancien Régime), affectant d'abord les milieux ruraux. Puis le développement de l'industrie lourde et des communications ainsi que l'imbrication des systèmes monétaires provoquent des crises de surproduction industrielle, plus longues et plus étendues. Dans un troisième temps, les facteurs financiers deviennent déterminants, causant des crises boursières (le krach de la Bourse de New York en 1929). La crise qui frappe de nombreuses économies depuis 1973, à la suite du quadruplement du prix du pétrole, présente des aspects originaux : sa longueur (elle n'est toujours pas vraiment résolue) et la simultanéité de phénomènes jusqu'alors antinomiques, comme le chômage coexistant avec l'inflation (stagflation). En octobre 1987, le marché boursier international connaît un nouveau krach de grande ampleur, conséquence directe d'une spéculation financière et reflet de la précarité monétaire internationale. En 1991, une nouvelle crise, liée à la guerre du Golfe, secoue l'économie mondiale.

CRISPANT, E adj. Qui agace, qui impatiente.

CRISPATION n.f. **1.** Contraction musculaire ou nerveuse à caractère spasmodique. **2.** Mouvement d'impatience, d'irritation, de nervosité. **3.** Contraction qui plisse la surface de certaines matières souples. *Crispation d'une peau sous l'action de l'eau.*

CRISPER v.t. (lat. *crispare,* rider). **1.** Contracter les muscles. **2.** Irriter, impatienter, agacer. **3.** Donner un aspect ridé à la surface de certaines matières souples. ◆ **se crisper** v.pr. **1.** Se contracter vivement. **2.** S'irriter.

CRISPIN n.m. (it. *Crispino,* n. d'un valet de comédie). Manchette de cuir adaptée à certains gants (d'escrimeur, de motocycliste, etc.).

CRISS n.m. → ***kriss.***

CRISSEMENT n.m. Grincement aigu.

CRISSER v.i. (onomat.). Produire un bruit aigu, grinçant.

CRISTAL n.m. (lat. *crystallus,* mot gr.). **1. a.** Corps solide, pouvant affecter une forme géométrique bien définie, et caractérisé par une répartition régulière et périodique des atomes. **b.** *Cristal de roche :* quartz hyalin, dur et limpide, qui présente dans sa forme primitive des prismes hexagonaux terminés par deux pyramides à six pans. **c.** *Cristal liquide :* liquide à l'état mésomorphe, utilisé notamment pour des fonctions d'affichage. SYN. : *corps mésomorphe.* **2.** Verre à l'oxyde de plomb, blanc, très limpide et sonore ; objet fait de cette matière. ◆ **cristaux** n.m. pl. **1.** Vieilli. Carbonate de sodium cristallisé utilisé pour le nettoyage. **2.** Objets en cristal.

CRISTALLERIE n.f. **1.** Fabrication d'objets en cristal. **2.** Établissement où on les fabrique.

1. CRISTALLIN, E adj. **1.a.** De la nature du cristal. **b.** *Roches cristallines :* roches constituées de cristaux visibles à l'œil nu et formées, en profondeur, à partir d'un magma liquide (roches plutoniques) ou par recristallisation à l'état solide (roches métamorphiques). **c.** *Système cristallin :* ensemble des éléments de symétries caractéristiques du réseau d'un cristal. (Il y a sept systèmes cristallins désignés par le nom de la forme type correspondante.) **2.** Fig. Semblable au cristal par la transparence ou la sonorité. *Eaux cristallines. Voix cristalline.*

2. CRISTALLIN n.m. Élément de l'œil, en forme de lentille biconvexe, placé dans le globe oculaire en arrière de la pupille, et faisant partie des milieux réfringents qui font converger les rayons lumineux sur la rétine.

CRISTALLINIEN, ENNE adj. Du cristallin.

CRISTALLISABLE adj. Susceptible de se former en cristaux.

CRISTALLISANT, E adj. **1.** Qui prend une structure cristalline. **2.** Qui détermine la cristallisation.

CRISTALLISATION n.f. **1.** Changement d'état d'un matériau conduisant à la formation de cristaux. **2.** Amas de cristaux, de minéraux affectant des formes polyédriques. **3.** Fig. Fait de se cristalliser, de prendre corps.

CRISTALLISÉ, E adj. Qui se présente sous forme de cristaux. *Sucre cristallisé.*

CRISTALLISER v.t. (de *cristal*). **1.** Changer en cristaux. *Cristalliser du sucre.* **2.** Fig. Donner de la cohérence, de la force à. *Cristalliser les énergies.* ◆ v.i. ou **se cristalliser** v.pr. **1.** Se former en cristaux. **2.** Fig. Devenir cohérent en prenant corps. *Souvenirs, sentiments qui se cristallisent.*

CRISTALLISOIR n.m. Récipient de laboratoire en verre épais, cylindrique et peu profond, utilisé notamment pour faire cristalliser les corps dissous.

CRISTALLITE n.f. MINÉR. Très petit cristal.

CRISTALLOCHIMIE n.f. Branche de la chimie qui traite de l'étude des milieux cristallisés.

CRISTALLOCHIMIQUE adj. Propre à la cristallochimie.

CRISTALLOGENÈSE n.f. Formation des cristaux.

CRISTALLOGRAPHE n. Spécialiste de cristallographie.

CRISTALLOGRAPHIE n.f. Étude scientifique des cristaux et des lois qui président à leur formation.

CRISTALLOGRAPHIQUE adj. Propre à la cristallographie.

CRISTALLOÏDE n.m. Corps dissous pouvant être dialysé (par opp. à *colloïde*).

CRISTALLOMANCIE n.f. Divination au moyen d'objets de verre ou de cristal.

CRISTALLOPHYLLIEN, ENNE adj. GÉOL. Se dit d'une roche cristalline présentant des feuillets riches en silicates du type mica.

CRISTE-MARINE n.f. (pl. *cristes-marines*). Plante à feuilles charnues, comestibles, croissant sur les rochers (d'où son nom de *perce-pierre*) et les sables littoraux. (Famille des ombellifères.) SYN. : *crithme* ou *crithmum.*

CRISTOBALITE n.f. MINÉR. Silice cristallisée dans le système quadratique.

CRISTOPHINE n.f. Antilles. Cucurbitacée dont la racine et le fruit sont comestibles.

CRITÈRE n.m. (gr. *kriterion,* de *krinein,* juger). **1.** Caractère, principe qui permet de distinguer une chose d'une autre, d'émettre un jugement, une estimation. **2.** MATH. Moyen permettant de conclure à l'existence d'une propriété mathématique.

CRITÉRIUM [kriterjɔm] n.m. Épreuve sportive permettant à des concurrents de se qualifier.

CRITHME ou **CRITHMUM** [kritmɔm] n.m. Criste-marine.

CRITICAILLER v.t. Fam. Critiquer mesquinement.

CRITICISME n.m. Philosophie fondée sur la critique de la connaissance (Kant).

CRITICISTE adj. Relatif au criticisme, qui en est partisan.

CRITIQUABLE adj. Qui peut être critiqué.

1. CRITIQUE adj. (bas lat. *criticus,* du gr. *kritikos,* de *krinein,* juger). **1.** MÉD. Propre à la crise d'une maladie. **2.** Décisif, dangereux. *Être dans une situation critique.* **3.** PHYS. Où se produit un

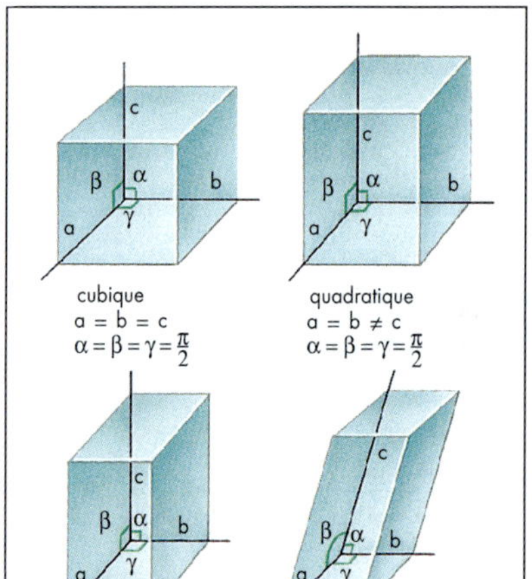

les sept systèmes **cristallins**

changement dans les propriétés d'un corps, l'allure d'un phénomène. *Masse, température critique.*

2. CRITIQUE n.f. (gr. *krinê,* de *krinein,* juger). **1.** Appréciation de l'authenticité d'une chose, de la valeur d'un texte. *Critique interne, historique.* **2.** Art d'analyser et de juger une œuvre littéraire ou artistique. *Critique dramatique, musicale.* **3.** Jugement porté sur une œuvre. *Avoir une bonne critique.* **4.** Ensemble de ceux qui, dans les médias, font métier de juger, de commenter ces œuvres. *Rallier l'unanimité de la critique.* **5.** Blâme, reproche porté sur qqn ou qqch. *Ne pas supporter la critique.*

3. CRITIQUE adj. (de 2. *critique*). **1.** Qui a pour objet de distinguer les qualités ou les défauts d'une œuvre littéraire ou artistique. *Analyse critique.* ◇ *Édition critique,* établie après collation des textes originaux. **2.** *Esprit critique :* esprit de libre examen, ou prompt à blâmer.

4. CRITIQUE n. Personne dont le métier consiste à commenter, à juger des œuvres littéraires ou artistiques (notamment dans les médias).

CRITIQUER v.t. **1.** Procéder à une analyse critique. **2.** Juger de façon défavorable et même malveillante.

CRITIQUEUR, EUSE n. Personne portée à la critique (et, souvent, à la critique malveillante).

CROASSEMENT n.m. Cri du corbeau et de la corneille.

CROASSER v.i. (onomat.). Pousser son cri, en parlant du corbeau, de la corneille.

CROATE adj. et n. De la Croatie.

CROC [kro] n.m. (mot germ.). **1.** Instrument muni d'une ou de plusieurs tiges pointues et recourbées servant à suspendre qqch. **2.** Perche armée à une extrémité d'un ou de plusieurs crochets. **3.** Chacune des quatre canines, fortes, longues et pointues, des carnivores. ◇ Fam. *Avoir les crocs :* être affamé.

CROC-EN-JAMBE [krɔkɑ̃ʒɑ̃b] n.m. (pl. *crocs-en-jambe*). **1.** Action d'accrocher du pied une jambe de qqn de manière à le déséquilibrer. SYN. : *croche-pied ;* fam., *croche-patte.* **2.** Fig. Manœuvre déloyale pour nuire à qqn.

1. CROCHE n.f. MUS. Note, valant le huitième d'une ronde, dont la queue porte un crochet, en position isolée.

2. CROCHE adj. Canada. **1.** Courbe, crochu ; voûté. *Avoir le dos croche.* **2.** Fig. Malhonnête. *Des gens croches.*

CROCHE-PIED n.m. ou, fam., **CROCHE-PATTE** n.m. (pl. *croche-pieds, croche-pattes*). Croc-en-jambe.

CROCHER v.t. (de *croc*). MAR. Accrocher, saisir avec un croc, une gaffe. ◆ v.i. Suisse. Être tenace, s'accrocher.

CROCHET n.m. (de *croc*). **1. a.** Morceau de métal recourbé servant à suspendre, à fixer ou à tirer à soi qqch. *Crochet d'une persienne. Clou à crochet.* ◇ CH. DE F. *Effort au crochet :* force que peut exercer une locomotive pour remorquer un train, et qui agit par l'intermédiaire du dispositif d'attelage (crochet). **b.** Instrument à bout recourbé. *Crochet de serrurier, de chiffonnier.* **c.** Tige rigide à pointe recourbée utilisée pour faire du tricot ; travail ainsi exécuté. *Faire du crochet.* **d.** Dent à extrémité recourbée des serpents venimeux. **2.** Par anal. **a.** Signe graphique proche de la parenthèse [ ]. **b.** ARCHIT. Ornement en forme de crosse végétale, de bourgeon recourbé. **c.** Détour. *La route fait un crochet.* **d.** Coup de poing porté en décrivant une courbe avec le bras. ◇ Au football, au rugby, changement brutal de direction du porteur du ballon. **e.** Vieilli. *Crochet (radiophonique) :* concours public au cours duquel les spectateurs peuvent arrêter les candidats jugés médiocres en criant *Crochet !* ◆ pl. Vx. Châssis du portefaix. – *Vivre aux crochets de qqn,* à ses frais, à ses dépens.

CROCHETABLE adj. Que l'on peut crocheter. *Coffre-fort crochetable.*

CROCHETAGE n.m. Action de crocheter (une serrure).

CROCHETER v.t. [28]. Ouvrir (une serrure, une porte) avec un crochet.

CROCHETEUR n.m. **1.** Celui qui crochète les serrures pour voler. **2.** Vx. Portefaix. *Les crocheteurs du Port-au-Foin.*

crocodiliens

CROCHON n.m. MIN. Pli dissymétrique d'une couche de charbon.

CROCHU, E adj. Recourbé en forme de crochet, de croc. *Bec, nez crochu.* – Fam. *Avoir les doigts crochus :* être avide, avare ou voleur.

CROCO n.m. Fam. Peau tannée du crocodile.

CROCODILE n.m. (lat. *crocodilus*). **1.** Grand reptile à fortes mâchoires, qui vit dans les fleuves et les lacs des régions chaudes. (Ordre des crocodiliens.) – *Le crocodile vagit,* pousse son cri. – *Crocodile d'Amérique :* alligator. – Fam. *Larmes de crocodile :* larmes hypocrites. **2.** Peau tannée du crocodile. **3.** CH. DE F. Poutre métallique de forme allongée placée entre les rails, dans l'axe d'une voie, en avant d'un signal, et destinée à déclencher dans la cabine du conducteur la répétition, sous forme sonore, de l'indication donnée par ce signal.

CROCODILIEN n.m. *Crocodiliens :* ordre de grands reptiles, comprenant le crocodile, le gavial, l'alligator et le caïman.

CROCUS [krɔkys] n.m. (mot lat., du gr. *krokos,* safran). Plante à bulbe et à fleurs génér. jaunes ou violettes, dont une espèce est le safran ; fleur de cette plante. (Famille des iridacées.)

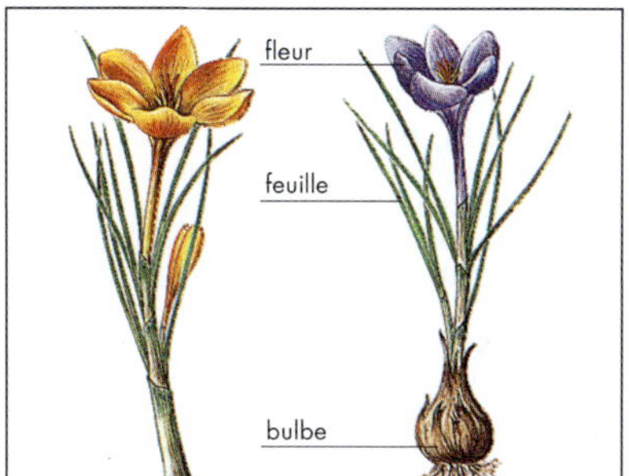

crocus

CROIRE v.t. (lat. *credere*) [107]. **1.** Tenir (qqch) pour vrai, admettre comme réel, certain. *Croire une histoire. Je crois ce que vous me dites.* **2.** Tenir (qqn) pour sincère. *On a cru les témoins.* **3.** *En croire (qqn, qqch) :* s'en rapporter à lui, s'y fier. *À l'en croire, il sait tout faire. Ne pas en croire ses yeux, ses oreilles.* **4.** *Croire que :* tenir (qqch) pour possible, probable ; penser. *Je crois qu'il viendra. Je crois que non.* **5.** Imaginer, supposer (qqch), considérer (qqn) comme. *Je n'aurais jamais cru cela de sa part : je le croyais plus intelligent.* ◆ v.t. ind. **1.** *Croire à qqn, à qqch :* tenir pour certaine son existence ; avoir foi en sa véracité ; s'y fier ; avoir foi en son efficacité. *Il croit au Père Noël. Croire à la sincérité de qqn. Elle croit à son projet.* **2.** *Croire en qqn :* avoir confiance en lui ; reconnaître l'existence de. *Croire en ses amis. Croire en Dieu.* ◆ v.i. Avoir la foi religieuse. ◆ **se croire** v.pr. **1.** S'estimer tel, avoir telle impression. *Il se croit fort. On se croirait au paradis.* **2.** Absolt. Avoir une bonne opinion de soi, être vaniteux. *Qu'est-ce qu'il se croit ! Il est gentil, mais il se croit.*

CROISADE n.f. (anc. fr. *croisée,* de l'it. *crociata,* et de l'esp. *cruzada*). **1.** HIST. Expédition militaire des chrétiens d'Occident contre les musulmans en Terre sainte (v. partie n.pr.). – Par ext. Expédition militaire contre les hérétiques. *La croisade contre les albigeois.* **2.** Campagne menée pour créer un mouvement d'opinion. *Croisade contre le cancer.*

1. CROISÉ, E adj. **1.** Qui se recoupe en formant une croix, un X. ◇ *Étoffe croisée* ou *croisé,* n.m., dont le mode d'entrecroisement des fils donne un sens oblique au tissu. ◇ *Veste croisée,* dont les bords croisent (par opp. à *veste droite*). ◇ MIL. *Feux croisés,* provenant de divers côtés et qui se recoupent en un point unique. – Fig. *Le feu croisé des questions :* questions convergentes posées par plusieurs personnes. **2.** *Rimes croisées :* rimes féminines et masculines alternées. **3.** BIOL. Qui est le résultat d'un croisement ; mâtiné, hybride. *Chien croisé.* **4.** ETHNOL. Se dit de certains parents (oncles, cousins, neveux) qui descendent d'un parent du sexe opposé à celui de l'ascendant immédiat d'une personne considérée (par opp. à *parallèle*).

2. CROISÉ n.m. Celui qui participait à une croisade.

CROISÉE n.f. **1.** Point où deux choses se croisent et, spécialt, deux voies. *La croisée des chemins.* ◇ ARCHIT. Croisement du transept et de la nef d'une église. **2.** Châssis vitré pivotant servant à clore une fenêtre ; la fenêtre elle-même.

CROISEMENT n.m. **1.** Action de disposer en forme de croix, de faire se croiser ; cette disposition. *Croisement des fils d'une étoffe.* **2.** Point où plusieurs voies se croisent. **3.** Fait pour deux véhicules de se croiser en allant dans deux directions opposées. **4.** BIOL. Reproduction naturelle ou expérimentale par union de deux individus animaux ou végétaux de même espèce mais de races différentes. (→ ***hybridation.***)

CROISER v.t. **1.** Disposer deux choses en forme de croix ou d'X. ◇ *Croiser les doigts :* mettre le majeur sur l'index en émettant un vœu ou pour conjurer le mauvais sort. **2.** Traverser, couper une ligne, une voie. *Sentier qui croise une route.* **3.** Passer à côté de qqn, d'un véhicule en allant dans la direction opposée. *Croiser qqn dans la rue.* ◇ *Croiser le regard de qqn,* le rencontrer. **4.** Effectuer un croisement (d'animaux, de végétaux). *Croiser deux races de chevaux.* **5.** Au football, au rugby, passer le ballon à un partenaire qui court dans une direction différente. ◇ Dans divers sports, imprimer à la balle, au ballon, une trajectoire oblique. *Croiser son tir.* ◆ v.i. **1.** Passer l'un sur l'autre, en parlant des bords d'un vêtement. **2.** MAR. Aller et venir dans les mêmes parages, de manière à croiser sa route, afin d'exercer une surveillance. ◆ **se croiser** v.pr. **1.** Passer l'un à côté de l'autre, en allant dans une direction opposée. **2.** En parlant de lettres, de colis, etc., être échangés au même moment. *Nos lettres se sont croisées.* **3.** *Se croiser les bras :* rester inactif, refuser de travailler.

CROISETTE n.f. 1. Vx. Petite croix. 2. BOT. Gaillet.

CROISEUR n.m. Navire de guerre rapide puissamment armé, employé pour l'escorte, la surveillance, la protection des convois, la lutte antiaérienne et sous-marine.

CROISIÈRE n.f. 1. MAR. Vieilli. Action de croiser, pour un navire de guerre. 2. Voyage d'agrément sur un paquebot ou sur un bateau de plaisance. *Yacht de croisière. Faire une croisière aux Canaries.* 3. *Vitesse de croisière :* allure moyenne d'un véhicule quant à la rapidité et à la consommation sur une longue distance. – Fig. *Vitesse, allure, rythme de croisière :* rythme normal d'activité après une période de mise en train.

CROISIÉRISTE n. Personne qui fait une croisière touristique.

CROISILLON n.m. 1. Bras d'une croix. ◇ ARCHIT. Bras de transept. 2. Traverse d'une croisée, d'un vantail de fenêtre. ◆ pl. Ensemble d'éléments qui s'entrecroisent dans un châssis de fenêtre, une barrière, un meuble, etc.

CROISSANCE n.f. 1. Action, fait de croître. *Enfant en pleine croissance.* 2. Extension, augmentation progressive. *Croissance démesurée d'une agglomération.* 3. Augmentation des principales dimensions caractéristiques de l'activité d'un ensemble économique et social (notamment de la production nationale des biens et des services), accompagnée ou non d'un changement de structure. *De 1948 à 1973, la France a connu une période de forte croissance économique.*

1. CROISSANT, E adj. Qui croît, s'accroît ; grandissant. *Nombre croissant de chômeurs.* ◇ MATH. *Fonction croissante :* fonction, définie sur un intervalle, qui varie dans le même sens que la variable dont elle dépend. – *Suite croissante :* dont chaque terme est inférieur à celui qui le suit.

2. CROISSANT n.m. 1. Forme échancrée de la Lune, lorsque sa surface éclairée visible est inférieure à la moitié d'un disque (avant le premier quartier ou après le dernier quartier). 2. Forme du croissant de lune, et, spécialt, emblème des musulmans, des Turcs. – *Croissant-Rouge,* équivalent de la Croix-Rouge, dans les pays musulmans. 3. TECHN. Instrument à fer recourbé, qui sert à élaguer les arbres. 4. Petite pâtisserie en pâte levée et feuilletée arrondie en forme de croissant.

CROÎT n.m. (de *croître*). Augmentation d'une population.

CROÎTRE v.i. (lat. *crescere*) 93. 1. Grandir, se développer, pousser. *Le peuplier croît plus vite que le chêne.* – Fig. *Croître en sagesse :* acquérir davantage de sagesse. 2. Augmenter en nombre, en importance, en durée. *Les jours croissent. Son ambition va croissant.*

CROIX n.f. (lat. *crux*). 1. Instrument de supplice formé d'un poteau et d'une traverse de bois, où l'on attachait ou clouait les condamnés à mort ; ce supplice. ◇ Spécialt. Gibet sur lequel Jésus-Christ fut crucifié, selon l'Évangile ; sa représentation. – Fig. *Porter sa croix, avoir sa croix :* supporter, avoir des épreuves. 2. Ornement, insigne figurant une croix ; symbole du christianisme. – *Croix de Lorraine,* à deux croisillons. – *Croix de Malte :* croix à quatre branches égales s'élargissant aux extrémités. – *Croix de Saint-André,* en forme d'X. – *Croix de Saint-Antoine,* en forme de T. – *Croix grecque,* à quatre branches égales. – *Croix latine,* dont la branche inférieure est plus longue que les autres. – *Croix rouge :* insigne des services de santé, reconnu et protégé par les conventions internationales. ◇ Objet de piété, bijou en forme de croix. 3. Insigne, décoration en forme de croix, d'un ordre de mérite ou honorifique. *Croix de guerre.* 4. Signe graphique formé de deux traits croisés. *Faire une croix dans la marge.* – Fig., fam. *Faire une croix sur qqch,* y renoncer définitivement. 5. *En croix :* à angle droit ou presque droit. *Les bras en croix.*

CROLLE n.f. (flamand *krol*). Belgique. Fam. Boucle de cheveux.

CROLLÉ, E adj. Belgique. Fam. Bouclé, frisé.

CROMALIN n.m. (nom déposé). IMPR. Épreuve en couleurs réalisée à partir de films tramés et servant de bon à tirer.

CROMLECH [krɔmlɛk] n.m. (breton *crom,* rond, et *lech,* pierre). ARCHÉOL. Monument mégalithique formé de menhirs dressés en cercle.

CROMORNE n.m. (all. *Krummhorn,* cor courbe). Anc. Instrument à vent, à anche double et au corps recourbé. ◇ Mod. Jeu d'orgue à anche, qui sonne comme le cromorne.

CROONER [krunər] n.m. (mot anglo-amér.). Chanteur de charme.

1. CROQUANT, E n. (p.-ê. prov. *croucant,* paysan). 1. HIST. Paysan révolté sous Henri IV et Louis XIII, dans le sud-ouest de la France. 2. Péj. et VX. Paysan, rustre.

2. CROQUANT, E adj. Qui croque sous la dent. *Salade croquante.* ◆ n.m. 1. Partie croquante. 2. *Le croquant de l'oreille :* la partie cartilagineuse.

CROQUE-AU-SEL (À LA) loc. adv. Cru et sans autre assaisonnement que du sel.

CROQUE-MADAME n.m. inv. Croque-monsieur surmonté d'un œuf sur le plat.

CROQUEMBOUCHE n.m. Pièce montée composée de petits choux à la crème caramélisés.

CROQUE-MITAINE n.m. (pl. *croque-mitaines*). Personnage fantastique dont on menaçait les enfants. ◇ Par plais. Personne très sévère qui effraie.

CROQUE-MONSIEUR n.m. inv. Préparation chaude, faite de deux tranches de pain de mie grillées garnies de jambon et de fromage.

CROQUE-MORT n.m. (pl. *croque-morts*). Fam. Employé des pompes funèbres.

CROQUENOT [krɔkno] n.m. Fam. Gros soulier.

CROQUER v.i. (onomat.). Faire un bruit sec sous la dent. *Une pomme qui croque.* ◆ v.t. 1. a. Broyer entre ses dents en faisant un bruit sec. *Croquer un bonbon.* ◇ Absolt. *Croquer dans une pomme. Chocolat à croquer.* b. Fam. Dilapider, dépenser en peu de temps. *Il a croqué tout l'héritage.* 2. BX-A. Dessiner, peindre sur le vif (une scène, un personnage) en quelques traits rapides, esquissés. ◇ Fig. et fam. *À croquer :* joli à donner envie d'en faire un croquis.

1. CROQUET n.m. (mot angl., du moyen fr. *croquet,* coup sec, ou de *crochet*). Jeu qui consiste à faire passer sous des arceaux des boules de bois avec un maillet, en suivant un trajet déterminé.

2. CROQUET n.m. Région. Petit biscuit sec aux amandes.

CROQUETTE n.f. Boulette de pâte, de viande, de poisson ou de légumes, panée et frite.

CROQUEUR, EUSE adj. et n. 1. Qui croque (un aliment). 2. Fam. Qui croque (de l'argent).

CROQUIGNOLE n.f. Petit biscuit léger et croquant.

CROQUIGNOLET, ETTE adj. Fam. Mignon, charmant.

CROQUIS n.m. Dessin rapide dégageant, à grands traits, l'essentiel du sujet, du motif ; schéma.

CROSKILL [krɔskil] n.m. (du n. de l'inventeur). AGRIC. Rouleau brise-mottes.

CROSNE [kron] n.m. (de *Crosne,* dans l'Essonne). Plante cultivée vivace à tubercules comestibles (famille des labiées), originaire d'Extrême-Orient ; tubercule de cette plante.

CROSS ou **CROSS-COUNTRY** [krɔskuntri] n.m. (mot angl.) [pl. *cross-countrys* ou *cross-countries*]. Course à pied en terrain varié avec obstacles ; parcours équestre du même type.

CROSSE n.f. (mot francique). 1. Bâton pastoral d'évêque ou d'abbé dont la partie supérieure (crosseron) se recourbe en volute. 2. Bâton recourbé utilisé pour pousser le palet ou la balle dans certains sports. *Crosse de hockey.* ◇ Canada. Sport opposant deux équipes de 10 ou 12 joueurs et consistant à envoyer dans les buts adverses une balle au moyen d'une crosse. 3. Partie recourbée de certains objets, de certains organes. *Crosse d'un violon. Crosse de l'aorte.* ◇ ARCHIT. Tige enroulée en volute, ornement de certains chapiteaux. ◇ Jeune feuille recourbée de la fougère. 4. Partie postérieure d'une arme à feu portative servant à la maintenir ou à l'épauler. – *Mettre la crosse en l'air :* se rendre ou se mutiner. ◆ pl. Pop. *Chercher des crosses à qqn,* lui chercher querelle.

CROSSÉ adj.m. Qui a le droit de porter la crosse. *Abbé crossé et mitré.*

CROSSER v.t. Rare. Pousser avec une crosse (une balle, un palet, une pierre).

CROSSETTE n.f. AGRIC. Fragment de rameau de vigne coupé avec une portion de vieux bois, pour faire des boutures.

CROSSING-OVER [krɔsiŋɔvər] n.m. inv. (mot angl.). GÉNÉT. Enjambement.

CROSSMAN [krɔsman] n.m. (pl. *crossmans* ou *crossmen*). Coureur de cross.

CROSSOPTÉRYGIEN n.m. *Crossoptérygiens :* ordre de poissons marins très primitifs, dont les nageoires ressemblent aux pattes des premiers amphibiens, représenté par plusieurs formes de l'ère primaire et par le cœlacanthe.

CROSSWOMAN [krɔswuman] n.f. (pl. *crosswomans* ou *crosswomen*). Coureuse de cross.

CROTALE n.m. (lat. *crotalum,* gr. *krotalon*). Serpent venimeux, essentiellement américain, encore appelé *serpent à sonnette* à cause du grelot formé par les mues de la queue. (Famille des vipéridés.)

crotale

CROTON n.m. (gr. *krotôn*). *Crotons :* arbustes de la famille des euphorbiacées, dont les graines renferment une huile toxique.

CROTTE n.f. (mot francique). 1. Fiente (de certains animaux). – Par ext. Tout excrément solide. – Fig., fam. *Crotte de bique :* chose sans valeur. 2. *Crotte de chocolat :* bonbon au chocolat garni de pâte d'amandes, de crème, etc.

CROTTÉ, E adj. Vieilli. Sali de boue. *Bottes crottées.*

CROTTER v.i. Vulg. Faire des crottes.

CROTTIN n.m. 1. Excrément des chevaux, des mulets, etc. 2. Petit fromage de chèvre de forme ronde.

1. CROULANT, E adj. Qui croule, qui s'écroule. *Des murs croulants.*

2. CROULANT, E n. Fam. et vieilli. Personne âgée ou d'âge mûr.

CROULE n.f. Chasse à la bécasse, au passage de printemps.

CROULER v.i. 1. a. Tomber en s'affaissant, s'effondrer. *Cette maison croule.* – Fig. *Personne qui croule sous le travail. La salle croulait sous les applaudissements.* b. Fig. Être réduit à rien, détruit, renversé. *Espérance qui croule.* 2. Pousser son cri, en parlant de la bécasse.

CROUP [krup] n.m. (mot angl.). Localisation laryngée de la diphtérie, dont les fausses membranes obstruent l'orifice glottique, produisant une dyspnée laryngée grave.

CROUPADE n.f. Saut d'un cheval qui rue en étendant complètement ses membres postérieurs et en gardant les antérieurs au sol.

CROUPE n.f. (francique *kruppa*). 1. Partie postérieure de certains quadrupèdes, en particulier du cheval, qui s'étend des reins à l'origine de la queue. ◇ *En croupe :* à cheval derrière le cavalier, ou sur la partie arrière d'une selle de moto. 2. Fam. Postérieur d'une personne, en particulier d'une femme. 3. CONSTR. Pan de couverture de l'extrémité d'un comble, généralement triangulaire. **4.** GÉOGR. Sommet, colline de forme ronde.

CROUPETONS (À) loc. adv. Dans la position accroupie.

CROUPI, E adj. Qui est corrompu par la stagnation ; fétide. *Eau croupie.*

CROUPIER n.m. Employé d'une maison de jeux qui dirige les parties, paie et encaisse pour le compte de l'établissement.

CROUPIÈRE n.f. **1.** Partie du harnais passant sur la croupe du cheval, du mulet, etc. **2.** Vieilli. *Tailler des croupières à qqn,* lui susciter des difficultés.

CROUPION n.m. **1.** Saillie postérieure du corps des oiseaux, portant les grandes plumes caudales et qui sécrète une graisse. **2.** Fam. Derrière, fesses d'une personne. **3.** (En apposition, pour désigner un organisme qui n'est pas représentatif). *Un parti croupion.*

CROUPIR v.i. (de *croupe*). **1.** Se corrompre par la stagnation, en parlant des eaux dormantes et des matières qui s'y décomposent. **2.** Être contraint à l'inactivité ; moisir. *Croupir en prison.* **3.** Se complaire dans un état méprisable, dégradant. *Croupir dans l'ignorance.*

CROUPISSANT, E adj. Qui croupit.

CROUPISSEMENT n.m. Fait de croupir.

CROUPON n.m. Morceau de cuir de bœuf ou de vache à l'emplacement de la croupe et du dos de l'animal.

CROUSILLE n.f. (du lat. pop. *crosus,* creux). Suisse. Tirelire.

CROUSTADE n.f. (prov. *croustado*). Apprêt en pâte brisée ou feuilletée, que l'on remplit de garnitures diverses. *Une croustade aux fruits de mer.*

CROUSTILLANT, E adj. **1.** Qui craque sous la dent. **2.** Qui suscite l'intérêt par son caractère grivois et amusant. *Des détails croustillants.*

CROUSTILLER v.i. Croquer sous la dent.

CROÛTE n.f. (lat. *crusta*). **1.** Partie externe du pain durcie par la cuisson. ◇ Fam. *Casser la croûte :* manger. – Fam. *Gagner sa croûte :* gagner sa vie. **2.** Partie externe de certains fromages. **3.** Couche extérieure qui se durcit à la surface d'un corps, d'un sol. *Cette eau dépose une croûte calcaire.* **4.** CUIS. Appareil de pâte feuilletée garni intérieurement. *Pâté en croûte.* **5.** Plaque qui se forme sur la peau, à la suite d'une blessure ou d'une affection cutanée. **6.** Couche intérieure d'un cuir refendu dans son épaisseur. **7.** Fam. Personne stupide, bornée ou encroûtée dans la routine. **8.** Fam. Mauvais tableau. *Ce peintre n'a jamais fait que des croûtes.* **9. a.** GÉOL. *Croûte terrestre :* zone superficielle du globe terrestre, d'une épaisseur moyenne de 35 km sous les continents *(croûte continentale)* et de 10 km sous les océans *(croûte océanique).* SYN. : *écorce terrestre.* **b.** ASTRON. Zone superficielle dure des planètes telluriques.

CROÛTER v.i. Pop. Manger.

CROÛTEUX, EUSE adj. Caractérisé par des croûtes. *Dermatose croûteuse.*

CROÛTON n.m. **1.** Extrémité d'un pain, comportant plus de croûte que de mie. **2.** Petit morceau de pain frit. *Un potage aux croûtons.* **3.** Fam. Personne bornée, routinière.

CROW-CROW n.m. inv. → ***craw-craw.***

CROWN [kraun] n.m. (mot angl., *couronne*). Verre blanc très transparent et peu dispersif, employé en optique.

CROYABLE adj. Qui peut ou doit être cru.

CROYANCE n.f. **1.** Fait de croire à la vérité ou à l'existence de qqch. *La croyance en Dieu.* **2.** Opinion, pleine conviction en matière religieuse, philosophique, politique. *Respecter toutes les croyances.*

CROYANT, E adj. et n. Qui a une foi religieuse. *Il est très croyant.* ◆ n.m. pl. Nom que se donnent les musulmans. – *Le commandeur des croyants :* le calife.

C. R. S. [seeɛrɛs] n.m. (sigle). Membre d'une compagnie* républicaine de sécurité.

1. CRU, E adj. (lat. *crudus*). **1.** Qui n'est pas cuit, transformé par la cuisson. *Viande, légumes crus.* **2.** Qui n'est pas apprêté, qui n'a pas subi de transformation. *Soie crue. Bois cru.* – *Lait cru :* lait bourru. **3.** Que rien n'atténue ; violent, brutal. *Couleur, lumière crue.* **4.** Qui n'use pas de détour ; direct, franc. *Répondre de façon crue.* **5.** Qui est choquant, grivois. *Une plaisanterie un peu crue.* **6.** Belgique. Humide et froid. ◆ loc. adv. *À cru :* sans selle sur une monture.

2. CRU n.m. (de *croître*). **1.** Terroir considéré du point de vue de ses productions, en particulier de ses vignobles. ◇ Fam. *Du cru :* qui a les caractéristiques du pays, de la région où l'on est. – *De son cru :* de son invention. **2.** Le vin produit par un terroir. *C'est un cru fameux.*

CRUAUTÉ n.f. (lat. *crudelitas*). **1.** Penchant à faire souffrir, caractère de qqn de cruel. *Il est d'une grande cruauté.* **2.** Caractère de ce qui fait souffrir. *La cruauté du sort.* **3.** Action cruelle. *Essayer d'oublier les cruautés subies.*

CRUCHE n.f. (francique *krūkka*). **1.** Récipient pansu, à anse et à bec ; son contenu. **2.** Fam. Personne niaise, stupide.

CRUCHON n.m. Petite cruche.

CRUCIAL, E, AUX adj. (du lat. *crux, crucis,* croix). **1.** En forme de croix. *Incision cruciale.* **2.** PHILOS. Qui permet de conclure de façon décisive, qui sert de critère. *Expérience cruciale.* **3.** Très important, fondamental, décisif. *Cette question est cruciale.*

1. CRUCIFÈRE adj. (du lat. *crux, crucis,* croix). Qui porte une croix.

2. CRUCIFÈRE n.f. *Crucifères :* famille de plantes herbacées dont la fleur a quatre pétales libres disposés en croix et six étamines dont deux plus petites, et dont le fruit est une silique, comme la moutarde, le chou, le cresson, le radis, le navet.

CRUCIFIÉ, E n. et adj. Personne mise en croix. ◆ adj. Litt. Qui subit une grande douleur morale. *Une mère crucifiée.*

CRUCIFIEMENT n.m. Action de crucifier ; crucifixion.

CRUCIFIER v.t. (lat. *crucifigere*). **1.** Faire subir le supplice de la croix. **2.** Litt. Faire souffrir, mortifier. *Crucifier sa chair.*

CRUCIFIX [-fi] n.m. (lat. *crucifixus*). Croix sur laquelle le Christ est représenté crucifié.

CRUCIFIXION n.f. **1.** Crucifiement. **2.** Œuvre d'art figurant le Christ sur la Croix.

CRUCIFORME adj. En forme de croix.

CRUCIVERBISTE n. (lat. *crux, crucis,* croix, et *verbum,* mot). Amateur de mots croisés.

CRUDITÉ n.f. (lat. *cruditas,* indigestion). **1.** État de ce qui est cru. *La crudité d'une viande.* **2.** Caractère de ce qui est brutal, choquant. *La crudité de son langage.* ◆ pl. Légumes crus, ou parfois cuits, servis froids. *Une assiette de crudités.*

CRUE n.f. (de *croître*). Élévation du niveau d'un cours d'eau, due à la fonte des neiges ou à des pluies abondantes.

CRUEL, ELLE adj. (lat. *crudelis*). **1.** Qui se plaît à faire souffrir, à torturer. *Un cruel tyran. Se montrer cruel avec les animaux.* **2.** Qui manifeste de la méchanceté, de la cruauté. *Sourire cruel.* **3.** Qui cause une souffrance morale ou physique. *Un cruel embarras. Un froid cruel.*

CRUELLEMENT adv. De façon cruelle.

CRUENTÉ, E adj. MÉD. Imprégné de sang, à vif. *Blessure cruentée.*

CRUISER [kruzœr] n.m. (mot angl.). Yacht de croisière à moteur.

CRÛMENT adv. De façon crue, sans ménagement, brutalement. *Parler crûment.*

CRUOR n.m. (mot lat., *sang*). Vx. Partie solide du sang qui se coagule (par opp. à *sérum*).

CRURAL, E, AUX adj. (lat. *cruralis,* de *crus, cruris,* jambe). De la cuisse. *Nerf crural.*

1. CRUSTACÉ n.m. (lat. *crusta,* croûte). *Crustacés :* classe d'arthropodes généralement aquatiques, à respiration branchiale, dont la carapace est formée de chitine imprégnée de calcaire, et comprenant six sous-classes, dont la plus importante est celle des malacostracés (crabes, crevettes, homards, langoustes, etc.).

2. CRUSTACÉ, E adj. BOT. Qui forme une croûte. *Lichen crustacé.*

CRYOALTERNATEUR n.m. Alternateur dont le bobinage inducteur est supraconducteur.

CRYOBIOLOGIE n.f. Étude des effets des très basses températures sur les phénomènes biologiques.

CRYOCHIRURGIE n.f. Chirurgie faisant appel à des techniques de congélation locale lors des opérations.

CRYOCLASTIE n.f. GÉOL. Gélifraction.

CRYOCONDUCTEUR, TRICE adj. Se dit d'un conducteur électrique que l'on porte à température très basse pour diminuer sa résistivité.

CRYOCONSERVATION n.f. Conservation par le froid (en partic., conservation de tissus vivants, de cellules).

CRYODESSICCATION n.f. Lyophilisation.

CRYOFRACTURE n.f. Méthode de préparation d'échantillons biologiques par congélation puis fracture, permettant d'observer l'intérieur des membranes cellulaires au microscope électronique.

CRYOGÈNE adj. PHYS. Qui produit du froid.

CRYOGÉNIE n.f. PHYS. Production des basses températures.

CRYOLITE ou **CRYOLITHE** n.f. Fluorure naturel d'aluminium et de sodium Na_3AlF_6.

CRYOLOGIE n.f. Ensemble des disciplines scientifiques et techniques s'intéressant aux très basses températures.

CRYOLUMINESCENCE n.f. Émission de lumière par certains corps refroidis à très basse température.

CRYOMÉTRIE n.f. PHYS. Mesure des températures de congélation.

CRYOPHYSIQUE n.f. Partie de la physique qui étudie les phénomènes propres aux cryotempératures.

CRYOSCOPIE n.f. Étude des lois de la congélation des solutions, par la mesure de l'abaissement de la température de congélation commençante d'un solvant lorsqu'on y dissout une substance.

CRYOSTAT n.m. Appareil servant à maintenir des températures très basses et constantes à l'aide d'un gaz liquéfié.

CRYOTECHNIQUE n.f. Ensemble des techniques de production et d'utilisation des cryotempératures.

CRYOTEMPÉRATURE n.f. Très basse température, inférieure à 120 K.

CRYOTHÉRAPIE n.f. Traitement des maladies par le froid.

CRYOTRON n.m. Dispositif électronique utilisant les propriétés de supraconduction de certains métaux à très basse température.

CRYOTURBATION n.f. GÉOL. Géliturbation.

CRYPTAGE n.m. **1.** Transformation d'un message en clair en un message codé compréhensible seulement par qui dispose du code. *Cryptage d'une dépêche.* **2.** Transformation d'une suite de signaux électriques ou radioélectriques, telle que celle-ci ne peut être rendue intelligible que par le truchement d'un décodeur approprié. *Cryptage des émissions d'une chaîne de télévision.*

CRYPTE n.f. (lat. *crypta,* du gr. *kruptos,* caché). Chapelle, généralement souterraine, d'une église, où l'on plaçait le corps ou les reliques des martyrs, des saints.

CRYPTER v.t. Réaliser le cryptage de.

CRYPTIQUE adj. **1.** Qui vit dans les grottes. **2.** Litt. Caché, secret. **3.** ZOOL. Qui a pour effet de dissimuler un animal lorsqu'il est dans son milieu habituel. *Couleurs cryptiques d'un insecte.*

CRYPTOBIOSE n.f. Vx. Anhydrobiose.

CRYPTOCOMMUNISTE adj. et n. Partisan occulte du parti communiste.

CRYPTOGAME adj. et n.m. ou f. (gr. *kruptos,* caché, et *gamos,* mariage). *Cryptogames :* plantes pluricellulaires qui n'ont ni fleurs, ni fruits, ni graines (par opp. aux *phanérogames*), formant trois embranchements : thallophytes (algues et champignons), bryophytes (mousses) et ptéridophytes ou cryptogames vasculaires, possédant des vaisseaux (fougères et prêles).

CRYPTOGAMIE n.f. **1.** État d'une plante cryptogame. **2.** Étude scientifique des cryptogames.

CRYPTOGAMIQUE adj. Se dit des affections causées aux végétaux par des champignons microscopiques. *Le mildiou est une maladie cryptogamique.*

CRYPTOGÉNÉTIQUE adj. MÉD. Dont l'origine n'est pas connue. *Maladie cryptogénétique.*

CRYPTOGRAMME n.m. Message écrit à l'aide d'un système chiffré ou codé.

CRYPTOGRAPHE n. Spécialiste de cryptographie.

CRYPTOGRAPHIE n.f. (gr. *kruptos,* caché, et *graphein,* écrire). Ensemble des techniques permettant de protéger une communication au moyen d'un code graphique secret.

CRYPTOGRAPHIQUE adj. Relatif à la cryptographie.

CRYPTOMERIA [-me-] n.m. Conifère utilisé en sylviculture et pour l'ornement des jardins.

CRYPTOPHYTE adj. et n.f. Se dit d'une plante dont les parties aériennes n'apparaissent pas pendant l'hiver.

Cs, symbole chimique du césium.

CSARDAS ou **CZARDAS** [kzardas] ou [tsardaʃ] n.f. (mot hongr.). Danse populaire hongroise d'abord lente, puis très rapide.

C. S. G. n.f. (sigle). Contribution* sociale généralisée.

CTÉNAIRE ou **CTÉNOPHORE** n.m. (gr. *kteis, ktenos,* peigne). *Cténaires* ou *cténophores :* embranchement d'animaux marins voisins des cnidaires, mais dépourvus de cellules urticantes et présentant un type particulier de symétrie.

Cu, symbole chimique du cuivre.

CUADRO [kwadro] n.m. (mot esp.). Groupe d'artistes flamencos.

CUBAGE n.m. **1.** Action de cuber, d'évaluer le volume d'un corps. **2.** Volume ainsi évalué.

CUBAIN, E adj. et n. De Cuba.

CUBATURE n.f. Détermination du cube dont le volume est égal à celui du solide considéré.

1. CUBE n.m. (gr. *kubos,* dé à jouer). **1.** Parallélépipède rectangle dont les six faces carrées sont égales, ainsi que les douzes arêtes. *Le volume d'un cube est égal au produit de trois facteurs égaux à la longueur de son côté.* **2.** MATH. *Cube d'un nombre,* produit de trois facteurs égaux à ce nombre. *27 est le cube de 3.* – *Cube parfait :* nombre qui est le cube d'un entier. **3.** Mesure qui correspond au volume d'un corps, d'un solide. – *Cube d'air :* volume d'air. – Fam. *Gros cube :* moto de forte cylindrée. **4.** Arg. scol. Élève de troisième année d'une classe préparatoire ou d'une grande école. ◆ pl. Jeu de construction fait d'un ensemble de cubes.

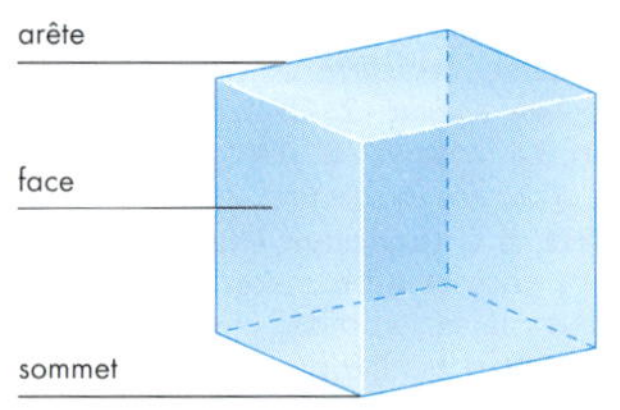

cube

2. CUBE adj. *Mètre, centimètre, kilomètre, etc., cube :* volume égal à celui d'un cube de 1 m, 1 cm, 1 km, etc., de côté.

CUBÈBE n.m. (ar. *kabāba*). Plante grimpante, voisine du poivrier, dont le fruit possède des propriétés médicinales.

CUBER v.t. Évaluer en unités de volume. *Cuber des pierres.* ◆ v.i. **1.** Avoir tel volume, une capacité de tant. *Ce tonneau cube 350 litres.* **2.** Pop. Représenter une grande quantité ; s'élever à un total important. *Les faux frais, ça finit par cuber.*

CUBILOT n.m. (angl. *cupelow,* four à coupole). MÉTALL. Four à cuve comportant une carcasse métallique et un garnissage réfractaire, utilisé pour la fusion de la fonte.

1. CUBIQUE adj. **1.** Qui a la forme d'un cube. **2.** MINÉR. *Système cubique :* système cristallin dérivé du cube. **3.** MATH. *Racine cubique d'un nombre,* nombre dont le cube est égal à ce nombre.

2. CUBIQUE n.f. MATH. Courbe algébrique du troisième degré.

CUBISME n.m. (de *cube*). Mouvement artistique qui, vers les années 1908-1920, a substitué aux types de représentation issus de la Renaissance des modes nouveaux et plus autonomes de construction plastique.

■ La leçon de Cézanne et la découverte de l'art négro-africain (que connaissaient déjà les fauves) ouvrent la voie aux travaux de Picasso (*les Demoiselles d'Avignon,* 1906-07) et de Braque (dont les paysages « cézanniens » de 1908 paraissent à un critique comme réduits à une articulation de petits cubes). Une phase *analytique,* à partir de 1909, voit l'adoption par les deux artistes amis de plusieurs angles de vue pour la figuration d'un même objet, disséqué en multiples facettes dans une gamme restreinte de teintes sourdes. Ces œuvres frôlent parfois l'abstraction (cubisme « hermétique »), mais l'introduction de chiffres ou de lettres au pochoir puis, en 1912, l'invention du *collage* et du *papier collé* réintroduisent le réel sous une forme nouvelle, ouvrant la phase *synthétique* du cubisme. À la même époque, d'autres peintres, réunis dans le groupe dit « de Puteaux » puis « de la Section d'or », expérimentent la nouvelle esthétique et organisent à Paris des présentations de leurs œuvres qui font scandale : les frères Duchamp, Gleizes et Jean Metzinger (qui pu-

Femme assise (1909). Peinture de Picasso (M.N.A.M., C.N.A.C. Georges-Pompidou, Paris.) Le cubisme analytique appliqué à la figure humaine.

La Table à la pipe (1912). Peinture de Georges Braque. (Coll. priv., Lucerne.) Dans cette œuvre tardive de la phase « hermétique » se dessine une réaction contre la tendance abstraite qui prédominait en 1911.

Le Livre (1913), par Juan Gris. Huile et papiers collés (pages de livre et papier peint) sur toile. [Musée d'Art moderne de la Ville de Paris.] Un des maîtres, après Braque et Picasso, du cubisme synthétique, l'artiste construit son univers plastique, autonome, à partir de matériaux sélectionnés du monde visible.

cubisme

blient en 1912 un traité théorique), Louis Marcoussis (d'origine polonaise, 1878-1941), Lhote, Gris, Léger, R. Delaunay, Kupka (les deux derniers représentant une version lumineuse et colorée du cubisme, baptisée *orphisme* par Apollinaire), etc. Divers sculpteurs – sur les traces de Picasso – interprètent en trois dimensions les principes cubistes : Archipenko, Joseph Csáky (d'origine hongroise, 1888-1971), Duchamp-Villon, Laurens, Lipchitz, Zadkine. Après la Première Guerre mondiale, chacun des créateurs ou adeptes du cubisme prend sa liberté par rapport à celui-ci ; il en est de même pour les nombreux artistes qui, des Pays-Bas à la Russie, en ont reçu l'influence, au premier rang desquels les constructivistes.

CUBISTE adj. et n. Qui appartient au cubisme, ou qui s'y rattache.

CUBITAINER [kybitenɛr] n.m. (nom déposé). Récipient de plastique servant au transport des liquides, en particulier du vin.

CUBITAL, E, AUX adj. (lat. *cubitalis*). Du coude.

CUBITIÈRE n.f. Pièce d'armure protégeant le coude (XIVe-XVe s.).

CUBITUS [-tys] n.m. (mot lat.). Le plus interne des deux os de l'avant-bras, dont l'extrémité supérieure porte une apophyse, l'olécrane, qui forme la saillie du coude.

1. CUBOÏDE adj. Qui a la forme d'un cube.

2. CUBOÏDE n.m. ANAT. Un des os du tarse.

CUCUL [kyky] adj. inv. Fam. Qui est d'une niaiserie naïve ou qui est démodé. *Cucul la praline, la noisette.*

CUCULLE n.f. (lat. *cuculla*). Capuchon de moine.

CUCURBITACÉE n.f. *Cucurbitacées :* famille de plantes dicotylédones à fortes tiges rampantes et à gros fruits comme la citrouille, la courge, le melon.

CUCURBITAIN ou **CUCURBITIN** n.m. Anneau plein d'œufs formé par un ténia et expulsé avec les excréments.

CUCURBITE n.f. (lat. *cucurbita*, courge). Partie inférieure de la chaudière de l'alambic qui renferme la matière à distiller.

CUEILLAGE n.m. Prélèvement de verre en fusion au moyen d'une canne.

CUEILLAISON n.f. Litt. Cueillette.

CUEILLETTE n.f. (lat. *collecta*). **1.** Action de cueillir des fruits, des fleurs, des légumes, etc. **2.** Période où se fait cette récolte. **3.** Les produits ainsi récoltés.

CUEILLEUR, EUSE n. Personne qui cueille. ◆ n.m. Ouvrier chargé du cueillage du verre fondu.

CUEILLIR [kœjir] v.t. (lat. *colligere*) [41]. **1.** Détacher de leurs tiges des fruits, des fleurs. **2.** Fam. Aller chercher qqn, l'accueillir. *Aller cueillir qqn à la gare.* **3.** Fam. Arrêter qqn. *Se faire cueillir.* ◇ *Cueillir qqn à froid :* le prendre au dépourvu.

CUEILLOIR n.m. Cisaille montée sur un long manche auquel est attaché un panier, pour cueillir les fruits haut placés.

CUESTA [kwɛsta] n.f. (mot esp.). GÉOGR. Côte, relief de côte.

CUEVA [kweva] n.f. (mot esp.). Cabaret, généralement installé en sous-sol ou dans une cave, où se donnent des spectacles de chants et de danses flamencos.

CUI-CUI n.m. inv. (onomat.). Cri des petits oiseaux.

CUILLÈRE ou **CUILLER** n.f. (lat. *cochlearium*, de *cochlea*, escargot). **1.** Accessoire de table et de cuisine, composé d'un manche et d'une partie creuse. *Cuillère à café, à soupe.* ◇ Iron. *Cuillère de bois :* trophée imaginaire attribué à l'équipe ayant perdu ses quatre matches dans le tournoi de rugby des Cinq Nations. – Fam. *En deux coups de cuillère à pot :* rapidement, de façon expéditive. – Fam. *Être à ramasser à la petite cuillère :* être harassé, épuisé, ou en piteux état. – Fam. *Ne pas y aller avec le dos de la cuillère :* parler, agir sans ménagement. **2.** Outil avec une partie creuse et un long manche pour puiser les métaux ou le verre en fusion. **3.** Accessoire de pêche composé d'un hameçon et d'une palette métallique brillante, destiné à leurrer les poissons carnassiers. **4.** Pièce d'amorçage d'une grenade.

CUILLERÉE [kɥijre] ou [kɥijere] n.f. Contenu d'une cuillère.

CUILLERON n.m. **1.** Partie creuse d'une cuillère. **2.** ZOOL. Organe protecteur du balancier des mouches.

CUIR n.m. (lat. *corium*). **I. 1.** Peau épaisse de certains animaux. – *Cuir chevelu :* peau du crâne, recouverte par les cheveux, chez l'homme. **2.** Peau, en particulier des gros bovins, tannée, corroyée, etc., propre aux usages de l'industrie ; objet, vêtement en cuir. **II.** Faute de liaison ou de prononciation.

CUIRASSE n.f. (de *cuir*). **I. 1.** Blindage, revêtement protecteur, d'une arme en particulier. **2.** Anc. Pièce de l'armure protégeant le dos et la poitrine. ◇ Fig. *Défaut de la cuirasse :* point faible de qqn ou de qqch. **II.** GÉOL. Concrétion épaisse et très dure qui se forme dans les sols des régions tropicales sèches. SYN. : *carapace.*

1. CUIRASSÉ, E adj. **1.** Protégé par un blindage. *Navire cuirassé.* **2.** Fig. Protégé comme par une cuirasse, endurci. *Être cuirassé contre les calomnies.*

2. CUIRASSÉ n.m. Grand navire de ligne doté d'une puissante artillerie et protégé par d'épais blindages. *Trop vulnérables à l'aviation, les cuirassés ont disparu des flottes de combat vers 1950-1960.*

CUIRASSEMENT n.m. Action d'équiper d'une cuirasse ; cette cuirasse.

CUIRASSER v.t. Équiper, revêtir (qqch) d'une cuirasse. ◇ Fig. Protéger comme par une cuirasse, endurcir. *Son éducation l'a cuirassé contre la malveillance.* ◆ **se cuirasser** v.pr. S'endurcir, être endurci. *Se cuirasser contre les émotions.*

CUIRASSIER n.m. Anc. Soldat de cavalerie lourde porteur d'une cuirasse.

CUIRE v.t. (lat. *coquere*) [98]. **1.** Soumettre (un aliment) à l'action de la chaleur pour le rendre consommable. **2.** Soumettre (un objet, une matière) à l'action de la chaleur afin de les rendre aptes à un usage spécifique. *Cuire des émaux.* ◆ v.i. **1.** Être soumis à l'action de la chaleur. *Le rôti cuit.* **2.** Brûler, causer une sensation de brûlure, d'échauffement. *Peau qui cuit sous le soleil.* ◇ *Il vous en cuira :* vous vous en repentirez. **3.** Fam. Souffrir de la chaleur, avoir très chaud. ◇ Fam. *Laisser qqn cuire dans son jus,* le laisser seul, s'en désintéresser, à titre de menace, de sanction, etc.

CUISANT, E adj. **1.** Qui affecte douloureusement. *Échec cuisant.* **2.** Vif, aigu. *Douleur cuisante.*

CUISEUR n.m. Récipient de grandes dimensions où l'on fait cuire des aliments.

CUISINE n.f. (lat. *cocina*). **1.** Pièce d'un logement, d'un restaurant, etc., où l'on prépare les repas. *Une cuisine spacieuse.* **2.** Action, art de préparer et de présenter les aliments. *Aimer faire la cuisine.* **3.** Mets, plats préparés, servis. *Préférer la cuisine locale. Cuisine légère, épicée.* **4.** Fig., fam. Manœuvre, intrigue visant un but détourné. *Cuisine électorale.*

CUISINÉ, E adj. *Plat cuisiné,* vendu tout préparé chez un traiteur, un charcutier.

CUISINER v.i. Faire la cuisine. ◆ v.t. **1.** Préparer, accommoder (un plat, un aliment). **2.** Fig., fam. *Cuisiner qqn,* l'interroger avec insistance pour obtenir un aveu, un renseignement.

CUISINETTE n.f. Petite cuisine, coin cuisine. Recomm. off. pour ***kitchenette***.

CUISINIER, ÈRE n. **1.** Personne dont le métier est de faire la cuisine, en partic. dans un restaurant, pour une collectivité, etc. **2.** Toute personne qui fait la cuisine.

CUISINIÈRE n.f. Appareil muni d'un ou de plusieurs foyers pour cuire les aliments. *Cuisinière électrique, à gaz.*

CUISINISTE n.m. Fabricant et installateur de mobilier de cuisine.

CUISSAGE n.m. FÉOD. *Droit de cuissage :* droit légendaire que la mémoire populaire a attribué au seigneur de pouvoir passer avec l'épouse d'un de ses serfs la première nuit de noces de celle-ci (il percevait en fait une taxe sur les mariages serviles).

CUISSARD n.m. **1.** Culotte d'un coureur cycliste. **2.** Anc. Partie de l'armure couvrant les cuisses.

CUISSARDE n.f. Botte dont la tige monte jusqu'en haut des cuisses.

CUISSE n.f. (lat. *coxa,* hanche). Partie du membre inférieur qui s'étend de la hanche au genou. ◇ *Se croire sorti de la cuisse de Jupiter :* se juger supérieur aux autres.

CUISSEAU n.m. Partie du veau comprenant la cuisse et la région du bassin.

CUISSETTES n.f. pl. Suisse. Short de sport.

CUISSON n.f. **1.** Action, façon de cuire (un aliment). *Cuisson à la vapeur, au bain-marie. Temps de cuisson.* **2.** Transformation de certains matériaux sous l'influence de la chaleur. **3.** Rare. Douleur cuisante, sensation de brûlure.

CUISSOT n.m. Cuisse de sanglier, de chevreuil et de cerf.

CUISTANCE n.f. Pop. Cuisine. *Faire la cuistance.*

CUISTOT n.m. Fam. Cuisinier.

CUISTRE n.m. (anc. fr. *quistre,* marmiton). Litt. Personne qui fait un étalage intempestif d'un savoir mal assimilé.

CUISTRERIE n.f. Litt. Caractère d'un cuistre.

CUIT, E adj. **1.** Préparé par la cuisson. ◇ Fam. *C'est du tout cuit :* c'est gagné d'avance. **2.** Fam. Perdu, ruiné. ◇ Fam. *C'est cuit :* c'est raté, cela a échoué. **3.** Fam. Ivre.

CUITE n.f. **1.** Fam. Accès d'ivresse. **2.** Action de cuire les briques, la porcelaine, etc. (On dit aussi *cuisson.*) **3.** Cristallisation du sucre par concentration du sirop.

CUITER (SE) v.pr. Fam. S'enivrer, prendre une cuite.

CUIVRAGE n.m. Opération de revêtement d'une surface par une couche de cuivre.

CUIVRE n.m. (lat. *cyprium aes,* bronze de Chypre). **1.** Métal de couleur rouge-brun, malléable et ductile, conducteur de l'électricité ; élément (Cu) de numéro atomique 29, de masse atomique 63,54. ◇ *Cuivre blanc :* alliage de cuivre, de zinc et d'arsenic. – *Cuivre jaune :* laiton. – *Cuivre rouge :* cuivre pur. **2.** Objet, ustensile de cette matière. **3.** Planche de cuivre servant à la gravure en taille-douce. ◆ pl. Groupe des instruments de musique à vent, en métal et à embouchure (cors, trompettes, trombones et saxhorns).

■ Le cuivre existe dans la nature à l'état natif ou combiné à différents corps, notamment au soufre. De densité 8,94, il fond à 1 084 °C. D'une faible dureté, mais très malléable et très ductile, il est, après l'argent, le meilleur conducteur de l'électricité. Inaltérable à l'eau ou à la vapeur d'eau, il sert à la fabrication de nombreux objets (fils, tubes, chaudrons, etc.) et entre dans la composition du laiton, du bronze et du cuproaluminium. Sous l'action de l'air humide chargé de gaz carbonique, il se couvre d'une couche d'hydrocarbonate, ou *vert-de-gris ;* avec les acides faibles (vinaigre), il forme des dépôts toxiques.

CUIVRÉ, E adj. **1.** De la couleur du cuivre. **2.** Litt. *Voix cuivrée,* d'une sonorité éclatante.

CUIVRER v.t. **1.** Revêtir d'un dépôt de cuivre. **2.** Donner la teinte du cuivre à.

CUIVREUX, EUSE adj. CHIM. Qui contient du cuivre univalent.

CUIVRIQUE adj. CHIM. Qui contient du cuivre divalent.

CUL [ky] n.m. (lat. *culus*). **1.** Très fam. Partie postérieure de l'homme et de certains animaux, comprenant les fesses et le fondement. ◇ Très fam. *Avoir le feu au cul :* être très pressé, fuir rapidement ; être animé de désirs sexuels violents. – Très fam. *L'avoir dans le cul :* subir un échec. – Très fam. *En avoir plein le cul :* être excédé. – Très fam. *Lécher le cul à qqn,* le flatter bassement, de façon hypocrite. – Très fam. *Être comme cul et chemise,* inséparables. **2.** Partie postérieure ou inférieure, fond de certains objets. *Un cul de bouteille.* ◇ Fam. *Faire cul sec :* vider son verre d'un trait.

CULARD n.m. Animal (bovin, porcin) présentant une hypertrophie musculaire de l'arrière-train, d'origine génétique, et recherché pour sa valeur en boucherie.

CULASSE n.f. (de *cul*). **1.** Pièce d'acier destinée à assurer l'obturation de l'orifice postérieur du canon d'une arme à feu. **2.** Partie supérieure amovible d'un moteur thermique, contenant les chambres de combustion et supportant les soupapes et les culbuteurs. **3.** Partie inférieure d'une pierre de bijouterie taillée.

CUL-BLANC n.m. (pl. *culs-blancs*). Oiseau d'Europe à croupion blanc, tel que le pétrel, le chevalier, le traquet motteux.

CULBUTAGE ou **CULBUTEMENT** n.m. Action de culbuter ou de faire culbuter.

CULBUTE n.f. **1.** Saut que l'on exécute en posant la tête à terre et en lançant les jambes pour se recevoir de l'autre côté ; galipette. **2.** Chute brusque à la renverse ou tête en avant. ◇ Fam. Revers de fortune ou de situation. – *Faire la culbute* : faire faillite ; revendre (qqch) au double du prix d'achat.

CULBUTER v.t. (de *cul* et *buter*). **1.** Renverser brusquement, faire tomber. **2.** Litt. Mettre (une armée, un ennemi) en déroute. ◆ v.i. Tomber à la renverse.

CULBUTEUR n.m. **1.** Dispositif pour faire basculer un récipient, un véhicule, etc. **2.** Pièce renvoyant la commande du mouvement des soupapes par-dessus la culasse du cylindre.

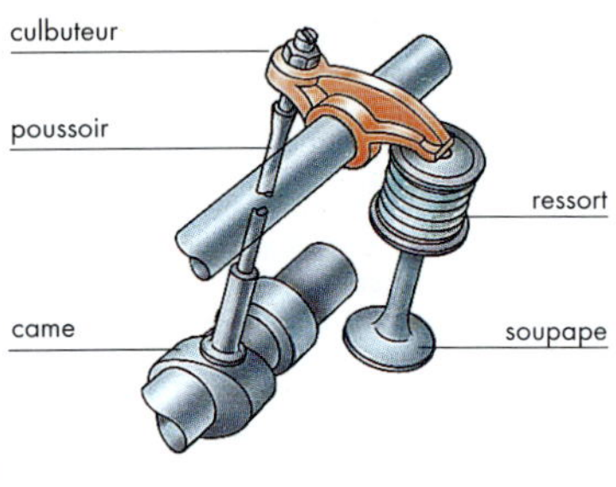

culbuteur de moteur à explosion

CUL-DE-BASSE-FOSSE n.m. (pl. *culs-de-basse-fosse*). Anc. Cachot souterrain.

CUL-DE-FOUR n.m. (pl. *culs-de-four*). ARCHIT. Voûte formée d'une demi-coupole. SYN. (vieilli) : ***conque***.

CUL-DE-JATTE [kydʒat] n. (pl. *culs-de-jatte*). Personne privée de ses membres inférieurs.

CUL-DE-LAMPE n.m. (pl. *culs-de-lampe*). **1.** ARTS GRAPH. Vignette placée à la fin d'un chapitre. **2.** ARCHIT. et MOBIL. Élément s'évasant à la manière d'un chapiteau, établi en saillie sur un mur pour porter une charge, un objet.

CUL-DE-PORC n.m. (pl. *culs-de-porc*). Nœud marin en forme de bouton, à l'extrémité d'un cordage.

CUL-DE-POULE (EN) loc. adj. *Bouche en cul-de-poule,* dont les lèvres sont resserrées et arrondies.

CUL-DE-SAC n.m. (pl. *culs-de-sac*). **1.** Rue, chemin sans issue. ◇ Fam. Entreprise vaine, qui ne mène à rien. **2.** ANAT. Fond d'une cavité. *Culs-de-sac vaginaux.*

CULDOSCOPIE n.f. Cœlioscopie faite à travers le cul-de-sac postérieur du vagin.

CULÉE n.f. Massif de maçonnerie servant à épauler une construction et en amortir les poussées. SYN. : ***butée***. ◇ *Culée de pont,* supportant l'extrémité d'un pont.

CULER v.i. MAR. Reculer, aller en arrière.

CULERON n.m. Partie de la croupière sur laquelle repose la queue du cheval harnaché.

CULEX n.m. Cousin (moustique).

CULIÈRE n.f. Sangle attachée à la naissance de la queue du cheval pour tenir le harnais.

CULINAIRE adj. (lat. *culinarius*). Relatif à la cuisine. *Art culinaire.*

CULMINANT, E adj. *Point culminant.* **a.** La partie la plus élevée d'un relief. *Le mont Blanc est le point culminant des Alpes.* **b.** Le degré le plus haut ; l'apogée, le summum. *Le point culminant de la crise économique.* **c.** ASTRON. *Point culminant d'un astre,* où il atteint sa plus grande hauteur au-dessus de l'horizon.

CULMINATION n.f. ASTRON. Passage d'un astre à son point le plus élevé au-dessus de l'horizon ; instant de ce passage.

CULMINER v.i. (lat. *culminare,* de *culmen,* sommet). **1.** Atteindre son point ou son degré le plus élevé. **2.** ASTRON. Passer par le point de sa trajectoire diurne le plus élevé au-dessus de l'horizon, en parlant d'un astre.

CULOT [kylo] n.m. (de *cul*). **I. 1.** Fond métallique d'une ampoule électrique servant à fixer celle-ci dans une douille. **2.** Fond métallique d'un creuset. **3.** ARM. Partie arrière métallique d'un étui de cartouche ou d'une douille, comprenant le logement de l'amorce, un bourrelet et une gorge. **4.** ARCHIT. et ARTS DÉC. Ornement en forme de calice d'où partent des volutes et des rinceaux ; petit cul-de-lampe. **II. 1.** Dépôt accumulé dans le fourneau d'une pipe. **2.** Lingot de métal qui reste au fond du creuset après la fusion. ◇ *Culot de centrifugation* : portion la plus dense d'un liquide organique (urine, sang) obtenue après centrifugation. **3.** *Culot de lave* : amas de lave dure solidifiée dans une cheminée volcanique et mise en relief par l'érosion. **4.** Fam. et VX. Dernier-né d'une famille ; dernier reçu à un concours. **III.** Fam. Audace, effronterie.

CULOTTAGE n.m. **1.** Action de culotter (une pipe). **2.** État de ce qui est culotté, noirci.

CULOTTE n. f. (de *cul*). **1.** Vêtement à jambes habillant le corps de la taille aux genoux. *Culotte(s) courte(s), longue(s).* ◇ Vx. *Culotte de peau* : vieux militaire. – Fam. *Porter la culotte* : prendre les décisions, dans le ménage, en parlant d'une femme. – Fam. *Faire dans sa culotte* : avoir très peur. – Pop. *Prendre une culotte* : subir une perte, un revers, en partic. au jeu. **2.** Sous-vêtement féminin habillant le corps de la taille au haut des cuisses. SYN. : ***slip***. **3.** *Culotte de cheval* : adiposité localisée aux hanches et aux cuisses. **4.** BOUCH. Morceau du bœuf et du veau dans la partie postérieure de la croupe.

CULOTTÉ, E adj. **1.** Noirci, couvert d'un dépôt, en parlant, en partic., du fourneau d'une pipe. **2.** Fam. Effronté, audacieux.

1. CULOTTER v.t. (de *culotte*). Rare. Vêtir (qqn) d'une culotte.

2. CULOTTER v.t. (de *culot*). **1.** *Culotter une pipe,* laisser se former un culot dans son fourneau, à force de la fumer. **2.** Noircir (qqch) par l'usage.

CULOTTIER, ÈRE n. Spécialiste de la confection des culottes d'homme et des pantalons.

CULPABILISANT, E adj. Qui culpabilise.

CULPABILISATION n.f. Action de culpabiliser ; fait d'être culpabilisé.

CULPABILISER v.t. Faire éprouver à qqn un sentiment de culpabilité ; le rendre conscient de sa faute, de son erreur. ◆ v.i. Éprouver un sentiment de culpabilité.

CULPABILITÉ n.f. (lat. *culpa,* faute). **1.** Fait d'être coupable ; état d'une personne coupable. *Avouer sa culpabilité.* **2.** *Sentiment de culpabilité* : sentiment d'une personne qui se juge coupable.

CULTE n.m. (lat. *cultus*). **1.** Hommage rendu à Dieu, à une divinité, à un saint, etc. ◇ Cérémonie, pratique par laquelle on rend cet hommage. **2.** Par ext. Religion. *Le culte catholique.* ◇ Spécialt. Office religieux protestant. **3.** Vénération, attachement portés à qqn ou à qqch. *Avoir le culte de la famille.* ◇ *Culte de la personnalité* : admiration et approbation systématique de qqn, en partic. d'un dirigeant politique d'un système totalitaire. **4.** (En app., avec ou sans trait d'union). Qui suscite l'enthousiasme d'un public génér. restreint. *Film culte.*

CUL-TERREUX [kyterø] n.m. (pl. *culs-terreux*). Fam. et péj. Paysan.

CULTISME ou **CULTÉRANISME** n.m. (du lat. *cultus,* cultivé). Style affecté et précieux de certains écrivains espagnols au XVIIe siècle.

CULTIVABLE adj. Que l'on peut cultiver.

CULTIVAR n.m. Toute variété végétale agricole, quelle qu'en soit la nature génétique.

1. CULTIVATEUR, TRICE n. Personne qui cultive la terre, chef d'exploitation agricole.

2. CULTIVATEUR n.m. Appareil permettant le travail superficiel du sol.

CULTIVÉ, E adj. **1.** Exploité, mis en valeur. *Terres cultivées.* **2.** Qui a beaucoup de connaissances, une culture étendue. *Esprit cultivé.*

CULTIVER v.t. (lat. *cultus,* cultivé). **I. 1.** Travailler (la terre, un terrain) en vue de les faire produire. *Cultiver un champ, un jardin.* **2.** Faire pousser, entretenir (une plante) en vue de la récolte. *Cultiver des céréales, des légumes.* **II. 1.** Entretenir, développer, perfectionner (une qualité, un don). *Cultiver sa voix, sa mémoire.* **2.** Litt. S'adonner, s'intéresser à la pratique de. *Cultiver les sciences, la poésie.* **3.** Entretenir une relation suivie avec qqn. *Cultiver une amitié.* ◆ **se cultiver** v.pr. Accroître ses connaissances, enrichir son esprit par des lectures, la fréquentation des œuvres d'art, les voyages, etc.

CULTUEL, ELLE adj. Relatif au culte.

CULTURAL, E, AUX adj. Relatif à la culture du sol.

CULTURALISME n.m. Courant de l'anthropologie nord-américaine qui considère comme essentiels les phénomènes de contact et d'interpénétration des cultures dans la formation d'une société et de la personnalité des sujets qui la composent.

CULTURALISTE adj. et n. Relatif au culturalisme ; partisan de ce courant.

CULTURE n.f. (lat. *cultura*). **I. 1.** Action de cultiver (une terre, une plante). *Culture en terrasses. La culture de l'orge.* **2.** Terrain cultivé, surface exploitée. *L'étendue des cultures.* **3.** Espèce végétale cultivée. *Culture à bon, à faible rendement.* **II. 1.** Ensemble des structures sociales et des manifestations artistiques, religieuses, intellectuelles qui définissent un groupe, une société par rapport à une autre. *La culture hellénistique.* ◇ *Culture de masse* : culture produite et diffusée à l'intérieur de l'ensemble du public par les moyens de communication de masse (grande presse, télévision, etc.). – *Maison de la culture* : établissement géré par le ministère de la Culture et par les collectivités locales, chargé d'encourager et de promouvoir des manifestations artistiques et culturelles. **2.** Ensemble de convictions partagées, de manières de penser et d'agir qui orientent plus ou moins consciemment le comportement d'un individu, d'un groupe. *Culture laïque. Une culture de gouvernement.* ◇ *Culture d'entreprise* : ensemble des traditions de structure et de savoir-faire qui assurent un code de comportement implicite et la cohésion à l'intérieur de l'entreprise. **3.** Ensemble des connaissances acquises dans un ou plusieurs domaines. *Avoir une solide culture scientifique.* **4.** Vieilli. *Culture physique* : gymnastique. **III.** BIOL. *Culture microbienne, culture des tissus* : techniques consistant à faire vivre et se développer des tissus, des micro-organismes sur des milieux nutritifs préparés à cet effet.

CULTUREL, ELLE adj. **1.** Relatif à la culture d'une société ou d'un individu, à son développement. **2.** Qui vise à développer la culture, à répandre certaines formes de culture. *Centre culturel. Relations culturelles.* ◇ *Industries culturelles* : ensemble des activités intellectuelles et artistiques considérées sous l'angle de leur importance économique, de leur marché.

CULTURELLEMENT adv. Du point de vue culturel.

CULTURISME n.m. Musculation destinée à développer les muscles surtout en volume, pratiquée en général dans un dessein d'amélioration de l'esthétique corporelle. SYN. (anglic.) : ***body-building***.

CULTURISTE adj. et n. Qui pratique le culturisme.

CULTUROLOGIE n.f. Étude scientifique des sociétés, généralement non industrielles.

CUMIN n.m. (lat. *cuminum,* mot d'orig. orientale). Ombellifère cultivée pour ses graines aromatiques ; la graine de cette plante, utilisée comme condiment.

CUMUL n.m. Action de cumuler ; fait d'être cumulé.

CUMULABLE adj. Que l'on peut cumuler.

CUMULARD, E n. Fam. et péj. Personne qui cumule plusieurs emplois, plusieurs mandats.

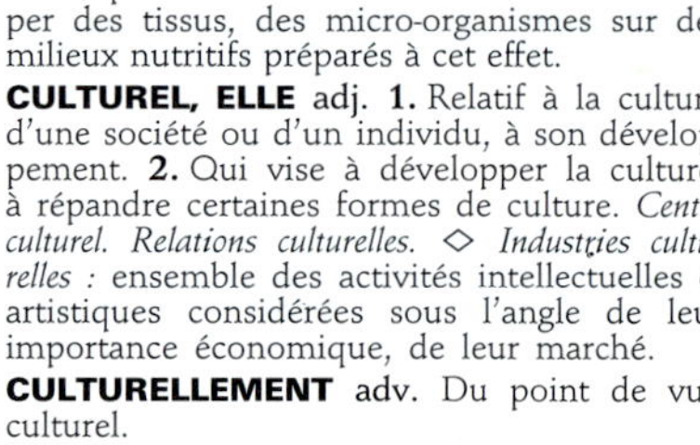
cultivateur à dents

CUMULATIF, IVE adj. Qui se cumule avec.

CUMULATIVEMENT adv. De façon cumulative.

CUMULER v.t. et i. (lat. *cumulare,* entasser). Exercer simultanément (plusieurs emplois, mandats, etc.) ; détenir à soi seul (plusieurs titres, diplômes, etc.).

CUMULET n.m. Belgique. Culbute, galipette.

CUMULO-DÔME n.m. (pl. *cumulo-dômes*). Dôme ou coupole d'extrusion formés au-dessus de la bouche d'un volcan et entourés d'une gaine de brèches d'écoulement ou d'explosion.

CUMULO-NIMBUS n.m. inv. Nuage de grandes dimensions à développement vertical, d'aspect foncé, qui, très souvent, déclenche la grêle, un orage.

cumulo-nimbus

CUMULUS [kymylys] n.m. (mot lat., *amas*). Nuage de beau temps, blanc, à contours très nets, à base plate et aux protubérances arrondies au sommet.

cumulus

1. CUNÉIFORME adj. (lat. *cuneus,* clou). *Écriture cunéiforme* ou *cunéiforme,* n.m., dont les éléments ont la forme de clous (inventée à la fin du IVe millénaire par les Sumériens et utilisée dans le Proche-Orient jusqu'au Ier millénaire av. J.-C.).

exemple d'écriture **cunéiforme** (koudourrou kassite ; v. 1200 av. J.-C.) [Louvre, Paris]

2. CUNÉIFORME n.m. ANAT. Chacun des trois os du tarse.

CUNICULICULTURE ou **CUNICULTURE** n.f. (lat. *cuniculus,* lapin). Élevage du lapin.

CUNNILINGUS ou **CUNNILINCTUS** n.m. Excitation buccale des organes génitaux féminins.

CUPIDE adj. (lat. *cupidus*). Litt. Avide d'argent.

CUPIDEMENT adv. Litt. Avec cupidité.

CUPIDITÉ n.f. Litt. Désir immodéré de richesses.

CUPRESSACÉE n.f. *Cupressacées :* famille (ou, selon les auteurs, tribu de pinacées) de conifères résineux, tels que le cyprès et le genévrier.

CUPRIFÈRE adj. Qui contient du cuivre.

CUPRIQUE adj. CHIM. De la nature du cuivre ; qui contient un sel de cuivre.

CUPRITE n.f. Oxyde de cuivre.

CUPROALLIAGE n.m. Alliage riche en cuivre (ex. : laiton, bronze).

CUPROALUMINIUM n.m. Alliage de cuivre et d'aluminium, improprement appelé *bronze d'aluminium.*

CUPROAMMONIAQUE n.f. Solution ammoniacale d'oxyde de cuivre, dissolvant la cellulose.

CUPRONICKEL n.m. Alliage de cuivre et de nickel.

CUPROPLOMB n.m. Alliage non homogène de cuivre et de plomb, utilisé comme alliage antifriction.

CUPULE n.f. (lat. *cupula,* petite coupe). BOT. Organe écailleux soutenant ou enveloppant les fruits des arbres de l'ordre des cupulifères. *La cupule de la châtaigne et celle de la faine sont épineuses.*

CUPULIFÈRE n.f. *Cupulifères :* ordre de plantes, généralement arborescentes, dont le fruit est enchâssé dans une cupule, et comprenant notamment les chênes, le hêtre et le châtaignier. SYN. : *fagale.*

CURABILITÉ n.f. Caractère de ce qui est curable.

CURABLE adj. Qui peut se guérir ; qui peut être guéri.

CURAÇAO [kyraso] n.m. (de *Curaçao,* île des Antilles). Liqueur faite avec des écorces d'oranges, du sucre et de l'eau-de-vie.

CURAGE n.m. Action de curer. *Curage d'un fossé.*

CURAILLON ou **CURETON** n.m. Fam. et péj. Curé, prêtre.

CURARE n.m. Substance d'origine végétale ou animale ou obtenue par synthèse, à l'action paralysante, employée en anesthésie et en réanimation.

CURARISANT, E adj. et n.m. PHARM. Se dit d'une substance dont l'action est similaire à celle du curare.

CURARISATION n.f. MÉD. **1.** Traitement par le curare ou les curarisants. **2.** État résultant de leur emploi.

CURATELLE n.f. DR. **1.** Fonction de curateur. **2.** Régime de protection des incapables majeurs qui leur permet d'accomplir certains actes d'administration.

CURATEUR, TRICE n. (du lat. *curare,* soigner). DR. Personne commise à l'assistance d'un incapable majeur.

CURATIF, IVE adj. Propre à la guérison ou au traitement d'une maladie déclarée.

CURCULIONIDÉ n.m. (du lat. *curculio,* charançon). *Curculionidés :* famille de coléoptères comprenant les charançons (plus de 50 000 espèces).

CURCUMA n.m. (mot esp., de l'ar. *kurkum*). Plante de l'Inde, dont le rhizome entre dans la composition du curry. (Famille des zingibéracées.)

1. CURE n.f. (lat. *cura,* soin). **I. 1.** Traitement médical d'une maladie ou d'une lésion. ◇ **Spécialt.** Traitement, en psychanalyse. **2.** Traitement particulier d'une affection quelconque par des soins appropriés. *Cure d'amaigrissement.* ◇ *Faire une cure de :* user, consommer beaucoup de. **3.** *Cure (thermale) :* ensemble du traitement et des règles diététiques et d'hygiène mis en œuvre lors d'un séjour en station thermale. **4.** Litt. *N'avoir cure de :* ne pas se préoccuper de. **II.** TECHN. Protection temporaire d'un béton en cours de durcissement contre l'évaporation de l'eau.

2. CURE n.f. (lat. *cura*). **1.** Fonction à laquelle sont attachées la direction spirituelle et l'administration d'une paroisse. **2.** Territoire soumis à l'autorité du curé. ◇ Habitation du curé.

CURÉ n.m. (de 2. *cure*). Prêtre chargé d'une cure.

CURE-DENTS n.m. inv. ou **CURE-DENT** n.m. (pl. *cure-dents*). Petit instrument pointu servant à nettoyer les dents.

CURÉE n.f. (de *cuir*). **1.** VÉN. Partie de la bête que l'on donne à la meute ; cette distribution même. **2.** Fig. Lutte avide pour s'emparer des places, des honneurs, des biens laissés vacants.

CURE-ONGLES n.m. inv. ou **CURE-ONGLE** n.m. (pl. *cure-ongles*). Instrument pointu servant à nettoyer les ongles.

CURE-OREILLE n.m. (pl. *cure-oreilles*). Instrument pour nettoyer l'intérieur des oreilles.

CURE-PIPE ou **CURE-PIPES** n.m. (pl. *cure-pipes*). Instrument pour nettoyer les pipes.

CURER v.t. (lat. *curare,* soigner). Nettoyer en grattant, en raclant. *Curer un fossé, un puits.* ◆ **se curer** v.pr. Nettoyer (une partie de son corps).

CURETAGE ou **CURETTAGE** [kyrɛtaʒ] n.m. **1.** Opération consistant à enlever avec une curette des corps étrangers ou des produits morbides de l'intérieur d'une cavité naturelle ou pathologique. ◇ **Spécialt, cour.** Curetage utérin. **2.** Opération de restauration d'un îlot d'habitation ancien ; réhabilitation.

CURETER v.t. [27]. MÉD. Pratiquer un curetage.

CURETON n.m. → ***curaillon.***

CURETTE n.f. Instrument de chirurgie en forme de cuillère à bords tranchants ou mousses.

CURIAL, E, AUX adj. Qui concerne une cure. ◇ *Maison curiale :* presbytère.

1. CURIE n.f. (lat. *curia*). **1.** Ensemble des organismes gouvernementaux du Saint-Siège. **2.** HIST. ROM. **a.** Division des trois tribus primitives. *Chaque tribu comprenait dix curies.* **b.** Lieu où s'assemblait le sénat romain ; ce sénat lui-même.

2. CURIE n.m. (de *Curie,* n.pr.). Ancienne unité de mesure d'activité d'une source radioactive (symb. Ci), équivalant à $3,7 \times 10^{10}$ becquerels.

CURIETHÉRAPIE [kyriterapi] n.f. MÉD. Utilisation thérapeutique du rayonnement produit par des isotopes radioactifs (radium, notamm.).

CURIEUSEMENT adv. D'une manière curieuse.

CURIEUX, EUSE adj. et n. (lat. *curiosus,* qui a soin de). **1.** Animé du désir de comprendre, d'apprendre, de voir, etc. *Avoir un esprit curieux de tout.* **2.** Avide de connaître qqch qui doit rester caché, secret ; indiscret. ◇ *Regarder (qqn) comme une bête curieuse,* de façon insistante et indiscrète. ◆ adj. Singulier, surprenant. *Il m'est arrivé une curieuse aventure.*

CURIOSITÉ n.f. **1.** Qualité d'une personne curieuse. **2.** Chose qui éveille l'intérêt ou la surprise.

CURISTE n. Personne qui suit une cure thermale.

CURIUM [kyrjɔm] n.m. (de *Curie,* n.pr.). Élément radioactif (symb. Cm), de numéro atomique 96, découvert en 1945.

CURLING [kœrliŋ] n.m. (mot angl.). Sport d'hiver pratiqué sur la glace et qui consiste à faire glisser vers une cible un lourd palet.

CURRICULUM VITAE [kyrikylɔmvite] n.m. inv. ou **CURRICULUM** n.m. (mots lat., *carrière de la vie*). Ensemble des indications relatives à l'état civil, aux études, à la carrière professionnelle, etc., de qqn ; le document qui porte ces indications. Abrév. (cour.) : *C. V.*

CURRY, CARI, CARY ou **CARRY** n.m. **1.** Épice indienne composée de piment, de curcuma, etc. **2.** Mets préparé avec cette épice. *Curry d'agneau.*

CURSEUR n.m. (lat. *cursor,* coureur). **1.** Pièce mobile comportant un index, que l'on peut déplacer le long d'une glissière généralement graduée (règle, compas, etc.). **2.** ASTRON. Fil mobile qui traverse le champ d'un micromètre et sert à mesurer le diamètre apparent d'un astre. **3.** INFORM. Marque mobile qui indique, sur un écran de visualisation, la position de la prochaine écriture.

CURSIF, IVE adj. (du lat. *currere,* courir). *Écriture cursive* ou *cursive,* n.f., tracée au courant de la plume. ◇ *Lecture cursive,* faite rapidement, d'une seule traite.

CURSUS [kyrsys] n.m. (lat. *cursus,* course). **1.** Cycle universitaire sanctionné par un diplôme. **2.** Carrière professionnelle envisagée dans ses phases successives. **3.** ANTIQ. ROM. *Cursus honorum :* ordre dans lequel devait s'effectuer la carrière publique.

CURULE adj. (lat. *curulis*). ANTIQ. ROM. Relatif au siège d'ivoire réservé à certains magistrats et aux fonctions dont il était le symbole.

CURVILIGNE adj. (du lat. *curvus,* courbe). Formé de lignes courbes.

CURVIMÈTRE n.m. Instrument servant à mesurer la longueur des lignes courbes.

CUSCUTE n.f. (ar. *kachūt*). Plante parasite à fleurs violacées qui s'enroule autour de certaines plantes à l'aide de suçoirs. (Famille des convolvulacées.)

CUSHING (SYNDROME DE) : ensemble des troubles observés surtout chez la femme jeune, dus à un excès de sécrétion des hormones corticosurrénales, en rapport avec une tumeur de la corticosurrénale ou un adénome de l'hypophyse.

CUSPIDE n.f. (lat. *cuspis, -idis,* pointe). BOT. Organe végétal acéré et allongé.

CUSTODE n.f. (lat. *custodia,* garde). **1.** Partie latérale de la carrosserie d'une automobile, à l'aplomb de la roue arrière, entre toit et ligne de ceinture. **2.** LITURGIE CATH. **a.** Boîte à paroi de verre dans laquelle on place l'hostie consacrée pour l'exposer dans l'ostensoir. SYN. : *pyxide.* **b.** Boîte dans laquelle le prêtre porte la communion aux malades.

CUSTOM [kəstɔm] n.m. (mot amér.). Automobile (moins souvent : motocyclette) dont l'aspect extérieur et l'aménagement intérieur ont été modifiés et personnalisés par son propriétaire de façon originale, souvent très excentrique.

CUTANÉ, E adj. (du lat. *cutis,* peau). Qui appartient à la peau, qui a rapport à la peau.

CUT-BACK [kœtbak] n.m. (mots angl.) [pl. *cut-backs*]. Bitume routier fluidifié par un diluant qui s'évapore après mise en place.

CUTICULE n.f. (lat. *cuticula*). **1.** ANAT. Petite peau très mince. *La cuticule des ongles.* **2.** BOT. Pellicule superficielle des tiges jeunes et des feuilles, contenant de la cutine. **3.** ZOOL. Zone superficielle du tégument des arthropodes (insectes, crustacés), contenant de la chitine.

CUTINE n.f. BOT. Substance imperméable contenue dans la cuticule des végétaux.

CUTI-RÉACTION ou **CUTI** n.f. (lat. *cutis,* peau) [pl. *cuti-réactions, cutis*]. Test cutané utilisé en médecine pour déceler certaines maladies (tuberculose ou diphtérie) ou allergies (eczéma, asthme, etc.), consistant à déposer sur la peau scarifiée certaines substances (tuberculine, allergènes) qui produisent ou non une réaction visible.

CUTTER [kœtœr] ou [kytɛr] n.m. (de l'angl. *to cut,* couper). Instrument servant à couper le papier, le carton, etc., et composé essentiellement d'une lame coulissant dans un manche à glissière.

CUVAGE n.m. ou **CUVAISON** n.f. Opération qui consiste à soumettre à la fermentation en cuves le raisin destiné aux vins rouges.

CUVE n.f. (lat. *cupa*). **1.** Grand récipient servant à divers usages domestiques ou industriels. ◇ Spécialt. Partie interne utilisable d'un appareil électroménager (lave-vaisselle, lave-linge, etc.). **2.** Grand récipient pour le cuvage, la fermentation et la conservation des vins. **3.** Réservoir indépendant de la coque d'un navire, destiné à recevoir des liquides. *Les cuves d'un méthanier.*

CUVEAU n.m. Petite cuve.

CUVÉE n.f. **1.** Contenu d'une cuve. **2.** Vin obtenu à partir de la récolte annuelle d'une vigne, notamment sous le rapport de la qualité. *Une bonne, une médiocre cuvée. Tête de cuvée. Première ou seconde cuvée.*

CUVELAGE n.m. **1.** Revêtement intérieur étanche d'un puits de mine ou de pétrole, destiné à en consolider les parois. **2.** Ensemble étanche continu protégeant une construction en sous-sol contre les eaux.

CUVELER v.t. [24]. Revêtir (une paroi) d'un cuvelage.

CUVER v.i. Fermenter dans une cuve, en parlant du raisin. ◆ v.t. **1.** Soumettre (le raisin) au cuvage. **2.** Fam. *Cuver (son vin)* : s'assoupir, dormir après avoir trop bu.

CUVETTE n.f. **1.** Récipient large et peu profond, généralement portatif, destiné à divers usages domestiques ou industriels. ◇ Spécialt. Partie profonde, généralement en faïence ou en porcelaine, d'un lavabo, d'un siège de W.-C. **2.** GÉOGR. Dépression fermée.

CUVIER n.m. Vx. Cuve à lessive.

CV, symbole de l'unité de puissance fiscale d'un moteur, exprimée en *chevaux.*

C. V. n.m. (sigle). Curriculum vitae.

Cx n.m. Coefficient de traînée, sans dimensions, caractérisant l'importance de la résistance à l'avancement d'un mobile dans l'air.

CYAN [sjɑ̃] n.m. et adj. inv. Bleu des synthèses soustractive et additive des couleurs, en photographie et en imprimerie.

CYANAMIDE n.f. ou m. (du gr. *kuanos,* bleu). Corps dérivant de l'ammoniac par substitution du groupe —CN à un atome d'hydrogène. *La cyanamide calcique est un engrais azoté.*

CYANHYDRIQUE adj. *Acide cyanhydrique :* hydracide de formule HCN, toxique violent. SYN. (vx) : *acide prussique.*

CYANOACRYLATE n.m. Adhésif permettant d'obtenir, à température ambiante, un collage d'une très grande résistance.

CYANOBACTÉRIE n.f. Bactérie photosynthétique unicellulaire ou formant des filaments pluricellulaires, de couleur vert bleuâtre, dont les représentants (rivulaires, nostocs, spirulines, oscillaires, etc.) colonisent presque tous les milieux. SYN. : *algue bleue, cyanophycée.*

CYANOGÈNE n.m. CHIM. Gaz toxique (C_2N_2), composé de carbone et d'azote.

CYANOPHYCÉE ou **CYANOPHYTE** n.f. Cyanobactérie.

CYANOSE n.f. (du gr. *kuanos,* bleu). MÉD. Coloration bleue ou bleuâtre de la peau, due à une oxygénation insuffisante du sang (anoxémie). *La cyanose peut être causée par une insuffisance d'oxygénation pulmonaire.*

CYANOSER v.t. MÉD. Affecter de cyanose ; engendrer la cyanose de.

CYANURATION n.f. **1.** MÉTALL. Cémentation de l'acier par immersion dans un bain à base de cyanure alcalin fondu. ◇ Traitement des minerais d'or et d'argent dans une solution de cyanure alcalin. **2.** CHIM. Fixation de l'acide cyanhydrique sur un composé organique.

CYANURE n.m. Sel de l'acide cyanhydrique. *Les cyanures alcalins sont toxiques.*

CYANURER v.t. Effectuer la cyanuration de.

CYBERESPACE n.m. (anglo-amér. *cyberspace*). Environnement résultant de la mise en œuvre de systèmes de réalité virtuelle ou de l'utilisation de réseaux télématiques internationaux.

CYBERNAUTE n. Utilisateur d'un système de réalité virtuelle ou d'un réseau télématique international.

CYBERNÉTICIEN, ENNE n. et adj. Spécialiste de la cybernétique.

CYBERNÉTIQUE n.f. (du gr. *kubernân,* diriger). Étude des processus de commande et de communication chez les êtres vivants, dans les machines et les systèmes sociologiques et économiques. ◆ adj. Relatif à la cybernétique.

CYCADALE n.f. *Cycadales :* ordre de plantes gymnospermes, telles que les cycas, les zamias et de nombreuses formes fossiles.

CYCAS [sikas] n.m. Arbre gymnosperme des régions tropicales à port de palmier, cultivé parfois en serre.

CYCLABLE adj. Réservé aux seuls cyclistes. *Piste cyclable.*

CYCLADIQUE adj. Relatif à la civilisation des Cyclades.

CYCLAMATE n.m. Édulcorant de synthèse (interdit en France comme additif alimentaire) employé dans certains régimes hypocaloriques.

CYCLAMEN [siklamɛn] n.m. (gr. *kuklaminos*). Plante des Alpes et du Jura, à fleurs roses, dont on cultive certaines variétés à grandes fleurs. (Famille des primulacées.)

CYCLANE n.m. Hydrocarbure cyclique saturé.

1. CYCLE n.m. (lat. *cyclus,* gr. *kuklos,* cercle). **I.** Suite ininterrompue de phénomènes qui se renouvellent dans un ordre immuable. *Le cycle des saisons.* **1.** ASTRON. Durée d'une telle suite. **a.** *Cycle solaire :* période de vingt-huit ans, au terme de laquelle les mêmes dates de chaque mois tombent aux mêmes jours de la semaine. ◇ Période de onze ans environ séparant deux minimums du nombre de taches solaires observées. **b.** *Cycle lunaire* ou *de Méton :* période de dix-neuf ans environ au terme de laquelle les phases de la Lune se reproduisent aux mêmes dates. **2.** CHIM. Chaîne d'atomes fermée, fréquente surtout parmi les composés du carbone. **3.** BIOL. **a.** *Cycle reproductif :* ensemble des formes d'un être vivant qui se succèdent d'une génération à la suivante. **b.** *Cycle menstruel :* chez la femme, activité périodique de l'ovaire se terminant, s'il n'y a pas eu fécondation, par la menstruation. **c.** *Cycle écologique :* ensemble des passages d'un même élément (carbone, azote, etc.) à travers les organismes animaux et végétaux, l'atmosphère, le sol et les océans. **4.** *Cycle économique :* période de temps comportant une phase ascendante de l'économie, suivie d'un retournement de tendance, d'une phase de dépression, puis d'une reprise. **II.** Toute suite plus ou moins régulière de phénomènes. **1. a.** Didact. Partie d'un phénomène périodique qui s'effectue durant une période donnée. **b.** PHYS. Suite de transformations qui ramènent un système thermodynamique à son état initial. ◇ *Cycle à deux temps :* cycle d'un moteur à explosion où toutes les opérations sont réalisées pendant un seul tour de vilebrequin. – *Cycle à quatre temps,* comprenant quatre opérations (admission, compression, explosion, échappement) pendant deux tours de vilebrequin. **c.** *Cycle par seconde :* anc. unité de fréquence pour les phénomènes vibratoires, remplacée par le hertz. **2.** GÉOL. *Cycle d'érosion :* ensemble des états successifs du relief, selon une conception qui attribue aux divers agents d'érosion la possibilité de se poursuivre assez longtemps pour donner des aspects de jeunesse, de maturité et de sénilité. **3.** LITTÉR. Ensemble d'œuvres (romans, poèmes, etc.) groupées autour d'un seul fait, d'un héros unique, etc. *Le cycle du roi Arthur. Un cycle romanesque.* **4.** Division de l'enseignement secondaire et universitaire. (Dans le secondaire, le premier cycle va de la 6e à la 3e, le second de la seconde à la terminale.)

■ En économie, on distingue : les cycles longs, dits *cycles de Kondratiev,* qui recouvrent une période de l'ordre du demi-siècle ; des cycles d'une durée moyenne de dix ans, dits *cycles de Juglar* ; des cycles de période courte, de l'ordre de deux années, dits *cycles de Kitchin.* Chacun de ces cycles comprend une période de hausse de la conjoncture (ex. : 1850-1873) et une période de baisse (ex. : 1873-1895). Certains économistes semblent discerner l'existence de cycles d'une durée de l'ordre du siècle, voire du millénaire.

cyclamen sauvage

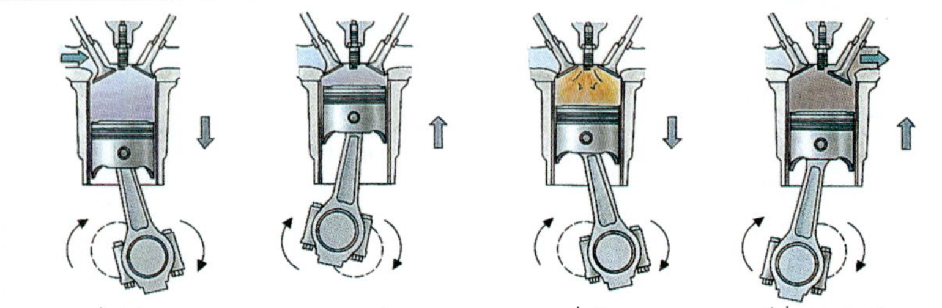

cycle à quatre temps d'un moteur à explosion

2. CYCLE n.m. (angl. *cycle,* abrév. de *bicycle*). Appareil de locomotion muni de roues et mû par l'action des pieds sur des pédales (bicyclette, tandem, tricycle, etc.).
CYCLIQUE adj. **1.** Qui revient périodiquement, à intervalles réguliers. *Crise économique cyclique. Dépression cyclique.* **2.** CHIM. *Composé cyclique :* composé organique à chaîne fermée.
CYCLIQUEMENT adv. De façon cyclique.
CYCLISATION n.f. CHIM. Transformation d'une chaîne d'atomes ouverte en une chaîne d'atomes fermée, dans un composé chimique.
CYCLISER v.t. Effectuer la cyclisation de.
CYCLISME n.m. Pratique, sport de la bicyclette.
CYCLISTE adj. Du cyclisme ; relatif au cyclisme. *Course cycliste.* ◆ n. Personne qui se déplace à bicyclette ou qui pratique le sport du cyclisme.
CYCLO-CROSS n.m. inv. Cyclisme (dérivé en partie du cross-country) en terrain accidenté, constituant une spécialité hivernale.
CYCLOHEXANE n.m. Cyclane de formule C_6H_{12}, utilisé pour la fabrication du Nylon.
CYCLOÏDAL, E, AUX adj. De la cycloïde. – *Courbe cycloïdale :* cycloïde.
CYCLOÏDE [siklɔid] n.f. (du gr. *kukloeidês,* circulaire). GÉOM. Courbe décrite par un point fixe d'un cercle qui roule sans glisser sur une droite. SYN. : *courbe cycloïdale.*
CYCLOMOTEUR n.m. Véhicule à deux roues pourvu d'un moteur d'une cylindrée maximale de 50 cm^3.
CYCLOMOTORISTE n. Personne qui se déplace à cyclomoteur.
CYCLONAL, E, AUX ou **CYCLONIQUE** adj. Relatif aux cyclones.
CYCLONE n.m. (mot angl., du gr. *kuklos,* cercle). **I. 1.** Tourbillon de vents violents. – *Œil du cyclone :* centre du tourbillon. – *Cyclone tropical,* qui se forme sur les mers tropicales. SYN. : *hurricane, typhon.* **2.** MÉTÉOR. Zone de basses pressions (par opp. à *anticyclone*), peu étendue, dans laquelle l'air s'engouffre en tourbillonnant. **II.** Appareil destiné à récupérer les particules d'un produit entraîné par un fluide.
CYCLOPE n.m. (gr. *kuklôps,* œil de forme ronde). Petit crustacé à un seul œil, abondant dans les eaux douces, long de 2 mm, de l'ordre des copépodes.
CYCLOPÉEN, ENNE adj. **1.** De Cyclope. **2.** Énorme, gigantesque. *Travail cyclopéen.* ◇ ARCHÉOL. Se dit d'un appareil fait d'un entassement irrégulier et sommaire d'énormes blocs, des cailloux faisant office de mortier dans les interstices. *Construction cyclopéenne.*
CYCLOPENTANE [-pɛ̃-] n.m. Cyclane de formule C_5H_{10}, entrant dans la molécule de certains siccatifs et dans celle du stérol.
CYCLO-POUSSE n.m. inv. Pousse-pousse tiré par un cycliste.
CYCLOPROPANE n.m. Cyclane gazeux, de formule C_3H_6, gaz anesthésique peu toxique, explosif.
CYCLORAMEUR n.m. Tricycle d'enfant mû par un mouvement de traction des bras.
CYCLOSTOME n.m. (gr. *kuklos,* cercle, et *stoma,* bouche). *Cyclostomes :* groupe de vertébrés réunissant les lamproies et les myxines, représentants actuels de la classe des agnathes.
CYCLOTHYME n. Rare. Personne ayant tendance à la cyclothymie.
CYCLOTHYMIE n.f. (gr. *kuklos,* cercle, et *thumos,* humeur). PSYCHOL. **1.** Alternance de phases d'euphorie et de dépression. **2.** Psychose maniaco-dépressive.
CYCLOTHYMIQUE adj. et n. De la cyclothymie ; atteint de cyclothymie.
CYCLOTOURISME n.m. Tourisme à bicyclette.
CYCLOTRON n.m. (de *électron*). Accélérateur circulaire de particules utilisant un champ magnétique fixe et un champ électrique alternatif de fréquence constante.
CYGNE n.m. (lat. *cycnus,* mot gr.). Oiseau palmipède ansériforme des régions froides, au long cou souple, migrateur, et dont une espèce toute blanche, le cygne muet de Sibérie, est domestiquée comme élément décoratif pour les pièces d'eau. *Le cygne chanteur trompette,* pousse son cri. ◇ Fig. *Chant du cygne :* dernière œuvre d'un poète, d'un musicien, etc., d'un génie près de s'éteindre. – *Cou de cygne,* long et flexible. – *En col de cygne :* recourbé, en parlant d'un tuyau, d'un tube.

cylindre-sceau et son empreinte (Mésopotamie, v. 2200 av. J.-C.) [Louvre, Paris]

cygne muet de Sibérie

CYLINDRAGE n.m. Action de passer (un matériau) sous un cylindre, un rouleau, ou entre deux cylindres. *Cylindrage du cuir* (pour l'assouplir), *d'une étoffe* (pour la lustrer), *du macadam* (pour le comprimer), etc.
CYLINDRAXE n.m. ANAT. Vx. Axone.
CYLINDRE n.m. (lat. *cylindrus,* mot gr.). **1.** Solide limité par une surface cylindrique et deux plans parallèles coupant les génératrices. ◇ *Cylindre de révolution* ou *cylindre droit à base circulaire,* dont la directrice est un cercle et dont les génératrices sont perpendiculaires au plan de ce cercle. **2.** TECHN. Rouleau utilisé pour le cylindrage d'un matériau. **3.** MÉCAN. Pièce dans laquelle se meut un piston de moteur, de pompe, de compresseur. **4.** BIOL. *Cylindre urinaire :* moulage microscopique d'un tube du rein apparaissant en grand nombre dans les urines au cours des néphrites. **5.** *Bureau à cylindre,* fermé par un volet en quart de cylindre.

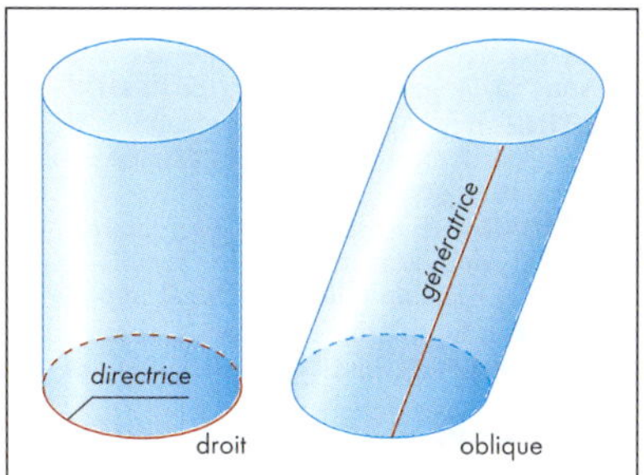

cylindres

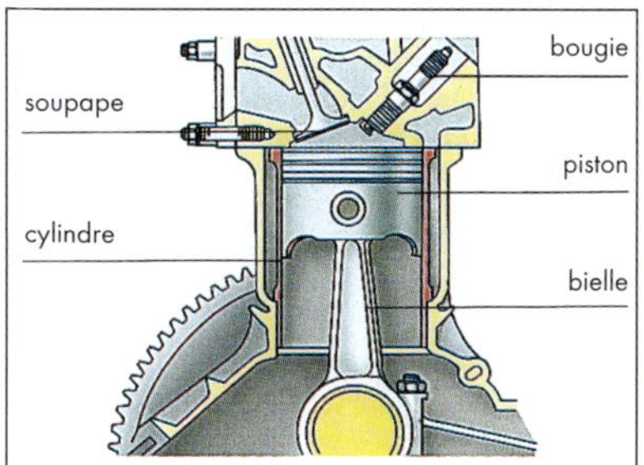

cylindre de moteur à explosion

CYLINDRÉE n.f. **1.** Volume engendré par la course du piston dans le cylindre d'un moteur, d'une pompe. **2.** Total des cylindrées d'un moteur, exprimé en centimètres cubes ou en litres.
CYLINDRER v.t. Procéder au cylindrage de.
CYLINDRE-SCEAU n.m. (pl. *cylindres-sceaux*). Cylindre, généralement en pierre, gravé en creux de signes, de symboles, de textes, et dont le déroulement sur l'argile fraîche constituait un cachet en Mésopotamie au IVe millénaire, puis dans la plupart des pays de l'ancien Orient.
CYLINDREUR, EUSE n. Ouvrier, ouvrière chargé(e) du cylindrage.
CYLINDRIQUE adj. **1.** Qui a la forme d'un cylindre. *Rouleau cylindrique.* – *Surface cylindrique :* surface engendrée par un ensemble de droites parallèles (les *génératrices*) s'appuyant sur une courbe plane fermée *(directrice)* dont le plan coupe la direction donnée. **2.** MATH. Relatif au cylindre.
CYLINDROÏDE adj. Qui a approximativement la forme d'un cylindre.
CYMAISE n.f. → ***cimaise.***
CYMBALAIRE n.f. Linaire aux petites feuilles rondes lobées, à port retombant, courante sur les vieux murs, appelée communément *ruine-de-Rome.*

cymbalaire

CYMBALE n.f. (lat. *cymbalum,* mot gr.). Instrument à percussion fait d'un disque en métal, suspendu ou tenu à la main, et que l'on frappe ou que l'on entrechoque avec un second disque.
CYMBALIER, ÈRE ou **CYMBALISTE** n. Joueur, joueuse de cymbales.
CYMBALUM [sɛ̃balɔm] ou **CZIMBALUM** [tʃimbalɔm] n.m. (mot hongr.). Instrument de musique trapézoïdal, à cordes frappées par des marteaux, utilisé surtout en Hongrie. SYN. : *tympanon.*
CYME [sim] n.f. (lat. *cyma,* tendron de chou). BOT. Inflorescence formée d'un axe principal, terminé par une fleur et portant latéralement un ou plusieurs axes secondaires qui se ramifient de la même façon. (Ex. : euphorbe, orpin, myosotis.)
CYNÉGÉTIQUE adj. (du gr. *kunêgetein,* chasser). Qui concerne la chasse. ◆ n.f. Art de la chasse.
CYNIPIDÉ n.m. *Cynipidés :* famille d'insectes hyménoptères térébrants, dont le cynips est le type.
CYNIPS n.m. (gr. *kuôn, kunos,* chien, et *ips,* ver rongeur). Insecte parasite, mesurant quelques millimètres, dont les œufs provoquent la formation de galle sur certains végétaux. (Ex. : bédégar sur l'églantier, noix de galle sur le chêne.)
CYNIQUE adj. et n. (lat. *cynicus*). **1.** Qui s'oppose effrontément aux principes moraux et à l'opinion commune ; impudent, éhonté. **2.** *École des*

cyniques : école philosophique grecque (Vᵉ-IVᵉ s.) qui rejetait les conventions sociales et les principes moraux pour vivre conformément à la nature. (L'école cynique a été fondée par Antisthène et son représentant le plus marquant fut Diogène.)

CYNIQUEMENT adv. Avec cynisme.

CYNISME n.m. (gr. *kuôn, kunos,* chien). **1.** Attitude cynique, qui brave ostensiblement et brutalement les principes moraux et les conventions sociales. **2.** Doctrine des philosophes cyniques.

CYNOCÉPHALE [sinɔsefal] n.m. (gr. *kuôn, kunos,* chien, et *kephalê,* tête). Singe d'Afrique à la tête allongée comme celle d'un chien, et dont on connaît plusieurs espèces, souvent élevées dans les ménageries (ex. : babouin, hamadryas, mandrill).

CYNODROME n.m. (gr. *kuôn, kunos,* chien, et *dromos,* course). Piste aménagée pour des courses de lévriers.

CYNOGLOSSE n. f. (gr. *kuôn, kunos,* chien, et *glôssa,* langue). Plante à feuilles rugueuses, à fleurs pourpres, cultivée comme ornementale. (Famille des borraginacées.)

CYNOPHILE adj. Qui aime les chiens. ◇ MIL. *Formation cynophile,* chargée du dressage et de l'emploi des chiens.

CYNORHODON n.m. Fruit de l'églantier, comestible en confiture. SYN. (fam.) : *gratte-cul.*

CYON [sjɔ̃] n.m. (gr. *kuôn,* chien). Canidé sauvage d'Asie.

CYPÉRACÉE n.f. *Cypéracées :* famille d'herbes des lieux humides, voisines des graminées, mais à tige de section triangulaire, telles que le souchet, la laîche, le scirpe.

CYPHO-SCOLIOSE n.f. (pl. *cypho-scolioses*). Déformation complexe de la colonne vertébrale associant une cyphose et une scoliose.

CYPHOSE [sifoz] n.f. (gr. *kuphôsis,* courbure). Courbure à convexité postérieure de la colonne vertébrale.

CYPHOTIQUE adj. et n. Relatif à la cyphose ; atteint de cyphose.

CYPRÈS [siprɛ] n.m. (lat. *cupressus*). Conifère à feuillage persistant, commun dans le sud de l'Europe, parfois planté en haie comme coupe-vent à cause de sa taille élancée. ◇ *Cyprès chauve :* taxodium.

cyprès

CYPRIÈRE n.f. Terrain planté de cyprès.

CYPRIN n.m. (gr. *kuprinos,* carpe). Poisson voisin de la carpe, de la famille des cyprinidés. – *Cyprin* (ou *carassin*) *doré :* poisson rouge.

CYPRINIDÉ n.m. *Cyprinidés :* vaste famille de poissons d'eau douce, tels que la carpe, le barbeau, la tanche, le gardon, etc.

alphabet russe et bulgare					
majuscules	minuscules	valeur	majuscules	minuscules	valeur
А	а	a	Р	р	r
Б	б	b	С	с	s
В	в	v	Т	т	t
Г	г	g	У	у	ou
Д	д	d	Ф	ф	f
Е	е	ié, é	Х	х	kh
Ж	ж	j	Ц	ц	ts
З	з	z	Ч	ч	tch
И	и	i	Ш	ш	ch
Й	й	ï	Щ	щ	chtch, cht
К	к	k	Ъ	ъ	*signe dur*
Л	л	l	Ы	ы	y *(i dur)*
М	м	m	Ь	ь	*signe de mouillure de consonne*
Н	н	n	Э	э	e
О	о	o	Ю	ю	iou
П	п	p	Я	я	ia

lettres particulières			
majuscules	minuscules	valeur	
І	і	i *(dev. voy.)*	lettres inusitées depuis la réforme de 1918
Ѣ	ѣ	ié, é	lettres inusitées depuis la réforme de 1918
Ѳ	ѳ	f	lettres inusitées depuis la réforme de 1918
Ѵ	ѵ	i	lettres inusitées depuis la réforme de 1918
Ъ	ъ	son sourd [œ] bref	particularités de l'alphabet bulgare
Ы	ы	lettres inusitées	particularités de l'alphabet bulgare
Э	э	lettres inusitées	particularités de l'alphabet bulgare
Ђ	ђ	d, dj	lettres particulières à l'alphabet serbe
Ј	ј	*marque la mouillure de voyelle*	lettres particulières à l'alphabet serbe
Љ	љ	lj	lettres particulières à l'alphabet serbe
Њ	њ	nj	lettres particulières à l'alphabet serbe
Ћ	ћ	c (t mouillé)	lettres particulières à l'alphabet serbe
Џ	џ	dz, dj	lettres particulières à l'alphabet serbe

alphabet **cyrillique**

CYPRIOTE [siprijɔt] ou **CHYPRIOTE** [ʃiprijɔt] adj. et n. De Chypre.

CYPRIS n.m. Petit crustacé ostracode à longues antennes locomotrices.

CYRÉNAÏQUE adj. et n. De Cyrène. ◇ *École des cyrénaïques :* école philosophique grecque (Vᵉ s. av. J.-C.), qui plaçait le souverain bien dans le plaisir des sens. (Elle a été fondée par Aristippe de Cyrène.)

CYRILLIQUE adj. et n.m. *Alphabet cyrillique :* alphabet créé au IXᵉ s. et qui sert à transcrire le russe, le serbo-croate, le bulgare, l'ukrainien et un certain nombre de langues non slaves.

CYSTECTOMIE n.f. (du gr. *kustis,* vessie). Ablation de la vessie.

CYSTÉINE n.f. Acide aminé soufré jouant, par son oxydation en cystine, un rôle d'oxydoréduction et un rôle de pont entre deux chaînes protéiniques.

CYSTICERQUE [sistisɛrk] n.m. (gr. *kustis,* vessie, et *kerkos,* queue). Vésicule translucide d'environ 1 cm de diamètre formée par le ténia à son dernier stade larvaire dans les muscles ou sous la langue du porc ou du bœuf.

CYSTINE n.f. Acide aminé résultant de la réunion de deux molécules de cystéine, utilisé en dermatologie.

CYSTIQUE adj. (du gr. *kustis,* vessie). De la vessie ou de la vésicule biliaire. – *Canal cystique,* qui relie la vésicule biliaire au canal hépatique.

CYSTITE n.f. Inflammation de la vessie.

CYSTOGRAPHIE n.f. Radiographie de la vessie.

CYSTOSCOPE n.m. Instrument utilisé pour une cystoscopie.

CYSTOSCOPIE n.f. Examen endoscopique de la vessie.

CYSTOSTOMIE n.f. Abouchement chirurgical de la vessie à la peau.

CYSTOTOMIE n.f. Incision de la vessie.

CYTAPHÉRÈSE n.f. Technique permettant de soustraire du sang d'un donneur les globules blancs et les plaquettes en lui restituant les autres éléments de son sang (globules rouges et plasma).

CYTISE n.m. (gr. *kutisos*). Arbuste à grappes de fleurs jaunes, appelé aussi *faux ébénier,* souvent planté comme ornemental, pouvant atteindre 7 m. (Famille des papilionacées.)

CYTOCHROME n.m. Pigment respiratoire présent dans toutes les cellules vivantes.

CYTODIAGNOSTIC n.m. Diagnostic fondé sur l'examen microscopique de cellules prélevées par ponction, raclage ou frottis.

CYTOGÉNÉTICIEN, ENNE n. Spécialiste de cytogénétique.

CYTOGÉNÉTIQUE n.f. Branche de la génétique qui étudie la structure des chromosomes à l'état normal et à l'état pathologique, ainsi que les caractères et maladies héréditaires qui en résultent.

CYTOLOGIE n.f. (gr. *kutos,* cellule, et *logos,* science). Partie de la biologie qui étudie la structure et les fonctions de la cellule. SYN. : *biologie cellulaire.*

CYTOLOGIQUE adj. De la cytologie.

CYTOLOGISTE n. Spécialiste de cytologie.

CYTOLYSE n.f. BIOL. Dissolution ou destruction des éléments cellulaires.

CYTOLYTIQUE adj. et n.m. Se dit des substances qui déterminent la cytolyse.

CYTOMÉGALOVIRUS n.m. Virus responsable d'une infection grave du nouveau-né (dite *maladie des inclusions cytomégaliques*) et de diverses affections de l'adulte, notamment chez les immunodéprimés.

CYTOPLASME n.m. Partie fondamentale, homogène, de la cellule, qui entoure le noyau et contient les vacuoles et les organites. SYN. (VX) : *protoplasme.*

CYTOPLASMIQUE adj. Du cytoplasme.

CYTOSINE n.f. L'une des quatre bases azotées, constituant essentiel des acides nucléiques.

CYTOSQUELETTE n.m. (gr. *kutos,* cellule, et *squelette*). Réseau de filaments protéiniques constituant la charpente interne des cellules et responsable de leurs mouvements (déformation, locomotion, division, transports internes, etc.).

CYTOSTATIQUE adj. et n.m. Se dit des substances qui inhibent les divisions cellulaires.

Cz n.m. Coefficient de portance, sans dimensions, caractérisant la sustentation d'un aéronef ou d'un élément d'aéronef.

CZAR n.m. → ***tsar.***

CZARDAS n.f. → ***csardas.***

CZIMBALUM n.m. → ***cymbalum.***

D

D n.m. inv. **1.** Quatrième lettre de l'alphabet notant la consonne occlusive dentale sonore [d]. **2.** Fam. *Système D :* habileté à se débrouiller, à se sortir de toutes les difficultés. **3.** D : chiffre romain valant 500. **4.** MUS. D : *ré*, dans le système de notation en usage dans les pays anglo-saxons et germaniques. **5.** D, symbole chimique du deutérium. **6.** d : symbole de déci-, de jour. **7.** 𝔻 : symbole des nombres décimaux. **8.** *3 D :* trois dimensions. *Film (en) 3 D.*

DA, particule d'insistance (des impératifs *dis* et *va*). Vx. *Oui-da ! :* oui certes.

da, symbole de déca-.

DAB ou **DABE** n.m. (it. *dabo*). Arg. Père. ◆ pl. *Les dabs :* les parents.

DABA n.f. Afrique. Houe à manche court.

D'ABORD loc. adv. → ***abord.***

DA CAPO loc. adv. (loc. it., *à partir de la tête*). MUS. Indique qu'à un certain endroit d'un morceau il faut reprendre au début.

D'ACCORD loc. adv. → ***accord.***

DACE [das] adj. et n. De la Dacie.

DACQUOIS, E adj. et n. De Dax.

DACRON n.m. (nom déposé). Fibre textile synthétique de polyester.

DACRYADÉNITE ou **DACRYO-ADÉNITE** n.f. (du gr. *dakru,* larme) [pl. *dacryo-adénites*]. Inflammation de la glande lacrymale.

DACRYOCYSTITE n.f. Inflammation du sac lacrymal (situé à l'angle interne de l'œil).

DACTYLE n.m. (gr. *daktulos,* doigt). **1.** MÉTR. Pied formé d'une longue et de deux brèves, dans les vers grecs et latins. **2.** BOT. Graminée fourragère des régions tempérées.

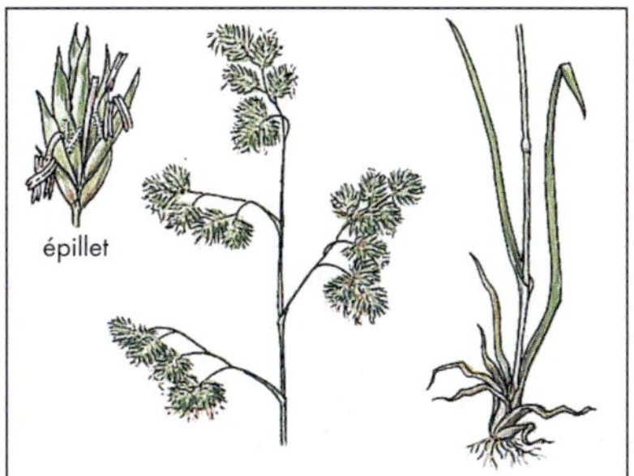

dactyle

DACTYLIQUE adj. MÉTR. Où domine le dactyle, en parlant d'un mètre, d'un rythme.

DACTYLO ou, vieilli, **DACTYLOGRAPHE** n. (gr. *daktulos,* doigt, et *graphein,* écrire). Personne dont la profession est de taper à la machine.

DACTYLOGRAMME n.m. **1.** Texte dactylographié. **2.** Document reproduisant les empreintes digitales de qqn.

DACTYLOGRAPHIE n.f. **1.** Technique d'utilisation de la machine à écrire. **2.** Texte dactylographié ; tapuscrit.

DACTYLOGRAPHIER v.t. Écrire, taper à la machine.

DACTYLOGRAPHIQUE adj. Qui concerne la dactylographie.

DACTYLOLOGIE n.f. Langage digital utilisé pour communiquer avec les sourds-muets.

DACTYLOSCOPIE n.f. Procédé d'identification des personnes par les empreintes digitales.

1. DADA n.m. (onomat.). **1.** Cheval, dans le langage des enfants. ◇ *Jouer aux dadas,* aux petits chevaux. **2.** Fam. Idée ou occupation favorite. *C'est son nouveau dada.*

2. DADA n.m. Mouvement de révolte (ainsi nommé en 1916 par pur hasard ludique), né pendant la Première Guerre mondiale dans les milieux intellectuels et artistiques occidentaux, et qui s'est traduit par une remise en question radicale des modes d'expression traditionnels. ◆ adj. inv. Qui se réclame de ce mouvement.

■ Succédant à des révoltes individuelles et solitaires contre la civilisation occidentale (Rimbaud), cristallisée par l'épreuve du conflit de 1914-1918, la contestation culturelle de dada se manifeste par la truculence provocatrice

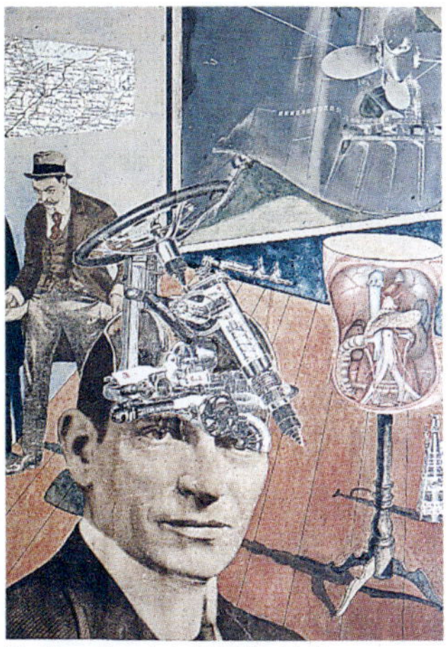

Tatline chez lui (1920). Collage (photomontage) exécuté à Berlin par l'artiste tchèque Raoul Hausmann. (Coll. priv., Berlin.)
Le collage, juxtaposant de manière saugrenue et volontairement provocatrice des images choisies pour leur banalité, est l'une des techniques de prédilection des dadaïstes.
En outre, hommage est ici rendu au constructiviste russe Tatline, partisan d'un art lié à la machine.

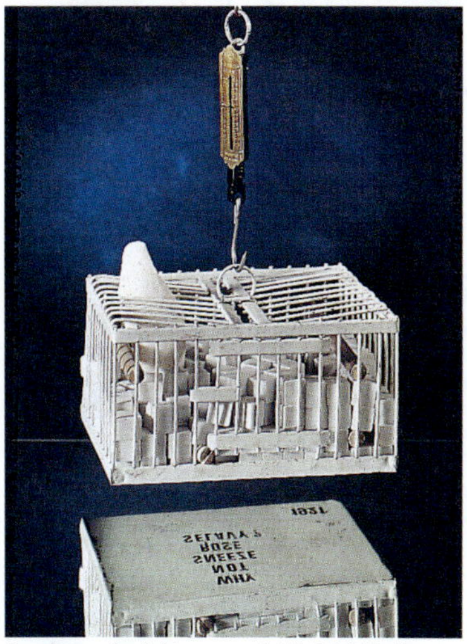

Ready-made (objet tout fait) [1921] de Marcel Duchamp : cage à oiseaux en métal peint suspendue à un peson, cubes de marbre imitant des morceaux de sucre, os de seiche ; inscriptions sur le fond de la cage en lettres de papier noir : *WHY NOT SNEEZE ROSE SELAVY ?* (« Pourquoi ne pas éternuer Rose Sélavy ? »). [Coll. L. et W. Arensberg ; Philadelphia Museum of Art.]
Ce ready-made très « assisté » (transformé), dédié au double féminin de Duchamp, Rose (ou Rrose) Sélavy, annonce, au-delà des calembours visuels et langagiers, les objets à fonctionnement symbolique du surréalisme.

mouvement **dada**

et la dérision, souvent au cours de manifestations publiques. Ses principaux foyers sont : Zurich (1915-1919), avec notamment Tzara, Arp, les poètes allemands Hugo Ball et Richard Huelsenbeck, le peintre roumain Marcel Janco, le peintre et cinéaste allemand Hans Richter ; New York (1915-1921), avec Duchamp *(ready-mades),* Picabia, Man Ray ; Berlin (1917-1923), avec Huelsenbeck, Grosz, Raoul Hausmann (l'un des créateurs du *photomontage,* suivi par John Heartfield) ; Cologne (1919-1921), avec Arp, M. Ernst (aux collages inventifs) ; Hanovre avec Schwitters ; Paris (1920-1923), où dada connaît son apogée en tant que mouvement, avec Tzara, Picabia, Man Ray, A. Breton, et sa fin avec la victoire de la dissidence surréaliste.

DADAIS n.m. (onomat.). Fam. Niais, nigaud.

DADAÏSME n.m. Le mouvement dada ; les attitudes qui s'y rapportent.

DADAÏSTE adj. et n. Du dadaïsme ; adepte du dadaïsme.

DAGUE n.f. (it. *daga*). **1.** Arme de main, à lame large et courte. **2.** Premier bois du cerf (à partir d'un an) ou défense du vieux sanglier.

DAGUERRÉOTYPE [dagɛreɔtip] n.m. (de *Daguerre,* son inventeur). **1.** Dispositif photographique qui fixait une image sur une plaque de cuivre argentée exposée en chambre noire. **2.** Image obtenue par ce dispositif.

DAGUERRÉOTYPIE n.f. Procédé du daguerréotype.

DAGUET [dagɛ] n.m. (de *dague*). Jeune cerf (de un à deux ans) dont les bois sont des tiges droites et courtes, sans ramifications.

DAHABIEH [daabje] n.f. (ar. *dhahabiyya*). Ancienne barque du Nil, pour le transport des voyageurs.

DAHIR [dair] n.m. (ar. *ẓahīr*). Décret du roi du Maroc.

DAHLIA n.m. (de *Dahl,* botaniste suédois). Plante à racines tuberculeuses et à fleurs ornementales, dont on cultive de nombreuses variétés ; la fleur elle-même. (Famille des composées.)

dahlia (variété cultivée)

DAHOMÉEN, ENNE adj. et n. Du Dahomey (auj. Bénin).

DAHU n.m. Animal fantastique à la poursuite duquel on envoie une personne trop crédule.

DAIGNER v.t. (lat. *dignari,* juger digne) [p. passé inv.]. Avoir la bonté de, condescendre à. *Il n'a pas daigné me répondre.*

D'AILLEURS loc. adv. → ***ailleurs.***

DAIM n.m. (bas lat. *damus*). **1.** Mammifère ruminant des forêts d'Europe, à robe tachetée de blanc et à bois aplatis à l'extrémité. (Hauteur au garrot 90 cm, longévité 25 ans.) *Le daim brame,* pousse son cri. **2.** Peau du daim ou cuir de bovin retourné imitant la peau du daim, utilisés en maroquinerie.

daim

DAIMYO [dajmjo] ou **DAÏMIO** [daimjo] n.m. inv. (jap. *daimyō*). Seigneur local, dans l'ancien Japon.

DAINE n.f. Femelle du daim.

DAIQUIRI [dajkiri] n.m. (mot amér.). Punch au rhum blanc.

DAÏRA n.f. (mot ar.). Algérie. Subdivision de la wilaya.

DAIS n.m. (lat. *discus,* disque). Ouvrage (en tissu, en bois sculpté, etc.) suspendu ou soutenu par des montants au-dessus d'un trône, d'un autel, d'une statue, parfois mobile, notamm. dans les processions religieuses. (→ ***baldaquin.***)

DAKIN n.m. *Solution de Dakin* ou *dakin :* solution diluée d'hypochlorite de sodium et de permanganate de potassium, employée pour désinfecter les plaies.

DAL (QUE) loc. adv. → ***dalle (que).***

DALAÏ-LAMA n.m. (mot mongol) [pl. *dalaï-lamas*]. Chef spirituel et souverain du Tibet, considéré par le bouddhisme tibétain comme le représentant du bodhisattva Avalokiteśvara. (Le quatorzième dalaï-lama, Tenzin* Gyatso, a abandonné sa résidence traditionnelle de Lhassa en 1959.)

DALEAU n.m. → ***dalot.***

DALLAGE n.m. **1.** Action de daller. **2.** Sol dallé, pavement.

DALLE n.f. (scand. *daela,* gouttière). **1.** Plaque de pierre, de marbre, de ciment, etc., servant à revêtir un plancher, un mur, une surface quelconque. **2.** Plancher en béton armé. **3.** Grand espace réunissant des immeubles modernes au niveau de leur rez-de-chaussée. **4.** Pop. Gorge, gosier. ◇ Pop. *Se rincer la dalle :* boire. – Pop. *Avoir la dalle :* être affamé.

DALLE (QUE) ou **DAL (QUE)** loc. adv. (de l'all. *dahlen*). Arg. *Que dalle :* rien du tout.

DALLER v.t. Paver de dalles.

DALLEUR n.m. Ouvrier qui dalle.

DALMATE adj. et n. De la Dalmatie.

DALMATIEN, ENNE n. Chien, chienne d'une race à robe blanche couverte de nombreuses petites taches noires ou brun foncé.

dalmatien

DALMATIQUE n.f. (lat. *dalmatica,* tunique de Dalmatie). **1.** Riche tunique à manches larges (des empereurs romains, des rois de France au Moyen Âge, etc.). **2.** Vêtement liturgique, insigne de l'ordre des diacres.

DALOT ou **DALEAU** n.m. (de *dalle*). Petit canal dallé sous une route ou trou dans le pavois d'un navire pour l'écoulement des eaux.

DALTONIEN, ENNE adj. et n. Atteint de daltonisme.

DALTONISME n.m. (de *Dalton,* physicien angl.). Anomalie héréditaire de la vision des couleurs, entraînant le plus souvent la confusion entre le rouge et le vert.

DAM [dam] ou [dɑ̃] n.m. (lat. *damnum,* perte). **1.** Vx. Préjudice, châtiment. ◇ Litt. *Au grand dam de qqn,* à son préjudice, à son détriment ; à son grand regret, à son grand dépit. **2.** RELIG. CATH. *Peine du dam :* privation éternelle de la vue de Dieu réservée aux damnés.

DAMAGE n.m. Action de damer ; son résultat.

DAMALISQUE n.m. (gr. *damalis,* génisse). Antilope africaine voisine du bubale.

DAMAN [damɑ̃] n.m. Mammifère ongulé aux caractères primitifs, d'Afrique et de l'Asie Mineure, herbivore, de la taille d'un lapin.

DAMAS [dama] n.m. (de *Damas,* nom de ville). **1.** Tissu de soie ou de laine monochrome dont le dessin, mat sur fond satiné, est obtenu par le jeu des armures. **2.** Acier très fin.

DAMASQUINAGE n.m. Action, art de damasquiner ; travail, objet qui en résulte.

DAMASQUINER v.t. (it. *damaschino,* de Damas). Incruster au marteau des filets décoratifs d'or, d'argent ou de cuivre sur (une surface métallique ciselée).

DAMASSÉ, E adj. Préparé à la façon du damas. ◆ n.m. Étoffe damassée.

DAMASSER v.t. (de *damas*). Préparer (un tissu, un acier) à la façon du damas.

DAMASSURE n.f. Dessin d'un tissu damassé.

1. DAME n.f. (lat. *domina,* maîtresse). **I. 1.** Femme qui attire le respect par son rang, son influence matérielle ou morale, dans le langage féodal, courtois ou religieux. ◇ Péj. *Jouer à la dame :* affecter des manières hautaines, en parlant d'une femme. **2.** Femme mariée (par opp. à *jeune fille*). **3.** Toute femme (par politesse). *Coiffeur pour dames.* **II. 1.** Figure du jeu de cartes. SYN. : *reine.* **2.** Pièce du jeu d'échecs. SYN. : *reine.* **3.** *Jeu de dames :* jeu pratiqué sur un damier, par deux joueurs disposant chacun de vingt pions (blancs pour l'un, noirs pour l'autre). ◇ Spécialt. *Une dame :* pion recouvert d'un autre pion, qui peut se déplacer en diagonale sur tout le damier. – *Aller à dame, mener un pion à dame :* en parlant d'un des joueurs, mener un pion jusqu'à la première case de la ligne adverse, où il devient dame. **III.** Outil à main, muni de deux anses, qui sert à enfoncer les pavés ou à compacter le sol. SYN. : *demoiselle, hie.*

2. DAME n.f. (moyen néerl. *dam,* digue). **1.** Mur de soutènement en pierres sèches. **2.** MAR. *Dame de nage :* entaille pratiquée dans le bordage supérieur d'une embarcation et servant d'appui aux avirons ; accessoire en forme de fourche, articulé sur un pivot, servant au même usage.

3. DAME interj. (de *par Notre-Dame !*). Région. (Pour exprimer l'insistance, souligner une affirmation, une évidence). *Dame oui !*

DAME-D'ONZE-HEURES n.f. (pl. *dames-d'onze-heures*). Liliacée du genre ornithogale, dont les fleurs s'ouvrent vers 11 heures.

DAME-JEANNE n.f. (pl. *dames-jeannes*). Grosse bouteille de grès ou de verre, contenant de 20 à 50 litres, souvent clissée, pour le transport d'un liquide.

DAMER v.t. **1.** Doubler un pion, au jeu de dames. ◇ Fam. *Damer le pion à qqn,* prendre sur lui un avantage décisif. **2.** Battre, compacter, enfoncer uniformément (avec une dame ou un instrument analogue). *Damer le sol.* ◇ Tasser uniformément la neige avec les skis ou une dameuse pour la rendre plus glissante. *Damer une piste.*

DAMEUSE n.f. Véhicule chenillé qui sert à damer la neige en montagne.

DAMIER n.m. **1.** Plateau divisé en cent cases, alternativement blanches et noires, pour jouer aux dames. **2.** Toute surface divisée en carrés égaux.

DAMNABLE [danabl] adj. **1.** Litt. Qui mérite une réprobation, condamnable. **2.** RELIG. Qui peut attirer la damnation éternelle. *Une action damnable.*

DAMNATION [danasjɔ̃] n.f. **1.** RELIG. Condamnation aux peines éternelles de l'enfer. **2.** (Employé comme juron, marquant la colère). *Enfer et damnation !*

DAMNÉ, E [dane] adj. et n. **1.** RELIG. Condamné aux peines de l'enfer. ◇ *Souffrir comme un damné,* horriblement. **2.** Qui est nuisible, funeste. ◇ *Âme damnée (de qqn) :* personne entièrement dévouée à une autre pour la réalisation de ses mauvais desseins. **3.** Fam. Qui cause du désagrément, détestable. *Cette damnée voiture !*

DAMNER [dane] v.t. (lat. *damnare*). Condamner aux peines de l'enfer ; conduire à la damnation. ◇ Fam. *Faire damner qqn,* le faire enrager, l'exaspérer. ◆ **se damner** v.pr. **1.** RELIG. S'exposer par sa conduite à la damnation. **2.** (Au conditionnel, par exagération). Être prêt à tout (pour qqn, qqch). *Il se damnerait pour elle.*

DAMOISEAU n.m. (lat. *dominicellus*). Jeune gentilhomme qui n'était pas encore chevalier, dans le haut Moyen Âge.

DAMOISELLE n.f. (lat. *dominicella*). Jeune fille noble ou femme d'un damoiseau, au Moyen Âge.

DAMPER [dampœr] n.m. (mot angl.). TECHN. Petit amortisseur placé au bout du vilebrequin d'un moteur pour en réduire les vibrations.

DAN [dan] n.m. (mot jap.). Degré de qualification d'une ceinture noire, dans les arts martiaux japonais. *Être troisième dan de judo, de karaté.*

DANAÏDE n.f. Papillon diurne d'Afrique, aux ailes vivement colorées.

DANCING [dɑ̃siŋ] n.m. (mot angl.). Établissement public où l'on danse.

DANDIN n.m. Fam. et vx. Homme aux manières gauches.

DANDINEMENT n.m. Action de se dandiner ; mouvement de celui qui se dandine.

DANDINER (SE) v.pr. (de l'anc. fr. *dandin,* clochette). Balancer son corps, ses hanches, etc., d'une manière nonchalante ou gauche.

DANDINETTE n.f. *Pêcher à la dandinette,* à la ligne en agitant un leurre pour attirer le poisson.

DANDY [dɑ̃di] n.m. (mot angl.) [pl. *dandys*]. Homme élégant, qui associe au raffinement vestimentaire une affectation d'esprit et d'impertinence.

DANDYSME n.m. Attitude, manières du dandy.

DANGER n.m. (lat. *dominus,* seigneur). **1.** Ce qui constitue une menace, un risque, qui compromet l'existence (de qqn, qqch) ; situation périlleuse. ◇ Fam. *Être un danger public :* menacer l'existence des autres par son insouciance. **2.** *Il n'y a pas de danger (que) :* il ne peut se produire. *Pas de danger qu'il vienne !*

DANGEREUSEMENT adv. De façon dangereuse.

DANGEREUX, EUSE adj. Qui présente du danger ; nuisible, périlleux.

DANGEROSITÉ n.f. **1.** Fait d'être dangereux, caractère de danger que présente qqch. *Dangerosité d'un médicament.* **2.** PSYCHIATRIE. État (d'un sujet) estimé comme probablement dangereux et pouvant conduire à un acte délictueux.

DANIEN n.m. (de *Danemark*). GÉOL. Premier étage du paléogène. ◆ **danien, enne** adj. Du danien.

1. DANOIS, E adj. et n. Du Danemark. ◆ n.m. Langue nordique parlée au Danemark.

2. DANOIS n.m. Chien à poil ras, de très grande taille.

DANS prép. (lat. *de* et *intus,* dedans). **I.** (Marque le lieu où l'on est, où l'on entre). À l'intérieur de, parmi, vers. *Être dans sa chambre. Marcher dans la foule. Monter dans le train.* **II.** (Marque le temps). **1.** Au cours de, pendant. *Dans sa jeunesse, il était timide.* **2.** Après un intervalle de. *Elle revient dans trois jours.* **III.** (Marque la manière). *Être dans l'embarras. Travailler dans la finance.* **IV.** Fam. *Dans les :* à peu près, environ. *Ça coûte dans les mille francs.*

DANSABLE adj. Qu'on peut danser.

DANSANT, E adj. Qui danse ; qui invite à la danse, où l'on danse. *Musique dansante. Soirée dansante.*

DANSE n.f. **1.** Action de danser ; ensemble de mouvements du corps généralement rythmés par la musique et obéissant à des règles. *Le rock est une danse moderne. – Danse classique* ou *académique,* dont les mouvements, soumis à un code précis (par opp. à la *danse libre* préconisée par Isadora Duncan), font l'objet d'un enseignement chorégraphique (et incluse à ce titre dans les beaux-arts). – SPORTS. *Danse sur glace :* discipline de patinage artistique par couple. ◇ Fig., fam. *Entrer en danse, dans la danse :* participer à l'action. **2.** Musique écrite sur un rythme de danse. **3.** Pop. et vx. Correction, volée de coups. **4.** *Danse de Saint-Guy :* chorée.

■ Apparentée aux gestes de la vie, la danse primitive s'est forgé un langage, rapidement devenu universel. Utilisant les battements de mains, puis les frappements de pieds comme accompagnement, la danse s'est ensuite emparée de la musique. Les premiers danseurs profanes sont des bateleurs, des jongleurs, des funambules, puis les danses s'anoblissent (pavane, sarabande) tout en restant influencées par l'art populaire (branle, gaillarde). À la Renaissance, deux styles se distinguent selon que la danse reste de société ou intègre une œuvre scénique (opéra-ballet). Dans ce cas, la danse devient un spectacle. Les pas se compliquent, conformément à des règles sévères, qui apparaissent dès le XVIIe s. Beauchamp (*le Triomphe de l'Amour,* 1681) codifie les positions des pieds. La danse devient également un métier. Mais c'est au XIXe s. que Carlo Blasis donne à la danse ses fondements modernes. Outre la virtuosité, cet art acquiert un nouveau vocabulaire, des lignes plus allongées, plus aériennes. De tous les artifices scéniques, la pointe (v. 1820) est celui qui modifia le plus la technique de la danse. Celle-ci cesse d'être collective, pour exprimer la pensée d'un créateur. Devenue très narrative *(la Sylphide, Giselle),* la danse romantique touche alors un large public. À la fin du XIXe s., la danse pure reprend ses droits, sous l'influence de l'académisme de l'école russe. Refusant les conventions et l'arbitraire de cette danse, Isadora Duncan improvise et lance la danse libre, dont Michel Fokine expose les principes en 1914. Tendant à une plus grande valeur plastique du geste, il donne plus d'importance à la danse masculine, représentée par Nijinski, Lifar, Massine. Avec Diaghilev, la danse se tourne vers de nouvelles attitudes et d'autres formes rythmiques. Parallèlement, E. Jaques-Dalcroze crée la danse rythmique, Rudolf von Laban, la danse expressionniste, animée en Allemagne par Mary Wigman, avant de gagner les États-Unis, où elle donne naissance à la modern dance grâce à Ruth Saint Denis, Ted Shawn, Martha Graham, Doris Humphrey. Alwin Nikolais s'attache à faire de la danse un spectacle total. Son élève Carolyn Carlson poursuit des travaux personnels et s'inscrit, avec Pina Bausch, parmi les meilleurs représentants de la danse moderne en Europe. À Paris, la danse classique subit l'influence de S. Lifar qui marque une génération de chorégraphes (R. Petit, J. Charrat), tandis que M. Béjart s'affirme par une danse puissamment expressive, exploitant largement les possibilités physiques et émotionnelles de l'individu.

DANSER v.i. (mot francique). **1.** Exécuter une danse. ◇ *Ne pas savoir sur quel pied danser :* hésiter sur le parti à prendre. **2.** Faire des mouvements rapides et agiles. *Les flammes dansent dans la cheminée.* ◆ v.t. Exécuter une danse. *Danser la valse.*

DANSEUR, EUSE n. **1.** Personne qui danse. **2.** Personne dont la danse est le métier. – *Premier danseur, première danseuse :* échelon supérieur du corps de ballet de l'Opéra de Paris. – *Danseur, danseuse étoile :* artiste chorégraphique professionnel qui occupe l'échelon le plus haut d'un corps de ballet, en partic. à l'Opéra de Paris. ◇ *Pédaler en danseuse,* debout sur les pédales d'une bicyclette.

DANSOTER ou **DANSOTTER** v.i. Fam. Danser gauchement ou avec de petits mouvements.

DANTESQUE adj. **1.** De Dante. **2.** Sombre et grandiose à la manière de Dante. *Spectacle dantesque.*

DANUBIEN, ENNE adj. Du Danube.

DAO n.m. → ***tao.***

DAPHNÉ [dafne] n.m. (gr. *daphnê,* laurier). Arbrisseau à fleurs rouges ou blanches odorantes, à baies rouges toxiques, dont le garou, ou sainbois, est une espèce commune dans le Midi.

DAPHNIE [dafni] n.f. Petit crustacé branchiopode des eaux douces, nageant par saccades, d'où son nom usuel de *puce d'eau,* et qui, vivant ou séché, est une nourriture recherchée pour les poissons d'aquarium. (Long. max. 5 mm.)

DARAISE n.f. (gaul. *doraton,* porte). Déversoir d'un étang.

DARBOUKA ou **DERBOUKA** n.f. (ar. *darabukka*). Tambour en poterie tendu d'une peau que l'on frappe de la main, utilisé au Maghreb et au Moyen-Orient.

DARBYSME n.m. (de J. N. *Darby,* 1800-1882, son fondateur). Système professé par une secte protestante qui rejette toute organisation ecclésiastique, et qui est répandu notamment dans les pays anglo-saxons et le sud de la France.

DARBYSTE adj. et n. Du darbysme ; adepte du darbysme.

DARCE n.f. → ***darse.***

DARD n.m. (mot francique). **1.** Arme de jet ancienne, formée d'une pointe de fer fixée à une hampe de bois. **2.** Organe impair, pointu et creux, venimeux (de la guêpe, etc.). ◇ Langue fourchue, inoffensive, du serpent. **3.** AGRIC. Rameau à fruits, très court, du poirier et du pommier.

DARDER v.t. **1.** Frapper, piquer avec un dard. **2.** Litt. Lancer comme un dard ou une flèche. *Le soleil darde ses rayons. – Darder son regard sur qqn,* le regarder intensément (avec telle expression). *Darder sur qqn des regards haineux.*

DARE-DARE adv. (onomat.). Fam. Très vite, en toute hâte.

DARI n.m. Forme du persan parlée en Afghanistan, dont c'est l'une des langues officielles.

DARIOLE n.f. **1.** Petit gâteau feuilleté fourré à la frangipane. **2.** Tartelette ou flan au fromage.

DARIQUE n.f. Monnaie d'or des Perses Achéménides, frappée à partir du règne de Darios Ier.

DARNE n.f. (breton *darn,* morceau). Tranche (d'un gros poisson). *Une darne de saumon.*

DARSE ou **DARCE** n.f. (génois *darsena,* de l'ar.). MAR. Bassin d'un port méditerranéen.

DARSHAN [darʃan] n.m. (sanskr. *darśana*). Dans l'hindouisme, vision par le fidèle d'une divinité, d'un être ou d'un objet sacrés.

DARTOIS n.m. Feuilleté renfermant une garniture sucrée ou salée.

DARTRE n.f. (bas lat. *derbita,* mot gaul.). Petite tache cutanée d'aspect farineux siégeant généralement au visage.

DARTREUX, EUSE adj. De la nature des dartres ; couvert de dartres.

DARTROSE n.f. Maladie de la pomme de terre causée par un champignon.

DARWINIEN, ENNE adj. Relatif à la doctrine de Darwin.

DARWINISME [darwinism] n.m. Doctrine proposée par Ch. Darwin en 1859, et selon laquelle l'évolution biologique des espèces vivantes serait due à la sélection naturelle résultant de la lutte concurrentielle pour la nourriture ou la reproduction (« lutte pour la vie »).

DARWINISTE adj. et n. Partisan, défenseur de la doctrine de Darwin.

DASEIN [dasajn] n.m. (mot all.). PHILOS. Existence humaine conçue comme présence au monde, dans la philosophie de Heidegger.

DASYURE [dazjyr] n.m. (gr. *dasus,* velu, et *oura,* queue). Marsupial d'Australie à queue velue, arboricole et carnivore.

DAT [deate] n.m. (sigle de l'angl. *Digital Audio Tape*). Bande magnétique servant de support d'enregistrement numérique du son. – *Cassette DAT :* cassette d'enregistrement utilisant ce type de bande.

DATABLE adj. Qui peut être daté.

DATAGE n.m. Action de dater un document ; datation.

DATATION n.f. **1.** Datage. **2.** Action de déterminer la date d'un évènement, l'âge d'une roche, d'un fossile, d'un objet. **3.** Date apposée, attribuée.

DATCHA [datʃa] n.f. (mot russe). Maison de campagne près d'une grande ville, en Russie.

DATE n.f. (lat. *data* [*littera*], [lettre] donnée). **1.** Indication du jour, du mois et de l'année. *Date de mariage, de naissance, d'une lettre.* ◇ *Prendre date :* fixer un jour pour un rendez-vous. **2.** Moment choisi pour un évènement, une action. *Fixer la date d'une visite, d'un match.* **3.** Moment, époque où se situe un évènement. – *Une amitié de fraîche, de vieille date, récente, ancienne.* – *Un ami de longue date :* un vieil ami. ◇ *Être le premier, le dernier en date :* avoir la priorité que confère l'antériorité, venir en dernier. **4.** Évènement historique important. ◇ *Faire date :* marquer un moment important.

DATER v.t. **1.** Mettre la date sur. *Dater une lettre.* **2.** Déterminer la date de. *Dater un fossile.* ◆ v.i. **1.** Exister depuis telle époque, remonter à. *Ce roman date du siècle dernier.* **2.** Marquer une date importante. *Cet évènement datera dans l'histoire.* **3.** Être vieilli, démodé. *Cette théorie date.* ◇ *À dater de :* à partir de.

DATEUR, EUSE adj. et n.m. Qui sert à dater. *Timbre dateur.* ◆ n.m. Dispositif à lettres et à chiffres mobiles permettant d'imprimer une date.

1. DATIF, IVE adj. (lat. *dativus,* de *dare,* donner). DR. *Tutelle dative :* tutelle dévolue par le conseil de famille.

2. DATIF n.m. Cas du complément d'attribution, dans les langues à déclinaison.

DATION [dasjɔ̃] n.f. (lat. *datio,* de *dare,* donner). DR. Action de donner. ◇ *Dation en paiement :* acquittement d'une obligation, dans lequel, avec l'accord du créancier, la chose due est remplacée par une autre.

DATTE n.f. (anc. prov. *datil,* lat. *dactylus,* doigt). Fruit comestible du dattier, à pulpe sucrée très nutritive.

DATTIER n.m. **1.** Palmier des régions chaudes et sèches mais irriguées (Espagne, Afrique, Moyen-Orient), dont les fruits (dattes) poussent en régimes. **2.** Variété de raisin de table.

dattier

DATURA n.m. (hindi *dhatūra*). Plante à fleur en cornet, toxique, commune en France, et dont certaines espèces sont ornementales ou narcotiques (stramoine). [Famille des solanacées.]

1. DAUBE n.f. (it. *addobbo,* assaisonnement). Manière de cuire à l'étouffée certaines viandes braisées (surtout le bœuf) avec un fond de vin rouge ; viande ainsi accommodée.

2. DAUBE n.f. (de *dauber*). Suisse. Fam. Idiote.

DAUBER v.t. et i. Litt. *Dauber qqn* ou *sur qqn,* le railler, le dénigrer.

1. DAUBEUR, EUSE adj. et n. Litt. Qui daube les autres.

2. DAUBEUR n.m. TECHN. Assistant du forgeron.

DAUBIÈRE n.f. Braisière pour accommoder une viande en daube.

1. DAUPHIN n.m. (lat. *delphinus*). Mammifère marin (cétacé ; long. 2 à 4 m) vivant en troupes dans toutes les mers et se nourrissant de poissons. (Les moyens de communication [« langage »] et les facultés psychiques des dauphins sont l'objet de la *delphinologie.*)

2. DAUPHIN n.m. (de *Dauphiné,* n. pr.). **1.** Titre désignant l'héritier présomptif du trône de France, en général le fils aîné du roi. (Prend

dauphin

généralement une majuscule en ce sens.) ◇ Cette personne. – *Le Grand Dauphin :* le fils de Louis XIV. **2.** Par ext. Successeur désigné ou prévu d'une personnalité.

DAUPHINE n.f. Femme du Dauphin de France.

DAUPHINELLE n.f. Delphinium.

DAUPHINOIS, E adj. et n. Du Dauphiné. ◇ *Gratin dauphinois :* préparation de pommes de terre émincées, gratinées avec du lait, du beurre et du fromage.

DAURADE ou **DORADE** n.f. (anc. prov. *daurada,* doré). Poisson téléostéen à reflets dorés ou argentés pêché en Méditerranée et dans le golfe de Gascogne. (Famille des sparidés.)

daurade

DAVANTAGE adv. **1.** Plus, encore plus. *N'en dites pas davantage. Je ne l'en aime que davantage.* **2.** Plus longtemps. *Ne restez pas davantage.* **3.** Litt. Le plus. *Lequel des deux aime-t-elle davantage ?* **4.** *Davantage que, de :* plus que, de. *Elle n'aimait rien davantage que. Davantage de travail.*

DAVIDIEN, ENNE adj. et n. BX-A. Qui se rattache à Louis David, à son école, à son style.

DAVIER n.m. (anc. fr. *daviet,* dimin. de *david,* outil de menuisier). **1.** CHIR. Instrument à longs bras de levier et à mors très courts, utilisé pour extraire les dents et les fragments osseux. **2.** Barre de fer terminée par un crampon, utilisée en menuiserie. **3.** MAR. Rouleau mobile monté sur un axe supporté par deux montants ou réa à gorge, destiné à filer ou à relever un cordage, un câble.

davier de navire câblier

DAZIBAO n.m. (mot chin.). Journal mural chinois, manuscrit, affiché dans les rues.

dB, symbole du décibel.

D. C. A. n.f. (sigle). Défense contre les aéronefs.

D. D. T. n.m. (sigle de *dichloro-diphényl-trichloréthane*). Insecticide organique puissant. (Le D. D. T. est interdit à la vente, en France, depuis 1971.)

1. DE [də] prép. (lat. *de,* en séparant de). **1.** (Marquant le lieu, l'origine, le temps, la possession, la manière, la cause, l'instrument, etc.). *Venir de Paris. Eau de source. De midi à six heures. Le livre de Pierre. Mourir de faim. Citer de mémoire. Prendre de force. Montrer du doigt.* **2.** (Introduisant un complément d'objet indirect ou un complément d'objet secondaire). *Se souvenir de qqn.*

2. DE, DU, DE LA, DES art. partitifs (de la prép. *de*). Précèdent des noms d'objets qu'on ne peut compter, qu'ils soient concrets ou abstraits. *Manger de la confiture. C'est du solide.*

1. DÉ n.m. (lat. *digitus,* doigt). Fourreau de métal piqueté à l'extérieur, destiné à protéger le doigt qui pousse l'aiguille.

2. DÉ n.m. (lat. *datum,* pion de jeu). **1.** Petit cube dont chacune des six faces est marquée de points allant de un à six, ou de figures, utilisé pour divers jeux. *Agiter, puis lancer les dés.* ◇ *Dés pipés :* dés truqués. ◇ *Coup de dés :* affaire hasardeuse. – *Les dés sont jetés :* c'est définitivement décidé. **2.** ARCHIT. et SCULPT. Corps de forme cubique d'un piédestal ; élément de support plus ou moins cubique. **3.** CUIS. Petit morceau cubique. *Viande coupée en dés.*

D. E. A. n.m. (sigle de *diplôme d'études approfondies*). Diplôme du troisième cycle de l'enseignement supérieur, sanctionnant une année d'initiation à la recherche.

DEAD-HEAT [dɛdit] n.m. (angl. *dead,* mort, nul, et *heat,* course) [pl. *dead-heats*]. HIPPISME. Franchissement simultané de la ligne d'arrivée par deux ou plusieurs chevaux de course.

DEALER [dilœr] n.m. (mot angl.). Fam. Revendeur de drogue.

DÉAMBULATION n.f. Marche sans but précis.

DÉAMBULATOIRE n.m. Galerie, promenoir entourant le chœur d'une église.

DÉAMBULER v.i. (lat. *deambulare*). Se promener çà et là, marcher sans but.

DEB n.f. (abrév.). Fam. Débutante.

DÉBÂCHER v.t. Retirer une bâche de (qqch).

DÉBÂCLE n.f. (de *bâcler*). **1.** Rupture des glaces d'un fleuve gelé. **2.** Débandade, déroute.

DÉBÂCLER v.t. Ôter la bâcle fermant une porte, une fenêtre. ◆ v.i. En parlant d'une rivière, avoir sa couche de glace rompue et emportée par le courant.

DÉBAGOULER v.i. Vx et pop. Vomir. ◆ v.t. Pop. Proférer (une suite de paroles, d'injures).

DÉBÂILLONNER v.t. **1.** Débarrasser (qqn) d'un bâillon. **2.** Fig. Rendre la liberté d'expression à. *Débâillonner la presse.*

DÉBALLAGE n.m. **1.** Action de déballer ; ce qui est déballé. **2.** Étalage de marchandises en vrac ; commerce à bas prix de ces marchandises, dans une installation provisoire. **3.** Fam. Confession sans retenue.

DÉBALLASTAGE n.m. Vidange des ballasts d'un navire.

DÉBALLER v.t. (de *balle,* paquet de marchandises). **1.** Sortir (une marchandise) de son emballage. **2.** Étaler (des marchandises). **3.** Fam. Exposer, confier sans retenue.

DÉBALLONNER (SE) v.pr. Fam. Renoncer à qqch par manque de courage ; se dégonfler.

DÉBALOURDER v.t. MÉCAN. Annuler, au moyen de masselottes, le balourd de. *Débalourder une pièce.*

DÉBANDADE n.f. Fait de se disperser en désordre, déroute.

1. DÉBANDER v.t. **1.** Enlever une bande, un bandage de. **2.** Détendre. *Débander un arc, un ressort.*

2. DÉBANDER v.t. (de *bande,* troupe). Litt. Disperser (une troupe). ◆ **se débander** v.pr. Litt. Rompre les rangs, se disperser en désordre.

DÉBAPTISER [debatize] v.t. Changer le nom de qqch. *Débaptiser une rue.*

DÉBARBOUILLAGE n.m. Action de débarbouiller, de se débarbouiller.

DÉBARBOUILLER v.t. Laver, nettoyer, en particulier le visage. *Débarbouiller un enfant.*

◆ **se débarbouiller** v.pr. Se laver le visage ; faire sa toilette.

DÉBARBOUILLETTE n.f. Canada. Carré de tissu-éponge pour faire sa toilette.

DÉBARCADÈRE n.m. Quai, môle ou jetée sur la mer, ou sur un fleuve, utilisés pour le débarquement des marchandises, des voyageurs.

DÉBARDAGE n.m. Action de débarder ; son résultat.

DÉBARDER v.t. (de *bard,* civière). **1.** Débarquer, décharger des bois de flottage, des marchandises. **2.** Transporter, des lieux d'abattage jusqu'à leur lieu d'enlèvement, des bois coupés et façonnés sur place.

DÉBARDEUR n.m. **I. 1.** Ouvrier qui charge ou décharge des marchandises sur un navire, un camion, etc. **2.** Personne qui débarde du bois. **II.** Tricot court, décolleté et sans manches.

DÉBARQUÉ, E adj. et n. Qui vient de débarquer. ◇ Fam. *Un nouveau débarqué :* un nouveau venu qui ne connaît pas les usages, les habitudes du milieu dans lequel il arrive.

DÉBARQUEMENT n.m. **1.** Action de débarquer des marchandises, des passagers. **2.** Action d'une personne qui débarque. **3.** MIL. Transport, entre les navires de guerre et un littoral (génér. occupé), de troupes, de matériel et d'armement.

DÉBARQUER v.t. (de *barque*). **1.** Faire descendre à terre les passagers ; enlever les marchandises, d'un navire, d'un train, d'un avion. **2.** Fam. Se débarrasser de qqn ; l'écarter d'un poste. ◆ v.i. Quitter un navire, descendre d'un train, d'un avion. ◇ Fam. Arriver à l'improviste chez qqn. ◇ Fam. Ne pas être au courant des évènements.

DÉBARRAS [debara] n.m. **1.** Fam. Délivrance de ce qui embarrassait. *Il est parti, bon débarras !* **2.** Lieu où l'on remise des objets encombrants.

DÉBARRASSER v.t. (lat. *de* et *barra,* barre). **1.** Enlever ce qui embarrasse, encombre. *Débarrasser la cave d'objets inutiles.* **2.** *Débarrasser qqn,* l'aider à ôter ou à poser les vêtements ou les objets qu'il portait à l'extérieur. **3.** *Débarrasser (la table) :* enlever les couverts, les restes du repas. **4.** Faire en sorte que qqn soit libéré de qqn ou de qqch. *Débarrassez-moi de cet importun. Ça m'a débarrassée de mon envie de fumer.* ◆ **se débarrasser** v.pr. Se défaire de qqch, éloigner qqn.

DÉBARRER v.t. **1.** Vx ou région. Enlever la barre (d'une porte, d'une fenêtre). **2.** Canada. Déverrouiller.

DÉBAT n.m. **1.** Examen d'un problème entraînant une discussion animée, parfois dirigée, entre personnes d'avis différents. **2.** Conflit intérieur. **3.** (Apposé à un nom, indiquant l'évènement, prétexte à la discussion). *Un déjeuner-débat.* ◆ pl. **1.** Discussion d'un problème au sein d'une assemblée parlementaire. **2.** Phase d'un procès durant l'audience où la parole est donnée aux parties et aux avocats.

DEBATER n.m. → ***débatteur.***

DÉBÂTER v.t. Enlever le bât à (une bête de somme). *Débâter un âne.*

DÉBÂTIR v.t. Défaire le bâti de (une couture).

DÉBATTEMENT n.m. Oscillation verticale d'un essieu par rapport au châssis, due à la flexibilité de la suspension ; amplitude maximale du déplacement correspondant.

DÉBATTEUR ou **DEBATER** [debatœr] n.m. (de l'angl.). Orateur habile, à l'aise dans les débats publics.

DÉBATTRE v.t. et t. ind. 83. *Débattre qqch, de qqch,* le discuter, en discuter en examinant tous les aspects. *Débattre une question. Débattre de la peine de mort.* ◆ v.t. *Débattre un prix,* le discuter pour le faire baisser. ◆ **se débattre** v.pr. **1.** Lutter pour se dégager, se défendre. *Le poisson se débat.* **2.** Se démener pour sortir d'une situation difficile. *Se débattre dans des problèmes financiers.*

DÉBATTUE n.f. Suisse. Onglée.

DÉBAUCHAGE n.m. Action de débaucher (un salarié).

DÉBAUCHE n.f. **1.** Recherche immodérée des plaisirs sensuels. *Se livrer à la débauche.* **2.** Fig. Abus, excès. *Une débauche de couleurs.*

DÉBAUCHÉ, E adj. et n. Qui se livre à la débauche.

DÉBAUCHER v.t. **I. 1.** Inciter qqn à quitter son emploi. **2.** Licencier (faute de travail). **II. 1.** Entraîner (qqn) à une vie dissolue. **2.** Fam. Détourner qqn momentanément de son travail, d'une occupation sérieuse, pour le distraire.

DÉBECTER 3, **DÉBECQUETER** ou **DÉBÉQUETER** v.t. 27. Fam. Dégoûter. – REM. Pour l'orthographe, *débecqueter* et *débéqueter* se conforment au modèle 27 de conjugaison, mais leur prononciation s'aligne sur celle de *débecter.*

DÉBENZOLAGE n.m. Extraction du benzol du gaz de houille.

DÉBENZOLER v.t. Extraire le benzol du gaz de houille.

DÉBET [debɛ] n.m. (lat. *debet,* il doit). FIN. Somme qui reste due à l'arrêt d'un compte.

DÉBILE adj. (lat. *debilis*). **1.** Faible de constitution physique, qui manque de vigueur. **2.** Fam. Stupide. ◆ n. **1.** *Débile mental* ou *débile :* sujet atteint de débilité mentale. (Le *débile léger* a un Q.I. compris entre 50 et 75 ; le *débile profond* a un Q.I. inférieur à 30.) **2.** Fam. Imbécile, idiot.

DÉBILEMENT adv. D'une manière débile.

DÉBILISATION n.f. PSYCHIATRIE. Évolution d'un trouble psychique vers un déficit intellectuel.

DÉBILITANT, E adj. Qui débilite ; déprimant.

DÉBILITÉ n.f. **1.** Litt. État d'extrême faiblesse. **2.** PSYCHIATRIE. *Débilité mentale :* état dû à l'insuffisance du développement intellectuel.

DÉBILITER v.t. Affaiblir physiquement ou moralement. *Climat qui débilite.*

DÉBILLARDER v.t. (de *billard,* pièce de bois). Tailler une pièce de bois ou une pierre pour lui donner une forme courbe.

DÉBINE n.f. Pop. Misère. *Être dans la débine.*

1. DÉBINER v.t. (de *biner,* bêcher). Pop. Dénigrer, médire de.

2. DÉBINER (SE) v.pr. (du rouchi *biner,* fuir). Pop. S'enfuir.

DÉBINEUR, EUSE n. Pop. Personne qui médit.

DÉBIRENTIER, ÈRE n. (de *débit* et *rentier*). Personne qui doit une rente.

1. DÉBIT [debi] n.m. (de *débiter*). **1.** Vente rapide et continue de marchandises au détail. *Article d'un débit facile.* **2.** *Débit de tabac, de boissons :* établissements où l'on vend du tabac, où des boissons peuvent être consommées sur place. **3.** Manière de parler, de réciter ; élocution. *Avoir le débit rapide.* **4.** Manière de débiter le bois. *Débit en rondins.* SYN. : *débitage.* **5.** Quantité de fluide qui s'écoule ou qui est fourni par unité de temps. *Débit d'un cours d'eau, d'une pompe.* **6.** Quantité de personnes, de véhicules, d'informations, volume de marchandises transportés en une unité de temps par un moyen de communication. *Le débit de l'autoroute du Sud à 18 heures. Le débit d'une voie de transmission.*

2. DÉBIT [debi] n.m. (lat. *debitum,* dette). **1.** Compte des sommes qu'une personne doit à une autre. **2.** Partie d'un compte où sont portées les sommes dues. CONTR. : *crédit.*

DÉBITABLE adj. **1.** Qui peut être débité. *Bois débitable.* **2.** Qui peut être rendu débiteur.

DÉBITAGE n.m. Action de débiter du bois, de la pierre, etc. ; son résultat.

DÉBITANT, E n. **1.** Détaillant(e). **2.** Commerçant(e) qui tient un débit (boissons, tabac, etc.).

1. DÉBITER v.t. (anc. scand. *bitte,* billot). **1.** Découper en morceaux. *Débiter un bœuf.* ◇ Réduire du bois en planches, en bûches, etc. **2.** Vendre au détail. *Débiter du vin.* **3.** Produire, fournir une certaine quantité de matière en un temps donné. *Débiter 30 000 litres à l'heure.* **4.** Énoncer, réciter avec monotonie. *Débiter son rôle.* **5.** Péj. Raconter, répandre. *Débiter des mensonges, des sottises.*

2. DÉBITER v.t. Porter un article ou une somme au débit de. *Débiter un compte.* CONTR. : *créditer.*

DÉBITEUR, TRICE n. **1.** Personne qui doit (par opp. à *créancier*). **2.** Personne qui a une dette morale, qui est l'obligée de qqn. ◆ adj. *Compte débiteur,* qui se trouve en débit.

DÉBITMÈTRE [debimɛtr] n.m. Appareil de mesure, de contrôle ou de réglage du débit d'un fluide.

DÉBLAI n.m. TR. PUBL. Enlèvement de terres pour niveler ou abaisser le sol. ◆ pl. Débris de construction, terrains enlevés.

DÉBLAIEMENT ou **DÉBLAYAGE** n.m. Action de déblayer.

DÉBLATÉRER v.t. ind. [*contre*] (lat. *deblaterare,* bavarder) 18. Fam. Parler avec violence (contre qqn ou qqch) ; dénigrer, vitupérer.

DÉBLAYER v.t. (anc. fr. *desbleer,* enlever le blé) 11. **1.** Enlever des terres, des décombres. **2.** Dégager de ce qui encombre. *Déblayer un chemin.* ◇ Fig. *Déblayer le terrain :* aplanir au préalable les difficultés.

DÉBLOCAGE n.m. Action de débloquer.

DÉBLOQUER v.t. **1.** Remettre en mouvement (une machine, un mécanisme), desserrer. *Débloquer un verrou, des freins.* **2.** Lever l'interdiction de transporter ou de vendre des denrées, de disposer librement de crédits ou de comptes en banque. *Débloquer les produits laitiers.* **3.** Lever les obstacles qui bloquent un processus, une situation. ◇ *Débloquer les prix, les salaires,* les libérer, permettre leur variation. ◆ v.i. Fam. Dire n'importe quoi, divaguer.

DÉBOBINER v.t. Dérouler (ce qui était en bobine). ◇ Spécialt. En électrotechnique, démonter les enroulements d'une machine ou d'un appareil électrique.

DÉBOGUER v.t. INFORM. Supprimer les bogues d'un programme.

DÉBOIRES n.m. pl. Déceptions, échecs amèrement ressentis.

DÉBOISAGE n.m. MIN. Action de déboiser (une galerie de mine).

DÉBOISEMENT n.m. Action de déboiser (un terrain, une montagne) ; son résultat.

DÉBOISER v.t. **1.** Dégarnir (un terrain, une région) de ses arbres, de ses forêts. **2.** MIN. Enlever le boisage (d'une galerie). ◆ **se déboiser** v.pr. Perdre ses arbres, en parlant d'une montagne, d'une région.

DÉBOÎTEMENT n.m. Action de déboîter ; son résultat. ◇ Spécialt. Déplacement d'un os de son articulation ; luxation.

DÉBOÎTER v.t. **1.** Séparer (un objet) d'un autre objet dans lequel il s'emboîte. *Déboîter des tuyaux.* **2.** PATHOL. Faire sortir (un os) de sa cavité articulaire. *Le choc lui a déboîté l'épaule.* ◆ v.i. Sortir d'une file en se déportant sur la gauche ou sur la droite, en parlant d'un véhicule.

DÉBONDER v.t. Retirer la bonde (d'un tonneau, d'un réservoir). ◆ **se débonder** v.pr. **1.** Perdre sa bonde, se vider. **2.** Fig. S'épancher.

DÉBONNAIRE adj. Bon jusqu'à la faiblesse. *Un air débonnaire.*

DÉBONNAIREMENT adv. De façon débonnaire.

DÉBONNAIRETÉ n.f. Litt. Caractère débonnaire (d'une personne, d'un comportement).

DÉBORD n.m. (de *déborder*). **1.** COMM. Excédent de marchandises. **2.** CH. DE F. *Voie de débord :* voie qui permet le chargement et le déchargement directs des wagons dans les véhicules routiers.

DÉBORDANT, E adj. **1.** Qui déborde. **2.** Fig. Qui ne peut se contenir, qui se manifeste avec exaltation, en parlant de qqn, d'un sentiment.

DÉBORDEMENT n.m. **1.** Fait de déborder. ◇ Spécialt. Déversement des eaux d'un cours d'eau par-dessus les bords de son lit. **2.** Fig. Grande abondance, profusion (de qqch). *Un débordement de belles paroles.* **3.** Fait d'être dépassé, débordé dans son action, notamm. dans le domaine politique. *Débordement sur sa droite, sur sa gauche* (d'un parti, etc.). ◆ pl. Litt. Excès, débauches.

DÉBORDER v.i. **1.** Dépasser les bords de (qqch), se répandre hors de son contenant. *La rivière déborde. Le lait bouillant déborde.* **2.** Être plein, ne plus pouvoir contenir, en parlant du contenant. *La baignoire déborde.* ◇ Fig. *La coupe déborde :* la mesure est à son comble. **3.** Dépasser un bord, une limite, s'étendre au-delà. *Ton rouge à lèvres déborde.* **4.** Fig. Se manifester avec exubérance, en parlant d'un sentiment. *Sa joie déborde.* ◆ v.t. **1.** S'étendre au-delà de la limite de qqch. *La terrasse déborde la maison.* ◇ *Débor-*

der un sujet : sortir des limites de ce sujet. **2.** *Déborder qqn, un groupe,* l'accabler, le submerger. *Les évènements l'ont débordé.* ◇ *Être débordé :* avoir trop de travail, être surchargé de tâches. **3.** MAR. Pousser au large (un navire, une embarcation). **4.** Ôter les bords, la bordure. *Déborder un chapeau.* ◇ *Déborder un lit :* retirer les bords des draps et des couvertures glissés sous le matelas. ◆ v.t. ind. *(de).* Manifester (un sentiment) avec force. *Il déborde de joie.* ◆ **se déborder** v.pr. Défaire involontairement les draps de son lit.

DÉBOSSELER v.t. [24]. TECHN. Supprimer les bosses de.

DÉBOTTÉ ou **DÉBOTTER** n.m. *Au débotté* ou *au débotter :* à l'improviste, sans préparation.

DÉBOTTER v.t. Retirer ses bottes à (qqn).

DÉBOUCHAGE n.m. Action de déboucher, d'ôter ce qui bouche.

DÉBOUCHÉ n.m. **1.** Endroit où une rue, un chemin aboutissent. *Le débouché d'une vallée.* **2.** COMM. Marché, possibilité de vente. *La baisse des tarifs douaniers procure de nouveaux débouchés.* ◇ ÉCON. *Loi des débouchés :* théorie économique énoncée par J.-B. Say, selon laquelle toute vente d'un produit crée en retour une possibilité de vente d'un autre produit. **3.** Perspective d'avenir, carrière accessible. *Ce diplôme d'ingénieur offre des débouchés variés.* **4.** MIL. Entrée en action d'une formation militaire.

1. DÉBOUCHER v.t. (de *boucher*). **1.** Ouvrir une bouteille, un flacon, lui enlever son bouchon. **2.** Débarrasser un tuyau, un conduit de ce qui l'obstrue. **3.** ARM. Percer la fusée d'un obus pour provoquer son éclatement à un temps donné après le départ du coup.

2. DÉBOUCHER v.i. (de *bouche*). **1.** Apparaître soudainement, en parlant d'une personne, d'un animal, d'un véhicule. *La voiture débouche sur la route.* **2.** Par ext. Aboutir en un lieu plus large. *La ruelle débouche sur un boulevard.* **3.** Fig. *Déboucher sur (qqch) :* mener, aboutir à. *Les négociations ont débouché sur un compromis.*

DÉBOUCHEUR n.m. Appareil, produit pour déboucher des canalisations.

DÉBOUCLER v.t. **1.** Défaire la boucle ou l'attache de (qqch). *Déboucler une ceinture.* **2.** *Déboucler qqn, ses cheveux :* défaire les boucles. *La pluie l'a débouclé.*

DÉBOUILLIR v.t. [48]. TEXT. Faire bouillir le coton dans une eau alcaline pour le nettoyer et le rendre hydrophile.

DÉBOUILLISSAGE n.m. TEXT. Opération qui consiste à débouillir le coton.

DÉBOULÉ n.m. **1.** CHASSE. Départ soudain (d'un animal) devant le chasseur. ◇ *Au déboulé :* au moment où l'animal sort de son terrier, de son gîte. **2.** SPORTS. Course rapide et puissante d'un joueur de football ou de rugby en pleine vitesse. **3.** CHORÉGR. Pas de danse exécuté en pivotant rapidement sur les pointes ou les demi-pointes.

DÉBOULER v.i. (de *boule*). Partir à l'improviste devant le chasseur, en parlant du lièvre et du lapin. ◆ v.i. et t. Descendre rapidement. *Débouler dans les escaliers. Débouler les étages.*

DÉBOULONNEMENT ou **DÉBOULONNAGE** n.m. Action de déboulonner ; son résultat.

DÉBOULONNER v.t. **1.** Démonter (ce qui était réuni par des boulons). **2.** Fam. Chasser qqn de sa place ; ruiner son prestige.

DÉBOUQUEMENT n.m. MAR. **1.** Fait de débouquer. **2.** Extrémité d'un canal, d'une passe où l'on débouque.

DÉBOUQUER v.i. (prov. *bouca,* bouche). MAR. Sortir de l'embouchure d'un canal.

DÉBOURBAGE n.m. Action de débourber ; son résultat.

DÉBOURBER v.t. **1.** Retirer la bourbe de (un marais, un étang). ◇ Spécialt. En minéralurgie, laver (un minerai) pour en retirer la gangue. **2.** *Débourber un véhicule,* le tirer d'un endroit bourbeux.

DÉBOURBEUR n.m. TECHN. Appareil destiné à débourber un minerai, un moût, etc.

DÉBOURRAGE n.m. Action de débourrer ; son résultat.

DÉBOURREMENT n.m. ARBOR. Action de débourrer ; épanouissement des bourgeons des arbres, de la vigne.

DÉBOURRER v.t. **1.** Ôter la bourre de. ◇ *Débourrer une pipe,* en ôter la cendre de tabac. **2.** ÉQUIT. Donner le premier dressage à. *Débourrer un poulain.* ◆ v.i. S'ouvrir, en parlant d'un bourgeon.

DÉBOURS [debur] n.m. (Surtout au pl.). Argent avancé. *Rentrer dans ses débours.*

DÉBOURSEMENT n.m. Action de débourser.

DÉBOURSER v.t. Payer, dépenser. *Débourser une grosse somme.*

DÉBOUSSOLER v.t. Fam. Désorienter, déconcerter. *Ses problèmes personnels l'ont complètement déboussolé.*

DEBOUT adv. **1.** Sur ses pieds. *Rester debout.* – *Être debout de bonne heure :* être tôt levé. ◇ *Magistrature debout :* le ministère public, par opp. à *magistrature assise.* SYN. : *parquet.* **2.** Posé verticalement, en parlant d'une chose. – *Il reste encore quelques maisons debout,* en bon état, non détruites. ◇ *Mettre debout* (une affaire, un projet), l'organiser. – *Tenir debout :* être vraisemblable, cohérent. **3.** *Vent debout,* soufflant de face, en sens contraire à la marche. ◆ interj. *Debout ! :* levez-vous !

1. DÉBOUTÉ n.m. DR. Rejet d'une demande faite en justice.

2. DÉBOUTÉ, E n. Plaideur dont la demande en justice est rejetée.

DÉBOUTEMENT n.m. DR. Action de débouter ; son résultat.

DÉBOUTER v.t. DR. Rejeter par décision judiciaire la demande de qqn.

DÉBOUTONNAGE n.m. Action de déboutonner, de se déboutonner ; son résultat.

DÉBOUTONNER v.t. Dégager (un bouton) de sa boutonnière. – *Déboutonner un vêtement,* l'ouvrir en dégageant les boutons des boutonnières. ◆ **se déboutonner** v.pr. **1.** Déboutonner son vêtement. **2.** Fam. **a.** Parler sans contrainte, à cœur ouvert. **b.** Avouer sa culpabilité.

1. DÉBRAILLÉ, E adj. **1.** Se dit d'une personne dont la mise est négligée, ou désordonnée. **2.** Litt. Sans retenue, d'une liberté choquante.

2. DÉBRAILLÉ n.m. Tenue négligée.

DÉBRAILLER (SE) v.pr. (de l'anc. fr. *braiel,* ceinture). **1.** Se découvrir la poitrine de façon peu convenable. **2.** Fig. Prendre un ton trop libre, ne plus respecter les convenances.

DÉBRANCHEMENT n.m. Action de débrancher ; son résultat.

DÉBRANCHER v.t. **1.** Interrompre la connexion, le branchement de ; déconnecter. **2.** CH. DE F. Séparer et envoyer sur les voies de classement (les wagons, les voitures d'une rame, dans une gare de triage).

DÉBRASAGE n.m. TECHN. Action de débraser ; son résultat. SYN. (impropre) : *dessoudure.*

DÉBRASER v.t. TECHN. Séparer deux pièces jointes par brasage, en faisant fondre la brasure. SYN. (impropre) : *dessouder.*

DÉBRAYAGE n.m. **1.** Action de débrayer. ◇ Spécialt. Action de supprimer la liaison entre l'arbre moteur et les roues d'une automobile. **2.** Grève de courte durée.

DÉBRAYER v.t. [11]. MÉCAN. Séparer (un arbre entraîné) de l'arbre moteur ou conducteur. ◇ (Sans compl.). Manœuvrer la pédale de débrayage d'une voiture pour passer les vitesses. ◆ v.i. Fam. Cesser volontairement le travail dans une entreprise pendant une courte durée.

DÉBRIDÉ, E adj. Sans contrainte, sans retenue. *Imagination débridée.*

DÉBRIDEMENT n.m. **1.** Action de débrider. **2.** Litt. Absence de retenue, déchaînement.

DÉBRIDER v.t. **1.** Ôter la bride à (un animal). ◇ Litt. *Sans débrider :* sans interruption. **2.** CHIR. Sectionner les brides de (un organe, une plaie). **3.** CUIS. Enlever les ficelles qui entourent (un rôti, une volaille).

DÉBRIS n.m. (de *briser*). **1.** Morceau, fragment (d'une chose brisée, détruite). *Débris de verre.* **2.** Ce qui reste après la destruction d'une chose, ruine. *Débris d'un empire.*

DÉBROCHAGE n.m. REL. Action de débrocher.

DÉBROCHER v.t. **1.** REL. Défaire la brochure de (un livre). **2.** Retirer (une volaille, une viande) d'une broche.

DÉBROUILLAGE ou **DÉBROUILLEMENT** n.m. **1.** Action de débrouiller (une chose embrouillée). **2.** Fait de se débrouiller.

DÉBROUILLARD, E adj. et n. Fam. Qui sait se débrouiller, habile.

DÉBROUILLARDISE ou **DÉBROUILLE** n.f. Fam. Habileté à se tirer d'affaire.

DÉBROUILLER v.t. **1.** Démêler, remettre en ordre. *Débrouiller les fils d'un écheveau.* **2.** Éclaircir, élucider. *Débrouiller une affaire.* ◆ **se débrouiller** v.pr. Fam. Se tirer d'affaire en faisant preuve d'ingéniosité.

DÉBROUSSAILLEMENT ou **DÉBROUSSAILLAGE** n.m. Action de débroussailler ; son résultat.

DÉBROUSSAILLER v.t. **1.** Couper, arracher les broussailles de (un terrain). **2.** Commencer à préparer, à étudier.

DÉBROUSSAILLEUSE n.f. Machine à coupe rotative utilisée pour le défrichement.

DÉBROUSSER v.t. Afrique. Défricher.

1. DÉBUCHER v.i. (de *bûche*). VÉN. Sortir du bois, en parlant du gibier. ◆ v.t. Faire sortir (le gibier) du bois. *Débucher un cerf.*

2. DÉBUCHER ou **DÉBUCHÉ** n.m. VÉN. **1.** Moment où la bête chassée débuche. **2.** Sonnerie de trompe qui annonce ce moment.

DÉBUDGÉTISATION n.f. Action de débudgétiser ; son résultat.

DÉBUDGÉTISER v.t. Supprimer (une dépense budgétaire) et couvrir la charge correspondante par une autre forme de financement.

DÉBUREAUCRATISER v.t. Enlever son caractère bureaucratique à (un organisme, un type de société).

DÉBUSQUEMENT n.m. Action de débusquer ; son résultat.

DÉBUSQUER v.t. **1.** Faire sortir le gibier du bois, de son refuge. *Débusquer un cerf.* **2.** Obliger (qqn) à quitter une position avantageuse, un refuge ; chasser. *Débusquer un ennemi.*

DÉBUT n.m. Commencement d'une chose, d'une action. *Début d'un livre, d'un film.* ◆ pl. Premiers pas dans une carrière, une activité quelconque. *Avoir des débuts difficiles.*

DÉBUTANT, E adj. et n. Qui débute.

DÉBUTANTE n.f. Jeune fille de la haute société faisant son entrée dans le monde. Abrév. (fam.) : *deb.*

DÉBUTER v.i. (de *but*). **1.** Commencer, en parlant d'une chose, d'une action. *La séance débute à neuf heures.* **2.** Faire ses débuts. *Acteur qui débute.* ◆ v.t. Fam. (Emploi critiqué). Commencer (qqch). *Elle a débuté le grec en seconde.*

DEBYE [dəbaj] n.m. (de *Debye,* n. pr.). Unité de moment dipolaire électrique.

DÉCA n.m. Fam. Café décaféiné.

DÉCA- (gr. *deka,* dix), préfixe (symb. da) qui, placé devant une unité, la multiplie par 10.

DEÇÀ adv. *Deçà delà :* de côté et d'autre. ◆ loc. prép. *En deçà de :* **1.** De ce côté-ci de. *En deçà des Pyrénées.* **2.** Au-dessous. *En deçà de la vérité.*

DÉCABRISTE ou **DÉCEMBRISTE** n.m. HIST. Membre de la conspiration organisée à Saint-Pétersbourg, en décembre 1825, contre Nicolas Ier.

DÉCACHETAGE n.m. Action de décacheter.

DÉCACHETER v.t. [27]. Ouvrir (ce qui est cacheté). *Décacheter une bouteille, une lettre.*

DÉCADAIRE adj. D'une période de dix jours, spécialement dans le calendrier républicain.

DÉCADE n.f. (gr. *dekas, dekados,* groupe de dix). **1.** Partie d'un ouvrage composé de dix chapitres ou livres. *Les décades de Tite-Live.* **2.** Période de dix jours, en partic. dans le calendrier républicain. **3.** (Emploi critiqué). Décennie. *La dernière décade du XIXe siècle.*

DÉCADENASSER v.t. Enlever le cadenas de (une porte, une malle, etc.).

DÉCADENCE n.f. (lat. *decadentia,* de *cadere,* tomber). Commencement de la ruine, perte de prestige ; déclin politique.

DÉCADENT, E adj. et n. En décadence. ◇ Se dit d'écrivains et d'artistes pessimistes et marginaux de la fin du XIXe s., précurseurs du symbolisme.

DÉCADI n.m. Dixième et dernier jour de la décade, dans le calendrier républicain.

DÉCADRAGE n.m. CIN. Défaut dans le cadrage de l'image lors de sa projection à l'écran.

DÉCADRER v.t. MIN. Enlever les cadres de (une galerie de mine).

DÉCAÈDRE n.m. MATH. Solide à dix faces.

DÉCAFÉINÉ, E adj. Dont on a enlevé la caféine. ◆ n.m. Café décaféiné. Abrév. (fam.) : *déca*.

DÉCAGONAL, E, AUX adj. MATH. Relatif au décagone ; qui a dix angles.

DÉCAGONE n.m. MATH. Polygone qui a dix angles, et par conséquent dix côtés.

DÉCAISSEMENT n.m. Action de décaisser ; somme décaissée.

DÉCAISSER v.t. **1.** Tirer d'une caisse. *Décaisser des marchandises.* **2.** Tirer de la caisse pour payer. *Décaisser une grosse somme.*

DÉCALAGE n.m. **1.** Déplacement dans l'espace ou dans le temps ; écart qui en résulte. *Décalage de date.* ◇ ASTRON. *Décalage vers le rouge :* déplacement vers le rouge des raies du spectre d'un astre par rapport à celles d'un spectre de référence, sous l'effet de l'éloignement de cet astre par rapport à la Terre. **2.** Manque de concordance. *Décalage entre la pratique et la théorie.* **3.** Action de retirer des cales.

DÉCALAMINAGE n.m. MÉTALL. Action de décalaminer ; son résultat.

DÉCALAMINER v.t. Enlever la calamine de (une surface métallique).

DÉCALCIFICATION n.f. **1.** MÉD. Diminution du taux de calcium contenu dans l'organisme. *Décalcification des os.* **2.** Diminution de la fraction calcaire de (certains minéraux, certaines roches).

DÉCALCIFIER v.t. Faire subir à un organisme la décalcification. ◆ **se décalcifier** v.pr. Être atteint de décalcification.

DÉCALCOMANIE n.f. Procédé permettant de transporter une image dessinée sur un support à décorer ; image ainsi obtenue.

DÉCALÉ, E adj. Se dit de qqn, qqch qui n'est pas en phase avec la réalité, un contexte donné. *Un personnage, un discours décalé.*

DÉCALER v.t. **1.** Ôter les cales de (qqch). *Décaler une armoire.* **2.** Déplacer dans l'espace ou dans le temps. *Décaler les repas.*

DÉCALITRE n.m. Mesure de capacité valant 10 litres (symb. dal).

DÉCALOGUE n.m. (gr. *deka,* dix, et *logos,* parole). RELIG. Les dix commandements de Dieu, donnés à Moïse sur le Sinaï, selon la Bible.

DÉCALOTTER v.t. Débarrasser de ce qui coiffe, couvre à la manière d'une calotte. ◇ Spécialt. Dégager (le gland) en tirant le prépuce vers la base de la verge.

DÉCALQUAGE ou **DÉCALQUE** n.m. Action de décalquer ; image ainsi obtenue.

DÉCALQUER v.t. Reporter le calque de (un dessin) sur un support ; reproduire (un dessin) au moyen d'un calque.

DÉCALVANT, E adj. MÉD. Qui fait perdre les cheveux.

DÉCAMÈTRE n.m. **1.** Mesure de longueur de dix mètres (symb. dam). **2.** Chaîne ou ruban d'acier de dix mètres, pour mesurer des distances sur le terrain.

DÉCAMÉTRIQUE adj. Dont la longueur d'onde est comprise entre 10 et 100 mètres.

DÉCAMPER v.i. (de *camp*). Fam. Se retirer précipitamment, s'enfuir.

DÉCAN n.m. (gr. *deka,* dix). ASTROL. Région du ciel s'étalant sur 10° de longitude dans chacun des signes du zodiaque. (Chaque signe comporte trois décans.)

DÉCANAL, E, AUX adj. Relatif au décanat.

DÉCANAT n.m. **1.** Dignité, fonction de doyen. **2.** Ensemble des services placés sous l'autorité d'un doyen ; locaux, bureaux qui les abritent.

DÉCANILLER v.i. Arg. S'enfuir, déguerpir.

DÉCANTATION n.f. ou **DÉCANTAGE** n.m. Action de décanter ; fait de se décanter.

DÉCANTER v.t. (du lat. *canthus,* bec de cruche). **1.** Débarrasser un liquide de ses impuretés en les laissant se déposer au fond d'un récipient. **2.** Fig. Éclaircir, mettre au net. *Décanter ses idées.* ◆ **se décanter** v.pr. S'épurer, s'éclaircir.

1. DÉCANTEUR, EUSE adj. Qui décante.

2. DÉCANTEUR n.m. Appareil pour la décantation.

DÉCAPAGE n.m. **1.** Action de décaper ; son résultat. **2.** MIN. Découverture.

1. DÉCAPANT, E adj. **1.** Qui décape. **2.** Fig. Qui exerce un effet bénéfique en remettant en cause les habitudes de pensée, les idées reçues ; caustique et stimulant. *Un humour décapant.*

2. DÉCAPANT n.m. Produit utilisé pour décaper.

DÉCAPELER v.t. [24]. Enlever le capelage de.

DÉCAPER v.t. (de *cape*). Nettoyer une surface en enlevant la couche d'impuretés qui la recouvre.

DÉCAPEUR, EUSE n. Ouvrier, ouvrière qui effectue le décapage des pièces métalliques.

DÉCAPEUSE n.f. Engin de terrassement constitué par une benne surbaissée permettant d'araser le sol par raclage. SYN. (anglic. déconseillé) : *scraper.*

DÉCAPITALISER v.i. Diminuer la valeur du capital d'une entreprise ; retirer tout ou partie du capital qui y était investi.

DÉCAPITATION n.f. Action de décapiter (qqn, qqch) ; fait d'être décapité.

DÉCAPITER v.t. (du lat. *caput, capitis,* tête). **1. a.** Trancher la tête de (qqn). **b.** Ôter l'extrémité supérieure de (qqch). **2.** Fig. Priver (un groupe, un parti, etc.) de ses dirigeants, de ses responsables.

DÉCAPODE n.m. *Décapodes :* ordre de crustacés supérieurs, généralement marins, ayant cinq paires de grandes pattes thoraciques, et souvent de grande taille, tels que les crabes, les crevettes, le homard, la langouste, l'écrevisse, etc.

DÉCAPOLE n.f. HIST. Groupement, ligue de dix villes.

DÉCAPOTABLE adj. *Voiture décapotable* ou *décapotable,* n.f. : voiture dont la capote peut être enlevée ou repliée.

DÉCAPOTER v.t. Replier, ôter la capote de (une automobile, un landau, etc.).

DÉCAPSULAGE n.m. Action de décapsuler (qqch) ; son résultat.

DÉCAPSULATION n.f. CHIR. Ablation de la capsule d'un viscère.

DÉCAPSULER v.t. Ôter la capsule de.

DÉCAPSULEUR n.m. Instrument pour enlever les capsules des bouteilles.

DÉCAPUCHONNER v.t. Retirer le capuchon de (un stylo, etc.).

DÉCARBONATER v.t. Enlever l'anhydride carbonique de (une substance).

DÉCARBOXYLATION n.f. Réaction au cours de laquelle une molécule d'anhydride carbonique est enlevée d'une molécule contenant un groupe carboxyle.

DÉCARBURATION n.f. Élimination de tout ou partie du carbone, d'un produit métallurgique en partic. *Décarburation de la fonte.*

DÉCARBURER v.t. Effectuer la décarburation de.

DÉCARCASSER (SE) v.pr. Fam. Se donner du mal pour obtenir un résultat.

DÉCARCÉRATION n.f. Désincarcération.

DÉCARRELER v.t. [24]. Enlever les carreaux de. *Décarreler un mur, un sol.*

DÉCARTELLISATION n.f. Action de dissoudre légalement un cartel d'entreprises, de producteurs, etc. ; son résultat.

DÉCASYLLABE adj. et n.m. ou **DÉCASYLLABIQUE** adj. Qui a dix syllabes. *Vers décasyllabe.*

DÉCATHLON n.m. Épreuve masculine combinée d'athlétisme, comprenant dix spécialités différentes de course (100 m, 400 m, 1 500 m, 110 m haies), de saut (hauteur, longueur, perche) et de lancer (poids, disque, javelot).

DÉCATHLONIEN n.m. Athlète spécialiste du décathlon, ou qui participe à un décathlon.

DÉCATI, E adj. **1.** Qui a perdu son aspect lustré, en parlant d'un tissu. **2.** Fig., fam. Qui a perdu sa fraîcheur, sa jeunesse. *Vieillard décati.*

DÉCATIR v.t. Soumettre (un tissu) à l'action de la vapeur pour lui ôter son aspect lustré. ◆ **se décatir** v.pr. Fig. Perdre, avoir perdu sa jeunesse, sa fraîcheur ; vieillir.

DÉCATISSAGE n.m. Action de décatir (un tissu) ; son résultat.

DÉCAUSER v.i. Belgique. Dénigrer, médire.

DECAUVILLE n.m. (du n. de l'inventeur). Chemin de fer constitué par une voie portative de faible écartement (0,4 à 0,6 m), utilisé notamm. dans les chantiers, les carrières.

DÉCAVAILLONNER v.t. Labourer de façon à fendre les cavaillons entre les pieds de vigne.

DÉCAVAILLONNEUSE n.f. Charrue qui sert à décavaillonner.

DÉCAVÉ, E n. et adj. Fam., vieilli. Personne qui a tout perdu au jeu, qui a perdu toute sa fortune.

DÉCAVER v.t. Au poker, gagner toute la cave d'un joueur.

DECCA n.m. (nom d'une firme angl.). Système de radionavigation maritime ou aérienne permettant de faire le point sur une carte spéciale.

DÉCÉDER v.i. (lat. *decedere,* s'en aller) [18] [auxil. *être*]. Litt. Mourir, en parlant de qqn.

DÉCELABLE adj. Qui peut être décelé.

DÉCELER [desle] v.t. (de *celer*) [25]. **1.** Parvenir à distinguer d'après des indices ; découvrir, remarquer. **2.** Litt. Révéler. *Cette action décèle son désarroi.*

DÉCÉLÉRATION n.f. Accélération négative ou réduction de la vitesse d'un mobile.

DÉCÉLÉRER v.i. [18]. Ralentir, en parlant d'un mobile.

DÉCEMBRE n.m. (lat. *decembris* [*mensis*], dixième [mois], l'année romaine commençant en mars). Douzième mois de l'année.

DÉCEMBRISTE n.m. → ***décabriste.***

DÉCEMMENT adv. De façon décente.

DÉCEMVIR [desɛmvir] n.m. HIST. Membre d'un collège de dix magistrats dont les fonctions ont varié selon les époques, à Rome.

DÉCEMVIRAL, E, AUX adj. Relatif aux décemvirs.

DÉCEMVIRAT n.m. Dignité de décemvir.

DÉCENCE n.f. (lat. *decentia*). **1.** Respect des convenances, notamm. en matière sexuelle ; pudeur. **2.** Tact, discrétion, réserve.

DÉCENNAL, E, AUX [desenal, o] adj. (lat. *decem,* dix, et *annus,* an). **1.** Qui dure dix ans. *Magistrature décennale.* **2.** Qui revient tous les dix ans.

DÉCENNIE n.f. Période de dix ans.

DÉCENT, E adj. (lat. *decens*). **1.** Conforme à la décence. *Une tenue décente.* **2.** Convenable, suffisant, correct. *Un salaire décent.*

DÉCENTRAGE n.m. **1.** Action de décentrer (qqch) ; son résultat. **2.** OPT. Décentrement.

DÉCENTRALISATEUR, TRICE adj. Relatif à la décentralisation. *Politique décentralisatrice.* ◆ n. Partisan de la décentralisation.

DÉCENTRALISATION n.f. Système d'organisation des structures administratives de l'État, qui accorde des pouvoirs de décision et de gestion à des organes autonomes régionaux ou locaux (collectivités locales, établissements publics).

DÉCENTRALISER v.t. **1.** Opérer la décentralisation de. **2.** Disséminer sur un territoire (des administrations, des industries, etc.) qui se trouvaient groupées en un même lieu, notamm. dans la capitale.

DÉCENTREMENT n.m. **1.** OPT. Défaut d'alignement des centres des lentilles. SYN. : *décentrage.* **2.** PHOT. Mécanisme permettant de décentrer l'objectif d'un appareil photographique.

DÉCENTRER v.t. **1.** Déplacer le centre de qqch ou déplacer (qqch) par rapport à un centre, un axe. **2.** OPT. Affecter d'un décentrement (un système optique, les lentilles qui le composent).

DÉCEPTION n.f. (lat. *deceptio*). Fait d'être déçu, trompé dans son attente, son espérance.

DÉCERCLER v.t. Ôter le, les cercles de (un tonneau, une cuve).

DÉCÉRÉBRATION n.f. Action de décérébrer ; son résultat.

DÉCÉRÉBRER v.t. [18]. Détruire le cerveau de (un être vivant).

DÉCERNER v.t. **1.** Donner, remettre, accorder solennellement. *Décerner un prix.* **2.** DR. Ordonner juridiquement qqch.

DÉCERVELAGE n.m. Action de décerveler ; son résultat.

DÉCERVELER v.t. [24]. **1.** Faire sauter la cervelle à. **2.** Fam. Rendre stupide, abrutir.

DÉCÈS [desɛ] n.m. (lat. *decessus*). Mort de qqn. ◇ *Acte de décès :* acte établi à la mairie du lieu où un décès se produit, et qui constate officiellement celui-ci.

DÉCEVANT, E adj. **1.** Qui déçoit ; trompeur. **2.** ZOOL. Qui dissimule. *Homochromie décevante.*

DÉCEVOIR v.t. (lat. *decipere*) [52]. Ne pas répondre à l'attente, aux espoirs de.

DÉCHAÎNÉ, E adj. **1.** Emporté, excité. *Un enfant déchaîné.* **2.** Violent, qui fait rage. *Les vents, les flots déchaînés.*

DÉCHAÎNEMENT n.m. Fait de se déchaîner ; emportement extrême.

DÉCHAÎNER v.t. **1.** Déclencher, provoquer. *Déchaîner l'hilarité.* **2.** Ôter les chaînes de. ◆ **se déchaîner** v.pr. **1.** S'emporter, s'exciter. **2.** Faire rage, en parlant des éléments naturels, d'un sentiment violent.

DÉCHANT n.m. MUS. Mélodie écrite en contrepoint, note contre note, d'un chant donné et évoluant en mouvement contraire.

DÉCHANTER v.i. Être déçu, désillusionné.

DÉCHAPERONNER v.t. CHASSE. Ôter le chaperon d'un oiseau de proie, faucon notamm., dressé pour le vol.

DÉCHARGE n.f. **1.** Action de tirer avec une arme à feu, ou simultanément avec plusieurs armes à feu. *La décharge d'un fusil.* ◇ Projectile tiré. **2.** *Décharge électrique :* phénomène qui se produit quand un corps électrisé perd sa charge. **3.** Lieu où l'on peut déposer les décombres et les immondices, les déchets. **4. Canada.** Cours d'eau dans lequel s'écoule le trop-plein d'un lac ; lieu où s'effectue ce déversement. **5.** ARCHIT. Report de la charge des maçonneries sur des points d'appui solides. ◇ *Arc de décharge,* construit dans le plein d'un mur. **6.** DR. Acte par lequel on tient quitte d'une obligation, d'une responsabilité. – *Témoin à décharge,* qui témoigne en faveur d'un accusé. ◇ *À sa décharge :* pour l'excuser, diminuer sa responsabilité.

DÉCHARGEMENT n.m. **1.** Action de décharger (un véhicule, un navire, etc.) ; son résultat. **2.** Action de décharger, d'ôter la charge de (une arme à feu, un projectile).

DÉCHARGER v.t. [17]. **I. 1.** Débarrasser qqn, qqch de son chargement, de sa charge. *Décharger un wagon.* ◇ Déposer quelque part (des choses transportées). *Décharger des marchandises.* **2.** Libérer qqn d'une fonction, d'une charge. *Il décharge ses parents en les aidant.* **3.** Atténuer ou dégager la responsabilité de qqn. *Décharger un accusé.* **II. 1.** Tirer avec une arme à feu. ◇ Retirer la cartouche d'une arme à feu, la charge d'une mine ou d'un projectile. **2.** Annuler la charge électrique de ; enlever tout ou partie de l'énergie électrique emmagasinée dans. *Décharger un condensateur, un accumulateur.* **3.** Donner libre cours à (un sentiment). *Décharger sa colère sur qqn.* **4.** *Décharger sa conscience :* avouer, faire des aveux. ◆ v.i. **1.** Vider son chargement. **2.** Perdre sa couleur, déteindre. *Étoffe qui décharge au lavage.* ◆ **se décharger** v.pr. Se vider de sa charge, de son chargement. ◇ *Se décharger de (qqch),* s'en libérer, en laisser le soin à d'autres.

DÉCHARGEUR n.m. TECHN. Appareil qui annule les coups de bélier lors d'un arrêt brusque d'une turbine hydraulique.

DÉCHARNÉ, E adj. (de l'anc. fr. *charn,* chair). Très maigre, qui n'a plus que la peau sur les os.

DÉCHARNER v.t. Rare. Rendre décharné.

DÉCHAUMAGE n.m. Action de déchaumer ; son résultat.

DÉCHAUMER v.t. AGRIC. Travailler en surface (un terrain), après la moisson, de façon à mélanger les chaumes à la terre et à débarrasser celle-ci de ses parasites.

DÉCHAUMEUSE n.f. Instrument de labour servant à déchaumer.

DÉCHAUSSAGE n.m. AGRIC. Mise à nu, dégagement de la base d'une plante, d'un arbre.

DÉCHAUSSÉ, E adj. ou **DÉCHAUX** adj.m. *Moine, carme déchaussé :* carme de la réforme de sainte Thérèse, allant pieds nus dans des sandales.

DÉCHAUSSEMENT n.m. Rétraction de la gencive au niveau du collet de la dent.

DÉCHAUSSER v.t. **1.** Ôter ses chaussures à (qqn). **2.** *Déchausser ses skis,* les ôter. **3.** Dépouiller, dégager par le pied ou par la base. *Déchausser un arbre.* ◆ **se déchausser** v.pr. **1.** Enlever ses chaussures. **2.** *Dent qui se déchausse,* qui se dénude au niveau du collet, de la racine.

DÉCHAUSSEUSE n.f. Charrue pour déchausser la vigne.

DÉCHAUX adj.m. → ***déchaussé.***

DÈCHE n.f. Fam. Déchéance, misère. *Être dans la dèche.*

DÉCHÉANCE n.f. Fait de déchoir, d'être déchu, moralement ou socialement ; état de dégradation, d'abaissement des facultés physiques ou intellectuelles. ◇ DR. Perte d'un droit ou d'une fonction, faute d'avoir accompli une formalité ou d'avoir rempli une condition en temps voulu, ou du fait d'une sanction.

DÉCHET [deʃɛ] n.m. (de *déchoir*). **1.** Cour. (souvent au pl.). Débris, restes sans valeur de qqch. **2.** Ce qui tombe d'une matière qu'on travaille. *Déchet de laine.* ◇ *Déchet radioactif :* résidu radioactif inutilisable obtenu lors de la mise en œuvre de matériaux radioactifs (notamm. dans les réacteurs nucléaires). **3.** DR. MAR. *Déchet de route :* freinte.

DÉCHETTERIE n.f. (n. déposé). Centre ouvert au public pour le dépôt sélectif des déchets encombrants ou susceptibles d'être recyclés. (L'Académie écrit *déchèterie.*)

DÉCHIFFONNER v.t. Défroisser (un tissu chiffonné).

DÉCHIFFRABLE adj. Qui peut être déchiffré.

DÉCHIFFRAGE n.m. Action de déchiffrer de la musique.

DÉCHIFFREMENT n.m. Action de déchiffrer un texte écrit en clair ou en code.

DÉCHIFFRER v.t. **1.** Lire, comprendre (un texte écrit peu lisiblement, un texte codé ou une langue inconnue). *Déchiffrer un manuscrit.* **2.** Lire ou exécuter de la musique à première vue. **3.** Comprendre, deviner ce qui est obscur. *Déchiffrer une énigme.*

DÉCHIFFREUR, EUSE n. Personne qui déchiffre.

DÉCHIQUETAGE n.m. Action de déchiqueter ; son résultat.

DÉCHIQUETÉ, E adj. **1.** Mis en pièces, en lambeaux. **2.** Taillé, découpé de façon irrégulière. ◇ BOT. *Feuille déchiquetée,* à bords dentelés inégalement.

DÉCHIQUETER v.t. (anc. fr. *échiqueté,* découpé en cases) [27]. Mettre en pièces, en lambeaux, par arrachement.

DÉCHIQUETEUR n.m. Appareil pour déchiqueter les matières industrielles hétérogènes.

DÉCHIQUETURE n.f. Découpure ; partie déchiquetée de qqch.

DÉCHIRANT, E adj. Qui déchire le cœur, navrant. *Des adieux déchirants.*

DÉCHIREMENT n.m. **1.** Action de déchirer ; fait de se déchirer. **2. Fig.** Grande souffrance morale. *Les déchirements du départ.* ◇ Trouble important, division (notamm. dans un pays, un groupe).

DÉCHIRER v.t. (anc. fr. *escirer,* du francique). **1.** Mettre en pièces, en morceaux ; faire un accroc. *Déchirer une lettre, un vêtement.* **2. Fig.** Diviser par des troubles. *La guerre civile déchire ce pays.* **3. Fig.** Causer une vive douleur, physique ou morale à. ◆ **se déchirer** v.pr. Se causer mutuellement de grandes souffrances morales.

DÉCHIRURE n.f. Partie déchirée de qqch ; accroc. ◇ *Déchirure musculaire :* rupture violente de nombreuses fibres musculaires.

DÉCHLORURER [-klɔ-] v.t. Enlever le chlorure de (une substance).

DÉCHOIR v.i. (lat. *cadere,* tomber) [71] [avec l'auxil. *avoir* ou *être,* selon que l'on veut exprimer l'action ou l'état]. **1.** Tomber à un rang, à un état inférieur. *Déchoir de son rang.* **2.** Litt. Décliner, s'affaiblir. *Son influence déchoit.* ◆ v.t. Déposséder d'un droit, d'un privilège. *Il a été déchu de ses fonctions.*

DÉCHRISTIANISATION [-kris-] n.f. Action de déchristianiser ; son résultat.

DÉCHRISTIANISER [-kris-] v.t. Amener à la perte de la foi chrétienne (une région, un pays ; une personne).

DÉCHU, E adj. Qui a perdu son rang, sa réputation, sa dignité.

DÉCI n.m. Suisse. Dans les cafés, mesure d'un décilitre de vin.

DÉCI- (lat. *decem,* dix), préfixe (symb. d) qui, placé devant une unité, la divise par 10.

DÉCIBEL n.m. Dixième partie du bel, unité (symb. dB) servant en acoustique à définir une échelle d'intensité sonore. ◆ pl. Fam. Bruit intense. *Les décibels produits par un marteau piqueur.*

DÉCIDABILITÉ n.f. LOG. Propriété d'une formule décidable.

DÉCIDABLE adj. LOG. Qui est démontrable ou réfutable dans une théorie déductive. *Formule décidable.*

DÉCIDÉ, E adj. Animé de l'esprit de décision, volontaire ; résolu, assuré. *Un homme décidé.*

DÉCIDÉMENT adv. En définitive. *Décidément, je ne peux plus le supporter.*

DÉCIDER v.t. (lat. *decidere,* trancher). **1.** Déterminer, fixer, décréter (qqch). *Qu'as-tu décidé ? Il a décidé notre perte.* **2.** Pousser à agir, à prendre telle ou telle décision. *Rien à faire pour les décider.* **3.** Provoquer, entraîner (qqch). *Ce scandale décida la chute du ministère.* ◆ v.t. ind. ***(de).*** **1.** Prendre la décision, le parti de. *J'ai décidé d'y aller moi-même.* **2.** Se prononcer sur. *L'enquête décidera de son innocence.* ◆ v.i. Prendre une ou des décisions. *Qui décide ici ?* ◆ **se décider** v.pr. Prendre une décision, une résolution.

DÉCIDEUR, EUSE n. Personne physique ou morale habilitée à prendre des décisions.

DÉCIDU, E adj. (lat. *deciduus,* qui tombe). BOT. Dont les feuilles tombent selon un rythme saisonnier. SYN. : ***caducifolié.***

DÉCIDUALE adj.f. MÉD. *Membrane déciduale* ou *déciduale,* n.f. : caduque.

DÉCIGRADE n.m. Dixième partie du grade (symb. dgr).

DÉCIGRAMME n.m. Dixième partie du gramme (symb. dg).

DÉCILAGE n.m. STAT. Division en déciles.

DÉCILE n.m. STAT. Chacune des 9 valeurs qui divisent une distribution statistique en 10 groupes d'effectifs égaux.

DÉCILITRE n.m. Dixième partie du litre (symb. dl).

DÉCIMAL, E, AUX adj. (lat. *decimus,* dixième). **1.** Qui procède par dix ou par puissance de dix. *Calcul décimal.* **2.** Qui a pour base le nombre dix. *Logarithme décimal, numération décimale.* ◇ *Système décimal,* qui procède par multiplication ou division par une puissance de 10. **3.** *Nombre décimal :* nombre qui est le quotient d'un entier par une puissance entière de 10.

DÉCIMALE n.f. Chacun des chiffres figurant après la virgule dans l'écriture d'un nombre décimal.

DÉCIMALISATION n.f. Application à des grandeurs, à des mesures, du système décimal.

DÉCIMALISER v.t. Normaliser par décimalisation. *Décimaliser un système de mesures.*

DÉCIMATEUR n.m. HIST. Personne qui avait le droit de lever la dîme ecclésiastique.

DÉCIMATION n.f. **1.** Action de décimer. **2.** HIST. MIL. Châtiment consistant à faire périr un soldat sur dix (en cas de rébellion, notamm.).

DÉCIME n.m. (lat. *decimus,* dixième). **1. a.** Impôt supplémentaire d'un dixième par franc, ou principal de certains droits. **b.** HIST. Impôt perçu par le roi de France sur le clergé. **2.** Anc. Dixième partie du franc.

DÉCIMER v.t. Faire périr en grand nombre, exterminer. *Épidémie qui décime une population.*

DÉCIMÈTRE n.m. **1.** Dixième partie du mètre (symb. dm). **2.** Règle divisée en centimètres et en millimètres, d'une longueur de un ou deux décimètres. *Double décimètre.*

DÉCIMÉTRIQUE adj. Qui est de l'ordre du décimètre. ◇ Spécialt. Se dit d'ondes radio dont la longueur d'onde est comprise entre 10 cm et 1 m.

DÉCINTREMENT ou **DÉCINTRAGE** n.m. Action de décintrer ; son résultat.

DÉCINTRER v.t. **1.** Défaire les pinces ou les coutures d'un vêtement afin de le rendre plus ample. **2.** ARCHIT. Ôter les cintres établis pour construire une voûte, un arc, etc.

DÉCISIF, IVE adj. (lat. *decisivus,* de *decidere,* trancher). Qui conduit à un résultat définitif, à une solution. *Combat décisif. Argument décisif.*

DÉCISION n.f. (lat. *decisio*). **1.** Acte par lequel qqn décide, se décide ; chose décidée, résolution prise. *Prendre une bonne, une mauvaise décision.* **2.** Action de décider après délibération ; acte par lequel une autorité décide qqch après examen. *Décision de la mairie. Décisions gouvernementales.* – DR. *Décision exécutoire :* acte unilatéral de l'Administration. ◇ Mesure prise par le président de la République en vertu des pouvoirs exceptionnels prévus par l'article 16 de la Constitution de 1958. **3.** *Théorie de la décision :* théorie qui, à partir de données psychologiques, économiques, sociologiques, etc., tente de déterminer à l'aide, notamment, de modèles mathématiques le comportement optimal dans une situation donnée. **4.** Qualité de qqn qui est résolu, déterminé ; fermeté. *Esprit de décision.*

DÉCISIONNAIRE adj. Qui relève d'une décision d'ordre politique, administratif, judiciaire. *Pouvoir décisionnaire.*

DÉCISIONNEL, ELLE adj. Relatif à une décision, à la prise de décisions. *Processus décisionnels.*

DÉCISOIRE adj. DR. *Serment décisoire :* serment judiciaire imposé par une partie à son adversaire au cours d'un procès civil et dont dépend la solution du litige.

DÉCITEX n.m. TEXT. Unité de titrage des fibres textiles, correspondant à la masse en grammes d'une longueur de 10 000 mètres de produit. (Le décitex a remplacé le denier.)

DÉCLAMATEUR, TRICE adj. Qui déclame. *Ton déclamateur.* ◆ n. Personne qui déclame.

DÉCLAMATION n.f. **1.** Art de déclamer. **2.** Péj. Éloquence pompeuse, emphatique.

DÉCLAMATOIRE adj. **1.** Relatif à l'art de la déclamation, à une déclamation. **2.** Pompeux, emphatique. *Prendre un ton déclamatoire.*

DÉCLAMER v.t. (lat. *declamare*). **1.** Réciter, dire (un texte) devant un public. *Acteur qui déclame une tirade.* **2.** Parler, dire avec emphase. ◆ v.i. Litt. Parler avec violence contre qqn, qqch.

DÉCLARANT, E adj. et n. DR. Qui fait une déclaration (notamm. à un officier d'état civil).

DÉCLARATIF, IVE adj. **1.** DR. *Acte déclaratif,* par lequel on constate l'existence d'un droit préexistant. **2.** LING. Se dit d'un verbe exprimant une assertion (par ex. *dire, déclarer, expliquer*).

DÉCLARATION n.f. **1.** Action de déclarer ; acte, discours par lequel on déclare. *Déclaration publique.* ◇ DR. Affirmation de l'existence d'une situation juridique ou d'un fait. **2.** Aveu qu'une personne fait à une autre des sentiments amoureux qu'elle éprouve à son égard. *Une déclaration enflammée.*

DÉCLARATOIRE adj. DR. Qui déclare juridiquement.

DÉCLARER v.t. (lat. *declarare*). **1.** Exprimer, faire connaître d'une façon manifeste, solennelle. *Déclarer ses intentions. Déclarer la guerre.* **2.** Faire connaître à une administration, conformément à la loi. *Déclarer ses revenus.* ◆ **se déclarer** v.pr. **1.** Faire connaître, exprimer (un sentiment, une idée). **2.** Commencer à apparaître, se manifester. *Maladie qui se déclare.*

DÉCLASSÉ, E adj. et n. Passé à un rang, à un statut inférieur à l'état initial.

DÉCLASSEMENT n.m. Action de déclasser (qqn, qqch) ; son résultat.

DÉCLASSER v.t. **1.** Déranger le classement de. **2.** Faire passer dans une catégorie considérée comme inférieure. **3.** Déprécier, discréditer.

DÉCLAVETER v.t. [27]. Enlever la clavette qui fixe une pièce sur une autre.

DÉCLENCHE n.f. TECHN. Dispositif destiné à séparer deux pièces d'une machine, pour permettre le libre mouvement de l'une d'elles.

DÉCLENCHEMENT n.m. Action de déclencher ; son résultat. Fait de se déclencher.

DÉCLENCHER v.t. (de *clenche*). **1.** Déterminer par un mécanisme la mise en marche, le fonctionnement de. *Déclencher une sonnerie.* **2.** Fig. Provoquer brusquement. *Déclencher un conflit.* ◆ **se déclencher** v.pr. **1.** Se mettre en mouvement, en marche. **2.** Se produire avec une certaine brusquerie. *La crise s'est déclenchée cette nuit.*

DÉCLENCHEUR n.m. Dispositif destiné à séparer deux pièces enclenchées, à mettre un mécanisme en mouvement. ◇ Spécialt. Dispositif qui, dans un appareil photo, commande le fonctionnement de l'obturateur. ◆ adj.m. ÉTHOL. *Stimulus déclencheur* ou *déclencheur,* n.m. : stimulus dont la perception provoque un acte moteur instinctif spécifique. SYN. : *évocateur.*

DÉCLIC [deklik] n.m. (anc. fr. *cliquer,* faire du bruit). **1.** Mécanisme destiné à déclencher un mécanisme (en partic., celui d'un appareil photo) ; bruit provoqué par ce déclenchement. **2.** Fig. Compréhension soudaine et intuitive.

DÉCLIN n.m. Fait de décliner ; diminution de grandeur, de valeur. *Déclin de popularité.*

DÉCLINABLE adj. LING. Qui peut être décliné.

DÉCLINAISON n.f. **1.** LING. Ensemble des formes pourvues d'affixes que présentent, dans les langues flexionnelles, les noms, les adjectifs et les pronoms, suivant le genre, le nombre et le cas. **2.** ASTRON. Distance angulaire d'un point de la sphère céleste au plan équatorial, comptée à partir de ce plan, de 0 à 90°, positivement vers le nord, négativement vers le sud. ◇ *Déclinaison magnétique :* angle formé par le méridien magnétique et le méridien géographique en un point de la surface terrestre. **3.** COMM. Action de décliner un produit, une gamme.

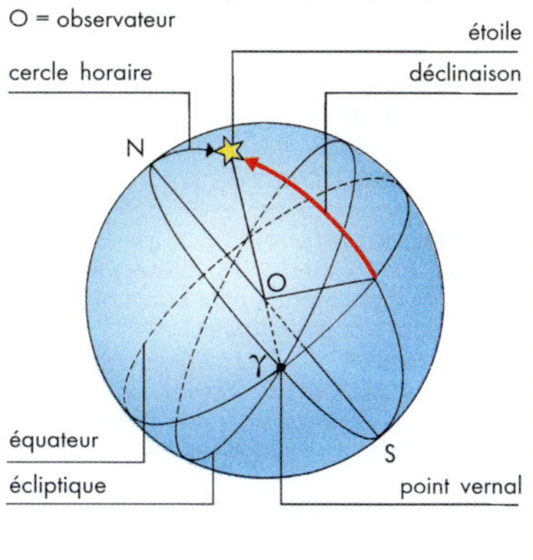

déclinaison d'un astre

DÉCLINANT, E adj. Qui va vers son déclin.

DÉCLINATOIRE n.m. **1.** Longue aiguille aimantée à pivot, utilisée en topographie. **2.** DR. *Déclinatoire (de compétence) :* exception ou acte contestant la compétence d'un tribunal. ◆ adj. DR. Qui a pour but de décliner.

DÉCLINER v.i. (lat. *declinare*). **1.** Aller vers son déclin ; perdre de ses forces, de ses qualités, s'affaiblir. *Vieillard qui décline.* **2.** Tomber, laisser place à la nuit, en parlant du jour. ◇ S'approcher de l'horizon, s'abaisser, en parlant d'un astre. ◆ v.t. **1. a.** Refuser, rejeter. *Décliner un honneur, toute responsabilité.* **b.** DR. Rejeter la compétence d'un tribunal. **2.** Énoncer les différentes formes de la déclinaison d'un nom, d'un pronom, d'un adjectif. ◇ *Décliner son nom, son identité, etc.,* les énoncer avec précision. **3.** Énumérer les composants de. *Le président a décliné les orientations de sa politique.* **4.** COMM. Présenter un produit, une gamme sous plusieurs formes ou en exploiter les différents sous-produits.

DÉCLIQUETAGE n.m. MÉCAN. Action de décliqueter un mécanisme ; son résultat.

DÉCLIQUETER v.t. [27]. Dégager le cliquet d'une roue à rochet.

DÉCLIVE adj. (lat. *declivis*). Rare. Qui va en pente, incliné. *Terrain déclive.*

DÉCLIVITÉ n.f. État de ce qui est en pente.

DÉCLOISONNEMENT n.m. Action de décloisonner ; son résultat.

DÉCLOISONNER v.t. Débarrasser des cloisons, des séparations qui empêchent ou entravent la communication, la libre circulation des idées, des personnes, etc. *Décloisonner des services.*

DÉCLORE v.t. [113]. Rare. Enlever la clôture de.

DÉCLOUER v.t. Défaire (ce qui est cloué).

DÉCO adj. inv. *Arts déco* → ***décoratif.***

DÉCOCHAGE n.m. MÉTALL. Action de décocher une pièce de fonderie.

DÉCOCHER v.t. (de *coche,* entaille). **1. a.** Lancer (un projectile) avec un arc ou un engin analogue. *Décocher une flèche.* **b.** Fig. Envoyer, adresser, dans un but généralement hostile. *Décocher des injures.* **2.** MÉTALL. Sortir une pièce de fonderie du moule où elle a été coulée.

DÉCOCTÉ n.m. Produit d'une décoction.

DÉCOCTION n.f. (lat. *decoquere,* faire cuire). Solution obtenue par l'action prolongée de l'eau bouillante sur (une plante aromatique).

DÉCODAGE n.m. Action de décoder ; son résultat.

DÉCODER v.t. Traduire, déchiffrer (un message, un texte codé).

1. DÉCODEUR n.m. Dispositif de décodage automatique permettant de recevoir certains programmes de télévision ou d'avoir accès à certains services.

2. DÉCODEUR, EUSE n. Personne qui décode.

DÉCOFFRAGE n.m. Action de décoffrer ; son résultat.

DÉCOFFRER v.t. Enlever le coffrage d'un ouvrage de béton après durcissement.

DÉCOIFFER v.t. **1.** Déranger la coiffure, mêler les cheveux de (qqn). *C'est le vent qui m'a décoiffé.* **2.** Ôter le chapeau de (qqn). **3.** Enlever la coiffe qui couvre la fusée d'un projectile.

DÉCOINCEMENT ou **DÉCOINÇAGE** n.m. Action de décoincer ; son résultat.

DÉCOINCER v.t. [16]. Dégager (ce qui est coincé, bloqué). ◆ **se décoincer** v.pr. Se débloquer, être débloqué. ◇ Fig., fam. Perdre sa timidité, sa réserve.

DÉCOLÉRER v.i. [18]. (Surtout en tournure négative). Cesser d'être en colère. *Ne pas décolérer.*

DÉCOLLAGE n.m. **1.** Action, fait de décoller. *Le décollage d'un avion.* **2.** Fig. Fait de s'élever, de se développer. *Le décollage d'une entreprise.*

DÉCOLLATION n.f. (lat. *decollare,* décapiter). Litt. Action de trancher la tête, de couper le cou.

DÉCOLLECTIVISER v.t. Transférer les moyens de production et d'échange du domaine collectif à celui de l'initiative privée.

DÉCOLLEMENT n.m. Action de décoller ; son résultat. Fait de se décoller.

DÉCOLLER v.t. Détacher, séparer (ce qui est collé, ce qui adhère à qqch). *Décoller un timbre.* ◆ v.i. **1.** Quitter le sol, s'envoler, en parlant d'un avion, etc. **2.** Fig. **a.** ÉCON. Se développer, sortir de la stagnation, du sous-développement. **b.** SPORTS. Se séparer du peloton ou de l'entraîneur en se laissant distancer, en parlant d'un coureur. **3.** Fam. *Ne pas décoller :* ne pas s'en aller, demeurer (notamm. là où l'on est importun).

DÉCOLLETAGE n.m. **1.** Action de décolleter un vêtement féminin. **2.** AGRIC. Action de couper le collet et les feuilles de certaines racines cultivées (betteraves, carottes, etc.). **3.** TECHN. Opération qui consiste à fabriquer des vis, des boulons, etc., sur un tour parallèle, en les usinant les uns à la suite des autres dans une barre de métal.

1. DÉCOLLETÉ, E adj. **1.** Dont le haut du buste est nu. **2.** Qui découvre le haut du buste.

2. DÉCOLLETÉ n.m. **1.** Le haut du buste (les épaules, la gorge, le dos...) d'une femme, en tant qu'il est découvert. **2.** Échancrure d'une robe, d'un corsage, etc., dégageant plus ou moins le haut du buste, selon sa forme.

DÉCOLLETER v.t. [27]. **1. a.** Découvrir le haut du buste de (une femme). **b.** Échancrer le haut d'un vêtement. **2.** AGRIC. et TECHN. Pratiquer le décolletage de.

DÉCOLLETEUR, EUSE n. TECHN. Ouvrier, ouvrière travaillant au décolletage.

DÉCOLLETEUSE n.f. **1.** MÉCAN. Tour à décolleter. **2.** Machine agricole pour le décolletage des betteraves.

DÉCOLLEUSE n.f. Machine servant à décoller les revêtements (murs, sols).

DÉCOLONISATION n.f. Action de décoloniser ; situation qui en résulte.

■ Principales étapes de la décolonisation :
1946 : début de la guerre d'Indochine.
1947 : indépendance de l'Inde et du Pakistan.
1949 : indépendance de l'Indonésie et du Laos.
1954 : indépendance du Viêt Nam et du Cambodge. Début de la guerre d'Algérie.
1956 : indépendance de la Tunisie et du Maroc.
1957 : indépendance du Ghana.
1958 : indépendance de la Guinée.
1960 : indépendance du Nigeria et des colonies françaises d'Afrique noire.
1962 : indépendance de l'Algérie.
1975 : indépendance de l'Angola et du Mozambique.

DÉCOLONISER v.t. Accorder l'indépendance à une colonie, la faire accéder au statut d'État.

DÉCOLORANT, E adj. et n.m. Se dit d'une substance qui décolore.

DÉCOLORATION n.f. **1.** Opération qui consiste à éclaircir la couleur naturelle des cheveux. **2.** Disparition ou affaiblissement de la couleur de qqch.

DÉCOLORER v.t. (lat. *decolorare*). Altérer, effacer, éclaircir la couleur de.

DÉCOMBRES n.m. pl. (de l'anc. fr. *decombrer*, débarrasser). Débris d'un édifice ruiné ou écroulé.

DÉCOMMANDER v.t. Annuler (une commande, un rendez-vous, une invitation).

DÉCOMPENSATION n.f. **1.** MÉD. État pathologique dans lequel les troubles dus à une fonction lésée ne sont plus compensés par une adaptation des fonctions restées saines. **2.** PSYCHOL. Effondrement brutal des défenses chez un sujet confronté à une situation difficile ou dangereuse.

DÉCOMPENSER v.i. Subir une décompensation.

DÉCOMPLEXER v.t. Faire perdre ses complexes, sa timidité à (qqn).

DÉCOMPOSABLE adj. Qui peut être décomposé.

DÉCOMPOSER v.t. **1.** Séparer en ses éléments constituants. *Décomposer l'eau. Décomposer une phrase.* **2.** Altérer profondément (une substance organique), putréfier. *Les fermentations décomposent les viandes.* **3.** Fig. Altérer, troubler. *La peur décomposait ses traits.* ◆ **se décomposer** v.pr. **1.** Pourrir ; se putréfier. **2.** Fig. S'altérer sous l'effet d'une émotion intense, d'une violente douleur, en parlant de la physionomie, des traits.

DÉCOMPOSEUR n.m. BIOL. Organisme (bactérie, champignon) qui assure la minéralisation ou la transformation en humus des cadavres, des excréments et des débris végétaux.

DÉCOMPOSITION n.f. **1.** Séparation de qqch en ses éléments constituants ; analyse. **2.** Altération d'une substance organique ; putréfaction. ◇ Fig. Trouble, altération profonde.

DÉCOMPRESSER v.i. Fam. Relâcher sa tension nerveuse, se détendre, après une période d'anxiété ou de fatigue.

DÉCOMPRESSEUR n.m. **1.** Appareil servant à réduire la pression d'un fluide. **2.** Soupape d'un moteur à explosion facilitant le démarrage ou freinant le moteur.

DÉCOMPRESSION n.f. Suppression ou diminution de la pression. ◇ *Accidents de décompression :* troubles survenant chez les plongeurs, les scaphandriers, etc., quand le retour à la pression atmosphérique se fait trop vite.

DÉCOMPRIMER v.t. Faire cesser ou diminuer la compression de.

DÉCOMPTE n.m. **1.** Décomposition d'une somme payée ou à payer en ses éléments de détail. **2.** Déduction à faire sur un compte que l'on solde.

DÉCOMPTER v.t. Soustraire (une somme) d'un compte, déduire. ◆ v.i. Sonner en désaccord avec l'heure indiquée, en parlant d'une horloge.

DÉCONCENTRATION n.f. **1.** Action de déconcentrer ; son résultat ; fait de se déconcentrer. **2.** ADMIN. Système d'organisation des structures de l'État dans lequel certains pouvoirs de décision sont donnés aux agents du pouvoir central répartis sur le territoire.

DÉCONCENTRER v.t. **1.** Diminuer ou supprimer la concentration de ; disséminer. **2.** Faire perdre sa concentration à, distraire l'attention de. **3.** ADMIN. Transférer des pouvoirs de décision à certains agents du pouvoir central. ◆ **se déconcentrer** v.pr. Perdre sa concentration, son attention ; s'éparpiller, se disperser.

DÉCONCERTANT, E adj. Qui déconcerte ; surprenant.

DÉCONCERTER v.t. Jeter dans l'incertitude par une action, un comportement, des paroles inattendues, insolites ; décontenancer.

DÉCONDITIONNEMENT n.m. Action de déconditionner ; son résultat.

DÉCONDITIONNER v.t. Libérer d'un conditionnement psychologique.

DÉCONFIT, E adj. Dépité, décontenancé à la suite d'un échec.

DÉCONFITURE n.f. **1.** Échec total, faillite. **2.** DR. Situation d'un débiteur non commerçant qui ne peut satisfaire ses créanciers.

DÉCONGÉLATION n.f. Action de décongeler.

DÉCONGELER v.t. [25]. Ramener (un produit congelé) à la température ambiante.

DÉCONGESTION n.f. ou **DÉCONGESTIONNEMENT** n.m. Disparition de la congestion.

DÉCONGESTIONNER v.t. **1.** Faire cesser la congestion de. **2.** Fig. Faire cesser l'encombrement de. *Décongestionner le centre d'une ville.*

DÉCONNECTER v.t. **1.** Démonter un raccord branché sur un appareil, une tuyauterie ; faire cesser une connexion électrique ; débrancher. **2.** Séparer (des choses connexes). ◆ v.i. ou **se déconnecter** v.pr. Fam. Perdre le contact avec la réalité.

DÉCONNER v.i. Très fam. Dire ou faire des bêtises.

DÉCONNEXION n.f. Action de déconnecter ; son résultat.

DÉCONSEILLER v.t. Conseiller de ne pas faire ; dissuader.

DÉCONSIDÉRATION n.f. Litt. Perte de la considération ; discrédit.

DÉCONSIDÉRER v.t. [18]. Faire perdre la considération, l'estime ; discréditer. ◆ **se déconsidérer** v.pr. Agir de telle façon qu'on perd l'estime dont on était l'objet.

DÉCONSIGNER v.t. **1.** Affranchir de la consigne. *Déconsigner des troupes.* **2.** Retirer de la consigne. *Déconsigner une valise.* **3.** Rembourser le prix de la consigne de (un emballage).

DÉCONSTRUCTION n.f. LITTÉR. Processus par lequel un ensemble construit, structuré, et notamm. un ensemble abstrait, est détaillé en ses composants ; décomposition analytique.

DÉCONSTRUIRE v.t. [98]. Opérer la déconstruction de.

DÉCONTAMINATION n.f. Opération visant à éliminer ou à réduire les agents et les effets d'une contamination.

DÉCONTAMINER v.t. Effectuer la décontamination de.

DÉCONTENANCER v.t. [16]. Faire perdre contenance à (qqn) ; embarrasser, déconcerter. ◆ **se décontenancer** v.pr. Se troubler.

DÉCONTRACTÉ, E adj. **1.** Détendu, à l'aise. **2.** Qui n'est pas contracté.

DÉCONTRACTER v.t. **1.** Faire cesser la contraction, la raideur de. *Décontracter ses muscles.* **2.** Faire cesser la tension psychique chez (qqn). ◆ **se décontracter** v.pr. Diminuer sa tension psychique, se détendre.

DÉCONTRACTION n.f. **1.** Action de décontracter ; fait de se décontracter ; détente. **2.** Aisance, désinvolture.

DÉCONVENTIONNER v.t. Mettre fin aux effets d'une convention, en partic. d'une convention qui lie un médecin, un établissement à la Sécurité sociale.

DÉCONVENUE n.f. Désappointement, déception, désillusion.

DÉCOR n.m. (de *décorer*). **1.** Ce qui sert à décorer ; ensemble des éléments qui contribuent à l'aménagement et à l'ornement d'un lieu, d'un intérieur. ◇ Motif décoratif. *Décor chinois d'une assiette.* **2.** Ensemble des éléments (toiles peintes, portants, praticables, etc.) qui figurent les lieux où se situe une action au théâtre, au cinéma, à la télévision ; chacun de ces éléments. ◇ Fam. *Entrer, aller dans le(s) décor(s) :* quitter la route accidentellement, en parlant d'un véhicule. **3.** Aspect d'un lieu dans lequel vit qqn, se situe une action, se produit un phénomène, etc. ; cadre, paysage. ◇ Fig. *Changement de décor :* évolution brusque de la situation.

DÉCORATEUR, TRICE n. **1.** Spécialiste de la décoration, de l'aménagement de locaux. **2.** Artiste qui conçoit, réalise des décors de spectacles.

DÉCORATIF, IVE adj. **1.** Qui décore, qui produit un effet esthétique ; ornemental. **2.** Fam. Qui, par sa prestance, ses titres ou sa position sociale, fait honneur à une société. *Un invité très décoratif.* ◇ Péj. D'une importance secondaire, voire insignifiante. *Avoir un rôle purement décoratif.* **3.** *Arts décoratifs :* arts de la production d'éléments de décor, d'objets possédant à la fois une valeur esthétique et un rôle utilitaire (tapisserie, ébénisterie, céramique, orfèvrerie, design, etc.). SYN. : ***arts appliqués.*** ◇ *Arts déco* ou *Art déco :* style mis en vedette en 1925 par l'« Exposition internationale des arts décoratifs et industriels modernes » de Paris, mais dont les fondements étaient établis dès avant la Première Guerre mondiale.

DÉCORATION n.f. **1.** Action, art de décorer ; ensemble de ce qui décore. *La décoration d'un appartement.* **2.** Insigne d'une distinction honorifique ou d'un ordre de chevalerie.

DÉCORDER (SE) v.pr. Se détacher d'une cordée, en parlant d'un alpiniste.

DÉCORÉ, E adj. et n. Qui porte une décoration.

DÉCORER v.t. (lat. *decorare*). **1.** Pourvoir d'éléments, d'accessoires réalisant un embellissement. **2.** Conférer une décoration à (qqn).

DÉCORNER v.t. **1.** Priver (un animal) de ses cornes. ◇ Fig., fam. *Vent à décorner les bœufs :* vent très violent. **2.** Redresser (ce qui a été corné). *Décorner une carte.*

DÉCORTICAGE n.m. Action de décortiquer.

DÉCORTICATION n.f. **1.** Grattage de l'écorce des arbres pour détruire les végétations ou les insectes parasites. **2.** CHIR. Ablation de l'enveloppe conjonctive d'un organe.

DÉCORTIQUÉ, E adj. PHYSIOL. Privé du cortex cérébral, en parlant d'un animal de laboratoire.

DÉCORTIQUER v.t. (lat. *decorticare,* de *cortex,* écorce). **1.** Débarrasser de son écorce, de son enveloppe, de sa coquille, de sa carapace, etc. **2.** Fig., fam. Analyser minutieusement (un texte, une phrase). *Décortiquer un poème.*

DÉCORUM [dekɔrɔm] n.m. (lat. *decorum*). Ensemble des règles de bienséance, des convenances en usage dans une bonne société ; protocole, cérémonial.

DÉCOTE n.f. **1.** Abattement consenti sur le montant d'un impôt. **2.** COMPTAB. Minoration d'un actif apparaissant dans un inventaire. **3.** Évaluation inférieure par rapport à un cours de référence.

DÉCOUCHER v.i. Ne pas rentrer coucher chez soi.

DÉCOUDRE v.t. [86]. **1.** Défaire (ce qui était cousu). **2.** VÉN. Faire une décousure à. ◆ v.i. *En découdre :* en venir aux mains ; s'affronter, entrer en contestation.

DÉCOULER v.t. ind. *(de).* Dériver naturellement de qqch ; résulter. *Loi qui découle d'un principe.*

DÉCOUPAGE n.m. **1.** Action, manière de découper. **2.** Feuille de papier découpée, figure découpée ; image destinée à être découpée. *Enfants qui font des découpages.* **3.** CIN. Division d'un scénario en plans numérotés, avec les indications dramatiques et techniques nécessaires ; document écrit qui établit cette division. **4.** *Découpage électoral :* établissement des circonscriptions électorales.

DÉCOUPE n.f. COUT. Morceau d'étoffe découpé et rapporté suivant une ligne, qui structure ou décore un vêtement.

DÉCOUPÉ, E adj. Dont le contour présente des entailles, des découpures. *Côte découpée.*

DÉCOUPER v.t. **1.** Couper en morceaux, en parts. *Découper une volaille.* **2.** Tailler en suivant les contours d'un dessin. *Découper des images.* **3.** Former des découpures dans ; échancrer. *Golfes qui découpent une côte.* ◆ **se découper** v.pr. Se détacher sur un fond. *Montagne se découpant sur le ciel.*

DÉCOUPEUR, EUSE n. Personne qui découpe.

DÉCOUPEUSE n.f. Machine à découper (la laine, le bois, les métaux, etc.).

DÉCOUPLAGE n.m. **1.** Action de découpler. **2.** DÉF. Séparation des intérêts stratégiques de différentes nations.

croix de la Légion d'honneur

croix de la Libération

médaille militaire

ordre national du Mérite

croix de guerre 1914-1918

croix de guerre 1939-1945

croix de guerre T.O.E.

valeur militaire

médaille de la Résistance

plaque du grand officier de la Légion d'honneur

médaille de l'Aéronautique

Palmes académiques

Mérite agricole

Mérite maritime

ordre des Arts et des Lettres

médailles commémoratives 1914-1918 1939-1945

campagne d'Indochine 1945 à 1954

médaille d'honneur des actes de courage et de dévouement

décorations françaises

Allemagne — Belgique — Espagne — États-Unis — Grande-Bretagne — Portugal — U.R.S.S.

croix fédérale du Mérite

croix de Léopold

ordre royal de Charles III

médaille d'honneur du Congrès

Victoria Cross

ordre du Christ

Drapeau rouge

décorations étrangères

DÉCOUPLÉ, E adj. *Bien découplé :* de belle taille, harmonieusement proportionné, en parlant de qqn, de son corps.

DÉCOUPLER v.t. **1.** ÉLECTR. Supprimer un couplage, quelquefois parasite, entre des circuits. **2.** VÉN. Détacher, séparer (des chiens couplés).

DÉCOUPOIR n.m. **1.** Instrument servant à découper ; emporte-pièce. **2.** Taillant d'une machine à découper.

DÉCOUPURE n.f. **1.** Entaille, échancrure dans un contour ; bord découpé. *Les découpures d'une guirlande.* **2.** Morceau découpé.

DÉCOURAGEANT, E adj. Qui décourage.

DÉCOURAGEMENT n.m. Perte de courage, abattement ; démoralisation.

DÉCOURAGER v.t. 17. **1.** Abattre le courage, l'énergie de ; démoraliser. **2.** Ôter l'envie, le désir (de faire ou de continuer qqch) ; dissuader. **3.** Arrêter, entraver. *Décourager la fraude.* ◆ **se décourager** v.pr. Perdre courage.

DÉCOURONNEMENT n.m. Action de découronner ; son résultat.

DÉCOURONNER v.t. **1.** Priver de la couronne. **2.** Enlever la partie supérieure, le sommet de. *Découronner un arbre.*

DÉCOURS [dekur] n.m. (lat. *decursus,* course rapide). **1.** MÉD. Période de déclin d'une maladie. **2.** ASTRON. Période comprise entre la pleine lune et la nouvelle lune, durant laquelle la partie éclairée de la Lune visible de la Terre décroît.

DÉCOUSU, E adj. **1.** Dont la couture est défaite. **2.** Qui manque de liaison logique ; sans suite, incohérent. *Propos décousus.*

DÉCOUSURE n.f. VÉN. Blessure faite à un chien par un sanglier ou un cerf.

1. DÉCOUVERT, E adj. Qui n'est pas couvert ; nu. – *À visage découvert :* sans masque ; franchement. ◇ *Pays, terrain découvert,* peu boisé.

2. DÉCOUVERT n.m. FIN. Prêt à court terme accordé par une banque. ◆ loc. adj. et adv. *À découvert.* **1.** En terrain découvert, sans être protégé. **2.** Sans rien dissimuler. *Agir à découvert.* **3.** Sans garantie financière. – *Être à découvert :* avoir un compte débiteur. – *Vendre à découvert :* vendre à terme des valeurs qu'on ne possède pas.

DÉCOUVERTE n.f. **1.** Action de trouver ce qui était inconnu, ignoré ou caché ; ce qui est découvert. *La découverte de la pénicilline.* ◇ *À la découverte :* afin de découvrir, d'explorer. *Partir à la découverte.* **2.** THÉÂTRE. Espace entre deux parties du décor, laissant voir les coulisses. **3.** MIN. Exploitation à ciel ouvert d'un gisement de grande extension horizontale.

DÉCOUVERTURE n.f. MIN. Enlèvement du stérile qui recouvre un gisement à ciel ouvert. SYN. : *décapage.*

DÉCOUVREUR, EUSE n. Personne qui découvre, qui fait une, des découvertes.

DÉCOUVRIR v.t. (lat. *discooperire*) 34. **1.** Dégarnir de ce qui couvre, protège ; mettre à découvert. *Découvrir une casserole.* **2.** Laisser voir ; révéler (ce qui était caché). *Découvrir son jeu, ses plans.* **3.** Trouver (ce qui était caché, inconnu, ignoré). *Découvrir un trésor, un vaccin.* **4.** Commencer à voir, à distinguer ; apercevoir. *D'ici on découvre le mont Blanc.* ◆ v.i. Cesser d'être couvert par la mer ; apparaître à marée basse. *Rocher qui découvre.* ◆ **se découvrir** v.pr. **1.** Ôter ce dont on est couvert, en partic. un vêtement, un chapeau. **2.** Devenir plus clair, en parlant du ciel, du temps. **3.** S'exposer aux coups, aux attaques. **4.** Révéler sa pensée.

DÉCRASSAGE ou **DÉCRASSEMENT** n.m. Action de décrasser ; son résultat.

DÉCRASSER v.t. **1.** Ôter la crasse de ; nettoyer soigneusement (ce qui est encrassé). **2.** Fam. Débarrasser de son ignorance ; dégrossir.

DÉCRÉDIBILISER v.t. Faire perdre sa crédibilité à ; discréditer.

DÉCRÉMENT n.m. INFORM. Diminution de la valeur d'une quantité variable.

DÉCRÊPAGE n.m. Action de décrêper.

DÉCRÊPER v.t. Rendre lisses (des cheveux crépus).

DÉCRÉPIR v.t. Ôter le crépi de. *Décrépir un mur.* ◆ **se décrépir** v.pr. Perdre son crépi.

DÉCRÉPISSAGE n.m. Action de décrépir.

DÉCRÉPIT, E [dekrepi, it] adj. Affaibli par l'âge, atteint de décrépitude.

DÉCRÉPITER v.t. Calciner un sel jusqu'à ce qu'il ne crépite plus.

DÉCRÉPITUDE n.f. Affaiblissement, délabrement physique dû à une extrême vieillesse.

DECRESCENDO [dekreʃɛndo] adv. (mot it.). MUS. En diminuant progressivement l'intensité du son. ◆ n.m. Suite de notes à exécuter decrescendo.

DÉCRET [dekrɛ] n.m. (lat. *decretum*). **1.** Acte à portée réglementaire ou individuelle, pris par le président de la République ou par le Premier ministre. **2.** Litt. Décision imposée par une volonté supérieure. *Les décrets de la Providence.*

DÉCRÉTALE n.f. Décision papale sur une consultation, donnée sous forme de lettre et qui fait jurisprudence.

DÉCRÉTER v.t. 18. **1.** Ordonner, régler par un décret. *Décréter une mobilisation.* **2.** Décider avec autorité. *Elle a décrété qu'il fallait partir.*

DÉCRET-LOI n.m. (pl. *décrets-lois*). HIST. Décret du gouvernement, qui possédait le caractère d'une loi, sous la IIIe République. (On dit auj. *ordonnance.*)

DÉCREUSAGE n.m. TEXT. Action de décreuser ; son résultat. SYN. : *décruage, décrusage.*

DÉCREUSER v.t. TEXT. Éliminer le grès (des fils et des tissus de soie grège) en les soumettant à l'action d'une solution savonneuse chaude. SYN. : *décruer, décruser.*

DÉCRI n.m. Litt. Perte de réputation, de crédit.

DÉCRIER v.t. Litt. Critiquer, dire du mal de.

DÉCRIMINALISER v.t. DR. Soustraire (une infraction) à la juridiction criminelle.

DÉCRIRE v.t. (lat. *describere*) 99. **1.** Représenter, dépeindre par l'écrit ou par la parole. *Décrire un paysage.* **2.** Tracer ou parcourir (une ligne courbe). *Décrire une ellipse.*

DÉCRISPATION n.f. Action de décrisper ; état qui en résulte.

DÉCRISPER v.t. Rendre moins tendu, moins crispé (qqn, une situation).

DÉCROCHAGE n.m. **1.** Action de décrocher ; son résultat. **2.** AÉRON. Diminution brusque de la portance d'un aéronef lorsque l'angle d'incidence devient trop élevé. **3.** TÉLÉCOMM. Passage d'un émetteur à un autre.

DÉCROCHEMENT n.m. **1.** Action de décrocher ; fait de se décrocher. **2.** Partie en retrait d'une ligne, d'une surface, et en partic. d'une façade, par rapport au profil général. ◇ GÉOL. Cassure le long de laquelle le terrain s'est déplacé horizontalement.

DÉCROCHER v.t. (de *croc*). **1.** Détacher ce qui était accroché. ◇ *Décrocher (le téléphone) :* enlever le combiné de son support pour appeler, répondre ou empêcher la sonnerie. **2.** Fam. Obtenir. *Décrocher une commande.* ◆ v.i. **1.** MIL. Rompre le contact avec l'ennemi. **2.** Abandonner une activité ; cesser de s'intéresser à qqch. *Elle songe à décrocher. Après une heure de cours, les élèves décrochent.* ◇ Mettre fin à une dépendance vis-à-vis d'une drogue. **3.** Subir une perte brutale de portance, en parlant d'un aéronef.

DÉCROCHEUR, EUSE n. Canada. Élève qui quitte l'école avant la fin de la scolarité obligatoire.

DÉCROCHEZ-MOI-ÇA n.m. inv. Fam. Boutique de fripier.

DÉCROISEMENT n.m. Action de décroiser.

DÉCROISER v.t. Faire que ce qui était croisé ne le soit plus.

DÉCROISSANCE n.f. ou **DÉCROISSEMENT** n.m. Action, fait de décroître ; diminution.

DÉCROISSANT, E adj. Qui décroît, diminue. *Par ordre décroissant.* CONTR. : *croissant.* ◇ MATH. *Fonction décroissante sur un intervalle* $[a, b]$ *de* $\mathbb{R}$: fonction numérique définie sur l'intervalle $[a, b]$ et qui varie en sens contraire des valeurs prises dans cet intervalle (si x et x' appartenant à cet intervalle sont tels que $x \leqslant x'$, alors $f(x) \geqslant f(x')$). – *Suite décroissante :* suite telle qu'à partir d'un certain rang chaque terme est inférieur à celui qui le précède.

DÉCROÎT n.m. Rare. Décours de la Lune.

DÉCROÎTRE v.i. 94. Diminuer progressivement.

DÉCROTTAGE n.m. Action de décrotter.

DÉCROTTER v.t. **1.** Ôter la crotte, la boue de. *Décrotter des chaussures.* **2.** Fam. Débarrasser qqn de ses manières grossières, de son ignorance.

DÉCROTTEUR n.m. Machine agricole servant à nettoyer les tubercules et les racines.

DÉCROTTOIR n.m. Lame de fer fixée près du seuil d'une maison pour gratter la boue des semelles.

DÉCRUAGE n.m. Décreusage.

DÉCRUE n.f. Baisse de niveau des eaux après une crue ; hauteur dont l'eau a décru.

DÉCRUER v.t. Décreuser.

DÉCRUSAGE n.m. Décreusage.

DÉCRUSER v.t. Décreuser.

DÉCRYPTAGE ou **DÉCRYPTEMENT** n.m. Action de décrypter ; son résultat.

DÉCRYPTER v.t. **1.** Déchiffrer, traduire (un texte chiffré dont on ne connaît pas la clé) ; décoder. **2.** Fig. Découvrir, pénétrer le sens caché de qqch, sa structure, son mécanisme. *Décrypter un comportement.*

DÉÇU, E adj. (de *décevoir*). **1.** Qui a éprouvé une déception. **2.** Qui ne s'est pas réalisé. *Espoir déçu.* ◆ n. Personne déçue, en partic. dans le domaine économique ou politique. *Les déçus du libre-échange.*

DÉCUBITUS [dekybitys] n.m. (lat. *decubitus*). Attitude du corps couché sur un plan horizontal.

DÉCUIVRER v.t. Ôter le cuivrage de (une pièce) par dissolution chimique ou électrolytique.

DE CUJUS [dekyʒys] n.m. inv. (mots lat.). DR. Défunt dont la succession est ouverte.

DÉCULASSER v.t. Ôter la culasse de (une arme à feu).

DÉCULOTTÉE n.f. Fam. Défaite cuisante.

DÉCULOTTER v.t. Ôter la culotte, le pantalon de. ◆ **se déculotter** v.pr. **1.** Enlever sa culotte, son pantalon. **2.** Fam. Renoncer (à une action) par lâcheté.

DÉCULPABILISATION n.f. Action de déculpabiliser ; son résultat.

DÉCULPABILISER v.t. Libérer d'un sentiment de culpabilité.

DÉCULTURATION n.f. SOCIOL. Dégradation ou perte de l'identité culturelle d'un individu, d'un groupe ethnique.

DÉCUPLE adj. et n.m. (lat. *decuplus,* de *decem,* dix). Dix fois aussi grand.

DÉCUPLEMENT n.m. Action de décupler ; son résultat.

DÉCUPLER v.t. **1.** Multiplier par dix. **2.** Augmenter dans des proportions considérables. *La colère décuple les forces.* ◆ v.i. Être multiplié par dix. *Population qui décuple en un siècle.*

DÉCURIE n.f. (lat. *decuria*). HIST. Division de la centurie, groupant dix soldats, à Rome.

DÉCURION n.m. HIST. **1.** Chef d'une décurie, à Rome. **2.** Membre d'une assemblée municipale, dans les provinces romaines.

DÉCURRENT, E adj. (lat. *decurrens,* qui se prolonge). BOT. *Organe décurrent,* qui se prolonge sur son point d'insertion. *Feuille décurrente.*

DÉCUSCUTEUSE n.f. AGRIC. Trieur au moyen duquel les graines de semences fourragères sont débarrassées des graines de cuscute.

DÉCUSSÉ, E adj. (lat. *decussatus,* croisé). BOT. *Feuilles décussées,* formant des paires qui se croisent à angle droit.

DÉCUVAGE n.m. ou **DÉCUVAISON** n.f. Action de séparer le marc du vin de la cuve pour le presser.

DÉCUVER v.t. Opérer le décuvage de.

DÉDAIGNABLE adj. (Surtout en tournure négative). Qui mérite le dédain.

DÉDAIGNER v.t. **1.** Traiter, regarder (qqn) avec dédain ; mépriser. **2.** Repousser (qqch) avec dédain. ◆ v.t. ind. *(de).* Litt. Ne pas daigner, ne pas s'abaisser à. *Dédaigner de répondre.*

DÉDAIGNEUSEMENT adv. Avec dédain.

DÉDAIGNEUX, EUSE adj. et n. Qui a du dédain, exprime le dédain.

DÉDAIN n.m. (de *dédaigner*). Mépris orgueilleux exprimé par l'air, le ton, les manières.

DÉDALE n.m. (de *Dédale,* architecte du Labyrinthe). **1.** Lieu formé d'un ensemble très compliqué de voies où l'on s'égare ; labyrinthe. **2.** Fig. Ensemble embrouillé et confus. *Le dédale des lois.*

DÉDALÉEN, ENNE adj. Litt. Où l'on se perd comme dans un dédale ; inextricable.

1. DEDANS adv. À l'intérieur. ◇ Fam. *Mettre dedans :* induire en erreur. ◆ loc. adv. *Là-dedans :* dans ce lieu.

2. DEDANS n.m. **1.** Partie intérieure ; intérieur. **2.** Partie située du côté intérieur. *Le dedans du pied.* ◆ loc. adv. *En dedans :* à l'intérieur. – CHORÉGR. *Être en dedans :* avoir les genoux et les pieds insuffisamment ouverts.

DÉDICACE n.f. (lat. *dedicatio*). **1.** Formule imprimée ou manuscrite par laquelle un auteur fait hommage de son livre. ◇ Autographe sur une photo, un disque, etc. **2.** LITURGIE. Consécration d'une église ; anniversaire de cette consécration.

DÉDICACER v.t. [16]. Faire hommage de (un ouvrage, une photo, etc.) à qqn par une dédicace.

DÉDICATAIRE n. Personne à qui est dédiée une œuvre.

DÉDICATOIRE adj. Qui contient la dédicace d'un livre. *Épître dédicatoire.*

DÉDIÉ, E adj. Se dit d'un équipement, génér. électronique, confiné à un ensemble de tâches fixé à l'avance. *Microscope dédié.*

DÉDIER v.t. (lat. *dedicare*). **1.** Consacrer (un lieu, un objet) au culte sous une invocation spéciale. **2.** Mettre (un livre, une œuvre d'art) sous le patronage de qqn, le lui offrir en hommage. **3.** Faire hommage de qqch à qqn, le lui destiner ; offrir. *Dédier une pensée à qqn.*

DÉDIFFÉRENCIATION n.f. **1.** Didact. Évolution d'un processus qui tend à aller du plus complexe au plus simple ou du différent au semblable. **2.** SC. DE LA V. Évolution d'un tissu, de cellules qui perdent leurs caractères spécifiques.

DÉDIFFÉRENCIER (SE) v.pr. Être affecté par un processus de dédifférenciation.

DÉDIRE (SE) v.pr. [103]. **1.** Dire le contraire de ce qu'on a affirmé précédemment, se rétracter. **2.** Ne pas tenir sa parole ; revenir sur une promesse.

DÉDIT [dedi] n.m. **1.** Action de se dédire. **2.** DR. Possibilité de se dédire ; somme à payer en cas d'inexécution d'un contrat, de rétractation d'un engagement pris.

DÉDITE n.f. Suisse. Dédit.

DÉDOMMAGEMENT n.m. Réparation d'un dommage ; compensation.

DÉDOMMAGER v.t. [17]. Donner, fournir à qqn un dédommagement, une compensation pour le préjudice qu'il a subi, la peine qu'il a prise. *Dédommager qqn d'une perte. La réussite l'a dédommagée de ses efforts.*

DÉDORAGE n.m. TECHN. Action de dédorer.

DÉDORER v.t. Enlever la dorure de.

DÉDOUANEMENT ou **DÉDOUANAGE** n.m. Action de dédouaner ; son résultat.

DÉDOUANER v.t. **1.** Faire sortir (un bagage, une marchandise) des entrepôts de la douane, en acquittant des droits. **2.** Justifier, blanchir ; dégager la responsabilité de (qqn). ◆ **se dédouaner** v.pr. Fam. Dégager sa responsabilité.

DÉDOUBLAGE n.m. Action d'enlever une doublure, un doublage.

DÉDOUBLEMENT n.m. Action de dédoubler, de se dédoubler ; fait d'être dédoublé. ◇ PSYCHOPATH. *Dédoublement de la personnalité :* trouble dans lequel coexistent deux types de conduites, les unes adaptées socialement, les autres pathologiques, incoercibles, et liées à l'inconscient.

DÉDOUBLER v.t. **1.** Partager (un groupe, qqch) en deux. *Dédoubler une classe.* **2.** *Dédoubler un train :* faire partir un train supplémentaire pour la même destination. **3.** Déplier (ce qui était en double). **4.** Ôter la doublure de (un vêtement).

DÉDRAMATISER v.t. Retirer à (une situation, un évènement) son caractère de drame, de crise.

DÉDUCTIBILITÉ n.f. Caractère de ce qui est déductible.

DÉDUCTIBLE adj. Qui peut être déduit.

DÉDUCTIF, IVE adj. Qui procède par déduction, comporte une déduction.

DÉDUCTION n.f. (lat. *deductio*). **1.** Soustraction, retranchement. *Faire déduction des sommes déjà payées.* **2.** Conséquence tirée d'un raisonnement, conclusion. *Une suite de déductions.* ◇ LOG. Raisonnement qui conclut, à partir de prémisses, d'hypothèses, à la vérité d'une proposition en usant de règles d'inférence.

DÉDUIRE v.t. (lat. *deducere,* extraire) [98]. **1.** Soustraire d'une somme. *Déduire ses frais.* **2.** Tirer comme conséquence logique. *Je déduis de là que…*

DÉDUIT n.m. Vx. Amusement, distraction. ◇ Spécialt. Vx. Plaisir, ébats amoureux.

DÉESSE n.f. Divinité féminine.

DE FACTO [defakto] loc. adv. (mots lat., *selon le fait*). DR. De fait (par opp. à *de jure*).

DÉFAILLANCE n.f. **1.** Fait de faire défaut, de manquer à son rôle. *Défaillance de mémoire.* **2.** Défaut de fonctionnement. *Défaillance du système de sécurité.* **3.** Malaise physique brusque et momentané ; faiblesse, évanouissement. **4.** DR. Non-exécution, au terme fixé, d'une clause ou d'un engagement.

DÉFAILLANT, E adj. Qui a une défaillance.

DÉFAILLIR v.i. [47]. Litt. **1.** Perdre momentanément ses forces physiques ou morales. *Supporter des épreuves sans défaillir.* **2.** Faire défaut ; manquer. *Sa mémoire commence à défaillir.*

DÉFAIRE v.t. [109]. **I. 1. a.** Ramener à l'état premier (ce qui était assemblé, construit). *Défaire le bâti d'une robe.* **b.** Ôter (un élément assemblé, un vêtement). *Défaire son col de chemise.* **c.** Dénouer ; déballer. *Défaire un nœud, un paquet, ses valises.* **2. a.** Modifier ou détruire l'assemblage, l'ordre de. *Défaire son lit.* **b.** Mettre en désordre. *Défaire sa coiffure.* **II.** Litt. **1.** Mettre en déroute. *Défaire l'ennemi.* **2.** Délivrer, débarrasser (qqn) de. ◆ **se défaire** v.pr. **1.** Cesser d'être assemblé. **2.** *(de).* Se débarrasser de (qqn, qqch).

DÉFAIT, E adj. Litt. Abattu, épuisé ; altéré par la fatigue, l'émotion. *Visage défait.*

DÉFAITE n.f. **1.** Perte d'une bataille, d'un combat, d'une guerre. **2.** Fig. Revers, échec. *Défaite électorale.*

DÉFAITISME n.m. **1.** État d'esprit de ceux qui ne croient pas à la victoire, préconisent l'abandon du combat. **2.** Pessimisme, manque de confiance en soi.

DÉFAITISTE adj. et n. Qui fait preuve de défaitisme.

DÉFALCATION n.f. Déduction, décompte.

DÉFALQUER v.t. (it. *defalcare*). Déduire, retrancher d'une somme, d'une quantité.

DÉFANANT n.m. AGRIC. Produit chimique utilisé pour la destruction des fanes de pommes de terre.

DÉFATIGANT, E adj. et n.m. Qui défatigue. ◇ Spécialt. Se dit d'un produit destiné à décontracter les muscles.

DÉFATIGUER v.t. Dissiper la fatigue, la sensation de fatigue de (qqn, ses membres).

DÉFAUFILER v.t. COUT. Défaire le faufil de.

DÉFAUSSE n.f. Action de se défausser.

DÉFAUSSER v.t. TECHN. Redresser. *Défausser un axe.* ◆ **se défausser** v.pr. **1.** Se débarrasser au cours du jeu d'une carte jugée inutile. *Se défausser d'un singleton. Se défausser à cœur.* **2.** *(sur).* Fuir une responsabilité, une obligation en s'en déchargeant sur qqn.

DÉFAUT n.m. (de *défaillir*). **I. 1.** Manque, insuffisance de ce qu'on juge nécessaire, souhaitable. *Un défaut d'attention.* ◇ *Faire défaut :* manquer à qqn, l'abandonner. *Le courage lui fit défaut.* – *À défaut de :* faute de. **2.** DR. Fait de ne pas se présenter à une convocation en justice. *Être condamné par défaut.* **3.** VÉN. Perte de la voie par les chiens. *Chiens en défaut.* ◇ *Être en défaut :* se tromper ; commettre une faute. – *Mettre qqn en défaut,* lui faire commettre une erreur. **II.** Imperfection physique, matérielle, morale ou esthétique. *Vilain défaut. Défauts d'un ouvrage.*

DÉFAVEUR n.f. Perte de la faveur, de l'estime de qqn.

DÉFAVORABLE adj. **1.** Qui n'est pas favorable ; hostile. **2.** Nuisible, qui a des effets fâcheux.

DÉFAVORABLEMENT adv. De façon défavorable.

DÉFAVORISÉ, E adj. et n. Désavantagé sur le plan économique, social, culturel. *Une population, un quartier défavorisés.*

DÉFAVORISER v.t. Désavantager, handicaper.

DÉFÉCATION n.f. (du lat. *defaecare,* purifier). **1.** PHYSIOL. Expulsion des matières fécales. **2.** CHIM. Élimination des impuretés d'un liquide.

DÉFECTIF, IVE adj. (du lat. *deficere,* manquer). LING. *Verbe défectif* ou *défectif,* n.m. : verbe qui n'a pas toutes les formes du type de conjugaison auquel il appartient (par ex. *braire, chaloir, clore, moudre,* etc.).

DÉFECTION n.f. **1.** Action d'abandonner une cause, un parti. *Faire défection.* **2.** Fait d'être absent d'un lieu où l'on était attendu.

DÉFECTUEUSEMENT adv. De façon défectueuse.

DÉFECTUEUX, EUSE adj. (lat. *defectus,* manque). Qui présente des défauts.

DÉFECTUOSITÉ n.f. État de ce qui est défectueux ; imperfection, défaut, malfaçon.

DÉFENDABLE adj. Qui peut être défendu.

DÉFENDEUR, ERESSE n. DR. Personne contre laquelle est intentée une action en justice (par opp. à *demandeur*).

DÉFENDRE v.t. (lat. *defendere*) [73]. **1.** Interdire l'accès de, protéger (un lieu, une position). **2.** Protéger, aider (qqn) contre ; soutenir (une cause, une idée). **3.** Plaider pour. *Défendre un accusé.* **4.** *À son corps défendant :* à contrecœur. **5.** Interdire (qqch). *Il lui a défendu de sortir.* ◆ **se défendre** v.pr. **1.** Résister à une agression. **2.** Fam. Montrer une certaine habileté dans un domaine précis ; faire preuve d'aptitude à se tirer d'affaire. *Il se défend en maths, aux échecs. Elle ne se défend pas mal !* **3.** Fam. *Ça se défend :* c'est plausible, acceptable. **4.** Refuser l'idée de qqch, s'empêcher de le faire. *Elle se défend de toute compromission.* **5.** *Ne pas pouvoir se défendre de :* ne pas pouvoir s'empêcher, se retenir de.

DÉFENESTRATION n.f. Action de jeter une personne par une fenêtre.

DÉFENESTRER [defənɛstre] v.t. Jeter (qqn) par une fenêtre.

DÉFENS ou **DÉFENDS** [defɑ̃] n.m. DR. *En défens :* se dit d'un bois, d'une parcelle interdits au pâturage.

1. DÉFENSE n.f. **I. 1.** Action, fait de défendre, de se défendre, de protéger. *Défense du territoire. Position de défense.* ◇ Action de défendre une cause, une idée. *Défense des libertés.* **2.** Moyens mis en œuvre pour se défendre. *Défense aérienne.* ◇ Fam. *Avoir de la défense :* se montrer capable de riposte ; résister aux pressions d'autrui. **a.** *Défense nationale :* ensemble des moyens mis en œuvre pour défendre le territoire national. ◇ MIL. *Les défenses :* l'ensemble des organisations défensives assurant la protection d'une place, d'un point sensible. – Anc. *Défense contre les aéronefs* ou *D. C. A. :* organismes et moyens de défense antiaériens. **b.** SPORTS. Partie d'une équipe spécialement chargée de protéger son but. **3.** Action, fait de protéger, d'aider qqn, et, spécialement, de l'assister juridiquement, de défendre sa cause. *Elle a pris sa défense.* ◇ Partie qui se défend en justice ; avocat qui représente ses intérêts. **4.** MÉD. Ensemble des réactions qui protègent l'organisme contre une agression. *Défenses immunitaires.* **5.** PSYCHAN. Ensemble des mécanismes par lesquels une personne, confrontée à une situation insupportable, la refoule, faute de moyens pour la relier rationnellement à une pensée, à une situation acceptable. **6.** MAR. Dispositif de protection (ballon en liège ou en caoutchouc, vieux pneu, etc.) destiné à amortir les chocs entre un navire et un quai ou un autre navire à quai. **II.** Interdiction. *Défense de fumer.*

2. DÉFENSE n.f. Longue dent pointue, dépassant de la bouche de certains mammifères (éléphant, morse, sanglier, etc.).

DÉFENSEUR n.m. **1.** Celui qui s'oppose à une attaque. ◇ Spécialt. SPORTS. Joueur qui fait partie de la défense, qui a pour rôle principal de résister aux attaques adverses. **2.** Celui qui assure la défense d'une partie, d'un accusé. **3.** Celui qui soutient un idéal, une cause. *Défenseur de la liberté.*

DÉFENSIF, IVE adj. Destiné à la défense, qui vise à défendre.

DÉFENSIVE n.f. **1.** MIL. Stratégie, tactique qui privilégie la défense par rapport à l'attaque ; mesures permettant de faire face à une agression. **2.** *Être sur la défensive,* sur ses gardes.

DÉFENSIVEMENT adv. De façon défensive ; dans un but défensif.

DÉFÉQUER v.i. (lat. *defaecare*) [18]. PHYSIOL. Expulser des matières fécales. ◆ v.t. CHIM. Opérer la défécation de (un liquide).

DÉFÉRENCE n.f. Considération respectueuse, respect.

DÉFÉRENT, E adj. (lat. *deferens*). **1.** Qui a de la déférence, respectueux. *Se montrer déférent à l'égard des gens âgés.* **2.** ANAT. Qui conduit dehors. – *Canal déférent*, constituant la voie d'excrétion du sperme.

DÉFÉRER v.t. (lat. *deferre*, porter) [18]. DR. Attribuer (une affaire) à, traduire (un accusé) devant la juridiction compétente. ◆ v.t. ind. *(à)*. Litt. Acquiescer, céder à qqn par déférence. *Déférer à l'avis de qqn.*

DÉFERLAGE n.m. MAR. Action de déferler une voile ; état d'une voile déferlée.

DÉFERLANT, E adj. *Vague déferlante :* vague qui déferle.

DÉFERLANTE n.f. **1.** Vague déferlante. **2.** Développement massif et irrésistible d'un phénomène. *La déferlante des chaînes câblées.*

DÉFERLEMENT n.m. Fait de déferler.

DÉFERLER v.t. (anc. fr. *fresler*). MAR. Déployer (une, des voiles). ◆ v.i. **1.** Venir se briser en roulant, en écumant, en parlant des vagues. **2.** Fig. Se répandre avec impétuosité. *La foule déferlait sur la place.*

DÉFERRAGE, DÉFERREMENT n.m. ou **DÉFERRURE** n.f. Action de déferrer.

DÉFERRER v.t. **1.** Ôter le fer d'un objet ferré, du sabot d'une bête de somme. **2.** Déposer les rails d'une voie ferrée.

DÉFERVESCENCE n.f. MÉD. Diminution ou disparition de la fièvre.

DÉFET [defɛ] n.m. (lat. *defectus*, manque). IMPR. Feuillet ou cahier superflu ou dépareillé d'un ouvrage imprimé.

DÉFEUILLAISON n.f. Chute des feuilles, défoliation ; époque où elle se produit.

DÉFEUILLER v.t. Litt. Enlever les feuilles de (un arbre, une plante).

DÉFEUTRAGE n.m. TEXT. Action de défeutrer la laine, avant le peignage ; son résultat.

DÉFEUTRER v.t. TEXT. Redresser et rendre parallèles les fibres de laine constituant un ruban, après cardage ou teinture.

DÉFI n.m. (de *défier*). **1.** Anc. Action de défier en un combat singulier. **2.** Action de défier qqn à un jeu, une compétition. *Lancer un défi.* ◇ *Accepter, relever un défi*, y répondre. – *Mettre qqn au défi de* (+ inf.), le provoquer à une entreprise impossible ou dont on l'estime incapable. **3.** Bravade ; résistance victorieuse à. *Défi à l'autorité.* ◇ *Un défi au bon sens :* une idée, une attitude, etc., absurde. **4.** Problème, difficulté que pose une situation et que l'on doit surmonter. *Le défi des mutations technologiques.*

DÉFIANCE n.f. Crainte d'être trompé ; manque de confiance, soupçon.

DÉFIANT, E adj. Qui fait preuve de défiance ; soupçonneux, méfiant.

DÉFIBRAGE n.m. PAPET. Action de défibrer des plantes, des arbres.

DÉFIBRER v.t. Séparer les fibres de.

1. DÉFIBREUR, EUSE n. PAPET. Ouvrier, ouvrière conduisant une machine à défibrer.

2. DÉFIBREUR n.m. Machine à défibrer le bois.

DÉFIBRILLATEUR n.m. Appareil servant à la défibrillation.

DÉFIBRILLATION n.f. Traitement des contractions rapides et désordonnées des fibres du cœur (fibrillations) par choc électrique.

DÉFICELER v.t. [24]. Enlever la ficelle qui entoure (un colis, un objet).

DÉFICIENCE n.f. Insuffisance organique ou psychique.

DÉFICIENT, E adj. (lat. *deficiens*, manquant). Qui présente une déficience.

DÉFICIT [defisit] n.m. (lat. *deficit*, il manque). **1.** Ce qui manque pour équilibrer les recettes avec les dépenses (par opp. à *excédent*) ; situation résultant de ce manque. *Budget en déficit.* **2.** Manque, insuffisance. *Un déficit démocratique.* ◇ PSYCHIATRIE. *Déficit intellectuel :* insuffisance du développement intellectuel. – MÉD. *Déficit immunitaire :* diminution ou disparition des moyens de défense de l'organisme contre les infections.

DÉFICITAIRE adj. Qui présente un déficit, est en déficit.

1. DÉFIER v.t. (du lat. *fidus*, fidèle). **1.** Provoquer au combat, à la lutte. **2.** Inciter qqn, par la provocation, à faire qqch, en prétendant qu'il en est incapable. *Je te défie de lui parler.* **3.** Résister à, braver. *Défier l'autorité.* **4.** Résister à la comparaison de. *Défier toute concurrence.*

2. DÉFIER (SE) v.pr. **[de]** (lat. *diffidere*). Litt. Se méfier, douter de (qqn, qqch).

DÉFIGURER v.t. **1.** Rendre méconnaissable le visage de (qqn). *Cet accident l'a défiguré.* **2.** Déformer, dénaturer (qqch). *Défigurer la pensée de qqn.* **3.** Transformer en l'enlaidissant l'aspect, l'apparence habituelle de (qqch). *Constructions modernes qui défigurent le paysage.*

DÉFILAGE n.m. Mise du chiffon en charpie, dans la fabrication du papier.

1. DÉFILÉ n.m. **1.** Couloir, passage naturel encaissé et étroit. **2.** Ensemble de personnes qui défilent, partic. en parade. *Défilé de manifestants.* **3.** Suite, succession de personnes, de choses. *Défilé de visiteurs.*

2. DÉFILÉ, E adj. MIL. *Itinéraire, zone défilé(e)*, où l'on progresse à défilement.

1. DÉFILEMENT n.m. MIL. Technique de l'utilisation des accidents de terrain, des procédés artificiels (fumées, etc.) pour se soustraire à la vue de l'ennemi. ◇ *Avancer à défilement de la crête*, masqué par la crête.

2. DÉFILEMENT n.m. Déroulement régulier d'une pellicule, d'une bande magnétique, etc., dans l'appareil.

1. DÉFILER v.i. (de *file*). **1.** Marcher en file, en colonnes, partic. en formation de parade. **2.** Se succéder de façon régulière ou continue. *Témoins qui défilent.* **3.** Être animé d'un défilement régulier.

2. DÉFILER v.t. (de *fil*). **1.** Ôter le fil de ; ôter de son fil (qqch). *Défiler un collier. Défiler une perle.* **2.** PAPET. Pratiquer le défilage de (chiffons). **3.** MIL. Disposer (des troupes, un ouvrage) à défilement. ◆ **se défiler** v.pr. Fam. S'esquiver devant d'éventuelles responsabilités.

DÉFILEUSE n.f. PAPET. Machine à défiler les chiffons.

DÉFINI, E adj. **1.** Déterminé, précis ; repérable. *Un objet de forme mal définie.* **2.** GRAMM. *Article défini*, qui se rapporte à un être ou à un objet déterminé *(le, la, les)*. – Vx. *Passé défini :* passé simple. **3.** CHIM. *Composé défini*, dont la constitution chimique est parfaitement établie.

DÉFINIR v.t. (lat. *definire*). **1.** Donner la définition de. *Définir le triangle.* **2.** Préciser, fixer ; cerner. *Définir une politique. Un état difficile à définir.*

DÉFINISSABLE adj. Qui peut être défini.

DÉFINISSANT n.m. LING. Ce qui définit. *Le défini et le définissant, dans une définition.*

DÉFINITEUR n.m. Religieux délégué au chapitre de son ordre pour y traiter des points de discipline, d'administration, etc.

DÉFINITIF, IVE adj. Réglé, fixé de manière qu'on ne devra plus y revenir ; irrévocable. ◇ *En définitive :* tout bien considéré, en fin de compte.

DÉFINITION n.f. **1.** Énonciation de ce qu'est un être ou une chose, de ses caractères essentiels, de ses qualités propres. ◇ *Par définition :* en vertu de la définition même de ce dont on parle. **2.** LOG. Énoncé ou déclaration aux termes desquels un symbole ou une combinaison de symboles nouvellement introduits signifie ou dénote la même chose qu'un symbole dont le sens est déjà connu. **3.** TÉLÉCOMM. Degré de finesse d'une image transmise exprimé par le nombre de lignes et de points d'exploration. *Télévision à haute définition.* **4.** MATH. *Domaine* ou *ensemble de définition :* pour une fonction de l'ensemble E vers l'ensemble F, sous-ensemble de E dont les éléments ont une image dans F.

DÉFINITIONNEL, ELLE adj. Didact. Qui se rapporte à une définition.

DÉFINITIVEMENT adv. De façon définitive, une fois pour toutes.

DÉFINITOIRE adj. Didact. Qui sert, aide à définir ; définitionnel.

DÉFISCALISER v.t. Faire sortir du champ d'application de la fiscalité, ne plus soumettre à l'impôt.

DÉFLAGRANT, E adj. Qui a la propriété de déflagrer.

DÉFLAGRATION n.f. (lat. *deflagratio*). **1.** Didact. Explosion à onde progressive (plus lente, donc moins brisante qu'une détonation). **2.** Cour. Violente explosion.

DÉFLAGRER v.i. (lat. *deflagrare*). Se décomposer par déflagration, faire explosion.

1. DÉFLATION n.f. (angl. *deflation*, de *inflation*). ÉCON. Freinage, ralentissement de l'inflation par des mesures monétaires (réduction de la masse monétaire) ou financières (encadrement du crédit, contrôle des prix, etc.) ; ces mesures.

2. DÉFLATION n.f. (lat. *deflare*, enlever en soufflant). GÉOMORPH. Entraînement par le vent des matériaux les plus fins d'un sédiment meuble.

DÉFLATIONNISTE adj. ÉCON. Relatif à la déflation.

DÉFLÉCHIR v.t. Provoquer la déflexion de.

DÉFLECTEUR n.m. (du lat. *deflectere*, défléchir). **1.** Appareil servant à modifier la direction d'un écoulement. **2.** AUTOM. Petit volet mobile fixé à l'encadrement de la glace des portières avant pour orienter l'air.

DÉFLEURIR v.t. Litt. Faire tomber les fleurs de (une plante, un arbre). ◆ v.i. Litt. Perdre ses fleurs.

DÉFLEXION n.f. **I.** TECHN. **1.** Modification de la direction d'un écoulement, d'un faisceau de particules. **2.** Déformation verticale d'un point de la chaussée. **II.** MÉD. État d'une partie du corps, d'un membre non fléchi.

DÉFLORAISON n.f. BOT. Fanaison et chute de certaines pièces de la fleur à la suite de la fécondation ; époque à laquelle elles se produisent.

DÉFLORATION n.f. Perte de la virginité.

DÉFLORER v.t. (lat. *deflorare*, enlever la fleur de). **1.** Litt. Faire perdre sa virginité à. **2.** Enlever de sa nouveauté, de son originalité à qqch en le traitant partiellement. *Déflorer un sujet.*

DÉFLUENT n.m. GÉOGR. Bras formé par la division des eaux d'un cours d'eau.

DÉFLUVIATION n.f. GÉOGR. Changement total de lit d'un cours d'eau.

DÉFOLIANT, E adj. et n.m. Se dit d'un produit chimique provoquant la défoliation.

DÉFOLIATION n.f. **1.** BOT. Défeuillaison. **2.** Action militaire entreprise pour détruire la végétation, et partic. les feuilles des arbres, à l'aide de défoliants.

DÉFOLIER v.t. Provoquer la défoliation de.

DÉFONÇAGE ou **DÉFONCEMENT** n.m. Action de défoncer ; son résultat.

DÉFONCE n.f. Arg. État provoqué par l'usage d'une drogue, partic. d'un hallucinogène ; usage de la drogue.

DÉFONCÉ n.m. Technique de ciselure qui consiste à travailler le métal sur celle de ses faces qui doit être visible (par opp. à *repoussé*).

DÉFONCER v.t. (de *fond*) [16]. **1.** Vieilli. Ôter le fond de (un tonneau, une caisse). **2.** Briser en enfonçant ; éventrer. *Défoncer une porte.* **3.** Labourer profondément (un terrain, un sol). **4.** TECHN. Dégrossir une cavité dans (une pièce à usiner). ◆ **se défoncer** v.pr. **1.** Se briser, être enfoncé, éventré. **2.** Fam. Se droguer. **3.** Fam. Se donner à fond dans une activité.

DÉFONCEUSE n.f. **1.** Lourde charrue employée pour le défonçage. **2.** Machine à bois dotée d'une mèche à coupe latérale ou d'une fraise. **3.** Équipement tracté constitué par un cadre muni de dents massives servant à défoncer le sol. SYN. : *ripper, rooter.*

DÉFORCER v.t. [16]. Belgique. Affaiblir, diminuer le pouvoir de qqn.

DÉFORESTATION n.f. Action de détruire la forêt ; déboisement.

DÉFORMANT, E adj. Qui déforme.

DÉFORMATION n.f. Action de déformer ; son résultat. Fait d'être déformé. ◇ *Déformation professionnelle :* fait d'avoir l'esprit déformé par la pratique d'une profession, de garder dans la vie courante les habitudes, les réflexes de sa profession.

DÉFORMER v.t. **1.** Altérer la forme, l'aspect de (qqch). **2.** Reproduire, représenter de façon inexacte. *Déformer la vérité.*

DÉFOULEMENT n.m. Fam. Fait de se défouler.

DÉFOULER v.t. Permettre à qqn de libérer son agressivité ou de se libérer de tensions diverses. ◆ **se défouler** v.pr. Se libérer dans son comportement, ses activités, des contraintes, des tensions diverses.

DÉFOURNAGE ou **DÉFOURNEMENT** n.m. Action de défourner.

DÉFOURNER v.t. Ôter du four.

DÉFRAÎCHIR v.t. (de *frais*). Enlever la fraîcheur, l'éclat de ; ternir.

DÉFRANCHI, E adj. Belgique. Qui a perdu de sa hardiesse, de son assurance.

DÉFRAYER [defreje] v.t. (de *frais*) [11]. Payer les dépenses de (qqn). ◇ *Défrayer la conversation, la chronique,* en être l'unique sujet.

DÉFRICHAGE ou **DÉFRICHEMENT** n.m. Action de défricher ; son résultat.

DÉFRICHE n.f. Terrain défriché.

DÉFRICHER v.t. (de *friche*) **1.** Rendre propre à la culture (un terrain inculte). **2.** Fig. *Défricher un sujet, une question,* en aborder les éléments essentiels, sans aller au fond ; dégrossir.

DÉFRICHEUR, EUSE n. Personne qui défriche.

DÉFRIPER v.t. Défroisser, remettre en état (un vêtement, une étoffe).

DÉFRISER v.t. **1.** Défaire la frisure de. **2.** Fam. Contrarier, désappointer. *Et alors ? Ça te défrise ?*

DÉFROISSER v.t. Faire disparaître les plis de (un vêtement, une étoffe froissés).

DÉFRONCER v.t. [16]. Défaire les fronces de (une étoffe, un vêtement).

DÉFROQUE n.f. **1.** RELIG. ou VX. Vêtements, objets qu'un religieux laisse en mourant. **2.** Mod. Vêtement démodé, ridicule.

DÉFROQUÉ, E adj. et (rare au fém.) n. *Moine, prêtre défroqué,* qui a renoncé à la vie religieuse, qui a défroqué.

DÉFROQUER v.i. ou **SE DÉFROQUER** v.pr. Abandonner l'état religieux ou ecclésiastique.

DÉFRUITER v.t. **1.** Enlever le goût, le parfum de son fruit à (un extrait végétal). *Défruiter de l'huile d'olive.* **2.** MIN. Dépiler.

DÉFUNT, E [defœ̃, œ̃t] adj. et n. (lat. *defunctus*). Litt. ou ADMIN. Qui est décédé ; mort. ◆ adj. Fig., litt. Révolu. *Une époque défunte.*

1. DÉGAGÉ, E adj. **1.** Où rien n'arrête le regard. *Vue dégagée.* ◇ *Ciel dégagé,* sans nuages. **2.** Qui n'est pas encombré. *Autoroute dégagée. Voies respiratoires dégagées.* **3.** Découvert. *Avoir le front dégagé.* **4.** Qui fait preuve d'aisance, d'assurance. *Air dégagé.*

2. DÉGAGÉ n.m. CHORÉGR. Mouvement sans déplacement qui fait passer la jambe libre tendue d'une position fermée à une position ouverte ou à une hauteur déterminée.

DÉGAGEMENT n.m. **I. 1.** Action de dégager. **a.** (ce qui est bloqué, emprisonné). *Dégagement des victimes.* ◇ MÉD. Dernière phase de l'accouchement. ◇ SPORTS. Action de dégager la balle. **b.** (ce qui est obstrué, encombré). *Dégagement de la voie publique.* **2.** Fait de se dégager, émanation. *Dégagement de bulles.* **3.** Action de se dégager d'une promesse, d'un engagement. **4.** ADMIN. et MIL. *Dégagement des cadres :* réduction de l'effectif des cadres. **II. 1.** *De dégagement :* destiné à assurer un passage ou à faciliter le passage. *Escalier de dégagement.* **2.** Partie formant passage, dans un appartement, un édifice. **3.** Espace libre, extérieur. **4.** Petite pièce ou grand placard pour le rangement.

DÉGAGER v.t. (de *gage*) [17]. **I.** Vieilli. Retirer, reprendre une chose mise en gage. ◇ Fig. *Dégager sa parole :* se libérer d'une promesse. **II. 1.** Délivrer de ce qui bloque, coince, emprisonne. ◇ SPORTS. Envoyer le ballon le plus loin possible de son camp. **2.** Libérer, sortir de ce qui encombre, recouvre ; ouvrir (un passage). ◇ Fig. Extraire d'un ensemble, mettre en évidence. *Dégager les idées essentielles.* **3.** Laisser libre ou visible ; mettre en valeur. *Encolure qui dégage la nuque.* **4.** Libérer de ce qui contraint, oblige. *Dégager sa responsabilité.* **5.** Rendre disponible (une somme d'argent). *Dégager des crédits.* ◇ Produire (un bénéfice, un profit). **6.** Produire, répandre une émanation ; exhaler. *Fleur qui dégage un parfum délicieux.* **7.** CHORÉGR. Faire un dégagé. ◆ **se dégager** v.pr. *(de).* **1.** Se libérer. *Se dégager d'une obligation.* **2.** Émaner, sortir de. *Une fumée épaisse se dégage des décombres.*

DÉGAINE n.f. Fam. Allure, contenance qui se remarque, étrange ou gauche, ridicule.

DÉGAINER v.t. Tirer (une arme) du fourreau, de l'étui. *Dégainer l'épée, son revolver.*

DÉGANTER (SE) v.pr. Enlever ses gants.

DÉGARNIR v.t. **1.** Dépouiller, vider (qqch) de ce qui garnit, orne, meuble ou protège. *Dégarnir une table.* **2.** CH. DE F. *Dégarnir une voie :* ôter le ballast autour et sous les traverses. ◆ **se dégarnir** v.pr. **1.** Devenir moins touffu, en parlant des arbres, des bois. **2.** Perdre ses cheveux. **3.** Se vider. *La salle se dégarnit.*

DÉGARNISSAGE n.m. Action de dégarnir.

DÉGASOLINAGE n.m. → ***dégazolinage.***

DÉGASOLINER v.t. → ***dégazoliner.***

DÉGÂT [dega] n.m. (de l'anc. v. *dégaster,* dévaster). [Surtout pl.]. Dommage occasionné par une cause violente.

DÉGAUCHIR v.t. TECHN. **1.** Redresser (une pièce déformée, gauchie). **2.** Dresser, aplanir une face de (une pièce). *Dégauchir une planche.*

DÉGAUCHISSAGE ou **DÉGAUCHISSEMENT** n.m. Action de dégauchir.

DÉGAUCHISSEUSE n.f. TECHN. Machine-outil pour dégauchir les faces d'une planche.

DÉGAZAGE n.m. TECHN. **1.** Action de dégazer un liquide, un solide. **2.** Élimination des hydrocarbures gazeux des citernes d'un pétrolier, après déchargement.

DÉGAZER v.t. Éliminer les gaz dissous, absorbés ou adsorbés, de (un liquide, un solide). ◆ v.i. MAR. Effectuer le dégazage.

DÉGAZOLINAGE ou **DÉGASOLINAGE** n.m. TECHN. Récupération des hydrocarbures liquides contenus dans le gaz naturel.

DÉGAZOLINER ou **DÉGASOLINER** v.t. Procéder au dégazolinage de (un gaz naturel).

DÉGAZONNEMENT ou **DÉGAZONNAGE** n.m. Action d'enlever le gazon.

DÉGAZONNER v.t. Enlever le gazon de (un terrain, une pelouse).

DÉGEL n.m. **1.** Fonte des neiges, des glaces ; époque à laquelle elle se produit. **2.** Fig. Fait de se dégeler. ◇ Spécialt. Détente des relations entre des États. *Le dégel des relations internationales.*

DÉGELÉE n.f. Fam. Correction, volée de coups.

DÉGELER v.t. [25]. **1.** Faire fondre (ce qui était gelé). **2.** Fig. Enlever à (qqn) sa réserve, sa froideur ; donner de l'animation à (une réunion). **3.** ÉCON. Libérer (des crédits qui étaient gelés, bloqués). ◆ v.i. Cesser d'être gelé ou de geler. ◆ **se dégeler** v.pr. Devenir moins froid, s'améliorer, en parlant des relations entre des personnes, des groupes, des États.

DÉGÉNÉRATIF, IVE adj. Relatif à la dégénérescence.

DÉGÉNÉRÉ, E adj. et n. Atteint de dégénérescence.

DÉGÉNÉRER v.i. (lat. *degenerare*) [18]. **1.** Perdre des qualités propres à sa race ; s'abâtardir ; passer à un état inférieur. **2.** Fig. Perdre de son mérite, de sa valeur. **3.** Péj. *Dégénérer en :* se changer en (qqch de pire). *Dispute qui dégénère en rixe.* ◇ Absolt. Tourner mal. **4.** MATH. *Courbe qui dégénère,* qui se décompose en des courbes distinctes plus simples.

DÉGÉNÉRESCENCE n.f. Fait de dégénérer. ◇ PATHOL. Altération de la cellule vivante. – *Dégénérescence maligne* ou *dégénérescence :* cancérisation.

DÉGERMER v.t. Enlever le germe de.

DÉGINGANDÉ, E [deʒɛ̃gɑ̃de] adj. Qui est comme disloqué dans ses mouvements, sa démarche.

DÉGIVRAGE n.m. Action de dégivrer.

DÉGIVRER v.t. Enlever, faire fondre le givre de. *Dégivrer un pare-brise, un réfrigérateur.*

DÉGIVREUR n.m. Appareil, dispositif utilisé pour le dégivrage.

DÉGLAÇAGE ou **DÉGLACEMENT** n.m. Action de déglacer ; son résultat.

DÉGLACER v.t. [16]. **1.** Faire fondre la glace de. **2.** Enlever le lustre (du papier). **3.** CUIS. Dissoudre, en les mouillant d'un peu de liquide, les sucs caramélisés au fond d'un récipient.

DÉGLACIATION n.f. Recul des glaciers.

DÉGLINGUE n.f. Fam. État de profonde déchéance physique ou morale. ◇ Dégradation extrême d'un milieu, d'un système ; situation qui en résulte. *La déglingue sociale.*

DÉGLINGUER [deglɛ̃ge] v.t. (de *clin,* bordage). Fam. Disloquer, désarticuler.

DÉGLUER v.t. Débarrasser de la glu.

DÉGLUTINATION n.f. LING. Séparation des éléments d'un mot unique *(ma mie* pour *m'amie).*

DÉGLUTIR v.t. et i. (lat. *deglutire*). Faire passer de la bouche à l'œsophage ; avaler, ingurgiter.

DÉGLUTITION n.f. PHYSIOL. Acte réflexe par lequel le bol alimentaire passe de la bouche dans l'œsophage, puis l'estomac.

DÉGOBILLER v.t. et i. Pop. Vomir.

DÉGOISER v.t. et i. (de *gosier*). Fam., péj. Parler avec volubilité.

DÉGOMMAGE n.m. Action de dégommer.

DÉGOMMER v.t. **1.** Ôter la gomme de. **2.** Fam. *Dégommer qqn (de sa place),* le destituer, le supplanter. **3.** Fam. Faire tomber en atteignant d'un coup, d'un tir.

DÉGONFLÉ, E adj. et n. Fam. Lâche, peureux.

DÉGONFLEMENT ou **DÉGONFLAGE** n.m. **1.** Action de dégonfler ; son résultat ; fait de se dégonfler. **2.** Fam. Fait de se dégonfler, de manquer de courage.

DÉGONFLER v.t. Faire disparaître le gonflement, l'enflure de ; vider de son air, de son gaz. ◆ v.i. ou **se dégonfler** v.pr. Perdre l'air ou le gaz qui gonflait ; perdre son enflure. ◆ **se dégonfler** v.pr. Fam. Manquer de courage, de résolution au moment d'agir.

DÉGORGEMENT n.m. **1.** Action de dégorger ; son résultat. **2.** Écoulement d'eaux, d'immondices retenues.

DÉGORGEOIR n.m. **1.** Instrument de forgeron servant à couper le fer à chaud. **2.** Ustensile pour retirer l'hameçon de la gorge d'un poisson. **3.** Extrémité d'un conduit par lequel se déverse l'eau d'un réservoir ou d'une pompe.

DÉGORGER v.t. [17]. **1.** Déverser un trop-plein. *Tuyau qui dégorge de l'eau.* **2.** Débarrasser de ce qui engorge, obstrue. *Dégorger un conduit.* **3.** *Dégorger la soie, la laine, des étoffes, etc.,* les laver et les nettoyer pour en éliminer les corps étrangers. ◆ v.i. **1.** Se déverser, s'écouler. *Bassin qui dégorge dans la rivière.* **2.** *Faire dégorger.* **a.** *Faire dégorger de la viande, du poisson,* les faire tremper dans l'eau froide pour éliminer certaines impuretés. **b.** *Faire dégorger des légumes,* les passer au sel pour en éliminer l'eau. **c.** *Faire dégorger* (ou, v.t., *dégorger) des escargots,* leur faire éliminer la bave en les faisant jeûner.

DÉGOTER ou **DÉGOTTER** v.t. Fam. Découvrir, trouver.

DÉGOULINADE n.f. ou, rare, **DÉGOULINEMENT** n.m. Fam. Coulée, trace laissée par un corps liquide ou visqueux.

DÉGOULINER v.i. (anc. v. *dégouler,* s'épancher). Fam. Couler lentement, goutte à goutte ou en traînées.

DÉGOUPILLER v.t. Enlever la goupille de.

1. DÉGOURDI, E adj. et n. Qui fait preuve d'adresse, d'initiative.

2. DÉGOURDI n.m. Première cuisson d'une céramique avant l'émaillage et la pose du décor ; céramique ainsi traitée.

DÉGOURDIR v.t. (de *gourd*). **1.** Tirer de l'engourdissement. *Dégourdir ses membres.* **2.** Faire tiédir (un liquide). *Dégourdir de l'eau.* **3.** Faire perdre sa gaucherie, sa timidité à (qqn).

DÉGOURDISSEMENT n.m. Action par laquelle un engourdissement se dissipe.

DÉGOÛT n.m. (de *goût*). **1.** Répugnance pour certains aliments. **2.** Sentiment d'aversion, de répulsion provoqué par qqn, qqch.

DÉGOÛTAMMENT adv. Rare. De manière dégoûtante.

DÉGOÛTANT, E adj. **1.** Qui provoque le dégoût, la répugnance ; écœurant. **2.** Très sale. **3.** Qui provoque l'aversion, la répulsion psychologique, morale ; obscène.

DÉGOÛTATION n.f. Fam. **1.** Sentiment de dégoût. **2.** Chose, personne dégoûtante.

DÉGOÛTÉ, E adj. et n. Exagérément délicat, difficile. ◇ *Faire le dégoûté :* se montrer trop difficile, exigeant.

DÉGOÛTER v.t. **1.** Inspirer du dégoût, de la répugnance, de l'aversion à. *Sa malpropreté me dégoûte.* **2.** Ôter l'envie de, décourager de. *Tout ça le dégoûte de travailler.*

DÉGOUTTER v.i. Couler goutte à goutte. *L'eau dégoutte du parapluie.*

DÉGRADANT, E adj. Qui dégrade, avilit.

1. DÉGRADATION n.f. (du lat. *gradus,* degré). **1.** Destitution (d'un personnage haut placé) ; privation (d'un grade, d'une dignité, de certains droits). ◇ *Dégradation civique :* privation des droits civiques et politiques ainsi que de certains droits civils. **2.** Détérioration (d'un édifice, d'une propriété, etc.). **3. Fig.** Passage progressif à un état plus mauvais. **4. a.** CHIM. Décomposition d'une molécule organique en molécules possédant un nombre moins grand d'atomes de carbone. **b.** PHYS. *Dégradation de l'énergie :* transformation irréversible d'énergie d'une forme en une autre moins apte à fournir du travail mécanique. **5.** ÉCOL. Remplacement d'une formation végétale par une autre de moindre biomasse (par ex. d'une forêt par une lande, à la suite d'incendies répétés).

2. DÉGRADATION n.f. (it. *digradazione*). PEINT. Affaiblissement insensible et continu.

DÉGRADÉ n.m. **1.** Affaiblissement progressif d'une couleur, de la lumière. **2.** CIN., PHOT. Procédé par lequel on donne une intensité lumineuse différente aux diverses parties de l'image. **3.** Technique de coupe qui consiste à modeler la coiffure suivant différentes épaisseurs.

1. DÉGRADER v.t. **I. 1.** Destituer de son grade. *Dégrader un officier.* **2. Fig.** Avilir, plonger dans un état de déchéance. *Sa conduite le dégrade.* **II.** Détériorer, endommager. *Dégrader une façade.* ◆ **se dégrader** v.pr. **1.** S'avilir. **2.** Subir une détérioration.

2. DÉGRADER v.t. (it. *digradare,* de *grado,* degré). **1.** Affaiblir insensiblement. *Dégrader un ton.* **2.** Couper (les cheveux) en dégradé.

DÉGRAFER v.t. (de *agrafer*). Détacher l'agrafe ou les agrafes de.

DÉGRAISSAGE n.m. **1.** Action de dégraisser ; son résultat. **2. Fam.** Diminution du personnel d'une entreprise par licenciement.

DÉGRAISSANT, E adj. et n.m. Se dit d'une substance qui a la propriété de dégraisser.

DÉGRAISSER v.t. **1.** Retirer la graisse de. *Dégraisser un bouillon.* **2.** Ôter les taches de graisse de. *Dégraisser un vêtement.* **3.** Débarrasser d'un excédent. ◇ *Dégraisser une pièce de bois :* enlever du bois dans les angles d'un joint, afin d'avoir en surface un contact parfait. ◆ v.i. **Fam.** Diminuer les effectifs d'un service, d'une entreprise.

DÉGRAISSEUR, EUSE n. TEXT. Personne qui dégraisse et teint les étoffes.

DÉGRAS [degra] n.m. (de *dégraisser*). TECHN. Mélange de corps gras utilisé pour assouplir et imperméabiliser les cuirs.

DÉGRAVOIEMENT n.m. CONSTR. Dégradation (d'une construction) par l'effet d'une eau courante.

DÉGRAVOYER v.t. [13]. CONSTR. Produire le dégravoiement de.

DEGRÉ n.m. (lat. *gradus*). **I. Litt.** Marche d'un escalier. **II.** Chacun des états intermédiaires pouvant conduire d'un état à un autre. – *Par degrés :* progressivement. **1.** Échelon, grade, etc., dans une hiérarchie. **2.** DR. *Degré d'une juridiction :* chacun des tribunaux devant lesquels une affaire peut être successivement portée. **3.** *Degré de parenté :* distance qui sépare des parents consanguins ou par alliance. (Chaque génération forme un degré ; en ligne collatérale, les degrés se comptent en remontant d'un parent à l'ancêtre commun et en redescendant de celui-ci à l'autre parent : deux frères sont parents au deuxième degré, l'oncle et le neveu au troisième, etc.) **4.** MATH. **a.** *Degré d'une équation entière* ou *d'un polynôme :* degré du monôme composant ayant le plus haut degré. **b.** *Degré d'un monôme entier par rapport à une variable :* exposant de la puissance à laquelle se trouve élevée cette variable dans le monôme. **c.** *Degré d'une courbe, d'une surface algébrique :* degré de son équation algébrique. **5.** GRAMM. *Degré de comparaison* ou *de signification :* chacun des degrés (relatif ou absolu) de la qualité exprimée par un adjectif ou un adverbe (positif, comparatif ou superlatif). **III. 1.** Intensité relative (d'un état affectif, moral ou pathologique). *Le dernier degré du bonheur, du désespoir.* **2.** *Degré d'une brûlure :* profondeur de la lésion produite (*premier degré,* simple rougeur ; *deuxième degré,* vésicule avec liquide ; *troisième degré,* toutes les lésions plus profondes que le derme). **IV.** Chacune des divisions, correspondant à l'unité, d'une échelle de mesure. **1.** Unité de mesure d'angle plan (symb. °), équivalant à l'angle au centre qui intercepte sur la circonférence un arc d'une longueur égale à 1/360 de celle de cette circonférence, soit π/180 radian. **2. a.** *Degré Celsius :* unité de mesure de température (symb. °C), égale à l'unité Kelvin ; nom spécial du kelvin pour exprimer la température dans l'échelle Celsius. **b.** *Degré Fahrenheit :* unité de mesure de température (symb. °F), égale à la 180ᵉ partie de l'écart entre la température de fusion de la glace et la température d'ébullition de l'eau à la pression atmosphérique. **3.** *Degré alcoométrique centésimal :* unité de titre alcoométrique (symb. °GL), équivalant au degré de l'échelle centésimale de Gay-Lussac, dans laquelle le titre alcoométrique de l'eau pure est 0 et celui de l'alcool absolu 100. **4.** Chacun des sons d'une gamme par rapport à la tonique. *Dans l'échelle d'*ut, sol *est le 5ᵉ degré.*

DÉGRÉER v.t. MAR. Dégarnir de son gréement.

DÉGRESSIF, IVE adj. (du lat. *degredi,* descendre). **1.** Se dit d'un tarif, d'un mode de paiement, etc., dans lequel la somme à payer par unité est de plus en plus petite au fur et à mesure que le nombre d'unités commandées ou utilisées est plus grand. **2.** DR. FISC. *Impôt dégressif,* qui diminue à mesure que les revenus sont plus faibles.

DÉGRESSIVITÉ n.f. Caractère de ce qui est dégressif.

DÉGRÈVEMENT n.m. Diminution ou dispense de charges fiscales.

DÉGREVER v.t. [19]. Décharger d'une partie des impôts ; exonérer.

DÉGRIFFÉ, E adj. et n.m. Se dit d'un vêtement, d'un accessoire vendu sans sa griffe d'origine et à prix réduit.

DÉGRILLAGE n.m. Opération consistant à débarrasser une eau usée des matières entraînées les plus volumineuses par passage à travers une grille.

DÉGRINGOLADE n.f. **Fam.** Action de dégringoler ; son résultat.

DÉGRINGOLER v.i. (anc. fr. *gringoler,* de *gringole,* colline). **Fam. 1.** Rouler de haut en bas ; tomber de façon désordonnée. **2.** Diminuer très rapidement de valeur, d'intensité. ◆ v.t. **Fam.** Descendre précipitamment. *Dégringoler un escalier.*

DÉGRIPPANT n.m. Produit pour dégripper.

DÉGRIPPER v.t. Débloquer (une, des pièces grippées).

DÉGRISEMENT n.m. Action de dégriser.

DÉGRISER v.t. **1.** Faire passer l'ivresse de. **2. Fig.** Dissiper les illusions, l'enthousiasme de. ◆ **se dégriser** v.pr. Sortir de l'ivresse.

DÉGROSSER v.t. *Dégrosser un lingot,* l'amincir pour le faire passer à la filière.

DÉGROSSIR v.t. **1.** Donner un premier façonnage à (un matériau brut). *Dégrossir un bloc de marbre.* **2. Fig.** Commencer à débrouiller, à éclaircir (qqch). *Dégrossir un problème.* **3. Fig.** Rendre moins grossier, moins ignorant.

DÉGROSSISSAGE ou **DÉGROSSISSEMENT** n.m. Action de dégrossir ; son résultat.

DÉGROUILLER (SE) v.pr. **Pop.** Se hâter.

DÉGROUPEMENT n.m. Action de dégrouper ; son résultat.

DÉGROUPER v.t. Disperser, répartir différemment (des personnes, des choses groupées).

DÉGUENILLÉ, E adj. et n. Qui est vêtu de guenilles, de haillons.

DÉGUERPIR v.i. (anc. fr. *guerpir,* abandonner, mot germ.). Quitter précipitamment un lieu.

DÉGUEULASSE adj. **Très fam.** Dégoûtant. Abrév. (**très fam.**) : *dégueu.*

DÉGUEULER v.t. et i. **Très fam.** Vomir.

DÉGUILLER v.t. (haut all. *kegil,* quille). **Suisse.** Abattre. *Déguiller un arbre.* ◆ v.i. **Suisse.** Dégringoler.

DÉGUISÉ, E adj. et n. **1.** Revêtu d'un déguisement. **2.** *Fruit déguisé :* confiserie faite de petits fruits (fraises, cerises) enrobés de sucre, ou imitation de fruits en pâte d'amandes.

DÉGUISEMENT n.m. **1.** Action de déguiser, de se déguiser. **2.** Ce qui sert à déguiser, à se déguiser. *Être méconnaissable sous son déguisement.* **3. Fig., litt.** Dissimulation. *Parler sans déguisement.*

DÉGUISER v.t. (de *guise*). **1.** Habiller qqn de manière à le rendre méconnaissable. **2.** Modifier pour donner le change. *Déguiser sa voix, son écriture.* **3. Fig.** Cacher, dissimuler. *Déguiser ses sentiments.* ◆ **se déguiser** v.pr. Se travestir.

DÉGURGITER v.t. Restituer (ce qui avait été ingurgité).

DÉGUSTATEUR, TRICE n. Personne dont le métier est de déguster les vins, les liqueurs, etc.

DÉGUSTATION n.f. Action de déguster.

DÉGUSTER v.t. (lat. *degustare*). **1.** Goûter (un aliment solide ou liquide) pour en apprécier les qualités. **2. Pop.** *Déguster (des coups, des injures, etc.),* les subir. ◇ **Absolt.** Être éprouvé, subir des évènements fâcheux, désagréables, violents, etc. *Qu'est-ce qu'on déguste !*

DÉHALER v.t. (de *haler*). MAR. Déplacer (un navire) en halant sur ses amarres. ◆ **se déhaler** v.pr. *Navire qui se déhale,* qui s'éloigne d'une position dangereuse.

DÉHANCHÉ, E adj. Qui se déhanche.

DÉHANCHEMENT n.m. Fait de se déhancher ; position du corps qui se déhanche.

DÉHANCHER (SE) v.pr. **1.** Marcher en se dandinant. **2.** Faire porter le poids du corps sur une seule jambe.

DÉHARNACHER v.t. Ôter le harnais de.

DÉHISCENCE [deisɑ̃s] n.f. BOT. Ouverture naturelle, à maturité, d'un organe clos (anthère, gousse, etc.).

DÉHISCENT, E adj. (du lat. *dehiscere,* s'ouvrir). BOT. *Organes, fruits, etc., déhiscents,* qui s'ouvrent par déhiscence.

1. DEHORS adv. À l'extérieur d'un lieu. ◇ *Mettre dehors :* chasser, congédier. ◆ loc. adv. **1.** *De dehors :* de l'extérieur. **2.** *En dehors :* à l'extérieur, par l'extérieur. ◆ loc. prép. *En dehors de.* **a.** À l'extérieur de. *En dehors de cette limite.* **b.** Indépendamment de. *Cela s'est passé en dehors de moi.* ◆ loc. adj. et adv. CHORÉGR. *Être en dehors :* pour un danseur, avoir les genoux et les pieds bien ouverts.

2. DEHORS n.m. **1.** Partie extérieure de qqch. **2.** Extérieur, milieu environnant. ◆ pl. Apparences. *Des dehors trompeurs.*

DÉHOUILLER v.t. MIN. Enlever toute la houille de (une couche en exploitation).

DÉHOUSSABLE adj. Dont la housse est amovible.

1. DÉICIDE adj. et n. (lat. chrétien *deicida*). Meurtrier de Dieu ; coupable ou complice de la crucifixion du Christ.

2. DÉICIDE n.m. Meurtre de Dieu et, spécialement, crucifixion du Christ.

DÉICTIQUE adj. et n.m. (gr. *deiktikos,* démonstratif). LING. Qui sert à désigner, à montrer.

DÉIFICATION n.f. Action de déifier.

DÉIFIER v.t. (lat. *deificare*). Mettre au nombre des dieux, élever à l'égal des dieux.

DÉISME n.m. Croyance en l'existence de Dieu, mais sans référence à une révélation.

DÉISTE adj. et n. Qui professe le déisme.

DÉITÉ n.f. **Litt.** Divinité.

DÉJÀ adv. (anc. fr. *des ja*). **1.** Dès maintenant, dès ce moment-là. *Avez-vous déjà fini ?* **2.** Précédemment. *Je vous ai déjà dit que...* **3.** (Marquant un degré jugé important, notable). *Calmer la douleur d'un mal incurable, c'est déjà quelque chose.* **4.** (Ajouté à une question visant à se faire rappeler ce que l'on a oublié). *Où habite-t-il, déjà ?*

DÉJANTER v.t. Faire sortir (un pneumatique) de la jante d'une roue. ◆ v.i. **Fam.** Devenir fou.

DÉJAUGER v.i. [17]. MAR. S'élever sur l'eau sous l'effet de la vitesse, en parlant d'un bateau, d'un hydravion. ◆ v.t. Soulever (un navire, un hydravion) hors de l'eau.

DÉJÀ-VU n.m. inv. **1. Fam.** Chose banale, sans originalité. **2.** PSYCHOL. *Impression de déjà-vu :* impression intense d'avoir déjà vécu la situation actuelle dans le passé, avec la même tonalité affective.

DÉJECTION n.f. (lat. *dejectio,* de *jacere,* jeter). **1.** Évacuation des excréments. **2.** *Cône de déjection :* accumulation détritique effectuée par un torrent à son extrémité aval. ◆ pl. Matières fécales évacuées, excréments.

DÉJETÉ, E adj. **1.** Qui a subi un gauchissement, qui est dévié de sa position normale. ◇ GÉOL. *Pli déjeté,* dont les flancs n'ont pas le même pendage. **2.** Contrefait. *Taille déjetée.* **3.** Belgique. Négligé, mal entretenu, en désordre.

DÉJETER v.t. 27. Litt. Déformer (le corps) en faisant subir une déviation.

1. DÉJEUNER v.i. (lat. *disjejunare,* rompre le jeûne). **1.** Prendre le repas de midi. **2.** Belgique, Suisse. Prendre le petit déjeuner.

2. DÉJEUNER n.m. **1.** Repas de midi. ◇ Mets que l'on mange à ce repas. *Préparer un déjeuner froid.* **2.** Belgique, Suisse. Repas du matin, petit déjeuner. **3.** Tasse munie de sa soucoupe pour le déjeuner du matin. **4.** *Déjeuner de soleil :* étoffe dont la couleur fane à la lumière ; fig., chose éphémère.

DÉJOUER v.t. Faire échec à, mettre en défaut. *Déjouer la surveillance de ses gardiens.*

DÉJUCHER v.i. Sortir du juchoir. ◆ v.t. Faire sortir du juchoir. *Déjucher des volailles.*

DÉJUGER (SE) v.pr. 17. DR. Revenir sur un jugement, une opinion.

DE JURE [deʒyre] loc. adv. (mots lat., *selon le droit*). De droit (par opp. à *de facto*).

DELÀ adv. → ***au-delà, deçà, par-delà.***

DÉLABRÉ, E adj. **1.** Qui est en mauvais état, tombe en ruine. **2.** Fig. Amoindri, détérioré.

DÉLABREMENT n.m. **1.** État de ruine. *Le délabrement d'une maison.* **2.** Fig. Dégradation, affaiblissement. *Délabrement physique, moral.*

DÉLABRER v.t. (mot francique). Endommager gravement, ruiner. *Délabrer sa santé.* ◆ **se délabrer** v.pr. Se dégrader, se détériorer.

DÉLACER v.t. 16. Défaire le lacet, les lacets de.

DÉLAI n.m. (de l'anc. fr. *deslaier,* différer). **1.** Temps accordé pour faire qqch. *Exécuter un travail dans le délai fixé.* **2.** Temps supplémentaire octroyé pour l'exécution, l'accomplissement de qqch. *Obtenir un délai.* ◇ *Sans délai :* sans attendre, immédiatement.

DÉLAI-CONGÉ n.m. (pl. *délais-congés*). DR. Délai de préavis en matière de résiliation d'un contrat de location ou de travail.

DÉLAINAGE n.m. Action de délainer.

DÉLAINER v.t. Enlever la laine (des peaux de mouton) après écorchage de l'animal tué.

DÉLAISSÉ, E adj. et n. À l'abandon, laissé seul, sans assistance.

DÉLAISSEMENT n.m. **1.** Litt. État d'une personne laissée sans secours. **2.** DR. Abandon d'un bien, d'un droit.

DÉLAISSER v.t. Laisser de côté, abandonner. *Délaisser son travail, ses amis.*

DÉLAITEMENT ou **DÉLAITAGE** n.m. Action de délaiter ; son résultat.

DÉLAITER v.t. Soutirer le babeurre de la baratte après la formation du beurre.

DÉLAMINAGE n.m. TECHN. Séparation en lamelles d'un lamifié.

DÉLARDER v.t. CONSTR. **1.** Couper en chanfrein l'arête de (une pièce). **2.** Diminuer l'épaisseur de (une pièce, un matériau).

DÉLASSANT, E adj. Qui délasse.

DÉLASSEMENT n.m. **1.** Action de se délasser, de se détendre. **2.** Occupation qui délasse, repose. *La pêche à la ligne est un délassement.*

DÉLASSER v.t. Enlever la fatigue physique ou morale de. *Le repos délasse le corps.* ◆ **se délasser** v.pr. Se reposer des fatigues du corps, de l'esprit ; se détendre.

DÉLATEUR, TRICE n. Personne qui dénonce pour des motifs méprisables.

DÉLATION n.f. (lat. *delatio,* de *deferre,* dénoncer). **1.** Dénonciation intéressée et méprisable. **2.** DR. *Délation de serment :* action d'imposer un serment décisoire ou supplétoire.

DÉLAVAGE n.m. Action de délaver.

DÉLAVÉ, E adj. **1.** D'une couleur fade, pâle. **2.** Décoloré par l'action de l'eau.

DÉLAVER v.t. **1.** Enlever ou éclaircir (une couleur) avec de l'eau. **2.** Mouiller, détremper.

DÉLAYAGE n.m. **1.** Action de délayer ; son résultat. **2.** Substance délayée. **3.** Fig. Verbiage, remplissage.

DÉLAYER v.t. (lat. *deliquare,* décanter) 11. **1.** Mélanger (un corps solide ou pulvérulent) avec un liquide. **2.** Fig. *Délayer une idée, une pensée,* l'exprimer trop longuement.

DELCO n.m. (nom déposé ; sigle de *Dayton Engineering Laboratories COmpany*). Dispositif d'allumage des moteurs à explosion.

DELEATUR [deleatyr] n.m. inv. (mot lat., *qu'il soit détruit*). IMPR. Signe de correction typographique (₰) indiquant une suppression à effectuer.

DÉLÉBILE adj. Rare. Qui peut s'effacer.

DÉLECTABLE adj. Litt. Dont on se délecte ; très agréable.

DÉLECTATION n.f. (lat. *delectatio*). Litt. Plaisir que l'on savoure pleinement.

DÉLECTER (SE) v.pr. [*de*] (lat. *delectare*). Litt. Prendre un plaisir extrême ; se régaler.

DÉLÉGANT, E n. DR. Personne qui désigne un délégué.

DÉLÉGATAIRE n. DR. Personne qui bénéficie d'une délégation.

DÉLÉGATEUR, TRICE n. DR. Personne qui fait une délégation.

DÉLÉGATION n.f. (lat. *delegatio,* procuration). **I.** DR. **1.** Acte par lequel une autorité administrative charge une autre autorité d'exercer ses pouvoirs à sa place. *Délégation de compétence.* **2.** Opération par laquelle une personne (le délégant) ordonne à une autre (le délégué) de faire bénéficier une troisième (le délégataire) d'une prestation. **II. 1.** Groupe de personnes mandatées au nom d'une collectivité. – *Délégation spéciale :* commission chargée d'administrer provisoirement une commune lorsqu'un conseil municipal est démissionnaire ou a été dissous. **2.** (Dans les noms de certains organismes publics.) *Délégation à l'aménagement du territoire.*

DÉLÉGITIMER v.t. Faire perdre à qqn, qqch sa légitimité morale. *Délégitimer une fonction, la classe politique.*

DÉLÉGUÉ, E n. et adj. Personne chargée d'agir au nom d'une ou de plusieurs autres. ◇ *Délégué du personnel :* salarié élu par le personnel d'une entreprise pour le représenter auprès du chef d'entreprise. ◇ *Délégué syndical :* salarié représentant son syndicat auprès du chef d'entreprise, désigné par les sections syndicales d'entreprise.

DÉLÉGUER v.t. (lat. *delegare*) 18. **1.** Envoyer comme représentant d'une collectivité. *Déléguer un élu à une assemblée.* **2.** Transmettre, confier une responsabilité (à un subordonné). *Déléguer ses pouvoirs.* ◇ Absolt. *Savoir déléguer.*

DÉLESTAGE n.m. Action de délester.

DÉLESTER v.t. **1.** Enlever le lest, la charge de. *Délester un ballon.* **2.** Supprimer momentanément la fourniture de courant électrique dans un secteur du réseau. **3.** *Délester une voie de communication,* en empêcher l'accès pour en réduire l'engorgement. **4.** Fam. *Délester qqn de son portefeuille, de son argent, etc.,* le lui dérober, le dévaliser.

DÉLÉTÈRE adj. (gr. *dêlêtêrios,* nuisible). **1.** Toxique, nuisible à la santé (se dit surtout des gaz). **2.** Fig., litt. Nuisible, corrupteur.

DÉLÉTION n.f. (lat. *deletio,* destruction). BIOL. Perte d'un fragment de chromosome, cause de malformations congénitales.

DÉLIBÉRANT, E adj. Qui délibère.

DÉLIBÉRATIF, IVE adj. *Avoir voix délibérative :* avoir droit de suffrage dans les délibérations d'une assemblée, d'un tribunal (par opp. à *consultatif*).

DÉLIBÉRATION n.f. (lat. *deliberatio*). **1.** Examen et discussion orale d'une affaire ; résultat de cet examen, décision. **2.** Réflexion destinée à peser le pour et le contre avant une décision.

DÉLIBÉRATOIRE adj. Qui a rapport à la délibération.

1. DÉLIBÉRÉ, E adj. **1.** Assuré, libre. *Avoir un air délibéré.* **2.** Conscient, réfléchi. *Volonté délibérée.* ◇ *De propos délibéré :* à dessein, exprès.

2. DÉLIBÉRÉ n.m. DR. Délibération entre juges avant le prononcé de la décision.

DÉLIBÉRÉMENT adv. **1.** Après avoir réfléchi. *Accepter délibérément une responsabilité.* **2.** Volontairement, intentionnellement. *Ignorer délibérément qqn.*

DÉLIBÉRER v.i. (lat. *deliberare*) 18. **1.** Examiner, discuter à plusieurs une question. **2.** Réfléchir en soi-même sur une décision à prendre.

DÉLICAT, E adj. (lat. *delicatus*). **I. 1.** D'une grande finesse ; exquis, raffiné. *Un visage aux traits délicats. Un parfum délicat.* **2.** Fragile. *Santé délicate.* **3.** Complexe, périlleux. *Situation, manœuvre délicate.* **II. 1.** Doué d'une grande sensibilité. *Poète délicat.* **2.** Qui manifeste du tact. *Procédé délicat.* ◆ adj. et n. Difficile à contenter. *Faire le délicat.*

DÉLICATEMENT adv. De façon délicate.

DÉLICATESSE n.f. **1.** Qualité de qqn, de qqch de délicat. **2.** *Être en délicatesse avec qqn,* être en froid, en mauvais termes avec lui.

DÉLICE n.m. (lat. *delicium*). Plaisir extrême. *Respirer avec délice un parfum.* ◆ n.f. pl. *Faire ses délices de :* prendre un vif plaisir à.

DÉLICIEUSEMENT adv. De façon délicieuse.

DÉLICIEUX, EUSE adj. (lat. *deliciosus*). **1.** Extrêmement agréable. **2.** Qui excite les sens ou l'esprit.

DÉLICTUEL, ELLE adj. DR. **1.** Délictueux. **2.** Se dit d'une faute commise intentionnellement et de la responsabilité encourue par son auteur.

DÉLICTUEUX, EUSE adj. DR. Qui constitue un délit, délictuel. *Activités délictueuses.*

1. DÉLIÉ, E adj. (lat. *delicatus*). Litt. **1.** Grêle, mince, menu. *Taille déliée. Écriture déliée.* **2.** *Esprit délié,* subtil.

2. DÉLIÉ n.m. Partie fine, déliée d'une lettre (par opp. à *plein*).

DÉLIEMENT n.m. Rare. Action de délier ; son résultat.

DÉLIER v.t. **1.** Défaire, détacher (ce qui est lié). *Délier un ruban.* ◇ Fig. *Délier la langue de qqn,* le faire parler. **2.** Fig. Dégager, libérer (d'une obligation). *Délier d'un serment.* **3.** THÉOL. Absoudre.

DÉLIGNAGE n.m. BOIS. Opération consistant à éliminer les flaches d'une pièce de bois débitée.

DÉLIGNEUSE n.f. Machine comportant le plus souvent plusieurs scies circulaires montées sur le même arbre, servant au délignage.

DÉLIMITATION n.f. Action de délimiter.

DÉLIMITER v.t. Fixer les limites de, circonscrire. *Délimiter un terrain, un sujet.*

DÉLIMITEUR n.m. INFORM. Symbole utilisé pour séparer des suites adjacentes de bits ou de caractères au sein d'un ensemble de données. SYN. : *séparateur.*

DÉLINÉAMENT n.m. Didact. Trait qui indique le contour, la forme de qqch.

DÉLINÉATEUR n.m. TR. PUBL. Balise munie de dispositifs réfléchissants blancs et placée le long des accotements d'une route, dont elle matérialise le tracé.

DÉLINÉER v.t. 15. Rare. Tracer le contour de.

DÉLINQUANCE n.f. Ensemble des infractions commises, considérées sur le plan social.

DÉLINQUANT, E n. Personne qui a commis un délit. ◇ *Délinquant primaire :* personne qui a commis un délit pour la première fois. ◆ adj. Qui commet des délits. *Jeunesse délinquante.*

DÉLIQUESCENCE n.f. **1.** PHYS. Propriété qu'ont certains corps d'absorber l'humidité de l'air au point de se dissoudre. **2.** Fig. **a.** Décadence complète. **b.** Affaiblissement des capacités intellectuelles ; décrépitude.

DÉLIQUESCENT, E [delikɛsɑ̃, ɑ̃t] adj. (du lat. *deliquescere,* se liquéfier). **1.** PHYS. Doué de déliquescence. **2.** Fig. Qui est en pleine décadence, qui va s'affaiblissant.

DÉLIRANT, E adj. et n. Qui est atteint de délire. ◆ adj. **1.** Qui présente le caractère du délire. **2.** Qui manifeste une grande excitation. *Un accueil délirant.* **3.** Qui dépasse les limites du raisonnable ; extravagant. *Propos délirants.*

DÉLIRE n.m. (lat. *delirium*). **1.** Grande agitation causée par les émotions, les passions. *Foule en délire.* **2.** PSYCHIATRIE et MÉD. Trouble psychique caractérisé par la persistance d'idées en opposition manifeste avec la réalité ou le bon sens et entraînant la conviction du sujet.

DÉLIRER v.i. (lat. *delirare*). **1.** Avoir le délire. **2.** Parler ou agir de façon déraisonnable. **3.** Être en proie à un sentiment exalté. *Délirer de joie, d'enthousiasme.*

DELIRIUM TREMENS [delirjɔmtremɛ̃s] n.m. inv. (mots lat., *délire tremblant*). État d'agitation avec fièvre, tremblement des membres, onirisme et troubles de la conscience, propre à l'intoxication alcoolique.

DÉLISSAGE n.m. PAPET. Action de délisser.

DÉLISSER v.t. PAPET. Découper, lacérer (les chiffons entrant dans la fabrication de la pâte à papier).

1. DÉLIT [deli] n.m. (lat. *delictum*). Infraction punie d'une peine correctionnelle (par opp. à *contravention* et à *crime*). – *Le corps du délit :* l'élément matériel de l'infraction. ◇ *Délit politique,* celui qui porte atteinte à l'organisation et au fonctionnement des pouvoirs publics. – *Délit civil :* fait qui cause un dommage à autrui et oblige à une réparation.

2. DÉLIT [deli] n.m. (de 1. *déliter*). **1.** Joint ou veine d'un bloc d'ardoise ou de pierre. **2.** *En délit,* se dit d'une pierre posée de telle manière que ses lits de carrière se trouvent verticaux.

1. DÉLITAGE n.m. Fait, pour une roche, de se déliter.

2. DÉLITAGE n.m. Action de déliter les vers à soie.

DÉLITEMENT n.m. Opération qui consiste à diviser les pierres selon les couches qui les constituent.

1. DÉLITER v.t. (de *lit*). **1.** CONSTR. Placer (une pierre de taille) en délit. **2.** Couper une pierre de taille parallèlement à la face de son lit de carrière. ◆ **se déliter** v.pr. **1.** Se désagréger sous l'action de l'air humide ou de l'eau. **2.** Fig. Se décomposer, perdre sa cohésion, en parlant d'un ensemble, d'une structure. *Nation qui se délite.*

2. DÉLITER v.t. (de *litière*). *Déliter les vers à soie,* changer leur litière.

DÉLITESCENCE n.f. (du lat. *delitescere,* se cacher). **1.** MÉD. Disparition d'un phénomène morbide (tumeur, éruption, etc.). **2.** CHIM. Désagrégation d'un corps par absorption d'eau.

DÉLITESCENT, E adj. CHIM. Qui se délite, est soumis à la délitescence.

DÉLIVRANCE n.f. **1.** Action de délivrer, de rendre libre. *Délivrance d'un prisonnier.* **2.** Action de soulager, de débarrasser. *Délivrance d'une souffrance.* **3.** Action de remettre une chose à qqn. **4.** Dernier stade de l'accouchement.

DÉLIVRE n.m. Vx. Placenta.

DÉLIVRER v.t. (du lat. *liberare,* délivrer). **1.** Remettre en liberté. *Délivrer un otage.* **2.** Soulager, débarrasser (de qqch). *Délivrer d'une obligation.* **3.** Livrer, remettre. *Délivrer des marchandises.*

DÉLIVREUR n.m. TEXT. Chacun des deux cylindres placés à la sortie d'un dispositif d'étirage.

DÉLOCALISATION n.f. **1.** CHIM. État d'un électron qui, dans une molécule ou dans un ion, dépend de plus de deux atomes ; processus qui amène un électron à cet état. **2.** Action de délocaliser.

DÉLOCALISER v.t. **1.** Changer l'emplacement d'une administration, en partic. dans le cadre d'une décentralisation. **2.** Implanter une entreprise dans une nouvelle zone, notamm. pour réduire les coûts de production.

DÉLOGER v.i. [17]. **1.** Vieilli. Quitter vivement un lieu. **2.** Belgique. Fam. Découcher. ◆ v.t. Faire quitter sa place (à qqn) ; obliger (l'adversaire) à évacuer une position.

DÉLOT [delo] n.m. (lat. *digitale*). Doigtier de cuir du calfat ou de la dentellière.

DÉLOYAL, E, AUX adj. **1.** Qui manque de loyauté, en qui on ne peut avoir confiance. *Un concurrent déloyal.* **2.** Qui dénote de la mauvaise foi, de la perfidie. *Procédé déloyal.*

DÉLOYALEMENT adv. Avec déloyauté.

DÉLOYAUTÉ n.f. **1.** Caractère de qqn ou de qqch de déloyal, de malhonnête. **2.** Acte déloyal.

DELPHINARIUM [-rjɔm] n.m. Aquarium marin dans lequel on élève et on présente des dauphins.

DELPHINIDÉ n.m. *Delphinidés :* famille de cétacés carnivores, qui comprend les dauphins, les marsouins, les narvals, etc.

DELPHINIUM [delfinjɔm] n.m. Plante herbacée, appelée aussi *dauphinelle* ou *pied-d'alouette,* dont certaines espèces sont cultivées comme ornementales. (Famille des renonculacées.)

DELPHINOLOGIE n.f. (du lat. *delphinus,* dauphin). Étude scientifique des dauphins, et notamment de leurs facultés psychiques.

DELTA n.m. inv. (mot gr.). Quatrième lettre de l'alphabet grec, correspondant au *d* français, dont la majuscule a la forme d'un triangle (Δ,δ). ◆ n.m. **1.** GÉOGR. Zone d'accumulation alluviale triangulaire créée par un cours d'eau à son arrivée dans une mer à faible marée ou dans un lac. **2.** *Aile en delta* ou *aile delta :* aile d'avion ou de planeur en forme de triangle isocèle.

DELTAÏQUE adj. GÉOGR. Relatif à un delta.

DELTA-PLANE ou **DELTAPLANE** n.m. (pl. *delta-planes* ou *deltaplanes*). Planeur ultraléger utilisé pour le vol libre.

DELTOÏDE n.m. et adj. ANAT. Muscle de l'épaule, élévateur du bras, qui a une forme triangulaire.

DELTOÏDIEN, ENNE adj. ANAT. Qui se rapporte au deltoïde.

DÉLUGE n.m. (lat. *diluvium*). **1.** *Le Déluge :* le débordement universel des eaux, d'après la Bible. – Fam. *Remonter au déluge :* dater d'une époque très reculée ; reprendre de très loin le récit d'un évènement. **2.** Pluie torrentielle. **3.** Fig. Abondance, grande quantité de qqch. *Un déluge de paroles.*

DÉLURÉ, E adj. (mot dial., de *leurrer*). **1.** Qui a l'esprit vif ; dégourdi, débrouillard. **2.** Effronté, trop libre. *Quelle petite délurée !*

DÉLURER v.t. Rendre malin ou effronté.

DÉLUSTRAGE n.m. Action de délustrer.

DÉLUSTRER v.t. Enlever le brillant d'une étoffe, d'un vêtement en le repassant à la vapeur.

DÉLUTAGE n.m. Action de déluter.

DÉLUTER v.t. TECHN. **1.** Extraire le coke des cornues à gaz. **2.** Ôter le lut d'un joint.

DÉMAGNÉTISATION n.f. **1.** Action de démagnétiser ; son résultat. **2.** Dispositif de protection des navires contre les mines magnétiques.

DÉMAGNÉTISER v.t. Détruire l'aimantation de.

DÉMAGOGIE n.f. (gr. *dêmagôgia*). Attitude consistant à flatter les aspirations à la facilité ou les préjugés du plus grand nombre pour accroître sa popularité, pour obtenir ou conserver le pouvoir.

DÉMAGOGIQUE adj. Qui a les caractères de la démagogie.

DÉMAGOGUE adj. et n. (gr. *dêmagôgos,* qui conduit le peuple). Qui fait preuve de démagogie, particulièrement en politique.

DÉMAIGRIR v.t. TECHN. Diminuer l'épaisseur de. *Démaigrir une brique, un tenon.*

DÉMAIGRISSEMENT n.m. **1.** Action de démaigrir ; son résultat. **2.** GÉOGR. Abaissement du profil transversal d'une plage, dû aux courants marins qui enlèvent le sable.

DÉMAILLAGE n.m. Action de démailler.

DÉMAILLER v.t. **1.** Défaire une maille ou les mailles de. *Démailler un bas, un tricot.* **2.** MAR. *Démailler une chaîne,* la séparer de l'ancre à laquelle elle était fixée.

DÉMAILLOTER v.t. **1.** Anc. *Démailloter un nourrisson,* lui enlever son maillot, ses langes. **2.** Débarrasser de ce qui enveloppe à la manière des anciens maillots d'enfants, faits de bandes de linge. *Démailloter une momie.*

DEMAIN adv. (lat. *de mane,* à partir du matin). **1.** Le jour qui suit immédiatement celui où l'on est. **2.** Dans un avenir plus ou moins proche. *Le monde de demain.*

DÉMANCHÉ n.m. MUS. Déplacement de la main gauche vers l'aigu, vers le chevalet, dans le jeu des instruments de la famille du violon et de celle du luth.

DÉMANCHEMENT n.m. Action de démancher ; son résultat.

DÉMANCHER v.t. **1.** Ôter le manche de. *Démancher un balai.* **2.** Défaire les parties de qqch, disloquer. *Chaise démanchée.* ◇ Désarticuler, démettre. *Démancher le bras, l'épaule à qqn.* ◆ v.i. MUS. Faire un démanché, sur un instrument à cordes et à archet. ◆ **se démancher** v.pr. **1.** Perdre son manche. *Ce couteau s'est démanché.* **2.** Fig., fam. Se donner beaucoup de mal pour obtenir qqch.

DEMANDE n.f. **1.** Action de demander qqch, de faire savoir ce qu'on souhaite, ce qu'on désire. *Demande d'emploi. Demande en mariage.* **2.** Chose demandée. *Accorder une demande.* **3.** ÉCON. Quantité d'un bien ou d'un service que les consommateurs sont disposés à acquérir en un temps et à un prix donnés. *La loi de l'offre et de la demande.* **4.** DR. *Demande en justice :* acte par lequel est introduite une action en justice. **5.** Question, interrogation. *Questionnaire par demandes et réponses.*

DEMANDER v.t. (lat. *demandare,* confier). **1.** Faire savoir, dire à une personne ou à plusieurs ce qu'on veut, ce qu'on souhaite obtenir. *Demander une faveur, la note à l'hôtel.* – *Demander une jeune fille en mariage,* lui dire qu'on veut l'épouser. – *Ne demander qu'à :* être tout disposé à. – *Ne pas demander mieux :* consentir volontiers. **2.** DR. Engager une action en justice. *Demander le divorce.* **3.** Interroger, questionner, solliciter une réponse. *Demander un conseil.* **4.** Avoir besoin, en parlant de qqch. *Ce travail demande beaucoup d'attention.* ◆ v.t. ind. Fam. *Demander après qqn,* vouloir lui parler ou prendre de ses nouvelles. ◆ **se demander** v.pr. Être indécis à propos de qqch, s'interroger sur ce qu'on doit faire ou ne pas faire.

1. DEMANDEUR, EUSE n. Personne qui demande qqch. *Demandeur d'asile.* ◇ *Demandeur d'emploi :* personne au chômage ou sans emploi et inscrite à l'Agence nationale pour l'emploi. SYN. : *chômeur.* ◆ adj. Qui demande, est désireux d'obtenir qqch. *Être très demandeur d'informations.*

2. DEMANDEUR, ERESSE n. DR. Personne qui engage une action en justice, par opp. à *défendeur.*

DÉMANGEAISON n.f. **1.** Sensation de picotement de la peau, qui donne envie de se gratter. **2.** Fig., fam. Désir pressant de faire qqch.

DÉMANGER [demɑ̃ʒe] v.t. [17]. **1.** Causer une démangeaison. **2.** Fig., fam. Causer une grande envie à. *Ça le démangeait de parler.*

DÉMANTÈLEMENT n.m. Action de démanteler ; son résultat.

DÉMANTELER v.t. [25]. **1.** Démolir les murailles (d'une ville) ; détruire (une construction). **2.** Fig. Détruire l'organisation de, réduire à néant. *Démanteler un réseau d'espionnage.*

DÉMANTIBULER v.t. (altér. de *mandibule*). Fam. Démonter maladroitement, disloquer, rendre impropre à fonctionner.

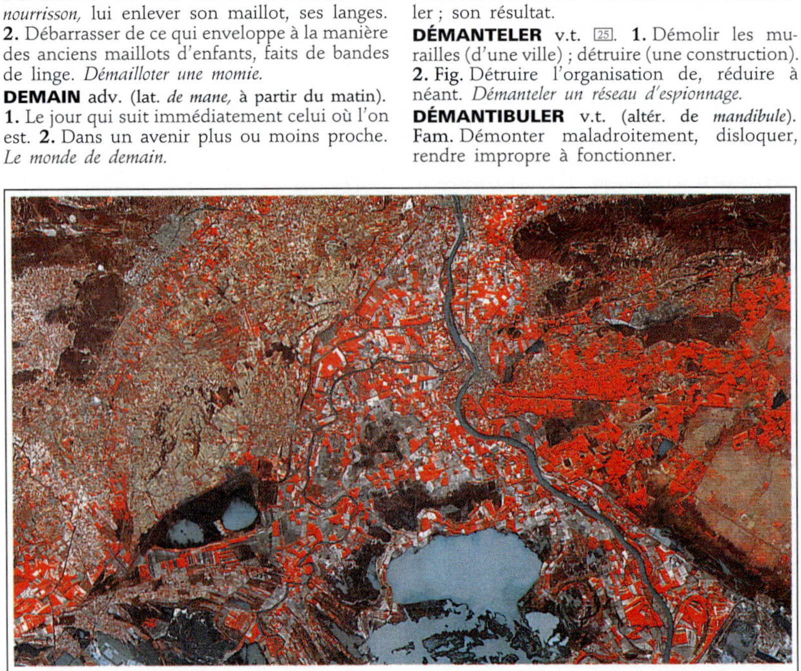

le **delta** du Rhône (vue prise par le satellite Spot)

DÉMAQUILLAGE n.m. Action de démaquiller.
DÉMAQUILLANT, E adj. et n.m. Se dit d'un produit qui enlève facilement les produits de maquillage tout en nettoyant la peau.
DÉMAQUILLER v.t. Enlever le maquillage de.
DÉMARCAGE n.m. → ***démarquage.***
DÉMARCATIF, IVE adj. Qui trace, qui indique une démarcation. *Ligne démarcative.*
DÉMARCATION n.f. (esp. *demarcación*). **1.** Action de délimiter deux territoires, deux régions ; la limite elle-même. – *Ligne de démarcation :* ligne naturelle ou conventionnelle qui marque les limites de deux territoires. **2. Fig.** Séparation entre deux choses, deux domaines.
DÉMARCHAGE n.m. Mode de vente consistant à aller solliciter la clientèle à domicile.
DÉMARCHE n.f. (anc. fr. *démarcher,* fouler aux pieds). **1.** Allure, manière de marcher. *Il a une démarche un peu bizarre !* **2.** Tentative faite auprès de qqn ou auprès d'une autorité pour obtenir qqch. *Ses démarches ont enfin abouti.* **3.** Manière de penser, de raisonner. *Démarche intellectuelle.*
DÉMARCHER v.t. Faire le démarchage de.
DÉMARCHEUR, EUSE n. Personne qui fait du démarchage.
DÉMARIER v.t. AGRIC. Enlever une partie des jeunes plants dans un champ.
DÉMARQUAGE ou **DÉMARCAGE** n.m. Action de démarquer ; son résultat.
DÉMARQUE n.f. **1.** Action de démarquer des marchandises pour les solder. – *Démarque inconnue :* différence d'inventaire, provenant principalement des vols, entre les produits réellement en stock et le stock théorique (ou comptable). **2.** Partie dans laquelle un des joueurs diminue le nombre de ses points d'une quantité égale à celle des points pris par l'autre joueur, à certains jeux.
DÉMARQUER v.t. **1. a.** Ôter ou changer la marque de. *Démarquer de l'argenterie.* **b.** Changer ou enlever la marque d'un fabricant pour vendre moins cher. *Démarquer des chaussures.* **2.** Copier une œuvre en y apportant quelques changements pour dissimuler l'emprunt. **3.** SPORTS. Libérer (un partenaire) du marquage adverse. ◆ v.i. *Cheval qui démarque,* dont les dents sont trop usées pour qu'on puisse connaître son âge. ◆ **se démarquer** v.pr. **1.** Prendre ses distances, se différencier de. **2.** SPORTS. Se libérer de la surveillance d'un adversaire.
DÉMARQUEUR, EUSE n. Plagiaire.
DÉMARRAGE n.m. **1.** Action, fait de démarrer. **2. Fig.** Action de mettre en route ; départ.
DÉMARRER v.t. (de *amarrer*). **Fam.** Mettre en train, commencer. *Il démarre son nouveau roman.* ◆ v.i. **1.** Commencer à se mettre en mouvement, à rouler ou à tourner. **2. Fig.** Commencer à fonctionner, prendre son essor. *Cette entreprise démarre bien.* **3.** Accélérer soudainement pendant une course, pour distancer les autres concurrents.
DÉMARREUR n.m. Dispositif permettant de mettre en marche un moteur thermique ou de mettre sous tension une machine électrique.

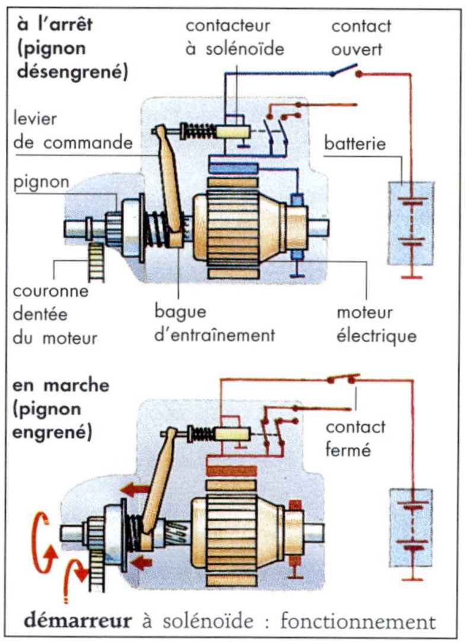

démarreur à solénoïde : fonctionnement

DÉMASCLAGE n.m. Action de démascler.
DÉMASCLER v.t. SYLV. Enlever la première écorce, ou *liège mâle,* du chêne-liège.
DÉMASQUER v.t. **1.** Enlever son masque à. ◇ **Fig.** Faire apparaître, faire connaître la vraie nature de (qqn). *Démasquer un traître.* **2.** Dévoiler en dissipant les apparences. *On a enfin démasqué son plan.* **3.** MIL. *Démasquer une batterie :* déceler l'emplacement d'une batterie ennemie. ◇ **Fig.** *Démasquer ses batteries :* faire connaître ses projets. ◆ **se démasquer** v.pr. Se montrer sous son vrai jour ; révéler ses intentions.
DÉMASTIQUER v.t. Enlever le mastic de.
DÉMÂTAGE n.m. MAR. Action de démâter.
DÉMÂTER v.t. MAR. Enlever le mât ou la mâture (d'un navire). ◆ v.i. Perdre son ou ses mâts.
DÉMATÉRIALISATION n.f. **1.** Action de dématérialiser ; fait d'être dématérialisé. ◇ PHYS. Transformation de particules matérielles en photons. **2.** BOURSE. Suppression des titres et des coupons représentant des valeurs mobilières, au profit d'une inscription en compte.
DÉMATÉRIALISER v.t. **1.** Rendre comme immatériel. **2.** Procéder à la dématérialisation de.
DÉMAZOUTER v.t. Nettoyer (un lieu pollué par le mazout).
DÈME n.m. (gr. *dêmos,* peuple). Circonscription administrative de la Grèce antique.
DÉMÉCHAGE n.m. CHIR. Action de retirer la mèche d'une plaie.
DÉMÉDICALISATION n.f. Action de démédicaliser ; son résultat.
DÉMÉDICALISER v.t. Faire sortir du domaine proprement médical. *Démédicaliser la diététique.*
DÉMÊLAGE ou **DÉMÊLEMENT** n.m. Action de démêler.
DÉMÊLANT, E adj. et n.m. Se dit d'un produit qui démêle les cheveux après le shampooing.
DÉMÊLÉ n.m. Contestation, désaccord entre deux parties qui ont des idées ou des intérêts opposés. *Il a eu un démêlé avec un voisin.*
DÉMÊLER v.t. (de *mêler*). **1.** Séparer et mettre en ordre (ce qui est emmêlé). **2. Fig.** Éclaircir, débrouiller. *Démêler une affaire.*
DÉMÊLOIR n.m. Peigne à dents espacées pour démêler les cheveux.
DÉMÊLURE n.f. ou **DÉMÊLURES** n.f. pl. Cheveux qui tombent quand on se peigne.
DÉMEMBREMENT n.m. **1.** Partage, division. *Le démembrement d'une organisation.* **2.** DR. Action de transférer à qqn certains des attributs du droit de propriété sur une chose.
DÉMEMBRER [demɑ̃bre] v.t. **1.** Diviser un tout en parties, morceler. *Démembrer un domaine.* **2.** Priver de ses membres (un animal, sa carcasse).
DÉMÉNAGEMENT n.m. **1.** Action de déménager des meubles. *Camion de déménagement.* **2.** Fait de changer de domicile.
DÉMÉNAGER v.t. (de *ménage*) [17]. Transporter (des objets, des meubles) d'un lieu dans un autre. – Vider, débarrasser. *Déménager un grenier.* ◆ v.i. **1.** Changer de domicile. *Il a déménagé trois fois en un an.* **2. Fam.** Déraisonner, divaguer.
DÉMÉNAGEUR n.m. Professionnel (employé ou entrepreneur) qui fait les déménagements d'appartements, de bureaux, etc.
DÉMÉNAGEUSE n.f. **Suisse.** Camion de déménagement.
DÉMENCE n.f. (lat. *dementia*). **1.** Trouble mental grave caractérisé par un affaiblissement progressif et irréversible des fonctions intellectuelles. *Démence précoce.* **2.** Conduite insensée, bizarre. – *C'est de la démence ! :* c'est insensé, cela n'a pas le sens commun.
DÉMENER (SE) v.pr. [19]. **1.** S'agiter beaucoup. **2. Fig.** Se donner beaucoup de mal pour obtenir qqch. *Se démener pour trouver un travail.*
DÉMENT, E adj. et n. (lat. *demens*). Atteint de démence. ◆ adj. **Fam.** Extravagant, déraisonnable, fou. *Des prix déments.*
DÉMENTI n.m. Déclaration faite pour informer qu'une nouvelle est inexacte. *Publier un démenti.*
DÉMENTIEL, ELLE adj. **1.** Qui relève de la démence. **2. Fig.** Qui n'est pas du tout raisonnable, qui manque de bon sens, extravagant.

DÉMENTIR v.t. [37]. **1.** *Démentir qqn,* affirmer qu'il n'a pas dit la vérité. *Démentir un témoin.* **2.** Nier l'existence de qqch ou l'exactitude d'un propos. *Démentir une information.* **3.** Être en contradiction avec ; infirmer. *Les évènements ont démenti vos prédictions.* ◆ **se démentir** v.pr. (Surtout en tournure négative). Cesser de se manifester. *Son courage ne s'est jamais démenti.*
DÉMERDER (SE) v.pr. **Très fam.** Se débrouiller, se sortir d'une difficulté.
DÉMÉRITE n.m. **Litt.** Ce qui fait que l'on mérite la désapprobation, le blâme ; faute.
DÉMÉRITER v.i. Agir de manière telle que l'on perd la confiance, l'estime ou l'affection de qqn, d'autrui ; encourir la réprobation.
DÉMESURE n.f. Excès, outrance qui se manifeste dans les propos, le comportement, etc.
DÉMESURÉ, E adj. **1.** Qui dépasse la mesure normale, énorme. *Une taille démesurée.* **2.** Qui est excessif, exagéré, tout à fait déraisonnable. *Un orgueil, un appétit démesuré.*
DÉMESURÉMENT adv. De façon démesurée.
DÉMETTRE v.t. [84]. **1.** Déplacer un membre de sa position naturelle. *Démettre un bras.* **2.** Destituer, révoquer. *Démettre qqn de ses fonctions.* ◆ **se démettre** v.pr. Renoncer à une fonction.
DÉMEUBLER v.t. **Rare.** Vider de ses meubles.
DEMEURANT (AU) loc. adv. Au reste, en somme, tout bien considéré.
1. DEMEURE n.f. **1. Litt.** Domicile, lieu où l'on vit. – *Dernière demeure :* tombeau. **2.** Maison d'une certaine importance. *Une belle demeure du siècle dernier.* **3.** *Être quelque part à demeure,* y être installé de façon stable, définitive.
2. DEMEURE n.f. **1.** État d'un débiteur qui n'exécute pas son obligation bien qu'ayant reçu sommation de son créancier. – *Mettre qqn en demeure,* l'obliger à remplir son engagement, son obligation. **2. Litt.** *Il n'y a pas péril en la demeure :* on ne risque rien à attendre.
DEMEURÉ, E adj. et n. Qui n'a pas une intelligence très développée ; débile.
DEMEURER v.i. (lat. *demorari,* tarder) [auxil. *avoir* ou *être*]. **1.** Habiter, avoir son domicile. *Où demeurez-vous ? Demeurer en province.* **2.** Rester un certain moment à l'endroit où l'on est. *Il est demeuré à son poste.* **3.** Persister dans un certain état. *Demeurer silencieux toute une soirée.* ◇ *En demeurer là :* ne pas continuer ; ne pas avoir de suite.
1. DEMI, E adj. (lat. *dimidius*). **1.** Qui est l'exacte moitié de l'unité dont il est question ou la moitié de qqch. *Un demi-litre. Une demi-pomme.* **2.** Qui n'est pas complet. *C'est un demi-succès.* ◆ loc. adv. *À demi :* à moitié, partiellement ou imparfaitement. *Être à demi éveillé. Faire les choses à demi.*
– REM. *Demi,* adjectif, est invariable et s'écrit avec un trait d'union quand il précède le nom. *Les demi-journées. Une demi-heure.* Placé après le nom, il en prend le genre et reste au singulier. *Deux heures et demie. Trois jours et demi.*
2. DEMI n.m. **1.** Moitié d'une unité. **2.** Grand verre de bière. *Commander un demi.* **3. Suisse.** Mesure d'un demi-litre de vin. **4.** Joueur qui assure la liaison entre les avants et les arrières, au rugby, au football. ◇ *Demi de mêlée :* joueur de rugby qui doit lancer le ballon dans la mêlée et le passer au demi d'ouverture. – *Demi d'ouverture :* joueur chargé de lancer l'offensive.
DEMIARD n.m. **Canada.** Mesure de capacité équivalant au quart d'une pinte.
DEMI-BAS n.m. inv. Mi-bas.
DEMI-BOTTE n.f. (pl. *demi-bottes*). Botte qui s'arrête à mi-jambe.
DEMI-BOUTEILLE n.f. (pl. *demi-bouteilles*). Bouteille contenant environ 37 cl.
DEMI-BRIGADE n.f. (pl. *demi-brigades*). **1.** Unité militaire de deux ou trois bataillons commandée par un colonel. **2. Anc.** Régiment, en France, de 1793 à 1803.
DEMI-CANTON n.m. (pl. *demi-cantons*). **Suisse.** État de la Confédération né de la partition d'un canton.
DEMI-CERCLE n.m. (pl. *demi-cercles*). Arc de cercle limité par deux points diamétralement opposés.
DEMI-CIRCULAIRE adj. (pl. *demi-circulaires*). Semi-circulaire.

DEMI-CLEF n.f. (pl. *demi-clefs*). MAR. Nœud le plus simple, formé en passant l'extrémité libre d'un cordage autour du brin tendu ou susceptible d'être mis sous tension.

DEMI-COLONNE n.f. (pl. *demi-colonnes*). ARCHIT. Colonne engagée de la moitié de son diamètre dans un mur ou un pilier.

DEMI-DEUIL n.m. (pl. *demi-deuils*). **1.** Vêtement noir et blanc ou sombre, porté dans la dernière moitié du deuil. **2.** *Poularde demi-deuil,* à la sauce blanche et aux truffes.

DEMI-DIEU n.m. (pl. *demi-dieux*). **1.** MYTH. Héros fils d'un dieu et d'une mortelle ou d'un mortel et d'une déesse. ◇ Divinité secondaire (faune, nymphe, satyre, etc.). **2.** Litt. Homme dont les exploits, la gloire ou le génie sont presque surhumains.

DEMI-DOUZAINE n.f. (pl. *demi-douzaines*). Moitié d'une douzaine.

DEMI-DROITE n.f. (pl. *demi-droites*). MATH. Ensemble des points d'une droite situés d'un seul côté d'un point appelé *origine*.

DEMIE n.f. **1.** Moitié d'une unité. **2.** Demi-bouteille. *Une demie de rouge et une carafe d'eau.* **3.** Demi-heure. *Il est la demie, on est en retard !*

DÉMIELLER v.t. Enlever le miel de (la cire).

DEMI-FIGURE n.f. (pl. *demi-figures*). BX-A. Portrait s'arrêtant à mi-corps.

DEMI-FIN, E adj. (pl. *demi-fins, es*). Intermédiaire entre fin et gros.

DEMI-FINALE n.f. (pl. *demi-finales*). Épreuve sportive servant à désigner le concurrent ou l'équipe qui participera à la finale.

DEMI-FINALISTE n. (pl. *demi-finalistes*). Concurrent, équipe participant à une demi-finale.

DEMI-FOND n.m. inv. **1.** Course à pied de moyenne distance (de 800 à 3 000 m). **2.** Course cycliste sur piste, derrière un entraîneur motorisé.

DEMI-FRÈRE n.m. (pl. *demi-frères*). Frère de père *(frère consanguin)* ou de mère *(frère utérin)* seulement.

DEMI-GROS n.m. inv. Commerce intermédiaire entre la vente en gros et la vente au détail.

DEMI-HEURE n.f. (pl. *demi-heures*). Moitié d'une heure.

DEMI-JOUR n.m. (pl. *demi-jours*). Lumière très atténuée que donne le jour à l'aube ou au crépuscule.

DEMI-JOURNÉE n.f. (pl. *demi-journées*). Moitié d'une journée.

DÉMILITARISATION n.f. Action de démilitariser ; son résultat.

DÉMILITARISER v.t. Supprimer ou interdire toute présence ou activité militaire dans (une région, un périmètre donnés). *Zone démilitarisée.*

DEMI-LITRE n.m. (pl. *demi-litres*). Moitié d'un litre.

DEMI-LONGUEUR n.f. (pl. *demi-longueurs*). SPORTS. Moitié de la longueur (d'un cheval, d'un bateau, etc.). *Il a gagné d'une demi-longueur.*

DEMI-LUNE n.f. (pl. *demi-lunes*). **1.** *En demi-lune :* en forme de demi-cercle. **2.** CONSTR. Espace en forme de demi-cercle devant une entrée, un bâtiment, etc. **3.** Ouvrage fortifié en forme de demi-cercle, placé en avant de la courtine.

DEMI-MAL n.m. (pl. *demi-maux*). Inconvénient, désagrément ou accident dont les conséquences sont moins graves que ce qu'on craignait.

DEMI-MESURE n.f. (pl. *demi-mesures*). **1.** Moitié d'une mesure. **2.** Mesure, disposition insuffisante et inefficace, prise par manque de détermination.

DEMI-MONDAINE n.f. (pl. *demi-mondaines*). Vieilli et litt. Femme de mœurs légères, cocotte.

DEMI-MONDE n.m. (pl. *demi-mondes*). Vieilli et litt. Milieu des femmes entretenues, des cocottes.

DEMI-MOT (À) loc. adv. Sans avoir besoin de beaucoup de mots, de paroles.

DÉMINAGE n.m. Action de déminer.

DÉMINER v.t. Retirer du sol ou de l'eau (fleuve, mer) les engins explosifs qui y sont dissimulés.

DÉMINÉRALISATION n.f. Action de déminéraliser ; son résultat ; fait de se déminéraliser.

DÉMINÉRALISER v.t. **1.** Faire perdre leurs sels minéraux aux tissus, à l'organisme. **2.** Enlever à l'eau les corps minéraux qui y sont dissous.

DÉMINEUR n.m. Spécialiste du déminage.

DEMI-PAUSE n.f. (pl. *demi-pauses*). MUS. Silence d'une durée égale à la blanche. – Signe qui l'indique, petite barre horizontale placée sur la troisième ligne de la portée.

DEMI-PENSION n.f. (pl. *demi-pensions*). **1.** Tarif hôtelier comprenant la chambre, le petit déjeuner et un seul repas. **2.** Régime des élèves qui prennent le repas de midi dans un établissement scolaire.

DEMI-PENSIONNAIRE n. (pl. *demi-pensionnaires*). Élève qui suit le régime de la demi-pension.

DEMI-PIÈCE n.f. (pl. *demi-pièces*). Moitié d'une pièce d'étoffe, d'une pièce de vin.

DEMI-PIROUETTE n.f. (pl. *demi-pirouettes*). ÉQUIT. Demi-tour exécuté par un cheval qui pivote autour de l'un de ses postérieurs.

DEMI-PLACE n.f. (pl. *demi-places*). Place à moitié prix dans les transports publics, pour certains spectacles, etc.

DEMI-PLAN n.m. (pl. *demi-plans*). MATH. Ensemble des points du plan situés d'un seul côté d'une droite appelée frontière.

DEMI-POINTE n.f. (pl. *demi-pointes*). CHORÉGR. Position du pied soulevé qui repose sur les phalanges à plat. *Chausson de demi-pointe.* – Attitude et manière de danser avec cette position du pied.

DEMI-PORTION n.f. (pl. *demi-portions*). Fam. Personne malingre, chétive.

DEMI-POSITION n.f. (pl. *demi-positions*). CHORÉGR. Position dérivée d'une des cinq positions fondamentales, et dans laquelle le pied libre touche le sol.

DEMI-PRODUIT n.m. (pl. *demi-produits*). Matière première ayant subi une première transformation. SYN. : *semi-produit.*

DEMI-QUEUE n.m. et adj. (pl. *demi-queues*). Piano de dimensions intermédiaires entre le piano quart-de-queue et le piano à queue.

DEMI-RELIEF n.m. (pl. *demi-reliefs*). SCULPT. Relief dont les figures ont une saillie proportionnelle à la moitié de leur volume réel.

DEMI-RELIURE n.f. (pl. *demi-reliures*). Reliure dans laquelle les plats ne sont pas recouverts de la même matière que le dos.

DEMI-RONDE n.f. (pl. *demi-rondes*). Lime plate d'un côté et arrondie de l'autre.

DEMI-SAISON n.f. (pl. *demi-saisons*). Période de l'année où il ne fait ni très froid ni très chaud, correspondant à peu près au printemps et à l'automne. *Un vêtement de demi-saison.*

DEMI-SANG n.m. inv. Anc. Cheval provenant du croisement d'un pur-sang anglais ou d'un trotteur de Norfolk avec une jument française (race regroupée avec d'autres dans la race *selle français,* par arrêté du 23 juill. 1976).

DEMI-SEL n.m. inv. **1.** Fromage frais salé à 2 p. 100. **2.** Beurre légèrement salé. **3.** Arg. Personne qui affecte d'être affranchie. – Proxénète n'appartenant pas au milieu.

DEMI-SŒUR n.f. (pl. *demi-sœurs*). Sœur de père ou de mère seulement.

1. DEMI-SOLDE n.f. (pl. *demi-soldes*). Anc. Solde réduite d'un militaire qui n'est plus en activité.

2. DEMI-SOLDE n.m. inv. HIST. Officier du premier Empire, mis en non-activité par la Restauration.

DEMI-SOMMEIL n.m. (pl. *demi-sommeils*). État intermédiaire entre la veille et le sommeil.

DEMI-SOUPIR n.m. (pl. *demi-soupirs*). MUS. Silence d'une durée égale à la croche. – Signe qui l'indique.

DÉMISSION n.f. **1.** Acte par lequel on se démet d'une fonction, d'un emploi. *Envoyer sa lettre de démission.* **2.** Fig. Attitude d'une personne, d'une institution, etc., qui sont incapables de remplir leur mission, qui y renoncent.

DÉMISSIONNAIRE adj. et n. Qui donne ou qui a donné sa démission.

DÉMISSIONNER v.i. **1.** Quitter volontairement un emploi, décider de ne plus exercer une fonction. **2.** Renoncer ; capituler devant trop de difficultés. ◆ v.t. Fam. Obliger qqn à donner sa démission. *Il n'a pas démissionné, on l'a démissionné.*

DEMI-TARIF n.m. (pl. *demi-tarifs*). Tarif réduit de moitié.

DEMI-TEINTE n.f. (pl. *demi-teintes*). PEINT. et GRAV. Partie colorée ou grisée d'une valeur intermédiaire entre le clair et le foncé. ◇ Fig. *En demi-teinte :* qui paraît atténué, adouci, tout en nuances. *Un récit en demi-teinte.*

DEMI-TENDINEUX adj.m. et n.m. inv. ANAT. Se dit d'un muscle situé à la face postérieure de la cuisse, qui fléchit la jambe sur la cuisse.

DEMI-TIGE n.f. (pl. *demi-tiges*). Arbre fruitier dont la charpente s'élève sur une tige mesurant de 1,20 m à 1,40 m.

DEMI-TON n.m. (pl. *demi-tons*). MUS. Intervalle équivalant à la moitié d'un ton.

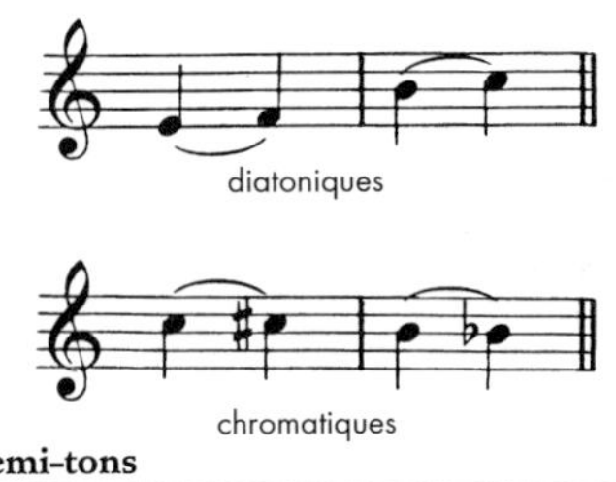

demi-tons

DEMI-TOUR n.m. (pl. *demi-tours*). Moitié d'un tour fait en pivotant sur soi-même, notamment en parlant d'une troupe. – *Faire demi-tour :* revenir sur ses pas.

DÉMIURGE n.m. (gr. *dêmiourgos,* créateur du monde). **1.** PHILOS. Dieu créateur de l'Univers, pour Platon. **2.** ANTIQ. Magistrat civil, en Grèce. **3.** Litt. Personne qui crée ou anime qqch.

DEMI-VIE n.f. (pl. *demi-vies*). SC. Temps au terme duquel une grandeur (physique, biologique) atteint la moitié de sa valeur initiale. (Pour la radioactivité, on dit *période.*)

DEMI-VIERGE n.f. (pl. *demi-vierges*). Litt., vieilli. Jeune fille qui a des mœurs très libres mais qui est encore vierge.

DEMI-VOLÉE n.f. (pl. *demi-volées*). SPORTS. Frappe de la balle ou du ballon juste au moment où ils quittent le sol après le rebond.

DEMI-VOLTE n.f. (pl. *demi-voltes*). ÉQUIT. Figure de manège qui consiste à faire faire au cheval un demi-cercle suivi d'une oblique.

DÉMIXTION n.f. PHYS. Séparation d'un mélange homogène de liquides en plusieurs phases liquides non miscibles.

DÉMOBILISABLE adj. Qui peut ou doit être démobilisé.

DÉMOBILISATEUR, TRICE adj. Qui démobilise.

DÉMOBILISATION n.f. **1.** Acte par lequel on renvoie dans leurs foyers les réservistes mobilisés. **2.** Fig. Relâchement de l'activité, baisse de la participation à un effort collectif.

DÉMOBILISER v.t. **1.** Procéder à la démobilisation des réservistes. **2.** Fig. Enlever l'envie de se battre, de militer, de défendre qqch.

DÉMOCRATE adj. et n. (gr. *dêmos,* peuple, et *kratos,* pouvoir). **1.** Partisan de la démocratie. **2.** Membre du parti démocrate, aux États-Unis.

DÉMOCRATE-CHRÉTIEN, ENNE adj. et n. (pl. *démocrates-chrétiens, ennes*). Qui appartient à la démocratie chrétienne.

DÉMOCRATIE [demɔkrasi] n.f. **1.** Régime politique dans lequel le peuple exerce sa souveraineté lui-même, sans l'intermédiaire d'un organe représentatif *(démocratie directe)* ou par représentants interposés *(démocratie représentative).* **2.** *Démocratie chrétienne :* mouvement politique qui s'inspire de la doctrine sociale de l'Église catholique. **3.** *Démocratie populaire :* régime inspiré du marxisme-léninisme, fondé sur la toute-puissance d'un parti et sur l'économie d'État.

■ La démocratie chrétienne s'est développée en France à la fin du XIXe s. et y fut au pouvoir avec le Mouvement républicain populaire (M. R. P.*) après la Seconde Guerre mondiale. Elle joue un rôle de premier plan dans la vie politique belge (parti social-chrétien*), allemande (CDU-CSU*) et italienne (parti de la Démocratie* chrétienne ou P.D.C.).

DÉMOCRATIQUE adj. Qui appartient à la démocratie ; conforme à la démocratie.
DÉMOCRATIQUEMENT adv. De façon démocratique.
DÉMOCRATISATION n.f. Action de démocratiser ; son résultat.
DÉMOCRATISER v.t. **1.** Mettre à la portée de tout le monde, rendre accessible. *Démocratiser la pratique du golf.* **2.** Organiser selon les principes démocratiques. *Démocratiser un pays, une institution.*
DÉMODÉ, E adj. **1.** Qui n'est plus à la mode. *Un vêtement démodé.* **2.** Fig. Qui est dépassé, périmé. *Des théories démodées.*
DÉMODER (SE) v.pr. Cesser d'être à la mode.
DEMODEX [demɔdɛks] n.m. Acarien parasite des follicules pileux de divers mammifères et de l'homme, et qui provoque des comédons.
DÉMODULATEUR n.m. Dispositif électronique permettant de démoduler.
DÉMODULATION n.f. Action de démoduler.
DÉMODULER v.t. INFORM. et TÉLÉCOMM. Séparer un signal de l'oscillation de haute fréquence, ou oscillation porteuse, qu'il module.
DÉMOGRAPHE n. Spécialiste de démographie.
DÉMOGRAPHIE n.f. Science qui a pour objet l'étude quantitative des populations humaines, de leur évolution, de leurs mouvements.
DÉMOGRAPHIQUE adj. De la démographie.
DEMOISELLE n.f. (lat. *dominicella*). **1.** Jeune fille ; femme qui n'est pas mariée. **2.** Libellule bleue (agrion). **3.** GÉOGR. *Demoiselle* ou *demoiselle coiffée* : cheminée de fée. **4.** TECHN. Dame. SYN. : *hie.*

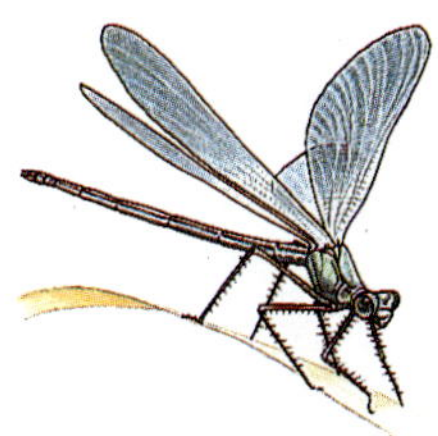

demoiselle

DÉMOLIR v.t. (lat. *demoliri*). **1. a.** Abattre, détruire (une construction). *Démolir une maison.* **b.** Mettre en pièces, détériorer complètement ; saccager. *Ils lui ont démoli sa voiture.* **2.** Fam. Frapper qqn violemment, le mettre à mal, lui infliger une correction. **3.** Fig. Altérer l'état physique ou moral de qqn. *L'alcool l'a complètement démoli.* **4.** Ruiner l'influence, la réputation de qqn. *Ses concurrents ont tout fait pour le démolir.* **5.** Détruire, anéantir par la critique, la dérision, etc.
DÉMOLISSAGE n.m. Action de démolir, de critiquer une personne, son influence, etc.
DÉMOLISSEUR, EUSE n. **1.** Personne, entreprise chargée de démolir une construction. **2.** Fig. Personne qui sape, qui ruine une doctrine, une théorie, etc., par la critique.
DÉMOLITION n.f. **1.** Action de démolir une construction. *Démolition d'un immeuble insalubre.* **2.** Fig. Action de ruiner, d'anéantir. ◆ pl. Matériaux provenant de bâtiments démolis.
DÉMON n.m. (gr. *daimôn*, divinité, génie). **1.** RELIG. Ange déchu qui habite l'enfer et incite les hommes à faire le mal. – *Le démon* : Satan, le Diable. **2. a.** Personne néfaste, dangereuse. **b.** Enfant turbulent ou très espiègle. **3.** Fig. et litt. Personnification d'une passion, d'un vice. *Le démon de la curiosité.* ◇ *Les vieux démons* : tendances négatives sous-jacentes et susceptibles de se manifester à nouveau. *Le réveil des vieux démons xénophobes.* **4.** ANTIQ. Divinité, génie, bon ou mauvais, attaché à la destinée d'une personne, d'une ville ou d'un État.
DÉMONE n.f. Litt. Démon de sexe féminin.
DÉMONÉTISATION n.f. Action de démonétiser ; fait d'être démonétisé.
DÉMONÉTISER v.t. (du lat. *moneta*, monnaie). **1.** Ôter sa valeur légale à (une monnaie, un timbre-poste, etc.). **2.** Fig. Déprécier, dévaloriser.
DÉMONIAQUE adj. **1.** Propre au démon. **2.** Fig. Diabolique, pervers. *Une ruse démoniaque.* ◆ adj. et n. Litt. Possédé du démon.
DÉMONISME n.m. Croyance aux démons.
DÉMONOLOGIE n.f. Étude de la nature et de l'influence supposées des démons.
DÉMONSTRATEUR, TRICE n. Personne qui assure la publicité d'un objet mis en vente et en explique le fonctionnement au public.
1. DÉMONSTRATIF, IVE adj. **1.** Qui démontre qqch. *Argument démonstratif.* **2.** Qui manifeste extérieurement ses sentiments. *Elle n'est pas très démonstrative.*
2. DÉMONSTRATIF adj.m. et n.m. GRAMM. Se dit d'un adjectif ou d'un pronom qui sert à désigner un être ou un objet par rapport au contexte spatio-temporel ou au discours.
DÉMONSTRATION n.f. (lat. *demonstratio*). **1. a.** Action de rendre évidente, de prouver par l'expérience la vérité d'un fait, d'une donnée scientifique, etc. **b.** LOG. Raisonnement établissant la vérité d'une proposition à partir des axiomes que l'on a posés. **2.** Action de montrer au public le fonctionnement d'un appareil ou l'usage d'un produit. *Démonstration d'une machine à tricoter.* **3.** Marque extérieure, manifestation de sentiments. *Démonstrations de joie.* **4.** MIL. Manœuvre pour intimider l'adversaire ou l'induire en erreur.
DÉMONSTRATIVEMENT adv. De manière démonstrative.
DÉMONTABLE adj. Qui peut être démonté.
DÉMONTAGE n.m. Action de démonter.
DÉMONTÉ, E adj. **1.** Dont on a désassemblé les éléments. **2.** *Mer démontée,* très agitée.
DÉMONTE-PNEU n.m. (pl. *démonte-pneus*). Levier utilisé pour retirer un pneu de la jante.
DÉMONTER v.t. **1.** Séparer, désassembler les parties d'un objet. *Démonter un réveil.* **2.** Jeter à bas de sa monture. *Démonter un cavalier.* **3.** Déconcerter, troubler, jeter dans l'embarras. *Cette question l'a démontée.* ◆ **se démonter** v.pr. Perdre son assurance, se troubler.
DÉMONTRABILITÉ n.f. LOG. Propriété de toute formule d'une théorie déductive dont il existe une démonstration.
DÉMONTRABLE adj. Que l'on peut démontrer.
DÉMONTRER v.t. (lat. *demonstrare*). **1.** Établir par un raisonnement rigoureux la vérité, l'évidence de. **2.** Témoigner par des marques extérieures. *Son geste démontre sa bonté.*
DÉMORALISANT, E adj. Qui démoralise.
DÉMORALISATEUR, TRICE adj. et n. Qui tend à démoraliser.
DÉMORALISATION n.f. Action de démoraliser ; état de découragement.
DÉMORALISER v.t. Décourager, abattre, priver de confiance en soi.
DÉMORDRE v.t. ind. *(de)* [76]. *Ne pas démordre d'une opinion, d'une idée* : ne pas vouloir y renoncer, s'entêter.
DÉMOTIQUE adj. et n.m. (du gr. *dêmos*, peuple). **1.** Se dit d'une écriture cursive de l'ancienne Égypte (VIIe s. av. J.-C.-Ve s. apr. J.-C.), dérivée de l'écriture hiératique. **2.** Se dit de l'état populaire de la langue grecque, par opp. à un état savant.
DÉMOTIVANT, E adj. Qui démotive.
DÉMOTIVATION n.f. Action de démotiver ; son résultat.
DÉMOTIVÉ, E adj. LING. Se dit d'un mot, d'un terme dont les éléments et leur sens ne sont plus perçus.
DÉMOTIVER v.t. Ôter à (qqn) toute motivation, toute raison d'agir, de poursuivre qqch.
DÉMOUCHETER v.t. [27]. Ôter d'un fleuret la mouche qui garnit sa pointe.
DÉMOULAGE n.m. Action de démouler.
DÉMOULER v.t. Retirer du moule.
DÉMOULEUR n.m. MÉTALL. **1.** Ouvrier chargé du démoulage. **2.** Mécanisme permettant de démouler.
DÉMOUSTICATION n.f. Action de démoustiquer.
DÉMOUSTIQUER v.t. Débarrasser (une région) des moustiques, de leurs larves.
DÉMULTIPLEXAGE n.m. TÉLÉCOMM. Séparation de signaux distincts, auparavant combinés par multiplexage.
DÉMULTIPLICATEUR n.m. MÉCAN. Système de transmission assurant une réduction de vitesse.
DÉMULTIPLICATION n.f. Action de démultiplier qqch. ◇ MÉCAN. Rapport de réduction de vitesse dans la transmission d'un mouvement.
DÉMULTIPLIER v.t. et i. **1.** MÉCAN. Réduire la vitesse dans la transmission d'un mouvement. **2.** Fig. Augmenter la puissance de qqch par la multiplication des moyens utilisés.
DÉMUNI, E adj. et n. Qui manque des ressources suffisantes, sur le plan économique et social. *Une aide aux plus démunis.*
DÉMUNIR v.t. Dépouiller, dégarnir de choses essentielles. ◆ **se démunir** v.pr. *(de).* Se dessaisir, se priver de.
DÉMUSELER v.t. [24]. **1.** Ôter sa muselière à (un animal). **2.** Fig. Rendre sa liberté à. *Démuseler la presse.*
DÉMUTISATION n.f. Fait de donner à un sourd-muet de naissance l'usage de la parole, par des méthodes appropriées ; ensemble de ces méthodes.
DÉMUTISER v.t. (de *muet*). Faire cesser la mutité de ; donner l'usage de la parole à (un sourd-muet de naissance) par la démutisation.
DÉMYSTIFIANT, E adj. Qui démystifie.
DÉMYSTIFICATEUR, TRICE adj. et n. Qui démystifie.
DÉMYSTIFICATION n.f. Action de démystifier ; son résultat.
DÉMYSTIFIER v.t. **1.** Détromper (qqn qui a été l'objet d'une mystification). **2.** Priver de son mystère, banaliser (qqch) en montrant sa véritable nature. – REM. Cet emploi est critiqué par certains puristes qui préconisent celui de *démythifier,* dans ce sens.
DÉMYTHIFICATION n.f. Action de démythifier ; son résultat.
DÉMYTHIFIER v.t. Ôter son caractère mythique à qqn, à qqch.
DÉNANTIR v.t. DR. Enlever son nantissement à qqn.
DÉNASALISATION n.f. PHON. Transformation d'un son nasal en un son oral (ex. : la dénasalisation de [ɔ̃] dans *mon ami* [mɔnami]).
DÉNASALISER v.t. PHON. Opérer la dénasalisation de.
DÉNATALITÉ n.f. Diminution du nombre des naissances dans un pays.
DÉNATIONALISATION n.f. Action de dénationaliser une entreprise ; son résultat.
DÉNATIONALISER v.t. Restituer au secteur privé (une entreprise, une industrie précédemment nationalisée).
DÉNATTER v.t. Défaire les nattes de. *Dénatter ses cheveux.*
DÉNATURALISATION n.f. Action de dénaturaliser ; son résultat.
DÉNATURALISER v.t. Priver des droits acquis par naturalisation.
DÉNATURANT, E adj. et n.m. Se dit d'un produit qui dénature.
DÉNATURATION n.f. **1.** Action de dénaturer un produit, de modifier ses caractéristiques. **2.** Adjonction à un produit destiné à un usage industriel ou agricole de substances qui le rendent impropre à tout autre usage.
DÉNATURÉ, E adj. **1.** Qui a subi la dénaturation. **2.** Contraire à ce qui est considéré comme naturel ; dépravé. *Goûts dénaturés.*
DÉNATURER v.t. **1.** Mélanger à (certaines substances) d'autres substances qui les rendent impropres à certains usages (notamm. à l'usage alimentaire). **2.** Altérer considérablement un goût, une saveur. **3.** Fausser le sens de, altérer. *Dénaturer les paroles de qqn.*
DÉNAZIFICATION n.f. Action de dénazifier.
DÉNAZIFIER v.t. Débarrasser de l'influence du nazisme.
DENDRITE [dɛ̃-] ou [dɑ̃drit] n.m. (gr. *dendron,* arbre). **1.** GÉOL. Figure arborescente ramifiée formée de petits cristaux, à la surface de diverses roches. **2.** BIOL. Prolongement arborisé du cytoplasme d'une cellule nerveuse.
DENDRITIQUE [dɛ̃-] ou [dɑ̃dritik] adj. **1.** GÉOL. Relatif au dendrite ou qui en a la forme. **2.** GÉOGR. Se dit d'un réseau fluvial très dense et régulièrement ramifié.

DENDROCHRONOLOGIE [dɛ̃-] ou [dɑ̃-] n.f. Datation par l'étude des variations d'épaisseur des anneaux de croissance des arbres.

DÉNÉBULATION ou **DÉNÉBULISATION** n.f. Action de dénébuler ; son résultat.

DÉNÉBULER ou **DÉNÉBULISER** v.t. Dissiper artificiellement le brouillard.

DÉNÉGATION n.f. (du lat. *denegare,* nier). **1.** Action de nier, de dénier. *Signe de dénégation.* **2.** PSYCHAN. Processus par lequel le sujet nie un désir qu'il vient de formuler.

DÉNEIGEMENT n.m. Action de déneiger.

DÉNEIGER v.t. [23]. Débarrasser de la neige (une voie, une route, un accès).

DÉNERVATION n.f. NEUROBIOL. Disparition de l'innervation normale d'un nerf, d'un muscle.

DENGUE [dɛ̃g] n.f. Maladie virale tropicale transmise à l'homme par la piqûre d'un moustique, dont les symptômes rappellent ceux de la grippe.

DÉNI n.m. (de *dénier*). **1.** Refus d'accorder ce qui est dû. **2.** DR. *Déni de justice :* refus illégal d'un juge ou d'un tribunal d'accomplir un acte inhérent à ses responsabilités. **3.** PSYCHAN. Refus de reconnaître une réalité à caractère traumatisant. SYN. : *désaveu.*

DÉNIAISER v.t. **1.** Rendre moins niais. **2.** Faire perdre sa virginité à qqn.

DÉNICHER v.t. **1.** Enlever d'un nid. *Dénicher des oiseaux.* **2.** Fig. Trouver à force de recherches. *Dénicher un livre rare.* ◆ v.i. Quitter son nid.

DÉNICHEUR, EUSE n. **1.** Celui, celle qui déniche les oiseaux. **2.** Découvreur habile (de pièces rares, de talents).

DÉNICOTINISATION n.f. Action de dénicotiniser ; son résultat.

DÉNICOTINISER v.t. Supprimer ou réduire la teneur en nicotine du tabac.

DÉNICOTINISEUR n.m. Filtre qui retient une partie de la nicotine du tabac.

DENIER n.m. (lat. *denarius*). **1.** Anc. Monnaie romaine (IIIe s. av. J.-C.). [D'abord égal à 1/72 de la livre romaine, le denier n'était plus qu'une monnaie de compte à la fin de l'Empire.] **2.** Anc. Monnaie française (1/12 du sou). **3.** TEXT. Ancienne unité remplacée auj. par le *décitex.* **4.** *Denier du culte :* offrande des catholiques pour l'entretien du clergé. – *Denier de Saint-Pierre :* offrande faite au pape par les diocèses (depuis 1849). ◆ pl. Litt. **1.** (Avec le possessif). Argent personnel, ressources propres de qqn. *Elle l'a payé de ses deniers.* **2.** *Les deniers publics :* l'argent de l'État.

DÉNIER v.t. (lat. *denegare*). **1.** Refuser de reconnaître qqch. *Dénier toute responsabilité.* **2.** Refuser absolument d'accorder. *Dénier un droit à qqn.*

DÉNIGREMENT n.m. Action de dénigrer, de médire.

DÉNIGRER v.t. (lat. *denigrare,* noircir). Attaquer la réputation, le talent de (qqn) ; discréditer, décrier.

DÉNIGREUR, EUSE n. Personne qui dénigre.

DENIM n.m. (de *toile de Nîmes*). Tissu de coton en armure sergée, utilisé notamment pour la confection des jeans.

DÉNITRATATION n.f. Action de dénitrer.

DÉNITRER v.t. Éliminer du sol ou des eaux les composés nitrés qu'ils renferment.

DÉNITRIFICATION n.f. Décomposition, par une action bactérienne, des nitrates du sol ou des eaux.

DÉNITRIFIER v.t. Décomposer les nitrates du sol ou des eaux, en parlant de certaines bactéries (dites *dénitrifiantes*).

DÉNIVELÉE n.f. ou **DÉNIVELÉ** n.m. Différence d'altitude entre deux points.

DÉNIVELER v.t. [24]. Détruire le nivellement (d'une surface) ; provoquer une différence de niveau. *Une chaussée dénivelée.*

DÉNIVELLATION n.f. ou **DÉNIVELLEMENT** n.m. Action de déniveler ; différence de niveau.

DÉNOMBRABLE adj. **1.** Qui peut être dénombré. **2.** MATH. Se dit d'un ensemble infini qui a le même nombre cardinal que l'ensemble des entiers (chacun de ses éléments peut être associé à un entier).

DÉNOMBREMENT n.m. Action de dénombrer, de compter ; recensement.

DÉNOMBRER v.t. (lat. *denumerare*). Faire le compte des unités composant un ensemble ; inventorier, recenser.

DÉNOMINATEUR n.m. ARITHM. Diviseur, dans un quotient représenté par une fraction ; celui des deux termes d'une fraction qui indique en combien de parties l'unité a été divisée. ◇ *Dénominateur commun :* dénominateur qui est le même dans plusieurs fractions. – Fig., par ext. Point commun à plusieurs personnes, à plusieurs choses.

DÉNOMINATIF, IVE adj. et n.m. (lat. *denominativus,* dérivé). LING. Se dit d'un mot formé à partir d'un nom (par ex. : *numéroter,* de *numéro*).

DÉNOMINATION n.f. Désignation par un nom ; appellation.

DÉNOMMÉ, E n. et adj. Fam. ou péj. *Le, la dénommé(e) :* celui, celle qui est appelé(e) [de tel nom]. *Le dénommé Untel.*

DÉNOMMER v.t. (lat. *denominare*). **1.** Donner un nom à (une personne, une chose). **2.** DR. Nommer (une personne) dans un acte.

DÉNONCER v.t. (lat. *denuntiare*) [16]. **1.** Signaler comme coupable à la justice, à l'autorité compétente. **2.** S'élever publiquement contre. *Dénoncer les abus.* **3.** Annuler, rompre (un engagement). *Dénoncer un traité.*

DÉNONCIATEUR, TRICE adj. et n. Qui dénonce à la justice, à l'autorité compétente.

DÉNONCIATION n.f. **1.** Action de dénoncer qqn, qqch ; délation. **2.** Annulation, rupture. *Dénonciation d'un armistice.* **3.** Signification extrajudiciaire d'un acte aux personnes concernées.

DÉNOTATION n.f. **1.** LING. Ensemble des éléments fondamentaux et permanents du sens d'un mot (par opp. à l'ensemble des valeurs subjectives variables qui constituent sa connotation). **2.** LOG. Propriété (distincte du sens) que possède un terme de pouvoir être appliqué aux êtres ou aux choses qui composent l'extension du concept auquel il correspond. (Ainsi les deux expressions *l'étoile du matin* et *l'étoile du soir* ont-elles un sens différent et une même dénotation : l'astre Vénus.)

DÉNOTER v.t. **1.** Indiquer, constituer le signe, l'indice de. *Son expression dénote la peur.* **2.** LING. Signifier par dénotation (par opp. à *connoter*).

DÉNOUEMENT n.m. **1.** Évènement qui termine ; solution d'une affaire. **2.** Point où aboutit une intrigue dramatique. *Dénouement imprévu.*

DÉNOUER v.t. **1.** Défaire (un nœud) ; détacher (une chose nouée). ◇ *Dénouer les langues :* faire parler. **2.** Fig. Démêler, résoudre (une affaire).

DÉNOYAGE n.m. Action de dénoyer.

DÉNOYAUTAGE n.m. Action de dénoyauter.

DÉNOYAUTER v.t. Enlever le, les noyaux de.

DÉNOYAUTEUR n.m. Ustensile ménager pour dénoyauter.

DÉNOYER v.t. [13]. MIN. Assécher (des travaux miniers envahis par l'eau).

DENRÉE n.f. (anc. fr. *denerée,* la valeur d'un denier). Marchandise quelconque destinée à la consommation alimentaire. ◇ Fig. *Une denrée rare :* une chose, une qualité précieuse, difficile à trouver.

DENSE adj. (lat. *densus*). **1. a.** Compact, épais. *Un brouillard dense.* **b.** Serré sur un espace limité. *Une foule dense.* **c.** Ramassé, concis. *Style dense.* **2.** Dont la masse volumique est grande par rapport à celle d'une substance de référence (l'air pour les gaz ; l'eau pour les liquides et les solides). **3.** MATH. Se dit d'une partie de l'ensemble des nombres réels telle que tout réel apparaisse comme limite d'une suite d'éléments de cette partie. *L'ensemble des nombres rationnels est dense dans l'ensemble des réels.*

DENSÉMENT adv. De façon dense.

DENSIFICATION n.f. Augmentation de la densité.

DENSIFIER v.t. **1.** Augmenter la densité de qqch. **2.** TECHN. Améliorer, en augmentant sa densité par compression, la qualité d'un bois.

DENSIMÈTRE n.m. Aréomètre.

DENSIMÉTRIE n.f. Technique de la mesure des densités.

DENSIMÉTRIQUE adj. Relatif à la densimétrie.

DENSITÉ n.f. **1.** Caractère de ce qui est dense. **2.** PHYS. Rapport de la masse d'un certain volume d'un corps à celle du même volume d'eau (ou d'air, pour les gaz). **3.** PHOT. Valeur de gris d'un phototype. **4.** GÉOGR. *Densité de population :* nombre moyen d'habitants au kilomètre carré.

DENT n.f. (lat. *dens, dentis*). **I.1.** Organe dur formé d'ivoire recouvert d'émail sur la couronne, implanté chez l'homme sur le bord des maxillaires, servant à broyer les aliments, à mordre. (On distingue, d'avant en arrière, les incisives, les canines, les prémolaires, les molaires.) – *Dents de lait :* premières dents, destinées à tomber, chez l'homme et certains mammifères. – *Dents de sagesse :* les quatre molaires tardives, chez l'homme. – *Faire ses dents :* avoir ses premières dents qui poussent, en parlant d'un enfant. ◇ *N'avoir rien à se mettre sous la dent :* n'avoir rien à manger. – Pop. *Avoir la dent :* avoir faim. – *Mordre à belles dents,* avec avidité. – *Du bout des dents :* avec dégoût. – *Parler entre les dents,* bas et indistinctement. – *Avoir les dents longues :* être ambitieux. – *Avoir la dent dure :* avoir la critique sévère. – *Avoir, garder une dent contre qqn,* lui en vouloir. – *Grincer des dents :* montrer de l'agacement. – *Être sur les dents :* être dans une attente fébrile. – *Être armé jusqu'aux dents :* être bien armé. – *Montrer les dents :* prendre une attitude de menace. – *Se casser les dents sur qqch :* ne pas en venir à bout. **2.** Chacun des organes durs et saillants de la bouche des vertébrés, contribuant à préparer la déglutition des proies ou servant à la défense. ◇ Organe dur assurant une fonction comparable chez certains animaux autres que les vertébrés (saillies de la radula des mollusques, pointes de la lanterne d'Aristote des oursins, etc.). **II.1.** Chacune des tiges aiguës ou des pointes triangulaires qui forment la partie utile

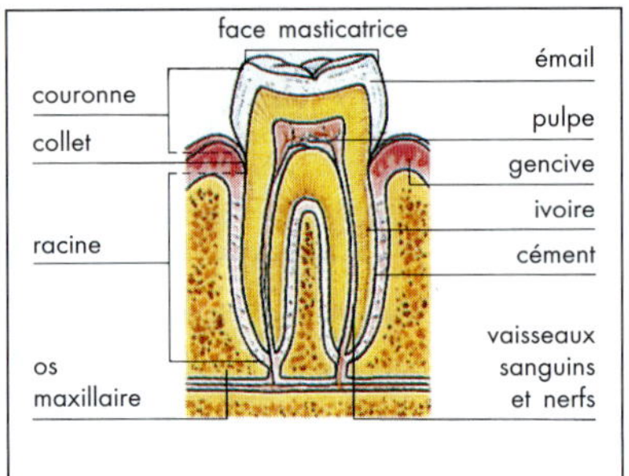

dent : molaire vue en coupe

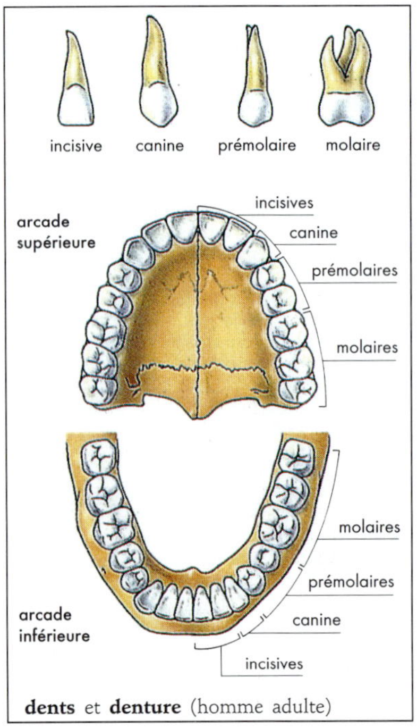

dents et **denture** (homme adulte)

de certains outils, de certains instruments. *Dents d'un râteau, d'une fourchette, d'une scie.* ◇ *En dents de scie :* en ligne brisée irrégulière, présentant une succession de montées et de descentes. **2.** Chacune des saillies d'une roue d'engrenage. **3.** BOT. Partie en pointe de certains organes végétaux. *Les dents du bord d'une feuille.* **4.** Sommet montagneux pointu et déchiqueté, délimité par des versants abrupts.

1. DENTAIRE adj. Qui concerne les dents.

2. DENTAIRE n.f. Crucifère à grandes fleurs des régions tempérées, voisine des cardamines.

DENTAL, E, AUX adj. PHON. *Consonne dentale* ou *dentale,* n.f., que l'on prononce en appuyant la langue sur les dents (ex. : en fr. *d* et *t*).

DENTALE n.m. Mollusque marin à coquille en forme de cornet, vivant dans le sable et la vase. (Type de la petite classe des scaphopodes.)

DENT-DE-LION n.f. (pl. *dents-de-lion*). Pissenlit.

DENTÉ, E adj. Qui a des saillies en forme de dents. *Roue dentée, feuilles dentées.*

DENTÉE n.f. VÉN. Coup de dent que les chiens donnent à la bête ; coup que donne le sanglier avec ses défenses.

DENTELAIRE n.f. Plante des rocailles du midi de la France, à fleurs violettes, dont la racine, mâchée, passait pour guérir les maux de dents. (Famille des plombaginacées.)

1. DENTELÉ, E adj. Bordé de petites dents, de petites échancrures.

2. DENTELÉ n.m. Chacun des muscles du thorax qui s'insèrent sur les côtes. – *Le grand dentelé :* le muscle abaisseur de l'omoplate.

DENTELER v.t. [24]. Faire des découpures, des entailles en forme de dents à.

DENTELLE n.f. (de *dent*). **1.** Tissu ajouré constitué de fils entrelacés formant un fond en réseau sur lequel se détachent des motifs, réalisé à l'aide d'aiguilles, de fuseaux ou d'un crochet. – *Dentelle à l'aiguille,* exécutée en fil de lin blanc avec toutes les variantes du point de feston. – *Dentelle au fuseau* (ou *aux fuseaux*), exécutée au carreau, en fils de couleur ou en fil de lin blanc. ◇ Fig., fam. *Ne pas faire dans la dentelle :* manquer du sens des nuances, de délicatesse. **2.** Ce qui rappelle ce tissu. *Dentelle de papier.*

DENTELLIER, ÈRE adj. Qui a rapport à la dentelle.

DENTELLIÈRE n.f. Personne qui fabrique la dentelle, en particulier au fuseau.

DENTELURE n.f. **1.** Découpure en forme de dents. **2.** Motif décoratif dentelé.

DENTICULE n.m. **1.** Dent ou indentation très petite. **2.** ARCHIT. Chacune des petites saillies cubiques constituant un ornement de corniche.

DENTICULÉ, E adj. Garni de denticules.

DENTIER n.m. Prothèse dentaire amovible, partielle ou totale.

DENTIFRICE n.m. et adj. (lat. *dentifricium,* de *fricare,* frotter). Produit destiné au nettoyage des dents et des gencives.

DENTINE n.f. (mot angl.). ANAT. Ivoire des dents.

DENTIROSTRE n.m. (lat. *dens, dentis,* dent, et *rostrum,* bec). *Dentirostres :* ancien sous-ordre des passereaux comme le merle, le corbeau, etc., caractérisé par un bec à mandibule supérieure échancrée.

DENTISTE n. Chirurgien-dentiste, praticien diplômé spécialisé dans les soins dentaires.

DENTISTERIE n.f. Science qui a pour objet l'étude et la pratique des soins dentaires.

DENTITION n.f. (lat. *dentitio*). **1.** Ensemble des dents ; denture. *Avoir une belle dentition.* **2.** Formation et sortie naturelle des dents. (Chez l'homme, on distingue la dentition de lait [apparaissant entre le 6e et le 34e mois, et tombant entre 6 et 12 ans], et la dentition définitive [débutant vers 6 ans par les premières grosses molaires].)

DENTURE n.f. **1.** Nombre et disposition des différentes catégories de dents sur les mâchoires ; dentition. *La denture s'exprime par la formule dentaire.* **2.** Ensemble des dents d'une roue d'engrenage, d'une crémaillère, d'une scie.

DÉNUCLÉARISATION n.f. Action de dénucléariser ; son résultat.

DÉNUCLÉARISER v.t. Limiter ou interdire le stationnement, la possession, la fabrication d'armes nucléaires dans (une zone, un pays).

DÉNUDATION n.f. **1.** Action de mettre à nu un tissu, une dent, une veine, etc. ; état qui en résulte. **2.** État d'un arbre dépouillé de son écorce, de son feuillage ; état d'une terre privée de sa végétation, etc.

DÉNUDER v.t. (lat. *denudare,* de *nudus,* nu). **1.** Laisser à nu une partie du corps. *Robe qui dénude le dos.* **2.** Dépouiller un arbre de son écorce, un os, une veine de la chair qui les recouvrent, un conducteur électrique de son isolant. ◇ *Crâne dénudé,* dégarni, chauve. ◆ **se dénuder** v.pr. Se mettre partiellement ou totalement nu.

DÉNUÉ, E adj. Dépourvu, privé de.

DÉNUEMENT n.m. État de qqn qui manque des choses nécessaires ; misère, indigence.

DÉNUER (SE) v.pr. Litt. Se priver, se dépouiller.

DÉNUTRI, E adj. et n. Qui souffre de dénutrition.

DÉNUTRITION n.f. État pathologique d'un tissu ou d'un organisme vivant chez lequel la désassimilation l'emporte sur l'assimilation.

DÉODORANT adj.m. et n.m. Se dit d'un produit qui diminue ou supprime les odeurs corporelles.

DÉONTIQUE adj. LOG. *Logique déontique :* étude systématique des propriétés formelles vérifiées par des notions juridiques comme celles de droit et d'obligation (par opp. à *aléthique*).

DÉONTOLOGIE n.f. (gr. *deon, -ontos,* ce qu'il faut faire, et *logos,* discours). Ensemble des règles et des devoirs qui régissent une profession, la conduite de ceux qui l'exercent, les rapports entre ceux-ci et leurs clients ou le public. *Déontologie médicale.*

DÉONTOLOGIQUE adj. De la déontologie.

DÉPAILLAGE n.m. Action de dépailler.

DÉPAILLER v.t. Dégarnir de sa paille.

DÉPALISSER v.t. ARBOR. Détacher les branches d'un arbre fruitier des supports auxquels elles étaient fixées.

DÉPANNAGE n.m. Action de dépanner.

DÉPANNER v.t. **1.** Remettre en état de marche (un appareil arrêté à la suite d'une avarie). **2.** Réparer ou remorquer (un véhicule en panne). **3.** Fam. Tirer qqn d'embarras en lui rendant un service.

1. DÉPANNEUR, EUSE n. Professionnel(le) chargé(e) du dépannage des appareils, des véhicules.

2. DÉPANNEUR n.m. Canada. Petite épicerie ouverte au-delà des heures habituelles des autres commerces.

DÉPANNEUSE n.f. Voiture équipée d'un matériel de dépannage.

DÉPAQUETAGE n.m. Action de dépaqueter.

DÉPAQUETER v.t. [27]. Défaire (un paquet), sortir (une marchandise) de son emballage.

DÉPARAFFINAGE n.m. Séparation de la paraffine contenue dans une huile de pétrole.

DÉPARASITER v.t. Débarrasser (un appareil) des parasites radioélectriques, munir d'un dispositif supprimant les parasites.

DÉPAREILLÉ, E adj. **1.** Qui forme une série incomplète ou disparate. *Service dépareillé.* **2.** Qui est séparé d'un ensemble avec lequel il constituait une paire ou une série. *Des gants dépareillés.*

DÉPAREILLER v.t. Rendre incomplet un ensemble par la disparition d'un ou de plusieurs éléments qui le composaient.

DÉPARER v.t. Altérer le bel aspect de ; gâter l'harmonie (d'un ensemble). *Ce tableau ne dépare pas la collection.*

DÉPARIER ou **DÉSAPPARIER** v.t. Ôter l'une des deux choses qui formaient une paire.

DÉPARLER v.i. Vx ou région. Parler d'une façon qui ne convient pas.

1. DÉPART n.m. (de l'anc. fr. *departir,* s'en aller). **1.** Action de partir, moment où l'on part. – *Être sur le départ,* sur le point de partir. ◇ *Point de départ :* origine, commencement. **2.** Fait de quitter un emploi, une fonction.

2. DÉPART n.m. (de l'anc. fr. *departir,* partager). Litt. *Faire le départ de, entre deux choses,* bien les séparer, les distinguer nettement.

DÉPARTAGER v.t. [17]. **1.** Faire cesser le partage en nombre égal des voix en ajoutant un nouveau suffrage qui permette à une majorité de se dégager. **2.** Trouver en arbitrant un moyen de classer des concurrents arrivés à égalité. *Départager les ex aequo d'un concours.*

DÉPARTEMENT n.m. (de *départir*). **1.** Collectivité territoriale administrée par le conseil général et circonscription administrative dirigée par le préfet. – *Départements d'outre-mer (D. O. M.) :* la Guyane, la Réunion, la Martinique et la Guadeloupe. **2.** Chacune des administrations du gouvernement d'un État, des branches spécialisées d'une administration, d'un organisme. *Département des antiquités du Louvre.* **3.** Suisse. Division du pouvoir exécutif d'un canton.

DÉPARTEMENTAL, E, AUX adj. Qui concerne le département. ◇ *Route départementale* ou *départementale,* n.f. : route construite et entretenue par le département.

DÉPARTEMENTALISATION n.f. Action de départementaliser ; son résultat.

DÉPARTEMENTALISER v.t. **1.** Donner le statut de département à (un territoire). **2.** Attribuer à un département, aux départements (une compétence qui relevait d'une autre collectivité publique).

DÉPARTIR v.t. (anc. fr. *departir,* partager) [43] [selon l'Acad.], [32] [selon l'usage]. Litt. Attribuer en partage, impartir à. *La tâche qui lui a été départie.* ◆ **se départir** v.pr. *(de).* Abandonner, renoncer à. *Se départir de son calme.*

DÉPARTITEUR n.m. et adj.m. DR. Celui qui départage.

DÉPASSANT n.m. COUT. Biais d'étoffe qui dépasse la partie du vêtement à laquelle il est fixé.

DÉPASSÉ, E adj. **1.** Qui n'a plus cours, démodé, caduc. **2.** Qui ne domine plus la situation.

DÉPASSEMENT n.m. Action de dépasser, de se dépasser.

DÉPASSER v.t. (de *passer*). **1.** Être plus haut, plus grand, plus long que. *Ce sapin dépasse tous les autres arbres. Il me dépasse de 5 cm.* **2.** Passer devant qqn, un véhicule ; doubler. *Dépasser un camion, un concurrent.* **3.** Aller au-delà d'une limite, d'un repère ; franchir. *Dépasser la ligne d'arrivée.* **4.** Aller au-delà de ce qui est attendu, possible ou imaginable. *Ce succès dépasse toutes nos espérances.* **5.** Excéder une quantité, une durée. *La réunion ne doit pas dépasser 30 minutes.* **6.** Être supérieur à, l'emporter sur. *Elle a dépassé tous ses camarades de classe.* **7.** Excéder les capacités de. *Ce problème me dépasse.* **8.** Causer un vif étonnement à ; dérouter, déconcerter. *Son attitude me dépasse.* ◆ v.i. Être plus long, trop long ; faire saillie. *Ton jupon dépasse. Le clou dépasse.* ◆ **se dépasser** v.pr. Réussir ce qui paraissait inaccessible ; se surpasser.

DÉPASSIONNER v.t. Enlever à un débat, à une discussion son caractère passionnel.

DÉPATOUILLER (SE) v.pr. Fam. Se tirer d'une situation embarrassante ; se débrouiller.

DÉPATRIER v.t. Litt. Priver de sa patrie.

DÉPAVAGE n.m. Action de dépaver.

DÉPAVER v.t. Enlever les pavés de.

DÉPAYSANT, E adj. Qui dépayse.

DÉPAYSEMENT n.m. Fait d'être dépaysé.

DÉPAYSER v.t. **1.** Faire changer de pays, de milieu, de cadre. **2.** Troubler, déconcerter, désorienter en changeant les habitudes.

DÉPEÇAGE ou **DÉPÈCEMENT** n.m. Action de dépecer.

DÉPECER v.t. (de pièce) [29]. **1.** Mettre en pièces. *Dépecer une proie.* **2.** Découper en morceaux. *Dépecer une volaille.* **3.** Démembrer, morceler. *Dépecer une propriété.*

DÉPECEUR, EUSE n. Personne qui dépèce.

DÉPÊCHE n.f. **1.** Correspondance officielle concernant les affaires publiques. *Dépêche diplomatique.* **2.** Vieilli. Télégramme. **3.** Information brève transmise aux organes de presse. *Dépêche d'agence.*

DÉPÊCHER v.t. (de *désempêcher,* débarrasser). Litt. Envoyer en toute hâte. *Dépêcher un ambassadeur.* ◆ **se dépêcher** v.pr. Se presser, se hâter.

DÉPEIGNER v.t. Déranger l'ordonnancement des cheveux, décoiffer.

DÉPEINDRE v.t. (lat. *depingere*) [81]. Décrire, représenter en détail, avec plus ou moins d'exactitude.

DÉPENAILLÉ, E adj. (de l'anc. fr. *penaille,* loques). Dont les vêtements sont en lambeaux ; déguenillé.

DÉPÉNALISATION n.f. Action de dépénaliser.

DÉPÉNALISER v.t. DR. Ôter son caractère pénal à (une infraction).

DÉPENDANCE n.f. **1.** Sujétion, subordination. *Être sous la dépendance de ses parents.* **2.** ÉCON. État dans lequel se trouve l'économie d'une nation par rapport à celle, notamment, d'un pays développé. **3.** MÉD. Besoin impérieux de continuer à absorber certaines drogues afin de chasser un état de malaise somatique ou psychique dû au sevrage. ◆ **pl.** Bâtiment, terrain, territoire rattaché à un autre, plus important.

DÉPENDANT, E adj. **1.** Qui est sous la dépendance de qqn ou qqch, qui lui est subordonné. **2.** Se dit de qqn, notamm. d'un malade ou d'une personne âgée, qui ne peut plus assurer seul les conditions élémentaires de son existence.

DÉPENDEUR, EUSE n. Fam., vieilli. *Grand dépendeur d'andouilles :* homme de haute taille et paresseux ; incapable.

1. DÉPENDRE v.t. (de *pendre*) [73]. Détacher ce qui était pendu, décrocher. *Dépendre un tableau.*

2. DÉPENDRE v.t. ind. **[*de*]** (lat. *dependere*) [73]. **1.** Être sous la dépendance, l'autorité de qqn, sous la juridiction, du ressort d'un organisme. **2.** Être subordonné à la décision de qqn, être soumis à la condition de qqch. *La solution dépend de vous. Cela dépendra des circonstances.* – *Ça dépend :* c'est variable ; peut-être.

DÉPENS [depɑ̃] n.m. pl. (lat. *dispensum,* de *dispendere,* partager). **1.** DR. Frais taxables d'un procès. *Être condamné aux dépens.* **2.** Cour. *Aux dépens de qqn, de qqch :* à la charge, aux frais de qqn ; au détriment de qqn, de qqch.

DÉPENSE n.f. (lat. *dispensa*). **1.** Action de dépenser de l'argent ; emploi qu'on en fait. – *Ne pas regarder à la dépense :* dépenser sans compter. **2.** Montant d'une somme à payer. **3.** Usage, emploi. *Une grande dépense d'énergie.* **4.** Quantité de matière, de produit consommée ; consommation. *La dépense en essence d'une voiture.* **5.** *Dépense nationale :* ensemble des dépenses de consommation des particuliers et du secteur public, ainsi que des investissements productifs au cours d'une année. – *Dépenses publiques :* dépenses de l'État, des collectivités et des établissements publics.

DÉPENSER v.t. **1.** Employer de l'argent pour un achat. **2.** Utiliser pour son fonctionnement ; consommer. *Cette chaudière dépense beaucoup de mazout.* **3.** *Dépenser son temps, son énergie à,* les employer à. ◆ **se dépenser** v.pr. Se donner du mouvement ; faire des efforts, se démener.

DÉPENSIER, ÈRE adj. et n. Qui aime la dépense, qui dépense beaucoup.

DÉPERDITION n.f. Perte, diminution. *Déperdition de chaleur, d'énergie.*

DÉPÉRIR v.i. (lat. *deperire*). **1.** S'affaiblir, perdre de sa vigueur, de sa vitalité. *Un malade, une plante qui dépérit.* **2.** Fig. Perdre de son importance, se détériorer. *Cette entreprise dépérit.*

DÉPÉRISSEMENT n.m. État de qqn, de qqch qui dépérit ; affaiblissement.

DÉPERSONNALISATION n.f. **1.** Action de dépersonnaliser. **2.** PSYCHIATRIE. Altération de la conscience du corps et du vécu corporel caractérisée par le sentiment de ne plus se reconnaître soi-même, et, souvent, de la perte de la réalité du monde extérieur.

DÉPERSONNALISER v.t. Faire perdre à qqn des caractères dominants de sa personnalité, à qqch son originalité ; rendre banal, anonyme.

DÉPÊTRER v.t. (de *empêtrer*). **1.** Dégager de ce qui gêne, de ce qui empêche le mouvement. **2.** Tirer d'embarras. *Dépêtrer un ami d'une mauvaise affaire.* ◆ **se dépêtrer** v.pr. ***(de).*** Se dégager, se débarrasser de. *Se dépêtrer de ses soucis.*

DÉPEUPLEMENT n.m. Action de dépeupler ; son résultat. Fait de se dépeupler.

DÉPEUPLER v.t. **1.** Faire partir les habitants d'un pays, d'une région. *L'industrialisation a dépeuplé les campagnes.* **2.** Faire disparaître les animaux qui vivent dans (un lieu naturel), en diminuer le nombre. ◆ **se dépeupler** v.pr. Se vider de ses habitants, de ses occupants.

DÉPHASAGE n.m. **1.** PHYS. Différence de phase entre deux phénomènes alternatifs de même fréquence. **2.** Fig., fam. Perte de contact avec la réalité ; décalage.

DÉPHASÉ, E adj. **1.** PHYS. Qui présente une différence de phase avec une autre grandeur alternative de même fréquence. **2.** Fam. Qui a perdu contact avec la réalité présente.

DÉPHASER v.t. Produire un déphasage.

DÉPHASEUR n.m. PHYS. Dispositif produisant un déphasage fixe ou réglable.

DÉPHOSPHATER v.t. Éliminer du sol ou des eaux une partie des phosphates qu'ils renferment.

DÉPHOSPHORATION n.f. MÉTALL. Opération par laquelle on enlève le phosphore de la fonte et de l'acier.

DÉPHOSPHORER v.t. MÉTALL. Effectuer la déphosphoration de.

DÉPIAUTER v.t. (de *piau,* forme dial. de *peau*). Fam. **1.** Dépouiller de sa peau (un animal). **2.** Analyser minutieusement (un texte) ; éplucher.

DÉPICAGE n.m. → ***dépiquage.***

DÉPIGEONNAGE n.m. ou **DÉPIGEONNISATION** n.f. Opération destinée à débarrasser les villes des pigeons.

DÉPIGMENTATION n.f. Perte ou absence de pigment de la peau.

1. DÉPILAGE n.m. (du lat. *pilus,* poil). TECHN. Action d'enlever les poils qui couvrent une peau avant de la tanner.

2. DÉPILAGE n.m. (de *pile*). MIN. Exploitation des piliers de minerai.

DÉPILATION n.f. Chute des poils.

DÉPILATOIRE adj. et n.m. Se dit d'un produit cosmétique permettant d'éliminer les poils. SYN. : ***épilatoire.***

1. DÉPILER v.t. (lat. *depilare,* de *pilus,* poil). **1.** Vx. Faire tomber le poil, les cheveux. *Cette maladie l'a dépilé.* **2.** *Dépiler les peaux,* en enlever les poils avant de les tanner.

2. DÉPILER v.t. (de *pile*). MIN. Supprimer les piles de soutènement d'une mine ; récupérer les piliers ménagés dans une couche exploitée. SYN. : ***défruiter.***

DÉPIQUAGE ou **DÉPICAGE** n.m. AGRIC. Action de dépiquer. *Le dépiquage des céréales.*

1. DÉPIQUER v.t. (de *piquer*). COUT. Défaire les piqûres (d'une étoffe).

2. DÉPIQUER v.t. (prov. *depica*). AGRIC. Séparer le grain de son épi. *Dépiquer le blé.*

DÉPISTAGE n.m. Action de dépister. *Le dépistage d'une maladie.*

DÉPISTER v.t. **1.** Découvrir à la piste. *Dépister un lièvre.* **2.** Découvrir au terme d'une enquête, d'une recherche. *Dépister un voleur.* **3.** Découvrir, déceler (une maladie, un handicap). **4.** Détourner de la piste, mettre en défaut. *Dépister les recherches de la police.*

DÉPIT n.m. (lat. *despectus,* mépris). Chagrin, amertume mêlés de ressentiment causés par une déception, une blessure d'amour-propre. ◇ *En dépit de :* malgré. – *En dépit du bon sens :* très mal.

DÉPITER v.t. Causer du dépit à. ◆ **se dépiter** v.pr. Concevoir du dépit, se froisser.

DÉPLACÉ, E adj. **1.** Qui ne convient pas à la situation, aux circonstances ; choquant, incongru. *Remarque déplacée.* **2.** *Personne déplacée,* qui a été contrainte, pour des raisons économiques ou politiques, de quitter son pays.

DÉPLACEMENT n.m. **1.** Action de déplacer, de se déplacer. *Le déplacement d'une statue. Le déplacement d'un fonctionnaire.* **2.** Voyage effectué dans l'exercice d'une profession. *Être en déplacement.* **3.** MAR. Volume d'eau déplacé par la carène d'un navire, dont la masse est égale à la masse totale du bâtiment. **4.** MATH. Transformation ponctuelle du plan ou de l'espace qui conserve les directions relatives et les distances. *Une translation, une rotation sont des déplacements.* **5.** CHIM. Réaction par laquelle un corps se substitue à un autre dans un composé. **6.a.** PSYCHAN. Report de l'énergie psychique liée à un désir inconscient sur un objet substitutif. **b.** ÉTHOL. *Activité de déplacement :* exécution par un animal de mouvements sans rapport avec le comportement dans lequel il est engagé, lorsque celui-ci ne peut s'exprimer normalement.

DÉPLACER v.t. [16]. **1.** Changer qqch, qqn de place, le mettre ailleurs. ◇ *Déplacer la question, le problème :* s'écarter du sujet. **2.** Affecter d'office à un autre poste ; muter. *Déplacer un fonctionnaire.* **3.** Changer la date, l'heure de. *Déplacer un rendez-vous.* **4.** MAR. Avoir un déplacement de tant de tonnes métriques, de tonneaux. *Ce navire déplace 1 000 tonnes.* ◆ **se déplacer** v.pr. **1.** Changer de place ; bouger, se mouvoir. **2.** Aller d'un lieu à un autre. *Se déplacer en métro.*

DÉPLAFONNEMENT n.m. Action de déplafonner ; son résultat.

DÉPLAFONNER v.t. Supprimer la limite supérieure de (un crédit, une cotisation).

DÉPLAIRE v.t. ind. ***(à)*** [110]. **1.** Ne pas plaire, être désagréable à. *Ce film m'a déplu.* **2.** Causer une irritation légère à ; contrarier. *Votre remarque lui a fortement déplu.* ◇ Litt. *Ne vous en déplaise :* quoi que vous en pensiez. ◆ **se déplaire** v.pr. Ne pas se trouver bien, ne pas être à son aise où l'on est.

DÉPLAISANT, E adj. Qui déplaît ; fâcheux, désagréable, antipathique.

DÉPLAISIR n.m. Impression désagréable ; contrariété.

DÉPLANTATION n.f. ou **DÉPLANTAGE** n.m. AGRIC. Action de déplanter ; son résultat.

DÉPLANTER v.t. **1.** Ôter de terre (un végétal) pour le planter ailleurs. **2.** Retirer de terre. *Déplanter un piquet.*

DÉPLANTOIR n.m. Outil pour déplanter de petits végétaux.

DÉPLÂTRAGE n.m. TECHN. Action de déplâtrer.

DÉPLÂTRER v.t. **1.** TECHN. Ôter le plâtre de (une surface). **2.** CHIR. Ôter le plâtre qui immobilisait (un membre fracturé).

DÉPLÉTION n.f. Didact. Diminution, réduction. **1.** MÉD. Diminution de la quantité de liquide, en particulier de sang, contenu dans un organe ou dans l'organisme ; état qui en résulte. **2.** PÉTR. Réduction de l'importance d'un gisement de pétrole, du fait de son exploitation.

DÉPLIAGE ou **DÉPLIEMENT** n.m. Action de déplier ; son résultat.

1. DÉPLIANT, E adj. Que l'on peut déplier. *Couchette dépliante.*

2. DÉPLIANT n.m. Imprimé, prospectus plié. *Dépliant commercial.*

DÉPLIER v.t. Étendre, ouvrir (une chose pliée).

DÉPLISSAGE n.m. Action de déplisser.

DÉPLISSER v.t. Défaire les plis, les faux plis de (une étoffe, un vêtement) ; défroisser.

DÉPLOIEMENT n.m. Action de déployer ; fait d'être déployé.

DÉPLOMBAGE n.m. Action de déplomber.

DÉPLOMBER v.t. **1.** Ôter le plomb qui scelle un objet. **2.** Ôter le plombage d'une dent. **3.** INFORM. Pénétrer le cryptage qui protège un logiciel afin de recopier celui-ci.

DÉPLORABLE adj. **1.** Qui afflige, qui mérite d'être déploré. *Une fin déplorable.* **2.** Qui provoque du désagrément ; fâcheux. *Un oubli déplorable.* **3.** Mauvais. *Des résultats déplorables.*

DÉPLORABLEMENT adv. De façon déplorable.

DÉPLORATION n.f. BX-A. *Déploration du Christ :* représentation du Christ mort pleuré par Marie, Madeleine et saint Jean, après la Déposition.

DÉPLORER v.t. (lat. *deplorare*). **1.** Litt. Manifester de la douleur à l'occasion d'un évènement. *Déplorer la mort d'un ami.* **2.** Regretter vivement qqch ; avoir à constater qqch de fâcheux. *On a déploré de nombreuses victimes.*

DÉPLOYER v.t. [13]. **1.** Étendre largement, ouvrir ce qui était plié, roulé. *L'oiseau déploie ses ailes. Déployer une carte routière.* ◇ *Rire à gorge déployée :* rire aux éclats. **2.** Disposer sur une grande étendue, étaler. ◇ MIL. *Déployer des troupes,* les faire passer d'une formation de marche ou de transport à une formation de combat. – *Déployer des missiles,* les installer au sol en position opérationnelle. **3.** Fig. Montrer, manifester dans toute son intensité. *Déployer toutes ses qualités.*

DÉPLUMER v.t. Rare. Dépouiller (un oiseau) de ses plumes ; plumer. ◆ **se déplumer** v.pr. **1.** Perdre ses plumes. **2.** Fam. Perdre ses cheveux.

DÉPOÉTISER v.t. Ôter son caractère poétique à.

DÉPOINTER v.t. Déplacer une arme de sa position de pointage, une antenne de sa direction.

DÉPOITRAILLÉ, E adj. Fam. Qui porte un vêtement largement ouvert sur la poitrine.

DÉPOLARISANT, E adj. et n.m. Se dit d'une substance qui a la propriété de s'opposer à la polarisation, de dépolariser.

DÉPOLARISATION n.f. PHYS. Action de dépolariser ; son résultat.

DÉPOLARISER v.t. PHYS. Supprimer la polarisation de.

DÉPOLI, E adj. *Verre dépoli,* dont la surface diffuse la lumière.

DÉPOLIR v.t. Ôter le poli, l'éclat de.

DÉPOLISSAGE ou **DÉPOLISSEMENT** n.m. Action de dépolir ; son résultat.

DÉPOLITISATION n.f. Action de dépolitiser.

DÉPOLITISER v.t. Retirer tout caractère politique à (qqch), toute conscience politique à (qqn).

DÉPOLLUANT, E adj. et n.m. Se dit d'un produit qui dépollue.

DÉPOLLUER v.t. Supprimer ou réduire la pollution de.

DÉPOLLUTION n.f. Action de dépolluer ; son résultat.

DÉPOLYMÉRISATION n.f. CHIM. Dégradation d'un polymère avec production de monomères ou de structures plus complexes.

DÉPONENT, E adj. et n.m. GRAMM. *Verbe déponent :* verbe latin dont la flexion est passive et le sens actif.

DÉPOPULATION n.f. DÉMOGR. Diminution de la population d'un pays.

DÉPORT n.m. (de *report*). BOURSE. Commission payée par le vendeur à découvert au prêteur des titres.

DÉPORTANCE n.f. TECHN. Portance négative.

DÉPORTATION n.f. **1.** DR. PÉN. Peine politique perpétuelle, afflictive et infamante, qui consistait à exiler un condamné dans un lieu déterminé (remplacé en 1960 par la détention criminelle). **2.** Internement dans un camp de concentration situé dans une région éloignée ou à l'étranger.

DÉPORTÉ, E n. **1.** Personne condamnée à la déportation. **2.** Personne internée dans un camp de concentration dans une région éloignée ou à l'étranger.

DÉPORTEMENT n.m. Fait d'être déporté, pour un véhicule.

DÉPORTER v.t. (lat. *deportare*). **1. a.** Condamner à la déportation. **b.** Envoyer en déportation. **2.** Faire dévier de sa direction (un corps, un véhicule en mouvement).

DÉPOSANT, E n. **1.** DR. Personne qui fait une déposition. **2.** Personne qui fait un dépôt, et spécialement un dépôt d'argent.

DÉPOSE n.f. Action de déposer ce qui était fixé pour le nettoyer ou le réparer.

DÉPOSER v.t. (lat. *deponere*). **I.1.** Poser (ce que l'on portait) ; laisser (qqch) quelque part. *Déposer un fardeau. Déposer un paquet chez qqn.* – Fig. *Déposer les armes :* cesser le combat. **2.** Laisser qqn quelque part après l'y avoir conduit. **3.** Laisser (qqch) en lieu sûr ; laisser (de l'argent) en dépôt. *Déposer sa valise à la consigne. Déposer un chèque.* **4.** Remettre, adresser. *Déposer une pétition, une plainte.* **5.** DR. COMM. *Déposer son bilan :* être en état de cessation de paiements, en parlant d'un commerçant, d'une entreprise. **6.** Affirmer (qqch) comme témoignage. *Il a déposé qu'il avait vu l'assassin.* ◇ Absolt. Faire une déposition en justice. *Déposer contre qqn.* **7.** Laisser comme dépôt, en parlant d'un liquide. *Le fleuve dépose des sédiments.* ◇ Absolt. *Ce vin dépose.* **8.** Faire enregistrer (une marque, un brevet, etc.) pour les protéger des imitations. *Marque déposée.* **9.** Ôter (ce qui était posé, fixé). *Déposer une serrure.* **II.** Destituer (un souverain, un dignitaire).

DÉPOSITAIRE n. Personne à qui a été remis un dépôt. – Fig. Personne à qui l'on a confié qqch. *Être le dépositaire d'un secret.* ◇ COMM. Intermédiaire à qui les marchandises sont confiées, afin qu'il les vende pour le compte de leur propriétaire.

1. DÉPOSITION n.f. **1.** Déclaration d'un témoin ; témoignage. *Signer sa déposition.* **2.** Action de déposer (un souverain, un dignitaire).

2. DÉPOSITION n.f. BX-A. *Déposition de Croix :* représentation du Christ mort étendu au pied de la Croix.

DÉPOSSÉDER v.t. [18]. Priver (qqn) de la possession de qqch.

DÉPOSSESSION n.f. Action de déposséder ; son résultat ; spoliation.

DÉPÔT [depo] n.m. (lat. *depositum*). **1.** Action de déposer quelque part, de placer en lieu sûr ; chose déposée. *Dépôt d'un document chez le notaire. Recevoir un dépôt.* **2.** DR. Contrat par lequel une personne (le déposant) confie une chose à une autre (le dépositaire), à charge pour celle-ci de la garder et de la rendre fidèlement. **3.** Somme confiée à un organisme bancaire. *Dépôt à vue. Dépôt à terme.* **4.** Action de remettre, d'adresser selon les formes requises. – *Dépôt de bilan :* déclaration de cessation de paiements faite au tribunal par une entreprise, un commerçant. – *Dépôt légal :* dépôt obligatoire à l'Administration d'exemplaires de toute production (imprimée, photographiée ou enregistrée). **5. a.** Lieu où l'on dépose certaines choses, où l'on gare certains véhicules. *Dépôt d'autobus.* **b.** Lieu de détention de la Préfecture de police, à Paris. **6.** MIL. Partie d'une unité restant en garnison quand cette unité fait campagne ; lieu où cette fraction reste stationnée. **7.** Particules solides qui précipitent dans un liquide au repos. **8.** GÉOL. Matières minérales apportées par l'eau ou le vent.

DÉPOTAGE ou **DÉPOTEMENT** n.m. Action de dépoter ; son résultat.

DÉPOTER v.t. **1.** Ôter (une plante) d'un pot. **2.** TECHN. Transvaser (un liquide). **3.** Fam. Décharger (un véhicule). ◆ v.i. Fam. Être très productif, efficace dans son travail. *Ça dépote, dans ce service.*

DÉPOTOIR n.m. **1.** Usine où sont traitées les matières provenant des vidanges. **2.** Dépôt d'ordures. ◇ Fam. Endroit (ou service, classe, etc.) où l'on relègue des personnes jugées incapables ou trop médiocres.

DÉPÔT-VENTE n.m. (pl. *dépôts-ventes*). Vente dans laquelle le vendeur laisse l'objet dont il souhaite se dessaisir en dépôt dans un magasin qui ne lui rétrocède le prix de la vente, moins un pourcentage convenu, qu'après que l'objet a trouvé acheteur.

DÉPOUILLAGE n.m. Action de dépouiller.

DÉPOUILLE n.f. **1.** Peau enlevée à un animal. *La dépouille d'un tigre.* – Spécialt. Mue d'un reptile ou d'un arthropode ; exuvie. **2.** Litt. *Dépouille mortelle :* corps humain après la mort. **3.** MÉCAN. *Angle de dépouille* ou *dépouille :* angle aigu que forme avec la surface usinée la face coupante de l'outil (face en dépouille). ◆ pl. Ce qu'on prend à l'ennemi ; butin de guerre.

DÉPOUILLEMENT n.m. **1.** Action de dépouiller qqn ; état qui en résulte. **2.** État de ce qui est dépourvu de tout ornement ; sobriété. **3.** Action de dépouiller un texte. **4.** Action de dépouiller un scrutin ; ensemble des opérations qui permettent d'en connaître le résultat.

DÉPOUILLER v.t. (lat. *despoliare*). **1.** Enlever la peau de (un animal). *Dépouiller un lapin.* **2.** Enlever ce qui couvre ; dégarnir, dénuder. *Le vent dépouille les arbres de leurs feuilles.* ◇ *Style dépouillé,* sans ornement. **3.** Déposséder entièrement qqn de qqch, de ses biens, etc. ; voler, spolier. **4.** Examiner attentivement un texte pour en extraire l'essentiel. *Dépouiller les journaux.* – *Dépouiller un scrutin :* faire le compte des suffrages. ◆ **se dépouiller** v.pr. **1.** Se défaire de ses biens. **2.** Muer, en parlant d'un reptile, d'un arthropode. **3.** Déposer, en parlant du vin.

DÉPOURVU, E adj. Privé, dénué, démuni. *Phrase dépourvue de sens.* ◆ loc. adv. *Au dépourvu :* à l'improviste, sans être préparé. *Cette question me prend un peu au dépourvu.*

DÉPOUSSIÉRAGE n.m. Action de dépoussiérer.

DÉPOUSSIÉRANT n.m. Produit qui favorise le dépoussiérage en empêchant la poussière de voler.

DÉPOUSSIÉRER v.t. [18]. **1.** Enlever la poussière de. **2.** Fig. Rajeunir, renouveler.

DÉPOUSSIÉREUR n.m. TECHN. Appareil à dépoussiérer. ◇ Spécialt. Dispositif d'extraction des poussières d'un gaz, d'une fumée.

DÉPRAVANT, E adj. Qui déprave.

DÉPRAVATION n.f. Corruption, avilissement.

DÉPRAVÉ, E adj. Altéré, faussé, en parlant du goût. ◆ adj. et n. Corrompu, perverti, débauché. *Société dépravée.*

DÉPRAVER v.t. (lat. *depravare,* de *pravus,* mauvais). **1.** Altérer, gâter (le goût). **2.** Pervertir, corrompre. *Dépraver la jeunesse.*

DÉPRÉCATION n.f. (lat. *deprecatio*). RELIG. Prière faite pour détourner un malheur ou pour obtenir une faveur.

DÉPRÉCIATEUR, TRICE n. Personne qui déprécie, qui est portée à déprécier.

DÉPRÉCIATIF, IVE adj. Qui tend à déprécier ; péjoratif.

DÉPRÉCIATION n.f. Action de déprécier ; son résultat ; fait de se déprécier.

DÉPRÉCIER v.t. (lat. *depretiare,* de *pretium,* prix). **1.** Diminuer la valeur de ; dévaloriser. **2.** Sous-estimer, dénigrer (qqn). ◆ **se déprécier** v.pr. Perdre de sa valeur. *La monnaie se déprécie.*

DÉPRÉDATEUR, TRICE adj. et n. Qui commet des déprédations.

DÉPRÉDATION n.f. (du lat. *praeda,* proie). [Surtout pl.]. **1.** Vol, pillage accompagné de destruction. **2.** Dommage causé aux biens d'autrui, aux biens publics.

DÉPRENDRE (SE) v.pr. *(de)* [79]. Litt. Se dégager, se détacher de. *Se déprendre de qqn, d'une habitude.*

DÉPRESSIF, IVE adj. Relatif à la dépression. ◆ adj. et n. Qui a tendance à la dépression nerveuse.

DÉPRESSION n.f. (lat. *depressio,* enfoncement). **1.** Partie en creux par rapport à une surface. *Dépression du sol.* **2.** MÉTÉOR. *Dépression (atmosphérique) :* masse atmosphérique sous basse pression (inférieure à 1 015 hectopascals) et qui est le siège de mouvements ascendants. **3.** PHYS. Pression inférieure à celle du milieu environnant. **4.** *Dépression (nerveuse) :* état pathologique de souffrance marqué par un abaissement du sentiment de valeur personnelle, par du pessimisme et par une inappétence face à la vie. **5.** ÉCON. Récession, crise économique.

DÉPRESSIONNAIRE adj. MÉTÉOR. Qui est le siège d'une dépression atmosphérique.

DÉPRESSURISATION n.f. Perte, disparition de la pressurisation.

DÉPRESSURISER v.t. Faire cesser la pressurisation (d'un avion, d'un vaisseau spatial).

DÉPRIMANT, E adj. **1.** Qui affaiblit ; débilitant. *Climat déprimant.* **2.** Qui rend triste ; démoralisant. *Un livre déprimant.*

DÉPRIME n.f. Fam. État dépressif ; période d'abattement, de dégoût, de lassitude.

DÉPRIMÉ, E adj. et n. Qui souffre de dépression.

DÉPRIMER v.t. (lat. *deprimere*). **1.** Abaisser, enfoncer (une surface). ◇ ÉCON. Diminuer l'activité de. *Les nouvelles ont déprimé la Bourse.* **2.** Abattre qqn physiquement ou moralement, lui ôter toute énergie ; démoraliser. *Ce travail le déprime.* ◆ v.i. Fam. Devenir, être abattu, démoralisé. *Elle déprime depuis son échec.*

DÉPRISE n.f. Litt. Fait de se déprendre de.

DÉPRISER v.t. Litt. Apprécier (qqn, qqch) au-dessous de sa valeur.

DE PROFUNDIS [deprɔfɔ̃dis] n.m. (mots lat., *des profondeurs* [premiers mots du psaume 129 de la Bible]). Le sixième des sept psaumes de la pénitence, que l'on récite dans les prières pour les morts.

DÉPROGRAMMATION n.f. Action de déprogrammer.

DÉPROGRAMMER v.t. **1.** Supprimer du programme prévu (un spectacle, une émission). **2.** Supprimer, décommander, ajourner (ce qui était prévu). *Déprogrammer une entrevue diplomatique.* **3.** Fam. Déconditionner (qqn).

DÉPUCELAGE n.m. Fam. Perte du pucelage.

DÉPUCELER v.t. [24]. Fam. Faire perdre son pucelage, sa virginité à ; déflorer.

DEPUIS prép. (de *de* et *puis*). Indique le point de départ. **1.** (Dans le temps). *Il neige depuis trois jours, depuis lundi.* – *Depuis toujours :* de tout temps. **2.** (Dans l'espace). *Depuis Brest jusqu'à Strasbourg.* **3.** (Dans une série). *Depuis le premier jusqu'au dernier.* ◆ adv. À partir de ce moment. *Je ne l'ai pas revu depuis.* ◆ loc. conj. *Depuis que :* à partir du moment où (un fait s'est produit). *Elle pleure depuis qu'il est parti.*

DÉPULPER v.t. Enlever la pulpe de.

DÉPURATIF, IVE adj. et n.m. MÉD. Vieilli. Qui a la propriété de dépurer l'organisme ; diurétique, purgatif.

DÉPURATION n.f. Vieilli. Action de dépurer ; son résultat.

DÉPURER v.t. Vieilli. Rendre (qqch) pur ou plus pur ; épurer.

DÉPUTATION n.f. **1.** Envoi de personnes chargées d'une mission ; ces personnes elles-mêmes ; délégation. **2.** Fonction de député.

DÉPUTÉ n.m. **1.** Personne envoyée en mission ; délégué, ambassadeur. **2.** Membre d'une assemblée élective et, spécialt, d'une assemblée législative élue au suffrage universel ; parlementaire. (On rencontre au fém. la graphie *députée.*)

DÉPUTER v.t. Envoyer (qqn) comme député ; déléguer, mandater.

DÉQUALIFICATION n.f. Action de déqualifier ; fait d'être déqualifié.

DÉQUALIFIER v.t. Donner à qqn un poste, des fonctions au-dessous de sa qualification professionnelle.

DER n.m. ou f. inv. **1.** Pop. *La der des der :* la guerre de 1914-1918 (dont on espérait qu'elle serait la dernière). – Par ext. La dernière chose, la dernière fois. **2.** *Dix de der :* gratification de dix points pour celui qui fait la dernière levée, à la belote.

DÉRACINABLE adj. Qui peut être déraciné.

DÉRACINÉ, E n. Personne qui a quitté son pays, son milieu d'origine.

DÉRACINEMENT n.m. **1.** Action de déraciner ; son résultat. **2.** Fait d'être arraché à son milieu d'origine.

DÉRACINER v.t. **1.** Arracher de terre avec ses racines (un arbre, une plante). **2.** Fig. Supprimer radicalement ; extirper. *Déraciner un abus.* **3.** Retirer (qqn) de son milieu d'origine.

DÉRADER v.i. MAR. Quitter une rade, notamm. quand le mauvais temps rend le mouillage dangereux.

DÉRAGER v.i. [17]. Litt. (Surtout en tournure négative). Cesser d'être en rage. *Ne pas dérager.*

DÉRAIDIR v.t. Faire perdre de sa raideur à.

DÉRAILLEMENT n.m. Fait de dérailler, de sortir des rails. ◇ Accident survenant sur une voie ferrée quand un train quitte les rails.

DÉRAILLER v.i. **1.** Sortir des rails. **2.** Fig., fam. Fonctionner mal, se dérégler. *Ma montre déraille.* **3.** Fig., fam. S'écarter du bon sens, déraisonner, divaguer. *Tu dérailles complètement !*

DÉRAILLEUR n.m. **1.** Mécanisme qui fait passer une chaîne de bicyclette d'un pignon ou d'un plateau sur un autre. **2.** CH. DE F. Dispositif de sécurité établi de façon à provoquer le déraillement d'un véhicule qui l'atteindrait accidentellement, et destiné à assurer la protection des installations en aval (voie principale, route, etc.).

DÉRAISON n.f. Litt. Manque de raison, de bon sens.

DÉRAISONNABLE adj. Qui manque de raison, de bon sens ; qui n'est pas raisonnable.

DÉRAISONNABLEMENT adv. De manière déraisonnable.

DÉRAISONNER v.i. Tenir des propos dénués de raison, de bon sens.

1. DÉRAMER v.i. Région. Ramer en poussant sur les avirons.

2. DÉRAMER v.t. Bien séparer les unes des autres les feuilles qui forment une rame de papier, décaler leurs bords en cintrant la rame en longueur et en largeur pour supprimer toute adhérence entre elles.

DÉRANGÉ, E adj. Fam. **1.** Un peu fou. **2.** Qui éprouve des troubles digestifs, notamm. intestinaux.

DÉRANGEANT, E adj. Qui dérange (en partic. sur le plan moral, en obligeant à une remise en question personnelle).

DÉRANGEMENT n.m. **1.** Fait d'être dérangé. *Ligne en dérangement.* **2.** Action de se déranger, de se déplacer. *Ça valait le dérangement.*

DÉRANGER v.t. [17]. **1.** Déplacer (ce qui était rangé) ; causer du désordre à, dans. *Déranger des livres, une chambre.* **2.** Troubler le fonctionnement de ; détraquer, dérégler. *Déranger une machine, la santé, l'esprit.* **3.** Gêner qqn dans le cours de ses occupations, de son repos ; importuner. *Je ne voudrais pas vous déranger.* ◆ **se déranger** v.pr. **1.** Se déplacer. **2.** Interrompre ses occupations.

DÉRAPAGE n.m. Fait de déraper ; son résultat.

DÉRAPER v.i. (prov. *rapar,* saisir). **1.** Glisser brusquement et obliquement sur le sol, en parlant des roues d'un véhicule, du véhicule lui-même. **2.** Fam. En parlant de qqn, glisser involontairement. *Déraper sur le verglas.* **3.** AÉRON. **a.** Virer avec une inclinaison insuffisante, en se déportant vers l'extérieur. **b.** Voler sur une trajectoire faisant un angle avec le plan de symétrie de l'avion. **4.** MAR. Se détacher du fond, en parlant d'une ancre. **5.** Fig. S'écarter de ce qui est normal, attendu, prévu et contrôlé. *Les prix ont dérapé en juillet.*

DÉRASEMENT n.m. CONSTR. Action de déraser ; son résultat.

DÉRASER v.t. CONSTR. Détruire les parties hautes (d'une construction).

DÉRATÉ, E n. (de *dérater,* ôter la rate). Fam. *Courir comme un dératé :* courir très vite.

DÉRATISATION n.f. Action de dératiser.

DÉRATISER v.t. Débarrasser méthodiquement des rats. *Dératiser un immeuble.*

DÉRAYAGE ou, vx, **DRAYAGE** [drɛjaʒ] n.m. Opération d'égalisation de l'épaisseur du cuir par élimination de fins copeaux du côté chair.

1. DÉRAYER [derɛje] v.t. [11]. AGRIC. Tracer le dernier sillon d'un champ, d'une planche.

2. DÉRAYER ou, vx, **DRAYER** [drɛje] v.t. [11]. Pratiquer le dérayage du cuir.

DÉRAYURE n.f. AGRIC. Double raie ouverte séparant deux planches de labour contiguës.

DERBOUKA n.f. → ***darbouka.***

DERBY [dɛrbi] n.m. (de lord *Derby*) [pl. *derbys* ou *derbies*]. **1.** *Le Derby :* grande course de chevaux disputée annuellement à Epsom (Grande-Bretagne). **2.** Rencontre sportive entre équipes voisines. **3.** Chaussure dont les quartiers se lacent sur le cou-de-pied.

DÉRÉALISATION n.f. PSYCHIATRIE. *Sentiment de déréalisation :* sentiment d'étrangeté, de perte de la familiarité avec l'environnement.

DÉRÉALISER v.t. PSYCHIATRIE. Faire éprouver un sentiment de déréalisation à.

DERECHEF [dərəʃɛf] adv. Litt. De nouveau.

DÉRÉEL, ELLE adj. PSYCHIATRIE. *Pensée déréelle :* pensée détournée du réel et des nécessités logiques.

DÉRÈGLEMENT n.m. **1.** Trouble du fonctionnement ; fait d'être déréglé. **2.** Désordre moral ou mental.

DÉRÉGLEMENTATION n.f. Action de déréglementer ; son résultat.

DÉRÉGLEMENTER v.t. Alléger ou supprimer la réglementation de.

DÉRÉGLER v.t. [18]. **1.** Troubler le fonctionnement de ; déranger, détraquer. **2.** Troubler, altérer moralement, intellectuellement. *Mener une vie déréglée.*

DÉRÉGULATION n.f. Assouplissement ou suppression des dispositions encadrant le fonctionnement d'une activité économique, d'une profession, notamment sur le plan des tarifs.

DÉRÉGULER v.t. Opérer la dérégulation de.

DÉRÉLICTION n.f. (lat. *derelictio*). Litt. État d'abandon et de solitude morale complète.

DÉREMBOURSEMENT n.m. Pour une spécialité médicale, diminution ou suppression de son remboursement par la Sécurité sociale.

DÉRESPONSABILISER v.t. Faire perdre le sentiment, le sens de sa responsabilité propre à (qqn, un groupe).

DÉRIDAGE n.m. Suppression chirurgicale des rides ; lifting.

DÉRIDER v.t. **1.** Faire disparaître les rides de. **2.** Rendre moins soucieux, égayer. ◆ **se dérider** v.pr. S'égayer, sourire.

DÉRISION [derizjɔ̃] n.f. (du lat. *deridere,* se moquer). Moquerie méprisante, dédaigneuse. *Tourner en dérision.*

DÉRISOIRE adj. **1.** Qui suscite la dérision. **2.** Infime, minime. *Prix dérisoire.*

DÉRISOIREMENT adv. De façon dérisoire.

DÉRIVABLE adj. MATH. *Fonction dérivable,* qui admet une dérivée en un point ou dans un intervalle.

1. DÉRIVATIF, IVE adj. GRAMM. Qui sert à la formation de dérivés. *Suffixe dérivatif.*

2. DÉRIVATIF n.m. Ce qui détourne l'esprit de ses préoccupations.

1. DÉRIVATION n.f. **I. 1. a.** Action de détourner un cours d'eau. **b.** Lit artificiel par où les eaux sont dérivées. **2. a.** Action de détourner la circulation routière, ferroviaire, etc. **b.** Voie de détournement. **3.** MÉD. Détournement de liquides organiques de leur circuit naturel. **4.** ÉLECTR. Connexion au moyen d'un conducteur, dit *dérivé,* entre deux points d'un circuit. ◇ *En dérivation,* se dit de circuits électriques ou magnétiques disposés de façon que les courants ou les flux magnétiques se partagent entre eux. SYN. : *en parallèle.* **II. 1.** LING. Création d'une nouvelle unité lexicale (le dérivé) en ajoutant un préfixe ou un suffixe à une base. **2.** MATH. Calcul de la dérivée d'une fonction.

2. DÉRIVATION n.f. MIL. Déplacement d'un projectile par rapport au plan de tir, dû à sa rotation sur la trajectoire.

DÉRIVE n.f. (de *dériver,* s'écarter de sa direction). **1.** Fait de dériver sous l'action du vent ou du courant, pour un navire, un avion. **2.** *À la dérive :* à vau-l'eau, sans direction ; fig., sans réaction ni volonté. *Entreprise, adolescent à la dérive.* **3.** Fait de s'écarter de la norme, d'un cadre fixé ; évolution incontrôlée et dangereuse. *La dérive des coûts de production.* **4.** MAR. Aileron vertical immergé pour réduire la dérive d'un bateau (notamm., d'un bateau à voiles). ◇ *Puits de dérive :* coffrage étanche situé dans l'axe d'un dériveur et dans lequel se déplace la dérive. **5.** Partie fixe de l'empennage vertical d'un avion. **6.** MIL. Déplacement angulaire du pointage d'un canon destiné à annuler la dérivation. **7.** *Dérive des continents :* déplacement relatif des masses continentales glissant sur le sima, dont la théorie, élaborée par A. Wegener, est partiellement confirmée auj. par la théorie des plaques.

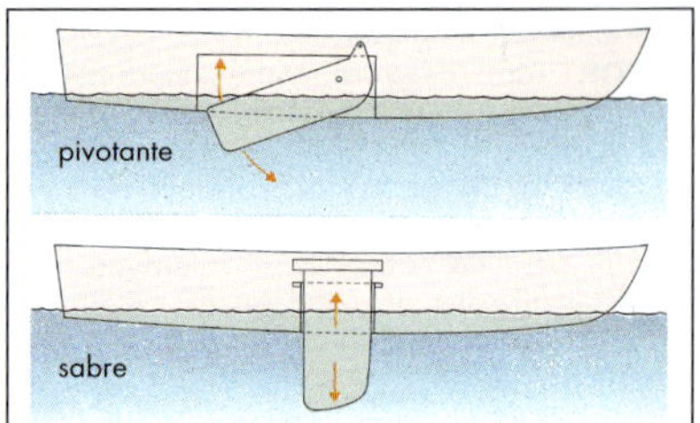

dérives de bateau

1. DÉRIVÉ, E adj. **1.** Issu d'une dérivation. **2.** ÉLECTR. *Courant dérivé :* courant électrique traversant une dérivation. **3.** ÉCON. *Droits dérivés :* droits relatifs non pas à l'exploitation commerciale directe d'une marque, d'un produit, d'une œuvre littéraire ou artistique, etc., mais à la cession de ce qui en procède indirectement (droits d'utilisation du logo, de traduction, d'adaptation télévisuelle ou cinématographique, etc.). – *Produit dérivé :* contrat sur des engagements à livrer ou à recevoir, ou sur des droits à acheter ou à vendre, concernant des produits physiques, des devises, des obligations, etc. – *Marché dérivé* ou *marché des produits dérivés :* marché financier dans lequel les transactions portent sur des contrats et non sur les produits eux-mêmes. **4.** CHORÉGR. *Position dérivée,* dans laquelle un seul pied est à plat, la jambe libre étant levée, tendue ou pliée.

2. DÉRIVÉ n.m. **1.** CHIM. Corps obtenu par la transformation d'un autre. *Un sel est un dérivé d'un acide.* **2.** LING. Mot issu par dérivation d'un autre mot. Fruitier *est un dérivé de* fruit.

DÉRIVÉE n.f. MATH. Limite, si elle existe, du rapport de l'accroissement d'une fonction à l'accroissement correspondant de la variable, lorsque ce dernier tend vers zéro.

1. DÉRIVER v.t. (lat. *derivare,* détourner un cours d'eau). **1.** Détourner de son cours. *Dériver un fleuve.* **2.** Établir une communication électrique au moyen d'un circuit dérivé. ◆ v.t. ind. ***(de).*** **1.** Être issu de. *Tous ces malheurs dérivent de la guerre.* **2.** LING. Tirer son origine, provenir de. *Verbe qui dérive d'un nom.*

2. DÉRIVER v.i. (de l'angl. *to drive,* être poussé, d'après le précédent). **1.** S'écarter de sa direction. **2.** Aller à la dérive sous l'effet du vent, d'un courant, en parlant d'un navire, d'un avion.

3. DÉRIVER v.t. (de *river*). Ôter les rivets, la rivure de ; défaire (ce qui est rivé) ; dériveter.
DÉRIVETER v.t. [27]. Ôter les rivets de. *Dériveter une tôle.* SYN. : *dériver.*
DÉRIVEUR n.m. Bateau muni d'une dérive.
DERMATITE n.f. → ***dermite.***
DERMATOGLYPHE n.m. ANTHROP. PHYS. Dessin formé par la peau aux extrémités des membres, notamment à la pulpe des doigts.
DERMATOLOGIE n.f. (gr. *derma, -atos,* peau, et *logos,* science). Partie de la médecine qui étudie et soigne les maladies de la peau.
DERMATOLOGISTE ou **DERMATOLOGUE** n. Médecin spécialisé en dermatologie.
DERMATOMYOSITE n.f. Maladie touchant à la fois la peau et les muscles, souvent associée à un cancer viscéral.
DERMATOPTIQUE adj. Se dit de la réaction à la lumière des animaux dépourvus d'organes visuels apparents, et de la sensibilité de leur tégument.
DERMATOSE n.f. Toute maladie de peau.
DERME n.m. (gr. *derma,* peau). ANAT. Tissu qui constitue la couche profonde de la peau.
DERMESTE [dɛrmɛst] n.m. (gr. *dermêstês,* ver qui ronge la peau). Insecte coléoptère gris ou noirâtre qui se nourrit de viande séchée, de plumes, etc. (Long. max. 1 cm.)
DERMIQUE adj. **1.** Du derme. **2.** Relatif à la peau en général ; qui s'applique sur la peau.
DERMITE ou **DERMATITE** n.f. MÉD. Affection inflammatoire de la peau.
DERMOGRAPHISME n.m. ou, VX, **DERMOGRAPHIE** n.f. Réaction de la peau de certains sujets présentant un relief après frottement ou griffure.
DERNIER, ÈRE adj. et n. (lat. *de retro,* derrière). Qui vient après tous les autres dans le temps, selon le mérite, le rang. *Le dernier jour de l'année. C'est le dernier des hommes.* ◇ *Avoir le dernier mot :* l'emporter dans une discussion, un conflit. – *Ne pas avoir dit son dernier mot :* ne pas avoir montré tout ce dont on était capable. ◆ adj. **1.** Qui est le plus récent. *L'an dernier. Dernière mode.* **2.** Extrême. *Protester avec la dernière énergie.*
DERNIÈREMENT adv. Depuis peu, récemment.
DERNIER-NÉ, DERNIÈRE-NÉE n. (pl. *derniers-nés, dernières-nées*). Enfant né le dernier dans une famille.
DERNY n.m. (du n. de l'inventeur). Cyclomoteur utilisé autrefois pour entraîner des coureurs cyclistes.
DÉROBADE n.f. **1.** Action d'esquiver une difficulté, de se soustraire à une obligation. **2.** ÉQUIT. Action de se dérober, en parlant d'un cheval.
DÉROBÉ, E adj. **1.** Caché, secret. *Porte dérobée, escalier dérobé.* **2.** AGRIC. *Culture dérobée :* culture secondaire occupant le sol une courte partie de l'année, après la culture principale.
DÉROBÉE (À LA) loc. adv. En cachette et rapidement.
DÉROBER v.t. (anc. fr. *rober,* voler). Litt. **1.** Prendre furtivement (ce qui appartient ou revient à autrui). *Dérober de l'argent, un secret.* **2.** Soustraire à la vue. *L'obscurité le déroba à nos yeux.* ◆ **se dérober** v.pr. **1.** Se soustraire. *Se dérober à ses obligations, à une discussion.* **2.** *Sentir ses jambes, le sol se dérober sous soi :* être sur le point de tomber ; donner l'impression de s'effondrer. **3.** ÉQUIT. Refuser de franchir un obstacle, en parlant d'un cheval. *Cheval qui se dérobe* (ou, ellipt., *qui dérobe*).
DÉROCHAGE n.m. MÉTALL. Action de dérocher un métal.
DÉROCHEMENT n.m. Action de dérocher un chenal, etc.
DÉROCHER v.t. **1.** MÉTALL. Décaper une surface métallique par un bain d'acide. **2.** Enlever les roches d'un chenal, d'un cours d'eau, d'un terrain qu'on veut cultiver. ◆ v.i. ALP. Tomber d'une paroi rocheuse ; dévisser.
DÉROCTAGE n.m. Action de briser, à l'aide d'explosifs, les rocs très durs saillant des fonds maritimes ou fluviaux.
DÉRODER v.t. (du lat. *rodere,* ronger). SYLV. Éclaircir, désépaissir (une forêt).
DÉROGATION n.f. Action de déroger à une règle, une loi, une convention ; son résultat.
DÉROGATOIRE adj. DR. Qui contient une dérogation, qui en a le caractère.
DÉROGEANCE n.f. HIST. Fait de déroger ; activité qui, pratiquée par un noble, le faisait déroger.
DÉROGER v.t. ind. [*à*] (lat. *derogare*) [17]. **1.** Enfreindre une loi, une convention, un usage. **2.** Litt. Manquer à (un principe de conduite, un usage) ; enfreindre. *Déroger aux bonnes manières.* **3.** HIST. Sous l'Ancien Régime, manquer à sa dignité, à son rang, pour un noble.
DÉROUGIR v.t. Vx. Ôter sa couleur rouge (à qqch, qqn). ◆ v.i. Vx. Perdre sa rougeur.
DÉROUILLÉE n.f. Pop. Volée de coups.
DÉROUILLER v.t. **1.** Enlever la rouille de. **2.** Fam. Dégourdir, réveiller. *Dérouiller ses jambes, sa mémoire.* **3.** Pop. Donner des coups (à), battre. ◆ v.i. Pop. **1.** Souffrir vivement. **2.** Recevoir une volée de coups ; être battu.
DÉROULAGE n.m. **1.** Action de dérouler ; fait d'être déroulé ; déroulement. **2.** TECHN. Action de dérouler une bille de bois.
DÉROULEMENT n.m. **1.** Action de dérouler, de se dérouler ; déroulage. **2.** Fig. Développement progressif d'une action dans le temps.
DÉROULER v.t. **1.** Étendre (ce qui était enroulé). *Dérouler une pièce d'étoffe.* **2.** TECHN. Débiter (une bille de bois) en une feuille mince, continue. **3.** Fig. Étaler sous le regard, développer, passer en revue. *Dérouler les évènements de la journée, ses souvenirs.* ◆ **se dérouler** v.pr. Avoir lieu, s'écouler, s'enchaîner. *La manifestation s'est déroulée sans incidents.*
DÉROULEUR n.m. **1.** Appareil servant à dérouler des produits livrés en rouleaux. **2.** INFORM. Périphérique d'un ordinateur, assurant le déroulement, l'enregistrement et la lecture d'informations sur une bande magnétique.
DÉROULEUSE n.f. Machine à dérouler du bois, du fil, etc.
DÉROUTAGE ou **DÉROUTEMENT** n.m. Action de dérouter (un navire, un avion, etc.).
DÉROUTANT, E adj. Qui déroute, qui déconcerte.
DÉROUTE n.f. **1.** Fuite en désordre d'une troupe vaincue. **2.** Fig. Situation catastrophique.
DÉROUTEMENT n.m. → ***déroutage.***
DÉROUTER v.t. **1.** Faire perdre sa trace, mettre sur une mauvaise piste. **2.** Faire changer de route, de destination. *Dérouter un navire.* **3.** Fig. Déconcerter, décontenancer.
DERRICK [derik] n.m. (mot angl.). Charpente métallique supportant le système de forage d'un puits de pétrole. Recomm. off. : *tour de forage.*
1. DERRIÈRE prép. et adv. (lat. *de,* et *retro,* en arrière). **1.** En arrière de, au dos de. *Se cacher derrière un arbre.* **2.** À la suite de. *Marcher derrière qqn.* ◆ adv. **1.** Du côté opposé à l'avant. ◇ *Sens devant derrière :* en mettant le devant à la place du derrière. **2.** En arrière. *Rester derrière.* **3.** *Par-derrière.* **a.** Par la partie postérieure. *Attaquer par-derrière.* **b.** Secrètement, sournoisement. *Calomnier par-derrière.*
2. DERRIÈRE n.m. **1.** Partie postérieure de qqch. **2.** Partie de l'homme ou d'un animal comprenant les fesses, le fondement.
DERVICHE n.m. (persan *darwich*). Membre d'une confrérie mystique musulmane. *Derviches tourneurs* (ou *danseurs*). *Derviches hurleurs.*
DES 1. Article défini contracté pluriel (pour *de les*). *Les cris des enfants.* **2.** Article partitif pluriel. *Manger des confitures.* **3.** Article indéfini, pluriel de *un, une. Il y a des livres sur l'étagère.*
DÈS prép. (préf. *de,* et *ex,* hors de). Immédiatement, à partir de. *Dès l'enfance, dès sa source, dès le deuxième échelon.* ◆ loc. adv. *Dès lors.* **1.** À partir d'alors. **2.** En conséquence. ◆ loc. conj. **1.** *Dès que :* aussitôt que, à partir du moment où. **2.** *Dès lors que :* du moment que.
DÉSABONNEMENT n.m. Action de désabonner, de se désabonner.
DÉSABONNER v.t. Rare. Faire cesser l'abonnement de (qqn). ◆ **se désabonner** v.pr. Faire cesser son abonnement.
DÉSABUSÉ, E adj. et n. Qui a perdu ses illusions ; désenchanté, blasé.
DÉSABUSER v.t. Litt. Tirer (qqn) de son erreur, de ses illusions ; détromper.
DÉSACCORD n.m. **1.** Manque d'entente, désunion. *Famille en désaccord.* **2.** Contradiction, contraste. *Désaccord entre les paroles et les actes.*
DÉSACCORDER v.t. **1.** Détruire l'équilibre, l'harmonie (d'un ensemble). **2.** MUS. Détruire l'accord (d'un instrument).
DÉSACCOUPLER v.t. Séparer (ce qui formait un couple, était mis par paire).
DÉSACCOUTUMANCE n.f. Fait de se désaccoutumer ; son résultat.
DÉSACCOUTUMER v.t. Litt. Faire perdre une habitude à (qqn). ◆ **se désaccoutumer** v.pr. Se défaire d'une habitude.
DÉSACRALISATION n.f. Action de désacraliser ; son résultat.
DÉSACRALISER v.t. Retirer son caractère sacré à (qqn, qqch).
DÉSACTIVATION n.f. Action de désactiver.
DÉSACTIVER v.t. Supprimer l'activité d'une substance radioactive, corrosive, etc.
DÉSADAPTATION n.f. Perte de l'adaptation.
DÉSADAPTÉ, E adj. et n. Qui a perdu son adaptation ; qui n'est pas ou n'est plus adapté aux conditions du moment, du milieu, etc.
DÉSADAPTER v.t. Faire que qqn, qqch ne soit plus adapté à sa fonction, aux conditions dans lesquelles il se trouve.
DÉSAÉRAGE n.m. Action de désaérer.
DÉSAÉRATION n.f. TECHN. Évacuation forcée de l'air d'un liquide ou d'un mélange pâteux.
DÉSAÉRER v.t. [18]. TECHN. Ôter l'air, un gaz de.
DÉSAFFECTATION n.f. Action de désaffecter.
DÉSAFFECTER v.t. Retirer sa destination normale à (un lieu, un édifice).
DÉSAFFECTION n.f. Perte de l'affection, de l'intérêt.
DÉSAFFÉRENTATION n.f. PSYCHOL. *Désafférentation sociale :* absence de stimulation émanant de l'environnement social.
DÉSAFFILIER v.t. Mettre fin à l'affiliation de.
DÉSAGRÉABLE adj. Qui cause une impression pénible, qui déplaît ; ennuyeux.
DÉSAGRÉABLEMENT adv. De façon désagréable.
DÉSAGRÉGATION n.f. **1.** Séparation des parties assemblées en un tout ; décomposition, désintégration, morcellement. *Désagrégation des pierres sous l'action du froid. Désagrégation de l'État.* **2.** ÉCON. Dissociation de grandeurs économiques auparavant agrégées.
DÉSAGRÉGER v.t. [22]. Produire la désagrégation de. ◆ **se désagréger** v.pr. Se décomposer, s'effriter.
DÉSAGRÉMENT n.m. Sentiment causé par ce qui déplaît ; sujet de contrariété ; ennui, souci.
DÉSAIMANTATION n.f. Action de désaimanter ; son résultat ; fait d'être désaimanté.
DÉSAIMANTER v.t. Supprimer l'aimantation de.
DÉSAISONNALISER v.t. STAT. Éliminer les distorsions dues aux variations saisonnières, dans certaines statistiques.
DÉSAJUSTER v.t. Défaire (ce qui était ajusté).
DÉSALIÉNATION n.f. Cessation, disparition de l'aliénation sociale.
DÉSALIÉNER v.t. [18]. Faire cesser l'aliénation de (qqn), libérer.
DÉSALIGNEMENT n.m. Action de désaligner.
DÉSALIGNER v.t. Détruire l'alignement de.
DÉSALPE n.f. Suisse. Descente de l'alpage.
DÉSALPER v.i. Suisse. Descendre de l'alpage.
DÉSALTÉRANT, E adj. Propre à désaltérer.
DÉSALTÉRER v.t. [18]. Apaiser la soif (de). ◆ **se désaltérer** v.pr. Apaiser sa soif en buvant.
DÉSAMBIGUÏSATION [-gɥi-] n.f. Litt. Action de désambiguïser.
DÉSAMBIGUÏSER [-gɥi-] v.t. Litt. Faire disparaître l'ambiguïté de.
DÉSAMIDONNER v.t. Enlever l'amidon de.
DÉSAMORÇAGE n.m. Action de désamorcer.
DÉSAMORCER v.t. [16]. **1.** Ôter l'amorce de. *Désamorcer un obus.* **2.** Interrompre le fonctionnement d'un appareil, d'une machine (en particulier d'une pompe, en interrompant son alimentation). **3.** Fig. Prévenir le développement dangereux de. *Désamorcer un conflit.*
DÉSAMOUR n.m. Litt. Cessation de l'amour, de l'intérêt pour qqn, qqch.

DÉSAPPARIER v.t. → *déparier.*
DÉSAPPOINTÉ, E adj. Déçu.
DÉSAPPOINTEMENT n.m. État d'une personne désappointée ; déception.
DÉSAPPOINTER v.t. (de l'angl. *disappointed,* déçu). Tromper (qqn) dans son attente, ses espoirs ; décevoir.
DÉSAPPRENDRE v.t. [79]. Oublier (ce qu'on avait appris).
DÉSAPPROBATEUR, TRICE adj. Qui désapprouve. *Faire un signe désapprobateur.*
DÉSAPPROBATION n.f. Action de désapprouver, de blâmer ; son résultat.
DÉSAPPROUVER v.t. Ne pas approuver ; blâmer, critiquer. *Désapprouver un projet.*
DÉSAPPROVISIONNEMENT n.m. Action de désapprovisionner ; son résultat.
DÉSAPPROVISIONNER v.t. **1.** Priver d'approvisionnement. **2.** Vider (une arme) de ses projectiles.
DÉSARÇONNER v.t. **1.** Faire vider les arçons à ; jeter bas, démonter. *Cheval qui désarçonne son cavalier.* **2.** Déconcerter, embarrasser, confondre.
DÉSARGENTÉ, E adj. Fam. Démuni d'argent.
DÉSARGENTER v.t. **1.** Enlever l'argenture (d'un objet). **2.** Fam. Démunir (qqn) d'argent.
DÉSARMANT, E adj. Qui décourage toute attaque, toute critique, par sa candeur, sa gentillesse, sa naïveté, etc.
DÉSARMEMENT n.m. Action de désarmer ; son résultat. ◇ DÉF. Action concertée visant à limiter, supprimer ou interdire la fabrication ou l'emploi de certaines armes.
DÉSARMER v.t. **1.** Enlever son arme, ses armes à (qqn). **2.** Détendre le ressort de percussion (d'une arme à feu). **3.** Fig. Fléchir, adoucir ; faire cesser un sentiment violent. *Désarmer qqn, sa colère.* **4.** Dégarnir un navire de son matériel, et donner congé à son équipage. ◆ v.i. **1.** Réduire ses armements. **2.** Fig. **a.** Renoncer à un sentiment hostile. **b.** Cesser, en parlant d'un tel sentiment. *Sa haine ne désarme pas.* **3.** Fig. Cesser toute activité. *Malgré son âge, elle ne désarme pas.*
DÉSARRIMAGE n.m. Action de désarrimer ; son résultat. Fait d'être désarrimé.
DÉSARRIMER v.t. Défaire l'arrimage de.
DÉSARROI n.m. (de l'anc. fr. *désarroyer,* mettre en désordre). Trouble moral profond, angoisse, détresse. *Être en plein désarroi.*
DÉSARTICULATION n.f. Action de désarticuler ; son résultat. Fait d'être désarticulé.
DÉSARTICULER v.t. MÉD. **1.** Faire sortir un os de son articulation. **2.** Amputer un membre dans l'articulation. ◆ **se désarticuler** v.pr. Assouplir à l'excès les articulations de son corps.
DÉSASSEMBLER v.t. Séparer (les pièces composant un assemblage), disjoindre.
DÉSASSIMILATION n.f. PHYSIOL. Processus par lequel des substances préalablement assimilées par un organisme vivant se séparent de celui-ci et sont éliminées.
DÉSASSIMILER v.t. PHYSIOL. **1.** Produire la désassimilation. **2.** Assimiler incomplètement (les aliments).
DÉSASSORTI, E adj. **1.** Dégarni de marchandises. *Magasin désassorti.* **2.** Dépareillé. *Des assiettes désassorties.* **3.** Qui n'est pas assorti, en harmonie. *Un couple désassorti.*
DÉSASSORTIMENT n.m. Fait d'être désassorti ; réunion de choses mal assorties.
DÉSASSORTIR v.t. Détruire l'assortiment de.
DÉSASTRE n.m. (it. *disastro*). **1.** Évènement funeste, malheur ; conséquences graves qui en résultent. **2.** Défaite militaire écrasante. **3.** Ruine, faillite. **4.** Fam. Chose déplorable, échec complet. *Ce film, quel désastre !*
DÉSASTREUSEMENT adv. De façon désastreuse.
DÉSASTREUX, EUSE adj. Qui constitue un désastre, qui en a les caractères ; catastrophique.
DÉSATELLISATION n.f. **1.** ASTRONAUT. Fait, pour un satellite artificiel, de quitter une orbite stable autour d'un astre. **2.** Fig. Libération d'un pays de la tutelle d'une grande puissance.
DÉSATELLISER v.t. Réaliser la désatellisation de.
DÉSAVANTAGE n.m. Ce qui constitue une infériorité, un inconvénient, un préjudice.
DÉSAVANTAGER v.t. [17]. Faire subir un désavantage à ; léser, handicaper.
DÉSAVANTAGEUSEMENT adv. De façon désavantageuse.
DÉSAVANTAGEUX, EUSE adj. Qui cause, peut causer un désavantage ; défavorable.
DÉSAVEU n.m. **1.** Refus de se reconnaître comme l'auteur d'un acte, d'une parole. ◇ *Désaveu de paternité :* acte par lequel le mari dénie être le père d'un enfant de sa femme. **2.** Refus d'approuver ou de continuer d'approuver qqn, qqch. **3.** PSYCHAN. Déni.
DÉSAVOUER v.t. **1.** Refuser de reconnaître comme sien. *Désavouer sa signature.* **2.** Revenir sur ce qu'on a fait ou dit. *Désavouer une promesse.* **3.** Refuser, cesser de soutenir, de cautionner qqn, qqch ; désapprouver.
DÉSAXÉ, E adj. Sorti de son axe. ◆ adj. et n. Qui souffre de déséquilibre mental ; déséquilibré.
DÉSAXER v.t. **1.** Mettre hors de son axe. *Désaxer une roue.* **2.** Compromettre l'équilibre mental (de) ; déséquilibrer.
DESCELLEMENT n.m. Action de desceller.
DESCELLER v.t. **1.** Rompre le sceau, le cachet de. **2.** Briser, détériorer le scellement de.
DESCENDANCE n.f. **1.** Fait de tirer son origine familiale de qqn ; filiation. **2.** Ensemble de ceux qui sont issus de qqn ; postérité, lignée.
1. DESCENDANT, E adj. **1.** Qui descend. *Marée descendante.* ◇ MIL. *Garde descendante,* relevée par la garde montante. **2.** *Ligne descendante :* postérité de qqn.
2. DESCENDANT, E n. Personne considérée par rapport à ceux de qui elle est issue.
DESCENDERIE n.f. **1.** MIN. Galerie creusée en descendant. **2.** Plan incliné pour remonter des matériaux.
1. DESCENDEUR, EUSE n. Skieur, skieuse ou cycliste qui se distingue particulièrement dans les descentes.
2. DESCENDEUR n.m. Dispositif utilisé pour freiner les descentes en rappel en alpinisme et en spéléologie.
DESCENDRE [desɑ̃dr] v.i. (lat. *descendere*) [73] [auxil. *être*]. **I. 1.** Aller de haut en bas. *Descendre à la cave, de cheval, dans le Sud.* ◇ *Descendre dans la rue :* manifester. **2.** Séjourner quelque temps. *Descendre dans un hôtel au cours d'un voyage.* **3.** Pénétrer brusquement, faire irruption. *La police est descendue dans ce café.* **4.** Tirer son origine, être issu. *Descendre d'une famille illustre.* **II. 1.** S'étendre vers le bas, être en pente. *Plaine qui descend vers la mer.* **2.** Baisser de niveau. *La marée, les prix descendent.* **III.** CHORÉGR. *En descendant :* en allant vers l'avant, en se rapprochant du devant de la scène (par opp. à *en remontant*). ◆ v.t. (auxil. *avoir*). **I. 1.** Parcourir de haut en bas. *Descendre un escalier, un fleuve.* **2.** Fam. Boire en entier. *Descendre un verre.* **II. 1.** Déplacer vers le bas, déposer. *Descendre un tableau. Descendre qqn devant chez lui.* **2.** Fam. Faire tomber, abattre. *Descendre un avion.* ◇ Fam. *Descendre en flammes :* critiquer violemment. **3.** Fam. Tuer avec une arme à feu. *Il s'est fait descendre dans un bar.*
DESCENTE n.f. **I. 1.** Action de descendre, d'aller de haut en bas. *La descente est plus rapide que la montée.* **2.** SPORTS. Épreuve de vitesse de ski alpin sur un parcours en forte pente. **3.** MÉD. *Descente d'organe :* ptôse ou prolapsus. **4.** Action de descendre, de faire irruption. – *Descente de police,* pour vérification des identités ou pour les besoins d'une enquête. **5.** Afrique. Fin de la journée de travail. **II.** Action de descendre, de déposer. *Descente d'un tableau.* ◇ *Descente de Croix :* représentation du Christ que l'on descend de la Croix. **III. 1.** Endroit par lequel on descend ; chemin en pente. **2.** CONSTR. Tuyau d'évacuation des eaux, vertical ou à très forte pente. **3.** *Descente de lit :* petit tapis placé au bas du lit.

descente en ski alpin

DÉSCOLARISATION n.f. Action de déscolariser ; son résultat.
DÉSCOLARISER v.t. **1.** Retirer de l'école (un enfant d'âge scolaire). **2.** Enlever au système scolaire d'un pays le monopole de l'instruction.
1. DESCRIPTEUR, TRICE n. Personne qui décrit.
2. DESCRIPTEUR n.m. INFORM. Ensemble de signes donnant une description (d'un fichier, d'une variable, etc.).
DESCRIPTIBLE adj. Qui peut être décrit.
1. DESCRIPTIF, IVE adj. (lat. *descriptus,* décrit). Qui s'attache à décrire la réalité. *Science descriptive.*
2. DESCRIPTIF n.m. Document qui donne une description à l'aide de plans, de schémas, etc.
DESCRIPTION n.f. (lat. *descriptio*). Action de décrire ; développement qui décrit.
DÉSÉCHOUER v.t. Remettre à flot (un navire échoué).
DÉSECTORISATION [desɛk-] n.f. Action de désectoriser.
DÉSECTORISER v.t. Modifier ou faire cesser une sectorisation.
DÉSÉGRÉGATION [dese-] n.f. Politique de suppression de la ségrégation raciale dans un pays ; son application.
DÉSEMBOURBER v.t. Faire sortir de la boue.
DÉSEMBOURGEOISER v.t. Faire perdre son caractère bourgeois à.
DÉSEMBOUTEILLER v.t. Dégager d'un embouteillage.
DÉSEMBUAGE n.m. Action de désembuer.
DÉSEMBUER v.t. Faire disparaître la buée de.
DÉSEMPARÉ, E adj. Qui est privé de ses moyens, qui ne sait quel parti prendre ; décontenancé. ◇ *Navire désemparé,* qui ne peut plus manœuvrer, par suite d'avaries.
DÉSEMPARER v.i. (de *emparer,* fortifier). *Sans désemparer :* sans faiblir ; sans interruption, avec persévérance.
DÉSEMPLIR v.i. *Ne pas désemplir :* continuer d'être plein. *Ce restaurant ne désemplit pas.* ◆ **se désemplir** v.pr. Rare. Se vider.
DÉSENCADREMENT n.m. Action de désencadrer ; son résultat.
DÉSENCADRER v.t. **1.** Ôter de son cadre. **2.** Libérer du cadre réglementaire qui limitait, restreignait. *Désencadrer le crédit.*
DÉSENCHAÎNER v.t. Litt. Délivrer de ses chaînes.
DÉSENCHANTEMENT n.m. Fait d'avoir perdu ses illusions ; déconvenue, déception.
DÉSENCHANTER v.t. Faire perdre ses illusions, son enthousiasme à ; décevoir.
DÉSENCLAVEMENT n.m. Action de désenclaver ; son résultat.
DÉSENCLAVER v.t. Mettre fin à la situation d'enclave (d'une région).
DÉSENCOLLAGE n.m. Action de désencoller.
DÉSENCOLLER v.t. TEXT. Débarrasser un tissu des produits d'encollage déposés avant tissage sur ses fils.
DÉSENCOMBREMENT n.m. Action de désencombrer ; son résultat.
DÉSENCOMBRER v.t. Débarrasser de ce qui encombre.
DÉSENCRASSER v.t. Débarrasser de sa crasse ; nettoyer.
DÉSENCRER v.t. Éliminer l'encre d'imprimerie du papier à recycler.
DÉSENDETTEMENT n.m. Fait de se désendetter.
DÉSENDETTER (SE) v.pr. Liquider ses dettes.
DÉSENFLAMMER v.t. Faire cesser l'inflammation de.
DÉSENFLER v.t. Faire diminuer ou disparaître l'enflure de. ◆ v.i. Cesser d'être enflé.
DÉSENFUMAGE n.m. Évacuation des fumées d'un local ou d'un bâtiment en feu.

DÉSENFUMER v.t. Chasser, évacuer la fumée, les fumées de.
DÉSENGAGEMENT n.m. Action de désengager, de se désengager ; son résultat.
DÉSENGAGER v.t. [17]. Libérer d'un engagement. ◆ **se désengager** v.pr. Faire cesser son engagement.
DÉSENGORGER v.t. [17]. Faire cesser l'engorgement de. *Désengorger un tuyau. Désengorger les tribunaux.*
DÉSENGRENER v.t. [19]. MÉCAN. Faire cesser l'engrènement (des roues d'un engrenage).
DÉSENIVRER [-zɑ̃-] v.t. Mettre fin à l'ivresse de. ◆ v.i. *Ne pas désenivrer :* continuer d'être ivre.
DÉSENNUYER v.t. [14]. Litt. Dissiper l'ennui de.
DÉSENRAYER v.t. [11]. TECHN. Remettre en état de fonctionner (un mécanisme enrayé).
DÉSENSABLEMENT n.m. Action de désensabler ; son résultat.
DÉSENSABLER v.t. Dégager (ce qui est ensablé).
DÉSENSIBILISATION [desɑ̃-] n.f. MÉD. Traitement supprimant les réactions allergiques de l'organisme à l'égard de certaines substances (pollens, poussières, protéines, etc.).
DÉSENSIBILISER [desɑ̃-] v.t. **1.** Pratiquer une désensibilisation. **2.** Rendre moins sensible à qqch. ◆ **se désensibiliser** v.pr. Perdre de sa sensibilité.
DÉSENSIMAGE n.m. Action de désensimer.
DÉSENSIMER v.t. TEXT. Éliminer d'un fil, d'un tissu les produits d'ensimage déposés sur les fibres avant filature.
DÉSENSORCELER v.t. [24]. Délivrer de l'ensorcellement.
DÉSENTOILAGE n.m. Action de désentoiler.
DÉSENTOILER v.t. Ôter sa toile à. *Désentoiler un tableau pour le rénover.*
DÉSENTORTILLER v.t. Démêler (ce qui est entortillé).
DÉSENTRAVER v.t. Délivrer de ses entraves.
DÉSENVASER v.t. **1.** Débarrasser de la vase. **2.** Faire sortir de la vase.
DÉSENVELOPPER v.t. Retirer de ce qui enveloppe.
DÉSENVENIMER v.t. **1.** Éliminer le venin de. **2.** Rendre moins virulente, moins violente (une querelle, une opposition entre des personnes).
DÉSENVERGUER v.t. → ***déverguer.***
DÉSÉPAISSIR v.t. Rendre moins épais.
DÉSÉQUILIBRE n.m. **1.** Absence d'équilibre, instabilité. **2.** Manque d'équilibre mental.
DÉSÉQUILIBRÉ, E adj. et n. **1.** Qui manque d'équilibre. **2.** Atteint de déséquilibre mental.
DÉSÉQUILIBRER v.t. **1.** Faire perdre son équilibre à. **2.** Perturber profondément.
DÉSÉQUIPER v.t. Enlever son équipement à.
1. DÉSERT, E adj. (lat. *desertus,* abandonné). **1.** Inhabité. *Île déserte.* **2.** Peu fréquenté. *Rue déserte.* **3.** Litt. Vide d'occupations, ennuyeux. *Une journée déserte.*
2. DÉSERT n.m. **1.** Lieu inhabité, vide ou peu fréquenté. ◇ *Prêcher, parler dans le désert,* sans être écouté. **2.** GÉOGR. Région très sèche, marquée par l'absence ou la pauvreté de la végétation et la rareté du peuplement.
DÉSERTER v.t. **1.** Rendre désert, quitter (un lieu). *En automne, les vacanciers désertent les plages.* **2.** Abandonner ; renier. *Déserter une cause, son poste.* ◆ v.i. MIL. Quitter son corps ou son poste sans autorisation.
DÉSERTEUR n.m. **1.** Militaire qui a déserté. **2.** Personne qui abandonne (un parti, une cause).
DÉSERTIFICATION ou **DÉSERTISATION** n.f. Transformation d'une région en désert.
DÉSERTIFIER (SE) v.pr. **1.** Se transformer en désert. **2.** Se dépeupler.
DÉSERTION [dezɛrsjɔ̃] n.f. Action de déserter.
DÉSERTIQUE adj. Du désert, caractéristique du désert. *Relief désertique.*
DÉSESCALADE n.f. **1.** Diminution progressive de la menace et de la tension qui résultent d'un processus d'escalade militaire, sociale. **2.** Diminution progressive du niveau élevé atteint par qqch. *Désescalade des prix.*
DÉSESPÉRANCE n.f. Litt. État d'une personne qui n'a plus d'espoir ; désespoir.
DÉSESPÉRANT, E adj. **1.** Qui désespère ; décourageant. *Nouvelle désespérante.* **2.** Contrariant, chagrinant. *Une lenteur désespérante.*
DÉSESPÉRÉ, E adj. et n. Qui est plongé dans le désespoir, qui n'a plus de recours. *Le désespéré a mis fin à ses jours.* ◆ adj. **1.** Qui exprime le désespoir. *Regard désespéré.* **2.** Qui ne laisse plus d'espoir. *Situation désespérée.* **3.** Extrême. *Tentative désespérée.*
DÉSESPÉRÉMENT adv. De façon désespérée.
DÉSESPÉRER v.t. [18]. **1.** Faire perdre l'espoir à ; décourager, contrarier. *Cet enfant me désespère.* **2.** *Désespérer que :* ne plus espérer (que). *Je ne désespère pas qu'il réussisse.* ◆ v.i. et v.t. ind. *(de).* Cesser d'espérer, perdre courage. – *Je désespère de lui :* je n'attends plus rien de lui. ◆ **se désespérer** v.pr. S'abandonner au désespoir.
DÉSESPOIR n.m. **1.** Manque d'espoir, fait d'être découragé, de ne plus rien attendre ; détresse, affliction, abattement profond. ◇ *Être au désespoir (de) :* regretter vivement. **2.** Personne, chose qui désespère. *Être le désespoir de sa famille.* **3.** *En désespoir de cause :* en dernier ressort.
DÉSÉTABLISSEMENT n.m. Séparation de l'Église et de l'État, notamment en parlant de l'Église anglicane d'Irlande et du pays de Galles.
DÉSÉTATISATION n.f. Action de désétatiser.
DÉSÉTATISER v.t. Réduire ou supprimer le contrôle de l'État sur (un secteur économique).
DÉSEXCITATION n.f. PHYS. Retour d'une molécule, d'un atome, d'un noyau excités à un état d'énergie inférieure.
DÉSEXCITER v.t. PHYS. Faire subir une désexcitation à.
DÉSEXUALISER [-sɛ-] v.t. Enlever tout caractère sexuel à.
DÉSHABILLAGE n.m. Action de déshabiller, de se déshabiller ; son résultat.
DÉSHABILLÉ n.m. Vêtement d'intérieur léger, porté par les femmes.
DÉSHABILLER v.t. Ôter ses habits à (qqn), ses ornements à (qqch) ; mettre à nu, découvrir. ◆ **se déshabiller** v.pr. Ôter ses vêtements.
DÉSHABITUER v.t. Faire perdre une habitude à. ◆ **se déshabituer** v.pr. *(de).* Perdre l'habitude de.
DÉSHERBAGE n.m. Action de désherber.
DÉSHERBANT, E adj. et n.m. Se dit d'un produit qui sert à désherber.
DÉSHERBER v.t. Arracher, détruire les mauvaises herbes de (une pelouse, un jardin, etc.).
DÉSHÉRENCE n.f. (du lat. *heres,* héritier). **1.** DR. Absence d'héritiers pour recueillir une succession. *Succession tombée en déshérence.* **2.** Fig. *En déshérence :* à l'abandon. *Un quartier en déshérence.*
DÉSHÉRITÉ, E adj. et n. **1.** Qui est privé de son héritage. **2.** Dépourvu de dons naturels ou de biens matériels ; pauvre, désavantagé.
DÉSHÉRITEMENT n.m. Action de déshériter ; fait d'être déshérité.
DÉSHÉRITER v.t. **1.** Priver d'héritage. **2.** Litt. Priver de dons naturels, désavantager.
DÉSHONNÊTE adj. Litt. Contraire à la morale, à la pudeur ; inconvenant, indécent.
DÉSHONNEUR n.m. État d'une personne déshonorée ; déconsidération, indignité.
DÉSHONORANT, E adj. Qui déshonore.
DÉSHONORER v.t. **1.** Porter atteinte à l'honneur de. **2.** Gâter, dégrader l'aspect de. *Constructions qui déshonorent le paysage.* ◆ **se déshonorer** v.pr. Perdre son honneur ; commettre une action honteuse qui entache l'honneur, qui avilit.
DÉSHUILAGE n.m. Élimination de l'huile contenue dans un mélange, généralement aqueux.
DÉSHUILER v.t. Procéder au déshuilage de.
DÉSHUILEUR n.m. Appareil à déshuiler.
DÉSHUMANISANT, E adj. Qui déshumanise.
DÉSHUMANISATION n.f. Action de déshumaniser ; fait d'être déshumanisé.
DÉSHUMANISER v.t. Faire perdre tout caractère humain à.
DÉSHUMIDIFICATEUR n.m. Appareil servant à déshumidifier.
DÉSHUMIDIFICATION n.f. Action de déshumidifier ; son résultat.
DÉSHUMIDIFIER v.t. Rendre moins humide.
DÉSHYDRATANT, E adj. Se dit d'un corps, d'un milieu capable de déshydrater.
DÉSHYDRATATION n.f. Action de déshydrater ; son résultat ; fait d'être déshydraté.
DÉSHYDRATER v.t. **1.** Priver (un corps) de tout ou partie de l'eau qu'il renferme ; dessécher. **2.** Faire perdre (à un organisme, à la peau, etc.) de sa teneur en eau. ◆ **se déshydrater** v.pr. Perdre de sa teneur en eau, en parlant de l'organisme, de la peau, etc.
DÉSHYDROGÉNATION n.f. CHIM. Action de déshydrogéner ; son résultat ; fait d'être déshydrogéné.
DÉSHYDROGÉNER v.t. [18]. CHIM. Enlever un ou plusieurs atomes d'hydrogène à (un composé chimique).
DÉSIDÉOLOGISER v.t. Éliminer toute référence à une idéologie, dans l'approche d'une question sociale ou politique.
DÉSIDÉRABILITÉ n.f. ÉCON. Utilité d'un bien, d'un service.
DESIDERATA [deziderata] n.m. pl. (mot lat., *choses désirées*). Ce dont on regrette l'absence, dont on souhaite la réalisation ; revendications.
DESIGN [dizajn] n.m. (mot angl.). **1.** Discipline visant à la création d'objets, d'environnements, d'œuvres graphiques, etc., à la fois fonctionnels, esthétiques et conformes aux impératifs d'une production industrielle. Recomm. off. : ***stylique.*** (Dans les années 1970 et 1980, un *Nouveau Design,* né en Italie, a fait primer la fantaisie, la surprise, sur le fonctionnalisme.) **2.** Ensemble des objets créés selon ces critères. *Vendre du design.* ◆ adj. inv. Créé, conçu selon les critères du design. *Des meubles design.*
DÉSIGNATION n.f. **1.** Action de désigner. **2.** Ce qui désigne ; dénomination, appellation.
DESIGNER [dizajnœr] n.m. Spécialiste du design. Recomm. off. : ***stylicien.***
DÉSIGNER v.t. (lat. *designare*). **1.** Montrer, indiquer précisément. *Désigner le coupable.* **2.** Représenter, signifier. *En allemand,* Meister *désigne le maître.* **3.** Choisir, destiner à un poste, une mission ; investir d'un rôle. *Désigner un expert.*
DÉSILER [-si-] v.t. Retirer d'un silo.
DÉSILICIAGE [desi-] n.m. TECHN. Élimination de la silice des eaux naturelles.
DÉSILLUSION n.f. Perte d'une illusion ; désenchantement. *Éprouver une désillusion.*
DÉSILLUSIONNEMENT n.m. Action de désillusionner ; fait d'être désillusionné.
DÉSILLUSIONNER v.t. Faire perdre ses illusions à (qqn).
DÉSINCARCÉRATION n.f. Action de désincarcérer. SYN. : ***décarcération.***
DÉSINCARCÉRER v.t. [18]. Dégager d'un véhicule accidenté (une personne bloquée à l'intérieur).
DÉSINCARNATION n.f. Action de désincarner, de se désincarner ; fait d'être désincarné.
DÉSINCARNÉ, E adj. **1.** RELIG. Qui n'est plus incarné. *Âme désincarnée.* **2.** Litt. Détaché de la réalité. *Théorie désincarnée.*
DÉSINCARNER (SE) v.pr. Litt. Se détacher de la réalité, de la condition humaine.
DÉSINCRUSTANT, E adj. et n.m. **1.** Se dit d'une substance qui empêche les dépôts, notamm. les dépôts calcaires, de se former, ou qui les dissout. **2.** Se dit d'un produit qui désincruste la peau, en nettoie les pores.
DÉSINCRUSTATION n.f. Action de désincruster ; fait d'être désincrusté.
DÉSINCRUSTER v.t. **1.** Ôter les incrustations de. *Désincruster une chaudière.* **2.** Nettoyer les pores de la peau.
DÉSINDEXATION n.f. Action de désindexer.
DÉSINDEXER v.t. Supprimer l'indexation de. *Désindexer les salaires par rapport aux prix.*
DÉSINDUSTRIALISATION n.f. Réduction du nombre des emplois dans le secteur industriel d'un pays ; réduction du secteur de l'industrie en regard des autres secteurs.
DÉSINDUSTRIALISER v.t. Affecter par un processus de désindustrialisation.
DÉSINENCE n.f. (du lat. *desinere,* finir). **1.** LING. Élément grammatical qui s'ajoute à la fin d'un mot pour constituer les formes de la conjugaison (verbe) ou de la déclinaison (nom, adjectif). **2.** SC. DE LA V. Partie terminale du nom collectif d'un groupe d'animaux ou de plantes.

DÉSINENTIEL, ELLE adj. Relatif aux désinences.
DÉSINFECTANT, E adj. et n.m. Se dit de substances, d'agents, de produits propres à désinfecter.
DÉSINFECTER v.t. Détruire les germes microbiens de (un local, une plaie, etc.).
DÉSINFECTEUR n.m. et adj.m. Appareil destiné à désinfecter.
DÉSINFECTION n.f. Action de désinfecter.
DÉSINFLATION n.f. ÉCON. Atténuation, diminution de l'inflation.
DÉSINFORMATEUR, TRICE adj. et n. Qui désinforme.
DÉSINFORMATION n.f. Action de désinformer ; son résultat.
DÉSINFORMER v.t. Informer faussement, en donnant une image déformée ou mensongère de la réalité, notamm. en utilisant les médias, les techniques d'information de masse.
DÉSINHIBER v.t. Lever l'inhibition pesant sur.
DÉSINSECTISATION n.f. Destruction des insectes nuisibles.
DÉSINSECTISER v.t. Procéder à la désinsectisation de.
DÉSINSERTION n.f. Fait de ne plus être inséré (dans la société, dans un groupe).
DÉSINTÉGRATION n.f. **1.** Action de désintégrer, de se désintégrer ; son résultat. **2.** PHYS. Transformation d'un noyau atomique ou d'une particule en un autre noyau ou en d'autres particules.
DÉSINTÉGRER v.t. [18]. **1.** Détruire complètement (qqch). *L'érosion désintègre les roches. Les luttes intestines ont désintégré le parti.* **2.** PHYS. Produire la désintégration de. ◆ **se désintégrer** v.pr. **1.** Perdre son intégrité, sa cohésion. *La famille se désintègre.* **2.** PHYS. Subir la désintégration.
DÉSINTÉRESSÉ, E adj. **1.** Qui n'agit pas par intérêt personnel. *Homme désintéressé.* **2.** Qui n'est pas inspiré par l'intérêt. *Conseil, jugement désintéressé.*
DÉSINTÉRESSEMENT n.m. **1.** Fait de se désintéresser, d'être désintéressé. **2.** Action de désintéresser (un créancier).
DÉSINTÉRESSER v.t. **1.** Faire perdre à qqn tout intérêt pour qqch. *Désintéresser un élève du latin.* **2.** Payer à qqn la somme qu'on lui doit. ◆ **se désintéresser** v.pr. *(de).* Ne plus porter d'intérêt à qqch, à qqn ; s'en détacher.
DÉSINTÉRÊT n.m. Perte de l'intérêt pour qqch, qqn ; indifférence, détachement.
DÉSINTERMÉDIATION n.f. ÉCON. Évolution par laquelle les agents économiques peuvent accéder directement aux marchés des capitaux sans passer par le système bancaire.
DÉSINTOXICATION n.f. Action de désintoxiquer, de se désintoxiquer ; son résultat.
DÉSINTOXIQUER v.t. **1.** Guérir qqn en faisant cesser sa dépendance vis-à-vis d'un toxique (drogue, alcool, tabac, etc.). **2.** Débarrasser qqn, son organisme des toxines. *L'air pur de la montagne va vous désintoxiquer.* **3.** Fig. Libérer d'une intoxication psychologique, intellectuelle, etc. *Désintoxiquer l'opinion publique.*
DÉSINVESTIR v.t. Cesser d'investir de l'argent ; diminuer, par des cessions, les actifs d'une entreprise. ◆ v.i. Cesser d'être motivé pour qqch, d'y attacher une valeur affective.
DÉSINVESTISSEMENT n.m. **1.** Action de désinvestir ; son résultat. **2.** PSYCHAN. Retrait de la libido d'un objet ou d'une représentation.
DÉSINVOLTE adj. (it. *disinvolto*). **1.** Qui est dégagé, naturel, à l'aise. *Mouvement désinvolte.* **2.** Qui fait preuve d'une liberté excessive ; impertinent. *Propos désinvoltes.*
DÉSINVOLTURE n.f. (it. *disinvoltura*). Attitude, propos désinvoltes. *Répondre avec désinvolture.*
DÉSIR n.m. **1.** Action de désirer ; sentiment de celui qui désire. **2.** Objet désiré. *Le repos est son seul désir.* ◇ *Prendre ses désirs pour des réalités :* se faire des illusions. **3.** Appétit sexuel.
DÉSIRABLE adj. **1.** Que l'on peut désirer. *Avoir toutes les qualités désirables.* **2.** Qui fait naître le désir sexuel. *Une personne désirable.*
DÉSIRER v.t. (lat. *desiderare*). **1.** Éprouver le désir de ; souhaiter la possession ou la réalisation de. *Désirer le succès, une voiture.* ◇ *Laisser à désirer :* être médiocre, insuffisant. *Sa conduite laisse à désirer.* ◇ *Se faire désirer :* se faire attendre. **2.** Éprouver un désir physique, sexuel, à l'égard de (qqn).
DÉSIREUX, EUSE adj. Qui éprouve le désir de. *Désireux de qqch, de faire qqch.*
DÉSISTEMENT n.m. Action de se désister.
DÉSISTER (SE) v.pr. (lat. *desistere*). **1.** DR. Renoncer à un droit, à une procédure. **2.** Se retirer, renoncer à maintenir sa candidature à une élection, à un concours, etc.
DESK n.m. (mot angl., *bureau*). Secrétariat de rédaction d'une agence de presse.
DESMAN [dɛsmɑ̃] n.m. Mammifère vivant près des cours d'eau des Pyrénées et de Russie, se nourrissant d'œufs de poissons. (Long. 15 cm ; ordre des insectivores.)

desman des Pyrénées

DESMODROMIQUE adj. (gr. *desmos,* lien, et *dromos,* course). MÉCAN. Se dit d'une liaison entre deux points d'un mécanisme telle que la vitesse de l'un entraîne une vitesse bien déterminée pour l'autre.
DESMOLASE n.f. Enzyme qui catalyse la scission d'une chaîne carbonée.
DESMOSOME n.m. CYTOL. Zone d'attache entre des cellules adjacentes dans les tissus animaux.
DESMOTROPIE n.f. (gr. *desmos,* lien, et *tropos,* direction). CHIM. Vx. Tautomérie.
DÉSOBÉIR v.t. ind. *(à).* **1.** Ne pas obéir à (qqn). *Désobéir à ses parents.* **2.** Enfreindre une loi, un règlement, refuser de s'y soumettre.
DÉSOBÉISSANCE n.f. **1.** Action de désobéir ; tendance à désobéir. **2.** Insubordination, refus de se soumettre.
DÉSOBÉISSANT, E adj. Qui désobéit.
DÉSOBLIGEAMMENT adv. De façon désobligeante.
DÉSOBLIGEANT, E adj. Qui désoblige.
DÉSOBLIGER v.t. [17]. Causer de la peine, de la contrariété à (qqn).
DÉSOBSTRUCTION n.f. **1.** Action de désobstruer ; son résultat. **2.** CHIR. Libération d'un canal ou d'une cavité de l'organisme qu'encombre le plus souvent un caillot sanguin.
DÉSOBSTRUER v.t. Enlever (ce qui obstrue).
DÉSOCCUPÉ, E adj. Qui n'est pas occupé par un travail.
DÉSOCIALISATION n.f. Processus qui conduit à écarter des individus de la vie sociale ; situation qui en résulte.
DÉSOCIALISÉ, E adj. et n. Se dit d'une personne qui subit une désocialisation.
DÉSODÉ, E [desɔde] adj. Dont on a enlevé le sodium, le sel. *Régime désodé.*
DÉSODORISANT, E adj. et n.m. Se dit d'un produit qui enlève ou masque les mauvaises odeurs dans un local.
DÉSODORISER v.t. Enlever son odeur à. *Désodoriser une huile.* ◇ Spécialt. Enlever ou masquer les mauvaises odeurs (d'un local).
DÉSŒUVRÉ, E adj. et n. Qui n'a pas d'activité, d'occupation ; qui s'ennuie. ◆ adj. Marqué par le désœuvrement. *Vie désœuvrée.*
DÉSŒUVREMENT n.m. État d'une personne désœuvrée ; inaction, oisiveté.
DÉSOLANT, E adj. Qui désole ; affligeant.
DÉSOLATION n.f. **1.** Extrême affliction, peine douloureuse. **2.** Ce qui est cause d'une grande contrariété. *Cet enfant est la désolation de ses parents.* **3.** Litt. État d'un lieu, d'un pays désert, aride, ravagé. *Pays de désolation.*
DÉSOLÉ, E adj. **1.** Très affligé. **2.** Contrarié, ennuyé. **3.** *Terre désolée,* déserte, ravagée, aride.
DÉSOLER v.t. (lat. *desolare*). **1.** Affliger, causer du chagrin à. **2.** Causer de la contrariété à. ◆ **se désoler** v.pr. Être attristé, contrarié.
DÉSOLIDARISER v.t. **1.** Rompre l'union, la solidarité entre (des personnes). **2.** Interrompre une liaison matérielle entre (les parties d'un mécanisme ; des objets). ◆ **se désolidariser** v.pr. Cesser d'être solidaire de (qqn, qqch).
DÉSOPERCULER v.t. APIC. Enlever les opercules qui ferment les alvéoles des rayons de miel.
DÉSOPILANT, E adj. Qui désopile ; hilarant.
DÉSOPILER v.t. (anc. fr. *opiler,* boucher). Rare. Faire rire, causer une très vive gaieté à.
DÉSORDONNÉ, E adj. **1.** Qui est en désordre. *Maison désordonnée.* **2.** Qui manque d'ordre. *Écolier désordonné.* ◇ Litt. *Vie désordonnée,* déréglée.
DÉSORDRE n.m. **1.** Manque d'ordre ; fouillis. *Chambre en désordre.* ◇ Fig. Manque de cohérence, d'organisation. *Désordre des idées.* **2.** Manque de discipline ; agitation. *Élève qui crée le désordre dans une classe.* **3.** Agitation politique ou sociale ; troubles. *On craint de graves désordres dans le pays.*
DÉSORGANISATEUR, TRICE adj. et n. Qui désorganise.
DÉSORGANISATION n.f. Action de désorganiser ; dérangement, trouble.
DÉSORGANISER v.t. Altérer, détruire l'organisation de ; introduire le désordre dans (un ensemble organisé).
DÉSORIENTATION n.f. **1.** Action de désorienter ; fait d'être désorienté. **2.** PSYCHOPATH. *Désorientation spatio-temporelle :* incapacité à se situer dans l'espace et dans le temps.
DÉSORIENTÉ, E adj. **1.** Qui ne suit plus la bonne orientation. **2.** Qui ne sait plus quelle conduite adopter ; déconcerté.
DÉSORIENTER v.t. **1.** Détruire l'orientation (d'un appareil de visée). **2.** Faire perdre à qqn sa route, son chemin. **3.** Fig. Faire perdre à qqn son assurance ; le rendre hésitant. *Cette question l'a désorienté.*
DÉSORMAIS adv. (de *dès, or,* maintenant, et *mais,* davantage). À partir du moment actuel ; dorénavant.
DÉSORPTION [desɔrpsjɔ̃] n.f. (du lat. *sorbere,* avaler). CHIM. Phénomène qui consiste, pour un solide, à abandonner les gaz absorbés ou adsorbés.
DÉSOSSEMENT n.m. Action de désosser.
DÉSOSSER [dezɔse] v.t. **1.** Enlever l'os, les os de. *Désosser un gigot.* ◇ Par ext. Enlever les arêtes (d'un poisson). **2.** Démonter, séparer les éléments de. *Désosser une vieille voiture.*
DÉSOXYDANT, E adj. et n.m. Se dit d'un produit qui désoxyde.
DÉSOXYDATION n.f. MÉTALL. Action de désoxyder.
DÉSOXYDER v.t. CHIM. Réduire.
DÉSOXYGÉNATION n.f. Action de désoxygéner.
DÉSOXYGÉNER v.t. [18]. Retirer l'oxygène d'un mélange ou d'un composé.
DÉSOXYRIBONUCLÉASE n.f. Enzyme qui catalyse l'hydrolyse de l'acide désoxyribonucléique.
DÉSOXYRIBONUCLÉIQUE adj. BIOCHIM. *Acide désoxyribonucléique :* acide nucléique, constituant principal des chromosomes et support matériel de l'hérédité. Abrév. : *A. D. N.*
DÉSOXYRIBOSE n.m. Aldose dérivé du ribose, dont l'une des formes entre dans la composition des nucléotides qui constituent les maillons fondamentaux des chaînes d'acide désoxyribonucléique.
DÉSPÉCIALISATION n.f. Faculté, pour le titulaire d'un bail commercial, de modifier contractuellement la destination du local.
DESPERADO n.m. (mot amér., de l'esp. *desesperado,* désespéré). Personne qui vit en marge des lois et qui est prête à s'engager dans des entreprises violentes et désespérées.
DESPOTAT n.m. HIST. État de l'Empire byzantin gouverné par un despote. *Despotat de Mistra.*
DESPOTE n.m. (gr. *despotês,* maître). **1.** Chef d'État, souverain qui s'arroge un pouvoir absolu et arbitraire. **2.** HIST. Titre de princes pratiquement indépendants (comme le despote d'Épire), dans l'Empire byzantin. ◆ n. Personne qui exerce sur son entourage une domination excessive.
DESPOTIQUE adj. Arbitraire, tyrannique. *Régime despotique.*

DESPOTIQUEMENT adv. De façon despotique.

DESPOTISME n.m. **1.** Forme de gouvernement dans lequel une seule personne détient tous les pouvoirs. ◇ HIST. *Despotisme éclairé* : au XVIIIe s., gouvernement conciliant l'absolutisme avec certaines théories politiques de la philosophie des Lumières. **2. Fig.** Autorité tyrannique.

DESQUAMATION [dɛskwamasjɔ̃] n.f. **1.** Action de desquamer, fait de se desquamer ; son résultat. **2.** MÉD. Exfoliation de l'épiderme sous forme de squames.

DESQUAMER [dɛskwame] v.i. ou **SE DESQUAMER** v.pr. (du lat. *squama*, écaille). **1.** Perdre ses écailles, en parlant de certains animaux. **2.** PATHOL. Se détacher par squames. *La peau desquame après la scarlatine.*

DESQUELS, DESQUELLES [dekɛl] pron. relat. et interr. pl. → ***lequel.***

DESSABLAGE ou **DESSABLEMENT** n.m. **1.** Action de dessabler ; son résultat. **2.** TECHN. Élimination des matières les plus lourdes (sables et graviers) en suspension dans une eau usée.

DESSABLER v.t. Ôter le sable de.

DESSAISIR v.t. **1.** Retirer à qqn ce qu'il possède. *On l'a dessaisi de ses meubles.* **2.** DR. Retirer à un tribunal l'affaire dont il a été saisi. ◆ **se dessaisir** v.pr. ***(de).*** Se séparer volontairement de ce qu'on possède, y renoncer.

DESSAISISSEMENT n.m. Action de dessaisir, de se dessaisir ; fait d'être dessaisi.

DESSALEMENT, DESSALAGE n.m. ou **DESSALAISON** n.f. Action de dessaler.

DESSALER v.t. **1.** Débarrasser du sel, rendre moins salé. *Dessaler une morue. Dessaler l'eau de mer.* **2.** PÉTR. Extraire les sels contenus dans le pétrole brut. ◆ v.i. Fam. Chavirer, en parlant d'un petit voilier, de son équipage. ◆ **se dessaler** v.pr. Fam. Cesser d'être naïf, innocent, notamm. en matière sexuelle.

DESSALEUR n.m. PÉTR. Appareil destiné au dessalage du pétrole brut.

DESSALURE n.f. OCÉANOGR. Baisse de la salinité de l'eau de mer.

DESSANGLER v.t. Retirer les sangles de. *Dessangler un cheval.*

DESSAOULER v.t. et i. → ***dessoûler.***

DESSÉCHANT, E adj. Qui dessèche.

DESSÈCHEMENT n.m. Action de dessécher ; état de ce qui est desséché.

DESSÉCHER [deseʃe] v.t. [18]. **1.** Rendre sec (ce qui est humide, ce qui contient de l'eau). *Le vent dessèche la peau.* **2. Fig.** Rendre insensible. *Dessécher le cœur.* ◆ **se dessécher** v.pr. **1.** Devenir sec. **2. Fig.** Devenir infécond ou insensible, en parlant de l'esprit, du cœur.

DESSEIN n.m. (it. *disegno*). Litt. Intention, idée précise. *Nourrir de noirs desseins.* ◇ *Avoir le dessein de (faire qqch)* : avoir l'intention de. ◆ loc. adv. *À dessein* : délibérément.

DESSELLER v.t. Ôter la selle à (un animal).

DESSERRAGE ou **DESSERREMENT** n.m. Action de desserrer ; fait d'être desserré.

DESSERRER v.t. Relâcher (ce qui est serré). ◇ *Ne pas desserrer les dents* : ne rien dire, se taire.

DESSERT n.m. (de *desservir*). Mets sucré, fruits, pâtisseries servis à la fin du repas. ◇ Moment du repas où on les mange.

1. DESSERTE n.f. **1.** Action de desservir (une localité) par un moyen de communication ; fait d'être desservi. *Un service d'autocars assure la desserte du village.* **2.** RELIG. Action de desservir (une chapelle, une paroisse) ; service assuré par un ministre du culte.

2. DESSERTE n.f. Meuble sur lequel sont posés les plats à servir, la vaisselle que l'on dessert.

DESSERTIR v.t. (de *sertir*). Enlever de sa monture (une gemme, une perle, etc.).

DESSERTISSAGE n.m. Action de dessertir.

DESSERVANT n.m. RELIG. Prêtre qui dessert une paroisse.

1. DESSERVIR v.t. (lat. *deservire*, servir avec zèle) [38]. **1.** Assurer un service de transport pour (un lieu, une localité). **2.** Donner accès à (un local). *Couloir qui dessert plusieurs chambres.* **3.** RELIG. Assurer le service religieux de (une chapelle, une paroisse). *Un nouveau curé dessert ce village.*

2. DESSERVIR v.t. (de *servir*) [38]. **1.** Retirer de la table (ce qui était servi). – *Desservir la table* : la débarrasser à la fin du repas. **2.** Rendre un mauvais service à qqn, lui nuire. *Ses critiques l'ont desservi auprès de ses amis.*

DESSÉVAGE n.m. Élimination de la sève des bois avant leur mise en œuvre, pour les protéger contre les micro-organismes.

DESSICCATEUR n.m. Appareil servant à éliminer l'humidité ou à protéger des produits ou des substances contre l'humidité.

DESSICCATION n.f. Élimination de l'humidité d'un corps.

DESSILLER [desije] v.t. (anc. fr. *ciller*, coudre les paupières d'un oiseau de proie). Litt. *Dessiller les yeux à, de qqn,* l'amener à voir ce qu'il ignorait ou voulait ignorer.

DESSIN n.m. **1.** Représentation de la forme (et, éventuellement, des valeurs de lumière et d'ombre) d'un objet, d'une figure, etc., plutôt que de leur couleur. *Dessin à la plume, au fusain. Un dessin d'enfant.* ◇ *Dessin à main levée,* réalisé sans règle ni compas. **2.** Technique et art de ce mode de figuration graphique. *Apprendre le dessin.* ◇ *Dessin industriel* : dessin au trait réalisé à des fins techniques ou de fabrication industrielle. **3.** Contour linéaire, profil, ligne. *Le dessin d'un visage, d'une bouche.* **4.** *Dessin animé* : film réalisé à partir de la succession de dessins filmés image par image et donnant l'apparence du mouvement. *(V. planche animation p. 70.)*

DESSINATEUR, TRICE n. Personne qui dessine, qui fait profession de dessiner. ◇ *Dessinateur industriel* : professionnel spécialiste du dessin industriel.

DESSINATEUR, TRICE-CARTOGRAPHE n. (pl. *dessinateurs, trices-cartographes*). Spécialiste du dessin des cartes et des plans.

DESSINÉ, E adj. **1.** Représenté par le dessin. ◇ *Bande dessinée* → ***bande.*** **2.** *Bien dessiné* : dont la forme est nette, marquée. *Bouche bien dessinée.* (Rare avec *mal.*)

DESSINER v.t. (lat. *designare*). **1.** Représenter par le dessin. **2.** Faire ressortir la forme, le contour de. ◆ v.i. Pratiquer le dessin, l'art du dessin. ◆ **se dessiner** v.pr. **1.** Apparaître, se profiler. **2.** Se préciser, prendre tournure. *Le projet se dessine.*

1. DESSOLER v.t. Ôter la sole, le dessous du sabot de (un animal).

2. DESSOLER v.t. AGRIC. Modifier l'ordre, la répartition des cultures de (un champ).

DESSOUDER v.t. (Impropre). Débraser.

DESSOUDURE n.f. (Impropre). Débrasage.

DESSOÛLER ou **DESSAOULER** v.t. Faire cesser l'ivresse de (qqn). ◆ v.i. Cesser d'être soûl, ivre.

1. DESSOUS adv. (Marquant la position par rapport à ce qui est plus haut, dessus). *Regardez dessous.* ◆ loc. adv. et prép. *De dessous* : de sous. – *En dessous (de)* : dans la partie inférieure (de), située plus bas. – *Là-dessous* : sous cela. – *Par-dessous* : par la partie située plus bas, la plus basse. ◇ Fig. *Regarder en dessous,* sans lever les paupières, sournoisement.

2. DESSOUS n.m. **1.** Partie inférieure, basse de (qqch). *Le dessous d'un fauteuil.* ◇ *Avoir le dessous* : avoir le désavantage, être inférieur dans une lutte, une compétition. **2.** Chacun des étages situés sous la scène d'un théâtre à l'italienne. ◇ Fam. *Être dans le trente-sixième dessous,* dans une situation, une position catastrophique. ◆ pl. **1.** Lingerie de femme ; sous-vêtements. **2. Fig.** Aspect secret, dissimulé de qqch. *Les dessous d'une affaire.*

DESSOUS-DE-BOUTEILLE n.m. inv. Petit disque de bois, de verre, etc., que l'on met sous les bouteilles pour protéger une nappe, une table, etc.

DESSOUS-DE-BRAS n.m. inv. Garniture de tissu épais protégeant un vêtement à l'endroit de l'aisselle.

DESSOUS-DE-PLAT n.m. inv. Support pour poser les plats sur une table.

DESSOUS-DE-TABLE n.m. inv. Somme que l'acheteur donne de la main à la main au vendeur en plus du prix officiel, dans un marché.

DESSUINTAGE n.m. Action de dessuinter.

DESSUINTER v.t. Débarrasser (la laine brute) du suint.

1. DESSUS adv. (Marquant la position par rapport à ce qui est plus bas, dessous). *Il y a du verglas, ne glissez pas dessus.* ◆ loc. adv. et prép. *De dessus* : de sur. – *En dessus (de)* : dans la partie supérieure (de), située plus haut.

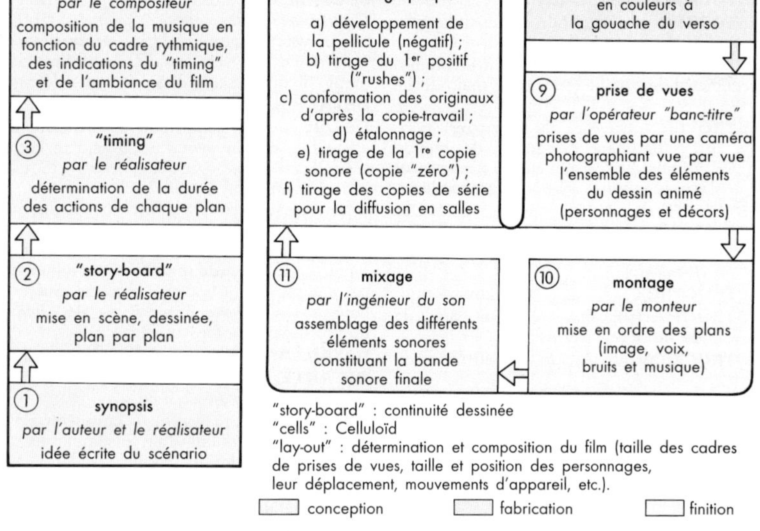

dessin animé : différentes étapes d'élaboration

– *Là-dessus :* sur cela ; à ce sujet. – *Par-dessus :* par la partie située plus haut, la plus haute. **2. DESSUS** n.m. **1.** Partie supérieure, haute de qqch. *Le dessus de la main.* ◇ *Avoir, prendre le dessus ; reprendre le dessus :* l'emporter, gagner ; reprendre l'avantage. – Fam. *Le dessus du panier :* ce qu'il y a de mieux. **2.** *Dessus de cheminée, de table, etc. :* objet qu'on place sur une cheminée, une table, etc. (Ces mots s'écrivent également avec un trait d'union.) **3.** MUS., VX. Partie la plus haute d'une œuvre vocale ou instrumentale (par opp. à *basse*).

DESSUS-DE-LIT n.m. inv. Couvre-lit.

DESSUS-DE-PORTE n.m. inv. Décoration peinte ou sculptée occupant un compartiment de lambris, de paroi au-dessus d'une porte.

DÉSTABILISATEUR, TRICE ou **DÉSTABILISANT, E** adj. Qui déstabilise.

DÉSTABILISATION n.f. Action de déstabiliser ; déséquilibre, instabilité.

DÉSTABILISER v.t. Faire perdre sa stabilité à. *Déstabiliser un État, un régime, une situation.*

DÉSTALINISATION n.f. Ensemble des mesures visant à supprimer les aspects autoritaires des régimes de type stalinien établis en U. R. S. S. et dans les pays socialistes.

DÉSTALINISER v.t. Opérer la déstalinisation de.

DESTIN n.m. **1.** Loi supérieure qui semble mener le cours des évènements vers une certaine fin ; fatalité. ◇ Par ext. L'avenir, le sort. *Quel sera le destin de notre civilisation ?* **2.** L'existence humaine, en tant qu'elle semble prédéterminée. *Avoir un destin tragique.*

DESTINATAIRE n. **1.** Personne à qui est adressé un envoi, un message. **2.** LING. Récepteur du message émis par le destinateur.

DESTINATEUR n.m. LING. Émetteur du message adressé au destinataire.

DESTINATION n.f. (lat. *destinatio*). **1.** Lieu vers lequel on dirige ou se dirige qqn, qqch. *Se rendre à sa destination.* **2.** Emploi prévu pour qqn, qqch.

DESTINÉE n.f. **1.** Puissance souveraine considérée comme réglant d'avance tout ce qui doit être ; destin. *Accuser la destinée.* **2.** Ensemble des évènements composant la vie d'un être, considérés comme déterminés d'une façon irrévocable et indépendante de sa volonté.

DESTINER v.t. (lat. *destinare*). **1.** Fixer l'usage, l'emploi de (qqch). *Je destine cet argent à certains achats.* **2.** Litt. Déterminer (qqch) à l'avance pour qqn. *Que nous destine le sort ?*

DESTITUABLE adj. Qui peut être destitué.

DESTITUER v.t. (lat. *destituere*). Déposséder (qqn) de sa charge, de sa fonction, de son grade ; prononcer la destitution de.

DESTITUTION n.f. **1.** Action de destituer ; son résultat. **2.** Révocation disciplinaire ou pénale d'un officier ministériel ou de certains fonctionnaires. ◇ MIL. Sanction qui entraîne la perte du grade.

DÉSTOCKAGE n.m. Action de déstocker.

DÉSTOCKER v.t. Reprendre pour utilisation (ce qui avait été précédemment stocké).

DESTRIER n.m. (de l'anc. fr. *destre,* main droite). Anc. Cheval de bataille (tenu de la main droite par l'écuyer).

DESTROYER [dɛstrwaje] ou [dɛstrɔjœr] n.m. (mot angl.). Bâtiment de guerre de moyen tonnage, rapide, bien armé, chargé notamment de missions d'escorte. SYN. : *contre-torpilleur.*

DESTRUCTEUR, TRICE adj. et n. **1.** Qui ruine, détruit, ravage. *Feu destructeur.* **2.** Qui cause une destruction intellectuelle ou morale. *Critique destructrice.*

DESTRUCTIBLE adj. Qui peut être détruit.

DESTRUCTIF, IVE adj. Qui détruit, qui a le pouvoir de détruire ; destructeur.

DESTRUCTION n.f. Action de détruire ; son résultat.

DESTRUCTIVITÉ n.f. PSYCHIATRIE. Tendance pathologique à détruire.

DÉSTRUCTURATION n.f. Action de déstructurer ; son résultat.

DÉSTRUCTURER v.t. Désorganiser (un ensemble structuré).

DÉSUET, ÈTE [dezɥɛ, ɛt] ou [-sɥɛ, -sɥɛt] adj. Qui n'est plus en usage ; démodé, suranné.

DÉSUÉTUDE n.f. Caractère d'une chose désuète. *Tomber en désuétude.*

DÉSULFITER v.t. Débarrasser (les vins, les moûts) d'une partie de l'anhydride sulfureux dont on les a enrichis par sulfitage.

DÉSULFURATION n.f. CHIM. Action de désulfurer ; son résultat.

DÉSULFURER v.t. CHIM. Éliminer le soufre, les composés sulfurés de (une substance).

DÉSUNI, E [dezyni] adj. **1.** Qui n'est plus uni ; en désaccord. **2.** ÉQUIT. *Cheval désuni,* dont les membres de devant ne sont pas au rythme de ceux de derrière.

DÉSUNION n.f. Désaccord, mésentente.

DÉSUNIR v.t. **1.** Séparer, disjoindre (ce qui était uni). **2.** Faire cesser l'entente, l'union, l'accord entre (des personnes) ; brouiller. ◆ **se désunir** v.pr. **1.** Cesser d'être uni. **2.** Perdre la coordination de ses mouvements, en parlant d'un athlète, d'un cheval.

DÉSURCHAUFFE n.f. TECHN. Opération ramenant à l'état saturé une vapeur surchauffée.

DÉSURCHAUFFER v.t. TECHN. Ramener à l'état saturé (une vapeur surchauffée).

DÉSURCHAUFFEUR n.m. Appareil servant à désurchauffer (une vapeur).

DÉSYNCHRONISATION n.f. Perte du synchronisme entre des phénomènes habituellement synchroniques.

DÉSYNCHRONISER v.t. Faire perdre son synchronisme à.

DÉSYNDICALISATION n.f. Tendance à la diminution du nombre de personnes syndiquées ; désintérêt pour le mouvement syndical.

DÉSYNDICALISER v.t. Écarter, éloigner du ou des syndicats.

DÉTACHABLE adj. Que l'on peut détacher ; amovible.

DÉTACHAGE n.m. Action d'ôter les taches ; son résultat.

DÉTACHANT, E adj. et n.m. Se dit d'un produit servant à enlever les taches.

DÉTACHÉ, E adj. **1.** Qui n'est pas ou plus attaché. **2.** *Pièce détachée :* pièce de remplacement d'un appareil, d'un véhicule, etc., vendue séparément. **3.** MUS. *Note détachée,* non liée aux autres. **4.** Indifférent, insensible. *Prendre un air détaché.*

DÉTACHEMENT n.m. **1.** État, comportement de celui qui est détaché ; indifférence, désintérêt. **2.** Position d'un fonctionnaire, d'un militaire détaché. **3.** MIL. Élément d'une troupe chargé d'une mission particulière.

1. DÉTACHER v.t. Enlever les taches de.

2. DÉTACHER v.t. (de l'anc. fr. *tache,* agrafe). **I. 1.** Défaire, libérer qqn, qqch de (ce qui l'attachait). *Détacher un prisonnier.* **2.** Éloigner, écarter. *Détacher les bras du corps.* **II. 1.** Envoyer (qqn, qqch) pour faire qqch. *Détacher un éclaireur, un véhicule d'un convoi.* **2.** Placer (un fonctionnaire, un militaire) hors de son cadre ou de son unité d'origine. **3.** Dégager, éloigner. *Détacher qqn de ses mauvaises habitudes.* **III.** Mettre en valeur, faire ressortir. ◆ **se détacher** v.pr. **1.** Défaire ses liens. **2.** Apparaître nettement, distinctement. **3.** Se séparer, s'éloigner.

DÉTACHEUR n.m. Rare. Détachant.

DÉTAIL n.m. **1.** Petit élément constitutif d'un ensemble, et qui peut être considéré comme secondaire. *Ne négliger aucun détail.* – (Souvent pl.). *Se perdre dans les détails.* ◇ *C'est un détail :* c'est accessoire, sans importance. **2.** Énumération complète et minutieuse. *Faire le détail d'une facture.* ◇ *En détail :* avec précision, sans rien omettre. **3.** Vente de marchandises à l'unité ou par petites quantités (par opp. au *gros* et au *demi-gros*). *Commerce de détail.* ◇ *Au détail :* à l'unité ou par petites quantités.

DÉTAILLANT, E adj. et n. Qui vend au détail.

DÉTAILLÉ, E adj. Présenté dans les moindres détails. *Récit, exposé détaillé.*

DÉTAILLER v.t. (de *tailler*). **1.** Énumérer, passer en revue les éléments d'un ensemble. *Détailler un plan.* **2.** Vendre au détail.

DÉTALER v.i. Fam. S'enfuir, décamper.

DÉTALONNAGE n.m. Action de détalonner.

DÉTALONNER v.t. MÉCAN. Donner de la dépouille à un outil de coupe de façon telle qu'au cours du travail la face de l'outil qui regarde la surface usinée ne vienne pas en contact avec cette dernière.

DÉTARTRAGE n.m. Action de détartrer.

DÉTARTRANT, E adj. et n.m. Se dit d'un produit qui dissout ou enlève le tartre.

DÉTARTRER v.t. Enlever le tartre de.

DÉTARTREUR n.m. Appareil servant à détartrer.

DÉTAXATION n.f. Action de détaxer.

DÉTAXE n.f. Diminution ou suppression d'une taxe.

DÉTAXER v.t. Diminuer ou supprimer les taxes sur (un produit).

DÉTECTABLE adj. Qui peut être détecté.

DÉTECTER v.t. (angl. *to detect,* du lat. *detegere,* découvrir). Déceler l'existence de (ce qui est caché).

1. DÉTECTEUR, TRICE adj. Qui permet de détecter, qui sert à détecter.

2. DÉTECTEUR n.m. Appareil servant à détecter la présence de qqch, un phénomène, etc. *Détecteur de mines, de grisou, de particules, etc.*

DÉTECTION n.f. Action de détecter ; son résultat. ◇ Spécialt. MIL. Opération permettant de déterminer la position d'un avion, d'un sous-marin, etc.

DÉTECTIVE n. (angl. *detective*). Personne dont le métier est de mener des enquêtes, des filatures privées, pour le compte de particuliers.

DÉTEINDRE v.t. [81]. Atténuer ou faire perdre la couleur de. *Le soleil déteint les tissus.* ◆ v.i. **1.** Perdre sa couleur ; se décolorer. **2.** Fig. *Déteindre sur (qqn, qqch) :* influencer, laisser des traces, marquer.

DÉTELAGE n.m. Action de dételer.

DÉTELER v.t. [24]. **1.** Détacher (un animal attelé). **2.** Séparer de son attelage. *Dételer un wagon, une caravane.* ◆ v.i. Fam. Cesser une activité, s'arrêter de travailler.

DÉTENDEUR n.m. Appareil servant à diminuer la pression d'un gaz comprimé.

DÉTENDRE v.t. [73]. **1.** Diminuer la tension de, relâcher (ce qui était tendu). *Détendre une corde.* **2.** Diminuer la pression (d'un gaz). **3.** Atténuer ou faire disparaître la tension nerveuse, la fatigue ; décontracter, délasser. **4.** *Détendre l'atmosphère :* faire disparaître les conflits, les tensions dans une assemblée, un groupe. ◆ **se détendre** v.pr. **1.** Se relâcher ; être relâché. **2.** Relâcher sa tension nerveuse, se reposer ; se distraire. **3.** Devenir moins tendu, moins agressif, plus serein. *Nos relations se sont détendues.*

DÉTENDU, E adj. Sans tension ; calme.

DÉTENIR v.t. (lat. *detinere*) [40]. **1.** Avoir, garder en sa possession. *Détenir un secret.* **2.** Retenir dans un lieu, et, spécialement, dans une prison.

DÉTENTE n.f. **I. 1.** Fait de se relâcher, de se détendre, pour qqch qui est tendu. *Détente d'un ressort.* **2.** Effort musculaire puissant et vif qui produit l'extension du corps ou d'un membre, et, en particulier, du membre inférieur. *Sauteur qui a une belle détente.* **3. a.** Diminution de la tension d'esprit ; état de repos qui en résulte. **b.** Fait d'interrompre ses occupations pour prendre du repos, se délasser, se distraire. *Prendre un moment de détente.* **4.** Diminution de la tension entre États, amélioration des relations internationales. **5.** Diminution de la pression d'un gaz par augmentation de son volume. **II. 1.** Pièce du mécanisme d'une arme à feu qui, pressée par le tireur, agit sur la gâchette et fait partir le coup. ◇ *À double détente.* **a.** Se dit d'un fusil de chasse à deux canons et à deux détentes. **b.** Fig. Qui fait son effet en deux temps. *Argument à double détente.* **2.** Fam. *Être dur à la détente.* **a.** Payer en rechignant ; être enclin à l'avarice. **b.** Avoir la compréhension lente, l'esprit peu délié.

DÉTENTEUR, TRICE n. Personne qui détient qqch.

DÉTENTION n.f. **1.** Action de détenir, d'avoir en sa possession. **2.** Fait d'être détenu ; incarcération. – *Détention criminelle :* peine criminelle afflictive et infamante (prononcée à temps ou à perpétuité). – *Détention provisoire :* incarcération d'un inculpé avant son jugement.

DÉTENU, E n. et adj. Personne incarcérée.

DÉTERGENCE n.f. Propriété des produits détergents.

DÉTERGENT, E ou **DÉTERSIF, IVE** adj. et n.m. (lat. *detergere,* nettoyer). Se dit d'un produit permettant d'éliminer d'un milieu solide les salissures qui y adhèrent par leur mise en suspension ou en solution.

DÉTERGER v.t. [17]. TECHN. Nettoyer, éliminer (les salissures) au moyen d'un détergent.

DÉTÉRIORATION n.f. Action de détériorer ; son résultat. Fait de se détériorer, d'être détérioré. ◇ PSYCHOPATH. *Détérioration intellectuelle, mentale, psychique :* affaiblissement de certaines fonctions intellectuelles, mentales, etc., lié à l'âge ou à la maladie.

DÉTÉRIORER v.t. (lat. *deteriorare,* de *deterior,* plus mauvais). **1.** Mettre en mauvais état. *L'humidité a détérioré les peintures.* **2.** Rendre moins bon, compromettre. *Détériorer sa santé.* ◆ **se détériorer** v.pr. **1.** S'abîmer, subir des dégradations. **2.** Devenir plus mauvais, perdre son harmonie, son équilibre. *Climat social qui se détériore.*

DÉTERMINABLE adj. Qui peut être déterminé.

1. DÉTERMINANT, E adj. Qui détermine une action, décisif.

2. DÉTERMINANT n.m. **1.** Élément, facteur qui détermine, qui exerce une action spécifique. **2.** LING. Élément linguistique qui en détermine un autre (le déterminé). ◇ Spécialt. Morphème grammatical qui se place devant le nom pour l'introduire dans le discours. *Les articles, les adjectifs démonstratifs, possessifs, etc., sont des déterminants.* **3.** MATH. Nombre associé par un algorithme à une matrice carrée d'ordre *n.* [Le déterminant de la matrice d'ordre 2 $\begin{pmatrix} a & c \\ b & d \end{pmatrix}$, noté $\begin{vmatrix} a & c \\ b & d \end{vmatrix}$, est le nombre $ad - bc$.]

DÉTERMINATIF, IVE adj. et n.m. LING. Qui détermine, précise le sens d'un mot. – *Adjectifs déterminatifs* ou *déterminatifs,* n.m.pl. : adjectifs démonstratifs, possessifs, interrogatifs, indéfinis, numéraux (par opp. aux *adjectifs qualificatifs*).

DÉTERMINATION n.f. (lat. *determinatio*). **1.** Action de déterminer, de définir, de préciser qqch. *La détermination d'un lieu, d'une date.* **2.** Décision, résolution qu'on prend après avoir hésité. **3.** Caractère d'une personne qui est déterminée, décidée. *Montrer de la détermination.*

DÉTERMINÉ, E adj. **1.** Précisé, fixé. *Venez à une heure déterminée.* **2.** Résolu, décidé. *Air déterminé.* ◆ n.m. LING. Élément déterminé par un autre (le déterminant).

DÉTERMINER v.t. (lat. *determinare*). **1.** Préciser ; établir, définir. *Déterminer les causes d'un incendie.* **2.** Causer, provoquer. *Cet incident a déterminé une crise.* **3.** Amener (qqn) à agir d'une certaine manière ; engager, inciter. *Cela me détermine à partir.* **4.** LING. Préciser la valeur ou le sens de (un mot). ◆ **se déterminer** v.pr. *(à).* Se décider à agir ; prendre un parti.

DÉTERMINISME n.m. (all. *Determinismus*). Conception philosophique selon laquelle il existe des rapports de cause à effet entre les phénomènes physiques, les actes humains, etc.

DÉTERMINISTE adj. et n. Relatif au déterminisme ; partisan du déterminisme.

DÉTERRAGE n.m. **1.** Action de déterrer ; son résultat. **2.** AGRIC. Action de déterrer le soc d'une charrue lors du défonçage ; déterrement. **3.** Chasse au renard ou au blaireau à l'aide d'un chien introduit dans le terrier.

DÉTERRÉ, E adj. Sorti de terre. ◆ n. *Avoir un air, une mine de déterré :* être pâle, défait.

DÉTERREMENT n.m. **1.** Action de déterrer. **2.** AGRIC. Déterrage.

DÉTERRER v.t. **1.** Sortir, tirer de terre ; exhumer. **2.** Découvrir, tirer de l'oubli.

DÉTERREUR, EUSE n. **1.** Litt. Celui qui déterre, découvre (qqch). **2.** Chasseur qui pratique le déterrage.

DÉTERSIF, IVE adj. et n.m. → ***détergent.***

DÉTERSION n.f. Effet des détergents.

DÉTESTABLE adj. Que l'on déteste, que l'on ne peut que détester ; exécrable, très mauvais.

DÉTESTABLEMENT adv. De façon détestable.

DÉTESTATION n.f. Litt. Haine, exécration.

DÉTESTER v.t. (lat. *detestari,* maudire). Avoir de l'aversion pour ; avoir en horreur, exécrer.

DÉTHÉINÉ, E adj. et n.m. *Thé déthéiné,* dont on a enlevé la théine.

DÉTIRÉ n.m. CHORÉGR. Exercice d'assouplissement de la jambe, effectué à la barre ou au milieu, avec l'aide du bras. (On dit aussi *pied dans la main.*)

DÉTIRER v.t. Étendre en tirant.

DÉTIREUSE n.f. TECHN. Machine qui sert à détirer (notamm. les tissus).

DÉTONANT, E adj. Destiné à produire une détonation. *Explosif détonant.* ◇ *Mélange détonant :* mélange de deux gaz dont l'inflammation entraîne une réaction explosive ; fig., coexistence de deux ou plusieurs choses ou personnes pouvant conduire à des réactions, des crises violentes, graves.

DÉTONATEUR n.m. **1.** Dispositif d'amorçage destiné à provoquer la détonation d'une charge explosive. **2.** Fig. Ce qui provoque une action ou fait éclater une situation explosive. *Cette déclaration a servi de détonateur à la crise.*

DÉTONATION n.f. **1.** Bruit violent, fort, produit par une explosion ou qui évoque une explosion. **2.** Décomposition extrêmement rapide (4 à 10 km/s) d'un explosif. **3.** Anomalie de combustion, accompagnée d'un bruit, affectant le fonctionnement d'un moteur thermique.

DÉTONER v.i. (lat. *detonare*). Exploser avec un bruit violent.

DÉTONIQUE n.f. Science et technique de la détonation des substances explosives.

DÉTONNER v.i. **1.** MUS. S'écarter du ton. **2.** Contraster, choquer. *Couleurs qui détonnent.*

DÉTORDRE v.t. [76]. Remettre dans son premier état (ce qui était tordu).

DÉTORS, E adj. TECHN. Qui n'est plus tors.

DÉTORSION n.f. Action de détordre.

DÉTORTILLER v.t. Remettre dans son premier état (ce qui était tortillé, entortillé).

DÉTOUR n.m. **1.** Parcours plus long que la voie directe. *Faire un détour.* **2.** Tracé sinueux (d'une voie, d'une rivière). *Les détours d'une rue.* ◇ *Au détour du chemin,* à l'endroit où il tourne. **3.** Moyen indirect ; biais. *S'expliquer sans détour.*

DÉTOURAGE n.m. Action de détourer.

DÉTOURÉ n.m. Photo détourée utilisée comme illustration.

DÉTOURER v.t. **1.** PHOT. Éliminer, au moyen d'un produit spécial, le fond entourant un sujet qu'on veut isoler. **2.** TECHN. Donner à une pièce en cours d'usinage le contour exact imposé par le dessin.

DÉTOURNÉ, E adj. **1.** Indirect, qui fait un, des détours. *Sentier détourné.* **2.** Indirect, masqué. *Prendre des moyens détournés pour dire qqch.*

DÉTOURNEMENT n.m. **1.** Action de détourner. *Détournement d'avion.* **2.** Soustraction frauduleuse. *Détournement de fonds.* ◇ *Détournement d'actif :* dissimulation d'une partie de son actif par un commerçant en état de cessation de paiement. **3.** *Détournement de pouvoir :* mise en œuvre de la compétence d'une autorité administrative dans un dessein étranger à celui en vue duquel elle avait été conférée.

DÉTOURNER v.t. **1.** Modifier le cours, la direction de. *Détourner une rivière, la circulation.* ◇ *Détourner un avion :* contraindre par la menace, la force, le pilote à changer la destination de l'appareil. **2.** Diriger vers un autre centre d'intérêt, un autre but. *Détourner la conversation.* **3.** Tourner d'un autre côté. *Détourner la tête, les yeux.* **4.** Écarter, éloigner, détacher. *Détourner qqn d'une occupation, de ses soucis.* **5.** Soustraire frauduleusement. *Détourner des fonds.*

DÉTOXICATION n.f. TECHN. Élimination ou neutralisation de substances toxiques.

DÉTOXIQUER v.t. Effectuer la détoxication de.

DÉTRACTER v.t. Litt. Dénigrer, déprécier.

DÉTRACTEUR, TRICE n. (lat. *detrahere,* tirer en bas). Personne qui critique violemment, déprécie qqn, qqch.

DÉTRACTION n.f. Rare. Action de détracter ; son résultat.

DÉTRAQUÉ, E adj. et n. Fam. Atteint de troubles mentaux, déséquilibré.

DÉTRAQUEMENT n.m. Action de détraquer ; son résultat. Fait d'être détraqué.

DÉTRAQUER v.t. (anc. fr. *trac,* trace). **1.** Déranger le fonctionnement d'un mécanisme, faire qu'il ne fonctionne plus. *Détraquer une pendule.* **2.** Fam. Nuire à l'état physique ou mental de. ◆ **se détraquer** v.pr. Ne plus fonctionner ; fonctionner mal. ◇ Fam. *Le temps se détraque,* il se gâte ou il ne correspond plus à ce qu'il devrait être à pareille époque.

1. DÉTREMPE n.f. **1.** Peinture ayant pour liant de l'eau additionnée de colle ou de gomme. **2.** Tableau exécuté à l'aide de cette peinture.

2. DÉTREMPE n.f. Action de détremper l'acier.

1. DÉTREMPER v.t. (lat. *distemperare,* délayer). Mouiller, imbiber d'un liquide (notamm. d'eau).

2. DÉTREMPER v.t. Détruire la trempe de (l'acier).

DÉTRESSE n.f. (lat. pop. *districtia,* étroitesse). **1.** Désarroi, sentiment d'abandon, de solitude profonde. *La détresse des chômeurs.* **2.** Situation critique, dangereuse. *Navire en détresse. Signaux de détresse.* **3.** MÉD. *Détresse respiratoire :* insuffisance respiratoire aiguë.

DÉTRIMENT n.m. (lat. *detrimentum*). Litt. Dommage, préjudice. ◇ Cour. *Au détriment de :* en faisant tort à, aux dépens de.

DÉTRITIQUE adj. (lat. *detritus,* broyé). GÉOL. Formé de débris ; qui résulte de la désagrégation d'une roche préexistante.

DÉTRITIVORE adj. et n.m. Se dit des animaux ou des bactéries qui se nourrissent de détritus organiques d'origine naturelle ou industrielle.

DÉTRITUS [detrity] ou [detritys] n.m. (mot lat., *broyé*). [Souvent pl.]. **1.** Résidu, débris provenant de la désagrégation d'un corps. **2.** Ordures, immondices.

DÉTROIT n.m. (lat. *districtus,* serré). Bras de mer resserré entre deux terres.

DÉTROMPER v.t. Tirer d'erreur.

DÉTRÔNER v.t. **1.** Mettre fin à la supériorité de ; supplanter. **2.** Déposer (un souverain), le chasser de son trône.

DÉTROQUAGE n.m. Opération par laquelle on détache l'huître de son support pour la mettre dans le parc d'engraissement.

DÉTROQUER v.t. Procéder au détroquage de.

DÉTROUSSER v.t. Litt. Dépouiller qqn de ce qu'il porte sur lui en usant de violence.

DÉTROUSSEUR n.m. Litt., vieilli. Personne qui détrousse, voleur.

DÉTRUIRE v.t. (lat. *destruere*) [98]. **1.** Démolir, abattre, jeter bas ; anéantir. *Détruire une ville.* **2.** Faire périr, supprimer. *Détruire les animaux nuisibles.* **3.** Supprimer, réduire à néant. *Détruire une légende.*

DETTE n.f. (lat. *debita*). **1.** (Souvent pl.). Somme d'argent due à qqn, à un ou à des créanciers. *Rembourser ses dettes. Être couvert de dettes.* ◇ *Dette publique :* ensemble des engagements à la charge d'un État contractés lors d'émissions d'emprunts. **2.** Fig. Obligation morale.

■ On distingue la dette *flottante,* qui correspond aux emprunts à court terme (bons du Trésor) et qui fluctue en permanence, la dette *consolidée,* qui correspond aux emprunts à long terme. La dette peut être *perpétuelle* (procédé tombé en désuétude), *remboursable* ou, lorsqu'un terme est fixé à l'avance, *amortissable.* La dette est *viagère* lorsque le terme est lié à la vie du créancier (pensions).

DÉTUMESCENCE n.f. MÉD. Diminution de volume d'une tumeur, d'une inflammation ou d'un organe érectile.

D.E.U.G. [dœg] n.m. (sigle de *diplôme d'études universitaires générales*). Diplôme national qui sanctionne le premier cycle des études universitaires longues, et qui se prépare en deux ans.

DEUIL n.m. (lat. *dolere,* souffrir). **1.** Perte, décès de qqn. *Il y a eu un deuil dans sa famille.* **2.** Douleur, tristesse causée par la mort de qqn. ◇ Fam. *Faire son deuil de qqch,* y renoncer, se résigner à en être privé. **3.** Ensemble des signes extérieurs liés à la mort d'un proche et consacrés par l'usage (port de vêtements noirs ou sombres, en partic.). ◇ *Porter, prendre le* *deuil :* s'habiller de noir lors d'un décès. – *Conduire le deuil,* le convoi funèbre.

DEUS EX MACHINA [deyseksmakina] n.m. inv. (mots lat., *un dieu [descendu] au moyen d'une machine*). Personne ou évènement venant opportunément dénouer une situation dramatique sans issue.

DEUSIO ou **DEUZIO** adv. Pop. Deuxièmement.

D.E.U.S.T. n.m. (sigle de *diplôme d'études universitaires scientifiques et techniques*). Diplôme national qui sanctionne un premier cycle de formation scientifique et professionnelle.

DEUTÉRIUM [døterjɔm] n.m. Isotope lourd de l'hydrogène (D), de masse atomique 2 ; corps gazeux obtenu par décomposition de l'eau lourde (D_2O).

DEUTÉROCANONIQUE adj. (du gr. *deuteros,* second, secondaire). THÉOL. *Livres deutérocanoniques :* livres de l'Ancien et du Nouveau Testament qui n'ont été admis dans le canon de l'Écriture que par la version des Septante et le concile de Trente. (Les protestants donnent à ces livres le nom d'*apocryphes.*)

DEUTÉROSTOMIEN n.m. *Deutérostomiens :* l'un des deux grands groupes d'animaux supérieurs, caractérisés par un développement embryonnaire qui donne au blastopore la fonction d'anus, la bouche se formant secondairement, et comprenant les échinodermes, les stomocordés, les procordés et les vertébrés.

DEUTON [døtɔ̃] ou **DEUTÉRON** [døterɔ̃] n.m. CHIM., PHYS. Noyau de l'atome de deutérium, formé d'un proton et d'un neutron.

DEUTSCHE MARK [dɔjtʃmark] n.m. → ***Mark.***

DEUX adj. num. et n.m. (lat. *duo*). **1.** Nombre qui suit 1 dans la série naturelle des entiers. ◇ Fam. *En moins de deux :* très vite. – *Ne faire ni une ni deux :* ne pas hésiter. **2.** Deuxième. *Tome deux.* **3.** Petit nombre, quelques. *À deux pas d'ici.*

DEUXIÈME adj. num. ord. et n. Qui occupe un rang marqué par le numéro deux.

DEUXIÈMEMENT adv. En deuxième lieu.

DEUX-MÂTS n.m. Voilier à deux mâts.

DEUX-PIÈCES n.m. **1.** Maillot de bain composé d'un soutien-gorge et d'un slip. **2.** Vêtement féminin composé d'une jupe ou d'un pantalon et d'une veste assortis. **3.** Appartement de deux pièces principales.

DEUX-POINTS n.m. Signe de ponctuation figuré par deux points superposés (:), placé avant une énumération ou une explication.

DEUX-PONTS n.m. Avion dont le fuselage comprend deux ponts, deux étages superposés.

DEUX-QUATRE n.m. inv. MUS. Mesure à deux temps, ayant la noire pour unité de temps.

DEUX-ROUES n.m. Véhicule à deux roues, avec ou sans moteur (terme générique). *La bicyclette, le scooter, le cyclomoteur, le vélomoteur, la motocyclette sont des deux-roues.*

DEUX-TEMPS n.m. Moteur à cycle à deux temps.

DEUZIO adv. → ***deusio.***

DÉVALER v.t. et i. (de *val*). Descendre (une pente, un escalier, etc.) rapidement, à toute allure.

DÉVALISER v.t. Voler, dérober qqch à qqn ; cambrioler. *Dévaliser une bijouterie.* ◇ Fig., fam. Vider qqch de ce qu'il contenait. *Dévaliser le réfrigérateur.* – Fam. *Dévaliser (une boutique, un commerçant),* y faire des achats nombreux.

DÉVALOIR n.m. Suisse. **1.** Couloir dans les forêts de montagne servant à faire descendre les billes de bois. **2.** Vide-ordures, dans un immeuble.

DÉVALORISANT, E adj. Qui dévalorise.

DÉVALORISATION n.f. Action de dévaloriser.

DÉVALORISER v.t. **1.** Diminuer la valeur de (une monnaie, un capital, un produit, une matière première). **2.** Déprécier, diminuer la valeur, le prestige de (qqch, qqn). *Dévaloriser un diplôme.*

DÉVALUATION n.f. Action de dévaluer.

DÉVALUER v.t. **1.** Diminuer la valeur de (une monnaie) par rapport à un étalon de référence et aux monnaies étrangères. **2.** Déprécier, dévaloriser.

DEVANAGARI n.f. Écriture utilisée pour le sanskrit, le hindi et quelques autres langues indo-aryennes. Graphie savante : *devanāgarī.* SYN. : *nagari.*

DEVANCEMENT n.m. Action de devancer.

DEVANCER v.t. (de *devant*) [16]. **1.** Venir avant, précéder (qqn, qqch). *Il m'a devancé au rendez-vous.* ◇ MIL. *Devancer l'appel :* effectuer son service militaire à une date précédant celle de l'appel de sa classe d'âge. **2.** Surpasser, surclasser. *Il devance ses rivaux dans tous les domaines.*

DEVANCIER, ÈRE n. Personne qui devance, précède (qqn, qqch).

1. DEVANT prép. (de *de* et *avant*). En avant de ; en face de. *Marcher devant qqn. Regarder devant soi. Parler devant une assemblée.* ◆ adv. En avant. *Pars devant, nous te rattraperons.* ◆ loc. adv. et prép. *Par-devant.* **a.** Par l'avant. *Passe par-devant.* **b.** En présence de. *Par-devant notaire.*

2. DEVANT n.m. **1.** Partie antérieure de qqch. *Le devant d'une maison.* **2.** *Prendre les devants :* partir avant qqn ; devancer qqn pour l'empêcher d'agir.

DEVANTURE n.f. Partie d'un magasin où les articles sont exposés à la vue des passants (soit derrière une vitre, soit à l'extérieur).

DÉVASTATEUR, TRICE adj. et n. Qui dévaste.

DÉVASTATION n.f. Action de dévaster ; ravage, ruine.

DÉVASTER v.t. (lat. *devastare*). Causer de grands dégâts à, ravager, ruiner.

DÉVEINE n.f. (de *veine*). Fam. Malchance.

DÉVELOPPABLE adj. Qui peut être développé. ◇ MATH. *Surface développable,* qui peut être appliquée sur un plan. *Le cône est une surface développable.*

DÉVELOPPANTE n.f. MATH. *Développante d'une courbe :* courbe qui admet celle-ci pour développée.

DÉVELOPPÉ n.m. **1.** Mouvement consistant à épauler un haltère, puis à le soulever au-dessus de la tête à bout de bras. **2.** CHORÉGR. Mouvement dans lequel une jambe repliée se déploie dans différentes directions.

DÉVELOPPÉE n.f. MATH. Courbe tangente à toutes les normales à une courbe plane.

DÉVELOPPEMENT n.m. **I. 1.** Action de développer, de déployer qqch ; son résultat. **2.** Distance que parcourt une bicyclette en un tour complet du pédalier. **3.** PHOT. Opération consistant à développer une pellicule sensible. **II. 1.** Action, fait de se développer ; son résultat. **2.** Ensemble des différents stades par lesquels passe un organisme, un être vivant pour atteindre sa maturité ; croissance. **3.** Action d'évoluer, de progresser ; son résultat. *Le développement des sciences.* **4.** Mise au point d'un appareil, d'un produit en vue de sa commercialisation. **5.** ÉCON. Amélioration qualitative et durable d'une économie et de son fonctionnement. *Pays en développement.* **6.** (Au pl.). Suite, conséquence. *Fâcheux développements d'une affaire.* **III. 1.** Exposition détaillée d'un sujet. *Longs développements.* **2.** MUS. Partie centrale d'une sonate, d'une fugue, qui suit l'exposition.

DÉVELOPPER v.t. **I. 1.** Étendre (ce qui était plié, enroulé) ; déployer. *Développer une pièce de tissu.* **2.** Parcourir (une certaine distance) en un tour de pédalier. *Bicyclette qui développe six mètres.* **3.** Ôter de son enveloppe. *Développer un paquet.* **4.** PHOT. Transformer, au moyen de procédés chimiques, une image latente en une image visible. **II. 1.** Assurer la croissance de (qqn, qqch) ; donner toute son extension à ; augmenter la puissance, l'étendue de. *La chaleur développe les germes. Développer un secteur industriel.* **2.** Assurer le développement (d'un appareil, d'un produit). **III. 1.** Exposer de manière détaillée. *Développer une idée.* ◇ MATH. *Développer une expression algébrique,* l'écrire sous la forme d'une somme. **2.** *Développer un calcul,* en effectuer toutes les opérations successives. **3.** MÉD. *Développer une maladie,* en être effectivement atteint. ◆ **se développer** v.pr. **1.** Se déployer, s'étendre. **2.** Croître, grandir ; s'épanouir. **3.** Prendre de l'extension, de l'ampleur ; s'accroître.

DÉVELOPPEUR n.m. Société qui assure la production et la commercialisation de logiciels.

1. DEVENIR v.i. (lat. *devenire,* venir de) [40] [auxil. *être*]. **1.** Passer à un autre état ; acquérir une certaine qualité. *Elle est devenue ministre. Devenir vieux, irritable.* **2.** Avoir tel sort, tel résultat, être dans tel état, telle situation. *Que devient votre projet ? Je ne sais ce qu'elle est devenue.*

2. DEVENIR n.m. **1.** Mouvement progressif par lequel les choses se transforment ; évolution. **2.** Futur, avenir.

DÉVERBAL n.m. (pl. *déverbaux*). LING. Nom formé à partir du radical d'un verbe, et plus partic. nom dérivé d'un verbe et formé sans suffixe (ex. *coût,* de *coûter ; demande,* de *demander*).

DÉVERBATIF, IVE adj. et n.m. LING. Se dit d'une forme dérivée du radical d'un verbe, et plus partic. d'un verbe dérivé d'un verbe.

DÉVERGONDAGE n.m. **1.** Conduite licencieuse ; débauche. **2.** Fantaisie débridée. *Dévergondage d'esprit, d'imagination.*

DÉVERGONDÉ, E adj. et n. (de l'anc. fr. *vergonde,* doublet de *vergogne*). Qui mène sans honte ni remords une vie déréglée ; débauché.

DÉVERGONDER (SE) v.pr. Devenir dévergondé, se débaucher.

DÉVERGUER ou **DÉSENVERGUER** v.t. MAR. Retirer (une voile) de sa vergue.

DÉVERNIR v.t. Ôter le vernis de.

DÉVERROUILLAGE n.m. Action de déverrouiller.

DÉVERROUILLER v.t. **1.** Ouvrir en tirant le verrou de. **2.** Libérer de ce qui maintenait immobile. *Déverrouiller le train d'atterrissage.* – *Déverrouiller une arme à feu :* supprimer le lien mécanique établi avant le départ du coup entre la culasse et le canon pour permettre l'ouverture de ce dernier.

DEVERS (PAR-) prép. → ***par-devers.***

DÉVERS [devɛr] n.m. (lat. *deversus,* tourné vers le bas). **1. a.** Relèvement du bord extérieur d'une route dans un virage. **b.** Différence de niveau entre les deux rails d'une voie en courbe. **2.** Défaut d'aplomb d'un mur, d'un support vertical.

1. DÉVERSEMENT n.m. Action de déverser (des eaux, un liquide) ; fait de se déverser.

2. DÉVERSEMENT n.m. (de *dévers*). Fait de pencher d'un côté, de gauchir ; inclinaison par rapport à l'aplomb. *Déversement d'un mur.*

DÉVERSER v.t. (de *verser*). **1.** Faire couler d'un lieu dans un autre. *L'étang déverse le trop-plein de ses eaux dans un canal en contrebas.* **2.** Fig. Déposer en grand nombre, en grande quantité. *Cars qui déversent des touristes.* **3.** Répandre abondamment ; épancher. *Déverser sa rancune sur qqn.*

DÉVERSOIR n.m. Ouvrage au-dessus duquel s'écoulent les eaux d'un bassin, d'un canal, etc.

DÉVÊTIR v.t. [44]. Dépouiller de ses vêtements.

DÉVIANCE n.f. Caractère de ce qui s'écarte de la norme. ◇ Comportement qui s'écarte des normes admises par une société.

DÉVIANT, E adj. et n. Qui s'écarte de la règle, de la norme ; qui a une conduite de déviance.

1. DÉVIATEUR, TRICE adj. Qui produit une déviation.

2. DÉVIATEUR n.m. **1.** Bobine magnétique qui, dans un tube cathodique, sert à dévier le faisceau électronique qui balaie l'écran pour former l'image. **2.** Instrument qui permet de dévier de la verticale un puits en forage. **3.** *Déviateur de jet :* dispositif permettant d'orienter le jet d'un turboréacteur ou d'un moteur-fusée.

DÉVIATION n.f. **1.** Fait de dévier, de s'écarter d'une direction normale, habituelle ou déterminée à l'avance. **2.** Itinéraire établi pour détourner la circulation. **3.** Écart, variation dans une ligne de conduite, de doctrine.

DÉVIATIONNISME n.m. Attitude qui consiste à s'écarter de la ligne politique d'un parti, d'une organisation dont on est membre.

DÉVIATIONNISTE adj. et n. Qui fait preuve de déviationnisme.

DÉVIDAGE n.m. Action de dévider.

DÉVIDER v.t. **1.** Mettre (un fil) en écheveau, en pelote. *Dévider la soie du cocon.* **2.** Dérouler. *Dévider une pelote de laine.* **3.** Fam. Exposer rapidement, avec prolixité ; débiter.

DÉVIDEUR, EUSE n. TEXT. Ouvrier, ouvrière qui procède au dévidage d'un fil.

DÉVIDOIR n.m. Instrument ou appareil sur lequel on enroule des fils, des cordes, des tuyaux, etc., afin de pouvoir les dérouler rapidement le moment venu.

DÉVIER v.i. (lat. *deviare,* sortir du chemin). S'écarter de sa direction, de son projet, de son orientation. ◆ v.t. Modifier le trajet, la direction de (un mouvement).

DEVIN, DEVINERESSE n. (lat. *divinus,* devin). Personne qui prétend avoir le don de divination.

DEVINABLE adj. Qui peut être deviné.

DEVINER v.t. Découvrir intuitivement ou par conjecture ; prédire, prévoir, trouver. *Deviner l'avenir.*

DEVINETTE n.f. Question plaisante dont on demande à qqn, par jeu, de trouver la réponse.

DÉVIRER v.t. MAR. Tourner en sens contraire. *Dévirer le cabestan.*

DÉVIRGINISER v.t. Litt. Faire perdre sa virginité à ; déflorer.

DÉVIRILISATION n.f. Action de déviriliser ; fait d'être dévirilisé.

DÉVIRILISER v.t. Faire perdre les caractères de la virilité à ; efféminer.

DEVIS [dəvi] n.m. (de *deviser*). Description détaillée des pièces, des matériaux et des opérations nécessaires pour réaliser une production, une construction, une installation ou une réparation, avec l'estimation des dépenses.

DÉVISAGER v.t. [17]. Regarder (qqn) avec insistance ou indiscrétion. *Dévisager son voisin.*

DEVISE [dəviz] n.f. **I. 1.** Brève formule qui caractérise le sens symbolique de qqch, ou qui exprime une pensée, un sentiment, une règle de vie, de conduite. **2.** HÉRALD. Figure emblématique accompagnée d'une formule (tels le *soleil,* avec les mots *Nec pluribus impar,* de Louis XIV ; la *salamandre,* de François Ier, *Nutrisco et exstinguo,* etc.). **II.** Monnaie considérée par rapport aux monnaies d'autres pays, par rapport à son taux de change. *Devise forte.*

1. DEVISER [dəvize] v.i. (lat. *divisere,* diviser). Litt. S'entretenir familièrement, converser.

2. DEVISER v.t. Suisse. Établir le devis de.

DEVISE-TITRE n.f. (pl. *devises-titres*). Dans un régime de contrôle des changes, devise utilisée pour l'acquisition de valeurs étrangères.

DÉVISSAGE n.m. **1.** Action de dévisser. **2.** ALP. Fait de dévisser.

DÉVISSÉ n.m. Mouvement consistant à épauler un haltère, puis à le soulever au-dessus de la tête en inclinant le corps du côté opposé au poids.

DÉVISSER v.t. **1.** Défaire, desserrer en tournant dans le sens inverse du vissage. **2.** Détacher (un objet fixé par une, des vis). *Dévisser une serrure.* ◆ v.i. ALP. Lâcher prise et tomber.

DE VISU [devizy] loc. adv. (mots lat., *d'après ce qu'on a vu*). Pour l'avoir vu, en témoin oculaire.

DÉVITALISER v.t. Enlever le tissu vital, la pulpe, le nerf de (une dent).

DÉVITAMINÉ, E adj. Qui a perdu ses vitamines. *Aliments dévitaminés.*

DÉVITRIFICATION n.f. Cristallisation du verre sous l'action de la chaleur, conduisant à une perte de transparence.

DÉVITRIFIER v.t. Provoquer la dévitrification de.

DÉVOIEMENT n.m. Inclinaison, déviation d'un conduit de cheminée, de descente.

DÉVOILEMENT n.m. Action de dévoiler, de se dévoiler ; son résultat.

DÉVOILER v.t. **I. 1.** Ôter le voile de. *Dévoiler une statue.* **2.** Laisser apparaître, découvrir, révéler ce qui était caché, secret. *Dévoiler ses intentions.* **II.** Redresser (une roue voilée). ◆ **se dévoiler** v.pr. Apparaître, se manifester ouvertement.

1. DEVOIR v.t. (lat. *debere*) [53]. **I. 1.** Être tenu de payer, de restituer, de fournir. *Devoir de l'argent, un loyer.* **2.** Être obligé à qqch à l'égard de qqn par la loi, la morale, les convenances. *On doit assistance aux personnes en danger.* **3.** Être redevable de ; avoir pour origine, tenir de. *Ce pays doit sa prospérité aux richesses de son sous-sol.* **II.** Suivi d'un infinitif, *devoir* sert d'auxiliaire pour marquer **1.** L'obligation, la nécessité. *Tu dois obéir. Tout doit finir un jour.* **2.** La probabilité, la supposition. *C'est ainsi que les choses ont dû se passer.* **3.** Une possibilité portant sur le futur, une intention. *Il doit me téléphoner ce soir.* ◆ **se devoir** v.pr. **1.** Être tenu de se consacrer à (qqn, qqch). *Il se doit à sa famille.* **2.** Être moralement tenu de. *Nous nous devons de donner l'exemple.* **3.** (Impers.). *Comme il se doit :* comme il est convenable, naturel.

2. DEVOIR n.m. **1.** Ce à quoi on est obligé par la loi, la morale, etc. *Devoirs religieux. Les devoirs de l'amitié. Avoir le sens du devoir.* ◇ *Se mettre en devoir de :* se préparer, se mettre à. **2.** Tâche écrite imposée à un élève, un étudiant. ◆ pl. Marques de respect, hommages. *Rendre, présenter ses devoirs à qqn.* ◇ *Derniers devoirs :* honneurs funèbres.

DÉVOISÉ, E adj. PHON. Qui a perdu sa sonorité, assourdi. *Consonne dévoisée.*

DÉVOLTAGE n.m. Action de dévolter.

DÉVOLTER v.t. Diminuer la tension d'une source d'électricité.

DÉVOLTEUR n.m. Machine auxiliaire dont la force électromotrice se retranche de la tension fournie par une autre source électrique.

1. DÉVOLU, E adj. (lat. *devolutus,* déroulé). Acquis, échu par droit.

2. DÉVOLU n.m. *Jeter son dévolu sur qqn, sur qqch :* fixer son choix sur cette personne, sur cette chose.

DÉVOLUTIF, IVE adj. DR. Qui fait qu'une chose passe d'une personne à une autre.

DÉVOLUTION n.f. (lat. *devolutio*). DR. Attribution, transmission d'un bien, d'un droit d'une personne à une autre. *Dévolution successorale.*

DEVON [dəvɔ̃] n.m. (de *Devon,* n. géogr.). Leurre métallique rotatif, imitant la forme d'un poisson et muni d'un hameçon, pour la pêche.

DÉVONIEN n.m. (de *Devon,* comté d'Angleterre). Quatrième période de l'ère primaire, où sont apparus les premiers vertébrés terrestres et les premières plantes vasculaires. ◆ **dévonien, enne** adj. Du dévonien.

DÉVORANT, E adj. **1.** Qui pousse à dévorer ; avide, insatiable. *Faim dévorante. Curiosité dévorante.* **2.** Qui consume, détruit par son ampleur, son intensité. *Feu dévorant. Jalousie dévorante.*

DÉVORATEUR, TRICE adj. Litt. Qui dévore, consume. *Feu dévorateur.*

DÉVORER v.t. (lat. *devorare*). **1.** Manger en déchirant avec les dents. *Le loup dévora l'agneau.* **2.** Mordre, ronger, piquer abondamment. *Les mites ont dévoré cette couverture. Être dévoré par les moustiques.* **3. a.** Manger avec voracité, avidité. *Dévorer son dîner.* **b.** *Dévorer des yeux, du regard :* regarder avec avidité, passion, convoitise. **c.** *Dévorer un livre,* le lire avec avidité. **4.** Litt. Faire disparaître complètement, consumer, détruire. *Le feu a dévoré la forêt.* ◇ Absorber complètement. *Ce voyage a dévoré mes économies. Les enfants dévorent mon temps.* **5.** Tourmenter violemment ; ronger. *La passion le dévore.*

DÉVOREUR, EUSE n. Personne, machine, etc., qui dévore, consomme beaucoup.

DÉVOT, E adj. et n. (lat. *devotus,* dévoué). Attaché aux pratiques religieuses, qui manifeste un zèle extrême pour la religion.

DÉVOTEMENT adv. Avec dévotion.

DÉVOTION n.f. (lat. *devotio*). **1.** Piété, attachement fervent à la religion, aux pratiques religieuses. **2.** Culte particulier rendu à un saint. *Dévotion à la Sainte Vierge.* ◇ *Faire ses dévotions :* accomplir ses devoirs religieux. **3.** Litt. Attachement fervent à qqn, à qqch ; vénération. *Soigner des plantes avec dévotion.* **4.** *Être à la dévotion de qqn,* lui être totalement dévoué.

DÉVOTIONNEL, ELLE adj. Relatif aux formules, aux actes de dévotion.

DÉVOUÉ, E adj. Qui manifeste un attachement zélé à qqn, qqch. *Un ami dévoué.*

DÉVOUEMENT n.m. Action de se dévouer à qqn, qqch ; disposition à servir.

DÉVOUER (SE) v.pr. (lat. *devovere*). **1.** Se consacrer entièrement à qqn, qqch. *Se dévouer à la science.* **2.** Se charger, par abnégation, d'une tâche pénible, difficile ou peu enthousiasmante.

DÉVOYÉ, E adj. et n. Sorti du droit chemin ; délinquant.

DÉVOYER v.t. (de *voie*) [13]. Litt. Détourner du droit chemin, de la morale.

DÉWATTÉ, E [dewate] adj. Vieilli. *Courant déwatté :* courant réactif.

DEXTÉRITÉ n.f. (lat. *dexteritas,* de *dexter,* droit). **1.** Habileté, adresse de la main. *La dextérité d'un prestidigitateur.* **2.** Adresse d'esprit, habileté dans la manière d'agir. *Conduire une affaire avec dextérité.*

DEXTRALITÉ n.f. (du lat. *dextra,* main droite). Fait d'être droitier.

DEXTRE n.f. Litt. Main droite. ◆ adj. HÉRALD. Qui est à la droite de l'écu, pour l'écuyer (à gauche pour l'observateur).

DEXTRINE n.f. (de *dextrogyre*). CHIM. Matière gommeuse que l'on tire de l'amidon et qui sert dans l'industrie des colles, des colorants, des produits pharmaceutiques.

DEXTROCARDIE n.f. MÉD. Position du cœur à droite dans le thorax. (C'est une anomalie congénitale.)

DEXTROCHÈRE [-kɛr] n.m. HÉRALD. Bras droit issant (sortant) du flanc senestre de l'écu.

DEXTROGYRE adj. (lat. *dexter,* droit, et bas lat. *gyrare,* faire tourner). CHIM. Se dit des composés qui font tourner le plan de polarisation de la lumière dans le sens des aiguilles d'une montre. *Le glucose est dextrogyre.* CONTR. : *lévogyre.*

DEXTROMORAMIDE n.m. Puissant analgésique de synthèse d'efficacité supérieure à celle de la morphine et inscrit comme elle au tableau B.

DEXTRORSUM [-sɔm] ou **DEXTRORSE** adj. inv. et adv. Qui s'effectue dans le sens des aiguilles d'une montre.

DEXTROSE n.m. CHIM. Glucose.

DEY [dɛ] n.m. (turc *day*). Chef de la Régence d'Alger (1671-1830).

DHARMA n.m. (mot sanskrit). Dans l'hindouisme et le bouddhisme, loi universelle régissant les êtres et les choses.

DIA [dja] interj. (onomat.). Cri des charretiers pour faire aller leurs chevaux à gauche (par opp. à *hue*). ◇ *Tirer à hue et à dia* → **hue.**

DIABÈTE n.m. (gr. *diabêtês,* qui traverse). **1.** MÉD. Maladie se manifestant par une abondante élimination d'urine et une soif intense. **2.** Cour. *Diabète sucré* ou *diabète :* trouble du métabolisme des glucides dû à une insuffisance de la sécrétion d'insuline par le pancréas et caractérisé par une hyperglycémie et la présence de sucre dans les urines (glycosurie).
■ Le diabète sucré est une affection souvent familiale, qui peut se manifester dès l'enfance. Il est dominé par un trouble du métabolisme des glucides. La surveillance du diabétique fait appel, en plus du dosage du sucre sanguin (glycémie) et de sa recherche dans les urines (glycosurie), au dosage de l'hémoglobine glycosylée. Le régime alimentaire et les médicaments (insuline, hypoglycémiants de synthèse) permettent aux diabétiques d'éviter les complications nerveuses et vasculaires auxquelles ils pourraient être exposés. Le *diabète bronzé,* le *diabète insipide,* le *diabète rénal* sont des maladies différentes.

DIABÉTIQUE adj. et n. Relatif au diabète ; atteint de diabète.

DIABÉTOLOGIE n.f. MÉD. Étude du diabète sucré et de ses traitements.

DIABÉTOLOGUE n. Spécialiste du diabète.

DIABLE [djabl] n.m. (lat. *diabolus,* gr. *diabolos,* calomniateur). **I. 1.** Démon, esprit malin. – *Le diable :* Satan, incarnation suprême du mal. ◇ *Avoir le diable au corps :* faire le mal sciemment ; manifester une grande énergie, une grande fougue. – *Beauté du diable :* éclat de la jeunesse. – *C'est bien le diable si... :* ce serait extraordinaire si... – *Ce n'est pas le diable :* ce n'est pas difficile. – *Faire le diable à quatre :* faire du vacarme ; se démener. – *Tirer le diable par la queue :* avoir des difficultés d'argent. ◇ *À la diable :* très mal, sans soin. – *Au diable (vauvert) :* très loin. – *Du diable, de tous les diables :* extrême. – *En diable :* fort, extrêmement. **2.** Enfant turbulent et espiègle. **3.** (Qualifié). Individu. – *Bon diable :* bon garçon. – *Grand diable :* homme de grande taille, dégingandé. – *Pauvre diable :* homme qui inspire la pitié. **II. 1.** Petit chariot à deux roues basses servant à transporter des fardeaux. **2.** Double casserole en terre. ◆ interj. **1.** *Diable !,* marque la surprise, l'admiration, la perplexité. **2.** *Que diable !,* marque l'impatience. **3.** (Explétif, dans les interrogations). Donc. *Que diable allait-il faire dans cette galère ?* **4.** (Marque la malédiction). *Au diable le travail !*

DIABLEMENT adv. Fam. Très, terriblement.

DIABLERIE n.f. **1.** Litt. Machination diabolique ; sorcellerie. **2.** Espièglerie, malice. **3. a.** LITTÉR. Scène, pièce populaire où figurent des diables. **b.** BX-A. Représentation de scènes où figurent le diable ou ses suppôts.

DIABLESSE n.f. **1.** Diable femelle. **2.** Femme méchante et acariâtre. **3.** Jeune fille vive et turbulente.

DIABLOTIN n.m. Petit diable.

DIABOLIQUE adj. (lat. *diabolicus,* mot gr.). **1.** Inspiré par le diable ; démoniaque. *Tentation diabolique.* **2.** Qui fait penser au diable par son caractère maléfique ou pervers, par son aspect inquiétant. *Une ruse diabolique.*

DIABOLIQUEMENT adv. De façon diabolique.

DIABOLISER v.t. Considérer, présenter (qqn, qqch) comme diabolique.

DIABOLO n.m. (gr. *diabolos,* diable). **1.** Jouet formé de deux cônes opposés par les sommets qu'on lance en l'air et qu'on rattrape sur une ficelle tendue entre deux baguettes. **2.** MÉD. Drain inséré à travers la membrane du tympan et utilisé pour traiter des otites séreuses. **3.** Boisson faite de limonade additionnée de sirop. *Diabolo menthe.*

DIACÉTYLMORPHINE ou **DIAMORPHINE** n.f. CHIM. Héroïne.

DIACHROMIE n.f. PHOT. Procédé de virage par teinture sur mordançage.

DIACHRONIE [djakrɔni] n.f. LING. Caractère des phénomènes linguistiques considérés du point de vue de leur évolution dans le temps, par opp. à *synchronie.*

DIACHRONIQUE adj. Relatif à la diachronie.

DIACHYLON [djakilɔ̃] ou **DIACHYLUM** [djakilɔm] n.m. PHARM. Emplâtre à base de résines, servant à préparer le sparadrap.

DIACIDE n.m. CHIM. Corps possédant deux fonctions acide. SYN. : *biacide.*

DIACLASE n.f. GÉOL. Fissure affectant les roches et y facilitant la pénétration de l'eau.

DIACODE adj. *Sirop diacode :* sirop d'opium faible, calmant la toux.

DIACONAL, E, AUX adj. Du diacre.

DIACONAT [djakɔna] n.m. Office ou ordre du diacre.

DIACONESSE n.f. **1.** Femme qui, dans l'Église primitive, était officiellement chargée de fonctions religieuses ou charitables. **2.** Femme qui se voue à des tâches analogues et qui vit souvent en communauté, chez les protestants.

DIACOUSTIQUE n.f. Partie de la physique qui étudie la réfraction des sons.

DIACRE n.m. (gr. *diakonos,* serviteur). **1.** CATH. Clerc qui a reçu l'ordre immédiatement inférieur à la prêtrise. **2.** Chez les protestants, laïc chargé du soin des pauvres et de l'administration des fonds de l'église.

DIACRITIQUE adj. (gr. *diakrinein,* distinguer). *Signe diacritique* ou *diacritique,* n.m. : signe qui, adjoint à une lettre, en modifie la valeur ou permet de distinguer deux mots homographes (ex. : accent grave de *à* ; cédille du *ç*).

DIADÈME n.m. (gr. *diadêma*). **1.** Bandeau richement décoré et porté autour de la tête comme signe de la royauté ; la dignité royale elle-même. *Ceindre le diadème.* **2.** Bijou rehaussé de pierreries qui enserre le haut du front. ◇ Objet de parure féminine ou coiffure ceignant le haut du front. *Un diadème de tresses.* **3.** *Épeire diadème :* araignée commune des jardins.

DIADOQUE n.m. (gr. *diadokhos,* successeur). HIST. Titre donné aux généraux qui se disputèrent l'empire d'Alexandre après sa mort (323 av. J.-C.).

DIAGENÈSE n.f. GÉOL. Ensemble des phénomènes assurant la transformation d'un sédiment meuble en une roche cohérente.

DIAGNOSE [djagnoz] n.f. **1.** BIOL. Première description scientifique permettant d'isoler une espèce, un genre, une famille. **2.** Vx. Connaissance des maladies acquise par l'observation de leurs symptômes caractéristiques.

DIAGNOSTIC [djagnɔstik] n.m. (du gr. *diagnôsis,* connaissance). **1.** Identification d'une maladie par ses symptômes. **2.** Jugement porté sur une situation, sur un état.

DIAGNOSTIQUE adj. MÉD. *Signes diagnostiques,* qui, caractéristiques d'une maladie, permettent d'en faire le diagnostic.

DIAGNOSTIQUER [-gnɔ-] v.t. Faire le diagnostic de (une maladie) ; déceler, discerner (un mal, une panne, etc.).

DIAGONAL, E, AUX adj. (du gr. *diagônos,* ligne qui relie deux angles). Qui a le caractère d'une diagonale ; en diagonale. *Arc diagonal.* ◇ *Matrice diagonale :* matrice carrée dont les seuls termes non nuls appartiennent à la diagonale principale.

DIAGONALE n.f. Segment de droite ou droite qui joint deux sommets non consécutifs d'un polygone ou deux sommets d'un polyèdre n'appartenant pas à une même face. – MATH. *Diagonale principale (d'une matrice carrée, d'un déterminant, etc.) :* ensemble des termes qui, placés au croisement d'une ligne et d'une colonne de même rang, forment une diagonale partant de l'origine (en haut à gauche d'une matrice carrée). ◇ *En diagonale :* en biais, obliquement. – Fam. *Lire en diagonale,* en sautant des passages, très rapidement.

DIAGONALEMENT adv. En diagonale.

DIAGRAMME n.m. (gr. *diagramma,* dessin). Représentation graphique ou schématique permettant de décrire l'évolution d'un phénomène, la corrélation de deux facteurs, la disposition relative des parties d'un ensemble. ◇ BOT. *Diagramme floral :* représentation conventionnelle du nombre et de la position relative des différentes pièces d'une fleur. ◇ PHYS. *Diagramme thermodynamique :* diagramme où deux variables d'un système (température, pression, entropie, etc.) sont portées en coordonnées.

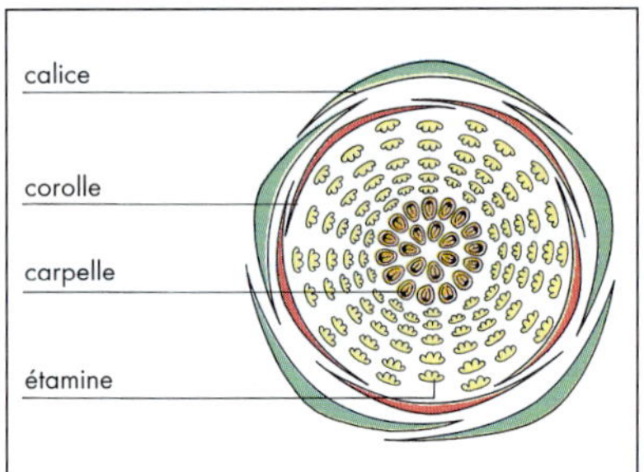

exemple de **diagramme** floral (rosacée)

DIAGRAPHE n.m. Anc. Instrument, conçu sur le principe de la chambre claire, qui permettait de reproduire exactement l'image d'un objet projetée sur un écran.

DIAGRAPHIE n.f. **1.** Procédé, technique du diagraphe. **2.** TECHN. Mesure et enregistrement, en continu, des caractéristiques (densité, résistivité, etc.) des couches traversées lors d'un forage minier ou pétrolier.

DIALCOOL n.m. CHIM. Corps ayant deux fois la fonction alcool.

DIALECTAL, E, AUX adj. Relatif à un dialecte.

DIALECTALISME n.m. Fait de langue propre à un dialecte ou provenant d'un dialecte.

DIALECTE n.m. (bas lat. *dialectus*). **1.** Variante régionale d'une langue. **2.** *Dialecte social :* ensemble de termes utilisés dans un groupe social (par ex. les argots, les vocabulaires techniques).

DIALECTICIEN, ENNE n. et adj. Personne qui pratique la dialectique, qui utilise dans ses raisonnements les procédés de la dialectique. ◆ adj. Qui est digne d'un dialecticien.

1. DIALECTIQUE n.f. (gr. *dialektikê,* art de discuter). **1.** Méthode de raisonnement qui consiste à analyser la réalité en mettant en évidence les contradictions de celle-ci et à chercher à les dépasser. **2.** Suite de raisonnements rigoureux destinés à emporter l'adhésion de l'interlocuteur. *Une dialectique implacable.*

2. DIALECTIQUE adj. **1.** Qui relève de la dialectique. *Le dépassement dialectique d'un conflit.* ◇ *Matérialisme dialectique* → ***marxisme.*** **2.** Qui exprime la dialectique. *Une pensée dialectique.*

DIALECTIQUEMENT adv. D'une manière dialectique.

DIALECTISANT, E adj. et n. → ***dialectophone.***

DIALECTISER v.t. Didact. Donner une forme dialectique à (une analyse), une interprétation dialectique de (un phénomène).

DIALECTOLOGIE n.f. Partie de la linguistique qui étudie les dialectes.

DIALECTOLOGUE n. Spécialiste de dialectologie.

DIALECTOPHONE ou **DIALECTISANT, E** adj. et n. Qui parle un dialecte.

DIALOGIQUE adj. Qui est en forme de dialogue.

DIALOGUE n.m. (lat. *dialogus,* entretien). **1.** Conversation, échange de vues entre deux ou plusieurs personnes. **2.** Discussion visant à trouver un terrain d'entente ; fait de dialoguer. *Renouer le dialogue.* **3.** Ensemble des répliques échangées entre les personnages d'une pièce de théâtre, d'un film, d'un récit. **4.** Ouvrage présenté sous la forme d'une conversation. **5.** *Dialogue homme-machine :* utilisation interactive d'un ordinateur.

DIALOGUER v.i. **1.** Converser, s'entretenir. **2.** Négocier ; engager des négociations. *Dialoguer avec les syndicats.* **3.** *Dialoguer avec un ordinateur :* l'exploiter en mode conversationnel.

DIALOGUISTE n. CIN., TÉLÉV. Auteur spécialisé dans les dialogues d'un scénario.

DIALYPÉTALE adj. (du gr. *dialuein,* séparer). BOT. Se dit d'une fleur à pétales séparés.

DIALYSE n.f. (du gr. *dialusis,* séparation, par l'angl.). **1.** CHIM. Séparation des constituants d'un mélange, fondée sur la propriété que possèdent certains corps de traverser plus facilement que d'autres les membranes poreuses. **2.** MÉD. Purification du sang, fondée sur le même principe. ◇ *Dialyse péritonéale,* utilisant le péritoine comme membrane d'épuration, après injection d'un soluté.

DIALYSÉ, E adj. et n. Malade astreint à une dialyse.

DIALYSER v.t. **1.** Opérer la dialyse de (un mélange chimique). **2.** Pratiquer une dialyse sur (un malade).

DIALYSEUR n.m. Appareil pour dialyser.

DIAMAGNÉTIQUE adj. *Substance diamagnétique,* qui, placée dans un champ magnétique, prend une aimantation de sens inverse (elle est repoussée par un aimant, par ex.).

DIAMAGNÉTISME n.m. Propriété des corps diamagnétiques ; ce phénomène.

DIAMANT n.m. (du lat. *adamas, adamantis*). **1.** Minéral, carbone pur cristallisé, très dur, généralement incolore et transparent. *Diamant brut.* **2.** Pierre précieuse, taillée dans cette matière. ◇ BX-A. *En pointes de diamant :* sculpté de bossages, de saillies régulières de forme pyramidale. **3.** Outil de miroitier et de vitrier pour couper le verre. **4.** Pointe de la tête de lecture d'un électrophone, d'une platine, etc., constituée d'un diamant. **5.** *Édition diamant :* très petit volume en caractères très fins.

■ Le diamant appartient au système cubique. Il a pour densité 3,5. Il est le plus dur des minéraux naturels. On trouve dans la nature : le *diamant incolore,* considéré comme la plus belle des pierres précieuses ; le *bort,* à faces courbes, qui sert à polir le précédent, et le *carbonado,* de couleur noire, employé pour le forage des roches dures. Le diamant se taille à facettes pour augmenter son éclat, en rose, en brillant, en poire, en navette ou en forme rectangulaire (taille émeraude). On le trouve principalement au Zaïre (premier producteur de diamants industriels), en Russie (Sibérie) et en Afrique du Sud. Le *Régent* (ainsi nommé parce qu'il fut acheté pendant la minorité de Louis XV par le duc d'Orléans) est regardé comme le plus beau et le plus pur des diamants d'Europe (musée du Louvre) ; il pèse 137 carats (27 grammes). Le *Cullinan* (trouvé en 1905 au Transvaal) est le plus gros du monde (Tour de Londres).

DIAMANTAIRE n. Professionnel qui travaille ou vend le diamant.

DIAMANTÉ, E adj. Garni de pointes de diamant.

DIAMANTER v.t. TECHN. Rectifier le profil de (une meule d'affûtage) avec un diamant.

DIAMANTIFÈRE adj. *Terrain, sol diamantifère,* qui contient du diamant.

DIAMANTIN, E adj. Litt. Qui a la dureté, la pureté ou l'éclat du diamant.

DIAMÉTRAL, E, AUX adj. MATH. Qui contient un diamètre ; relatif au diamètre.

DIAMÉTRALEMENT adv. *Diamétralement opposé :* tout à fait, absolument opposé.

DIAMÈTRE n.m. (gr. *diametros,* de *metron,* mesure). **1.** Ligne droite qui partage symétriquement un cercle, un objet circulaire ou arrondi ; sa longueur. *Diamètre d'un arbre.* ◇ MATH. **a.** Droite passant par le centre d'un cercle, d'une sphère. **b.** Corde associée à cette droite. **c.** *Diamètre d'une courbe :* ensemble des milieux des cordes parallèles à une droite donnée. **2.** OPT. *Diamètre apparent :* angle sous lequel un observateur voit un objet, un astre.

DIAMIDE n.m. CHIM. Corps possédant deux fonctions amide.

DIAMINE n.f. CHIM. Corps possédant deux fonctions amine.

DIAMINOPHÉNOL ou **DIAMIDOPHÉNOL** n.m. Dérivé du pyrogallol, dont le chlorure est employé comme révélateur en photographie.

DIAMORPHINE n.f. → ***diacétylmorphine.***

DIANE n.f. (esp. *diana,* lat. *dies,* jour). MIL., anc. Batterie de tambour ou sonnerie de clairon qui annonçait le réveil.

DIANTRE interj. Vx ou litt. (Juron exprimant l'étonnement, l'admiration, l'imprécation). *Que diantre faisait-il là ?*

DIAPASON n.m. (gr. *dia pâson khordôn,* par toutes les cordes). **1.** Note dont la fréquence sert de référence pour l'accord des voix et des instruments (par convention internationale, le *la*$_3$, d'une fréquence de 440 hertz). **2.** Instrument qui produit cette note, le plus souvent formé d'une tige métallique portant à son extrémité une lame vibrante en forme d'U. **3.** Fig. *Se mettre au diapason,* dans une disposition d'esprit conforme aux circonstances, en harmonie, en accord avec les attitudes ou les opinions d'autrui.

DIAPAUSE n.f. ZOOL. Période d'arrêt dans l'activité ou le développement, sans métamorphose, notamm. chez de nombreux insectes.

DIAPÉDÈSE n.f. (du gr. *diapêdân,* jaillir à travers). MÉD. Migration des globules blancs hors des capillaires.

DIAPHANE adj. (gr. *diaphanês,* transparent). **1.** Qui laisse passer la lumière sans être transparent ; d'une transparence atténuée. *Le verre dépoli est diaphane.* **2.** Litt. Dont l'aspect évoque ce qui est vu au travers d'un corps diaphane ; pâle, délicat. *Des mains diaphanes.*

DIAPHANOSCOPIE n.f. MÉD. Procédé d'examen qui consiste à éclairer par transparence certains organes ou certaines parties du corps. SYN. : *diascopie.*

DIAPHONIE n.f. Interférence parasite de signaux provenant de deux émetteurs, de deux circuits ou de deux zones d'un même enregistrement.

DIAPHORÈSE n.f. (gr. *diaphorein,* passer au travers). MÉD. Transpiration abondante.

DIAPHRAGMATIQUE adj. ANAT. Du diaphragme.

DIAPHRAGME [djafragm] n.m. (gr. *diaphragma,* cloison). **1.** Muscle très large et mince qui sépare la poitrine de l'abdomen et dont la contraction provoque l'augmentation de volume de la cage thoracique et, par suite, l'inspiration. **2.** Membrane de matière souple (caoutchouc, matière plastique, etc.) qui, placée sur le col de l'utérus, est employée comme contraceptif féminin. **3.** Ouverture de diamètre réglable servant à faire varier la quantité de lumière entrant dans un appareil optique ou photographique. **4.** Cloison transversale séparant les tubes de divers instruments et machines.

DIAPHRAGMER v.t. OPT. Supprimer les parties externes d'un faisceau lumineux au moyen d'un diaphragme. ◆ v.i. Diminuer l'ouverture d'un objectif en utilisant un diaphragme.

DIAPHYSE n.f. (gr. *diaphusis,* interstice). Partie moyenne d'un os long (par opp. aux extrémités ou *épiphyses*).

DIAPIR n.m. GÉOL. Montée de roches salines plastiques et de faible densité à travers les terrains sus-jacents.

DIAPORAMA n.m. Projection de diapositives avec son synchronisé.

DIAPOSITIVE ou, fam., **DIAPO** n.f. Image photographique positive sur support transparent pour la projection.

DIAPRÉ, E adj. Litt. De couleurs vives, variées et chatoyantes ; richement orné.

DIAPRER v.t. (de l'anc. fr. *diaspre,* étoffe qui servait aux vêtements de la Cour ou d'Église). Litt. Donner un aspect diapré à.

DIAPRURE n.f. Litt. Ce qui donne un aspect diapré à qqch ; cet aspect.

DIARISTE n. LITTÉR. Auteur d'un journal intime.

DIARRHÉE [djare] n.f. (gr. *diarrhoia,* écoulement). **1.** Émission fréquente de selles liquides ou pâteuses, d'origine diverse (infection, intoxication, etc.). SYN. : *flux alvin.* **2.** Fig. *Diarrhée verbale :* verbosité intarissable ; logorrhée.

DIARRHÉIQUE adj. Relatif à la diarrhée. ◆ adj. et n. Atteint de diarrhée.

DIARTHROSE n.f. (gr. *dia,* à travers, et *arthrôsis,* articulation). ANAT. Articulation permettant des mouvements étendus (comme le genou, le coude), dans laquelle les os sont maintenus par une capsule fibreuse et dont les surfaces articulaires sont recouvertes de cartilage.

DIASCOPE n.m. **1.** Appareil de projection par transparence. **2.** Instrument d'observation utilisé dans les blindés.

DIASCOPIE n.f. MÉD. Diaphanoscopie.

DIASPORA n.f. **1.** HIST. (avec une majuscule) Ensemble des communautés juives établies hors de Palestine, surtout après l'Exil (VIe s. av. J.-C.) ou qui demeurent en dehors d'Israël depuis la création de cet État. **2.** Dispersion d'un peuple, d'une ethnie à travers le monde.

DIASTASE n.f. (gr. *diastasis,* séparation). Vieilli. Enzyme.

DIASTOLE n.f. (gr. *diastolê,* dilatation). Période de décontraction des ventricules cardiaques. CONTR. : *systole.*

DIASTOLIQUE adj. De la diastole.

DIATHÈQUE n.f. Collection de diapositives ; lieu où elle est conservée.

DIATHERMANE, DIATHERME ou **DIATHERMIQUE** adj. (gr. *dia,* à travers, et *thermos,* chaud). PHYS. Qui transmet la chaleur.

DIATHERMIE n.f. MÉD. Traitement consistant à provoquer des effets thermiques dans les tissus au moyen de courants de haute fréquence.

DIATHÈSE n.f. MÉD., VX. Ensemble d'affections, de maladies qui frappent simultanément ou successivement une même personne, auxquelles on attribuait une origine commune.

DIATOMÉE n.f. (gr. *diatomos,* coupé en deux). *Diatomées :* classe d'algues unicellulaires marines ou d'eau douce, entourées d'une coque siliceuse bivalve souvent finement ornementée.

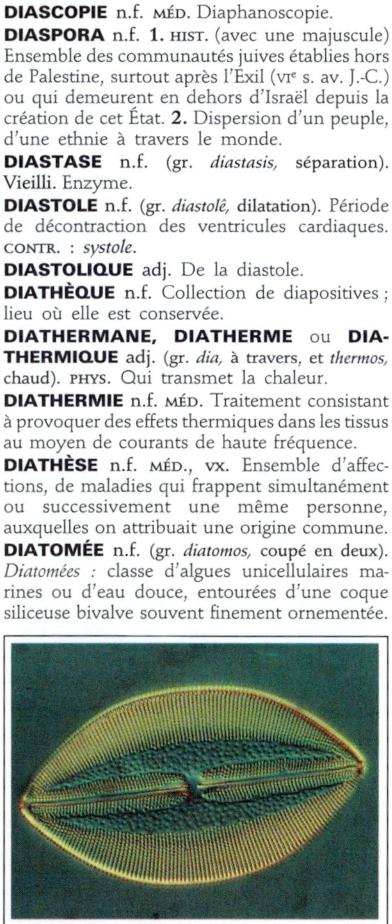

espèce de **diatomée**

DIATOMIQUE adj. CHIM. Qui a deux atomes ; dont la molécule est constituée de deux atomes.

DIATOMITE n.f. Roche siliceuse stratifiée, d'origine organique (diatomées), et utilisée notamm. comme abrasif et comme absorbant. SYN. : *tripoli.*

DIATONIQUE adj. (gr. *dia,* par, et *tonos,* ton). MUS. *Gamme diatonique,* composée de 5 tons et 2 demi-tons (ex. : do - ré - mi - fa - sol - la - si - do) [par opp. à *chromatique*].

DIATONIQUEMENT adv. MUS. Conformément au diatonisme.

DIATONISME n.m. MUS. Système fondé sur la gamme diatonique.

DIATRIBE n.f. (gr. *diatribê,* discussion d'école). Pamphlet ; critique très violente, injurieuse.

DIAULE [djol] n.f. (gr. *dis,* deux fois, et *aulos,* flûte). ANTIQ. GR. Flûte double.

DIAZÉPAM n.m. PHARM. Anxiolytique du groupe des benzodiazépines.

DIAZOCOPIE n.f. Procédé de reproduction de documents fondé sur la sensibilité aux rayons ultraviolets d'une émulsion à base de sels diazoïques, fournissant les ozalids, en imprimerie. Abrév. (fam.) : *diazo.*

DIAZOÏQUE adj. et n.m. Se dit d'un sel du cation R—N ≡ N *(diazonium).*

DIBASIQUE adj. CHIM. Qui possède deux fois la fonction base ; bibasique.

DICARBONYLÉ, E adj. et n.m. CHIM. Se dit d'un composé dont la molécule contient deux fois le groupe carbonyle.

DICARYON n.m. Cellule à deux noyaux, caractéristique exclusive des champignons supérieurs.

DICARYOTIQUE adj. Relatif aux dicaryons.

DICASTÈRE n.m. (it. *dicastero,* gr. *dikasterion,* tribunal) **1.** Chacun des grands organismes (congrégations, tribunaux, offices) de la curie romaine. **2.** Suisse. Subdivision d'une administration communale.

DICENTRA [disɛ̃tra] n.f. Plante cultivée dans les jardins sous le nom de *cœur-de-Marie* ou *cœur-de-Jeannette,* à cause de la forme de ses fleurs. (Famille des fumariacées.)

DICÉTONE n.f. Corps possédant deux fois la fonction cétone.

DICHOTOME [dikɔtom] adj. (gr. *dikha,* en deux, et *tomê,* section). BOT. Qui se divise par bifurcation. *Tige dichotome.*

DICHOTOMIE n.f. (gr. *dikhotomia*). **1.** Didact. Division en deux ; opposition entre deux choses. **2.** LOG. Division d'un concept en deux autres qui recouvrent toute son extension. **3.** Partage illicite d'honoraires entre praticiens ou entre médecin et laboratoire d'analyses. **4.** BOT. Mode de division de certaines tiges en rameaux bifurqués. **5.** ASTRON. Phase de la Lune à son premier ou à son dernier quartier.

DICHOTOMIQUE adj. De la dichotomie.

DICHROÏQUE adj. Qui présente la propriété de dichroïsme.

DICHROÏSME [dikrɔism] n.m. (gr. *dikhroos,* bicolore). PHYS. Propriété que possèdent certaines substances d'offrir des colorations diverses suivant la direction de l'observation (cristaux et gemmes anisotropes, par ex.).

DICHROMIE n.f. Procédé de synthèse des couleurs utilisant deux couleurs.

DICLINE adj. (du gr. *klinê,* lit). BOT. *Fleur dicline,* qui porte des organes d'un seul sexe (étamines ou pistil). SYN. : ***unisexué.***

DICO n.m. (abrév.) Fam. Dictionnaire.

DICOTYLÉDONE n.f. et adj. (gr. *kotulêdon,* lobe). *Dicotylédones :* classe de plantes angiospermes dont la graine contient une plantule à deux cotylédons, présentant des feuilles généralement horizontales, aux nervures ramifiées et aux faces différentes, et des fleurs dont la symétrie est souvent d'ordre 5. (Plus de 300 000 espèces.) *Les dicotylédones vivaces ont des formations secondaires, mais n'ont pas de bulbe, ce qui les oppose aux monocotylédones.*

DICROTE adj. (gr. *dikrotos,* qui heurte deux fois). *Pouls dicrote,* qui donne l'impression de deux pulsations à chaque battement du cœur.

DICTAME [diktam] n.m. (gr. *diktamnon*). **1.** Herbe qui sécrète une essence très inflammable. (Famille des rutacées.) SYN. : *fraxinelle.* **2.** Herbe originaire de Crète. (Famille des labiées.)

DICTAPHONE n.m. (nom déposé). Magnétophone servant, notamment, à la dictée du courrier.

DICTATEUR n.m. 1. ANTIQ. ROM. Magistrat suprême investi temporairement de tous les pouvoirs politiques et militaires, en cas de crise grave. 2. Mod. Chef d'État qui, s'étant emparé du pouvoir, gouverne arbitrairement et sans contrôle démocratique ; autocrate. ◇ Par ext. Personne très autoritaire.

DICTATORIAL, E, AUX adj. Relatif à une dictature ; absolu. *Pouvoir dictatorial.*

DICTATORIALEMENT adv. De façon dictatoriale ; en dictateur.

DICTATURE n.f. 1. ANTIQ. ROM. Gouvernement d'exception, magistrature militaire conférée pour six mois à un dictateur (entre le VIe et le IIIe s. av. J.-C. surtout, par ex. au lendemain du désastre de Cannes, en 216). ◇ Mod. *Dictature du prolétariat :* période transitoire durant laquelle les représentants du prolétariat devront exercer tous les pouvoirs pour détruire l'État bourgeois et permettre le passage à la société sans classes, dans le marxisme. 2. Mod. Régime politique instauré par un dictateur. – *Dictature militaire,* qui s'appuie sur l'armée. 3. Fig. Autoritarisme, tyrannie.

DICTÉE n.f. 1. Action de dicter (un texte) ; fait de dicter (un comportement). *Sous la dictée des évènements.* 2. Exercice scolaire d'orthographe.

DICTER v.t. (lat. *dictare*). 1. Dire à haute voix (des mots, un texte) à qqn qui les écrit au fur et à mesure. *Dicter une lettre.* 2. Inspirer, imposer (une conduite à tenir). ◇ *Dicter sa loi, ses conditions,* les imposer.

DICTION n.f. Manière de parler, élocution ; manière de réciter pour la scène, l'écran.

DICTIONNAIRE n.m. Recueil de mots rangés par ordre alphabétique et suivis de leur définition ou de leur traduction dans une autre langue. ◇ *Dictionnaire encyclopédique,* qui, outre les informations sur les mots eux-mêmes, contient des développements scientifiques ou historiques sur les choses, les personnes, etc., représentées par ces mots. – *Dictionnaire de langue,* qui donne des informations sur la nature et le genre grammatical des mots, leurs formes graphiques et phonétiques, leurs sens, leurs emplois, leurs niveaux de langue, etc. Abrév. (fam.) : *dico.*

DICTIONNAIRIQUE adj. Qui concerne le dictionnaire.

DICTON n.m. (lat. *dictum*). Maxime ; propos sentencieux largement répandu ou devenu proverbial. (Ex. : *En avril, ne te découvre pas d'un fil.*)

DICTYOPTÈRE n.m. *Dictyoptères :* ordre d'insectes aux métamorphoses incomplètes, aux ailes réticulées, tels que la blatte.

DIDACTHÈQUE n.f. Bibliothèque de didacticiels.

DIDACTICIEL n.m. (de *didactique* et *logiciel*). INFORM. Logiciel spécialement conçu pour l'enseignement assisté par ordinateur.

1. DIDACTIQUE adj. (du gr. *didaskein,* enseigner). Qui a pour objet d'instruire ; pédagogique. – *Poésie didactique,* qui se propose l'exposé d'une doctrine philosophique ou de connaissances scientifiques ou techniques. ◇ *Terme didactique,* savant.

2. DIDACTIQUE n.f. Théorie et méthode de l'enseignement (d'une spécialité).

DIDACTIQUEMENT adv. De façon didactique.

DIDACTISME n.m. Caractère de ce qui est didactique.

DIDACTYLE adj. ZOOL. 1. *Organe didactyle,* qui présente deux appendices évoquant deux doigts (ex. : les pinces de crabe). 2. Qui a deux doigts.

DIDASCALIE [didaskali] n.f. (gr. *didaskalia,* enseignement). Indication donnée à un acteur par l'auteur, sur son manuscrit, dans le théâtre grec (terme didactique utilisé dans le même sens pour le théâtre moderne).

DIDUCTION n.f. PHYSIOL. Mouvement latéral de la mâchoire inférieure.

DIDYME n.m. Terre rare qui est un mélange de néodyme et de praséodyme.

DIÈDRE n.m. (du gr. *hedra,* siège). 1. GÉOM. Figure formée par deux demi-plans *(faces)* ayant pour frontière la même droite *(arête).* 2. AVIAT. Angle formé par le plan horizontal et le plan des ailes d'un avion. ◆ adj. MATH. Déterminé par l'intersection de deux plans. *Angle dièdre.*

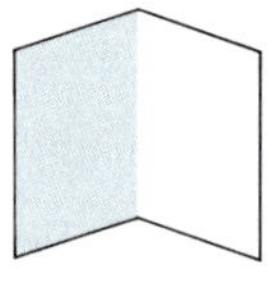

dièdre

DIEFFENBACHIA [difɛnbakja] n.m. Plante d'ornement à larges feuilles maculées de blanc, originaire d'Amérique du Sud. (Famille des aracées.)

DIÉLECTRIQUE adj. et n.m. PHYS. Se dit d'une substance qui ne conduit pas le courant électrique ; isolant. ◇ *Constante diélectrique :* permittivité.

DIENCÉPHALE [diɑ̃sefal] n.m. 1. EMBRYOL. Seconde partie de l'encéphale embryonnaire, qui forme l'épiphyse, le lobe nerveux de l'hypophyse, le thalamus, ou couches optiques, les nerfs optiques et les rétines. 2. ANAT. Dans l'organisme adulte, partie du cerveau située entre les hémisphères cérébraux et le tronc cérébral, formée par les parois du troisième ventricule, le thalamus et l'hypothalamus, et comprenant de nombreux centres régulateurs de l'activité vitale (sommeil, métabolisme, etc.).

DIENCÉPHALIQUE adj. Relatif au diencéphale.

DIÈNE [djɛn] n.m. Hydrocarbure renfermant deux doubles liaisons carbone-carbone. SYN. : *dioléfine.*

DIÉRÈSE n.f. (gr. *diairesis,* division). 1. PHON. Prononciation en deux syllabes d'une séquence formant habituellement une seule syllabe (par ex. : [nɥaʒ] prononcé [ny-aʒ]). CONTR. : *synérèse.* 2. CHIR. Séparation de parties contiguës.

DIERGOL n.m. Propergol constitué par deux ergols liquides, un combustible et un comburant, injectés séparément dans la chambre de combustion. SYN. : *biergol.*

DIÈSE [djɛz] n.m. (gr. *diesis,* intervalle). MUS. Signe d'altération qui hausse d'un demi-ton chromatique la note qu'il précède. ◇ *Double dièse :* signe d'altération qui hausse de deux demi-tons chromatiques la note qu'il précède. ◆ adj. Affecté d'un signe dièse. *Do dièse.*

dièse et double dièse

DIESEL [djezɛl] n.m. (du n. de l'inventeur). 1. *Moteur Diesel* ou *diesel :* moteur à combustion interne fonctionnant par autoallumage du combustible (gazole) injecté dans de l'air fortement comprimé. 2. Véhicule équipé d'un tel moteur.

DIESEL-ÉLECTRIQUE adj. et n.m. (pl. *diesels-électriques*). Se dit d'une locomotive dont la puissance est donnée par un diesel entraînant une génératrice ou un alternateur qui fournit du courant aux moteurs entraînant les essieux.

DIÉSÉLISATION n.f. Action de diéséliser.

DIÉSÉLISER v.t. 1. Équiper (une ligne ferroviaire) en traction par engins à moteur Diesel. 2. Équiper (un véhicule automobile) d'un moteur Diesel.

DIÉSÉLISTE n.m. Mécanicien spécialiste des diesels.

DIÉSER v.t. Affecter (une note) d'un dièse.

DIES IRAE [djesire] n.m. inv. (mots lat., *jour de colère*). Chant de la messe des morts, dans le rite catholique romain.

DIESTER n.m. (nom déposé). Huile végétale estérifiée, utilisée, pure ou mélangée à du gazole, comme biocarburant de moteurs Diesel.

1. DIÈTE n.f. (bas lat. *dieta,* jour assigné). HIST. Assemblée politique qui, dans plusieurs États d'Europe (Saint Empire, Pologne, Hongrie, etc.), élisait le souverain et élaborait les lois soumises à sa ratification. (Le Parlement polonais a conservé ce nom.)

2. DIÈTE n.f. (gr. *diaita,* genre de vie). 1. Abstention momentanée, totale ou partielle, d'aliments, pour raison de santé. *Mettre qqn à la diète.* 2. MÉD. Régime à base de certains aliments dans un but hygiénique ou thérapeutique.

DIÉTÉTICIEN, ENNE n. Spécialiste de la diététique.

1. DIÉTÉTIQUE adj. Relatif à la diététique, à ses applications. ◇ *Aliment diététique,* modifié, traité dans un but diététique.

2. DIÉTÉTIQUE n.f. Science des régimes alimentaires, fondée sur l'étude de la valeur nutritive des aliments.

DIÉTHYLÉNIQUE adj. Qui possède deux doubles liaisons carbone-carbone.

DIEU n.m. (lat. *deus*). 1. (Avec une majuscule). Être suprême, créateur de toutes choses, principe de salut pour l'humanité, dans les religions monothéistes. *Prier Dieu, le bon Dieu.* – *Homme de Dieu :* prêtre ; saint homme. ◇ (Exprimant le soulagement). *Dieu merci. Grâce à Dieu, vous voilà !* – (Exprimant l'incertitude). *Dieu sait s'il viendra.* – (Renforçant une affirmation). *Dieu sait si je vous avais prévenu.* – (Renforçant une demande). *Pour l'amour de Dieu, voulez-vous vous taire !* – Vulg. (Juron exprimant le dépit, la colère, la surprise, etc.). *Nom de Dieu !* 2. (Avec une minuscule). Être supérieur, puissance surnaturelle, dans les religions polythéistes. *Mars, le dieu de la Guerre.* 3. Fig. Personne, chose à laquelle on voue une sorte de culte, pour laquelle on a un attachement passionné.

DIFFA n.f. (ar. *ḍiyāfa,* hospitalité). Maghreb. Réception des hôtes de marque, accompagnée d'un repas.

DIFFAMANT, E adj. Qui diffame.

DIFFAMATEUR, TRICE n. Personne qui diffame. ◆ adj. Se dit d'un écrit, d'un journal qui diffame.

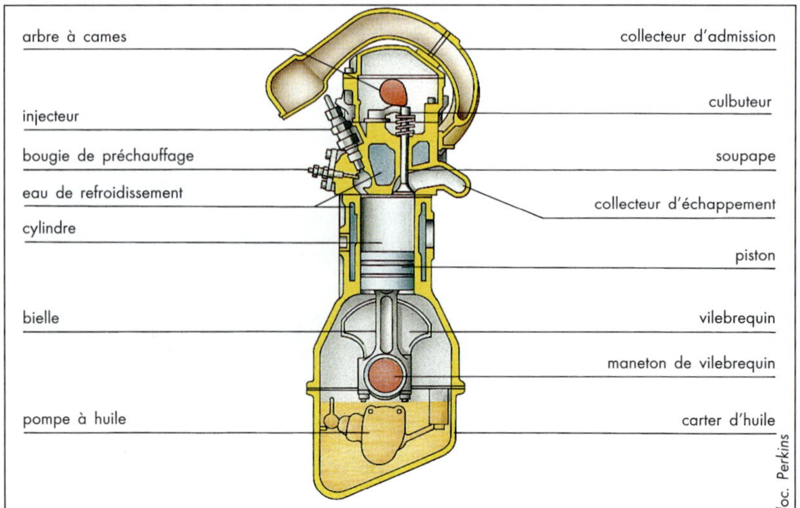

diesel : coupe d'un moteur Diesel (vue de face)

DIFFAMATION n.f. Action de diffamer ; écrit ou parole diffamatoire. – DR. Allégation d'un fait qui est de nature à porter atteinte à l'honneur ou à la considération de qqn.

DIFFAMATOIRE adj. *Propos, écrit diffamatoire,* qui diffame qqn.

DIFFAMÉ, E adj. HÉRALD. *Animal, lion diffamé,* représenté sans queue.

DIFFAMER v.t. (lat. *diffamare,* de *fama,* renommée). Porter atteinte à la réputation de (qqn) par des paroles ou des écrits non fondés, mensongers ; calomnier.

DIFFÉRÉ, E adj. et n.m. Se dit d'un programme radiophonique ou télévisé enregistré avant sa diffusion.

DIFFÉREMMENT adv. De façon différente.

DIFFÉRENCE n.f. (lat. *differentia*). **1.** Ce par quoi des êtres ou des choses ne sont pas semblables ; caractère qui distingue, oppose. – Didact., litt. Fait de différer ; originalité. *Cultiver la différence.* ◇ *À la différence de :* par opposition à. – *Faire la différence :* reconnaître la différence (entre plusieurs choses) ; créer un écart. **2.** Résultat de la soustraction de deux nombres. ◇ MATH. *Différence de deux ensembles* A *et* B : ensemble, noté A – B, formé par les éléments de A n'appartenant pas à B.

DIFFÉRENCIATEUR, TRICE adj. Qui différencie.

DIFFÉRENCIATION n.f. **1.** Action de différencier ; son résultat ; fait de se différencier. **2.** BIOL. Acquisition par les organismes vivants de différences croissantes entre leurs diverses parties au cours de leur développement.

DIFFÉRENCIÉ, E adj. Qui résulte d'une différenciation ou qui se différencie.

DIFFÉRENCIER v.t. Distinguer par une différence. ◆ **se différencier** v.pr. Se distinguer des autres, du reste, par une différence, une marque quelconque ; se singulariser.

DIFFÉREND n.m. Désaccord, conflit d'opinions, d'intérêts. *Avoir un différend.*

DIFFÉRENT, E adj. Qui présente une différence, qui n'est pas semblable, identique. ◇ *C'est tout différent :* c'est tout autre chose. ◆ pl. (Avant le n.). Divers ; plusieurs. *Différentes personnes se sont présentées.*

DIFFÉRENTIABLE adj. MATH. *Fonction différentiable en un point* x_0 : fonction qui peut être assimilée à une fonction linéaire de la variable quand celle-ci tend vers x_0.

DIFFÉRENTIATEUR n.m. CYBERN. Dispositif mécanique ou autre, organe de calcul automatique permettant d'élaborer des grandeurs différentiées.

DIFFÉRENTIATION n.f. MATH. Calcul de la différentielle.

1. DIFFÉRENTIEL, ELLE [diferɑ̃sjɛl] adj. **1.** Didact. Relatif à ou fondé sur une, des différences. **a.** *Psychologie différentielle :* branche de la psychologie qui a pour objet de mesurer les différences entre les individus, notamment dans leurs performances intellectuelles. (Elle a recours à des tests, ou des échelles de tests.) ◇ PSYCHOL. *Seuil différentiel :* la plus petite variation perceptible (d'un son, par ex.). **b.** CH. DE F. *Tarif différentiel,* qui varie entre les différents points d'une voie. **c.** GÉOL. *Érosion différentielle,* variant selon la résistance des roches. **2.** MATH. **a.** *Calcul différentiel :* partie des mathématiques qui traite des propriétés locales des fonctions, de leur comportement pour des variations infiniment petites des variables. **b.** *Équation différentielle :* équation liant une fonction, une ou plusieurs de ses dérivées successives et la variable.

2. DIFFÉRENTIEL n.m. **1.** Train d'engrenages qui permet de transmettre à un arbre rotatif un mouvement de vitesse équivalant à la somme ou à la différence des vitesses de deux autres mouvements. *Le différentiel d'une automobile permet à la roue extérieure de prendre, dans un virage, une vitesse supérieure à celle de la roue intérieure.* **2.** Écart, exprimé en pourcentage, qui existe entre deux variables de même nature. *Différentiel d'intérêt.* ◇ Spécialt. *Différentiel d'inflation :* écart existant entre le taux annuel d'inflation dans un pays et ce taux dans un autre. Recomm. off. : *écart d'inflation.*

DIFFÉRENTIELLE n.f. MATH. Fonction linéaire à laquelle peut être assimilée une fonction différentiable en un point donné.

DIFFÉRENTIER [diferɑ̃sje] v.t. MATH. Calculer la différentielle de. *Différentier une fonction.* (On écrit parfois *différencier.*)

1. DIFFÉRER v.t. (lat. *differre,* retarder) [18]. Remettre à un autre temps, à une date ultérieure.

2. DIFFÉRER v.t. ind. (lat. *differre,* être différent) [18]. **1.** Être différent, dissemblable. *Mon opinion diffère de la sienne.* **2.** N'être pas du même avis. *Nous différons sur ce point.*

DIFFICILE adj. (lat. *difficilis*). **1.** Qui ne se fait, qui ne peut être résolu qu'avec peine ; qui exige des efforts ; compliqué, pénible. *Problème difficile à résoudre.* **2.** Exigeant, peu facile à contenter. *Caractère difficile.* **3.** Pénible, douloureux. *Moment, situation difficile.* ◆ n. *Faire le, la difficile :* se montrer peu ou pas facile à contenter.

DIFFICILEMENT adv. Avec difficulté.

DIFFICULTÉ n.f. (lat. *difficultas*). **1.** Caractère de ce qui est difficile. *Difficulté d'un problème.* **2.** Chose difficile, qui embarrasse ; empêchement, obstacle. *Éprouver des difficultés. Soulever une difficulté.* **3.** Opposition, divergence (entre personnes, points de vue). ◇ *Faire des difficultés :* susciter des obstacles, ne pas accepter facilement qqch.

DIFFICULTUEUX, EUSE adj. Litt. Qui présente des difficultés.

DIFFLUENCE n.f. GÉOGR. Division d'un cours d'eau, d'un glacier en plusieurs bras qui ne se rejoignent pas.

DIFFLUENT, E [-flyɑ̃, ɑ̃t] adj. Qui se développe dans des directions divergentes, qui se disperse.

DIFFORME adj. (lat. *deformis*). Qui n'a pas une forme normale ; contrefait.

DIFFORMITÉ n.f. Défaut dans la forme ; anomalie dans les proportions.

DIFFRACTER v.t. Produire la diffraction de.

DIFFRACTION n.f. (du lat. *diffractus,* mis en morceaux). Déviation que subit la direction de propagation des ondes (acoustiques, lumineuses, hertziennes, rayons X, etc.) lorsque celles-ci rencontrent un obstacle ou une ouverture de dimensions du même ordre de grandeur que leur longueur d'onde.

DIFFUS, E [dify, yz] adj. (lat. *diffusus*). **1.** Répandu en tous sens, disséminé. ◇ *Douleur diffuse,* non circonscrite. **2.** Fig. Qui manque de netteté, de concision. *Style diffus.*

DIFFUSABLE adj. Qui peut être diffusé.

DIFFUSANT, E adj. **1.** Qui diffuse la lumière, la chaleur, etc. **2.** Qui est créateur de progrès économique, d'emplois. *Technologie diffusante.*

DIFFUSÉMENT adv. De façon diffuse.

DIFFUSER v.t. **1.** Répandre dans toutes les directions. *Le verre dépoli diffuse la lumière.* **2.** Transmettre une émission (par la radio, la télévision) ; propager (par les médias en général). *Diffuser le français à l'étranger. Diffuser une nouvelle.* **3.** Assurer la distribution commerciale d'une publication. *Diffuser des livres.*

DIFFUSEUR n.m. **I.** TECHN. Tout appareil, tout dispositif servant à diffuser. **1.** Accessoire d'éclairage qui donne une lumière diffuse. **2.** Dispositif permettant à une substance (parfum, insecticide) d'agir par évaporation lente. **3.** Appareil servant à extraire le sucre de la betterave. **4.** Conduit servant à ralentir l'écoulement d'un fluide en augmentant la section de passage. **5.** Partie du carburateur d'un moteur à explosion, où s'effectue le mélange carburé. **6.** Ajutage fixé sur un fût de lance d'incendie pour diviser le jet d'eau. **II.** Celui qui diffuse. *Cet éditeur est en même temps diffuseur.*

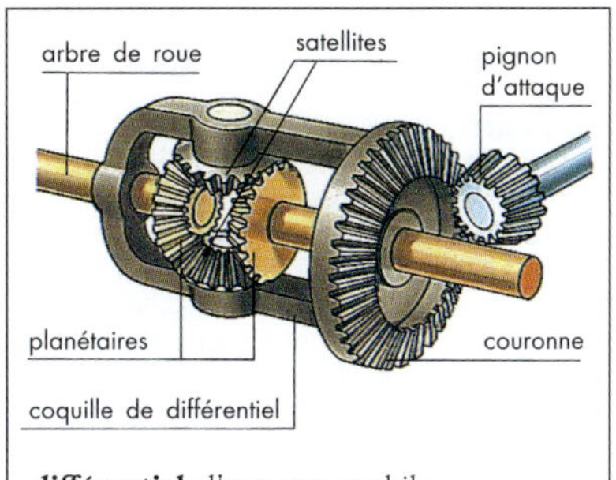

différentiel d'une automobile

DIFFUSIBLE adj. PHYS. Susceptible de se diffuser, de se répandre. *Gaz diffusible.*

DIFFUSION n.f. (lat. *diffusio*). **I.** Action par laquelle une substance, une onde, etc., se propage, se répand. **1.** MÉD. Distribution d'une substance dans l'organisme. **2.** PHYS. **a.** Mouvement d'un ensemble de particules dans un milieu, sous l'action de différences de concentration, de température, etc., tendant à l'égalisation de ces grandeurs. **b.** Dispersion d'un rayonnement incident (lumière, rayons X, son) dans toutes les directions lorsqu'il traverse certains milieux. **c.** Changement de la direction ou de l'énergie d'une particule lors d'une collision avec une autre particule. **d.** *Diffusion gazeuse :* procédé de séparation des isotopes fondé sur la différence de vitesse de passage d'un gaz à travers une paroi poreuse en fonction de la masse molaire de ce gaz. **II.** Action de diffuser. **1.** Action de transmettre par la radio, la télévision. **2.** Action de propager (une connaissance, un savoir, etc.). **3.** Action de distribuer commercialement (un livre, un journal, etc.). ◇ Nombre d'exemplaires vendus d'un journal au numéro. **4.** Action de répartir.

DIFFUSIONNISME n.m. Théorie anthropologique selon laquelle les cultures dominantes se sont diffusées progressivement dans une région géographique au détriment des autres.

DIFFUSIONNISTE adj. et n. Relatif au diffusionnisme ; qui en est partisan.

DIGAMMA n.m. inv. Lettre de l'alphabet grec archaïque (notée F), qui servait à noter le son [w].

DIGASTRIQUE adj. *Muscle digastrique :* muscle qui présente deux groupes de fibres musculaires séparés par un tendon.

DIGÉRER v.t. (lat. *digerere,* distribuer) [18]. **1.** Assimiler par la digestion. *Je digère mal mon repas.* **2.** Absolt. Effectuer la digestion d'un repas. *Ne te baigne pas avant d'avoir digéré.* **3.** Fig. Assimiler par la réflexion, la pensée. *Digérer ses lectures.* **4.** Fig., fam. Accepter sans révolte, endurer (qqch de désagréable, d'humiliant). *Digérer un affront.*

DIGEST [dajdʒɛst] ou [diʒɛst] n.m. (mot angl., de *to digest,* résumer). Résumé d'un livre ou d'un article ; publication périodique renfermant de tels résumés.

1. DIGESTE n.m. Recueil méthodique de droit. (Le plus célèbre est le *Digeste de Justinien* ou *Pandectes* [533].)

2. DIGESTE adj. Facile à digérer.

DIGESTEUR n.m. TECHN. **1.** Appareil servant à entraîner les parties solubles de certaines substances. **2.** Cuve à l'intérieur de laquelle on provoque la fermentation anaérobie de boues résiduaires ou de déjections animales en vue de produire du méthane.

DIGESTIBILITÉ n.f. Aptitude d'un aliment à être digéré.

DIGESTIBLE adj. Se dit d'un aliment qui peut être aisément digéré.

1. DIGESTIF, IVE adj. De la digestion. *Troubles digestifs.* ◇ *Appareil digestif :* ensemble des organes qui concourent à la digestion. *(V. illustration p. 342.)* – *Suc digestif :* liquide sécrété par une glande digestive, et contenant des enzymes.

2. DIGESTIF n.m. Alcool ou liqueur que l'on prend après le repas, prétendument pour aider à la digestion.

DIGESTION n.f. (lat. *digestio,* distribution). Transformation des aliments dans l'appareil digestif ; moment où l'on digère.

■ La digestion consiste en un ensemble d'actions mécaniques (mastication effectuant un broyage des aliments par les dents, déglutition, mouvements de brassage de l'estomac, mouvements péristaltiques de l'intestin) et de réactions chimiques assurées par les enzymes des sucs digestifs (salive, suc gastrique, pancréatique, intestinal) et par la bile, qui émulsionne les graisses. Le résultat de la digestion est un liquide, le chyle, absorbé par les villosités de l'intestin grêle. Les substances non absorbées passent dans le

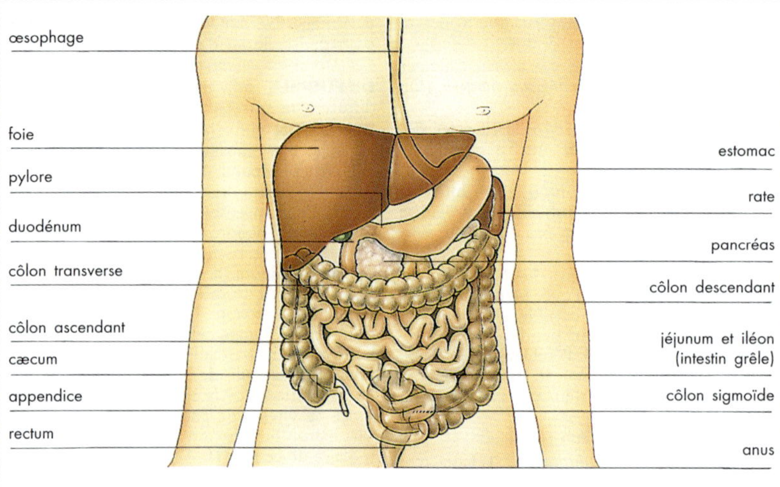

l'appareil **digestif**

gros intestin et sont éliminées avec les fèces. Chez certains animaux, la digestion présente des modalités très particulières. (→ ***rumination***.)

DIGIT [diʒit] n.m. (mot angl., *nombre*). INFORM. Chiffre ; caractère.

1. DIGITAL, E, AUX adj. (lat. *digitus*, doigt). Qui appartient aux doigts. *Empreinte digitale.*

2. DIGITAL, E, AUX adj. (de l'angl. *digit*, du lat. *digitus*, doigt). INFORM. (Anglic. déconseillé et vieilli). Numérique.

DIGITALE n.f. Plante à hampe dressée dont les fleurs ont la forme d'un doigt de gant et qui croît dans les sous-bois clairs, sur sol siliceux. (Nom usuel : *doigtier ;* famille des scrofulariacées.)

digitales

DIGITALINE n.f. Principe actif de la digitale pourprée, qui constitue un poison violent, utilisé à petites doses dans le traitement de certaines maladies du cœur.

DIGITALISER v.t. (de *digit*). INFORM. Numériser.

DIGITÉ, E adj. Découpé en forme de doigts.

DIGITIFORME adj. En forme de doigt.

DIGITIGRADE adj. et n.m. (du lat. *digitus*, doigt, et *gradi*, marcher). ZOOL. Qui marche en appuyant les doigts (et non la plante du pied) sur le sol.

DIGITOPLASTIE n.f. Réfection chirurgicale d'un doigt.

DIGITOPUNCTURE [-pɔ̃k-] n.f. MÉD. Traitement, inspiré de l'acupuncture, utilisant la compression des doigts.

DIGITOXINE n.f. Hétéroside extrait de la digitale, proche de la digitaline.

DIGLOSSIE n.f. (gr. *diglôssos*, bilingue). LING. Situation de bilinguisme d'un individu ou d'une communauté, dans laquelle une des deux langues a un statut sociopolitique inférieur.

DIGNE adj. (lat. *dignus*). **I.** *Digne de (qqch).* **1.** Qui mérite (qqch). *Digne d'éloges, de mépris.* **2.** Qui est en conformité, en convenance avec. *Fils digne de son père.* **II.** Absolt. **1.** Qui a, qui manifeste de la dignité. *Maintien digne.* **2.** Litt. ou vieilli. Qui mérite l'estime.

DIGNEMENT adv. Avec dignité ; comme il faut.

DIGNITAIRE n.m. Personnage revêtu d'une dignité.

DIGNITÉ n.f. (lat. *dignitas*). **1.** Respect dû à une personne, à une chose ou à soi-même. *Dignité de la personne humaine. Compromettre sa dignité.* **2.** Retenue, gravité dans les manières. *Manquer de dignité.* **3.** Haute fonction, charge qui donne à qqn un rang éminent. ◇ Distinction honorifique. *La dignité de grand-croix de la Légion d'honneur.*

DIGON [digɔ̃] n.m. Javelot en fer à pointe barbelée, destiné à harponner le poisson.

DIGRAMME n.m. LING. Groupe de deux lettres employé pour transcrire un phonème unique (par ex. *ch* transcrivant [ʃ]).

DIGRAPHIE n.f. COMPTAB. Tenue des livres en partie double.

DIGRESSION n.f. (lat. *digressio*, de *digredi*, s'écarter de son chemin). Développement étranger au sujet, dans un discours, une conversation.

DIGUE n.f. (anc. néerl. *dijc*). **1.** Ouvrage destiné à contenir les eaux, à élever leur niveau ou à guider leur cours. **2.** Fig. Ce qui retient, fait obstacle. *Indignation contenue par la digue du savoir-vivre.*

DIHOLOSIDE n.m. CHIM. Composé résultant de la condensation de deux oses.

DIJONNAIS, E adj. et n. De Dijon.

DIKTAT [diktat] n.m. (mot all.). Exigence absolue, imposée par le plus fort, notamm. dans les relations internationales.

DILACÉRATION n.f. Action de dilacérer ; son résultat.

DILACÉRER v.t. (lat. *dilacerare*) 18. **1.** Déchirer, mettre en pièces. **2.** MÉD. Déchirer des tissus organiques en provoquant une plaie.

DILAPIDATEUR, TRICE adj. et n. Qui dilapide, qui dépense sans raison ni règle.

DILAPIDATION n.f. Action de dilapider.

DILAPIDER v.t. (lat. *dilapidare*). Dépenser à tort et à travers ; gaspiller. *Dilapider son bien.*

DILATABILITÉ n.f. PHYS. Propriété qu'ont les corps de se dilater.

DILATABLE adj. PHYS. Susceptible de se dilater.

DILATANT, E adj. Qui dilate.

1. DILATATEUR, TRICE adj. ANAT. Qui dilate.

2. DILATATEUR n.m. CHIR. Instrument servant à dilater un orifice ou une cavité.

DILATATION n.f. (lat. *dilatatio*). Action de dilater, de se dilater ; fait d'être dilaté. **1.** MÉD. Augmentation du calibre d'un conduit naturel, soit pathologique *(dilatation des bronches)*, soit thérapeutique *(dilatation de l'urètre)*. **2.** PHYS. Augmentation de la longueur ou du volume d'un corps par élévation de température, sans changement dans la nature du corps.

DILATER v.t. (lat. *dilatare*, de *latus*, large). **1.** Augmenter le volume d'un corps par élévation de sa température. **2.** Augmenter le calibre d'un conduit naturel ; agrandir l'ouverture d'un organe. **3.** Fig. *Dilater le cœur*, le remplir de joie, d'enthousiasme, etc. ◆ **se dilater** v.pr. **1.** Augmenter de volume. **2.** S'ouvrir, s'élargir, en parlant d'un organe. ◇ Fig. S'épanouir. *Son cœur se dilatait de joie.*

DILATOIRE adj. (lat. *dilatorius*). **1.** Qui tend à gagner du temps, à retarder une décision. *Réponse dilatoire. Des manœuvres dilatoires.* **2.** DR. *Exception dilatoire :* mesure qui tend à retarder la poursuite d'une instance.

DILATOMÈTRE n.m. PHYS. Instrument de mesure de la dilatation.

DILECTION [dilɛksjɔ̃] n.f. (lat. *dilectio*). Litt. Amour pur et pénétré de tendresse spirituelle.

DILEMME [dilɛm] n.m. (gr. *dilêmma*). **1.** LOG. Raisonnement comprenant deux prémisses contradictoires, mais menant à une même conclusion, laquelle, par conséquent, s'impose. **2.** Obligation de choisir entre deux partis possibles, comportant tous deux des inconvénients.

DILETTANTE [dilɛtɑ̃t] n. (mot it.). Personne qui s'adonne à un travail, à un art pour son seul plaisir, en amateur, avec une certaine fantaisie.

DILETTANTISME n.m. (Souvent péj.). Caractère, attitude du dilettante.

DILIGEMMENT [diliʒamɑ̃] adv. Avec diligence, avec zèle.

1. DILIGENCE n.f. (lat. *diligentia*, soin). **1.** Litt. Soin attentif, minutie. **2.** Promptitude dans l'exécution ; empressement, zèle. **3.** DR. *À la diligence de :* sur la demande, à la requête de.

2. DILIGENCE n.f. (abrév. de *carrosse de diligence*). Voiture tirée par des chevaux, qui servait au transport des voyageurs.

DILIGENT, E adj. (lat. *diligens*). Litt. Qui agit avec promptitude et efficacité.

DILIGENTER v.t. DR. ou litt. Faire ou faire faire qqch avec diligence.

DILUANT n.m. Liquide volatil ajouté à la peinture, au vernis pour en améliorer les caractéristiques d'application.

DILUER v.t. (lat. *diluere*, tremper). **1.** Délayer (une substance) dans un liquide. **2.** *Diluer un liquide*, en diminuer la teneur par l'adjonction d'eau ou d'un autre liquide. *Diluer de l'alcool avec de l'eau.* **3.** Fig. Affaiblir un texte, des idées en les développant à l'excès. ◆ **se diluer** v.pr. **1.** Se mélanger (avec un liquide). **2.** Se disperser, perdre toute consistance.

DILUTION n.f. Action de diluer, de se diluer ; son résultat.

DILUVIAL, E, AUX adj. Vx. Du diluvium.

DILUVIEN, ENNE adj. (lat. *diluvium*, déluge). Qui a rapport au déluge, évoque le déluge. ◇ *Pluie diluvienne*, très abondante.

DILUVIUM [-vjɔm] n.m. Vx. Terrain fluviatile du quaternaire.

DIMANCHE n.m. (lat. *dies dominicus*, jour du Seigneur). Septième jour de la semaine, consacré au repos. ◇ (Souvent péj.). *Du dimanche*, se dit de qqn qui pratique une activité en amateur. *Peintre du dimanche.*

DÎME n.f. (lat. *decima*, dixième partie). HIST. Sous l'Ancien Régime, fraction variable, en principe un dixième, des produits de la terre et de l'élevage, versée à l'Église. (Abolie en 1789.)

DIMENSION n.f. (lat. *dimensio*). **1.** Chacune des grandeurs nécessaires à l'évaluation des figures et des solides (longueur, largeur, hauteur ou profondeur). **2.** MATH. Nombre, commun, des éléments de toutes les bases d'un espace vectoriel lorsque ce nombre est fini. *L'espace physique est un espace de dimension 3.* **3.** PHYS. Expression de la relation existant entre une grandeur dérivée et les grandeurs fondamentales dont elle dépend. ◇ *Quatrième dimension :* le temps, dans la théorie de la relativité. **4.** Portion d'espace occupée par un corps, un objet. *Un paquet de grande dimension.* **5.** Fig. **a.** Importance, ampleur. *Une faute de cette dimension.* **b.** Aspect significatif de qqch. *L'inconscient, dimension essentielle du psychisme.*

DIMENSIONNEL, ELLE adj. Didact. Relatif aux dimensions de qqch.

DIMENSIONNER v.t. TECHN. Fixer, déterminer les dimensions de (une pièce, un élément, etc.).

DIMÈRE adj. et n.m. CHIM. Se dit d'une molécule résultant de la combinaison de deux molécules identiques.

DIMINUÉ, E adj. Dont les facultés physiques ou intellectuelles sont amoindries.

DIMINUENDO [diminɥɛndo] adv. (mot it.). MUS. En affaiblissant graduellement le son.

DIMINUER v.t. (lat. *diminuere,* de *minus,* moins). **1.** Rendre moins grand, moins important ; réduire. *Diminuer la longueur d'une planche. Diminuer les frais, la vitesse.* **2.** Déprécier, rabaisser. *Diminuer le mérite de qqn.* ◆ v.i. **1.** Devenir moins grand, moins étendu, moins intense, moins coûteux. *Les jours diminuent. La pluie a diminué. Le prix des légumes a diminué.* **2.** Effectuer une diminution, en tricot.

DIMINUTIF, IVE adj. et n.m. LING. Qui donne une nuance de petitesse, d'atténuation, d'affection ou de familiarité (par ex. *fillette, menotte*).

DIMINUTION n.f. **1.** Action de diminuer en dimension, en quantité, en intensité, en valeur ; son résultat. **2.** Opération qui consiste à tricoter deux mailles ensemble ou à prendre une maille sur l'aiguille sans la tricoter et à la rejeter sur la maille suivante.

DIMORPHE adj. (du gr. *morphê,* forme). **1.** Didact. Qui peut revêtir deux formes différentes. **2.** CHIM. Qui peut se cristalliser sous deux formes différentes.

DIMORPHISME n.m. Propriété des corps dimorphes. ◇ BIOL. *Dimorphisme sexuel :* ensemble des différences non indispensables à la reproduction entre le mâle et la femelle de la même espèce animale.

DINANDERIE n.f. (de *Dinant,* n. de ville). **1.** Art médiéval de la production d'objets en laiton coulé. **2.** Travail artistique du métal en feuille par martelage ; ensemble des objets ainsi produits.

DINANDIER, ÈRE n. Fabricant ou marchand de dinanderie.

DINAR n.m. (lat. *denarius*). Unité monétaire principale de l'Algérie, de l'Iraq, de la Jordanie, du Koweït, de la Libye, de la Tunisie, de la République du Yémen, de la Bosnie-Herzégovine et de la Macédoine. Graphie savante : *dīnār.* (→ **monnaie.**)

DÎNATOIRE adj. Qui tient lieu de dîner. *Goûter dînatoire.*

DINDE n.f. (de *poule d'Inde*). **1.** Dindon femelle. **2.** Fam. Femme ou fille sotte, stupide.

DINDON n.m. (de *dinde*). **1.** Oiseau gallinacé originaire de l'Amérique du Nord, introduit et domestiqué en Europe depuis le XVIe s. (Le terme *dindon* désigne plus spécialt le mâle, qui peut peser jusqu'à 19 kg ; il porte sur la tête des excroissances et des caroncules colorées et peut dresser les plumes de sa queue. Famille des phasianidés.) *Le dindon glougloute,* pousse son cri. **2.** Fam. Homme stupide et vaniteux. ◇ *Être le dindon de la farce :* être la victime, la dupe.

dindon domestique

DINDONNEAU n.m. Jeune dindon.

DINDONNER v.t. Fam. et vx. Tromper qqn, le berner.

1. DÎNER v.i. (lat. pop. *disjejunare,* rompre le jeûne). **1.** Prendre le repas du soir. **2.** Vx ou Suisse, Belgique, Canada, Zaïre. Déjeuner.

2. DÎNER n.m. **1.** Repas du soir. ◇ Ce que l'on mange au dîner. **2.** Vx ou Suisse, Belgique, Canada, Zaïre. Repas de midi.

DÎNETTE n.f. **1.** Petit repas que les enfants font ensemble ou simulent avec leur poupée. **2.** Fam. Repas léger. **3.** Service de vaisselle miniature servant de jouet aux enfants.

DÎNEUR, EUSE n. Personne qui prend part à un dîner.

DING interj. (onomat.). [Imitant un tintement, un coup de sonnette, de cloche, etc.]. *Ding ! On sonne !*

DINGHY [dingi] n.m. (mot angl., du hindi) [pl. *dinghys* ou *dinghies*]. Canot pneumatique de sauvetage.

1. DINGO [dɛ̃go] n.m. Chien sauvage d'Australie.

2. DINGO [dɛ̃go] n. et adj. Fam. Fou.

DINGUE adj. et n. Fam. Fou. ◆ adj. Fam. Notable pour sa bizarrerie, son absurdité ; fantastique, inouï, incroyable. *Il m'est arrivé une histoire dingue.*

DINGUER v.i. Fam. Tomber brutalement ; être projeté avec violence. – *Envoyer dinguer :* éconduire brutalement ; envoyer promener.

DINGUERIE n.f. Fam. Comportement de dingue.

DINITROTOLUÈNE n.m. CHIM. Dérivé deux fois nitré du toluène, entrant dans la composition d'explosifs (cheddite, notamm.).

DINORNIS [dinɔrnis] n.m. (du gr. *deinos,* terrible). Oiseau ratite qui vivait en Nouvelle-Zélande à la fin de l'ère tertiaire et dont la taille atteignait 3,50 m.

DINOSAURE [dinɔzɔr] n.m. **1.** Dinosaurien. **2.** Fam. Personne, institution jugée archaïque dans son domaine, mais y conservant une importance considérable. *Un dinosaure de la politique.*

DINOSAURIEN [dinɔsorjɛ̃] n.m. (du gr. *deinos,* terrible, et *saura,* lézard). *Dinosauriens :* très vaste groupe de reptiles terrestres de l'ère secondaire, comprenant notamm. le brontosaure, le diplodocus et le stégosaure.

DINOTHÉRIUM [dinɔterjɔm] n.m. (gr. *deinos,* terrible, et *thêrion,* bête sauvage). Mammifère fossile de l'ordre des proboscidiens, ayant vécu au miocène en Europe. (De la taille des éléphants, il possédait à la mâchoire inférieure deux défenses recourbées vers le sol.)

DIOCÉSAIN, E adj. et n. Du diocèse.

DIOCÈSE n.m. **1.** Territoire placé sous la juridiction d'un évêque ; évêché. **2.** HIST. Circonscription administrative de l'Empire romain, créée par Dioclétien, qui groupait plusieurs provinces et qui était placée sous l'autorité d'un vicaire.

DIODE n.f. (gr. *hodos,* route). ÉLECTRON. Composant électronique utilisé comme redresseur de courant (tube à deux électrodes, jonction de deux semi-conducteurs). ◇ *Diode électroluminescente :* diode qui émet des radiations lumineuses lorsqu'elle est parcourue par un courant électrique et que l'on utilise pour l'affichage électronique de données (heure, notamm.), la signalisation, etc.

DIOÏQUE adj. (du gr. *oikos,* maison). BOT. Se dit des plantes qui ont les fleurs mâles et les fleurs femelles sur des pieds séparés. (Ex. : chanvre, houblon, dattier.) CONTR. : *monoïque.*

DIOLÉFINE n.f. CHIM. Diène.

DIONÉE n.f. (de *Dioné,* mère d'Aphrodite). Petite plante de l'Amérique du Nord, dont les feuilles emprisonnent brusquement et digèrent les insectes qui s'y posent. (Famille des droséracées.) Nom usuel : *attrape-mouche.*

dionée

DIONYSIAQUE adj. **1.** Relatif à Dionysos. **2.** PHILOS. (Chez Nietzsche). Qui a un caractère de démesure, de foisonnement exubérant (par opp. à *apollinien*).

DIONYSIEN, ENNE adj. et n. De la ville de Saint-Denis.

DIONYSIES n.f. pl. Fêtes en l'honneur de Dionysos, dans la Grèce ancienne.

DIOPTRE n.m. (gr. *dioptron,* de *dia,* à travers, et *optesthai,* voir). Surface optique séparant deux milieux transparents inégalement réfringents.

DIOPTRIE n.f. Unité de mesure de vergence des systèmes optiques (symb. δ) équivalant à la vergence d'un système optique dont la distance focale est 1 mètre dans un milieu dont l'indice de réfraction est 1.

DIOPTRIQUE n.f. (gr. *dioptrikê,* art de mesurer les distances). Partie de la physique qui s'occupe de la réfraction de la lumière. ◆ adj. Relatif à la dioptrique.

DIORAMA n.m. (sur *panorama,* avec gr. *dia,* à travers). Anc. Grande peinture sur toile présentée dans une salle obscure afin de donner l'illusion, grâce à des jeux de lumière, de la réalité et du mouvement. (Le premier diorama fut installé à Paris, en 1822, par Daguerre et le peintre Charles Marie Bouton.)

DIORITE n.f. (du gr. *diorizein,* distinguer). Roche plutonique constituée essentiellement de plagioclase acide, d'amphibole et de mica.

DIOSCORÉACÉE n.f. (de *Dioscoride,* n. d'un médecin gr.). *Dioscoréacées :* famille de plantes monocotylédones à laquelle appartiennent l'igname et le tamier.

quelques **dinosauriens**

DIOULA n.m. Afrique. Commerçant musulman itinérant.

DIOXINE n.f. Sous-produit de la fabrication d'un dérivé chloré du phénol, très toxique.

DIOXYDE n.m. Oxyde contenant deux atomes d'oxygène. ◇ *Dioxyde de carbone :* anhydride carbonique.

DIPÉTALE adj. BOT. Qui a deux pétales.

DIPHASÉ, E adj. ÉLECTR. Se dit de deux courants ou de deux tensions sinusoïdaux de même fréquence et de même amplitude, déphasés d'un quart de période.

DIPHÉNOL n.m. CHIM. Corps possédant deux fois la fonction phénol.

DIPHÉNYLE n.m. Hydrocarbure utilisé pour la conservation des agrumes.

DIPHTÉRIE n.f. (gr. *diphtera,* membrane). Maladie contagieuse due au bacille de Klebs-Löffler. ■ La diphtérie se manifeste par une angine à fausses membranes qui envahissent la gorge. Leur localisation sur le larynx provoque l'asphyxie par l'obstruction du conduit aérien : c'est le *croup.* La sécrétion d'une toxine qui diffuse dans tout l'organisme peut provoquer une *forme maligne* et des atteintes viscérales (le plus souvent des *paralysies*). La vaccination est obligatoire.

DIPHTÉRIQUE adj. et n. Relatif à la diphtérie ; atteint de diphtérie.

DIPHTONGAISON n.f. PHON. Fusion en un seul élément vocalique (ou diphtongue) de deux voyelles qui se suivent.

DIPHTONGUE [diftɔ̃g] n.f. (gr. *diphtongos,* de *phtongos,* son). PHON. Voyelle complexe dont le timbre se modifie au cours de son émission (par ex. l'angl. *make*). ◇ *Fausse diphtongue,* en français, groupe de deux lettres notant un phonème *(ai)* ou une semi-consonne suivie d'une voyelle *(oi).*

DIPHTONGUER v.t. PHON. Convertir en diphtongue une voyelle en modifiant son timbre.

DIPLOBLASTIQUE adj. BIOL. Se dit d'un animal dont les divers organes s'édifient à partir de deux feuillets embryonnaires seulement, le mésoblaste, ou mésoderme, ne se formant pas. (Les principaux embranchements diploblastiques sont ceux des spongiaires, cnidaires et cténaires.)

DIPLOCOQUE n.m. Bactérie dont les éléments, sphériques, sont groupés par deux (pneumocoque, méningocoque, etc.).

DIPLODOCUS [diplɔdɔkys] n.m. (gr. *diploos,* double, et *dokos,* poutre). Reptile dinosaurien, long de 25 m environ, qui a vécu en Amérique au crétacé et dont le cou et la queue étaient très allongés.

DIPLOÏDE adj. BIOL. Qui a un nombre de chromosomes égal à celui de l'œuf fécondé (en parlant du noyau cellulaire, de la cellule).

1. DIPLOMATE n. (de *diplôme*). Personne chargée de représenter son pays auprès d'une nation étrangère et dans les relations internationales.

2. DIPLOMATE adj. et n. Qui fait preuve d'habileté, de tact dans les relations avec autrui.

3. DIPLOMATE n.m. Pudding à base de biscuits et de crème anglaise, garni de fruits confits.

DIPLOMATIE [-si] n.f. **1.** Science, pratique des relations internationales. **2.** Carrière, fonction diplomatique. **3.** Ensemble des diplomates. **4.** Habileté, tact dans les relations avec autrui.

1. DIPLOMATIQUE adj. **1.** Relatif à la diplomatie. **2.** Adroit, habile, plein de tact. ◇ Fam. *Maladie diplomatique :* prétexte allégué pour se soustraire à une obligation professionnelle ou sociale.

2. DIPLOMATIQUE n.f. Science qui étudie les règles formelles présidant à l'établissement des actes et documents officiels et leurs variations au cours des âges.

DIPLOMATIQUEMENT adv. De façon diplomatique ; avec diplomatie.

DIPLÔME n.m. (gr. *diplôma,* objet plié en deux). **1.** Acte délivré par une école, une université, etc., et conférant un titre, un grade à son récipiendaire. **2.** HIST. Acte solennel des souverains ou de grands feudataires, authentifié par un sceau.

DIPLÔMÉ, E adj. et n. Pourvu d'un diplôme.

DIPLÔMER v.t. Décerner un diplôme à (qqn).

DIPLOPIE n.f. (gr. *diploos,* double, et *ôps, ôpos,* œil). MÉD. Trouble de la vue, qui fait voir double les objets.

DIPNEUMONE ou **DIPNEUMONÉ, E** adj. ZOOL. Qui possède deux poumons.

DIPNEUSTE [dipnøst] n.m. (du gr. *pneuein,* respirer). *Dipneustes :* sous-classe de poissons des mares temporaires, pouvant respirer, selon le milieu où ils se trouvent, par des branchies ou par des poumons.

DIPOLAIRE adj. PHYS. Qui possède deux pôles.

DIPÔLE n.m. PHYS. **1.** Ensemble de deux charges électriques très proches, égales, de signes opposés (doublet électrique). **2.** Réseau électrique à deux bornes.

DIPSACACÉE [dipsakase] ou **DIPSACÉE** [dipsase] n.f. *Dipsacacées :* famille de plantes voisines des composées, comme la cardère et la scabieuse.

DIPSOMANE adj. et n. Atteint de dipsomanie.

DIPSOMANIE n.f. (du gr. *dipsos,* soif). Besoin irrésistible et intermittent de boire des boissons alcoolisées.

1. DIPTÈRE adj. (gr. *dipteros,* entouré de deux rangs de colonnes). ARCHIT. Entouré d'un portique à double rangée de colonnes. *Temple diptère.*

2. DIPTÈRE adj. et n.m. (du gr. *dipteros,* à deux ailes). *Diptères :* ordre d'insectes tels que les mouches et les moustiques, comprenant plus de 200 000 espèces et caractérisés par la présence d'une seule paire d'ailes membraneuses, implantée sur le deuxième anneau du thorax, d'une paire de balanciers (servant à l'équilibrage pendant le vol) sur le troisième anneau du thorax et de pièces buccales piqueuses ou suceuses.

DIPTYQUE n.m. (gr. *diptukhos,* plié en deux). **1.** Œuvre d'art composée de deux panneaux, fixes ou mobiles. **2.** Œuvre (littéraire, musicale, etc.) composée de deux parties qui s'opposent ou se mettent en valeur par contraste. **3.** ANTIQ. Registre public formé de deux tablettes reliées par une charnière.

1. DIRE v.t. (lat. *dicere*) [102]. **1.** Exprimer au moyen de la parole ou de l'écrit ; avancer, affirmer, raconter. *N'avoir rien à dire.* ◇ *Il va, cela va sans dire,* cela va de soi. – *Soit dit en passant :* pour ne pas s'appesantir sur ce point. **2.** Ordonner, conseiller de ; inviter à. *Je vous dis de partir.* **3.** Indiquer par des marques extérieures ; signifier ; révéler. *Pendule qui dit l'heure exacte. Son silence en dit long.* ◇ Fam. *Ça ne me dit rien :* je n'en ai pas envie ; ça n'évoque rien pour moi. – *Si le cœur vous en dit :* si vous en avez envie.

2. DIRE n.m. **1.** Ce qu'une personne dit, déclare. – *Au dire de, selon, d'après les dires de :* d'après l'affirmation de. **2.** DR. Déclaration d'un avocat qui figure dans le rapport d'un expert ou le cahier des charges d'une vente judiciaire.

1. DIRECT, E adj. (lat. *directus*). **1.** Qui est droit, sans détour. *Voie directe.* **2.** Fig. **a.** Qui va droit au but. *Attaque, accusation directe.* **b.** Qui s'exprime sans détour, sans circonlocution. *Langage direct.* **3.** Sans intermédiaire, en relation immédiate avec qqch. *Conséquences directes.* ◇ Se dit d'un moyen de transport qui mène d'un lieu à un autre sans correspondance. *Avion direct.* – *Train direct* ou *direct,* n.m. : train qui, entre deux grandes gares, ne s'arrête à aucune station intermédiaire. ◇ *Succession en ligne directe,* de père en fils. **4. a.** *Complément d'objet direct,* introduit sans l'intermédiaire d'une préposition (ex. : *aimez vos* PARENTS ; *il* SE *lave ; je veux* PARTIR). **b.** *Discours, style direct,* dans lequel les paroles sont rapportées sans l'intermédiaire d'un subordonnant (ex. : *Il a dit « Je viendrai »*). CONTR. : *indirect.* **5.** MATH. *Base directe :* base qui a la même orientation que la base choisie pour définir l'orientation positive.

2. DIRECT n.m. **1.** En boxe, coup porté devant soi en détendant le bras horizontalement. **2.** Train direct. **3.** Émission de radiodiffusion, de télévision transmise sans enregistrement préalable. ◇ *En direct :* se dit d'un programme ainsi diffusé.

DIRECTEMENT adv. De façon directe.

DIRECTEUR, TRICE n. **1.** Personne qui dirige, est à la tête d'une entreprise, d'un service, etc. *Directeur d'école, d'usine.* **2.** Fonctionnaire d'une administration occupant le poste le plus élevé dans la hiérarchie. **3.** *Directeur de conscience :* ecclésiastique choisi par une personne pour diriger sa vie spirituelle. **4.** HIST. Chacun des cinq membres du Directoire, en France, de 1795 à 1799. (Prend une majuscule en ce sens.) ◆ adj. Qui dirige. *Comité directeur. Roue directrice.*

DIRECTIF, IVE adj. **1.** Qui imprime une direction, une orientation, qui impose des contraintes. *Pédagogie directive.* **2.** TECHN. *Micro directif,* directionnel.

DIRECTION n.f. (lat. *directio*). **I. 1.** Action de diriger, de guider ; conduite, administration. *Avoir la direction d'une équipe. Prendre la direction d'une affaire.* **2.** Ensemble de ceux qui dirigent une entreprise ; locaux, bureaux occupés par un directeur et son service. **3.** Subdivision d'un ministère, d'une administration, placée sous l'autorité d'un directeur. *La direction du Trésor.* **II. 1.** Orientation vers un point donné. *La direction de l'aiguille aimantée.* ◇ MATH. Ensemble des droites parallèles entre elles. **2.** Ligne de mouvement d'un corps. **3.** Fig. Orientation, ligne de conduite. **III.** Ensemble des organes qui permettent d'orienter les roues directrices d'un véhicule.

DIRECTIONNEL, ELLE adj. Qui émet ou reçoit dans une seule direction. *Antenne directionnelle.*

DIRECTIVE n.f. (du lat. *directus,* dirigé). Indication générale donnée par l'autorité (politique, militaire, religieuse, etc.) à ses subordonnés ; instruction, ordre. (S'emploie surtout au pl.)

DIRECTIVISME n.m. Péj. Caractère ou comportement excessivement autoritaire.

DIRECTIVITÉ n.f. **1.** Fait d'être directif ; caractère d'une personne directive. **2.** Propriété qu'a une antenne d'émettre ou de capter les ondes électromagnétiques dans une direction plutôt que dans une autre.

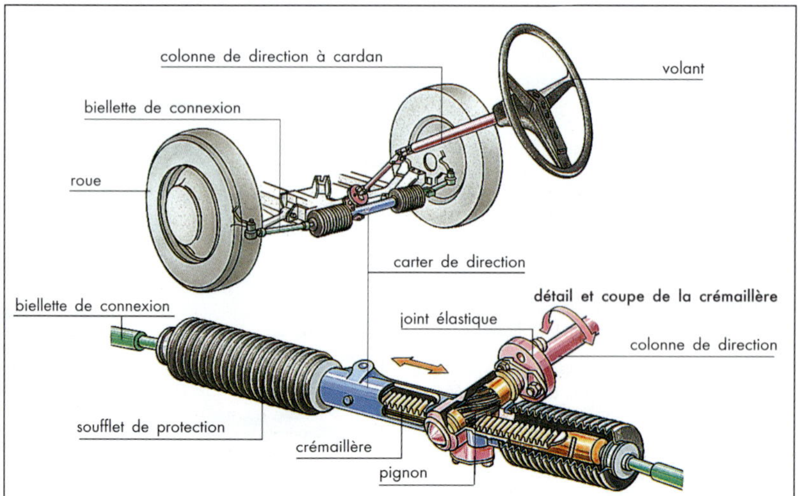

direction à crémaillère d'automobile

DIRECTOIRE n.m. **1.** DR. COMM. Organe collégial dont peut se doter une société anonyme. ◇ DR. CONSTIT. Organe collégial ayant des fonctions gouvernementales. **2.** HIST. *Le Directoire* : régime qui gouverna la France de 1795 à 1799 (v. partie n.pr.). ◇ *Style Directoire* : style caractéristique de l'époque du Directoire.

DIRECTORAT n.m. Fonction de directeur d'une institution, d'un organisme, etc. – Durée de l'exercice de cette fonction.

DIRECTORIAL, E, AUX adj. Qui se rapporte à une direction, à un directeur, au Directoire.

DIRECTRICE n.f. **1.** Chacune des aubes généralement fixes qui, dans une turbine, dirigent le fluide moteur vers les aubes d'une roue mobile (dites *réceptrices*). **2.** MATH. Courbe sur laquelle s'appuie une droite mobile *(génératrice)* engendrant une surface conique ou cylindrique. – Droite servant, avec le foyer, à définir les coniques.

DIRHAM [diram] n.m. Unité monétaire principale des Émirats arabes unis et du Maroc. (→ ***monnaie.***)

DIRIGEABLE adj. Qui peut être dirigé. ◇ *Ballon dirigeable* ou *dirigeable,* n.m. : aérostat muni d'hélices propulsives et d'un système de direction. *La nacelle d'un dirigeable.*

dirigeable britannique Skyship 500 (longueur : 50 m ; diamètre : 18,65 m ; masse : 3,185 t ; volume : 5131 m^3 ; vitesse maximale : 115 km/h)

DIRIGEANT, E adj. et n. Qui dirige ; qui exerce ou qui détient un pouvoir.

DIRIGER v.t. (lat. *dirigere*) [17]. **I. 1. a.** Mener en tant que responsable, commander. *Elle dirige maintenant l'entreprise de son père.* **b.** Orienter. *Diriger un débat, un entretien.* **2.** Conduire des musiciens, des chanteurs. *Diriger un orchestre.* **II. 1. a.** Faire aller dans un sens ou dans l'autre. *Il dirige son camion vers le port.* **b.** Envoyer vers. *Paquet à diriger sur l'Italie.* **2.** Donner telle ou telle orientation à. *Dirige ta lampe par ici !*

DIRIGISME n.m. Système dans lequel le gouvernement exerce un pouvoir d'orientation ou de décision sur l'économie.

DIRIGISTE adj. et n. Du dirigisme ; partisan du dirigisme.

DIRIMANT, E adj. (du lat. *dirimere,* annuler). DR. *Empêchement dirimant* : obstacle juridique qui annule un mariage.

DISACCHARIDE n.m. CHIM. Vieilli. Diholoside.

DISAMARE n.f. BOT. Fruit formé de deux samares rapprochées, comme chez l'érable.

DISCAL, E, AUX adj. MÉD. Relatif à un disque intervertébral. *Hernie discale.*

DISCALE n.f. → ***discomycète.***

DISCARTHROSE [diskartroz] n.f. MÉD. Arthrose atteignant les disques intervertébraux.

DISCERNABLE adj. Qui peut être discerné.

DISCERNEMENT n.m. **1.** Faculté de juger et d'apprécier avec justesse ; sens critique. **2.** Litt. Action de séparer, de discriminer.

DISCERNER v.t. (lat. *discernere,* séparer). **1.** Reconnaître distinctement par un effort d'attention ; percevoir. *Discerner qqch au loin.* **2.** Découvrir par la réflexion, le jugement. *Discerner les intentions de qqn.*

DISCIPLE n. (lat. *discipulus,* élève). Personne qui suit la doctrine d'un maître, qui suit l'exemple de qqn.

DISCIPLINABLE adj. Qui peut être discipliné.

1. DISCIPLINAIRE adj. Qui se rapporte à la discipline d'un corps, d'une assemblée, etc.

2. DISCIPLINAIRE n.m. Militaire des compagnies de discipline ou des sections spéciales.

DISCIPLINAIREMENT adv. En vertu des règles de la discipline.

DISCIPLINE n.f. (lat. *disciplina*). **1.** Ensemble des règles, des obligations qui régissent certains corps ou collectivités ; règlement. *La discipline militaire. Manquer, se plier à la discipline.* **2.** Soumission à des règles ou à un règlement. *Dans sa classe, il n'y a aucune discipline.* **3.** Matière d'enseignement. *Discipline obligatoire, facultative.* **4.** Vx. Fouet servant d'instrument de pénitence.

DISCIPLINÉ, E adj. **1.** Qui obéit à la discipline. *Une élève disciplinée.* ◇ Fam. *Être bête et discipliné* : obéir aveuglément aux ordres, sans réfléchir. **2.** Qui s'astreint soi-même à une discipline morale ou intellectuelle.

DISCIPLINER v.t. **1.** Soumettre (qqn, un groupe) à l'obéissance, à un ensemble de règles. *Discipliner une classe, une armée.* **2.** Maîtriser pour rendre utilisable. *Discipliner un cours d'eau.*

DISC-JOCKEY n. (mot angl.) [pl. *disc-jockeys*]. Personne qui choisit et qui passe des disques de variétés à la radio, dans une discothèque, etc. Abrév. : *D. J.* Recomm. off. : *animateur.*

1. DISCO n.m. ou f. Style de musique populaire spécialement destinée à la danse, à la mode de 1975 au début des années 80.

2. DISCO n.f. (abrév.). Fam. Discothèque.

DISCOBOLE n.m. (gr. *diskobolos*). **1.** ANTIQ. Athlète qui lançait le disque ou le palet. **2.** Poisson aux nageoires ventrales réunies sous la gorge en forme de disque.

1. DISCOGRAPHIE n.f. Répertoire des disques concernant un compositeur, un interprète, un thème.

2. DISCOGRAPHIE n.f. Radiographie, après injection d'un produit de contraste, des disques intervertébraux.

DISCOGRAPHIQUE adj. Qui se rapporte à la discographie.

DISCOÏDE [diskɔid] ou **DISCOÏDAL, E, AUX** adj. En forme de disque.

DISCOMPTE n.m., **DISCOMPTER** v.t. et i., **DISCOMPTEUR** n.m. Recomm. off. pour *discount,* 2. *discounter,* 1. *discounter.*

DISCOMYCÈTE [diskɔmisɛt] n.m. ou **DISCALE** n.f. *Discomycètes* : ordre de champignons ascomycètes tels que la morille ou la pezize, dont le périthèce, en forme de coupe, porte les asques sur sa face supérieure.

DISCONTINU, E adj. (lat. *discontinuus*). **1.** Qui n'est pas continu dans l'espace. *Ligne discontinue.* **2.** Qui s'interrompt, qui n'est pas régulier. *Un effort discontinu.* **3.** MATH. Se dit d'une fonction non continue.

DISCONTINUER v.i. (lat. *discontinuare*). *Sans discontinuer* : sans s'arrêter.

DISCONTINUITÉ n.f. Absence de continuité.

DISCONVENANCE n.f. Litt. Défaut de convenance, disproportion entre des choses ou des êtres.

DISCONVENIR v.t. ind. **[*de*]** (lat. *disconvenire*) [40]. Litt. *Ne pas disconvenir de qqch,* ne pas le contester, en convenir.

DISCOPATHIE n.f. MÉD. Affection d'un ou de plusieurs disques intervertébraux.

DISCOPHILE n. Amateur ou collectionneur de disques.

DISCOPHILIE n.f. Intérêt porté aux disques phonographiques ; goût, passion du discophile.

DISCORDANCE n.f. **1.** Caractère de ce qui est discordant ; incompatibilité. *Discordance de couleurs.* **2.** GÉOL. Disposition d'une série de couches reposant sur des couches plus anciennes qui ne leur sont pas parallèles. **3.** PSYCHIATRIE. Dissociation.

DISCORDANT, E adj. **1.** Qui manque de justesse, d'harmonie, d'ensemble. *Des sons discordants.* **2.** GÉOL. Se dit d'un terrain qui repose en discordance sur des terrains plus anciens.

DISCORDE n.f. (lat. *discordia*). Litt. Dissension parfois violente entre deux ou plusieurs personnes. ◇ *Pomme de discorde* : sujet de querelle.

DISCORDER v.i. Litt. **1.** Être divergent. *Témoignages qui discordent.* **2.** N'être pas en harmonie, en parlant de sons, de couleurs.

DISCOTHÉCAIRE n. Personne qui s'occupe des prêts dans une discothèque.

DISCOTHÈQUE n.f. (du gr. *thêkê,* coffre). **1.** Établissement où l'on peut danser et écouter des disques tout en consommant. Abrév. (fam.) : *disco.* **2.** Organisme de prêt de disques ; endroit où est organisé ce prêt. **3.** Collection de disques. **4.** Meuble destiné à contenir une telle collection.

DISCOUNT [diskaunt] ou [diskunt] n.m. (mot angl.). **1.** Rabais sur les prix consenti par un commerçant en fonction de l'ampleur des commandes et des ventes et de la réduction de ses charges. Recomm. off. : *discompte.* **2.** Vente au public à bas prix et par très grandes quantités ; pratique commerciale que constitue ce type de vente.

1. DISCOUNTER [diskuntœr] n.m. Commerçant qui pratique le discount. Recomm. off. : *discompteur.*

2. DISCOUNTER [diskunte] v.t. Vendre (des marchandises) en discount. ◆ v.i. Pratiquer le discount. Recomm. off. : *discompter.*

DISCOUREUR, EUSE n. Personne qui aime faire de longs discours.

DISCOURIR v.i. (lat. *discurrere,* courir çà et là) [45]. Parler sur un sujet en le développant longuement ; pérorer.

DISCOURS n.m. (lat. *discursus*). **1.** Développement oratoire sur un sujet déterminé, prononcé en public ; allocution. *Discours d'ouverture d'une session parlementaire.* **2.** LING. **a.** Réalisation concrète, écrite ou orale, de la langue considérée comme un système abstrait. *La langue et le discours, et la parole.* **b.** Énoncé supérieur à la phrase, considéré du point de vue de son enchaînement. *Discours direct*, indirect*.* ◇ *Parties du discours* : catégories grammaticales (nom, adjectif, verbe, etc.). **3.** Ensemble de manifestations verbales, orales ou écrites, tenues pour significatives d'une idéologie ou d'un état des mentalités à une époque, concernant un domaine, etc. *Le discours sécuritaire.*

DISCOURTOIS, E adj. Litt. Qui n'est pas courtois.

DISCOURTOISEMENT adv. Litt. De façon discourtoise.

DISCOURTOISIE n.f. Litt. Manque de courtoisie.

DISCRÉDIT n.m. Diminution ou perte de la confiance, de l'estime, de la valeur dont jouit qqn ou qqch. *Jeter le discrédit sur qqn, qqch.*

DISCRÉDITER v.t. Faire perdre à (qqn, qqch) la considération, le prestige, l'influence dont il jouissait. ◆ **se discréditer** v.pr. Se comporter de manière à perdre l'estime des autres.

DISCRET, ÈTE adj. (lat. *discretus,* capable de discerner). **1.** Qui fait attention à ne pas gêner, qui ne s'impose pas ; réservé dans ses paroles et ses actions. **2.** Qui est fait de façon à n'être pas remarqué. *Un petit clin d'œil discret.* ◇ Qui n'attire pas l'attention, sobre. *Toilette discrète.* **3.** Qui sait garder un secret. **4. a.** MATH. et PHYS. Se dit d'une grandeur constituée d'unités distinctes (par opp. aux grandeurs continues), d'une variation procédant par quantités entières. **b.** INFORM. Numérique. **5.** LING. Se dit d'une unité faisant partie d'un système et qui peut être isolée, délimitée par l'analyse.

DISCRÈTEMENT adv. Avec discrétion.

DISCRÉTION n.f. (lat. *discretio,* discernement). **1.** Attitude de qqn qui ne veut pas s'imposer ; tact, réserve. **2.** Caractère de ce qui n'attire pas l'attention ; sobriété. *Discrétion d'un décor.* **3.** Aptitude à garder le silence, un secret. ◆ loc. adv. *À discrétion* : à volonté. – *À la discrétion de qqn* : à sa merci.

DISCRÉTIONNAIRE adj. DR. *Pouvoir discrétionnaire* : liberté laissée à l'Administration de prendre l'initiative de certaines mesures.

1. DISCRIMINANT, E adj. (lat. *discrimen, -inis,* séparation). **1.** Qui établit une séparation entre des termes. **2.** Qui introduit une discrimination entre des individus.

2. DISCRIMINANT n.m. MATH. Nombre ($\Delta = b^2 - 4ac$) qui permet de connaître le nombre de racines réelles de l'équation du second degré $ax^2 + bx + c = 0$.

DISCRIMINATION n.f. **1.** Action d'isoler et de traiter différemment certains individus ou

un groupe entier par rapport aux autres. *Discrimination sociale, raciale.* **2.** Litt. Distinction.
DISCRIMINATOIRE adj. Qui tend à opérer une discrimination entre des personnes. *Mesures discriminatoires.*
DISCRIMINER v.t. (lat. *discriminare*). Litt. Établir une différence, une distinction entre des individus ou des choses.
DISCULPATION n.f. Action de disculper.
DISCULPER [diskylpe] v.t. (du lat. *culpa,* faute). Prouver l'innocence de. ◆ **se disculper** v.pr. Prouver son innocence.
DISCURSIF, IVE adj. (lat. *discursivus,* de *discursus,* discours). **1.** Didact. Qui repose sur le raisonnement. **2.** LING. Qui concerne le discours.
DISCUSSION n.f. (lat. *discussio,* secousse). **1.** Examen, débat contradictoire. *La discussion d'un projet de loi.* **2.** Échange de propos vifs ; différend. *Ils se sont expliqués au cours d'une violente discussion.* **3.** Échange de propos, d'idées ; conversation. *Il ne prend jamais part aux discussions.*
DISCUTABLE adj. Qui peut être discuté ; qui offre matière à discussion, douteux.
DISCUTAILLER v.i. Fam. Discuter longuement et pour ne rien dire, de choses insignifiantes.
DISCUTAILLEUR, EUSE adj. et n. Fam. Qui discutaille.
DISCUTÉ, E adj. Critiqué, mis en cause.
DISCUTER v.t. (lat. *discutere,* secouer). **1.** Débattre, examiner avec soin (une question). *Discuter un problème, un cas, une affaire.* **2.** Contester, mettre en question. *Discuter les ordres.* ◆ v.t. ind. *(de).* Échanger des idées sur tel ou tel sujet. *Discuter de politique* ou, ellipt., *discuter politique.*
DISCUTEUR, EUSE adj. et n. Qui aime la discussion ; qui conteste tout.
DISERT, E [dizɛr, ɛrt] adj. (lat. *disertus*). Litt. Qui parle aisément et avec élégance.
DISERTEMENT adv. Litt. De façon diserte.
DISETTE n.f. **1.** Pénurie de vivres. **2.** Litt. Manque de qqch.
DISETTEUX, EUSE adj. et n. Vx. Qui est très démuni, qui manque de vivres.
DISEUR, EUSE n. **1.** Personne connue pour dire habituellement certaines choses. *Un diseur de bons mots. – Diseur, diseuse de bonne aventure :* personne prédisant l'avenir. **2.** Litt. Personne qui dit, parle de telle manière. *Un fin diseur.*
DISGRÂCE n.f. (it. *disgrazia*). **1.** Perte de la faveur, de l'estime dont qqn ou qqch jouissait. *Tomber en disgrâce.* **2.** Litt. Infortune, malheur.
DISGRACIÉ, E adj. et n. Litt. Défavorisé par la nature quant au physique ; privé de beauté, disgracieux.
DISGRACIER v.t. Litt. Retirer à qqn la faveur dont il jouissait. *Courtisan que le roi avait disgracié.*
DISGRACIEUX, EUSE adj. **1.** Qui manque de grâce ; physiquement ingrat. *Un visage disgracieux.* **2.** Litt. Discourtois, désagréable.
DISHARMONIE n.f. → ***dysharmonie.***
DISJOINDRE v.t. (lat. *disjungere*) [82]. **1.** Séparer des choses jointes ; désunir. **2.** DR. *Disjoindre deux causes,* les soumettre chacune à une procédure spéciale.
DISJOINT, E adj. **1.** Qui n'est plus joint. **2.** MUS. *Intervalle disjoint :* intervalle formé de deux notes ne se suivant pas dans la gamme (de *do* à *fa,* par ex.), par opp. à *intervalle conjoint.* **3.** MATH. *Ensembles disjoints,* qui n'ont aucun élément commun.
DISJONCTER v.i. **1.** Se mettre en position d'interruption du courant, en parlant d'un disjoncteur ou d'un dispositif comparable. **2.** Fam. Perdre la tête, devenir fou. ◆ v.t. Faire disjoncter. *L'orage a disjoncté la ligne.*
DISJONCTEUR n.m. ÉLECTR. Interrupteur automatique de courant, fonctionnant lors d'une variation anormale de l'intensité ou de la tension.
DISJONCTIF, IVE adj. et n.m. LING. *Particule disjonctive,* qui indique une distinction, une séparation entre les termes qu'elle relie (par ex. *ou, soit, ni*).
DISJONCTION n.f. (lat. *disjunctio*). **1.** Action de disjoindre. **2.** DR. *Disjonction d'instance :* décision par laquelle le juge ordonne la séparation d'une instance en plusieurs. **3.** LOG. Liaison, notée v, de deux propositions par *ou.* SYN. : *somme logique.*
DISLOCATION n.f. **1.** Action de disloquer ; fait de se disloquer. *Dislocation d'une chaise, des os.* **2.** Fig. Séparation des parties d'un tout ; démembrement, dispersion. *Dislocation d'une famille.* **3.** PHYS. Défaut d'un cristal caractérisé par le glissement d'une de ses parties par rapport au réseau parfait.
DISLOQUER v.t. (lat. *dislocare,* déplacer). **1.** Disjoindre avec une certaine violence les parties d'un ensemble. *Le choc a disloqué la voiture.* – Démettre, déboîter. *Disloquer une articulation.* **2.** Fig. Disperser, séparer. *Disloquer un cortège.*
DISPARAÎTRE v.i. [91] [auxil. *avoir* ou (litt.) *être*]. **1.** Cesser d'être visible. *La voiture disparut au loin.* **2.** S'absenter brusquement. *Il a disparu depuis trois jours.* **3.** Être soustrait, égaré ou volé. *Sa montre a disparu.* **4.** Mourir ; cesser d'être. *C'est un grand homme qui vient de disparaître. Coutume aujourd'hui disparue.* ◇ *Faire disparaître qqn,* le tuer. – *Faire disparaître qqch,* l'enlever, le supprimer. *Faire disparaître une douleur.*
1. DISPARATE adj. (lat. *disparatus,* inégal). Qui forme un ensemble sans harmonie, sans unité.
2. DISPARATE n.f. ou m. Litt. Manque d'accord, d'harmonie ; contraste choquant.
DISPARATION n.f. PHYSIOL. *Disparation rétinienne :* différence existant entre les images rétiniennes d'un même objet.
DISPARITÉ n.f. **1.** Manque d'égalité ; différence marquée. *Disparité des salaires.* **2.** Manque d'harmonie. *Disparité d'opinions.*
DISPARITION n.f. **1.** Fait de disparaître, de ne plus être visible. *Disparition du soleil à l'horizon.* **2.** Fait de ne plus exister. *Disparition d'une coutume. – Espèce en voie de disparition,* menacée d'extinction. **3.** Mort. *Annoncer la disparition de qqn.*
DISPARU, E adj. et n. Mort ou considéré comme mort. *Soldat porté disparu.*
DISPATCHER [dispatʃe] v.t. Anglic. Répartir, distribuer, orienter ; faire le dispatching de.
DISPATCHING [dispatʃiŋ] n.m. (angl. *to dispatch,* expédier). Anglic. **1.** Organisme assurant, à partir d'un bureau unique, la régulation du trafic ferroviaire, aérien, la distribution du pétrole dans un pipeline, la répartition de l'énergie électrique dans les secteurs d'utilisation, etc. **2.** Répartition et distribution des éléments d'un ensemble. ◇ **Spécialt.** Opération portant sur des marchandises ou sur du courrier et consistant à diriger chaque colis ou chaque pli vers son destinataire. Recomm. off. : *répartition* ou *ventilation.*
DISPENDIEUSEMENT adv. Litt. De façon dispendieuse.
DISPENDIEUX, EUSE adj. (lat. *dispendium,* dépense). Litt. Qui occasionne beaucoup de dépenses.
DISPENSABLE adj. DR. Pour quoi l'on peut accorder une dispense ; susceptible d'obtenir une dispense.
DISPENSAIRE n.m. Établissement de soins médicaux ou de petite chirurgie, où les malades ne sont pas hospitalisés.
DISPENSATEUR, TRICE n. Litt. Personne qui distribue, qui répartit qqch.
DISPENSE n.f. Permission accordée de ne pas faire une chose obligatoire ; document qui atteste cette permission.
DISPENSER v.t. (lat. *dispensare*). **1.** Autoriser à ne pas faire, exempter d'une obligation. *Dispenser un élève d'éducation physique.* **2.** Litt. Donner, accorder largement. *Dispenser des prestations.* ◆ **se dispenser** v.pr. *(de).* Ne pas se soumettre à une obligation.
DISPERSAL n.m. (mot angl., *dispersion*) [pl. *dispersaux*]. Plate-forme cimentée où sont stationnés les avions, sur une base aérienne militaire.
DISPERSANT, E adj. et n.m. CHIM. Se dit d'un produit tensioactif pour diluer et dissoudre les hydrocarbures répandus sur l'eau.
DISPERSÉ, E adj. CHIM. *Système dispersé :* système physique dans lequel un solide ou un liquide est dans un état de division très fine.
DISPERSEMENT n.m. Rare. Action de disperser ou de se disperser.
DISPERSER v.t. (lat. *dispergere,* répandre). **1.** Répandre, jeter çà et là. *Disperser des cendres.* **2.** Séparer les éléments d'un ensemble ; faire aller de différents côtés. *Disperser un attroupement. – Disperser une collection,* la vendre à plusieurs acheteurs. ◇ *En ordre dispersé :* de façon désordonnée. **3.** Fig. *Disperser ses efforts, son attention,* etc., les appliquer à trop de choses à la fois et les rendre ainsi moins intenses. ◆ **se disperser** v.pr. **1.** S'en aller de tous les côtés. *La foule s'est dispersée.* **2.** Fig. S'adonner à trop d'activités et ne s'appliquer efficacement à aucune.
DISPERSIF, IVE adj. PHYS. Qui provoque la dispersion de la lumière.
DISPERSION n.f. **1.** Action de disperser ; fait d'être dispersé. – *Dispersion du tir :* répartition des points de chute de plusieurs projectiles pourtant identiques, tirés avec la même arme et dans des conditions identiques. **2.** Fig. Manque de concentration. **3.** PHYS. Décomposition d'un rayonnement complexe en ses différentes radiations. **4.** CHIM. Solide, liquide ou gaz contenant un autre corps uniformément réparti dans sa masse. **5.** STAT. Étalement des valeurs d'une distribution statistique autour de valeurs caractéristiques (moyennes, médiane, mode).
DISPONIBILITÉ n.f. **1.** État de ce qui est disponible. *Disponibilité d'un capital.* **2.** Fait pour qqn d'avoir du temps libre ; fait d'être ouvert à beaucoup de choses. *Disponibilité d'esprit.* **3. a.** Position d'un fonctionnaire ou d'un militaire temporairement hors de son corps d'origine. **b.** Période des obligations militaires faisant immédiatement suite au service militaire actif. ◆ pl. Fonds dont on peut disposer.
1. DISPONIBLE adj. **1.** Dont on peut disposer. *Logement disponible. – Quotité disponible :* fraction des biens dont on peut disposer par donation ou par testament. **2.** Qui a du temps pour soi ; qui accueille bien ce qui est différent ou nouveau. **3.** Qui est en disponibilité, en parlant d'un fonctionnaire ou d'un militaire.
2. DISPONIBLE n. Fonctionnaire ou militaire en disponibilité.
DISPOS, E adj. (it. *disposto*). Qui est en bonne forme physique et morale. *Être frais et dispos.*
DISPOSANT, E n. DR. Personne qui dispose d'un bien par donation ou testament.
DISPOSÉ, E adj. **1.** Arrangé de telle ou telle manière. **2.** *Être bien, mal disposé à l'égard de qqn,* vouloir ou ne pas vouloir lui être utile ou agréable. – *Être bien, mal disposé :* être de bonne ou de mauvaise humeur.
DISPOSER v.t. (lat. *disponere*). **1.** Placer, arranger des choses ou des personnes d'une certaine manière. *Disposer des fleurs dans un vase. Disposer des troupes.* **2.** Préparer à, inciter à. *Les derniers évènements l'ont disposé à signer.* ◆ v.t. ind. *(de).* **1.** Pouvoir utiliser, avoir à sa disposition. *Disposer de quelques minutes.* **2. a.** Pouvoir compter sur l'aide de qqn. **b.** Faire ce qu'on veut de qqn. *Le droit des peuples à disposer d'eux-mêmes.* ◇ Ellipt. *Vous pouvez disposer :* vous pouvez partir. ◆ **se disposer** v.pr. *(à).* Se préparer. *Se disposer à partir.*
DISPOSITIF n.m. **1.** Ensemble de pièces constituant un mécanisme, un appareil quelconque ; ce mécanisme, cet appareil. *Un dispositif d'alarme, de sécurité.* **2. a.** Ensemble des mesures prises, des moyens mis en œuvre dans un but déterminé. *Dispositif d'approche. Un important dispositif policier.* **b.** Articulation des moyens qu'adopte une formation militaire pour exécuter une mission. **c.** *Dispositif scénique :* ensemble des éléments de décoration et de mise en scène. **3.** DR. Partie d'un jugement dans laquelle est exprimée la décision du tribunal précédée des motifs qui justifient la décision prise.
DISPOSITION n.f. (lat. *dispositio*). **I. 1.** Action, manière de placer, d'arranger qqn ou qqch. *La disposition des meubles, des lieux. La disposition des invités autour d'une table. La disposition des mots.* **2.** État d'esprit à l'égard de qqn à un moment donné. *Ne crains rien, ses dispositions à ton égard sont excellentes.* **3.** État physique. *Être en bonne disposition.* **4.** Tendance générale. *Disposition des prix à la hausse.* **II. 1.** Possibilité, faculté d'user à son gré

de qqch. *Ils ont mis leur garage à sa disposition.* – *À la disposition de :* au service, à la discrétion de. ◇ Suisse. *Être à disposition :* être disponible. **2.** DR. Point que règle un acte juridique, une loi, etc. – *Disposition à titre gratuit :* transmission d'un bien par donation ou par testament. ◆ **pl. 1.** Aptitudes. *Elle a des dispositions pour les langues.* **2.** *Prendre des, ses dispositions :* se préparer, s'organiser en vue de qqch.

DISPROPORTION n.f. Défaut de proportion, de convenance ; différence. *Disproportion d'âge, de taille.*

DISPROPORTIONNÉ, E adj. **1.** Qui n'est pas proportionné à qqch ; excessif. **2.** Démesuré, anormal. *Des mains disproportionnées.*

DISPUTE n.f. Discussion très vive, querelle.

DISPUTER v.t. **1.** Fam. Réprimander vivement, gronder. *Tu es en retard, tu vas te faire disputer !* **2.** Participer à (une lutte, une compétition) pour obtenir la victoire. *Disputer une course, un match, un combat.* **3.** *Disputer qqch à qqn :* lutter pour obtenir ce que qqn possède, ou tente en même temps d'obtenir. ◆ **se disputer** v.pr. Se quereller.

DISQUAIRE n. Personne qui vend au détail des disques, des cassettes enregistrées.

DISQUALIFICATION n.f. Action de disqualifier ; son résultat.

DISQUALIFIER v.t. (angl. *to disqualify*). **1.** Exclure (un sportif, un cheval, etc.) d'une épreuve sportive, d'une course pour infraction au règlement. **2.** Litt. Frapper de discrédit. ◆ **se disqualifier** v.pr. Perdre tout crédit par sa conduite.

DISQUE [disk] n.m. (lat. *discus,* palet). **1.** Plaque circulaire contenant un enregistrement en vue de la reproduction phonographique (*disque noir* ou *vinyle* et *disque compact*) ou vidéographique (*disque vidéo*). ◇ *Disque optique :* disque à lecture* optique. – *Disque optique compact (D. O. C.) :* recomm. off. pour *CD-ROM.* **2.** INFORM. Support circulaire recouvert d'une surface magnétisable permettant d'enregistrer des informations sous forme binaire sur des pistes concentriques. (On distingue les *disques durs,* de grande capacité, et les *disques souples* ou *disquettes.*) – *Disque optique numérique (D. O. N.) :* support d'enregistrement à lecture laser, utilisé en informatique comme mémoire de très grande capacité. **3.** ANAT. **a.** Chacun des éléments alternativement clairs et sombres constituant les fibrilles des muscles striés. **b.** *Disque intervertébral :* cartilage élastique séparant deux vertèbres. **4.** Plaque circulaire pesante que lancent les athlètes (1 kg pour les femmes, 2 kg pour les hommes). **5.** ASTRON. Surface circulaire visible d'un astre. **6.** CH. DE F. Plaque circulaire mobile indiquant, par sa position et sa couleur, si une voie est libre ou non. **7.** MATH. Ensemble des points du plan dont la distance à un point fixe (le centre) est inférieure ou égale à un nombre donné (le rayon). *La frontière du disque est un cercle.*

lancer du **disque**

DISQUETTE n.f. INFORM. Support magnétique d'informations contenant un disque de petit format placé dans un étui et s'insérant dans un lecteur associé à un ordinateur. (On dit aussi *disque souple,* par opp. à *disque dur.*)

DISRUPTIF, IVE adj. PHYS. *Décharge disruptive :* décharge électrique accompagnée d'une étincelle. – *Champ disruptif :* dans un condensateur, champ électrique capable de provoquer une disruption.

DISRUPTION n.f. PHYS. **1.** Ouverture brusque d'un circuit électrique. **2.** Claquage électrique, destruction du caractère isolant d'un milieu.

DISSECTION n.f. **1.** Action de disséquer. **2.** Fig. Action d'analyser minutieusement qqch.

DISSEMBLABLE adj. Qui n'est pas semblable.

DISSEMBLANCE n.f. Absence de ressemblance ; disparité.

DISSÉMINATION n.f. **1.** Action de disséminer ; dispersion. **2.** BOT. Dispersion des graines à l'époque de leur maturité.

DISSÉMINER v.t. (lat. *disseminare,* de *semen,* semence). Répandre çà et là, éparpiller. *Disséminer des graines. Disséminer des troupes.*

DISSENSION n.f. (lat. *dissensio*). Vive opposition de sentiments, d'intérêts, d'idées.

DISSENTIMENT n.m. (du lat. *dissentire,* être en désaccord). Litt. Opposition de sentiments, d'opinions.

DISSÉQUER v.t. (lat. *dissecare,* couper en deux) [18]. **1.** Couper, ouvrir les parties d'un corps organisé pour en faire l'examen anatomique. *Disséquer un cadavre. Disséquer une fleur.* **2.** Fig. Analyser minutieusement. *Disséquer un roman.*

DISSERTATION n.f. **1.** Exercice écrit portant sur une question littéraire, philosophique, historique, etc., en usage dans les lycées et dans l'enseignement supérieur. **2.** Fig. Développement long et ennuyeux, discours pédant.

DISSERTER v.i. (lat. *dissertare*). **1.** Traiter méthodiquement un sujet, par écrit ou oralement. **2.** Discourir longuement.

DISSIDENCE n.f. **1.** Action ou état de qqn ou d'un groupe qui ne reconnaît plus l'autorité d'une puissance politique à laquelle il se soumettait jusqu'alors ; groupe de dissidents. **2.** Divergence idéologique conduisant qqn ou un groupe à se séparer de la communauté, du parti dont il était membre.

DISSIDENT, E adj. et n. Qui est en dissidence.

DISSIMILATION n.f. PHON. Tendance de deux phonèmes identiques et voisins à se différencier.

DISSIMILITUDE n.f. Défaut de similitude, de ressemblance.

DISSIMULATEUR, TRICE adj. et n. Qui dissimule.

DISSIMULATION n.f. Action de dissimuler, de cacher ; duplicité, hypocrisie.

DISSIMULÉ, E adj. Accoutumé à cacher ses sentiments ; fourbe, hypocrite.

DISSIMULER v.t. (lat. *dissimulare*). Ne pas laisser paraître ses sentiments, ses intentions ; cacher, soustraire aux regards. *Dissimuler son envie de rire, son regard.* ◆ **se dissimuler** v.pr. **1.** Se cacher. **2.** Refuser de voir, se faire des illusions sur qqch.

DISSIPATEUR, TRICE n. Litt., vx. Personne qui dissipe son bien.

DISSIPATIF, IVE adj. PHYS. **1.** Qui produit ou est le siège d'une dissipation d'énergie. **2.** *Structure dissipative :* système qui, loin de son état d'équilibre, évolue spontanément vers un état dont l'entropie est inférieure à celle de l'état initial.

DISSIPATION n.f. **1.** Fait de se dissiper, de disparaître peu à peu. *Dissipation de la brume sur la mer.* **2.** Manque d'attention, turbulence, chez un élève. **3.** Litt. Vie de débauche. **4.** Litt., vx. Action de dépenser sans compter. **5.** PHYS. Perte d'énergie électrique, mécanique, etc., par transformation en énergie thermique.

DISSIPÉ, E adj. Inattentif et turbulent, en parlant d'un élève.

DISSIPER v.t. (lat. *dissipare*). **1.** Faire disparaître, chasser. *Le vent dissipe les nuages.* – Faire cesser. *Dissiper les soupçons.* **2.** Distraire en portant à l'inattention et à l'indiscipline. *Elle dissipe ses camarades.* **3.** Litt. Dépenser inconsidérément. *Dissiper un patrimoine.* ◆ **se dissiper** v.pr. **1.** Disparaître par dilution, par éparpillement. **2.** Être inattentif.

DISSOCIABILITÉ n.f. Caractère de ce qui est dissociable.

DISSOCIABLE adj. Qui peut être dissocié.

DISSOCIATION n.f. **1.** Action de dissocier, de séparer ce qui était uni. ◇ CHIM. Rupture d'un composé chimique en éléments susceptibles de se recombiner de la même façon ou autrement. **2.** PSYCHIATRIE. Rupture de l'unité psychique, considérée comme le processus primaire de la schizophrénie. SYN. : *discordance.*

DISSOCIER v.t. (lat. *dissociare*). Séparer (des éléments associés) ; disjoindre, distinguer.

DISSOLU, E adj. et n. (lat. *dissolutus*). Litt. Dont les mœurs sont relâchées ; corrompu. ◆ adj. Litt. Qui est marqué par les abus, les dérèglements. *Il mène une vie dissolue.*

DISSOLUTION n.f. (lat. *dissolutio*). **1.** Action de dissoudre ou de se dissoudre. **2.** DR. **a.** Cessation ou disparition légale. *La dissolution d'un mariage, d'un parti, d'une société.* **b.** Procédure permettant à l'exécutif de mettre fin avant le terme légal au mandat d'une assemblée. **3.** CHIM. Mise en solution d'un solide, d'un liquide ou d'un gaz ; liquide qui en résulte. **4.** TECHN. Solution visqueuse de caoutchouc pour réparer les chambres à air des pneumatiques.

1. DISSOLVANT, E adj. **1.** CHIM. Qui a la propriété de dissoudre. *Un produit dissolvant.* **2.** Litt. Qui amollit, affaiblit. *Climat dissolvant.*

2. DISSOLVANT n.m. Produit servant à dissoudre. *Dissolvant pour vernis à ongles.*

DISSONANCE n.f. (lat. *dissonantia*). **1.** Rencontre peu harmonieuse de sons, de mots, de syllabes. **2.** MUS. Rapport de sons qui ne donne pas à l'auditeur l'impression d'un repos et qui, dans l'harmonie traditionnelle, réclame une résolution sur une consonance. **3.** Manque d'accord entre plusieurs couleurs. **4.** PSYCHOL. *Théorie de la dissonance cognitive :* théorie selon laquelle la coexistence, chez un même individu, d'éléments de connaissance qui ne s'accordent pas entraîne de sa part un effort pour les faire, d'une façon ou d'une autre, mieux s'accorder.

DISSONANT, E adj. **1.** Qui est discordant, désagréable à entendre. **2.** Litt. Dont le rapprochement produit une impression pénible. *Couleurs dissonantes.*

DISSONER v.i. (lat. *dissonare*). Litt. Produire une dissonance.

DISSOUDRE v.t. (lat. *dissolvere*) [87]. **1.** Amener un corps solide, liquide ou gazeux à former un mélange homogène avec un liquide. *Faire dissoudre des comprimés dans un verre d'eau.* **2.** DR. **a.** Mettre fin légalement à. *Dissoudre un mariage.* **b.** Mettre fin au mandat d'une assemblée délibérante.

DISSUADER v.t. (lat. *dissuadere*). Détourner (qqn) d'une résolution.

DISSUASIF, IVE adj. **1.** Qui dissuade un ennemi d'attaquer. *L'effet dissuasif des armes nucléaires.* **2.** Qui dissuade qqn de faire qqch.

DISSUASION n.f. Action de dissuader. ◇ MIL. *Force de dissuasion :* force de frappe nucléaire d'un pays, dont l'existence en elle-même doit dissuader l'ennemi potentiel d'engager les hostilités.

DISSYLLABE ou **DISSYLLABIQUE** adj. et n.m. Qui a deux syllabes.

DISSYMÉTRIE n.f. Défaut de symétrie.

DISSYMÉTRIQUE adj. Qui présente une dissymétrie.

DISTAL, E, AUX adj. (angl. *distal*). Qui est le plus éloigné. – *Partie distale d'un organe, d'un membre,* la plus éloignée du corps. CONTR. : *proximal.*

DISTANCE n.f. (lat. *distantia*). **1. a.** Intervalle séparant deux points dans l'espace ; longueur à parcourir pour aller d'un point à un autre. *Distance d'une ville à une autre.* – *Distance angulaire de deux points :* angle formé par les demi-droites qui joignent l'observateur aux deux points considérés. **b.** Espace à parcourir dans une épreuve sportive. **c.** Intervalle de temps entre deux instants, deux époques. **2.** Différence qui résulte d'une inégalité de niveau social, d'âge, de culture, etc. – *Prendre ses distances :* éviter toute familiarité avec qqn. – *Tenir qqn à distance :* éviter les relations avec qqn. **3.** MATH. *Distance de deux points :* longueur du segment qui les joint. – *Distance d'un point à une droite, à un plan :* distance de ce point à sa projection orthogonale sur la droite, sur le plan. ◆ loc. adv. *À distance :* à une certaine distance dans l'espace ; en prenant un certain recul dans le temps. *Rester à distance. Voir les évènements à distance.*

DISTANCEMENT n.m. TURF. Sanction prise contre un cheval, qui lui fait perdre la place qu'il avait à l'arrivée.

DISTANCER v.t. [16]. **1.** Devancer (qqn, un véhicule) d'une certaine distance. *Se laisser distancer par un coureur.* ◇ Fig. Surpasser. **2.** TURF. Disqualifier (un cheval) par distancement.

DISTANCIATION n.f. **1.** THÉÂTRE. Attitude de l'acteur qui se dissocie de son personnage, afin d'obtenir du spectateur une attitude critique. *L'effet de distanciation caractérise le théâtre de B. Brecht.* **2.** Recul pris par rapport à un évènement.

DISTANCIER v.t. Litt. Donner du recul à (qqn) par rapport à qqch. *Un regard critique qui nous distancie de la situation.* ◆ **se distancier** v.pr. ***(de).*** Mettre une distance entre soi-même et qqch.

DISTANT, E adj. (lat. *distans*). **1.** Éloigné, écarté. *Deux villes distantes de cent kilomètres.* **2.** Réservé, froid. *Attitude distante. Personne distante.*

DISTENDRE v.t. (lat. *distendere*) [73]. Augmenter les dimensions de (un objet, un corps) en étirant. *Distendre un ressort.* ◆ **se distendre** v.pr. Se relâcher, s'affaiblir. *Nos liens d'amitié se sont distendus.*

DISTENSION n.f. PHYS. Augmentation de surface ou de volume sous l'effet d'une tension.

DISTHÈNE n.m. (du gr. *sthenos,* force). MINÉR. Silicate naturel d'aluminium.

DISTILLAT [-tila] n.m. CHIM. Produit d'une distillation.

DISTILLATEUR n.m. Personne qui distille des produits, en particulier pour obtenir de l'alcool destiné à la consommation.

DISTILLATION [-lasjɔ̃] n.f. **1.** Opération consistant à vaporiser partiellement un mélange à l'état liquide, puis à condenser les vapeurs formées pour les séparer. *Distillation du pétrole. Alcools obtenus par distillation du vin, du cidre.* **2.** Opération qui consiste à débarrasser un corps solide de ses composants gazeux ou liquides. *La distillation du bois donne des goudrons et du méthylène.*

DISTILLER [-tile] v.t. (lat. *distillare,* tomber goutte à goutte). **1.** Litt. Laisser couler goutte à goutte ; sécréter, élaborer. *L'abeille distille le miel. Le pin distille la résine.* ◇ Litt. Répandre, dégager. *Son discours distille l'ennui.* **2.** Opérer la distillation de. *Distiller du vin.* ◆ v.i. CHIM. Se séparer d'un mélange lors d'une distillation.

DISTILLERIE [-tilri] n.f. **1.** Industrie et commerce des produits de la distillation, et, spécialement, des alcools et liqueurs. **2.** Lieu où se fait la distillation.

DISTINCT, E [distɛ̃] ou [-tɛ̃kt] adj. (lat. *distinctus*). **1.** Qui se perçoit nettement ; clair, net. *Des traces distinctes de pas sur la neige.* **2.** Qui ne se confond pas avec qqch ou qqn d'analogue ; différent. *Deux problèmes bien distincts.*

DISTINCTEMENT adv. De façon distincte.

DISTINCTIF, IVE adj. Qui permet de reconnaître, de distinguer ; caractéristique, spécifique.

DISTINCTION n.f. (lat. *distinctio*). **1.** Action de distinguer, de faire une différence entre deux choses ou deux personnes, deux idées, etc. ; cette différence. *Appliquer une mesure sans distinction de personnes. Se perdre dans de subtiles distinctions.* **2.** Marque d'honneur qui désigne qqn à l'attention d'autrui. *Recevoir une distinction.* **3.** Élégance, raffinement. *Avoir de la distinction.*

DISTINGUABLE adj. Que l'on peut distinguer, percevoir, différencier.

DISTINGUÉ, E adj. **1.** Litt. Remarquable par son rang, sa valeur ; illustre, éminent. *Un écrivain distingué.* **2.** Qui a de la distinction. *Une personne distinguée. Des manières distinguées.*

DISTINGUER v.t. (lat. *distinguere*). **1.** Constituer l'élément caractéristique qui différencie, sépare. *La parole distingue l'homme de l'animal.* **2.** Reconnaître, différencier (qqn, qqch) en percevant les caractéristiques qui font sa spécificité. *Distinguer deux jumeaux. Distinguer les sens d'un mot.* **3.** Percevoir sans confusion par l'un des sens ; discerner. *D'ici on distingue parfaitement la côte.* ◆ **se distinguer** v.pr. Se signaler, s'illustrer. *Se distinguer par son savoir.*

DISTINGUO [distɛ̃go] n.m. (lat. *distinguo,* je distingue). Distinction fine, nuance subtile.

DISTIQUE n.m. (gr. *distikhon,* de *stikhos,* vers). **1.** Groupe de deux vers formant un sens complet. **2.** Réunion d'un hexamètre et d'un pentamètre, en grec et en latin.

DISTOMATOSE n.f. Maladie parasitaire due à un distome, à une douve.

DISTOME n.m. *Distomes :* ordre de vers plats parasites dont la douve du foie est le type.

DISTORDRE v.t. [76]. Déformer par une torsion.

DISTORSION n.f. (lat. *distorsio*). **1.** Action de distordre ; état de ce qui est distordu. *Distorsion de la bouche, de la face.* **2.** PHYS. **a.** Aberration des miroirs ou des lentilles caractérisée par une déformation de l'image. **b.** Déformation parasite d'un signal électrique. *Distorsion de fréquence, de phase.* **3.** Fig. Déséquilibre entre deux ou plusieurs facteurs, produisant une tension.

DISTRACTIF, IVE adj. Qui est destiné à distraire, à divertir, à délasser.

DISTRACTION n.f. (lat. *distractio*). **1.** Litt. Action de distraire un bien, une somme ; prélèvement ou détournement. **2.** Manque d'attention, étourderie. *Se tromper d'étage par distraction.* **3.** Acte, bévue qui traduit l'inattention. **4.** Action de détourner l'esprit d'une occupation, ou d'une préoccupation ; diversion. **5.** Occupation, activité qui délasse, divertit. *La lecture est sa principale distraction.*

DISTRAIRE v.t. (lat. *distrahere,* tirer en divers sens) [112]. **1.** Litt. Séparer (une partie) d'un tout. – Spécialt. Détourner à son profit ou prélever. *Distraire une somme de son capital.* **2.** Détourner qqn, son esprit de ce qui l'occupe ou le préoccupe. *Il travaille, ne le distrais pas.* **3.** Divertir, faire passer le temps agréablement à. *Distraire ses invités.* ◆ **se distraire** v.pr. Occuper agréablement ses loisirs ; se délasser, s'amuser.

DISTRAIT, E adj. et n. Peu attentif à ce qu'il dit ou à ce qu'il fait ; étourdi. ◆ adj. Qui manifeste l'inattention. *Avoir l'air distrait.*

DISTRAITEMENT adv. De façon distraite.

DISTRAYANT, E [-trɛjɑ̃, -ɑ̃t] adj. Propre à distraire, à délasser.

DISTRIBUABLE adj. Qui peut ou doit être distribué.

DISTRIBUÉ, E adj. *Appartement, pavillon bien (mal) distribué,* dont les différentes pièces sont bien (mal) réparties.

DISTRIBUER v.t. **1.** Remettre, fournir à plusieurs personnes ; répartir. *Distribuer le courrier.* ◇ Spécialt. Assurer la distribution d'un film, d'un produit, d'un service, etc. **2.** Donner au hasard et à profusion. *Distribuer des sourires.* **3.** Répartir, agencer. *Distribuer les joueurs sur le terrain.*

DISTRIBUTAIRE adj. et n. DR. Qui a reçu une part dans la distribution.

1. DISTRIBUTEUR, TRICE n. **1.** Personne qui distribue, diffuseur. *Distributeur de tracts.* **2.** Personne, firme qui assure la distribution d'un produit, d'un service, d'un film, etc.

2. DISTRIBUTEUR n.m. Appareil qui sert à distribuer, à délivrer des produits de consommation courante. *Distributeur de savon, de bonbons.* – *Distributeur (automatique) :* appareil public qui distribue des titres de transport, des boissons, etc., en échange de pièces de monnaie, ou des billets de banque après introduction d'une carte de crédit.

DISTRIBUTIF, IVE adj. **1.** Qui distribue, qui concerne la distribution. *Des mesures distributives.* ◇ PHILOS. *Justice distributive,* qui donne à chacun ce qui lui revient (par opp. à *justice commutative*). **2.** GRAMM. Se dit de numéraux ou d'indéfinis qui expriment une idée de répartition. Chaque *est un adjectif distributif,* chacun *est un pronom distributif.* **3.** MATH. Se dit d'une opération définie sur un ensemble E par rapport à une autre opération T définie sur cet ensemble si pour a, b, c, éléments quelconques, on a : $a \perp (b \mathrm{T} c) = (a \perp b) \mathrm{T} (a \perp c)$. *La multiplication des nombres est distributive par rapport à l'addition.* ◆ n.m. Adjectif ou pronom distributif.

DISTRIBUTION n.f. (lat. *distributio*). **I. 1.** Action de distribuer, de répartir entre des personnes. *Distribution de vivres. La distribution des prix aux élèves.* **2.** Répartition des rôles entre les interprètes d'une pièce, d'un film, d'un ballet ; ensemble de ces interprètes. *Une brillante distribution.* **3.** ÉCON. Ensemble des opérations par lesquelles les produits et les services sont répartis entre les consommateurs dans le cadre national. **4.** Branche de l'industrie cinématographique qui concerne le placement de films auprès des salles. **5.** DR. Procédure qui règle le prix de vente des biens du débiteur au profit des créanciers, en cas de vente forcée ou amiable. **II. 1.** Action de conduire, de transporter un fluide en divers lieux. *Distribution de l'eau, du gaz, de l'électricité.* **2.** MÉCAN. **a.** Manière dont le fluide moteur se répartit dans le cylindre d'une machine à piston, par admission et échappement des gaz. **b.** Ensemble des organes qui assurent cette distribution. **III. 1.** Arrangement, disposition selon un certain ordre. **2.** Répartition des pièces d'un logement. **3.** STAT. Ensemble des données d'une série statistique associées à un ou à plusieurs caractères.

DISTRIBUTIONNALISME n.m. Linguistique, analyse distributionnelle.

DISTRIBUTIONNEL, ELLE adj. LING. *Linguistique, analyse distributionnelle :* méthode de description de la langue fondée sur l'observation des positions relatives (distribution) occupées par les éléments linguistiques à l'intérieur de l'énoncé.

DISTRIBUTIVITÉ n.f. MATH. Propriété d'une opération distributive par rapport à une autre.

DISTRICT [distrikt] n.m. (lat. *districtus,* territoire). **1.** Subdivision de département, établie en France en 1790 et disparue en 1795 pour donner naissance aux arrondissements. **2.** Subdivision administrative territoriale, d'étendue variable suivant les États. ◇ Suisse. Subdivision du canton. **3.** *District urbain :* établissement public chargé de la gestion des services publics communs à plusieurs communes d'une même agglomération.

DISTYLE adj. ARCHIT. Qui présente deux colonnes de front.

DISULFIRAME n.m. PHARM. Produit de synthèse utilisé notamm. pour provoquer le dégoût de l'alcool chez les alcooliques.

1. DIT, E adj. (lat. *dictus*). **1.** Appelé, surnommé. *Louis II, dit le Bègue.* **2.** DR. Ledit, ladite, dudit, etc. : la personne ou la chose dont on vient de parler. **3.** *À l'heure, au jour, au moment dit,* fixé. – *Ceci dit, cela dit :* quoi qu'il en soit.

2. DIT n.m. LITTÉR. Pièce de vers sur un sujet familier, au Moyen Âge.

DITHYRAMBE n.m. (gr. *dithurambos*). **1.** ANTIQ. GR. Cantique consacré à Dionysos. **2.** Litt. Éloge enthousiaste, souvent exagéré.

DITHYRAMBIQUE adj. Très élogieux ou d'un enthousiasme excessif.

DITO adv. (it. *detto,* dit). COMM. Comme ci-dessus, de même. (S'abrège en *d°*.)

DIURÈSE n.f. (gr. *dia,* à travers, et *ouron,* urine). MÉD. Sécrétion de l'urine.

DIURÉTIQUE adj. et n.m. (gr. *dia,* à travers, et *ouron,* urine). Se dit d'une boisson, d'un médicament, etc., qui stimule la sécrétion de l'urine.

DIURNAL n.m. RELIG. Extrait du bréviaire qui contient seulement les offices de la journée.

DIURNE adj. (lat. *diurnus,* de *dies,* jour). **1.** (Par opp. à *nocturne*). **a.** Qui se fait pendant le jour. *Travaux diurnes.* **b.** *Animaux diurnes,* actifs pendant le jour. **c.** *Fleurs, plantes diurnes,* qui s'épanouissent pendant le jour et se ferment la nuit. **2.** ASTRON. *Mouvement diurne :* mouvement apparent de rotation du ciel, dû au mouvement réel de rotation de la Terre autour de ses pôles.

DIVA n.f. (it. *diva,* déesse). Cantatrice célèbre.

DIVAGATION n.f. **1.** État de l'esprit qui divague ; rêverie. ◇ Par ext. (Surtout au pl.).

Propos décousus, délire. **2.** HYDROL. Déplacement, permanent ou temporaire, du lit d'un cours d'eau.

DIVAGUER v.i. (du lat. *vagari,* errer). **1.** Tenir des propos incohérents ; délirer, déraisonner. **2.** HYDROL. Se déplacer, en parlant du lit d'un cours d'eau.

DIVALENT, E adj. CHIM. Bivalent.

DIVAN n.m. (mot turc, de l'ar. *dīwan,* registre). **1.** HIST. Conseil du sultan ottoman. **2.** Lit de repos sans bras, en général garni de coussins. **3.** LITTÉR. Recueil de poésies arabes ou persanes.

DIVE adj.f. (lat. *diva,* divine). Litt. ou par plais. *La dive bouteille :* le vin, la boisson.

DIVERGENCE n.f. (lat. *divergentia*). **1.** Situation de deux lignes, de deux rayons, etc., qui divergent, qui s'éloignent en s'écartant. **2.** Fig. Différence, désaccord. *Divergence d'opinions.* **3.** MATH. Propriété d'une série dont la somme infinie des termes ne peut être fixée par un nombre fini. **4.** NUCL. Établissement de la réaction en chaîne dans un réacteur nucléaire.

DIVERGENT, E adj. **1.** Qui diverge, s'écarte. *Rayons divergents.* **2.** Fig. Différent, éloigné. *Avis divergents.* **3.** MATH. *Série divergente,* dont on a établi la divergence. **4.** OPT. Qui fait diverger un faisceau de rayons parallèles. *Lentille divergente.*

DIVERGER v.i. (lat. *divergere,* pencher) [17]. **1.** S'écarter l'un de l'autre, en parlant de rayons, de lignes, etc. **2.** Fig. Différer de plus en plus, être en désaccord. *Nos avis sur ce sujet divergent.* **3.** NUCL. Entrer en divergence.

DIVERS, E adj. (lat. *diversus*). **1.** (Au pl.). Qui présentent des différences de nature, de qualité ; différents. *Les divers sens d'un mot. Les opinions diverses émises par une assemblée.* **2.** Qui présente des aspects différents. *Un pays très divers.* **3.** *Divers droite, divers gauche :* candidat, groupe qui n'appartient pas à l'un des principaux partis politiques (de droite, de gauche), mais qui relève de la même tendance. ◆ **adj. indéf. pl.** Plusieurs, quelques. *Divers témoins l'ont vu.*

DIVERSEMENT adv. De plusieurs façons ; différemment ; plus ou moins bien.

DIVERSIFICATION n.f. **1.** Action de diversifier ; son résultat. **2.** Fait de se diversifier.

DIVERSIFIER v.t. Faire varier, mettre de la variété dans.

DIVERSION n.f. (bas lat. *diversio,* de *divertere,* détourner). **1.** Opération visant à détourner d'un point l'attention de l'adversaire. **2.** Action, évènement qui détourne l'esprit de ce qui l'occupe. ◇ *Faire diversion (à) :* détourner l'attention (de).

DIVERSITÉ n.f. Caractère de ce qui est divers, varié ; pluralité. *La diversité des langues de l'Afrique.*

DIVERTICULE n.m. **1.** ANAT. et PATHOL. Cavité en cul-de-sac communiquant avec un organe creux. *Diverticule vésical.* **2.** Subdivision, ramification d'un ensemble plus vaste, dans une configuration donnée de lieux, de terrain. *Les diverticules d'un fleuve dans un delta.* ◇ Spécialt. Voie secondaire, chemin, sentier qui s'écarte d'une voie plus importante. **3.** Couloir séparant deux salles dans un réseau souterrain.

DIVERTICULOSE n.f. PATHOL. Affection caractérisée par la présence de nombreux diverticules.

DIVERTIMENTO [-mɛnto] n.m. (mot it.). MUS. Suite de pièces instrumentales pour petit orchestre. SYN. : *divertissement.*

DIVERTIR v.t. (lat. *divertere,* distraire). **1.** DR. Opérer un divertissement ; détourner. **2.** Distraire, amuser. *Ce film m'a bien diverti.* ◆ **se divertir** v.pr. *(de).* **1.** S'amuser, se distraire. *Sortir pour se divertir un peu.* **2.** Litt. Se moquer de. *Se divertir des ridicules d'autrui.*

DIVERTISSANT, E adj. Qui divertit ; amusant.

DIVERTISSEMENT n.m. **I. 1.** Action, moyen de se divertir, de s'amuser, de divertir les autres ; distraction. **2.** MUS. **a.** Intermède dans une fugue, dans une œuvre lyrique. **b.** Divertimento. *Les divertissements de Mozart.* **3.** CHORÉGR. **a.** Série de danses, généralement placées à la fin du premier acte, dans un ballet classique. **b.** Grande pièce chorégraphique dans un opéra. *Le divertissement du Faust de Gounod.* **4.** THÉÂTRE. **a.** Intermède dansé et chanté. **b.** Petite pièce sans prétention. **II.** DR. Détournement, par un héritier ou un conjoint, d'un bien de la succession ou de la communauté.

DIVETTE n.f. (dimin. de *diva*). Vx. Chanteuse vedette d'opérette, de café-concert, « petite diva ».

DIVIDENDE [-ɑ̃d] n.m. (lat. *dividendus,* qui doit être divisé). **1.** MATH. Nombre qui est divisé par un autre (le *diviseur*), dans une division. **2.** FIN. Part de bénéfice attribuée à chaque action d'une société.

DIVIN, E adj. (lat. *divinus*). **1.** De Dieu, d'une divinité. *La grâce divine.* **2.** Litt. Mis au rang des dieux. *Le divin Mozart.* **3.** Parfait, merveilleux, exquis. *Musique divine.*

DIVINATEUR, TRICE adj. Qui prévoit, qui devine ce qui va arriver. *Instinct divinateur.*

DIVINATION n.f. (lat. *divinatio*). **1.** Art des devins de connaître ce qui est caché et, en particulier, de prévoir l'avenir. **2.** Fig. Intuition, prescience.

DIVINATOIRE adj. Relatif à la divination.

DIVINEMENT adv. D'une manière divine ; à la perfection.

DIVINISATION n.f. Action de diviniser.

DIVINISER v.t. **1.** Mettre au rang des dieux. *Diviniser un héros.* **2.** Litt. Vouer un culte à ; exalter, glorifier, vénérer. *Diviniser l'amour, l'être aimé.*

DIVINITÉ n.f. **1.** Nature divine. *La divinité de Jésus-Christ.* **2.** Être divin ; dieu, déité. *Divinités antiques.*

DIVIS, E [divi, -iz] adj. DR. Partagé, divisé. *Propriété divise et propriété indivise.*

DIVISER v.t. (lat. *devidere*). **1.** Séparer, partager en plusieurs parties. *Diviser un terrain, un gâteau.* ◇ *Machine à diviser :* machine servant à établir des échelles sur les instruments de précision. **2.** MATH. Effectuer une division, calculer combien de fois un nombre est contenu dans un autre. *Diviser 27 par 3.* **3.** Désunir, être une occasion de désaccord. *Ce problème divise l'opinion.* ◆ **se diviser** v.pr. **1.** Se séparer en plusieurs parties. *Les cellules se divisent.* **2.** Être d'opinions différentes.

1. DIVISEUR n.m. MATH. Nombre par lequel on en divise un autre. ◇ *Diviseur d'un nombre entier :* nombre qui, dans la division de cet entier, donne un reste nul. – *Commun diviseur :* nombre qui est diviseur de plusieurs nombres entiers. – *Plus grand commun diviseur (P. G. C. D.) :* le plus grand de tous les diviseurs communs à plusieurs nombres entiers (par ex., 15 pour 30 et 45).

2. DIVISEUR, EUSE n. Personne qui est une source de désunion. *Les diviseurs d'un parti.*

DIVISIBILITÉ n.f. **1.** Propriété de ce qui est divisible. *La divisibilité de la matière.* CONTR. : *indivisibilité.* **2.** MATH. Propriété d'un nombre entier divisible par un autre.

DIVISIBLE adj. **1.** Qui peut être divisé. *Terrain divisible.* **2.** MATH. *Entier divisible par un autre :* qui admet ce dernier pour diviseur.

DIVISION n.f. (lat. *divisio*). **1.** Action de diviser en parties distinctes ; état qui en résulte. *La division de la France en départements.* ◇ *Division du travail :* mode d'organisation du travail dans les entreprises, caractérisé par le fractionnement et la spécialisation des fonctions de production. **2.** Fait de se diviser. *Division d'un cours d'eau.* – BIOL. *Division cellulaire :* mode de reproduction des cellules dans lequel on distingue la *division directe* ou *amitose,* par scissiparité, et la *division indirecte* ou *mitose.* **3.** Partie d'un tout divisé. *La minute est une division de l'heure.* **4.** Trait, barre qui divise. *Les divisions d'un baromètre.* **5.** Réunion sous un même chef de plusieurs services ayant des attributions voisines. *Chef de division.* **6.** MIL. Grande unité militaire rassemblant des formations de toutes armes ou services. *Division blindée.* **7.** MATH. *Division entière* ou *euclidienne :* opération par laquelle on cherche, à partir de deux nombres appelés *dividende* et *diviseur,* deux nombres appelés *quotient* et *reste,* tels que le dividende soit égal au produit du quotient par le diviseur augmenté du reste. – *Division d'un réel* a *par un réel* b *(non nul) :* opération, toujours définie, associant à (a,b) le nombre réel q tel que $a=b.q$. (Elle se note $a:b$ ou $\frac{a}{b}$.)

1. DIVISIONNAIRE adj. **1.** Qui appartient à une division militaire ou administrative. ◇ *Commissaire divisionnaire :* commissaire de police chargé d'une brigade régionale de police judiciaire. **2.** *Monnaie divisionnaire,* d'une valeur inférieure à l'unité monétaire.

2. DIVISIONNAIRE n.m. **1.** Commissaire divisionnaire. **2.** Vx. Général de division.

DIVISIONNISME n.m. Technique des peintres néo-impressionnistes, appelée aussi *pointillisme,* consistant à juxtaposer des petites touches de différentes couleurs sur la toile, au lieu de mélanger ces couleurs sur la palette.

DIVISIONNISTE adj. et n. Relatif au divisionnisme ; qui en est adepte.

DIVORCE n.m. (lat. *divortium,* séparation). **1.** Dissolution du mariage civil prononcée par jugement. **2.** Fig. Désaccord, divergence. *Divorce entre la théorie et la pratique.*

■ On distingue en droit français le divorce *par consentement mutuel* (divorce sur demande conjointe ou sur demande acceptée), le divorce *pour rupture prolongée de la vie commune* (depuis 6 ans au moins) ou *pour aliénation des facultés mentales* et le divorce *pour faute.*

DIVORCÉ, E adj. et n. Dont le mariage a été dissous légalement.

DIVORCER v.i. [16]. Rompre un mariage par divorce. *Divorcer (d') avec sa femme.*

DIVORTIALITÉ [-sja-] n.f. SOCIOL. Rapport annuel du nombre des divorces à l'effectif moyen de la population.

DIVULGATEUR, TRICE adj. et n. Qui divulgue une information.

DIVULGATION n.f. Action de divulguer, de révéler. *Divulgation d'un secret d'État.*

DIVULGUER v.t. (lat. *divulgare,* de *vulgus,* foule). Répandre dans le public (ce qui était jusque-là ignoré ou mal connu).

DIVULSION n.f. (du lat. *divellere,* arracher). **1.** CHIR. Dilatation forcée d'un canal rétréci (rectum, urètre). **2.** PATHOL. Arrachement ou rupture des tissus.

DIX [dis] devant une pause ; [diz] devant une voyelle ou un « h » muet ; [di] devant une consonne ou un « h » aspiré **adj. num.** et n.m. (lat. *decem*). **1.** Nombre qui suit neuf dans la série naturelle des entiers. **2.** Dixième. *Charles X.* **3.** Un grand nombre indéterminé. *Répéter dix fois la même chose.*

DIX-CORS [dikɔr] n.m. → ***1. cor.***

DIX-HUIT [dizɥit] adj. num. et n.m. inv. **1.** Nombre qui suit dix-sept dans la série naturelle des entiers. **2.** Dix-huitième : *Louis XVIII.*

DIX-HUITIÈME [dizɥitjɛm] adj. num. ord. et n. **1.** Qui occupe un rang marqué par le numéro dix-huit. **2.** Qui est contenu dix-huit fois dans le tout.

DIXIELAND [diksilɑ̃d] ou **DIXIE** [diksi] n.m. (de *Dixie,* n. d'un comté américain). Style de jazz né dans le sud des États-Unis, résultant d'une combinaison de ragtimes, de blues et d'airs de parades, et pratiqué par des petits groupes se livrant à l'improvisation collective. (Le dixieland s'imposa surtout de 1900 à 1930, puis réapparut vers 1940.)

1. DIXIÈME [dizjɛm] adj. num. ord. et n. **1.** Qui occupe un rang marqué par le numéro dix. **2.** Qui est contenu dix fois dans le tout.

2. DIXIÈME n.m. HIST. Impôt institué à plusieurs reprises en France entre 1710 et 1749.

DIXIÈMEMENT adv. En dixième lieu.

DIX-NEUF [diznœf] adj. num. et n.m. inv. **1.** Nombre qui suit dix-huit dans la série naturelle des entiers. **2.** Dix-neuvième. *Page dix-neuf.*

DIX-NEUVIÈME adj. num. ord. et n. **1.** Qui occupe un rang marqué par le numéro dix-neuf. **2.** Qui est contenu dix-neuf fois dans le tout.

DIX-SEPT [dissɛt] adj. num. et n.m. inv. **1.** Nombre qui suit seize dans la série naturelle des entiers. **2.** Dix-septième. *Tome dix-sept.*

DIX-SEPTIÈME adj. num. ord. et n. **1.** Qui occupe un rang marqué par le numéro dix-sept. **2.** Qui est contenu dix-sept fois dans le tout.

DIZAIN n.m. LITTÉR. Poème de dix vers.

DIZAINE n.f. **1.** Groupe de dix unités, d'environ dix unités. *Une dizaine de kilomètres.* **2.** Prière correspondant à dix grains d'un chapelet. *Dire une dizaine.* **3.** HIST. Sous l'Ancien Régime, subdivision d'un quartier d'une ville (en partic. à Paris).

DIZAINIER ou **DIZENIER** n.m. HIST. Magistrat municipal, chef d'une dizaine.

DIZYGOTE adj. et n. Se dit de deux faux jumeaux provenant chacun d'un zygote différent. SYN. : *bivitellin*. CONTR. : *monozygote, univitellin*.

D.J. [didʒi] ou [didʒe] n. (abrév.). Disc-jockey.

DJAÏN, E adj., **DJAÏNISME** n.m. → *jaïn, jaïnisme*.

DJAMAA n.f. inv. → *djemaa*.

DJEBEL [dʒebɛl] n.m. (ar. *djabal*). En Afrique du Nord, montagne. SYN. : *adrar*.

DJELLABA [dʒɛlaba] n.f. (ar. *djallāba*). Robe longue à capuchon portée en Afrique du Nord.

DJEMAA ou **DJAMAA** n.f. inv. (ar. *djamā'a*, assemblée). Assemblée de notables locaux, en Afrique du Nord.

DJIBOUTIEN, ENNE adj. et n. De Djibouti.

DJIHAD [dʒiad] n.m. (ar. *djihād*). Guerre sainte que tout musulman doit accomplir pour défendre ou, éventuellement, étendre le domaine de l'islam. Graphie savante : *djihād*.

DJINN [dʒin] n.m. (mot ar.). Dans les croyances musulmanes, esprit bienfaisant ou démon.

DO n.m. inv. (mot it.). Note de musique, premier degré de la gamme d'*ut*.

DOBERMAN [-man] n.m. Chien de garde au poil ras et dur, d'origine allemande.

D. O. C. [dɔk] n.m. (sigle). Disque optique compact (recomm. off. pour *CD-ROM*).

DOCÉTISME n.m. HIST. Hérésie des premiers siècles, qui professait que le corps du Christ n'avait été que pure apparence, et qui niait la réalité de sa Passion et de sa mort.

DOCILE adj. (lat. *docilis*). Qui obéit ; soumis.

DOCILEMENT adv. Avec docilité.

DOCILITÉ n.f. Disposition à se laisser diriger, à obéir ; obéissance, soumission.

DOCIMASIE [dɔsimazi] n.f. (gr. *dokimasia*, épreuve). **1.** ANTIQ. Épreuve que subissaient à Athènes les citoyens appelés à remplir des fonctions politiques. **2.** MÉD. Recherche des causes de la mort par examen de certains organes après autopsie.

DOCIMOLOGIE n.f. (gr. *dokimê*, épreuve, et *logos*, science). Étude systématique des facteurs déterminant la notation des examens et des concours.

DOCK n.m. (mot angl.). **1.** Bassin entouré de quais, pour le chargement et le déchargement des navires. ◇ *Dock flottant* : bassin mobile et flottant pour le carénage des navires. **2.** Magasin construit sur les quais pour entreposer les marchandises.

DOCKER [dɔkɛr] n.m. (mot angl.). Ouvrier employé au chargement et au déchargement des navires.

DOCTE adj. (lat. *doctus*, de *docere*, enseigner). **1.** Litt. Qui a des connaissances étendues (notamm. en matière littéraire ou historique). **2.** Péj. Qui est infatué de son savoir ; qui marque une suffisance déplaisante.

DOCTEMENT adv. Vx ou par plais. De façon savante et pédantesque.

DOCTEUR n.m. (lat. *doctor*). **1.** Personne qui a obtenu un doctorat. *Elle est docteur ès lettres.* **2.** Personne qui, pourvue du doctorat, exerce la médecine. ◇ (Employé comme appellatif). *Bonjour, docteur !* **3.** Personne savante dans un domaine déterminé, en partic. en matière religieuse. – *Docteur de l'Église* : titre officiel donné à un théologien remarquable par l'importance et l'orthodoxie de ses écrits. – *Docteur de la Loi* : dans le judaïsme, spécialiste et interprète autorisé de la Torah.

DOCTORAL, E, AUX adj. **1.** Péj. Grave, pédant, solennel. *Un ton doctoral.* **2.** Relatif au doctorat. *Réforme des études doctorales.*

DOCTORALEMENT adv. De façon doctorale.

DOCTORAT n.m. **1.** Diplôme national nécessaire à l'exercice des professions de santé : médecine, pharmacie, chirurgie dentaire, science vétérinaire. **2.** *Doctorat d'État* : grade le plus élevé conféré par une université, sanctionnant l'aptitude à mener une recherche scientifique de haut niveau. – *Doctorat de 3e cycle* : titre conféré après l'obtention d'un diplôme délivré par les universités après deux ans d'études et un travail de recherche. (En 1984, un diplôme unique s'est substitué aux doctorats d'État et de 3e cycle.)

DOCTORESSE n.f. Fam. Femme médecin.

DOCTRINAIRE adj. et n. **1.** Qui s'attache avec rigueur et intransigeance à une doctrine, à une opinion. **2.** HIST. Sous la Restauration, partisan, avec Royer-Collard et Guizot, d'un compromis entre les principes de 1789 et la légitimité monarchique.

DOCTRINAL, E, AUX adj. Relatif à une doctrine.

DOCTRINE n.f. (lat. *doctrina*). **1.** Ensemble des croyances, des opinions ou des principes d'une religion, d'une école littéraire, artistique ou philosophique, d'un système politique, économique, etc. **2.** DR. Ensemble des travaux ayant pour objet d'exposer ou d'interpréter le droit et qui constituent l'une des sources des sciences juridiques.

DOCUDRAME n.m. Film de fiction dont le scénario est directement inspiré d'évènements réels, et pouvant intégrer des films d'archives.

DOCUMENT n.m. (lat. *documentum*, de *docere*, instruire). **1.** Renseignement écrit ou objet servant de preuve, d'information ou de témoignage. *Document statistique, photographique.* **2.** DR. Titre permettant d'identifier des marchandises pendant leur transport.

DOCUMENTAIRE adj. **1.** Qui a le caractère, la valeur, l'intérêt d'un document. *Texte documentaire.* – *À titre documentaire* : pour information. **2.** Relatif aux techniques de la documentation. *Informatique documentaire.* ◆ n.m. et adj. Film à caractère didactique ou culturel, montrant un aspect particulier de la réalité (à la différence du film de fiction).

DOCUMENTALISTE n. Professionnel de la recherche, de la sélection, du classement, de l'utilisation et de la diffusion des documents.

DOCUMENTARISTE n. Cinéaste réalisateur de documentaires.

DOCUMENTATION n.f. **1.** Action de sélectionner, de classer, d'utiliser ou de diffuser des documents. *Service de documentation.* **2.** Ensemble de documents relatifs à une question, un ouvrage. *Réunir une grosse documentation.* ◇ Spécialt. Ensemble de documents concernant un véhicule, un appareil, un jeu, etc. ; notice, mode d'emploi. **3.** Ensemble des opérations, des méthodes qui facilitent la collecte, le stockage, la circulation des documents et de l'information. *Documentation automatique.*

DOCUMENTÉ, E adj. **1.** Appuyé sur des documents. *Une thèse bien documentée.* **2.** Informé, renseigné, notamm. par des documents. *Vous êtes très documenté sur la question.* **3.** Connu par des documents. *Maladie documentée.*

DOCUMENTER v.t. Fournir des renseignements, des documents à. ◆ **se documenter** v.pr. Rechercher, se procurer des documents.

DODÉCAÈDRE n.m. (gr. *dôdekaedros*, qui a douze faces). MATH. Polyèdre à douze faces.

DODÉCAGONAL, E, AUX adj. MATH. Qui a douze angles.

DODÉCAGONE n.m. MATH. Polygone qui a douze angles, et par conséquent douze côtés.

DODÉCAPHONIQUE adj. MUS. Relatif au dodécaphonisme.

DODÉCAPHONISME n.m. (gr. *dôdeka*, douze, et *phônê*, voix). MUS. Système musical fondé sur l'emploi des douze sons de l'échelle chromatique tempérée occidentale.

DODÉCAPHONISTE n. Compositeur pratiquant le dodécaphonisme.

DODÉCASTYLE adj. ARCHIT. Qui présente douze colonnes de front. *Temple dodécastyle.*

DODÉCASYLLABE adj. et n.m. Qui a douze syllabes.

DODELINEMENT n.m. Oscillation légère de la tête ou du corps.

DODELINER ou, vx, **DODINER** v.t. ind. [*de*] (onomat.). Imprimer à une partie du corps un balancement lent et régulier. *Dodeliner de la tête.*

DODINE n.f. **1.** Sauce au blanc faite d'oignons, de champignons et de jus de volaille rôtie. *Dodine de canard.* **2.** Ballottine.

1. DODO n.m. (de *dormir*). Lit, sommeil, dans le langage enfantin. *Aller au dodo. Faire dodo.*

2. DODO n.m. (néerl. *dod-aers*). Dronte (oiseau aujourd'hui disparu).

DODU, E adj. **1.** Bien en chair, charnu. *Poulet dodu.* **2.** Fam. Replet, potelé. *Elle est toute dodue.*

DOGARESSE n.f. (vénitien *dogaressa*). Femme du doge.

DOG-CART [dɔgkart] n.m. (mot angl.) [pl. *dog-carts*]. Véhicule découvert, aménagé pour le transport des chiens de chasse.

DOGE n.m. (mot it.). Chef élu des anciennes républiques de Venise et de Gênes.

DOGGER [dɔgœr] n.m. (mot angl.). GÉOL. Partie moyenne du système jurassique.

1. DOGMATIQUE adj. **1.** Qui a rapport au dogme, qui affecte la forme d'un dogme. *Vérités dogmatiques.* **2.** Relatif aux doctrines religieuses, philosophiques. *Une école dogmatique.* ◆ adj. et n. Qui exprime une opinion de manière catégorique, péremptoire, autoritaire. *Un esprit dogmatique. Ton dogmatique.*

2. DOGMATIQUE n.f. Partie de la théologie qui constitue un exposé systématique des vérités de la foi.

DOGMATIQUEMENT adv. De façon dogmatique, péremptoire.

DOGMATISER v.i. Énoncer des affirmations d'un ton tranchant, autoritaire.

DOGMATISME n.m. **1.** Philosophie ou religion qui rejette catégoriquement le doute et la critique. **2.** Caractère, comportement d'une personne dogmatique.

DOGMATISTE adj. et n. Qui relève du dogmatisme.

DOGME n.m. (gr. *dogma*, opinion). **1.** Point fondamental et considéré comme incontestable d'une doctrine religieuse ou philosophique. **2.** Croyance, opinion ou principe donnés comme intangibles et imposés comme vérité indiscutable.

DOGUE n.m. (angl. *dog*). Chien de garde à grosse tête, au museau aplati.

DOIGT [dwa] n.m. (lat. *digitus*). **1.** Chacun des appendices articulés qui terminent la main de l'homme. *Les cinq doigts de la main.* – *Le petit doigt* : l'auriculaire. – *Doigts de pieds* : orteils. ◇ *Faire toucher du doigt* : donner à qqn des preuves incontestables de qqch. – *Mettre le doigt sur* : deviner juste. – *Montrer qqn du doigt* : le désigner publiquement comme un objet de risée, de scandale, de vindicte, etc. – *Savoir sur le bout du doigt* : parfaitement. – *Toucher du doigt* : être près de la solution. **2.** Extrémité articulée des membres des vertébrés tétrapodes. **3.** Mesure approximative évaluée à l'épaisseur d'un doigt. *Un doigt de whisky.* ◇ *Être à deux doigts de* : être très près de. **4.** MÉCAN. Petite pièce servant d'appui ou d'arrêt à une autre.

DOIGTÉ [dwate] n.m. **1.** Adresse manuelle ou intellectuelle, savoir-faire, habileté. *Conduire une affaire avec doigté.* **2.** MUS. Manière de placer les doigts sur un instrument dans l'exécution d'un morceau ; annotation portée sur la partition précisant cet emploi des doigts.

DOIGTER [dwate] v.t. MUS. Indiquer sur la partition, par des chiffres, le doigt qui convient pour l'exécution de chaque note.

DOIGTIER [dwatje] n.m. **1.** Fourreau qui protège un ou plusieurs doigts pour certaines manipulations ou en cas de blessure. **2.** Digitale (plante).

DOIT n.m. (du v. *devoir*). COMPTAB. Partie d'un compte établissant ce qu'une personne doit. – *Doit et avoir* : passif et actif.

DOJO n.m. (mot jap.). Salle où se pratiquent les arts martiaux.

DOL n.m. (lat. *dolus*, ruse). DR. Tromperie commise en vue de décider une personne à conclure un acte juridique ou de l'amener à contracter à des conditions plus désavantageuses.

DOLBY n.m. (nom déposé). **1.** Procédé de réduction du bruit de fond des enregistrements sonores, en partic. des enregistrements musicaux ; dispositif utilisant ce procédé. **2.** *Procédé Dolby Stéréo*, permettant la reproduction stéréophonique à partir d'une piste sonore optique.

DOLCE [dɔltʃe] adv. (mot it.). MUS. Avec douceur.

DOLCE VITA [dɔltʃevita] n.f. inv. (d'apr. *la Dolce Vita*, film de Fellini). Vie facile et oisive.

DOLCISSIMO [dɔltʃisimo] adv. (mot it.). MUS. D'une manière très douce.

DOLDRUMS [dɔldrœms] n.m. pl. (mot angl. *calmes plats*). MÉTÉOR. Zone des basses pressions équatoriales.

DÔLE n.f. (de *la Dôle,* région du Jura suisse). Vin rouge suisse du Valais.

DOLÉANCE n.f. (du lat. *dolere,* souffrir). [Surtout au pl.]. Plainte, récrimination. ◇ HIST. *Cahiers de doléances* → ***cahier.***

DOLEAU n.m. (de *doler*). Hachette pour équarrir les ardoises.

DOLENT, E adj. (lat. *dolens,* de *dolere,* souffrir). **1.** Qui est dans un état de souffrance pénible. *Le corps dolent.* **2.** Qui se plaint de ses maux d'un ton languissant ; plaintif. *Une voix dolente.*

DOLER v.t. (lat. *dolare*). TECHN. Aplanir, amincir avec la doloire, le doleau.

DOLIC ou **DOLIQUE** n.m. (gr. *dolikhos,* haricot). Plante des régions chaudes, voisine du haricot, à graines comestibles. (Famille des papilionacées.)

DOLICHOCÉPHALE [-kɔ-] adj. et n. (gr. *dolikhos,* long, et *kephalê,* tête). ANTHROP. Qui a le crâne plus long que large. CONTR. : *brachycéphale.*

DOLICHOCÔLON [-kɔ-] n.m. PATHOL. Côlon d'une longueur excessive.

DOLINE n.f. (du slave *dole,* en bas). GÉOGR. Petite dépression fermée, dans les régions à relief karstique.

DOLIQUE n.m. → ***dolic.***

DOLLAR n.m. (mot anglo-amér.). Unité monétaire principale des États-Unis, du Canada, de Hongkong, de l'Australie, du Liberia, de la Nouvelle-Zélande et du Zimbabwe. (→ ***monnaie.***)

DOLLARISATION n.f. Processus de substitution du dollar à une monnaie nationale, comme moyen de paiement et réserve de valeurs.

DOLMAN [dɔlmɑ̃] n.m. (turc *dolama,* par l'all. et le hongr.). Ancienne veste d'uniforme à brandebourgs.

DOLMEN [dɔlmɛn] n.m. (breton *dol,* table, et *men,* pierre). Monument mégalithique composé d'une ou de plusieurs dalles horizontales reposant sur des blocs verticaux, formant les parois d'une chambre funéraire.

dolmen à Locmariaquer (Morbihan) ; IVe millénaire

DOLOIRE n.f. (de *doler*). Outil tranchant utilisé pour amincir ou régulariser l'épaisseur d'une pièce de bois, d'un cuir.

DOLOMIE n.f. (de *Dolomieu,* n.pr.). Roche sédimentaire carbonatée constituée essentiellement de dolomite, dont l'érosion donne des reliefs ruiniformes caractéristiques (Dolomites).

DOLOMITE n.f. MINÉR. Carbonate naturel double, de calcium et de magnésium.

DOLOMITIQUE adj. Relatif à la dolomie, qui contient de la dolomie.

DOLORISME n.m. Tendance à exalter la valeur morale de la douleur, en partic. de la douleur physique.

DOLORISTE adj. et n. Relatif au dolorisme ; qui fait preuve de dolorisme.

DOLOSIF, IVE adj. DR. Qui présente le caractère du dol, de la fraude, de la tromperie. *Manœuvre dolosive.*

DOM [dɔ̃] n.m. (lat. *dominus,* maître). **1.** Titre donné à certains religieux (bénédictins, chartreux). **2.** Titre d'honneur donné aux nobles, au Portugal.

DOMAINE n.m. (lat. *dominium*). **1.** Propriété foncière ; bien, terre. *Domaine familial.* ◇ HIST. *Domaine royal :* ensemble des terres et des droits appartenant au roi. – DR. ADM. *Le Domaine :* ensemble des biens corporels, mobiliers ou immobiliers, appartenant à l'État ou aux collectivités locales. – *Domaine public :* partie du Domaine affectée à l'usage direct du public ou à un service public (routes, voies ferrées, etc.). – *Domaine privé :* biens des collectivités locales soumis aux règles du droit privé (forêts, pâturages communaux). – *Tomber dans le domaine public,* se dit d'une invention, d'une œuvre d'art ou de l'esprit qui, n'étant plus protégée par la loi, peut être librement publiée, représentée, reproduite. **2.** Champ d'activité d'une personne, étendue de sa compétence. *Cela n'est pas (de) mon domaine.* **3.** Ensemble de ce qui constitue l'objet d'un art, d'une science, d'une faculté ; univers, monde. *Le domaine de la médecine.* **4.** MATH. Pour une correspondance de A vers B, ensemble des éléments de A qui ont au moins une image dans B. ◆ pl. *Service des domaines* ou *Domaines :* service administratif chargé de gérer le domaine privé de l'État.

DOMANIAL, E, AUX adj. DR. Qui appartient à un domaine, spécialement au domaine de l'État. *Forêt domaniale.*

DOMANIALITÉ n.f. DR. Caractère des biens composant le domaine de l'État, et plus spécialement le domaine public.

1. DÔME n.m. (it. *duomo,* du lat. *domus,* maison de Dieu). Église cathédrale, dans certaines villes d'Italie. *Le dôme de Milan.*

2. DÔME n.m. (prov. *doma,* du gr. *dôma,* maison). **1.** Toit galbé de plan centré, à versant continu (le plus souvent hémisphérique) ou à pans, qui surmonte certains édifices. *Le dôme de Saint-Pierre de Rome.* **2.** Ce qui offre l'aspect d'un dôme. *Dôme de verdure, de feuillage.* **3.** Sommet montagneux de forme arrondie. **4.** TECHN. Réservoir de forme hémisphérique, surmontant une chaudière.

dôme de l'Institut, à Paris ; fin du XVIIe s.

DOMESTICABLE adj. Qui peut être domestiqué, en parlant d'un animal.

DOMESTICATION n.f. Action de domestiquer ; son résultat.

DOMESTICITÉ n.f. Ensemble des domestiques d'une maison.

1. DOMESTIQUE adj. (lat. *domesticus*). **1.** Qui concerne la maison, le ménage. *Travaux domestiques.* **2.** Qui vit dans l'entourage de l'homme, en parlant d'un animal qui a été dressé ou apprivoisé (par opp. *à sauvage*).

2. DOMESTIQUE n. Personne qui est rétribuée pour le service, l'entretien d'une maison, d'un établissement hôtelier, etc. ; employé de maison.

DOMESTIQUER v.t. **1.** Rendre domestique, apprivoiser (un animal). **2.** Amener (qqn) à une soumission servile ; asservir. **3.** Rendre utilisable par l'homme (une force naturelle). *Domestiquer le vent, les marées.*

DOMICILE n.m. (lat. *domicilium,* de *domus,* maison). Lieu habituel d'habitation. – *À domicile :* au lieu où habite qqn. *Travailler à domicile.* ◇ DR. *Domicile conjugal :* ancienne dénomination de la *résidence de la famille.* – *Domicile élu :* lieu fixé pour l'exécution d'un acte. – *Domicile (légal) :* lieu légal d'habitation. *Une personne peut avoir plusieurs résidences, mais elle n'a qu'un seul domicile.* – *Sans domicile fixe (S.D.F.) :* qui n'a aucun lieu d'habitation déterminé ; par ext., personne sans toit et sans travail.

DOMICILIAIRE adj. Qui se fait au domicile même d'une personne (généralement par autorité de justice). *Visite domiciliaire.*

DOMICILIATAIRE n. DR. Personne (en général un banquier) au domicile de laquelle est payable une lettre de change ou un chèque.

DOMICILIATION n.f. BANQUE. Désignation du domicile où un effet est payable (banque, société de Bourse, etc.).

DOMICILIER v.t. ADMIN. Assigner un domicile à. ◇ *Être domicilié quelque part,* y avoir son domicile légal.

DOMINANCE n.f. **1.** Fait de dominer dans un ensemble ; prédominance. **2.** BIOL. État présenté par un caractère ou un gène dominant. **3.** PHYSIOL. Rôle fonctionnel prédominant d'une des deux parties d'un organe pair et symétrique. **4.** ÉTHOL. Supériorité d'un animal sur ses congénères, établie à l'issue de relations agressives et se manifestant par la priorité alimentaire et sexuelle.

DOMINANT, E adj. **1.** Qui domine, qui l'emporte sur d'autres. *Les traits dominants d'un caractère.* ◇ DR. *Fonds dominant,* en faveur duquel est établie une servitude (par opp. à *fonds servant*). **2.** BIOL. Se dit d'un caractère héréditaire ou d'un gène qui se manifeste seul chez un hybride, même lorsque le caractère opposé *(récessif)* est présent dans le génotype. (→ ***phénotype.***)

DOMINANTE n.f. **1.** Ce qui domine, est essentiel, dans un ensemble. *L'humour est la dominante de son œuvre.* **2.** MUS. Cinquième degré de la gamme diatonique, à la quinte juste de la tonique. – *Septième de dominante :* accord majeur avec septième mineure, placé sur le 5e degré d'une gamme. **3.** Option principale d'un cursus universitaire. **4.** Couleur qui domine visuellement les autres, notamm. dans une photographie. *Dominante bleue, verte.*

DOMINATEUR, TRICE adj. et n. Qui domine, qui aime à dominer.

DOMINATION n.f. Action de dominer ; autorité souveraine, suprématie, emprise. ◆ pl. CATH. Premier chœur de la seconde hiérarchie des anges. *Les Vertus, les Puissances et les Dominations.*

DOMINER v.i. (lat. *dominari,* de *dominus,* maître). **1.** Exercer sa suprématie. *Notre équipe a dominé en première mi-temps.* **2.** L'emporter en nombre, en intensité. *Les jeunes dominent dans cette réunion.* ◆ v.t. **1.** Tenir (qqn) sous son autorité ; surpasser. *Dominer tout le monde.* **2.** Fig. Maîtriser (qqch). *Dominer son sujet. Dominer ses passions.* **3.** Surplomber, être en position surélevée par rapport à autre chose. *Le fort domine la ville.* ◆ **se dominer** v.pr. Se maîtriser.

1. DOMINICAIN, E n. Religieux, religieuse de l'ordre fondé en 1215 par saint Dominique (ordre des Frères prêcheurs).

■ Fondé pour lutter contre l'hérésie cathare, l'ordre des Frères prêcheurs, ou Dominicains, s'orienta vers une forme de vie communautaire et démocratique entièrement commandée par la prédication de la parole de Dieu. Les dominicaines sont ou des moniales ou des religieuses du tiers ordre régulier.

2. DOMINICAIN, E adj. et n. De la république Dominicaine.

DOMINICAL, E, AUX adj. (lat. *dominicalis*). **1.** Du Seigneur. – *L'oraison dominicale :* le Notre Père. **2.** Relatif au dimanche, jour de congé. *Repos dominical.*

DOMINION [dɔminjɔ̃] ou [-njɔn] n.m. (mot angl.). Anc. État indépendant et souverain, membre du Commonwealth (Canada, Australie, Nouvelle-Zélande, etc.).

DOMINO n.m. **1.** Costume de bal masqué, formé d'une longue et large robe à capuchon, ouverte par-devant ; personne qui porte ce costume. **2.** (Au pl.). Jeu qui se joue à l'aide de 28 pièces rectangulaires divisées chacune en deux cases blanches marquées de points noirs et qu'on assemble selon leur valeur. – (Au sing.). Chacune des pièces de ce jeu. ◇ Afrique. *Couple domino,* constitué d'une personne noire et d'une personne blanche. **3.** TECHN. Bloc de jonction ou de dérivation électrique évoquant un domino par sa forme cubique ou parallélépipédique et la disposition de ses bornes.

DOMINOTERIE n.f. Anc. Fabrication du papier marbré et colorié (domino) qui servait notamment à certains jeux de société ; ces papiers eux-mêmes.

DOMISME n.m. Rare. Technique de l'aménagement des maisons d'habitation.

DOMMAGE n.m. (anc. fr. *damage,* de *dam,* dommage). **1.** Préjudice moral ou corporel subi par qqn ; dégât causé à ses biens. *Dommage matériel. Dommage moral.* ◇ *Dommages-intérêts* ou *dommages et intérêts :* indemnité due à qqn, en réparation d'un préjudice. **2.** Dégât matériel causé à qqch ; perte, dégradation. ◇ *Dommages de guerre,* subis par les personnes ou les États en temps de guerre et donnant lieu à réparation ; indemnité versée en réparation. **3.** *C'est dommage :* c'est fâcheux, regrettable. – Ellipt. *Dommage !*

DOMMAGEABLE adj. Qui cause un dommage ; préjudiciable.

DOMOTIQUE n.f. (du lat. *domus,* maison). Ensemble des techniques et des études tendant à intégrer à l'habitat tous les automatismes en matière de sécurité, de gestion de l'énergie, de communication, etc.

DOMPTABLE [dɔ̃tabl] adj. Qui peut être dompté.

DOMPTAGE [dɔ̃taʒ] n.m. Action de dompter.

DOMPTER [dɔ̃te] v.t. (lat. *domitare*). **1.** Dresser (un animal sauvage). **2.** Litt. Soumettre (qqn, un groupe) à son autorité. *Dompter des révoltés, une révolte.* ◇ Fig., litt. Maîtriser, surmonter (un sentiment). *Dompter sa colère.*

DOMPTEUR, EUSE [dɔ̃tœr, -øz] n. Personne présentant dans un cirque des animaux (fauves, en partic.) dressés à exécuter des tours.

DOMPTE-VENIN [dɔ̃t-] n.m. inv. Asclépiade (plante), dont la racine était tenue autrefois pour antivenimeuse.

1. DON n.m. (lat. *donum*). **1.** Action de donner qqch que l'on possède ; chose ainsi donnée. *Don en espèces, en nature. Faire don de son corps à la science.* **2.** Bienfait, faveur. *C'est un don du ciel.* **3.** Qualité naturelle, disposition, talent. *Avoir un don pour la musique.* ◇ *Avoir des dons :* être doué. **4.** Fam. *Avoir le don de :* réussir tout particulièrement à. *Tu as le don de m'énerver.*

2. DON [dɔ̃] n.m., **DOÑA** [dɔɲa] n.f. (mot esp.). Titre de courtoisie, en usage seulement devant le prénom, en Espagne.

D. O. N. n.m. (sigle). Disque* optique numérique.

DONACIE [dɔnasi] n.f. (gr. *donax, -akos,* roseau). Insecte coléoptère qui vit sur les plantes aquatiques. (Famille des chrysomélidés.)

DONATAIRE n. DR. Personne à qui une donation est faite.

DONATEUR, TRICE n. **1.** Personne qui fait un don. **2.** DR. Personne qui fait une donation.

DONATION n.f. (lat. *donatio*). DR. Acte juridique par lequel une personne (le *donateur*) transmet irrévocablement et sans contrepartie un bien à une autre personne (le *donataire*) qui l'accepte ; acte constatant cette donation.

DONATION-PARTAGE n.f. (pl. *donations-partages*). DR. Acte par lequel un ascendant donne et partage, de son vivant, tout ou partie de ses biens entre ses descendants.

DONATISME n.m. Mouvement schismatique de l'évêque Donat qui divisa l'Église d'Afrique au IVᵉ s.

DONATISTE n. et adj. Partisan du donatisme.

DONAX n.m. (mot gr., *roseau*). Petit mollusque bivalve comestible, abondant sur les côtes sablonneuses. (Noms usuels : *pignon, olive, trialle.*)

DONC [dɔ̃k] ou [dɔ̃] conj. (lat. *dumque,* de *dum,* alors). **1.** (Introduit la conséquence de la proposition avancée). *Je pense, donc je suis.* **2.** (Reprend un récit, un développement interrompu). *Je vous disais donc que...* **3.** (Renforce une interrogation, une injonction). *Qu'as-tu donc ? Viens donc !*

DONDAINE n.f. ARM., anc. Machine de guerre du Moyen Âge qui lançait des boulets de pierre.

DONDON n.f. Fam. et péj. *Grosse dondon :* femme ou fille qui a un fort embonpoint.

DÔNG n.m. Unité monétaire principale du Viêt Nam. (→ ***monnaie.***)

DONJON n.m. (du lat. *dominus,* seigneur). Tour maîtresse d'un château fort, qui était la demeure du seigneur et le dernier retranchement de la garnison.

DON JUAN n.m. (pl. *dons Juans*). Séducteur libertin.

DONJUANESQUE adj. Digne de don Juan, d'un séducteur.

DONJUANISME n.m. Caractère, attitude d'un don Juan. ◇ PSYCHOL. Recherche de satisfactions narcissiques par de nombreuses conquêtes amoureuses.

DONNE n.f. **1.** Distribution des cartes au jeu ; cartes ainsi distribuées. – *Fausse donne :* maldonne. **2.** Fig. *Nouvelle donne :* situation nouvelle résultant de changements importants dans un domaine quelconque. *La nouvelle donne européenne.*

1. DONNÉ, E adj. Connu, déterminé, fixé. *À une distance donnée. En un temps donné.* ◆ loc. *Étant donné :* v. à son ordre alphabétique.

2. DONNÉ n.m. PHILOS. Ce qui est offert au sujet dans l'expérience, dans la connaissance sensible.

DONNÉE n.f. **1.** (Souvent pl.). Élément fondamental servant de base à un raisonnement, à une recherche. *Les données actuelles de la science.* ◇ Idée fondamentale qui sert de point de départ. *La donnée d'un roman.* **2.** STAT. Résultat d'observations ou d'expériences. *Donnée corrigée.* **3.** MATH. Hypothèse figurant dans l'énoncé d'un problème. **4.** INFORM. Représentation conventionnelle d'une information sous une forme convenant à son traitement par ordinateur. ◆ pl. Ensemble de circonstances qui conditionnent tel ou tel évènement. *Les données de la situation politique.* ◇ STAT. *Analyse des données :* ensemble de méthodes permettant la description de tableaux d'observations sans faire intervenir aucune hypothèse sur l'origine de ces observations.

DONNER v.t. (lat. *donare*). **I. 1.** Mettre en la possession de (qqn). *Donner un jouet à un enfant. Donner tant de l'heure à un ouvrier.* ◇ *Donnant donnant :* rien n'est donné sans contrepartie ; rien sans rien. **2.** Assigner, attribuer (un titre, un nom). *Donner un nom à un enfant.* **II. 1.** Mettre à la disposition de qqn ; procurer, fournir. *Donner un fauteuil à un invité. Donner du travail à qqn. Donner les cartes à ses partenaires,* et, absolt, *donner. À toi de donner.* ◇ Présenter (un spectacle). *Salle qui donne de bons films.* **2.** Accorder. *Donner son autorisation.* **3.** Communiquer (un renseignement). *Donner son adresse.* ◇ Fam. *Je vous le donne en cent, en mille :* je vous défie de le deviner. **4.** Exposer devant un auditoire. *Donner un cours.* **5.** Manifester, montrer (une sensation, un sentiment). *Donner des signes de fatigue.* **6.** Confier à autrui. *Donner son fils à garder.* **7.** Arg. Dénoncer. *C'est son complice qui l'a donné.* **III. 1.** Être la source de, produire (qqch). *Cette vigne donne un bon vin.* **2.** Avoir comme résultat. *Les recherches n'ont rien donné.* **3.** Exercer telle action sur qqn, sur qqch. *Donner de l'appétit. Travail qui donne des satisfactions.* – REM. *Donner* avec un nom sans article forme des locutions où il a le sens de *faire* : *Donner envie. Donner faim,* etc. ◆ v.t. ind. **1.** Frapper, heurter. *Donner de la tête contre le mur.* ◇ *Ne plus savoir où donner de la tête :* ne savoir que faire. **2.** Se porter (dans, vers). *Donner dans le piège.* **3.** Être orienté (vers). *Cette fenêtre donne sur la cour.* ◆ v.i. **1.** Avoir un rendement, être productif. *Les tomates vont bientôt donner.* **2.** Avoir un impact, une puissance plus ou moins grands. *La publicité donne à plein.* ◆ **se donner** v.pr. **1.** Faire le don de soi ; s'adonner. *Se donner à une cause. Se donner au travail.* ◇ Spécialt. Accorder ses faveurs à un homme, en parlant d'une femme. **2.** Se faire à soi-même. *Se donner de la peine, du mal. – Se donner du bon temps, s'en donner à cœur joie :* s'amuser beaucoup. **3.** S'attribuer faussement. *Il se donne tout le mérite du succès.*

DONNEUR, EUSE n. **1.** *Donneur de* : personne qui donne (qqch). *Donneur d'avis. Donneur de sang.* ◇ MÉD. *Donneur universel :* personne dont le sang (du groupe O) peut être transfusé aux personnes de tous les autres groupes sanguins. *– Donneur (d'organe) :* personne qui accepte que, de son vivant ou après sa mort, un organe soit prélevé sur son corps afin d'être transplanté sur celui d'un malade. ◇ JEUX. *Le donneur :* le joueur qui fait la donne. **2.** Arg. Personne qui donne, dénonce à la police. ◆ n.m. PHYS. Atome qui peut céder un électron.

DON QUICHOTTE n.m. (pl. *dons Quichottes*). Personnage généreux et idéaliste qui se pose en redresseur de torts.

DONQUICHOTTISME n.m. Caractère, attitude d'un don Quichotte.

DONT pron. relat. des deux genres et des deux nombres (lat. pop. *de unde,* d'où). Introduit une proposition relative et s'emploie comme : **1.** Complément d'un verbe indiquant l'origine, l'agent, la cause, la matière. *La famille dont je descends. La maladie dont il souffre. Le bois dont est fait ce meuble.* **2.** Complément d'un nom ou d'un pronom. *Un pays dont le climat est chaud.* **3.** Complément d'un adjectif. *L'ami dont il est jaloux.*

DONZELLE n.f. (anc. prov. *donzela,* demoiselle). Fam. et péj. Femme, fille prétentieuse.

DOPAGE n.m. **1.** Emploi de substances destinées à accroître artificiellement et provisoirement les capacités physiques de qqn, d'un animal ; doping. **2.** ÉLECTRON. Addition d'une quantité minime d'impuretés à un monocristal pour le transformer en semi-conducteur.

DOPAMINE n.f. BIOCHIM. Catécholamine, précurseur de l'adrénaline et de la noradrénaline.

DOPAMINERGIQUE adj. Relatif à la dopamine. ◇ *Système dopaminergique :* système de neurones contenant de la dopamine.

DOPANT, E adj. et n.m. Se dit d'un produit qui dope, stimule ; excitant.

1. DOPE n.m. (mot angl.). Produit dont l'addition en petite quantité améliore les caractéristiques d'une substance, d'un matériau (lubrifiant, bitume, etc.).

2. DOPE n.f. (mot amér.). Arg. Drogue.

DOPER v.t. (amér. *to dope*). **1.** Administrer un stimulant (à qqn, un animal) avant une épreuve sportive, un examen. *Doper un cheval.* – Fig. Augmenter la puissance, l'activité de (qqch). *Doper l'économie.* ◇ *Bombe dopée :* bombe à fission dans laquelle la charge nucléaire comporte un noyau thermonucléaire dont la fusion augmente le rendement. **2.** ÉLECTRON. Effectuer le dopage de (un monocristal). ◆ **se doper** v.pr. Prendre un stimulant.

DOPING [dɔpiŋ] n.m. (mot angl.). Dopage.

DOPPLER (EFFET). PHYS. Modification de la fréquence des vibrations ou des rayonnements électromagnétiques perçus par un observateur, lorsque celui-ci et la source sont en mouvement relatif. (On utilise l'effet Doppler en médecine, pour mesurer la vitesse de circulation du sang dans les vaisseaux, et en astronomie, pour mesurer la vitesse des étoiles et des galaxies.)

DORADE n.f. → ***daurade.***

DORAGE n.m. Action de dorer, et, spécialt, action de dorer une pâte ; son résultat.

1. DORÉ, E adj. **1.** Recouvert d'une mince couche d'or ; dont l'aspect imite l'or. *Boutons dorés.* **2.** D'une couleur, d'un éclat qui rappelle l'or. *Lumière dorée.* **3.** HIST. *La jeunesse dorée :* les jeunes gens de la riche bourgeoisie qui participèrent, après Thermidor, à la réaction contre la Terreur ; mod., jeunes gens fortunés, menant une vie plus ou moins oisive.

2. DORÉ n.m. **1.** Couleur dorée ou dorure. **2.** Canada. Poisson d'eau douce apprécié en cuisine.

DORÉE n.f. Saint-pierre (poisson).

DORÉNAVANT adv. (anc. fr. *d'or en avant,* de l'heure actuelle en avant). À partir du moment présent ; désormais.

DORER v.t. (lat. *deaurare,* de *aurum,* or). **1.** Recouvrir d'une mince couche d'or. *Dorer les tranches d'un livre.* **2.** Donner une teinte dorée à. *Le soleil a doré sa peau.* **3.** CUIS. Colorer une préparation en la badigeonnant de jaune d'œuf avant la cuisson.

DOREUR, EUSE n. Spécialiste qui pratique la dorure. *Doreur sur bois.*

DORIEN, ENNE adj. et n. **1.** Relatif aux Doriens, à la Doride. **2.** MUS. *Mode dorien :* mode de *ré,* en musique d'Église (et, auj., dans le jazz). **3.** LING. *Dialecte dorien* ou *dorien,* n.m. : dialecte du grec ancien.

DORIQUE adj. *Ordre dorique* ou *dorique,* n.m. : le plus ancien des ordres d'architecture de la Grèce antique, caractérisé par une colonne cannelée à arêtes vives, sans base, un chapiteau à échine nue et un entablement dont les triglyphes et les métopes sont disposés en alternance.

1. DORIS [dɔris] n.m. (mot amér.). Embarcation de pêche à fond plat.

2. DORIS [dɔris] n.f. (de *Doris,* n. myth.). Mollusque gastropode marin sans coquille.

DORLOTEMENT n.m. Action de dorloter.

DORLOTER v.t. Entourer de soins attentifs, de tendresse.

DORMANCE n.f. BIOL. État des organes, surtout végétaux, dont les conditions climatiques ou physiologiques empêchent temporairement le développement.

DORMANT, E adj. **1.** Qui reste immobile, stagnant. *Eau dormante.* **2.** CONSTR. *Bâti dormant* ou *dormant,* n.m. : partie fixe d'une fenêtre, scellée à la maçonnerie de la baie pour supporter les parties mobiles. – *Châssis dormant,* ou *dormant,* n.m. : dans une baie, châssis qui ne s'ouvre pas. **3.** MAR. *Manœuvre dormante :* cordage placé à poste fixe (par opp. à *manœuvre courante*).

1. DORMEUR, EUSE adj. et n. Qui dort ; qui aime dormir.

2. DORMEUR adj.m. et n.m. **1.** *Crabe dormeur* ou *dormeur :* tourteau. **2.** *Requin dormeur* ou *dormeur :* requin des eaux littorales de l'Atlantique tropical qui s'attaque parfois à l'homme.

DORMIR v.i. (lat. *dormire*) [36]. **1.** Être dans l'état de sommeil. ◇ *Conte, histoire à dormir debout :* récit absolument invraisemblable. – *Dormir sur ses deux oreilles :* être, se croire dans une profonde sécurité. **2.** Fig. Demeurer inactif, sans mouvement ; être inemployé. *Capitaux qui dorment.* ◇ *Laisser dormir une affaire,* la négliger.

DORMITIF, IVE adj. Fam. Qui fait dormir, soporifique. *Exposé dormitif.*

DORMITION n.f. (lat. *dormitio*). RELIG. Mort de la Vierge.

DORSAL, E, AUX adj. (du lat. *dorsum,* dos). **1.** Du dos. *Vertèbres dorsales.* **2.** Fixé sur le revers d'un organe, d'un membre. **3.** PHON. *Consonne dorsale* ou *dorsale,* n.f. : consonne articulée avec le dos de la langue.

DORSALE n.f. **1.** Crête montagneuse. **2.** GÉOL. Puissante chaîne de montagnes sous-marine. SYN. : *ride océanique.* **3.** MÉTÉOR. *Dorsale barométrique :* ligne continue de hautes pressions sur une carte météorologique. **4.** PHON. Consonne dorsale.

DORSALGIE n.f. MÉD. Douleur du dos au niveau des vertèbres dorsales.

DORTOIR n.m. (lat. *dormitorium*). **1.** Salle commune où dorment les membres d'une communauté (couvents, casernes, pensionnats, etc.). **2.** (En app., avec ou sans trait d'union). Lieu essentiellement utilisé pour le logement de personnes travaillant ailleurs. *Cité-dortoir.*

DORURE n.f. **1.** Action, art de dorer. **2.** Revêtement d'or, couche dorée. ◇ Ornement doré.

DORYPHORE n.m. (gr. *doruphoros,* porteur de lance). Insecte coléoptère à élytres ornés de dix lignes noires et mesurant env. 1 cm de long. (Famille des chrysomélidés ; le doryphore et sa larve se nourrissent de feuilles de pommes de terre et causent de grands ravages.)

DOS n.m. (lat. *dorsum*). **I. 1.** Face postérieure du corps de l'homme, des épaules aux reins. ◇ *Tomber sur le dos de qqn,* survenir à l'improviste et de manière fâcheuse pour lui. – *Se mettre qqn à dos,* s'en faire un ennemi. – *Mettre qqch sur le dos de qqn,* lui en attribuer la responsabilité. – *Avoir bon dos :* être indûment allégué comme justification ou comme excuse par qqn qui se dérobe à ses responsabilités. – *Renvoyer dos à dos deux adversaires :* ne donner raison ni à l'un ni à l'autre. – Fam. *Être sur le dos de qqn :* le presser de façon constante et contraignante. – Fam. *En avoir plein le dos de :* être excédé de. – Très fam. *L'avoir dans le dos :* être dupé ; connaître une déconvenue, un échec. **2.** Face supérieure du corps des vertébrés et de certains autres animaux (insectes, etc.). *Dos d'un cheval, d'un hanneton.* **3.** SPORTS. Style de nage caractérisé par la position sur le dos du nageur, le visage étant émergé. *Dos crawlé*.* **II. 1.** Dossier. *Le dos d'un fauteuil.* **2.** Partie supérieure convexe. *Le dos de la main.* **3.** Verso, revers. *Dos d'une lettre.* **4.** Partie de la reliure d'un livre qui réunit les plats (par opp. à *tranche*).

dos crawlé

DOSABLE adj. Que l'on peut doser.

DOSAGE n.m. **1.** Détermination d'une dose, de la concentration d'une solution, de la quantité d'un constituant contenu dans une substance. **2.** Fig. Fait de combiner différents éléments. *Un dosage de ruse et de naïveté.*

DOS-D'ÂNE n.m. inv. Relief, bosse présentant deux pentes séparées par une arête, sur une voie, une route. *Pont en dos-d'âne.* CONTR. : *cassis.*

DOSE n.f. (gr. *dosis,* action de donner). **1.** Quantité de médicament à utiliser en une seule fois ou par unité de temps. **2.** MÉD. Quantité absorbée d'un rayonnement ionisant. ◇ NUCL. *Dose absorbée :* quantité d'énergie transmise par un rayonnement ionisant à l'unité de masse du milieu irradié. (Unités : gray et rad.) – *Équivalent de dose :* grandeur caractérisant l'effet biologique d'une irradiation. (Unités : sievert et rem.) **3.** Quantité de ce qui entre dans un composé, dans un mélange. **4.** Quantité quelconque. *Une forte dose de bêtise.* – Fig. *Forcer la dose :* exagérer.

DOSER v.t. **1.** Procéder au dosage de. **2.** Fig. Proportionner, mesurer, régler. *Doser ses efforts.*

DOSEUR n.m. Appareil servant au dosage.

DOSIMÈTRE n.m. Appareil de dosimétrie.

DOSIMÉTRIE n.f. Mesure des doses de rayonnements ionisants auxquelles une personne, un être vivant ont été exposés.

DOSSARD n.m. Carré d'étoffe marqué d'un numéro d'ordre que portent les concurrents d'une épreuve sportive.

DOSSE n.f. (de *dos*). Dans le sciage des arbres, première ou dernière planche que l'on enlève et qui conserve son écorce.

DOSSERET [dosrɛ] n.m. (de *dossier*). **1.** ARCHIT. Pilastre en faible saillie, sans base ni chapiteau, contre lequel s'appuie un autre pilastre ou une colonne, ou servant de jambage, de piédroit. **2.** TECHN. Pièce de bois ou de métal renforçant le dos d'une scie.

DOSSIER n.m. **1.** Partie d'un siège contre laquelle s'appuie le dos. **2.** Ensemble de documents concernant un sujet, une personne, réunis dans une chemise ; cette chemise. – *Dossier de presse,* réunissant des coupures de presse relatives au même sujet. **3.** Question, sujet à traiter. *Le dossier vinicole.*

DOSSIÈRE n.f. **1.** Partie du harnais d'un cheval attelé posée sur le dos et soutenant les brancards. **2.** Partie du dos d'une cuirasse. **3.** Partie dorsale de la carapace de la tortue.

DOSSISTE n. Nageur, nageuse de dos crawlé.

DOT [dɔt] n.f. (lat. *dos, dotis*). **1.** Biens qu'une femme apporte en se mariant. **2.** Biens donnés par un tiers à l'un ou à l'autre des époux dans le contrat de mariage.

DOTAL, E, AUX adj. DR. De la dot. *Biens dotaux et paraphernaux.*

DOTALITÉ n.f. DR. Caractère d'un bien dotal.

DOTATION n.f. **1.** DR. Ensemble des revenus assignés à un établissement d'utilité publique, une communauté, etc. ◇ Revenu attribué à un chef d'État, à certains hauts fonctionnaires. **2.** Action de fournir un équipement, du matériel à un organisme économique ou administratif ; ensemble de ces fournitures.

DOTER v.t. (lat. *dotare*). **1.** DR. Assigner un revenu à (une collectivité, un établissement). **2.** Donner une dot à. *Doter sa fille.* **3.** Fournir en équipement ; pourvoir. *Doter une armée d'engins modernes.*

DOUAIRE n.m. (lat. *dos, dotis,* dot). DR., anc. Biens assignés en usufruit par le mari à sa femme survivante.

DOUAIRIÈRE n.f. Vx. **1.** Veuve jouissant d'un douaire. **2.** Dame âgée de la haute société.

DOUANE n.f. (anc. it. *doana,* mot ar.). **1.** Administration chargée de percevoir les droits sur les marchandises importées ou exportées. **2.** Siège de ce service. **3.** Droits de douane. *Payer la douane.*

1. DOUANIER, ÈRE n. Agent de la douane.

2. DOUANIER, ÈRE adj. **1.** De la douane. **2.** *Union douanière :* convention entre États établissant entre eux le libre-échange et uniformisant les tarifs douaniers à l'égard de l'extérieur.

DOUAR n.m. (ar. *dawār*). Maghreb. **1.** Division administrative rurale. **2.** Agglomération de tentes. *Les douars des pasteurs nomades.*

DOUBLAGE n.m. Action de doubler ; son résultat. **1.** Multiplication par deux. **2.** Garnissage par une doublure. *Doublage d'un manteau.* ◇ Revêtement métallique d'une coque en bois. **3.** Remplacement d'un comédien par sa doublure. **4.** Enregistrement des dialogues d'un film dans une langue différente de celle de l'original.

DOUBLANT, E n. Afrique. Redoublant.

1. DOUBLE adj. (lat. *duplus*). **1.** Qui est multiplié par deux, ou répété deux fois ; qui est formé de deux choses identiques. *Double salaire. Consonne double.* ◇ *Faire double emploi :* être superflu, inutile (parce que autre chose remplit la même fonction). ◇ CHIM. *Double liaison :* liaison entre deux atomes assurée par deux paires d'électrons (représentés par le symbole =). ◇ MATH. *Point double d'une courbe :* point par lequel la courbe passe deux fois. ◇ ASTRON. *Étoile double :* système de deux étoiles qui apparaissent très proches l'une de l'autre dans le ciel. (Parfois, le rapprochement n'est qu'apparent, dû à un effet de perspective [couple optique] ; le plus souvent, il est réel et les deux étoiles sont liées par leur attraction mutuelle [binaire ou étoile double physique].) **2.** Qui a deux aspects dont un seul est manifeste ou révélé. *Phrase à double sens. Jouer double jeu. Agent double.* **3.** BOT. *Fleur double :* fleur aux pétales plus nombreux qu'il n'est habituel dans son espèce. ◆ adv. *Voir double :* voir deux choses là où il n'y en a qu'une.

2. DOUBLE n.m. **1.** Quantité égale à deux fois une autre. *Payer le double. La prime est portée au double.* **2.** Reproduction, copie, duplicata. *Le double d'une note.* **3.** Autre exemplaire d'un élément d'une collection, d'une série. *Philatélistes qui échangent leurs doubles.* ◇ *En double :* en deux exemplaires. **4.** Partie de tennis ou de tennis de table entre deux équipes de deux joueurs. **5.** Corps impalpable reproduisant l'image d'une personne, dans certaines croyances (Égypte antique, spiritisme). **6.** Variation ornée d'une pièce vocale ou instrumentale.

1. DOUBLÉ, E adj. **1.** Porté au double. **2.** Garni d'une doublure. **3.** Qui joint une particularité à une autre. **4.** CIN. Dont on a réalisé le doublage.

2. DOUBLÉ n.m. **1.** ORFÈVR. Procédé consistant à recouvrir un métal commun d'une feuille d'or ou d'un autre métal précieux ; matériau ainsi obtenu. **2.** Action accomplie, fait arrivé à deux reprises consécutives. **3.** Action d'abattre deux pièces de gibier de deux coups de fusil rapprochés. **4.** Double réussite obtenue d'un seul coup.

3. DOUBLÉ n.m. → ***2. doubler.***

DOUBLEAU n.m. Arc séparant deux voûtes ou renforçant un berceau. SYN. : ***arc-doubleau.***

DOUBLE-CRÈME n.m. et adj. (pl. *doubles-crèmes*). Fromage frais à forte teneur en matière grasse.

DOUBLE-CROCHE n.f. (pl. *doubles-croches*). MUS. Note dont la durée vaut la moitié de celle d'une croche, et dont la queue porte deux barres ou deux crochets.

DOUBLE-FENÊTRE n.f. (pl. *doubles-fenêtres*). Ensemble constitué par une fenêtre et une contre-fenêtre.

1. DOUBLEMENT adv. De deux manières ; à un double titre.

2. DOUBLEMENT n.m. Action de doubler ; fait de devenir double.

1. DOUBLER v.t. **1.** Multiplier par deux ; porter au double. *Doubler son capital.* ◇ *Doubler le pas :* marcher deux fois plus vite ; presser l'allure. **2.** Mettre en double. *Doubler un fil.* **3.** Garnir d'une doublure, d'un doublage. *Doubler un manteau. Doubler une carène.* **4.** Dépasser.

Doubler un véhicule. ◇ SPORTS. Prendre un tour d'avance à un concurrent. **5.** Passer en contournant. *Doubler un cap.* – Fig. *Doubler le cap de :* dépasser (une certaine limite, un certain âge, une période critique). **6.** Effectuer le doublage de (un film). **7.** Remplacer (un acteur), jouer son rôle. **8.** Redoubler. *Doubler une classe.* **9.** Fam. *Doubler qqn,* le devancer dans une affaire ; le trahir, le tromper. ◆ v.i. Devenir double. *La production a doublé.* ◆ **se doubler** v.pr. *(de).* S'accompagner de. *Mauvaise foi qui se double d'impolitesse.*

2. DOUBLER ou **DOUBLÉ** n.m. ÉQUIT. Figure de manège consistant à quitter la piste à angle droit et à la reprendre en face à même main ou en changeant de main.

DOUBLET n.m. (de *double*). **1.** Ensemble de deux objets de même nature. **a.** CHIM. Paire d'électrons mis en commun par deux atomes et formant une liaison. **b.** *Doublet électrique :* dipôle. **2.** LING. Mot de même étymologie qu'un autre mais qui présente une forme et un sens différents. (Par ex., le latin *hospitalem* a donné deux doublets : *hôtel* et *hôpital ;* le premier est d'origine populaire, le second est un emprunt savant.) **3.** Imitation de gemme obtenue en fixant un corps coloré derrière un morceau de cristal.

DOUBLEUR, EUSE n. **1.** Professionnel qui double les films étrangers. **2.** Belgique, Canada, Zaïre. Élève qui redouble une classe.

DOUBLIER n.m. Au Moyen Âge, nappe que l'on plaçait repliée en deux sur la table, devant les hauts personnages.

DOUBLIS n.m. CONSTR. Battellement.

1. DOUBLON n.m. (esp. *doblón*). Ancienne monnaie d'or d'Espagne et des colonies espagnoles.

2. DOUBLON n.m. (de *doubler*). IMPR. Faute de composition consistant dans la répétition d'une lettre, d'un mot, d'une partie de la copie.

DOUBLONNER v.i. Faire double emploi avec qqch.

DOUBLURE n.f. (de *doubler*). **1.** Étoffe qui garnit l'intérieur d'un vêtement. **2.** Remplaçant(e) d'un acteur, d'une actrice.

DOUÇAIN n.m. → ***doucin.***

DOUCE adj. → ***doux.***

DOUCE-AMÈRE n.f. (pl. *douces-amères*). Morelle sauvage, toxique, à fleurs violettes et à baies rouges.

DOUCEÂTRE adj. D'une douceur fade.

DOUCEMENT adv. **1.** D'une manière douce, délicate. **2.** Sans excès de force, de violence, de bruit ; discrètement. *Frapper tout doucement à une porte.* – *Parler doucement,* à voix basse. **3.** Lentement. *Avancer doucement.* ◇ *Se porter, aller tout doucement,* médiocrement. **4.** Fam. À part soi. *Se payer doucement la tête de qqn.* ◆ interj. *Doucement !* Du calme ! Pas si vite ! *Doucement ! prenez votre temps.*

DOUCEREUSEMENT adv. De façon doucereuse.

DOUCEREUX, EUSE adj. **1.** D'une douceur fade, désagréable. *Liqueur doucereuse.* **2.** D'une douceur affectée ; mielleux. *Une voix doucereuse.*

DOUCET, ETTE adj. Vx. D'une douceur apparente, feinte.

DOUCETTE n.f. Mâche (salade).

DOUCETTEMENT adv. Fam. Tout doucement.

DOUCEUR n.f. **1.** Qualité de ce qui est doux au goût, agréable aux autres sens. *La douceur d'un fruit, d'un parfum.* **2.** Caractère de ce qui n'est pas extrême, excessif, de ce qui se fait ou fonctionne sans heurts, sans à-coups. *La douceur d'un climat, d'une pente, d'un démarrage.* ◇ *En douceur :* doucement. **3.** Comportement doux, affectueux. *Douceur de caractère. Traiter qqn avec douceur.* ◆ pl. **1.** Friandises. **2.** Paroles douces, gentilles. *Dire des douceurs à qqn.*

DOUCHE n.f. (it. *doccia,* conduite d'eau). **1.** Jet d'eau dirigé sur le corps comme moyen hygiénique ou curatif. *Douche en pluie. Prendre une douche.* – *Douche écossaise,* alternativement chaude et froide ; fig., alternance de bonnes et de mauvaises nouvelles. **2.** Installation (appareil, cabine) permettant de prendre une douche. **3.** Fam. Averse. **4.** Fig. Violente réprimande ; déception.

DOUCHER v.t. **1.** Donner une douche à. **2.** Mouiller abondamment. **3.** Fig. Causer une déception soudaine à. **4.** Fig. Infliger une réprimande à. ◇ Fam. *Se faire doucher :* recevoir une averse ; fig., connaître une déception ou essuyer des reproches.

DOUCHEUR, EUSE n. Personne qui administre des douches (dans un établissement thermal, etc.).

DOUCHIÈRE n.f. Afrique. Cabinet de toilette.

DOUCIN ou **DOUÇAIN** n.m. Pommier sauvage servant de porte-greffe.

DOUCINE n.f. **1.** ARCHIT. et ARTS DÉC. Moulure convexe en bas, concave en haut. **2.** Rabot servant à faire une telle moulure.

DOUCIR v.t. Opérer le doucissage de.

DOUCISSAGE n.m. TECHN. Opération de dressage et de premier polissage, en marbrerie, verrerie, optique.

DOUDOU n.f. Antilles. Fam. Jeune femme aimée.

DOUDOUNE n.f. Fam. Vêtement de campeur, d'alpiniste, etc., grosse veste très chaude, généralement en tissu synthétique, rembourrée de duvet ou d'une matière similaire.

DOUÉ, E adj. **1.** Doté par la nature de. *Être doué d'une force peu commune.* **2.** Qui a des dons, des aptitudes. *Une élève très douée.*

DOUELLE n.f. (anc. fr. *doue,* douve). **1.** ARCHIT. Parement intérieur (intrados) ou extérieur (extrados) d'un voussoir. **2.** Douve d'un tonneau.

DOUER v.t. (lat. *dotare*). Doter, pourvoir de. *La nature l'a doué d'une excellente mémoire.*

DOUILLE n.f. **1.** Partie creuse d'un instrument, d'un outil, qui reçoit le manche. **2.** Pièce dans laquelle se fixe le culot d'une ampoule électrique. **3.** ARM. Enveloppe cylindrique contenant la charge de poudre d'une cartouche.

DOUILLET, ETTE adj. (lat. *ductilis,* malléable). **1.** Doux, moelleux. *Lit douillet.* **2.** Qui procure un confort délicat. *Appartement douillet.* **3.** Sensible à la moindre douleur. *Enfant douillet.*

DOUILLETTE n.f. **1.** Robe de chambre ouatinée et piquée. **2.** Vêtement d'hiver des ecclésiastiques.

DOUILLETTEMENT adv. De façon douillette.

DOULEUR n.f. (lat. *dolor*). **1.** Sensation pénible, désagréable, ressentie dans une partie du corps. *Douleur aiguë.* **2.** Sentiment pénible, souffrance morale. *Douleur de perdre un être cher.* ◇ PSYCHIATRIE. *Douleur morale :* tristesse profonde, accompagnée d'autoaccusations injustifiées, symptôme d'un état dépressif.

DOULOUREUSE n.f. Fam. Note à payer.

DOULOUREUSEMENT adv. D'une manière douloureuse ; avec douleur.

DOULOUREUX, EUSE adj. **1.** Qui cause une douleur physique. **2.** Qui est le siège d'une douleur, endolori. *Épaule douloureuse.* ◇ MÉD. *Point douloureux :* zone limitée de l'organisme où existe une douleur spontanée ou provoquée. **3.** Qui cause une douleur morale, qui afflige. *Séparation douloureuse.* **4.** Qui exprime la douleur. *Regard douloureux.*

DOUM n.m. Palmier d'Afrique et du Proche-Orient à tige ramifiée.

DOUMA n.f. En Russie, assemblée, conseil. (Une *douma d'État* exerça des fonctions législatives sous Nicolas II, de 1906 à 1917. La Constitution de la Fédération de Russie [1993] institue à nouveau une *douma d'État.*)

DOURINE n.f. Maladie contagieuse des équidés, due à un trypanosome.

DOURO [duro] n.m. Ancienne monnaie d'argent espagnole de cinq pesetas.

DOUTE n.m. **1.** État d'incertitude sur la réalité d'un fait, l'exactitude d'une déclaration, la conduite à adopter. *Laisser dans le doute.* – *Mettre, révoquer en doute :* contester la certitude de. **2.** Manque de confiance dans la sincérité de qqn, la réalisation de qqch ; soupçon, méfiance. *Avoir des doutes sur qqn.* ◇ *Nul doute que :* il est certain que. ◆ loc. adv. *Sans doute :* probablement. – *Sans aucun doute :* assurément.

DOUTER v.t. ind. **[*de*]** (lat. *dubitare*). **1.** Être dans l'incertitude de la réalité d'un fait, de l'exactitude d'une déclaration. *Je doute qu'elle vienne. Je ne doute pas qu'il n'accepte* ou *qu'il accepte.* **2.** Ne pas avoir confiance en. *Je doute de sa parole.* **3.** *Ne douter de rien :* n'hésiter devant aucun obstacle, avoir une audace aveugle. ◆ **se douter** v.pr. *(de).* Soupçonner ; avoir le pressentiment de, s'attendre à.

DOUTEUR, EUSE adj. et n. Litt. Qui doute, qui est porté à douter.

DOUTEUSEMENT adv. De manière douteuse.

DOUTEUX, EUSE adj. **1.** Dont la réalité, l'exactitude n'est pas établie ; incertain. *Tradition douteuse.* **2.** De valeur contestable. *Plaisanterie d'un goût douteux.* **3. a.** Qui manque de netteté, de propreté. *Chemise douteuse.* **b.** Qui n'est pas très frais, qui commence à se gâter. *Cet œuf est douteux.* **4.** Indigne de confiance, suspect. *Ami douteux. Fidélité douteuse.*

DOUVAIN n.m. Bois de chêne propre à faire des douves de tonneau.

1. DOUVE n.f. (gr. *dokhê,* récipient). **1.** Large fossé rempli d'eau. *Les douves d'un château.* **2.** Dans le steeple-chase, large fossé plein d'eau, précédé d'une haie ou d'une barrière. **3.** Chacune des pièces de bois longitudinales assemblées pour former le corps d'une futaille. SYN. : *douelle.*

2. DOUVE n.f. (bas lat. *dolva*). Ver plathelminthe, parasite du foie de plusieurs mammifères (homme, mouton, bœuf), cause de distomatoses. (Long. 3 cm env. ; classe des trématodes.)

DOUVELLE n.f. Petite douve de tonneau.

DOUX, DOUCE adj. (lat. *dulcis*). **I. 1.** Agréable au goût, sucré. *Pomme douce.* – *Eau douce,* naturellement dépourvue de sel (cours d'eau, lacs, sources). – *Marin d'eau douce,* qui n'a navigué que sur les fleuves ou les rivières ; péj., marin peu aguerri, peu expérimenté. **2.** Qui flatte un sens par une impression délicate. *Voix, lumière, laine douce.* **3.** Qui procure une sensation de bien-être, un plaisir délicat. *De doux souvenirs.* **4.** Qui ne présente aucun caractère excessif. *Hiver doux. Pente douce.* ◇ *Énergies, technologies douces,* qui évitent les modes d'exploitation jugés dangereux et préservent les ressources naturelles (énergies éolienne, solaire, marémotrice, etc.). – *Médecine douce,* qui s'efforce d'utiliser des moyens tenus pour naturels et n'ayant pas sur l'organisme une action brutale et des effets secondaires néfastes. **5.** TECHN. Ductile, malléable, non cassant. *Acier doux.* **II. 1.** Qui agit sans brusquerie, qui est d'un caractère facile. **2.** Qui exprime la douceur, la bienveillance. **3.** Fam. *En douce :* sans se faire remarquer, en cachette. *Filer en douce. Faire qqch en douce.* ◆ adv. *Filer doux :* obéir sans résistance. ◇ Fam. *Tout doux :* doucement. ◆ n.m. Ce qui est doux. ◆ n. Personne douce.

DOUX-AMER [duzamɛr], **DOUCE-AMÈRE** [dusamɛr] adj. (pl. *doux-amers, douces-amères*). Qui mêle la douceur et l'amertume. *Des propos doux-amers.*

DOUZAIN n.m. **1.** HIST. Monnaie française de douze deniers frappée à partir du règne de Charles VII. **2.** LITTÉR. Poème de douze vers.

DOUZAINE n.f. **1.** Ensemble de douze éléments de même nature. *Une douzaine d'œufs.* **2.** *À la douzaine :* en quantité.

DOUZE adj. num. et n.m. inv. **1.** Nombre qui suit onze dans la série des entiers naturels. *Les douze apôtres.* **2.** Douzième. *Page douze.* ◆ n.m. inv. IMPR. Cicéro.

DOUZE-HUIT n.m. inv. MUS. Mesure à quatre temps, qui a la noire pointée pour unité de temps.

DOUZIÈME adj. num. ord. et n. **1.** Qui occupe un rang marqué par le numéro douze. **2.** Qui est contenu douze fois dans le tout.

DOUZIÈMEMENT adv. En douzième lieu.

DOW JONES (INDICE) [dɔwdʒɔns] (nom déposé) : indice boursier créé en 1897 par le *Wall Street Journal* et correspondant à la moyenne pondérée du cours de Bourse de 30 actions américaines.

DOXOLOGIE n.f. (du gr. *doxa,* gloire). **1.** LITURGIE CATH. Louange à la gloire du Christ, qui peut s'étendre aux trois personnes de la Trinité. **2.** Didact. Énoncé d'une opinion communément admise.

DOYEN, ENNE n. (lat. *decanus,* chef de dix hommes). **1.** Personne la plus ancienne par l'âge ou par l'appartenance à un groupe. **2.** CATH. Responsable ecclésiastique (circonscription, chapitre, faculté, tribunal, collège). **3.** Directeur d'une U. F. R. de médecine, de droit, de pharmacie ou d'odontologie.

1. DOYENNÉ n.m. **1.** Circonscription administrée par un doyen. **2.** Demeure du doyen.

2. DOYENNÉ n.f. Poire d'une variété à chair fondante et sucrée.

DOYENNETÉ n.f. Vx. Qualité de doyen d'âge.

DRACENA ou **DRACÆNA** n.m. Plante arbustive ou arborescente des régions chaudes. (Famille des liliacées.)

DRACHE n.f. Région. (Nord) ; Belgique, Zaïre. Pluie battante, averse.

DRACHER v. impers. Région. (Nord) ; Belgique, Zaïre. Pleuvoir à verse.

DRACHME [drakm] n.f. (gr. *drakhmê*). **1.** Unité de poids et de monnaie de la Grèce ancienne. **2.** Unité monétaire principale de la Grèce moderne. (→ ***monnaie.***)

DRACONIEN, ENNE adj. (de *Dracon,* législateur gr.). D'une rigueur excessive. *Mesure draconienne.*

DRAG [drag] n.m. (angl. *to drag,* traîner). Vx. **1.** Course simulant une chasse à courre. **2.** Mail-coach dans lequel les dames suivaient cette course.

DRAGAGE n.m. Action de draguer.

1. DRAGÉE n.f. (gr. *tragêmata,* dessert). **1.** Amande ou noisette enrobée de sucre durci. ◇ *Tenir la dragée haute à qqn,* lui faire sentir tout son pouvoir, lui faire payer cher ce qu'il désire. **2.** PHARM. Pilule ou comprimé enrobés de sucre poli. **3.** Plomb de chasse fondu à l'eau ou au moule.

2. DRAGÉE n.f. (lat. *dravoca,* ivraie). AGRIC. Mélange fourrager de céréales et de légumineuses.

DRAGÉIFIER v.t. Mettre sous forme de dragée.

DRAGEOIR n.m. **1.** Coupe servant à contenir, à présenter des dragées. **2.** Petite boîte pour mettre des dragées, des bonbons.

DRAGEON [draʒɔ̃] n.m. (mot francique). Rejeton, pousse qui naît de la racine d'une plante vivace.

DRAGEONNEMENT n.m. Fait de drageonner.

DRAGEONNER v.i. BOT. Produire des drageons.

DRAGLINE [draglajn] n.f. (angl. *drag,* herse, et *line,* câble). TR. PUBL. Matériel de terrassement agissant par raclage du terrain au moyen d'un godet traîné par un câble.

dragline

DRAGON n.m. (lat. *draco*). **1.** Animal fabuleux, généralement représenté avec des griffes de lion, des ailes et une queue de serpent. **2.** Fig. Gardien vigilant et farouche. – *Dragon de vertu :* personne d'une vertu austère. **3.** Personne autoritaire ou acariâtre. **4.** Pays en développement dont l'économie est caractérisée par une forte croissance. *Les dragons du Sud-Est asiatique.* **5.** HIST. Soldat d'un corps de cavalerie créé au XVIe s. pour combattre à pied ou à cheval. (La tradition des dragons a été reprise par certains régiments blindés.)

DRAGONNADE n.f. HIST. (Surtout au pl.). Sous Louis XIV, persécution utilisée comme moyen de conversion des protestants, auxquels on imposait la charge, souvent intolérable, du logement des dragons royaux. (Autorisées par Louvois dès 1681, les dragonnades eurent lieu dans le Poitou, le Béarn, la Provence, le Languedoc et ne prirent fin qu'en 1698.)

DRAGONNE n.f. **1.** Courroie reliant le poignet à la garde d'un sabre ou d'une épée ou à la poignée d'un bâton de ski. **2.** Lanière attachée à un objet (sac, parapluie, appareil photo, etc.) et que l'on peut passer au poignet ou au bras.

DRAGONNIER n.m. Arbre des Canaries, à croissance lente, dont la résine est utilisée comme vernis. (Famille des liliacées ; genre dracena.)

DRAGSTER [dragstɛr] n.m. (mot angl.). Véhicule sportif à deux ou à quatre roues, au moteur très puissant, capable d'atteindre très rapidement de grandes vitesses.

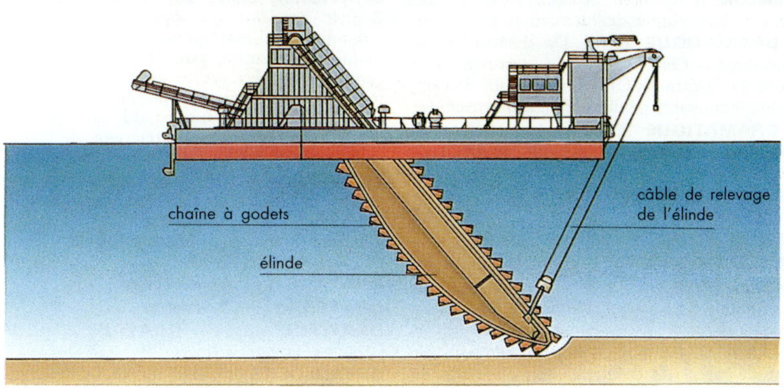

drague à godets

dragonnier

DRAGUE n.f. (angl. *drag,* crochet). **1.** Filet à manche pour pêcher à la traîne. **2.** Engin de terrassement destiné à enlever les objets, le sable, le gravier, la vase déposés au fond de l'eau et gênant la navigation. **3.** Gros filet armé ou de métal destiné à racler le fond de l'eau pour en ramener des éléments vivants ou minéraux. **4.** Dispositif mécanique, acoustique ou magnétique, permettant la destruction ou la relève des mines sous-marines. **5.** Fam. Action de draguer qqn.

DRAGUER v.t. **1.** Pêcher à la drague. **2.** Curer avec une drague. *Draguer un chenal.* **3.** Éliminer une mine marine avec une drague. **4.** Fig., fam. Aborder qqn, lui parler, tenter de le séduire en vue d'une aventure. *Draguer une fille dans la rue.*

1. DRAGUEUR n.m. **1.** *Dragueur de mines,* bateau spécialisé dans l'élimination des mines sous-marines. **2.** Pêcheur, matelot qui drague.

2. DRAGUEUR, EUSE n. Fam. Personne qui aime draguer, séduire.

1. DRAILLE n.f. (de *traille*). MAR. Cordage le long duquel glisse une voile triangulaire, un foc.

2. DRAILLE n.f. (prov. *drayo*). Région. Chemin emprunté par les troupeaux transhumants.

DRAIN n.m. (mot angl.). **1.** MÉD. Tube souple placé dans certaines plaies opératoires ou dans certaines cavités organiques pour l'écoulement de liquides pathologiques. **2.** TECHN. Conduit souterrain pour l'évacuation des eaux d'un terrain trop humide.

DRAINAGE n.m. **1.** MÉD. Opération qui consiste à faire écouler un liquide de l'organisme par un drain. ◇ *Drainage lymphatique :* massage thérapeutique effectué par des mouvements doux, lents et circulaires, afin de stimuler la circulation lymphatique. **2.** Action de drainer ; assèchement. **3.** TECHN. Opération qui consiste à faciliter, au moyen de drains ou de fosses, l'écoulement des eaux dans les terrains trop humides.

DRAINE ou **DRENNE** n.f. Grive européenne de grande taille, pouvant atteindre 30 cm de long.

DRAINER v.t. (angl. *to drain,* égoutter). **I. 1.** MÉD. **a.** Placer un drain dans (une plaie). **b.** Assécher (une cavité purulente) en plaçant un drain. **2.** Assécher au moyen de drains (un terrain). **II. 1.** Pour un cours d'eau, rassembler (les eaux d'une région). **2.** Fig. Attirer à soi, faire affluer de divers côtés. *Drainer des capitaux.*

DRAINEUR, EUSE adj. Qui draine.

DRAISIENNE n.f. (de l'inventeur *Drais*). Anc. Instrument de locomotion à deux roues, ancêtre de la bicyclette, mû par l'action alternative des pieds sur le sol.

draisiennes (estampe du XIXe s.) [C.N.A.M., Paris]

DRAISINE n.f. Petit véhicule automoteur utilisé par le personnel des chemins de fer pour l'entretien et la surveillance des voies.

DRAKKAR n.m. (mot scand.). Bateau utilisé par les anciens Normands pour leurs expéditions.

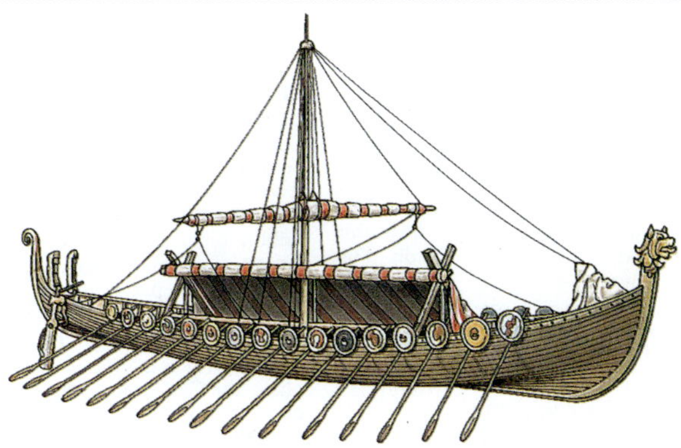
drakkar

DRALON n.m. (nom déposé). Fibre synthétique polyacrylique de fabrication allemande.

1. DRAMATIQUE adj. **1.** De théâtre. *Auteur dramatique.* – *Œuvre dramatique,* destinée à être jouée au théâtre. **2.** Qui comporte un danger ; grave, émouvant, pénible. *Situation dramatique.*

2. DRAMATIQUE n.f. Pièce de théâtre ou émission à caractère dramatique, télévisée ou radiodiffusée.

DRAMATIQUEMENT adv. De façon dramatique.

DRAMATISANT, E adj. Qui dramatise.

DRAMATISATION n.f. Action de dramatiser.

DRAMATISER v.t. **1.** Présenter de manière dramatique, théâtrale. **2.** Donner un tour exagérément grave à. *Dramatiser la situation.*

DRAMATURGE n.m. (gr. *dramatourgos*). Auteur de pièces de théâtre.

DRAMATURGIE n.f. Art de la composition théâtrale ; traité sur la composition théâtrale.

DRAME n.m. (gr. *drâma*). **1.** Évènement violent ou tragique ; catastrophe. *Drame passionnel.* ◇ *Faire un drame de (qqch)* : dramatiser. – *Tourner au drame* : prendre soudain une tournure grave. **2.** LITTÉR. Pièce de théâtre représentant une action violente ou douloureuse, comme la tragédie, mais avec des éléments comiques, réalistes. ◇ *Drame liturgique* : au Moyen Âge, mise en scène de textes sacrés. – *Drame satyrique* : dans la Grèce antique, pièce à sujet mythologique dont le chœur est composé de satyres.

DRAP n.m. (lat. *drappus,* mot celtique). **1.** Pièce de tissu léger dont on garnit un lit pour isoler le dormeur du matelas et des couvertures. ◇ Fig., fam. *Dans de beaux draps* : dans une situation embarrassante. **2.** Grande serviette en tissu-éponge. *Drap de bain, de plage.* ◇ Belgique. *Drap de maison* : torchon. **3.** Tissu de laine dont les fils ont été feutrés. *Costume en drap gris.*

DRAPÉ n.m. **1.** COUT. Agencement de plis souples (sur un tissu). **2.** BX-A. Agencement des étoffes tel qu'il est représenté en sculpture, en peinture.

DRAPEAU n.m. (de *drap*). **1.** Pièce d'étoffe attachée à une hampe, portant l'emblème, les couleurs d'une nation, d'une unité militaire, d'un groupe, et servant de signe de ralliement. *Le drapeau rouge est l'emblème révolutionnaire.* ◇ MIL. *Être sous les drapeaux* : appartenir à l'armée ; accomplir son service militaire. – *Drapeau blanc,* indiquant que l'on veut parlementer ou capituler. ◇ Fig. *Se ranger sous le drapeau de qqn* : embrasser son parti. **2.** Objet similaire servant de signal (pour le départ d'un train, d'une course sportive, etc.). **3.** *Mettre en drapeau (les pales d'une hélice à pas variable),* au pas qui offre le moins de résistance à l'avancement lorsque le moteur est stoppé.

DRAPEMENT n.m. Action, manière de draper.

DRAPER v.t. **1.** Couvrir, habiller d'une draperie. *Draper une statue.* **2.** Disposer harmonieusement les plis de (un vêtement). *Draper une robe.* ◆ **se draper** v.pr. **1.** S'envelopper (dans un vêtement ample). *Se draper dans une cape.* **2.** Fig. Se prévaloir avec affectation (de qqch). *Se draper dans sa dignité.*

DRAPERIE n.f. **1.** Fabrication et commerce du drap. **2.** Tissu ample disposé de manière à retomber en plis harmonieux.

DRAP-HOUSSE n.m. (pl. *draps-housses*). Drap de lit dont les bords garnis d'un élastique et dont les coins repliés s'adaptent au matelas.

DRAPIER, ÈRE adj. et n. Qui fabrique ou vend du drap (tissu).

DRASTIQUE adj. (gr. *drastikos,* énergique). Qui est très rigoureux, draconien. *Mesures financières drastiques.* ◆ adj. et n.m. MÉD. Se dit d'un purgatif très énergique.

1. DRAVE n.f. (angl. *to drive,* conduire). Canada. Flottage du bois.

2. DRAVE n.f. (esp. *dabra*). Plante des régions froides et tempérées, à fleurs blanches ou jaunes. (Famille des crucifères.)

DRAVER v.t. Canada. Faire la drave.

DRAVEUR, EUSE n. (angl. *driver,* conducteur). Canada. Personne qui conduit le bois flotté.

DRAVIDIEN, ENNE adj. **1.** Des Dravidiens. **2.** *Style dravidien* ou *dravidien,* n.m. : style artistique médiéval du sud de l'Inde, qui se manifeste notamm. par des temples aux enceintes multiples rythmées de gopura monumentaux. **3.** *Langues dravidiennes* ou *dravidien,* n.m. : famille de langues du sud de l'Inde comprenant le tamoul, le télougou, le kannara et le malayalam.

DRAWBACK [drobak] n.m. (angl. *to draw,* tirer, et *back,* en arrière). ÉCON. Remboursement des droits de douane payés sur l'importation des matières premières à l'exportation des produits qu'elles ont servi à fabriquer.

DRAYAGE n.m. → ***dérayage.***

DRAYER v.t. → ***2. dérayer.***

DRAYOIRE n.f. ou **DRAYOIR** n.m. Vx. Couteau servant à drayer.

DREADLOCKS [drɛdlɔks] n.f. pl. Petites nattes, parfois entrelacées de perles, constituant la coiffure traditionnelle des rastas.

DREADNOUGHT [drɛdnɔt] n.m. (mot angl., *intrépide*). HIST. Grand cuirassé utilisé jusque vers 1945.

DRÊCHE n.f. (mot celte). Résidu solide de l'orge qui a servi à fabriquer la bière, utilisé comme aliment pour le bétail.

DRÈGE ou **DREIGE** n.f. (néerl. *dreg,* petite ancre). Grand filet pour la pêche au fond de la mer.

DRELIN [drəlɛ̃] interj. (onomat.). Imite le bruit d'une clochette. *Drelin, drelin !*

DRENNE n.f. → ***draine.***

DRÉPANOCYTOSE n.f. (gr. *drepanon,* serpe). MÉD. Maladie héréditaire due à la présence d'une hémoglobine anormale dans les hématies, et caractérisée par la forme en faucille que prennent celles-ci. SYN. : ***anémie falciforme.***

DRÉPANORNIS n.m. Paradisier de la Nouvelle-Guinée.

DRESSAGE n.m. **1.** Action de mettre droit, d'installer. *Le dressage de la tente.* **2.** TECHN. Action de rendre plan, droit, uni. **3.** Action de dresser un animal.

DRESSANT n.m. MIN. Couche de très forte pente.

DRESSER v.t. (du lat. *directus,* droit). **I. 1.** Mettre droit, verticalement. *Dresser la tête, une échelle.* ◇ Fig. *Dresser l'oreille* : écouter attentivement. **2.** Monter, construire. *Dresser une tente.* **3.** Mettre en opposition, exciter. *On l'a dressé contre moi.* **II. 1.** Installer, établir comme il faut, avec soin. *Dresser le couvert. Dresser un plan, un procès-verbal.* **2.** Plier un animal à une certaine discipline ; dompter. *Dresser un animal de cirque.* **3.** Faire obéir qqn par la contrainte, la discipline ; mater. **III.** TECHN. Rendre uni ; aplanir. *Dresser une planche.* ◆ **se dresser** v.pr. **1.** Se mettre debout, se tenir droit. **2.** Fig. Manifester son opposition. *Se dresser contre qqn.*

DRESSEUR, EUSE n. Personne qui dresse des animaux.

DRESSING [dresiŋ] ou **DRESSING-ROOM** [dresiŋrum] n.m. (angl. *dressing-room,* pièce pour s'habiller) [pl. *dressings* ou *dressing-rooms*]. Petite pièce où l'on range les vêtements ; grande penderie. Recomm. off. : ***vestiaire.***

DRESSOIR n.m. (de *dresser*). Buffet à étagères qui servait à exposer des pièces de vaisselle.

DRÈVE n.f. Région. (Nord) ; Belgique. Allée carrossable bordée d'arbres.

DREYFUSARD, E n. et adj. HIST. Partisan de Dreyfus, lors de son procès.

D. R. H. n.f. (sigle). Direction des ressources* humaines.

DRIBBLE [dribl] n.m. Action de dribbler.

DRIBBLER v.i. (angl. *to dribble*). SPORTS. Conduire le ballon par petits coups de pied ou de main pour éviter l'adversaire. ◆ v.t. Passer (l'adversaire) en contrôlant le ballon.

DRIBBLEUR, EUSE n. Joueur, joueuse qui dribble bien.

DRIFT n.m. (mot angl.). GÉOL. Dépôt argilo-sableux laissé par le recul d'un glacier.

DRIFTER [driftœr] n.m. (de l'angl. *to drift,* dériver). MAR. Harenguier.

DRILL [drij] n.m. (de *mandrill*). Singe cynocéphale du Cameroun, long de 70 cm sans la queue.

1. DRILLE [drij] n.m. (anc. fr. *drille,* chiffon). **1.** Anc. Soldat vagabond. **2.** Fam. *Joyeux drille* : garçon, homme jovial.

2. DRILLE n.f. (de l'all. *drillen,* percer). Outil à forer des horlogers et bijoutiers.

DRILLER v.t. Percer avec une drille.

DRING [driŋ] interj. (onomat.). Imite le bruit d'une sonnette électrique.

DRINGUELLE n.f. (all. *Trinkgeld*). Belgique. Fam. Pourboire.

DRINK [drink] n.m. (mot angl., *boisson*). Fam. Boisson alcoolisée.

DRISSE n.f. (it. *drizza*). MAR. Cordage qui sert à hisser. ◇ *Point de drisse* : point de la vergue ou de la voile où est frappée la drisse.

1. DRIVE [drajv] n.m. (mot angl.). **1.** Au tennis, coup droit. **2.** Au golf, coup de longue distance donné au départ d'un trou.

2. DRIVE [drajv] n.m. INFORM. Lecteur de disquettes.

DRIVE-IN [drajvin] n.m. inv. (mot amér., de *to drive,* conduire, et *in,* dedans). Cinéma de plein air où les spectateurs peuvent assister aux projections en restant dans leur voiture. Recomm. off. : *ciné-parc.*

1. DRIVER [drajvœr] ou [drivœr] n.m. (mot angl.). **1.** Au golf, club avec lequel on exécute le drive. **2.** Jockey d'un sulky, en trot attelé.

2. DRIVER [drajve] ou [drive] v.i. Au tennis, au golf, faire un drive. ◆ v.t. Conduire (un sulky), dans une course de trot attelé.

DROGMAN [drɔgmɑ̃] n.m. (it. *drogomanno*). Anc. Interprète officiel à Constantinople et dans tout le Levant.

DROGUE n.f. (néerl. *droog,* sec). **1.** Péj. Médicament médiocre. **2.** Substance pouvant modifier l'état de conscience ; stupéfiant. – *Drogue dure,* engendrant un état de dépendance. – *Drogue douce,* qui a des effets mineurs sur l'organisme.

DROGUÉ, E adj. et n. Qui fait usage de drogues ; toxicomane.

1. DROGUER v.t. Faire prendre une dose excessive de médicaments à. ◆ **se droguer** v.pr. **1.** Prendre trop de médicaments. **2.** Faire usage de stupéfiants.

2. DROGUER v.i. (de *drogue,* anc. jeu de cartes). Fam. et vx. *Faire droguer (qqn)* : faire attendre.

DROGUERIE n.f. Commerce de produits d'hygiène, d'entretien ; magasin où se vendent ces produits.

DROGUET [drɔgɛ] n.m. Étoffe de pure laine ou tramée laine sur chaîne de fil.

DROGUISTE n. Personne qui tient une droguerie ; marchand de couleurs.

1. DROIT n.m. (bas lat. *directum,* ce qui est juste). **I. 1.** Faculté d'accomplir ou non qqch, d'exiger qqch d'autrui, en vertu de règles reconnues, individuelles ou collectives ; pouvoir, autorisation. *On n'a pas le droit de fumer. Avoir des droits et des devoirs.* ◇ *Être en droit de* : pouvoir. – *Faire droit à (une demande)* : satisfaire. **2.** Ce qui donne une autorité morale, une influence. *Droit d'aînesse. Avoir des droits sur qqn, qqch.* **3.** Fam. *Avoir droit à* : ne pas pouvoir éviter (qqch de désagréable). *Vous aurez droit à une amende.* **4.** Somme d'argent exigible en vertu d'un règlement ; impôt, taxe. *Droits de douane. Droits d'auteur.* **II.** *Le droit.* **1.** L'ensemble des principes qui régissent les rapports des hommes entre eux, et servent à établir des règles juridiques. – *Droit naturel,* qui prend en considération la nature de l'homme et ses aspirations. – *Monarchie de droit divin,* dans laquelle le roi tient son autorité souveraine de Dieu. ◇ *À bon droit, de plein droit* : à juste titre, légitimement. – *Qui de droit* : la personne compétente, qui a l'autorité requise. *S'adresser à qui de droit.* **2.** L'ensemble des règles juridiques en vigueur dans une société. *Le droit français. Droit coutumier et droit écrit.* – *Droit positif,* effectivement appliqué dans une société. – *Prisonnier de droit commun* (par opp. à *prisonnier politique*), dont l'infraction relève des règles juridiques générales en l'absence de dispositions particulières. ◇ *Droit privé, public* : ensemble des règles relatives aux rapports des particuliers entre eux, aux rapports entre l'État et les particuliers. – *Droit administratif* : ensemble des règles qui régissent l'organisation et l'activité de l'Administration. – *Droit civil* : ensemble des règles relatives aux personnes et aux biens. – *Droit commercial* : ensemble des règles applicables aux actes de commerce, aux commerçants et aux sociétés commerciales. – *Droit constitutionnel :* ensemble des règles, des institutions et des pratiques relatives au pouvoir politique. – *Droit fiscal :* ensemble des règles relatives aux impôts et taxes de toute nature. – *Droit international :* ensemble des règles qui régissent les relations dans la société internationale. – *Droit pénal :* ensemble des règles qui sanctionnent les infractions et leurs auteurs. – *Droit du travail :* ensemble des règles applicables aux rapports individuels ou collectifs des salariés et des employeurs. ◇ *Droit canon* ou *canonique* → ***canon.*** **3.** Science des règles juridiques. *Faire des études de droit. Faire son droit.*

2. DROIT n.m. (lat. *directum,* ce qui est droit). **1.** SPORTS. Pied ou poing droit. *Tirer du droit. Frapper du droit.* **2.** Coup porté avec le poing droit, en boxe. *Avoir un bon droit.*

3. DROIT, E adj. (lat. *directus,* direct). **1.** Qui s'étend sans déviation d'une extrémité à l'autre ; aligné, rectiligne. *La ligne droite est le plus court chemin d'un point à un autre.* ◇ *Veste droite,* qui se ferme bord à bord (par opp. à *veste croisée*). – *Jupe droite,* ni ample ni cintrée. ◇ *En droite ligne :* directement. – SPORTS. *Coup droit :* au tennis et au tennis de table, attaque de la balle du côté où le joueur tient sa raquette (par opp. à *revers*) ; en escrime, coup porté sans dégagement. **2.** Qui se tient verticalement ; debout, stable. *Mur droit. Cadre droit.* **3.** MATH. *Angle droit :* l'un quelconque des angles formés par deux droites perpendiculaires. (Chacun mesure 90°.) – *Cylindre, prisme droit :* dont les génératrices sont perpendiculaires au plan de la directrice. **4.** Qui juge sainement, qui agit honnêtement ; honnête, loyal, sensé. *Jugement, acte droit. Un homme droit.* ◇ *Le droit chemin :* la voie de l'honnêteté. ◆ adv. **1.** Directement, par le plus court chemin. *Aller droit au but.* **2.** De façon honnête. *Marcher droit.*

4. DROIT, E adj. (lat. *directus*). Qui est du côté opposé à celui du cœur. *Main droite et main gauche.*

DROITE n.f. **I. 1.** Côté droit. *Tourner sur la droite.* – *Garder sa droite :* rester sur le côté droit (d'une voie). ◇ *À droite et à gauche :* de tous côtés. **2.** Main droite. ◇ En boxe, coup porté avec le poing droit ; droit. **3.** *La droite :* l'ensemble des députés conservateurs qui siègent à la droite du président de l'assemblée ; ceux qui soutiennent ces députés. *Ne voter ni pour la droite ni pour la gauche.* ◇ *Extrême droite :* fraction de l'assemblée dont l'opinion est la plus conservatrice ; ensemble de ceux (citoyens, électeurs) qui les soutiennent. **II.** MATH. Courbe du plan illimitée, entièrement déterminée par deux de ses points.

DROITEMENT adv. D'une manière droite, loyale.

DROIT-FIL n.m. (pl. *droits-fils*). **1.** COUT. Sens de la trame ou de la chaîne d'un tissu. **2.** *Dans le droit-fil de :* dans la suite logique de, en respectant l'orientation de. *Décision qui s'inscrit dans le droit-fil des précédentes.*

DROITIER, ÈRE adj. et n. **1.** Qui se sert mieux de la main droite. **2.** POLIT. (Souvent péj.). De la droite politique. *Dérive droitière.*

DROITISME n.m. POLIT. Attitude des droitiers ; tendance pour un parti de gauche à adopter des positions de droite.

DROITISTE n. et adj. POLIT. Droitier.

DROITURE n.f. Qualité d'une personne droite ; honnêteté, loyauté.

DROLATIQUE adj. Litt. Qui est plaisant, récréatif par son originalité. *Esprit drolatique.*

1. DRÔLE n.m. (moyen néerl. *drol,* lutin). **1.** Vieilli. Homme roué, mauvais sujet. **2.** Région. (Midi, Sud-Ouest). Enfant, gamin.

2. DRÔLE adj. **1.** Qui fait rire ; comique. *Histoire drôle. C'est quelqu'un de très drôle.* **2.** Qui intrigue ; étonnant, bizarre. *Avoir une drôle d'idée.* **3.** Fam. *Se sentir tout drôle,* bizarre, dans un état inhabituel.

DRÔLEMENT adv. **1.** De façon drôle ; bizarrement. *Elle est drôlement habillée.* **2.** Fam. Très, extrêmement. *Il fait drôlement chaud.*

DRÔLERIE n.f. **1.** Caractère de ce qui est drôle. **2.** Parole ou action drôle ; bouffonnerie. *Dire des drôleries.*

DRÔLESSE n.f. Vx. Femme de mœurs légères.

DRÔLET, ETTE adj. Litt. Assez drôle.

DROMADAIRE n.m. (gr. *dromas,* coureur). Mammifère proche du chameau, à une bosse, grand coureur, résistant, utilisé comme monture et comme bête de somme dans les déserts d'Afrique et d'Arabie. (Famille des camélidés.) SYN. : ***méhari.***

dromadaire

DROME n.f. (néerl. *drom,* grande quantité). MAR. Ensemble des espars de rechange embarqués à bord d'un navire à voiles.

DRÔMOIS, E adj. et n. De la Drôme.

DROMON n.m. (gr. *dromôn,* navire de course). Navire léger et rapide mû à la rame et employé dans l'Empire byzantin du VIe au XVe s.

DRONE n.m. (mot angl.). MIL. Petit avion télécommandé utilisé pour des tâches diverses (missions de reconnaissance tactique à haute altitude, surveillance du champ de bataille et guerre électronique).

DRONTE n.m. Oiseau de l'île Maurice, massif et incapable de voler, exterminé par l'homme au XVIIIe s. (Famille des raphidés.) SYN. : *dodo.*

DROP n.m. → ***drop-goal.***

1. DROPER ou **DROPPER** v.i. Fam. Courir, s'enfuir rapidement.

2. DROPER ou **DROPPER** v.t. (angl. *to drop,* laisser tomber). **1.** MIL. Parachuter, larguer (du matériel, des hommes). ◇ Fam. Déposer rapidement en voiture. *Je te droppe chez toi.* **2.** Fam. **a.** Abandonner, délaisser (qqn). **b.** Abandonner (une activité, des études), souvent pour mener une existence marginale. **3.** *Droper une balle,* au golf, la ramasser et la laisser tomber par-dessus son épaule (par ex. lorsqu'on la juge injouable).

DROP-GOAL [drɔpgol] ou **DROP** n.m. (mot angl.) [pl. *drop-goals*]. Au rugby, coup de pied en demi-volée qui envoie la balle par-dessus la barre du camp adverse.

tentative de **drop-goal**

DROPPAGE n.m. MIL. Parachutage de matériel ou de soldats. *Zone de droppage.*

DROPPER v.i. et t. → ***droper.***

DROSERA [drozera] n.m. (gr. *droseros,* humide de rosée). Plante insectivore des tourbières d'Europe dont les petites feuilles en rosette portent des tentacules qui engluent et digèrent les menus insectes qui s'y posent. (Type de la famille des droséracées.) SYN. : *rossolis.*

DROSOPHILE [drozɔfil] n.f. (gr. *drosos,* rosée, et *philos,* qui aime). SC. Petite mouche de couleur rougeâtre, très attirée par le vinaigre et les fruits fermentés, et utilisée en génétique pour les recherches sur les chromosomes et les mutations. SYN. : *mouche du vinaigre.*

DROSSE n.f. (it. *trozza*). MAR. Câble ou chaîne qui transmet le mouvement de la barre à roue ou du servomoteur au gouvernail.

DROSSER v.t. MAR. Pousser (un navire) à la côte ou sur un danger, en parlant du vent ou du courant.

DRU, E adj. (mot gaul.). Qui a des touffes ou des pousses serrées et abondantes. *Barbe drue. Blés drus.* ◇ *Pluie drue,* forte et abondante. ◆ adv. De manière très serrée et en grande quantité. *Blés qui poussent dru.*

DRUGSTORE [drœgstɔr] n.m. (mot amér.). **1.** Centre commercial vendant des produits de parfumerie, d'hygiène, des journaux et des marchandises diverses. (En France, on peut y trouver aussi un restaurant, un traiteur, un bar, un cinéma.) **2.** Canada. Pharmacie.

DRUIDE n.m. (lat. *druida,* du gaulois). Prêtre celte, en Gaule, en Bretagne et en Irlande. (Le fém. *druidesse* est rare.)

DRUIDIQUE adj. Relatif aux druides.

DRUIDISME n.m. Institution religieuse des Celtes, dirigée par les druides.

DRUMLIN [drœmlin] n.m. (mot irland.). GÉOGR. Colline elliptique et allongée constituée par un épaississement local de la moraine de fond et caractéristique des régions d'accumulation glaciaire.

DRUMMER [drœmœr] n.m. (mot angl.). MUS. Batteur, dans un orchestre de jazz, de rock, de variétés.

DRUMS [drœms] n.m. pl. MUS. Batterie, dans un orchestre de jazz, de rock, de variétés.

DRUPACÉ, E adj. BOT. *Fruit drupacé :* drupe ou fruit à noyau ressemblant à une drupe.

DRUPE n.f. (lat. *drupa,* pulpe). BOT. Fruit charnu, à noyau, tel que la cerise, l'abricot, etc.

DRUZE adj. Relatif aux Druzes.

DRY [draj] adj. inv. (mot angl., *sec*). Sec, en parlant du champagne, d'un apéritif. ◆ n.m. inv. Cocktail de gin et de vermouth.

DRYADE [drijad] n.f. (gr. *druas, druados,* chêne). MYTH. Nymphe des arbres et des bois.

DRY-FARMING [drajfarmiŋ] n.m. (mot amér.) [pl. *dry-farmings*]. Méthode de culture des régions semi-arides qui consiste à retenir l'eau dans le sol en travaillant la terre sans l'ensemencer une année sur deux.

DU art. masc. sing., contraction de *de le. Un homme du monde.* ◆ art. partitif. *Boire du lait.*

1. DÛ, DUE adj. (p. passé de *devoir*) [pl. *dus, dues*]. **1.** Que l'on doit. *Somme due.* **2.** DR. *En bonne et due forme :* selon les formes voulues par la loi ; fig., de façon parfaite, sans que nul ne trouve à redire.

2. DÛ n.m. sing. Ce qui est dû à qqn. *Réclamer son dû.*

DUAL, E, AUX adj. (bas lat. *dualis,* deux). **1.** Didact. Qui comporte deux unités, deux éléments, souvent en relation d'interaction ou de réciprocité. **2.** MATH. *Propriété duale,* obtenue par application du principe de dualité.

DUALISME n.m. (du lat. *dualis,* de deux). **1.** Système de pensée religieuse ou philosophique qui admet deux principes irréductibles, opposés dès l'origine (par opp. à *monisme*). *Dualisme manichéen du bien et du mal.* **2.** Coexistence de deux éléments différents (par opp. à *pluralisme*). *Dualisme des partis.* **3.** HIST. Système politique qui, de 1867 à 1918, régla les relations de l'Autriche et de la Hongrie, et des pays qui dépendaient de ces deux États.

DUALISTE adj. et n. Qui relève du dualisme ; partisan du dualisme.

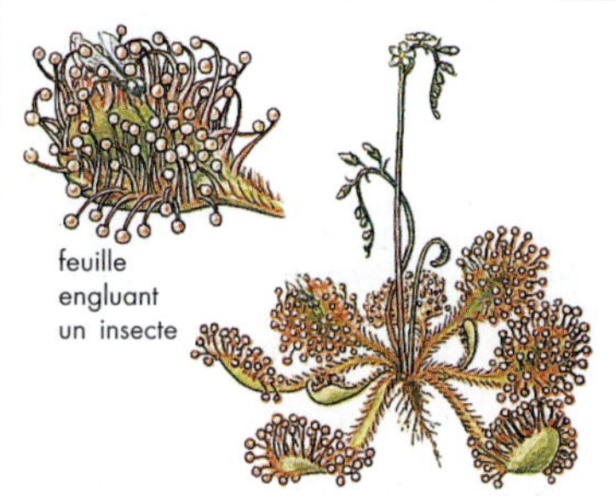

drosera

DUALITÉ n.f. **1.** Caractère de ce qui est double en soi ; coexistence de deux éléments différents. *Dualité de l'homme. Dualité de l'âme et du corps.* **2.** MATH. *Principe de dualité :* analyse géométrique échangeant les propriétés des points et celles des droites. *L'alignement de trois points a pour propriété duale l'intersection de trois droites.*

DUBITATIF, IVE adj. (du lat. *dubitare,* douter). Qui exprime le doute ; sceptique, incrédule.

DUBITATIVEMENT adv. De façon dubitative.

DUC n.m. (lat. *dux, ducis,* chef). **1.** Souverain d'un duché. **2.** Titre nobiliaire le plus élevé après celui de prince ; celui qui porte ce titre. *Duc et pair.* **3.** Anc. Voiture hippomobile de luxe avec deux sièges pour les domestiques. **4.** Hibou aux aigrettes bien marquées. (On distingue le grand duc, presque disparu en France et qui atteignait 70 cm de longueur, le moyen duc, très commun dans la zone tempérée et mesurant 35 cm environ, le petit duc, plutôt méditerranéen, qui ne dépasse pas 20 cm.)

DUCAL, E, AUX adj. Du duc, de la duchesse.

DUCASSE n.f. Région. (Nord) ; Belgique. Fête patronale, kermesse.

DUCAT [dyka] n.m. (it. *ducato*). NUMISM. Monnaie d'or à l'effigie d'un duc. ◇ Spécialt. Monnaie d'or des doges de Venise.

DUCATON n.m. (de *ducat*). NUMISM. Ancienne monnaie d'argent, frappée pour la première fois par Charles Quint en Italie.

DUC-D'ALBE n.m. (pl. *ducs-d'Albe*). MAR. Faisceau de pieux enfoncé dans le fond d'un bassin ou d'un fleuve et auquel viennent s'amarrer les navires.

DUCE [dutʃe] n.m. (mot it., *chef*). Titre pris par Mussolini, chef du fascisme de 1922 à 1945.

DUCHÉ n.m. (de *duc*). HIST. Ensemble des terres et seigneuries auxquelles le titre de duc est attaché. (Apparus dès le VIIe s., les duchés, au IXe s., entrent dans le système féodal : les ducs sont vassaux du roi ou de l'empereur ; ils ont pour vassaux les comtes.)

DUCHÉ-PAIRIE n.m. (pl. *duchés-pairies*). **1.** Titre de duc et pair. **2.** Terre à laquelle était attaché ce titre.

DUCHESSE n.f. **1.** Femme d'un duc ; femme qui possède un duché. ◇ Fam. *Faire la duchesse :* affecter des attitudes et des manières hautaines. **2.** ARBOR. Poire d'une variété à chair fondante et parfumée. **3.** Chaise longue à dossier arrondi, à la mode à la fin du XVIIIe s.

DUCROIRE n.m. (de *du* et *croire,* au sens anc. de *vendre à crédit*). COMM. Convention suivant laquelle un commissionnaire se porte garant, à l'égard du commettant, de l'exécution de l'opération par le tiers avec qui il traite. ◇ Prime qu'il reçoit dans ce cas. ◇ Le commissionnaire lui-même.

DUCTILE adj. (lat. *ductilis,* malléable). TECHN. Qui peut être étiré, allongé sans se rompre. *L'or est très ductile.*

DUCTILITÉ n.f. TECHN. Propriété des métaux, des substances ductiles.

DUDGEON [dydʒɔ̃] n.m. (du n. de l'inventeur). Outil de chaudronnier servant à dudgeonner.

DUDGEONNER v.t. TECHN. Refouler le métal d'une pièce tubulaire afin d'en augmenter le diamètre extérieur et de l'immobiliser dans son support.

DUDIT adj. (pl. *desdits*) → ***1. dit.***

DUÈGNE [dɥɛɲ] n.f. (esp. *dueña*). Gouvernante, femme âgée qui était chargée, en Espagne, de veiller sur la conduite d'une jeune femme.

1. DUEL n.m. (lat. *duellum,* de *bellum,* guerre). **1.** Combat singulier entre deux personnes, dont l'une exige de l'autre la réparation par les armes d'une offense, d'un affront. *Se battre en duel.* ◇ HIST. *Duel judiciaire :* combat entre un accusateur et un accusé, admis au Moyen Âge comme preuve juridique. **2.** Fig. Compétition, lutte serrée entre deux individus, deux groupes antagonistes. *Duel oratoire.*

2. DUEL n.m. (lat. *duo,* deux). LING. Catégorie du nombre, distincte du singulier et du pluriel, et qui indique deux personnes ou deux choses, dans la conjugaison ou la déclinaison de certaines langues.

3. DUEL, ELLE adj. Didact. Relatif à la dualité.

DUELLISTE n. Personne qui se bat en duel.

DUETTISTE n. Personne qui chante ou qui joue en duo.

DUETTO [dɥɛto] n.m. (mot it.). MUS. Petite pièce pour deux voix ou deux instruments.

DUFFEL-COAT ou **DUFFLE-COAT** [dœfəlkot] n.m. (de *Duffel,* ville belge, et angl. *coat,* manteau) [pl. *duffel (duffle)-coats*]. Manteau trois-quarts à capuchon, en gros drap de laine très serré.

DUGAZON n.f. (du n. d'une cantatrice célèbre). Vx. Rôle d'ingénue amoureuse ou de soubrette dans les opéras-comiques.

DUGONG [dygɔ̃(g)] n.m. (mot malais). Mammifère marin à corps massif vivant sur le littoral de l'océan Indien. (Long. jusqu'à 3 m ; ordre des siréniens.)

DUIT [dɥi] n.m. PÊCHE. Chaussée peu élevée, formée de pieux et de cailloux, établie au travers d'un fleuve, pour arrêter le poisson au reflux.

DUITE n.f. (de l'anc. fr. *duire,* conduire). TEXT. Quantité de fil de trame insérée dans le tissu, d'une lisière à l'autre.

DULCICOLE ou **DULÇAQUICOLE** adj. Qui vit exclusivement dans les eaux douces.

DULCIFICATION n.f. **1.** Vx. Action de dulcifier ; son résultat. **2.** MÉTALL. Premier affinage du plomb.

DULCIFIER v.t. (du lat. *dulcis,* doux). **1.** Vieilli. Rendre doux, en diminuant l'amertume ou l'acidité. **2.** Fig. Calmer, apaiser.

DULCINÉE n.f. (de *Dulcinée* de Toboso, femme aimée de Don Quichotte). Fam., par plais. Femme aimée d'un homme.

DULCITE n.f. CHIM. Matière sucrée extraite de la manne de certains végétaux.

DULIE n.f. (gr. *douleia,* servitude). CATH. *Culte de dulie :* culte d'honneur rendu aux anges et aux saints, par opp. au culte d'adoration dit *de latrie,* rendu à Dieu seul.

DUM-DUM [dumdum] adj. inv. (de *Dumdum,* cantonnement anglais de l'Inde où ce projectile fut inventé). *Balle dum-dum :* balle de fusil dont l'ogive, cisaillée en croix, produit des blessures particulièrement graves.

DÛMENT adv. Selon les formes prescrites.

DUMPER [dœmpœr] n.m. (de l'angl. *to dump,* décharger). TR. PUBL. Tombereau automoteur, comprenant une benne basculante montée à l'avant d'un châssis. Recomm. off. : *tombereau.*

DUMPING [dœmpiŋ] n.m. ÉCON. Pratique commerciale qui consiste à vendre une marchandise sur un marché étranger à un prix inférieur à celui pratiqué sur le marché intérieur.

DUNDEE [dœndi] ou **DUNDÉE** [dɛ̃de] n.m. (angl. *dundee,* du nom d'une v. d'Écosse). Bateau à gréement de ketch, à arrière en sifflet, très utilisé sur les côtes atlantiques pour la pêche et le cabotage avant la généralisation du moteur.

DUNE n.f. (moyen néerl. *dûne*). Monticule, colline de sable, édifiés par le vent sur les littoraux et dans les déserts.

DUNETTE n.f. MAR. Superstructure fermée, placée sur le pont arrière d'un navire, qui s'étend en largeur d'un bord à l'autre. SYN. : *gaillard d'arrière.*

DUO n.m. (lat. *duo,* deux). **1.** MUS. Composition musicale écrite pour deux voix, deux instruments. **2.** Fam. Propos échangés simultanément entre deux personnes. *Duo d'injures.* **3.** MÉTALL. Laminoir à deux cylindres.

DUODÉCIMAIN, E adj. (du lat. *duodecimus,* douzième). Se dit du mouvement religieux chiite qui identifie l'imam caché au douzième successeur de 'Alī à la tête de la communauté. (Le chiisme duodécimain est la religion nationale de l'Iran.)

DUODÉCIMAL, E, AUX adj. (lat. *duodecimus,* douzième). Qui a pour base le nombre douze.

DUODÉNAL, E, AUX adj. Du duodénum.

DUODÉNITE n.f. PATHOL. Inflammation du duodénum.

DUODÉNUM [dɥɔdenɔm] n.m. (lat. *duodenum digitorium,* de douze doigts). ANAT. Portion initiale de l'intestin grêle, qui succède à l'estomac et où débouchent le canal pancréatique et le cholédoque.

DUODI n.m. (lat. *duo,* deux, et *dies,* jour). Deuxième jour de la décade dans le calendrier républicain.

DUOPOLE n.m. (lat. *duo,* deux, et gr. *pôlein,* vendre). ÉCON. Situation d'un marché sur lequel la concurrence ne s'exerce qu'entre deux vendeurs face à une multitude d'acheteurs.

DUPE n.f. (de *huppe*). Personne qui a été trompée ou que l'on peut tromper aisément. ◆ adj. *Être dupe de :* se laisser prendre à. *Être dupe d'une illusion.* ◇ Absolt. *Être dupe :* se laisser aisément, naïvement tromper.

DUPER v.t. Litt. Tromper, abuser.

DUPERIE n.f. Litt. Tromperie, mystification.

DUPEUR, EUSE n. Litt. Personne qui dupe.

DUPLEX n.m. **1.** Appartement sur deux étages réunis par un escalier intérieur. **2.** TÉLÉCOMM. Liaison électrique ou radioélectrique entre deux points, utilisable simultanément dans les deux sens.

DUPLEXAGE n.m. TÉLÉCOMM. Opération qui permet la transmission en duplex.

DUPLEXER v.t. TÉLÉCOMM. Réaliser un duplexage.

DUPLICATA n.m. (lat. *duplicata littera,* lettre redoublée) [pl. *duplicatas* ou inv.]. Double, copie d'un document, d'un écrit.

DUPLICATE [dyplikɛt] n.m. (mot angl.). Forme de tournoi (bridge, Scrabble) dans lequel on fait jouer les mêmes donnes à tous les candidats.

DUPLICATEUR n.m. Machine qui permet de dupliquer.

DUPLICATION n.f. **1.** Action de dupliquer ; son résultat. **2.** BIOL. Doublement des molécules d'A. D. N. et des chromosomes qu'elles constituent, permettant le transfert du patrimoine génétique au cours de la division cellulaire. SYN. : *réplication.*

DUPLICITÉ n.f. (du lat. *duplex,* double). Caractère de qqn qui ne se montre pas tel qu'il est, qui présente intentionnellement une apparence différente de ce qu'il est réellement ; mauvaise foi, hypocrisie, fausseté.

DUPLIQUER v.t. **1.** Faire un double, un duplicata d'un document. ◇ Spécialt. Copier un enregistrement sur support magnétique, en faire un double. *Dupliquer une bande, une cassette.* **2.** BIOL. Opérer la duplication de. ◆ **se dupliquer** v.pr. BIOL. Être affecté par un processus de duplication.

DUQUEL pron. relat. et interr. sing. → ***lequel.***

1. DUR, E adj. (lat. *durus*). **I. 1.** Qui ne se laisse pas facilement entamer, plier, tordre, couper ; qui n'est pas tendre. *Matière dure. Roche dure. Bois dur.* **2.** Qui n'est pas souple, mou ; rigide. *Lit dur.* ◇ *Œuf dur :* œuf dont le blanc et le jaune ont été solidifiés dans la coquille par une cuisson prolongée. – *Mer dure :* mer agitée, aux lames courtes et serrées. **3.** Qui oppose à l'effort une certaine résistance, qui ne cède pas facilement à une poussée, à une pesée. *La serrure est dure.* **4.** Qui exige un effort physique ou intellectuel ; difficile. *La montée est dure. Un dur labeur.* **5.** Pénible à supporter, rigoureux, sévère. *De dures obligations.* ◇ *Mener, faire la vie dure à qqn,* le maltraiter, lui créer sans cesse des difficultés. **6.** Qui affecte les sens de façon violente et produit une impression désagréable. *Lumière dure. Voix dure.* **II. 1.** PHYS. Se dit des rayons X les plus pénétrants. **2.** *Eau dure :* eau qui, contenant certains composés minéraux (calcaire, en partic.), ne forme pas de mousse avec le savon. **III. 1.** Qui supporte fermement la fatigue, la douleur ; énergique, résistant. **2. a.** Qui est difficile à émouvoir, insensible ; qui manque de bonté, de bienveillance. *Il est dur avec ses enfants. Cœur dur.* **b.** *Avoir l'oreille dure* ou *être dur d'oreille :* entendre mal. ◇ *Avoir la tête dure :* être entêté, obstiné. **3.** Capricieux, obstiné, rebelle à toute discipline, en parlant d'un enfant. *Il est très dur, on ne peut rien en tirer.* **4.** Qui refuse toute conciliation, tout compromis, notamm. en matière politique ; intransigeant. *La tendance dure d'un parti.* ◆ adv. **1.** Avec énergie, ténacité. *Travailler dur.* **2.** Avec force, avec violence. *Frapper dur.*

2. DUR, E n. Fam. **1.** Personne qui n'a peur de rien. *Un dur en affaires.* **2.** Personne qui n'accepte aucun compromis. *Jouer les durs.* ◆ n.m. Ce qui est dur, résistant, solide. ◇ *Construction en dur,* en matériaux durs (brique, pierre).

DURABILITÉ n.f. **1.** Qualité de ce qui est durable. **2.** DR. Période d'utilisation d'un bien.

DURABLE adj. Qui dure longtemps ; stable.

DURABLEMENT adv. De façon durable.

DURAIN n.m. (de *dur*). Constituant macroscopique du charbon, dur et mat.

DURAL, E, AUX adj. ANAT. De la dure-mère.

DURALUMIN [dyralymɛ̃] n.m. (nom déposé). Alliage léger d'aluminium, à haute résistance mécanique. Abrév. (fam.) : *dural.*

DURAMEN [dyramɛn] n.m. (mot lat., *durcissement*). BOT. Cœur des troncs d'arbre, partie centrale plus colorée, imputrescible, dépourvue de tissu vivant, souvent dure et lourde.

DURANT prép. (p. présent de *durer*). Pendant la durée de. *Durant une heure. Sa vie durant.*

DURATIF, IVE adj. et n.m. LING. Qui exprime la notion de durée. *Aspect duratif.*

DURCIR v.t. Rendre dur. *La gelée durcit le sol.* ◆ v.i. ou **se durcir** v.pr. Devenir dur.

DURCISSEMENT n.m. Action de durcir, fait de se durcir.

DURCISSEUR n.m. Produit qui, ajouté à un matériau, provoque son durcissement.

DURE n.f. *À la dure :* sans douceur, avec sévérité et rigueur. *Être élevé à la dure.* ◇ Fam. *Coucher sur la dure,* sur la terre nue, sur des planches, etc. ◆ pl. *En voir de dures :* être malmené.

DURÉE n.f. Période mesurable pendant laquelle a lieu une action, un phénomène, etc. *Durée du travail.*

DUREMENT adv. D'une manière dure, pénible. *Ressentir durement les effets du froid.*

DURE-MÈRE n.f. (pl. *dures-mères*). ANAT. La plus externe des trois méninges, fibreuse et très résistante.

DURER v.i. (lat. *durare*). **1.** Avoir une durée de, occuper un temps défini. *Son discours a duré deux heures.* **2.** Absolt. Se prolonger, continuer d'exister. *La sécheresse dure.* ◇ Par ext. Résister au passage du temps, à l'usage, à la destruction. *C'est une œuvre qui durera.* **3.** Afrique. Rester, séjourner, habiter quelque part.

DURETÉ n.f. **1.** Caractère de ce qui est dur. *La dureté de l'acier, d'un climat. Répondre avec dureté.* **2.** Teneur d'une eau en ions calcium et magnésium.

DURHAM [dyram] n. et adj. Shorthorn (race bovine).

DURILLON n.m. Callosité se produisant aux pieds ou aux mains par suite de frottements répétés.

DURIT [dyrit] n.f. (nom déposé). Tuyau en caoutchouc destiné à assurer la circulation de liquides entre les organes d'un moteur à explosion.

DUUMVIR [dyɔmvir] n.m. (mot lat.). ANTIQ. Magistrat romain qui exerçait une charge conjointement avec un autre.

DUUMVIRAT n.m. ANTIQ. Fonction de duumvir ; durée de cette fonction.

DUVET n.m. (anc. fr. *dumet,* petite plume). **1.** Ensemble des petites plumes sans tuyau, aux barbes éparses, qui couvrent les jeunes oiseaux et le ventre des adultes. **2.** Sac de couchage garni de duvet, de plumes ou de fibres synthétiques. ◇ Belgique, Suisse. Gros édredon. **3.** Ensemble des poils doux et fins qui poussent sur le corps humain, sur certains végétaux, etc.

DUVETER (SE) v.pr. [27]. Se couvrir de duvet.

DUVETEUX, EUSE [dyvtø, øz] adj. Qui a du duvet ; qui a l'apparence du duvet.

Dy, symbole chimique du dysprosium.

DYADE n.f. (gr. *duas,* couple). Litt. Couple de deux idées, de deux principes complémentaires.

DYADIQUE adj. **1.** Litt. Relatif à une dyade. **2.** MATH. *Entier dyadique :* nombre rationnel pouvant s'écrire comme quotient d'un entier par une puissance de 2.

DYARCHIE n.f. (gr. *duo,* deux, et *arkhê,* commandement). Régime politique dans lequel le pouvoir est exercé conjointement par deux personnes ou deux groupes.

DYKE [dik] ou [dajk] n.m. (mot angl.). GÉOL. Filon de roche magmatique dégagé par l'érosion.

dyn, symbole de la dyne.

1. DYNAMIQUE adj. (gr. *dunamikos,* de *dunamis,* puissance). **1.** Actif, énergique ; qui aime entreprendre. **2.** PHYS. Relatif à la force, au mouvement. **3.** Qui considère les phénomènes dans leur évolution (par opp. à *statique*).

2. DYNAMIQUE n.f. **1.** Partie de la mécanique qui étudie les relations entre les forces et les mouvements. **2.** Rapport du niveau moyen maximal au niveau moyen minimal de la puissance d'un signal. **3.** Ensemble des forces qui concourent à un processus, accélèrent une évolution. *Une dynamique de paix.* **4.** PSYCHOL. *Dynamique de(s) groupe(s) :* ensemble des lois qui régissent le comportement d'un groupe défini, fondées sur un système d'interdépendance entre les membres du groupe ; étude de ces lois et du rôle qu'elles jouent dans la communication, la décision et la créativité au sein du groupe, constituant l'un des champs de la psychologie sociale.

DYNAMIQUEMENT adv. **1.** Avec dynamisme. **2.** PHYS. Du point de vue de la dynamique.

DYNAMISANT, E adj. Qui dynamise. *Un succès dynamisant.*

DYNAMISATION n.f. Action de dynamiser.

DYNAMISER v.t. **1.** Donner, insuffler du dynamisme, de l'énergie à. *Dynamiser une équipe.* **2.** En homéopathie, accroître l'homogénéité et le pouvoir thérapeutique d'un médicament par dilution, agitation, etc.

DYNAMISME n.m. **1.** Énergie, entrain, efficacité. *Le dynamisme d'un chef d'équipe, d'une entreprise.* **2.** PHILOS. Système qui admet l'existence de forces irréductibles et autonomes par rapport à la matière.

DYNAMISTE adj. et n. PHILOS. Relatif au dynamisme ; partisan du dynamisme.

DYNAMITAGE n.m. Action de dynamiter.

DYNAMITE n.f. (gr. *dunamis,* force). **1.** Substance explosive, due à Nobel (1866), composée de nitroglycérine et d'une substance absorbante qui rend l'explosif stable. **2.** Fig. *C'est de la dynamite,* se dit d'une situation explosive, d'une personne dynamique.

DYNAMITER v.t. Faire sauter à la dynamite.

DYNAMITERIE n.f. Fabrique de dynamite.

DYNAMITEUR, EUSE n. Personne qui effectue un dynamitage.

DYNAMO n.f. (abrév.). Machine dynamoélectrique. – Spécialt. Celle qui assure la recharge de la batterie d'une automobile.

DYNAMOÉLECTRIQUE adj. *Machine dynamoélectrique :* génératrice de courant continu. SYN. (cour.) : *dynamo.*

DYNAMOGÈNE ou **DYNAMOGÉNIQUE** adj. PHYSIOL. Qui donne de la force musculaire ou qui stimule une fonction organique. CONTR. : *inhibiteur.*

DYNAMOGRAPHE n.m. Dynamomètre servant à mesurer la force musculaire.

DYNAMOMÈTRE n.m. Appareil destiné à la mesure d'une force ou d'un couple et dont la partie essentielle est souvent un ressort dont on mesure la déformation à l'aide d'une réglette ou d'un cadran. ◇ Spécialt. MÉD. Dynamographe.

DYNAMOMÉTRIQUE adj. Relatif à la mesure des forces.

DYNASTE n.m. **1.** ANTIQ. GR. et ROM. Oligarque, souverain d'un petit territoire. **2.** Scarabée d'Amérique, dont le mâle porte deux longues cornes horizontales médianes.

DYNASTIE n.f. (gr. *dunasteia,* puissance). **1.** Suite de souverains issus d'une même lignée. *La dynastie capétienne.* **2.** Succession de personnes d'une même famille également célèbres. *La dynastie des Bach, des Bruegel.*

DYNASTIQUE adj. Relatif à une dynastie.

DYNE n.f. (gr. *dunamis,* force). Ancienne unité de force (symb. dyn), valant 10^{-5} newton.

DYSACOUSIE n.f. MÉD. Trouble de l'audition.

DYSARTHRIE [dizartri] n.f. (du gr. *arthron,* articulation). MÉD. Difficulté à articuler les mots, due à une paralysie ou à une ataxie des centres nerveux.

DYSBARISME n.m. (du gr. *baros,* pression). MÉD. Ensemble des troubles dus à une variation trop rapide de la pression ambiante.

DYSBASIE n.f. (du gr. *basis,* marche). MÉD. Difficulté à exécuter les mouvements nécessaires à la marche.

DYSBOULIE n.f. (du gr. *boulesthai,* vouloir). PSYCHIATRIE. Aboulie légère.

DYSCALCULIE n.f. PSYCHOL. Difficulté d'apprentissage du calcul, liée à une difficulté d'utilisation du système symbolique.

DYSCHONDROPLASIE n.f. Affection caractérisée par la présence de masses de cartilage ayant tendance à s'ossifier au niveau des os longs.

DYSCHROMATOPSIE n.f. (gr. *khrôma,* couleur, et *opsis,* vue). MÉD. Trouble de la perception des couleurs.

DYSCHROMIE [diskrɔmi] n.f. (du gr. *khroma,* couleur). MÉD. Anomalie de la pigmentation de la peau.

DYSCINÉSIE n.f. → ***dyskinésie.***

DYSCRASIE n.f. (du gr. *khrasis,* humeur). MÉD. Vx. État maladif lié à des troubles métaboliques.

DYSEMBRYOME n.m. MÉD. Tissu tumoral formé à partir de reliquats embryonnaires.

DYSEMBRYOPLASIE n.f. PATHOL. Trouble grave du développement d'un tissu pendant la vie intra-utérine, cause d'anomalies importantes.

DYSENTERIE [disɑ̃tri] n.f. (du gr. *entera,* intestin). Maladie infectieuse ou parasitaire, provoquant une diarrhée douloureuse avec pertes de sang. ◇ *Dysenterie amibienne :* affection chronique due aux amibes, caractérisée par des ulcérations intestinales et des complications hépatiques.

DYSENTÉRIQUE adj. et n. Relatif à la dysenterie ; atteint de dysenterie.

DYSFONCTIONNEMENT n.m. ou **DYSFONCTION** n.f. Didact. Trouble du fonctionnement de (un organe, un système, etc.).

DYSGÉNÉSIE n.f. MÉD. Dysplasie.

DYSGÉNIQUE ou **DYSGÉNÉSIQUE** adj. Relatif à la dysgénésie.

DYSGRAPHIE n.f. PSYCHOL. Trouble dans l'apprentissage de l'écriture.

DYSHARMONIE ou **DISHARMONIE** n.f. Absence d'harmonie entre des choses, des personnes.

DYSIDROSE ou **DYSHIDROSE** [dizidroz] n.f. (du gr. *idros,* sueur). MÉD. Eczéma de la paume des mains et des espaces interdigitaux, souvent associé à une mycose des orteils.

DYSKÉRATOSE n.f. MÉD. Anomalie de formation de la couche cornée de la peau, observée dans de nombreuses dermatoses.

DYSKINÉSIE ou **DYSCINÉSIE** [disinezi] n.f. MÉD. Trouble de l'activité motrice, quelle qu'en soit la cause.

DYSLALIE n.f. (du gr. *lalein,* bavarder). PSYCHIATRIE. Trouble de l'émission de la parole.

DYSLEXIE n.f. (du gr. *lexis,* mot). Difficulté d'apprentissage plus ou moins importante de la lecture, sans déficit sensoriel ni intellectuel.

DYSLEXIQUE adj. et n. Relatif à la dyslexie ; atteint de dyslexie.

DYSLOGIE n.f. (du gr. *logos,* discours). MÉD. Trouble du langage associé à une altération des fonctions intellectuelles.

DYSMATURE adj. MÉD. Se dit d'un nouveau-né dont le poids est sensiblement inférieur à la moyenne, en raison d'un retard dans la croissance intra-utérine.

DYSMÉLIE n.f. MÉD. Malformation d'un ou de plusieurs membres, due à une anomalie de l'embryogenèse.

DYSMÉNORRHÉE n.f. (du gr. *mên,* mois, et *rhein,* couler). MÉD. Menstruation douloureuse.

DYSMNÉSIE n.f. PSYCHOPATH. Trouble de la mémoire consistant dans l'évocation difficile ou incomplète des souvenirs.

DYSMORPHIE ou **DYSMORPHOSE** n.f. Anomalie de la forme d'une partie du corps.

DYSOREXIE n.f. (gr. *dusoreksia,* inappétence). MÉD. Diminution ou trouble de l'appétit.

DYSORTHOGRAPHIE n.f. PSYCHOL. Difficulté spécifique d'apprentissage de l'orthographe chez un enfant qui ne présente pas par ailleurs de déficit intellectuel ou sensoriel et qui est normalement scolarisé. (La dysorthographie est souvent liée à la dyslexie.)

DYSOSMIE n.f. (du gr. *osmê,* odeur). PATHOL. Trouble de la perception olfactive.

DYSPAREUNIE n.f. MÉD. Douleur provoquée, chez la femme, par les rapports sexuels.

DYSPEPSIE [dispɛpsi] n.f. (du gr. *peptein,* cuire). MÉD. Trouble de la digestion, digestion difficile.

DYSPEPSIQUE ou **DYSPEPTIQUE** adj. et n. Relatif à la dyspepsie ; atteint de dyspepsie.

DYSPHAGIE n.f. MÉD. Difficulté à déglutir, à avaler.

DYSPHASIE n.f. MÉD. Retard important du langage chez l'enfant.

DYSPHONIE n.f. MÉD. Modification pathologique du timbre de la voix (voix cassée, rauque, éteinte).

DYSPHORIE n.f. PSYCHIATRIE. État de malaise, sentiment d'être en mauvaise santé. CONTR. : *euphorie.*

DYSPLASIE n.f. (du gr. *plassein,* façonner). MÉD. Malformation ou anomalie du développement d'un tissu ou d'un organe, résultant d'un trouble de l'embryogenèse. SYN. : *dysgénésie.*

DYSPNÉE [dispne] n.f. (du gr. *pnein,* respirer). PATHOL. Difficulté à respirer, s'accompagnant d'une sensation de gêne ou d'oppression.

DYSPNÉIQUE adj. et n. Relatif à la dyspnée ; atteint de dyspnée.

DYSPRAXIE n.f. Difficulté motrice d'un sujet, liée à un trouble de la représentation corporelle et de l'organisation spatiale.

DYSPROSIUM [-zjɔm] n.m. Métal blanc du groupe des terres rares, fondant vers 1 400 °C ; élément (Dy) de numéro atomique 66, de masse atomique 162,50.

DYSSOCIAL, E, AUX adj. SOCIOL. Se dit d'un type de comportement entrant en conflit avec les codes sociaux usuels, les conventions.

DYSTASIE n.f. PATHOL. Trouble de la station verticale.

DYSTHYMIE n.f. PSYCHOPATH. Trouble de la régulation de l'humeur (accès maniaque ou dépression).

DYSTOCIE n.f. (gr. *dustokia*). MÉD. Difficulté de l'accouchement due à une anomalie maternelle ou fœtale. CONTR. : *eutocie.*

DYSTOCIQUE adj. Se dit d'un accouchement difficile qui exige une intervention médicale.

DYSTOMIE n.f. (du gr. *stoma,* bouche). MÉD. Trouble de la prononciation (zézaiement, etc.).

DYSTONIE n.f. MÉD. **1.** Contraction parasite affectant de façon régulière un ou plusieurs muscles ou membres, et parfois l'axe corporel, déclenchée par un mouvement volontaire ou par le maintien d'une attitude et disparaissant au repos. **2.** *Dystonie neurovégétative :* trouble du fonctionnement des systèmes sympathique et parasympathique, cause de symptômes multiples.

DYSTROPHIE n.f. (du gr. *trophê,* nourriture). PATHOL. Lésion d'un tissu ou d'un organe due à une déficience de leur nutrition.

DYSTROPHIQUE adj. Relatif à la dystrophie.

DYSURIE [dizyri] n.f. (du gr. *ouron,* urine). MÉD. Difficulté à uriner.

DYSURIQUE adj. et n. Atteint de dysurie.

DYTIQUE n.m. (du gr. *dutikos,* plongeur). Insecte coléoptère carnivore, à corps ovale et à pattes postérieures nageuses, vivant dans les eaux douces. (Les plus grandes espèces de dytiques atteignent 5 cm de long.)

dytique

DZÊTA n.m. inv. → *zêta.*

E

E n.m. inv. **1.** Cinquième lettre de l'alphabet et la deuxième des voyelles, servant à noter des sons vocaliques distincts : le *e fermé* [e], comme dans *bonté, assez,* qui porte souvent l'accent aigu, le *e ouvert* [ɛ], comme dans *succès, pelle,* qui peut porter l'accent grave ou circonflexe, le *e muet, latent* ou *caduc* [ə], comme dans *premier*, mais qui souvent ne se prononce pas *(colle, soierie)*. **2.** e, symbole de l'*électron*. **3.** MATH. e, base des logarithmes népériens et de l'exponentielle naturelle. – E, symbole de *exa-*. **4.** MUS. E : *mi,* dans le système de notation en usage dans les pays anglo-saxons et germaniques. **5.** E., abrév. de *est*.

E.A.O. n.m. (sigle). Enseignement assisté par ordinateur.

E. A. R. L. n.f. (sigle). Exploitation* agricole à responsabilité limitée.

EAU n.f. (lat. *aqua*). **1.** Liquide incolore transparent, inodore, insipide, corps composé dont les molécules sont formées de deux atomes d'hydrogène et d'un atome d'oxygène (H_2O). *L'eau bout à 100 °C à la pression normale.* ◇ *Eau de constitution,* faisant partie intégrante de la molécule d'un composé. – *Eau de cristallisation,* en combinaison chimique avec certaines substances à l'état de cristaux. – *Eau mère :* résidu d'une solution après cristallisation d'une substance qui y était dissoute. **2.** Cet élément, présent dans la nature (mers, lacs, rivières, etc.). *Faire une promenade sur l'eau.* ◇ *Faire eau :* se remplir d'eau accidentellement, en parlant d'un navire. **3.** Ce liquide, en tant que boisson. *Eau minérale naturelle ou gazeuse. Eau de source.* – *Eau de Seltz :* eau gazeuse acidulée, naturelle ou artificielle. – *Eau des Barbades :* citronnelle. ◇ Fig. *Mettre de l'eau dans son vin :* modérer ses exigences, ses projets, etc. – *Faire de l'eau :* s'approvisionner en eau douce, en partic. en parlant d'un navire. **4.** Liquide alcoolique ou obtenu par distillation, infusion, etc. *De l'eau de lavande.* ◇ *Eau de Cologne :* solution alcoolique d'huiles essentielles (bergamote, citron, etc.) utilisée pour la toilette. – *Eau de toilette :* préparation alcoolique dérivée d'un parfum déterminé et dont le degré de concentration est intermédiaire entre l'extrait et l'eau de Cologne. **5.** (Dans certaines expressions). Préparation liquide ; solution aqueuse. *Eau de Javel, eau régale. Eau de brome, de chlore.* **6. a.** Sécrétion plus ou moins liquide du corps humain (sueur, salive, larmes, etc.). ◇ *Être tout en eau :* transpirer abondamment. – *Mettre, faire venir l'eau à la bouche de qqn,* l'allécher, lui donner envie de qqch. **b.** Suc de certains fruits. **7.** Limpidité, transparence d'une gemme. *Un diamant de la plus belle eau.* ◆ pl. **1.** Source d'eaux thermales ou minérales. *Ville d'eaux.* – **Vieilli.** *Prendre les eaux.* **2.** Liquide amniotique. *Perdre les eaux.* **3.** *Eaux et forêts :* corps d'ingénieurs fonctionnaires chargés de l'entretien et de la surveillance des cours d'eau, voies d'eau, étangs et forêts de l'État, aujourd'hui réuni au Corps du génie rural, des eaux et des forêts. **4.** DR. *Eaux territoriales :* zone maritime fixée par chaque État riverain (12 milles pour la France) et sur laquelle il exerce sa souveraineté. SYN. : *mer territoriale.* – *Eaux intérieures,* situées en deçà de la ligne de départ des eaux territoriales (rades, baies, etc.). SYN. : *mer nationale.* **5.** GÉOGR. *Basses eaux, hautes eaux :* niveau le plus bas, le plus haut d'un fleuve, à une période de l'année, qui varie selon le régime. **6.** *Eaux usées :* eaux ayant fait l'objet d'une utilisation domestique ou industrielle.

■ L'eau bout à la température de 100 °C, sous la pression de 1 atmosphère, et se solidifie à 0 °C (glace, neige). Elle existe dans l'atmosphère à l'état de vapeur. 1 cm³ d'eau à 4 °C pèse sensiblement 1 g. Les eaux naturelles tiennent en dissolution des gaz, des sels et, en suspension, des poussières et quelquefois des micro-organismes pathogènes.

EAU-DE-VIE n.f. (pl. *eaux-de-vie*). Boisson alcoolique extraite par distillation du vin, du marc, de certains fruits, etc.

EAU-FORTE n.f. (pl. *eaux-fortes*). **1.** Acide nitrique mélangé d'eau. **2.** Estampe obtenue au moyen d'une planche mordue avec cet acide ; cette technique de gravure.

EAUX-VANNES n.f. pl. Parties liquides contenues dans les fosses d'aisances.

ÉBAHIR v.t. (anc. fr. *baer,* bayer). Frapper d'étonnement ; stupéfier. *Cette nouvelle m'a ébahi.* ◆ **s'ébahir** v.pr. S'étonner.

ÉBAHISSEMENT n.m. Étonnement extrême ; stupéfaction.

ÉBARBAGE n.m. Action d'ébarber.

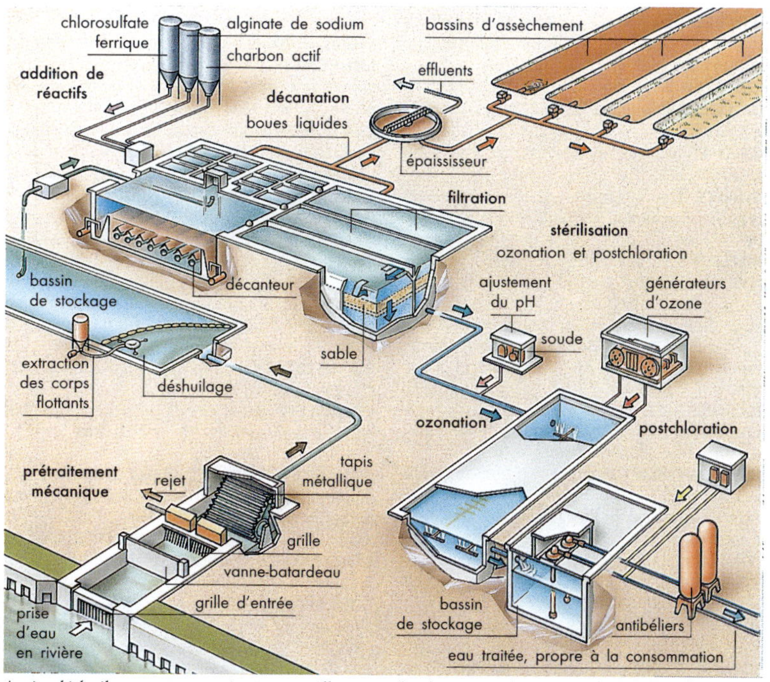

Après déshuilage et passage à travers grilles et tamis, pour retenir les corps solides en suspension, l'eau, additionnée de chlore gazeux, de sulfate d'alumine et de charbon actif, est envoyée dans des bassins de décantation où les boues se déposent. L'eau est ensuite clarifiée dans des bassins filtrants, à travers des couches de sable et de graviers. Épurée, elle est soumise à une stérilisation par l'ozone, puis refoulée dans les canalisations d'alimentation.

schéma de traitement de l'**eau** destinée à la distribution publique

ÉBARBER v.t. (de *barbe*). **1.** Enlever les barbes, les saillies de (une surface métallique, une planche de cuivre, etc.). **2.** AGRIC. Enlever les barbes, les arêtes de (certaines plantes telles que l'orge). **3.** REL. Couper les bords irréguliers des feuillets d'un livre afin de les égaliser. **4.** CUIS. Dépouiller un poisson de ses nageoires, des rayons qui les soutiennent.

ÉBARBEUSE n.f. ou **ÉBARBEUR** n.m. Machine pour ébarber les plantes.

ÉBARBOIR n.m. Outil pour ébarber les métaux.

ÉBARBURE n.f. Partie enlevée en ébarbant.

ÉBATS [eba] n.m. pl. Litt. Mouvements folâtres, détente joyeuse. *Prendre ses ébats.*

ÉBATTRE (S') v.pr. [83]. Courir, sauter, se donner du mouvement afin de se détendre.

ÉBAUBI, E [ebobi] adj. (anc. fr. *abaubir,* rendre bègue). Vieilli ou par plais. Surpris, étonné.

ÉBAUCHAGE n.m. Action d'ébaucher.

ÉBAUCHE n.f. **1.** Premier stade d'exécution d'un objet, d'un ouvrage, d'une œuvre d'art. ◇ TECHN. Ouvrage dont l'ensemble est terminé et dont les détails restent à exécuter. **2.** Commencement. *L'ébauche d'un sourire.*

ÉBAUCHER v.t. (anc. fr. *bauch,* poutre). **1.** Donner la première forme, la première façon à (un travail, une œuvre). **2.** Commencer, esquisser. *Ébaucher un geste.*

ÉBAUCHEUR n.m. Ouvrier chargé d'ébaucher, de dégrossir.

ÉBAUCHOIR n.m. Outil de sculpteur, de charpentier, etc., pour ébaucher.

ÉBAUDIR (S') v.pr. Vieilli, litt. S'amuser ; se divertir ; se réjouir.

ÉBAVURAGE n.m. Ébarbage (des pièces usinées, en partic.).

ÉBAVURER v.t. Ébarber (une pièce de métal).

ÉBÉNACÉE n.f. *Ébénacées :* famille d'arbres et d'arbustes des régions tropicales, comprenant notamment l'ébénier et le plaqueminier.

ÉBÈNE n.f. (gr. *ebenos*). **1.** Bois noir, dur et lourd de l'ébénier. **2.** *D'ébène :* d'un noir éclatant, brillant. *Cheveux d'ébène.* **3.** Anc. *Bois d'ébène :* les Noirs, pour les trafiquants d'esclaves. ◆ adj. inv. D'une couleur noire.

ÉBÉNIER n.m. Arbre des régions équatoriales qui fournit l'ébène. ◇ *Faux ébénier :* cytise (arbuste).

ÉBÉNISTE n. Menuisier qui fabrique des meubles de luxe en utilisant notamm. la technique du placage.

ÉBÉNISTERIE n.f. Travail, métier de l'ébéniste.

ÉBERLUÉ, E [ebɛrlɥe] adj. (de *berlue*). Stupéfait, très étonné.

ÉBERLUER v.t. (de *berlue*). Étonner vivement, stupéfier.

ÉBIONITE n.m. Membre de diverses sectes chrétiennes, notamm. en Asie Mineure, aux IIᵉ et IIIᵉ s.

ÉBISELER v.t. [24]. Tailler en biseau.

ÉBLOUIR v.t. (du germ.). **1.** Troubler la vue par un éclat trop vif ; aveugler. *Le soleil nous éblouit.* **2.** Fig. Émerveiller, fasciner. *Son récital a ébloui le public.* **3.** Péj. Séduire, impressionner. *Ne te laisse pas éblouir par ses promesses.*

ÉBLOUISSANT, E adj. **1.** Qui éblouit ; aveuglant. *Blancheur éblouissante.* **2.** Fig. Merveilleux ; fascinant. *Une fête éblouissante.*

ÉBLOUISSEMENT n.m. **1.** Trouble momentané de la vue, causé par une lumière trop vive. **2.** Vertige, malaise. **3.** Fig. Étonnement admiratif, émerveillement.

ÉBONITE n.f. (angl. *ebony,* ébène). Caoutchouc durci par addition de soufre, utilisé comme isolant électrique.

ÉBORGNAGE n.m. AGRIC. Action d'éborgner un arbre fruitier.

ÉBORGNEMENT n.m. Action d'éborgner qqn.

ÉBORGNER v.t. **1.** Rendre (qqn, un animal) borgne. **2.** AGRIC. Supprimer les bourgeons (ou yeux) inutiles d'un arbre fruitier.

ÉBOUEUR n.m. (de *boue*). Ouvrier chargé du ramassage des ordures ménagères. SYN. (fam.) : *boueux.*

ÉBOUILLANTAGE n.m. Action d'ébouillanter.

ÉBOUILLANTER v.t. Tremper dans l'eau bouillante ou passer à la vapeur ; arroser, brûler avec un liquide bouillant. ◆ **s'ébouillanter** v.pr. Se brûler avec un liquide bouillant.

ÉBOULEMENT n.m. **1.** Chute de ce qui s'éboule, s'écroule. **2.** Matériaux éboulés.

ÉBOULER v.t. (anc. fr. *esboeler,* éventrer, de *bouel,* boyau). Faire écrouler. ◆ **s'ébouler** v.pr. S'écrouler, s'effondrer.

ÉBOULIS [ebuli] n.m. Amas de matériaux éboulés ; éboulement. *Éboulis de roches.*

ÉBOURGEONNEMENT ou **ÉBOURGEONNAGE** n.m. AGRIC. Action d'ébourgeonner.

ÉBOURGEONNER v.t. AGRIC. Supprimer les bourgeons inutiles d'un arbre, de la vigne.

ÉBOURIFFAGE n.m. Action d'ébouriffer les cheveux.

ÉBOURIFFANT, E adj. Fam. Incroyable, extraordinaire.

ÉBOURIFFÉ, E adj. (prov. *esbourifat,* de *bourro,* bourre). Dont les cheveux sont en désordre.

ÉBOURIFFER v.t. **1.** Mettre les cheveux en désordre. **2.** Fam. Surprendre, stupéfier.

ÉBOURRER v.t. TECHN. Dépouiller une peau d'animal de la bourre qui la recouvre.

ÉBOUTER v.t. Couper le bout de. *Ébouter une pièce de bois d'œuvre.*

ÉBRANCHAGE ou **ÉBRANCHEMENT** n.m. Action d'ébrancher.

ÉBRANCHER v.t. Casser ou couper les branches d'un arbre.

ÉBRANCHOIR n.m. Serpe à long manche pour ébrancher.

ÉBRANLEMENT n.m. Action d'ébranler ; son résultat. *L'ébranlement du sol, de la confiance en qqn.* ◇ Fait de s'ébranler. *L'ébranlement du train.*

ÉBRANLER v.t. (de *branler*). **1.** Faire osciller, faire trembler ; secouer. *Le passage du camion a ébranlé les vitres.* **2.** Fig. Affaiblir ; diminuer, rendre moins sûr. *Cette maladie a ébranlé sa santé.* **3.** Faire douter qqn, modifier ses convictions. ◆ **s'ébranler** v.pr. Se mettre en mouvement, démarrer.

ÉBRASEMENT n.m. ou **ÉBRASURE** n.f. CONSTR. Biais donné aux côtés de l'embrasure d'une baie pour faciliter l'ouverture des vantaux ou donner plus de lumière.

ÉBRASER v.t. (de *embraser*). CONSTR. Élargir obliquement, en général de dehors en dedans, l'embrasure d'une baie de porte, de fenêtre.

ÉBRÈCHEMENT n.m. Action d'ébrécher.

ÉBRÉCHER v.t. [18]. **1.** Faire une brèche à, entamer le bord de. *Ébrécher un verre.* **2.** Fig. Entamer, diminuer. *Ébrécher sa fortune.*

ÉBRÉCHURE n.f. Partie ébréchée d'un objet.

ÉBRIÉTÉ n.f. (lat. *ebrietas,* ivresse). Fait d'être ivre, état d'une personne ivre.

ÉBROÏCIEN, ENNE adj. et n. D'Évreux.

ÉBROUEMENT n.m. Fait de s'ébrouer.

ÉBROUER (S') v.pr. (anc. fr. *brou,* bouillon). **1.** Expirer de façon forte et bruyante, en secouant vivement la tête, en parlant de certains animaux et notamment du cheval. **2.** S'agiter, se secouer vivement pour se débarrasser de l'eau. *Le chien s'ébroue en sortant de l'eau.*

ÉBRUITEMENT n.m. Action d'ébruiter ; son résultat. Fait de s'ébruiter.

ÉBRUITER v.t. Rendre public, divulguer. *Ébruiter une information.* ◆ **s'ébruiter** v.pr. Se répandre, se propager.

ÉBULLIOMÈTRE ou **ÉBULLIOSCOPE** n.m. Appareil servant à mesurer les températures d'ébullition.

ÉBULLIOMÉTRIE ou **ÉBULLIOSCOPIE** n.f. Mesure de la température d'ébullition d'une solution.

ÉBULLITION n.f. (du lat. *ebullire,* bouillir). Mouvement, état d'un liquide qui bout ; passage d'un liquide à l'état gazeux, les deux phases étant en équilibre. *Porter l'eau à ébullition.* ◇ Fig. *En ébullition :* en effervescence, très agité. *Ville en ébullition.*

ÉBURNÉEN, ENNE ou **ÉBURNÉ, E** adj. (lat. *eburneus,* ivoire). Litt. Qui a la blancheur ou l'aspect de l'ivoire. SYN. : *ivoirin.*

ÉCACHER v.t. Rare. Écraser, aplatir par un coup ou par une pression.

ÉCAILLAGE n.m. Action d'écailler ; son résultat. Fait de s'écailler.

ÉCAILLE [ekaj] n.f. (germ. *skalja,* tuile). **1. a.** Chacune des plaques dures, cornées (reptiles) ou osseuses (poissons) qui recouvrent le corps de certains animaux. **b.** Cette matière, provenant de la carapace de certaines tortues, utilisée en tabletterie et en marqueterie. **2.** Chacune des valves d'un mollusque bivalve (huître notamm.). **3.** BOT. Feuille entourant le bourgeon ou le bulbe de certaines plantes (oignon, lis, etc.). **4.** ANAT. Partie aplatie et latérale de l'os temporal et de l'os occipital. **5.** Parcelle qui se détache en petites plaques d'une surface. ◆ pl. ARCHIT. Motif ornemental formé de demi-disques se chevauchant.

ÉCAILLÉ, E adj. Qui s'écaille. *Peinture écaillée.*

1. ÉCAILLER v.t. **1.** Gratter un poisson cru afin d'ôter les écailles de sa peau. **2.** Ouvrir une huître, un mollusque bivalve en en séparant les écailles, les valves. ◆ **s'écailler** v.pr. Se détacher en plaques minces, en écailles. *Vernis à ongles qui s'écaille.*

2. ÉCAILLER, ÈRE n. Commerçant spécialisé dans la vente et l'ouverture des huîtres et autres coquillages.

ÉCAILLEUR n.m. Instrument à lame dentée et acérée servant à écailler le poisson.

ÉCAILLEUX, EUSE adj. **1.** Couvert d'écailles. *Poisson écailleux.* **2.** Qui se détache par écailles. *Ardoise écailleuse.*

ÉCAILLURE n.f. Partie écaillée d'une surface, d'une peinture.

ÉCALE [ekal] n.f. (de l'anc. haut all. *skala,* de même racine que *écaille*). Enveloppe coriace de certains fruits (noix, noisettes, amandes, etc.).

ÉCALER v.t. Débarrasser de son écale (un fruit), de sa coquille (un œuf dur).

ÉCALURE n.f. Pellicule dure qui enveloppe certaines graines. *Écalures de café.*

ÉCANG [ekɑ̃] n.m. ou **ÉCANGUE** n.f. TEXT. Instrument pour écanguer.

ÉCANGUER v.t. (mot germ.). TEXT. Broyer la tige du lin, du chanvre, etc., pour séparer les parties ligneuses de la filasse.

ÉCARLATE n.f. (persan *saqirlāt,* mot ar.). **1.** Couleur d'un rouge vif. **2.** Vx. Étoffe de cette couleur. ◆ adj. Rouge vif. *Des visages écarlates.*

ÉCARQUILLER [ekarkije] v.t. (anc. fr. *équartiller,* mettre en quatre). *Écarquiller les yeux :* les ouvrir tout grands.

ÉCART n.m. (de *écarter,* séparer). **1.** Distance, intervalle, différence entre des choses ou des personnes. *L'écart entre les coureurs s'accentue.* – *À l'écart :* éloigné. *Se tenir à l'écart.* ◇ *Grand écart :* mouvement dans lequel les jambes, qui ont deux directions opposées (devant et derrière ou droite et gauche) par rapport au buste, touchent le sol sur toute leur longueur. **2.** Action de s'écarter, de se détourner de sa ligne de conduite. *Faire des écarts à un régime.* ◇ *Écart de langage :* parole qui transgresse les convenances, grossièreté. **3.** Petite agglomération distincte du centre de la commune à laquelle elle appartient. **4.** STAT. Valeur absolue de la différence entre deux valeurs. – *Écart(-)type :* racine carrée de la variance. **5.** LING. Acte de parole qui s'écarte d'une norme donnée. **6.** ÉCON. *Écart d'inflation :* recomm. off. pour *différentiel d'inflation.*

1. ÉCARTÉ, E adj. Situé à l'écart, éloigné, isolé. *Maison écartée.*

2. ÉCARTÉ n.m. Jeu de cartes dans lequel les joueurs (de deux à quatre) ont la possibilité d'« écarter » certaines cartes, de les rejeter de leur jeu, selon certaines règles. *L'écarté se joue avec 32 cartes.*

ÉCARTELÉ adj.m. et n.m. HÉRALD. Partition d'un écu en quatre quartiers égaux par une ligne horizontale et une perpendiculaire.

ÉCARTÈLEMENT n.m. Anc. Supplice infligé aux condamnés pour crime de lèse-majesté, en partic. aux régicides, et qui consistait à faire tirer leurs membres par des chevaux jusqu'à ce qu'ils se séparent du tronc.

ÉCARTELER v.t. (anc. fr. *esquarterer,* mettre en pièces) [25]. **1.** Tirer, tirailler qqn entre plusieurs choses ; le solliciter en sens opposés. **2.** Anc. Faire subir le supplice de l'écartèlement à (un condamné). **3.** HÉRALD. Diviser (un écu) en quatre quartiers.

ÉCARTEMENT n.m. Action d'écarter ou de s'écarter ; distance entre deux ou plusieurs choses.

1. ÉCARTER v.t. (lat. pop. *exquartare,* de *quartus,* quart). **1.** Mettre une certaine distance entre (des choses) ; éloigner, séparer. *Écarter un objet du feu. Écarter les bras, les jambes.* **2. a.** Repousser qqn, le tenir à distance, à l'écart. *Écarter la foule, les curieux.* **b.** Évincer, éliminer. *Écarter un candidat de la compétition.* **3.** Rejeter ; exclure. *Écarter une solution.* ◆ **s'écarter** v.pr. S'éloigner, se détourner de. *Ne t'écarte pas du droit chemin.*

2. ÉCARTER v.t. (de *carte*). Rejeter une ou plusieurs cartes de son jeu pour en prendre de nouvelles.

ÉCARTEUR n.m. **1.** CHIR. Instrument servant à écarter les lèvres d'une plaie. **2.** Celui qui provoque l'animal et l'évite par un écart, dans les courses landaises.

ECBALLIUM [ɛkbaljɔm] n.m. (du gr. *ekballein,* projeter). Plante rampante des terrains vagues du sud de la France, à fleurs jaunes et à fruits verts qui, à maturité, s'ouvrent avec bruit et projettent au loin leurs graines. (Famille des cucurbitacées.)

ECCE HOMO [ɛkseɔmo] n.m. inv. (mots lat., *voici l'homme,* dits par Pilate). BX-A. Représentation du Christ couronné d'épines et portant un roseau en guise de sceptre.

ECCÉITÉ [ɛkseite] n.f. (du lat. *ecce,* voici). PHILOS. Ce qui fait qu'un individu est lui-même et non un autre.

ECCHYMOSE [ekimoz] n.f. (gr. *ekkumôsis,* de *ekkhêin,* s'écouler). Épanchement de sang dans l'épaisseur de la peau à la suite d'un choc, tache apparente qui en résulte. SYN. (cour.) : *bleu.*

ECCLÉSIA [eklezja] n.f. (mot gr.). ANTIQ. Assemblée des citoyens jouissant de leurs droits politiques dans les cités grecques et notamm. à Athènes.

ECCLÉSIAL, E, AUX adj. Relatif à l'Église en tant que communauté de fidèles.

1. ECCLÉSIASTIQUE adj. Relatif à l'Église et, plus spécialt, au clergé.

2. ECCLÉSIASTIQUE n.m. Membre du clergé d'une Église.

ECCLÉSIOLOGIE [eklezjɔlɔʒi] n.f. Partie de la théologie qui traite de la nature et de la vie de l'Église.

ECDYSONE n.f. Hormone déterminant la mue, chez les larves d'insectes et les crustacés.

ÉCERVELÉ, E n. et adj. Personne sans cervelle, étourdie, qui ne réfléchit pas.

ÉCHAFAUD [eʃafo] n.m. (lat. pop. *catafalicum*). **1.** Estrade sur laquelle on procédait aux exécutions par décapitation. **2.** Peine de mort, exécution. *Risquer l'échafaud.*

ÉCHAFAUDAGE n.m. **1.** Ouvrage provisoire en charpente, dressé pour construire ou réparer un bâtiment. **2.** Amas, pile d'objets entassés les uns au-dessus des autres. *Un échafaudage de livres.* **3.** Action d'échafauder (un plan, une œuvre, etc.) ; ensemble d'idées, d'hypothèses ainsi combinées. *L'échafaudage d'un système.*

ÉCHAFAUDER v.t. **1.** Vx. Amonceler, dresser l'un sur l'autre. **2.** Préparer, élaborer en combinant des éléments souvent fragiles ou compliqués. *Échafauder une hypothèse, des projets.* ◆ v.i. Dresser un échafaudage.

ÉCHALAS [eʃala] n.m. (du gr. *kharax,* pieu). **1.** Pieu servant de tuteur à certaines plantes, notamment à la vigne. **2.** Fam. Personne grande et maigre.

ÉCHALASSER v.t. Soutenir avec des échalas. *Échalasser une vigne.*

ÉCHALIER n.m. (lat. *scalarium*). **1.** Échelle permettant de franchir une haie. **2.** Clôture mobile à l'entrée d'un champ.

ÉCHALOTE n.f. (lat. *ascalonia cepa,* oignon d'Ascalon). Plante potagère voisine de l'oignon, dont le bulbe est utilisé comme condiment. (Famille des liliacées.)

ÉCHANCRÉ, E adj. Qui présente une ou des échancrures ; creusé en dedans. *Côte échancrée. Encolure très échancrée.*

ÉCHANCRER v.t. (de *chancre*). Creuser, entailler le bord de.

ÉCHANCRURE n.f. Partie échancrée, creusée ou entaillée au bord.

ÉCHANGE n.m. **1.** Opération par laquelle on échange. *Échange de timbres. Échange de prisonniers.* – *En échange :* en contrepartie, en compensation. ◇ DR. Convention par laquelle deux propriétaires se cèdent respectivement un bien contre un autre bien. **2.** Fait de s'adresser, de s'envoyer mutuellement qqch ; communication réciproque. *Échange de correspondance. Échange de politesses. Échange de secrets.* **3.** ÉCON. Troc, commerce ; opération commerciale. ◇ *Échanges internationaux :* commerce extérieur. – *Valeur d'échange :* faculté que donne un bien d'en acquérir d'autres, distincte de la valeur d'usage. **4.** BIOL. Passage et circulation de substances entre une cellule et le milieu extérieur. **5.** SPORTS. Dans les sports de balle, jeu pour s'échauffer avant une partie. ◇ Série de balles après chaque service. **6.** (Souvent au pl.). Ensemble des relations entre des groupes, des pays différents se traduisant par la circulation des hommes et des idées.

ÉCHANGEABLE adj. Qui peut être échangé.

ÉCHANGER v.t. (de *changer*) [17]. **1.** Donner une chose et en recevoir une autre en contrepartie. *Échanger des timbres.* **2.** Adresser et recevoir en retour ; s'adresser mutuellement. *Échanger des cadeaux. Échanger des sourires.* ◇ *Échanger des balles :* dans les sports de balle, faire des échanges.

ÉCHANGEUR n.m. **1.** Dispositif de raccordement entre plusieurs routes et autoroutes sans aucun croisement à niveau. **2. a.** *Échangeur (de chaleur) :* appareil destiné à réchauffer ou à refroidir un fluide au moyen d'un autre fluide circulant à une température différente. **b.** *Échangeur d'ions :* substance solide, naturelle ou synthétique, ayant les caractères d'un acide ou d'une base et fixant, de ce fait, les cations ou les anions.

ÉCHANGISME n.m. Pratique de l'échange des partenaires sexuels entre deux ou plusieurs couples.

ÉCHANGISTE n. **1.** DR. Personne qui effectue un échange de biens. **2.** Personne qui pratique l'échangisme.

ÉCHANSON [eʃɑ̃sɔ̃] n.m. (du francique). **1.** Officier qui servait à boire à un grand personnage. **2.** Litt. Personne qui verse à boire.

ÉCHANTIGNOLE ou **ÉCHANTIGNOLLE** n.f. Chantignole.

ÉCHANTILLON n.m. (anc. fr. *eschandillon,* échelle pour mesurer). **1.** Petite quantité d'une marchandise qui donne une idée de l'ensemble, qui permet d'en faire apprécier la qualité. *Échantillon de tissu, de parfum. Échantillon publicitaire.* **2.** Spécimen représentatif. *Un échantillon de la poésie du* xve *siècle.* ◇ Aperçu, exemple. *Donner un échantillon de son talent.* **3.** STAT. Fraction représentative d'une population ou d'un ensemble statistique. **4.** CYBERN. Valeur d'une grandeur échantillonnée à un instant d'échantillonnage.

ÉCHANTILLONNAGE n.m. **1.** Action d'échantillonner ; série d'échantillons. **2.** MAR. Ensemble des dimensions (et, plus particulièrement, des dimensions mesurant la section) d'une pièce constitutive d'un navire et, notamm., de sa charpente. *Membrure de fort échantillonnage.*

ÉCHANTILLONNER v.t. **1.** Choisir, réunir des échantillons. ◇ STAT. Déterminer un échantillon dans une population. – **Spécialt.** Choisir les personnes qui seront interrogées au cours d'une enquête par sondage en vue d'obtenir un résultat représentatif. **2.** CYBERN. Définir la variation d'une grandeur au cours du temps par la suite de ses valeurs, appelées *échantillons,* à des instants donnés, généralement périodiques.

1. ÉCHANTILLONNEUR, EUSE n. Personne qui procède à des échantillonnages.

2. ÉCHANTILLONNEUR n.m. SC. Appareil effectuant l'échantillonnage d'une grandeur, d'un signal.

ÉCHAPPATOIRE n.f. Moyen adroit ou détourné pour se tirer d'embarras.

1. ÉCHAPPÉ, E n. Vieilli. Évadé.

2. ÉCHAPPÉ n.m. CHORÉGR. Mouvement consistant à s'élever sur les pointes ou les demi-pointes pour revenir ensuite à la position initiale.

ÉCHAPPÉE n.f. **1.** Action, pour un ou plusieurs coureurs, de distancer le peloton. *Tenter une échappée.* **2.** Litt. Court voyage par lequel on se libère de contraintes ; escapade. **3.** Espace étroit laissé libre à la vue ou au passage. *Échappée sur la mer.* ◇ ARCHIT. Distance entre les marches et le plafond d'un escalier. **4.** Litt. Court instant, bref intervalle. *Échappée de soleil.*

ÉCHAPPEMENT n.m. **1.** Expulsion dans l'atmosphère des gaz de combustion d'un moteur thermique ; dispositif permettant cette expulsion. *Tuyau d'échappement.* – *Échappement libre,* dépourvu de silencieux. **2.** Dispositif des appareils horaires mécaniques qui distribue l'énergie nécessaire à l'entretien des oscillations du balancier.

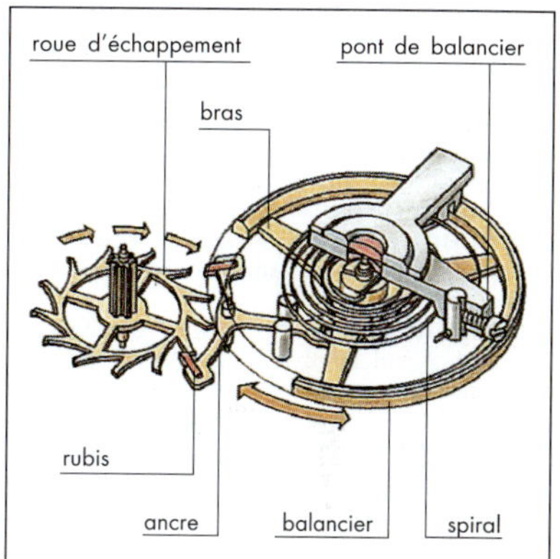

échappement à ancre de montre mécanique

ÉCHAPPER v.i. ou t. ind. **[*à, de*]** (lat. pop. *excappare,* sortir de la chappe). **I. 1.** Se soustraire, se dérober à qqn, à sa surveillance, à son emprise. *Laisser échapper un prisonnier.* **2.** Ne pas être atteint, concerné (par qqch de menaçant, d'importun). *Échapper à la maladie.* **II. 1. a.** Cesser d'être tenu, retenu. *La soupière lui a échappé des mains.* **b.** Cesser d'être sous le contrôle de qqn. *Le pouvoir lui échappe.* **c.** Cesser d'être présent à l'esprit, être oublié. *Son nom m'échappe.* **2.** Être dit ou fait involontairement. *Cette parole malheureuse m'a échappé.* **3. a.** Ne pas être perçu par les sens. *Rien n'échappe à son œil d'aigle.* **b.** Ne pas être compris. *Ce raisonnement m'échappe.* **4.** Ne pas être obtenu, être manqué. *La victoire lui a échappé.* **5.** Ne pas être soumis, assujetti. *Revenus qui échappent à l'impôt.* ◆ v.t. *L'échapper belle :* se tirer de justesse d'un mauvais pas, d'un danger. ◆ **s'échapper** v.pr. **1.** S'enfuir, se sauver d'un lieu où l'on est retenu ; s'absenter discrètement. *S'échapper d'une réunion.* ◇ Se libérer (d'une contrainte). **2.** Sortir, se répandre brusquement. *La vapeur s'échappe par la soupape.* **3.** Disparaître, se dissiper. *Son dernier espoir s'est échappé.*

ÉCHARDE n.f. Petit fragment pointu d'un corps étranger (bois, le plus souvent) entré accidentellement sous la peau.

ÉCHARDONNER v.t. Débarrasser des chardons (un champ, un terrain ; anc., la laine cardée).

ÉCHARNEMENT ou **ÉCHARNAGE** n.m. TECHN. Action d'écharner les peaux.

ÉCHARNER v.t. (du lat. *caro, carnis,* chair). TECHN. Débarrasser une peau des chairs qui y adhèrent avant de la tanner.

ÉCHARNEUSE n.f. Machine qui sert à l'écharnage des peaux.

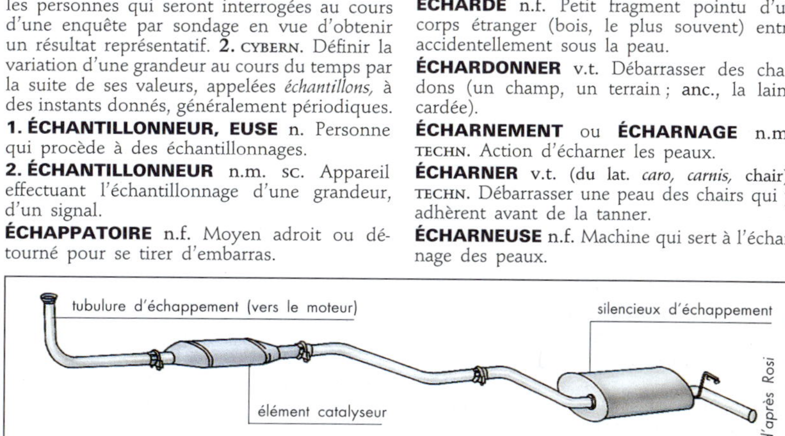

échappement : dispositif d'échappement des gaz d'un moteur thermique, avec pot catalytique

ÉCHARNOIR n.m. Couteau à deux poignées et en forme de plane pour écharner les peaux.

ÉCHARPE n.f. (du francique). **1. a.** Large bande d'étoffe portée obliquement d'une épaule à la hanche opposée, ou autour de la ceinture, comme insigne de fonction. *Écharpe tricolore du maire.* **b.** Bandage porté en bandoulière servant à soutenir une main ou un bras blessés. **c.** *En écharpe* : d'une épaule à la hanche opposée, en bandoulière ; obliquement, latéralement. *Voiture prise en écharpe par un train.* **2.** Bande d'étoffe (laine, soie, etc.) qu'on porte sur les épaules ou autour du cou. **3.** Traverse diagonale servant à prévenir la déformation d'un ouvrage de charpente ou de menuiserie.

ÉCHARPER v.t. (anc. fr. *escharpir*). **1.** Blesser grièvement, mettre en pièces, massacrer (en partic., en parlant d'une foule). **2.** Fam. *Se faire écharper* : subir des attaques, des critiques très vives.

ÉCHASSE n.f. (mot francique). **1.** Long bâton garni d'un étrier permettant de marcher à une certaine hauteur du sol. **2.** Oiseau charadriiforme à plumage noir et blanc, aux pattes longues et fines, qui niche près des rivages dans le sud de la France.

ÉCHASSIER n.m. (de *échasse*). *Échassiers* : superordre d'oiseaux carnivores des marais, aux longues pattes, regroupant les ciconiiformes, les gruiformes et les charadriiformes.

ÉCHAUBOULURE n.f. (de *échauder* et *bouillure*). VÉTÉR. Urticaire des animaux domestiques, notamment des bovins.

ÉCHAUDAGE n.m. **1.** Action d'échauder. **2.** AGRIC. Accident physiologique des céréales, causé notamment par un excès de chaleur et donnant lieu à des grains petits et mal formés.

1. ÉCHAUDÉ n.m. Gâteau léger fait de pâte échaudée puis séchée au four.

2. ÉCHAUDÉ, E adj. Qui a subi un échaudage. *Le blé échaudé est pauvre en farine.*

ÉCHAUDEMENT n.m. État d'une céréale échaudée.

ÉCHAUDER v.t. (bas lat. *excaldare*, de *calidus*, chaud). **1.** Plonger dans l'eau bouillante. *On échaude une bête tuée pour la dépouiller.* **2.** Brûler avec un liquide chaud. ◇ *Chat échaudé craint l'eau froide* : on craint même l'apparence d'un mal dont on a souffert. **3.** Causer à qqn une mésaventure qui lui sert de leçon. *Échauder un client.*

ÉCHAUDOIR n.m. Local d'un abattoir où l'on échaude les animaux après l'abattage ; cuve dans laquelle se fait cette opération.

ÉCHAUFFANT, E adj. Vx. Qui provoque de l'échauffement, qui constipe.

ÉCHAUFFEMENT n.m. **1.** Action d'échauffer ; fait de s'échauffer ; état qui en résulte. *Échauffement d'une pièce mécanique par défaut de graissage ou de refroidissement.* **2.** État d'énervement, de surexcitation. **3.** Entraînement léger destiné à échauffer les muscles pour les assouplir avant un exercice sportif, un effort physique, etc. **4.** Début de fermentation des céréales, des farines, dû à la chaleur. **5.** Vieilli. Inflammation, irritation. ◇ Vx. Constipation légère.

ÉCHAUFFER v.t. (lat. *excalefacere*). **1.** Donner de la chaleur à, élever la température de. **2.** Animer, exciter. *Échauffer les esprits.* ◇ *Échauffer la bile, les oreilles* : mettre en colère. ◆ **s'échauffer** v.pr. **1.** S'exciter, s'animer. **2.** Faire des exercices pour se préparer à un effort physique.

ÉCHAUFFOURÉE n.f. Bagarre, combat bref et confus.

ÉCHAUGUETTE n.f. (mot francique). Guérite de guet placée en surplomb sur une muraille fortifiée, une tour, etc.

échauguette (XVIIe s.)

ÈCHE n.f. → *aiche.*

ÉCHÉANCE n.f. (de *échéant*). **1.** Date à laquelle est exigible le paiement d'une dette ou l'exécution d'une obligation. *L'échéance d'un loyer.* **2.** Ensemble des règlements à effectuer à une période donnée. *Faire face à une échéance.* **3.** Délai entre la date d'un engagement et son exigibilité. *Emprunter à longue, à brève échéance.* **4.** Moment où qqch doit arriver et qui marque la fin d'un délai, d'une période. *Échéance électorale.*

ÉCHÉANCIER n.m. **1.** Registre où sont inscrites, à leur date d'échéance, les dettes, les créances. **2.** Ensemble d'échéances, de délais dont la date doit être respectée.

ÉCHÉANT, E adj. DR. Qui arrive à échéance. ◇ *Le cas échéant* : si le cas se présente, à l'occasion.

ÉCHEC [eʃɛk] n.m. (empr. au jeu des *échecs*). Insuccès, manque de réussite. *Mettre, tenir qqn en échec.* – *Faire échec à* : empêcher de réussir.

ÉCHECS n.m. pl. (persan *chāh*, roi). Jeu dans lequel deux adversaires font manœuvrer sur un plateau de 64 cases deux séries de 16 pièces de valeurs diverses ; les pièces qui servent à ce jeu. ◇ (Au sing.). Situation du roi en position d'être pris par l'adversaire. *Échec au roi.* – *Échec et mat* : coup décisif qui met le roi en prise et assure le gain de la partie. ◆ adj. inv. En échec. *Être échec, échec et mat.*

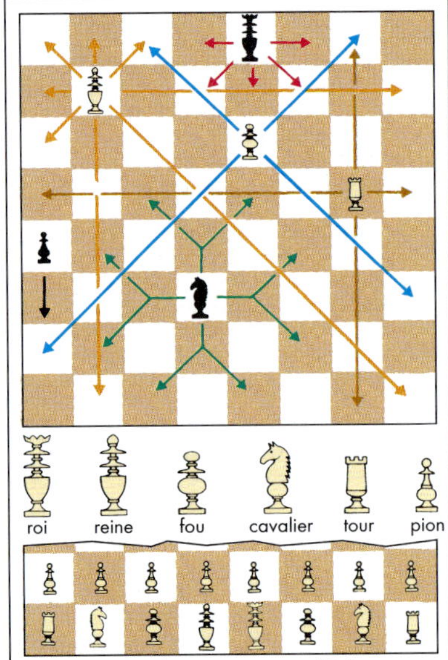

marche des diverses pièces sur l'échiquier ; en bas ; disposition de l'ensemble des pièces blanches au début de la partie.

échecs

ÉCHELETTE n.f. ORNITH. Tichodrome.

ÉCHELIER n.m. Échelle à un seul montant central.

ÉCHELLE n.f. (lat. *scala*). **I. 1.** Dispositif composé de deux montants reliés entre eux par des barreaux transversaux régulièrement espacés servant de marches. *Échelle double.* – *Échelle de corde*, dont les montants sont en corde. – *Échelle d'incendie*, à plusieurs plans coulissants. – *Échelle de meunier* : escalier droit fait de tablettes encastrées dans deux limons, sans contremarches. ◇ *Faire la courte échelle à qqn*, l'aider à s'élever en lui offrant ses mains et ses épaules comme points d'appui. – *Il n'y a plus qu'à tirer l'échelle* : il est impossible de faire mieux (ou, iron., pire). **2.** MAR. Tout escalier, fixe ou mobile. **3.** Suisse. Ridelle. *Char agricole à échelles.* **II. 1.** Suite de degrés, de niveaux classés dans un ordre progressif et qui établit une hiérarchie. *Échelle sociale. Échelle de valeurs.* ◇ *Échelle mobile* : système d'indexation d'un paiement sur le coût de la vie. *Échelle mobile des salaires.* **2.** Suite, succession. *Échelle des couleurs.* **3.** MUS. Succession de sons non structurée, par opp. à *gamme.* **III. 1.** Série de divisions sur un instrument de mesure. *Échelle thermométrique.* **2.** Ligne graduée indiquant le rapport des dimensions ou distances marquées sur un plan, une carte avec les dimensions ou distances réelles *(échelle graphique)* ; rapport entre la représentation figurée d'une longueur et la longueur réelle correspondante *(échelle numérique). Sur une carte à l'échelle de 1/200 000, un centimètre vaut 200 000 cm, soit 2 km.* **3.** PSYCHOL. *Échelle d'attitudes* : série chiffrée permettant de quantifier les attitudes par rapport à un objet déterminé, des plus favorables aux plus défavorables en passant par l'indifférence. **4.** Ordre de grandeur, moyen de comparaison, d'évaluation. *Problème à l'échelle nationale.* – *Sur une grande, une vaste échelle* : en grand, dans des proportions importantes. ◆ pl. HIST. Comptoirs commerciaux établis à partir du XVIe s. par les nations chrétiennes en pays d'islam. *Échelles du Levant*, en Méditerranée orientale. *Échelles de Barbarie*, en Afrique du Nord.

ÉCHELON n.m. **1.** Barreau transversal d'une échelle. **2. a.** Chacun des degrés d'une série, d'une hiérarchie. *Accéder à l'échelon supérieur.* ◇ Position d'un fonctionnaire à l'intérieur d'un même grade, d'une même classe. **b.** Niveau, degré, stade. *Échelon communal, départemental. À l'échelon gouvernemental.* **3.** MIL. Fraction d'une troupe articulée en profondeur.

ÉCHELONNEMENT n.m. Action d'échelonner ; fait d'être échelonné.

ÉCHELONNER v.t. **1.** Disposer par échelons, de distance en distance. *Échelonner des troupes.* **2.** Répartir dans le temps à intervalles plus ou moins réguliers ; espacer, étaler. *Échelonner des paiements, des livraisons.*

ÉCHENILLAGE n.m. Action d'écheniller.

ÉCHENILLER [eʃnije] v.t. Débarrasser (un arbre) des chenilles.

ÉCHENILLOIR n.m. Sécateur fixé au bout d'une perche pour couper les rameaux auxquels sont fixés les nids de chenille.

ÉCHER v.t. → *aicher.*

ÉCHEVEAU [eʃvo] n.m. (lat. *scabellum*, petit banc). **1.** Assemblage de fils textiles (échevettes) réunis entre eux par un fil de liage. **2.** Fig. Ensemble serré d'éléments liés entre eux de façon complexe. *L'écheveau d'une intrigue.*

ÉCHEVELÉ, E adj. **1.** Dont les cheveux sont en désordre ; ébouriffé, hirsute. **2.** Fig. Qui manque d'ordre, de mesure ; effréné. *Danse échevelée.*

ÉCHEVELER [eʃəvle] v.t. [24]. Litt. Dépeigner, ébouriffer.

ÉCHEVETTE n.f. (de *écheveau*). Longueur fixe de fil dévidé sur le moulin d'un dévidoir et dont les deux extrémités sont réunies.

ÉCHEVIN [eʃvɛ̃] n.m. (francique *skapin*, juge). **1.** HIST. Magistrat municipal chargé d'assister le maire sous l'Ancien Régime. **2.** Belgique. Adjoint au bourgmestre.

ÉCHEVINAGE n.m. **1.** Fonction d'échevin. **2.** Corps des échevins. **3.** Territoire administré par des échevins.

ÉCHEVINAL, E, AUX adj. Relatif à l'échevin. ◇ Belgique. *Collège échevinal*, formé du bourgmestre et des échevins d'une commune.

ÉCHEVINAT n.m. Belgique. Charge de l'échevin ; services administratifs qui dépendent de lui.

ÉCHIDNÉ [ekidne] n.m. (gr. *ekhidna*, vipère). Mammifère ovipare d'Australie et de Nouvelle-Guinée, couvert de piquants, portant un bec corné, fouisseur et insectivore. (Long. 25 cm ; sous-classe des monotrèmes.)

échidné

ÉCHIFFRE n.m. *Mur d'échiffre* ou *échiffre* : mur au faîte rampant, qui porte le limon d'un escalier.

1. ÉCHINE n.f. (mot francique). **1.** Colonne vertébrale, dos de l'homme et de certains animaux. ◇ Fam. *Avoir l'échine souple* : être servile. – *Courber, plier l'échine :* céder, se soumettre. **2.** BOUCH. Partie du bœuf comprenant l'aloyau et les côtes ; partie antérieure de la longe de porc.

2. ÉCHINE n.f. (gr. *ekhinos,* hérisson). ARCHIT. Corps de certains chapiteaux, constitué par une grosse moulure convexe.

ÉCHINER (S') v.pr. Se fatiguer, se donner de la peine.

ÉCHINOCACTUS [ekinɔkaktys] n.m. Cactacée épineuse à la tige trapue telle que le peyotl.

ÉCHINOCOCCOSE [ekinɔkɔkoz] n.f. Maladie provoquée par l'échinocoque ou par sa larve, l'hydatide (kyste hydatique).

ÉCHINOCOQUE [ekinɔkɔk] n.m. Ténia vivant à l'état adulte dans l'intestin des carnivores et dont la larve se développe dans le foie de plusieurs mammifères.

ÉCHINODERME [ekinɔdɛrm] n.m. (du gr. *ekhinos,* hérisson). *Échinodermes* : embranchement d'animaux marins présentant une symétrie axiale d'ordre 5, et un système de ventouses (ambulacres), comme l'oursin et l'étoile de mer.

ÉCHIQUÉEN, ENNE adj. Relatif au jeu d'échecs.

ÉCHIQUETÉ, E adj. (de *échiquier*). HÉRALD. Divisé en un échiquier d'émaux alternés.

ÉCHIQUIER n.m. (anc. fr. *eschequier*). **I. 1.** Plateau carré, divisé en 64 cases alternativement noires et blanches, sur lequel on joue aux échecs. **2.** Surface dont le dessin évoque celui d'un échiquier ; disposition en carrés égaux et contigus. *Arbres plantés en échiquier.* **3.** Domaine, lieu où s'opposent des intérêts contradictoires, de nature politique, diplomatique, financière, etc., et qui exige que l'on manœuvre avec habileté. *L'échiquier parlementaire.* **II.** (Avec une majuscule). Administration financière, en Grande-Bretagne. *Chancelier de l'Échiquier.*

ÉCHO [eko] n.m. (gr. *êkhô,* son). **I. 1.** Répétition d'un son due à la réflexion des ondes sonores sur un obstacle ; lieu où se produit l'écho. – *Se faire l'écho de :* propager, répandre (une rumeur, un propos, etc.). ◇ PSYCHIATRIE. *Écho de la pensée :* trouble du langage intérieur au cours duquel une personne a le sentiment d'entendre sa pensée répétée tout haut. **2.** TECHN. Onde électromagnétique émise par un poste de radar et qui revient à l'appareil après avoir été réfléchie par un obstacle. ◇ TÉLÉV. Image parasite légèrement décalée sur l'écran par rapport à l'image normale. **II. 1.** Propos rapportant des faits ; nouvelle. *Avez-vous eu des échos de la réunion ?* **2.** Reflet, évocation. *Un écho des préoccupations de l'époque.* **3.** Résonance ; accueil, réponse. *Cette offre est restée sans écho.* ◆ pl. Rubrique d'un journal consacrée aux anecdotes, à la vie politique, mondaine, etc.

ÉCHOCARDIOGRAMME [eko-] n.m. MÉD. Enregistrement graphique de l'exploration du cœur par l'échographie.

ÉCHOENCÉPHALOGRAMME [eko-] n.m. MÉD. Enregistrement graphique de l'exploration de l'encéphale par l'échographie.

ÉCHOGRAPHIE [ekografi] n.f. MÉD. Technique d'imagerie médicale utilisant la réflexion *(écho)* d'un faisceau d'ultrasons par les organes.

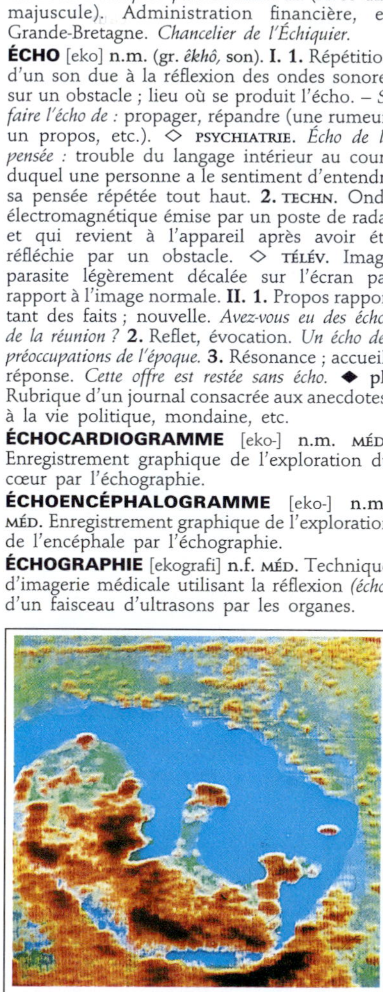

exemple d'**échographie**
(fœtus de 12 semaines)

ÉCHOGRAPHIER v.t. MÉD. Examiner par échographie.

ÉCHOIR v.t. ind. *[à]* (lat. *excidere,* de *cadere,* tomber) [70] [auxil. *être* ou *avoir*]. Litt. Revenir ; être dévolu par le sort, le hasard. *Le gros lot lui a échu.* ◆ v.i. Arriver à échéance, en parlant d'une dette, d'un engagement, etc. *Le terme échoit à la fin du trimestre.*

ÉCHOLALIE [eko-] n.f. (du gr. *lalein,* parler). PSYCHIATRIE. Répétition machinale de mots ou de phrases prononcés par autrui, dans certaines aphasies.

ÉCHOLOCATION ou **ÉCHOLOCALISATION** [eko-] n.f. ZOOL. Mode d'orientation propre à certains animaux (chauves-souris, dauphins) qui repèrent les obstacles en émettant des ultrasons qui produisent un écho.

1. ÉCHOPPE n.f. (anc. néerl. *schoppe*). Petite boutique en matériau léger, adossée à une autre construction.

2. ÉCHOPPE n.f. (lat. *scalprum*). Burin des ciseleurs, graveurs, clicheurs, orfèvres, etc., affectant des dimensions et des types variés.

ÉCHOPPER v.t. Travailler, enlever avec l'échoppe.

ÉCHOSONDAGE [eko-] n.m. Mesure de la profondeur effectuée grâce à la réflexion d'ondes acoustiques.

ÉCHOTIER, ÈRE [ekɔ-] n. Personne chargée des échos dans un journal.

ÉCHOTOMOGRAPHIE [eko-] n.f. MÉD. Échographie donnant une image en coupe *(tomographie)* de l'organe.

ÉCHOUAGE n.m. MAR. Action d'échouer un navire volontairement ; situation d'un navire échoué ; endroit où il peut s'échouer sans danger.

ÉCHOUEMENT n.m. MAR. Échouage involontaire.

ÉCHOUER v.t. MAR. Pousser volontairement (un bateau) sur un haut-fond, un échouage. ◆ v.i. **1.** Toucher accidentellement le rivage, le fond et s'y immobiliser, en parlant d'un navire ; aboutir sur la côte. **2.** Se retrouver par hasard en un lieu que l'on n'a pas choisi. **3.** Ne pas aboutir ; rater. *Les négociations ont échoué.* ◆ **s'échouer** v.pr. Toucher le fond et s'arrêter. *Bateau qui s'échoue sur un haut-fond.*

ÉCIDIE [esidi] n.f. Forme de fructification de la rouille du blé, localisée sur les feuilles d'épine-vinette.

ÉCIMAGE n.m. Action d'écimer.

ÉCIMER v.t. Enlever la cime d'un végétal pour favoriser la croissance en épaisseur.

ÉCLABOUSSEMENT n.m. Action, fait d'éclabousser ; jaillissement.

ÉCLABOUSSER v.t. (anc. fr. *esclaboter,* de *bouter*). **1.** Faire rejaillir de la boue, un liquide sur ; asperger. **2.** Fig. Salir, compromettre (qqn). **3.** Litt. Écraser de son luxe, de sa richesse.

ÉCLABOUSSURE n.f. **1.** Particule qui éclabousse ; tache, salissure. **2.** Fig. Contrecoup d'un évènement fâcheux, qui entache la réputation de qqn. *Les éclaboussures d'un scandale.*

1. ÉCLAIR n.m. (de *éclairer*). **I. 1.** Lueur brève et très vive traduisant une décharge électrique entre deux nuages ou entre un nuage et la terre, lors d'un orage. ◇ *Ses yeux (son regard) lancent des éclairs,* sont animés d'une émotion intense (surtout de colère). – *Comme l'éclair, en un éclair,* très vite. **2.** Lueur éclatante et brève ; éclat. *Éclair d'un coup de feu.* – Lumière produite par un flash. *Éclair de magnésium.* **3.** Fig. Brusque manifestation de (ce qui a trait à l'intelligence). *Éclair de génie.* **II.** Petit gâteau allongé, en pâte à choux, fourré de crème pâtissière et glacé par-dessus.

2. ÉCLAIR adj. inv. Très rapide. *Un voyage éclair.*

ÉCLAIRAGE n.m. **1.** Action, manière, moyen d'éclairer ; manière dont une, des choses sont éclairées. *Mauvais éclairage.* ◇ *Éclairage indirect,* dirigé vers le plafond. **2.** Ensemble des appareils qui éclairent, partic. un spectacle ; leur réglage. **3.** Fig. Manière de faire comprendre une question, des faits. **4.** MIL. Mission de recherche du renseignement, confiée à une unité qui doit éviter le combat.

ÉCLAIRAGISME n.m. Ensemble des techniques d'éclairage rationnel.

ÉCLAIRAGISTE n. **1.** Technicien qui s'occupe de l'éclairage d'un spectacle. **2.** Spécialiste d'éclairagisme.

ÉCLAIRANT, E adj. Qui éclaire.

ÉCLAIRCIE n.f. **1.** Espace clair dans un ciel nuageux ; amélioration brève entre deux averses. **2.** Fig. Changement favorable dans une situation. **3.** SYLV. Opération par laquelle on éclaircit.

ÉCLAIRCIR v.t. (anc. fr. *esclarcir,* briller). **1.** Rendre plus clair, moins sombre. *Ce papier éclaircit la pièce.* **2.** Rendre moins épais. *Éclaircir une sauce.* **3.** AGRIC., SYLV. Rendre moins touffu ; procéder à l'éclaircissage de. **4.** Fig. Rendre plus intelligible. *Éclaircir une question.* ◆ **s'éclaircir** v.pr. **1.** Devenir plus clair. **2.** Devenir moins nombreux. *Ses cheveux commencent à s'éclaircir.* **3.** Devenir plus compréhensible.

ÉCLAIRCISSAGE n.m. AGRIC. et SYLV. Action de supprimer des plants d'un semis, des fruits d'un arbre, etc., pour favoriser la croissance des autres.

ÉCLAIRCISSEMENT n.m. **1.** Action d'éclaircir, fait de s'éclaircir. **2.** (Surtout au pl.). Explication, justification. *Vous aurez à nous apporter des éclaircissements sur votre conduite.*

ÉCLAIRE n.f. *Grande éclaire :* chélidoine.

ÉCLAIRÉ, E adj. Instruit dans une spécialité ; cultivé. *Lecteur éclairé.*

ÉCLAIREMENT n.m. PHYS. Quotient du flux lumineux reçu par une surface par l'aire de cette surface (unité : *lux*).

ÉCLAIRER v.t. (lat. *exclarare,* de *clarus,* clair). **1.** Répandre, donner de la lumière sur. *Les phares éclairent la route.* **2.** Fournir à qqn de la lumière pour qu'il voie. **3.** Fig. Rendre compréhensible (une question, des faits) ; instruire, donner une explication à (qqn). **4.** MIL. Remplir une mission d'éclairage en avant de (une troupe). ◆ **s'éclairer** v.pr. **1.** Devenir lumineux. **2.** Devenir compréhensible. ◇ *Son visage s'éclaire,* exprime la satisfaction, la joie.

1. ÉCLAIREUR n.m. Soldat qui éclaire la marche d'une troupe.

2. ÉCLAIREUR, EUSE n. Enfant ou adolescent (entre 11 ou 12 ans et 15 ou 16 ans), dans les associations d'Éclaireuses et Éclaireurs (mouvements de scoutisme).

ÉCLAMPSIE n.f. (gr. *eklampsis,* apparition soudaine). MÉD. Crise convulsive, souvent suivie de coma, frappant les femmes enceintes.

ÉCLAMPTIQUE adj. Relatif à l'éclampsie. ◆ adj. et n.f. Atteinte d'éclampsie.

ÉCLANCHE n.f. Vx. Épaule de mouton.

ÉCLAT [ekla] n.m. **I. 1.** Fragment d'un objet brisé. *Un éclat de verre.* **2.** PRÉHIST. Fragment de pierre provenant du débitage d'un nucléus. **II. 1.** Vx. Bruit soudain et violent. *Éclat de tonnerre.* ◇ Mod. *Éclat de voix. Éclat de rire.* – *Rire aux éclats :* rire très fort, avec bruit. **2.** *Faire un éclat :* se signaler à l'attention par une manifestation bruyante, par un scandale, un esclandre. **III. 1.** Fait de briller ; lumière, lueur vive. *L'éclat du Soleil.* ◇ ASTRON. *Éclat absolu :* intensité lumineuse d'un astre ; sa mesure astronomique. – *Éclat apparent :* éclairement fourni par un astre sur une surface perpendiculaire aux rayons lumineux, en un point donné. **2.** Qualité d'une couleur vive. **3.** Fig. Splendeur, magnificence, grandeur. *L'éclat de la gloire.* ◇ *Action d'éclat :* action remarquable, exploit.

ÉCLATANT, E adj. **1.** Qui a de l'éclat ; qui brille. *Rouge éclatant.* **2.** Litt. Bruyant, perçant. *Rire éclatant.* **3.** Admirable, spectaculaire ; remarquable. *Victoire éclatante.*

ÉCLATÉ, E adj. TECHN. *Dessin éclaté, vue éclatée* ou *éclaté,* n.m., qui représente les différentes parties d'un ensemble, d'un appareil complexe, etc., dans leur disposition relative, mais en les dissociant clairement.

ÉCLATEMENT n.m. Fait d'éclater. *Éclatement d'un obus. Éclatement d'un groupe.*

ÉCLATER v.i. (d'un mot francique). **1.** Se briser soudainement par effet mécanique (pression, chaleur, etc.), exploser. *Pneu qui éclate.* **2.** Faire entendre un bruit sec, violent. *La foudre éclate.* ◇ *Éclater de rire :* rire soudainement et bruyamment. **3.** Fig. Se produire, se manifester brusquement. *La guerre a éclaté. Le scandale a éclaté.* – Ne pas pouvoir contenir des sentiments. *Éclater en reproches.* **4.** Briller, étinceler. *Un diamant qui éclate de mille feux.* **5.** Fam. Accéder soudain à la célébrité. **6.** *Éclater de :* avoir, manifester qqch avec force. *Il éclate de santé.* ◆ **s'éclater** v.pr. Fam. Se donner intensément à une activité en y prenant un très grand plaisir.

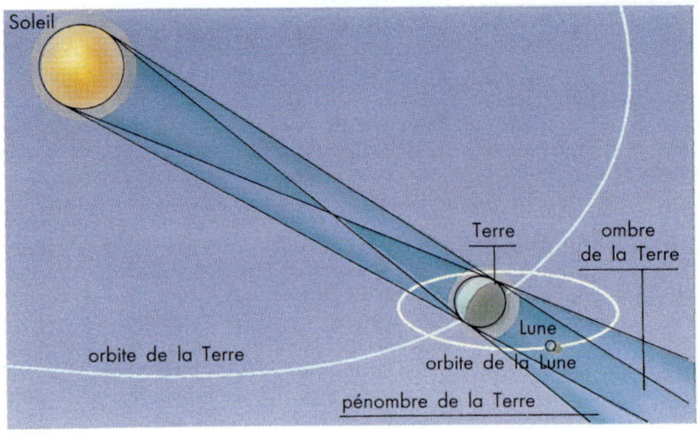

éclipse de Lune

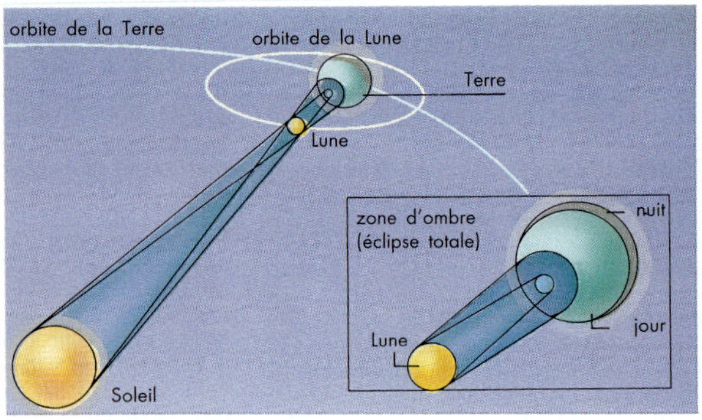

éclipse totale de Soleil

ÉCLATEUR n.m. PHYS., ÉLECTR. Dispositif électrique à deux électrodes ou plus servant à amorcer une conduction gazeuse.

ÉCLECTIQUE adj. et n. Qui adopte ce qui lui paraît bon dans un ensemble d'idées, d'opinions.

ÉCLECTISME n.m. (du gr. *eklegein,* choisir). **1.** PHILOS. Méthode utilisée par certains philosophes qui choisissent dans différents systèmes ce qui leur paraît le meilleur pour en faire un nouveau système. **2.** Attitude d'esprit qui refuse les systèmes, qui s'intéresse à tous les domaines ou, dans un domaine, à tous les sujets. **3.** BX-A. Tendance artistique fondée sur l'exploitation et la conciliation des styles du passé, particulièrement usuelle au XIXe s., en Occident.

ÉCLIMÈTRE n.m. (du gr. *klinein,* incliner). Instrument pour la mesure topographique des pentes.

ÉCLIPSE [eklips] n.f. (bas lat. *eclipsis,* du gr.). **1.** Disparition temporaire complète *(éclipse totale)* ou partielle *(éclipse partielle)* d'un astre due à son passage dans l'ombre ou la pénombre d'un autre. *Éclipse de Lune* (dans le cône d'ombre de la Terre). – *Éclipse de Soleil :* occultation du Soleil due à l'interposition de la Lune devant lui dans le ciel. ◇ *À éclipses :* qui apparaît et disparaît par intermittence ; qui produit une lumière intermittente. *Phare à éclipses.* **2.** MÉD. Perte de la conscience ou du contrôle de la pensée pendant un court laps de temps. **3.** Disparition momentanée de qqn, de qqch ; baisse de popularité.

ÉCLIPSER v.t. **1.** ASTRON. Provoquer l'éclipse d'un astre. **2.** Cour. Surpasser dans l'estime d'autrui par un mérite, un prestige, un éclat plus grands. *Éclipser ses rivaux.* ◆ **s'éclipser** v.pr. Fam. Partir furtivement ; s'esquiver. *S'éclipser avant la fin du spectacle.*

ÉCLIPTIQUE n.m. (lat. *eclipticus,* relatif aux éclipses). ASTRON. Plan de l'orbite de la Terre autour du Soleil ; grand cercle de la sphère céleste décrit par le Soleil dans son mouvement apparent annuel. ◇ *Obliquité de l'écliptique :* angle que forment les deux plans de l'écliptique et de l'équateur céleste.

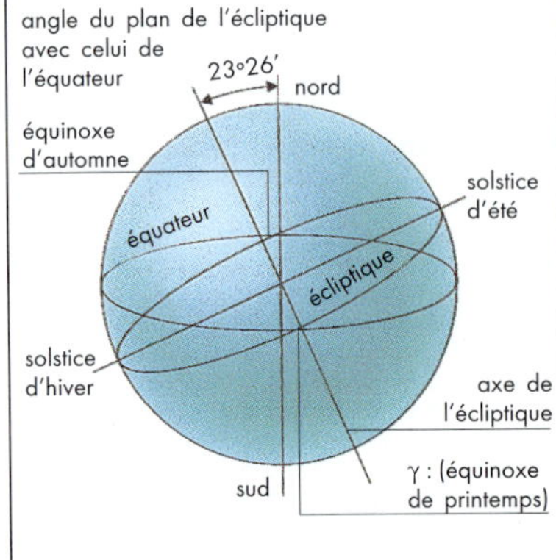

écliptique

ÉCLISSE n.f. **1.** Lame d'osier, de châtaignier, etc., obtenue par fendage. **2.** Pièce de bois formant la partie latérale de la caisse d'un instrument à cordes. **3.** Ceinture d'osier pour faciliter le retournement des fromages ; claie. **4.** Plaque d'acier réunissant deux rails par leur extrémité. **5.** CHIR. Attelle.

ÉCLISSER v.t. (d'un mot francique, *fendre*). Assujettir un membre, un rail avec une, des éclisses.

ÉCLOGITE n.f. Roche métamorphique constituée notamment de grenat et de pyroxène sodique, se formant à très haute pression.

ÉCLOPÉ, E adj. et n. (anc. fr. *cloper,* boiter). **1.** Qui marche péniblement ; estropié. **2.** Légèrement blessé.

ÉCLORE [eklɔr] v.i. (lat. *excludere,* faire sortir) [113] [auxil. *être* ou *avoir*]. **I.** Naître en sortant de l'œuf. ◇ Par ext. S'ouvrir, en parlant de l'œuf. *Les œufs ont éclos ce matin.* **II.** Litt. **1.** S'ouvrir, en parlant des fleurs. **2.** Naître, apparaître. *Le jour venait d'éclore.*

ÉCLOSERIE n.f. Établissement d'aquaculture destiné à la reproduction des géniteurs et à l'obtention de jeunes larves et d'alevins.

ÉCLOSION n.f. **1.** Fait d'éclore. *Éclosion d'une couvée, d'une fleur.* **2.** Fig. Naissance, apparition. *Éclosion d'une idée.*

ÉCLUSAGE n.m. Action d'écluser.

ÉCLUSE n.f. (lat. *[aqua] exclusa,* [eau] séparée du courant). Ouvrage aménagé entre deux plans d'eau de niveau différent pour permettre aux embarcations de passer de l'un à l'autre grâce à la manœuvre d'éléments mobiles (portes et vannes).

ÉCLUSÉE n.f. Quantité d'eau lâchée par l'ouverture d'une porte d'écluse.

ÉCLUSER v.t. **1. a.** Équiper (une voie d'eau) d'une écluse. **b.** Faire passer (un bateau) par une écluse. **2.** Pop. **a.** Boire. *Écluser un demi au comptoir.* **b.** Absolt. Boire beaucoup d'alcool, de vin.

ÉCLUSIER, ÈRE adj. D'une écluse ; relatif à une écluse. *Porte éclusière.* ◆ n. Personne qui assure la surveillance et la manœuvre d'une ou de plusieurs écluses.

ECMNÉSIE [ɛkmnezi] n.f. PSYCHIATRIE. État au cours duquel un sujet revit des scènes de son passé comme si elles étaient présentes.

ÉCOBILAN n.m. Bilan quantitatif permettant d'évaluer l'impact écologique de la fabrication, de l'utilisation et de l'élimination d'un produit industriel.

ÉCOBUAGE n.m. AGRIC. Mode de préparation et de fertilisation du sol consistant à détacher la couche herbue par plaques *(gazons),* qu'on fait ensuite sécher et brûler pour en répandre la cendre (à distinguer du *brûlis à feu courant*).

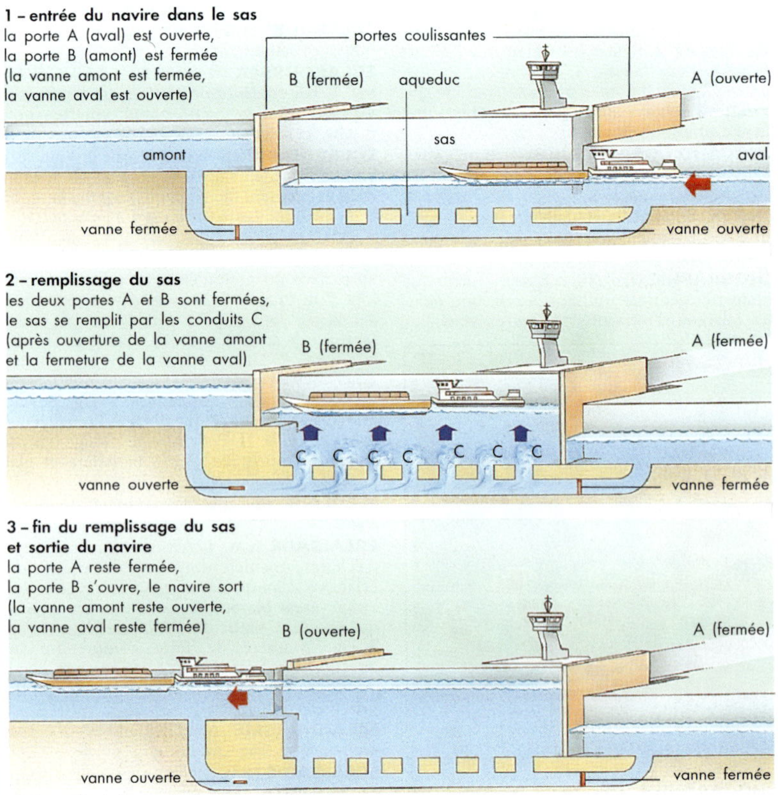

écluse fluviale : principe de fonctionnement

ÉCOBUER v.t. (du poitevin *gobuis,* terre pelée). AGRIC. Pratiquer l'écobuage de.

ÉCŒURANT, E adj. **1.** Qui soulève le cœur ; infect. *Odeur écœurante.* **2.** Qui inspire du dégoût ; révoltant. *Conduite écœurante.* **3.** Fam. Qui inspire du découragement ; démoralisant. *Elle a une chance écœurante.*

ÉCŒUREMENT n.m. État, sentiment d'une personne écœurée ; dégoût.

ÉCŒURER v.t. **1.** Causer du dégoût, donner la nausée à. **2.** Inspirer du dégoût, de la répugnance à. **3.** Fam. Décourager, démoraliser (qqn) par sa supériorité, sa chance.

ÉCOINÇON n.m. (de *coin*). **1.** CONSTR. Ouvrage de menuiserie ou de maçonnerie comblant un angle formé par deux murs. ◇ *Meuble en écoinçon,* d'angle. **2.** ARCHIT. Surface d'un mur comprise entre la courbe d'un arc et son encadrement orthogonal, ou entre les montées de deux arcs.

ÉCOLAGE n.m. Suisse. Frais de scolarité.

ÉCOLÂTRE n.m. Au Moyen Âge, clerc ou moine chargé d'une école rattachée à une cathédrale ou une abbaye.

ÉCOLE n.f. (lat. *schola*). **I. 1.** Établissement où l'on donne un enseignement ; ses bâtiments. *École de danse.* **2.** Établissement où est dispensé un enseignement collectif général aux enfants d'âge scolaire et préscolaire ; cet enseignement. ◇ *Grande école* : établissement d'enseignement supérieur caractérisé notamment par une sélection à l'entrée, généralement par concours ou sur titres, par un haut niveau d'études et par des effectifs réduits. **3.** Ensemble des élèves et du personnel d'une école. **4.** *Haute école* : équitation savante, académique. **5.** Vieilli. *École du soldat* : instruction militaire élémentaire (auj. *formation commune de base*). ◇ Suisse. *École des recrues* : période de quatre mois où les conscrits reçoivent leur instruction militaire. **II. 1.** Ensemble des partisans d'une doctrine philosophique, littéraire, artistique, etc. ; le mouvement ainsi constitué ; la doctrine elle-même. *L'école romantique.* ◇ *Faire école* : susciter de nombreux disciples ; se répandre, en parlant d'une idée. – *Être à bonne école* : être bien entouré pour progresser. **2.** Ensemble des artistes d'une même nation, d'une même ville, d'une même tendance. *L'école italienne. L'école impressionniste.* **3.** Litt. Source de connaissance et d'expérience. *Enfant élevé à l'école de la rue.*

ÉCOLIER, ÈRE n. **1.** Enfant qui fréquente l'école primaire, les petites classes. ◇ Fig. *Le chemin des écoliers* : le trajet le plus long, qui permet de flâner. **2.** Fig. Personne inexpérimentée ; débutant, novice.

ÉCOLO n. et adj. (abrév.). Fam. Écologiste.

ÉCOLOGIE [ekɔlɔʒi] n.f. (all. *Ökologie,* du gr. *oikos,* maison, et *logos,* science). **1.** Didact. Science qui étudie les relations des êtres vivants entre eux et avec leur milieu. **2.** Cour. Écologisme.

ÉCOLOGIQUE adj. **1.** Relatif à l'écologie. **2.** Relatif à l'écologisme.

ÉCOLOGIQUEMENT adv. Du point de vue écologique.

ÉCOLOGISME n.m. Courant de pensée, mouvement tendant au respect des équilibres naturels, à la protection de l'environnement contre les nuisances de la société industrielle.

ÉCOLOGISTE n. et adj. **1.** Écologue. **2.** Partisan de l'écologisme. Abrév. (fam.) : *écolo.*

ÉCOLOGUE n. Spécialiste d'écologie.

ÉCOMUSÉE n.m. Institution visant à l'étude, à la conservation et à la mise en valeur du mode de vie, du patrimoine naturel et culturel d'une région.

ÉCONDUIRE v.t. [98]. Litt. Refuser de recevoir, ne pas accéder à la demande de (qqn) ; repousser les avances d'un amoureux, d'un soupirant.

ÉCONOMAT n.m. **1.** Service chargé de la gestion financière d'un établissement scolaire ou hospitalier ; ses bureaux. **2.** Charge d'un économe.

1. ÉCONOME n. (lat. *œconomus,* administrateur, du gr.). Personne qui dirige un économat.

2. ÉCONOME adj. Qui limite ses dépenses, évite les dépenses inutiles. ◇ *Être économe de son temps, de ses paroles, etc.,* en être peu prodigue.

ÉCONOMÈTRE ou **ÉCONOMÉTRICIEN, ENNE** n. Spécialiste d'économétrie.

ÉCONOMÉTRIE n.f. Méthode d'analyse des données économiques qui, utilisant la statistique, recherche des corrélations permettant des prévisions.

ÉCONOMÉTRIQUE adj. De l'économétrie.

ÉCONOMIE n.f. (gr. *oikonomia,* administration de la maison). **I. 1.** Art de réduire les dépenses dans la gestion de ses biens, de ses revenus. *Son sens de l'économie frise l'avarice.* **2. a.** Ce que l'on ne dépense pas. *Une économie de dix francs par pièce produite.* **b.** Ce que l'on épargne. *Une économie de temps.* ◇ *Faire l'économie de* : éviter (qqch). **II. 1.** Ensemble des activités d'une collectivité humaine relatives à la production, la distribution et la consommation des richesses. **2.** (Qualifié). Système régissant ces activités. *Économie libérale* (limitant l'intervention de l'État). *Économie dirigée* ou *planifiée* (fondée sur la planification étatique). *Économie concertée* (concertation de l'État et des partenaires économiques). – *Économie sociale* : partie de l'activité économique assurée par les associations, les coopératives, les mutuelles. ◇ *Société d'économie mixte* : entreprise associant les capitaux privés et publics. **3.** Vieilli. *Économie politique* : science qui étudie les mécanismes de l'économie, les systèmes économiques, la pensée économique. SYN. (mod.) : *science économique.* **4.** Ordre qui préside à la distribution des différentes parties d'un ensemble ; organisation, structure. *L'économie d'une pièce de théâtre, d'un projet.* ◆ pl. Somme d'argent mise de côté en vue de dépenses à venir. ◇ *Économies d'échelle* : réduction des coûts de production d'une entreprise consécutive à un accroissement de sa dimension.

ÉCONOMIQUE adj. **1.** Relatif à l'économie. ◇ *Science économique* : science qui a pour objet l'étude des mécanismes de la vie économique. **2.** Qui permet de faire des économies ; peu coûteux. *Chauffage économique.* ◆ n.m. Ensemble des phénomènes liés à l'économie. *L'économique et le social.*

ÉCONOMIQUEMENT adv. **1.** De façon économique. *Se nourrir économiquement.* **2.** Du point de vue de l'économie, de la science économique. **3.** *Économiquement faible,* se dit d'une personne qui, sans être considérée comme indigente, dispose de ressources insuffisantes.

ÉCONOMISER v.t. **1.** Épargner ; ne pas dépenser (une somme). ◇ Absolt. *Il économise sur tout.* **2.** Réduire sa consommation de (qqch) ; ménager. *Économiser ses forces.*

ÉCONOMISEUR n.m. Appareil permettant de réaliser des économies de gaz, d'essence, etc.

ÉCONOMISME n.m. Doctrine privilégiant les faits économiques dans l'explication des phénomènes sociaux et politiques ; manière d'agir qui en découle.

ÉCONOMISTE n. Spécialiste de science économique.

ÉCOPE n.f. (mot francique). Pelle creuse munie d'un manche, récipient pour vider l'eau d'une embarcation.

ÉCOPER v.t. Vider (l'eau entrée dans un bateau) avec une écope. – Par ext. *Écoper un bateau,* le vider de l'eau qu'il contient. ◆ v.t. ou v.t. ind. *(de).* Fam. **1.** Faire l'objet d'une sanction, d'une peine. *Il a écopé trois ans* ou *de trois ans de prison.* **2.** Recevoir (des coups ; des reproches). – Absolt. *Elle a écopé.*

ÉCOPERCHE n.f. (de *écot* et *perche*). CONSTR. **1.** Grande perche verticale supportant un échafaudage. SYN. : *étamperche.* **2.** Pièce de bois dressée, munie d'une poulie pour élever des matériaux.

ÉCOPHASE n.f. Période de la vie d'un animal caractérisée par un régime alimentaire et un milieu de vie particuliers.

ÉCOPRODUIT n.m. Produit conçu et fabriqué de façon à respecter l'environnement. SYN. : *produit vert.*

ÉCORÇAGE n.m. Action d'écorcer un arbre pour récolter l'écorce ou préparer le bois.

ÉCORCE n.f. (lat. *scortea,* de *scortum,* peau). **1. a.** Partie superficielle et protectrice des troncs, des branches et des rameaux, riche en liège et en tanins. **b.** Région externe des racines et des tiges jeunes. **2.** Enveloppe de certains fruits. *Écorce de citron.* **3.** *Écorce terrestre* : croûte terrestre. **4.** ANAT. Vieilli. *Écorce cérébrale* : cortex.

ÉCORCER v.t. [16]. Ôter l'écorce d'un arbre, d'un fruit.

ÉCORCEUR, EUSE n. Personne qui effectue l'écorçage des arbres.

ÉCORCHAGE n.m. → *écorchement.*

1. ÉCORCHÉ, E adj. et n. Se dit d'une personne d'une sensibilité très vive, qui se sent attaquée ou blessée en toute occasion. *Un écorché vif.*

2. ÉCORCHÉ n.m. **1.** BX-A. Moulage, statuette représentant un homme ou un animal dépouillé de sa peau, pour l'étude. **2.** TECHN. Dessin d'une machine, d'une installation, etc., dont sont omises les parties extérieures cachant des organes intérieurs importants.

ÉCORCHEMENT ou **ÉCORCHAGE** n.m. Action d'écorcher un animal.

ÉCORCHER v.t. (du lat. *cortex, -icis,* enveloppe). **1.** Dépouiller de sa peau (un animal). **2.** Supplicier qqn en lui arrachant la peau. ◇ Fam. *Écorcher un client,* le faire payer trop cher. **3.** Blesser superficiellement (une partie du corps) en entamant la peau. ◇ *Écorcher un mot, une langue, etc.,* prononcer, parler mal. – *Écorcher les oreilles,* choquer, être désagréable en parlant de sons, de mots. ◆ **s'écorcher** v.pr. Se faire une blessure légère qui entame superficiellement la peau.

ÉCORCHEUR n.m. **1.** Personne qui pratique l'écorchage des animaux. **2.** Fam. Personne qui fait payer trop cher une marchandise, un service. **3.** HIST. *Les Écorcheurs* : bandes armées qui ravagèrent la France sous Charles VI et Charles VII.

ÉCORCHURE n.f. Petite blessure superficielle de la peau ; égratignure, éraflure.

ÉCORECHARGE n.f. Conditionnement intermédiaire et peu polluant d'un produit, notamm. d'une lessive, qui est inséré ou dont le contenu est transvasé dans un conditionnement plus durable.

ÉCORNER v.t. **1.** Amputer, briser les cornes d'un animal ; les empêcher de pousser. **2.** Abîmer la couverture, les pages d'un livre en en pliant les coins. **3.** Ébrécher, entamer. **4.** Fig. Entamer ; mettre à mal. *Écorner sa fortune.*

ÉCORNIFLEUR, EUSE n. (de *écorner* et anc. fr. *nifler,* renifler). Fam., vx. Pique-assiette.

ÉCORNURE n.f. Fragment d'un objet écorné ; brèche que laisse ce fragment détaché de l'objet.

ÉCOSSAIS, E adj. et n. De l'Écosse. ◆ adj. **1.** Se dit d'un tissu à carreaux de diverses couleurs. *Jupe écossaise.* **2.** *Rite écossais ancien et accepté, rite écossais rectifié* : branches de la franc-maçonnerie.

ÉCOSSER v.t. Ôter la cosse des légumes à graines (petits pois, fèves, etc.).

ÉCOSYSTÈME n.m. ÉCOL. Ensemble des êtres vivants et des éléments non vivants, aux nombreuses interactions, d'un milieu naturel (forêt, lac, champ, etc.).

1. ÉCOT n.m. (francique *skot,* impôt). Vieilli. Quote-part de chacun dans un repas commun. ◇ Mod. *Payer son écot* : apporter une contribution à une dépense commune.

2. ÉCOT n.m. (francique *skot,* pousse). Tronc d'arbre, rameau imparfaitement élagué.

ÉCOTÉ, E adj. HÉRALD. *Pièce écotée,* qui a des bordures et des lignes crénelées en biseau.

ÉCOTONE n.m. ÉCOL. Zone formant lisière entre deux milieux naturels (écosystèmes).

ÉCOTYPE n.m. ÉCOL. Variété d'une espèce végétale ou animale génétiquement adaptée à un milieu par sélection naturelle.

ÉCOULEMENT n.m. **1.** Fait de s'écouler ; mouvement d'un fluide, d'un corps visqueux qui s'écoule. **2.** Action ou possibilité d'écouler des marchandises ; vente, débouché.

ÉCOULER v.t. (de *couler*). **1.** Vendre, débiter des marchandises. *Écouler un stock.* **2.** Se débarrasser progressivement de, en mettant en circulation. *Écouler des faux billets.* ◆ **s'écouler** v.pr. **1.** Se répandre ; s'évacuer en coulant. *L'eau de pluie s'écoule par la gouttière.* **2.** Passer dans un lieu comme un flot continu. *La foule s'écoule.* **3.** Passer, accomplir sa durée. *La journée s'écoula lentement.*

ÉCOUMÈNE ou **ŒKOUMÈNE** [ekumɛn] n.m. (gr. [*gê*] *oikoumenê,* [terre] habitée). Partie habitable de la surface terrestre.

ÉCOURGEON n.m. → *escourgeon.*

ÉCOURTER v.t. (de *court*). **1.** Diminuer la durée ou la longueur de ; abréger. *Écourter un séjour.* **2.** Réduire, tronquer. *Écourter une scène.*

ÉCOUTANT, E n. Personne à l'écoute d'appels téléphoniques d'urgence, de détresse, en partic. dans le cadre d'associations bénévoles.

1. ÉCOUTE n.f. (anc. nordique *skaut*, angle inférieur de la voile). MAR. Cordage servant à orienter une voile. ◇ *Point d'écoute* : angle d'une voile près duquel est frappée l'écoute.

2. ÉCOUTE n.f. **I.** Action d'écouter une émission radiophonique, une conversation téléphonique, etc. *Au bout d'une heure d'écoute. Rester à l'écoute.* – *Heure de grande écoute* : heure à laquelle les auditeurs de la radio et de la télévision sont le plus nombreux. ◇ *Table d'écoutes* : installation permettant de surveiller les conversations téléphoniques. **II. 1.** Action d'écouter ce qui se dit. – *Être à l'écoute* : être attentif à ce qui se dit, et, plus généralement, à ce qui se passe. *Être à l'écoute de l'actualité.* – *Être aux écoutes* : épier ce qui se dit autour de soi ; être aux aguets. **2.** Capacité à écouter autrui, à être attentif et réceptif à sa parole. *Ce médecin a une bonne écoute.* **3.** MIL. Détection par le son de la présence et de l'activité ennemie (notamm. sous-marine). ◇ *Poste d'écoute* : poste de repérage par le son. ◆ pl. VÉN. Oreilles du sanglier.

ÉCOUTER v.t. (lat. *auscultare*). **1.** Prêter l'oreille à ; s'appliquer à entendre. *Écouter de la musique.* **2.** Être attentif à, tenir compte de ce que qqn dit, exprime, de sa volonté, de ses désirs. *Écouter les conseils d'une amie.* **3.** Fig. *Écouter sa raison, sa colère, sa douleur, etc.* : se laisser conduire par elles, s'y abandonner. ◆ **s'écouter** v.pr. **1.** *S'écouter (trop)* : attacher une importance excessive aux petits maux dont on souffre. **2.** *S'écouter parler* : parler avec complaisance. **3.** *Si je m'écoutais* : si je suivais mon impulsion.

ÉCOUTEUR n.m. Élément d'un récepteur téléphonique, radiophonique, etc., que l'on porte à l'oreille pour recevoir le son.

ÉCOUTILLE n.f. (esp. *escotilla*). MAR. Ouverture rectangulaire pratiquée dans le pont d'un navire pour accéder aux entreponts et aux cales.

ÉCOUVILLON n.m. (du lat. *scopa*, balai). **1.** Brosse à manche, souvent cylindrique, qui sert à nettoyer les bouteilles, les pots, etc. **2.** Brosse cylindrique à manche pour nettoyer le canon d'une arme à feu. **3.** CHIR. Petite brosse servant à effectuer des prélèvements dans les cavités naturelles.

ÉCOUVILLONNER v.t. Nettoyer avec l'écouvillon.

ÉCRABOUILLAGE ou **ÉCRABOUILLEMENT** n.m. Fam. Action d'écrabouiller ; son résultat.

ÉCRABOUILLER v.t. (de *écraser*, et anc. fr. *esbouillier*, éventrer). Fam. Écraser, réduire en bouillie.

ÉCRAN n.m. (moyen néerl. *sherm*, grille). **I. 1.** Panneau, dispositif qui arrête, atténue la chaleur, la lumière, etc. **2.** Tout objet qui empêche de voir, qui protège. ◇ *Faire écran (à qqch)* : empêcher de voir, de comprendre. **3.** ARTS GRAPH. Cadre où sont tendus la soie, le tissu de fibres plastiques ou la toile métallique constituant la forme d'impression, en sérigraphie. **II. 1.** Surface blanche sur laquelle on projette des vues fixes ou animées. **2.** *L'écran* : le cinéma. *Vedettes de l'écran.* **3. a.** *Écran cathodique* : surface fluorescente sur laquelle se forme l'image dans un tube cathodique (télévision, etc.). ◇ *Le petit écran* : la télévision. **b.** *Écran (de visualisation)* : surface sur laquelle sont affichés, reproduits des résultats, des données ou des images, dans le traitement automatique de l'information. SYN. : *moniteur.* **III.** PUBL. *Écran publicitaire* ou *écran* : temps de télévision, de radio destiné à recevoir de la publicité.

ÉCRASANT, E adj. Qui écrase, accable. *Charge écrasante. Une écrasante défaite.*

ÉCRASÉ, E adj. **1.** Broyé sous l'effet d'une forte pression ; tué ou blessé en passant sous les roues d'un véhicule. **2.** Aplati, comme sous l'effet d'un choc. *Nez écrasé.*

ÉCRASEMENT n.m. Action d'écraser ; état de ce qui est écrasé.

ÉCRASER v.t. (moyen angl. *crasen*). **1.** Aplatir, déformer, broyer, briser ou meurtrir par une compression, un choc. *Écraser sa cigarette dans le cendrier. Écraser le pied de qqn.* **2.** Blesser grièvement, tuer (qqn, un animal) sous le poids de qqch, en particulier d'un véhicule. **3.** Imposer une charge excessive à. *Écraser le peuple d'impôts.* **4.** Vaincre complètement. **5.** Pop. *En écraser* : dormir profondément. **6.** INFORM. Détruire un fichier de données. ◆ v.i. Fam. *Écrase !* : n'insiste pas. ◆ **s'écraser** v.pr. **1.** Être aplati, déformé par une pression ou par un choc. *Les fruits se sont écrasés dans mon sac.* **2.** Se porter en foule, se presser. **3.** Fam. Se taire, renoncer à intervenir quand on n'a pas le dessus.

ÉCRASEUR, EUSE n. Fam. Automobiliste dangereux, chauffard.

ÉCRÉMAGE n.m. Action d'écrémer.

ÉCRÉMER v.t. [18]. **1.** Retirer la crème (du lait). **2.** Prendre ce qu'il y a de meilleur dans (un ensemble). *Écrémer une collection.*

ÉCRÉMEUSE n.f. Machine servant à retirer la matière grasse du lait.

ÉCRÊTEMENT n.m. Action d'écrêter.

ÉCRÊTER v.t. **1.** Enlever la crête d'un animal (coq notamm.). **2.** Supprimer la partie la plus haute de. *Écrêter les revenus les plus élevés.* **3.** ARM. Toucher, abattre la crête d'un ouvrage, en parlant d'un projectile. **4.** PHYS. Supprimer dans un signal la partie supérieure, en valeur absolue, à une valeur donnée.

ÉCREVISSE n.f. (mot francique). Crustacé d'eau douce, atteignant 10 cm de long, muni de pinces, comestible. (Ordre des décapodes ; longévité : 20 ans environ.) ◇ *Être rouge comme une écrevisse*, très rouge (comme l'écrevisse après la cuisson).

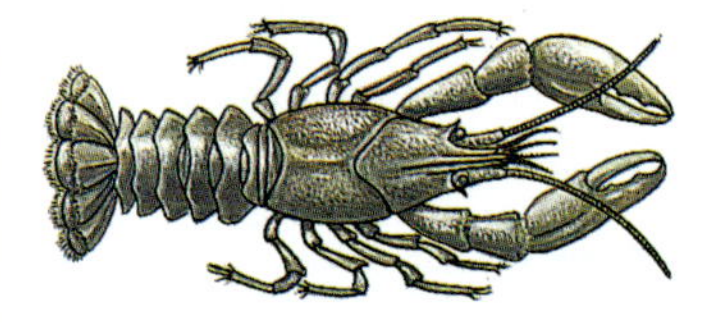

écrevisse

ÉCRIER (S') v.pr. (de *cri*). Dire en criant, en s'exclamant. « *Tout est perdu !* » *s'écria-t-il.*

ÉCRIN n.m. (lat. *scrinium*). Boîte, coffret pour ranger ou pour présenter à la vente des bijoux, de l'argenterie, des objets de qualité.

ÉCRIRE v.t. (lat. *scribere*) [99]. **I. 1.** Tracer les signes d'un système d'écriture, les assembler pour représenter la parole ou la pensée. *Écrire son nom.* **2.** Orthographier. *Comment écrit-on ce mot ?* **3.** Informer par lettre. *Je lui écris que j'accepte.* **II.** Exprimer sa pensée par l'écriture ; composer un ouvrage écrit. *Écrire son journal, un roman. Écrire un concerto.* ◆ v.i. **1.** Utiliser les signes graphiques, l'écriture. *Apprendre à écrire.* ◇ *Machine à écrire* : appareil à clavier actionnant des caractères qui s'impriment sur le papier grâce à un dispositif encreur. **2.** Composer une œuvre littéraire, faire métier d'écrivain. **3.** Laisser une trace, en parlant d'un instrument destiné à l'écriture. *Mon stylo écrit mal.*

1. ÉCRIT, E adj. **1.** Consigné, noté par l'écriture. *Bien écrit, mal écrit.* **2.** Couvert de signes d'écriture. *Feuille écrite des deux côtés.* **3.** Exprimé par le moyen de l'écriture. *Épreuves écrites d'un examen.* **4.** Exprimé par des signes visibles. *L'avarice est écrite sur son visage.* **5.** Irrévocable, comme les arrêts de Dieu, de la Providence. ◇ *C'était écrit* : c'était fatal.

2. ÉCRIT n.m. **1.** Papier portant témoignage, convention signée. *On n'a pas pu produire d'écrit contre l'accusé.* **2.** Ensemble des épreuves écrites d'un examen, d'un concours (par opp. à *oral*). **3.** Ouvrage littéraire ou scientifique. **4.** *Par écrit* : sous la forme écrite, sur le papier. *Mentionner qqch par écrit.*

ÉCRITEAU n.m. Morceau de papier, de carton, de bois, etc., portant en grosses lettres une information destinée au public.

ÉCRITOIRE n.f. **1.** Nécessaire (étui, coffret, etc.) rassemblant ce qu'il faut pour écrire. **2.** Afrique. Tout instrument servant à écrire.

ÉCRITURE n.f. (lat. *scriptura*). **I. 1.** Représentation de la parole et de la pensée par des signes graphiques conventionnels. **2.** Système de signes graphiques permettant cette représentation. *Écriture cunéiforme.* **3.** Manière personnelle d'écrire, de former les lettres. *Reconnaître l'écriture de qqn. Une écriture serrée.* **4.** INFORM. Enregistrement d'une information dans une mémoire. **II. 1.** Manière, art de s'exprimer (dans une œuvre littéraire). *L'écriture artiste des Goncourt.* **2.** Technique, méthode particulière d'expression (en littérature, en musique). *L'écriture automatique des surréalistes.* **3.** *L'Écriture sainte* ou *les Écritures* : l'ensemble des livres de la Bible. **III.** DR. Écrit ayant une valeur probatoire. – *Écriture privée*, passée entre des personnes privées pour leurs affaires particulières. – *Écriture publique*, passée pour affaires et ayant un caractère de publicité ou d'authenticité. ◆ pl. COMM. Ensemble des registres d'un négociant, d'un banquier, d'un commerçant, présentant la suite et la nature de leurs opérations ; comptabilité.

ÉCRIVAILLER ou **ÉCRIVASSER** v.i. Fam. Écrire des œuvres de qualité médiocre, écrire sans talent.

ÉCRIVAILLEUR, EUSE n. ou **ÉCRIVAILLON** n.m. Fam. Écrivain médiocre.

ÉCRIVAIN n.m. (lat. *scriba*, scribe). **1.** Personne qui compose des ouvrages littéraires, scientifiques, etc. **2.** *Écrivain public* : personne qui fait profession de rédiger des textes divers pour le compte de ceux qui ne savent pas écrire, qui écrivent avec difficulté.

ÉCRIVASSIER, ÈRE n. Fam. Personne qui a la manie d'écrire, qui écrit beaucoup et mal.

1. ÉCROU n.m. (lat. *scrofa*, truie). Pièce percée d'un trou cylindrique, dont la surface interne est creusée d'un sillon en hélice pour le logement du filet d'une vis.

2. ÉCROU n.m. (francique *skrôda*, lambeau). DR. Acte par lequel le directeur d'une prison enregistre l'arrivée d'un prisonnier. ◇ *Levée d'écrou* : mise en liberté d'un prisonnier.

ÉCROUELLES n.f. pl. (bas lat. *scrofulae*). **1.** Vx. Inflammation et abcès d'origine tuberculeuse, atteignant surtout les ganglions lymphatiques du cou. (Les rois de France étaient censés guérir les écrouelles par attouchement, le jour de leur sacre.) SYN. : *scrofule.* **2.** *Herbe aux écrouelles* : scrofulaire.

ÉCROUER v.t. DR. Mettre en prison. *Écrouer un malfaiteur.*

ÉCROUIR v.t. (du lat. *crudus*, cru). TECHN. Travailler un métal ou un alliage à une température inférieure à sa température de recuit et au-delà de sa limite d'élasticité, afin de lui donner du ressort et d'augmenter sa résistance à la déformation.

ÉCROUISSAGE n.m. Action d'écrouir.

ÉCROULEMENT n.m. **1.** Le fait de s'écrouler. **2.** Amas, entassement de choses écroulées ou qui paraissent l'être. **3.** Fig. Ruine complète ; anéantissement. *L'écroulement d'une théorie.*

ÉCROULER (S') v.pr. **1.** Tomber en s'affaissant avec fracas ; s'effondrer. **2.** Fig. Être détruit, anéanti ; perdre toute valeur. *Ses espoirs se sont écroulés. Monnaie qui s'écroule.* **3.** Être atteint d'une défaillance brutale au cours d'un effort (en partic., sportif). **4.** Fam. *Être écroulé* : être secoué de rire, rire sans plus pouvoir s'arrêter.

ÉCROÛTER v.t. Ôter la croûte de.

ÉCRU, E adj. (de *cru*). Se dit de matières textiles, de fils ou d'étoffes n'ayant subi ni lavage, ni blanchiment, ni teinture.

ECSTASY [ɛkstazi] n.m. ou f. (mot angl., *extase*). Drogue dérivée de l'amphétamine, hallucinogène, euphorisante et stimulante.

ECTHYMA [ɛktima] n.m. (gr. *ekthuma*, éruption). MÉD. Ulcération de la peau recouverte d'une grosse croûte noire.

ECTOBLASTE ou **ECTODERME** n.m. (gr. *ektos*, dehors, et *blastos*, germe, ou *derma*, peau). BIOL. Feuillet embryonnaire externe qui fournit la peau et ses annexes, ainsi que le système nerveux.

ECTOBLASTIQUE ou **ECTODERMIQUE** adj. BIOL. Relatif à l'ectoblaste ou ectoderme.

ECTOPARASITE n.m. et adj. ZOOL. Parasite externe tel que puce, punaise des lits.

ECTOPIE n.f. (gr. *ek*, hors de, et *topos*, lieu). MÉD. Anomalie de position d'un organe. (Dans l'ectopie du testicule, cet organe, formé dans l'abdomen, n'a pas effectué sa descente dans les bourses.)

ECTOPLASME n.m. (gr. *ektos*, dehors, et *plasma*, ouvrage façonné). **1.** En parapsychologie, substance qui se dégagerait du corps de certains médiums et qui se matérialiserait pour former des parties du corps humain, un corps entier, des objets divers. ◇ Fig., fam. Personnage insignifiant, sans consistance. **2.** CYTOL. Zone superficielle hyaline du cytoplasme de certains protozoaires.

ECTOPROCTE n.m. (gr. *ektos*, dehors, et *prôktos*, anus). *Ectoproctes* : embranchement d'invertébrés princ. marins, vivant en colonies fixées dans un squelette commun aux nombreuses logettes. SYN. : *bryozoaire*.

ECTROPION n.m. (du gr. *ek*, hors de, et *tropein*, tourner). MÉD. Renversement des paupières, qui ne peuvent plus recouvrir le globe de l'œil.

1. ÉCU n.m. (lat. *scutum*, bouclier). **1.** Bouclier des hommes d'armes au Moyen Âge. **2.** Anc. Monnaie française d'or, puis d'argent, portant des armoiries sur une de ses faces. **3.** HÉRALD. Corps de tout blason, ordinairement en forme de bouclier. ◆ pl. **1.** Vx. Argent, richesse. **2.** *Herbe aux écus* : lunaire.

2. ÉCU n.m. (de *European Currency Unit*). Monnaie de compte de la Communauté européenne. (On écrit aussi *ECU*.)

ÉCUBIER n.m. (p.-ê. esp. *escoben*). MAR. Ouverture pratiquée dans la muraille d'un navire de chaque côté de l'étrave, pour le passage de la chaîne d'ancre.

ÉCUEIL [ekœj] n.m. (lat. *scopulus*). **1.** Rocher à fleur d'eau. **2.** Obstacle dangereux, difficulté qui met en péril.

ÉCUELLE [ekɥɛl] n.f. (lat. *scutella*). Assiette creuse sans rebord ; son contenu.

ÉCUISSER v.t. Faire éclater accidentellement le tronc d'un arbre en l'abattant.

ÉCULÉ, E adj. **1.** Usé, déformé, en parlant du talon d'une chaussure. – Par ext. Dont le talon est usé. *Souliers éculés.* **2.** Fig. Qui a perdu tout pouvoir, toute signification à force d'avoir servi. *Des arguments éculés.*

ÉCUMAGE n.m. Action d'écumer.

ÉCUMANT, E adj. Litt. Qui produit de l'écume, couvert d'écume. *Mer écumante.*

ÉCUME n.f. (mot francique). **I. 1.** Mousse blanchâtre qui se forme sur un liquide agité ou sur le point de bouillir. **2.** Bave mousseuse produite par l'échauffement, la colère. **3.** Sueur du cheval. **4.** *Écume de mer* : silicate naturel de magnésium hydraté, blanchâtre et poreux, dont on fait des pipes ; sépiolite. **II.** Litt. Partie vile, méprisable d'une population ; rebut de la société.

ÉCUMER v.t. **1.** Enlever l'écume de. **2.** Fig. *Écumer les mers*, y exercer la piraterie. ◇ *Écumer une région, un quartier*, y rafler tout ce qui est intéressant. ◆ v.i. **1.** Se couvrir d'écume. *Le vin écume.* **2.** Produire de l'écume ; baver. *Cheval qui écume.* **3.** Fig. *Écumer de colère, de rage, etc.*, ou, absolt, *écumer* : être au comble de la fureur, de l'exaspération.

ÉCUMEUR n.m. Litt. *Écumeur des mers* : pirate.

ÉCUMEUX, EUSE adj. Litt. Couvert d'écume. *Flots écumeux.*

ÉCUMOIRE n.f. Grande cuillère plate, percée de trous, pour écumer ou retirer des aliments du liquide où ils ont cuit.

ÉCURER v.t. Vx. Nettoyer, curer à fond.

ÉCUREUIL n.m. (lat. *sciurolus*). Mammifère rongeur arboricole, à pelage généralement roux (en France) et à queue touffue, se nourrissant surtout de graines et de fruits secs. (Long. 25 cm env. ; queue 20 cm env. ; famille des sciuridés.) – *Écureuil volant* : polatouche.

écureuil

ÉCURIE n.f. (de *écuyer*). **1.** Lieu destiné à loger les chevaux, les mulets, les ânes. ◇ Région. (Centre) ; Suisse. Étable. **2.** Ensemble des chevaux de course d'un même propriétaire. **3.** Ensemble des cyclistes, ou des pilotes de course et de leurs machines (automobiles, motocyclettes) qui courent pour une même marque. **4.** Ensemble des écrivains, des auteurs qui travaillent pour une même maison d'édition.

ÉCUSSON n.m. (de *écu*). **I. 1.** Petit écu d'armoiries. **2.** Cartouche décoratif portant des pièces héraldiques, des inscriptions. **3.** MIL. Petit morceau de drap cousu au col ou sur la manche de l'uniforme pour indiquer l'arme et le numéro du corps de troupes. **II. 1.** Plaque de métal en forme d'écu, placée sur une serrure. **2.** Plaque calcaire qui recouvre tout ou partie du corps de certains poissons. **3.** Mésothorax (des insectes). **4.** Dessin formé par le poil au voisinage des mamelles de la vache. **5.** AGRIC. Morceau d'écorce portant un œil ou un bouton, pour greffer.

ÉCUSSONNAGE n.m. AGRIC. Action de greffer en écusson.

ÉCUSSONNER v.t. **1.** Fixer un écusson sur. *Écussonner un uniforme.* **2.** AGRIC. Greffer en plaçant un écusson.

ÉCUSSONNOIR n.m. AGRIC. Petit couteau servant à greffer en écusson sur un porte-greffe.

1. ÉCUYER [ekɥije] n.m. (lat. *scutarius*, qui porte l'écu). HIST. **1.** Gentilhomme qui accompagnait un chevalier et portait son écu. **2.** Titre porté par les jeunes nobles non encore armés chevaliers. **3.** Officier chargé de s'occuper des chevaux du roi, d'un grand seigneur. ◇ *Grand écuyer* : intendant général des écuries du roi.

2. ÉCUYER, ÈRE [ekɥije, ɛr] n. **1.** Personne qui sait monter à cheval. **2.** Personne qui fait des exercices d'équitation dans un cirque. **3.** Instructeur d'équitation (notamment dans le *Cadre noir*). **4.** *Bottes à l'écuyère*, longues bottes pour monter à cheval.

ECZÉMA [ɛgzema] n.m. (gr. *ekdzema*, éruption cutanée). Dermatose prurigineuse, de causes variées, caractérisée par un érythème (rougeur) et par de fines vésicules épidermiques. (Dans l'*eczéma suintant*, les vésicules laissent couler un liquide ; dans l'*eczéma sec*, elles restent fermées et se dessèchent ; dans la plupart des cas, une desquamation accompagne ou suit les lésions.) ■ On distingue l'eczéma *atopique* ou *constitutionnel*, qui est la forme de celui du nourrisson, et l'*eczéma acquis* par sensibilisation à un facteur externe (eczéma de contact) ou interne.

ECZÉMATEUX, EUSE adj. Qui relève de l'eczéma. ◆ adj. et n. Atteint d'eczéma.

ÉDAM [edam] n.m. Fromage de Hollande au lait de vache, en forme de boule, généralement recouvert de paraffine colorée en rouge.

ÉDAPHIQUE adj. (du gr. *edaphos*, sol). BIOL. *Facteurs édaphiques* : facteurs externes liés au sol et qui ont une influence profonde sur la répartition des êtres vivants.

EDELWEISS [edɛlvɛs] n.m. (mot all.). Plante cotonneuse poussant dans les Alpes et les Pyrénées au-dessus de 1 000 m. (Famille des composées.) Noms usuels : *pied-de-lion*, *étoile-d'argent*.

edelweiss

ÉDEN [edɛn] n.m. (mot hébr.). **1.** (Avec une majuscule). *L'Éden* : le lieu où la Bible situe le paradis terrestre. **2.** Litt. Lieu de délices, séjour plein de charme.

ÉDÉNIQUE adj. Litt. Qui a trait à l'Éden, qui évoque le paradis terrestre.

1. ÉDENTÉ, E adj. et n. Qui a perdu ses dents, ou une partie de ses dents.

2. ÉDENTÉ n.m. *Édentés* : ancien ordre de mammifères dépourvus de dents ou à dents réduites tels que les pholidotes (pangolins) et les xénarthres (fourmiliers, tatous, paresseux).

ÉDENTER v.t. Briser les dents de (qqch).

ÉDICTER v.t. (du lat. *edictum*, édit). Prescrire d'une manière absolue.

ÉDICULE n.m. (du lat. *aedes*, maison). **1.** Petite construction placée sur la voie publique (Abribus, toilettes, etc.). **2.** Construction secondaire, bâtiment en réduction à l'intérieur ou au sommet d'un édifice.

ÉDIFIANT, E adj. **1.** Qui porte à la vertu, à la piété. *Lecture édifiante.* **2.** Iron. Qui en dit long, très instructif. *Spectacle édifiant.*

ÉDIFICATION n.f. **I. 1.** Action d'édifier, de bâtir. **2.** Action de créer, d'élaborer. *L'édification d'un empire, d'une œuvre.* **II. 1.** Action d'inspirer la piété, la vertu, par la parole ou par l'exemple. **2.** Litt. Action d'éclairer, d'instruire qqn. *Pour votre édification, je vous apprendrai que...*

ÉDIFICE n.m. (lat. *aedificium*). **1.** Ouvrage d'architecture de proportions importantes, pouvant comporter plusieurs corps de bâtiment. **2.** Ensemble organisé de choses concrètes ou abstraites. *L'édifice d'une chevelure. L'édifice social.*

ÉDIFIER v.t. (lat. *aedificare*, construire). **I. 1.** Construire, bâtir. *Édifier un immeuble, une ville.* **2.** Créer, élaborer par étapes (un ensemble complexe). *Édifier un empire. Édifier une théorie.* **II. 1.** Porter à la piété, à la vertu, par la parole ou l'exemple. *Édifier son prochain.* **2.** Renseigner sur ce qui était dissimulé, dissiper toute illusion. *Vous voilà édifiés sur ses intentions.*

ÉDILE n.m. (lat. *aedilis*). **1.** Magistrat municipal. **2.** HIST. Magistrat romain chargé de l'administration municipale.

ÉDILITAIRE adj. Rare. Relatif à l'édilité.

ÉDILITÉ n.f. HIST. Charge des édiles.

ÉDIT [edi] n.m. (lat. *edictum*). HIST. Sous l'Ancien Régime, acte législatif émanant du roi et concernant une seule matière, ou une catégorie particulière de personnes, ou une partie seulement du royaume.

ÉDITER v.t. (lat. *edere*, publier). **1.** Publier et mettre en vente l'œuvre d'un écrivain, d'un artiste (musicien, plasticien, etc.). **2.** INFORM. Présenter dans une forme et sur un support utilisables des résultats de traitements faits sur ordinateur.

ÉDITEUR, TRICE n. et adj. **1.** Personne ou société qui édite. **2.** INFORM. *Éditeur de textes* : programme facilitant la composition de textes sur ordinateur.

ÉDITION n.f. **1.** Publication d'un ouvrage littéraire ; impression et diffusion de toute espèce d'œuvre. *Une édition de disques.* **2.** Ensemble des exemplaires d'un ouvrage, que l'on imprime, soit en un seul tirage, soit en plusieurs, sans y apporter de modifications notables ; texte d'une œuvre correspondant à tel ou tel tirage. *La deuxième édition d'un livre.* ◇ Fig., fam. *Deuxième, troisième édition de qqch* : deuxième, troisième fois que qqch se produit. **3.** Industrie et commerce du livre en général. *Travailler dans l'édition.* **4.** Ensemble des exemplaires d'un journal imprimés en une fois. *Une édition spéciale.* **5.** Chacune des émissions d'un journal télévisé ou radiodiffusé. *L'édition de 20 heures du journal télévisé.* **6.** INFORM. Matérialisation, sous une forme utilisable, de résultats de traitements faits sur ordinateur. ◇ *Édition électronique.* **a.** Publication* assistée par ordinateur. **b.** Domaine de l'édition relatif aux publications sur des supports électroniques.

ÉDITO n.m. (abrév.). Fam. Éditorial.

1. ÉDITORIAL, E, AUX adj. De l'éditeur ; de la maison d'édition. *Politique éditoriale.*

2. ÉDITORIAL n.m. (pl. *éditoriaux*). Article de fond, commentaire, signé ou non, qui exprime, selon le cas, l'opinion d'un journaliste ou celle de la direction du journal. Abrév. (fam.) : *édito*.

ÉDITORIALISTE n. Personne qui écrit l'éditorial d'un journal.

ÉDREDON n.m. (island. *ederduun*, duvet d'eider). Couvre-pied rempli de duvet.

ÉDUCABLE adj. Apte à être éduqué.

ÉDUCATEUR, TRICE n. et adj. Personne qui se consacre à l'éducation. **1.** Spécialt. Agent du ministère de la Justice chargé de la réinsertion sociale des délinquants. **2.** *Éducateur spécialisé* : éducateur s'occupant d'enfants handicapés.

ÉDUCATIF, IVE adj. Relatif à l'éducation.

ÉDUCATION n.f. (lat. *educatio*). **1.** Action de former, d'instruire qqn ; manière de comprendre, de dispenser, de mettre en œuvre cette formation. – *Éducation permanente :* enseignement qui est dispensé tout au long de la vie professionnelle. – *Éducation physique :* ensemble des exercices corporels visant à l'amélioration des qualités physiques. – *Éducation spécialisée :* ensemble des mesures organisant l'enseignement des enfants handicapés. ◇ *Éducation nationale :* ensemble des services chargés de l'organisation, de la direction et de la gestion de tous les ordres de l'enseignement public et du contrôle de l'enseignement privé. – *Éducation surveillée :* administration dont dépendent les établissements de protection et de surveillance auxquels sont confiés les mineurs délinquants ou en danger moral. **2.** Ensemble des connaissances intellectuelles, des acquisitions morales de qqn. **3.** Connaissance des bons usages d'une société ; savoir-vivre. *Manquer d'éducation.*

ÉDUCATIONNEL, ELLE adj. Didact. Relatif à l'éducation.

ÉDULCORANT, E adj. et n.m. Se dit d'une substance qui édulcore. *Un édulcorant de synthèse.*

ÉDULCORATION n.f. Action d'édulcorer.

ÉDULCORER v.t. (du lat. *dulcor,* douceur). **1.** Adoucir une boisson, un médicament en y ajoutant du sucre. **2.** Atténuer, affadir (un texte, une doctrine, etc.).

ÉDUQUER v.t. (lat. *educare*). **1.** Former l'esprit de qqn, développer ses aptitudes intellectuelles, physiques, son sens moral. **2.** Apprendre (à qqn) les usages de la société, les bonnes manières. **3.** Développer une faculté ou une fonction particulière. *Éduquer son goût, son oreille.*

ÉFAUFILER v.t. Tirer les fils de (un tissu).

ÉFENDI ou **EFFENDI** [efɛ̃di] n.m. (mot turc, du gr.). Titre donné aux savants, dignitaires et magistrats, dans l'Empire ottoman.

EFFAÇABLE adj. Qui peut être effacé.

EFFACÉ, E adj. **1.** En retrait ou peu saillant. *Menton effacé.* **2.** Fig. Qui se tient à l'écart ; modeste. *Un personnage effacé. Une vie effacée.* **3.** CHORÉGR. Se dit d'une position du danseur qui se place de biais par rapport au public.

EFFACEMENT n.m. **1.** Action d'effacer ; fait de s'effacer. **2.** Action de supprimer les informations enregistrées sur un support magnétique. *Tête d'effacement.* **3.** Fig. Fait de se tenir à l'écart, par modestie ou discrétion.

EFFACER v.t. (de *face*) [16]. **1.** Faire disparaître en frottant, en grattant, en lavant, en faisant défiler devant une tête d'effacement, etc. *Effacer des traces de crayon. Effacer une bande magnétique.* **2.** Litt. Faire oublier. *Effacer le souvenir de qqn.* **3.** Empêcher (qqn ou qqch) d'être remarqué. *Son succès efface le mien.* **4.** *Effacer le corps, les épaules :* les présenter de profil. ◆ **s'effacer** v.pr. **1.** Se tourner un peu de côté, pour tenir moins de place. *S'effacer pour laisser entrer qqn.* **2.** Se tenir à l'écart, éviter de se faire remarquer. **3.** *S'effacer devant qqn,* s'incliner devant sa supériorité.

EFFACEUR n.m. Feutre permettant d'effacer l'encre.

EFFANER v.t. AGRIC. Ôter les fanes de.

EFFANEUSE n.f. AGRIC. Machine utilisée pour éliminer les fanes de pommes de terre avant l'arrachage.

EFFANURE n.f. AGRIC. Fane, feuille d'une plante effanée.

EFFARANT, E adj. **1.** Qui effare, plonge dans la stupeur ; stupéfiant. **2.** Qui atteint un degré extrême, inouï. *Des prix effarants.*

EFFARÉ, E adj. Qui ressent, manifeste un grand trouble, une grande peur.

EFFAREMENT n.m. État d'une personne effarée ; attitude, expression qui trahit cet état.

EFFARER v.t. (du lat. *ferus,* sauvage). Troubler, effrayer au point de donner un air hagard et inquiet.

EFFAROUCHEMENT n.m. Action d'effaroucher ; fait d'être effarouché, de s'effaroucher.

EFFAROUCHER v.t. Effrayer, intimider. *Effaroucher un lièvre. Effaroucher un candidat.*

EFFARVATTE n.f. Petite fauvette aux teintes roussâtres, qui accroche son nid aux roseaux bordant les étangs et hiverne en Afrique. SYN. : *rousserolle.*

EFFECTEUR, TRICE adj. et n. **1.** PHYSIOL. Se dit d'un organe musculaire ou glandulaire constituant le terme d'un circuit nerveux et qui entre en activité en réponse à un stimulus donné. **2.** IMMUNOL. *Cellule effectrice :* cellule qui met en œuvre les mécanismes immunitaires (macrophage, par ex.). ◆ n.m. Organe effecteur.

1. EFFECTIF, IVE adj. (lat. *effectus,* influence). **1.** Qui existe réellement, qui se traduit en action. **2.** DR. Qui prend effet, entre en vigueur. **3.** LOG. Se dit d'une méthode, d'un raisonnement qui, à l'aide d'un nombre déterminé d'étapes, permet d'aboutir à une démonstration complète et vérifiable.

2. EFFECTIF n.m. Nombre réel des individus composant un groupe. *L'effectif d'une classe, d'un collège. L'effectif d'une armée.* ◇ STAT. Nombre d'individus appartenant à une classe donnée.

EFFECTIVEMENT adv. **1.** De manière effective ; réellement. **2.** En effet.

EFFECTIVITÉ n.f. **1.** DR. Qualité de ce qui est effectif. **2.** LOG. Caractère effectif d'un raisonnement.

EFFECTUER v.t. Mettre à exécution, accomplir. *Effectuer un paiement. Effectuer un tournant.*

EFFÉMINÉ, E adj. et n.m. Qui a les caractères, l'aspect, les manières généralement attribués aux femmes, en parlant d'un homme, de son comportement.

EFFÉMINER v.t. (du lat. *femina,* femme). Rendre semblable à une femme dans son aspect, dans ses manières.

EFFENDI n.m. → ***éfendi.***

EFFÉRENT, E adj. (lat. *efferens,* qui porte dehors). ANAT. *Nerf, vaisseau efférent :* qui sort d'un organe, qui va du centre vers la périphérie. CONTR. : ***afférent.***

EFFERVESCENCE n.f. **1.** Bouillonnement produit par un vif dégagement de bulles gazeuses dans un liquide. **2.** Agitation extrême. *Ville en pleine effervescence.*

EFFERVESCENT, E adj. (lat. *effervescens,* bouillonnant). Qui est en effervescence ou susceptible d'entrer en effervescence. *Une boisson effervescente. Une foule effervescente.*

EFFET n.m. (lat. *effectus,* influence). **I. 1.** Résultat d'une action ; ce qui est produit par qqch. *Il n'y a pas d'effet sans cause. Les effets d'un remède.* ◇ *À cet effet :* en vue de cela. – *Sous l'effet de :* sous l'influence de. – DR. *Prendre effet :* devenir applicable. **2.** Impression produite sur qqn, sur des personnes. *Son attitude a fait mauvais effet.* ◇ *Faire l'effet de :* avoir l'apparence de. *Faire l'effet d'un homme honnête.* – *Faire de l'effet :* produire une vive impression ; provoquer une action, une réaction sur qqn. **3.** Procédé employé pour attirer l'attention, frapper, émouvoir. *Acteur qui vise à l'effet.* ◇ *Faire des effets de voix, de jambes,* etc. : jouer habilement de sa voix, de sa démarche, etc. **4.** Phénomène particulier en physique, en biologie, etc. *Effet Joule.* **5.** Rotation imprimée à une bille, à une balle, à un ballon, en vue d'obtenir des trajectoires ou des rebonds inhabituels, trompeurs. **II.** DR. *Effet de commerce* ou *effet :* tout titre à ordre transmissible par voie d'endossement, et constatant l'obligation de payer une somme d'argent à une époque donnée. *La lettre de change, ou traite, le billet à ordre, le chèque et le warrant sont des effets de commerce.* ◇ *Effet de complaisance* ou *de cavalerie :* effet de commerce mis en circulation sans qu'aucune affaire réelle ait été conclue, en vue d'obtenir frauduleusement des fonds au moyen de l'escompte. ◆ pl. **1.** Vêtements, pièces de l'habillement. *Des effets militaires.* **2.** DR. *Effets publics :* titres émis par l'État. **3.** *Effets spéciaux :* techniques, procédés permettant de modifier l'apparence de l'image, à la prise de vue (ralenti, utilisation de caches, etc.) ou en laboratoire (recadrages, surimpressions, etc.). ◆ loc. conj. *En effet,* v. à son ordre alphabétique.

EFFEUILLAGE n.m. **1.** Action d'effeuiller les arbres et les plantes. **2.** Fam. Strip-tease.

EFFEUILLAISON n.f. ou **EFFEUILLEMENT** n.m. Chute naturelle des feuilles, des pétales.

EFFEUILLER v.t. **1.** Ôter les feuilles de. *Effeuiller un arbre.* **2.** Arracher les pétales de. *Effeuiller des roses.* ◆ **s'effeuiller** v.pr. Perdre ses feuilles ou ses pétales.

EFFEUILLEUSE n.f. **1.** Fam. Strip-teaseuse. **2.** Suisse. Femme ou jeune fille engagée pour épamprer la vigne.

1. EFFICACE adj. (lat. *efficax*). **1.** Qui produit l'effet attendu. *Traitement efficace.* ◇ PHILOS. *Cause efficace :* cause véritable et unique d'un phénomène. **2.** ÉLECTR. *Valeur efficace (d'une grandeur périodique) :* racine carrée de la moyenne des carrés des valeurs instantanées de cette grandeur durant une période. **3.** Se dit de qqn dont l'action aboutit à des résultats utiles.

2. EFFICACE n.f. Litt. Force agissante, vertu par laquelle une chose produit tout son effet.

EFFICACEMENT adv. De façon efficace.

EFFICACITÉ n.f. Qualité d'une chose, d'une personne efficace.

EFFICIENCE n.f. Capacité de rendement, performance. *L'efficience d'une technique, d'une entreprise.*

EFFICIENT, E adj. **1.** Qui aboutit à de bons résultats ; efficace. *Homme efficient.* **2.** PHILOS. *Cause efficiente :* qui produit un effet, qui est à l'origine d'une chose.

EFFIGIE n.f. (lat. *effigies,* figure). Représentation, image d'une personne, notamment à l'avers d'une monnaie, d'une médaille.

EFFILAGE n.m. Action d'effiler ; son résultat.

1. EFFILÉ, E adj. Mince et allongé. *Des doigts effilés.*

2. EFFILÉ n.m. Ensemble des fils non tissés qui pendent en garniture au bord d'une étoffe. *Effilé d'une jupe, d'un châle.*

EFFILEMENT n.m. État de ce qui est effilé.

EFFILER v.t. **1.** Défaire un tissu fil à fil. **2.** Rendre mince, fin comme un fil en allongeant. *Effiler les pointes de sa moustache.* **3.** *Effiler les cheveux,* en diminuer l'épaisseur en les amincissant mèche par mèche.

EFFILEUR, EUSE n. → ***effilocheur.***

EFFILOCHAGE n.m. Action d'effilocher.

EFFILOCHE n.f. **1.** Soie trop légère, que l'on met au rebut. **2.** Bout de soie, fil qui se trouve aux lisières d'une étoffe.

EFFILOCHER v.t. Effiler un tissu pour le réduire en bourre ou en ouate. ◆ **s'effilocher** v.pr. S'effiler par suite de l'usure.

EFFILOCHEUR, EUSE ou **EFFILEUR, EUSE** n. Personne qui effiloche des chiffons destinés à faire du papier, qui conduit une effilocheuse. ◇ Industriel qui pratique l'effilochage.

EFFILOCHEUSE n.f. Machine à effilocher les chiffons.

EFFILOCHURE ou **EFFILURE** n.f. Produit de l'effilochage.

EFFLANQUÉ, E adj. **1.** Se dit d'un animal qui a les flancs creux et resserrés. *Cheval efflanqué.* **2.** Se dit d'une personne à la fois grande et maigre. *Un garçon efflanqué.*

EFFLEURAGE n.m. **1.** TECHN. Action d'effleurer les cuirs. **2.** MÉD. Massage léger, n'intéressant que les plans superficiels (peau et tissu cellulaire) et dont l'action est sédative.

EFFLEUREMENT n.m. Action d'effleurer, de frôler.

EFFLEURER v.t. (de *fleur*). **I. 1.** Toucher à peine, légèrement. *Effleurer le visage.* **2.** Examiner superficiellement. *Effleurer une question.* **II. 1.** TECHN. Enlever une couche très mince du côté fleur (épiderme) d'un cuir tanné, pour faire disparaître les défauts superficiels. **2.** Entamer superficiellement. *Une ronce lui a effleuré la peau.*

EFFLEURIR v.i. CHIM. Tomber en efflorescence, en parlant d'un minéral.

EFFLORAISON n.f. Début de la floraison.

EFFLORESCENCE n.f. **I. 1.** Transformation des sels hydratés qui perdent une partie de leur eau de cristallisation au contact de l'air et deviennent pulvérulents. **2.** Poussière naturelle qui recouvre certains fruits. **II.** Litt. Épanouissement.

EFFLORESCENT, E adj. **1.** En état d'efflorescence. **2.** Litt. Qui se développe, s'épanouit.

EFFLUENCE n.f. Rare. Émanation.

1. EFFLUENT, E adj. (lat. *effluens*). Didact. Qui s'écoule d'une source et s'en éloigne (par opp. à *affluent*).

2. EFFLUENT n.m. **1.** *Effluent pluvial :* eaux de ruissellement. **2.** *Effluent urbain :* ensemble des eaux usées, des eaux de ruissellement et des eaux superficielles évacuées par les égouts. **3.** *Effluent radioactif :* fluide (gaz ou liquide) contenant des radioéléments et rejeté dans l'environnement.

EFFLUVE n.m. (lat. *effluvium,* écoulement) [parfois fém. au pl.]. **1.** Émanation qui s'exhale du corps des êtres vivants, des fleurs, des aliments, etc. **2.** Fig. Émanation subtile, influence mystérieuse. **3.** PHYS. *Effluve électrique :* décharge électrique obscure ou faiblement lumineuse, sans échauffement ni effets mécaniques.

EFFONDREMENT n.m. Fait de s'effondrer, de s'écrouler ; anéantissement, ruine.

EFFONDRER v.t. (du lat. *fundus,* fond). **1.** Rare. Faire s'écrouler. **2.** AGRIC. Remuer, fouiller, briser la terre profondément. ◆ **s'effondrer** v.pr. **1.** Crouler sous un poids excessif. *Plancher qui s'effondre.* **2.** Être brusquement anéanti. *Projets qui s'effondrent.* **3.** Tomber de tout son long, s'écrouler sans force, en parlant d'une personne. **4.** Perdre brusquement toute énergie morale, tout ressort, sous le coup d'une émotion ou d'un choc. *Elle s'est effondrée en apprenant la nouvelle.* ◇ Céder, cesser de lutter brusquement, sous l'effet de la fatigue, d'un effort trop intense, etc. *Coureur qui s'effondre dans la dernière ligne droite.* **5.** Subir une baisse brutale. *Le cours de cette valeur s'effondre.*

EFFORCER (S') v.pr. 16. Faire tous ses efforts (pour atteindre un objectif, un but) ; s'appliquer à, s'évertuer à. *Elle s'efforce de travailler.*

EFFORT n.m. (de *s'efforcer*). **I. 1.** Mobilisation des forces – physiques, intellectuelles – pour vaincre une résistance, surmonter une difficulté, atteindre un objectif. *Faire un effort pour soulever un fardeau. Un effort de mémoire.* **2.** Vx. Douleur produite par une tension trop vive des muscles. **II.** PHYS. Force tendant à déformer un matériau par traction, compression, flexion, torsion ou cisaillement.

EFFRACTION n.f. (du lat. *effractus,* brisé). Forcement d'une clôture, d'une serrure, etc. *Vol avec effraction.*

EFFRAIE [efrɛ] n.f. (de *orfraie*). Chouette à plumage fauve clair tacheté de gris, et dont les yeux sont entourés d'une collerette de plumes blanches. (Long. 35 cm env.)

EFFRANGER v.t. 17. Effiler sur les bords (un tissu) de façon à y produire comme des franges.

EFFRAYANT, E adj. **1.** Qui provoque la frayeur, épouvantable. *Un bruit effrayant.* **2.** Fam. Extraordinaire, excessif au point de causer un grand étonnement. *Un appétit effrayant.*

EFFRAYER v.t. (lat. pop. *exfridare,* mot francique) 11. **1.** Remplir de frayeur. *Ce bruit a effrayé tout le monde.* **2.** Causer du souci, rebuter, décourager. *L'importance du travail l'a effrayé.* ◆ **s'effrayer** v.pr. **1.** Éprouver de la frayeur. **2.** S'alarmer.

EFFRÉNÉ, E adj. (du lat. *frenum,* frein). Qui est sans frein, sans retenue ; immodéré, démesuré. *Un gaspillage effréné.*

EFFRITEMENT n.m. **1.** Action d'effriter, fait de s'effriter. *L'effritement des roches sous l'effet du gel.* **2.** Fig. Affaiblissement ; perte de valeur. *L'effritement des cours de la Bourse.*

EFFRITER v.t. (anc. fr. *effruiter,* dépouiller de ses fruits). Réduire progressivement en menus morceaux, en poussière ; désagréger. *Le gel effrite les roches les plus dures.* ◆ **s'effriter** v.pr. **1.** Se réduire en poussière. *Les roches s'effritent.* **2.** Fig. Se désagréger, s'amenuiser. *La majorité gouvernementale s'effrite.*

EFFROI [efrwa] n.m. (de *effrayer*). Litt. Grande frayeur ; épouvante, terreur. *Répandre l'effroi.*

EFFRONTÉ, E adj. et n. Qui agit avec une grande hardiesse à l'égard des autres, qui ne garde aucune retenue ; impudent.

EFFRONTÉMENT adv. Avec effronterie. *Il ment effrontément.*

EFFRONTERIE n.f. Attitude, manière d'agir d'une personne effrontée ; impudence, sans-gêne.

EFFROYABLE adj. **1.** Qui inspire, qui est propre à inspirer l'effroi ; épouvantable. *Crime effroyable.* **2.** Considérable, extrême. *Misère effroyable.*

EFFROYABLEMENT adv. De façon effroyable ; terriblement.

EFFUSIF, IVE adj. GÉOL. *Roche effusive :* roche volcanique résultant du refroidissement d'un magma qui s'est épanché à l'air libre.

EFFUSION n.f. (du lat. *effundere,* répandre). **1.** Manifestation, vive et sincère, de sentiments qu'on éprouve (tendresse, affection, etc.). **2.** *Effusion de sang :* action de verser du sang, de blesser, de tuer.

ÉFOURCEAU n.m. (du lat. *furcilla,* petite fourche). Véhicule à deux roues pour le transport de fardeaux pesants.

ÉFRIT [efrit] n.m. (ar. *'ifrit*). Dans la mythologie arabe, génie malfaisant.

ÉGAGROPILE n.m. → ***ægagropile.***

ÉGAIEMENT [egɛmɑ̃] ou **ÉGAYEMENT** [egɛjmɑ̃] n.m. Action d'égayer ; fait de s'égayer.

ÉGAILLER (S') [segaje] v.pr. (anc. fr. *esgailler,* disperser). Se disperser, se débander (en partic. pour échapper à un danger), en parlant de personnes ou d'animaux groupés.

1. ÉGAL, E, AUX adj. (lat. *aequalis*). **I. 1.** Semblable en nature, en quantité, en qualité, en valeur. *Deux quantités égales à une troisième sont égales entre elles.* **2.** MATH. **a.** *Figures égales,* isométriques ou superposables. **b.** *Ensembles égaux,* constitués des mêmes éléments. **c.** *Fonctions égales,* ayant même domaine de définition, même ensemble d'arrivée et ayant les mêmes images pour toute valeur de la variable. **3.** Qui ne varie pas, qui ne présente pas de brusques différences. *Température égale.* **4.** Litt. Qui ne présente aucune irrégularité ; uni, de niveau. *Chemin égal.* **II. 1.** Qui s'applique à tous dans les mêmes conditions ; impartial. *Une justice égale.* **2.** Qui est objet d'indifférence. ◇ *Ça m'est égal,* indifférent. – *C'est égal :* quoi qu'il en soit, malgré tout.

2. ÉGAL, E, AUX n. **1.** Personne qui est égale à une autre (par sa condition, ses droits, etc.). *Vivre avec des égaux.* ◇ *N'avoir point d'égal, être sans égal,* unique en son genre. – *D'égal à égal :* sur un pied d'égalité. – *À l'égal de :* autant que, au même titre que. **2.** *N'avoir d'égal que :* n'être égalé que par. *Sa fatuité n'a d'égale que sa sottise.*

ÉGALABLE adj. Qui peut être égalé.

ÉGALEMENT adv. **1.** De façon égale. *Aimer également tous ses enfants.* **2.** Aussi, de même. *Vous l'avez vue ; je viens de la voir également.*

ÉGALER v.t. **1.** Être égal à (en quantité). *Deux multiplié par deux égale quatre.* **2.** Être égal à (en mérite, en qualité, en valeur, etc.) ; rivaliser avec. *Rien n'égale sa beauté.*

ÉGALISATEUR, TRICE adj. Qui égalise. ◇ SPORTS, JEUX. *But, point égalisateur,* qui permet d'égaliser.

ÉGALISATION n.f. Action d'égaliser ; son résultat.

ÉGALISER v.t. Rendre égal. *Égaliser les salaires. Égaliser un terrain.* ◆ v.i. SPORTS, JEUX. Marquer un but ou un point rendant le score égal.

ÉGALISEUR n.m. Dispositif employé dans les systèmes de production, de transmission ou d'enregistrement du son pour obtenir la réponse en fréquence désirée, en agissant sur l'intensité du signal électrique ou acoustique dans certaines bandes de fréquences déterminées.

ÉGALITAIRE adj. et n. Qui vise à l'égalité civile, politique et sociale.

ÉGALITARISME n.m. Doctrine égalitaire.

ÉGALITÉ n.f. (lat. *aequalitas*). **I. 1.** Qualité de ce qui est égal (en mathématiques), équivalent. *Égalité de deux nombres.* **2.** Qualité de ce qui est égal, uni, régulier. *Égalité d'un terrain. Égalité d'humeur.* **II.** Rapport entre individus, citoyens, égaux en droits et soumis aux mêmes obligations. *Égalité civile, politique, sociale.*

ÉGARD n.m. (de l'anc. fr. *esgarder,* veiller sur). Considération, estime que l'on a pour qqn, qqch. *Tu pourrais avoir quelque égard pour son âge !* ◇ *À cet égard :* sur ce point. – *À l'égard de :* en ce qui concerne. – *Sans égard pour :* sans tenir compte de. – *Eu égard à :* en tenant compte de. – *À tous les égards, à tous égards :* sous tous les rapports. ◆ pl. Marques de respect ; attentions. *Ils l'ont traitée avec beaucoup d'égards cette fois.*

ÉGARÉ, E adj. **1.** Qui a perdu sa route. *Un promeneur égaré.* **2.** Qui donne une impression de grand trouble intérieur ; hagard. *Un air égaré.*

ÉGAREMENT n.m. Litt. Dérèglement de la conduite, de l'esprit ; folie passagère. *Un moment d'égarement.*

ÉGARER v.t. **1.** Perdre momentanément, ne plus trouver. *J'ai encore égaré ce papier !* **2.** Fig. Mettre dans l'erreur, faire prendre une mauvaise direction à ; détourner. *Ces témoignages ont égaré les enquêteurs.* **3.** Fig. Mettre hors de soi, faire perdre le contrôle de soi. *La colère vous égare.* ◆ **s'égarer** v.pr. **1.** Se perdre en route, ne plus savoir où l'on est. *Elles se sont égarées dans la forêt.* **2.** Fig. S'écarter du bon sens, de la vérité. *Là, tu t'égares complètement !* **3.** Se disperser au hasard. *Plusieurs votes se sont égarés sur des noms inconnus.*

ÉGAYANT, E adj. Litt. Qui rend gai.

ÉGAYEMENT n.m. → ***égaiement.***

ÉGAYER [egeje] v.t. 11. **1.** Apporter un élément de gaieté, de vie. *Ces couleurs égaient la pièce.* **2.** Rendre gai, amuser. *Il en faut beaucoup pour l'égayer aujourd'hui !* ◆ **s'égayer** v.pr. Litt. S'amuser, souvent en se moquant de qqn.

ÉGÉEN, ENNE adj. Qui se rapporte à la mer Égée. ◇ *Civilisation égéenne :* ensemble des cultures de l'âge du bronze qui se sont épanouies, de la fin du IIIe millénaire à la fin du IIe millénaire av. J.-C., de Chypre au Péloponnèse et de la Crète à Troie (nord-est de l'Asie Mineure).

ÉGÉRIE [eʒeri] n.f. (de *Égérie,* n.pr.). Litt. Femme qui joue le rôle de conseillère auprès d'un homme ou d'un groupe politique ; inspiratrice d'un artiste.

ÉGERMER v.t. Enlever le germe de l'orge.

ÉGIDE n.f. (gr. *aigis, -idos,* peau de chèvre). **1.** MYTH. Cuirasse ou bouclier merveilleux de Zeus et d'Athéna. **2.** Fig., litt. *Sous l'égide de :* sous la protection de.

ÉGLANTIER n.m. (lat. pop. *aquilentum*). Arbrisseau épineux aux fleurs roses ou blanches, servant de porte-greffe aux rosiers cultivés. (Famille des rosacées.)

ÉGLANTINE n.f. Fleur de l'églantier.

ÉGLEFIN ou **AIGLEFIN** [egləfɛ̃] n.m. Poisson voisin de la morue, qui vit dans la mer du Nord et qui, fumé, fournit le haddock. (Long. 1 m ; famille des gadidés.)

1. ÉGLISE n.f. (gr. *ekklêsia,* assemblée). **1.** Société religieuse fondée par Jésus-Christ. **2.** Communauté chrétienne. *L'Église anglicane, orthodoxe, catholique.* – *L'Église :* l'Église catholique romaine. – *Homme d'Église :* ecclésiastique. ■ L'Église catholique, ou romaine, groupe la portion la plus nombreuse de la chrétienté. Elle est soumise au pape, lequel réside au Vatican. Se sont séparées d'elle, d'une part, les Églises orientales, dites « orthodoxes », qui groupent les Églises chalcédoniennes et non chalcédoniennes (selon qu'elles ont accepté ou non les conclusions du concile de Chalcédoine), issues pour l'essentiel du schisme de 1054 ; et, d'autre part, les Églises protestantes (congrégationalistes, baptistes, méthodistes), nées de la Réforme luthérienne et calviniste du XVIe s. Les Églises uniates sont celles qui, ralliées à la communion romaine, ont conservé le rite oriental.

2. ÉGLISE n.f. Édifice où se réunissent les chrétiens pour célébrer leur culte. *(V. illustration p. 372.)*

ÉGLISE-HALLE n.f. (pl. *églises-halles*). Église à plusieurs vaisseaux de même hauteur, largement ouverts les uns sur les autres.

ÉGLOGUE n.f. (gr. *eklogê,* choix). LITTÉR. Petit poème pastoral.

EGO [ego] n.m. inv. (mot lat., *moi*). **1.** PHILOS. Sujet conscient et pensant. **2.** PSYCHAN. Le moi.

ÉGOCENTRIQUE adj. et n. Qui manifeste de l'égocentrisme.

ÉGOCENTRISME n.m. Tendance à centrer tout sur soi-même, à juger tout par rapport à soi ou à son propre intérêt.

ÉGOÏNE [egɔin] n.f. (lat. *scobina,* lime). Scie à lame rigide, munie d'une poignée à l'une de ses extrémités. (On dit aussi *scie égoïne.*)

ÉGOÏSME n.m. (du lat. *ego,* moi). Tendance qui porte un individu à se préoccuper exclusivement de son propre plaisir et de son propre intérêt sans se soucier de ceux des autres.

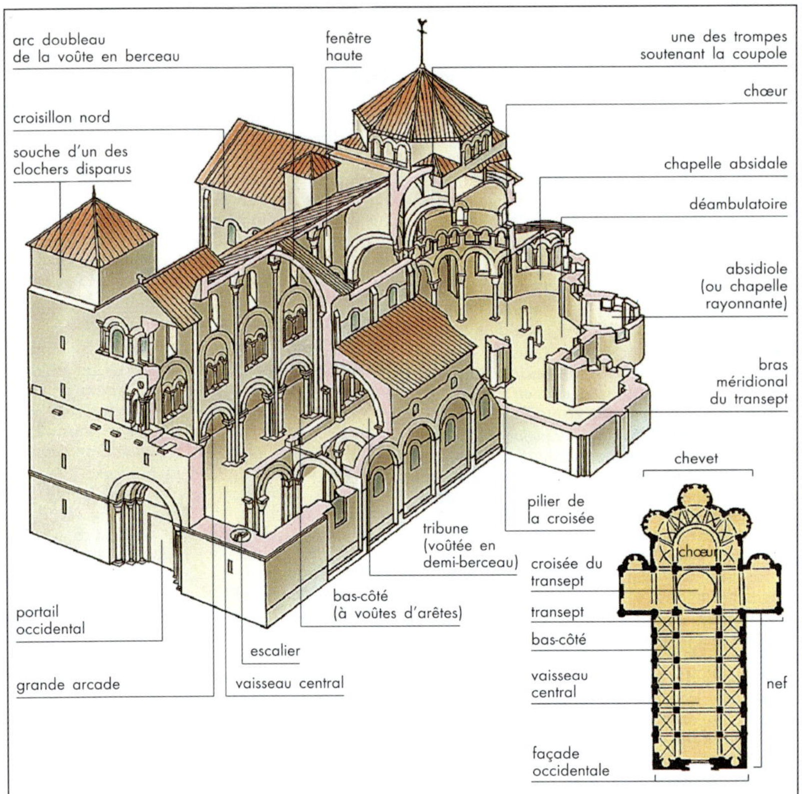

église : écorché et plan de Saint-Étienne de Nevers (art roman, seconde moitié du XIe s.)

ÉGRESSION n.f. MÉD. Évolution d'une ou de plusieurs dents qui, n'ayant pas de dents antagonistes, quittent leur plan articulaire normal, paraissant ainsi sortir de leurs alvéoles.
ÉGRILLARD, E adj. et n. (de l'anc. fr. *escriller,* glisser). Qui aime les plaisanteries ou les propos grivois ; qui dénote cet état d'esprit. *Air égrillard.*
ÉGRISAGE n.m. Action d'égriser.
ÉGRISÉE n.f. ou **ÉGRISÉ** n.m. Mélange de poudre de diamant et d'huile, pour tailler ou polir le diamant et d'autres gemmes.
ÉGRISER v.t. Polir par frottement avec un abrasif pulvérulent (égrisée, ponce, etc.).
ÉGROTANT, E adj. Litt., vieilli. Qui est souvent malade.
ÉGRUGEAGE n.m. Action d'égruger.
ÉGRUGEOIR n.m. Mortier ou moulin en bois pour égruger le sel, le poivre, etc.
ÉGRUGER v.t. [17]. Réduire en poudre, broyer. *Égruger du sel, du sucre.*
ÉGUEULÉ, E adj. GÉOMORPH. *Cratère égueulé :* cratère de volcan dont la couronne a été ébréchée par une violente éruption.
ÉGUEULER v.t. Briser, ébrécher le bord ou le goulot de. *Égueuler une cruche.*
ÉGYPTIEN, ENNE adj. et n. D'Égypte. ◆ n.m. Langue chamito-sémitique de l'Égypte ancienne jusqu'à l'hellénisation.
ÉGYPTIENNE n.f. ARTS GRAPH. Famille de caractères à empattements quadrangulaires.
ÉGYPTOLOGIE n.f. Étude de l'Égypte ancienne.
ÉGYPTOLOGUE n. Spécialiste d'égyptologie.
EH interj. (Exprimant la surprise, l'admiration, ou utilisé pour interpeller qqn). *Eh ! Tant que ça ! Eh, vous là-bas ! Eh bien, ça par exemple !*
ÉHONTÉ, E adj. **1.** Qui n'éprouve aucune honte, aucune gêne en faisant qqch de répréhensible. *Un menteur éhonté.* **2.** Honteux, scandaleux. *Un trafic éhonté.*
EIDER [edɛr] n.m. (island. *aedar*). Canard marin qui niche sur les côtes scandinaves et dont le duvet est très recherché. (Long. 60 cm ; famille des anatidés.)
EIDÉTIQUE [ɛjdetik] adj. (du gr. *eidos,* image). **1.** PHILOS. Qui concerne l'essence des choses par opp. à leur réalité sensible, dans la phénoménologie de Husserl. **2.** PSYCHOL. *Image eidétique :* reviviscence d'une perception après un certain temps de latence.
EIDÉTISME n.m. PSYCHOL. Faculté de revoir avec une grande acuité sensorielle des objets perçus plus ou moins longtemps auparavant, sans croire à la réalisation matérielle du phénomène.
EINSTEINIUM [ajnʃtɛnjɔm] n.m. Élément artificiel (Es), de numéro atomique 99.
ÉJACULATION n.f. Action d'éjaculer. – *Éjaculation précoce :* émission de sperme survenant avant l'intromission du pénis ou avant l'orgasme de la partenaire.
ÉJACULATOIRE adj. Relatif à l'éjaculation du sperme.
ÉJACULER v.t. et i. (lat. *ejaculari*). Projeter avec force au-dehors certaines sécrétions, notamment le sperme.
ÉJECTABLE adj. Qui peut être éjecté. – *Siège éjectable :* siège d'avion qui, en cas de détresse, est projeté à l'extérieur par une charge propulsive et permet d'évacuer le bord malgré la résistance de l'air ; fig., fam., position précaire.
ÉJECTER v.t. **1.** Projeter au-dehors avec une certaine force. **2.** Fam. *Éjecter qqn,* l'expulser, le faire sortir ou le congédier brutalement.
ÉJECTEUR n.m. **1.** MÉCAN. Appareil produisant l'évacuation d'un fluide au moyen d'un autre fluide animé d'une certaine vitesse. **2.** Mécanisme servant à éjecter des pièces métalliques ou plastiques obtenues par moulage. **3.** Pièce d'une arme à feu qui sert à éjecter la douille d'une cartouche.
ÉJECTION n.f. (du lat. *jacere,* jeter). **1.** Action de rejeter au-dehors, d'éjecter. *Éjection d'une cartouche. Éjection d'un pilote.* **2.** PHYSIOL. Évacuation. *Éjection des urines.*
ÉJOINTER v.t. Rare. Rogner les ailes d'un oiseau pour l'empêcher de voler.

ÉGOÏSTE adj. et n. Qui rapporte tout à soi, qui ne considère que ses intérêts.
ÉGOÏSTEMENT adv. Avec égoïsme.
ÉGORGEMENT n.m. Action d'égorger ; meurtre commis en égorgeant.
ÉGORGER v.t. [17]. **1.** Tuer en coupant la gorge. *Égorger qqn. Égorger un mouton.* **2.** Fig. et fam. Faire payer trop cher. *Un hôtelier qui égorge les clients.* ◆ **s'égorger** v.pr. S'entretuer.
ÉGORGEUR, EUSE n. Personne, animal qui tue en égorgeant. *Le renard, grand égorgeur de poules.*
ÉGOSILLER (S') v.pr. (de *gosier*). Crier ou chanter très fort et longtemps.
ÉGOTISME n.m. (angl. *egotism,* du lat. *ego,* moi). Litt. Culte du moi, intérêt excessif porté à sa propre personnalité.
ÉGOTISTE adj. et n. Qui fait preuve d'égotisme.
ÉGOUT n.m. (de *égoutter*). **1.** Conduite étanche, souterraine, qui recueille les eaux usées d'une agglomération et les évacue dans le milieu extérieur ou vers une station d'épuration. *Une bouche d'égout.* **2.** CONSTR. Partie inférieure, parfois retroussée, du versant d'un toit.

égout : schéma de branchements

ÉGOUTIER n.m. Ouvrier chargé du nettoyage et de l'entretien des égouts.
ÉGOUTTAGE ou **ÉGOUTTEMENT** n.m. Action d'égoutter ; fait de s'égoutter.
ÉGOUTTER v.t. **1.** Débarrasser d'un liquide qui s'écoule goutte à goutte. *Égoutter de la vaisselle.* **2.** Séparer le petit-lait du caillé au cours de la fabrication du fromage. **3.** AGRIC. *Égoutter des terres,* les débarrasser de leur excès d'humidité. ◆ **s'égoutter** v.pr. Perdre son eau goutte à goutte. *Linge qui s'égoutte.*
ÉGOUTTOIR n.m. **1.** Casier en plastique ou en bois pour faire égoutter la vaisselle. **2.** Passoire demi-sphérique pour égoutter les aliments. **3.** *Égouttoir à bouteilles :* hérisson.
ÉGOUTTURE n.f. Liquide provenant d'un objet qui s'égoutte.
ÉGRAINAGE n.m. → ***égrenage.***
ÉGRAINER v.t. → ***égrener.***
ÉGRAPPAGE n.m. Action d'égrapper.
ÉGRAPPER v.t. Détacher de la grappe.
ÉGRAPPOIR n.m. Instrument pour égrapper le raisin.
ÉGRATIGNER v.t. (anc. fr. *gratiner,* gratter). **1. a.** Déchirer légèrement la peau avec qqch de piquant. **b.** Rayer superficiellement. **2.** Fig. Blesser, atteindre qqn par des railleries, des petites attaques personnelles.
ÉGRATIGNURE n.f. **1.** Déchirure, écorchure superficielle de la peau. **2.** Fig. Blessure d'amour-propre.
ÉGRENAGE ou **ÉGRAINAGE** n.m. Action d'égrener.
ÉGRENER [egrəne] [19] ou **ÉGRAINER** [egrɛne] v.t. (du lat. *granum,* grain). **1.** Détacher les grains d'un épi, d'une grappe. *Égrener du maïs, du raisin.* **2.** *Égrener un chapelet,* en faire passer tous les grains entre ses doigts pour compter les prières. **3.** Faire entendre une suite de sons bien détachés les uns des autres. *La pendule égrène les heures.* ◆ **s'égrener** ou **s'égrainer** v.pr. **1.** Tomber par grains. **2.** Se succéder selon une disposition ou une fréquence qui évoque les grains d'un chapelet. *Les voitures s'égrenaient sur l'autoroute.*
ÉGRENEUSE n.f. AGRIC. Machine pour égrener le maïs, les plantes fourragères ou les plantes textiles (lin, coton, etc.).

EKTACHROME n.m. (nom déposé). Film en couleur inversible ; photo faite avec ce type de film. Abrév. (fam.) : *Ekta.*

ÉLABORATION n.f. **1.** Action d'élaborer qqch par un travail de réflexion ; production, création. *Élaboration d'une théorie.* **2.** Formation d'une substance dans un organisme vivant. *Élaboration de la bile, de la sève.* – Transformation que subissent les aliments pour être assimilés. **3.** Traitement permettant d'extraire un métal de son minerai, puis de l'affiner pour avoir un métal pur. **4.** PSYCHAN. *Élaboration psychique :* transformation par l'appareil psychique des excitations internes ou externes qui lui parviennent et dont l'accumulation serait pathogène.

ÉLABORÉ, E adj. **1.** Qui résulte d'une élaboration ; perfectionné. *Système très élaboré.* **2.** BOT. *Sève élaborée :* sève enrichie en substances organiques par l'activité chimique des feuilles et qui circule dans les tubes du liber.

ÉLABORER v.t. (lat. *elaborare,* perfectionner). **1.** Préparer, produire par un long travail intellectuel. *Élaborer un plan.* **2.** PHYSIOL. Transformer pour rendre assimilable, digérer. *L'estomac élabore les aliments.* **3.** MÉTALL. Procéder à l'élaboration de. *Élaborer un métal.*

ELÆIS ou **ÉLÉIS** [eleis] n.m. (gr. *elaiêeis,* huileux). Palmier à huile d'Afrique et d'Asie, dont le fruit fournit l'huile de palme et les graines l'huile de palmiste.

ÉLAGAGE n.m. Action d'élaguer.

ÉLAGUER v.t. (mot francique). **1.** Couper les branches inutiles ou nuisibles d'un arbre. **2.** Fig. Supprimer ce qui est superflu dans une phrase, un texte, une œuvre littéraire.

ÉLAGUEUR n.m. **1.** Personne qui élague. **2.** Serpe pour élaguer.

1. ÉLAN n.m. **1.** Mouvement que l'on fait pour s'élancer. *Prendre son élan pour sauter.* – Force qui pousse un corps, un être en mouvement, et qui l'entraîne dans une certaine direction. *Donner de l'élan. Briser un élan.* **2.** Fig. Mouvement intérieur spontané, impulsion. *Un élan de générosité.*

2. ÉLAN n.m. (haut all. *elend*). Cerf aux bois aplatis, qui vit en Scandinavie, en Sibérie et au Canada, où il est appelé *orignal.* (Long. 2,80 m ; poids 1 000 kg ; famille des cervidés.)

élan (mâle)

ÉLANCÉ, E adj. Mince et de haute taille.

ÉLANCEMENT n.m. **1.** Douleur vive et intermittente. **2.** MAR. Angle formé par l'étrave ou l'étambot avec le prolongement de la quille. ◇ Ensemble des parties avant et arrière de la coque d'un navire en surplomb au-dessus de l'eau.

ÉLANCER v.i. et v.t. 16. Causer des élancements ; être le siège d'élancements. *Cet abcès au doigt lui élance* ou *l'élance. Le doigt m'élance.* ◆ **s'élancer** v.pr. Se jeter en avant, prendre son élan ; se précipiter. *Il s'est élancé vers la sortie.*

ÉLAND n.m. Grande antilope africaine aux cornes légèrement spiralées. (Famille des bovidés.)

ÉLARGIR v.t. **I. 1.** Rendre plus large. *Élargir une route, un vêtement.* **2.** Fig. Donner une portée plus générale à. *Élargir un débat.* **3.** Développer. *Élargir ses connaissances.* **4.** Accroître l'importance de. *Élargir la majorité.* **II.** DR. Mettre en liberté. *Élargir un détenu.* ◆ **s'élargir** v.pr. Devenir plus large. *Le fleuve s'élargit près de son embouchure.*

ÉLARGISSEMENT n.m. **1.** Action d'élargir ou d'étendre qqch ; fait de s'élargir. **2.** DR. Mise en liberté d'un détenu.

ÉLASTHANNE n.m. TEXT. Fibre élastomère dotée d'une grande élasticité, tel le Lycra (nom générique).

ÉLASTICIMÉTRIE n.f. Mesure des contraintes subies par un corps et des déformations qui en résultent.

ÉLASTICITÉ n.f. **1.** Propriété que possèdent certains corps de reprendre leur forme ou leur volume quand la force qui les déformait a cessé d'agir. *Élasticité du caoutchouc.* ◇ *Limite d'élasticité :* valeur de la contrainte subie par un matériau telle que toute contrainte supérieure provoque des déformations résiduelles irréversibles. – *Module d'élasticité :* quotient de la contrainte agissant sur un corps par la déformation obtenue. **2.** Fig. Absence de rigidité ; souplesse d'esprit. **3.** ÉCON. Possibilité de variation relative d'un phénomène par rapport à un autre. *L'élasticité de la demande en fonction du prix.*

1. ÉLASTIQUE adj. (gr. *elastos,* ductile). **1. a.** Qui reprend sa forme et son volume après avoir été déformé. **b.** Fait d'une matière très souple, douée d'élasticité. *Ceinture élastique.* **2.** Se dit des mouvements d'un être vivant qui est souple et agile. *Démarche élastique de sportif.* **3.** Fig. *Conscience élastique,* qui n'est pas très scrupuleuse.

2. ÉLASTIQUE n.m. **1.** Lien, bande circulaire en caoutchouc. *Une boîte d'élastiques.* **2.** Fil de caoutchouc. **3.** Ruban élastique dont la trame contient des fils de caoutchouc. *Acheter de l'élastique blanc.*

ÉLASTOMÈRE n.m. TEXT. Polymère naturel ou synthétique, possédant des propriétés élastiques analogues à celles du caoutchouc.

ÉLATÉRIDÉ n.m. (du gr. *elatêr,* qui pousse). *Élatéridés :* famille d'insectes coléoptères couramment appelés *taupins* et dont les larves, souvent végétariennes, sont très nuisibles.

ÉLAVÉ, E adj. Dont la couleur pâle semble avoir déteint, en parlant du poil d'un chien ou d'une bête fauve.

ELBEUF n.m. Drap de laine qui était fabriqué surtout à Elbeuf.

ELBOT n.m. Belgique. Flétan (poisson).

ELDORADO n.m. (esp. *el,* le, et *dorado,* doré). Pays chimérique où l'on peut s'enrichir facilement et où la vie est très agréable.

ÉLÉATE ou **ÉLÉATIQUE** adj. et n. De la ville antique d'Élée. – *Les Éléates :* philosophes grecs de l'école d'Élée.

ÉLECTEUR, TRICE n. et adj. (lat. *elector,* qui choisit). **1.** Personne qui a le droit de participer à une élection, qui a la capacité électorale. *Recevoir sa carte d'électeur.* – *Grands électeurs :* collège électoral formé des députés, des conseillers généraux, des délégués des conseils municipaux et des conseillers régionaux des départements d'outre-mer, qui élit les sénateurs, en France. **2.** HIST. (Avec une majuscule.) Prince ou évêque qui participait à l'élection de l'empereur dans le Saint Empire romain germanique. *L'Électeur de Saxe.*

ÉLECTIF, IVE adj. **1.** Nommé ou conféré par élection. *Un président électif.* **2.** Qui opère un choix, une sélection. *Affinités électives.* – *Amnésie élective :* oubli de certains faits précis.

ÉLECTION n.f. (lat. *electio,* de *eligere,* choisir). **I. 1.** Choix qu'on exprime par l'intermédiaire d'un vote. *Élection au suffrage universel. Élections municipales.* **2.** *Patrie, terre d'élection,* celle où l'on a choisi de vivre. ◇ DR. *Élection de domicile :* indication d'un domicile en vue d'un acte juridique déterminé. **II.** HIST. Circonscription financière de la France de l'Ancien Régime, soumise à la juridiction d'élus.

■ On distingue en France trois types d'élections politiques : les élections législatives, cantonales, municipales et, depuis 1986, régionales, au suffrage universel direct ; les élections sénatoriales, au suffrage universel indirect ; l'élection présidentielle, au suffrage universel direct depuis 1962.

ÉLECTIVITÉ n.f. Qualité d'une personne ou d'une fonction désignée par élection.

ÉLECTORAL, E, AUX adj. Qui se rapporte à une élection, aux élections. *Campagne électorale. Comité électoral.*

ÉLECTORALISME n.m. Attitude d'un parti ou d'un gouvernement qui oriente son programme et ses positions en fonction de considérations purement électorales.

ÉLECTORALISTE adj. et n. Inspiré par l'électoralisme.

ÉLECTORAT n.m. **1.** Ensemble des électeurs d'un pays, d'un parti, d'une région, etc. **2.** DR. Ensemble des conditions constitutives de la qualité d'électeur. *Jouir de l'électorat.* **3.** HIST. Dignité d'Électeur dans le Saint Empire romain germanique. – Territoire soumis à la juridiction d'un Électeur.

ÉLECTRET n.m. PHYS. Corps (ou diélectrique) électrisé de façon permanente, dont les molécules ont pris une orientation donnée sous l'effet d'un champ électrique temporaire. (Les propriétés de l'électret sont utilisées notamment dans certains microphones.)

ÉLECTRICIEN, ENNE n. **1.** Artisan qui fait ou répare des installations électriques. – Commerçant qui vend des appareils électriques. **2.** Ingénieur spécialiste d'électricité.

ÉLECTRICITÉ n.f. (du gr. *êlecktron,* ambre jaune, à cause de ses propriétés). **1. a.** Manifestation d'une forme d'énergie associée à des charges

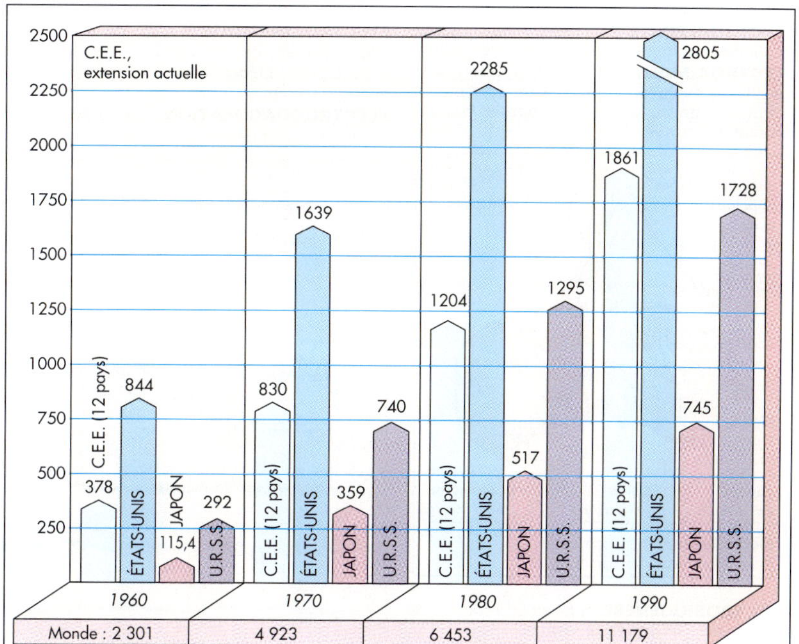

électricité : productions comparées (en milliards de kWh)

électriques au repos ou en mouvement. *Électricité positive, négative.* – *Quantité d'électricité :* produit de l'intensité d'un courant par le temps de passage. **b.** Cette forme d'énergie comme source d'éclairage et servant à des usages domestiques ou industriels. *Allumer, éteindre l'électricité. Panne, coupure d'électricité. Payer sa facture d'électricité.* **2.** *Électricité animale :* électricité produite par les organismes animaux, notamm. par les espèces de poissons qui s'orientent ou détectent leurs proies par électrolocation, et par celles qui paralysent par des décharges leurs proies ou leurs prédateurs.

■ La matière ordinaire est constituée d'atomes contenant autant d'électrons (portant une charge élémentaire négative) que de protons (portant une charge positive). Elle est donc neutre électriquement. Un déficit d'électrons dans un tel atome se traduit par une charge électrique positive ; un surplus d'électrons, par une charge électrique négative.

L'*électrostatique* est l'étude de ces charges au repos ; l'*électrocinétique* celle des charges en mouvement.

L'électricité est une forme d'énergie particulièrement facile à transporter et à convertir en une autre forme d'énergie : mécanique dans les moteurs, chimique dans l'électrolyse, lumineuse dans l'éclairage électrique, thermique dans les résistances chauffantes.

ÉLECTRIFICATION n.f. Action d'électrifier. *Électrification d'un réseau de chemin de fer.*

ÉLECTRIFIER v.t. **1.** Doter d'un réseau de distribution d'énergie électrique. *Électrifier une région.* **2.** Équiper (une voie ferrée) pour la traction électrique.

ÉLECTRIQUE adj. **1.** Qui se rapporte à l'électricité. **2.** Qui produit de l'électricité ou qui fonctionne à l'électricité.

ÉLECTRIQUEMENT adv. Par le moyen de l'électricité.

ÉLECTRISABLE adj. Qui peut être électrisé.

ÉLECTRISANT, E adj. **1.** Qui électrise. **2. Fig.** Qui exalte et provoque un grand enthousiasme.

ÉLECTRISATION n.f. Action, manière d'électriser ; fait d'être électrisé.

ÉLECTRISER v.t. **1.** Développer des charges électriques sur (un corps). *Électriser un bâton de verre.* **2. Fig.** Éveiller fortement l'intérêt, l'enthousiasme de ; enflammer, galvaniser. *Électriser un auditoire.*

ÉLECTROACOUSTIQUE n.f. et adj. Technique de la production, de la transmission, de l'enregistrement et de la reproduction des signaux acoustiques par des moyens électriques. – *Musique électroacoustique :* musique utilisant cette technique pour la production des sons destinés à l'écoute directe (synthétiseur) ou différée (enregistrement sur bande magnétique). *La musique électroacoustique regroupe la musique concrète et la musique électronique.*

ÉLECTROAFFINITÉ n.f. Propriété que possède un élément chimique de se transformer en ion.

ÉLECTROAIMANT n.m. Dispositif produisant un champ magnétique grâce à un système de bobines à noyau de fer, parcourues par un courant électrique.

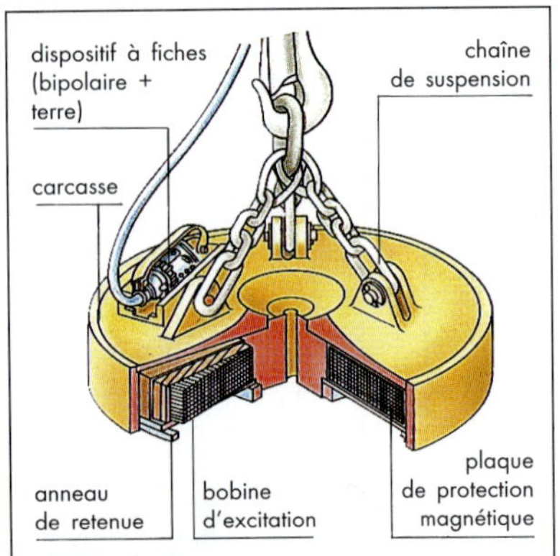

électroaimant : structure d'un électroaimant de levage

ÉLECTROBIOGENÈSE n.f. BIOL. Production d'électricité par les êtres vivants.

ÉLECTROBIOLOGIE n.f. Application de l'électricité aux études biologiques.

ÉLECTROCAPILLARITÉ n.f. PHYS. Variation de tension superficielle qui résulte de l'action d'un champ électrique.

ÉLECTROCARDIOGRAMME n.m. MÉD. Enregistrement graphique de l'activité électrique du cœur, permettant de diagnostiquer les affections du myocarde et les troubles du rythme.

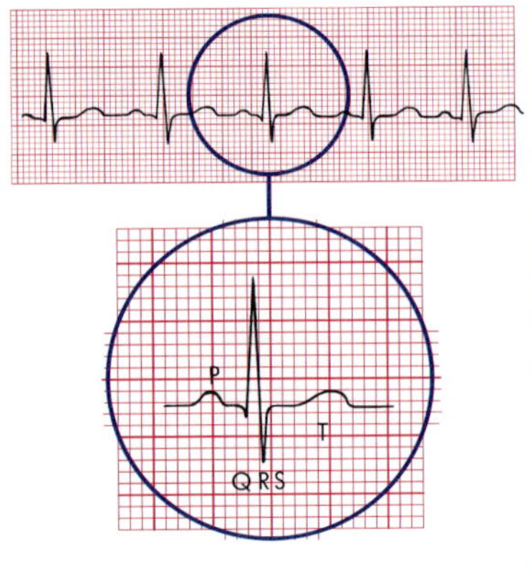

P, onde de l'oreillette
QRS, complexe ventriculaire
T, onde de repolarisation

électrocardiogramme normal

ÉLECTROCARDIOGRAPHE n.m. MÉD. Appareil au moyen duquel on obtient l'électrocardiogramme.

ÉLECTROCARDIOGRAPHIE n.f. MÉD. Technique de l'enregistrement et de l'interprétation des électrocardiogrammes.

ÉLECTROCAUTÈRE n.m. MÉD. Anc. Appareil pour cautériser les tissus au moyen d'un fil conducteur chauffé par un courant électrique.

ÉLECTROCHIMIE n.f. Science et technique des transformations réciproques de l'énergie chimique et de l'énergie électrique.

ÉLECTROCHIMIQUE adj. Qui se rapporte à l'électrochimie.

ÉLECTROCHOC n.m. **1.** Méthode de traitement de certaines maladies mentales, qui consiste à provoquer des convulsions épileptiques par le passage bref de courant à travers le cerveau. **2. Fig.** Phénomène, évènement dont l'apparition provoque un choc psychologique brutal.

ÉLECTROCINÈSE n.f. ÉTHOL. Déplacement d'un animal (poisson, en partic.) provoqué par la présence d'un champ électrique.

ÉLECTROCINÉTIQUE n.f. Partie de la physique qui étudie les charges électriques en mouvement indépendamment des champs magnétiques créés.

ÉLECTROCOAGULATION n.f. MÉD. Technique de coagulation des tissus vivants par application d'un courant de haute fréquence provoquant leur section ou leur destruction.

ÉLECTROCOPIE n.f. Procédé de reproduction de documents graphiques se fondant sur l'électrostatique.

ÉLECTROCUTER v.t. (angl. *to electrocute*). **1.** Causer une secousse par le passage dans l'organisme d'un courant électrique ; spécialt, causer une secousse mortelle. **2.** Exécuter (un condamné à mort) par choc électrique.

ÉLECTROCUTION n.f. **1.** Fait d'électrocuter, d'être électrocuté. **2.** Exécution des condamnés à mort par choc électrique, en vigueur dans certains États des États-Unis.

ÉLECTRODE n.f. **1.** Extrémité de chacun des conducteurs fixés aux pôles positif *(anode)* et négatif *(cathode)* d'un générateur électrique, dans un voltamètre, un tube à gaz raréfié ou un dispositif à arc électrique. **2.** MÉD. Corps conducteur du courant électrique, utilisé pour stimuler le système nerveux, la peau, etc., ou pour recueillir les courants produits par l'organisme.

ÉLECTRODÉPOSITION n.f. TECHN. Procédé d'obtention d'un dépôt par électrolyse, d'un revêtement de peinture par électrophorèse.

ÉLECTRODERMAL, E, AUX adj. PHYSIOL. *Réponse, réaction électrodermale :* variation de la résistance électrique de la peau, provoquée par une émotion.

ÉLECTRODIAGNOSTIC n.m. MÉD. Diagnostic des maladies des nerfs et des muscles, établi après examen des réactions aux excitations de certains courants électriques.

ÉLECTRODIALYSE n.f. PHYS. Procédé de séparation des ions d'un liquide placé entre deux membranes semi-perméables en présence d'un champ électrique.

ÉLECTRODOMESTIQUE adj. et n.m. Se dit des appareils électriques destinés à être utilisés à la maison (appareils ménagers, outils de bricolage).

ÉLECTRODYNAMIQUE n.f. Partie de la physique qui traite des actions dynamiques entre courants électriques. ◆ adj. Relatif à l'électrodynamique.

ÉLECTRODYNAMOMÈTRE n.m. Appareil pour mesurer l'intensité d'un courant électrique.

ÉLECTROENCÉPHALOGRAMME n.m. MÉD. Tracé de l'activité électrique du cerveau obtenu par enregistrement des différences de potentiel qui existent entre les cellules cérébrales.

ÉLECTROENCÉPHALOGRAPHIE n.f. MÉD. Technique de l'enregistrement et de l'interprétation des électroencéphalogrammes.

ÉLECTROÉROSION n.f. Procédé d'usinage de pièces métalliques par une succession très rapide de décharges électriques dans un liquide isolant.

ÉLECTROFAIBLE adj. PHYS. Se dit de la théorie unifiée de l'interaction électromagnétique et de l'interaction faible.

ÉLECTROFORMAGE n.m. MÉTALL. Procédé utilisé pour produire ou reproduire un objet métallique par électrodéposition.

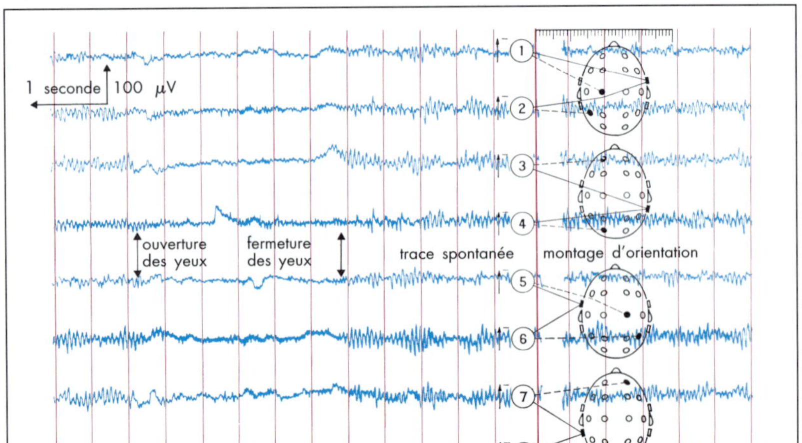

électroencéphalogramme normal (les électrodes sont fixées sur le cuir chevelu)

ÉLECTROGÈNE adj. Qui produit de l'électricité. – *Groupe électrogène :* ensemble formé par un moteur thermique et un générateur, et qui transforme en énergie électrique l'énergie mécanique fournie par le moteur.

ÉLECTROLOCATION ou **ÉLECTROLOCALISATION** n.f. ZOOL. Localisation des proies et des obstacles à l'aide d'un champ électrique produit par des organes spéciaux, observée chez certains poissons. (La présence de la proie ou de l'obstacle modifie ce champ, et la modification est perçue par des récepteurs spécifiques.)

ÉLECTROLOGIE n.f. Discipline qui traite des applications médicales de l'électricité.

ÉLECTROLUMINESCENCE n.f. Luminescence d'une substance sous l'action d'un champ électrique.

ÉLECTROLUMINESCENT, E adj. Qui est doué d'électroluminescence.

ÉLECTROLYSABLE adj. Qui peut être électrolysé, décomposé par l'électricité.

ÉLECTROLYSE n.f. Décomposition chimique de certaines substances en fusion ou en solution, produite par un courant électrique. *L'aluminium se prépare par électrolyse de l'alumine.*

ÉLECTROLYSER v.t. Soumettre à l'électrolyse.

ÉLECTROLYSEUR n.m. Appareil pour faire une électrolyse.

ÉLECTROLYTE n.m. Corps qui, fondu ou en solution, peut se décomposer sous l'action d'un courant électrique.

ÉLECTROLYTIQUE adj. **1.** Qui se rapporte à un électrolyte. **2.** Qui se fait par électrolyse.

ÉLECTROMAGNÉTIQUE adj. Qui se rapporte à l'électromagnétisme.

ÉLECTROMAGNÉTISME n.m. Partie de la physique qui étudie les relations entre électricité et magnétisme.

■ Théories initialement distinctes, l'électricité et le magnétisme furent unifiés à la fin du XIXe s. par Maxwell, qui jeta les bases de l'électromagnétisme. En effet, un courant électrique crée une induction magnétique, et un aimant en mouvement peut induire un courant dans un conducteur. La théorie de Maxwell a permis d'élucider la nature des ondes radio, de la lumière, des rayons X ou γ, qui sont des ondes électromagnétiques de même nature, mais de fréquences différentes.

ÉLECTROMÉCANICIEN, ENNE n. Personne spécialisée dans le montage et l'agencement d'ensembles électriques et mécaniques.

1. ÉLECTROMÉCANIQUE adj. Se dit d'un dispositif mécanique dont une partie importante des composants est électrique.

2. ÉLECTROMÉCANIQUE n.f. Ensemble des applications de l'électricité à la mécanique.

1. ÉLECTROMÉNAGER, ÈRE adj. Se dit d'un appareil électrique à usage domestique (fer à repasser, aspirateur, etc.).

2. ÉLECTROMÉNAGER n.m. Ensemble des appareils électroménagers ; leur fabrication, leur commerce.

ÉLECTROMÉNAGISTE n. Commerçant en appareils électroménagers.

ÉLECTROMÉTALLURGIE n.f. Utilisation des propriétés thermiques et électrolytiques de l'électricité pour la production et l'affinage des produits métallurgiques.

ÉLECTROMÈTRE n.m. Appareil pour mesurer des différences de potentiel.

ÉLECTROMÉTRIE n.f. Ensemble des méthodes de mesures utilisant des électromètres.

ÉLECTROMOTEUR, TRICE adj. PHYS. **1.** Qui développe de l'électricité sous l'influence d'une action mécanique ou chimique. **2.** *Force électromotrice (f. é. m.) :* tension aux bornes de la source idéale de tension introduite dans la représentation d'un élément actif de circuit, générateur ou récepteur.

ÉLECTROMYOGRAMME n.m. MÉD. Enregistrement graphique de l'activité électrique qui accompagne la contraction musculaire.

ÉLECTROMYOGRAPHIE n.f. MÉD. Étude de la contraction musculaire à l'aide de l'électromyogramme.

ÉLECTRON n.m. Particule fondamentale portant une charge électrique négative ($-1,602 \cdot 10^{-19}$ C), et qui est un constituant universel de la matière. ◇ *Électron libre :* électron de valence* d'un métal, responsable de sa conductibilité électrique ; fig., personne qui, par son indépendance d'esprit et sa liberté de parole, se démarque du groupe auquel elle appartient.

ÉLECTRONÉGATIF, IVE adj. CHIM. *Élément électronégatif :* élément dont les atomes ont une affinité pour les électrons (les halogènes, l'oxygène, les non-métaux).

ÉLECTRONICIEN, ENNE n. Spécialiste de l'électronique.

1. ÉLECTRONIQUE adj. **1.** Qui se rapporte à l'électron. *Flux électronique.* **2.** Qui fonctionne suivant les principes de l'électronique, qui utilise les dispositifs électroniques. *Machine à calculer électronique.* ◇ *Annuaire électronique :* annuaire téléphonique consultable sur terminal vidéotex. – *Musique électronique :* musique utilisant des oscillations électriques pour créer des sons musicaux, par l'intermédiaire de haut-parleurs.

2. ÉLECTRONIQUE n.f. Partie de la physique et de la technique qui étudie et utilise les variations de grandeurs électriques (champs électromagnétiques, charges électriques, etc.) pour capter, transmettre et exploiter de l'information.

ÉLECTRONIQUEMENT adv. Par des moyens électroniques.

ÉLECTRONOGRAMME n.m. Image obtenue par électronographie.

ÉLECTRONOGRAPHIE n.f. **1.** Technique de l'enregistrement des images obtenues à l'aide d'une caméra ou d'un microscope électronique. **2.** Image ainsi obtenue. SYN. : *électronogramme.*

1. ÉLECTRONUCLÉAIRE adj. *Centrale électronucléaire :* centrale électrique utilisant l'énergie thermique produite par un réacteur nucléaire.

2. ÉLECTRONUCLÉAIRE n.m. Ensemble des techniques visant à la production d'électricité à partir de l'énergie nucléaire.

ÉLECTRONVOLT n.m. Unité d'énergie (symb. eV) utilisée en physique atomique et nucléaire. (1 eV = $1,602 \cdot 10^{-19}$ J.)

ÉLECTRO-OSMOSE n.f. (pl. *électro-osmoses*). Traversée d'une paroi par un liquide sous l'effet d'un champ électrique.

ÉLECTROPHILE adj. Se dit de particules chimiques susceptibles d'accepter une paire d'électrons.

ÉLECTROPHONE n.m. Appareil composé d'un tourne-disque, d'un amplificateur et de haut-parleurs, pour reproduire des enregistrements sonores sur disques.

ÉLECTROPHORÈSE n.f. CHIM. Déplacement, sous l'effet d'un champ électrique, de granules, de particules chargées, en solution ou en émulsion. (Cette technique a de nombreuses applications en chimie, biologie, médecine et dans l'industrie.)

ÉLECTROPHYSIOLOGIE n.f. Partie de la physiologie qui étudie l'activité bioélectrique des tissus vivants, notamment des tissus nerveux et musculaires.

ÉLECTROPONCTURE ou **ÉLECTROPUNCTURE** [-pɔ̃k-] n.f. Méthode thérapeutique consistant à piquer la peau avec des aiguilles soumises à un courant électromagnétique.

ÉLECTROPORTATIF, IVE adj. Se dit du petit outillage électrique que l'on peut facilement transporter (perceuses, ponceuses, scies, etc.).

ÉLECTROPOSITIF, IVE adj. CHIM. Se dit d'un élément dont les atomes peuvent céder facilement des électrons (les métaux, l'hydrogène).

ÉLECTROPUNCTURE n.f. → ***électroponcture.***

ÉLECTRORADIOLOGIE n.f. Spécialité médicale qui englobe les applications de l'électricité et des radiations au diagnostic et au traitement des maladies.

ÉLECTRORADIOLOGISTE n. Médecin spécialisé en électroradiologie.

ÉLECTRORÉTINOGRAMME n.m. MÉD. Enregistrement des différences de potentiel au niveau de la rétine.

ÉLECTROSCOPE n.m. Instrument permettant de détecter les charges électriques et de déterminer leur signe.

ÉLECTROSTATIQUE n.f. Partie de la physique qui étudie les phénomènes d'équilibre de l'électricité sur les corps électrisés. ◆ adj. Relatif à l'électrostatique.

ÉLECTROSTRICTION n.f. Déformation d'un diélectrique soumis à un champ électrique.

ÉLECTROTECHNICIEN, ENNE n. Spécialiste des applications techniques de l'électricité.

ÉLECTROTECHNIQUE n.f. Application des lois de la physique à la production, au traitement, au transport et à l'utilisation de l'énergie électrique. ◆ adj. Relatif à l'électrotechnique.

ÉLECTROTHÉRAPIE n.f. Traitement des maladies par l'électricité.

ÉLECTROTHERMIE n.f. **1.** Étude des transformations de l'énergie électrique en chaleur. **2.** Utilisation de ce phénomène en électrométallurgie.

ÉLECTROTROPISME n.m. ÉTHOL. Réaction d'orientation de certains animaux par rapport à un champ électrique.

ÉLECTROVALENCE n.f. CHIM. Tendance pour un élément chimique à acquérir une structure électronique stable par perte ou capture d'électrons.

ÉLECTROVALVE n.f. TECHN. Valve ou soupape commandée par un électroaimant.

ÉLECTROVANNE n.f. TECHN. Vanne réglant le débit d'un fluide et commandée par un électroaimant.

ÉLECTRUM [elɛktrɔm] n.m. Alliage naturel d'or et d'argent.

ÉLECTUAIRE n.m. (lat. *electus,* choisi). Anc. Remède préparé en mélangeant des poudres dans du miel.

ÉLÉGAMMENT adv. Avec élégance.

ÉLÉGANCE n.f. (lat. *elegantia*). **1.** Grâce, distinction dans les manières, dans l'habillement. *L'élégance de la taille, de la toilette.* **2.** Délicatesse de l'expression, art de choisir les mots et les tours de langage. *Parler, écrire avec élégance. L'élégance du style.*

ÉLÉGANT, E adj. et n. (lat. *elegans*). Qui a de l'élégance. *Costume élégant. Tournure élégante.* ◆ adj. **1.** Qui est d'une simplicité ingénieuse. *Démonstration élégante.* **2.** Dont la forme et l'aspect sont gracieux, fins. *Une reliure élégante.*

ÉLÉGIAQUE adj. Qui appartient à l'élégie. *Vers élégiaques.* ◆ adj. et n. Qui écrit des élégies.

ÉLÉGIE n.f. (gr. *elegeia,* chant de deuil). **1.** Chez les Grecs et les Latins, pièce de vers formée d'hexamètres et de pentamètres alternés. **2.** Poème lyrique dont le ton est le plus souvent tendre et triste. *Les élégies de Chénier.*

ÉLÉGIR v.t. MENUIS. Diminuer l'épaisseur (d'une pièce de bois).

ÉLÉIS n.m. → ***elæis.***

ÉLÉMENT n.m. (lat. *elementum*). **I. 1.** Milieu dans lequel un être est fait pour vivre, dans lequel il exerce son activité. *L'eau est l'élément des poissons. Se sentir dans son élément.* **2.** *Les quatre éléments :* l'air, le feu, la terre et l'eau, considérés par les Anciens comme les composants ultimes de la réalité. **II.** CHIM. Principe chimique commun aux diverses variétés d'un corps simple ainsi qu'aux combinaisons de ce corps avec d'autres. *Classification périodique des éléments. (V. illustration pp. 376-377.)* **III. 1.** Chaque objet, chaque chose concourant avec d'autres à la formation d'un tout. *Les éléments d'un ouvrage, d'une bibliothèque. Les éléments d'une enquête.* **2.** Personne appartenant à un groupe. *C'est l'un de nos meilleurs éléments.* **3.** MATH. Objet mathématique accompagnant la donnée même d'un ensemble, conçu comme un tout rassemblant un ou plusieurs de ces objets. ◇ *Élément générique, maximal, minimal, neutre, symétrique.* → ***générique, maximal, minimal, neutre, symétrique.*** **4.** PHYS. Couple d'une pile électrique, d'un accumulateur. ◆ pl. **1.** Litt. Ensemble des forces naturelles. *Lutter contre les éléments déchaînés.* **2.** Principes fondamentaux, notions de base. *Éléments de physique.*

ÉLÉMENTAIRE adj. (lat. *elementarius*). **1.** CHIM. Qui concerne l'élément. *Analyse chimique élémentaire.* **2.** Très simple, réduit à l'essentiel. *Problème élémentaire.* **3.** Qui sert de base à un ensemble. *Connaissances élémentaires.* ◇ *Cours élémentaire :* dans l'enseignement du premier degré, cours réparti sur deux ans et succédant au cours préparatoire, pour les enfants de sept à neuf ans. **4.** PHYS. Se dit des objets physiques dont on considère en dernière analyse que tout corps est formé. *Particule élémentaire.* **5.** STAT. Se dit d'un évènement réduit à une seule éventualité.

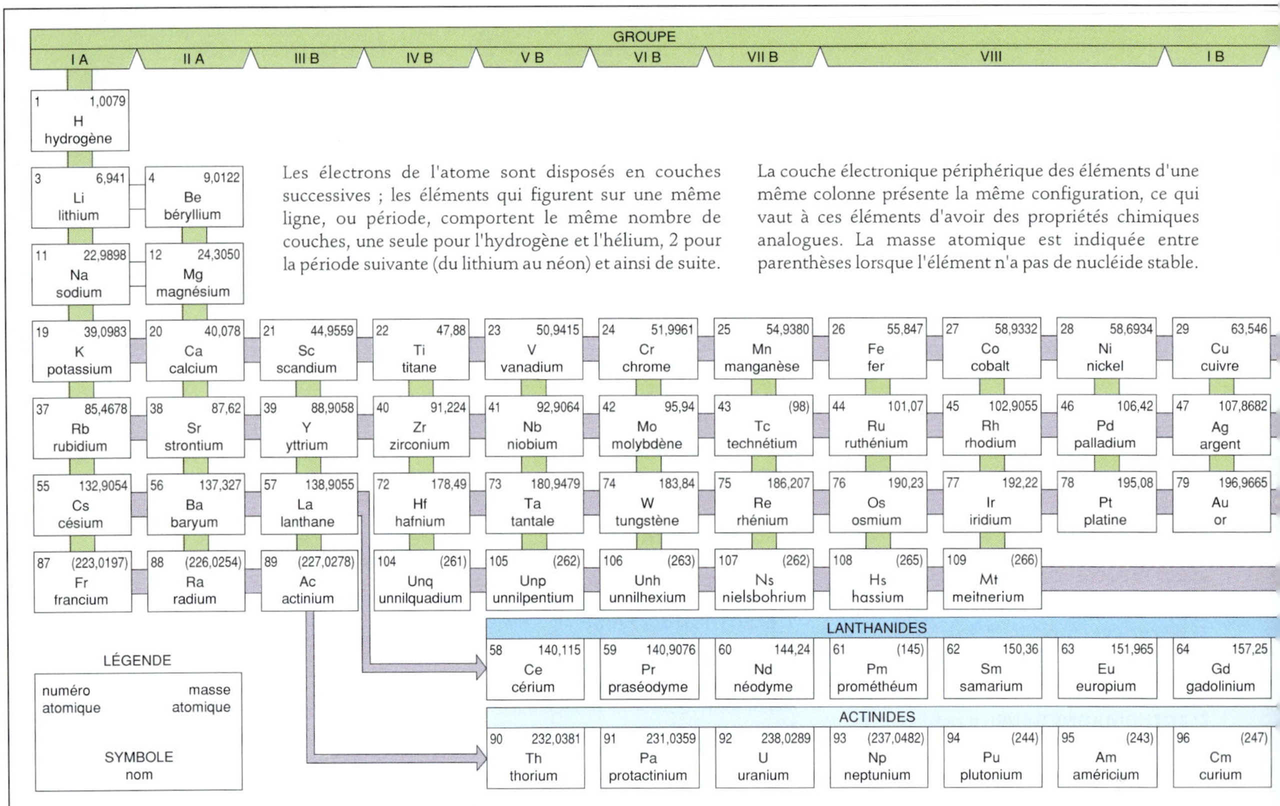

éléments chimiques : tableau de classification périodique

ÉLÉPHANT n.m. (lat. *elephantus,* mot gr.). **1.** Mammifère ongulé du sous-ordre des proboscidiens, vivant, selon l'espèce, en Asie ou en Afrique, herbivore, caractérisé par sa peau épaisse, ses incisives supérieures allongées en défenses, qui peuvent peser 100 kg et fournissent l'ivoire du commerce, et par sa trompe souple et préhensile, qui forme le nez et la lèvre supérieure. *L'éléphant barète* ou *barrit,* pousse son cri. (Haut de 2 à 3,70 m, et pesant jusqu'à 6 tonnes, l'éléphant est le plus gros animal terrestre actuel ; il peut vivre cent ans et la gestation atteint vingt et un mois. L'espèce africaine est menacée et sa chasse est sévèrement réglementée.) **2.** *Éléphant de mer :* gros phoque des îles Kerguelen, atteignant une longueur de 6 m et un poids de 3 tonnes.

ÉLÉPHANTEAU n.m. Jeune éléphant.

ÉLÉPHANTESQUE adj. Énorme, gigantesque.

ÉLÉPHANTIASIQUE adj. et n. Relatif à l'éléphantiasis ; atteint d'éléphantiasis.

ÉLÉPHANTIASIS [-tjazis] n.m. MÉD. Épaississement diffus de la peau et du tissu sous-cutané, lié à un œdème qui déforme les parties périphériques du corps. (On distingue les éléphantiasis parasitaires, endémiques dans les pays chauds, et les éléphantiasis non parasitaires, qui peuvent être la conséquence, notamment, d'une anomalie congénitale du système lymphatique.)

ÉLÉPHANTIN, E adj. Qui ressemble à l'éléphant ; propre à l'éléphant. *Démarche éléphantine.*

ÉLEVAGE n.m. **1.** Action d'élever et d'entretenir des animaux. *L'élevage des bovins.* **2.** Ensemble des animaux d'une même espèce dans une exploitation agricole, piscicole, etc. ; cette exploitation. *Un élevage de moutons. Un élevage de truites.* **3.** Ensemble des soins apportés au vin pour son vieillissement.

1. ÉLÉVATEUR, TRICE adj. Qui sert à élever. *Muscle élévateur de la paupière. Plate-forme élévatrice.*

2. ÉLÉVATEUR n.m. **1.** Muscle élévateur. **2.** Appareil ou engin utilisé pour transporter verticalement, ou sur de fortes pentes, des charges ou des matériaux.

ÉLÉVATION n.f. **I. 1.** Action d'élever, de porter vers le haut, fait de s'élever. *Élévation des bras au-dessus de la tête. Élévation du niveau des eaux.* ◇ LITURGIE. Moment de la messe où le prêtre élève l'hostie et le calice, après la consécration. **2.** Action de porter, de se porter à un degré supérieur. *Élévation au grade d'officier. Élévation des prix, de la voix.* **3.** CHORÉGR. Aptitude d'un danseur à exécuter des mouvements en l'air. **4.** MATH. Formation de la puissance d'un nombre. *Élévation au cube.* **5. a.** GÉOM. Représentation d'un objet projeté sur un plan vertical parallèle à l'une de ses faces. **b.** ARCHIT. Représentation géométrale d'une face verticale ; cette face elle-même. **II.** Terrain élevé, éminence.

ÉLÉVATOIRE adj. Qui sert à élever des fardeaux, des liquides. *Pompe élévatoire.*

ÉLÈVE n. (de *élever*). **1.** Celui, celle qui reçoit un enseignement dans un établissement scolaire. **2.** Personne qui suit l'enseignement d'un maître, en partic. dans le domaine artistique. **3.** AGRIC. Animal né et soigné chez un éleveur ; plante ou arbre dont on dirige la croissance. **4.** MIL. Candidat à une fonction ou à un grade.

ÉLEVÉ, E adj. **1.** Qui atteint une grande hauteur. *Arbre élevé. Prix élevé.* **2.** Litt. Qui a de la grandeur morale, noble. *Livres d'une inspiration élevée.* **3.** *Être bien, mal élevé :* avoir reçu une bonne, une mauvaise éducation.

ÉLEVER v.t. (de *lever*) [19]. **1.** Porter vers le haut ; dresser, construire. *Élever un mât, un mur, un monument.* ◇ *Élever des critiques, des protestations,* les formuler. **2.** Porter à un niveau supérieur ; augmenter. *Élever au pouvoir. Élever les prix.* ◇ *Élever le ton, la voix :* parler plus fort, ou en menaçant. **3.** Nourrir, soigner, former. *Élever des animaux.* **4.** Assurer la formation morale et intellectuelle de, éduquer. *Bien élever ses enfants.* **5.** MATH. Tracer une perpendiculaire à une droite, à un plan. ◆ **s'élever** v.pr. **1.** Atteindre une certaine hauteur, une certaine quantité, un certain niveau. *Le clocher s'élève à vingt mètres. La facture s'élève à mille francs.* **2.** Parvenir à un degré supérieur. *La température s'élève.* **3.** Se faire entendre. *Des cris s'élevèrent dans la salle.* **4.** *S'élever contre :* protester contre, s'opposer avec vigueur à. *S'élever contre l'arbitraire.*

ÉLEVEUR, EUSE n. Personne qui élève des animaux.

ÉLEVON [elvɔ̃] n.m. Gouverne d'aéronef, servant à la fois d'aileron et de gouvernail de profondeur, notamm. sur les avions sans queue.

ELFE [ɛlf] n.m. (angl. *elf*). MYTH. SCAND. Génie symbolisant les forces naturelles et partic. les phénomènes atmosphériques.

ÉLIDER v.t. (lat. *elidere,* écraser). LING. Faire l'élision de. *Élider une voyelle.*

ÉLIGIBILITÉ n.f. Aptitude à être élu.

ÉLIGIBLE adj. et n. (du lat. *eligere,* choisir). Qui peut être élu.

ÉLIMÉ, E adj. Usé, aminci par l'usage, en parlant d'une étoffe. *Tapis élimé.*

ÉLIMINATEUR, TRICE adj. Qui élimine.

ÉLIMINATION n.f. **1.** Action d'éliminer. **2.** PHYSIOL. Excrétion. **3.** CHIM. *Réaction d'élimination,* dans laquelle deux radicaux univalents quittent simultanément une molécule organique. **4.** MATH. Technique de résolution d'un système d'équations à plusieurs inconnues utilisant l'expression d'une inconnue par rapport aux autres pour en réduire le nombre.

éléphants d'Afrique d'Asie

GROUPE

II B	III A	IV A	V A	VI A	VII A	0	PÉRIODE
						2 4,0026 He hélium	1
	5 10,811 B bore	6 12,011 C carbone	7 14,0067 N azote	8 15,9994 O oxygène	9 18,9984 F fluor	10 20,1797 Ne néon	2
	13 26,9815 Al aluminium	14 28,0855 Si silicium	15 30,9737 P phosphore	16 32,066 S soufre	17 35,4527 Cl chlore	18 39,948 Ar argon	3
30 65,39 Zn zinc	31 69,723 Ga gallium	32 72,61 Ge germanium	33 74,9216 As arsenic	34 78,96 Se sélénium	35 79,904 Br brome	36 83,80 Kr krypton	4
48 112,411 Cd cadmium	49 114,818 In indium	50 118,710 Sn étain	51 121,757 Sb antimoine	52 127,60 Te tellure	53 126,9045 I iode	54 131,29 Xe xénon	5
80 200,59 Hg mercure	81 204,3833 Tl thallium	82 207,2 Pb plomb	83 208,9804 Bi bismuth	84 (209) Po polonium	85 (210) At astate	86 (222) Rn radon	6
							7
LANTHANIDES							
65 158,9253 Tb terbium	66 162,50 Dy dysprosium	67 164,9303 Ho holmium	68 167,26 Er erbium	69 168,9342 Tm thulium	70 173,04 Yb ytterbium	71 174,967 Lu lutécium	6
ACTINIDES							
97 (247) Bk berkélium	98 (251) Cf californium	99 (252) Es einsteinium	100 (257) Fm fermium	101 (258) Md mendélévium	102 (259) No nobélium	103 (260) Lr lawrencium	7

ÉLIMINATOIRE adj. Qui élimine, rejette. *Note éliminatoire.* ◆ n.f. (Souvent au pl.). Épreuve préalable servant à éliminer les concurrents les plus faibles. *Éliminatoires d'une compétition sportive.*

ÉLIMINER v.t. (lat. *eliminare,* faire sortir). **1.** Ôter d'un groupe, rejeter, faire disparaître. *Éliminer un candidat.* **2.** PHYSIOL. Faire sortir de l'organisme (des déchets, des toxines). **3.** MATH. Effectuer l'élimination (d'une inconnue).

ÉLINDE n.f. Bras articulé le long duquel se déplace la chaîne sans fin d'un excavateur ou d'une drague à godets ; bras articulé portant l'organe d'aspiration d'une drague suceuse.

ÉLINGUE n.f. (mot francique). MAR. Câble servant à entourer ou à accrocher un objet, et à l'élever au moyen d'un engin.

ÉLINGUER v.t. MAR. Entourer un fardeau d'une élingue pour le hisser avec un palan.

ÉLIRE v.t. (lat. *eligere*) [106]. **1.** Nommer à une fonction par la voie des suffrages ; procéder à l'élection de. *Élire un député.* **2.** *Élire domicile :* choisir un domicile légal ; fixer sa demeure habituelle.

ÉLISABÉTHAIN, E adj. Relatif à Élisabeth Ire d'Angleterre, à son temps. *Théâtre élisabéthain.*

ÉLISION n.f. (lat. *elisio*). LING. Suppression, dans l'écriture ou la prononciation, de la voyelle finale d'un mot devant un mot commençant par une voyelle ou un *h* muet. (L'élision se marque par l'apostrophe.)

ÉLITAIRE adj. D'une élite.

ÉLITE n.f. (anc. p. passé de *élire*). **1.** Petit groupe considéré comme ce qu'il y a de meilleur, de plus distingué. ◇ *D'élite :* qui se distingue par de grandes qualités. *Sujet d'élite.* **2.** Troupes formées par les classes d'âge entre 20 et 32 ans, dans l'armée suisse.

ÉLITISME n.m. Système favorisant les meilleurs éléments d'un groupe aux dépens de la masse ; politique visant à la formation d'une élite.

ÉLITISTE adj. et n. De l'élitisme ; partisan de l'élitisme. *Politique élitiste.*

ÉLIXIR n.m. (ar. *al-iksīr,* essence). **1.** Médicament liquide, formé d'une ou plusieurs substances dissoutes dans de l'alcool. *Élixir parégorique.* **2.** Philtre magique. *Élixir d'amour.*

ELLE, ELLES pron. pers. fém. de la 3e pers., fém. de *il, ils, lui, eux.*

ELLÉBORE n.m. → ***hellébore.***

ELLIPSE n.f. (gr. *elleipsis,* manque). **1.** Sous-entendu, raccourci dans l'expression de la pensée. ◇ LING. Fait de syntaxe ou de style qui consiste à omettre un ou plusieurs éléments de la phrase. **2.** MATH. Courbe plane dont tous les points sont tels que la somme de leur distance à deux points fixes appelés *foyers* est constante.

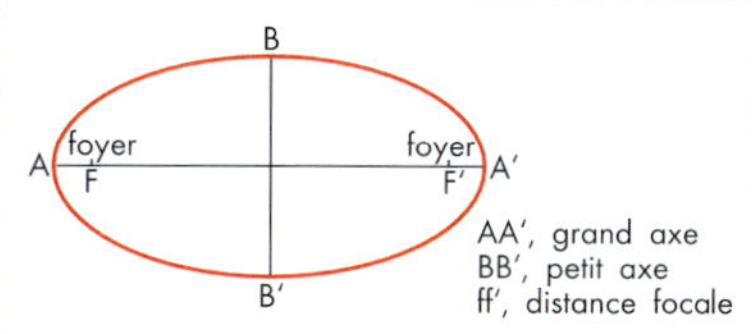

ellipse

ELLIPSOÏDAL, E, AUX adj. Qui a la forme d'un ellipsoïde.

ELLIPSOÏDE n.m. MATH. Surface dont toutes les sections planes sont des ellipses. *L'ellipsoïde est une quadrique.* ◇ *Ellipsoïde de révolution,* engendré par la rotation d'une ellipse autour d'un de ses axes.

ELLIPTIQUE adj. **1.** Qui procède par sous-entendus. ◇ LING. Qui comporte une ellipse. **2.** BX-A. *Style elliptique :* style graphique qui rejette les détails, qui va à l'essentiel de la forme. **3.** MATH. Relatif à l'ellipse. *Trajectoire elliptique.*

ELLIPTIQUEMENT adv. Par ellipse, par sous-entendus. *Parler elliptiquement.*

ÉLOCUTION n.f. (lat. *elocutio,* de *eloqui,* parler). Manière dont on s'exprime oralement. *Élocution facile, lente, rapide.*

ÉLODÉE ou **HÉLODÉE** n.f. (gr. *helôdês,* marécageux). Petite plante d'eau douce originaire du Canada, souvent plantée en aquarium. (Famille des hydrocharidacées.)

ÉLOGE n.m. (lat. *elogium*). Paroles ou écrit à la louange de qqn, de qqch. *Faire l'éloge d'un élève.*

ÉLOGIEUSEMENT adv. De façon élogieuse.

ÉLOGIEUX, EUSE adj. Rempli de louanges, flatteur, louangeur. *Discours élogieux.*

ÉLOIGNÉ, E adj. Qui est loin dans le temps ou dans l'espace. *Quartier éloigné du centre.* ◇ *Parent éloigné,* avec qui la personne considérée a des liens de parenté indirects.

ÉLOIGNEMENT n.m. Action d'éloigner, de s'éloigner ; fait d'être éloigné.

ÉLOIGNER v.t. (de *loin*). Mettre, envoyer plus loin dans l'espace ou dans le temps ; écarter, reporter. *Éloigner les enfants du feu. Éloigner une date, des soupçons.* ◇ *Être éloigné de faire qqch :* ne pas y être porté. ◆ **s'éloigner** v.pr. Accroître la distance entre soi et qqn, qqch. *S'éloigner de sa famille. S'éloigner de son sujet.*

ÉLONGATION n.f. (bas lat. *elongatio,* éloignement). **1.** ASTRON. Distance angulaire d'un astre au Soleil, pour un observateur situé sur la Terre. **2.** PHYS. Abscisse, à un moment donné, d'un point animé d'un mouvement vibratoire. (Sa valeur maximale est l'amplitude.) **3.** MÉD. Allongement accidentel ou thérapeutique d'un muscle, d'un nerf, d'un tendon, etc. ; lésion produite par ce traumatisme.

ÉLONGER v.t. (de *long*) [17]. **1.** MAR. Étendre, étirer dans le sens de la longueur (un câble, un cordage, etc.). **2.** MÉD. Distendre, étirer (un ligament, un nerf).

ÉLOQUEMMENT adv. Litt. Avec éloquence.

ÉLOQUENCE n.f. (lat. *eloquentia*). **1.** Art, talent de bien parler, de convaincre, d'émouvoir par la parole. **2.** Caractère de ce qui est expressif, significatif, probant. *L'éloquence des chiffres.*

ÉLOQUENT, E adj. (lat. *eloquens*). **1.** Qui a l'art de convaincre par la parole ; convaincant, persuasif. *Un orateur éloquent. Parler en termes éloquents.* **2.** Expressif, significatif, révélateur. *Chiffres éloquents. Silence éloquent.*

ÉLU, E n. **1.** Personne désignée par une élection. *Les élus du suffrage universel.* **2.** Personne qui fait l'objet d'une préférence sentimentale. *C'est elle l'élue de son cœur.* **3.** HIST. Sous l'Ancien Régime, officier chargé de la taille et des aides dans une élection. **4.** RELIG. Personne, peuple prédestiné par Dieu au salut.

ÉLUCIDATION n.f. Action d'élucider ; explication, éclaircissement.

ÉLUCIDER v.t. (bas lat. *elucidare,* de *lucidus,* clair). Rendre clair, expliquer ce qui était complexe, confus, obscur ; clarifier, éclaircir. *Élucider un mystère.*

ÉLUCUBRATION n.f. Résultat de recherches laborieuses et souvent dépourvues de sens ; divagation, extravagance. *Ses théories ne sont que pures élucubrations.*

ÉLUCUBRER v.t. (lat. *elucubrare,* travailler à la lampe). Litt. Produire des réflexions déraisonnables, extravagantes.

ÉLUDER v.t. (lat. *eludere,* se jouer de). Éviter, se soustraire adroitement à ; escamoter. *Éluder une difficulté.*

ÉLUSIF, IVE adj. Litt. Qui élude, détourne habilement. *Réponse élusive.*

ÉLUTION n.f. CHIM. Séparation de corps adsorbés par lavage progressif.

ÉLUVIAL, E, AUX adj. Relatif aux éluvions.

ÉLUVION n.f. (lat. sc. *eluvium,* d'apr. *alluvion*). GÉOL. Fragments d'une roche restés sur place après la désagrégation de celle-ci.

1. ÉLYSÉEN, ENNE adj. Litt. Relatif aux Champs Élysées, séjour des bienheureux dans la mythologie gréco-romaine.

2. ÉLYSÉEN, ENNE adj. Fam. De la présidence de la République (qui se trouve au palais de l'Élysée, à Paris).

élodée

ÉLYTRE n.m. (gr. *elutron,* étui). ZOOL. Aile antérieure, dure, des coléoptères et des orthoptères, ne battant pas pendant le vol, mais protégeant au repos l'aile postérieure membraneuse.

ELZÉVIR n.m. **1.** Volume imprimé ou publié par les Elzévir, famille d'imprimeurs des XVIe et XVIIe s. **2.** Famille de caractères typographiques à empattements triangulaires.

ELZÉVIRIEN, ENNE adj. Relatif aux elzévirs.

ÉMACIATION n.f. ou **ÉMACIEMENT** n.m. Litt. Amaigrissement extrême.

ÉMACIÉ, E adj. Litt. Très amaigri.

ÉMACIER v.t. (lat. *emaciere,* de *macies,* maigreur). Litt. Amaigrir, rendre maigre. ◆ **s'émacier** v.pr. Litt. Devenir très maigre.

ÉMAIL n.m. (francique *smalt*). **I.** (Pl. *émaux*). **1.** Substance vitreuse, opaque ou transparente, fondue à chaud, dont on recouvre certaines matières pour leur donner de l'éclat ou les colorer d'une façon inaltérable. **2.** Matériau émaillé. *Casserole en émail.* **3.** Objet d'art, le plus souvent métallique, décoré d'émaux (cloisonnés, champlevés, sur basse-taille, peints). **4.** HÉRALD. Chacune des couleurs du blason. *Dans les émaux, on distingue les métaux, les couleurs et les fourrures.* **II.** (Pl. *émails*). Substance dure et blanche qui, chez l'homme et divers animaux, recouvre la couronne des dents.

Coupe à décor de kakis ; **émaux** cloisonnés sur bronze. Chine, fin du XVe s. (Musée des Arts décoratifs, Paris.)

Le Cheval de Troie. Plaque en **émail** peint. Art limousin, v. 1530. (Louvre, Paris.)

ÉMAILLAGE n.m. Action d'émailler (les métaux, les céramiques, le verre, etc.) ; son résultat.

ÉMAILLER v.t. **1.** Appliquer de l'émail sur un objet, une surface. **2.** Litt. Parsemer d'ornements. *Émailler un discours de citations.*

ÉMAILLERIE n.f. Art de décorer avec des émaux ; produits de cet art.

ÉMAILLEUR, EUSE n. Professionnel de l'émaillage, de l'émaillerie.

ÉMAILLURE n.f. **1.** Vx. Art d'émailler. **2.** Ouvrage émaillé.

ÉMANATION n.f. (lat. *emanatio*). **1.** Odeur, exhalaison qui se dégagent de certains corps. *Des émanations de gaz.* **2.** Fig. Ce qui procède de qqch ; expression, manifestation. *Émanation du pouvoir.* **3.** CHIM. Corps simple gazeux provenant de la désintégration du radium, du thorium et de l'actinium, et appelé, suivant le cas, *radon, thoron* ou *actinon.*

ÉMANCHÉ n.m. HÉRALD. Partition de l'écu engendrée par une ligne en zigzag qui le traverse de part en part.

ÉMANCIPATEUR, TRICE adj. Propre à émanciper. *Idées émancipatrices.*

ÉMANCIPATION n.f. **1.** Action d'émanciper, de s'émanciper ; son résultat. **2.** DR. Décision judiciaire, ou effet légal du mariage, qui confère à un mineur, assimilé à un majeur, la pleine capacité juridique.

ÉMANCIPÉ, E adj. et n. **1.** Affranchi de toute contrainte. **2.** DR. Se dit d'un mineur qui a fait l'objet d'une émancipation.

ÉMANCIPER v.t. (lat. *emancipare*). **1.** Rendre libre, affranchir d'une domination, d'un état de dépendance. *Émanciper un peuple.* **2.** DR. Conférer l'émancipation à un mineur. ◆ **s'émanciper** v.pr. S'affranchir des contraintes sociales ou morales ; se libérer.

ÉMANER v.t. ind. **[*de*]** (lat. *emanare,* découler). **1.** Se dégager, s'exhaler d'un corps ou d'un objet. *La lumière qui émane du soleil.* **2.** Provenir, tirer son origine de. *Cette lettre émane de la préfecture. Le pouvoir émane du peuple.*

ÉMARGEMENT n.m. **1.** Action d'émarger. **2.** Ce qui est émargé ou porté en marge.

ÉMARGER v.t. 17. **1.** Rogner ou diminuer la marge de. *Émarger une estampe.* **2.** Apposer sa signature pour prouver sa présence à une réunion, qu'on a eu connaissance d'un document, etc. ◆ v.t. ind. ***(à).*** Recevoir le traitement affecté à un emploi. *Émarger au budget d'une administration.*

ÉMASCULATION n.f. **1.** Castration d'un mâle. **2.** Litt. Affaiblissement, privation de force.

ÉMASCULER v.t. (lat. *emasculare,* de *masculus,* mâle). **1.** Priver (un mâle) des organes de la reproduction ; castrer, châtrer. **2.** Litt. Priver de sa force, affaiblir. *Émasculer un texte.*

ÉMAUX n.m. pl. → ***émail.***

EMBÂCLE n.m. (de l'anc. fr. *embâcler,* embarrasser). Obstruction du lit d'un cours d'eau par amoncellement de glaçons. CONTR. : *débâcle.*

EMBALLAGE n.m. **1.** Action d'emballer. **2.** Tout ce qui sert à emballer (papier, carton, caisse). *Brûler les emballages.* ◇ *Emballage perdu,* qui ne sert commercialement qu'une seule fois.

EMBALLEMENT n.m. **1.** Action, fait de s'emballer ; enthousiasme. **2.** MÉCAN. Régime anormal d'une machine qui s'emballe.

EMBALLER v.t. **1.** Mettre dans un emballage. *Emballer des verres.* **2.** Fam. Remplir d'admiration ; enthousiasmer, enchanter. *Ce film m'a emballé.* **3.** *Emballer un moteur,* le faire tourner à un régime excessif. ◆ **s'emballer** v.pr. **1.** S'emporter, en parlant d'un cheval. **2.** MÉCAN. En parlant d'une machine, d'un appareil, prendre un régime de marche excessif et dangereux. **3.** Fam. Se laisser emporter par la colère, l'enthousiasme, l'impatience, etc.

EMBALLEUR, EUSE n. Personne spécialisée dans l'emballage des marchandises.

EMBARBOUILLER v.t. Fam. Troubler, faire perdre le fil de ses idées à. ◆ **s'embarbouiller** v.pr. Fam. S'empêtrer, s'embarrasser. *S'embarbouiller dans ses explications.*

EMBARCADÈRE n.m. (esp. *embarcadero*). Môle, jetée, appontement permettant l'embarquement ou le débarquement des marchandises et des voyageurs.

EMBARCATION n.f. (esp. *embarcación*). Tout bateau de petite taille.

EMBARDÉE n.f. (du prov. *embarda,* embourber). **1.** Écart brusque fait par un véhicule, par l'effet d'un obstacle ou d'une réaction vive du conducteur. **2.** MAR. Brusque changement de direction d'un bateau, sous l'effet du vent, de la mer ou d'une manœuvre.

EMBARGO n.m. (mot esp.). **1.** Défense faite provisoirement à un navire étranger de quitter un port. *Lever l'embargo.* **2.** Mesure administrative visant à empêcher l'exportation d'une marchandise, la libre circulation d'un objet. *Mettre l'embargo sur une publication.*

EMBARQUEMENT n.m. **1.** Action d'embarquer, de s'embarquer. **2.** Inscription d'un marin sur le rôle d'équipage, d'un passager sur le registre de bord.

EMBARQUER v.t. **1.** Faire monter à bord d'un navire, dans un véhicule ; charger. *Embarquer du matériel, des passagers.* **2.** En parlant d'un bateau, prendre de l'eau par-dessus bord (en partic., en recevant une lame qui déferle sur le pont). **3.** Fam. Emporter avec soi ou voler. *Ils ont embarqué tous les bijoux.* **4.** Fam. Conduire au commissariat ou en prison. *Se faire embarquer par la police.* **5.** Fam. Engager, entraîner dans une affaire difficile. *Se laisser embarquer dans un procès.* ◆ v.i. **1.** Monter à bord d'un bateau, d'un avion, d'un véhicule. **2.** Pénétrer dans un bateau par-dessus bord, en parlant de l'eau, des vagues. ◆ **s'embarquer** v.pr. **1.** Monter à bord d'un bateau, d'un avion, etc. **2.** Fam. S'engager dans une affaire compliquée ou risquée.

EMBARRAS n.m. **1.** Perplexité, incertitude, irrésolution. *Ce problème me met dans l'embarras.* **2.** Obstacle qui s'oppose à l'action de qqn, qui gêne la réalisation de qqch. *Créer des embarras à qqn.* ◇ *Faire de l'embarras, des embarras :* faire des manières, ou des histoires. **3.** Situation difficile, gêne qui en résulte. *Tirer qqn d'embarras. Embarras financiers.* **4.** *Embarras gastrique :* ensemble de troubles gastro-intestinaux de nature et de durée variables, observés souvent après un repas trop copieux.

EMBARRASSANT, E adj. Qui embarrasse. *Colis, problème embarrassant.*

EMBARRASSÉ, E adj. **1.** Qui éprouve ou manifeste de la gêne, de l'embarras. **2.** *Avoir l'estomac embarrassé :* avoir un embarras gastrique.

EMBARRASSER v.t. (esp. *embarazar*). **1.** Encombrer, prendre trop de place. *Ces paquets embarrassent le couloir.* **2.** Gêner les mouvements de. *Cette robe longue m'embarrasse pour monter l'escalier.* **3.** Mettre dans l'embarras, gêner, déconcerter. *Votre question m'embarrasse.* ◆ **s'embarrasser** v.pr. **1.** S'encombrer. *S'embarrasser de vieux papiers.* **2.** Se soucier, se préoccuper, tenir compte de. *Ne pas s'embarrasser de scrupules inutiles.*

EMBARRER v.i. (de *barre*). Placer un levier sous un fardeau pour le soulever. ◆ **s'embarrer** v.pr. Passer la jambe de l'autre côté de la barre ou du bat-flanc, en parlant d'un cheval à l'écurie.

EMBARRURE n.f. Fracture de la voûte du crâne avec déplacement d'un fragment osseux.

EMBASE n.f. (de *base*). Partie d'une pièce servant d'appui, de support à une autre pièce.

EMBASEMENT n.m. ARCHIT. Empattement.

EMBASTILLER v.t. **1.** Anc. Emprisonner à la Bastille. **2.** Litt. ou par plais. Mettre en prison.

EMBATTAGE n.m. Fixation à chaud du bandage métallique d'une roue de voiture hippomobile.

EMBATTRE v.t. (de *battre*) 83. Faire l'embattage.

EMBAUCHAGE n.m. Action d'embaucher ; embauche. *L'embauchage de journaliers.*

EMBAUCHE n.f. **1.** Embauchage. **2.** Possibilité d'offrir un emploi, un travail.

EMBAUCHER v.t. **1.** Engager un salarié, passer avec lui un contrat de travail. **2.** Fam. Entraîner qqn avec soi dans une occupation quelconque. *Je t'embauche pour la vaisselle.*

EMBAUCHOIR n.m. Ustensile muni d'un ressort, que l'on introduit dans une chaussure pour la tendre et lui garder ainsi sa forme.

EMBAUMEMENT n.m. **1.** Action d'embaumer un cadavre. **2.** Conservation artificielle des cadavres à des fins scientifiques.

EMBAUMER v.t. (de *baume*). **1.** Traiter un cadavre par des substances qui le préservent de la corruption. **2.** Remplir d'une odeur agréable, parfumer. *La lavande embaume le linge.* ◆ v.i. Répandre une odeur agréable, sentir bon.

EMBAUMEUR n.m. Celui qui fait métier d'embaumer les corps.

EMBECQUER v.t. (de *bec*). **1.** Donner la becquée à un oiseau. **2.** Gaver (une volaille).

EMBÉGUINER v.t. Vx. Coiffer d'un béguin. ◆ **s'embéguiner** v.pr. Vx ou litt. S'enticher, s'éprendre.

EMBELLIE n.f. **1.** MAR. Amélioration passagère de l'état de la mer ou diminution de la force du vent. 2. Fig. Amélioration momentanée dans une période agitée. *Mettre à profit l'embellie économique.*

EMBELLIR v.t. 1. Rendre beau ou plus beau. *Embellir sa maison.* 2. Faire paraître plus beau ; flatter. *Cette coiffure l'embellit.* 3. Présenter qqch sous un plus bel aspect que la réalité. *Ne cherchez pas à embellir la situation.* ◆ v.i. Devenir beau ou plus beau. ◇ *Ne faire que croître et embellir :* devenir de plus en plus important.

EMBELLISSEMENT n.m. 1. Action d'embellir. 2. Élément qui embellit.

EMBERLIFICOTER v.t. Fam. 1. Faire tomber dans un piège, tromper. *Emberlificoter un client.* 2. Embrouiller. ◆ **s'emberlificoter** v.pr. Fam. S'empêtrer, s'embarrasser dans qqch.

EMBERLIFICOTEUR, EUSE n. Personne qui cherche à emberlificoter les autres.

EMBÊTANT, E adj. Fam. Ennuyeux.

EMBÊTEMENT n.m. Fam. Ce qui embête ; ennui, tracas.

EMBÊTER v.t. Fam. 1. Ennuyer, importuner vivement ; contrarier. 2. Agacer, taquiner.

EMBIELLAGE n.m. 1. Opération de montage des bielles d'un moteur alternatif. 2. Ensemble des bielles montées.

EMBLAVAGE n.m. AGRIC. Action d'emblaver.

EMBLAVE n.f. AGRIC. Rare. Terre où du blé a été nouvellement semé.

EMBLAVER v.t. (de *blé*). AGRIC. Ensemencer une terre en blé, ou en toute autre graine.

EMBLAVURE n.f. AGRIC. Terre emblavée.

EMBLÉE (D') loc. adv. (anc. fr. *embler ;* du lat. *involare,* se précipiter sur). Du premier coup, dès le premier effort ; aussitôt, immédiatement.

EMBLÉMATIQUE adj. Qui a le caractère d'un emblème ; allégorique.

EMBLÈME n.m. (gr. *emblêma,* ornement en relief). 1. Figure symbolique généralement accompagnée d'une devise. 2. Attribut, être animé ou objet concret destiné à symboliser une notion abstraite ou à représenter une collectivité, un métier, une personne, etc. *La colombe est l'emblème de la paix.*

EMBOBELINER v.t. (anc. fr. *bobelin,* chaussure grossière). Fam. Enjôler, séduire par des paroles insidieuses ; embobiner.

EMBOBINER v.t. (altér. de *embobeliner,* avec infl. de *bobine*). 1. Enrouler autour d'une bobine. *Embobiner du fil.* 2. Fam. Séduire pour tromper ; enjôler, embobeliner. *Se laisser embobiner par un discours.*

EMBOÎTABLE adj. Qui peut s'emboîter.

EMBOÎTAGE n.m. 1. Action de mettre en boîte. 2. Couverture supplémentaire rigide, mobile, destinée à recevoir un livre de luxe. 3. REL. Réunion du corps de l'ouvrage et de la couverture.

EMBOÎTEMENT n.m. Assemblage de deux choses qui s'emboîtent l'une dans l'autre.

EMBOÎTER v.t. 1. Assembler, ajuster deux pièces en les faisant entrer l'une dans l'autre. *Emboîter des tuyaux.* ◇ *Emboîter le pas à qqn :* marcher juste derrière qqn ; modeler son attitude sur qqn, l'imiter docilement. 2. REL. Procéder à l'emboîtage d'un livre. ◆ **s'emboîter** v.pr. Prendre place exactement l'un dans l'autre.

EMBOÎTURE n.f. 1. Endroit où des pièces s'emboîtent. 2. Mode d'emboîtement.

EMBOLE ou **EMBOLUS** [-lys] n.m. (gr. *embolos,* piston). MÉD. Corps étranger qui, entraîné par la circulation, oblitère un vaisseau et provoque une embolie.

EMBOLIE n.f. (gr. *embolê,* irruption). Oblitération brusque d'un vaisseau sanguin par un caillot ou un corps étranger véhiculé par le sang. – *Embolie gazeuse :* embolie causée par la migration de bulles de gaz accompagnant une brusque décompression de l'air respiré, ou pénétrant par une plaie d'un vaisseau.

EMBOLISME n.m. (gr. *embolismos,* [jour] intercalaire). Dans le calendrier grec antique, mois supplémentaire destiné à faire coïncider l'année lunaire et l'année solaire.

EMBOLUS n.m. → ***embole.***

EMBONPOINT n.m. (de *en bon point,* en bonne santé). Surcharge de graisse ; état d'une personne un peu grasse, bien en chair. *Avoir de l'embonpoint.* – *Prendre de l'embonpoint :* grossir.

EMBOSSAGE n.m. 1. MAR. Action d'embosser un navire ; position du navire embossé. 2. Impression en relief, sur une carte de paiement, de l'identification du titulaire.

EMBOSSER v.t. 1. MAR. Maintenir un navire à l'ancre dans une direction déterminée. 2. Réaliser l'embossage d'une carte.

EMBOSSURE n.f. MAR. Amarre servant à embosser un navire.

EMBOUAGE n.m. MIN. Action d'embouer.

EMBOUCHE n.f. 1. Engraissement du bétail, en partic. des bovins, sur prairies. 2. Prairie fertile pour l'engraissement des bestiaux. (On dit aussi *pré d'embouche.*)

EMBOUCHÉ, E adj. Fam. *Mal embouché,* désagréable, grossier dans ses paroles, dans ses actes.

EMBOUCHER v.t. Porter à ses lèvres un instrument à vent, afin d'en tirer des sons. ◇ Fig., litt. *Emboucher la trompette :* prendre un ton élevé ; annoncer qqch à grand bruit.

EMBOUCHOIR n.m. ARM. Douille métallique utilisée pour réunir le canon au fût d'une arme à feu.

EMBOUCHURE n.f. 1. Partie terminale d'un fleuve, endroit où il se jette dans la mer. 2. Partie du mors placée dans la bouche du cheval ; partie de la bouche du cheval sur laquelle porte le mors. 3. MUS. Partie d'un instrument à vent que l'on porte à la bouche.

EMBOUER v.i. MIN. Injecter une boue très fluide dans un massif de charbon afin de lutter contre les feux et les échauffements.

EMBOUQUEMENT n.m. MAR. 1. Action d'embouquer. 2. Entrée d'une passe, d'un canal resserré, d'un détroit.

EMBOUQUER v.i. et t. MAR. S'engager dans une passe étroite, un canal, un détroit.

EMBOURBER v.t. Engager dans la boue, dans un bourbier. *Embourber une voiture.* ◆ **s'embourber** v.pr. 1. S'enfoncer dans la boue, dans un bourbier. 2. Fig. S'empêtrer dans une affaire difficile. *S'embourber dans les contradictions.*

EMBOURGEOISEMENT n.m. Fait de s'embourgeoiser, d'être embourgeoisé.

EMBOURGEOISER v.t. Donner à qqn les caractères, le genre de vie propres à la bourgeoisie. ◆ **s'embourgeoiser** v.pr. 1. Prendre les manières, les préjugés bourgeois. 2. Comporter de plus en plus d'habitants bourgeois, aisés. *Quartier qui s'embourgeoise.*

EMBOURRER v.t. Garnir de bourre.

EMBOURRURE n.f. 1. Action d'embourrer. 2. Grosse toile pour couvrir la matière dont on embourre certains meubles.

EMBOUT n.m. (de *bout*). 1. Garniture de métal qui protège le bout d'une canne, d'un parapluie, etc. 2. Élément disposé en bout de pièce et permettant l'assemblage avec un autre élément. 3. Extrémité d'une seringue sur laquelle s'emboîte l'aiguille.

EMBOUTEILLAGE n.m. 1. Mise en bouteilles. 2. Affluence de véhicules, de personnes qui encombrent ou obstruent une voie de communication, un lieu ; encombrement.

EMBOUTEILLER v.t. 1. Mettre en bouteilles. 2. Obstruer un lieu, une voie, y gêner la circulation par un trop grand nombre de véhicules, de personnes ou d'objets.

EMBOUTIR v.t. (de *en* et *bout*). 1. Heurter violemment en défonçant ou en déformant. *Emboutir l'aile d'une voiture.* 2. Marteler, comprimer à chaud ou à froid une pièce de métal pour lui donner une forme déterminée.

EMBOUTISSAGE n.m. Action d'emboutir.

EMBOUTISSEUR, EUSE n. Ouvrier, ouvrière spécialisé(e) dans l'emboutissage des pièces métalliques.

EMBOUTISSEUSE n.f. Machine, outil qui sert à emboutir.

EMBRANCHEMENT n.m. 1. Division en branches, en rameaux d'un tronc et, par ext., d'une voie, d'un conduit, etc. ; point de rencontre de ces voies. 2. Division principale du règne animal ou du règne végétal, partagée en classes.

EMBRANCHER v.t. Raccorder (une voie, une canalisation, etc.) à une branche existante. ◆ **s'embrancher** v.pr. Se raccorder. *La bretelle s'embranche sur l'autoroute.*

EMBRAQUER v.t. MAR. Raidir (un cordage).

EMBRASEMENT n.m. Litt. 1. Action d'embraser ; fait de s'embraser ; grand incendie. 2. Ardente clarté rougeoyante. *L'embrasement du ciel au soleil couchant.*

EMBRASER v.t. (de *braise*). Litt. 1. Incendier. *Le feu a embrasé la paille.* 2. Par ext. Rendre très chaud. *Le soleil d'août embrase l'air.* 3. Illuminer de lueurs rouges. *Le soleil couchant embrase le ciel.* 4. Fig. Remplir de ferveur, d'une passion ardente. *L'amour embrasait son cœur.* ◆ **s'embraser** v.pr. Litt. Prendre feu ; s'illuminer, s'exalter.

EMBRASSADE n.f. (Souvent au pl.). Action de deux personnes qui s'embrassent.

EMBRASSE n.f. (de *embrasser*). Cordon, bande de tissu qui retient un rideau.

1. EMBRASSÉ, E adj. 1. HÉRALD. *Écu embrassé,* partagé par un triangle dont la pointe touche le milieu d'un des flancs. 2. MÉTR. *Rimes embrassées :* rimes masculines et féminines se succédant suivant l'ordre *abba.*

2. EMBRASSÉ n.m. HÉRALD. Partition d'un écu embrassé.

EMBRASSEMENT n.m. Litt. Embrassade.

EMBRASSER v.t. 1. Litt. Prendre, serrer (qqn, qqch) dans ses bras. 2. Donner un, des baisers à. 3. Fig. Adopter (une opinion, un parti, etc.), choisir (un métier). *Embrasser une carrière.* 4. Litt. Saisir (qqch) par la pensée ; appréhender. *Embrasser toutes les données d'un problème.* ◇ *Embrasser du regard :* voir dans son ensemble. 5. Contenir, englober. *Roman qui embrasse un siècle d'histoire.* ◆ **s'embrasser** v.pr. Se donner des baisers.

EMBRASSEUR, EUSE n. et adj. Rare. Personne qui a la manie d'embrasser.

EMBRASURE [-zyr] n.f. 1. Ouverture dans le mur d'une fortification pour permettre le tir. 2. Espace libre aménagé dans l'épaisseur d'un mur pour recevoir une porte, une fenêtre.

EMBRAYAGE n.m. 1. Action d'embrayer. 2. Mécanisme permettant d'embrayer. *Pédale d'embrayage.*

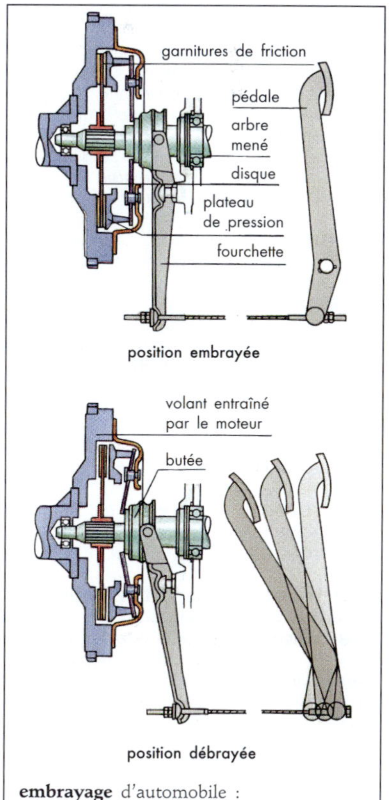

embrayage d'automobile : principe de fonctionnement

EMBRAYER [ɑ̃brɛje] v.t. (de *braie,* traverse de bois) [11]. MÉCAN. Mettre en liaison (une pièce mobile, un mécanisme) avec l'arbre moteur. ◇ Absolt. Établir la liaison entre l'arbre entraîné et l'arbre moteur d'un véhicule automobile. *Embrayer après avoir passé la première.* ◆ v.t. ind. Fam. *Embrayer sur :* entreprendre, attaquer ; commencer à parler de.

EMBRAYEUR n.m. LING. Unité linguistique dont la propriété est de mettre en rapport le message linguistique et la réalité extralinguistique (ce sont par ex. certains pronoms [je, tu], les déictiques, les catégories de temps et de mode, etc.).

EMBRÈVEMENT n.m. TECHN. Assemblage de deux pièces de bois dont l'une est oblique par rapport à l'autre.

EMBREVER [ɑ̃brəve] v.t. [19]. TECHN. Assembler par embrèvement.

EMBRIGADEMENT n.m. Action d'embrigader ; fait d'être embrigadé.

EMBRIGADER v.t. **1.** MIL. Grouper (des hommes, des troupes) pour former une brigade. **2.** Faire entrer, par contrainte ou persuasion, dans une association, un parti, un groupe quelconque ; recruter. *Embrigader des partisans.*

EMBRINGUER v.t. Fam. Engager dans une situation qui risque de créer des difficultés. *On l'a embringué dans une sale affaire.*

EMBROCATION n.f. (gr. *embrokhê,* action d'arroser). Préparation huileuse légèrement révulsive utilisée pour le massage des muscles. Abrév. (fam.) : *embroc* [ɑ̃brɔk].

EMBROCHEMENT n.m. Action d'embrocher.

EMBROCHER v.t. **1.** Enfiler une volaille, une pièce de viande sur une broche, pour la faire cuire. **2.** Fam. Transpercer d'un coup d'épée.

EMBROUILLAGE n.m. → ***embrouillement.***

EMBROUILLAMINI n.m. Fam. Grande confusion, désordre.

EMBROUILLE n.f. Fam. Action d'embrouiller pour tromper, désordre destiné à tromper ; situation confuse, peu claire.

EMBROUILLEMENT ou **EMBROUILLAGE** n.m. Action d'embrouiller ; fait d'être embrouillé, confusion. *L'embrouillement d'une affaire.*

EMBROUILLER v.t. **1.** Mettre en désordre, emmêler. *Embrouiller du fil.* **2.** Compliquer, rendre obscur. *Embrouiller une question.* ◇ *Embrouiller qqn,* lui faire perdre le fil de ses idées. ◆ **s'embrouiller** v.pr. Perdre le fil de ses idées, s'embarrasser.

EMBROUSSAILLER v.t. **1.** Couvrir de broussailles. **2.** Fig. Donner l'aspect de broussailles à ; emmêler. *Le vent a embroussaillé ses cheveux.*

EMBRUINÉ, E adj. Couvert de bruine.

EMBRUMER v.t. **1.** Envelopper de brume, de brouillard. **2.** Fig. Rendre confus, obscurcir. *Les vapeurs de l'alcool lui embrumaient le cerveau.* **3.** Fig. Voiler, attrister. *Nostalgie qui embrume le regard.*

EMBRUN n.m. (mot prov.). [Surtout au pl.]. Pluie fine formée par l'écrêtement des vagues par le vent.

EMBRYOCARDIE n.f. MÉD. Modification du rythme cardiaque donnant à l'auscultation la sensation des bruits du cœur fœtal.

EMBRYOGENÈSE ou **EMBRYOGÉNIE** n.f. (gr. *embruon,* embryon, et *gennan,* engendrer). BIOL. Formation et développement d'un organisme animal ou végétal du stade de l'embryon à la naissance, à l'éclosion.

EMBRYOGÉNIQUE adj. Relatif à l'embryogenèse.

EMBRYOLOGIE n.f. Science qui traite de l'embryogenèse.

EMBRYOLOGIQUE adj. Relatif à l'embryologie.

EMBRYOLOGISTE ou **EMBRYOLOGUE** n. Spécialiste d'embryologie.

EMBRYON n.m. (gr. *embruon*). **1.** Organisme en voie de développement, depuis l'œuf fécondé jusqu'à la réalisation d'une forme capable de vie autonome et active (larve, poussin, etc.). [Chez l'homme, on appelle *fœtus* l'embryon de plus de trois mois. Chez les phanérogames, le terme d'*embryon* désigne les stades qui aboutissent à la formation de la plantule.] **2.** Commencement, germe, ébauche. *Un embryon d'organisation.*

EMBRYONNAIRE adj. **1.** De l'embryon. ◇ BOT. *Sac embryonnaire :* ensemble de cellules contenues dans l'ovule des angiospermes et représentant le prothalle femelle. **2.** Fig. En germe, rudimentaire. *Projet embryonnaire.*

EMBRYOPATHIE n.f. MÉD. Maladie qui atteint l'embryon et provoque une malformation.

EMBRYOSCOPIE n.f. MÉD. Technique de vision directe de l'embryon *in utero,* au moyen d'un endoscope introduit par le col utérin.

1. EMBU, E adj. (du v. *emboire,* s'imprégner de). PEINT. Qui présente un, des embus.

2. EMBU n.m. Aspect mat et terne de tout ou partie de la surface d'une peinture à l'huile, lorsque l'huile a été absorbée par le support.

EMBÛCHE n.f. (Surtout au pl.). Difficulté, obstacle, traquenard. *Tendre, dresser des embûches.*

EMBUER v.t. **1.** Couvrir de buée. **2.** Couvrir comme d'une buée. *Yeux que les larmes embuent, embués de larmes.*

EMBUSCADE n.f. (it. *imboscata,* de *bosco,* bois). Manœuvre qui consiste à se cacher pour attaquer par surprise un ennemi en mouvement. *Tomber dans une embuscade.*

EMBUSQUÉ n.m. Militaire occupant un poste loin du front.

EMBUSQUER v.t. (de l'it. *bosco,* bois). **1.** Mettre (qqn) en embuscade. **2.** Affecter à un emploi, à un poste à l'abri du danger des combats. ◆ **s'embusquer** v.pr. **1.** Se poster en embuscade ; se dissimuler pour éviter d'être vu. **2.** Se faire affecter dans un poste à l'abri du danger, en parlant d'un soldat en temps de guerre.

EMBUVAGE n.m. TEXT. Raccourcissement des fils de la chaîne par le tissage.

ÉMÉCHÉ, E adj. Fam. Légèrement ivre.

ÉMÉCHER v.t. [18]. Fam. Rendre un peu ivre.

ÉMERAUDE n.f. (gr. *smaragdos*). Pierre précieuse verte, variété de béryl. ◆ adj. inv. et n.m. D'une couleur verte semblable à l'émeraude.

ÉMERGÉ, E adj. Qui émerge. *Roches émergées.*

ÉMERGEMENT n.m. Litt. Action, fait d'émerger.

ÉMERGENCE n.f. **1.** Sortie d'un liquide, d'un fluide, d'un rayonnement hors d'un milieu. *Émergence d'une source.* **2.** Apparition plus ou moins soudaine d'une idée, d'un fait social, politique, économique. *L'émergence de l'idée de tolérance au* XVIII*e siècle.*

ÉMERGENT, E adj. **1.** ÉCON. *Pays émergent,* qui se distingue des autres pays en voie de développement par des résultats macroéconomiques (production industrielle, emploi) supérieurs et un taux de croissance élevé. **2.** OPT. Qui sort d'un milieu après l'avoir traversé.

ÉMERGER v.i. (lat. *emergere,* sortir de l'eau) [17]. **1.** Sortir d'un milieu liquide et apparaître à la surface. **2.** Fig. **a.** Se montrer, se manifester. *Une idée émerge de la discussion.* **b.** Retenir l'attention par sa qualité, son niveau. *Dissertation qui émerge du lot.* **3.** Fam. **a.** Sortir du sommeil. **b.** Sortir d'une situation difficile.

ÉMERI n.m. (bas lat. *smyris*). Roche qui contient une forte proportion de corindon, dont la poudre est utilisée comme abrasif. – *Papier, toile (d') émeri,* enduits d'une préparation à base de poudre d'émeri et servant à polir. – *Bouchon à l'émeri :* bouchon de verre poli à l'émeri sur le flacon pour que le bouchage soit absolument hermétique. ◇ Fam. *Bouché à l'émeri :* complètement borné, stupide.

ÉMERILLON n.m. (du francique). **1.** Petit faucon très vif qui hiverne en Europe occidentale, utilisé autref. en fauconnerie. **2.** Crochet ou boucle rivés par une petite tige dans un anneau, de manière à y tourner librement.

ÉMERILLONNÉ, E adj. Litt. Vif, alerte.

ÉMERISER v.t. TECHN. Couvrir (une meule, une toile) d'émeri.

ÉMÉRITAT n.m. Belgique. Prérogatives attachées au magistrat ou au professeur émérite.

ÉMÉRITE adj. (lat. *emeritus,* qui a accompli son service militaire). **1.** Qui, par sa longue pratique, est d'une remarquable habileté ; éminent, supérieur, chevronné. **2.** Belgique. Se dit d'un magistrat ou d'un professeur d'université qui conserve son titre et ses émoluments après avoir cessé d'exercer ses fonctions.

ÉMERSION n.f. (lat. *emersus,* sorti de l'eau). **1.** Action, fait d'émerger. **2.** ASTRON. Réapparition d'un astre après une occultation.

ÉMERVEILLEMENT n.m. Fait de s'émerveiller, d'être émerveillé.

ÉMERVEILLER v.t. Inspirer une très vive admiration à.

ÉMÉTINE n.f. CHIM. Alcaloïde de l'ipéca, utilisé comme vomitif et dans le traitement de l'amibiase.

ÉMÉTIQUE adj. et n.m. (du gr. *emein,* vomir). MÉD. Se dit d'une substance qui fait vomir.

1. ÉMETTEUR, TRICE n. et adj. Personne, organisme qui émet de la monnaie, des titres, etc. ◆ adj. Qui émet des signaux, des images. *Station émettrice.*

2. ÉMETTEUR n.m. **1.** Poste d'émission de signaux électromagnétiques porteurs de messages télégraphiques, de sons, d'images. **2.** ÉLECTRON. Jonction semi-conductrice, généralement reliée à la masse, qui avec la base et le collecteur forme un transistor.

ÉMETTEUR-RÉCEPTEUR n.m. (pl. *émetteurs-récepteurs*). Ensemble comprenant un émetteur et un récepteur radioélectriques, souvent avec une antenne et une alimentation communes.

ÉMETTRE v.t. (lat. *emittere*) [84]. **1.** Produire au-dehors (des radiations, des ondes, des vibrations, des sons). **2.** Procéder à la transmission de (un programme de radio, de télévision). **3.** Mettre en circulation (de la monnaie, un chèque) ; proposer au public (un emprunt), etc. **4.** Exprimer, formuler. *Émettre un vœu.* ◆ v.i. Faire une émission de radio, de télévision.

ÉMEU ou **ÉMOU** n.m. (pl. *émeus, émous*). Grand oiseau ratite d'Australie, aux ailes rudimentaires. (Famille des dromicéidés.)

ÉMEUTE n.f. (anc. p. passé de *émouvoir*). Soulèvement populaire spontané.

ÉMEUTIER, ÈRE n. Personne qui participe à une émeute ou qui fomente une émeute.

ÉMIETTEMENT n.m. Action d'émietter ; son résultat. Fait de s'émietter.

ÉMIETTER v.t. **1.** Réduire (qqch, une substance) en miettes, en petits fragments. **2.** Fig. Disperser en tous sens ; éparpiller. *Émietter ses efforts, son attention.*

ÉMIGRANT, E n. et adj. Personne qui émigre.

ÉMIGRATION n.f. **1.** Action d'émigrer ; ensemble des émigrés. ◇ HIST. Départ hors de France des partisans de l'Ancien Régime, des aristocrates, pendant la Révolution. **2.** ZOOL. Migration.

ÉMIGRÉ, E n. et adj. Personne qui a émigré. ◇ HIST. Personne (aristocrate, le plus souvent) qui, entre 1789 et 1799, quitta la France pour échapper à la Révolution.

ÉMIGRER v.i. (lat. *emigrare,* migrer hors de). **1.** Quitter son pays pour s'établir dans un autre ; s'expatrier. **2.** ZOOL. Quitter périodiquement une région pour une autre au climat plus doux, en parlant des animaux ; migrer.

ÉMILIEN, ENNE adj. et n. D'Émilie. ◆ adj. BX-A. *École émilienne :* école artistique qui a parmi ses représentants, en peinture, C. Tura, Corrège, N. Dell' Abate, les Carrache, G. Reni.

ÉMINCÉ n.m. Très fine tranche de viande.

ÉMINCER v.t. [16]. Couper en tranches très fines.

ÉMINEMMENT [-namɑ̃] adv. Au plus haut point ; extrêmement.

ÉMINENCE n.f. **1.** Élévation de terrain. **2.** ANAT. Saillie. **3.** RELIG. Titre d'honneur des cardinaux. ◇ HIST. *L'Éminence grise :* le Père Joseph du Tremblay, conseiller et agent de Richelieu. – (Avec une minuscule). Conseiller qui agit dans l'ombre.

ÉMINENT, E adj. (lat. *eminens,* qui s'élève). Qui est au-dessus du niveau commun ; insigne. *Notre éminent collaborateur. Un rôle éminent.*

ÉMIR n.m. (ar. *amīr*). Gouverneur, prince, dans les pays musulmans.

ÉMIRAT n.m. **1.** Dignité d'émir. **2.** État gouverné par un émir.

1. ÉMISSAIRE n.m. (lat. *emissarius,* de *emittere,* envoyer dehors). Personne chargée d'une mission plus ou moins secrète ou personnelle et que l'on dépêche auprès de qqn.

2. ÉMISSAIRE n.m. (lat. *emissarium,* de *emittere,* émettre). **1.** GÉOGR. Cours d'eau qui prend naissance dans un lac ou qui en évacue les eaux.

2. Fossé ou cours d'eau qui évacue l'eau s'écoulant par ruissellement ou drainage.

3. ÉMISSAIRE adj.m. *Bouc émissaire* → ***bouc.***

ÉMISSIF, IVE adj. (lat. *emissus,* envoyé). PHYS. Qui a la faculté d'émettre des rayonnements.

ÉMISSION n.f. (lat. *emissio*). **1.** PHYS. Production de radiations, d'ondes, etc. **2.** TÉLÉCOMM. **a.** Transmission par les ondes électromagnétiques de sons, d'images. **b.** Programme transmis par la radio, la télévision. **3.** FIN. Mise en circulation de monnaies, de titres, etc. **4.** GÉOL. Sortie d'un volcan de produits solides, liquides ou gazeux. **5.** *Émission de voix :* production de sons articulés.

ÉMISSOLE n.f. (it. *mussolo*). Petit requin comestible, commun en France, appelé couramment *chien de mer.*

EMMAGASINAGE ou **EMMAGASINEMENT** n.m. Action, fait d'emmagasiner.

EMMAGASINER v.t. **1.** Mettre en magasin. **2.** Accumuler, mettre en réserve. *Emmagasiner de l'énergie. Emmagasiner des souvenirs.*

EMMAILLOTEMENT n.m. Action, manière d'emmailloter.

EMMAILLOTER v.t. **1.** Vx. Envelopper (un bébé) dans un lange. **2.** Envelopper complètement (qqch, un objet, une partie du corps) dans un tissu, dans une étoffe.

EMMANCHEMENT n.m. Action, manière d'emmancher ; état de ce qui est emmanché.

EMMANCHER v.t. **1.** Ajuster, monter sur un manche, fixer dans un support approprié. *Emmancher un balai.* **2.** TECHN. Engager une pièce dans une autre avec un jeu d'ajustement donné. ◆ **s'emmancher** v.pr. **1.** S'ajuster. **2.** Fam. Commencer (de telle manière). *L'affaire s'emmanche mal.*

EMMANCHURE n.f. Ouverture d'un vêtement pour y coudre une manche ou laisser passer le bras.

EMMARCHEMENT n.m. **1.** Disposition des marches d'un escalier. **2.** Largeur d'un escalier. **3.** Escalier de quelques marches disposé sur toute la longueur d'une terrasse, d'un soubassement.

EMMÊLEMENT n.m. Action d'emmêler ; fait d'être emmêlé.

EMMÊLER v.t. **1.** Mêler en enchevêtrant. *Emmêler ses cheveux.* **2.** Fig. Mettre de la confusion dans. *Emmêler une affaire.*

EMMÉNAGEMENT n.m. Action d'emménager.

EMMÉNAGER v.t. (de *ménage*) [17]. Transporter et installer dans un nouveau logement. *Emménager des meubles.* ◆ v.i. S'installer dans un nouveau logement.

EMMÉNAGOGUE [eme-] adj. et n.m. (gr. *emmêna,* menstrues, et *agôgos,* qui amène). MÉD. Se dit d'un médicament ou d'un traitement qui provoque ou régularise la menstruation.

EMMENER v.t. [19]. **1.** Mener avec soi du lieu où l'on est dans un autre ; conduire. *Emmener son fils à l'école.* **2.** SPORTS et MIL. Conduire, entraîner. *Emmener le peloton.*

EMMENTHAL ou **EMMENTAL** [emɛ̃-] ou [emɑ̃-] n.m. (pl. *emment[h]als*). Fromage de gruyère d'une variété originaire de la vallée de l'Emme (Suisse), que l'on fabrique aussi en France (Jura, Bourgogne, Charente, Bretagne).

EMMERDANT, E adj. Très fam. Ennuyeux.

EMMERDEMENT n.m. ou **EMMERDE** n.f. ou m. Très fam. Ennui, souci, difficulté.

EMMERDER v.t. Très fam. Ennuyer, importuner. ◆ **s'emmerder** v.pr. Très fam. S'ennuyer.

EMMERDEUR, EUSE n. et adj. Très fam. Personne pénible, importune ou agaçante.

EMMÉTRER [ɑ̃me-] v.t. [18]. TECHN. Disposer des matériaux de manière à en faciliter le métrage.

EMMÉTROPE [eme-] adj. (gr. *en,* dans, *metron,* mesure, et *ôps,* vue). PHYSIOL. Se dit d'un œil dont la vision est normale. ◆ adj. et n. Qui a une vision normale.

EMMIELLER v.t. **1.** Mêler avec du miel, pour donner un goût sucré. *Emmieller de la tisane.* **2.** Fam. (par euphémisme). Emmerder.

EMMITOUFLER v.t. (de l'anc. fr. *mitoufle,* mitaine). Envelopper douillettement, dans des vêtements chauds. ◆ **s'emmitoufler** v.pr. Se couvrir chaudement.

EMMOTTÉ, E adj. AGRIC. Se dit d'une plante dont les racines sont entourées de terre en motte.

EMMOUSCAILLER v.t. (de *mouscaille,* excrément). Fam. et vx (par euphémisme). Emmerder.

EMMURER v.t. **1.** Enfermer en murant. **2.** Enfermer, bloquer comme avec un mur. *L'éboulement a emmuré plusieurs mineurs dans la galerie.*

ÉMOI n.m. (de l'anc. fr. *esmayer,* troubler ; mot germ.). Litt. **1.** Agitation, émotion, effervescence. *La population est en émoi.* **2.** Trouble, émotion d'ordre affectif, sensuel.

ÉMOLLIENT, E adj. et n.m. (du lat. *emollire,* amollir). MÉD. Se dit d'un médicament, d'une application qui relâche, amollit les tissus enflammés.

ÉMOLUMENT n.m. (lat. *emolumentum,* bénéfice). DR. Part d'actif qui revient à qqn dans une succession ou dans un partage. ◆ pl. **1.** Honoraires d'un officier ministériel. **2.** ADMIN. Traitement, salaire attaché à un emploi.

ÉMONCTOIRE n.m. (lat. *emunctum,* de *emungere,* moucher). PHYSIOL. Organe servant à l'évacuation des déchets organiques.

ÉMONDAGE n.m. Action d'émonder.

ÉMONDER v.t. (lat. *emundare,* nettoyer). **1.** Couper les branches inutiles d'un arbre ; élaguer. **2.** Débarrasser certaines graines de leur tégument ; monder. *Émonder des amandes.*

ÉMONDES n.f. pl. Branches émondées.

ÉMONDEUR, EUSE n. Personne qui émonde des arbres.

ÉMONDOIR n.m. Outil pour émonder.

ÉMORFILAGE n.m. Action d'émorfiler.

ÉMORFILER v.t. Enlever le morfil, les arêtes vives de. *Émorfiler un couteau.*

ÉMOTIF, IVE adj. De l'émotion. *Troubles émotifs.* ◆ adj. et n. Prompt à ressentir des émotions. *Personne émotive. Un grand émotif.*

ÉMOTION [emosjɔ̃] n.f. Trouble subit, agitation passagère causés par un sentiment vif de peur, de surprise, de joie, etc.

ÉMOTIONNABLE adj. Fam. Émotif, impressionnable.

ÉMOTIONNANT, E adj. Fam. Qui cause une vive émotion.

ÉMOTIONNEL, ELLE adj. Du domaine de l'émotion. *Réaction émotionnelle.*

ÉMOTIONNER v.t. Fam. Troubler, agiter par une émotion. *Émotionner les spectateurs.* SYN. : *émouvoir.*

ÉMOTIVITÉ n.f. Caractère d'une personne émotive ; disposition à ressentir des émotions.

ÉMOTTAGE ou **ÉMOTTEMENT** n.m. AGRIC. Action d'émotter.

ÉMOTTER v.t. AGRIC. Briser les mottes de terre après le labour.

ÉMOTTEUR n.m. Rouleau à émotter.

ÉMOTTEUSE n.f. Herse servant à l'émottage.

ÉMOU n.m. → ***émeu.***

ÉMOUCHET [emuʃɛ] n.m. (anc. fr. *mouchet,* petite mouche). Petit rapace diurne (crécerelle, épervier, etc.).

ÉMOUCHETTE n.f. Filet garni de cordelettes flottantes, dont on couvre les chevaux pour les protéger des mouches.

ÉMOUCHOIR n.m. Anc. Chasse-mouches fait d'une queue de cheval fixée à un manche.

ÉMOUDRE v.t. (anc. fr. *émoudre,* aiguiser) [85]. Aiguiser sur une meule.

ÉMOULAGE n.m. **1.** Action d'émoudre. **2.** Travail de l'émouleur.

ÉMOULEUR n.m. Ouvrier qui aiguise des lames sur une meule.

ÉMOULU, E adj. (de *émoudre*). **1.** *Frais émoulu de :* récemment sorti de, diplômé depuis peu de. **2.** Anc. *Se battre à fer émoulu :* dans les tournois, combattre avec des armes affilées.

ÉMOUSSER v.t. **1.** Rendre moins tranchant, moins aigu. **2.** Fig. Rendre moins vif, atténuer, affaiblir (un sentiment).

ÉMOUSTILLANT, E adj. Qui émoustille.

ÉMOUSTILLER v.t. (de *mousse,* écume). **1.** Mettre de bonne humeur, animer. *Le champagne émoustillait les convives.* **2.** Provoquer l'excitation sensuelle de.

ÉMOUVANT, E adj. Qui émeut.

ÉMOUVOIR v.t. (lat. *emovere*) [55]. Agir sur la sensibilité de ; toucher, troubler, impressionner. *Un homme que rien ne peut émouvoir.* ◆ **s'émouvoir** v.pr. **1.** Ressentir une émotion, un trouble qui bouleverse, touche. **2.** S'inquiéter, s'affecter.

EMPAILLAGE n.m. Action d'empailler. SYN. : *empaillement.*

EMPAILLÉ, E adj. et n. Fam. Se dit d'une personne indolente, inerte ; empoté.

EMPAILLEMENT n.m. **1.** Empaillage. **2.** Réserve annuelle de paille.

EMPAILLER v.t. **1.** Garnir de paille. *Empailler une chaise.* **2.** Envelopper, recouvrir de paille. *Empailler des bouteilles, un semis.* **3.** Bourrer de paille un animal mort, sa peau pour lui conserver ses formes. *Empailler un renard.*

EMPAILLEUR, EUSE n. **1.** Rempailleur. **2.** Personne qui empaille les animaux ; taxidermiste.

EMPALEMENT n.m. **1.** Action d'empaler. **2.** Fait de s'empaler, d'être empalé.

EMPALER v.t. Transpercer d'un pal, d'un pieu. ◆ **s'empaler** v.pr. Se blesser en tombant sur un objet pointu qui s'enfonce dans le corps.

EMPALMAGE n.m. Action d'empalmer.

EMPALMER v.t. Escamoter (un objet) dans la paume de la main. SYN. : *empaumer.*

EMPAN n.m. (francique *spanna*). Ancienne mesure de longueur égale à la distance entre l'extrémité du pouce et celle du petit doigt dans leur écart maximal.

EMPANACHER v.t. Orner d'un panache.

EMPANNAGE n.m. MAR. Action d'empanner.

EMPANNER v.i. MAR. Faire passer la voilure d'un bord à l'autre, au moment du virement de bord vent arrière.

EMPAQUETAGE n.m. Action d'empaqueter.

EMPAQUETER v.t. [27]. Mettre en paquet.

EMPARER (S') v.pr. **[*de*]** (prov. *amparar,* fortifier). **1.** Prendre violemment possession de. *S'emparer d'une ville.* **2.** Saisir vivement. *S'emparer du ballon.* **3.** Se saisir de qqn, le faire prisonnier. **4.** Gagner qqn, prendre possession de lui, de son esprit, en parlant d'une idée, d'un sentiment, etc. *La colère s'est emparée de lui.*

EMPÂTÉ, E adj. Qui présente de l'empâtement ; gonflé. *Visage empâté.*

EMPÂTEMENT n.m. **1.** PEINT. Relief produit sur un tableau par l'application de couches épaisses de matière picturale. **2.** Effacement des traits, des lignes du corps dû à un excès de graisse dans les tissus. **3.** Engraissement des volailles avec de la pâtée.

EMPÂTER v.t. **1.** Enduire ou remplir de pâte. **2.** Fig. Rendre pâteux. *Empâter la langue.* **3.** PEINT. Peindre par empâtements, par superposition de touches grasses, épaisses. **4.** Gonfler les tissus, bouffir. **5.** Engraisser (une volaille). ◆ **s'empâter** v.pr. **1.** Devenir épais, pâteux. **2.** Prendre un embonpoint qui efface les traits, les lignes du corps.

EMPATHIE n.f. PSYCHOL. Faculté intuitive de se mettre à la place d'autrui, de percevoir ce qu'il ressent.

EMPATHIQUE adj. Du domaine de l'empathie.

EMPATTEMENT n.m. **1.** ARCHIT. Maçonnerie formant saillie à la base d'un mur. SYN. : *embasement.* **2.** Base élargie d'un tronc d'arbre ou d'une branche. **3.** Épaississement terminal des jambages d'un caractère d'imprimerie. **4.** Distance séparant les axes des essieux extrêmes d'un véhicule.

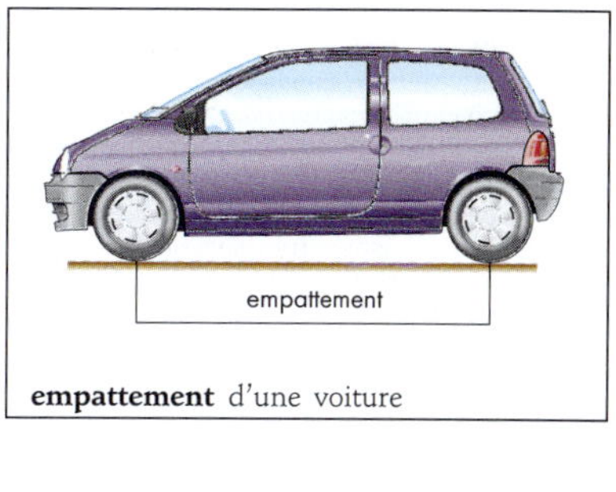

empattement d'une voiture

EMPATTER v.t. TECHN. **1.** Soutenir, renforcer au pied. *Empatter un mur.* **2.** Joindre (des pièces de bois) au moyen de pattes.

EMPAUMER v.t. **1.** Au jeu de paume, recevoir la balle dans la paume de la main ou en pleine raquette. ◇ Fam. *Se faire empaumer :* se faire duper. **2.** Cacher dans la paume (un objet, notamm. une carte à jouer). SYN. : *empalmer.*

EMPAUMURE n.f. Ensemble des extrémités des merrains des bois du cerf, dont la disposition rappelle les doigts de la main.

EMPÊCHÉ, E adj. Retenu par des obligations.

EMPÊCHEMENT n.m. **1.** Ce qui empêche ou gêne une action. *Empêchement de dernière minute.* **2.** DR. CONSTIT. En France, interruption prématurée du mandat présidentiel. **3.** DR. CIV. *Empêchement à mariage :* défaut, absence de l'une des conditions légales nécessaires à la célébration d'un mariage.

EMPÊCHER v.t. (bas lat. *impedicare,* prendre au piège). Faire obstacle à, rendre impossible. *La pluie empêche le départ, empêche qu'on ne parte.* ◆ **s'empêcher** v.pr. ***(de).*** Se retenir de. *Il ne peut s'empêcher de rire.*

EMPÊCHEUR, EUSE n. Fam. *Empêcheur de danser, de tourner en rond :* ennemi de la gaieté, rabat-joie, gêneur.

EMPEIGNE n.f. (de l'anc. fr. *peigne,* métacarpe). Partie avant de la tige d'une chaussure, du cou-de-pied à la pointe.

EMPENNAGE n.m. **1.** Ensemble des plumes qui garnissent le talon d'une flèche. SYN. : *empenne.* **2.** Chacune des surfaces placées à l'arrière des ailes portantes ou de la queue d'un avion et destinées à lui donner une stabilité en profondeur et en direction. **3.** ARM. Ensemble des ailettes arrière d'un projectile non tournant, servant à le stabiliser.

EMPENNE n.f. Partie du talon d'une flèche garnie de plumes destinées à régulariser son mouvement ; empennage.

EMPENNER v.t. (du lat. *penna,* plume). Garnir d'une empenne. *Une flèche empennée.*

EMPEREUR n.m. (lat. *imperator*). **1.** À Rome, détenteur du pouvoir suprême depuis Auguste (27 av. J.-C.). **2.** Chef du Saint Empire romain germanique. **3.** Chef suprême de certains États, détenteur de l'ensemble des pouvoirs. – **Absolt.** *L'Empereur :* Napoléon Ier.

EMPERLER v.t. Litt. Couvrir de gouttelettes. *La sueur emperlait son front.*

EMPESAGE n.m. Action d'empeser.

EMPESÉ, E adj. Raide, affecté, sans naturel. *Air, style empesé.*

EMPESER v.t. (de l'anc. fr. *empoise,* empois) [19]. Imprégner d'empois (un tissu).

EMPESTER v.t. Infecter d'une mauvaise odeur, empuantir. ◆ v.i. Dégager une odeur désagréable, puer. *Cette peinture empeste.*

EMPÊTRÉ, E adj. Qui manque d'aisance ; gauche, maladroit. *Avoir l'air empêtré.*

EMPÊTRER v.t. (du bas lat. *pastoria,* entrave). **1.** Embarrasser (qqn, ses membres) par qqch qui lie, retient. **2.** Engager de façon malheureuse. *Empêtrer qqn dans une vilaine affaire.* ◆ **s'empêtrer** v.pr. ***(dans).*** **1.** S'embarrasser, s'entraver. *S'empêtrer dans une robe trop longue.* **2.** S'embrouiller. *S'empêtrer dans des explications confuses.*

EMPHASE n.f. (lat. *emphasis,* mot gr.). Exagération pompeuse dans le ton, les termes employés ; enflure, grandiloquence.

EMPHATIQUE adj. Empreint d'emphase, pompeux, solennel. *Discours emphatique.*

EMPHATIQUEMENT adv. Avec emphase.

EMPHYSÉMATEUX, EUSE adj. et n. Relatif à l'emphysème ; atteint d'emphysème.

EMPHYSÈME [ɑ̃fizɛm] n.m. (gr. *emphusêma,* gonflement). MÉD. **1.** *Emphysème cellulaire :* gonflement produit par l'introduction d'air ou le dégagement de gaz dans le tissu cellulaire. **2.** *Emphysème pulmonaire :* dilatation excessive et permanente des alvéoles pulmonaires, avec rupture des cloisons interalvéolaires. (L'emphysème entraîne de la dyspnée.)

EMPHYTÉOSE [ɑ̃fiteoz] n.f. (gr. *emphuteuein,* planter dans). DR. Droit réel de jouissance sur la chose d'autrui, qui résulte de la conclusion d'un bail de longue durée, dit *bail emphytéotique.*

EMPHYTÉOTE n. DR. Preneur d'un bail emphytéotique.

EMPHYTÉOTIQUE adj. DR. *Bail emphytéotique :* bail de longue durée (18 à 99 ans), qui confère au preneur un droit réel, susceptible d'hypothèque.

EMPIÈCEMENT n.m. Pièce rapportée dans le haut d'un vêtement.

EMPIERREMENT n.m. **1.** Action d'empierrer ; son résultat. **2.** Lit de pierres cassées dont on recouvre une route pour en faire la chaussée.

EMPIERRER v.t. Couvrir d'une couche de pierres.

EMPIÉTEMENT [ɑ̃pjɛtmɑ̃] n.m. **1.** Action d'empiéter ; son résultat ; usurpation. **2.** Extension progressive d'une chose aux dépens d'une autre. *L'empiétement de la mer sur les terres.*

EMPIÉTER v.i. (de *pied*) [18]. **1.** S'arroger des droits, prendre une partie des biens, des avantages qui appartiennent à qqn d'autre. *Tu empiètes sur mes attributions.* **2.** Déborder sur qqch (dans l'espace ou dans le temps). *Sa maison empiète sur notre terrain.*

EMPIFFRER (S') v.pr. (anc. fr. *pifre,* gros individu). Fam. Se bourrer de nourriture.

EMPILABLE adj. Conçu pour pouvoir être empilé.

EMPILAGE n.m. **1.** Empilement. **2.** Action d'attacher un hameçon à une empile.

EMPILE n.f. Fil délié ou crin auquel on attache l'hameçon.

EMPILEMENT n.m. Action d'empiler ; ensemble de choses empilées.

EMPILER v.t. **1.** Mettre en pile, entasser. *Empiler des livres.* **2.** Fam. Duper, voler. ◆ **s'empiler** v.pr. S'entasser, s'amonceler.

EMPILEUR, EUSE n. Personne qui empile des marchandises.

EMPIRE n.m. (lat. *imperium*). **I. 1.** Régime dans lequel l'autorité politique souveraine est exercée par un empereur ; État ou ensemble d'États soumis à un tel régime. ◇ *Pas pour un empire :* pour rien au monde ; en aucune façon. **2.** Ensemble de territoires, de pays gouvernés par une autorité unique. *Les anciens empires coloniaux.* **3.** Groupe industriel, commercial, financier puissant et très étendu. **4.** HIST. (Avec une majuscule). **a.** Période pendant laquelle Napoléon Ier gouverna la France. (On dit aussi *premier Empire.*) **b.** Saint Empire romain germanique. **c.** *Céleste Empire :* nom donné autrefois à la Chine (dont l'empereur était appelé *Fils du ciel*). **II.** Litt. **1.** Autorité, domination, ascendant moral d'une personne. *Avoir de l'empire sur qqn.* **2.** Pouvoir, influence très puissante de qqch. *Agir sous l'empire de la colère.* ◆ adj. inv. Se dit du style décoratif du temps de Napoléon Ier et des objets, des meubles dans ce style. *Une commode Empire.* ◇ *Style second Empire :* style décoratif du temps de Napoléon III.

EMPIRER v.i. Devenir pire, s'aggraver. *Son état empire.*

EMPIRIOCRITICISME n.m. PHILOS. Courant de pensée, représenté notamment par E. Mach et R. Avenarius, qui nie la dichotomie matière/esprit et affirme que les distinctions entre phénomènes physiques et phénomènes mentaux ne dépendent pas de leur nature, mais du contexte dans lequel observation et expérimentation s'effectuent.

EMPIRIQUE adj. (gr. *empeirikos*). Qui ne s'appuie que sur l'expérience, l'observation. *Procédé empirique.*

EMPIRIQUEMENT adv. De façon empirique.

EMPIRISME n.m. **1.** Méthode qui ne repose que sur l'expérience et exclut les systèmes a priori. **2.** PHILOS. Théorie de la connaissance d'après laquelle le savoir procède de l'expérience. ◇ *Empirisme logique :* positivisme logique.

EMPIRISTE adj. et n. Qui relève de l'empirisme ; partisan de l'empirisme.

EMPLACEMENT n.m. Place, lieu occupé par qqch ou qui lui est réservé.

EMPLANTURE n.f. **1.** AÉRON. Ligne de raccordement de l'aile au fuselage. **2.** MAR. Pièce portant le pied d'un mât.

EMPLÂTRE n.m. (gr. *emplattein,* façonner). **1.** PHARM. Préparation thérapeutique adhésive destinée à l'usage externe. **2.** Fam. Personne apathique et incapable.

EMPLETTE n.f. (du lat. *implicare,* engager). **1.** Achat d'objets ou de marchandises d'un usage courant. *Faire des emplettes. Faire l'emplette de qqch.* **2.** Objet acheté.

EMPLIR v.t. (lat. *implere*). Litt. **1.** Rendre plein. *Emplir un verre. La foule emplit les rues.* SYN. : *remplir.* **2.** Combler. *Nouvelle qui emplit de joie.*

EMPLISSAGE n.m. Litt. Action d'emplir.

EMPLOI n.m. (de *employer*). **1.** Action, manière d'employer une chose. – *Mode d'emploi :* notice expliquant la manière d'utiliser un appareil, un produit, etc. **2.** Destination réservée à une chose. *Emploi d'une somme.* **a.** DR. Acquisition d'un bien avec des fonds disponibles. **b.** *Emploi du temps :* distribution des occupations pour une période déterminée. **3.** Occupation confiée à une personne ; travail, fonction, place. – *Demandeur d'emploi :* personne qui cherche un travail rémunéré ; chômeur. – *Offre d'emploi :* annonce proposant un travail rémunéré. **4.** Dans les arts du spectacle, type de rôle qui peut être attribué à un acteur, à un danseur, en fonction de son physique, de sa sensibilité, etc.

EMPLOYABLE adj. Qu'on peut employer.

EMPLOYÉ, E n. Personne salariée qui travaille dans un bureau, une administration, un magasin ou chez un particulier, sans avoir de responsabilité d'encadrement. ◇ *Employé(e) de maison :* domestique.

EMPLOYER v.t. (lat. *implicare,* engager) [13]. **1.** Utiliser, faire usage de, se servir de. *Employer un marteau pour enfoncer un clou. Employer la force.* **2.** Faire travailler pour son compte. *Employer des ouvriers. Employer qqn comme secrétaire.* ◆ **s'employer** v.pr. **1.** Être utilisé. *Ce mot ne s'emploie plus.* **2.** S'appliquer. *S'employer à bien faire.*

EMPLOYEUR, EUSE n. Personne qui emploie du personnel salarié.

EMPLUMER v.t. Garnir, orner de plumes.

EMPOCHER v.t. **1.** Mettre dans sa poche. **2.** Percevoir, toucher. *Empocher de l'argent.*

EMPOIGNADE n.f. Altercation, discussion violente.

EMPOIGNE n.f. Fam. *Foire d'empoigne :* situation où chacun, pour obtenir quelque avantage, doit lutter contre les autres, affronter autrui.

EMPOIGNER v.t. (de *poing*). **1.** Saisir en serrant fortement avec la main. **2.** Fam. Se saisir de (qqn). **3.** Émouvoir fortement. *Le dénouement empoignait les spectateurs.* ◆ **s'empoigner** v.pr. **1.** Se saisir l'un l'autre, en venir aux mains. **2.** Se quereller, se disputer.

EMPOINTURE n.f. MAR. Angle supérieur d'une voile carrée ou aurique.

EMPOIS n.m. (de *empeser*). Apprêt à base d'amidon destiné à donner de la raideur au linge.

EMPOISE n.f. MÉTALL. Boîte en fonte sur laquelle reposent les coussinets dans un laminoir.

EMPOISONNANT, E adj. Fam. Ennuyeux, contrariant.

EMPOISONNEMENT n.m. **1.** Action sur l'organisme d'une dose de toute substance capable de causer la mort ou d'altérer gravement les fonctions vitales ; effet de cette action. **2.** Crime consistant à administrer une substance toxique à qqn avec l'intention de donner la mort. **3.** Fam. Ennui, tracas. *Avoir des empoisonnements.*

EMPOISONNER v.t. **1.** Faire mourir ou intoxiquer par le poison. *Il a été empoisonné par des champignons.* **2.** Mettre du poison (dans, sur). *Flèche empoisonnée.* **3.** Infecter d'une odeur désagréable, polluer. *Il empoisonne toute la maison avec son tabac.* **4.** Fam. Importuner vivement, causer du souci à. *Il m'empoisonne avec ses récriminations.* ◆ **s'empoisonner** v.pr. **1.** Absorber du poison. **2.** Fam. S'ennuyer.

EMPOISONNEUR, EUSE n. **1.** Personne qui prépare, administre du poison. **2.** Fam. Personne qui ennuie, dérange.

EMPOISSER v.t. Enduire de poix.

EMPOISSONNEMENT n.m. Action d'empoissonner ; son résultat.

EMPOISSONNER v.t. Peupler de poissons (un étang, une rivière, etc.).

EMPORIUM [ɑ̃pɔrjɔm] n.m. (mot lat.). ANTIQ. ROM. Comptoir commercial à l'étranger. Pluriel savant : *emporia.*

EMPORT n.m. *Capacité d'emport :* charge qu'un avion peut emporter, transporter.

EMPORTÉ, E adj. et n. Facilement irritable, violent, fougueux.

EMPORTEMENT n.m. Vif accès de colère.

EMPORTE-PIÈCE n.m. (pl. *emporte-pièces* ou inv.). Instrument en acier dur, pour trouer ou découper sous l'effet du choc ou de la pression. ◇ *À l'emporte-pièce :* mordant, incisif, entier. *Style, caractère à l'emporte-pièce.*

EMPORTER v.t. **1.** Prendre avec soi en quittant un lieu. *N'oublie pas d'emporter ton parapluie.* **2.** Enlever de façon violente et rapide, arracher. *Le vent a emporté des branches.* **3.** Entraîner dans son mouvement. *Le courant emporte le radeau.* ◇ Entraîner à un comportement excessif. *La colère l'emporte.* **4.** *L'emporter (sur) :* avoir la supériorité (sur). ◆ **s'emporter** v.pr. **1.** Se laisser aller à la colère. **2.** Prendre le mors aux dents, en parlant d'un cheval.

EMPOSIEU [ɑ̃pozjø] n.m. (mot du Jura) [pl. *emposieus*]. Région. Aven.

EMPOTAGE ou **EMPOTEMENT** n.m. Action d'empoter une plante.

EMPOTÉ, E adj. et n. (anc. fr. *main pote,* main gauche). Fam. Gauche, maladroit.

EMPOTER v.t. Mettre en pot (une plante, un arbuste, etc.).

EMPOURPRER v.t. Colorer de pourpre, de rouge.

EMPOUSSIÉRER v.t. [18]. Couvrir de poussière.

EMPREINDRE v.t. (lat. *imprimere*) [81]. **1.** Litt. Imprimer, marquer par pression. *Empreindre ses pas sur la neige.* **2.** Fig. Marquer. *Son visage était empreint de tristesse.*

EMPREINTE n.f. **I.1.** Marque en creux ou en relief obtenue par pression. *L'empreinte d'un cachet.* – *Empreinte (digitale) :* marque laissée par les sillons de la peau des doigts ; ces sillons. **2.** Fig. Marque durable, profonde, distinctive. *L'empreinte du génie.* **3.** BIOL. *Empreinte génétique :* portion d'A. D. N. dont la séquence est spécifique de chaque individu, et permettant son identification. (Utilisée en médecine légale, la technique des empreintes génétiques contribue, à partir de prélèvements effectués sur un échantillon organique [sang, cheveux, sperme], à identifier un coupable ou à innocenter un suspect.) **II.** ÉTHOL. Fixation irréversible de l'animal nouveau-né au premier objet qui se présente à lui comme objet d'un besoin instinctuel. (Ce phénomène explique la spécificité des objets visés par l'instinct dans les diverses espèces animales.)

EMPRESSÉ, E adj. et n. Plein de prévenance ; attentionné.

EMPRESSEMENT n.m. Action de s'empresser ; hâte, ardeur. *Répondre avec empressement.*

EMPRESSER (S') v.pr. **1.** Montrer de l'ardeur, du zèle, de la prévenance à l'égard de qqn. *S'empresser auprès d'un client.* **2.** Se hâter de. *S'empresser de partir.*

EMPRÉSURER [ɑ̃prezyre] v.t. Additionner de présure.

EMPRISE n.f. (du lat. *prehendere,* saisir). **1.** Domination morale, intellectuelle, ascendant. *Avoir de l'emprise sur qqn.* **2.** DR. Prise de possession, par l'Administration, d'une propriété privée immobilière. **3.** Surface occupée par une route ou une voie ferrée et ses dépendances incorporées au domaine de la collectivité publique.

EMPRISONNEMENT n.m. **1.** Action de mettre en prison. **2.** Peine consistant à demeurer enfermé en prison.

EMPRISONNER v.t. **1.** Mettre en prison. **2.** Contenir en un lieu, resserrer. *Un col qui emprisonne le cou.*

EMPRUNT [ɑ̃prœ̃] n.m. **1.** Action d'emprunter. – *Emprunt public :* dette contractée sur le marché des capitaux par l'État ou par une collectivité publique. **2.** Chose, somme empruntée. *Rembourser un emprunt.* **3.** Reproduction, imitation. *Les emprunts d'un écrivain.* **4.** LING. Élément, mot pris à une autre langue. ◆ loc. adj. *D'emprunt,* qui n'appartient pas en propre à ; faux, supposé. *Nom d'emprunt.*

EMPRUNTÉ, E adj. Qui manque d'aisance, de naturel ; embarrassé, gauche. *Air emprunté.*

EMPRUNTER v.t. (lat. *promutuari*). **1.** Obtenir à titre de prêt, se faire prêter. *Emprunter de l'argent à un ami.* **2.** Prendre ailleurs pour s'approprier. *Emprunter le sujet d'un roman à l'actualité.* **3.** Prendre, suivre (une voie). *Emprunter une route, un chemin.*

EMPRUNTEUR, EUSE n. Personne qui emprunte.

EMPUANTIR v.t. Infecter d'une mauvaise odeur ; empester.

EMPUANTISSEMENT n.m. Action d'empuantir ; état de ce qui est empuanti.

EMPUSE n.f. **1.** BOT. Moisissure parasite des mouches et de divers insectes. **2.** ZOOL. Insecte orthoptère voisin de la mante.

EMPYÈME [ɑ̃pjɛm] n.m. (gr. *puon,* pus). PATHOL. Amas de pus dans une cavité naturelle.

EMPYRÉE n.m. (gr. *empurios,* en feu). **1.** ANTIQ. Partie la plus élevée du ciel, habitée par les dieux. **2.** Poét. Ciel, paradis.

EMPYREUMATIQUE adj. Caractéristique de l'empyreume.

EMPYREUME [ɑ̃pirøm] n.m. (gr. *empureuma,* de *pûr,* feu). CHIM., VX. Saveur et odeur âcres que contracte une matière organique soumise à l'action d'une forte chaleur.

ÉMU, E adj. (p. passé de *émouvoir*). Qui éprouve ou manifeste de l'émotion. *Parler d'une voix émue.*

ÉMULATEUR n.m. INFORM. Ordinateur pouvant effectuer une émulation.

ÉMULATION n.f. **1.** Sentiment qui porte à égaler ou à surpasser qqn. **2.** INFORM. Simulation du fonctionnement d'un ordinateur sur un autre, généralement plus puissant.

ÉMULE n. (lat. *aemulus,* rival). Personne qui cherche à en égaler, à en surpasser une autre.

ÉMULER v.t. (calque de l'angl. *to emulate*). INFORM. Utiliser la technique d'émulation.

ÉMULSEUR n.m. Appareil servant à préparer des émulsions.

ÉMULSIF, IVE, ÉMULSIFIANT, E ou **ÉMULSIONNANT, E** adj. et n.m. Se dit d'un produit qui favorise la formation d'une émulsion ou sa conservation.

ÉMULSIFIABLE ou **ÉMULSIONNABLE** adj. Que l'on peut mettre en émulsion.

ÉMULSIFIER v.t. → ***émulsionner.***

ÉMULSINE n.f. Enzyme tirée notamment de l'amande amère et capable d'émulsionner l'huile.

ÉMULSION n.f. (lat. *emulsus,* extrait). **1.** Préparation obtenue par division d'un liquide en globules microscopiques au sein d'un autre liquide avec lequel il ne peut se mélanger. **2.** PHOT. Préparation sensible à la lumière, dont sont enduits les films et les papiers photographiques.

ÉMULSIONNANT, E adj. et n.m. → ***émulsif.***

ÉMULSIONNER ou **ÉMULSIFIER** v.t. Mettre à l'état d'émulsion.

1. EN prép. (lat. *in*). Marque le lieu, le temps, l'état, la manière, la matière, etc. *En France. En été. En bonne santé. De mal en pis. En colère. En deuil. En marbre. En bois.*

2. EN adv. de lieu (lat. *inde*). De là. *J'en viens.*

3. EN pron. pers. inv. (lat. *inde*). De lui, d'elle, d'eux, d'elles, de cela, à cause de cela, etc. *En* peut compléter : **1.** Un verbe. *Cette ville, je m'en souviendrai toujours.* **2.** Un nom ou un pronom. *Vous avez de belles fleurs, donnez-m'en quelques-unes.* **3.** Un adjectif. *Cette nouvelle est exacte, soyez-en certain.* – REM. *En* remplace surtout des noms de choses ou d'animaux.

ENAMOURER (S') [ɑ̃namure] ou **ÉNAMOURER (S')** v.pr. Litt. Devenir amoureux.

ÉNANTHÈME [enɑ̃tɛm] n.m. (du gr. *anthein,* fleurir). MÉD. Éruption rouge sur les muqueuses de la cavité buccale au cours des maladies infectieuses.

ÉNANTIOMÈRE n.m. CHIM. Chacun des deux isomères énantiomorphes qui forment une paire d'inverses optiques.

ÉNANTIOMORPHE adj. (du gr. *enantios,* contraire). Didact. Formé des mêmes parties disposées en ordre inverse, symétriquement par rapport à un plan (à la manière d'un objet et de son image dans un miroir). *La main gauche et la main droite sont énantiomorphes.* ◇ CHIM. *Composés énantiomorphes :* énantiomères.

ÉNANTIOTROPE adj. CHIM. Qui existe sous deux formes physiques différentes, dont les zones de stabilité se situent de part et d'autre d'une température ou d'une pression de transformation.

ÉNARCHIE n.f. Fam. **1.** Ensemble des énarques. **2.** Accaparement technocratique des hautes fonctions administratives de l'État par les énarques.

ÉNARQUE n. Ancien élève de l'E.N.A. (École nationale d'administration).

ÉNARTHROSE n.f. (gr. *enarthrôsis,* action d'articuler). ANAT. Articulation mobile constituée d'une surface convexe et d'une surface concave.

EN-AVANT [ɑ̃navɑ̃] n.m. inv. Au rugby, faute commise par un joueur qui lâche le ballon ou l'envoie à la main vers le but adverse.

EN-BUT [ɑ̃byt] n.m. inv. Au rugby, surface située derrière la ligne du but, où doit être marqué l'essai.

ENCABANAGE n.m. TEXT. Installation des vers à soie dans de petites cabanes de branchage pour favoriser la formation des cocons.

ENCABANER v.t. TEXT. Effectuer l'encabanage des vers à soie.

ENCABLURE n.f. MAR. Mesure de longueur de 120 brasses, soit env. 200 m, pour évaluer les courtes distances.

ENCADRÉ n.m. ARTS GRAPH. Dans une page, texte entouré d'un filet qui le met en valeur.

ENCADREMENT n.m. **1.** Action d'encadrer. *Procéder à l'encadrement d'un tableau.* **2.** Ce qui encadre ; cadre. *Encadrement mouluré et doré.* **3.** Ce qui entoure une ouverture, une baie, un panneau, un lambris. *Encadrement d'une porte.* **4. a.** Ensemble des cadres d'une entreprise, d'une troupe. *Personnel d'encadrement. L'encadrement de l'armée.* **b.** Ensemble de personnes qui ont la responsabilité d'un groupe. *Encadrement d'une colonie de vacances.* **5.** Ensemble des mesures prises par les pouvoirs publics pour limiter la hausse des prix *(encadrement des prix)* ou l'attribution de crédits bancaires aux entreprises ou aux particuliers *(encadrement du crédit).*

ENCADRER v.t. **1.** Entourer d'un cadre, mettre dans un cadre. *Encadrer une photographie.* **2.** Entourer d'une bordure semblable à un cadre pour mettre en valeur, faire ressortir. *Encadrer un article d'un trait rouge dans le journal.* **3.** Former comme un cadre autour de. *Cheveux noirs encadrant un visage.* **4.** Entourer, flanquer de manière à garder, à surveiller. *Deux gendarmes encadrent le prévenu.* **5.** Assurer auprès de personnes un rôle de direction, de formation ; contrôler, diriger. *Des moniteurs encadrent les enfants du centre aéré.* **6.** Fam. Percuter, heurter. *La voiture a encadré le platane.* **7.** MIL. Placer des coups régulièrement répartis autour de l'objectif, dans un tir. **8.** Fam. *Ne pas pouvoir encadrer qqn :* ne pas pouvoir le supporter ; le détester.

ENCADREUR, EUSE n. Ouvrier, artisan assurant l'encadrement des tableaux.

ENCAGEMENT n.m. MIL. *Tir d'encagement,* destiné à isoler l'objectif.

ENCAGER v.t. [17]. Mettre en cage.

ENCAGOULÉ, E adj. et n. Dont le visage est masqué par une cagoule.

ENCAISSABLE adj. Qui peut être encaissé.

ENCAISSAGE n.m. Action de mettre en caisse.

1. ENCAISSANT, E adj. Qui encaisse, entoure. *Vallée encaissante.*

2. ENCAISSANT n.m. GÉOL. Enveloppe de terrains dans laquelle s'est mise en place une formation géologique (filon, intrusion) ou une unité tectonique.

ENCAISSE n.f. Argent, valeur en caisse. ◇ *Encaisse métallique :* espèces métalliques détenues par la banque centrale, contrepartie – au moins partielle – de la monnaie en circulation.

ENCAISSÉ, E adj. Aux bords escarpés ; resserré entre les montagnes. *Chemin, rivière encaissés.*

ENCAISSEMENT n.m. **1.** Action d'encaisser de l'argent. **2.** Fait d'être encaissé, resserré.

ENCAISSER v.t. **1.** Mettre en caisse. *Encaisser des bouteilles.* **2.** Toucher, recevoir (de l'argent, des valeurs). **3.** Fam. Subir sans réagir, supporter. *Encaisser des coups, des critiques.* **4.** Fam. *Ne pas pouvoir encaisser (qqn, qqch)* : ne pas supporter. **5.** Resserrer (un lieu) entre deux versants abrupts. *Les montagnes qui encaissent la vallée.*

ENCAISSEUR n.m. Employé, en partic. employé de banque, qui encaisse de l'argent.

ENCALMINÉ, E adj. (de *en* et *calme*). MAR. Arrêté du fait de l'absence de vent. *Bateau encalminé.*

ENCAN n.m. (lat. *in quantum,* pour combien). *À l'encan* : aux enchères, au plus offrant. *Vendre, mettre à l'encan.*

ENCANAILLEMENT n.m. Fait de s'encanailler.

ENCANAILLER (S') v.pr. Prendre des airs vulgaires ; fréquenter ou imiter des gens douteux, des canailles.

ENCAPUCHONNER v.t. Couvrir d'un capuchon. ◆ **s'encapuchonner** v.pr. ÉQUIT. Ramener la tête contre le poitrail pour échapper à l'action du mors, en parlant du cheval.

ENCAQUEMENT n.m. Action d'encaquer.

ENCAQUER v.t. Mettre en caque (des harengs).

ENCART [ɑ̃kar] n.m. Feuille, cahier insérés entre les feuillets d'un cahier, d'un livre, d'une revue, etc. *Encart publicitaire.*

ENCARTAGE n.m. Action d'encarter.

ENCARTER v.t. **1.** Insérer (un encart) entre les pages d'un livre, d'une revue, etc. **2.** Fixer sur une carte. *Encarter des boutons, des microfilms.*

ENCARTEUSE n.f. Machine servant à fixer des objets sur une carte.

ENCARTOUCHÉ, E adj. ARM. Se dit d'une munition qui se présente sous la forme d'une cartouche.

EN-CAS ou **ENCAS** [ɑ̃ka] n.m. inv. Repas léger préparé en cas de besoin.

ENCASERNER v.t. Caserner.

ENCASTELER (S') v.pr. [25]. En parlant d'un cheval, être atteint d'encastelure.

ENCASTELURE n.f. Maladie du pied du cheval, qui rétrécit le talon et resserre la fourchette.

ENCASTRABLE adj. Qui peut être encastré.

ENCASTREMENT n.m. Action, manière d'encastrer. ◇ TECHN. Entaille dans une pièce, destinée à recevoir une autre pièce.

ENCASTRER v.t. (it. *incastrare*). Insérer dans une cavité prévue à cet effet, sans aucun jeu ; emboîter. *Encastrer un four dans le mur.* ◆ **s'encastrer** v.pr. S'ajuster très exactement.

ENCAUSTIQUAGE n.m. Action d'encaustiquer.

ENCAUSTIQUE n.f. (du gr. *egkaiein,* brûler). **1.** Produit à base de cire et d'essence pour faire briller le bois ; cire. **2.** *Peinture à l'encaustique,* faite de couleurs délayées dans de la cire fondue, employées à chaud puis retravaillées avec une spatule métallique chauffée.

ENCAUSTIQUER v.t. Enduire d'encaustique ; cirer. *Encaustiquer un parquet.*

ENCAVAGE ou **ENCAVEMENT** n.m. Action d'encaver.

ENCAVER v.t. Mettre en cave. *Encaver du vin.*

ENCEINDRE v.t. (lat. *incingere*) [81]. Litt. Entourer d'une enceinte.

1. ENCEINTE n.f. **1.** Ce qui entoure un espace fermé, en interdit l'accès ; rempart. *Enceinte de fossés.* **2.** Espace clos. *Enceinte d'un tribunal.* **3.** *Enceinte acoustique* : élément d'une chaîne de haute fidélité, comprenant un ou plusieurs haut-parleurs. SYN. (cour.) : *baffle.*

2. ENCEINTE adj.f. (lat. *incincta,* sans ceinture). Se dit d'une femme en état de grossesse.

ENCEINTER v.t. Afrique. Rendre (une femme) enceinte.

ENCENS [ɑ̃sɑ̃] n.m. (lat. *incensum,* brûlé). **1.** Résine aromatique, tirée principalement du *boswellia,* plante d'Arabie et d'Abyssinie, de la famille des anacardiacées, et qui dégage par combustion une odeur agréable et forte. **2.** Litt. Louange, flatterie excessive.

ENCENSEMENT n.m. Action d'encenser.

ENCENSER v.t. **1.** Honorer en brûlant de l'encens, en balançant l'encensoir. **2.** Fig. Flatter avec excès. ◆ v.i. ÉQUIT. En parlant du cheval, faire de la tête un mouvement de bas en haut.

ENCENSEUR, EUSE n. **1.** Personne qui agite l'encensoir. **2.** Fig., litt. Flatteur excessif.

ENCENSOIR n.m. Cassolette suspendue à de petites chaînes dans laquelle on brûle l'encens au cours des cérémonies religieuses. ◇ Fig., litt. *Coup d'encensoir* : flatterie excessive.

ENCÉPAGEMENT n.m. Ensemble des cépages d'un vignoble.

ENCÉPHALE n.m. (gr. *egkephalos,* cervelle). Ensemble des centres nerveux, constitués du cerveau, du cervelet et du tronc cérébral, contenus dans la boîte crânienne des vertébrés.

ENCÉPHALINE n.f. → ***enképhaline.***

ENCÉPHALIQUE adj. De l'encéphale.

ENCÉPHALITE n.f. MÉD. Inflammation de l'encéphale due à une agression toxique ou infectieuse, laissant souvent des séquelles mentales.

ENCÉPHALOGRAMME n.m. Électroencéphalogramme.

ENCÉPHALOGRAPHIE n.f. MÉD. Radiographie de l'encéphale. ◇ *Encéphalographie gazeuse* : radiographie de l'encéphale permettant, par insufflation d'air ou de gaz dans le canal rachidien ou les ventricules cérébraux, de visualiser par contraste les espaces où circule le liquide céphalo-rachidien.

ENCÉPHALOMYÉLITE n.f. MÉD. Inflammation conjuguée de l'encéphale et de la moelle épinière.

ENCÉPHALOPATHIE n.f. MÉD. Ensemble des affections neurologiques et psychiques chroniques consécutives à des lésions de l'encéphale, d'étiologies diverses.

ENCERCLEMENT n.m. Action d'encercler ; fait d'être encerclé.

ENCERCLER v.t. **1.** Entourer d'un cercle ou comme d'un cercle. **2.** Entourer étroitement ; cerner, investir. *La police a encerclé le quartier.* **3.** Former un cercle, une ligne courbe autour de ; environner. *Une ceinture d'atolls encercle l'île.*

ENCHAÎNÉ n.m. CIN. Fondu* enchaîné.

ENCHAÎNEMENT n.m. **1.** Suite de choses qui s'enchaînent par nature ou par un rapport de dépendance ; série, succession. *Enchaînement d'idées, de circonstances.* **2. a.** MUS. Juxtaposition d'accords. **b.** Phrase chorégraphique constituée d'une suite complexe de temps et de pas. **3.** Manière d'enchaîner, de s'enchaîner ; liaison. *Enchaînement logique d'un exposé.* **4.** Dans un spectacle, texte qui fait le lien entre deux scènes, deux tableaux, deux attractions.

ENCHAÎNER v.t. **1.** Attacher avec une chaîne. **2.** Priver de liberté ; soumettre, asservir. *Enchaîner un peuple.* **3.** Lier par un rapport naturel ou logique ; coordonner. *Enchaîner des idées.* ◆ v.i. Reprendre rapidement la suite d'un dialogue, d'un discours, d'une action. ◆ **s'enchaîner** v.pr. Être lié par un rapport de dépendance logique.

ENCHANTÉ, E adj. **1.** Qui est sous l'empire d'un pouvoir magique. **2.** Extrêmement heureux ; ravi. *Je suis enchantée de vous revoir.*

ENCHANTEMENT n.m. **I. 1.** Action d'enchanter, de soumettre à un pouvoir magique. ◇ *Comme par enchantement* : de façon inattendue, quasi miraculeuse. **2.** Procédé magique. **II. 1.** Ce qui charme, suscite un plaisir extrême. *Cette fête était un enchantement.* **2.** État d'une personne enchantée ; ravissement, émerveillement.

ENCHANTER v.t. (lat. *incantare,* prononcer des formules magiques). **1.** Agir sur (qqn) par des procédés magiques, des incantations ; ensorceler. **2.** Remplir d'un vif plaisir ; charmer, ravir. *Cette bonne nouvelle m'enchante.*

1. ENCHANTEUR, ERESSE adj. Qui enchante ; charmant, séduisant. *Voix enchanteresse.*

2. ENCHANTEUR, ERESSE n. Personne qui fait des enchantements ; magicien. *L'enchanteur Merlin.*

ENCHÂSSEMENT n.m. Action d'enchâsser ; fait d'être enchâssé.

ENCHÂSSER v.t. **1.** Placer dans une châsse. *Enchâsser des reliques.* **2.** Fixer dans un support, une monture ; sertir. *Enchâsser une pierre précieuse.* **3.** Litt. Insérer dans un ensemble ; intercaler, enclaver. *Enchâsser une citation dans un discours.*

ENCHAUSSER v.t. (de *chausser*). Couvrir les légumes de paille ou de fumier pour les faire blanchir, les préserver de la gelée. SYN. : *pailler.*

ENCHEMISER v.t. Chemiser.

ENCHÈRE n.f. **1.** Dans une vente au plus offrant, offre d'un prix supérieur à celui qu'un autre propose. ◇ *Vente aux enchères,* au plus offrant. – *Folle enchère,* à laquelle l'enchérisseur ne peut satisfaire. **2.** À certains jeux de cartes, somme que l'on peut ajouter à l'enjeu ; au bridge, demande supérieure à celle de l'adversaire.

ENCHÉRIR v.i. **1.** Mettre une enchère. **2.** Litt. Dépasser, aller au-delà de ce qui a été dit ou fait ; renchérir. *Enchérir sur qqn.*

ENCHÉRISSEMENT n.m. Vx. Renchérissement.

ENCHÉRISSEUR, EUSE n. Personne qui fait une enchère.

ENCHEVAUCHER v.t. Faire joindre par recouvrement (des planches, des ardoises, des tuiles, etc.).

ENCHEVAUCHURE n.f. Position de planches, de tuiles, etc., qui se chevauchent en partie.

ENCHEVÊTREMENT n.m. Action d'enchevêtrer ; fait d'être enchevêtré ; confusion, désordre. *Enchevêtrement des pensées.*

ENCHEVÊTRER v.t. (de *chevêtre*). **1.** TECHN. Unir par un chevêtre. **2.** Emmêler de façon indistincte et inextricable. *Enchevêtrer du fil.* ◆ **s'enchevêtrer** v.pr. **1.** S'engager les unes dans les autres, en parlant de choses ; s'embrouiller, s'emmêler. *Phrases qui s'enchevêtrent.* **2.** En parlant d'un cheval, s'empêtrer dans la longe du licou.

ENCHEVÊTRURE n.f. **1.** Assemblage de pièces d'une charpente formant un cadre autour d'une trémie. **2.** Blessure du cheval par enchevêtrement au pli du paturon.

ENCHIFRENÉ, E adj. (de *chanfrein*). Vieilli. Enrhumé.

ENCLAVE n.f. **1.** Terrain ou territoire complètement entouré par un autre. **2.** GÉOL. Portion de roche englobée dans une roche d'origine ou de composition différente.

ENCLAVEMENT n.m. Action d'enclaver ; fait d'être enclavé.

ENCLAVER v.t. (du lat. *clavis,* clef). **1.** Entourer, contenir comme enclave. *Domaine qui enclave une ferme.* **2.** Insérer, placer entre ; enfermer. *Enclaver un adjectif entre l'article et le nom.*

ENCLENCHE n.f. MÉCAN. Sur une pièce en mouvement, encoche dans laquelle pénètre la saillie d'une autre pièce, que la première doit entraîner avec elle.

ENCLENCHEMENT n.m. **1.** Action d'enclencher. **2.** Dispositif mécanique, électrique, etc., par lequel le fonctionnement d'un appareil est subordonné à l'état ou à la position d'un ou de plusieurs autres.

ENCLENCHER v.t. **1.** Mettre en marche (un appareil) au moyen d'un enclenchement. **2.** Faire démarrer, commencer. *Enclencher une action.* ◆ **s'enclencher** v.pr. Se mettre en marche, commencer à fonctionner. *L'affaire s'enclenche mal.*

ENCLIN, E adj. (lat. *inclinare,* incliner). Porté naturellement à, sujet à. *Enclin à la colère.*

ENCLIQUETAGE n.m. MÉCAN. Dispositif ne permettant le mouvement de rotation d'une roue que dans un sens.

ENCLIQUETER v.t. [27]. Soumettre (une roue) à un encliquetage.

ENCLISE n.f. (gr. *egklisis,* inclinaison). LING. Prise d'appui d'un mot atone sur le mot qui précède pour former une seule unité accentuelle.

ENCLITIQUE adj. et n.m. (gr. *egklitikos,* penché). LING. Se dit d'un élément qui se joint au terme qui le précède pour former avec lui une seule unité accentuelle. Je *dans* sais-je *est un enclitique.*

ENCLORE v.t. (lat. *includere*) [113]. Entourer d'une clôture. *Enclore un jardin.*

ENCLOS [ɑ̃klo] n.m. Espace entouré d'une clôture ; la clôture elle-même. *Réparer l'enclos.*

ENCLOSURE n.f. (mot angl.). HIST. En Angleterre, du XVIe au XVIIIe s., clôture des terres acquises par les grands propriétaires à la suite du partage des communaux, transformant en bocage *(closed field)* l'ancien paysage *(openfield).*

ENCLOUAGE n.m. Fixation solide d'une fracture par une prothèse en forme de clou.

ENCLOUER v.t. **1.** Fixer (une fracture) par un enclouage. **2.** Blesser avec un clou (un animal que l'on ferre).

ENCLOUURE [ɑ̃kluyr] n.f. Blessure d'un animal encloué.

ENCLUME n.f. (lat. *incus, incudis*). **1.** Masse métallique destinée à supporter les chocs dans diverses opérations qui se font par frappe. *Enclume de forgeron, de serrurier, de couvreur, de cordonnier,* etc. ◇ Fig. *Être entre l'enclume et le marteau :* se trouver entre deux partis opposés, avec la perspective d'être victime dans tous les cas. **2.** ANAT. Deuxième osselet de l'oreille moyenne.

ENCOCHE n.f. Petite entaille formant arrêt (sur une flèche, le pêne d'une serrure, etc.).

ENCOCHEMENT ou **ENCOCHAGE** n.m. Action d'encocher.

ENCOCHER v.t. **1.** Faire une encoche à. **2.** *Encocher une flèche,* la placer de manière que la corde de l'arc se trouve dans l'encoche.

ENCODAGE n.m. Action d'encoder ; production d'un message encodé.

ENCODER v.t. Transcrire (un message) selon les règles d'un code ; coder.

ENCODEUR n.m. Matériel informatique servant à encoder.

ENCOIGNURE [ɑ̃kɔɲyr] n.f. **1.** Angle intérieur formé par deux murs qui se rencontrent, coin. **2.** Petit meuble triangulaire qu'on place dans un angle.

ENCOLLAGE n.m. **1.** Action d'encoller. **2.** Préparation qui sert à encoller.

ENCOLLER v.t. Enduire (une surface) de colle, de gomme, etc. *Encoller du papier peint.*

ENCOLLEUR, EUSE n. Personne qui encolle.

ENCOLLEUSE n.f. Machine à encoller.

ENCOLURE n.f. **1.** Partie du corps du cheval comprise entre la tête, le garrot et le poitrail. **2.** Dimension du tour du cou de l'homme. **3.** COUT. **a.** Partie du vêtement qui soutient le col. **b.** Partie échancrée du vêtement autour du cou.

ENCOMBRANT, E adj. Qui encombre ; gênant, embarrassant. *Colis encombrant.*

ENCOMBRE n.m. *Sans encombre :* sans difficulté, sans rencontrer d'obstacle. *Arriver sans encombre.*

ENCOMBRÉ, E adj. Se dit d'une voie de communication empruntée par trop de véhicules en même temps ; embouteillé. *L'autoroute est très encombrée.*

ENCOMBREMENT n.m. **1.** Action d'encombrer ; état de ce qui est encombré. **2.** Affluence excessive de véhicules gênant la circulation. *On signale des encombrements sur l'autoroute.* **3.** Place, volume qu'occupe qqch. *Meuble de faible encombrement.*

ENCOMBRER v.t. (anc. fr. *combre,* barrage). **1.** Obstruer, embarrasser un lieu, qqch, par accumulation. *Valises qui encombrent le couloir.* **2.** Saturer une ligne téléphonique, un standard par des appels trop nombreux. **3.** Embarrasser, gêner qqn. *Tu m'encombres, sors de la cuisine !* **4.** Surcharger ; occuper à l'excès. *Encombrer sa mémoire de détails.* ◆ **s'encombrer** v.pr. *(de).* Prendre, garder avec soi (qqch, qqn) qui est inutile ou gênant.

ENCOMIENDA [ɛnkɔmjɛnda] n.f. (mot esp.). HIST. Dans l'Amérique espagnole, territoire soumis à l'autorité d'un conquistador.

ENCONTRE DE (À L') loc. prép. (bas lat. *incontra*). *Aller à l'encontre de :* faire obstacle, s'opposer à.

ENCOPRÉSIE n.f. (du gr. *kopros,* excrément). PSYCHOL. Incontinence des matières fécales, sans atteinte neurologique, chez un enfant ayant dépassé l'âge normal (2 ou 3 ans) d'acquisition du contrôle des sphincters.

ENCOPRÉTIQUE adj. et n. Relatif à l'encoprésie ; atteint d'encoprésie.

ENCORBELLEMENT n.m. ARCHIT. Construction en saillie sur le plan d'un mur, supportée par des corbeaux, des consoles, une dalle, etc. ; porte-à-faux. ◇ *Voûte en encorbellement :* fausse voûte, appareillée en tas de charge.

encorbellements

ENCORDER (S') v.pr. ALP. S'attacher les uns aux autres avec une corde, en parlant des alpinistes.

ENCORE adv. (lat. *hinc ad horam,* de là jusqu'à cette heure). Indique : **1.** Que l'action ou l'état persiste au moment où l'on parle. *La boutique est encore ouverte.* **2.** La répétition d'une action. *Prenez encore du poulet.* **3.** (Suivi d'un comparatif). Le renforcement. *Il fait encore plus chaud qu'hier.* **4.** La restriction, la réserve. *Si encore elle était à l'heure !* ◇ Litt. *Encore que :* quoique, bien que. – REM. Parfois écrit *encor* en poésie.

ENCORNÉ, E adj. **1.** Litt. Qui a des cornes, cornu. *Diables encornés.* **2.** VÉTÉR. *Javart encorné,* qui se déclare sous la corne du sabot.

ENCORNER v.t. Percer, blesser à coups de cornes.

ENCORNET n.m. Calmar.

ENCOUBLER (S') v.pr. Suisse. S'empêtrer dans qqch qui traîne par terre.

ENCOURAGEANT, E adj. Qui encourage.

ENCOURAGEMENT n.m. Action d'encourager ; acte, parole qui encourage. *Prodiguer des encouragements.*

ENCOURAGER v.t. [17]. **1.** Donner du courage à ; inciter à agir. *Encourager un élève. Encourager à partir.* **2.** Favoriser la réalisation, le développement de. *Encourager l'industrie.*

ENCOURIR v.t. (lat. *incurrere*) [45]. Litt. S'exposer à (qqch de fâcheux). *Encourir un châtiment.*

EN-COURS ou **ENCOURS** n.m. inv. BANQ. Montant des effets escomptés par une banque qui ne sont pas encore arrivés à échéance.

ENCRAGE n.m. IMPR. **1.** Action d'encrer les rouleaux d'une presse ; manière dont une machine est encrée. **2.** Ensemble des dispositifs qui permettent d'encrer.

ENCRASSEMENT n.m. Action d'encrasser ; fait de s'encrasser.

ENCRASSER v.t. Couvrir de crasse. *Fumée qui encrasse les vitres.* ◆ **s'encrasser** v.pr. Se couvrir de crasse, de saleté.

ENCRE n.f. (lat. *encaustum,* mot gr.). **1.** Préparation colorée liquide ou pâteuse dont on se sert pour écrire, imprimer, etc. – *Encre de Chine :* composition (mélange de noir de fumée, de gélatine et de camphre) utilisée pour le dessin au lavis ou au trait. – *Encre sympathique :* encre incolore qui apparaît sur le papier sous l'action de certains produits chimiques ou de la chaleur. ◇ *Faire couler de l'encre :* être le sujet de nombreux articles, pamphlets, études, etc. **2.** Liquide noir et épais sécrété par certains céphalopodes et qui leur permet, en cas de danger, de troubler l'eau pour cacher leur fuite.

ENCRER v.t. Enduire d'encre.

ENCREUR adj.m. Qui sert à encrer. *Rouleau encreur d'une presse d'imprimerie.*

ENCRIER n.m. **1.** Petit récipient destiné à contenir de l'encre. **2.** IMPR. Réservoir qui alimente d'encre grasse les rouleaux encreurs d'une machine d'impression.

ENCRINE n.f. (gr. *en,* dans, et *krinon,* lis). Échinoderme fixé au fond des mers par une longue tige et présentant un calice tentaculaire. SYN. : *lis de mer.*

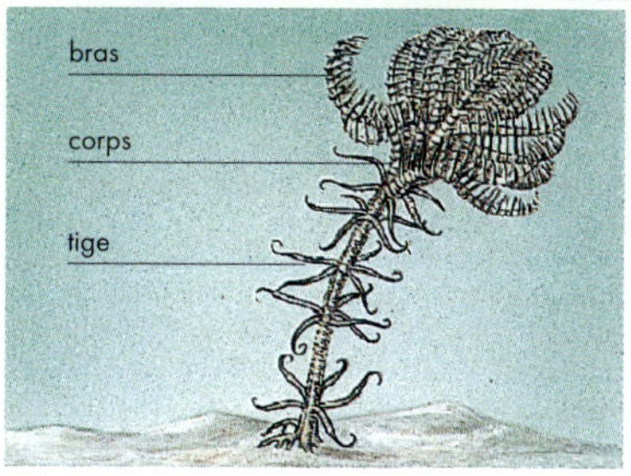

encrine

ENCROUÉ, E adj. (bas lat. *incrocare,* pendre à un croc). SYLV. Se dit d'un arbre qui, en tombant, s'est enchevêtré dans les branches d'un autre.

ENCROÛTÉ, E adj. Obstiné dans son ignorance, sa routine ; sclérosé. *Être encroûté dans ses préjugés.*

ENCROÛTEMENT n.m. Action d'encroûter ; fait de s'encroûter.

ENCROÛTER v.t. Recouvrir d'une croûte. ◆ **s'encroûter** v.pr. **1.** Se couvrir d'une croûte, d'un dépôt. **2.** Se laisser dominer par une routine qui appauvrit l'esprit, refuser les idées nouvelles. *S'encroûter dans ses habitudes.*

ENCUVAGE n.m. VITIC. Action d'encuver.

ENCUVER v.t. Mettre en cuve.

ENCYCLIQUE n.f. et adj. (gr. *egkuklios,* circulaire). Lettre solennelle adressée par le pape aux évêques (et par eux aux fidèles) du monde entier ou d'une région. (Elle est désignée par les premiers mots du texte.)

ENCYCLOPÉDIE n.f. (gr. *egkuklios paideia,* enseignement complet). Ouvrage où l'on expose méthodiquement ou alphabétiquement l'ensemble des connaissances universelles *(encyclopédie générale)* ou spécifiques d'un domaine du savoir *(encyclopédie spécialisée).*

■ De l'Antiquité (Aristote) jusqu'au Moyen Âge (*Étymologies* d'Isidore de Séville, *le Livre du Trésor* de Brunetto Latini) et à la Renaissance, le mot d'*encyclopédie* garde son sens grec, c'est-à-dire « éducation qui embrasse le cercle entier des connaissances ». C'est au début du XVIIe s., avec Francis Bacon, que l'encyclopédie, au sens moderne du terme, apparaît. Au XVIIe s. et au début du XVIIIe, l'ordre alphabétique du dictionnaire s'impose et le modèle de ce genre est l'*Encyclopédie* de Diderot. Avec l'*Encyclopédie méthodique* de la Librairie Panckoucke (1781) commence l'édition de l'encyclopédie moderne qui, tantôt sous forme d'exposé méthodique, tantôt sous forme de recueil alphabétique, cherche à résumer l'ensemble des connaissances.

ENCYCLOPÉDIQUE adj. **1.** Qui relève de l'encyclopédie. *Dictionnaire encyclopédique.* **2.** Qui possède un savoir étendu et universel. *Esprit encyclopédique.*

ENCYCLOPÉDISME n.m. Tendance à l'accumulation systématique de connaissances dans les domaines les plus divers.

ENCYCLOPÉDISTE n. **1.** Auteur d'une encyclopédie. **2.** Spécialt. *Les Encyclopédistes :* les collaborateurs de l'*Encyclopédie* de Diderot et d'Alembert.

ENDÉANS prép. Belgique. Dans l'intervalle, dans la limite de.

EN-DEHORS n.m. inv. Dans la danse académique, position particulière des jambes et des pieds dont la direction est donnée par la rotation vers l'extérieur de l'articulation de la hanche.

ENDÉMICITÉ n.f. MÉD. Caractère endémique d'une maladie.

ENDÉMIE n.f. (gr. *endêmon nosêma,* maladie fixée dans un pays). Maladie particulière à une région donnée, et y existant de façon quasi permanente. (On distingue les endémies infectieuses, comme le paludisme et le choléra, et les endémies non infectieuses, comme le béribéri.)

ENDÉMIQUE adj. **1.** Qui présente les caractères de l'endémie. **2.** Qui sévit de façon permanente. *Chômage endémique.* **3.** ÉCOL. Se dit des espèces vivantes propres à un territoire bien délimité.

ENDENTÉ, E adj. HÉRALD. *Écu endenté,* qui est divisé en triangles d'émaux alternés.

ENDENTEMENT n.m. **1.** Action d'endenter. **2.** Partie (d'une roue, etc.) pourvue de dents.

ENDENTER v.t. **1.** MÉCAN. Garnir de dents. **2.** Assembler au moyen de dents.

ENDETTEMENT n.m. Fait de s'endetter.

ENDETTER v.t. Charger de dettes. *La modernisation a endetté l'entreprise.* ◆ **s'endetter** v.pr. Contracter des dettes.

ENDEUILLER v.t. Plonger dans le deuil, dans la tristesse, en parlant du décès de qqn.

ENDÊVER [ɑ̃dɛve] v.i. (anc. fr. *desver,* être fou). Fam. et vx. *Faire endêver :* mettre en colère, faire enrager.

ENDIABLÉ, E adj. **1.** Qui ne cesse de s'agiter ; insupportable. *Enfant endiablé.* **2.** D'une vivacité extrême ; impétueux. *Rythme endiablé.*

ENDIABLER v.i. Vieilli. *Faire endiabler qqn :* le rendre furieux.

ENDIGUEMENT n.m. Action d'endiguer.

ENDIGUER v.t. **1.** Contenir (un cours d'eau, un fleuve, etc.) par des digues. **2.** Fig. Réfréner, faire obstacle à. *Endiguer la marche du progrès.*

ENDIMANCHER (S') v.pr. Revêtir ses habits du dimanche, s'habiller d'une façon plus soignée que d'habitude. ◇ *Avoir l'air endimanché :* avoir l'air emprunté, gauche, dans des habits différents des habits quotidiens.

ENDIVE n.f. (lat. *intibum*). Bourgeon hypertrophié et compact de la chicorée de Bruxelles, obtenu par forçage à l'obscurité et que l'on mange en salade ou comme légume.

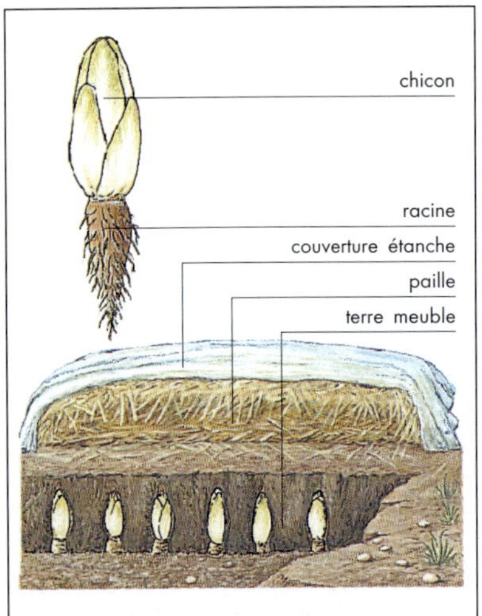

endive entière et mode de culture

ENDIVISIONNER v.t. MIL. Grouper (des unités militaires) pour former une division.

ENDOBLASTE ou **ENDODERME** n.m. (gr. *endon,* dedans, et *blastos,* germe, ou *derma,* peau). BIOL. Feuillet embryonnaire interne, qui fournit les appareils digestif et respiratoire.

ENDOBLASTIQUE ou **ENDODERMIQUE** adj. De l'endoblaste.

ENDOCARDE n.m. (gr. *endon,* dedans, et *kardia,* cœur). ANAT. Membrane qui tapisse la cavité du cœur.

ENDOCARDITE n.f. MÉD. Inflammation de l'endocarde.

ENDOCARPE n.m. (gr. *endon,* dedans, et *karpos,* fruit). BOT. Partie la plus interne du fruit. (Il constitue le noyau de la cerise, de la prune.)

ENDOCRINE adj. (gr. *endon,* dedans, et *krinein,* sécréter). ANAT. *Glandes endocrines :* glandes, telles que la thyroïde, l'hypophyse, qui déversent le produit de leur sécrétion (hormone) directement dans le sang. CONTR. : *exocrine.*

ENDOCRINIEN, ENNE adj. Relatif aux glandes endocrines.

ENDOCRINOLOGIE n.f. Partie de la biologie, de la médecine qui étudie le développement, les fonctions et les maladies des glandes endocrines.

ENDOCRINOLOGUE ou **ENDOCRINOLOGISTE** n. Biologiste ou médecin spécialiste de l'endocrinologie.

ENDOCTRINEMENT n.m. Action d'endoctriner ; son résultat.

ENDOCTRINER v.t. Faire adopter ou imposer une doctrine, des idées à (qqn).

ENDODERME n.m. → ***endoblaste.***

ENDODERMIQUE adj. → ***endoblastique.***

ENDODONTIE [ɑ̃dɔdɔ̃si] n.f. (gr. *endon,* dedans, et *odous, odontos,* dent). MÉD. Partie de l'odontostomatologie qui étudie les tissus pulpaire et radiculaire de la dent ainsi que leurs maladies.

ENDOGAME adj. et n. Qui pratique l'endogamie. CONTR. : *exogame.*

ENDOGAMIE n.f. (gr. *endon,* dedans, et *gamos,* mariage). ETHNOL. Obligation pour un membre d'un groupe social de se marier avec un membre du même groupe. CONTR. : *exogamie.*

ENDOGAMIQUE adj. Relatif à l'endogamie.

ENDOGÉ, E adj. ZOOL. Qui vit dans le sol.

ENDOGÈNE adj. (gr. *endon,* dedans, et *genos,* origine). **1.** Didact. Qui est produit par qqch en dehors de tout apport extérieur. CONTR. : *exogène.* **2.** GÉOL. *Roche endogène,* dont la matière provient de l'intérieur d'une planète tellurique.

ENDOLORIR v.t. (du lat. *dolor,* douleur). Rendre douloureux ; meurtrir. *Coup qui endolorit le bras.*

ENDOLORISSEMENT n.m. Action d'endolorir ; état de ce qui est endolori.

ENDOMÈTRE n.m. ANAT. Muqueuse qui tapisse la cavité utérine.

ENDOMÉTRIOME n.m. MÉD. Tumeur bénigne, constituée d'éléments épithéliaux et conjonctifs identiques à ceux de l'endomètre, et qui se développe en dehors de l'utérus.

ENDOMÉTRIOSE n.f. MÉD. Affection caractérisée par le développement d'endométriomes.

ENDOMÉTRITE n.f. MÉD. Inflammation de l'endomètre.

ENDOMMAGEMENT n.m. Action d'endommager ; son résultat.

ENDOMMAGER [ɑ̃dɔmaʒe] v.t. [17]. Causer du dommage à ; abîmer, détériorer. *La tempête a endommagé plusieurs bateaux.*

ENDOMORPHINE n.f. → ***endorphine.***

ENDOMORPHISME n.m. MATH. Morphisme d'un ensemble dans lui-même.

ENDOPARASITE adj. et n.m. BIOL. Parasite qui vit à l'intérieur d'un organisme végétal ou animal.

ENDOPLASME n.m. BIOL. Partie centrale du cytoplasme chez les amibiens.

ENDORÉIQUE adj. Qui présente les caractères de l'endoréisme.

ENDORÉISME n.m. (gr. *endon,* dedans, et *rhein,* couler). GÉOGR. Caractère d'une région dont les cours d'eau n'atteignent pas la mer et se perdent dans les dépressions intérieures.

ENDORMANT, E adj. Qui endort ; qui ennuie au point de provoquer l'envie de dormir.

ENDORMEUR, EUSE n. Litt. Personne qui flatte qqn, qui le berce d'illusions pour endormir sa vigilance.

ENDORMI, E adj. **1.** Qui dort. ◇ *Campagne endormie,* où tout semble dormir, silencieuse. **2.** Fam. Indolent, apathique. *Élève endormi.*

ENDORMIR v.t. (lat. *indormire*) [36]. **1.** Faire dormir ; provoquer le sommeil naturel de. *Endormir un enfant en le berçant.* **2.** Plonger qqn dans un sommeil artificiel (par anesthésie, hypnose). *Faire une piqûre à un malade pour l'endormir.* **3.** Ennuyer profondément au point de donner envie de dormir. *Ce conférencier m'endort.* **4.** Calmer ; atténuer l'acuité de. *Le froid a un peu endormi la douleur.* ◆ **s'endormir** v.pr. **1.** Commencer à dormir. **2.** Ralentir son activité ; manquer de vigilance.

ENDORMISSEMENT n.m. Fait de s'endormir ; passage de l'état de veille à l'état de sommeil.

ENDORPHINE ou **ENDOMORPHINE** n.f. BIOL. Hormone sécrétée par l'hypothalamus et présentant des propriétés antalgiques.

ENDOS n.m. → ***endossement.***

ENDOSCOPE n.m. (gr. *endon,* dedans, et *skopein,* examiner). MÉD. Appareil optique muni d'un dispositif d'éclairage, destiné à être introduit dans une cavité du corps humain pour l'examiner.

ENDOSCOPIE n.f. MÉD. Examen d'une cavité interne du corps humain au moyen d'un endoscope. (L'endoscopie permet, outre le diagnostic des lésions, certains traitements tels que l'extraction de corps étrangers, la destruction de tumeurs par coagulation ou résection.)

ENDOSCOPIQUE adj. Relatif à l'endoscopie.

ENDOSMOSE n.f. (gr. *endon,* dedans, et *ôsmos,* poussée). PHYS. Courant qui s'établit, lorsque deux solutions de concentrations différentes sont séparées par une membrane poreuse, de la solution la moins concentrée vers la solution la plus concentrée.

ENDOSPERME n.m. BOT. Tissu qui assure la nutrition de l'embryon chez les plantes gymnospermes.

ENDOSSABLE adj. Qui peut être endossé. *Chèque endossable.*

ENDOSSATAIRE n. DR. et BANQUE. Personne au profit de laquelle un chèque ou un effet de commerce est endossé.

ENDOSSEMENT ou **ENDOS** [ɑ̃do] n.m. BANQUE et DR. COMM. **1.** Transmission des effets de commerce ou des chèques au moyen d'une signature apposée au verso, par laquelle le bénéficiaire (endosseur) donne l'ordre à son débiteur d'en payer le montant à un nouveau bénéficiaire (endossataire). **2.** Autorisation permettant à un voyageur d'utiliser le titre de transport d'une compagnie aérienne sur les lignes d'une autre compagnie.

ENDOSSER v.t. **1.** Mettre (un vêtement) sur son dos, sur soi. *Endosser un manteau.* **2.** Assumer la responsabilité de. *Endosser les conséquences d'une erreur.* **3.** DR. et BANQUE. Opérer l'endossement de. **4.** REL. Donner une forme arrondie (au dos d'un livre), après la couture.

ENDOSSEUR n.m. DR., BANQUE. Personne qui endosse (une lettre de change, un chèque, etc.).

ENDOTHÉLIAL, E, AUX adj. HISTOL. Relatif à l'endothélium ; qui en a la structure.

ENDOTHÉLIUM [ɑ̃dɔteljɔm] n.m. (gr. *endon,* dedans, et *thelê,* mamelon) [pl. *endothéliums*]. HISTOL. Tissu composé de cellules plates et jointives qui recouvre la paroi interne des vaisseaux et du cœur.

ENDOTHERMIQUE adj. (gr. *endon,* dedans, et *thermos,* chaleur). CHIM. Qui s'accompagne d'une absorption de chaleur.

ENDOTOXINE n.f. BIOL., MÉD. Toxine contenue dans la paroi de certaines bactéries et qui n'est libérée dans le milieu qu'après la destruction du germe.

ENDROIT n.m. **I. 1.** Lieu déterminé. *Cherchons un endroit tranquille pour discuter.* – *L'endroit :* celui où l'on se trouve, la localité. *Les gens de l'endroit sont aimables.* ◇ Fam. *Le petit endroit :* les toilettes. **2.** Passage (d'un livre, d'un texte, etc.). **II. 1.** Le côté droit ; le côté à présenter (d'une chose à deux faces). *L'envers est l'opposé de l'endroit.* ◇ *À l'endroit :* du bon côté ; dans le bon sens. CONTR. : *à l'envers.* – Litt. *À l'endroit de :* envers, à l'égard de. **2.** GÉOGR. Adret.

ENDUCTION n.f. TECHN. Action d'enduire un support textile d'un produit destiné à lui conférer des qualités particulières, à en modifier l'aspect, etc.

ENDUIRE v.t. (lat. *inducere*) [98]. Recouvrir (une surface) d'un enduit ou d'une matière semi-liquide.

ENDUIT [ɑ̃dɥi] n.m. **1.** CONSTR. Couche de mortier appliquée sur un mur pour l'isolation et la décoration. **2.** PEINT. Préparation appliquée sur un subjectile. **3.** ANAT. Sécrétion visqueuse à la surface de certains organes. *Enduit de la langue.*

ENDURABLE adj. Que l'on peut endurer.

ENDURANCE n.f. Aptitude à résister aux fatigues physique et morale, à la souffrance.

ENDURANT, E adj. Qui a de l'endurance ; résistant.

ENDURCI, E adj. **1.** Qui est devenu dur, insensible. *Cœur endurci.* **2.** Qui a pris des habitudes invétérées. *Célibataire endurci.*

ENDURCIR v.t. **1.** Rendre dur, résistant. *Le gel endurcit le sol.* **2.** Rendre moins sensible. *Ces moments pénibles l'ont endurci.* ◆ **s'endurcir** v.pr. Devenir dur, insensible ; s'aguerrir.

ENDURCISSEMENT n.m. Fait de s'endurcir ; résistance, endurance, insensibilité.

ENDURER v.t. (lat. *indurare,* rendre dur). Supporter (ce qui est dur, pénible). *Endurer le froid. Endurer les insolences de qqn.*

ENDURO n.m. Compétition de motocyclisme, épreuve d'endurance et de régularité en terrain varié.

ENDYMION [ɑ̃dimjɔ̃] n.m. Plante à bulbe, dont les fleurs bleues s'épanouissent dans les bois au printemps, appelée couramment *jacinthe des bois.* (Famille des liliacées.)

EN EFFET loc. conj. (Pour introduire une explication). Car. *Il n'a pas pu venir : en effet, il était malade.* ◆ loc. adv. (Exprimant ou soulignant une affirmation). Assurément, effectivement. *Êtes-vous d'accord sur ce point ? – En effet.*

ÉNÉMA n.m. MÉD. Poire à deux valves utilisée pour le lavage du conduit auditif.

ÉNÉOLITHIQUE adj. et n.m. (du lat. *aeneus,* d'airain). PRÉHIST. Chalcolithique.

ÉNERGÉTICIEN, ENNE n. Spécialiste d'énergétique.

1. ÉNERGÉTIQUE adj. (angl. *energetic*). Relatif à l'énergie, aux sources d'énergie. ◇ *Aliment énergétique :* aliment nécessaire à l'organisme pour réparer ses dépenses d'énergie et ses pertes de matière. – *Apport énergétique :* apport d'énergie fourni à un organisme par un aliment, une boisson.

2. ÉNERGÉTIQUE n.f. Science et technique de la production de l'énergie, de ses emplois et des conversions de ses différentes formes.

ÉNERGIE n.f. (gr. *energeia,* force en action). **I.1.** Force morale, fermeté, puissance, vigueur. *L'énergie du désespoir.* **2.** Vigueur dans la manière de s'exprimer. *Parler avec énergie.* **3.** Force physique, vitalité. *Un être plein d'énergie.* **4.** PSYCHAN. *Énergie psychique :* libido. **II.1.** PHYS. **a.** Grandeur caractérisant un système et exprimant sa capacité à modifier l'état d'autres systèmes avec lesquels il entre en interaction (unité SI : le *joule*). **b.** Chacun des modes que peut présenter un tel système. *Énergie mécanique, magnétique, nucléaire.* **2.** *Sources d'énergie :* ensemble des matières premières ou des phénomènes naturels utilisés pour la production d'énergie (charbon, hydrocarbures, uranium, cours d'eau, marées, vent, etc.).

■ Outre l'énergie mécanique (*énergie potentielle* d'un poids soulevé, d'un ressort comprimé, etc., et *énergie cinétique* d'une masse en mouvement), on distingue les énergies *chimique, électrique, nucléaire, calorifique, rayonnante.* L'énergie est un concept de base de la physique car un système isolé a une énergie totale constante. Il ne peut donc y avoir création ou disparition d'énergie, mais seulement transformation d'une forme d'énergie en une autre ou transfert d'énergie d'un système à un autre. Toute conversion d'énergie s'accompagne de pertes. Celles-ci sont particulièrement importantes dans la conversion d'énergie thermique en énergie mécanique.

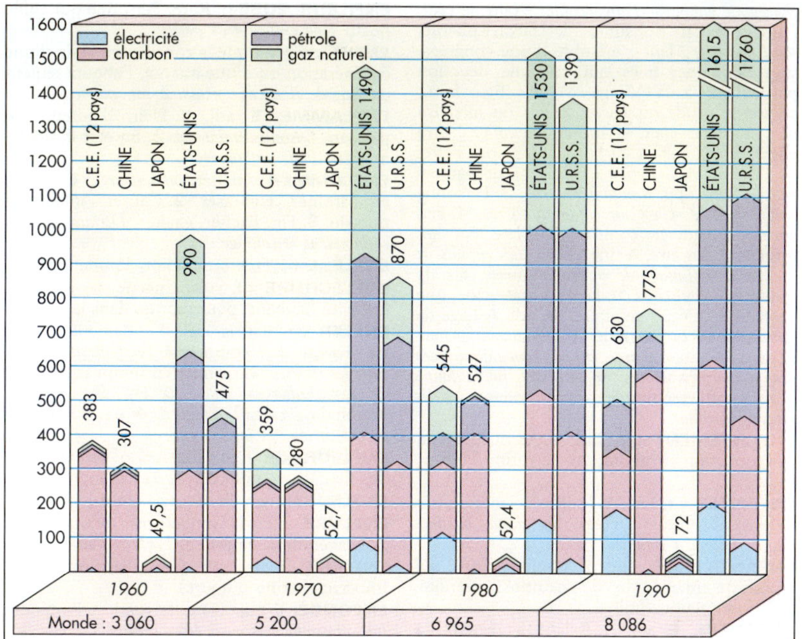

énergie : productions comparées de différentes sources d'énergie (en millions de tonnes d'équivalent pétrole)

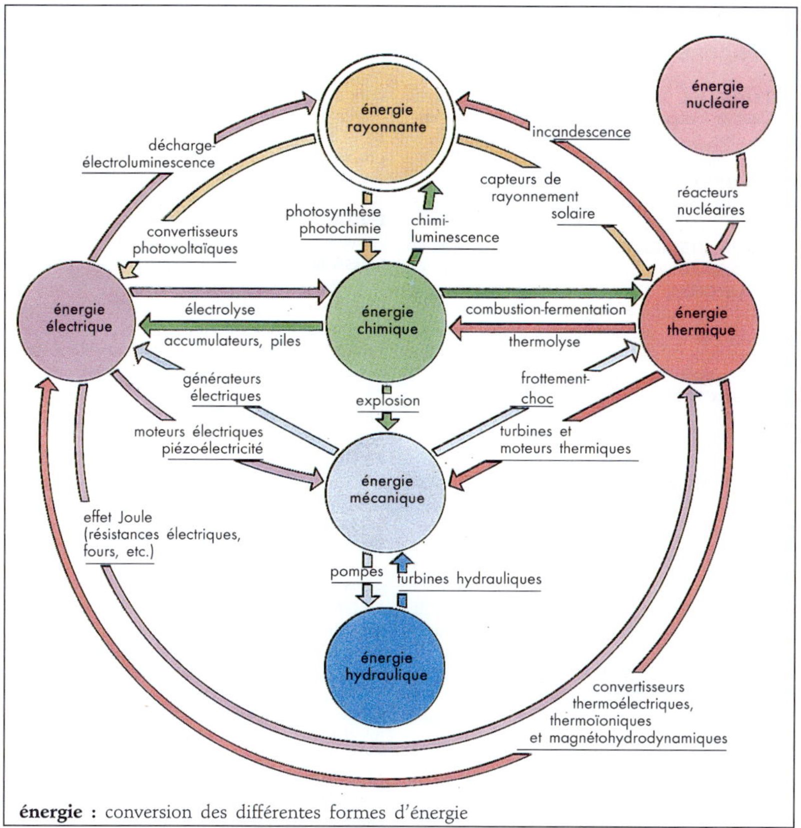

énergie : conversion des différentes formes d'énergie

ÉNERGIQUE adj. **1.** Qui agit fortement ; efficace. *Un remède énergique.* **2.** Qui est plein d'énergie, qui manifeste de l'énergie. *Visage énergique.*

ÉNERGIQUEMENT adv. Avec énergie.

ÉNERGISANT, E adj. et n.m. Se dit d'un produit qui donne de l'énergie ; stimulant.

ÉNERGIVORE adj. Fam. Qui consomme beaucoup d'énergie.

ÉNERGUMÈNE n. (gr. *energoumenos*). Personne exaltée, qui parle, gesticule avec véhémence.

ÉNERVANT, E adj. Qui irrite les nerfs ; agaçant, exaspérant. *Un bruit énervant. Il est énervant avec ses questions.*

ÉNERVATION n.f. **1.** HIST. Au Moyen Âge, supplice qui consistait à brûler ou à sectionner les tendons des jarrets. **2.** CHIR. Ablation ou section des nerfs d'un muscle ou d'un organe.

ÉNERVÉ, E adj. et n. **1.** Qui a perdu le contrôle de ses nerfs ; agacé, irrité. **2.** Rare. Qui a subi le supplice de l'énervation.

ÉNERVEMENT n.m. État d'une personne énervée ; agacement, surexcitation.

ÉNERVER v.t. (lat. *enervare,* couper les nerfs). Provoquer de la nervosité, de l'irritation ; agacer, exciter. *Un bruit qui énerve.* ◆ **s'énerver** v.pr. Perdre le contrôle de ses nerfs ; s'impatienter. *Restons calmes, ne nous énervons pas.*

ENFAÎTEAU n.m. CONSTR. Tuile faîtière.

ENFAÎTEMENT n.m. CONSTR. Partie de la couverture qui protège le faîte d'un toit ; faîtage.

ENFAÎTER v.t. CONSTR. Couvrir le faîte de (un toit, un mur) au moyen de tuiles, de plomb, etc.

ENFANCE n.f. (lat. *infantia*). **1.** Période de la vie humaine, de la naissance à la puberté. *Il a eu une enfance heureuse. – La petite enfance :* de la naissance à l'acquisition de la marche. – Fam. *Retomber en enfance :* prendre une mentalité infantile, sous l'effet de la sénilité. **2.** (Collect.). Les enfants. *L'enfance délinquante.* **3.** Fig. Commencement, début, origine. *Dès l'enfance de l'humanité. – C'est l'enfance de l'art :* c'est aisé, facile.

ENFANT n. (lat. *infans*). **1.** Garçon ou fille dans l'âge de l'enfance. *Livres pour enfants. Une* *charmante enfant.* – *Faire l'enfant* : faire le naïf, l'innocent ou s'obstiner de façon puérile. ◇ *Enfant de Marie* : membre d'une congrégation de jeunes filles qui ont une dévotion particulière à la Vierge Marie ; fig., fam., personne prude ou naïve. **2.** Fils ou fille. *Un père de trois enfants.* – *Attendre un enfant* : être enceinte. ◇ *Enfant adoptif* : enfant par l'effet de l'adoption. – *Enfant légitime,* né de parents mariés (par opp. à *enfant naturel*). **3.** Personne originaire de. *C'est un enfant du pays.* **4.** Personne considérée comme rattachée par ses origines à un être, à une chose. *Les enfants de la patrie.* – *Enfant de troupe* : autref., fils de militaire, élevé aux frais de l'État dans une caserne, une école militaire. ◆ adj. À l'âge de l'enfance ou qui a gardé la naïveté, la spontanéité d'un enfant. *Encore enfant. Tout enfant. Elles sont restées très enfants.* ◆ adj. inv. *Bon enfant* : d'une gentillesse simple ; accommodant. *Il a des côtés bon enfant.*

ENFANTEMENT n.m. Litt. **1.** Accouchement. **2.** Production, élaboration, création (d'une œuvre).

ENFANTER v.t. Litt. **1.** Mettre au monde (un enfant). **2.** Produire, créer. *Les grands hommes que la France a enfantés.*

ENFANTILLAGE n.m. **1.** Manière d'agir qui manifeste un manque de maturité ; puérilité. **2.** Chose, action futile.

ENFANTIN, E adj. **1.** Relatif à l'enfant, à l'enfance. *Jeux enfantins.* ◇ *École enfantine* : école maternelle, en Suisse. **2.** Peu compliqué, facile ou puéril. *Un raisonnement enfantin.*

ENFARINÉ, E adj. Couvert de farine, de poudre blanche. *Visage enfariné d'un Pierrot.* ◇ Fam. *Le bec enfariné,* ou, pop., *la gueule enfarinée* : avec une confiance niaise, ridicule.

ENFARINER v.t. Vx. Fariner.

ENFER n.m. (lat. *infernus,* lieu bas). **1.** Séjour et lieu de supplice des damnés après la mort. ◇ *D'enfer* : horrible, infernal. – Par ext. Excessif, très violent ou très rapide. *Feu d'enfer. Bruit d'enfer.* **2.** Fig. Lieu de souffrances, situation extrêmement pénible. *Sa vie est un enfer.* **3.** Département d'une bibliothèque où l'on garde les livres licencieux, interdits au public. ◆ pl. MYTH. *Les Enfers* : séjour des défunts après leur mort.

ENFERMEMENT n.m. Action d'enfermer.

ENFERMER v.t. **1.** Mettre dans un lieu que l'on ferme, d'où l'on ne peut sortir. *Enfermer qqn dans une pièce.* **2.** Placer, maintenir dans d'étroites limites qui empêchent de se développer librement ; maintenir dans une situation contraignante. *Enfermer la poésie dans des règles trop strictes.* **3.** Mettre à l'abri, en sûreté. *Enfermer des bijoux dans un coffre.* **4.** Entourer complètement (un lieu) ; clore, enserrer. *Des murailles enferment la ville.* ◆ **s'enfermer** v.pr. **1.** S'installer dans un endroit fermé et isolé. *Il s'enferme dans son bureau et ne veut voir personne.* **2.** Se maintenir avec obstination dans un état, une situation, une attitude. *S'enfermer dans le mutisme.*

ENFERRER v.t. Percer (qqn) avec le fer d'une épée. ◆ **s'enferrer** v.pr. **1.** Se jeter sur l'épée de son adversaire. **2.** Se prendre à l'hameçon, en parlant d'un poisson. **3.** Fig. Se prendre au piège de ses propres mensonges en s'embrouillant dans ses explications ; s'enfoncer. *Le témoin s'est enferré dans sa déposition.*

ENFEU n.m. (pl. *enfeus*). ARCHIT. MÉDIÉV. Niche funéraire à fond plat.

ENFICHABLE adj. Qui peut être enfiché.

ENFICHER v.t. Insérer (un élément mâle) dans une prise femelle, un connecteur.

ENFIELLER v.t. Vx, litt. Rendre fielleux, plein d'aigreur.

ENFIÉVRER v.t. [18]. Litt. Donner la fièvre ; exciter, exalter.

ENFILADE n.f. **1.** Ensemble de choses disposées, situées les unes à la suite des autres ; rangée. *Une enfilade de maisons. Pièces en enfilade.* **2.** MIL. *Tir d'enfilade* : tir dirigé dans le sens de la plus grande dimension de l'objectif.

ENFILAGE n.m. Action de passer un fil dans.

ENFILER v.t. **1.** Passer un fil dans (le chas d'une aiguille, le trou d'une perle, etc.). **2.** Fam. Passer rapidement (un vêtement). *Enfiler une veste.* **3.** S'engager dans (une voie).

ENFILEUR, EUSE n. Rare. Personne qui enfile qqch. *Une enfileuse de perles.*

ENFIN adv. (Marque la conclusion, la fin d'une énumération ou d'une attente, l'aboutissement de qqch). *Il a enfin réussi à son examen.*

ENFLAMMÉ, E adj. **1.** Plein d'ardeur, de passion. *Discours enflammé.* **2.** En état d'inflammation. *Plaie enflammée.*

ENFLAMMER v.t. (lat. *inflammare*). **1.** Mettre en flammes, embraser. **2.** Causer l'inflammation de. **3.** Fig. Exciter, exalter. *Déclarations qui enflamment le courage.*

ENFLÉ, E n. Très fam. Idiot, lourdaud.

ENFLÉCHURE n.f. MAR. Chacun des échelons entre les haubans, pour monter dans la mâture.

ENFLER v.t. (lat. *inflare*). **1.** Augmenter, grossir ; rendre plus important. *La fonte des neiges enfle les rivières.* **2.** Gonfler en remplissant d'air, de gaz. *Enfler ses joues.* ◇ Fig. *Être enflé de,* rempli de. *Il est enflé d'orgueil.* ◆ v.i. Augmenter de volume. *Ses jambes enflent.*

ENFLEURAGE n.m. Extraction des parfums des fleurs par contact avec une matière grasse.

ENFLEURER v.t. Pratiquer l'enfleurage de.

ENFLURE n.f. **1.** Gonflement, boursouflure. **2.** Exagération, emphase. *Enflure d'un style.*

ENFOIRÉ, E n. (de *foire,* diarrhée). Vulg. Imbécile (terme d'injure).

ENFONCÉ, E adj. Dans le fond, à l'intérieur de. *Yeux enfoncés dans leurs orbites.*

ENFONCEMENT n.m. **1.** Action d'enfoncer ; fait de s'enfoncer. **2.** Partie en retrait ou en creux ; cavité, renfoncement. **3.** MAR. Distance verticale entre le plan de flottaison et le point le plus bas d'un navire.

ENFONCER v.t. (de *fond*) [16]. **1.** Pousser vers le fond, faire pénétrer profondément dans. *Enfoncer un clou dans un mur.* **2.** Faire céder par une pression ou un choc. *Enfoncer une porte.* **3.** Vaincre, défaire ; culbuter (une armée ennemie). **4.** Fig., fam. Vaincre, surpasser. *Enfoncer un adversaire.* ◆ v.i. Aller vers le fond. *Enfoncer dans la boue.* ◆ **s'enfoncer** v.pr. **1.** Aller au fond de, vers le fond, entrer profondément. *S'enfoncer dans l'eau.* **2.** Céder sous un choc ou une pression ; s'écrouler, s'affaisser. *Plancher qui s'enfonce.* **3.** Fig. S'enferrer, aggraver son état, sa situation.

ENFONCEUR, EUSE n. Fam. *Enfonceur de porte(s) ouverte(s)* : personne qui se démène en vue d'un travail déjà fait, d'un problème déjà résolu.

ENFONÇURE n.f. Rare. Partie enfoncée ; creux.

ENFOUIR v.t. (lat. *infodere*). **1.** Mettre en terre. **2.** Cacher, enterrer sous ; dissimuler. ◆ **s'enfouir** v.pr. S'enfoncer, se blottir. *S'enfouir dans le sable, sous ses couvertures.*

ENFOUISSEMENT n.m. Action d'enfouir.

ENFOUISSEUR n.m. Outil agricole destiné à enfouir (de l'engrais, du fumier, etc.).

ENFOURCHEMENT n.m. Assemblage de deux pièces bout à bout, formant une enture verticale.

ENFOURCHER v.t. Se mettre, monter à califourchon sur. ◇ Fig., fam. *Enfourcher son cheval de bataille, son dada (etc.)* : développer de nouveau un thème de prédilection, une idée que l'on aime défendre, etc.

ENFOURCHURE n.f. **1.** Point du corps où les jambes se joignent au tronc, entrejambe. **2.** ÉQUIT. Partie du corps du cheval qui se trouve entre les cuisses du cavalier.

ENFOURNAGE ou **ENFOURNEMENT** n.m. Action d'enfourner.

ENFOURNER v.t. **1.** Mettre dans un four. **2.** Fam. Mettre dans sa bouche par grandes quantités, avaler rapidement et gloutonnement. *Enfourner une assiette de petits-fours.*

ENFREINDRE v.t. (lat. *infringere,* briser) [81]. Litt. Transgresser, ne pas respecter. *Enfreindre la loi.*

ENFUIR (S') v.pr. [35]. Fuir, s'en aller à la hâte, se sauver, disparaître.

ENFUMAGE n.m. Action d'enfumer. *L'enfumage des abeilles.*

ENFUMER v.t. **1.** Remplir (un lieu) de fumée. **2.** Déloger ou neutraliser un animal en l'incommodant par la fumée. *Enfumer un renard dans son terrier.*

ENFÛTAGE n.m. Action d'enfutailler.

ENFUTAILLER ou **ENFÛTER** v.t. Mettre (le vin) en futaille ou en fût.

1. ENGAGÉ, E adj. **1.** Qui traduit, exprime un engagement, notamm. politique. *Littérature engagée.* **2.** ARCHIT. *Colonne engagée,* intégrée en partie dans un mur ou un pilier. **3.** MAR. *Navire engagé,* qui donne de la bande et ne peut plus se relever.

2. ENGAGÉ, E n. et adj. Personne ayant contracté un engagement dans l'armée.

ENGAGEANT, E adj. Qui attire, séduit.

ENGAGEMENT n.m. **I. 1. a.** Action d'engager, d'embaucher qqn ; accord écrit ou verbal qui l'atteste. *Chanteur qui signe un engagement.* **b.** Spécialt. MIL. Contrat par lequel qqn déclare vouloir servir dans l'armée pour une durée déterminée. **2.** Fait de s'engager à qqch, par une promesse, un contrat, etc. *Faire honneur à, respecter ses engagements.* **3.** Rare. Action de mettre qqch en gage ; récépissé qui en fait foi. **II. 1.** Action d'engager qqn, qqch dans une entreprise, une action ; fait de s'engager dans un lieu, etc. ◇ SPORTS. *Engagement physique* : utilisation maximale de ses qualités naturelles (vitesse, détente, poids et masse musculaire). **2.** Fait de prendre parti et d'intervenir publiquement sur les problèmes sociaux, politiques, etc., de son époque. **3.** MÉD. Première phase de l'accouchement. *L'engagement du fœtus précède la descente et le dégagement.* **4.** Action de mettre le ballon en jeu en début de partie (SYN. : *coup d'envoi*) ou, au football, après un but. **5.** FIN. Phase préalable et obligatoire à l'ordonnancement d'une dépense publique. **6.** FIN. *Engagement(s) financier(s)* : montant des devises d'un pays donné, détenues par des étrangers ou à l'étranger, et à la conversion desquelles, en cas de demande, doit faire face la banque centrale de ce pays. **7.** MIL. Action offensive ; combat localisé et de courte durée.

ENGAGER v.t. [17]. **I. 1.** Lier, attacher (qqn) par une promesse, une obligation. ◇ Cour. *Cela ne vous engage à rien* : cela ne vous crée aucune obligation. **2.** Embaucher, recruter. *Engager un assistant.* **3.** Mettre en gage. **II. 1.** Introduire, faire pénétrer, diriger (qqch) dans. *Engager sa voiture dans une ruelle.* **2.** Faire participer à, affecter à un usage précis. *Engager une division dans un combat.* **3.** FIN. Effectuer l'engagement d'une dépense publique. **4.** Commencer, entamer. *Engager des pourparlers.* **5.** Exhorter, inciter (qqn) à. ◆ **s'engager** v.pr. **1.** Contracter un engagement professionnel ou militaire ; s'inscrire à une compétition. **2.** S'avancer, pénétrer. *S'engager dans un passage étroit.* **3.** Commencer. *La discussion s'engage mal.* **4.** *S'engager à* : promettre de. **5.** Exprimer publiquement par ses actes ou ses paroles une prise de position sur les problèmes sociaux, politiques.

ENGAINANT, E [ɑ̃gɛnɑ̃, ɑ̃t] adj. BOT. Dont la gaine entoure la tige. *Feuille engainante.*

ENGAINER [ɑ̃gɛne] v.t. Mettre dans une gaine. *Engainer un parapluie.*

ENGAMER v.t. Avaler l'hameçon et son appât, en parlant d'un poisson.

ENGANE n.f. Prairie de salicornes servant de parcours, en Camargue, aux chevaux et aux taureaux.

ENGAZONNEMENT n.m. Action d'engazonner ; son résultat.

ENGAZONNER v.t. Semer, garnir de gazon.

ENGEANCE [ɑ̃ʒɑ̃s] n.f. (anc. fr. *enger,* augmenter). Litt. ou par plais. Groupe, catégorie de personnes qu'on méprise.

ENGELURE [ɑ̃ʒlyr] n.f. Lésion inflammatoire des extrémités (mains, pieds, nez et oreilles) provoquée par le froid.

ENGENDREMENT n.m. Action d'engendrer.

ENGENDRER v.t. (lat. *ingenerare,* de *genus,* race). **1.** Procréer, reproduire par génération. **2.** Être à l'origine de, causer, provoquer. **3.** MATH. Pour un système d'éléments d'un ensemble muni d'une loi de composition interne ou externe, avoir la propriété de donner par leurs compositions tous les éléments de cet ensemble.

ENGERBAGE n.m. Action d'engerber.

ENGERBER v.t. AGRIC. Mettre en gerbes (des céréales moissonnées disposées en javelles).

ENGIN n.m. (lat. *ingenium,* intelligence). **1.** Appareil, instrument, machine destinés à un usage particulier. **2.** Spécialt. MIL. Matériel de guerre. *Engin mécanique du génie.*

ENGINEERING [ɛndʒiniriŋ] ou [ɛnʒiniriŋ] n.m. (mot angl.). [Anglic. déconseillé]. Ingénierie.

ENGLOBER v.t. Réunir en un tout, contenir. *Cette critique vous englobe tous.*

ENGLOUTIR v.t. (bas lat. *ingluttire,* avaler). **1.** Absorber, avaler gloutonnement (de la nourriture). **2.** Fig. Faire disparaître, engouffrer. – *Engloutir sa fortune,* la dépenser complètement. ◆ **s'engloutir** v.pr. Disparaître.

ENGLOUTISSEMENT n.m. Action d'engloutir ; fait d'être englouti.

ENGLUEMENT ou **ENGLUAGE** n.m. Action d'engluer.

ENGLUER v.t. **1.** Couvrir, enduire de glu ou de matière gluante. **2.** Prendre (un oiseau) à la glu. ◇ Fig. *Être englué dans (qqch),* pris dans une situation complexe qui paraît sans issue.

ENGOBAGE n.m. CÉRAM. Action d'engober.

ENGOBE n.m. CÉRAM. Enduit terreux blanc ou coloré servant à engober.

ENGOBER v.t. CÉRAM. Recouvrir d'un engobe (une pièce céramique), à des fins décoratives.

ENGOMMAGE n.m. Action d'engommer.

ENGOMMER v.t. Enduire de gomme. *Engommer des étiquettes.*

ENGONCER v.t. (de *gond*) [16]. Déformer la silhouette en faisant paraître le cou enfoncé dans les épaules, en parlant d'un vêtement.

ENGORGEMENT n.m. Obstruction ; encombrement, saturation.

ENGORGER v.t. [17]. **1.** Embarrasser, obstruer, par accumulation de matière. *Engorger un tuyau, une canalisation.* **2.** Encombrer, saturer. *L'affluence de véhicules engorge l'autoroute.*

ENGOUEMENT n.m. **1.** Fait de s'engouer ; goût très vif et soudain pour qqn, qqch. **2.** MÉD. Obstruction de l'intestin au niveau d'une hernie.

ENGOUER (S') v.pr. ou **ÊTRE ENGOUÉ** v. passif. Admirer vivement, se passionner pour qqn, qqch. *S'engouer d'un chanteur.*

ENGOUFFREMENT n.m. Action d'engouffrer ; fait de s'engouffrer.

ENGOUFFRER v.t. **1.** Manger, avaler (des aliments) goulûment. **2.** Dépenser totalement (une somme d'argent génér. importante). *Engouffrer une fortune dans une affaire.* ◆ **s'engouffrer** v.pr. Entrer, pénétrer rapidement ou en masse dans (un lieu). *Vent qui s'engouffre dans une rue.*

ENGOULEVENT n.m. (anc. fr. *engouler,* avaler). Oiseau micropodiforme, au plumage brunroux, qui, la nuit, chasse les insectes en volant le bec grand ouvert. (Long. 30 cm env.)

ENGOURDIR v.t. (de *gourd*). **1.** Rendre insensible, paralyser (qqn, une partie du corps). *Froid qui engourdit les mains.* **2.** Atténuer, ralentir le mouvement, l'activité de. *La fatigue engourdissait son esprit.*

ENGOURDISSEMENT n.m. Action d'engourdir ; fait d'être engourdi.

ENGRAIS n.m. (de *engraisser*). **1.** Produit organique ou minéral incorporé au sol pour en maintenir ou en accroître la fertilité. ◇ *Engrais vert :* plante que l'on enfouit par un labour, au lieu de la faucher, pour fertiliser le sol. **2.** *À l'engrais :* qu'on engraisse, en parlant d'un animal.

■ Les engrais apportent aux plantes cultivées des éléments qu'elles ne trouvent pas dans le sol en quantité suffisante et qui améliorent les conditions de leur nutrition et de leur croissance. Les engrais fournissent des éléments fertilisants majeurs (azote, phosphore, potassium), des éléments fertilisants secondaires (calcium, soufre, magnésium, etc.) et des oligoéléments. On distingue les engrais minéraux, naturels ou produits par l'industrie, et les engrais organiques, comme le fumier. L'utilisation des engrais, surtout d'origine industrielle, est inséparable de l'agriculture intensive moderne qui permet d'obtenir de grandes quantités de produits à l'hectare.

ENGRAISSEMENT ou **ENGRAISSAGE** n.m. **1.** Action d'engraisser (un animal) ; son résultat. **2.** Augmentation du volume de sable d'une plage par suite des dépôts occasionnés par les courants, la houle, etc.

ENGRAISSER v.t. (bas lat. *incrassare*). **1.** Faire grossir, rendre gras (un animal). *Engraisser une oie.* **2.** Fertiliser (une terre) par un engrais. **3.** Fam. Enrichir, faire prospérer. ◆ v.i. Grossir, prendre du poids.

ENGRAISSEUR n.m. Celui qui engraisse (un animal).

ENGRAMME n.m. (gr. *en,* dans, et *gramma,* écriture). PSYCHOL. Trace laissée en mémoire, par tout évènement, dans le fonctionnement bioélectrique du cerveau.

ENGRANGEMENT n.m. Action d'engranger.

ENGRANGER v.t. [17]. **1.** Mettre (du foin, des céréales, etc.) dans une grange. **2.** Fig., litt. Accumuler en vue d'une utilisation ultérieure.

ENGRAVER v.t. **1.** Recouvrir (un sol) de gravier. **2.** Pratiquer une engravure.

ENGRAVURE n.f. Entaille pratiquée dans une maçonnerie.

ENGRÊLÉ, E adj. HÉRALD. Bordé de dents fines aux intervalles arrondis, en parlant d'une pièce honorable.

ENGRÊLURE n.f. Partie haute d'une dentelle, souvent rapportée, et qui sert à fixer celle-ci sur un autre support.

ENGRENAGE n.m. **1.** Mécanisme formé de roues dentées en contact, se transmettant un mouvement de rotation. *Engrenages à denture droite ou hélicoïdale, à chevrons...* **2.** Fig. Concours de circonstances, enchaînement inéluctable de faits dont on ne peut se dégager. ◇ *Mettre le doigt dans l'engrenage :* s'engager imprudemment dans une affaire dans laquelle on se trouve pris.

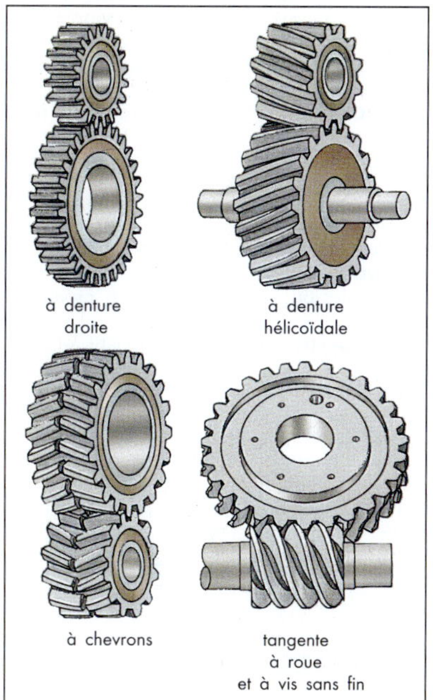

quelques types d'**engrenages**

ENGRÈNEMENT n.m. Action d'engrener.

1. ENGRENER [ãgrəne] v.t. (lat. *granum,* grain) [19]. Alimenter en grain (la trémie d'un moulin) ; alimenter en épis (une batteuse).

2. ENGRENER [ãgrəne] v.t. [19] (de 1. *engrener,* avec influence de *cran*). Mettre en prise un élément d'un engrenage dans l'autre élément. ◆ v.i. Être en prise, en parlant des éléments d'un engrenage.

ENGRENEUR n.m. Ouvrier chargé d'alimenter une batteuse.

ENGRENEUSE n.f. Appareil engrenant mécaniquement une batteuse.

ENGRENURE n.f. Disposition de deux roues qui s'engrènent.

ENGROIS n.m. → **angrois.**

ENGROSSER v.t. Fam. Rendre enceinte (une femme).

ENGUEULADE n.f. Fam. Action d'engueuler, de s'engueuler.

ENGUEULER v.t. Fam. Accabler de reproches, d'injures grossières ; réprimander durement. ◆ **s'engueuler** v.pr. Fam. Se disputer violemment avec qqn. *Ils se sont copieusement engueulés.*

ENGUICHURE n.f. **1.** Cordon servant à porter le cor de chasse. **2.** Courroie du bouclier.

ENGUIRLANDER v.t. **1.** Fam. Invectiver, faire de vifs reproches à. **2.** Litt. Orner de guirlandes.

ENHARDIR [ãardir] v.t. Rendre hardi, donner de l'assurance à. ◆ **s'enhardir** v.pr. Devenir hardi, se permettre de, aller jusqu'à.

ENHARMONIE [ãnarmɔni] n.f. MUS. Rapport entre deux notes consécutives (par ex. : *do* dièse et *ré* bémol) que l'audition ne permet pas de distinguer.

ENHARMONIQUE adj. MUS. Qui forme une enharmonie.

ENHARNACHER [ãarnaʃe] v.t. Mettre le harnais à (un cheval).

ENHERBER [ãnɛrbe] v.t. Mettre en herbe (un terrain).

ÉNIÈME [enjɛm] adj. et n. (de *n* et suffixe *-ième*). Fam. Qui occupe un rang indéterminé, mais très grand. *Pour la énième fois.* (On écrit aussi *N*[ième].)

ÉNIGMATIQUE adj. Qui renferme une énigme ; qui tient de l'énigme, obscur.

ÉNIGMATIQUEMENT adv. De manière énigmatique.

ÉNIGME n.f. (lat. *aenigma,* mot gr.). **1.** Jeu d'esprit où l'on donne à deviner une chose en la décrivant en termes obscurs, souvent à double sens. **2.** Problème difficile à résoudre ; chose ou personne difficile à comprendre.

ENIVRANT, E [ãnivrã, ãt] adj. Qui enivre.

ENIVREMENT [ãnivrəmã] n.m. **1.** Fait de s'enivrer ; état d'une personne ivre. **2.** Fig. Euphorie, exaltation. *L'enivrement de la victoire.*

ENIVRER [ãnivre] v.t. **1.** Rendre ivre. **2.** Exalter, exciter. *Enivrer de joie.*

ENJAMBÉE n.f. Action d'enjamber ; espace que l'on enjambe. *Marcher à grandes enjambées.*

ENJAMBEMENT n.m. **1.** MÉTR. Rejet au vers suivant d'un ou de plusieurs mots étroitement unis par le sens à ceux du vers précédent. Ex. :

Un astrologue, un jour, se laissa choir
Au fond d'un puits. (La Fontaine).

2. GÉNÉT. Entrecroisement de deux chromosomes au cours de la formation des cellules reproductrices, permettant de nouvelles combinaisons de caractères héréditaires. SYN. (anglic. déconseillé) : *crossing-over.*

ENJAMBER v.t. Franchir, passer par-dessus (un obstacle) en étendant la jambe avant de poser le pied. ◆ v.i. **1.** Empiéter, faire saillie sur. **2.** MÉTR. Produire l'enjambement.

ENJAVELER [ãʒavle] v.t. [24]. AGRIC. Mettre en javelles (le blé, l'avoine, etc.).

ENJEU n.m. **1.** Somme d'argent, objet que l'on risque dans une partie de jeu et qui revient au gagnant. *Perdre son enjeu.* **2.** Ce que l'on peut gagner ou perdre dans une entreprise. *L'enjeu d'une guerre.*

ENJOINDRE v.t. (lat. *injungere*) [82]. Litt. Ordonner, mettre en demeure de.

ENJÔLEMENT n.m. Action d'enjôler.

ENJÔLER [ãʒole] v.t. (de *geôle,* prison). Séduire par des paroles flatteuses, des promesses (génér. dans un but déterminé).

ENJÔLEUR, EUSE n. et adj. Personne qui enjôle.

ENJOLIVEMENT n.m. Ornement qui enjolive.

ENJOLIVER v.t. Rendre joli, plus joli, en ajoutant des ornements ; embellir ; agrémenter. *Enjoliver un récit.*

1. ENJOLIVEUR, EUSE n. Personne qui enjolive.

2. ENJOLIVEUR n.m. Pièce d'ornementation d'une carrosserie automobile. ◇ Spécialt. Pièce métallique, le plus souvent circulaire, recouvrant les moyeux des roues.

ENJOLIVURE n.f. Détail qui enjolive.

ENJOUÉ, E adj. (de *en* et *jeu*). Qui exprime de l'enjouement.

ENJOUEMENT n.m. Bonne humeur, gaieté aimable et souriante.

ENJUGUER v.t. Attacher (un animal de trait) au joug.

ENKÉPHALINE ou **ENCÉPHALINE** n.f. BIOL. Substance sécrétée par le cerveau, agissant comme neurotransmetteur et ayant les effets antalgiques de la morphine.

ENKYSTÉ, E adj. **1.** MÉD. Se dit d'un corps étranger ou d'une lésion qui reste dans l'organisme sans inflammation aiguë et qui s'entoure de tissu conjonctif. **2.** ZOOL. Se dit d'un animal à l'état de vie ralentie dans un kyste.

ENKYSTEMENT n.m. MÉD. Production, autour d'un corps étranger ou d'une lésion torpide, d'un tissu conjonctif. *L'enkystement est une réaction de défense de l'organisme.*

ENKYSTER (S') v.pr. MÉD. S'envelopper d'une coque de tissu conjonctif. *Tumeur qui s'enkyste.*

ENLACEMENT n.m. **1.** Action d'enlacer ; disposition de choses enlacées. **2.** Fait de s'enlacer ; étreinte.

ENLACER v.t. [16]. **1.** Passer une chose autour d'une autre ; entrelacer, entrecroiser. *Enlacer des rubans.* **2.** Serrer contre soi en entourant de ses bras ; étreindre. ◆ **s'enlacer** v.pr. Se prendre mutuellement dans les bras.

ENLAÇURE n.f. TECHN. Trou pratiqué dans un assemblage à tenon et mortaise pour l'immobiliser par une cheville.

ENLAIDIR v.t. Rendre laid. ◆ v.i. Devenir laid.

ENLAIDISSEMENT n.m. Action d'enlaidir ; son résultat. Fait de devenir laid.

ENLEVAGE n.m. TEXT. Opération qui consiste à détruire le colorant fixé sur un tissu, sans endommager la fibre.

ENLEVÉ, E adj. Exécuté avec facilité, avec brio. *Portrait enlevé. Morceau de musique enlevé.*

ENLÈVEMENT n.m. Action d'enlever (qqn, qqch) ; son résultat.

ENLEVER [ɑ̃lve] v.t. [19]. **I. 1.** Soulever, porter vers le haut. *Enlever sans effort un poids de cinquante kilos.* **2.** Jouer, exécuter brillamment. *Enlever un morceau de musique.* **II. 1.** Retirer de la place occupée (notamm. pour porter à un autre endroit). *Enlever des meubles.* **2.** Faire disparaître, supprimer. *Enlever un nom d'une liste.* **3.** Faire perdre, retirer, priver de. *On lui a enlevé la garde de l'enfant.* **III. 1.** Gagner, remporter. *Enlever la victoire.* **2.** Prendre, s'emparer de (une position militaire). **3.** Prendre par force, par rapt ou par ruse. *Enlever un enfant.* **4.** Priver de la présence de (qqn), en parlant de la mort, de la maladie, etc. *Un accident l'a enlevé prématurément à l'affection des siens.*

ENLEVURE n.f. MIN. Épaisseur de roche enlevée lors d'un abattage.

ENLIASSER v.t. Mettre en liasse.

ENLIER v.t. TECHN. Disposer (des pierres, des briques) de façon à alterner les joints.

ENLISEMENT n.m. Fait de s'enliser.

ENLISER v.t. (normand *lize,* sable mouvant). **1.** Enfoncer (qqn, qqch) dans un sol sans consistance (sable, boue, etc.). **2.** Fig. Mettre (qqn, qqch) dans une situation difficile, dangereuse. *Enliser un pays dans la stagnation.* ◆ **s'enliser** v.pr. **1.** S'enfoncer dans. **2.** Fig. Stagner, régresser. *Ce pays s'enlise dans le marasme.*

ENLUMINER v.t. (lat. *illuminare*). **1.** Orner d'enluminures. *Enluminer un missel.* **2.** Litt. Colorer vivement.

ENLUMINEUR, EUSE n. Artiste qui enlumine.

ENLUMINURE n.f. Art de décorer et d'illustrer les livres, les manuscrits, etc., de lettrines et d'initiales colorées et ornées, d'encadrements, de miniatures, etc. ; la décoration ainsi réalisée.

ENNÉADE [enead] n.f. Rare. Réunion de neuf choses semblables ; groupe de neuf personnes.

ENNÉAGONAL, E, AUX adj. MATH. Relatif à l'ennéagone.

ENNÉAGONE [eneagon] n.m. et adj. (gr. *ennea,* neuf, et *gônia,* angle). MATH. Polygone à neuf angles et neuf côtés.

ENNEIGÉ, E adj. Couvert de neige.

ENNEIGEMENT n.m. État d'un endroit enneigé. ◇ *Bulletin d'enneigement,* indiquant l'épaisseur de la couche de neige dans un lieu donné, notamm. dans les stations de sports d'hiver.

ENNEIGER [ɑ̃neʒe] v.t. [23]. Couvrir, recouvrir de neige.

ENNEMI, E n. et adj. (lat. *inimicus*). **1.** Personne qui veut du mal à qqn, qui cherche à lui nuire. ◇ *Ennemi public :* malfaiteur jugé particulièrement dangereux. *L'ennemi public numéro un.* **2.** (Sing. collectif ou pl.). Groupe, pays, etc., à qui l'on s'oppose, notamm. en temps de guerre ; adversaire. ◇ *Passer à l'ennemi,* dans le camp adverse ; trahir. **3.** Personne qui s'oppose à, qui a de l'aversion pour qqch. *Un ennemi de l'injustice.* **4.** Ce qui est contraire, ce qui s'oppose à qqch. *Le mieux est l'ennemi du bien.*

ENNOBLIR [ɑ̃nɔblir] v.t. Rendre noble, digne de ; élever moralement. – REM. À distinguer de *anoblir.*

ENNOBLISSEMENT n.m. **1.** Action d'ennoblir, de rendre digne, noble, de conférer un air de dignité ; fait de devenir digne moralement. **2.** TEXT. Ensemble des opérations donnant aux articles textiles leurs qualités finales.

ENNOYAGE [ɑ̃nwajaʒ] ou **ENNOIEMENT** [ɑ̃nwamɑ̃] n.m. GÉOL. **1.** Disparition progressive d'une structure sous une couverture sédimentaire, ou d'un relief sous ses propres débris. **2.** Invasion d'une région continentale par la mer.

ENNOYER v.t. [13]. En parlant de la mer, recouvrir (une région continentale).

ENNUAGER v.t. [17]. Litt. Couvrir de nuages.

ENNUI [ɑ̃nɥi] n.m. **1.** Désagrément, problème, souci. *Avoir des ennuis de santé.* **2.** Lassitude, abattement provoqués par l'inaction et le désintérêt. *L'ennui le mine depuis des semaines.*

ENNUYANT, E adj. Vx. Ennuyeux.

ENNUYER v.t. (lat. *in odio esse,* être un objet de haine) [14]. **1.** Causer de la contrariété, du souci à. *Cela m'ennuie de vous faire attendre.* **2.** Lasser, rebuter, par manque d'intérêt, monotonie, etc. *Ce livre m'a ennuyé.* ◆ **s'ennuyer** v.pr. Éprouver de l'ennui.

ENNUYEUX, EUSE adj. Qui cause de l'ennui, des soucis.

ÉNONCÉ n.m. **1.** Acte d'énoncer ; texte énoncé. *Relire l'énoncé d'un jugement.* **2. a.** Suite d'assertions, notamm. logiques ou mathématiques. SYN. : *proposition.* **b.** *Énoncé d'un problème :* texte d'un problème. **3.** LING. Séquence de paroles émises par un locuteur, délimitée par un silence ou l'intervention d'un autre locuteur.

ÉNONCER v.t. (lat. *enuntiare*) [16]. Exprimer par des paroles ou par écrit, formuler. *Énoncer un axiome.*

ÉNONCIATIF, IVE adj. LING. Relatif à l'énonciation.

ÉNONCIATION n.f. **1.** Action de produire un énoncé, de dire. *L'énonciation d'un fait.* ◇ DR. Déclaration faite dans un acte juridique. **2.** LING. Production individuelle d'un énoncé dans des conditions spatio-temporelles précises.

ÉNOPHTALMIE n.f. PATHOL. Enfoncement du globe oculaire dans l'orbite.

ENORGUEILLIR [ɑ̃nɔrgœjir] v.t. Rendre orgueilleux. ◆ **s'enorgueillir** v.pr. *(de).* Tirer orgueil de.

Exemple d'**enluminure** : *Daniel dans la fosse aux lions.* Page d'un manuscrit (XIIe s.) d'une œuvre de saint Jérôme. (Bibliothèque municipale, Dijon.)

ÉNORME adj. (lat. *enormis ;* de *norma,* règle). **1.** Très grand, excessif, en quantité ou en qualité ; colossal, démesuré. **2.** Fam. Incroyable, extraordinaire.

ÉNORMÉMENT adv. Excessivement.

ÉNORMITÉ n.f. **1.** Caractère de ce qui est énorme. *L'énormité d'une tâche.* **2.** Fam. Balourdise, parole extravagante.

ÉNOSTOSE n.f. MÉD. Tumeur développée dans le canal médullaire d'un os.

ÉNOUER v.t. TEXT. Épinceter.

ENQUÉRIR (S') v.pr. (lat. *inquirere,* rechercher) [39]. *S'enquérir de :* s'informer, se renseigner sur ; rechercher.

ENQUERRE (À) [ɑ̃kɛr] loc. adj. (de l'anc. forme de *enquérir*). HÉRALD. *Armes à enquerre,* qui contreviennent à dessein aux règles héraldiques, afin de pousser le lecteur à *s'enquérir* de cette singularité.

ENQUÊTE n.f. **1.** Étude d'une question réunissant des témoignages, des expériences, des documents. *Enquête sociologique.* **2.** Recherches ordonnées par une autorité administrative ou judiciaire. *Le tribunal a ordonné une enquête.*

ENQUÊTÉ, E n. Sujet soumis à un sondage, une interview.

ENQUÊTER v.i. Faire, conduire une enquête.

ENQUÊTEUR, EUSE ou **TRICE** n. Personne qui fait des enquêtes (sociologiques, policières, etc.).

ENQUIQUINANT, E adj. Fam. Embêtant, agaçant.

ENQUIQUINEMENT n.m. Fam. Ennui.

ENQUIQUINER v.t. Fam. Ennuyer, importuner.

ENQUIQUINEUR, EUSE n. et adj. Fam. Personne qui importune, embête.

ENRACINEMENT n.m. Action d'enraciner ; son résultat. Fait de s'enraciner.

ENRACINER v.t. **1.** Faire prendre racine à. *Enraciner un arbre.* **2.** Fig. Fixer profondément, ancrer dans l'esprit, le cœur, etc. ◆ **s'enraciner** v.pr. **1.** Prendre racine. **2.** Fig. Se fixer dans l'esprit. *Préjugé qui s'enracine facilement.*

ENRAGÉ, E adj. et n. Fanatique, passionné. ◆ adj. **1.** Atteint de la maladie de la rage. **2.** Fig., fam. *Manger de la vache enragée :* mener une vie matériellement difficile. ◆ n.m. pl. HIST. Fraction la plus radicale des sans-culottes, pendant la Révolution française.

ENRAGEANT, E adj. Qui cause du dépit, de l'irritation ; rageant.

ENRAGER v.i. [17]. Éprouver un violent dépit, être vexé, furieux. ◇ *Faire enrager :* tourmenter, taquiner.

ENRAIEMENT [ɑ̃rɛmɑ̃] ou **ENRAYEMENT** [ɑ̃rɛjmɑ̃] n.m. Action d'enrayer ; son résultat. ◇ Spécialt. Enrayage.

ENRAYAGE [ɑ̃rɛjaʒ] n.m. **1.** Fixation des rayons d'une roue dans le moyeu et la jante. **2.** Arrêt accidentel d'un mécanisme qui s'enraie (notamm. d'une arme à feu) ; enraiement.

1. ENRAYER [ɑ̃rɛje] v.t. (du lat. *radius,* rayon) [11]. **1.** Entraver le mouvement, le fonctionnement de. **2.** Fig. Suspendre l'action, le cours de, arrêter. *Enrayer la hausse des prix.* **3.** Monter les rayons de (une roue). ◆ **s'enrayer** v.pr. Cesser accidentellement de fonctionner, en parlant d'une arme, d'un mécanisme.

2. ENRAYER [ɑ̃rɛje] v.t. (de *raie,* sillon) [11]. AGRIC. Tracer le premier sillon, l'enrayure, dans un champ que l'on va labourer.

ENRAYOIR n.m. TECHN. Mécanisme pour enrayer une roue. SYN. : *enrayure.*

1. ENRAYURE [ɑ̃rɛjyr] n.f. TECHN. **1.** Assemblage de pièces de bois ou de métal rayonnant autour d'un centre, qui constitue la base de la charpente de certains combles. **2.** Enrayoir.

2. ENRAYURE [ɑ̃rɛjyr] n.f. AGRIC. Premier sillon que trace la charrue dans un champ.

ENRÉGIMENTER v.t. **1.** Grouper (des unités militaires) par régiment. **2.** Péj. Faire entrer (qqn) dans un groupe, un parti, etc., dont la discipline et la hiérarchie évoquent celles d'un régiment.

ENREGISTRABLE adj. Qui peut être enregistré.

ENREGISTREMENT n.m. **I. 1.** Action de consigner sur un registre ; son résultat. **2.** For-

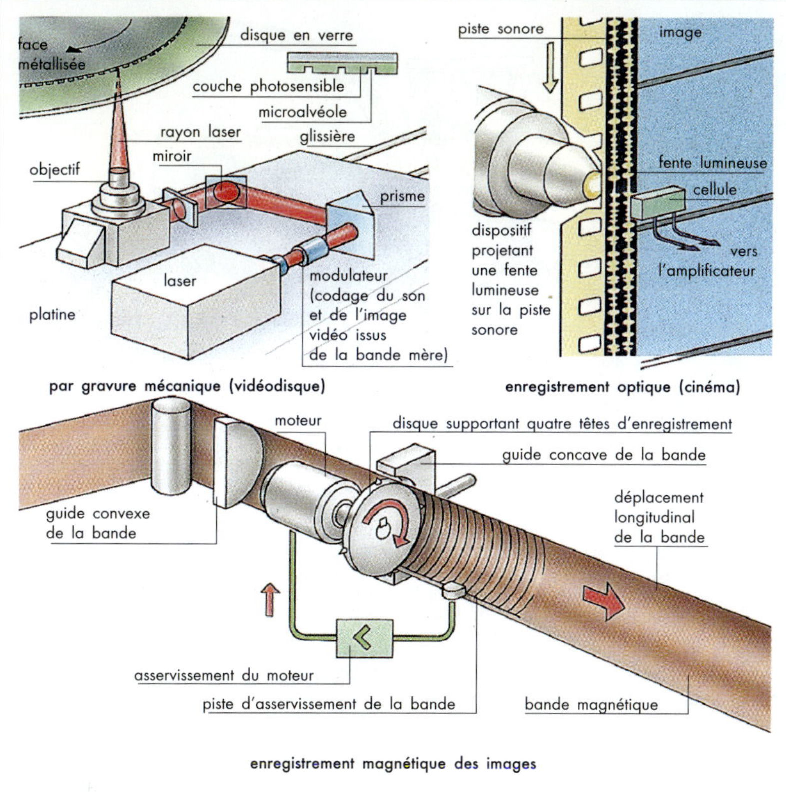

quelques procédés d'**enregistrement** du son et de l'image

malité fiscale consistant en l'inscription de certains actes sur des registres officiels, moyennant le paiement des droits correspondants ; administration chargée de cette fonction. **II. 1.** Ensemble des techniques permettant de fixer, de conserver et éventuellement de reproduire des sons et des images. *Enregistrement optique, magnétique.* **2.** Sons, images ainsi enregistrés. **3.** Diagramme tracé par un appareil enregistreur.

■ Dans l'*enregistrement par gravure mécanique*, les signaux sont conservés grâce à une déformation imposée à un matériau ; dans l'*enregistrement optique*, leur conservation est assurée par la variation de transparence d'un support comportant une couche photosensible ; dans l'*enregistrement magnétique*, ils sont conservés grâce à l'aimantation variable d'une couche magnétique. Dans le procédé d'*enregistrement mécanique* le plus récent, l'information (sons, images, données) est enregistrée, après échantillonnage et traitement numérique des signaux, sous forme d'une série d'alvéoles microscopiques creusées sur une face du disque. La lecture s'effectue par un système optique, utilisant un faisceau laser. La quantité d'informations enregistrées est très élevée. Dans le domaine sonore, on réalise ainsi des disques compacts stéréophoniques à longue durée fournissant une reproduction musicale de qualité exceptionnelle. En informatique, les applications du disque optique numérique concernent l'archivage, les banques de données et le traitement des images.

ENREGISTRER v.t. **I. 1.** Consigner par écrit (une information) en vue de la conserver. *Enregistrer la déclaration d'un témoin.* **2.** Constater objectivement (un phénomène, un état, etc.). *On enregistre d'abondantes précipitations.* **3.** Noter ou faire noter le dépôt de. *Enregistrer des bagages.* **4.** Mémoriser, prendre mentalement bonne note de. *Vous venez lundi, je l'ai bien enregistré.* **5.** Procéder à l'enregistrement de (un acte juridique). **II.** Transcrire et fixer (une information) sur un support matériel. *Le barographe enregistre les variations de la pression atmosphérique.* ◇ Spécialt. Transcrire et fixer (un son, une image) sur un support matériel sensible (disque, film, bande magnétique, etc.) afin de les conserver et de pouvoir les reproduire.

ENREGISTREUR, EUSE adj. et n.m. Se dit d'un appareil qui enregistre (un phénomène physique, une mesure, une somme, etc.). *Caisse enregistreuse.*

ENRÊNER v.t. Mettre les rênes à (un cheval).

ENRÉSINEMENT n.m. SYLV. Remplacement, partiel ou total, d'un peuplement d'arbres feuillus par des résineux.

ENRHUMER v.t. Causer un rhume à (qqn). ◆ **s'enrhumer** v.pr. Attraper un rhume.

ENRICHI, E adj. **1.** Qui a fait fortune ; dont la fortune est récente. **2.** Qui s'est accru d'éléments nouveaux. *Édition enrichie.* **3.** MIN., NUCL. Qui a subi l'enrichissement.

ENRICHIR v.t. **1.** Rendre riche ou plus riche. **2.** Augmenter la richesse, l'importance, la valeur de (qqch) en ajoutant des éléments ; embellir, rehausser. *Enrichir une collection. Enrichir son esprit. Texte enrichi d'illustrations.* **3.** Augmenter la teneur en un élément, en une substance, de. *Enrichir une terre.*

ENRICHISSANT, E adj. **1.** Qui enrichit l'esprit. **2.** *Plantes enrichissantes,* légumineuses, qui enrichissent le sol en azote.

ENRICHISSEMENT n.m. **1.** Action d'enrichir ; fait de s'enrichir, de devenir riche. *Un enrichissement dû à d'habiles spéculations.* **2.** Fait d'être enrichi, de s'enrichir par l'addition de nouveaux éléments. *L'enrichissement de l'esprit par la lecture.* ◇ IND. *Enrichissement des tâches :* mode de restructuration du travail qui vise à donner un contenu plus qualifié et plus responsable à son exécutant. **3.** MIN. Augmentation de la concentration utile des minerais par divers procédés mécaniques, physiques ou physico-chimiques. ◇ NUCL. Augmentation de la teneur d'un élément en un isotope déterminé (isotope fissile, en partic.), obtenue par différents procédés physiques et physico-chimiques (diffusion gazeuse et centrifugation, notamm.).

ENROBAGE ou **ENROBEMENT** n.m. **1.** Action d'enrober ; son résultat. **2.** Couche qui enrobe.

1. ENROBÉ, E adj. Fam. Grassouillet, rondelet.

2. ENROBÉ n.m. TR. PUBL. Granulat recouvert de bitume, utilisé dans les revêtements de chaussée.

ENROBER v.t. **1.** Recouvrir d'une enveloppe, d'une couche qui dissimule ou protège. *Bonbon enrobé de chocolat.* **2.** Fig. Déguiser, envelopper, notamment pour atténuer, adoucir. *Enrober des reproches de termes affectueux.*

ENROBEUSE n.f. Machine utilisée en confiserie pour recouvrir certains produits d'une couche de caramel, de chocolat, etc.

ENROCHEMENT n.m. TR. PUBL. Ensemble de gros blocs de roche utilisés pour la protection des parties immergées des ouvrages d'art.

ENROCHER v.t. TR. PUBL. Procéder à l'enrochement de. *Enrocher une pile de pont.*

ENRÔLÉ n.m. Soldat inscrit sur les rôles des armées.

ENRÔLEMENT n.m. **1.** Action d'enrôler, de s'enrôler. **2.** DR. Mise au rôle.

ENRÔLER v.t. **1.** Inscrire sur les rôles de l'armée. **2.** Faire adhérer à un parti, faire entrer dans un groupe. **3.** DR. Mettre au rôle. ◆ **s'enrôler** v.pr. **1.** S'engager dans l'armée. **2.** Se faire admettre dans un groupe.

ENRÔLEUR n.m. Anc. Celui qui enrôlait pour le service armé.

ENROUEMENT [ɑ̃rumɑ̃] n.m. Altération de la voix, rendue rauque par une atteinte du larynx.

ENROUER v.t. (du lat. *raucus,* rauque). Causer l'enrouement de (qqn, sa voix).

ENROULABLE adj. Que l'on peut enrouler.

ENROULEMENT n.m. **1.** Action d'enrouler, de s'enrouler ; disposition de ce qui est enroulé. **2.** Motif décoratif s'enroulant en spirale. **3.** Bobinage d'une machine électrique.

ENROULER v.t. Rouler (une chose) autour d'une autre ou sur elle-même.

1. ENROULEUR, EUSE adj. Qui sert à enrouler.

2. ENROULEUR n.m. Système servant à enrouler. ◇ MÉCAN. Dispositif placé sur le parcours d'une courroie, d'un film, d'une bande, etc., pour augmenter l'arc de contact de la courroie avec les poulies.

ENRUBANNER v.t. Couvrir, orner de rubans.

ENSABLEMENT n.m. **1.** Action d'ensabler, fait de s'ensabler. **2.** Amas de sable formé par l'eau ou par le vent ; état d'un lieu ensablé.

ENSABLER v.t. **1.** Couvrir, engorger de sable. **2.** Faire échouer (une embarcation) sur le sable. ◇ Immobiliser (un véhicule) dans le sable. ◆ **s'ensabler** v.pr. S'enliser dans le sable.

ENSACHAGE n.m. Action d'ensacher.

ENSACHER v.t. Mettre en sac, en sachet.

ENSACHEUR, EUSE n. Personne qui procède à des ensachages.

ENSACHEUSE n.f. Machine à ensacher des matières pulvérulentes.

ENSAISINEMENT n.m. FÉOD. Action d'ensaisiner.

ENSAISINER [ɑ̃sezine] v.t. (de *saisine*). FÉOD. Reconnaître par un acte le nouveau tenancier, le mettre en possession du fief.

ENSANGLANTER v.t. **1.** Tacher, couvrir de sang. **2.** Litt. Faire couler le sang ; provoquer des combats sanglants. *Guerres qui ensanglantent un pays.*

ENSEIGNANT, E adj. et n. Qui donne un enseignement. ◇ *Le corps enseignant* ou *les enseignants :* l'ensemble des instituteurs et des professeurs.

1. ENSEIGNE n.f. (lat. *insignia,* choses remarquables). **1.** Marque distinctive d'une maison de commerce ; magasin dépendant de cette marque. ◇ *Être logé à la même enseigne :* être dans le même cas. – Litt. *À telle(s) enseigne(s) que :* la preuve en est que ; à tel point que. **2.** Litt. Drapeau, étendard. *Marcher enseignes déployées.*

2. ENSEIGNE n.m. **1.** Autref. Officier porte-drapeau. **2.** *Enseigne de vaisseau de 1re, de 2e classe :* officier de marine dont le grade correspond à celui de lieutenant ou de sous-lieutenant des armées de terre et de l'air. (→ **grade**.)

ENSEIGNÉ, E n. Personne qui reçoit un enseignement.

ENSEIGNEMENT n.m. **1.** Action, manière d'enseigner, de transmettre des connaissances. ◇ *Enseignement assisté par ordinateur (E.A.O.) :* méthode d'enseignement utilisant l'informatique. **2.** Chacune des branches de l'organisation scolaire et universitaire. *Enseignement primaire* ou *élémentaire* (écoles primaires), *secondaire* ou *du second degré* (collèges et lycées), *supérieur* (universités et grandes écoles). – *Enseignement technique, professionnel,* pour la formation d'ouvriers et d'employés qualifiés et spécialisés, et de techniciens supérieurs. – *Enseignement privé* ou *libre,* dispensé dans des établissements qui ne relèvent pas de l'État, par opp. à *enseignement public.* **3.** Profession, activité de celui qui enseigne. *Entrer dans l'enseignement.* **4.** Ce qui est enseigné ; leçon donnée par les faits, par l'expérience. *Tirer les enseignements d'un échec.*

ENSEIGNER v.t. (lat. *insignire,* signaler). **1.** Faire acquérir la connaissance ou la pratique de (une science, un art, etc.). *Enseigner les mathématiques. Enseigner à l'université.* **2.** Apprendre, inculquer, montrer. *L'histoire nous enseigne que tout est recommencement.* **3.** Litt. Instruire. *Enseigner des jeunes enfants.*

ENSELLÉ, E adj. *Cheval ensellé,* dont la ligne du dos présente une concavité exagérée.

ENSELLEMENT n.m. GÉOGR. Abaissement du relief entre deux hauteurs.

ENSELLURE n.f. MÉD. Lordose.

1. ENSEMBLE adv. (lat. *insimul*). **1.** L'un avec l'autre, les uns avec les autres. *Aller dîner tous ensemble.* ◇ *Aller ensemble :* s'harmoniser. **2.** En même temps. *Au signal, vous tirerez ensemble.*

2. ENSEMBLE n.m. **1.** Réunion d'éléments formant un tout que l'on considère en lui-même. *L'ensemble du personnel.* ◇ *D'ensemble :* général. – *Dans l'ensemble :* en général. – *Dans son ensemble :* dans les grandes lignes ; entièrement. **2.** Unité résultant du concours harmonieux des diverses parties d'un tout. *Former un bel ensemble.* **3.** Simultanéité d'action, parfaite synchronisation. *Le chœur chante avec un ensemble parfait.* **4.** MATH., LOG., STAT. Collection d'éléments ou de nombres ayant en commun une ou plusieurs propriétés qui les caractérisent. – *Ensemble fini,* dont le nombre d'éléments est un entier définissable. – *Ensemble infini,* formé d'un nombre illimité d'éléments. – *Ensemble quotient :* ensemble des classes d'équivalence constituées dans un ensemble E par une relation d'équivalence R ; il se note E/R. – *Théorie des ensembles :* système d'énoncés axiomatisés, issu des travaux de Georg Cantor, et définissant le cadre opérationnel de la notion d'ensemble. **5.** Collection d'éléments harmonisés, assortis. *Ensemble mobilier.* **6.** Costume féminin composé de deux ou trois pièces. *Ensemble pantalon.* **7.** Groupe de musiciens, de chanteurs, etc. ; formation. *Ensemble vocal, instrumental. Musique d'ensemble.* **8.** *Grand ensemble :* groupe important d'immeubles d'habitation bénéficiant de certains équipements collectifs.

ENSEMBLIER n.m. **1.** Praticien qui crée des ensembles décoratifs et mobiliers. **2.** CIN., TÉLÉV. Technicien chargé de l'ameublement des décors. **3.** Entreprise qui réalise des installations industrielles complexes.

ENSEMBLISTE adj. MATH. Relatif à la théorie des ensembles. *Méthode ensembliste.*

ENSEMENCEMENT n.m. Action d'ensemencer ; son résultat.

ENSEMENCER v.t. [16]. **1.** Pourvoir de semences. *Ensemencer une terre.* **2.** Introduire des micro-organismes ou leurs spores dans un milieu de culture pour les faire proliférer.

ENSERRER v.t. Entourer en serrant étroitement.

ENSEVELIR v.t. (lat. *insepelire*). Litt. **1.** Envelopper un cadavre dans un linceul ou l'enterrer. **2.** Faire disparaître sous un amoncellement. *Village enseveli sous la neige.* **3.** Cacher, garder secret ; plonger dans l'oubli. *Ensevelir un souvenir.* ◆ **s'ensevelir** v.pr. Litt. Se retirer, se plonger dans l'isolement, dans l'oubli.

ENSEVELISSEMENT n.m. Litt. Action d'ensevelir ; fait d'être enseveli.

ENSIFORME adj. Didact. En forme d'épée.

ENSILAGE n.m. AGRIC. **1.** Méthode de conservation des produits végétaux consistant à les placer dans des silos. **2.** Fourrage conservé en silo.

ENSILER v.t. AGRIC. Mettre en silo.

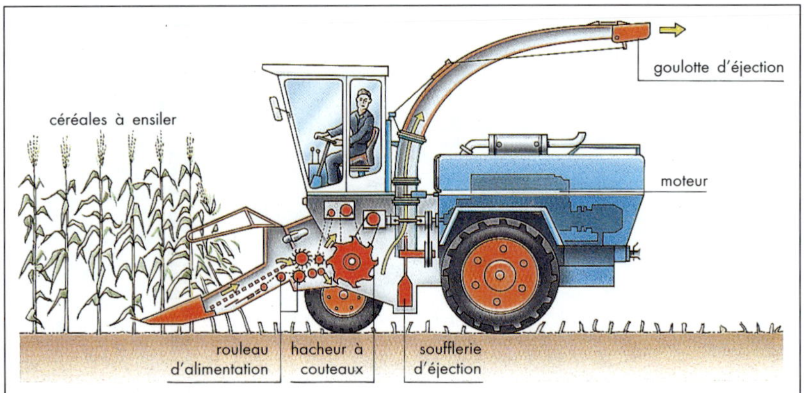

ensileuse automotrice : schéma de fonctionnement

ENSILEUSE n.f. Machine agricole servant au hachage des fourrages verts pour la mise en silo.

ENSIMAGE n.m. TEXT. Opération consistant à déposer sur les fibres textiles un corps gras pour en faciliter la filature.

EN-SOI n.m. inv. PHILOS. **1.** Substance, nature propre des choses (notamm. chez Hegel). **2.** Chez Sartre, « région singulière de l'être » caractérisant l'être en tant qu'il est inhérent à lui-même, sans distance à l'égard de soi (par opp. à *pour-soi*).

ENSOLEILLÉ, E adj. **1.** Exposé au soleil. *Pièce ensoleillée.* **2.** Où brille le soleil. *Journée ensoleillée.*

ENSOLEILLEMENT n.m. **1.** État de ce qui reçoit la lumière du soleil. *L'ensoleillement d'une vallée.* **2.** MÉTÉOR. Temps pendant lequel un lieu est ensoleillé. SYN. : *insolation.*

ENSOLEILLER v.t. **1.** Remplir de la lumière du soleil. **2.** Litt. Rendre particulièrement joyeux, radieux ; illuminer. *Ce souvenir ensoleille sa vie.*

ENSOMMEILLÉ, E adj. Qui reste sous l'effet du sommeil ; mal réveillé.

ENSORCELANT, E adj. Qui ensorcelle.

ENSORCELER [ɑ̃sɔrsəle] v.t. (de *sorcier*) [24]. **1.** Soumettre à une influence magique par un sortilège. **2.** Fig. Exercer un charme irrésistible sur ; séduire.

ENSORCELEUR, EUSE adj. et n. Qui ensorcelle ; charmeur, séducteur.

ENSORCELLEMENT n.m. **1.** Action d'ensorceler ; état d'une personne ensorcelée. **2.** Fig. Charme irrésistible ; séduction.

ENSOUFRER v.t. Recouvrir de soufre ; exposer aux vapeurs de soufre.

ENSOUPLE n.f. (lat. *insubulum*). Rouleau sur lequel on enroule les fils de chaîne d'un tissu et qui alimente le métier à tisser.

ENSUITE adv. Indique une succession. **1.** (Temps). Après, puis. **2.** (Espace). Plus loin.

ENSUIVRE (S') v.pr. (lat. *insequi*) [89] [seult inf. et 3ᵉ pers. du sing. et du pl.]. (Aux temps composés, le préfixe *en* est auj. séparé du p. passé par l'auxil. : *il s'en est suivi*). Être la conséquence de ; résulter.

ENSUQUÉ, E adj. Région. Assommé, endormi sous l'effet du soleil, d'une drogue, etc.

ENTABLEMENT n.m. **1.** Partie supérieure d'un ordre d'architecture, superposant en général architrave, frise et corniche. **2.** Couronnement mouluré d'un meuble, d'une porte, d'une fenêtre, etc.

ENTABLER v.t. Ajuster (deux pièces) à demi-épaisseur. *Entabler les lames d'une paire de ciseaux.*

ENTABLURE n.f. Point de rotation des deux lames d'une paire de ciseaux.

ENTACHER v.t. **1.** Souiller moralement, porter atteinte à. *Entacher l'honneur de qqn.* **2.** DR. *Entaché de nullité :* frappé de nullité, en parlant d'un contrat, d'un texte.

ENTAILLAGE n.m. Action d'entailler.

ENTAILLE n.f. **1.** Coupure avec enlèvement de matière. **2.** Blessure faite avec un instrument tranchant.

ENTAILLER v.t. Faire une entaille dans.

ENTAME n.f. **1.** Premier morceau que l'on coupe (d'un pain, d'un rôti, etc.). **2.** Première carte jouée dans une partie.

ENTAMER v.t. (lat. *intaminare,* souiller). **1.** Couper, retrancher le premier morceau, la première partie de (qqch qui était entier). *Entamer un pain. Entamer son capital.* **2.** Commencer, entreprendre, engager. *Entamer des négociations.* **3.** Couper, écorcher ; attaquer. *Entamer la peau. La rouille entame le fer.* **4.** Porter atteinte à, ébranler. *Entamer la réputation de qqn.*

ENTARTRAGE n.m. Formation de tartre ; état de ce qui est entartré.

ENTARTRER v.t. Encrasser de tartre. *L'eau calcaire a entartré cette chaudière.*

ENTASSEMENT n.m. Action d'entasser ; accumulation qui en résulte.

ENTASSER v.t. **1.** Mettre en tas, réunir en grande quantité. *Entasser des caisses, des provisions.* **2.** Tasser, serrer dans un lieu trop étroit. *Voyageurs entassés.* **3.** Multiplier, accumuler. *Entasser les citations.*

ENTE [ɑ̃t] n.f. (de *enter*). AGRIC. Greffe. ◇ *Prune d'ente,* utilisée pour la préparation des pruneaux.

ENTÉ, E adj. HÉRALD. Divisé horizontalement suivant des lignes courbes enclavées les unes dans les autres. *Écu enté.*

ENTÉLÉCHIE [ɑ̃teleʃi] n.f. (gr. *entelekheia*). PHILOS. Toute réalité parvenue à son état d'achèvement (chez Aristote).

ENTELLE n.m. Singe de l'Inde et du Sud-Est asiatique, arboricole et mangeur de feuilles.

ENTENDEMENT n.m. **1.** Aptitude à comprendre ; bon sens, raisonnement, jugement. *Cela dépasse l'entendement.* **2.** PHILOS. Faculté de comprendre, distincte de la sensibilité.

ENTENDEUR n.m. *À bon entendeur salut :* que celui qui comprend en fasse son profit.

ENTENDRE v.t. (lat. *intendere,* appliquer son esprit) [73]. **I. 1.** Percevoir par l'ouïe. *Entendre la pluie tomber.* ◇ Absolt. *Entendre bien, mal :* avoir une bonne, une mauvaise audition. **2.** Prêter une oreille attentive à, écouter. *Entendre des témoins.* ◇ *À l'entendre :* si on l'en croit, si on l'écoute. *À l'entendre, il sait tout faire.* **3.** Litt. Consentir à écouter, à suivre un conseil, à accéder à une demande. *Il n'a rien voulu entendre. Entendre raison. Le ciel vous entende !* **4.** Litt. Écouter. *Entendre un concert.* **II.** Litt. **1.** Percevoir par l'esprit, comprendre, saisir. *Entendez-moi bien. Comment entendez-vous ce passage ?* – *Donner à entendre, laisser entendre :* insinuer. **2.** Vouloir dire. *Qu'entendez-vous par là ?* **3.** Connaître ; savoir, apprécier. *Elle n'entend rien à la mécanique. Entendre la plaisanterie.* **4.** Exiger, vouloir, être déterminé à. *J'entends qu'on m'obéisse. J'entends bien partir demain.* – *Faites comme vous l'entendez,* à votre guise. ◆ **s'entendre** v.pr. **1.** S'accorder, sympathiser. *Elle s'entend avec tout le monde.* **2.** Se mettre d'accord. *Entendez-vous sur la façon d'agir.* **3.** Avoir des connaissances, de l'habileté (en qqch). *Elle s'y entend, en cuisine.* **4.** *Cela s'entend :* c'est évident.

ENTENDU, E adj. **1.** Décidé, convenu, réglé. *C'est une affaire entendue.* ◇ Fam. *Entendu ! :* c'est d'accord. – *Bien entendu :* naturellement, assurément. **2.** *Prendre un air entendu :* jouer celui qui comprend parfaitement, qui est informé.

ENTÉNÉBRER v.t. [18]. Litt. Plonger dans les ténèbres, assombrir.

ENTENTE n.f. **1.** Action de s'entendre, accord. *Parvenir à une entente.* ◇ Accord entre États, entre groupes, entre producteurs. *Politique d'entente.* ◇ Relations amicales entre des personnes. *Vivre en bonne entente.* **2.** *À double entente :* à double sens, ambigu.

ENTER v.t. (du lat. *impotus,* greffe). **1.** Greffer. *Enter un sauvageon.* **2.** TECHN. Assembler par une enture deux pièces de bois bout à bout.

ENTÉRALGIE n.f. (du gr. *enteron,* intestin). MÉD. Douleur intestinale.

ENTÉRINEMENT n.m. DR. Action d'entériner ; son résultat.

ENTÉRINER v.t. (de l'anc. fr. *enterin,* loyal). **1.** Rendre valable, consacrer. **2.** Ratifier, donner confirmation à un acte dont la validité dépend de cette formalité.

ENTÉRIQUE adj. Intestinal.

ENTÉRITE n.f. Inflammation de l'intestin grêle, généralement accompagnée de diarrhée.

ENTÉROBACTÉRIE n.f. Bactérie du tube digestif de l'homme et des animaux.

ENTÉROCOLITE n.f. MÉD. Inflammation de l'intestin grêle et du côlon.

ENTÉROCOQUE n.m. Bactérie diplocoque Gram positif de l'intestin. (Normale dans l'intestin, sa présence est pathogène dans d'autres organes.)

ENTÉROKINASE n.f. (gr. *enteron,* intestin, et *kinêsis,* mouvement). Enzyme sécrétée par la muqueuse intestinale, et qui active la sécrétion pancréatique.

ENTÉROPNEUSTE n.m. *Entéropneustes :* classe de stomocordés vermiformes marins, dont le seul représentant est le balanoglosse.

ENTÉRO-RÉNAL, E, AUX adj. MÉD. *Syndrome entéro-rénal :* ensemble des accidents infectieux urinaires d'origine intestinale.

ENTÉROVACCIN n.m. MÉD. Vaccin introduit par la bouche et absorbé par l'intestin.

ENTÉROVIRUS n.m. Virus ayant la propriété de se localiser dans le tube digestif.

ENTERRAGE n.m. MÉTALL. Action de tasser de la terre autour d'un moule de fonderie.

ENTERREMENT n.m. **1. a.** Action de mettre un mort en terre ; inhumation. **b.** Cérémonie qui accompagne la mise en terre ; funérailles, obsèques. ◇ *Tête, figure d'enterrement,* triste, sombre, lugubre. **c.** Convoi funèbre. *Suivre un enterrement.* **2.** Fig. Action d'abandonner définitivement (un projet, un espoir, etc.) ; renonciation. *Enterrement d'une loi.* ◇ Fam. *Enterrement de première classe :* rejet, abandon total d'un projet ; mise à l'écart de qqn, avec tous les honneurs.

ENTERRER v.t. **1.** Mettre en terre, enfouir. **2.** Mettre (un mort) en terre, inhumer. **3.** Survivre à. *Vieillard qui enterre ses héritiers.* **4.** Fig. Cesser de s'occuper de ; renoncer à. *Enterrer un projet.*

ENTÊTANT, E adj. Qui entête.

EN-TÊTE n.m. (pl. *en-têtes*). Ce qui est imprimé, écrit ou gravé en tête d'une lettre, d'une feuille.

ENTÊTÉ, E adj. et n. Obstiné, têtu, buté.

ENTÊTEMENT n.m. Attachement obstiné à ses idées, à ses goûts, etc. ; obstination ; ténacité. *Son entêtement le perdra.*

ENTÊTER v.t. Porter à la tête, étourdir, griser (qqn). – Absolt. *Ce parfum entête.* ◆ **s'entêter** v. pr. *(à, dans).* S'obstiner avec ténacité. *Elle s'entête à refuser, dans son refus.*

ENTHALPIE [ɑ̃talpi] n.f. (du gr. *thalpein,* chauffer). PHYS. Grandeur thermodynamique égale à la somme de l'énergie interne et du produit de la pression par le volume. (Cette grandeur est surtout utilisée pour calculer l'énergie échangée lors d'un changement d'état ou d'une réaction chimique.)

ENTHOUSIASMANT, E adj. Qui enthousiasme.

ENTHOUSIASME n.m. (gr. *enthousiasmos,* transport divin). **1.** Admiration passionnée, ardeur. *Parler d'un auteur avec enthousiasme.* **2.** Exaltation joyeuse, excitation, passion. *Pièce écrite dans l'enthousiasme.*

ENTHOUSIASMER v.t. Remplir d'enthousiasme. *Enthousiasmer la foule.* ◆ **s'enthousiasmer** v.pr. Se passionner pour (qqn, qqch).

ENTHOUSIASTE adj. et n. Qui ressent ou manifeste de l'enthousiasme.

ENTHYMÈME n.m. PHILOS. Syllogisme dans lequel l'une des prémisses est sous-entendue. (Par ex. dans *le courage, étant une vertu, mérite des éloges,* où *la vertu mérite des éloges* est sous-entendu.)

ENTICHEMENT n.m. Litt. Action de s'enticher ; engouement.

ENTICHER (S') v.pr. *[de]* (anc. fr. *entechier,* pourvoir d'une qualité). S'attacher à (qqn, qqch) dans un engouement irréfléchi ; s'amouracher de.

1. ENTIER, ÈRE adj. (lat. *integer,* intact). **1.** Dont on n'a rien retranché ; complet, intégral. *Il reste un pain entier.* – *Manger un pain entier,* tout un pain. **2.** Se dit d'un animal non castré. **3. a.** Total ; absolu, sans restriction. *Une entière liberté.* **b.** Sans changement. *La question reste entière.* **4.** MATH. *Nombre entier* ou *entier,* **n.m.** : l'un quelconque des éléments de l'ensemble ℤ ou de l'ensemble ℕ. ◇ *Nombre entier naturel* ou *positif,* de signe plus. **5.** Qui ne supporte pas la compromission ; catégorique, intransigeant, d'une seule pièce. *Caractère entier.*

2. ENTIER n.m. **1.** Totalité. *Lisez-le dans son entier.* ◇ *En entier :* complètement. – *Dans, en son entier :* dans sa totalité. **2.** Nombre entier.

ENTIÈREMENT adv. En entier, totalement ; tout à fait, absolument. *Entièrement d'accord.*

ENTIÈRETÉ n.f. Totalité, intégralité.

ENTITÉ n.f. (lat. *ens, entis,* être). **1.** Réalité abstraite qui n'est conçue que par l'esprit. ◇ PHILOS. Essence d'un être, ensemble exhaustif des propriétés qui le constituent. **2.** MÉD. *Entité morbide :* ensemble de symptômes définissant une affection, une maladie, etc.

ENTOILAGE n.m. **1.** Action d'entoiler ; son résultat. **2.** REL., COUT. Toile pour entoiler.

ENTOILER v.t. **1.** Renforcer en fixant qqch sur une toile par son envers, son verso. *Entoiler une estampe.* **2.** Recouvrir de toile. *Entoiler l'empennage d'un planeur.*

ENTOIR n.m. Couteau pour greffer.

ENTÔLAGE n.m. Arg. Vol pratiqué par une prostituée aux dépens de son client.

ENTÔLER v.t. Arg. Voler en dupant (qqn, un client), particulièrement en parlant d'une prostituée.

ENTÔLEUR, EUSE n. Arg. Personne qui entôle.

ENTOLOME n.m. (gr. *entos,* en dedans, et *lôma,* frangé). Champignon des bois, à lames roses. *L'entolome livide est vénéneux.*

ENTOMOLOGIE n.f. (gr. *entomon,* insecte, et *logos,* science). Étude scientifique des insectes.

ENTOMOLOGIQUE adj. Relatif à l'entomologie, aux espèces qu'elle étudie.

ENTOMOLOGISTE n. Spécialiste d'entomologie.

ENTOMOPHAGE adj. ZOOL. Qui se nourrit d'insectes.

ENTOMOPHILE adj. BOT. *Plante entomophile,* dont la pollinisation est assurée par les insectes.

ENTOMOSTRACÉ n.m. *Entomostracés :* groupe de crustacés inférieurs tels que la daphnie, le cyclope, l'anatife, la sacculine.

ENTONNAGE, ENTONNEMENT n.m. ou **ENTONNAISON** n.f. Mise en tonneau.

1. ENTONNER v.t. (de *tonne*). Mettre (un liquide) en tonneau.

2. ENTONNER v.t. (de *ton*). **1.** MUS. **a.** Commencer à chanter (un air, une pièce musicale) pour donner le ton. **b.** Par ext. Chanter. *Vingt mille voix entonnèrent en chœur* la Marseillaise. **2.** Fig. Prononcer, célébrer. *Entonner les louanges de qqn.*

ENTONNOIR n.m. **1.** Ustensile conique servant à transvaser des liquides. **2.** Cavité qui va en se rétrécissant (cratère, trou d'obus, etc.).

ENTORSE n.f. (de l'anc. fr. *entordre,* tordre). Lésion traumatique d'une articulation résultant de sa distorsion brutale avec élongation ou rupture des ligaments, sans déplacement permanent des surfaces articulaires (contrairement à la *luxation*), et qui atteint particulièrement la cheville et le genou. ◇ Fig. *Faire une entorse à (une loi, un règlement, un usage,* etc.), ne pas s'y conformer, y porter atteinte.

ENTORTILLEMENT ou **ENTORTILLAGE** n.m. Action d'entortiller, de s'entortiller.

ENTORTILLER v.t. **1.** Envelopper avec qqch que l'on tortille. *Entortiller un bonbon dans du papier.* **2.** Tortiller (qqch). **3.** Fig. Séduire, circonvenir (qqn) par des paroles trompeuses. **4.** Formuler (ses propos, ses phrases, etc.) d'une manière compliquée, qui embrouille. ◆ **s'entortiller** v.pr. **1.** S'enrouler plusieurs fois autour de qqch. **2.** Fig. S'embrouiller dans ses propos, ses explications.

ENTOUR n.m. (Surtout pl.). Litt. et vx. Voisinage ; ce qui environne. *Les entours boisés de la vallée.* ◇ *À l'entour de :* autour et auprès de.

ENTOURAGE n.m. **1.** *L'entourage de qqn,* son milieu, ses familiers. **2.** Ce qui entoure qqch, particulièrement pour orner. *Un entourage de perles.*

ENTOURER v.t. **1.** Placer, disposer autour de. *Entourer de rouge un mot du texte.* **2.** Être placé autour de. *Des murs entourent le jardin.* **3.** Être attentif, prévenant à l'égard de. *Ses enfants l'entourent beaucoup depuis la mort de son mari.* ◆ **s'entourer** v.pr. **1.** Mettre, susciter autour de soi. *S'entourer de mystère, de précautions.* **2.** Réunir, grouper autour de soi. *S'entourer de collaborateurs compétents.*

ENTOURLOUPETTE ou **ENTOURLOUPE** n.f. Fam. Manœuvre hypocrite, mauvais tour.

ENTOURNURE n.f. Emmanchure. ◇ Fam. *Gêné dans les* (ou *aux*) *entournures :* mal à l'aise ; à court d'argent.

ENTRACTE n.m. **1.** Intervalle entre les actes d'une pièce de théâtre, entre les différentes parties d'un spectacle. **2.** Fig. Pause ; intermède.

ENTRAIDE n.f. Aide mutuelle.

ENTRAIDER (S') v.pr. S'aider mutuellement.

ENTRAILLES n.f. pl. (lat. *interanea,* qui est à l'intérieur). **1.** Viscères et boyaux. **2.** Litt. Sein (où l'enfant est en gestation). **3.** Profondeur. *Les entrailles de la terre.* **4.** Sensibilité, cœur. *Pris aux entrailles.*

ENTR'AIMER (S') v.pr. Litt. S'aimer l'un l'autre.

ENTRAIN n.m. Vivacité joyeuse ; gaieté, allant, enthousiasme. *La fête manque d'entrain.*

ENTRAÎNABLE adj. Qui peut être entraîné.

ENTRAÎNANT, E adj. Qui entraîne, stimule. *Musique entraînante.*

ENTRAÎNEMENT n.m. **I. 1.** Dispositif mécanique assurant une transmission ; cette transmission. *Courroie d'entraînement.* **2.** Litt. Fait de se laisser entraîner par un mouvement irréfléchi ; passion, force qui entraîne. *Céder à ses entraînements.* **II.** Préparation à une compétition, un concours, au combat, etc. ; fait d'être entraîné. *Manquer d'entraînement.*

ENTRAÎNER v.t. **I. 1.** Emporter, traîner (qqch) avec, derrière soi. *Le fleuve entraîne des troncs d'arbre.* **2.** Emmener à sa suite, amener de force. *Elle l'entraîna vers la sortie.* **3.** Attirer (qqn) par une pression morale. *Entraîner qqn dans une discussion.* **4.** Pousser (qqn) comme sous l'effet d'une influence irrésistible. *Orateur qui entraîne les foules.* **5.** Actionner, faire fonctionner. *Moteur qui entraîne une pompe.* **6.** Provoquer, avoir pour effet. *La guerre entraîne bien des maux.* **II.** Préparer par des exercices. *Entraîner un sportif.* ◆ **s'entraîner** v.pr. Se préparer par des exercices à une compétition, un exercice, un combat, etc.

ENTRAÎNEUR, EUSE n. **1.** Personne qui entraîne des sportifs, des chevaux de course, etc. *L'entraîneuse de l'équipe féminine de basket.* **2.** Litt. Personne qui en entraîne d'autres. – *Un entraîneur d'hommes :* un chef, un meneur.

ENTRAÎNEUSE n.f. Jeune femme employée dans un cabaret, un établissement de nuit pour engager les clients à danser et à consommer.

ENTRAIT n.m. (de l'anc. fr. *entraire,* attirer). CONSTR. Pièce horizontale d'une ferme dans laquelle sont assemblés les pieds des arbalétriers pour s'opposer à leur écartement. ◇ *Entrait retroussé :* entrait placé plus haut que le pied des arbalétriers pour dégager l'espace du comble.

ENTRANT, E n. et adj. **1.** (Surtout pl.). Personne qui entre. *Les entrants et les sortants.* **2.** Dans les sports collectifs, joueur qui entre sur le terrain en cours de partie (pour relayer un coéquipier, remplacer un blessé, etc.).

ENTR'APERCEVOIR ou **ENTRAPERCEVOIR** v.t. [52]. Apercevoir à peine ou un court instant.

ENTRAVE n.f. **1.** Lien que l'on fixe aux pieds d'un cheval, d'un animal, pour gêner sa marche. **2.** Fig. Obstacle, empêchement. *C'est une entrave à la liberté.*

ENTRAVÉ, E adj. *Jupe entravée,* resserrée dans le bas.

1. ENTRAVER v. t. (du lat. *trabs, trabis,* poutre). **1.** Mettre une entrave à (un animal). **2.** Fig. Gêner, embarrasser dans ses mouvements, ses actes. *Entraver la marche d'une armée.* **3.** Fig. Mettre des obstacles, des empêchements à (qqch). *Entraver une négociation.*

2. ENTRAVER v.t. et i. Arg. Comprendre.

ENTRE prép. (lat. *inter*). Indique : **1.** Un intervalle. *Entre onze heures et midi.* **2.** Un état intermédiaire. *Entre jaune et vert.* **3.** Un ensemble ; une complicité. *Entre amis.*

ENTREBÂILLEMENT n.m. Ouverture laissée par un objet légèrement ouvert.

ENTREBÂILLER v.t. Entrouvrir légèrement.

ENTREBÂILLEUR n.m. Dispositif destiné à maintenir une porte, une fenêtre entrebâillée, ou à limiter son pivotement.

ENTRE-BANDE n.f. (pl. *entre-bandes*). Chacune des bandes travaillées avec une chaîne de couleur différente aux extrémités d'une pièce d'étoffe.

ENTRECHAT [ɑ̃trəʃa] n.m. (it. *[capriola] intrecciata,* [saut] entrelacé). CHORÉGR. Pas de danse consistant en un seul saut vertical au cours duquel le danseur fait passer ses pointes baissées l'une devant l'autre, une ou plusieurs fois avant de retomber sur le sol. ◇ Litt. *Faire des entrechats :* sautiller, gambader.

ENTRECHOQUEMENT n.m. Choc de choses qui se heurtent.

ENTRECHOQUER v.t. Heurter, faire se heurter l'un contre l'autre. ◆ **s'entrechoquer** v.pr. Se heurter mutuellement. *Le bruit des verres qui s'entrechoquent. Les idées s'entrechoquaient dans sa tête.*

ENTRECOLONNEMENT n.m. ARCHIT. Espace libre entre deux colonnes d'une colonnade.

ENTRECÔTE n.f. Tranche de bœuf prélevée dans le train de côtes désossé.

ENTRECOUPÉ, E adj. Interrompu par intervalles, par instants ; saccadé.

ENTRECOUPER v.t. Interrompre par intervalles.

ENTRECROISEMENT n.m. Disposition de choses qui s'entrecroisent.

ENTRECROISER v.t. Croiser en divers sens ou à plusieurs reprises.

ENTRECUISSE n.m. Espace entre les cuisses.

ENTRE-DÉCHIRER (S') v.pr. **1.** Se déchirer mutuellement. **2.** Médire l'un de l'autre, les uns des autres.

ENTRE-DEUX n.m. inv. **1.** Partie située au milieu de deux choses ; état intermédiaire entre deux extrêmes. **2.** Meuble placé à hauteur d'appui entre deux fenêtres. **3.** Bande de broderie, de dentelle à bords droits, cousue des deux côtés, ornant un ouvrage de lingerie. **4.** Jet du ballon par l'arbitre entre deux joueurs pour une remise en jeu (au basket-ball, notamm.).

ENTRE-DEUX-GUERRES n.f. ou m. inv. Période située entre deux guerres, particulièrement entre 1918 et 1939, en France.

ENTRE-DÉVORER (S') v.pr. Se dévorer mutuellement.

ENTRÉE n.f. **I. 1.** Action, fait d'entrer. **2.** INFORM. Opération par laquelle des données sont introduites dans un ordinateur. **II. 1.** Endroit par où l'on entre, voie d'accès. **2.** Pièce d'un appartement, d'une maison assurant la communication entre l'extérieur et les autres pièces ; vestibule. **3.** Accès à un spectacle, une exposition, etc. ; somme à payer pour entrer. *Entrée gratuite.* ◇ *Avoir ses entrées quelque part,* y être reçu facilement. **4.** Admission. *Examen d'entrée.* **III. 1. a.** Début. *Entrée en fonctions.* **b.** Litt. Commencement. *À l'entrée de l'hiver.* **2.** Moment où un artiste entre en scène. **IV. 1.** Plat servi avant la viande et après le potage ou les hors-d'œuvre. **2.** MUS. Chacune des parties d'un ballet de cour ou d'un opéra-ballet. **3.** Au cirque, saynète ou parodie jouée par les clowns et les augustes. **4.** LING. Dans un dictionnaire, unité graphique mise en vedette et qui fait l'objet d'un article.

ENTREFAITES [ɑ̃trəfɛt] n.f. pl. (p. passé de l'anc. fr. *entrefaire*). *Sur ces entrefaites :* à ce moment-là.

ENTREFENÊTRE n.m. **1.** Partie du mur comprise entre deux fenêtres. **2.** Panneau de tapisserie haut et étroit.

ENTREFER n.m. Partie d'un circuit magnétique où le flux d'induction ne circule pas dans le fer.

ENTREFILET n.m. Petit article dans un journal.

ENTREGENT [ɑ̃trəʒɑ̃] n.m. (de *gent*). Habileté, adresse à se conduire, à se faire valoir.

ENTR'ÉGORGER (S') v.pr. [17]. S'égorger, se tuer les uns les autres.

ENTRE-HAÏR (S') v.pr. [33]. Litt. Se haïr mutuellement.

ENTRE-HEURTER (S') v.pr. Litt. Se heurter mutuellement.

ENTREJAMBE n.m. **1.** Partie du corps située entre les jambes, entrecuisse. **2.** Partie de la culotte ou du pantalon située entre les jambes. **3.** Traverse ou croisillon reliant les pieds d'un siège. **4.** Espace compris entre les pieds d'un meuble.

ENTRELACEMENT n.m. Action d'entrelacer ; réseau, entrelacs.

ENTRELACER v.t. [16]. Enlacer l'un dans l'autre. *Entrelacer des guirlandes.* ◆ **s'entrelacer** v.pr. S'enchevêtrer.

ENTRELACS [ɑ̃trəla] n.m. (Surtout pl.). Ornement composé de lignes entrelacées.

entrelacs (girouette en bronze doré ; art des Vikings, Suède, VIe s.)
[musée des Antiquités nationales, Stockholm]

ENTRELARDÉ, E adj. Se dit d'une viande qui présente des parties grasses et des parties maigres.

ENTRELARDER v.t. **1.** Piquer (une viande) avec du lard. **2.** Fig. Mêler, farcir. *Entrelarder un discours de citations.*

ENTREMÊLEMENT n.m. Action d'entremêler ; état de ce qui est entremêlé.

ENTREMÊLER v.t. **1.** Mêler (plusieurs choses) entre elles, avec d'autres. **2.** Entrecouper. *Paroles entremêlées de silence.* ◆ **s'entremêler** v.pr. Se mélanger.

ENTREMETS [ɑ̃trəmɛ] n.m. Plat sucré que l'on sert après le fromage et avant les fruits ou comme dessert.

ENTREMETTEUR, EUSE n. Péj. Personne qui s'entremet pour de l'argent dans des affaires galantes.

ENTREMETTRE (S') v.pr. [84]. Intervenir activement dans une affaire pour mettre en relation plusieurs personnes ; s'interposer. *S'entremettre pour obtenir la grâce de qqn.*

ENTREMISE n.f. Action de s'entremettre ; bons offices. *Offrir son entremise.* ◇ *Par l'entremise de :* par l'intermédiaire de.

ENTRE-NERF n.m. (pl. *entre-nerfs*). REL. Intervalle séparant les nerfs en relief au dos d'un livre.

ENTRE-NŒUD n.m. (pl. *entre-nœuds*). BOT. Espace compris entre deux nœuds d'une tige.

ENTREPONT n.m. Espace compris entre deux ponts d'un bateau.

ENTREPOSAGE n.m. Action d'entreposer, de mettre en entrepôt.

ENTREPOSER v.t. **1.** Mettre en entrepôt (des marchandises). **2.** Déposer provisoirement ; mettre en dépôt, confier.

ENTREPOSEUR n.m. **1.** Personne qui tient un entrepôt. **2.** Grossiste qui vend des produits dont l'État a le monopole (tabac, par ex.).

ENTREPOSITAIRE n. Personne ou entreprise qui conserve dans un entrepôt des marchandises pour le compte d'autrui.

ENTREPÔT n.m. Lieu, bâtiment, hangar où sont déposées des marchandises pour un temps limité.

ENTREPRENANT, E adj. **1.** Hardi à entreprendre, plein d'allant. *Un homme actif et entreprenant.* **2.** Hardi en matière de séduction.

ENTREPRENDRE v.t. [79]. **1.** Commencer à exécuter. *Entreprendre un travail.* **2.** Fam. Tenter de convaincre, de persuader, de séduire. *Entreprendre qqn sur un sujet.*

ENTREPRENEUR, EUSE n. **1.** Chef d'une entreprise et particulièrement d'une entreprise de bâtiment ou de travaux publics. **2.** DR. Personne qui, dans un contrat d'entreprise, s'engage à effectuer un travail pour le maître de l'ouvrage.

ENTREPRENEURIAL, E, AUX adj. De l'entreprise ; du chef d'entreprise.

ENTREPRISE n.f. **1.** Ce que qqn entreprend ; œuvre, opération. *Échouer dans son entreprise.* **2.** Affaire commerciale ou industrielle ; unité économique de production. *Entreprise publique.* ◇ *Libre entreprise :* liberté de créer des entreprises.

ENTRER v.i. (lat. *intrare*) [auxil. *être*]. **I.** Passer du dehors au dedans, pénétrer. *Entrer dans une maison.* ◇ *Entrer dans le détail :* examiner ou décrire avec minutie. – *Entrer en matière :* commencer. **II. 1.** Être admis dans (un établissement). *Entrer à l'hôpital.* **2.** S'engager dans une profession, commencer à faire partie d'un groupe. *Entrer dans l'enseignement. Entrer dans un parti politique.* **3.** Commencer à prendre part à qqch, à participer à une entreprise quelconque. *Entrer dans une affaire.* **4.** *Entrer en :* **a.** Passer dans un nouvel état. *Entrer en convalescence. Entrer en ébullition.* **b.** Commencer une carrière. *Entrer en politique.* ◇ *Entrer en religion :* se faire religieux. **5.** Être au début de. *Entrer dans un âge nouveau.* **III.** Faire partie de qqch, de sa composition. *Ce travail entre dans vos attributions. Les ingrédients qui entrent dans cette crème.* ◆ v.t. (auxil. *avoir*). Introduire, faire pénétrer. *Entrer des marchandises en fraude.*

ENTRE-RAIL n.m. (pl. *entre-rails*). Espace compris entre les rails d'une voie ferrée.

ENTRESOL n.m. (esp. *entresuelo,* de *suelo,* sol). Étage bas de plafond dans un immeuble, le plus souvent entre le rez-de-chaussée et le premier étage proprement dit.

ENTRESOLÉ, E adj. *Étage entresolé :* étage bas de plafond, établi ou paraissant établi dans la partie supérieure d'un étage de grande hauteur, recoupé.

ENTRETAILLER (S') v.pr. Se blesser en se heurtant les jambes l'une contre l'autre, en parlant d'un cheval.

ENTRE-TEMPS adv. (anc. fr. *entretant*). Dans cet intervalle de temps. *Entre-temps, il est arrivé.*

ENTRETENIR v.t. [40]. **I. 1.** Tenir en bon état. *Entretenir une maison.* **2.** Faire durer, maintenir dans le même état. *Entretenir la paix.* **3.** Pourvoir à la subsistance de. *Entretenir une famille.* ◇ *Se faire entretenir par qqn,* vivre à ses frais. **II.** *Entretenir qqn de qqch,* lui en parler, lui dire ce qu'on en pense. ◆ **s'entretenir** v.pr. **1.** Converser avec qqn. *S'entretenir d'une question.* **2.** Fig. Se nourrir de. *Elle s'entretient d'espoirs chimériques.*

ENTRETENU, E adj. **1.** Tenu en état. *Maison mal entretenue.* **2.** Qui vit de l'argent reçu d'un amant ou d'une maîtresse. **3.** *Oscillations entretenues :* oscillations dont l'amplitude est maintenue constante par apport d'énergie extérieure.

ENTRETIEN n.m. **I. 1.** Action de tenir une chose en bon état, de fournir ce qui est nécessaire pour y parvenir. *L'entretien d'un moteur. Frais d'entretien.* **2.** Service d'une entreprise chargé de maintenir les performances des équipements et des matériels. **II.** Conversation suivie. *Solliciter un entretien.*

ENTRE-TISSER v.t. Tisser ensemble.

ENTRETOISE n.f. (anc. fr. *enteser,* ajuster). Étrésillon horizontal placé entre deux pièces parallèles et perpendiculairement à celles-ci.

ENTRETOISEMENT n.m. Action d'entretoiser ; ensemble d'entretoises.

ENTRETOISER v.t. Maintenir avec des entretoises.

ENTRE-TUER (S') v.pr. Se tuer l'un l'autre, les uns les autres.
ENTREVOIE n.f. Espace compris entre deux voies de chemin de fer.
ENTREVOIR v.t. [62]. **1.** Voir à demi, rapidement ou confusément. **2.** Se faire une idée encore imprécise de ; pressentir. *Entrevoir la vérité, un malheur.*
ENTREVOUS n.m. Hourdis ou ouvrage de maçonnerie remplissant l'espace entre deux solives ; cet espace lui-même.
ENTREVUE n.f. Rencontre concertée entre deux ou plusieurs personnes.
ENTRISME n.m. Introduction systématique dans un parti, dans une organisation syndicale, de nouveaux militants venant d'une autre organisation, en vue d'en modifier la ligne politique.
ENTRISTE adj. et n. Relatif à l'entrisme ; qui pratique l'entrisme.
ENTROPIE n.f. (gr. *entropê,* retour). **1.** PHYS. Grandeur qui, en thermodynamique, permet d'évaluer la dégradation de l'énergie d'un système. *L'entropie d'un système caractérise son degré de désordre.* **2.** CYBERN. Dans la théorie de la communication, nombre qui mesure l'incertitude de la nature d'un message donné à partir de celui qui le précède. (L'entropie est nulle quand il n'existe pas d'incertitude.)
ENTROPION [ɑ̃trɔpjɔ̃] n.m. MÉD. Renversement des paupières vers le globe de l'œil.
ENTROQUE n.m. (gr. *en,* dans, et *trokhos,* disque). GÉOL. Élément de tige ou de bras de crinoïdes. – *Calcaire à entroques :* calcaire formé de ces éléments fossilisés.
ENTROUVERT, E adj. Ouvert à demi.
ENTROUVRIR v.t. [34]. **1.** Ouvrir en écartant. *Entrouvrir les rideaux d'une fenêtre.* **2.** Ouvrir un peu. *Entrouvrir une fenêtre.*
ENTUBER v.t. Pop. Duper, escroquer.
ENTURBANNÉ, E adj. Coiffé d'un turban.
ENTURE n.f. CONSTR. Assemblage par entailles de deux pièces de bois mises bout à bout.
ÉNUCLÉATION n.f. (du lat. *nucleus,* noyau). **1.** Extirpation d'un organe après incision. *Énucléation de l'œil.* **2.** Extraction de l'amande ou du noyau d'un fruit.
ÉNUCLÉER v.t. [15]. Extirper par énucléation.
ÉNUMÉRABLE adj. Que l'on peut énumérer.
ÉNUMÉRATIF, IVE adj. Qui contient une énumération. *Dresser un état énumératif.*
ÉNUMÉRATION n.f. Action d'énumérer ; suite de ce qui est énuméré.
ÉNUMÉRER v.t. (lat. *enumerare*) [18]. Énoncer successivement les parties d'un tout, passer en revue. *Énumérer ses griefs.*
ÉNUQUER (S') v. pr. Suisse. Se briser la nuque.
ÉNURÉSIE n.f. Émission involontaire d'urine, généralement nocturne, persistant ou apparaissant à un âge où la propreté est habituellement acquise.
ÉNURÉTIQUE adj. et n. Atteint d'énurésie.
ENVAHIR [ɑ̃vair] v.t. (lat. *invadere*). **1.** Pénétrer par la force et en nombre dans un pays, une région, et l'occuper. **2.** Remplir, se répandre dans ou sur. *La foule envahissait les rues.* **3.** Fig. Gagner l'esprit de qqn. *Le doute l'envahit.* **4.** Fam. Accaparer excessivement qqn, son temps. *Se laisser envahir par le travail, la famille.*
ENVAHISSANT, E adj. Qui envahit ; importun, indiscret.
ENVAHISSEMENT n.m. **1.** Action d'envahir ; son résultat. **2.** Litt. Usurpation progressive. *Les envahissements du pouvoir.*
ENVAHISSEUR n.m. Celui qui envahit (un territoire, un autre pays, etc.).
ENVASEMENT n.m. Action d'envaser ; état de ce qui est envasé.
ENVASER v.t. **1.** Remplir de vase. **2.** Enfoncer dans la vase.
ENVELOPPANT, E adj. **1.** Qui enveloppe. *Ligne enveloppante.* **2.** Qui séduit, captive. *Paroles enveloppantes.*
ENVELOPPE n.f. **1.** Ce qui sert à envelopper. **2.** Morceau de papier plié de manière à former une pochette, et destiné à contenir une lettre, une carte, etc. ◇ DR. *Enveloppe Soleau :* enveloppe dans laquelle l'inventeur place la description d'une invention et qui est déposée à l'Institut national de la propriété industrielle. **3.** Somme d'argent remise à qqn (dans une enveloppe). **4.** *Enveloppe (budgétaire) :* masse globale des crédits d'un budget dont la répartition peut varier. **5.** Membrane enveloppant un organe. **6.** MATH. Courbe (ou surface) à laquelle chaque élément d'une famille de courbes (ou de surfaces) est tangent. **7.** BOT. *Enveloppes florales :* calice et corolle.
ENVELOPPÉ n.m. CHORÉGR. Rotation du corps exécutée de dehors en dedans, en prenant une jambe pour pivot.
ENVELOPPÉE n.f. MATH. Courbe plane considérée par rapport à son enveloppe.
ENVELOPPEMENT n.m. **1.** Action d'envelopper ; fait d'être enveloppé. **2.** MIL. Action d'encercler l'adversaire.
ENVELOPPER v.t. (anc. fr. *voloper,* envelopper). **1.** Couvrir, entourer complètement d'un tissu, d'un papier, d'une matière quelconque. *Envelopper des fruits dans du papier.* **2.** Entourer, encercler. *Envelopper l'ennemi.* **3.** Entourer comme de qqch qui couvre. *Envelopper qqn d'un regard.* **4.** Cacher, déguiser. *Envelopper sa pensée sous d'habiles périphrases.*
ENVENIMATION n.f. Pénétration de venin dans l'organisme (à la suite d'une morsure de serpent, d'une piqûre d'insecte).
ENVENIMÉ, E adj. **1.** Gagné par l'infection. *Blessure envenimée.* **2.** Fig. Plein d'aigreur, de virulence. *Propos envenimés.*
ENVENIMEMENT n.m. Action d'envenimer ; fait de s'envenimer.
ENVENIMER v.t. (de *en* et *venin*). **1.** Provoquer l'irritation, l'infection de. *Envenimer une plaie en la grattant.* **2.** Fig. Aggraver, exaspérer. *Envenimer une discussion.* ◆ **s'envenimer** v. pr. **1.** S'infecter. **2.** Fig. Se détériorer, devenir hostile. *Les relations entre eux deux se sont envenimées.*
ENVERGEURE n.f. → *enverjure.*
ENVERGUER v.t. MAR. Fixer à une vergue. *Enverguer une voile.*
ENVERGURE n.f. **I. 1.** Dimension d'une aile d'avion, mesurée perpendiculairement à son plan de symétrie vertical. **2.** Distance entre les extrémités des ailes déployées d'un oiseau. **II. 1.** Ampleur de l'intelligence, de la volonté. *Esprit d'une grande envergure.* **2.** Importance d'une action, ampleur d'un projet. *Son entreprise a pris de l'envergure.* **III.** MAR. Longueur du côté par lequel une voile est fixée à la vergue.
ENVERJURE ou **ENVERGEURE** [-ʒyr] n.f. Opération consistant à croiser les fils de chaîne d'un tissu pour les diviser en plusieurs nappes ; son résultat.
1. ENVERS prép. (de *en* et *vers*). À l'égard de. *Elle est loyale envers ses amis.* ◇ *Envers et contre tous* ou *tout :* en dépit de tout le monde, en dépit de tous les obstacles.
2. ENVERS n.m. **1.** Côté, face d'une chose qui n'est pas destiné à être vu (par opp. à l'*endroit*). *L'envers d'une étoffe.* **2.** *À l'envers :* **a.** Du mauvais côté. *Mettre son pull à l'envers.* CONTR. : *à l'endroit.* **b.** En dépit du bons sens, en désordre. *Toutes ses affaires sont à l'envers.* **3.** Contraire. *L'envers de la vérité.* **4.** GÉOGR. En montagne, versant à l'ombre d'une vallée ; ubac, ombrée.
ENVI (À L') [alɑ̃vi] loc. adv. (de l'anc. fr. *envier,* provoquer au jeu). Litt. Avec émulation, à qui mieux mieux.
ENVIABLE adj. Digne d'envie.
ENVIDER v.t. TEXT. Enrouler (un fil) sur un support (bobine, tube, etc.).
ENVIE n.f. (lat. *invidia*). **I. 1.** Sentiment de convoitise à la vue du bonheur, des avantages d'autrui. *Faire envie à qqn.* **2.** Désir soudain et vif d'avoir, de faire qqch. *Avoir envie d'un bijou. Avoir envie de rire.* **3.** Besoin qu'on a le désir de satisfaire. *Avoir envie de manger.* **II. 1.** Tache rouge sur la peau (angiome plan), présente à la naissance. **2.** (Surtout au pl.). Petite pellicule de peau qui se détache près des ongles.
ENVIER v.t. **1.** Éprouver de l'envie (envers qqn). *Je vous envie d'avoir fini.* **2.** Désirer, convoiter (ce que qqn d'autre possède). *Envier la place de qqn.*
ENVIEUSEMENT adv. Rare. Avec envie.
ENVIEUX, EUSE adj. et n. Tourmenté par l'envie. ◆ adj. Qui exprime l'envie. *Regards envieux.*
ENVINÉ, E adj. Qui a pris l'odeur du vin, en parlant d'un récipient (tonneau, fût, etc.).
ENVIRON adv. (de l'anc. fr. *viron,* tour). À peu près. *Environ cent personnes.*
ENVIRONNANT, E adj. Qui environne ; proche, voisin.
ENVIRONNEMENT n.m. **1.** Ce qui entoure, ce qui constitue le voisinage. **2.** Ensemble des éléments naturels et artificiels qui entourent un individu humain, animal ou végétal, ou une espèce. *Défense de l'environnement.* **3.** Ensemble des éléments objectifs et subjectifs qui constituent le cadre de vie d'un individu. **4.** ART CONTEMP. Œuvre faite d'éléments arbitrairement choisis, répartis dans un espace que l'on peut parcourir. (On dit aussi *installation.*) **5.** INFORM. Ensemble des ressources matérielles et logicielles nécessaire à l'exécution d'une application sur un ordinateur donné.
ENVIRONNEMENTAL, E, AUX adj. Relatif à l'environnement.
ENVIRONNEMENTALISTE n. Spécialiste des problèmes de l'environnement. ◆ adj. Relatif à l'environnement, notamm. à sa défense.
ENVIRONNER v.t. Entourer, constituer le voisinage de. *Les dangers qui l'environnent. La ville est environnée de montagnes.*
ENVIRONS n.m. pl. Lieux qui sont alentour. *Les environs de Paris.* ◆ loc. prép. *Aux environs de :* aux abords de, aux approches de, vers. *Aux environs de midi.*
ENVISAGEABLE adj. Qui peut être envisagé.
ENVISAGER v.t. [17]. **1.** Examiner, considérer, tenir compte de. *Envisageons cette question.* **2.** Projeter. *Envisager de partir.*
ENVOI n.m. **1.** Action d'envoyer. ◇ SPORTS. *Coup d'envoi :* mise en jeu du ballon marquant le début d'une partie ; engagement. ◇ Fig. *Donner le coup d'envoi :* donner le signal du début, du commencement d'une action. **2.** Chose qu'on envoie. **3.** LITTÉR. Vers placés à la fin d'une ballade pour en faire hommage à qqn. **4.** DR. *Envoi en possession :* autorisation, par jugement, d'entrer en possession des biens d'un absent ou d'un défunt.
ENVOILER (S') v.pr. TECHN. Se courber, se gauchir, en parlant d'une pièce de métal.
ENVOL n.m. Action de s'envoler, de décoller. *Envol d'un avion.*
ENVOLÉE n.f. **1.** Élan oratoire ou poétique. **2.** Montée brutale d'une valeur. *L'envolée du dollar.*
ENVOLER (S') v.pr. **1.** Prendre son vol, s'échapper. **2.** Décoller. *L'avion s'envola.* **3.** Passer rapidement. *Le temps s'envole.*
ENVOÛTANT, E adj. Qui envoûte, captive, séduit.
ENVOÛTEMENT n.m. **1.** Pratique magique par laquelle on fait subir à une figurine de cire ou à tout autre support symbolisant une personne des atteintes dont la personne elle-même est censée souffrir. **2.** Fig. Action de subjuguer qqn ; état de celui qui subit le charme, la séduction de qqn ou de qqch.
ENVOÛTER v.t. (de l'anc. fr. *vout,* visage ; lat. *vultus*). **1.** Pratiquer un envoûtement. **2.** Fig. Séduire comme par magie ; subjuguer ; exercer un attrait irrésistible sur.
ENVOÛTEUR, EUSE n. Personne qui pratique l'envoûtement.
ENVOYÉ, E n. Personne (telle que ministre, ambassadeur, délégué, etc.) envoyée quelque part pour y remplir une mission. ◇ *Envoyé spécial :* journaliste chargé de recueillir sur place l'information.
ENVOYER v.t. (lat. *inviare,* faire route) [30]. **I.** Faire partir (qqn) pour une destination donnée. *Envoyer un enfant à l'école.* ◇ Fam. *Envoyer promener, balader, paître qqn,* le repousser, le renvoyer avec rudesse. – *Ne pas envoyer dire qqch,* le dire soi-même, face à face, sans ménagement. **II. 1.** Faire parvenir, expédier (qqch). *Envoyer une lettre.* **2.** Jeter, lancer. *Envoyer une balle.* **3.** *Envoyer les couleurs :* hisser le pavillon national pour lui rendre les honneurs. ◆ **s'envoyer** v.pr. Fam. **1.** Prendre, absorber. *S'envoyer toute une bouteille de whisky.* **2.** Se charger de, assumer (une obligation contraignante, une tâche pénible). *C'est moi qui m'envoie tout le boulot.*
ENVOYEUR, EUSE n. Personne qui fait un envoi postal. *Retour à l'envoyeur.*
ENZOOTIE [ɑ̃zɔɔti] ou [-si] n.f. Épizootie limitée aux animaux d'une seule localité, frappant une ou plusieurs espèces.

ENZYMATIQUE adj. Relatif aux enzymes ; qui se fait par les enzymes.
ENZYME n.f. (gr. *en,* dans, et *zumê,* levain). Substance organique soluble qui catalyse une réaction biochimique. SYN. (vieilli) : *diastase.*
ENZYMOLOGIE n.f. Étude scientifique des enzymes.
ENZYMOPATHIE n.f. Maladie héréditaire due à un trouble du métabolisme d'une enzyme ou d'un groupe d'enzymes.
ÉOCÈNE [eɔsɛn] n.m. et adj. (gr. *eôs,* aurore, et *kainos,* récent). GÉOL. Période de l'ère tertiaire, marquée par la diversification des mammifères et le début de la formation des Alpes.
1. ÉOLIEN, ENNE adj. (de *Éole,* dieu des Vents). **1.** Mû par le vent. *Moteur éolien.* ◇ *Harpe éolienne,* instrument à cordes vibrant au vent. **2.** Provoqué par le vent. *Érosion éolienne.*
2. ÉOLIEN, ENNE adj. et n. De l'Éolie. *Dialecte éolien.*
ÉOLIENNE n.f. Moteur actionné par le vent.

éoliennes à pales, à axe horizontal, entraînant une turbine

ÉOLIPILE ou **ÉOLIPYLE** n.m. Appareil imaginé par Héron d'Alexandrie pour mettre en évidence la force motrice de la vapeur d'eau.
ÉOLITHE n.m. Fragment de pierre façonné par l'action des agents naturels et qui peut ressembler à des pierres travaillées par l'homme.
ÉON n.m. PHILOS. Chez les néoplatoniciens et les gnostiques, ensemble de puissances éternelles émanées de l'être et rendant possible son action sur les choses.
ÉONISME n.m. Travestisme.
ÉOSINE [eɔzin] n.f. Matière colorante rouge, dérivée de la fluorescéine.
ÉOSINOPHILE adj. BIOL. Qui prend les colorants acides. SYN. : *acidophile.* ◆ adj. et n.m. MÉD. Se dit des leucocytes polynucléaires dont le cytoplasme contient des granulations susceptibles d'être colorées en rouge par les colorants acides comme l'éosine. (Dans le sang humain normal, les éosinophiles forment 2 à 3 p. 100 des leucocytes.)
ÉOSINOPHILIE n.f. PATHOL. Présence excessive d'éosinophiles dans le sang.
ÉPACTE [epakt] n.f. (gr. *epaktai* [*hêmerai*], [jours] intercalaires). Nombre qui exprime l'âge de la lune au 1er janvier, en convenant de représenter par 0 le jour où elle est nouvelle.
ÉPAGNEUL, E n. (de [*chien*] *espagnol*). Chien à long poil et à oreilles pendantes, dont il existe différentes races de chasse et d'agrément.
ÉPAIR n.m. Aspect de la structure du papier observable par transparence.
ÉPAIS, AISSE [epɛ, -ɛs] adj. (lat. *spissus*). **1.** Qui a de l'épaisseur, une épaisseur de tant. *Un mur épais. Une planche épaisse de trois centimètres.* **2.** Massif, ramassé sur soi-même. *Un homme épais.* **3.** Fig. Grossier, qui manque de finesse. *Plaisanterie épaisse.* **4.** Dense, serré, compact, consistant. *Brouillard épais. Bois épais. Encre épaisse.* ◆ adv. Fam. *Il n'y en a pas épais,* pas beaucoup.
ÉPAISSEUR n.f. **1.** Troisième dimension d'un solide, les deux autres étant la longueur (ou la hauteur) et la largeur. **2.** La plus petite des dimensions principales d'un corps. **3.** État de ce qui est massif. *L'épaisseur de la taille.* **4.** Fig. Lourdeur d'esprit, lenteur d'intelligence. **5.** État de ce qui est dense, serré. *L'épaisseur d'un feuillage.* ◇ Fig. Profondeur. *L'épaisseur de la nuit, du silence.*
ÉPAISSIR [epɛsir] v.t. Rendre plus épais. *Épaissir une sauce.* ◆ v.i. ou **s'épaissir** v.pr. Devenir plus épais, plus large, plus consistant.
ÉPAISSISSANT, E adj. et n.m. Qui épaissit, qui augmente la viscosité.
ÉPAISSISSEMENT n.m. Action d'épaissir, son résultat ; fait de s'épaissir.
ÉPAISSISSEUR n.m. Appareil servant à épaissir une suspension.
ÉPAMPRAGE ou **ÉPAMPREMENT** n.m. Action d'épamprer.
ÉPAMPRER v.t. (de *pampre*). Débarrasser (un cep de vigne) des jeunes pousses inutiles.
ÉPANCHEMENT n.m. **1.** Vx ou litt. Écoulement. **2.** MÉD. Accumulation pathologique d'un fluide (liquide ou gaz) dans une cavité naturelle. *Épanchement de sang.* – *Épanchement de synovie :* hydarthrose. **3.** Fig. Fait de s'épancher ; effusion de sentiments, de pensées intimes.
ÉPANCHER v.t. (lat. *expandere*). **1.** Vx ou litt. Verser, répandre (un liquide). **2.** Fig. Donner libre cours à (un sentiment). *Épancher son ressentiment.* ◆ **s'épancher** v.pr. **1.** Se confier librement. **2.** Se manifester librement, en parlant d'un sentiment. **3.** Vx ou litt. Se répandre, couler.
ÉPANDAGE n.m. Action d'épandre. ◇ *Champ d'épandage :* terrain destiné à l'épuration des eaux d'égout par filtrage à travers le sol.
ÉPANDEUR n.m. Machine utilisée pour l'épandage des engrais.
ÉPANDEUSE n.f. Engin de travaux publics qui répartit régulièrement des matériaux.
ÉPANDRE v.t. (lat. *expandere*) [74]. Étendre en dispersant. *Épandre des engrais.*
ÉPANNELER v.t. [24]. ARCHIT. et SCULPT. Tailler (un bloc de pierre ou d'un autre matériau) par pans et chanfreins, en laissant autour des formes définitives une certaine quantité de matière.
ÉPANNER v.t. TECHN. Aplanir un des côtés de (un carreau de pierre meulière).
ÉPANOUI, E adj. **1.** Qui manifeste de la joie et de la sérénité. *Visage épanoui.* **2.** Dont les formes sont pleines et harmonieuses. *Femmes épanouies de Rubens.*
ÉPANOUIR v.t. (mot francique). **1.** Litt. Faire ouvrir (une fleur). *La chaleur épanouit les roses.* **2.** Fig. Rendre heureux (qqn). ◆ **s'épanouir** v.pr. **1.** S'ouvrir largement. **2.** Fig. Être, se sentir bien, physiquement, affectivement, intellectuellement. *Cet enfant s'épanouit chez ses grands-parents.* **3.** Fig. Exprimer, manifester une joie sereine. *Son visage s'épanouit à la nouvelle.* **4.** Se développer dans toutes ses potentialités.
ÉPANOUISSANT, E adj. Où qqn s'épanouit, en parlant d'un métier, d'une activité. *Travail épanouissant.*
ÉPANOUISSEMENT n.m. Fait de s'épanouir ; état de ce qui est épanoui. ◇ Fig. *Épanouissement d'un visage,* son rayonnement, dû à la joie.
ÉPAR ou **ÉPART** [epar] n.m. (mot germ.). Barre servant à fermer une porte.
ÉPARCHIE [eparʃi] n.f. (gr. *eparchia*). **1.** ANTIQ. Circonscription administrative, dans l'Empire romain d'Orient. **2.** RELIG. Subdivision territoriale, correspondant au diocèse de l'Église latine, dans les Églises orientales.
ÉPARGNANT, E n. et adj. Qui épargne. *Les petits épargnants.*
ÉPARGNE n.f. **1.** Mise en réserve d'une somme d'argent, fraction du revenu individuel ou national qui n'est pas affectée à la consommation. ◇ *Épargne(-)logement, épargne(-)retraite :* systèmes d'encouragement à l'épargne des particuliers en vue de l'acquisition, de la construction ou de l'aménagement d'un logement ou en vue de leurs pensions de retraite. – *Caisse d'épargne,* établissement financier qui reçoit (dans la limite d'un plafond) des dépôts en numéraire, dont il capitalise annuellement les intérêts. **2.** Économie dans l'emploi ou l'usage de qqch. **a.** *Bassin d'épargne :* bassin attenant à une écluse et destiné à réduire la consommation d'eau à chaque éclusée. **b.** *Taille d'épargne :* taille de la surface d'un matériau conduite de façon à former un dessin avec les parties réservées, non attaquées (ex. : gravure en relief, surtout xylographie). **c.** *Aliments d'épargne,* substances (telles que thé, café, cola, coca) qui permettent de manger moins en utilisant les réserves de l'organisme.
ÉPARGNER v.t. (germ. *sparanjan*). **1.** Mettre en réserve, accumuler. *Épargner sou après sou.* **2.** Faire l'économie de. *Épargner ses forces.* **3.** *Épargner qqch à qqn,* l'en dispenser, le lui éviter. *Épargnez-nous les explications inutiles.* **4.** Traiter avec ménagement, laisser la vie sauve à. *Épargner les enfants et les vieillards.* **5.** Ne pas endommager, ne pas détruire. *La sécheresse a épargné cette région.* ◆ **s'épargner** v.pr. Se dispenser de. *Épargnez-vous cette peine.*
ÉPARPILLEMENT n.m. Action d'éparpiller ; état de ce qui est éparpillé.
ÉPARPILLER v.t. (lat. pop. *sparpiliare,* de *spargere,* répandre, et *papilio,* papillon). **1.** Disperser, répandre de tous côtés. *Éparpiller des papiers.* **2.** Fig. *Éparpiller ses forces, son talent, son attention, etc.,* les partager entre des activités trop diverses et trop nombreuses. ◆ **s'éparpiller** v.pr. Se disperser, se partager entre des activités trop diverses et trop nombreuses.
ÉPARQUE n.m. **1.** Gouverneur d'une éparchie. **2.** Préfet de Constantinople, sous l'Empire byzantin.
ÉPARS, E [epar, ars] adj. (lat. *sparsus*). Dispersé, en désordre. *Des renseignements épars.*
ÉPART n.m. → *épar.*
ÉPARVIN ou **ÉPERVIN** n.m. (mot francique). Tumeur dure au jarret d'un cheval.
ÉPATAMMENT adv. Fam. De façon épatante ; admirablement. *Ça marche épatamment.*
ÉPATANT, E adj. Fam. Admirable, formidable, splendide. *Un temps, un film épatant.*
ÉPATE n.f. Pop. *Faire de l'épate :* chercher à épater son entourage.
ÉPATÉ, E adj. *Nez épaté,* court, gros et large.
ÉPATEMENT n.m. **1.** État de ce qui est épaté, écrasé. **2.** Fam. Surprise, stupéfaction.
ÉPATER v.t. Fam. Remplir d'une surprise admirative ; interloquer.
ÉPATEUR, EUSE adj. Fam., rare. Qui épate, fait de l'épate.
ÉPAUFRER v.t. Écraser, écorner (les arêtes ou reliefs d'un bloc de pierre) par négligence ou accident.
ÉPAUFRURE n.f. Éclat, entaille accidentelle sur une pierre de taille, une brique, une sculpture.
ÉPAULARD n.m. Cétacé de l'Atlantique nord, voisin du marsouin, mesurant de 5 à 9 m de long selon l'espèce. (Très vorace, l'épaulard s'attaque même aux baleines, dont il déchire les lèvres.) SYN. : *orque.*
ÉPAULE n.f. (lat. *spathula,* spatule). **1.** Articulation qui unit le bras au thorax ; espace compris entre ces deux articulations (au pl.). ◇ Fig., fam. *Avoir la tête sur les épaules :* être plein de bon sens. – *Donner un coup d'épaule à qqn,* lui

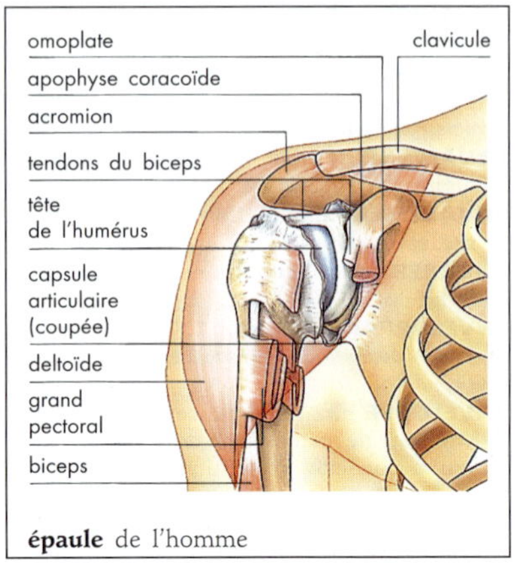

épaule de l'homme

venir en aide. – *Par-dessus l'épaule* : avec négligence, dédain. **2.** Partie supérieure du membre antérieur des animaux.

1. ÉPAULÉ, E adj. Se dit d'un vêtement qui comporte une épaulette de rembourrage.

2. ÉPAULÉ n.m. SPORTS. En haltérophilie, mouvement qui consiste à amener la barre, en un seul temps, à hauteur d'épaules.

ÉPAULÉE n.f. **1.** Vx. Poussée de l'épaule. **2.** Charge que l'on porte sur l'épaule.

ÉPAULÉ-JETÉ n.m. (pl. *épaulés-jetés*). Mouvement d'haltérophilie qui consiste, après avoir effectué l'épaulé, à soulever, d'une seule détente, la barre à bout de bras.

ÉPAULEMENT n.m. **1.** Terrassement protégeant une bouche à feu et ses servants contre les coups adverses. **2.** Massif ou mur de soutènement. **3.** Côté saillant d'un tenon pour donner de la solidité à l'assemblage. **4.** Changement de section d'une pièce mécanique, destiné à servir d'appui ou de butée. **5.** GÉOGR. Dans une vallée glaciaire, replat qui, à une certaine hauteur des versants, succède aux parois abruptes de la partie inférieure.

ÉPAULER v.t. **1.** Appuyer contre l'épaule. *Épauler son fusil pour tirer.* **2.** Appuyer, soutenir (qqn). *Elle a besoin de se sentir épaulée.* **3.** TECHN. Pratiquer l'épaulement d'un tenon. ◆ v.i. CHORÉGR. Effacer une épaule en arrière en avançant l'autre vers le public.

ÉPAULETTE n.f. **1.** Patte que certains militaires portent sur chaque épaule, et qui sert souvent à désigner leur grade ; symbole du grade d'officier. **2.** Bande de tissu retenant un vêtement féminin aux épaules. **3.** Rembourrage dont la forme épouse le haut de l'épaule et qui sert à élargir la carrure d'un vêtement.

ÉPAULIÈRE n.f. Anc. Partie de l'armure couvrant l'épaule.

ÉPAVE n.f. (du lat. *expavidus*, épouvanté). **1.** Navire, marchandise, objet abandonné à la mer ou rejeté sur le rivage. **2.** Chose perdue dont on ne connaît pas le propriétaire. **3.** Voiture accidentée irréparable ou vieille voiture hors d'usage. **4. Fig.** Personne qui, à la suite de malheurs, de revers, est tombée dans un état extrême de misère ou d'abandon.

ÉPAVISTE n. Professionnel spécialisé dans la récupération des épaves d'automobiles.

ÉPEAUTRE n.m. (lat. *spelta*). Blé d'une espèce à grains adhérents à la balle, rustique, aux épillets espacés.

ÉPECTASE n.f. Décès pendant l'orgasme.

ÉPÉE n.f. (lat. *spatha*, mot gr.). **1.** Arme faite d'une lame d'acier pointue fixée à une poignée munie d'une garde. ◇ Fig. *Coup d'épée dans l'eau* : effort sans résultat. – *Épée de Damoclès* : danger qui peut s'abattre sur qqn d'un moment à l'autre. – *Mettre l'épée dans les reins à qqn*, le harceler, le presser. **2.** SPORTS. **a.** L'une des trois armes de l'escrime, mesurant au maximum 1,10 m (dont 90 cm pour la lame). **b.** Discipline utilisant cette arme, où les coups sont portés avec la pointe seule et valables sur le corps entier.

Modèles d'**épées.** *De haut en bas :* rapière à demi-coquille (XVIIe s.), rapière à garde classique (XVIe s.), épée à pommeau en disque (XVe s.), épée à coquille (XVIIe s.). [Musée de l'Armée, Paris.]

ÉPEICHE [epɛʃ] n.f. (all. *Specht*). Oiseau grimpeur du genre pic, à plumage blanc et noir sur le dos, rouge sous le ventre, commun dans les bois. (Long. env. 25 cm.)

ÉPEICHETTE n.f. Pic à plumage noir et blanc, ne dépassant pas 15 cm de long.

ÉPEIRE [epɛr] n.f. (lat. *epeira*). Araignée à abdomen diversement coloré, qui construit de grandes toiles verticales et régulières dans les jardins, les bois.

épeire

ÉPÉISME n.m. Escrime à l'épée.

ÉPÉISTE n. Escrimeur à l'épée.

ÉPELER [eple] v.t. (mot francique) [24]. Nommer successivement les lettres composant un mot.

ÉPELLATION n.f. Action, manière d'épeler.

ÉPENDYME [epɑ̃dim] n.m. (gr. *epi*, sur, et *enduma*, vêtement). ANAT. Membrane mince qui tapisse les ventricules cérébraux et le canal central de la moelle épinière.

ÉPENTHÈSE [epɑ̃tɛz] n.f. (gr. *epenthesis*). LING. Apparition d'une voyelle ou d'une consonne non étymologique dans un mot. *Il y a épenthèse de* b *dans* chambre, *qui vient du latin* camera.

ÉPENTHÉTIQUE adj. Ajouté par épenthèse.

ÉPÉPINER v.t. Enlever les pépins de.

ÉPERDU, E adj. (de l'anc. fr. *esperdre*, perdre complètement). **1.** Égaré sous l'effet d'une émotion violente. *Une veuve éperdue.* **2.** *Éperdu de* : qui éprouve très vivement (un sentiment). *Éperdu de joie.* **3.** Violent, passionné. *Amour éperdu.*

ÉPERDUMENT adv. D'une manière éperdue.

ÉPERLAN n.m. (néerl. *spierlinc*). Poisson marin voisin du saumon, à chair délicate, qui pond au printemps dans les embouchures des fleuves. (Long. env. 25 cm.)

ÉPERON n.m. (mot germ.). **I.** Arceau de métal, terminé par un ergot ou une molette, que le cavalier fixe à la partie postérieure de ses bottes pour piquer son cheval et activer son allure. **II.** Organe, objet, etc., formant saillie. **1.** Ergot du coq, du chien, etc. **2.** BOT. Protubérance à la base des sépales ou des pétales. **3.** GÉOGR. Saillie d'un contrefort montagneux, d'un coteau. **4.** MAR. ANC. Partie saillante et renforcée de la proue de certains navires. **5.** TR. PUBL. Partie saillante d'une fortification, d'une maçonnerie ; avant-bec (d'une pile de pont).

ÉPERONNER v.t. **1.** Piquer avec l'éperon. *Éperonner un cheval.* **2.** Munir d'éperons. *Éperonner un coq de combat.* **3.** Litt. Exciter, stimuler. *Être éperonné par la faim, par l'ambition.* **4.** *Éperonner un navire*, l'aborder avec l'étrave.

ÉPERVIER n.m. (mot francique). **1.** Oiseau rapace diurne, commun dans les bois, où il chasse les petits oiseaux. (Long. 30 à 40 cm.) **2.** Filet de pêche de forme conique, garni de plomb, qu'on lance à la main.

épervier

ÉPERVIÈRE n.f. Plante herbacée à fleurs jaunes, à poils laineux. (Famille des composées.)

ÉPERVIN n.m. → ***éparvin.***

ÉPEURER v.t. Vx ou litt. Faire peur à (qqn).

ÉPHÈBE n.m. (gr. *ephêbos*, de *hêbê*, jeunesse). **1.** ANTIQ. GR. Adolescent de 18 à 20 ans, soumis par la cité à certaines obligations. **2.** Par plais. Jeune homme d'une grande beauté.

ÉPHÉBIE n.f. ANTIQ. GR. À Athènes, système de formation civique et militaire du soldat-citoyen. (Il touchait les jeunes gens de 18 à 20 ans et durait deux années.)

ÉPHÉDRA n.m. (mot lat.). Arbrisseau gymnosperme à fleurs jaunes et à baies rouges comestibles.

ÉPHÉDRINE n.f. Alcaloïde de l'éphédra, utilisé en médecine pour ses effets vasoconstricteurs.

ÉPHÉLIDE n.f. (gr. *ephêlis*). Petite tache jaunâtre se trouvant à la surface de la peau, habituellement appelée *tache de rousseur.*

1. ÉPHÉMÈRE adj. (gr. *ephêmeros*). **1.** Qui ne vit que très peu de temps. *Insecte éphémère.* **2.** De très courte durée, fugitif. *Bonheur éphémère.*

2. ÉPHÉMÈRE n.m. Insecte qui, à l'état adulte, ne vit qu'un ou deux jours, mais dont la larve, aquatique, peut vivre plusieurs années, type de l'ordre des *éphéméroptères.* (Les éphémères se reconnaissent aux trois longs filaments prolongeant leur abdomen.)

ÉPHÉMÉRIDE n.f. (lat. *ephemeris*, du gr. *hêmera*, jour). **1.** Livre ou notice qui contient les évènements accomplis dans un même jour, à différentes époques. **2.** Calendrier dont on retire chaque jour une feuille. ◆ pl. ASTRON. Tables donnant pour chaque jour de l'année les valeurs de certaines grandeurs astronomiques variables, en particulier celles des coordonnées des planètes, de la Lune et du Soleil.

ÉPHOD [efɔd] n.m. (mot hébr.). ANTIQ. Pièce du vêtement sacerdotal, en forme de large ceinture, chez les Hébreux.

ÉPHORAT n.m. ANTIQ. GR. Charge, dignité d'éphore.

ÉPHORE n.m. (gr. *ephoros*). ANTIQ. GR. Magistrat de Sparte élu annuellement. (Les éphores étaient cinq et exerçaient un pouvoir de contrôle dans le domaine de la politique, de la justice, des finances et de l'administration.)

ÉPI n.m. (lat. *spica*, pointe). **1.** Inflorescence dans laquelle des fleurs sans pédoncule sont insérées le long d'un axe principal. **2.** Mèche de cheveux, de poils qui poussent en sens contraire de celui des autres. **3.** Cloison mobile dressée perpendiculairement à un mur pour augmenter les surfaces verticales utilisables. **4.** TR. PUBL. Ouvrage léger établi perpendiculairement à la berge d'un cours d'eau, au littoral, pour entraver l'érosion. **5.** CONSTR. *Épi de faîtage* : ornement vertical en métal ou en céramique, décorant un point de la crête d'un toit. **6.** ARCHIT. *Appareil en épi*, dans lequel les éléments sont posés obliquement et dont les joints sont, d'une assise à l'autre, alternativement dans un sens et dans l'autre. **7.** *En épi*, se dit d'objets, de véhicules disposés parallèlement les uns aux autres, mais en oblique.

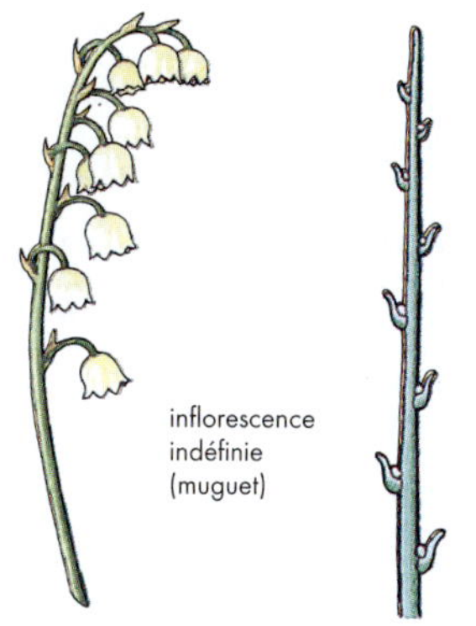

épis simples

ÉPIAGE n.m. ou **ÉPIAISON** n.f. AGRIC. Apparition de l'épi des céréales à l'extérieur de la gaine foliaire ; époque de cette apparition.

ÉPIAIRE n.m. Plante herbacée dont une espèce, le *crosne du Japon*, est cultivée comme légume. (Famille des labiées ; n. sc. *stachys.*)

ÉPICANTHUS [-tys] n.m. ANAT. Repli cutané de l'angle interne de l'œil.

ÉPICARPE n.m. (gr. *epi*, sur, et *karpos*, fruit). BOT. Pellicule, peau qui recouvre un fruit.

ÉPICE n.f. (lat. *species,* substance). Substance aromatique d'origine végétale (clou de girofle, noix muscade, gingembre, etc.) pour l'assaisonnement des mets.

ÉPICÉ, E adj. **1.** Dont le goût est relevé par des épices. *Un plat très épicé.* **2.** Qui contient des traits égrillards, grivois. *Un récit épicé.*

ÉPICÉA [episea] n.m. (lat. *picea,* pin). Arbre voisin du sapin, mais beaucoup plus commun, au tronc roux, aux aiguilles vertes, aux cônes pendants. (On l'exploite pour sa résine et son bois, et on l'utilise fréquemment comme arbre de Noël sous la désignation, impropre pour les botanistes, de *sapin.* Il peut atteindre 50 m de haut.)

épicéa

ÉPICÈNE adj. (gr. *epikoinos,* commun). LING. **1.** Se dit d'un nom commun au mâle et à la femelle d'une espèce (ex. : *aigle, caille, crapaud*). **2.** Se dit d'un nom, d'un pronom, d'un adjectif qui ne varie pas selon le genre (ex. : *enfant, toi, jaune*).

ÉPICENTRE n.m. (gr. *epi,* sur, et *centre*). GÉOL. Point de la surface terrestre où un séisme a été le plus intense.

ÉPICER v.t. [16]. **1.** Assaisonner (un plat, un mets) avec des épices. **2.** Relever (un texte, un propos, etc.) de traits égrillards.

ÉPICERIE n.f. **1.** Ensemble de denrées de consommation courante (épices, sucre, café, etc.). **2.** Commerce, magasin de l'épicier.

ÉPICIER, ÈRE n. Commerçant vendant en gros ou en détail des comestibles, des épices, du sucre, du café, des boissons, etc.

ÉPICLÈSE n.f. (gr. *epiklêsis,* invocation). LITURGIE. Invocation au Saint-Esprit.

ÉPICONDYLE n.m. ANAT. Apophyse de l'extrémité inférieure de l'humérus.

ÉPICONDYLITE n.f. MÉD. Syndrome douloureux traduisant l'inflammation de la région de l'épicondyle. *Épicondylite des joueurs de tennis, dite* tennis-elbow.

ÉPICONTINENTAL, E, AUX adj. GÉOGR. Se dit des mers ou océans qui recouvrent la plate-forme continentale.

ÉPICRÂNIEN, ENNE adj. ANAT. Qui entoure le crâne. *Aponévrose épicrânienne.*

ÉPICURIEN, ENNE adj. et n. **1.** D'Épicure et de ses disciples. **2.** Qui ne pense qu'au plaisir, sensuel.

ÉPICURISME n.m. Doctrine d'Épicure et des épicuriens.

ÉPICYCLE n.m. ASTRON. Petit cercle qu'un astre était supposé décrire, dont le centre décrivait lui-même un autre cercle *(déférent)* autour de la Terre.

ÉPICYCLOÏDAL, E, AUX adj. GÉOM. Relatif à l'épicycloïde.

ÉPICYCLOÏDE n.f. GÉOM. Courbe plane décrite par un point fixe d'un cercle qui roule extérieurement sans glisser sur un cercle donné.

ÉPIDÉMICITÉ n.f. MÉD. Caractère épidémique d'une maladie.

ÉPIDÉMIE n.f. (gr. *epi,* sur, et *dêmos,* peuple). Atteinte simultanée d'un grand nombre d'individus d'un pays ou d'une région par une maladie contagieuse, comme la grippe, le choléra, la fièvre typhoïde, etc. (*L'épidémie* diffère de l'*endémie* en ce que la première est un état aigu accidentel et la seconde un état constant ou périodique.)

ÉPIDÉMIOLOGIE n.f. Discipline qui étudie les différents facteurs intervenant dans l'apparition des maladies (infectieuses ou non) ou de phénomènes morbides déterminés (suicides) ainsi que leur fréquence, leur mode de distribution, leur évolution et la mise en œuvre des moyens nécessaires à leur prévention.

ÉPIDÉMIOLOGIQUE adj. Relatif à l'épidémiologie.

ÉPIDÉMIOLOGISTE n. Spécialiste d'épidémiologie.

ÉPIDÉMIQUE adj. **1.** Qui tient de l'épidémie. *Maladie épidémique.* **2. Fig.** Qui se répand à la façon d'une épidémie ; contagieux, communicatif. *Enthousiasme épidémique.*

ÉPIDERME n.m. (gr. *epi,* sur, et *derma,* peau). **1.** Partie externe de la peau constituée de plusieurs couches de cellules dont la plus superficielle est cornée et desquamée. (Poils, plumes, cornes, ongles, griffes, sabots sont des productions de l'épiderme.) **2. Fam.** Peau. ◇ **Fig.** *Avoir l'épiderme sensible :* être susceptible. **3.** BOT. Pellicule qui recouvre les feuilles ainsi que les tiges et les racines jeunes.

ÉPIDERMIQUE adj. Relatif à l'épiderme. ◇ **Fig.** *Réaction épidermique :* attitude d'une personne qui réagit vivement et immédiatement à une critique, à une contrariété.

ÉPIDERMOMYCOSE n.f. Mycose superficielle de la peau.

ÉPIDIASCOPE n.m. Appareil pour la projection de vues fixes par réflexion et transparence.

ÉPIDIDYME n.m. (gr. *epi,* sur, et *didumos,* testicule). ANAT. Organe situé sur le bord supérieur du testicule, formé d'un canal par où passe le sperme.

ÉPIDIDYMITE n.f. MÉD. Inflammation aiguë ou chronique de l'épididyme.

ÉPIDOTE n.f. MINÉR. Silicate hydraté naturel d'aluminium, de calcium et de fer qu'on trouve dans les roches métamorphiques.

ÉPIDURAL, E, AUX adj. ANAT. *Espace épidural du canal rachidien,* qui se trouve entre la dure-mère et la vertèbre.

1. ÉPIER v. i. Laisser apparaître l'épi, en parlant d'une graminée en cours de croissance.

2. ÉPIER v.t. (mot francique). Observer, surveiller attentivement et secrètement. *Épier les allées et venues de qqn.*

ÉPIERRAGE ou **ÉPIERREMENT** n.m. Action d'épierrer.

ÉPIERRER v.t. Enlever les pierres de. *Épierrer un champ, un jardin.*

ÉPIERREUR n.m. Instrument pour épierrer un produit agricole (pommes de terre, betteraves).

ÉPIEU n.m. (mot francique). Bâton garni de fer, qu'on utilisait pour chasser.

ÉPIEUR, EUSE n. Personne qui épie.

ÉPIGASTRE n.m. (gr. *epi,* sur, et *gastêr,* ventre). ANAT. Partie supérieure de l'abdomen, entre l'ombilic et le sternum.

ÉPIGASTRIQUE adj. Qui se rapporte à l'épigastre.

ÉPIGÉ, E [epiʒe] adj. (gr. *epi,* sur, et *gê,* terre). BOT. Se dit d'un mode de germination, dans lequel les cotylédons sont soulevés au-dessus du sol (haricot, ricin).

ÉPIGENÈSE n.f. (gr. *epi,* sur, et *genesis,* formation). BIOL. Théorie selon laquelle l'embryon se constitue graduellement dans l'œuf par formation successive de parties nouvelles.

ÉPIGÉNIE n.f. **1.** MINÉR. Remplacement d'un minéral par un autre, au sein d'une roche. **2.** GÉOMORPH. Vx. Surimposition.

ÉPIGLOTTE n.f. (gr. *epi,* sur, et *glôtta,* langue). ANAT. Languette cartilagineuse qui ferme la glotte au moment de la déglutition.

ÉPIGONE n.m. (gr. *epigonos,* descendant). Litt. Successeur, disciple sans originalité personnelle.

ÉPIGRAMMATIQUE adj. Qui tient de l'épigramme.

1. ÉPIGRAMME n.f. (gr. *epigramma,* inscription). **1.** Petite pièce de vers du genre satirique, se terminant par un trait piquant. **2. Litt.** Mot satirique, raillerie mordante.

2. ÉPIGRAMME n.m. BOUCH. Haut de côtelettes d'agneau.

ÉPIGRAPHE n.f. (gr. *epigraphê,* inscription). **1.** Inscription gravée sur un édifice et indiquant sa date de construction, sa destination, etc. **2.** Citation placée en tête d'un livre, d'un chapitre, etc., pour en résumer l'objet ou l'esprit.

ÉPIGRAPHIE n.f. Science auxiliaire de l'histoire, qui étudie les inscriptions sur matières durables (pierre, métal, bois).

ÉPIGRAPHIQUE adj. Qui se rapporte à l'épigraphie.

ÉPIGRAPHISTE n. Spécialiste d'épigraphie.

ÉPIGYNE [epiʒin] adj. et n.f. (gr. *epi,* sur, et *gunê,* femelle). BOT. Se dit d'une pièce florale insérée au-dessus de l'ovaire, et d'une fleur où le périanthe et l'androcée sont insérés au-dessus de l'ovaire, alors qualifié d'*infère.* CONTR. : *hypogyne.*

ÉPILATION n.f. Action d'épiler.

ÉPILATOIRE adj. et n.m. Qui sert à épiler ; dépilatoire. *Pince épilatoire.*

ÉPILEPSIE n.f. (gr. *epilêpsia,* attaque). Maladie qui se manifeste sous forme de crises violentes avec des convulsions, correspondant à des décharges encéphaliques bilatérales ou localisées, et pouvant s'accompagner de pertes de conscience ou d'hallucinations. SYN. : *comitialité.*

■ On distingue deux formes dans l'épilepsie : les crises généralisées, dues à une décharge synchrone, bilatérale et symétrique d'un groupe de cellules cérébrales, et les crises partielles dues à une décharge dans une zone partielle. Les premières se présentent soit sous la forme du *grand mal,* ou *haut mal,* avec successivement raidissement du corps tombé à terre, convulsions généralisées et enfin chute dans un coma profond, soit sous la forme du *petit mal,* spécifique à l'enfant, avec absence ou disparition de la conscience durant dix à quinze secondes, et contractions musculaires localisées. Le petit mal disparaît ou se transforme en grand mal à la puberté.
La manifestation des crises partielles dépend de la zone cérébrale concernée.
Les causes les plus fréquentes de l'épilepsie sont les traumatismes crâniens, les tumeurs, les accidents vasculaires cérébraux.

ÉPILEPTIFORME adj. MÉD. Qui ressemble à une crise d'épilepsie.

ÉPILEPTIQUE adj. et n. Qui relève de l'épilepsie ; qui y est sujet.

ÉPILEPTOÏDE adj. Qui rappelle l'épilepsie.

ÉPILER v.t. (du lat. *pilus,* poil). Arracher, faire tomber les poils de. *Pince à épiler. Épiler ses sourcils.*

ÉPILEUR, EUSE n. Personne dont la profession est d'épiler. *Les épileurs des thermes romains.*

ÉPILLET n.m. (de *épi*). BOT. Épi secondaire qui, réuni à d'autres, forme un épi.

ÉPILOBE n.m. (gr. *epi,* sur, et *lobos,* lobe). Plante à fleurs pourpres, commune en France dans les endroits humides. (Famille des œnothéracées.)

ÉPILOGUE n. m. (gr. *epilogos,* péroraison). **1.** Conclusion d'un ouvrage littéraire. *L'épilogue d'un roman.* **2. Fig.** Fin, conclusion d'une histoire, d'une affaire.

ÉPILOGUER v.i. *(sur).* Donner des explications, des commentaires sans fin et plus ou moins oiseux sur.

ÉPIMAQUE n.m. Paradisier de Nouvelle-Guinée, aux vives couleurs métalliques.

ÉPINAIE n.f. Endroit où poussent des arbustes épineux.

ÉPINARD n.m. (ar. *isbinākh*). Plante potagère, dont on consomme les feuilles de forme allongée, vert foncé. (Famille des chénopodiacées.) ◆ pl. Feuilles d'épinard. *Épinards à la crème.* ◇ Fam. *Mettre du beurre dans les épinards :* améliorer ses revenus.

épinard

ÉPINÇAGE n.m. TR. PUBL. Taille des pavés.

ÉPINCER v.t. [16]. TR. PUBL. Fendre la roche pour faire des pavés ou des bordures de trottoir. SYN. : *épinceter.*

ÉPINCETER v.t. [27]. **1.** TEXT. Débarrasser (les tissus de laine) des nœuds, des grosseurs, etc., qui restent après les travaux de finition. SYN. : *énouer.* **2.** TR. PUBL. Épincer.

ÉPINE n.f. (lat. *spina*). **1. a.** Piquant qui apparaît sur certains végétaux. *Les épines d'un cactus.* ◇ Fig. *Tirer, enlever une épine du pied à qqn,* le débarrasser d'un souci. **b.** Arbrisseau épineux. **2.** ANAT. *Épine dorsale :* colonne vertébrale.

ÉPINER v.t. Protéger (la tige des jeunes arbres) avec des branches épineuses.

ÉPINETTE n.f. **1.** Petit clavecin. **2. Canada.** Épicéa. **3. Vieilli.** Cage d'osier pour engraisser les volailles.

ÉPINEURIEN, ENNE n.m. et adj. Animal dont le système nerveux est dorsal (vertébré et procordé). CONTR. : *hyponeurien.*

1. ÉPINEUX, EUSE adj. (lat. *spinosus*). **1.** Couvert d'épines. *Arbuste épineux.* **2. Fig.** Très embarrassant ; plein de difficultés. *Une question épineuse.* **3.** ANAT. *Apophyse épineuse :* apophyse postérieure des vertèbres, qui fait saillie sous la peau.

2. ÉPINEUX n.m. Arbuste épineux.

ÉPINE-VINETTE n.f. (pl. *épines-vinettes*). Arbrisseau épineux à fleurs jaunes et baies rouges, parasité par le champignon responsable de la rouille du blé. (Famille des berbéridacées.)

ÉPINGLAGE n.m. Action d'épingler.

ÉPINGLE n.f. (lat. *spinula*). **1.** Petite tige métallique pointue à un bout et garnie d'une tête à l'autre bout, servant à fixer, à attacher qqch. *Pelote d'épingles.* ◇ **Fig.** *Chercher une épingle dans une meule (une botte) de foin :* chercher une chose introuvable. – *Tiré à quatre épingles :* habillé avec beaucoup de soin. – **Fig.** *Tirer son épingle du jeu :* se tirer adroitement d'une affaire difficile. – **Fig.** *Coup d'épingle :* blessure d'amour-propre. **2.** *Épingle de sûreté, épingle double, épingle de nourrice* ou *épingle anglaise :* petite tige de métal recourbée sur elle-même et formant ressort, dont la pointe est maintenue par un crochet plat. **3.** *Épingle à cheveux :* petite tige recourbée à deux branches pour tenir les cheveux. ◇ *Virage en épingle à cheveux :* virage brusque et très serré. **4.** Bijou en forme d'épingle, à tête ornée. *Épingle de cravate en or.* ◇ **Fig.** *Monter qqch en épingle,* le mettre en évidence, lui donner une importance excessive.

ÉPINGLÉ, E adj. et n.m. Se dit d'une étoffe légèrement côtelée. *Velours épinglé. De l'épinglé.*

ÉPINGLER v.t. **1.** Attacher, fixer avec une ou des épingles. *Épingler un ourlet.* **2.** Fig., fam. Arrêter, appréhender, prendre. *Ils n'ont jamais pu l'épingler.* **3.** Fam. Attirer l'attention sur (un défaut, un abus) ; dénoncer. *Le rapport épingle plusieurs sociétés.*

ÉPINGLERIE n.f. **1.** Fabrique d'épingles. **2.** Commerce des épingles.

ÉPINGLETTE n.f. **1.** Anc. Aiguille pour déboucher la lumière des armes à feu. **2.** Anc. Insigne des meilleurs tireurs. **3. Canada.** Bijou muni d'une épingle ; broche. **4.** Recomm. off. pour *pin's.*

ÉPINGLIER, ÈRE n. Personne qui fabrique ou qui vend des épingles.

ÉPINIER n.m. VÉN. Fourré d'épines.

ÉPINIÈRE adj.f. *Moelle épinière* → ***moelle.***

ÉPINOCHE n.f. (de *épine*). Petit poisson marin ou d'eau douce, portant des épines dorsales et dont les œufs sont gardés par le mâle qui a construit lui-même un nid sur le fond. (Famille des gastérostéidés.)

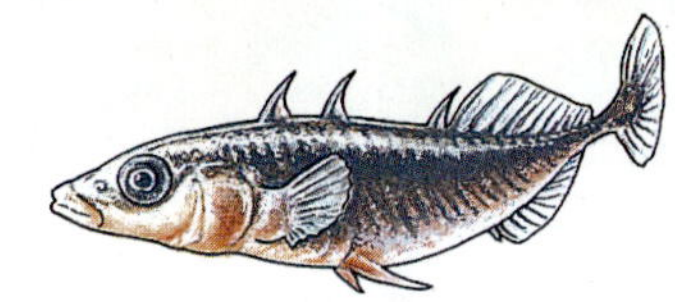
épinoche de rivière

ÉPINOCHETTE n.f. Petite épinoche des ruisseaux. (Long. 6 cm.)

ÉPIPALÉOLITHIQUE n.m. et adj. PRÉHIST. Période située entre le paléolithique et le néolithique, au cours de laquelle se perpétue l'économie de prédation et se développe l'outillage microlithique.

ÉPIPÉLAGIQUE adj. GÉOGR. *Zone épipélagique :* zone océanique recouvrant la plate-forme continentale (jusqu'à 250 m de profondeur).

ÉPIPHANE adj. **1.** Surnom de divers dieux grecs bienfaisants. **2.** Épithète portée par divers rois hellénistiques.

ÉPIPHANIE n.f. (gr. *epiphaneia,* apparition). Fête chrétienne célébrant la manifestation du Christ aux Mages venus l'adorer et appelée pour cette raison *jour* ou *fête des Rois.*

ÉPIPHÉNOMÈNE n.m. **1.** Phénomène secondaire, sans importance par rapport à un autre. **2.** PHILOS. Ce qui s'ajoute à un phénomène sans réagir sur lui.

ÉPIPHÉNOMÉNISME n.m. PHILOS. Théorie selon laquelle la conscience ne serait qu'un phénomène second par rapport à la matière.

ÉPIPHÉNOMÉNISTE adj. et n. Qui se rapporte à l'épiphénoménisme.

ÉPIPHYLLE adj. et n.m. BOT. Qui croît sur les feuilles des plantes. *Champignon épiphylle.*

ÉPIPHYSE n.f. (gr. *epi,* sur, et *phusis,* croissance). **1.** ANAT. Extrémité d'un os long, à moelle rouge. **2.** Glande située au plafond du diencéphale. SYN. (anc.) : ***glande pinéale.***

ÉPIPHYSITE n.f. Inflammation de l'extrémité des os chez l'enfant et l'adolescent, localisée notamment sur l'extrémité supérieure du fémur et les vertèbres.

ÉPIPHYTE adj. et n.m. (gr. *epi,* sur, et *phuton,* plante). BOT. Se dit d'un végétal qui vit fixé sur des plantes mais sans les parasiter ; aéricole. *Certaines orchidées équatoriales sont des plantes épiphytes.*

ÉPIPHYTIE [epifiti] n.f. Maladie qui atteint rapidement de nombreuses plantes de la même espèce.

ÉPIPLOON [epiplɔɔ̃] n.m. (mot gr., *flottant*). ANAT. Chacun des deux replis du péritoine, le *grand épiploon* reliant l'estomac au côlon transverse et le *petit épiploon* le foie à l'estomac.

ÉPIQUE adj. (gr. *epikos*). **1.** Qui est propre à l'épopée. *Poème, style épique.* **2.** Mémorable par son caractère pittoresque, extraordinaire, grandiose. *Discussion épique.*

ÉPIROGENÈSE n.f. (gr. *êpeiros,* continent). GÉOL. Soulèvement ou affaissement d'ensemble affectant une partie de l'écorce terrestre.

ÉPIROGÉNIQUE adj. GÉOL. Qui se rapporte à l'épirogenèse.

ÉPIROTE adj. et n. De l'Épire.

ÉPISCLÉRITE n.f. MÉD. Inflammation de la sclérotique se manifestant par une rougeur localisée du blanc de l'œil.

ÉPISCOPAL, E, AUX adj. **1.** Qui appartient, qui est propre à l'évêque. *Palais épiscopal.* **2.** *Église épiscopale :* église épiscopalienne.

ÉPISCOPALIEN, ENNE adj. *Église épiscopalienne :* Église anglicane des États-Unis qui, comme celle d'Angleterre, a conservé la hiérarchie des archevêques, évêques, etc. ◆ adj. et n. Partisan de l'épiscopalisme.

ÉPISCOPALISME n.m. RELIG. Théorie selon laquelle l'assemblée des évêques a plus de pouvoir que le pape.

ÉPISCOPAT n.m. (lat. *episcopus,* évêque). **1. a.** Dignité d'évêque. **b.** Temps pendant lequel un évêque occupe son siège. **2.** Ensemble des évêques. *L'épiscopat français.*

ÉPISCOPE n.m. (gr. *epi,* sur, et *skopein,* regarder). **1.** Appareil optique pour la projection par réflexion. **2.** Instrument d'optique à miroirs qui permet d'observer le terrain de l'intérieur d'un char de combat.

ÉPISIOTOMIE n.f. Incision de la vulve et des muscles du périnée, pratiquée pour faciliter certains accouchements.

ÉPISODE n.m. (gr. *epeisodion,* accessoire). **1.** Division d'un roman, d'un film. *Feuilleton en neuf épisodes.* **2.** Partie d'une œuvre narrative ou dramatique s'intégrant à un ensemble mais ayant ses caractéristiques propres. *C'est un épisode savoureux du roman.* **3.** Circonstance appartenant à une série d'évènements formant un ensemble. *Les épisodes de la Révolution française.*

ÉPISODIQUE adj. Qui constitue un simple épisode ; secondaire, intermittent. *Phénomène épisodique. Séjour épisodique.*

ÉPISODIQUEMENT adv. De façon épisodique.

ÉPISPADIAS [-djas] n.m. MÉD. Vice de conformation de l'urètre qui s'ouvre sur la face supérieure de la verge.

ÉPISSER v.t. (néerl. *splissen*). **1.** Assembler deux cordages en entrelaçant les torons. **2.** Assembler deux bouts de câble ou de fil électrique.

ÉPISSOIR n.m. ou **ÉPISSOIRE** n.f. MAR. Poinçon pour écarter les torons ou les cordages à épisser.

ÉPISSURE n.f. Réunion de deux cordages, de deux câbles ou fils électriques par l'entrelacement des torons qui les composent.

ÉPISTASIE n.f. BIOL. Action d'un gène sur un autre gène non allèle.

ÉPISTATE n.m. (gr. *epistatês,* préposé). ANTIQ. GR. Titre de divers fonctionnaires politiques et techniques.

ÉPISTAXIS [epistaksis] n.f. (gr. *epi,* sur, et *staxis,* écoulement). MÉD. Saignement de nez.

ÉPISTÉMÊ n.f. (mot gr., *science*). PHILOS. Configuration du savoir rendant possibles les différentes formes de science à une époque donnée.

ÉPISTÉMOLOGIE n.f. (gr. *epistêmê,* science, et *logos,* étude). Partie de la philosophie qui étudie l'histoire, les méthodes, les principes des sciences. – *Épistémologie génétique :* théorie de la connaissance scientifique, développée par J. Piaget, fondée sur l'analyse du développement de la connaissance chez l'enfant, et sur celle de la constitution du système de notions utilisées par chaque science particulière au cours de son histoire.

ÉPISTÉMOLOGIQUE adj. Qui se rapporte à l'épistémologie.

ÉPISTÉMOLOGISTE ou **ÉPISTÉMOLOGUE** n. Spécialiste d'épistémologie.

ÉPISTOLAIRE adj. (lat. *epistola,* lettre). Qui se rapporte à la correspondance, aux lettres. – *Roman épistolaire :* roman dont l'action se développe dans une correspondance échangée par les personnages.

ÉPISTOLIER, ÈRE n. Vx. Auteur de lettres, notamm. de lettres à caractère littéraire.

ÉPISTYLE n.m. ARCHIT. GR. Partie de l'entablement reposant directement sur les colonnes.

ÉPITAPHE n.f. (gr. *epi,* sur, et *taphos,* tombe). Inscription gravée sur un tombeau.

ÉPITAXIE n.f. PHYS. Phénomène d'orientation mutuelle de cristaux de substances différentes, dû à des analogies étroites d'arrangement atomique dans leur face commune, et utilisé pour l'élaboration de certains transistors.

ÉPITE n.f. MAR. Cheville de bois conique.

ÉPITHALAME n.m. (gr. *epi,* sur, et *thalamos,* chambre à coucher). LITTÉR. Poème lyrique composé pour un mariage.

ÉPITHÉLIAL, E, AUX adj. Qui se rapporte, qui appartient à l'épithélium.

ÉPITHÉLIALISATION n.f. HISTOL. Reconstitution de l'épithélium au-dessus du tissu conjonctif, lors de la cicatrisation.

ÉPITHÉLIOMA n.m. Tumeur cancéreuse d'origine épithéliale. SYN. : *carcinome.*

ÉPITHÉLIONEURIEN n.m. Animal à système nerveux superficiel.

ÉPITHÉLIUM [epiteljɔm] n.m. (gr. *epi,* sur, et *thêlê,* mamelon). HISTOL. Tissu formé d'une ou de plusieurs couches de cellules, et qui recouvre le corps (épiderme), les cavités internes (muqueuses) ou qui constitue des glandes. *Épithélium buccal.*

ÉPITHÈME n.m. Vx. Médicament topique de consistance molle, obtenu avec des extraits ou des électuaires.

ÉPITHÈTE n.f. (gr. *epitheton,* qui est ajouté). **1.** Mot, généralement un adjectif, employé pour qualifier qqn, qqch. **2.** GRAMM. Fonction de l'adjectif qualificatif qui détermine le nom sans l'intermédiaire d'un verbe, par opposition à l'*attribut.*

ÉPITOGE n.f. (gr. *epi,* sur, et lat. *toga,* toge). Bande d'étoffe distinctive portée sur l'épaule gauche par les recteurs et inspecteurs d'académie, les avocats, les magistrats.

ÉPITOMÉ n.m. (mot gr., *abrégé*). Didact., vx. Abrégé d'un ouvrage historique.

ÉPÎTRE n.f. (lat. *epistola*). **1. a.** Lettre écrite par un auteur ancien. – Litt. Lettre adressée à qqn. – Vx. *Épître dédicatoire,* que l'on met en tête d'un livre pour le dédier à qqn. **b.** LITTÉR. Lettre en vers adressée à qqn et traitant de sujets politiques, philosophiques, etc., sur un ton souvent satirique. **2.** LITURGIE. Texte emprunté aux Épîtres du Nouveau Testament ou à l'Apocalypse, lu à la messe avant l'Évangile.

ÉPIZOOTIE [epizɔɔti] ou [-si] n.f. (du gr. *zôotês,* nature animale). Maladie contagieuse qui atteint un grand nombre d'animaux.

ÉPIZOOTIQUE adj. Qui se rapporte à l'épizootie.

ÉPLORÉ, E adj. (lat. *plorare,* pleurer). Qui est en pleurs, qui a du chagrin.

ÉPLOYER v.t. [13]. Litt. Étaler, déployer.

ÉPLUCHAGE n.m. **1.** Action d'éplucher un légume, un fruit. **2.** Fig. Examen minutieux de qqch.

ÉPLUCHER v.t. **1. a.** Enlever la peau, les parties non comestibles ou moins bonnes d'un légume, d'un fruit. *Éplucher une pomme, des oignons.* **b.** Débarrasser (une étoffe) des corps étrangers. *Éplucher du drap.* **2.** Fig. Lire attentivement pour trouver une faute ou un détail passé inaperçu. *Éplucher une comptabilité.* **3.** Chercher avec minutie ce qu'il y a de répréhensible ou de critiquable dans. *Éplucher la conduite de qqn.*

ÉPLUCHETTE n.f. Canada. Fête organisée pour la récolte du maïs.

1. ÉPLUCHEUR, EUSE n. Personne qui épluche.

2. ÉPLUCHEUR n.m. et adj. Couteau à éplucher les légumes, les fruits, etc., dont la lame comporte deux petites fentes tranchantes.

ÉPLUCHEUSE n.f. Appareil électrique pour éplucher les légumes.

ÉPLUCHURE n.f. Déchet qu'on enlève en épluchant. *Épluchures de pommes de terre.*

ÉPODE n.f. (gr. *epi,* sur, et *ôdê,* chant). LITTÉR. Anc. **1. a.** Couplet lyrique formé de deux vers de longueur inégale. **b.** Poème lyrique composé d'une suite de ces couplets. *Épodes satiriques d'Horace.* **2.** Troisième partie lyrique dans les chœurs des tragédies grecques.

ÉPOI n.m. VÉN. Cor qui pousse au sommet de la tête du cerf.

ÉPOINTAGE ou **ÉPOINTEMENT** n.m. Action d'épointer ; fait d'être épointé.

ÉPOINTER v.t. Casser ou user la pointe de (un instrument, un outil).

ÉPOISSES n.m. Fromage au lait de vache, à pâte molle et à croûte lavée, fabriqué en Bourgogne.

1. ÉPONGE n.f. (lat. *spongia*). **1. a.** Spongiaire. **b.** Substance fibreuse, légère et poreuse, formant le squelette de certains spongiaires et employée à divers usages domestiques à cause de sa propriété de retenir les liquides. **2.** Objet plus ou moins spongieux qu'on utilise pour essuyer, nettoyer, etc. *Éponge métallique.* ◇ *Jeter l'éponge :* abandonner le combat, la partie. – *Passer l'éponge sur :* pardonner, oublier. **3.** *Éponge végétale :* luffa.

éponges

2. ÉPONGE n.f. (lat. *sponda,* bord). **1.** Extrémité de chacune des branches du fer à cheval. **2.** Tumeur molle au coude du cheval.

ÉPONGEAGE n.m. Action d'éponger.

ÉPONGER v.t. [17]. **1.** Étancher (un liquide) avec une éponge ou un objet spongieux. **2.** Fig. Résorber (un excédent). **3.** Combler (un retard). – *Éponger une dette,* la payer. ◆ **s'éponger** v.pr. S'essuyer. *S'éponger le front.*

ÉPONTE n.f. (lat. *sponda,* bord). Chacune des parois stériles d'un filon de minerai.

ÉPONTILLE n.f. **1.** MAR. Support qui soutient les barrots d'un pont. **2.** Étai de bois maintenant sur sa quille un navire en construction.

ÉPONYME adj. (gr. *epônumos*). Qui donne son nom à qqch. *Athéna, déesse éponyme d'Athènes.* ◇ ANTIQ. *Magistrat éponyme :* magistrat annuel qui donnait son nom à l'année. (À Athènes, Delphes, Délos, l'archonte ; à Rome, les deux consuls.)

ÉPONYMIE n.f. ANTIQ. Fonction des magistrats éponymes ; durée de leur fonction.

ÉPOPÉE n.f. (gr. *epopoiia*). **1.** Récit poétique en vers ou en prose, qui raconte les exploits d'un héros et où intervient le merveilleux. **2.** Suite d'actions réelles mais très extraordinaires ou héroïques.

ÉPOQUE n.f. (gr. *epokhê,* point d'arrêt). **1.** Moment de l'histoire marquée par des évènements ou des personnages très importants. *L'époque des guerres de Religion. L'époque de Christine de Suède.* ◇ *Faire époque :* laisser un souvenir durable dans la mémoire des hommes. – *La Belle Époque,* celle des premières années du XXᵉ s., considérées comme particulièrement heureuses. **2.** Moment déterminé de l'année, de la vie de qqn ou d'un groupe. *L'époque des vendanges. Quelle époque !* **3.** Période caractérisée par un style artistique. ◇ *D'époque,* qui date réellement de l'époque à laquelle on le rapporte, en parlant d'un objet, d'un meuble, etc. – *Haute époque :* le Moyen Âge et le XVIᵉ s., dans le langage des antiquaires. **4.** Subdivision d'une durée géologique, regroupant plusieurs étages.

ÉPOUILLAGE n.m. Action d'épouiller.

ÉPOUILLER v.t. Débarrasser de ses poux.

ÉPOUMONER (S') v.pr. Se fatiguer à force de parler, de crier.

ÉPOUSAILLES n.f. pl. (lat. *spondalia,* fiançailles). Vieilli ou par plais. Célébration du mariage.

ÉPOUSE n.f. → ***époux.***

ÉPOUSÉE n.f. Vieilli ou litt. Mariée.

ÉPOUSER v.t. (lat. *sponsare*). **1.** Se marier avec. *Il a épousé une amie d'enfance.* **2.** S'adapter exactement à la forme de. **3.** Fig., litt. Rallier, partager. *Épouser les idées de qqn.*

ÉPOUSEUR n.m. Litt. Celui qui fait la cour à une femme pour l'épouser.

ÉPOUSSETAGE n.m. Action d'épousseter.

ÉPOUSSETER v.t. [27]. Ôter la poussière de. *Épousseter un meuble.*

ÉPOUSTOUFLANT, E adj. Fam. Étonnant, extraordinaire. *Une nouvelle époustouflante.*

ÉPOUSTOUFLER v.t. Fam. Surprendre, stupéfier par son caractère inattendu.

ÉPOUTIER v.t. Enlever les corps étrangers qui restent à la surface d'une étoffe.

ÉPOUVANTABLE adj. **1.** Qui cause de l'épouvante, qui est atroce, difficilement soutenable. *Des cris épouvantables.* **2.** Très désagréable. *Un temps épouvantable. Il a un caractère épouvantable.*

ÉPOUVANTABLEMENT adv. De façon épouvantable.

ÉPOUVANTAIL n.m. **1. a.** Mannequin grossier recouvert de haillons flottants, qui est placé dans un champ pour effrayer les oiseaux. **b.** Fig., fam. Personne dont l'aspect extérieur est repoussant. **2.** Ce qui effraie sans raison.

ÉPOUVANTE n.f. Terreur soudaine causée par qqch d'inattendu et de dangereux. *Être glacé d'épouvante. Film d'épouvante.*

ÉPOUVANTER v.t. (lat. pop. *expaventare*). Remplir d'épouvante ; effrayer, terrifier.

ÉPOUX, ÉPOUSE n. (lat. *sponsus, sponsa*). Personne unie à une autre par le mariage. – Fam. Mari ou femme. ◆ n.m. pl. *Les époux :* le mari et la femme.

ÉPOXY adj. inv. CHIM. Se dit d'un composé macromoléculaire formé à partir d'un époxyde.

ÉPOXYDE n.m. CHIM. Fonction constituée par la liaison de deux atomes voisins d'une chaîne carbonée à un même atome d'oxygène extérieur à la chaîne.

ÉPOXYDIQUE adj. Caractéristique d'un époxyde. ◇ *Résine époxydique, résine époxy* ou *résine époxyde,* formée de macromolécules et très utilisée dans l'industrie des adhésifs, dans l'électronique et l'électrotechnique.

ÉPREINDRE v.t. [81]. Vieilli. Presser, serrer pour faire sortir le liquide de.

ÉPREINTES n.f. pl. **1.** Faux besoin d'aller à la selle, soudain et douloureux. **2.** Fiente de la loutre.

ÉPRENDRE (S') v.pr. *(de)* [79]. Litt. Concevoir un vif attachement pour (qqn, qqch).

ÉPREUVE n.f. **I. 1.** Difficulté, conflit éprouvant le courage ou la résistance de qqn. *Elle aura du mal à surmonter cette épreuve.* ◇ *À toute épreuve :* capable de résister à tout. *Une énergie à toute épreuve.* **2.** Chagrin, douleur. *Une terrible épreuve.* **3.** Compétition sportive. *Épreuve contre la montre.* **4.** *Épreuve de force :* affrontement physique ou moral. **5.** Composition ou interrogation faisant partie d'un examen. *Les épreuves du bac commencent demain.* **6.** Essai pour éprouver la qualité d'une chose. *Faire l'épreuve d'une voiture.* ◇ *Mettre à l'épreuve :* éprouver, tester. – *À l'épreuve de :* en état de résister à. *À l'épreuve des balles.* **7.** CIN. *Épreuves de tournage :* copies positives tirées au fur et à mesure du tournage, et permettant de sélectionner les prises de vues avant le montage. SYN. (anglic. déconseillé) : *rushes.* **II. 1.** IMPR. Première feuille de contrôle servant aux corrections. *Un jeu d'épreuves.* **2.** Exemplaire d'une estampe, d'une fonte ou d'un moulage. – *Épreuve d'artiste :* estampe tirée pour l'artiste à titre d'essai et qui en principe n'est pas destinée à la commercialisation. **3.** PHOT. Image obtenue par tirage d'après un cliché.

ÉPRIS, E adj. **1.** Pris de passion pour qqn ; amoureux. **2.** Très attaché à qqch. *Épris de liberté.*

ÉPROUVANT, E adj. Pénible à supporter. *Une semaine éprouvante. Climat éprouvant.*

ÉPROUVÉ, E adj. **1.** Atteint, frappé par un mal, un malheur, une épreuve. *Pays durement éprouvé par la guerre.* **2.** Dont la valeur est reconnue ; confirmé. *Des techniques éprouvées.*

ÉPROUVER v.t. **1.** Ressentir, avoir. *Éprouver de la tendresse, du plaisir à revoir qqn.* **2.** Mettre à l'épreuve, vérifier les qualités ou la valeur de. *Éprouver la résistance d'un matériau. Éprouver la bonne foi de qqn.* **3.** Faire souffrir. *Cette tragédie l'a cruellement éprouvé.* **4.** Subir (des dommages). *Navire qui a éprouvé des avaries.*

ÉPROUVETTE n.f. **1.** Tube de verre fermé à un bout, destiné à des expériences chimiques. **2.** Pièce de forme particulière soumise à une série d'essais pour déterminer les caractéristiques d'un matériau.

EPSILON [ɛpsilɔn] n.m. inv. Cinquième lettre (E, ε) de l'alphabet grec, qui correspond à l'*e* bref.

EPSOMITE n.f. Sulfate naturel hydraté de magnésium.

ÉPUCER v.t. [16]. Débarrasser de ses puces.

ÉPUISABLE adj. Qui peut être épuisé.

ÉPUISANT, E adj. Qui fatigue beaucoup, qui épuise. *Une marche épuisante.*

ÉPUISÉ, E adj. **1.** Très fatigué, à bout de forces. **2.** Entièrement vendu. *Livre épuisé. Stock épuisé.*

ÉPUISEMENT n.m. **1.** Action d'épuiser ; état de ce qui est épuisé. *Tout vendre jusqu'à épuisement du stock.* **2.** Fig. État de fatigue extrême.

ÉPUISER v.t. (de *puits*). **I. 1.** Fatiguer, affaiblir énormément. *Ce travail de nuit l'épuise.* **2.** Fatiguer, excéder. *Tu m'épuises avec tes questions !* **II. 1.** Utiliser, consommer complètement. *Épuiser les munitions.* **2.** Rendre improductif. *Épuiser un sol.* **3.** Vider entièrement ; extraire en totalité. *Épuiser une citerne.* **4.** Fig. Traiter à fond, de manière exhaustive. *On a épuisé le sujet.*

ÉPUISETTE n.f. **1.** Petit filet en forme de poche, fixé à l'extrémité d'un manche et qui sert à sortir de l'eau les poissons pris à la ligne. **2.** Pelle creuse pour rejeter l'eau d'une embarcation. SYN. : *écope.*

ÉPULIS [epylis] n.m. ou **ÉPULIDE, ÉPULIE** n.f. (gr. *epi,* sur, et *oulon,* gencive). Tumeur inflammatoire de la gencive.

ÉPULON n.m. (lat. *epulum,* repas). ANTIQ. Prêtre romain qui préparait les banquets publics et sacrés.

ÉPULPEUR n.m. Appareil pour séparer les pulpes et les matières en suspension dans les jus de betteraves sucrières.

ÉPURATEUR n.m. Appareil pour éliminer les impuretés d'un produit.

ÉPURATION n.f. **1.** Action d'épurer, de purifier qqch ; résultat de cette action. *Épuration d'une huile.* ◇ MÉD. *Épuration extrarénale :* technique permettant l'élimination artificielle des déchets de l'organisme lorsque les reins ne fonctionnent plus (dialyse péritonéale, rein artificiel). **2.** Action d'exclure d'une administration, d'un parti les personnes dont la conduite est jugée répréhensible, condamnable ou indigne.

ÉPURATOIRE ou **ÉPURATIF, IVE** adj. Qui sert à épurer. *Un filtre épuratoire.*

ÉPURE n.f. **1.** Dessin fini, par opp. à *croquis.* **2.** Dessin représentant sur un ou plusieurs plans les projections d'un objet à trois dimensions.

ÉPUREMENT n.m. **1.** Rare. Action d'épurer. **2.** Litt. Pureté morale.

ÉPURER v.t. **1.** Rendre pur, plus pur. *Épurer de l'eau.* – Fig. Rendre sa pureté, son homogénéité à. *Épurer la langue.* **2.** *Épurer un groupe, un parti, etc.,* en exclure certains individus jugés indésirables.

ÉPURGE n.f. Euphorbe qui purge violemment.

ÉPYORNIS n.m. → ***æpyornis.***

ÉQUANIMITÉ [ekwanimite] n.f. Litt. Égalité d'humeur, sérénité.

ÉQUARRIR [ekarir] v.t. (lat. pop. *exquadrare*). **1.** Dresser une pierre, une pièce de bois de façon à lui donner une forme se rapprochant d'un parallélépipède à section carrée ou rectangulaire. **2.** Augmenter les dimensions d'un trou. **3.** Dépecer (un animal) pour en tirer la peau, les os, les graisses, etc.

ÉQUARRISSAGE n.m. **1.** Action d'équarrir les animaux. **2.** Équarrissement.

ÉQUARRISSEMENT n.m. Action d'équarrir une pièce de bois, un bloc de pierre ; grosseur, section d'une pièce de bois. SYN. : *équarrissage.*

ÉQUARRISSEUR n.m. **1.** Personne qui équarrit le bois, la pierre. **2.** Personne qui équarrit les animaux.

ÉQUATEUR [ekwatœr] n.m. (lat. *aequare,* rendre égal). **1.** Grand cercle de la sphère terrestre dont le plan est perpendiculaire à la ligne des pôles. ◇ *Équateur céleste :* grand cercle de la sphère céleste, perpendiculaire à l'axe du monde et servant de plan de référence pour les coordonnées équatoriales. **2.** *Équateur magnétique :* lieu des points de la surface terrestre où l'inclinaison est nulle.

ÉQUATION [ekwasjɔ̃] n.f. (lat. *aequatio,* égalité). **1.** MATH. Égalité conditionnelle, vérifiée par la spécification de paramètres indéterminés, ou inconnues. *Équation à deux, trois inconnues.* – *Résoudre l'équation* $f(x) = g(x)$ *dans le domaine* D : trouver les éléments de D qui, substitués à x, rendent l'égalité vraie, et qui sont les solutions, ou racines, de l'équation. **2.** GÉOM. *Équation d'une courbe :* relation entre les coordonnées d'un point M du plan ou de l'espace exprimant que le point est sur la courbe ou sur la surface. **3.** CHIM. Écriture symbolique d'une réaction chimique. **4.** ASTRON. **a.** Quantité dont il faut modifier la position d'un corps céleste pour le ramener à ce qu'elle serait si le mouvement du corps était uniforme. **b.** *Équation du temps :* excès du temps solaire moyen sur le temps solaire vrai. **5.** *Équation personnelle.* **a.** SC. Ensemble des caractéristiques propres à un observateur et qui affectent de façon systématique ses observations. **b.** Ensemble des caractéristiques définissant la personnalité de qqn.

1. ÉQUATORIAL, E, AUX adj. **1.** De l'équateur ; relatif à l'équateur. ◇ *Climat équatorial,* des régions proches de l'équateur, caractérisé par une chaleur constante et des pluies régulières, avec deux légers maximums correspondant aux équinoxes. **2.** ASTRON. *Coordonnées équatoriales (d'un astre) :* ascension droite et déclinaison. ◇ *Monture équatoriale :* dispositif permettant de faire tourner un instrument astronomique autour de deux axes perpendiculaires, dont l'un est parallèle à l'axe du monde. **3.** CYTOL. *Plaque équatoriale :* plan médian d'une cellule où les chromosomes fissurés se groupent pendant la mitose, avant de se séparer en deux stocks égaux.

2. ÉQUATORIAL n.m. Lunette astronomique ou télescope à monture équatoriale.

ÉQUATORIEN, ENNE adj. et n. D'Équateur, État d'Amérique du Sud.

ÉQUERRAGE n.m. TECHN. Mise à angle droit ou vérification de la perpendicularité et du parallélisme des divers éléments (pièce de bois, mécanisme, etc.) d'une structure.

ÉQUERRE [ekɛr] n.f. (lat. *exquadrare,* rendre carré). **1.** Pièce de bois ou de métal dont la forme présente un angle droit. **2.** Pièce métallique en forme de T ou de L servant à consolider des assemblages de charpente, de menuiserie. **3.** Instrument en forme de T ou de triangle rectangle, pour tracer des angles droits. *Équerre à dessin. Équerre d'arpenteur.* – *Fausse équerre :* équerre à branches mobiles. ◇ *D'équerre, à l'équerre :* à angle droit. – *Avoir les jambes à l'équerre,* perpendiculaires au tronc.

ÉQUERRER v.t. Procéder à l'équerrage de.

ÉQUESTRE adj. (lat. *equestris,* de *equus,* cheval). **1.** D'équitation ; relatif à l'équitation, aux cavaliers. *Sports équestres.* **2.** *Statue équestre,* représentant un personnage à cheval. **3.** HIST. *Ordre équestre :* ordre des chevaliers romains.

ÉQUEUTAGE n.m. Action d'équeuter.

ÉQUEUTER v.t. Dépouiller (un fruit) de sa queue.

ÉQUIANGLE [ekɥiɑ̃gl] adj. (lat. *aequus,* égal, et *angle*). Vx. Dont les angles sont égaux. *Un triangle équiangle est équilatéral.*

ÉQUIDÉ [ekɥide] ou [ekide] n.m. (du lat. *equus,* cheval). *Équidés :* famille de mammifères ongulés à un seul doigt par patte, comme le cheval, le zèbre et l'âne.

ÉQUIDISTANCE n.f. Qualité de ce qui est équidistant.

ÉQUIDISTANT, E [ekɥidistɑ̃, ɑ̃t] adj. Situé à égale distance (de qqch, d'un point). *Tous les points du cercle sont équidistants du centre.*

ÉQUILATÉRAL, E, AUX [ekɥilateral, o] adj. Dont les côtés sont égaux. *Triangle équilatéral.*

ÉQUILATÈRE adj. MATH. *Hyperbole équilatère,* dont les asymptotes sont perpendiculaires.

ÉQUILIBRAGE n.m. **1.** Action d'équilibrer ; son résultat. **2.** MÉCAN. Répartition des masses d'un système tournant (roue, rotor, machine, etc.) telle que le centre de gravité de l'ensemble soit situé sur l'axe de rotation *(équilibrage statique)* ou que les forces d'inertie se compensent *(équilibrage dynamique).*

ÉQUILIBRANT, E adj. Qui équilibre.

ÉQUILIBRATION n.f. PHYSIOL. Fonction qui assure le maintien du corps en équilibre et dont le centre principal est le cervelet (qui réagit aux messages de l'oreille interne).

ÉQUILIBRE n.m. (lat. *aequus,* égal, et *libra,* balance). **1.** État de repos résultant de l'action de forces qui s'annulent ; position stable. *Être en équilibre. Perdre l'équilibre.* ◇ *Équilibre stable,* dans lequel un corps, écarté de sa position d'équilibre, tend à y revenir (par opp. à *instable*). – *Équilibre indifférent,* dans lequel un corps, écarté de sa position d'équilibre, se stabilise dans sa nouvelle position. **2. a.** Pose acrobatique tenue la tête en bas et le corps redressé à la verticale. **b.** CHORÉGR. Maintien du corps en position stable sur un ou deux pieds. **3.** Juste combinaison de forces, d'éléments ; répartition harmonieuse. ◇ *Équilibre naturel :* état d'un milieu où la composition de la faune et de la flore reste à peu près constante. – *Équilibre budgétaire :* concordance entre les dépenses et les recettes du budget annuel de l'État. – *Équilibre économique :* harmonie entre l'offre et la demande. **4.** CHIM. État d'un système de corps dont la composition ne varie pas, soit par absence de réaction, soit par existence de deux réactions inverses de même vitesse. **5.** Bon fonctionnement de l'activité mentale ; pondération, calme.

ÉQUILIBRÉ, E adj. **1.** Qui est en équilibre ; dont les composants sont en harmonie. *Mélange équilibré.* **2.** Pondéré, sain mentalement.

ÉQUILIBRER v.t. Mettre en équilibre. *Équilibrer un budget.* ◆ **s'équilibrer** v.pr. Être équivalent, en équilibre.

ÉQUILIBREUR n.m. Organe qui maintient l'équilibre. *Les avions sont munis d'équilibreurs automatiques.* SYN. : *stabilisateur.*

ÉQUILIBRISTE n. Personne dont le métier est de faire des tours d'adresse ou d'équilibre acrobatique.

ÉQUILLE [ekij] n.f. Poisson osseux long et mince, à dos vert ou bleu sombre, s'enfouissant avec agilité dans les sables de la Manche et de l'Atlantique, long de 20 à 30 cm. SYN. : *lançon.*

ÉQUIMOLAIRE [ekɥi-] adj. CHIM. Qui contient un nombre égal de moles de différents constituants. *Mélange équimolaire.*

ÉQUIMOLÉCULAIRE [ekɥi-] adj. CHIM. Qui contient en nombre égal des molécules de différents corps.

ÉQUIN, INE [ekɛ̃, in] adj. (lat. *equinus,* de *equus,* cheval). **1.** Relatif au cheval. ◇ *Sérum équin,* fourni par le cheval. **2.** MÉD. *Pied équin,* atteint d'équinisme.

ÉQUINISME n.m. MÉD. Difformité caractérisée par une extension anormale et irréductible du pied.

ÉQUINOXE [ekinɔks] n.m. (lat. *aequus,* égal, et *nox,* nuit). **1.** Époque de l'année où le Soleil, dans son mouvement propre apparent sur l'écliptique, coupe l'équateur céleste, et qui correspond à l'égalité de la durée des jours et des nuits. *L'équinoxe de printemps a lieu le 20 ou le 21 mars, celui d'automne le 22 ou le 23 septembre.* ◇ *Précession des équinoxes :* avance du moment de l'équinoxe, liée au lent déplacement de l'axe des pôles autour d'une position moyenne, par suite de l'attraction de la Lune et du Soleil sur le renflement équatorial de la Terre. **2.** Point de l'équateur céleste où se produit ce passage. ◇ *Ligne des équinoxes :* droite d'intersection des deux plans de l'écliptique et de l'équateur céleste.

ÉQUINOXIAL, E, AUX adj. Relatif à l'équinoxe.

ÉQUIPAGE n.m. **1.** Ensemble du personnel embarqué sur un navire, un avion, un char, etc., dont il assure la manœuvre et le service. *Un capitaine et son équipage.* ◇ *Corps des équipages de la flotte :* personnel non officier de la Marine nationale. **2.** Anc. *Les équipages :* l'ensemble du matériel et des voitures affectés à une armée en campagne. **3.** Anc. Voitures, chevaux et personnel qui en a la charge. *Aller en grand équipage.* **4.** Ensemble des personnes, des chiens et des chevaux qui participent à une chasse à courre.

ÉQUIPARTITION [ekɥi-] n.f. Didact. Répartition égale (des diverses parties d'un tout).

ÉQUIPE n.f. **1.** Groupe de personnes travaillant à une même tâche ou unissant leurs efforts dans le même dessein. **2.** Groupe de joueurs, de sportifs associés en nombre déterminé. ◇ *Esprit d'équipe :* esprit de solidarité qui anime les membres d'un même groupe. – *Faire équipe (avec) :* s'associer.

ÉQUIPÉE n.f. **1.** Aventure dans laquelle on se lance, souvent à la légère ; escapade. *Une folle équipée.* **2.** Promenade, sortie. *Nos équipées du dimanche.*

ÉQUIPEMENT n.m. **1.** Action d'équiper, de pourvoir du matériel, des installations nécessaires. *Procéder à l'équipement d'une troupe.* **2.** Ensemble du matériel nécessaire à une activité. *L'armée fournit l'équipement des recrues. Équipement routier d'un pays.* ◆ pl. *Équipements spéciaux :* accessoires automobiles nécessaires en cas de neige ou de verglas (chaînes, pneus cloutés).

ÉQUIPEMENTIER n.m. Fabricant d'équipements d'autos, d'avions, etc.

ÉQUIPER v.t. (mot germ.). Pourvoir du nécessaire en vue d'une activité déterminée, d'une utilisation. *Équiper un enfant pour aller en colonie.* ◆ **s'équiper** v.pr. Se munir du nécessaire. *S'équiper pour le ski.*

ÉQUIPIER, ÈRE n. Membre d'une équipe, d'un équipage.

ÉQUIPOLLÉ ou **ÉQUIPOLÉ** [ekipɔle] adj.m. HÉRALD. *Points équipollés :* carrés d'émaux alternés que donne la réunion du tiercé en pal et du tiercé en fasce.

ÉQUIPOLLENCE [ekipɔlɑ̃s] n.f. (lat. *aequipollentia,* équivalence). GÉOM. Relation définie entre deux bipoints équipollents.

ÉQUIPOLLENT, E [eki-] adj. **1.** GÉOM. *Bipoints équipollents :* bipoints (A,B) et (C,D) tels que les segments AD et BC ont même milieu. **2.** LOG. *Systèmes déductifs équipollents,* dans lesquels tout théorème de l'un est théorème ou axiome des autres.

ÉQUIPOTENCE n.f. MATH. Caractère de deux ensembles équipotents.

ÉQUIPOTENT [ekɥipɔtɑ̃] adj.m. MATH. *Ensembles équipotents,* qui ont même puissance ou même nombre cardinal, et pour lesquels il existe une bijection de l'un sur l'autre.

ÉQUIPOTENTIEL, ELLE [ekɥipɔtɑ̃sjɛl] adj. ÉLECTR. De même potentiel.

ÉQUIPROBABLE [ekɥiprɔbabl] adj. MATH. *Évènements équiprobables,* qui ont la même probabilité.

ÉQUISÉTALE [ekɥisetal] n.f. *Équisétales :* ordre de plantes sans fleurs, aux prothalles unisexués, telles que la prêle, unique représentante actuelle du groupe des équisétinées.

ÉQUISÉTINÉE [ekɥi-] n.f. *Équisétinées :* groupe des équisétales.

ÉQUITABLE adj. **1.** Qui agit selon l'équité. *Juge équitable.* **2.** Conforme aux règles de l'équité. *Décision équitable.*

ÉQUITABLEMENT adv. De façon équitable.

ÉQUITANT, E [ekitɑ̃, ɑ̃t] adj. BOT. *Organes végétaux équitants,* identiques, se faisant face et emboîtés l'un dans l'autre. SYN. : *chevauchant.*

ÉQUITATION n.f. (du lat. *equitare,* aller à cheval). Action, art de monter à cheval.

ÉQUITÉ [ekite] n.f. (lat. *aequitas,* égalité). **1.** Vertu de celui qui possède un sens naturel de la justice, respecte les droits de chacun ; impartialité. *Décider en toute équité.* **2.** Justice naturelle ou morale, considérée indépendamment du droit en vigueur. *Équité d'un partage.*

ÉQUIVALENCE n.f. **1.** Qualité de ce qui est équivalent. *Équivalence de diplômes. Équivalence de la chaleur et du travail mécanique.* **2.** *Équivalence logique :* relation exprimant que deux propositions P et Q sont conséquences l'une de l'autre. (On écrit P → Q, ce qui se lit « P est vrai si et seulement si Q est vrai ».) – *Relation d'équivalence :* relation binaire dans un ensemble E, qui est réflexive, symétrique et transitive.

1. ÉQUIVALENT, E adj. (lat. *aequivalens*). **1.** Qui a la même valeur, égal. *Quantités, expressions équivalentes.* **2.** MATH. *Éléments équivalents,* liés par une relation d'équivalence. – *Équations équivalentes,* ayant le même ensemble de solutions. **3.** *Projection équivalente :* projection cartographique qui respecte les surfaces et les proportions, mais déforme le dessin des continents. **4.** LOG. *Théories déductives équivalentes :* théories déductives qui ont les mêmes théorèmes.

2. ÉQUIVALENT n.m. **1.** Ce qui équivaut, chose équivalente. *Rendre l'équivalent de ce qu'on a reçu.* **2.** MÉD. Manifestation pathologique considérée comme ayant la même signification que la crise clinique typique de certaines affections paroxystiques (asthme, angine de poitrine, épilepsie). **3.** PHYS. *Équivalent mécanique de la calorie :* valeur en joules d'une calorie (4,185 5 joules). **4.** *Équivalent pétrole* → ***pétrole.***

ÉQUIVALOIR [ekivalwar] v.t. ind. *(à)* [60]. Être de même valeur, de même importance, de même effet qu'autre chose. *Le prix de cette voiture équivaut à un an de mon salaire.*

1. ÉQUIVOQUE [ekivɔk] adj. (lat. *aequus,* égal, et *vox, vocis,* voix). **1.** Qui a un double sens, ambigu. *Mot équivoque.* **2.** Qui suscite la méfiance, suspect. *Une attitude équivoque.*

2. ÉQUIVOQUE n.f. Situation, expression qui n'est pas nette, qui laisse dans l'incertitude. *Dissiper l'équivoque.*

ÉQUIVOQUER [ekivɔke] v.i. Litt. Parler par équivoques.

Er, symbole chimique de l'erbium.

ÉRABLE n.m. (lat. *acerabulus*). Arbre des forêts tempérées, à fruits secs munis d'une paire d'ailes et dispersés par le vent, dont le bois est apprécié en ébénisterie, représenté par plusieurs espèces telles que le sycomore ou l'érable du Canada qui fournit une sève sucrée. (Famille des acéracées.)

érable sycomore

ÉRABLIÈRE n.f. Lieu planté d'érables.

ÉRADICATION n.f. Action d'éradiquer.

ÉRADIQUER v.t. (du lat. *radix, -icis,* racine). Faire disparaître (une maladie, un mal).

ÉRAFLEMENT n.m. Action d'érafler.

ÉRAFLER v.t. Entamer superficiellement, écorcher, égratigner. *Érafler la peau, la peinture d'une voiture.*

ÉRAFLURE n.f. Écorchure légère ; entaille superficielle.

ÉRAILLÉ, E adj. **1.** *Voix éraillée,* rauque. **2.** *Avoir l'œil éraillé,* strié de filets rouges.

ÉRAILLEMENT n.m. Action d'érailler ; fait d'être éraillé. *Éraillement de la voix.*

ÉRAILLER v.t. (lat. *rotare,* rouler). **1.** Déchirer superficiellement ; écorcher. **2.** *Érailler une étoffe,* en relâcher les fils. **3.** *Érailler la voix,* la rendre rauque.

ÉRAILLURE n.f. Écorchure, déchirure superficielle. *Repriser les éraillures d'une étoffe.*

ERBINE n.f. Oxyde d'erbium.

ERBIUM [ɛrbjɔm] n.m. (de *Ytterby,* localité suédoise). Métal du groupe des lanthanides, connu sous forme d'erbine ; élément (Er) de numéro atomique 68, de masse atomique 167,26.

ERBUE n.f. → ***herbue.***

ÈRE [ɛr] n.f. (bas lat. *aera,* nombre). **1.** Point de départ d'une chronologie particulière. **2.** Période historique correspondant à cette chronologie. *Ère chrétienne.* **3.** Période caractérisée par certains faits de civilisation ou marquée par un état particulier. *Ère industrielle. Ère de prospérité.* **4.** GÉOL. Principale division chronologique de l'histoire de la Terre. *Ère primaire.*

ÉRECTEUR, TRICE adj. PHYSIOL. Qui produit l'érection.

ÉRECTILE adj. PHYSIOL. Capable de se redresser en devenant raide, dur et gonflé, en parlant d'un tissu ou d'un organe.

ÉRECTILITÉ n.f. Qualité de ce qui est érectile.

ÉRECTION n.f. (lat. *erectio*). **1.** Litt. Action d'ériger ; construction. *Érection d'une statue.* **2.** Litt. Action de créer, d'instituer. *Érection d'un tribunal.* **3.** PHYSIOL. Gonflement de certains tissus organiques. – **Spécialt.** Gonflement du pénis, en état de turgescence.

ÉREINTAGE ou **ÉREINTEMENT** n.m. **1.** Action d'éreinter ; fait d'être éreinté. **2.** Fam. Critique violente.

ÉREINTANT, E adj. Qui éreinte ; qui brise de fatigue. *Travail éreintant.*

ÉREINTER v.t. **1.** Briser de fatigue. *Cette discussion, cette marche m'a éreinté.* **2.** Fam. Critiquer avec violence. *Éreinter un auteur.*

ÉREINTEUR, EUSE adj. et n. Rare. Qui critique violemment, méchamment.

ÉRÉMISTE n. Personne bénéficiaire du R.M.I.

ÉRÉMITIQUE adj. (lat. *eremeticus*). Relatif aux ermites. *Vie érémitique.*

ÉRÉMITISME n.m. Mode de vie des ermites.

ÉREPSINE n.f. Vx. Enzyme du suc intestinal, qui transforme les peptones en acides aminés.

ÉRÉSIPÈLE n.m. → ***érysipèle.***

ÉRÉTHISME n.m. (gr. *erethismos,* irritation). MÉD. État anormal d'hyperexcitation de certains organes, en particulier du cœur et des vaisseaux.

ÉREUTOPHOBIE ou **ÉRYTHROPHOBIE** n.f. (gr. *ereuthein,* rougir, et *phobos,* crainte). Crainte obsédante de rougir en public.

1. ERG [ɛrg] n.m. (gr. *ergon,* travail). Unité du système C.G.S. de mesure de travail, d'énergie et de quantité de chaleur (symb. erg), valant 10^{-7} joule.

2. ERG [ɛrg] n.m. (mot ar.). Vaste étendue couverte de dunes dans les déserts de sable.

ERGASTOPLASME n.m. CYTOL. Organite intracellulaire formant un réseau de parois où se fixent les ribosomes. SYN. : *réticulum endoplasmique.*

ERGASTULE n.m. (lat. *ergastulum*). ANTIQ. Dans l'ancienne Rome, cachot, prison souterraine ; local servant au logement des esclaves, aux troupes de gladiateurs.

ERGATIF n.m. (gr. *ergon,* action). LING. Cas grammatical indiquant l'agent du procès, dans certaines langues flexionnelles (basque, tibétain).

ERGOGRAPHE n.m. PHYSIOL. Appareil servant à enregistrer le travail musculaire.

ERGOL n.m. Comburant ou combustible entrant dans la composition d'un propergol.

ERGOLOGIE n.f. Étude, analyse et mesure de l'activité professionnelle, en vue de son amélioration.

ERGOMÈTRE n.m. Appareil (bicyclette, tapis roulant) utilisé en ergométrie.

ERGOMÉTRIE n.f. Technique d'étude et de mesure du travail musculaire.

ERGONOME n. → ***ergonomiste.***

ERGONOMIE n.f. **1.** Étude quantitative et qualitative du travail dans l'entreprise, visant à améliorer les conditions de travail et à accroître la productivité. **2.** Recherche d'une meilleure adaptation entre une fonction, un matériel et son utilisateur ; qualité d'un matériel ainsi conçu.

ERGONOMIQUE adj. **1.** Relatif à l'ergonomie. **2.** Qui se caractérise par une bonne ergonomie.

ERGONOMISTE ou **ERGONOME** n. Spécialiste d'ergonomie.

ERGOSTÉROL n.m. BIOL. Stérol répandu dans les tissus animaux et végétaux, et qui peut se transformer en vitamine D sous l'influence des rayons ultraviolets.

ERGOT [ɛrgo] n.m. **1.** Pointe de corne derrière la patte de certains animaux. *Ergots du coq, du chien.* ◇ Fig. *Monter, se dresser sur ses ergots :* prendre une attitude hautaine et menaçante. **2.** BOT. Petit corps oblong, vénéneux, maladie cryptogamique des céréales, en particulier du seigle. (Le champignon produit un organe de fructification en forme d'ergot de coq sur l'épi parasité.) **3.** TECHN. Saillie d'une pièce servant de butée, de clavette, etc.

ERGOTAGE n.m. ou **ERGOTERIE** n.f. Manie d'ergoter, de chicaner.
ERGOTAMINE n.f. Alcaloïde de l'ergot de seigle utilisé en médecine comme vasoconstricteur.
ERGOTÉ, E adj. Attaqué par l'ergot. *Seigle ergoté.*
ERGOTER v.i. Chicaner sur des riens ; contester mal à propos.
ERGOTEUR, EUSE adj. et n. Qui aime à ergoter.
ERGOTHÉRAPEUTE n. Auxiliaire médical spécialiste d'ergothérapie.
ERGOTHÉRAPIE n.f. (du gr. *ergon,* travail). Thérapeutique par l'activité physique, manuelle, spécialement utilisée dans les affections mentales comme moyen de réadaptation sociale.
ERGOTINE [ɛrgɔtin] n.f. Vx. Extrait mou d'ergot de seigle, utilisé autrefois en médecine.
ERGOTISME n.m. Intoxication produite par l'usage alimentaire du seigle ergoté, et qui se manifeste par des troubles nerveux et psychiques et par des troubles vasculaires pouvant entraîner une gangrène des membres.
ÉRICACÉE [erikase] n.f. *Éricacées :* famille de plantes gamopétales ligneuses, comprenant notamment les bruyères, la myrtille, les azalées et les rhododendrons.
ÉRIGER [eriʒe] v.t. (lat. *erigere,* dresser) [17]. Litt. **1.** Élever, construire. *Ériger un monument.* **2.** Créer, instituer. *Ériger un tribunal.* **3.** Élever au rang de, donner le caractère de. *Ériger une église en cathédrale.* ◆ **s'ériger** v.pr. Litt. S'attribuer un droit, se poser. *S'ériger en juge.*
ÉRIGÉRON n.m. Plante herbacée, parfois cultivée, d'Europe et d'Amérique. (Famille des composées.)
ÉRIGNE ou **ÉRINE** n.f. (lat. *aranea,* araignée). CHIR. Instrument qui sert, dans les opérations, à maintenir certaines parties écartées.
ÉRISTALE n.m. Grosse mouche à abdomen jaune et noir, ressemblant à une guêpe.

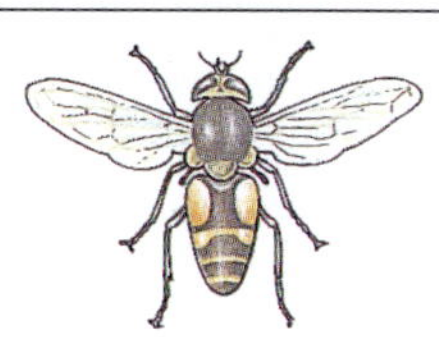
éristale

ÉRISTIQUE n.f. (du gr. *erizein,* disputer). Didact. Rare. Art de la controverse. ◆ adj. De la controverse.
ERMINETTE n.f. → ***herminette.***
ERMITAGE n.m. **1.** Lieu solitaire habité par un ermite. **2.** Maison de campagne retirée.
ERMITE n.m. (gr. *erêmitês,* qui vit seul). **1.** Moine qui vit dans la solitude pour prier et faire pénitence. **2.** Personne qui vit retirée. *Vivre en ermite.*
ÉRODER v.t. (lat. *erodere*). User par frottement, ronger lentement. *L'eau érode les roches.*
ÉROGÈNE ou **ÉROTOGÈNE** adj. (gr. *erôs,* amour, et *gennân,* engendrer). Se dit d'une partie du corps susceptible de provoquer une excitation sexuelle. *Zone érogène.*
ÉROS [eros] n.m. (gr. *Erôs,* divinité de l'Amour, chez les Grecs). PSYCHAN. Ensemble des pulsions de vie, dans la théorie freudienne.
ÉROSIF, IVE adj. Qui produit l'érosion ; qui y est sensible.
ÉROSION n.f. (lat. *erosio*). **1.** Action d'une substance, d'un agent qui érode ; son résultat. ◇ Spécialt. Ensemble des actions externes (des eaux, des glaciers, des agents atmosphériques, etc.) qui provoquent la dégradation du relief. – *Érosion pluviale, éolienne, glaciaire,* provoquée par la pluie, le vent, les glaciers. – *Érosion littorale :* érosion qui s'exerce sur les côtes. **2.** Fig. Dégradation progressive ; usure lente. – *Érosion monétaire :* détérioration progressive du pouvoir d'achat d'une monnaie.
ÉROTIQUE adj. (gr. *erôtikos,* de *erôs,* amour). Relatif à l'amour physique, à la sexualité. *Littérature érotique. Film érotique.*
ÉROTIQUEMENT adv. D'une façon érotique.
ÉROTISANT, E adj. Qui érotise. *Publicité érotisante.*
ÉROTISATION n.f. Action d'érotiser.
ÉROTISER v.t. Donner un caractère érotique à. *Érotiser la publicité.*
ÉROTISME n.m. **1.** Caractère érotique de (qqch, qqn). *L'érotisme chez Baudelaire.* **2.** Recherche variée de l'excitation sexuelle.
ÉROTOGÈNE adj. → ***érogène.***
ÉROTOLOGIE n.f. Étude scientifique de l'amour physique et des ouvrages érotiques.
ÉROTOLOGIQUE adj. Relatif à l'érotologie.
ÉROTOLOGUE n. et adj. Spécialiste d'érotologie.
ÉROTOMANE n. et adj. Personne atteinte d'érotomanie.
ÉROTOMANIAQUE adj. Relatif à l'érotomanie.
ÉROTOMANIE n.f. **1.** PSYCHOPATH. Illusion délirante d'être aimé par qqn. **2.** Cour. Obsession sexuelle.
ERPÉTOLOGIE ou **HERPÉTOLOGIE** n.f. (gr. *herpeton,* reptile, et *logos,* science). ZOOL. Étude scientifique des reptiles et des batraciens.
ERPÉTOLOGIQUE ou **HERPÉTOLOGIQUE** adj. Relatif à l'erpétologie.
ERPÉTOLOGISTE ou **HERPÉTOLOGISTE** n. ZOOL. Spécialiste d'erpétologie.
ERRANCE n.f. Litt. Action d'errer.
ERRANT, E adj. **1.** Qui erre ; qui n'a pas de demeure fixe. – *Chien errant,* perdu, égaré. **2.** Qui est propre aux personnes nomades. *Vie errante. Tribus errantes.* **3.** Litt. Qui voyage sans cesse. ◇ *Chevalier errant :* chevalier du Moyen Âge que la tradition héroïque représente allant de pays en pays pour chercher des aventures et redresser les torts.
ERRATA n.m. pl. → ***erratum.***
ERRATIQUE [ɛratik] adj. (du lat. *errare,* errer). **1.** Qui est instable, inconstant. *Fluctuations erratiques d'une monnaie.* ◇ MÉD. *Fièvre erratique,* irrégulière, intermittente. **2.** GÉOL. *Bloc erratique :* bloc de roche qui n'appartient pas au site rocheux sur lequel il repose et amené généralement par un glacier.
ERRATUM [ɛratɔm] n.m. (mot lat., *erreur*) [pl. *errata*]. Faute survenue dans l'impression d'un ouvrage. *Liste des errata.*
ERRE n.f. (anc. fr. *errer,* du lat. *iterare,* voyager). MAR. Vitesse résiduelle d'un navire sur lequel n'agit plus le dispositif propulseur.
ERREMENTS n.m. pl. Vieilli. **1.** Manière d'agir habituelle. *Les errements de l'Administration.* **2.** Manière d'agir considérée comme blâmable. *Retomber dans ses anciens errements.*
ERRER v.i. (lat. *errare*). Aller çà et là, à l'aventure, sans but. *Errer dans la campagne.*
ERREUR n.f. (lat. *error*). **1.** Action de se tromper ; faute commise en se trompant ; méprise. *Rectifier une erreur. Erreur de calcul.* ◇ *Faire erreur :* se tromper. **2.** État de qqn qui se trompe. *Vous êtes dans l'erreur.* **3.** Action inconsidérée, regrettable ; maladresse. *Cette intervention fut une erreur.* **4.** DR. Vice de consentement pouvant entraîner la nullité d'un acte. **5.** *Erreur judiciaire :* erreur d'une juridiction portant sur la culpabilité d'une personne et entraînant sa condamnation. **6.** MÉTROL. *Erreur absolue :* différence entre la valeur exacte d'une grandeur et la valeur donnée par la mesure. – *Erreur relative :* rapport de l'erreur absolue à la valeur de la grandeur mesurée.
ERRONÉ, E adj. (lat. *erroneus*). Qui contient des erreurs ; faux, inexact.
ERS [ɛr] n.m. (lat. *ervus,* lentille). Lentille d'une variété fourragère. (Famille des légumineuses.)
ERSATZ [ɛrzats] n.m. (mot all.). Produit de remplacement de moindre qualité.
1. ERSE n.f. MAR. Anneau de cordage.
2. ERSE adj. Relatif aux habitants de la haute Écosse. *Langue, littérature erse.*
ERSEAU n.m. MAR. Petite erse servant à fixer l'aviron sur le tolet.
ÉRUCIFORME adj. (du lat. *eruca,* chenille). ZOOL. Qui a l'aspect d'une chenille, en parlant d'une larve d'insecte.
ÉRUCIQUE adj. *Acide érucique,* présent dans les huiles de moutarde, de pépin de raisin, de certaines variétés de colza.
ÉRUCTATION n.f. Émission bruyante, par la bouche, de gaz accumulés dans l'estomac.
ÉRUCTER v.i. (lat. *eructare*). Rejeter par la bouche et avec bruit les gaz contenus dans l'estomac. ◆ v.t. Litt. Lancer, proférer. *Éructer des injures.*
ÉRUDIT, E adj. et n. (lat. *eruditus*). Qui a de l'érudition ; qui est une source d'érudition. *Historien érudit. Thèse érudite.*
ÉRUDITION n.f. Savoir approfondi dans un domaine de connaissances.
ÉRUGINEUX, EUSE adj. (lat. *aerugo, -inis,* rouille). Vx. Qui a l'aspect de la rouille.
ÉRUPTIF, IVE adj. (lat. *eruptus,* sorti brusquement). **1.** MÉD. Qui a lieu par éruption. *Fièvre éruptive.* **2.** GÉOL. *Roche éruptive :* roche magmatique*.
ÉRUPTION n.f. **1.** Apparition subite de boutons, de taches, de rougeurs qui se forment sur la peau. *Éruption cutanée.* ◇ *Éruption dentaire :* cheminement de la dent hors de l'alvéole vers sa position définitive. **2.** Émission de matériaux volcaniques à la surface de la Terre (projections, laves, gaz). **3.** ASTRON. *Éruption solaire :* accroissement brutal et temporaire de l'intensité du rayonnement dans une région du Soleil, constituant une manifestation de l'activité solaire.
ÉRYSIPÉLATEUX, EUSE adj. et n. MÉD. Relatif à l'érysipèle ; atteint d'érysipèle.
ÉRYSIPÈLE ou, vx, **ÉRÉSIPÈLE** n.m. (gr. *erusipelas*). Maladie infectieuse, due à un streptocoque, caractérisée par une inflammation de la peau siégeant le plus souvent à la face.
ÉRYTHÉMATEUX, EUSE adj. MÉD. Qui a les caractères de l'érythème.
ÉRYTHÈME n.m. (gr. *eruthêma,* rougeur). MÉD. Congestion de la peau ou des muqueuses qui provoque une rougeur. (L'*exanthème* est la partie externe de l'érythème des fièvres éruptives, l'*énanthème* en étant la partie interne.)
ÉRYTHRASMA n.m. MÉD. Dermatose des aines, très fréquente, caractérisée par une plaque rouge-brun symétrique. (Considérée autref. comme une mycose, elle est due en fait à un bacille.)
ÉRYTHRÉEN, ENNE adj. et n. D'Érythrée.
ÉRYTHRINE n.f. Arbre exotique à fleurs rouges, à bois très résistant et dont les graines servent à faire des colliers. (Famille des papilionacées.)
ÉRYTHROBLASTE n.m. Cellule mère des érythrocytes, qui comporte encore un noyau. (À l'état normal, les érythroblastes ne se trouvent que dans les organes hématopoïétiques.)
ÉRYTHROBLASTOSE n.f. Présence pathologique d'érythroblastes dans le sang circulant.
ÉRYTHROCYTAIRE adj. Relatif aux érythrocytes.
ÉRYTHROCYTE n.m. Hématie.
ÉRYTHRODERMIE n.f. Dermatose caractérisée par une rougeur intense généralisée à tout le corps, pouvant être d'origine toxique (médicamenteuse), infectieuse (chez le nourrisson) ou associée à une affection maligne (leucémie).
ÉRYTHROMYCINE n.f. Antibiotique actif contre les bactéries à Gram positif et contre les brucellas.
ÉRYTHROPHOBIE n.f. → ***éreutophobie.***
ÉRYTHROPOÏÈSE n.f. PHYSIOL. Formation des globules rouges à partir des cellules souches.
ÉRYTHROSE n.f. MÉD. Rougeur diffuse de la peau, en partic. au visage.
ÉRYTHROSINE n.f. CHIM. Substance rouge utilisée pour colorer certaines préparations et comme colorant alimentaire.
Es, symbole chimique de l'einsteinium.
ÈS [ɛs] prép. (contraction de *en les*). En matière de (ne s'emploie plus que dans quelques expressions et devant un nom au pl.). *Docteur ès sciences.*
ESBIGNER (S') v.pr. Fam., vieilli. S'enfuir.
ESBROUFE n.f. Fam. Action d'esbroufer ; étalage de manières hardies, insolentes, fanfaronnes. *Faire de l'esbroufe.* ◇ *Vol à l'esbroufe :* vol pratiqué en bousculant la personne que l'on dévalise.

ESBROUFER v.t. (prov. *esbroufa,* s'ébrouer). Fam. et vieilli. En imposer à qqn par son assurance ; impressionner.

ESBROUFEUR, EUSE n. Fam. et vieilli. Personne qui fait de l'esbroufe.

ESCABEAU n.m. (lat. *scabellum*). **1.** Siège de bois sans bras ni dossier. **2.** Petit escalier portatif servant d'échelle.

ESCABÈCHE n.f. (de l'esp. *escabechar,* étêter). Préparation de poissons étêtés et macérés dans une marinade aromatisée.

ESCABELLE n.f. Anc. Siège bas, sans bras, avec ou sans dossier. ◇ Belgique. Escabeau.

ESCADRE n.f. (it. *squadra,* équerre). **1.** MAR. MIL. Force navale commandée par un vice-amiral. **2.** AVIAT. Unité de combat constituée de deux ou plusieurs escadrons.

ESCADRILLE n.f. **1.** MAR. MIL. Escadre de petits bâtiments. **2.** AVIAT. Unité élémentaire de combat.

ESCADRON n.m. (it. *squadrone*). **1.** Unité de la cavalerie, de l'arme blindée ou de la gendarmerie, analogue à la compagnie. ◇ *Chef d'escadron :* dans la cavalerie, capitaine commandant un escadron ; dans l'artillerie, la gendarmerie et le train, officier supérieur du grade de commandant. – *Chef d'escadrons :* dans la cavalerie et l'arme blindée, commandant. **2.** AVIAT. Unité de l'armée de l'air.

ESCALADE n.f. (it. *scalata*). **1.** Action d'escalader. **2.** DR. Action de s'introduire dans un lieu par une clôture, une fenêtre, etc., et qui constitue une circonstance aggravante de l'infraction. **3.** ALP. Ascension (d'un sommet, d'une montagne) au cours de laquelle le grimpeur progresse en utilisant uniquement les prises et les appuis qu'offre le rocher *(escalade libre* ou *naturelle)* ou en utilisant des points d'appui, pitons notamment, dans le rocher *(escalade artificielle).* **4.** Aggravation, accélération (d'un phénomène, d'un conflit, etc.). *Escalade de la violence.* **5.** En stratégie militaire, processus qui conduit à utiliser des moyens offensifs de plus en plus destructeurs.

ESCALADER v.t. **1.** Franchir en passant par-dessus. *Escalader une grille.* **2.** Faire l'ascension de ; gravir. *Escalader une montagne, un pic.*

ESCALATOR n.m. (nom déposé). Escalier mécanique.

ESCALE n.f. (lat. *scala,* échelle). **1.** Action de s'arrêter pour se ravitailler, pour embarquer ou débarquer des passagers, du fret, pour un avion ou un navire. *Faire escale.* **2.** Lieu de relâche. *Arriver à l'escale.* **3.** Temps d'arrêt. *Escale d'une heure.*

ESCALIER n.m. (lat. *scalaria*). Ensemble de marches échelonnées qui permettent de monter ou de descendre. *Monter, descendre l'escalier, les escaliers.* – *Escalier roulant, mécanique :* escalier à marches articulées qui transporte les usagers vers un niveau inférieur ou supérieur. ◇ *Avoir l'esprit de l'escalier :* ne trouver ses reparties que trop tard, lorsque l'occasion est passée. ◆ pl. Belgique. Marches d'un escalier.

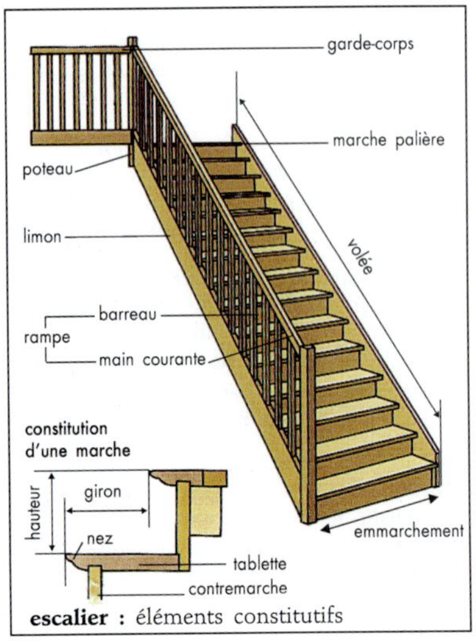

escalier : éléments constitutifs

ESCALOPE n.f. Tranche mince de viande blanche ou de poisson. *Escalope de veau, de thon.*

ESCALOPER v.t. CUIS. Détailler de biais en tranches fines (des légumes, de la viande, du poisson).

ESCAMOTABLE adj. Qui peut être escamoté, replié. *Train d'atterrissage escamotable.* ◇ *Meuble escamotable,* que l'on peut rabattre contre un mur ou dans un placard pour le dissimuler.

ESCAMOTAGE n.m. Action d'escamoter.

ESCAMOTER v.t. (occitan *escamotar*). **1.** Faire disparaître (qqch) par une manœuvre habile. **2.** Dérober subtilement. *Escamoter un portefeuille.* **3.** TECHN. Faire disparaître automatiquement (un organe saillant d'un appareil). *Escamoter le train d'atterrissage d'un avion.* **4.** *Escamoter un mot,* le prononcer vite et très bas ; le supprimer. **5.** Éluder ; éviter (ce qui est difficile). *Escamoter une question.*

ESCAMOTEUR, EUSE n. Personne qui escamote.

ESCAMPETTE n.f. (de l'anc. fr. *escamper,* s'enfuir). Fam. *Prendre la poudre d'escampette :* partir sans demander son reste.

ESCAPADE n.f. (it. *scappata*). Action de se soustraire momentanément à des obligations, à la routine. *Faire une escapade à la campagne.*

ESCAPE n.f. ARCHIT. **1.** Fût d'une colonne. **2.** Partie inférieure de ce fût.

ESCARBILLE n.f. (mot wallon). Petit fragment de charbon incandescent que l'on retrouve dans les cendres ou qui s'échappe d'un foyer.

ESCARBOT n.m. (lat. *scarabeus*). Nom usuel de divers coléoptères.

ESCARBOUCLE n.f. (lat. *carbunculus,* petit charbon). **1.** Gemme rouge d'un vif éclat (nom ancien des grenats rouges et du rubis). **2.** HÉRALD. Pièce représentant huit rais fleurdelisés rayonnant autour d'un cercle.

ESCARCELLE n.f. (it. *scarsella,* petite avare). Grande bourse que l'on portait autref. suspendue à la ceinture. – Par plais. Réserve d'argent.

ESCARGOT n.m. (prov. *escaragol*). **1.** Mollusque gastropode pulmoné, dont les grandes espèces sont comestibles, et qui dévore les feuilles des plantes cultivées. SYN. (vieilli) : *colimaçon, limaçon.* **2.** *Escargot de mer :* bigorneau.

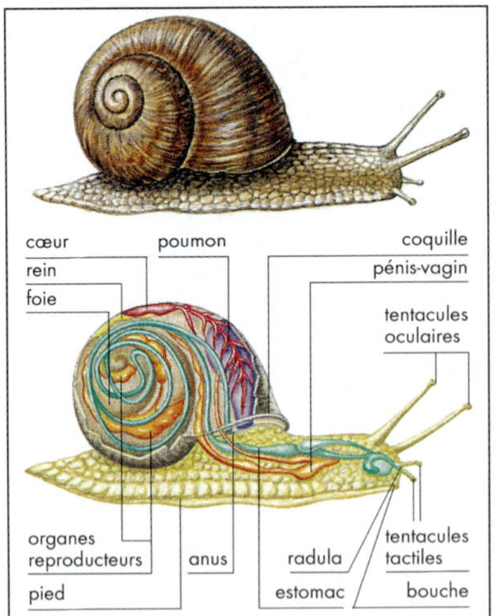

escargot : vues externe et interne

ESCARGOTIÈRE n.f. **1.** Lieu où l'on élève les escargots. **2.** Plat présentant de petits creux, utilisé pour servir les escargots.

ESCARMOUCHE n.f. (it. *scaramuccia*). **1.** Combat localisé, de courte durée, entre de petits groupes armés. **2.** Fig. Propos hostiles préludant à une polémique plus importante. *Escarmouche parlementaire.*

1. ESCARPE n.f. (it. *scarpa*). Talus intérieur du fossé d'un ouvrage fortifié.

2. ESCARPE n.m. Vx. Bandit, voleur.

ESCARPÉ, E [ɛskarpe] adj. Qui a une pente raide, d'accès difficile ; abrupt. *Chemin escarpé.*

ESCARPEMENT n.m. **1.** État de ce qui est escarpé ; versant en pente abrupte d'une montagne, d'une falaise, etc. **2.** Pente raide d'un obstacle. *Escarpement d'un rempart.*

ESCARPIN n.m. (it. *scarpino*). Soulier élégant, découvert, à semelle mince, avec ou sans talon.

ESCARPOLETTE n.f. Siège ou planchette suspendus par deux cordes sur lesquels on se place pour se balancer.

1. ESCARRE ou **ESQUARRE** n.f. (de *équerre*). HÉRALD. Pièce honorable en forme d'équerre bordant les côtés intérieurs d'un franc-quartier.

2. ESCARRE ou **ESCHARE** [ɛskar] n.f. (gr. *eskhara,* foyer). MÉD. Croûte noirâtre qui se forme sur la peau, les plaies, etc., par la nécrose des tissus (derme, aponévrose, muscles).

ESCARRIFICATION n.f. MÉD. Formation d'une escarre.

ESCARRIFIER v.t. Former une escarre sur (une plaie).

ESCHATOLOGIE [ɛskatɔlɔʒi] n.f. (gr. *eschatos,* dernier, et *logos,* discours). Ensemble de doctrines et de croyances portant sur le sort ultime de l'homme *(eschatologie individuelle)* et de l'Univers *(eschatologie universelle).*

ESCHATOLOGIQUE adj. Qui concerne l'eschatologie.

ESCHE n.f. → ***aiche.***

ESCHER v.t. → ***aicher.***

ESCIENT [ɛsjɑ̃] n.m. (lat. *sciens, scientis,* sachant). *À bon escient :* avec discernement. – *À mauvais escient :* à tort.

ESCLAFFER (S') v.pr. (prov. *esclafa,* éclater). Rire bruyamment.

ESCLANDRE n.m. (lat. *scandalum*). Bruit, scandale provoqué par un évènement fâcheux ; querelle, tapage. ◇ *Faire de l'esclandre :* faire du scandale.

ESCLAVAGE n.m. **1.** État, condition d'esclave. **2.** État de ceux qui sont sous une domination tyrannique. **3.** Dépendance étroite de qqn à l'égard de qqch ou de qqn ; servitude, asservissement. *L'esclavage de la drogue.*

ESCLAVAGISME n.m. Doctrine qui admet l'esclavage ; système social et économique fondé sur l'esclavage.

ESCLAVAGISTE adj. et n. Qui est partisan de l'esclavage ; qui admet l'esclavage.

ESCLAVE [ɛsklav] n. (lat. *slavus,* slave). **1.** Personne de condition non libre, considérée comme un instrument économique pouvant être vendu ou acheté, et qui est sous la dépendance d'un maître. **2.** Personne qui est sous l'entière dépendance d'une autre. *Il est l'esclave de ses enfants.* **3.** Personne entièrement soumise à qqch ; prisonnier. *Les esclaves de l'argent.* ◆ adj. **1.** Qui est soumis à l'esclavage. *Peuple esclave.* **2.** Qui est sous la dépendance complète de qqch. *Être esclave de ses préjugés.* ◇ *Être esclave de sa parole :* tenir scrupuleusement ses promesses.

ESCLAVON, ONNE adj. et n. Vx. De l'Esclavonie (anc. nom de la Slavonie).

ESCOBAR n.m. (du n. de *Escobar y Mendoza*). Vx et péj. Personnage hypocrite qui use d'arguments de casuiste pour parvenir à ses fins.

ESCOGRIFFE n.m. Fam. *Grand escogriffe :* homme de grande taille, mal bâti, à l'allure dégingandée.

ESCOMPTABLE adj. Qui peut être escompté.

ESCOMPTE [ɛskɔ̃t] n.m. (it. *sconto,* décompte). **1.** BANQUE. Opération de crédit à court terme qui consiste à acheter un effet de commerce avant son échéance, déduction faite d'un intérêt proportionnel au temps que l'effet a à courir. – Par ext. Cet intérêt. *Faire un escompte à 2 %.* **2.** COMM. Réduction consentie à un acheteur qui paie comptant ou avant l'échéance.

ESCOMPTER v.t. **1.** Compter sur, espérer. *Escompter la réussite de l'entreprise.* **2.** BANQUE. Faire une opération d'escompte ; payer un effet de commerce non échu, déduction faite de l'escompte.

ESCOMPTEUR adj.m. et n.m. Qui escompte (des effets de commerce).

ESCOPETTE n.f. (it. *schioppetto*). Anc. Arme à feu portative à bouche évasée.

ESCORTE n.f. (it. *scorta*). **1.** Formation militaire terrestre, aérienne ou navale chargée d'escorter. *Escadron, avion, bâtiment d'escorte.* **2.** Suite de personnes qui accompagnent. ◇ *Faire escorte :* accompagner.

ESCORTER v.t. Accompagner pour protéger, surveiller ou faire honneur. *Escorter un convoi.*

ESCORTEUR n.m. Bâtiment de guerre spécialement équipé pour la protection des communications et la lutte anti-sous-marins. SYN. : ***navire convoyeur.***

ESCOT n.m. Vx. Étoffe croisée de laine utilisée pour faire des robes de deuil et les vêtements des religieuses.

ESCOUADE n.f. (autre forme de *escadre*). **1.** Anc. Petit groupe de fantassins ou de cavaliers sous les ordres d'un caporal ou d'un brigadier. **2.** Petit groupe de personnes. *Escouade d'ouvriers.*

ESCOURGEON ou **ÉCOURGEON** n.m. Orge d'hiver dont les grains sont disposés sur six rangs le long de l'épi.

ESCRIME n.f. (it. *scrima*). Sport opposant deux adversaires au fleuret, au sabre, à l'épée.

ESCRIMER (S') v.pr. ***(à).*** Faire tous ses efforts en vue d'un résultat difficile à atteindre ; s'appliquer, s'évertuer. *S'escrimer à faire des vers.*

ESCRIMEUR, EUSE n. Personne qui pratique l'escrime.

ESCROC [ɛskro] n.m. Personne qui escroque.

ESCROQUER v.t. (it. *scroccare*, décrocher). **1.** S'emparer de qqch d'une façon malhonnête, frauduleuse. *Escroquer des millions.* **2.** Extorquer par ruse ou par surprise. *Escroquer une signature.*

ESCROQUERIE n.f. **1.** Action d'escroquer. **2.** Délit consistant à s'approprier le bien d'autrui par des manœuvres frauduleuses.

ESCUDO [ɛskudo] n.m. Unité monétaire principale du Portugal. (→ ***monnaie.***)

ESCULAPE n.m. (de *Esculape*, dieu de la Médecine). Vx. Médecin réputé.

ESCULINE n.f. Vx. Glucoside extrait de l'écorce de marron d'Inde, qui a l'action de la vitamine P.

ÉSÉRINE n.f. Alcaloïde de la fève de Calabar, utilisé en médecine (affections du tube digestif, glaucome).

ESGOURDE n.f. Arg. Oreille.

ESKIMO adj. → ***1. esquimau.***

ESKUARA [eskwara], **EUSCARA** [øskara] ou **EUSKERA** [øskera] n.m. Nom que donnent les Basques à leur langue.

ESKUARIEN, ENNE, EUSCARIEN, ENNE, EUSKARIEN, ENNE ou **EUSKERIEN, ENNE** n. et adj. Basque.

ÉSOTÉRIQUE adj. (gr. *esôterikos*, réservé aux seuls adeptes). **1.** Relatif à l'ésotérisme. **2.** Peu compréhensible par le commun des mortels ; hermétique, obscur.

ÉSOTÉRISME n.m. **1.** Partie de certaines philosophies anciennes qui devait rester inconnue des non-initiés. **2.** Caractère ésotérique, obscur (de qqch).

1. ESPACE n.m. (lat. *spatium*). **I.** Étendue indéfinie qui contient et entoure tous les objets. **1.** MATH. Ensemble (de points, de vecteurs, etc.) muni d'une structure. *Espace vectoriel, topologique.* ◇ Spécialt. Espace vectoriel euclidien à 3 dimensions. *Géométrie dans l'espace* (par opp. à *géométrie dans le plan*). **2.** PSYCHOL. Représentation de cette étendue ; ce que nos sens en connaissent. *Espace auditif, visuel.* **II. 1.** Volume occupé par qqch. *Ce meuble occupe peu d'espace.* **2.** Intervalle de temps. *Dans l'espace d'un an.* **3.** Surface, milieu affectés à une activité, un usage particulier. – *Espaces verts :* jardins, parcs d'une agglomération. – *Espace (publicitaire) :* portion de surface ou plage de temps destinée à recevoir de la publicité. *Achat, vente d'espace.* **4.** *Espace vital* (traduction de l'all. *Lebensraum*) : territoire qu'une nation juge nécessaire pour vivre ; espace dont on a besoin pour ne pas se sentir gêné par les autres. **5.a.** Étendue dans laquelle se meuvent les astres. ◇ Spécialt. Milieu extraterrestre. *Conquête de l'espace.* **b.** DR. *Espace aérien :* partie de l'atmosphère dont un État contrôle la circulation aérienne.

2. ESPACE n.f. IMPR. Blanc servant à séparer les mots.

ESPACEMENT n.m. **1.** Action d'espacer. **2.** Distance entre deux corps. **3.** ARTS GRAPH. Manière dont les mots sont espacés.

ESPACER v.t. [16]. **1.** Séparer par un espace, une durée, un intervalle. *Espacer les arbres. Espacer ses visites.* **2.** ARTS GRAPH. Séparer les mots par des espaces.

ESPACE-TEMPS n.m. (pl. *espaces-temps*). PHYS. Espace à quatre dimensions liées entre elles, les trois premières étant celles de l'espace ordinaire et la quatrième étant le temps, nécessaires à un observateur donné, selon la théorie de la relativité, pour situer un évènement.

ESPADA n.f. (mot esp.). Matador.

ESPADON n.m. (it. *spadone*, grande épée). **1.** Grande et large épée qu'on tenait à deux mains (XVe-XVIIe s.). **2.** Poisson des mers chaudes et tempérées, atteignant 4 m de long, dont la mâchoire supérieure est allongée comme une lame d'épée. (Ordre des perciformes.)

espadon

ESPADRILLE n.f. (dial. pyrénéen *espardillo*). Chaussure à tige de toile et semelle de corde.

ESPAGNOL, E adj. et n. De l'Espagne. ◆ n.m. Langue romane parlée en Espagne et en Amérique latine (sauf au Brésil). SYN. : *castillan.*

ESPAGNOLETTE n.f. (dimin. de *espagnol*). CONSTR. Mécanisme de fermeture d'une croisée ou d'un châssis, constitué par une tige métallique munie de crochets à ses extrémités et manœuvrée par une poignée.

1. ESPALIER n.m. (it. *spalliera*). **1.** Rangée d'arbres, généralement fruitiers, palissés dans un plan vertical. **2.** Échelle fixée à un mur et dont les barreaux servent à divers mouvements de gymnastique.

2. ESPALIER n.m. Sur une galère, rameur du dernier rang qui réglait le mouvement des autres.

ESPAR n.m. (anc. fr. *esparre*, poutre). **1.** MAR. Longue pièce de bois, de métal ou de plastique du gréement d'un bateau (vergue, bôme, tangon, etc.). **2.** MIL. Levier à l'usage de la grosse artillerie.

ESPARCET n.m. ou **ESPARCETTE** n.f. Région. Sainfoin.

ESPÈCE n.f. (lat. *species*). **1.** Ensemble d'êtres animés ou de choses qu'un caractère commun distingue des autres du même genre ; catégorie, sorte. *Espèce minérale. Espèce humaine.* ◇ BIOL. Ensemble d'individus animaux ou végétaux semblables par leur aspect, leur habitat, féconds entre eux mais ordinairement stériles avec tout individu d'une autre espèce. *Le genre animal comprend plusieurs espèces.* – *Espèce chimique :* corps pur. **2.** *Une espèce de... :* une personne, une chose définie, faute de précision, par assimilation à une autre. *Une espèce de marchand, de comédie.* ◇ Fam. *Espèce de...*, terme de mépris. *Espèce d'imbécile.* **3.** DR. Point spécial en litige, cas particulier. ◇ *Cas d'espèce,* qui ne rentre pas dans la règle générale ; exception. – *En l'espèce :* en la matière, en la circonstance. ◆ pl. **1.** Monnaie ayant cours légal. *Payer par chèque ou en espèces.* **2.** THÉOL. CATH. Apparences du pain et du vin après la transsubstantiation. *Communier sous les deux espèces.*

ESPÉRANCE n.f. (de *espérer*). **1.** Sentiment qui porte à considérer ce que l'on désire comme réalisable ; confiance, certitude. *Être plein d'espérance. Nourrir de folles espérances.* ◇ *Espérance de vie :* durée moyenne de vie attendue, dans un groupe humain déterminé. **2.** Objet de ce sentiment. *Elle est toute mon espérance.* **3.** THÉOL. Vertu théologale par laquelle on attend de Dieu sa grâce et la vie éternelle. **4.** Moyenne, dans une série statistique, des valeurs prises par la variable, pondérées par la fréquence d'apparition respective de chaque valeur. ◆ pl. Accroissement dont est susceptible le bien de qqn ; héritage possible. *Apporter des espérances en dot.*

ESPÉRANTISTE adj. et n. Relatif à l'espéranto ; qui pratique l'espéranto.

ESPÉRANTO n.m. Langue auxiliaire internationale, créée en 1887 par Zamenhof à partir de racines appartenant essentiellement aux langues romanes.

ESPÉRER v.t. (lat. *sperare*) [18]. Considérer ce qu'on désire comme capable de se réaliser ; attendre avec confiance. *Espérer une récompense. J'espère que vous réussirez.* ◇ *On ne l'espérait plus :* on ne l'attendait plus (en parlant de qqn qui est très en retard). ◆ v.t. ind. ***(en).*** Mettre sa confiance en. *Espérer en Dieu.*

ESPERLUETTE n.f. Signe typographique (&) représentant le mot *et.*

ESPIÈGLE adj. et n. (de *Ulespiegle*, nom francisé du néerl. *Till Uilenspiegel*). Vif et malicieux sans méchanceté ; coquin. *Un sourire, un enfant espiègle.*

ESPIÈGLERIE n.f. Caractère d'une personne, d'une chose espiègle ; malice. *Espiègleries d'enfant.*

ESPINGOLE [ɛspɛ̃gɔl] n.f. (anc. fr. *espringuer*, danser, du francique). Gros fusil court, à canon évasé, en usage au XVIe s.

1. ESPION, ONNE n. (it. *spione*). Agent secret chargé d'espionner, de recueillir des renseignements, de surprendre des secrets, pour le compte d'une autre personne, de son pays.

2. ESPION n.m. Miroir oblique installé devant une fenêtre.

ESPIONNAGE n.m. **1.** Action d'espionner ; surveillance clandestine. **2.** Activité des espions, ayant pour but de nuire à la sécurité d'une entreprise ou d'un pays au profit d'un autre. **3.** *Espionnage industriel :* recherche de renseignements concernant l'industrie, et notamment les procédés de fabrication.

ESPIONNER v.t. Surveiller secrètement, pour son compte personnel ou celui d'un autre, dans le but de nuire.

ESPIONNITE n.f. Fam. Obsession de ceux qui voient des espions partout.

ESPLANADE n.f. (it. *spianata*, du lat. *planus*, uni). Terrain plat, uni et découvert, en avant d'une fortification ou devant un édifice. *L'esplanade des Invalides, à Paris.*

ESPOIR [ɛspwar] n.m. État d'attente confiante ; objet de ce sentiment. *Perdre l'espoir. Il est tout son espoir.* ◇ *Dans l'espoir de* ou *que :* dans la pensée de ou que. – *Il n'y a plus d'espoir,* se dit en parlant d'une personne qui va mourir.

ESPONTON n.m. (it. *spuntone*). Demi-pique, à manche court, portée par les officiers d'infanterie aux XVIIe et XVIIIe s.

ESPRESSIVO [ɛsprɛsivo] adv. (mot it., *expressif*). MUS. De manière expressive, chaleureusement.

ESPRIT n.m. (lat. *spiritus*). **I. 1.** Principe immatériel vital, substance incorporelle ; âme (par opp. à *corps*). **2.** Être incorporel ou imaginaire (revenant, fantôme, âme d'un mort...). *Croire aux esprits.* **II. 1.** Principe de la pensée ; activité intellectuelle, intelligence. *Avoir l'esprit vif.* ◇ *Présence d'esprit :* promptitude à dire ou à faire ce qui est le plus à propos. – *Perdre l'esprit :* devenir fou. – *Reprendre ses esprits,* son calme, son sang-froid. – Péj. *Vue de l'esprit :* idée chimérique, utopique. – *Dans mon esprit :* selon moi. **2.** Manière de penser, comportement, intention définie. *Esprit d'invention, d'entreprise.* ◇ *Avoir bon, mauvais esprit :* avoir des dispositions bienveillantes, malveillantes. **3.** Humour, ironie. *Faire de l'esprit.* ◇ *Trait d'esprit, mot d'esprit :* idée ingénieuse, brillante ; repartie piquante. **4.** Personne considérée sur le plan de son activité intellectuelle. *Un esprit avisé. Les grands esprits se rencontrent.* ◇ Litt. *Bel esprit :* personne cultivée, qui cherche à se distinguer par son goût et sa pratique des lettres. **III.** Caractère essentiel, idée directrice, sens. *L'esprit d'une époque. Entrer dans l'esprit de la loi.* **IV.** CHIM. Anc. Partie la plus volatile des corps soumis à la distillation. ◇ *Esprit(-)de(-)bois :* alcool méthylique. – *Esprit(-)de(-)sel :* acide chlorhydrique. – *Esprit(-)de(-)vin :* alcool éthylique. **V.** LING. *Esprit rude (ʽ) :* en grec, signe qui marque l'aspiration d'une voyelle, par opp. à *l'esprit doux (ʼ).*

ESQUARRE n.f. → ***1. escarre.***

ESQUICHER v.t. (prov. *esquicha*, presser fortement). Région. Serrer, comprimer.

ESQUIF [ɛskif] n.m. (it. *schifo*). Litt. Petite embarcation légère.

ESQUILLE n.f. (lat. *schidia*, copeau). Petit fragment d'un os fracturé.

1. ESQUIMAU, AUDE ou **ESKIMO** adj. Qui appartient au peuple des Esquimaux ; inuit. – REM. La forme *eskimo* reste souvent invariable. ◆ n.m. Langue parlée par les Esquimaux ; inuktitut.

2. ESQUIMAU n.m. (nom déposé). Crème glacée enrobée de chocolat, fixée sur un bâtonnet.

ESQUIMAUTAGE n.m. SPORTS. Acrobatie d'un kayakiste qui fait faire un tour complet à son bateau en le retournant dans l'eau.

ESQUINTANT, E adj. Fam. Qui esquinte ; très fatigant, éreintant.

ESQUINTER v.t. (prov. *esquinta,* déchirer). Fam. **1.** Fatiguer beaucoup. *Ce voyage m'a esquinté.* **2.** Détériorer, abîmer. *Esquinter sa voiture.* **3.** Critiquer sévèrement. *Esquinter un auteur.*

ESQUIRE [ɛskwajər] n.m. (mot angl., *écuyer*) [par abrév. *esq.*]. **1.** Autref., le plus bas titre de la noblesse anglaise. **2.** Auj., titre honorifique utilisé en Grande-Bretagne par courtoisie, notamm. dans l'adresse des lettres.

ESQUISSE n.f. (it. *schizzo*). **1.** Première forme, traitée à grands traits et généralement en dimensions réduites, du projet d'une œuvre plastique, d'une œuvre d'art appliqué ou d'une construction (ce peut être un dessin, une peinture, un modelage, etc.). **2.** Indication sommaire de l'ensemble d'une œuvre littéraire et de ses parties ; plan général. **3.** Fig. Commencement, ébauche. *Esquisse d'un sourire.*

ESQUISSER v.t. **1.** Faire l'esquisse de, décrire à grands traits. *Esquisser un portrait, le plan d'un roman.* **2.** Fig. Commencer à faire, ébaucher. *Esquisser un geste de défense.*

ESQUIVE n.f. Action d'éviter un coup par un déplacement du corps.

ESQUIVER [ɛskive] v.t. (it. *schivare,* de *schivo,* dédaigneux). **1.** Éviter adroitement (un coup, une attaque). **2.** Se soustraire habilement à. *Esquiver une difficulté.* ◆ **s'esquiver** v.pr. Se retirer furtivement.

ESSAI n.m. (lat. *exagium,* pesée). **1.** Action d'essayer, de tester les qualités (de qqn, qqch) ; épreuve. *Faire l'essai d'une machine. Mettre à l'essai.* ◇ DR. Période prévue dans le contrat de travail et préalable à l'engagement définitif. *Engager à l'essai.* – PSYCHOL. *Apprentissage par essais et erreurs,* dans lequel la solution, faite d'une succession d'échecs et de succès, est découverte progressivement. **2.** MIN. Recherche rapide des métaux dans les minerais. **3.** Action d'expérimenter, tentative. *Coup d'essai.* ◇ *Marquer un essai :* au rugby, déposer ou plaquer au sol le ballon dans l'en-but adverse. **4.** LITTÉR. Ouvrage en prose regroupant des réflexions diverses, ou traitant un sujet sans l'épuiser.

essai (rugby) : le joueur plonge pour plaquer le ballon au sol

ESSAIM n.m. (lat. *examen*). **1.** Groupe d'abeilles, comportant une reine et plusieurs dizaines de milliers d'ouvrières qui, à la belle saison, abandonne une ruche surpeuplée en vue de fonder une nouvelle ruche. **2.** Litt. Multitude, foule. *Un essaim d'écoliers.*

ESSAIMAGE n.m. Multiplication des colonies d'abeilles, consistant dans l'émigration d'une partie de la population d'une ruche ; époque où les abeilles essaiment.

ESSAIMER v.i. Se disperser en formant un essaim, ou de petits groupes, pour fonder une nouvelle colonie. *Abeilles, peuples qui essaiment.*

ESSANGEAGE n.m. Rare. Action d'essanger.

ESSANGER v.t. [17]. Rare. Savonner (le linge sale) avant de le faire bouillir.

ESSANVAGE n.m. AGRIC. Destruction des sanves.

ESSARTAGE ou **ESSARTEMENT** n.m. AGRIC. Défrichement d'un terrain boisé, avec brûlis des bois inutilisables et épandage de la cendre produite, dans le dessein d'une mise en culture temporaire du terrain défriché.

ESSARTER v.t. AGRIC. Pratiquer l'essartage de.

ESSARTS [esar] n.m. pl. (du lat. *sarire,* sarcler). Vx (ou mod., dans les noms de lieux). Terre essartée.

ESSAYAGE n.m. Action d'essayer un vêtement en cours de confection pour le mettre au point. *Salon d'essayage.*

ESSAYER v.t. (lat. pop. *exagiare*) [11]. **1.** Utiliser qqch pour en éprouver les qualités, pour vérifier son fonctionnement, son efficacité. *Essayer une voiture.* ◇ *Essayer de l'or,* en déterminer le titre. **2.** Fam. Avoir recours aux services de qqn pour la première fois. *Essayer un nouveau coiffeur.* **3.** Passer sur soi un vêtement, des chaussures pour voir s'ils sont aux mesures, s'ils conviennent. **4.** *Essayer de :* s'efforcer, tenter de. *Essayez de la persuader.* ◆ **s'essayer** v.pr. *(à).* S'exercer à. *S'essayer à monter à cheval.*

ESSAYEUR, EUSE n. **1.** Personne chargée de procéder à des essais. **2.** Fonctionnaire qui vérifie la pureté de l'or et de l'argent pour la fabrication des monnaies et médailles. **3.** Personne qui procède à l'essayage d'un vêtement, chez un tailleur, un couturier.

ESSAYISTE n. (angl. *essayist*). Auteur d'essais littéraires.

ESSE [ɛs] n.f. (de la lettre *S*). **1.** Crochet en forme de S. **2.** Ouverture en S sur la table d'un violon (ouïes).

ESSENCE n.f. (lat. *essentia,* de *esse,* être). **I. 1.** PHILOS. Ce qui constitue le caractère fondamental, la réalité permanente d'une chose, par opp. à *accident* (SYN. : *substance*) ; nature d'un être, indépendamment de son existence. **2.** Nature intime, caractère propre à une chose, à un être. *Essence divine.* ◇ *Par essence :* de par sa nature, par définition. **II.** SYLV. Espèce d'arbre. *Les essences résineuses.* **III. 1.** Liquide pétrolier léger, à odeur caractéristique, distillant entre 40 et 210 °C environ, utilisé comme carburant, comme solvant ou pour divers usages industriels. **2.** Extrait, concentré de certaines substances aromatiques ou alimentaires obtenu par distillation. *Essence de rose, de café.*

ESSENCERIE n.f. Sénégal. Poste d'essence.

ESSÉNIEN, ENNE adj. et n. Se dit d'une secte juive (IIe s. av. J.-C. - Ier s. apr. J.-C.) dont les membres formaient des communautés menant une vie ascétique.

ESSENTIALISME [-sja-] n.m. Philosophie qui considère que l'essence est plus importante que l'existence.

ESSENTIALISTE [-sja-] adj. et n. Se dit d'un partisan de l'essentialisme.

1. ESSENTIEL, ELLE adj. **I. 1.** PHILOS. Relatif à l'essence, à la nature intime d'une chose ou d'un être, par opp. à *accidentel.* **2.** Nécessaire, indispensable. *La pièce essentielle d'un mécanisme.* **3.** Très important, capital. *C'est un point essentiel.* **4.** MÉD. Se dit d'une maladie dont la cause est inconnue. **II.** Relatif à une essence alimentaire ou aromatique. *Huile essentielle.*

2. ESSENTIEL n.m. **1.** Le point le plus important, le principal. **2.** Objets nécessaires, indispensables. *Emporter l'essentiel.* **3.** La plus grande partie de. *Passer l'essentiel de son temps à travailler.*

ESSENTIELLEMENT adv. Par-dessus tout, principalement.

ESSEULÉ, E adj. Laissé seul, tenu à l'écart.

ESSIEU n.m. (du lat. *axis,* axe). Pièce disposée transversalement sous un véhicule pour en supporter le poids, et dont les extrémités entrent dans le moyeu des roues.

ESSONNIEN, ENNE adj. et n. De l'Essonne.

ESSOR n.m. (anc. fr. *essorer,* lâcher dans les airs). **1.** Développement, progrès de qqch. *Une industrie en plein essor.* **2.** *Prendre son essor :* s'envoler, en parlant d'un oiseau ; commencer à se développer. ◇ Litt. *Donner l'essor à son imagination,* lui donner libre cours.

ESSORAGE n.m. Action d'essorer.

ESSORER v.t. (lat. pop. *exaurare,* de *aura,* air). Débarrasser le linge, un aliment, un produit de l'eau dont il est imprégné. *Essorer un pull à la main. Essorer la salade.*

ESSOREUSE n.f. **1.** Appareil ménager servant à essorer le linge en le faisant tourner dans un tambour. **2.** Appareil servant à séparer le sucre cristallisé des mélasses. **3.** Ustensile de ménage constitué d'une cuve cylindrique à l'intérieur de laquelle tourne un panier percé de trous, utilisé pour essorer la salade.

ESSORILLER v.t. (de *oreille*). Couper les oreilles de (un animal). *Essoriller un chien ratier.*

ESSOUCHEMENT n.m. Action d'essoucher.

ESSOUCHER v.t. (de *souche*). Enlever d'un terrain les souches qui sont restées après l'abattage des arbres.

ESSOUFFLEMENT n.m. **1.** État de qqn qui est essoufflé. **2.** Respiration gênée, difficile. **3.** Incapacité à suivre le rythme d'une progression. *L'essoufflement de l'économie.*

ESSOUFFLER v.t. Mettre hors d'haleine, à bout de souffle. ◆ **s'essouffler** v.pr. **1.** Perdre son souffle, perdre haleine. **2.** Avoir de la peine à poursuivre une action entreprise ; ne plus pouvoir suivre un rythme de croissance. *Une économie qui s'essouffle.*

ESSUIE n.m. Belgique. Essuie-mains, serviette de bain, torchon.

ESSUIE-GLACE n.m. (pl. *essuie-glaces*). Dispositif, formé d'un balai muni d'une lame de caoutchouc, destiné à essuyer le pare-brise mouillé d'un véhicule.

ESSUIE-MAINS n.m. inv. Linge pour s'essuyer les mains.

ESSUIE-PIEDS n.m. inv. Paillasson pour s'essuyer les pieds.

ESSUIE-TOUT n.m. inv. Papier absorbant en rouleaux, à multiples usages domestiques.

ESSUIE-VERRE ou **ESSUIE-VERRES** n.m. (pl. *essuie-verres*). Torchon en lin pour l'essuyage des verres.

ESSUYAGE n.m. Action ou manière d'essuyer.

ESSUYER v.t. (lat. *exsucare,* extraire le suc) [14]. **1.** Débarrasser qqch d'un liquide, de la poussière, etc., dont il était couvert. *Essuyer la vaisselle, les meubles.* ◇ *Essuyer les plâtres :* habiter le premier une maison nouvellement construite ; fig., fam., être le premier à subir les inconvénients d'une affaire, d'une entreprise. **2.** Subir, souffrir qqch de pénible, de fâcheux, de désagréable. *Essuyer une tempête, un échec.*

ESSUYEUR, EUSE n. Personne qui essuie, qui est chargée d'essuyer qqch.

EST [ɛst] n.m. inv. (angl. *east*). **1.** L'un des quatre points cardinaux ; côté de l'horizon où le soleil se lève, orient. **2.** Lieu situé de ce côté. **3.** (Avec majuscule). Ensemble des pays d'Europe qui appartenaient au bloc socialiste. **4.** (Avec majuscule). Région orientale d'un pays, notamment de la France. ◆ adj. inv. Situé du côté de l'orient. *Côte est.*

ESTABLISHMENT [ɛstabliʃmɛnt] n.m. (mot angl.). Groupe puissant de gens en place qui défendent leurs privilèges, l'ordre établi.

ESTACADE n.f. (it. *steccata*). Jetée à claire-voie, formée de grands pieux et établie dans un port ou un cours d'eau pour fermer un passage, protéger des travaux, etc.

ESTAFETTE n.f. (it. *staffetta,* petit étrier). Militaire chargé de transmettre les dépêches.

ESTAFIER n.m. (it. *staffiere*). Vx. Valet armé, spadassin.

ESTAFILADE n.f. (it. *staffilata,* coup de fouet). Entaille faite avec un instrument tranchant, principalement au visage.

ESTAGNON n.m. (prov. *estagnoun,* de *estanh,* étain). Afrique. Récipient métallique destiné à contenir des liquides.

EST-ALLEMAND, E adj. (pl. *est-allemands, es*). De la République démocratique allemande, avant l'unification de l'Allemagne, en 1990.

ESTAMINET n.m. (wallon *staminê*). Vx. Petit café, débit de boissons.

ESTAMPAGE n.m. **1.** Façonnage, par déformation plastique, d'une masse de métal à l'aide de matrices, permettant de lui donner une forme et des dimensions très proches de celles de la pièce finie. **2.** Empreinte d'une inscription, d'un cachet ou d'un bas-relief méplat, obtenue par pression sur une feuille de papier mouillée, un bloc de plâtre humide, une poterie avant cuisson. **3.** Fam. Escroquerie.

1. ESTAMPE n.f. (de *estamper*). Outil pour estamper.

2. ESTAMPE n.f. (it. *stampa,* de *stampare,* imprimer). Image imprimée, le plus souvent sur papier, après avoir été gravée sur métal, bois, etc., ou dessinée sur support lithographique.

ESTAMPER v.t. (it. *stampare,* mot francique). **1.** TECHN. Imprimer en relief ou en creux par repoussage, au moyen d'une matrice gravée. *Estamper des monnaies.* ◇ Mettre en forme par estampage. **2.** Fam. Escroquer qqn en le faisant payer trop cher ; voler.

ESTAMPEUR, EUSE n. **1.** Personne qui pratique l'estampage. **2.** Fam. Escroc.

ESTAMPIE n.f. Chanson à danser ou danse instrumentale du Moyen Âge.

ESTAMPILLAGE n.m. Action d'estampiller.

ESTAMPILLE n.f. (esp. *estampilla*). Marque appliquée sur un objet d'art en guise de signature ou sur un produit industriel comme garantie d'authenticité.

ESTAMPILLER v.t. Marquer d'une estampille.

ESTANCIA n.f. (mot esp.). En Amérique latine, grande ferme ou établissement d'élevage.

ESTARIE n.f. MAR. Starie.

EST-CE QUE [ɛskə] adv. interr. Marque l'interrogation, soit en tête de phrase. *Est-ce qu'il fait beau ?* ; soit, fam., après un adverbe ou un pronom interrogatif. *Où est-ce que tu es ?*

ESTE n.m. LING. Estonien.

1. ESTER [ɛste] v.i. (lat. *stare*) [seult inf.]. DR. *Ester en justice :* exercer une action en justice.

2. ESTER [ɛstɛr] n.m. CHIM. Corps résultant de l'action d'un acide carboxylique sur un alcool, avec élimination d'eau (nom générique). SYN. (anc.) : *éther-sel.*

ESTÉRASE n.f. Enzyme qui catalyse l'hydrolyse d'une liaison ester, telle que l'acétylcholinestérase, les phosphatases, les lipases.

ESTÉRIFICATION n.f. CHIM. Réaction de formation d'un ester à partir d'un acide et d'un alcool.

ESTÉRIFIER v.t. CHIM. Soumettre à l'estérification.

ESTERLIN n.m. (angl. *sterling*). HIST. Monnaie d'origine écossaise, qui eut cours en Europe au Moyen Âge.

ESTHÉSIE n.f. PHYSIOL. Aptitude à percevoir une sensation ; sensibilité.

ESTHÉSIOGÈNE adj. PHYSIOL. Qui produit ou accroît la sensibilité.

ESTHÈTE n. et adj. (gr. *aisthêtês,* qui perçoit par les sens). **1.** Personne qui aime l'art et le considère comme une valeur essentielle. **2.** Péj. Personne qui affecte le culte du beau, au détriment de toute autre valeur.

ESTHÉTICIEN, ENNE n. **1.** Écrivain, philosophe qui s'occupe d'esthétique. **2.** (Surtout au fém.). Personne dont la profession consiste à donner des soins dans un institut de beauté.

La Nymphe de Fontainebleau (partie centrale). Gravure au burin de Pierre Milan et René Boyvin. Milieu du XVIe s. (B.N., Paris.) Inspirée du décor de la galerie François-Ier au château de Fontainebleau, dû au Rosso et à Primatice, cette estampe témoigne, par ses tailles fermes et déliées, d'une parfaite assimilation de l'élégance maniériste des maîtres italiens.

Le Paysage aux trois arbres (1643), de Rembrandt. Eau-forte, pointe sèche et burin. (Musée Condé, Chantilly.) Rembrandt a su créer un langage entièrement nouveau, fondé sur une maîtrise de toutes les techniques de la taille-douce, et jouer de leur combinaison pour obtenir ces effets de clair-obscur, d'une rare puissance et suggestion.

Se repulen (« Ils se font beaux »), de la suite des *Caprices* (1793-1798) de Goya. Eau-forte et aquatinte. (B.N., Paris.) Ici comme dans les autres planches de la série, d'une ironie mordante et d'une force plastique peu commune, l'artiste laisse libre cours à sa verve satirique et aux délires de son imagination.

L'Enfant malade (1896), de Munch. Lithographie en couleurs. (Coll. priv.) L'angoisse du peintre norvégien se traduit, à travers la technique très directe du dessin lithographique, dans un frémissement quasi impressionniste. À la même époque, Munch exploite dans de puissants effets de stylisation toutes les ressources de la gravure sur bois.

Les Pêcheuses d'Awabi, un des volets du triptyque (v. 1798) d'Utamaro consacré à ce thème. Gravure sur bois. (Musée Guimet, Paris.) L'estampe japonaise puise ses sujets dans la vie quotidienne, mais idéalise celle-ci, notamment par l'arabesque de la ligne. La technique (xylographie sur bois de fil recourant à une planche distincte pour chaque couleur) est complexe et raffinée.

l'art de l'**estampe**

1. ESTHÉTIQUE adj. (gr. *aisthêtikos,* de *aisthanesthai,* sentir). **1.** Qui a rapport au sentiment, à la perception du beau. *Jugement, sens esthétique.* **2.** Qui a une certaine beauté, de la grâce. *Geste esthétique.* **3.** Qui entretient la beauté du corps. *Soins esthétiques.* ◇ *Chirurgie esthétique :* chirurgie plastique destinée à pallier les anomalies morphologiques du corps, congénitales ou traumatiques, ou l'aspect extérieur, en partic. du visage.

2. ESTHÉTIQUE n.f. **1.** Théorie du beau, de la beauté en général et du sentiment qu'elle fait naître en nous. **2.** Ensemble des principes à la base d'une expression artistique, littéraire, etc., visant à la rendre conforme à un idéal de beauté. *L'esthétique classique.* **3.** Harmonie, beauté d'une forme d'art quelconque. *L'esthétique d'une construction.* **4.** *Esthétique industrielle :* discipline qui étudie les produits fabriqués selon des critères de beauté, mais en tenant compte aussi des critères d'adaptation à l'usage.

ESTHÉTIQUEMENT adv. **1.** De façon esthétique. **2.** Du point de vue esthétique.

ESTHÉTISANT, E adj. Qui privilégie le jeu raffiné des valeurs formelles.

ESTHÉTISER v.i. Péj. Privilégier systématiquement l'esthétique. ◆ v.t. Rendre qqch esthétique, plaisant à regarder.

ESTHÉTISME n.m. **1.** Doctrine ou attitude artistique qui met au premier plan le raffinement ou la virtuosité formels. **2.** Tendance artistique et littéraire anglo-saxonne de la fin du XIXe s. qui se proposait de ramener les arts à leurs formes originelles.

ESTIMABLE adj. **1.** Qui est digne d'estime ; respectable. *Cette qualité est fort estimable.* **2.** Qui a de la valeur sans être remarquable. *C'est un peintre estimable.* **3.** Qu'on peut évaluer. *Fortune difficilement estimable.*

ESTIMATEUR n.m. Litt. Personne qui fait une estimation.

ESTIMATIF, IVE adj. Qui constitue une estimation. *Devis estimatif.*

ESTIMATION n.f. **1.** Évaluation. **2.** STAT. Recherche de la valeur d'un ou de plusieurs paramètres d'une loi statistique à partir d'observations ou de sondages.

ESTIMATOIRE adj. Relatif à l'estimation.

ESTIME n.f. **1.** Appréciation, opinion favorable qu'on porte sur qqn ou qqch. *Il a l'estime de tous.* ◇ *Succès d'estime :* demi-succès d'une œuvre, louée par la critique mais boudée par le grand public. **2.** MAR. Détermination de la position approchée d'un navire, en tenant compte des courants et de la dérive. ◇ Fig. *À l'estime :* au jugé, approximativement.

ESTIMER v.t. (lat. *aestimare*). **1.** Déterminer la valeur d'un bien, le prix d'un objet ; évaluer. *Estimer un tableau.* **2.** Calculer approximativement. *Estimer une distance.* **3.** Avoir une bonne opinion de qqn, en reconnaître la valeur. *J'estime beaucoup votre père.* **4.** Juger, être d'avis, considérer. *J'estime que tu peux mieux faire.* ◆ **s'estimer** v.pr. Se considérer comme, se croire. *S'estimer heureux.*

ESTIVAGE n.m. Migration des animaux dans les pâturages de montagne pendant l'été.

ESTIVAL, E, AUX adj. (bas lat. *aestivalis,* de l'été). Relatif à l'été ; qui a lieu en été. *Tenue estivale. Travail estival.*

ESTIVANT, E n. Personne qui passe ses vacances d'été dans un lieu de villégiature ; vacancier.

ESTIVATION n.f. (du lat. *aestas,* été). ZOOL. Engourdissement de certains animaux en été.

ESTIVE n.f. (de *estiver*). Pâturage d'été, en montagne.

ESTIVER v.t. (prov. *estivar*). Mettre les troupeaux, l'été, dans les pâturages de montagne. ◆ v.i. Passer l'été dans les pâturages de montagne, en parlant des troupeaux.

ESTOC [ɛstɔk] n.m. (de *estoquer*). Épée d'armes frappant de pointe (XVe-XVIe s.). ◇ *Frapper d'estoc et de taille,* en se servant de la pointe et du tranchant d'une arme blanche.

ESTOCADE n.f. (it. *stoccata,* du fr. *estoc*). **1.** Vx. Coup donné avec la pointe de l'épée. **2.** Coup d'épée porté par le matador pour achever le taureau. **3.** Fig., litt. Attaque violente et soudaine.

ESTOMAC [-ma] n.m. (lat. *stomachus,* du gr.). **1.** Chez l'homme, partie du tube digestif renflée en poche et située sous le diaphragme, entre l'œsophage et l'intestin grêle, où les aliments sont brassés et imprégnés de suc gastrique, qui hydrolyse les protéines. ◇ Fam. *Avoir l'estomac dans les talons :* avoir très faim. – *Avoir un estomac d'autruche :* avoir une grande facilité à digérer. **2.** Chez les animaux, partie renflée du tube digestif, formée de quatre poches chez les ruminants. **3.** Partie du corps qui correspond à l'estomac. *Recevoir un coup dans l'estomac.* ◇ Fam. *Avoir de l'estomac :* avoir de la hardiesse ou de l'audace. – Fam. *À l'estomac :* par une audace qui en impose, au culot.

■ Chez l'homme, l'estomac a la forme d'un J majuscule. La partie supérieure ou *portion verticale* comprend de haut en bas la grosse tubérosité, le corps de l'estomac et la petite tubérosité. La partie inférieure ou *portion horizontale* est séparée du duodénum par le pylore. L'orifice œsophagien de l'estomac est le cardia.

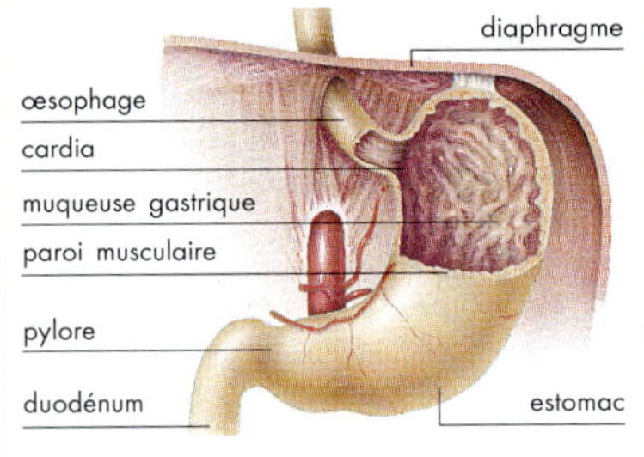

estomac : vue antérieure et coupe frontale

ESTOMAQUER v.t. (lat. *stomachari,* s'irriter). Fam. Causer à qqn une vive surprise, agréable ou désagréable ; stupéfier.

ESTOMPAGE n.m. Action d'estomper.

ESTOMPE n.f. (néerl. *stomp,* bout). **1.** Peau, papier roulés et terminés en pointe servant à étaler le crayon, le fusain, le pastel sur un dessin. **2.** Dessin ainsi obtenu.

ESTOMPEMENT n.m. Litt. Fait de s'estomper.

ESTOMPER v.t. **1.** Adoucir ou ombrer un dessin avec l'estompe. *Estomper un pastel.* **2.** Couvrir qqch d'une ombre légèrement dégradée ; voiler. **3.** Atténuer la rudesse, l'acuité de qqch. *Estomper les difficultés.* ◆ **s'estomper** v.pr. **1.** S'effacer, devenir flou. *Souvenirs qui s'estompent.* **2.** Devenir moins violent, moins fort. *Sa rancœur s'estompe.*

ESTONIEN, ENNE adj. et n. De l'Estonie. ◆ n.m. Langue finno-ougrienne parlée en Estonie. SYN. : *este.*

ESTOPPEL n.m. (mot angl.). DR. INTERN. Objection péremptoire qui s'oppose à ce qu'un État, partie à un procès, puisse contredire la position qu'il soutient ou a soutenu.

ESTOQUER v.t. (moyen néerl. *stoken,* piquer). **1.** Vx. Frapper d'estoc. **2.** Porter l'estocade au taureau.

ESTOUFFADE ou **ÉTOUFFADE** n.f. (it. *stufata,* étuvée). Plat de viande ou de gibier préparé à l'étouffée.

ESTOURBIR v.t. (de l'all. *gestorben,* mort). Fam. Assommer, tuer ; étourdir par un coup.

1. ESTRADE n.f. (it. *strada,* route). Vx. *Battre l'estrade :* courir la campagne, battre les routes.

2. ESTRADE n.f. (esp. *estrado,* du lat. *stratum,* plate-forme). Petit plancher surélevé destiné à recevoir des sièges, une tribune, etc.

ESTRADIOT n.m. → ***stradiot.***

ESTRAGON n.m. (ar. *ṭarkhūn*). Plante potagère aromatique utilisée comme condiment. (Famille des composées.)

ESTRAMAÇON n.m. (it. *stramazzone,* de *mazza,* masse d'armes). Épée longue, à deux tranchants (XVIe et XVIIe s.).

ESTRAN n.m. (néerl. *strand,* rivage). GÉOGR. Portion du littoral comprise entre les plus hautes et les plus basses mers.

ESTRAPADE n.f. (it. *strappata,* de *strappare,* arracher). HIST. Supplice qui consistait à hisser le coupable à une certaine hauteur, puis à le laisser tomber plusieurs fois ; mât, potence servant à ce supplice.

ESTRAPASSER v.t. ÉQUIT. Harasser (un cheval) par un exercice trop long ou trop violent.

ESTROGÈNE adj. et n.m. → ***œstrogène.***

ESTROPE n.f. (lat. *stroppus,* corde). MAR. Ceinture en filin avec laquelle on entoure une poulie et qui sert à la suspendre ou à la fixer.

ESTROPIÉ, E adj. et n. Se dit de qqn privé de l'usage d'un ou de plusieurs membres.

ESTROPIER v.t. (it. *stroppiare*). **1.** Priver de l'usage normal d'un ou de plusieurs membres. **2.** Déformer, écorcher dans la prononciation ou l'orthographe. *Estropier un nom.*

ESTUAIRE n.m. (lat. *aestuarium,* de *aestus,* marée). Embouchure d'un fleuve sur une mer ouverte et où se font sentir les marées.

l'**estuaire** de la Vilaine

ESTUARIEN, ENNE adj. Relatif aux estuaires.

ESTUDIANTIN, E adj. Litt. ou par plais. Relatif aux étudiants. *Vie estudiantine.*

ESTURGEON n.m. (francique *sturjo*). Poisson chondrostéen à bouche ventrale et à cinq rangées longitudinales de plaques sur les flancs, qui passe un ou deux ans dans les estuaires, avant d'achever sa croissance en mer. (Chaque femelle, qui peut atteindre 6 m de long et 200 kg, pond en eau douce 3 à 4 millions d'œufs qui constituent le caviar.)

esturgeon

ET conj. (lat. *et*). **1.** Indique la liaison entre deux mots ou deux propositions de même fonction, en exprimant une addition, une opposition ou une conséquence. **2.** *Et/ou :* formule indiquant que les deux termes coordonnés le sont, au choix, soit par *et,* soit par *ou.*

ÊTA n.m. inv. Septième lettre de l'alphabet grec (Η, η), notant un *ê* long en grec classique, et correspondant au son *i* en grec moderne.

ÉTABLE n.f. (lat. *stabulum*). Bâtiment destiné au logement des bestiaux, en partic. des bovins.

ÉTABLER v.t. Région. Loger dans une étable. *Établer des vaches.*

1. ÉTABLI, E adj. **1.** Stable, solide. *Réputation bien établie.* **2.** Admis, ancré, respecté comme tel. *Les usages établis.* **3.** En place. *Pouvoir, ordre établi.*

2. ÉTABLI n.m. Table de travail des menuisiers, des ajusteurs, des tailleurs, etc.

ÉTABLIR v.t. (lat. *stabilire,* de *stabilis,* stable). **1.** Fixer, installer dans un lieu, une position. *Établir son domicile à Paris.* **2.** Instituer, mettre en vigueur, en application. *Établir un usage, un règlement.* **3.** Rédiger, dresser une liste, un inventaire, etc. *Établir un planning, un devis.* **4.** Litt. Pourvoir d'une situation sociale, d'un emploi. *Établir ses enfants.* **5.** Démontrer la réalité de, prouver. *Établir un fait, l'innocence d'un accusé.* ◆ **s'établir** v.pr. Fixer sa demeure, son commerce, son activité. *S'établir en province.*

ÉTABLISSEMENT n.m. **1.** Action d'établir, de s'établir. *L'établissement d'un barrage. L'établissement d'immigrants dans leur patrie d'adoption.* **2.** Maison où se donne un enseignement (école, collège ou lycée). *Chef d'établissement.* **3.** Entreprise commerciale ou industrielle. ◇ *Établissement classé :* établissement affecté à une industrie dangereuse, insalubre ou incommode pour le voisinage. – *Établissement financier :* entreprise qui, sans posséder la qualification de banque, participe à des opérations comme le financement de ventes à crédit, les opérations sur titres, le crédit-bail, etc. – *Établissement public :* personne morale de droit public, ayant l'autonomie financière, généralement chargée d'assurer un service public. – *Établissement d'utilité publique :* organisme privé ayant un but d'intérêt général.

ÉTAGE n.m. (du lat. *stare,* se tenir debout). **1.** Chacun des intervalles compris entre deux planchers d'un bâtiment. **2.** Chacune des divisions, chacun des niveaux d'une chose formée de parties superposées ou hiérarchisées. ◇ Spécialt. Partie autonome et séparable d'une fusée. **3.** Division d'une période géologique, correspondant à un ensemble de terrains de même âge. **4.** *Étages de végétation :* les arbres, les arbustes, les herbes et la mousse poussant sur le même territoire. **5.** *De bas étage :* de qualité médiocre ; de mauvais goût. *Plaisanterie de bas étage.*

ÉTAGEMENT n.m. Action d'étager ; disposition en étages.

ÉTAGER v.t. [17]. Disposer par étages, mettre à des niveaux différents ; échelonner, superposer. ◆ **s'étager** v.pr. Être disposé en rangs superposés.

ÉTAGÈRE n.f. **1.** Tablette fixée horizontalement sur un mur. **2.** Meuble formé de montants supportant un ensemble de tablettes disposées par étages.

1. ÉTAI n.m. (francique *staka*). Pièce de charpente servant à soutenir provisoirement un plancher, un mur, etc.

2. ÉTAI n.m. (anc. angl. *staeg*). MAR. Câble métallique ou cordage destiné à maintenir en place un mât.

ÉTAIEMENT, ÉTAYEMENT [etɛmɑ̃] ou **ÉTAYAGE** n.m. **1.** Action d'étayer ; son résultat. **2.** Ouvrage provisoire en charpente, destiné à soutenir ou à épauler une construction.

ÉTAIN n.m. (lat. *stagnum,* de *stannum,* plomb argentifère). **1.** Métal blanc, brillant, très malléable ; élément chimique (Sn) de numéro atomique 50, de masse atomique 118,69. **2.** Pièce de vaisselle, objet en étain.

■ L'étain, de densité 7,2, est peu tenace et très fusible. Il fond à 232 °C et bout vers 2 250 °C. Il est inaltérable à l'air. On le trouve dans la nature surtout à l'état d'oxyde, principalement en Malaisie. Allié au cuivre, l'étain donne les bronzes ; avec le plomb, il forme des métaux d'apport de soudage à bas point de fusion. On l'utilise comme métal de protection du cuivre et du fer (fer blanc obtenu par étamage) et dans le flottage du verre.

ÉTAL n.m. (francique *stal*) [pl. *étals* ou *étaux*]. **1.** Table sur laquelle sont exposées les denrées, sur un marché. **2.** Table sur laquelle les bouchers débitent la viande.

ÉTALAGE n.m. **1.** Exposition de marchandises offertes à la vente. **2. a.** Lieu où sont exposées les marchandises ; devanture, vitrine. **b.** Ensemble de ces marchandises. **3.** Action d'exposer avec ostentation. *Faire étalage de ses succès.* **4.** TEXT. Première opération de filature du lin peigné, visant à transformer les poignées de lin en un ruban continu. ◆ pl. MÉTALL. Partie inférieure d'un haut-fourneau où s'étale le minerai.

ÉTALAGER v.t. [17]. COMM. Disposer (des marchandises) à l'étalage.

ÉTALAGISTE n. **1.** Vx. Vendeur exerçant son activité à l'étalage. **2.** Personne dont le métier consiste à mettre en valeur un étalage.

1. ÉTALE adj. Sans mouvement, immobile. *Navire étale.* – *Mer, cours d'eau étale :* mer ou cours d'eau qui ne monte ni ne descend.

2. ÉTALE n.m. MAR. Moment où le niveau de la mer est stable entre le flux et le jusant (ou inversement). *L'étale de haute, de basse mer.*

ÉTALEMENT n.m. Action d'étaler.

1. ÉTALER v.t. (de *étal*). **I. 1.** Exposer des marchandises pour la vente. **2. a.** Disposer des objets les uns à côté des autres sur une surface. *Photos étalées sur une table.* ◇ *Étaler son jeu, ses cartes :* déposer ses cartes en les montrant, abattre son jeu. **b.** Disposer à plat (une chose pliée, roulée). *Étaler une carte routière.* **3.** Étendre (une couche de matière) sur toute l'étendue de. *Étaler du beurre sur du pain. Étaler de la peinture.* **II.** Répartir (qqch, une action) en étendant sur une plus longue période ; échelonner. *Étaler des paiements.* **III.** Montrer avec ostentation ; faire étalage de. *Étaler son érudition.* ◆ **s'étaler** v.pr. Fam. **1.** Prendre toute la place, trop de place. **2.** Tomber. *S'étaler de tout son long.*

2. ÉTALER v.t. (de *étale*). MAR. *Étaler le vent, le courant,* pouvoir leur résister ou faire route contre eux.

ÉTALEUSE n.f. TEXT. Machine utilisée pour l'étalage du lin.

ÉTALIER, ÈRE n. et adj. Personne qui tient un étal de boucherie. *Garçon étalier.*

ÉTALINGUER v.t. (néerl. *staglijn,* ligne d'étai). MAR. Amarrer une chaîne à l'organeau d'une ancre.

ÉTALINGURE n.f. MAR. Anneau qui fixe une chaîne d'ancre dans le puits aux chaînes.

1. ÉTALON n.m. (du francique *stal,* écurie). **1.** Cheval entier destiné à la reproduction. **2.** Par ext. Mâle reproducteur d'une espèce domestique.

2. ÉTALON n.m. (francique *stalo,* modèle de mesure). **1.** Objet ou instrument qui matérialise une unité de mesure et sert de référence, de modèle légal. *Mètre étalon. Étalon de masse, de poids,* etc. **2.** ÉCON. *Étalon monétaire :* valeur ou métal retenu par un ou plusieurs pays comme référence de leur système monétaire.

ÉTALONNAGE ou **ÉTALONNEMENT** n.m. Action d'étalonner.

ÉTALONNER v.t. **1.** Vérifier une mesure par comparaison avec un étalon et attester sa conformité. **2.** Graduer (le modèle de l'étalon ; un instrument). ◇ *Étalonner son pas,* en évaluer la longueur moyenne. **3.** PSYCHOL. *Étalonner un test,* l'appliquer à un groupe de référence et lui donner des valeurs chiffrées en fonction de la répartition statistique des résultats. **4.** *Étalonner un film,* en assurer l'unité ou l'équilibre photographique.

ÉTAMAGE n.m. Action d'étamer.

ÉTAMBOT n.m. (mot scand.). MAR. Pièce de bois ou de métal formant la limite arrière de la carène.

ÉTAMBRAI n.m. (mot scand.). MAR. Pièce soutenant un mât à hauteur du pont.

ÉTAMER v.t. (de *étain*). **1.** Recouvrir (un métal) d'une couche d'étain qui préserve de l'oxydation. **2.** Recouvrir de tain (une glace).

ÉTAMEUR n.m. Ouvrier qui étame.

1. ÉTAMINE n.f. (du lat. *stamen,* fil). **1.** Étoffe très légère et non croisée. **2.** Carré de toile ou de laine servant à filtrer une préparation.

2. ÉTAMINE n.f. (lat. *stamina,* filaments). Organe mâle des plantes à fleurs, formé d'une partie mince, le *filet,* et d'une partie renflée, l'*anthère,* qui renferme le pollen.

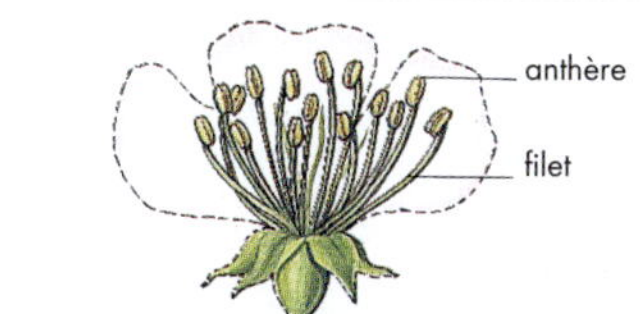

étamines de fleur de pommier

ÉTAMPAGE n.m. Action d'étamper.

ÉTAMPE n.f. Matrice en acier servant à produire des empreintes sur des pièces métalliques.

ÉTAMPER v.t. Rectifier (une pièce) à l'aide d'une étampe.

ÉTAMPERCHE ou **ÉTEMPERCHE** n.f. CONSTR. Écoperche.

ÉTAMPEUR n.m. Ouvrier qui étampe.

ÉTAMPURE n.f. Orifice rectangulaire situé à la face inférieure du fer à cheval et destiné à loger la tête du clou.

ÉTAMURE n.f. TECHN. Couche d'alliage sur un objet étamé.

ÉTANCHE adj. **1.** Qui retient bien, qui ne laisse pas pénétrer ou s'écouler les fluides, les poussières, etc. **2.** Qui maintient une séparation absolue. ◇ Fig. *Cloison étanche :* ce qui sépare totalement. *Cloisons étanches entre les services d'une entreprise.*

ÉTANCHÉITÉ n.f. Caractère de ce qui est étanche.

ÉTANCHEMENT n.m. Litt. Action d'étancher.

ÉTANCHER v.t. (du lat. *stare,* s'arrêter). **1.** Arrêter l'écoulement de (un liquide). *Étancher le sang d'une plaie.* **2.** *Étancher sa soif,* l'apaiser, se désaltérer. **3.** TECHN. Rendre étanche en calfatant ou en asséchant.

ÉTANÇON n.m. (anc. fr. *estance,* action de se tenir debout). **1.** CONSTR. Étai qui soutient un mur, un plancher, etc. **2.** AGRIC. Chacun des deux montants unissant l'age au sep, dans une charrue.

ÉTANÇONNEMENT n.m. TECHN. Action d'étançonner.

ÉTANÇONNER v.t. TECHN. Soutenir (un mur, un plancher, etc.) par des étançons ; étayer.

ÉTANG n.m. (anc. fr. *estanchier,* étancher). Étendue d'eau stagnante, naturelle ou artificielle, peu profonde, de surface généralement réduite, résultant de l'imperméabilité du sol.

ÉTANT n.m. PHILOS. (Chez Heidegger.) Être en tant que phénomène.

ÉTANT DONNÉ (QUE) loc. prép. ou conj. À cause de, puisque.

ÉTAPE n.f. (moyen néerl. *stapel,* entrepôt). **1.** Lieu où l'on s'arrête au cours d'un voyage, d'une course, etc., pour prendre du repos. *Arriver à l'étape.* **2.** Distance d'un de ces lieux d'arrêt à un autre ; épreuve sportive consistant à franchir cette distance. *L'étape a été longue. Remporter une étape.* **3.** Fig. Période, phase d'une évolution. *Les étapes d'une carrière.*

ÉTARQUER v.t. MAR. Raidir, tendre une voile le long de sa draille, de sa vergue, de son mât, etc.

1. ÉTAT n.m. (lat. *status*). **I. 1.** Manière d'être physique ou morale d'une personne. *Son état de santé m'inquiète. État d'exaltation.* – *État d'esprit :* disposition d'esprit à un moment donné. ◇ *Être en état, hors d'état de,* capable de, prêt à ou dans l'incapacité de. – Fam. *Être dans tous ses états :* être très agité, énervé, perturbé. **2.** Situation d'une personne au regard du droit, de la religion. *Être en état d'arrestation. État de grâce.* ◇ *État civil :* ensemble des qualités et des droits civils d'une personne (nationalité, nom, domicile, etc.) ; service chargé des actes de l'état civil dans une commune. – *État des personnes :* ensemble des conditions d'existence juridique et de situation familiale d'une personne (mariage, filiation...). **3.** Litt. Condition sociale, profession. *L'état militaire. Il est avocat de son état.* **4.** *Verbe d'état,* exprimant que le sujet est dans un état donné (par opp. à *verbe d'action*). **II. 1.** Manière d'être d'une chose à un moment donné. *Bâtiment en mauvais état. Une machine en état de marche. Projet à l'état embryonnaire.* ◇ *Mettre, tenir (qqch) en état,* le préparer, le garder prêt à servir. – *Remettre (qqch) en état,* le réparer. – *État de choses :* ensemble de circonstances particulières. *Se trouver devant un nouvel état de choses.* **2.** PHYS., CHIM. **a.** Manière d'être d'un corps relativement à sa cohésion, l'arrangement ou l'ionisation de ses atomes, etc. *État solide, liquide, gazeux, cristallin, ionisé...* *(V. illustration p. 410.)* – PHYS. *Équation d'état :* relation existant à l'équilibre entre les grandeurs qui définissent l'état d'un corps pur. **b.** Ensemble des données caractéristiques d'un système thermodynamique ou cybernétique. **3.** Liste énumérative qui constate l'état des choses, la situation des personnes. *État des dépenses. État du personnel.* ◇ *Faire état de :* mentionner, tenir compte de, s'appuyer sur. *Faire état de ses diplômes.* **4.** *État des lieux.* **a.** Rapport écrit constatant l'état d'un local qu'on loue. **b.** Constatation d'une situation à un moment donné. **III.** Manière d'être, situation d'une collectivité. *État de paix. État de siège.* ◇ *État de nature :* état hypothétique de l'humanité, antérieur à la vie en société. **IV.** Litt. Forme

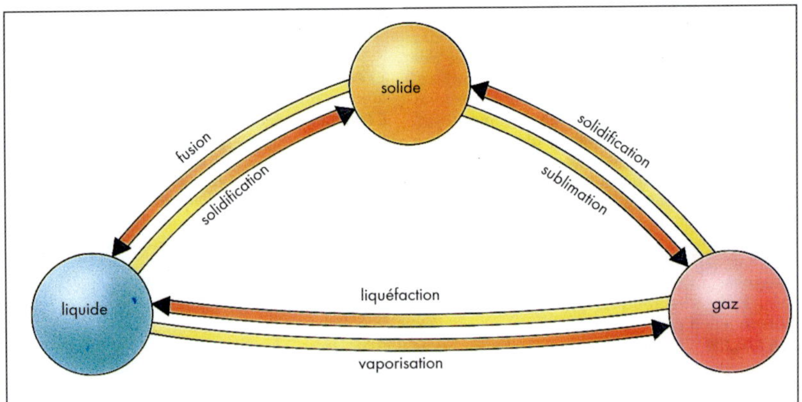

les **états** de la matière et leurs changements

de gouvernement. *L'état monarchique, républicain.* ◆ pl. Les trois ordres ou catégories sociales, en France, sous l'Ancien Régime (clergé, noblesse et tiers état). ◇ *Les états généraux :* l'assemblée des députés des trois états de toutes les provinces ; fig., nom donné à certaines assemblées qui se proposent de débattre en profondeur d'un sujet. *Organiser les états généraux de la culture, de l'enseignement.* – *États provinciaux :* assemblée des représentants des trois ordres d'une province. – *Pays d'états :* province possédant des états provinciaux. ■ Les *états généraux* comprenaient des représentants de toutes les provinces appartenant aux trois ordres : clergé, noblesse, tiers état. La première assemblée répondant à cette définition se tint à Paris en 1347, la dernière – la plus importante parce qu'elle préluda à la Révolution française – à Versailles en 1789.

2. ÉTAT n.m. **1.** Entité politique constituée d'un territoire délimité par des frontières, d'une population et d'un pouvoir institutionnalisé. (Titulaire de la souveraineté, il personnifie juridiquement la nation.) *Chef d'État. Secret d'État.* ◇ *État-nation :* État dont les citoyens forment un peuple ou un ensemble de populations se reconnaissant comme ressortissant essentiellement d'un pouvoir souverain émanant d'eux et les exprimant. – *État de droit :* État dans lequel les pouvoirs publics sont soumis de manière effective au respect de la légalité par voie de contrôle juridictionnel. – *État providence :* État qui intervient activement dans les domaines économique et social, pour assurer des prestations aux citoyens. – *Affaire d'État,* qui concerne l'intérêt public ; fig., affaire importante. ◇ *Homme d'État,* qui dirige ou a dirigé un État. – *Coup d'État :* prise illégale du pouvoir par une personne, un groupe qui exerce des fonctions à l'intérieur de l'appareil étatique. – *Raison d'État :* considération de l'intérêt public au nom duquel est justifiée une action. **2.** Ensemble des pouvoirs publics. **3.** Communauté établie sur un territoire défini et formant une unité politique. *État fédéral.*

ÉTATIQUE adj. De l'État.

ÉTATISATION n.f. Action d'étatiser.

ÉTATISER v.t. **1.** Transférer à l'État (des propriétés, des actions privées) ; nationaliser. **2.** Faire contrôler, gérer par l'État.

ÉTATISME n.m. Doctrine préconisant l'intervention de l'État dans les domaines économique et social ; système qui applique cette doctrine.

ÉTATISTE adj. et n. Qui relève de l'étatisme ; partisan de l'étatisme.

ÉTAT-MAJOR n.m. (pl. *états-majors*). **1.** Groupe d'officiers chargé d'assister un chef militaire dans l'exercice de son commandement. **2.** Ensemble des collaborateurs les plus proches d'un chef, des personnes les plus importantes d'un groupe. *L'état-major d'un parti.*

ÉTATS-UNIEN, ENNE adj. et n. (pl. *états-uniens, ennes*). Des États-Unis.

ÉTAU n.m. (anc. fr. *estoc*) [pl. *étaux*]. Appareil formé de deux mâchoires dont le serrage permet d'assujettir la pièce que l'on veut travailler.

ÉTAU-LIMEUR n.m. (pl. *étaux-limeurs*). MÉCAN. IND. Machine à raboter dans laquelle le mouvement de coupe est obtenu par la translation rectiligne de l'outil.

1. ÉTAYAGE n.m. → ***étaiement.***

2. ÉTAYAGE n.m. PSYCHAN. Appui originaire que trouvent les pulsions sexuelles sur les fonctions vitales.

ÉTAYEMENT n.m. → ***étaiement.***

ÉTAYER [eteje] v.t. [11]. **1.** Soutenir (un mur, un plafond, etc.) par des étais. **2.** Fig. Appuyer, soutenir (une idée) ; fonder. *Les arguments qui étaient sa démonstration.*

ET CETERA ou **ET CÆTERA** [etsetera] loc. adv. (loc. lat., *et les autres choses*). Et le reste (abrév. à l'écrit : *etc.*).

ÉTÉ n.m. (lat. *aestas, -atis*). **1.** Saison qui succède au printemps et précède l'automne et qui, dans l'hémisphère boréal, commence le 21 ou le 22 juin et finit le 22 ou le 23 septembre. **2.** Période des chaleurs, dans les climats tempérés. *Nous n'avons pas eu d'été cette année.* ◇ *Été de la Saint-Martin :* derniers beaux jours, vers le 11 novembre, jour de la Saint-Martin. ◇ *Été indien :* période de beaux jours tardifs, à la fin de l'été ou au début de l'automne. (Au Canada, on dit *été des Indiens.*)

ÉTEIGNOIR n.m. **1.** Petit cône métallique dont on coiffe les bougies ou les chandelles pour les éteindre. – *Toit en éteignoir,* conique. **2.** Fig., fam. Rabat-joie.

ÉTEINDRE v.t. (lat. *extinguere*) [81]. **1.** Faire cesser de brûler. *Éteindre le feu, une cigarette.* **2. a.** Faire cesser d'éclairer. *Éteindre une lampe. Éteins le salon.* **b.** Faire cesser le fonctionnement d'un appareil (à gaz, électrique, etc.). *Éteindre la télévision.* **3. a.** *Éteindre une rente, une dette,* les annuler en en payant le capital, le montant. **b.** Litt. Faire cesser, atténuer ou effacer (une sensation, un sentiment, un état). *Éteindre la soif, l'ardeur de qqn.* ◆ **s'éteindre** v.pr. **1.** Cesser de brûler. **2.** Cesser d'éclairer. **3.** Fig. Mourir doucement, expirer.

ÉTEINT, E adj. Qui a perdu son éclat, sa vivacité. *Regard éteint.*

ÉTEMPERCHE n.f. → ***étamperche.***

ÉTENDAGE n.m. **1.** Action d'étendre du linge. **2.** TEXT. Bâtiment aéré, dans lequel on faisait sécher les fils et les tissus après teinture.

ÉTENDARD n.m. (francique *standhard,* stable). **1.** Enseigne de guerre et, notamm., drapeau de troupes autref. à cheval. **2.** Fig. Symbole d'une cause pour laquelle on combat ; signe de ralliement. *L'étendard de la liberté.* – *Lever, arborer l'étendard de la révolte :* se révolter. **3.** BOT. Pétale supérieur de la corolle d'une papilionacée.

ÉTENDERIE n.f. TECHN. Four-tunnel pour le refroidissement du ruban de verre plat sortant de l'outil de formage.

ÉTENDOIR n.m. Corde, fil ou dispositif pour étendre du linge.

ÉTENDRE v.t. (lat. *extendere*) [73]. **1.** Déployer en long et en large. *Étendre du linge pour le faire sécher.* **2.** Donner toute son étendue à (une partie du corps). *Étendre les bras.* **3.** Coucher (qqn) tout du long. *Étendre un blessé sur un lit. Étendre son adversaire d'un coup de poing.* **4.** Fig., fam. Refuser (qqn) à un examen ; coller. **5.** Appliquer une couche de matière de façon qu'elle couvre une surface plus grande. *Étendre un enduit sur un mur.* **6.** Diluer. *Étendre du vin, de l'alcool en y ajoutant de l'eau.* **7.** Agrandir, accroître, augmenter, développer. *Étendre sa propriété. Étendre les clauses d'un contrat.* ◆ **s'étendre** v.pr. **1.** S'allonger, se coucher. **2.** Avoir une certaine étendue dans l'espace ou le temps. *Forêt qui s'étend sur des kilomètres.* **3.** Fig. Augmenter en importance, en ampleur. *L'épidémie s'étend progressivement.* **4.** *S'étendre sur un sujet,* le développer longuement.

ÉTENDU, E adj. **1.** Vaste, large. *Lac très étendu.* **2.** Fig. Important. *Elle a des pouvoirs étendus.* **3.** Déployé. *Bras étendus.* **4.** À quoi l'on a ajouté de l'eau. *Alcool étendu.*

ÉTENDUE n.f. **1.** PHILOS. Propriété des corps d'occuper de l'espace. **2.** Espace occupé par qqch ; dimension, superficie. *Un pays d'une grande étendue.* **3.** MUS. Écart entre le son le plus grave et le son le plus aigu d'une voix, d'une mélodie ou d'un instrument. SYN. : *registre.* **4.** STAT. *Étendue d'un échantillon :* différence entre les valeurs extrêmes prises par un caractère quantitatif de cet échantillon. **5.** Portée dans l'espace ou dans le temps. *L'étendue du tir d'un fusil.* **6.** Importance, ampleur. *Mesurer toute l'étendue du désastre.*

ÉTERNEL, ELLE adj. (lat. *aeternalis*). **1.** Qui n'a ni commencement ni fin. *Croire en un Dieu éternel.* ◇ *Feu éternel, flammes éternelles :* supplice sans fin des damnés (par opp. à *vie éternelle*). **2.** Qui dure très longtemps, dont on ne peut imaginer la fin ; indestructible, infini. *Je lui garde une reconnaissance éternelle.* ◇ *La Ville éternelle :* Rome. **3.** Qui ne semble pas devoir se terminer, qui lasse par la répétition ; continuel, perpétuel. *Encore ces éternelles discussions !* **4.** (Avant le n.). Qui est associé continuellement à qqn, à qqch. *Son éternelle cigarette à la bouche.* ◆ n.m. *L'Éternel :* Dieu.

ÉTERNELLEMENT adv. **1.** De tout temps, de toute éternité. **2.** Sans cesse, continuellement.

ÉTERNISER v.t. Faire durer trop longtemps, faire traîner en longueur. *Éterniser une discussion.* ◆ **s'éterniser** v.pr. **1.** Durer très longtemps, trop longtemps. *La crise s'éternise.* **2.** Fam. Rester trop longtemps dans un lieu, chez qqn.

ÉTERNITÉ n.f. (lat. *aeternitas*). **1.** Durée éternelle, sans commencement ni fin. **2.** La vie éternelle, la vie future. **3.** Durée indéfinie, temps très long. *Je l'attends depuis une éternité.* – *De toute éternité :* de temps immémorial.

ÉTERNUEMENT n.m. Expulsion réflexe brusque d'air par le nez et la bouche, provoquée par une excitation de la muqueuse nasale.

ÉTERNUER v.i. (lat. *sternutare*). Faire un éternuement.

ÉTÉSIEN adj.m. (gr. *etêsioi* [*anemoi*], [vents] annuels). *Vents étésiens,* qui soufflent du nord, en Méditerranée orientale, pendant l'été.

ÉTÊTAGE ou **ÉTÊTEMENT** n.m. Opération par laquelle on étête un, des arbres.

ÉTÊTER v.t. **1. a.** Couper la cime de (un arbre). **b.** Enlever la tête de. *Étêter un poisson. Étêter un clou.* **2.** PÉTR. Enlever à un produit pétrolier sa fraction la plus légère (dite *tête de distillation*).

ÉTEUF [etœf] n.m. (mot francique). Balle dure pour jouer à la longue paume.

ÉTEULE [etœl] n.f. (lat. *stipula*). Litt. Chaume qui reste sur place après la moisson.

ÉTHANAL n.m. (pl. *éthanals*). CHIM. Aldéhyde dérivé de l'alcool éthylique, de formule CH_3CHO. SYN. : *acétaldéhyde.*

ÉTHANE n.m. CHIM. Hydrocarbure saturé C_2H_6, gazeux, utilisé comme combustible.

ÉTHANOÏQUE adj. *Acide éthanoïque :* acide CH_3CO_2H, auquel le vinaigre doit sa saveur. SYN. : *acide acétique.*

ÉTHANOL n.m. CHIM. ORG. Alcool dérivé de l'éthane, de formule C_2H_5OH. SYN. : *alcool éthylique* ou *alcool.*

ÉTHER n.m. (lat. *aether,* mot gr.). **I. 1.** Fluide subtil qui, selon les Anciens, emplissait les espaces situés au-delà de l'atmosphère. **2.** Poét. Air, ciel. **3.** PHYS. Anc. Fluide hypothétique, impondérable, élastique dans lequel les ondes lumineuses étaient censées se propager. **II.** CHIM. Oxyde d'alcoyle ou d'aryle, de formule générale ROR (nom générique). ◇ *Éther sulfurique* ou *éther :* oxyde d'éthyle, $(C_2H_5)_2O$, liquide très volatil et inflammable, employé comme solvant, antiseptique et anesthésique.

ÉTHÉRÉ, E adj. **1.** Poét. Impalpable, aérien, très pur. *Un amour éthéré.* **2.** Qui a la nature de l'éther, l'odeur de l'éther.

ÉTHÉRIFICATION n.f. CHIM. Réaction de formation d'un éther à partir d'un alcool.

ÉTHÉRIFIER v.t. CHIM. Soumettre à l'éthérification.

ÉTHÉRISER v.t. MÉD. Anc. Anesthésier par l'éther.

ÉTHÉRISME n.m. MÉD. Intoxication par l'éther.

ÉTHÉROMANE n. et adj. Toxicomane qui absorbe régulièrement de l'éther.

ÉTHÉROMANIE n.f. Intoxication par l'éther pris en inhalations, boissons ou injections.

ÉTHER-SEL n.m. (pl. *éthers-sels*). Anc. Ester.

ÉTHIONAMIDE n.m. PHARM. Antibiotique antituberculeux.

ÉTHIOPIEN, ENNE adj. et n. D'Éthiopie. ◇ *Langues éthiopiennes* ou *éthiopien,* n.m. : groupe de langues sémitiques parlées en Éthiopie (amharique, guèze).

1. ÉTHIQUE adj. (gr. *êthikos,* moral). Qui concerne les principes de la morale. *Jugement éthique.*

2. ÉTHIQUE n.f. **1.** Partie de la philosophie qui étudie les fondements de la morale. **2.** Ensemble de règles de conduite. **3.** *Éthique médicale :* bioéthique.

ETHMOÏDAL, E, AUX adj. ANAT. De l'ethmoïde.

ETHMOÏDE n.m. (gr. *êthmos,* crible, et *eidos,* forme). ANAT. Os situé à la partie médiane et antérieure de la base du crâne et dont la lame criblée est traversée par les terminaisons du nerf olfactif.

ETHNARCHIE n.f. ANTIQ. **1.** Dignité d'ethnarque. **2.** Territoire placé sous la domination d'un ethnarque.

ETHNARQUE n.m. (gr. *ethnos,* peuple, et *arkhê,* commandement). **1.** ANTIQ. Gouverneur d'une province d'Orient, relativement autonome, à l'époque gréco-romaine. **2.** RELIG. Évêque de certaines Églises orthodoxes. **3.** Chef civil d'une communauté juive, dans l'Ancien Testament.

ETHNIE n.f. (gr. *ethnos,* peuple). Groupement humain qui possède une structure familiale, économique et sociale homogène et dont l'unité repose sur une communauté de langue et de culture.

ETHNIQUE adj. **1.** Relatif à l'ethnie, aux ethnies. *La diversité ethnique de l'Inde.* **2.** Qui désigne une population. – Spécialt. *Nom, adjectif ethnique,* dérivés d'un nom de pays, de région ou de ville. SYN. : *ethnonyme.* **3.** Se dit de ce qui relève, par sa nature ou son inspiration, d'une culture autre qu'occidentale. *Cuisine, musique ethnique.*

ETHNOBIOLOGIE n.f. Étude des rapports existant entre les diverses populations humaines et leur environnement animal et végétal.

ETHNOCENTRIQUE adj. Caractérisé par l'ethnocentrisme.

ETHNOCENTRISME n.m. Tendance à valoriser son groupe social, son pays, sa nationalité.

ETHNOCIDE n.m. Destruction d'une ethnie sur le plan culturel.

ETHNOGRAPHE n. Spécialiste d'ethnographie.

ETHNOGRAPHIE n.f. Branche des sciences humaines qui a pour objet l'étude descriptive des ethnies.

ETHNOGRAPHIQUE adj. De l'ethnographie.

ETHNOLINGUISTIQUE n.f. Étude du langage des peuples sans écriture, et des relations, chez ces peuples, entre le langage, la culture et la société. ◆ adj. De l'ethnolinguistique.

ETHNOLOGIE n.f. (du gr. *ethnos,* peuple). Étude scientifique des ethnies, dans l'unité de la structure linguistique, économique et sociale de chacune, dans leurs liens de civilisation propres et dans leur évolution.

ETHNOLOGIQUE adj. De l'ethnologie.

ETHNOLOGUE n. Spécialiste d'ethnologie.

ETHNOMUSICOLOGIE n.f. Étude scientifique de la musique des sociétés non industrielles et de la musique populaire des sociétés industrielles.

ETHNONYME n.m. LING. Nom ou adjectif ethnique. SYN. : *gentilé.*

ETHNOPSYCHIATRIE n.f. Étude des désordres psychiques en fonction des groupes culturels auxquels appartiennent les malades.

ETHNOPSYCHOLOGIE n.f. Étude des caractères psychiques des groupes ethniques.

ÉTHOGRAMME n.m. Catalogue des comportements d'un animal, établi en vue de le distinguer des espèces voisines.

ÉTHOLOGIE n.f. (gr. *êthos,* mœurs, et *logos,* science). Étude scientifique du comportement des animaux dans leur milieu naturel.

ÉTHOLOGIQUE adj. De l'éthologie.

ÉTHOLOGUE n. Spécialiste d'éthologie.

ETHOS [etɔs] n.m. (gr. *êthos*). ANTHROP. Caractère commun à un groupe d'individus appartenant à une même société.

ÉTHUSE n.f. → ***æthuse.***

ÉTHYLAMINE n.f. CHIM. Liquide fortement basique préparé par action de l'ammoniac sur l'éthanol et utilisé dans l'industrie du pétrole, des colorants et des médicaments.

ÉTHYLE n.m. (lat. *aether* et gr. *hulê,* bois). CHIM. ORG. Radical monovalent C_2H_5—, dérivé de l'éthane.

ÉTHYLÈNE n.m. Hydrocarbure gazeux incolore ($CH_2{=}CH_2$), légèrement odorant, produit à partir du pétrole et qui est à la base de nombreuses synthèses.

ÉTHYLÉNIQUE adj. CHIM. ORG. Qui contient une double liaison carbone-carbone dans sa molécule. – *Hydrocarbures éthyléniques :* alcènes, oléfines.

ÉTHYLIQUE adj. Dérivé du radical éthyle. – *Alcool éthylique :* éthanol. ◆ adj. et n. Se dit d'une personne alcoolique.

ÉTHYLISME n.m. Alcoolisme.

ÉTHYLOTEST ou **ÉTHYLOMÈTRE** n.m. Appareil affichant le taux d'alcoolémie à partir de l'analyse de l'air expiré.

ÉTIAGE n.m. (de *étier*). Niveau moyen le plus bas d'un cours d'eau. SYN. : *maigres.*

ÉTIER n.m. (lat. *aestuarium,* bassin au bord de la mer). Canal qui amène l'eau de mer dans les marais salants.

ÉTINCELAGE n.m. MÉCAN. Usinage utilisant l'abrasion érosive d'étincelles électriques à haute fréquence.

ÉTINCELANT, E adj. Qui étincelle ; brillant. *Couleurs étincelantes. Esprit étincelant.*

ÉTINCELER v.i. [24]. Briller d'un vif éclat, scintiller. *Les étoiles étincellent.* ◇ Litt. *Étinceler d'esprit :* abonder en traits d'esprit.

ÉTINCELLE n.f. (lat. *scintilla*). **1.** Parcelle incandescente qui se détache d'un corps enflammé ou qui jaillit du frottement ou du choc de deux corps. – *Étincelle électrique :* petit arc électrique très lumineux. **2.** Fig. Manifestation brillante et fugitive. *Étincelle de génie.* **3.** Fam. *Faire des étincelles :* être brillant, en parlant de qqn ; faire du bruit, du scandale, en parlant de qqch.

ÉTINCELLEMENT n.m. Fait d'étinceler ; éclat, scintillement.

ÉTIOLEMENT n.m. **1.** AGRIC. Action d'étioler une plante ; son résultat. **2.** Fig. Appauvrissement, affaiblissement. *L'étiolement de l'esprit.*

ÉTIOLER v.t. AGRIC. Priver un végétal de lumière (particulièrement certains légumes, pour les faire blanchir). ◆ **s'étioler** v.pr. Devenir malingre, chétif ; s'affaiblir.

ÉTIOLOGIE n.f. (gr. *aitia,* cause, et *logos,* science). MÉD. Recherche des causes d'une maladie.

ÉTIOLOGIQUE adj. **1.** MÉD. De l'étiologie. **2.** ANTHROP. Se dit d'un récit qui vise à expliquer, par certains faits réels ou mythiques, les origines, la signification d'un phénomène naturel, d'un nom, d'une institution, etc.

ÉTIOPATHE n. Spécialiste d'étiopathie.

ÉTIOPATHIE n.f. (gr. *aitia,* cause, et *pathos,* souffrance). Méthode de médecine naturelle à base de manipulations, fondée sur la recherche de l'origine de la douleur.

ÉTIQUE adj. (anc. fr. *fièvre hectique,* qui amaigrit). Litt. Décharné, très maigre.

ÉTIQUETAGE n.m. Action d'étiqueter.

ÉTIQUETER v.t. [27]. **1.** Marquer d'une étiquette. **2.** Fig. Classer (qqn) d'une manière plus ou moins arbitraire.

ÉTIQUETEUR, EUSE n. Personne qui pose des étiquettes.

ÉTIQUETEUSE n.f. Machine à étiqueter.

ÉTIQUETTE n.f. (de l'anc. fr. *estiquer,* attacher). **1.** Petit écriteau que l'on fixe à un objet pour en indiquer la nature, le prix, le contenu, etc. **2.** Désignation qui précise l'appartenance de qqn à un mouvement, notamm. politique. – *Député sans étiquette,* sans appartenance politique. **3.** Ordre de préséance, cérémonial et usage dans une cour, dans une réception officielle. *Observer l'étiquette.* **4.** INFORM. Ensemble de caractères lié à un groupe de données ou placé devant une instruction d'un programme et destiné à l'identifier.

ÉTIRABLE adj. Qui peut être étiré sans subir de rupture.

ÉTIRAGE n.m. **1.** Action d'étirer (un métal, du verre, un textile, etc.). **2.** TEXT. *Banc d'étirage :* machine à étirer.

ÉTIREMENT n.m. Action d'étirer, de s'étirer ; son résultat.

ÉTIRER v.t. **1.** Allonger, étendre par traction. **2.** MÉTALL. Amener une barre à une longueur plus grande et à une section plus réduite, par passage à froid à travers une filière. **3.** TEXT. En filature, réduire la section des rubans et des mèches de fibres textiles. **4.** Former en continu une feuille de verre plat ou une fibre de verre. ◆ **s'étirer** v.pr. Étendre ses membres.

ÉTIREUR, EUSE n. Personne qui étire des métaux, des peaux, des matières textiles.

ÉTISIE n.f. → ***hectisie.***

ÉTOC n.m. (de *estoc*). Tête de rocher émergeant à marée basse.

ÉTOFFE n.f. (mot germ.). **1.** Article textile ayant une certaine cohésion et destiné à un usage d'habillement, d'ameublement. **2.** Fig. *Avoir de l'étoffe :* avoir de grandes qualités. **3.** TECHN. Alliage dont on fait les tuyaux d'orgues. ◆ pl. IMPR. Bénéfices que l'imprimeur prélève sur le papier et les fournitures diverses qu'il facture.

ÉTOFFÉ, E adj. Riche de matière. *Devoir bien étoffé.* – *Voix étoffée,* pleine et sonore.

ÉTOFFER v.t. **1.** Garnir d'étoffe. **2.** Enrichir de matière, de faits ; développer. *Étoffer un roman.*

ÉTOILE n.f. (lat. *stella*). **I. 1.** Tout astre qui brille dans le ciel nocturne. ◇ *À la belle étoile :* en plein air, la nuit. **2.** ASTRON. Astre doué d'un éclat propre dû aux réactions thermonucléaires dont il est le siège. ◇ Cour. *Étoile filante :* météore. – *Étoile à neutrons :* étoile extrêmement dense et de petites dimensions, constituée d'un gaz de neutrons. – *Étoile Polaire,* l'étoile visible à l'œil nu la plus proche du pôle Nord de la sphère céleste. – *Étoile variable,* soumise à des variations sensibles d'éclat. – *Étoile double, géante, naine* → ***double, géant, nain.*** **3.** Astre considéré comme influençant la destinée humaine. *Être né sous une bonne étoile.* **II. 1.** Ce qui, par son dessin, sa forme, rappelle une étoile. **2. a.** Fêlure à fentes rayonnantes. **b.** Rond-point à plus de quatre voies. **3.** *Étoile de David :* symbole judaïque constitué par une étoile à six branches. **4. a.** Décoration en forme d'étoile à cinq branches. **b.** En France, insigne du grade des officiers généraux (→ ***grade***). **5.** MATH. Polygone régulier non convexe. **6.** Indice de classement attribué à certains sites, hôtels, restaurants, produits. **7.** COMM. Unité de froid équivalant à – 6 °C et qui, multipliée, indique le degré maximal de réfrigération d'un conservateur ou d'un congélateur. **8.** *Étoile de mer :* animal marin en forme d'étoile à cinq larges branches, carnassier, aux bras souples et régénérant facilement. (Diamètre max. 50 cm ; embranchement des échinodermes, classe des astérides.) SYN. : *astérie.* **III. 1.** Artiste célèbre au théâtre, au cinéma, etc. SYN. : *star.* **2. a.** Danseur, danseuse de classe internationale. **b.** Échelon suprême dans la hiérarchie de certains corps de ballet (Opéra de Paris).

■ Les étoiles naissent de la contraction de vastes nuages de matière interstellaire (nébuleuses). Lorsque leur température devient suffisante, des réactions thermonucléaires s'amorcent dans leurs régions centrales et leur permettent de

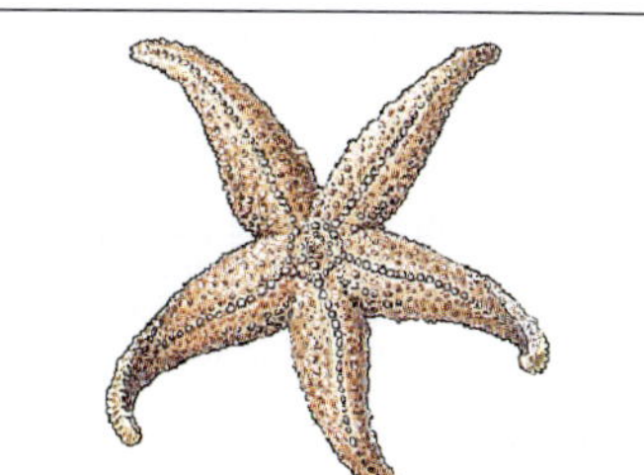

étoile de mer

Les 20 étoiles les plus brillantes du ciel

nom usuel	*nom officiel*	*constellation*	*magnitude apparente*
Sirius	α CMa	Grand Chien	– 1,4
Canopus	α Car	Carène	– 0,7
Rigil kentarus	α Cen	Centaure	– 0,1
Arcturus	α Boo	Bouvier	0
Véga	α Lyr	Lyre	0
Capella	α Aur	Cocher	+ 0,1
Rigel	β Ori	Orion	0,2
Procyon	α CMi	Petit Chien	0,4
Achernar	α Eri	Éridan	0,5
Agena	β Cen	Centaure	0,6
Altaïr	α Aql	Aigle	0,7
Acrux	α Cru	Croix du Sud	0,8
Bételgeuse	α Ori	Orion	0,8 *
Aldébaran	α Tau	Taureau	0,8
l'Épi	α Vir	Vierge	1
Antarès	α Sco	Scorpion	1 **
Pollux	β Gem	Gémeaux	1,1
Fomalhaut	α PsA	Poisson austral	1,1
Mimosa	β Cru	Croix du Sud	1,3
Deneb	α Cyg	Cygne	1,3

* variable entre 0,4 et 1,3
** variable entre 0,9 et 1,8

rayonner. Leur évolution comporte une succession de périodes durant lesquelles elles se contractent sous l'effet de leur propre gravitation ; la matière qui les constitue subit ainsi un échauffement de plus en plus intense, qui autorise le déclenchement de réactions nucléaires entre éléments de plus en plus lourds. Pendant la majeure partie de leur vie, elles tirent leur énergie de la transformation d'hydrogène en hélium (cas du Soleil actuel). Lorsque leur combustible nucléaire s'épuise, elles connaissent une phase explosive puis subissent une phase ultime d'effondrement gravitationnel qui engendre, selon leur masse, une naine* blanche, une étoile à neutrons ou un trou* noir. C'est grâce à l'enregistrement et à l'analyse de leurs spectres que l'on parvient à déterminer la composition chimique des étoiles, les conditions physiques (température et pression) régnant dans leurs atmosphères, leurs mouvements, etc.

ÉTOILÉ, E adj. **1.** Semé d'étoiles, d'objets en forme d'étoiles. *Ciel étoilé.* ◇ *Bannière étoilée :* drapeau des États-Unis. **2.** Formé de branches rayonnant à partir d'un point central.

ÉTOILE-D'ARGENT n.f. (pl. *étoiles-d'argent*). Edelweiss.

ÉTOILEMENT n.m. **1.** Action d'étoiler, de s'étoiler. **2.** Fêlure, crevasse en étoile.

ÉTOILER v.t. **1.** Fêler en étoile. *Étoiler un carreau.* **2.** Litt. Semer d'étoiles ou d'objets en forme d'étoiles.

ÉTOLE n.f. (lat. *stola,* robe). **1.** Insigne liturgique formé d'une large bande d'étoffe et porté par l'évêque, le prêtre et le diacre. **2.** Fourrure en forme d'étole.

ÉTOLIEN, ENNE adj. et n. De l'Étolie.

ÉTONNAMMENT adv. De façon étonnante.

ÉTONNANT, E adj. **1.** Qui frappe par son caractère inattendu, étrange. **2.** Prodigieux, extraordinaire, remarquable. *Une mémoire étonnante.*

ÉTONNEMENT n.m. Surprise causée par qqch d'extraordinaire, d'inattendu.

ÉTONNER v.t. (lat. pop. *extonare,* frapper de stupeur). Frapper, surprendre par qqch d'extraordinaire, d'inattendu ; stupéfier ; abasourdir. ◆ **s'étonner** v.pr. *(de).* Trouver étrange, être surpris (de).

ÉTOUFFADE n.f. → ***estouffade.***

ÉTOUFFAGE n.m. Action d'étouffer par un courant d'air chaud les chrysalides des vers à soie.

ÉTOUFFANT, E adj. Qui rend la respiration difficile ; suffocant. *La chaleur étouffante d'une salle.*

ÉTOUFFÉ, E adj. **1.** Décédé par étouffement. **2.** Dont on assourdit l'éclat. *Bruit, rire étouffés.*

ÉTOUFFE-CHRÉTIEN n.m. inv. Fam. Aliment, pâtisserie de consistance épaisse ou farineuse et difficile à avaler.

ÉTOUFFÉE n.f. **1.** Louisiane. Sauce sans roux préparée en faisant revenir les ingrédients. **2.** *À l'étouffée,* se dit d'un mode de cuisson des viandes ou des légumes à la vapeur, en vase clos. SYN. : *à l'étuvée.*

ÉTOUFFEMENT n.m. **1.** Action d'étouffer ; fait d'être étouffé. **2.** Grande difficulté à respirer, suffocation.

ÉTOUFFER v.t. (lat. pop. *stuffare,* boucher). **1.** Faire mourir par asphyxie. **2.** Gêner en rendant la respiration difficile. *Chaleur qui étouffe.* **3.** Arrêter la combustion de, éteindre. *Étouffer le feu.* **4.** Fig. Rendre moins sonore, assourdir, amortir. *Tapis qui étouffe les pas.* **5.** Fig. Empêcher la propagation, le développement de. *Étouffer un scandale, une révolte, un sentiment.* ◆ v.i. **1.** Mourir par asphyxie. **2.** Respirer avec peine. *On étouffe ici.* **3.** Être mal à l'aise. ◆ **s'étouffer** v.pr. Perdre la respiration.

ÉTOUFFEUR, EUSE n. Rare. Personne qui étouffe.

ÉTOUFFOIR n.m. **1.** MUS. Pièce de bois garnie de feutre permettant l'arrêt des vibrations d'une corde de clavecin ou de piano. **2.** Fam. Local dont l'atmosphère est chaude et confinée.

ÉTOUPE n.f. (lat. *stuppa*). Composante fibreuse produite lors du peignage et du teillage du lin, du chanvre.

ÉTOUPER v.t. Boucher avec de l'étoupe.

ÉTOUPILLE [etupij] n.f. Artifice contenant une composition fulminante servant à la mise à feu d'une charge de poudre.

ÉTOUPILLER v.t. Munir d'une étoupille.

ÉTOURDERIE n.f. **1.** Caractère de celui qui ne réfléchit pas avant d'agir ; irréflexion, distraction, inattention. **2.** Acte irréfléchi. *Commettre des étourderies.*

ÉTOURDI, E adj. et n. Qui agit ou parle sans réflexion, sans attention. *Un enfant étourdi.* ◆ adj. Qui est fait ou dit par étourderie.

ÉTOURDIMENT adv. En étourdi ; inconsidérément, imprudemment.

ÉTOURDIR v.t. (du lat. *turdus,* grive). **1.** Faire perdre à demi connaissance à. *Étourdir qqn d'un coup de bâton.* **2.** Causer une sorte de griserie à. *Le vin l'étourdit un peu.* **3.** Fatiguer, importuner par le bruit, les paroles. *Ce vacarme m'étourdit.* ◆ **s'étourdir** v.pr. S'efforcer de perdre conscience des réalités.

ÉTOURDISSANT, E adj. **1.** Qui étourdit par son bruit. **2.** Qui stupéfie par son caractère exceptionnel, extraordinaire. *Étourdissant de brio.*

ÉTOURDISSEMENT n.m. Perte de conscience passagère ; vertige, griserie.

ÉTOURNEAU n.m. (lat. *sturnus*). **1.** Passereau à plumage sombre tacheté de blanc, insectivore et frugivore. (Long. 20 cm ; famille des sturnidés.) SYN. : *sansonnet.* **2.** Fig. Personne d'esprit léger ; étourdi.

ÉTRANGE adj. (lat. *extraneus*). Qui sort de l'ordinaire ; singulier, bizarre. *Une nouvelle, un sourire étranges.*

ÉTRANGEMENT adv. De façon étrange.

étourneau

1. ÉTRANGER, ÈRE adj. et n. **1.** Qui est d'une autre nation que celle dont on est ressortissant. *Touristes étrangers. Disposition concernant les étrangers.* **2. a.** Qui n'appartient pas à une famille, un groupe, une ville. *Loger les étrangers de passage.* **b.** Afrique. Hôte de passage que l'on accueille chez soi quelques jours. ◆ adj. **1.** Qui n'appartient pas à la nation où on vit. *Langue étrangère.* **2.** Qui n'appartient pas à un organisme, une entreprise. *Personne étrangère au service.* **3.** Qui est sans rapport, sans relation avec. *Étranger à une affaire.* **4.** Qui n'est pas connu. *Visage étranger.* **5.** MÉD. *Corps étranger :* chose qui se trouve, contre nature, dans le corps de l'homme ou de l'animal.

2. ÉTRANGER n.m. Pays, ensemble de pays autre que celui dont on est citoyen. *Vivre à l'étranger.*

ÉTRANGETÉ n.f. **1.** Caractère de ce qui est étrange, bizarrerie. **2.** Litt. Action, chose étrange. **3.** PSYCHOL. *Sentiment d'étrangeté :* altération de la résonance affective des perceptions.

ÉTRANGLÉ, E adj. **1.** Resserré, trop étroit. **2.** *Voix étranglée,* à demi étouffée (sous l'effet de l'émotion, en particulier).

ÉTRANGLEMENT n.m. **1.** Action d'étrangler ; son résultat. **2.** Resserrement, rétrécissement. *L'étranglement d'une vallée.* ◇ *Goulet* (ou *goulot*) *d'étranglement :* difficulté limitant ou retardant une évolution.

ÉTRANGLER v.t. (lat. *strangulare*). **1.** Faire mourir par constriction ou occlusion des voies respiratoires. **2.** Resserrer, comprimer pour diminuer la largeur, l'ouverture. **3.** Empêcher de se manifester, de s'exprimer. *Étrangler la presse, les libertés.*

ÉTRANGLEUR, EUSE n. Personne qui étrangle.

ÉTRANGLOIR n.m. MAR. Appareil destiné à ralentir la course d'une chaîne d'ancre.

ÉTRAVE n.f. (mot scand.). MAR. Pièce massive qui forme la limite avant de la carène d'un navire. – *Propulseur d'étrave :* petite hélice placée dans un tunnel transversal près de l'étrave, et permettant le déplacement latéral du navire.

1. ÊTRE v.i. (lat. pop. *essere,* classique *esse*) [2]. **I.** Exister, avoir une réalité. *Je pense, donc je suis.* ◇ *N'être plus :* avoir cessé de vivre. **II.** Sert : **1.** À lier l'attribut, le complément (de lieu, de temps, de manière, etc.) au sujet. *La neige est blanche.* ◇ *Être à :* se trouver, avoir lieu à. *Elle est à Paris.* – *Être à :* appartenir à. *La voiture est à moi.* – *Être de :* provenir de, faire partie de. – *Être en :* être vêtu en. *Être en deuil.* – *Être pour :* apporter son soutien, son approbation à. – *Être sans :* manquer de. **2.** À former des locutions verbales. **a.** *En être :* être parvenu à un certain point, à un résultat. *Où en êtes-vous ?* ◇ *En être pour sa peine :* avoir perdu sa peine. **b.** *Y être :* être chez soi ; fig., comprendre. **3.** À certains emplois impersonnels. *C'est, ce sont,* etc. (pour présenter qqn, qqch). **4.** D'auxiliaire dans les temps composés des verbes passifs, pronominaux et de certains verbes neutres. *Nous sommes venus. Je me suis promenée.* **5.** De substitut à *aller* aux temps composés. *J'ai été à Rome.*

2. ÊTRE n.m. **1.** Le fait d'être, l'existence. **2.** Ce qui possède l'existence, la vie. *Les êtres vivants.* **3.** *L'Être suprême :* Dieu. (Spécialt dans le culte déiste organisé par Robespierre en mai-juin 1794.) **4.** Personne, individu. *Un être détestable.* **5.** *Être de raison :* ce qui n'a d'existence, de réalité, que dans notre pensée ; entité.

ÉTRÉCIR v.t. [32]. Vx. Rétrécir.

ÉTREINDRE v.t. (lat. *stringere*) [81]. **1.** Serrer fortement avec ses membres. *Lutteur qui étreint son adversaire.* **2.** Serrer dans ses bras en témoignage d'affection. **3.** Fig. Serrer douloureusement, tenailler. *L'émotion nous étreignait.*

ÉTREINTE n.f. Action d'étreindre, de serrer dans ses bras.

ÊTRE-LÀ n.m. inv. (calque de l'all. *Dasein*). PHILOS. Pour les existentialistes, l'homme existant concrètement dans le monde.

ÉTRENNE n.f. (lat. *strena*) **1.** (Surtout pl.). Cadeau, gratification offerts à l'occasion du premier jour de l'année. **2.** *Avoir l'étrenne de qqch*, en avoir l'usage le premier ou pour la première fois.

ÉTRENNER v.t. Utiliser pour la première fois. *Étrenner une robe.* ◆ v.i. Fig., fam. Être le premier à subir un inconvénient.

ÊTRES n.m. pl. (lat. *extera*, ce qui est à l'extérieur). Litt. Disposition des diverses parties d'une habitation.

ÉTRÉSILLON n.m. (altér. de *estesillon*, bâton). CONSTR. Élément de construction placé entre deux parties qui tendent à se rapprocher.

ÉTRÉSILLONNEMENT n.m. CONSTR. **1.** Action d'étrésillonner ; son résultat. **2.** Assemblage d'étrésillons.

ÉTRÉSILLONNER v.t. CONSTR. Soutenir, étayer au moyen d'étrésillons.

ÉTRIER n.m. (mot francique). **1.** Arceau en métal, suspendu par une courroie de chaque côté de la selle, et sur lequel le cavalier appuie le pied. – *Avoir le pied à l'étrier :* être prêt à monter à cheval, à partir ; fig., être en bonne voie pour réussir. – *Tenir l'étrier à qqn*, l'aider à monter à cheval ; fig., favoriser ses débuts. – *Coup de l'étrier :* verre que l'on boit avant de partir. – *Vider les étriers :* tomber de cheval. **2.** ALP. Petite échelle de corde munie de barreaux et utilisée en escalade artificielle. **3.** Pièce métallique de la fixation du ski destinée à maintenir l'avant de la chaussure. **4.** Pièce métallique pour renforcer une pièce de charpente ou pour la lier à une autre. **5.** ANAT. Osselet de l'oreille moyenne, s'articulant en dehors avec l'enclume, en dedans avec la fenêtre ovale.

ÉTRILLE n.f. (lat. *strigilis*). **1.** Instrument formé de petites lames dentelées, pour enlever les malpropretés qui s'attachent au poil des chevaux. **2.** Crabe comestible, à pattes postérieures aplaties en palette, commun sous les rochers. (Long. 6 cm ; famille des portunidés.)

ÉTRILLER v.t. **1.** Frotter avec l'étrille. *Étriller un cheval.* **2.** Battre, malmener fortement, réprimander. *Étriller un adversaire.* ◇ Fig. Critiquer vivement. *La critique a étrillé son dernier film.* **3.** Fig., fam. Faire payer trop cher à (qqn).

ÉTRIPAGE n.m. Action d'étriper.

ÉTRIPER v.t. **1.** Enlever les tripes, les entrailles de. *Étriper un lapin.* **2.** Fam. Blesser sauvagement, tuer à l'arme blanche.

ÉTRIQUÉ, E adj. (néerl. *strijken*, amincir). **1.** Qui manque d'ampleur, trop serré. *Une robe étriquée.* **2.** Fig. Mesquin, d'esprit étroit.

ÉTRIQUER v.t. Rendre trop étroit.

ÉTRIVE n.f. MAR. Amarrage fait sur deux cordages, à l'endroit où ils se croisent.

ÉTRIVIÈRE n.f. (de *étrier*). Courroie par laquelle un étrier est suspendu à la selle.

ÉTROIT, E adj. (lat. *strictus*). **1.** Qui a peu de largeur. *Chemin étroit.* ◇ *À l'étroit :* dans un espace trop petit. *Être logé à l'étroit.* **2.** Fig. Borné, qui manque d'envergure. *Esprit étroit.* **3.** Qui tient serré. *Nœud étroit.* **4.** Intime, qui lie fortement. *Étroite amitié.* **5.** Strict, rigoureux. *Étroite obligation.*

ÉTROITEMENT adv. **1.** À l'étroit. **2.** Intimement. *Amis étroitement unis.* **3.** Strictement, rigoureusement. *Appliquer étroitement les ordres.*

ÉTROITESSE n.f. **1.** Caractère de ce qui est peu large, qui manque d'espace ; exiguïté. **2.** Fig. Manque de largeur d'esprit, de générosité. *Étroitesse de vues.*

ÉTRON n.m. (mot germ.). Matière fécale consistante de forme moulée de l'homme et de quelques animaux ; excrément.

ÉTRUSQUE adj. et n. D'Étrurie. ◆ n.m. Langue sans parenté connue, parlée par les Étrusques.

ÉTUDE n.f. (lat. *studium*, zèle). **I. 1.** Travail de l'esprit qui s'applique à apprendre ou à approfondir. *L'étude des sciences.* **2.** Ensemble des travaux qui précèdent, préparent l'exécution d'un projet. *Bureau d'études.* **II. 1.** Ouvrage exposant les résultats d'une recherche. *Une étude sur Proust.* **2.** BX-A. Dessin (quelquefois peinture ou modelage) exécuté d'après nature, souvent comme préparation d'une œuvre plus élaborée ou d'une partie de celle-ci. **3.** MUS. Morceau composé en principe dans un dessein didactique. **III. 1. a.** Salle où les élèves travaillent en dehors des heures de cours. **b.** Temps qu'ils y passent. **2. a.** Local de travail d'un officier ministériel et de ses clercs. *Une étude de notaire.* **b.** Charge, personnel, clientèle de cet officier ministériel. ◆ pl. Ensemble des cours (et le cas échéant des séances de travaux et d'exercices pratiques) suivis dans un établissement scolaire ou universitaire.

ÉTUDIANT, E n. Personne qui suit des études supérieures. ◆ adj. Des étudiants ; relatif aux étudiants. *Le syndicalisme étudiant.*

ÉTUDIÉ, E adj. **1.** Préparé avec soin. *Discours étudié.* **2.** Volontairement composé, affecté. *Des gestes étudiés.* **3.** *Prix étudié*, aussi bas que possible.

ÉTUDIER v.t. **1.** Chercher à acquérir la connaissance ou la technique de ; apprendre. *Étudier le droit, la musique.* **2.** Examiner, analyser attentivement. *Étudier un projet.* ◆ **s'étudier** v.pr. S'observer soi-même avec attention.

ÉTUI n.m. (anc. fr. *estuier*, garder). **1.** Boîte, enveloppe destinée à contenir un objet ou à le recouvrir, et ayant grossièrement la même forme que lui. *Étui à lunettes. Étui d'un violon.* **2.** ARM. Cylindre qui contient la charge d'une cartouche et auquel est fixé le projectile.

ÉTUVAGE ou **ÉTUVEMENT** n.m. Action d'étuver.

ÉTUVE n.f. **1.** Local de bains dont on élève la température pour provoquer la transpiration. ◇ Fig. Pièce où il fait très chaud. **2.** TECHNOL. **a.** Enceinte où l'on traite à la chaleur et à la vapeur certains produits (aliments, bois, peaux, textiles). **b.** Appareil pour la désinfection ou la stérilisation par la chaleur. **c.** Appareil utilisé en microbiologie pour maintenir les cultures à une température constante.

ÉTUVÉE (À L') loc. adv. et adj. À l'étouffée.

ÉTUVEMENT n.m. → ***étuvage.***

ÉTUVER v.t. (du gr. *tuphos*, vapeur). **1.** Traiter à l'étuve. **2.** Cuire à l'étouffée.

ÉTUVEUR n.m. ou **ÉTUVEUSE** n.f. Appareil à étuver.

ÉTYMOLOGIE n.f. (gr. *etumos*, vrai, et *logos*, science). **1.** Étude scientifique de l'origine des mots. **2.** Origine ou filiation d'un mot.

ÉTYMOLOGIQUE adj. Relatif à l'étymologie, conforme à l'étymologie.

ÉTYMOLOGIQUEMENT adv. D'après l'étymologie.

ÉTYMOLOGISTE n. Spécialiste de l'étymologie.

ÉTYMON [etimɔ̃] n.m. LING. Forme attestée ou reconstituée dont on fait dériver un mot.

Eu, symbole chimique de l'europium.

EUBAGE n.m. HIST. Prophète celte païen.

EUCALYPTOL n.m. Huile essentielle retirée des feuilles d'eucalyptus et utilisée en médecine.

EUCALYPTUS [økaliptys] n.m. (gr. *eu*, bien, et *kaluptos*, couvert). Arbre originaire d'Australie, qui pousse surtout dans les régions chaudes et dont les feuilles sont très odorantes. (Haut. plus de 100 m en Australie, env. 30 m dans le midi de la France ; famille des myrtacées.)

EUCARIDE n.m. *Eucarides :* superordre de crustacés décapodes à carapace développée tels que le homard, le crabe, certaines crevettes.

EUCARYOTE adj. et n.m. Se dit des espèces vivantes dont la ou les cellules ont une membrane nucléaire séparant le noyau du cytoplasme (par opp. à *procaryote*).

EUCHARISTIE [økaristi] n.f. (gr. *eukharistia*, action de grâce). **1.** Sacrement qui, pour l'Église catholique, transforme réellement et substantiellement le pain et le vin en corps et sang de Jésus-Christ. **2.** Communion au pain et au vin consacrés ; messe. *Célébrer l'eucharistie.*

EUCHARISTIQUE adj. Relatif à l'eucharistie.

EUCLIDIEN, ENNE adj. Relatif à Euclide et à sa méthode. ◇ *Géométrie euclidienne*, qui repose sur le postulat des parallèles d'Euclide. – *Géométries non euclidiennes :* géométries dans lesquelles l'axiome correspondant à l'ancien postulat des parallèles est remplacé par un autre. – *Espace vectoriel euclidien :* espace vectoriel muni d'un produit scalaire.

EUCOLOGE n.m. Rare. Livre liturgique du rite byzantin, dont la deuxième partie correspond au *Rituel* latin.

EUDÉMIS [ødemis] n.m. Papillon dont la chenille, appelée encore *ver de la grappe*, attaque la vigne. (Famille des tortricidés.)

EUDIOMÈTRE n.m. (gr. *eudia*, beau temps). CHIM. Instrument servant à l'analyse volumétrique des mélanges gazeux ou à la mesure des variations de volume dans les réactions chimiques entre gaz.

EUDIOMÉTRIE n.f. CHIM. Détermination de la composition d'un gaz au moyen de l'eudiomètre.

EUDIOMÉTRIQUE adj. Relatif à l'eudiométrie.

EUDISTE n.m. Membre de la Société des prêtres de Jésus-et-Marie, fondée à Caen, en 1643, par saint Jean Eudes pour la formation des séminaristes et les missions paroissiales.

EUGÉNATE n.m. Pâte durcissante, à base d'oxyde de zinc et d'eugénol, très utilisée en chirurgie dentaire.

EUGÉNIQUE adj. Relatif à l'eugénisme.

EUGÉNISME n.m. ou **EUGÉNIQUE** n.f. (gr. *eu*, bien, et *gennân*, engendrer). Ensemble des méthodes qui visent à améliorer le patrimoine génétique de groupes humains, en limitant la reproduction des individus porteurs de caractères jugés défavorables ou en encourageant celle des individus porteurs de caractères jugés favorables ; théorie qui préconise de telles méthodes. (L'eugénisme, qui implique un jugement de valeur du patrimoine génétique des individus, à partir de l'observation d'un petit nombre de caractères physiques ou mentaux, a donné lieu à des formes graves de discrimination et de répression, partic. dans l'Allemagne nazie.)

EUGÉNISTE n. Partisan de l'eugénisme.

EUGÉNOL n.m. Constituant de l'essence de girofle, analgésique et antiseptique.

EUGLÈNE n.f. (gr. *euglênos*, aux beaux yeux). Protiste flagellé des eaux douces, à la fois nageur et chlorophyllien, muni d'un œil rudimentaire.

EUH interj. (onomat.). [Marquant l'étonnement, le doute, l'embarras]. *Viendrez-vous demain ? – Euh ! je ne sais pas encore.*

EUMÈNE n.m. (gr. *eumenês*, doux). Guêpe solitaire des régions chaudes.

EUMYCÈTE n.m. BOT. Champignon au sens strict du terme (par opp. à *myxomycète*).

EUNECTE n.m. (gr. *nêktos*, qui nage). ZOOL. Anaconda.

EUNUQUE n.m. (gr. *eunoukhos*, qui garde le lit). **1.** Homme castré à qui étaient confiées, dans l'Antiquité, des charges administratives importantes, puis, dans l'Empire ottoman, la garde du harem impérial. **2.** Fig., litt. Homme sans énergie, dépourvu de toute virilité.

eucalyptus

EUPATOIRE n.f. Plante de la famille des composées, dont une espèce à fleurs roses, appelée usuellement *chanvre d'eau,* est commune dans les lieux humides. (Haut. 1,50 m env.)

EUPEPTIQUE adj. et n.m. MÉD. Se dit d'un médicament qui améliore la digestion.

EUPHAUSIACÉ n.m. *Euphausiacés :* ordre de petits crustacés marins vivant en troupes immenses et formant le krill dont se nourrissent les baleines.

EUPHÉMIQUE adj. Qui relève de l'euphémisme, qui constitue un euphémisme.

EUPHÉMISME n.m. (gr. *euphêmismos,* emploi d'un mot favorable). Adoucissement d'une expression jugée trop crue, trop choquante. *Par euphémisme, on dit « il nous a quittés » pour « il est mort ».*

EUPHONIE n.f. (gr. *eu,* bien, et *phônê,* voix). Qualité des sons agréables à entendre ; résultat harmonieux de leur combinaison, en partic. dans le mot ou la phrase.

EUPHONIQUE adj. Qui produit l'euphonie. *Le* t *euphonique de « chantera-t-elle ».*

EUPHONIQUEMENT adv. De façon euphonique.

EUPHORBE n.f. (lat. *euphorbia herba ;* de *Euphorbe,* médecin de Juba, roi de Numidie). Plante très commune, à latex blanc, type de la famille des euphorbiacées.

EUPHORBIACÉE n.f. *Euphorbiacées :* famille de plantes dicotylédones, comprenant notamm. l'euphorbe, la mercuriale, l'hévéa, le croton, le ricin.

EUPHORIE n.f. (gr. *eu,* bien, et *pherein,* porter). Sensation intense de bien-être, de grande joie intérieure, de satisfaction, de plénitude.

EUPHORIQUE adj. Qui relève de l'euphorie, qui exprime cette sensation.

EUPHORISANT, E adj. et n.m. Se dit d'une substance qui procure l'euphorie. ◆ adj. Qui provoque l'euphorie. *Succès euphorisants.*

EUPHORISATION n.f. Action d'euphoriser.

EUPHORISER v.t. Rendre euphorique.

EUPHOTIQUE adj. HYDROL. Atteint par la lumière solaire, en parlant de la zone superficielle d'un océan ou d'un lac.

EUPHRAISE n.f. Plante qui parasite les racines des graminées. (Haut. 10 cm env. ; famille des scrofulariacées.)

EUPHUISME n.m. (de *Euphues,* roman de l'Anglais J. Lyly, 1578). LITTÉR. Préciosité (surtout dans l'Angleterre élisabéthaine).

EUPLECTELLE n.f. Spongiaire des mers chaudes, à squelette siliceux.

EUPRAXIQUE adj. (gr. *eu,* bien, et *praxis,* action). PSYCHOL. Adapté au but poursuivi, en parlant d'un comportement moteur.

EURAFRICAIN, E adj. Qui concerne à la fois l'Europe et l'Afrique.

EURASIATIQUE adj. Relatif à l'Eurasie.

EURASIEN, ENNE adj. et n. Métis d'Européen et d'Asiatique, partic. au Viêt Nam, en Inde et en Indonésie.

EURÊKA [øreka] interj. (gr. *hêurêka,* j'ai trouvé, exclamation attribuée à Archimède découvrant dans son bain la poussée des liquides sur les corps immergés). Parole de contentement qu'on emploie lorsqu'on trouve brusquement une solution, une bonne idée. *Eurêka ! j'ai la solution !*

E. U. R. L. n.f. (sigle). Entreprise unipersonnelle* à responsabilité limitée.

EUROBANQUE n.f. Banque dont l'activité repose sur les eurodevises.

EUROCENTRISME ou **EUROPÉOCENTRISME** n.m. Analyse de tous les problèmes d'un point de vue exclusivement européen.

EUROCOMMUNISME n.m. HIST. Courant d'idées visant à adapter les théories communistes à la situation politique des pays de l'Europe de l'Ouest.

EUROCOMMUNISTE adj. et n. Relatif à l'eurocommunisme ; partisan de cette tendance.

EUROCRATE n. Fam. Fonctionnaire des institutions européennes.

EURODÉPUTÉ n.m. Député au Parlement européen.

EURODEVISE n.f. Devise détenue par un non-résident et placée, en Europe, dans une banque d'un pays différent du pays d'origine de la devise. SYN. : *euromonnaie.*

EURODOLLAR n.m. Dollar déposé, à l'extérieur des États-Unis, dans une banque européenne.

EURODROITE n.f. Ensemble des courants politiques favorables à l'union des partis d'extrême droite en Europe.

EUROFRANC n.m. Franc déposé en Europe dans une banque d'un pays autre que la France.

EUROMARCHÉ n.m. Marché européen des capitaux.

EUROMISSILE n.m. Nom donné aux missiles nucléaires américains de moyenne portée installés en 1983 dans certains pays de l'O.T.A.N. (Ils ont été retirés à partir de 1987.)

EUROMONNAIE n.f. Eurodevise.

EURO-OBLIGATION n.f. (pl. *euro-obligations*). Valeur à revenu fixe libellée en eurodevises, émise sur le marché financier international par l'intermédiaire de banques de diverses nationalités.

EUROPÉANISATION n.f. Action d'européaniser ; fait d'être européanisé.

EUROPÉANISER v.t. **1.** Faire adhérer au mode de vie européen ; rendre européen par les habitudes, la manière d'être, de penser. **2.** Considérer, envisager (un problème, une question) à l'échelle de l'Europe.

EUROPÉEN, ENNE adj. et n. **1.** D'Europe. **2.** Favorable à la construction européenne. **3.** Afrique. Se dit de toute personne de race blanche. ◆ adj. **1.** Relatif à la communauté économique ou politique de l'Europe. **2.** *Élections européennes* ou *européennes,* n.f. pl. : élections des députés au Parlement européen.

EUROPÉOCENTRISME n.m. → ***eurocentrisme.***

EUROPIUM [ørɔpjɔm] n. m. Métal du groupe des lanthanides ou terres rares ; élément chimique (Eu) de numéro atomique 63, de masse atomique 151,96.

EUROSCEPTIQUE n. et adj. Personne qui doute de la viabilité ou de l'utilité de la construction de l'Union européenne.

EUROSTRATÉGIE n.f. **1.** Étude des questions stratégiques spécifiquement liées à la situation géographique et politique des États de l'ouest de l'Europe. **2.** Stratégie globale des pays de l'ouest de l'Europe.

EUROTERRORISME n.m. Ensemble des mouvements terroristes qui se développent à l'échelle de l'Europe occidentale.

EURYHALIN, E adj. BIOL. Qui supporte de grandes différences de salinité, en parlant d'un organisme marin.

EURYHALINITÉ n.f. BIOL. Caractère d'un organisme euryhalin.

EURYTHERME adj. BIOL. Qui supporte de grandes différences de température, en parlant des organismes poïkilothermes.

EURYTHERMIE n.f. BIOL. Caractère d'un organisme eurytherme.

EURYTHMIE n.f. (gr. *eu,* bien, et *ruthmos,* rythme). **1.** Combinaison harmonieuse des proportions, des lignes, des couleurs, des sons. **2.** MÉD. Parfaite régularité du pouls.

EURYTHMIQUE adj. Qui a un rythme régulier, harmonieux.

EUSCARA ou **EUSKERA** n.m. → ***eskuara.***

EUSCARIEN, ENNE, EUSKARIEN, ENNE ou **EUSKERIEN, ENNE** n. et adj. → ***eskuarien.***

EUSTACHE n.m. Arg. et vx. Couteau de poche, à manche de bois et à lame unique.

EUSTATIQUE adj. Relatif à l'eustatisme.

EUSTATISME n.m. (gr. *eu,* bon, et *stasis,* niveau). GÉOL. Variation du niveau général des océans, due à un changement climatique ou à des mouvements tectoniques.

EUTECTIQUE adj. Relatif à l'eutexie.

EUTEXIE n.f. (gr. *eu,* bien, et *têkein,* fondre). CHIM. Propriété présentée par des mélanges solides en proportions bien déterminées, dont la fusion se fait à température constante *(point d'eutexie)* comme celle des corps purs.

EUTHANASIE n.f. (gr. *eu,* bien, et *thanatos,* mort). Ensemble des méthodes qui procurent une mort sans souffrance, afin d'abréger une longue agonie ou une maladie très douloureuse à l'issue fatale. (On distingue cette forme d'euthanasie « active », illégale dans la plupart des pays, de l'euthanasie « passive », qui consiste à laisser venir la mort sans acharnement thérapeutique.)

EUTHANASIQUE adj. Relatif à l'euthanasie.

EUTHÉRIEN n.m. Mammifère placentaire typique.

EUTOCIE [øtɔsi] n.f. (gr. *eutokia*). MÉD. Accouchement normal (par opp. à *dystocie*).

EUTOCIQUE adj. Relatif à l'eutocie.

EUTROPHISATION n.f. ÉCOL. Enrichissement d'une eau en sels minéraux (nitrates et phosphates notamm.), entraînant des déséquilibres pouvant nuire aux espèces présentes et rendre l'eau impropre à la consommation. (Ce processus naturel ou artificiel [pollution] peut concerner les lacs, les étangs, les rivières à faible débit ou les eaux littorales peu profondes.)

EUX pron. pers. masc. pl. de *lui.*

eV, symbole de l'électronvolt.

ÉVACUANT, E adj. et n.m. Se dit d'un produit qui fait évacuer le contenu intestinal.

1. ÉVACUATEUR, TRICE adj. Qui sert à l'évacuation.

2. ÉVACUATEUR n.m. *Évacuateur de crues :* dispositif assurant l'évacuation des eaux surabondantes d'un barrage.

ÉVACUATION n.f. **1.** Action d'évacuer. **2.** MÉD. Rejet par voie naturelle ou artificielle de matières nuisibles ou trop abondantes.

ÉVACUÉ, E n. et adj. Habitant d'une zone de combat, d'une zone sinistrée ou dangereuse, contraint de quitter son domicile.

ÉVACUER v.t. (lat. *evacuare,* vider). **I. 1.** Faire sortir, transporter (qqn) dans un autre endroit. *Évacuer un blessé.* **2.** Faire quitter en masse (un lieu). *Évacuer un théâtre.* **3.** Cesser d'occuper (un lieu). *Les spectateurs ont évacué la salle.* **II. 1.** Rejeter, éliminer (des matières accumulées dans une partie du corps). *Évacuer le pus d'un abcès.* **2.** Déverser, vider, rejeter à l'extérieur. *Évacuer l'eau d'une citerne.*

ÉVADÉ, E adj. et n. Qui s'est échappé de l'endroit où il était détenu.

ÉVADER (S') v.pr. (lat. *evadere,* sortir de). **1.** S'échapper, s'enfuir d'un lieu où l'on était enfermé, détenu. **2.** Se distraire, se soustraire à l'emprise des soucis, se libérer des contraintes quotidiennes.

ÉVAGINATION n.f. (lat. *ex,* hors de, et *vagina,* gaine). PATHOL. Sortie d'un organe hors de sa gaine.

ÉVALUABLE adj. Qui peut être évalué.

ÉVALUATEUR n.m. Canada. *Évaluateur agréé :* personne qui donne son jugement sur la valeur d'un bien, d'un droit.

ÉVALUATIF, IVE adj. **1.** Qui contient ou qui constitue une évaluation. *Devis évaluatif.* **2.** *Crédit évaluatif :* crédit qui sert à acquitter les dettes de l'État.

ÉVALUATION n.f. **1.** Action d'évaluer. **2.** Quantité évaluée.

ÉVALUER v.t. (lat. *valere,* valoir). Déterminer la valeur, le prix, l'importance de.

ÉVANESCENCE n.f. Litt. Caractère de ce qui est évanescent.

ÉVANESCENT, E adj. (lat. *evanescens*). Litt. Qui disparaît par degrés, qui s'efface peu à peu ; qui ne dure pas.

ÉVANGÉLIAIRE n.m. Livre liturgique contenant l'ensemble des passages de l'Évangile qui sont lus à la messe.

ÉVANGÉLIQUE adj. **1.** Relatif à l'Évangile ; contenu dans l'Évangile ; conforme aux préceptes de l'Évangile. **2.** Qui appartient à une Église protestante.

ÉVANGÉLIQUEMENT adv. De façon évangélique.

ÉVANGÉLISATEUR, TRICE adj. et n. Qui évangélise.

ÉVANGÉLISATION n.f. Action d'évangéliser.

ÉVANGÉLISER v.t. Prêcher l'Évangile à ; convertir au christianisme par la prédication.

ÉVANGÉLISME n.m. **1.** Aspiration ou tendance à retourner à une vie religieuse selon l'esprit évangélique. **2.** Doctrine des Églises évangéliques.

ÉVANGÉLISTE n.m. **1.** Auteur d'un des quatre Évangiles. **2.** Prédicateur laïc, dans certaines Églises protestantes.

ÉVANGILE n.m. (gr. *euaggelion,* bonne nouvelle). **I.** (Avec une majuscule). **1.** Message, enseignement de Jésus-Christ. **2.** Ensemble des quatre livres où sont consignées la vie et les paroles de Jésus-Christ ; chacun de ces livres. **II. 1.** Passage de ces livres lu durant la messe ; moment de cette lecture. **2.** Fig. Texte, document qui sert de fondement à une doctrine. ◇ *Parole d'évangile,* dont on est certain, à laquelle on peut se fier.

ÉVANOUIR (S') v.pr. (lat. *evanescere*). **1.** Perdre connaissance ; tomber en syncope. **2.** Disparaître, se dissiper.

ÉVANOUISSEMENT n.m. **1.** Fait de s'évanouir ; perte de connaissance. **2.** Litt. Disparition, effacement. **3.** Diminution temporaire de l'intensité de signaux radioélectriques, due à des variations des conditions de propagation. SYN. (anglic. déconseillé) : *fading*.

ÉVAPORABLE adj. Qui peut s'évaporer, être évaporé.

ÉVAPORATEUR n.m. **1.** Élément d'un circuit frigorifique, échangeur de chaleur dans lequel le liquide frigorigène se vaporise en produisant du froid. **2.** Appareil servant à la dessiccation des fruits, des légumes, du lait, etc. **3.** MAR. Appareil chauffé à la vapeur et servant à distiller l'eau de mer.

ÉVAPORATION n.f. Transformation sans ébullition d'un liquide en vapeur.

ÉVAPORATOIRE adj. Propre à provoquer l'évaporation.

ÉVAPORÉ, E adj. et n. Se dit d'une personne au caractère léger, frivole.

ÉVAPORER v.t. (lat. *evaporare*). Produire l'évaporation de (un liquide). ◆ **s'évaporer** v.pr. **1.** Se transformer en vapeur par évaporation. **2. a.** Litt. Disparaître, cesser d'être. **b.** Fam. Disparaître brusquement, s'éclipser.

ÉVAPORITE n.f. Dépôt (sel gemme, chlorure de potassium, etc.) résultant d'une évaporation de l'eau de mers fermées (mer Morte, par ex.), de lagunes ou de lacs salés.

ÉVAPOTRANSPIRATION n.f. Ensemble des phénomènes d'évaporation de l'eau du sol et des nappes liquides, et de transpiration des végétaux.

ÉVASÉ, E adj. Large, bien ouvert.

ÉVASEMENT n.m. État de ce qui est évasé ; orifice ou sommet élargi.

ÉVASER v.t. (du lat. *vas*, vase). **1.** Élargir l'orifice, l'ouverture de. **2.** Spécialt. Élargir un vêtement par le bas. ◆ **s'évaser** v.pr. S'ouvrir, être largement ouvert ; être plus large à une extrémité.

ÉVASIF, IVE adj. Imprécis, vague ; suffisamment ambigu pour ne pas pouvoir être interprété ou compris. *Une réponse évasive.*

ÉVASION n.f. **1.** Action de s'évader, de s'échapper d'un lieu où l'on était enfermé. ◇ *Évasion fiscale :* fait de parvenir, par des moyens légaux, à ne pas payer l'impôt auquel on est normalement assujetti. – *Évasion de capitaux :* exportation, souvent clandestine, de capitaux que leur détenteur souhaite soustraire aux conditions économiques ou fiscales de son pays. SYN. : *fuite des capitaux.* **2.** Distraction, changement.

ÉVASIVEMENT adv. De façon évasive.

ÉVASURE n.f. TECHN. Ouverture plus ou moins large d'un orifice.

ÉVÊCHÉ n.m. **1.** Territoire soumis à la juridiction d'un évêque. SYN. : *diocèse*. **2.** Siège, palais épiscopal.

ÉVECTION n.f. (lat. *evectio*). ASTRON. Inégalité périodique dans le mouvement de la Lune.

ÉVEIL n.m. **I. 1.** Fait de s'éveiller, de sortir du sommeil ; action d'éveiller, de réveiller qqn. **2.** Fait de sortir de son sommeil, de son engourdissement. *L'éveil de la nature.* **II. 1.** Action d'éveiller, de sensibiliser qqn à qqch. *L'éveil des enfants à la lecture.* ◇ *En éveil :* attentif, aux aguets. – *Donner l'éveil à qqn,* le mettre en garde, attirer son attention. **2.** Fait de s'éveiller à qqch, de se manifester, d'apparaître. *Éveil de la sensibilité.* ◇ *Disciplines d'éveil,* destinées à développer, chez les enfants de l'école élémentaire, le goût de l'observation, la curiosité intellectuelle, etc. (Ce sont l'histoire, la géographie, les sciences d'observation et les activités artistiques.)

ÉVEILLÉ, E adj. Dont l'esprit est en éveil, dont l'intelligence est vive, alerte.

ÉVEILLER v.t. (lat. *evigilare*). **1.** Litt. Tirer du sommeil ; réveiller. **2.** Exciter, développer (une faculté, un sentiment, etc.) ; provoquer (une réaction). ◆ **s'éveiller** v.pr. Cesser de dormir, se réveiller.

ÉVEILLEUR, EUSE n. Rare. Personne qui provoque l'éveil, l'apparition d'un sentiment, d'une faculté intellectuelle.

ÉVEINAGE n.m. MÉD. Ablation des veines variqueuses des membres inférieurs. SYN. (anglic. déconseillé) : *stripping*.

ÉVÈNEMENT ou **ÉVÉNEMENT** n.m. (du lat. *evenire,* arriver). **1.** Ce qui se produit, arrive ou apparaît ; fait, circonstance. **2.** Fait important, marquant. ◇ *Attendre un heureux évènement :* être enceinte. **3.** STAT. Éventualité qui se réalise, dans un univers donné. ◆ pl. Ensemble de faits marquants, exceptionnels. *Les évènements de mai 68.* – REM. L'orthographe *évènement,* conforme à la prononciation, a été admise par l'Académie (1975-1987).

ÉVÈNEMENTIEL, ELLE ou **ÉVÉNEMENTIEL, ELLE** [-sjɛl] adj. **1.** Qui narre des évènements en suivant le seul ordre chronologique. *Histoire évènementielle.* **2.** Relatif à un évènement particulier. ◆ n.m. Ce qui concerne les évènements au jour le jour, l'actualité.

ÉVENT n.m. (de *éventer*). **1.** Altération des aliments ou des boissons causée par l'action de l'air. **2.** TECHN. Chacun des orifices ménagés dans un moule de fonderie, un réservoir, un tuyau, etc., pour laisser échapper les gaz. **3.** ZOOL. Narine simple ou double des cétacés.

ÉVENTAIL n.m. (pl. *éventails*). **1.** Accessoire portatif, constitué essentiellement d'un demi-cercle de tissu ou de papier ajusté à une monture repliable, dont on se sert pour s'éventer. **2.** ARCHIT. *Voûte en éventail :* voûte très ouvragée caractéristique du style gothique perpendiculaire anglais. **3.** *Éventail de :* grand choix de choses, d'articles de même catégorie.

ÉVENTAIRE n.m. **1.** Étalage de marchandises, à l'extérieur d'une boutique. **2.** Vieilli. Plateau que portent devant eux certains marchands ambulants.

ÉVENTÉ, E adj. **1.** Altéré par l'air. *Vin éventé.* **2.** Divulgué. *Secret éventé.*

ÉVENTER v.t. (du lat. *ventus,* vent). **1.** Divulguer, révéler. *Éventer un secret.* **2. a.** Exposer au vent, à l'air. ◇ *Éventer le grain,* le remuer pour éviter la fermentation. **b.** Donner du vent, de l'air à (qqn). ◆ **s'éventer** v.pr. **1.** S'altérer au contact de l'air. *Parfum qui s'évente.* **2.** Se rafraîchir en agitant l'air (en partic. avec un éventail).

ÉVENTRATION n.f. Rupture congénitale ou accidentelle de la paroi musculaire de l'abdomen, qui laisse les viscères en contact direct avec la peau.

ÉVENTRER v.t. **1.** Ouvrir le ventre à. **2.** Ouvrir qqch de force, en le défonçant, en y faisant une brèche.

ÉVENTREUR n.m. Assassin qui tue en éventrant. *Jack l'Éventreur.*

ÉVENTUALITÉ n.f. **1.** Fait qui peut se réaliser. *Parer à toute éventualité.* **2.** Caractère de ce qui est éventuel.

ÉVENTUEL, ELLE adj. (lat. *eventus,* évènement). Qui dépend des circonstances ; hypothétique, possible.

ÉVENTUELLEMENT adv. De façon éventuelle ; le cas échéant.

ÉVÊQUE n.m. **1.** Prêtre qui a reçu la plénitude du sacerdoce et qui a la direction spirituelle d'un diocèse, dans l'Église catholique romaine et dans les Églises de rite oriental. **2.** Dignitaire ecclésiastique, dans plusieurs Églises protestantes.

ÉVERSION n.f. PATHOL. Renversement du pourtour d'un orifice.

ÉVERTUER (S') v.pr. *(à).* Faire des efforts pour, s'efforcer de.

ÉVHÉMÉRISME [evemerism] n.m. (de *Évhémère,* n.pr.). Conception selon laquelle les personnages de la mythologie sont des êtres humains divinisés après leur mort.

ÉVICTION n.f. (lat. *evictio*). **1.** Action d'évincer, fait d'être évincé ; expulsion par force ou par manœuvre. ◇ *Éviction scolaire :* interdiction faite à un enfant contagieux de fréquenter temporairement l'école. **2.** DR. Perte d'un droit sur une chose en raison de l'existence d'un droit d'un tiers sur la même chose.

ÉVIDAGE n.m. Action d'évider.

ÉVIDEMENT n.m. **1.** Action d'évider ; partie évidée. **2.** CHIR. Opération qui consiste à enlever la moelle osseuse sans toucher au périoste.

ÉVIDEMMENT [evidamɑ̃] adv. **1.** Certainement, sans aucun doute. **2.** De façon évidente.

ÉVIDENCE n.f. **1.** Chose évidente. **2.** Caractère de ce qui est évident. ◇ *De toute évidence, à l'évidence :* sûrement. – *Mettre en évidence :* rendre manifeste. – *Se mettre en évidence :* se faire remarquer.

ÉVIDENT, E adj. (lat. *evidens*). **1.** Qui s'impose à l'esprit, d'une certitude absolue ; manifeste, indiscutable. **2.** Fam. *Ne pas être évident :* ne pas être facile à faire.

ÉVIDER v.t. (de *vide*). **1.** Enlever de la matière à un objet. **2.** Pratiquer une échancrure dans le contour de.

ÉVIDOIR n.m. Outil servant à évider.

ÉVIDURE n.f. Creux d'un objet évidé.

ÉVIER n.m. (lat. *aquarius,* relatif à l'eau). Cuve munie d'une alimentation en eau et d'une vidange, dans laquelle on lave notamment la vaisselle.

ÉVINCEMENT n.m. Action d'évincer.

ÉVINCER v.t. (lat. *evincere,* vaincre) [16]. **1.** Éloigner, écarter (qqn) par intrigue. **2.** DR. Déposséder légalement (un possesseur de bonne foi).

ÉVISCÉRATION [eviserasjɔ̃] n.f. MÉD. Sortie des viscères hors de l'abdomen. (Généralement due à la désunion d'une plaie opératoire, l'éviscération impose une intervention d'urgence.)

ÉVISCÉRER v.t. [18]. Enlever les viscères, les entrailles de. *Éviscérer un cadavre.*

ÉVITABLE adj. Qui peut être évité.

ÉVITAGE n.m. MAR. Mouvement d'un navire qui évite ; espace libre de tout obstacle nécessaire à ce mouvement. *Cercle d'évitage.*

ÉVITEMENT n.m. **1.** PSYCHOL. *Réaction d'évitement,* par laquelle un être vivant évite, apprend à éviter un stimulus donné. **2.** Belgique. Déviation de la circulation routière. **3.** CH. DE F. *Voie d'évitement :* voie doublant une voie principale permettant le garage momentané d'un train en vue de son dépassement par un autre train.

ÉVITER v.t. (lat. *evitare*). **1.** Échapper, parer à (qqch de nuisible ou de désagréable). *Éviter un accident de justesse.* **2.** Permettre (à qqn) d'échapper à (qqch de dangereux ou de pénible). *Éviter une corvée à un ami.* **3.** *Éviter de :* s'abstenir, se garder de. **4.** S'efforcer de ne pas rencontrer (qqn). ◆ v.i. MAR. Tourner au bout de sa ligne de mouillage autour de son ancre, sous l'action du vent ou du courant, en parlant d'un navire.

ÉVOCABLE adj. Qui peut être évoqué.

1. ÉVOCATEUR, TRICE adj. Qui évoque, qui a le pouvoir d'évoquer (qqn, qqch).

2. ÉVOCATEUR n.m. ÉTHOL. Stimulus déclencheur.

ÉVOCATION n.f. **1.** Action d'évoquer ; ce qui est évoqué. **2.** PSYCHOL. Fonction de la mémoire par laquelle les souvenirs sont rappelés à la conscience. **3.** DR. Pouvoir d'évoquer d'une cour d'appel ; fait d'évoquer.

ÉVOCATOIRE adj. Qui permet une évocation.

ÉVOÉ ou **ÉVOHÉ** interj. Litt. (Marquant la joie). *Les bacchantes criaient « Évoé ! » en l'honneur de Dionysos.*

ÉVOLUÉ, E adj. Qui a atteint un certain degré d'évolution ou de culture. ◆ adj. et n. Afrique. Qui a reçu une éducation de type européen.

ÉVOLUER v.i. **1.** Se modifier, se transformer progressivement. *La société évolue sans cesse.* **2.** Modifier sa manière de penser, de se conduire ; changer. *Il a beaucoup évolué depuis son séjour à l'étranger.* **3.** Exécuter une, des évolutions. *Patineurs qui évoluent gracieusement sur la glace.* **4.** SPORTS. Jouer, notamm. en compétition. *Footballeur qui évolue en première division.*

ÉVOLUTIF, IVE adj. **1.** Susceptible d'évolution ; qui produit cette évolution. **2.** MÉD. Dont les symptômes ou les manifestations se succèdent sans interruption.

ÉVOLUTION n.f. (lat. *evolutio,* déroulement). **I. 1.** Transformation graduelle et continuelle. *L'évolution des mœurs.* **2.** Succession des phases d'une maladie. *Cancer à évolution lente.* **3.** Ensemble des changements subis au cours des temps géologiques par les lignées animales et végétales, ayant eu pour résultat l'apparition de formes nouvelles. **II.** (Souvent au pl.). **1.** Mouvement ou ensemble de mouvements divers et coordonnés. *Les évolutions d'un acrobate.* **2.** Mouvement ordonné exécuté par une troupe, des véhicules, des navires, des avions, dans une formation précise fixée d'avance.

ÉVOLUTIONNISME n.m. **1.** BIOL. Ensemble des théories explicatives de l'évolution des espèces au cours des âges (lamarckisme, darwinisme, mutationnisme). **2.** ANTHROP., SOCIOL. Doctrine selon laquelle l'histoire des sociétés se déroule de façon progressive et sans discontinuité.

ÉVOLUTIONNISTE adj. et n. Relatif à l'évolutionnisme ; partisan de l'évolutionnisme.

ÉVOLUTIVITÉ n.f. MÉD. Potentiel évolutif d'une affection ou d'une tumeur.

ÉVOQUER v.t. (lat. *evocare*). **1.** Faire penser à, rappeler. *Son nom t'évoque-t-il quelque chose ?* **2.** Rappeler (qqch de passé) à la mémoire. **3.** Faire allusion à, rendre présent à l'esprit. *Évoquer le problème de la faim dans le monde.* **4.** Faire apparaître (des esprits, etc.) par la magie. **5.** DR. Statuer sur l'appel et sur les points non jugés en première instance, dans certains cas, en parlant d'une cour d'appel.

ÉVULSION n.f. CHIR. Vx. Extraction.

EVZONE [ɛvzɔn] n.m. (gr. *euzônos,* qui a une belle ceinture). Fantassin grec.

EX- préfixe (mot lat., *hors de*). [Exprimant ce que qqn ou qqch a cessé d'être ou ne possède plus.] *Un ex-ministre. Un titre de rente ex-coupon.*

EXA-, préfixe (symb. E) qui, placé devant une unité, la multiplie par 10^{18}.

EX ABRUPTO loc. adv. (lat. *abruptus,* abrupt). Brusquement, sans préparation.

EXACERBATION n.f. Paroxysme, exaspération d'un sentiment, d'une sensation, etc.

EXACERBER v.t. (lat. *exacerbare,* irriter). Pousser (un sentiment, un état) à un très haut degré, à son paroxysme. *Exacerber la colère de qqn.*

EXACT, E [ɛgzakt] ou [ɛgza, akt] adj. (lat. *exactus,* achevé). **1.** Juste, conforme à la règle ou à la vérité. *Calcul exact.* ◇ *Sciences exactes :* mathématiques, astronomie, sciences physiques (par opp. à *sciences humaines*). **2.** Qui respecte l'horaire, ponctuel. *Fonctionnaire exact.*

EXACTEMENT adv. Précisément, rigoureusement ; avec exactitude.

EXACTEUR n.m. Litt., rare. Celui qui commet une exaction.

EXACTION n.f. (lat. *exactio,* action de faire payer). Litt. Action d'exiger plus qu'il n'est dû ou ce qui n'est pas dû (notamm. par abus de pouvoir). ◆ pl. Sévices, actes de violence, de pillage commis contre des populations.

EXACTITUDE n.f. **1.** Caractère de ce qui est juste, rigoureux, conforme à la logique. **2.** Qualité d'une personne exacte, ponctuelle.

EX AEQUO [egzeko] loc. adv. et adj. inv. (mots lat., *à égalité*). Qui est sur le même rang. ◆ n. inv. Situation de personnes qui ont obtenu le même rang ; ces personnes. *Il y a deux ex aequo à ce concours.*

EXAGÉRATION n.f. Action d'exagérer ; excès.

EXAGÉRÉ, E adj. Où il y a de l'exagération ; outré, excessif. *Ces estimations sont très exagérées.*

EXAGÉRÉMENT adv. De façon exagérée.

EXAGÉRER v.t. (lat. *exaggerare,* entasser) [18]. Accentuer à l'excès, outrer. *Exagérer un détail.* ◆ v.i. Dépasser la mesure, la vérité, dans ses paroles ou ses actes. ◆ **s'exagérer** v.pr. *S'exagérer qqch,* lui donner trop d'importance.

EXALTANT, E adj. Qui provoque de l'exaltation ; qui stimule.

EXALTATION n.f. **1.** Surexcitation intellectuelle et affective, emportement euphorique. **2.** Litt. Élévation à un très haut degré d'un sentiment, d'un état affectif. *L'exaltation du sentiment religieux.* **3.** Litt. Éloge ; glorification. *L'exaltation du travail.*

EXALTÉ, E adj. et n. Empreint d'exaltation, passionné.

EXALTER v.t. (lat. *exaltare,* élever). **1.** Provoquer l'exaltation de ; enthousiasmer, exciter. *Récit qui exalte l'imagination.* **2.** Litt. Faire l'éloge de, célébrer (qqn, qqch). ◆ **s'exalter** v.pr. Céder à l'exaltation, s'enthousiasmer.

EXAMEN [ɛgzamɛ̃] n.m. (mot lat.). **1.** Observation attentive, étude minutieuse. *Examen d'une question.* **2.** *Examen médical :* ensemble des investigations cliniques et techniques effectuées par un médecin pour apprécier l'état de santé de qqn. **3.** *Examen de conscience :* examen critique de sa propre conduite. ◇ *Libre examen :* fait de ne croire que ce que la raison individuelle peut contrôler. **4.** Épreuve ou ensemble d'épreuves que subit un candidat. *Passer un examen.* Abrév. (fam.) : *exam.* **5.** DR. *Mise en examen :* acte de procédure par lequel le juge d'instruction fait connaître à qqn les faits qui lui sont pénalement reprochés.

EXAMINATEUR, TRICE n. Personne chargée de faire passer un examen à un candidat.

EXAMINER v.t. (lat. *examinare*). **1.** Observer attentivement, minutieusement. *Examiner une affaire.* **2.** Faire subir un examen, notamment médical.

EX ANTE [ɛksɑ̃te] loc. adj. (mots lat., *d'avant*). Se dit de l'analyse des faits économiques effectuée de façon prévisionnelle. *Calcul ex ante* (par opp. à *ex post*).

EXANTHÉMATIQUE adj. De la nature de l'exanthème ; qui s'accompagne d'exanthème.

EXANTHÈME n.m. (gr. *exanthêma,* efflorescence). MÉD. Éruption cutanée accompagnant certaines maladies infectieuses (rubéole, scarlatine, rougeole, varicelle).

EXARCHAT [ɛgzarka] n. m. Dignité d'exarque. **1.** HIST. Gouvernement militaire byzantin commandé par un exarque. **2.** Circonscription ecclésiastique dirigée par un exarque, en Orient.

EXARQUE n.m. (gr. *exarkhos*). **1.** HIST. Dignitaire gouvernant en Italie et en Afrique pour le compte des empereurs byzantins. **2.** Prélat de l'Église orientale qui a juridiction épiscopale.

EXASPÉRANT, E adj. Qui exaspère.

EXASPÉRATION n.f. **1.** Fait de s'exaspérer, d'être exaspéré. **2.** Litt. Exacerbation.

EXASPÉRER v.t. (lat. *exasperare ;* de *asper,* âpre) [18]. **1.** Mettre au comble de l'irritation, de l'énervement ; irriter. **2.** Litt. Exacerber (un sentiment, un désir, etc.).

EXAUCEMENT n.m. Action d'exaucer.

EXAUCER [ɛgzose] v. t. (lat. *exaltare,* élever) [16]. Satisfaire qqn en lui accordant ce qu'il demande ; accueillir favorablement (ce qui est demandé). *Exaucer un désir.*

EX CATHEDRA loc. adv. (mots lat., *du haut de la chaire*). **1.** CATH. Se dit du pape lorsqu'en tant que chef de l'Église il proclame une vérité de foi. **2.** Litt. D'un ton doctoral, dogmatique.

EXCAVATEUR n.m. ou **EXCAVATRICE** n.f. TR. PUBL. Engin de terrassement muni d'une roue-pelle ou d'une chaîne à godets circulant sur une élinde.

EXCAVATION n.f. **1.** Action de creuser dans le sol. **2.** Creux, cavité.

EXCAVER v.t. (du lat. *cavus,* creux). TR. PUBL. Creuser dans (la terre).

EXCÉDANT, E adj. Qui excède ; qui fatigue ou importune extrêmement.

EXCÉDENT n.m. Ce qui excède en quantité ; surplus. ◇ ÉCON. Solde positif (par opp. à *déficit*). – *Excédent de la balance commerciale,* solde positif de celle-ci, réalisé lorsque les exportations dépassent en valeur le montant des importations.

EXCÉDENTAIRE adj. Qui est en excédent.

EXCÉDER v.t. (lat. *excedere,* s'en aller) [18]. **1.** Dépasser en nombre, en quantité, en durée (la limite fixée). *La dépense excède les recettes.* **2.** Litt. Outrepasser. *Excéder son pouvoir.* **3.** Importuner, exaspérer. *Ce bruit m'excède.*

EXCELLEMMENT [-lamɑ̃] adv. Litt. De façon excellente.

EXCELLENCE n.f. **1.** Caractère excellent de qqn, de qqch ; perfection. – *Prix d'excellence :* prix accordé au meilleur élève d'une classe. ◇ *Par excellence :* au plus haut point ; tout particulièrement. **2.** (Avec une majuscule.) Titre donné notamm. aux ambassadeurs, aux ministres, aux évêques. *Votre, Son Excellence.*

EXCELLENT, E adj. Supérieur dans son genre ; très bon, parfait.

EXCELLER v.i. (lat. *excellere*). Être supérieur en son genre, l'emporter sur les autres. *Exceller en mathématiques.*

EXCENTRATION n.f. Action d'excentrer.

EXCENTRÉ, E adj. Loin du centre ; excentrique. *Région excentrée.*

EXCENTRER v.t. MÉCAN. Déplacer le centre, l'axe de.

EXCENTRICITÉ n.f. **I.** Originalité, extravagance d'une personne excentrique ; acte extravagant. **II.** Caractère de ce qui est excentrique. **1.** Caractère de ce qui est loin du centre. **2.** TECHN. Décalage des centres l'un par rapport à l'autre ou les uns par rapport aux autres. *Corriger par des cales l'excentricité de deux pièces.* **3.** MATH. *Excentricité d'une conique :* rapport, constant, des distances d'un point quelconque de la courbe à une droite fixe (directrice) et à un point fixe (foyer). **4.** ASTRON. *Excentricité de l'orbite d'une planète, d'un satellite :* excentricité de la conique décrite.

1. EXCENTRIQUE adj. **1.** Situé loin du centre. *Quartier excentrique.* **2.** MATH. *Cercles, figures excentriques,* dont les centres ne coïncident pas, non concentriques.

2. EXCENTRIQUE adj. et n. Qui est en opposition avec les usages reçus ; bizarre, extravagant. *Conduite excentrique.*

3. EXCENTRIQUE n.m. MÉCAN. Dispositif excentrique, calé sur un arbre tournant et utilisé pour la commande de certains mouvements.

EXCENTRIQUEMENT adv. De façon excentrique.

1. EXCEPTÉ prép. Hormis, à la réserve de.

2. EXCEPTÉ, E adj. Non compris dans un ensemble.

EXCEPTER v.t. (lat. *exceptare,* exclure). Ne pas comprendre dans un ensemble. *Excepter certains condamnés d'une amnistie.*

EXCEPTION n.f. **1.** Ce qui est hors de la règle commune, qui paraît unique. ◇ *Faire exception :* échapper à la règle. – DR. *Loi, tribunal d'exception,* en dehors du droit commun. – *À l'exception de :* sauf. **2.** DR. Tout moyen qui tend, soit à déclarer une procédure irrégulière, soit à en suspendre le cours.

EXCEPTIONNEL, ELLE adj. **1.** Qui forme exception, qui n'est pas ordinaire. **2.** Qui se distingue par ses mérites, sa valeur.

EXCEPTIONNELLEMENT adv. De façon exceptionnelle.

EXCÈS [ɛksɛ] n.m. (lat. *excessus*). **1.** Quantité qui se trouve en plus. *L'excès d'un nombre sur un autre.* **2.** Ce qui dépasse la mesure normale. *Excès d'indulgence.* ◇ DR. *Excès de pouvoir :* acte qui dépasse la compétence d'une autorité, et en particulier celle d'une autorité administrative. **3.** Dérèglement de conduite, abus. ◇ *Excès de langage :* propos discourtois, injurieux. ◆ pl. Actes de violence, de démesure.

EXCESSIF, IVE adj. **1.** Qui excède la mesure ; exagéré, exorbitant. *Une rigueur excessive.* **2.** Qui pousse les choses à l'excès.

EXCESSIVEMENT adv. **1.** Avec excès. *Boire excessivement.* **2.** Extrêmement, tout à fait. *Cela me déplaît excessivement.*

EXCIPER v.t. ind. [*de*] (lat. *excipere,* excepter). DR. Alléguer (une exception, une excuse). *Exciper de sa bonne foi.*

EXCIPIENT n.m. (du lat. *excipere,* recevoir). PHARM. Substance neutre dans laquelle on incorpore un médicament *(principe actif)* pour permettre son absorption.

EXCISE n.f. DR. Taxe sur certains produits de consommation, en Grande-Bretagne et aux États-Unis.

EXCISER v.t. (lat. *excidere,* couper). Enlever avec un instrument tranchant. *Exciser une tumeur.*

EXCISION n.f. **1.** Action d'exciser, de couper. **2.** Ablation rituelle du clitoris (et parfois des petites lèvres de la vulve), pratiquée chez certains peuples.

EXCITABILITÉ n.f. Propriété de ce qui est excitable.

EXCITABLE adj. **1.** Prompt à s'exciter ; irritable. **2.** BIOL. Qui peut être excité.

1. EXCITANT, E adj. Qui inspire l'intérêt, suscite l'émotion ou le désir.

2. EXCITANT, E adj. et n.m. Se dit d'une substance propre à augmenter le niveau d'éveil et l'activité motrice. SYN. : *incitant.*

EXCITATEUR, TRICE adj. et n. Qui excite.

EXCITATION n.f. **1.** Action d'exciter ; ce qui excite. **2. a.** Activité anormale de l'organisme. **b.** PSYCHIATRIE. Agitation psychomotrice. **3.** Encouragement, provocation. *Excitation à la violence.* **4.** PHYS. Processus par lequel un atome, un noyau, une molécule passe d'un niveau d'énergie à un niveau plus élevé. **5.** ÉLECTR. Production d'un flux d'induction magnétique dans un circuit magnétique au moyen d'un courant électrique.

EXCITATRICE n.f. ÉLECTR. Générateur alimentant l'inducteur d'une autre machine.

EXCITÉ, E adj. et n. **1.** Qui est énervé, agité. **2.** PHYS. Qui a subi une excitation.

EXCITER [ɛksite] v.t. (lat. *excitare*). **1.** Donner de la vivacité, de l'énergie à ; mettre dans un état de tension. *Exciter au travail. Exciter la soif. Exciter la foule.* **2.** Provoquer, faire naître. *Exciter le rire.* ◆ **s'exciter** v.pr. **1.** S'énerver. **2.** Prendre un très vif intérêt à, s'enthousiasmer pour. *S'exciter sur un projet.*

EXCLAMATIF, IVE adj. Qui marque l'exclamation. *Phrase exclamative.*

EXCLAMATION n.f. **1.** Cri de joie, de surprise, d'indignation, etc. **2.** LING. Phrase, parfois réduite à une interjection, exprimant une émotion vive ou un jugement affectif. – *Point d'exclamation :* signe de ponctuation (!) que l'on met après une phrase exclamative ou une interjection.

EXCLAMER (S') v.pr. (lat. *exclamare*). Pousser des exclamations.

EXCLU, E adj. et n. **1.** Qui a été rejeté, chassé d'un groupe. **2.** Qui n'est plus considéré comme membre à part entière de la société.

EXCLURE v.t. (lat. *excludere*) [96]. **1.** Renvoyer, mettre dehors (qqn) ; expulser. *Exclure d'un parti, d'une salle.* **2.** Ne pas compter (qqch) dans un ensemble. *On a exclu l'hypothèse du suicide.* **3.** Être incompatible avec (une chose éventuelle). ◇ *Il n'est pas exclu que :* il est possible que.

EXCLUSIF, IVE adj. **1.** Qui appartient à un seul par privilège spécial. *Droit exclusif.* **2.** Qui repousse tout ce qui est étranger. *Amour exclusif.* **3.** Absolu, de parti pris. *Être exclusif dans ses idées.*

EXCLUSION n.f. **1.** Action d'exclure ; renvoi. **2.** Situation d'une personne, d'un groupe exclus. **3.** *À l'exclusion de :* à l'exception de. **4.** LOG. Relation entre deux classes non vides dans lesquelles aucun élément de l'une n'appartient à l'autre, et réciproquement.

EXCLUSIVE n.f. Mesure d'exclusion. *Prononcer l'exclusive contre qqn.*

EXCLUSIVEMENT adv. **1.** En excluant, non compris. **2.** Uniquement.

EXCLUSIVISME n.m. Caractère des gens exclusifs.

EXCLUSIVITÉ n.f. **1.** Possession sans partage. **2.** Droit exclusif de publier un article, de vendre un produit, un livre, de projeter un film ; produit, film bénéficiant de ce droit.

EXCOMMUNICATION n.f. **1.** Censure ecclésiastique qui exclut qqn de la communion des fidèles. **2.** Exclusion d'un groupe.

EXCOMMUNIÉ, E adj. et n. Frappé d'excommunication.

EXCOMMUNIER v.t. **1.** Frapper (qqn) d'excommunication. **2.** Exclure d'un groupe.

EXCORIATION n.f. Légère écorchure.

EXCORIER v.t. (du lat. *corium*, cuir). Écorcher légèrement (la peau).

EXCRÉMENT n.m. (lat. *excrementum*, sécrétion). [Souvent pl.]. Matière évacuée du corps par les voies naturelles, et partic. résidus solides de la digestion évacués par le rectum. SYN. : *fèces.*

EXCRÉMENTIEL, ELLE adj. De la nature de l'excrément.

EXCRÉTER v.t. [18]. Évacuer par excrétion.

EXCRÉTEUR, TRICE ou **EXCRÉTOIRE** adj. Qui sert à l'excrétion. *Conduit excréteur.*

EXCRÉTION n.f. (lat. *excretio*, action de trier). PHYSIOL. **1.** Fonction organique assurant le rejet des constituants inutiles ou nuisibles du milieu intérieur, sous forme gazeuse (air expiré), liquide (urine, sueur) ou solide (chez certains animaux des déserts). *L'évacuation des excréments n'est pas une fonction d'excrétion.* SYN. : *élimination.* **2.** Évacuation par une glande de ses produits de sécrétion.

EXCROISSANCE n.f. **1.** MÉD. Tumeur superficielle bénigne de la peau (verrue, polype, loupe, etc.). **2.** BOT. Développement anormal d'un tissu végétal (ex. : bourrelets de l'orme). **3.** Fig. Développement parasitaire de qqch. *Excroissance bureaucratique.*

EXCURSION n.f. (lat. *excursio*). Voyage ou promenade d'agrément, de recherche.

EXCURSIONNER v.i. Faire une excursion.

EXCURSIONNISTE n. Personne qui fait une excursion.

EXCUSABLE adj. Qui peut être excusé.

EXCUSE n.f. **1.** Raison que l'on donne pour se disculper ou disculper autrui. *Fournir une excuse.* **2.** DR. Fait prévu par la loi, qui, accompagnant une infraction, peut entraîner une réduction de la peine ou sa suppression. **3.** Raison invoquée pour se soustraire à une obligation. *Se trouver de bonnes excuses pour ne rien faire.* **4.** Carte du jeu de tarot, un des trois oudlers. SYN. : *fou.* ◆ pl. Expression du regret d'avoir commis une faute ou offensé qqn. *Faire des excuses.*

EXCUSER v.t. (lat. *excusare*). **1.** Disculper (qqn) d'une faute, d'une erreur commise ; justifier. **2.** Pardonner (qqch), tolérer par indulgence. *Excuser une incartade.* **3.** Servir d'excuse à (qqn). *Rien ne peut vous excuser.* **4.** Accepter les excuses de qqn. *Excusez-moi.* ◆ **s'excuser** v.pr. Présenter ses excuses, exprimer des regrets.

EXEAT [ɛgzeat] n.m. inv. (mot lat., *qu'il sorte*). **1.** Permission donnée à un prêtre par son évêque de quitter le diocèse, à un fonctionnaire par son chef de service de quitter sa circonscription. **2.** Pour certains fonctionnaires, autorisation de la mutation demandée.

EXÉCRABLE adj. **1.** Très mauvais. *Humeur, temps exécrable.* **2.** Litt., VX. Qui excite l'horreur. *Crime exécrable.*

EXÉCRABLEMENT adv. Litt. De manière exécrable ; très mal.

EXÉCRATION n.f. Litt. Sentiment d'horreur extrême ; objet de ce sentiment.

EXÉCRER [ɛgzekre] ou [ɛksekre] v.t. (lat. *execrari*, maudire) [18]. Litt. Avoir en exécration, en horreur ; avoir de l'aversion pour.

EXÉCUTABLE adj. Qui peut être exécuté.

EXÉCUTANT, E n. **1.** Personne qui exécute une tâche, un ordre. **2.** Musicien, musicienne qui exécute sa partie dans un concert.

EXÉCUTER v.t. (lat. *exsequi*, poursuivre). **1.** Mettre à effet, accomplir, réaliser. *Exécuter un projet.* **2.** Mener à bien, achever (un ouvrage). *Exécuter un tableau.* **3.** Interpréter (une pièce musicale). *Exécuter une sonate.* **4.** Mettre à mort (un condamné). **5.** DR. *Exécuter un débiteur*, saisir ses biens et les faire vendre par autorité de justice. ◆ **s'exécuter** v.pr. Se résoudre à agir ; obéir.

EXÉCUTEUR, TRICE n. **1.** *Exécuteur testamentaire :* personne à laquelle le testateur a confié le soin d'exécuter son testament. **2.** Anc. *Exécuteur des hautes œuvres :* bourreau.

EXÉCUTIF, IVE adj. Se dit du pouvoir chargé d'appliquer les lois. ◆ n.m. Organe exerçant le pouvoir exécutif dans un État.

EXÉCUTION n.f. **1.** Action, manière d'exécuter, d'accomplir. *L'exécution d'un plan.* ◇ *Mettre à exécution :* réaliser. **2.** Action de jouer une œuvre musicale. **3.** *Exécution capitale :* mise à mort d'un condamné. **4.** DR. *Exécution forcée :* exécution d'un acte, d'un jugement à l'aide de la force publique ou d'une saisie.

EXÉCUTOIRE adj. et n.m. DR. Qui donne pouvoir de procéder à une exécution. ◇ *Formule exécutoire :* formule obligatoirement apposée en fin d'un jugement, d'un arrêt et de tout acte susceptible d'exécution forcée.

EXÉCUTOIREMENT adv. DR. De façon exécutoire.

EXÈDRE n.f. (gr. *exedra*). **1.** ANTIQ. Salle, le plus souvent en hémicycle, munie de sièges pour la conversation. **2.** Banc de pierre adossé au fond de l'abside, dans les basiliques paléochrétiennes. **3.** Édicule de pierre formant banquette semi-circulaire (dans un jardin, un parc, etc.).

EXÉGÈSE n.f. (gr. *exêgêsis*). **1.** Science qui consiste à établir, selon les normes de la critique scientifique, le sens d'un texte ou d'une œuvre littéraire (terme surtout appliqué à l'interprétation des textes bibliques). **2.** Interprétation (notamm., sur les bases philologiques) d'un texte.

EXÉGÈTE n. Spécialiste de l'exégèse.

EXÉGÉTIQUE adj. Relatif à l'exégèse.

1. EXEMPLAIRE adj. (lat. *exemplaris*). **1.** Qui peut servir d'exemple. *Conduite exemplaire.* **2.** Qui peut servir de leçon, d'avertissement. *Punition exemplaire.*

2. EXEMPLAIRE n.m. (lat. *exemplarium*). **1.** Chacun des objets (livres, gravures, etc.) produits d'après un type commun. **2.** Individu d'une espèce minérale, végétale ou animale.

EXEMPLAIREMENT adv. De façon exemplaire.

EXEMPLARITÉ n.f. Caractère de ce qui est exemplaire. *L'exemplarité de la peine.*

EXEMPLATIF, IVE adj. Belgique. Qui illustre, exemplifie.

EXEMPLE n.m. (lat. *exemplum*). **1.** Personne, action digne d'être imitée. *Un exemple à suivre.* ◇ *À l'exemple de :* à l'imitation de. **2.** Ce qui peut servir de leçon, d'avertissement ou de mise en garde. *Que cela vous serve d'exemple.* ◇ *Faire un exemple :* punir sévèrement qqn pour dissuader les autres de l'imiter. **3.** Fait antérieur analogue au fait en question et considéré par rapport à lui. *Une bêtise sans exemple.* **4.** Chose précise, évènement, phrase qui sert à illustrer, prouver, éclairer. *Un bon exemple.* ◆ interj. Fam. (Exprimant la surprise). *Ah ça, par exemple !*

EXEMPLIFICATION n.f. Action d'exemplifier.

EXEMPLIFIER v.t. Expliquer, illustrer par des exemples.

1. EXEMPT, E [ɛgzɑ̃, ɑ̃t] adj. (lat. *exemptus*, affranchi). **1.** Qui n'est pas assujetti à (une charge). *Exempt de service.* **2.** Qui est à l'abri de. *Exempte de soucis.* **3.** Dépourvu de. *Exempt d'erreurs.*

2. EXEMPT [ɛgzɑ̃] n.m. Anc. Officier de police qui, autrefois, dans certains corps, commandait en l'absence du capitaine et des lieutenants et qui était exempté du service ordinaire.

EXEMPTÉ, E adj. et n. Dispensé d'une obligation, particulièrement des obligations militaires.

EXEMPTER [ɛgzɑ̃te] v.t. Rendre exempt, dispenser d'une charge.

EXEMPTION [ɛgzɑ̃psjɔ̃] n.f. Action d'exempter ; fait d'être exempté ; privilège qui décharge, dispense d'une obligation.

EXEQUATUR [ɛgzekwatyr] n.m. inv. (mot lat., *qu'on exécute*). DR. **1.** Acte autorisant un consul étranger à exercer ses fonctions. **2.** Décision judiciaire rendant exécutoire un jugement étranger ou une sentence arbitrale.

EXERÇANT, E adj. Didact. Qui exerce une activité, particulièrement la médecine.

EXERCÉ, E adj. Devenu habile à la suite d'une certaine pratique. *Oreille exercée.*

EXERCER v.t. (lat. *exercere*) [16]. **1.** Soumettre à un entraînement méthodique, former. *Exercer des soldats au maniement des armes.* **2.** Litt. Mettre à l'épreuve. *Exercer sa patience.* **3.** Mettre en usage, faire agir ; faire usage de. *Exercer son autorité. Exercer un droit.* **4.** Pratiquer, s'acquitter de. *Exercer la médecine, des fonctions.* ◆ **s'exercer** v.pr. **1.** S'entraîner. **2.** Litt. Se manifester, agir. *La fascination qui s'exerçait sur eux.*

EXERCICE n.m. (lat. *exercitium*). **I. 1.** Action de s'exercer. *Cela ne s'apprend que par un long exercice.* **2.** Travail destiné à exercer qqn. **a.** Séance d'instruction militaire pratique. *Aller à l'exercice.* **b.** Travail, devoir donné à un élève en application de ce qui a été appris précédemment dans un cours, une leçon. **c.** *Exercices spirituels :* pratiques de dévotion. **3.** Dépense physique, activité sportive. *Faire, prendre de l'exercice.* **II.** Action, fait de pratiquer une activité, un métier. *L'exercice de la médecine.* ◇ *Entrer en exercice*, en fonctions. **III.** Période comprise entre deux inventaires comptables ou deux budgets.

EXERCISEUR n.m. Appareil de gymnastique qui comporte des dispositifs élastiques permettant de faire travailler la musculature.

EXÉRÈSE n.f. (gr. *exairesis*, enlèvement). CHIR. Opération par laquelle on retranche du corps ce qui lui est étranger ou nuisible (tumeur, calcul, organe malade) ; ablation.

EXERGUE n.m. (gr. *ex*, hors de, et *ergon*, œuvre). **1.** Espace au bas d'une monnaie, d'une médaille ; inscription qui y est gravée. **2.** Inscription en tête d'un ouvrage. ◇ *Mettre en exergue :* mettre en évidence.

EXFILTRATION n.f. Action d'exfiltrer un agent.

EXFILTRER v.t. Assurer le rapatriement d'un agent secret au terme de sa mission.

EXFOLIANT, E adj. Qui provoque une exfoliation de la peau. *Crème exfoliante.*

EXFOLIATION n.f. PHYSIOL. Séparation des parties mortes qui se détachent d'un tissu, particulièrement de l'épiderme ou d'une muqueuse, sous forme de petites lames.

EXFOLIER v.t. (lat. *ex*, hors de, et *folium*, feuille). Séparer par lames minces et superficielles. *Exfolier une roche, des ardoises.*

EXHALAISON n.f. Gaz ou odeur qui s'exhale d'un corps.

EXHALATION n.f. **1.** Fait de s'exhaler. **2.** MÉD. Élimination des produits volatils par la respiration, par la peau.

EXHALER v.t. (lat. *exhalare*). **1.** Pousser hors de soi, répandre (des vapeurs, des odeurs). *Ces roses exhalent une odeur agréable.* **2.** Litt. Donner libre cours à, exprimer. *Exhaler sa colère.* ◆ **s'exhaler** v.pr. **1.** Se répandre dans l'atmosphère. **2.** Se manifester.

EXHAURE n.f. (du lat. *exhaurire*, épuiser). MIN. Évacuation des eaux d'infiltration.

EXHAUSSEMENT n.m. Action d'exhausser ; état de ce qui est exhaussé.

EXHAUSSER v.t. Augmenter en hauteur ; rendre plus élevé. *Exhausser une maison d'un étage.*

EXHAUSTEUR n.m. *Exhausteur de goût :* substance qui renforce le goût d'un produit alimentaire.

EXHAUSTIF, IVE adj. (angl. *exhaustive*, de *to exhaust*, épuiser). Qui épuise à fond un sujet. *Étude exhaustive.*

EXHAUSTION n.f. MATH. *Méthode d'exhaustion :* calcul par approximations de plus en plus précises.

EXHAUSTIVEMENT adv. De façon exhaustive.

EXHAUSTIVITÉ n.f. Caractère de ce qui est exhaustif.

EXHÉRÉDATION n.f. DR. Action de déshériter.

EXHÉRÉDER v.t. (lat. *exheredare*, de *ex*, hors de, et *heres*, héritier) [18]. DR. Déshériter.

EXHIBER v.t. (lat. *exhibere*). **1.** Présenter (un document officiel). **2.** Arborer, faire étalage de. *Exhiber ses décorations.* ◆ **s'exhiber** v.pr. Se montrer en public de manière ostentatoire, provocante ; s'afficher.

EXHIBITION n.f. **1.** Action d'exhiber, de faire voir, de présenter. **2.** Spectacle, présentation de choses spectaculaires. **3.** Étalage impudent de qqch qui ne devrait être montré qu'avec discrétion, réserve.

EXHIBITIONNISME n.m. **1.** Perversion de l'exhibitionniste. **2.** Attitude ostentatoire.

EXHIBITIONNISTE n. **1.** Pervers sexuel qui exhibe ses organes génitaux. **2.** Personne qui aime à s'exhiber.

EXHORTATION n.f. **1.** Encouragement. **2.** Discours, paroles par lesquels on exhorte.

EXHORTER v.t. (lat. *exhortari*). Exciter, encourager par ses paroles. *Exhorter qqn à la patience.*

EXHUMATION n.f. Action d'exhumer.

EXHUMER v.t. (lat. *ex*, hors de, et *humus*, terre). **1.** Extraire de la terre. *Exhumer un cadavre. Exhumer un trésor.* **2.** Tirer de l'oubli, rappeler. *Exhumer le passé.*

EXIGEANT, E adj. Difficile à contenter.

EXIGENCE n.f. **1.** Ce qu'une personne exige, réclame à une autre. **2.** Caractère d'une personne exigeante. **3.** Ce qui est commandé par qqch ; nécessité, obligation. *Exigences de la profession.*

EXIGER v.t. (lat. *exigere*) [17]. **1.** Demander impérativement (ce qui est considéré comme un dû). **2.** Nécessiter, réclamer. *Son état exige des soins.*

EXIGIBILITÉ n.f. Caractère de ce qui est exigible. *Exigibilité d'une créance.*

EXIGIBLE adj. Qui peut être exigé.

EXIGU, UË adj. (lat. *exiguus*). Qui est très petit, trop petit. *Pièce exiguë.*

EXIGUÏTÉ [ɛgzigɥite] n.f. Petitesse, étroitesse. *Exiguïté d'un appartement.*

EXIL n.m. **1.** Mesure qui consiste à expulser qqn hors de son pays avec interdiction d'y revenir ; état qui en résulte. **2.** Situation de qqn qui est obligé de vivre ailleurs que là où il est habituellement, où il aime vivre. **3.** Lieu où réside une personne exilée.

EXILÉ, E n. Personne condamnée à l'exil, ou qui vit dans l'exil.

EXILER v.t. **1.** Frapper (qqn) d'exil. **2.** Obliger qqn à vivre loin d'un lieu où il aurait aimé être. ◆ **s'exiler** v.pr. **1.** Quitter volontairement son pays. **2.** Se retirer pour vivre à l'écart.

EXINSCRIT, E [ɛgzɛ̃skri, it] adj. MATH. *Cercle exinscrit à un triangle,* tangent à un côté de ce triangle et aux prolongements des deux autres.

EXISTANT, E adj. Qui existe, actuel.

EXISTENCE n.f. (lat. *existentia*, choses existantes). **1.** Fait d'exister. *L'existence d'une nappe de pétrole, d'un traité.* **2.** Vie, manière de vivre. *Finir son existence. Une paisible existence.* **3.** Durée. *Gouvernement qui a trois mois d'existence.*

EXISTENTIALISME n.m. Mouvement philosophique qui s'interroge sur l'Être en général à partir de l'existence vécue par l'homme. (L'existentialisme s'inspire surtout de Heidegger et de Kierkegaard ; son principal représentant en France a été J.-P. Sartre.)

EXISTENTIALISTE adj. et n. **1.** Relatif à l'existentialisme. **2.** *Les existentialistes :* la jeunesse à la mode qui, au lendemain de la Seconde Guerre mondiale, fréquentait les cafés de Saint-Germain-des-Prés à Paris et se réclamait de l'existentialisme.

EXISTENTIEL, ELLE adj. **1.** PHILOS. Relatif à l'existence. **2.** LOG. *Quantificateur existentiel :* symbole noté ∃ (s'énonçant *il existe*), exprimant le fait que certains éléments d'un ensemble (au moins un) vérifient une propriété donnée.

EXISTER v.i. (lat. *existere*). **1.** Être actuellement en vie, vivre. *Tant qu'il existera des hommes.* **2.** Être en réalité ; durer, subsister. *Cette coutume n'existe plus.* **3.** Être important, compter. *Cet échec n'existait pas pour lui.* **4.** *Il existe :* il y a. *Il n'existe pas de solution à ce problème.*

EXIT [ɛgzit] (mot lat., *il sort*). **1.** THÉÂTRE. Indication scénique de la sortie d'un acteur. **2.** Iron. Indique que qqn ou qqch disparaît de façon plus ou moins ridicule ou brutale. *Exit le médiateur.*

EX-LIBRIS [ɛkslibris] n.m. (mots lat., *d'entre les livres de*). **1.** Formule qui, apposée sur un livre et suivie d'un nom propre, indique que le volume appartient à la personne nommée. **2.** Vignette que les bibliophiles collent au revers des reliures de leurs livres et qui porte leur nom, leur devise, etc.

EX NIHILO [ɛksniilo] loc. adv. (mots lat.). En partant de rien.

EXOBIOLOGIE n.f. Science qui étudie les possibilités d'existence de la vie dans l'Univers. SYN. : *astrobiologie.*

EXOCET [ɛgzɔsɛ] n.m. (gr. *exô*, au-dehors, et *koitê*, gîte). Poisson des mers chaudes, aux nageoires pectorales développées en forme d'ailes lui permettant d'effectuer de très longs sauts planés (près de 200 m) hors de l'eau et dit aussi, pour cette raison, *poisson volant.*

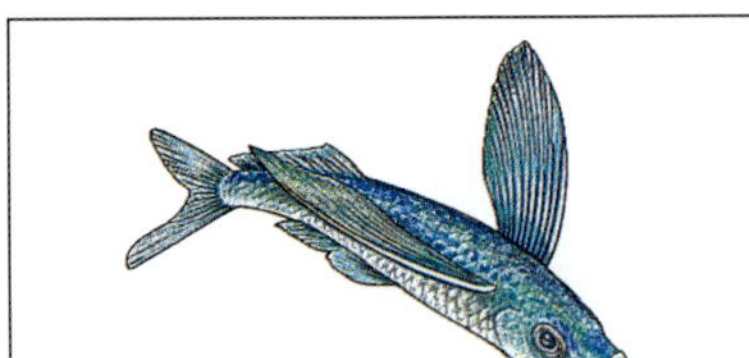

exocet

EXOCRINE adj. *Glande exocrine :* glande qui déverse ses produits de sécrétion sur la peau ou dans une cavité naturelle communiquant avec le milieu extérieur (glandes sébacées, mammaires, digestives, etc.). CONTR. : *endocrine.*

EXODE n.m. (gr. *exodos*, départ). **1.** Émigration en masse d'un peuple. ◇ *Exode rural :* migration définitive des habitants des campagnes vers les villes. **2.** Départ en foule. *L'exode des vacanciers au mois d'août.* **3.** *Exode des capitaux :* déplacement des capitaux vers l'étranger.

EXOGAME adj. et n. Qui pratique l'exogamie. CONTR. : *endogame.*

EXOGAMIE n.f. (gr. *exô*, au-dehors, et *gamos*, mariage). ANTHROP. Règle contraignant un individu à choisir son conjoint en dehors du groupe auquel il appartient. CONTR. : *endogamie.*

EXOGAMIQUE adj. Relatif à l'exogamie.

EXOGÈNE adj. (gr. *exô*, au-dehors, et *gennân*, engendrer). **1.** Didact. Qui provient du dehors, de l'extérieur, par opp. à *endogène.* **2.** GÉOL. *Roche exogène,* formée à la surface de la Terre.

EXONDER (S') v.pr. Se découvrir, en parlant d'une terre immergée.

EXONÉRATION n.f. Action d'exonérer ; dispense, allègement.

EXONÉRER v.t. (lat. *exonerare*, de *onus*, *oneris*, charge) [18]. Dispenser totalement ou en partie d'une charge, d'une obligation, fiscale en particulier.

EXOPHTALMIE n.f. (du gr. *ophtalmos*, œil). Saillie du globe oculaire hors de son orbite.

EXOPHTALMIQUE adj. Qui relève de l'exophtalmie ; qui s'accompagne d'exophtalmie. *Goitre exophtalmique.*

EXORBITANT, E adj. **1.** Qui dépasse la mesure, excessif. *Prix exorbitant.* **2.** DR. *Exorbitant de :* qui sort des limites de. *Privilège exorbitant du droit commun.*

EXORBITÉ, E adj. *Yeux exorbités,* qui semblent sortir de leurs orbites.

EXORCISATION n.f. Action d'exorciser.

EXORCISER v.t. (gr. *exorkizein*, prêter serment). **1.** *Exorciser un démon,* le conjurer, le chasser par les prières spéciales du rituel. **2.** *Exorciser qqn, un lieu,* le délivrer du démon par des exorcismes.

EXORCISME n.m. **1.** Cérémonie au cours de laquelle on exorcise. **2.** Prière destinée à exorciser.

EXORCISTE n.m. **1.** Celui qui exorcise, conjure les démons. **2.** Clerc qui a reçu le troisième ordre mineur. (Cet ordre a été supprimé en 1972.)

EXORDE [ɛgzɔrd] n.m. (lat. *exordium*). Première partie d'un discours oratoire.

EXORÉIQUE adj. Qui est propre aux régions dont les eaux courantes gagnent la mer.

EXORÉISME n.m. GÉOGR. Caractère des régions (72 p. 100 de la surface du globe) dont les eaux courantes rejoignent la mer.

EXOSMOSE n.f. (gr. *exô*, au-dehors, et *ôsmos*, poussée). PHYS. Courant de liquide qui s'établit d'un système fermé (une cellule par exemple) vers l'extérieur, à travers une membrane semi-perméable, lorsque le milieu extérieur est plus concentré.

EXOSPHÈRE n.f. Zone d'une atmosphère d'une planète (au-dessus de 1 000 km pour la Terre), où les atomes légers échappent à la pesanteur et s'évadent vers l'espace interplanétaire.

EXOSQUELETTE n.m. ZOOL. Formation squelettique externe de certains animaux (coquille des mollusques, carapace des arthropodes, etc.).

EXOSTOSE n.f. (gr. *exô*, au-dehors, et *osteon*, os). **1.** MÉD. Tumeur bénigne d'un os, causée par un traumatisme, une inflammation ou un trouble de l'ossification. **2.** BOT. Loupe.

EXOTÉRIQUE adj. (gr. *exôterikos*, public). Didact. Qui fait l'objet d'un enseignement public, en parlant de doctrines philosophiques ou religieuses. CONTR. : *ésotérique.*

EXOTHERMIQUE adj. (gr. *exô*, au-dehors, et *thermos*, chaleur). CHIM. Se dit d'une transformation qui dégage de la chaleur. *Réaction exothermique.*

EXOTIQUE [ɛgzɔtik] adj. (gr. *exôtikos*, étranger). **1.** Qui appartient aux pays étrangers, qui en provient. **2.** PHYS. Dont les caractéristiques diffèrent notablement des caractéristiques habituelles. *Phénomène, particule exotique.*

EXOTISME n.m. **1.** Caractère de ce qui est exotique. *Un roman plein d'exotisme.* **2.** Goût pour ce qui est exotique.

EXOTOXINE n.f. Toxine diffusée dans le milieu extérieur par une bactérie.

exp, symbole représentant la fonction exponentielle.

EXPANSÉ, E adj. Se dit de certaines matières plastiques possédant une structure cellulaire, utilisées pour leur légèreté et leurs propriétés isolantes.

EXPANSIBILITÉ n.f. Tendance qu'ont les corps gazeux à occuper la totalité du volume qui leur est offert.

EXPANSIBLE adj. (du lat. *expansus*, étendu). Capable d'expansion.

EXPANSIF, IVE adj. **1.** Qui aime à communiquer ses sentiments, communicatif, démonstratif. **2.** TECHN. Se dit d'un ciment dont la prise s'accompagne d'une légère augmentation de volume.

EXPANSION n.f. (du lat. *expandere,* déployer). **1.** Développement (d'un corps) en volume ou en surface. *L'expansion des gaz.* **2.** ANAT. Développement de certains organes. **3.** Mouvement de ce qui se développe, s'accroît ; tendance à s'agrandir. *Expansion industrielle, coloniale.* ◇ *Expansion économique :* accroissement du revenu national, de l'activité économique. – ASTRON. *Théorie de l'expansion de l'Univers :* théorie selon laquelle les différentes galaxies de l'Univers s'écartent les unes des autres à une vitesse proportionnelle à leur distance mutuelle. **4.** Litt. Action de s'épancher ; mouvement qui pousse à communiquer ses sentiments. *Besoin d'expansion.*

EXPANSIONNISME n.m. **1.** Attitude politique visant à l'expansion d'un pays au-delà de ses limites. **2.** Tendance d'un pays où l'accroissement de la puissance économique est systématiquement encouragé par l'État.

EXPANSIONNISTE adj. et n. Qui vise à l'expansion ; partisan de l'expansionnisme.

EXPANSIVITÉ n.f. Fait d'être expansif ; caractère d'une personne expansive.

EXPATRIATION n.f. Action d'expatrier ou de s'expatrier ; état de celui qui est expatrié.

EXPATRIÉ, E adj. et n. Qui a quitté sa patrie, s'est expatrié.

EXPATRIER v.t. Obliger qqn à quitter sa patrie. ◆ **s'expatrier** v.pr. Quitter sa patrie pour s'établir ailleurs.

EXPECTANT, E adj. Qui préfère attendre pour agir. ◇ *Médecine expectante,* qui laisse agir la nature.

EXPECTATIVE n.f. Attitude prudente de qqn qui attend pour se décider. *Rester dans l'expectative.*

EXPECTORANT, E adj. et n.m. Se dit d'un remède qui aide à l'expectoration.

EXPECTORATION n.f. Action d'expectorer ; ce qui est expectoré ; crachat. *Expectoration séreuse* (sérosité, eau), *muqueuse* (mucus), *mucopurulente* (mucus et pus), *purulente, sanglante.*

EXPECTORER v.t. (lat. *expectorare,* de *pectus, pectoris,* poitrine). Rejeter par la bouche les substances contenues dans les bronches.

1. EXPÉDIENT, E adj. Litt. Qui est utile, avantageux.

2. EXPÉDIENT n.m. **1.** Moyen ingénieux et rapide d'arriver à ses fins. **2.** Péj. Moyen de résoudre momentanément une difficulté, de se tirer d'embarras. *User d'expédients.* ◇ *Vivre d'expédients :* recourir à toutes sortes de moyens, licites ou non, pour subsister.

EXPÉDIER v.t. (lat. *expedire,* dégager). **I. 1.** Envoyer à destination. *Expédier des marchandises.* **2.** DR. Délivrer copie conforme de. *Expédier un contrat de mariage.* **II. 1.** En terminer avec, se débarrasser de (qqn). *Expédier un importun.* **2.** Faire promptement qqch pour s'en débarrasser. *Expédier un travail.*

EXPÉDITEUR, TRICE n. et adj. Personne qui fait un envoi par la poste, le chemin de fer, etc.

EXPÉDITIF, IVE adj. **1.** Qui agit promptement, qui expédie vivement un travail. **2.** Qui permet de faire vite. *Des procédés expéditifs.*

EXPÉDITION n.f. (lat. *expeditio*). **I.** Action d'accomplir rapidement qqch, de l'achever ; exécution. *Expédition des affaires courantes.* **II. 1.** Action d'expédier ; envoi. **2.** DR. Copie d'un acte notarié ou d'un jugement. **III. 1.** Opération militaire en dehors du territoire national. *L'expédition d'Égypte.* **2.** Voyage, mission (de recherche, d'exploration). *Une expédition polaire.* ◇ Fam., iron. Équipée, excursion.

EXPÉDITIONNAIRE n. **1.** Employé d'administration chargé de recopier les états, etc. **2.** Expéditeur de marchandises. ◆ adj. *Corps expéditionnaire :* ensemble des troupes d'une expédition militaire.

EXPÉDITIVEMENT adv. De façon expéditive.

EXPÉRIENCE n.f. (lat. *experientia*). **I. 1.** Connaissance acquise par une longue pratique jointe à l'observation. *Avoir de l'expérience.* **2.** PHILOS. Tout ce qui est appréhendé par les sens et constitue la matière de la connaissance humaine ; ensemble des phénomènes connus et connaissables. **II. 1.** Épreuve, essai effectués pour étudier un phénomène. *Faire une expérience de chimie.* **2.** Matériel utilisé pour une telle étude et, spécialt., matériel scientifique embarqué à bord d'un engin spatial. **3.** Mise à l'essai, tentative. *Une expérience de vie commune.*

EXPÉRIMENTAL, E, AUX adj. **1.** Qui est fondé sur l'expérience scientifique. *La méthode expérimentale.* **2.** Qui sert à expérimenter. *Avion expérimental.*

EXPÉRIMENTALEMENT adv. De façon expérimentale.

EXPÉRIMENTATEUR, TRICE n. et adj. Personne qui recourt à l'expérimentation scientifique ; personne qui tente une expérience.

EXPÉRIMENTATION n.f. Action d'expérimenter. *L'expérimentation d'un médicament.*

EXPÉRIMENTÉ, E adj. Instruit par l'expérience.

EXPÉRIMENTER v.t. Soumettre à des expériences. *Expérimenter un appareil.*

1. EXPERT, E adj. (lat. *expertus*). **1.** Qui a une parfaite connaissance d'une chose due à une longue pratique. **2.** Qui témoigne d'une telle connaissance ; exercé, habile. *Un ouvrier expert.*

2. EXPERT n.m. **1.** Personne apte à juger de qqch ; connaisseur. **2.** Personne qui fait une expertise. ◇ DR. *Expert judiciaire,* spécialiste agréé par les tribunaux et désigné par le juge pour effectuer une expertise. – *À dire d'experts,* suivant leur avis.

EXPERT-COMPTABLE n.m. (pl. *experts-comptables*). Personne faisant profession d'analyser, de contrôler ou d'organiser des comptabilités.

EXPERTEMENT adv. Litt. De façon experte.

EXPERTISE n.f. **1.** Constatation ou estimation effectuée par un expert. *Faire une expertise.* ◇ *Expertise judiciaire :* examen de questions purement techniques confié par le juge à un expert ; rapport établi par cet expert. – *Expertise médicale et psychiatrique,* effectuée par un psychiatre pour évaluer l'état mental d'un inculpé. **2.** Rapport d'un expert. *Attaquer une expertise.* **3.** Fait d'être expert ; ensemble de connaissances, de compétences d'un expert (mises au service d'une entreprise, etc.).

EXPERTISER v.t. Soumettre à une expertise. *Expertiser un mobilier, un tableau.*

EXPIABLE adj. Qui peut être expié.

EXPIATEUR, TRICE adj. Litt. Qui expie. *Victime expiatrice.*

EXPIATION n.f. Fait d'expier ; châtiment, peine par lesquels on expie.

EXPIATOIRE adj. Qui sert à expier. *Sacrifice expiatoire.*

EXPIER [ɛkspje] v.t. (lat. *expiare*). **1. a.** Réparer (une faute, un crime, etc.) en subissant une peine imposée. **b.** RELIG. Réparer (un péché) par la pénitence. **2.** Subir une peine, une souffrance en conséquence d'un acte ressenti ou considéré comme coupable.

EXPIRANT, E adj. Qui se meurt, qui expire.

EXPIRATEUR adj. m. et n.m. *Muscle expirateur,* dont la contraction produit une expiration (muscles intercostaux et abdominaux).

EXPIRATION n.f. **1.** Action de chasser hors de la poitrine l'air qu'on a inspiré. **2.** Fin d'un temps prescrit ou convenu. *Expiration d'un bail.*

EXPIRATOIRE adj. Qui se rapporte à l'expiration de l'air pulmonaire.

EXPIRER v.t. (lat. *expirare,* souffler). Expulser par une contraction de la poitrine (l'air inspiré). ◆ v.i. **1.** Mourir. **2.** Arriver à son terme, prendre fin. *Son bail expire à la mi-janvier.*

EXPLANT n.m. BIOL. Fragment extrait d'un organisme vivant et qui, placé dans un milieu favorable, y reprend sa croissance.

EXPLÉTIF, IVE adj. et n.m. (lat. *explere,* remplir). LING. Se dit d'un mot qui n'est pas nécessaire au sens de la phrase ou qui n'est pas exigé par la syntaxe (comme *ne* dans *Je crains qu'il ne vienne* ou *moi* dans *Regardez-moi ça !*).

EXPLICABLE adj. Que l'on peut expliquer.

EXPLICATIF, IVE adj. Qui sert à expliquer. *Note explicative.*

EXPLICATION n.f. **1.** Action d'expliquer ; développement destiné à faire comprendre qqch. **2.** Ce qui rend compte de qqch. **3.** Éclaircissement touchant les actes, la conduite de qqn. **4.** Discussion, querelle touchant la conduite de qqn. *Avoir une explication avec qqn.*

EXPLICITATION n.f. Action d'expliciter.

EXPLICITE adj. (lat. *explicitus*). **1.** Clair, qui ne prête à aucune contestation. *Réponse explicite.* **2.** DR. Énoncé formellement, complètement. *Clause explicite.*

EXPLICITEMENT adv. En termes clairs, sans équivoque. *Poser explicitement une condition.*

EXPLICITER v.t. Rendre explicite, plus clair, formuler en détail. *Expliciter sa pensée.*

EXPLIQUER v.t. (lat. *explicare,* déployer). **1.** Faire comprendre ou faire connaître en détail par un développement oral ou écrit ; éclaircir, exposer. *Expliquer un problème, un projet.* **2.** Commenter. *Expliquer un auteur, un texte.* **3.** Constituer une justification, apparaître comme une cause. ◆ **s'expliquer** v.pr. **1.** Exprimer sa pensée, son opinion. **2.** Comprendre la cause, la raison, le bien-fondé de. *Je m'explique mal sa présence ici.* **3.** Avoir une discussion avec qqn. *Je tiens à m'expliquer avec lui.* **4.** Pop. Se battre pour vider une querelle. *Viens, on va s'expliquer dehors !* **5.** Devenir, être intelligible, compréhensible. *Sa réaction s'explique très bien.*

EXPLOIT n.m. (lat. *explicitum,* de *explicare,* accomplir). **I. 1.** Coup d'éclat, action mémorable. **2.** Iron. Action inconsidérée. **II.** DR. *Exploit d'huissier :* acte de procédure rédigé et signifié par un huissier.

EXPLOITABILITÉ n.f. Caractère de ce qui est exploitable.

EXPLOITABLE adj. Qui peut être exploité, cultivé. *Gisement exploitable.*

EXPLOITANT, E n. **1.** Personne qui met en valeur un bien productif de richesse. *Les exploitants agricoles.* **2.** Personne physique ou morale qui exploite une salle de cinéma.

EXPLOITATION n.f. **1.** Action d'exploiter, de mettre en valeur en vue d'un profit. *Exploitation d'une mine, d'une usine, d'un fonds de commerce.* **2.** Affaire qu'on exploite, lieu où l'on exploite (terres, mines, etc.). *Exploitation agricole, minière, commerciale.* ◇ *Exploitation agricole à responsabilité limitée (E.A.R.L.) :* société civile, créée en 1985, qui a pour objet l'exercice d'une activité agricole. (Les associés ne supportent les pertes qu'à concurrence de leurs apports. La société peut n'être constituée que par une seule personne.) **3.** Branche de l'économie du cinéma relative à l'activité des exploitants. **4.** Mise à profit, utilisation méthodique de qqch. *L'exploitation d'un succès.* ◇ MIL. Mise à profit, dans un ultime combat, du succès d'une offensive. **5.** Péj. Action de tirer un profit abusif de qqn ou de qqch. *Exploitation de l'homme par l'homme.*

EXPLOITÉ, E adj. et n. Se dit d'une personne dont on tire un profit abusif.

EXPLOITER v.t. **1.** Faire valoir une chose, en tirer du profit. *Exploiter une ferme, un brevet.* **2.** Tirer parti, user à propos de. *Exploiter la situation.* **3.** Profiter abusivement de (qqn) ; faire travailler (qqn) à bas salaire.

EXPLOITEUR, EUSE n. **1.** Personne qui exploite qqch à son profit et d'une manière abusive. *Exploiteur de la misère humaine.* **2.** Personne qui tire un profit illégitime ou excessif du travail d'autrui.

1. EXPLORATEUR, TRICE n. **1.** Personne qui fait un voyage de découverte (dans un pays lointain, une région inconnue). **2.** Personne qui se livre à des recherches dans un domaine particulier.

2. EXPLORATEUR, TRICE adj. et n.m. MÉD. Se dit d'un procédé ou d'un instrument qui permet de connaître l'état d'un organe.

EXPLORATION n.f. **1.** Action d'explorer ; résultat de cette action. **2.** *Exploration fonctionnelle :* ensemble d'examens biologiques ou cliniques permettant d'apprécier l'état de fonctionnement d'un organe.

EXPLORATOIRE adj. Qui a pour but de rechercher les possibilités ultérieures de négociations ; qui vise à explorer un domaine avant intervention. *Des conversations exploratoires.*

EXPLORER v.t. (lat. *explorare*). **1.** Parcourir un lieu inconnu ou peu connu en l'étudiant avec soin. **2.** MÉD. Procéder à l'exploration de (un organe) à l'aide d'instruments spéciaux. **3.** Examiner les différents aspects de (une question, un texte, etc.). *Explorer les possibilités d'un accord.*

EXPLOSER v.i. **1.** Faire explosion. *La nitroglycérine explose facilement.* **2.** Se manifester spontanément et violemment. *Sa colère a explosé dès mon arrivée.* **3.** Fam. Ne plus pouvoir se contenir, laisser se déchaîner sa colère, son mécontentement. *Arrête ou il va exploser.* **4.** Fam. Se révéler, s'affirmer brusquement. *Cet athlète a explosé aux jeux Olympiques.* **5.** Fam. S'accroître brutalement. *Les prix ont explosé.*

EXPLOSEUR n.m. Appareil servant à faire exploser à distance une mine au moyen d'un courant électrique.

EXPLOSIBILITÉ n.f. Caractère de ce qui est explosible.

EXPLOSIBLE adj. Qui peut exploser.

1. EXPLOSIF, IVE adj. **1.** Qui est de nature à provoquer des réactions brutales ; critique, tendu. *Situation explosive.* **2.** Relatif à l'explosion. *Mélange explosif.*

2. EXPLOSIF n.m. Corps ou mélange de corps apte à subir une explosion.

EXPLOSIMÈTRE n.m. Appareil portatif destiné à vérifier la teneur d'une atmosphère en gaz explosible.

EXPLOSION n.f. (du lat. *explodere,* rejeter en frappant des mains). **1.** Fait d'éclater violemment ; bruit qui accompagne cet éclatement. *L'explosion d'une bombe.* **2. a.** Libération très rapide, sous forme de gaz à haute pression et à haute température, d'une énergie stockée sous un volume réduit. **b.** Troisième temps de fonctionnement d'un moteur à quatre temps, correspondant à la combustion. **3.** Manifestation vive et soudaine. *L'explosion de la colère.* **4.** Apparition brusque d'un évènement ; développement, accroissement brutal d'un phénomène. *L'explosion démographique.*

EXPONENTIEL, ELLE adj. (du lat. *exponens,* exposant). **1.** MATH. *Fonction exponentielle* (ou *exponentielle,* n.f.) *de base* a (a *réel positif*) : fonction réelle continue telle que $f(x) \cdot f(x') = f(x + x')$ et $f(1) = a$. (Pour $a = 1$, on a l'exponentielle naturelle.) **2.** Fig. *Croissance* (ou *développement,* etc.) *exponentielle,* rapide et continue.

EXPONENTIELLEMENT adv. D'une croissance similaire à la fonction exponentielle.

EXPORTABLE adj. Que l'on peut exporter.

EXPORTATEUR, TRICE adj. et n. Qui exporte.

EXPORTATION n.f. **1.** Action d'exporter ; marchandises exportées. **2.** Action de diffuser à l'étranger des idées, une mode, etc.

EXPORTER v.t. (lat. *exportare*). **1.** Transporter, vendre à l'étranger les produits de l'activité nationale. ◇ *Exporter des capitaux,* les placer à l'étranger. **2.** Répandre à l'étranger.

1. EXPOSANT, E n. **1.** Personne qui présente ses produits, ses œuvres dans une exposition publique. **2.** DR. Personne qui énonce ses prétentions dans une requête.

2. EXPOSANT n.m. MATH. Nombre *b* qui figure en haut et à droite de la notation a^b d'une puissance. *Dans* $4^3 = 4 \times 4 \times 4$, *3 est l'exposant.*

1. EXPOSÉ n.m. **1.** Développement explicatif dans lequel on présente, par écrit ou oralement, des faits ou des idées. *Un exposé de la situation.* **2.** DR. *Exposé des motifs* : remarques qui précèdent le dispositif d'un projet ou d'une proposition de loi et qui expliquent les raisons qui sont à son origine.

2. EXPOSÉ, E adj. Susceptible d'encourir un danger ; à risque. *Une population exposée.*

EXPOSER v.t. (lat. *exponere*). **1.** Mettre en vue, présenter au regard. *Exposer des produits.* **2.** Placer, tourner d'un certain côté, orienter. *Exposer au midi.* **3.** Soumettre à l'action de. *Exposer des plantes à la lumière.* **4.** Mettre en péril, faire courir un risque à. *Exposer sa vie.* **5.** Expliquer, faire connaître. *Exposer une théorie.* **6.** PHOT. Soumettre (une surface sensible) à un rayonnement. ◆ **s'exposer** v.pr. Courir le risque de. *S'exposer aux critiques.*

EXPOSITION n.f. **1.** Action d'exposer, de placer sous le regard du public (des objets divers, des œuvres d'art, des produits industriels ou agricoles, etc.) ; lieu où on les expose. Abrév. (fam.) : *expo.* ◇ *Exposition universelle* : exposition admettant les produits et réalisations de tous les pays. **2.** Action de faire connaître, d'expliquer. *Exposition d'un fait.* **3.** Partie initiale d'une œuvre littéraire (en partic. d'une œuvre dramatique) ou musicale, dans laquelle on expose le sujet, on énonce le thème. **4.** Orientation, situation (d'un bâtiment, d'un local, etc.) par rapport à une direction, à la lumière. *Exposition au nord, au soleil.* **5.** PHOT. Action d'exposer une surface sensible. **6.** PHYS. Quotient par la masse d'un volume d'air de la somme des charges électriques de tous les ions de même signe produits dans ce volume par un rayonnement γ ou X lorsque tous les électrons libérés par les photons sont complètement arrêtés dans l'air. (L'unité SI est le coulomb par kilogramme.)

Principales expositions universelles

dates	*villes*	*visiteurs (en millions)*
1851	Londres	6
1855	Paris	5,1
1862	Londres	6,2
1867	Paris	11
1873	Vienne	7,2
1876	Philadelphie	9,8
1878	Paris	16
1889	Paris	32,3
1893	Chicago	2,5
1900	Paris	50
1904	Saint Louis	19,6
1915	San Francisco	18,7
1933-34	Chicago	38
1935	Bruxelles	20
1937	Paris	34
1939-40	New York	26
1958	Bruxelles	41
1967	Montréal	50
1970	Ōsaka	64
1992	Séville	42

EX POST [ɛkspɔst] loc. adj. (mots lat., *d'après*). Se dit de l'analyse des faits économiques effectuée après leur survenance (par opp. à *ex ante*).

1. EXPRÈS, ESSE [ɛksprɛs] adj. (lat. *expressus,* nettement exprimé). Précis, nettement exprimé, formel. *Ordre exprès ; défense expresse.* ◆ adj. inv. et n.m. **1.** Remis sans délai au destinataire. *Lettre exprès. Envoi par exprès.* **2.** Vx. Chargé d'une mission particulière et urgente.

2. EXPRÈS [ɛksprɛ] adv. À dessein, avec intention. *Il est venu tout exprès pour vous voir.* ◇ *Fait exprès* : coïncidence curieuse et plus ou moins fâcheuse.

1. EXPRESS [ɛksprɛs] adj. (mot angl.). Qui assure un service, une liaison rapide. *Une voie express.* ◆ adj. et n.m. *Train express* ou *express* : train de voyageurs à vitesse accélérée, ne s'arrêtant que dans les gares importantes et dont l'horaire est étudié pour assurer les principales correspondances.

2. EXPRESS adj. et n.m. *Café express* ou *express* : café plus ou moins concentré obtenu par le passage de vapeur d'eau sous pression à travers de la poudre de café. *Boire un express.*

EXPRESSÉMENT adv. En termes exprès ; d'une façon nette, précise. *Expressément défendu.*

EXPRESSIF, IVE adj. Qui exprime avec force une pensée, un sentiment, une émotion. *Un geste expressif.*

EXPRESSION n.f. (lat. *expressio*). **I. 1.** Action d'exprimer qqch par le langage. **2.** Manière de s'exprimer par le langage ; mot ou groupe de mots de la langue parlée ou écrite. *Expression démodée.* **3.** Expressivité d'une œuvre d'art, particulièrement musicale. **4.** Ensemble des signes extérieurs qui traduisent un sentiment, une émotion, etc. *L'expression de la joie.* ◇ *Expression corporelle* : ensemble d'attitudes et de gestes susceptibles de traduire des situations émotionnelles ou physiques. **5.** MATH. *Expression algébrique* : juxtaposition de symboles numériques, de symboles opératoires et de parenthèses. ◇ *Réduire une fraction à sa plus simple expression* : trouver une fraction égale à la fraction donnée et ayant les termes les plus simples possible. – Fig. *Réduire à sa plus simple expression* : amener à sa forme la plus simple ou supprimer totalement. **6.** LOG. Ensemble graphique formalisé se référant à un objet réel. ◇ *Expression bien formée* (*e. b. f.*) : assemblage de symboles obtenu, dans un système logique, à l'aide de règles de formation explicites. **II. 1.** Vx. Action d'extraire en pressant. **2.** MÉD. *Expression abdominale* : pressions faites sur l'abdomen pour aider l'expulsion du fœtus lors de l'accouchement.

EXPRESSIONNISME n.m. **1.** Tendance artistique et littéraire du XXᵉ s. qui s'attache à l'intensité de l'expression. **2.** Caractère d'intensité et de singularité expressives. **3.** MUS. Mouvement qui se caractérise par une très grande richesse d'éléments variés (chromatisme, agrégats) pour exprimer des sentiments de manière exaspérée. (Les compositeurs de l'école de Vienne se sont ralliés à ce mouvement.)

■ Les précurseurs sont, à la fin du XIXᵉ s., Van Gogh, Munch, Ensor, dans la peinture desquels la vigueur de la touche, les rapports de couleurs insolites sont au service de l'intensité expressive et d'une conception généralement pessimiste de la destinée humaine. Profondément nordique, ce courant se développe en Allemagne avec les peintres du groupe « Die Brücke » (Dresde, puis Berlin, 1905-1913), Kirchner, Nolde, Max Pechstein (1881-1955), Karl Schmidt-Rottluff (1884-1976), etc., imprégnés de primitivisme, cultivant les simplifications formelles, la violence graphique, l'irréalisme de la couleur. À Munich, le groupe « Der Blaue* Reiter » évolue vers l'abstraction lyrique.

La Première Guerre mondiale suscite l'expression pathétique de Kokoschka, le pessimisme sec et dur de Beckmann, la critique sociale de G. Grosz et d'O. Dix (mouvement de la « Nouvelle Objectivité »), tandis qu'un robuste courant flamand est illustré par les peintres de l'école de Laethem-Saint-Martin*, tels Permeke, Gustave De Smet (1877-1943), Frits Van den Berghe. Au Mexique se développe l'expressionnisme (1883-1939), issu de la révolution, des *muralistes* Rivera, Orozco et Siqueiros. L'école française offre des individualités puissantes comme celles de Rouault et de Soutine. Après 1945, l'expressionnisme connaît un regain dans des courants qui combinent une volonté primitiviste avec la spontanéité gestuelle apprise des surréalistes : ainsi en Europe le mouvement Cobra*, ainsi aux États-Unis l'expressionnisme abstrait, *action painting* (fondé sur le geste) de Pollock, De Kooning, Kline ou « abstraction chromatique » d'un Adolph Gottlieb (1903-1974), d'un Rothko ou d'un Newman.

À l'expressionnisme appartiennent des sculpteurs comme les Allemands Barlach et Käte Kollwitz (1867-1945, également graveur), comme Zadkine dans une certaine mesure, suivis après 1945 par de nombreux artistes, tels l'Américain Theodore Roszak (1907-1981) ou la Française G. Richier.

■ En littérature, l'expressionnisme s'est développé plus particulièrement en Allemagne, entre 1910 et le début des années 1920. Il se caractérise par le schématisme des thèmes et la violence du style, d'où sa prédilection pour la poésie (G. Benn, G. Trakl) et le théâtre (G. Kaiser, Wedekind).

■ L'expressionnisme cinématographique, issu des recherches de l'avant-garde théâtrale (M. Reinhardt) et picturale (Kokoschka, Kubin), est apparu en Allemagne à la fin de la Première Guerre mondiale. Privilégiant les thèmes d'inspiration fantastique ou d'horreur, ce mouvement s'est attaché essentiellement à exprimer les atmosphères ou les états d'âme des personnages par le symbolisme et la stylisation des décors, de la lumière, du jeu des acteurs. Robert Wiene (*le Cabinet du Dʳ Caligari,* 1919), Paul Wegener (*le Golem,* 1920), Fritz Lang (*le Docteur Mabuse,* 1922), F. W. Murnau (*Nosferatu le Vampire,* 1922) sont particulièrement représentatifs de cette tendance.

EXPRESSIONNISTE adj. et n. Qui se rapporte, se rattache à l'expressionnisme.

EXPRESSIVEMENT adv. De façon expressive.

EXPRESSIVITÉ n.f. Caractère de ce qui est expressif.

EXPRIMABLE adj. Qui peut être exprimé, énoncé, traduit.

EXPRIMAGE n.m. TEXT. Pression exercée sur un textile pour en faire sortir l'excès de colorant ou d'apprêt.

EXPRIMER v.t. (lat. *exprimere*). **1.** Faire sortir (un liquide) par pression. **2.** Manifester (sa pensée, ses impressions) par le geste, la parole, le visage. *Exprimer sa douleur par des larmes.* **3.** SC. Définir, en parlant d'unités. ◆ **s'exprimer** v.pr. Se faire comprendre, exprimer sa pensée. *S'exprimer avec élégance.*

Fauvisme : *Hyde Park* (1907), par André Derain. (Musée d'Art moderne, Troyes.) Perspective linéaire convertie en arabesques dans les deux dimensions de la toile, l'intensité de palette n'excluant pas le raffinement.

Fauvisme : *Restaurant de la Machine, à Bougival* (v. 1905), par Vlaminck. (Musée d'Orsay, Paris.) Cette toile, du temps de la « cage aux fauves » du Salon d'automne, reflète, avec une grande crudité et quelque raideur, la passion du jeune peintre pour Van Gogh.

Fauvisme : *Marin II* (1907), par Matisse. (Coll. priv.) Délibérément, l'artiste dépasse Gauguin dans la construction d'un espace autonome par la couleur, en épurant la forme et en excluant tout système de référence symbolique.

Expressionnisme : *l'Homme foudroyé ou la Ville détruite,* statue en bronze (1948-1951) de Zadkine, à Rotterdam. Pour évoquer la destruction du port hollandais sous les bombes en 1940, le sculpteur recourt à une technique issue du cubisme (agencement de plans et d'arêtes, évidements) et exprime toute l'horreur de la guerre par cette gesticulation muette d'un baroquisme éloquent.

Expressionnisme : affiche (1911) d'Oskar Kokoschka pour *Der Sturm.* Revue de « combat artistique » éditée à Berlin (1910-1932) par l'écrivain et musicien Herwarth Walden, *Der Sturm* (« la Tempête » ou « l'Assaut ») s'adjoint en 1912 une galerie où seront exposés expressionnistes, futuristes et autres représentants des avant-gardes européennes (Russes, Tchèques, Français...). L'inquiétante image de Kokoschka est à la fois un autoportrait et une effigie en rapport avec les dessins de l'artiste pour sa pièce de théâtre *Meurtre, espoir des femmes.*

Expressionnisme : *l'Été-Nus en plein air* (1913), de Karl Schmidt-Rottluff. (Landesmuseum, Hanovre.) Stylisation audacieuse à laquelle n'est pas étrangère l'influence de l'art nègre (encore plus marquée dans les quelques sculptures de cet artiste, comme dans celles de Kirchner et de Pechstein).

Expressionnisme : *le Mangeur de pommes de terre* (1935), de Constant Permeke. (Musées royaux des Beaux-Arts, Bruxelles.) Par l'extrême rudesse de la simplification formelle (dessin cerné, camaïeu de bruns), le maître de l'expressionnisme flamand rejoint, à sa manière, la tradition terrienne de Bruegel et du Van Gogh de Nuenen.

EXPROMISSION n.f. (lat. *expromissio*). DR. ROM. Substitution de débiteurs dans laquelle le nouveau débiteur s'engage sans s'être préalablement entendu avec celui qu'il remplace.

EXPROPRIATEUR, TRICE ou **EXPROPRIANT, E** adj. et n. Se dit de qqn, d'un organisme qui exproprie.

EXPROPRIATION n.f. Action d'exproprier. ◇ *Expropriation forcée :* saisie immobilière suivie d'une vente par adjudication.

EXPROPRIÉ, E adj. et n. Qui est l'objet d'une mesure d'expropriation.

EXPROPRIER v.t. Déposséder qqn de sa propriété, dans un but d'utilité générale, suivant des formes légales accompagnées d'indemnités.

EXPULSÉ, E adj. et n. Se dit d'une personne que l'on expulse ou qui a été expulsée.

EXPULSER v.t. (lat. *expulsare*). **1.** Chasser qqn avec violence ou par une décision de l'autorité du lieu où il était établi. **2.** Évacuer, rejeter de l'organisme. *Expulser le mucus des bronches.*

EXPULSIF, IVE adj. MÉD. Qui accompagne ou favorise l'expulsion.

EXPULSION n.f. Action d'expulser, d'exclure. **1.** DR. **a.** Mesure administrative obligeant un étranger dont la présence peut constituer une menace pour l'ordre public à quitter le territoire national. **b.** Procédure qui a pour but de libérer des locaux occupés sans droit ni titre ou sans droit au maintien dans les lieux. **2.** MÉD. Période terminale de l'accouchement.

EXPURGATION n.f. **1.** Action d'expurger. **2.** AGRIC. Action de couper dans une futaie les arbres qui gênent le développement des autres.

EXPURGER v.t. (lat. *expurgare,* nettoyer) [17]. Retrancher d'un écrit ce que l'on juge contraire à la morale, aux convenances, etc.

EXQUIS, E adj. (lat. *exquisitus*). **1.** Très bon, délicieux, en partic. dans le domaine du goût. *Vin exquis.* **2.** Délicat, distingué. *Politesse exquise.* **3.** D'un charme particulier ; délicieux. *Une journée exquise.* **4.** Charmant, adorable. *Un enfant exquis.* **5.** MÉD. *Douleur exquise :* douleur aiguë, nettement localisée.

EXQUISITÉ n.f. Rare. Caractère de ce qui est exquis, délicieux.

EXSANGUE [ɛksɑ̃g] ou [ɛkzɑ̃g] adj. (lat. *exsanguis*). **1.** Qui a perdu beaucoup de sang. **2.** Très pâle. *Visage exsangue.* **3.** Fig. Dépourvu de force, de vigueur. *Une économie exsangue.*

EXSANGUINO-TRANSFUSION n.f. (pl. *exsanguino-transfusions*). MÉD. Succession de saignées et de transfusions de sang normal provenant de donneurs compatibles permettant de changer en partie ou en quasi-totalité le sang d'un malade.

■ L'exsanguino-transfusion est surtout utilisée comme traitement efficace de la maladie hémolytique du nouveau-né par incompatibilité fœto-maternelle (facteur Rhésus).

EXSTROPHIE n.f. *Exstrophie vésicale :* malformation des voies urinaires dans laquelle la vessie s'abouche directement à la peau de l'abdomen.

EXSUDAT [ɛksyda] n.m. MÉD. Liquide séreux ou fibrineux extravasé au cours d'un processus inflammatoire.

EXSUDATION n.f. **1.** MÉD. Suintement pathologique. **2.** MÉTALL. Présence anormale, en surface d'un alliage, d'un de ses constituants.

EXSUDER v.i. (lat. *exsudare*). **1.** Sortir comme la sueur. **2.** MÉTALL. Présenter une exsudation. ◆ v.t. MÉD. Produire (un exsudat).

EXTASE n.f. (gr. *extasis,* égarement d'esprit). **1.** État d'une personne qui se trouve comme transportée hors du monde sensible par l'intensité d'un sentiment mystique. **2.** Vive admiration, plaisir extrême causé par une personne ou par une chose.

EXTASIÉ, E adj. Rempli d'admiration ; admiratif, ravi. *Regard extasié.*

EXTASIER (S') v.pr. Manifester son ravissement, son admiration. *S'extasier devant un paysage.*

EXTATIQUE adj. Causé par l'extase. *Transport extatique.* ◆ n. Personne sujette à l'extase.

EXTEMPORANÉ, E adj. (lat. *extemporaneus*). **1.** PHARM. Préparé et administré sur-le-champ. **2.** CHIR. Se dit d'un examen pratiqué au cours d'une opération.

EXTEMPORANÉMENT adv. De manière extemporanée.

EXTENDEUR n.m. IND. Produit de charge ajouté à un matériau.

1. EXTENSEUR adj. m. et n.m. Qui provoque l'extension d'un segment de membre. *Muscles extenseurs.* CONTR. : *fléchisseur.*

2. EXTENSEUR n.m. Appareil de gymnastique servant à développer les muscles.

EXTENSIBILITÉ n.f. Propriété de ce qui est extensible.

EXTENSIBLE adj. **1.** Qui peut être étiré, allongé, étendu. **2.** Qui peut s'appliquer, s'étendre à d'autres choses ou personnes.

EXTENSIF, IVE adj. **1.** Qui produit l'extension. *Force extensive.* **2.** *Culture extensive, élevage extensif,* pratiqués sur de vastes superficies et à rendement en général faible.

EXTENSION n.f. (du lat. *extensus,* étendu). **I. 1.** Action d'étendre ou de s'étendre. *L'extension du bras.* **2.** Allongement d'un corps soumis à une traction. **3.** Fait de s'étendre, de s'accroître. *L'extension du commerce.* **II. 1.** PHILOS. Propriété de la matière par laquelle les corps sont dans l'espace. **2. a.** Ensemble des objets que peut désigner un concept. **b.** Modification du sens d'un mot qui, par analogie, s'applique à davantage d'objets. **3.** LOG. *Extension d'un langage, d'une théorie :* champ à l'intérieur duquel ce langage, cette théorie prennent leur référence, leur signification, par opp. à *compréhension.* **4.** INFORM. Augmentation de la capacité d'un organe (mémoire, notamm.) d'un système informatique.

EXTENSIONALITÉ n.f. LOG. Caractère de ce qui est extensionnel.

EXTENSIONNEL, ELLE adj. LOG. Se dit de ce qui satisfait à la totalité des propriétés définies à l'intérieur d'un champ conceptuel, par opp. à *intensionnel.*

EXTENSO (IN) loc. adv. → ***in extenso.***

EXTENSOMÈTRE n.m. Instrument servant à mesurer les déformations produites dans un corps sous l'effet de contraintes mécaniques.

EXTÉNUANT, E adj. Qui exténue, épuise.

EXTÉNUATION n.f. Affaiblissement extrême.

EXTÉNUER v.t. (lat. *extenuare*). Épuiser les forces de. *Le jeûne exténue le corps.* ◆ **s'exténuer** v.pr. Se fatiguer extrêmement.

1. EXTÉRIEUR, E adj. (lat. *exterior*). **1. a.** Qui est en dehors (d'un lieu donné). *Quartiers extérieurs.* ◇ *Angle extérieur d'un polygone :* angle formé par un côté du polygone avec le prolongement du côté adjacent. – *Bissectrice extérieure (d'un triangle ABC en A) :* droite perpendiculaire en A à la bissectrice de l'angle de sommet A. **b.** Qui n'est pas dans un lieu clos. *Escalier extérieur. Température extérieure.* **2.** Qui n'appartient pas à qqch ; étranger. *Propos extérieurs au sujet.* **3.** Qui existe en dehors de l'individu. *Le monde extérieur.* **4.** Qui concerne les pays étrangers. *Politique extérieure.* **5.** Qui se voit du dehors ; visible, manifeste. *Signes extérieurs de richesse.*

2. EXTÉRIEUR n.m. **1.** Ce qui est au-dehors, à la surface. *L'extérieur d'une maison.* **2.** Pays étrangers. *Nouvelles de l'extérieur.* **3.** Vx. Apparence physique de qqn ; dehors, air, aspect. **4.** Belgique. Au football, ailier. ◆ pl. CIN. Scènes tournées hors du studio.

EXTÉRIEUREMENT adv. **1.** À l'extérieur. **2.** En apparence.

EXTÉRIORISATION n.f. Action d'extérioriser.

EXTÉRIORISER v.t. Exprimer, manifester par son comportement. *Extérioriser sa joie.* ◆ **s'extérioriser** v.pr. Manifester ses sentiments, son caractère.

EXTÉRIORITÉ n.f. PHILOS. Caractère de ce qui est en dehors de la conscience.

EXTERMINATEUR, TRICE adj. et n. Qui extermine. ◇ *L'ange exterminateur :* dans la Bible, ange chargé de porter la mort parmi les Égyptiens, qui persécutaient les Hébreux.

EXTERMINATION n.f. Action d'exterminer. ◇ HIST. *Camp d'extermination :* durant la Seconde Guerre mondiale, camp organisé par les nazis en Europe centrale et destiné à éliminer physiquement les populations juive, slave et tsigane.

EXTERMINER v.t. (lat. *exterminare,* chasser). Massacrer, faire périr entièrement ou en grand nombre.

EXTERNAT n.m. **1.** Maison d'éducation qui n'admet que des élèves externes. **2.** Situation de celui qui est externe dans un établissement scolaire. **3.** Fonction d'externe dans un hôpital (avant la réforme de 1968).

1. EXTERNE adj. (lat. *externus*). **1.** Qui est au-dehors. *Face externe.* **2.** Qui vient du dehors. *Cause externe d'une maladie.* **3.** *Médicament à usage externe,* qui s'utilise en application sur la peau, qui ne doit pas être absorbé.

2. EXTERNE n. **1.** Élève qui suit les cours d'un établissement scolaire sans y coucher et sans y prendre ses repas. **2.** Étudiant en médecine qui participe au fonctionnement d'un service hospitalier sous l'autorité du médecin chef de service et de l'interne. (Depuis 1968, tous les étudiants en médecine font fonction d'externes à partir de la troisième année.)

EXTÉROCEPTEUR n.m. PHYSIOL. Récepteur de la sensibilité extéroceptive.

EXTÉROCEPTIF, IVE adj. PHYSIOL. *Sensibilité extéroceptive,* qui reçoit ses informations de récepteurs sensoriels situés à la surface du corps et stimulés par des agents extérieurs à l'organisme (chaleur, piqûre) [par opp. à *intéroceptif* et *proprioceptif*].

EXTÉROCEPTIVITÉ n.f. PHYSIOL. Caractère de la sensibilité extéroceptive.

EXTERRITORIALITÉ n.f. DR. Immunité qui soustrait certaines personnes (diplomates notamm.) à la juridiction de l'État sur le territoire duquel elles se trouvent.

EXTINCTEUR, TRICE adj. et n.m. Se dit d'un appareil qui sert à éteindre les incendies ou les commencements d'incendie.

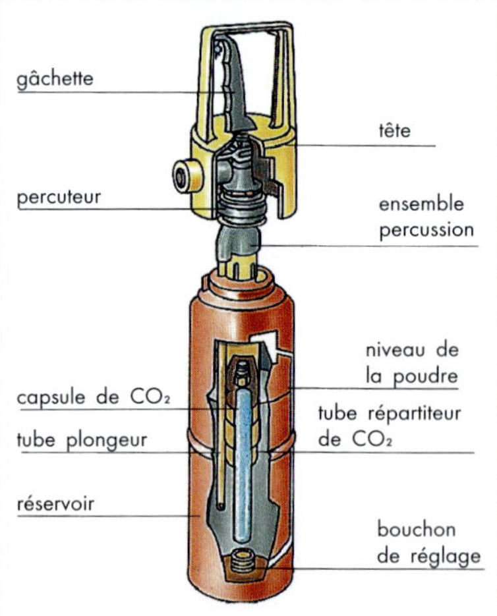

extincteur à poudre

EXTINCTION n.f. (du lat. *extinguere,* éteindre). **1.** Action d'éteindre ce qui était allumé. *L'extinction d'un incendie.* ◇ *Extinction des feux :* sonnerie, batterie enjoignant à des militaires, des internes, etc., d'éteindre les lumières. **2.** Affaiblissement, cessation (de qqch). *Lutter jusqu'à l'extinction de ses forces.* ◇ *Extinction de voix :* affaiblissement de la voix qui fait qu'on devient aphone. **3.** Suppression, anéantissement. *L'extinction d'une dette. L'extinction d'une espèce animale.*

EXTIRPABLE adj. Qui peut être extirpé. *Tumeur facilement extirpable.*

EXTIRPATEUR n.m. Instrument agricole pour arracher les mauvaises herbes et pour effectuer des labours superficiels.

EXTIRPATION n.f. Action d'extirper.

EXTIRPER v.t. (lat. *extirpare,* de *stirps,* racine). **1.** Arracher avec la racine, enlever complètement. *Extirper une tumeur.* **2.** Litt. Anéantir, faire cesser. *Extirper les préjugés.* **3.** Sortir qqn d'un lieu avec difficulté. *Extirper les passagers d'une voiture accidentée.* ◆ **s'extirper** v.pr. Fam. Sortir d'un lieu avec difficulté, lentement, etc. *Il a fini par s'extirper de la cabine téléphonique.*

EXTORQUER v.t. (lat. *extorquere*). Obtenir par force, violence, menace, ruse. *Extorquer de l'argent à qqn, des aveux à un prévenu.*

EXTORQUEUR, EUSE n. Personne qui extorque de l'argent.

EXTORSION n.f. Action d'extorquer. (L'extorsion de fonds sous la menace de révélations scandaleuses constitue le chantage.)

1. EXTRA n.m. inv. (mot lat., *en dehors*). **1.** Ce qui est en dehors des habitudes courantes (dépenses, repas, etc.). *Faire un extra pour des invités.* **2. a.** Service occasionnel supplémentaire. **b.** Personne qui fait ce service.

2. EXTRA adj. inv. (abrév. de *extraordinaire*). **1.** De qualité supérieure. *Des fruits extra.* **2.** Fam. Merveilleux, remarquable, exceptionnel. *Une femme extra.*

EXTRABUDGÉTAIRE adj. Qui est en dehors du budget.

EXTRACONJUGAL, E, AUX adj. Qui existe en dehors des relations conjugales.

EXTRACORPOREL, ELLE adj. Qui est extérieur au corps.

EXTRA-COURANT n.m. (pl. *extra-courants*). ÉLECTR. Courant qui se produit dans l'air au moment où l'on ouvre un circuit inductif parcouru par un courant électrique et qui se manifeste par un arc électrique.

1. EXTRACTEUR, TRICE n. Personne qui pratique une extraction.

2. EXTRACTEUR n.m. **1. a.** CHIR. Instrument pour extraire des corps étrangers de l'organisme. **b.** Pièce de la culasse mobile d'une arme à feu pour retirer l'étui vide d'une cartouche après le départ du coup. **2. a.** Appareil pour séparer le miel des rayons de cire, utilisant la force centrifuge. **b.** Appareil accélérant la circulation d'un fluide. **c.** CHIM. Appareil pour extraire une substance d'une matière première végétale ou animale.

EXTRACTIBLE adj. Qui peut être extrait.

EXTRACTIF, IVE adj. Qui se rapporte à l'extraction (des minerais, etc.). *Industrie extractive.*

EXTRACTION n.f. (lat. *extractus,* extrait). **1.** Action d'extraire, d'arracher. *Extraction d'une dent.* **2.** MATH. Opération pour trouver la racine d'un nombre. *Extraction d'une racine carrée.* **3.** Litt. Origine sociale.

EXTRADER v.t. Livrer par extradition.

EXTRADITION n.f. (lat. *ex,* hors de, et *traditio,* action de livrer). Action de livrer l'auteur d'une infraction à l'État étranger qui le réclame, pour qu'il puisse être jugé et exécuter sa peine.

EXTRADOS [ɛkstrado] n.m. **1.** Face extérieure d'une voûte, par opp. à *intrados.* **2.** Face supérieure d'une aile d'avion.

EXTRA-DRY [ɛkstradraj] adj. inv. et n.m. inv. (angl. *dry,* sec). Anglic. *Champagne extra-dry,* très sec.

EXTRAFIN, E adj. **1.** Très fin. *Chemise extrafine.* **2.** De qualité supérieure. **3.** De très petit calibre, par opp. à *fin, très fin. Haricots, petits pois extrafins.*

1. EXTRAFORT, E adj. **1.** Très résistant, très épais. *Carton extrafort.* **2.** Très fort de goût, très relevé. *Moutarde extraforte.*

2. EXTRAFORT n.m. Ruban tissé utilisé pour renforcer le bord d'un ourlet.

EXTRAGALACTIQUE adj. Qui est situé en dehors de la Galaxie.

EXTRAHOSPITALIER, ÈRE adj. Qui se fait en dehors de l'hôpital.

EXTRAIRE v.t. (lat. *extrahere*) [112]. **1.** Tirer, retirer d'un corps ou d'un ensemble. *Extraire une balle, une dent. Extraire un passage d'un livre.* **2.** MATH. *Extraire la racine d'un nombre,* la calculer. **3.** Séparer (une substance d'un corps) par voie physique ou chimique. **4.** Remonter (les produits d'une mine). **5.** Faire sortir. *On a eu du mal à l'extraire de sa voiture après l'accident.* ◆ **s'extraire** v. pr. *(de).* Sortir, se dégager avec difficulté (d'un lieu).

EXTRAIT n.m. **I. 1.** Passage tiré d'un livre, d'un discours, d'un film. **2.** Copie littérale de l'original d'un acte. *Extrait d'acte de naissance.* **II. 1.** Substance extraite d'un corps par une opération physique ou chimique. *Extrait de quinquina.* ◇ Spécialt. Parfum concentré. **2.** Préparation soluble et concentrée obtenue à partir d'un aliment. *Extrait de viande.*

EXTRAJUDICIAIRE adj. Fait en dehors de l'instance et des formes judiciaires.

EXTRAJUDICIAIREMENT adv. En dehors des formes judiciaires, de l'instance judiciaire.

EXTRALÉGAL, E, AUX adj. Qui est en dehors de la légalité.

EXTRALUCIDE adj. et n. Qui est doué d'un pouvoir de voyance.

EXTRA-MUROS [ɛkstramyros] loc. adv. et adj. (mots lat.). À l'extérieur d'une ville.

EXTRANÉITÉ n.f. DR. Qualité d'étranger.

EXTRAORDINAIRE adj. **1.** Qui sort de l'usage ordinaire ; exceptionnel, inhabituel. *Une assemblée générale extraordinaire.* ◇ *Par extraordinaire :* par une éventualité peu probable. **2.** Qui étonne par sa bizarrerie ; singulier, insolite. *Il vient de lui arriver une extraordinaire aventure.* **3.** Hors du commun ; remarquable, exceptionnel. *Un personnage extraordinaire.* **4.** Très grand, intense, immense. *Une fortune extraordinaire.*

EXTRAORDINAIREMENT adv. De façon extraordinaire ; très.

EXTRAPARLEMENTAIRE adj. Qui se fait, qui existe en dehors du Parlement.

EXTRAPATRIMONIAL, E, AUX adj. DR. Qui est en dehors du patrimoine.

EXTRAPOLATION n.f. **1.** Extension, généralisation. **2.** SC. Procédé pour prolonger une série statistique ou la validité d'une loi scientifique au-delà des limites dans lesquelles celles-ci sont connues.

EXTRAPOLER v.t. et i. **1.** Tirer une conclusion de données partielles ou incomplètes. **2.** Généraliser à partir de données fragmentaires. **3.** SC. Pratiquer l'extrapolation de.

EXTRAPYRAMIDAL, E, AUX adj. ANAT. *Système extrapyramidal :* ensemble des structures nerveuses et des faisceaux qui assurent le contrôle de la motricité, autre que celui exercé par le faisceau pyramidal. ◇ PATHOL. *Syndrome extrapyramidal :* ensemble des manifestations dues à une lésion du système extrapyramidal (tremblement, hypertonie, etc.).

EXTRASCOLAIRE adj. Qui a lieu en dehors du cadre scolaire.

EXTRASENSIBLE adj. Qui n'est pas perçu directement par les sens.

EXTRASENSORIEL, ELLE adj. Qui est perçu sans l'intermédiaire des récepteurs sensoriels ; qui a trait à ce mode de perception.

EXTRASTATUTAIRE adj. Qui est en dehors des statuts.

EXTRASYSTOLE n.f. Contraction prématurée du cœur, causant parfois une légère douleur.

EXTRATERRESTRE adj. Situé à l'extérieur de la Terre. ◆ n. Habitant supposé d'une planète autre que la Terre.

EXTRATERRITORIAL, E, AUX adj. Se dit du secteur bancaire établi à l'étranger et non soumis à la législation nationale. SYN. (anglic. déconseillé) : *offshore.*

EXTRA-UTÉRIN, E adj. (pl. *extra-utérins, es*). Qui est ou qui évolue en dehors de l'utérus. *Grossesse extra-utérine.*

EXTRAVAGANCE n.f. **1.** Comportement de qqn qui est extravagant. **2.** Caractère de ce qui est extravagant, excentrique. *L'extravagance d'un projet.* **3.** Idée, action extravagante.

EXTRAVAGANT, E [ɛkstravagɑ̃, ɑ̃t] adj. (du lat. *vagari,* errer). **1.** Déraisonnable, bizarre. *Une tenue extravagante.* **2.** Qui dépasse la mesure. *Des prix extravagants.* ◆ adj. et n. Qui se comporte d'une manière bizarre, excentrique.

EXTRAVAGUER v.i. Litt. Penser ou agir d'une manière insensée.

EXTRAVASER (S') v.pr. PHYSIOL. Se répandre hors des canaux qui les contiennent, en parlant du sang, de la sève, etc.

EXTRAVÉHICULAIRE adj. Se dit de la sortie d'un astronaute dans l'espace, hors de son véhicule spatial.

EXTRAVERSION n.f. PSYCHOL. Caractéristique d'une personne qui extériorise facilement ses sentiments et qui est réceptive au comportement des autres. CONTR. : *introversion.*

EXTRAVERTI, E adj. et n. Qui manifeste de l'extraversion. CONTR. : *introverti.*

EXTRÉMAL, E, AUX adj. Didact. Qui a atteint l'une de ses valeurs extrêmes (maximum ou minimum).

1. EXTRÊME adj. (lat. *extremus*). **1.** Qui est tout à fait au bout, au terme ; ultime. *C'est la date extrême.* **2.** Qui est au degré le plus intense. *Froid, chaleur extrêmes.* ◇ *Sports extrêmes,* où le danger est associé à un effort physique intense, à la limite des capacités humaines. **3.** Sans mesure, excessif. *Moyens, remèdes extrêmes.*

2. EXTRÊME n.m. Ce qui est opposé ; contraire. *Passer d'un extrême à l'autre.* ◇ *À l'extrême :* au-delà de toute mesure. ◆ pl. MATH. *Les extrêmes :* le premier et le dernier terme d'une proportion. *Dans une proportion* $\frac{a}{b} = \frac{c}{d}$, *le produit des extrêmes* (a.d) *est égal à celui des moyens* (b.c).

EXTRÊMEMENT adv. À un très haut degré.

EXTRÊME-ONCTION n.f. (pl. *extrêmes-onctions*). CATH. Sacrement administré à un malade en danger de mort par l'application des saintes huiles sur le front et les mains. (On dit auj. *sacrement des malades.*)

EXTRÊME-ORIENTAL, E, AUX adj. Qui se rapporte à l'Extrême-Orient.

EXTREMIS (IN) loc. adv. → ***in extremis.***

EXTRÉMISME n.m. Tendance à recourir à des moyens extrêmes, violents, dans la lutte politique. *L'extrémisme de gauche, de droite.*

EXTRÉMISTE adj. et n. Qui fait preuve d'extrémisme ; qui en est partisan.

EXTRÉMITÉ n.f. (lat. *extremitas*). **1.** Bout, fin de qqch. *À l'extrémité de la rue.* **2. a.** *Être à la dernière extrémité :* être à l'agonie. **b.** *Être réduit à la dernière extrémité :* être très misérable. **3.** Attitude, action extrême. *Il tombe d'une extrémité dans l'autre.* ◆ pl. **1.** Mains, pieds. **2.** Actes de violence, voies de fait. *Se porter à des extrémités regrettables.*

EXTREMUM [-mɔm] n.m. (pl. *extremums*). MATH. Maximum ou minimum.

EXTRINSÈQUE [ɛkstrɛ̃sɛk] adj. (lat. *extrinsecus,* en dehors). **1.** Qui vient du dehors. *Causes extrinsèques.* CONTR. : *intrinsèque.* **2.** *Valeur extrinsèque d'une monnaie,* sa valeur légale, conventionnelle. SYN. : *valeur faciale.*

EXTRORSE adj. BOT. *Anthère extrorse,* qui s'ouvre vers l'extérieur de la fleur (renonculacées). CONTR. : *introrse.*

EXTRUDER v.t. Réaliser l'extrusion de. *Extruder une matière plastique.* ◆ v.i. GÉOL. Subir l'extrusion.

EXTRUDEUSE n.f. TECHN. Appareil servant à l'extrusion.

EXTRUSIF, IVE adj. GÉOL. Qui se rapporte à une extrusion.

EXTRUSION n.f. **1.** GÉOL. Éruption de roches volcaniques sous forme d'aiguille ou de cône. **2.** TECHN. Procédé de mise en forme des matières plastiques qui consiste à pousser la matière à fluidifier à travers une filière.

EXUBÉRANCE [ɛgzyberɑ̃s] n.f. **1.** Tendance à manifester ses sentiments par des démonstrations bruyantes, excessives. **2.** Surabondance, grande profusion de qqch. *L'exubérance de la végétation.*

EXUBÉRANT, E adj. (lat. *exuberans,* regorgeant). **1.** Qui s'exprime avec exubérance. **2.** Caractérisé par une abondance excessive. *Imagination exubérante.*

EXULCÉRATION n.f. MÉD. Ulcération superficielle.

EXULCÉRER v.t. [18]. MÉD. Rare. Provoquer une exulcération sur.

EXULTATION n.f. Litt. Très grande joie, allégresse.

EXULTER v.i. (lat. *exultare,* sauter). Éprouver une joie très intense.

EXUTOIRE n.m. (lat. *exutus,* enlevé). **1.** Moyen de se débarrasser de qqch ; dérivatif. **2.** Ouverture, tube pour l'écoulement des eaux.

EXUVIE n.f. (lat. *exuviae,* dépouilles). Peau rejetée par un arthropode ou un serpent lors de chaque mue.

EX VIVO loc. adv. et adj. (loc. lat.). MÉD. Se dit d'une chirurgie faite en dehors de l'organisme sur un organe prélevé en vue d'une transplantation ultérieure.

EX-VOTO n.m. inv. (lat. *ex voto,* en conséquence d'un vœu). Tableau, objet ou plaque gravée qu'on suspend dans une église ou un lieu vénéré à la suite d'un vœu ou en mémoire d'une grâce obtenue.

EYALET n.m. (mot turc). Division administrative de l'Empire ottoman.

EYE-LINER [ajlajnœr] n.m. (mots angl.) [pl. *eye-liners*]. Liquide coloré employé dans le maquillage des yeux pour souligner le bord des paupières.

EYRA [ɛra] n.m. (mot d'une langue du Brésil). Petit puma d'Amérique du Sud.

F

F n.m. inv. **1.** Sixième lettre de l'alphabet et quatrième consonne. *Le* f *est une fricative sourde.* **2.** F, symbole du *franc.* **3.** F, symbole chimique du fluor. – PHYS. F, symbole du *farad.* – °F, symbole du *degré Fahrenheit.* **4.** MUS. F : *fa,* dans la notation en usage dans les pays anglo-saxons et germaniques. **5.** f, symbole de *femto.*

FA n.m. inv. Note de musique ; quatrième degré de la gamme de *do.* – *Clef de* fa : clef représentée par un C retourné suivi de deux points, indiquant que la note placée sur la ligne passant entre les deux points (la quatrième ligne de la portée) est un *fa.*

FABLE n.f. (lat. *fabula*). **1.** Court récit allégorique, en vers ou en prose, contenant une moralité. *Fables de La Fontaine.* **2.** Litt. Récit, propos mensonger ; histoire inventée de toutes pièces. **3.** Litt. Personne qui est l'objet de propos railleurs. *Être la fable du quartier.*

FABLIAU [fablijo] n.m. (forme picarde de l'anc. fr. *fableau,* petite fable). LITTÉR. Conte satirique en vers (XIIe-XIIIe s.).

FABLIER n.m. Recueil de fables. *Fablier illustré.*

FABRICANT, E n. **1.** Propriétaire d'une entreprise qui fabrique des objets, des produits, etc. **2.** Personne qui fabrique elle-même ou fait fabriquer pour vendre.

FABRICATEUR, TRICE n. Litt. et souvent péj. Personne qui fabrique. *Fabricateur de calomnies.*

FABRICATION n.f. Action ou manière de fabriquer. *Un défaut de fabrication.*

FABRICIEN n.m. Vx. Membre du conseil de fabrique d'une église. SYN. : *marguillier.*

FABRIQUE n.f. (lat. *fabrica*). **1.** Établissement industriel où sont transformés des matières premières ou des produits semi-finis en produits destinés à la consommation. – *Prix de fabrique :* prix de gros. **2.** Anc. **a.** Petite construction de fantaisie ornant un parc, notamm. un jardin anglais. **b.** Ruine, petit édifice décoratif dans les paysages dits *historiques* des XVIIe-XIXe s. **3.** HIST. Biens, revenus d'une église. – *Conseil de fabrique* ou *fabrique :* groupe de clercs ou de laïcs administrant les biens d'une église.

FABRIQUER v.t. (lat. *fabricare ;* de *faber,* artisan). **1.** Faire, confectionner, élaborer qqch (en partic. un objet d'usage courant) à partir d'une matière première. *Fabriquer des meubles, des outils.* **2.** Fam. Faire, avoir telle ou telle occupation. *Qu'est-ce que tu fabriques ?* **3.** Fig. Inventer de toutes pièces. *Fabriquer un alibi.*

FABULATEUR, TRICE n. et adj. Personne qui raconte des histoires imaginaires qu'elle présente comme vraies.

FABULATION n.f. Action de présenter comme réels des faits purement imaginaires ; récit inventé présenté comme vrai.

FABULER v.i. Élaborer des fabulations.

FABULEUSEMENT adv. De façon fabuleuse, extraordinaire. *Être fabuleusement riche.*

FABULEUX, EUSE adj. (lat. *fabulosus*). **1.** Étonnant, extraordinaire. *Une fortune fabuleuse.* **2.** Litt. Qui appartient à la légende, à l'imagination. *Animal fabuleux.*

FABULISTE n. Auteur de fables.

FAC n.f. (abrév. de *faculté*). Fam. Université.

FAÇADE n.f. (it. *facciata*). **1.** Chacune des faces extérieures d'un bâtiment. *Façade principale, façade postérieure, façades latérales.* **2.** Face d'un bâtiment sur laquelle s'ouvre l'entrée principale, donnant sur la rue ou le chemin d'accès. **3.** Fig. Apparence trompeuse d'une personne. *Sa gentillesse n'est qu'une façade.*

FACE [fas] n.f. (lat. *facies*). **I. 1.** Partie antérieure de la tête humaine ; visage. ◇ Fig. *Perdre la face :* perdre tout prestige, tout crédit. – *Sauver la face :* garder sa dignité. **2.** Partie antérieure de la tête de certains animaux. **II. 1.** Chacun des côtés d'une chose ; partie extérieure de qqch. *Faire l'ascension de la face nord d'une montagne. L'autre face du disque est meilleure.* **2.** Litt. Aspect sous lequel se présente qqch. *Examiner la question sous toutes ses faces.* ◇ *Changer de face :* modifier son aspect. **3.** MATH. **a.** Chacun des polygones limitant un polyèdre. **b.** Chacun des angles plans limitant un angle polyèdre. **c.** Chacun des demi-plans limitant un dièdre. **III.** Côté d'une monnaie portant l'effigie du souverain ou l'image personnifiant l'autorité au nom de laquelle la pièce est émise. *Pile ou face.* SYN. : *avers.* **IV.** *De face :* du côté où l'on voit toute la face. – *En face :* vis-à-vis, par-devant ; fixement ; fig., sans crainte. *Regarder la mort en face.* – *Face à face :* en présence l'un de l'autre. – *À la face de qqn, de qqch :* ouvertement. ◇ *Faire face à :* être tourné du côté de ; faire front à ; pourvoir à. *Faire face à la mer. Faire face au danger, à une échéance.*

FACE-À-FACE n.m. inv. Débat public entre deux personnalités. *Face-à-face radiodiffusé, télévisé.*

FACE-À-MAIN n.m. (pl. *faces-à-main*). Lorgnon muni d'un manche, que l'on tient à la main.

FACÉTIE [fasesi] n.f. (lat. *facetia*). Plaisanterie ; action burlesque, farce.

FACÉTIEUSEMENT adv. De façon facétieuse.

FACÉTIEUX, EUSE [-sjø, øz] adj. et n. Qui aime à faire des facéties ; farceur. ◆ adj. Qui tient de la facétie.

FACETTE n.f. **1.** Chacune des petites faces planes formant la surface d'un objet et séparées les unes des autres par des arêtes vives. *Facettes d'un diamant.* – Fig. *À facettes :* se dit d'une personne qui peut avoir des aspects, des comportements très différents. **2.** ZOOL. *Œil à facettes :* œil des arthropodes, dont la surface est formée d'éléments polygonaux.

FACETTER v.t. TECHN. Tailler à facettes.

FÂCHÉ, E adj. **1.** En colère. **2.** Contrarié, agacé. *Je suis fâché de ce contretemps.*

FÂCHER v.t. (lat. *fastidiare,* dégoûter). Mécontenter, mettre en colère. ◆ **se fâcher** v.pr. **1.** Se brouiller. *Il s'est fâché avec tous ses proches.* **2.** S'emporter, s'irriter. *Attention, je vais me fâcher !*

FÂCHERIE n.f. Brouille, désaccord souvent passagers.

FÂCHEUSEMENT adv. De façon fâcheuse. *Être fâcheusement impressionné.*

1. FÂCHEUX, EUSE adj. Qui entraîne des conséquences ennuyeuses, désagréables ; malencontreux. *Une fâcheuse initiative.*

2. FÂCHEUX, EUSE n. Litt. Personne importune, gênante.

FACHO n. et adj. (abrév.). Fam. Fasciste.

FACIAL, E, AUX adj. **1.** Qui appartient à la face. ◇ *Nerf facial :* septième paire de nerfs crâniens. – *Angle facial :* angle dont le sommet est à la pointe des incisives supérieures, l'un des côtés passant par le point le plus saillant du front et l'autre par le conduit auditif. **2.** ÉCON. *Valeur faciale d'une monnaie,* sa valeur extrinsèque.

FACIÈS [fasjɛs] n.m. (lat. *facies*). **1.** (Souvent péj.). Aspect général du visage, physionomie. *Un faciès simiesque.* **2.** PRÉHIST. Ensemble des traits composant un aspect particulier d'une période culturelle. **3.** GÉOL. Ensemble des caractères d'une roche, considérés du point de vue de leur genèse.

FACILE adj. (lat. *facilis*). **1.** Qui se fait sans peine, sans difficulté ; aisé, simple. *Facile à trouver, à comprendre.* **2.** Péj. Qui n'a exigé aucun effort, aucune recherche. *Ironie facile. C'est un peu facile !* **3.** Conciliant, accommodant. *Un caractère facile. Il est facile à vivre.* **4.** Péj. *Femme, fille facile,* dont on obtient sans peine les faveurs.

FACILEMENT adv. Avec facilité ; sans peine, aisément. *Il a trouvé son chemin facilement.*

FACILITATION n.f. Action de faciliter.

FACILITÉ n.f. **1.** Qualité d'une chose facile à faire, à comprendre. **2.** Aptitude à faire qqch sans peine. *Il a beaucoup de facilité pour les langues.* ◇ *Se laisser aller à la facilité, choisir la facilité :* aller vers ce qui demande le moins d'énergie, d'effort. **3.** Moyen de faire sans peine ; occasion, possibilité. *J'ai eu toute facilité pour le rencontrer.* ◆ pl. **1.** Commodités accordées pour faire qqch. *Facilités de transport.* **2.** Délais accordés pour payer. *Facilités de paiement.* ◇ *Facilités de caisse :* découvert de quelques jours accordé par un banquier à son client.

FACILITER v.t. (it. *facilitare*). Rendre facile. *Tu ne me facilites pas le travail !*

FAÇON n.f. (lat. *factio*, de *facere*, faire). **I.** Manière d'être ou d'agir. *Tu t'y es pris d'une drôle de façon !* ◇ *C'est une façon de parler* : il ne faut pas le prendre au pied de la lettre. – *De toute façon* : quoi qu'il arrive. – *En aucune façon* : pas du tout. – *Sans façon(s)* : sans cérémonie. **II. 1.** Main-d'œuvre, travail d'un artisan. ◇ *Travail à façon*, exécuté sans fournir la matière première. **2.** Travail du sol. *Donner une première façon à la vigne.* **3.** Forme donnée à un objet par le travail de l'ouvrier, notamm. dans le domaine de la mode. *La façon d'un manteau.* **4.** Imitation. *Un châle façon cachemire.* ◆ pl. **1.** Manière de se conduire, comportement. *Des façons très déplaisantes.* **2.** Politesses hypocrites. *Il fait beaucoup de façons.* ◆ loc. conj. *De façon que, de telle façon que*, indiquent la conséquence (indicatif) ou le but (subjonctif). *Il se comporte de telle façon qu'il n'a pas d'amis. Travaille de façon que tu puisses sortir après.* ◆ loc. prép. *De façon à* : de manière à.

FACONDE [fakɔ̃d] n.f. (lat. *facundia*, éloquence). Litt., péj. Grande facilité à parler, abondance de paroles.

FAÇONNAGE n.m. **1.** Action de façonner qqch. ◇ Ensemble des opérations (coupe, pliage, brochage, reliure) qui terminent la fabrication d'un livre, d'un imprimé. **2.** Façonnement. *Façonnage du caractère.*

FAÇONNÉ n.m. TEXT. Tout tissu dans lequel le croisement de la chaîne et de la trame produit un dessin. *Les brochés et les damassés sont des façonnés.*

FAÇONNEMENT n.m. Action, manière de façonner ; façonnage.

FAÇONNER v.t. **1. a.** Travailler (une matière solide) pour lui donner une certaine forme. *Façonner du métal.* **b.** Faire, fabriquer. *Façonner des clés, des tabourets.* **2.** Litt. Former par l'expérience, l'habitude. *Ces années de collège ont façonné son caractère.*

FAÇONNEUR, EUSE n. TECHN. Personne qui façonne un produit.

FAÇONNIER, ÈRE n. et adj. Personne qui travaille à façon.

FAC-SIMILÉ [faksimile] n.m. (lat. *facere*, faire, et *simile*, chose semblable) [pl. *fac-similés*]. **1.** Reproduction exacte d'une peinture, d'un dessin, d'un objet d'art, etc. ◇ Spécialt. Reproduction d'un écrit, en partic. par procédé photographique. *Réédition en fac-similé d'un ouvrage ancien.* **2.** Procédé de transmission à distance, par ligne téléphonique ou ondes courtes, des pages d'un journal pour une impression simultanée en plusieurs endroits.

FACTAGE n.m. **1. a.** Transport de marchandises au domicile ou au dépôt de consignation. **b.** Prix de ce transport. **2.** Distribution des lettres et des dépêches à domicile.

1. FACTEUR, TRICE n. (lat. *factor*, celui qui fait). Employé des postes qui distribue le courrier à domicile. SYN. (administratif) : *préposé.* ◆ n.m. **1.** Employé de messageries ou de chemin de fer chargé de la manutention des marchandises, des bagages. **2.** Fabricant d'instruments de musique autres que les instruments de la famille du luth et les instruments de la famille du violon (pour lesquels on parle de *luthier*). *Facteur d'orgues, de clavecins, de pianos.*

2. FACTEUR n.m. **1.** Agent, élément qui concourt à un résultat. *Un facteur de succès.* ◇ *Facteurs de production* : éléments concourant à la production des biens et des services, notamm. le travail et le capital. – *Facteur Rhésus* → ***Rhésus.*** **2.** MATH. Chacun des nombres figurant dans un produit. – *Facteurs premiers d'un nombre* : nombres premiers, distincts ou non, dont le produit est égal à ce nombre. (Un nombre admet une décomposition unique en facteurs premiers.) **3.** PHYS. *Facteur de puissance* : rapport de la puissance active dissipée dans un circuit électrique (exprimée en watts) à la puissance apparente (en voltampères). – *Facteur de multiplication* : nombre de neutrons libérés quand un neutron disparaît au cours d'une réaction nucléaire. **4.** PSYCHOL. *Facteur général* ou *facteur g* : facteur commun à toutes les variables incluses dans une analyse factorielle de résultats donnés par plusieurs tests psychométriques, constituant, selon certains psychologues, une définition possible de l'intelligence générale.

FACTICE adj. (lat. *facticius*). **1.** Qui est faux, imité ; artificiel. *Un diamant factice.* **2.** Fig. Forcé, simulé. *Gaieté, sourire factice.* **3.** PHILOS. *Idées factices* : chez Descartes, idées élaborées par l'esprit, par opp. aux idées innées et aux idées adventices. ◆ n.m. Objet ou reproduction d'un produit, destiné à l'étalage des magasins ou utilisé dans un but publicitaire.

FACTICEMENT adv. De manière factice.

FACTICITÉ n.f. **1.** Caractère de ce qui est factice. **2.** PHILOS. Caractère de ce qui existe en tant que fait.

FACTIEUX, EUSE [faksjø, øz] adj. et n. Qui prépare une action violente contre le pouvoir établi ; séditieux.

FACTION n.f. (lat. *factio*). **1.** Service de surveillance ou de garde dont est chargé un militaire. **2.** Attente, surveillance prolongée. **3.** Groupe ou parti menant une action fractionnelle ou subversive à l'intérieur d'un groupe plus important. **4.** Chacune des trois tranches de huit heures entre lesquelles sont réparties les trois équipes assurant un travail industriel continu.

FACTIONNAIRE n.m. Militaire en faction. ◆ n. Ouvrier, ouvrière qui assure une faction de huit heures.

FACTITIF, IVE adj. et n.m. LING. Se dit d'un verbe qui indique que le sujet fait faire l'action. SYN. : *causatif.*

FACTORERIE n.f. Vx. Bureau d'une compagnie de commerce à l'étranger.

FACTORIEL, ELLE adj. *Analyse factorielle* : méthode statistique ayant pour but de chercher les facteurs communs à un ensemble de variables qui ont entre elles de fortes corrélations.

FACTORIELLE n.f. *Factorielle* n : produit (noté *n* !) des *n* premiers nombres entiers. *La factorielle de 5 est 5 ! = 5 × 4 × 3 × 2 × 1 = 120.*

FACTORING [faktɔriŋ] n. m. (mot angl.). [Anglic. déconseillé]. COMM. Affacturage.

FACTORISATION n.f. MATH. Écriture d'une somme sous forme de produit de facteurs.

FACTORISER v.t. MATH. Effectuer une factorisation. (On dit aussi *mettre en facteurs.*)

FACTOTUM [faktɔtɔm] n.m. (lat. *facere*, faire, et *totum*, tout) [pl. *factotums*]. Personne qui s'occupe un peu de tout, notamm. des travaux mineurs.

FACTUEL, ELLE adj. **1.** Qui s'en tient aux faits, qui présente les faits sans les interpréter. *Information factuelle.* **2.** PHILOS. Qui relève du fait.

FACTUM [faktɔm] n.m. (mot lat., *chose faite*) [pl. *factums*]. Litt. Écrit publié dans un dessein polémique.

FACTURATION n.f. **1.** Action de facturer. **2.** Service où l'on fait les factures.

1. FACTURE n.f. (lat. *factura*). **1.** Litt. Manière dont une chose est exécutée. *Un tableau de bonne facture.* **2.** Construction des instruments de musique autres que les violons et les luths ; travail, métier du facteur. *La facture des pianos.*

2. FACTURE n.f. (de *facteur*). Note détaillée des marchandises vendues, des services exécutés. ◇ *Prix de facture* : prix auquel le marchand a acheté qqch en fabrique. – *Facture pro forma* : document établi par le vendeur avant la vente, en vue notamm. de permettre à l'acheteur d'obtenir une licence d'importation ou l'octroi d'un crédit.

FACTURE-CONGÉ n.f. (pl. *factures-congés*). DR. Titre de mouvement des boissons.

FACTURER v.t. **1.** Établir la facture de (ce qui a été vendu) ; porter sur une facture (un prix). **2.** Faire payer (qqch) à qqn.

FACTURETTE n.f. Reçu remis par le commerçant au client qui paie avec une carte de crédit.

FACTURIER, ÈRE n. et adj. Employé(e) qui établit les factures. *Dactylo facturière.*

FACULE n.f. (lat. *facula*, petite torche). ASTRON. Zone brillante du disque solaire, dont l'apparition précède souvent celle d'une tache.

FACULTATIF, IVE adj. Qu'on peut, au choix, faire ou ne pas faire. *Un travail facultatif.*

FACULTATIVEMENT adv. De façon facultative.

FACULTÉ n.f. (lat. *facultas*, de *facere*, faire). **I. 1.** Litt. Possibilité, capacité physique, morale ou intellectuelle. *La faculté de courir, de choisir, de prévoir.* **2.** Droit de faire qqch. *Avoir la faculté de vendre ses biens.* **II.** Anc. Établissement d'enseignement supérieur, remplacé auj. par les universités. *Facultés de lettres, de droit, de sciences, de médecine, de pharmacie.* – Vieilli. *La faculté de médecine* ou *la Faculté* : les médecins. ◆ pl. **1.** Aptitudes d'une personne. *Les facultés intellectuelles.* ◇ *Ne pas avoir, ne pas jouir de toutes ses facultés* : être un peu déséquilibré ou diminué intellectuellement. **2.** DR. *Facultés contributives* : ressources dont dispose un débiteur.

FADA adj. et n. (mot prov.). Fam., région. (Midi). Un peu fou, niais.

FADAISE n.f. (prov. *fadeza*). Niaiserie, plaisanterie stupide.

FADASSE adj. Fam. Très fade. *Une sauce fadasse.*

FADE adj. (lat. *fatuus*, fade, influencé par *sapidus*, qui a de la saveur). **1.** Qui manque de saveur. *Sa cuisine est très fade.* **2.** Fig. Sans caractère, sans intérêt. *Une beauté fade. Un article vraiment fade.*

FADÉ, E adj. Fam. Réussi dans son genre, en parlant de qqch. *Il s'est toujours conduit comme un imbécile mais son dernier coup est fadé.*

FADEMENT adv. D'une manière fade.

FADEUR n.f. Caractère de ce qui est fade. *La fadeur d'un plat, d'un discours.* ◆ pl. Compliments, galanteries banals. *Débiter des fadeurs.*

FADING [fadiŋ] n.m. (mot angl.). [Anglic. déconseillé]. RADIOTECHN. Évanouissement.

FADO n.m. (mot port., *destin*). Chanson populaire du Portugal, au thème souvent mélancolique.

FAENA [faena] n.f. (mot esp.). Travail à la muleta, dans une corrida.

FAFIOT n.m. Arg. Billet de banque.

FAGALE n.f. Cupulifère.

FAGNARD, E adj. Région. (Est) ; Belgique. Qui concerne la fagne. ◆ n. **1.** Habitant de la région des Fagnes. **2.** Personne qui connaît la fagne, qui fait des randonnées dans la fagne.

FAGNE [faɲ] n.f. (du francique *fanja*, boue). Région. (Est) ; Belgique. Lande marécageuse des plateaux ardennais.

FAGOT n.m. (lat. pop. *facus*). **1.** Faisceau de petites branches liées par le milieu et servant à faire du feu. ◇ Fig. *Sentir le fagot* : être soupçonné d'hérésie. – Fam. *De derrière les fagots* : de qualité excellente et mis en réserve pour une grande occasion. **2.** Afrique. Bois de chauffage.

FAGOTAGE n.m. **1.** Action de mettre du bois en fagots. **2.** Fam. Fait d'être fagoté ; habillement sans recherche.

FAGOTER v.t. **1.** Mettre en fagot. **2.** Fam. Habiller (qqn) sans goût, sans élégance. *Tu as vu comment elle fagote sa fille !*

FAGOTIER, ÈRE n. Personne qui fait des fagots.

FAGOTIN n.m. Petit fagot.

FAHRENHEIT [farenajt] **(DEGRÉ)** : unité de mesure de température anglo-saxonne (symb. °F) équivalant à la 180ᵉ partie de l'écart entre la température de fusion de la glace et celle d'ébullition de l'eau à la pression atmosphérique normale, respectivement 32 °F et 212 °F, soit 0 °C et 100 °C (degrés Celsius).

FAIBLARD, E adj. Fam. Un peu faible.

1. FAIBLE adj. **I. 1.** Qui manque de vigueur, de force physique ou morale. *Se sentir faible.* ◇ *Point faible (d'une personne)* : faiblesse, défaut. **2.** Qui manque de capacités intellectuelles, de savoir. *Élève faible en mathématiques.* **II. 1.** Qui manque de solidité, de résistance. *Poutre trop faible pour la charge qu'elle supporte.* **2.** Qui manque d'intensité, d'acuité. *Vue faible.* **3.** Qui n'est pas d'un niveau élevé, qui a peu de valeur. *Raisonnement faible.* **4.** Peu considérable. *Avoir de faibles revenus.* **5.** CHIM. Se dit d'un acide, d'une base, d'un électrolyte peu dissociés. **6.** PHYS. *Interaction faible* → ***interaction.*** ◆ adj. et n. Qui manque d'énergie, d'autorité ; mou. *Il est faible avec ses enfants. C'est une faible.* ◆ n. **1.** Personne dépourvue de ressources, de moyens de défense. *Les économiquement faibles.* **2.** *Faible d'esprit* : débile, simple d'esprit ; personne dont les facultés intellectuelles sont peu développées ou amoindries.

2. FAIBLE n.m. Attirance particulière, penchant. *Le jeu est son faible.* – *Avoir un faible pour,* une attirance, un goût marqués pour.

FAIBLEMENT adv. De façon faible.

FAIBLESSE n.f. **1.** Manque de vigueur ; état de ce qui est faible. *Faiblesse de constitution. Faiblesse d'un son. Faiblesse d'un élève en histoire.* ◇ *Faire preuve de faiblesse envers qqn,* d'une trop grande indulgence. **2.** Perte subite de ses forces, malaise. *Être pris de faiblesse. Avoir une faiblesse.*

FAIBLIR v.i. Perdre de ses forces, de sa capacité, de sa fermeté.

FAIBLISSANT, E adj. Qui faiblit.

FAÏENÇAGE n.m. Formation d'un réseau plus ou moins serré de craquelures à la surface d'une peinture, d'une céramique, d'un béton, etc.

FAÏENCE n.f. (de *Faenza,* v. d'Italie). Céramique à pâte argileuse, tendre, poreuse, recouverte d'un enduit imperméable et opaque. – *Faïence fine,* revêtue d'une glaçure transparente.

Faïence de Rouen : grand plat circulaire de la fin du XVIIe s. ; faïence de grand feu (le décor, exécuté à cru, est cuit avec la pâte à haute température) ornée d'un décor de broderies rayonnantes à lambrequins (peints en camaïeu bleu). [Musée des Beaux-Arts, Rouen.]

Faïence de Sceaux : soupière et son plateau, à décor en relief de branchages (XVIIIe s.). Faïence décorée et cuite au petit feu (généralement obtenue dans des fours à moufle entre 200 et 600 °C, qui permettent une grande variété de couleurs). [Musée de l'Île-de-France, Sceaux.]

FAÏENCÉ, E adj. Qui a l'aspect de la faïence.

FAÏENCERIE n.f. **1.** Fabrique ou commerce de faïence. **2.** Ensemble d'ouvrages en faïence.

FAÏENCIER, ÈRE n. Personne qui fabrique ou vend des objets en faïence.

FAIGNANT, E adj. et n. → ***feignant.***

1. FAILLE [faj] n.f. (de *faillir*). **1.** Point de faiblesse, de rupture. *Faille d'un raisonnement.* **2.** GÉOL. Cassure des couches géologiques, accompagnée d'un déplacement latéral ou vertical des blocs séparés.

2. FAILLE n.f. TEXT. Tissu de soie à gros grains formant des côtes.

FAILLÉ, E adj. GÉOL. Affecté par des failles. *Relief faillé.*

FAILLER (SE) v.pr. GÉOL. Être affecté par des failles.

FAILLI, E adj. et n. Qui est déclaré en redressement ou en liquidation judiciaire.

FAILLIBILITÉ n.f. Caractère d'une personne faillible. *Faillibilité d'un juge.*

FAILLIBLE adj. Qui peut se tromper.

FAILLIR v.i. (lat. *fallere,* tromper) [46] [suivi d'un inf.]. Être sur le point de. *J'ai failli tomber.* ◆ v.t. ind. *(à).* Litt. Manquer à ; ne pas tenir. *Faillir à une promesse, à un engagement.*

FAILLITE n.f. (it. *fallita*). **1.** État d'un débiteur qui ne peut plus payer ses créanciers. *Être en faillite. Faire faillite.* ◇ DR. *Faillite personnelle :* ensemble des interdictions et déchéances frappant les commerçants, les artisans ou dirigeants d'entreprise en état de cessation de paiement pour agissements irréguliers ou frauduleux. **2.** Échec complet (d'une entreprise, d'un système, etc.). *Faillite d'une politique.*

FAIM n.f. (lat. *fames*). **1.** Vif besoin de manger, rendu sensible par des contractions de l'estomac vide. ◇ *Faim de loup,* très vive. **2.** *Faim de :* désir ardent de, ambition pour. *Avoir faim de richesses.* **3.** Situation de disette, de famine dans un pays, une région, etc. *La faim dans le monde.*

FAINE [fɛn] n.f. (lat. *fagina* [*glans*], [gland] de hêtre). Fruit du hêtre.

FAINÉANT, E adj. et n. (anc. fr. *faignant ;* de *feindre,* rester inactif). **1.** Qui ne veut rien faire ; paresseux. **2.** HIST. *Les rois fainéants :* les derniers rois mérovingiens (qui, du fait de leur grande jeunesse, durent abandonner le gouvernement aux maires du palais à partir de Thierry III [675]).

FAINÉANTER v.i. Ne rien faire ; se livrer à la paresse.

FAINÉANTISE n.f. Caractère du fainéant ; paresse.

1. FAIRE v.t. (lat. *facere*) [109]. **I. 1.** Réaliser par son travail, son action ; fabriquer, produire. *Faire un poème, une maison, une machine. Ici on fait du maïs. Le magasin ne fait pas cette marque.* **2.** Fam. Vendre. *À combien faites-vous ce tableau ?* **3.** Soumettre à une préparation ; disposer, arranger, nettoyer. *Faire un lit. Faire un gigot. Faire ses chaussures, ses ongles.* **4. a.** *Faire faire :* charger qqn de faire. *Faire faire un travail.* **b.** *C'en est fait :* c'est fini. **c.** *Avoir fort à faire :* être très occupé, avoir de grandes difficultés à mener à bien une tâche ou à surmonter une difficulté. **II. 1.** Accomplir (un acte, un geste) ; se livrer à (une occupation). *Faire son devoir. Faire une erreur, une grimace, un cadeau. Faire de l'anglais. N'avoir rien à faire. Faire de son mieux.* ◇ *Ne faire que* (+ inf.) : être sans cesse en train de. *Il ne fait que crier.* – *Ne faire que de* (+ inf.) : venir juste de. *Je ne fais que d'arriver.* **2.** Adopter l'attitude, jouer le rôle de ; contrefaire. *Faire le mort, l'idiot. Faire un personnage.* **3.** Constituer, avoir pour effet essentiel ; causer, occasionner. *La richesse ne fait pas le bonheur. Faire peur, envie. Faire du bien.* ◇ Fam. *Faire un malheur :* avoir un grand succès. **4.** Devenir ; prendre telle forme. *« Cheval » fait au pluriel « chevaux ».* **5.** Égaler. *2 et 2 font 4.* **6.** Être affecté par, être dans tel état. *Faire de la neurasthénie. Faire une rougeole.* ◆ v.t. ind. Fam. *Faire avec :* s'adapter contre son gré à une situation ; s'accommoder de. ◆ **il fait** v. impers. (pour indiquer un état du ciel ou de l'atmosphère). *Il fait nuit. Il fait beau. Il fait du vent.* ◆ v. i. **1.** Agir. *Bien faire et laisser dire.* **2.** Produire un certain effet. *Le gris fait bien avec le bleu.* ◆ **se faire** v.pr. **1.** Devenir. *Se faire vieux.* **2.** Embrasser telle carrière. *Se faire avocat.* **3.** S'habituer, s'adapter. *Se faire à la fatigue.* **4.** S'améliorer. *Ce vin se fera.* **5.** *Ça se fait :* c'est l'usage, la mode, etc. **6.** Fam. *S'en faire :* se faire du souci, s'inquiéter.

2. FAIRE n.m. **1.** Action de faire, de réaliser ses actes. *Le faire et le dire.* **2.** Manière, exécution propre à un artiste.

FAIRE-PART n.m. inv. Lettre annonçant une naissance, un mariage, un décès.

FAIRE-VALOIR n.m. inv. **I. 1.** Personnage de second plan qui sert à mettre en valeur l'acteur principal. **2.** Personne, groupe qui sert à mettre en valeur. **II.** *Faire-valoir direct :* exploitation d'une terre par celui qui en est propriétaire.

FAIR-PLAY [fɛrplɛ] n.m. inv. (mots angl.). **1.** Pratique du sport dans le respect des règles, de l'esprit du jeu et de l'adversaire. **2.** Comportement loyal et élégant, dans une lutte, une compétition quelconque. ◆ adj. inv. Qui se montre beau joueur ; qui agit avec loyauté et franchise.

FAIRWAY [fɛrwɛ] n.m. (angl. *fairway,* chenal). Partie entretenue du parcours de golf, entre le départ et le green.

FAISABILITÉ [fə-] n.f. Didact. Caractère de ce qui est faisable, réalisable dans des conditions techniques, financières et de délai définies.

FAISABLE [fəzabl] adj. Qui peut être fait.

FAISAN [fəzɑ̃] n.m. (gr. *phasianos* [*ornis*], [oiseau] de Phase, en Colchide). **1.** Oiseau gallinacé originaire d'Asie, à plumage éclatant (surtout chez le mâle) et à chair estimée. – *Le faisan criaille,* pousse son cri. (L'espèce acclimatée en France mesure 85 cm ; certaines atteignent 2 m de long.) **2.** Fam. Homme malhonnête, escroc.

faisan

FAISANDAGE [fə-] n.m. Action de faisander ; fait de se faisander.

FAISANDEAU [fə-] n.m. Jeune faisan.

FAISANDER [fəzɑ̃de] v.t. Donner à un gibier un fumet accentué en lui faisant subir un commencement de décomposition. ◆ **se faisander** v.pr. **1.** Subir un début de décomposition (qui donne un fumet accentué évoquant le faisan), en parlant d'un gibier. **2.** Être proche de la décomposition, en parlant d'une viande.

FAISANDERIE [fə-] n.f. Lieu où l'on élève les faisans.

FAISANE [fəzan] adj.f. et n.f. *Poule faisane* ou *faisane :* faisan femelle.

FAISCEAU [fɛso] n.m. (lat. *fascis,* botte, paquet). **I. 1.** Réunion d'objets minces et allongés liés ensemble. *Faisceau de brindilles.* **2. a.** ANTIQ. ROM. Paquet de verges liées par une courroie de cuir que les licteurs portaient lorsqu'ils précédaient un magistrat revêtu de l'*imperium* (puissance publique). **b.** Motif décoratif représentant un faisceau, en vogue notamm. à l'époque de la Révolution. **c.** Emblème du fascisme (par référence à la Rome antique). **3.** ARM. Assemblage de trois fusils ou de trois armes à feu analogues qui ne reposent sur le sol que par la crosse et qui se soutiennent les uns les autres. **II. 1.** ANAT. Ensemble des fibres nerveuses parallèles ayant toutes même origine et même destination. **2.** BOT. Groupe de tubes conducteurs de la sève. **3.** CH. DE F. *Faisceau de voies :* ensemble de voies ferrées groupées de façon sensiblement parallèle et réunies par des aiguillages. **4.** MATH. *Faisceau de droites :* ensemble de droites passant par le même point. – *Faisceau de plans :* ensemble de plans contenant la même droite. **5. a.** Ensemble de rayons lumineux émanant d'une même source. *Le faisceau d'un projecteur.* **b.** PHYS. Ensemble d'ondes, de particules qui se propagent dans une même direction. – *Faisceau hertzien :* groupe d'ondes électromagnétiques confiné dans un cône de très faible ouverture, servant à transmettre des signaux radioélectriques. **6.** MIL. *Faisceau de tir :* ensemble des plans de tir des pièces d'une batterie d'artillerie. **III.** Fig. Ensemble cohérent d'éléments abstraits qui concourent au même résultat. *Un faisceau de preuves.*

FAISEUR, EUSE [fəzœr, øz] n. **1.** Personne qui fait habituellement (qqch). *Faiseur de tours, de meubles. Faiseuse d'embarras.* **2.** Personne qui cherche à se faire valoir ; hâbleur.

FAISSELLE n.f. Récipient à parois perforées pour l'égouttage des fromages frais.

1. FAIT, E adj. **1.** Qui est accompli, constitué de telle façon. *Travail mal fait. Homme bien fait.* ◇ *Fait pour :* apte à, destiné à. *Elle est faite pour l'enseignement.* – *Fait (à) :* habitué. *Fait à la fatigue.* **2.** Complètement développé ; mûr. *Homme fait.* ◇ *Fromage fait,* parvenu à maturité. **3.** *Tout fait :* préparé à l'avance ; sans originalité. *Idée toute faite.* **4.** *Être fait :* être pris, piégé.

2. FAIT n.m. (lat. *factum*). **1.** Action de faire ; évènement, acte. *Le fait de parler. Nier un fait. Un fait singulier.* – *Haut fait* : exploit. ◇ *Prendre (qqn) sur le fait,* le surprendre au moment de son acte. ◇ DR. *Fait (juridique)* : tout évènement susceptible de produire un effet de droit. **2.** Ce qui est fait, ce qui existe ; réalité. *Le fait et la théorie.* ◇ *Aller au fait,* à l'essentiel. – *Dire à qqn son fait,* lui dire la vérité à son sujet. – *Être sûr de son fait,* de ce qu'on avance. – *État de fait* : réalité. – *Fait du prince* : acte ou décision arbitraire d'un pouvoir absolu, d'une autorité quelconque. – *Mettre au fait* : instruire. – ÉPISTÉMOL. *Fait scientifique* : objet que construit une science. **3.** *Au fait* : à propos, à ce sujet. – *De fait, en fait, par le fait* : en réalité, effectivement. – *C'est un fait* : cela existe réellement. – *Le fait est que...* : il est vrai que. – *Du fait de* : par suite de. – *En fait de* : en matière de. – *Tout à fait* : entièrement.

FAÎTAGE n.m. Pièce maîtresse de charpente reliant horizontalement l'angle supérieur des fermes et sur laquelle s'appuient les chevrons.

FAIT DIVERS ou **FAIT-DIVERS** n.m. (pl. *faits divers* ou *faits-divers*). Évènement sans portée générale qui appartient à la vie quotidienne. ◆ pl. Rubrique de presse comportant des informations sans portée générale relatives à des faits quotidiens (tels que accidents, crimes, etc.). *Je l'ai lu dans les faits divers.*

FAIT-DIVERSIER n.m. (pl. *faits-diversiers*). Journaliste qui tient une rubrique de faits-divers.

FAÎTE n.m. (lat. *fastigium*). **1.** Partie la plus élevée d'une construction, d'un arbre, d'une montagne ; sommet. *Le faîte d'une toiture. Le faîte d'un arbre.* ◇ *Ligne de faîte,* qui suit les points les plus élevés déterminés par l'intersection de deux versants. **2.** Litt. Le plus haut degré. *Le faîte de la gloire.*

FAÎTEAU n.m. Ornement en métal ou en poterie sur le faîte d'un toit.

FAÎTIER, ÈRE adj. Suisse. Central. *Organisme faîtier.*

FAÎTIÈRE adj. f. **1.** *Tuile faîtière* ou *faîtière,* n.f. : tuile courbe dont on recouvre l'arête supérieure d'un toit. **2.** *Lucarne faîtière,* placée sur le versant d'un toit, en arrière du plan du mur gouttereau.

FAIT-TOUT n.m. inv. ou **FAITOUT** n.m. Marmite basse en métal ou en terre vernissée.

FAIX [fɛ] n. m. (lat. *fascis*). Litt. Charge, fardeau. *Ployer sous le faix.*

FAKIR n.m. (ar. *faqīr*). **1.** Ascète musulman ou hindou. **2.** Personne qui exécute en public des tours de diverses sortes (voyance, hypnose, insensibilité, etc.).

FAKIRISME n.m. Ensemble des phénomènes surnaturels dont la manifestation est attribuée au pouvoir des fakirs.

FALAISE n.f. (francique *falisa,* rocher). Escarpement littoral plus ou moins abrupt dû à l'action érosive de la mer. – *Falaise morte,* qui est située en retrait du trait de côte et qui est soustraite à l'influence de la mer.

FALARIQUE n.f. (lat. *falarica*). HIST. Arme de jet incendiaire, en usage jusqu'au XVIe s.

FALBALA n.m. (prov. *farbella,* dentelle). Anc. Volant, ornement de tissu froncé. ◆ pl. Mod. Ornements surchargés, de mauvais goût (d'un vêtement). *Robe à falbalas.*

FALCIFORME adj. MÉD. *Hématie falciforme,* en forme de faucille, dans la drépanocytose.

FALCONIDÉ n.m. (lat. *falco,* faucon). *Falconidés* : famille d'oiseaux rapaces diurnes au bec pourvu d'un crochet supérieur, aux ailes et à la queue pointues, chasseurs habiles au vol, tels l'aigle, le milan, le faucon.

FALERNE n.m. Vin estimé dans l'Antiquité, que l'on récoltait en Campanie.

FALLACIEUSEMENT adv. De façon fallacieuse.

FALLACIEUX, EUSE adj. (lat. *fallaciosus*). Trompeur, spécieux. *Arguments fallacieux.*

FALLOIR v. impers. (lat. *fallere*) [69]. Être nécessaire, obligatoire. *Il faut manger pour vivre. Il lui faudrait du repos.* ◇ *Comme il faut* : convenablement. *Mets ta cravate comme il faut.* – Bien élevée, en parlant d'une personne. *Garçon tout à fait comme il faut.* ◆ **s'en falloir** v.pr. impers. Manquer, être en moins. – *Il s'en faut de beaucoup, de peu que...* : beaucoup, peu de chose manque pour que... – *Tant s'en faut que* : bien loin de.

1. FALOT n.m. (it. *falo*). **1.** Grande lanterne portative. **2.** Arg. Tribunal militaire.

2. FALOT, E adj. (angl. *fellow,* compagnon). Terne, effacé. *Personnage falot.*

FALOURDE n.f. Vx. Fagot de grosses branches liées ensemble.

FALSAFA n.f. Partie de la philosophie islamique qui intègre les fondements logiques et scientifiques de source grecque (al-Kindī, al-Farābī, Avicenne).

FALSIFIABILITÉ n.f. PHILOS. Possibilité, pour un énoncé scientifique, d'être réfuté par une expérimentation.

FALSIFIABLE adj. **1.** Qui peut être falsifié. *Écriture falsifiable.* **2.** PHILOS. Susceptible de falsifiabilité.

FALSIFICATEUR, TRICE n. Personne qui falsifie.

FALSIFICATION n.f. Action de falsifier.

FALSIFIER v.t. (du lat. *falsus,* faux). Altérer, dénaturer, modifier volontairement en vue de tromper. *Falsifier du vin, une signature.*

FALUCHE n.f. Anc. Béret traditionnel des étudiants.

FALUN n.m. (mot prov.). Roche sédimentaire mal consolidée, riche en débris coquilliers, utilisée comme amendement des terres argileuses.

FALUNER v.t. AGRIC. Amender avec du falun.

FALUNIÈRE n.f. Carrière où l'on extrait le falun.

FALZAR n.m. (p.-ê. du turc *şalvar*). Arg. Pantalon.

FAMAS n.m. (sigle de *fusil d'assaut de la manufacture d'armes de Saint-Étienne*). Fusil de 5,56 mm équipant l'armée française (depuis 1980).

FAMÉ, E adj. (lat. *fama,* renommée). *Mal famé* → ***malfamé.***

FAMÉLIQUE adj. (lat. *famelicus,* de *fames,* faim). Amaigri par le manque de nourriture ; affamé.

FAMEUSEMENT adv. Fam. De façon remarquable ; très. *Un vin fameusement bon.*

FAMEUX, EUSE adj. (lat. *famosus,* de *fama,* renommée). **1.** Dont on a parlé en bien ou en mal ; célèbre. *Le fameux héros de Cervantès.* **2.** Fam. Supérieur, remarquable en son genre. *Un vin fameux.* ◇ *Pas fameux* : médiocre.

FAMILIAL, E, AUX adj. Qui concerne la famille. *Réunion familiale. Allocations familiales.* ◇ *Maladie familiale* : maladie héréditaire qui touche plusieurs membres de la même famille.

FAMILIALE n.f. Voiture automobile de tourisme, carrossée de manière à admettre de 6 à 9 passagers.

FAMILIALISME n.m. Tendance à souligner l'importance sociale de la famille.

FAMILIARISATION n.f. Action de familiariser ; fait de se familiariser.

FAMILIARISER v.t. Rendre familier ; accoutumer, habituer. *Familiariser qqn avec la montagne.* ◆ **se familiariser** v.pr. ***(avec).*** Se rendre une chose familière par la pratique ; s'accoutumer. *Se familiariser avec le bruit.*

FAMILIARITÉ n.f. Grande intimité ; manière familière de se comporter. ◆ pl. Manières trop libres, privautés. *Prendre des familiarités avec qqn.*

1. FAMILIER, ÈRE adj. (lat. *familiaris*). **1.** Qui a des manières libres. *Être familier avec les femmes.* **2.** Que l'on sait, que l'on connaît bien, que l'on fait bien par habitude. *Une voix familière. Cette question lui est familière.* **3.** Se dit d'un mot, d'une expression employés couramment, mais pouvant être ressentis comme incongrus dans certaines relations sociales ou dans les écrits de style sérieux ou soutenu. (C'est ainsi que *balade* ou *se balader* sont familiers par rapport à *promenade* ou *se promener.*)

2. FAMILIER n.m. Celui qui vit dans l'intimité d'une personne, qui fréquente habituellement un lieu ; habitué. *Les familiers d'une maison, d'un café.*

FAMILIÈREMENT adv. De façon familière.

FAMILISTÈRE n.m. **1.** Établissement coopératif d'après le système de Fourier. **2.** Coopérative ouvrière de production.

FAMILLE n.f. (lat. *familia*). **I.** Ensemble de personnes. **1.** Ensemble formé par le père, la mère et les enfants. *Chef de famille.* ◇ *Fils de famille* : fils d'une famille aisée. **2.** Spécialt. Les enfants d'un couple. *Famille nombreuse. Fonder une famille.* ◇ Belgique. *Attendre famille* : être enceinte. **3.** Ensemble de personnes qui ont des liens de parenté par le sang ou par alliance. *Recevoir la famille à dîner.* – *Air de famille* : ressemblance marquée entre les personnes de même sang. **II. 1.** Groupe d'êtres ou de choses présentant des caractères communs. *Famille politique, spirituelle.* **2.** MATH. Ensemble d'éléments appartenant à un ensemble donné. ◇ *Famille indexée* : famille d'éléments d'un ensemble E, à chacun desquels on fait correspondre un élément i d'un ensemble I. [On note $(x_i)_i \in I$.] **3.** LING. *Famille de langues* : ensemble de langues ayant une origine commune. – *Famille de mots* : ensemble de mots qui possèdent la même racine. **4.** BIOL. Division systématique d'un ordre ou d'un sous-ordre qui regroupe les genres ayant de nombreux caractères communs. (Les noms scientifiques internationaux des familles sont latins, leur désinence française est *-idés* en zoologie, *-acées* en botanique. Leur désinence reste libre lorsque le nom de la famille ne dérive pas de celui d'un genre : *graminées, ombellifères.*)

FAMINE n.f. (lat. *fames,* faim). Manque total d'aliments dans une région pendant une certaine période. ◇ *Salaire de famine,* très bas.

FAN [fan] n. (angl. *fanatic*). Fam. Admirateur enthousiaste de qqch ou de qqn.

FANA adj. et n. (abrév. de *fanatique*). Fam. Enthousiaste, passionné.

FANAGE n.m. Action de faner. SYN. : *fenaison.*

FANAISON n.f. Amollissement des rameaux, des feuilles, des fleurs, qui deviennent pendants par évaporation de l'eau.

FANAL n.m. (it. *fanale ;* gr. *phanos*) [pl. *fanaux*]. **1.** Lanterne quelconque. **2.** Lanterne ou feu employés à bord des navires et pour le balisage des côtes.

FANATIQUE [fanatik] adj. et n. (lat. *fanaticus,* inspiré). **1.** Qui est animé d'un zèle aveugle et intransigeant pour une doctrine, une opinion. *Un militant fanatique.* **2.** Qui voue une passion, une admiration excessive à (qqn ou qqch). *Être fanatique de Mozart, de la musique baroque.* ◆ adj. Qui relève du fanatisme. *Article fanatique.*

FANATIQUEMENT adv. Avec fanatisme.

FANATISATION n.f. Action de fanatiser ; fait d'être fanatisé.

FANATISER v.t. Rendre fanatique. *Fanatiser les foules.*

FANATISME n.m. Esprit, comportement de fanatique.

FANCHON n.f. Vx. Petit foulard plié en triangle que les femmes portaient sur la tête et nouaient sous le menton.

FAN-CLUB [fanklœb] n.m. (mot angl.) [pl. *fans-clubs*]. Association regroupant les fans d'un chanteur, d'une vedette.

FANDANGO [fɑ̃dɑ̃go] n.m. (mot esp.). Danse et air de danse espagnols de rythme assez vif avec accompagnement de guitare et de castagnettes.

FANE n.f. **1.** Tiges et feuilles de certaines plantes herbacées. *Fanes de radis, de carottes.* **2.** Feuille sèche tombée d'un arbre.

FANER v.t. (lat. pop. *fenare,* de *fenum,* foin). **1.** Retourner et remuer l'herbe fraîchement coupée pour la faire sécher et la transformer en foin. **2.** Faire perdre (à une plante, une fleur) sa fraîcheur. *La chaleur fane les roses.* **3.** Altérer l'éclat, la fraîcheur (d'une couleur, d'un teint). *Années qui fanent le visage.* ◆ **se faner** v.pr. **1.** Sécher, se flétrir, en parlant d'une fleur, d'une plante. **2.** Perdre son éclat, sa fraîcheur, en parlant d'une personne, d'une chose.

FANEUR, EUSE n. Personne qui fane l'herbe fauchée.

FANEUSE n.f. Machine à faner.

FANFARE n.f. **1.** Orchestre composé de cuivres. **2.** Concert de trompettes, de clairons, etc. – Spécialt. Musique militaire à base d'instruments de cuivre. **3.** VÉN. Air pour lancer le cerf.

FANFARON, ONNE adj. et n. (esp. *fanfarrón*). Qui vante exagérément ses qualités, ses réussites, réelles ou supposées ; hâbleur, vantard. ◆ adj. Qui témoigne de ce caractère. *Attitude fanfaronne.*

FANFARONNADE n.f. Action, parole de fanfaron.

FANFARONNER v.i. Faire, dire des fanfaronnades.

FANFRELUCHE n.f. (gr. *pompholux*, bulle d'air). Ornement de peu de prix pour la toilette féminine.

FANGE n.f. (germ. *fanga*). Litt. **1.** Boue épaisse. **2.** Condition abjecte, vie de débauche.

FANGEUX, EUSE adj. Litt. **1.** Plein de fange. *Eau fangeuse.* **2.** Abject.

FANGOTHÉRAPIE n.f. MÉD. Traitement par les bains de boue.

FANION n.m. Petit drapeau servant d'emblème ou de signe de ralliement à une unité militaire, une organisation sportive, etc.

FANON n.m. (mot francique). **1.** Repli de la peau qui pend sous le cou de certains animaux (bœufs, dindons, etc.). **2.** Touffe de crins derrière le boulet du cheval. **3.** Lame de corne atteignant 2 m de long, effilochée sur son bord interne et fixée à la mâchoire supérieure de la baleine, qui en possède plusieurs centaines. **4.** Chacun des deux pendants de la mitre d'un évêque.

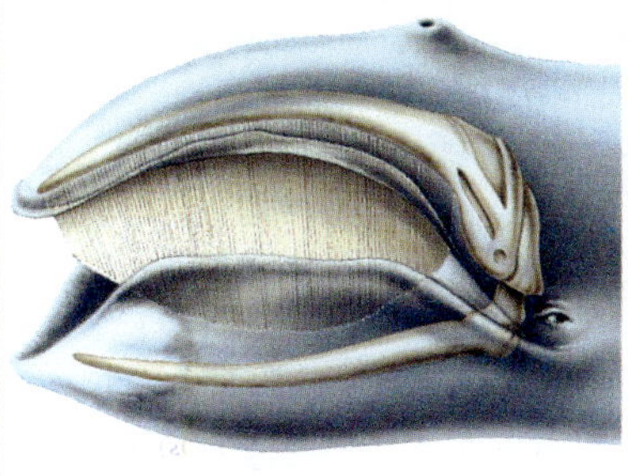

fanons de baleine

FANTAISIE n.f. (gr. *phantasia*, apparition). **1.** Créativité libre et imprévisible. *Donner libre cours à sa fantaisie.* **2.** Caprice, goût bizarre et passager. *Se plier aux fantaisies de qqn.* ◇ *À, selon ma fantaisie* : comme il me plaît, selon mon humeur du moment. **3.** Œuvre d'imagination ; création qui ne suit pas les règles, les modèles. ◇ MUS. Pièce instrumentale de création très libre, qui ne suit pas les règles préétablies d'un genre. **4.** *Kirsch fantaisie* : eau-de-vie qui imite le kirsch. ◇ *Bijou (de) fantaisie*, qui n'est pas en matière précieuse. ◇ *Pain (de) fantaisie*, qui se vend à la pièce, non au poids.

FANTAISISTE adj. et n. Qui n'obéit qu'aux caprices de son imagination. ◆ n. Artiste de music-hall qui chante ou raconte des histoires.

FANTASIA [fɑ̃tazja] n.f. (pl. *fantasias*). Démonstration équestre de cavaliers arabes.

FANTASMAGORIE n.f. (gr. *phantasma*, apparition, et fr. *allégorie*). **1.** Vx. Procédé qui consiste à faire apparaître des figures irréelles dans une salle obscure, à l'aide d'effets optiques. **2.** Spectacle enchanteur, féerique. **3.** LITTÉR. Présence, dans une œuvre, de nombreux thèmes et motifs fantastiques propres à créer une atmosphère surnaturelle.

FANTASMAGORIQUE adj. Qui appartient à la fantasmagorie.

FANTASMATIQUE adj. Relatif au fantasme.

FANTASME ou, vx, **PHANTASME** n.m. (gr. *phantasma*). Représentation imaginaire traduisant des désirs plus ou moins conscients. (Les fantasmes peuvent être conscients [rêveries diurnes, projets, réalisations artistiques] ou inconscients [rêves, symptômes névrotiques].)

FANTASMER v.i. Avoir des fantasmes, s'abandonner à des fantasmes.

FANTASQUE adj. (abrév. et altér. de *fantastique*). Sujet à des caprices, à des fantaisies bizarres.

FANTASSIN n.m. Militaire de l'infanterie.

1. FANTASTIQUE adj. (gr. *phantastikos*, qui concerne l'imagination). **1.** Créé par l'imagination ; chimérique. *Vision fantastique.* **2.** Spécialt. Qui utilise le fantastique comme mode d'expression, en littérature et dans les arts. *Conte fantastique.* **3.** PSYCHIATRIE. *Délire fantastique* : paraphrénie. **4.** Extraordinaire, incroyable. *Idée fantastique.*

2. FANTASTIQUE n.m. Forme artistique et littéraire qui reprend, en les laïcisant, les éléments traditionnels du merveilleux et qui met en évidence l'irruption de l'irrationnel dans la vie individuelle ou collective.

FANTASTIQUEMENT adv. De façon fantastique.

FANTOCHE n.m. **1.** Marionnette mue à l'aide d'un fil. ◇ (En app.). Fig. *Gouvernement fantoche* : gouvernement qui se maintient au pouvoir grâce au soutien d'une puissance étrangère. **2.** Individu sans consistance, qui ne mérite pas d'être pris au sérieux.

FANTOMATIQUE adj. Qui tient du fantôme.

FANTÔME n.m. (gr. *phantasma*). **1.** Apparition d'un défunt sous l'aspect d'un être réel ; revenant. **2.** Litt. Personne, chose qui n'a guère de réalité. *Un fantôme de directeur.* **3.** (Souvent en app.). Personne, chose qui n'existe que dans l'imagination ou existe mais ne joue pas effectivement son rôle. *Un gouvernement fantôme.* **4.** MÉD. *Membre fantôme* : membre que certains amputés ont la sensation de posséder encore, traduisant la persistance de la conscience du corps dans sa totalité. **5.** Feuille, carton, que l'on met à la place d'un livre sorti d'un rayon de bibliothèque, d'un document emprunté, etc.

FANTON ou **FENTON** n.m. (de *fente*). CONSTR. Barre de fer servant d'armature à un ouvrage en plâtre.

FANUM [fanɔm] n.m. ANTIQ. ROM. Terrain ou édifice consacré au culte d'une divinité.

FANZINE n.m. (de *fan* et *magazine*). Publication de faible diffusion élaborée par des amateurs de science-fiction, de bandes dessinées, de cinéma, etc.

FAON [fɑ̃] n.m. (lat. *fetus*, petit d'animal). Petit de la biche et du cerf, ou d'espèces voisines. *Le faon râle*, pousse son cri.

FAQUIN n.m. (anc. fr. *facque*, sac, mot néerl.). Litt. Homme méprisable et impertinent.

FAR n.m. Flan breton aux raisins secs ou aux pruneaux.

FARAD [farad] n.m. (de *Faraday*, n.pr.). Unité de mesure de capacité électrique (symb. F) équivalant à la capacité d'un condensateur électrique entre les armatures duquel apparaît une différence de potentiel de 1 volt lorsqu'il est chargé d'une quantité d'électricité de 1 coulomb.

FARADAY [faradɛ] n.m. (de *Faraday*, n. pr.). Quantité d'électricité, égale à 96 490 coulombs, qui, dans l'électrolyse, rompt une valence d'une mole de l'électrolyte.

FARADIQUE adj. PHYS. *Courant faradique* : courant d'induction employé en thérapeutique et en neurophysiologie.

FARADISATION n.f. Utilisation médicale de courants de haute tension.

FARAMINEUX, EUSE adj. Fam. Étonnant, extraordinaire. *Prix faramineux.*

FARANDOLE n.f. (prov. *farandoulo*). Danse provençale à 6/8, exécutée par une chaîne alternée de danseurs et de danseuses, au son de galoubets et de tambourins.

FARAUD, E adj. et n. (anc. prov. *faraute*, héraut). Fam. Fanfaron, prétentieux.

FARCE n.f. (lat. *farcire*, remplir). **I.** Hachis d'herbes, de légumes et de viande, qu'on met à l'intérieur d'une volaille, d'un poisson, d'un légume. **II. 1.** Bon tour joué à qqn pour se divertir ; blague. **2.** LITTÉR. Au Moyen Âge, intermède comique dans la représentation d'un mystère ; à partir du XIIIe s., petite pièce comique qui présente une peinture satirique des mœurs et de la vie quotidienne. ◆ adj. Vx. Drôle, comique.

FARCEUR, EUSE n. **1.** Personne qui fait rire par ses propos, ses bouffonneries. **2.** Personne qui n'agit pas sérieusement.

FARCI, E adj. Garni de farce. *Tomates farcies.*

FARCIN n.m. (lat. *farcimen*, farce). VÉTÉR. Forme cutanée de la morve, chez le cheval.

FARCIR v.t. (lat. *farcire*). **1.** Remplir (un mets) de farce. *Farcir un poulet.* **2.** Fig. Bourrer, surcharger (qqch, la tête, l'esprit) de (qqch). *Farcir un discours de citations.* ◆ **se farcir** v.pr. Fam. Faire avec déplaisir (une chose désagréable) ; supporter (une personne désagréable).

FARD n.m. (de *farder*). **1.** Composition cosmétique de maquillage destinée à masquer certains défauts de la peau, à rehausser l'éclat du teint ou à en modifier la couleur. **2. a.** Litt. *Parler sans fard*, sans feinte, directement. **b.** Fam. *Piquer un fard* : rougir d'émotion, de confusion.

FARDAGE n.m. **1.** COMM. Action de farder. **2.** MAR. Prise qu'offrent au vent les superstructures et la coque d'un navire.

FARDE n.f. (aragonais *farda*, habit). Belgique, Zaïre. **1.** Cahier de copies. **2.** Chemise, dossier. **3.** Cartouche de cigarettes.

FARDEAU n.m. (ar. *farda*). Charge pesante qu'il faut lever ou transporter. *Porter un fardeau sur les épaules.* ◇ Fig. Charge difficile à supporter ; poids. *Le fardeau des impôts.* – Litt. *Le fardeau des ans* : la vieillesse.

FARDER v.t. (francique *farwidon*, teindre). **1.** Mettre du fard sur. *Farder le visage d'un acteur.* ◇ Fig. *Farder la vérité* : cacher ce qui peut déplaire. **2.** COMM. Couvrir des produits défectueux par des produits de choix pour flatter l'œil de l'acheteur. ◆ **se farder** v.pr. Se mettre du fard sur le visage.

FARDIER n.m. Anc. Voiture à roues très basses pour le transport des charges lourdes.

FARDOCHES n.f. pl. Canada. Broussailles.

FARÉ n.m. Polynésie. Maison traditionnelle.

FARFADET n.m. (mot prov.). Lutin, esprit follet.

FARFELU, E adj. Fam. Bizarre, extravagant, fantasque. *Projet farfelu.*

FARFOUILLER v.i. Fam. Fouiller en mettant tout sens dessus dessous.

FARGUES n.f. pl. **1.** Bordage supérieur d'une embarcation, dans lequel sont pratiquées les dames de nage. **2.** Pavois de protection audessus du pont découvert, à l'extrémité avant d'un navire.

FARIBOLE n.f. (mot dial. ; anc. fr. *falourde*, tromperie). Fam. (Surtout pl.). Propos sans valeur, frivole.

FARIGOULE n.f. (prov. *farigoulo*). Région. Thym.

FARINACÉ, E adj. Didact. Qui a la nature ou l'apparence de la farine.

FARINAGE n.m. Altération d'une peinture qui, sous l'action d'agents atmosphériques, se recouvre de fine poussière peu adhérente.

FARINE n.f. (lat. *farina*). **1.** Poudre provenant de la mouture des grains de céréales et de certaines légumineuses. **2.** *Farine de bois* : produit obtenu par la fragmentation de copeaux et de sciures, utilisé comme abrasif, comme produit de nettoyage, etc.

FARINER v.t. Saupoudrer de farine.

1. FARINEUX, EUSE adj. **1.** Qui contient de la farine ou de la fécule. **2.** Qui est ou qui semble couvert de farine. **3.** Qui a l'aspect ou le goût de la farine.

2. FARINEUX n.m. Végétal alimentaire pouvant fournir une farine (graines de céréales, de légumineuses, etc.).

FARLOUCHE ou **FERLOUCHE** n.f. Canada. Mélange de raisins secs et de mélasse, servant de garniture pour une tarte.

FARLOUSE n.f. Passereau commun dans les prés, à plumage jaunâtre rayé de brun. (La farlouse appartient au genre *pipit*. Long. 15 cm.)

FARNIENTE [farnjɛnte] ou [farnjɛ̃t] n.m. (it. *fare*, faire, et *niente*, rien). Fam. Douce oisiveté.

FARO n.m. (mot wallon). Bière légère, additionnée de sucre et de lambic de coupage, fabriquée dans la région de Bruxelles.

FAROUCH [-ruʃ] n.m. (mot prov.). AGRIC. Trèfle incarnat.

FAROUCHE adj. (lat. *forasticus*, étranger). **1.** Qui fuit quand on l'approche ; sauvage. *Animal farouche.* **2.** Peu sociable, dont l'abord est difficile, en parlant d'une personne. *Enfant farouche.* **3.** Violent ou qui exprime la violence. *Haine, air farouche.*

FAROUCHEMENT adv. D'une manière farouche.

FARRAGO n.m. (mot lat.). AGRIC. Mélange de diverses espèces de graines fourragères.

FARSI n.m. LING. Persan.

FART [fart] n.m. (mot scand.). Produit dont on enduit les semelles des skis pour les rendre plus glissantes.

FARTAGE n.m. Action de farter.

FARTER v.t. Enduire de fart.

FASCE [fas] n.f. (lat. *fascia,* bande). **1.** ARCHIT. Bandeau, partie plate des architraves, des archivoltes, des chambranles. **2.** HÉRALD. Pièce honorable constituée par une bande horizontale occupant le milieu de l'écu.

FASCÉ, E [fase] adj. HÉRALD. Divisé en un nombre pair de parties égales d'émaux alternés, dans le sens de la fasce.

FASCIA [fasja] n.m. (mot lat., *bande*). ANAT. Formation aponévrotique qui recouvre des muscles ou des organes.

FASCIATION [fasjasjɔ̃] n.f. BOT. Anomalie des plantes chez lesquelles certains organes s'aplatissent et se groupent en faisceaux.

FASCICULE [fasikyl] n.m. (lat. *fasciculus,* petit paquet). Chacune des livraisons d'un ouvrage publié par parties successives. ◇ *Fascicule de mobilisation :* document remis à un réserviste et lui indiquant la conduite à tenir en cas de mobilisation.

FASCICULÉ, E adj. **1.** BIOL. Réuni en faisceau. ◇ BOT. *Racine fasciculée,* où l'on ne peut pas distinguer l'axe principal, ou pivot. **2.** ARCHIT. *Pilier fasciculé :* pilier composé d'au moins cinq colonnes jointives.

FASCIÉ, E [fasje] adj. (lat. *fascia,* bandelette). BIOL. Marqué de bandes. *Élytres fasciés.*

FASCINAGE n.m. Action d'établir des fascines ; ouvrage fait de fascines.

FASCINANT, E adj. Qui exerce un vif attrait, éblouit. *Un être fascinant.*

FASCINATEUR, TRICE adj. Litt. Qui immobilise par une sorte d'hypnose, qui subjugue. *Un regard fascinateur.*

FASCINATION n.f. **1.** Action de fasciner, envoûtement. **2.** Fig. Attrait irrésistible. *La fascination du pouvoir.*

FASCINE [fasin] n.f. (lat. *fascina*). **1.** Fagot. **2.** Assemblage de branchages pour combler les fossés, empêcher l'éboulement des terres, etc.

1. FASCINER [fasine] v.t. Garnir de fascines.

2. FASCINER [fasine] v.t. (lat. *fascinare,* de *fascinum,* enchantement). **1.** Attirer, dominer, immobiliser un être vivant en le privant de réaction défensive par la seule puissance du regard. *Le serpent a fasciné l'oiseau.* **2.** Fig. Attirer irrésistiblement l'attention par sa beauté, son charme, etc. ; séduire, charmer. *Fasciner ses auditeurs.*

FASCISANT, E [faʃizɑ̃, ɑ̃t] adj. Qui tend vers le fascisme. *Idéologie fascisante.*

FASCISATION [faʃi-] n.f. Fait de rendre fasciste, introduction de méthodes fascistes.

FASCISER [faʃi-] v.t. Rendre fasciste.

FASCISME [faʃism] n.m. (it. *fascismo*). **1.** Régime établi en Italie de 1922 à 1945, instauré par Mussolini et fondé sur la dictature d'un parti unique, l'exaltation nationaliste et le corporatisme. **2.** Doctrine et pratique visant à établir un régime hiérarchisé, corporatiste et nationaliste.

FASCISTE [faʃist] adj. et n. **1.** Qui appartient au fascisme. **2.** Partisan d'un régime dictatorial.

FASEYER [faseje] v.i. (néerl. *faselen,* agiter) [12]. MAR. Flotter, battre au vent, en parlant d'une voile.

1. FASTE adj. (lat. *fastus,* de *fas,* ce qui est permis). *Jour faste.* **a.** Jour où il était permis aux Romains de vaquer aux affaires publiques. **b.** Jour heureux.

2. FASTE n.m. (lat. *fastus,* orgueil). Déploiement de magnificence, de luxe. *Le faste d'une cérémonie.*

FASTES n.m. pl. **1.** ANTIQ. Tables chronologiques des anciens Romains. ◇ Liste annuelle des noms des magistrats éponymes, des consuls. *Fastes consulaires.* **2.** Litt. Histoires d'actions mémorables.

FAST-FOOD [fastfud] n.m. (mot amér., *nourriture rapide*) [pl. *fast-foods*]. **1.** Type de restauration fondée sur la distribution, à toute heure et pour un prix peu élevé, de quelques produits dont la préparation est entièrement automatisée et qui peuvent être consommés sur place ou emportés sous emballage. Recomm. off. : *restauration rapide.* **2.** Établissement fonctionnant selon ce système.

FASTIDIEUSEMENT adv. De façon fastidieuse.

FASTIDIEUX, EUSE adj. (lat. *fastidiosus*). Qui cause de l'ennui, du dégoût par sa monotonie. *Travail fastidieux.*

FASTIGIÉ, E [fastiʒje] adj. (lat. *fastigium,* faîte). BOT. Dont les rameaux s'élèvent vers le ciel. *Le cyprès est une espèce fastigiée.*

FASTUEUSEMENT adv. Avec faste.

FASTUEUX, EUSE adj. Qui étale un grand faste. *Mener une vie fastueuse.*

FAT [fat] ou [fa] n.m. et adj.m. (mot prov. ; du lat. *fatuus,* sot). Litt. Personnage vaniteux, satisfait de lui-même.

FATAL, E, ALS adj. (lat. *fatalis,* de *fatum,* destin). **1.** Fixé d'avance par le sort ; qui doit arriver inévitablement. *Conséquence fatale. Le terme fatal de notre vie.* **2.** Qui entraîne inévitablement la ruine, la mort. *Erreur fatale. Coup fatal.* ◇ *Femme fatale :* femme d'une beauté irrésistible, qui semble envoyée par le destin pour perdre ceux qui s'en éprennent. **3.** TECHN. Se dit d'un sous-produit généré automatiquement dans un processus de production.

FATALEMENT adv. De façon fatale ; inévitablement. *Cela devait fatalement arriver.*

FATALISME n.m. Doctrine considérant tous les évènements comme irrévocablement fixés d'avance par une cause unique et surnaturelle.

FATALISTE adj. et n. Qui s'abandonne sans réaction aux évènements. *Mentalité fataliste.*

FATALITÉ n.f. **1.** Force surnaturelle qui semble déterminer d'avance le cours des évènements. **2.** Caractère fatal, inéluctable de qqch. *La fatalité de la mort.* **3.** Concours de circonstances fâcheuses, imprévues et inévitables ; adversité inexplicable ; malédiction. *Une sorte de fatalité accompagnait ses entreprises.*

FATIDIQUE adj. (lat. *fatidicus*). Marqué par le destin. *Date, jour fatidique.*

FATIGABILITÉ n.f. Propension plus ou moins grande à être fatigué.

FATIGABLE adj. Sujet à la fatigue.

FATIGANT, E adj. **1.** Qui cause de la fatigue. *Travail fatigant.* **2.** Ennuyeux, importun. *Tu es fatigant avec tes histoires.*

FATIGUE n.f. **1.** Sensation de lassitude causée par l'effort, l'excès de dépense physique ou intellectuelle. **2.** TECHN. Détérioration interne d'un matériau soumis à des efforts répétés supérieurs à la limite d'endurance, inférieurs à la limite d'élasticité.

FATIGUÉ, E adj. **1.** Qui marque la fatigue. *Traits fatigués.* **2.** Fam. Usé, défraîchi. *Vêtements fatigués.*

FATIGUER v.t. (lat. *fatigare*). **1.** Causer de la lassitude, de la fatigue physique ou intellectuelle à (qqn). **2.** Affecter (un organe). *Le soleil fatigue la vue.* **3.** Ennuyer, importuner. *Fatiguer qqn par ses questions.* **4.** *Fatiguer la salade,* la remuer longuement après l'avoir assaisonnée. ◆ v.i. **1.** Éprouver de la fatigue. *Fatiguer très vite au volant.* **2.** TECHN. Avoir à supporter un trop gros effort. *Poutre qui fatigue.* ◆ **se fatiguer** v.pr. **1.** Éprouver ou se donner de la fatigue. **2.** Se lasser de qqn, de qqch.

FATMA n.f. (ar. *fāṭma*). Femme musulmane.

FATRAS [fatra] n.m. (p.-ê. bas lat. *farsura,* remplissage). **1.** Amas confus, hétéroclite de choses. *Un fatras de livres.* **2.** Ensemble incohérent d'idées, de paroles, etc. *Un fatras de préjugés.*

FATRASIE n.f. (de *fatras*). LITTÉR. Genre littéraire du Moyen Âge, qui consistait en un ensemble de pièces satiriques.

FATUITÉ n.f. (lat. *fatuitas*). Contentement excessif de soi qui se manifeste par une suffisance ridicule, une vanité insolente.

FATUM [fatɔm] n.m. (mot lat.). Litt. Destin, fatalité.

FATWA [fatwa] n.f. (ar. *fatwā*). Consultation juridique donnée par un mufti à propos d'un cas douteux ou d'une question nouvelle ; décision ou décret qui en résulte.

FAUBERT ou **FAUBER** n.m. (néerl. *zwabber*). MAR. Balai de fils de caret, servant à essuyer le pont d'un navire.

FAUBOURG n.m. (anc. fr. *forsborc,* de *fors,* hors de, et *borc,* bourg). **1.** Partie d'une ville située en dehors de l'enceinte. **2.** Quartier situé jadis en dehors de l'enceinte. *Faubourg Saint-Antoine.* **3.** (Surtout pl.). Quartier situé à la périphérie d'une ville ; banlieue. *Les faubourgs de Marseille.* **4.** (Surtout pl.). Population ouvrière des quartiers périphériques.

FAUBOURIEN, ENNE adj. Qui a rapport aux faubourgs, aux quartiers populaires. *Accent faubourien.*

FAUCARD n.m. (mot picard, de *fauquer,* faucher). Faux à long manche, pour couper les herbes dans les rivières et les étangs.

FAUCARDER v.t. (picard *fauquer,* faucher). Couper avec le faucard.

FAUCHAGE n.m. Action de faucher. SYN. : *fauche, fauchaison.*

FAUCHAISON n.f. **1.** Fauchage, fauche. **2.** Époque où l'on fauche.

1. FAUCHARD n.m. (anc. fr. *fauchart*). HIST. Arme d'hast, dérivée de la faux (XIIIe-XVe s.).

2. FAUCHARD n.m. (de *faucher*). AGRIC. Serpe à deux tranchants et à long manche servant à couper les branches des arbres.

FAUCHE n.f. **1.** Fauchage, fauchaison. **2.** Fam. Vol ; chose volée.

FAUCHÉ, E adj. et n. Fam. Démuni d'argent.

FAUCHER v.t. (lat. pop. *falcare,* de *falx, falcis,* faux). **1.** Couper avec une faux ou une faucheuse. *Faucher le blé.* **2.** Abattre, détruire (des plantes). *La grêle a fauché les blés.* **3.** Renverser avec violence. *Une voiture a fauché les cyclistes.* **4.** Fam. Voler, dérober. *Faucher une montre.*

FAUCHET n.m. AGRIC. Râteau à dents de bois, pour ramasser le foin.

FAUCHETTE n.f. Petite serpe pour faire des fagots, pour couper des arbustes.

1. FAUCHEUR, EUSE n. **1.** Personne qui fauche les herbes, les céréales. **2.** Litt. *La Faucheuse :* la Mort.

2. FAUCHEUR ou **FAUCHEUX** n.m. Arachnide aux pattes très longues et grêles, très commun dans les prés et les bois, qui se distingue des araignées par l'absence de venin et de soie. (Sous-classe des opilions.)

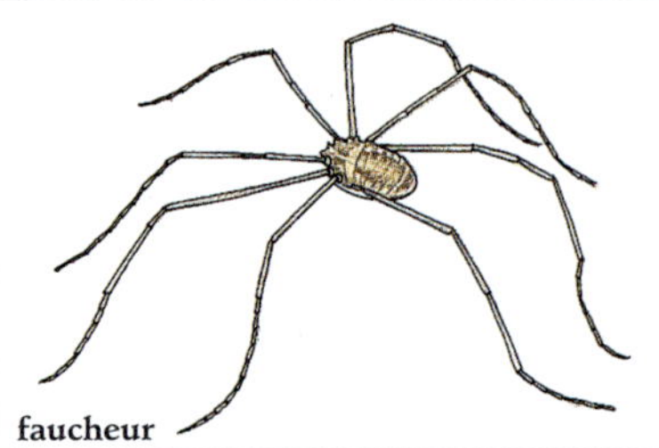
faucheur

FAUCHEUSE n.f. Machine pour faucher.

FAUCHON n.m. **1.** Faux garnie d'un râteau pour soutenir les herbes. **2.** Faux à lame courte.

FAUCILLE n.f. (bas lat. *falcicula,* petite faux). Instrument constitué d'une lame métallique courbée en demi-cercle et montée sur un manche en bois très court, qui sert à couper l'herbe, les céréales, etc.

FAUCILLON n.m. Petite faucille.

FAUCON n.m. (lat. *falco*). **1.** Oiseau rapace diurne atteignant au plus 50 cm de long, puissant et rapide. *Autrefois, on dressait le faucon pour la chasse.* **2.** Pièce d'artillerie aux XVIe-XVIIe s. **3.** Partisan d'une politique de force dans un conflit, allant jusqu'à la guerre, par opp. à *colombe.*

faucon pèlerin

FAUCONNEAU n.m. Jeune faucon.

FAUCONNERIE n.f. **1.** Art d'élever et de dresser les oiseaux de proie pour la chasse. **2.** Chasse au moyen de ces oiseaux. **3.** Lieu où on les élève.

FAUCONNIER n.m. Celui qui dresse les oiseaux de proie pour la chasse.

FAUCRE n.m. (anc. fr. *fautre*). HIST. Support fixé sur le côté droit d'une armure, qui servait à soutenir la lance du cavalier.

FAUFIL n.m. COUT. **1.** Fil utilisé pour faufiler. **2.** Fil passé en faufilant.

FAUFILAGE n.m. COUT. Action de faufiler.

1. FAUFILER v.t. (anc. fr. *forfiler,* de *fors,* en dehors, et *filer*). COUT. Coudre provisoirement à longs points.

2. FAUFILER (SE) v. pr. S'introduire, passer ou se glisser adroitement. *Se faufiler dans la foule, entre les voitures.*

FAUFILURE n.f. COUT. Couture provisoire à grands points espacés.

1. FAUNE n.m. (lat. *faunus*). Chez les Romains, divinité champêtre représentée avec des cornes et des pieds de chèvre.

2. FAUNE n.f. (lat. sc. *fauna*). **1.** Ensemble des espèces animales vivant dans un espace géographique ou un habitat déterminé. *Faune alpestre, aquatique.* **2.** Ouvrage qui contient l'énumération et la description de ces espèces. **3.** Péj. Ensemble de gens très caractéristiques qui fréquentent un même lieu. *La faune de Saint-Tropez.*

FAUNESQUE adj. Litt. Relatif, ressemblant aux faunes.

FAUNESSE n.f. Litt. Faune femelle.

FAUNIQUE adj. Relatif à la faune.

FAUNISTIQUE n.f. Étude scientifique de la faune à la surface du globe.

FAUSSAIRE n. Personne qui commet, fabrique un faux.

FAUSSEMENT adv. **1.** D'une manière fausse, injuste. *Être faussement accusé.* **2.** De façon hypocrite, affectée. *Un air faussement repenti.*

FAUSSER v.t. (bas lat. *falsare,* de *falsus,* faux). **1.** Déformer (un objet, un mécanisme) par un effort excessif. *Fausser une clef.* **2.** Donner une fausse interprétation de, rendre faux, inexact. *Fausser un résultat.* **3.** Détruire la justesse, l'exactitude de ; altérer. *Fausser le jugement.* ◇ *Fausser l'esprit de qqn,* lui inculquer des raisonnements faux. **4.** Fam. *Fausser compagnie à qqn,* le quitter brusquement ou sans prévenir.

FAUSSE-ROUTE n.f. (pl. *fausses-routes*). MÉD. Passage d'aliments dans la trachée.

1. FAUSSET n.m. (de 2. *faux*). **1.** Technique vocale qui n'utilise que le registre de la voix masculine résonnant dans la tête et situé dans l'aigu. ◇ *Voix de fausset :* voix aiguë. SYN. : *voix de tête.* **2.** Vx. Chanteur qui possède naturellement ce type de voix.

2. FAUSSET n.m. (anc. fr. *fausser,* percer). Petite cheville de bois servant à boucher le trou fait à un tonneau avec un foret.

FAUSSETÉ n.f. **1.** Caractère de ce qui est faux. *La fausseté d'un raisonnement.* **2.** Manque de franchise, hypocrisie. *Accuser qqn de fausseté.*

FAUTE n.f. (bas lat. *fallita,* de *fallere,* faillir). **I. 1.** Manquement à une règle morale, aux prescriptions d'une religion. **2.** Manquement à une norme, aux règles d'une science, d'un art, d'une technique, etc. *Faute d'orthographe. Faute de frappe.* **3.** Manquement à un règlement, à une règle de jeu. *Faute de conduite. Faute de service au tennis.* ◇ *Double faute :* fait de manquer deux services consécutifs au tennis. **4.** Manière d'agir maladroite ou fâcheuse. *Ce sont des fautes de jeunesse.* **5.** Responsabilité de qqn ou de qqch dans un acte. *C'est ta faute si nous sommes en retard.* **6.** DR. Acte ou omission constituant un manquement à une obligation contractuelle ou légale. *Faute grave. Faute lourde.* **II.** Litt. Manque, absence. ◇ *Faire faute :* manquer. – *Ne pas se faire faute de :* ne pas s'abstenir de. – *Sans faute :* à coup sûr, immanquablement. ◆ loc. prép. *Faute de :* par manque de, par défaut de.

FAUTER v.i. **1.** Fam., vieilli. Se laisser séduire, avoir des relations sexuelles en dehors du mariage, en parlant d'une femme. **2.** Afrique. Commettre une faute d'orthographe, de français.

FAUTEUIL n.m. (du francique *faldistôl*). **1.** Siège individuel à dossier et à bras. ◇ Fam. *Arriver (comme) dans un fauteuil :* arriver en tête sans difficulté dans une compétition. **2.** Place à l'Académie française. *Briguer un fauteuil.*

FAUTEUR, TRICE n. (lat. *fautor,* défenseur). [Rare au fém.]. Péj. *Fauteur de troubles, de guerre :* personne qui provoque des troubles, une guerre.

FAUTIF, IVE adj. et n. Qui est en faute, coupable. *Se sentir fautif.* ◆ adj. Qui comporte des erreurs ; erroné, incorrect. *Liste fautive.*

FAUTIVEMENT adv. D'une manière fautive, erronée.

1. FAUVE adj. (francique *falw*). **1.** D'une couleur tirant sur le roux. **2.** *Bête fauve.* **a.** Ruminant dont le pelage tire sur le roux et qui vit à l'état sauvage dans les bois (cerf, daim, etc.). **b.** Grand félin. **3.** *Odeur fauve,* forte et animale.

2. FAUVE n.m. **1.** Couleur fauve. **2.** Mammifère carnivore sauvage, au pelage fauve, tel que le lion, le tigre, la panthère, etc. ◇ *Sentir le fauve :* répandre une odeur forte et animale. **3.** Peintre appartenant au courant du fauvisme. **4.** *Nouveaux Fauves* (all. *Neue Wilde*), nom donné à la fin des années 1970 à divers peintres et sculpteurs allemands d'une grande puissance expressive, tels Kiefer*, G. Baselitz, J. Immendorf, M. Lüperz, A. R. Penk.

FAUVERIE n.f. Ménagerie pour les fauves ; section des fauves, dans un zoo.

FAUVETTE n.f. (de 1. *fauve*). Oiseau passereau au plumage fauve, au chant agréable, insectivore, commun dans les buissons. (Long. 15 cm ; famille des sylviidés.)

fauvette

FAUVISME n.m. Mouvement pictural français du début du XXe s.

■ Le qualificatif de « fauves » fut appliqué par un critique à un ensemble de peintres réunis dans une salle du Salon d'automne de 1905, à Paris, et dont l'art semblait d'un modernisme agressif. Procédant à une simplification des formes et de la perspective, le fauvisme s'exprime avant tout par une orchestration de couleurs pures, ordonnées dans chaque toile de façon autonome. Il ne s'agit pas de donner une transcription fidèle du monde, mais d'exprimer les sensations et émotions qu'il fait naître chez le peintre. Les fauves comprennent certains élèves de l'atelier de Gustave Moreau (qui professait de ne croire à nulle autre réalité que celle du « sentiment intérieur ») : Matisse, Marquet, Charles Camoin (1879-1965), Henri Manguin (1874-1949) ; deux autodidactes qui communient dans leur amour pour Van Gogh et travaillent ensemble à Chatou : Vlaminck et Derain ; un Normand, Othon Friesz, que suivent Dufy et Braque. Matisse, Vlaminck étaient déjà « fauves » avant 1905, de même que Van Dongen et un autre précurseur, Louis Valtat. Vers 1908, les audaces du fauvisme s'estompent chez certains, ouvrent pour d'autres la voie à de nouvelles libertés, et les routes de tous ces artistes divergent. *(V. illustration p. 421)*

1. FAUX n.f. (lat. *falx, falcis*). **1.** Instrument tranchant constitué d'une lame d'acier recourbée et fixée à un long manche, qui sert à couper l'herbe, les céréales, etc. **2.** ANAT. Repli membraneux de forme recourbée. ◇ *Faux du cerveau :* repli courbe de la dure-mère qui sépare les deux hémisphères du cerveau.

2. FAUX, FAUSSE adj. (lat. *falsus,* de *fallere,* tromper). **1.** Contraire à ce qui est vrai ou juste, à l'exactitude, à la logique. *Addition fausse. Raisonnement faux.* **2.** Qui n'est pas justifié par les faits, qui est sans fondement. *Fausse alerte.* ◇ PSYCHOL. *Fausse reconnaissance :* illusion qui consiste à assimiler des personnes, des objets ou des lieux inconnus à d'autres déjà connus par suite de ressemblances superficielles. **3.** Qui n'est qu'une imitation, qui n'est pas original ou authentique. *Fausses dents. Faux billets.* **4.** Qui n'est pas réellement ce qu'on le nomme. *Faux acacia.* **5.** Qui a l'apparence d'un objet sans en avoir la fonction. *Fausse porte.* ◇ *Faux titre :* premier titre abrégé, imprimé sur le feuillet qui précède la page de titre d'un ouvrage. **6.** Qui se fait passer pour ce qu'il n'est pas. *Un faux inspecteur.* **7.** Qui n'est pas réellement éprouvé ; feint, simulé. *Fausse pudeur. Une fausse modestie.* **8.** Qui trompe ou dissimule ses sentiments ; hypocrite, fourbe. *Homme faux. Regard faux.* **9.** Qui manque de justesse, qui n'est pas conforme aux exigences de l'harmonie musicale. *Note fausse. Voix fausse.* ◆ adv. De façon fausse. *Chanter faux.*

3. FAUX n.m. **1.** Ce qui est contraire à la vérité. **2.** Altération frauduleuse de la vérité par la fabrication ou l'usage d'une pièce, d'un objet, etc. *Ce testament est un faux.* – *Faux en écriture :* altération frauduleuse et intentionnelle de la vérité dans un écrit, pouvant causer un préjudice. **3.** Copie frauduleuse d'une œuvre d'art originale. **4.** Imitation d'une matière, d'une pierre précieuse, etc. *Ce bijou, c'est du faux.*

FAUX-BORD n.m. (pl. *faux-bords*). Inclinaison d'un navire sur un bord par suite d'un défaut de construction ou d'une inégale répartition des charges à bord.

FAUX-BOURDON n.m. (pl. *faux-bourdons*). **1.** Procédé d'harmonisation originaire d'Angleterre, contrepoint à trois voix note contre note, très employé aux XVe et XVIe s. dans la musique d'église. **2.** Tout chant d'église, plus spécialement harmonisation de psaumes.

FAUX-FILET n.m. (pl. *faux-filets*). BOUCH. Contre-filet.

FAUX-FUYANT n.m. (pl. *faux-fuyants*). Moyen détourné de se tirer d'embarras, d'éluder une question.

FAUX-MONNAYEUR n.m. (pl. *faux-monnayeurs*). Personne qui fabrique de la fausse monnaie, des faux billets de banque.

FAUX-PONT n.m. (pl. *faux-ponts*). Pont ou plancher mobile, sur les anciens navires, au-dessous du pont supérieur.

FAUX-SEMBLANT n.m. (pl. *faux-semblants*). Ruse, prétexte mensonger.

FAUX-SENS n.m. Erreur consistant à interpréter d'une manière erronée le sens précis d'un mot dans un texte.

FAVELA [favela] n.f. (mot port. du Brésil). Bidonville, au Brésil.

FAVEROLE n.f. → ***féverole.***

FAVEUR n.f. (lat. *favor*). **I. 1.** Disposition à traiter qqn avec bienveillance, à lui accorder une aide, une préférence ; cette bienveillance elle-même. *Solliciter la faveur d'un ministre.* **2.** Décision indulgente qui avantage qqn. *Obtenir qqch par faveur. C'est une faveur d'avoir été invité.* **3.** Crédit, popularité que l'on a auprès de qqn, d'un groupe. *Avoir la faveur du public.* **II.** Ruban de soie étroit qui sert d'ornement. *Paquet noué d'une faveur bleue.* ◆ loc. prép. *À la faveur de qqch :* en profitant de qqch. *S'évader à la faveur de la nuit.* – *En faveur de qqn, qqch,* à leur profit, à leur bénéfice. ◆ pl. Marques d'amour données par une femme à un homme. *Refuser ses faveurs.*

FAVORABLE adj. **1.** Animé de dispositions bienveillantes en faveur de qqn, de qqch. *Être favorable à un projet.* **2.** Qui est à l'avantage de qqn, propice, bénéfique pour qqch. *Occasion favorable. Mesures favorables à la paix.*

FAVORABLEMENT adv. D'une manière favorable.

FAVORI, ITE adj. (it. *favorito*). Qui est l'objet de la préférence de qqn. *C'est sa lecture favorite.* ◆ adj. et n. **1.** Qui jouit de la prédilection de qqn ; préféré. *Il est le favori de ses parents. Cet auteur est le favori du public.* **2.** Se dit d'un concurrent, d'une équipe qui a le plus de chances de gagner une compétition. *Cheval favori.* ◆ n.m. Homme qui jouit des bonnes grâces d'un personnage puissant, d'un roi.

FAVORIS n.m. pl. Touffe de barbe sur chaque côté du visage. *Se laisser pousser des favoris.*

FAVORISANT, E adj. Qui favorise qqch. *Facteurs favorisants de l'infection.*

FAVORISER v.t. **1.** Traiter de façon à avantager. *Favoriser un débutant.* **2.** Contribuer au développement de. *Favoriser les arts.* **3.** Litt. Faciliter, aider à accomplir. *L'obscurité favorisa sa fuite.*

FAVORITE n.f. Maîtresse préférée d'un roi.

FAVORITISME n.m. Tendance à accorder des faveurs injustes ou illégales.

FAVUS [favys] n.m. (mot lat., *rayon de miel*). MÉD. Teigne du cuir chevelu, contagieuse, causée par un champignon microscopique.

FAX n.m. (abrév. de *Téléfax*). Télécopie.

FAXER v.t. Envoyer un document par télécopie.

FAYARD n.m. (du lat. *fagus*, hêtre). Région. (Midi). Hêtre.

FAYOT [fajo] n.m. (prov. *faïou*). **1.** Pop. Haricot sec. **2.** Arg. Personne qui fait du zèle auprès de ses supérieurs.

FAYOTER v.i. Arg. Faire du zèle pour se faire bien voir de ses supérieurs.

FAZENDA [fazɛnda] n.f. (mot port. du Brésil). Grand domaine de culture ou d'élevage, au Brésil.

f. c. é. m. (sigle). Force contre-électromotrice*.

Fe, symbole chimique du fer.

FÉAL, E, AUX adj. (anc. fr. *feal*, du lat. *fidelis*, fidèle). Litt. Loyal, fidèle.

FÉBRICULE n.f. MÉD. Vx. Petite fièvre.

FÉBRIFUGE adj. et n.m. Se dit d'un médicament qui fait tomber la fièvre. SYN. : ***antipyrétique, antithermique.***

FÉBRILE adj. (lat. *febrilis*, de *febris*, fièvre). **1.** Qui a de la fièvre. *Un enfant fébrile.* **2.** Qui décèle, accuse de la fièvre. *Pouls fébrile.* **3.** Qui est nerveux, agité, qui témoigne d'une certaine excitation. *Se montrer fébrile. Impatience fébrile.* **4.** ÉCON. *Capitaux fébriles* → ***capital.***

FÉBRILEMENT adv. De façon fébrile.

FÉBRILITÉ n.f. **1.** État d'une personne qui a la fièvre. **2.** Excitation, agitation, nervosité.

FÉCAL, E, AUX adj. (lat. *faex, faecis*, excrément). Relatif aux fèces. – *Matières fécales :* résidus de la digestion éliminés par l'anus.

FÉCALOME n.m. MÉD. Accumulation de matières fécales durcies dans le rectum ou le côlon, pouvant faire croire à une tumeur.

FÈCES [fɛs] ou [fesɛs] n.f. pl. Matières fécales.

FÉCIAL n.m. → ***fétial.***

FÉCOND, E adj. (lat. *fecundus*). **1.** Propre à la reproduction de l'espèce. **2.** Capable d'avoir beaucoup d'enfants ou de petits ; prolifique. **3.** Qui produit beaucoup. *Écrivain fécond. Terre féconde.* **4.** *Fécond en :* riche, fertile en. *Journée féconde en évènements.*

FÉCONDABILITÉ n.f. Didact. Aptitude des femmes, des femelles d'animaux, à être fécondées.

FÉCONDABLE adj. Qui peut être fécondé.

FÉCONDANT, E adj. Qui féconde, rend fécond.

FÉCONDATEUR, TRICE adj. et n. Qui a le pouvoir de féconder.

FÉCONDATION n.f. **1.** Action de féconder ; son résultat. **2.** BIOL. Union du gamète mâle avec le gamète femelle, contenant chacun *n* chromosomes, pour donner un œuf, ou zygote, qui contient 2 *n* chromosomes et dont le développement donne un nouvel individu.

FÉCONDER v.t. **1.** Réaliser la fécondation de ; transformer un œuf en embryon. **2.** Rendre une femelle pleine, une femme enceinte. **3.** Litt. Rendre fécond, fertile. *Les pluies fécondent la terre.*

FÉCONDITÉ n.f. **1.** Aptitude d'un être vivant à se reproduire. **2.** Fertilité, abondance. *Fécondité d'un sol, d'un écrivain.*

FÉCULE n.f. (lat. *faecula*). Amidon contenu dans certaines racines ou certains tubercules comme la pomme de terre, le manioc, etc., d'où on l'extrait sous forme de fine poudre blanche.

FÉCULENCE n.f. **1.** État d'une substance féculente. **2.** État d'un liquide qui dépose des sédiments.

1. FÉCULENT, E adj. **1.** Qui contient de la fécule. **2.** Qui dépose des sédiments. *Liquide féculent.*

2. FÉCULENT n.m. Graine, fruit, tubercule alimentaires riches en amidon (en partic., graines de légumineuses : lentilles, haricots, etc.).

FÉCULER v.t. **1.** Extraire la fécule de. *Féculer des pommes de terre.* **2.** Additionner de fécule.

FÉCULERIE n.f. Industrie de la fécule ; fabrique de fécule.

FÉCULIER, ÈRE adj. Relatif à la féculerie.

FEDAYIN [feda(j)in] n.m. (mot ar., pl. de *fedaï*, celui qui se sacrifie). Résistant (spécialt, résistant palestinien) qui mène une action de guérilla. – REM. La forme *fedayin* s'est imposée dans l'usage comme singulier alors qu'il s'agit d'un pluriel en arabe. La forme savante *fedaï* (pl. *fedayine*) reste peu usitée.

FÉDÉRAL, E, AUX adj. (lat. *fœdus, -eris*, traité). **1.** Relatif à une fédération. **2.** *État fédéral*, composé de plusieurs collectivités territoriales (États fédérés), auxquelles il se superpose. SYN. : *fédération.* **3.** Qui concerne le pouvoir central d'un État fédéral. *Police fédérale.* **4.** Suisse. Relatif à la Confédération helvétique.

FÉDÉRALISER v.t. Organiser (un État) en fédération.

FÉDÉRALISME n.m. **1.** Mode de regroupement de collectivités politiques tendant à accroître leur solidarité tout en préservant leur particularisme. **2.** Suisse. Doctrine qui défend l'autonomie des cantons par rapport au pouvoir fédéral.

FÉDÉRALISTE adj. et n. **1.** Relatif au fédéralisme ; qui en est partisan. **2.** HIST. *Insurrections fédéralistes :* soulèvements fomentés dans plusieurs départements, en France, après le 2 juin 1793, par les Girondins, hostiles à la prédominance politique de Paris et à la conception centraliste de la République.

FÉDÉRATEUR, TRICE adj. et n. Qui organise ou favorise une fédération.

FÉDÉRATIF, IVE adj. Qui constitue une fédération ou un État fédéral.

FÉDÉRATION n.f. **1.** État fédéral. **2.** Groupement organique de partis, de mouvements ou clubs politiques, d'associations sportives et autres, de syndicats, etc. **3.** HIST. Sous la Révolution, association formée par les patriotes pour lutter contre les « ennemis de la liberté ». – *Fête de la Fédération :* fête nationale organisée le 14 juillet 1790 à Paris, qui rassembla les délégués des fédérations provinciales.

FÉDÉRAUX n.m. pl. HIST. Soldats américains des États du Nord, pendant la guerre de Sécession (1861-1865), qui luttaient pour le maintien de l'Union fédérale.

1. FÉDÉRÉ, E adj. Qui fait partie d'une fédération.

2. FÉDÉRÉ n.m. HIST. **1.** Délégué à la fête de la Fédération en 1790. **2.** Soldat au service de la Commune de Paris en 1871.

FÉDÉRER v.t. [18]. **1.** Former, grouper en fédération. **2.** Rassembler, regrouper autour d'un projet commun. *Fédérer les énergies.*

FÉE n.f. (du lat. *fatum*, destin). **1.** Être imaginaire représenté sous les traits d'une femme douée d'un pouvoir surnaturel. – *Conte de fées :* récit merveilleux dans lequel les fées interviennent. **2.** Litt. Femme remarquable par sa grâce, son esprit, sa bonté, son adresse. – *Doigts de fée*, très adroits.

FEED-BACK [fidbak] n.m. inv. (mot angl., de *to feed*, nourrir, et *back*, en retour). **1.** CYBERN. Action en retour des corrections et régulations d'un système d'informations sur le centre de commande du système ; action exercée sur les causes d'un phénomène par le phénomène lui-même. SYN. : ***réaction, rétroaction.*** **2.** PHYSIOL. Rétrocontrôle.

FEEDER [fidœr] n.m. (mot angl., *nourrisseur*). Canalisation, électrique ou de gaz, reliant directement le centre de production à un point du réseau de distribution.

FEELING [filiŋ] n.m. (mot angl., *sentiment*). **1.** MUS. Qualité d'émotion et de sensibilité manifestée dans une interprétation. **2.** Fam. Manière de ressentir une situation.

FÉERIE [feri] ou [feeri] n.f. **1.** Monde fantastique des fées. **2.** Pièce de théâtre, spectacle où interviennent le merveilleux, la magie, les êtres surnaturels. **3.** Spectacle merveilleux. *Une féerie de couleurs.*

FÉERIQUE [ferik] ou [feerik] adj. Qui tient de la féerie.

FEIGNANT, E ou **FAIGNANT, E** [feɲɑ̃, ɑ̃t] ou [fɛɲɑ̃, ɑ̃t] adj. et n. Fam. Fainéant.

FEINDRE v.t. (lat. *fingere*) [81]. Simuler pour tromper. *Feindre la colère.* ◇ *Feindre de :* faire semblant de. ◆ v.i. Boiter légèrement, en parlant d'un cheval.

FEINTE n.f. **1.** Litt. Action de feindre ; dissimulation. *Parler sans feinte.* **2.** Manœuvre, geste, coup destiné à tromper l'adversaire. **3.** Fam. Ruse, attrape. *Faire une feinte à qqn.*

FEINTER v.t. **1.** SPORTS. Simuler un coup pour tromper l'adversaire. ◇ *Feinter la passe*, la simuler. **2.** Fam. Surprendre par une ruse, duper, posséder. *Je l'ai bien feinté.* ◆ v.i. Faire une feinte. *Savoir feinter.*

FEINTEUR n.m. Personne habile à feinter (en sports notamm.).

FEINTISE n.f. Litt. Action, habitude de feindre, dissimulation.

FELD-MARÉCHAL n.m. (pl. *feld-maréchaux*). Grade le plus élevé des armées allemande, autrichienne, anglaise, suédoise et russe.

FELDSPATH [fɛldspat] n.m. (mot all.). MINÉR. Aluminosilicate naturel de potassium, de sodium ou de calcium, constituant essentiel des roches magmatiques et métamorphiques.

FELDSPATHIQUE adj. MINÉR. Qui contient un feldspath.

FELDSPATHOÏDE n.m. MINÉR. Silicate naturel présent dans les roches sous-saturées.

FELDWEBEL [fɛldvebəl] n.m. (mot all.). Adjudant, dans l'armée allemande.

FÊLE n.f. Tube de fer dont le verrier se sert pour souffler le verre.

FÊLÉ, E adj. Qui présente une fêlure. ◆ adj. et n. Fam. Un peu fou.

FÊLER v.t. Fendre légèrement (un objet) sans que les parties se séparent.

FÉLIBRE n.m. (mot prov. traduit, par Mistral, par *docteur de la loi*). Poète ou prosateur de langue d'oc.

FÉLIBRIGE n.m. École littéraire fondée en 1854 pour restituer au provençal son rang de langue littéraire.

FÉLICITATIONS n.f. pl. **1.** Éloges, vives approbations. **2.** Compliments, congratulations ; témoignage de sympathie.

FÉLICITÉ n.f. Litt. Grand bonheur ; contentement intérieur ; béatitude.

FÉLICITER v.t. (lat. *felicitare*). **1.** Complimenter qqn sur sa conduite. *Je vous félicite de votre courage.* **2.** Témoigner à qqn que l'on partage la joie que lui cause un évènement heureux. *Féliciter des jeunes mariés.* ◆ **se féliciter** v.pr. ***(de).*** Témoigner de sa satisfaction, se réjouir de.

FÉLIDÉ ou **FÉLIN** n.m. (lat. *felis*, chat). *Félidés* ou *félins :* famille de mammifères carnivores digitigrades à griffes rétractiles et à molaires coupantes et peu nombreuses, tels que le chat, le lion, le guépard, etc. (Ordre des carnivores.)

FÉLIN, E adj. Qui tient du chat, qui en a la souplesse et la grâce. *Allure féline.*

FÉLINITÉ n.f. Litt. Caractère félin.

FELLAGA ou **FELLAGHA** n.m. (ar. dial. *fellāga*, pl. de l'ar. *fallāq*, coupeur de route). Partisan algérien ou tunisien soulevé contre l'autorité française pour obtenir l'indépendance de son pays. – REM. L'usage a consacré la forme *fellaga* ou *fellagha* au singulier bien qu'il s'agisse d'un pluriel en arabe. La forme savante *fellag* (pl. *fellaga*) reste peu usitée.

FELLAH n.m. (ar. *fellāḥ*). Paysan, dans les pays arabes.

FELLATION n.f. (du lat. *fellare*, sucer). Excitation buccale du sexe de l'homme.

FELLINIEN, ENNE adj. **1.** Relatif à l'œuvre de Fellini. **2.** Qui évoque l'imaginaire de Fellini. *Une créature fellinienne.*

FÉLON, ONNE adj. et n. (du francique). **1.** FÉOD. Déloyal envers son seigneur. *Vassal félon.* **2.** Litt. Déloyal, traître.

FÉLONIE n.f. **1.** FÉOD. Déloyauté, offense ou trahison d'un vassal envers son seigneur. **2.** Litt. Acte déloyal ; trahison.

FELOUQUE n.f. (esp. *faluca ;* de l'ar. *falūwa*). MAR. Petit bâtiment de la Méditerranée, long, léger et étroit, à voiles et à rames.

felouques sur le Nil

FÊLURE n.f. Fente d'une chose fêlée.

f. é. m. (sigle). Force électromotrice*.

FEMELLE n.f. (lat. *femina,* femme). Animal de sexe femelle. ◆ adj. **1.** Se dit d'un individu ou d'un organe animal ou végétal appartenant au sexe apte à produire des cellules fécondables (œufs vierges) et, souvent, à abriter le développement du produit de la fécondation (œuf fécondé, graine) ; se dit de ce sexe. **2.** Se dit d'une pièce, d'un instrument creusés pour recevoir le saillant d'une autre pièce, appelée *mâle.*

FÉMELOT n.m. MAR. Chacune des ferrures fixées sur l'étambot et dans lesquelles pivotent les aiguillots du gouvernail.

1. FÉMININ, E adj. (lat. *femininus,* de *femina,* femme). **1.** Propre à la femme. *Le charme féminin.* **2.** Qui évoque la femme. *Des manières féminines.* **3.** Qui a rapport aux femmes. *La mode féminine. Revendications féminines.* **4.** Qui est composé de femmes. *Orchestre féminin.* **5. a.** Qui appartient au genre dit *féminin. Nom féminin.* **b.** *Rime féminine,* que termine une syllabe muette.

2. FÉMININ n.m. GRAMM. Un des genres grammaticaux, qui s'applique, en français, aux noms d'êtres femelles et à une partie des noms désignant des choses.

FÉMINISANT, E adj. BIOL. Qui féminise.

FÉMINISATION n.f. Action de féminiser ; son résultat. Fait de se féminiser.

FÉMINISER v.t. **1.** Donner un caractère féminin ou efféminé à. **2.** BIOL. Provoquer chez un mâle l'apparition de caractères sexuels secondaires féminins. **3.** LING. Mettre au féminin ; donner à un mot les marques du genre féminin. *Féminiser les noms de métier.* ◆ **se féminiser** v.pr. Comprendre un plus grand nombre de femmes qu'auparavant. *Le corps enseignant se féminise.*

FÉMINISME n.m. **1.** Doctrine qui préconise l'amélioration et l'extension du rôle et des droits des femmes dans la société ; mouvement qui milite dans ce sens. **2.** PHYSIOL. État d'un individu de sexe masculin présentant des caractères de féminité plus ou moins marqués.

FÉMINISTE adj. et n. Relatif au féminisme ; qui est partisan, qui se réclame du féminisme.

FÉMINITÉ n.f. Caractère féminin ; ensemble des caractères propres à la femme.

FEMME [fam] n.f. (lat. *femina*). **1.** Être humain du sexe féminin (par opp. à *homme*). *La loi salique excluait les femmes de la possession de la terre.* **2.** Adulte du sexe féminin (par opp. à *fille,* à *jeune fille*). *C'est une femme maintenant.* **3.** Épouse. *Il nous a présenté sa femme.* **4.** (Qualifié). Adulte du sexe féminin considéré par rapport à ses qualités, ses défauts, ses activités, ses origines, etc. *Une brave femme. Une femme de parole. Une femme de lettres.* – *Femme au foyer :* femme sans profession, qui s'occupe de sa famille. **5.** *Bonne femme* → ***bonhomme.*** **6.** *Femme de ménage* (en Belgique *femme d'ouvrage* ou *femme à journée*) : femme employée à faire le ménage dans des appartements, des bureaux.

FEMMELETTE n.f. **1.** Vx. Petite femme. **2.** Péj. Homme faible, sans énergie.

FÉMORAL, E, AUX adj. Relatif au fémur ou aux régions voisines.

FÉMORO-CUTANÉ, E adj. (pl. *fémoro-cutanés, es*). *Nerf fémoro-cutané :* important nerf sensitif de la partie externe de la cuisse. – *Névralgies fémoro-cutanées,* dont ce nerf peut être le siège, par un mécanisme analogue à celui des sciatiques.

FEMTO-, préfixe (symb. f) qui, placé devant une unité, la multiplie par 10^{-15}.

FÉMUR n.m. (lat. *femur,* cuisse). Os de la cuisse, le plus fort de tous les os du corps. (Les parties du fémur sont : la tête, le col, le grand trochanter, le petit trochanter, la diaphyse, les condyles.)

FENAISON n.f. (du lat. *fenum,* foin). **1.** Coupe et récolte des foins ; période où elles se font. **2.** Dessiccation sur le pré des foins que l'on a coupés. SYN. : *fanage.*

FENDAGE n.m. Action de fendre.

1. FENDANT n.m. ESCR. Coup donné avec le tranchant de l'épée.

2. FENDANT n.m. Chasselas d'une variété à peau fine ; vin blanc du Valais issu de ce cépage.

FENDARD ou **FENDART** n.m. Arg. Pantalon.

FENDEUR n.m. Ouvrier qui travaille à fendre le bois, l'ardoise, etc.

FENDILLÉ, E adj. Qui présente des petites fentes, des gerçures.

FENDILLEMENT n.m. Fait de se fendiller.

FENDILLER v.t. Produire de petites fentes dans (qqch). ◆ **se fendiller** v.pr. Être sillonné de petites fentes ; se craqueler, se crevasser.

FENDOIR n.m. Outil qui sert à fendre. ◇ Spécialt. Lourd couperet à long manche utilisé pour fendre les carcasses des gros animaux de boucherie.

FENDRE v.t. (lat. *findere*) [73]. **1.** Couper dans le sens de la longueur. *Fendre du bois.* ◇ Fig. *Fendre le cœur :* causer une vive affliction. **2.** Provoquer des fentes, des crevasses dans. *La sécheresse fend la terre.* ◇ *Geler à pierre fendre :* geler très fort. **3.** Litt. Se frayer un passage dans (un fluide, une masse). *L'étrave du navire fend la mer. Fendre la foule.* ◇ *Fendre l'air :* avancer rapidement. ◆ **se fendre** v.pr. **1.** Se séparer en fragments dans le sens de la longueur ou selon un plan de clivage. **2.** Se crevasser. **3.** SPORTS. En escrime, porter un pied vivement en avant. **4.** Pop. Se livrer à une prodigalité inhabituelle.

FENESTRAGE ou **FENÊTRAGE** n.m. ARCHIT. Ensemble, disposition des fenêtres d'un bâtiment. SYN. : *fenestration.*

FENESTRATION n.f. **1.** ARCHIT. Fenestrage. **2.** CHIR. Création d'une nouvelle fenêtre dans l'oreille interne.

FENESTRON n.m. (nom déposé). Petit rotor encastré dans la partie arrière d'un hélicoptère et destiné à annuler le couple de rotation du fuselage.

FENÊTRE n.f. (lat. *fenestra*). **1.** Baie munie d'une fermeture vitrée, pratiquée dans le mur d'un bâtiment pour y laisser pénétrer l'air et la lumière ; cette fermeture vitrée. *Regarder par la fenêtre.* ◇ Fig. *Jeter l'argent par les fenêtres :* dépenser follement. **2. a.** Ouverture pratiquée dans un matériau. *Enveloppes à fenêtre.* **b.** GÉOL. Ouverture creusée par l'érosion dans une nappe de charriage faisant apparaître les terrains sous-jacents. **c.** ANAT. *Fenêtre ronde, fenêtre ovale :* ouvertures placées à la paroi interne de l'oreille moyenne. **3.** INFORM. Zone rectangulaire d'un écran de visualisation dans laquelle s'inscrivent des informations graphiques ou alphanumériques. **4.** ASTRONAUT. *Fenêtre de lancement :* période pendant laquelle le lancement d'un engin spatial est possible ou favorable.

FENÊTRER v.t. ARCHIT. Pourvoir de fenêtres, avec leurs châssis et la vitrerie nécessaire.

FENIAN, E adj. et n. Relatif au mouvement de la Fraternité* républicaine irlandaise.

FENIL [fənil] ou [fəni] n.m. (lat. *fenile ;* de *fenum,* foin). Lieu (grange, grenier, etc.) où l'on emmagasine le foin.

FENNEC [fenɛk] n.m. (ar. *fanak*). Petit renard du Sahara, à longues oreilles. (Long. 60 cm.)

fennec

FENOUIL n.m. (lat. *feniculum,* petit foin). Plante aromatique, à feuilles divisées en fines lanières, et dont on consomme la base des pétioles charnus. (Famille des ombellifères.)

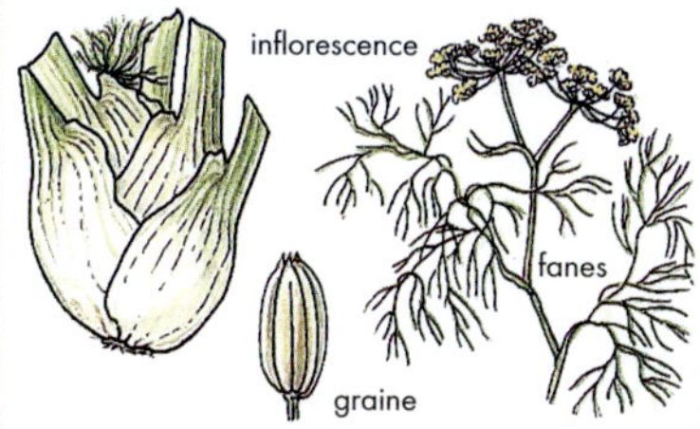

fenouil

FENTE n.f. **I. 1.** Action de fendre. *Fente des ardoises.* **2.** Fissure plus ou moins profonde à la surface de qqch. *Boucher les fentes d'un mur.* **3.** Ouverture étroite et longue ; interstice. *Fente d'une tirelire.* **4.** SPORTS. En escrime, mouvement par lequel on se fend. **II.** DR. En l'absence de descendants, partage d'une succession en deux parts, l'une attribuée à la ligne paternelle, l'autre à la ligne maternelle.

FENTON n.m. → ***fanton.***

FENUGREC n.m. (lat. *fenugraecum,* foin grec). Trigonelle. (Famille des papilionacées.)

1. FÉODAL, E, AUX adj. (bas lat. *feodalis*). **1.** Relatif au fief, à la féodalité. *Château féodal. Institutions féodales.* **2.** Dont les structures, les caractères rappellent ceux de la féodalité.

2. FÉODAL n.m. Grand propriétaire terrien, dont la puissance, la position rappellent celles d'un seigneur de la féodalité.

FÉODALEMENT adv. En vertu du droit féodal.

FÉODALISME n.m. Système féodal.

FÉODALITÉ n.f. **1.** Ensemble des lois et coutumes qui régirent l'ordre politique et social dans une partie de l'Europe, de la fin de l'époque carolingienne à la fin du Moyen Âge, et qui impliquaient d'une part la prédominance d'une classe de guerriers et d'autre part des liens de dépendance d'homme à homme. **2.** Péj. Puissance économique ou sociale qui rappelle l'organisation féodale. *Féodalité financière.*

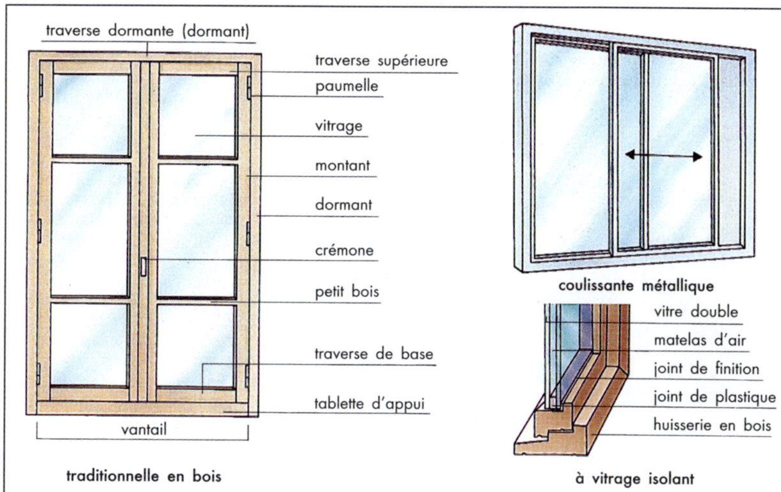

fenêtres

■ La féodalité repose sur un réseau de liens de dépendance entre des seigneurs et leurs vassaux, hommes libres qui se placent sous leur protection et reçoivent un fief en échange des services qu'ils assurent. La restauration du pouvoir royal et l'évolution économique la font décliner à partir du XIIIe s. Les rites féodaux subsistent cependant jusqu'à la Révolution, qui les abolit.

FER n.m. (lat. *ferrum*). **I. 1.** Métal tenace et malléable, de densité 7,87, fondant à 1 535 °C, largement utilisé dans la technologie et l'industrie sous forme d'alliages, d'aciers et de fontes ; élément (Fe) de numéro atomique 26, de masse atomique 55,847. *Pays producteur de fer.* – *Fer électrolytique :* fer très pur obtenu par électrolyse d'un sel de fer. – *Fil de fer :* fil obtenu par le passage de barres cylindriques de fer ou d'acier doux dans les trous d'une filière. ◇ *Âge du fer :* période protohistorique pendant laquelle se généralisa la métallurgie du fer (à partir du VIIIe s. av. J.-C. en Europe occidentale, où les stations éponymes de Hallstatt et de La Tène désignent le premier et le second âge du fer). ◇ Fig. *De fer :* résistant, robuste. *Santé de fer.* – Inébranlable, inflexible. *Volonté de fer. Discipline de fer.* **2.** Alliage composé en majeure partie de fer. – *Fer doux :* acier à très basse teneur en carbone, recuit, utilisé pour les noyaux de circuits magnétiques. **3.** Substance ferrugineuse. *Les épinards contiennent du fer.* **II.** Objet en fer ou en acier. **1.** Barre d'acier utilisée dans les charpentes *(fer en U, en T)* ou servant d'armature dans le béton armé. **2.** Lame d'acier constituant la partie tranchante d'un outil, d'une arme blanche. *Fer d'une charrue.* – *Fer de lance :* pointe en fer au bout d'une lance ; fig., élément, groupe le plus efficace ou le plus avancé dans un domaine. **3.** Litt. Épée, fleuret. *Croiser le fer.* **4. a.** *Fer (à repasser) :* appareil ménager formé d'une semelle de métal munie d'une poignée et qui, une fois chaude, sert à repasser. – *Fer à vapeur :* fer à repasser électrique muni d'un réservoir d'eau permettant d'humidifier le tissu par projection de vapeur ou d'eau pendant le repassage. ◇ *Coup de fer :* repassage rapide. **b.** *Fer à friser :* instrument de métal ayant la forme de longs ciseaux et dont les branches, une fois chauffées (auj., en général, par une résistance électrique intérieure), servent à rouler les cheveux pour les mettre en forme, les boucler. **c.** *Fer à souder :* outil utilisé pour le brasage tendre. **d.** *Fer à dorer :* outil de métal gravé utilisé pour décorer à la main ou au balancier la couverture des livres reliés. **5.** Pièce métallique placée sous le sabot des animaux (cheval, mule, bœuf, etc.) auxquels est demandé un travail (traction, transport, équitation, etc.). *Fer à cheval.* ◇ Fig., fam. *Tomber les quatre fers en l'air,* à la renverse. **6.** Lame d'acier servant à renforcer les bouts de la semelle d'une chaussure. **7.** Club de golf à tête métallique, destiné aux coups de moyenne et de courte distance. **III.** Transport ferroviaire. *Acheminement par fer et par air.* ◆ pl. **1.** Chaînes avec lesquelles on attachait un prisonnier. **2.** Litt. Esclavage, sujétion. **3.** MÉD. Vx. Forceps.

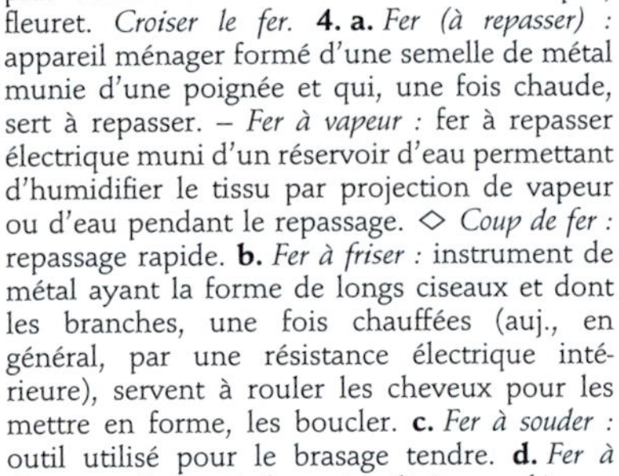

Âge du fer : reconstitution d'une sépulture à char provenant de la Gorge-Meillet (Marne). Époque de La Tène I. (Musée des Antiquités nationales, Saint-Germain-en-Laye.)

■ Le fer pur, ou fer doux, est capable de s'aimanter. Très ductile, mais en même temps très résistant, il se travaille facilement à chaud et à froid. On le trouve sous forme d'oxydes, de sulfures et de carbonates. Traité dans les hauts-fourneaux, le minerai donne la *fonte,* que l'on transforme ensuite en fer ou en acier, en éliminant l'excès de carbone. Le fer s'oxyde facilement à l'air humide en formant de la *rouille ;* mais on évite cet inconvénient en recouvrant le métal d'une couche de corps gras, de peinture ou de métal inoxydable (fer galvanisé, fer-blanc, etc.).

FÉRA n.f. Poisson des lacs alpins, apprécié pour sa chair. (Long. 50 cm ; genre *corégone.*)

FÉRALIES n.f. pl. (lat. *feralis*). ANTIQ. ROM. Fête en l'honneur des morts.

FER-BLANC n.m. (pl. *fers-blancs*). Tôle fine en acier doux, recouverte d'étain.

FERBLANTERIE n.f. **1.** Vx. Métier, boutique, commerce du ferblantier. **2.** Ustensiles en fer-blanc.

FERBLANTIER n.m. Celui qui fabrique, vend des objets en fer-blanc.

FERIA [fe-] n.f. (mot esp.). Région. (Midi). Grande fête annuelle.

FÉRIAL, E, AUX adj. Relatif à la férie.

FÉRIE n.f. (lat. *feria,* jour de fête). **1.** ANTIQ. ROM. Jour pendant lequel la religion prescrivait la cessation du travail. **2.** LITURGIE. Jour ordinaire qui ne comporte aucune fête particulière.

FÉRIÉ, E adj. (lat. *feriatus*). *Jour férié :* jour de repos prescrit par la loi ou par la religion.

■ Il y a en France onze jours fériés : Noël, l'Ascension, l'Assomption, la Toussaint, le 1er janvier, le 14 juillet, les lundis de Pâques et de Pentecôte, le 11 novembre, le 1er mai et le 8 mai. Le 1er mai (fête du Travail) est obligatoirement un jour férié et chômé pour tous. Les dimanches sont considérés comme des jours fériés (loi du 18 germinal an X). En principe, durant ces jours, il n'est pas permis de signifier ou d'exécuter un acte ou un jugement.

FÉRINGIEN, ENNE adj. et n. → ***féroïen.***

FÉRIR v.t. (lat. *ferire,* frapper) [usité seult à l'infinitif et au p. passé *féru*]. Litt. *Sans coup férir :* sans difficulté.

FERLER v.t. (anc. fr. *fresler*). MAR. Serrer pli sur pli une voile contre un espar (bôme, vergue) et l'y assujettir.

FERLOUCHE n.f. → ***farlouche.***

FERMAGE n.m. Mode d'exploitation agricole dans lequel l'exploitant verse une redevance annuelle au propriétaire du domaine ; cette redevance.

FERMAIL n.m. (de *fermer*) [pl. *fermaux*]. Objet d'orfèvrerie (boucle, agrafe, fermoir, etc.) servant à tenir qqch fermé.

1. FERME adj. (lat. *firmus*). **1.** Qui offre une certaine résistance à la pression. *Chair ferme.* **2.** Qui n'est pas ébranlé facilement, qui ne tremble pas ; solide, stable. *Être ferme sur ses jambes.* ◇ *Terre ferme :* sol du rivage, du continent, par opp. à l'eau ou à l'air. **3.** Qui ne faiblit pas, ne fléchit pas ; constant, inébranlable. *Ferme dans ses résolutions.* ◇ *Ton, voix fermes,* assurés. **4.** Définitif. *Achat, vente ferme.* **5.** BOURSE. Dont le cours est stable ou en hausse. *Valeur ferme.* ◆ adv. **1.** Avec assurance. *Parler ferme.* **2.** Beaucoup. *S'ennuyer ferme.* **3.** Définitivement. *Vendre ferme.*

2. FERME n.f. (de *fermer*). **1.** CONSTR. Assemblage de pièces de bois ou de métal triangulées, placées de distance en distance pour supporter les versants d'une toiture. **2.** THÉÂTRE. Décor monté sur un châssis qui s'élève des dessous.

3. FERME n.f. **1.** *Bail à ferme :* contrat par lequel un propriétaire abandonne à qqn l'exploitation d'un domaine moyennant le paiement d'un loyer. **2.** HIST. Convention par laquelle l'État abandonnait à un individu ou à une société la perception de divers impôts, moyennant une somme forfaitaire.

4. FERME n.f. **1.** Domaine agricole donné en fermage. **2.** Exploitation agricole en général. **3.** Ensemble constitué par les bâtiments d'habitation et d'exploitation agricole. **4.** *Ferme marine :* exploitation d'aquaculture.

FERMÉ, E adj. **1.** Qui ne comporte pas de solution de continuité ; entièrement clos. *Le cercle est une courbe fermée.* ◇ MATH. *Ensemble fermé,* qui englobe les valeurs qui le limitent. **2.** Où il est difficile de s'introduire. *Société fermée.* **3.** Qui ne laisse rien transparaître ; peu expansif. *Visage fermé.* **4.** Insensible, inaccessible. *Cœur fermé à la pitié.* **5.** PHON. Se dit d'une voyelle prononcée avec une fermeture partielle ou totale du canal vocal. *é fermé* [e]. ◇ *Syllabe fermée,* terminée par une consonne prononcée.

FERMEMENT adv. **1.** D'une manière ferme, solide. *S'appuyer fermement sur qqn.* **2.** Avec volonté, assurance. *Avis fermement exprimé.*

FERMENT n.m. (lat. *fermentum*). **1.** Agent produisant la fermentation d'une substance. **2.** Litt. Ce qui fait naître ou entretient une passion, une agitation. *Un ferment de haines.*

FERMENTABLE adj. → ***fermentescible.***

FERMENTATIF, IVE adj. Qui produit une fermentation.

FERMENTATION n.f. **1.** Transformation de certaines substances organiques sous l'action d'enzymes sécrétées par des micro-organismes. *La fermentation des sucres sous l'influence des levures donne de l'alcool.* **2.** Décomposition enzymatique de la matière organique. **3.** Litt. Agitation, sourde effervescence des esprits.

FERMENTÉ, E adj. Qui a subi une fermentation.

FERMENTER v.i. **1.** Être en fermentation. **2.** Litt. Être dans un état d'agitation, d'effervescence.

FERMENTESCIBLE ou **FERMENTABLE** adj. Qui peut fermenter.

FERMER v.t. (lat. *firmare*). **1.** Actionner un dispositif mobile pour obstruer une ouverture, un passage. *Fermer une porte, un robinet.* **2.** Rapprocher, réunir les éléments d'un ensemble de telle sorte qu'il n'y ait plus d'intervalle, d'écart, d'ouverture. *Fermer les yeux. Fermer la bouche.* ◇ Pop. *La fermer :* se taire. **3.** Interdire le passage par. *Fermer la frontière.* **4.** Isoler l'intérieur d'un lieu, d'un contenant en rabattant la porte, le couvercle. *Fermer son magasin, une valise.* **5.** Faire cesser le fonctionnement de. *Fermer la radio.* **6.** ÉLECTR. Établir une communication conductrice permettant le passage du courant dans un circuit. **7.** *Fermer la marche :* marcher le dernier. ◆ v.i. **1.** Être, rester fermé. *Le musée ferme le mardi.* **2.** Pouvoir être fermé. *Cette porte ferme mal.*

FERMETÉ n.f. (lat. *firmitas*). **1.** État de ce qui est ferme, solide. *Fermeté d'un sol.* **2.** Assurance, précision. *Fermeté du jugement, du geste.* **3.** Énergie morale, courage. *Supporter le malheur avec fermeté.* **4.** Autorité, rigueur. *Montrer de la fermeté.*

1. FERMETTE n.f. (de 4. *ferme*). **1.** Petite ferme. **2.** Petite maison rurale.

2. FERMETTE n.f. (de 2. *ferme*). CONSTR. Petite ferme, ou ferme secondaire sans entrait. – Ferme légère en bois produite industriellement et assemblée en usine.

FERMETURE n.f. **1.** Action de fermer. **2.** Fait d'être fermé ; cessation d'activité. *La fermeture des théâtres.* **3.** Dispositif qui sert à fermer. – *Fermeture à glissière* ou *fermeture Éclair* (n. déposé), constituée de deux chaînes souples, à dents, qui engrènent au moyen d'un curseur.

FERMI n.m. (de *Fermi,* n.pr.). En microphysique, unité de mesure de longueur valant 10^{-15} m.

FERMIER, ÈRE n. **1.** Personne qui loue les terres qu'elle cultive. **2.** Agriculteur, propriétaire ou non des terres qu'il cultive. **3.** HIST. *Fermier général :* financier de la Ferme générale qui, sous l'Ancien Régime, prenait à bail la perception des impôts indirects. ◆ adj. **1.** Qui tient à ferme une exploitation. *Société fermière.* **2.** De ferme. *Poulet fermier.*

FERMION n.m. (de *Fermi,* n.pr.). PHYS. Toute particule obéissant à la statistique de *Fermi-Dirac* (électron, nucléon, etc.).

FERMIUM [fɛrmjɔm] n.m. Élément chimique artificiel (Fm), de numéro atomique 100.

FERMOIR n.m. Attache ou dispositif pour tenir fermé un livre, un collier, etc.

FÉROCE adj. (lat. *ferox,* de *ferus,* sauvage). **1.** En parlant d'un animal, qui tue par instinct. *Une bête féroce.* **2.** Cruel, sanguinaire, barbare. *Des envahisseurs féroces.* **3.** Impitoyable, rigoureux ; qui révèle un tel comportement. *Examinateur féroce. Regard féroce.* **4.** D'un degré extrême. *Un appétit féroce.*

FÉROCEMENT adv. Avec férocité.

FÉROCITÉ n.f. **1.** Nature d'un animal féroce. *Férocité du tigre.* **2.** Caractère cruel, sanguinaire de qqn ; barbarie. **3.** Violence extrême. *La férocité d'un combat.*

FÉROÏEN, ENNE ou **FÉRINGIEN, ENNE** adj. et n. Des îles Féroé. ◆ n.m. Langue nordique parlée aux îles Féroé.

FERRADE n.f. (prov. *ferrado*). Action de marquer les bestiaux au fer rouge.

FERRAGE n.m. Action de ferrer.

FERRAILLAGE n.m. Ensemble des fers d'un ouvrage en béton armé ; leur mise en place.

FERRAILLE n.f. **1.** Débris de pièces de fer, de fonte ou d'acier ; vieux fers hors d'usage. **2.** Objet, machine métallique hors d'usage. **3.** Fam. Menue monnaie.

FERRAILLEMENT n.m. Action de ferrailler.

FERRAILLER v.i. **1.** Entrechoquer des lames de sabre ou d'épée lors d'un duel, d'un combat. **2.** Faire un bruit de ferraille entrechoquée. ◆ v.t. Disposer le ferraillage dans (une construction en béton armé).

FERRAILLEUR n.m. **1.** Commerçant en ferraille. **2.** CONSTR. Ouvrier chargé de la mise en place du ferraillage. **3.** Vx. Bretteur, duelliste.

FERRALLITIQUE adj. GÉOL. Latéritique.

FERRATE n.m. CHIM. Sel dérivant d'un acide ferrique, non isolé.

FERRATIER ou **FERRETIER** n.m. Marteau pour forger les fers des chevaux.

FERRÉ, E adj. **1.** Garni de fer. **2.** *Voie ferrée :* voie de chemin de fer. **3.** Fam. *Être ferré sur qqch, en un domaine,* le connaître à fond.

FERRÉDOXINE n.f. Protéine très simple, contenant du fer et du soufre, et qui joue depuis l'origine de la vie un rôle fondamental dans les oxydations et réductions de tous les êtres vivants, en particulier dans la photosynthèse des plantes vertes.

FERREMENT n.m. CONSTR. Objet ou garniture en fer.

FERRER v.t. **1.** Garnir de fer, de ferrures. *Ferrer une roue, une canne.* **2.** Clouer des fers aux sabots de. *Ferrer un cheval, un bœuf.* ◇ *Ferrer à glace,* avec des fers cramponnés, stables sur la glace. **3.** PÊCHE. *Ferrer un poisson,* l'accrocher à l'hameçon en donnant une secousse à la ligne.

FERRET n.m. **1.** Petit embout fixé aux extrémités d'une aiguillette, d'un lacet. **2.** Tige utilisée pour prélever du verre fondu.

FERRETIER n.m. → ***ferratier.***

FERREUR n.m. Ouvrier qui ferre les chevaux.

FERREUX, EUSE adj. **1.** Qui contient du fer. *Minerai ferreux.* **2.** CHIM. Se dit d'un composé dans lequel le fer est bivalent. – *Chlorure ferreux :* $FeCl_2$.

FERRICYANURE n.m. CHIM. Sel ou ester complexe renfermant l'anion $[Fe(CN_6)]^{3-}$.

FERRIMAGNÉTISME n.m. PHYS. Magnétisme particulier présenté par les ferrites.

FERRIQUE adj. CHIM. Se dit d'un composé dans lequel le fer est trivalent. – *Chlorure ferrique :* $FeCl_3$. – *Oxyde ferrique :* Fe_2O_3.

1. FERRITE n.m. Céramique magnétique composée d'oxydes binaires de la forme MFe_2O_4, dans laquelle M représente un ou plusieurs métaux (nickel, manganèse, zinc, magnésium, cuivre).

2. FERRITE n.f. MÉTALL. Variété allotropique de fer pur présente dans des alliages ferreux.

FERROALLIAGE n.m. Alliage contenant du fer.

FERROCÉRIUM [ferɔserjɔm] n.m. Alliage de fer et de cérium utilisé comme pierre à briquet.

FERROCHROME n.m. Alliage de fer et de chrome pour la fabrication des aciers inoxydables et spéciaux.

FERROCYANURE n.m. CHIM. Sel complexe renfermant l'anion $[Fe(CN)_6]^{4-}$.

FERROÉLECTRICITÉ n.f. Existence, dans certains cristaux, d'une polarisation électrique spontanée et permanente, réversible sous l'action d'un champ magnétique extérieur.

FERROÉLECTRIQUE adj. Doué de ferroélectricité.

FERROMAGNÉTIQUE adj. Doué de ferromagnétisme.

FERROMAGNÉTISME n.m. PHYS. Propriété de certaines substances (fer, cobalt, nickel) de prendre une forte aimantation.

FERROMANGANÈSE n.m. Alliage de fer à haute teneur en manganèse (jusqu'à 80 p. 100).

FERROMOLYBDÈNE n.m. Alliage de fer et de molybdène (40 à 80 p. 100).

FERRONICKEL n.m. Alliage de fer et de nickel (plus de 25 p. 100).

FERRONNERIE n.f. **1.** Travail artistique du fer. **2.** Ouvrages qui en résultent. **3.** Atelier, commerce du ferronnier.

exemple de **ferronnerie** (parc Güell à Barcelone, par Gaudí ; fin du XIXe s.)

FERRONNIER, ÈRE n. Spécialiste de la ferronnerie.

FERRONNIÈRE n.f. Bijou composé d'une chaînette et d'une pierre fine, porté sur le front.

FERROUTAGE n.m. Transport rail-route*.

FERROUTER v.t. Acheminer par ferroutage.

FERROVIAIRE adj. (it. *ferroviario*). Propre au chemin de fer ; qui concerne le transport par chemin de fer. *Réseau ferroviaire.*

FERRUGINEUX, EUSE adj. (lat. *ferrugo, -ginis,* rouille). Qui contient du fer ou l'un de ses composés.

FERRURE n.f. **1.** Garniture de fer d'une porte, d'une fenêtre, etc. **2.** Action ou manière de ferrer un cheval, un bœuf, etc. **3.** Ensemble des fers placés aux pieds d'un animal.

FERRY [fɛri] n.m. (abrév.) [pl. *ferrys* ou *ferries*]. Car-ferry ; ferry-boat ; train-ferry.

FERRY-BOAT [fɛribot] n.m. (mot angl., de *ferry,* passage, et *boat,* bateau) [pl. *ferry-boats*]. Navire aménagé pour le transport des trains ou des véhicules routiers et de leurs passagers. Recomm. off. : ***(navire) transbordeur.***

FERTÉ n.f. (lat. *firmitas,* fermeté). Vx. (Conservé dans plusieurs noms de villes autref. fortifiées). Place forte, forteresse. *La Ferté-Milon.*

FERTILE adj. (lat. *fertilis*). **1.** Se dit d'un sol, d'une région, etc., qui peut donner d'abondantes récoltes. *La Beauce est très fertile.* **2.** Fig. Inventif, fécond. *Esprit fertile.* **3.** Fig. *Fertile en :* qui abonde en. **4.** Se dit d'une femelle capable de procréer. **5.** PHYS. Se dit d'un élément chimique qui peut devenir fissile sous l'action de neutrons.

FERTILISABLE adj. Qui peut être fertilisé.

FERTILISANT, E adj. Qui fertilise.

FERTILISATION n.f. Action de fertiliser.

FERTILISER v.t. Rendre fertile. ◇ Spécialt. Améliorer, bonifier (une terre) par l'apport d'engrais.

FERTILITÉ n.f. Qualité de ce qui est fertile.

FÉRU, E adj. (p. passé de *férir*). Pris d'un intérêt passionné pour. *Féru d'histoire, de romans.*

FÉRULE n.f. (lat. *ferula*). **1.** Plante odorante des régions méditerranéennes. (Famille des ombellifères.) **2.** Palette de bois ou de cuir avec laquelle on frappait la main des écoliers en faute. – *Sous la férule de qqn,* sous son autorité.

FERVENT, E adj. (lat. *fervens,* qui bout). Rempli de ferveur, ardent. *Prière fervente. Disciple fervent.* ◆ adj. et n. Passionné pour. *Les fervents du football.*

FERVEUR n.f. (lat. *fervor*). Zèle, ardeur, enthousiasme.

FESSE n.f. (lat. *fissum,* fente). Chacune des deux parties charnues qui forment le derrière de l'homme et de certains animaux. ◇ Fam. *Serrer les fesses :* avoir peur. – Pop. *Histoire de fesses :* histoire de coucheries.

FESSÉE n.f. **1.** Série de coups sur les fesses. **2.** Fam. Défaite humiliante.

FESSE-MATHIEU n.m. (pl. *fesse-mathieux*). Vx. Usurier, avare.

FESSER v.t. Donner une fessée à.

1. FESSIER, ÈRE adj. Qui appartient aux fesses.

2. FESSIER n.m. Ensemble des deux fesses.

FESSU, E adj. Fam. Qui a de grosses fesses.

FESTIF, IVE adj. Didact. De la fête.

FESTIN n.m. (it. *festino*). Repas d'apparat, banquet somptueux.

FESTIVAL n.m. (pl. *festivals*). Série périodique de manifestations artistiques appartenant à un genre donné et se déroulant habituellement dans un endroit précis. *Festival international du cinéma.*

FESTIVALIER, ÈRE adj. De festival. ◆ n. Personne qui participe ou qui assiste à un festival.

FESTIVITÉ n.f. (Surtout au pl.). Fête, réjouissances.

FEST-NOZ n.m. (mot celte) [pl. inv. ou *festoù-noz*]. Région. (Bretagne). Fête nocturne traditionnelle, où l'on danse au son d'un bagad.

FESTOIEMENT n.m. Action de festoyer.

FESTON n.m. (it. *festone*). **1.** Tresse souple, guirlande de fleurs et de feuillage. **2.** ARCHIT. Ornement en forme de guirlande ou de petits lobes répétés. **3.** Point de broderie dont le dessin forme des dents arrondies.

FESTONNER v.t. **1.** Orner de festons. **2.** Dessiner, découper en festons.

FESTOYER v.i. [13]. **1.** Faire bombance, bonne chère. **2.** Prendre part à un festin.

FETA [feta] n.f. (mot gr.). Fromage grec au lait de brebis.

FÊTARD, E n. Fam. (Rare au fém.). Personne qui fait la fête ; viveur, noceur.

FÊTE n.f. (lat. *festa dies,* jour de fête). **1.** Solennité religieuse ou civile, en commémoration d'un fait important. (En France, les jours de *fêtes nationales* sont le 8 mai [capitulation de l'Allemagne nazie en 1945], le 14 juillet [prise de la Bastille] et le 11 novembre [armistice de 1918].) **2.** Réjouissances organisées par une collectivité ou un particulier. ◇ *Faire la fête :*

Principales fêtes religieuses

Christianisme

- Noël (naissance du Christ)
- Épiphanie (présentation du Christ aux Mages)
- Pâques (résurrection du Christ)
- Ascension (40 jours après Pâques)
- Pentecôte (50 jours après Pâques)
- Trinité (dimanche suivant la Pentecôte)
- Fête-Dieu ou du Corps du Christ
- Assomption ou Dormition de la Vierge
- Toussaint et commémoration des défunts

(Les Églises protestantes n'ont retenu que les fêtes les plus traditionnelles.)

Judaïsme

- Pourim (fête d'Esther)
- Pessah (Pâque)
- Shabouot (Pentecôte ou fête des Semaines)
- Rosh ha-Shana (Nouvel An)
- Yom Kippour (Grand Pardon)
- Soukkot (fête des Tabernacles)
- Hanoukka (Dédicace, ou fête des Lumières)

Islam

- Aïd-el-Fitr ou Aïd-el-Séghir – fin du jeûne (Petite Fête)
- Aïd-el-Kébir ou Aïd-el-Adha – sacrifice du mouton (Grande Fête)
- Achoura – jeûne expiatoire
- Mouloud – naissance du Prophète

se divertir en buvant, en mangeant, en dansant ; mener une vie de désordre. – *Air de fête :* air gai. – *Faire fête à qqn,* l'accueillir avec empressement. – *Être à la fête :* éprouver une grande satisfaction. – *Ne pas être à la fête :* être dans une situation désagréable. **3.** Jour de fête du saint dont on porte le nom. ◇ **Fam.** *Ça va être sa fête :* il va être malmené.

FÊTE-DIEU n.f. (pl. *Fêtes-Dieu*). Fête de l'Eucharistie instituée en 1264 par Urbain IV et célébrée le deuxième dimanche après la Pentecôte.

FÊTER v.t. **1.** Célébrer par une fête. **2.** Accueillir (qqn) avec joie.

FÉTIAL ou **FÉCIAL** n.m. (lat. *fetialis*) [pl. *fétiaux, féciaux*]. Prêtre ou magistrat romain qui était chargé d'accomplir les formalités juridiques et religieuses relatives à la guerre.

FÉTICHE n.m. (port. *feitiço,* sortilège). **1.** Objet ou animal auquel sont attribuées des propriétés magiques, bénéfiques. **2.** PSYCHAN. Objet inanimé ou partie du corps non sexuelle capables de devenir à eux seuls objets de la sexualité.

FÉTICHEUR n.m. Afrique. **1.** Responsable du culte animiste. **2.** Guérisseur ou devin faisant agir des fétiches.

FÉTICHISME n.m. **1.** Culte des fétiches. ◇ **Afrique.** Religion traditionnelle (animisme), par opp. au christianisme et à l'islam. **2.** Vénération outrée, superstitieuse pour qqch, qqn. **3.** PSYCHAN. Remplacement de l'objet sexuel par un fétiche.

FÉTICHISTE adj. et n. Qui appartient au fétichisme ; qui pratique le fétichisme.

FÉTIDE adj. (lat. *fœtidus*). Se dit d'une odeur forte et répugnante.

FÉTIDITÉ n.f. Caractère d'une odeur fétide.

FÉTU n.m. (lat. *festuca*). Brin (de paille).

FÉTUQUE n.f. (lat. *festuca*). Graminée fourragère vivace des prairies naturelles ou cultivées.

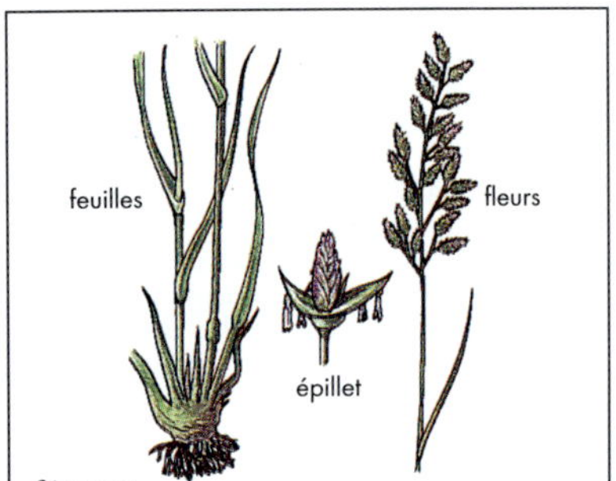

fétuque

1. FEU n.m. (lat. *focus*). **I. 1.** Dégagement simultané de chaleur, de lumière et de flamme produit par la combustion vive de certains corps (bois, charbon, etc.). *Faire un bon feu.* – *Feu Saint-Elme :* phénomène électrique lumineux qui se manifeste parfois à l'extrémité des vergues et des mâts d'un navire. – GÉOGR. *Cercle de feu :* ceinture de volcans, souvent encore actifs, entourant l'océan Pacifique. **2.** Matières en combustion ; incendie. ◇ *En feu :* en train de brûler ; très chaud. – *Feu de cheminée :* embrasement de la suie accumulée dans une cheminée. – *Épreuve du feu :* épreuve qui consistait à faire porter au prévenu une barre de fer rouge et à le condamner selon l'évolution de la plaie. ◇ **Fig.** *Faire feu de tout bois :* utiliser toutes les possibilités. – *Jouer avec le feu :* traiter légèrement de choses dangereuses. – *Ne pas faire long feu :* ne pas durer longtemps. **3.** Source de chaleur (charbon, gaz, électricité) utilisée pour le chauffage ou la cuisson des aliments. – *Coup de feu :* hausse brutale de la température de cuisson ; **fig.,** moment de presse. ◇ *(Faire) mourir à petit feu,* lentement. **4.** Lieu où l'on fait le feu ; foyer. *Veillée au coin du feu.* ◇ **Belgique.** *Feu ouvert :* cheminée où l'on brûle des bûches. **5.** HIST. Ensemble de personnes regroupées autour du même foyer, qui constituait avant 1789 l'unité de base pour la répartition de l'impôt. **6.** Ce qui est nécessaire pour allumer du feu, une cigarette. *Auriez-vous du feu ?* **II. 1.** Lumière, éclairage. *Les feux de la rampe.* **2.** Signal lumineux conventionnel. **a.** Phare, fanal. **b.** Dispositif lumineux que tout aéronef, tout navire doit arborer de nuit. *Feux de position.* **c.** Dispositif lumineux destiné à l'éclairage et à la signalisation nocturne d'un véhicule automobile. – *Feux de route,* d'une portée minimale de 100 m, utilisés hors des agglomérations. – *Feux de croisement* ou *codes :* dispositif d'éclairage que tout conducteur de véhicule routier doit allumer en substitution aux feux de route lorsqu'il croise un autre véhicule. – *Feux de détresse,* qui permettent de prévenir, grâce au clignotement simultané des 4 feux indicateurs de direction. SYN. : *warning.* – *Feux de position,* ou *veilleuses,* ou *lanternes,* qui définissent le gabarit du véhicule. – *Feux « stop »,* rouges, synchronisés au freinage du véhicule. – *Feux de stationnement,* destinés à baliser un véhicule en site obscur. – *Feux de gabarit,* marquant l'encombrement d'un véhicule lourd. **d.** *Feu tricolore* ou *de signalisation :* signal lumineux commandant le passage libre *(feu vert),* toléré *(feu orange)* ou interdit *(feu rouge)* du trafic automobile. ◇ *Donner, obtenir le feu vert :* donner, obtenir l'autorisation de. **3.** Éclat. *Les feux d'un diamant.* ◇ *N'y voir que du feu :* n'y rien comprendre. **III. 1.** Déflagration d'une substance explosive. – *Feu de Bengale :* artifice brûlant avec une flamme vive, blanche ou colorée. **2.** Tir. ◇ *Coup de feu :* décharge d'une arme à feu. – *École à feu :* exercice à tir réel d'artillerie. – *Être entre deux feux,* attaqué de deux côtés. – *Faire feu :* tirer. – *Faire long feu :* en parlant d'un projectile, partir avec retard ; **fig.,** ne pas réussir. *Projet qui fait long feu.* – *Ouvrir le feu :* commencer à tirer. **3.** Combat. *Aller au feu.* **4.** Arg. Pistolet. **IV. 1.** Sensation de chaleur, de brûlure. *Avoir la bouche en feu.* **2.** Ardeur, fougue. *Le feu de la colère.* ◇ *Feu sacré :* zèle ardent. – *Être tout feu, tout flamme :* être plein de zèle, d'ardeur. – *Prendre feu :* s'enthousiasmer, s'irriter. – *Feu de paille :* passion, ardeur passagère. **3.** Litt. Imagination vive.

2. FEU, E adj. (lat. *fatum,* destin) [pl. *feus, feues*]. Litt. Défunt depuis peu. *Ma feue tante ; feu ma tante.* (Inv. quand il précède l'art. ou le poss.)

FEUDATAIRE n. (lat. médiév. *feudum,* fief). **1.** Possesseur d'un fief. **2.** Vassal.

FEUDISTE n. Spécialiste du droit féodal.

FEUIL n.m. (lat. *folia,* feuille). TECHN. Pellicule, couche très mince recouvrant qqch. SYN. : *film.*

FEUILLAGE n.m. **1.** Ensemble des feuilles d'un arbre, persistant chez certaines formes (pin, sapin, laurier), annuellement caduc chez d'autres (chêne, hêtre, etc.). **2.** Branches coupées, chargées de feuilles.

FEUILLAISON n.f. Renouvellement annuel des feuilles ; foliation.

FEUILLANT, INE n. Religieux, religieuse appartenant à une branche de l'ordre cistercien, réformée en 1577 et disparue en 1789. ◆ n.m. pl. HIST. *Les Feuillants :* v. partie n. pr.

FEUILLANTINE n.f. (de *feuilleter*). Pâtisserie feuilletée.

FEUILLARD n.m. **1.** Branche de saule ou de châtaignier qui, fendue en deux, sert à faire des cercles de tonneaux. **2.** Bande métallique, plastique, textile destinée à cercler un emballage.

FEUILLE n.f. (lat. *folium*). **I. 1.** Expansion latérale de la tige d'une plante, caractérisée par sa forme aplatie, sa symétrie bilatérale et ses dimensions définies. – *Feuille morte,* qui, faute de sève, se détache à l'automne. **2.** Organe végétal rappelant la forme d'une feuille : bractée *(feuille d'artichaut),* foliole *(trèfle à quatre feuilles).* ◇ *Feuille de chêne :* laitue aux feuilles profondément découpées et dont le cœur ne pomme pas. **3.** Pétale. *Des feuilles de rose.* **II. 1.** Mince plaque de bois, de métal, de minéral, de carton, etc. *Feuille d'or, d'ardoise.* **2.** Morceau de papier d'une certaine grandeur susceptible de recevoir un texte écrit ou imprimé. ◇ IMPR. *Bonnes feuilles :* premières feuilles du tirage définitif d'un livre, avant brochage ; extraits d'une œuvre à paraître publiés dans la presse avant la mise en vente. **3.** Imprimé, document comportant des indications d'ordre administratif. ◇ *Feuille d'impôts,* indiquant le montant et la date des versements à effectuer. – *Feuille de maladie,* mentionnant les actes dispensés aux assurés sociaux. – *Feuille de déplacement,* couvrant les frais de déplacement d'un militaire en service. – DR. *Feuille de paie, de salaire :* bulletin de paie, de salaire. **4.** Vx. Journal, publication périodique. ◇ **Fam.** *Feuille de chou :* journal médiocre.

■ La face supérieure des feuilles, riche en chlorophylle, assure la photosynthèse grâce à l'énergie solaire. Il en résulte des *échanges gazeux* (eau, oxygène, dioxyde de carbone), à travers les stomates de la face inférieure, et des *échanges vasculaires* (les nervures apportent à la feuille de la sève brute et en reçoivent de la sève élaborée, riche en matières organiques, qui est distribuée à la plante entière).

FEUILLÉE n.f. Litt. Abri formé de branches garnies de feuilles. ◆ pl. Fosse servant de latrines aux troupes en campagne.

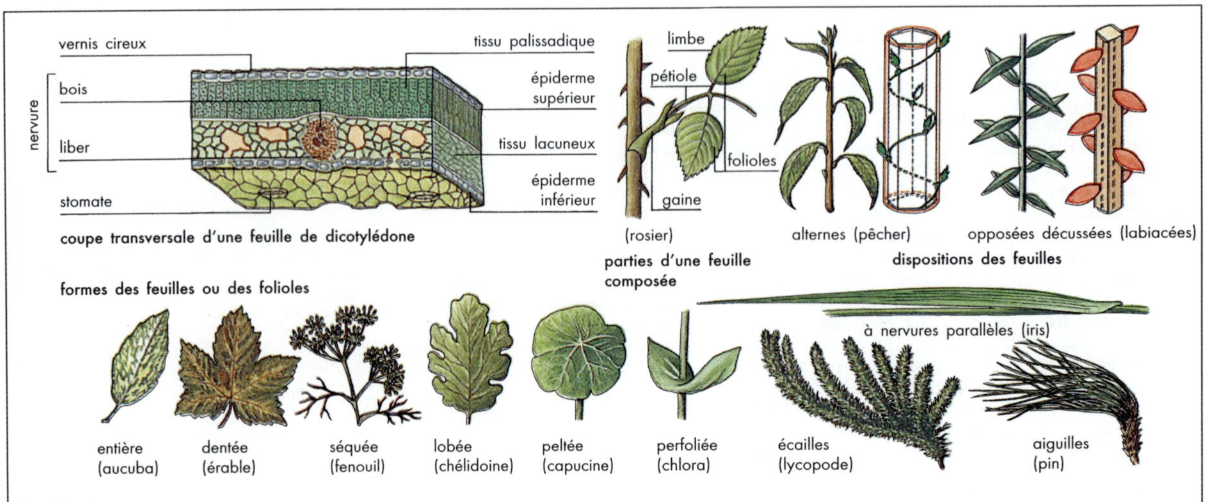

feuilles

FEUILLE-MORTE adj. inv. De la couleur jaune-brun des feuilles sèches.

FEUILLER v.i. Litt. Se garnir de feuilles, en parlant d'un arbre.

FEUILLERET n.m. Rabot servant à faire les feuillures.

FEUILLET n.m. **1.** Ensemble de deux pages recto et verso d'un livre ou d'un cahier. **2.** Débit de faible épaisseur (15 à 18 mm) utilisé pour les panneaux en menuiserie et en ébénisterie. **3.** Troisième poche de l'estomac des ruminants, aux parois feuilletées. **4.** BIOL. Chacun des constituants fondamentaux, disposés en lames (ectoblaste, endoblaste et mésoblaste), de l'ébauche embryonnaire, ayant chacun une destination précise et engendrant une série d'organes.

FEUILLETAGE n.m. **1.** Action de feuilleter de la pâte. **2.** Pâte à base de farine et de beurre, repliée plusieurs fois sur elle-même de manière à se séparer en feuilles à la cuisson. SYN. : *pâte feuilletée.*

1. FEUILLETÉ, E adj. **1.** Constitué de lames minces superposées. *Roche feuilletée.* **2.** *Pâte feuilletée :* feuilletage.

2. FEUILLETÉ n.m. CUIS. Feuilletage garni d'un apprêt salé (vol-au-vent, friand) ou sucré (mille-feuille).

FEUILLETER v.t. [27]. **1.** Tourner les pages d'un livre, d'une revue, etc., en les parcourant rapidement et au hasard. **2.** CUIS. Travailler une pâte selon la technique du feuilletage.

FEUILLETIS n.m. Contour d'une pierre fine, d'un brillant, où les facettes se terminent.

FEUILLETON n.m. **1.** Critique littéraire qu'un auteur publie régulièrement dans un journal. **2.** Œuvre romanesque publiée par épisodes successifs dans un journal. SYN. : *roman-feuilleton.* **3.** Émission dramatique radiodiffusée ou télévisée dont l'histoire est fractionnée en épisodes courts et de même durée. **4.** Fig. Histoire pleine de rebondissements souvent invraisemblables.

FEUILLETONESQUE adj. Qui a les caractères du roman-feuilleton.

FEUILLETONISTE n. Auteur de feuilletons dans un journal.

FEUILLETTE n.f. Tonneau dont la contenance varie, suivant les régions, de 114 à 136 litres.

FEUILLU, E adj. Qui a beaucoup de feuilles. ◆ n.m. BOT. Arbre qui possède des feuilles à limbe déployé (par opp. à *résineux*).

FEUILLURE n.f. MENUIS. Angle rentrant, le plus souvent d'équerre, ménagé le long d'un élément de construction pour recevoir une partie de menuiserie fixe ou mobile.

FEULEMENT n.m. **1.** Action de feuler. **2.** Cri du tigre, du chat qui feule.

FEULER v.i. **1.** Pousser son cri, en parlant du tigre. SYN. : *rauquer.* **2.** Gronder, en parlant du chat.

FEUTRAGE n.m. Fait de feutrer, de se feutrer.

FEUTRE n.m. (du francique). **1.** Étoffe obtenue par agrégation intime, sans filature ni tissage, de poils ou de filaments de laine isolés. **2.** Chapeau de feutre. **3.** Instrument à écrire, à marquer, dont le corps renferme un réservoir poreux imprégné d'encre et relié à une pointe en matériau synthétique.

FEUTRÉ, E adj. **1.** Qui a la contexture, l'aspect du feutre. *Étoffe feutrée.* **2.** Garni de feutre. **3.** Où les bruits sont étouffés ; silencieux. *Salon à l'atmosphère feutrée.* ◇ *Marcher à pas feutrés,* sans faire de bruit.

FEUTRER v.t. **1.** Transformer en feutre (des poils, de la laine). **2.** Faire perdre de sa souplesse à un lainage. **3.** Garnir de feutre. ◆ v.i. ou **se feutrer** v.pr. Prendre la contexture, l'aspect du feutre.

FEUTRINE n.f. Feutre léger, très serré.

FÈVE n.f. (lat. *faba*). **1.** Légumineuse annuelle cultivée pour sa graine destinée à l'alimentation humaine ou animale. (Famille des papilionacées.) **2.** Graine de cette plante. **3.** Figurine placée à l'intérieur de la galette des Rois.

FÉVEROLE ou **FAVEROLE** n.f. AGRIC. Fève d'une variété à petit grain, utilisée dans l'alimentation du bétail.

FÉVIER n.m. Arbre ornemental à belles fleurs, à longues gousses plates. (Famille des césalpiniacées.) SYN. : *gleditschia.*

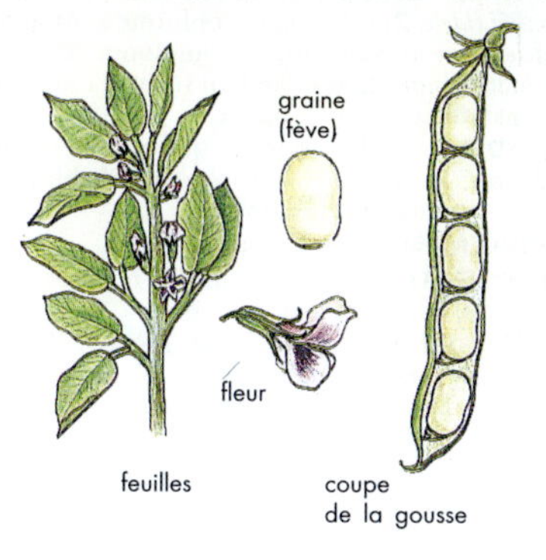

fève

FÉVRIER n.m. (lat. *februarius*). Deuxième mois de l'année, qui a 28 jours (29 dans les années bissextiles).

FEZ [fɛz] n.m. (de *Fez,* n. de ville). Calotte tronconique en laine, très portée naguère en Afrique du Nord et au Proche-Orient.

fg, symbole de la frigorie.

FI interj. (onomat.). Litt. (Marquant le dégoût, le dédain, le mépris). *Fi ! La vilaine action !* – *Faire fi de :* mépriser, dédaigner.

FIABILISER v.t. Rendre plus fiable. *Fiabiliser un dispositif.*

FIABILITÉ n.f. Probabilité de fonctionnement sans défaillance d'un dispositif dans des conditions spécifiées et pendant une période de temps déterminée.

FIABLE adj. (de *[se] fier*). **1.** Doué de fiabilité. *Machine fiable.* **2.** À qui on peut se fier. *Personne fiable.*

FIACRE n.m. (de *[saint] Fiacre,* dont l'effigie ornait l'enseigne d'un bureau de voitures de louage à Paris). Voiture hippomobile à quatre roues et à quatre places.

FIANÇAILLES n.f. pl. **1.** Promesse mutuelle de mariage ; cérémonie qui l'accompagne. **2.** Temps qui s'écoule entre cette promesse et le mariage.

FIANCÉ, E n. Personne qui s'est fiancée.

FIANCER v.t. (anc. fr. *fiance,* engagement) [16]. **1.** Promettre solennellement en mariage. **2.** Célébrer les fiançailles de. *Ils fiancent leur fils.* ◆ **se fiancer** v.pr. S'engager à épouser qqn.

FIASCO n.m. (mot it.). **1.** Fam. Échec complet. **2.** Spécialt. Impuissance sexuelle accidentelle.

FIASQUE n.f. (it. *fiasco*). Bouteille à col long et à large panse clissée, employée en Italie.

FIAT [fjat] n.m. inv. (mot lat., *que cela soit fait*). PSYCHOL. Vx. Décision volontaire mettant fin à une délibération.

FIBRANNE n.f. (nom déposé). Fibre textile cellulosique artificielle.

FIBRE n.f. (lat. *fibra*). **1.** Filament ou cellule filamenteuse, constituant certains tissus animaux ou végétaux, certaines substances minérales. *Fibre musculaire. Fibre de bois.* **2.** Tout élément filamenteux allongé, d'origine naturelle ou non, constitutif d'un fil, d'une feuille de papier, etc. *Fibre textile.* ◇ *Fibre optique :* filament ou fibre en matière diélectrique destinés à guider des ondes électromagnétiques dans les domaines du visible ou de l'infrarouge. – *Fibre de verre :* filament continu ou discontinu obtenu par étirage du verre fondu, utilisé pour la fabrication des fils de verre, de la laine et des tissus de verre et des plastiques renforcés. **3.** Fig. (Génér. suivi d'un adj.). Sensibilité à (un sentiment). *Avoir la fibre paternelle.*

faisceau de **fibres** optiques
dans leurs gaines isolantes

FIBREUX, EUSE adj. Qui contient des fibres, qui est formé de fibres.

FIBRILLAIRE adj. HISTOL. Relatif à une, des fibrilles.

FIBRILLATION n.f. MÉD. Série de contractions violentes et désordonnées des fibres du muscle cardiaque.

■ La *fibrillation auriculaire,* n'affectant que les oreillettes, se traduit par une arythmie complète. La *fibrillation ventriculaire,* généralisée à toutes les fibres cardiaques, entraîne la mort par arrêt cardiaque en l'absence de traitement d'extrême urgence.

FIBRILLE n.f. **1.** Petite fibre. **2.** HISTOL. Élément allongé, lisse ou strié, des fibres musculaires, siège de la contractilité.

FIBRILLÉ n.m. Produit textile qui résulte du clivage longitudinal d'un film de polymère et qui comporte des fissures se décomposant en fibrilles.

FIBRINE n.f. BIOL. Substance protéique filamenteuse provenant du fibrinogène, qui emprisonne les globules du sang et de la lymphe au cours de la coagulation et contribue à la formation du caillot.

FIBRINEUX, EUSE adj. Composé de fibrine.

FIBRINOGÈNE n.m. BIOL. Protéine du plasma sanguin, qui se transforme en fibrine lors de la coagulation.

FIBRINOLYSE n.f. MÉD. Phénomène de dégradation du caillot de fibrine.

FIBRINOLYTIQUE adj. et n.m. MÉD. Se dit d'une substance capable de lyser les caillots sanguins.

FIBROBLASTE n.m. BIOL. Cellule jeune du tissu conjonctif, responsable de la formation des fibres et de la substance fondamentale de ce tissu.

FIBROCIMENT n.m. (nom déposé). CONSTR. Matériau constitué d'amiante et de ciment.

FIBROÏNE n.f. L'un des constituants protéiques de la soie, conférant à celle-ci sa solidité et son élasticité, et seul conservé dans la soie traitée industriellement.

FIBROMATEUX, EUSE adj. Qui est de la nature d'un fibrome.

FIBROMATOSE n.f. MÉD. Affection caractérisée par l'existence de plusieurs fibromes.

FIBROME n.m. MÉD. Tumeur conjonctive bénigne formée de fibroblastes.

FIBROMYOME n.m. MÉD. Tumeur bénigne formée de tissu fibreux et de tissu musculaire lisse. *Fibromyome utérin* (communément appelé *fibrome de l'utérus*).

FIBROSCOPE n.m. MÉD. Endoscope flexible dans lequel la lumière est canalisée par un réseau de fibres de quartz.

FIBROSCOPIE n.f. MÉD. Endoscopie réalisée au moyen d'un fibroscope.

FIBROSE n.f. MÉD. Transformation fibreuse d'un tissu.

FIBULE n.f. (lat. *fibula*). ANTIQ. Épingle de sûreté en métal servant à fixer les vêtements.

fibule gauloise en bronze (v. 400 av. J.-C.)
[musée des Antiquités nationales, Saint-Germain-en-Laye]

FIC n.m. (lat. *ficus,* figue). Grosse verrue qui se développe en diverses régions du corps chez les bovins et les équidés.

FICAIRE n.f. Petite plante qui épanouit ses fleurs jaunes au début du printemps. (Famille des renonculacées.)

FICELAGE n.m. Action de ficeler.

FICELÉ, E adj. **1.** Fam. et péj. Habillé, arrangé. *Il est drôlement ficelé.* **2.** Fam. *Bien ficelé :* bien fait, bien élaboré. *Intrigue bien ficelée.*

FICELER v.t. [24]. **1.** Lier, attacher avec de la ficelle. **2.** Fig., fam. Élaborer, construire avec astuce. *Ficeler un scénario.*

FICELLE n.f. (lat. pop. *funicella,* de *funis,* corde). **1.** Corde très mince constituée de fils retordus ou câblés, pour lier, retenir, etc. ◇ Fig. (Souvent pl.). Procédé, truc utilisé (dans un métier, un art). *Elle connaît toutes les ficelles du métier.* – *Tenir, tirer la, les ficelles :* faire agir les autres sans être vu (comme le montreur de marionnettes). **2.** Pain fantaisie mince et allongé correspondant à la demi-baguette.

FICELLERIE n.f. Fabrique de ficelle.

FICHAGE n.m. Action de ficher, d'inscrire sur une, des fiches. *Le fichage des suspects.*

FICHANT, E adj. *Tir fichant :* tir qui frappe presque verticalement un objectif.

FICHE n.f. (de 1. *ficher*). **I. 1.** Feuille cartonnée, plus ou moins grande, pour noter, enregistrer qqch, souvent destinée à être classée dans un fichier. ◇ *Fiche d'état civil :* document établi dans une mairie d'après un acte de l'état civil ou le livret de famille. **2.** JEUX. Petite plaque servant de marque ou de monnaie. **II. 1.** ÉLECTR. Pièce amovible destinée à être engagée dans une alvéole pour établir un contact. *Fiche simple, multiple.* **2.** CONSTR. Ferrure de rotation. *Fiches de porte, de fenêtre. Fiche à gonds.*

1. FICHER v.t. (lat. *figere,* attacher). **1.** Inscrire (qqn, qqch) sur une fiche. ◇ Spécialt. Inscrire (qqn) dans un fichier afin de le surveiller. **2.** Faire entrer, enfoncer (qqch) par la pointe. *Ficher un pieu en terre.*

2. FICHER ou **FICHE** v.t. (p. passé *fichu*). Fam. **1.** Faire. *Qu'est-ce que tu fiches ici ?* **2.** Mettre, jeter (dehors, hors de). *Ficher qqn à la porte.* **3.** Donner, envoyer. *Ficher une gifle.* ◆ **se ficher** ou **se fiche** v.pr. *(de).* Fam. Se moquer.

FICHET n.m. Anc. Petit bâton servant de marque, petite fiche.

FICHIER n.m. **1.** Collection de fiches ; boîte, meuble à fiches. **2.** INFORM. Collection organisée d'informations de même nature, regroupées en une unité indépendante de traitement ; support matériel de ces informations.

FICHISTE n. Personne chargée de la tenue d'un fichier.

FICHOIR n.m. Anc. Morceau de bois fendu pour fixer (qqch) sur une corde tendue.

FICHTRE interj. (de *ficher*). Fam. (Marquant l'étonnement, l'admiration). *Fichtre ! Vous voilà déjà !*

FICHTREMENT adv. Fam. Extrêmement.

1. FICHU n.m. (de *ficher*). Triangle d'étoffe, dont les femmes se couvrent les épaules ou la tête.

2. FICHU, E adj. (de 2. *ficher*). Fam. **1.** (Avant le nom). Pénible, désagréable. *Un fichu caractère.* **2.** (Après le nom). Irrémédiablement perdu ou compromis. *Une voiture fichue.* **3.** *Bien, mal fichu :* bien, mal fait. **4.** *Mal fichu :* un peu souffrant. **5.** *Fichu de :* capable de. *Il n'est pas fichu de gagner sa vie.*

FICTIF, IVE adj. (lat. *fictus,* inventé). **1.** Imaginaire ; qui n'a rien de réel. *Personnage fictif.* **2.** Qui n'existe que par convention. *Les billets de banque n'ont qu'une valeur fictive.*

FICTION n.f. Création, invention de choses imaginaires, irréelles ; œuvre ainsi créée.

FICTIONNEL, ELLE adj. Relatif à la fiction ; fondé sur la fiction.

FICTIVEMENT adv. De façon fictive.

FICUS [fikys] n.m. Plante d'appartement d'origine tropicale, tel le caoutchouc (*Ficus elastica* et *Ficus benjamina*). [Le genre *Ficus* comprend un millier d'espèces, dont le figuier commun, *Ficus carica.* Famille des moracées.]

FIDÉICOMMIS [fideikɔmi] n.m. (lat. *fidei,* à la foi, et *commissum,* confié). DR. Libéralité testamentaire ou contractuelle faite au nom d'une personne chargée de la restituer à sa mort à une autre.

FIDÉISME n.m. (lat. *fides,* foi). Doctrine théologique qui donne la prééminence à la foi sur la raison.

FIDÉISTE adj. et n. Qui professe le fidéisme. ◆ adj. Relatif au fidéisme.

1. FIDÈLE adj. (lat. *fidelis*). **I. 1. a.** Constant dans son attachement, ses relations. *Fidèle camarade. Chien fidèle.* **b.** Spécialt. Constant, attaché à une relation conjugale, dans sa vie de couple (par opp. à *infidèle*). **2.** À qui on peut se fier ; loyal, scrupuleux. *Un témoin fidèle. Traducteur fidèle.* **3.** *Fidèle à :* qui ne varie pas, qui ne s'écarte pas de. *Fidèle à ses promesses.* **II. 1.** Qui dénote un attachement durable. *Amitié fidèle.* **2.** Exact, sûr ; conforme à. *Mémoire fidèle. Faire un récit fidèle.* **3.** Qui donne toujours la même indication quand on répète la mesure, en parlant d'un instrument.

2. FIDÈLE n. **1.** Personne qui pratique une religion. **2.** Personne qui fréquente habituellement un groupe quelconque.

FIDÈLEMENT adv. De façon fidèle.

FIDÉLISATION n.f. Action de fidéliser une clientèle, un public.

FIDÉLISER v.t. Rendre fidèle, s'attacher durablement (une clientèle, un public) par des moyens appropriés (informations, prix préférentiels, etc.).

FIDÉLITÉ n.f. Qualité d'une personne ou d'une chose fidèle.

FIDJIEN, ENNE adj. et n. Des îles Fidji. ◆ n.m. Langue mélanésienne parlée aux îles Fidji.

FIDUCIAIRE adj. (lat. *fiduciarius,* de *fiducia,* confiance). **1.** ÉCON. Se dit de valeurs fictives, fondées sur la confiance accordée à qui les émet. *Le billet de banque est une monnaie fiduciaire.* ◇ *Société fiduciaire :* société qui effectue des travaux comptables, juridiques, fiscaux, d'organisation, d'expertise, etc., pour le compte des entreprises privées. **2.** DR. Relatif à la fiducie.

FIDUCIAIREMENT adv. DR. À titre fiduciaire.

FIDUCIE n.f. DR. Acquisition d'un bien par un créancier, qui le restitue au débiteur à l'extinction de la dette.

FIEF [fjɛf] n.m. (francique *fehu,* bétail). **1.** FÉOD. Terre, droit ou revenu qu'un vassal tenait de son seigneur et en échange duquel il devait accomplir le service dû à celui-ci. **2.** Zone d'influence prépondérante, secteur réservé. *Fief électoral.*

FIEFFÉ, E adj. Fam. Qui a atteint le dernier degré d'un défaut, d'un vice. *Fieffé menteur.*

FIEL n.m. (lat. *fel*). **1.** Bile des animaux. ◇ *Poche du fiel :* vésicule biliaire. **2.** Litt. Amertume, méchanceté.

FIELLEUX, EUSE adj. Litt. Plein d'acrimonie, d'animosité.

FIENTE n.f. (lat. pop. *femita*). Excrément de certains animaux, particulièrement des oiseaux. *Fiente de poule, de pigeon.*

FIENTER v.i. Rejeter ses excréments, en parlant d'un animal.

1. FIER, FIÈRE [fjɛr] adj. (lat. *ferus,* sauvage). **I. 1.** Qui a de la dignité, des sentiments nobles, élevés. ◇ *Fier de :* qui tire un légitime orgueil, une vive satisfaction de. *Être fier de ses enfants, de sa réussite.* **2.** Hautain, méprisant, par son attitude, ses paroles, etc. **3.** Fam. Remarquable en son genre ; fameux. *Un fier imbécile.* **II.** Qui dénote de la fierté ; altier. *Un regard fier.*

2. FIER (SE) v.pr. *[à]* (lat. pop. *fidare,* confier). Mettre sa confiance en. *Ne vous fiez pas à lui.*

FIER-À-BRAS n.m. (pl. *fiers-à-bras* ou *fier-à-bras*). Fanfaron, matamore.

FIÈREMENT adv. De façon fière. *Répondre fièrement.*

FIÉROT, E adj. et n. Fam. Qui est content de soi et le montre de façon un peu ridicule.

FIERTÉ n.f. **1.** Qualité, caractère d'une personne fière. **2.** Sentiment d'orgueil, de satisfaction légitime de soi.

FIESTA [fjɛsta] n.f. (mot esp.). Fam. Fête.

FIEU n.m. (pl. *fieux*). Dial. Fils.

FIÈVRE n.f. (lat. *febris*). **1.** Élévation anormale de la température constante du corps, souvent accompagnée de divers troubles (accélération des rythmes cardiaque et respiratoire, malaise général, etc.). – Fam. *Fièvre de cheval :* fièvre très élevée. ◇ *Fièvre de Malte* ou *fièvre ondulante :* brucellose. – *Fièvre tierce, fièvre quarte :* fièvres paludéennes intermittentes dont les accès reviennent tous les deux jours pour la première, tous les trois jours pour la seconde. **2.** Fig. État de tension, d'agitation, d'un individu ou d'un groupe. *Fièvre politique.* ◇ *Fièvre de :* désir ardent, manie de. *Fièvre de collectionner.*

FIÉVREUSEMENT adv. De façon fiévreuse, agitée.

FIÉVREUX, EUSE adj. **1.** Qui a ou qui dénote la fièvre. *Yeux fiévreux.* **2.** Inquiet, agité. *Attente fiévreuse.*

FIFILLE [fifij] n.f. Fam. Fille, fillette.

FIFRE n.m. (suisse all. *Pfifer,* qui joue du fifre). **1.** Petite flûte traversière en bois, au son aigu, utilisée autrefois notamment dans les fanfares militaires. **2.** Celui qui en joue.

FIFRELIN n.m. (all. *Pfifferling*). Fam. et vieilli. **1.** Chose sans valeur. **2.** Petite monnaie.

1. FIFTY-FIFTY adv. (mots angl., *cinquante-cinquante*). Fam. Moitié-moitié. *Partager les bénéfices fifty-fifty.*

2. FIFTY-FIFTY n.m. (pl. *fifty-fifties*). Yacht de croisière sur lequel les moteurs et la voilure ont une importance égale.

FIGARO n.m. (de *Figaro,* personnage de Beaumarchais). Fam. et vx. Coiffeur.

FIGÉ, E adj. **1.** Solidifié par refroidissement. *Huile figée.* **2.** Fixé, stéréotypé. *Expression figée.*

FIGEMENT n.m. Rare. Fait de se figer ; état de ce qui est figé.

FIGER v.t. (lat. pop. *feticare,* de *feticum,* foie) [17]. **1.** Épaissir, solidifier (un corps gras) par le froid. **2.** Immobiliser, pétrifier. *Son arrivée a figé tout le monde.*

FIGNOLAGE n.m. Action de fignoler.

FIGNOLER v.t. et i. (de *fin* adj.). Fam. Achever, parfaire avec soin, minutie.

FIGNOLEUR, EUSE adj. et n. Qui fignole.

FIGUE n.f. (anc. prov. *figa,* du lat. *ficus*). **1.** Fruit comestible du figuier, formé par toute l'inflorescence, qui devient charnue après la fécondation. – Fig. *Mi-figue, mi-raisin :* ni bon, ni mauvais ; mitigé, ambigu. ◇ *Figue de Barbarie :* fruit charnu et sucré de l'opuntia. – *Figue caque :* kaki. **2.** ZOOL. *Figue de mer :* ascidie d'une espèce méditerranéenne, que l'on consomme crue ; microcosme.

FIGUERIE n.f. Lieu planté de figuiers.

FIGUIER n.m. **1.** Arbre originaire du Proche-Orient, dont le fruit est la figue (*Ficus carica,* famille des moracées). [Une autre espèce, le *figuier banian,* possède de nombreuses racines aériennes, semblables à des troncs.] **2.** *Figuier de Barbarie :* opuntia.

figuier commun

FIGULINE n.f. TECHN. ou vx. Objet en terre cuite. *Les figulines de Bernard Palissy.*

FIGURANT, E n. **1.** Acteur, actrice qui a un rôle peu important, généralement muet, dans un film, une pièce de théâtre, un ballet. **2.** Personne qui assiste à une négociation, une réunion, etc., sans y participer activement.

1. FIGURATIF, IVE adj. Qui figure, représente la forme réelle des choses. *Plan figuratif.* ◇ *Art figuratif,* celui qui s'attache à représenter les formes du monde visible, ou prend ces formes, nettement identifiables, comme matériau (par opp. à l'art *abstrait* ou *non-figuratif*).

2. FIGURATIF n.m. Peintre ou sculpteur qui pratique l'art figuratif.

FIGURATION n.f. **1.** Action de figurer (qqn, qqch) ; résultat de cette action. **2. a.** Métier ou rôle de figurant. *Faire de la figuration.* **b.** Ensemble des figurants d'un film, d'une pièce de théâtre. **3.** ART CONTEMP. *Nouvelle figuration :*

Béatrice et Juliette (1972), diptyque de Jacques Monory. (Coll. priv.) La **nouvelle figuration** (Gilles Aillaud, Eduardo Arroyo, Valerio Adami, Erro, les Malassis, etc.) a beaucoup pratiqué le détournement d'images photographiques : ici, au profit d'une dramaturgie poétique.

En route (1982), par Jean-Charles Blais (coll. priv.). Apparenté à la **figuration libre** (Robert Combas, Hervé Di Rosa, interprètes de la culture des B.D.), Blais soumet son personnage, trivial et fabuleux, aux contours du support adopté (fragment d'affiches arrachées) ; la tête est présente, minuscule, dans l'échancrure de la veste.

courant figuratif, aux techniques nouvelles et à l'esprit souvent contestataire, apparu en Europe dans les années 1960. ◇ *Figuration libre :* courant figuratif français de la fin des années 70. **4.** PSYCHAN. Traduction des pensées en images, qui constitue l'un des aspects du travail du rêve.

FIGURE n.f. (lat. *figura*). **I.1.** Visage de qqn ; air, mine. *Figure joyeuse.* ◇ **Fig.** *Faire bonne, triste figure :* se montrer, ne pas se montrer à la hauteur de l'attente de qqn, d'une épreuve, etc. – *Faire figure de :* apparaître comme. **2.** Personnalité marquante. *Les grandes figures de notre enfance.* **II.1.** MATH. Ensemble de points ; dessin servant à la représentation d'êtres mathématiques. **2.** BX-A. Représentation plastique d'un être humain, d'un animal. ◇ **Fig.** *Prendre figure :* apparaître, s'ébaucher. **3.** JEUX. Carte sur laquelle est représenté un personnage (roi, dame, valet ; cavalier, au tarot). **4.** CHORÉGR. Enchaînement de pas, par plusieurs personnes et en même temps. **5.** SPORTS. Exercice au programme de certaines compétitions (patinage, ski, etc.). *Figures libres, imposées.* **III.1.** Représentation symbolique. *L'agneau pascal, figure de l'eucharistie.* **2.** LING. *Figure (de rhétorique) :* forme particulière donnée à l'expression et visant à produire un certain effet. **3.** PSYCHOL. Façon dont un élément individuel et structuré se détache de ce qui l'entoure (par opp. au *fond*).

FIGURÉ, E adj. **1.** BX-A. Qui comporte la représentation de figures. *Chapiteau figuré.* **2.** LING. *Sens figuré :* sens d'un mot qui est perçu comme le résultat d'une figure de style (métaphore ou métonymie), par opp. à *sens propre.*

FIGURÉMENT adv. De façon figurée ; au sens figuré.

FIGURER v.t. **1.** Représenter par la peinture, la sculpture, etc. **2.** Représenter, symboliser par un signe conventionnel. ◆ v.i. **1.** Être présent, se trouver dans un ensemble, un groupe, etc. *Figurer sur une liste.* **2.** Être figurant, au théâtre, au cinéma. ◆ **se figurer** v.pr. Croire, s'imaginer. *Te figures-tu que le train va t'attendre ?*

FIGURINE n.f. (it. *figurina*). Très petite statuette.

FIGURISME n.m. THÉOL. Doctrine selon laquelle l'Ancien Testament figure, symbolise le Nouveau Testament et l'histoire de l'Église.

FIGURISTE n.m. Mouleur de figures en plâtre ou en stuc.

FIL n.m. (lat. *filum*). **I. 1.** Brin long et fin d'une matière textile, naturelle ou pas. *Fil de soie, de laine. Une bobine de fil rouge.* ◇ **Fig.** *Cousu de fil blanc,* dont on comprend immédiatement le sens ou le but, supposés pourtant discrets ou secrets. – *Ne tenir qu'à un fil :* être fragile, sur le point de se rompre. – *Donner du fil à retordre :* causer beaucoup de problèmes, d'ennuis. **2.** Matière filamenteuse sécrétée par les araignées et certaines chenilles. ◇ *Fil de la Vierge :* filandre. **II. 1.** Cylindre de faible section obtenu par l'étirage d'une matière métallique. *Fil de fer, de cuivre.* ◇ *Fil à plomb :* fil muni à une extrémité d'un morceau de métal lourd, pour matérialiser la verticale. *Ne pas avoir inventé le fil à couper le beurre :* ne pas être très malin. **2.** Conducteur électrique constitué d'un ou plusieurs brins métalliques. ◇ *Coup de fil :* coup de téléphone. – *Être au bout du fil,* en communication téléphonique avec. **III. 1.** Direction des fibres du bois. ◇ *Bois de fil :* bois utilisé par les graveurs sous forme de planche découpée dans le sens des fibres (par opp. au *bois de bout*). **2.** Direction dans laquelle s'écoule une eau courante. – *Centrale au fil de l'eau :* centrale hydroélectrique ne possédant pas de barrage et dont le canal d'amenée, à faible pente, ne comporte aucune réserve d'eau. **3.** Enchaînement logique, progression continue de. *Ne pas perdre le fil d'un discours.* ◇ **Fig.** *Le fil de, au fil de :* la suite de, au long de. *Le fil des jours. Au fil des heures.* **IV.** Tranchant d'un instrument. *Le fil d'un rasoir.*

FILABLE adj. Qui peut être filé.

FIL-À-FIL n.m. inv. Tissu chiné, obtenu en ourdissant et en tramant successivement un fil clair, un fil foncé, etc.

FILAGE n.m. **I. 1.** Transformation des fibres textiles en fils ; travail du fileur. **2.** TECHN. Mise en forme de pièces métalliques ou plastiques par écoulement de la matière au travers d'une filière. **II.** Répétition d'une scène, d'une pièce de théâtre en continu.

1. FILAIRE adj. (de *fil*). Qui se transmet par fil (par opp. à une transmission optique ou radioélectrique).

2. FILAIRE n.f. Ver parasite des régions chaudes, mince comme un fil, vivant sous la peau ou dans le système lymphatique de divers vertébrés. (Classe des nématodes.) *Certaines filaires sont pathogènes pour l'homme.*

FILAMENT n.m. (lat. *filamentum*). **1.** Élément de forme fine et allongée ; fibre, matière ou structure qui a cette forme. **2.** Fibre textile de très grande longueur. **3.** Fil conducteur d'une lampe électrique, rendu incandescent par le passage du courant.

FILAMENTEUX, EUSE adj. Didact. Qui présente des filaments ; formé de filaments.

FILANDIÈRE n.f. Litt. Fileuse. ◆ adj.f. Poét. *Les sœurs filandières :* les Parques, qui filaient, dévidaient et coupaient le fil de la destinée des humains.

FILANDRE n.f. **1.** Fil sécrété par certaines jeunes araignées et qui assure leur transport passif dans l'air. SYN. : *fil de la Vierge.* **2.** Fibre de certains légumes, de certaines viandes.

FILANDREUX, EUSE adj. **1.** Rempli de filandres, de fibres longues et coriaces. *Viande filandreuse.* **2.** Fig. Enchevêtré, confus et long. *Explications filandreuses.*

FILANT, E adj. Qui file, coule sans se diviser en gouttes. *Liquide filant.* ◇ *Pouls filant :* très faible. – *Étoile filante* → **étoile.**

FILANZANE n.m. (mot malgache). Chaise à porteurs utilisée autrefois à Madagascar.

FILAO n.m. (mot créole). Afrique. Casuarina, arbre souvent planté dans les régions littorales ; bois de cet arbre.

FILARIOSE n.f. MÉD. Affection parasitaire causée par une filaire.

FILASSE n.f. (lat. *filum,* fil). Matière que constituent les filaments tirés de la tige des végétaux textiles. *Filasse de chanvre, de lin.* ◆ adj. inv. *Cheveux filasse,* d'un blond pâle.

FILATEUR n.m. Exploitant d'une filature.

FILATURE n.f. **I. 1.** Ensemble des opérations de transformation des fibres textiles en fils. *La filature du coton, de la soie.* **2.** Établissement industriel de filage des matières textiles. *Les grandes filatures du Nord.* **II.** Action de filer qqn, de le suivre pour noter ses faits et gestes.

FILDEFÉRISTE n. Équilibriste qui fait des exercices sur un fil métallique.

FILE n.f. (de *fil*). Suite de personnes ou de choses placées les unes derrière les autres. *Une*

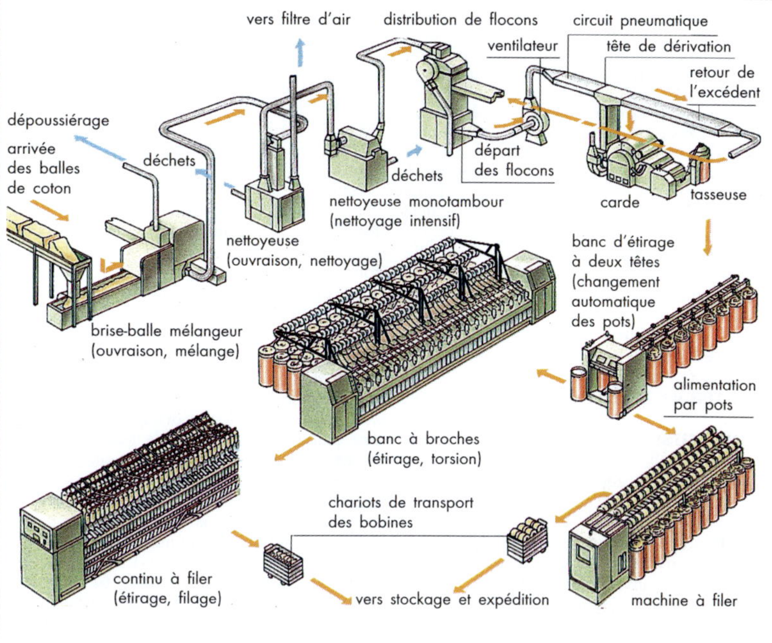

différentes opérations de **filature** du coton

file de voitures. Une file d'attente. ◇ *Chef de file,* celui qui est à la tête d'un groupe. – *Ligne de file :* ordre tactique que prennent les navires de guerre les uns derrière les autres. – *À la file, en file, en file indienne :* l'un derrière l'autre. – *Prendre la file :* se mettre à la suite de. – Suisse. *De file :* de suite, d'affilée.

FILÉ n.m. TEXT. Fil textile simple ou retors en fibres discontinues.

FILER v.t. **I. 1.** Travailler (des fibres textiles) de manière à obtenir un fil. *Filer la laine.* ◇ *Filer le parfait amour :* avoir une relation amoureuse forte avec qqn. **2.** Sécréter un fil de soie, en parlant de certaines araignées et chenilles. **3.** TECHN. Procéder au filage (d'une pièce). **II. 1.** Dérouler (un câble, une amarre, etc.) de façon continue, en laissant glisser. ◇ *Filer n nœuds :* avoir une vitesse de *n* milles marins à l'heure, en parlant d'un bateau. **2.** Suivre qqn secrètement afin de le surveiller. *Filer un suspect.* **3.** Répéter (une scène, une pièce de théâtre) en continu. **4.** MUS. Tenir longuement (un son, une note), à la voix ou à l'instrument. **5.** Fam. Donner, prêter. *File-moi cent balles.* ◆ v.i. **I. 1.** S'allonger, couler de façon filiforme. *Sirop de fruits qui file.* **2.** S'étirer en fumant, en parlant d'une flamme. **II. 1.** Se dérouler de façon continue, se dévider. ◇ **Spécialt.** *Maille (d'un bas, d'un tricot) qui file,* qui se détache, se défait. **2.** Fam. Avancer, s'en aller rapidement ; se sauver. ◇ *Filer à l'anglaise :* partir sans prévenir ni prendre congé. – **Fig.** *Filer doux :* être soumis, effacé. **3.** Disparaître rapidement, être consommé. ◇ *Argent qui file (entre les doigts),* qui est très vite dépensé.

FILET n.m. (dimin. de *fil*). **I.1.** Écoulement fin d'un liquide, d'un gaz. *Un filet d'eau, de gaz. Un filet de vinaigre.* ◇ *Un filet de voix :* une voix faible, ténue. **2.** ANAT. Membrane mince qui attache le dessous de la langue à la partie inférieure de la bouche. **3.** BOT. Partie longue et fine de l'étamine, qui supporte l'anthère. **4.** TECHN. Saillie en hélice d'une vis, d'un boulon, d'un écrou. **5.** ARTS DÉC. Fine moulure ; incrustation décorative, étroite et longue, dans divers ouvrages. **6.** IMPR. Trait d'épaisseur variable, pour séparer ou encadrer des textes, des illustrations, etc. **7.** PRESSE. Court article d'information comportant un titre. **II.1.** Réseau, objet composé de mailles entrecroisées, servant pour divers usages. *Filet à provisions. Filet à cheveux. Filet à bagages. Filet de pêche. Filet à papillons.* ◇ *Filet maillant :* grand filet vertical pour la pêche en mer, fixé au fond ou dérivant, dont les mailles sont calibrées en fonction de la grosseur des poissons à capturer pour les retenir lorsqu'ils s'y engagent. ◇ *Travailler sans filet :* exécuter un numéro d'équilibre, d'acrobatie, sans filet de protection ; **fig.**, prendre des risques. – *Coup de filet :* opération de police particulièrement fructueuse. **2.** Réseau de fils ou de cordages tendu au milieu d'une table ou d'un terrain de sports (tennis de table, tennis, etc.) ou attaché derrière les poteaux de buts (football, handball, etc.). ◇ *Filet !,* recomm. off. pour *let, net.* **III.1.** BOUCH. Morceau tendre et charnu (bœuf, veau, mouton), qui se trouve au-dessous des vertèbres lombaires. **2.** *Filet de poisson :* bande de chair prélevée de part et d'autre de l'arête dorsale.

1. FILETAGE n.m. **1.** Opération consistant à creuser une rainure hélicoïdale le long d'une surface cylindrique. **2.** Ensemble des filets d'une vis, d'un écrou, etc.

2. FILETAGE n.m. Opération industrielle consistant à lever les filets de poisson.

FILETÉ n.m. TEXT. Étoffe de coton dont un fil de chaîne est plus gros que les autres et forme de fines rayures en relief.

1. FILETER v.t. [28]. Pratiquer le filetage de (une vis, un écrou, etc.).

2. FILETER v.t. [28]. Découper (un poisson) en filets.

FILEUR, EUSE n. Personne qui file, qui transforme en fil une matière textile.

FILIAL, E, AUX adj. Qui caractérise l'attitude d'un fils, d'une fille, à l'égard de ses parents.

FILIALE n.f. Société dont une société mère détient plus de la moitié du capital social.

FILIALEMENT adv. De façon filiale.

FILIALISATION n.f. Découpage d'une entreprise en entités ayant le statut de filiales.

FILIALISER v.t. Procéder à la filialisation d'une entreprise.

FILIATION n.f. **1.** Lien qui unit un individu à son père ou à sa mère. – *Filiation légitime,* qui s'établit dans le mariage, par opp. à *filiation naturelle.* **2.** Suite d'individus directement issus les uns des autres ; descendance, lignée. **3.** Fig. Suite, liaison de choses résultant l'une de l'autre, s'engendrant l'une l'autre. *Filiation des idées.*

FILIBEG n.m. → ***philibeg.***

FILICALE n.f. (lat. *filix, filicis,* fougère). *Filicales :* ordre des fougères.

FILICINÉE n.f. *Filicinées :* classe de plantes cryptogames vasculaires, comprenant principalement les fougères.

FILIÈRE n.f. **I. 1.** Succession de degrés à franchir, de formalités à remplir avant de parvenir à un certain résultat. *Filière administrative. Les filières techniques de l'enseignement.* **2.** IND. Ensemble des activités, des industries, relatives à un produit de base. *Filière bois, électronique.* **3.** NUCL. Ensemble des trois éléments constitutifs caractéristiques d'un type de réacteur nucléaire (combustible, modérateur et fluide caloriporteur). **4.** BOURSE. Titre à ordre endossable portant offre de livraison d'une marchandise dans les Bourses de commerce. **II. 1.** Outil servant à mettre en forme un métal, une matière plastique, à les étirer en fils ou à les transformer en un profilé. **2.** Plaque perforée utilisée dans la fabrication des textiles chimiques. **3.** Outil servant à fileter une vis. **4.** ZOOL. Orifice par lequel une araignée émet les fils qu'elle produit. **III.** MAR. Filin tendu horizontalement comme appui, garde-corps, etc.

FILIFORME adj. Mince, grêle, délié comme un fil.

FILIGRANE n.m. (it. *filigrana*). **1.** Marque, dessin se trouvant dans le corps d'un papier et que l'on peut voir par transparence. ◇ Fig. *En filigrane :* dont on devine la présence, à l'arrière-plan ; qui n'est pas explicite. **2.** Ouvrage de bijouterie ajouré, fait de bandes ou de fils métalliques fins entrelacés et soudés. **3.** Décor linéaire inclus dans un objet de verre.

FILIGRANER v.t. Façonner en filigrane.

FILIN n.m. (de *fil*). MAR. **1.** Anc. Cordage en chanvre. **2.** Cordage, quel qu'il soit. *Filin d'acier.*

FILIPENDULE n.f. BOT. Spirée aux racines tubérisées. (Famille des rosacées.)

FILLASSE [fijas] n.f. Péj. et VX. Fille sans distinction.

FILLE n.f. (lat. *filia*). **I.** (Par opp. à *fils*). **1.** Personne du sexe féminin considérée par rapport à son père ou à sa mère. **2.** Litt. Descendante. *Fille de rois.* ◇ Fam. *Jouer la fille de l'air :* partir sans prévenir. **II.** (Par opp. à *garçon*). **1.** Personne, et partic. jeune personne, enfant du sexe féminin. *École de filles. Une chic fille. Petite fille.* **2.** Personne du sexe féminin non mariée. *Rester fille. Vieille fille.* ◇ Vx ou péj. *Fille mère :* mère célibataire. **3.** Vx. Servante. *Fille de salle. Fille de ferme.* **4.** Vx ou litt. Religieuse. *Filles du Calvaire.* **5.** Péj. Femme de mauvaise vie, prostituée. *Fille de joie. Fille publique.*

FILLER [filœr] n.m. (mot angl.). Roche finement broyée, ajoutée au bitume pour les revêtements routiers ou pour modifier les propriétés de certains matériaux (bétons, matières plastiques, etc.). Recomm. off. : *fines.*

FILLÉR [filɛr] n.m. inv. Unité monétaire divisionnaire de la Hongrie, valant 1/100 de forint.

1. FILLETTE n.f. Petite fille.

2. FILLETTE n.f. Petite bouteille d'environ un tiers de litre et servant surtout pour les vins d'Anjou et de la région nantaise.

FILLEUL, E n. (lat. *filiolus,* jeune fils). Celui, celle dont on est le parrain, la marraine. ◇ *Filleul de guerre :* soldat dont s'occupe une femme ou une jeune fille en temps de guerre.

FILM n.m. (mot angl.). **I. 1.** Pellicule recouverte d'une émulsion sensible à la lumière, et sur laquelle s'enregistrent les images en photographie et en cinématographie. **2.** Document, œuvre cinématographique. **3.** Fig. Déroulement continu (d'évènements). *Revoir en pensée le film de sa vie.* **II.** Fine pellicule (d'un produit, d'une substance) recouvrant une surface ; feuil.

FILMAGE n.m. Action de filmer ; tournage.

FILMER v.t. Enregistrer sur un film cinématographique, prendre en film.

FILMIQUE adj. Relatif au film cinématographique, au cinéma.

FILMOGÈNE adj. Se dit d'une peinture apte à former un feuil.

FILMOGRAPHIE n.f. Liste des films d'un réalisateur, d'un comédien, d'un producteur, etc., ou relevant d'un genre donné.

FILMOLOGIE n.f. Discipline qui étudie le cinéma en tant que phénomène psychologique, social, etc.

FILMOTHÈQUE n.f. Collection de microfilms.

FILOCHER v.i. Pop. Aller vite, filer.

FILOGUIDÉ, E adj. ARM. Se dit d'un missile relié à son poste de tir par un fil qui sert à transmettre les ordres du tireur à son système de guidage.

FILON n.m. (it. *filone*). **1.** MINÉR. Suite ininterrompue d'une même matière (minéral, roche), recoupant des couches de nature différente. **2.** Fig. et fam. Moyen, source de réussite ; situation lucrative et peu fatigante.

FILONIEN, ENNE adj. **1.** MIN. Se dit d'un gisement en filon. **2.** GÉOL. Se dit d'un groupe de roches résultant de l'injection de magma le long de cassures à proximité de la surface.

FILOSELLE n.f. (it. *filosello*). Vx. Fil irrégulier obtenu en filant la bourre des cocons de soie.

FILOU n.m. (forme dial. de *fileur*). Fam. Personne malhonnête, voleur, tricheur.

FILOUTAGE n.m. Fam. Action de filouter.

FILOUTER v.t. Fam. Voler avec adresse ; escroquer.

FILOUTERIE n.f. **1.** Fam. et VX. Escroquerie, tricherie. **2.** DR. Grivèlerie. *Filouterie de taxi.*

FILS [fis] n.m. (lat. *filius*). **1.** Personne du sexe masculin considérée par rapport à son père ou à sa mère. *Tel père, tel fils.* ◇ Fam. *Fils à papa,* qui profite de la situation de son père. **2.** Litt. Descendant ; homme considéré par rapport à son ascendance, à ses origines nationales, sociales, etc. *Les fils des Gaulois. D'Artagnan, fils de la Gascogne.* ◇ *Être fils de ses œuvres :* ne devoir qu'à soi-même sa situation. **3.** *Le Fils de l'homme :* Jésus-Christ.

FILTRABLE adj. Qui peut être filtré.

FILTRAGE n.m. **1.** Action de filtrer, fait d'être filtré. *Le filtrage d'un vin.* **2.** Fig. Contrôle minutieux. *Filtrage des individus suspects.* **3.** Fait de filtrer, de se répandre subrepticement. *Le filtrage d'une nouvelle.*

FILTRANT, E adj. **1.** Qui sert à filtrer. *Papier filtrant.* – *Verres filtrants,* qui ne laissent pas passer certaines radiations lumineuses. **2.** *Virus filtrant,* qui traverse les filtres les plus fins et n'est perceptible qu'au microscope électronique.

FILTRAT n.m. Liquide filtré dans lequel ne subsiste aucune matière en suspension.

FILTRATION n.f. Passage d'un fluide à travers un filtre qui arrête les particules solides.

FILTRE n.m. (bas lat. *filtrum*). **1.** Corps poreux, dispositif à travers lequel on fait passer un fluide pour le débarrasser des particules qui s'y trouvent en suspension ou pour l'extraire de matières auxquelles il est mélangé. **2.** Dispositif permettant de faire passer l'eau à travers le café qu'il contient ; café ainsi obtenu. **3.** PHOT. Corps transparent utilisé en photo pour intercepter certaines radiations du spectre. **4.** TECHN. Dispositif destiné à favoriser ou à entraver le passage de certaines composantes de fréquence d'un signal électrique.

FILTRE-PRESSE n.m. (pl. *filtres-presses*). Appareil filtrant les liquides sous pression.

FILTRER v.t. **1.** Faire passer à travers un filtre. **2.** Fig. Soumettre à un contrôle sévère de passage. *Filtrer des passants.* ◆ v.i. **1.** Pénétrer. *L'eau filtre à travers les terres.* **2.** Passer subrepticement en dépit des obstacles. *Laisser filtrer une information.*

1. FIN n.f. (lat. *finis,* limite). **I. 1. a.** Moment où se termine, s'achève qqch ; terme. *La fin de l'année.* – *En fin de compte, à la fin :* en définitive. **b.** Endroit où se termine qqch ; extrémité. *Arriver à la fin du chapitre.* **2.** Période, partie terminale. *Avoir des fins de mois difficiles.* ◇ *Faire une fin :* changer de vie ; se marier. **3.** Complet achèvement. *Mener un projet à sa fin.* **4.** Arrêt, cessation. *La fin d'une amitié.* ◇ *Prendre fin, tirer, toucher à sa fin :* cesser. – *Mot de la fin,* qui clôt un débat, un problème. – *Sans fin :* sans cesse, continuellement. **5.** Mort. *Sentir sa fin prochaine.* **II. 1.** But, objectif auquel on tend ; intention (souvent pl.). *La fin justifie les moyens. Parvenir à ses fins.* – *Fin en soi :* résultat recherché pour lui-même. – *À toutes fins utiles :* par précaution. **2.** DR. Objet d'une demande exprimé dans une requête ou dans des conclusions.

2. FIN, E adj. (lat. *finis,* degré extrême). **I. 1.** Extrêmement petit, dont les éléments sont très petits. *Sable fin. Sel fin.* **2.** Extrêmement mince. *Cheveux fins.* **3.** Très aigu, effilé. *Pointe fine.* **4.** Très mince, élancé. *Taille fine. Attaches fines.* **5.** Délicat, peu marqué. *Traits fins.* **6.** Qui a peu d'épaisseur ; léger, délicat. *Tissu fin. Souliers fins.* **II. 1.** Très pur. *Or fin.* **2.** De la qualité la meilleure. *Porcelaine fine. Vins fins.* **III. 1.** D'une grande acuité ; qui perçoit les moindres rapports, les nuances les plus délicates. *Avoir l'ouïe fine. Un homme très fin.* **2.** Qui témoigne d'une intelligence subtile, d'un goût délicat. *Une plaisanterie fine.* **3.** Qui excelle dans une activité donnée ; subtil, raffiné. *Un fin limier. Un fin gourmet.* **IV.** Vx. Extrême. – *Le fin fond :* l'endroit le plus reculé. – *Le fin mot :* le sens caché. ◆ n.m. *Le fin du fin :* ce qu'il y a de plus accompli, de plus raffiné. ◆ adv. **1.** Finement. *Moudre fin.* **2.** Complètement. *Elle est fin prête.*

FINAGE n.m. HIST. Circonscription sur laquelle un seigneur ou une ville avait droit de juridiction.

1. FINAL, E, ALS ou **AUX** adj. **1.** Qui finit, termine. *Point final.* **2.** GRAMM. *Proposition finale* ou *finale,* n.f. : proposition subordonnée de but. ◇ PHILOS. *Cause finale :* principe d'explication d'un phénomène par le but qu'il est censé atteindre.

2. FINAL ou **FINALE** n.m. (pl. *finals* ou *finales*). MUS. Morceau qui termine une symphonie, un acte d'opéra, etc.

FINALE n.f. **1.** Dernière syllabe ou dernière lettre d'un mot. **2.** Dernière épreuve d'une compétition par élimination.

FINALEMENT adv. À la fin, pour en finir.

FINALISATION n.f. Action de finaliser.

FINALISER v.t. **1.** Orienter vers un objectif précis, donner une finalité à. *Finaliser une recherche.* **2.** Achever, mettre au point dans les derniers détails. *Un projet finalisé.*

FINALISME n.m. PHILOS. Système qui fait des causes finales le principe explicatif de toute chose.

1. FINALISTE adj. et n. Qui est qualifié pour disputer une finale.

2. FINALISTE adj. et n. PHILOS. Qui concerne le finalisme ; partisan du finalisme.

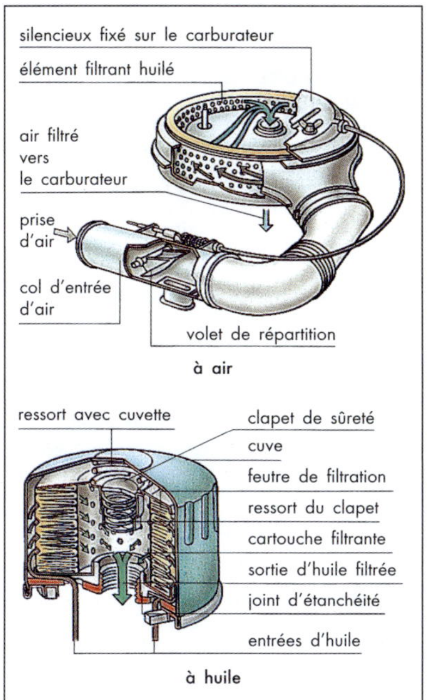

filtres (automobiles)

FINALITÉ n.f. **1.** Caractère de ce qui a un but, une fin. **2.** Fait d'être organisé selon un plan ou un dessein.

FINANÇABLE adj. Qui peut être financé.

FINANCE n.f. (anc. fr. *finer,* mener à bien, payer). **1.** Ensemble des professions qui ont pour objet l'argent et ses modes de représentation, notamm. les valeurs mobilières. *Le monde de la finance.* **2.** Science de la gestion des patrimoines individuels, des patrimoines d'entreprise, ou des deniers publics. **3.** *Moyennant finance :* en échange d'argent comptant. ◆ pl. **1.** Deniers publics ; ensemble des charges et des ressources de l'État ou d'une collectivité territoriale ; ensemble des activités qui ont trait à leur gestion, leur utilisation. *Finances publiques.* ◇ *Loi de finances,* par laquelle le gouvernement est autorisé annuellement à engager des dépenses et à recouvrer les recettes. **2.** Fam. Ressources pécuniaires d'un particulier. *Mes finances sont au plus bas.*

FINANCEMENT n.m. Action de financer.

FINANCER v.t. [16]. Fournir des capitaux à. *Financer une entreprise.*

1. FINANCIER, ÈRE adj. Relatif aux finances.

2. FINANCIER n.m. Spécialiste des opérations financières et de gestion de patrimoines privés ou publics.

FINANCIÈRE adj.f. et n.f. Se dit d'une garniture à base de champignons, de truffes, de ris de veau, etc.

FINANCIÈREMENT adv. En matière de finances.

FINASSER v.i. Fam. User de subterfuges, de finesses plus ou moins bien intentionnées.

FINASSERIE n.f. Fam. Finesse mêlée de ruse.

FINASSEUR, EUSE ou **FINASSIER, ÈRE** n. Fam. et vx. Personne qui finasse.

FINAUD, E adj. et n. Rusé, sous un air de simplicité.

FINAUDERIE n.f. Caractère du finaud.

FINE n.f. (de *eau-de-vie fine*). Eau-de-vie naturelle de qualité supérieure.

FINEMENT adv. De façon fine.

FINERIE n.f. MÉTALL. Fourneau d'affinage de la fonte.

FINES n.f. pl. **1.** Menus morceaux de minerai séparés par criblage pour être traités à part ou agglomérés. **2.** Granulat utilisé pour augmenter la compacité du béton. **3.** Petits fragments de fibres arrachés du bois au cours de la fabrication de la pâte à papier mécanique ou pendant le raffinage. **4.** Recomm. off. pour *filler.*

FINESSE n.f. **I. 1.** Caractère de ce qui est fin, ténu, léger. *La finesse d'un fil, d'une poudre.* **2.** Délicatesse des formes, de la matière. *Finesse d'un visage. Finesse d'un bijou. Finesse d'un parfum.* **3.** Acuité des sens. *Finesse du flair.* **4.** Discernement, perspicacité, pénétration. *Finesse d'esprit. Faire preuve de finesse.* **5.** MAR. Étroitesse des lignes d'eau de l'avant et de l'arrière d'un navire. **6.** AÉRON. Rapport entre les coefficients de portance et de traînée d'une aile ou d'un avion. **II.** (Surtout au pl.). **1.** Nuance délicate, subtile. *Comprendre les finesses d'une langue.* **2.** Ruse, procédé adroit. *Les finesses de la diplomatie.*

FINETTE n.f. Tissu de coton rendu pelucheux à l'envers par un grattage.

1. FINI, E adj. **1.** Limité, qui a des bornes. *Grandeur finie.* **2.** Achevé, terminé. *Son travail est fini.* **3.** Parfaitement achevé, accompli ; terminé avec soin dans les détails. ◇ *Produit fini :* produit industriel propre à l'utilisation. **4.** Péj. Achevé, parfait en son genre. *Un voleur fini.* **5.** Qui n'a plus cours, révolu. *Ce temps-là est bien fini.* **6.** Usé. *Un homme fini.*

2. FINI n.m. **1.** Ce qui est limité. *Le fini et l'infini.* **2.** Qualité de ce qui est achevé, parfait. *Admirer le fini d'un ouvrage.*

FINIR v.t. (lat. *finire*). **1.** Mener à son terme ; achever ; cesser. *Finir une tâche. Finir de parler.* **2.** Constituer la fin, se situer à la fin de. *La phrase qui finit le chapitre.* **3.** *En finir :* mettre fin à qqch de long, de fâcheux ou d'intolérable. ◆ v.i. **1.** Arriver à son terme. *Son bail finit à Pâques.* **2.** Se terminer d'une certaine façon. *Roman qui finit bien. Finir en pointe.* **3.** Mourir. *Finir dans la misère.* **4.** *Finir par :* arriver, réussir finalement à. *Finir par trouver.*

FINISH [finiʃ] n.m. inv. (mot angl.). Dernier effort d'un concurrent à la fin d'une épreuve.

FINISSAGE n.m. TECHN. Dernière opération destinée à rendre un travail parfait ; finition.

FINISSANT, E adj. En train de finir.

1. FINISSEUR, EUSE n. **1.** Personne qui effectue la dernière opération d'un travail. **2.** Athlète qui termine très bien les compétitions.

2. FINISSEUR n.m. Engin utilisé pour la construction des chaussées, qui répand, nivelle, dame et lisse les enrobés qu'il reçoit.

FINISSURE n.f. Ensemble des opérations terminant la fabrication d'un livre relié.

FINISTÉRIEN, ENNE adj. et n. Du Finistère.

FINITION n.f. **1.** Action de finir avec soin ; opération ou ensemble d'opérations qui termine l'exécution d'un ouvrage, d'une pièce. *Travaux de finition.* **2.** Caractère de ce qui est achevé de façon soignée.

FINITISME n.m. Doctrine métamathématique selon laquelle n'existent que les êtres mathématiques qui peuvent être construits par des processus finis.

FINITUDE n.f. PHILOS. **1.** Caractère de ce qui est fini, borné. **2.** Caractère de l'être humain considéré comme ayant la mort en lui à chaque instant de sa vie.

FINLANDAIS, E adj. et n. De la Finlande. ◆ n.m. LING. Finnois.

FINLANDISATION n.f. Ensemble de limitations imposées par un État puissant à l'autonomie d'un voisin plus faible.

FINN n.m. (nom déposé). Petit voilier monotype, à voile unique, pour régates en solitaire.

FINNOIS, E adj. et n. Se dit d'un peuple qui habite l'extrémité nord-ouest de la Russie d'Europe, et surtout la Finlande. ◆ n.m. Langue finno-ougrienne parlée principalement en Finlande où elle a statut de langue officielle. SYN. : *finlandais.*

FINNO-OUGRIEN, ENNE adj. et n.m. (pl. *finno-ougriens, ennes*). Se dit d'un groupe linguistique de la famille ouralienne comprenant notamm. le finnois, le lapon, le hongrois.

FIOLE n.f. (lat. *phiala,* mot gr.). **1.** Petit flacon de verre. **2.** Fam. Tête.

FION n.m. **1.** Pop. *Donner le coup de fion :* donner la dernière main à un ouvrage. **2.** Suisse. Mot piquant, moquerie.

FIORITURE n.f. **1.** (Surtout pl.). Ornement qui ajoute à l'élégance de qqch, ou qui, en nombre excessif, constitue une surcharge. *Les fioritures d'un dessin. Parler sans fioritures.* **2.** MUS. Ornement écrit ou non, ajouté à la ligne mélodique.

FIOUL n.m. (angl. *fuel*). Combustible liquide, brun foncé ou noir, plus ou moins visqueux, provenant du pétrole. SYN. (anglic. déconseillés) : *fuel, fuel-oil.* ◇ *Fioul domestique :* gazole de chauffage teinté en rouge pour le distinguer du carburant. SYN. : *mazout.*

FIRMAMENT n.m. (lat. *firmamentum,* soutien). Litt. Voûte céleste sur laquelle apparaissent les étoiles.

FIRMAN n.m. (persan *fermān,* ordre). HIST. Édit du souverain dans l'Empire ottoman et en Iran.

FIRME n.f. (angl. *firm*). Entreprise industrielle ou commerciale.

FISC n.m. (lat. *fiscus,* panier). Administration chargée de calculer et de percevoir les impôts.

FISCAL, E, AUX adj. Relatif au fisc, à l'impôt.

FISCALEMENT adv. Du point de vue fiscal.

FISCALISATION n.f. **1.** Action de fiscaliser. **2.** Part de l'impôt dans le total des ressources d'une collectivité publique.

FISCALISER v.t. **1.** Soumettre à l'impôt. **2.** Financer par l'impôt. *Fiscaliser un déficit budgétaire.*

FISCALISTE n. Spécialiste des problèmes fiscaux, du droit fiscal.

FISCALITÉ n.f. Système de perception des impôts ; ensemble des lois qui s'y rapportent.

FISH-EYE [fiʃaj] n.m. (mot angl., *œil de poisson*) [pl. *fish-eyes*]. PHOT. Objectif à très grand angle (de 160° à 200°).

FISSIBLE adj. PHYS. Fissile.

FISSILE adj. (lat. *fissilis*). **1.** Didact. Qui se divise facilement en feuillets ou en lames minces. *L'ardoise est fissile.* **2.** PHYS. Susceptible de subir la fission nucléaire. SYN. : *fissible.*

FISSION n.f. PHYS. Division d'un noyau d'atome lourd (uranium, plutonium, etc.) en deux ou plusieurs fragments, déterminée par un bombardement de neutrons, et libérant une énorme quantité d'énergie et plusieurs neutrons.

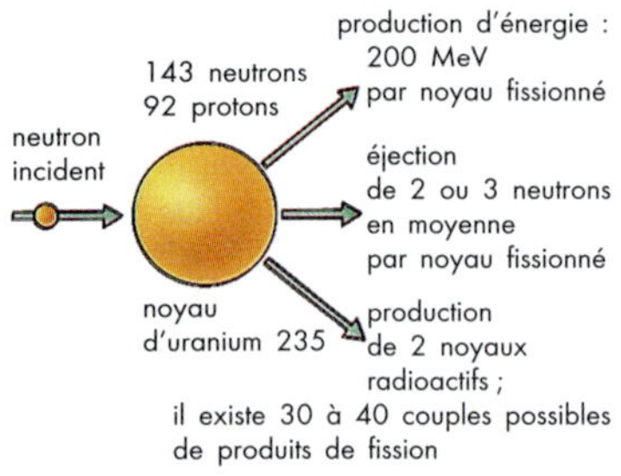

fission d'un noyau d'uranium 235

FISSIONNER v.t. PHYS. Produire la fission nucléaire de. ◆ v.i. Subir la fission nucléaire.

FISSURATION n.f. Production de fissure.

FISSURE n.f. **1.** Petite crevasse, fente légère. **2.** PATHOL. **a.** Lésion ulcéreuse d'une région plissée (anus, notamm.). **b.** Fracture incomplète, sans déplacement, d'un os. **3. Fig.** Point faible dans un raisonnement.

FISSURER v.t. Crevasser, fendre.

FISTON n.m. Fam. Fils.

FISTOT n.m. (de *fils*). **Arg. mil.** Élève officier de première année, à l'École navale.

FISTULAIRE adj. **1.** MÉD. Qui a rapport à une fistule. **2. Didact.** Qui présente un canal, un conduit longitudinal. *Stalactite fistulaire.*

FISTULE n.f. (lat. *fistula*). MÉD. Canal pathologique qui met en communication directe et anormale deux viscères ou un viscère avec la peau.

FISTULEUX, EUSE adj. MÉD. De la nature de la fistule.

FISTULINE n.f. Champignon rouge sang, du groupe des polypores, vivant sur les troncs des chênes et des châtaigniers, et qui est comestible quand il est très jeune. (Noms usuels : *langue-de-bœuf, foie-de-bœuf.*)

F. I. V. [fiv] n.f. (sigle). Fécondation in vitro.

FIVETE [fivɛt] n.f. (sigle). Fécondation in vitro et transfert embryonnaire, méthode de procréation médicalement assistée.

FIXAGE n.m. **1.** Action de fixer. **2.** Opération par laquelle une image photographique est rendue inaltérable à la lumière. **3.** BOURSE. **a.** Cotation effectuée à un moment précis sur une devise ou des titres. **b.** Cotation de la barre d'or sur le marché du métal. SYN. (anglic. déconseillé) : *fixing.*

1. FIXATEUR, TRICE adj. Qui a la propriété de fixer.

2. FIXATEUR n.m. **1.** Vaporisateur servant à projeter un fixatif sur un dessin. **2.** Bain utilisé pour le fixage d'une image photographique. **3.** BIOL. Liquide coagulant les protéines des cellules sans altérer leur structure.

FIXATIF n.m. Préparation pour fixer, stabiliser sur le papier les dessins au fusain, au pastel, au crayon.

FIXATION n.f. **I. 1.** Action de fixer, d'assujettir solidement. **2.** Attache, dispositif servant à fixer. *Fixation de ski.* **3.** Fait de se fixer, de s'établir quelque part. **4.** BIOL. État des végétaux et des animaux qui sont solidaires d'un support. **II. 1.** BIOL. Conservation et coagulation des éléments d'un tissu à l'aide d'un fixateur en vue d'un examen microscopique. **2.** PSYCHAN. Persistance d'un attachement à une personne ou à une situation liée au passé et disparue, entraînant des satisfactions narcissiques régressives. **III.** Action de déterminer, de régler de façon précise. *Fixation de l'impôt.*

1. FIXE adj. (lat. *fixus*). **I. 1.** Qui reste à la même place, ne bouge pas. *Point fixe.* ◇ *Roue fixe,* solidaire de son axe (par opp. à *roue libre*). **2.** INFORM. *Virgule fixe :* mode de représentation des nombres décimaux où la virgule est placée toujours à la même position, suivie par un nombre constant de chiffres (par opp. à *virgule flottante*). **3.** *Regard fixe,* vague, inexpressif, ou qui fixe qqch. **II. 1.** Qui se maintient dans le même état, ne varie pas. *Encre bleu fixe.* **2.** *Idée fixe,* qui s'impose à l'esprit comme une obsession. **III.** Qui est réglé, déterminé d'avance. *Prix fixe.* ◇ *Droit fixe :* taxe fiscale dont le montant est invariable. – DR. *Assignation à jour fixe,* dans laquelle une date d'audience déterminée est indiquée. ◆ interj. (Énonçant l'ordre de se mettre au garde-à-vous). *Fixe !*

2. FIXE n.m. **1.** Fraction invariable d'une rémunération (par opp. à *prime, commission,* etc.). **2.** ASTRON. *Sphère des fixes :* sphère céleste liée aux étoiles *(étoiles fixes),* qui paraissent avoir des positions relatives fixes.

FIXEMENT adv. (Surtout en parlant du regard). De manière fixe.

FIXER v.t. **I. 1.** Établir dans une position, un lieu fixe ; attacher. *Fixer un tableau sur le mur.* **2.** Garder (ses yeux) immobiles. *Fixer les yeux au ciel.* – **Par ext.** Regarder qqn avec insistance. **3.** Appliquer (son attention, son esprit) à, sur qqch. ◇ *Fixer son choix,* l'arrêter. **II. 1.** Rendre stable, arrêter l'évolution de. *Fixer la langue.* **2. a.** Pulvériser du fixatif sur (un dessin). **b.** PHOT. Traiter (un cliché) par un bain de fixage. **3.** Donner un objet, une direction aux aspirations de (qqn) ; stabiliser. *Le mariage le fixera peut-être.* **III. 1.** Sortir qqn du doute en le renseignant, en lui donnant une réponse. *Je suis fixé.* **2.** Déterminer, définir précisément. *Fixer son heure.* ◆ **se fixer** v.pr. **1.** S'établir d'une façon permanente. *Il s'est fixé dans le Midi.* **2.** Choisir en définitive. *Se fixer sur une cravate bleue.*

FIXING [fiksiŋ] n.m. (mot angl.). BOURSE. (Anglic. déconseillé). Fixage.

FIXISME n.m. Théorie biologique selon laquelle les espèces vivantes ont toujours été les mêmes et n'ont subi aucune évolution depuis leur création.

FIXISTE adj. et n. Relatif au fixisme ; partisan du fixisme.

FIXITÉ n.f. Qualité, état de ce qui est fixe.

FJELD [fjɛld] n.m. (mot norvég.). GÉOGR. Plateau rocheux qui a été usé par un glacier continental.

FJORD [fjɔrd] n.m. (mot norvég.). Ancienne auge glaciaire envahie par la mer. *Les fjords norvégiens.*

fjord (Geirangerfjord, Norvège)

FLA n.m. inv. (onomat.). Double coup de baguette frappé sur un tambour, d'abord légèrement de la main droite, puis fortement de la gauche. *Les ra et les fla.*

FLAC interj. (onomat.). Imite le bruit de qqch qui tombe dans l'eau ou de l'eau qui tombe. *Flac ! il marche dans la boue.*

FLACCIDITÉ [flaksidite] n.f. (lat. *flaccidus,* flasque). État de ce qui est flasque.

FLACHE n.f. (lat. *flaccus,* mou). TECHN. **1.** Endroit d'un tronc d'arbre où l'écorce est enlevée et le bois mis à nu. **2.** Inégalité dans l'équarrissage d'une pièce de bois.

FLACHERIE n.f. Maladie des vers à soie, pouvant causer de graves dégâts.

FLACHEUX, EUSE adj. Qui présente des flaches. *Bois flacheux.*

FLACON n.m. (bas lat. *flasco ;* du germ.). Petite bouteille, de forme variée, souvent en verre et de facture soignée, munie d'un bouchon de même matière ou de métal ; son contenu.

FLACONNAGE n.m. **1.** Ensemble de flacons. **2.** Fabrication des flacons. **3.** Opération de remplissage des flacons en cosmétologie.

FLACON-POMPE n.m. (pl. *flacons-pompe*). Flacon dont le bouchon est muni d'un dispositif de pompe permettant de délivrer une dose de produit.

FLA-FLA n.m. (pl. *fla-flas*). Fam. Ostentation, recherche de l'effet.

FLAGADA adj. inv. Fam. Qui a perdu de sa vigueur, de sa force ; fatigué.

FLAGELLAIRE adj. BIOL. Relatif au flagelle.

FLAGELLANT n.m. HIST. Membre de sectes médiévales où l'on se livrait en commun à la flagellation.

FLAGELLATEUR, TRICE n. Personne qui flagelle.

FLAGELLATION n.f. Action de flageller ou de se flageller.

FLAGELLE ou, rare, **FLAGELLUM** n.m. (lat. *flagellum,* fouet). BIOL. Filament mobile, long et souvent unique, servant d'organe locomoteur à certains protozoaires et aux spermatozoïdes.

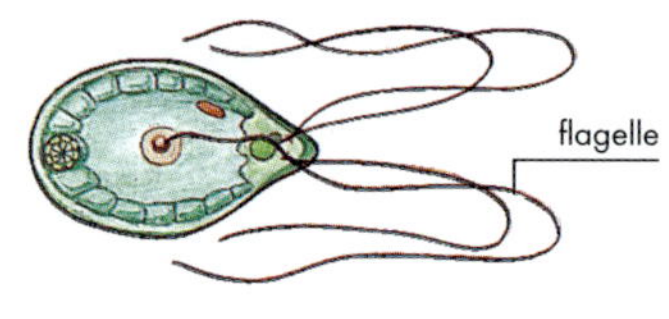

flagelles d'un protophyte

1. FLAGELLÉ, E adj. Muni d'un flagelle.

2. FLAGELLÉ n.m. *Flagellés :* embranchement des protozoaires flagellés, pourvus ou non de chlorophylle.

FLAGELLER v.t. (lat. *flagellare,* de *flagellum,* fouet). Battre de coups de fouet, de verges.

FLAGEOLANT, E adj. Qui flageole.

FLAGEOLER v.i. Trembler et vaciller à la suite d'une émotion, d'une fatigue, en parlant de qqn, d'un animal, de ses membres inférieurs.

1. FLAGEOLET n.m. (lat. pop. *flabeolum*). Flûte à bec, partiellement munie de clés, percée de 6 trous.

2. FLAGEOLET n.m. (prov. *faioulet,* du lat. *faba,* fève). Petit haricot d'un goût fin. ◇ *Flageolet vert,* d'une variété consommée en grain. SYN. : *chevrier.*

FLAGORNER v.t. Flatter de façon outrée.

FLAGORNERIE n.f. Flatterie basse et généralement intéressée.

FLAGORNEUR, EUSE n. et adj. Personne qui use de flagornerie.

FLAGRANCE n.f. DR. Caractère de ce qui est flagrant.

FLAGRANT, E adj. (lat. *flagrans,* brûlant). Évident, incontestable. ◇ DR. *Flagrant délit :* délit commis sous les yeux de ceux qui le constatent.

FLAIR n.m. **1.** Odorat du chien. **2. Fig.** Perspicacité, discernement.

FLAIRER v.t. (lat. *flagrare,* exhaler une odeur). **1.** Appliquer son odorat à, humer l'odeur de (qqch). **2.** Percevoir, découvrir par l'odeur. **3. Fig.** Pressentir, deviner par intuition. *Flairer un danger.*

FLAIREUR, EUSE n. et adj. Personne qui flaire.

1. FLAMAND, E adj. et n. De la Flandre. ◆ adj. *École flamande :* ensemble des artistes et de la production artistique des pays de langue flamande, notamm. avant la constitution de l'actuelle Belgique. (Les historiens d'art, au XIXe s. et au début du XXe s., ont souvent étendu cette notion à la production des Pays-Bas du Sud en général, Wallonie comprise.)

2. FLAMAND n.m. Ensemble des parlers néerlandais utilisés en Belgique et dans la région de Dunkerque.

FLAMANT n.m. (prov. *flamenc*). Oiseau de grande taille (haut. 1,50 m env.), au magnifique plumage rose, écarlate ou noir, aux grandes pattes palmées, à long cou souple et à gros bec lamelleux. (Famille des phœnicoptéridés.)

FLAMBAGE n.m. **1.** Action ou manière de flamber. **2.** Action de passer à la flamme un fil, un tissu, etc., pour éliminer le duvet superficiel. SYN. : *grillage.* **3.** MÉCAN. Déformation latérale d'une pièce longue soumise à un effort normal de compression. SYN. : *flambement.*

FLAMBANT, E adj. **1.** Qui flambe, a l'éclat du feu. ◇ MIN. *Houille flambante* ou *flambant,* n.m. : charbon à haute teneur en matières volatiles qui brûle avec une longue flamme. **2.** (Génér. inv.). *Flambant neuf :* tout neuf.

FLAMBARD ou **FLAMBART** n.m. Fam. *Faire le flambard :* faire le fanfaron.

FLAMBE n.f. Épée à lame ondulée.

FLAMBEAU n.m. **1.** Anc. Faisceau de mèches enduites de cire ; torche. **2.** Anc. Grand chandelier de métal précieux. **3.** Fig. Chose ou personne qui constitue, incarne un idéal. ◇ *Transmettre le flambeau :* confier la continuation d'une œuvre, d'une tradition.

FLAMBÉE n.f. **1.** Feu clair, que l'on allume pour se réchauffer. **2.** Brusque manifestation. *Flambée de violence.* **3.** Hausse brutale (des prix, des valeurs, etc.). *Flambée des cours.*

FLAMBEMENT n.m. MÉCAN. Flambage.

FLAMBER v.i. **I. 1.** Brûler en faisant une flamme claire. **2.** Briller d'un éclat soudain. **3.** MÉCAN. Se déformer par flambage. **II. 1.** Fam. Augmenter brutalement, en parlant des prix. *Les loyers flambent.* **2.** Arg. Jouer gros jeu ; dépenser beaucoup d'argent. ◆ v.t. **1.** Passer (qqch) à la flamme. **2.** Arroser (un mets) d'un alcool que l'on fait brûler. **3.** Fam. *Être flambé :* être perdu, ruiné.

FLAMBERGE n.f. (n. de l'épée de Renaud de Montauban). Longue épée de duel très légère, aux XVIIe et XVIIIe s. *Mettre flamberge au vent.*

FLAMBEUR, EUSE n. Arg. Personne qui joue gros jeu.

FLAMBOIEMENT n.m. Éclat de ce qui flamboie.

1. FLAMBOYANT, E adj. **1.** Qui flamboie. *Feux flamboyants.* **2.** ARCHIT. Se dit de la dernière période gothique (France et Europe centrale et du Nord, à partir de la fin du XIVe s.), qui affectionna les décors de courbes et contre-courbes articulées notamm. en soufflets et mouchettes, formant comme des flammes dansantes (remplages, gâbles, etc.).

2. FLAMBOYANT n.m. Arbre des régions tropicales, cultivé pour ses belles fleurs rouges. (Famille des césalpiniacées.)

FLAMBOYER v.i. [13]. **1.** Jeter une flamme brillante. **2.** Litt. Briller comme la flamme. *Des yeux qui flamboient.*

FLAMENCO, CA [flamɛnko, ka] adj. et n.m. (mot esp.). Se dit de la musique, de la danse et du chant populaires andalous.

FLAMICHE n.f. Région. (Nord) ; Belgique. Tarte aux poireaux.

FLAMINE n.m. (lat. *flamen, flaminis*). ANTIQ. ROM. Prêtre attaché au culte d'un dieu particulier.

FLAMINGANT, E n. et adj. Partisan du flamingantisme ; nationaliste flamand.

FLAMINGANTISME n.m. Mouvement culturel et politique opposé à l'extension de la culture française en Flandre belge. (Certains de ses partisans revendiquent l'autonomie de la Flandre.)

FLAMME n.f. (lat. *flamma*). **I.** Phénomène lumineux, gaz incandescent produit par une substance en combustion. **II. 1.** Éclat (du regard). **2.** Fig. Vive ardeur, enthousiasme. *Discours plein de flamme.* **III. 1.** Pavillon long et étroit hissé au sommet du mât principal d'un navire de guerre. **2.** Banderole à deux pointes flottantes qui garnissait les lances de la cavalerie. **3.** Marque postale apposée sur les lettres à côté du timbre dateur. ◆ pl. Incendie, feu. ◇ *Les flammes éternelles :* les peines de l'enfer.

FLAMMÉ, E adj. Se dit d'une pièce de céramique sur laquelle le feu a produit des colorations variées. *Grès flammé.*

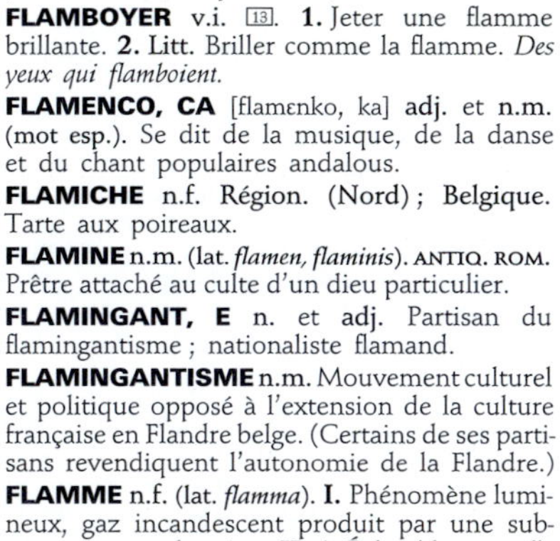
flamant rose

FLAMMÈCHE n.f. (du germ. *falawiska*). Parcelle de matière embrasée qui s'élève d'un foyer.

FLAMMEROLE n.f. Feu follet.

1. FLAN n.m. (du francique). **1.** Disque de métal prêt pour la frappe d'une monnaie ou d'une médaille. **2.** TECHN. Portion d'une feuille de métal destinée à l'emboutissage et au formage. **3. a.** Crème renversée. ◇ Fam. *En être, en rester comme deux ronds de flan :* être ébahi, stupéfait. **b.** Tarte à la crème ou garnie d'asperges, de fruits de mer, etc. **4.** ARTS GRAPH. Carton utilisé pour prendre l'empreinte de la forme typographique, en vue du clichage.

2. FLAN n.m. Fam. **1.** *C'est du flan :* ce n'est pas sérieux, pas vrai. **2.** *À la flan :* sans soin, n'importe comment.

FLANC n.m. (du francique). **I. 1.** Chacune des parties latérales du corps qui vont du défaut des côtes aux hanches ; côté du corps. *Se coucher sur le flanc.* ◇ *Être sur le flanc,* alité ; exténué. – Fam. *Se battre les flancs :* se donner du mal sans grand résultat. **2.** Litt. Entrailles maternelles. **II. 1.** Partie latérale d'une chose. *Les flancs d'un vaisseau, d'une montagne.* ◇ *À flanc de :* sur la pente de. **2.** MIL. Partie latérale d'une position ou d'une troupe (par opp. à *front*). **3.** HÉRALD. Côté dextre ou senestre de l'écu.

FLANC-GARDE n.f. (pl. *flancs-gardes*). Élément de sûreté fixe ou mobile qu'une troupe détache sur ses flancs pour se renseigner et se couvrir.

FLANCHER v.i. Fam. **1.** Faiblir, manquer de la force nécessaire ; défaillir. *Le cœur a flanché.* **2.** Manquer de courage, de résolution au moment crucial.

FLANCHET n.m. Morceau du bœuf ou du veau formé par la partie inférieure des parois abdominales.

FLANDRICISME n.m. Construction ou mot emprunté au flamand, employé dans le français régional du Nord ou de la Belgique.

FLANDRIN n.m. Vx. *Grand flandrin :* grand garçon dégingandé, d'allure gauche et molle.

FLÂNE n.f. Vx, litt. Habitude de flâner, de rester inactif ; promenade.

FLANELLE n.f. (angl. *flannel*). Tissu léger, en laine ou en coton.

FLÂNER v.i. (anc. scand. *flana*). **1.** Se promener sans but, au hasard ; avancer sans se presser. **2.** Paresser, perdre son temps.

FLÂNERIE n.f. Action, habitude de flâner.

FLÂNEUR, EUSE n. Personne qui flâne.

FLANQUEMENT n.m. MIL., FORTIF. Action de flanquer ; son résultat. ◇ *Tir de flanquement,* parallèle au front à défendre.

1. FLANQUER v.t. (de *flanc*). **1.** Être disposé, placé de part et d'autre de qqch ; être ajouté à. *Garage flanquant la maison.* **2.** Accompagner. *Flanqué de ses complices.* **3.** FORTIF. Défendre par des ouvrages établis sur les côtés. **4.** MIL. Appuyer ou défendre le flanc d'une unité ou d'une position par des troupes ou par des tirs.

2. FLANQUER v.t. Fam. **1.** Lancer, jeter brutalement. *Flanquer son livre par la fenêtre.* **2.** Mettre, donner avec énergie. *Flanquer une gifle.* – *Flanquer qqn dehors, à la porte,* le congédier, le renvoyer. **3.** Provoquer brutalement. *Flanquer la frousse.*

FLAPI, E adj. Fam. Abattu, épuisé.

FLAQUE n.f. Petite mare d'eau ou petite nappe de liquide stagnant.

FLASH [flaʃ] n.m. (mot anglo-amér.) [pl. *flashs* ou *flashes*]. **I.** Dispositif produisant un éclair lumineux pour une prise de vue photographique ; cet éclair. ◇ Fam. *Avoir un flash,* une idée lumineuse, soudaine. **II. 1.** CIN., TÉLÉV. Plan très court. **2.** Information importante transmise en priorité. **3.** Arg. Sensation brutale et courte après une injection intraveineuse de drogue. **4.** COMM. *Vente flash :* promotion ponctuelle de certains articles dans les grands magasins.

FLASHAGE n.m. En publication assistée par ordinateur, production, par une photocomposeuse, de films et de bromures de textes composés et mis en pages.

FLASH-BACK [flaʃbak] n.m. inv. Séquence cinématographique retraçant une action passée par rapport à la narration. Recomm. off. : *retour en arrière.*

FLASHER v.t. ind. *(sur).* Fam. Avoir un goût subit pour, éprouver un coup de foudre. ◆ v.t. IND. GRAPH. Procéder au flashage de.

FLASHEUSE n.f. IND. GRAPH. Photocomposeuse à laser effectuant l'opération de flashage.

1. FLASQUE adj. (anc. fr. *flache,* mou). Dépourvu de fermeté, de consistance, de tonus ; mollasse.

2. FLASQUE n.m. (néerl. *vlacke,* plat). **1.** Chacune des parties latérales de l'affût d'un canon. **2.** Plaque métallique bordant les côtés d'une pièce de machine. **3.** Disque fixe ou amovible monté de chaque côté du noyau d'une bande magnétique pour la protéger et en faciliter la manipulation.

3. FLASQUE n.f. (it. *fiasca*). Flacon plat.

1. FLAT [fla] adj.m. Se dit du ver à soie atteint de flacherie.

2. FLAT [flat] n.m. (mot angl.). Belgique. Studio, petit appartement.

FLATTER v.t. (du francique *flat,* plat de la main). **I. 1.** Caresser (un animal) du plat de la main. **2.** Chercher à plaire à (qqn) par des louanges fausses ou exagérées. **3.** *Être flatté de (une attention, etc.) :* être agréablement touché par. **4.** Embellir, avantager. *Cette photo vous flatte.* **II. 1.** Éveiller, entretenir avec complaisance (une passion, un sentiment bas). *Flatter les vices de qqn.* **2.** Charmer, affecter agréablement (un sens, l'esprit). *Ce vin flatte le palais.* ◆ **se flatter** v.pr. *(de).* Se vanter, prétendre. *Se flatter d'être habile.*

FLATTERIE n.f. Action de flatter ; propos qui flatte.

FLATTEUR, EUSE adj. et n. Qui flatte ; qui loue avec exagération. ◆ adj. **1.** Qui plaît à l'amour-propre. *Éloge flatteur.* **2.** Qui tend à idéaliser. *Portrait flatteur.*

FLATTEUSEMENT adv. De façon flatteuse.

FLATULENCE ou **FLATUOSITÉ** n.f. (lat. *flatus,* vent). MÉD. Accumulation de gaz dans une cavité naturelle (estomac ou intestin).

FLATULENT, E adj. MÉD. Produit par la flatulence.

FLAVESCENT, E adj. (lat. *flavus,* jaune). Litt. Jaune doré.

FLAVEUR n.f. (angl. *flavour*). Ensemble des sensations (odeur, goût, etc.) ressenties lors de la dégustation d'un aliment.

FLAVINE n.f. (lat. *flavus,* jaune). BIOL. Molécule organique appartenant à un groupe qui comprend la vitamine B2 (riboflavine), les pigments jaunes de nombreux animaux et des enzymes respiratoires.

FLÉAU n.m. (lat. *flagellum,* fouet). **I. 1.** Outil constitué d'un manche et d'un battoir en bois, reliés par des courroies, utilisé pour battre les céréales. **2.** Anc. (XIe-XVIe s.). *Fléau d'armes :* arme formée d'une ou deux masses reliées à un manche par une chaîne. **II. 1.** Grande calamité publique. **2.** Personne, chose funeste, néfaste. **III.** Tige horizontale d'une balance, aux extrémités de laquelle sont suspendus ou fixés les plateaux.

FLÉCHAGE n.m. Action de flécher un itinéraire ; son résultat.

1. FLÈCHE n.f. (du francique). **I.** Projectile formé d'une hampe en bois armée d'une pointe, et lancé par un arc ou une arbalète. ◇ *Monter en flèche,* tout droit, très vite ; fig., rapidement. – *Faire flèche de tout bois :* employer tous les moyens, même les pires, pour arriver à ses fins. – Litt. *La flèche du Parthe :* mot acerbe, trait ironique qui clôt la conversation. **II. 1.** Trait d'esprit, raillerie ou critique acerbe. **2.** Représentation schématique d'une flèche, pour indiquer un sens, une direction ou symboliser un vecteur. **3.** MATH. Segment joignant le milieu d'un arc de cercle et le milieu de la corde qui le sous-tend. **4.** ARCHIT. Hauteur d'un arc, d'une clef de voûte. **5.** *Flèche d'une trajectoire :* hauteur maximale atteinte par un projectile sur sa trajectoire. **6.** AÉRON. Inclinaison donnée au bord d'attaque d'une aile pour faciliter sa pénétration dans l'air. ◇ *Avion à flèche variable,* dont la flèche des ailes peut varier en fonction de la vitesse de vol. **7.** À skis, test de niveau en slalom géant. **III.** Chose, partie effilée. **1.** Partie pyramidale ou conique effilée qui couronne, notamm., un clocher. **2.** Timon mobile qui remplace les brancards lorsqu'on attelle deux chevaux. SYN. : *age.* ◇ *Chevaux attelés en flèche,* l'un devant l'autre. – *Être en flèche,* à l'avant-garde. **3.** ARM. Partie arrière de l'affût roulant d'un canon. **IV. 1.** BOT. *Flèche d'eau :* sagittaire (plante). **2.** GÉOGR. *Flèche littorale :* cordon littoral parallèle à la côte.

2. FLÈCHE n.m. MAR. Voile établie au-dessus d'une grand-voile à corne.

FLÉCHÉ, E adj. **1.** Balisé par des flèches. *Itinéraire fléché.* **2.** Orné de flèches.

FLÉCHER v.t. [18]. Marquer (un itinéraire) par des panneaux, des flèches pour indiquer une direction.

FLÉCHETTE n.f. Petit projectile muni d'une pointe que l'on jette à la main contre une cible.

FLÉCHIR v.t. (lat. *flectere*). **1.** Ployer peu à peu, rendre courbe (ce qui était droit). ◇ Plier (un membre, une articulation). **2.** Faire céder peu à peu (qqn), amener à l'indulgence, à l'obéissance. ◆ v.i. **1.** Se courber, plier sous la charge. *Poutre qui fléchit.* **2.** Baisser. *Les prix ont fléchi.* **3.** Faiblir, cesser de résister. *L'ennemi fléchit.*

FLÉCHISSEMENT n.m. **1.** Action de fléchir. **2.** Baisse, diminution. **3.** Renoncement.

FLÉCHISSEUR adj.m. et n.m. ANAT. Se dit de tout muscle destiné à faire fléchir certaine partie du corps. CONTR. : *extenseur.*

FLEGMATIQUE adj. et n. Se dit d'une personne calme, non émotive, qui domine toujours ses réactions.

FLEGMATIQUEMENT adv. Avec flegme.

FLEGMATISANT n.m. Substance ajoutée à un explosif pour diminuer sa sensibilité aux chocs et aux frictions.

FLEGME n.m. (gr. *phlegma,* humeur). **1.** Vx. Lymphe. **2.** Comportement d'un homme qui garde son sang-froid. **3.** Produit de la distillation d'un liquide alcoolique non consommable.

FLEGMON n.m. → ***phlegmon.***

FLEIN n.m. Petit emballage à anse fait de lamelles entrelacées ou assemblées par agrafage.

FLEMMARD, E adj. et n. Fam. Qui répugne à l'effort ; paresseux.

FLEMMARDER v.i. Fam. Paresser.

FLEMMARDISE n.f. Fam. Goût de flemmarder ; comportement de flemmard.

FLEMME n.f. (même orig. que *flegme*). Fam. Grande paresse, envie de ne rien faire. ◇ *Tirer sa flemme :* s'abandonner à la paresse.

FLÉOLE ou **PHLÉOLE** n.f. (gr. *phleôs,* roseau). Graminée fourragère vivace des prairies, préférant les sols secs et calcaires.

FLET [flɛ] n.m. (anc. néerl. *vlete*). Poisson plat commun dans les mers et les estuaires. (Long. 50 cm env. ; famille des pleuronectidés.)

FLÉTAN n.m. (mot néerl.). Poisson plat des mers froides, dont le foie est riche en vitamines A et D. (Long. de 2 à 3 m ; poids 250 kg ; famille des pleuronectidés.)

1. FLÉTRIR v.t. (lat. *flaccidus,* flasque). Faner, ôter son éclat, sa fraîcheur à. ◇ *Visage flétri,* ridé. ◆ **se flétrir** v.pr. Perdre sa fraîcheur.

2. FLÉTRIR v.t. (du francique). **1.** Anc. Marquer (un condamné) au fer rouge, sur l'épaule droite. **2.** Litt. Blâmer, condamner pour ce qu'il y a de mauvais. *Flétrir l'injustice.*

1. FLÉTRISSURE n.f. Altération de la fraîcheur des végétaux, de l'éclat du teint, de la beauté.

2. FLÉTRISSURE n.f. **1.** Anc. (jusqu'en 1832). Marque au fer rouge sur l'épaule d'un condamné. **2.** Fig., litt. Atteinte ignominieuse à l'honneur, à la réputation.

FLETTE n.f. Bateau plat accompagnant un chaland.

FLEUR n.f. (lat. *flos, floris*). **I. 1.** Partie souvent richement colorée et parfumée des plantes supérieures (phanérogames), contenant les organes reproducteurs. **2.** Plante à fleurs. *Bouquet de fleurs.* **3.** Objet, motif représentant une fleur. *Fleur artificielle.* **II. 1.** Personne, chose qui évoque la beauté, la séduction, la fragilité. ◇ Fam. *Comme une fleur :* facilement ; ingénument. – *Faire une fleur à qqn,* un geste inattendu et particulièrement aimable. **2.** Louanges, éloges décernés à qqn. *Couvrir de fleurs.* **3.** Litt. *Fleurs de rhétorique :* ornements de style, poétiques ou conventionnels. **4.** Temps du plein épanouissement, de l'éclat. *À la fleur de l'âge.* **5.** Litt. Fraîcheur. ◇ Vieilli. Virginité. **6.** Partie la plus fine, la meilleure. – *Fine fleur de farine :* farine de blé très pure. ◇ Élite. – Iron. *La fine fleur de la canaille.* **III. 1.** (Souvent pl.). Moisissure qui se développe à la surface du vin, de la bière, etc. **2.** CHIM., VX. Substance pulvérulente produite par sublimation ou oxydation. *Fleur de soufre.* **IV.** TECHN. Côté d'une peau tannée qui portait les poils. ◆ loc. adj. *Fleur bleue :* sentimental et romanesque. ◆ loc. prép. *À fleur de :* presque au niveau de. *À fleur d'eau.* – *À fleur de peau :* superficiel ; facilement irritable.
■ Rattachée à la tige par un pédoncule à la base duquel se trouve une bractée, une fleur complète se compose : d'un *périanthe,* où l'on distingue un *calice* externe, formé de *sépales,* et une *corolle,* formée de *pétales,* souvent colorés et odorants ; d'un *androcée,* formé des organes mâles, ou *étamines,* dont l'*anthère* produit les grains de *pollen ;* d'un *gynécée,* ou *pistil,* organe femelle, dont l'*ovaire,* surmonté d'un *style* et d'un *stigmate,* est garni d'*ovules.* Après la fécondation, l'ovaire donne un fruit, tandis que chaque ovule fournit une graine. Chez de nombreux végétaux, les fleurs sont incomplètes, soit par réduction du périanthe, soit par l'absence des étamines ou du pistil.

FLEURAGE n.m. Remoulage employé pour empêcher les pâtons de coller aux instruments du boulanger.

FLEURDELISÉ, E adj. Orné de fleurs de lis.

FLEURER v.t. et i. (lat. *flatare,* souffler). Litt. Répandre une odeur. *Cela fleure bon.*

FLEURET n.m. **1.** Épée fine, très légère (moins de 500 g), sans tranchant, terminée par un bouton, et dont on se sert à l'escrime (au fleuret, la surface de touche est délimitée par une cuirasse métallique). **2.** Tige d'acier pointue ou tranchante qui constitue la partie utile des marteaux perforateurs, des marteaux pneumatiques.

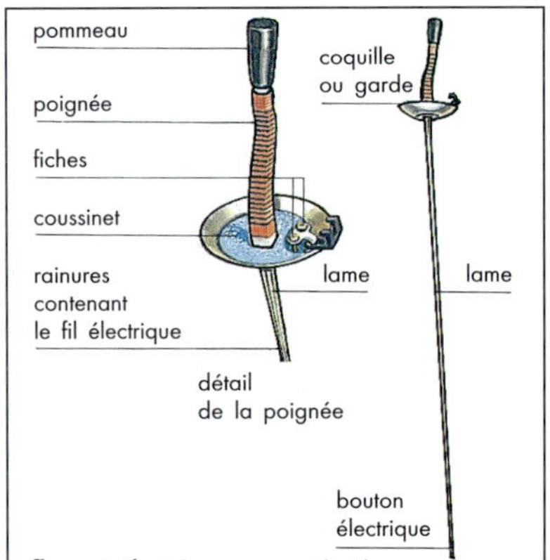

fleuret électrique : constitution

FLEURETER v.i. [27]. Vieilli. Conter fleurette.

1. FLEURETTE n.f. Petite fleur. ◇ *Conter fleurette :* tenir des propos galants à une femme.

2. FLEURETTE adj. *Crème fleurette :* crème obtenue par écrémage du lait et contenant 10 à 12 p. 100 de beurre.

FLEURETTISTE n. Escrimeur tirant au fleuret.

FLEURI, E adj. **1.** Orné, garni de fleurs. **2.** Fig. *Style fleuri,* brillant et orné.

FLEURIR v.i. (lat. *florere*) [32]. **1.** Produire des fleurs, s'en couvrir. **2.** Être prospère, se développer. *Le commerce fleurit.* (En ce sens, l'imp. de l'ind. est *je florissais,* etc., et le p. prés. *florissant.*) ◆ v.t. Orner de fleurs. *Fleurir sa chambre.*

FLEURISTE n. Personne qui s'occupe de la culture ou du commerce des fleurs. ◇ *Fleuriste artificiel,* qui fait ou vend des fleurs artificielles.

FLEURON n.m. **1.** Ornement en forme de fleur ou de bouquet de feuilles stylisés. **2.** BOT. Chacune des petites fleurs dont la réunion forme tout ou partie du capitule, chez les composées. **3.** *Le plus beau fleuron* ou *le fleuron :* ce qu'il y a de plus précieux, de plus remarquable.

FLEURONNÉ, E adj. Orné de fleurs, de fleurons.

FLEUVE n.m. (lat. *fluvius*). **1.** Cours d'eau qui aboutit à la mer. **2.** Fig. Masse en mouvement. *Fleuve de boue, de lave.*

Les plus grands fleuves du monde

fleuve	*superficie du bassin (km²)*	*débit moyen (m³/s)*
Amazone	6 150 000	190 000
Zaïre (ou Congo)	3 800 000	42 000
Mississippi	3 222 000	18 000
Nil	3 000 000	2 500
Ob	2 990 000	12 500
Ienisseï	2 600 000	19 800
Lena	2 425 000	15 500
Paraná	2 343 000	16 000
Yangzi Jiang	1 960 000	34 500
Amour	1 845 000	11 000
Mackenzie	1 805 000	7 200
Volga	1 385 000	8 000
Zambèze	1 330 000	3 500
Niger	1 100 000	7 000
Orénoque	1 085 000	31 000
Gange	1 075 000	16 000

FLEXIBILISER v.t. Rendre (un processus) plus flexible, moins rigide.

FLEXIBILITÉ n.f. **1.** Qualité de ce qui est flexible. **2.** Qualité de ce qui peut s'adapter ; système souple. *Flexibilité de l'emploi.*

1. FLEXIBLE adj. **1.** Qui plie aisément. *Roseau flexible.* **2.** Susceptible de s'adapter aux circonstances, souple. *Horaire flexible.* ◇ *Atelier flexible :* atelier à gestion informatisée assurant la production automatique de pièces.

2. FLEXIBLE n.m. **1.** Tuyau, conduite flexible. **2.** Organe de transmission flexible.

FLEXION n.f. **I. 1.** Action de fléchir. *Flexion du genou.* **2.** État de ce qui est fléchi. *Flexion d'un ressort.* **3.** PHYS. Déformation d'un solide soumis à des forces transversales. **II.** LING. Procédé morphologique consistant à ajouter à la racine du mot des désinences exprimant des catégories grammaticales (genre, nombre, personne) ou des fonctions syntaxiques (cas) ; ensemble de ces formes pourvues de désinence. *Flexion nominale ou déclinaison. Flexion verbale ou conjugaison.*

FLEXIONNEL, ELLE adj. LING. Qui possède des flexions. *Langues flexionnelles.*

FLEXOGRAPHIE n.f. Procédé d'impression avec formes en relief, constituées de clichés souples en caoutchouc ou en plastique, et utilisant des encres fluides à séchage rapide.

FLEXUEUX, EUSE adj. Litt. Courbé alternativement dans des sens différents.

FLEXUOSITÉ n.f. Litt. État de ce qui est flexueux ; partie flexueuse.

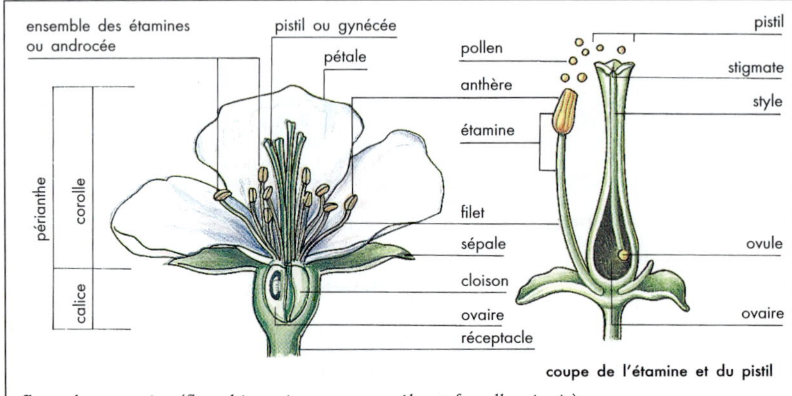

fleur de pommier (fleur bisexuée, organes mâle et femelle réunis)

FLEXURE n.f. GÉOL. Forme intermédiaire entre la faille et le pli, dans laquelle les couches sont étirées vers le compartiment affaissé. ◇ *Flexure continentale :* plan de contact, incliné, entre la terre et la mer, susceptible de s'atténuer, de s'accentuer, de migrer.

FLIBUSTE n.f. 1. Anc. Piraterie à laquelle se livraient les flibustiers. 2. Ensemble des flibustiers.

FLIBUSTER v.i. Vx. Pratiquer la flibuste.

FLIBUSTIER n.m. (altér. du néerl. *vrijbuiter,* pirate). 1. Pirate de la mer des Antilles, aux XVIIe et XVIIIe s. 2. Filou.

FLIC n.m. Fam. Agent de police et, en général, tout policier.

FLIC FLAC interj. (onomat.). Exprime un clapotement.

FLINGOT n.m. Arg., vx. Fusil de guerre.

FLINGUE n.m. Arg. Revolver, fusil.

FLINGUER v.t. Arg. Tirer avec une arme à feu sur (qqn).

FLINT [flint] ou **FLINT-GLASS** [flintglas] n.m. (angl. *flint,* silex, et *glass,* verre) [pl. *flint-glasses*]. Verre d'optique à base de plomb, dispersif et réfringent.

FLIPOT n.m. Petite pièce de bois rapportée pour dissimuler une fente accidentelle dans un ouvrage en bois.

1. FLIPPER [flipœr] n.m. (mot angl., de *to flip,* donner une chiquenaude). Petit levier d'un billard électrique, qui renvoie la bille vers le haut ; le billard lui-même.

2. FLIPPER [flipe] v.i. (de *to flip,* secouer). 1. Arg. Éprouver un sentiment d'angoisse lié à l'état de manque, en parlant d'un toxicomane. 2. Fam. Être déprimé ou excité ; être dans un état second.

FLIRT [flœrt] n.m. (mot angl.). 1. Relations amoureuses passagères. 2. Personne avec qui l'on flirte. 3. Rapprochement momentané (entre adversaires idéologiques, politiques, etc.).

FLIRTER [flœrte] v.i. 1. Avoir un flirt (avec qqn). 2. Fam. Se rapprocher (d'adversaires politiques, etc.). *Centriste qui flirte avec le socialisme.*

FLIRTEUR, EUSE [flœrtœr, øz] adj. et n. Qui flirte.

FLOC interj. Onomatopée qui évoque le bruit d'un corps qui tombe dans un liquide, ou un bruit similaire.

FLOCAGE n.m. TEXT. Application de fibres plus ou moins longues (de coton, de laine, etc.) sur un support adhésif.

1. FLOCHE adj. (anc. fr. *floche,* flocon de laine). *Fil floche :* fil à faible torsion, utilisé en bonneterie.

2. FLOCHE n.f. (lat. *floccus*). Belgique. 1. Gland de passementerie. 2. Double ganse qui arrête le nœud des lacets de chaussures.

FLOCK-BOOK [flɔkbuk] n.m. (mot angl.) [pl. *flock-books*]. Livre généalogique des moutons de race.

FLOCON n.m. (lat. *floccus*). 1. Amas léger de fibres, de neige, etc. 2. Petite lamelle d'un aliment déshydraté. *Flocon d'avoine. Purée en flocons.* 3. MÉTALL. Défaut apparaissant dans la masse de pièces en acier laminé ou forgé.

FLOCONNER v.i. Former des flocons.

FLOCONNEUX, EUSE adj. Qui a la forme de flocons, qui ressemble à des flocons.

FLOCULANT n.m. CHIM., PHYS. Produit qui provoque la floculation.

FLOCULATION n.f. CHIM., PHYS. Transformation réversible que subissent les suspensions colloïdales par association des particules constituantes. ◇ MÉD. *Réactions de floculation :* réactions biochimiques utilisées pour le diagnostic de certaines maladies, dont la syphilis.

FLOCULER v.i. CHIM. Précipiter sous forme de flocons, en parlant de systèmes colloïdaux.

FLONFLON n.m. (onomat.). Fam. Refrain de chanson populaire et musique qui s'y rapporte. ◆ pl. Accents, airs bruyants de certaines musiques populaires.

FLOOD [flœd] adj. inv. (mot angl.). *Lampe flood :* lampe à filament de tungstène survolté, fournissant une lumière intense à spectre continu, utilisée en photographie d'intérieur.

FLOP n.m. (onomat., mot angl.). Fam. Échec (d'un spectacle, d'un ouvrage publié). ◇ Fam. *Faire un flop,* un bide, un four.

FLOPÉE n.f. Fam. *Une flopée de :* une grande quantité de.

FLOQUER v.t. TEXT. Déposer des fibres sur (une surface) par flocage.

FLORAISON n.f. 1. Épanouissement des fleurs ; temps de cet épanouissement. 2. Fig. Apparition simultanée d'un grand nombre de choses, de personnes remarquables. *Floraison de romans, de romanciers.*

FLORAL, E, AUX adj. (lat. *flos, floris,* fleur). Relatif à la fleur, aux fleurs.

FLORALIES n.f. pl. Exposition horticole où sont présentées de nombreuses plantes à fleurs.

FLORE n.f. (lat. *Flora,* déesse des Fleurs). 1. BOT. Ensemble des espèces végétales croissant dans une région, un milieu donnés. 2. Ouvrage permettant la détermination et la classification de ces espèces. 3. MÉD. *Flore microbienne* ou *bactérienne :* ensemble des micro-organismes vivant, à l'état normal ou pathologique, sur les tissus ou dans les cavités naturelles de l'organisme.

FLORÉAL n.m. (pl. *floréals*). HIST. Huitième mois du calendrier républicain, commençant le 20 ou le 21 avril et finissant le 19 ou le 20 mai.

FLORENCE n.f. (de *Florence,* v. d'Italie). Gros crin de soie, très résistant, utilisé pour le montage des engins de pêche. (On dit aussi *crin de Florence.*)

FLORENTIN, E adj. et n. 1. De Florence. 2. Qui évoque les intrigues politiques qui avaient cours à Florence à l'époque de la Renaissance.

FLORÈS (FAIRE) [fɛrflɔrɛs] loc. verbale. Litt., vieilli. Obtenir des succès, réussir d'une manière éclatante.

FLORICOLE adj. 1. Qui vit sur les fleurs. 2. Qui concerne les fleurs, la floriculture.

FLORICULTURE n.f. Branche de l'horticulture qui s'occupe spécialement de la culture des plantes à fleurs et, par ext., des plantes d'ornement.

FLORIDÉE n.f. *Floridées :* groupe d'algues comprenant presque toutes les rhodophycées.

FLORIFÈRE adj. BOT. Qui porte des fleurs.

FLORILÈGE n.m. (du lat. *flos, floris,* fleur, et *legere,* choisir). 1. Recueil de morceaux choisis d'œuvres littéraires, en particulier de poésies. 2. Sélection de choses belles ou remarquables.

FLORIN n.m. (it. *fiorino*). 1. Monnaie ancienne de Florence, en or. 2. Unité monétaire principale des Pays-Bas. SYN. : *gulden.* (→ ***monnaie.***)

FLORISSANT, E adj. 1. Qui est en pleine prospérité. *Pays florissant.* 2. Qui indique un parfait état de santé. *Mine florissante.*

FLORISTIQUE adj. BOT. Qui concerne la flore.

FLOT n.m. (du francique). I. 1. Toute masse liquide agitée de mouvements en sens divers ; vague. 2. Spécialt. *Le flot :* la marée montante. 3. Quantité importante (d'un liquide versé ; de choses, de personnes). *Flot de sang. Flot d'auditeurs.* ◇ *À flots :* abondamment. *L'argent coule à flots.* II. *Être à flot :* flotter ; fig., cesser d'être aux prises avec des difficultés. ◇ *Remettre à flot :* renflouer. ◆ pl. Litt. *Les flots :* la mer.

FLOTTABILITÉ n.f. 1. Propriété que possèdent certains corps de rester insubmersibles. 2. Force due à la poussée de l'eau sur le volume immergé d'un corps.

FLOTTABLE adj. 1. Qui peut flotter. *Bois flottable.* 2. Qui permet le flottage de trains de bois ou de radeaux. *Rivière flottable.* 3. Qui peut être traité par flottation.

FLOTTAGE n.m. 1. Transport de bois, débités en grumes, que l'on fait flotter liés ensemble et qui descendent un cours d'eau. 2. Fabrication du verre de vitrage (ou glace flottée) consistant à verser le verre fondu sur un bain d'étain liquide où il s'étale en ruban continu.

FLOTTAISON n.f. 1. Limite qui, dans un corps flottant sur une eau calme, sépare la partie immergée de celle qui émerge. ◇ *Ligne de flottaison :* intersection de la surface de l'eau avec la coque d'un navire. 2. ÉCON. État d'une monnaie flottante. SYN. : *flottement.*

1. FLOTTANT, E adj. 1. Qui flotte, est en train de flotter (sur un liquide). 2. Qui ondule au gré du vent, qui ondoie, qui retombe avec souplesse. *Robe flottante.* 3. Qui n'est pas nettement fixé ; variable. ◇ *Capitaux flottants* → ***capital.*** – *Dette flottante :* partie de la dette publique, non consolidée, susceptible d'augmentation ou de diminution en permanence. – *Monnaie flottante :* monnaie dont la parité vis-à-vis des autres monnaies n'est pas déterminée par un taux de change fixe. – *Virgule flottante :* mode de représentation d'un nombre dans lequel la position de la virgule n'est pas fixée par rapport à l'une des extrémités du nombre ; méthode permettant d'effectuer des opérations arithmétiques sur ce format, par opp. à *virgule fixe.* 4. Qui ne s'arrête à rien de précis. *Esprit flottant.*

2. FLOTTANT n.m. Short de sport ample et échancré.

FLOTTARD n.m. Arg. scol. Élève préparant le concours de l'École navale.

FLOTTATION n.f. (angl. *flotation*). Procédé de séparation d'un mélange de corps finement broyés, utilisant la propriété qu'ont certaines substances en milieu aqueux de fixer des bulles d'air, acquérant ainsi une densité artificiellement réduite.

1. FLOTTE n.f. (anc. scand. *flotti*). 1. Ensemble de navires dont les activités sont coordonnées par une même autorité ou opérant dans une zone déterminée. 2. Ensemble des forces navales d'un pays ou d'une compagnie maritime. 3. Importante formation d'aviation militaire ; ensemble des appareils d'une compagnie aérienne.

2. FLOTTE n.f. Fam. Eau, pluie.

3. FLOTTE n.f. Morceau de liège maintenant une ligne ou un filet à fleur d'eau.

FLOTTEMENT n.m. 1. État d'un objet qui flotte, qui ondule mollement. 2. Mouvement discordant dans les rangs d'une colonne qui défile, d'une file qui avance. 3. AUTOM. Oscillation répétée des roues directrices d'un véhicule, successivement d'un côté et de l'autre. 4. AÉRON. Flutter. 5. Mouvement d'hésitation, d'incertitude. *Un flottement dans l'assistance.* 6. ÉCON. Flottaison (d'une monnaie).

FLOTTER v.i. (de *flot*). 1. Être porté sur une surface liquide. 2. Ondoyer, retomber avec souplesse en ondulant. *Drapeau qui flotte au vent.* 3. a. Avoir de l'ampleur, en parlant d'un vêtement. *Son manteau flotte autour de lui.* b. *Flotter dans un vêtement :* porter un vêtement trop grand ou trop large. *Il flotte dans son costume.* 4. Être indécis, irrésolu. *Flotter entre l'espérance et la crainte.* 5. En parlant d'une monnaie, avoir une valeur variable par rapport à une autre monnaie. ◆ v.t. *Flotter du bois,* l'acheminer par flottage. ◆ v. impers. Fam. Pleuvoir.

1. FLOTTEUR n.m. Professionnel procédant au transport du bois par flottage.

2. FLOTTEUR n.m. Corps, dispositif, pièce spécialement conçus pour flotter à la surface d'un liquide. *Flotteur d'une ligne de pêche.* ◇ *Flotteur en catamaran :* chacun des éléments fixés par paires sous le fuselage d'un hydravion.

FLOTTILLE n.f. (esp. *flotilla*). 1. Ensemble de petits navires se déplaçant ensemble. *Une flottille de pêche en partance.* 2. Réunion de navires de faible tonnage de la marine de guerre. 3. Formation d'appareils de combat de l'aéronavale.

1. FLOU, E adj. (lat. *flavus,* jaune, fané). 1. Qui manque de netteté. *Photographie floue. Un visage aux traits flous.* 2. BX-A. Se dit d'une œuvre dont les contours sont peu distincts ; fondu, vaporeux. *Un dessin flou.* 3. COUT. Souple, non ajusté. *Une robe floue.* 4. Fig. Qui manque de précision, de clarté. *Idées floues.* 5. *Logique floue :* logique qui substitue à la logique binaire une logique fondée sur des variables pouvant prendre, outre les valeurs «vrai» ou «faux», les valeurs intermédiaires «vrai» ou «faux» avec une certaine probabilité. (La *logique floue* est notamm. appliquée à des automates pour gérer des processus complexes.)

2. FLOU n.m. 1. Caractère de ce qui manque de netteté. 2. CIN., PHOT. Manque de netteté de l'image. ◇ *Flou (artistique) :* effet délibéré de flou ; fig., ambiguïté dans le discours, l'attitude. 3. COUT. Technique de réalisation des vêtements souples, vaporeux (robes du soir, robes de mariée, etc.).

FLOUER v.t. Fam. Voler, duper (qqn).

FLOUSE ou **FLOUZE** n.m. (ar. *fulūs*). Arg. Argent.

FLOUVE n.f. Herbe fourragère odorante des bois et des prés. (Famille des graminées.)

FLUAGE n.m. Déformation lente que subit un matériau soumis à une contrainte permanente.

FLUATATION n.f. Procédé d'imperméabilisation des calcaires tendres et des bétons.

FLUATE n.m. CHIM. Vx. Fluorure.

FLUCTUANT, E adj. Qui est sujet à des variations.

FLUCTUATION n.f. (du lat. *fluctuare,* flotter). **1.** Variation continuelle, transformation alternative. *Fluctuation des prix.* **2.** Variation d'une grandeur physique de part et d'autre d'une valeur moyenne. **3.** Déplacement alternatif dans la masse d'un liquide.

FLUCTUER v.i. Être fluctuant, changer.

FLUENT, E adj. (du lat. *fluere,* couler). **1.** MÉD. Qui coule, suinte, laisse écouler un liquide, en parlant d'un organe, d'une lésion. **2.** Litt. Qui change sans cesse, mouvant.

FLUER v.i. (lat. *fluere*). Litt. Couler, s'écouler, se répandre, en parlant de l'eau, d'une odeur, etc.

FLUET, ETTE adj. (de *flou*). **1.** Qui est mince, et d'apparence frêle, délicate. **2.** *Voix fluette,* qui manque de force.

1. FLUIDE adj. (lat. *fluidus*). **1.** CHIM. Se dit d'un corps (liquide ou gaz) dont les molécules sont faiblement liées, et qui peut ainsi prendre la forme du vase qui le contient. **2.** Qui coule, s'écoule facilement. *Huile très fluide.* ◇ *Circulation fluide,* régulière, sans à-coups ni embouteillages. **3.** Difficile à saisir, à fixer, à apprécier. *Situation fluide.*

2. FLUIDE n.m. **1.** Corps fluide. ◇ *Mécanique des fluides* : partie de la mécanique qui étudie les fluides considérés comme des milieux continus déformables. **2.** Énergie occulte, influence mystérieuse que dégageraient certaines personnes, certains objets.

FLUIDIFIANT, E adj. et n.m. **1.** MÉD. Se dit de substances qui fluidifient les sécrétions (bronchiques, biliaire, etc.) ou les épanchements. **2.** PÉTR. Se dit d'un produit pétrolier employé pour diminuer la consistance des bitumes, des peintures ou des boues de forage.

FLUIDIFICATION n.f. Action de fluidifier, fait de se fluidifier.

FLUIDIFIER v.t. **1.** *Fluidifier un corps,* le faire passer à l'état liquide ou en augmenter la fluidité. **2.** *Fluidifier la circulation,* la rendre fluide.

1. FLUIDIQUE adj. **1.** Relatif à la fluidique. **2.** Relatif au fluide occulte de qqn.

2. FLUIDIQUE n.f. Technologie utilisant un fluide ainsi que des composants sans pièces mobiles pour réaliser des effets d'amplification, de commutation ; traitement de l'information par les fluides en utilisant les propriétés dynamiques des fluides.

FLUIDISATION n.f. TECHN. Mise en suspension dense de particules dans un courant fluide ascendant.

FLUIDISER v.t. TECHN. Soumettre à la fluidisation.

FLUIDITÉ n.f. **1.** Caractère de ce qui est fluide, de ce qui s'écoule régulièrement. *Fluidité d'une crème. Fluidité du trafic routier.* **2.** ÉCON. Situation dans laquelle l'offre et la demande s'adaptent aisément l'une à l'autre.

FLUO adj. inv. (abrév.). Se dit de couleurs fluorescentes ou de tout objet comportant ces couleurs. *Un jaune fluo. Un maillot de bain fluo.*

FLUOGRAPHIE n.f. Procédé consistant à photographier en lumière ultraviolette un document gravé préalablement imprégné de produits fluorescents qui se fixent dans les creux et en font ressortir les détails.

FLUOR n.m. (mot lat., *écoulement*). **1.** Corps simple gazeux, jaune-vert ; élément (F) de numéro atomique 9, de masse atomique 18,99. (Le plus électronégatif de tous les éléments, il est fortement réactif.) **2.** *Spath fluor* : fluorite.

FLUORATION n.f. Adjonction de fluor aux eaux destinées à la consommation.

FLUORÉ, E adj. Qui contient du fluor.

FLUORESCÉINE n.f. Matière colorante jaune, à fluorescence verte, tirée de la résorcine.

FLUORESCENCE n.f. Propriété qu'ont certains corps d'émettre de la lumière visible lorsqu'ils reçoivent un rayonnement, lequel peut être invisible (rayons ultraviolets, rayons X).

FLUORESCENT, E adj. **1.** Doué de fluorescence. **2.** Se dit d'une source de rayonnement produit par fluorescence. *Tube fluorescent.*

FLUORHYDRIQUE adj.m. Se dit d'un acide (HF) formé par le fluor et l'hydrogène, et employé pour la gravure sur verre.

FLUORITE ou **FLUORINE** n.f. Fluorure naturel de calcium CaF_2, dont les cristaux, jaunes, verts ou violets, se rencontrent associés au quartz ou à la calcite dans la gangue des gîtes minéraux. SYN. : *spath fluor.*

FLUOROSE n.f. PATHOL. Intoxication par le fluor et ses dérivés.

FLUORURE n.m. **1.** Composé binaire du fluor avec un autre élément. **2.** Sel de l'acide fluorhydrique.

FLUOTOURNAGE n.m. Procédé de formage par application et déformation d'un flan plat ou d'une ébauche sur un mandrin tournant, permettant d'obtenir des pièces creuses de révolution.

FLUSH [flœʃ] ou [flɔʃ] n.m. (mot angl.) [pl. *flushs* ou *flushes*]. Au poker, combinaison de cinq cartes de la même couleur. ◇ *Quinte flush* : combinaison de cinq cartes de la même couleur formant une séquence.

FLUSTRE n.f. ZOOL. Ectoprocte des rivages, très commun.

1. FLÛTE n.f. **I. 1.** Instrument de musique à vent et à embouchure, formé d'un tube creux et percé de trous. ◇ *Flûte à bec* : flûte droite, en bois ou en matière plastique, de perce conique, avec une embouchure en forme de bec. – *Flûte traversière* : flûte en bois ou en métal dont l'embouchure est percée sur le côté. – *Petite flûte* ou *piccolo* : flûte à timbre aigu. **2.** *Flûte de Pan* : instrument composé de tubes d'inégale longueur sur lesquels on promène les lèvres. **3.** *Jeu de flûte* : jeu d'orgue qui imite les sons de la flûte. **II. 1.** Verre à pied, étroit et haut. **2.** Suisse. Bouteille à col long. **3.** Pain mince et long. ◆ pl. Fam. Jambes maigres. ◇ Fam. *Jouer des flûtes* : se sauver. ◆ interj. Fam. *Flûte !,* exclamation marquant l'impatience, la déception.

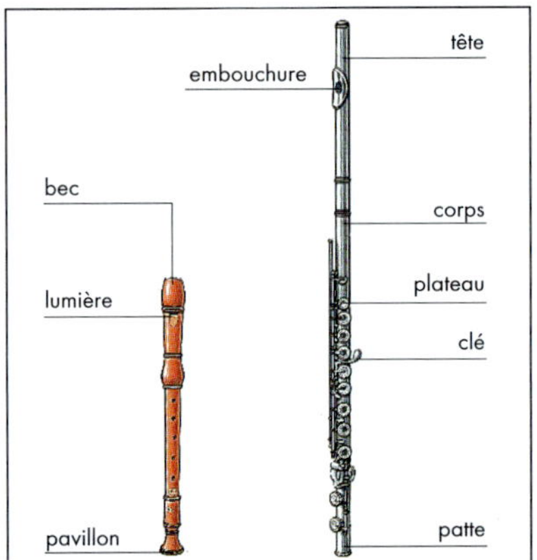

flûte à bec et **flûte** traversière

2. FLÛTE n.f. (néerl. *fluit*). MAR. Anc. **1.** Bâtiment de guerre réservé au transport du matériel et des munitions. **2.** Gros navire de charge, à voiles, des ports hollandais.

FLÛTÉ, E adj. Se dit d'un son doux évoquant celui de la flûte.

FLÛTEAU n.m. Plantain d'eau.

FLÛTER v.i. Vx. Jouer de la flûte ; faire entendre un son qui évoque la flûte.

FLÛTIAU n.m. Petite flûte champêtre.

FLÛTISTE n. Instrumentiste qui joue de la flûte.

FLUTTER [flœtœr] n.m. (mot angl., *mouvement rapide*). **1.** AÉRON. Vibration de faible amplitude et de fréquence élevée des surfaces portantes d'un avion. SYN. : *flottement.* **2.** MÉD. Tachycardie importante des oreillettes avec rythme ventriculaire deux ou trois fois plus lent.

FLUVIAL, E, AUX adj. (du lat. *fluvius,* ruisseau). **1.** Qui a rapport aux fleuves, aux rivières. **2.** Qui a lieu sur les fleuves, les cours d'eau. *Navigation fluviale.*

FLUVIATILE adj. Relatif aux fleuves, aux eaux courantes. *Des dépôts fluviatiles.*

FLUVIO-GLACIAIRE adj. (pl. *fluvio-glaciaires*). Relatif à la fois aux fleuves et aux glaciers. ◇ GÉOGR. *Cône fluvio-glaciaire* : glacis d'alluvions très aplati, étalé par le ruissellement et les eaux courantes en avant des moraines frontales laissées par les glaciers quaternaires.

FLUVIOGRAPHE ou **FLUVIOMÈTRE** n.m. Appareil enregistrant les variations du niveau d'un fleuve canalisé.

FLUVIOMÉTRIQUE adj. Relatif à la mesure du niveau et du débit des cours d'eau.

FLUX [fly] n.m. (lat. *fluxus,* écoulement). **1.** Écoulement d'un liquide organique ou de matières liquides en général. **2.** Marée montante, flot. **3.** Grande abondance de choses ou de personnes qui semblent couler. *Un flux de paroles.* ◇ *Flux migratoire :* mouvement de population de grande ampleur. **4.** MATH. *Flux d'un vecteur à travers une surface* : intégrale du produit de la composante normale de ce vecteur par l'élément d'aire correspondant. **5.** PHYS. **a.** *Flux électrique, magnétique* : flux des vecteurs champ électrique, induction magnétique. **b.** *Flux lumineux* : débit d'énergie rayonnante évalué d'après son action sur un récepteur déterminé. **6.** CLIMATOL. Déplacement de masses d'air à l'échelle planétaire, de caractère zonal (dans le sens des parallèles) ou méridien (on parle alors aussi de *coulée*). **7.** MÉTALL. Produit déposé en surface d'un métal en fusion pour l'affiner, le fluidifier et le protéger de l'oxydation de l'air. **8.** ÉCON. Somme des échanges effectués par les divers agents de la vie économique. ◇ *Flux tendu* : en matière d'approvisionnement, gestion tendant à supprimer les stocks.

FLUXION n.f. (lat. *fluxio,* de *fluere,* couler). **1.** Congestion dans une partie du corps, avec gonflement extérieur. ◇ Vx. *Fluxion de poitrine :* congestion pulmonaire avec atteinte pleurale et réaction musculaire douloureuse. **2.** *Fluxion dentaire* : inflammation des gencives ou des autres muqueuses buccales, due à un foyer infectieux dentaire.

FLUXMÈTRE [flymɛtr] n.m. Appareil qui sert à mesurer une variation de flux d'induction magnétique.

FLYSCH [fliʃ] n.m. (mot suisse all.). GÉOL. Formation détritique se déposant dans les géosynclinaux et caractérisée par de rapides variations de faciès (bancs calcaires, gréseux, schisteux).

Fm, symbole chimique du fermium.

FM [ɛfɛm] n.f. (sigle de l'angl. *frequency modulation*). Modulation* de fréquence.

FOB [ɛfobe] adj. inv. et adv. (sigle de l'angl. *free on board,* franco à bord). Se dit d'une transaction commerciale maritime dans laquelle le prix convenu comprend les frais que supporte la marchandise jusqu'à sa destination sur le navire désigné par l'acquéreur.

FOC n.m. (mot néerl.). Chacune des voiles triangulaires établies à l'avant d'un navire. ◇ *Foc d'artimon :* voile d'étai, qui s'installe entre le grand mât et le mât d'artimon.

FOCAL, E, AUX adj. (du lat. *focus,* foyer). **1.** Qui est le plus important, central. *Point focal d'un raisonnement.* **2.** OPT. Qui concerne le foyer des miroirs ou des lentilles. *Objectif à focale variable.* ◇ *Distance focale* ou *focale,* n.f. : distance du foyer principal d'un système centré au plan principal du système. **3.** MATH. *Distance focale d'une conique :* distance du centre de la conique à l'un des deux foyers. – *Axe focal d'une conique :* axe de symétrie passant par le ou les foyers de cette conique.

FOCALISATION n.f. Action de focaliser.

FOCALISER v.t. **1.** Faire converger en un point (un faisceau lumineux, un flux de particules, etc.). **2.** Fig. Concentrer sur un point précis. *Focaliser l'attention.*

FOCOMÈTRE n.m. OPT. Instrument de mesure des distances focales des lentilles. SYN. (VX) : *phacomètre.*

FŒHN ou **FÖHN** [føn] n.m. (mot suisse all.). **1.** Vent du sud, chaud et très sec, fréquent au printemps et en automne, qui souffle dans les vallées du versant nord des Alpes, en Suisse et au Tyrol. **2.** Suisse. Sèche-cheveux.

FOÈNE, FOËNE ou **FOUËNE** [fwɛn] n.f. (lat. *fuscina*). Harpon à plusieurs branches pointues et barbelées, emmanché à un bâton. SYN. : *fouine.*

FŒTAL, E, AUX [fe-] adj. Relatif au fœtus.

FŒTOLOGIE n.f. Étude du fœtus in utero.

FŒTO-MATERNEL, ELLE adj. (pl. *fœto-maternels, elles*). Relatif au fœtus et à la mère.

FŒTOPATHIE n.f. Maladie du fœtus.

FŒTOSCOPIE [fetɔskɔpi] n.f. Technique de vision directe du fœtus in utero, par introduction d'un endoscope par la voie abdominale.

FŒTUS [fetys] n.m. (mot lat.). Produit de la conception non encore arrivé à terme, mais ayant déjà les formes de l'espèce. (Chez l'homme, l'embryon prend le nom de fœtus au troisième mois de la grossesse, et le garde jusqu'à la naissance.)

FOFOLLE adj.f. et n.f. → ***foufou.***

FOGGARA n.f. (mot ar. maghrébin). Galerie souterraine pour l'irrigation, au Sahara.

FÖHN n.m. → ***fœhn.***

FOI n.f. (lat. *fides,* engagement, lien). **I. 1.** Fidélité à remplir ses engagements, loyauté, garantie. *La foi des traités.* **2.** *Faire foi :* établir d'une façon indiscutable ; prouver. **3.** *Ma foi :* formule usitée pour appuyer une affirmation, une négation. *Ma foi, oui.* **4. a.** *Être de bonne foi :* être convaincu de la véracité de ce que l'on dit. **b.** *Être de mauvaise foi :* savoir fort bien que l'on dit une chose fausse. **II. 1.** Confiance en qqn ou qqch. *Témoin digne de foi.* ◇ *Avoir foi en :* avoir confiance en. **2.** *Ligne de foi :* ligne qui, dans un instrument d'optique, sert de repère pour observer avec exactitude. **III. 1.** RELIG. Le fait de croire en Dieu, en des vérités religieuses révélées. ◇ *Sans foi ni loi :* sans religion ni respect de la loi humaine. **2.** Le dogme lui-même, la religion. **3.** *Mauvaise foi :* pour les existentialistes, attitude qui consiste à se cacher à soi-même la vérité.

FOIE n.m. (lat. [*jecur*] *ficatum,* foie d'oie engraissée avec des figues). **1.** Organe contenu dans l'abdomen, annexé au tube digestif, qui sécrète la bile et remplit de multiples fonctions dans le métabolisme des glucides, des lipides et des protides. **2.** Foie de certains animaux employé comme aliment. *Une tranche de foie de veau. Du pâté de foie.* ◇ *Foie gras :* foie d'oie ou de canard spécialement gavés. **3.** Pop., vieilli. *Avoir les foies :* avoir peur. **4.** Pop. *Foie blanc :* lâche. ■ Le foie est le plus volumineux de tous les viscères (de 1,5 à 2 kg chez l'homme). Son irrigation est assurée par la veine porte et l'artère hépatique. Il sécrète la bile qui, directement ou après un passage dans la vésicule biliaire, est déversée dans l'intestin. Le foie remplit en outre de nombreuses fonctions endocriniennes (sécrétion interne), dont les plus importantes sont les *fonctions glycogénique* (régulation de la quantité de glucose dans le sang, stocké dans le foie sous forme de glycogène), *hémolytique* et *hématopoïétique* (destruction et renouvellement des hématies), *martiale* (mise en réserve du fer livré pour la formation de nouvelles hématies), *antihémorragique* (formation de la prothrombine sous l'influence de la vitamine K) et *antitoxique* (par formation de l'urée).

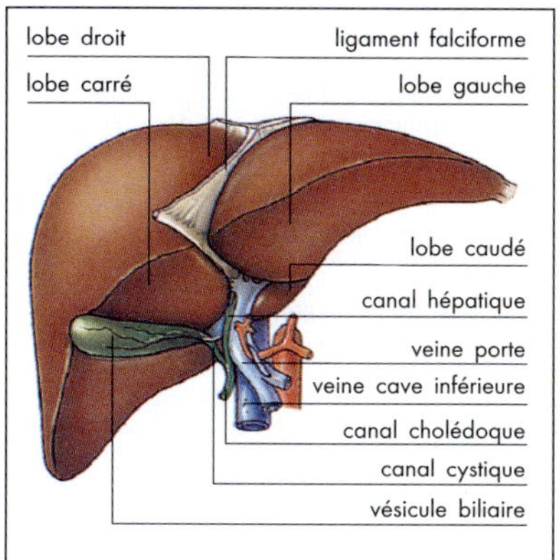

foie humain (face inférieure)

FOIE-DE-BŒUF n.m. (pl. *foies-de-bœuf*). Champignon aussi appelé *fistuline.*

FOIL [fɔjl] n.m. (mot angl.). MAR. Plan porteur inclinable, destiné aux embarcations susceptibles de déjauger.

1. FOIN n.m. (lat. *fenum*). **1.** Herbe fauchée et séchée pour la nourriture du bétail. *Une meule de foin.* ◇ Fig. *Bête à manger du foin :* totalement stupide. **2.** Herbe sur pied, destinée à être fauchée. **3.** Poils soyeux qui garnissent le fond d'un artichaut. **4.** Fig., pop. *Faire du foin :* faire du bruit, causer du scandale.

2. FOIN interj. Litt. Exprime le dégoût, le mépris. *Foin ! Foin de votre conseil !*

FOIRADE n.f. Vulg. Le fait de foirer ; désastre, échec.

FOIRAIL ou **FOIRAL** n.m. (pl. *foirails, foirals*). Région. Champ de foire.

1. FOIRE n.f. (lat. *feriae,* jours de fête). **1.** Grand marché public se tenant à des époques fixes dans un même lieu. ◇ *Champ de foire :* emplacement où se tient une foire. ◇ *Théâtre de la Foire :* ensemble de spectacles qui furent donnés du XVIe au XVIIIe s. dans les foires Saint-Germain et Saint-Laurent à Paris, et qui sont à l'origine du théâtre du Boulevard. **2.** Fête foraine qui a lieu à une certaine époque de l'année. *La foire du Trône, à Paris.* **3.** Exposition commerciale périodique. *La foire de Lyon.* **4.** Fam. *Faire la foire :* mener une vie de plaisirs ; faire la fête.

2. FOIRE n.f. (lat. *foria*). Vulg., vieilli. Diarrhée.

FOIRER v.i. **1.** Vulg., vieilli. Avoir la diarrhée. **2.** Fam. Ne plus prendre, en parlant d'un pas de vis usé. **3.** Fam. Échouer, rater. *Affaire qui foire.*

FOIREUX, EUSE adj. et n. **1.** Vulg. Qui a la diarrhée. **2.** Très fam. Poltron. ◆ adj. Fam. Qui fonctionne mal ; raté.

FOIROLLE n.f. Mercuriale annuelle, purgative. (Famille des euphorbiacées.)

FOIS n.f. (lat. *vices,* vicissitudes). **1.** Avec un mot qui indique le nombre, marque l'unité ou la réitération d'un fait, la répétition ou la multiplication d'une quantité, l'intensité plus ou moins grande et relative d'une action, d'un état. *Il est venu trois fois. Trois fois deux font six.* ◇ *Une fois :* à une certaine époque. *Il était une fois...* – *Une fois pour toutes :* définitivement. – *Pour une fois,* marque l'exception. – *Y regarder à deux fois :* bien réfléchir avant d'agir. **2.** Forme des loc. adv. ou conj. **a.** Fam. *Des fois :* parfois. **b.** Pop. *Des fois que... :* peut-être que, au cas où... **c.** *À la fois :* ensemble, en même temps. **3.** Belgique (calque du néerlandais). *Une fois* (renforce une affirmation, une injonction, une interrogation).

FOISON n.f. (lat. *fusio,* écoulement). Vx. Grande abondance. ◆ loc. adv. *À foison :* abondamment.

FOISONNANT, E adj. Qui foisonne, abondant.

FOISONNEMENT n.m. **1.** Fait de foisonner. **2.** TECHN. Augmentation de volume d'une substance, due à son morcellement.

FOISONNER v.i. **1.** Abonder, pulluler. **2.** Se multiplier, se développer. *Les idées foisonnaient.* **3.** Augmenter de volume, en parlant d'une substance.

FOL adj.m. → ***fou.***

FOLASSE adj. et n.f. Fam. et vx. Se dit d'une femme, d'une fille un peu folle ; fofolle.

FOLÂTRE adj. (de *fol*). D'une gaieté légère, un peu folle.

FOLÂTRER v.i. Jouer, s'ébattre gaiement et librement.

FOLÂTRERIE n.f. Litt. Action de folâtrer ; mouvements, ébats folâtres.

FOLIACÉ, E adj. (du lat. *folium,* feuille). De la nature des feuilles, qui en a l'apparence.

FOLIAIRE adj. BOT. Relatif aux feuilles.

FOLIATION n.f. **1.** BOT. **a.** Disposition des feuilles sur la tige. SYN. : *phyllotaxie.* **b.** Époque de l'année où les bourgeons commencent à développer leurs feuilles. SYN. : *feuillaison.* **2.** GÉOL. Ensemble de plans parallèles suivant lesquels cristallisent les minéraux nouveaux dans les roches métamorphiques.

FOLICHON, ONNE adj. Fam. **1.** D'une gaieté un peu folle. **2.** (Surtout négatif). Gai, drôle, attrayant. *Le spectacle n'est pas folichon.*

FOLIE n.f. (de *fol*). **I. 1.** Dérèglement mental, démence. **2.** Caractère de ce qui échappe au contrôle de la raison, du bon sens. ◇ *Aimer à la folie,* éperdument. **3.** Acte déraisonnable, passionné, excessif. ◇ Spécialt. *Faire une, des folies,* des dépenses excessives. **4.** Goût excessif, déréglé pour une chose. *Avoir la folie des vieux livres.* ◇ *Folie des grandeurs :* mégalomanie. **II.** Anc. Riche maison de plaisance.

FOLIÉ, E adj. (lat. *foliatus*). Didact. Disposé en lames minces.

FOLIO n.m. (lat. *folium,* feuille). **1.** Feuille d'un registre, d'un livre. **2.** Numéro de chaque page d'un livre.

FOLIOLE n.f. (dimin. du lat. *folium,* feuille). Chaque division du limbe d'une feuille composée. *Foliole de l'acacia, du marronnier.*

FOLIOT n.m. Anc. Balancier horizontal dont les oscillations réglaient la marche des premières horloges.

FOLIOTAGE n.m. Action de folioter.

FOLIOTER v.t. Numéroter les feuilles, les pages de (un registre, un livre). SYN. : *paginer.*

FOLIOTEUR n.m. Numéroteur mécanique.

FOLIQUE adj. (du lat. *folium,* feuille). *Acide folique :* vitamine hématopoïétique du groupe B, contenue dans les feuilles d'épinard, dans le foie et dans de nombreux aliments, prescrite dans le traitement de certaines anémies.

FOLK n.m. (abrév.). Folksong. ◆ adj. Relatif au folksong. *Musiciens folks.*

FOLKLO adj. inv. (abrév.). Fam. Folklorique, qui ne peut être pris au sérieux. *Des idées folklo.*

FOLKLORE n.m. (angl. *folk,* peuple, et *lore,* science). **1.** Ensemble des productions culturelles non matérielles (croyances, rites, contes, légendes, fêtes, cultes, etc.) des sociétés sans écriture ou paysannes. **2.** Manifestation d'un pittoresque superficiel. ◇ *C'est du folklore :* ça ne mérite pas d'être pris au sérieux.

FOLKLORIQUE adj. **1.** Relatif au folklore. *Danse folklorique.* **2.** Fam. Pittoresque, mais dépourvu de sérieux. *Personnage folklorique.*

FOLKLORISTE n. Spécialiste du folklore.

FOLKSONG [fɔlksɔ̃g] n.m. Chant inspiré des chansons traditionnelles, américaines notamm., mais interprété avec la sensibilité et selon les techniques d'aujourd'hui. *Le folksong constitue l'un des aspects de la pop music.* SYN. : *folk.*

1. FOLLE n.f. Filet de pêche fixe à grandes mailles.

2. FOLLE adj.f. et n.f. → ***fou.*** ◆ n.f. Fam. Homosexuel qui s'affiche en tant que tel.

FOLLEMENT adv. Éperdument ; extrêmement.

FOLLET adj.m. (de *fol*). **1.** *Feu follet :* flamme légère et fugitive produite par la combustion spontanée du phosphure d'hydrogène qui se dégage de matières organiques en décomposition. **2.** *Poil follet :* premier poil du menton ; duvet des petits oiseaux. **3.** *Esprit follet :* lutin familier, dans les croyances populaires.

FOLLICULAIRE adj. Relatif à un follicule.

FOLLICULE n.m. (lat. *folliculus,* petit sac). **1.** BOT. Fruit sec dérivant d'un carpelle isolé et s'ouvrant par une seule fente. **2.** ANAT. Petite formation anatomique en forme de sac. *Follicule pileux.*

FOLLICULINE n.f. PHYSIOL. Un des deux œstrogènes principaux (l'autre étant l'œstradiol) sécrété par le follicule ovarien.

FOLLICULITE n.f. Inflammation d'un follicule pileux, lésion élémentaire de l'acné.

FOMENTATION n.f. **1.** Litt. Action de fomenter. **2.** MÉD., VX. Application externe d'une médication chaude, sèche ou humide (serviettes, boues), pour calmer une inflammation.

FOMENTER v.t. (du lat. *fomentum,* cataplasme). Litt. Susciter, préparer secrètement. *Fomenter des troubles.*

FONÇAGE n.m. Action de creuser un puits de mine.

FONÇAILLE n.f. Chacune des pièces qui forment le fond d'un tonneau.

FONCÉ, E adj. Sombre, en parlant des couleurs. *Vert foncé.*

FONCER v.t. (de *fond*) 16. **I. 1.** Mettre un fond à (un tonneau, une cuve, un siège). **2.** CUIS. Garnir de pâte ou de bardes de lard le fond de (une tourtière, une casserole, etc.). **3.** Creuser verticalement. *Foncer un puits.* **II.** Rendre plus foncé, plus sombre (une couleur). ◆ v.i. **I.** Prendre une couleur plus foncée. *Ses cheveux ont foncé.* **II. 1.** Se précipiter, pour attaquer. *Foncer sur l'ennemi.* **2.** Fam. Aller très vite. *Fonce !*

FONCEUR, EUSE adj. et n. Fam. Personne qui fonce, qui n'hésite pas à aller de l'avant.

FONCEUSE n.f. Machine utilisée pour la fabrication des papiers couchés.

1. FONCIER, ÈRE adj. (de *fonds*). **I. 1.** Relatif à un fonds de terre, à son exploitation, à son imposition. *Propriété foncière.* ◇ *Taxe foncière :* impôt annuel qui frappe les propriétés bâties ou non. **2.** *Propriétaire foncier,* qui possède un bien foncier. **II.** Qui constitue le principal, qui est fondamental. *Qualités foncières. Différence foncière.*

2. FONCIER n.m. *Le foncier :* la propriété foncière et tout ce qui s'y rapporte.

FONCIÈREMENT adv. **1.** Complètement, totalement. **2.** En soi, par nature.

FONCTION n.f. (lat. *functio*). **I. 1.** Rôle, utilité d'un élément dans un ensemble. *Remplir une fonction.* **2.** Activité professionnelle ; exercice d'une charge, d'un emploi. *La fonction d'enseignant. S'acquitter de ses fonctions. Entrer en fonction(s).* ◇ *Faire fonction de :* remplir l'emploi de. **3.** *Fonction publique :* ensemble des agents de l'État ; ensemble des fonctionnaires ; leur activité. ◇ *Fonction publique territoriale :* ensemble des agents des collectivités locales et de leurs établissements publics ; leur activité. **4.** Activité exercée par un élément vivant (appareil, organe ou cellule), et qu'étudie la physiologie. *Fonctions de nutrition, de reproduction.* **5.** CHIM. Ensemble de propriétés appartenant à un groupe de corps. *Fonction acide.* **6.** LING. Rôle syntaxique d'un mot ou d'un groupe de mots dans une phrase. **7.** LOG. *Fonction propositionnelle :* prédicat. **II. 1.** MATH. Correspondance d'un ensemble E vers un ensemble F, qui à tout élément de E associe au plus un élément de F. ◇ *Fonction réelle d'une variable réelle :* fonction de ℝ dans ℝ. ◇ *Fonction complexe d'une variable réelle :* fonction de ℝ dans ℂ. **2.** ÉCON. *Fonction de production :* relation entre une quantité de biens ou de services obtenus et la quantité des services producteurs utilisés pour l'obtenir. **3.** *En fonction de :* en suivant les variations de ; par rapport à. – *Être fonction de :* dépendre de.

FONCTIONNAIRE n. **1.** Agent public titulaire d'un emploi permanent dans un grade de la hiérarchie administrative ; titulaire d'une fonction publique. **2.** *Fonctionnaire international :* agent d'une organisation internationale doté d'un régime statutaire ou contractuel spécifique.

FONCTIONNALISER v.t. Rendre fonctionnel, pratique.

FONCTIONNALISME n.m. **1.** SOCIOL. Doctrine selon laquelle la société est un système dont l'équilibre dépend de l'intégration de ses diverses composantes. (Le fonctionnalisme privilégie l'étude des mécanismes d'adaptation et d'intégration.) **2.** ARCHIT., ARTS DÉC. Doctrine du XXe s. selon laquelle la forme doit toujours être l'expression d'une fonction, être appropriée à un besoin. **3.** LING. Linguistique fonctionnelle*.

FONCTIONNALISTE adj. et n. Relatif au fonctionnalisme ; partisan du fonctionnalisme.

FONCTIONNALITÉ n.f. Caractère de ce qui est fonctionnel, pratique. ◆ pl. Ensemble des possibilités qu'offre un système informatique.

FONCTIONNARIAT n.m. Qualité, état de fonctionnaire.

FONCTIONNARISATION n.f. Action de fonctionnariser ; fait d'être fonctionnarisé.

FONCTIONNARISER v.t. **1.** Transformer (un travailleur) en employé de l'État. **2.** Organiser (une profession) en service public.

FONCTIONNARISME n.m. Péj. Tendance à la multiplication des fonctionnaires et à l'accroissement de leur rôle dans l'État.

FONCTIONNEL, ELLE adj. **I. 1.** Qui a rapport aux fonctions organiques ou psychiques. ◇ MÉD. *Trouble fonctionnel :* perturbation dans le fonctionnement d'un appareil (digestif, respiratoire, sphinctérien, etc.) ou dans la réalisation d'une fonction en l'absence d'atteinte organique. **2.** Relatif aux fonctions mathématiques. ◇ *Calcul fonctionnel :* calcul des prédicats. **3.** *Linguistique fonctionnelle :* étude des éléments de la langue du point de vue de leur fonction dans l'énoncé et dans la communication. SYN. : *fonctionnalisme.* **4.** CHIM. Se dit de ce qui caractérise une fonction chimique. **II.** Qui s'adapte exactement à une fonction déterminée, bien adapté à son but. *Meubles fonctionnels.*

FONCTIONNELLEMENT adv. De manière fonctionnelle.

FONCTIONNEMENT n.m. Fait de fonctionner ; manière dont qqch fonctionne.

FONCTIONNER v.i. **1.** Accomplir sa fonction, être en état de marche, en parlant d'un organe, d'un mécanisme. **2.** Agir, remplir son office. *Mémoire, imagination qui fonctionne.* **3.** Afrique. Être fonctionnaire.

FOND n.m. **I. 1.** Partie la plus basse d'une chose ou d'un endroit creux. *Le fond d'un puits.* ◇ *De fond en comble :* de la base au sommet ; entièrement. *Démolir une maison de fond en comble.* **2.** Ce qui est ou reste au fond d'un récipient. *Boire un fond de bouteille.* **3.** Partie solide sur laquelle repose une étendue liquide. *Le fond de la mer, d'une rivière.* ◇ *Envoyer (un navire) par le fond,* le couler. **4.** Fig. Le degré le plus bas. *Le fond de la misère, du désespoir.* **II. 1.** La partie la plus éloignée de l'entrée, de l'ouverture, du commencement ; la partie la plus reculée d'un lieu, d'un pays. *Le fond d'une boutique, d'une armoire. Le fond d'une province.* **2.** Ce qu'il y a de plus caché, de plus secret. *Le fond du cœur. Aller au fond des choses.* **3.** Toile ou rideau qui ferme la scène d'un théâtre, du côté opposé à la salle. **4.** MÉD. *Fond d'œil :* partie de l'œil visible avec l'ophtalmoscope ; examen pratiqué au moyen de l'ophtalmoscope. **III.** Ce qui forme la base, ce qui constitue l'arrière-plan de (qqch). **1.** TEXT. La première et plus basse tissure d'une étoffe. **2.** CUIS. Bouillon ou jus qui sert de base à une sauce, à un ragoût, etc. **3.** Arrière-plan spatial, sonore. *Bruit de fond.* ◇ *Fond sonore :* ensemble des bruits, des sons, de la musique qui mettent en relief un spectacle. **4.** BX-A. Première couche de peinture, de ton neutre, par laquelle certains peintres commencent leurs tableaux ; champ d'un tableau sur lequel se détache le sujet. *Un fond de paysage.* **5.** IMPR. Chacune des marges de la page d'un texte imprimé. **6.** *Fond de teint :* préparation semi-liquide colorée que l'on applique sur le visage et sur le cou comme maquillage. **7.** COUT. *Fond de robe :* fourreau en tissu léger que l'on porte sous une robe transparente. **IV. 1.** Ce qu'il y a d'essentiel, de fondamental. *Le fond du caractère.* ◇ *De fond :* qui porte sur l'essentiel. – *Au fond, dans le fond :* en réalité, en dernière analyse. **2.** Litt. *Faire fond sur :* mettre sa confiance en. **3.** Ce qui fait la matière, l'essence d'une chose, par opp. à la *forme,* à l'*apparence. Comédies qui diffèrent par le fond.* **4.** DR. Ce qui a trait à l'essence et à la nature d'un acte juridique, par opp. à la *forme.* **5.** SPORTS. Discipline en athlétisme, en ski, en natation, etc., comportant des épreuves de longue distance. ◇ *Course de fond :* course effectuée sur un long parcours (5 000 m au minimum en athlétisme). ◆ loc. adv. *À fond :* jusqu'au bout, entièrement. – *À fond de train :* à toute vitesse.

FONDAMENTAL, E, AUX adj. (lat. *fundamentalis*). **1.** Qui est à la base ; qui se rapporte à l'essentiel. *C'est une vérité fondamentale.* – *Recherche, science fondamentale :* recherche théorique dont les applications pratiques ne sont pas immédiates. **2.** MUS. *Note fondamentale* ou *fondamentale,* n.f. : premier son perçu de la série des harmoniques, et base d'un accord, quelle que soit sa place dans cet accord. **3.** PHYS. *Niveau fondamental :* niveau de plus basse énergie d'une molécule, d'un atome, d'un noyau, etc.

FONDAMENTALEMENT adv. De façon fondamentale.

FONDAMENTALISME n.m. **1.** Tendance conservatrice de certains milieux protestants, notamment aux États-Unis, qui admet seulement une interprétation littérale de l'Écriture et s'oppose au mouvement œcuménique. **2.** Tendance de certains adeptes d'une religion à revenir à ce qu'ils considèrent comme fondamental, originel.

FONDAMENTALISTE adj. et n. **1.** Relatif au fondamentalisme ; qui en est partisan. **2.** Se dit d'un scientifique qui travaille en recherche fondamentale.

1. FONDANT, E adj. **1. a.** Qui fond. *Neige fondante.* **b.** Qui est très mûr et fond dans la bouche. *Poire fondante.* **c.** Très tendre, en parlant d'une viande. **2.** Qui devient mou.

2. FONDANT n.m. **1.** Pâte glacée à base de sucre cuit. **2.** Bonbon fourré avec cette pâte. **3.** MÉTALL. Substance qui facilite la fusion d'un autre corps.

FONDATEUR, TRICE n. **1.** Personne qui a construit ou créé qqch. *Fondateur d'une entreprise.* **2.** Personne qui, par voie de legs ou de donation, a créé une œuvre charitable, philanthropique. ◆ adj. Qui fonde, est à l'origine de qqch. *Principe, texte fondateur.*

FONDATION n.f. **I. 1.** Action de fonder. *La fondation de Rome.* **2. a.** Création, par voie de donation ou de legs, d'un établissement d'intérêt général ; cet établissement. **b.** Attribution à une œuvre existante de fonds destinés à un usage précis. **II.** (Souvent pl.). Ensemble des parties inférieures d'une construction.

1. FONDÉ, E adj. **1.** Justifié, établi solidement. *Accusation fondée.* **2.** Autorisé. *Être fondé à dire.*

2. FONDÉ, E n. *Fondé de pouvoir :* personne dûment autorisée à agir au nom d'une autre ou d'une société.

FONDEMENT n.m. **I. 1.** Élément essentiel servant de base à qqch. *Les fondements de la société.* **2.** Cause, motif. *Inquiétudes sans fondement.* **3.** PHILOS. Ensemble de postulats d'un système. *Le fondement de la morale.* **II.** Fam. Anus ; fesses.

FONDER v.t. (lat. *fundare*). **1.** Prendre l'initiative de créer, d'établir. *Fonder une entreprise, un nouveau parti.* ◇ *Fonder un foyer :* se marier. **2.** Donner de l'argent pour l'établissement de. *Fonder un hôpital.* **3.** Fig. Établir solidement. *Fonder son pouvoir sur la force.* **4.** Litt. Appuyer de raisons, de preuves ; justifier. *Sur quoi fondes-tu tes soupçons ?*

FONDERIE n.f. **1.** Fusion et purification des métaux et des alliages. **2.** Usine où l'on fond les métaux ou les alliages pour en faire des lingots ou pour leur donner la forme d'emploi.

1. FONDEUR, EUSE n. (de *fondre*). **1.** Personne qui dirige une entreprise ou un atelier de fonderie. **2.** Sculpteur pratiquant la fonte, notamment du bronze. **3.** Personne travaillant dans une fonderie. ◆ n.m. Ouvrier surveillant les opérations de fusion et de coulée dans une fonderie.

2. FONDEUR, EUSE n. (de *fond*). Skieur, skieuse pratiquant le ski de fond.

FONDEUSE n.f. Machine pour fabriquer des moules ou pour couler une matière fondue.

FONDIS n.m. → ***fontis.***

FONDOIR n.m. Partie d'un abattoir où l'on prépare les suifs.

FONDOUK n.m. (ar. *funduq*). Entrepôt et hôtellerie pour les marchands, dans les pays arabes.

FONDRE v.t. (lat. *fundere,* faire couler) [75]. **1.** Amener (un solide) à l'état liquide sous l'action de la chaleur. *Fondre du plomb.* **2.** Fabriquer (un objet) en coulant du métal en fusion dans un moule. *Fondre une cloche.* **3.** *Fondre les couleurs :* passer d'une couleur à l'autre en faisant des mélanges et des dégradés pour éviter les contrastes brutaux. **4.** Fig. Combiner, mêler pour former un tout indistinct. ◆ v.i. **1.** Devenir liquide sous l'action de la chaleur. *La glace fond au soleil.* **2.** Fig. *Fondre en larmes :* pleurer abondamment. **3.** Fig. S'attendrir d'un coup. *Il fond devant tant de gentillesse.* **4.** Se dissoudre dans un liquide. *Le sucre fond très vite.* **5.** Fam. Maigrir. *Tu as drôlement fondu !* **6.** Fig. Diminuer rapidement. *Ses économies fondent peu à peu.* ◆ v.t. ind. *(sur).* Se précipiter, s'abattre sur. *L'aigle fond sur sa proie.* ◆ **se fondre** v.pr. Se combiner, se confondre. *Se fondre dans la masse.*

FONDRIÈRE n.f. Crevasse dans le sol.

FONDS [fɔ̃] n.m. (lat. *fundus,* fond). **I. 1.** Terrain sur lequel on bâtit. **2.** *Fonds de commerce :* ensemble des biens corporels et incorporels permettant à un commerçant d'exercer son activité ; fig., péj., ensemble de thèmes, d'arguments sur lesquels s'appuie qqn, un groupe, pour séduire une partie du public, notamm. de l'électorat. **II. 1.** Capital en biens, en argent que l'on fait valoir. ◇ *À fonds perdu :* sans pouvoir récupérer le capital. *Prêter à fonds perdu.* – *Fonds commun de placement :* ensemble de valeurs mobilières appartenant à plusieurs personnes qui ont sur elles un droit de propriété indivise. – *Fonds de roulement :* excédent des valeurs d'exploitation, des valeurs réalisables et des valeurs disponibles d'une entreprise sur ses dettes à court terme. – *Fonds de pension :* fonds de placement dont les dividendes sont alloués au titre de rente dans le cadre du régime de retraite complémentaire. **2.** Compte spécial du Trésor destiné à réaliser la politique économique de l'État. *Fonds de développement économique et social.* **3.** Ensemble des livres, des manuscrits, des œuvres d'art, etc., qui, dans une bibliothèque, un musée, etc., sont d'une provenance déterminée ; totalité des œuvres détenues, de toutes origines. **4.** Ensemble des qualités physiques, morales ou intellectuelles de qqn. *Un grand fonds d'énergie.* ◆ pl. **1.** Argent disponible. *Trouver des fonds.* ◇ *Être en fonds :* avoir de l'argent. – *Mise de fonds :* investissement. – *Fonds propres :* ensemble du capital social et des réserves figurant au passif du bilan. **2.** *Fonds publics :* valeurs mobilières émises par l'État, argent procuré par l'État. – *Fonds secrets* ou *spéciaux :* sommes mises à la disposition du gouvernement pour financer certaines dépenses dont le motif doit être tenu secret.

1. FONDU, E adj. **1.** Passé à l'état liquide, en parlant d'un corps solide. **2.** *Couleurs fondues,* obtenues en passant graduellement d'un ton à l'autre.

2. FONDU n.m. **1.** Résultat obtenu en fondant les couleurs, les tons. **2.** CIN. Apparition ou disparition progressive de l'image sur l'écran. *Fondu au noir. Ouverture en fondu.* – *Fondu enchaîné :* disparition progressive d'une image tandis qu'apparaît la suivante, en surimpression.

FONDUE n.f. **1.** Plat d'origine suisse, composé de lamelles de gruyère et d'emmenthal que l'on fait fondre avec du vin blanc et du kirsch dans un caquelon, et qui se mange à l'aide de petits cubes de pain au bout d'une fourchette. (On dit aussi *fondue savoyarde.*) **2.** *Fondue bourguignonne :* plat composé de petits dés de viande de bœuf qu'on plonge dans l'huile bouillante avec une fourchette et qu'on mange avec des sauces relevées.

FONGIBILITÉ n.f. DR. Caractère de ce qui est fongible.

FONGIBLE adj. (lat. *fungibilis*). DR. Se dit de choses qui se consomment par l'usage et qui peuvent être remplacées par d'autres de même nature, de même qualité et de même quantité (par ex. denrées, argent comptant).

FONGICIDE adj. et n.m. (lat. *fungus,* champignon). Se dit d'une substance propre à détruire les champignons, en partic. les champignons microscopiques. SYN. : ***anticryptogamique.***

FONGIFORME adj. Didact. Qui a la forme d'un champignon.

FONGIQUE adj. Relatif aux champignons. – *Intoxication fongique,* par des champignons vénéneux.

FONGOÏDE adj. Didact. Qui ressemble à un champignon. ◇ MÉD. *Mycosis fongoïde* → ***mycosis.***

FONGOSITÉ n.f. **1.** Caractère de ce qui est fongueux. **2.** PATHOL. Végétation bourgeonnante et molle se développant à la surface d'une ulcération ou d'une plaie.

FONGUEUX, EUSE adj. (lat. *fungosus*). **1.** Didact. Qui ressemble à un champignon ou à une éponge. **2.** MÉD. Qui présente des fongosités.

FONGUS n.m. MÉD. Vx. Excroissance charnue et ulcérée qui apparaît sur la peau, notamment autour d'une plaie.

FONIO n.m. Céréale cultivée dans le Sahel, qui donne un grain très menu, utilisée pour la préparation des couscous et des bouillies.

FONTAINE n.f. (lat. pop. *fontana,* de *fons, fontis,* source). **1.** Source d'eau vive qui jaillit du sol naturellement ou artificiellement. **2.** Édicule de distribution d'eau, comprenant une bouche d'où l'eau s'écoule dans une vasque ou un bassin. *Fontaine publique.* **3.** Anc. Récipient à eau, à couvercle et à robinet, associé à une vasque, pour les usages domestiques.

FONTAINEBLEAU n.m. Fromage frais fait d'un mélange de caillé et de crème fouettée.

FONTAINIER n.m. Employé responsable de la production et de la distribution d'eau potable.

FONTANELLE n.f. (de *fontaine*). ANAT. Chacun des espaces cartilagineux que présente la boîte crânienne avant son ossification complète, aux points de jonction des sutures osseuses.

FONTANGE n.f. (du n. de Mlle de *Fontanges,* maîtresse de Louis XIV). Coiffure de toile et de dentelle, retenue droite sur la tête par des fils de laiton, portée par les femmes à la cour de Louis XIV.

FONTANILI n.m. pl. (mot it.). Sources de la plaine du Pô, sur le versant septentrional.

1. FONTE n.f. (du lat. *fundere,* répandre). **I. 1.** Action de fondre ; fait de fondre. *La fonte des neiges.* **2.** Action de fondre des métaux ; fusion. **3.** Art, travail du fondeur. *La fonte d'une statue.* **4.** ARTS GRAPH. Assortiment complet de caractères de même type. SYN. : ***police de caractères.*** **II.** *Fonte des semis :* maladie cryptogamique des jeunes pousses.

2. FONTE n.f. Alliage de fer et de carbone dont la teneur en carbone est génér. supérieure à 2,5 p. 100 et qui est élaboré à l'état liquide directement à partir du minerai de fer. – *Fonte aciérée :* fonte grise obtenue par addition d'acier dans les charges fondues au cubilot, dont la teneur en carbone est relativement faible (2 à 3 p. 100). – *Fonte blanche :* fonte présentant un aspect blanc à la cassure en raison de sa structure à base de carbure de fer. – *Fonte grise,* dont la cassure a un aspect gris dû à sa structure à base de carbone sous forme de graphite. – *Fonte malléable,* qui présente une certaine malléabilité due à la structure particulière de son graphite.

3. FONTE n.f. (it. *fonda,* poche). Fourreau ou sacoche suspendu à la selle et contenant armes, munitions ou vivres.

FONTINE n.f. Fromage au lait entier de vache, à pâte cuite, originaire d'Italie.

FONTIS [fɔ̃ti] ou **FONDIS** [-di] n.m. TR. PUBL. Affaissement localisé du sol causé par un éboulement souterrain.

FONTS [fɔ̃] n.m. pl. (lat. *fons, fontis,* fontaine). *Fonts baptismaux :* bassin placé sur un support et contenant l'eau pour les baptêmes.

FOOT [fut] n.m. (abrév.). Fam. Football.

FOOTBALL [futbol] n.m. (mot angl., *balle au pied*). **1.** Sport dans lequel 22 joueurs, divisés en deux camps, s'efforcent d'envoyer un ballon rond dans le but du camp adverse, sans l'intervention des mains, au cours d'une partie divisée en deux mi-temps de quarante-cinq minutes chacune. **2.** *Football américain :* sport répandu principalement aux États-Unis, qui se joue avec un ballon ovale, entre deux équipes de onze joueurs, et dans lequel il est permis d'utiliser la main et le pied.

FOOTBALLEUR, EUSE n. Personne qui pratique le football.

Palmarès de la Coupe du monde de football

1930	Uruguay
1934	Italie
1938	Italie
1950	Uruguay
1954	R.F.A.
1958	Brésil
1962	Brésil
1966	Angleterre
1970	Brésil
1974	R.F.A.
1978	Argentine
1982	Italie
1986	Argentine
1990	R.F.A.
1994	Brésil

FOOTING [futiŋ] n.m. (créé sur l'angl. *foot,* pied). Course à pied sur un rythme régulier, entrecoupée de marche, que l'on pratique pour entretenir sa forme physique.

FOR n.m. (lat. *forum,* tribunal). *En, dans mon (ton, son, etc.) for intérieur :* au plus profond de ma (ta, sa, etc.) conscience.

FORAGE n.m. Action de forer. *Forage d'un puits de pétrole.*

FORAIN, E adj. (bas lat. *foranus,* étranger). Qui a rapport aux foires, aux marchés. ◇ *Marchand forain* ou *forain,* n.m. : personne qui exerce son activité dans les marchés, les foires et les fêtes foraines. – *Fête foraine :* fête publique organisée par des forains.

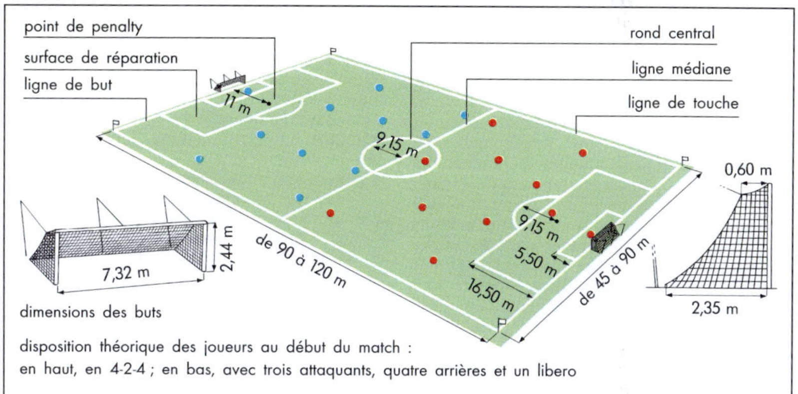

football : plan du terrain (avec la disposition des joueurs au coup d'envoi)

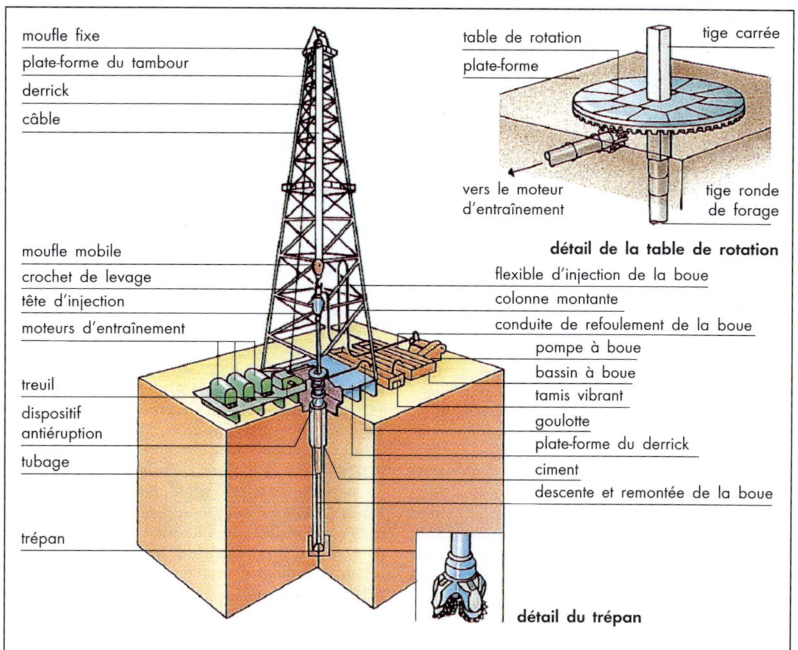

forage pétrolier : principe du forage rotary sur terre ferme

FORAMINÉ, E adj. (du lat. *foramen,* trou). Didact. Percé de petits trous. *Feuille foraminée.*

FORAMINIFÈRE n.m. *Foraminifères :* sous-classe de protozoaires marins dont la cellule est entourée d'une capsule calcaire perforée de minuscules orifices et comprenant notamm. les nummulites.

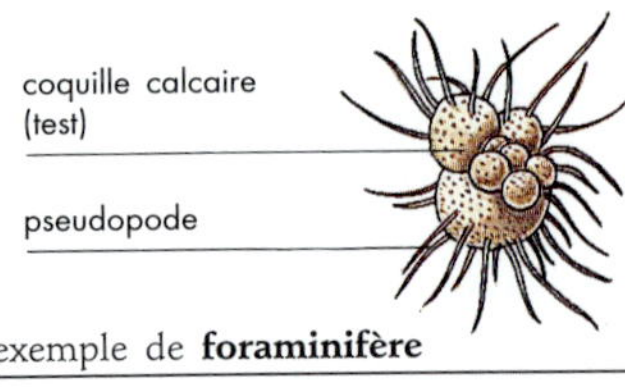

exemple de **foraminifère**

FORBAN n.m. (de l'anc. fr. *forbannir,* bannir à l'étranger). **1.** Pirate qui se livrait à des expéditions armées sur mer pour son propre compte, sans lettre de course. **2.** Fig. Individu malhonnête, sans scrupule.

FORÇAGE n.m. AGRIC. Traitement que l'on fait subir à certaines plantes (plantes à fleurs, légumes) pour les obliger à se développer en dehors des périodes normales.

FORÇAT n.m. (it. *forzato*). **1.** Anc. Homme condamné aux galères ou aux travaux forcés du bagne. ◇ *Travailler comme un forçat,* très durement. **2.** Fig. Homme dont les conditions de vie sont particulièrement pénibles.

FORCE n.f. (bas lat. *fortia,* pl. neutre de *fortis,* courageux). **I. 1.** Énergie, vigueur physique. *Elle a beaucoup de force.* ◇ *À force de :* à la longue, par des efforts répétés. – *Force de la nature :* personne qui a beaucoup d'endurance, de résistance ou qui est pleine de vitalité. – *Tour de force :* exercice corporel exigeant une grande force physique ; fig., résultat qui suppose une habileté, un effort exceptionnels. **2.** *Force de travail :* dans la terminologie marxiste, ensemble des facultés physiques et intellectuelles de l'homme, à l'aide desquelles il produit des choses utiles. **3.** Courage, capacité de résister aux épreuves. *Force d'âme, de caractère.* **4.** Degré d'aptitude dans le domaine intellectuel, niveau ; habileté. *Ils sont de la même force en maths.* **5.** Degré d'intensité (d'un sentiment). *La force du désir.* **II. 1. a.** Emploi de moyens violents pour contraindre une ou plusieurs personnes. *Céder à la force. Employer la force. Coup de force.* ◇ *De force, de vive force :* en employant la violence, la contrainte. – *Par force :* sous l'effet de la contrainte. **b.** *Épreuve de force :* situation résultant de l'échec des négociations entre deux groupes antagonistes et où la solution ne dépend plus que de la supériorité éventuelle de l'un sur l'autre. **2. a.** Ensemble de personnes armées et organisées, chargées d'une tâche de protection, de défense ou d'attaque. ◇ *Force publique :* ensemble des formations de la police, de la gendarmerie et des armées qui sont à la disposition du gouvernement pour assurer le respect de la loi et le maintien de l'ordre. **b.** *Force de frappe, de dissuasion* ou, en France, *force nucléaire stratégique :* force militaire aux ordres directs de la plus haute instance politique d'un État, rassemblant la totalité de ses armements nucléaires stratégiques. **3.** Pouvoir de ce qui incite ou oblige à se comporter d'une certaine manière. *La force de l'habitude.* ◇ *Par force :* par nécessité. – *(Cas de) force majeure :* évènement imprévisible, contraignant ; nécessité qui impose à qqn sa conduite. **4.** Autorité, ascendant, pouvoir effectif. *La force des lois. Avoir force de loi.* – DR. *Force exécutoire :* qualité d'un acte ou d'un jugement qui permet, si besoin est, le recours à la force publique pour son exécution. **III.** PHYS. Toute cause capable de déformer un corps, d'en modifier l'état de repos ou de mouvement. *Force d'inertie.* – *Force électromotrice,* caractéristique d'une source d'énergie électrique qui crée un courant dans un circuit et détermine l'intensité de ce courant. – *Force contre-électromotrice* → ***contre-électromotrice.*** – *Force d'un électrolyte :* mesure de son énergie de dissociation. **IV. 1.** Degré de puissance, d'intensité d'un agent physique. *La force d'un courant. Vent force 7.* **2.** Degré d'efficacité, de rendement de qqch. *La force d'un médicament. La force d'une machine.* **V. 1.** Importance numérique, quantité. ◇ *Être en force :* être nombreux. **2.** *Faire force de rames, de voiles :* faire en sorte que les rames, les voiles déploient leur maximum de force. ◆ pl. **1.** *Forces (armées) :* ensemble des formations militaires d'un État. *Forces aériennes, navales, terrestres.* **2.** Ensemble des personnes unies par une même volonté, et œuvrant à sa réalisation. *Les forces de progrès.* ■ La notion de force tend à être remplacée par celle d'interaction. Un nombre restreint d'interactions fondamentales permet en effet de rendre compte de la complexité des phénomènes physiques. Outre l'interaction *gravitationnelle,* s'exerçant sur tous les systèmes possédant une masse, on distingue l'interaction *électrofaible,* rendant compte des phénomènes électromagnétiques et des phénomènes radioactifs, et l'interaction *forte,* responsable de la cohésion du noyau atomique.

FORCÉ, E adj. **1. a.** Qui manque de naturel. *Un rire forcé.* **b.** Qui est imposé, que l'on fait contre sa volonté. *Atterrissage forcé.* – *Avoir la main forcée :* agir malgré soi sous la pression d'autrui. **2.** *Marche forcée :* marche dont la durée et la rapidité dépassent celles des marches ordinaires. **3.** Fam. Inévitable. *Elle gagnera, c'est forcé.* **4.** *Culture forcée :* culture de plantes soumises au forçage.

FORCEMENT n.m. Action de forcer. *Forcement d'un coffre.*

FORCÉMENT adv. Fatalement, par une conséquence inévitable.

FORCENÉ, E adj. et n. (anc. fr. *forsener,* être hors de sens). Qui n'a plus le contrôle de soi, fou furieux. *Maîtriser un forcené.* ◆ adj. **1.** Dont la violence est intense, hors de mesure. *Une haine forcenée.* **2.** Qui dépasse toute mesure dans ses attitudes. *Un partisan forcené de la peine de mort.*

FORCEPS [fɔrsɛps] n.m. (mot lat., *tenailles*). Instrument affectant la forme d'une pince, destiné à saisir la tête de l'enfant pour en faciliter l'expulsion dans certains accouchements difficiles. ◇ Fig. *Au forceps :* avec difficulté, péniblement. *Voter un amendement au forceps.*

FORCER v.t. [16]. **I. 1.** Faire céder par force, enfoncer. *Forcer une porte, un coffre.* ◇ Fig. *Forcer la porte de qqn,* entrer chez lui contre sa volonté. – *Forcer la consigne,* ne pas la respecter. **2. a.** Obliger (qqn) à faire qqch. *Ils l'ont forcé à partir.* ◇ *Forcer la main à qqn,* l'obliger à faire qqch contre sa volonté. **b.** Fig. Faire naître, susciter par son ascendant ou obtenir par la contrainte. *Forcer l'admiration. Forcer le consentement de qqn.* **II. 1.** Fausser, détériorer en exerçant une force excessive. *Forcer une clé.* **2. a.** Pousser à un effort, à un rendement excessifs, au-delà des limites normales. *Forcer un moteur. Forcer sa voix.* ◇ *Forcer sa nature :* vouloir faire plus qu'on ne peut. – *Forcer le pas :* marcher plus vite. – *Forcer un cheval,* le faire trop courir. **b.** AGRIC. Hâter la maturation de. *Forcer des légumes.* **3.** Fig. *Forcer le sens d'un mot, d'un texte,* lui faire dire autre chose que ce qu'il signifie. **4.** CHASSE. Pousser dans ses derniers retranchements. ◇ *Forcer un cerf,* le réduire aux abois. ◆ v.i. **1.** Fournir un effort intense. *Il a fini la course sans forcer.* **2.** Agir avec trop de force. *Ne force pas, tu vas tout casser !* **3.** Supporter un effort excessif. *Cordage qui force trop.* ◆ **se forcer** v.pr. S'imposer une obligation plus ou moins pénible.

FORCERIE n.f. Serre ou établissement où est pratiqué le forçage des plantes.

FORCES n.f. pl. (lat. *forfex*). Vieilli. Grands ciseaux pour tondre les moutons, les draps, couper les métaux, etc.

FORCING [fɔrsiŋ] n.m. (mot angl.). **1.** SPORTS. Accélération du rythme, de la cadence. – *Faire le forcing :* attaquer de manière continue. **2.** Fam. Effort violent et soutenu dans le travail.

FORCIPRESSURE n.f. CHIR. Application sur un vaisseau, lésé ou non, d'une pince pour arrêter la circulation.

FORCIR v.i. **1.** Grandir, devenir plus robuste, en parlant d'un enfant. **2.** Grossir.

FORCLORE v.t. (de *fors* et *clore*) [usité seult à l'inf. et au p. passé *forclos, e*]. DR. Priver du bénéfice d'un droit, notamm. du droit d'un recours en justice, lorsque le délai d'exercice a été dépassé.

FORCLOS, E adj. DR. Qui a laissé prescrire son droit. *Le plaignant est forclos.*

FORCLUSION n.f. **1.** DR. Perte de la faculté de faire valoir un droit, par l'expiration d'un délai. **2.** PSYCHAN. Absence de prise en compte d'une partie du réel par un processus de symbolisation, qui constitue un mécanisme de défense spécifique des psychoses.

FORER v.t. (lat. *forare*). **1.** Percer avec un foret. *Forer une clef.* **2.** Creuser (un trou, une cavité) dans une matière dure. *Forer un tunnel.*

FORESTAGE n.m. Travail en forêt.

FORESTERIE n.f. Ensemble des activités liées à la forêt et à son exploitation.

1. FORESTIER, ÈRE adj. Des forêts. *Code forestier.*

2. FORESTIER, ÈRE n. et adj. Employé(e) de l'administration forestière, professionnel(le) de la foresterie.

FORET n.m. Outil à corps cylindrique dans lequel est aménagé un filet hélicoïdal à lèvre tranchante et permettant de faire des trous dans le bois, le métal, la pierre, etc.

FORÊT n.f. (bas lat. *forestis*). **1.** Grande étendue de terrain couverte d'arbres ; ensemble des arbres qui la couvrent. *Une forêt de sapins.* ◇ *Forêt vierge* ou *primaire :* forêt qui a évolué sans aucune intervention humaine. – *Forêt dense :* forêt des régions tropicales humides, caractérisée par plusieurs étages de végétation et de nombreuses espèces. **2.** Fig. Grande quantité de choses qui s'élèvent en hauteur. *Une forêt de mâts.*

FORETAGE n.m. → ***fortage.***

FORÊT-GALERIE n.f. (pl. *forêts-galeries*). Forêt dense formant de longues bandes de part et d'autre des cours d'eau de la savane.

FOREUR n.m. et adj.m. Professionnel qui fore les trous de mine ; spécialiste du forage.

FOREUSE n.f. TECHN. Machine à forer.

FORFAIRE v.t. ind. **[*à*]** (de *fors,* hors de, et *faire*) [109] [usité seult à l'inf. présent, au sing. du présent de l'ind. et aux temps composés]. Litt. Manquer gravement à (des obligations morales impérieuses). *Forfaire à l'honneur.*

1. FORFAIT n.m. (de *forfaire*). Litt. Crime abominable qui frappe l'imagination par son horreur.

2. FORFAIT n.m. (de *for,* altér. de *fur,* taux). **1.** Clause d'un contrat fixant le prix d'une prestation à un montant invariable. **2.** Évaluation par le fisc des revenus ou du chiffre d'affaires de certains contribuables.

3. FORFAIT n.m. (angl. *forfeit,* du fr. *forfait*). **1.** Somme fixée à l'avance et qui sanctionne l'inexécution d'un engagement ou d'une obligation quelconque dans une épreuve sportive. **2.** Spécialt. Somme due par le propriétaire d'un cheval engagé dans une course s'il ne le fait pas courir. **3.** *Déclarer forfait :* renoncer à participer à une compétition dans laquelle on était engagé ; fig., renoncer.

FORFAITAIRE adj. Fixé, déterminé par forfait.

FORFAITURE n.f. **1.** DR. Crime commis par un fonctionnaire dans l'exercice de ses fonctions. **2.** FÉOD. Crime commis par un vassal contre son seigneur.

FORFANTERIE n.f. (anc. fr. *forfant,* coquin). Litt. Hâblerie, fanfaronnade.

FORFICULE n.f. (lat. *forficula,* petits ciseaux). Insecte qui vit sous les pierres et dans les fruits, appelé aussi *perce-oreille* ou *pince-oreille* à cause des deux appendices en forme de pince qui terminent son abdomen.

FORGE n.f. (lat. *fabrica*). **1.** Atelier où l'on travaille les métaux au feu et au marteau sur l'enclume. **2.** Fourneau à soufflerie pour le travail à chaud des métaux et des alliages. ◆ pl. Vx (ou dans des noms propres). Usine sidérurgique. *Forges et aciéries du Nord et de l'Est.*

FORGEABLE adj. Qui peut être forgé.

FORGEAGE n.m. Action de forger.

FORGER v.t. (lat. *fabricare,* forger) [17]. **1.** Façonner (généralement à chaud) par déformation plastique un métal, un alliage pour lui donner une forme, des dimensions et des caractéristiques définies. *Forger une barre de fer.* ◇ Fig. *Forger un caractère,* le former par des épreuves. **2.** Inventer, imaginer. *Forger un mot. Forger une excuse.*

FORGERON n.m. **1.** Artisan qui façonne à la forge et au marteau des pièces de petites et de moyennes dimensions. **2.** Ouvrier travaillant les métaux par forgeage.

FORGEUR, EUSE n. Litt. Personne qui invente. *Forgeur de calomnies.*

FORINT [fɔrint] n.m. Unité monétaire principale de la Hongrie. (→ ***monnaie.***)

FORJETER v.t. [27]. ARCHIT. Construire en saillie hors de l'alignement d'un mur et de son aplomb. ◆ v.i. Sortir de l'alignement, de l'aplomb.

FORLANCER v.t. (de *fors* et *lancer*) [16]. VÉN. Faire sortir (une bête) de son gîte.

FORLANE n.f. Danse du Frioul, très populaire à Venise au début du XVIIe s.

FORLIGNER v.i. **1.** Vx. Se mésallier. **2.** Litt. S'écarter du chemin de l'honneur, de la vertu.

FORLONGER v.t. [17]. VÉN. Distancer les chiens, en parlant de la bête.

FORMAGE n.m. TECHN. Action de donner sa forme à un objet manufacturé.

FORMALDÉHYDE n.m. Aldéhyde formique.

FORMALISATION n.f. Action de formaliser.

FORMALISÉ, E adj. LOG. *Théorie déductive formalisée :* système hypothético-déductif.

1. FORMALISER (SE) v.pr. Être choqué par ce qu'on juge être un manquement aux règles, aux usages. *Se formaliser d'une plaisanterie.*

2. FORMALISER v.t. LOG. Poser explicitement dans (une théorie déductive) les règles de formation des expressions, ou formules, ainsi que les règles d'inférence suivant lesquelles on raisonne.

FORMALISME n.m. **I. 1.** Respect scrupuleux des formes, des formalités. **2.** Attachement excessif aux formes extérieures de la politesse, à l'étiquette. **II. 1.** Tendance artistique privilégiant les règles et les aspects formels au détriment du contenu. **2.** *Formalisme russe :* école de critique littéraire dont l'activité s'exerça, de 1916 à 1930, à Moscou, à Leningrad puis à Prague et dont l'objet était la définition des caractères spécifiques d'une œuvre. **3.** LOG. Doctrine selon laquelle les mathématiques sont des assemblages de signes vides de sens comme tels. **4.** PHILOS. Thèse soutenant que la vérité des sciences ne dépend que des règles d'usage de symboles conventionnels.

FORMALISTE adj. et n. **I.** Très attaché aux formes, à l'étiquette. **II. 1.** Relatif au formalisme. **2.** Membre du groupe du formalisme russe.

FORMALITÉ n.f. **1.** Opération obligatoire pour la validité de certains actes juridiques, judiciaires ou administratifs. *Remplir une formalité.* **2.** Règle de conduite imposée par la civilité, les convenances. **3.** Démarche, action à laquelle on n'attache pas véritablement d'importance ou qui ne présente aucune difficulté. *Cet examen n'est qu'une simple formalité.*

FORMANT n.m. PHON. Chacune des fréquences de résonance du conduit vocal qui caractérisent une voyelle.

FORMARIAGE n.m. (de *fors* et *marier*). FÉOD. Mariage d'un serf hors de la seigneurie ou avec une personne d'une autre condition.

FORMAT [fɔrma] n.m. (de *forme*). **1.** Dimension, taille d'un objet en général. *Le format d'un tableau.* **2.** Ensemble des dimensions d'un livre, en hauteur et en largeur. – Échelle fixe de dimensions, établie à partir de la subdivision d'une feuille d'impression et pouvant indiquer le nombre de pages que représente cette feuille après pliure. *Format in-quarto, in-octavo.* **3.** PHOT. *Petit format :* format égal ou inférieur à 24 × 36 mm. **4.** INFORM. Structure caractérisant la disposition des données sur un support d'information, indépendamment de leur représentation codée.

FORMATAGE n.m. INFORM. Action de formater.

FORMATER v.t. INFORM. Préparer (un support informatique) selon un format donné.

1. FORMATEUR, TRICE adj. Qui développe les facultés intellectuelles et morales, les aptitudes. *Exercice formateur.*

2. FORMATEUR, TRICE n. Personne chargée de former de futurs professionnels.

FORMATIF, IVE adj. Didact. Qui sert à former.

FORMATION n.f. **1.** Action de former ; manière dont qqch se forme, apparaît. *La formation d'un mot, d'un abcès.* **2.** Développement des organes du corps et, spécialt, puberté. **3. a.** Action de former qqn intellectuellement ou moralement ; instruction, éducation. ◇ *Formation permanente* ou *continue :* formation professionnelle destinée aux salariés des entreprises. – *Formation professionnelle :* ensemble des mesures adoptées pour la formation des travailleurs, prises en charge par l'État et les employeurs. **b.** Ensemble des connaissances dans un domaine déterminé ; culture. *Formation littéraire. Il n'a aucune formation.* **4.** Groupement de personnes. *Formation politique, syndicale.* **5.** MIL. **a.** Détachement d'une force militaire. **b.** Disposition prise par une troupe, une flotte, un groupe d'aéronefs pour l'instruction, la manœuvre ou le combat. **6.** Ordonnance particulière prise par des danseurs ou des gymnastes sur un lieu scénique. **7.** BOT. **a.** *Formation végétale :* association de végétaux présentant, malgré les différences des espèces, un caractère biologique et un faciès analogues (forêts, buissons, steppes, etc.). **b.** *Formations secondaires :* structures (bois, liber) se formant seulement à partir de la deuxième année. **8.** GÉOL. Ensemble de terrains de même nature. *Formation granitique.* **9.** PSYCHAN. *Formation réactionnelle :* trait de comportement qui est à l'opposé d'un désir refoulé.

FORME n.f. (lat. *forma*). **I. 1.** Manière d'être extérieure, configuration des corps, des objets ; aspect particulier. ◇ *En forme de :* avec l'aspect de. – *Prendre forme :* commencer à avoir une apparence reconnaissable. **2.** Structure expressive, plastique de l'œuvre d'art. **II. 1.** Mode, modalité selon lesquels qqch d'abstrait se présente, peut exister. *Il y a plusieurs formes d'intelligence.* **2.** LING. Aspect sous lequel se présente un mot, une construction ; unité linguistique (morphème, syntagme, etc.). *Forme interrogative, négative. Les formes du futur.* **3.** Manière dont une idée est présentée. *Juger sur la forme. Le fond et la forme.* **4.** Ensemble de moyens propres à chaque art, à une école. *Forme littéraire.* **5.** Structure d'une œuvre musicale. **6.** Caractère d'un gouvernement, d'un État, selon la Constitution. *Forme républicaine.* **7.** DR. Condition externe nécessaire à la validité d'un acte juridique ou d'un jugement. ◇ *En forme, en bonne forme, en bonne et due forme :* selon les lois, les règles. – *Pour la forme :* pour respecter les usages. – *De pure forme :* purement formel. **III.** Condition physique ou intellectuelle de qqn. *Être en forme, en pleine forme. Ne pas avoir la forme.* **IV. 1.** Moule sur lequel on fait un chapeau, une chaussure, etc. **2.** IMPR. **a.** Composition typographique imposée et serrée dans un châssis. **b.** Planche ou cylindre servant à l'impression. **3.** VÉTÉR. Exostose qui se développe sur les phalanges du cheval. **V. 1.** *Théorie de la forme :* gestaltisme. **2.** MATH. Application associant à un, deux ou *n* vecteurs un élément du corps des scalaires de l'espace vectoriel. *Forme linéaire, quadratique, multilinéaire, etc.* ◆ pl. **1.** Contours du corps humain. *Un pull serré qui met les formes en valeur.* **2.** Manières conformes aux règles de la politesse, de la bienséance. ◇ *Dans les formes :* selon les usages établis. – Fam. *Mettre les formes :* user de précautions oratoires pour ne blesser personne.

FORMÉ, E adj. Qui a pris sa forme, achevé son développement. *Un épi formé.*

FORMEL, ELLE adj. **I.** Qui est formulé avec précision, qui n'est pas équivoque. *Un refus formel.* **II. 1.** Qui s'attache à la forme, à l'aspect extérieur. *Politesse formelle.* **2.** *Logique formelle :* étude générale des raisonnements déductifs, abstraction faite de leur application à des cas particuliers. SYN. : ***logique symbolique.*** **3.** Qui se rapporte aux structures expressives, au style.

FORMELLEMENT adv. De façon formelle.

FORMÈNE n.m. Vx. Méthane.

FORMER v.t. (lat. *formare*). **I.** Créer, réaliser, organiser (ce qui n'existe pas). *Former un projet, un gouvernement.* **II. 1.** Éduquer, façonner par l'instruction, l'éducation ; exercer, entraîner. *Former le goût.* **2.** Prendre la forme, l'aspect de. *Entrée qui forme hall.* **III.** Constituer, composer. *Éléments qui forment un tout.* ◆ **se former** v.pr. **1.** Prendre forme, apparaître. **2.** Devenir plus habile, s'instruire. *Il s'est formé sur le tas.*

FORMERET [fɔrmərɛ] n.m. ARCHIT. *Arc formeret* ou *formeret :* arc latéral d'une travée de voûtes d'arêtes ou d'ogives, parallèle à l'axe général des voûtes.

FORMIATE n.m. Sel ou ester de l'acide formique.

FORMICA n.m. (nom déposé ; mot angl.). Matériau stratifié revêtu de résine artificielle.

FORMICANT, E adj. MÉD. Vieilli. *Pouls formicant :* pouls faible et fréquent, produisant sous le doigt une sensation de fourmillement.

FORMIDABLE adj. (lat. *formidabilis,* redoutable). **1.** Fam. Très remarquable, qui suscite de l'admiration. *C'est quelqu'un de formidable.* **2.** Qui sort de l'ordinaire par son intensité, sa force. *Une volonté formidable.* **3.** Litt. D'une grandeur qui cause un sentiment de respect, de crainte. *Une puissance formidable.*

FORMIDABLEMENT adv. De façon formidable ; très.

FORMIQUE adj. (du lat. *formica,* fourmi). CHIM. *Acide formique :* acide (HCOOH) existant dans les orties, le corps des fourmis, etc. SYN. : ***acide méthanoïque.*** – *Aldéhyde formique :* gaz (HCHO) obtenu par oxydation ménagée de l'alcool méthylique et qui est un antiseptique très efficace. SYN. : ***formaldéhyde, méthanal.***

FORMOL n.m. Solution aqueuse d'aldéhyde formique, employée comme antiseptique.

FORMOLER v.t. Soumettre à l'action du formol ou de ses vapeurs.

FORMOSAN, E adj. et n. De Formose (Taïwan).

FORMULABLE adj. Qui peut être formulé.

FORMULAIRE n.m. **1.** Imprimé administratif où sont formulées des questions auxquelles la personne intéressée doit répondre. **2. a.** Recueil de formules. **b.** DR. Recueil de modèles d'actes.

FORMULATION n.f. Action de formuler ; expression. *Formulation d'une doctrine.*

FORMULE n.f. (lat. *formula*). **I. 1.** Façon de parler, expression consacrée par l'usage. *Formule de politesse.* **2.** DR. Modèle des termes formels de certains actes juridiques. **II. 1.** Manière de concevoir, d'agencer, de présenter qqch. *Une nouvelle formule de crédit.* **2.** Solution. *Ils ont trouvé la formule idéale.* **3.** Catégorie d'automobiles monoplaces destinées uniquement à la compétition, en circuit ou sur parcours fermé. *Voiture de formule 1.* **4. a.** CHIM. Ensemble de symboles chimiques et de nombres indiquant la composition d'une espèce chimique. **b.** *Formule leucocytaire :* taux des différentes catégories de leucocytes contenus dans le sang. **c.** *Formule dentaire, formule florale :* indication schématique du nombre et de l'emplacement des dents, de la constitution d'une fleur. **III. 1.** MATH. Égalité ou inégalité remarquable définissant une identité, une relation, un algorithme. **2.** LOG. Suite de signes qui satisfait aux règles de formation des énoncés d'une théorie déductive.

FORMULER v.t. **1.** Exprimer avec plus ou moins de précision. *Formuler une question.* **2.** Mettre en formule ; rédiger la formule de. *Formuler un théorème.*

FORNICATEUR, TRICE n. Personne qui fornique.

FORNICATION n.f. **1.** RELIG. Péché de la chair, relations charnelles entre personnes non mariées ou liées par un vœu. **2.** Fam., par plais. Relations sexuelles, en général.

FORNIQUER v.i. (lat. *fornicari*). **1.** RELIG. Commettre le péché de fornication. **2.** Fam., par plais. Avoir des relations sexuelles.

FORS [fɔr] prép. (lat. *foris,* hors de). Litt., vx. Hors, excepté. *Tout est perdu, fors l'honneur.*

FORSYTHIA [fɔrsisja] n.m. (de *Forsyth,* arboriculteur angl.). Arbrisseau dont les fleurs, jaunes, apparaissent au début du printemps, avant les feuilles. (Haut. 2 à 4 m ; famille des oléacées.)

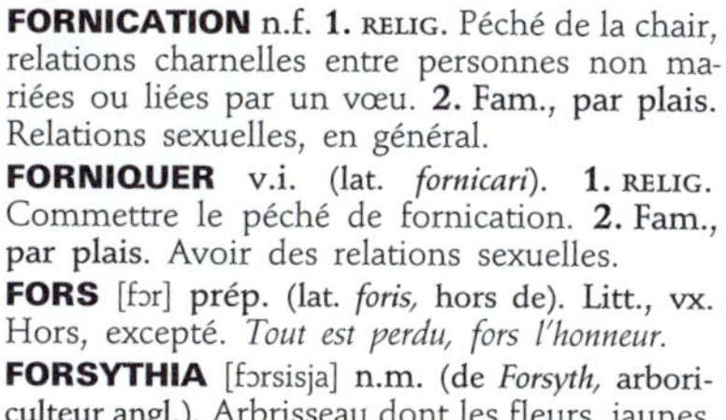

forsythia

1. FORT, E adj. (lat. *fortis*). **I. 1.** Qui a beaucoup de force physique ; robuste, vigoureux. **2.** Gros, corpulent. *Elle est trop forte pour sa taille.* **3.** Qui a des capacités morales ou intellectuelles ; qui a des aptitudes, de l'habileté dans un domaine. *Une âme forte. Être fort en maths. Il est très fort en ski.* ◇ *Esprit fort :* personne incrédule ou non-conformiste. – *Forte tête :* personne rebelle à toute discipline. **4.** Dont la puissance et les moyens d'action sont très développés ; qui s'impose aux autres. ◇ *Homme fort,* celui qui dispose de la puissance, de l'autorité réelles et n'hésite pas à les employer. – *Régime fort :* régime politique qui recourt à la contrainte et à des mesures d'autorité. – *Avoir affaire à forte partie :* avoir un adversaire redoutable. – *Fort de :* qui tire sa force, sa supériorité de. *Fort de son expérience.* – (Inv.). *Se faire fort de :* se déclarer, se croire capable de. **II. 1.** Qui est très solide, résistant. *Fil, carton fort. Colle forte.* ◇ *Terre forte :* terre grasse et difficile à labourer. **2. a.** Qui impressionne vivement le goût ou l'odorat. *Du café, du tabac fort.* **b.** Âcre, désagréable au goût. *Beurre fort.* **3.** Qui a beaucoup de puissance, d'intensité, de force. *Une voix forte. Vents forts.* ◇ *Temps fort :* temps de la mesure où l'on renforce le son ; **fig.**, moment important d'une action, d'un spectacle. **4.** Qui est important, considérable. *Une forte somme. Une forte chaleur.* ◇ *Prix fort,* sans réduction. **5.** Qui est doté de puissants moyens de défense. *Des positions très fortes.* **6.** CHIM. Très dissocié, en parlant d'un électrolyte, d'un acide, d'une base. **7.** *Interaction forte :* interaction caractéristique des forces nucléaires et des hadrons. **III. 1.** Qui nécessite une grande aptitude, difficile, en parlant d'une action, d'une activité. ◇ **Fam.** *Ce n'est pas fort :* ce n'est pas intelligent. **2. Fam.** Qui dépasse la mesure et qu'on a du mal à croire, à accepter, à supporter. *C'est un peu fort !* ◆ adv. **1.** D'une manière forte, intense. *Crier, frapper fort.* **2.** Beaucoup, extrêmement. *Un livre fort intéressant.* **3. Fam.** *Faire fort :* obtenir des résultats exceptionnels, accomplir un exploit ; dépasser les limites, exagérer.

2. FORT n.m. **1.** Personne ayant beaucoup d'énergie physique ou morale. *Le fort doit aider le faible.* **2.** Homme d'une grande force physique. ◇ **Spécialt.** *Fort des Halles :* portefaix des Halles de Paris, naguère. **3.** Ce en quoi une personne excelle. *La générosité, ce n'est vraiment pas son fort.* **4. Canada. Fam.** Spiritueux. **5. Litt.** *Au fort de qqch :* au plus haut degré, au cœur de. *Au fort de l'été.*

3. FORT n.m. (de l'adj. *fort*). Ouvrage de fortification. *Les forts de Metz.*

FORTAGE ou **FORETAGE** n.m. DR. Redevance payée au propriétaire du terrain à l'occasion de l'exploitation d'une carrière pour compenser l'enlèvement des matériaux.

1. FORTE [fɔrte] adv. (mot it.). MUS. En renforçant le son. Abrév. : *f* ou *F.*

2. FORTE n.m. inv. MUS. Passage joué forte.

FORTEMENT adv. **1.** Avec force. **2.** Très, beaucoup.

FORTERESSE n.f. **1.** Lieu fortifié, organisé pour la défense d'une ville, d'une région. **2.** Citadelle servant de prison d'État. **3.** *Forteresse volante, superforteresse, stratoforteresse :* bombardiers lourds américains (Boeing B-17, B-29, B-52). **4. Fig.** Ce qui résiste aux atteintes ou aux influences extérieures. *Forteresse de préjugés.*

FORTICHE adj. **Fam. 1.** Intelligent, astucieux, habile. **2. Vieilli.** Fort physiquement.

FORTIFIANT, E adj. et n.m. Se dit d'un médicament ou d'une substance qui augmente les forces physiques. ◆ adj. **Litt.** Qui donne de la force morale. *Un exemple fortifiant.*

FORTIFICATION n.f. **1.** (Souvent au pl.). Ouvrage de défense militaire. *Les fortifications de Vauban. Les anciennes fortifications de Paris* (par abrév., pop. et vx, *les fortifs*). **2.** Art, action d'organiser la défense d'une région au moyen d'ouvrages militaires.

FORTIFIER v.t. (de *fort*). **I. 1.** Donner plus de force physique à. *L'exercice fortifie le corps.* **2. Fig.** Rendre plus solide, affermir moralement. *Fortifier qqn dans une résolution.* **II.** Protéger (une ville, une région) par des fortifications.

FORTIFS n.f. pl. Pop., vx. Fortifications de Paris.

FORTIN n.m. (it. *fortino*). Petit fort.

FORTIORI (A) loc. adv. → ***a fortiori.***

1. FORTISSIMO adv. (mot it.). MUS. Aussi fort que possible. Abrév. : *ff* ou *Ff.*

2. FORTISSIMO n.m. Passage joué fortissimo.

FORTRAIT, E adj. Vieilli. Épuisé, en parlant d'un cheval.

FORTRAN n.m. (abrév. de *formula translation*). INFORM. Langage de programmation à usage scientifique.

FORTUIT, E [fɔrtɥi, it] adj. (lat. *fortuitus*, de *fors*, hasard). Qui arrive par hasard ; imprévu.

FORTUITEMENT adv. Par hasard.

FORTUNE n.f. (lat. *fortuna*). **I.** Ensemble des biens matériels, des richesses que possède qqn ou une collectivité. *Avoir de la fortune.* ◇ *Faire fortune :* devenir riche. **II. 1.** *La Fortune :* divinité romaine du Hasard. **2.** Hasard, chance heureuse ou malheureuse. *Les coups de la fortune.* ◇ *De fortune :* improvisé, provisoire. *Réparation de fortune.* – *À la fortune du pot :* en prenant l'invitation, le repas tel qu'il se présente ; en toute simplicité, à la bonne franquette. – *Tenter fortune :* commencer une vie, une carrière. **3.** MAR. *Voile de fortune* ou *fortune :* misaine carrée d'une goélette. **4.** DR. MAR. *Fortune de mer :* ensemble des évènements dus aux périls de la mer ou à des faits de guerre qui causent des dommages au navire ou à la cargaison. **III. 1.** Sort heureux ou malheureux réservé à qqch. **2.** *Revers de fortune :* changement brusque et fâcheux intervenant dans la situation de qqn ; perte d'argent.

FORTUNÉ, E adj. (lat. *fortunatus*). Qui a de la fortune, qui est largement pourvu de biens matériels.

FORUM [fɔrɔm] n.m. (mot lat.). **1.** ANTIQ. **a.** *Le Forum :* place de Rome où le peuple s'assemblait, qui était à la fois le centre religieux, le centre commercial et juridique, le centre des affaires privées et de la vie publique. **b.** Place centrale des villes antiques d'origine romaine, où se trouvaient les principaux édifices publics. **2. Mod.** Réunion accompagnée de débats ; colloque. ◇ *Forum (électronique) :* sur un réseau télématique, espace public destiné à l'échange différé de messages sur un thème précis.

FORURE n.f. Trou axial de la tige de certaines clefs.

FOSBURY FLOP [fɔsbœriflɔp] n.m. (de *Fosbury*, n. pr., et angl. *flop*, fait de tomber) [pl. *fosbury flops*]. SPORTS. Technique de saut en hauteur qui consiste en un franchissement de la barre en position dorsale. Abrév. (cour.) : *fosbury.*

FOSSE n.f. (lat. *fossa*). **I. 1.** Creux plus ou moins large et profond dans le sol. *Fosse à purin.* ◇ *Fosse d'aisances :* cavité destinée à la collecte des matières fécales d'une habitation et qui n'est pas reliée à un réseau d'assainissement. **2.** Trou creusé pour inhumer un mort. ◇ *Fosse commune :* tranchée creusée dans un cimetière pour y placer les cercueils de ceux dont les familles n'ont pas de concession. **3.** *Fosse d'orchestre :* emplacement de l'orchestre dans un théâtre lyrique, un music-hall. **4.** SPORTS. Creux rempli de sable où l'athlète se reçoit après un saut. **5.** MIN. Ensemble des installations de surface et des travaux du fond rattachés à un puits d'extraction, dans une houillère. **II. 1.** ANAT. Cavité. *Fosses nasales.* **2.** GÉOL. Dépression du fond des océans dont la profondeur dépasse 5 000 m.

Les grandes fosses océaniques

Océan Pacifique	
Mariannes	11 034 m
Tonga	10 882 m
Kouriles	10 542 m
Philippines	10 540 m
Bonin	10 340 m
Kermadec	10 047 m
Nouvelle-Bretagne	9 140 m
Océan Atlantique	
Porto Rico	9 218 m
Océan Indien	
Java	7 455 m

FOSSÉ n.m. (bas lat. *fossatum*). **I. 1.** Fosse creusée en long pour délimiter des parcelles de terrain, pour faciliter l'écoulement des eaux ou pour servir de défense. **2. Fig.** Cassure, coupure ; désaccord. *Le fossé des générations.* **II.** GÉOL. *Fossé tectonique* ou *d'effondrement :* compartiment de l'écorce terrestre affaissé entre des failles. SYN. : *graben.*

FOSSETTE n.f. Léger creux que l'on peut avoir naturellement au menton ou qui se forme sur la joue quand on rit.

FOSSILE adj. et n.m. (lat. *fossilis*). **1.** Se dit d'un reste ou d'une empreinte de plante ou d'animal ayant vécu avant l'époque historique, qui ont été conservés dans des dépôts sédimentaires. *Animaux, bois fossiles.* ◇ *Combustibles fossiles :* la houille, le lignite, le pétrole, le gaz naturel. **2. Fam.** Se dit d'idées dépassées, surannées ou d'une personne ayant de telles idées. *Quelle bande de vieux fossiles !*

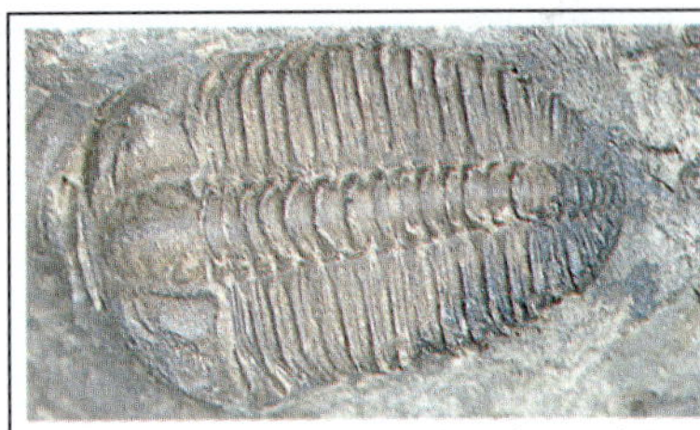

exemple de **fossile :** trilobite du cambrien

FOSSILIFÈRE adj. Qui renferme des fossiles.

FOSSILISATION n.f. Passage d'un corps organisé à l'état de fossile.

FOSSILISER v.t. Amener à l'état de fossile. ◆ **se fossiliser** v.pr. Devenir fossile.

FOSSOIR n.m. Charrue utilisée pour labourer la vigne.

FOSSOYER v.t. [13]. Litt. Creuser (une fosse, une tombe).

FOSSOYEUR, EUSE n. **1.** Personne qui creuse les fosses pour enterrer les morts. **2. Litt., fig.** Personne qui cause la ruine de qqch, qui l'anéantit.

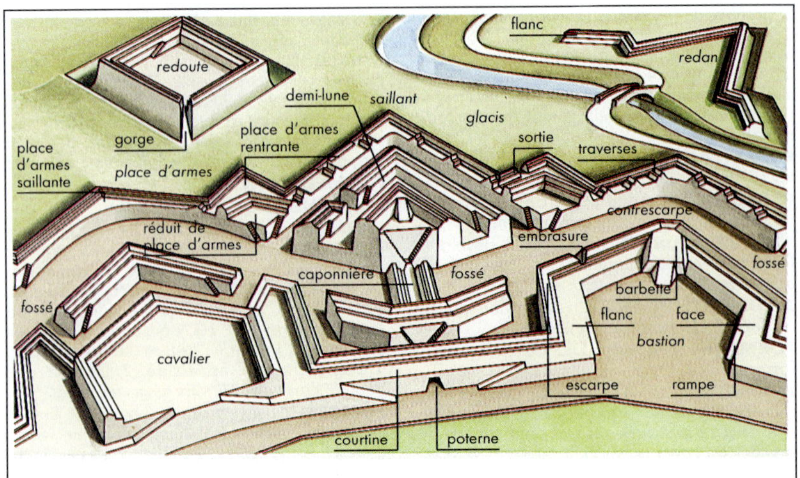

fortification : exemple d'ouvrage fortifié du XVIIIe s.

1. FOU ou **FOL, FOLLE** adj. et n. (lat. *follis,* ballon). **1.** Qui est atteint de troubles mentaux. *Fou furieux.* **2.** Qui apparaît extravagant dans ses actes, ses paroles. **3.** *Fou de :* personne qui se passionne pour qqch ; fanatique. *C'est un fou de jazz.* ◆ adj. **I.** Qui semble hors de soi, sous l'influence d'un sentiment violent ; qui est au paroxysme de. *Fou de colère, de joie, de douleur.* ◇ *Fou de :* qui affectionne, aime énormément qqn, qqch. *Elle est folle de lui.* **II. 1.** Contraire à la raison, à la sagesse, à la prudence. *Un fol espoir.* **2.** Excessif et qu'on ne peut plus retenir. *Une gaieté folle. Un fou rire.* **3.** Excessif, considérable en nombre, en intensité. *Un monde fou. Un succès fou.* **4.** Dont le mouvement n'obéit à aucune loi. *Le camion fou dévalait la pente.* **5.** *Herbes folles,* qui croissent en abondance et au hasard. **6.** *Poulie folle,* indépendante de l'axe qui la porte, employée pour débrayer. – *Tourner fou,* sans entraîner l'axe, l'arbre. – REM. *Fol,* adj. m., est employé devant les mots commençant par une voyelle ou un *h* muet.

2. FOU n.m. Grand oiseau marin blanc, puissant voilier aux pattes palmées, à la queue pointue. (L'espèce commune est le *fou de Bassan ;* famille des sulidés, ordre des pélécaniformes.)

3. FOU n.m. **1.** Bouffon dont le rôle était d'amuser les princes. **2.** Pièce du jeu d'échecs. **3.** Au tarot, excuse.

FOUACE n.f. → ***fougasse.***

FOUACIER n.m. Vx. Celui qui fait ou vend des fouaces.

FOUAGE n.m. FÉOD. Redevance qui était payée par maison ou par feu.

FOUAILLE n.f. VÉN. Curée du sanglier.

FOUAILLER v.t. (de *fouet*). Litt. **1.** Frapper à grands coups de fouet. *Fouailler un animal.* **2.** Par ext. Cingler, blesser. *La pluie leur fouaillait le visage.* **3.** Fig. Cingler de mots blessants.

FOUCADE n.f. (de *fougue*). Litt. Élan, emportement capricieux et passager.

FOUCHTRA [fuʃtra] interj. Juron que l'on prête traditionnellement aux Auvergnats.

1. FOUDRE n.f. (lat. *fulgur*). **1.** Décharge électrique aérienne, accompagnée d'une vive lumière (éclair) et d'une violente détonation (tonnerre). **2.** Fig. *Coup de foudre :* amour subit et violent. ◆ pl. Litt. Grande colère, vifs reproches. *S'attirer les foudres de son chef de service.*

2. FOUDRE n.m. **1.** MYTH. Faisceau de dards en zigzag, attribut de Jupiter. **2.** Litt. *Un foudre de guerre, d'éloquence :* un grand capitaine, un grand orateur.

3. FOUDRE n.m. (all. *Fuder*). Tonneau de grande capacité (de 50 à 300 hl).

FOUDROIEMENT n.m. Litt. Action de foudroyer ; fait d'être foudroyé.

FOUDROYAGE n.m. MIN. Éboulement volontaire du toit pour remplir les vides laissés à l'arrière de l'exploitation.

FOUDROYANT, E adj. **1.** Qui frappe d'une mort soudaine et brutale. *Crise cardiaque foudroyante.* **2.** Qui cause une émotion violente, qui frappe de stupeur. *Une révélation foudroyante.*

FOUDROYER v.t. [13]. **1.** Frapper de la foudre ou d'une décharge électrique. *L'orage a foudroyé deux enfants.* ◇ *Foudroyer qqn du regard,* lui lancer un regard empli de colère, de hargne. **2.** Tuer soudainement, brutalement. *Une congestion l'a foudroyé.* **3.** Briser, anéantir moralement. *La nouvelle de sa mort l'a foudroyée.*

FOUÉE n.f. (de *feu*). Vx. Chasse aux petits oiseaux, la nuit, à la clarté d'un feu.

FOUËNE n.f. → ***foène.***

FOUET n.m. (lat. *fagus,* hêtre). **I. 1.** Instrument fait d'une corde ou d'une lanière de cuir attachée à un manche, pour conduire ou exciter certains animaux (les animaux de trait en particulier). *Des claquements de fouet.* **2.** Châtiment infligé avec un fouet ou des verges. *Ça mérite le fouet.* **3.** Fig. *Coup de fouet.* **a.** Douleur soudaine provenant de la déchirure d'un tendon ou d'un muscle. **b.** Excitation, stimulation dont l'action est immédiate. **4.** *Tir de plein fouet :* tir direct sur un but visible. **II. 1.** Ustensile de cuisine pour battre les œufs, les crèmes, les sauces, etc. **2.** ZOOT. Queue du chien, notamm. du chien courant. **3.** ZOOL. *Fouet de l'aile :* articulation extérieure de l'aile des oiseaux.

FOUETTARD adj.m. *Père fouettard :* personnage légendaire, muni d'un fouet, dont on menaçait les enfants.

FOUETTÉ n.m. CHORÉGR. Tour à terre consistant dans une rotation rapide et continue effectuée sur pointe, ou demi-pointe, et dont la répétition est obtenue grâce à l'élan imprimé par les mouvements des bras et de l'autre jambe.

FOUETTEMENT n.m. Action de fouetter.

FOUETTE-QUEUE n.m. (pl. *fouette-queues*). Grand lézard du Sahara et des déserts du Proche-Orient, à la large queue hérissée d'épines. (Famille des agamidés.)

FOUETTER v.t. **1.** Donner des coups de fouet à. *Fouetter son cheval.* **2.** Battre vivement. *Fouetter des œufs.* **3.** Frapper, cingler. *La pluie fouette les vitres.* ◆ v.i. Pop. Avoir peur.

1. FOUFOU, FOFOLLE adj. et n. Fam. Un peu fou ; farfelu, écervelé.

2. FOUFOU n.m. Afrique. Pâte de maïs, de manioc, d'igname ou de banane, servie sous forme de boule.

1. FOUGASSE n.f. (de *fougade,* de *fou,* forme anc. de *feu*). Vx. Mine enterrée.

2. FOUGASSE ou **FOUACE** n.f. (lat. *focacius panis,* pain cuit sous la cendre). Galette de froment non levée, cuite au four ou sous la cendre.

FOUGER v.t. et i. (lat. *fodicare*) [17]. Fouiller la terre avec son boutoir, en parlant du sanglier.

FOUGERAIE n.f. Lieu planté de fougères.

FOUGÈRE n.f. (lat. pop. *filicaria,* de *filix, filicis*). Plante vasculaire sans fleurs ni graines, portant à la face inférieure des feuilles des organes sporifères, ou sporanges. (Certaines fougères des régions chaudes sont arborescentes.)

■ On connaît environ 10 000 espèces de fougères, dont 2 000 en Nouvelle-Calédonie et seulement 88 en France. Tandis que les fougères des régions tropicales sont souvent arborescentes ou épiphytes, les espèces des régions tempérées sont plus petites, leur tige est souterraine et couchée (rhizome), leurs feuilles (ou frondes), en crosse dans le jeune âge, sont généralement grandes et très découpées.

Au sein de l'embranchement des ptéridophytes, les fougères se distinguent par leur prothalle bisexué et leurs sporanges portés par les feuilles.

Les empreintes de « feuilles de fougères » fossiles peuvent, jusqu'à la fin du jurassique, provenir aussi bien de ptéridospermes (premières plantes à graines) que de vraies fougères.

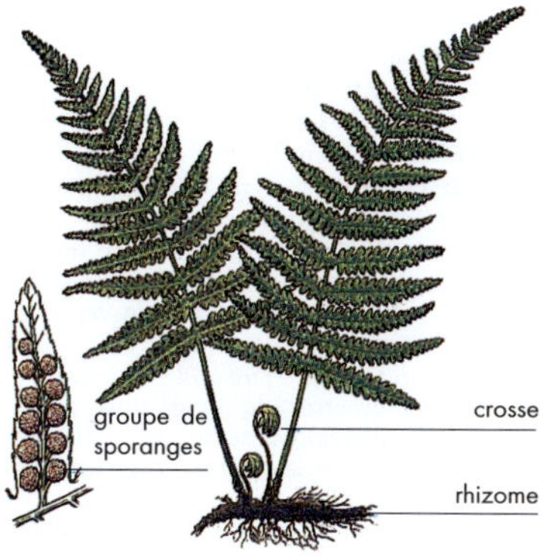

fougère

FOUGEROLE n.f. Petite fougère.

1. FOUGUE n.f. (it. *foga*). Ardeur impétueuse, élan, enthousiasme. *La fougue de la jeunesse.*

2. FOUGUE n.f. (de *fouler*). MAR. *Perroquet de fougue :* voile carrée enverguée sur un mât qui surmonte le mât d'artimon.

FOUGUEUSEMENT adv. Avec fougue.

FOUGUEUX, EUSE adj. Qui a ou qui montre de la fougue.

FOUILLAGE n.m. AGRIC. Mode de culture consistant à travailler le sous-sol tout en le laissant en place, qu'on exécute avec des sous-soleuses.

FOUILLE n.f. **1.** Action de fouiller, de creuser le sol ; excavation qui en résulte. **2.** Action d'explorer, de visiter minutieusement pour trouver qqch de caché. *La fouille des bagages à la douane.* **3.** Arg. Poche (d'un vêtement). ◆ pl. Travaux entrepris par les archéologues pour mettre au jour des témoignages de l'activité humaine (outils, monuments, villes, sépultures, etc.) ensevelis au cours des siècles. *Faire des fouilles. Les fouilles de Pompéi.*

FOUILLER v.t. (lat. *fodicare,* percer). **1.** Explorer soigneusement (un lieu) pour trouver ce que l'on cherche. *Fouiller une pièce, fouiller une maison.* ◇ *Fouiller qqn,* inspecter ses poches, ses vêtements. **2.** Creuser (le sol), notamm. pour chercher des vestiges. *Fouiller un site archéologique.* **3.** Fig. Étudier à fond. *Fouiller une idée, une question.* ◆ v.i. Faire des recherches dans un lieu en remuant, en examinant. ◆ **se fouiller** v.pr. Fam. *Il peut se fouiller :* il n'obtiendra pas ce qu'il espérait, il peut toujours attendre.

FOUILLEUR, EUSE n. Personne qui fouille.

FOUILLIS [fuji] n.m. Désordre, confusion.

FOUINARD, E adj. et n. Fam. Se dit d'une personne indiscrète, qui fouine, aime à fouiner. SYN. : *fouineur.*

1. FOUINE n.f. (lat. *fagina* [*mustela*], [martre] du hêtre). **1.** Mammifère carnivore au pelage gris-brun, court sur pattes, qui vit dans les bois et commet la nuit des ravages dans les poulaillers. (Long. 50 cm sans la queue ; famille des mustélidés.) ◇ *Visage, tête de fouine :* visage chafouin. **2.** Fig. Personne rusée, indiscrète.

fouine

2. FOUINE n.f. (lat. *fuscina*). Foène.

FOUINER v.i. Fam. **1.** Se livrer à des recherches indiscrètes. *Fouiner dans la vie privée de qqn.* **2.** Explorer les moindres recoins pour découvrir qqch.

FOUINEUR, EUSE n. et adj. Fam. **1.** Personne qui fouine. SYN. : *fouinard.* **2.** Personne qui aime chercher des objets dans les marchés aux puces, chez les brocanteurs, etc. ; chineur.

FOUIR v.t. (lat. *fodere*). Creuser (le sol), surtout en parlant d'un animal.

FOUISSAGE n.m. Action de fouir.

1. FOUISSEUR, EUSE adj. Qui fouit.

2. FOUISSEUR n.m. Animal qui creuse la terre, comme la taupe, etc.

FOULAGE n.m. **1.** Action de fouler. **2.** IMPR. Léger relief dû à la pression des caractères, au verso d'une page imprimée en typographie.

FOULANT, E adj. **1.** Fam. Fatigant. **2.** TECHN. *Pompe foulante,* qui élève l'eau au moyen de la pression exercée sur le liquide.

FOULARD n.m. **1.** Carré de soie ou de tissu léger que l'on met autour du cou ou sur la tête. **2.** Étoffe de soie légère ou de rayonne pour la confection de robes, de cravates, d'écharpes, etc.

FOULE n.f. (de *fouler*). **1.** Réunion, en un même lieu, d'un très grand nombre de personnes. **2.** *La foule :* le commun des hommes, pris collectivement (souvent par opp. à *l'élite*). **3.** *Une foule de :* un grand nombre de choses ou de personnes. ◇ *En foule :* en grande quantité.

FOULÉE n.f. **1.** Distance couverte dans la course entre deux appuis successifs. ◇ Fig. *Dans la foulée (de qqn, qqch) :* sur la même lancée que qqn ; dans le prolongement immédiat de qqch, d'un évènement. **2.** Manière dont un cheval ou un coureur prend appui sur le sol à chaque pas. *Foulée souple.* ◆ pl. VÉN. Empreintes qu'une bête laisse sur le sol.

FOULER v.t. (lat. *fullo,* foulon). **1.** Marcher sur. *Fouler le sol natal.* ◇ Litt. *Fouler aux pieds :* mépriser. **2. a.** *Fouler le raisin,* l'écraser par pression modérée avant de le faire fermenter ou de le presser. **b.** TEXT. Donner à (un tissu de laine) de la compacité et de l'épaisseur en produisant un feutrage plus ou moins poussé. **c.** Travailler (les peaux) dans un foulon. SYN. : *foulonner.* ◆ **se fouler** v.pr. **1.** Se faire une foulure. *Se fouler le bras.* **2.** Pop. *Ne pas se fouler :* ne pas se donner beaucoup de mal.

FOULERIE n.f. **1.** Endroit où l'on foule les tissus de laine, les cuirs, etc. **2.** Machine à fouler les tissus de laine.

FOULEUR, EUSE n. Personne qui foule les tissus de laine, les cuirs, le feutre.

FOULEUSE n.f. Machine servant au foulage du feutre.

FOULOIR n.m. **1.** Appareil pour fouler le raisin, constitué de cylindres tournant en sens inverse. **2.** Foulon de tanneur.

FOULON n.m. (lat. *fullo*). **1.** Ouvrier conduisant une machine à fouler pour la fabrication du feutre. **2.** Machine utilisée pour la fabrication du feutre ou pour le foulage des tissus de laine. **3.** Grand tonneau tournant dans lequel sont réalisées diverses opérations du tannage des peaux. **4.** *Terre à foulon :* argile smectique provenant de la décomposition de certains schistes. **5.** *Chardon à foulon :* cardère.

FOULONNER v.t. Fouler (le cuir).

FOULQUE n.f. (lat. *fulica*). Oiseau échassier à plumage sombre, voisin de la poule d'eau, vivant dans les roseaux des lacs et des étangs. (Long. 20 cm ; famille des rallidés.) SYN. : *judelle.*

FOULTITUDE n.f. Fam. Grand nombre.

FOULURE n.f. Étirement accidentel des ligaments articulaires ; légère entorse.

FOUR n.m. (lat. *furnus*). **1.** Partie calorifugée d'une cuisinière, ou appareil indépendant et encastrable où l'on fait cuire ou réchauffer les aliments. *Mettre un soufflé au four.* – *Four à micro-ondes :* four dans lequel le rayonnement d'ondes électromagnétiques à hyperfréquence permet une cuisson, un réchauffage ou une décongélation très rapide des aliments. – *Four à catalyse :* four autonettoyant où les graisses sont oxydées au contact de l'émail des parois. – *Four à pyrolyse :* four autonettoyant électrique où la combustion des déchets graisseux s'opère à 500 °C. **2.** Appareil dans lequel on chauffe une matière en vue de lui faire subir des transformations physiques ou chimiques. *Four de boulanger, de verrier.* ◇ *Four électrique,* dans lequel la chaleur est fournie par l'arc électrique, par induction électromagnétique, par bombardement électrique ou par une résistance que parcourt un courant intense. – *Four solaire :* dispositif dont l'élément essentiel est un miroir concave de grand diamètre qui concentre le rayonnement solaire et permet d'obtenir dans une enceinte réfractaire des températures très élevées, à usage expérimental ou industriel. – *Four à chaux, à ciment :* four vertical et fixe ou horizontal et rotatif pour fabriquer la chaux, le ciment. **3.** Fam. Échec, insuccès, notamm. au théâtre. *Sa pièce a été un four.* **4.** *Petit-four :* v. à son ordre.

FOURBE adj. et n. (de *fourbir*). Qui trompe avec une adresse perfide ; sournois.

FOURBERIE n.f. Ruse odieuse faite pour tromper ; perfidie, hypocrisie.

FOURBI n.m. Fam. **1.** Ensemble d'objets, d'affaires sans valeur ou sans utilité. **2.** Objet que l'on ne peut pas ou que l'on ne veut pas désigner ; truc, bidule.

FOURBIR v.t. (germ. *furbjan,* nettoyer). **1.** Nettoyer, rendre brillant en frottant. *Fourbir des armes.* **2.** Fig. Préparer avec soin. *Fourbir ses arguments.*

FOURBISSAGE n.m. Action de fourbir.

FOURBU, E adj. (anc. fr. *fourboire,* boire à l'excès). **1.** *Cheval fourbu,* atteint de fourbure. **2.** Fig. Harassé de fatigue, éreinté.

FOURBURE n.f. VÉTÉR. Congestion et inflammation du pied des ongulés, spécialt du cheval.

FOURCHE n.f. (lat. *furca*). **I.** Instrument à deux ou plusieurs dents, muni d'un long manche, utilisé pour divers travaux, surtout agricoles (manutention des fourrages, du fumier, etc.). **II. 1.** Partie avant d'un deux-roues tourillonné sur le cadre, et où se placent la roue avant et le guidon. **2.** Endroit où un chemin, une voie se divise en plusieurs directions ; embranchement. **3.** Belgique, Zaïre. Temps libre dans un horaire de professeur ou d'étudiant. ◆ pl. HIST. *Fourches patibulaires :* gibet à plusieurs piliers, que les seigneurs hauts justiciers avaient droit d'élever.

FOURCHÉE n.f. AGRIC., VX. Quantité de foin, de paille, etc., qu'on peut enlever d'un seul coup de fourche.

FOURCHER v.i. **1.** Vx. Se diviser en plusieurs branches, en plusieurs directions. **2.** Fig. et fam. *La langue lui a fourché :* il a dit un mot à la place d'un autre.

FOURCHET n.m. VÉTÉR. Inflammation qui attaque le pied des ruminants.

FOURCHETTE n.f. **I. 1.** Ustensile de table à dents pointues, dont on se sert pour piquer les aliments. ◇ Fam. *Avoir un bon, un joli coup de fourchette :* être un gros mangeur. **2.** *Prendre en fourchette :* prendre une carte de son adversaire entre deux cartes, l'une inférieure, l'autre supérieure ; coincer. **II. 1.** STAT. Écart entre deux nombres, à l'intérieur duquel on fait une appréciation. **2.** ARM. Écart résultant de la dispersion du tir pris en compte pour le réglage de celui-ci. **3.** TECHN. Pièce mécanique à deux branches ; pendillon. **4.** ZOOL. **a.** Os en forme d'Y, qui résulte de la soudure des deux clavicules, chez les oiseaux. SYN. : *lunette.* **b.** Coin de corne molle, élastique, à la face inférieure du sabot des équidés.

FOURCHON n.m. Dent d'une fourche, d'une fourchette.

FOURCHU, E adj. **1.** Qui se divise à la manière d'une fourche. *Chemin fourchu.* **2.** *Pied fourchu :* pied de bouc que l'on attribue au diable et aux satyres.

FOURGON n.m. **1.** Vx. Véhicule long et couvert pour transporter les marchandises. ◇ *Fourgon funéraire, funèbre, mortuaire :* corbillard automobile. **2.** Véhicule ferroviaire incorporé à certains trains de voyageurs et destiné au transport des bagages, du courrier, éventuellement des automobiles. *Fourgon postal.*

FOURGONNER v.i. Fam. Fouiller de façon maladroite, désordonnée ; farfouiller.

FOURGONNETTE n.f. Petite voiture commerciale qui s'ouvre par l'arrière.

FOURGON-POMPE n.m. (pl. *fourgons-pompes*). Véhicule d'intervention contre l'incendie.

FOURGUE n.m. Arg. Receleur.

FOURGUER v.t. Arg. Se débarrasser de qqch en le cédant à bas prix ou en le donnant.

FOURIÉRISME n.m. Doctrine de Ch. Fourier.

FOURIÉRISTE adj. et n. Qui appartient au fouriérisme ; partisan du fouriérisme.

FOURME n.f. (lat. *forma,* forme à fromage). **1.** Fromage voisin du cantal. **2.** *Fourme d'Ambert :* bleu fabriqué avec du lait de vache dans le Forez.

FOURMI n.f. (lat. *formica*). **1.** Insecte de quelques millimètres de long, vivant en sociétés (fourmilières) où se trouvent des reines fécondes et de nombreuses ouvrières sans ailes (jusqu'à 50 000 dans certaines colonies). [2 000 espèces ; ordre des hyménoptères.] **2.** ZOOL. (Abusif). *Fourmis blanches :* termites. **3.** Fam. *Avoir des fourmis dans les jambes,* y ressentir des picotements nombreux ; fig., avoir envie de se lever, de bouger. **4.** Arg. Petit passeur de drogue.

FOURMILIER n.m. Mammifère xénarthre qui capture les insectes avec sa longue langue visqueuse (nom commun à plusieurs espèces). – *Grand fourmilier :* tamanoir.

FOURMILIÈRE n.f. **1.** Nid de fourmis ; ensemble des fourmis vivant dans un nid. **2.** Litt. Multitude de gens qui s'agitent.

FOURMILION ou **FOURMI-LION** n.m. (pl. *fourmis-lions*). Insecte dont la larve dévore les fourmis, qu'elle capture en creusant des pièges en entonnoir dans le sable. (Long. de la larve 1 cm env. ; ordre des planipennes.)

FOURMILLEMENT n.m. **1.** Sensation de picotement, survenant spontanément ou après compression d'un nerf ou de vaisseaux sanguins. **2.** Mouvement d'êtres qui s'agitent comme des fourmis.

FOURMILLER v.i. **I.** Être le siège d'un fourmillement, en parlant d'une partie du corps. *Les doigts me fourmillent.* **II. 1.** Se trouver en grand nombre ; abonder, pulluler. *Les fautes fourmillent dans ce texte.* **2.** S'agiter en grand nombre. *Vers qui fourmillent dans un fromage.* ◆ v.t. ind. ***(de)*** *Fourmiller de :* être plein de, abonder en êtres vivants, en choses qui bougent. *La rue fourmille de passants.*

FOURNAISE n.f. (lat. *fornax, fornacis,* four). **1.** Vx. Grand four où brûle un feu ardent. **2.** Litt. Feu ; incendie violent. **3.** Lieu extrêmement chaud, surchauffé. **4.** Fig. Lieu où se livrent des combats acharnés.

FOURNEAU n.m. (de *four*). **I. 1.** Appareil en fonte pour la cuisson des aliments. *Fourneau à gaz.* **2.** Four dans lequel on soumet à l'action de la chaleur certaines substances qu'on veut fondre ou calciner. *Fourneau de verrier.* ◇ *Bas fourneau :* four à cuve de faible hauteur pour l'élaboration de la fonte et des ferroalliages. – *Haut-fourneau :* v. à son ordre. **II. 1.** Partie de la pipe où brûle le tabac. **2.** Cavité destinée à recevoir une charge d'explosif.

FOURNÉE n.f. **1.** Quantité (de pains, de pièces céramiques, etc.) que l'on fait cuire à la fois dans un four. **2.** Fig., fam. Ensemble de personnes nommées aux mêmes fonctions, aux mêmes dignités, ou à qui l'on fait subir le même sort.

FOURNI, E adj. **1.** Épais, touffu. *Barbe fournie.* **2.** Approvisionné, pourvu. *Magasin bien fourni.*

1. FOURNIER, ÈRE n. Anc. Personne qui tenait un four à pain.

2. FOURNIER n.m. Oiseau d'Amérique du Sud, voisin des passereaux, qui construit un nid de terre en forme de fourneau.

FOURNIL [furni] n.m. Local d'une boulangerie où se trouve le four et où l'on pétrit la pâte.

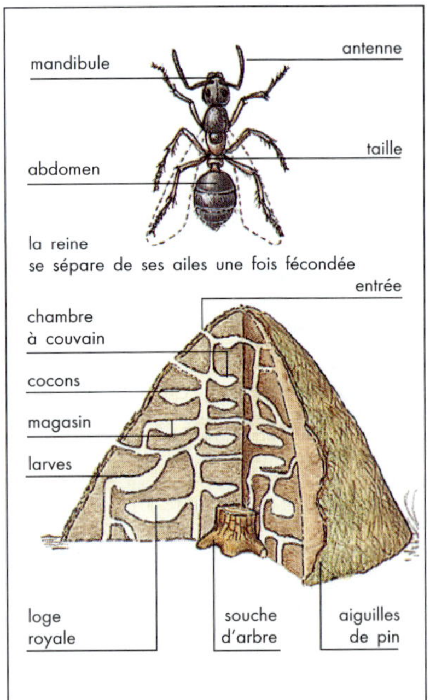

fourmi et **fourmilière**

fourmilion

FOURNIMENT n.m. MIL. Ensemble des objets d'équipement d'un soldat.

FOURNIR v.t. (du germ.). **I. 1.** Procurer, mettre à la disposition de qqn. *Fournir de l'argent.* **2.** Présenter, donner (ce qui est demandé, exigé). *Fournir un alibi.* **3.** Approvisionner. *Ce grossiste fournit de nombreux détaillants.* **4.** Produire. *Ce vignoble fournit un très bon vin.* **II.** Accomplir, faire. *Fournir un gros effort.* ◆ v.t. ind. *(à).* Subvenir. *Fournir aux besoins de qqn.* ◆ **se fournir** v.pr. S'approvisionner. *Je me fournis habituellement chez ce commerçant.*

FOURNISSEUR, EUSE n. Personne ou établissement qui fournit habituellement certaines marchandises à un particulier, à une entreprise.

FOURNITURE n.f. **1.** Action de fournir, d'approvisionner. **2.** (Surtout pl.). Ce qui est fourni, objets fournis. *Fournitures de bureau.* ◇ **Spécialt.** Menues pièces, menus outils nécessaires à l'exercice d'un métier manuel.

1. FOURRAGE n.m. **1.** Action de fourrer un vêtement. **2.** Pelleterie préparée spécialement pour servir de doublure à un vêtement.

2. FOURRAGE n.m. (d'un mot germ.). Matière végétale servant à l'alimentation des animaux domestiques, constituée par la partie aérienne de certaines plantes.

FOURRAGER v.i. [17]. Fam. Chercher en mettant du désordre ; fourgonner, farfouiller.

FOURRAGER, ÈRE adj. *Plante fourragère,* propre à être employée comme fourrage. – Au masc., rare. *Pois fourrager, blé fourrager.*

FOURRAGÈRE n.f. Cordelière aux couleurs de la Légion d'honneur, de la Médaille militaire ou des Croix de guerre, portée sur l'épaule gauche et devenue, depuis 1916, l'insigne collectif attribué aux unités militaires plusieurs fois citées à l'ordre de l'armée.

FOURRAGEUR n.m. MIL. **1.** Anc. Celui qui allait en terrain ennemi enlever le fourrage. **2.** Cavalier combattant en ordre dispersé.

FOURRE n.f. (germ. *fodr,* gaine). Suisse. **1.** Taie d'oreiller, housse d'édredon. **2.** Enveloppe protectrice d'un livre, d'un cahier, d'un disque.

1. FOURRÉ n.m. (de *fourrer*). **1.** Massif de bois jeune et serré, dont les tiges sont encore garnies de leurs branches dès la base. **2.** GÉOGR. Formation végétale dense, surtout tropicale, constituée principalement d'arbres et d'arbustes.

2. FOURRÉ, E adj. **1.** Doublé, garni intérieurement d'une peau qui a encore son poil. *Gants fourrés.* **2.** Garni intérieurement. *Gâteau fourré à la crème.* **3.** *Coup fourré.* **a.** ESCR. Coup porté et reçu en même temps par chacun des deux adversaires. **b.** Entreprise menée perfidement contre qqn qui ne se méfie pas. **4.** *Paix fourrée,* conclue avec mauvaise foi de part et d'autre.

FOURREAU n.m. (germ. *fodr*). **1.** Gaine, étui allongé servant d'enveloppe à un objet de même forme. **2.** Robe ajustée de forme étroite.

FOURRER v.t. (germ. *fodr,* gaine). **I. 1.** Doubler, garnir intérieurement (un vêtement) de fourrure ou d'une matière chaude (lainage, etc.). *Fourrer un manteau.* **2.** Remplir d'une garniture. *Fourrer des gâteaux à la pâte d'amandes.* **II.** Fam. **1.** Mettre, introduire qqch dans, sous qqch d'autre, l'y faire pénétrer. *Fourrer ses mains dans ses poches.* ◇ Fam. *Fourrer son nez dans :* s'immiscer indiscrètement dans. **2.** Mettre, poser sans attention ou sans soin. *Où avez-vous fourré ce dossier ?* **3.** Faire entrer (qqn) sans ménagement quelque part. *On l'a fourré en prison.* ◆ **se fourrer** v.pr. Fam. Se mettre, se placer. ◇ *Ne plus savoir où se fourrer :* éprouver un vif sentiment de confusion, de honte.

FOURRE-TOUT n.m. inv. **1.** Petite pièce ou placard servant de débarras. **2.** Sac de voyage souple sans compartiment ni division. ◆ n.m. inv. et adj. inv. Texte, œuvre, etc., contenant des idées diverses et désordonnées. *Cette loi est un fourre-tout. Un programme fourre-tout.*

FOURREUR n.m. **1.** Marchand de fourrures. **2.** Personne qui travaille les peaux pour les transformer en fourrure.

FOURRIER n.m. (anc. fr. *fuere,* fourrage). **1. a.** Anc. Sous-officier chargé de distribuer les vivres et de pourvoir au logement des militaires. **b.** Mod. Responsable du matériel d'une unité. **2.** Litt. Personne (ou ensemble de faits, de circonstances) préparant la survenue d'évènements fâcheux, de gens hostiles, etc. *Se faire le fourrier de la subversion.*

FOURRIÈRE n.f. (de *fourrage*). Lieu de dépôt des animaux errants, des véhicules, etc., abandonnés sur la voie publique ou qui ont été saisis.

FOURRURE n.f. (de *fourrer*). **1.** Peau de mammifère avec son poil, préparée pour garnir, doubler ou constituer un vêtement ; ce vêtement lui-même. **2.** HÉRALD. Combinaison d'émaux représentant de manière stylisée une peau préparée. **3.** Pelage fin et touffu de certains animaux. **4.** TECHN. Pièce servant à remplir un vide, à masquer un joint, à renforcer un élément trop mince, à rattraper un jeu important entre des pièces mécaniques, etc.

FOURVOIEMENT n.m. Litt. Erreur de qqn qui se fourvoie.

FOURVOYER v.t. (de *fors* et *voie*) [13]. **1.** Litt. Égarer, détourner du chemin. *Notre prétendu guide nous a complètement fourvoyés.* **2.** Mettre dans l'erreur. *Ce rapport trop optimiste nous a fourvoyés.* ◆ **se fourvoyer** v.pr. S'égarer, faire fausse route ; se tromper complètement.

FOUTAISE n.f. Fam. Chose sans importance, sans valeur, sans intérêt. *Raconter des foutaises.*

FOUTOIR n.m. Fam. Grand désordre.

FOUTOU n.m. Afrique. Boulettes de banane, de manioc, d'igname ou de taro accompagnées de différentes sauces.

FOUTRAL, E, ALS adj. Fam., vieilli. Extraordinaire, prodigieux.

FOUTRAQUE adj. Fam. Fou, extravagant.

FOUTRE v.t. (lat. *futuere,* avoir des rapports sexuels avec une femme) [conj. *je fous, il fout, nous foutons ; je foutais ; je foutrai ; je foutrais ; fous ; que je foute ; foutant ; foutu ;* inusité au passé simple]. – Fam. **1.** Mettre, jeter violemment. *Foutre qqn par terre.* **2.** Faire, travailler. *Ne rien foutre de toute la journée.* ◇ *Ça la fout mal :* cela fait mauvais effet. ◆ **se foutre** v.pr. *(de).* Fam. Ne faire aucun cas de qqn, qqch ; se moquer de qqn.

FOUTREMENT adv. Fam. Beaucoup, très.

FOUTRIQUET n.m. Fam. et péj. Homme insignifiant, dont on fait peu de cas.

FOUTU, E adj. Fam. **1.** (Avant le n.). Mauvais, détestable. *Un foutu caractère.* **2.** Qui a échoué ; ruiné, perdu. *Une affaire foutue.* **3.** *Être foutu de,* capable de. *Il est foutu de réussir son coup !* **4.** *Bien foutu, mal foutu :* bien, mal fait. *Un film assez bien foutu.* **5.** *Mal foutu :* un peu souffrant.

FOVÉA n.f. (mot lat., *fosse*). ANAT. Dépression de la rétine, située au centre de la tache jaune, où la vision atteint la plus grande netteté.

FOX n.m. → ***fox-terrier.***

FOXÉ, E adj. ŒNOL. Se dit d'un goût particulier à certains vins provenant de cépages américains.

FOX-HOUND [fɔksawnd] n.m. (mot angl.) [pl. *fox-hounds*]. Chien courant anglais de grande taille.

FOX-TERRIER ou, par abrév., **FOX** n.m. (angl. *fox,* renard) [pl. *fox-terriers*]. Chien terrier d'origine anglaise, dont la race comporte deux variétés, à poil dur et à poil lisse.

fox-terrier à poil dur

FOX-TROT [fɔkstrɔt] n.m. inv. (mots angl., *trot de renard*). Danse américaine en vogue vers 1920.

FOYARD [fwajar] n.m. Suisse. Hêtre.

FOYER [fwaje] n.m. (bas lat. *focarium,* class. *focus,* foyer). **I. 1.** Lieu où l'on fait le feu, âtre ; le feu lui-même. *Foyer d'une cheminée.* **2.** Partie d'un appareil de chauffage domestique où a lieu la combustion. **II. 1.** Lieu où habite une famille ; la famille elle-même. *Retrouver son foyer.* ◇ *Foyer fiscal :* unité d'imposition (personne, ménage, communauté, etc.) établie tant sur les revenus propres que sur ceux de l'ensemble des personnes à charge. **2.** Maison d'habitation réservée à certaines catégories de personnes et où certains équipements, services sont mis à la disposition de la collectivité. *Foyer de jeunes travailleurs.* **3. a.** Lieu, local servant de lieu de réunion, de distraction. *Le foyer d'une caserne.* **b.** Salle, galerie d'un théâtre où le public peut se rendre pendant les entractes. ◇ *Foyer des artistes :* salle où se rassemblent les acteurs, avant ou après leurs interventions en scène. **III. 1.** Centre principal d'où provient qqch. *Le foyer de la rébellion. – Foyer d'un séisme,* point où il se déclenche. SYN. : *hypocentre.* **2.** MÉD. Siège principal d'une maladie ; siège principal de ses manifestations. *Foyer infectieux.* **3.** PHYS. Point où se rencontrent des rayons initialement parallèles, après réflexion ou réfraction. **4.** MATH. *Foyer d'une conique :* point auquel on peut associer une droite (directrice relative à ce foyer) et tel que la conique est l'ensemble des points dont le rapport des distances au foyer et à la directrice a une valeur constante, appelée *excentricité de la conique.* ◆ pl. Pays natal, demeure familiale. *Rentrer dans ses foyers.*

Fr, symbole chimique du francium.

FRAC n.m. (angl. *frock*). Habit masculin de cérémonie, noir, à basques étroites.

FRACAS n.m. (it. *fracasso*). Bruit violent de qqch qui se brise, qui heurte autre chose, qui s'effondre, etc. *Le fracas des vagues sur les rochers.* ◇ *Avec perte et fracas :* avec éclat et brutalement.

FRACASSANT, E adj. **1.** Qui fait du fracas, qui produit un grand bruit. **2.** Qui vise à l'effet, au scandale. *Démission fracassante.*

FRACASSEMENT n.m. Action de fracasser.

FRACASSER v.t. Briser avec violence, mettre en pièces. *Fracasser une porte.*

FRACTAL, E, ALS adj. (lat. *fractus,* brisé). MATH. Se dit d'objets mathématiques dont la création ou la forme ne trouve ses règles que dans l'irrégularité ou la fragmentation, et des branches des mathématiques qui étudient de tels objets. *Objet fractal. Géométrie fractale.* (La nature offre de nombreux exemples de formes présentant un caractère fractal : flocons de neige, ramifications des bronches et bronchioles, des réseaux hydrographiques, etc.)

FRACTION n.f. (bas lat. *fractio*). **1.** Partie d'un tout ; portion. *Une fraction de l'assemblée a voté pour lui. Fraction de seconde.* **2.** Suisse. Groupe parlementaire. **3.** LITURGIE. Action de diviser le pain eucharistique. **4.** PÉTR. Chacune des parties d'un mélange d'hydrocarbures obtenues par distillation fractionnée. **5.** MATH. Notation d'un nombre rationnel sous la forme $\frac{a}{b}$, ce nombre étant le résultat de la division de *a* (numérateur) par *b* (dénominateur), *a* et *b* étant des nombres entiers. ◇ *Fraction décimale,* dont le dénominateur est une puissance de 10 ($\frac{23}{100}$ = 0,23).

FRACTIONNAIRE adj. MATH. Qui a la forme d'une fraction. *Exposant fractionnaire.*

FRACTIONNÉ, E adj. *Distillation, congélation, cristallisation fractionnée,* permettant la séparation des constituants d'un mélange liquide grâce à la différence de leurs propriétés physiques (solubilité, point d'ébullition, etc.).

FRACTIONNEL, ELLE adj. Qui vise à la désunion, au fractionnement d'un parti, d'un syndicat. *Menées fractionnelles.*

FRACTIONNEMENT n.m. Action de fractionner.

FRACTIONNER v.t. Diviser en fractions, en parties. *Fractionner un domaine.*

FRACTIONNISME n.m. Action visant à diviser un parti politique, un syndicat en provoquant des scissions, en créant des tendances.

FRACTIONNISTE adj. et n. Du fractionnisme ; qui pratique le fractionnisme.

FRACTURATION n.f. TECHN. Stimulation de la production de pétrole par fissuration à haute pression de la roche-réservoir aux abords d'un puits.

FRACTURE n.f. (lat. *fractura*). **1.** Vx. Action de forcer ; effraction. *Fracture d'une porte.* **2.** CHIR. Rupture violente d'un os ou d'un cartilage dur. *Réduire et immobiliser une fracture.* **3.** GÉOL. Cassure de l'écorce terrestre. **4.** Fig. Rupture au sein d'un groupe entraînant une situation conflictuelle.

FRACTURER v.t. Casser, briser, forcer. *Fracturer un coffre-fort.*

FRAGILE adj. (lat. *fragilis*). **1.** Qui se casse, se détériore facilement. *Le verre est fragile. Meuble fragile.* **2.** Qui est de faible constitution. *Un enfant fragile.* **3.** Peu stable, mal assuré, sujet à disparaître. *Équilibre fragile.*

FRAGILISATION n.f. Fait d'être fragilisé. ◇ Spécialt. Diminution de la ductilité d'un métal ou d'un alliage, produite par des modifications de sa structure ou de ses conditions d'emploi.

FRAGILISER v.t. Rendre fragile, plus fragile.

FRAGILITÉ n.f. **1.** Caractère de ce qui est fragile, de ce qui se brise ou se détériore facilement. *Fragilité du verre.* **2.** Caractère précaire, instable ; faiblesse, vulnérabilité. *Fragilité d'un gouvernement.* **3.** Manque de robustesse physique ou morale. *La fragilité d'un enfant.*

FRAGMENT n.m. (lat. *fragmentum*). **1.** Morceau (d'une chose cassée, déchirée). *Fragment de verre, d'étoffe.* **2.** Reste d'un ouvrage ancien. *Fragments d'une statue.* ◇ Passage extrait d'une œuvre, d'un texte, etc. *Étudier un fragment de l'Odyssée.* **3.** Parcelle. *Fragments de vérité.*

FRAGMENTAIRE adj. Qui constitue un fragment d'un tout ; partiel, incomplet.

FRAGMENTAIREMENT adv. De manière fragmentaire.

FRAGMENTATION n.f. Action de fragmenter ; fait d'être fragmenté.

FRAGMENTER v.t. Réduire en fragments ; morceler, diviser.

FRAGON n.m. (bas lat. *frisco*). Arbrisseau à petits rameaux en forme de feuille et à baies rouges. (Famille des liliacées ; nom usuel : *petit houx*.)

FRAGRANCE n.f. (lat. ecclés. *fragrantia*). Litt. Odeur suave, parfum agréable.

FRAGRANT, E adj. Litt. Odorant, parfumé.

1. FRAI n.m. (de *frayer*). **1.** Rapprochement sexuel chez les poissons à fécondation externe. **2.** Époque à laquelle ce rapprochement a lieu. **3.** Œufs de poissons, de batraciens. *Du frai de tanche, de grenouille.* **4.** Très petits ou très jeunes poissons. *Vivier peuplé de frai.*

2. FRAI n.m. Vx. Diminution du poids d'une monnaie par suite du frottement dû à l'usage.

FRAÎCHE n.f. Moment du jour où il fait frais.

FRAÎCHEMENT adv. **1.** Récemment, depuis peu de temps. *Fraîchement arrivé.* **2.** Avec froideur. *Être reçu fraîchement.* **3.** Fam. *Ça va fraîchement :* il fait un peu froid.

FRAÎCHEUR n.f. **1.** Caractère de ce qui est légèrement froid. *La fraîcheur du matin. La fraîcheur d'un entretien.* **2.** Qualité, éclat d'une chose nouvelle ou neuve, qui n'est pas ternie par le temps ou par l'usage. *Tissu qui a gardé toute sa fraîcheur.* **3.** Qualité, état d'une chose périssable (et notamm. d'une denrée) qui n'a pas eu le temps de s'altérer, de se gâter, de se flétrir.

FRAÎCHIN n.m. Région. (Ouest). Odeur de marée, de poisson frais.

FRAÎCHIR v.i. **1.** Devenir plus frais, en parlant de la température. **2.** MAR. Augmenter d'intensité, en parlant du vent.

FRAIRIE n.f. (anc. fr. *frarie ;* lat. *fratria,* confrérie). Région. Fête patronale de village.

1. FRAIS, FRAÎCHE adj. (du germ.). **I. 1.** Qui est légèrement froid ou qui procure une sensation de froid léger. *Vent frais.* **2.** Qui est empreint de froideur, dépourvu de cordialité. *Un accueil plutôt frais.* **II. 1.** Récent, qui vient d'apparaître ou de se produire. *Nouvelle de fraîche date.* **2.** Qui vient d'être appliqué et n'est pas encore sec. *Encre, peinture fraîche.* **3.** Nouvellement produit ou récolté ; qui n'est pas encore altéré, gâté, flétri. *Poisson frais.* ◇ *Argent frais,* nouvellement reçu et dont on peut disposer. **III. 1.** Qui n'est pas terni, qui a conservé son éclat. *Teint frais.* **2.** Qui a conservé ou recouvré ses forces, sa vitalité ; qui n'est pas ou n'est plus fatigué. *Troupes fraîches.* **3.** Fam., iron. Qui se trouve dans une situation fâcheuse. *Eh bien ! Te voilà frais !* ◆ adv. **1.** (Avec un p. passé [accord au fém.]). Récemment. *Il est frais arrivé. Fleurs fraîches cueillies.* **2.** Légèrement froid. *Il fait frais.* – *Boire frais :* boire un liquide frais.

2. FRAIS n.m. **1.** Air frais. *Prendre le frais.* **2.** MAR. Vent assez fort. – *Bon frais :* bonne brise (force 6). – *Grand frais :* forte brise (force 7).

3. FRAIS n.m. pl. (anc. fr. *fret,* dommage fait en brisant). **1.** Dépenses d'argent pour une opération quelconque. *Voyager tous frais payés.* ◇ *Faux frais :* petites dépenses imprévues. – *Frais financiers :* charge représentée, pour une entreprise, par le coût des capitaux empruntés. – *Frais généraux :* dépenses diverses faites pour le fonctionnement d'une entreprise. – *Frais variables :* partie des charges dont le montant varie en fonction de l'activité de l'entreprise (par opp. à *frais fixes*). – *Faire ses frais :* retirer d'une entreprise autant qu'elle a coûté. ◇ Fam. *Se mettre en frais :* dépenser plus que de coutume ; fig., prodiguer sa peine, ses efforts. – *À peu de frais :* sans beaucoup de dépenses ou, fig., de peine. – *En être pour ses frais :* ne tirer aucun profit de ses dépenses ; fig., s'être donné de la peine pour rien. – *Faire les frais de qqch,* en supporter les conséquences fâcheuses. – *Faire les frais de la conversation,* y prendre la plus grande place. **2.** DR. Dépenses occasionnées par un procès.

FRAISAGE n.m. Action de fraiser.

1. FRAISE n.f. (lat. *fragum*). **1.** Fruit du fraisier, réceptacle de la fleur devenant charnu et sucré après la fécondation. ◇ Pop. *Sucrer les fraises :* avoir les mains agitées d'un tremblement permanent (par l'effet de l'âge ou de l'excès de boisson). **2.** Pop. Figure, tête. **3.** MÉD. Angiome tubéreux.

2. FRAISE n.f. (de l'anc. fr. *fraser,* peler). **I. 1.** BOUCH. Intestin grêle de veau, ouvert, lavé et poché à l'eau bouillante, consommable comme abats ou utilisable en charcuterie. **2.** Chair rouge et plissée qui pend sous le bec des dindons ; caroncule, chez cet oiseau. **II.** Collerette de linon ou de dentelle empesée, aux XVIe et XVIIe s.

fraise (début du XVIIe s.)
[A. Van Ravesteyn – musée des Beaux-Arts, Lille]

3. FRAISE n.f. **1.** Outil rotatif de coupe, comportant plusieurs arêtes tranchantes, régulièrement disposées autour d'un axe. **2.** Outil utilisé pour faire un forage. **3.** Instrument rotatif monté sur le tour de cabinet et servant au traitement des lésions dentaires et aux interventions portant sur les tissus durs de la dent.

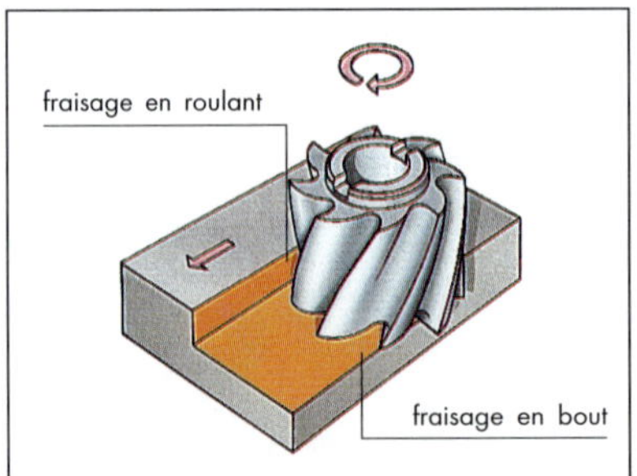

fraise à axe vertical

1. FRAISER v.t. **1.** TECHN. Usiner (une pièce) au moyen d'une fraise. **2.** Évaser un trou, son orifice dans lequel une vis ou tout autre objet doit être inséré.

2. FRAISER ou **FRASER** v.t. CUIS. Rouler, écraser la pâte sous la paume de la main pour la rendre homogène.

FRAISERAIE ou **FRAISIÈRE** n.f. Terrain planté de fraisiers.

FRAISEUR n.m. Ouvrier qui travaille sur une fraiseuse.

FRAISEUR-OUTILLEUR n.m. (pl. *fraiseurs-outilleurs*). Ouvrier hautement qualifié, capable d'exécuter sur une machine et sur tous métaux les travaux les plus difficiles.

FRAISEUSE n.f. Machine-outil servant pour le fraisage.

FRAISIER n.m. **1.** Plante rampante vivace cultivée et existant dans les bois à l'état sauvage, se propageant par stolons et qui fournit les fraises. (Famille des rosacées.) **2.** Gâteau fait de deux abaisses de génoises séparées par une couche de fraises.

fraisiers

FRAISIÈRE n.f. → ***fraiseraie.***

FRAISIL [frɛzi] n.m. (anc. fr. *faisil ;* lat. *fax, facis,* tison). Produit de la combustion incomplète du charbon.

FRAISURE n.f. Évasement pratiqué, généralement à l'aide d'une fraise, à l'orifice d'un trou, notamm. d'un trou devant recevoir une vis.

FRAMBOISE n.f. (du francique). Fruit parfumé et comestible du framboisier, composé de petites drupes distinctes.

FRAMBOISER v.t. Parfumer à la framboise.

FRAMBOISIER n.m. Sous-arbrisseau cultivé voisin de la ronce et qui existe à l'état sauvage, produisant les framboises. (Famille des rosacées.)

framboisier

FRAMÉE n.f. (lat. *framea,* du germ.). Javelot des Francs, à fer en feuille de laurier, d'une longueur ne dépassant pas la hauteur d'un homme.

1. FRANC n.m. Unité monétaire principale de la France, de la Belgique, du Luxembourg, de la Suisse et de certains pays de l'Afrique francophone. (→ ***monnaie.***) ◇ *Franc constant :* franc fictif exprimant, entre deux dates, une valeur stable, corrigeant les effets de l'érosion monétaire (par opp. à *franc courant*).

■ Le franc français a été institué par la loi du 17 germinal an XI (7 avril 1803). Monnaie fondée originellement sur l'argent et l'or, puis sur l'or seul, et convertible, le franc a joui d'une stabilité quasi totale de 1803 à 1914, date à laquelle le gouvernement décréta l'inconvertibilité du franc-papier en or.

Le franc, qui valait originellement 322,5 mg d'or, perdit rapidement de sa valeur lors de la Première Guerre mondiale et fut dévalué le

25 juin 1928 sur la base de 65,5 mg d'or. Il connut depuis lors de nombreuses autres dévaluations : 1936, 1938, 1940 (1 franc = 21 mg d'or), 1945 (7,46 mg d'or), 1949 (2,53 mg d'or).

Après une nouvelle dévaluation en décembre 1958 (1,80 mg d'or), une nouvelle unité monétaire est créée en 1960, le « nouveau franc », valant 100 francs anciens et 180 mg d'or fin. Le franc bénéficia d'une bonne stabilité de 1959 jusqu'en août 1969, où il fut dévalué de 12,5 p. 100 (160 mg d'or fin).

Entré en 1972 dans le « serpent monétaire européen », il a eu depuis lors, par rapport au Deutsche Mark (monnaie dominante de la Communauté), une valeur fluctuante, perdant de 1975 à 1983 60 p. 100 de sa valeur par rapport à la devise allemande. Le franc a été de nouveau dévalué de 6 p. 100 en avril 1986 et a subi un réajustement en janvier 1987 dans le cadre d'un réaménagement du système monétaire européen (réévaluation du Mark, du florin et du franc belge).

2. FRANC, FRANCHE adj. (du francique). **I. 1.** Qui ne dissimule aucune arrière-pensée ; non équivoque. *Réponse franche. Rire franc. – Être franc,* loyal, sincère. ◇ *Franc jeu :* jeu loyal. **2.** Pur, sans mélange. *Rouge franc.* **3. Litt.** Qui est parfait, accompli dans son genre. *Un franc pédant.* **II.** Qui n'est pas soumis au paiement d'un droit, d'une imposition. ◇ *Boutique franche :* magasin qui, dans certains emplacements (aéroports, etc.), bénéficie de l'exemption de taxes sur les produits qui y sont commercialisés. SYN. (anglic. déconseillé) : *free-shop. – Port franc, zone franche :* port ou région frontière où les marchandises étrangères pénètrent librement, sans paiement de droits. – HIST. *Ville franche :* ville qui ne payait pas la taille. – *Franc de port :* franco. ◆ adv. Litt. *Parler franc,* franchement.

3. FRANC, FRANQUE adj. Qui appartient aux Francs.

FRANÇAIS, E adj. et n. De France. ◆ adj. Propre à la langue française. *Grammaire française.* ◆ n.m. Langue romane parlée principalement en France, au Canada, en Belgique, en Suisse et en Afrique. ◇ *En bon français :* en termes clairs et précis.

FRANC-ALLEU [frɑ̃kalø] n.m. (pl. *francs-alleux*). FÉOD. Alleu affranchi de toute servitude.

FRANC-BORD n.m. (pl. *francs-bords*). **1.** MAR. Distance verticale mesurée au milieu d'un navire entre la flottaison en charge et la partie supérieure du pont continu le plus élevé. – *Marques de franc-bord :* signes tracés de chaque bord sur les murailles d'un navire et indiquant la limite réglementaire d'enfoncement. **2.** DR. Espace de terrain libre de propriétaire qui borde une rivière ou un canal.

FRANC-BOURGEOIS n.m. (pl. *francs-bourgeois*). HIST. Au Moyen Âge, celui qui, dépendant d'un seigneur, ne participait pas aux charges municipales.

FRANC-COMTOIS, E adj. et n. (pl. *francs-comtois, franc-comtoises*). De Franche-Comté. SYN. : *comtois.*

FRANC-FIEF n.m. (pl. *francs-fiefs*). FÉOD. **1.** Fief dont le détenteur n'était soumis qu'à des services réduits. **2.** Taxe due par un roturier acquérant un fief noble.

FRANCHEMENT adv. **1.** De manière directe, sans hésitation. *Parler franchement.* **2.** Très. *C'est franchement désagréable.*

FRANCHIR v.t. (de 2. *franc*). **1.** Passer (un obstacle) par un moyen quelconque. *Franchir un fossé.* **2.** Passer (une limite). *Franchir clandestinement la frontière.*

FRANCHISAGE n.m. COMM. Contrat par lequel une entreprise autorise une autre entreprise à utiliser sa raison sociale et sa marque pour commercialiser des produits ou des services. SYN. (anglic. déconseillé) : *franchising.*

FRANCHISE n.f. **I.** Qualité d'une personne franche ; sincérité, droiture. *Répondre avec franchise.* **II. 1.** Clause d'une assurance qui fixe une somme forfaitaire restant à la charge de l'assuré en cas de dommage ; cette somme. **2.** COMM. Droit d'exploiter une marque, une raison sociale, concédé par une entreprise à une autre sous certaines conditions. **3.** Exonération de certaines taxes, de certains droits. *Franchise postale, douanière.*

FRANCHISÉ n.m. COMM. Bénéficiaire d'une franchise.

FRANCHISER v.t. COMM. Lier par un contrat de franchisage.

FRANCHISEUR n.m. COMM. Celui qui accorde une franchise.

FRANCHISING [frɑ̃ʃajziŋ] n.m. (mot angl.). COMM. (Anglic. déconseillé). Franchisage.

FRANCHISSABLE adj. Qui peut être franchi.

FRANCHISSEMENT n.m. Action de franchir.

FRANCHOUILLARD, E adj. et n. Fam. et péj. Qui présente les défauts traditionnellement attribués au Français moyen (chauvinisme, étroitesse d'esprit, en partic.).

FRANCIEN n.m. Dialecte de langue d'oïl, parlé en Île-de-France au Moyen Âge et qui est à l'origine du français.

FRANCILIEN, ENNE adj. et n. De l'Île-de-France.

FRANCIQUE n.m. et adj. Langue des anciens Francs, faisant partie du germanique occidental, reconstituée de façon conjecturale.

FRANCISATION n.f. Action de franciser. *La francisation des termes techniques d'origine anglaise.* ◇ MAR. *Acte de francisation :* document de bord attestant qu'un navire est dûment immatriculé aux registres français tenus à son port d'attache et l'autorisant à arborer le pavillon français.

FRANCISCAIN, E n. et adj. **1.** Religieux, religieuse de l'ordre fondé par saint François d'Assise. **2.** Relatif à saint François d'Assise ou à son ordre.

■ Fondé en 1209 par saint François d'Assise, l'ordre des Frères mineurs, ou Franciscains, est un ordre mendiant fondé par réaction contre la puissance grandissante de l'argent dans la société ecclésiastique et laïque. À l'origine, les Franciscains ne devaient pas posséder de biens ; ils vivaient de leur travail ou d'aumônes et prêchaient dans les villes. Au XIIIᵉ s., l'ordre fut déchiré entre la tendance radicale, fidèle à la tradition de pauvreté, et la tendance observante. Aujourd'hui, l'ordre est organisé en trois branches : Franciscains proprement dits, Capucins et Conventuels.

FRANCISER v.t. Donner un caractère français, une forme française à. *Franciser un mot.*

FRANCISQUE n.f. (bas lat. *francisca*). **1.** Hache de guerre des Francs et des Germains. **2.** *Francisque gallique :* hache à deux fers, emblème adopté par le régime de Vichy (1940-1944).

FRANCISTE n. Spécialiste de langue et de littérature françaises.

FRANCITÉ n.f. Caractère de ce qui est français.

FRANCIUM [frɑ̃sjɔm] n.m. CHIM. Métal alcalin radioactif ; élément (Fr) de numéro atomique 87.

FRANC-MAÇON, ONNE n. (calque de l'angl. *free mason*) [pl. *francs-maçons, franc-maçonnes*]. Membre de la franc-maçonnerie.

FRANC-MAÇONNERIE n.f. (pl. *franc-maçonneries*). **1.** Association initiatique universelle qui n'est pas secrète mais fermée, fondée sur la fraternité et visant à réunir les hommes par-delà leurs différences. **2. Fig.** Groupe à l'intérieur duquel se manifeste une solidarité agissante entre membres. *La franc-maçonnerie des anciens élèves d'une grande école.*

■ La franc-maçonnerie *spéculative* (moderne) est apparue en Grande-Bretagne au XVIIᵉ s., en France au XVIIIᵉ s. Elle se veut l'héritière de la franc-maçonnerie *opérative* dont les membres étaient bâtisseurs de cathédrales. Par analogie, les francs-maçons spéculatifs travaillent à la construction du « Temple de l'humanité ». Un groupe de maçons forme une *loge ;* un groupement de loges constitue une *obédience.*

FRANC-MAÇONNIQUE adj. (pl. *franc-maçonniques*). Rare. Relatif à la franc-maçonnerie. (On dit plutôt *maçonnique.*)

1. FRANCO adv. (it. *porto franco*). Sans frais pour le destinataire. *Un paquet franco de port.* SYN.: *franc de port.*

2. FRANCO adv. (de *franchement*). Fam. Sans hésiter. *Y aller franco.*

FRANCO- Élément tiré du mot *français* et entrant en composition avec d'autres mots ethniques. *Traité franco-italien.*

FRANCO-CANADIEN, ENNE adj. et n.m. (pl. *franco-canadiens, ennes*). Se dit du français propre aux régions francophones du Canada.

FRANCO-FRANÇAIS, E adj. (pl. *franco-français, es*). Fam. Qui est exclusivement français, qui ne concerne que les Français.

FRANCOLIN n.m. (it. *francolino*). Oiseau gallinacé africain, voisin de la perdrix.

FRANCOPHILE adj. et n. Ami de la France.

FRANCOPHILIE n.f. Amitié envers la France.

FRANCOPHOBE adj. et n. Hostile à la France.

FRANCOPHOBIE n.f. Hostilité envers la France.

FRANCOPHONE adj. et n. De langue française.

FRANCOPHONIE n.f. Communauté de langue des pays francophones ; ensemble des pays francophones. – Collectivité que forment les peuples parlant le français.

FRANCOPHONISATION n.f. Canada. Action de francophoniser.

FRANCOPHONISER v.t. Canada. Augmenter le nombre de francophones dans un organisme public ou privé.

FRANCO-PROVENÇAL, E, AUX adj. et n.m. Se dit des dialectes français intermédiaires entre la langue d'oïl et la langue d'oc (Suisse romande, Val d'Aoste, Savoie, Dauphiné, Lyonnais).

FRANC-PARLER n.m. (pl. *francs-parlers*). Absence de contrainte ou de réserve dans la façon de s'exprimer. – *Avoir son franc-parler :* dire très franchement, très directement ce que l'on pense, fût-ce en termes crus.

FRANC-QUARTIER n.m. (pl. *francs-quartiers*). HÉRALD. Carré occupant le quart de l'écu.

FRANC-TIREUR n.m. (pl. *francs-tireurs*). **1.** MIL. Combattant qui ne fait pas partie d'une armée régulière. **2. Fig.** Personne qui mène une action indépendante, sans observer la discipline d'un groupe.

FRANGE n.f. (lat. *fimbria*). **1.** Ornement de fils travaillés d'une passementerie ou d'un tissu dont on a conservé seulement l'un des fils de l'armure, utilisé en couture ou en décoration. **2.** Cheveux retombant sur le front. **3.** Ce qui forme une bordure. *Frange côtière. Frange d'écume.* **4.** Partie plus ou moins marginale d'un groupe de personnes, d'une collectivité. *La frange des indécis.* **5.** OPT. *Franges d'interférence :* bandes, alternativement brillantes et obscures, dues à l'interférence des radiations lumineuses.

FRANGEANT adj.m. *Récif frangeant :* récif accolé parallèlement à un littoral.

FRANGER v.t. [17]. Garnir d'une frange, de franges.

FRANGIN, E n. Fam. Frère, sœur.

FRANGIPANE n.f. (de *Frangipani,* n. pr.). **1.** Fruit du frangipanier. **2. a.** Crème pâtissière additionnée de poudre d'amandes, servant à garnir une pâtisserie. **b.** Gâteau en pâte feuilletée garni de cette crème.

FRANGIPANIER n.m. Arbuste d'Amérique cultivé pour ses fleurs. (Famille des apocynacées.)

FRANGLAIS n.m. (de *français* et *anglais*). Ensemble des néologismes et des tournures syntaxiques d'origine anglaise introduits dans la langue française.

FRANQUETTE (À LA BONNE) loc. adv. Fam. Sans cérémonie, simplement.

FRANQUISME n.m. Système de gouvernement instauré en Espagne par le général Franco à partir de 1936.

FRANQUISTE adj. et n. Relatif au franquisme ; partisan du franquisme.

FRANSQUILLON n.m. Belgique. **1.** Péj. Personne qui parle le français avec un accent affecté, par opp. à *flamingant.* **2.** En Belgique flamande, francophone.

FRANSQUILLONNER v.i. Belgique. Péj. Parler français avec un accent affecté.

FRAPPAGE n.m. Frappe de la monnaie.

FRAPPANT, E adj. **1.** Qui fait une vive impression ; saisissant. *Exemple frappant.* **2.** Qui saute aux yeux, qui est d'une évidence indiscutable. *Ressemblance frappante.*

1. FRAPPE n.f. **1. a.** Action de dactylographier un texte. *Faire des fautes de frappe.* **b.** Copie, exemplaire dactylographiés. *Confier la frappe à l'imprimeur.* **2.** Opération de fabrication des monnaies et médailles consistant à imprimer l'empreinte des coins sur les deux faces d'une rondelle de métal, appelée *flan.* **3.** SPORTS. **a.** Qualité de l'attaque d'un boxeur. **b.** Manière d'attaquer, de frapper le ballon, la balle. **4.** MIL. Opération ponctuelle pouvant combiner des moyens terrestres, navals et aériens.

2. FRAPPE n.f. (de *frapouille,* var. de *fripouille*). Très fam. Voyou.

FRAPPÉ, E adj. **1.** Rafraîchi dans la glace. *Champagne frappé.* **2.** *Velours frappé,* orné de dessins que forment les poils couchés de l'étoffe. **3.** Qui est plein de force expressive, qui sonne bien, en parlant d'une phrase, d'un vers, etc. *Paroles bien frappées.* **4.** Fam. Fou.

FRAPPEMENT n.m. Action de frapper ; bruit produit par ce qui frappe.

FRAPPER v.t. (probabl. d'une onomat.). **I. 1. a.** Donner un ou plusieurs coups à, sur. *Frapper le sol du pied.* **b.** Donner, appliquer, assener. *Frapper un coup violent.* – Fig. *Frapper un grand coup :* accomplir une action spectaculaire et décisive. **2.** Venir heurter, toucher, atteindre. *La balle l'a frappé en plein front.* **3.** Donner, par l'opération de la frappe, une empreinte à. *Frapper une médaille.* **II. 1.** Affliger d'un mal physique ou moral. *La maladie l'a frappé de manière inattendue.* **2.** Faire une vive impression sur. *Cette remarque m'a frappée.* **3.** Assujettir à une contrainte, notamm. par décision judiciaire ou administrative. *Frapper une marchandise de taxes.* **III. 1.** Rafraîchir en plongeant dans la glace. *Frapper du champagne.* **2.** MAR. Assujettir (un cordage) à un point fixe. ◆ v.i. Donner des coups en produisant un bruit. *Frapper à la porte.* ◇ Fig. *Frapper à la porte de qqn,* le solliciter. – *Frapper à toutes les portes :* solliciter de nombreuses personnes. ◆ **se frapper** v.pr. Fam. S'inquiéter, s'émouvoir outre mesure, céder au pessimisme.

FRAPPEUR adj.m. *Esprit frappeur :* esprit d'un mort qui, selon les spirites, se manifeste par des frappements sur les meubles, les murs, etc.

FRASER v.t. → ***2. fraiser.***

FRASIL [frazil] n.m. Canada. Pellicule formée par la glace qui commence à prendre ; fragments de glace flottante.

FRASQUE n.f. (it. *frasca*). Écart de conduite. *Frasques de jeunesse.*

FRATER [fratɛr] n.m. (mot lat., *frère*). Fam. et vx. Frère lai affecté aux travaux domestiques.

FRATERNEL, ELLE adj. (lat. *fraternus*). **1.** Propre à des frères, à des frères et sœurs. **2.** Qui évoque l'affection que l'on se porte habituellement entre frères, entre frères et sœurs. *Salut fraternel.*

FRATERNELLEMENT adv. De façon fraternelle.

FRATERNISATION n.f. Action, fait de fraterniser ; son résultat.

FRATERNISER v.i. Se manifester des sentiments mutuels de fraternité, d'amitié, de sympathie. ◇ Spécialt. Cesser de se traiter en ennemis, se réconcilier.

FRATERNITÉ n.f. **1.** Lien de parenté entre frères et sœurs. **2.** Lien de solidarité et d'amitié entre des êtres humains, entre les membres d'une société.

1. FRATRICIDE n.m. Meurtre d'un frère ou d'une sœur.

2. FRATRICIDE adj. et n. Qui tue son frère ou sa sœur. ◆ adj. Qui oppose des êtres qui devraient être solidaires. *Luttes fratricides.*

FRATRIE n.f. Ensemble des frères et sœurs d'une famille.

FRAUDATOIRE adj. Qui procède de la fraude.

FRAUDE n.f. (lat. *fraus, fraudis*). Acte de mauvaise foi accompli en contrevenant à la loi ou aux règlements et nuisant au droit d'autrui. *Fraude électorale, fiscale.* – DR. *Fraude sur les produits :* tromperie sur la nature, l'origine, la qualité ou la quantité de marchandises. ◇ *En fraude :* frauduleusement.

FRAUDER v.t. et i. Commettre une fraude. *Frauder le fisc. Frauder dans un examen.*

FRAUDEUR, EUSE adj. et n. Qui fraude.

FRAUDULEUSEMENT adv. De façon frauduleuse.

FRAUDULEUX, EUSE adj. Entaché de fraude.

FRAXINELLE n.f. (lat. *fraxinus,* frêne). Dictame (plante).

FRAYAGE n.m. (trad. de l'all. *Bahnung*). PHYSIOL. Facilitation du passage d'un influx nerveux dans les voies nerveuses par la répétition.

FRAYÉE n.f. Ornière créée en surface d'une chaussée au revêtement peu résistant.

FRAYEMENT n.m. VÉTÉR. Inflammation de la peau causée par le frottement, chez certains animaux.

FRAYER [frɛje] v.t. (lat. *fricare,* frotter) [11]. Rendre praticable, tracer (un chemin). *Frayer un sentier.* ◇ *Frayer le chemin, la voie à (qqn),* lui faciliter la tâche, en le précédant. ◆ v.t. ind. Litt. *Frayer avec (qqn),* le fréquenter. ◆ v.i. Déposer ses œufs, en parlant d'un poisson femelle ; les arroser de laitance pour les féconder, en parlant du mâle.

FRAYÈRE n.f. Lieu où les poissons fraient.

FRAYEUR n.f. (lat. *fragor,* bruit violent). Peur soudaine et passagère causée par un danger réel ou supposé.

FREAK [frik] n.m. (mot angl., *monstre*). Fam. Personne vivant d'expédients ou de petits métiers et revendiquant son appartenance à une certaine forme de marginalité sociale.

FREDAINE n.f. (anc. fr. *fredain,* méchant). Fam. Écart de conduite sans gravité.

FREDONNEMENT n.m. Action de fredonner ; chant de qqn qui fredonne.

FREDONNER v.t. et i. (lat. *fritinnire,* gazouiller). Chanter à mi-voix, sans articuler les paroles.

FREE JAZZ [fridʒaz] n.m. inv. (mots amér., *jazz libre*). Style de jazz apparu aux États-Unis au début des années 60, prônant l'improvisation totale, entièrement libérée des contraintes de la mélodie, de la trame harmonique et du tempo.

FREE-LANCE [frilɑ̃s] adj. inv. et n. (mot angl.) [pl. *free-lances*]. Se dit d'un professionnel (photographe, attaché[e] de presse, publicitaire, architecte, etc.) qui effectue un travail indépendamment d'une agence. ◆ n.m. Ce travail lui-même.

FREE-MARTIN [frimartin] n.m. (pl. *free-martins*). BIOL. Génisse jumelle d'un mâle normal, présentant une stérilité d'origine congénitale.

FREE-SHOP [friʃɔp] n.m. (mot angl.) [pl. *free-shops*]. (Anglic. déconseillé). Boutique franche*.

FREESIA [frezja] n.m. Herbe ornementale bulbeuse, aux fleurs en grappes. (Famille des iridacées.)

FREEZER [frizœr] n.m. (mot amér.). Compartiment de congélation d'un réfrigérateur.

FRÉGATAGE n.m. MAR. Rétrécissement des flancs d'une coque dont la largeur est maximale au-dessus de la flottaison et qui s'incurvent au voisinage du pont.

FRÉGATE n.f. (it. *fregata*). **I.** MAR. **1.** Anc. Bâtiment de guerre moins lourd et plus rapide que le vaisseau. **2.** Auj. Bâtiment de combat de moyen tonnage intermédiaire entre la corvette et le croiseur. **II.** Grand oiseau palmipède des mers tropicales au plumage sombre, au vol puissant et rapide. (Famille des pélécanidés.)

FRÉGATER v.t. MAR. Affiner un bateau, ses formes pour le rendre plus rapide.

FREIN n.m. (lat. *frenum*). **1.** Organe destiné à ralentir ou à arrêter un ensemble mécanique doué de mouvement. – *Frein d'écrou :* élément mécanique empêchant le desserrage d'un assemblage par vis et écrou sous l'effet de vibrations. ◇ *Frein moteur :* action du moteur d'une automobile agissant comme frein quand on cesse d'accélérer. **2.** Ce qui retient, entrave. *Le manque d'investissement est un frein à l'expansion.* ◇ Litt. *Mettre un frein à qqch,* chercher à l'arrêter. – *Sans frein :* sans limites. **3.** ANAT. Ce qui bride ou retient un organe. *Le frein de la langue.* **4.** Partie du mors qui se trouve dans la bouche du cheval. ◇ Fig. *Ronger son frein :* supporter impatiemment l'inactivité, l'attente ou la contrainte.

FREINAGE n.m. Action de freiner.

FREINER v.t. **1.** Ralentir le mouvement de qqch, le cas échéant jusqu'à l'arrêter. *Le mauvais état des routes a freiné les secours.* **2.** Ralentir la progression, le développement de ; modérer. *Freiner l'inflation.* ◆ v.i. Ralentir son mouvement, s'arrêter, en parlant d'un véhicule, de son conducteur. *Le camion a freiné.*

FREINTE n.f. (anc. fr. *frainte,* chose brisée). Diminution de valeur subie par des marchandises pendant la fabrication, le transport, etc. SYN. : *déchet de route.*

FRELATAGE n.m. Action de frelater.

FRELATÉ, E adj. **1.** Que l'on a frelaté ; falsifié. *Marchandises frelatées.* **2.** Qui n'a plus rien de naturel ; dont la pureté a été altérée, corrompue. *Un mode de vie frelaté.*

FRELATER v.t. (moyen néerl. *verlaten,* transvaser). Falsifier une substance (notamm. une substance alimentaire) en y mêlant des substances étrangères. *Frelater des vins.*

FRÊLE adj. (lat. *fragilis,* fragile). Qui manque de solidité, de force. *Un frêle esquif. De frêles épaules.*

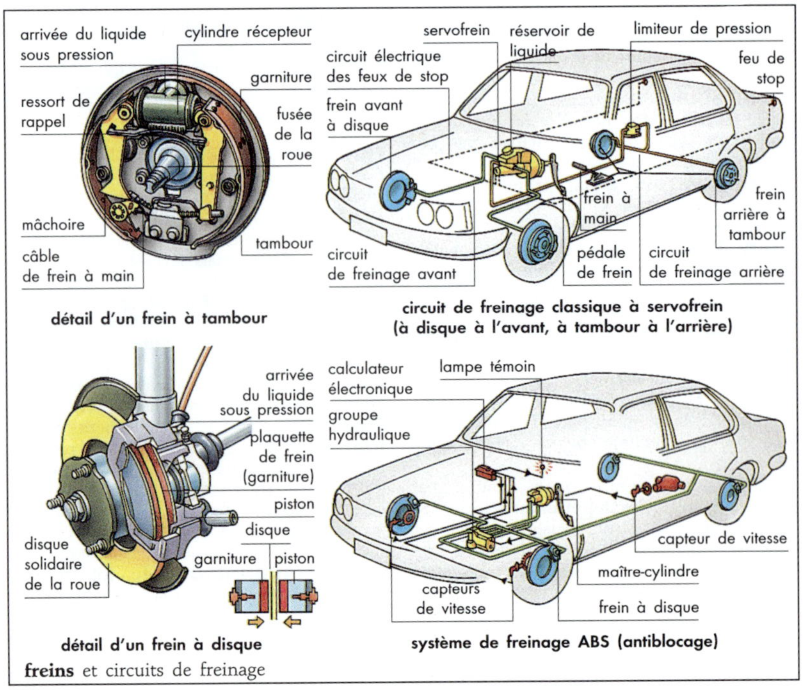

freins et circuits de freinage

FRELON n.m. (francique *hurslo*). Grosse guêpe sociale dont la piqûre est très douloureuse et dont le nid peut atteindre 60 cm de diamètre.

frelon

FRELUQUET n.m. **1.** Fam. Homme d'apparence chétive. **2.** Litt. Jeune homme frivole et prétentieux.

FRÉMIR v.i. (lat. *fremere*). **1.** Être agité d'un tremblement causé par le froid, la peur, la surprise, une émotion, etc. **2.** Être agité d'un léger frissonnement qui précède l'ébullition, en parlant d'un liquide.

FRÉMISSANT, E adj. Qui frémit.

FRÉMISSEMENT n.m. **1.** Agitation, tremblement. *Frémissement des lèvres.* **2.** Émotion qui se traduit par un tremblement. *Frémissement de colère.* **3.** Léger mouvement dans un liquide près de bouillir. **4.** Fig. Évolution à peine marquée dans une statistique, un sondage.

FRÊNAIE n.f. Lieu planté de frênes.

FRÉNATEUR, TRICE adj. PHYSIOL. Qui freine l'activité de certains organes.

FRENCH CANCAN n.m. (pl. *french cancans*). → ***2. cancan.***

FRÊNE n.m. (lat. *fraxinus*). Arbre des forêts tempérées, à bois clair, souple et résistant. (Haut. max. 40 m ; famille des oléacées.)

frêne

FRÉNÉSIE n.f. (gr. *phrên*, pensée). **1.** État d'exaltation violente ; emportement, furie. *La frénésie d'une foule en colère.* **2.** Ardeur, enthousiasme. *Applaudir avec frénésie.*

FRÉNÉTIQUE adj. Poussé jusqu'à une exaltation extrême. *Applaudissements frénétiques.*

FRÉNÉTIQUEMENT adv. Avec frénésie.

FRÉON n.m. (nom déposé). Dérivé chloré et fluoré du méthane ou de l'éthane, utilisé comme agent frigorifique.

FRÉQUEMMENT adv. Souvent.

FRÉQUENCE n.f. **1.** Caractère de ce qui se reproduit à intervalles rapprochés, de ce qui se répète. *La fréquence de ses visites me fatigue un peu.* **2.** Nombre de fois où une action, un évènement se produit dans un temps donné. – *Fréquence du pouls* : nombre de battements cardiaques par minute. **3. a.** STAT. Rapport du nombre d'individus d'un échantillon statistique, dont un caractère quantitatif déterminé prend une valeur donnée, au nombre total d'individus de l'échantillon. – *Fréquence cumulée* : somme des fréquences relatives aux valeurs *x, y, z,* etc., prises par un caractère quantitatif. **b.** PHYS. Nombre de vibrations par unité de temps dans un phénomène périodique. (L'unité de fréquence est le hertz.) *Basse fréquence. Haute fréquence.* ◇ ACOUST., TÉLÉCOMM. *Gamme, bande de fréquence* : ensemble de fréquences comprises dans un intervalle donné. – *Basse fréquence*, inférieure ou égale à 60 Hz. – *Haute fréquence*, comprise entre 10 kHz et 300 MHz.

FRÉQUENCEMÈTRE n.m. ÉLECTR. Appareil servant à mesurer la fréquence d'un courant alternatif.

FRÉQUENT, E adj. (lat. *frequens*). Qui se produit souvent ; réitéré, courant.

FRÉQUENTABLE adj. Que l'on peut fréquenter.

FRÉQUENTATIF, IVE adj. et n.m. LING. Se dit d'un verbe qui marque qu'une action se répète, comme *clignoter, refaire.* SYN. : *itératif.*

FRÉQUENTATION n.f. **1.** Action de fréquenter un lieu, une personne. **2.** Personne que l'on fréquente. *Avoir de mauvaises fréquentations.*

FRÉQUENTER v.t. (lat. *frequentare*). **1.** Aller souvent, habituellement dans (un lieu). *Fréquenter les théâtres.* **2.** Avoir des relations suivies avec (qqn). *Fréquenter ses voisins.* ◆ v.i. Afrique. Aller à l'école.

FRÉQUENTIEL, ELLE adj. Relatif à la fréquence d'un phénomène périodique.

FRÈRE n.m. (lat. *frater*). **1.** Garçon né du même père et de la même mère qu'un autre enfant. **2.** Celui avec qui on est uni par des liens quasi fraternels. *C'est un frère pour moi.* ◇ *Faux frère* : hypocrite capable de trahir ses amis. – *Frères d'armes* : compagnons qui ont combattu ensemble pour la même cause. **3.** Nom que se donnent entre eux les membres de certaines confréries ou associations (par ex., les francs-maçons). ◇ Titre donné aux membres de certains ordres religieux. *Frères mineurs* : franciscains. – *Frères prêcheurs* : dominicains. – *Frères des écoles chrétiennes* : congrégation religieuse qui se consacre à l'enseignement. *Être élevé chez les frères.* ◆ adj. et n.m. Uni par d'étroits rapports de solidarité. *Pays frères.*

FRÉROT n.m. Fam. Petit frère.

FRESQUE n.f. (it. *fresco*, frais). **1.** BX-A. **a.** Peinture murale exécutée, à l'aide de couleurs délayées à l'eau, sur une couche de mortier frais à laquelle ces couleurs s'incorporent. ◇ Technique de la peinture des fresques. *Peindre à fresque.* **b.** (Abusif). Toute peinture murale. **2.** Litt. Vaste composition littéraire peignant toute une époque, toute une société.

FRESQUISTE n. Peintre de fresques.

FRESSURE n.f. (du lat. *frixare*, frire). Ensemble formé par le cœur, la rate, le foie et les poumons d'un animal de boucherie.

FRET [frɛ] ou [frɛt] n.m. (moyen néerl. *vrecht*). **1.** Rémunération due par l'affréteur, ou expéditeur de marchandises, pour le transport de marchandises par navire, par avion, par camion. **2.** Cargaison. *Fret d'aller. Fret de retour.*

FRÉTER v.t. [18]. **1.** Donner (un navire) en location. **2.** Prendre en location (un véhicule quelconque).

FRÉTEUR n.m. Armateur qui s'engage à mettre un navire à la disposition d'un *affréteur*, lequel utilisera celui-ci moyennant une somme appelée *fret.*

FRÉTILLANT, E adj. Qui frétille.

FRÉTILLEMENT n.m. Mouvement de ce qui frétille.

FRÉTILLER v.i. (bas lat. *frictare*, frotter). **1.** S'agiter par des mouvements vifs et courts. **2.** S'agiter sous l'effet d'un sentiment. *Frétiller de joie.*

FRETIN n.m. (anc. fr. *fraindre* ; lat. *frangere*, briser). **1.** Menu poisson. **2.** *Menu fretin* : personnes dont on fait peu de cas ; choses sans valeur, sans importance.

FRETTAGE n.m. Action de fretter.

1. FRETTE n.f. (francique *fetur*, chaîne). **1.** TECHN. Cercle de métal dont on entoure l'extrémité de certaines pièces pour les empêcher de se fendre ou qui sert à réunir des pièces juxtaposées. **2.** Corde de boyau réglable ou fine baguette fixe servant à diviser le manche d'un instrument de musique (guitare, luth, viole, etc.) en demi-tons. SYN. : *touchette.*

2. FRETTE n.f. (de l'anc. fr. *fraindre*, briser). **1.** ARCHIT., ARTS DÉC. Ornement courant en ligne brisée (diverses variétés : *bâtons rompus, frette crénelée, grecque*). **2.** HÉRALD. Meuble d'armoiries fait de six cotices entrelacées.

FRETTER v.t. TECHN. Garnir d'une frette, d'un cercle métallique.

FREUDIEN, ENNE adj. et n. Relatif au freudisme ; qui se réclame du freudisme.

FREUDISME n.m. (de *Freud*, n. pr.). Théorie du fonctionnement psychique, normal et pathologique, développée par S. Freud.

FREUDO-MARXISME n.m. (pl. *freudo-marxismes*). Combinaison théorique du marxisme et de la psychanalyse.

FREUX n.m. (francique *hrok*). Oiseau voisin du corbeau. (Long. 45 cm.)

FRIABILITÉ n.f. Caractère de ce qui est friable.

FRIABLE adj. (lat. *friare*, réduire en morceaux). Qui peut être aisément réduit en poussière.

1. FRIAND, E adj. Qui est gourmand de, qui recherche avidement. *Friand de chocolat, de romans.*

2. FRIAND n.m. **1.** Petit pâté de charcutier, fait de pâte feuilletée garnie d'un hachis de viande, de champignons, etc. **2.** Petit gâteau fait d'une pâte à biscuit aux amandes.

FRIANDISE n.f. Préparation sucrée ou salée de petite dimension, d'un goût délicat. ◇ Spécialt. Sucrerie ou petite pièce de pâtisserie.

FRIBOURG n.m. (de *Fribourg*, n.pr.). Fromage de lait de vache, à pâte cuite, très proche du gruyère, fabriqué en Suisse.

FRIC n.m. Fam. Argent.

FRICADELLE n.f. Belgique. Boulette de viande hachée.

FRICANDEAU n.m. (de *fricasser*). Tranche de veau piquée de menus morceaux de lard.

FRICASSE n.f. Suisse. Fam. Grand froid, gelée.

FRICASSÉE n.f. **1.** Ragoût de viande blanche ou de volaille coupée en morceaux et cuite dans une sauce. **2.** Belgique. Œuf sur le plat servi avec du lard. **3.** Louisiane. Sauce à base de roux.

FRICASSER v.t. (de *frire* et *casser*). Faire cuire, préparer en fricassée. *Fricasser une pièce de veau.*

FRICATIVE n.f. (du bas lat. *fricare*, frotter). PHON. Constrictive.

FRIC-FRAC n.m. inv. Fam. Cambriolage avec effraction.

FRICHE n.f. (moyen néerl. *versch*, frais). Terrain non cultivé et abandonné. – *En friche* : qui n'est pas cultivé, inculte. ◇ *Friche industrielle* : zone industrielle, momentanément sans emploi, en attente de reconversion.

FRICHTI n.m. (mot alsacien, de l'all. *Frühstück*). Fam. Repas, mets que l'on prépare.

FRICOT n.m. (de *fricasser*). Fam. Ragoût préparé grossièrement. ◇ *Faire le fricot* : préparer le repas.

FRICOTAGE n.m. Fam. Trafic malhonnête.

FRICOTER v.t. Fam. **1.** Accommoder en ragoût. **2.** Manigancer, faire secrètement. *Qu'est-ce que tu fricotes encore dans ton coin ?* ◆ v.t. ind. *(avec).* Fam. Avoir des relations sexuelles avec qqn.

FRICOTEUR, EUSE n. Fam. Personne qui fait des gains illicites par des moyens louches.

FRICTION n.f. (du bas lat. *frictare*, frotter). **1.** Frottement que l'on fait sur une partie du corps. ◇ Spécialt. Nettoyage du cuir chevelu avec une lotion aromatique. **2.** (Surtout pl.). Désaccord, heurt, accrochage entre des personnes. *Il y a eu entre elles quelques frictions.* SYN. : *frottement.* **3.** MÉCAN. IND. Résistance que présentent deux surfaces en contact à tout mouvement de l'une par rapport à l'autre. – *Entraînement par friction* : entraînement d'une surface par une autre sous l'effet des forces de frottement.

FRICTIONNEL, ELLE adj. **1.** MÉCAN. IND. Relatif à la friction, au frottement. **2.** ÉCON. *Chômage frictionnel* : situation de chômage malgré l'existence de nombreux emplois, due à la rigidité du marché du travail.

FRICTIONNER v.t. Faire des frictions à. *Frictionner ses jambes.*

FRIDOLIN n.m. Pop. Allemand, en partic. soldat allemand. (Surnom utilisé surtout pendant la Seconde Guerre mondiale.)
FRIGIDAIRE n.m. (nom déposé). Réfrigérateur de la marque de ce nom. ◇ (Abusif). Tout réfrigérateur, quelle que soit sa marque.
FRIGIDARIUM [-rjɔm] n.m. (mot lat.). ANTIQ. ROM. Partie des thermes où l'on prenait des bains froids.
FRIGIDE adj.f. (lat. *frigidus*). Se dit d'une femme atteinte de frigidité.
FRIGIDITÉ n.f. Absence d'orgasme chez la femme lors des rapports sexuels.
FRIGO n.m. Fam. Réfrigérateur.
FRIGORIE n.f. Unité de mesure de quantité de chaleur enlevée (symb. fg) équivalant à 1 kilocalorie négative et valant – 4,185 5 kilojoules. (Cette unité n'est plus légale en France.)
FRIGORIFIÉ, E adj. Fam. Qui a très froid, en parlant de qqn.
FRIGORIFIER v.t. Soumettre au froid pour conserver.
1. FRIGORIFIQUE adj. (lat. *frigorificus*). Qui produit du froid. *Armoire frigorifique.*
2. FRIGORIFIQUE n.m. **1.** Établissement de froid industriel. **2.** Appareil frigorifique.
FRIGORIGÈNE adj. et n.m. Qui engendre, produit le froid. *Fluide frigorigène.*
FRIGORISTE adj. et n. Se dit d'un ouvrier, d'un technicien, d'un industriel spécialisé dans la production ou l'utilisation du froid.
FRILEUSEMENT adv. De façon frileuse.
FRILEUX, EUSE adj. et n. (lat. *frigus, frigoris,* froid). Qui est sensible au froid. ◆ adj. Qui hésite à aller de l'avant ; qui manifeste une prudence jugée excessive.
FRILOSITÉ n.f. Comportement frileux, pusillanime. *La frilosité du marché bancaire.*
FRIMAIRE n.m. (de *frimas*). HIST. Troisième mois du calendrier républicain, commençant le 21, 22 ou 23 novembre et finissant le 20, 21 ou 22 décembre.
FRIMAS [frima] n.m. (francique **frim*). **1.** Litt. Brouillard froid et épais qui se glace en tombant. **2.** Anc. *Coiffé, poudré à frimas :* coiffé avec une légère couche de poudre.
FRIME n.f. (anc. fr. *frume,* mauvaise mine). Fam. Apparence trompeuse destinée à faire illusion ou à impressionner les autres. *C'est de la frime.* ◇ *Pour la frime :* pour étonner, pour se rendre intéressant ; en apparence seulement.
FRIMER v.i. Fam. **1.** Prendre une attitude assurée pour faire illusion ; bluffer. **2.** Faire l'important pour attirer l'attention sur soi.
FRIMEUR, EUSE adj. et n. Fam. Qui frime.
FRIMOUSSE n.f. (de *frime*). Fam. Visage plaisant d'un enfant ou d'une jeune personne.
FRINGALE n.f. Fam. **1.** Faim subite et pressante. **2.** Désir violent, irrésistible de qqch. *Une fringale de cinéma.*
FRINGANT, E adj. (moyen fr. *fringuer,* gambader). **1.** Vif et de fière allure, en parlant d'un cheval. **2.** Vif, pétulant, élégant, de belle humeur. *Un fringant jeune homme.*
FRINGILLIDÉ n.m. (lat. *fringilla,* pinson). *Fringillidés :* famille d'oiseaux passereaux tels que le pinson, le chardonneret, le bouvreuil, le moineau, le serin.
FRINGUE n.f. (Surtout pl.). Fam. Vêtement.
FRINGUER v.t. Fam. Habiller (qqn). ◆ **se fringuer** v.pr. Fam. S'habiller.
FRIPE n.f. (anc. fr. *frepe,* chiffon). [Surtout pl.]. Fam. Vêtement usé, d'occasion.
FRIPER v.t. (anc. fr. *freper*). **1.** Chiffonner, froisser. *Friper une robe.* **2.** Rider, flétrir. *Visage fripé.*
FRIPERIE n.f. Commerce de vêtements usagés, d'occasion ; ces vêtements.
FRIPIER, ÈRE n. Personne qui fait le commerce des vêtements d'occasion.
FRIPON, ONNE n. (moyen fr. *friper,* avaler goulûment). **1.** Fam. Enfant espiègle. **2.** Vx. Personne malhonnête ; escroc, filou. ◆ adj. Qui dénote une malice un peu provocante et sensuelle. *Air, œil fripon.*
FRIPONNERIE n.f. Vx. Caractère ou acte de fripon ; espièglerie.
FRIPOUILLE n.f. Fam. Personne d'une grande malhonnêteté, crapule.
FRIPOUILLERIE n.f. Fam. Caractère ou acte d'une fripouille.
FRIQUÉ, E adj. (de *fric*). Fam. Qui a beaucoup d'argent ; très riche.
FRIQUET n.m. (anc. fr. *friquet,* vif). Moineau des campagnes, reconnaissable par la tache noire qui orne sa joue.
FRIRE v.t. (lat. *frigere*) [115]. Faire cuire (un aliment) dans un corps gras bouillant. *Frire un poisson.* ◆ v.i. Cuire dans un corps gras bouillant, en parlant d'un aliment.
FRISAGE n.m. Action de friser les cheveux.
FRISANT, E adj. Se dit de la lumière qui frappe de biais une surface en l'effleurant.
FRISBEE [frizbi] n.m. (nom déposé). Petit disque de plastique qui plane quand on le lance en le faisant tourner sur lui-même ; jeu pratiqué avec ce disque, que plusieurs partenaires se lancent l'un à l'autre.
1. FRISE n.f. (it. dial. *friso,* du lat. *phrygium,* phrygien). **1.** ARCHIT. Partie de l'entablement comprise entre l'architrave et la corniche. *Les frises du Parthénon.* **2.** Surface plane, généralement décorée, formant une bande continue. **3.** MENUIS. Planche étroite et courte utilisée pour fabriquer des lames de parquet, des pièces de meubles ou des tonneaux. **4.** Bande de toile fixée au cintre d'un théâtre pour figurer le ciel.
2. FRISE *(cheval de)* → ***cheval.***
FRISÉ, E adj. **1.** Qui forme des boucles. *Cheveux frisés.* **2.** Dont les feuilles sont finement dentelées. *Chicorée frisée.* ◆ adj. et n. Dont les cheveux frisent.
FRISÉE n.f. Chicorée d'une variété à feuilles frisées, consommée en salade.
FRISELIS n.m. Litt. Frémissement doux. *Le friselis de l'eau sous la brise.*
FRISER v.t. (p.-ê. de *frire*). **1.** Mettre en boucles. *Friser ses cheveux.* **2.** Raser, effleurer. *La balle lui a frisé le visage.* **3.** Être près d'atteindre qqch, s'en approcher de très près. *Friser la catastrophe.* ◆ v.i. **1.** Se mettre en boucles. *Ses cheveux frisent.* **2.** Avoir les cheveux qui frisent.
1. FRISETTE n.f. MENUIS. Petite frise de parquet, de boiserie.
2. FRISETTE n.f. ou **FRISOTTIS** n.m. Fam. Petite boucle de cheveux frisés.
FRISOLÉE n.f. (de *frisoler,* dimin. dial. de *friser*). Maladie à virus de la pomme de terre, qui donne aux feuilles un aspect gaufré.
1. FRISON n.m. Vx. Petite mèche qui frise.
2. FRISON, ONNE adj. et n. De la Frise. ◆ n.m. Langue germanique parlée en Frise.
FRISONNE adj.f. et n.f. Se dit d'une race bovine laitière française à robe pie noir. (On dit aussi *française frisonne.*)

vache **frisonne**

FRISOTTANT, E ou **FRISOTTÉ, E** adj. Qui frisotte.
FRISOTTER v.t. et i. Friser en petites boucles.
FRISOTTIS n.m. → ***2. frisette.***
FRISQUET, ETTE adj. (wallon *frisque,* froid, du flamand). Fam. Légèrement froid. *Un vent frisquet.*
FRISSON n.m. (bas lat. *frictio,* de *frigere,* avoir froid). **1.** Tremblement passager et involontaire dû au froid ou accompagné d'une sensation de froid. **2.** Mouvement de saisissement qui naît d'une émotion, d'une peur.
FRISSONNANT, E adj. Qui frissonne.
FRISSONNEMENT n.m. **1.** Léger frisson. **2.** Litt. Léger tremblement, frémissement. *Le frissonnement des feuilles.*
FRISSONNER v.i. **1.** Avoir des frissons. **2.** Être saisi d'un frémissement causé par un sentiment, une émotion intense. *Frissonner d'horreur.* **3.** Litt. S'agiter légèrement, en parlant de qqch. *Les feuilles frissonnent.*
FRISURE n.f. **1.** Façon de friser, état des cheveux frisés. **2.** Vx. Petite boucle, mèche de cheveux frisés.
FRITE n.f. (Surtout pl.). **1.** Bâtonnet de pomme de terre frit. **2.** Fam. Coup sur les fesses donné d'un geste vif du dos de la main. **3.** Pop. *Avoir la frite :* être en forme, être d'attaque.
FRITERIE n.f. Local ou installation ambulante où l'on fait des fritures, des frites.
FRITEUSE n.f. Récipient pourvu d'un panier-égouttoir amovible permettant de faire cuire un aliment dans un bain de friture.
FRITILLAIRE n.f. (lat. *fritillus,* cornet à dés). *Fritillaires :* genre de liliacées bulbeuses ornementales aux fleurs tombantes, dont l'espèce principale est la *couronne impériale.*
FRITON n.m. Résidu frit que l'on obtient en faisant fondre par petits morceaux la graisse d'oie ou de porc.
FRITTAGE n.m. TECHN. **1.** Opération effectuée dans la métallurgie des poudres pour réaliser par chauffage une agglomération des produits traités afin de leur donner une cohésion et une rigidité suffisantes. **2.** Vitrification préparatoire incomplète de certains matériaux, en céramique, en émaillerie.
FRITTE n.f. (de *frire*). TECHN. Mélange de sable siliceux et de soude, incomplètement fondu, entrant dans la composition de certains produits céramiques ou de certains verres.
FRITTER v.t. TECHN. Soumettre au frittage.

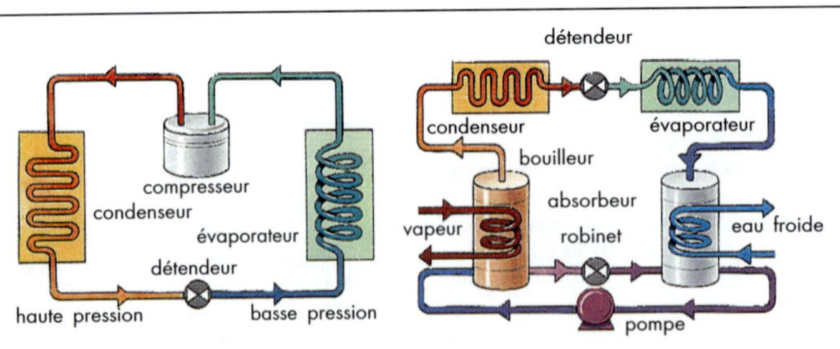

à compression

à absorption

Dans une machine frigorifique *à compression,* un fluide frigorigène se vaporise dans un évaporateur en enlevant de la chaleur au milieu extérieur ; un compresseur aspire les vapeurs formées et les refoule dans un condenseur refroidi, où elles se liquéfient ; un détendeur laisse passer le frigorigène liquide vers l'évaporateur en abaissant sa pression.

Dans une machine frigorifique *à absorption,* le frigorigène évolue entre phase vapeur et phase liquide comme dans les machines du premier type, mais la compression mécanique est remplacée par le transfert entre une solution riche et une solution pauvre en frigorigène, obtenu par chauffage.

machines **frigorifiques :** schémas de principe

FRITURE n.f. **1.** Action ou manière de frire un aliment. **2.** Corps gras servant à frire. **3.** Aliment frit, en particulier petits poissons frits ou à frire. **4.** Belgique. Baraque à frites, friterie. **5.** Bruit parasite dans un appareil de radio, un téléphone.

FRITZ [frits] n.m. Fam., péj. et vieilli. Allemand, en partic. soldat allemand.

FRIVOLE adj. (lat. *frivolus*). **1.** Qui est léger, qui a peu de sérieux ou d'importance. **2.** Qui a du goût pour les choses futiles, qui est superficiel dans ses attachements. *Esprit frivole.*

FRIVOLEMENT adv. De façon frivole.

FRIVOLITÉ n.f. Caractère frivole ; chose frivole. ◆ pl. Vx. Accessoires de mode féminine, articles de fantaisie.

FROC n.m. (francique *frokk*). **1.** Habit de moine. ◇ Fam. *Jeter le froc aux orties :* quitter les ordres, renoncer à la vie religieuse. **2.** Pop. Pantalon.

FROCARD n.m. Péj. et vx. Moine.

1. FRŒBÉLIEN, ENNE [frøbeljɛ̃, ɛn] adj. (de *Fröbel,* pédagogue all.). Belgique. Relatif à l'éducation donnée dans les jardins d'enfants.

2. FRŒBÉLIEN, ENNE n. Belgique. Instituteur(trice) de maternelle.

1. FROID, E adj. (lat. *frigidus*). **I. 1.** Qui est à basse température ; où la température est basse. *Cette boisson est trop froide. Un grand salon toujours froid l'hiver.* **2.** Qui donne la sensation d'être à une température inférieure à celle du corps. *Air froid.* **3.** Qui dégage ou procure peu de chaleur. *Soleil froid.* **4.** Qui n'est plus chaud, qui est refroidi. *Viande froide.* **5.** *Couleurs froides :* couleurs du spectre dont la longueur d'onde est plus proche du bleu que du rouge. **6.** *Pierre froide :* pierre marbrière très dure et prenant le poli. **II. 1.** Qui manifeste du sang-froid, du calme, de la maîtrise de soi. *Rester froid devant le danger.* **2.** Qui manifeste de la réserve, qui manque de chaleur humaine. *Un homme très froid.* ◆ adv. **1.** *Manger froid :* absorber un aliment froid. **2.** *Battre froid à qqn,* lui manifester de la réserve, de l'hostilité.

2. FROID n.m. **1.** Température basse ou très basse. **2.** Sensation que fait éprouver l'absence ou la diminution de la chaleur. ◇ *Avoir froid :* éprouver une sensation de froid. – *Attraper, prendre froid :* s'enrhumer. **3.** Absence ou diminution d'affection, de cordialité. *Il y a un froid entre eux.* ◇ *Jeter un froid :* faire naître un malaise, une sensation de gêne. **4.** *À froid :* sans soumettre à la chaleur. – Fig. Sans émotion apparente ; quand les passions se sont calmées. ◇ *Opérer à froid :* faire une intervention chirurgicale en dehors des poussées inflammatoires.

FROIDEMENT adv. **1.** Avec calme et lucidité. **2.** Avec réserve. *Accueillir froidement un projet.* **3.** Avec une totale insensibilité, sans aucun scrupule. *Abattre froidement qqn.*

FROIDEUR n.f. Absence de sensibilité, indifférence.

FROIDURE n.f. Litt. Atmosphère, saison froide.

FROISSABLE adj. Qui se froisse facilement.

FROISSEMENT n.m. **1.** Action de froisser ; fait d'être froissé. **2.** Bruit que produit qqch que l'on froisse. *Un froissement de papier de soie.*

FROISSER v.t. (lat. pop. *frustiare,* de *frustum,* morceau). **1.** Meurtrir par une pression violente, un choc. *Froisser un muscle.* **2.** Chiffonner, friper. *Froisser un papier.* **3.** Heurter, blesser moralement. *Votre plaisanterie l'a froissé.*

FROISSURE n.f. Rare. Trace laissée sur un objet qui a été froissé.

FRÔLEMENT n.m. Action de frôler ; bruit léger qui en résulte.

FRÔLER v.t. **1.** Toucher légèrement en passant ; effleurer. *La balle a frôlé le filet.* **2.** Passer très près de qqn, de qqch sans les toucher. *Un avion qui frôle les montagnes.* **3.** Échapper de justesse à (qqch de fâcheux). *Frôler la mort, la faillite.*

1. FRÔLEUR, EUSE adj. Qui frôle. *Gestes frôleurs.*

2. FRÔLEUR n.m. Homme qui se glisse dans les foules pour y rechercher des contacts féminins dont il tire un plaisir sexuel. SYN. : *frotteur.*

FROMAGE n.m. (lat. pop. *formaticus,* fait dans une forme). **1.** Aliment obtenu par coagulation du lait, égouttage du caillé ainsi obtenu et, éventuellement, affinage ; masse de cet aliment moulée de façons diverses. ◇ Fam. *Entre la poire et le fromage :* à la fin du repas, quand la gaieté et la liberté sont plus grandes. – Fam. *Faire tout un fromage de :* donner une importance exagérée à, monter en épingle (une chose, un évènement mineurs). **2.** Fam. Situation lucrative et peu fatigante ; sinécure. *Se partager le fromage.* **3.** *Fromage de tête :* pâté fait de morceaux de tête de porc enrobés de gelée.

FROMAGEON n.m. Fromage de chèvre provenant du midi de la France.

1. FROMAGER n.m. Récipient percé pour faire égoutter le fromage frais.

2. FROMAGER n.m. Très grand arbre des régions tropicales, à bois blanc et tendre, dont les fruits fournissent le kapok. (Famille des malvacées.)

3. FROMAGER, ÈRE adj. Relatif au fromage. *Industrie fromagère.* ◆ n. Personne qui fabrique ou vend des fromages.

FROMAGERIE n.f. Endroit où l'on fait, où l'on garde, où l'on vend des fromages.

FROMEGI ou **FROMGI, FROMETON** ou **FROMTON** n.m. Pop. Fromage.

FROMENT n.m. (lat. *frumentum*). Blé tendre.

FROMENTAL n.m. (pl. *fromentaux*). Avoine élevée, graminée fourragère vivace.

FROMETON ou **FROMTON** n.m. → ***fromegi.***

FRONCE n.f. (francique *hrunka*). Pli non aplati obtenu en coulissant un tissu sur un fil.

FRONCEMENT n.m. Action de froncer, de rider (les sourcils, le front).

FRONCER v.t. [16]. **1.** Resserrer ou orner par des fronces (un vêtement, un tissu). *Froncer une robe.* **2.** Plisser, rider en contractant. *Froncer les sourcils.*

FRONCIS n.m. Suite de fronces, de plis faits à un tissu, à un vêtement.

FRONDAISON n.f. (de 3. *fronde*). **1.** Époque où paraissent les feuilles des arbres. **2.** Le feuillage lui-même.

1. FRONDE n.f. (lat. *funda*). **1.** Arme de jet constituée d'une pièce de matière souple (cuir, etc.), attachée à deux lanières, dans laquelle est placé le projectile. **2.** Lance-pierres.

2. FRONDE n.f. (de *la Fronde,* n.pr.). Litt. Révolte d'un groupe social contestant les institutions, la société, l'autorité. *Esprit de fronde.*

3. FRONDE n.f. (lat. *frons, frondis,* feuillage). BOT. Feuille aérienne des fougères, porteuse des sporanges.

FRONDER v.t. Litt. Critiquer (le pouvoir, l'autorité) en raillant, en provoquant.

1. FRONDEUR n.m. Anc. Soldat, guerrier armé d'une fronde.

2. FRONDEUR, EUSE n. Personne qui participa au mouvement de la Fronde. ◆ adj. et n. Qui est porté à la contradiction, à la critique, à l'insubordination. *Esprit frondeur.*

FRONT n.m. (lat. *frons, frontis*). **I. 1.** Partie antérieure du crâne des vertébrés comprise, chez l'homme, entre la racine des cheveux et l'arcade sourcilière. ◇ Litt. *Baisser, courber le front :* éprouver un sentiment de honte. **2.** Litt. Audace, impudence. *Tu as le front de tenir ici de tels propos !* **II. 1.** Partie supérieure ou face antérieure de qqch. *Le front d'une montagne. Le front d'un monument.* ◇ *Front de mer :* avenue, promenade en bord de mer. **2.** MIL. **a.** Ligne extérieure présentée par une troupe en ordre de bataille (par opp. à *flanc*). ◇ *Faire front :* tenir tête à une attaque. **b.** Limite avant de la zone de combat. **c.** Cette zone de combat elle-même. *Partir pour le front.* ◇ *Front de mer :* secteur de défense côtière. **3.** (Dans des noms propres). Coalition de partis ou d'organisations politiques. *Le Front populaire. Le Front national.* **4.** MIN. Partie d'un gisement en cours d'exploitation. – *Front de taille :* surface d'attaque d'un filon minier. **5.** MÉTÉOR. Surface idéale marquant le contact entre des masses d'air convergentes, différenciées par leur température et leur degré d'humidité. **6.** GÉOGR. **a.** Versant raide d'une cuesta (ou côte). **b.** *Front pionnier :* région dont la mise en valeur s'amorce. **III.** *De front.* **1.** Par-devant. *Attaquer de front.* **2.** Côte à côte sur une même ligne. *Marcher de front.* **3.** Simultanément, en même temps. *Mener de front plusieurs affaires.* **4.** D'une manière directe ; sans ménagement. *Aborder de front une question.*

FRONTAIL n.m. Partie du harnais qui passe sur le front du cheval et se fixe sur la têtière. SYN. : *frontal.*

1. FRONTAL, E, AUX adj. **1.** Qui se fait de face, par-devant. *Attaque frontale.* **2.** ANAT. Qui concerne le front. *Muscle frontal.* – *Lobe frontal :* partie des hémisphères cérébraux située en avant de la scissure de Sylvius et qui joue un rôle important dans la motricité, la régulation de l'humeur et la douleur. **3.** MATH. *Plan frontal de référence :* en géométrie descriptive, un des deux plans perpendiculaires sur lesquels on projette un solide. – *Droite frontale :* droite parallèle au plan frontal.

2. FRONTAL n.m. **1.** Os du front. **2.** Frontail.

FRONTALIER, ÈRE adj. et n. Qui habite une région voisine d'une frontière et, partic., qui va travailler chaque jour au-delà de cette frontière. ◆ adj. Situé à la frontière. *Ville frontalière.*

FRONTALITÉ n.f. *Loi de frontalité :* principe fondamental de la sculpture archaïque, caractérisé par la symétrie du corps humain, qui n'est jamais désaxé par une flexion latérale.

FRONTEAU n.m. **1.** Rare. Petit fronton au-dessus d'une baie. **2.** Bijou dont les femmes s'ornaient le front.

FRONTIÈRE n.f. (de *front*). **1.** Limite qui sépare deux États. – *Frontière naturelle :* frontière formée par un élément du milieu naturel (fleuve ou montagne). **2.** (En app.). Limitrophe, frontalier. *Ville frontière.* **3.** Fig. Limite, lisière entre deux choses différentes. *La frontière entre l'autorité et l'autoritarisme.* **4.** Fig. Ce qui délimite un champ d'action, un domaine. *Les frontières de l'impossible.* **5.** MATH. Ensemble des points frontières de la partie d'un espace. – *Point frontière* (d'une partie A d'un espace topologique E) : point de E dont les voisinages contiennent des éléments appartenant à A et des éléments ne lui appartenant pas.

FRONTIGNAN n.m. Vin muscat de l'Hérault.

FRONTISPICE n.m. (bas lat. *frontispicium*). **1.** Vx. Façade principale d'un édifice. **2.** Titre d'un livre imprimé, placé à la première page. **3.** Illustration placée en regard de la page de titre d'un livre.

FRONTON n.m. (it. *frontone*). **1.** ARCHIT. Couronnement (d'une façade, d'une baie, d'un meuble...) de forme triangulaire ou arquée sur base horizontale, plus large que haut et fait d'un tympan qu'entoure un cadre mouluré. **2.** SPORTS. Mur contre lequel on lance la balle, à la pelote basque ; par ext., le terrain de jeu.

FROTTAGE n.m. Action de frotter.

FROTTANT, E adj. Soumis à un frottement. *Surfaces frottantes.*

FROTTÉE n.f. Fam., vx. Volée de coups.

FROTTEMENT n.m. **1.** Action de deux corps en contact et en mouvement l'un par rapport à l'autre. ◇ *À frottement,* se dit d'une manière d'ajuster une pièce dans une autre, de façon que leur mouvement relatif se fasse avec un frottement non négligeable. – *Coefficient de frottement :* fraction de la pression normale qu'il faudrait appliquer tangentiellement pour vaincre le frottement. **2.** MÉD. Bruit anormal perçu à l'auscultation au cours de l'inflammation de la plèvre et du péricarde. *Frottement pleural, péricardique.* **3.** PHYS. *Frottement interne :* phénomène responsable de l'amortissement des vibrations dans un matériau. **4.** (Souvent pl.). Heurt, friction entre des personnes, mésentente.

FROTTER v.t. (anc. fr. *freter,* du bas lat. *frictare*). **1.** Passer à plusieurs reprises une chose sur une autre en appuyant. *Frotter deux pierres pour faire du feu.* **2.** Exercer une pression sur (qqch) tout en faisant des mouvements répétés pour nettoyer ou rendre plus brillant. *Frotter un parquet.* **3.** Passer la main sur (une partie du corps), frictionner. *Frotte-moi le dos.* ◇ Belgique. Fam. *Frotter la manche :* flatter qqn pour en recevoir une faveur. **4.** Enduire par frottement ou friction. *Frotter d'ail des croûtons.* ◆ v.i. Produire un frottement. *La porte frotte en se fermant.* ◆ **se frotter** v.pr. ***(à).*** **1.** Fam. S'en prendre vivement à ; provoquer, attaquer. **2.** Litt. Entrer en contact (avec un certain milieu). *Se frotter aux artistes.*

1. FROTTEUR, EUSE adj. et n. **1.** Qui frotte. *Pièce frotteuse.* **2.** Pop. Frôleur.

2. FROTTEUR n.m. **1.** Pièce conductrice assurant un contact électrique mobile par frottement sur une autre. **2.** Dispositif des véhicules à traction électrique permettant le captage du courant sur le rail conducteur.

FROTTIS [-ti] n.m. **1.** BX-A. Dans un tableau, couche mince de couleur laissant voir la texture du support. **2.** MÉD. Préparation en couche mince, sur une lame de verre, d'un liquide organique ou de cellules, prélevés en vue d'un examen microscopique. *Frottis vaginal.*

FROTTOIR n.m. Surface enduite d'un produit permettant l'inflammation des allumettes par friction.

FROUER v.i. CHASSE. Imiter à la pipée le cri de la chouette ou du geai.

FROUFROU ou **FROU-FROU** n.m. (onomat.) [pl. *froufrous* ou *frous-frous*]. **1.** Léger bruit que produit le froissement des étoffes, des feuilles, etc. **2.** (Surtout pl.). Ornement de tissu d'un vêtement féminin. *Robe à froufrous.*

FROUFROUTANT, E adj. Qui froufroute.

FROUFROUTEMENT n.m. Bruit de froufrou.

FROUFROUTER v.i. Faire un froufrou, un bruit léger semblable à un froissement.

FROUSSARD, E adj. et n. Fam. Peureux, poltron.

FROUSSE n.f. Fam. Peur.

FRUCTIDOR n.m. (lat. *fructus,* fruit, et gr. *dôron,* don). HIST. Douzième mois du calendrier républicain, commençant le 18 ou le 19 août et finissant le 16 ou le 17 septembre.

FRUCTIFÈRE adj. BOT. Qui porte des fruits.

FRUCTIFICATION n.f. BOT. **1.** Formation, production des fruits, époque où a lieu cette formation. **2.** Ensemble des organes reproducteurs, chez les cryptogames.

FRUCTIFIER v.i. (lat. *fructus,* fruit). **1.** Produire, porter des récoltes, des fruits. **2.** Produire des résultats avantageux, profitables, des bénéfices. *Idée qui fructifie. Faire fructifier son capital.*

FRUCTOSE n.m. Ose, de formule $C_6H_{12}O_6$, isomère du glucose, contenu dans le miel et de nombreux fruits.

FRUCTUEUSEMENT adv. De façon fructueuse.

FRUCTUEUX, EUSE adj. (lat. *fructuosus*). **1.** Profitable, avantageux. *Commerce fructueux.* **2.** Qui donne un résultat utile ; fécond. *Recherches fructueuses.*

FRUCTUS [-tys] n.m. (lat. *fructus,* fruit). DR. Droit de percevoir les fruits d'une chose, l'un des attributs du droit de propriété.

FRUGAL, E, AUX adj. (lat. *frugalis*). **1.** Qui se nourrit de peu, qui vit d'une manière simple. **2.** Qui consiste en aliments simples et peu abondants. *Repas frugal.*

FRUGALEMENT adv. De façon frugale.

FRUGALITÉ n.f. Qualité de qqn, qqch de frugal ; sobriété.

FRUGIVORE adj. et n. Qui se nourrit de fruits.

1. FRUIT n.m. (lat. *fructus*). **I. 1.** Organe contenant les graines et provenant généralement de l'ovaire de la fleur. *On distingue les fruits secs (gousse, capsule, akène) et les fruits charnus (drupe, baie), souvent comestibles.* **2.** Cet organe, en tant que produit comestible de certains végétaux, de saveur généralement sucrée et consommé souvent comme dessert. – *Fruit confit :* fruit cuit légèrement dans un sirop de sucre, puis séché lentement. – *Fruit sec :* fruit sans pulpe ; **fig.,** personne qui a déçu toutes les espérances que l'on fondait sur elle ; raté. – *Fruits rafraîchis :* salade de fruits frais au sucre et arrosés d'alcool. ◇ *Fruit défendu* (allusion à Adam et Ève) : plaisir interdit, et d'autant plus désirable. – *Fruit vert :* très jeune fille. **II. Fig.** Résultat, profit, avantage tiré de qqch. *Retirer les fruits de son travail.* ◆ pl. **1.** Litt. Produits, récoltes. *Les fruits de la Terre.* **2.** DR. Produits réguliers et périodiques que les choses donnent d'après leur destination et sans perte de leur substance, soit naturellement *(fruits naturels),* soit par le travail de l'homme *(fruits industriels),* soit en donnant lieu à un profit pécuniaire *(fruits civils).* ◇ *Fruits pendants par les branches :* fruits provenant des arbres qui ne sont pas encore récoltés. – *Fruits pendants par les racines :* récoltes encore sur pied. **3.** *Fruits de mer :* crustacés et coquillages comestibles.

■ La culture des fruits pour la consommation humaine a subi une grande uniformisation (p. ex., la variété de pomme golden représente à elle seule 60 p. 100 des surfaces plantées en pommiers en France), mais en même temps de nouvelles espèces sont apparues sur les marchés (kiwi) tandis que des fruits frais, autrefois disponibles pendant une courte période, sont maintenant commercialisés presque toute l'année grâce aux procédés de conservation par le froid et aux transports, qui permettent d'acheminer à faible coût des produits de l'hémisphère Sud.

Les fruits constituent un apport essentiel en potassium (bananes), calcium (agrumes, dattes), magnésium (bananes, figues, dattes) et vitamines hydrosolubles, surtout la vitamine C. Les fruits oléagineux (noix, noisette, amande), qui sont des graines, ont une valeur calorique beaucoup plus élevée que celle des fruits frais (env. 400 calories pour 100 g).

2. FRUIT n.m. (moyen fr. *frit,* de *effriter*). CONSTR. Obliquité donnée à la face extérieure d'un mur, sa base étant en avant de l'aplomb du sommet. (Quand la base du mur est en arrière de l'aplomb, pris à partir du sommet, il y a *contre-fruit.*)

FRUITÉ, E adj. **1.** Se dit d'un vin, de l'huile d'olive, etc., qui ont conservé l'arôme et le goût du fruit frais. **2.** Qui rappelle l'odeur ou le goût d'un fruit. *Parfum fruité.*

FRUITERIE n.f. Magasin, commerce de marchand de fruits.

1. FRUITIER, ÈRE adj. Qui produit des fruits comestibles. *Arbre fruitier.* ◆ n. Personne qui fait le commerce des fruits frais.

2. FRUITIER n.m. Local, étagère où l'on conserve les fruits.

FRUITIÈRE n.f. Petite coopérative de producteurs de lait pour la fabrication du fromage, notamm. du gruyère. – **Spécialt.** Local où se fait la fabrication du fromage.

FRUMENTAIRE adj. (lat. *frumentarius*). ANTIQ. ROM. *Lois frumentaires :* lois qui réglaient la distribution du blé aux citoyens.

FRUSQUES n.f. pl. (de *saint-frusquin*). Fam. Vêtements, en partic. vêtements de peu de valeur ou usagés.

FRUSTE adj. (it. *frusto,* usé). **1.** Grossier, rustre. *Homme fruste.* **2.** Qui manque de finesse, d'élégance. *Style fruste.* **3.** Se dit d'une maladie très atténuée dans son intensité ou ses symptômes.

FRUSTRANT, E adj. Qui frustre.

FRUSTRATION n.f. **1.** Action de frustrer. **2.** PSYCHOL. Tension psychologique engendrée par un obstacle qui empêche le sujet d'atteindre un but ou de réaliser un désir.

FRUSTRÉ, E adj. et n. Se dit de qqn qui souffre de frustration.

FRUSTRER v.t. (lat. *frustrari*). **1.** Priver qqn d'un bien, d'un avantage dont il croyait pouvoir disposer ou qui était dû. **2.** Mettre (qqn) dans un état de frustration. **3.** Décevoir, tromper. *Son échec a frustré nos espérances.*

FRUTESCENT, E adj. (lat. *frutex, -icis,* arbrisseau). BOT. Se dit des plantes à tige ligneuse, comme les arbrisseaux.

FUCALE n.f. *Fucales :* ordre d'algues brunes se reproduisant sans spores et qui a pour type le *fucus.*

FUCHSIA [fyʃja] ou [fyksja] n.m. (de *Fuchs,* n. pr.). Arbrisseau originaire d'Amérique, aux fleurs pendantes rouge violacé, souvent planté comme ornemental. (Famille des œnothéracées.)

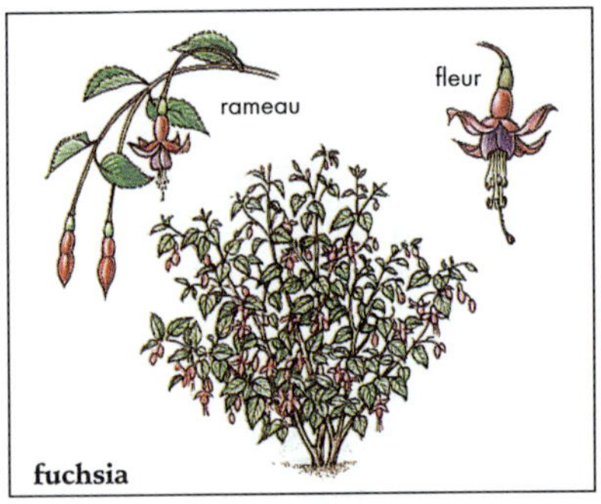

fuchsia

FUCHSINE [fyksin] n.f. (de *Fuchs,* n. pr.). Matière colorante rouge, utilisée en bactériologie et en cytologie.

FUCUS [fykys] n.m. (mot lat.). Algue brune, abondante sur les côtes rocheuses dans la zone de balancement des marées, et dont une espèce commune est munie de flotteurs.

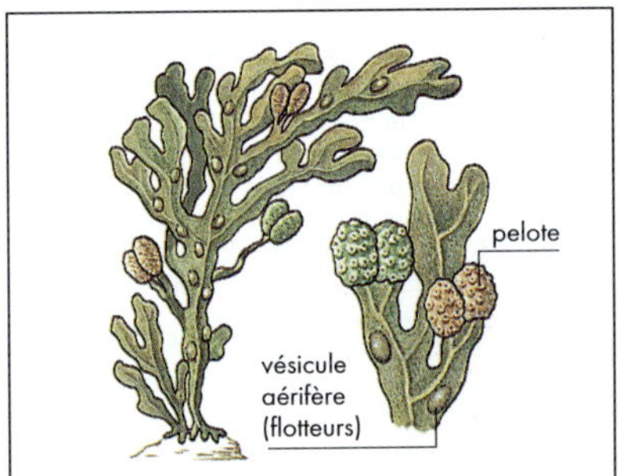

fucus

FUÉGIEN, ENNE adj. et n. (esp. *fuegino,* de *fuego,* feu). De la Terre de Feu.

FUEL [fjul] ou **FUEL-OIL** [fjulɔjl] n.m. (mot angl.) [pl. *fuel-oils*]. (**Anglic. déconseillé**). Fioul.

FUERO [fwero] n. m. (mot esp.). HIST. Ancienne charte espagnole garantissant les privilèges et les libertés d'une ville ou d'une province.

FUGACE adj. (lat. *fugax*). Qui ne dure pas, qui disparaît rapidement, facilement ; fugitif. *Souvenir, parfum fugace.*

FUGACITÉ n.f. Caractère de ce qui est fugace.

FUGITIF, IVE adj. et n. (lat. *fugitivus*). Qui a pris la fuite, qui s'est échappé. ◆ adj. Qui ne dure pas, qui disparaît rapidement. *Bonheur, espoir fugitif.*

FUGITIVEMENT adv. De façon fugitive.

FUGUE n.f. (it. *fuga,* fuite). **1.** Fait de s'enfuir de son domicile (notamm. pour un enfant mineur). **2.** MUS. Composition musicale qui donne l'impression d'une fuite et d'une poursuite par l'entrée successive des voix et la reprise d'un même thème, et qui comprend l'exposition, le développement et la strette.

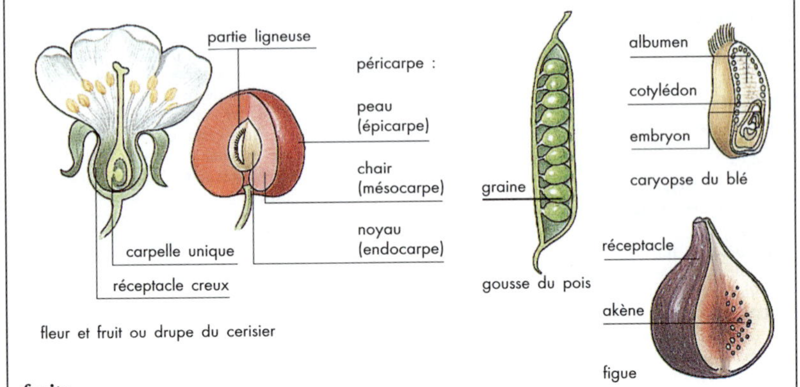

fruits

FUGUÉ, E adj. MUS. En style de fugue.

FUGUER v.i. Fam. Faire une fugue.

FUGUEUR, EUSE adj. et n. Se dit d'un enfant qui a tendance à faire des fugues.

FÜHRER [fyrər] n.m. (mot all., *chef*). HIST. Titre pris par Hitler à partir de 1934.

FUIE n.f. Petit colombier.

FUIR v.i. (lat. *fugere*) [35]. **1.** S'éloigner rapidement pour échapper à qqn, qqch ; se dérober. *Fuir à travers champs.* **2.** S'éloigner, s'écouler rapidement. *Le temps qui fuit.* **3.** S'échapper par une fêlure, un orifice. *Le gaz a fui par le robinet.* **4.** Laisser échapper son contenu. *Mon stylo fuit.* ◆ v.t. **1.** Chercher à éviter en s'éloignant. *Fuir le danger.* **2.** Litt. Ne pas se laisser saisir ; échapper à. *Le sommeil me fuit.*

FUITE n.f. **1.** Action de fuir, de se soustraire à qqch de pénible, de dangereux ; dérobade. *Fuite devant l'ennemi. Prendre la fuite.* – *Fuite en avant :* fait d'accentuer un processus, faute de pouvoir en contrôler l'évolution. ◇ *Délit de fuite,* commis par le conducteur d'un véhicule qui, responsable d'un accident, ne s'arrête pas et tente ainsi d'échapper à la responsabilité pénale ou civile qu'il peut encourir. – *Fuite des capitaux :* évasion de capitaux. **2.** Écoulement (d'un fluide, d'un gaz) par une fissure ; la fissure elle-même. ◇ *Fuite du temps :* écoulement rapide du temps. **3.** Divulgation d'informations qui devaient rester secrètes. **4.** ARTS PLAST. *Point de fuite :* point d'un dessin en perspective où convergent des droites parallèles dans la réalité.

FULGURANCE n.f. Litt. Caractère de ce qui est fulgurant.

FULGURANT, E adj. (du lat. *fulgur,* foudre). **1.** Litt. Qui jette une lumière rapide et aveuglante. *Éclair fulgurant.* ◇ Litt. *Regard fulgurant,* brillant et pénétrant. **2.** Qui est très rapide. *Carrière fulgurante.* ◇ *Douleur fulgurante,* très intense mais brève.

FULGURATION n.f. **1.** Éclair sans tonnerre. **2.** Accident mortel dû à la foudre. **3.** MÉD. Utilisation thérapeutique des étincelles électriques.

FULGURER v.i. Litt. Briller d'un vif éclat.

FULIGINEUX, EUSE adj. (du lat. *fuligo,* suie). **1.** Qui produit de la suie ; qui a la couleur de la suie ; noirâtre. *Flamme fuligineuse.* **2.** Litt. Obscur, confus. *Esprit fuligineux.*

FULIGULE n.m. (lat. *fuligo,* suie [par allusion à la couleur du plumage]). Canard plongeur, de passage en France en hiver, dont les espèces les plus communes sont le milouin et le morillon.

FULL [ful] n.m. (mot angl., *plein*). Au poker, réunion d'un brelan et d'une paire.

FULL-CONTACT [fulkɔ̃takt] n.m. (pl. *full-contacts*). Boxe américaine.

FULLERÈNE n.m. (de R. B. *Fuller*). Variété cristalline de carbone dont la molécule comporte un grand nombre d'atomes.

FULMICOTON n.m. Coton-poudre.

FULMINANT, E adj. **1.** Litt. Qui exprime une violente colère. *Regards fulminants.* **2.** Qui produit une détonation. *Poudre fulminante.*

FULMINATE n.m. CHIM. Sel de l'acide fulminique. *Le fulminate de mercure sert à la fabrication des amorces.*

FULMINATION n.f. **1.** Litt. Emportement violent. **2.** RELIG. Publication dans les formes d'une condamnation. *Fulmination d'une sentence.*

FULMINER v.i. (lat. *fulminare*). **1.** Vx. Faire explosion. **2.** Éclater en menaces. ◆ v.t. **1.** Litt. Formuler avec véhémence. *Fulminer des reproches.* **2.** RELIG. Publier (une condamnation).

FULMINIQUE adj. CHIM. Se dit de l'acide C=N—OH, formant des sels détonants.

FUMABLE adj. Qui peut être fumé.

1. FUMAGE n.m. Action de fumer une terre.

2. FUMAGE n.m. ou **FUMAISON** n.f. Action d'exposer à la fumée certaines denrées (viande, poisson) pour les conserver.

FUMAGINE n.f. (lat. *fumus,* suie). Maladie cryptogamique des arbres et arbustes, caractérisée par une croûte noire à la surface des feuilles.

FUMAISON n.f. → *2. fumage.*

FUMANT, E adj. **1.** Qui dégage de la fumée, de la vapeur. *Cendre, soupe fumante.* ◇ *Acide fumant :* acide nitrique ou sulfurique très concentré. **2.** Fam. Furieux. **3.** Fam. Extraordinaire. *Coup fumant.*

FUMARIACÉE n.f. *Fumariacées :* famille de plantes dialypétales telles que la fumeterre et la dicentra.

1. FUMÉ, E adj. **1.** Qui a été soumis au fumage. *Saumon fumé.* **2.** *Verres fumés :* verres de lunettes colorés sombres.

2. FUMÉ n.m. **1.** Produit alimentaire traité par fumage. **2.** Épreuve de photogravure.

FUME-CIGARE n.m. inv. Petit tuyau auquel on adapte un cigare pour le fumer.

FUME-CIGARETTE n.m. inv. Petit tuyau auquel on adapte une cigarette pour la fumer.

FUMÉE n.f. **1.** Ensemble des produits gazeux et des particules solides extrêmement ténues se dégageant des corps en combustion. ◇ *S'en aller, partir en fumée :* disparaître sans résultat. **2.** Vapeur exhalée par un liquide chaud. ◆ pl. Litt. Excitation produite au cerveau (par les boissons alcooliques). *Les fumées du vin.*

1. FUMER v.i. (lat. *fumare*). **1.** Dégager de la fumée en se consumant ; émettre de la fumée. *Brandon, cheminée qui fume.* **2.** Exhaler de la vapeur. *Soupe chaude qui fume.* **3.** Fam. Être furieux ; pester. ◆ v.t. **1.** Brûler (du tabac) en aspirant la fumée. *Fumer une cigarette.* **2.** Exposer à la fumée pour sécher et conserver. *Fumer des jambons.*

2. FUMER v.t. (du lat. pop. *femus,* fumier). Apporter à une terre du fumier ou des engrais pour la fertiliser.

FUMERIE n.f. Lieu où l'on fume de l'opium.

FUMEROLLE n.f. (it. *fumarola*). Émission gazeuse d'un volcan.

FUMERON n.m. **1.** Bois insuffisamment carbonisé qui dégage beaucoup de fumée en brûlant. **2.** Pop. Jambe maigre.

FUMET n.m. **1.** Odeur agréable des viandes cuites, des vins. *Fumet de rôti.* **2.** Sauce à base de jus de viande, de poisson, etc. **3.** Odeur du gibier.

FUMETERRE n.f. (lat. *fumus terrae,* fumée de la terre). Plante annuelle des champs, à petites fleurs roses munies d'un éperon. (Haut. 30 cm ; famille des fumariacées.)

1. FUMEUR, EUSE n. Personne qui fume, qui a l'habitude de fumer.

2. FUMEUR n.m. Industriel du fumage des viandes et des poissons.

FUMEUX, EUSE adj. **1.** Qui répand de la fumée. **2.** Peu clair, peu net. *Idées fumeuses.*

FUMIER n.m. (lat. pop. *femarium,* tas de fumier). **1.** Mélange fermenté des litières et des déjections des animaux, utilisé comme engrais. **2.** Vulg. (Terme d'injure). Personne vile, méprisable. *Quel fumier, ce type !*

FUMIGATEUR n.m. **1.** MÉD. Appareil servant aux fumigations. **2.** AGRIC. Appareil produisant des fumées insecticides.

FUMIGATION n.f. **1.** Opération consistant à produire des fumées, des vapeurs désinfectantes ou insecticides. **2.** MÉD. Exposition (du corps, d'une partie du corps) à des médicaments combustibles.

FUMIGATOIRE adj. et n.m. **1.** Qui sert aux fumigations. *Appareil fumigatoire.* **2.** MÉD. Se dit d'un médicament administré sous forme de fumigation.

FUMIGÈNE adj. et n.m. Se dit de substances, d'armes, d'engins conçus pour produire de la fumée (pour la signalisation, le camouflage, etc.).

FUMIGER v.t. [17]. Rare. Soumettre à des fumigations.

1. FUMISTE n. (de *fumée*). Professionnel de l'entretien des cheminées, de l'installation des appareils de chauffage.

2. FUMISTE n. et adj. Fam. Fantaisiste, personne peu sérieuse.

FUMISTERIE n.f. **1.** Profession, commerce du fumiste. **2.** Fam. Action, chose dépourvue de sérieux.

FUMIVORE adj. et n.m. Se dit d'un foyer qui ne produit pas de fumée ou d'un appareil qui la fait disparaître.

FUMOIR n.m. **1.** Local où l'on fume des aliments. **2.** Pièce où l'on se réunit pour fumer. *Le café est servi dans le fumoir.*

FUMURE n.f. Apport d'engrais à un sol ; ensemble des produits utilisés pour cette opération.

FUN n.m. → *funboard.*

FUNAMBULE n. (lat. *funis,* corde, et *ambulare,* marcher). Acrobate se déplaçant sur une corde tendue au-dessus du sol.

FUNAMBULESQUE adj. **1.** De funambule. **2.** Litt. Bizarre, extravagant. *Mission funambulesque.*

FUNBOARD [fœnbɔrd] ou **FUN** [fœn] n.m. (mot angl., *planche d'amusement*). **1.** Flotteur très court permettant la pratique la plus sportive de la planche à voile. **2.** Sport pratiqué avec ce flotteur.

FUNDUS [fɔ̃dys] n.m. ANAT. Fond d'un organe creux. – Spécialt. *Fundus gastrique :* grosse tubérosité de l'estomac située sous le diaphragme.

FUNÈBRE adj. (du lat. *funus, funeris,* funérailles). **1.** Relatif aux funérailles. **2.** Qui évoque la mort ; qui inspire un sentiment de tristesse.

FUNÉRAILLES n.f. pl. (bas lat. *funeralia*). Cérémonie solennelle en l'honneur d'un mort ; obsèques.

FUNÉRAIRE adj. (bas lat. *funerarius*). Relatif aux funérailles, aux tombes. *Art funéraire.*

FUNÉRARIUM [-rjɔm] n.m. Lieu, salle où se réunit avant les obsèques la famille d'une personne décédée ; athanée.

FUNESTE adj. (lat. *funestus*). Qui apporte la mort, le malheur ; nuisible. *Funeste présage. Conseil funeste.*

FUNESTEMENT adv. Litt. De façon funeste.

1. FUNICULAIRE n.m. (lat. *funiculus,* petite corde). Chemin de fer destiné à gravir de très fortes rampes et dont les convois sont mus par un câble.

2. FUNICULAIRE adj. MÉD. Relatif au cordon ombilical ou au cordon spermatique.

FUNICULE n.m. (lat. *funiculus,* cordon). BOT. Fin cordon qui relie l'ovule au placenta chez les plantes à graines.

FUNIN n.m. (anc. fr. *fune,* corde). MAR. Vx. Filin non goudronné.

FUNK [fœnk] adj. inv. et n.m. inv. Se dit d'un style de rock apparu vers 1970, issu du funky.

FUNKY [fœnki] adj. inv. et n.m. inv. (de l'amér.). Se dit d'un style de jazz apparu vers 1960, dont l'inspiration puise aux origines de cette musique.

FURANNE n.m. Composé hétérocyclique C_4H_4O, existant dans le goudron de sapin.

FURAX adj. inv. Fam. Furieux.

FURET n.m. (lat. *fur,* voleur). **1.** Putois albinos domestiqué pour chasser le lapin de garenne. **2.** Personne curieuse, fouineuse. **3.** Jeu de société dans lequel des joueurs se passent de main en main un objet (le furet) tandis qu'un autre joueur cherche à deviner où il se trouve.

furet (putois albinos)

FURETAGE n.m. Action de fureter.

FUR ET À MESURE (AU) loc. adv. (anc. fr. *fur,* proportion). En même temps et dans la même proportion ; successivement et en proportion de. *Être approvisionné au fur et à mesure de ses besoins.*

FURETER v.i. [28]. **1.** Chasser au furet. **2.** Fouiller, chercher pour découvrir des choses cachées ou des secrets.

FURETEUR, EUSE adj. et n. Qui furète, s'enquiert de tout.

FUREUR n.f. (lat. *furor*). **1.** Colère violente, frénétique. *Accès de fureur.* **2.** Violence déchaînée. *Fureur des flots, des combats.* **3.** Passion démesurée. *Fureur du jeu. Aimer qqch avec fureur.* ◇ *Faire fureur :* jouir d'une grande vogue.

FURFURACÉ, E adj. (du lat. *furfur,* son). MÉD. Qui a l'apparence du son de blé, en parlant de lésions.

FURFURAL n.m. (pl. *furfurals*). Aldéhyde dérivé du furanne, obtenu à partir de céréales et utilisé pour la synthèse chimique, notamment dans l'industrie pharmaceutique.

FURIA n.f. (mot it.). Litt. Impétuosité, élan enthousiaste. ◇ *La furia francese* (allusion à l'impétuosité de l'attaque française à la bataille de Fornoue, en 1495, au cours des guerres d'Italie).

FURIBARD, E adj. Fam. Furieux.

FURIBOND, E adj. (lat. *furibundus*). **1.** Furieux, sujet à la fureur. **2.** Qui exprime la fureur. *Regards furibonds.*

FURIE n.f. (lat. *furia*). **I. 1.** Accès de rage, de fureur. *Animal en furie.* **2.** Litt. Violence impétueuse. *Mer en furie.* **II.** *Une furie* : une femme déchaînée, emportée par la fureur.

FURIEUSEMENT adv. De façon furieuse.

FURIEUX, EUSE adj. et n. Emporté par la fureur, par une violente colère. ◇ *Fou furieux* : personne en proie à une crise de démence s'accompagnant de violence. ◆ adj. Plein d'ardeur, d'impétuosité ; d'une grande violence. *Tempête furieuse. Appétit furieux.*

FURIOSO [fyrjozo] adj. (mot it.) [pl. *furiosos*]. MUS. Qui a un caractère violent, furieux. *Allegro furioso.*

FUROLE n.f. (du francique). Région. Feu follet.

FURONCLE n.m. (lat. *furunculus*). Inflammation du follicule pilo-sébacé produite par un staphylocoque (commençant par un gonflement rouge, dur, douloureux, centré autour d'un poil, le centre ensuite se nécrosant et formant le bourbillon, dont l'élimination précède la guérison). SYN. (fam.) : *clou.*

FURONCULEUX, EUSE adj. et n. Relatif au furoncle, à la furonculose ; atteint de furonculose.

FURONCULOSE n.f. Maladie caractérisée par des éruptions de furoncles.

FUROSÉMIDE n.m. Diurétique de synthèse ayant une action puissante, rapide et brève.

FURTIF, IVE adj. (lat. *furtivus*, de *furtum*, vol). **1.** Qui se fait à la dérobée, pour échapper à l'attention. *Lancer un regard furtif.* **2.** *Avion furtif*, construit de manière à ne pas être détectable par les radars.

FURTIVEMENT adv. De manière furtive ; à la dérobée.

FUSAIN n.m. (lat. *fusus*, fuseau). **1.** Arbrisseau ornemental à feuilles luisantes, originaire du Japon, souvent cultivé pour former les haies et aussi appelé *bonnet-de-prêtre*. (Genre *evonymus* ; famille des célastracées.) **2.** Baguette de charbon de bois de fusain, servant à dessiner. **3.** Dessin exécuté avec un fusain.

fusain du Japon

FUSAINISTE ou **FUSINISTE** n. Artiste qui dessine au fusain.

FUSANT, E adj. **1.** Apte à fuser, à brûler sans détoner. *Poudre fusante.* **2.** *Obus fusant* ou *fusant*, n.m., qui explose en l'air par l'action d'une fusée-détonateur.

FUSARIOSE n.f. Maladie des plantes causée par un champignon parasite.

FUSCINE [fysin] n.f. (du lat. *fuscus*, noir). Pigment noir de la rétine.

FUSEAU n.m. (lat. *fusus*). **I. 1.** Petite bobine galbée pour filer à la quenouille, ou pour exécuter de la dentelle, des passements. *Dentelle aux fuseaux.* ◇ TEXT. Broche conique pour enrouler le fil de coton, de soie, etc. **2.** *En fuseau* : de forme allongée et aux extrémités fines. *Arbre taillé en fuseau.* **3.** *(Pantalon) fuseau* : pantalon de sport dont les jambes vont se rétrécissant et se terminent par un sous-pied. **4.** ZOOL. Mollusque gastropode à coquille longue et pointue. **5.** CYTOL. Faisceau de filaments apparaissant pendant la division cellulaire. **II. 1.** GÉOM. Portion d'une surface de révolution découpée par deux demi-plans passant par l'axe de cette surface. **2.** *Fuseau horaire* : chacune des 24 divisions imaginaires de la surface de la Terre en forme de *fuseau géométrique*, et dont tous les points ont en principe la même heure légale. (V. partie n. pr., planisphère Monde*.)

FUSÉE n.f. (lat. *fusus*, fuseau). **I. 1.** Pièce d'artifice se propulsant par réaction grâce à la combustion de la poudre. *Fusée éclairante.* **2.** Véhicule mû par un moteur à réaction (moteur-fusée) et pouvant évoluer hors de l'atmosphère. *Fusée à étages.* **3.** MÉD. Trajet parcouru par le pus à partir de l'abcès. **II. 1.** Chacune des extrémités d'un essieu supportant une roue et ses roulements. **2.** Pièce conique présentant une rainure hélicoïdale dans laquelle s'enroule une chaîne reliée au ressort principal, et qui sert à régulariser le couple moteur dans certains appareils d'horlogerie. **3.** HÉRALD. Pièce en forme de losange allongé.

FUSÉE-DÉTONATEUR n.f. (pl. *fusées-détonateurs*). Artifice provoquant l'explosion de la charge de certains projectiles.

FUSÉE-SONDE n.f. (pl. *fusées-sondes*). Fusée suborbitale non habitée, équipée d'appareils de mesure.

FUSEL n.m. (de l'all.). Sous-produit de la fermentation alcoolique des glucides.

FUSELAGE n.m. Corps fuselé d'un avion reliant les ailes à l'empennage, et qui contient l'habitacle.

FUSELÉ, E adj. **1.** Qui a la forme d'un fuseau ; mince et galbé. *Doigts fuselés.* **2.** HÉRALD. *Écu fuselé*, divisé en fusées d'émaux alternés.

FUSELER v.t. [24]. Donner la forme d'un fuseau à.

FUSER v.i. (du lat. *fusus*, fondu). **1.** Se décomposer en éclatant avec une légère crépitation. **2.** Se décomposer sans détoner, en parlant de la poudre. **3.** Se faire entendre bruyamment et subitement ; retentir, jaillir. *Des rires fusèrent de tous côtés.*

FUSETTE n.f. Tube de carton, de matière plastique, etc., pour enrouler du fil à coudre.

FUSIBILITÉ n.f. Caractère de ce qui est fusible.

1. FUSIBLE adj. **1.** Susceptible de fondre. **2.** Dont le point de fusion est peu élevé.

2. FUSIBLE n.m. **1.** Fil d'alliage spécial qui, placé dans un circuit électrique, coupe le courant en fondant si l'intensité est trop forte. **2.** Fig., fam. Personne assumant une responsabilité pour protéger son supérieur hiérarchique.

FUSIFORME adj. Didact. Qui a la forme allongée et renflée en son milieu d'un fuseau à filer.

FUSIL [fyzi] n.m. (lat. *focus*, feu). **I. 1.** Arme à feu portative, de chasse ou de guerre, constituée d'un canon de petit calibre reposant sur une monture en bois (fût et crosse), et équipée de dispositifs de mise à feu et de visée. ◇ Fig. *Changer son fusil d'épaule* : changer d'opinion, d'attitude. – Fam. *Coup de fusil* : note d'un montant excessif, au restaurant, à l'hôtel. **2.** Le tireur lui-même. **II. 1.** Affiloir constitué d'une tige cannelée d'acier dur munie d'un manche. **2.** Pierre pour affûter les faux.

FUSILIER n.m. Soldat armé d'un fusil. *Fusilier de l'air.* – *Fusilier marin* : marin employé à terre.

FUSILLADE n.f. **1.** Décharge simultanée de plusieurs fusils, de plusieurs armes à feu. **2.** Échange de coups de feu.

FUSILLER v.t. **1.** Exécuter (un condamné) à coups de fusil. ◇ *Fusiller qqn du regard*, lui adresser un regard dur, hostile, chargé de reproche. **2.** Fam. Abîmer. *Fusiller sa voiture.*

FUSILLEUR n.m. Celui qui fusille ou donne l'ordre de fusiller.

FUSIL-MITRAILLEUR n.m. (pl. *fusils-mitrailleurs*). Arme automatique collective légère, pouvant tirer coup par coup ou par rafales. Abrév. : *F.-M.*

FUSINISTE n. → ***fusainiste.***

FUSION n.f. (lat. *fusio*). **1.** Passage d'un corps solide à l'état liquide sous l'action de la chaleur. *Métal en fusion.* **2.** Fig. Réunion, combinaison étroite (de deux éléments, de deux groupes). *Fusion de deux partis.* ◇ *Fusion de sociétés* : réunion de sociétés indépendantes qui regroupent leurs biens sociaux et forment une nouvelle entité juridique. **3.** PHYS. NUCL. Union de plusieurs atomes légers en un atome plus lourd, se produisant à très haute température et donnant un grand dégagement d'énergie.

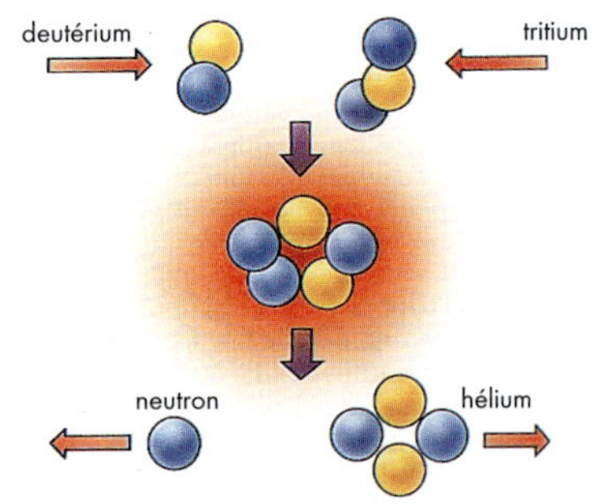

La réaction de fusion la plus étudiée dans les réacteurs expérimentaux consiste à porter à quelques dizaines de millions de degrés un plasma de deutérium et de tritium, les deux isotopes de l'hydrogène. La formation d'hélium s'accompagne d'un grand dégagement d'énergie.

schéma de principe de la **fusion** thermonucléaire

FUSIONNEL, ELLE adj. PSYCHAN. Se dit d'un type de relation archaïque où sujet et objet ne sont pas distingués.

FUSIONNEMENT n.m. Action, fait de fusionner ; son résultat.

FUSIONNER v.t. Réunir (deux éléments, deux groupes) en un seul. *Fusionner deux entreprises.* ◆ v.i. Se réunir, s'associer.

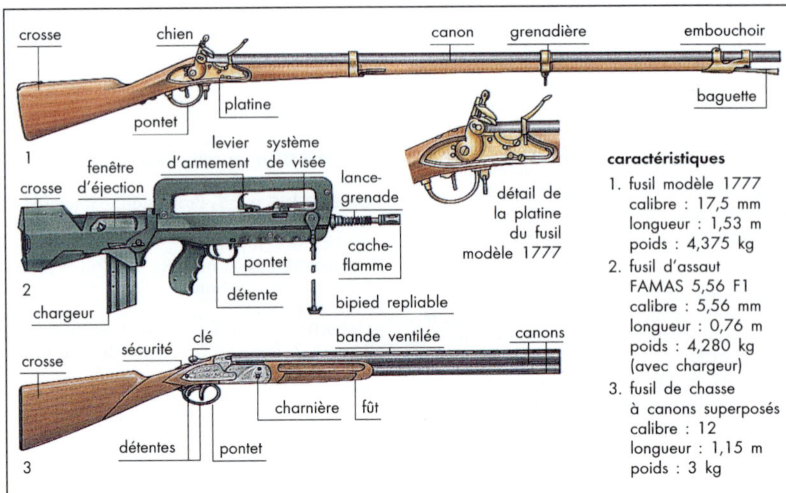

caractéristiques

1. fusil modèle 1777
calibre : 17,5 mm
longueur : 1,53 m
poids : 4,375 kg
2. fusil d'assaut
FAMAS 5,56 F1
calibre : 5,56 mm
longueur : 0,76 m
poids : 4,280 kg
(avec chargeur)
3. fusil de chasse
à canons superposés
calibre : 12
longueur : 1,15 m
poids : 3 kg

fusils de guerre et de chasse

FUSO-SPIRILLAIRE adj. (pl. *fuso-spirillaires*). Se dit de l'association d'un bacille fusiforme anaérobie et d'un spirochète. *L'angine de Vincent est due à une association fuso-spirillaire.*

FUSTANELLE n.f. (lat. *fustaneum,* tissu de coton). Court jupon masculin, à plis, évasé, qui fait partie du costume national grec.

FUSTET n.m. (ar. *fustuq,* pistachier). Arbrisseau cultivé dans les parcs pour les houppes plumeuses dont il se couvre après la floraison. (Haut. 3 m ; famille des anacardiacées.)

FUSTIGATION n.f. Action de fustiger.

FUSTIGER v.t. (lat. *fustigare,* de *fustis,* bâton) [17]. **1.** Battre à coups de bâton, de fouet. **2.** Litt. Critiquer vivement. *Fustiger ses adversaires.*

FÛT [fy] n.m. (lat. *fustis,* bâton). **1.** Partie du tronc d'un arbre dépourvue de rameaux. **2.** Corps d'une colonne, entre la base et le chapiteau. **3.** Tonneau. **4.** Monture servant de support. *Fût en bois d'un fusil. Fût d'un candélabre, d'un rabot.* **5.** Caisse (d'un tambour).

FUTAIE n.f. (de *fût*). Forêt provenant de semis ou de plantations, pour la production d'arbres de grande dimension au fût élevé et droit. – *Vieille, haute futaie,* dont les arbres ont plus de cent ans.

FUTAILLE n.f. (de *fût*). Tonneau pour le vin, les liqueurs, etc.

FUTAINE n.f. (bas lat. *fustaneum,* tissu de coton). Étoffe pelucheuse, de fil et de coton.

FUTÉ, E adj. et n. Fam. Intelligent et malicieux.

FUTÉE n.f. (de *fût*). Mastic de colle forte et de sciure de bois, pour boucher les trous du bois.

FUTILE adj. (lat. *futilis*). Qui est dénué de valeur ; qui ne s'occupe que de choses frivoles. *Un esprit futile.*

FUTILEMENT adv. De façon futile.

FUTILITÉ n.f. Caractère de ce qui est futile ; chose futile. *Dire des futilités.*

FUTON n.m. (mot jap.). Matelas d'origine japonaise, plus ou moins épais, constitué de couches de flocons de coton.

1. FUTUR, E adj. (lat. *futurus*). Qui est à venir, qui n'existe pas encore ; qui doit être tel dans un proche avenir. *Époque future. Futur duc.* ◆ n. Vx. Celui, celle qu'on doit épouser.

2. FUTUR n.m. **1.** Temps à venir. *S'inquiéter du futur.* **2.** GRAMM. Temps verbal qui situe le procès dans l'avenir. ◇ *Futur antérieur,* indiquant qu'une action future aura lieu avant une autre action future.

FUTURIBLE adj. et n. Rare. Qui prospecte le futur.

FUTURISME n.m. **1.** Mouvement littéraire et artistique du début du XXe s., qui rejette la tradition esthétique et exalte le monde moderne, en partic. la civilisation urbaine, la machine, la vitesse. **2.** Attitude de celui qui se tourne vers des formules qu'il croit être celles de l'avenir.

■ Né en Italie autour du poète Marinetti (*Manifeste du futurisme,* 1909), le futurisme prolonge et double la révolte de l'expressionnisme* et annonce le mouvement dada*. Auteurs de deux manifestes en 1910, les premiers peintres du mouvement, Balla, Boccioni, Carrà, Severini, Luigi Russolo (1885-1947), empruntent à la technique divisionniste et au cubisme pour faire interférer formes, rythmes, couleurs et lumières afin d'exprimer une « sensation dynamique », une simultanéité des états d'âme et des structures multiples du monde visible. Un mouvement futuriste, ou « cubo-futuriste », a existé en Russie dans les années 1910-1917 (Maïakovski, Malevitch, etc.).

FUTURISTE adj. et n. Qui appartient, se rattache au futurisme. ◆ adj. Qui cherche à évoquer la société, les techniques de l'avenir. *Une architecture futuriste.*

FUTUROLOGIE n.f. Ensemble des recherches de prospective qui ont pour but de prévoir le sens de l'évolution scientifique, technique, économique, sociale, politique, etc.

FUTUROLOGIQUE adj. De la futurologie.

FUTUROLOGUE n. Spécialiste de futurologie.

1. FUYANT, E adj. **1.** Qui fuit, se dérobe, s'éloigne rapidement. **2.** Qui se dérobe, manque de franchise. *Caractère fuyant.* **3.** Qui paraît s'éloigner par l'effet de la perspective. *Horizon fuyant.* ◇ *Menton, front fuyant,* en retrait par rapport au plan général du visage.

2. FUYANT n.m. Litt. Ligne fuyante, perspective.

FUYARD, E adj. et n. Qui s'enfuit ; fugitif. ◆ n.m. Soldat qui fuit devant l'ennemi.

Formes uniques de la continuité dans l'espace (1913).
Sculpture d'Umberto Boccioni.
Bronze. (Galerie d'Art moderne, Milan.)
La décomposition de la figure et la mise en valeur de ses lignes de force suggèrent une interpénétration dynamique des formes et de l'espace.

Canons en action (1915). Peinture de Gino Severini. (Coll. priv., Milan.)
À la recherche d'une subversion culturelle, les futuristes ont mis, un temps au moins, leurs espoirs dans la guerre, dont Severini tente ici une synthèse de mots et d'images non exempte de naïveté.

le **futurisme** dans l'art

G

G n.m. inv. **1.** Septième lettre de l'alphabet et cinquième consonne. (*G* sert à noter [ʒ] devant *e, i, y,* et [g] devant les autres lettres ; sauf rares exceptions, *gu* est prononcé [g] et *gn* sert à transcrire [ɲ].) **2.** G, symbole de giga. **3.** G, symbole du gauss. **4.** G : *sol,* dans la notation en usage dans les pays anglo-saxons et germaniques. **5.** g, symbole de l'accélération de la pesanteur. **6.** g, symbole du gramme. **7.** PSYCHOL. *Facteur g (général) :* aptitude générale intellectuelle d'un sujet correspondant à la corrélation entre les résultats qu'il a obtenus à plusieurs tests de niveau.

Ga, symbole chimique du gallium.

GABA n.m. Neuromédiateur, qui contrôle pour une part la motricité, la douleur et le sommeil.

GABARDINE n.f. (esp. *gabardina,* justaucorps). **1.** Étoffe de laine croisée à côtes en relief. **2.** Manteau imperméable fait de cette étoffe.

GABARE ou **GABARRE** n.f. (prov. *gabarra*). **1.** Grande embarcation pour le transport des marchandises sur les rivières et les estuaires. **2.** PÊCHE. Grande senne utilisée à l'embouchure des rivières.

GABARIAGE n.m. Opération de construction d'un gabarit ou de comparaison à un gabarit (d'un objet, d'une série d'objets).

1. GABARIER ou **GABARRIER** n.m. Patron, conducteur ou déchargeur de gabares.

2. GABARIER v.t. Façonner selon un gabarit ; comparer à un gabarit.

GABARIT [-ri] n.m. (prov. *gabarrit*). **1. a.** Modèle sur lequel on façonne certaines pièces (notamm. dans la construction des navires et des pièces d'artillerie). **b.** Modèle utilisé pour contrôler le profil, les dimensions d'un objet ; appareil de mesure. ◇ *Gabarit de chargement :* appareil vérifiant que le chargement des wagons de chemin de fer n'excède pas le gabarit réglementaire. **2.** Dimension, forme réglementée (notamm. d'un véhicule). *Gabarit du matériel roulant* (dans les chemins de fer). *Accès interdit aux gros gabarits.* **3.** Fam. Dimension physique ou morale ; carrure, stature. *Personne d'un gabarit impressionnant.*

GABARRE n.f. → ***gabare.***

GABARRIER n.m. → ***1. gabarier.***

GABBRO n.m. (mot it.). Roche plutonique basique, constituée essentiellement de plagioclase calcique et de pyroxène.

GABEGIE [gabʒi] n.f. (anc. fr. *gaber,* tromper). Désordre, gaspillage provenant d'une gestion défectueuse ou malhonnête.

GABELLE n.f. (it. *gabella,* impôt ; de l'ar.). **1.** Impôt sur le sel, en vigueur en France sous l'Ancien Régime, aboli en 1790. **2.** Administration chargée de percevoir cet impôt.

GABELOU n.m. **1.** Anc. Employé de la gabelle. **2.** Péj. Employé de la douane.

GABIE n.f. (prov. *gabia,* cage). MAR. Anc. Hune placée au sommet des mâts à antenne.

GABIER n.m. **1.** Anc. Matelot préposé aux voiles et au gréement. **2.** Mod. Matelot préposé à la manœuvre.

GABION n.m. (it. *gabbione,* grande cage). **1.** MIL. Anc. Grand panier sans fond, rempli de terre, servant de protection dans la guerre de siège. **2.** AGRIC. Grand panier d'osier à deux anses pour le transport du fumier, de la terre. **3.** Abri des chasseurs de gibier d'eau.

GABIONNAGE n.m. Confection, installation de gabions. *Gabionnage d'une tranchée.*

GABIONNER v.t. Protéger par des gabions.

GÂBLE ou **GABLE** n.m. (norrois *gafl*). Surface décorative pyramidée, à rampants moulurés, qui couronne certains arcs (portails gothiques, etc.).

gâble (XVe s. : cathédrale de Tours)

GABONAIS, E adj. et n. Du Gabon.

GÂCHAGE n.m. Action de gâcher.

1. GÂCHE n.f. (du francique *gaspia,* crampon). Pièce métallique formant boîtier, fixée au chambranle d'une porte, et dans laquelle s'engage le pêne d'une serrure.

2. GÂCHE n.f. (de *gâcher*). **1.** Outil de maçon servant au gâchage. **2.** IMPR. Quantité de papier perdue au cours des différentes opérations d'impression et de reliure.

GÂCHER v.t. (du francique *waskon,* laver). **1.** Tremper et malaxer (du plâtre, du ciment, du béton, etc.). **2.** Compromettre l'existence, la qualité de (qqch), détruire par un mauvais emploi. *Gâcher une occasion, de l'argent.* ◇ Fam. *Gâcher le métier :* travailler à trop bon marché.

GÂCHETTE n.f. (de 1. *gâche*). **1.** ARM. Pièce d'acier solidaire de la détente, et commandant le départ du coup d'une arme à feu. ◇ Cour. (Abusif en arm.). Détente. **2.** Petite pièce d'une serrure qui se met sous le pêne pour lui servir d'arrêt à chaque tour de clef. **3.** Électrode de commande d'un thyristor.

GÂCHEUR, EUSE adj. et n. **1.** Qui gâche, gaspille. **2.** Ouvrier qui gâche du mortier.

GÂCHIS [gaʃi] n.m. **1.** Action de gâcher, de perdre, par une mauvaise utilisation, une mauvaise organisation ; désordre, gaspillage qui en résulte. **2.** Mortier détrempé avec de l'eau. **3.** Terre détrempée par la pluie.

GADE n.m. → ***gadidé.***

GADGET [gadʒɛt] n.m. (mot amér., *truc*). **1.** Petit objet plus ou moins utile, amusant par son caractère de nouveauté. *Boutique de gadgets.* **2.** Péj. Objet, dispositif, projet nouveau mais jugé peu utile. *Cette réforme n'est qu'un gadget.*

GADGÉTISER v.t. Équiper de gadgets ou donner la fonction de gadget à. *Gadgétiser une voiture.*

GADIDÉ ou **GADE** n.m. (gr. *gados,* merluche). *Gadidés :* famille de poissons marins comme la morue, l'églefin, le merlan, le colin, ou d'eau douce, telle la lotte de rivière.

GADIN n.m. Pop. *Ramasser, prendre un gadin :* tomber.

GADJO n. (pl. *gadjé*). Non-gitan, pour un gitan.

GADOLINIUM [-njɔm] n.m. Métal du groupe des terres rares ; élément (Gd) de numéro atomique 64, de masse atomique 157,25.

GADOUE n.f. **1.** Terre détrempée, boue. **2.** Vieilli. Compost obtenu à partir des ordures ménagères.

GADOUILLE n.f. Fam. Gadoue, boue.

GAÉLIQUE adj. Relatif aux Gaëls. ◆ n.m. Branche du celtique qui comprend l'écossais et l'irlandais.

GAFFE n.f. (anc. prov. *gafar,* saisir). **1.** MAR. Perche munie d'un croc et d'une pointe métallique, pour accrocher, accoster, etc. **2.** Fam. Action, parole maladroite. **3.** Pop. *Faire gaffe :* se méfier, être sur ses gardes.

GAFFER v.t. MAR. Accrocher avec une gaffe. ◆ v.i. Fam. Commettre une maladresse. ◆ **se gaffer** v.pr. Suisse. Fam. Prendre garde.

GAFFEUR, EUSE adj. et n. Fam. Qui commet des gaffes, des maladresses.

GAG [gag] n.m. (mot angl.). Grimace, mot, situation, etc., engendrant un effet comique.

GAGA adj. et n. Fam. Gâteux.

GAGAKU [-ku] n.m. (mot jap.). Musique de cour de l'Empire japonais, comprenant les concerts pour ensemble instrumental, le chant et la danse.

GAGE n.m. (du francique *waddi*). **1.** DR. Objet mobilier (par opp. à *antichrèse*) remis en dépôt pour garantir le paiement d'une dette ; contrat, droit relatif à cet objet. **2.** Fig. Garantie, assurance, caution, preuve. *Gages de bonne foi. Gage de sympathie.* **3.** Au jeu, pénitence choisie par les autres joueurs et qu'on doit accomplir lorsqu'on a perdu ou commis une faute. ◆ pl. **1.** Vx. Rémunération des domestiques. ◇ *Être aux gages de qqn,* le servir moyennant argent ; le servir aveuglément. **2.** *Tueur à gages :* homme payé pour assassiner qqn.

GAGÉ, E adj. DR. Se dit d'un objet saisi en garantie d'une dette. *Meubles gagés.*

GAGER v.t. [17]. **1.** Vx. Garantir par un gage. **2.** Litt. Parier. *Je gage qu'il ment.*

GAGEUR, EUSE n. DR. Personne qui gage.

GAGEURE [gaʒyr] n.f. Litt. **1.** Engagement à payer un gage si l'on perd un pari. **2.** Acte, projet qui semble défier le bon sens.

GAGISTE adj. et n. DR. Qui détient un gage.

GAGMAN [gagman] n.m. (mot angl.) [pl. *gagmans* ou *gagmen*]. Auteur spécialisé dans la création des gags, pour les spectacles comiques (et notamm. pour le cinéma).

GAGNABLE adj. Qui peut être gagné.

GAGNAGE n.m. **1.** Vx. Pâturage. **2.** CHASSE. Lieu où le gros gibier va chercher la nourriture.

GAGNANT, E adj. et n. Qui gagne ou qui a gagné.

GAGNE n.f. Fam. *La gagne :* la volonté de gagner ; la victoire, la réussite.

GAGNE-PAIN n.m. inv. Ce qui permet à qqn de gagner sa vie ; travail, instrument de travail.

GAGNE-PETIT n. inv. Personne dont le métier rapporte peu, qui n'a pas d'ambition.

GAGNER v.t. (du francique *waidanjan,* faire du butin). **I. 1.** Obtenir (un profit, un gain) par son travail ou par le hasard ; acquérir. *Gagner un lot, de l'argent. Gagner l'estime de qqn.* **2.** Acquérir (un avantage) ; être vainqueur de. *Gagner une bataille, une course.* ◇ *Gagner du temps :* temporiser. **II. 1.** Atteindre (un lieu). *Gagner la frontière.* ◇ *Gagner du terrain :* avancer ; progresser (en bien ou mal). *Idées qui gagnent du terrain.* **2.** Envahir progressivement. *Le sommeil, la peur me gagne.* ◆ v.i. **1.** Être le vainqueur, l'emporter. *Jouer à qui perd gagne.* **2.** Tirer avantage de qqch, en parlant de qqn ; s'améliorer, en parlant de qqch. *Il gagne à être connu. Le vin gagne en vieillissant.*

GAGNEUR, EUSE n. Personne animée par la volonté de gagner. *Tempérament de gagneur.*

GAGUESQUE [gagɛsk] adj. Fam. Qui tient du gag ; incroyable.

GAI, E adj. (germ. *gâheis,* vif). **I. 1.** Qui est de bonne humeur, enjoué. **2.** Fam. Un peu ivre. **II. 1.** Qui inspire la gaieté, la bonne humeur. *Une soirée très gaie.* ◇ *Avoir le vin gai :* être euphorique quand on est ivre. **2.** Clair et frais, en parlant d'une couleur. ◆ adj. et n. Gay.

GAÏAC [gajak] n.m. (mot de Haïti). Arbre de l'Amérique centrale, dont le bois dur fournit une résine balsamique. (Ordre des rutales.)

GAÏACOL [gajakɔl] n.m. Substance extraite de la résine de gaïac et de la créosote du hêtre, utilisée comme antiseptique pulmonaire.

GAIEMENT ou, vieilli, **GAÎMENT** adv. Avec gaieté.

GAIETÉ ou, vieilli, **GAÎTÉ** n.f. **1.** Bonne humeur, disposition à rire, à s'amuser. ◇ (Souvent en tournure négative). *De gaieté de cœur :* de propos délibéré, sans y être contraint. *Il ne le fait pas de gaieté de cœur.* **2.** Caractère de ce qui est gai.

1. GAILLARD, E adj. (du gaul. *galia,* force). **1.** Plein de vie, d'entrain. **2.** Licencieux, grivois. *Une chanson gaillarde.* ◆ n. **1.** (Souvent précédé d'un adj.). Personne robuste, vigoureuse. *Un grand gaillard.* **2.** (Surtout au masc.). Personne peu ordinaire (parfois péj.), dont il faut se méfier. *C'est un drôle de gaillard.* **3.** (Surtout au masc. ; appellatif). *Alors, mon gaillard, mes gaillards !*

2. GAILLARD n.m. MAR. **1.** Anc. Chacune des superstructures placées à l'avant et à l'arrière sur le pont supérieur, et servant de logement. **2.** Mod. *Gaillard d'avant :* superstructure avant. – *Gaillard d'arrière :* dunette.

1. GAILLARDE n.f. Danse ou morceau instrumental (XVIe-XVIIe s.) à trois temps, de rythme vif, succédant à la pavane dans une suite.

2. GAILLARDE ou **GAILLARDIE** n.f. (de *Gaillard,* botaniste fr.). Plante ornementale à fleurs jaunes ou rouges. (Famille des composées.)

GAILLARDEMENT adv. De façon gaillarde.

GAILLARDISE n.f. Litt. **1.** (Souvent au pl.). Écrits, propos un peu libres, grivois. **2.** Bonne humeur, enjouement.

GAILLET n.m. (lat. *galium*). Plante herbacée, appelée encore *caille-lait,* commune dans les prés, à très petites fleurs jaunes ou blanches. (Famille des rubiacées.) SYN. : *croisette.*

GAILLETTE n.f. Gros morceau de charbon.

GAÎMENT adv. → ***gaiement.***

GAIN n.m. (de *gagner*). **1.** Action de gagner qqch, ou de l'emporter dans une action ; avantage qui en résulte. *Un gain de temps.* ◇ *Gain de cause :* avantage obtenu dans un procès et, par ext., dans un débat quelconque. *Avoir, obtenir gain de cause.* **2.** Spécialt. Action de gagner de l'argent ; ce que l'on gagne. *L'appât du gain.* ◇ DR. *Gains et salaires :* produit du travail des époux tombant dans la communauté mais dont chacun peut disposer. **3.** ÉLECTRON. Grandeur, exprimée en décibels, caractérisant, pour un dispositif, l'amplification en puissance, en intensité ou en tension qu'il donne à un signal.

GAINAGE n.m. Action de gainer.

GAINE n.f. (lat. *vagina*). **1.** Étui qui recouvre, protège (qqch) ; fourreau. *Gaine de poignard. Gaine de parapluie. Gaine de câbles électriques.* **2.** Sous-vêtement féminin en tissu élastique, pour maintenir le bassin. **3.** BOT. Base élargie par laquelle le pétiole d'une feuille s'insère sur la tige. *Gaine comestible de l'oignon, du fenouil.* **4.** Conduit plus ou moins large destiné à divers usages, dans un bâtiment. *Gaine d'aération, de ventilation.* **5.** ARTS DÉC. Support vertical en forme de tronc de pyramide renversé.

GAINE-CULOTTE n.f. (pl. *gaines-culottes*). Gaine formant culotte.

GAINER v.t. Recouvrir d'une gaine.

GAINERIE n.f. Art, commerce, ouvrage du gainier ; fabrication d'objets gainés.

1. GAINIER, ÈRE n. **1.** Personne qui fabrique ou vend des gaines, des articles de gainerie. **2.** Personne qui effectue l'opération de gainage.

2. GAINIER n.m. Arbre, appelé aussi *arbre de Judée,* dont les fleurs roses apparaissent au printemps avant les feuilles, souvent cultivé. (Haut. 5 à 10 m ; famille des césalpiniacées.)

GAÎTÉ n.f. → ***gaieté.***

GAIZE n.f. Roche sédimentaire siliceuse, formée de débris d'éponges.

GAL n.m. (de *Galilée*) [pl. *gals*]. Unité de mesure (symb. Gal) employée en géodésie et en géophysique pour exprimer l'accélération de la pesanteur et valant 10^{-2} mètre par seconde carrée.

GALA n.m. (mot esp.). Grande fête, le plus souvent de caractère officiel. *Gala de bienfaisance.*

GALACTIQUE adj. (du gr. *gala, galaktos,* lait). Relatif à la Galaxie ou à une galaxie. ◇ *Plan galactique :* plan de symétrie de la Galaxie.

GALACTOGÈNE adj. et n.m. Se dit d'une substance qui favorise la sécrétion du lait.

GALACTOPHORE adj. ANAT. *Canal galactophore :* canal excréteur des glandes mammaires.

GALACTOSE n.m. Sucre (hexose) obtenu par hydrolyse du lactose.

GALAGO n.m. Petit lémurien carnassier d'Afrique.

GALALITHE n.f. (n. déposé). Matière plastique obtenue à partir de la caséine.

GALAMMENT adv. De façon galante.

GALANDAGE n.m. CONSTR. Cloison de briques posées de chant, l'une à côté de l'autre.

GALANT, E adj. (de l'anc. fr. *galer,* s'amuser). **I. 1.** Se dit d'un homme poli, courtois à l'égard des femmes, empressé auprès d'elles. *Se conduire en galant homme.* **2.** Litt. *Femme galante :* femme de mœurs légères ; femme entretenue. **3.** Afrique. Chic, à la mode. **II.** Litt. Qui a trait à l'amour, aux relations sentimentales. *Rendez-vous galant.* ◆ n.m. Homme qui recherche les aventures amoureuses. ◇ Litt. *Vert galant :* homme entreprenant avec les femmes, malgré son âge.

GALANTERIE n.f. **1.** Politesse, courtoisie que marque un homme à l'égard des femmes. **2.** Parole flatteuse adressée à une femme. *Dire des galanteries.*

GALANTIN n.m. Litt., vieilli. Amoureux ridicule.

GALANTINE n.f. (anc. fr. *galatine,* gelée). Préparation de charcuterie cuite, composée de morceaux de viande maigre et de farce.

GALAPIAT n.m. Fam. Vaurien, vagabond.

GALATE adj. et n. De la Galatie.

GALAXIE n.f. (gr. *galaxias,* de *gala, galaktos,* lait). **1.** Vaste ensemble d'étoiles, de poussières et de gaz interstellaires dont la cohésion est assurée par la gravitation. **2.** Fig. Ensemble formé par tout ce qui, de près ou de loin, participe d'une même activité. *La galaxie de la formation professionnelle.* **3.** (Avec une majuscule). Galaxie dans laquelle est situé le système solaire.

■ La Galaxie se présente comme un disque très aplati d'environ 100 000 années-lumière de diamètre et de 5 000 années-lumière d'épaisseur, avec une grosse boursouflure centrale, le bulbe. Sa trace dans le ciel est la Voie lactée. Le centre est situé pour nous vers la constellation du Sagittaire. La position du Soleil y est excentrée aux deux tiers d'un rayon à partir du centre et légèrement au N. du plan moyen. La concentration diminue du centre vers le bord du disque. Autour du disque se répartissent des amas globulaires dans un halo sphéroïdal. Des observations récentes montrent qu'il existe également une vaste couronne gazeuse autour du disque. Ce dernier est animé d'une rotation d'ensemble, mais qui ne s'effectue pas comme celle d'un corps solide : c'est une rotation différentielle, où la vitesse de rotation varie en fonction de la distance au centre. Le Soleil et le système solaire tournent à une vitesse d'environ 250 km.s^{-1} ; il leur faut environ 240 millions d'années pour effectuer le tour de la Galaxie. *(V. illustration p. 468.)*

■ Des dizaines de milliers de galaxies sont connues aujourd'hui et celles-ci apparaissent comme le constituant fondamental de l'Univers. On les classe en trois grandes catégories, d'après leur forme : elliptiques, spirales (barrées ou non) et irrégulières. Des subdivisions plus fines dans chaque catégorie caractérisent leur type morphologique. On admet généralement que toutes les galaxies se sont formées simultanément, environ un milliard d'années après le big-bang*, mais que les différents types traduisent des rythmes très différents de formation des étoiles.

GALBE n.m. (it. *garbo,* grâce). Contour, profil plus ou moins courbe, harmonieux, d'un élément d'architecture, d'une pièce de céramique, d'une statue, du corps humain, etc.

GALBÉ, E adj. **1. a.** Dont le profil présente une ligne à l'extérieur. *Colonne galbée.* **b.** Se dit d'un meuble qui présente une face (ou plus) mi-concave, mi-convexe. **2.** Par ext. Qui présente une courbe, un contour harmonieux.

GALBER v.t. Donner du galbe à, profiler.

GALE n.f. (lat. *galla*). **1.** Affection contagieuse de la peau, déterminée par la femelle d'un acarien microscopique, le sarcopte de la gale, qui creuse dans l'épiderme des galeries où elle dépose ses œufs, provoquant ainsi l'éruption de vésicules accompagnées de vives démangeaisons nocturnes. **2.** Fig., fam. Personne médisante, de mauvais caractère. **3.** Maladie des végétaux produisant des pustules à la surface des tissus externes de la plante.

GALÉASSE ou **GALÉACE** n.f. (it. *galeazza*). MAR. ANC. Navire à voiles et à rames, plus fort et plus lourd que la galère, utilisé jusqu'au XVIIIe s.

GALÉJADE n.f. (prov. *galejado*). Fam. Dans le Midi, histoire inventée ou déformée.

GALÉJER v.i. [18]. Fam. Raconter des galéjades.

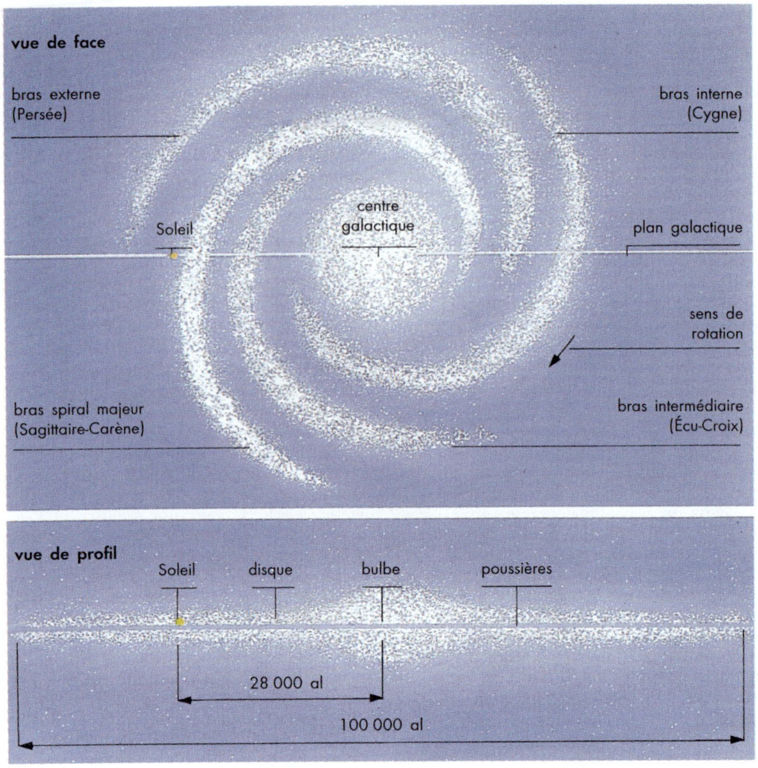

vues schématiques de la **Galaxie**

GALÈNE n.f. (lat. *galena,* plomb ; mot gr.). MINÉR. Sulfure naturel de plomb (PbS), principal minerai de plomb.

GALÉNIQUE adj. **1.** PHARM. Qui résulte d'une préparation pharmaceutique. *Médicaments galéniques.* **2.** Relatif à la doctrine de Galien.

GALÉNISME n.m. (lat. *Galenus,* Galien). Doctrine médicale de Galien.

GALÉOPITHÈQUE n.m. (gr. *galê,* belette, et *pithêkos,* singe). Mammifère insectivore des îles de la Sonde et d'Indochine, de la taille d'un chat, pouvant planer grâce à une membrane latérale soutenue par les membres et la queue.

galéopithèque

GALÈRE n.f. (catalan *galera*). **1.** Bâtiment de guerre ou de commerce à rames et à voiles, en usage de l'Antiquité au XVIIIe s. **2.** Fam. Situation désagréable, travail pénible. ◆ pl. HIST. Peine des criminels condamnés à ramer sur les galères du roi. *Être condamné aux galères.*

GALÉRER v.i. [18]. Fam. **1.** Vivre de travaux épisodiques, au jour le jour, sans avoir de ressources assurées. **2.** Travailler dur, trimer pour un mince profit.

GALERIE n.f. (it. *galleria*). **I. 1.** Passage couvert, en longueur, pour la circulation ou la promenade, soit à l'intérieur d'un bâtiment, soit à l'extérieur. *Galerie de cloître.* **2.** Passage enterré ou souterrain, pour l'exploitation d'un gisement minier, la protection d'une voie, etc. **3.** Couloir de communication creusé dans le sol par certains animaux. *Galeries de la taupe, du renard.* **II. 1.** Grande salle d'apparat, souvent en longueur et parfois aménagée pour recevoir une collection d'œuvres d'art. *La galerie des Glaces à Versailles.* **2.** Collection qu'abrite une telle salle. **3.** Lieu aménagé pour recevoir une collection d'œuvres d'art destinée au public. *Les galeries d'un musée.* **4.** Magasin d'exposition pour la vente des objets d'art, des œuvres d'art. *Une galerie d'art naïf, contemporain.* **5.** *Galerie marchande* : passage piétonnier couvert, bordé de commerces. **III. 1.** Dans une salle de spectacles, étage situé au-dessus du dernier balcon. **2.** Vx. Ensemble des spectateurs d'une compétition, d'un jeu, etc. ◇ Mod., fam. *Amuser la galerie,* les personnes alentour. – *Pour la galerie :* dans le seul dessein de plaire ou de se faire remarquer. **3.** Par anal. Petite balustrade couronnant un meuble, une marquise, une serre, etc. **4.** Cadre métallique fixé sur le toit d'un véhicule, pour le transport des bagages.

GALÉRIEN n.m. Anc. Homme condamné aux galères. ◇ Fig. *Vie de galérien,* très dure, très pénible.

GALERISTE n. Personne qui tient une galerie d'art.

GALERNE n.f. Région. Vent de nord-ouest, froid et humide, qui souffle en rafales sur l'ouest de la France.

GALÉRUQUE n.f. Insecte coléoptère végétarien, très nuisible aux arbres (orme, saule, etc.).

GALET n.m. (anc. fr. *gal,* caillou). **I. 1.** Caillou poli et arrondi par l'action de la mer, des torrents ou des glaciers. **2.** PRÉHIST. *Galet aménagé :* outil primitif composé d'un galet sur lequel a été aménagée une arête tranchante. **II. 1.** MÉCAN. Petite roue pleine pour diminuer le frottement et permettre le roulement. **2.** *Galet porteur :* roue sur laquelle repose la chenille d'un engin chenillé.

GALETAGE n.m. Action de galeter.

GALETAS [galta] n.m. (du n. de la tour *Galata,* à Constantinople). **1.** Litt. Réduit misérable, souvent dans les combles d'un immeuble. **2.** Suisse. Local de débarras dans les combles d'un bâtiment.

GALETER v.t. [27]. TECHN. Ébaucher et, éventuellement, usiner des matières métalliques en les déformant sous l'effet de la pression exercée par des galets très durs en rotation.

GALETTE n.f. (de *galet*). **1.** Préparation culinaire plate et ronde, à base de farine ou de féculents, que l'on cuit au four ou à la poêle. *Galette de pommes de terre.* ◇ *Galette des Rois :* galette de pâte feuilletée que l'on mange pour la fête des Rois et qui contient une fève permettant de désigner le « roi » ou la « reine » de l'assistance. **2.** Crêpe salée à base de farine de sarrasin ou de maïs. **3.** Fig. Tout objet en forme de galette. ◇ *Plat, aplati comme une galette :* très plat, très aplati. **4.** Pop. Argent, fortune. *Avoir de la galette.*

GALETTEUX, EUSE adj. Pop. Riche.

GALEUX, EUSE adj. et n. Atteint de la gale. ◇ *Brebis galeuse :* personne méprisée, rejetée par un groupe social.

GALGAL n.m. (gaélique *gal,* caillou) [pl. *galgals*]. PRÉHIST. Tumulus en pierres sèches couvrant un monument mégalithique.

GALHAUBAN n.m. (de *hauban*). MAR. Chacun des haubans capelés en tête de mât ou à la partie supérieure du mât (par opp. aux *bas-haubans* capelés sous les plus basses barres de flèche).

GALIBOT n.m. (mot picard). Anc. Manœuvre de moins de dix-huit ans employé au service des voies dans les houillères.

GALICIEN, ENNE adj. et n. De la Galice (Espagne) ou de la Galicie (Europe centrale). ◆ n.m. Langue romane, proche du portugais, parlée en Galice.

1. GALILÉEN, ENNE adj. et n. De Galilée, province de Palestine. ◆ n.m. *Le Galiléen, les Galiléens* : Jésus-Christ, les premiers chrétiens.

2. GALILÉEN, ENNE adj. Relatif aux travaux et aux conceptions de Galilée.

GALIMATIAS [galimatja] n.m. Discours ou écrit embrouillé et confus.

GALION n.m. (anc. fr. *galie,* galère). MAR. ANC. Grand navire armé en guerre, utilisé notamment par les Espagnols à partir du XVIe s. pour rapporter l'or, l'argent et les marchandises précieuses de leurs colonies du Nouveau Monde.

GALIOTE n.f. (anc. fr. *galie,* galère). MAR. ANC. Navire à voiles hollandais, gréé en ketch ou en goélette, arrondi tant à l'avant qu'à l'arrière.

GALIPETTE n.f. Fam. Cabriole, culbute.

GALIPOT n.m. MAR. Mastic de résine de pin maritime et de matières grasses destiné à protéger le bois ou certaines pièces métalliques d'un bateau.

GALIPOTE n.f. Canada. *Courir la galipote :* chercher des aventures galantes.

galère (XVIIe-XVIIIe s.)

GALIPOTER v.t. MAR. Enduire de galipot.

GALLE n.f. (lat. *galla*). Excroissance produite chez les végétaux sous l'influence de certains parasites (insectes, champignons). SYN. : *cécidie.* ◇ *Noix de galle :* excroissance des feuilles et des jeunes pousses du chêne, riche en tanin, qui se forme autour de l'œuf et de la larve d'un hyménoptère, le cynips.

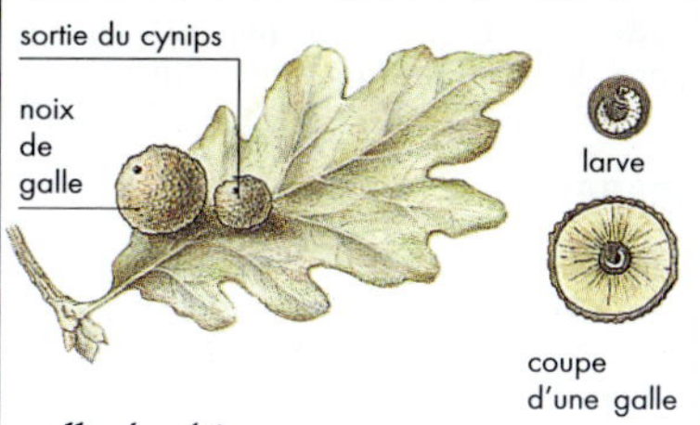

galle du chêne

GALLEC adj. et n. → ***gallo.***

GALLÉRIE n.f. (lat. *galleria*). Insecte lépidoptère qui fait de gros ravages dans les ruches. SYN. : *fausse teigne.*

GALLEUX, EUSE adj. CHIM. Relatif aux composés du gallium divalent.

GALLICAN, E adj. et n. **1.** Relatif à l'Église de France. **2.** Qui est partisan du gallicanisme.

GALLICANISME n.m. Doctrine ayant pour objet la défense des franchises de l'Église de France (gallicane) à l'égard du Saint-Siège.
■ L'indépendance des souverains en matière temporelle, après avoir provoqué un grave conflit avec la papauté sous Philippe le Bel, fut confortée par les théories des conciles au XVe s. et prit une forme juridique sous Charles VII avec la pragmatique sanction de Bourges (1438) ; le concordat de 1516 et l'absolutisme de Louis XIV firent du gallicanisme politique un système de gouvernement, s'appuyant sur l'assentiment des parlements (gallicanisme parlementaire) et même du clergé (*Déclaration des quatre articles,* rédigée par Bossuet en 1682). La *Constitution civile du clergé* (12 juill. 1790) et le Concordat de Bonaparte (1801) se situèrent dans la même ligne. Au XXe s., après la proclamation du dogme de l'infaillibilité pontificale (1870) et la séparation de l'Église et de l'État (1905), l'ultramontanisme a au contraire triomphé du gallicanisme.

GALLICISME n.m. (lat. *gallicus,* gaulois). Construction ou emploi propre à la langue française. *« Il y a » est un gallicisme.*

GALLICOLE adj. ZOOL. *Insecte gallicole,* qui habite une galle végétale.

GALLINACÉ ou **GALLIFORME** n.m. (lat. *gallina,* poule). *Gallinacés* ou *galliformes :* ordre d'oiseaux omnivores, au vol lourd, comprenant notamment la poule, la perdrix, la caille, le faisan, la pintade, la dinde.

GALLIQUE adj. CHIM. Relatif aux composés du gallium trivalent. (Par ex., oxyde gallique Ga_2O_3.)

GALLIUM [galjɔm] n.m. Métal proche de l'aluminium ; élément chimique (Ga), de numéro atomique 31, de masse atomique 69,72.

GALLO, GALLOT ou **GALLEC** adj. et n. (breton *gall,* français). De la Bretagne non bretonnante. ◆ n.m. Dialecte de langue d'oïl parlé en Bretagne non bretonnante.

GALLOIS, E adj. et n. Du pays de Galles. ◆ n.m. Langue celtique du pays de Galles.

GALLON n.m. (mot angl.). **1.** *Imperial gallon* ou *UK gallon :* unité de capacité utilisée en Grande-Bretagne et au Canada, égale à 4,546 litres [symb. gal (UK)]. **2.** *US gallon :* unité de capacité américaine, égale à 3,785 litres [symb. gal (US)].

GALLO-ROMAIN, E adj. et n. (pl. *gallo-romains, es*). Qui appartient à la civilisation qui s'épanouit en Gaule du Ier s. av. J.-C. à la fin du Ve s. apr. J.-C.

GALLO-ROMAN, E adj. et n.m. (pl. *gallo-romans, es*). Se dit des dialectes romans parlés dans l'ancienne Gaule.

GALLOT adj. et n. → ***gallo.***

GALLUP [galœp] n.m. (de *Gallup,* n. pr.) Vieilli. Sondage d'opinion.

GALOCHE n.f. (anc. fr. *gal,* caillou). **1.** Chaussure de cuir à semelle de bois. ◇ Fam. *Menton en galoche,* long, pointu et relevé vers l'avant. **2.** MAR. Poulie longue et plate, ouverte sur l'une de ses faces.

GALON n.m. **1.** Bande tissée ou tressée utilisée comme ornement dans l'habillement et l'ameublement. **2.** MIL. Signe distinctif des grades porté sur l'uniforme. ◇ *Prendre du galon :* monter en grade ; obtenir une promotion, de l'avancement.

GALONNER v.t. Orner d'un galon ; mettre, coudre un galon sur.

GALONNIER, ÈRE n. Personne qui fabrique du galon, des galons.

GALOP [galo] n.m. **1.** La plus rapide des allures naturelles du cheval et d'autres équidés. *Mettre sa monture au galop.* ◇ Fam. *Au galop :* très vite, rapidement. – Fig. *Galop d'essai :* épreuve, test probatoire. **2.** MÉD. *Bruit de galop :* battement supplémentaire et anormal du cœur perçu à l'auscultation. **3.** Danse, musique très vive, à deux temps, en vogue au XIXe s.

GALOPADE n.f. **1.** Course au galop. **2.** Course précipitée.

GALOPANT, E adj. **1.** Dont la croissance s'accélère ; qu'on ne peut maîtriser. *Inflation, démographie galopante.* **2.** Vx. *Phtisie galopante :* tuberculose à évolution très rapide.

GALOPE n.f. REL. Tirage à froid d'un filet courant le long des bords de la couverture d'un livre relié ; fer à dorer employé pour ce travail.

GALOPER v.i. (du francique). **1.** Aller au galop. **2.** Marcher, courir très vite.

GALOPEUR, EUSE adj. et n. Qui galope.

GALOPIN n.m. Fam. Polisson, garnement.

GALOUBET n.m. (mot prov.). Petite flûte à bec provençale, à trois trous, au son aigu et perçant.

GALUCHAT n.m. (du n. de l'inventeur). Peau de la raie, du squale, préparée et teinte pour la reliure, la maroquinerie, la gainerie, etc.

GALURE ou **GALURIN** n.m. Pop. Chapeau.

GALVANIQUE adj. MÉD. Relatif au galvanisme. ◇ *Courant galvanique :* courant continu employé en électrothérapie.

GALVANISATION n.f. Action de galvaniser.

GALVANISER v.t. **I. 1.** MÉD. Appliquer un courant galvanique à. **2.** Donner une énergie soudaine à ; enthousiasmer, exalter. *Galvaniser une foule, les esprits.* **II.** MÉTALL. Recouvrir (une pièce métallique) d'une couche de zinc à chaud, par immersion dans un bain de zinc fondu.

GALVANISME n.m. (du n. du physicien it. *Galvani*). Action des courants électriques continus sur certains organes (nerfs, muscles).

GALVANO n.m. (abrév.). Fam. Galvanotype.

GALVANOCAUTÈRE n.m. Cautère formé d'un fil de platine porté au rouge par le courant électrique. SYN. (anc.) : *électrocautère.*

GALVANOMÈTRE n.m. Instrument qui sert à mesurer l'intensité des courants électriques faibles par l'observation des déviations d'une aiguille aimantée placée dans une bobine, ou d'un cadre conducteur placé dans l'entrefer d'un aimant.

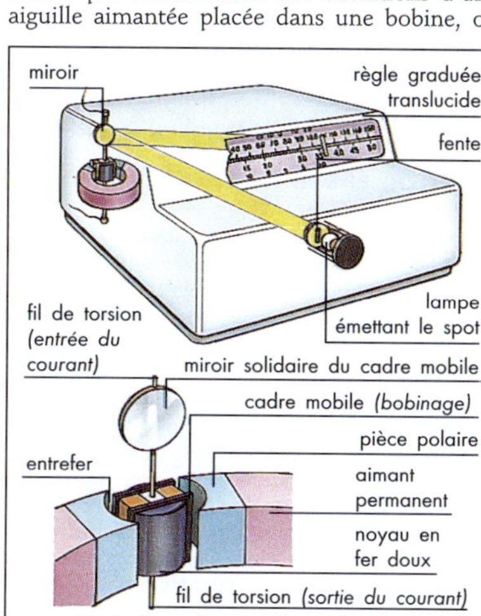

galvanomètre à cadre mobile et spot lumineux

GALVANOPLASTIE n.f. Procédé consistant à déposer par électrolyse une couche de métal sur un support, métallique ou non, pour le recouvrir.

GALVANOPLASTIQUE adj. Relatif à la galvanoplastie ; obtenu par ce procédé.

GALVANOTYPE n.m. Cliché d'imprimerie en relief obtenu par galvanotypie.

GALVANOTYPIE n.f. Galvanoplastie appliquée spécialement à la production de clichés typographiques.

GALVAUDAGE n.m. Action de galvauder.

GALVAUDER v.t. (anc. fr. *galer,* s'amuser, et *ravauder*). Compromettre par un mauvais usage, en prodiguant mal à propos. *Galvauder son talent.*

GAMAY [gamɛ] n.m. Cépage noir qui donne des vins rouges (Beaujolais, Centre) ; vin issu de ce cépage.

GAMBA [gɑ̃mba] ou [gɑ̃ba] n.f. (mot esp.). Grosse crevette des eaux profondes de la Méditerranée et de l'Atlantique.

GAMBADE n.f. (prov. *cambo,* jambe). Bond, saut léger, qui manifeste la gaieté, la bonne humeur.

GAMBADER v.i. Faire des gambades, s'ébattre.

GAMBE n.f. → ***viole (de gambe).***

GAMBERGE n.f. Pop. Imagination, intelligence, réflexion.

GAMBERGER v.i. et t. Pop. Imaginer, réfléchir en combinant.

1. GAMBETTE n.m. Oiseau échassier du genre chevalier, haut de 30 cm env., nichant dans les marais et sur les côtes. (Famille des charadriidés.)

2. GAMBETTE n.f. Pop. Jambe (surtout d'une jeune femme, d'une jeune fille). *Avoir de belles gambettes.*

GAMBIEN, ENNE adj. et n. De Gambie.

GAMBILLER v.i. (du picard *gambille,* jambe). Pop. Danser.

GAMBIT [gɑ̃bi] n.m. (it. *gambetto,* croc-en-jambe). Sacrifice volontaire d'une pièce en vue d'obtenir un avantage d'attaque ou une supériorité de position, aux échecs.

GAMBUSIE n.f. (esp. *gambusina*). Poisson originaire d'Amérique et acclimaté dans de nombreux étangs et marais des régions tropicales et tempérées, où il détruit les larves de moustiques. (Long. 5 cm env.)

GAMELAN n.m. Orchestre d'instruments de percussion (gongs, tambours, etc.) javanais ou balinais.

GAMELLE n.f. (it. *gamella*). **1.** Récipient métallique, individuel ou collectif, muni ou non d'un couvercle, pour faire la cuisine ou transporter des aliments préparés ; son contenu. ◇ Pop. *Ramasser une gamelle :* faire une chute ; fig., essuyer un échec. **2.** MAR. MIL. Ensemble des officiers ou des officiers mariniers qui prennent leurs repas à une même table. ◇ MIL. *Manger à la gamelle :* se nourrir à l'ordinaire de la troupe. **3.** Fam. Projecteur, sur un plateau de théâtre, de cinéma, de télévision, etc.

GAMÈTE n.m. (gr. *gamos,* mariage). BIOL. Cellule reproductrice, mâle ou femelle, dont le noyau ne contient qu'un seul chromosome de chaque paire, et qui peut s'unir au gamète de sexe opposé (fécondation) mais non se multiplier seule.

GAMÉTOCYTE n.m. BIOL. Cellule germinale produisant, lors de la gamétogenèse, un ovule ou un spermatozoïde.

GAMÉTOGENÈSE n.f. Formation des gamètes.

GAMÉTOPHYTE n.m. BOT. Organisme végétal issu de la germination d'une spore et élaborant les gamètes des deux sexes ou d'un seul d'entre eux. (Les cellules d'un gamétophyte sont toutes haploïdes. Le prothalle de fougère, les tiges des mousses sont des gamétophytes.)

GAMIN, E n. **1.** Enfant, gosse. *Se conduire comme un gamin.* **2.** Fam. Fils ou fille.

GAMINER v.i. Litt. Dire, faire des gamineries.

GAMINERIE n.f. Parole, action, comportement d'un gamin ; enfantillage.

GAMMA n.m. inv. **1.** Troisième lettre de l'alphabet grec (Γ, γ), correspondant à la lettre *g.* **2.** *Rayons gamma :* radiations émises par les corps radioactifs, analogues aux rayons X, mais beaucoup plus pénétrantes et de longueur d'onde plus petite, ayant une action biologique puissante.

GAMMAGLOBULINE n.f. BIOCHIM. Globuline plasmatique dont l'activité anticorps est utilisée en thérapeutique et en prophylaxie.

GAMMAGRAPHIE n.f. **1.** PHYS. Procédé d'étude ou d'analyse de la structure des corps opaques au moyen de rayons gamma. **2.** MÉD. Scintigraphie.

GAMMARE n.m. (lat. *gammarus,* écrevisse). Crustacé commun dans les eaux douces aérées. (Long. 1 cm env. ; ordre des amphipodes.) Nom usuel : *crevette d'eau douce.*

GAMMATHÉRAPIE n.f. Rare. Curiethérapie.

GAMME n.f. (gr. *gamma*). **1.** Série de sons conjoints, ascendants ou descendants, disposés à des intervalles convenus, dans un système musical donné. *Gamme diatonique, chromatique.* **2.** Fig. Série de divers aspects, divers degrés de choses ou d'objets de même nature. *Une gamme de couleurs.* ◇ *Haut de gamme, bas de gamme :* supérieur, inférieur, du point de vue du prix, de la qualité, etc.

■ Dans la musique occidentale, les gammes se divisent en gammes diatoniques et en gammes chromatiques. Il y a deux sortes de gammes diatoniques : 1° la gamme *majeure,* qui se compose de cinq tons et de deux demi-tons ; 2° la gamme *mineure,* qui se compose de trois tons, d'un ton et demi et de trois demi-tons. Toutes les gammes prennent le nom de la note par laquelle elles commencent. Chaque gamme chromatique comprend les douze sons de l'échelle tempérée.

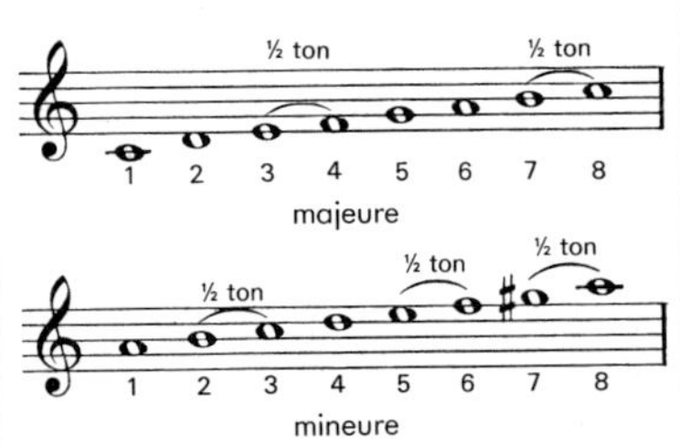

gammes

GAMMÉE adj.f. *Croix gammée :* croix dont les quatre branches se terminent en forme de gamma majuscule. *En Allemagne, la croix gammée était l'emblème du parti nazi.*

1. GAMOPÉTALE adj. (gr. *gamos,* mariage). BOT. Se dit d'une fleur dont la corolle présente des pétales soudés (par opp. à *dialypétale*).

2. GAMOPÉTALE n.f. BOT. Anc. *Gamopétales :* groupe de dicotylédones aux fleurs à pétales soudés, comprenant notamment les primulacées, les solanacées, les labiées, les composées, etc. SYN. : ***métachlamydée.***

GAMOSÉPALE adj. BOT. Se dit d'une fleur dont le calice présente des sépales plus ou moins soudés entre eux.

GAN [gan] n.m. Dialecte chinois parlé au Jiangxi et au sud du Hubei.

GANACHE n.f. (it. *ganascia,* mâchoire). **1.** ZOOL. Partie latérale et postérieure de la mâchoire inférieure des quadrupèdes. **2.** Fam., vieilli. Personne stupide et incapable.

GANADERIA n.f. (mot esp.). Élevage de taureaux de combat.

GANDIN n.m. (de l'anc. fr. *gandir,* faire des détours, ou de l'anc. boulevard de *Gand,* à Paris). Litt. Jeune homme ayant un soin excessif de son élégance ; dandy.

GANDOURA n.f. (berbère *qandūr*). Tunique sans manches, portée sous le burnous ou la djellaba, en Afrique du Nord notamment.

GANG [gɑ̃g] n.m. (mot angl., *équipe*). Bande organisée de malfaiteurs.

GANGA n.m. (mot catalan). Oiseau de la région méditerranéenne, voisin du pigeon. (Long. 30 cm env.)

GANGÉTIQUE adj. Relatif au Gange.

GANGLION n.m. (gr. *ganglion,* glande). Petit renflement situé sur le trajet de certains nerfs et vaisseaux lymphatiques. (Les ganglions lymphatiques sont groupés en chaînes dans le cou, les aisselles, l'aine, le thorax et l'abdomen.)

GANGLIONNAIRE adj. Relatif aux ganglions.

GANGLIOPLÉGIQUE adj. et n.m. Se dit d'un médicament qui bloque la conduction de l'influx nerveux au niveau des ganglions végétatifs.

GANGRÈNE n.f. (gr. *gangraina,* pourriture). **1.** Mortification locale qui aboutit à la nécrose des tissus, avec tendance à l'extension de proche en proche. ◇ *Gangrène gazeuse,* due à des micro-organismes anaérobies qui développent des bulles de gaz de putréfaction dans l'épaisseur des tissus, le plus souvent sur des plaies souillées de terre. **2.** Fig., litt. Mal insidieux. *La gangrène du fanatisme.*

GANGRENER v.t. [19]. **1.** Provoquer la gangrène de (un membre, une partie du corps). **2.** Fig., litt. Corrompre, vicier. ◆ **se gangrener** v.pr. Être atteint par la gangrène.

GANGRENEUX, EUSE adj. De la nature de la gangrène. *Infection gangreneuse.*

GANGSTER [gɑ̃gstɛr] n.m. (mot amér.). Membre d'une bande de malfaiteurs, d'un gang ; bandit.

GANGSTÉRISME n.m. Activité des gangsters ; banditisme.

GANGUE n.f. (all. *Gang,* chemin, filon). **1.** Substance stérile engagée dans le minerai ou qui entoure une pierre précieuse dans un gisement. **2.** Fig. Ce qui enveloppe, dissimule qqch. *Débarrasser son esprit de la gangue des préjugés.*

GANGUÉ, E adj. Litt. Entouré d'une gangue.

GANOÏDE n.m. (du gr. *ganos,* éclat). *Ganoïdes :* groupe de poissons d'eau douce au squelette cartilagineux ou ossifié, qui comprend deux sous-classes, riches surtout en formes fossiles : les holostéens (lépisostée) et les chondrostéens (esturgeon).

GANSE n.f. (prov. *ganso*). Cordonnet tressé utilisé comme ornement dans le vêtement, le matelassage, le costume militaire, etc.

GANSER v.t. Garnir d'une ganse.

GANSETTE n.f. **1.** Petite ganse. **2.** TECHN. Maille de filet.

GANT n.m. (francique *want*). **1.** Pièce de l'habillement qui épouse la forme de la main et des doigts. ◇ *Aller comme un gant :* convenir parfaitement. – *Prendre, mettre des gants (pour) :* agir avec ménagement ; mettre des formes. – *Retourner qqn comme un gant,* le faire complètement changer d'avis. – *Se donner les gants de :* s'attribuer indûment le mérite de (qqch). – *Souple comme un gant :* docile, soumis. **2.** Accessoire analogue ou à pouce séparé, servant à divers usages et activités. *Gants de ski, d'escrime, de boxe.* ◇ *Gant de toilette :* poche de tissu-éponge pour se laver. – *Gant de crin :* moufle en crin tricoté pour frictionner le corps. – *Gant de pelote basque :* chistera. **3.** Anc. Pièce de l'armure. ◇ *Jeter le gant à qqn, relever le gant :* défier qqn, accepter un défi.

GANTELÉE ou **GANTELINE** n.f. Ancolie, digitale, campanule (fleurs en doigt de gant).

GANTELET n.m. **1.** Anc. Gant couvert de lames de fer, qui faisait partie de l'armure. **2.** Manicle.

GANTER v.t. Mettre des gants à ; fournir des gants à. ◆ v.i. Avoir comme pointure pour les gants. *Il gante du 8.*

GANTERIE n.f. **1.** Magasin du gantier. **2.** Profession, commerce du gantier.

GANTIER, ÈRE n. Fabricant(e), marchand(e) de gants.

GANTOIS, E adj. et n. De Gand.

GAP n.m. (mot angl.). Éloignement, écart entre des choses. ◇ Spécialt. ÉCON. Écart important, décalage, retard (technologique, économique, etc.). Recomm. off. : ***écart.***

GAPERON n.m. Fromage au lait de vache, aromatisé à l'ail, fabriqué en Auvergne.

GÂPETTE n.f. Pop. Casquette.

GARAGE n.m. **1.** Action de garer. ◇ *Voie de garage :* voie destinée à garer des trains, des véhicules ferroviaires ; fig., emploi secondaire sans possibilité d'avancement. **2.** Lieu couvert qui sert d'abri aux véhicules. **3.** Entreprise de garde, de réparation, d'entretien pour les automobiles.

GARAGISTE n. Exploitant d'un garage.

GARANÇAGE n.m. TECHN. Teinture à la garance.

GARANCE n.f. (du francique). Plante herbacée dont une espèce était cultivée autrefois dans le Midi pour sa racine, qui fournit l'alizarine, substance colorante rouge. (Famille des rubiacées.) ◆ adj. inv. De la couleur rouge vif de la garance. *Les pantalons garance des soldats de 1914.*

GARANCER v.t. [16]. Teindre avec la garance.

GARANCEUR n.m. Anc. Ouvrier qui garançait les étoffes.

1. GARANT, E adj. et n. (du gotique). Qui répond des actes de qqn et notamment de ses dettes. ◇ *Être, se porter garant de :* assurer (qqch) en prenant sous sa responsabilité.

2. GARANT n.m. **1.** Personne ou chose qui sert de garantie, d'assurance, de caution. **2.** MAR. Cordage formant un palan.

GARANTI n.m. DR. Personne dont les droits sont garantis par une autre (le garant).

GARANTIE n.f. **1.** Ce qui assure l'exécution, le respect des termes d'un contrat. *Demander, prendre des garanties.* **2.** DR. Obligation incombant à l'un des cocontractants d'assurer la jouissance de qqch ou la protection contre un dommage. *Garantie des vices. Garantie décennale du constructeur. Appareil sous garantie.* – *Contrat de garantie,* qui procure à un créancier une sûreté, en garantie de l'engagement pris par le débiteur (par un cautionnement, une hypothèque, etc.). **3.** DR. ADM. Constatation légale du titre des matières et ouvrages de métal précieux.

GARANTIR v.t. **1.** Assurer, sous sa responsabilité, le maintien ou l'exécution de qqch ; constituer une garantie. *Garantir un droit par une loi.* **2.** Répondre de la qualité d'un objet vendu et s'engager à remédier à tout défaut ou panne constatés pendant un certain temps. *Garantir une montre (pour) un an.* **3.** Répondre de l'existence, de la réalité de qqch. *Sa conduite vous garantit son honnêteté.* **4.** Donner pour assuré ; certifier. *Le médecin lui a garanti une complète guérison. Je vous garantis qu'elle viendra.* **5.** Mettre à l'abri, préserver. *Visière qui garantit du soleil.*

GARBURE n.f. (gascon *garburo*). Soupe béarnaise à base de chou cuit et de confit d'oie.

GARCE n.f. (de *gars*). Fam. Femme, fille méchante, désagréable ; chipie. ◇ Fam. *Garce de... :* fichue, maudite ; chienne de...

1. GARCETTE n.f. (esp. *garceta,* aigrette). Anc. Coiffure de femme comportant une frange bouclée sur le front, mise à la mode par Anne d'Autriche.

2. GARCETTE n.f. (de *garce*). MAR. Petit cordage tressé. *Garcettes de ris.*

GARÇON n.m. (du francique). **1.** Enfant de sexe masculin. *École de garçons.* **2.** Jeune homme, homme. *Il est plutôt joli garçon.* ◇ *Vieux garçon, garçon :* homme non marié. *Il est resté garçon.* – *Enterrer sa vie de garçon :* passer avec des amis une dernière et joyeuse soirée de célibataire. **3.** Employé, ouvrier travaillant chez un artisan. *Garçon boucher.* **4.** Employé subalterne affecté à certains travaux. *Garçon de bureau, de courses.* **5.** Serveur dans un café, un restaurant.

GARÇONNE n.f. Vieilli. **1.** Jeune fille menant une vie émancipée, à l'allure masculine. **2.** *À la garçonne :* se disait d'une coiffure féminine où les cheveux étaient coupés court.

GARÇONNET n.m. Petit garçon, jeune garçon. *Taille garçonnet, dans la confection.*

GARÇONNIER, ÈRE adj. Se dit de ce qui appartient aux garçons, qui rappelle leur comportement. *Une fille à l'allure garçonnière.*

GARÇONNIÈRE n.f. Petit appartement de célibataire, de personne seule.

1. GARDE n.f. **I.** Action de garder. **1.** Action de surveiller un être pour le protéger, le défendre. ◇ *Droit de garde :* l'un des attributs essentiels de l'autorité parentale, qui confère au(x) parent(s) gardien(s) un devoir de surveillance et d'éducation sur leur enfant mineur, tenu d'habiter chez eux. **2.** Action de surveiller qqn pour l'empêcher de fuir. ◇ *Garde à vue :* maintien d'une personne dans les locaux de la police pendant une durée limitée fixée par la loi (en principe 24 ou 48 h ; ce délai peut être reconduit dans certains cas), pour les besoins d'une enquête. **3.** Action de surveiller qqch pour le conserver en bon état, le préserver. *La garde d'un trésor.* ◇ DR. *Garde juridique :* obligation légale, pour le possesseur d'un animal

GAUFRE n.f. (du francique *wafla*). **1.** Gâteau formé d'alvéoles de cire que fabriquent les abeilles. **2.** Pâtisserie légère, ornée d'alvéoles, évoquant une gaufre d'abeilles.
GAUFRER v.t. Imprimer, au moyen de fers chauds ou de cylindres gravés, des motifs en relief sur (des étoffes, du cuir, etc.).
GAUFRETTE n.f. Petit biscuit sec feuilleté, parfois fourré de crème ou de confiture.
GAUFREUR, EUSE n. Ouvrier, ouvrière qui gaufre les étoffes, les cuirs, etc.
GAUFRIER n.m. Moule formé de deux plaques alvéolées articulées entre lesquelles on cuit les gaufres.
GAUFROIR n.m. Fer à gaufrer les tissus, les cuirs, etc.
GAUFRURE n.f. Empreinte obtenue par le gaufrage.
GAULAGE n.m. Action de gauler.
GAULE n.f. (du francique *walu*). **1.** Longue perche. **2.** Canne à pêche.
GAULEITER [gaulajtœr] n.m. (mot all., de *Gau,* district, et *Leiter,* chef). Chef d'un district dans l'Allemagne nationale-socialiste et dans les territoires occupés rattachés au IIIe Reich.
GAULER v.t. **1.** Battre les branches d'un arbre avec une gaule pour en faire tomber les fruits. *Gauler les noix.* **2.** Fam. *Se faire gauler :* se faire prendre sur le fait.
GAULIS [-li] n.m. Jeune peuplement de futaie dont les brins ont moins de 10 cm de diamètre.
GAULLIEN, ENNE adj. Qui se rapporte au général de Gaulle, à son action et à sa pensée, ou qui évoque le style de son action politique.
GAULLISME n.m. Courant politique se réclamant de l'action et de la pensée du général de Gaulle.
GAULLISTE adj. et n. Qui appartient au gaullisme ; partisan du général de Gaulle, de sa politique.
1. GAULOIS, E adj. et n. De la Gaule. ◆ n.m. Langue celtique parlée par les Gaulois.
2. GAULOIS, E adj. D'une gaieté libre et licencieuse.
GAULOISE n.f. Cigarette de marque française, de tabac brun à l'origine (1910), très répandue en France.
GAULOISEMENT adv. D'une manière gauloise, licencieuse.
GAULOISERIE n.f. **1.** Caractère de ce qui est gaulois, exprimé de façon libre. **2.** Propos libre ou licencieux.
GAULTHERIA [golterja] ou **GAULTHÉRIE** n.f. (de *Gaulther,* n. pr.). Arbrisseau de l'Amérique du Nord, à feuilles aromatiques fournissant l'essence de wintergreen. (Famille des éricacées.)
GAUPE n.f. (all. *Walpe,* femme sotte). Fam. et vx. Femme de mauvaise vie.
GAUR n.m. (mot hindi). Buffle sauvage des montagnes d'Inde et de Malaisie.
GAUSS n.m. (de *Gauss,* n.pr.). Unité d'induction magnétique (symb. G) dans le système C. G. S. électromagnétique.
GAUSSER (SE) v.pr. *(de).* Litt. Se moquer ouvertement (de).
GAVAGE n.m. **1.** Action de gaver. **2.** MÉD. Alimentation artificielle (d'un malade, d'un nourrisson) au moyen d'une sonde.
GAVE n.m. (béarnais *gabe*). Région. Torrent, dans l'ouest des Pyrénées françaises.
GAVER v.t. (du picard *gave,* gosier). **1.** Alimenter de force une volaille en lui introduisant de la nourriture jusqu'au fond du gosier, à la main ou à l'aide d'une gaveuse. (Ce sont surtout les oies et les canards que l'on gave, pour obtenir le foie gras.) SYN. : *appâter.* **2.** Faire manger avec excès ; bourrer. *Gaver un enfant de bonbons.* **3.** Fam. Bourrer, encombrer l'esprit de. *On les gave de physique et de mathématiques.* ◆ **se gaver** v.pr. *(de).* **1.** Manger à satiété, avec excès. *Se gaver de chocolat.* **2.** Fam. Bourrer son esprit de. *Il se gave de romans policiers.*
GAVEUR, EUSE n. Personne qui gave les volailles.
GAVEUSE n.f. Appareil pour le gavage des volailles.

gazelle

GAVIAL n.m. (mot hindi) [pl. *gavials*]. Reptile crocodilien d'Inde et de Birmanie, à museau long et fin. (Long. jusqu'à 10 m.)
GAVOTTE n.f. (prov. *gavoto*). **1.** Danse française d'origine populaire, d'allure modérée et de rythme binaire (XVIIe-XVIIIe s.). **2.** Composition musicale dans le caractère et le temps de cette danse.
GAVROCHE n.m. (du n. d'un personnage des *Misérables,* de V. Hugo). Vieilli. Gamin de Paris, malicieux et effronté ; titi. ◆ adj. Mod. Se dit de ce qui évoque ce gamin. *Air gavroche.*
GAY [gɛ] n. (mot amér.). Homosexuel, ou, plus rare, homosexuelle. ◆ adj. Relatif aux homosexuels. (On écrit aussi *gai, e.*)
GAYAL n.m. (mot hindi) [pl. *gayals*]. Bœuf semi-domestique de l'Asie du Sud-Est, à bosses et à cornes courtes, proche du gaur. (Famille des bovidés.)
GAZ n.m. (mot créé au XVIIe s. sur le gr. *khaos,* masse confuse). **1.** Corps qui se trouve dans l'état de la matière où celle-ci occupe la totalité du volume de tout récipient dans lequel elle est enfermée. ◇ *Gaz parfait :* gaz fictif qui suivrait exactement les lois de Mariotte et de Gay-Lussac, état vers lequel tendent les gaz réels lorsque leur pression tend vers zéro. – *Gaz permanent :* gaz que l'on ne peut liquéfier par simple augmentation de pression. – *Gaz de combat :* substances chimiques gazeuses ou liquides employées comme arme. **2.** Corps qui se trouve naturellement dans cet état. ◇ CHIM. *Gaz rares :* hélium, néon, argon, krypton, xénon, radon. **3.** *Le gaz :* le gaz naturel ou manufacturé employé notamment comme combustible ou carburant. **a.** *Gaz naturel :* mélange d'hydrocarbures saturés gazeux que l'on trouve dans les gisements souterrains, constituant un excellent combustible. – *Gaz de pétrole liquéfié (G. P. L.) :* mélange d'hydrocarbures légers (butane, propane, etc.) amené à l'état liquide par augmentation de la pression ou abaissement de la température, et utilisé comme combustible ou comme carburant. **b.** *Gaz de houille* ou *de cokerie,* obtenu par distillation de la houille dans des fours à coke. **c.** *Gaz à l'air* ou *gaz pauvre,* obtenu dans un gazogène après passage des produits de la combustion de combustibles solides sur une masse de coke portée au rouge. **d.** *Gaz à l'eau,* résultant de la décomposition de la vapeur d'eau par du coke porté à température élevée (1 000-1 200 °C). **e.** *Gaz de ville :* gaz naturel ou gaz de houille distribué par des conduites (par opp. à *gaz en bouteille*). ◇ *Le gaz :* le service, la compagnie qui fabrique et distribue le gaz de ville. *Employé du gaz.* – Fam. *Il y a de l'eau dans le gaz :* il y a des difficultés, des désaccords. **4.** AUTOM. *Gaz carburés :* mélange d'air et d'essence fourni par le carburateur. ◇ *Mettre les gaz :* donner de la vitesse à un moteur en appuyant sur l'accélérateur ; fig., se hâter. **5.** (Surtout au pl.). Mélange d'air dégluti et de produits volatils des fermentations, dans le tube digestif.
GAZAGE n.m. Action de gazer.
GAZE n.f. (de *Gaza,* v. de Palestine). **1.** Étoffe légère et transparente, de soie ou de coton, employée dans la mode ou la confection. **2.** PHARM. Simple tissu de coton très lâche, tissé en armure toile, utilisé pour les compresses, les pansements, les bandages.
GAZÉ, E adj. et n. Qui a subi l'action de gaz asphyxiants.
GAZÉIFICATION n.f. **1.** Action de gazéifier ; transformation en gaz combustibles de produits carbonés. **2.** Adjonction de gaz carbonique à une boisson.
GAZÉIFIER v.t. **1.** Faire passer (un corps) à l'état gazeux. **2.** Dissoudre du gaz carbonique dans une boisson pour la rendre gazeuse.
GAZELLE n.f. (de l'ar.). Petite antilope très rapide, vivant dans les steppes d'Afrique et d'Asie.
GAZER v.t. **1.** Soumettre à l'action de gaz toxiques ou asphyxiants. **2.** Soumettre (des tissus, du fil) à l'action rapide d'une flamme. ◆ v.i. Fam. Aller à toute vitesse. ◇ Fam. *Ça gaze :* ça va bien, ça prend bonne tournure.
GAZETIER, ÈRE n. Vx. Personne qui rédigeait ou publiait une gazette ; journaliste.
GAZETTE n.f. (it. *gazzetta*). **1.** Anc. Écrit périodique, donnant des nouvelles politiques, littéraires, artistiques. **2.** Fam, vieilli. Personne qui rapporte les bavardages, les commérages.
GAZEUX, EUSE adj. **1.** De la nature du gaz. **2.** *Eau gazeuse,* qui contient du gaz carbonique dissous.
1. GAZIER, ÈRE adj. Relatif à la fabrication et à la distribution du gaz.
2. GAZIER n.m. **1.** Employé d'une compagnie du gaz. **2.** Fam. Type, individu.
GAZINIÈRE n.f. Cuisinière à gaz.
GAZODUC n.m. Canalisation destinée au transport à longue distance du gaz naturel ou du gaz de cokerie.
GAZOGÈNE n.m. Appareil transformant, par oxydation incomplète, le charbon ou le bois en gaz combustible.
GAZOLE n.m. Liquide pétrolier jaune clair, utilisé comme carburant et comme combustible. SYN. (anglic. déconseillés) : *gas-oil* ou *gasoil.*
GAZOLINE n.f. Essence légère, très volatile, qui se sépare du pétrole brut par une première distillation.
GAZOMÈTRE n.m. Anc. Grand réservoir dans lequel le gaz de ville était emmagasiné à volume variable et sous une pression constante.
GAZOMÉTRIE n.f. Mesure des volumes, des densités des gaz.
GAZON n.m. (du francique *waso*). **1.** Herbe courte et fine. **2.** Terrain couvert de gazon.
GAZONNANT, E adj. Se dit des plantes qui forment un gazon.
GAZONNEMENT ou **GAZONNAGE** n.m. Action de revêtir de gazon.
GAZONNER v.t. Revêtir de gazon.
GAZOUILLANT, E adj. Qui gazouille.
GAZOUILLEMENT n.m. Petit bruit que font les oiseaux en chantant, les ruisseaux en coulant, etc.
GAZOUILLER v.i. (onomat.). **1.** En parlant des petits oiseaux, faire entendre un chant léger, doux et confus. **2.** En parlant de l'eau, produire un murmure. **3.** En parlant d'un bébé, émettre les premiers sons articulés.
GAZOUILLEUR, EUSE adj. Qui gazouille.
GAZOUILLIS n.m. **1.** Gazouillement léger, particulièrement de l'hirondelle. **2.** Émission vocale spontanée du nourrisson ; babil.
Gd, symbole chimique du gadolinium.
Ge, symbole chimique du germanium.
GEAI n.m. (bas lat. *gaius*). Oiseau passereau à plumage brun clair tacheté de bleu, de blanc et de noir, commun dans les bois. (Long. 35 cm ; famille des corvidés.) – *Le geai cajole,* pousse son cri.

geai

GÉANT, E n. et adj. (gr. *gigas*). **1.** Personne, animal ou chose de très grande taille. ◇ *À pas de géant :* très vite. **2.** Personne, entreprise ou pays qui dépasse de beaucoup les autres par son génie ou sa puissance. *Le géant de l'acier.* ◆ adj. Très grand. *Ville géante.* ◇ *Étoile géante :* étoile possédant une grande luminosité et une faible densité.

Géants du monde animal et végétal

espèces vivantes	
Mammifères	
Rorqual bleu	longueur : 33 m masse : 130 t
Éléphant d'Afrique	hauteur : 4 m masse : 6 t
Girafe	hauteur : 6 m
Phoque dit *éléphant de mer*	longueur : 6 m masse : 3 t
Ours kodiak	longueur : 3 m masse : 1 t
Oiseaux	
Autruche	hauteur : 2,5 m masse : 120 kg
Reptiles	
Anaconda	longueur : 8 m
Tortue luth	masse : 500 kg
Crustacés	
Crabe macrocheire	envergure : 4 m
Cnidaires	
Cyanée (méduse)	diamètre : 2 m longueur des tentacules : 40 m
Plantes et arbres	
Séquoia	hauteur : 140 m circonférence : 40 m
Eucalyptus	hauteur : 110 m
Palmier rotang	longueur (lianes) : 300 m
espèces disparues	
Mammifères	
Baluchithérium	longueur : 10 m hauteur : 5 m
Mégathérium	longueur : 8 m hauteur : 4 m
Oiseaux	
Dinornis	hauteur : 3,5 m
Reptiles	
Diplodocus	longueur : 25 m hauteur : 10 m
Tyrannosaurus	longueur : 12 m hauteur : 5 m
Ptéranodon	envergure : 8 m masse : 12 kg

GÉASTER [ʒeastɛr] n.m. (gr. *gê,* terre, et *astêr,* étoile). Champignon globuleux, dont l'enveloppe externe se déchire et s'étale en étoile à maturité. (Groupe des gastromycètes.)

GECKO [ʒeko] n.m. (du malais). Lézard des régions chaudes, très bruyant. (Long. 35 cm.)

gecko

GÉHENNE [ʒeɛn] n.f. (de l'hébr.). Enfer, dans les écrits bibliques.

GEIGNARD, E adj. et n. Fam. Qui geint, qui pleurniche sans cesse.

GEIGNEMENT n.m. Action de geindre ; plainte.

1. GEINDRE [ʒɛ̃dr] v.i. (lat. *gemere*) 81. **1.** Se plaindre d'une voix faible, sans articuler. **2.** Fam. Se lamenter à tout propos ; pleurnicher.

2. GEINDRE n.m. → ***gindre.***

GEISHA [geʃa] ou [gɛjʃa] n.f. (mot jap.). Femme japonaise formée dès son jeune âge à la danse, au chant, à la conversation, et dont le rôle est celui d'une hôtesse dont on loue les services, dans les maisons de thé, les banquets.

GEL n.m. (lat. *gelu*). **I. 1.** Gelée des eaux. **2.** Période de gelée. **3. Fig.** Suspension d'une activité, blocage. *Gel des crédits.* **II. 1.** CHIM. Mélange d'une matière colloïdale et d'un liquide qui se forme spontanément par floculation et coagulation. **2.** Produit de beauté à une seule phase, génér. translucide et de consistance molle.

GÉLATINE n.f. (it. *gelatina*). Protéine ayant l'aspect d'une gelée, fondant vers 25 °C, que l'on obtient par action de l'eau chaude sur le collagène des tissus de soutien animaux. (On l'emploie en microbiologie comme milieu de culture, et dans l'industrie des colles, de la photographie, etc.)

GÉLATINÉ, E adj. Enduit de gélatine.

GÉLATINEUX, EUSE adj. De la consistance de la gélatine ; qui ressemble à la gélatine.

GÉLATINIFORME adj. MÉD. Qui a un aspect gélatineux.

GÉLATINO-BROMURE ou **GÉLATINO-CHLORURE** n.m. (pl. *gélatino-bromures, -chlorures*). Composition formée d'un sel d'argent (bromure ou chlorure) en suspension dans la gélatine. (Elle constitue une émulsion sensible à la lumière, utilisée en photographie.)

GELÉE n.f. **I. 1.** Abaissement de la température au-dessous de zéro, provoquant la conversion de l'eau en glace. **2.** *Gelée blanche :* passage direct de la vapeur d'eau à l'état solide, par temps clair (à distinguer du *givre*). **II. 1.** Suc de viande clarifié et solidifié. *Poulet à la gelée.* **2.** Jus de fruits cuits avec du sucre, qui se solidifie en se refroidissant. *Gelée de coing.* **3.** *Gelée royale :* liquide sécrété par les glandes nourricières des abeilles, destiné à alimenter les jeunes larves.

GELER v.t. (lat. *gelare*) 25. **1.** Transformer en glace. **2.** Atteindre, détériorer (des organes, des tissus), en parlant du froid. *Le froid lui a gelé les pieds.* **3.** Interrompre (une activité), bloquer (des mouvements de fonds). *Geler les négociations. Crédits gelés.* ◆ v.i. **1.** Se transformer en glace. **2.** Être atteint, détérioré par le froid. *La vigne a gelé.* **3.** Avoir très froid. *On gèle ici.* ◆ v. impers. S'abaisser au-dessous de zéro, en parlant de la température.

GÉLIF, IVE adj. Qui s'est fendu ou peut se fendre sous l'action du froid, en parlant des arbres, des roches.

GÉLIFIANT n.m. Substance qui produit la gélification. ◇ Spécialt. Additif permettant de donner aux aliments la consistance d'un gel.

GÉLIFICATION n.f. Formation d'un gel ; transformation en gel.

GÉLIFIER v.t. Transformer en gel par addition d'une substance appropriée.

GÉLIFRACTION n.f. Fragmentation des roches par les alternances de gel et de dégel. SYN. : *cryoclastie, gélivation.*

GELINOTTE ou **GÉLINOTTE** n.f. (anc. fr. *geline,* lat. *gallina,* poule). Oiseau gallinacé à plumage roux, long de 35 cm et vivant dans les forêts montagneuses. (Famille des tétraonidés.) SYN. : *poule des bois.*

GÉLITURBATION n.f. Déplacement des particules du sol sous l'effet des alternances de gel et de dégel. SYN. : *cryoturbation.*

GÉLIVATION n.f. Gélifraction.

GÉLIVITÉ n.f. CONSTR. Défaut de certains matériaux qui se détériorent sous l'effet du gel.

GÉLIVURE n.f. **1.** Gerçure des arbres, des pierres, etc., causée par de fortes gelées. **2.** Fente, fissure due au gel.

GÉLOSE n.f. Agar-agar.

GÉLULE n.f. PHARM. Capsule cylindrique formée de deux parties en gélatine qui s'emboîtent l'une dans l'autre.

GELURE n.f. **1.** Action du froid sur un organe, une partie du corps. **2.** Lésion qui résulte de cette action.

GÉMEAU, ELLE adj. et n. Vx. Jumeau. ◆ n.m. pl. *Les Gémeaux :* constellation et signe du zodiaque (v. partie n. pr.). ◇ *Un gémeaux :* une personne née sous ce signe.

GÉMELLAIRE adj. Relatif aux jumeaux.

GÉMELLIPARE adj. Qui accouche ou qui va accoucher de jumeaux.

GÉMELLIPARITÉ n.f. État d'une femme, d'une femelle gémellipare.

GÉMELLITÉ n.f. État d'enfants jumeaux.

GÉMINATION n.f. **1.** État ou création de deux objets identiques ou symétriques. **2.** PHON. Réalisation d'une géminée.

GÉMINÉ, E adj. Disposé, groupé par deux, par paire. *Feuilles géminées. Arcades géminées.*

GÉMINÉE n.f. PHON. Consonne longue perçue comme une suite de deux consonnes, phonétiquement identiques ; ces deux consonnes. Ex. : *comme moi* [kɔmmwa].

GÉMINER v.t. Didact. Grouper deux à deux.

GÉMIR v.i. (lat. *gemere*). **1.** Exprimer sa peine, sa douleur par des sons inarticulés. **2.** Faire entendre un bruit semblable à une plainte. *Le vent gémit dans les arbres.* **3.** Litt. Être accablé, oppressé ; souffrir. *Gémir dans les fers.*

GÉMISSANT, E adj. Qui gémit.

GÉMISSEMENT n.m. **1.** Son plaintif et inarticulé exprimant la douleur, la peine. **2.** Litt. Son qui a quelque chose de plaintif.

GEMMAGE n.m. Action d'inciser les pins pour en recueillir la résine.

GEMMAIL [ʒemaj] n. m. (pl. *gemmaux*). Vitrail sans plombs, obtenu par collage de morceaux de verre de couleur juxtaposés et superposés.

GEMMATION n.f. **1.** Développement de bourgeons ; époque à laquelle il se produit. **2.** Ensemble des bourgeons.

GEMME [ʒɛm] n.f. (lat. *gemma*). **1.** Pierre précieuse ou pierre fine transparente. **2.** Bourgeon. **3.** Résine de pin. ◆ adj. *Sel gemme :* sel cristallisé qui se trouve dans le sous-sol. SYN. : ***halite.***

GEMMÉ, E adj. Orné de gemmes, de pierres précieuses.

GEMMER v.t. Effectuer le gemmage (des pins).

GEMMEUR, EUSE n. Personne qui gemme les pins.

GEMMIFÈRE adj. Qui porte des bourgeons.

GEMMIPARITÉ n.f. ZOOL. Mode de multiplication végétative de certains animaux à partir d'un bourgeon unicellulaire.

GEMMOLOGIE n.f. Science des gemmes (pierres).

GEMMOTHÉRAPIE n.f. Utilisation à des fins thérapeutiques de dilutions infinitésimales de tissus végétaux jeunes (bourgeons).

GEMMULE n.f. BOT. Petit bourgeon d'une plantule, dont la croissance pendant la germination fournira tige et feuilles.

GÉMONIES n.f. pl. (lat. *gemoniae*). ANTIQ. ROM. Escalier, au flanc nord-ouest du Capitole, où l'on exposait les corps des suppliciés avant qu'ils ne soient jetés dans le Tibre. ◇ Fig. *Vouer, traîner qqn, qqch aux gémonies,* les livrer au mépris public.

GÊNANT, E adj. Qui gêne.

GENCIVE n.f. (lat. *gingiva*). Muqueuse richement vascularisée, entourant la base des dents et recouvrant le périoste des os maxillaires.

GENDARME n.m. (de *gens d'armes*). **I. 1.** Militaire appartenant à un corps de la gendarmerie. **2.** Grade de sous-officier, dans ce corps. **3. Fig.** Instance jouant un rôle régulateur. *La C.O.B., gendarme de la Bourse.* **4. Fig.** et **fam.** Personne autoritaire. **II. 1.** ZOOL. Punaise des bois rouge et noir (n. sc. *pyrocorise*). **2.** ALP. Pointe rocheuse difficile à franchir. **3.** Pop. Hareng saur. **4.** Saucisse sèche et plate.

GENDARMER (SE) v.pr. **1.** S'emporter, se mettre en colère. *Se gendarmer contre qqn.* **2.** Protester, réagir vivement.

GENDARMERIE n.f. **1.** Corps militaire chargé d'assurer le maintien de l'ordre public, l'exécution des lois sur tout le territoire national ainsi que la sécurité aux armées. **2.** Caserne où sont logés les gendarmes ; bureaux où ils assurent leurs fonctions administratives.

GENDRE n.m. (lat. *gener*). Époux de la fille, par rapport au père et à la mère de celle-ci.

GÈNE n.m. (gr. *genos,* origine). BIOL. Élément du chromosome, constitué par un segment d'A.D.N., conditionnant la transmission et la manifestation d'un caractère héréditaire déterminé.

GÊNE n.f. (anc. fr. *gehine,* torture, du francique). **1.** État ou sensation de malaise éprouvé dans l'accomplissement de certaines actions ou fonctions. *Avoir de la gêne à respirer.* **2.** Impression désagréable qu'on éprouve quand on est mal à l'aise. ◇ Fam. *Être sans gêne :* agir, prendre ses aises sans se préoccuper des autres. **3.** Situation pénible due à un manque d'argent. *Être dans la gêne.*

GÊNÉ, E adj. **1.** Qui éprouve de la gêne ; qui manifeste une gêne. *Sourire gêné.* **2.** *Être gêné :* être dans une situation financière difficile.

GÉNÉALOGIE n.f. (gr. *genos,* origine, et *logos,* science). **1.** Dénombrement, liste des membres d'une famille. **2.** Science qui a pour objet la recherche de l'origine et la composition des familles.

GÉNÉALOGIQUE adj. De la généalogie.

GÉNÉALOGISTE n. Personne qui dresse des généalogies.

GÉNÉPI ou **GENÉPI** n.m. (mot savoyard). **1.** Armoise aromatique des Alpes et des Pyrénées. **2.** Liqueur fabriquée avec cette plante.

GÊNER v.t. **1.** Causer à qqn une gêne physique ou morale. *La fumée me gêne. Sa présence me gêne.* **2.** Entraver, mettre des obstacles à l'action de qqn ; perturber le fonctionnement, le déroulement de qqch. *Pousse-toi, tu vois bien que tu me gênes. Gêner la circulation.* **3.** Mettre à court d'argent. *Cette dépense nous gêne ce mois-ci.* ◆ **se gêner** v.pr. **1.** S'imposer une contrainte par discrétion ou timidité. *Que personne ne se gêne chez moi.* **2.** Suisse. Être timide.

1. GÉNÉRAL, E, AUX adj. (lat. *generalis*). **1.** Qui s'applique à un ensemble de personnes, de choses. *Idées générales. Observations générales.* **2.** Qui concerne la majorité ou la totalité d'un groupe. *Intérêt général. Grève générale.* **3.** Dont le domaine englobe toutes les spécialités. *Culture générale. Médecine générale.* **4.** Qui est abstrait, vague, sans précision. *Considérations générales.* **5.** Se dit d'une personne, d'un organisme qui est à l'échelon le plus élevé. *Inspecteur général. Direction générale.* **6.** *Répétition générale* ou *générale,* n.f. : dernière répétition d'une pièce de théâtre devant un public d'invités.

2. GÉNÉRAL n.m. sing. Ensemble des principes généraux, par opp. aux cas particuliers. ◇ *En général :* le plus souvent, habituellement.

3. GÉNÉRAL n.m. (de *général* adj.). **1.** Officier titulaire d'un des grades les plus élevés dans la hiérarchie des armées de terre ou de l'air. (→ ***grade.***) **2.** Supérieur majeur de certains ordres religieux. *Le général des Jésuites.*

GÉNÉRALAT n.m. Fonctions de général dans certains ordres religieux.

GÉNÉRALE n.f. **1.** Femme d'un général. **2.** Répétition générale. **3.** Anc. Batterie de tambours ou sonnerie de clairons appelant les militaires au combat.

GÉNÉRALEMENT adv. En général.

GÉNÉRALISABLE adj. Qui peut être généralisé.

GÉNÉRALISATEUR, TRICE ou **GÉNÉRALISANT, E** adj. Qui généralise.

GÉNÉRALISATION n.f. Action de généraliser.

GÉNÉRALISER v.t. **1.** Rendre général ; étendre à tout un ensemble de personnes ou de choses. *Généraliser une méthode.* **2.** Absolt. Raisonner, conclure du particulier au général. *C'est vrai pour quelques-uns mais il ne faut pas généraliser.* ◆ **se généraliser** v.pr. Devenir général, s'étendre à un ensemble plus large.

GÉNÉRALISSIME n.m. (it. *generalissimo*). Général investi du commandement suprême des troupes d'un État ou d'une coalition.

1. GÉNÉRALISTE n. **1.** Praticien qui exerce la médecine générale, par opp. à *spécialiste.* SYN. : ***omnipraticien.*** **2.** Personne ou entreprise qui n'est pas spécialisée.

2. GÉNÉRALISTE adj. **1.** Qui n'est pas spécialiste. **2.** Se dit d'un média, et plus particulièrement d'une chaîne de télévision, qui comporte des programmes de nature très variée (informations, variétés, films, etc.), par opp. aux chaînes se consacrant à un seul type d'émissions (musicales ou sportives, par ex.), dites *chaînes ciblées.*

GÉNÉRALITÉ n.f. **I. 1.** Caractère de ce qui est général. *Généralité des idées.* **2.** *La généralité des :* le plus grand nombre, la plupart des. **II. 1.** HIST. Circonscription financière de la France avant 1789, dirigée par un intendant. **2.** En Catalogne, organisme chargé de l'administration de la région autonome. ◆ pl. Notions, idées générales ; lieux communs. *Se perdre dans des généralités.*

1. GÉNÉRATEUR, TRICE adj. (lat. *generator*). **1.** Qui engendre, produit, est la cause de. **2.** BIOL. Relatif à la reproduction. **3.** MATH. Qui engendre (une droite, une surface, un groupe, un espace vectoriel).

2. GÉNÉRATEUR n.m. **1.** Appareil qui transforme l'énergie mécanique en énergie électrique. **2.** *Générateur de vapeur :* chaudière à vapeur.

GÉNÉRATIF, IVE adj. **1.** Relatif à la génération, à la reproduction. **2.** LING. *Grammaire générative :* grammaire formelle capable de générer l'ensemble infini des phrases d'une langue au moyen d'un ensemble fini de règles.

GÉNÉRATION n.f. (du lat. *generare,* engendrer). **I. 1.** Fonction par laquelle les êtres se reproduisent. ◇ Anc. *Génération spontanée :* formation spontanée d'êtres vivants à partir de matières minérales ou de substances organiques en décomposition, selon une théorie admise pendant l'Antiquité et le Moyen Âge pour certains animaux et, jusqu'à Pasteur, pour les micro-organismes. **2.** Action d'engendrer, de générer, fait de se former. **II. 1.** Degré de filiation en ligne directe. *Entre le père et le fils, il y a une génération.* **2.** Ensemble de personnes qui descendent de qqn. *Quatre générations sont réunies autour de cette table.* **3.** Ensemble de personnes ayant à peu près le même âge à la même époque. *Conflit de générations.* **4.** Stade d'un progrès technique, dans certains domaines. *Ordinateurs de la cinquième génération.*

GÉNÉRATIONNEL, ELLE adj. Qui concerne une génération, les relations entre générations. *Un conflit générationnel.*

GÉNÉRATRICE n.f. **1.** ÉLECTR. Machine dynamoélectrique ; dynamo. **2.** MATH. Droite dont le déplacement engendre une surface réglée.

GÉNÉRER v.t. 18. Engendrer, produire, avoir pour conséquence. *L'inflation génère le chômage.*

GÉNÉREUSEMENT adv. De façon généreuse.

GÉNÉREUX, EUSE adj. (lat. *generosus,* de bonne race). **1.** Qui donne largement ; désintéressé. *Se montrer généreux.* **2.** Litt. Fertile, fécond. *Une terre généreuse.* **3.** Abondant, copieux. *Repas généreux.* **4.** *Formes généreuses,* rebondies, plantureuses. **5.** *Vin généreux,* riche en goût et fort en alcool.

1. GÉNÉRIQUE adj. (lat. *genus, generis,* race). **1.** Qui appartient au genre, à tout un genre. *Caractère générique.* **2.** Relatif à un type de produit, quelle qu'en soit la marque. *Publicité générique sur le sucre.* **3.a.** LING. Se dit d'un mot dont le sens englobe toute une catégorie d'êtres ou d'objets. Oiseau *est un terme générique pour* corbeau, moineau, *etc.* **b.** BIOL. *Nom générique :* nom commun à toutes les espèces du même genre. Felis *est le nom générique du chat, du tigre et du lion.* **4.** MATH. *Élément générique :* élément d'un ensemble pris sous sa forme générale. **5.** *Médicament générique* ou *générique,* n.m. : médicament dont la formule est tombée dans le domaine public et qui est vendu sous sa dénomination commune à un prix inférieur à celui de la spécialité correspondante.

2. GÉNÉRIQUE n.m. Partie d'un film ou d'une émission de télévision où sont indiqués les noms de ceux qui y ont collaboré.

GÉNÉROSITÉ n.f. **1.** Qualité d'une personne, d'une action généreuse ; bienveillance, indulgence. **2.** Disposition à donner avec largesse. ◆ pl. Dons, largesses.

GENÈSE n.f. (lat. *genesis,* naissance). Processus de développement de qqch ; ensemble des faits qui ont concouru à la formation, la création de qqch. *Genèse d'un roman.*

GÉNÉSIAQUE adj. Relatif à la Genèse, à une genèse.

GÉNÉSIQUE adj. Relatif à la génération, à la sexualité.

GENET n.m. (esp. *jinete,* bon cavalier). Cheval de petite taille, originaire d'Espagne.

GENÊT n.m. (lat. *genesta*). Arbrisseau à fleurs jaunes, commun dans certaines landes et formant de nombreuses espèces, parfois épineuses. (Famille des papilionacées.)

GÉNÉTHLIAQUE [ʒenetlijak] adj. (du gr. *genethlê,* naissance). ASTROL. Qui se fonde sur l'étude de la position des astres au moment de la naissance.

GÉNÉTICIEN, ENNE n. Spécialiste de la génétique.

GENÊTIÈRE n.f. Terrain couvert de genêts.

1. GÉNÉTIQUE adj. (du gr. *genos,* race). **1.** Qui concerne les gènes, l'hérédité, la génétique. **2.** Relatif à la succession logique, à la filiation d'idées entre elles. ◇ *Épistémologie génétique :* théorie de la connaissance qui consiste à décrire les processus par lesquels se produit la connaissance scientifique. **3.** *Psychologie génétique :* étude du développement mental de l'enfant et de l'adolescent en tant qu'il prépare, et explique, les structures intellectuelles de l'adulte.

2. GÉNÉTIQUE n.f. **1.** Science de l'hérédité, dont les premières lois ont été dégagées par Mendel en 1865 et qui étudie la transmission des caractères anatomiques et fonctionnels entre les générations d'êtres vivants. **2.** *Génétique des populations :* étude des caractéristiques génétiques des populations (polymorphisme, structure génétique, sélection et mutation).

GÉNÉTIQUEMENT adv. Du point de vue génétique.

GÉNÉTISME n.m. PSYCHOL. Conception selon laquelle une capacité ou une structure psychologique se développe avec l'âge et n'est donc pas innée. CONTR. : ***nativisme.***

GÉNÉTISTE adj. et n. Relatif au génétisme ; partisan du génétisme.

GENETTE n.f. (ar. *djarnait*). Mammifère carnivore d'Europe et d'Afrique, au pelage clair taché de noir. (Famille des viverridés.)

GÊNEUR, EUSE n. Importun, fâcheux.

GENEVOIS, E adj. et n. De Genève ou du canton de Genève.

GENÉVRIER n.m. Arbuste à feuilles épineuses et à baies violettes des prairies dégradées. (Haut. jusqu'à 6 m ; famille des cupressacées.) SYN. : ***genièvre.***

GÉNIAL, E, AUX adj. **1.** Qui a du génie. **2.** Inspiré par le génie. **3.** Fam. Remarquable en son genre, sensationnel.

GÉNIALEMENT adv. De façon géniale.

GÉNIALITÉ n.f. Caractère de ce qui est génial.

GÉNIE n.m. (lat. *genius*). **I. 1.** Être allégorique personnifiant une idée abstraite. **2.** Esprit ou être mythique détenteur de pouvoirs magiques. *Bon, mauvais génie.* **3.** Dans la mythologie gréco-romaine, esprit qui présidait à la destinée d'un être ou d'une collectivité ou qui protégeait un lieu. **II. 1. a.** Disposition, aptitude naturelle à créer des choses d'une qualité exceptionnelle. *Homme de génie.* **b.** Personne douée d'une telle aptitude. *Un génie méconnu.* **2.** *Le génie de :* le talent, le goût, le penchant naturel pour une chose. *Avoir le génie des affaires, de l'intrigue.* **3.** *Génie épidémique :* ensemble des conditions climatiques, bactériologiques et physiologiques qui déterminent des épidémies. **III. 1.** Ensemble des connaissances et des techniques concernant la conception, la mise en œuvre et les applications de procédés, de dispositifs, de machines propres à un domaine déterminé. ◇ *Génie chimique :* ensemble des connaissances nécessaires pour installer une usine chimique et en optimiser la production. – TR. PUBL. *Génie civil :* art des constructions civiles. – *Génie génétique :* ensemble des techniques de modification du programme génétique de certaines cellules vivantes (bactéries), destinées à leur faire fabriquer des substances utiles dont la synthèse est difficile ou impossible. SYN. : ***ingénierie génétique.*** **2.** MIL. Dans l'armée de terre, arme chargée des travaux relatifs aux voies de communication et à l'aménagement du terrain ; service assurant la gestion du domaine militaire. **3.** Anc. *Génie maritime :* corps des ingénieurs d'armement chargé des constructions navales.

genêt

GENIÈVRE n.m. (lat. *juniperus*). **1.** Genévrier. **2.** Fruit du genévrier. (On dit aussi *baie de genièvre.*) **3.** Eau-de-vie obtenue par distillation de moûts de céréales en présence de baies de genévrier.

GÉNIQUE adj. Relatif aux gènes. ◇ *Thérapie génique :* méthode thérapeutique consistant à intervenir sur le génome des cellules, dans le traitement de certaines affections (maladies héréditaires, cancers).

GÉNISSE n.f. (lat. *junix, junicis*). Jeune femelle de l'espèce bovine n'ayant pas encore vêlé.

GÉNITAL, E, AUX adj. Relatif à la reproduction sexuée des animaux et de l'homme. – *Organes génitaux :* organes sexuels. ◇ PSYCHAN. *Stade génital :* stade qui se caractérise par la subordination des pulsions partielles à la zone génitale et qui apparaît à la puberté.

GÉNITEUR, TRICE n. Personne ou animal qui engendre.

GÉNITIF n.m. LING. Cas exprimant un rapport de subordination entre deux noms (possession, dépendance, etc.) dans les langues à déclinaison.

GÉNITO-URINAIRE adj. (pl. *génito-urinaires*). Relatif aux appareils reproducteur et urinaire. SYN. : *uro-génital.*

GÉNOCIDE n.m. (gr. *genos,* race, et lat. *caedere,* tuer). Extermination systématique d'un groupe humain, national, ethnique ou religieux.

1. GÉNOIS, E adj. et n. De Gênes.

2. GÉNOIS n.m. MAR. Grand foc dont le point d'écoute est reporté vers l'arrière du voilier.

GÉNOISE n.f. **1.** Pâte à biscuit légère qui sert à réaliser de nombreux gâteaux fourrés, glacés au fondant ou décorés à la pâte d'amandes. **2.** Frise composée de tuiles canal superposées.

GÉNOME n.m. Ensemble des gènes portés par les chromosomes de l'espèce.

GÉNOTYPE n.m. Ensemble du matériel génétique porté par un individu et représentant sa formule héréditaire, fixée à la fécondation (que les gènes qu'il possède soient exprimés ou non), par opp. à *phénotype.*

GENOU n.m. (lat. *geniculum*) [pl. *genoux*]. **1.** Partie du corps où la jambe se joint à la cuisse. ◇ *À genoux :* les genoux sur le sol. – **Fig.** *Être à genoux devant qqn :* être en adoration devant lui ; lui être soumis. – **Fig., fam.** *Être sur les genoux :* être très fatigué. – *Faire du genou à qqn,* lui toucher le genou avec son propre genou pour attirer son attention, en signe de connivence ou pour lui signifier une intention galante. **2.** Chez les quadrupèdes, articulation des os carpiens et métacarpiens avec le radius. **3.** MÉCAN. Joint articulé ; pièce courbe.

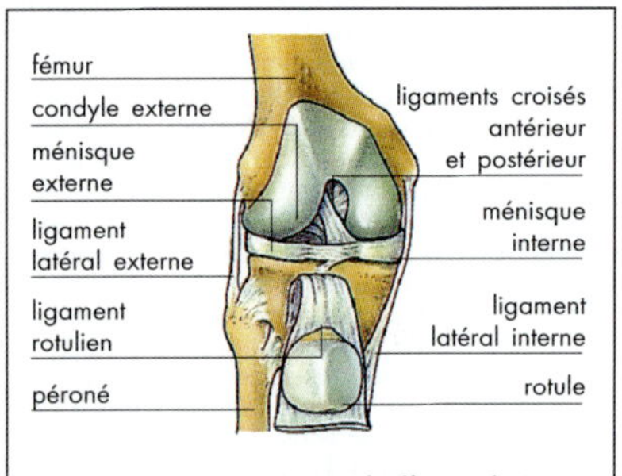

genou : vue antérieure de l'articulation

GENOUILLÉ, E adj. ANAT. *Corps genouillé :* structure symétrique du diencéphale, servant de relais à la voie visuelle et à la voie auditive.

GENOUILLÈRE n.f. **1.** Bandage ou tricot souple servant à maintenir l'articulation du genou. **2.** Système de protection du genou pour l'exercice de certains sports et de certains métiers. **3.** Pièce de cuir placée aux genoux du cheval. **4.** Pièce de l'armure qui protégeait le genou. **5.** Partie d'une botte qui couvre le genou.

GENRE n.m. (lat. *genus, generis*). **I.** Division fondée sur un ou plusieurs caractères communs. ◇ *Le genre humain :* l'ensemble des hommes. **1.** BIOL. Ensemble d'êtres vivants situés, dans la classification, entre la famille et l'espèce, et groupant des espèces très voisines. **2.** Catégorie de sujets littéraires ou artistiques de même nature. *Le genre romanesque.* ◇ *Peinture de genre,* qui traite des scènes de caractère anecdotique, familier ou populaire. **3.** Style, ton, manière de s'exprimer. *Le genre sublime.* **II. 1.** Sorte, manière. *Quel genre d'homme est-il ? Marchandises en tous genres* (ou *en tout genre*). **2.** Manière de vivre, de se comporter en société. *Avoir bon, mauvais genre.* ◇ Fam. *Faire du genre :* avoir des manières affectées. – *Genre de vie,* ensemble des modes d'activités d'un individu, d'un groupe humain. **III.** GRAMM. Catégorie grammaticale fondée sur la distinction naturelle des sexes ou sur une distinction conventionnelle. *Le genre masculin, féminin, neutre. Un nom des deux genres.*

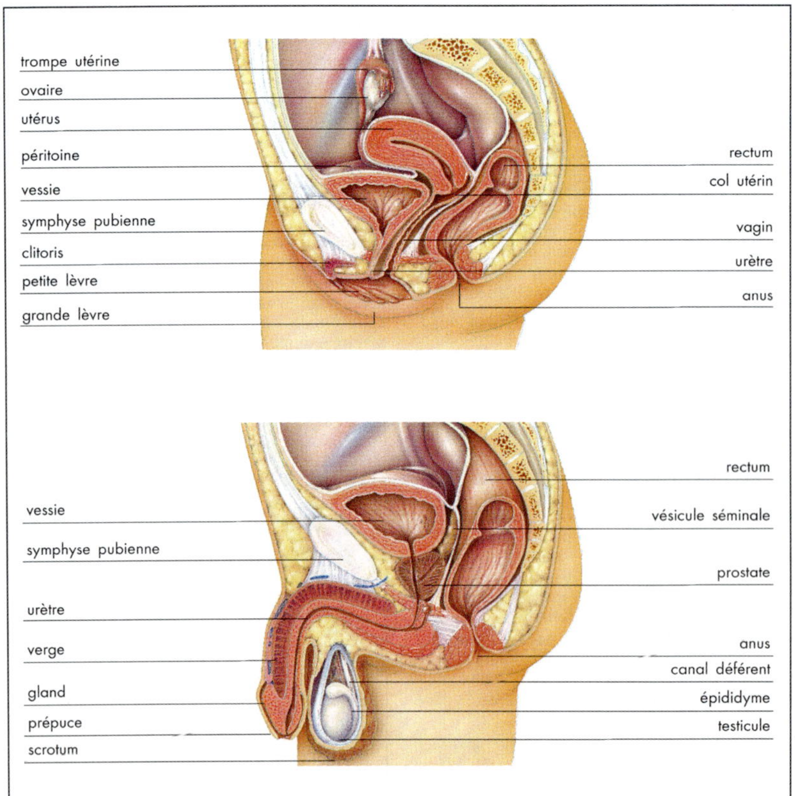

appareil **génital** de la femme et de l'homme

1. GENS [ʒɛ̃s] n.f. (mot lat.) [pl. *gentes* (ʒɛ̃tɛs)]. À Rome, groupe de familles se rattachant à un ancêtre commun et portant le même nom.

2. GENS [ʒɑ̃] n.m. ou f. pl. (mot lat.). Personnes en nombre indéterminé. *Les gens du village.* ◇ *Gens d'armes :* au Moyen Âge, soldats, cavaliers (notamm. des compagnies d'ordonnance de Charles VII). – *Gens de lettres :* personnes qui font profession d'écrire. – *Gens de maison :* employés de maison, domestiques. – *Gens de mer :* marins. – Litt. *Gens de robe :* gens de justice (magistrats, avocats, etc.), opposés, sous l'Ancien Régime, aux *gens d'épée* (nobles, soldats).
– REM. : *Gens* gouverne le masculin *(des gens sots)* sauf dans le cas d'un adjectif épithète placé avant *(de vieilles gens).*

GENT [ʒɑ̃] n.f. (lat. *gens*) [Au sing. seulement]. Litt. Race, espèce. « *La gent trotte-menu* » (La Fontaine) : les souris.

GENTAMICINE n.f. Antibiotique administré par voie parentérale, actif contre les bactéries Gram positif et Gram négatif.

GENTIANE [ʒɑ̃sjan] n.f. (lat. *gentiana*). **1.** Plante des prés montagneux, à fleurs gamopétales, jaunes, bleues ou violettes suivant les espèces. (La grande gentiane à fleurs jaunes fournit une racine amère et apéritive.) **2.** Boisson obtenue par macération de cette racine dans l'alcool.

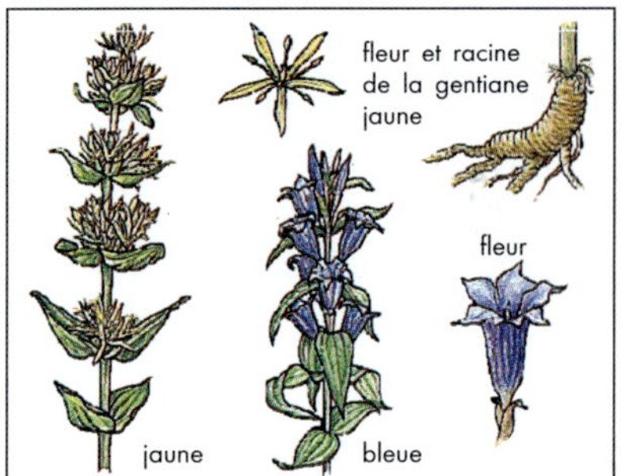

gentianes

1. GENTIL [ʒɑ̃ti] n.m. (lat. *gentiles,* païens ; mot hébr.). **1.** Étranger, pour les anciens Hébreux. **2.** Païen, pour les premiers chrétiens.

2. GENTIL, ILLE adj. (lat. *gentilis,* de race). **1.** Agréable, qui plaît par sa délicatesse, son charme. *Gentille petite fille.* **2.** Aimable, complaisant. *Être gentil avec qqn.* **3.** Dont on ne fait pas grand cas. *C'est gentil, sans plus.* **4.** Fam. *Une gentille somme,* importante.

GENTILÉ n.m. (lat. *gentile* [*nomen*], [nom] de famille). Ethnonyme.

GENTILHOMME [ʒɑ̃tijɔm] n.m. (pl. *gentilshommes* [ʒɑ̃tizɔm]). **1.** Autref. Homme noble de naissance. **2.** Litt. Homme qui fait preuve de distinction, de délicatesse dans sa conduite.

GENTILHOMMIÈRE n.f. Petit château campagnard, coquettement aménagé.

GENTILITÉ n.f. (de 1. *gentil*). RELIG. Anc. Ensemble des peuples païens.

GENTILLESSE n.f. **1.** Qualité d'une personne gentille. **2.** Action ou parole aimable, délicate.

GENTILLET, ETTE adj. Assez gentil ; sans grande portée. *Un film gentillet.*

GENTIMENT adv. **1.** De façon gentille, aimable. **2.** Suisse. Sans précipitation, tranquillement.

GENTLEMAN [dʒɛntləman] n.m. (mot angl.) [pl. *gentlemans* ou *gentlemen*]. Homme bien élevé et distingué.

GENTLEMAN-FARMER [-farmœr] n.m. (mot angl.) [pl. *gentlemans-farmers* ou *gentlemen-farmers*]. Grand propriétaire foncier qui exploite lui-même ses terres.

GENTLEMAN-RIDER [-ridœr] n.m. (pl. *gentlemans-riders* ou *gentlemen-riders*). Jockey amateur qui monte dans les courses.

GENTLEMAN'S AGREEMENT [dʒɛntləmans agrimɛnt] n.m. (mots angl.) [pl. *gentlemen's agreements*]. DR. Accord international dépourvu d'effets juridiques immédiats mais qui exprime les intentions des signataires.

GENTRY [dʒɛntri] n.f. sing. (mot angl.). En Angleterre, ensemble des familles ayant droit à des armoiries, mais non titrées.

GÉNUFLEXION n.f. (du lat. *genuflectere*, fléchir le genou). Flexion du genou en signe d'adoration, de respect, de soumission.

GÉOCENTRIQUE adj. Qui est considéré par rapport à la Terre prise comme centre. ◇ *Mouvement géocentrique :* mouvement apparent d'un astre autour de la Terre, considérée comme centre d'observation.

GÉOCENTRISME n.m. Ancienne théorie astronomique qui faisait de la Terre le centre de l'Univers.

GÉOCHIMIE n.f. Étude de la répartition des éléments chimiques dans les roches, de leur origine, de leur nature et de leur comportement au cours des phénomènes géologiques.

GÉOCHIMIQUE adj. Relatif à la géochimie.

GÉOCHIMISTE n. Spécialiste de géochimie.

GÉOCHRONOLOGIE n.f. Branche de la géologie cherchant à dater les évènements successifs qui ont affecté le globe terrestre et à déterminer l'âge des roches.

GÉODE n.f. (gr. *geôdês*, terreux). **1.** Cavité intérieure d'une roche, tapissée de cristaux ou de concrétions. **2.** MÉD. Cavité pathologique à l'intérieur d'un organe.

GÉODÉSIE n.f. (gr. *gê*, terre, et *daiein*, partager). Science de la forme et des dimensions de la Terre.

GÉODÉSIQUE adj. **1.** Relatif à la géodésie. **2.** *Ligne géodésique* ou *géodésique*, n.f. : courbe d'une surface telle que l'arc joignant deux des points de cette courbe soit le plus court de tous les arcs de cette surface joignant ces deux points.

GÉODYNAMIQUE n.f. **1.** Branche de la géologie qui étudie la cinématique et la dynamique du globe et de ses différentes enveloppes constitutives. **2.** ASTRON. Science qui étudie les propriétés dynamiques et mécaniques d'ensemble de la Terre et de la Lune en tenant compte de l'interaction mutuelle des deux astres. ◆ adj. Relatif à la géodynamique.

GÉOGRAPHE n. Spécialiste de géographie.

GÉOGRAPHIE n.f. **1.** Science qui a pour objet la description et l'explication de l'aspect actuel, naturel et humain, de la surface de la Terre. ◇ *Géographie générale*, qui étudie les phénomènes à l'échelle mondiale. – *Géographie régionale*, qui étudie un espace (région) bien déterminé. **2.** Ensemble des caractères physiques et humains d'une région. *La géographie du Massif central.*

■ Science de l'organisation de l'espace terrestre (continental et éventuellement maritime) par l'homme, aux points de vue de l'habitat et de la population (*géographie humaine* au sens strict), de la production et des transports *(géographie économique)*, la géographie, dans sa recherche explicative, fait appel à plusieurs disciplines. L'étude des conditions offertes par le milieu naturel a recours à la géomorphologie, à la climatologie, à la biogéographie, à la pédologie (parfois regroupées sous l'expression de *géographie physique*). Mais la compréhension de l'organisation de l'espace nécessite aussi le renfort de l'histoire, de la sociologie, de l'économie, de la démographie. Véritable écologie humaine, discipline de synthèse, la géographie apparaît ainsi au carrefour des sciences de la Terre et des classiques sciences humaines.

GÉOGRAPHIQUE adj. Relatif à la géographie.

GÉOGRAPHIQUEMENT adv. Du point de vue géographique.

GÉOÏDE n.m. SC. Surface normale, en tout point de la Terre, à la verticale du lieu et coïncidant avec le niveau moyen des mers, abstraction faite des marées. (Le géoïde correspond conventionnellement à l'altitude zéro.)

GEÔLE [ʒol] n.f. (bas lat. *caveola*, de *cavea*, cage). Litt. Prison.

GEÔLIER, ÈRE [ʒolje, ɛr] n. Litt. Personne qui garde des détenus dans une prison.

GÉOLOGIE n.f. **1.** Science qui a pour objet la description des matériaux qui constituent le globe terrestre et l'étude des transformations actuelles et passées subies par la Terre. (Elle se divise en plusieurs branches : pétrographie,

ÈRE	SYSTÈME	SÉRIE	millions d'années
CÉNOZOÏQUE (tertiaire et quaternaire) 65 millions d'années	quaternaire	holocène	0,01
		pléistocène	1,64
	néogène	pliocène	
		miocène	23,5
	paléogène	oligocène	
		éocène	
		paléocène	65
MÉSOZOÏQUE (secondaire) 180 millions d'années	crétacé	supérieur	
		inférieur	135
	jurassique	supérieur (malm)	
		moyen (dogger)	
		inférieur (lias)	205
	trias	supérieur	
		moyen	
		inférieur	245
PALÉOZOÏQUE (primaire) 295 millions d'années	permien	supérieur	
		inférieur	295
	carbonifère	silésien	
		dinantien	360
	dévonien	supérieur	
		moyen	
		inférieur	410
	silurien	pridoli	
		ludlow	
		wenlock	
		llandovery	435
	ordovicien	ashgill	
		caradoc	
		llandeilo	
		llanvirn	
		arénig	
		trémadoc	500
	cambrien	supérieur	
		moyen	
		inférieur	540
		ÈRE	540
PRÉCAMBRIEN plus de 3 milliards d'années	protérozoïque	néoprotérozoïque	1 000
		mésoprotérozoïque	1 600
		paléoprotérozoïque	2 500
	archéen		

géologie : tableau stratigraphique

cristallographie, minéralogie, hydrogéologie, paléontologie, géologie dynamique ou géodynamique, géologie structurale ou tectonique, géologie appliquée, stratigraphie ou géologie historique.) **2.** Ensemble des caractères du sous-sol d'une région. *La géologie des Alpes.*

GÉOLOGIQUE adj. Relatif à la géologie.

GÉOLOGIQUEMENT adv. Au point de vue géologique.

GÉOLOGUE n. Spécialiste de géologie.

GÉOMAGNÉTIQUE adj. Relatif au géomagnétisme.

GÉOMAGNÉTISME n.m. Magnétisme terrestre.

GÉOMANCIE n.f. Technique divinatoire fondée sur l'observation des figures formées par de la terre ou des cailloux jetés au hasard sur une surface plane.

1. GÉOMÉTRAL, E, AUX adj. Se dit d'un dessin qui représente un objet en plan, coupe et élévation, avec ses dimensions relatives exactes et sans égard à la perspective.

2. GÉOMÉTRAL n.m. Dessin ou plan à une échelle déterminée.

1. GÉOMÈTRE n. **1.** Mathématicien spécialiste de géométrie. **2.** Technicien procédant à des opérations de levés de terrains.

2. GÉOMÈTRE n.m. Papillon nocturne ou crépusculaire, tel que la phalène du bouleau, dont les chenilles, appelées *arpenteuses,* n'ont que deux paires postérieures de pattes abdominales et cheminent en rapprochant et en écartant tour à tour l'avant et l'arrière du corps. (Les différentes espèces de géomètres forment la famille des géométridés.)

GÉOMÉTRIDÉ n.m. *Géométridés :* famille des papillons géomètres.

GÉOMÉTRIE n.f. **1.** Science mathématique qui étudie les relations entre points, droites, courbes, surfaces et volumes de l'espace. **2.** Spécialt. Étude de certains aspects des courbes et des surfaces abstraites selon des méthodes particulières ou en vue d'applications déterminées. *Géométrie algébrique, vectorielle, différentielle.* **3.** Impropr. *Avion à géométrie variable,* à flèche* variable. ◇ Fig. *À géométrie variable :* qui est susceptible d'évoluer, de s'adapter au gré des circonstances ; flexible.

GÉOMÉTRIQUE adj. **1.** Relatif à la géométrie. **2.** Fig. Exact, rigoureux, précis comme une démonstration de géométrie. **3.** BX-A. **a.** *Style géométrique :* période (v. 1050-725 av. J.-C.) de l'art grec qui est définie par le caractère géométrique du décor céramique. **b.** *Abstraction géométrique :* tendance de l'art du XXe s. qui expérimente systématiquement le pouvoir esthétique ou expressif des lignes, des figures géométriques, des couleurs en aplats.

GÉOMÉTRIQUEMENT adv. **1.** Par la géométrie. **2.** Régulièrement, exactement, précisément.

GÉOMORPHOLOGIE n.f. Discipline qui a pour objet la description et l'explication des formes du relief terrestre.

GÉOMORPHOLOGIQUE adj. Relatif à la géomorphologie.

GÉOPHAGE adj. et n. Qui mange de la terre.

GÉOPHILE n.m. Mille-pattes à corps long et grêle, vivant dans l'humus et sous les mousses. (Long. jusqu'à 5 cm ; classe des myriapodes.)

GÉOPHONE n.m. Instrument d'écoute pour déceler les bruits venant du sous-sol.

GÉOPHYSICIEN, ENNE n. Spécialiste de géophysique.

GÉOPHYSIQUE n.f. Étude, par les moyens de la physique, de la structure d'ensemble du globe terrestre et des mouvements qui l'affectent. SYN. : *physique du globe.* ◆ adj. Relatif à la géophysique.

GÉOPOLITIQUE n.f. Science qui étudie les rapports entre la géographie des États et leur politique. ◆ adj. Relatif à la géopolitique.

1. GÉORGIEN, ENNE adj. et n. De la Géorgie, État du Caucase. ◆ n.m. Langue caucasienne parlée principalement en Géorgie.

2. GÉORGIEN, ENNE adj. et n. De la Géorgie, État des États-Unis d'Amérique.

GÉORGIQUE adj. Litt. Qui concerne les travaux des champs, la vie rurale.

GÉOSCIENCE n.f. (Surtout au pl.). Science de la Terre. *La géologie, la géophysique, la météorologie sont des géosciences.*

GÉOSPHÈRE n.f. Partie minérale, non vivante, de la Terre, qui sert de support à l'ensemble des êtres vivants. (Elle comprend l'atmosphère, l'hydrosphère et la partie externe de la lithosphère.)

GÉOSTATIONNAIRE adj. Se dit d'un satellite artificiel géosynchrone qui gravite sur une trajectoire équatoriale et, de ce fait, paraît immobile pour un observateur terrestre. (L'orbite des satellites géostationnaires est unique ; son altitude est voisine de 35 800 km.)

GÉOSTATISTIQUE n.f. MIN. Évaluation des gisements par la méthode statistique.

GÉOSTRATÉGIE n.f. MIL. Étude des relations de force entre puissances, à partir de l'ensemble des données géographiques.

GÉOSTRATÉGIQUE adj. Relatif à la géostratégie.

GÉOSTROPHIQUE adj. MÉTÉOR. Se dit de la force de Coriolis *(force géostrophique)* ou des vents déterminés par cette force et parallèles aux isobares *(vents géostrophiques).*

GÉOSYNCHRONE adj. Se dit d'un satellite artificiel de la Terre dont la période de révolution est égale à celle de rotation de la Terre.

GÉOSYNCLINAL n.m. (gr. *gê,* terre, *sun,* avec, et *klinê,* lit). GÉOL. Dans les zones orogéniques, vaste fosse en bordure du continent, s'approfondissant progressivement sous le poids des dépôts (flysch) qui s'y entassent et dont le plissement ultérieur aboutit à la formation d'une chaîne de montagnes. (Cette théorie est auj. dépassée.)

GÉOTECHNIQUE n.f. Partie de la géologie qui étudie les propriétés des sols et des roches en fonction des projets de construction d'ouvrages d'art. ◆ adj. Relatif à la géotechnique.

GÉOTECTONIQUE n.f. Branche de la géologie qui étudie les relations entre les grands ensembles structuraux (continents et océans), les mouvements relatifs des plaques, etc. SYN. : *tectonique globale.* ◆ adj. De la géotectonique.

GÉOTEXTILE n.m. Produit ou article textile, en fibres artificielles, utilisé dans le génie civil comme drain, filtre, armature, etc.

GÉOTHERMIE n.f. **1.** Ensemble des phénomènes thermiques internes du globe terrestre. **2.** Étude scientifique de ces phénomènes.

GÉOTHERMIQUE adj. Relatif à la géothermie. ◇ *Gradient* ou *degré géothermique :* mesure de l'augmentation de la température avec la profondeur (en moyenne 3,3 °C tous les 100 m dans les bassins sédimentaires). – *Énergie géothermique :* énergie extraite des eaux chaudes ou de la vapeur présente dans certaines zones à fort degré géothermique.

GÉOTHERMOMÈTRE n.m. GÉOL. Donnée ou élément permettant d'évaluer la température lors d'un phénomène géologique.

GÉOTHERMOMÉTRIE n.f. GÉOL. Étude de la distribution de la chaleur dans le globe terrestre, qui a pour but la reconnaissance des variations du flux thermique terrestre, de leurs causes et de leurs effets, actuellement et dans les temps géologiques.

GÉOTROPISME n.m. **1.** BOT. Orientation imposée à la croissance d'un organe végétal par la pesanteur. (Le géotropisme est *positif* pour les racines, qui croissent vers le bas, *négatif* pour les tiges dressées.) **2.** ÉTHOL. Réaction locomotrice de certaines espèces animales, provoquée et orientée par la pesanteur.

GÉOTRUPE n.m. (du gr. *trupân,* percer). Insecte coléoptère du groupe des bousiers.

GÉPHYRIEN n.m. *Géphyriens :* ancien groupe de petits animaux marins vermiformes.

GÉRABLE adj. Que l'on peut gérer.

GÉRANCE n.f. Fonction de gérant ; durée de cette fonction ; administration par un gérant. ◇ *Gérance libre :* exploitation d'un fonds de commerce par une personne qui n'en est que locataire. SYN. : *location-gérance.* – *Gérance salariée :* exploitation d'un fonds de commerce par une personne salariée.

GÉRANIACÉE n.f. *Géraniacées :* famille de plantes velues à cinq pétales, au fruit allongé, telles que le géranium et le pélargonium.

GÉRANIUM [ʒeranjɔm] n.m. (lat. *geranium ;* gr. *geranos,* grue [à cause du fruit]). Plante sauvage très commune, dont le fruit rappelle un bec de grue. (Le géranium cultivé, aux fleurs ornementales et parfumées, appartient au genre *pélargonium.*)

géranium

GÉRANT, E n. **1.** Personne physique ou morale qui dirige et administre pour le compte d'autrui en ayant reçu mandat (gérant d'immeubles) ou non (gérant d'affaires). **2.** Personne responsable de l'administration d'immeubles. **3.** *Gérant de société :* dirigeant social d'une société en nom collectif, d'une société en commandite simple ou par actions, d'une société à responsabilité limitée ou d'une société civile.

GERBAGE n.m. Action de gerber ; mise en gerbes.

GERBE n.f. (francique *garba*). **1.** Botte d'épis, de fleurs, etc., coupés et disposés de sorte que les têtes sont rassemblées d'un même côté. **2.** Forme prise par qqch qui jaillit et se disperse en faisceau (feux d'artifice, jets d'eau, etc.). **3.** Faisceau d'éclats projetés par l'explosion d'un obus. **4.** Ensemble des trajectoires des projectiles tirés par une même arme avec les mêmes éléments de tir. **5.** PHYS. Groupe de particules chargées produites par l'interaction d'une particule de haute énergie avec la matière.

GERBÉE n.f. Botte de paille où il reste encore quelques grains.

GERBER v.t. **1.** Mettre en gerbes. **2.** Empiler (des fûts, des sacs, etc.) les uns sur les autres. ◆ v.i. **1.** Éclater en formant une gerbe. *Fusée qui gerbe.* **2.** Vulg. Vomir.

GERBERA [-be-] n.m. Plante herbacée vivace d'Asie et d'Afrique dont de nombreux hybrides sont exploités en horticulture. (Famille des composées.)

GERBEUR n.m. Appareil de levage au moyen duquel on empile des charges.

GERBIER n.m. Tas de gerbes, meule.

GERBIÈRE n.f. Charrette servant à transporter les gerbes.

GERBILLE n.f. (lat. *gerbillus*). Petit rongeur des régions steppiques d'Afrique. (Long. 8 cm env.)

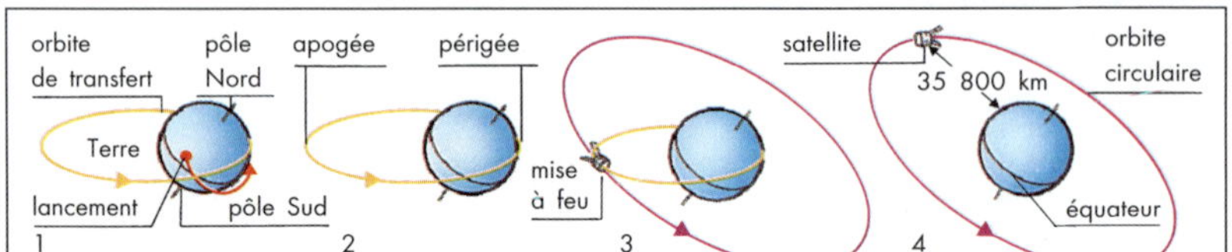

1. Lancement et insertion du satellite sur une orbite de transfert ; 2. Le satellite décrit plusieurs révolutions sur cette orbite, du périgée à l'apogée ; 3. Lors d'un passage à l'apogée, la mise à feu du moteur d'apogée injecte le satellite sur une orbite circulaire à 35 800 km environ du sol ; 4. D'ultimes corrections de trajectoire rendent le satellite géostationnaire.

satellite **géostationnaire** : lancement et mise sur orbite

gerbeur électrique (capacité de levage : 1 250 kg)

GERBOISE n.f. (de l'ar. *yarbū*). Mammifère rongeur aux longues pattes postérieures à trois doigts, qui bondit et creuse des terriers dans les plaines sablonneuses de l'Ancien Monde et de l'Amérique du Nord. (Famille des dipodidés.)

gerboise

GERCE n.f. Petite craquelure pouvant apparaître sur la surface des sciages lors du séchage.

GERCEMENT n.m. Fait de se gercer.

GERCER v.t. (gr. *kharassein,* faire une entaille) [16]. Faire de petites crevasses à la surface de (la peau, un corps, une matière). ◆ v.i. ou **se gercer** v.pr. Se couvrir de petites crevasses.

GERÇURE n.f. **1.** Plaie linéaire de la peau ou des muqueuses due au froid ou à certains états morbides. **2.** Fendillement qui se produit sur une surface.

GÉRÉ n.m. DR. Personne pour le compte de qui le gérant d'affaires agit.

GÉRER v.t. (lat. *gerere*) [18]. **1.** Administrer (des intérêts, une entreprise, etc.) pour son propre compte ou pour le compte d'autrui. **2.** Assurer l'administration, l'organisation, le traitement d'un ensemble de marchandises, d'informations, de données, etc. **3.** Administrer au mieux malgré une situation difficile. *Gérer la crise.*

GERFAUT n.m. (mot germ.). Faucon à plumage clair et quelquefois blanc, vivant dans les régions arctiques. (Long. 50 cm env. ; famille des falconidés.)

GÉRIATRE n. Médecin spécialisé en gériatrie.

GÉRIATRIE n.f. (gr. *gerôn,* vieillard, et *iatreia,* traitement). Médecine de la vieillesse ; ensemble des moyens préconisés pour retarder l'apparition de la sénilité.

GÉRIATRIQUE adj. Qui relève de la gériatrie.

1. GERMAIN, E adj. (lat. *germanus*). *Cousin(e) germain(e),* né(e) du frère ou de la sœur du père ou de la mère. – *Frère germain, sœur germaine,* issus du même père et de la même mère. ◆ n. *Cousin(e)s issu(e)s de germain(e)s :* personnes nées de cousins germains.

2. GERMAIN, E adj. et n. De Germanie ; qui appartient aux Germains.

GERMANDRÉE n.f. (gr. *khamaidrus,* chêne nain). Petite labiée aromatique aux propriétés toniques, commune dans les forêts.

GERMANIQUE adj. De la Germanie, de l'Allemagne ou de leurs habitants. ◆ n.m. Rameau de l'indo-européen dont sont issus l'anglais, l'allemand, le néerlandais et les langues nordiques.

GERMANISANT, E n. → *germaniste.*

GERMANISATION n.f. Action de germaniser ; fait de se germaniser.

GERMANISER v.t. **1.** Imposer à un peuple, un pays la langue allemande, introduire dans un pays des colons allemands. **2.** Donner une forme allemande à. *Germaniser un mot.*

GERMANISME n.m. **1.** Expression propre à la langue allemande. **2.** Emprunt à l'allemand.

GERMANISTE ou **GERMANISANT, E** n. Spécialiste de la langue et de la civilisation allemandes.

GERMANIUM [ʒɛrmanjɔm] n.m. Métal très cassant, analogue au silicium et qui, cristallisé à l'état d'extrême pureté, est utilisé dans la fabrication des semi-conducteurs ; élément (Ge) de numéro atomique 32, de masse atomique 72,59.

GERMANOPHILE adj. et n. Favorable aux Allemands.

GERMANOPHILIE n.f. Sympathie pour l'Allemagne et les Allemands.

GERMANOPHOBE adj. et n. Hostile aux Allemands.

GERMANOPHOBIE n.f. Hostilité à l'égard des Allemands, de leur culture.

GERMANOPHONE adj. et n. Qui est de langue allemande.

GERME n.m. (lat. *germen*). **1.** Petite masse vivante peu organisée mais appelée à croître et à se différencier pour donner un être ou un organe. **2.** Plantule. **3.** Bourgeon rudimentaire qui se développe sur certains organes souterrains (pommes de terre, en partic.). **4.** MÉD. Micro-organisme. **5.** Fig. Cause, origine de. *Un germe de discorde.*

GERMÉ, E adj. Qui commence à développer son germe. *Pommes de terre germées.*

GERMEN [ʒɛrmɛn] n.m. (mot lat.). BIOL. Ensemble des cellules de l'embryon animal ou végétal dont la différenciation donnera les cellules reproductrices, ou gamètes (par opp. à *soma*).

GERMER v.i. (lat. *germinare*). **1.** Développer son germe, en parlant d'une graine, d'une pomme de terre. **2.** Commencer à se développer.

GERMICIDE adj. et n.m. MÉD. Se dit d'un produit qui tue les germes.

1. GERMINAL, E, AUX adj. Qui se rapporte au germen.

2. GERMINAL n.m. (lat. *germen,* germe) [pl. *germinals*]. HIST. Septième mois du calendrier républicain (du 21 ou 22 mars au 19 ou 20 avril).

GERMINATIF, IVE adj. Qui a rapport à la germination. *Pouvoir germinatif d'une graine.*

GERMINATION n.f. BOT. Développement de l'embryon contenu dans une graine, mettant fin à la période de vie latente, ou anhydrobiose.

GERMOIR n.m. **1.** Endroit où l'on fait germer l'orge, dans les brasseries. **2.** Récipient destiné à recevoir les graines qu'on veut faire germer.

GERMON n.m. Grand thon pêché dans l'Atlantique en été, appelé aussi *thon blanc.* (Long. de 60 cm à 1 m env.)

GÉROMÉ n.m. (de *Gérardmer,* n.pr.). Gros fromage au lait de vache, analogue au munster, fabriqué en Alsace et dans les Vosges.

GÉRONDIF n.m. (lat. *gerundivus,* de *gerere,* faire). LING. **1.** En latin, forme verbale déclinable qui se substitue à l'infinitif dans certaines fonctions. **2.** En français, forme verbale terminée par *-ant* et précédée de la préposition *en,* qui sert à décrire certaines circonstances de l'action.

GÉRONTE n.m. (gr. *gerôn,* vieillard). Type de vieillard ridicule dans la comédie classique.

GÉRONTISME n.m. Forme d'organisation sociale dans laquelle les vieillards dominent.

GÉRONTOCRATIE n.f. Gouvernement exercé par les vieillards.

GÉRONTOLOGIE n.f. Étude de la vieillesse et des phénomènes de vieillissement sous leurs divers aspects, morphologiques, physiopathologiques (gériatrie), psychologiques, sociaux, etc.

GÉRONTOLOGUE n. Spécialiste de gérontologie.

GÉRONTOPHILE n. Personne atteinte de gérontophilie.

GÉRONTOPHILIE n.f. Attirance sexuelle pour les vieillards.

GERRIS n.m. Insecte aux longues pattes, marchant rapidement sur le film de surface des eaux calmes. (Ordre des hétéroptères.)

GERSEAU n.m. MAR. Filin ou cordage qui sert à soutenir ou à renforcer une poulie.

GERSOIS, E adj. et n. Du Gers.

GERZEAU n.m. Vx ou dial. Nielle des blés.

GÉSIER n.m. (lat. *gigerium*). Dernière poche de l'estomac des oiseaux, assurant le broyage des aliments grâce à son épaisse paroi musclée et aux petits cailloux qu'elle contient souvent.

GÉSINE n.f. (de *gésir*). Litt. *En gésine,* se dit d'une femme sur le point d'accoucher.

GÉSIR v.i. (lat. *jacere*) [49]. Litt. **1.** Être couché, étendu sans mouvement. *Elle gisait sur le sol.* **2.** Consister, résider en. *Là gît la difficulté.* **3.** *Ci-gît :* v. à son ordre alphabétique.

GESSE [ʒɛs] n.f. Plante grimpante de la famille des papilionacées, dont certaines espèces sont cultivées comme fourragères *(jarosse)* ou comme ornementales *(pois de senteur* ou *gesse odorante).*

GESTALTISME [geʃtaltism] n.m. (all. *Gestalt,* structure). Théorie psychologique et philosophique, due à Köhler, Wertheimer et Koffka, qui refuse d'isoler les phénomènes les uns des autres pour les expliquer et qui les considère comme des ensembles indissociables structurés *(formes).* [Cette théorie a notamm. permis de découvrir certaines lois de la perception.] SYN. : *théorie de la forme.*

GESTALTISTE adj. et n. Qui appartient au gestaltisme.

GESTALT-THÉRAPIE [geʃtalt-] n.f. Thérapie ayant pour objet de mobiliser les ressources de l'individu de manière à rendre conscientes toutes ses contradictions et à lui permettre de les réduire lui-même.

GESTATION [ʒɛstasjɔ̃] n.f. (du lat. *gestare,* porter). **1.** État d'une femelle vivipare, entre nidation et mise bas, chez les espèces qui nourrissent l'embryon, puis le fœtus, par voie placentaire. (Dans l'espèce humaine, SYN. : *grossesse ;* la durée de la gestation varie entre 13 jours chez l'opossum et 640 jours chez l'éléphant.) **2.** Fig. Travail par lequel s'élabore une création de l'esprit.

Durée de la gestation chez les animaux

Opossum (sarigue)	13 jours
Souris	21 jours
Lapin	30 jours
Marmotte, taupe, lièvre	40 jours
Renard	54 jours
Cobaye, loup, chat	60 jours
Panthère	93 jours
Castor	105 jours
Lion, tigre	106 jours
Porc	115 jours
Mouton	150 jours
Blaireau	180 jours
Gibbon	210 jours
Cerf	235 jours
Daim, hippopotame	240 jours
Ours brun	260 jours
Lamantin	270 jours
Baleine bleue (rorqual)	330 jours
Cheval	335 jours
Âne, zèbre	375 jours
Girafe	440 jours
Cachalot	480 jours
Rhinocéros	560 jours
Éléphant d'Afrique	640 jours

1. GESTE n.m. (lat. *gestus*). **1.** Mouvement du corps, principalement de la main, des bras, de la tête, porteur ou non de signification. **2.** Action généreuse ; don, libéralité. *Faire un geste.*

2. GESTE n.f. (lat. *gestus,* de *gerere,* faire). HIST. LITTÉR. Ensemble de poèmes épiques du Moyen Âge relatant les hauts faits de personnages historiques ou légendaires. ◇ *Chanson de geste,* un des poèmes de cet ensemble. ◆ pl. *Faits et gestes de qqn,* sa conduite considérée dans ses détails.

■ Les chansons de geste françaises, composées du XIe au XIVe s., d'abord récitées oralement par des chanteurs professionnels, exaltent l'idéal d'un monde féodal et d'une civilisation chrétienne dominée par l'esprit de croisade contre les Infidèles. Elles se sont développées le long des routes de pèlerinage. Les chansons de geste ont été très tôt regroupées en cycles (la geste du Roi, avec Charlemagne comme figure centrale, celle de Doon de Mayence et celle de Garin de Monglane).

GESTICULANT, E adj. Qui gesticule.

GESTICULATION n.f. Action de gesticuler.

GESTICULER v.i. (lat. *gesticulari*). Faire de grands gestes en tous sens.

GESTION [ʒɛstjɔ̃] n.f. (lat. *gestio*). **1.** Action ou manière de gérer, d'administrer, de diriger, d'organiser qqch ; période pendant laquelle qqn gère une affaire. **2.** DR. CIV. *Gestion d'affaires :* quasi-contrat par lequel le gérant d'affaires, sans en avoir reçu mandat, agit pour le compte du géré. **3.** FIN. Système consistant à ne rattacher au budget d'une année que les opérations matériellement exécutées au cours de cette année. (Il s'oppose en ce sens à l'*exercice*.) **4.** INFORM. *Système de gestion de base de données (S.G.B.D.) :* logiciel permettant de construire, de modifier et d'interroger une base de données.

1. GESTIONNAIRE n. Personne qui a la responsabilité de la gestion d'une affaire, d'un service, d'une administration, etc. ◆ n.m. Officier chargé d'administrer un établissement, un hôpital militaire.

2. GESTIONNAIRE n.m. INFORM. *Gestionnaire de fichiers :* programme de service appartenant au système d'exploitation d'un ordinateur et permettant une gestion aisée des différents fichiers. ◆ adj. Relatif à une gestion.

GESTUALITÉ n.f. Ensemble des gestes, considérés sur le plan de leur signification. SYN. : *gestuelle.*

GESTUEL, ELLE adj. Qui concerne les gestes ; qui se fait avec des gestes. ◇ *Peinture gestuelle,* celle qui privilégie l'acte physique de peindre, la vitesse et la spontanéité (notamm. dans l'expressionnisme abstrait et l'abstraction lyrique).

GESTUELLE n.f. **1.** Gestualité. **2.** Façon de se mouvoir caractéristique d'un acteur ou d'un style de jeu.

GETTER [getər] n.m. (mot angl.). PHYS. Substance utilisée dans un tube électronique pour y parfaire le vide.

GeV, symbole de gigaélectronvolt (un milliard d'électronvolts), unité pratique d'énergie utilisée en physique des particules.

GEWURZTRAMINER [gevyrstraminɛr] n.m. Cépage blanc cultivé dans l'est de la France, donnant des vins parfumés.

GEYSER [ʒezɛr] n.m. (mot island.). Source d'eau chaude ou de vapeur jaillissant par intermittence. (Phénomènes volcaniques, les geysers s'accompagnent souvent de dégagements sulfureux et de dépôts minéraux.)

GHANÉEN, ENNE adj. et n. Du Ghana.

GHETTO [gɛto] n.m. (mot it.). **1.** Quartier habité par des communautés juives ou, autref., réservé aux Juifs. **2.** Lieu où une minorité vit séparée du reste de la société. *Harlem, le ghetto noir de New York.* **3.** Milieu refermé sur lui-même, condition marginale. *Ghetto culturel.*

GHETTOÏSATION n.f. Action d'enfermer réellement ou symboliquement une minorité dans un ghetto, de la tenir à l'écart de la société.

GHILDE n.f. → ***guilde.***

G. I. [dʒiaj] n.m. inv. (sigle de l'amér. *Government Issue*). Fam. Soldat de l'armée américaine.

GIAOUR [ʒjaur] n.m. (turc *gâvur,* de l'ar.). Terme de mépris par lequel les Turcs désignent les non-musulmans.

GIBBÉRELLINE n.f. (du lat. *gibber,* bosse). Substance extraite d'un champignon et qui accélère la croissance et la germination de nombreuses espèces de plantes.

GIBBÉRELLIQUE adj. *Acide gibbérellique :* principe actif contenu dans la gibbérelline.

GIBBEUX, EUSE adj. **1.** Qui a la forme d'une bosse, qui porte une ou plusieurs bosses. *Dos gibbeux.* **2.** Se dit de l'aspect d'un astre à diamètre apparent sensible, dont la surface éclairée visible occupe plus de la moitié du disque. – *Lune gibbeuse,* entre le premier quartier et la pleine lune et entre la pleine lune et le dernier quartier.

gibbon

GIBBON [ʒibɔ̃] n.m. (mot d'une langue de l'Inde). Singe sans queue d'Inde et de Malaisie grimpant avec agilité aux arbres grâce à ses bras très longs. (Haut. env. 1 m.)

GIBBOSITÉ n.f. (lat. *gibbosus,* bossu). MÉD. Courbure anormale de l'épine dorsale, formant une bosse.

GIBECIÈRE n.f. (de *gibier*). **1.** Sac en toile ou en peau, à bretelle ou à poignée, servant au transport du gibier. **2.** Sac d'écolier, porté sur l'épaule ou dans le dos.

GIBELET n.m. (angl. *wimble,* vilebrequin). Foret pour percer les barriques.

GIBELIN, E n. et adj. (it. *ghibellino*). HIST. Dans l'Italie médiévale, partisan de l'empereur romain germanique (par opp. à *guelfe*).

GIBELOTTE n.f. (anc. fr. *gibelet,* plat d'oiseaux). Fricassée de lapin au vin blanc.

GIBERNE n.f. (bas lat. *zaberna*). Anc. Boîte à cartouches des soldats (XVIIe-XIXe s.). ◇ Fam. *Avoir son bâton de maréchal dans sa giberne :* de simple soldat pouvoir devenir maréchal.

GIBET n.m. (mot francique). Potence pour les condamnés à la pendaison ; lieu où elle est installée.

GIBIER n.m. (mot francique). **1.** Ensemble des animaux que l'on chasse. *Gibier à poil, à plume(s).* **2.** Animal que l'on chasse. *Le lièvre est un gibier apprécié.* **3.** Viande du gibier. *Faire faisander du gibier.* **4.** Fam. Personne que l'on poursuit ou que l'on cherche à prendre ou à duper. ◇ *Gibier de potence :* criminel méritant la potence.

GIBOULÉE n.f. Pluie soudaine et de peu de durée, accompagnée souvent de grêle.

GIBOYEUX, EUSE adj. Abondant en gibier.

GIBUS [ʒibys] n.m. (de *Gibus,* n. de l'inventeur). Chapeau claque*.

G. I. C. n. (sigle). Grand invalide civil.

GICLÉE n.f. Jet d'un liquide qui gicle.

GICLEMENT n.m. Fait de gicler.

GICLER v.i. Jaillir ou rejaillir avec force, souvent en éclaboussant, en parlant d'un liquide.

GICLEUR n.m. Orifice calibré, amovible, servant à doser le débit du fluide carburant dans les canalisations d'un carburateur.

G. I. E. n.m. (sigle). Groupement* d'intérêt économique.

GIFLE n.f. (mot francique). **1.** Coup donné sur la joue avec la main ouverte. **2.** Fig. Affront, humiliation. *Cet échec a été une gifle pour lui.*

GIFLER v.t. Frapper d'une gifle.

G. I. G. n. (sigle). Grand invalide de guerre.

GIGA-, préfixe (symb. G) qui, placé devant une unité, la multiplie par 10^9.

GIGANTESQUE adj. (it. *gigantesco*). **1.** Très grand par rapport à l'homme. *Taille gigantesque.* **2.** De proportions énormes ; démesuré. *Entreprise gigantesque.*

GIGANTISME n.m. (gr. *gigas, -antos,* géant). **1.** Exagération du développement du corps en général ou de certaines de ses parties. **2.** Développement excessif d'un organisme quelconque. *Gigantisme d'une entreprise.*

GIGANTOMACHIE [-maʃi] n.f. (gr. *gigas, -antos,* géant, et *makhê,* combat). Combat mythologique des Géants contre les dieux, thème fréquent dans l'art grec.

GIGOGNE adj. (de mère *Gigogne,* personnage de théâtre de marionnettes, altér. de *cigogne*). Se dit d'objets qui s'emboîtent les uns dans les autres ou que leur taille décroissante permet de ranger en les incorporant les uns dans les autres.

GIGOLO n.m. (de *gigue,* jambe). Fam. Jeune homme entretenu par une femme plus âgée que lui.

GIGOT n.m. (anc. fr. *gigue,* instrument de musique). **1.** Cuisse de mouton, d'agneau ou de chevreuil, coupée pour la table. ◇ *Manche à gigot :* instrument qui emboîte l'os et qui permet de saisir le gigot pour le découper. **2.** COUT. *Manche (à) gigot :* manche bouffante dans sa partie supérieure, étroite et ajustée sur l'avant-bras.

GIGOTÉ, E ou, vx, **GIGOTTÉ, E** adj. Se dit d'un animal (chien, cheval) dont les cuisses ont la forme remplie d'un gigot de mouton.

GIGOTEMENT n.m. Fam. Action de gigoter.

GIGOTER v.i. Fam. Remuer sans cesse bras et jambes ; se trémousser. *Bébé qui gigote.*

1. GIGUE n.f. (de *gigot*). **1.** Cuisse de chevreuil. **2.** Fam. et vx. Jambe. **3.** Fam. *Grande gigue :* fille grande et maigre.

2. GIGUE n.f. (angl. *jig,* de l'anc. fr. *gigue,* sorte de violon). **1.** MUS. Danse vive de mesure ternaire, d'origine anglaise, mouvement final de la suite. **2.** CHORÉGR. Danse populaire exécutée sur le même rythme, caractérisée par des frappements vifs, et souvent alternés, des talons et des pointes.

GILDE n.f. → ***guilde.***

GILET n.m. (esp. *jileco,* mot turc). **1.** Vêtement masculin court et sans manches, boutonné sur le devant, qui se porte sous le veston. **2.** Sous-vêtement de flanelle, de coton, etc. **3.** Tricot ouvert sur le devant et à manches longues. **4.** *Gilet de sauvetage* → ***sauvetage.***

GILETIER, ÈRE n. Personne qui fabrique des gilets.

GILETIÈRE n.f. Chaîne de montre qui se fixe à l'une des boutonnières du gilet.

GILLE ou **GILLES** n.m. (d'un n. pr.). Personnage de la comédie bouffonne, type de niais.

GIMBLETTE n.f. (prov. *gimbleto*). Petite pâtisserie dure et sèche, en forme d'anneau.

GIMMICK [gimik] n.m. (mot amér.). Fam. Truc astucieux destiné à faire sensation ; gadget publicitaire.

GIN [dʒin] n.m. (mot angl.). Eau-de-vie de grain aromatisée avec des baies de genièvre.

GINDRE ou **GEINDRE** n.m. (lat. *junior,* plus jeune). Ouvrier boulanger qui pétrit le pain.

GIN-FIZZ [dʒinfiz] n.m. inv. Cocktail constitué d'un mélange de gin et de jus de citron.

GINGEMBRE n.m. (lat. *zingiber*). Plante originaire d'Asie, à rhizome aromatique, utilisée comme condiment. (Famille des zingibéracées.)

GINGIVAL, E, AUX adj. (lat. *gingiva,* gencive). Relatif aux gencives.

GINGIVITE n.f. Inflammation des gencives.

GINGUET [ʒɛ̃gɛ], **GINGLARD** ou **GINGLET** n.m. (de *ginguer,* pétiller). Fam. et vx. Vin un peu aigre.

GINKGO [ʒɛ̃ko] n.m. (mot jap.). Arbre de Chine à feuilles en éventail, cultivé comme arbre ornemental et considéré en Extrême-Orient comme un arbre sacré. (Haut. env. 30 m ; sous-embranchement des gymnospermes.)

ginkgo

GIN-RUMMY [dʒinrœmi] ou **GIN-RAMI** [dʒinrami] n.m. (mot anglo-amér.) [pl. *gin-rummys, gin-ramis*]. Jeu de cartes, variante du rami, se jouant à deux.

GINSENG [ʒinsɑ̃g] n.m. (chin. *gen-chen,* plante-homme). Racine d'une plante du genre panax, possédant de remarquables qualités toniques.

GIOBERTITE n.f. MINÉR. Carbonate naturel de magnésium $MgCO_3$. SYN. : *magnésite.*

GIORNO (A) loc. adj. inv. → ***a giorno.***

GIOTTESQUE adj. et n. Qui se rapporte à Giotto, à son art, à l'influence qu'il a exercée.

GIRAFE n.f. (it. *giraffa,* mot ar.). **1.** Grand mammifère ruminant d'Afrique, au cou très long. ◇ Fam. *Peigner la girafe :* ne rien faire d'utile. **2.** CIN., TÉLÉV. Perche fixée à un pied articulé et supportant un micro.

■ Les girafes ont le cou très long et rigide ; leur pelage fauve, rosé clair, blanc en dessous, est marqué de larges taches brunes ; elles atteignent les feuilles des arbres à six mètres de haut, et ne peuvent brouter les plantes à terre qu'en écartant les pattes de devant. Elles vivent par troupes. Elles vont l'amble et marchent rapidement.

girafes

GIRAFEAU ou **GIRAFON** n.m. Petit de la girafe.

GIRANDOLE n.f. (it. *girandola*). **1.** Partie supérieure d'un candélabre, portant les branches. **2.** Candélabre ou chandelier à plusieurs branches orné de pendeloques de cristal. **3.** Guirlande lumineuse décorant une fête, un bal, etc. **4.** Gerbe tournante de feu d'artifice.

GIRASOL n.m. (it. *girasole*). Opale laiteuse et bleutée employée en joaillerie.

GIRATION n.f. Mouvement giratoire.

GIRATOIRE adj. (lat. *girare,* faire tourner). Se dit d'un mouvement de rotation autour d'un axe ou d'un centre. *Sens giratoire.*

GIRAUMON ou **GIRAUMONT** n.m. Courge dont il existe plusieurs variétés.

GIRAVIATION n.f. Conception, construction et mise en œuvre des giravions.

GIRAVION n.m. (de *gir*[*ation*] et *avion*). Aéronef dans lequel la sustentation est assurée en totalité ou en partie par la rotation d'un ou de plusieurs rotors à axes sensiblement verticaux.

GIRELLE n.f. (prov. *girello*). Poisson de la Méditerranée, aux couleurs vives.

GIRIE n.f. (anc. fr. *girer,* tourner). Fam. et vx. (Surtout pl.). **1.** Plainte affectée, hypocrite ou sans objet. **2.** Manière affectée.

GIRL [gœrl] n.f. (mot angl.). Danseuse qui fait partie d'une troupe de music-hall, de revue, de comédie musicale, etc.

GIRODYNE n.m. Giravion dans lequel le rotor, entraîné par un moteur, assure la sustentation et les mouvements verticaux de l'appareil, la translation étant obtenue par un autre moteur.

GIROFLE n.m. (lat. *caryophyllon,* mot gr.). Bouton desséché des fleurs du giroflier, dit aussi *clou de girofle,* utilisé comme condiment.

GIROFLÉE n.f. **1.** Plante vivace cultivée pour ses fleurs ornementales. (Famille des crucifères.) **2.** Pop. *Giroflée à cinq feuilles :* gifle laissant la marque des cinq doigts.

giroflée d'hiver

GIROFLIER n.m. Arbre tropical originaire d'Indonésie et fournissant les clous de girofle. (Famille des myrtacées.)

GIROLLE n.f. Champignon jaune-orangé, comestible, appelé aussi *chanterelle.*

GIRON n.m. (du francique). **1.** Partie du corps qui s'étend de la ceinture aux genoux quand on est assis. ◇ *Rentrer dans le giron de :* retourner dans une société, un parti, etc., qu'on avait quitté. **2.** CONSTR. Partie horizontale d'une marche d'escalier. **3.** HÉRALD. Triangle rectangle dont un sommet occupe le centre de l'écu.

GIROND, E adj. Fam. **1.** Qui a des formes harmonieuses, en parlant de qqn (femme ou jeune garçon). **2.** Se dit d'une femme bien en chair.

GIRONDIN, E adj. et n. **1.** De la Gironde. **2.** HIST. Qui appartient au parti politique des Girondins.

GIRONNÉ, E adj. **1.** HÉRALD. Se dit de l'écu divisé en huit parties triangulaires égales entre elles, ayant toutes un sommet au centre du blason. **2.** CONSTR. *Tuile gironnée :* tuile de forme trapézoïdale, pour la réalisation de couvertures courbes. ◆ n.m. HÉRALD. Écu gironné.

GIROUETTE n.f. (anc. normand *wire-wite,* avec l'infl. de l'anc. v. *girer,* tourner). **1.** Plaque de forme variable, mobile autour d'un axe vertical et fixée au sommet d'un toit ou d'un mât pour indiquer la direction du vent. **2.** Fam. Personne qui change souvent d'opinion.

1. GISANT, E adj. (de *gésir*). Litt. Couché, étendu sans mouvement.

2. GISANT n.m. Sculpture funéraire représentant un personnage couché (par opp., notamm., à *priant*).

GISELLE n.f. Mousseline imitant la guipure.

GISEMENT n.m. (de *gésir*). **I. 1.** Accumulation naturelle, locale, de matière minérale, solide, liquide ou gazeuse, susceptible d'être exploitée. SYN. : *gîte.* **2.** Fig. Potentiel de clientèle, d'audience susceptible d'être touché par un média, une firme. **II.** MAR. *Gisement d'une direction :* angle que fait cette direction avec une direction méridienne de référence ou avec l'axe d'un navire, compté dans le sens des aiguilles d'une montre.

GÎT 3e pers. du sing. du prés. de l'ind. de *gésir.*

GITAN, E n. (esp. *gitano,* de *egiptano,* égyptien). Personne appartenant à l'un des groupes des Rom, celui des *kalé,* dispersé en Espagne, en Afrique du Nord et dans le sud de la France. ◆ adj. Qui appartient aux gitans. *Folklore gitan.*

GITANE n.f. Cigarette de marque française, dont il existe plusieurs variétés.

1. GÎTE n.m. (de *gésir*). **1.** Litt. Lieu où l'on trouve à se loger, où l'on couche habituellement ou temporairement. ◇ *Gîte rural :* maison paysanne aménagée selon certaines normes pour recevoir des hôtes payants. **2.** Lieu où le lièvre se retire. **3.** BOUCH. Morceau de la jambe ou de l'avant-bras des bovins. **4.** MIN. Gisement.

2. GÎTE n.f. MAR. Bande, inclinaison sur un bord.

1. GÎTER v.i. **1.** Avoir son gîte, en parlant d'un lièvre. **2.** Vx ou litt. Habiter ou coucher en un lieu.

2. GÎTER v.i. MAR. Donner de la bande, en parlant d'un bateau.

GITON n.m. (de *Giton,* n. d'un personnage du *Satiricon* de Pétrone). Litt. Jeune homme entretenu par un homosexuel.

GIVRAGE n.m. Formation de givre sur une surface.

GIVRANT, E adj. Qui provoque la formation de givre. *Brouillard givrant.*

GIVRE n.m. (mot prélatin). **1.** Vapeur d'eau congelée sur un corps solide, une surface. **2.** Fêlure ou petite tache blanche dans une gemme.

GIVRÉ, E adj. **1.** Se dit d'un fruit (orange ou citron) dont l'intérieur est fourré de glace aromatisée avec la pulpe du fruit. **2.** Fam. Fou.

GIVRER v.t. **1.** Couvrir de givre. **2.** Saupoudrer d'une substance (verre pilé, sucre, etc.) imitant le givre.

GIVREUX, EUSE adj. Se dit d'une pierre précieuse qui présente des givres. SYN. : *glaceux.*

GIVRURE n.f. Défaut d'une pierre givreuse.

GLABELLE n.f. (lat. *glaber,* glabre). ANAT. Espace nu compris entre les sourcils.

GLABRE adj. (lat. *glaber*). **1.** Imberbe. **2.** BOT. Dépourvu de poils.

GLAÇAGE n.m. Action de glacer.

GLAÇANT, E adj. Qui décourage, rebute par sa froideur. *Un accueil glaçant.*

GLACE n.f. (lat. *glacies*). **I. 1.** Eau congelée, liquide solidifié par l'action du froid. *La glace est moins dense que l'eau.* ◇ *Être, rester de glace,* insensible. – *Rompre la glace :* faire cesser la contrainte, la gêne du premier contact. **2.** Produit sucré et aromatisé obtenu en refroidissant un mélange à base de lait ou de fruits. *Manger une glace.* **II. 1.** Lame de verre ou de cristal assez épaisse dont on fait les miroirs, les vitrages. ◇ *Glace flottée,* obtenue par coulage en continu de verre fondu sur un bain d'étain liquide. **2.** Miroir. *Se regarder dans une glace.* **3.** Vitre à châssis mobile. *Baisser la glace d'une voiture.* **4.** CUIS. Préparation telle que jus de viande, blanc d'œuf, sucre, etc., utilisée pour glacer une pièce cuite. **5.** Petite tache opaque dans une gemme.

GLACÉ, E adj. **I. 1.** Durci par le froid. *Terre glacée.* **2.** Très froid. *Avoir les mains glacées.* **3.** Fig. Qui marque des dispositions hostiles ou du moins indifférentes. *Accueil glacé.* **II. 1.** CUIS. Recouvert d'une glace. **2.** Qui a subi le glaçage, brillant, par opp. à *mat. Papier glacé.*

GLACER v.t. [16]. **I. 1.** Solidifier (un liquide) par le froid. **2.** Rendre très froid. *Glacer un jus de fruits.* **3.** Causer une vive sensation de froid à. *Le vent m'a glacé.* **4.** Fig. Intimider ; remplir d'effroi. *Son aspect me glace.* **II. 1.** Donner une apparence polie, brillante à (une étoffe, un papier, etc.). ◇ Spécialt. Donner à une photographie un aspect brillant en la passant à la glaceuse. **2.** CUIS. Couvrir de jus, de gelée (une pièce cuite), de sucre, de sirop, de blanc d'œuf (un gâteau, un entremets, etc.).

GLACERIE n.f. Fabrication des glaces et sorbets ; art et commerce du glacier.

GLACEUR n.m. Ouvrier employé au glaçage des étoffes, des papiers.

GLACEUSE n.f. Machine qui permet d'effectuer le glaçage des épreuves photographiques.

GLACEUX, EUSE adj. Se dit d'un diamant ou d'une gemme qui présente des glaces. SYN. : *givreux.*

GLACIAIRE adj. Relatif aux glaciers. ◇ *Érosion glaciaire :* travail d'usure, de transport et d'accumulation de matériaux, effectué par les inlandsis ou les langues glaciaires de montagne. – *Périodes glaciaires :* périodes géologiques marquées par le développement des glaciers. – *Régime glaciaire :* régime d'un cours d'eau caractérisé par de hautes eaux d'été (fusion des glaciers) et de basses eaux d'hiver (rétention nivale et glaciaire).

GLACIAL, E, ALS ou **AUX** adj. **1.** Qui pénètre d'un froid vif. *Vent glacial.* **2.** Fig. Qui est d'une extrême froideur, qui paralyse. *Abord glacial.*

GLACIALEMENT adv. De façon glaciale.

GLACIATION n.f. **1.** Transformation en glace. **2.** GÉOL. Période durant laquelle une région a été recouverte par les glaciers.

GLACIEL, ELLE adj. Canada. Relatif aux glaces flottantes. ◆ n.m. Canada. Ensemble de glaces flottantes.

1. GLACIER n.m. Accumulation de neige transformée en glace, animée de mouvements lents, qui forme de vastes coupoles dans les régions polaires *(inlandsis* ou *glacier continental),* ou qui, dans les vallées de montagne, s'étend en aval du névé *(glacier de montagne* ou *de vallée)* ou s'étale en lobe au sortir de la montagne *(glacier de piémont).* [*V. illustration p. 482.*]

2. GLACIER n.m. Personne qui prépare ou vend des glaces, des sorbets.

GLACIÈRE n.f. **1.** Vx. Local où l'on conserve de la glace. **2.** Garde-manger refroidi avec de la glace. **3.** Fam. Lieu très froid.

GLACIOLOGIE n.f. Étude des glaciers, de la glace et des régions glaciaires.

GLACIOLOGIQUE adj. Relatif à la glaciologie.

GLACIOLOGUE n. Spécialiste de glaciologie.

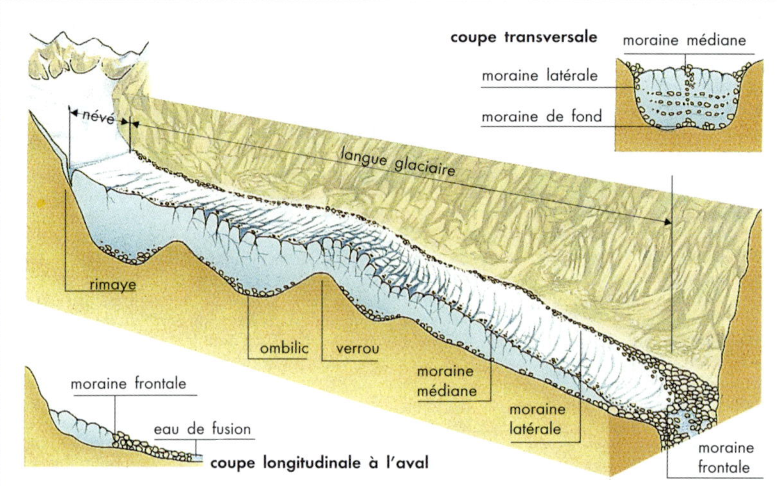

glacier de vallée (vu en coupe)

GLACIS [glasi] n.m. **I. 1.** FORTIF. Terrain découvert aménagé en pente douce à partir des éléments extérieurs d'un ouvrage fortifié. **2.** Zone protectrice formée par des États dépendant militairement d'une autre puissance. **3.** CONSTR. Pente donnée au-dessus d'un bandeau, d'une corniche pour l'écoulement des eaux pluviales. **4.** GÉOGR. Surface d'érosion, en pente douce, développée dans les régions semi-arides ou périglaciaires, au pied des reliefs. **II.** PEINT. Préparation peu chargée en pigments, qui donne un film translucide.

GLAÇON n.m. **1.** Morceau de glace. **2.** Fig. et fam. Personne froide, très distante.

GLAÇURE n.f. (all. *Glasur*). Substance vitreuse transparente ou colorée appliquée sur certaines poteries pour les imperméabiliser.

GLADIATEUR n.m. (lat. *gladiator*). Celui qui, à Rome, dans les jeux du cirque, combattait contre un autre homme ou une bête féroce.

GLAGOLITIQUE adj. (du slavon *glagol,* parole). Se dit d'une écriture introduite, au IXe s., dans les communautés slaves des Balkans pour les besoins de l'évangélisation.

GLAÏEUL [glajœl] n.m. (lat. *gladiolus*). Plante bulbeuse cultivée pour ses fleurs aux coloris variés. (Famille des iridacées.)

GLAIRE n.f. (du lat. *clarus,* clair). **1.** MÉD. Sécrétion blanchâtre et gluante d'une muqueuse. **2.** Blanc d'œuf cru. **3.** REL. Blanc d'œuf battu, employé pour préparer un cuir à la dorure. SYN. : *glairure.*

GLAIRER v.t. REL. Appliquer une couche de glaire sur (la couverture d'un livre).

GLAIREUX, EUSE adj. De la nature de la glaire ; visqueux.

GLAIRURE n.f. REL. Glaire.

GLAISE n.f. (mot gaul.). Terre grasse et compacte, très argileuse, dont on fait les tuiles et la poterie. (On dit aussi *terre glaise.*)

GLAISER v.t. **1.** Enduire de glaise. **2.** Amender (un sol) avec de la glaise.

GLAISEUX, EUSE adj. Qui contient de la glaise.

GLAISIÈRE n.f. Terrain d'où l'on tire la glaise.

GLAIVE n.m. (lat. *gladius*). **1.** Épée courte à deux tranchants. **2.** (En tant que symbole de puissance). *Le glaive de la justice.*

GLAMOUR n.m. (mot angl., *séduction*). Anglic. Beauté sensuelle, pleine de charme et d'éclat, caractéristique de certaines vedettes féminines de Hollywood.

GLANAGE n.m. Action de glaner.

GLAND n.m. (lat. *glans*). **1.** Fruit du chêne, enchâssé dans une cupule. **2.** Élément de passementerie, de forme ovoïde. **3.** Extrémité renflée du pénis.

GLANDAGE n.m. **1.** Lieu où l'on recueille les glands. **2.** Action de recueillir les glands. **3.** Pop. Action de glander.

GLANDE n.f. (lat. *glandula*). **1.** Organe ayant pour fonction d'élaborer certaines substances et de les déverser soit à l'extérieur de l'organisme ou dans une cavité de celui-ci, généralement par l'intermédiaire d'un canal excréteur (glandes *exocrines,* comme les glandes sudoripares et salivaires), soit directement dans le sang (glandes *endocrines,* comme l'hypophyse, la thyroïde, etc.). **2.** Fam. Ganglion lymphatique enflammé et tuméfié du cou, de l'aisselle, de l'aine.

GLANDÉE n.f. Récolte des glands.

GLANDER ou **GLANDOUILLER** v.i. Pop. Perdre son temps à ne rien faire, n'avoir pas de but précis.

GLANDEUR, EUSE n. Pop. Personne qui glande ; paresseux, fainéant.

GLANDULAIRE ou **GLANDULEUX, EUSE** adj. Relatif aux glandes.

GLANE n.f. **1.** Action de glaner. **2.** Poignée d'épis glanés. **3.** Chapelet d'oignons, d'aulx, etc.

GLANEMENT n.m. Rare. Action de glaner.

GLANER v.t. (bas lat. *glenare,* d'un rad. gaul.). **1.** Ramasser dans un champ les épis restés sur le sol après la moisson. **2.** Fig. Recueillir çà et là des bribes pour en tirer parti. *Glaner des idées.*

GLANEUR, EUSE n. Personne qui glane.

GLANURE n.f. Vx. Ce que l'on glane.

GLAPIR v.i. (altér. de *glatir*). **1.** Pousser des cris aigus et brefs, en parlant du petit chien, du renard, de la grue. **2.** Crier d'une voix aiguë.

GLAPISSANT, E adj. Qui glapit ; criard.

GLAPISSEMENT n.m. Action de glapir ; cri aigu d'une personne ou d'un animal qui glapit.

GLARÉOLE n.f. (lat. *glarea,* gravier). Échassier du midi de la France, appelé également *hirondelle des marais, perdrix de mer, poule des sables.*

GLAS [glɑ] n.m. (lat. *classicum,* sonnerie de trompette). Sonnerie de cloches annonçant l'agonie, la mort ou les funérailles de qqn.

GLASNOST n.f. (mot russe, *publicité*). HIST. En U.R.S.S., politique de transparence de la vie publique accompagnant le changement d'orientation *(perestroïka)* conduit par Mikhaïl Gorbatchev.

GLASS [glas] n.m. (mot angl.). Arg. Verre d'une boisson (généralement alcoolisée).

GLATIR v.i. (lat. *glattire*). Pousser son cri, en parlant de l'aigle.

GLAUCOME n.m. (lat. *glaucoma,* du gr.). Maladie de l'œil caractérisée par une augmentation de la pression intérieure entraînant une atrophie de la tête du nerf optique et une diminution du champ visuel, pouvant aller jusqu'à la cécité.

GLAUCONIE ou **GLAUCONITE** n.f. Silicate naturel hydraté de fer et de potassium, vert foncé.

GLAUQUE adj. (lat. *glaucus,* du gr.). **1.** D'un vert tirant sur le bleu. *Eau glauque.* **2. a.** Lugubre, sinistre. **b.** Louche et sordide. *Une ambiance glauque.*

GLAVIOT n.m. (altér. de *claviot,* maladie du mouton, d'apr. *glaire*). Vulg. Crachat.

GLÈBE n.f. (lat. *gleba*). **1.** Litt. Sol en culture. **2.** FÉOD. Sol auquel les serfs étaient attachés et qu'ils devaient cultiver.

GLÉCHOME ou **GLÉCOME** [-kom] n.m. (gr. *glêkhôn, -ônos,* sorte de menthe). Petite plante à fleurs mauves, à tige rampante, appelée usuellement *lierre terrestre.* (Famille des labiées.)

GLEDITSCHIA [gleditʃja] n.m. Févier (arbre).

1. GLÈNE n.f. (gr. *glênê*). ANAT. Cavité peu profonde d'un os, faisant partie d'une articulation.

2. GLÈNE n.f. (prov. *glena*). MAR. Cordage lové en rond et en couches superposées.

GLÉNER v.t. (de 2. *glène*) [18]. Lover un cordage.

GLÉNOÏDE ou **GLÉNOÏDAL, E, AUX** adj. ANAT. Se dit de certaines cavités articulaires où s'emboîte un os. *Cavité glénoïde de l'omoplate.*

GLIAL, E, AUX adj. ANAT. Relatif à la glie. *Tissu glial, cellules gliales.*

GLIE n.f. ANAT. Ensemble de cellules assurant la nutrition et le soutien des neurones, et formant avec ces derniers le tissu nerveux. SYN. : *névroglie.*

GLIOME n.m. (lat. *glioma*). MÉD. Tumeur primitive du système nerveux développée à partir de la glie.

GLISCHROÏDE [-skrɔid] adj. et n. Qui présente les caractères de la glischroïdie.

GLISCHROÏDIE [-skrɔidi] n.f. (du gr. *gliskhros,* visqueux). PSYCHIATRIE. Attitude mentale des épileptiques, en partic., se traduisant par une affectivité particulière (dite « adhésive ») et par la lenteur des processus psychiques.

GLISSADE n.f. **1.** Action de glisser ; mouvement fait en glissant. **2.** Glissoire. **3.** CHORÉGR. Pas dérivé de la marche, effectué au ras du sol, facilitant l'enchaînement des pas.

GLISSAGE n.m. Opération consistant à faire descendre le long des pentes les bois abattus en montagne.

GLISSANCE n.f. État d'une surface (chaussée, en partic.) présentant un très faible coefficient de frottement.

GLISSANDO n.m. (mot it.). MUS. Procédé d'exécution vocale ou instrumentale consistant à faire entendre avec rapidité tous les sons compris entre deux notes.

GLISSANT, E adj. **1.** Sur quoi on glisse facilement. *Route glissante.* ◇ Fig. *Terrain glissant :* affaire hasardeuse, circonstance délicate. **2.** Qui glisse des mains, ou à quoi on ne peut se retenir. *Rampe glissante.* **3.** MATH. *Vecteur glissant :* couple composé d'un vecteur et d'une droite de même direction. SYN. : *glisseur.*

GLISSE n.f. Capacité d'un matériel ou d'un sportif à glisser sur une surface (neige, glace, eau). ◇ *Sports de glisse :* ensemble des sports où l'on glisse sur la neige, sur la glace ou sur l'eau (ski de neige, bobsleigh, patinage, ski nautique, surf, planche à voile, etc.).

GLISSEMENT n.m. **1.** Action de glisser, mouvement de ce qui glisse. *Glissement d'une barque sur un lac.* **2.** Passage progressif, insensible d'un état à un autre. *Glissement de sens d'un mot.* **3.** *Glissement de terrain :* déplacement de matériaux meubles sur un versant, sans bouleversement du relief. **4.** ÉCON. *En glissement :* se dit de la mesure de l'évolution d'une variable économique opérée en comparant deux périodes ponctuelles de référence (par ex. juin 1993 et juin 1992).

GLISSER v.i. (anc. fr. *glier,* du francique *glîdan,* avec l'infl. de *glacer*). **I. 1.** Se déplacer d'un mouvement continu sur une surface lisse, unie, ou donner cette impression. *Les patineurs glissent sur le lac gelé.* **2.** Perdre soudain l'équilibre ou le contrôle de sa direction ; déraper. *Glisser sur le verglas.* **3.** Être glissant. *Attention, ça glisse.* **4.** Tomber accidentellement de. *Glisser d'une échelle.* **5.** *Glisser des mains :* échapper accidentellement des mains. **II. 1.** Passer graduellement, insensiblement d'un état à un autre. *Électorat qui glisse à gauche.* **2.** Passer légèrement et rapidement sur qqch, ne pas insister. *Glissons sur le passé.* **3.** Ne guère faire impression sur qqn. *Les injures glissent sur lui.* ◆ v.t. **1.** Introduire adroitement ou furtivement qqch quelque part. *Glisser une lettre sous une porte.* **2.** Introduire habilement une idée, une opinion (dans un texte, un discours). *Glisser quelques critiques.* **3.** Dire furtivement qqch à qqn. *Glisser quelques mots à l'oreille de qqn.* ◆ **se glisser** v.pr. **1.** Pénétrer discrètement, parvenir adroitement quelque part ; se faufiler. **2.** S'introduire, se trouver insensiblement ou malencontreusement quelque part. *Des fautes se sont glissées dans le texte.*

GLISSEUR n.m. MATH. Vecteur glissant.

GLISSIÈRE n.f. **1.** Pièce destinée à guider dans son mouvement, par l'intermédiaire d'une rainure, une autre pièce mobile. **2.** *Glissière de sécurité :* forte bande métallique bordant une voie, destinée à maintenir sur la chaussée un véhicule dont le conducteur a perdu le contrôle.

GLISSOIR n.m. Couloir creusé sur les pentes d'une montagne pour faire descendre les bois abattus.

GLISSOIRE n.f. Chemin de glace sur lequel les enfants s'amusent à glisser ; glissade.

GLOBAL, E, AUX adj. (de *globe*). **1.** Qui est considéré dans sa totalité, dans son ensemble ; pris en bloc. *Revenu global. Vue globale.* **2.** *Méthode globale :* méthode d'apprentissage de la lecture, fondée sur l'idée que, chez l'enfant, la perception d'un ensemble (syllabe) est antérieure à l'analyse des éléments de cet ensemble (lettre).

GLOBALEMENT adv. Dans l'ensemble.

GLOBALISATEUR, TRICE ou **GLOBALISANT, E** adj. Qui globalise. *Vision globalisante.*

GLOBALISATION n.f. Action de globaliser.

GLOBALISER v.t. Réunir en un tout, présenter d'une manière globale (des éléments dispersés).

GLOBALISME n.m. PHILOS. Conception selon laquelle un ensemble composé possède des propriétés que ses composants n'ont pas.

GLOBALITÉ n.f. Caractère global de qqch.

GLOBE n.m. (lat. *globus*). **1.** Corps sphérique ; sphère. ◇ *Globe céleste :* sphère sur laquelle est dessinée une carte du ciel. – *Globe terrestre :* sphère sur laquelle est dessinée une carte de la Terre. – *Globe oculaire :* œil. **2.** Enveloppe en verre de forme arrondie (souvent : sphère ou demi-sphère). *Pendule sous globe.* ◇ Fig. *Mettre, garder sous globe :* mettre, garder à l'abri de tout danger. **3.** La Terre, le monde. *La surface du globe.*

GLOBE-TROTTER [-tœr] ou [-tɛr] n. (mot angl.) [pl. *globe-trotters*]. Vieilli. Personne qui parcourt le monde.

GLOBICÉPHALE n.m. Mammifère marin dont la tête, dépourvue de bec, porte un renflement dans sa partie frontale. (Long. 8 m ; famille des dauphins.)

GLOBIGÉRINE n.f. Foraminifère très abondant dans les mers tempérées et chaudes, dont le test est constitué par de petites loges sphériques disposées en une spirale irrégulière.

GLOBINE n.f. Protéine entrant dans la composition de l'hémoglobine du sang.

GLOBIQUE adj. Se dit de chacun des éléments d'un engrenage à roue et vis sans fin dont la section par un plan axial forme un tore.

1. GLOBULAIRE adj. **1.** Qui est en forme de globe. **2.** Relatif aux globules du sang. *Numération globulaire.*

2. GLOBULAIRE n.f. Plante gamopétale, à petites fleurs bleues groupées en capitules arrondis. (Ordre des personales.)

GLOBULE n.m. (lat. *globulus*). **1.** Vx. Très petit corps sphérique. **2.** Petit corps ou cellule que l'on trouve en suspension dans divers liquides de l'organisme. – *Globule blanc :* leucocyte. – *Globule rouge :* hématie.

GLOBULEUX, EUSE adj. **1.** Qui a la forme d'un petit globe. **2.** *Œil globuleux,* dont le globe est très saillant.

GLOBULINE n.f. Protéine de poids moléculaire élevé, dont il existe plusieurs formes, présentes surtout dans le sang et les muscles.

GLOCKENSPIEL [glɔkənʃpil] n.m. (mot all.). MUS. Carillon ; jeu de timbre simple.

GLOIRE n.f. (lat. *gloria*). **I. 1.** Renommée brillante, célébrité, prestige dont jouit qqn. *Se couvrir de gloire.* **2. a.** Mérite, honneur qui revient à qqn. *C'est à elle que revient la gloire de cette découverte.* ◇ *Rendre gloire à :* rendre un hommage mêlé d'admiration à. – *Se faire gloire, tirer gloire de :* tirer vanité, se vanter de. – *Pour la gloire :* sans espérer de profit matériel. **b.** Ce qui assure le renom, suscite la fierté. *Ce musée est la gloire de la ville.* **3.** Personne illustre, dont la renommée est incontestée. *Une des gloires de l'époque.*

II. 1. THÉOL. Manifestation de la majesté, de la toute-puissance et de la sainteté de Dieu, telles qu'elles se reflètent dans sa création. **2.** BX-A. Auréole entourant, notamm., l'image du Christ ; auréole d'où partent des faisceaux de rayons.

GLOME n.m. (lat. *glomus,* boule). ZOOL. Renflement corné qui termine la fourchette du sabot des solipèdes.

GLOMÉRIS [-ris] n.m. (lat. *glomus,* boule). Petit mille-pattes court qui se roule en boule quand on le touche.

GLOMÉRULE n.m. (lat. *glomus,* boule). **1.** ANAT. Formation pelotonnée, vasculaire ou nerveuse, ayant la forme d'un globule. *Glomérule du rein.* **2.** BOT. Inflorescence où les fleurs, portées par des axes très courts, semblent insérées au même niveau.

GLOMÉRULONÉPHRITE n.f. MÉD. Néphrite dans laquelle prédominent les lésions des glomérules du rein.

1. GLORIA n.m. inv. (mot lat.). Prière de louange dans la liturgie romaine et grecque, commençant par *Gloria in excelsis Deo...*

2. GLORIA n.m. (de 1. *gloria*). Fam. et vx. Café mêlé d'eau-de-vie ou de rhum.

GLORIETTE n.f. Pavillon d'agrément formant belvédère ; cabinet de verdure dans un parc.

GLORIEUSE n.f. HIST. *Les Trois Glorieuses :* les trois journées (27, 28 et 29 juillet) de la révolution* de 1830. (V. partie n.pr.)

GLORIEUSEMENT adv. De façon glorieuse.

GLORIEUX, EUSE adj. (lat. *gloriosus*). **1.** Qui donne de la gloire, éclatant, célèbre. *Combat glorieux.* **2.** Qui s'est acquis de la gloire, surtout militaire. **3.** Litt. Qui tire vanité de qqch ; fier, orgueilleux. *Glorieux de son rang.*

GLORIFICATEUR, TRICE n. et adj. Litt. Personne ou chose qui glorifie.

GLORIFICATION n.f. Action de glorifier.

GLORIFIER v.t. Honorer, rendre gloire à. ◆ **se glorifier** v.pr. ***(de).*** Tirer vanité de.

GLORIOLE n.f. Menue gloire, vanité tirée de petites choses.

GLOSE n.f. (lat. *glosa,* du gr. *glôssa,* langue). **1.** Explication de quelques mots obscurs d'une langue par d'autres mots plus intelligibles. **2.** Commentaire, notes servant à l'intelligence d'un texte. **3.** (Surtout pl.). **a.** Critique, interprétation malveillante. *Faire des gloses sur tout le monde.* **b.** Commentaire oiseux, inutilement long. *Ce sont des gloses à n'en plus finir.*

GLOSER v.t. ind. ***(sur).*** Faire des commentaires malveillants sur (qqn, qqch) ; critiquer. ◆ v.t. Éclaircir (un texte) par une glose, un commentaire.

GLOSSAIRE n.m. (lat. *glossarium*). **1.** Lexique expliquant les mots rares d'une langue, d'une œuvre, d'un traité. **2.** Liste alphabétique, placée à la fin d'un ouvrage, des mots du vocabulaire spécialisé qui y est utilisé. **3. a.** Dictionnaire alphabétique portant sur un domaine spécialisé. **b.** Petit dictionnaire bilingue.

GLOSSATEUR n.m. Auteur de gloses.

GLOSSINE n.f. Mouche vivipare dont on connaît plusieurs espèces en Afrique tropicale, comme la mouche tsé-tsé.

GLOSSITE n.f. MÉD. Inflammation de la langue.

GLOSSODYNIE n.f. MÉD. Douleur au niveau de la langue.

GLOSSOLALIE n.f. (gr. *glôssa,* langue, et *lalein,* parler). **1.** PSYCHIATRIE. Chez certains malades mentaux, production d'un vocabulaire inventé, constitué par des néologismes et une syntaxe déformée. **2.** Phénomène extatique, dit aussi *don des langues,* dans lequel le sujet émet une série de sons ou de mots dont les auditeurs ne peuvent saisir le sens sans le concours d'un autre sujet possédant le don de l'interprétation.

GLOSSO-PHARYNGIEN, ENNE adj. (pl. *glosso-pharyngiens, ennes*). Qui concerne à la fois la langue et le pharynx.

GLOSSOTOMIE n.f. Amputation de la langue.

GLOTTAL, E, AUX adj. PHON. Émis par la glotte.

GLOTTE n.f. (gr. *glôttis*). ANAT. Orifice du larynx, circonscrit par les deux cordes vocales inférieures. ◇ PHON. *Coup de glotte :* occlusive produite au niveau de la glotte par l'accolement des cordes vocales l'une contre l'autre.

GLOTTIQUE adj. Relatif à la glotte.

GLOUGLOU n.m. (onomat.). **1.** Fam. Bruit d'un liquide s'échappant d'une bouteille, d'un conduit, etc. **2.** Cri du dindon.

GLOUGLOUTER v.i. **1.** Fam. Produire un bruit de glouglou. **2.** Pousser son cri, en parlant du dindon.

GLOUSSANT, E adj. Qui glousse.

GLOUSSEMENT n.m. **1.** Cri de la poule qui appelle ses petits. **2.** Petits cris ou rires étouffés.

GLOUSSER v.i. (lat. *glocire*). **1.** En parlant de la poule, appeler ses petits. **2.** Fam. Rire en poussant des petits cris.

GLOUTERON n.m. (anc. fr. *gleteron,* avec infl. de *glouton*). Région. Petite bardane.

1. GLOUTON, ONNE adj. et n. (lat. *gluttus,* gosier). Qui mange beaucoup et avec avidité ; goinfre.

2. GLOUTON n.m. Mammifère carnivore voisin de la martre. (Famille des mustélidés.)

GLOUTONNEMENT adv. D'une manière gloutonne.

GLOUTONNERIE n.f. Avidité du glouton.

GLU n.f. (lat. *glus,* colle). Matière visqueuse et tenace, extraite principalement de l'écorce intérieure du houx.

GLUANT, E adj. **1.** Qui a la consistance ou l'aspect de la glu. *Terre gluante.* **2.** Qui colle, visqueux. *Liquide gluant.* **3.** Fam. Tenace, importun.

GLUAU n.m. Petite branche frottée de glu, pour prendre les oiseaux. (Chasse prohibée.)

GLUCAGON n.m. BIOCHIM. Hormone sécrétée par les îlots de Langerhans du pancréas, antagoniste de l'insuline, et qui a une action hyperglycémiante.

GLUCIDE n.m. BIOCHIM. Composant de la matière vivante de formule générale $C_n(H_2O)_p$. SYN. (VX) : ***hydrate de carbone, saccharide.***
■ On divise les glucides en *oses,* non hydrolysables, et dont la molécule contient de 3 à 6 atomes de carbone (glucose), et en *osides,* formés par l'union de deux ou plusieurs oses libérables par hydrolyse (saccharose, amidon, glycogène). Le principal trouble du métabolisme des glucides est le *diabète.*

GLUCIDIQUE adj. Relatif aux glucides.

GLUCINE n.f. Oxyde de béryllium.

GLUCINIUM [-njɔm] n.m. Vx. Béryllium.

GLUCOCORTICOÏDE n.m. BIOCHIM. Corticoïde qui agit sur le métabolisme des glucides. (Les glucocorticoïdes ont une puissante activité anti-inflammatoire.)

GLUCOMÈTRE n.m. Aréomètre qui sert à déterminer la concentration en glucose d'un moût de raisin. SYN. : ***pèse-moût.***

GLUCONIQUE adj. BIOCHIM. Se dit d'un acide formé par oxydation du glucose.

GLUCOSE n.m. (gr. *glukus,* doux). Glucide de saveur sucrée, de formule $C_6H_{12}O_6$, contenu dans certains fruits (raisin) et entrant dans la composition de presque tous les glucides. SYN. : *dextrose.* (Synthétisé par les plantes vertes au cours de la photosynthèse, il joue un rôle fondamental dans le métabolisme des êtres vivants.)

GLUCOSÉ, E adj. Additionné de glucose.

GLUCOSERIE n.f. **1.** Industrie du glucose. **2.** Fabrique de glucose.

GLUCOSIDE n.m. **1.** Composé donnant du glucose par hydrolyse, que l'on rencontre dans de nombreux végétaux (nom générique). **2.** Hétéroside.

GLUI n.m. Vx, rare. Paille, ou tige de roseau, de jonc, etc., servant de lien pour faire des gerbes, des fagots, ou pour faire des toits.

GLUME n.f. (lat. *gluma,* balle des graines). BOT. Chacune des deux bractées verdâtres situées à la base de chaque épillet des graminées.

GLUMELLE n.f. Chacune des deux bractées qui enveloppent directement les fleurs de graminées.

GLUON n.m. (de *glu*). Particule élémentaire, agent des interactions entre les quarks.

GLUTAMATE n.m. BIOCHIM. Sel ou ester de l'acide glutamique.

GLUTAMIQUE adj. (de *gluten*). BIOCHIM. *Acide glutamique :* acide aminé présent dans les tissus nerveux, qui joue un rôle métabolique important.

GLUTEN [-tɛn] n.m. (mot lat., *colle*). Substance protidique visqueuse, contenue dans la farine des céréales.

GLUTINEUX, EUSE adj. **1.** Qui a la nature, la consistance ou l'apparence du gluten. **2.** Qui contient du gluten.

GLYCÉMIE n.f. MÉD. Présence, taux de glucose dans le sang. (La glycémie normale est de 1 g par litre de sang ; elle augmente dans le diabète sucré.)

GLYCÉRIDE n.m. Ester de la glycérine.

GLYCÉRIE n.f. Plante qui pousse près des étangs ou au bord de la mer. (Famille des graminées.)

GLYCÉRINE n.f. ou, rare, **GLYCÉROL** n.m. (gr. *glukeros,* doux). Trialcool liquide, de formule $CH_2OH—CHOH—CH_2OH$, incolore, sirupeux, extrait des corps gras par saponification.

GLYCÉRINER v.t. Enduire de glycérine.

GLYCÉRIQUE adj. *Acide glycérique,* formé par oxydation de la glycérine.

GLYCÉROLÉ n.m. Médicament à base de glycérine.

GLYCÉROPHTALIQUE adj. Se dit d'une résine dérivée du glycérol et de composés phtaliques. – *Peinture glycérophtalique :* peinture à base de résine glycérophtalique.

1. GLYCINE n.f. (gr. *glukus,* doux). Arbuste grimpant originaire de Chine et cultivé pour ses longues grappes de fleurs mauves et odorantes. (Famille des papilionacées.)

glycine

2. GLYCINE n.f. ou **GLYCOCOLLE** n.m. Acide aminé, constituant essentiel des protéines.

GLYCOGÈNE n.m. Glucide complexe, constituant la principale réserve de glucose dans le foie et les muscles.

GLYCOGENÈSE n.f. Formation du glucose par hydrolyse du glycogène.

GLYCOGÉNIQUE adj. Qui se rapporte au glycogène ou à la glycogenèse.

GLYCOGÉNOGENÈSE n.f. Formation du glycogène par polymérisation du glucose.

GLYCOL n.m. **1.** Dialcool de formule $HOCH_2—CH_2OH$, employé en partic. comme antigel. **2.** Dialcool (nom générique).

GLYCOLIQUE adj. Se dit d'un acide dérivant de l'oxydation du glycol.

GLYCOLYSE n.f. Dégradation du glucose sous l'influence d'enzymes, au cours des phénomènes métaboliques.

GLYCOPROTÉINE n.f. BIOCHIM. Protéine combinée à des glucides.

GLYCORÉGULATION n.f. Ensemble des mécanismes physiologiques qui permettent la régulation du métabolisme des glucides dans l'organisme.

GLYCOSURIE [-zyri] n.f. MÉD. Présence de glucose dans l'urine, l'un des signes du diabète.

GLYCOSURIQUE adj. et n. Relatif à la glycosurie ; atteint de glycosurie.

GLYPHE n.m. (gr. *gluphê,* ciselure). ARCHIT. Canal, trait gravé en creux dont la répétition constitue un ornement.

GLYPTIQUE n.f. (gr. *gluptikos,* propre à graver). Art de tailler les pierres fines ou précieuses, en creux (intailles) ou en relief (camées).

GLYPTODON ou **GLYPTODONTE** n.m. Mammifère édenté fossile mesurant jusqu'à 4 m de long, à carapace osseuse, qui a vécu au quaternaire en Amérique.

GLYPTOGRAPHIE ou **GLYPTOLOGIE** n.f. Étude des pierres fines gravées antiques.

GLYPTOTHÈQUE n.f. **1.** Collection, musée de pierres gravées. **2.** Musée de sculptures.

GMT (sigle de l'angl. *Greenwich Mean Time*). Temps moyen de Greenwich. (Le sigle GMT est souvent employé improprement pour désigner le temps universel coordonné [UTC].)

GNANGNAN [ɲɑ̃ɲɑ̃] adj. inv. (onomat.). Fam. **1.** Qui est mou et lent ; qui se plaint au moindre effort. *Elle est gnangnan.* **2.** Mièvre, pleurnichard. *Un film gnangnan.*

GNAULE n.f. → ***gnole.***

GNEISS [gnɛs] n.m. (mot all.). Roche métamorphique constituée de cristaux de mica, de quartz et de feldspath, disposés en lits.

GNEISSIQUE ou **GNEISSEUX, EUSE** [gnɛ-] adj. Qui a une texture proche de celle du gneiss.

GNETUM [gnetɔm] n.m. ou **GNÈTE** [gnɛt] n.f. (lat. bot. *gnetum*). Arbrisseau gymnosperme grimpant des forêts tropicales. (Ordre des gnétales.)

GNOCCHI [ɲɔki] n.m. (mot it.) [pl. *gnocchis* ou inv.]. Boulette à base de semoule, de pommes de terre ou de pâte à choux, généralement pochée puis gratinée avec du fromage.

GNOGNOTE ou **GNOGNOTTE** n.f. (onomat.). Fam. *C'est de la gnognote :* c'est une chose sans valeur, négligeable.

GNOLE, GNIOLE ou **GNAULE** n.f. (mot lyonnais). Pop. Eau-de-vie.

GNOME [gnom] n.m. (lat. mod. *gnomus,* du gr. *gnômê,* esprit). **1.** Petit génie difforme qui habite à l'intérieur de la terre, dont il garde les richesses, dans la tradition kabbalistique. **2.** Homme petit et contrefait.

GNOMIQUE [gnɔ-] adj. (gr. *gnômikos,* sentencieux). **1.** Didact. Qui exprime des vérités morales sous forme de maximes, de proverbes, de sentences. *Poésie gnomique.* **2.** LING. Se dit d'une forme verbale (temps, mode) qui sert à exprimer une idée générale.

GNOMON [gnɔ-] n.m. (lat. *gnomon ;* du gr.). Cadran solaire primitif, constitué d'une simple tige dont l'ombre se projette sur une surface plane.

GNOMONIQUE [gnɔ-] n.f. Art de construire des cadrans solaires.

GNON [ɲɔ̃] n.m. Pop. Coup ; marque d'un coup.

GNOSE [gnoz] n.f. (gr. *gnôsis,* connaissance). Doctrine religieuse ésotérique qui se fonde sur une révélation intérieure permettant à ses adeptes, plus facilement qu'aux simples croyants, d'accéder à la connaissance du divin et au salut.

GNOSÉOLOGIE [gnoz-] n.f. Partie de la philosophie qui traite des fondements de la connaissance.

GNOSIE [gnozi] n.f. Reconnaissance d'un objet par l'intermédiaire de l'un des sens.

GNOSTICISME [gnɔstisism] n.m. (de *gnostique*). Doctrine d'un ensemble de sectes chrétiennes hétérodoxes des trois premiers siècles de notre ère, qui professait un dualisme radical et fondait le salut de l'homme sur un rejet de la matière soumise aux forces du mal ainsi que sur une connaissance supérieure (*gnose*) des choses divines.

GNOSTIQUE [gnɔ-] n. (gr. *gnôstikos,* savant). Adepte du gnosticisme. ◆ adj. Relatif au gnosticisme, à la gnose.

GNOU [gnu] n.m. (mot hottentot). Antilope d'Afrique, à tête épaisse et à cornes recourbées, pourvue d'une crinière et d'une barbe. (Haut. au garrot 1,20 m.)

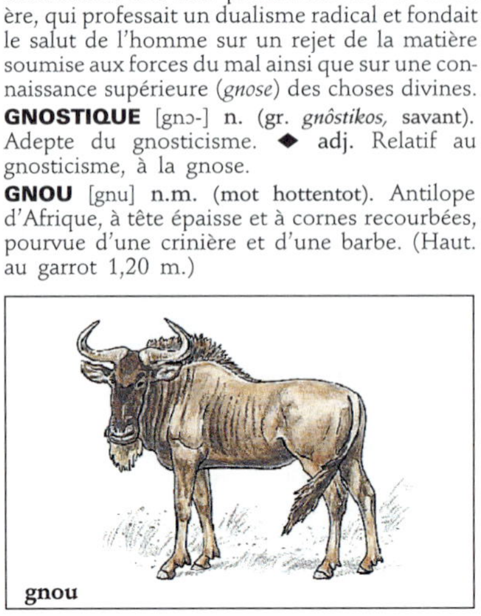
gnou

1. GO n.m. inv. (mot jap.). Jeu d'origine chinoise, qui consiste, pour deux joueurs, à poser des pions respectivement noirs et blancs sur un tableau comprenant 19 lignes horizontales et 19 lignes verticales formant 361 intersections, de manière à former des territoires aussi vastes que possible.

2. GO (TOUT DE) loc. adv. (de *gober*). Fam. **1.** Sans préparation, directement. *Aborder un sujet tout de go.* **2.** Sans façon, sans cérémonie.

GOAL [gol] n.m. (abrév. de l'angl. *goal-keeper,* gardien de but). Gardien de but.

GOAL-AVERAGE [golaveraʒ] n.m. (mot angl.) [pl. *goal-averages*]. Dans divers sports, décompte des buts ou des points marqués et encaissés par une équipe, et destiné à départager deux équipes ex aequo à l'issue d'une compétition.

GOBELET n.m. (anc. fr. *gobel,* du gaul.). **1.** Récipient pour boire, généralement sans pied et sans anse ; son contenu. **2.** Cornet tronconique servant à lancer les dés ou à faire des tours.

GOBELETERIE [-lɛtri] n.f. Fabrication et commerce de gobelets, de verres à boire.

GOBELIN n.m. (des *Gobelins,* n.pr.). Tapisserie provenant de la manufacture des Gobelins.

GOBE-MOUCHES n.m. inv. **1.** Oiseau passereau qui capture des insectes au vol. **2.** Fam. et vieilli. Homme niais et crédule.

GOBER v.t. (du gaul. *gobbo,* bouche). **1.** Avaler en aspirant et sans mâcher. *Gober un œuf, une huître.* ◇ Fig., fam. *Gober les mouches :* perdre du temps à rêvasser. **2.** Fam. Croire facilement, naïvement. *Elle gobe tout.* **3.** Fam. *Ne pas (pouvoir) gober qqn,* ne pas pouvoir le supporter. ◆ **se gober** v.pr. Fam. Avoir une haute opinion de soi-même.

GOBERGER (SE) v.pr. (de l'anc. fr. *gobert,* facétieux) [17]. Fam., vieilli. **1.** Prendre ses aises, se prélasser. **2.** Faire bonne chère.

GOBEUR, EUSE n. **1.** Personne qui gobe qqch. *Gobeur d'huîtres.* **2.** Fam. Personne qui croit tout ce qu'on lui dit ; naïf.

GOBIE n.m. (lat. *gobio*). Poisson du littoral, pouvant se fixer aux rochers par ses nageoires ventrales en ventouse.

GODAGE n.m. COUT. Faux pli d'une étoffe qui gode.

GODAILLER v.i. → ***goder.***

GODASSE n.f. Pop. Soulier.

GODELUREAU n.m. Fam. Jeune homme qui fait le joli cœur auprès des femmes.

GODENDART n.m. (de *godendac,* arme d'hast). Canada. Grosse scie que l'on manie à deux, servant à tronçonner.

GODER ou **GODAILLER** v.i. (de *godet*). COUT. Faire des faux plis par suite d'une mauvaise coupe ou d'un mauvais assemblage.

GODET n.m. (moyen néerl. *kodde,* billot). **1.** Petit gobelet à boire. **2.** Auge fixée de distance en distance sur une noria ou certains appareils de manutention ou de travaux publics (drague, pelleteuse, etc.). **3.** Petit récipient à usages divers. **4.** COUT. Pli rond qui va en s'évasant, formé par un tissu coupé dans le biais.

GODICHE adj. et n.f. (de *Godon,* forme pop. de *Claude*). Fam. Gauche, maladroit, benêt. *Avoir l'air godiche.*

GODICHON, ONNE adj. et n. Fam. Naïf, maladroit, gauche.

GODILLE n.f. **1.** Aviron placé à l'arrière d'une embarcation et permettant la propulsion par un mouvement hélicoïdal de la pelle. **2.** À skis, enchaînement de virages courts suivant la ligne de plus grande pente.

GODILLER v.i. **1.** Faire avancer une embarcation avec la godille. **2.** À skis, descendre en godille.

GODILLEUR, EUSE n. Personne qui godille.

GODILLOT n.m. (du n. d'un fournisseur de l'armée). **1.** Ancienne chaussure militaire à tige courte. **2.** Fam. Grosse chaussure de marche. **3.** Fam. Parlementaire inconditionnel d'un homme ou d'un parti politique.

GODIVEAU n.m. CUIS. Boulette de hachis de viande, pochée au bouillon.

GODRON n.m. (de *godet*). **1.** ARCHIT. Ornement en relief ou en creux, de forme ovale allongée, employé de façon répétitive (chapiteaux romans, décor baroque, orfèvrerie...). **2.** COST. Gaufrage rigide pratiqué sur des toiles empesées.

GOÉLAND [gɔelɑ̃] n.m. (breton *gwelan*). Oiseau palmipède piscivore, à plumage dorsal gris, fréquent sur les rivages. (Les goélands proprement dits ont une longueur supérieure à 40 cm ; plus petits, on les appelle ordinairement *mouettes.* Famille des laridés.)

goéland

GOÉLETTE n.f. (de *goéland*). MAR. Voilier à deux mâts, dont le grand mât est à l'arrière.

GOÉMON [gɔemɔ̃] n.m. (breton *gwemon*). Région. Varech, récolté comme engrais ou comme nourriture, en Bretagne et en Normandie. – *Goémon de coupe,* récolté dans l'eau. – *Goémon de laisse,* ramassé sur la plage.

GOÉTIE [gɔesi] n.f. Magie faisant appel aux esprits du mal (par opp. à *théurgie*).

GOGLU n.m. Canada. Passereau chanteur.

1. GOGO n.m. Fam. Personne crédule, facile à tromper.

2. GOGO (À) loc. adv. Fam. À souhait, en abondance.

GOGUENARD, E adj. (anc. fr. *gogue,* plaisanterie). Moqueur, railleur. *Ton goguenard.*

GOGUENARDISE n.f. Raillerie méprisante.

GOGUENOTS ou **GOGUES** n.m. pl. Vulg. Lieux d'aisances, latrines.

GOGUETTE [gɔgɛt] n.f. (anc. fr. *gogue,* réjouissance). Fam. *Être en goguette :* être de belle humeur, un peu ivre ; être en gaieté et décidé à faire la fête, à s'amuser.

GOÏ, GOÏM adj. et n. → ***goy.***

GOINFRE adj. et n. Qui mange beaucoup, avidement et salement.

GOINFRER (SE) v.pr. Fam. Manger beaucoup, gloutonnement et malproprement.

GOINFRERIE n.f. Caractère du goinfre.

GOITRE n.m. (mot dial.). Grosseur au cou résultant d'une augmentation de volume de la glande thyroïde.

GOITREUX, EUSE adj. et n. Atteint d'un goitre.

GOLDEN [gɔldɛn] n.f. (mot angl., *doré*). Grosse pomme à peau jaune d'or et à chair parfumée.

GOLD-POINT [gɔldpɔjnt] n.m. (pl. *gold-points*). Limites que ne peut dépasser le taux de change d'une monnaie dans un régime d'étalon or.

GOLF n.m. (mot angl.). **1.** Sport consistant à envoyer, en un minimum de coups, une balle, à l'aide de clubs, dans les dix-huit trous successifs d'un terrain coupé d'obstacles. ◇ *Golf miniature :* jeu imitant le golf sur un parcours très réduit. **2.** Terrain de golf.

phase d'un parcours de **golf**
(l'un des joueurs parvenus sur le *green* utilise un *putter* pour faire rouler doucement la balle vers le trou)

GOLFE n.m. (it. *golfo ;* gr. *kolpos,* pli). Partie de mer avancée dans les terres, généralement suivant une large courbure du littoral.

GOLFEUR, EUSE n. Personne qui pratique le golf.

GOLFIQUE adj. Qui concerne le golf.

GOLGI (APPAREIL DE) : organite cellulaire universellement présent et voisin du noyau.

GOLMOTE ou **GOLMOTTE** n.f. **1.** Lépiote élevée (comestible). **2.** Amanite rougeâtre ou vineuse (comestible). **3.** *Fausse golmote :* amanite panthère (vénéneuse).

GOMARISME n.m. Doctrine de Gomar.

GOMARISTE adj. et n. Qui appartient au gomarisme ; partisan de Gomar.

GOMBO n.m. **1.** Plante potagère tropicale à fleurs jaunes dont on consomme soit les feuilles, soit les fruits en forme de capsule pyramidale. **2.** Louisiane. Soupe à base de gombo.

GOMÉNOLÉ, E adj. Qui contient de l'essence de niaouli.

GOMINA n.f. (nom déposé). Pommade pour lisser les cheveux.

GOMINER (SE) v.pr. Passer ses cheveux à la Gomina, les pommader.

GOMMAGE n.m. **1.** Action de recouvrir de gomme. **2.** Action d'effacer avec une gomme. **3.** Élimination des cellules mortes de la peau, obtenue par un produit cosmétique très légèrement abrasif.

GOMME n.f. (gr. *kommi*). **1.** Substance visqueuse et transparente qui suinte du tronc de certains arbres. – *Gomme arabique,* fournie par certains acacias et d'abord récoltée en Arabie. ◇ Pop. *Mettre (toute) la gomme :* accélérer l'allure, mettre toutes ses forces. – Fam. *À la gomme :* de mauvaise qualité. **2.** Petit bloc de caoutchouc servant à effacer le crayon, l'encre, etc. **3.** MÉD. Lésion nodulaire infectieuse.

GOMMÉ, E adj. Recouvert d'une couche de gomme adhésive sèche qui se dilue au contact d'un liquide. *Papier gommé.*

goélette paimpolaise à hunier

GOMME-GUTTE [gɔmgyt] n.f. (pl. *gommes-guttes*). Gomme-résine jaune extraite d'un arbuste d'Asie, utilisée dans la fabrication de peintures, et employée aussi comme purgatif.

GOMME-LAQUE n.f. (pl. *gommes-laques*). Substance résineuse produite par une cochenille de l'Inde, soluble dans l'alcool et utilisée dans la fabrication des vernis.

GOMMER v.t. **1.** Enduire de gomme. *Gommer une étiquette.* **2.** Effacer avec une gomme. *Gommer un trait de crayon.* **3.** Atténuer, tendre à faire disparaître. *Gommer certains détails.*

GOMME-RÉSINE n.f. (pl. *gommes-résines*). Mélange naturel de gomme et de résine tel que la myrrhe.

GOMMETTE n.f. Petit morceau de papier gommé, de couleur et de forme variées.

1. GOMMEUX, EUSE adj. De la nature de la gomme.

2. GOMMEUX n.m. Fam. et vx. Jeune homme prétentieux et d'une élégance excessive.

GOMMIER n.m. **1.** Arbre producteur de gomme. **2.** Antilles. Bateau de pêche à fond plat.

GOMMIFÈRE adj. Gummifère.

GOMMOSE n.f. Maladie des plantes, caractérisée par la production abondante de gomme.

GON n.m. Grade (unité de mesure).

GONADE n.f. (gr. *gonê,* semence). Glande sexuelle qui produit les gamètes et sécrète des hormones. (Le testicule est la gonade mâle, l'ovaire est la gonade femelle.)

GONADIQUE adj. Des gonades.

GONADOSTIMULINE n.f. BIOCHIM. Hormone gonadotrope.

GONADOTROPE adj. BIOCHIM. Qui agit sur les gonades. ◇ *Hormone gonadotrope :* hormone sécrétée par l'hypophyse, et, chez la femelle ou la femme gravide, par le placenta. SYN. : *gonadostimuline, gonadotrophine.*

■ Les hormones gonadotropes *hypophysaires* sont sécrétées par le lobe antérieur de l'hypophyse. Elles sont au nombre de trois et agissent sur la maturation du follicule, le déclenchement de l'ovulation et la formation du corps jaune ; chez l'homme, elles agissent sur la spermatogenèse et la sécrétion de la testostérone. Les hormones gonadotropes *placentaires* se forment au cours de la grossesse.

GONADOTROPHINE n.f. BIOCHIM. Hormone gonadotrope.

GOND [gɔ̃] n.m. (lat. *gomphus,* cheville). Pièce métallique sur laquelle pivote un vantail de porte ou de fenêtre. ◇ Fam. *Sortir de ses gonds :* s'emporter.

GONDOLAGE ou **GONDOLEMENT** n.m. Action de gondoler ; fait de se gondoler.

GONDOLANT, E adj. Pop. Très drôle.

GONDOLE n.f. (it. *gondola,* petit bateau). **1.** Barque vénitienne longue et plate, aux extrémités relevées, mue par un seul aviron à l'arrière. **2.** *Siège en gondole,* dont le dossier, cintré, se creuse en portion de cylindre. **3.** Meuble à plateaux superposés utilisé dans les libres-services comme présentoir.

GONDOLER v.t. Gauchir, déformer. ◆ v.i. ou **se gondoler** v.pr. Se bomber, se courber. *Bois qui gondole.* ◆ **se gondoler** v.pr. Pop. Rire à se tordre.

1. GONDOLIER n.m. Batelier qui conduit une gondole.

2. GONDOLIER, ÈRE n. Employé chargé du service des gondoles dans un magasin en libre-service.

GONE n.m. Région. (Lyon). Enfant des rues, gamin.

GONELLE ou **GONNELLE** n.f. Poisson des côtes rocheuses de la Manche à flancs tachetés de noir et usuellement appelé *papillon de mer.* (Long. 20 cm.)

GONFALON ou **GONFANON** n.m. (francique *gundfano*). HIST. Au Moyen Âge, étendard à plusieurs bandelettes sous lequel se rangeaient les vassaux ; il fut adopté par l'Église et certaines milices urbaines.

GONFALONIER ou **GONFANONIER** n.m. HIST. **1.** Porteur de gonfanon. **2.** Officier de justice de cités italiennes, au Moyen Âge.

GONFLABLE adj. Qui prend sa forme véritable, utile, par gonflage.

GONFLAGE n.m. **1.** Action de gonfler ; fait de se gonfler. **2.** CIN. Agrandissement des images d'un film sur un film de format supérieur.

GONFLANT, E adj. Qui a ou peut prendre du volume. *Coiffure gonflante.*

GONFLE n.f. Suisse. Congère.

GONFLEMENT n.m. **1.** État de ce qui est gonflé. **2.** Augmentation exagérée.

GONFLER v.t. (lat. *conflare,* souffler). **1.** Distendre, faire enfler. *Gonfler un ballon.* **2.** Grossir le volume, l'importance de. *La pluie a gonflé le torrent.* **3.** Litt. Enrichir d'un sentiment. *Cette nouvelle gonfle son cœur.* **4.** Fam. *Être gonflé :* être plein de courage ou d'impudence ; exagérer. **5.** Très fam. Importuner, exaspérer. ◆ v.i. Devenir enflé. *Le bois gonfle à l'humidité.* ◆ **se gonfler** v.pr. **1.** Devenir enflé. **2.** Être envahi par un sentiment. *Se gonfler d'orgueil.*

GONFLETTE n.f. Fam. et péj. Musculation culturiste, visant à donner un important volume musculaire. ◇ Musculature ainsi développée.

GONFLEUR n.m. Appareil (compresseur, soufflet) servant à gonfler.

GONG [gɔ̃g] n.m. (malais *gung*). **1.** Instrument de musique ou d'appel, importé d'Extrême-Orient et fait d'un disque de métal aux bords relevés que l'on frappe avec une mailloche recouverte de tissu. **2.** Timbre annonçant le début et la fin de chaque reprise d'un match de boxe.

GONGORISME n.m. (de *Góngora,* auteur esp.). LITTÉR. Recherche du style fondée sur l'emploi de mots rares, de métaphores et de constructions de phrases inattendues.

GONIOMÈTRE n.m. (gr. *gônia,* angle). Instrument servant à la mesure des angles, notamment dans les opérations topographiques.

GONIOMÉTRIE n.f. **1.** MÉTROL. Théorie et technique de la mesure des angles. **2.** Radiogoniométrie.

GONIOMÉTRIQUE adj. De la goniométrie ou du goniomètre.

GONNELLE n.f. → ***gonelle.***

GONOCHORIQUE [gɔnɔkɔrik] adj. Propre au gonochorisme.

GONOCHORISME [gɔnɔkɔrism] n.m. (gr. *gonos,* génération, et *khôrismos,* séparation). BIOL. Caractère des espèces animales dont les gamètes mâles et femelles sont produits par des individus distincts.

GONOCOCCIE [gɔnɔkɔksi] n.f. MÉD. Infection produite par le gonocoque.

GONOCOQUE n.m. Bactérie pathogène spécifique de la blennorragie.

GONOCYTAIRE adj. Du gonocyte.

GONOCYTE n.m. Cellule embryonnaire des animaux qui, selon le sexe, donne quatre spermatozoïdes ou un seul ovule, ou ovotide.

GONOPHORE ou **GONOZOÏDE** n.m. ZOOL. Polype reproducteur dans une colonie d'hydrozoaires.

GONZE n.m. (it. *gonzo,* lourdaud). Arg. et vx. Individu, type, mec.

GONZESSE n.f. Arg. Femme, fille.

GOPAK n.m. → ***hopak.***

GOPURA n.m. inv. Pavillon pyramidal des temples hindouistes, dans le sud de l'Inde.

gopura (XVe s.) du temple de Ranganātha Swami à Tiruchirāpalli

GORD [gɔr] n.m. (gaul. *gorto,* haie). Pêcherie fluviale formée de deux rangs convergents de perches avec un verveux au sommet de l'angle.

GORDIEN adj.m. *Trancher le nœud gordien :* résoudre de manière radicale, par la force, une difficulté ardue.

GORET n.m. (anc. fr. *gore,* truie). **1.** Jeune porc. **2.** Fam. Homme, petit garçon malpropre.

GORE-TEX n.m. (nom déposé). Fibre textile synthétique, imperméable, dérivée du Téflon.

GORFOU n.m. Petit manchot de l'Antarctique, pourvu d'une huppe de plumes jaunes.

GORGE n.f. (lat. *gurges,* gouffre). **I. 1.** Partie antérieure du cou. **2.** Partie intérieure du cou, gosier. *Mal de gorge.* ◇ Fam. *Ça m'est resté en travers de la gorge :* je ne peux l'admettre. – *Faire rentrer à qqn ses paroles dans la gorge,* l'obliger à les rétracter. – *Rendre gorge :* restituer par force ce qu'on a pris indûment. **3.** Litt. Poitrine d'une femme. **4.** Chair que l'on donne aux oiseaux de proie. ◇ Fam. *Faire des gorges chaudes (de) :* prendre plaisir à se moquer ouvertement (de). **II. 1.** GÉOGR. Vallée étroite et encaissée. **2.** FORTIF. Arrière d'un ouvrage fortifié. **3.** ARCHIT. Large moulure creuse arrondie. **4.** Évidement à la périphérie d'une poulie, destiné à recevoir une courroie, une corde, etc. **5.** Dans une serrure, pièce mobile soumise à l'action d'un ressort, qui immobilise le pêne dormant et le libère par action de la clef.

GORGE-DE-PIGEON adj. inv. D'une couleur à reflets changeants.

GORGÉE n.f. Quantité de liquide qu'on peut avaler en une seule fois.

GORGER v.t. [17]. **1.** Faire manger avec excès. *Gorger un enfant de sucreries.* **2.** Remplir avec excès. *Terre gorgée d'eau.* **3.** Combler. *Gorger qqn de richesses.*

GORGERIN n.m. **1.** ARM. Partie inférieure d'un casque fermé, qui couvrait la gorge et le cou. **2.** ARCHIT. Partie de certains chapiteaux, large bague, ornée ou non, entre l'astragale et l'échine.

GORGET n.m. Rabot de menuisier servant à faire des moulures creuses appelées *gorges.*

GORGONAIRE n.m. ZOOL. Cnidaire octocoralliaire tel que les gorgones.

GORGONE n.f. (bas lat. *Gorgona,* n. pr.). Animal des mers chaudes formant des colonies arborescentes de polypes. (Embranchement des cnidaires.)

GORGONZOLA n.m. (du n. d'une ville it.). Fromage italien, fait de lait de vache, à moisissures internes, proche des bleus.

GORILLE n.m. (gr. *gorillai*). **1.** Singe anthropoïde de l'Afrique équatoriale. (Frugivore, il est le plus grand et le plus fort de tous les singes, sa taille atteignant 2 m et son poids pouvant dépasser 200 kg.) **2.** Fam. Garde du corps.

gorille

GOSETTE n.f. Belgique. Chausson aux pommes ou aux abricots.

GOSIER n.m. (mot gaul.). **1.** Partie interne du cou, comprenant le pharynx et l'entrée de l'œsophage et du larynx. **2.** Organe de la voix. *Chanter à plein gosier.*

GOSPEL [gɔspɛl] n.m. (amér. *gospel song,* chant d'évangile). Chant religieux de la communauté noire des États-Unis. SYN. : *negro spiritual.*

GOSSE n. Fam. Enfant. ◇ *Beau gosse, belle gosse :* beau garçon, belle fille.

GOTHA n.m. (de l'Almanach de *Gotha*,* v. partie n. pr.). Ensemble de personnalités (du monde politique, culturel, médiatique, etc.) considérées du point de vue de leur notoriété, de leur importance dans la vie sociale. *Le gotha de la publicité.*

GOTHIQUE adj. **1.** Se dit d'une forme d'art, en particulier d'art architectural, qui s'est épanouie en Europe du XIIe s. à la Renaissance. **2.** Se dit d'une écriture à traits droits et anguleux utilisée à partir du XIIe s. **3.** AÉRON. Se dit d'une forme d'aile à bord d'attaque incurvé pour vitesse supersonique. ◆ n.m. Art gothique. ◆ n.f. Écriture gothique.

■ Les conséquences sur la structure de l'église de l'usage rationnel de la voûte sur croisée d'ogives* – report des poussées sur les supports d'angles, allégement des murs, généralisation de la brisure des arcs qui encadrent chaque travée, agrandissement des fenêtres – apparaissent clairement, v. 1140, dans le déambulatoire du chœur de la basilique de Saint-Denis. La cathédrale de Sens est le premier monument entièrement gothique. Celles de Noyon, Laon, Paris donnent, dans la seconde moitié du XIIe s., le type complexe du *gothique primitif.* Chartres, après 1194, définit un type classique, avec voûtes barlongues, élévation à trois étages et systématisation des arcs-boutants, qui remplacent la tribune dans sa fonction de contrebutement. C'est encore dans le domaine capétien qu'apparaît, v. 1230-1240, le style *rayonnant,* que caractérisent une plus grande unité spatiale et le développement des vitrages (Saint-Denis, Amiens, Sainte-Chapelle de Paris). Ce style se répand dans le sud de la France (où il est concurrencé, au XIVe s., par un type méridional à nef unique) et en Europe, où les moines cisterciens ont commencé, dès le XIIe s., à exporter l'art gothique. Celui-ci se combine en Espagne avec le décor mudéjar ; l'Angleterre connaît ses propres phases, originales, de gothique primitif, puis « décoré » (v. 1280) et « perpendiculaire » (v. 1350) ; l'Allemagne développe au XIVe s. le type de l'*église-halle ;* l'Italie est le pays qui accepte le moins bien le système gothique, son acuité, son élan vertical matérialisé par les faisceaux de colonnettes que l'œil voit s'épanouir dans les nervures des voûtes. L'accentuation de cet effet de continuité, allant jusqu'à la disparition des chapiteaux, l'effervescence graphique des voûtes, des fenestrages, des gâbles caractérisent l'art *flamboyant,* qui apparaît en France et en Allemagne à la fin du XIVe s.

L'architecture profane, surtout militaire aux XIIe et XIIIe s., ne cesse par la suite de s'enrichir dans les édifices publics d'Italie ou des Pays-Bas du Sud et dans certains châteaux de France.

Comme le vitrail et les autres arts décoratifs, la sculpture demeure longtemps soumise au « primat » de l'architecture. Les façades occidentales de Saint-Denis (très mutilée) et de Chartres manifestent d'emblée la rigueur – aussi bien plastique qu'iconographique – de la répartition de la statuaire et des reliefs sur les portails gothiques. À leur hiératisme encore proche de l'art roman succède, à Senlis, à la fin du XIIe s., puis à Chartres (transept), à Paris, à Reims, à Amiens, une tendance à la souplesse, à un naturalisme encore idéalisé qui évoluera vers plus d'expression et de mouvement (Reims, Amiens, Bourges, Strasbourg, Bamberg, etc.). Statues isolées, Vierges à l'élégant hanchement, aux beaux drapés, gisants qui tendent au portrait se multiplient à partir du XIVe s. La puissance de Claus Sluter, dans le milieu bourguignon, transforme l'art du XVe s., où apparaissent des thèmes douloureux, comme celui de la Mise au tombeau. Détachée de l'architecture, la vogue des retables de bois sculpté se développe en Europe centrale, dans les Flandres, en Espagne.

On donne le nom de « style gothique international » à une esthétique gracieuse, voire maniérée, qui se répand en Europe à la jonction des XIVe et XVe s., embrassant une grande partie de la sculpture, des arts décoratifs et surtout de la peinture (miniature et panneaux). Préparé par le raffinement de l'enluminure parisienne ou anglaise, par l'évolution de la peinture en Italie (notamment à Sienne : les Lorenzetti), ce style se rencontre en Allemagne et en Bohême (le

Croisillon sud du transept (commencé en 1177) de la cathédrale Saint-Gervais-et-Saint-Protais à Soissons. Structure complexe de l'architecture des cathédrales du XIIe s., avec son élévation à quatre étages : grandes arcades, tribune, triforium, fenêtres hautes ; exceptionnellement, le croisillon se termine ici en abside arrondie (vers la gauche).

Façade occidentale de la cathédrale Saint-Étienne à Bourges (XIIIe s.). Perçant l'écran grandiose de la façade, cinq portails historiés ouvrent sur les cinq vaisseaux de l'église et introduisent, par leurs sculptures, aux mystères sacrés (thème du Jugement dernier au portail central [milieu du XIIIe s.]).

Représentation de l'ange de l'Annonciation, au portail central de la cathédrale de Reims : grâce souriante de l'un des grands ateliers rémois du XIIIe s.

Chœur de la cathédrale de Wells (Grande-Bretagne), reconstruit durant le deuxième tiers du XIVe s. : ensemble caractéristique du gothique anglais décoré, antérieur au flamboyant français.

La Résurrection (v. 1380). Panneau d'un retable peint par le « Maître de Třeboň » pour un couvent de la ville de Třeboň en Tchécoslovaquie. (Narodní Galerie, Prague.) À la cour de Charles IV, à Prague, s'élabore dans la seconde moitié du XIVe s. une des versions les plus marquantes du style international. Tributaire d'influences françaises (élégance linéaire) et italiennes (sens du volume et de l'espace), l'art de peintres comme Maître Théodoric ou l'anonyme Maître de Třeboň influera à son tour sur la peinture allemande.

Façade latérale de l'hôtel de ville de Louvain (Belgique), édifié de 1448 à 1463 par Matthijs de Layens. Tourelles d'escaliers, arcs en accolade ornés de crosses végétales, arcatures et garde-corps ajourés, statues sous dais à pinacles composent le foisonnant décor de ce chef-d'œuvre de l'architecture communale brabançonne.

À droite :
Assomption de la Vierge. Partie centrale d'un retable en bois de tilleul sculpté vers 1505-1510 par Tilman Riemenschneider pour l'église de Creglingen (Bavière). Intensité formelle et spiritualité, réalisme et expressionnisme font de ce triptyque monumental un sommet de l'art du retable en bois sculpté (au même titre que l'œuvre de V. Stoss à Cracovie).

Maître de Třeboň), en Catalogne (Borrassá), dans l'école franco-flamande (Broederlam, les Limbourg), à Paris (miniaturistes), en Italie (L. Monaco, Gentile da Fabriano, Sassetta, Pisanello, etc.). Le ton réaliste, les nouvelles valeurs spatiales des Masaccio ou des Van Eyck mettront fin à ce courant d'esprit aristocratique.

GOTIQUE n.m. Langue morte parlée par les Goths, branche orientale du germanique.

GOTON n.f. Pop. et vx. Femme débauchée.

GOUACHE n.f. (it. *guazzo,* endroit où il y a de l'eau). **1.** Peinture de consistance pâteuse, faite de couleurs détrempées à l'eau mêlée de gomme. **2.** Œuvre, généralement sur papier, exécutée avec cette peinture.

GOUACHER v.t. Peindre, rehausser à la gouache.

GOUAILLE n.f. Verve populaire moqueuse et expressive.

GOUAILLER v.i. Fam. Railler, plaisanter avec gouaille.

GOUAILLERIE n.f. Fam. Raillerie de qqn qui gouaille.

GOUAILLEUR, EUSE adj. Fam. Qui dénote la gouaille ; plein de gouaille.

GOUALANTE n.f. Arg. et vx. Chanson, complainte populaire.

GOUALEUSE n.f. Arg. et vx. Chanteuse des rues.

GOUAPE n.f. (esp. *guapo*). Pop. Voyou, vaurien.

GOUDA n.m. Fromage de Hollande de forme cylindrique, au lait de vache, à pâte non cuite.

GOUDRON n.m. (de l'ar. *qatrān*). **1.** Substance sombre et visqueuse, obtenue par distillation de divers produits. (Le *goudron de houille* fournit de nombreux dérivés : benzène, toluène, xylène, phénol, naphtalène, crésol, anthracène, brai ; le *goudron végétal,* tiré du bois, contient du naphtalène, de la paraffine.) **2.** Fam. Bitume. **3.** Afrique. Route ou rue goudronnée.

GOUDRONNAGE n.m. Action de goudronner.

GOUDRONNER v.t. Recouvrir, enduire, imprégner de goudron.

GOUDRONNEUR n.m. Ouvrier qui prépare ou qui emploie le goudron.

GOUDRONNEUSE n.f. Machine à goudronner.

GOUDRONNEUX, EUSE adj. De la nature du goudron.

GOUET [gwɛ] n.m. Arum (plante).

GOUFFRE n.m. (gr. *kolpos,* golfe). **1.** Cavité profonde et abrupte, fréquente dans les régions calcaires. **2.** Fig. Ce qui paraît insondable. **3.** Fig. Niveau le plus bas du malheur. *Un gouffre de misère.* **4.** Fig. Ce qui engloutit beaucoup d'argent, ce qui est ruineux. *Ce procès est un gouffre.*

GOUGE n.f. (lat. *gubia,* burin). Ciseau à tranchant courbe ou en V, servant à sculpter, à faire des moulures.

GOUGÈRE n.f. Pâtisserie au gruyère cuite au four.

GOUGNAFIER n.m. Fam. Bon à rien.

GOUILLE n.f. Suisse. Mare, flaque d'eau.

GOUINE n.f. (anc. fr. *goin,* lourdaud). Vulg. Femme homosexuelle.

GOUJAT n.m. (anc. gascon *gojat*). **1.** Homme mal élevé, grossier. **2.** HIST. Valet d'armée.

GOUJATERIE n.f. Caractère, action de goujat.

1. GOUJON n.m. (lat. *gobio*). Petit poisson des rivières limpides. (Long. 15 cm ; famille des cyprinidés.)

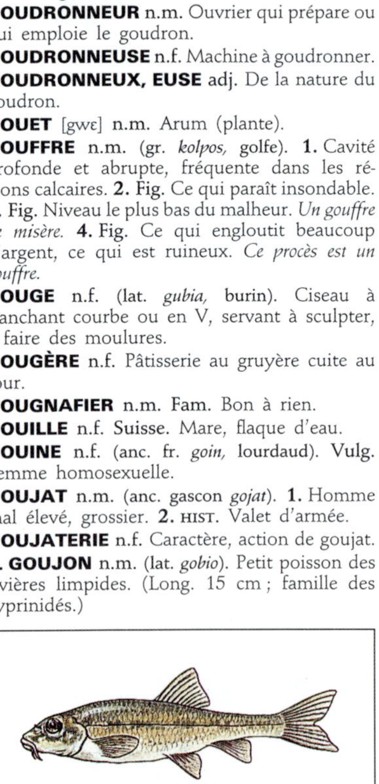

goujon

2. GOUJON n.m. (de *gouge*). TECHN. Tige métallique servant à lier deux pièces et dont les extrémités sont filetées. (Vissé par l'une de ses extrémités dans l'une des pièces, le goujon traverse la seconde pièce de part en part et reçoit à l'autre extrémité un écrou de serrage.)

GOUJONNER v.t. TECHN. Fixer par des goujons.

GOUJONNIÈRE adj.f. *Perche goujonnière :* grémille commune.

GOULACHE ou **GOULASCH** n.m. (hongr. *gulyás*). Ragoût de bœuf mijoté avec des oignons, des pommes de terre et du paprika. (Spécialité hongroise.)

GOULAFRE adj. et n. Région. (Nord-Est) ; Belgique. Goinfre, glouton.

GOULAG n.m. (du russe *Glavnoïe Oupravlenie Laguereï,* direction générale des camps). HIST. Système concentrationnaire ou répressif de l'Union soviétique ou de ses pays satellites.

GOULASCH n.m. → ***goulache.***

GOULE n.f. (ar. *ghūl*). Démon femelle qui, selon les superstitions orientales, dévore les cadavres dans les cimetières.

GOULÉE n.f. **1.** Fam. et vx. Grosse quantité de liquide avalée d'un coup. **2.** Quantité d'air qu'on peut aspirer en une fois.

GOULET n.m. **1.** Passage étroit faisant communiquer un port ou une rade avec la haute mer. *Le goulet de Brest.* **2.** Passage étroit.

GOULETTE n.f. TR. PUBL. Goulotte.

GOULEYANT, E adj. Fam. En parlant d'un vin, agréable, frais, léger.

GOULOT n.m. (de *gueule*). Col d'une bouteille, d'un vase, etc., à entrée étroite.

GOULOTTE n.f. **1.** TECHN. Conduit plus ou moins incliné permettant de guider la descente de colis ou de matériaux liquides, pâteux, pulvérulents ou granuleux, qui se déplacent sous l'action de la gravité. **2.** TR. PUBL. Petite rigole pour l'écoulement des eaux. SYN. : *goulette.*

GOULU, E adj. et n. (de *gueule*). Qui aime à manger et qui mange avec avidité ; glouton.

GOULÛMENT adv. De façon goulue, avec avidité.

GOUM n.m. (ar. *qaum,* troupe). HIST. Formation militaire supplétive recrutée par la France au Maroc (1908-1956).

GOUMIER n.m. Militaire d'un goum.

GOUPIL n.m. Vx. Renard.

GOUPILLE n. f. (de *goupil*). Petite broche métallique formant clavette et maintenant un assemblage. *Goupille conique, fendue.*

GOUPILLER v.t. **1.** Assembler à l'aide de goupilles. **2.** Fam. Arranger, combiner. ◆ **se goupiller** v.pr. Fam. S'arranger, se dérouler. *Comment ça se goupille, cette affaire ?*

GOUPILLON n.m. (anc. fr. *guipon,* pinceau). **1.** Instrument liturgique qui sert pour l'aspersion d'eau bénite. SYN. : *aspersoir.* ◇ Péj. Symbole de la puissance temporelle de l'Église, souvent évoqué naguère dans le discours anticlérical. *L'alliance du sabre et du goupillon.* **2.** Brosse cylindrique à manche pour nettoyer les bouteilles, etc.

GOUR n.m. pl. (de l'ar.) Au Sahara, buttes à sommet tabulaire et à flancs abrupts.

GOURA n.m. Gros pigeon à huppe érectile de la Nouvelle-Guinée.

GOURAMI n.m. Poisson d'ornement originaire de la Thaïlande et de Sumatra, long d'une dizaine de centimètres et vivant dans une eau d'une température comprise entre 20 et 30 °C.

GOURANCE ou **GOURANTE** n.f. Pop. Erreur.

GOURBET n.m. Oyat (plante).

GOURBI n.m. (de l'ar. *qurbā,* parenté). **1.** Habitation rudimentaire traditionnelle, en Afrique du Nord. **2.** Pop. Habitation misérable, mal entretenue.

GOURD, E adj. (lat. *gurdus,* grossier). Engourdi par le froid. *Doigts gourds.*

1. GOURDE n.f. (lat. *cucurbita*). **1.** Plante grimpante dont le fruit creux peut servir de boîte ou de bouteille (calebasse). [Famille des cucurbitacées.] **2.** Récipient, souvent de forme ovoïde et plate, servant à conserver les boissons en voyage. **3.** Fam. Fille niaise, maladroite. ◆ adj. Se dit d'une personne un peu niaise et maladroite. *Ce qu'il peut avoir l'air gourde, ce garçon !*

2. GOURDE n.f. (esp. *gordo,* gros). Unité monétaire principale d'Haïti (→ ***monnaie***).

GOURDIN n.m. (it. *cordino*). Bâton gros et court servant à frapper ; trique.

GOUREN [gurɛ̃] n.m. (mot breton). Lutte traditionnelle bretonne.

GOURER (SE) v.pr. Fam. Se tromper.

GOURGANDINE n.f. Fam. et vx. Femme de mauvaise vie.

GOURMAND, E adj. et n. **1.** Qui aime manger de bonnes choses. **2.** Gastronomique. *Chronique gourmande.* **3.** BOT. *Branche gourmande* ou *gourmand,* n.m. : rameau d'arbre fruitier ou de vigne qui ne donne pas de fruit.

GOURMANDER v.t. Litt. Réprimander sévèrement ; admonester, morigéner.

GOURMANDISE n.f. **1.** Caractère, défaut du gourmand. **2.** (Souvent pl.). Mets appétissant, friandise. *Offrir des gourmandises.*

GOURME n.f. (francique *worm,* pus). **1.** Vx. et fam. Impétigo. ◇ Vieilli. *Jeter sa gourme :* en parlant de jeunes gens, se livrer à leurs premières folies, à leurs premières fredaines. **2.** VÉTÉR. Maladie contagieuse qui atteint surtout les poulains.

GOURMÉ, E adj. Litt. Qui affecte un maintien grave et compassé.

GOURMET n.m. Personne qui sait distinguer et apprécier la bonne cuisine et les bons vins.

GOURMETTE n.f. **1.** Petite chaînette fixée de chaque côté du mors du cheval et passant sous la mâchoire inférieure. **2.** Bracelet formé d'une chaîne à maillons aplatis.

GOURNABLE n.f. MAR. Cheville de bois dur (chêne, etc.), destinée à fixer les bordages d'un vaisseau en bois.

GOUROU ou **GURU** [guru] n.m. (hindi *gurū,* vénérable). **1.** Maître spirituel hindou. **2.** Par plais. Maître à penser.

GOUSSE n.f. **1.** BOT. Fruit à deux valves, garnies d'une rangée de graines, des plantes du groupe des légumineuses. **2.** Cour. Tête ou partie *(caïeu)* de tête d'ail, d'échalote.

GOUSSET n.m. **1.** Petite poche du gilet ou de l'intérieur de la ceinture du pantalon destinée à loger une montre. **2.** CONSTR. Élément d'assemblage ou de contreventement, de forme triangulaire, utilisé en charpente et en construction mécanique. **3.** Console de bois destinée à supporter une tablette. **4.** HÉRALD. Pièce formée de deux lignes diagonales partant des angles du chef et qui rejoignent un pal.

GOÛT n.m. (lat. *gustus*). **I. 1.** Celui des cinq sens par lequel on perçoit les saveurs. (Le goût siège sur les papilles gustatives de la langue chez l'homme, qui perçoit quatre grandes saveurs de base : salée, sucrée, amère, acide.) **2.** Saveur d'un aliment. *Un goût sucré, poivré.* **3.** Désir des aliments ou préférence dans leur choix. *Avoir le goût des gâteaux.* ◇ Pop. *Faire passer le goût du pain à (qqn),* le tuer ; le battre, lui infliger une correction. **II. 1.** Discernement, sentiment de ce qui est bon, beau, etc., sens intuitif des valeurs esthétiques. *Homme de goût.* **2.** Prédilection, penchant particulier, préférence. *Avoir du goût pour la peinture.* ◇ *Dans ce goût-là :* de cette sorte. – *Dans le goût de :* dans le style de.

1. GOÛTER v.t. (lat. *gustare*). **1.** Sentir la saveur de (un aliment, une boisson). **2.** Trouver bon ou agréable, jouir de. *Goûter la musique.* **3.** Apprécier, estimer. *Goûter un auteur.* ◆ v.t. ind. ***(à, de).*** **1.** Manger ou boire pour la première fois ou en petite quantité. *Goûtez à ces gâteaux. Goûter d'un mets.* **2.** Essayer, expérimenter. *Goûter d'un métier.* ◆ v.i. **1.** Faire un léger repas dans l'après-midi. *Faire goûter les enfants.* **2.** Belgique. **a.** Avoir le goût de. **b.** Avoir bon goût.

2. GOÛTER n.m. Petit repas que l'on prend dans l'après-midi.

GOÛTEUR, EUSE n. Personne chargée de goûter une boisson, une préparation.

GOÛTEUX, EUSE adj. Qui a du goût, de la saveur.

1. GOUTTE n.f. (lat. *gutta*). **1.** Petite quantité de liquide sphérique se détachant par condensation ou ruissellement d'une masse. *Gouttes de pluie.* **2.** Petite quantité (de boisson). *Boire une goutte de vin.* **3.** Fam. *La goutte :* l'alcool, l'eau-de-vie. *Boire la goutte.* **4.** ARCHIT. Petit cône bordant le soffite de la corniche, sous les triglyphes, dans l'entablement dorique. ◆ pl. Médicament à prendre sous forme de gouttes. ◆ loc. adv. Litt. *Ne... goutte :* ne... rien, aucunement. *N'y voir, n'entendre goutte.*

2. GOUTTE n.f. Maladie métabolique à manifestations articulaires, rénales et cutanées, due à l'accumulation de l'acide urique dans l'organisme et caractérisée par des inflammations douloureuses, ou *accès de goutte,* siégeant en particulier au gros orteil.
GOUTTE-À-GOUTTE n.m. inv. Appareil médical permettant de régler le débit d'une perfusion ; la perfusion elle-même.
GOUTTELETTE n.f. Petite goutte.
GOUTTER v.i. Laisser tomber des gouttes ; tomber goutte à goutte. *Robinet, eau qui goutte.*
GOUTTEREAU [gutro] adj.m. CONSTR. *Mur gouttereau,* portant un chéneau ou une gouttière (par opp. à *mur pignon*).
GOUTTEUX, EUSE adj. et n. MÉD. Relatif à la goutte ; atteint de la goutte.
GOUTTIÈRE n.f. **1.** Petit canal ouvert recevant les eaux de pluie à la base d'un toit. **2.** CHIR. Appareil employé pour maintenir un membre malade ou fracturé.
GOUVERNABLE adj. Que l'on peut gouverner.
GOUVERNAIL n.m. (lat. *gubernaculum*). **1.** Appareil constitué d'une surface plane orientable solidaire d'un axe vertical, et servant à diriger un navire, un sous-marin. – *Gouvernail automatique :* servomécanisme qui, sous l'effet du vent, permet de maintenir un voilier au cap désiré sans intervention humaine. ◇ Fig. *Être au gouvernail, tenir le gouvernail (de) :* diriger. **2.** *Gouvernail de profondeur :* plan mince horizontal et orientable disposé à l'avant et à l'arrière des sous-marins pour les mouvements dans un plan vertical.

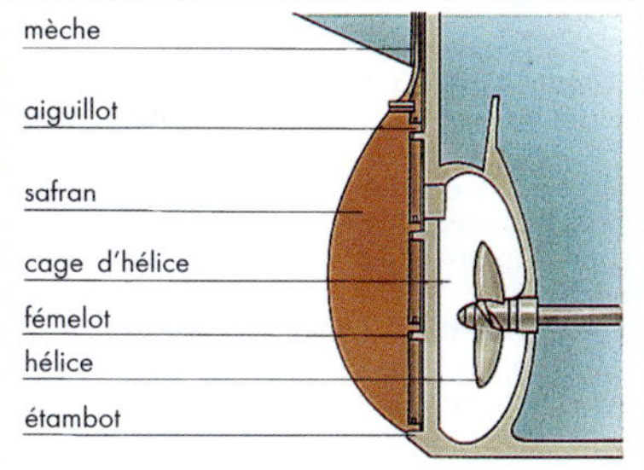

ensemble d'un **gouvernail** de navire

GOUVERNANT, E adj. et n. Qui a le pouvoir politique. *Classes gouvernantes et classes gouvernées.*
GOUVERNANTE n.f. **1.** Femme à laquelle est confiée l'éducation d'un ou de plusieurs enfants. **2.** Femme qui a soin du ménage, de la maison d'un homme seul.
GOUVERNE n.f. **1.** Action de diriger une embarcation. *Aviron de gouverne.* **2.** AÉRON. Chacun des organes utilisés pour obtenir la rotation d'un aéronef autour de ses trois axes : tangage *(gouverne de profondeur),* roulis *(gouverne latérale),* lacet *(gouverne de direction).* **3.** Litt. *Pour ma (ta, sa,* etc.) *gouverne :* pour me (te, lui, etc.) servir de règle de conduite.

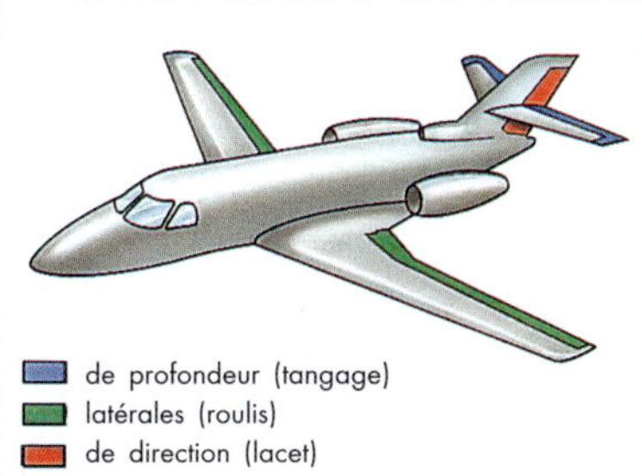

gouvernes

GOUVERNEMENT n.m. **1.** Action de gouverner, de diriger politiquement un pays. **2.** Forme politique qui régit un État. *Gouvernement démocratique.* **3.** Organe qui détient le pouvoir exécutif dans un État. *Les membres du gouvernement.* ◇ DR. *Acte de gouvernement :* acte administratif échappant à tout contrôle juridictionnel et concernant les relations du gouvernement et du Parlement ou les relations internationales. **4.** Circonscription administrative de la France d'Ancien Régime.
GOUVERNEMENTAL, E, AUX adj. **1.** Relatif au gouvernement. ◇ *Fonction gouvernementale, pouvoir gouvernemental :* pouvoir exécutif. **2.** Qui soutient le gouvernement. *Journal gouvernemental.*
GOUVERNER v.t. (lat. *gubernare*). **1.** Diriger à l'aide d'un gouvernail. *Gouverner une barque.* **2.** Diriger politiquement ; exercer le pouvoir exécutif. *Gouverner un État.* **3.** Suisse. S'occuper du bétail matin et soir. **4.** LING. Régir (tel cas, tel mode). *Préposition gouvernant l'ablatif en latin.* ◆ v.i. Obéir au gouvernail.
GOUVERNÉS n.m. pl. Ceux qui sont soumis à un pouvoir gouvernemental, par opp. à *gouvernants.*
GOUVERNEUR n.m. **1.** Titulaire du pouvoir exécutif dans les Constitutions des États fédérés des États-Unis. **2.** Anc. Personne placée à la tête d'une province, d'un gouvernement, d'un territoire, d'une colonie, etc. *Gouverneurs romains.* **3.** Directeur d'un grand établissement public. *Gouverneur de la Banque de France.* **4.** Anc. Personne chargée de l'éducation d'un prince, d'un jeune homme de famille riche.
GOY ou **GOÏ** [gɔj] adj. et n. (mot hébr., *chrétien*). Terme par lequel les juifs désignent les non-juifs. Pluriel savant : *goyim* ou *goïm.*
GOYAVE [gɔjav] n.f. (esp. *guyaba*). Fruit du goyavier.
GOYAVIER n.m. Arbre cultivé en Amérique tropicale pour ses baies sucrées, ou goyaves. (Famille des myrtacées.)
GOYIM n.pl. → ***goy.***
G. P. L. n.m. (sigle). Gaz de pétrole liquéfié.
gr, symbole du grade.
G. R. n.m. (sigle). Sentier de grande randonnée.
GRABAT n.m. (lat. *grabatus* ; du gr.). Litt. Lit misérable, où l'on souffre.
GRABATAIRE adj. et n. Se dit d'un malade qui ne quitte pas le lit. *Vieillard grabataire.*
GRABATISATION n.f. MÉD. Fait de devenir grabataire.
GRABEN [grabən] n.m. (mot all.). GÉOL. Fossé tectonique.
GRABUGE n.m. Fam. Dispute bruyante ; dégâts qui en résultent. *Faire du grabuge.*
1. GRÂCE n.f. (lat. *gratia*). **1.** Faveur que l'on fait sans y être obligé ; bonne disposition, bienveillance. *Demander, accorder grâce.* ◇ *Être en grâce auprès de qqn :* jouir de sa faveur. – *Agir de bonne, de mauvaise grâce,* avec bonne, mauvaise volonté. – *Faire grâce :* dispenser. *Faire grâce à qqn de ses dettes.* – *Coup de grâce,* qui achève, donne la mort. **2.** Remise partielle ou totale de la peine d'un condamné ou commutation en une peine plus légère ; mesure de clémence. *Demander la grâce d'un condamné.* ◇ DR. *Grâce amnistiante :* grâce accordée par le chef de l'État en application d'une mesure législative et à laquelle sont attachés les effets de l'amnistie. – *Crier grâce :* se déclarer vaincu. **3.** Don surnaturel que Dieu accorde en vue du salut. ◇ *État de grâce :* état de celui auquel Dieu accorde le salut ; période où tout semble favorable. **4.** Remerciement (d'un bienfait, d'une faveur). ◇ Litt. *Rendre grâce* ou *grâces (à) :* remercier. **5.** Beauté, charme particulier. *Marcher, danser avec grâce.* ◆ pl. **1.** Prière de remerciement après le repas. **2.** Vieilli. *Faire des grâces :* minauder, faire des manières. ◆ loc. prép. *Grâce à :* par l'action heureuse de. *J'ai réussi grâce à vous.* ◇ *Grâce à Dieu :* par bonheur.
2. GRÂCE interj. (Pour demander à être épargné). *Grâce ! Laissez-nous la vie sauve ! – De grâce :* par pitié !
GRACIABLE adj. Susceptible d'être gracié.
GRACIER v.t. Réduire ou supprimer la peine de (un condamné).
GRACIEUSEMENT adv. **1.** Avec grâce, aimablement. **2.** À titre gracieux, gratuitement.
GRACIEUSETÉ n.f. Litt. et vx. **1.** Manière aimable d'agir ; action gracieuse. **2.** Gratification donnée en plus de ce qu'on doit.
GRACIEUX, EUSE adj. (lat. *gratiosus*). **1.** Qui a de la grâce, du charme. *Visage gracieux.* **2.** Qui fait preuve de bienveillance, qui accorde des grâces, des faveurs ; bénévole, gratuit. *Concours gracieux.* – *Juridiction gracieuse,* qui s'exerce en dehors de tout litige (par opp. à *juridiction contentieuse*). ◇ *À titre gracieux :* gratuitement.
GRACILE adj. (lat. *gracilis*). Litt. Mince, élancé et fragile. *Corps un peu gracile.*
GRACILITÉ n.f. Litt. Caractère de ce qui est gracile ; minceur.
GRADATION n.f. (lat. *gradatio*). Progression par degrés successifs, par valeurs croissantes (ou décroissantes). *Gradation des efforts.*
GRADE n.m. (lat. *gradus*). **1.** Degré, échelon d'une hiérarchie, en partic. de la hiérarchie militaire. *Le grade de lieutenant. Monter en grade.* *(V. illustration p. 490.)* ◇ *Grade universitaire :* titre (baccalauréat, licence, doctorat) décerné par une université. – Fam. *En prendre pour son grade :* recevoir une vive remontrance. **2.** Unité de mesure d'angle plan (symb. : gr) équivalant à l'angle au centre qui intercepte sur la circonférence un arc d'une longueur égale à 1/400 de celle de cette circonférence, soit $\pi/200$ radian. SYN. : *gon.* **3.** Désignation conventionnelle de la dureté d'un abrasif aggloméré. **4.** TECHN. Qualité d'une huile de graissage.
GRADÉ, E adj. Rare. Pourvu d'un grade. ◆ n. Militaire non officier titulaire d'un grade supérieur à celui de soldat (ou de matelot).
GRADER [-dœr] n.m. (mot angl.). TECHN. (Anglic. déconseillé). Niveleuse.
GRADIENT n.m. **1.** Taux de variation d'un élément météorologique en fonction de la distance. (Dans le sens vertical, le gradient de température s'exprime en °C par 100 m ; dans le sens horizontal, le gradient de pression s'exprime en millibars par 100 km ou par degré géographique [111 km].) **2.** BIOL. Variation, progressivement décroissante à partir d'un point maximal, de la concentration d'une substance ou d'une propriété physiologique dans un biotope, une cellule ou un organisme. **3.** MATH. *Gradient d'une fonction :* vecteur, noté $\overrightarrow{\text{grad}}\,f$, dont les composantes, dans une base orthonormée, sont les dérivées partielles de *f* par rapport à chacune des 3 variables. **4.** PHYS. *Gradient de potentiel :* variation du potentiel entre deux points, dans la direction du champ.
GRADIN n.m. (it. *gradino*). **1.** Petite marche formant étagère, sur un autel, un meuble, etc. **2.** Chacun des degrés, des bancs étagés et en retrait les uns par rapport aux autres d'un amphithéâtre, d'un stade. **3.** Chacun des degrés d'un terrain, d'une construction.
GRADUAT n.m. Belgique. Cycle d'études techniques immédiatement inférieur au niveau universitaire ; diplôme sanctionnant ce cycle.
GRADUATION n.f. **1.** Action de graduer. **2.** Chacune des divisions établies en graduant ; ensemble de ces divisions.
1. GRADUÉ, E adj. (de *graduer*). **1.** Divisé en degrés. **2.** Progressif. *Exercices gradués.*
2. GRADUÉ, E adj. et n. Belgique. Qui est titulaire d'un diplôme de graduat.
1. GRADUEL, ELLE adj. Qui va par degrés.
2. GRADUEL n.m. LITURGIE. **1.** Chant qui, à la messe romaine, suit la lecture de l'épître. **2.** Livre qui contient les chants liturgiques de la messe.
GRADUELLEMENT adv. Par degrés.
GRADUER v.t. (lat. *gradus,* degré). **1.** Augmenter par degrés. *Graduer les difficultés.* **2.** Diviser en degrés. *Graduer un thermomètre.*
GRADUS [-dys] n.m. Dictionnaire de prosodie et d'expressions poétiques latines.
GRAFF n.m. Composition picturale à base calligraphique bombée sur un mur, une paroi.
GRAFFEUR, EUSE n. Personne, artiste qui réalise des graffs à la bombe de peinture.
GRAFFITEUR, EUSE n. Personne qui trace des graffitis sur les murs ; artiste qui s'exprime par le graffiti, le tag, le bombage.
GRAFFITI n.m. (it. *graffito*) [pl. inv. ou *graffitis*]. Inscription, dessin griffonnés à la main sur un mur.
GRAFIGNER v.t. (lat. *graphium,* stylet). Canada. Égratigner, érafler.
GRAILLEMENT n.m. Son émis par la corneille.
1. GRAILLER v.i. (anc. fr. *graille,* corneille). **1.** Pousser son cri, en parlant de la corneille. **2.** Parler d'une voix enrouée.
2. GRAILLER v.t. (de *graillon*). Arg. Manger.
1. GRAILLON n.m. (de *griller*). Odeur de graisse brûlée, de mauvaise cuisine.

ARMÉE DE TERRE - 1. Maréchal de France ; 2. Général d'armée ; 3. Général de corps d'armée ; 4. Général de division ; 5. Général de brigade ; 6. Colonel ; 7. Lieutenant-colonel ; 8. Chef de bataillon ou d'escadron ; 9. Capitaine ; 10. Lieutenant ; 11. Sous-lieutenant ; 12. Aspirant ; 13. Major ; 14. Adjudant-chef ; 15. Adjudant ; 16. Sergent-chef ou maréchal des logis-chef ; 17. Sergent ou maréchal des logis (de carrière) ; 18. Sergent ou maréchal des logis ; 19. Caporal-chef ou brigadier-chef ; 20. Caporal ou brigadier.

MARINE NATIONALE - 1. Amiral ; 2. Vice-amiral d'escadre ; 3. Vice-amiral ; 4. Contre-amiral ; 5. Capitaine de vaisseau ; 6. Capitaine de frégate ; 7. Capitaine de corvette ; 8. Lieutenant de vaisseau ; 9 et 10. Enseignes de vaisseau (1re et 2e classe) ; 11. Aspirant ; 12. Major ; 13. Maître principal ; 14. Premier maître ; 15. Maître ; 16. Second maître ; 17. Quartier-maître de 1re classe ; 18. Quartier-maître de 2e classe ; 19. Matelot breveté.

ARMÉE DE L'AIR - 1. Général d'armée aérienne ; 2. Général de corps aérien ; 3. Général de division aérienne ; 4. Général de brigade aérienne ; 5. Colonel ; 6. Lieutenant-colonel ; 7. Commandant ; 8. Capitaine ; 9. Lieutenant ; 10. Sous-lieutenant ; 11. Aspirant ; 12. Major ; 13. Adjudant-chef ; 14. Adjudant ; 15. Sergent-chef ; 16. Sergent (de carrière) ; 17. Sergent ; 18. Caporal-chef ; 19. Caporal ; 20. 1re classe.

GENDARMERIE NATIONALE - 1. Général d'armée ; 2. Général de corps d'armée ; 3. Général de division ; 4. Général de brigade ; 5. Colonel ; 6. Lieutenant-colonel ; 7. Chef d'escadron ; 8. Capitaine ; 9. Lieutenant ; 10. Sous-lieutenant ; 11. Major ; 12. Adjudant-chef ; 13. Adjudant ; 14. Maréchal des logis-chef ; 15. Gendarme ; 16. Maréchal des logis ; 17. Brigadier-chef ; 18. Brigadier ; 19. 1re classe.

Insignes des **grades** dans l'armée française

2. GRAILLON n.m. (du germ.). Pop. Crachat épais.

1. GRAILLONNER v.i. Prendre une odeur de graillon.

2. GRAILLONNER v.i. Pop. Tousser pour expulser des crachats épais.

GRAIN n.m. (lat. *granum*). **I. 1.** Fruit (caryopse) et semence des céréales. *Grain de blé. Silo à grain.* ◇ *Les grains :* les céréales. **2.** Petit fruit rond provenant d'une grappe. *Grain de raisin.* **3.** Graine de quelques légumineuses ou fruit, graine de certaines plantes. *Grains de café, de poivre.* ◇ Fam. *Donner du grain à moudre (à qqn),* lui fournir des arguments ; lui donner matière à réflexion. **4.** Petit corps sphérique. *Grains de chapelet.* **5.** Élément minuscule de matière. *Grain de sable. Grain de sel.* ◇ Fam. *Mettre son grain de sel :* intervenir indiscrètement dans une conversation sans y être invité. **6.** Aspérité d'une surface ; texture. *Grain de la peau. Tissu à gros grains.* **7.** *Grain de beauté :* petite tache sur la peau. SYN. : *lentigo.* **8.** PHOT. Particule formant l'émulsion. **9.** *Un grain de :* une toute petite quantité de. *Il n'a pas un grain de bon sens. Un grain de folie.* ◇ Fam. *Avoir un grain :* être un peu fou. **10.** *Grain métrique :* unité de mesure de masse, non légale mais tolérée, pour les perles fines, équivalant à 0,25 carat métrique, soit 0,05 g. **II.** MAR. **1.** Coup de vent violent et subit, généralement de courte durée. ◇ Fig. *Veiller au grain :* être sur ses gardes. **2.** Averse soudaine.

GRAINAGE n.m. **1.** Production des œufs, ou graines, de vers à soie. **2.** Grenage.

GRAINE n.f. (lat. *grana*). **1.** Organe dormant enfermé dans un fruit et qui, après dispersion et germination, donne une nouvelle plante. ◇ *Monter en graine :* se développer jusqu'à la production des graines ; fam., grandir vite, en parlant d'un enfant, d'un adolescent. – Fam. *Mauvaise graine :* mauvais sujet. – Fam. *En prendre de la graine :* prendre modèle, exemple sur. **2.** Fam. *Casser la graine :* manger. **3.** Œuf du bombyx du mûrier, dont la chenille est le ver à soie. **4.** Partie centrale de la Terre.

GRAINER v.i. et t. → ***grener.***

GRAINETERIE [grɛntri] n.f. Commerce, magasin du grainetier.

GRAINETIER, ÈRE n. Commerçant en grains, graines, oignons, bulbes, etc.

GRAINEUR, EUSE n. → ***greneur.***

GRAINIER, ÈRE n. Anc. Grainetier.

GRAISSAGE n.m. Action de graisser un moteur, un mécanisme.

GRAISSE n.f. (lat. *crassus,* épais). **1.** Substance lipidique onctueuse présente dans le tissu de l'homme et des animaux, fondant entre 25 et 50 °C. **2.** Tout corps gras utilisé comme lubrifiant et protection. **3.** Altération du vin, du cidre, de la bière, qui deviennent filants comme de l'huile. **4.** IMPR. Épaisseur des traits de la lettre.

GRAISSER v.t. **1.** Frotter, enduire de graisse. *Graisser une machine.* ◇ Fam. *Graisser la patte à qqn,* lui donner de l'argent pour obtenir un service, une faveur. **2.** Tacher de graisse. *Graisser ses vêtements.* ◆ v.i. S'altérer, tourner par l'effet de la graisse, en parlant du vin, du cidre, de la bière.

1. GRAISSEUR, EUSE adj. Qui graisse.

2. GRAISSEUR n.m. **1.** Ouvrier qui effectue le graissage d'appareils mécaniques. **2.** Dispositif permettant d'opérer le graissage.

GRAISSEUX, EUSE adj. **1.** Qui contient de la graisse. *Tissu graisseux.* **2.** Taché de graisse. *Vêtements graisseux.*

GRAM (COLORATION DE) [du médecin danois *Gram*] : coloration des bactéries au moyen d'une solution iodo-iodurée employée avec le violet de gentiane et la fuchsine, et qui permet de les différencier selon qu'elles restent violettes *(Gram positif)* ou deviennent roses *(Gram négatif).*

GRAMEN [gramɛn] n.m. (mot lat.). Herbe à gazon.

GRAMINÉE n.f. *Graminées :* très importante famille de plantes monocotylédones aux épis de fleurs peu voyants, aux fruits farineux réduits à des grains (caryopses) et au port herbacé, comprenant les céréales, les herbes des prairies, des steppes et des savanes, les bambous, la canne à sucre.

GRAMMAGE n.m. TECHN. Masse par unité de surface (d'un papier, d'un carton, etc.), exprimée en grammes par mètre carré.

GRAMMAIRE n.f. (lat. *grammatica*). **1.** Ensemble des règles phonétiques, morphologiques et syntaxiques, écrites et orales d'une langue ; étude et description de ces règles. **2.** Livre, manuel enseignant ces règles. **3.** Ensemble des règles d'un art, d'une technique. *La grammaire du cinéma.*

GRAMMAIRIEN, ENNE n. Spécialiste de grammaire, de l'enseignement de la grammaire.

GRAMMATICAL, E, AUX adj. **1.** Relatif à la grammaire. *Règle grammaticale.* ◇ *Mots grammaticaux,* ceux qui dénotent les facteurs syntaxiques (conjonctions, prépositions, pronoms, etc.), par opp. aux *mots lexicaux,* porteurs d'un contenu sémantique (noms, adjectifs, verbes, adverbes). **2.** Conforme aux règles de la grammaire. *Énoncé grammatical.*

GRAMMATICALEMENT adv. Selon les règles de la grammaire.

GRAMMATICALISATION n.f. LING. Fait de se grammaticaliser. *La grammaticalisation du nom latin* mente *en suffixe d'adverbe* -ment.

GRAMMATICALISER v.t. LING. Donner à (un élément lexical) une fonction grammaticale.

GRAMMATICALITÉ n.f. LING. Caractère d'une phrase dont la construction est conforme aux règles de la grammaire d'une langue.

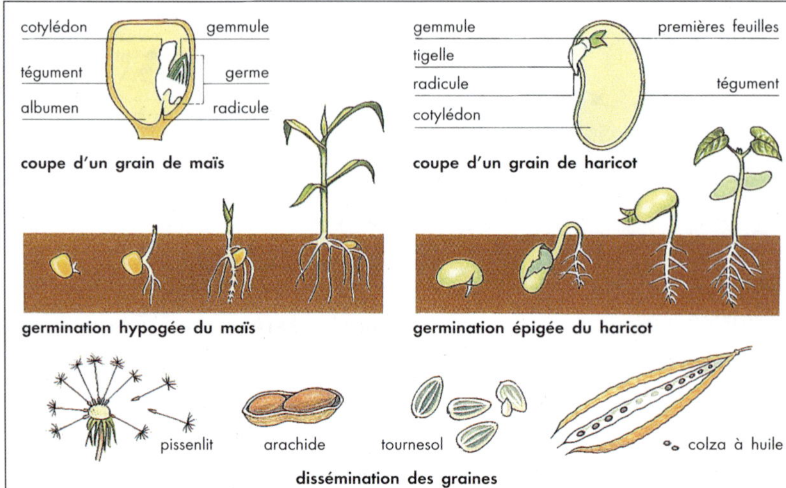

graines de quelques plantes et exemples de germination

GRAMME n.m. (gr. *gramma,* petit poids). Unité de masse (symb. g) du système C.G.S., valant un millième de kilogramme et représentant sensiblement la masse d'un centimètre cube d'eau pure à 4 °C.

GRANA n.m. Fromage italien, variété de parmesan.

1. GRAND, E adj. (lat. *grandis*). **I. 1.** Qui est de taille élevée. *Être grand pour son âge.* **2.** Qui a des dimensions étendues. *Grande ville.* **3.** D'une taille, d'une intensité, d'une quantité supérieure à la moyenne. *Grand front. Grand vent. Grand bruit.* **4.** Qui a atteint une certaine maturité. *Tu es grand maintenant.* **5.** *Grand frère, grande sœur :* frère, sœur aînés. **II. 1.** Qui l'emporte par sa naissance, sa fortune, son influence. *Grand personnage.* ◇ (Ajouté au titre des premiers dignitaires d'un ordre). *Grand prêtre. Grand officier.* **2.** Qui est marquant, exceptionnel. *C'est un grand jour.* **3.** Qui se distingue par qqch d'exceptionnel, par ses qualités, son talent, son haut niveau, etc. *Un grand mathématicien. Un grand vin.* ◆ adv. *Voir grand :* avoir de grands projets. – *Faire qqch en grand,* sans rien ménager, sur une vaste échelle. ◆ n. **1.** Personne adulte. *Grands et petits.* **2.** Personne de taille élevée. **3.** Enfant plus âgé comparativement à d'autres. *La cour des grands.*

2. GRAND n.m. **1.** Litt. Personne importante par son rang, son influence, etc. *Les grands de ce monde.* **2.** HIST. Membre de la plus haute noblesse dans la France d'Ancien Régime et en Espagne. **3.** *Les Grands :* les grandes puissances mondiales.

GRAND-ANGLE ou **GRAND-ANGULAIRE** n.m. (pl. *grands-angles, grands-angulaires*). Objectif photographique couvrant une grande largeur de champ.

GRAND-CHOSE pron. indéf. *Pas grand-chose :* presque rien. *Je n'ai pas grand-chose à manger.* ◆ n. inv. Fam. *Un, une pas grand-chose :* une personne de peu de valeur, peu estimable.

1. GRAND-CROIX n.f. inv. Dignité la plus haute de la plupart des ordres de chevalerie et des ordres de mérite.

2. GRAND-CROIX n.m. (pl. *grands-croix*). Personne qui a reçu la grand-croix.

GRAND-DUC n.m. (pl. *grands-ducs*). **1.** Souverain d'un grand-duché. **2.** Prince de la famille impériale de Russie. ◇ Fam. *Faire la tournée des grands-ducs,* la tournée des établissements de nuit, des lieux de plaisir.

GRAND-DUCAL, E, AUX adj. Qui concerne un grand-duc ou un grand-duché.

GRAND-DUCHÉ n.m. (pl. *grands-duchés*). Pays où règne un grand-duc.

GRANDE-DUCHESSE n.f. (pl. *grandes-duchesses*). **1.** Femme ou fille d'un grand-duc. **2.** Souveraine d'un grand-duché.

GRANDELET, ETTE adj. Fam. Qui commence à devenir grand. *Fille grandelette.*

GRANDEMENT adv. **1.** Beaucoup, largement. *Se tromper grandement.* **2.** Au-delà de ce qui est habituel. *Faire les choses grandement.* **3.** Avec grandeur d'âme. *Agir grandement.*

GRANDESSE n.f. (esp. *grandeza*). HIST. Dignité de grand d'Espagne.

GRANDET, ETTE adj. Fam. Assez grand, en parlant d'une personne.

GRANDEUR n.f. **1.** Dimension en hauteur, longueur, largeur. *Grandeur d'une maison.* ◇ *Grandeur nature, en vraie grandeur :* dont les dimensions sont celles du modèle, de la chose imitée. **2.** Ce qui peut être estimé, mesuré. *Grandeur physique.* ◇ *Ordre de grandeur :* dimension, quantité en valeur approximative. **3.** Qualité de qqn qui se distingue par son influence, son rang, sa valeur, son importance. **4.** PSYCHOL. *Idée de grandeur :* idée délirante dans laquelle le sujet s'attribue une puissance exceptionnelle (physique, sexuelle, intellectuelle, etc.). – *Folie des grandeurs :* mégalomanie.

GRAND-GUIGNOLESQUE adj. (pl. *grand-guignolesques*). Qui a le caractère d'horreur outrée et invraisemblable des spectacles présentés autrefois par le théâtre parisien du Grand-Guignol (1897-1962).

GRANDILOQUENCE n.f. (lat. *grandis,* grand, et *loqui,* parler). Caractère d'un discours grandiloquent ; pompe, emphase.

GRANDILOQUENT, E adj. Emphatique, pompeux. *Discours grandiloquent.*

GRANDIOSE adj. (it. *grandioso*). Imposant par sa grandeur, sa majesté. *Édifice grandiose.*

GRANDIR v.i. Devenir grand. ◆ v.t. **1.** Rendre ou faire paraître plus grand. *Ces chaussures la grandissent.* **2.** Rendre plus élevé, plus prestigieux. *Cela le grandira dans l'estime publique.*

GRANDISSANT, E adj. Qui va croissant.

GRANDISSEMENT n.m. OPT. Rapport de la longueur d'une image à la longueur de l'objet.

GRANDISSIME adj. (it. *grandissimo*). Fam. et par plais. Très grand.

GRAND-LIVRE n.m. (pl. *grands-livres*). COMPTAB. **1.** Registre sur lequel on reporte, compte par compte, les opérations du journal. **2.** Liste qui mentionne tous les créanciers de l'État. SYN. : *grand-livre de la dette publique.*

GRAND-MAMAN n.f. (pl. *grand[s]-mamans*). Langage enfantin (surtout comme appellatif). Grand-mère.

GRAND-MÈRE n.f. (pl. *grand[s]-mères*). **1.** Mère du père ou de la mère. ◇ (Appellatif). *Bonjour, grand-mère.* **2.** Fam. Vieille femme.

GRAND-MESSE n.f. (pl. *grand[s]-messes*). **1.** Messe solennelle chantée. **2.** Fig. Manifestation spectaculaire visant à souder l'homogénéité d'un groupe, d'un parti, etc.

GRAND-ONCLE n.m. (pl. *grands-oncles*). Frère du grand-père ou de la grand-mère.

GRAND-PAPA n.m. (pl. *grands-papas*). Langage enfantin (surtout comme appellatif). Grand-père.

GRAND-PEINE (À) loc. adv. Avec difficulté.

GRAND-PÈRE n.m. (pl. *grands-pères*). **1.** Père du père ou de la mère. ◇ (Appellatif). *Tu viens, grand-père ?* **2.** Fam. Vieillard.

GRANDS-PARENTS n.m. pl. Le grand-père et la grand-mère.

GRAND-TANTE n.f. (pl. *grand[s]-tantes*). Sœur du grand-père ou de la grand-mère.

GRAND-VOILE n.f. (pl. *grand[s]-voiles*). Voile carrée inférieure du grand mât des gréements carrés ou voile principale des gréements auriques ou marconi.

GRANGE n.f. Bâtiment d'une exploitation agricole où sont entreposées les récoltes de paille, de foin, etc.

GRANGÉE n.f. Contenu d'une grange pleine.

GRANITE ou **GRANIT** n.m. (it. *granito,* grenu). Roche magmatique plutonique formée principalement de quartz, de feldspath alcalin et de mica, constituant l'essentiel de la croûte continentale.

1. GRANITÉ, E adj. **1.** Qui présente des grains, des petits reliefs rappelant le granite. **2.** Peint, moucheté d'une manière qui rappelle le granite.

2. GRANITÉ n.m. **1.** Étoffe de laine, de coton à gros grains. **2.** Sorbet granuleux fait de glace au sirop peu sucrée et servie cristallisée.

GRANITER v.t. Peindre en imitant le granite.

GRANITEUX, EUSE adj. Qui contient du granite.

GRANITIQUE adj. De la nature du granite.

1. GRANITOÏDE adj. Qui a l'aspect du granite.

2. GRANITOÏDE n.m. Roche du groupe des granites ou apparentée génétiquement aux granites.

GRANIVORE adj. et n. Qui se nourrit de graines. *Oiseaux, rongeurs granivores.*

GRANNY-SMITH [granismis] n.f. inv. Pomme d'une variété verte à chair ferme, d'origine australienne, très cultivée.

GRANULAIRE adj. Qui se compose de petits grains.

GRANULAT n.m. Ensemble des constituants inertes (sables, graviers, cailloux) des mortiers, des enrobés et des bétons.

GRANULATION n.f. **1.** Agglomération (d'une substance) en petits grains. **2.** TECHN. Fragmentation et solidification en grains, sous l'effet d'un jet d'eau, d'un produit fondu. **3.** MÉD. Lésion constituée de petits nodules se formant dans les organes, sur les muqueuses ou sur les plaies.

1. GRANULE n.m. (lat. *granulum*). **1.** Petit grain d'une matière quelconque. **2.** PHARM. Petite pilule renfermant une quantité infime mais rigoureusement dosée d'une substance très active.

2. GRANULE n.f. ASTRON. Petite tache brillante de forme polygonale, éphémère, observée sur la photosphère du Soleil.

1. GRANULÉ, E adj. **1.** Qui présente des granulations. **2.** Réduit en granules.

2. GRANULÉ n.m. PHARM. Médicament en forme de grain constitué d'une substance active et de sucre qui le rend agréable à absorber. SYN. : *saccharure.*

GRANULER v.t. Mettre, réduire en petits grains.

GRANULEUX, EUSE adj. **1.** Divisé en petits grains. *Terre granuleuse.* **2.** MÉD. Qui présente des granulations.

GRANULIE n.f. MÉD. Forme aiguë de tuberculose, caractérisée par la dissémination dans les poumons *(granulie pulmonaire)* ou dans tout l'organisme *(granulie généralisée)* de granulations tuberculeuses du volume d'un grain de mil. SYN. : *tuberculose miliaire.*

GRANULITE n.f. **1.** Roche métamorphique constituée essentiellement de quartz et de feldspath et, accessoirement, de grenat ou de pyroxène. **2.** Vx. Granite à mica blanc.

GRANULOCYTE n.m. BIOL. Leucocyte caractérisé par un noyau polylobé et par son contenu en granulations. (Ces dernières font distinguer trois variétés de granulocytes, les polynucléaires neutrophiles, éosinophiles et basophiles.) SYN. : *polynucléaire.*

GRANULOME n.m. (lat. *granulum,* petite graine). MÉD. Petite tumeur cutanée arrondie.

GRANULOMÉTRIE n.f. **1.** Mesure des dimensions des grains d'un mélange, détermination de leur forme et de leur répartition statistique. **2.** Mesure des particules minérales du sol ou d'une roche.

GRAPE-FRUIT [grɛpfrut] n.m. (mot amér.) [pl. *grape-fruits*]. Pomelo.

GRAPHE n.m. MATH. **1.** *Graphe d'une relation ou d'une correspondance d'un ensemble* A *vers un ensemble* B : ensemble des couples dont le deuxième élément, appartenant à B, est l'image du premier, appartenant à A. **2.** Ensemble de points, nommés *sommets,* dont certains couples sont reliés par une ligne, orientée *(flèche)* ou non *(arête). Le graphe est orienté si les sommets sont ordonnés, non orienté si l'origine et l'extrémité de l'arc ne sont pas distinguées.*

GRAPHÈME n.m. LING. Unité graphique minimale entrant dans la composition d'un système d'écriture.

GRAPHEUR n.m. INFORM. Logiciel de gestion de graphiques.

GRAPHIE n.f. (gr. *graphein,* écrire). LING. Représentation écrite (d'un mot ou d'un énoncé).

GRAPHIOSE n.f. Maladie cryptogamique de l'orme, entraînant la mort de l'arbre.

1. GRAPHIQUE adj. **1.** Qui représente par des dessins, des signes écrits. *L'alphabet est un système graphique.* **2.** Qui se rapporte aux procédés d'impression et aux arts de l'imprimerie. *Arts et industrie graphiques.* **3.** MATH. *Représentation graphique d'une fonction :* courbe plane dont les points ont pour coordonnées, dans un repère du plan, les couples du graphe de la fonction.

2. GRAPHIQUE n.m. Représentation de données par une construction graphique.

3. GRAPHIQUE n.f. Technique de la représentation des phénomènes, des évolutions par des schémas, des graphiques.

GRAPHIQUEMENT adv. **1.** Par l'écrit. **2.** Par des procédés graphiques.

GRAPHISME n.m. **1.** Caractère particulier d'une écriture, manière d'écrire individuelle. **2.** Manière de tracer une ligne, de dessiner. *Le graphisme de Jacques Callot.*

GRAPHISTE n. Professionnel des arts et industries graphiques.

GRAPHITE n.m. Carbone naturel ou artificiel cristallisé, presque pur, gris-noir, tendre et friable. SYN. : *plombagine.*

GRAPHITER v.t. **1.** Transformer en graphite. **2.** Additionner de graphite. ◇ Enduire superficiellement de graphite.

GRAPHITEUX, EUSE ou **GRAPHITIQUE** adj. Qui contient du graphite.

GRAPHITISATION n.f. MÉTALL. Traitement thermique effectué sur les fontes, pour précipiter le carbone à l'état de graphite.

GRAPHOLOGIE n.f. (gr. *graphein,* écrire, et *logos,* science). Technique de l'interprétation de l'écriture considérée comme une expression de la personnalité.

GRAPHOLOGIQUE adj. Relatif à la graphologie.

GRAPHOLOGUE n. Spécialiste de la graphologie.

GRAPHOMÈTRE n.m. Instrument anciennement employé dans le levé des plans pour mesurer les angles sur le terrain.

GRAPPA n.f. (mot it.). Eau-de-vie de marc de raisin, fabriquée en Italie.

GRAPPE n.f. **1.** Raisin. *Vin de grappe.* **2.** Assemblage étagé et conique de fleurs, de fruits autour d'une tige commune. *Grappe de groseilles, de raisin, de fleurs de lilas.* **3.** Groupe de personnes serrées les unes contre les autres. *Grappes de voyageurs.*

GRAPPILLAGE n.m. Action de grappiller.

GRAPPILLER v.t. et i. **1.** Litt. Cueillir, ramasser çà et là (des fruits). **2.** Prendre en petite quantité, au hasard ou illégalement. *Grappiller des renseignements, de l'argent.* ◆ v.i. Enlever les grappes laissées sur les ceps après la vendange.

GRAPPILLEUR, EUSE n. Personne qui grappille, qui fait des profits illicites.

GRAPPILLON n.m. **1.** Petite grappe. **2.** Partie d'une grappe.

GRAPPIN n.m. (de *grappe,* crochet). **1.** MAR. Ancre sans jas, à quatre ou cinq crochets, pour les petites embarcations. **2.** Crochet d'abordage. ◇ Fam. *Jeter, mettre le grappin sur (qqn, qqch) :* accaparer, s'emparer de, se réserver l'usage de. **3.** Accessoire d'appareils de levage pour saisir des objets ou des matériaux.

GRAPTOLITE n.m. Organisme fossile du début de l'ère primaire, qui vivait en colonie dans les mers, et que l'on rattache aujourd'hui aux procordés.

1. GRAS, GRASSE adj. (lat. *crassus,* épais). **I. 1.** Formé de graisse, de la nature de la graisse. *Matières grasses.* ◇ *Corps gras :* substances neutres, d'origine organique, qui sont essentiellement des esters de glycérine. *Le beurre, l'huile, le suif sont des corps gras.* – CHIM. *Série grasse :* série des composés organiques à chaîne ouverte. **2.** Qui contient plus ou moins de graisse, de matière grasse. *Lard gras. Fromage gras.* **3.** Spécialt. (Par opp. à *maigre*). Préparé avec de la viande ou de la graisse. *Bouillon gras.* ◇ *Jours gras :* jours où l'Église catholique permettait de manger de la viande, en partic. les trois jours précédant le mercredi des Cendres, début du carême. *Mardi gras.* **4.** Fourni en graisse, qui a trop de graisse, en parlant de qqn ou d'un animal. **5.** Enduit, imprégné de graisse ou d'une substance grasse. **6.** Spécialt. Sali, taché de graisse. *Papier gras.* **7.** *Peau grasse, cheveux gras,* atteints de séborrhée. **II. 1.** Dont la consistance évoque celle de la graisse. *Boue grasse.* ◇ *Charbon gras :* charbon à teneur modérée en matières volatiles, qui, sous l'effet de la chaleur, s'agglomère avant de brûler. **2.** Épais, largement marqué. *Caractères typographiques gras* (par opp. à *maigre*). ◇ *Crayon gras* (par opp. à *dur,* à *sec*). **3.** Empâté, peu clair, en parlant de sons émis par qqn. *Rire gras.* ◇ *Toux grasse,* accompagnée d'expectorations (par opp. à *toux sèche*). **4.** Fig. Grossier, graveleux. *De grasses plaisanteries.* **5.** Litt. Abondant, important. *Un gras pourboire. De grasses moissons.* ◇ *Terre grasse :* terre argileuse et fertile. – Fam. *Ce n'est pas gras :* c'est peu. – *Faire la grasse matinée :* s'attarder dans son lit le matin. **6.** *Plantes grasses,* à feuilles épaisses et charnues (cactacées par ex.). ◆ adv. **1.** D'une manière grasse. *Tousser gras.* **2.** RELIG. *Faire gras :* manger de la viande (par opp. à *faire maigre*).

2. GRAS n.m. **1.** Partie grasse d'une viande (par opp. au maigre). *Le gras du jambon.* ◇ *Au gras :* préparé avec de la viande ou de la graisse. *Du riz au gras.* – Fam. *Discuter le bout de gras :* bavarder un moment. **2.** TECHN. *Avoir du gras, être en gras :* avoir des dimensions plus fortes que nécessaire, trop fortes, en parlant d'une pièce, d'une pierre de taille, etc.

GRAS-DOUBLE n.m. (pl. *gras-doubles*). Produit de triperie préparé à partir de l'estomac du bœuf, échaudé et cuit à l'eau.

GRASPING-REFLEX n.m. inv. (mot angl.). NEUROL. Réflexe d'agrippement*.

GRASSEMENT adv. **1.** D'une voix grasse. *Rire grassement.* **2.** Largement ; généreusement. *Payer grassement un service.*

GRASSERIE n.f. Maladie contagieuse du ver à soie, provoquée par un virus.

GRASSET n.m. Région du membre postérieur des quadrupèdes, située à la limite de la cuisse et de la jambe et ayant pour base la rotule.

GRASSEYANT, E adj. Qui grasseye.

GRASSEYEMENT n.m. Prononciation d'une personne qui grasseye.

GRASSEYER v.i. et t. [12]. Prononcer de la gorge certaines consonnes, et particulièrement les *r.*

GRASSOUILLET, ETTE adj. Fam. Un peu gras, potelé. *Enfant grassouillet.*

GRATERON n.m. → ***gratteron.***

GRATIFIANT, E adj. Qui procure une satisfaction psychologique, qui gratifie.

GRATIFICATION n.f. **1.** Somme versée en plus de la rémunération régulière. **2.** Satisfaction psychologique.

GRATIFIER v.t. (lat. *gratificari,* faire plaisir). **1.** Accorder, octroyer un don, une faveur, etc., à. *Gratifier qqn d'un pourboire, d'un sourire.* **2.** (Par l'angl. *to gratify*). Procurer un plaisir, une satisfaction psychologique à. *La réussite à cet examen l'a beaucoup gratifié.* **3.** Iron. Donner, attribuer qqch de désagréable à. *Elle m'a gratifié d'une bordée d'injures.*

GRATIN n.m. (de *gratter*). **I. 1. a.** Préparation culinaire recouverte de chapelure ou de fromage râpé et cuite au four. *Gratin de pommes de terre.* **b.** Croûte qui se forme à la surface d'une telle préparation. **2.** Ce qui reste attaché au fond d'un plat, d'une casserole, etc., après cuisson d'un mets. **3.** Fig. et fam. *Le gratin :* l'élite, les personnes les plus en vue d'une société, d'un milieu. **II.** Mélange de colle et de phosphore rendu rugueux par du verre pilé, utilisé pour fabriquer les frottoirs à allumettes.

GRATINÉ, E adj. **1.** Préparé, cuit au four, au gratin. **2.** Fam. Qui sort de l'ordinaire, remarquable dans son genre. *Comme original, il est assez gratiné !*

GRATINÉE n.f. Soupe à l'oignon, saupoudrée de fromage râpé, gratinée au four.

GRATINER v.t. Accommoder (un plat, un mets) au gratin.

GRATIOLE [grasjɔl] n.f. (lat. *gratia,* grâce). Plante vivace, croissant au bord de l'eau ou dans les prairies humides. (Famille des scrofulariacées.)

GRATIS [gratis] adv. (mot lat.). Sans qu'il en coûte rien, gratuitement.

GRATITUDE n.f. Reconnaissance d'un bienfait reçu. *Témoigner sa gratitude.*

GRATTAGE n.m. Action de gratter.

GRATTE n.f. Fam. **1.** Guitare. **2.** Petit profit plus ou moins illicite. **3.** Belgique. Égratignure.

GRATTE-CIEL n.m. inv. (calque de l'angl. *sky-scraper*). Immeuble de grande hauteur, à très nombreux étages.

GRATTE-CUL n.m. inv. Fam. Cynorhodon (fruit de l'églantier).

GRATTE-DOS n.m. inv. Baguette portant à l'une de ses extrémités un petit grattoir en forme de main.

GRATTELLE n.f. Vx. Gale.

GRATTEMENT n.m. Bruit fait en grattant.

GRATTE-PAPIER n.m. inv. Fam. et péj. Employé de bureau, rond-de-cuir.

GRATTE-PIEDS n.m. inv. Claie de lames métalliques pour gratter les semelles de ses chaussures en entrant dans un bâtiment.

GRATTER v.t. (francique *krattôn*). **1.** Racler en entamant superficiellement. *Gratter le parquet à la paille de fer.* **2.** Faire disparaître en raclant. *Gratter la vieille peinture d'un mur.* **3.** Frotter (une partie du corps) avec les ongles pour faire cesser une démangeaison. **4.** Faire éprouver une démangeaison, une irritation de la peau. *Ce pull me gratte.* **5.** Fam. Réaliser secrètement un petit profit, souvent de manière indélicate. *Gratter quelques francs sur l'argent des courses.* **6.** Pop. Devancer, doubler ou regagner le retard pris sur qqn, un concurrent, dans une compétition, etc. ◆ v.i. **1.** Pop. Travailler. **2.** Fam. Jouer médiocrement d'un instrument à cordes, en partic. de la guitare. **3.** *Gratter à la porte :* faire un bruit de raclement avec les ongles pour signaler sa présence, au lieu de frapper (par timidité, discrétion, etc.).

GRATTERON ou **GRATERON** n.m. (anc. fr. *gleton,* avec influence de *gratter*). Gaillet dont la tige porte de petits crochets.

GRATTEUR, EUSE n. Personne qui procède au grattage d'une surface.

GRATTOIR n.m. Outil, instrument pour gratter. **1.** Canif à large lame pour effacer en grattant le papier. **2.** Pâte séchée formant l'enduit des frottoirs pour l'inflammation des allumettes. **3.** PRÉHIST. Outil lithique au front arrondi, façonné sur un éclat ou sur une lame.

GRATTURE n.f. Rare. Débris provenant du grattage.

GRATUIT, E adj. (lat. *gratuitus*). **1.** Fait ou donné sans qu'il en coûte rien, dont on jouit sans payer. *Consultation gratuite.* **2.** Sans fondement, arbitraire. *Supposition toute gratuite.* ◇ *Acte gratuit :* acte étranger à tout système moral, qui n'a pour justification que lui-même.

GRATUITÉ n.f. Caractère de ce qui est gratuit. *La gratuité de l'enseignement.*

GRATUITEMENT adv. **1.** Sans payer. **2.** Sans preuve ; sans motif.

GRAU n.m. (mot languedocien). Chenal de communication entre un étang côtier et la mer.

GRAVATIER n.m. Entrepreneur ou ouvrier qui enlève les gravats d'un chantier.

GRAVATS n.m. pl. (de *grève,* au sens anc. de *gravier*). **1.** Débris provenant d'une démolition. SYN. : *gravois.* **2.** Partie grossière du plâtre, qui ne traverse pas le crible.

1. GRAVE adj. (lat. *gravis*). **I. 1.** Qui a de l'importance ou qui peut avoir des conséquences fâcheuses. *Affaire grave. Maladie grave.* **2.** Sérieux, austère. *Visage grave.* **II. 1.** De faible fréquence, en parlant d'un son. *Voix grave.* **2.** D'un rythme solennel et lent. *Mouvement musical grave.* **3.** *Accent grave,* tourné de gauche à droite. *L'accent grave distingue* è *de* é.

2. GRAVE n.m. **I.** Ce qui est grave. **II. 1.** (Surtout au pl.). Son de faible fréquence. *Les graves et les aigus.* **2.** Œuvre ou fragment d'œuvre musicale de mouvement lent et de caractère solennel.

3. GRAVE n.f. (de *grève,* au sens de *sable*). Terrain alluvionnaire possédant une granulométrie homogène et utilisé pour la constitution de la couche de base d'une chaussée.

GRAVELÉE n.f. (anc. fr. *gravele,* sable). Cendre provenant de la lie de vin brûlée.

GRAVELEUX, EUSE adj. **1.** Mêlé de gravier. *Sol graveleux.* **2.** Dont la chair contient de petits corps durs, en parlant d'un fruit. **3.** Licencieux, grivois. *Propos graveleux.*

GRAVELLE n.f. (de *grève,* au sens anc. de *gravier*). Vx. Lithiase urinaire.

GRAVELURE n.f. Caractère de ce qui est graveleux, grivois.

GRAVEMENT adv. **1.** De façon importante ou dangereuse. **2.** Sérieusement, solennellement.

GRAVER v.t. (francique *grabau,* creuser). **1.** Tracer en creux (une figure, des caractères) sur une surface dure (bois, métal, pierre, etc.) avec un instrument pointu ou par un procédé chimique. ◇ Spécialt. *Graver un disque,* y tracer un sillon portant l'enregistrement. **2.** Fig. Fixer, imprimer durablement dans la mémoire, le cœur, etc.

GRAVES n.m. (de *grève,* au sens de *gravier*). Vin produit dans les *Graves,* région du Bordelais formée de terrasses caillouteuses sur la rive gauche de la Gironde et surtout de la Garonne.

GRAVETTIEN n.m. (de la *Gravette,* en Dordogne). Faciès culturel du paléolithique supérieur, caractérisé par un burin sur troncature retouchée et une pointe élancée à bord rectiligne abattu par retouches abruptes. (Située entre l'aurignacien et le solutréen [27000-20000 av. notre ère], le gravettien a produit de remarquables statuettes féminines en ivoire [Vénus de Lespugue, Vénus de Willendorf].) ◆ **gravettien, enne** adj. Du gravettien.

1. GRAVEUR, EUSE n. **1.** Artiste qui grave, réalise des gravures. **2.** Personne dont le métier consiste à graver.

2. GRAVEUR n.m. Transducteur électromagnétique transformant les signaux électriques en déplacements du burin sur le support d'enregistrement d'un disque.

GRAVIDE adj. (lat. *gravidus*). MÉD. Qui porte un fœtus ou un embryon, en parlant d'une femelle ou d'un utérus.

GRAVIDIQUE adj. MÉD. Relatif à la grossesse.

GRAVIDITÉ n.f. MÉD. État d'une femelle ou d'un utérus gravides.

GRAVIER n.m. (de 1. *grève*). Matériau fait de petits cailloux, dont on recouvre les allées, les chaussées, etc.

GRAVIÈRE n.f. Carrière de gravier.

GRAVIFIQUE adj. (lat. *gravis*, lourd). PHYS. Qui concerne la pesanteur.

GRAVILLON n.m. Petit gravier. ◇ Spécialt. Produit du triage d'une roche concassée dont la grosseur des éléments est comprise entre cinq et vingt-cinq millimètres.

GRAVILLONNAGE n.m. Épandage de gravillon sur une chaussée.

GRAVILLONNER v.t. Couvrir de gravillon.

GRAVIMÈTRE n.m. Appareil permettant de mesurer l'intensité du champ de la pesanteur.

GRAVIMÉTRIE n.f. **1.** Partie de la géodésie qui a pour objet la mesure de la pesanteur. **2.** Analyse chimique quantitative effectuée par pesées.

GRAVIMÉTRIQUE adj. Qui concerne la gravimétrie.

GRAVIR v.t. (du francique). **1.** Monter avec effort. *Gravir une pente.* **2.** Franchir, parcourir. *Gravir les échelons de la hiérarchie.*

GRAVISPHÈRE n.f. Espace dans lequel la force de gravitation d'un astre l'emporte sur celle des astres voisins.

GRAVISSIME adj. Extrêmement grave.

GRAVITATION n.f. (lat. *gravitas*, pesanteur). PHYS. Phénomène en vertu duquel tous les corps matériels s'attirent réciproquement en raison directe de leur masse et en raison inverse du carré de leur distance. (C'est l'une des quatre interactions fondamentales de la physique.)

GRAVITATIONNEL, ELLE adj. PHYS. Qui concerne la gravitation. ◇ ASTRON. *Écroulement* ou *effondrement gravitationnel :* évènement cataclysmique de la vie d'une étoile, survenant lorsque les forces gravitationnelles l'emportent sur les forces thermonucléaires au sein de cette étoile. (Il conduit à la formation d'astres extrêmement denses.)

GRAVITÉ n.f. (lat. *gravitas*, pesanteur). **I. 1.** PHYS. Force de gravitation exercée par un astre sur un corps quelconque. ◇ *Centre de gravité :* point d'application de la résultante des actions de la pesanteur sur toutes les parties d'un corps. SYN. : *centre d'inertie*. **2.** GÉOL. *Tectonique de gravité :* mouvement tectonique correspondant au glissement lié à la pesanteur d'une couverture, qui a été provoqué par la surrection du socle sous-jacent. **3.** CH. DE F. *Butte de gravité :* bosse* de débranchement. **II. 1.** Qualité d'une personne grave ou de son comportement. *Perdre sa gravité.* **2.** Caractère d'une chose importante ou dangereuse. *La gravité d'une maladie.* **III.** Caractère d'un son musical relativement bas.

GRAVITER v.i. **1.** PHYS. Décrire une trajectoire autour d'un point central, selon les lois de la gravitation. **2.** Fig. Évoluer autour de, dans l'entourage de qqn ou de qqch. *Graviter autour du pouvoir.* ◇ Spécialt. Être sous la dépendance économique et politique d'un État puissant, en parlant d'un autre État.

GRAVOIS n.m. pl. TECHN. Gravats.

GRAVURE n.f. **1.** Manière, art ou action de graver ; son résultat. **2.** Image, estampe obtenue à l'aide d'une planche gravée. (V. illustrations *estampe*.) **3.** Toute reproduction d'un dessin, d'un tableau, etc. ; illustration de livre. **4.** Action de creuser à la surface d'un disque un sillon portant l'enregistrement ; l'enregistrement lui-même.

GRAY n.m. (de Louis Harold *Gray*). Unité de mesure de dose absorbée lors d'une irradiation par des rayonnements ionisants (symb. Gy) équivalant à la dose absorbée dans un élément de matière de masse 1 kilogramme auquel les rayonnements ionisants communiquent de façon uniforme une énergie de 1 joule.

GRAZIOSO [grasjozo] adv. MUS. Avec grâce.

GRÉ n.m. (lat. *gratum*, ce qui est agréable). **1.** Acceptation, consentement donné à (qqch). ◇ *Au gré de :* selon la convenance, les goûts de (qqn) ; selon le hasard, le caprice de (qqch). – *Bon gré mal gré :* volontairement ou non. – *De gré à gré :* à l'amiable. – *De son plein gré :* volontairement. **2.** Litt. Gratitude, reconnaissance. ◇ *Savoir gré, bon gré* ou *mauvais gré de (qqn, qqch),* se montrer satisfait ou mécontent de.

GRÈBE n.m. Oiseau palmipède qui pêche dans les étangs poissons et insectes, et construit un nid flottant. (Long. 30 cm env. ; famille des podicipitidés.)

GRÉBICHE, GRÉBIGE ou **GRIBICHE** n.f. **1.** IMPR. Numéro d'ordre d'un manuscrit destiné à la composition. **2.** Garniture métallique sur le bord de certains articles de maroquinerie.

GREC, GRECQUE adj. et n. De Grèce. ◆ adj. *Église grecque :* Église orthodoxe autocéphale de Grèce. ◆ n.m. Langue indo-européenne parlée en Grèce.

imprimerie	appellation	imprimerie	appellation
Α α	*a* alpha	Ν ν	*n* nu
Β ϐ, β	*b* bêta	Ξ ξ	*ks* xi
Γ γ	*g* gamma	Ο ο	o omicron
Δ δ	*d* delta	Π π	*p* pi
Ε ε	e epsilon	Ρ ρ	*r* rhô
Ζ ζ	*dz* dzêta	Σ σ, ς	*s* sigma
Η η	e êta	Τ τ	*t* tau
Θ θ	*t* aspiré : thêta	Υ υ	*u* upsilon
Ι ι	*i* iota	Φ φ	*p* aspiré : phi
Κ ϰ	*k* kappa	Χ χ	*k* aspiré : khi
Λ λ	*l* lambda	Ψ ψ	*ps* psi
Μ μ	*m* mu	Ω ω	o oméga

alphabet **grec**

GRÉCISER v.t. Donner une forme grecque à (un mot d'une autre langue).

GRÉCITÉ n.f. Caractère de ce qui est grec.

GRÉCO-BOUDDHIQUE adj. (pl. *gréco-bouddhiques*). Vieilli. Relatif à l'art du Gāndhāra influencé par l'art grec.

GRÉCO-LATIN, E adj. (pl. *gréco-latins, es*). Commun aux cultures grecque et latine.

GRÉCO-ROMAIN, E adj. (pl. *gréco-romains, es*). **1.** Relatif à la civilisation née de la rencontre des cultures grecque et latine (de 146 av. J.-C. [conquête de la Grèce par les Romains] à la fin du Vᵉ s. [chute de l'Empire d'Occident]). **2.** SPORTS. *Lutte gréco-romaine :* lutte n'admettant les saisies qu'au-dessus de la ceinture et interdisant l'action des jambes pour porter des prises.

GRECQUE n.f. **1.** BX-A. Frette formée par la combinaison d'angles droits, notamment dans les décors grec et romain. **2.** REL. **a.** Entaille pratiquée au dos des cahiers assemblés pour loger la ficelle qui les reliera. **b.** Égoïne pour pratiquer de telles entailles. **3.** CUIS. *À la grecque :* cuit dans une marinade d'huile d'olive et d'aromates, et servi froid.

GRECQUER v.t. REL. Pratiquer des grecques dans, entailler au moyen de la grecque.

GREDIN, E n. (anc. néerl. *gredich*, avide). Individu malhonnête, vaurien.

GREDINERIE n.f. Action, caractère de gredin.

GRÉEMENT [gremɑ̃] n.m. Ensemble des cordages, manœuvres, poulies qui servent à l'établissement et à la manœuvre des voiles d'un bateau.

GREEN [grin] n.m. (mot angl., *pelouse*). Espace gazonné, apte au roulement des balles, aménagé autour de chaque trou d'un golf.

GRÉER [gree] v.t. (mot scand.) 15. MAR. Garnir (un voilier, un mât) de son gréement.

GRÉEUR n.m. MAR. Spécialiste de la pose du gréement d'un navire.

GREFFAGE n.m. Action ou manière de greffer.

1. GREFFE n.m. (lat. *graphium*, poinçon à écrire). **1.** Secrétariat d'une juridiction judiciaire chargé notamm. de la conservation des minutes, des pièces de procédure et de la délivrance des copies. SYN. : *secrétariat-greffe*. (Le greffe du tribunal de commerce est une charge.) **2.** Secrétariat d'une juridiction administrative.

2. GREFFE n.f. (lat. *graphium*, poinçon). **1.** Opération qui permet la multiplication végétative des arbres à fruits et à fleurs par l'insertion sur une plante *(sujet)* d'une partie d'une autre *(greffon)* dont on désire développer les caractères ; le greffon lui-même. **2.** Opération chirurgicale consistant à transférer sur un individu (homme ou animal) des parties prélevées sur lui-même *(autogreffe)*, sur un individu ayant une structure génétique identique, c'est-à-dire sur un vrai jumeau *(isogreffe)*, sur un autre individu de la même espèce *(homogreffe)* ou sur un individu d'une autre espèce *(hétérogreffe)*. [Lorsqu'il y a raccordement de vaisseaux et de conduits naturels, on parle en principe de *transplantation*.]

GREFFÉ, E n. Personne qui a subi une greffe d'organe. *Les greffés du cœur.*

GREFFER v.t. Soumettre à l'opération de la greffe. *Greffer un pommier.* SYN. : *enter*. *Greffer un rein.* ◆ **se greffer** v.pr. S'ajouter, se développer. *Sur cette affaire s'en est greffée une autre.*

GREFFEUR, EUSE n. Personne qui greffe.

GREFFIER, ÈRE n. Fonctionnaire qui assiste le greffier en chef. – *Greffier en chef,* qui dirige le greffe et assiste les magistrats à l'audience. ◇ *Greffier du tribunal de commerce :* officier ministériel qui dirige le greffe du tribunal de commerce.

GREFFOIR n.m. Couteau à lame très tranchante servant à greffer.

GREFFON n.m. **1.** Bourgeon ou jeune rameau destiné à être greffé. **2.** Partie de tissu ou d'organe prélevée afin d'être greffée.

GRÉGAIRE adj. (du lat. *grex, gregis*, troupeau). **1.** Relatif à une espèce animale qui vit en groupe ou en communauté sans être sociale. **2.** *Instinct, esprit grégaire,* qui pousse les êtres humains à former des groupes ou à adopter le même comportement.

GRÉGARINE n.f. Protiste sporozoaire parasite de divers invertébrés.

GRÉGARISME n.m. **1.** Tendance de certains animaux à vivre en groupe, particulièrement en dehors de la période de reproduction. **2.** Instinct grégaire.

1. GRÈGE adj.f. (it. [*seta*] *greggia*, [soie] brute). *Soie grège :* soie brute obtenue par le dévidage du cocon.

2. GRÈGE adj. et n.m. D'une couleur tenant du gris et du beige.

GRÉGEOIS adj.m. (lat. *graecus*, grec). HIST. *Feu grégeois :* composition incendiaire à base de salpêtre et de bitume, brûlant même au contact de l'eau.

GRÉGORIEN, ENNE adj. Relatif à l'un des papes du nom de Grégoire. **1.** *Chant grégorien :* chant rituel de l'Église latine, dont la codification fut attribuée tardivement au pape Grégoire Iᵉʳ, et qui a été à la base du chant ecclésiastique catholique. **2.** *Réforme grégorienne :* restauration de l'esprit religieux et de la discipline dans l'Église latine, à laquelle le pape Grégoire VII a donné l'impulsion décisive. **3.** *Calendrier grégorien :* calendrier tel qu'il a été réformé par le pape Grégoire XIII (→ ***calendrier***).

■ Le chant dit « grégorien » fut codifié au IXᵉ s., disparut au XVIIᵉ s. et fut réhabilité au XIXᵉ s. par les moines de l'abbaye de Solesmes. Calqué sur le mot latin, il y trouve ses accents et son rythme pour souligner le sens du texte, mais il possède, en outre, des formules mélodiques stéréotypées.

GRÈGUES n.f.pl. (prov. *grega*). Anc. Haut-de-chausses.

1. GRÊLE adj. (lat. *gracilis*). **1.** Long et menu. *Jambes grêles.* ◇ *Intestin grêle* ou *grêle*, n.m. → ***intestin***. **2.** Dont la sonorité est faible et aiguë. *Voix grêle.*

2. GRÊLE n.f. **1.** Précipitation météorologique formée de grains de glace, ou grêlons. **2. Fig.** Grande quantité d'objets qui tombent dru. *Une grêle de pierres.*
GRÊLÉ, E adj. Qui porte des marques de variole. *Visage grêlé.*
GRÊLER v. impers. (francique *grisilôn*). Tomber, en parlant de la grêle. ◆ v.t. Endommager par la grêle. *L'orage a grêlé les vignes.*
GRÊLEUX, EUSE adj. Où la grêle est à redouter, en parlant d'un temps, d'une saison.
GRELIN n.m. (néerl. *greling*). MAR. Gros cordage pour l'amarrage ou le remorquage d'un navire.
GRÊLON n.m. Grain de grêle.
GRELOT n.m. (moyen haut all. *grell,* aigu). Boule métallique creuse, contenant un morceau de métal qui la fait résonner dès qu'on l'agite. ◇ *Attacher le grelot :* prendre l'initiative d'une entreprise. – Pop. *Avoir les grelots :* avoir peur.
GRELOTTANT, E adj. Qui grelotte.
GRELOTTEMENT n.m. Fait de grelotter.
GRELOTTER v.i. Trembler de froid.
GRELUCHE n.f. Fam. et péj. Fille, femme.
GRELUCHON n.m. Fam., vx. Amant de cœur d'une femme entretenue par un autre homme.
GRÉMIL n.m. Plante aux fruits libres et très durs, appelée aussi *herbe aux perles.* (Famille des borraginacées.)
GRÉMILLE n.f. Poisson voisin de la perche, vivant dans les eaux courantes à fond sableux. SYN. : *perche goujonnière.*
GRENACHE n.m. (it. *vernaccia*). **1.** Cépage de Provence, du Languedoc et du Roussillon, dont la variété à raisins noirs est la plus répandue. **2.** Vin doux naturel issu de ce cépage.
GRENADAGE n.m. Action de grenader.
GRENADE n.f. (lat. *granatum,* fruit à grains). **I.** Fruit du grenadier, de la grosseur d'une belle pomme et renfermant de nombreuses graines charnues, rouges et rosées, à la saveur aigrelette et agréable. **II.** MIL. **1.** Projectile léger (explosif, incendiaire, fumigène ou lacrymogène), qui peut être lancé à courte distance, à la main ou à l'aide d'un fusil. ◇ *Grenade sous-marine,* conçue pour l'attaque des sous-marins en plongée. **2.** Ornement représentant une grenade allumée (insigne de l'infanterie, du génie, etc.).

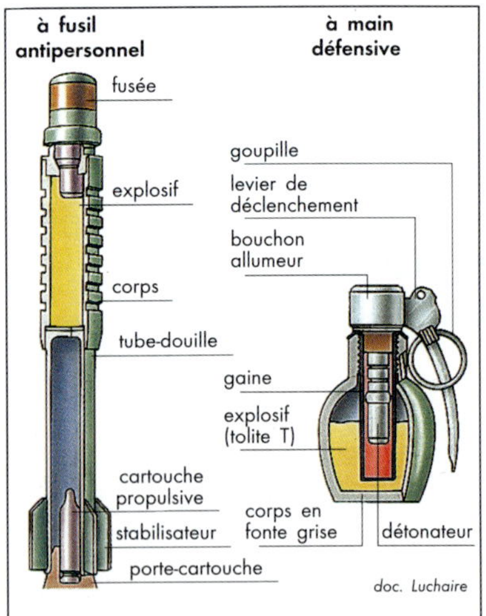

grenades

GRENADER v.t. Attaquer à la grenade.
GRENADEUR n.m. Appareil servant à lancer des grenades sous-marines.
GRENADIER n.m. **I.** Arbre cultivé dans les pays méditerranéens, à fleurs rouge vif et dont le fruit est la grenade. (Famille des myrtacées.) **II. 1.** Anc. Soldat chargé de lancer des grenades. **2.** HIST. Soldat de certains corps d'élite.
GRENADIÈRE n.f. Vx. Giberne à grenades.
GRENADILLE n.f. Passiflore d'Australie et de Malaisie, dont le fruit, par sa forme et par son goût, rappelle la grenade.
1. GRENADIN, E adj. et n. De Grenade, du royaume de Grenade.
2. GRENADIN n.m. **1.** Tranche de veau peu épaisse piquée de lard. **2.** Œillet d'une variété très parfumée. **3.** Pinson d'Afrique.
GRENADINE n.f. Sirop à base d'extraits végétaux (dont la couleur rouge évoque la grenade) et de sucre.
GRENAGE ou **GRAINAGE** n.m. **1.** Action de transformer la surface lisse d'une pierre, d'une plaque de métal, etc., en une surface légèrement grenue, souvent en vue d'un travail ultérieur (lithographie par ex.). **2.** Action de réduire en grains.
GRENAILLAGE n.m. Action de projeter de la grenaille à la surface d'une pièce, à l'aide d'une turbine.
GRENAILLE n.f. **1.** Métal réduit en menus grains. *Grenaille de plomb.* **2.** Belgique. *Grenailles errantes :* gravillons répandus sur une route.
GRENAILLER v.t. Réduire (un métal) en grenaille.
GRENAISON n.f. AGRIC. Formation des graines dans les céréales.
GRENAT n.m. (anc. fr. *pomme grenade,* grenade). MINÉR. Silicate double de divers métaux, qui se rencontre dans les roches métamorphiques, et dont plusieurs variétés sont des pierres fines. ◆ adj. inv. D'une couleur rouge sombre. *Velours grenat.*
GRENÉ, E adj. Qui présente de nombreux petits grains ou petits points rapprochés. *Dessin grené.*
GRENELER [grənle] ou [grɛnle] v.t. [24]. Marquer de petits grains ou de points très rapprochés. *Greneler du papier, une peau.*
GRENER [19] ou **GRAINER** v.i. Produire de la graine. ◆ v.t. **1.** Procéder au grenage de. **2.** Réduire en grains.
GRÈNETIS [grɛnti] n.m. Suite de grains en saillie qui, sur une médaille ou une monnaie, peut être substituée au listel ou lui être surajoutée.
GRENEUR, EUSE ou **GRAINEUR, EUSE** n. Personne qui procède au grenage de.
GRENIER n.m. (lat. *granarium*). **1.** Partie la plus haute d'un bâtiment, sous le comble. **2.** Partie d'un bâtiment rural destinée à conserver les grains, le foin, etc. ◇ Fig. Région, pays très fertiles, notamm. en blé. *La Beauce est le grenier de la France.*
GRENOBLOIS, E adj. et n. De Grenoble.
GRENOUILLAGE n.m. (de *grenouille*). Fam. et péj. Ensemble d'intrigues, de manœuvres peu honnêtes, notamm. dans le domaine politique.
GRENOUILLE n.f. (lat. pop. *ranucula*). Amphibien, sauteur et nageur, à peau lisse, verte ou rousse, vivant au bord des mares et des étangs. *Le têtard, larve de la grenouille, vit dans l'eau.* – *La grenouille coasse,* pousse son cri. (Ordre des anoures.) ◇ Fig., fam. *Faire sauter, manger, bouffer la grenouille :* s'approprier le fonds commun d'un groupe, d'une société.

grenouille verte

GRENOUILLER v.i. Fam. et péj. Se livrer au grenouillage.
GRENOUILLÈRE n.f. **1.** Combinaison pour bébé avec jambes à chaussons. **2.** Lieu marécageux fréquenté par les grenouilles.
GRENOUILLETTE n.f. **1.** Renoncule aquatique à fleurs blanches. **2.** PATHOL. Tumeur liquide qui se forme sous la langue aux dépens des glandes salivaires.
GRENU, E adj. (lat. *granum,* grain). **1.** Couvert de petites saillies arrondies ayant la forme de grains. *Cuir grenu.* **2.** Dont les cristaux sont visibles à l'œil nu (granite, diorite), en parlant d'une roche éruptive.
GRENURE n.f. État d'une surface (cuir, métal) grenue.
1. GRÈS [grɛ] n.m. (mot francique). **1.** Roche sédimentaire formée de grains de sable réunis par un ciment siliceux ou calcaire, utilisée pour la construction ou le pavage. **2.** Matériau céramique dont la dureté et l'imperméabilité caractéristiques sont dues à une vitrification partielle d'argile réfractaire (kaolin) et de feldspath, obtenue entre 1 150 et 1 300 °C ; objet fait de cette matière. (On dit parfois *grès cérame.*)

Exemple de **grès :** pot en céladon ; Chine, époque Song du Nord ; Xe-XIIIe s. (Musée Guimet, Paris.)

2. GRÈS n.m. Un des deux constituants de la fibre de soie. SYN. : *séricine.*
GRÉSAGE n.m. Action de gréser ; son résultat.
GRÉSER v.t. [18]. TECHN. Polir, poncer (une surface) avec une meule ou de la poudre de grès.
GRÉSEUX, EUSE adj. De la nature du grès.
GRÉSIL [grezil] ou [grezi] n. m. (de *grès*). **1.** Pluie congelée formée de petits grains de glace friables et blancs. **2.** TECHN. Groisil.
GRÉSILLEMENT n.m. **1.** Fait de grésiller ; ce qui grésille. **2.** Cri du grillon.
1. GRÉSILLER v. impers. Tomber, en parlant du grésil.
2. GRÉSILLER v.i. (anc. fr. *grediller,* griller). **1.** Faire entendre un, des petits crépitements. *Huile chaude qui grésille.* **2.** Crier, en parlant du grillon.
GRÉSOIR n.m. Abrasif utilisé pour supprimer les arêtes coupantes d'une pièce de verre.
GRESSIN [grɛsɛ̃] n.m. (it. *grissino*). Petit pain fin et friable fait avec une pâte à l'œuf.
GREUBONS n.m. pl. Suisse. Morceaux de gras restant après la cuisson d'une viande, que l'on fait frire et dont on garnit un pain ou un gâteau salé.
1. GRÈVE n.f. (mot prélatin, *sable*). Terrain plat et uni, couvert de gravier et de sable, le long de la mer ou d'un cours d'eau.
2. GRÈVE n.f. (du n. de la place de *Grève,* à Paris, où se réunissaient les ouvriers au chômage). **1.** Cessation collective et concertée du travail décidée par des salariés. *Droit de grève. Être en grève, faire (la) grève, se mettre en grève.* ◇ *Grève sauvage,* décidée par la base en dehors de toute consigne syndicale. – *Grève surprise,* décidée avant toute négociation ou en cours de négociation. – *Grève perlée :* succession de ralentissements du travail à différents postes. – *Grève tournante,* qui affecte tour à tour les différents secteurs d'une entreprise. – *Grève du zèle,* qui consiste à appliquer scrupuleusement les consignes de travail en vue de bloquer l'activité de l'entreprise. – *Grève sur le tas,* avec occupation du lieu de travail. – *Grève à la japonaise :* mécontentement des salariés, des étudiants, etc., qui s'exprime par le port d'un brassard durant les heures de travail (par allusion à de telles grèves, quasi rituelles au début du printemps, au Japon). **2.** *Grève de la faim :* refus de se nourrir afin d'attirer l'attention sur une revendication, en signe de protestation, etc. – *Grève de l'impôt :* refus concerté d'acquitter l'impôt, en signe de protestation, etc.
GREVER v.t. (lat. *gravare,* charger) [19]. Soumettre à de lourdes charges, notamm. financières. *Grever son budget.*
GRÉVISTE n. et adj. Personne qui participe à une grève.
1. GRIBICHE adj.f. (mot normand, *femme méchante*). *Sauce gribiche :* sauce vinaigrette additionnée de jaune d'œuf cuit et de fines herbes.
2. GRIBICHE n.f. Suisse. Femme acariâtre, méchante.

3. GRIBICHE n.f. → ***grébiche.***

GRIBOUILLAGE ou **GRIBOUILLIS** n.m. Fam. Écriture illisible ; dessin, peinture brouillés, informes.

GRIBOUILLE n.m. Fam., vieilli. Personne brouillonne, sotte et naïve.

GRIBOUILLER v.i. et t. (néerl. *kriebelen,* griffonner). Fam. Écrire, dessiner, peindre d'une manière informe, confuse.

GRIBOUILLEUR, EUSE n. Fam. Personne qui gribouille.

GRIBOUILLIS n.m. → ***gribouillage.***

GRIÈCHE adj. → ***pie-grièche.***

GRIEF n.m. (lat. *gravis,* pénible). Motif de plainte que l'on estime avoir contre (qqn, qqch). – *Faire grief de qqch à qqn,* le lui reprocher, lui en tenir rigueur.

GRIÈVEMENT adv. (anc. fr. *grief,* lat. *gravis*). De façon grave. (Auj., seult avec des verbes tels que *blesser, toucher,* etc.). *Des passagers grièvement blessés,* blessés gravement.

GRIFFADE n.f. Coup de griffe.

GRIFFE n.f. (de *griffer*). **I. 1.** Ongle de corne, pointu et courbe, porté par la phalange terminale des doigts de nombreux vertébrés (mammifères carnassiers et rongeurs, oiseaux, reptiles). ◇ *Maladie des griffes du chat :* lymphoréticulose. **2. Fig.** Moyen d'attaque ou de défense. *Montrer les griffes.* ◇ **Par ext.** Pouvoir dominateur et cruel. *Être sous la griffe de qqn.* **3.** Outil, instrument permettant de saisir. **4. Spécialt.** Crochet de métal qui maintient en place la pierre d'un bijou. **5. Belgique.** Éraflure, égratignure. **II. 1.** (Par anal. de forme). Rhizome de certaines plantes. *Griffes de l'asperge.* **2.** Appendice qui sert à certaines plantes grimpantes à s'accrocher. *Griffes du lierre.* **3.** ARCHIT. Ornement, généralement en forme de feuillages, sculpté sur le dessus des angles de la plinthe d'une colonne, surtout au Moyen Âge. **III. 1.** Cachet, empreinte reproduisant une signature, destiné à authentifier qqch et à en éviter la contrefaçon. **2.** Nom, sigle propre à un créateur, à un fabricant.

GRIFFER v.t. (francique *grîpan,* saisir). **1.** Donner un coup de griffe ou un coup d'ongle à ; égratigner comme avec une griffe ou un ongle. **2.** Mettre une griffe à un vêtement.

GRIFFEUR, EUSE adj. et n. Qui griffe.

1. GRIFFON n.m. (lat. *gryphus*). **1.** Animal fabuleux des mythologies antiques, doté du corps du lion et de la tête et des ailes de l'aigle. **2.** Chien au poil rude et broussailleux, dont il existe plusieurs races de chasse et d'agrément. **3.** Vautour fauve.

griffon vendéen

2. GRIFFON n.m. (prov. *grifoul*). Point d'émergence d'une source minérale ou thermale.

GRIFFONNAGE n.m. Action de griffonner ; texte écrit en griffonnant.

GRIFFONNER v.t. (de *griffe*). **1.** Écrire très mal ou hâtivement. *Griffonner une lettre.* **2.** BX-A. Réaliser une esquisse, une ébauche.

GRIFFONNEUR, EUSE n. Personne qui griffonne.

GRIFFTON n.m. → ***griveton.***

GRIFFU, E adj. Armé de griffes.

GRIFFURE n.f. Coup de griffe, égratignure.

GRIFTON n.m. → ***griveton.***

GRIGNARD, E adj. Situé en arrière des incisives inférieures (par opp. à *bégu*), en parlant des incisives supérieures d'un quadrupède.

GRIGNE n.f. (de *grigner*). **1. a.** Fente que le boulanger trace sur le pain, ou qui se forme à la cuisson. **b.** Couleur dorée du pain bien cuit. **2.** TEXT. Inégalité dans le feutre.

GRIGNER v.i. (francique *grinân,* grincer des dents). Froncer, faire un faux pli, en parlant d'une couture.

GRIGNON n.m. Vx. Morceau croustillant du pain, pris du côté le plus cuit, et que l'on peut grignoter.

GRIGNOTAGE n.m. **1.** Action de grignoter, de manger par petites quantités. **2. Fig.** Destruction progressive. **3. Fig.** Action de gagner peu à peu du terrain, de s'approprier progressivement qqch.

GRIGNOTEMENT n.m. Action de grignoter, de ronger ; bruit produit en grignotant.

GRIGNOTER v.t. (anc. fr. *grigner,* grincer). **1.** Manger du bout des dents, par petites quantités. **2. Fig.** Détruire, consommer progressivement. *Grignoter son capital.* **3.** Détruire ou s'approprier peu à peu, par empiétements successifs. *Dispositions juridiques qui grignotent d'anciens privilèges.*

GRIGNOTEUSE n.f. Machine-outil utilisée au découpage en feuilles du bois et des métaux tendres.

GRIGNOTIS n.m. Vx. Taille de traits courts, en gravure.

GRIGOU n.m. (mot languedocien, *gredin*). Fam. Homme d'une avarice sordide.

GRI-GRI ou **GRIGRI** n.m. (pl. *gris-gris* ou *grigris*). Afrique. Amulette, talisman porte-bonheur.

GRIL [gril] ou [gri] n.m. (lat. *craticulum*). **1.** Ustensile constitué de tiges métalliques parallèles ou d'une plaque de métal strié, pour faire cuire à vif un aliment. ◇ **Fig., fam.** *Être sur le gril :* être anxieux ou impatient. **2.** Plancher à claire-voie, situé au-dessus des cintres d'un théâtre, pour la manœuvre des décors. **3.** Claire-voie en amont d'une vanne. **4.** MAR. Chantier de carénage. **5.** ANAT. *Gril costal :* cage thoracique.

GRILL n.m. → ***grill-room.***

GRILLADE n.f. Tranche de viande grillée ou à griller.

1. GRILLAGE n.m. **1.** Action de griller, de torréfier. *Grillage du café.* **2.** Action d'un gaz sur un solide, et particulièrement un minerai, à température élevée. **3.** TEXT. Flambage.

2. GRILLAGE n.m. (de *grille*). Treillis métallique utilisé pour protéger ou obstruer une ouverture ou pouvant servir de clôture.

GRILLAGER v.t. [17]. Garnir d'un grillage.

GRILLARDIN n.m. Celui qui s'occupe des cuissons sur le gril, dans un restaurant.

GRILLE n.f. (lat. *craticula*). **I. 1.** Assemblage de barreaux fermant une ouverture ou établissant une séparation. *Grille d'un parloir, d'un guichet.* **2.** Clôture métallique plus ou moins ouvragée. *La grille d'un jardin.* **3.** Châssis métallique disposé pour recevoir le combustible solide d'un foyer. **4.** ÉLECTRON. Électrode formée d'une plaque ajourée, placée entre la cathode et l'anode de certains tubes électroniques. ◇ Électrode de commande de certains transistors. **II. 1.** Quadrillage percé de trous conventionnels, pour écrire et lire des cryptogrammes. **2. a.** Quadrillage pour mots croisés. **b.** *Grille (de loto) :* formulaire servant à jouer au Loto national et au Loto sportif. **3.** Organisation et répartition susceptibles d'être représentées par un tableau ; ce tableau. *Grilles d'horaires.* – *Grille des programmes de télévision, de radio :* plan donnant l'ensemble des émissions et leur répartition horaire. ◇ *Grille des salaires :* ensemble hiérarchisé des salaires dans une convention collective, dans une branche professionnelle, dans la fonction publique.

GRILLÉ, E adj. Fam. Démasqué, repéré, en parlant d'une personne qui menait une action restée jusqu'alors dissimulée, clandestine.

GRILLE-ÉCRAN n.f. (pl. *grilles-écrans*). Dans un tube électronique à plusieurs grilles, électrode portée à un potentiel positif inférieur à celui de la plaque.

GRILLE-PAIN n.m. inv. Appareil pour griller les tranches de pain.

1. GRILLER v.t. Protéger, fermer avec une grille. *Griller une fenêtre.*

2. GRILLER v.t. **1. a.** Cuire au gril, soumettre à sec à un feu vif. *Griller des côtelettes.* **b.** Torréfier. *Griller du café, des arachides.* **c.** TECHN. Effectuer le grillage de. **2.** Dessécher par un excès de chaleur ou de froid. *La gelée grille les bourgeons.* **3. Fam.** Mettre hors d'usage par une tension, un échauffement excessifs. *Griller une lampe, un moteur.* **4. Fam.** Dépasser dans une course. *Griller ses concurrents.* ◇ *Griller un feu rouge,* ne pas s'y arrêter. **5. Fam.** Démasquer qqn, l'empêchant ainsi de continuer son action. ◆ v.i. **1.** Cuire ou dorer à chaleur vive. *Viande qui grille sur des braises.* **2.** *Griller de :* être très impatient, avoir très envie de. *Il grille de vous rencontrer.*

GRILLOIR n.m. Dispositif d'un four destiné à cuire à feu vif.

GRILLON n.m. (lat. *gryllus*). Insecte sauteur de couleur noire, dont une espèce vit parfois dans les cuisines et les boulangeries, et une autre creuse des terriers dans les champs. *Le grillon grésille,* fait entendre son chant. (Long. 3 cm ; ordre des orthoptères.)

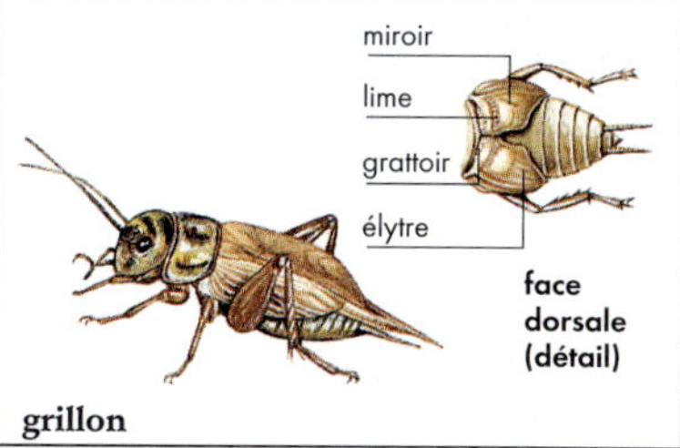

grillon

GRILL-ROOM [grilrum] ou **GRILL** [gril] n.m. (mots angl.) [pl. *grill-rooms, grills*]. Salle de restaurant ou restaurant spécialisés dans les grillades, souvent préparées devant les consommateurs.

GRIMAÇANT, E adj. Qui grimace. *Visage grimaçant.*

GRIMACE n.f. (du francique *grima,* masque). **1.** Contorsion du visage, volontaire ou non, due à la contraction de certains muscles de la face ; expression du visage qui traduit un sentiment de douleur, de dépit, de gêne, etc. *Une grimace de désapprobation.* **2. Rare.** Faux pli d'un vêtement, d'une étoffe. ◆ **pl. Litt.** Mines affectées, hypocrites.

GRIMACER v.i. [16]. **1.** Faire une grimace, des grimaces. **2.** Faire un faux pli. *Couture qui grimace.*

GRIMACIER, ÈRE adj. et n. Qui fait des grimaces.

GRIMAGE n.m. Action de grimer.

GRIMAUD n.m. (du francique). Litt. Mauvais écrivain.

GRIME n.m. (it. *grimo,* ride). Vx. Rôle de vieillard ridicule ; acteur qui joue ce rôle.

GRIMER v.t. Maquiller, farder pour le théâtre, le cinéma, le music-hall.

GRIMOIRE n.m. (altér. de *grammaire*). **1.** Livre de magie ou de sorcellerie, à l'écriture et aux formules mystérieuses. **2. Litt.** Livre, écrit indéchiffrable.

GRIMPANT, E adj. Se dit des plantes qui montent le long des corps voisins, soit par enroulement de la tige (liseron, haricot), soit par des organes fixateurs (crampons du lierre, vrilles du pois).

GRIMPE n.f. Fam. Escalade, varappe.

GRIMPÉE n.f. Fam. Grimpette.

1. GRIMPER v.i. (de *gripper*). **1.** Monter en s'agrippant, en s'aidant des pieds et des mains. *Grimper aux arbres.* **2.** Monter en s'accrochant, en s'enroulant, en parlant des plantes. **3.** Monter, accéder à un point élevé. *Grimper au grenier, en haut d'une colline.* **4.** S'élever en pente raide. *Sentier qui grimpe dans la montagne.* **5. Fam.** Atteindre une valeur, un niveau plus élevé ; s'accroître. *Les prix ont grimpé.* **6. Fam.** *Grimper au(x) rideau(x) :* manifester un sentiment violent, notamm. la colère. ◆ v.t. Escalader, gravir. *Grimper un escalier.*

2. GRIMPER n.m. SPORTS. Exercice qui consiste à monter à la corde lisse ou à nœuds, ou à la perche.

GRIMPEREAU n.m. Oiseau passereau qui grimpe sur le tronc des arbres. (Long. 12 cm ; famille des certhiidés.)

GRIMPETTE n.f. Fam. Chemin en pente raide. ◇ Montée d'une côte. SYN. (fam.) : *grimpée.*

1. GRIMPEUR, EUSE adj. et n. Qui grimpe.

2. GRIMPEUR n.m. **1.** Coureur cycliste qui excelle à monter les côtes. *C'est plutôt un grimpeur qu'un rouleur.* **2.** Alpiniste. **3.** *Grimpeurs :* ancien ordre d'oiseaux arboricoles à deux doigts antérieurs et deux doigts postérieurs à chaque patte, comme le pic, le coucou, le perroquet, aujourd'hui démembré en trois ordres : piciformes, cuculiformes et psittaciformes.

GRIMPION n.m. Suisse. Fam. Individu ambitieux et flagorneur.

GRINÇANT, E adj. **1.** Qui grince ; discordant, aigu. **2.** Qui raille avec férocité ou aigreur.

GRINCEMENT n.m. Fait de grincer ; bruit désagréable produit par certains frottements. ◇ Fig. *Des grincements de dents :* du mécontentement, du dépit ou de la rage contenus.

GRINCER v.i. [16]. **1.** Produire par frottement un bruit strident. *Roues qui grincent.* **2.** *Grincer des dents :* faire entendre un tel bruit en frottant les dents d'en bas contre celles d'en haut ; **fig.**, éprouver du mécontentement, du dépit, etc.

GRINCHE ou **GRINGE** adj. et n. Suisse. Grincheux.

GRINCHEUX, EUSE adj. et n. (mot dial., de *grincer*). Qui se plaint continuellement, qui trouve à redire à tout ; maussade, acariâtre.

GRINGALET n.m. Fam. Petit homme chétif.

GRINGO [gringo] n.m. (mot esp.). Péj. Étranger, surtout venant des États-Unis, pour les Latino-Américains.

GRINGUE n.m. Fam. *Faire du gringue à qqn :* chercher à le séduire, lui faire des avances.

GRIOT [grijo] n.m. Poète musicien ambulant en Afrique noire, dépositaire de la culture orale, et jouissant d'un statut social ambigu (à la fois objet de crainte et de mépris).

GRIOTTE n.f. (prov. *agriota,* de *agre,* aigre). **1.** Cerise acidulée à queue courte. **2.** Marbre brun-rouge tacheté de blanc.

GRIOTTIER n.m. Cerisier de la variété qui produit des griottes.

GRIP n.m. (mot angl.). SPORTS. **1.** Position, prise des mains ou de la main sur un club de golf, une raquette de tennis. **2.** Revêtement qui permet d'assurer la prise, à l'endroit où le club, la raquette sont saisis.

GRIPPAGE n.m. **1.** MÉCAN. Effet d'adhérence, blocage de deux surfaces qui frottent l'une contre l'autre, dû à leur dilatation, à une mauvaise lubrification, à un ajustage défectueux, etc. **2.** Mauvais fonctionnement (d'un système).

GRIPPAL, E, AUX adj. Relatif à la grippe.

GRIPPE n.f. **1.** Maladie infectieuse épidémique d'origine virale, caractérisée par de la fièvre, des céphalées et des courbatures, et s'accompagnant souvent de catarrhe nasal ou bronchique. **2.** Fig. *Prendre en grippe :* se mettre à éprouver de l'antipathie pour (qqn, qqch).

GRIPPÉ, E adj. et n. Atteint de la grippe.

GRIPPER v.i. (francique *gripan,* saisir). **1.** Adhérer fortement, se bloquer par grippage, en parlant de pièces mécaniques. **2.** Fonctionner mal, se bloquer, en parlant d'un processus. *Négociations qui grippent.* ◆ **se gripper** v.pr. Se coincer.

GRIPPE-SOU n.m. (pl. *grippe-sous* ou inv.). Fam. Avare qui fait de petits gains sordides.

1. GRIS, E adj. (mot francique). **I. 1.** De couleur intermédiaire entre le blanc et le noir. ◇ *Carton gris,* fabriqué à partir de vieux papiers. **2.** Se dit d'une chevelure, d'une barbe qui commence à blanchir ; se dit de qqn qui a de tels cheveux. **3.** Qui manque de luminosité ; terne. *Teint gris – Temps, ciel gris,* couvert. **4.** Sans éclat, sans intérêt. *Une vie grise.* **5.** Fam. À moitié ivre ; éméché. **II.** ANAT. *Matière, substance grise :* tissu gris rosé qui constitue en particulier la surface du cerveau et du cervelet. ◇ Fam. Intelligence, réflexion. *Faire travailler sa matière grise.*

2. GRIS n.m. **1.** Couleur grise. – *Gris perle :* couleur grise qui a un certain éclat blanc. **2.** Tabac fort de qualité ordinaire. *Fumer du gris.*

GRISAILLE n.f. **1.** Atmosphère triste et monotone, caractère terne et sans intérêt. *La grisaille quotidienne.* **2.** BX-A. Peinture en camaïeu gris, pouvant donner l'illusion du relief. **3.** Couleur noirâtre des peintres verriers, vitrifiée par cuisson.

GRISAILLER v.t. **1.** Peindre en gris. **2.** Rendre grisâtre, terne. ◆ v.i. Devenir grisâtre.

GRISANT, E adj. Qui grise, exalte. *Succès grisant.*

GRISARD n.m. Peuplier gris ou blanc.

GRISÂTRE adj. Qui tire sur le gris.

GRISBI n.m. Arg. Argent.

GRISÉ n.m. Teinte grise donnée à une partie d'un tableau, d'une gravure, d'un plan.

GRISÉOFULVINE n.f. Antifongique actif contre les champignons microscopiques agents des mycoses.

GRISER v.t. **1.** Enivrer légèrement. *Un petit vin qui grise rapidement.* **2.** Mettre dans un état d'excitation physique, étourdir. *L'air vif m'a grisé.* **3.** Transporter d'enthousiasme ; exalter.

GRISERIE n.f. **1.** Demi-ivresse. **2.** Excitation qui fait perdre le sens des réalités. *La griserie du succès.*

GRISET n.m. Requin gris aux flancs blancs, de la Méditerranée. (Long. 2 à 4 m.)

GRISETTE n.f. Vx. Jeune fille coquette de condition modeste, généralement ouvrière de mode.

GRISOLLER v.i. Chanter, en parlant de l'alouette.

1. GRISON, ONNE adj. et n. Du canton des Grisons (Suisse).

2. GRISON n.m. Litt. Âne.

GRISONNANT, E adj. Qui grisonne. *Chevelure grisonnante.*

GRISONNEMENT n.m. Fait de grisonner.

GRISONNER v.i. Devenir gris, en parlant du poil, des cheveux.

GRISONS (VIANDE DES) : préparation de viande séchée, originaire de Suisse, servie en tranches très fines.

GRISOU n.m. (mot wallon). Gaz inflammable composé en grande partie de méthane, qui se dégage dans les mines de houille et qui, mélangé avec l'air, explose au contact d'une flamme *(coup de grisou).*

GRISOUMÈTRE n.m. Appareil servant à mesurer la teneur en grisou de l'air dans une mine.

GRISOUTEUX, EUSE adj. Qui contient du grisou.

GRIVE n.f. (anc. fr. *grieu,* grec). Oiseau passereau voisin du merle, à plumage brun et gris. (Famille des turdidés.)

grive

GRIVELÉ, E adj. Tacheté, mêlé de gris et de blanc, comme le ventre de la grive.

GRIVELER v.t. et i. (de *grive*) [24]. DR. Commettre une grivèlerie.

GRIVÈLERIE n.f. DR. Délit qui consiste à consommer dans un café, un restaurant, etc., sans avoir les moyens de payer.

GRIVELURE n.f. Litt. Nuance mi-partie blanche et grise.

GRIVETON, GRIFFTON ou **GRIFTON** n.m. Pop. Simple soldat.

GRIVNA n.f. Unité monétaire principale de l'Ukraine.

GRIVOIS, E adj. (de l'arg. *grive,* guerre). Libre et hardi, sans être obscène ; gaulois, égrillard, licencieux.

GRIVOISERIE n.f. Caractère de ce qui est grivois ; geste ou propos grivois.

GRIZZLI ou **GRIZZLY** [grizli] n.m. (mot anglo-amér.). Ours brun *(Ursus arctos)* de grande taille des montagnes Rocheuses.

GRŒNENDAEL [grɔnɛndal] n.m. (mot flamand). Chien de berger belge, à longs poils noirs.

GROENLANDAIS, E [grɔɛnlɑ̃dɛ, ɛz] adj. et n. Du Groenland.

GROG n.m. (du surnom de l'amiral Vernon, *Old Grog,* habillé de gros grain [*grogram*], qui obligea son équipage à étendre d'eau les rations de rhum). Boisson composée d'eau-de-vie ou de rhum, d'eau chaude sucrée et de citron.

GROGGY [grɔgi] adj. inv. (mot angl.). **1.** Se dit d'un boxeur qui a perdu conscience pendant quelques instants, mais qui tient encore debout. **2.** Étourdi, assommé par un choc physique ou moral.

GROGNARD n.m. HIST. Soldat de la Vieille Garde de Napoléon Ier.

GROGNASSE n.f. Pop. Femme laide et antipathique.

GROGNASSER ou **GROGNONNER** v.i. Fam. Grogner continuellement.

GROGNE n.f. Fam. Mécontentement, insatisfaction. *La grogne des commerçants.*

GROGNEMENT n.m. **1.** Cri du porc, du sanglier, de l'ours. **2.** Son, parole inintelligible exprimant divers sentiments ; grommellement, bougonnement.

GROGNER v.i. (lat. *grunnire*). **1.** Pousser son cri, en parlant du porc, de l'ours, etc. **2.** Fam. Manifester son mécontentement en protestant sourdement, par des paroles indistinctes ; bougonner, ronchonner, grommeler.

GROGNERIE n.f. Rare. Plainte, récrimination continuelle.

GROGNEUR, EUSE adj. et n. Rare. Qui a l'habitude de grogner, de protester.

GROGNON, ONNE adj. et n. Fam. Qui grogne, de mauvaise humeur ; bougon. – REM. Le fém. est rare. On dit *elle est grognon* plutôt que *elle est grognonne.*

GROIE n.f. (anc. fr. *groe,* gravier). Sol caillouteux constitué d'argiles de décalcification.

GROIN n.m. (du lat. *grunnire,* grogner). Museau du porc et du sanglier.

GROISIL n.m. TECHN. Matière formée par les déchets provenant de la fabrication du verre. SYN. : *grésil.*

GROLE ou **GROLLE** n.f. (lat. pop. *grolla*). Pop. Chaussure.

GROMMELER v.t. et i. (moyen néerl. *grommen*) [24]. Fam. Se plaindre, protester en murmurant ; parler indistinctement ; bougonner, grogner.

GROMMELLEMENT n.m. Action de grommeler ; sons, paroles émis en grommelant.

GRONDANT, E adj. Qui gronde.

GRONDEMENT n.m. Bruit sourd, ample et prolongé (et, souvent, évoquant quelque force menaçante). *Le grondement du tonnerre, des rapides.*

GRONDER v.i. (lat. *grundire*). **1.** Faire entendre un bruit sourd et menaçant. *Chien qui gronde.* **2.** Produire un bruit sourd, grave et prolongé. *Le tonnerre, le canon gronde.* **3.** Se manifester sourdement, être menaçant, imminent. *L'émeute gronde.* **4.** Litt. Exprimer son mécontentement, protester sourdement, d'une manière indistincte. *Gronder entre ses dents.* ◆ v.t. Réprimander (qqn avec qui l'on a des relations familières, enfant en particulier). *Ne fais pas ça, tu vas te faire gronder.*

GRONDERIE n.f. Action de gronder qqn ; réprimande.

GRONDEUR, EUSE adj. Qui gronde. *Voix grondeuse.*

GRONDIN n.m. (de *gronder,* allusion au grognement émis par la vessie natatoire). Poisson marin des fonds vaseux du plateau continental, à museau proéminent, pouvant atteindre 60 cm de long, appelé aussi *trigle.* (Les individus rouges sont les *rougets grondins.*)

grondin

GROOM [grum] n.m. (mot angl.). Jeune employé en livrée dans un hôtel, un restaurant, etc. ; chasseur.

1. GROS, GROSSE adj. (lat. pop. *grossus*). **1. a.** Qui a des dimensions (volume, épaisseur) importantes. *Une grosse femme. Un gros livre.* ◇ Fig., fam. *Avoir la grosse tête :* être gonflé du sentiment de sa propre importance, se croire plus que ce qu'on est. – *Faire les gros yeux :* menacer du regard. **b.** Qui est d'une grande taille par rapport à d'autres de même nature. *Écrire en grosses lettres.* **2.** Important, considérable. *Une grosse somme. Un gros industriel.* ◇ D'une forte intensité. *Grosse chaleur.* – *Grosse mer :* mer agitée. – *Grosse voix,* grave et forte ; menaçante. **3.** Qui manque de finesse, de délicatesse ; grossier. *Avoir de gros traits. Gros drap.* ◆ adv. **1.** Beaucoup. *Gagner gros.* ◇ *En avoir gros sur le cœur :* avoir beaucoup de peine, de dépit ou de rancœur. **2.** En grandes dimensions. *Écrire gros.* ◆ n. **1.** Personne corpulente. **2.** Fam. Personne riche, influente.

2. GROS n.m. **1.** *Le gros de :* la partie la plus considérable de. *Le gros de l'armée.* ◇ Ce qu'il y a de plus important ; l'essentiel. *Faites le plus gros.* **2.** Vente ou achat par grandes quantités. *Prix de gros.* ◇ *En gros.* **a.** Par grandes quantités. *Vendre en gros.* **b.** Sans entrer dans le détail. *En gros, voilà ce que je veux.* **3.** Gros poisson. *Pêche au gros.*

GROS-BEC n.m. (pl. *gros-becs*). Passereau granivore, à bec très large. (Long. 18 cm env. ; famille des fringillidés.)

GROSCHEN [grɔʃɛn] n.m. inv. Monnaie divisionnaire de l'Autriche, valant 1/100 de schilling (→ ***monnaie***).

GROSEILLE n.f. (francique *krusil*). Fruit comestible du groseillier, petite baie rouge ou blanche qui vient par grappes. *Gelée, sirop de groseille.* ◇ *Groseille à maquereau :* grosse baie solitaire, rouge, jaune ou verte, produite par le groseillier épineux. ◆ adj. inv. De couleur rouge clair.

à grappes à maquereau

groseilles

GROSEILLIER n.m. Arbuste des régions tempérées cultivé pour ses fruits, les groseilles. (Famille des saxifragacées.)

GROS-GRAIN n.m. (pl. *gros-grains*). **1.** Tissu de soie à grosses rayures transversales. **2.** Ruban sans lisière à côtes verticales.

GROS-PLANT n.m. (pl. *gros-plants*). **1.** Cépage cultivé notamm. dans la région de Nantes. **2.** Vin tiré de ce cépage.

GROS-PORTEUR n.m. (pl. *gros-porteurs*). Avion de grande capacité.

GROSSE n.f. **1.** Douze douzaines (de certaines marchandises). *Une grosse de boutons.* **2.** DR. Copie d'un acte authentique ou d'un jugement, revêtue de la formule exécutoire.

GROSSERIE n.f. Fabrication des tables à jeux, des coffres ou des boîtes pour l'argenterie, etc.

GROSSESSE n.f. État de la femme enceinte, entre la fécondation et l'accouchement. ◇ *Grossesse nerveuse :* ensemble de manifestations somatiques évoquant une grossesse, sans qu'il y ait eu fécondation, et lié à des motivations inconscientes.

■ La grossesse est la nidation de l'œuf fécondé dans la cavité utérine. L'œuf s'y développe, devient embryon, puis, après le troisième mois, prend le nom de fœtus. Sa nutrition est assurée aux dépens de sa mère par le placenta. L'échographie de l'utérus permet de voir l'embryon à partir de la sixième semaine. La durée de la grossesse normale, qui se termine par l'accouchement, est de 280 jours. La *grossesse extra-utérine* est celle dans laquelle l'œuf fécondé se fixe et se développe dans la trompe. Elle est la cause d'hémorragies très graves par rupture de la trompe.

GROSSEUR n.f. **1.** État, volume de ce qui est gros. **2.** Volume, taille. *De la grosseur d'une noix.* **3.** Enflure, tuméfaction. *Une grosseur au bras.*

GROSSIER, ÈRE adj. **1.** Épais, rude, sans finesse. *Étoffe grossière.* **2. a.** Qui est fait sans délicatesse, sans soin. *Travail grossier.* **b.** Rudimentaire, sommaire. *Description grossière.* **3.** Qui dénote de l'ignorance, un manque d'intelligence ou de culture. *Esprit grossier. Erreur grossière.* **4.** Contraire à la bienséance, à la politesse, aux usages. *Langage grossier.*

GROSSIÈREMENT adv. De façon grossière.

GROSSIÈRETÉ n.f. **1.** Caractère de ce qui est grossier, de ce qui manque de finesse. **2.** Parole, action grossière. *Dire des grossièretés.*

GROSSIR v.t. Rendre ou faire paraître plus gros, plus ample, plus volumineux, plus important. *Lunette qui grossit les objets. Grossir des difficultés.* ◆ v.i. **1.** Devenir ou paraître plus gros, augmenter de volume. *Il a grossi de 10 kilos.* **2.** Devenir plus considérable. *La somme a grossi.*

GROSSISSANT, E adj. **1.** Qui fait paraître plus gros, qui augmente les dimensions apparentes. *Verres grossissants.* **2.** Vieilli. Qui grossit, ne cesse de devenir plus gros. *Foule grossissante.*

GROSSISSEMENT n.m. **1.** Action de rendre plus gros, d'agrandir. **2.** Fait de devenir gros, de se développer. **3.** Amplification. *Le grossissement de cette affaire.* **4.** OPT. Rapport du diamètre apparent de l'image à celui de l'objet.

GROSSISTE n. Marchand en gros et en demi-gros, intermédiaire entre le producteur et le détaillant.

GROSSO MODO loc. adv. (mots lat.). En gros, sans entrer dans le détail.

GROSSOYER v.t. [13]. DR. Rédiger la grosse de (un acte, un jugement).

1. GROTESQUE adj. (it. *grottesco*). Qui suscite le rire par son extravagance, ridicule. *Personnage grotesque. Idée grotesque.*

2. GROTESQUE n.m. Genre littéraire et artistique caractérisé par le goût du bizarre, du bouffon et de la caricature.

GROTESQUES n.f. pl. BX-A. Décors muraux, faits d'architectures de fantaisie et d'arabesques mêlées de petites figures, redécouverts à la Renaissance dans des vestiges enfouis de la Rome antique et dont s'inspirèrent de nombreux artistes et ornemanistes jusqu'au XIXᵉ s.

grotesques ornant un plat en faïence d'Alcora (Espagne ; XVIIIᵉ s.)
[musée des Arts décoratifs, Paris]

GROTTE n.f. (it. *grotta*). **1.** Excavation naturelle dans la roche, ouverte à la surface du sol. **2.** Excavation artificielle (ou décor, construction, etc.) évoquant une grotte, très en vogue dans les jardins et les parcs aux XVIᵉ et XVIIᵉ s.

GROUILLANT, E adj. Qui grouille.

GROUILLEMENT n.m. Mouvement et bruit de ce qui grouille. *Le grouillement de la foule.*

GROUILLER v.i. **1.** Fourmiller, s'agiter ensemble et en grand nombre. *Les vers grouillent dans ce fromage.* **2.** Être plein d'une masse confuse en mouvement. *La rue grouille de monde.* ◆ **se grouiller** v.pr. Fam. Se dépêcher.

GROUILLOT n.m. **1.** Employé qui, à la Bourse, porte les ordres d'achat ou de vente. **2.** Fam. Apprenti, employé qui fait les courses, porte les messages.

GROUP [grup] n.m. (it. *gruppo*). Vx. Sac de poste cacheté contenant des espèces et des valeurs que l'on expédie d'un bureau à un autre.

GROUPAGE n.m. **1.** Action de grouper des colis ayant une même destination. **2.** MÉD. Détermination du groupe sanguin.

GROUPAL, E, AUX adj. PSYCHOL. Relatif au groupe. *Imaginaire groupal.*

GROUPE n.m. (it. *gruppo,* nœud). **1.** Ensemble distinct de choses ou d'êtres de même nature, réunis dans un même endroit. *Un groupe de curieux.* ◇ ÉTHOL. *Effet de groupe :* ensemble des modifications morphologiques, éthologiques, etc., que provoque la proximité de plusieurs individus de la même espèce dans un espace restreint. – PSYCHOL. *Groupe expérimental :* groupe constitué en vue d'une étude expérimentale, et dont on mesure les réactions à un stimulus par comparaison à un groupe analogue *(groupe témoin)* non soumis à ce stimulus. – SOCIOL. *Groupe primaire :* groupe restreint de personnes communiquant directement entre elles et associées par des liens affectifs, par opp. à *groupe secondaire,* où les relations sont indirectes, par personnes interposées. **2.** Ensemble plus ou moins organisé de personnes liées par des activités, des objectifs communs. *Groupe politique.* ◇ *Groupe parlementaire :* formation permanente réunissant des élus d'une même tendance au sein d'une assemblée. *Le groupe doit avoir au moins 30 membres à l'Assemblée nationale, 15 au Sénat.* – *Groupe industriel :* ensemble d'entreprises liées financièrement. – *Groupe de presse :* ensemble de journaux qui appartiennent à un même propriétaire, une même société. – DR. *Cabinet de groupe* ou *cabinet groupé,* dans lequel deux ou plusieurs membres d'une profession libérale (médecins, avocats, etc.) exercent leur activité en partageant les mêmes locaux. **3.** Formation d'instrumentistes, de chanteurs, etc., petit orchestre. *Groupe pop.* **4.** MIL. Formation élémentaire du peloton ou de la section (environ 12 hommes). *Groupe de combat* (dans l'infanterie). – *Groupe d'armées :* réunion de plusieurs armées sous un même commandement pour une mission stratégique. **5.** Ensemble de choses, d'animaux ou de personnes défini par une caractéristique commune. *Groupe ethnique.* ◇ MÉD. *Groupe sanguin :* ensemble de propriétés antigéniques du sang (à l'origine, des seuls globules rouges) permettant de classer les individus et de régler la transfusion sanguine entre donneurs et receveurs compatibles. – *Groupe tissulaire :* ensemble de propriétés analogues permettant de régler les greffes et les transplantations d'organes. (→ ***système HLA.***) **6.** BX-A. Réunion de figures formant un ensemble, partic. dans la sculpture en ronde bosse. **7.** MATH. Structure algébrique fondamentale, associant à un ensemble une loi de composition interne, associative, possédant un élément neutre et telle que tout élément admette un symétrique pour cette loi. (Les entiers relatifs munis de l'addition forment un groupe additif. Les réels non nuls munis de la multiplication forment un groupe multiplicatif.)

■ Les groupes sanguins se répartissent en une vingtaine de *systèmes* dont les principaux sont le système ABO – qui comprend quatre groupes : A, B, O (donneur universel), AB (receveur universel) – et le système Rhésus*.

GROUPEMENT n.m. **1.** Action de grouper ; fait d'être groupé. **2.** Réunion de personnes ou de choses groupées par des intérêts communs. *Groupement politique.* ◇ DR. *Groupement d'intérêt économique (G. I. E.) :* personne morale qui a pour but de faciliter ou de développer l'activité économique préexistante de ses membres. – *Groupement foncier agricole :* société civile formée par des apports en numéraire et (ou) en propriété d'immeubles. **3.** MIL. *Groupement tactique :* réunion de plusieurs éléments de corps ou d'armes différents, sous le commandement d'un seul chef, pour une mission particulière.

GROUPER v.t. Assembler en groupe, réunir en un lieu, dans un ensemble ou dans une même catégorie. ◆ v.i. ou **se grouper** v.pr. SPORTS. Ramasser ses membres, avoir le corps ramassé en boule. ◇ *Saut groupé,* dans lequel les genoux sont ramenés le plus haut possible.

GROUPIE n. (mot angl.). **1.** Personne (le plus souvent jeune fille) qui admire un musicien, un chanteur ou un groupe de musique pop ou rock et qui le suit dans ses déplacements. **2.** Fam. Partisan inconditionnel de qqn, d'un parti.

GROUPUSCULE n.m. Péj. Petit groupe politique plus ou moins organisé. *Groupuscules extrémistes.*

GROUSE [gruz] n.f. Lagopède d'Écosse.

1. GRUAU n.m. (du francique *grût*). **1.** Partie granuleuse de l'amande du grain de blé, qui n'est ni la farine ni le son. **2.** *Farine de gruau* ou *gruau* : farine ronde, fine et très pure, provenant de la réduction des semoules. ◇ *Pain de gruau,* fait de fleur de farine.

2. GRUAU ou **GRUON** n.m. Petit de la grue.

1. GRUE n.f. (lat. *grus*). **1.** Oiseau échassier dont une espèce, gris cendré, traverse la France pour hiverner en Afrique. (Long. 1,15 m.) *La grue glapit, trompette, craque,* pousse son cri. ◇ *Faire le pied de grue :* attendre longtemps, debout. **2.** Fam. Femme de mœurs légères ; prostituée.

grue cendrée

2. GRUE n.f. (de 1. *grue*). **1.** Appareil de levage formé d'un bras orientable (flèche) monté sur un support de hauteur variable. **2.** CIN., TÉLÉV. Appareil permettant le déplacement vertical ou des mouvements combinés de la caméra.

GRUGEOIR n.m. Outil de verrier ou de vitrier en forme de petite pince, servant à rogner le bord d'une pièce de verre et à en rectifier la coupe.

GRUGER v.t. (néerl. *gruizen,* écraser) [17]. **1.** Litt. *Gruger qqn,* le voler, le tromper. **2.** VERR. Rogner (une pièce de verre) à l'aide d'un grugeoir.

GRUIFORME n.m. *Gruiformes :* ordre d'oiseaux échassiers au plumage terne tels que la grue, l'outarde, le râle. SYN. (vieilli) : *ralliforme.*

GRUME n.f. (bas lat. *gruma*). **1.** Tronc d'arbre abattu, ébranché et recouvert de son écorce. ◇ *Bois en grume :* bois qui se présente sous cette forme. **2.** Région. (Bourgogne). Grain de raisin.

GRUMEAU n.m. (lat. *grumulus*). Petite boule formée par un liquide coagulé (lait) ou une substance pulvérulente (farine) mal délayée.

GRUMELER (SE) v.pr. [24]. Se mettre en grumeaux.

GRUMELEUX, EUSE adj. **1.** Qui forme des grumeaux, qui présente des grumeaux. **2.** Qui présente des granulations. *Peau grumeleuse.*

GRUMELURE n.f. MÉTALL. Petite cavité accidentelle dans une pièce de fonderie.

GRUON n.m. → *2. gruau.*

GRUPPETTO [grupɛto] n.m. (mot it.) MUS. Ornement constitué par 3 ou 4 notes brèves qui précèdent ou suivent la note principale. Pluriel savant : *gruppetti.*

GRUTER v.t. Lever, déplacer au moyen d'une grue.

GRUTIER, ÈRE n. Personne qui conduit une grue.

GRUYÈRE [gryjɛr] ou [grɥijɛr] n.m. Fromage d'origine suisse, de forme cylindrique, au lait de vache, affiné, à caillé découpé, cuit et pressé, à croûte lavée. (L'emmenthal et le comté sont des variétés de gruyère.)

GRYPHÉE n.f. (bas lat. *grypus,* recourbé). Mollusque bivalve comestible, voisin de l'huître, dont la coquille a des valves très inégales.

GUADELOUPÉEN, ENNE adj. et n. De la Guadeloupe.

GUAI ou **GUAIS** [gɛ] adj.m. Se dit d'un hareng qui a frayé et qui n'a plus ni œufs ni laitance.

GUANACO [gwanako] n.m. (mot esp., du quechua). Camélidé sauvage d'Amérique du Sud, ancêtre probable des lamas domestiques.

GUANINE [gwanin] n.f. (de *guano,* d'où fut extraite cette substance). L'une des quatre bases azotées de l'A. D. N.

GUANO [gwano] n.m. (du quechua). **1.** Matière (auj. presque épuisée) provenant de l'accumulation d'excréments et de cadavres d'oiseaux marins, et qu'on employait comme engrais. **2.** Matière fertilisante d'origine animale, analogue au guano. *Guano de poisson, de chauve-souris.*

GUARANI [gwarani] adj. et n. Des Guarani. ◆ n.m. **1.** Langue indienne parlée principalement au Paraguay. **2.** Unité monétaire principale du Paraguay. (→ ***monnaie.***)

GUATÉMALTÈQUE [gwatemaltɛk] adj. et n. Du Guatemala.

1. GUÉ n.m. (lat. *vadum*). Endroit peu profond d'une rivière où l'on peut traverser à pied.

2. GUÉ interj. (var. de *gai,* exprimant la joie, dans les chansons). *J'aime mieux ma mie, ô gué !*

GUÉABLE adj. Qu'on peut passer à gué.

GUÈBRE adj. et n. (du persan). HIST. Se dit des Iraniens restés fidèles au mazdéisme après la conquête musulmane. (En Inde, ils sont nommés *parsis.*)

GUÈDE n.f. (du germ.). Pastel des teinturiers, qui donne une couleur bleue.

GUÉER v.t. Rare. Passer à gué (un cours d'eau).

GUÉGUERRE n.f. Fam. Petite guerre, conflit de peu d'importance.

GUELFE [gɛlf] n.m. et adj. (all. *Welf*). HIST. Partisan des papes, ennemi des gibelins, dans l'Italie médiévale.

■ Les *Welfs (guelfes)* étaient les ducs de Bavière, qui, au XIIe s., s'opposaient aux Hohenstaufen, ducs de Souabe et seigneurs de *Waiblingen* (d'où le mot *gibelins*). Quand les Hohenstaufen, avec Frédéric Ier Barberousse († 1190), voulurent faire échec à la suprématie pontificale et aux visées angevines en Italie, l'antagonisme allemand se transporta en Italie, les partisans de l'empereur, ou *gibelins,* s'opposant aux alliés du pape et des Angevins, les *guelfes.*

GUELTE [gɛlt] n.f. (all. *Geld,* argent). Pourcentage accordé à un vendeur sur ses ventes.

GUENILLE n.f. (Souvent au pl.). Vêtement sale, en lambeaux. *Vêtu de guenilles.*

GUENON n.f. **1.** Cour. Singe femelle. **2.** ZOOL. Vx. Cercopithèque. **3.** Fam. Femme très laide.

GUÉPARD n.m. (it. *gattopardo,* de *gatto,* chat, et *pardo,* léopard). Mammifère carnivore d'Afrique et d'Asie, à la course très rapide (jusqu'à 100 km/h). [Long. 75 cm env., sans la queue ; famille des félidés.]

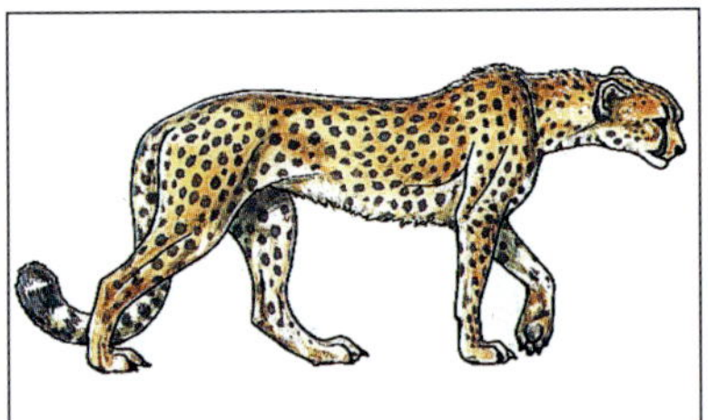

guépard

GUÊPE n.f. (lat. *vespa*). Insecte social à abdomen annelé de jaune et de noir, dont la femelle est pourvue d'un aiguillon venimeux, et dont il existe un grand nombre de variétés *(guêpes maçonnes, frelons, etc.)* construisant des nids *(guêpiers)* souterrains ou aériens. (Ordre des hyménoptères.) ◇ *Taille de guêpe,* très fine.

GUÊPIER n.m. **I. 1.** Nid de guêpes. **2.** Fig. Situation dangereuse, inextricable. **II.** Oiseau coraciiforme se nourrissant d'abeilles et de guêpes.

GUÊPIÈRE n.f. (de [*taille de*] *guêpe*). Pièce de lingerie féminine, bustier qui descend au-dessous de la taille et l'affine, le plus souvent muni de jarretelles.

GUÈRE ou, vx, **GUÈRES** adv. (du francique). *Ne ... guère :* pas beaucoup. *Il n'est guère attentif.*

GUÉRET n.m. (lat. *vervactum,* jachère). Terre non ensemencée, labourée au printemps et en été pour la préparer à recevoir les semailles d'automne.

GUÉRIDON n.m. (d'un n.pr.). Table ronde, parfois ovale, à piétement central ou à trois ou quatre pieds.

GUÉRILLA [gerija] n.f. (esp. *guerrilla*). Guerre de harcèlement, d'embuscades, de coups de main menée par des unités régulières ou des troupes de partisans.

GUÉRILLERO [gerijero] n.m. (esp. *guerrillero*) [pl. *guérilleros*]. Combattant de guérilla.

GUÉRIR v.t. (du francique *warjan,* protéger). **1. a.** Délivrer d'un mal physique, d'une maladie. *Ce médicament m'a guéri de la grippe.* **b.** Faire cesser (une maladie). *Guérir une angine.* **2.** Débarrasser d'un défaut. *Elle l'a guéri de son avarice.* ◆ v.i. ou **se guérir** v.pr. **1.** Recouvrer la santé. **2.** Disparaître, cesser, en parlant d'une maladie. *Mon rhume a guéri.* **3.** Se débarrasser, se corriger de. *Guérir, se guérir d'une mauvaise habitude.*

GUÉRISON n.f. Suppression, disparition d'un mal physique ou moral.

GUÉRISSABLE adj. Que l'on peut guérir.

GUÉRISSEUR, EUSE n. Personne qui guérit ou prétend guérir en vertu de dons mystérieux ou à l'aide de procédés empiriques. (Les guérisseurs, en France, ne peuvent faire rémunérer leurs services qu'en contravention avec les lois sur l'exercice de la médecine.)

GUÉRITE n.f. (anc. prov. *garida*). **1.** Abri pour un homme debout, servant aux militaires de faction. **2.** Baraque de chantier servant de bureau.

GUERRE n.f. (du francique *werra*). **1.** Lutte armée entre États ; situation de conflit qu'elle implique. *Déclaration de guerre.* ◇ *Guerre sainte,* menée au nom de motifs religieux. – *Petite guerre :* guerre de harcèlement ; exercice, simulacre de combat. – *Guerre totale,* comportant tous les moyens de lutte et visant à l'anéantissement de l'adversaire (conception formulée par les théoriciens du pangermanisme à la fin du XIXe s.). – *Guerre chimique, nucléaire, biologique,* où seraient employées les armes chimiques, nucléaires, biologiques. – *Homme de guerre,* dont le métier est de faire la guerre. – *Nom de guerre :* anc., nom que prenait un soldat en s'enrôlant ; mod., pseudonyme. – *De bonne guerre :* se dit d'un comportement, d'une réaction habile d'un adversaire et que l'on considère comme légitime. – *De guerre lasse :* à bout de résistance ; en renonçant par lassitude. **2.** Lutte entre puissances menée parallèlement à ou en dehors d'un conflit armé. *Guerre économique.* ◇ *Guerre des ondes :* utilisation de la radiodiffusion comme moyen de propagande, de manipulation de l'opinion. – *Guerre froide :* hostilité latente, qui n'aboutit pas au conflit armé, dans les relations internationales, notamm. entre les grandes puissances. – *Guerre des étoiles :* nom communément donné à l'initiative* de défense stratégique. **3.** Lutte, conflit ; hostilité. *Entre elles, c'est la guerre.* **4.** Action entreprise pour supprimer, détruire qqch. *Faire la guerre aux préjugés.* ◇ *Faire la guerre à qqn :* lutter pour qu'il change sa conduite. *Je lui fais la guerre pour qu'il soit ponctuel.*

1. GUERRIER, ÈRE adj. **1.** Litt. Qui a trait à la guerre. *Activités guerrières.* **2.** Cour. Porté à la guerre. *Nation guerrière.*

2. GUERRIER n.m. Litt. **1.** Personne qui fait la guerre ; combattant, soldat. **2.** Homme qui a le goût de la guerre.

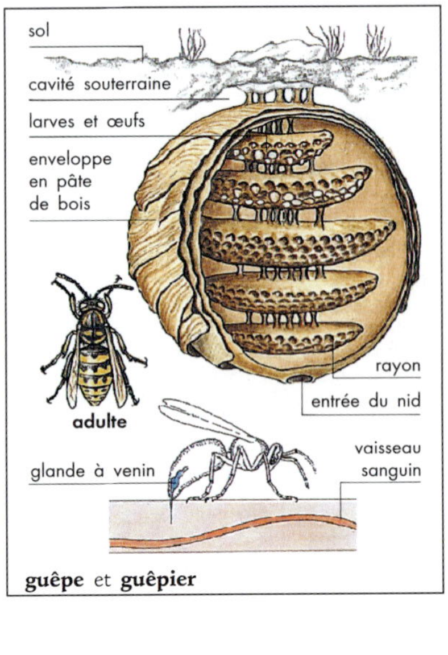

guêpe et **guêpier**

GUERROYER v.i. [13]. Litt. Faire la guerre ; batailler, combattre longuement, fréquemment.

GUET n.m. (de *guetter*). **1.** Surveillance destinée à surprendre qqn ou à éviter d'être pris. *Faire le guet.* ◇ *Guet aérien :* détection des aéronefs. **2.** HIST. Troupe chargée de la police pendant la nuit. *Les archers du guet.*

GUET-APENS [getapɑ̃] n.m. (pl. *guets-apens* [getapɑ̃]). **1.** Embuscade dressée contre qqn pour l'assassiner, lui faire subir des violences, le voler. **2.** Fig. Machination perfide.

GUÊTRE n.f. (du francique). Bande de cuir ou de tissu qui couvre le bas de la jambe et le dessus de la chaussure. ◇ Fam. *Traîner ses guêtres :* se promener sans but, en oisif ; flâner.

GUÊTRER v.t. Revêtir des guêtres (surtout au passif). *Jambes guêtrées.*

GUÊTRON n.m. Guêtre non montante.

1. GUETTE ou **GUÈTE** n.f. Tour d'un château fort où se tenait le guetteur.

2. GUETTE ou **GUÈTE** n.f. Pièce oblique d'un pan de bois sur laquelle viennent s'assembler les tournisses.

GUETTER v.t. (du francique). **1.** Épier pour surprendre ou pour ne pas être surpris. *Guetter l'ennemi.* **2.** Faire peser une menace imminente sur. *La maladie le guette.* **3.** Attendre avec impatience. *Guetter l'occasion, la sortie de qqn.*

GUETTEUR n.m. **1.** Personne qui guette. **2.** Combattant ayant une mission de renseignement, d'alerte et de surveillance.

GUEULANTE n.f. Pop. **1.** Clameur de protestation (ou, vieilli, de joie). *Une gueulante d'étudiants.* **2.** Explosion de colère ; violente réprimande. *Pousser une gueulante.*

1. GUEULARD, E adj. et n. Pop. Qui gueule, qui a l'habitude de crier fort et beaucoup.

2. GUEULARD n.m. TECHN. Ouverture supérieure d'un haut-fourneau, par laquelle on verse le minerai, le fondant et le combustible.

GUEULE n.f. (lat. *gula*). **1.** Bouche de certains animaux, quand elle peut s'ouvrir largement. **2.** Pop. Bouche de l'homme. ◇ Fam. *Fine gueule :* gourmet. – Pop. *C'est un fort en gueule, une grande gueule :* qqn qui parle haut et fort, mais qui n'agit guère. **3.** Pop. Figure, visage. ◇ Fam. *Casser la gueule à qqn,* lui infliger une correction (en partic. en le frappant au visage). – Fam. *Se casser la gueule :* tomber ; échouer. – (D'abord arg. mil. ; non incorrect auj.). *Gueule cassée :* grand blessé de la face. – Fam. *Gueule noire :* mineur des houillères. ◇ Pop. *Faire la gueule :* bouder, être morose. **4.** Pop. Allure d'une personne ; aspect d'une chose. *Avoir de la gueule.* **5.** Ouverture béante. *Gueule d'un four, d'un canon.*

GUEULE-DE-LOUP n.f. (pl. *gueules-de-loup*). Muflier (plante).

GUEULER v.i. et t. Pop. **1.** Parler, chanter très fort ; brailler. **2.** Hurler de douleur ou de mécontentement.

GUEULES n.m. (de *gueule*). HÉRALD. Couleur rouge, figurée dans le dessin par des hachures verticales.

GUEULETON n.m. Fam. Repas excellent et abondant.

GUEULETONNER v.i. Fam. Faire un gueuleton.

1. GUEUSE [gøz] n.f. (all. *Guss,* fonte). Lingot de fonte de première fusion.

2. GUEUSE n.f. → ***gueuze*** et ***gueux.***

GUEUSER v.i. Litt. Vivre en gueux.

GUEUSERIE n.f. Vx. Condition ou action de gueux.

GUEUX, GUEUSE n. (moyen néerl. *guit,* coquin). **1.** Litt., vx. Personne réduite à la mendicité ; vagabond. ◇ *Herbe aux gueux :* clématite. **2.** Litt. Personne méprisable, coquin, fripon. ◇ *Courir la gueuse :* fréquenter les femmes de mauvaise vie ; rechercher les aventures galantes. ◆ n.m. HIST. Dans les Pays-Bas espagnols, calviniste flamand, souvent gentilhomme, qui prit part à la lutte contre l'administration espagnole catholique après 1566.

GUEUZE ou **GUEUSE** n.f. Bière belge forte, ayant subi une deuxième fermentation.

GUÈZE n.m. Langue liturgique de l'Église d'Éthiopie.

1. GUI n.m. (lat. *viscum*). Plante à fleurs apétales, qui vit en parasite sur les branches de certains arbres (peuplier, pommier, très rarement chêne), et dont les fruits, blancs, contiennent une substance visqueuse. (Famille des loranthacées.)

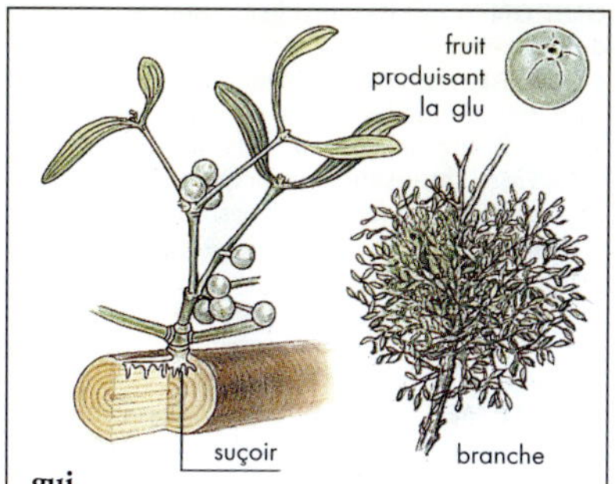

gui

2. GUI n.m. (néerl. *giek*). MAR., vieilli. Bôme.

GUIBOLLE ou **GUIBOLE** n.f. Pop. Jambe.

GUIBRE n.f. MAR. Construction destinée à fournir les points d'appui nécessaires au gréement de beaupré, sur les anciens voiliers.

GUICHE n.f. Accroche-cœur.

GUICHET n.m. (anc. scand. *vik,* cachette). **1.** Comptoir (ou, plus rarement auj., petite ouverture dans une cloison) permettant au public de communiquer avec les employés d'un bureau de poste, d'une banque, d'une administration. **2.** *Guichet automatique :* billetterie. **3.** Vx. Petite porte aménagée dans une porte monumentale. *Guichet d'une porte cochère.* **4.** *Scie à guichet :* scie égoïne à lame étroite (que l'on peut introduire dans un petit trou, un « guichet » pratiqué dans une pièce à chantourner intérieurement).

GUICHETIER, ÈRE n. Employé préposé au guichet d'un bureau de poste, d'une banque, etc.

GUIDAGE n.m. **1.** Action de guider. **2.** AÉRON. Processus visant à imposer une trajectoire donnée à un aéronef, par intervention humaine à distance *(téléguidage)* ou de façon automatique *(autoguidage).* **3.** MÉCAN. Ensemble des dispositifs servant à guider une pièce.

GUIDANCE n.f. *Centre de guidance :* structure de soins pluridisciplinaire destinée à venir en aide aux enfants qui sont en difficulté avec leur entourage.

1. GUIDE n. (anc. prov. *guida*). **1.** Personne qui guide, montre le chemin, fait visiter. **2.** Alpiniste professionnel diplômé qui conduit une ou plusieurs personnes en montagne.

2. GUIDE n.m. **I. 1.** HIST. *Les guides.* **a.** Régiment d'escorte à cheval (XVIIIe-XIXe s.). **b.** Belgique. Régiment blindé. **2.** Conseiller, inspirateur. **II. 1.** Ce qui sert de principe directeur. **2.** Ouvrage qui donne des renseignements classés. *Guide gastronomique.* ◇ Belgique. Indicateur (des chemins de fer), annuaire (du téléphone). **3.** MÉCAN. Organe servant à diriger un élément mobile. *Guide de sciage d'une scie circulaire.* ◇ *Guide d'ondes :* dispositif destiné à guider les ondes électromagnétiques entre deux points avec un minimum de pertes d'énergie par rayonnement.

3. GUIDE n.f. (Surtout au pl.). Lanière de cuir qu'on attache au mors d'un cheval attelé pour le diriger.

4. GUIDE n.f. Jeune fille faisant partie de l'association des Guides de France (mouvement de scoutisme).

GUIDE-ÂNE n.m. (pl. *guide-ânes*). Vieilli. Recueil de règles pratiques propres à diriger un débutant dans un travail.

GUIDEAU n.m. Filet de pêche conique que l'on dispose près des chutes d'eau, contre les arches d'un pont, etc.

GUIDE-FIL n.m. (pl. *guide-fils* ou inv.). TECHN. Appareil qui règle la distribution des fils sur certaines machines textiles.

GUIDER v.t. (de *guide*). **1.** Accompagner (qqn) pour lui montrer le chemin. **2.** Éclairer (qqn) dans le choix d'une direction intellectuelle ou morale, d'une décision. *Guider un enfant dans ses études.* **3.** Montrer le chemin, la voie à. *C'est l'odeur qui vous a guidés à la cuisine ?* **4.** Mener, faire agir, déterminer. *C'est l'intérêt qui le guide.*

GUIDEROPE [gidrɔp] n.m. (mot angl.). AÉRON. Longue corde que l'aéronaute laisse pendre de sa nacelle quand il s'approche du sol, pour freiner son aérostat.

GUIDON n.m. (it. *guidone,* étendard). **I. 1.** Barre à poignées, commandant la direction d'une bicyclette, d'un cyclomoteur, d'une motocyclette, etc. **2.** Petite pièce métallique fixée à l'avant du canon d'une arme à feu, et qui, avec le cran de mire ou l'œilleton de la hausse, sert à prendre la ligne de mire. **3.** MUS. Anc. Petite note ou marque placée au bout des lignes pour annoncer la note qui commence la ligne suivante. **II. 1.** HIST. Étendard des gens d'armes de Charles VII, puis des dragons, au XVIIe s. ; officier qui le portait. **2.** MAR. Pavillon servant souvent d'insigne de commandement.

GUIGNARD, E adj. Fam. Qui a la guigne, malchanceux.

1. GUIGNE n.f. (de l'all.). Cerise à chair ferme et sucrée, de couleur noire ou rouge foncé. ◇ Fam. *Se soucier de qqch comme d'une guigne,* s'en moquer complètement.

2. GUIGNE n.f. (de *guigner*). Fam. Malchance. *Avoir, porter la guigne.*

GUIGNER v.t. (du gallo-roman). **1.** Regarder du coin de l'œil, à la dérobée. *Guigner le jeu de son voisin.* **2.** Convoiter. *Guigner un héritage.*

GUIGNETTE n.f. (bas lat. *gubia,* serpette). MAR. Outil en forme de bec-de-corbin pour calfater les embarcations.

GUIGNIER n.m. Cerisier de la variété qui donne les guignes.

GUIGNOL n.m. (du n. d'un personnage du théâtre de marionnettes lyonnais). **1. a.** Marionnette à gaine, animée par les doigts de l'opérateur. ◇ *Faire le guignol :* faire le pitre, amuser les autres, volontairement ou non ; se conduire de manière ridicule. **b.** Théâtre de marionnettes à gaine. *Aller au guignol.* **2.** Fam. Personne peu sérieuse, en qui on ne peut avoir confiance. *Qu'est-ce que c'est que ce guignol ?*

GUIGNOLET n.m. Liqueur préparée à partir de guignes ou de griottes macérées dans l'alcool.

GUIGNON n.m. Litt. Malchance.

GUILDE, GILDE ou **GHILDE** [gild] n.f. (anc. néerl. *gilde*). **1.** Au Moyen Âge, association de marchands, d'artisans ou d'artistes dotée de juridictions et de privilèges codifiés dans un statut (XIe-XIVe s.). **2.** Association privée, d'intérêt culturel et commercial.

GUILI-GUILI n.m. inv. Fam. Chatouillis.

GUILLAUME n.m. (de *Guillaume,* n.pr.). Rabot étroit dont le fer occupe toute la largeur du fût.

GUILLEDOU n.m. Fam. *Courir le guilledou :* chercher des aventures galantes.

GUILLEMET [gijmɛ] n.m. (du n. de l'inventeur, *Guillaume*). Signe double (« ») servant à isoler un mot ou un groupe de mots (citation, paroles rapportées, etc.) [génér. au pl.]. ◇ *Entre guillemets :* se dit d'une phrase, d'un mot qu'on ne prend pas à son compte.

GUILLEMETER v.t. [27]. Mettre entre guillemets.

GUILLEMOT n.m. (dimin. de *Guillaume*). Oiseau palmipède proche du pingouin, à bec droit et long, nichant sur les côtes arctiques. (Long. 40 cm.)

GUILLERET, ETTE adj. (du francique *wigila,* ruse). Vif et gai.

GUILLOCHAGE n.m. Action, manière de guillocher ; son résultat.

GUILLOCHE n.f. Burin servant à guillocher.

GUILLOCHER v.t. (it. dial. *ghiocciare ;* lat. pop. *guttiare,* dégoutter). Orner d'un guillochis (notamm., une pièce d'orfèvrerie).

GUILLOCHIS [gijɔʃi] n.m. ou **GUILLOCHURE** n.f. Décor gravé d'une surface, dessinant des lignes brisées ou onduleuses entrecroisées ou non.

GUILLON n.m. Suisse. Fausset d'un tonneau.

GUILLOTINE n.f. (de *Guillotin,* n.pr.). **1. a.** Instrument qui servait à décapiter les condamnés à mort par la chute d'un couperet glissant entre deux montants verticaux. **b.** Peine de mort infligée au moyen de la guillotine. **2.** *Fenêtre à guillotine,* à translation verticale du ou des châssis dans un bâti à rainures.

■ La guillotine, déjà en usage en Italie, doit son nom au docteur Guillotin (1738-1814) qui proposa de remplacer les supplices alors en usage par une peine unique, la décapitation. La construction de la machine fut décidée par l'Assemblée législative le 20 mars 1792 et elle fonctionna pour la première fois le 25 avril 1792. La guillotine resta le mode d'exécution pour les condamnés de droit commun jusqu'à l'abolition de la peine de mort le 9 octobre 1981.

GUILLOTINÉ, E adj. et n. Qui a eu la tête tranchée par la guillotine.

GUILLOTINER v.t. Décapiter au moyen de la guillotine.

GUILLOTINEUR, EUSE n. Personne qui guillotine, qui est responsable de condamnations à la guillotine.

GUIMAUVE n.f. (de *gui*, dér. du gr. *hibiskos*, mauve, et de *mauve*). **1.** Plante des marais ou des prés humides, qui possède des propriétés émollientes *(guimauve officinale)*, et dont une espèce est cultivée sous le nom de *rose trémière*. (Famille des malvacées.) **2.** *Pâte de guimauve* ou *guimauve* : gomme, confiserie molle (à l'origine à base de racine de guimauve). **3. Fig.** Ce qui est douceâtre, fade, d'une sentimentalité mièvre. *Quelle guimauve, ce film !*

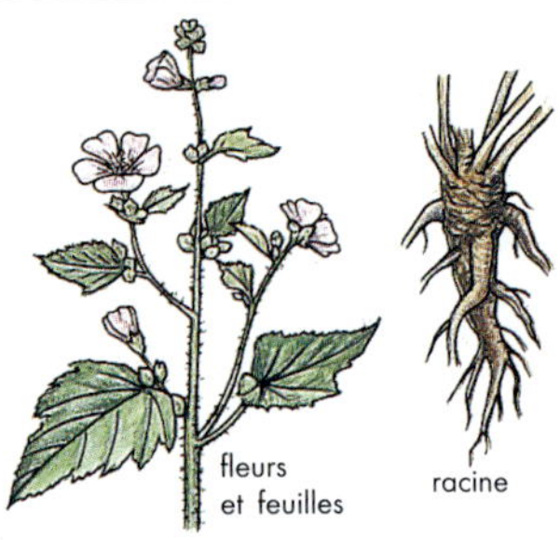

guimauve

GUIMBARDE n.f. (du prov.). **1.** Fam. Vieille voiture, tacot. **2.** Danse populaire ancienne (XVIIe-XVIIIe s.). **3.** Instrument de musique populaire composé d'une languette flexible fixée dans un cadre, dont le son est amplifié par la bouche de l'instrumentiste.

GUIMPE n.f. (du francique *wimpil*). **1.** Anc. Pièce de toile encadrant le visage et retombant sur le cou et la poitrine, conservée dans le costume de certains ordres religieux féminins. **2.** Petite chemisette en tissu léger qui se porte avec des robes très décolletées.

GUINCHER v.i. (anc. fr. *guenchir*, obliquer). Pop. Danser.

GUINDAGE n.m. Action de guinder.

GUINDAILLE n.f. Belgique. Fam. Partie de plaisir entre étudiants, beuverie.

GUINDANT n.m. MAR. Hauteur d'un pavillon, d'une voile (par opp. à *battant*, la longueur).

GUINDÉ, E adj. **1.** Qui a un maintien raide, peu naturel, par affectation de dignité ou par embarras. **2.** Ampoulé, emphatique. *Un ton guindé.*

GUINDEAU n.m. (anc. scand. *vindass*, cabestan). MAR. Treuil à axe horizontal, servant notamm. à virer la chaîne d'ancre.

GUINDER v.t. (anc. scand. *vinda*, hausser). **1.** MAR. Lever, hisser au moyen d'une grue, d'une poulie, etc. **2.** Donner un aspect guindé à. *Son costume le guinde.*

GUINDERESSE n.f. MAR. Fort cordage destiné à hisser un mât de hune ou à déborder un bout-dehors.

GUINÉE n.f. (angl. *guinea*). Ancienne monnaie de compte anglaise, valant 21 shillings.

GUINÉEN, ENNE adj. et n. De la Guinée.

GUINGOIS (DE) [dəgɛ̃gwa] loc. adv. (de l'anc. fr. *guinguer*, sauter). Fam. De travers. *Marcher de guingois.*

GUINGUETTE n.f. (anc. fr. *guinguet*, étroit). Lieu de plaisir populaire situé généralement dans la banlieue d'une grande ville, débit de boissons où l'on peut danser, généralement en plein air.

GUIPAGE n.m. ÉLECTR. Revêtement isolant autour d'un conducteur.

GUIPER v.t. (du francique *wipan*). **1.** Passer un fil autour de (une torsade de fil). **2.** ÉLECTR. Revêtir d'un guipage (un conducteur).

GUIPOIR n.m. Outil de passementerie pour guiper.

GUIPON n.m. Balai utilisé pour le calfatage d'un navire.

GUIPURE n.f. **1.** Anc. Dentelle de fil ou de soie dépourvue de fond et faite de mailles larges. **2.** Étoffe formant filet, imitant la dentelle, dont l'utilisation principale est la confection de rideaux et de stores d'ameublement.

GUIRLANDE n.f. (it. *ghirlanda*). **1.** Cordon ornemental (de verdure, de fleurs, etc.), souvent festonné. **2.** Ruban de papier ou fil agrémenté d'ornements, servant à décorer. *Guirlande de Noël.*

GUISARME [gizarm] n.f. Anc. Arme d'hast, à fer asymétrique, et possédant un ou deux crochets sur le dos (XIIe-XVe s.).

GUISE [giz] n.f. (du francique *wisa*, manière). *À ma guise* : selon ma manière d'agir, selon mon goût. ◆ loc. prép. *En guise de* : à la place de, en manière de. *Il lui a donné un cadeau en guise de consolation.*

GUITARE n.f. (esp. *guitarra* ; de l'ar.). Instrument de la famille du luth, à cordes pincées (six le plus souvent), caisse plate et long manche portant des frettes. ◇ *Guitare électrique*, dont les sons sont captés par des micros et amplifiés.

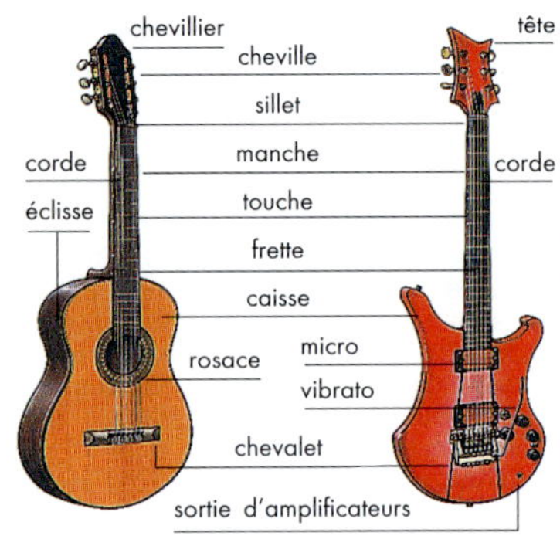

guitares électrique (à droite) et sèche

GUITARISTE n. Personne qui joue de la guitare.

GUITOUNE n.f. (ar. maghrébin *gīṭūn*). Arg. Tente.

GUIVRE n.f. HÉRALD. Serpent monstrueux avalant un être humain. SYN. : *bisse*.

GUIVRÉ, E adj. HÉRALD. Se dit d'un attribut se terminant par une tête de serpent.

GUJARATI n.m. Langue indo-aryenne parlée au Gujerat. Graphie savante : *gujarātī*.

GULDEN [guldɛn] n.m. Unité monétaire principale des Pays-Bas. SYN. : *florin*. (→ **monnaie**.)

GUMMIFÈRE [gɔm-] adj. *Arbre gummifère*, qui produit de la gomme. SYN. : *gommifère*.

GUNITAGE n.m. Procédé de revêtement par projection de gunite.

GUNITE n.f. (de l'angl. *gun*, canon). Béton spécial projeté par air comprimé sur une surface à enduire.

GUNITER v.t. Recouvrir de gunite.

GÜNZ [gynz] n.m. (n. d'une riv. d'Allemagne). GÉOL. Première des quatre grandes glaciations de l'ère quaternaire en Europe.

GUPPY [gypi] n.m. Poisson d'aquarium aux couleurs vives, qui supporte des températures comprises entre 18 et 30 °C. (Long. du mâle 3 cm, de la femelle 6 cm.)

GURDWARA n.m. Lieu de culte des sikhs.

GURU n.m. → **gourou**.

GUS ou **GUSSE** [gys] n.m. Fam. Individu quelconque, type, mec.

GUSTATIF, IVE adj. (du lat. *gustus*, goût). Qui a rapport au goût. ◇ *Nerf gustatif* : chacun des deux nerfs provenant des bourgeons de la langue.

GUSTATION n.f. (du lat. *gustare*, goûter). Rare. Action de goûter ; perception des saveurs.

GUTTA-PERCHA [gytapɛrka] n.f. (mot angl., du malais) [pl. *guttas-perchas*]. Substance plastique et isolante, tirée du latex d'un arbre de Malaisie. (Famille des sapotacées.)

GUTTIFÈRE ou **GUTTIFÉRALE** n.f. *Guttifères* ou *guttiférales* : ordre de plantes à fleurs, aux feuilles opposées. (Familles des hypéricacées et des guttiféracées ou clusiacées.)

GUTTURAL, E, AUX adj. **1.** PHON. Qui est émis au fond de la gorge, en parlant d'un son. **2.** ANAT. Qui appartient au gosier. *Artère gutturale.*

GUTTURALE n.f. PHON. Consonne postérieure telle que la vélaire, l'uvulaire et la pharyngale.

GUYANAIS, E adj. et n. De la Guyane.

1. GUYOT n.m. Volcan sous-marin à sommet aplati.

2. GUYOT n.f. Poire d'une variété sucrée, parmi les plus cultivées en France.

GUZLA n.f. Instrument de musique à cordes et à archet en usage dans les Balkans.

Gy, symbole du gray.

GYM [ʒim] n.f. (abrév.). Fam. Gymnastique.

GYMKHANA [ʒimkana] n.m. (hindi *gendkhāna*, salle de jeu de balle). Ensemble d'épreuves en automobile ou à motocyclette, où les concurrents doivent suivre un parcours compliqué de chicanes, de barrières, etc.

GYMNASE n.m. (lat. *gymnasium* ; mot gr.). **1.** Établissement et salle où on se livre à des exercices sportifs. **2.** Suisse. Lycée. **3.** ANTIQ. GR. Édifice public d'abord destiné aux seuls exercices physiques et qui devint par la suite un centre de vie intellectuelle.

GYMNASIAL, E, AUX adj. Suisse. Relatif au gymnase, au lycée.

GYMNASTE n. Personne qui pratique la gymnastique sportive.

GYMNASTIQUE n.f. **1.** Ensemble des exercices physiques destinés à assouplir ou à développer le corps. SYN. (vieilli) : *culture physique*. ◇ *Gymnastique sportive*, de compétition. – *Gymnastique rythmique* ou *rythmique*, n.f. : méthode d'éducation physique, musicale et respiratoire destinée à l'harmonisation des mouvements du corps. – *Gymnastique aquatique* : gymnastique pratiquée dans l'eau. – *Gymnastique moderne* ou *gymnastique rythmique sportive* : gymnastique avec accompagnement musical et utilisant des engins légers (ballons, cerceaux, rubans, etc.), discipline olympique. – *Pas (de) gymnastique* : pas de course régulier et cadencé. – MÉD. *Gymnastique corrective* : ensemble de mouvements, d'exercices qui ont pour but la rééducation musculaire. **2.** Fig. Ensemble d'exercices qui visent à développer les facultés intellectuelles. **3.** Fam. Ensemble de manœuvres plus ou moins compliquées, imposées par une situation. *Pour équilibrer le budget, ils ont dû faire une de ces gymnastiques !*

figure de **gymnastique** rythmique et sportive

GYMNIQUE adj. Relatif à la gymnastique.

GYMNOCARPE adj. BOT. Se dit des plantes dont les fruits ne sont soudés avec aucun organe accessoire.

GYMNOSPERME n.f. *Gymnospermes* : sous-embranchement de plantes, souvent arborescentes, dont les graines nues sont portées sur des écailles ouvertes (pin, if, ginkgo).

GYMNOTE [ʒimnɔt] n.m. (gr. *gumnos,* nu, et *nôtos,* dos). Poisson des eaux douces de l'Amérique du Sud, à aspect d'anguille, dont une espèce, atteignant 2,50 m de long, paralyse ses proies en produisant de puissantes décharges électriques.

GYNANDROMORPHISME n.m. (gr. *gunê,* femelle, et *anêr, andros,* mâle). Présence simultanée chez un même individu de caractères sexuels mâles et femelles juxtaposés.

GYNÉCÉE n.m. (du gr. *gunê,* femme). **1.** Appartement réservé aux femmes, chez les Grecs anciens. **2.** BOT. Pistil.

GYNÉCOLOGIE n.f. (gr. *gunê,* femme, et *logos,* science). Spécialité médicale consacrée à l'organisme de la femme et à son appareil génital.

GYNÉCOLOGIQUE adj. Relatif à la gynécologie.

GYNÉCOLOGUE n. Médecin spécialiste de gynécologie.

GYNÉCOMASTIE n.f. Développement anormal des glandes mammaires chez l'homme.

GYNÉRIUM [ʒinerjɔm] n.m. Graminée ornementale poussant en grandes touffes et aux longues feuilles tombant en panache.

GYPAÈTE [ʒipaɛt] n.m. (gr. *gups, gupos,* vautour, et *aetos,* aigle). Grand rapace diurne, vivant dans les hautes montagnes, se nourrissant de charognes comme les vautours. (Son envergure peut dépasser 2,50 m.)

GYPSAGE n.m. Addition de gypse au clinker de ciment Portland pour régulariser la prise.

GYPSE [ʒips] n.m. (lat. *gypsum*). Roche sédimentaire formée de sulfate de calcium hydraté, cristallisé. (On l'appelle souvent pierre à plâtre, car, chauffé entre 150 et 200 °C, le gypse perd de l'eau et se transforme en plâtre.)

GYPSEUX, EUSE adj. De la nature du gypse ; qui contient du gypse.

GYPSOPHILE n.f. Plante herbacée voisine de l'œillet, parfois cultivée pour ses fleurs blanches. (Famille des caryophyllacées.)

GYRIN [ʒirɛ̃] n.m. (gr. *guros,* cercle). Insecte coléoptère qui décrit des cercles sur la surface de l'eau. (Long. 5 mm.)

GYROCOMPAS n.m. (gr. *guros,* cercle). Appareil d'orientation utilisé sur les navires et les avions, et comprenant un gyroscope entretenu électriquement, et dont l'axe conserve une direction invariable dans le plan horizontal. SYN. : *compas gyroscopique.*

GYROMAGNÉTIQUE adj. PHYS. *Rapport gyromagnétique :* rapport du moment magnétique d'une particule à son moment cinétique.

GYROMÈTRE n.m. Appareil servant à indiquer les changements d'orientation d'un avion.

GYROMITRE n.m. Champignon ascomycète, dont le chapeau évoque la forme d'une cervelle. (Sa toxicité disparaît par dessiccation.)

GYROPHARE n.m. Phare rotatif équipant le toit de certains véhicules prioritaires (voitures de police, ambulances, etc.).

GYROPILOTE n.m. Gyroscope qui permet le pilotage automatique des navires, des avions.

GYROSCOPE n.m. (gr. *guros,* cercle, et *skopein,* examiner). Appareil qui fournit une direction invariable de référence grâce à la rotation rapide d'une lourde masse autour d'un axe possédant un ou deux degrés de liberté par rapport au boîtier de l'instrument.

gyroscope

GYROSCOPIQUE adj. Qui a un rapport au gyroscope ; qui est équipé d'un gyroscope.

GYROSTAT n.m. Solide animé d'un mouvement de rotation rapide autour de son axe, et permettant la stabilisation en direction de cet axe.

H

H n.m. inv. **1.** Huitième lettre de l'alphabet français et sixième des consonnes. **2.** MUS. H : *si* naturel, dans la notation en usage dans les pays germaniques. **3.** H, symbole chimique de l'hydrogène. – *Bombe H* ou *bombe à hydrogène :* bombe thermonucléaire*. **4.** H, symbole du henry, unité d'inductance électrique. **5.** h, symbole de l'heure ou de l'hecto. – *Heure H :* heure de l'attaque ; heure fixée à l'avance pour une opération quelconque.
■ L'*h* initial peut être *muet* ou *aspiré*. Dans les deux cas, il ne représente aucun son. Si l'*h* est *muet*, il y a élision ou liaison : *l'homme ; les hommes* [lezɔm]. Si l'*h* est *aspiré*, il n'y a ni élision ni liaison : *le héros ; les héros* [leero].

ha, symbole de l'hectare.

***HA** interj. (Marquant la surprise). *Ha ! vous partez déjà ?* ◇ (Répété, exprimant le rire). *Ha ! ha ! que c'est drôle !*

***HABANERA** n.f. (mot esp.). Danse d'origine cubaine, de rythme binaire et syncopé.

HABEAS CORPUS [abeaskɔrpys] n.m. (mots lat., *que tu aies ton corps*). Institution anglo-saxonne qui, depuis 1679, garantit la liberté individuelle et protège contre les arrestations arbitraires.

HABILE adj. (lat. *habilis*). **1.** Qui agit avec adresse, avec ingéniosité ou ruse. *Un homme habile dans son métier. Un faussaire habile.* **2.** Qui est fait adroitement. *Une démarche habile.*

HABILEMENT adv. Avec habileté.

HABILETÉ n.f. **1.** Qualité d'une personne habile ; adresse, dextérité. **2.** Qualité de ce qui est fait avec adresse, avec intelligence. *L'habileté d'une manœuvre.*

HABILITATION n.f. DR. Action d'habiliter, de conférer une capacité juridique. ◇ Aptitude à conférer un diplôme national accordée par arrêté ministériel à une université ou à une grande école.

HABILITÉ n.f. DR. Aptitude légale.

HABILITER v.t. (lat. *habilitare,* rendre apte). Rendre légalement apte à accomplir un acte.

HABILLABLE adj. Que l'on peut habiller.

HABILLAGE n.m. **1.** Action d'habiller qqn, de s'habiller. **2.** Aspect extérieur que l'on donne à qqch ; présentation, conditionnement. *L'habillage d'un siège, d'une chaîne de télévision.* **3.** Fig. Manière de présenter qqch pour obtenir un certain effet. *L'habillage juridique d'une intervention militaire.*

HABILLÉ, E adj. **1.** Vêtu (par opp. à *nu*). **2.** Qui convient à une réunion élégante, à une cérémonie. *Une robe très habillée.* ◇ *Dîner, soirée, etc., habillés,* où l'on doit venir en tenue élégante.

L'« h » aspiré est indiqué par un astérisque à l'initiale.

HABILLEMENT n.m. **1.** Action d'habiller, de fournir des vêtements. *Habillement des troupes.* **2.** Ensemble de vêtements dont on est vêtu. **3.** Profession du vêtement. *Syndicat de l'habillement.*

HABILLER v.t. (anc. fr. *abillier,* préparer une bille de bois). **1.** Revêtir de vêtements ; fournir en vêtements. *Habiller les enfants, un acteur.* **2.** Être seyant, en parlant d'un vêtement. *Robe qui habille bien.* **3.** Préparer (une volaille, une pièce de gibier, etc.) pour la vente, la cuisson. **4.** Garnir, couvrir pour décorer ou protéger. *Habiller des fauteuils de housses.* ◆ **s'habiller** v.pr. **1.** Mettre ses vêtements sur soi. **2.** Se fournir en vêtements. *Elle s'habille chez un grand couturier.* **3.** Coordonner ses vêtements de façon élégante, avec goût. *Cette femme ne sait pas s'habiller.* **4.** Revêtir une toilette élégante. *S'habiller pour une soirée.*

HABILLEUR, EUSE n. Personne chargée d'aider les comédiens, les mannequins à s'habiller et qui assure l'entretien des costumes.

HABIT n.m. (lat. *habitus,* manière d'être). **1.** Vêtement masculin de cérémonie en drap noir et dont les basques, arrondies à partir des hanches, pendent par-derrière. ◇ *Habit vert :* habit de cérémonie des académiciens. **2.** Vêtement des religieux. ◇ *Prise d'habit :* cérémonie qui marque l'entrée en religion. ◆ pl. Ensemble des pièces de l'habillement ; vêtements. *Ôter ses habits.*

HABITABILITÉ n.f. Qualité de ce qui est habitable.

HABITABLE adj. **1.** Où l'on peut habiter. **2.** Où il y a suffisamment de place pour les occupants. *Voiture habitable.*

HABITACLE n.m. (lat. *habitaculum,* demeure). **1.** AUTOM. Partie de la carrosserie d'un véhicule qui constitue l'espace réservé aux occupants. **2.** Partie d'un avion réservée à l'équipage. **3.** MAR. Boîte vitrée qui renferme un instrument de navigation (compas en particulier).

HABITANT, E n. **1.** Personne qui habite, vit ordinairement en un lieu. *Ville de cent mille habitants.* **2.** Être humain, animal qui s'établit dans un lieu. *Les habitants des cavernes.* **3.** Canada, Antilles. Paysan, cultivateur.

HABITAT n.m. **1.** Aire dans laquelle vit une population, une espèce animale ou végétale particulière. **2.** GÉOGR. Mode de peuplement par l'homme des lieux où il vit. *Habitat rural, urbain.* **3.** Ensemble des conditions, des faits relatifs à l'habitation, au logement. *Amélioration de l'habitat.*

HABITATION n.f. **1.** Fait d'habiter. ◇ *Taxe d'habitation :* impôt annuel dû par toute personne propriétaire ou locataire d'une habitation meublée. **2.** Lieu où l'on habite. ◇ *Habitation à loyer modéré* → ***H.L.M.***

HABITÉ, E adj. **1.** Occupé par des habitants, des personnes. **2.** Litt. Qui exprime une vie intérieure profonde et intense. *Un regard, un style habité.*

HABITER v.t. et i. (lat. *habitare*). Avoir sa demeure, sa résidence en (tel lieu). *Habiter une jolie maison. Habiter à la campagne.*

HABITUATION n.f. PSYCHOL. Réduction progressive et disparition d'une réponse à la suite de la répétition régulière et sans changement du stimulus.

HABITUDE n.f. (lat. *habitudo*). **1.** Disposition, acquise par la répétition, à être, à agir fréquemment de la même façon. **2.** Capacité, aptitude acquise par la répétition des mêmes actions. *Avoir l'habitude de conduire la nuit.* ◆ loc. adv. *D'habitude :* ordinairement, habituellement.

HABITUÉ, E n. Personne qui fréquente habituellement (un lieu). *Les habitués d'un café.*

HABITUEL, ELLE adj. Passé en habitude ; très fréquent. *Faire sa promenade habituelle.*

HABITUELLEMENT adv. Par habitude ; de façon presque constante.

HABITUER v.t. (du lat. *habitus,* manière d'être). Accoutumer ; faire prendre l'habitude de. *Habituer un enfant à se coucher tôt.* ◆ **s'habituer** v.pr. **(à).** Prendre l'habitude de ; se familiariser avec. *Vous êtes-vous habitué à votre nouveau quartier ?*

HABITUS [abitys] n.m. (mot lat.). **1.** MÉD. Aspect extérieur du corps, du visage indiquant l'état de santé d'un sujet. **2.** SOCIOL. Comportement acquis et caractéristique d'un groupe social.

***HÂBLERIE** n.f. Litt. Caractère ou propos de hâbleur.

***HÂBLEUR, EUSE** n. et adj. (de l'esp. *hablar,* parler). Litt. Personne qui aime à vanter ses mérites, ses actions ; fanfaron.

***HACHAGE** ou, rare, ***HACHEMENT** n.m. Action de hacher.

***HACHE** n.f. (du francique). Instrument formé d'un fer tranchant fixé à l'extrémité d'un manche et qui sert à fendre, à couper. ◇ *Hache d'armes :* hache au large fer utilisée comme arme de guerre au Moyen Âge.

1. *HACHÉ, E adj. **1.** Coupé en menus morceaux. *Viande hachée.* **2.** Entrecoupé, interrompu. *Style haché.* **3.** Couvert de hachures. *Dessin haché.*

2. *HACHÉ n.m. Viande hachée, hachis.

***HACHE-LÉGUMES** n.m. inv. Hachoir à légumes.

***HACHE-PAILLE** n.m. inv. Appareil pour hacher la paille, le fourrage.

***HACHER** v.t. **1.** Couper, réduire en menus morceaux avec un instrument tranchant. *Hacher de la viande.* **2.** Réduire en morceaux, mettre en pièces. *Blés hachés par la grêle.* **3.** Fig. Entrecouper, interrompre. *Discours haché d'éclats de rire.*

***HACHETTE** n.f. ou ***HACHEREAU** n.m. Petite hache.

***HACHEUR** n.m. ÉLECTR. Dispositif électronique de puissance permettant de régler la valeur du courant continu débité par une source.

***HACHE-VIANDE** n.m. inv. Hachoir à viande.

***HACHIS** [aʃi] n.m. Préparation culinaire de viandes, poissons ou légumes hachés.

***HACHISCH** n.m. → *haschisch.*

***HACHOIR** n.m. **1.** Ustensile mécanique ou électrique servant à hacher. **2.** Planche sur laquelle on hache des aliments.

***HACHURE** n.f. **1.** Chacun des traits parallèles ou entrecroisés qui servent à marquer les volumes, les ombres, les demi-teintes d'un dessin, d'une gravure, etc. **2.** Fragment de ligne qui sert à représenter la pente d'un terrain sur une carte.

***HACHURER** v.t. Marquer de hachures.

HACIENDA [asjɛnda] n.f. (mot esp.). Grande propriété foncière, en Amérique latine.

***HADAL, E, AUX** adj. (de *Hadès,* n.pr.). Se dit des plus grandes profondeurs océaniques (supérieures à 6 000 m).

***HADDOCK** [adɔk] n.m. (mot angl.). Églefin fumé.

***HADITH** [adit] n.m. pl. (ar. *ḥadīth,* conversation, récit). Recueil des actes et des paroles du prophète Mahomet et de ses compagnons à propos de commentaires du Coran ou de règles de conduite. Graphie savante : *ḥadīth.*

1. *HADJ ou ***HADJDJ** [adʒ] n.m. inv. Pèlerinage à La Mecque que tout musulman doit effectuer au moins une fois dans sa vie. Graphie savante : *ḥādjdj.*

2. *HADJ ou **HADJI** n. inv. Titre que prend tout musulman qui a effectué le hadj. Graphie savante : *ḥādjdj* ou *ḥādjdjī.*

HADRON n.m. Particule élémentaire susceptible d'interaction forte (nucléon, méson...), par opp. aux *leptons.*

***HAFNIUM** [afnjɔm] n.m. Métal rare ; élément (Hf) de numéro atomique 72 et de masse atomique 178,49.

***HAGARD, E** adj. (moyen angl. *hagger,* sauvage). Qui paraît en proie à un trouble violent, qui a l'air effaré, bouleversé. *Visage hagard.*

***HAGGIS** [agis] n.m. (mot écossais). CUIS. Panse de mouton farcie avec la fressure de l'animal. (Plat national écossais.)

HAGIOGRAPHE [aʒjɔgraf] n. (gr. *hagios,* saint, et *graphein,* écrire). **1.** Écrivain auteur d'hagiographies. **2.** Biographe qui embellit excessivement son personnage.

HAGIOGRAPHIE n.f. **1.** Branche de l'histoire religieuse qui traite de la vie et du culte des saints. **2.** Ouvrage, récit de la vie des saints. **3.** Biographie excessivement embellie.

HAGIOGRAPHIQUE adj. Relatif à l'hagiographie.

***HAHNIUM** [anjɔm] n.m. (de *Hahn,* n.pr.). Élément chimique artificiel (Ha), de numéro atomique 105 et dont l'isotope de masse 260 a été obtenu en 1970 aux États-Unis.

***HAÏDOUK** ou ***HEIDUQUE** [edyk] n.m. (du hongr.). HIST. Membre de bandes armées luttant contre les Turcs en Hongrie et dans les Balkans.

***HAIE** n.f. (du francique). **1.** Clôture faite d'arbres et d'arbustes alignés et qui marque la limite entre deux parcelles, entre deux propriétés. *Tailler la haie.* **2.** Barrière que les chevaux, les athlètes doivent franchir. *Course de haies. Courir le 110 m haies.* **3.** Rangée de personnes alignées pour créer un obstacle le long d'une voie ou pour faire honneur à qqn. *Haie de soldats.*

course de 110 m **haies**

***HAÏK** [aik] n.m. (ar. *ḥā'ik*). Grand voile rectangulaire que les femmes musulmanes portent par-dessus leurs vêtements.

***HAÏKAÏ** [ajkaj] n.m. LITTÉR. Forme poétique japonaise qui a donné naissance au haïku.

***HAÏKU** [ajku] n.m. LITTÉR. Petit poème japonais constitué d'un verset de 17 syllabes.

***HAILLON** n.m. (moyen haut all. *hadel,* chiffon). Vêtement en loques ; guenille. *Clochard vêtu de haillons.*

***HAILLONNEUX, EUSE** adj. Litt. **1.** Qui tombe en haillons. **2.** Vêtu de haillons.

***HAINE** n.f. (de *haïr*). **1.** Vive hostilité qui porte à souhaiter ou à faire du mal à qqn. *Une haine mortelle.* **2.** Vive répugnance, aversion pour qqch. *Avoir de la haine pour la violence.* **3.** Fam. *Avoir la haine :* éprouver un sentiment très vif de déception et de ressentiment.

***HAINEUSEMENT** adv. Avec haine.

***HAINEUX, EUSE** adj. **1.** Naturellement porté à la haine. *Un caractère haineux.* **2.** Inspiré par la haine. *Des sentiments haineux.*

***HAINUYER, ÈRE** ou ***HENNUYER, ÈRE** [ɛnyje, ɛr] adj. et n. Du Hainaut.

***HAÏR** v.t. (du francique) [33]. Avoir de la haine pour ; détester, exécrer. *Il la haïssait profondément. Haïr l'hypocrisie.*

***HAIRE** [ɛr] n.f. (du francique). Anc. Petite chemise en étoffe de crin ou de poil de chèvre portée par les ascètes en esprit de pénitence.

***HAÏSSABLE** adj. Qui mérite d'être haï.

***HAÏTIEN, ENNE** adj. et n. D'Haïti.

***HAKKA** n.m. Dialecte chinois parlé dans le sud-est de la Chine.

***HALAGE** n.m. Action de haler un bateau. ◇ *Chemin de halage :* chemin destiné au halage le long d'un cours d'eau, d'un canal.

***HALAL** adj. inv. (ar. *ḥalāl,* licite). Se dit de la viande d'un animal tué selon les rites et qui peut être consommée par les musulmans.

***HALBI** n.m. (néerl. *haalbier*). Boisson normande, faite d'un mélange de pommes et de poires fermentées.

***HALBRAN** n.m. (moyen haut all. *halberant*). Jeune canard sauvage de l'année.

***HALBRENÉ, E** adj. (de *halbran*). CHASSE. Qui a les pennes rompues. *Faucon halbrené.*

***HÂLE** n.m. Couleur plus ou moins brune que prend la peau sous l'effet de l'air et du soleil.

***HÂLÉ, E** adj. Bruni par le soleil et l'air.

***HALECRET** [alkrɛ] n.m. (néerl. *halskleedt*). Corps d'armure articulé permettant la flexion du buste (XVIe-XVIIe s.).

HALEINE n.f. (lat. *anhelare,* souffler). **1.** Air qui sort des poumons pendant l'expiration. **2.** Respiration, souffle. *Une haleine paisible et régulière.* ◇ *À perdre haleine :* longuement, sans s'arrêter. *Courir, discuter à perdre haleine.* – *Reprendre haleine :* s'arrêter pour se reposer. – *Tenir en haleine :* retenir l'attention, maintenir l'incertitude. – Litt. *Tout d'une haleine :* sans interruption. – *Ouvrage de longue haleine,* qui demande beaucoup de temps et d'efforts.

***HALENER** v.t. [19]. CHASSE. Flairer (l'odeur du gibier), en parlant d'un chien de chasse.

***HALER** v.t. (germ. *halon*). **1.** Faire effort en tirant sur. *Haler un câble.* **2.** Remorquer (un bateau) à l'aide d'un câble à partir de la berge.

***HÂLER** v.t. (lat. pop. *assulare,* griller). Brunir (la peau, le teint), en parlant du soleil et du grand air.

***HALETANT, E** adj. Qui halète ; essoufflé.

***HALÈTEMENT** n.m. Action de haleter ; respiration forte et saccadée.

***HALETER** v.i. (lat. *halare,* exhaler) [28]. Respirer à un rythme précipité, être hors d'haleine.

***HALEUR, EUSE** n. Personne qui hale un bateau.

***HALF-TRACK** [aftrak] n.m. (mot angl.) [pl. *half-tracks*]. Véhicule semi-chenillé, blindé, utilisé surtout pendant la Seconde Guerre mondiale.

***HALICTE** n.m. Insecte voisin de l'abeille, et dont les sociétés vivent dans des nids souterrains.

HALIEUTIQUE adj. (gr. *halieutikos*). Qui concerne la pêche. ◆ n.f. Ensemble des techniques, des disciplines concernant la pêche.

HALIOTIDE n.f. (gr. *halios,* marin). Mollusque gastropode marin, à coquille plate, nacrée à l'intérieur. (Long. 10 cm.) SYN. : *oreille-de-mer, ormeau.*

HALIPLE n.m. Petit insecte coléoptère. (Famille des haliplidés.)

HALITE n.f. MINÉR. Chlorure naturel de sodium, sel gemme.

HALITUEUX, EUSE adj. Vx. *Peau halitueuse,* moite de sueur.

***HALL** [ol] n.m. (mot angl.). Salle de grandes dimensions et largement ouverte. *Hall d'une gare.*

***HALLAGE** n.m. Droit que paient les marchands à la commune pour vendre leurs marchandises à la halle.

HALLALI n.m. (du francique *hara,* par ici). Cri des chasseurs ou sonnerie de trompe annonçant que le cerf est aux abois.

***HALLE** n.f. (francique *halla*). Grande salle, ouverte plus ou moins largement sur l'extérieur, servant au commerce en gros d'une marchandise. ◇ *Dame de la halle :* marchande des anciennes Halles centrales de Paris. ◆ pl. Bâtiment, place couverte où se tient le principal marché des denrées alimentaires d'une ville.

***HALLEBARDE** n.f. (moyen all. *helmbarte*). Arme d'hast, à fer pointu d'un côté et tranchant de l'autre (XIVe s.-XVIIe s.). ◇ Fam. *Il pleut des hallebardes,* à verse.

***HALLEBARDIER** n.m. Militaire armé d'une hallebarde.

***HALLIER** n.m. (mot germ.). Gros buisson touffu où se réfugie le gibier.

***HALLOWEEN** [alɔwin] n.f. Fête célébrée le 31 octobre, dans certains pays anglo-saxons, au cours de laquelle les enfants, déguisés, placent devant la porte de chaque maison un panier où l'on dépose des friandises.

***HALLSTATTIEN, ENNE** [alʃtatjɛ̃, ɛn] adj. et n.m. Qui a rapport à la période protohistorique dite *de Hallstatt* ou au premier âge du fer.

HALLUCINANT, E adj. Qui frappe de saisissement ; extraordinaire. *Ressemblance hallucinante.*

HALLUCINATION n.f. MÉD. Perception d'objets non réels mais ressentis par le sujet comme existants.

HALLUCINATOIRE adj. Qui a le caractère de l'hallucination.

HALLUCINÉ, E adj. et n. **1.** Qui a des hallucinations. **2.** Par ext. Hagard. *Air halluciné.*

HALLUCINER v.t. (lat. *hallucinare*). Litt. Provoquer une, des hallucinations chez.

HALLUCINOGÈNE adj. et n.m. Se dit de substances pharmacologiques qui provoquent des troubles de la perception et des hallucinations.

HALLUCINOSE n.f. PSYCHIATRIE. Hallucination dont le caractère anormal est reconnu par le malade.

***HALO** n.m. (gr. *halôs,* aire). **1.** Zone circulaire diffuse autour d'une source lumineuse. *Le halo des réverbères.* **2.** Cercle lumineux légèrement irisé qui entoure quelquefois le Soleil ou la Lune, par suite de la réfraction de la lumière au sein de cristaux ou de nuages de glace. (Rouge vers l'intérieur, violet vers l'extérieur, le halo présente un rayon de 22^{0} ou, plus rarement, de 46^{0}.) **3.** PHOT. Auréole qui entoure parfois l'image photographique d'un point brillant.

HALOGÉNATION n.f. CHIM. Introduction d'halogènes dans une molécule organique.

HALOGÈNE adj. et n.m. (gr. *hals, halos,* sel, et *gennân,* engendrer). **1.** Se dit du chlore et des éléments qui figurent dans la même colonne du tableau périodique : fluor, brome, iode et astate. **2.** *Lampe (à) halogène* ou *halogène,* n.m. : lampe à incandescence contenant un halogène qui améliore sa durée de vie et son efficacité lumineuse.

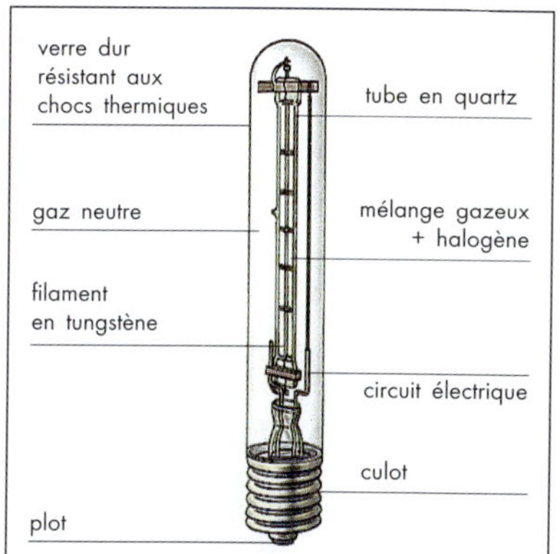

constitution d'une lampe à **halogène**

HALOGÉNÉ, E adj. Qui contient un halogène. – *Dérivés halogénés :* composés organiques comportant un ou plusieurs atomes d'halogène, qui jouent un grand rôle dans les synthèses.

HALOGÉNURE n.m. Combinaison chimique contenant un halogène.

***HÂLOIR** n.m. (de *hâler*). Local destiné à l'affinage de certains fromages.

HALOPÉRIDOL n.m. Neuroleptique majeur du groupe des butyrophénones, utilisé dans le traitement de certains troubles psychotiques.

HALOPHYTE ou **HALOPHILE** adj. et n.f. (gr. *hals, halos,* sel, et *phuton,* plante). BOT. Se dit d'une plante vivant sur les sols salés.

HALOTHANE n.m. Liquide anesthésique non inflammable et peu toxique.

***HALTE** n.f. (all. *Halt*). **1.** Moment d'arrêt pendant une marche, un voyage. **2.** Lieu où l'on s'arrête ; station. ◆ interj. *Halte ! halte-là ! :* arrêtez ! ; en voilà assez !

***HALTE-GARDERIE** n.f. (pl. *haltes-garderies*). Petit établissement de quartier accueillant pour une durée limitée et occasionnellement des enfants de trois mois à six ans.

HALTÈRE n.m. (gr. *haltêres,* balancier). SPORTS. Instrument formé de deux masses métalliques sphériques ou de disques de fonte, réunis par une tige.

HALTÉROPHILE n. Sportif, sportive qui pratique l'haltérophilie.

HALTÉROPHILIE n.f. Sport consistant à soulever des haltères.

***HALVA** n.m. (turc *helva,* de l'ar.). Confiserie orientale à base de graines de sésame et de sucre.

***HAMAC** [amak] n.m. Rectangle de toile ou de filet suspendu à ses deux extrémités, dans lequel on s'allonge pour se reposer ou pour dormir.

***HAMADA** n.f. (ar. *ḥamāda*). GÉOGR. Dans les déserts, plateau où affleurent de grandes dalles rocheuses.

HAMADRYADE n.f. (gr. *hama,* avec, et *drûs,* arbre). MYTH. GR. Nymphe des bois, née avec un arbre et mourant avec lui.

HAMADRYAS [amadrijas] n.m. Singe d'Éthiopie, genre cynocéphale. (Long. 70 cm, sans la queue.)

HAMAMÉLIS n.m. (gr. *hamamêlis,* néflier). Arbuste des États-Unis dont l'écorce et les feuilles sont douées de propriétés vasoconstrictrices.

***HAMBURGER** [ɑ̃burgœr] n.m. (mot amér.). Steak haché souvent servi dans un petit pain rond ou avec un œuf au plat.

***HAMEAU** n.m. (du francique *haim*). Groupement de quelques maisons rurales situées en dehors de l'agglomération principale d'une commune.

HAMEÇON n.m. (lat. *hamus*). Petit crochet métallique placé au bout d'une ligne avec un appât pour prendre du poisson. ◇ Fig., fam. *Mordre à l'hameçon :* se laisser séduire, circonvenir.

***HAMMAM** [amam] n.m. (ar. *ḥammām*). Établissement où l'on prend des bains de vapeur.

***HAMMERLESS** [amɛrlɛs] n.m. (mot angl., *sans percuteur*). Fusil de chasse à percussion centrale et sans chien apparent.

1. *HAMPE n.f. (anc. fr. *hante,* lance). **1.** Manche en bois qui supporte un drapeau, une arme d'hast, etc. **2.** Trait vertical des lettres *t, h, j,* etc. **3.** BOT. Axe florifère allongé, terminé par une fleur ou un groupe de fleurs.

2. *HAMPE n.f. (haut all. *wampa,* panse). BOUCH. Portion charnue périphérique du diaphragme du bœuf.

***HAMSTER** [amstɛr] n.m. Petit rongeur d'Europe, nuisible, au pelage jaune ocre, et qui est un animal d'agrément apprécié.

hamster

1. *HAN n.m. inv. (onomat.). Cri sourd d'un homme qui frappe avec effort. *Des han de bûcheron.*

2. *HAN adj. inv. Qui concerne les Han, les Chinois.

***HANAFISME** n.m. Une des quatre grandes écoles juridiques de l'islam sunnite. (Fondé par Abū *Ḥanīfa* [v. 696-767], le hanafisme fut adopté par l'Empire ottoman.) Graphie savante : *ḥanafisme.*

***HANAP** [anap] n.m. (du francique *knapp,* écuelle). Vase à boire du Moyen Âge, en métal, souvent à pied et couvercle.

***HANBALISME** n.m. Une des quatre grandes écoles juridiques de l'islam sunnite. (Fondé par Ahmad ibn *Hanbal* [780-855], le hanbalisme est en vigueur en Arabie saoudite.) Graphie savante : *ḥanbalisme.*

***HANCHE** n.f. (mot germ.). **1.** Région qui correspond à la jonction du membre inférieur (ou postérieur) avec le tronc. **2.** Articulation du fémur avec l'os iliaque. *Luxation congénitale de la hanche.* **3.** ZOOL. Partie du thorax des insectes qui reçoit la cuisse. **4.** MAR. Partie supérieure de la muraille d'un navire qui avoisine l'arrière et présente habituellement une certaine courbure.

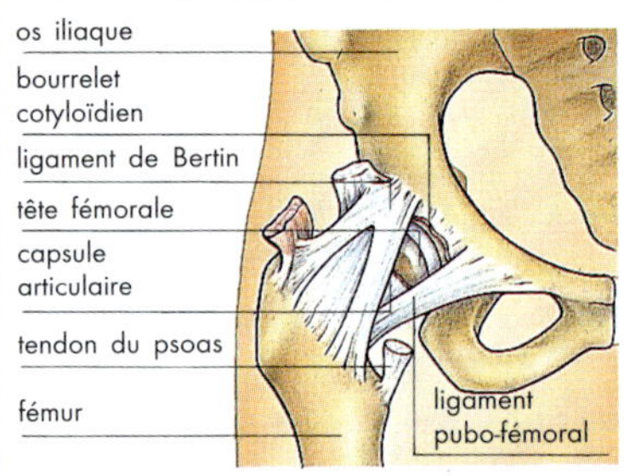

hanche

***HANCHEMENT** n.m. BX-A. Mouvement, attitude faisant saillir la hanche. ◇ Spécialt. En sculpture, position d'une statue hanchée.

***HANCHER** v.t. Représenter (une figure) debout en appui sur une jambe, de manière à obtenir un hanchement. ◆ **se hancher** v.pr. Prendre une attitude qui fait saillir la hanche.

***HANDBALL** [ɑ̃dbal] n.m. (all. *Hand,* main, et *Ball,* ballon). Sport d'équipe (sept joueurs chacune) qui se joue avec un ballon rond et uniquement avec les mains.

***HANDBALLEUR, EUSE** n. Joueur, joueuse de handball.

***HANDICAP** n.m. (mot angl.). **1.** Désavantage quelconque, infirmité qui met qqn en état d'infériorité. **2.** SPORTS. Épreuve sportive dans laquelle on désavantage certains concurrents pour égaliser les chances de victoire ; désavantage de poids, de distance, etc., imposé à un concurrent.

***HANDICAPANT, E** adj. Qui handicape. *Maladie handicapante.*

***HANDICAPÉ, E** adj. et n. Se dit d'une personne atteinte d'une infirmité ou défavorisée de façon quelconque.

***HANDICAPER** v.t. **1.** Désavantager. *Être handicapé par sa timidité.* **2.** SPORTS. Soumettre un concurrent aux conditions du handicap. *Handicaper un cheval.*

***HANDICAPEUR** n.m. SPORTS. Commissaire chargé de handicaper.

***HANDISPORT** adj. Relatif aux sports pratiqués par les handicapés physiques. ◆ n.m. Ensemble des disciplines sportives pratiquées par les handicapés.

***HANGAR** n.m. (du francique *haimgard,* clôture). Abri ouvert ou fermé, de construction sommaire, et servant à divers usages.

***HANGUL** [angul] n.m. (mot coréen). Alphabet particulier servant à transcrire le coréen.

***HANNETON** n.m. (du francique *hano,* coq). Insecte coléoptère très commun en France. (L'adulte, qui apparaît entre avril et juin, et la larve ou *ver blanc,* qui vit sous terre pendant trois ans, sont herbivores et très nuisibles.)

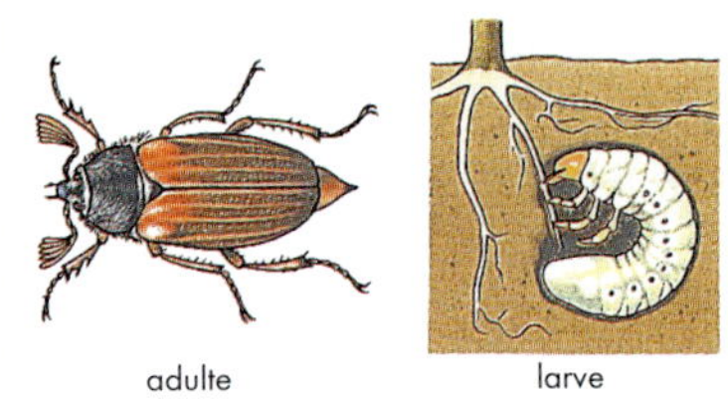

hanneton

***HANNETONNAGE** n.m. Action de hannetonner.

***HANNETONNER** v.t. Détruire les hannetons.

***HANOUKKA** n.f. (mot hébreu). Fête juive de la *Dédicace* ou des *Lumières,* célébrée fin décembre.

***HANOVRIEN, ENNE** adj. et n. Du Hanovre.

***HANSART** n.m. (germ. *hand seax,* poignard). Région. (Ouest). Hachoir à viande.

***HANSE** n.f. (haut all. *hansa,* troupe). HIST. Association de marchands, au Moyen Âge. ◇ *La Hanse :* v. partie n.pr.

***HANSÉATIQUE** adj. Relatif à la Hanse.

***HANSEN (BACILLE DE) :** bacille agent de la lèpre.

***HANTÉ, E** adj. Visité par des esprits, des fantômes. *Maison hantée.*

***HANTER** v.t. (de l'anc. scand.). **1.** *Hanter un lieu,* y apparaître, en parlant d'esprits, de fantômes. **2.** Fig. Obséder, occuper entièrement l'esprit. *Être hanté par le remords.*

***HANTISE** n.f. Obsession, idée fixe.

***HAOUSSA** [ausa] n.m. Langue chamito-sémitique du groupe tchadien, parlée dans le centre du Niger et le nord du Nigeria.

***HAPALIDÉ** n.m. Singe d'Amérique, de la famille du ouistiti et du tamarin.

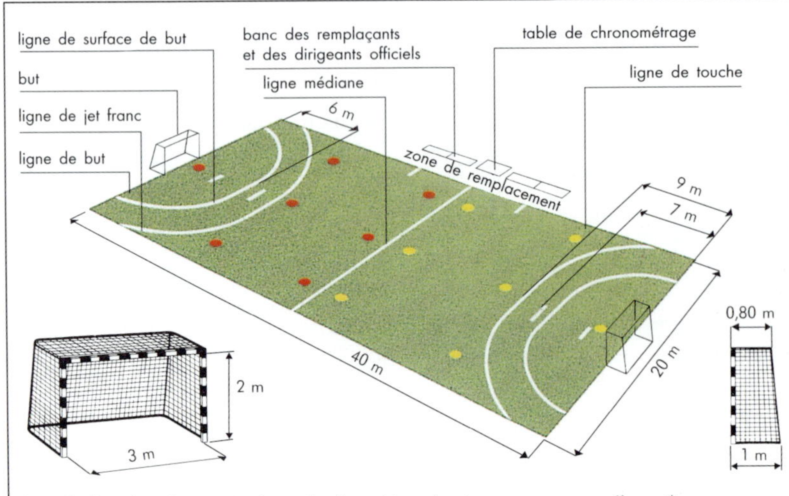

handball : plan du terrain (avec la disposition des joueurs au coup d'envoi)

HAPAX ou **APAX** [apaks] n.m. (gr. *hapax legomenon,* chose dite une seule fois). LING. Mot ou expression qui n'apparaît qu'une seule fois dans un corpus donné.

HAPLOÏDE adj. (du gr. *haploos,* simple). BIOL. **1.** Se dit des cellules dont le noyau ne contient qu'un seul chromosome de chaque paire. **2.** Se dit des organes formés de telles cellules.

HAPLOLOGIE n.f. PHON. Processus par lequel une de deux séries de phonèmes successifs et semblables disparaît. (Le latin *nutrix* est issu par haplologie de *nutritrix.*)

***HAPPE** n.f. Crampon à deux pointes qui sert à lier deux pierres ou deux pièces de bois.

***HAPPEMENT** n.m. Action de happer.

***HAPPENING** [apəniŋ] n.m. (mot angl., *évènement*). Spectacle d'origine américaine (apparu à New York dans les années 1950-1960) qui exige la participation active du public et cherche à provoquer une création artistique spontanée.

***HAPPER** v.t. (néerl. *happen,* mordre). **1.** Saisir brusquement avec la gueule, le bec. **2.** Accrocher, saisir brusquement, avec violence. *Le train a happé le cycliste.*

***HAPPY END** [apiɛnd] n.m. (mots angl.) [pl. *happy ends*]. Dénouement heureux d'un film, d'un roman ou d'une histoire quelconque.

***HAPPY FEW** [apifju] n.m. pl. (mots angl.). Les rares personnes privilégiées.

HAPTÈNE n.m. (du gr. *haptein,* nouer). Substance incapable par elle-même de promouvoir une réaction immunitaire, mais capable de réagir avec des anticorps préformés.

***HAQUEBUTE** [akbyt] n.f. Arquebuse primitive, en usage au XVe s.

***HAQUENÉE** [akne] n.f. (moyen angl. *haquenei*). Petit cheval ou jument qui va l'amble (autrefois monture de dame ou monture pour le voyage).

***HAQUET** [akɛ] n.m. Vx. Charrette étroite et longue pour le transport des tonneaux.

***HARA-KIRI** n.m. (mot jap.) [pl. *hara-kiris*]. Mode de suicide particulier au Japon, qui consiste à s'ouvrir le ventre. – REM. Ce terme n'est généralement pas employé par les Japonais, qui le tiennent pour vulgaire et lui préfèrent son synonyme *seppuku.*

***HARANGUE** n.f. (du francique). **1.** Discours solennel prononcé devant une assemblée, des troupes, etc. **2.** Discours pompeux, ennuyeux.

***HARANGUER** v.t. Adresser une harangue à. *Haranguer une foule.*

***HARANGUEUR, EUSE** n. Personne qui harangue.

***HARAS** [ara] n.m. (de l'anc. scand. *hârr,* au poil gris). Établissement où l'on entretient des étalons et des juments pour propager et améliorer la race chevaline.

***HARASSANT, E** adj. Extrêmement fatigant. *Un travail harassant.*

***HARASSE** n.f. Cage en osier ou caisse à claire-voie, servant à emballer le verre, la porcelaine et la faïence.

***HARASSEMENT** n.m. Litt. Fatigue extrême.

***HARASSER** v.t. (du francique). Fatiguer à l'extrême ; exténuer, éreinter.

***HARCELANT, E** adj. Qui harcèle.

***HARCÈLEMENT** n.m. **1.** Action de harceler. **2.** *Tir de harcèlement :* tir visant à créer un sentiment d'insécurité dans une zone limitée que l'on sait occupée par l'ennemi. **3.** *Harcèlement sexuel :* fait d'abuser de l'autorité conférée par des fonctions de travail pour tenter d'obtenir une faveur sexuelle par contrainte, ordre ou pression.

***HARCELER** v.t. (de l'anc. fr. *herser,* frapper) [25]. **1.** Soumettre à des attaques incessantes. *Harceler l'ennemi.* **2.** Tourmenter avec obstination ; soumettre à des critiques, à des moqueries répétées. *Harceler qqn de questions.*

***HARD** adj. inv. (mot angl., *dur*). **1.** Fam. Difficile, pénible ou violent. *Une histoire hard.* **2.** Se dit d'un film pornographique où les relations sexuelles ne sont pas simulées. **3.** *Hard rock :* forme de rock très violent. ◆ n.m. inv. **1.** Cinéma pornographique. **2.** INFORM. Abrév. de *hardware.*

1. ***HARDE** n.f. (francique *herda,* troupeau). VÉN. Troupeau de ruminants sauvages. *Une harde de cerfs.*

2. ***HARDE** n.f. (de *hart*). VÉN. **1.** Lien avec lequel on attache les chiens quatre à quatre ou six à six. **2.** Réunion de plusieurs couples de chiens.

***HARDER** v.t. VÉN. Attacher (les chiens) par quatre ou par six, avec la harde.

***HARDES** [ard] n.f. pl. (aragonais *farda,* habit). Litt. Vêtements usagés et misérables. *Un paquet de hardes.*

***HARDI, E** adj. (de l'anc. fr. *hardir,* rendre dur). **1.** Qui manifeste de l'audace et de la décision en face d'un danger, d'une difficulté. **2.** Qui agit délibérément et avec effronterie. *Vous êtes bien hardi de m'interrompre.* **3.** Qui témoigne d'audace, d'originalité. *Imagination hardie.* ◆ interj. (Pour encourager). *Hardi, les gars !*

***HARDIESSE** n.f. **1.** Qualité d'une personne ou d'une chose hardie ; audace, assurance. *La hardiesse du dompteur.* **2.** Originalité dans la conception et l'exécution d'une œuvre littéraire ou artistique. *Les hardiesses d'un metteur en scène.* **3.** Litt. Insolence, effronterie. *La hardiesse de certains propos.* **4.** (Surtout pl.). Action, manières, propos hardis. *Se permettre certaines hardiesses.*

***HARDIMENT** adv. Avec hardiesse. *Nier hardiment l'évidence.*

***HARD-TOP** [ardtɔp] n.m. (angl. *hard,* dur, et *top,* dessus) [pl. *hard-tops*]. Toit amovible de certaines automobiles (cabriolets, notamment).

***HARDWARE** [ardwɛr] n.m. (mot angl., *quincaillerie*). INFORM. Matériel (par opp. à *software,* logiciel).

***HAREM** [arɛm] n.m. (ar. *ḥaram,* défendu, sacré). Appartements des femmes, chez les musulmans ; ensemble des femmes qui y habitent.

***HARENG** n.m. (mot francique). Poisson à dos vert-bleu, à ventre argenté, abondant dans la Manche et la mer du Nord, et qui voyage par bancs. (Long. de 20 à 30 cm env. ; famille des clupéidés.) ◇ *Filet de hareng :* chair de hareng levée le long de l'arête et mise à mariner.

hareng

***HARENGAISON** n.f. Pêche au hareng ; époque où elle a lieu.

***HARENGÈRE** [arɑ̃ʒɛr] n.f. **1.** Marchande de harengs et autres poissons. **2.** Fam., vx. Femme querelleuse et grossière.

***HARENGUET** n.m. Sprat.

***HARENGUIER** n.m. Bateau spécialisé dans la pêche au hareng. SYN. : *drifter.*

***HARET** [arɛ] adj.m. *Chat haret* ou *haret,* n.m. : chat domestique à l'état sauvage.

***HARFANG** [arfɑ̃] n.m. (mot suédois). Grande chouette blanche de l'Arctique.

***HARGNE** n.f. (du francique *harmjan,* injurier). Mauvaise humeur qui se manifeste par de l'agressivité, des paroles méchantes.

***HARGNEUSEMENT** adv. De façon hargneuse.

***HARGNEUX, EUSE** adj. Qui manifeste ou qui dénote de la hargne.

***HARICOT** n.m. (de l'anc. fr. *harigoter,* couper en morceaux ; du francique). **I. 1.** Plante légumineuse annuelle, originaire d'Amérique, qui comprend de nombreuses variétés comestibles ou ornementales. **2.** Le fruit de la plante, qui se mange soit en gousses, avant maturité des graines (haricots verts), soit en grains (flageolets, haricots secs). ◇ Fam. *Des haricots :* rien du tout, ou très peu de chose. – Pop. *C'est la fin des haricots,* la fin de tout. – Pop. *Courir sur le haricot :* importuner, agacer. **3.** Petit bassin en forme de haricot, utilisé en chirurgie. **4.** *Table haricot :* table rognon*. **II.** *Haricot de mouton :* ragoût de mouton aux pommes de terre et aux navets.

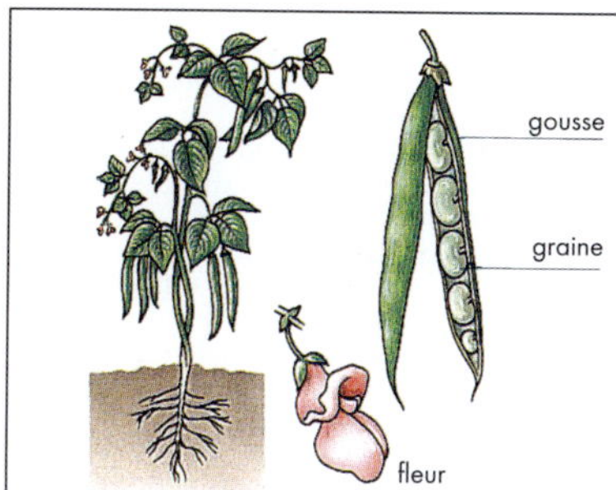

haricot

***HARIDELLE** n.f. (anc. scand. *hârr,* au poil gris). Vieilli. Mauvais cheval, maigre et mal conformé.

***HARISSA** n.f. Sauce forte, à base de piment et d'huile, d'origine nord-africaine.

1. ***HARKI** n.m. (ar. *ḥarki*). Personne d'origine algérienne ayant servi comme supplétif dans l'armée française en Algérie (de 1954 à 1962).

2. ***HARKI, E** n. et adj. Membre de la famille ou descendant d'un harki.

***HARLE** n.m. (mot dial.). Canard plongeur piscivore, vivant génér. au bord des mers septentrionales, que ses migrations d'hivernage amènent dans les pays tempérés. (Long. jusqu'à 65 cm.)

HARMATTAN [armatɑ̃] n.m. (mot africain). Vent d'est, chaud et sec, originaire du Sahara et soufflant sur l'Afrique occidentale.

HARMONICA n.m. Instrument de musique à anches libres logées dans les cavités d'un cadre et mises en vibration par le souffle.

HARMONICISTE n. Joueur, joueuse d'harmonica.

HARMONIE n.f. (gr. *harmonia,* assemblage). **I. 1.** Ensemble ou suite de sons agréables à l'oreille. **2.** MUS. Science de la formation et de l'enchaînement des accords. **3.** Orchestre composé uniquement d'instruments à vent et de percussions. **4.** LITTÉR. *Harmonie imitative :* reproduction, par les sons ou par le rythme, de sensations diverses. (Ex. : *L'or des pailles s'effondre au vol siffleur des faux* [Verlaine].) **II. 1.** Accord bien réglé entre les diverses parties d'un ensemble. *L'harmonie des couleurs dans un tableau.* **2.** Accord de sentiments, d'idées entre plusieurs personnes ; entente, union. *Vivre en harmonie.*

HARMONIEUSEMENT adv. De façon harmonieuse.

HARMONIEUX, EUSE adj. **1.** Qui produit des sons agréables à l'oreille. *Une voix harmonieuse.* **2.** Dont les parties forment un ensemble bien proportionné, agréable. *Architecture harmonieuse.*

1. HARMONIQUE adj. **1.** MUS. Qui utilise les lois de l'harmonie. **2.** MATH. **a.** *Division harmonique :* quadruplet de 4 points alignés A, B, C, D tels que $\frac{\overline{CA}}{\overline{CB}} = -\frac{\overline{DA}}{\overline{DB}}$. (C et D sont dits *conjugués harmoniques* de A et B.) **b.** *Moyenne harmonique de deux ou plusieurs nombres :* nombre ayant pour inverse la moyenne des inverses de ces nombres.

2. HARMONIQUE n.m. Son accessoire ayant des fréquences multiples de celles du son fondamental et qui, se surajoutant à celui-ci, contribue avec d'autres à former le timbre. (On dit aussi *son harmonique.*)

HARMONIQUEMENT adv. MUS. Suivant les lois de l'harmonie.

HARMONISATION n.f. Action d'harmoniser ; son résultat.

HARMONISER v.t. **1.** Mettre en harmonie, en accord. *Harmoniser des intérêts opposés.* **2.** MUS. **a.** Ajouter à (une mélodie) une ou plusieurs parties harmoniques. **b.** Donner une sonorité équilibrée aux différents registres d'un instrument à clavier. *Harmoniser un clavecin* (notamment en taillant les becs), *un orgue* (en réglant les tuyaux), *un piano,* etc. ◆ **s'harmoniser** v.pr. Être en harmonie avec.

HARMONISTE n. MUS. **1.** Personne qui connaît et met en pratique les règles de l'harmonie. **2.** Personne qui harmonise un instrument.

HARMONIUM [armɔnjɔm] n.m. Instrument de musique à clavier, à anches libres mises en vibration par l'air d'une soufflerie commandée par un pédalier.

***HARNACHEMENT** n.m. **1.** Action de harnacher. **2.** Ensemble des pièces qui composent le harnais. **3.** Accoutrement pesant et encombrant.

***HARNACHER** v.t. **1.** Mettre le harnais à. *Harnacher un cheval.* **2.** *Être harnaché (de qqch) :* être accoutré d'une tenue lourde et grotesque, muni d'un équipement encombrant.

***HARNAIS** [arnɛ] n.m. (mot scand.). **1.** Ensemble des pièces qui servent à équiper un cheval de selle et de trait. *Un harnais en cuir.* **2.** Ensemble des sangles qui entourent un parachutiste, un

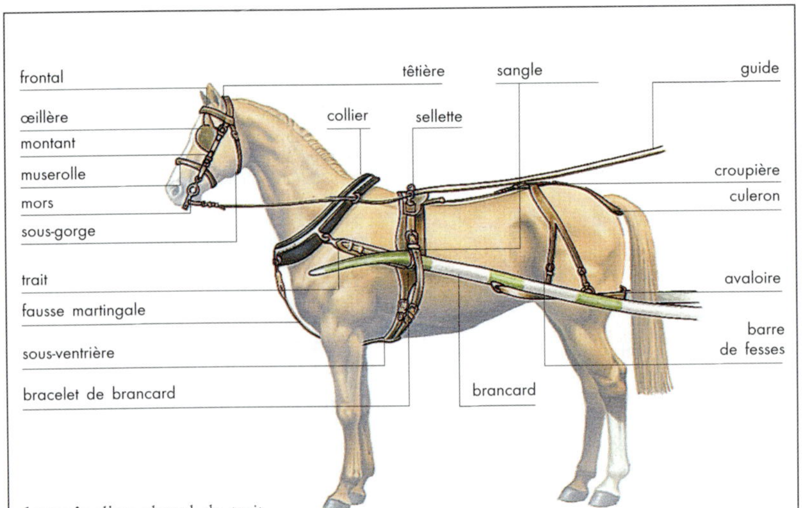

harnais d'un cheval de trait

alpiniste, un monteur de lignes téléphoniques, etc., et qui, attachées en un point, répartissent sur l'ensemble du corps la traction exercée en cas de chute. **3.** TECHN. Dans une machine-outil, ensemble d'engrenages destiné à faire varier le rapport des vitesses de rotation de la broche et de la vis mère. **4.** Anc. Armure complète d'un homme d'armes.

***HARNOIS** n.m. (forme anc. de *harnais*). litt. *Blanchi sous le harnois,* qui a vieilli dans l'activité dont on parle, dont il est question.

***HARO** n.m. (de *haro,* cri pour exciter les chiens). Litt. *Crier haro sur :* s'élever avec indignation contre (qqn, qqch).

HARPAGON n.m. (de *Harpagon,* n.pr.). Litt. Homme très avare.

***HARPAIL** n.m. ou ***HARPAILLE** n.f. VÉN. Harde de biches.

1. *HARPE n.f. (germ. *harpa*). Instrument de musique triangulaire monté de cordes de longueur inégale que l'on pince des deux mains.

instrumentiste jouant de la **harpe**
(Martine Géliot)

2. *HARPE n.f. CONSTR. **1.** Chacune des pierres laissées en saillies inégales à l'extrémité d'un mur pour faire liaison avec un autre mur à construire ultérieurement. **2.** Pierre qui, dans les chaînes de mur, est plus large que celles de dessous et de dessus. **3.** Harpon.

***HARPIE** n.f. (lat. *Harpyia,* n. pr.). **1.** Femme acariâtre. **2.** MYTH. GR. Monstre fabuleux à tête de femme et à corps d'oiseau. **3.** ZOOL. Grand aigle d'Amérique du Sud.

***HARPISTE** n. Instrumentiste qui joue de la harpe.

***HARPON** n.m. **1.** Instrument métallique, barbelé et acéré, emmanché, dont on se sert pour la pêche des gros poissons et la chasse à la baleine. **2.** PRÉHIST. Instrument de pêche ou de chasse dont la pointe, faite d'os ou de bois de renne, est munie d'un ou deux rangs de barbelures. **3.** CONSTR. Pièce de fer coudée servant à relier les poteaux des pans de bois aux murs. SYN. : *harpe.*

***HARPONNAGE** ou ***HARPONNEMENT** n.m. Action de harponner.

***HARPONNER** v.t. **1.** Atteindre, accrocher avec le harpon. **2.** Fam. Arrêter (qqn) au passage. *Se faire harponner par un importun.*

***HARPONNEUR** n.m. Pêcheur qui lance le harpon.

***HART** [ar] n.f. (francique *hard,* corde). Litt. Corde avec laquelle on pendait les criminels ; la pendaison même.

HARUSPICE ou **ARUSPICE** n.m. (lat. *haruspex*). Chez les Romains, devin qui interprétait la volonté des dieux, notamment par l'examen des entrailles des victimes.

***HASARD** n.m. (de l'ar. *al-zahr,* jeu de dés). **1.** Cause imprévisible et souvent personnifiée, attribuée à des évènements fortuits ou inexplicables. *S'en remettre au hasard.* ◇ *Au hasard :* à l'aventure. – *Jeu de hasard :* jeu où n'interviennent ni le calcul ni l'habileté du joueur. **2.** Évènement imprévu, heureux ou malheureux. *Le hasard d'une rencontre.* ◇ *À tout hasard :* en prévision d'un évènement possible. – *Par le plus grand des hasards :* d'une manière tout à fait imprévisible, par une coïncidence très improbable.

***HASARDÉ, E** adj. Risqué, imprudent. *Entreprise hasardée.*

***HASARDER** v.t. **1.** Entreprendre (qqch), avancer (une opinion, une idée) en risquant d'échouer. *Hasarder une démarche, un conseil.* **2.** Litt. Exposer (qqch) à un risque, à un danger. *Hasarder sa vie.* ◆ **se hasarder** v.pr. S'exposer à un risque.

***HASARDEUX, EUSE** adj. Qui comporte des risques ; aléatoire. *Projet hasardeux.*

***HAS BEEN** [azbin] n. inv. (angl. *has been,* a été). Fam. Artiste, sportif, personnalité dont la notoriété appartient au passé.

***HASCH** [aʃ] n.m. (abrév.). Fam. Haschisch.

***HASCHISCH, *HASCHICH** ou ***HACHISCH** [aʃiʃ] n.m. (ar. *ḥachich,* chanvre indien). Résine psychotrope extraite des feuilles et des inflorescences du chanvre indien, consommée le plus souvent fumée et dont l'usage prolongé peut conduire à un état de dépendance psychique.

***HASE** n.f. (mot all., *lièvre*). Femelle du lièvre.

***HASSIDIM** n.m. pl. (sing. *hassid*). Membres du hassidisme.

***HASSIDIQUE** adj. Relatif au hassidisme.

***HASSIDISME** n.m. Nom de deux courants mystiques du judaïsme, le *hassidisme médiéval* (XIIe-XIIIe s.), et le *hassidisme moderne,* né au milieu du XVIIIe s. en Ukraine et qui forme aujourd'hui des groupes très fervents au sein de la communauté juive.

***HASSIUM** [asjɔm] n.m. (du lat. *Hassia,* pays de Hesse). Élément chimique artificiel (Hs), de numéro atomique 108.

HAST [ast] n.m. (lat. *hasta,* lance). HIST. *Arme d'hast :* arme blanche dont le fer est emmanché au bout d'une longue hampe.

***HASTAIRE** n.m. ANTIQ. Soldat romain armé de la lance *(hasta).*

***HASTÉ, E** adj. (de *hast*). BOT. Qui a la forme d'un fer de lance.

***HÂTE** n.f. (francique *haist,* violence). Grande rapidité à faire qqch ; précipitation. *Mettre trop de hâte à partir.* ◇ *À la hâte :* précipitamment. – *En (toute) hâte :* sans perdre de temps.

***HÂTELET** n.m. Vx. Petite broche pour faire rôtir de menues pièces de viande ou des abats.

***HÂTELLE** ou ***HÂTELETTE** n.f. Vx. Menue pièce rôtie sur un hâtelet.

***HÂTER** v.t. **1.** Rendre plus rapide. *Hâter le pas.* **2.** Rapprocher dans le temps, avancer. *Hâter son départ.* ◆ **se hâter** v.pr. Se dépêcher, ne pas perdre de temps. *Se hâter de descendre du train.*

***HÂTEREAU** n.m. Vx. Boulette de foie de porc, enveloppée d'un morceau de péritoine.

***HÂTIER** n.m. (du lat. *hasta,* lance). Grand chenet à crochets sur lequel on appuie les broches pour les faire tourner.

***HÂTIF, IVE** adj. **1.** Qui vient avant le temps, précoce. *Fruit hâtif.* **2.** Fait trop vite. *Travail hâtif.*

***HÂTIVEAU** n.m. Vx. Fruit ou légume hâtif.

***HÂTIVEMENT** adv. En hâte, précipitamment.

***HATTÉRIA** n.m. Reptile océanien, seul survivant actuel du groupe des rhynchocéphales. SYN. : *sphénodon.*

***HAUBAN** [obɑ̃] n.m. (mot scand.). **1.** MAR. Chacune des manœuvres dormantes servant à soutenir et à assujettir les mâts par le travers et par l'arrière. **2.** Câble servant à maintenir ou à consolider. *Les haubans d'une grue, d'un pont.*

***HAUBANAGE** n.m. Ensemble de haubans. *Haubanage d'un mât, d'une cheminée, d'un portique.*

***HAUBANER** v.t. Fixer, assujettir, renforcer au moyen de haubans. *Haubaner un pylône.*

***HAUBERT** [obɛr] n.m. (du francique *hals,* cou, et *bergan,* protéger). Longue cotte de mailles des hommes d'armes au Moyen Âge.

***HAUSSE** [os] n.f. (de *hausser*). **I. 1.** Fait de s'accroître en hauteur, d'atteindre un niveau plus élevé. **2.** Augmentation de valeur, de prix. *La hausse des températures. Les prix sont en hausse.* **II. 1.** TECHN. Objet ou dispositif servant à hausser. **2.** ARM. Appareil placé sur le canon d'une arme à feu et servant à son pointage. ◇ *Angle de hausse d'une arme :* angle formé par les lignes de tir et de site.

***HAUSSE-COL** n.m. (mot germ.) [pl. *hausse-cols*]. Pièce de métal qui protégeait le cou dans l'équipement militaire. (Il fut porté par les officiers français d'infanterie jusqu'en 1881.)

***HAUSSEMENT** n.m. Action de hausser. ◇ *Haussement d'épaules :* mouvement des épaules exprimant le mépris, l'indifférence.

***HAUSSER** v.t. (du lat. *altus,* haut). **1.** Élever, rendre plus haut. *Hausser un mur.* **2.** Faire monter, majorer, augmenter. *Hausser les prix.* **3.** Augmenter l'intensité (d'un son). ◇ *Hausser la voix, le ton :* prendre un ton de menace, de supériorité. ◆ v.i. Belgique. Faire monter une enchère.

***HAUSSIER, ÈRE** n. Personne qui, en Bourse, joue à la hausse. ◆ adj. Relatif à la hausse des cours.

HAUSSIÈRE** n.f. → ***aussière.

1. *HAUT, E adj. (lat. *altus*). **I. 1.** Qui a une certaine dimension dans le sens vertical. *Une maison haute de 20 m.* **2.** Qui a une dimension verticale importante par rapport à qqch de même nature pris comme référence. *Une haute montagne.* **3.** Qui dépasse le niveau ordinaire. *Fleuve dont les eaux sont hautes.* **4.** Se dit de la partie d'un pays qui est la plus éloignée de la mer, de la partie d'un cours d'eau qui est la plus proche de sa source. *Haute-Égypte. Haute-Garonne.* **5.** Fig. *Marcher la tête haute,* sans honte, avec fierté. **II.** Reculé dans le temps. *La haute antiquité.* **III. 1.** Qui atteint un niveau élevé en intensité. ◇ *Haut en couleur :* dont les couleurs sont très vives ; coloré, en parlant du teint, du style, etc. **2.** Qui occupe une position supérieure, éminente dans sa catégorie. *Les hautes classes de la société. De hauts faits d'armes.* ◇ *Haute Cour de justice :* tribunal élu, en leur sein, par l'Assemblée nationale et le Sénat, et devant lequel peuvent être déférés le président de la République et les membres du gouvernement dans le cas de fautes graves commises dans l'exercice de leurs fonctions. – DR. *Hautes parties contractantes (H. P. C.) :* membres des délégations engagées dans des négociations ; parties signataires d'un pacte, d'un accord. **3.** Qui est très grand, à quelque titre que ce soit. *Calcul de haute précision.* ◇ *Haute trahison :* crime pour lequel le président de la République peut être mis en accusation devant la Haute Cour de justice. **4.** Aigu. *Notes hautes.* ◆ adv. **1.** À haute altitude, en un lieu élevé, à un degré élevé. *Voler haut dans le ciel.* **2.** À haute voix. *Parler haut et fort.* **3.** *De haut :* d'un endroit élevé ; avec insolence, mépris. *Traiter qqn de haut. Le prendre de haut.* ◇ *D'en haut :* d'un endroit élevé ; d'un niveau élevé du pouvoir. *Des ordres venus d'en haut.* – *En haut :* dans un lieu élevé, plus élevé. **4.** *Locomotive haut le pied :* locomotive qui n'est pas attelée.

2. *HAUT n.m. **1.** Dimension verticale d'un corps ; hauteur, élévation. *Cette colonne a 20 mètres de haut.* ◇ *Tomber de son haut,* de toute sa hauteur ; fig., être extrêmement surpris. **2.** Partie haute, sommet. *Le haut d'un arbre.* **3.** Partie de l'habillement féminin qui couvre le haut du corps, le buste.

1. *HAUTAIN, E adj. Qui montre un orgueil autoritaire, méprisant, condescendant. *Une femme hautaine. Un regard hautain.*

2. HAUTAIN n.m. → ***hautin.***

***HAUTBOIS** [obwa] n.m. (de *haut* et *bois*). Instrument de musique à vent, à anche double et au tuyau de perce conique. ◆ n. Hautboïste.

instrumentistes jouant du **hautbois**

***HAUTBOÏSTE** [obɔist] n. Instrumentiste qui joue du hautbois. (On dit aussi *hautbois*.)

***HAUT-COMMISSAIRE** n.m. (pl. *hauts-commissaires*). Titre donné à certains hauts fonctionnaires.

***HAUT-COMMISSARIAT** n.m. (pl. *hauts-commissariats*). **1.** Fonction de haut-commissaire. **2.** Administration, services dépendant d'un haut-commissaire.

***HAUT-DE-CHAUSSES** ou ***HAUT-DE-CHAUSSE** [odʃos] n.m. (pl. *hauts-de-chausses, hauts-de-chausse*). Vêtement masculin, bouffant ou non, qui couvrait le corps de la ceinture aux genoux (fin du Moyen Âge-XVIIe s.).

***HAUT-DE-FORME** n.m. (pl. *hauts-de-forme*). Chapeau masculin de cérémonie, à calotte de soie haute et cylindrique et à bord étroit.

***HAUTE** n.f. Pop. *La haute :* les hautes classes de la société.

***HAUTE-CONTRE** n.f. (pl. *hautes-contre*). MUS. Voix masculine située dans le registre aigu du ténor. ◆ n.m. Chanteur qui a cette voix.

***HAUTE-FIDÉLITÉ** n.f. (pl. *hautes-fidélités*). Ensemble des techniques visant à obtenir une grande qualité de reproduction du son. (On dit aussi *hi-fi* [ifi], par abrév. de l'angl. *high fidelity*.)

***HAUTEMENT** adv. **1.** À un haut degré. *Ouvrier hautement qualifié.* **2.** Ouvertement, sans équivoque. *Se déclarer hautement pour qqn.*

***HAUTESSE** n.f. HIST. Titre honorifique donné autrefois à certains hauts personnages, notamm. au sultan de Turquie.

***HAUTEUR** n.f. **I. 1.** Dimension verticale d'un objet, considéré de la base au sommet. *La hauteur d'un immeuble.* ◇ *Hauteur d'appui :* hauteur d'une balustrade, d'un meuble, etc., propre à l'accoudement. – *Hauteur d'une montagne :* son altitude au-dessus du niveau moyen de la mer. **2.** Élévation relative d'un corps. ◇ *Hauteur d'un astre :* angle de sa direction avec le plan horizontal du lieu d'observation. – *Hauteur barométrique :* longueur de la colonne de mercure au-dessus du niveau de la cuvette d'un baromètre. – *Hauteur d'éclatement :* dans un tir aérien nucléaire, hauteur, mesurée de l'objectif, où se produit l'explosion de la charge. – MAR. *À la hauteur de :* à la latitude de. **3.** Une des trois dimensions de l'espace, dans la géométrie euclidienne. **4.** Droite perpendiculaire à la base de certaines figures (triangle, pyramide, cône, tétraèdre), passant par le sommet opposé ; longueur du segment joignant ce sommet au pied de la perpendiculaire. **5.** Caractéristique liée à la fréquence de vibrations d'un son audible. *Hauteur d'un son.* **6.** Lieu élevé ; colline, éminence. *Gagner les hauteurs.* **II. 1.** SPORTS. *La hauteur :* la spécialité sportive du saut en hauteur, consistant à franchir une barre horizontale posée sur des taquets. **2.** CHORÉGR. *À la hauteur :* se dit d'une élévation de la jambe atteignant 90° (hauteur de la hanche). [La position intermédiaire est dite à *demi-hauteur* (45°).] **III. 1.** Élévation, dans l'ordre moral ou intellectuel. ◇ *Hauteur de vues :* ampleur de conception. – Fam. *Être à la hauteur :* avoir les capacités nécessaires ; être au niveau. **2.** Fierté, arrogance. *Parler avec hauteur.*

saut en **hauteur** (en fosbury)

***HAUT-FOND** n.m. (pl. *hauts-fonds*). Élévation du fond de la mer ou d'un cours d'eau, de moindre étendue qu'un banc, toujours recouverte d'eau, mais dangereuse pour la navigation.

***HAUT-FOURNEAU** n.m. (pl. *hauts-fourneaux*). MÉTALL. Appareil à cuve, chauffé au coke, où s'effectuent la réduction puis la fusion réductive des minerais de fer et l'élaboration de la fonte, du ferromanganèse et d'autres ferroalliages.

■ Le *haut-fourneau,* dont le profil est déterminé pour assurer la descente régulière des charges et la répartition uniforme des gaz, se présente sous la forme de deux troncs de cône réunis à leur grande base par une partie cylindrique. Il comprend : le *gueulard,* que ferme la *trémie de chargement,* équilibrée par le *contrepoids,* et par lequel on charge le minerai, le coke métallurgique et le fondant ; la *cuve,* dans laquelle s'effectue la réduction du minerai ; le *ventre,* partie la plus large de l'appareil, où se poursuit la réduction du minerai ; l'*étalage,* où s'achève cette réduction ; l'*ouvrage,* partie cylindrique qui reçoit l'air sous pression amené par les *tuyères ;* le *creuset,* partie basse de l'appareil, qui recueille la fonte liquide, et le *laitier,* dont l'évacuation est assurée par le trou de coulée.

***HAUTIN** ou ***HAUTAIN** n.m. **1.** Vigne cultivée en hauteur et s'appuyant sur des arbres ou des échalas. **2.** Arbre ou grand échalas soutenant ces pieds de vigne.

***HAUT-LE-CŒUR** n.m. inv. **1.** Nausée, envie de vomir. **2.** Sentiment de dégoût, de répulsion.

***HAUT-LE-CORPS** n.m. inv. Brusque mouvement du corps, marquant la surprise, l'indignation, etc.

***HAUT-PARLEUR** n.m. (pl. *haut-parleurs*). Appareil qui convertit en ondes acoustiques les courants électriques correspondant aux sons de la parole ou de la musique. – *Haut-parleur d'aigus,* conçu pour assurer la reproduction des sons aigus. SYN. (anglic. déconseillé) : *tweeter.* – *Haut-parleur de graves,* conçu pour assurer la reproduction des basses. SYN. (anglic. déconseillé) : *boomer, woofer.* *(V. illustration p. 508.)*

***HAUT-RELIEF** n.m. (pl. *hauts-reliefs*). En sculpture, relief dont les figures sont presque en ronde bosse, presque indépendantes du fond.

***HAUTURIER, ÈRE** adj. MAR. Relatif à la haute mer. *Navigation hauturière.*

***HAVAGE** n.m. MIN. **1.** Abattage de la roche en continu le long d'un front de taille, à l'aide d'un engin mécanique. **2.** Coupure pratiquée dans le front d'abattage d'une mine, parallèlement au mur et horizontalement.

***HAVANAIS, E** adj. et n. De La Havane.

***HAVANE** n.m. Tabac ou cigare de La Havane. ◆ adj. inv. Marron clair. *Cuir havane.*

***HÂVE** adj. (francique *haswa*). Litt. D'une pâleur et d'une maigreur maladives. *Visage hâve.*

***HAVENEAU** ou ***HAVENET** [avnɛ] n.m. (mot scand.). Filet à poche et à manche, pour pêcher sur les plages.

***HAVER** v.t. Procéder au havage de.

***HAVERS (CANAUX DE) :** canaux nutritifs situés dans le tissu osseux compact et autour desquels les cellules osseuses se disposent en lamelles concentriques, l'ensemble formant le *système de Havers.*

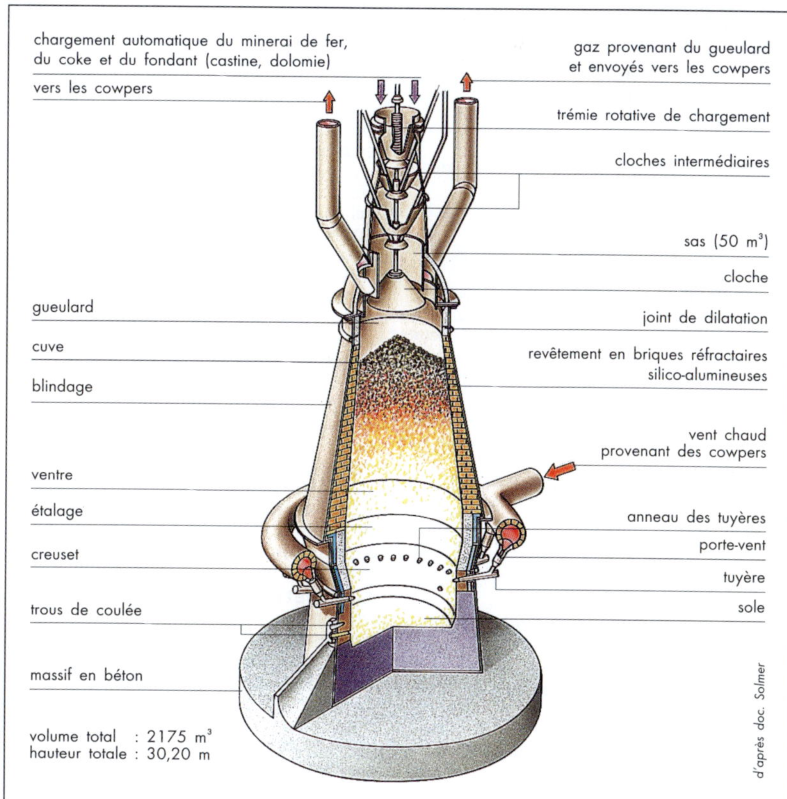

haut-fourneau

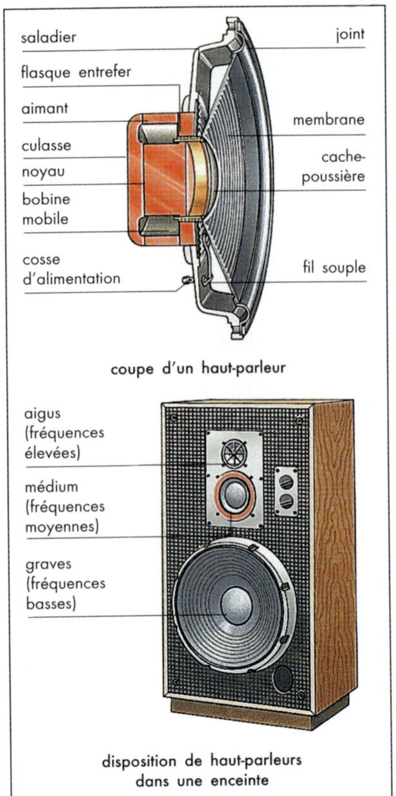

haut-parleur

***HAVEUR** n.m. Ouvrier qui pratique le havage.
***HAVEUSE** n.f. Machine à haver.

haveuse

***HAVIR** v.t. Rare. Brûler (un mets) à l'extérieur sans le cuire en dedans.
***HAVRAIS, E** adj. et n. Du Havre.
***HAVRE** n.m. (moyen néerl. *havene*). Litt. **1.** Petit port bien abrité. **2.** Refuge sûr et tranquille. *Havre de bonheur.*
***HAVRESAC** n.m. (all. *Habersack,* sac à avoine). Vieilli. Sac porté derrière le dos par les militaires ou les campeurs, et contenant leur équipement.
***HAVRIT** n.m. MIN. Ensemble des fragments détachés par la haveuse.
HAWAIIEN, ENNE ou **HAWAÏEN, ENNE** [awajẽ, ɛn] adj. et n. **1.** Des îles Hawaii. **2.** GÉOL. Se dit d'un type de volcan caractérisé par l'émission, sans explosions ni projections, d'une lave basaltique très fluide.
***HAYON** [ajɔ̃] ou [ɛjɔ̃] n.m. (de *haie*). **1.** Porte de panneau arrière d'une automobile (berline, limousine ou break) s'ouvrant de bas en haut. **2.** Panneau de bois amovible à l'avant et à l'arrière d'une charrette.
H. C. H. n.m. → ***hexachlorocyclohexane.***
He, symbole chimique de l'hélium.
***HÉ,** interj. (Pour appeler). *Hé ! Vous là-bas !* ◇ (Exprimant le regret, la surprise, l'étonnement). *Hé ! Par exemple ! qu'est-ce que tu fais là ?* ◇ Répété (marquant diverses nuances d'approbation, d'ironie, etc.). *Hé ! hé ! Ça fera un joli bénéfice au bout de l'année !*
***HEAUME** [om] n.m. (francique *helm,* casque). Grand casque des hommes d'armes enveloppant toute la tête et le visage, au Moyen Âge.
***HEAUMIER** n.m. Anc. Fabricant de heaumes.
1. HEBDOMADAIRE adj. (du gr. *hebdomas,* semaine). De la semaine, de chaque semaine. *Travail hebdomadaire.*
2. HEBDOMADAIRE ou, fam., **HEBDO** n.m. Périodique qui paraît chaque semaine.
HEBDOMADAIREMENT adv. Par semaine.
HEBDOMADIER, ÈRE n. Religieux, religieuse chargé(e) d'une fonction donnée pendant une semaine.
HÉBÉPHRÈNE adj. et n. Atteint d'hébéphrénie.
HÉBÉPHRÉNIE [ebefreni] n.f. (du gr. *hêbê,* adolescence, et *phrên,* esprit). PSYCHIATRIE. Forme sévère de la schizophrénie, touchant principalement les adolescents, et où prédomine la dissociation.
HÉBÉPHRÉNIQUE adj. De l'hébéphrénie.
HÉBERGE n.f. DR. Ligne d'un mur mitoyen séparant deux bâtiments d'inégale hauteur, formée par la projection, sur ce mur, de la ligne de faîte du bâtiment le moins élevé.
HÉBERGEMENT n.m. Action d'héberger.
HÉBERGER v.t. (du francique *heribergôn*) [17]. Loger ; servir de lieu de séjour à. *Héberger des amis.*
HÉBERTISME n.m. Méthode naturelle d'éducation physique de G. Hébert.
HÉBERTISTE n. et adj. Partisan du révolutionnaire J. Hébert (1757-1794).
HÉBÉTÉ, E adj. et n. **1.** Stupide, abruti. **2.** PSYCHIATRIE. Atteint d'hébétude.
HÉBÉTEMENT n.m. État d'une personne hébétée.
HÉBÉTER v.t. (lat. *hebetare,* émousser) [18]. Faire perdre toute intelligence, toute volonté de réaction à ; rendre stupide.
HÉBÉTUDE n.f. **1.** Litt. Hébétement. **2.** PSYCHIATRIE. Sidération de la vie psychique, caractéristique de certains états démentiels.
HÉBOÏDOPHRÉNIE n.f. PSYCHIATRIE. Forme fruste de schizophrénie où prédominent les tendances antisociales.
HÉBRAÏQUE [ebraik] adj. Qui concerne les Hébreux ou leur langue. *Études hébraïques.*
HÉBRAÏSANT, E ou **HÉBRAÏSTE** n. et adj. Spécialiste de l'hébreu.
HÉBRAÏSER v.t. Donner un caractère hébraïque à.
HÉBRAÏSME n.m. Mot, expression particuliers à l'hébreu.
HÉBREU adj.m. (lat. *hebraeus*). Qui concerne les Hébreux. (Au fém., on emploie *hébraïque.*) ◆ n.m. **1.** Langue sémitique parlée autrefois par les Hébreux, et aujourd'hui langue officielle de l'État d'Israël. **2.** Fam. *C'est de l'hébreu :* c'est incompréhensible (par allusion à la difficulté supposée de la langue hébraïque).
HÉCATOMBE n.f. (gr. *hekatombê*). **1.** Massacre d'un grand nombre de personnes ou d'animaux. **2.** Grand nombre de personnes atteintes ou éliminées. **3.** ANTIQ. Sacrifice de cent bœufs.
HECTARE n.m. (gr. *hekaton,* cent, et *are*). Unité de mesure d'aire ou de superficie (symb. ha) valant 10^4 mètres carrés.
HECTIQUE [ɛktik] adj. (gr. *hektikos,* habituel). MÉD. *Fièvre hectique :* fièvre continue, de longue durée.
HECTISIE ou **ÉTISIE** n.f. MÉD. Vx. Extrême maigreur.
HECTO- ou **HECT-** devant une voyelle (du gr. *hekaton,* cent), préfixe (symb. h) qui, placé devant le nom d'une unité, la multiplie par 10^2.
HECTO n.m. (abrév.). Fam. **1.** Hectogramme. **2.** Hectolitre.
HECTOGRAMME n.m. Masse de cent grammes (symb. hg).
HECTOLITRE n.m. Volume de cent litres (symb. hl).
HECTOMÈTRE n.m. Longueur de cent mètres (symb. hm).
HECTOMÉTRIQUE adj. Relatif à l'hectomètre.
HECTOPASCAL n.m. (pl. *hectopascals*). Unité de mesure de pression (symb. hPa), équivalant à cent pascals. (L'hectopascal a remplacé le millibar pour la mesure de la pression atmosphérique.)
HECTOWATT n.m. Puissance équivalant à cent watts (symb. hW).
HÉDÉRACÉE n.f. *Hédéracées :* famille de plantes aux fleurs en ombelle telles que le lierre. SYN. : *araliacée.*
HÉDONISME n.m. (du gr. *hedonê,* plaisir). Système moral qui fait du plaisir le principe ou le but de la vie.
HÉDONISTE adj. et n. Qui concerne l'hédonisme ; partisan de l'hédonisme.
HÉDONISTIQUE adj. **1.** Relatif à l'hédonisme. **2.** *Principe hédonistique* ou *loi du moindre effort :* principe, posé par les économistes libéraux, selon lequel l'homme cherche ordinairement à acquérir le maximum de jouissance au prix du minimum d'efforts.
HÉGÉLIANISME [egeljanism] n.m. Philosophie de Hegel et de ses continuateurs.
HÉGÉLIEN, ENNE [-ge-] adj. et n. Qui est partisan de Hegel, qui relève de sa philosophie.
HÉGÉMONIE n.f. (gr. *hêgemonia*). Suprématie, pouvoir prépondérant, dominateur, d'un État, d'un groupe social sur d'autres.
HÉGÉMONIQUE adj. Relatif à l'hégémonie.
HÉGÉMONISME n.m. Tendance à l'hégémonie d'un État, d'un groupe.
HÉGIRE n.f. (ar. *hidjra,* fuite). Ère de l'islam, qui commence en 622 de l'ère chrétienne, date à laquelle Mahomet s'enfuit à Médine.
HEIDUQUE** n.m. → ***haïdouk.
***HEIMATLOS** [ajmatlos] adj. et n.m. (mot all.). Rare. Apatride.
***HEIN** interj. Fam. **1.** (Pour solliciter une explication). *Hein ? Trois heures de retard ! Tu peux m'expliquer ?* **2.** (Exprimant la surprise). *Hein ! C'est elle qui a eu le prix ? Ça alors !*
***HÉLAS** [elas] interj. (Exprimant la plainte, le regret, la douleur, etc.). *Nous la pleurons, hélas !*
HÉLÉPOLE n.f. (gr. *helepolis,* de *helein,* prendre, et *polis,* ville). Machine de siège romaine permettant de combattre au niveau des remparts.

écriture carrée (imprimerie)	cursive moderne (manuscrite)	nom	transcription
א	א	aleph	ʾ (esprit doux)
ב בּ	ב בּ	bet	b, v
ג גּ	ג	gimel	g, gh
ד דּ	ד	dalet	d, dh
ה	ה	he	h
ו	ו	waw ou vav	w, v
ז	ז	zayin	z
ח	ח	het	ḥ
ט	ט	tet	ṭ
י	י	yod	y
כ כּ [ך]	כ כּ [ך]	kaf	k, kh
ל	ל	lamed	l
מ [ם]	מ [ם]	mem	m
נ [ן]	נ [ן]	nun	n
ס	ס	samek	s
ע	ע	ayin	ʿ (esprit rude)
פ פּ [ף]	פ פּ [ף]	pe ou phe	p, f
צ [ץ]	צ [ץ]	tsade	ṣ
ק	ק	qof	q
ר	ר	resh	r
שׂ שׁ	שׂ שׁ	sin ou shin	s, ch
ת תּ	ת	taw ou tav	t, th

les lettres entre crochets sont des variantes finales

alphabet **hébreu**

***HÉLER** v.t. (angl. *to hail*) [18]. Appeler de loin. *Héler un taxi.*

HÉLIANTHE n.m. (gr. *hêlios,* soleil, et *anthos,* fleur). Genre de plantes regroupant des espèces herbacées de grande taille originaires d'Amérique. (Famille des composées.) – *Hélianthe annuel :* tournesol. – *Hélianthe tubéreux :* topinambour.

HÉLIANTHÈME n.m. Plante vivace à fleurs jaune d'or, voisine des cistes.

HÉLIANTHINE n.f. CHIM. Indicateur coloré, jaune en milieu basique, rose en milieu acide. SYN. : *méthylorange.*

HÉLIAQUE adj. ASTRON. Se dit du lever ou du coucher d'un astre qui a lieu au même moment que celui du Soleil.

HÉLIASTE n.m. (gr. *hêliastês*). ANTIQ. Membre de l'Héliée, tribunal populaire d'Athènes.

HÉLICE n.f. (gr. *helix,* spirale). **1.** Appareil de propulsion, de traction ou de sustentation, constitué par des pales (ou ailes) qui présentent des surfaces disposées régulièrement autour d'un moyeu actionné par un moteur. **2.** GÉOM. Courbe gauche dont la tangente en chaque point fait un angle constant avec une direction fixe. ◇ *Hélice circulaire :* hélice dont les points appartiennent à un cylindre de révolution. – *Escalier en hélice :* escalier à vis. **3.** ARCHIT. Petite volute ou crosse du chapiteau corinthien.

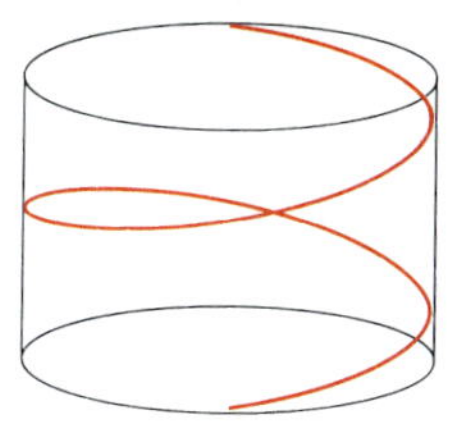

hélice (géométrie)

HÉLICICULTEUR, TRICE n. Personne qui élève des escargots.

HÉLICICULTURE n.f. Élevage des escargots.

HÉLICOÏDAL, E, AUX adj. (gr. *helikoeidês*). En forme d'hélice. ◇ MATH. *Déplacement hélicoïdal :* déplacement dans l'espace, produit d'une rotation autour d'un axe (axe du déplacement) et d'une translation dont le vecteur a même direction que l'axe. SYN. : *vissage.*

HÉLICOÏDE n.m. MATH. Surface réglée engendrée par une droite s'appuyant sur une droite D, sur une hélice circulaire d'axe D et restant parallèle à un plan donné.

HÉLICON n.m. Instrument de musique à vent et à embouchure, en cuivre, muni de pistons, contrebasse de la famille des tubas.

HÉLICOPTÈRE n.m. (gr. *helix,* hélice, et *pteron,* aile). Giravion dont la ou les voilures tournantes assurent à la fois la sustentation et la translation pendant toute la durée du vol.

HÉLIGARE n.f. Partie d'un héliport mise à la disposition du public et des passagers.

HÉLIO n.f. → ***héliogravure.***

HÉLIOCENTRIQUE adj. Relatif à l'héliocentrisme.

HÉLIOCENTRISME n.m. Conception cosmogonique qui considère le Soleil comme l'astre autour duquel tournent les planètes (par opp. à *géocentrisme*).

HÉLIODORE n.m. Pierre fine, béryl de couleur jaune d'or.

HÉLIOGRAPHE n.m. (gr. *hêlios,* soleil, et *graphein,* écrire). MÉTÉOR. Appareil servant à mesurer la durée de l'ensoleillement.

HÉLIOGRAPHIE n.f. **1.** ARTS GRAPH. Reproduction d'originaux transparents ou translucides sur papier aux diazoïques. **2.** ASTRON. Description du Soleil.

HÉLIOGRAVEUR, EUSE n. Professionnel(le) pratiquant l'héliogravure.

HÉLIOGRAVURE ou **HÉLIO** n.f. Procédé d'obtention, par voie photomécanique, de formes d'impression gravées en creux ; procédé d'impression utilisant ces formes.

HÉLIOMARIN, E adj. Qui combine l'héliothérapie et le séjour au bord de la mer.

HÉLION [eljɔ̃] n.m. Noyau de l'atome d'hélium, dit aussi *particule alpha.*

HÉLIOSTAT n.m. ASTRON. Instrument comportant un miroir plan ou légèrement concave qui permet de réfléchir les rayons du Soleil dans une direction fixe malgré le mouvement diurne.

HÉLIOSYNCHRONE adj. ASTRON. Se dit de l'orbite d'un satellite artificiel de la Terre dont le plan fait un angle constant avec la direction Terre-Soleil. – *Satellite héliosynchrone,* dont l'orbite est héliosynchrone.

HÉLIOTHÉRAPIE n.f. Traitement médical par la lumière solaire (active par ses rayons ultraviolets).

HÉLIOTROPE n.m. (gr. *hêliotropion,* qui se tourne vers le Soleil). **1.** Herbe ou sous-arbrisseau à fleurs odorantes bleues ou blanches, à feuilles souvent alternes, entières ou denticulées. (Famille des borraginacées.) **2.** MINÉR. Calcédoine d'une variété vert foncé, tachée de rouge et opaque.

HÉLIOTROPINE n.f. CHIM. Composé (méthylène dioxybenzaldéhyde, $C_8H_6O_3$), d'une odeur analogue à celle de l'héliotrope, obtenu à partir de l'essence de sassafras. SYN. : *pipéronal.*

HÉLIPORT n.m. Aéroport pour hélicoptères.

HÉLIPORTAGE n.m. Transport de matériel ou de personnes par hélicoptère.

HÉLIPORTÉ, E adj. **1.** Transporté par hélicoptère. *Troupes héliportées.* **2.** Effectué, exécuté par hélicoptère. *Opération héliportée.*

HÉLITRANSPORTÉ, E adj. Débarqué au sol par hélicoptère.

HÉLITREUILLAGE n.m. Treuillage à bord d'un hélicoptère en vol stationnaire.

HÉLIUM [eljɔm] n.m. (du gr. *hêlios,* soleil). Corps simple gazeux très léger (densité 0,138) et ininflammable, découvert dans l'atmosphère solaire et qui existe en très petite quantité dans l'air, utilisé pour gonfler les ballons et les aérostats, et, à l'état liquide, en cryogénie ; élément (He) de numéro atomique 2, de masse atomique 4,002 6.

HÉLIX [eliks] n.m. (mot gr., *spirale*). **1.** ANAT. Repli qui forme le tour du pavillon de l'oreille. **2.** ZOOL. Escargot.

HELLADIQUE adj. PRÉHIST. Se dit de l'âge du bronze (v. 3000-1100 av. J.-C.) sur le continent grec, dont la dernière phase correspond à la civilisation mycénienne.

HELLÉBORE ou **ELLÉBORE** n.m. Plante vivace à feuilles en éventail, dont les fleurs s'épanouissent en hiver et dont la racine était autrefois utilisée pour ses propriétés purgatives très violentes. (Famille des renonculacées ; une espèce, l'*hellébore noir,* est la rose de Noël.)

HELLÈNE adj. et n. (gr. *Hellên,* Grec). **1.** De la Grèce ancienne. **2.** Rare. Hellénique, de la Grèce ancienne ou moderne.

HELLÉNIQUE adj. Relatif à la Grèce.

HELLÉNISANT, E n. → ***helléniste.***

HELLÉNISATION n.f. Action d'helléniser.

HELLÉNISER v.t. Donner un caractère hellénique à.

HELLÉNISME n.m. **1.** Civilisation grecque ; civilisation développée hors de Grèce sous l'influence de la culture grecque. **2.** LING. Mot, expression particuliers au grec.

HELLÉNISTE ou **HELLÉNISANT, E** n. Spécialiste des études grecques.

HELLÉNISTIQUE adj. Se dit de la période de la civilisation grecque allant de la conquête d'Alexandre à la conquête romaine.

***HELLO** [ɛlo] interj. (Pour appeler ou saluer qqn). *Hello ! ça va ?*

HELMINTHE [ɛlmɛ̃t] n.m. (gr. *helmins, helminthos,* ver). ZOOL. et MÉD. Ver parasite de l'homme et des vertébrés.

HELMINTHIASE n.f. Maladie parasitaire causée par des helminthes.

HELMINTHIQUE adj. Relatif aux helminthes.

HÉLODÉE n.f. → ***élodée.***

HÉLODERME n.m. Grand lézard au corps lourd, à la queue épaisse, à la morsure venimeuse, de mœurs nocturnes, qui vit au Mexique et dans le sud-ouest des États-Unis.

HELVELLE n.f. (lat. *helvella,* petit chou). Champignon des bois, comestible, à chapeau brun ou blanc, lobé et contourné. (Groupe des discomycètes.)

HELVÈTE adj. et n. De l'Helvétie ; suisse.

HELVÉTIQUE adj. Relatif à la Suisse.

HELVÉTISME n.m. Mot ou expression particuliers au français parlé en Suisse romande.

***HEM** [ɛm] interj. (Exprimant le doute, ou pour attirer l'attention). *Il dit qu'il ne sait rien... Hem !*

HÉMARTHROSE n.f. Épanchement de sang dans une articulation.

HÉMATÉMÈSE n.f. MÉD. Vomissement de sang.

HÉMATIE [emati] ou [emasi] n.f. (gr. *haima,* sang). Globule rouge du sang coloré par l'hémoglobine, et dont le nombre par millimètre cube de sang est d'environ 5 millions. SYN. : *érythrocyte.*

HÉMATINE n.f. BIOL. Combinaison anormale du groupement prosthétique de l'hémoglobine avec un atome de fer trivalent qui se forme au cours de certaines intoxications.

HÉMATIQUE adj. Relatif au sang.

HÉMATITE n.f. MINÉR. Oxyde ferrique naturel Fe_2O_3, dont il existe deux variétés, l'*hématite rouge,* ou oligiste, et l'*hématite brune,* ou limonite, toutes deux minerais de fer recherchés.

HÉMATOBIE n.m. Mouche piqueuse susceptible de propager la trypanosomiase.

HÉMATOCRITE n.m. PHYSIOL. Volume occupé par les globules rouges dans un volume donné de sang, en pourcentage. *L'hématocrite normal est de 40 p. 100 environ.*

HÉMATOLOGIE n.f. Spécialité médicale qui étudie le sang, les organes hématopoïétiques et leurs affections.

HÉMATOLOGIQUE adj. Relatif à l'hématologie.

HÉMATOLOGISTE ou **HÉMATOLOGUE** n. Spécialiste d'hématologie.

HÉMATOME [ematom] n.m. MÉD. Épanchement de sang dans une cavité naturelle ou sous la peau, consécutif à une rupture des vaisseaux.

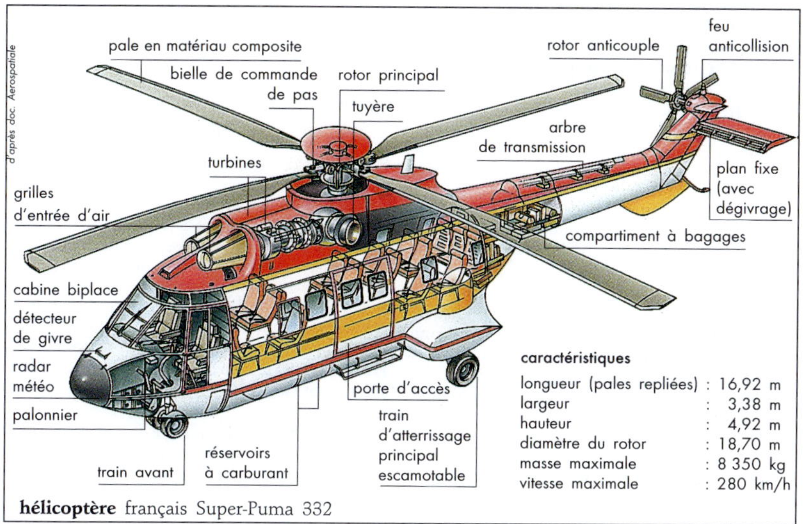

hélicoptère français Super-Puma 332

HÉMATOPOÏÈSE [ematopɔjɛz] n.f. PHYSIOL. Formation des globules du sang, qui a lieu dans les organes hématopoïétiques et principalement dans la moelle rouge des os.

HÉMATOPOÏÉTIQUE adj. Relatif à l'hématopoïèse. (Les principaux organes hématopoïétiques sont la moelle osseuse, les ganglions lymphatiques et la rate.)

HÉMATOSE n.f. PHYSIOL. Transformation, dans l'appareil respiratoire, du sang veineux rouge sombre en sang artériel rouge vif par perte de gaz carbonique et enrichissement en oxygène.

HÉMATOZOAIRE n.m. Protozoaire parasite des globules rouges du sang, agent du paludisme. SYN. : *plasmodium.*

HÉMATURIE n.f. (gr. *ouron,* urine). MÉD. Émission de sang par les voies urinaires.

HÉMÉRALOPIE n.f. (gr. *hêmera,* jour, et *ôps,* vue). Affaiblissement ou perte de la vision en lumière peu intense (notamm. au crépuscule).

HÉMÉROCALLE n.f. Plante bulbeuse cultivée pour ses fleurs décoratives jaunes ou rougeâtres. (Famille des liliacées.)

HÉMIALGIE n.f. MÉD. Douleur ressentie dans la moitié du corps seulement.

HÉMIANOPSIE n.f. Perte de la vue atteignant une moitié (droite ou gauche) du champ visuel.

HÉMICRÂNIE n.f. MÉD. Rare. Migraine.

HÉMICYCLE n.m. (gr. *hêmikuklion,* demi-cercle). **1.** Tout espace ayant la forme d'un demi-cercle. **2.** Construction semi-circulaire à gradins, pour recevoir des spectateurs, des auditeurs, les membres d'une assemblée.

HÉMIÈDRE ou **HÉMIÉDRIQUE** adj. Qui présente les caractères de l'hémiédrie.

HÉMIÉDRIE n.f. (gr. *hêmi,* à demi, et *edra,* face). MINÉR. Propriété des cristaux dont la symétrie est moitié de celle de leur réseau cristallin.

HEMIGRAMMUS [emigramys] n.m. Poisson d'Amazonie, long de 4 à 5 cm, pouvant vivre en aquarium entre 20 et 28 °C, et se reproduisant rapidement.

HÉMINE n.f. (lat. *hemina,* demi-setier). BIOL. Substance obtenue en chauffant une solution d'hémoglobine avec de l'acide acétique et du chlorure de sodium.

HÉMIONE n.m. (gr. *hêmionos,* mulet). Équidé sauvage d'Asie, d'aspect intermédiaire entre le cheval et l'âne.

HÉMIOXYDE n.m. CHIM. Oxyde comprenant un atome d'oxygène pour deux atomes du corps auquel il est lié.

HÉMIPLÉGIE n.f. (gr. *hêmi,* à demi, et *plêgê,* coup). Paralysie d'une moitié du corps, due le plus souvent à une lésion cérébrale dans l'hémisphère opposé.

HÉMIPLÉGIQUE adj. et n. Relatif à l'hémiplégie ; atteint d'hémiplégie.

HÉMIPTÉROÏDE ou, vx, **HÉMIPTÈRE** n.m. (gr. *hêmi,* à demi, et *pteron,* aile). *Hémiptéroïdes, hémiptères :* superordre d'insectes aux pièces buccales piqueuses et suceuses, divisé en deux ordres, celui des homoptères (pucerons, cigales, etc.) et celui des hétéroptères (punaises). SYN. (anc.) : *rhynchote.*

HÉMISPHÈRE n.m. (gr. *hêmisphairion*). **1.** Chacune des deux moitiés du globe terrestre, d'un astre sphéroïdal ou de la sphère céleste, séparées par un plan diamétral, en particulier l'équateur. *Hémisphère Nord, septentrional* ou *boréal. Hémisphère Sud, méridional* ou *austral.* **2.** ANAT. Chacune des deux moitiés du cerveau antérieur. **3.** MATH. Portion de sphère limitée par un grand cercle. **4.** *Hémisphères de Magdebourg :* demi-sphères métalliques creuses dont Otto von Guericke se servit en 1654 pour mettre en évidence la pression atmosphérique.

HÉMISPHÉRIQUE adj. Qui a la forme d'un hémisphère.

HÉMISTICHE [emistiʃ] n.m. (gr. *hêmistikhion,* moitié de vers). **1.** Chacune des deux parties d'un vers coupé par la césure. **2.** La césure elle-même.

HÉMITROPIE n.f. MINÉR. Groupement régulier de cristaux identiques.

HÉMOCHROMATOSE n.f. (gr. *haima,* sang). Maladie due à une surcharge en fer de l'organisme. (Elle peut être héréditaire ou secondaire à une cirrhose, à des transfusions multiples, etc.)

HÉMOCOMPATIBLE adj. MÉD. Dont le groupe sanguin est compatible (avec tel autre, tels autres). *Donneurs hémocompatibles.*

HÉMOCULTURE n.f. BACTÉR. Ensemencement d'un milieu de culture avec le sang d'un malade pour rechercher les micro-organismes pathogènes et déterminer leur nature.

HÉMOCYANINE n.f. Pigment respiratoire contenant du cuivre, qui se trouve dans le sang des mollusques et des crustacés.

HÉMODIALYSE n.f. Épuration artificielle du sang effectuée grâce à un filtre qui élimine les molécules toxiques en cas d'insuffisance rénale grave.

HÉMODYNAMIQUE n.f. Étude des différents facteurs régissant la circulation du sang dans l'organisme. ◆ adj. Relatif à l'hémodynamique.

HÉMOGÉNIE n.f. MÉD. Vieilli. Purpura.

HÉMOGLOBINE n.f. Pigment des globules rouges du sang, assurant le transport de l'oxygène et du gaz carbonique entre l'appareil respiratoire et les cellules de l'organisme.

HÉMOGLOBINOPATHIE n.f. Maladie caractérisée par une anomalie héréditaire de l'hémoglobine, et qui se manifeste par une grande anémie, des douleurs osseuses, des crises abdominales douloureuses.

HÉMOGLOBINURIE n.f. Présence d'hémoglobine dans les urines.

HÉMOGRAMME n.m. Étude quantitative et qualitative des globules du sang, comprenant la numération globulaire et la formule leucocytaire.

HÉMOLYSE n.f. Destruction des globules rouges du sang.

HÉMOLYSINE n.f. Anticorps provoquant l'hémolyse.

HÉMOLYTIQUE adj. Qui provoque l'hémolyse ; qui s'accompagne d'hémolyse.

HÉMOPATHIE n.f. Toute maladie du sang ou des organes hématopoïétiques.

HÉMOPHILE adj. et n. Atteint d'hémophilie.

HÉMOPHILIE n.f. Maladie congénitale caractérisée par un retard ou une absence de coagulation du sang et dans laquelle la moindre blessure peut causer une hémorragie importante. (Cette affection héréditaire est transmise par les femmes et n'atteint que les hommes.)

HÉMOPTYSIE n.f. Crachement de sang provenant du poumon ou des bronches.

HÉMORRAGIE n.f. (gr. *haima,* sang, et *rhagê,* rupture). **1.** PATHOL. Écoulement de sang hors des vaisseaux qui doivent le contenir. **2.** Fig. Perte importante en vies humaines. **3.** Fig. Fuite, perte de qqch. *Une hémorragie de devises.*
■ Les *hémorragies externes* sont dues à des plaies des artères (jaillissement de sang rouge par saccades) ou à des plaies des veines (écoulement régulier de sang noir). Dans les *hémorragies internes,* le sang se répand dans une cavité naturelle, le plus souvent dans le péritoine. Les causes en sont nombreuses (rupture de grossesse extra-utérine, hémorragies digestives, cirrhose du foie, grandes contusions de l'abdomen avec rupture de la rate ou du foie, etc.).

HÉMORRAGIQUE adj. Relatif à l'hémorragie.

HÉMORROÏDAIRE adj. et n. Relatif aux hémorroïdes ; affecté d'hémorroïdes.

HÉMORROÏDAL, E, AUX adj. Relatif aux hémorroïdes.

HÉMORROÏDE n.f. (gr. *haima,* sang, et *rheîn,* couler). Varice des veines de l'anus. (On distingue des *hémorroïdes externes* et des *hémorroïdes internes,* situées à l'intérieur du canal anal. Le gonflement des hémorroïdes, ou *fluxion,* en général très douloureux, est le plus souvent en rapport avec une thrombophlébite ; l'*hémorragie* représente une autre complication.)

HÉMOSTASE n.f. Arrêt d'une hémorragie.

HÉMOSTATIQUE adj. et n.m. Se dit d'un agent mécanique (compresse, pince), physique (cautère) ou médicamenteux (produit coagulant ou vasoconstricteur) arrêtant les hémorragies.

HENDÉCAGONE [ɛ̃dekagɔn] adj. et n.m. (gr. *hendeka,* onze, et *gonia,* angle). MATH. Polygone qui a onze angles, et donc onze côtés.

HENDÉCASYLLABE [ɛ̃-] adj. et n.m. Qui a onze syllabes.

HENDIADYS, HENDIADIS [ɛndjadis] ou **HENDIADYIN** [ɛndjadin] n.m. (mots gr., *un au moyen de deux*). Figure de rhétorique consistant à remplacer un nom déterminé par un adjectif ou un complément par deux noms coordonnés. (Ex. : *boire dans des patères et de l'or* pour *boire dans des patères d'or.*)

***HENNÉ** n.m. (ar. *ḥinnā*). **1.** Plante tinctoriale originaire d'Inde et d'Arabie, cultivée au Moyen-Orient et en Afrique du Nord. **2.** Poudre fournie par les feuilles de henné, séchées et pulvérisées, utilisée pour teindre les cheveux et les ongles.

***HENNIN** n.m. (néerl. *henninck,* coq). Anc. Haut bonnet de femme, de forme conique, porté au XVe s.

hennin (détail d'une miniature flamande du XVe s.) [B.N., Vienne]

***HENNIR** v.i. (lat. *hinnire*). Pousser son cri, en parlant du cheval.

***HENNISSANT, E** adj. Qui hennit.

***HENNISSEMENT** n.m. **1.** Cri du cheval. **2.** Cri ressemblant à celui du cheval.

HENNUYER, ÈRE** adj. et n. → ***hainuyer.

***HENRY** n.m. Unité de mesure d'inductance électrique (symb. H) équivalant à l'inductance électrique d'un circuit fermé dans lequel une force électromotrice de 1 volt est produite lorsque le courant électrique qui parcourt le circuit varie uniformément à raison de 1 ampère par seconde.

***HEP** interj. (Pour appeler, héler). *Hep ! Taxi !*

HÉPARINE n.f. (gr. *hêpar,* foie). Substance anticoagulante extraite du foie et utilisée dans toutes les affections où une thrombose est à craindre.

HÉPATALGIE n.f. Douleur au foie.

1. HÉPATIQUE adj. et n. (gr. *hêpar, hêpatos,* foie). Qui souffre du foie. ◆ adj. Relatif au foie. *Artère, canal hépatique.* ◇ *Insuffisance hépatique :* ensemble des troubles produits par l'altération d'une ou de plusieurs fonctions du foie.

2. HÉPATIQUE n.f. **1.** *Hépatiques :* classe de plantes bryophytes, abondantes dans les régions chaudes et humides, telle la marchantia. **2.** Petite fleur bleue printanière des bois. (Famille des renonculacées.)

HÉPATISATION n.f. PATHOL. Altération inflammatoire d'un tissu organique, et partic. du tissu pulmonaire, qui lui donne une apparence et une consistance analogues à celles du foie.

HÉPATISME n.m. Vx. Affection chronique du foie.

HÉPATITE n.f. Inflammation du foie, d'origine toxique ou infectieuse. ◇ *Hépatite virale,* causée par un virus et caractérisée notamm. par l'élévation des transaminases, à laquelle s'associent à la phase ictérique des signes variables d'insuffisance hépatique.
■ L'hépatite virale A est due à la contamination par des aliments ou des boissons. Elle est bénigne. L'hépatite virale B, beaucoup plus grave, est une *hépatite d'inoculation,* transmise par le sang, la salive, le sperme. Les hépatites non-A et non-B, notamm. l'hépatite delta (δ), sont, le plus souvent, consécutives aux transfusions sanguines.

HÉPATOCYTE n.m. Cellule du foie.

HÉPATOLOGIE n.f. Étude du foie et de ses maladies.

HÉPATOMÉGALIE n.f. PATHOL. Augmentation anormale du volume du foie.

HÉPATONÉPHRITE n.f. PATHOL. Affection grave caractérisée par une atteinte simultanée du foie et des reins.

HÉPATOPANCRÉAS n.m. ZOOL. Organe de certains invertébrés, assurant à la fois les fonctions du foie et du pancréas.

HEPTAÈDRE n.m. (gr. *hepta,* sept, et *edra,* face). MATH. Polyèdre à sept faces.

HEPTAÉDRIQUE adj. Relatif à l'heptaèdre.

HEPTAGONAL, E, AUX adj. **1.** Relatif à l'heptagone. **2.** Qui a pour base un heptagone.

HEPTAGONE n.m. (gr. *hepta,* sept, et *gônia,* angle). MATH. Polygone qui a sept angles, et donc sept côtés.

HEPTANE n.m. Hydrocarbure saturé (C_7H_{16}) contenu dans certains pétroles et utilisé comme solvant.

HEPTASYLLABE adj. et n.m. Qui a sept syllabes.

HEPTATHLON n.m. Épreuve d'athlétisme féminin combinant sept concours (100 m haies, 200 m, 800 m, hauteur, longueur, poids, javelot). [Il remplace le pentathlon depuis 1981.]

1. HÉRALDIQUE adj. (bas lat. *heraldus,* héraut). Relatif au blason, aux armoiries. *Figure héraldique.*

2. HÉRALDIQUE n.f. Discipline ayant pour objet la connaissance et l'étude des armoiries. ■ L'héraldique étudie les armoiries, qui sont les emblèmes de communautés ou de familles. Elles sont apparues au XIIe s. pour figurer sur les boucliers des combattants, afin de distinguer ceux-ci. À partir du XIIIe s., l'emploi des armoiries s'est étendu aux femmes, aux ecclésiastiques et aux bourgeois puis aux communautés civiles et religieuses. Utile pour l'historien et l'archéologue, dans la mesure où elle permet de dater ou de connaître l'appartenance de tout objet ou de tout monument orné d'un blason, l'héraldique forme elle-même un art par l'extrême richesse de son écriture et de sa symbolique. *(V. illustration p. 512.)*

HÉRALDISTE n. Spécialiste d'héraldique.

HÉRAULTAIS, E adj. et n. De l'Hérault.

***HÉRAUT** n.m. (du francique *heriwald,* chef d'armée). **1.** Au Moyen Âge, officier public chargé de porter les déclarations de guerre, les sommations, de régler les cérémonies et les jeux, de surveiller les blasons, etc. **2.** Fig. et litt. Celui qui annonce la venue de qqn ou de qqch.

HERBACÉ, E adj. (lat. *herbaceus ;* de *herba,* herbe). BOT. Qui a l'aspect, qui est de la nature de l'herbe, par opp. à *ligneux.* ◇ *Plantes herbacées :* plantes frêles, non ligneuses, et dont les parties aériennes meurent après la fructification.

HERBAGE n.m. Prairie pâturée par le bétail.

1. HERBAGER, ÈRE n. Éleveur exploitant des herbages pour engraisser des bovins.

2. HERBAGER v.t. [17]. Mettre du bétail à l'herbage.

HERBE n.f. (lat. *herba*). **1.** Plante non ligneuse dont les parties aériennes, y compris la tige, meurent chaque année. – *Herbe vivace,* qui conserve vivantes ses parties souterraines en hiver. – *Mauvaise herbe :* herbe sauvage nuisible aux cultures ; fig., personne (et en partic. personne jeune : enfant, adolescent) dont il n'y a rien à attendre de bon ; vaurien. ◇ *Pousser comme de la mauvaise herbe :* pousser rapidement, facilement. – *En herbe :* qui n'est pas encore mûr ; fig., qui a des dispositions pour telle ou telle activité, en parlant de qqn de jeune. *Une romancière en herbe.* **2.** Ensemble de plantes herbacées diverses formant une végétation naturelle ; gazon. *Dormir dans l'herbe.* – Fig. *Couper l'herbe sous le pied de qqn,* le supplanter en le devançant. **3.** *Fines herbes :* plantes odorantes et comestibles, employées comme assaisonnement (persil, estragon, ciboulette, etc.). **4.** Absolt. Arg. Marijuana, haschisch. *Fumer de l'herbe.* **5.a.** *Herbe aux écus :* lunaire. **b.** *Herbe jaune :* gaude. **c.** *Herbe aux perles :* grémil. **d.** *Herbe aux verrues :* chélidoine.

HERBE-AUX-CHATS n.f. (pl. *herbes-aux-chats*). Cour. **1.** Cataire (plante). **2.** Valériane (plante).

HERBER v.t. Vx. Étendre sur l'herbe, au soleil et à la rosée, pour faire blanchir. *Herber des draps.*

HERBERIE n.f. Vx. Lieu où l'on herbe le linge.

HERBETTE n.f. Fam. Herbe courte et menue.

HERBEUX, EUSE adj. Où il croît de l'herbe.

HERBICIDE adj. et n.m. Se dit d'un produit qui détruit les mauvaises herbes.

HERBIER n.m. **1.** Collection de plantes desséchées et conservées entre des feuilles de papier, servant aux études botaniques. **2.** Fond sous-marin où poussent des plantes. *Herbier à posidonies.*

HERBIVORE adj. et n.m. Se dit d'un animal qui se nourrit d'herbes, de substances végétales.

HERBORISATION n.f. Action d'herboriser.

HERBORISER v.i. Recueillir des plantes dans la nature pour les étudier.

HERBORISTE n. Personne qui vend des plantes médicinales.

HERBORISTERIE n.f. Commerce, boutique de l'herboriste.

HERBU, E adj. Couvert d'une herbe abondante.

HERBUE ou **ERBUE** n.f. Vx. **1.** Terre maigre, servant seulement de pâturage. **2.** Terre végétale prise aux pâturages pour amender le sol des vignobles.

***HERCHAGE** ou ***HERSCHAGE** n.m. MIN. Action de hercher.

***HERCHER** ou ***HERSCHER** [ɛrʃe] v.i. MIN. Pousser à bras une berline dans une mine.

***HERCHEUR, EUSE** ou ***HERSCHEUR, EUSE** n. MIN. Manœuvre qui fait du roulage à bras en poussant les berlines dans les mines.

HERCULE n.m. (de *Hercule,* dieu romain). Homme d'une très grande force physique. ◇ *Hercule de foire :* forain qui exécute des tours de force.

HERCULÉEN, ENNE adj. Digne d'Hercule, colossal. *Force herculéenne.*

HERCYNIEN, ENNE adj. GÉOL. Se dit du dernier plissement primaire qui eut lieu au carbonifère et créa toute une série de massifs (Appalaches, Europe et Asie centrale).

***HERD-BOOK** [œrdbuk] n.m. (angl. *herd,* troupeau, et *book,* livre) [pl. *herd-books*]. Livre généalogique des races bovines et porcines.

1. *HÈRE n.m. (anc. fr. *haire,* pauvre). Litt. *Un pauvre hère :* un homme misérable, lamentable.

2. *HÈRE n.m. (néerl. *hert,* cerf). VÉN. Jeune cerf ou jeune daim âgé de six mois à un an et n'ayant pas encore ses premiers bois.

HÉRÉDITAIRE adj. (lat. *hereditarius*). **1.** Qui se transmet selon les lois génétiques de l'hérédité. *Maladie héréditaire.* **2.** Transmis par voie de succession. *Titre héréditaire.*

HÉRÉDITAIREMENT adv. De façon héréditaire.

HÉRÉDITÉ n.f. (lat. *hereditas*). **I. 1.** Transmission des caractères génétiques d'une génération aux suivantes. **2.** Ensemble des caractères physiques ou moraux transmis des parents aux enfants. **II. 1.** Caractère d'un bien, d'une dignité, d'une charge transmis par voie de succession. **2.** Vx. Ensemble des biens que laisse une personne à son décès.

***HEREFORD** [ɛrfɔrd] adj. et n. Se dit d'une race anglaise de bovins à viande, très répandue dans les pays anglo-saxons et en Amérique latine.

HÉRÉSIARQUE n. Auteur ou propagateur d'une hérésie.

HÉRÉSIE n.f. (gr. *hairesis,* choix). **1.** RELIG. Doctrine d'origine chrétienne contraire à la foi catholique et condamnée par l'Église. **2.** Idée, conception jugée contraire aux idées, aux conceptions généralement admises. *Une hérésie scientifique.* **3.** Fig. Manière d'agir jugée aberrante, contraire au bon sens et aux usages. *Boire de l'orangeade avec un poulet rôti, c'est une hérésie !*

HÉRÉTIQUE adj. et n. Qui professe ou soutient une hérésie. ◆ adj. Qui tient de l'hérésie ; qui constitue une hérésie. *Doctrine hérétique.*

***HÉRISSEMENT** n.m. **1.** Action de hérisser ; fait d'être hérissé. **2.** Litt. Fait d'être irrité, en colère.

***HÉRISSER** v.t. (de *hérisson*). **1.** Dresser (son poil, ses plumes), en parlant d'un animal. *Le chat hérisse ses poils.* **2.** Faire dresser (les cheveux, les poils, les plumes). *Un grincement strident qui hérisse le poil.* **3.** Garnir d'objets menaçants, dangereux. *Hérisser un mur de tessons de bouteille.* **4.** Faire saillie sur (une surface, un objet). *Planche hérissée de clous.* **5.** Remplir, parsemer de choses difficiles, désagréables. *Un concours hérissé de difficultés.* ◆ **se hérisser** v.pr. S'irriter, être sur la défensive.

***HÉRISSON** n.m. (lat. *ericius*). **I. 1.** Mammifère insectivore au dos recouvert de piquants, grand prédateur des insectes, des vers, des mollusques et des reptiles. (Long. 20 cm.) **2.** Fig., fam. Personne d'un abord difficile. **3.** *Hérisson de mer :* oursin. **II. 1.** Brosse métallique sphérique de ramoneur, manœuvrée à l'aide d'un filin métallique. **2.** Ensemble de couronnes de métal étagées et garnies de chevilles pour faire égoutter les bouteilles. SYN. : *égouttoir à bouteilles.* **3.** Anc. Poutre hérissée de pointes de fer, utilisée comme cheval de frise. – MIL. *Défense en hérisson :* défense d'un point d'appui isolé face à toutes les directions. **4.** AGRIC. Organe distributeur d'un épandeur d'engrais. **5.** CONSTR. Couche de fondation faite de pierres posées de chant.

hérisson

***HÉRISSONNE** adj.f. *Chenille hérissonne :* chenille poilue de divers papillons nocturnes.

HÉRITABILITÉ n.f. BIOL. Ressemblance d'individus apparentés, pour un caractère donné, due à des causes génétiques ou environnementales.

HÉRITAGE n.m. **1.** Ensemble des biens acquis ou transmis par voie de succession. **2.** Ce qu'on tient de ses parents, des générations précédentes. *L'héritage culturel.*

HÉRITER v.i. (lat. *hereditare*). Recueillir un héritage. ◆ v.t. ind. **(de). 1.** Recevoir par voie de succession. *Hériter d'une grande fortune.* **2.** Recevoir, tenir de ses parents ou des générations précédentes. *Elle a hérité des yeux bleus de son père.* ◆ v.t. **1.** Recevoir (qqch) de qqn par voie d'héritage. *Il a hérité de ses parents une maison en Bretagne.* **2.** Recevoir (un caractère, une disposition d'esprit, etc.) par hérédité. *Elle a hérité de sa mère l'amour de la peinture.*

HÉRITIER, ÈRE n. (lat. *hereditarius*). **1.** Personne qui est appelée par la loi à recueillir une succession. **2.** Toute personne qui hérite des biens d'un défunt. **3.** Fam. Enfant. **4.** Fig. Personne qui recueille et continue une tradition.

HERMAPHRODISME n.m. Présence, chez un même individu, des organes reproducteurs des deux sexes.

HERMAPHRODITE adj. et n. (d'un n.pr.). Se dit d'un être vivant où sont présents les organes reproducteurs des deux sexes. SYN. : *bisexué.*

HERMÉNEUTIQUE n.f. (du gr. *hermeneuein,* expliquer). **1.** Science de la critique et de l'interprétation des textes bibliques. **2.** PHILOS. Théorie de l'interprétation des signes comme éléments symboliques d'une culture. ◆ adj. Relatif à l'herméneutique.

HERMÈS [ɛrmɛs] n.m. SCULPT. Buste ou tête d'un dieu (Hermès, à l'origine) ou d'un homme surmontant une gaine. SYN. : *terme.* ◇ *Buste en hermès,* dont les épaules, la poitrine, le dos sont coupés par des plans verticaux.

HERMÉTICITÉ n.f. Didact. Caractère hermétique de qqch.

HERMÉTIQUE adj. (de *Hermès* [*Trismegistus*]). **1.** Se dit d'une fermeture parfaitement étanche et de l'objet qui en est muni. *Une boîte hermétique.* **2.** Qui est difficile à comprendre ; impénétrable. *Un texte hermétique.* **3.** *Visage hermétique,* qui ne laisse paraître aucun sentiment, aucune émotion. **4.** Relatif à l'hermétisme (doctrine).

HERMÉTIQUEMENT adv. D'une manière hermétique.

HERMÉTISME n.m. **1.** Caractère de ce qui est hermétique, difficile à comprendre. **2.** Doctrine ésotérique fondée sur des écrits de l'époque gréco-romaine attribués à l'inspiration du dieu Hermès Trismégiste. – Doctrine occulte des alchimistes, au Moyen Âge et à la Renaissance.

HERMÉTISTE n. Anc. Personne étudiant ou professant l'hermétisme.

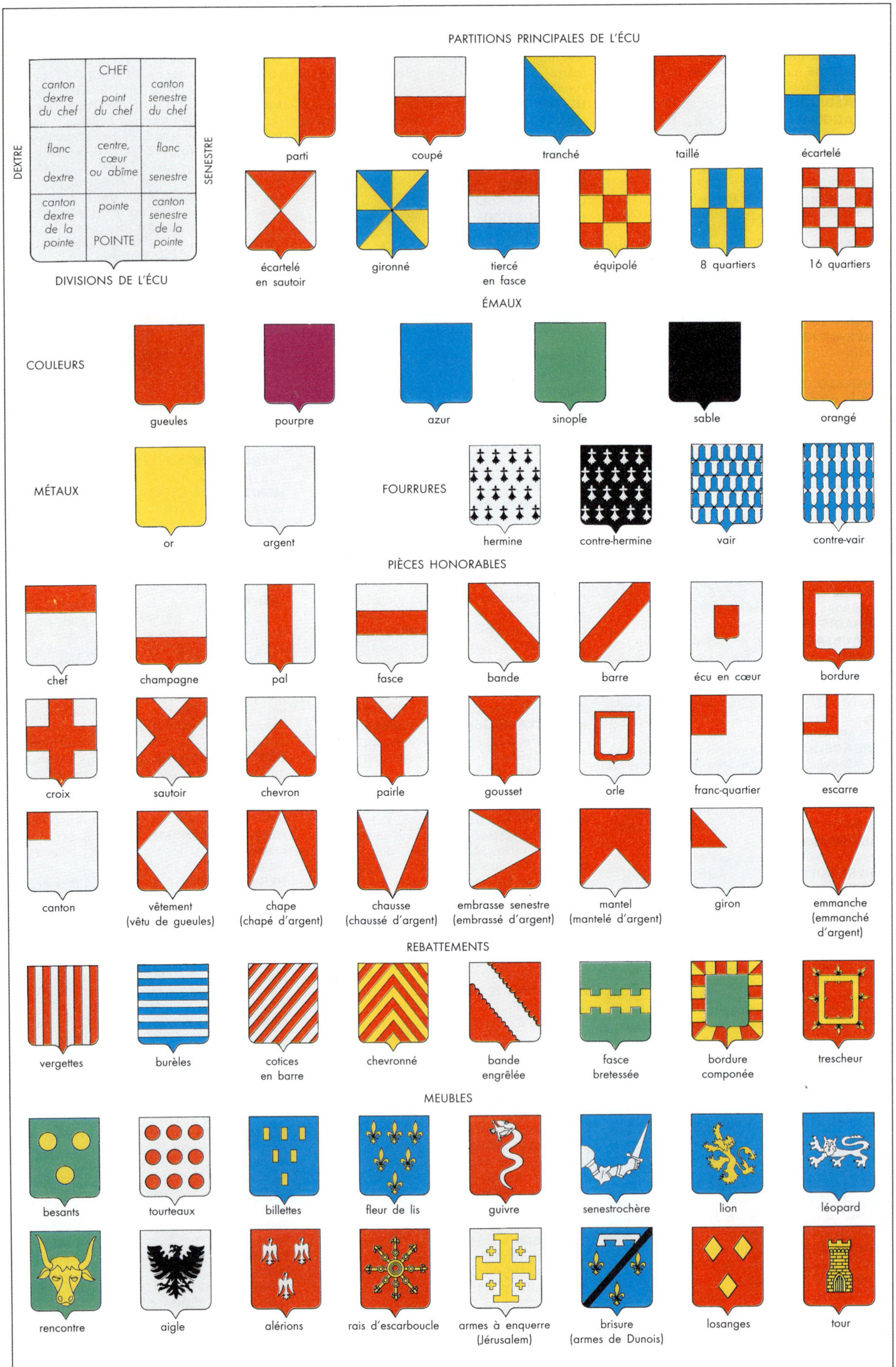
PARTITIONS PRINCIPALES DE L'ÉCU
CHEF
canton dextre du chef
point du chef
canton senestre du chef
flanc dextre
centre, cœur ou abîme
flanc senestre
canton dextre de la pointe
pointe
POINTE
canton senestre de la pointe
DEXTRE
SENESTRE
DIVISIONS DE L'ÉCU
parti
coupé
tranché
taillé
écartelé
écartelé en sautoir
gironné
tiercé en fasce
équipolé
8 quartiers
16 quartiers
ÉMAUX
COULEURS
gueules
pourpre
azur
sinople
sable
orangé
MÉTAUX
or
argent
FOURRURES
hermine
contre-hermine
vair
contre-vair
PIÈCES HONORABLES
chef
champagne
pal
fasce
bande
barre
écu en cœur
bordure
croix
sautoir
chevron
pairle
gousset
orle
franc-quartier
escarre
canton
vêtement (vêtu de gueules)
chape (chapé d'argent)
chausse (chaussé d'argent)
embrasse senestre (embrassé d'argent)
mantel (mantelé d'argent)
giron
emmanche (emmanché d'argent)
REBATTEMENTS
vergettes
burèles
cotices en barre
chevronné
bande engrêlée
fasce bretessée
bordure componée
trescheur
MEUBLES
besants
tourteaux
billettes
fleur de lis
guivre
senestrochère
lion
léopard
rencontre
aigle
alérions
rais d'escarboucle
armes à enquerre (Jérusalem)
brisure (armes de Dunois)
losanges
tour

héraldique

HERMINE n.f. (lat. *Armenius mus,* rat d'Arménie). **1.** Mammifère carnivore proche de la belette, dont le pelage, fauve l'été, devient blanc l'hiver (sauf le bout de la queue, toujours noir) et constitue une fourrure très appréciée. (Long. 27 cm.) **2.** Bande de fourrure d'hermine, fixée à certains costumes de cérémonie. **3.** HÉRALD. Fourrure à mouchetures de sable semées sur champ d'argent.

hermine (pelage d'hiver)

HERMINETTE ou **ERMINETTE** n.f. **1.** Hache de charpentier ou de tonnelier, à fer recourbé, dont le tranchant se trouve dans un plan perpendiculaire au manche. **2.** Fourrure d'été, fauve, de l'hermine.

***HERNIAIRE** adj. Relatif aux hernies.

***HERNIE** n.f. (lat. *hernia*). **1.** Sortie d'un organe ou d'une partie d'organe hors de la cavité où il se trouve normalement, par un orifice naturel ou accidentel ; tuméfaction formée par cet organe sous la peau. *Hernie inguinale, crurale, ombilicale, discale.* ◇ *Hernie étranglée,* qu'on ne peut faire rentrer par des moyens externes et qui, exposant à de graves complications (occlusion, péritonite), doit être opérée d'urgence. **2.** Saillie d'une chambre à air à travers la déchirure du pneu. **3.** *Hernie du chou :* maladie cryptogamique de cette plante.

***HERNIÉ, E** adj. Qui fait hernie. *Intestin hernié.*

***HERNIEUX, EUSE** adj. et n. Atteint de hernie.

HÉROÏCITÉ n.f. Rare. Qualité de ce qui est héroïque. *L'héroïcité d'un acte, d'une résolution.*

HÉROÏ-COMIQUE adj. (pl. *héroï-comiques*). **1.** Qui comporte des épisodes tragiques et cocasses. *Une aventure héroï-comique.* **2.** Se dit d'une œuvre littéraire qui mêle l'héroïque et le comique, qui traite sur le ton de l'épopée un thème commun ou ridicule.

HÉROÏDE n.f. LITTÉR. Épître en vers dans laquelle l'auteur fait parler un héros fameux.

1. HÉROÏNE n.f. (gr. *hêroïnê*) → ***2. héros.***

2. HÉROÏNE n.f. (all. *Heroin*). Stupéfiant dérivé de la morphine, extrêmement toxique. SYN. : *diacétylmorphine.*

HÉROÏNOMANE n. Toxicomane à l'héroïne.

HÉROÏNOMANIE n.f. Toxicomanie à l'héroïne.

HÉROÏQUE adj. (lat. *heroicus*). **1.** Qui se conduit en héros. **2.** Digne d'un héros ; empreint d'héroïsme. *Résolution héroïque.* **3.** Qui se rapporte aux héros de l'Antiquité. – *Temps héroïques :* temps fabuleux où vivaient les héros. ◇ Époque reculée où se sont produits des faits remarquables, mémorables. *Les temps héroïques du début de l'aviation.* **4.** Qui chante les exploits des héros. *Poème héroïque.*

HÉROÏQUEMENT adv. De façon héroïque.

HÉROÏSME n.m. **1.** Courage exceptionnel, grandeur d'âme hors du commun. *Acte d'héroïsme.* **2.** Caractère de ce qui est héroïque.

***HÉRON** n.m. (du francique *haigro*). Grand oiseau échassier migrateur, à long bec, au cou long et grêle, vivant au bord des eaux où il pêche divers animaux aquatiques.

***HÉRONNEAU** n.m. Petit du héron.

***HÉRONNIÈRE** n.f. **1.** Lieu où nichent les hérons. **2.** Colonie de hérons.

1. *HÉROS n.m. (gr. *hêrôs*). **1.** MYTH. GR. Demi-dieu ou grand homme divinisé. **2.** Personnage légendaire à qui l'on prête des exploits extraordinaires.

2. *HÉROS, HÉROÏNE n. **1.** Personne qui se distingue par des qualités ou des actions exceptionnelles, par son courage face au danger. *Mourir en héros.* **2.** Personnage principal d'une œuvre de fiction. **3.** Personne qui tient le rôle principal dans un évènement, qui s'y distingue. *Elle a été l'héroïne involontaire d'un fait divers.*

***HERPE** n.f. MAR. ANC. Pièce de bois recourbée assurant la liaison de la partie avant de la guibre avec la coque.

HERPÈS [ɛrpɛs] n.m. (mot gr., *dartre*). Affection aiguë de la peau et des muqueuses, d'origine virale, caractérisée par une éruption de vésicules groupées en bouquet sur une base enflammée et précédée par une sensation de brûlure.

HERPÉTIQUE adj. et n. Relatif à l'herpès ; atteint par un herpès.

HERPÉTOLOGIE n.f., **HERPÉTOLOGIQUE** adj., **HERPÉTOLOGISTE** n. → ***erpétologie, erpétologique, erpétologiste.***

***HERSAGE** n.m. Action de herser.

HERSCHAGE** n.m., ***HERSCHER** v.i., ***HERSCHEUR, EUSE** n. → ***herchage, hercher, hercheur.

***HERSE** [ɛrs] n.f. (lat. *hirpex*). **1.** Instrument agricole formé d'un châssis muni de dents métalliques, que l'on traîne sur le sol pour le travailler en surface. **2.** Anc. Grille coulissante armée de pointes à sa partie inférieure, que l'on abaissait pour interdire l'accès d'une forteresse. **3.** Pièce munie de pointes servant à barrer une route. **4.** Appareil d'éclairage suspendu au cintre d'un théâtre. **5.** Chandelier garni de pointes sur lesquelles on pique des cierges.

***HERSER** v.t. AGRIC. Passer la herse sur (un sol).

***HERSEUR, EUSE** adj. Rare. Qui herse. *Machine herseuse.*

***HERTZ** [ɛrts] n.m. (du n. du physicien H. *Hertz*). Unité de mesure de fréquence (symb. Hz), fréquence d'un phénomène périodique dont la période est 1 seconde.

***HERTZIEN, ENNE** adj. TÉLÉCOMM. **1.** Se dit des ondes et des phénomènes électromagnétiques. SYN. : *radioélectrique.* **2.** Qui utilise les ondes hertziennes. *Réseau hertzien.*

HÉSITANT, E adj. et n. **1.** Qui hésite, qui a de la peine à se décider. *Cliente hésitante.* **2.** Qui marque l'hésitation. *Démarche hésitante.*

HÉSITATION n.f. Fait d'hésiter, doute, indécision ; moment d'arrêt dans l'action qui marque l'indécision. *Parler avec hésitation, avec des hésitations dans la voix.*

HÉSITER v.i. (lat. *haesitare*). **1.** Être dans un état d'incertitude, d'irrésolution qui empêche ou retarde l'action, le choix. *Hésiter sur la route à suivre. Hésiter à partir.* **2.** Marquer son indécision, son embarras (notamm. en parlant, par un temps d'arrêt, un silence). *Parler en hésitant.*

HESSOIS, E adj. et n. De la Hesse.

HÉSYCHASME [ezikasm] n.m. (gr. *hêsukhia,* paix). École de spiritualité de l'Église orthodoxe, fondée sur la contemplation et l'invocation réitérée du nom de Jésus, représentée principalement par G. Palamas.

HÉTAÏRE [etair] n.f. (gr. *hetaira*). ANTIQ. GR. Courtisane d'un rang élevé.

HÉTAIRIE ou **HÉTÉRIE** n.f. (gr. *hetaireia*). **1.** ANTIQ. GR. Association aristocratique, religieuse à l'origine, exerçant un pouvoir politique occulte. **2.** Société littéraire ou politique, dans la Grèce moderne. ◇ *L'Hétairie,* v. partie n.pr.

HÉTÉROCERQUE [-sɛrk] adj. (gr. *heteros,* autre, et *kerkos,* queue). ZOOL. Se dit de la nageoire caudale de certains poissons (raie, requin...), dont le lobe dorsal, plus développé que le ventral, contient l'extrémité de la colonne vertébrale (par opp. à *homocerque*).

héron cendré et ses petits

HÉTÉROCHROMOSOME n.m. BIOL. Chromosome dont dépend le sexe du zygote (XX chez la femme, XY chez l'homme). SYN. : *allosome, chromosome sexuel.*

HÉTÉROCLITE adj. (gr. *heteroklitos*). **1.** Qui s'écarte des règles propres à son genre, des règles de l'art. **2.** Fait de pièces et de morceaux ; disparate, bizarre. *Accoutrement hétéroclite.*

HÉTÉROCYCLE n.m. CHIM. ORG. Composé organique cyclique contenant une chaîne fermée comprenant des atomes d'éléments autres que le carbone.

HÉTÉROCYCLIQUE adj. CHIM. ORG. Relatif à un hétérocycle.

HÉTÉRODONTE adj. ZOOL. Se dit de la denture des vertébrés, quand leurs dents sont diversifiées dans leur forme et leur fonction (par opp. à *homodonte*).

HÉTÉRODOXE adj. et n. **1.** RELIG. Qui s'écarte de l'orthodoxie. **2.** Qui s'oppose aux idées reçues.

HÉTÉRODOXIE n.f. **1.** Caractère de ce qui est hétérodoxe ; doctrine hétérodoxe. **2.** Non-conformisme.

HÉTÉRODYNE n.f. Générateur d'oscillations électriques sinusoïdales, généralement employé dans un récepteur radioélectrique pour effectuer un changement de fréquence.

HÉTÉROGAMÉTIQUE adj. BIOL. *Sexe hétérogamétique,* dont les gamètes, de deux catégories et en nombre égal, déterminent le sexe du produit. (Chez les mammifères, c'est le mâle qui est hétérogamétique ; chez les oiseaux, c'est la femelle.) CONTR. : *homogamétique.*

HÉTÉROGAMIE n.f. BIOL. Fusion de deux gamètes plus ou moins dissemblables (cas qui se présente le plus généralement). CONTR. : *isogamie.*

HÉTÉROGÈNE adj. Qui est formé d'éléments de nature différente ; disparate. *Population hétérogène.*

HÉTÉROGÉNÉITÉ n.f. Caractère de ce qui est hétérogène.

HÉTÉROGREFFE n.f. CHIR. Greffe dans laquelle le greffon est emprunté à une espèce différente. CONTR. : *homogreffe.*

HÉTÉROMÉTABOLE adj. Se dit des insectes qui ont des métamorphoses progressives, sans stade nymphal. CONTR. : *holométabole.*

HÉTÉROMORPHE adj. SC. Qui présente des formes très différentes chez une même espèce.

HÉTÉROMORPHIE n.f. ou **HÉTÉROMORPHISME** n.m. SC. Caractère hétéromorphe.

HÉTÉRONOME adj. (gr. *heteros,* autre, et *nomos,* loi). Qui reçoit de l'extérieur les lois régissant sa conduite, au lieu de les trouver en soi. CONTR. : *autonome.*

HÉTÉRONOMIE n.f. Fait d'être hétéronome ; absence d'autonomie.

HÉTÉROPHORIE n.f. MÉD. Trouble fonctionnel de la vision binoculaire, en rapport avec les variations de l'équilibre des muscles moteurs des globes oculaires.

HÉTÉROPROTÉINE n.f. Protéine complexe formée d'acides aminés et d'un groupement prosthétique.

HÉTÉROPTÈRE n.m. *Hétéroptères :* ordre d'insectes hémiptéroïdes dont les ailes antérieures sont à demi coriaces, comprenant les punaises.

HÉTÉROSEXUALITÉ n.f. Sexualité de l'hétérosexuel, par opp. à *homosexualité.*

HÉTÉROSEXUEL, ELLE adj. et n. Qui éprouve une attirance sexuelle pour le sexe opposé, par opp. à *homosexuel.*

HÉTÉROSIDE n.m. Oside formé d'oses et d'un composé non glucidique. SYN. : *glucoside.*

HÉTÉROSIS n.f. Accroissement de la vigueur générale d'un hybride, par rapport aux lignées, aux races, etc., dont il provient.

HÉTÉROSPHÈRE n.f. Couche de l'atmosphère, située au-dessus de l'homosphère, où prédominent des gaz légers (azote, hydrogène, hélium).

HÉTÉROTHERME adj. et n. Poïkilotherme.

HÉTÉROTROPHE adj. BIOL. Se dit d'un être vivant qui se nourrit de substances organiques, comme les animaux et la plupart des plantes dépourvues de chlorophylle. CONTR. : *autotrophe.*

HÉTÉROZYGOTE adj. et n. BIOL. Se dit d'un sujet dont les gènes allèles, pour au moins un caractère bien défini, sont différents (ces gènes proviennent l'un du père, l'autre de la mère). CONTR. : *homozygote*.

HETMAN [ɛtmɑ̃] n.m. (mot polon.). HIST. **1.** Chef militaire en Pologne et en Lituanie (XVe-XVIIIe s.), ainsi qu'en Moldavie. **2.** Commandant en chef des cosaques, puis chef du gouvernement civil, en Ukraine (XVe-XVIIIe s.).

***HÊTRAIE** n.f. Lieu planté de hêtres.

***HÊTRE** n.m. (du francique). **1.** Arbre des forêts tempérées, à écorce lisse, à bois blanc, ferme et flexible, dont les fruits sont les faines. (Haut. max. 40 m env. ; famille des fagacées.) **2.** Bois de cet arbre, utilisé en menuiserie.

hêtre

***HEU** interj. (Marquant le doute, l'embarras, l'hésitation ; parfois le dédain, ou l'étonnement). *Heu ! Voyons... quel jour était-ce donc ?*

HEUR n.m. (lat. *augurium*, présage). Litt. *Avoir l'heur de,* la chance de. *Je n'ai pas l'heur de lui plaire.*

HEURE [œr] n.f. (lat. *hora*). **I. 1.** Unité de temps (symb. h) valant 3 600 secondes, soit soixante minutes, contenue vingt-quatre fois dans un jour. **2.** Période de temps correspondant approximativement à cette unité. *Ça fait une bonne heure que je vous attends.* ◇ Spécialt. Période de temps correspondant à cette unité et affectée à un travail ; unité de travail ou de salaire. *Être payé à l'heure.* – *Heure supplémentaire :* heure de travail accomplie au-delà de la durée légale hebdomadaire de travail. **3.** Cette unité, employée pour mesurer approximativement la durée d'un trajet (et par conséquent sa longueur). *Cette ville est à deux heures de route de Paris.* **4.** ANTIQ. Douzième partie de la journée, comptée sans la nuit. **II. 1.** Organisation temporelle de la journée permettant, par référence à un système conventionnel, de situer précisément chacun des moments de la journée. ◇ DR. *Heure légale :* heure définie par les pouvoirs publics, qui règle la vie d'un pays. SYN. : *temps légal.* – *Heure d'été :* heure adoptée au printemps et en été par de nombreux pays, en vue de réduire les dépenses d'énergie, et qui avance en général de 60 minutes sur l'heure en vigueur pendant le reste de l'année *(heure d'hiver).* **2.** Moment précis du jour, déterminé par référence à ce système conventionnel. *Il est trois heures, trois heures vingt (minutes).* ◇ *Être à l'heure :* donner l'heure juste, en parlant d'une montre, d'une pendule ; être exact, ponctuel, en parlant d'une personne. – Fig., fam. *Remettre les pendules à l'heure :* réajuster son attitude, son action, à la situation actuelle ; SPORTS, revenir à son niveau de performance habituel après une période de méforme, de mauvais résultats. **3.** Moment de la journée, déterminé de manière plus ou moins précise (par rapport à une activité, à un emploi du temps, etc., ou par le sentiment de la durée). *L'heure du dîner.* ◇ *Heure avancée,* tardive. – *De bonne heure :* tôt. – *D'heure en heure :* toutes les heures ; à mesure que passent les heures. – *D'une heure à l'autre :* sous peu. – *Sur l'heure :* à l'instant même. – *Tout à l'heure :* dans un moment ; il y a un moment. – DR. *Heure légale :* heure avant ou après laquelle certains actes juridiques (perquisition, arrestation au domicile) ne peuvent être accomplis. – *Dernière heure :* se dit de l'édition d'un journal, ou d'une partie de celui-ci, qui donne les dernières nouvelles. **4.** Moment, période quelconque dans le cours d'une vie, d'une entreprise, dans l'histoire d'un pays, etc. *Connaître des heures difficiles.* – *La dernière heure :* le moment de la mort. ◇ *À la bonne heure ! :* voilà qui est bon, qui va bien. **III.** *Heure d'angle :* unité de mesure d'angle plan utilisée en astronomie et en navigation, et valant $2\pi/24$ radian, soit 15 degrés. ◆ pl. *Heures canoniales :* les diverses parties de l'ancien bréviaire, de l'office liturgique. ◇ *Livre d'heures :* recueil de prières à l'usage de la dévotion personnelle des fidèles, à la fin du Moyen Âge.

HEUREUSEMENT adv. **1.** De façon avantageuse, favorable. *Terminer heureusement une affaire.* **2.** Harmonieusement, de manière agréable. *Couleurs heureusement assorties.* **3.** Par bonheur. *Heureusement, le train avait du retard.* **4.** *Heureusement que :* c'est une chance que. *Heureusement qu'elle est guérie.*

HEUREUX, EUSE adj. (de *heur*). **I. 1.** Qui jouit du bonheur, qui est satisfait de son sort. *Un homme heureux.* **2.** Qui procure du bonheur, ou qui le dénote. *Un mariage heureux. Un visage heureux.* **II. 1.** Favorisé par le sort, chanceux. *Si vous êtes assez heureuse pour frapper à la bonne porte...* **2.** Favorable, avantageux. *Circonstance heureuse.* **3.** Porté à l'optimisme, gai de nature. *Un heureux caractère.* **4.** Particulièrement réussi, juste. *Une heureuse alliance de classicisme et de modernisme.* ◆ n. *Faire un (des) heureux :* procurer à une personne (à plusieurs) un avantage inespéré.

1. HEURISTIQUE adj. (du gr. *heuriskein,* trouver). Didact. Qui a une utilité dans la recherche, notamm. la recherche scientifique et épistémologique ; qui aide à la découverte. *Hypothèse heuristique.*

2. HEURISTIQUE n.f. Discipline qui se propose de dégager les règles de la recherche scientifique et de la découverte.

***HEURT** [œr] n.m. **1.** Fait de heurter, de se heurter ; choc, coup qui en résulte. *Heurt de deux véhicules.* **2.** Opposition, contraste très forts, violents. *Heurt de sonorités.* **3.** Désaccord, différend, mésentente. *Il y a eu des heurts entre eux.*

***HEURTÉ, E** adj. Qui contraste violemment. *Couleurs heurtées.* ◇ *Style heurté,* qui présente des oppositions marquées, des ruptures de construction.

***HEURTER** v.t. (du francique *hurt,* bélier). **1.** Entrer rudement en contact avec (qqch, qqn) ; frapper. *La voiture a heurté le mur. La manivelle l'a heurté à la jambe.* **2.** Cogner une chose contre une autre. **3.** Contrarier vivement, irriter, choquer. *Sa grossièreté me heurte.* **4.** Être en opposition complète avec. *Heurter les convenances.* ◆ v.i. **1.** Entrer rudement en contact avec. *Le navire a heurté contre un rocher.* **2.** Litt. Frapper. *Heurter à la porte.* ◆ **se heurter** v.pr. *(à).* **1.** Se cogner contre, buter contre. **2.** Rencontrer un obstacle, une difficulté. *Se heurter à un refus.* **3.** S'opposer, être en conflit. *Elles se sont sérieusement heurtées.*

***HEURTOIR** n.m. **1.** Marteau de porte monté sur une charnière, qui retombe sur une plaque de métal. **2.** CH. DE F. Butoir.

HÉVÉA n.m. (quechua *hyeve*). Arbre d'Amérique du Sud, cultivé surtout en Asie du Sud-Est pour son latex, dont on tire le caoutchouc. (Famille des euphorbiacées.)

HEXACHLOROCYCLOHEXANE ou **H.C.H.** n.m. Composé, de formule $C_6H_6Cl_6$, dérivé du cyclohexane, dont un isomère est employé comme insecticide.

HEXACHLORURE [ɛgzaklɔryr] n.m. CHIM. Chlorure dont la molécule contient six atomes de chlore.

HEXACORALLIAIRE n.m. *Hexacoralliaires :* sous-ordre de cnidaires ayant six (ou un multiple de six) tentacules et autant de loges.

HEXACORDE n.m. MUS. Série ascendante ou descendante de six degrés diatoniques, sur laquelle repose le système musical employé jusqu'au XVIIe s. (Il existe 3 hexacordes : hexacorde naturel *do* → *la ;* hexacorde du bécarre *sol* → *mi ;* hexacorde *fa* → *ré.)*

HEXADÉCIMAL, E, AUX adj. Se dit d'un système de numération de base 16.

HEXAÈDRE n.m. et adj. (gr. *hexa,* six, et *edra,* face). MATH. Polyèdre à six faces. *Le cube est un hexaèdre régulier.*

HEXAÉDRIQUE adj. Relatif à l'hexaèdre ; qui a la forme d'un hexaèdre.

HEXAFLUORURE n.m. Fluorure dont la molécule contient six atomes de fluor. (L'hexafluorure d'uranium sert dans la séparation isotopique de ce corps.)

HEXAGONAL, E, AUX adj. **1.** Qui a la forme d'un hexagone. – Qui a pour base un hexagone. **2.** Qui concerne l'Hexagone, la France. *Une politique étroitement hexagonale.*

HEXAGONE n.m. (gr. *hexa,* six, et *gônia,* angle). **1.** MATH. Polygone à six angles et six côtés. **2.** *L'Hexagone :* la France métropolitaine dont les contours évoquent grossièrement un hexagone.

HEXAMÈTRE adj. et n.m. Se dit d'un vers (en partic. d'un vers grec ou latin) qui a six mesures ou six pieds.

HEXAMIDINE n.f. Antiseptique bactéricide puissant pour usage externe.

HEXANE n.m. Hydrocarbure saturé C_6H_{14}.

HEXAPODE adj. et n.m. ZOOL. Qui possède trois paires de pattes. *Larve hexapode d'un insecte.*

HEXASTYLE adj. ARCHIT. Qui a six colonnes de front. *Temple hexastyle* (le type le plus fréquent des temples grecs).

HEXOGÈNE n.m. (nom déposé). Explosif brisant.

HEXOSE n.m. CHIM. Sucre de formule $C_6H_{12}O_6$, comme le glucose et le galactose.

Hf, symbole chimique du hafnium.

Hg, symbole chimique du mercure (appelé autrefois hydrargyre, « argent liquide »).

***HI** interj. (Exprimant le rire ou, plus rarement, les pleurs). *Hi ! hi ! que c'est drôle !*

HIATAL, E, AUX adj. MÉD. Relatif à un hiatus ; d'un hiatus. – *Hernie hiatale :* hernie de l'hiatus œsophagien.

HIATUS [jatys] n.m. (mot lat., *ouverture*). **1.** LING. Succession de deux voyelles appartenant à des syllabes différentes, à l'intérieur d'un mot *(aorte)* ou à la frontière de deux mots *(il alla à Paris).* **2.** ANAT. Orifice accidentel ou naturel. *Hiatus œsophagien du diaphragme.* **3.** Manque de continuité, de cohérence ; décalage, interruption. *Hiatus entre la théorie et les faits.*

HIBERNAL, E, AUX adj. (lat. *hibernalis*). **1.** Qui a lieu pendant l'hiver. **2.** Relatif à l'hibernation.

hévéa

HIBERNANT, E adj. Qui subit l'hibernation naturelle, en parlant des animaux.

HIBERNATION n.f. **1.** État léthargique, dû à un abaissement de la température du corps, dans lequel certains mammifères (marmotte, loir, chauve-souris) passent l'hiver. **2.** MÉD. *Hibernation artificielle :* état de vie ralentie, provoqué par l'action de produits chimiques et la réfrigération du corps, et facilitant des interventions chirurgicales ou certains traitements. **3.** État d'inertie, d'improductivité. *Projets en hibernation.*

HIBERNER v.i. (lat. *hibernare*). Passer l'hiver en hibernation. *La marmotte hiberne.*

HIBISCUS [ibiskys] n.m. (lat. *hibiscum,* guimauve). Arbre tropical à fleurs ornementales, dont une espèce est l'ambrette et dont une autre fournit un textile. (Famille des malvacées.)

***HIBOU** n.m. (onomat.) [pl. *hiboux*]. **1.** Rapace nocturne, portant des aigrettes de plumes, ou « oreilles », prédateur des rats, des mulots et des souris. – *Le hibou hue, ulule, bouboule,* pousse son cri. **2.** Fam. *Vieux hibou :* homme âgé, solitaire et bourru.

hibou moyen duc

***HIC** n.m. inv. (de la phrase latine *hic est quaestio,* « ici » est la question). Fam. Difficulté essentielle ; problème. *Voilà le hic.*

***HIC ET NUNC** [ikɛtnɔ̃k] loc. adv. (mots lat., *ici et maintenant*). Sans délai et dans ce lieu même.

***HICKORY** [ikɔri] n.m. (de l'algonkin). Arbre d'Amérique du Nord, voisin du noyer, dont le bois, très résistant, est utilisé dans la fabrication des skis, des canoës, etc.

HIDALGO n.m. (mot esp.). Noble espagnol appartenant au plus bas degré de la noblesse.

***HIDEUR** n.f. Litt. Caractère de ce qui est hideux ; laideur extrême.

***HIDEUSEMENT** adv. De façon hideuse.

***HIDEUX, EUSE** adj. **1.** Qui est d'une laideur repoussante ; horrible. *Spectacle hideux.* **2.** Qui provoque un dégoût moral ; ignoble.

***HIDJAB** n.m. (mot ar.). Vêtement, en partic. foulard, que porte la femme musulmane pour respecter l'obligation de pudeur.

***HIE** [i] n.f. (du néerl.). TECHN. Dame. SYN. : *demoiselle.*

HIÈBLE ou **YÈBLE** n.f. (lat. *ebulum*). Petit sureau à baies noires dont l'écorce, les fleurs et les fruits étaient utilisés autrefois pour leurs propriétés médicinales.

HIÉMAL, E, AUX adj. (lat. *hiems,* hiver). Litt. Relatif à l'hiver ; de l'hiver. *Sommeil hiémal.*

HIER adv. (lat. *heri*). **1.** Le jour précédant immédiatement celui où l'on est. **2.** Dans un passé récent. *Sa fortune date d'hier.* ◇ Fam. *N'être pas né d'hier :* avoir de l'expérience.

***HIÉRARCHIE** [-ʃi] n.f. (gr. *hieros,* sacré, et *arkhein,* commander). **1.** Classement des fonctions, des dignités, des pouvoirs dans un groupe social selon un rapport de subordination et d'importances respectives ; ensemble des personnes qui occupent des fonctions supérieures. *Hiérarchie administrative. Décision de la hiérarchie.* **2.** Organisation en une série décroissante ou croissante d'éléments classés selon leur grandeur ou leur valeur. *Hiérarchie des salaires.* ◇ INFORM. *Hiérarchie de mémoires :* classement des mémoires d'un ordinateur selon un critère de performance et de capacité.

***HIÉRARCHIQUE** adj. Relatif à la hiérarchie ; fondé sur la hiérarchie. *Passer par la voie hiérarchique.* ◇ DR. *Pouvoir hiérarchique,* exercé dans l'Administration par un supérieur sur les actes de ses subordonnés, et se distinguant de la *tutelle administrative.*

***HIÉRARCHIQUEMENT** adv. De façon hiérarchique ; selon une hiérarchie.

***HIÉRARCHISATION** n.f. **1.** Action de hiérarchiser. **2.** Organisation hiérarchique.

***HIÉRARCHISER** v.t. **1.** Soumettre à un ordre hiérarchique. **2.** Organiser en fonction d'une hiérarchie.

***HIÉRARQUE** n.m. **1.** Titre donné à certains hauts dignitaires des Églises orientales. **2.** Chef, personnalité occupant une place importante au sein d'une hiérarchie.

HIÉRATIQUE adj. (gr. *hieratikos,* qui concerne les choses sacrées). **1.** Conforme aux normes d'une tradition liturgique. **2.** *Écriture hiératique* ou *hiératique,* n.m. : cursive égyptienne dérivée des hiéroglyphes monumentaux. **3.** D'une majesté, d'une raideur solennelle. *Attitude, gestes hiératiques.*

HIÉRATIQUEMENT adv. De façon hiératique.

HIÉRATISME n.m. Didact. Attitude, caractère hiératique.

HIÉRODULE n.m. (gr. *hieros,* sacré, et *doulos,* esclave). ANTIQ. GR. Esclave attaché au service d'un temple.

HIÉROGAMIE n.f. (gr. *hieros,* sacré, et *gamos,* union). Conjonction d'un dieu et d'une déesse, ou de deux principes complémentaires de sexe opposé, qui figure au nombre des mythes de beaucoup de religions.

***HIÉROGLYPHE** n.m. (gr. *hieros,* sacré, et *gluphein,* graver). **1.** Chacun des signes du système d'écriture idéographique des anciens Égyptiens. **2.** (Génér. au pl.). Signe d'écriture impossible à déchiffrer. *Je ne peux pas lire tes hiéroglyphes.*

exemples de **hiéroglyphes**
(Musée égyptien, Le Caire)

***HIÉROGLYPHIQUE** adj. Relatif aux hiéroglyphes.

HIÉRONYMITE [jerɔnimit] n.m. (lat. *Hieronymus,* Jérôme). Membre d'un des ordres religieux d'ermites de Saint-Jérôme.

HIÉROPHANTE n.m. ANTIQ. GR. Prêtre qui présidait aux mystères d'Éleusis.

***HI-FI** [ifi] n.f. inv. (abrév. de l'angl. *high-fidelity*). Haute-fidélité.

***HIGHLANDER** [ajlɑ̃dœr] n.m. (mot angl., *montagnard*). **1.** Habitant ou personne originaire des Highlands *(Hautes Terres),* en Écosse. **2.** Soldat d'un régiment britannique portant le costume traditionnel des Highlands.

***HIGH-TECH** [ajtɛk] adj. inv. et n.m. inv. (abrév. de l'angl. *high technology,* haute technologie). **1.** Se dit d'un style d'aménagement et de décoration caractérisé par l'intégration de matériaux, de meubles ou d'accessoires conçus pour un usage professionnel ou industriel, développé à partir de la fin des années 1970. **2.** Se dit de toute technologie avancée. *Recherche aérospatiale high-tech.*

HIGOUMÈNE n.m. (gr. mod. *hêgoumenos*). Supérieur d'un monastère orthodoxe.

***HI-HAN** interj. Onomatopée conventionnelle imitant le cri de l'âne. ◆ n.m. inv. Braiment.

***HILAIRE** adj. Relatif au hile d'un organe.

HILARANT, E adj. Qui provoque le rire. ◇ Vieilli. *Gaz hilarant :* hémioxyde ou protoxyde d'azote (N_2O) qui produit un état d'ivresse gaie et est employé comme anesthésique général.

HILARE adj. (lat. *hilaris*). Qui montre une joie béate, un grand contentement.

HILARITÉ n.f. Gaieté subite, explosion de rire.

***HILE** n.m. (lat. *hilum*). **1.** ANAT. Région déprimée par laquelle les vaisseaux sanguins et les nerfs pénètrent dans un viscère. *Hile du foie.* **2.** BOT. Région par laquelle une graine est reliée au fruit et reçoit les sucs nourriciers.

HILOIRE n.f. (du néerl. *sloerie,* plat-bord). MAR. Bordure verticale d'un panneau pour empêcher l'eau de pénétrer à l'intérieur du navire.

HILOTE n.m. → ***ilote.***

HILOTISME n.m. → ***ilotisme.***

HIMALAYEN, ENNE [imalajɛ̃, ɛn] adj. De l'Himalaya.

HIMATION [imatjɔn] n.m. ANTIQ. GR. Pièce d'étoffe drapée qui servait de manteau long.

HINAYANA adj. (sanskr. *hīnayāna,* Petit Véhicule). *Bouddhisme hinayana,* pratiqué principalement au Sri Lanka (Ceylan) et dans le Sud-Est asiatique, particulièrement en Thaïlande, et qui affirme que chaque membre de la communauté peut obtenir le nirvana. Graphie savante : *hīnayāna.*

***HINDI** [indi] n.m. Langue indo-aryenne, parlée en Inde du Nord, et langue officielle de l'Union indienne, écrite en devanagari. Graphie savante : *hindī.*

HINDOU, E [ɛ̃du] adj. et n. Relatif à l'hindouisme ; adepte de l'hindouisme.

HINDOUISME n.m. Religion répandue surtout en Inde, dont la base philosophique est la thèse de l'identité du soi individuel au soi universel ou absolu.

■ L'hindouisme est issu de la religion des envahisseurs aryens. Son fondement théorique réside dans des textes *(Veda, Upaniṣad)* qui définissent un ensemble de croyances commun au brahmanisme et au bouddhisme (délivrance du cycle des renaissances, yoga). Il s'en distingue surtout par la croyance en l'existence d'un principe universel (atman-brahman) et par la foi en un panthéon qui lui est subordonné (Indra, Brahmā, Viṣṇu, Śiva), ainsi que par une organisation sociale spécifique, le système des castes. L'hindouisme est subdivisé en différentes tendances (vishnouisme, sivaïsme, tantrisme) et a donné naissance à de nombreuses sectes.

HINDOUISTE adj. De l'hindouisme.

HINDOUSTANI n.m. Ensemble des langues indo-aryennes parlées en Inde du Nord, écrites en devanagari (hindi) ou en caractères arabo-persans (ourdou). Graphie savante : *hindoustānī.*

HINTERLAND [interlɑ̃d] n.m. (mot all., *arrière-pays*). GÉOGR. Arrière-pays. ◇ Spécialt. *Hinterland d'un port, d'une voie navigable,* ensemble de la région qu'il (qu'elle) dessert.

***HIP** interj. (Pour marquer la joie, saluer une victoire, un évènement heureux). *Hip, hip, hip, hourra !*

***HIP-HOP** adj. inv. et n.m. inv. Se dit d'un mouvement socioculturel contestataire apparu aux États-Unis dans les années 1980 et se manifestant par des graffs, des tags, des styles de danse (smurf) et de musique (rap).

HIPPARCHIE [iparʃi] n.f. (gr. *hippos,* cheval, et *arkhein,* commander). ANTIQ. GR. Division de cavalerie (env. 500 hommes).

HIPPARION n.m. Mammifère ongulé voisin du cheval, fossile de la fin du tertiaire.

HIPPARQUE n.m. ANTIQ. GR. Commandant d'une hipparchie.

HIPPEUS [ipeys] n.m. (mot gr.). ANTIQ. GR. Membre d'une classe militaire soumis en principe au service militaire à cheval. Pluriel savant : *hippeis.*

HIPPIATRE n.m. (gr. *hippos,* cheval, et *iatros,* médecin). Vx. Vétérinaire qui s'occupe spécialement des chevaux.

HIPPIATRIE ou **HIPPIATRIQUE** n.f. Vx. Art de soigner les chevaux.

***HIPPIE** ou ***HIPPY** n. et adj. (mot amér.) [pl. *hippies* ou *hippys*]. Adepte d'une éthique fondée sur la non-violence et l'hostilité à la société industrielle, et prônant la liberté en tous domaines et la vie en communauté. (Le mouvement hippie est né à San Francisco dans les années 1960, s'est répandu en Europe à la fin des années 60 et au début des années 70.) ◆ adj. Propre aux hippies. *La mode hippie.*

HIPPIQUE adj. (gr. *hippikos*). Relatif aux chevaux, à l'hippisme. *Concours hippique.*

HIPPISME n.m. Ensemble des activités sportives pratiquées à cheval.

HIPPOCAMPE n.m. (gr. *hippos,* cheval, et *kampê,* courbure). **1.** Poisson marin dont la tête, horizontale et rappelant celle d'un cheval, se prolonge par un corps vertical terminé par une queue préhensile. (Long. 15 cm env. ; l'hippocampe mâle possède une poche incubatrice.) **2.** ANAT. Cinquième circonvolution temporale située à la face inférieure du lobe temporal du cerveau. **3.** MYTH. Animal fabuleux de la mythologie grecque, mi-cheval, mi-poisson.

hippocampe

HIPPOCASTANACÉE n.f. (de *hippocastanum,* nom spécifique du marronnier d'Inde). *Hippocastanacées :* petite famille d'arbres comprenant notamment le marronnier d'Inde.

HIPPOCRATIQUE adj. Relatif à Hippocrate ou à l'hippocratisme.

HIPPOCRATISME n.m. Doctrine d'Hippocrate. ◇ *Hippocratisme digital :* déformation caractérisée par un élargissement des doigts et par une convexité accentuée des ongles, observée dans les affections broncho-pulmonaires chroniques.

HIPPODROME n.m. (gr. *hippos,* cheval, et *dromos,* course). **1.** Piste et aménagements destinés aux courses de chevaux ; champ de courses. **2.** ANTIQ. Lieu aménagé pour les courses de chevaux ou de chars.

HIPPOGRIFFE n.m. (it. *ippogrifo*). Animal fabuleux, mi-cheval, mi-griffon, des romans de chevalerie médiévaux.

HIPPOLOGIE n.f. Science, étude du cheval.

HIPPOLOGIQUE adj. Relatif à l'hippologie.

HIPPOMOBILE adj. Se dit d'un véhicule tiré par un ou plusieurs chevaux.

HIPPOPHAÉ [-fae] n.m. Arbrisseau à aspect argenté, vivant dans le sable de certains lits fluviatiles ou sur les dunes. (Famille des éléagnacées.) SYN. : *argousier.*

HIPPOPHAGIE n.f. Usage de la viande de cheval comme aliment.

HIPPOPHAGIQUE adj. *Boucherie hippophagique,* qui vend de la viande de cheval.

HIPPOPOTAME n.m. (gr. *hippos,* cheval, et *potamos,* rivière). **1.** Mammifère porcin massif, vivant dans les fleuves africains et se nourrissant d'herbes fraîches (il ne rumine pas). *Recherché pour l'ivoire de ses défenses, l'hippopotame, proie facile pour les chasseurs, est en voie de disparition.* (Long. 4 m ; poids 3 à 4 t.) **2.** Fam. Personne très forte, obèse.

hippopotame

HIPPOPOTAMESQUE adj. Fam. Qui évoque la lourdeur d'un hippopotame.

HIPPOTECHNIE n.f. Technique de l'élevage et du dressage des chevaux.

HIPPURIQUE adj. (gr. *hippos,* cheval, et *ouron,* urine). *Acide hippurique :* acide organique existant dans l'urine des herbivores et de l'homme.

HIPPY** n. et adj. → ***hippie.

HIRCIN, E [irsɛ̃, in] adj. (lat. *hircinus,* de *hircus,* bouc). Relatif au bouc ; qui rappelle le bouc.

HIRONDEAU n.m. Petit de l'hirondelle.

HIRONDELLE n.f. (lat. *hirundo*). **1.** Oiseau passereau à dos noir et ventre blanc, et à queue échancrée. (Les hirondelles se nourrissent d'insectes par leur bec largement ouvert ; excellents voiliers, elles quittent les contrées tempérées en septembre-octobre pour le Sud et reviennent en mars-avril. Long. 15 à 18 cm.) – *L'hirondelle gazouille, trisse,* pousse son cri. **2.** Fam., vieilli. Agent de police cycliste. **3.** Fam. Resquilleur (dans les théâtres, les cocktails, etc.). **4.** *Hirondelle de mer :* sterne. **5.** *Hirondelle des marais :* glaréole. **6.** *Nid d'hirondelle :* nid de la salangane, que cet oiseau fabrique en régurgitant du jabot une substance gélatineuse provenant des algues absorbées, constituant un mets très apprécié des Chinois.

hirondelle et ses petits

HIRSUTE adj. (lat. *hirsutus*). Dont les cheveux, les poils sont touffus et hérissés.

HIRSUTISME n.m. MÉD. Syndrome caractérisé par la présence de poils dans des zones qui en sont normalement dépourvues.

HIRUDINÉE n.f. (lat. *hirudo, -inis,* sangsue). *Hirudinées :* classe d'annélides sans soies, comprenant notamment la sangsue.

HISPANIQUE adj. De l'Espagne. ◆ adj. et n. Aux États-Unis, personne originaire d'Amérique latine.

HISPANISANT, E ou **HISPANISTE** adj. et n. Spécialiste de la langue, de la littérature, de la civilisation hispaniques.

HISPANISME n.m. (lat. *hispanus,* espagnol). Mot, construction particuliers à l'espagnol.

HISPANO-AMÉRICAIN, E adj. et n. (pl. *hispano-américains, es*). De l'Amérique de langue espagnole.

HISPANO-ARABE, HISPANO-MORESQUE ou **HISPANO-MAURESQUE** adj. Se dit de l'art, de la civilisation islamiques à l'ouest du bassin méditerranéen, au temps où les califes de Cordoue réunissaient sous leur autorité le Maroc et l'Espagne. *Faïences hispano-mauresques.*

HISPANOPHONE adj. et n. Qui parle l'espagnol.

HISPIDE adj. (lat. *hispidus,* hérissé). BOT. Couvert de poils rudes et épais.

***HISSE (HO)** interj. (Crié notamm. en groupe pour rythmer ou coordonner les gestes de personnes qui hissent, tirent). *Ho ! Hisse !*

***HISSER** v.t. (bas all. *hissen*). **1.** Élever, dresser, souvent avec effort. *Hisser les voiles.* **2.** Faire accéder à un rang supérieur. *Hisser qqn à la présidence.* ◆ **se hisser** v.pr. S'élever avec effort ou difficulté.

HISTAMINE n.f. (gr. *histos,* tissu). Amine dérivée de l'histidine, présente dans les tissus animaux et dans l'ergot de seigle, provoquant la contraction des muscles lisses, la vasodilatation des capillaires, l'augmentation de sécrétion du suc gastrique et jouant un rôle important dans le mécanisme des réactions allergiques.

HISTAMINIQUE adj. Relatif à l'histamine.

HISTIDINE n.f. Acide aminé, précurseur de l'histamine, indispensable à la croissance et à l'entretien des mammifères.

HISTIOCYTAIRE adj. Relatif à l'histiocyte.

HISTIOCYTE n.m. BIOL. Cellule libre du tissu réticulo-endothélial ou du tissu conjonctif, dérivée du monocyte sanguin.

HISTOCHIMIE n.f. Étude de la constitution chimique et des métabolismes des cellules et des tissus.

HISTOCOMPATIBILITÉ n.f. Compatibilité de tissus, degré de similitude de leurs caractères antigéniques dont dépend la survie d'une greffe. (Elle s'apprécie par l'étude des systèmes A, B et O [groupes sanguins] et HLA.)

HISTOGENÈSE n.f. **1.** Formation et développement des différents tissus de l'embryon. **2.** Remaniement des tissus qui, chez les insectes, s'opère à la fin des métamorphoses.

HISTOGRAMME n.m. Représentation graphique des classes d'une variable statistique, associant à chaque classe un rectangle proportionnel par sa longueur à l'amplitude, par sa hauteur à l'effectif de cette classe.

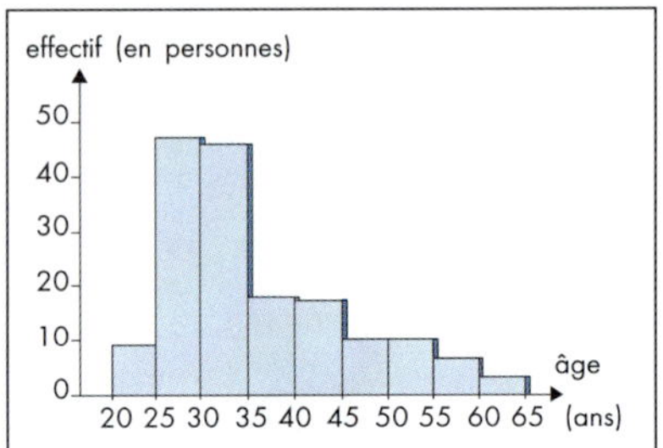

exemple d'**histogramme** (tranches d'âge du personnel d'une entreprise)

HISTOIRE n.f. (lat. *historia*). **I. 1.** Relation des faits, des évènements passés concernant la vie (de l'humanité, d'une société, d'une personne, etc.). ◇ *La petite histoire :* les anecdotes concernant le passé. – *Peinture d'histoire :* celle qui, prenant ses sujets dans l'Antiquité, la fable, la Bible, l'histoire (surtout ancienne), occupait le premier rang de l'ancienne hiérarchie académique. **2.** Étude et science des évènements passés, d'une évolution ; ouvrage décrivant ces faits. *Histoire géologique.* ◇ **Vieilli.** *Histoire naturelle :* sciences naturelles. **3.** Partie du passé connue par des documents écrits (par opp. à *préhistoire*). **II. 1.** Relation d'évènements, réels ou fictifs ; récit. *Histoire d'un procès.* **2.** Récit mensonger visant à tromper. *Allons ! Ce sont des histoires, tout ça !* **III. 1.** Aventure particulière, incident. *Une vilaine histoire.* ◇ *C'est toute une histoire :* c'est long à raconter. **2.** (Surtout au pl.). Fam. Embarras, complications, ennuis. *Chercher des histoires. Tu ne vas pas en faire toute une histoire !* **IV.** Fam. *Histoire de :* pour, en vue de. *Histoire de rire.*

HISTOLOGIE n.f. (gr. *histos,* tissu, et *logos,* science). Partie de l'anatomie qui étudie la formation, l'évolution et la composition des tissus des êtres vivants.

HISTOLOGIQUE adj. Relatif à l'histologie ; qui relève de l'histologie.

HISTOLYSE n.f. Destruction de tissus vivants au cours d'une métamorphose. (La nymphose des insectes s'accompagne d'une histolyse.)

HISTONE n.f. Protéine contenant du soufre et de la tyrosine, associée à l'A. D. N. du noyau cellulaire et qui interviendrait dans la transmission du message génétique. (Nom générique.)

HISTOPLASMOSE n.f. Maladie due à un champignon parasite (l'*histoplasma*) et touchant la peau, les ganglions, les os, les viscères.

HISTORICISME n.m. **1.** Doctrine selon laquelle l'histoire est capable, sans le secours d'une philosophie, d'établir certaines vérités morales ou religieuses. **2.** Tendance, en architecture, à s'inspirer d'une ou plusieurs époques passées.

HISTORICISTE adj. et n. Relatif à l'historicisme ; qui en est partisan.

HISTORICITÉ n.f. Caractère de ce qui est historique, qui est attesté par l'histoire.

HISTORIÉ, E adj. Décoré de scènes narratives, de vignettes. *Tapisserie historiée.*

HISTORIEN, ENNE n. Spécialiste des études historiques ; auteur d'ouvrages historiques.

HISTORIER v.t. Enjoliver de petites scènes, de motifs décoratifs. *Historier un frontispice.*

HISTORIETTE n.f. Petit récit d'une aventure plaisante ; anecdote.

HISTORIOGRAPHE n.m. Écrivain chargé officiellement d'écrire l'histoire de son temps ou d'un souverain.

HISTORIOGRAPHIE n.f. **1.** Travail de l'historiographe. **2.** Ensemble des documents historiques relatifs à une question.

1. HISTORIQUE adj. **1.** Qui est relatif à l'histoire, étude du passé de l'humanité ; qui est conforme à ses méthodes, à ses règles. *Recherches, travaux historiques.* **2. a.** Qui appartient à l'histoire, partie du passé de l'humanité dont l'existence est considérée comme objectivement établie. *Fait historique.* **b.** Qui appartient à une période sur laquelle on possède des documents écrits. *Temps historiques et temps préhistoriques.* **3.** Qui est resté célèbre dans l'histoire ; digne d'être conservé par l'histoire. *Mot historique. Record historique.*

2. HISTORIQUE n.m. Exposé chronologique des faits ; récit. *L'historique d'une science.*

HISTORIQUEMENT adv. Du point de vue historique ; en historien.

HISTORISME n.m. PHILOS. Étude des objets, des évènements du point de vue de leur apparition et de leur développement historiques.

HISTRION n.m. (lat. *histrio,* mime). **1.** Anc. Acteur qui jouait des farces grossières ; baladin, jongleur. **2.** Litt. Personne qui se donne en spectacle ; bouffon. *Histrion politique.*

HISTRIONIQUE adj. PSYCHOL. Relatif à l'histrionisme.

HISTRIONISME n.m. PSYCHOL. Théâtralisme.

***HIT** [it] n.m. (mot angl., *succès*). Fam. Grand succès, notamment dans le domaine musical ou cinématographique. *Ce disque, c'est un hit.*

HITLÉRIEN, ENNE adj. et n. Relatif à la doctrine de Hitler, au régime politique qu'il institua ; qui en est partisan.

HITLÉRISME n.m. Doctrine de Hitler, national-socialisme.

***HIT-PARADE** [itparad] n.m. (angl. *hit,* succès, et *parade,* défilé) [pl. *hit-parades*]. Palmarès de chansons, de films, de vedettes, etc., classés selon leur succès ; cote de popularité. Recomm. off. : *palmarès.*

***HITTITE** adj. Relatif aux Hittites. ◆ n.m. Langue indo-européenne parlée par les Hittites.

HIV [aʃive] n.m. (sigle de l'angl. *human immunodeficiency virus*). Dénomination internationale du V. I. H.

HIVER n.m. (lat. *hibernum* [*tempus*]). **1.** Saison commençant le 21 ou le 22 décembre (au solstice) et se terminant le 20 ou le 21 mars (à l'équinoxe) dans l'hémisphère Nord ; période la plus froide de l'année. **2.** *Hiver nucléaire :* période hypothétique de glaciation, qui pourrait suivre un conflit nucléaire généralisé et consécutive à l'opacification de l'atmosphère par les fumées et les poussières en suspension.

HIVERNAGE n.m. **1.** MAR. Temps de relâche des navires pendant les grands froids de l'hiver ; port abrité où ils relâchent pendant cette période. **2.** Saison des pluies, dans les régions tropicales. **3.** AGRIC. Séjour des troupeaux à l'étable pendant l'hiver. **4.** AGRIC. Labour effectué en hiver ; fourrage consommé en hiver.

HIVERNAL, E, AUX adj. Relatif à l'hiver. *Les froids hivernaux.*

HIVERNALE n.f. Ascension hivernale en haute montagne.

HIVERNANT, E adj. et n. Qui séjourne en un lieu (notamm. une station de sports d'hiver) pendant l'hiver.

HIVERNER v.i. **1.** Passer l'hiver à l'abri. *Troupeaux qui hivernent.* **2.** Passer l'hiver dans une région. *L'expédition a hiverné au Groenland.* ◆ v.t. **1.** Mettre (le bétail) à l'étable pour l'hiver. **2.** Effectuer le labour d'hiver de (une terre).

HLA (SYSTÈME) [sigle de l'angl. *human leucocyte antigens*] : ensemble d'antigènes communs aux leucocytes et aux plaquettes se répartissant en groupes, jouant un rôle essentiel dans les phénomènes d'histocompatibilité (non-rejet des greffes et des transplantations d'organes) et pouvant être associés à un certain nombre de maladies. (→ ***groupe* tissulaire.***)

H. L. M. [aʃɛlɛm] n.m. ou f. (sigle de *habitation à loyer modéré*). Immeuble construit sous l'impulsion des pouvoirs publics et dont les logements sont destinés aux familles à revenus modestes.

Ho, symbole chimique de l'holmium.

***HO** interj. (Pour appeler ou exprimer soit l'admiration, soit l'indignation). *Ho ! La belle bleue ! Ho ! Quelle horreur !*

***HOBBY** [ɔbi] n.m. (mot angl.) [pl. *hobbys* ou *hobbies*]. Passe-temps favori servant de dérivatif aux occupations habituelles ; violon d'Ingres.

***HOBEREAU** [ɔbro] n.m. (anc. fr. *hobier,* faucon). **1.** Petit faucon gris-bleu. **2.** (Souvent péj.). Gentilhomme campagnard.

***HOCCO** n.m. (d'un mot caraïbe). Oiseau de l'ordre des gallinacés, originaire de l'Amérique du Sud.

***HOCHEMENT** n.m. Action de hocher la tête, mouvement de la tête que l'on hoche.

***HOCHEPOT** [ɔʃpo] n.m. Pot-au-feu à base de queue de porc, de poitrine de bœuf et de mouton, accompagné de légumes divers. (Spécialité flamande.)

***HOCHEQUEUE** [ɔʃkø] n.m. Bergeronnette (qui remue continuellement la queue).

***HOCHER** v.t. (du francique). *Hocher la tête :* la secouer de bas en haut ou de droite à gauche.

***HOCHET** n.m. **1.** Petit jouet à grelot pour les bébés. **2.** Litt. Chose futile qui amuse. *Les hochets de la gloire, de la vanité.*

***HOCKEY** [ɔkɛ] n.m. (mot angl., *crosse*). Sport d'équipe pratiqué avec une crosse, et dont il existe deux variantes, le hockey sur gazon et le hockey sur glace. **1.** *Hockey sur gazon,* qui oppose, sur un terrain gazonné, deux équipes de onze joueurs chacune et qui se joue avec une balle recouverte de cuir que les joueurs s'efforcent d'envoyer dans le but adverse. **2.** *Hockey sur glace,* originaire du Canada, qui oppose, sur une patinoire, deux équipes de six joueurs chacune et qui se joue avec un palet (appelé *rondelle* au Canada).

***HOCKEYEUR, EUSE** n. Joueur, joueuse de hockey.

***HODGKIN (MALADIE DE) :** lymphogranulomatose* maligne.

HODJATOLESLAM n.m. (ar. *ḥudjdja al-islām,* preuve de l'islam). Titre donné aux théologiens et aux docteurs en jurisprudence, dans l'islam chiite.

HODOGRAPHE n.m. *Hodographe d'un mouvement :* courbe décrite par l'extrémité d'un vecteur équipollent au vecteur vitesse de ce mouvement et tracé à partir d'un point fixe.

HOIR [war] n.m. (lat. *heres*). DR., VX. Héritier direct.

HOIRIE [wari] n.f. DR. **1.** Vx. Héritage. ◇ Suisse. Héritage indivis ; ensemble des héritiers indivis. **2.** *Avance, avancement d'hoirie :* donation faite à un héritier présomptif par anticipation sur sa part successorale.

***HOLÀ** interj. (Pour appeler ou pour arrêter). *Holà ! Il y a quelqu'un ?* ◆ n.m. inv. Fam. *Mettre le holà à :* faire cesser (pour rétablir l'ordre).

***HOLDING** [ɔldiŋ] n.m. ou f. (angl. *to hold,* tenir). Société financière détenant des participations dans d'autres sociétés dont elle assure l'unité de direction et le contrôle des activités.

***HOLD-UP** [ɔldœp] n.m. inv. (mot angl.). Attaque à main armée, organisée en vue de dévaliser une banque, un bureau de poste, un convoi, etc.

HOLISME n.m. (gr. *holos,* entier). PHILOS. Doctrine épistémologique selon laquelle, face à l'expérience, chaque énoncé scientifique est tributaire du domaine tout entier dans lequel il apparaît.

HOLISTE ou **HOLISTIQUE** adj. Relatif à l'holisme ; favorable à l'holisme. ◆ **holiste** n. Partisan de l'holisme.

***HOLLANDAIS, E** adj. et n. De Hollande. ◇ *Sauce hollandaise,* à base de jaunes d'œufs et de beurre, additionnée de jus de citron.

***HOLLANDE** n.m. **1.** Fromage à croûte rouge, plat ou en forme de boule, au lait de vache. **2.** Papier de luxe, très résistant et vergé.

***HOLLYWOODIEN, ENNE** [ɔliwudjɛ̃, ɛn] adj. **1.** De Hollywood, relatif au cinéma de Hollywood. **2.** Qui évoque le luxe tapageur, artificiel de Hollywood.

HOLMIUM [ɔlmjɔm] n.m. CHIM. Métal du groupe des terres rares ; élément (Ho) de numéro atomique 67, de masse atomique 164,93.

HOLOCAUSTE n.m. (gr. *holos,* tout, et *kaiein,* brûler). **1.** Sacrifice dans lequel la victime était entièrement brûlée, chez les Hébreux ; victime ainsi sacrifiée. **2.** *L'Holocauste* (dit *la Shoah* par les Juifs) : l'extermination des Juifs par les nazis entre 1939 et 1945, dans les pays occupés par les troupes du Reich hitlérien. **3.** Litt. *S'offrir en holocauste :* se sacrifier, faire don de sa vie pour une cause.

HOLOCÈNE adj. et n.m. GÉOL. Partie supérieure du quaternaire, d'une durée de 10 000 ans environ.

HOLOCRISTALLIN, E adj. GÉOL. Se dit d'une roche endogène entièrement cristallisée.

HOLOGRAMME n.m. Image obtenue par holographie.

HOLOGRAPHE adj. → ***olographe.***

HOLOGRAPHIE n.f. Méthode de photographie permettant la restitution en relief d'un objet, en utilisant les interférences produites par deux faisceaux laser, l'un provenant directement de l'appareil producteur, l'autre diffusé par l'objet.

HOLOGRAPHIQUE adj. Qui concerne l'holographie ; obtenu par holographie.

HOLOMÉTABOLE adj. ZOOL. Se dit des insectes qui ont des métamorphoses complètes présentant toujours un stade nymphal. CONTR. : ***hétérométabole.***

HOLOPHRASTIQUE adj. (gr. *holos,* tout, et *phrasis,* phrase). LING. Se dit des langues où un mot, grâce à sa racine et à ses divers affixes, a le sens d'une phrase.

HOLOPROTÉINE n.f. BIOCHIM. Protéine dont l'hydrolyse ne libère que des acides aminés.

HOLOSIDE n.m. BIOCHIM. Glucide formé de plusieurs oses, et dont l'hydrolyse ne libère que des oses. (Nom générique.)

HOLOSTÉEN n.m. *Holostéens :* sous-classe de poissons d'eau douce tels que le lépisostée, comprenant surtout des fossiles.

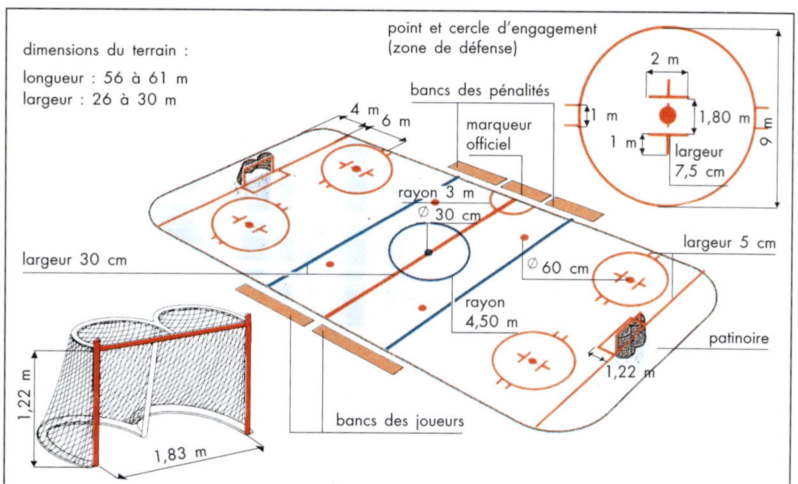

hockey sur glace : plan de l'aire de jeu

HOLOTHURIE n.f. (gr. *holothourion*). Échinoderme des fonds marins, à corps mou et allongé, atteignant jusqu'à 25 cm de long, d'où ses noms usuels de *concombre de mer* et *bêche-de-mer*.

***HOLSTER** [ɔlstɛr] n.m. (mot angl.). Étui souple porté sous l'épaule et destiné à recevoir un pistolet ou un revolver.

HOLTER (MÉTHODE DE) : enregistrement continu de l'électrocardiogramme pendant 24 heures, permettant de déceler les troubles cardiaques de courte durée.

***HOMARD** n.m. (anc. scand. *humarr*). Crustacé décapode marin, dont le corps atteint parfois 50 cm de long, bleu marbré de jaune, à grosses pinces. (Comestible très recherché, il se pêche sur les fonds rocheux à une profondeur de 15 à 50 m.) ◇ *Homard à l'américaine* ou *à l'armoricaine :* homard que l'on fait revenir dans de l'huile et que l'on fait cuire ensuite dans un jus de cuisson aromatisé et dans du vin blanc.

homard

***HOMARDERIE** n.f. Vivier de homards.

HOMBRE n.m. Anc. Jeu de cartes d'origine espagnole.

***HOME** [om] n.m. (mot angl., *maison*). **1.** Vieilli. Domicile, chez-soi. *Rentrer dans son home.* **2.** *Home d'enfants :* centre d'accueil, pension pour enfants, en partic. pour des séjours de vacances.

***HOMELAND** n.m. Bantoustan.

HOMÉLIE n.f. (gr. *homilia,* réunion). **1.** Instruction familière sur l'Évangile au cours de la messe. *Les homélies de saint Jean Chrysostome.* **2.** Discours sur la morale, affecté et ennuyeux.

HOMÉOMORPHE adj. *Cristaux homéomorphes,* qui présentent la propriété d'homéomorphisme.

HOMÉOMORPHISME n.m. Phénomène relatif aux analogies des formes cristallines de certains composés.

HOMÉOPATHE n. et adj. Médecin qui pratique l'homéopathie.

HOMÉOPATHIE [ɔmeopati] n.f. (gr. *homoios,* semblable, et *pathos,* maladie). Méthode thérapeutique qui consiste à traiter un malade à l'aide de doses infinitésimales de substances qui provoqueraient chez l'homme sain des troubles semblables à ceux que présente le malade. CONTR. : *allopathie.* (L'homéopathie a été créée par le médecin allemand Hahnemann.)

HOMÉOPATHIQUE adj. Relatif à l'homéopathie. ◇ *Dose homéopathique,* très faible.

HOMÉOSTASIE n.f. PHYSIOL. Tendance des organismes vivants à maintenir constants leurs paramètres biologiques face aux modifications du milieu extérieur.

HOMÉOSTAT n.m. (gr. *homoios,* semblable, et *statos,* qui se tient). Appareil conçu pour simuler la fonction d'homéostasie des organismes vivants.

HOMÉOSTATIQUE adj. De l'homéostasie.

HOMÉOTHERME adj. et n.m. (gr. *homoios,* semblable, et *thermos,* chaleur). ZOOL. Se dit d'un animal (mammifère, oiseau) dont la température centrale est constante. CONTR. : *poïkilotherme.*

HOMÉOTHERMIE n.f. ZOOL. Caractère des organismes homéothermes.

HOMÉRIQUE adj. **1.** Relatif à Homère ; qui évoque le style d'Homère. *Poésie homérique.* **2.** Épique, fabuleux, phénoménal. *Chahut homérique.* ◇ *Rire homérique,* bruyant et inextinguible.

***HOMESPUN** [omspœn] n.m. (mot angl., *filé à la maison*). Tissu de laine écossais primitivement fabriqué à domicile, employé pour la confection des vêtements.

***HOME-TRAINER** [omtrɛnœr] n.m. (mots angl.) [pl. *home-trainers*]. Appareil de culture physique, bicyclette fixe pour l'entraînement à domicile.

1. HOMICIDE [ɔmisid] n. et adj. Litt. Personne qui se rend coupable d'un homicide. ◆ adj. Litt. Qui sert à tuer. *Un fer homicide.*

2. HOMICIDE n.m. (lat. *homicida*). Action de tuer, volontairement ou non, un être humain.

HOMINIDÉ n.m. Primate fossile appartenant à la même famille que l'homme actuel.

HOMINIEN n.m. Mammifère actuel ou fossile appartenant à l'espèce humaine ou à une espèce ayant pu être ancêtre de l'espèce humaine, ou très voisine de celle-ci. (Les hominiens, pour certains auteurs, forment un sous-ordre de primates, pour d'autres se limitent à la famille des hominidés ou même au seul genre *homo.*)

HOMINISATION n.f. Processus évolutif par l'effet duquel une lignée de primates a donné l'espèce humaine.

HOMINISÉ, E adj. Qui présente des marques d'hominisation.

HOMMAGE n.m. (de *homme*). **1.** FÉOD. Cérémonie au cours de laquelle le vassal se déclarait l'homme de son suzerain. (Elle s'accompagnait du serment de fidélité et précédait généralement l'investiture du fief.) **2.** Don, offrande faits par estime, respect ; marque, témoignage d'estime, de respect envers qqn ou qqch. *Faire hommage d'un livre.* ◇ *Rendre hommage à (qqn, qqch) :* témoigner de son estime, de sa considération pour. ◆ pl. Respects, salutations. *Mes hommages, Madame ! Présentez nos hommages à votre mère.*

HOMMASSE adj. Péj. Se dit d'une femme d'allure masculine, de son aspect.

HOMME n.m. (lat. *homo*). **I.1.** Être humain considéré par rapport à son espèce ou aux autres espèces animales ; mammifère de l'ordre des primates, doué d'intelligence et d'un langage articulé, caractérisé par un cerveau volumineux, des mains préhensiles et la station verticale. *L'homme de Cro-Magnon.* ◇ RELIG. *Le premier homme :* Adam. **2.** L'espèce humaine en général. *Le rire est le propre de l'homme.* **3.** Membre de l'espèce humaine. *Combien y aura-t-il de milliards d'hommes sur la Terre en l'an 2000 ?* ◇ RELIG. *Le Fils de l'homme :* Jésus-Christ. – *Comme un seul homme :* tous ensemble, d'un commun accord. **II.1.** Être humain de sexe masculin. *Vestiaire réservé aux hommes.* **2.** Être humain de sexe masculin, considéré du point de vue des qualités attribuées communément à son sexe (virilité, courage, etc.). *Défends-toi, si tu es un homme !* ◇ *D'homme à homme :* en toute franchise. **3.** Individu de sexe masculin considéré du point de vue de ses qualités et défauts propres. *Brave, méchant homme. Homme d'action.* ◇ *Grand homme,* remarquable par ses actions, son génie, etc. **4.** Individu de sexe masculin considéré du point de vue de ses caractéristiques sociales, professionnelles, etc. *Homme d'État. Homme d'affaires. Homme du monde.* ◇ *Homme de loi,* exerçant une profession juridique (magistrat, avocat, etc.). – MIL. *Homme du rang* (anc. *homme de troupe*) : militaire au grade de soldat, de caporal ou de caporal-chef ou à un grade équivalent. – *Homme de main,* qui agit pour le compte d'un autre. – (Avec un possessif). *C'est, voilà votre homme,* celui qu'il vous faut, dont vous avez besoin. **5.** Individu attaché au service d'un autre. *Le commissaire et ses hommes ont arrêté toute la bande.*

■ L'évolution de l'homme nous est connue par trois sortes de documents : l'outillage lithique (galets éclatés, silex taillés, pierres polies), les traces de foyers, enfin les restes de squelettes. Découverts d'abord en Europe (La Chapelle-aux-Saints, Cro-Magnon, Grimaldi), puis en Asie (Java, Chine), au Proche-Orient (Israël) et surtout en Afrique (Éthiopie), les ossements d'hominidés suggèrent une évolution à partir de primates disparus qui sont aussi les ancêtres des pongidés (grands singes). Cette évolution se marque par l'accroissement de la capacité crânienne, le recul du trou occipital, la réduction de la mandibule, l'adaptation croissante à la marche bipède, etc. Ses étapes sont l'australopithèque (– 5 millions d'années), puis les espèces du genre *Homo : Homo habilis* (– 2 millions d'années), *Homo erectus* (– 1,5 million d'années), enfin *Homo sapiens* (– 200 000 ans) avec ses deux sous-espèces, *Homo sapiens neandertalensis* (de – 100 000 à – 35 000 ans) et *Homo sapiens sapiens,* l'homme « moderne ». Tout porte à croire que cette évolution a débuté en Afrique.

HOMME-GRENOUILLE n.m. (pl. *hommes-grenouilles*). Plongeur équipé d'un scaphandre autonome.

HOMME-ORCHESTRE n.m. (pl. *hommes-orchestres*). **1.** Anc. Musicien ambulant jouant simultanément de plusieurs instruments. **2.** Fig. Personne ayant des compétences multiples.

HOMME-SANDWICH n.m. (pl. *hommes-sandwichs*). Homme qui promène deux panneaux publicitaires, l'un sur son dos, l'autre sur sa poitrine.

HOMOCENTRE n.m. MATH. Rare. Centre commun à plusieurs cercles.

HOMOCENTRIQUE adj. **1.** MATH. *Cercles, sphères, coniques homocentriques :* cercles, sphères, coniques ayant même centre. **2.** PHYS. Se dit d'un faisceau lumineux dont tous les rayons passent par un même point.

HOMOCERQUE [ɔmɔsɛrk] adj. (gr. *homos,* semblable, et *kerkos,* queue). ZOOL. Se dit de la nageoire caudale des poissons quand elle est apparemment symétrique par rapport au plan horizontal (par opp. à *hétérocerque*).

HOMOCHROMIE [ɔmɔkromi] n.f. ZOOL. Aptitude de certaines espèces animales à harmoniser leur coloration, de façon permanente ou temporaire, avec celle du milieu où elles vivent.

HOMOCINÉTIQUE adj. **1.** MÉCAN. Se dit d'une liaison entre deux arbres assurant une transmission régulière des vitesses, même si les deux arbres ne sont pas en ligne. **2.** Se dit de particules ayant toutes la même vitesse.

HOMOCYCLIQUE adj. CHIM. Se dit des composés organiques contenant une ou plusieurs chaînes fermées constituées exclusivement d'atomes de carbone.

HOMODONTE adj. ZOOL. Se dit de la denture des vertébrés quand toutes les dents ont même forme et même taille, ou des animaux qui ont une telle denture (par opp. à *hétérodonte*).

HOMOFOCAL, E, AUX adj. MATH. Se dit de courbes ayant les mêmes foyers. *Coniques homofocales.*

HOMOGAMÉTIQUE adj. BIOL. *Sexe homogamétique,* dont tous les gamètes sont de même type. (Chez les mammifères, la femelle est homogamétique.) CONTR. : *hétérogamétique.*

HOMOGÈNE adj. (gr. *homos,* semblable, et *genos,* origine). **1.** Dont les éléments constitutifs sont de même nature. **2.** Fig. Qui présente une grande unité, une harmonie entre ses divers éléments. *Équipe homogène.* **3.** MATH. *Polynôme homogène de degré* n : polynôme à plusieurs variables dont la somme des degrés pour chaque monôme est égale à *n.*

HOMOGÉNÉISATEUR, TRICE adj. et n.m. Se dit d'un appareil servant à homogénéiser certains liquides, notamm. le lait.

HOMOGÉNÉISATION n.f. **1.** Action de rendre homogène. **2.** Traitement du lait qui réduit la dimension des globules gras, empêchant ainsi la séparation de la crème. **3.** Méthode utilisée en bactériologie sur des liquides tenant en suspension de petites quantités de particules ou de micro-organismes (bacilles tuberculeux) afin de les fluidifier avant de les centrifuger.

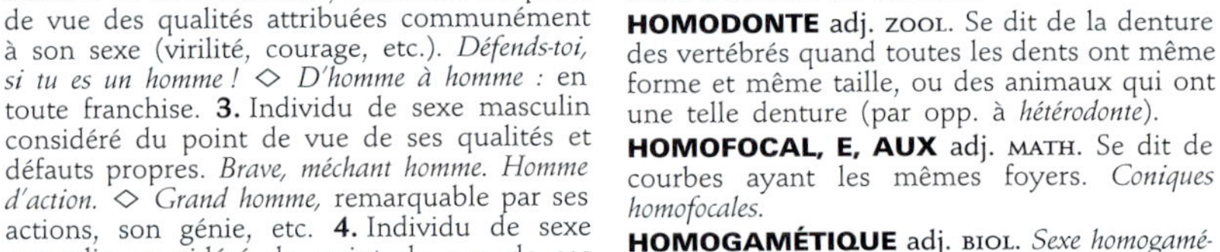

homme : grandes étapes de l'évolution de l'espèce

HOMOGÉNÉISÉ, E adj. *Lait homogénéisé :* lait ayant subi l'homogénéisation.

HOMOGÉNÉISER v.t. Rendre homogène.

HOMOGÉNÉITÉ n.f. Qualité de ce qui est homogène ; cohérence, cohésion.

HOMOGRAPHE adj. et n.m. LING. Se dit d'homonymes ayant la même orthographe (ex. *cousin* [insecte] et *cousin* [parent]).

HOMOGRAPHIE n.f. (gr. *homos,* semblable, et *graphein,* écrire). **1.** MATH. Transformation ponctuelle associée à une fonction homographique. **2.** LING. Caractère des mots homographes.

HOMOGRAPHIQUE adj. Relatif à l'homographie. ◇ *Fonction homographique :* fonction associant à un réel x le nombre

$$f(x) = \frac{ax + b}{cx + d}$$

avec $ad - bc \neq 0$. (Sa représentation est une hyperbole, ou une droite si $c = 0$.)

HOMOGREFFE n.f. Greffe dans laquelle le greffon est pris sur un sujet de même espèce que le sujet greffé. CONTR. : *hétérogreffe.*

HOMOLOGATION n.f. Action d'homologuer, de ratifier. ◇ Spécialt. Approbation d'un acte ou d'une convention par l'autorité administrative ou par l'autorité judiciaire, qui lui confère la force exécutoire.

HOMOLOGIE n.f. **1.** Caractère de ce qui est homologue. **2.** MATH. *Homologie de centre* O, *d'axe* D *et de birapport* k : transformation ponctuelle qui à tout point M associe le point M′ (tel que O, M et M′ sont alignés) et telle que le birapport des quatre points (O, S, M, M′) soit égal à *k,* S étant l'intersection de la droite OM et de la droite D.

1. HOMOLOGUE adj. (gr. *homologos,* semblable). **1.** Qui correspond à ; équivalent. *Enseigne de vaisseau est un grade homologue à celui de lieutenant.* **2.** CHIM. Se dit des corps organiques ayant les mêmes fonctions et des structures analogues.

2. HOMOLOGUE n. Personne qui est dans les mêmes fonctions ou les mêmes conditions de vie, de travail, etc., qu'une autre. *Le ministre des Finances s'est entretenu avec son homologue belge.*

HOMOLOGUER v.t. (gr. *homologeîn,* parler d'accord avec). **1.** Confirmer officiellement, approuver par décision de justice conférant force exécutoire. **2.** Ratifier, autoriser. *Homologuer un prix.* **3.** Spécialt. SPORTS. Reconnaître officiellement. *Homologuer un record.*

HOMOMORPHISME n.m. MATH. Application f d'un ensemble E (muni de l'opération ⊤) dans un ensemble E′ (muni de l'opération ⊥), telle que $f(x \top y) = f(x) \perp f(y)$ pour tout couple (x, y) d'éléments de E. SYN. : *morphisme.*

HOMONCULE n.m. → **homuncule.**

1. HOMONYME adj. et n.m. (gr. *homos,* semblable, et *onoma,* nom). LING. Se dit d'un mot qui présente la même forme graphique (homographe) ou phonique (homophone) qu'un autre, mais qui en diffère par le sens.

2. HOMONYME n. Personne qui porte le même nom qu'une autre.

HOMONYMIE n.f. Caractère des mots homonymes.

HOMONYMIQUE adj. Relatif à l'homonymie.

1. HOMOPHONE adj. MUS. **1.** Se dit de ce qui a le même son. **2.** À l'unisson ou à l'octave, en parlant de l'exécution des différentes parties d'une musique. SYN. : *homophonique.*

2. HOMOPHONE adj. et n.m. LING. Se dit d'homonymes ayant la même prononciation (par ex. *saint, ceint, sein, seing*).

HOMOPHONIE n.f. (gr. *homos,* semblable, et *phônê,* voix). **1.** Caractère de mots, de graphies homophones. **2.** Caractère d'une composition musicale homophone.

HOMOPHONIQUE adj. MUS. Homophone.

HOMOPTÈRE n.m. *Homoptères :* ordre d'insectes hémiptéroïdes à trompe piqueuse, aux ailes égales, souvent végétariens, tels que la cigale ou les pucerons.

HOMOSEXUALITÉ n.f. Sexualité des personnes homosexuelles, par opp. à *hétérosexualité.*

HOMOSEXUEL, ELLE adj. et n. Qui éprouve une attirance sexuelle pour les personnes de son sexe, par opp. à *hétérosexuel.* Abrév. (fam.) : *homo.*

HOMOSPHÈRE n.f. Couche de l'atmosphère terrestre située entre le sol et une altitude de 100 km environ, où les constituants principaux (azote et oxygène) restent en proportions constantes.

HOMOTHÉTIE [ɔmɔtesi] ou [ɔmɔteti] n.f. MATH. **1.** Transformation ponctuelle qui à un point M associe le point M′ tel que $\overrightarrow{OM'} = k \cdot \overrightarrow{OM}$, où O est un point (centre de l'homothétie) et k un réel (rapport de l'homothétie). **2.** Application qui à un vecteur $\vec{x}$ associe le vecteur $k \cdot \vec{x}$, k étant un réel.

HOMOTHÉTIQUE adj. MATH. Se dit d'un point (ou d'une figure) obtenu par homothétie à partir d'un autre point (ou d'une autre figure).

HOMOZYGOTE adj. et n. BIOL. Se dit d'un être dont les cellules possèdent en double le gène d'un caractère donné. CONTR. : *hétérozygote.*

HOMUNCULE ou **HOMONCULE** n.m. (dimin. du lat. *homo,* homme). **1.** Petit homme, petit être sans corps, sans sexe et doué d'un pouvoir surnaturel, que les alchimistes prétendaient fabriquer. **2.** Fam. Petit homme, avorton.

***HONCHETS** n.m. pl. Vx. Jonchets.

***HONDURIEN, ENNE** adj. et n. Du Honduras.

***HONGKONGAIS, E** adj. et n. De Hongkong.

***HONGRE** adj.m. et n.m. (de *hongrois*). Se dit d'un cheval châtré.

***HONGRER** v.t. VÉTÉR. Châtrer (un cheval).

***HONGREUR** n.m. Celui qui hongre.

***HONGROIERIE** n.f. ou ***HONGROYAGE** n.m. **1.** Industrie et commerce du hongroyeur. **2.** Méthode de tannage des cuirs au moyen de solutions concentrées d'alun et de sel.

***HONGROIS, E** adj. et n. De la Hongrie. SYN. : *magyar.* ◆ n.m. Langue finno-ougrienne parlée en Hongrie.

***HONGROYER** [ɔ̃grwaje] v.t. (de *Hongrie*) 13. Travailler et préparer (le cuir) à la façon des cuirs dits *de Hongrie,* c'est-à-dire à l'alun et au sel.

***HONGROYEUR** n.m. Ouvrier qui hongroie les cuirs.

***HONING** [oniŋ] n.m. (mot angl., de *to hone,* affûter). Opération de finition à la pierre abrasive destinée à améliorer l'état de surface de certaines pièces mécaniques.

HONNÊTE adj. (lat. *honestus,* honorable). **1.** Qui est conforme ou qui se conforme aux règles de la morale, de la probité, de la loyauté. *Une femme honnête. Un marché honnête.* **2.** Qui ne s'écarte pas d'un niveau moyen et convenable ; satisfaisant. *Un prix honnête.*

HONNÊTEMENT adv. De façon honnête. *Gagner honnêtement sa vie.*

HONNÊTETÉ n.f. Qualité d'une personne ou d'un comportement honnête.

HONNEUR n.m. (lat. *honor*). **I.** Sentiment que l'on a de sa dignité morale ; fierté vis-à-vis de soi et des autres. *Défendre son honneur. Attaquer qqn dans son honneur. Cette réponse est toute à votre honneur.* ◇ *Parole d'honneur,* qui engage la dignité de qqn. *Elle m'a donné sa parole d'honneur. – Mettre son honneur, un point d'honneur à* (suivi d'un inf.) : engager, mettre en jeu à ses propres yeux sa dignité, sa réputation. *Elle met un point d'honneur à répondre à toutes les lettres qu'elle reçoit.* **II.1.** Considération, admiration due au mérite, au talent. *Il s'est tiré avec honneur de cette accusation.* ◇ *Pour l'honneur :* de façon désintéressée, par simple fierté. **2.** Marque ou témoignage d'estime, d'admiration. ◇ *En l'honneur de :* en hommage à, pour célébrer. – *Être à l'honneur, en honneur :* être au premier plan ; attirer l'attention, l'estime. – *Avoir, faire l'honneur de :* avoir l'obligeance, faire le plaisir de. **3.a.** *Faire honneur à (qqn) :* rendre (qqn) fier de, attirer sa considération. *Ta réussite fera honneur à ta famille.* **b.** *Faire honneur à (qqch) :* se montrer digne de. *Elle fait honneur à sa réputation.* ◇ *Faire honneur à une signature,* l'honorer. – Fam. *Faire honneur à (un repas, un plat, etc.),* le manger entièrement et avec plaisir. **4.** *D'honneur.* **a.** (Précédé d'un n. désignant une chose). Où la fierté de qqn est en jeu. *Affaire d'honneur, dette d'honneur.* ◇ *Place d'honneur,* réservée à celui que l'on veut célébrer, à qui l'on veut rendre hommage. – *Tour d'honneur :* tour de piste ou de terrain effectué, après une compétition, par le gagnant ou l'équipe gagnante. – *Légion d'honneur :* ordre national français attribué en récompense de services militaires ou civils. **b.** (Précédé d'un n. désignant une personne). Digne de confiance, estimable. *Homme d'honneur.* ◇ *Garçon, demoiselle d'honneur,* qui accompagne un cortège nuptial. – *Garde d'honneur :* troupe qui accompagne les hauts personnages, en particulier dans les cérémonies officielles. – *Dame d'honneur :* femme attachée au service d'une princesse, d'une reine. ◆ pl. **1.** Marques d'intérêt ou de distinction accordées aux personnes que l'on veut honorer, célébrer. *Aspirer aux honneurs. Avoir les honneurs de la presse.* ◇ *Faire les honneurs de (un lieu),* y recevoir avec cérémonie. **2.** Spécialt. *Honneurs militaires :* cérémonie par laquelle une formation témoigne son respect à (un drapeau, un gradé, etc.). *Rendre les honneurs.* – *Honneurs de la guerre :* conditions honorables consenties par le vainqueur à une troupe qui a capitulé. – Fig. *Avec les honneurs de la guerre :* dans les conditions les meilleures. *Il s'est sorti de cette situation avec les honneurs de la guerre.* – *Honneurs funèbres, suprêmes,* ceux rendus aux morts lors des funérailles. **3.** Les cartes les plus hautes à certains jeux, notamm. au bridge.

***HONNIR** v.t. (du francique *haunjan*). Litt. Vouer à l'exécration et au mépris publics en couvrant de honte.

HONORABILITÉ n.f. État, qualité d'une personne honorable.

HONORABLE adj. **1.** Digne de considération, d'estime. *Homme honorable.* **2.** Qui fait honneur, qui attire la considération. *Action honorable.* **3.** Convenable, suffisant. *Résultats honorables.* **4.** HÉRALD. Se dit des pièces de l'écu qui peuvent couvrir le tiers du champ.

HONORABLEMENT adv. De façon honorable.

HONORAIRE adj. (lat. *honorarius*). **1.** Se dit de qqn qui, après avoir exercé une charge, une fonction, en conserve le titre et les prérogatives honorifiques. *Conseiller honoraire.* **2.** Qui porte un titre honorifique, sans exercer les fonctions correspondantes. *Membre honoraire.*

HONORAIRES n.m. pl. Rétribution versée aux personnes qui exercent des professions libérales (médecin, avocat, etc.).

HONORARIAT n.m. Qualité, dignité de qqn qui, après avoir exercé une fonction, en reçoit le titre honorifique.

HONORER v.t. (lat. *honorare*). **1.** Célébrer, rendre hommage à qqn, à sa mémoire, à une qualité qui le rend éminent. *Honorer le talent d'un poète.* **2.** Procurer de l'honneur, de la considération à. *Honorer son pays, sa famille. Ces scrupules l'honorent.* **3.** Accorder (qqch) comme une distinction. *Elle a honoré cette réunion de sa présence.* **4.** Remplir (une obligation, ses engagements). ◆ **s'honorer** v.pr. Être fier de. *Cette ville s'honore de ses monuments.*

HONORIFIQUE adj. (lat. *honorificus*). Qui procure des honneurs, de la considération, sans aucun avantage matériel. *Titre honorifique.*

***HONORIS CAUSA** [ɔnɔriskoza] loc. adj. (loc. lat., *pour marquer son respect à*). Se dit de grades universitaires conférés à titre honorifique et sans examen à de hautes personnalités.

***HONTE** n.f. (du francique *haunipa*). **1.** Sentiment pénible provoqué par une faute commise, par une humiliation, par la crainte du déshonneur. *Rougir de honte. Avoir honte.* ◇ *Avoir perdu toute honte, avoir toute honte bue :* être sans scrupule, sans pudeur, être insensible au déshonneur. – *Sans fausse honte :* franchement, sans scrupule inutile. **2. a.** *Faire honte à (qqn) :* être un sujet de déshonneur, de réprobation pour. **b.** *Faire honte à qqn de qqch,* lui en faire le reproche. *Elle lui a fait honte de ses mensonges.* **3.** Action, parole qui provoque un sentiment de honte, de scandale. *Cette guerre est une honte.* ◇ *C'est une honte :* c'est honteux, c'est qqch de déshonorant.

***HONTEUSEMENT** adv. D'une façon honteuse.

***HONTEUX, EUSE** adj. **1.** Qui éprouve de la honte, un sentiment d'humiliation. *Il est honteux de sa conduite.* **2.** (Après le n.). Qui n'ose faire état de ses convictions, de ses opinions. *Un idéaliste honteux.* **3.** Qui est cause de honte, de déshonneur. *Une fuite honteuse.* **4.** Vieilli. *Parties honteuses :* organes sexuels. – *Maladie honteuse :* maladie sexuellement transmissible.

***HOOLIGAN** ou ***HOULIGAN** [uligan] n.m. (mot angl., par le russe). Voyou qui se livre à des actes de violence et de vandalisme, en partic. lors de compétitions sportives.

***HOOLIGANISME** ou ***HOULIGANISME** n.m. Comportement des hooligans.

***HOP** interj. (Exprimant un geste, un mouvement soudain, rapide). *Et hop ! elle a sauté.*

***HOPAK** [ɔpak] ou **GOPAK** [gɔpak] n.m. (mot russe). Danse populaire masculine ukrainienne, de rythme vif, souvent accompagnée de chants. *Des sauts acrobatiques scandent les hopaks.*

HÔPITAL n.m. (lat. *hospitalis*). Établissement, public ou privé, où sont effectués tous les soins médicaux et chirurgicaux ainsi que les accouchements. ◇ *Hôpital de jour :* service hospitalier où les malades ne sont pris en traitement que pendant la journée et retournent passer la nuit à leur domicile. – *Hôpital psychiatrique :* établissement hospitalier spécialisé dans le traitement des troubles mentaux, nommé *asile* avant 1938 et actuellement *centre psychothérapique* ou *centre hospitalier spécialisé (C.H.S.).*

HOPLITE n.m. ANTIQ. GR. Fantassin pesamment armé.

***HOQUET** [ɔkɛ] n.m. (onomat.). **1.** Contraction brusque du diaphragme, accompagnée d'un bruit particulier dû au passage de l'air dans la glotte. *Avoir le hoquet.* **2.** Bruit produit par à-coups, en particulier dans un appareil.

***HOQUETER** v.i. [27]. **1.** Avoir le hoquet. **2.** Être secoué comme par le hoquet. *Voiture qui hoquette.*

***HOQUETON** [ɔktɔ̃] n.m. (de l'ar. *al-quṭn,* le coton). Vêtement à manches courtes et à capuchon, en étoffe ou en cuir, porté par les hommes d'armes (XIVe-XVe s.).

1. HORAIRE adj. (lat. *horarius,* de *hora,* heure). **1.** Relatif aux heures. *Tableau horaire.* **2.** Par heure. *Salaire horaire.* **3.** *Cercle horaire d'un astre :* demi-grand cercle de la sphère céleste passant par cet astre et les pôles.

2. HORAIRE n.m. **1.** Tableau des heures d'arrivée et de départ. *Horaire des trains.* **2.** Répartition des heures de travail ; emploi du temps. ◇ *Horaire flexible :* horaire de travail permettant aux employés d'une entreprise un certain choix de leurs heures d'arrivée et de départ. (On dit aussi *horaire mobile* ou *à la carte.*) ◆ n. Personne rémunérée à l'heure.

***HORDE** n.f. (mot tatar). **1.** Troupe, groupe de personnes causant des dommages par sa violence. *Une horde de brigands.* **2.** Troupe nombreuse et indisciplinée. *Une horde de gamins.*

HORDÉACÉ, E adj. BOT. Relatif à l'orge.

HORDÉINE n.f. Protéine végétale que l'on trouve dans l'orge.

***HORION** [ɔrjɔ̃] n.m. (anc. fr. *oreillon,* coup sur l'oreille). Litt. (Souvent au pl.). Coup violent donné à qqn.

HORIZON n.m. (du gr. *horizein,* borner). **I. 1.** Ligne imaginaire circulaire dont l'observateur est le centre et où le ciel et la terre ou la mer semblent se joindre. **2.** Partie de la terre, de la mer ou du ciel que borne cette ligne. **3.** Fig. Domaine d'une action ou d'une activité quelconque ; champ de réflexion ; perspective d'avenir. *L'horizon social, politique d'un pays.* **II. 1.** ASTRON. Grand cercle de la sphère céleste formé en un lieu donné par l'intersection de cette sphère et du plan horizontal. ◇ Rare. Plan horizontal. **2.** AÉRON. *Horizon artificiel :* instrument de pilotage d'un avion destiné à matérialiser une référence de verticale terrestre. **3. a.** GÉOL. Couche bien caractérisée, notamm. par un ou plusieurs fossiles. **b.** PÉDOL. Couche du sol plus ou moins épaisse et sensiblement parallèle à la surface. **4.** ARCHÉOL. Distribution de traits culturels identiques sur une vaste région au cours d'une période limitée.

HORIZONTAL, E, AUX adj. **1.** Parallèle au plan de l'horizon, donc perpendiculaire à une direction qui représente conventionnellement la verticale. **2.** GÉOM. *Plan horizontal :* plan parallèle au plan horizontal choisi comme référence. – *Droite horizontale :* droite parallèle au plan horizontal. – *Coordonnées horizontales d'un astre,* sa hauteur et son azimut. **3.** ÉCON. *Intégration horizontale :* opération par laquelle une entreprise en absorbe une autre qui exerce la même activité ou se trouve au même niveau de la filière considérée (par opp. à *intégration verticale*).

HORIZONTALE n.f. MATH. Droite horizontale.

HORIZONTALEMENT adv. Parallèlement à l'horizon.

HORIZONTALITÉ n.f. Caractère, état de ce qui est horizontal. *L'horizontalité d'un plan.*

HORLOGE n.f. (gr. *hôrologion,* qui dit l'heure). **1.** Appareil fixe de mesure du temps, de taille plus ou moins importante, qui indique l'heure sur un cadran et peut sonner à intervalles fixes. – *Horloge atomique* ou *horloge moléculaire :* horloge, auj. la plus précise, fonctionnant à partir des molécules ou des atomes de certains corps dont les vibrations servent d'étalon de temps. – *Horloge électrique,* dont le mouvement pendulaire est produit, entretenu et réglé par un dispositif électrique. – *Horloge électronique,* à circuits intégrés et sans aucune partie mobile, comme l'horloge à quartz. – *Horloge parlante :* horloge et service donnant l'heure par téléphone, à l'aide de tops horaires. **2.** Fig. *Réglé comme une horloge :* extrêmement régulier, ponctuel dans ses habitudes. – Fam. *Heure d'horloge :* heure entière. *Parler trois heures d'horloge.* **3.** ÉTHOL. *Horloge biologique :* ensemble des mécanismes biochimiques et physiologiques internes qui déterminent chez un individu une répartition rythmique de l'activité de son organisme.

1. HORLOGER, ÈRE n. Personne qui fabrique, répare ou vend des horloges, des montres, etc.

2. HORLOGER, ÈRE adj. Relatif à l'horlogerie. *L'industrie horlogère.*

HORLOGERIE n.f. **1.** Technique de la fabrication ou de la réparation des horloges, des pendules, etc. **2.** Commerce de ces objets ; magasin de l'horloger.

***HORMIS** [ɔrmi] prép. Litt. À l'exception de, en dehors de, excepté. *Hormis deux ou trois.*

HORMONAL, E, AUX adj. Relatif aux hormones. *Insuffisance hormonale.*

HORMONE n.f. (du gr. *hormân,* exciter). **1.** Substance sécrétée par une glande endocrine ou élaborée par un tissu, déversée directement dans le sang et exerçant une action biologique spécifique sur le fonctionnement d'un organe ou sur un processus biochimique. **2.** BOT. Substance sécrétée par une plante et qui agit sur sa croissance, sa floraison, etc.

■ Les hormones sont sécrétées par certains tissus (placenta, hypothalamus) et surtout par les glandes endocrines, chacune d'entre elles pouvant sécréter plusieurs hormones. L'hypophyse exerce une action sur la sécrétion des autres glandes endocrines (thyroïde, parathyroïdes, pancréas, surrénales, glandes sexuelles). La synthèse de nombreuses hormones a été obtenue, les produits synthétiques utilisés en thérapeutique étant souvent plus efficaces que les hormones naturelles, et le génie génétique ouvre dans ce domaine de grandes possibilités.

HORMONOTHÉRAPIE n.f. MÉD. Traitement par les hormones.

***HORNBLENDE** [ɔrnblɛ̃d] n.f. (all. *Horn,* corne, et *blenden,* briller). Aluminosilicate naturel de calcium, de fer et de magnésium, noir ou vert foncé, du groupe des amphiboles.

HORODATÉ, E adj. Se dit d'un document qui comporte l'indication de la date et de l'heure. *Ticket horodaté.* ◇ *Stationnement horodaté :* stationnement payant qui se fait à l'aide d'horloges horodatrices.

HORODATEUR, TRICE adj. et n.m. Se dit d'un appareil imprimant la date et l'heure sur certains documents.

HOROKILOMÉTRIQUE adj. Qui se rapporte au temps passé et à l'espace parcouru. *Compteur horokilométrique.*

HOROSCOPE n.m. (gr. *hôroskopos,* qui considère le moment [de la naissance]). ASTROL. **1.** Carte du ciel tel qu'il est observé de la Terre lors d'un évènement, et partic. lors d'une naissance. **2.** Ensemble des déductions et interprétations concernant l'avenir de qqn, qu'on peut tirer de cette carte du ciel.

HORREUR n.f. (lat. *horror*). **1.** Sensation d'effroi, de répulsion causée par l'idée ou la vue d'une chose horrible, affreuse, repoussante. *Être saisi d'horreur.* **2.** Caractère de ce qui est horrible. *L'horreur d'un crime.* **3.** Chose horrible, de nature à provoquer la répulsion, l'indignation. ◆ pl. **1.** Ce qui provoque le dégoût, l'effroi, etc. *Les horreurs de la guerre.* **2.** Propos ou actes indécents, obscènes. *Dire des horreurs.*

HORRIBLE adj. (lat. *horribilis*). **1.** Qui fait horreur, qui provoque une répulsion. *Spectacle horrible.* **2.** Par exagér. Très mauvais, très laid. *Il fait un temps horrible.* **3.** Excessif et désagréable, qui passe les bornes. *Un bruit horrible.*

HORRIBLEMENT adv. **1.** De façon horrible. *Un homme horriblement habillé.* **2.** Extrêmement. *Horriblement cher.*

HORRIFIANT, E adj. Qui horrifie.

HORRIFIER v.t. Remplir d'horreur ou d'effroi.

HORRIFIQUE adj. Litt. (Souvent par plais.). Qui cause de l'horreur.

HORRIPILANT, E adj. Fam. Qui horripile ; très agaçant.

HORRIPILATEUR adj.m. ANAT. Se dit du muscle fixé à la racine de chaque poil et dont la contraction redresse celui-ci.

HORRIPILATION n.f. **1.** Érection des poils due à l'effroi, au froid, etc. SYN. : *chair de poule.* **2.** Fam. État d'agacement, d'irritation extrême.

HORRIPILER v.t. (lat. *horripilare,* avoir le poil hérissé). **1.** PHYSIOL. Produire l'horripilation. **2.** Fam. Mettre hors de soi ; exaspérer, irriter. *Ses manières m'horripilent.*

***HORS** [ɔr] prép. (lat. *de foris*). **1.** En dehors de (ensemble défini). *Réduction accordée hors saison (d'été).* ◇ *Hors cadre :* soustrait temporairement ou définitivement au cadre auquel il appartenait, pour occuper d'autres fonctions, en parlant d'un fonctionnaire. **2.** (Exprimant la supériorité). Au-delà de, au-dessus de. *Joueuse de tennis hors série, hors catégorie.* ◇ *Hors barème :* dont les appointements sont au-dessus du plus haut salaire prévu par une grille conventionnelle de salaires. – *Hors concours :* qui n'est plus autorisé à concourir en raison de sa supériorité. – *Hors tout,* se dit de la plus grande valeur de la dimension d'un objet. **3.** Litt. Excepté, sauf. *Ils sont tous partis, hors deux ou trois paresseux.* ◆ **hors de** loc. prép. **1.** À l'extérieur de ; à l'écart de. *Il habite hors de Montpellier.* ◇ *Hors d'ici :* sortez d'ici. **2.** En dehors de l'action, de l'influence de. *Hors d'atteinte. Hors de danger.* ◇ *Hors de combat :* qui n'est plus en état de combattre. – *Hors de question :* que l'on ne peut envisager. – *Hors d'état de nuire :* qui ne peut plus nuire. – *Hors d'usage :* impropre à l'usage. – *Hors d'eau :* qui n'est plus exposé aux dégâts causés par les eaux, en parlant d'une construction. – *Être hors de soi,* dans un état d'agitation ou de violence extrême.

***HORSAIN** ou ***HORSIN** n.m. Région. (Normandie). Personne étrangère à une agglomération rurale, pour les habitants du pays ; occupant d'une résidence secondaire.

***HORS-BORD** adj. inv. Se dit d'un moteur fixé à l'arrière d'un bateau, à l'extérieur du bord. ◆ n.m. inv. Canot léger de plaisance ou de course, propulsé par un moteur hors-bord.

***HORS-COTE** [ɔrkɔt] adj. inv. BOURSE. Se dit du marché des valeurs mobilières dont la cotation n'est soumise à aucune réglementation. ◆ n.m. inv. Ce marché.

***HORS-D'ŒUVRE** n.m. inv. **I. 1.** Plat chaud ou froid servi au début du repas. **2.** Ce qui annonce, donne une idée de ce qui va suivre et qui est l'essentiel. **3.** Partie d'une œuvre littéraire qu'on peut retrancher sans nuire à l'ensemble. **II.** ARCHIT. *Bâtiment (en) hors-d'œuvre,* qui en touche un autre, plus important, sans s'y intégrer. (On dit aussi *hors œuvre.*)

***HORSE-GUARD** [ɔrsgard] n.m. (mots angl., *garde à cheval*) [pl. *horse-guards*]. Militaire du régiment de cavalerie de la garde royale anglaise, créé en 1819.

***HORSE POWER** [ɔrspɔwœr] n.m. inv. (loc. angl., *cheval-puissance*). Anc. Unité de mesure de puissance (symb. HP) adoptée en Grande-Bretagne et qui valait 75,9 kgm/s ou 1,013 ch ou encore 0,745 7 kW.

HORSIN** n.m. → ***horsain.

***HORS-JEU** n.m. inv. SPORTS. **1.** Faute commise par un joueur qui se place sur le terrain d'une manière interdite par les règles, dans certains sports d'équipe. **2.** *Hors-jeu de position :* situation d'un joueur qui est hors jeu mais ne participe pas à l'action, au football. ◆ adj. inv. (Sans trait d'union). Se dit d'un joueur en position de hors-jeu.

***HORS-LA-LOI** n.m. inv. (traduction de l'angl. *outlaw*). Individu qui, par ses actions, se met hors la loi ; bandit.

***HORS-PISTE** ou ***HORS-PISTES** n.m. inv. Ski pratiqué en dehors des pistes balisées.

HORS-SOL adj. inv. et n.m. inv. Se dit d'un mode d'élevage où l'approvisionnement alimentaire des animaux ne provient pas, pour l'essentiel, de l'exploitation elle-même.

***HORS STATUT** loc. adj. inv. Se dit des salariés qui ne bénéficient pas du statut en général applicable aux personnels de leur secteur d'activité. ◆ n. inv. (Avec trait d'union). Salarié hors statut. *Un, une hors-statut.*

***HORST** [ɔrst] n.m. (mot all.). GÉOL. Compartiment soulevé entre des failles.

***HORS-TEXTE** n.m. inv. Feuillet, le plus souvent illustré, non compris dans la pagination, que l'on intercale dans un livre.

HORTENSIA n.m. Arbrisseau originaire d'Extrême-Orient, cultivé pour ses fleurs ornementales blanches, roses ou bleues. (Famille des saxifragacées.)

hortensia

HORTICOLE adj. Relatif à l'horticulture.

HORTICULTEUR, TRICE n. Personne qui s'occupe d'horticulture.

HORTICULTURE n.f. (lat. *hortus,* jardin). **1.** Vieilli. Culture des jardins. **2.** Branche de l'agriculture comprenant la culture des légumes, des fleurs, des arbres et arbustes d'ornement.

HORTILLONNAGE n.m. Anc. ou région. (Picardie). Marais entrecoupé de petits canaux, mis en valeur pour les cultures maraîchères.

HOSANNA [ɔzanna] n.m. (mot hébr., *sauve-nous, je t'en prie*). **1.** Acclamation de la liturgie juive passée dans la liturgie chrétienne. **2.** Chant, cri de joie, de triomphe.

HOSPICE n.m. (lat. *hospitium*). **1.** Maison d'assistance où l'on reçoit les vieillards démunis ou atteints de maladie chronique. **2.** Maison où des religieux donnent l'hospitalité aux pèlerins, aux voyageurs.

1. HOSPITALIER, ÈRE adj. **1.** Relatif aux hôpitaux, aux cliniques, aux hospices. *Service hospitalier.* **2.** Qui exerce l'hospitalité, qui accueille volontiers les étrangers. *Peuple hospitalier. Maison hospitalière.* **3.** Relatif aux ordres religieux militaires qui se vouaient au service des voyageurs, des pèlerins ou des malades (chevaliers du Saint-Sépulcre, Templiers...) ou qui exercent encore une activité charitable (ordre de Malte, de Saint-Lazare...). ◆ adj. et n. Employé(e) dans le service des hôpitaux.

2. HOSPITALIER n.m. Membre des ordres hospitaliers.

HOSPITALISATION n.f. Admission et séjour dans un établissement hospitalier. ◇ *Hospitalisation à domicile (H. A. D.) :* système de prise en charge permettant de soigner à domicile certains malades.

HOSPITALISER v.t. (du lat. *hospitalis*). Faire entrer dans un établissement hospitalier.

HOSPITALISME n.m. Ensemble des troubles psychiques et somatiques atteignant un jeune enfant (moins de 15 mois en général) à la suite d'une hospitalisation prolongée qui le prive des relations affectives avec sa mère.

HOSPITALITÉ n.f. **1.** Action de recevoir et d'héberger qqn chez soi, par charité, libéralité, amitié. **2.** Asile accordé à qqn, à un groupe par un pays. **3.** Bienveillance, cordialité dans la manière d'accueillir et de traiter ses hôtes.

HOSPITALO-UNIVERSITAIRE adj. (pl. *hospitalo-universitaires*). *Centre hospitalo-universitaire (C. H. U.) :* centre hospitalier des villes de faculté de médecine, où est dispensé l'enseignement médical.

HOSPODAR n.m. (mot ukrainien, *souverain*). HIST. Titre des princes de Moldavie et de Valachie (XIVe-XIXe s.).

HOST n.m. → ***ost.***

HOSTEAU n.m. → ***hosto.***

HOSTELLERIE [ɔstɛlri] n.f. Hôtel, restaurant de caractère élégant et traditionnel, souvent situé à la campagne. SYN. : *hôtellerie.*

HOSTIE n.f. (lat. *hostia,* victime). **1.** LITURGIE. Pain eucharistique fait de farine sans levain (azyme), en forme de lamelle mince et ronde et que le prêtre consacre à la messe, dans l'Église latine. **2.** ANTIQ. Victime, animal immolé en sacrifice.

HOSTILE adj. (lat. *hostilis,* de *hostis,* ennemi). **1.** Qui manifeste des intentions agressives, qui se conduit en ennemi. *Attitude hostile. Hostile au progrès.* **2.** Qui semble contraire à l'homme et à ses entreprises, défavorable, inhospitalier. *Milieu hostile.*

HOSTILEMENT adv. De façon hostile.

HOSTILITÉ n.f. Sentiment d'inimitié ou d'opposition. *Manifester son hostilité à un projet.* ◆ pl. Opérations de guerre, état de guerre. *Reprendre les hostilités.*

HOSTO, HOSTEAU ou **OSTO** n.m. Fam. Hôpital.

***HOT** [ɔt] adj. inv. et n.m. inv. (mot angl., *chaud*). Se dit du jazz expressif et coloré des années 1925-1930, usant abondamment de procédés tels que vibratos, inflexions, glissandos, etc.

***HOT DOG** [ɔtdɔg] n.m. (mots amér., *chien chaud*) [pl. *hot dogs*]. Petit pain fourré d'une saucisse chaude avec moutarde.

1. HÔTE n.m. (lat. *hospes*). **1.** Personne qui est reçue chez qqn ; invité. **2.** Litt. Être qui vit habituellement quelque part. *Les hôtes des bois.* **3.** BIOL. Organisme vivant qui héberge un parasite.

2. HÔTE, HÔTESSE n. Personne qui reçoit qqn chez elle, qui lui donne l'hospitalité.

HÔTEL n.m. (lat. *hospitale,* auberge). **1.** Établissement commercial qui loue des chambres ou des appartements meublés pour un prix journalier. **2.** Édifice qui abrite certaines administrations. *L'hôtel de la Monnaie, des Invalides, à Paris.* ◇ *Hôtel de ville :* mairie d'une localité assez importante. **3.** *Hôtel particulier* ou *hôtel :* vaste maison citadine d'un riche particulier. ◇ *Maître d'hôtel :* chef du service de la table dans une grande maison, un restaurant. – *Sauce maître d'hôtel,* à base de beurre et de persil.

HÔTEL-DIEU n.m. (pl. *hôtels-Dieu*). Dans certaines villes, hôpital principal, de fondation ancienne.

HÔTELIER, ÈRE n. Personne qui tient un hôtel, une hôtellerie, une auberge. ◆ adj. Relatif aux hôtels, à l'hôtellerie, à l'activité économique liée à l'hébergement payant. *Industrie hôtelière.*

HÔTELLERIE n.f. **1.** Partie d'une abbaye, d'un monastère réservée au logement des hôtes. **2.** Ensemble de la profession hôtelière. ◇ *Hôtellerie de plein air :* ensemble des activités hôtelières liées au camping et au caravaning. **3.** Hostellerie.

HÔTESSE n.f. **1.** Jeune femme chargée d'accueillir et d'informer les visiteurs ou les clients dans des lieux publics ou privés (expositions, entreprises, magasins, etc.). *Hôtesse d'accueil.* **2.** *Hôtesse de l'air :* jeune femme chargée d'assurer, à bord des avions commerciaux, les différents services utiles au confort et à la sécurité des passagers. **3.** *Robe d'hôtesse :* robe d'intérieur longue et confortable.

***HOT MONEY** n.f. inv. (loc. angl., *monnaie brûlante*). [Anglic. déconseillé]. Capitaux* flottants.

***HOTTE** n.f. (du francique). **1.** Grand panier que l'on porte sur le dos à l'aide de bretelles et qui sert à transporter divers objets. *Hotte de vendangeur.* **2.** Construction en forme de tronc de pyramide reliée à un organe de tirage (cheminée ou aspirateur). **3.** *Hotte aspirante* ou *filtrante* ou *hotte :* appareil électroménager destiné à expulser ou à recycler l'air chargé de vapeurs grasses dans une cuisine.

***HOTTÉE** n.f. Contenu d'une hotte.

***HOTTENTOT, E** adj. Relatif aux Hottentots.

***HOTTER** v.t. Transporter dans une hotte.

***HOTTEREAU** ou ***HOTTERET** n.m. Petite hotte.

***HOTU** n.m. (mot wallon). Poisson d'eau douce (rivières et fleuves), à dos brunâtre et à lèvres cornées et tranchantes, à la chair fade et remplie d'arêtes. (Long. 50 cm ; famille des cyprinidés.)

***HOU** [u] interj. **1.** (Pour faire peur, faire honte, pour conspuer). *Hou ! le vilain.* **2.** (Répété, pour interpeller). *Hou ! hou ! On est là !*

***HOUACHE** [waʃ] ou ***HOUAICHE** [wɛʃ] n.f. MAR. Trace, sillage d'un navire en marche sur la mer.

***HOUARI** [wari] n.m. MAR. Gréement constitué par une voile aurique presque triangulaire à sa partie haute sur une corne très apiquée.

***HOUBLON** n.m. (anc. néerl. *hoppe*). Plante grimpante cultivée pour ses cônes, ou inflorescences femelles, employés pour aromatiser la bière. (Haut. jusqu'à 10 m ; famille des cannabinacées.)

houblon

***HOUBLONNAGE** n.m. Action de houblonner.

***HOUBLONNER** v.t. Additionner (le moût de bière) de la lupuline produite par le houblon.

***HOUBLONNIER, ÈRE** n. Personne qui cultive le houblon. ◆ adj. Relatif au houblon.

***HOUBLONNIÈRE** n.f. Champ de houblon.

***HOUDAN** n.f. Poule d'une race créée à Houdan, caractérisée par un plumage noir et blanc et une magnifique huppe.

***HOUE** n.f. (du francique). Instrument de labour à bras, à fer large et recourbé.

***HOUER** v.t. Vx. Labourer avec la houe.

***HOUILLE** n.f. (wallon *hoye,* du francique). **1.** Combustible minéral fossile solide, provenant de végétaux ayant subi au cours des temps géologiques une transformation lui conférant un grand pouvoir calorifique. (Les anthracites [95 p. 100 de carbone] et les houilles maigres [90 p. 100 de carbone] sont utilisés comme combustibles tandis que, par distillation, on retire des houilles grasses [70 à 85 p. 100 de carbone] des gaz combustibles, des goudrons et un résidu solide, le coke.) **2.** *Houille blanche :* énergie obtenue à partir des chutes d'eau.

1. *HOUILLER, ÈRE adj. Relatif à la houille, qui renferme de la houille. *Terrain houiller.*

2. *HOUILLER n.m. GÉOL. Carbonifère.

***HOUILLÈRE** n.f. Mine de houille.

***HOUKA** n.m. (mot hindi). Pipe orientale analogue au narguilé.

***HOULE** n.f. (germ. *hol,* creux). Mouvement ondulatoire de la mer, sans déferlement des vagues.

***HOULETTE** n.f. (de l'anc. fr. *houler,* jeter). **1.** Bâton de berger se terminant à une extrémité par un crochet (pour attraper les animaux par une patte), à l'autre par un petit fer de bêche (pour lancer des mottes de terre à ceux qui s'écartent). ◇ Fig. *Sous la houlette de qqn,* sous sa direction. **2.** Petite bêche de jardinier.

***HOULEUX, EUSE** adj. **1.** Agité par la houle. *Mer houleuse.* **2.** Agité de sentiments contraires, mouvementé. *Salle houleuse.*

HOULIGAN** n.m., ***HOULIGANISME** n.m. → ****hooligan, *hooliganisme.

***HOULQUE** ou ***HOUQUE** n.f. (lat. *holcus,* orge sauvage). Plante herbacée annuelle ou vivace voisine de l'avoine, dont une espèce, la houlque laineuse, est utilisée comme fourrage. (Famille des graminées.)

***HOUP** interj. (Pour donner le signal d'un saut ou d'un mouvement prompt). *Allez, houp ! Filez !*

***HOUPPE** n.f. (du francique *huppo,* touffe). **1.** Touffe de brins de laine, de soie, de duvet. *Houppe à poudre de riz.* **2.** Touffe de cheveux sur la tête. **3.** Huppe.

***HOUPPELANDE** n.f. (p.-ê. anc. angl. *hoppâda*). Anc. Manteau ample et long, sans manches. *Houppelande de berger.*

***HOUPPER** v.t. **1.** Garnir de houppes. **2.** Disposer en houppes.

***HOUPPETTE** n.f. Petite houppe.

***HOUPPIER** n.m. Ensemble des ramifications portées par la tige d'un arbre au-dessus du fût.

HOUQUE** n.f. → ***houlque.

***HOURD** [ur] n.m. (du francique). **1.** Estrade dressée pour les spectateurs d'un tournoi, au Moyen Âge. **2.** FORTIF. Galerie de bois établie au niveau des créneaux pour battre le pied des murailles d'un château fort.

HOURDAGE** n.m. CONSTR. **1.** Maçonnerie grossière en moellons ou en plâtras. **2.** Première couche de gros plâtre appliquée sur un lattis pour former l'aire d'un plancher ou une paroi en cloison. SYN. : ***hourdis.

***HOURDER** v.t. Exécuter en hourdis, maçonner grossièrement. *Hourder une cloison.*

***HOURDIS** [urdi] n.m. CONSTR. **1.** Corps de remplissage en aggloméré ou en terre cuite posé entre les solives, les poutrelles ou les nervures des planchers. **2.** Hourdage.

***HOURI** n.f. (persan *ḥurī*). **1.** Dans le Coran, vierge du paradis, promise comme épouse aux croyants. **2.** Litt. Femme très belle.

***HOURQUE** n.f. Ancien navire de charge hollandais, à voiles et à flancs très renflés.

***HOURRA** ou ***HURRAH** interj. et n.m. **1.** Cri d'acclamation, d'enthousiasme. *Être accueilli par des hourras.* **2.** Cri réglementaire de l'équipage d'un navire pour saluer un hôte d'honneur.

***HOURVARI** n.m. (de *houre,* cri pour exciter les chiens, et *charivari*). Litt. Vacarme, grand tumulte.

***HOUSARD** n.m. Vx. Hussard.

***HOUSEAU** [uzo] n.m. (anc. fr. *hose,* botte). [Surtout pl.]. Guêtre lacée, montante, protégeant la jambe contre la pluie et la boue.

***HOUSE-BOAT** [awsbot] n.m. (mot angl., *bateau-maison*) [pl. *house-boats*]. Bateau à fond plat portant une cabine habitable, utilisé pour le tourisme et la villégiature sur les lacs et les fleuves.

***HOUSE MUSIC** ou ***HOUSE** [aws (mjuzik)] n.f. (mots angl., *musique faite à la maison*) [pl. *house musics*]. Courant musical apparu aux États-Unis au début des années 1980, influencé notamm. par la culture musicale noire américaine, le disco et le pop, et dont les airs, utilisés pour danser, sont créés à l'aide d'un sampler à partir d'éléments sonores préexistants et de sons et rythmes électroniques.

***HOUSPILLER** v.t. (de l'anc. fr. *housser,* frapper, et *pignier,* peigner). Faire de vifs reproches à (qqn), réprimander.

***HOUSPILLEUR, EUSE** n. Personne qui houspille les autres fréquemment, continuellement.

***HOUSSAIE** [usɛ] n.f. Lieu planté de houx.

***HOUSSE** n.f. (du francique). **1.** Enveloppe qui sert à recouvrir et à protéger des meubles, des vêtements, de la literie, etc. *Housse de couette.* **2.** Couverture qui se met sur la croupe des chevaux de selle.

***HOUSSER** v.t. Couvrir d'une housse.

***HOUSSINE** n.f. (de *houx*). Vx. Baguette, badine de houx.

***HOUSSINER** v.t. Vx. Battre avec une houssine.

***HOUSSOIR** n.m. Balai de branchages ; balai à long manche garni d'une touffe de crin, de plumes, etc.

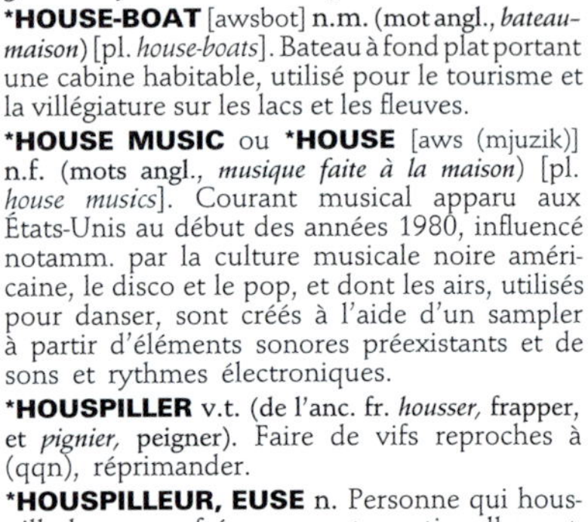

houx

***HOUX** n.m. (du francique). **1.** Arbuste des sous-bois, à feuilles luisantes, épineuses et persistantes et dont l'écorce sert à fabriquer la glu. (Haut. jusqu'à 10 m ; longévité 300 ans.) **2.** *Petit houx :* fragon.

HOVERCRAFT [ɔvərkraft] n.m. (angl. *to hover,* planer, et *craft,* embarcation). Aéroglisseur.

HOVERPORT [ɔvərpɔr] n.m. Partie d'un port formée d'un plan incliné et réservée à l'accostage des hovercrafts.

***HOYAU** [ɔjo] ou [wajo] n.m. (de *houe*). Houe à lame aplatie en biseau.

hPa, symbole de l'hectopascal.

Hs, symbole chimique du hassium.

***HUARD** ou ***HUART** n.m. (de *huer*). Canada. Plongeon arctique.

***HUBLOT** n.m. (du normand *houle,* trou). **1.** Ouverture pratiquée dans la coque d'un navire ou le fuselage d'un avion, pouvant se fermer hermétiquement et donner de l'air et de la lumière. **2.** Partie vitrée de la porte d'un four, d'un appareil ménager permettant de surveiller l'opération en cours.

***HUCHE** n.f. (du germ.). Grand coffre de bois utilisé pour pétrir la pâte ou conserver le pain ou comme meuble de rangement.

***HUCHER** [yʃe] v.t. (lat. *huccare*). Région. Appeler en criant.

***HUCHET** n.m. VÉN., HÉRALD. Cor de chasse.

***HUE** [y] interj. (Pour faire avancer un cheval, ou le faire tourner à droite, par opp. à *dia*). *Allez, hue !* ◇ *À hue et à dia :* dans des directions opposées ; de manière contradictoire. – *Tirer à hue et à dia :* agir de façon désordonnée, en parlant de personnes.

***HUÉE** n.f. (Surtout pl.). Cri hostile. *S'enfuir sous les huées.*

***HUER** v.t. (de *hue*). Accueillir par des cris de dérision et d'hostilité, conspuer, siffler. *Il s'est fait huer par la foule.* ◆ v.i. Pousser son cri, en parlant du hibou, de la chouette, de la hulotte.

***HUERTA** [wɛrta] n.f. (mot esp.). GÉOGR. Plaine irriguée couverte de riches cultures, en Espagne.

***HUGUENOT, E** n. et adj. (all. *Eidgenossen,* confédéré). Surnom donné jadis par les catholiques français aux calvinistes.

HUI [ɥi] adv. (lat. *hodie*). Vx ou DR. Aujourd'hui.

HUILAGE n.m. Action d'huiler.

HUILE n.f. (lat. *oleum*). **1.** Substance grasse, liquide à la température ordinaire et insoluble dans l'eau, d'origine végétale, animale ou minérale, employée à de nombreux usages (alimentaires, domestiques, industriels, pharmaceutiques, etc.). – *Huile essentielle :* huile volatile obtenue par distillation de substances aromatiques d'origine végétale. – Canada. *Huile de chauffage :* mazout. ◇ Fig. *Faire tache d'huile :* s'étendre insensiblement. – Fam. *Huile de coude :* énergie déployée à faire qqch. – *Mer d'huile,* très calme. – *Mettre de l'huile (dans les rouages) :* aplanir les difficultés. – *Verser, jeter de l'huile sur le feu :* attiser, envenimer une querelle. **2.** LITURGIE. *Saintes huiles,* utilisées pour les sacrements. **3.** *Peinture à l'huile* ou *huile :* peinture dont le liant est fait d'une ou plusieurs huiles minérales ou végétales. **4.** Toile, tableau exécutés à la peinture à l'huile. **5.** Pop. Personnage important, influent, haut placé. **6.** TECHN. Pétrole brut. **7.** *Arbre à huile* → ***aleurite.***

HUILER v.t. Frotter, imprégner d'huile ; lubrifier avec de l'huile. *Huiler des rouages.*

HUILERIE n.f. Fabrique ou magasin d'huile végétale.

HUILEUX, EUSE adj. **1.** Qui est de la nature de l'huile. **2.** Gras et comme imbibé d'huile. *Cheveux huileux.*

HUILIER n.m. **1.** Accessoire de table réunissant les burettes d'huile et de vinaigre. **2.** Industriel fabriquant de l'huile alimentaire.

HUIS [ɥi] n.m. (lat. *ostium,* porte). Vx ou litt. Porte extérieure d'une maison.

***HUIS CLOS** n.m. Débats judiciaires hors de la présence du public. ◇ *À huis clos :* toutes portes fermées, sans que le public soit admis ; en petit comité, en secret.

HUISSERIE n.f. CONSTR. Partie fixe en bois ou en métal formant les piédroits et le linteau d'une porte dans une cloison, un pan de bois, etc.

HUISSIER n.m. (de *huis*). **I. 1.** Gardien qui se tient à la porte d'un haut personnage pour annoncer et introduire les visiteurs. **2.** Employé chargé du service dans les assemblées, les administrations. **II.** *Huissier de justice* ou *huissier :* officier ministériel chargé de signifier les actes de procédure et les décisions de justice, d'assurer l'exécution de ceux qui ont force exécutoire et de procéder à des constats.

***HUIT** [ɥit ; ɥi devant une consonne] adj. num. (lat. *octo*). **1.** Sept plus un. ◇ *Huit jours :* une semaine. **2.** Huitième. *Charles VIII.* ◆ n.m. inv. **1.** Chiffre ou nombre huit. **2.** Dessin, mouvement en forme de 8. **3.** En aviron, embarcation à huit rameurs et un barreur. **4.** *En huit :* le même jour, une semaine plus tard. *Lundi en huit.*

course de **huit**

***HUITAIN** n.m. **1.** Poème de huit vers. **2.** Stance de huit vers dans un plus long ouvrage.

***HUITAINE** n.f. **1.** Espace de huit jours ; une semaine. ◇ *À huitaine, sous huitaine :* à pareil jour la semaine suivante. **2.** Groupe de huit unités ou environ. *Une huitaine de litres.*

***HUITANTE** adj. num. Suisse. Quatre-vingts.

***HUITIÈME** adj. num. ord. et n. **1.** Qui occupe un rang marqué par le numéro huit. **2.** Qui se trouve huit fois dans le tout. ◇ *Huitième de finale :* phase éliminatoire opposant deux à deux seize équipes ou seize concurrents (surtout pl.).

***HUITIÈMEMENT** adv. En huitième lieu.

HUÎTRE n.f. (lat. *ostrea,* du gr. *ostreon*). **1.** Mollusque bivalve comestible, fixé aux rochers marins par une valve de sa coquille. (Pour la consommation, on en pratique l'élevage, ou *ostréiculture,* dans des parcs [Arcachon, Marennes, Belon, Cancale, etc.] ; moins digestibles pendant l'époque de la reproduction, les huîtres sont surtout consommées pendant les « mois en *r* » [de septembre à avril].) ◇ *Huîtres perlières,* celles qui donnent des perles fines, comme la méléagrine des mers chaudes, la mulette d'eau douce. **2.** Fam. et vieilli. Personne stupide.

***HUIT-REFLETS** n.m. inv. Anc. Haut-de-forme.

1. HUÎTRIER, ÈRE adj. Relatif aux huîtres, à leur élevage, à leur vente.

2. HUÎTRIER n.m. Oiseau échassier vivant sur les côtes et se nourrissant de crustacés et de mollusques.

HUÎTRIÈRE n.f. Parc à huîtres.

***HULOTTE** n.f. (de l'anc. fr. *huller,* hurler). Oiseau rapace nocturne, commun dans les bois, appelé couramment *chat-huant.* (Envergure 1 m env. ; famille des strigidés.)

HULULEMENT** n.m. → ***ululement.

HULULER** v.i. → ***ululer.

***HUM** [œm] interj. **1.** (Marquant le doute, l'impatience, la réticence). *Vous croyez vraiment ? Hum !* **2.** (Répété, pour signaler sa présence). *Hum, hum !*

***HUMAGE** n.m. Rare. Action de humer.

1. HUMAIN, E adj. (lat. *humanus*). **I. 1.** Qui a les caractères, la nature de l'homme ; qui se compose d'hommes. *Être humain. Espèce humaine.* **2.** Qui est relatif à l'homme, qui lui est propre. *Corps humain. Nature humaine. L'erreur est humaine.* **3.** Qui concerne l'homme, qui a l'homme pour objet. *Géographie humaine.* **4.** Qui est à la mesure de l'homme. *Une ville à dimensions humaines.* **II.** Qui est sensible à la pitié ; compatissant, compréhensif ; qui témoigne de ce caractère. *Un magistrat humain.*

2. HUMAIN n.m. Litt. Homme. ◆ pl. Les hommes, l'humanité.

HUMAINEMENT adv. **1.** En homme, suivant les forces, les capacités de l'homme. **2.** Avec humanité, avec bonté.

HUMANISATION n.f. Action d'humaniser ; fait de s'humaniser.

HUMANISER v.t. **1.** Donner un caractère plus humain, plus civilisé à ; rendre plus supportable à l'homme. *Humaniser les conditions de travail.* **2.** Rendre plus sociable, plus compatissant. ◆ **s'humaniser** v.pr. Devenir plus humain, plus sociable, plus conciliant.
HUMANISME n.m. **1.** Position philosophique qui met l'homme et les valeurs humaines au-dessus des autres valeurs. **2.** Mouvement intellectuel qui s'épanouit surtout dans l'Europe du XVIe s. (Renaissance) et qui est marqué par le retour aux textes antiques, dont il tire ses méthodes et sa philosophie.
HUMANISTE n. **1.** PHILOS. Partisan de l'humanisme. **2.** Vx. Personne versée dans la connaissance des langues et des littératures anciennes. ◆ adj. Relatif à l'humanisme.
HUMANITAIRE adj. **1.** Qui recherche le bien de l'humanité ; qui vise à améliorer la condition des hommes. **2.** *Corridor, couloir humanitaire :* espace, voie de communication destinés à l'acheminement de l'aide humanitaire dans une région sinistrée ou en proie à la guerre. ◆ n.m. Ensemble des organisations humanitaires et des actions qu'elles mènent. *Privilégier l'humanitaire.*
HUMANITARISME n.m. Ensemble de conceptions humanitaires (souvent : jugées illusoires et utopiques).
HUMANITÉ n.f. (lat. *humanitas*). **1.** Ensemble des hommes ; genre humain. *Évolution de l'humanité.* **2.** Essence de l'homme ; nature humaine. *Ce qui reste en lui d'humanité.* **3.** Bienveillance, compassion. *Traiter qqn avec humanité.* ◆ pl. Vieilli. Étude des lettres classiques (latin et grec).
HUMANOÏDE adj. et n. Être ressemblant à l'homme (notamm. dans le langage de la science-fiction). ◆ adj. Qui présente des caractères humains ; à forme humaine.
HUMBLE adj. (lat. *humilis,* de *humus,* terre). **1.** Qui manifeste une attitude volontairement modeste. *Un homme humble.* **2.** Litt. De condition sociale modeste. *Un humble fonctionnaire.* **3.** Sans éclat, sans prétention ou sans importance ; médiocre, obscur. *Humbles travaux.* **4.** Qui dénote l'effacement, la déférence. *Des manières humbles.* ◇ (Sens affaibli, dans des formules courtoises). *À mon humble avis...* ◆ n.m. pl. Litt. Les pauvres, les petites gens.
HUMBLEMENT adv. Avec humilité.
HUMECTAGE n.m. Action d'humecter.
HUMECTER v.t. (lat. *humectare*). Rendre humide, mouiller légèrement. *Humecter ses doigts.*
HUMECTEUR n.m. Appareil servant à humecter des étoffes, du papier.
***HUMER** v.t. (onomat.). Aspirer par le nez pour sentir. *Humer l'odeur d'une fleur.*
HUMÉRAL, E, AUX adj. Relatif à l'humérus.
HUMÉRUS [ymerys] n.m. (mot lat.). Os unique du bras, qui s'articule à l'épaule avec la cavité glénoïde de l'omoplate, et au coude avec le cubitus et le radius.
HUMEUR n.f. (lat. *humor,* liquide). **I.** MÉD., VX. Tout liquide organique. ◇ HIST. DE LA MÉD. *Humeurs :* sang, lymphe, bile, atrabile, dont l'équilibre était censé déterminer la santé. **II. 1.** Disposition affective dominante ; tempérament. *Incompatibilité d'humeur.* **2.** Disposition affective passagère, liée aux circonstances. *Humeur du moment.* ◇ *Bonne humeur :* gaieté, entrain. – *Être d'humeur à :* être dans de bonnes dispositions pour. **3.** Mauvaise humeur. *Un mouvement d'humeur.*
HUMIDE adj. (lat. *humidus*). **1.** Chargé d'eau ou de vapeur d'eau. *Linge, temps humide.* **2.** *Yeux humides,* mouillés de larmes.
HUMIDIFICATEUR n.m. Appareil servant à augmenter l'humidité de l'air ou à maintenir son degré hygrométrique par humidification.
HUMIDIFICATION n.f. Action d'humidifier.
HUMIDIFIER v.t. Rendre humide.
HUMIDIMÈTRE n.m. Appareil de mesure de l'humidité d'un matériau, d'une surface.
HUMIDITÉ n.f. État de ce qui est humide. *L'hygromètre mesure l'humidité de l'air.* ◇ *Humidité absolue :* nombre de grammes de vapeur d'eau contenue dans un mètre cube d'air. – *Humidité relative :* rapport de la pression effective de la vapeur d'eau à la pression maximale.
HUMIFICATION n.f. Transformation en humus de la matière organique.
HUMILIANT, E adj. Qui humilie.
HUMILIATION n.f. **1.** Acte, situation qui humilie ; affront. *Essuyer une humiliation.* **2.** État ou sentiment qui en résulte ; honte.
HUMILIÉ, E adj. et n. Qui a subi une humiliation.
HUMILIER v.t. Rabaisser qqn en le faisant apparaître comme inférieur, méprisable, indigne de la valeur qu'on lui accordait. ◆ **s'humilier** v.pr. S'abaisser volontairement, se faire humble.
HUMILITÉ n.f. État d'esprit, attitude de qqn qui est humble, se considère sans indulgence, est porté à rabaisser ses propres mérites. ◇ *En toute humilité :* aussi humblement que possible.
HUMIQUE adj. Relatif à l'humus.
HUMORAL, E, AUX adj. MÉD. Relatif aux humeurs du corps, à l'humorisme.
HUMORISME n.m. Doctrine médicale ancienne qui attribuait les maladies au dérèglement des humeurs.
HUMORISTE n. et adj. **1.** Personne qui a de l'humour. **2.** Auteur de dessins, d'écrits comiques ou satiriques.
HUMORISTIQUE adj. **1.** Qui tient de l'humour, est empreint d'humour. **2.** Qui concerne le texte ou le dessin comique, satirique.
HUMOUR n.m. Forme d'esprit qui cherche à mettre en valeur avec drôlerie le caractère ridicule, insolite ou absurde de certains aspects de la réalité, qui dissimule sous un air sérieux une raillerie caustique. *Roman plein d'humour.* ◇ *Humour noir,* qui souligne avec cruauté, amertume et parfois désespoir l'absurdité du monde.

humour : la verve grinçante de Chaval

HUMUS [ymys] n.m. (mot lat.). Substance colloïdale noirâtre résultant de la décomposition partielle, par les micro-organismes du sol, de déchets végétaux et animaux.
***HUNE** n.f. (du scand.). MAR. ANC. Plate-forme fixée à l'extrémité supérieure du bas-mât, qui permettait de donner un écartement convenable aux haubans.
***HUNIER** n.m. MAR. ANC. Voile carrée située immédiatement au-dessus des basses voiles.
***HUNNIQUE** adj. Relatif aux Huns.
***HUNTER** [œntər] n.m. (mot angl.). ÉQUIT. Cheval de selle anglais, spécialisé dans le saut d'obstacles et le concours complet.
***HUPPE** n.f. (lat. *upupa*). **1.** Touffe de plumes que certains oiseaux ont sur la tête. SYN. : *houppe.* **2.** Oiseau passereau de la grosseur d'un merle, ayant une touffe de plumes sur la tête. (Famille des upupidés.)

huppe

***HUPPÉ, E** adj. **1.** Qui porte une huppe, en parlant de certains oiseaux. **2.** Fam. D'un rang social élevé ; fortuné.
***HURDLER** [œrdlœr] n.m. (mot angl.). Coureur spécialisé dans les courses de haies.
***HURE** n.f. (du germ.). **1.** Tête de certains animaux. *Hure de sanglier, de saumon, de brochet.* **2.** Tête coupée de sanglier, formant trophée. **3.** Charcuterie cuite à base de tête de porc.
***HURLANT, E** adj. Qui hurle.
***HURLEMENT** n.m. **1.** Cri prolongé, plaintif ou furieux, particulier au loup, au chien, à l'hyène. **2.** Cri aigu et prolongé que l'homme fait entendre dans la douleur, la colère, etc.
***HURLER** v.i. (lat. *ululare*). **1.** Faire entendre des hurlements, des cris effrayants ou discordants. **2.** Présenter une disparité choquante. *Couleurs qui hurlent ensemble.* ◆ v.t. Dire, chanter en criant très fort. *Hurler une chanson.*
1. *HURLEUR, EUSE adj. et n. Qui hurle.
2. *HURLEUR n.m. et adj.m. *Hurleur* ou *singe hurleur :* singe de l'Amérique du Sud, dont les cris s'entendent très loin. SYN. : *alouate, ouarine.*
HURLUBERLU, E n. Fam. Personne étourdie, écervelée, qui se comporte avec extravagance.
***HURON, ONNE** n. et adj. Litt. Personne grossière, malotru.
***HURONIEN, ENNE** adj. GÉOL. *Plissement huronien,* qui, au précambrien, affecta notamment la Scandinavie et le Canada.
HURRAH** interj. et n.m. → ***hourra.
***HURRICANE** n.m. (d'un mot caraïbe). Cyclone tropical, en Amérique centrale et aux Antilles.
***HUSKY** [œski] n.m. (angl. *husky,* probablement de *eskimo*) [pl. *huskies*]. Chien d'une race très utilisée pour la traction des traîneaux.

husky

***HUSSARD** n.m. (du hongr.). Militaire d'un corps de cavalerie légère, dont la tenue fut primitivement empruntée à la cavalerie hongroise.
***HUSSARDE** n.f. **1.** *Danse à la hussarde* ou *hussarde :* danse d'origine hongroise. **2.** *À la hussarde :* avec brutalité, sans délicatesse.
***HUSSITE** n. Partisan de Jan Hus.
***HUTINET** n.m. Batte de tonnelier.
***HUTTE** n.f. (du francique). Abri sommaire ou habitation primitive faits de branchages, de paille, de terre, etc.
HYACINTHE n.f. (gr. *huakinthos*). **1.** Pierre fine, variété de zircon d'une couleur brun-orangé à rouge. **2.** Vx. Jacinthe.
HYALIN, E adj. (gr. *hualos,* verre). Didact. Qui a l'apparence du verre, vitreux. *Quartz hyalin.*
HYALITE n.f. **1.** Opale d'une variété transparente et vitreuse. **2.** MÉD. Inflammation du corps vitré de l'œil.
HYALOÏDE adj. Didact. Qui a l'apparence et la transparence du verre.
HYBRIDATION n.f. Croisement entre deux variétés, deux races d'une même espèce ou entre deux espèces différentes.
HYBRIDE adj. et n.m. (lat. *hybrida,* de sang mêlé). **1.** Animal ou végétal résultant d'une hybridation. *Le mulet est un hybride de l'âne et de la jument.* **2.** Fig. Composé d'éléments disparates ; composite. *Architecture hybride.* **3.** LING. Se dit d'un mot constitué par des éléments issus de langues différentes (ex. *automobile,* du gr. *auto* et du lat. *mobilis*).
HYBRIDER v.t. Réaliser l'hybridation de.
HYBRIDISME n.m. ou, vx, **HYBRIDITÉ** n.f. Qualité, caractère d'hybride.
HYBRIDOME n.m. Cellule issue de la fusion de deux cellules différentes (lymphocyte et cellule cancéreuse) qui permet d'obtenir des anticorps monoclonaux.
HYDARTHROSE n.f. (gr. *hudôr,* eau, et *arthron,* articulation). MÉD. Épanchement de liquide dans une articulation.
HYDATIDE n.f. Larve du ténia échinocoque, qui se développe dans le foie ou le poumon de plusieurs mammifères et de l'homme.

HYDATIQUE adj. Qui contient des hydatides.

HYDNE n.m. (gr. *hudnon*). Champignon comestible, à chapeau jaunâtre muni de pointes à la face inférieure, commun dans les bois. (Classe des basidiomycètes.) Nom usuel : *pied-de-mouton*.

HYDRACIDE n.m. CHIM. Acide contenant de l'hydrogène combiné à un non-métal et ne comportant pas d'oxygène. (Nom générique.)

HYDRAIRE n.m. *Hydraires* : classe de cnidaires hydrozoaires de mer ou d'eau douce dont le cycle reproductif comporte toujours un polype, forme végétative fixée, et une méduse, forme sexuée généralement libre et nageuse.

HYDRAMNIOS n.m. MÉD. Excès de liquide amniotique.

HYDRANT n.m. ou **HYDRANTE** n.f. Suisse. Borne d'incendie.

HYDRARGYRE n.m. Vx. Mercure.

HYDRARGYRISME n.m. ou **HYDRARGIE** n.f. Intoxication par le mercure.

HYDRASTIS [-stis] n.m. Petite plante vivace de l'Amérique du Nord, dont on extrait un alcaloïde aux propriétés hémostatiques et une teinture safranée. (Famille des renonculacées.)

HYDRATABLE adj. CHIM. Qui peut être hydraté.

HYDRATANT, E adj. Qui produit une hydratation ; qui fournit de l'eau. ◇ **Spécialt.** Se dit de produits de beauté utilisés pour restituer à l'épiderme sa teneur en eau. *Crème, lotion hydratante.*

HYDRATATION n.f. **1.** Introduction d'eau dans l'organisme, dans les tissus. **2.** CHIM. Fixation d'eau sur une espèce chimique ; transformation en hydrate.

HYDRATE n.m. (gr. *hudôr,* eau). CHIM. Combinaison d'un corps avec une ou plusieurs molécules d'eau. ◇ **Vieilli.** *Hydrates de carbone* : glucides.

HYDRATER v.t. **1.** Procéder à l'hydratation de (un organisme, un tissu). **2.** CHIM. Procéder à l'hydratation de (une espèce chimique).

HYDRAULE n.f. (gr. *hudraulis*). ANTIQ. Instrument de musique, précurseur de l'orgue, dans lequel un réservoir d'eau stabilise la pression de l'air fourni aux tuyaux.

HYDRAULICIEN, ENNE adj. et n. Spécialiste de l'hydraulique ou des installations hydrauliques.

1. HYDRAULIQUE adj. **1.** Relatif à l'eau. **2.** Qui durcit, prend sous l'eau. *Liant, mortier hydraulique.* **3.** Qui met en jeu un liquide sous pression. *Frein hydraulique.*

2. HYDRAULIQUE n.f. **1.** Branche de la mécanique des fluides qui traite des liquides, notamment de l'eau. **2.** Technique industrielle relative à la mise en œuvre de liquides sous pression.

HYDRAVION n.m. Avion conçu pour prendre son envol de la surface de l'eau et pour s'y poser.

hydravion japonais de sauvetage et de lutte anti-sous-marins Shin Meiwa SS-2 A Stoll

HYDRAZINE n.f. Composé basique, de formule H_2NNH_2, utilisé comme ergol.

HYDRE n.f. (gr. *hudra*). **I. 1.** MYTH. GR. Animal fabuleux en forme de serpent d'eau. – *L'Hydre de Lerne,* dont chacune des sept têtes repoussait aussitôt qu'elle était tranchée, et dont Hercule triompha en les tranchant toutes d'un seul coup. **2.** Litt. Mal qui se renouvelle constamment et semble augmenter en proportion des efforts faits pour le détruire. *L'hydre de l'anarchie.* **II.** Petit cnidaire (hydraire) solitaire et nu des eaux douces, ayant de 6 à 10 tentacules, qui peut se couper spontanément en 2 ou 3 morceaux dont chacun régénère un animal entier.

HYDRÉMIE n.f. MÉD. Rare. Augmentation de la quantité d'eau du plasma sanguin par rapport aux globules.

HYDRIE n.f. ARCHÉOL. Grand vase grec à eau à trois anses, dont une verticale.

HYDRIQUE adj. Qui concerne l'eau. ◇ *Diète hydrique* : régime dans lequel seule l'eau est permise.

HYDROBASE n.f. Base pour hydravions.

HYDROCARBONATE n.m. Carbonate basique hydraté.

HYDROCARBONÉ, E adj. Qui contient de l'hydrogène et du carbone. *Composé hydrocarboné.*

HYDROCARBURE n.m. Composé binaire de carbone et d'hydrogène. *Le pétrole et le gaz naturel sont essentiellement composés d'hydrocarbures.*

HYDROCÈLE n.f. Épanchement séreux dans la tunique vaginale qui entoure le testicule.

HYDROCÉPHALE adj. et n. Atteint d'hydrocéphalie.

HYDROCÉPHALIE n.f. Augmentation de volume du liquide céphalo-rachidien, entraînant, chez l'enfant, une augmentation du volume de la boîte crânienne et une insuffisance du développement intellectuel.

HYDROCHARIDACÉE [-ka-] n.f. *Hydrocharidacées* : famille de plantes monocotylédones vivant dans l'eau douce, comme l'élodée, la morène.

HYDROCLASSEUR n.m. MIN. Appareil hydraulique utilisé pour séparer en catégories de grosseur des minerais fins entraînés en suspension dans l'eau.

HYDROCORALLIAIRE n.m. *Hydrocoralliaires* : classe de cnidaires hydrozoaires coloniaux, participant à la constitution de récifs coralliens, comme le millépore.

HYDROCORTISONE n.f. Principale hormone corticosurrénale, douée d'une puissante action anti-inflammatoire. SYN. : *cortisol.*

HYDROCOTYLE n.f. Herbe à feuilles rondes, peltées, dont une espèce vit, en France, dans les marais. (Famille des ombellifères.)

HYDROCRAQUAGE n.m. TECHN. Craquage à haute pression d'un produit pétrolier en présence d'hydrogène et d'un catalyseur.

HYDROCUTION n.f. Syncope due à un trouble vasomoteur réflexe, déclenchée par la température froide de l'eau et pouvant entraîner la mort par noyade.

HYDRODÉSULFURATION n.f. PÉTR. Procédé de raffinage qui utilise l'hydrogène pour désulfurer une essence, un gazole en présence d'un catalyseur.

HYDRODYNAMIQUE n.f. Partie de la mécanique des fluides qui s'applique aux liquides, étudie les lois régissant leurs mouvements et les résistances qu'ils opposent aux corps qui se meuvent par rapport à eux. ◆ adj. Relatif à l'hydrodynamique.

HYDROÉLECTRICITÉ n.f. Énergie électrique obtenue par conversion de l'énergie hydraulique des rivières et des chutes d'eau.

HYDROÉLECTRIQUE adj. Relatif à l'hydroélectricité ; qui en relève. *Centrale hydroélectrique.*

HYDROFILICALE n.f. *Hydrofilicales* : ordre de plantes aquatiques voisines des fougères, telles que la pilulaire.

HYDROFOIL [-fɔjl] n.m. (mot angl.). Hydroptère.

HYDROFUGATION n.f. Action d'hydrofuger.

HYDROFUGE adj. et n.m. Se dit d'un produit qui, appliqué en enduit ou mêlé à la masse d'un matériau, préserve de l'humidité ou la chasse, par obturation des pores ou modification de l'état capillaire de la surface.

HYDROFUGER v.t. [17]. Rendre hydrofuge.

HYDROGEL n.m. CHIM. Gel dont le milieu de suspension est l'eau.

HYDROGÉNATION n.f. CHIM. Fixation d'hydrogène sur un corps simple ou composé. – *Hydrogénation du charbon,* permettant la conversion du charbon en hydrocarbures gazeux ou liquides.

HYDROGÈNE n.m. (gr. *hudôr,* eau, et *gennân,* engendrer). Corps simple, gazeux, extrêmement léger, se solidifiant à – 259,14 °C, se liquéfiant à – 252,87 °C, qui entre dans la composition de l'eau, très utilisé dans l'industrie pour de nombreuses synthèses ; élément (H) de numéro atomique 1, de masse atomique 1,008. ◇ *Bombe à hydrogène* : bombe thermonucléaire.

■ Découvert par Cavendish en 1781, ce gaz a été ainsi appelé parce que, en se combinant avec l'oxygène, il forme de l'eau. Il est inflammable et brûle à l'air avec une flamme pâle ; il est quatorze fois plus léger que l'air.

HYDROGÉNÉ, E adj. **1.** Combiné avec l'hydrogène. **2.** Qui contient de l'hydrogène.

HYDROGÉNER v.t. [18]. Combiner avec l'hydrogène.

HYDROGÉOLOGIE n.f. Partie de la géologie qui s'occupe de la recherche et du captage des eaux souterraines.

HYDROGLISSEUR n.m. Bateau de faible tirant d'eau, généralement à fond plat, propulsé par une hélice aérienne ou un réacteur.

HYDROGRAPHE n. Spécialiste en hydrographie. ◇ *Ingénieur hydrographe* : ingénieur appartenant au Service hydrographique de la marine (rattaché, depuis 1970, au corps des ingénieurs de l'armement).

HYDROGRAPHIE n.f. **1.** Partie de la géographie physique qui traite des eaux marines ou douces. **2.** Ensemble des eaux courantes ou stables d'un pays. *Hydrographie de la France.* **3.** Topographie maritime qui a pour objet de lever le plan du fond des mers et des fleuves.

HYDROGRAPHIQUE adj. Qui concerne l'hydrographie, qui en relève. ◇ *Service hydrographique et océanographique de la marine* : service de la Marine nationale chargé d'établir les cartes marines et de diffuser les informations nautiques. (Son siège est aujourd'hui à Brest.)

HYDROLASE n.f. BIOCHIM. Enzyme catalysant la rupture d'une liaison chimique avec fixation des éléments d'une molécule d'eau.

HYDROLAT n.m. Eau distillée aromatisée.

HYDROLITHE n.f. CHIM. Hydrure de calcium CaH_2, que l'eau décompose à froid en donnant de l'hydrogène.

HYDROLOGIE n.f. Science qui traite des propriétés mécaniques, physiques et chimiques des eaux marines *(hydrologie marine* ou *océanographie)* et continentales *(hydrologie fluviale* ou *potamologie ; hydrologie lacustre* ou *limnologie).*

HYDROLOGIQUE adj. Relatif à l'hydrologie.

HYDROLOGISTE ou **HYDROLOGUE** n. Géophysicien spécialiste des questions d'hydrologie.

HYDROLYSABLE adj. Qui peut être hydrolysé.

HYDROLYSE n.f. Décomposition de certains composés chimiques par l'eau.

HYDROLYSER v.t. Réaliser l'hydrolyse de.

HYDROMÉCANIQUE adj. Se dit d'une installation mécanique dans laquelle un liquide, généralement de l'eau ou de l'huile sous pression, est employé comme organe de transmission de puissance.

HYDROMEL n.m. (gr. *hudôr,* eau, et *meli,* miel). Boisson alcoolique obtenue par fermentation du miel dans de l'eau.

HYDROMÉTALLURGIE n.f. Ensemble des procédés et des techniques d'extraction des métaux contenus dans un matériau brut ou concentré, par dissolution dans une phase liquide.

HYDROMÈTRE n.f. Insecte à longues pattes qui vit au bord des mares et marche à la surface des eaux. (Ordre des hétéroptères.) Nom usuel : *araignée d'eau.*

HYDROMÉTRIE n.f. Mesure des débits des cours d'eau et des eaux souterraines.

HYDROMINÉRAL, E, AUX adj. Relatif aux eaux minérales.

HYDRONÉPHROSE n.f. Distension des calices et du bassinet du rein par l'urine, quand celle-ci ne peut s'écouler normalement par les uretères.

1. HYDROPHILE adj. **1.** Apte à être mouillé par l'eau sans être dissous. *Coton hydrophile.* **2.** CHIM. Qui a de l'affinité pour l'eau (par opp. à *hydrophobe*).

2. HYDROPHILE n.m. Insecte coléoptère ressemblant au dytique et vivant dans les mares. (Long. 5 cm.)

HYDROPHOBE adj. **1.** Se dit d'une fibre qui ne se laisse pas mouiller par l'eau. **2.** CHIM. Qui évite l'eau (par opp. à *hydrophile*).

HYDROPHONE n.m. Détecteur immergé d'ondes acoustiques, employé en sismologie, en détection pétrolière, etc.

HYDROPIQUE adj. et n. (gr. *hudropikos*). Vx. Atteint d'hydropisie.

HYDROPISIE [idʀɔpizi] n.f. Vieilli. Accumulation pathologique de sérosité dans une partie du corps, notamment dans l'abdomen. SYN. (mod.) : *anasarque.*

HYDROPNEUMATIQUE adj. Qui fonctionne à l'aide de l'eau, ou d'un liquide quelconque, et d'un gaz comprimé. *Frein hydropneumatique.*

HYDROPONIQUE adj. AGRIC. *Culture hydroponique,* avec des solutions nutritives renouvelées, sans le support d'un sol.

HYDROPTÈRE n.m. Navire rapide muni de surfaces immergées portantes reliées à la coque par des bras et capable, à partir d'une certaine vitesse, de naviguer en position déjaugée. SYN. : *hydrofoil.*

HYDROQUINONE n.f. CHIM. Composé comportant deux fonctions phénol, employé comme révélateur photographique.

HYDROSILICATE n.m. Silicate hydraté.

HYDROSOL n.m. Sol ayant l'eau pour milieu dispersif.

HYDROSOLUBLE adj. Se dit des corps solubles dans l'eau, partic. des vitamines B, C et P (par opp. à *liposoluble*).

HYDROSPHÈRE n.f. Partie liquide de la croûte terrestre (par opp. à *atmosphère* et à *lithosphère*).

1. HYDROSTATIQUE n.f. Étude des conditions d'équilibre des liquides.

2. HYDROSTATIQUE adj. Relatif à l'hydrostatique. ◇ *Balance hydrostatique :* appareil qui sert à déterminer la densité des corps. – *Pression hydrostatique,* qu'exerce l'eau sur la surface d'un corps immergé.

HYDROTHÉRAPIE n.f. **1.** Ensemble des thérapeutiques mettant à profit les propriétés physiques ou chimiques de l'eau. **2.** Traitement par les bains, les affusions ou les douches.

HYDROTHÉRAPIQUE adj. Relatif à l'hydrothérapie.

HYDROTHERMAL, E, AUX adj. **1.** GÉOL. Qui se rapporte aux circulations souterraines de fluides chauds et riches en eau. **2.** MÉD. Relatif aux eaux thermales.

HYDROTHORAX n.m. Épanchement de liquide dans la cavité de la plèvre.

HYDROTIMÉTRIE n.f. Mesure de la dureté d'une eau par dosage de ses sels de calcium et de magnésium.

HYDROTRAITEMENT n.m. Épuration d'un produit pétrolier par hydrogénation.

HYDROXYDE n.m. CHIM. **1.** Base renfermant au moins un groupement OH—. (Nom générique.) **2.** Hydrate d'oxyde (ne contenant pas de groupements OH—).

HYDROXYLAMINE n.f. CHIM. Dérivé de l'ammoniac, contenant un hydroxyle, de formule NH_2—OH.

HYDROXYLE n.m. CHIM. Radical OH qui figure dans l'eau, les hydroxydes, les alcools, etc. SYN. : *oxhydryle.*

HYDROZOAIRE n.m. (gr. *hudôr,* eau, et *zôon,* animal). *Hydrozoaires :* classe de cnidaires dont le cycle de vie typique consiste en une alternance entre une forme mobile (méduse) et une forme fixée (polype), et qui comprend principalement les hydraires, les hydrocoralliaires et les siphonophores.

HYDRURE n.m. Combinaison de l'hydrogène avec un corps simple.

HYÈNE [jɛn] n.f. (gr. *huaina*). Mammifère carnivore d'Afrique et d'Asie, à pelage gris ou fauve tacheté ou rayé de brun, se nourrissant surtout de charognes et dont on a trouvé des traces abondantes dans l'Europe du quaternaire. (Long. jusqu'à 1,40 m.) – *L'hyène hurle,* pousse son cri.

hyène tachetée

HYGIAPHONE n.m. (nom déposé). Dispositif transparent et perforé équipant des guichets où des employés sont en contact constant avec le public (Poste, banques, etc.).

HYGIÈNE n.f. (gr. *hugieinon,* santé). **1.** Partie de la médecine étudiant les moyens individuels ou collectifs, les principes et les pratiques qui visent à préserver ou favoriser la santé. **2. a.** Ces principes et ces pratiques. *Hygiène alimentaire.* **b.** Fait de respecter ces principes. *Avoir une stricte hygiène de vie.* **3.** Ensemble des soins apportés au corps pour le maintenir propre. *Hygiène du cuir chevelu.* **4.** Ensemble des conditions sanitaires d'un lieu. *Un local sans hygiène.*

HYGIÉNIQUE adj. **1.** Relatif à l'hygiène. **2.** Bon pour la santé, sain. *Promenade hygiénique.* **3.** Qui a trait à l'hygiène, à la propreté du corps, et particulièrement de ses parties intimes. *Papier hygiénique. Serviette hygiénique.*

HYGIÉNIQUEMENT adv. Conformément aux règles de l'hygiène.

HYGIÉNISTE n. Spécialiste de l'hygiène.

HYGROMA n.m. MÉD. Épanchement liquidien des bourses séreuses situées aux points d'appui (genoux, coudes), dû à une irritation ou à un microtraumatisme.

HYGROMÈTRE n.m. Appareil pour mesurer le degré d'humidité de l'air. ◇ *Hygromètre à cheveux,* dans lequel un faisceau de cheveux se raccourcissant par la sécheresse ou s'allongeant par l'humidité déplace une aiguille devant un écran gradué.

HYGROMÉTRIE ou **HYGROSCOPIE** n.f. Partie de la météorologie qui étudie la quantité de vapeur d'eau contenue dans l'air. ◇ Cette quantité. *Hygrométrie élevée.*

HYGROMÉTRIQUE adj. Relatif à l'hygrométrie.

HYGROPHILE adj. BIOL. Se dit d'un organisme, et notamm. d'une plante, qui se développe mieux à l'humidité.

HYGROPHOBE adj. BIOL. Se dit d'un organisme qui ne peut vivre dans les lieux humides.

HYGROPHORE n.m. Champignon basidiomycète à lames épaisses, espacées, à chapeau souvent visqueux.

HYGROSCOPE n.m. Appareil mettant en évidence les variations de l'état hygrométrique de l'air.

HYGROSCOPIE n.f. → ***hygrométrie.***

HYGROSCOPIQUE adj. Qui a tendance à absorber l'humidité de l'air.

HYGROSTAT n.m. Appareil maintenant constante l'humidité de l'air ou d'un gaz.

HYLÉTIQUE adj. (du gr. *hulê,* matière). PHILOS. Qui concerne la matière.

1. HYMEN [imɛn] n.m. (gr. *humên,* membrane). Membrane qui ferme plus ou moins complètement l'entrée du vagin chez la vierge.

2. HYMEN [imɛn] ou **HYMÉNÉE** n.m. (du n. d'une divinité grecque qui présidait au mariage). Litt. Mariage.

HYMÉNIUM [-njɔm] n.m. Chez les champignons, couche formée par les éléments producteurs de spores.

HYMÉNOMYCÈTE n.m. *Hyménomycètes :* sous-classe de champignons basidiomycètes dont les spores naissent sur un hyménium exposé à l'air, comme le bolet.

HYMÉNOPTÈRE adj. et n.m. (gr. *humên,* membrane, et *pteron,* aile). *Hyménoptères :* ordre d'insectes à métamorphoses complètes, à deux paires d'ailes solidaires pendant le vol et dont la larve ne peut subvenir seule à ses besoins, comptant plus de 100 000 espèces (parmi lesquelles les abeilles, les guêpes et les fourmis).

1. HYMNE n.m. (gr. *humnos*). **1.** Chez les Anciens, chant, poème à la gloire des dieux ou des héros, souvent associé à un rituel religieux. **2.** Chant, poème lyrique à la gloire d'un personnage, d'une grande idée, etc. ◇ *Hymne national :* chant patriotique associé aux cérémonies publiques.

2. HYMNE n.f. Chant latin strophique, poème religieux qui, dans la liturgie chrétienne, fait partie de l'office divin.

HYOÏDE [jɔid] adj. et n.m. (gr. *huoeidês,* en forme de Υ). Se dit d'un os en fer à cheval, situé au-dessus du larynx.

HYOÏDIEN, ENNE adj. Relatif à l'os hyoïde.

HYPALLAGE n.f. (gr. *hupallagê,* échange). RHÉT. Figure consistant à attribuer à certains mots d'une phrase ce qui convient à d'autres mots de la même phrase. (Ex. : *Ce marchand accoudé sur son comptoir avide* [V. Hugo].)

HYPER n.m. (abrév.). Fam. Hypermarché.

HYPERACOUSIE n.f. MÉD. Sensibilité excessive au son et au bruit.

HYPERACTIF, IVE adj. et n. Qui est en proie à l'hyperactivité.

HYPERACTIVITÉ n.f. PSYCHIATRIE. État d'activité constante et d'instabilité de comportement, s'accompagnant de difficultés d'attention, observé princ. chez l'enfant.

HYPERAZOTÉMIE n.f. MÉD. Augmentation pathologique de la quantité de déchets azotés contenus dans le sang, mise en évidence par le dosage de l'urée sanguine et signe d'une insuffisance rénale.

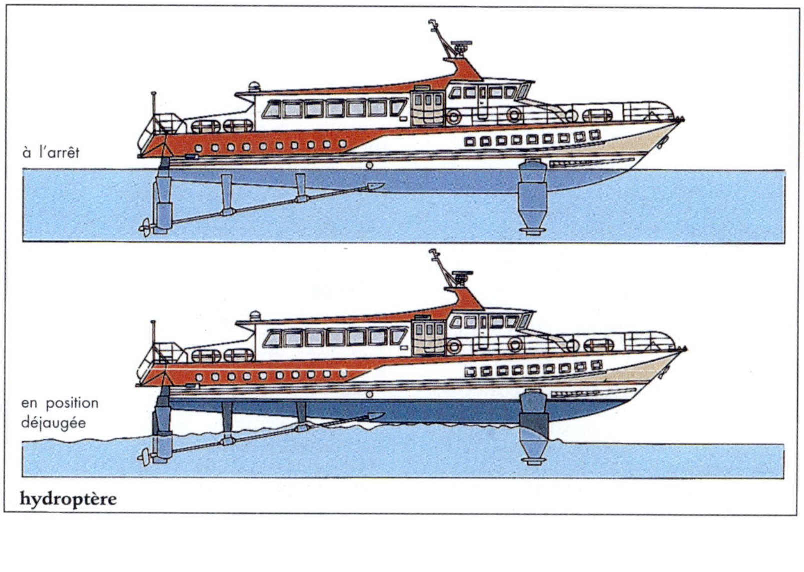

hydroptère

HYPERBARE adj. TECHN. Se dit d'une enceinte où la pression est supérieure à la pression atmosphérique. *Caisson hyperbare.*

HYPERBATE n.f. (gr. *huperbaton,* inversion). RHÉT. Figure consistant à renverser l'ordre habituel des mots. (Ex. : *Là coule un clair ruisseau.*)

HYPERBOLE n.f. (gr. *huperbolê,* excès). **1.** RHÉT. Procédé qui consiste à exagérer l'expression pour produire une forte impression (ex. : *un géant* pour *un homme de haute taille*). **2.** MATH. Conique dont l'excentricité est un nombre strictement supérieur à 1. (C'est la section d'une surface conique de révolution par un plan rencontrant les deux nappes du cône et ne passant pas par le sommet.)

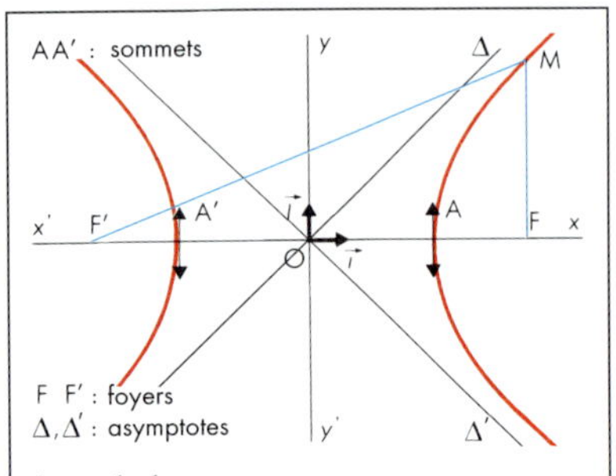

hyperbole

HYPERBOLIQUE adj. **I.** RHÉT. Se dit d'une expression qui a le caractère d'une hyperbole, d'un style qui contient des hyperboles. **II.** MATH. **1.** Relatif à l'hyperbole. ◇ *Fonctions hyperboliques :* fonctions réelles d'une variable réelle définies à partir de la fonction exponentielle (sinus hyperbolique [sh], cosinus hyperbolique [ch], tangente hyperbolique [th]). **2.** En forme d'hyperbole ou d'hyperboloïde. *Miroir hyperbolique.*

HYPERBOLOÏDE n.m. MATH. Quadrique admettant un centre de symétrie et dont les sections par un plan passant par le centre sont des hyperboles. ◇ *Hyperboloïde de révolution,* engendré par la rotation d'une hyperbole autour de l'un de ses axes.

HYPERBORÉEN, ENNE adj. Litt. De l'extrême nord.

HYPERCALCÉMIE n.f. Augmentation pathologique du taux de calcium dans le sang.

HYPERCAPNIE n.f. Augmentation pathologique du taux de gaz carbonique dans le sang.

HYPERCHLORHYDRIE [-klɔ-] n.f. MÉD. Teneur excessive du suc gastrique en acide chlorhydrique.

HYPERCHOLESTÉROLÉMIE n.f. MÉD. Élévation pathologique du taux de cholestérol sanguin, l'un des principaux facteurs de l'artériosclérose.

HYPERCORRECTION n.f. LING. Phénomène consistant à reconstruire de manière erronée un mot en lui restituant un élément que l'on croit disparu.

HYPERDULIE n.f. (gr. *huper,* au-delà, et *doulos,* esclave). Culte rendu à la Vierge (par opp. au culte de *dulie,* rendu aux saints).

HYPERÉMIE n.f. MÉD. Congestion.

HYPERÉMOTIVITÉ n.f. PSYCHOL. Disposition à réagir de façon excessive aux évènements dans le domaine émotionnel.

HYPERESPACE n.m. MATH. Espace à plus de trois dimensions.

HYPERESTHÉSIE n.f. NEUROL. Exagération de la sensibilité, tendant à transformer les sensations ordinaires en sensations douloureuses.

HYPERFOCAL, E, AUX adj. OPT. *Distance hyperfocale :* distance minimale du sujet à l'objectif, à partir de laquelle la netteté de l'image est assurée jusqu'à l'infini.

HYPERFOLLICULINIE n.f. MÉD. Sécrétion exagérée de folliculine non contrebalancée par la progestérone.

HYPERFONCTIONNEMENT n.m. MÉD. Fonctionnement anormalement important. *Hyperfonctionnement glandulaire.*

HYPERFRÉQUENCE n.f. TÉLÉCOMM. Fréquence radioélectrique très élevée, supérieure à 1 000 mégahertz (1 GHz) environ.

HYPERGLYCÉMIANT, E adj. Qui provoque l'hyperglycémie.

HYPERGLYCÉMIE n.f. Excès du taux de glucose dans le sang. (La normale étant de 1 g par litre.)

HYPERGOL n.m. Propergol dont les ergols réagissent spontanément entre eux.

HYPÉRICACÉE n.f. *Hypéricacées :* famille de plantes aux feuilles glanduleuses, aux fleurs jaunes ou blanches et aux fruits en capsule ou en baie, telles que le millepertuis.

HYPERKALIÉMIE n.f. Augmentation pathologique du taux de potassium dans le sang.

HYPERLIPIDÉMIE ou **HYPERLIPÉMIE** n.f. MÉD. Élévation pathologique du taux de lipides dans le sang.

HYPERMARCHÉ n.m. Magasin exploité en libre service et présentant une superficie consacrée à la vente supérieure à 2 500 m². Abrév. (fam.) : *hyper.*

HYPERMÉDIA n.m. Technique ou système permettant, dans un système documentaire multimédia (texte, son, image), de passer d'un document à un autre selon des chemins préétablis ou élaborés lors de la consultation.

HYPERMÈTRE adj. MÉTR. ANC. Se dit d'un vers dont la syllabe finale ne compte pas dans la mesure.

HYPERMÉTROPE adj. et n. Atteint d'hypermétropie.

HYPERMÉTROPIE n.f. (gr. *huper,* au-delà, *metron,* mesure, et *ops,* vue). Anomalie de la vision due habituellement à un défaut de convergence du cristallin et dans laquelle l'image se forme en arrière de la rétine. (On corrige l'hypermétropie par des verres convergents.)

HYPERMNÉSIE n.f. Rappel simultané, non contrôlé par le sujet, de nombreux faits de la vie passée, qui ne sont pas véritablement reconnus.

HYPERNERVEUX, EUSE adj. et n. D'une nervosité excessive.

HYPÉRON n.m. PHYS. Toute particule subatomique de masse supérieure à celle du proton.

HYPERONYME n.m. LING. Terme dont le sens inclut le sens d'autres termes, qui sont ses hyponymes. Meuble *est l'hyperonyme de* siège, *qui est lui-même l'hyperonyme de* fauteuil.

HYPERPLAN n.m. MATH. Sous-espace de dimension *n* – 1 d'un espace vectoriel de dimension *n.* (Ex. : les plans de l'espace à 3 dimensions, les droites d'un plan.)

HYPERPLASIE n.f. BIOL. Développement excessif d'un tissu par multiplication de ses cellules avec conservation d'une architecture et d'une capacité fonctionnelle normales.

HYPERRÉALISME n.m. Courant des arts plastiques apparu aux États-Unis à la fin des années 60 et caractérisé par une interprétation quasi photographique du visible.

HYPERRÉALISTE adj. et n. Qui appartient à l'hyperréalisme ou qui s'y rattache.

HYPERSÉCRÉTION n.f. MÉD. Sécrétion supérieure à la normale.

HYPERSENSIBILITÉ n.f. Sensibilité extrême.

HYPERSENSIBLE adj. et n. D'une sensibilité extrême.

HYPERSOMNIAQUE adj. et n. Qui souffre d'hypersomnie.

HYPERSOMNIE n.f. MÉD. Exagération pathologique de l'aptitude au sommeil que l'on observe au cours de certaines affections (trypanosomiase, encéphalites, diabète, etc.).

HYPERSONIQUE adj. AÉRON. Se dit des vitesses correspondant à un nombre de Mach égal ou supérieur à 5 (soit, à haute altitude, env. 5 000 km/h) ainsi que des engins se déplaçant à de telles vitesses.

HYPERSTATIQUE adj. MÉCAN. PHYS. Se dit d'un système de corps ayant entre eux plus de liaisons qu'il ne peut en exister entre solides indéformables.

HYPERSUSTENTATEUR adj.m. et n.m. AÉRON. Se dit d'un dispositif assurant l'hypersustentation.

HYPERSUSTENTATION n.f. AÉRON. Augmentation momentanée de la portance d'une aile à l'aide de dispositifs spéciaux (notamm. au décollage et à l'atterrissage).

HYPERTÉLIE n.f. BIOL. Développement excessif de certains organes ayant pour effet de les rendre nuisibles chez certaines espèces alors qu'ils sont utiles chez les espèces où leur développement est normal. *Les défenses recourbées en dedans du mammouth sont un exemple d'hypertélie.*

HYPERTÉLIQUE adj. BIOL. Atteint d'hypertélie.

HYPERTENDU, E adj. et n. Atteint d'hypertension artérielle.

HYPERTENSEUR adj.m. Qui provoque une hypertension.

HYPERTENSION n.f. PATHOL. Augmentation anormale de la pression à l'intérieur d'une cavité ou d'un vaisseau. *Hypertension artérielle.* – *Hypertension intracrânienne :* augmentation de la pression intracrânienne du liquide céphalorachidien.

HYPERTEXTE n.m. Technique ou système qui permet, lors de la consultation d'une base documentaire de textes, de sauter d'un document à un autre selon des chemins préétablis ou élaborés à cette occasion.

HYPERTHERMIE n.f. PATHOL. Élévation de la température du corps au-dessus de la normale. SYN. (cour.) : *fièvre.*

HYPERTHYROÏDIE n.f. Exagération de la sécrétion de la glande thyroïde avec, le plus souvent, hypertrophie de cet organe, telle qu'on l'observe par ex. dans la maladie de Basedow.

HYPERTONIE n.f. **1.** BIOCHIM. État d'une solution ou d'un milieu hypertonique. **2.** PATHOL. Exagération de la tonicité des tissus. ◇ NEUROL. Exagération du tonus musculaire.

HYPERTONIQUE adj. BIOCHIM. Se dit d'une solution ou d'un milieu organique dont la concentration moléculaire est supérieure à celle d'un autre milieu. ◆ adj. et n. MÉD. Qui est relatif à l'hypertonie ; qui souffre d'hypertonie.

HYPERTROPHIE n.f. **1.** PATHOL. Augmentation de volume d'un tissu, d'un organe, due à un développement excessif de la taille de ses constituants. **2.** Fig. Développement excessif, exagéré. *Hypertrophie de la sensibilité.*

HYPERTROPHIÉ, E adj. Atteint d'hypertrophie. CONTR. : *atrophié.*

HYPERTROPHIER v.t. Produire l'hypertrophie de (un tissu, un organe). ◆ **s'hypertrophier** v.pr. **1.** Augmenter de volume par hypertrophie. **2.** Se développer excessivement. *Cette administration s'est hypertrophiée.*

HYPERTROPHIQUE adj. PATHOL. Qui a les caractères de l'hypertrophie, qui présente une hypertrophie.

HYPERVITAMINOSE n.f. PATHOL. Excès d'une vitamine ou de vitamines dans l'organisme.

HYPHE [if] n.f. (gr. *huphê,* tissu). Chacun des filaments qui constituent ensemble le mycélium des champignons.

HYPHOLOME [ifɔlom] n.m. Champignon à lames, non comestible, poussant en touffes sur les souches.

HYPNAGOGIQUE adj. (gr. *hupnos,* sommeil, et *agein,* conduire). Qui concerne l'endormissement, la période précédant le sommeil. *Images, visions hypnagogiques.*

HYPNE n.f. BOT. Mousse très commune.

HYPNOÏDE adj. PSYCHIATRIE. *État hypnoïde :* état caractérisé par l'obscurcissement de la conscience, la diminution des perceptions, le relâchement des processus intellectuels et des contenus de pensée.

HYPNOLOGIE n.f. Branche de la physiologie concernant le sommeil.

HYPNOPOMPIQUE adj. Qui concerne le réveil incomplet qui suit le sommeil.

HYPNOSE n.f. (du gr. *hupnoûn,* endormir). **1.** État de sommeil artificiel provoqué par suggestion. **2.** Technique de suggestion propre à provoquer cet état ; utilisation de cette technique (notamm. à des fins thérapeutiques).

HYPNOTIQUE adj. Relatif à l'hypnose, à l'hypnotisme. *Sommeil hypnotique.* ◆ adj. et n.m. Se dit de médicaments qui provoquent le sommeil (tranquillisants, sédatifs).

HYPNOTISER v.t. **1.** Soumettre à l'hypnose. **2.** S'imposer à l'esprit de qqn ; obséder, obnubiler. *Cette difficulté vous hypnotise et vous ne faites attention à rien d'autre.* ◆ **s'hypnotiser** v.pr. Être totalement absorbé, fasciné par qqch. *Ils s'hypnotisent sur ce détail.*

HYPNOTISEUR, EUSE n. Personne qui hypnotise.

HYPNOTISME n.m. Ensemble des techniques permettant de provoquer l'hypnose.

HYPOACOUSIE n.f. Diminution de l'acuité auditive.

HYPOALLERGÉNIQUE adj. et n.m. Se dit d'une substance qui provoque peu de réactions allergiques. *Crème, savon hypoallergéniques.*

HYPOALLERGIQUE adj. et n.m. (Impropr.). Hypoallergénique.

HYPOCALCÉMIE n.f. Insuffisance du taux de calcium dans le sang.

HYPOCALORIQUE adj. Se dit d'un régime alimentaire pauvre en calories.

HYPOCAUSTE n.m. ANTIQ. ROM. Système de chauffage à air chaud installé dans le sol et le sous-sol de certaines constructions romaines, notamm. les thermes.

HYPOCENTRE n.m. GÉOL. Point souterrain, qui est l'origine d'un séisme. SYN. : *foyer.*

HYPOCHLOREUX adj.m. CHIM. Se dit de l'anhydride Cl_2O et de l'acide HClO.

HYPOCHLORHYDRIE n.f. Insuffisance de l'acide chlorhydrique dans la sécrétion gastrique.

HYPOCHLORITE n.m. CHIM. Sel de l'acide hypochloreux. (L'hypochlorite de sodium [NaClO] existe dans l'eau de Javel.)

HYPOCHROME adj. PATHOL. Se dit d'une hématie (globule rouge) dont la concentration en hémoglobine est insuffisante. ◇ *Anémie hypochrome,* caractérisée par la présence dans le sang de telles hématies.

HYPOCONDRE n.m. (gr. *hupo,* dessous, et *khondros,* cartilage). ANAT. Chacune des parties latérales de la région supérieure de l'abdomen.

HYPOCONDRIAQUE adj. et n. Qui souffre d'hypocondrie.

HYPOCONDRIE n.f. État d'anxiété permanente, pathologique, concernant la santé, l'état et le fonctionnement de ses organes.

HYPOCORISTIQUE adj. et n.m. LING. Qui exprime une intention affectueuse. *Mot, tournure hypocoristique (« frérot », « bibiche », « mon poulet », etc.).*

HYPOCRAS [ipɔkras] n.m. (de *Hippocrate*). Anc. Boisson faite avec du vin dans lequel ont infusé de la cannelle, de la vanille et du girofle, additionné de sucre.

HYPOCRISIE n.f. (gr. *hupokrisis,* mimique). **1.** Défaut qui consiste à dissimuler sa véritable personnalité et à affecter des sentiments, des opinions et des vertus que l'on n'a pas. **2.** Caractère de ce qui est hypocrite.

HYPOCRITE adj. et n. Qui fait preuve d'hypocrisie ; qui dénote l'hypocrisie.

HYPOCRITEMENT adv. De façon hypocrite.

HYPOCYCLOÏDAL, E, AUX adj. **1.** Qui a la forme d'une hypocycloïde. **2.** Se dit d'un engrenage dans lequel le pignon tourne à l'intérieur de la roue.

HYPOCYCLOÏDE n.f. MATH. Courbe plane décrite par un point d'un cercle qui roule sans glisser à l'intérieur d'un cercle fixe.

HYPODERME n.m. **1.** ANAT. Partie profonde de la peau, sous le derme, riche en tissu adipeux. **2.** ZOOL. Mouche épaisse et velue dont la larve vit sous la peau de certains ruminants, provoquant l'hypodermose.

HYPODERMIQUE adj. Relatif à l'hypoderme, au tissu sous-cutané.

HYPODERMOSE n.f. Affection causée aux animaux, et plus partic. aux bovins, par des hypodermes.

HYPOESTHÉSIE n.f. PATHOL. Affaiblissement d'un type ou des différents types de sensibilité.

HYPOGASTRE n.m. ANAT. Partie inférieure de l'abdomen.

HYPOGASTRIQUE adj. De l'hypogastre.

HYPOGÉ, E [ipɔʒe] adj. BOT. Qui se développe sous terre.

HYPOGÉE [ipɔʒe] n.m. (gr. *hupo,* dessous, et *gê,* terre). ARCHÉOL. **1.** Excavation creusée de main d'homme ; construction souterraine. **2.** Tombeau souterrain. *Les hypogées égyptiens.*

HYPOGLOSSE adj. ANAT. Se dit d'un nerf qui part du bulbe rachidien et innerve les muscles de la langue.

HYPOGLYCÉMIANT, E adj. et n.m. MÉD. Se dit des médicaments qui provoquent l'hypoglycémie, utilisés dans le traitement du diabète.

HYPOGLYCÉMIE n.f. MÉD. Diminution, insuffisance du taux de glucose dans le sang.

HYPOGYNE adj. BOT. Se dit d'une fleur où périanthe et androcée sont insérés au-dessous de l'ovaire. CONTR. : *épigyne.*

HYPOÏDE adj. MÉCAN. Se dit d'un engrenage conique à denture spirale, dont les axes des roues ne se rencontrent pas.

HYPOKALIÉMIE n.f. Insuffisance du taux de potassium dans le sang.

HYPOKHÂGNE n.f. Arg. scol. Classe de préparation à la khâgne.

HYPOMANIE n.f. PSYCHIATRIE. État d'excitation constituant une forme mineure de manie.

HYPONEURIEN n.m. Animal dont la chaîne nerveuse est située ventralement. *La plupart des invertébrés se rangent parmi les hyponeuriens.* SYN. : *protostomien.* CONTR. : *épineurien.*

HYPONOMEUTE n.m. ZOOL. Petit papillon dont la chenille, très nuisible, tisse des toiles autour des rameaux des arbres fruitiers et en dévore les feuilles. (On écrit aussi *yponomeute.*)

HYPONYME n.m. LING. Terme dont le sens est inclus dans le sens d'un autre qui est son hyperonyme. Goélette *est un des hyponymes de* voilier.

HYPOPHOSPHITE n.m. Sel de l'acide hypophosphoreux.

HYPOPHOSPHOREUX adj.m. *Acide hypophosphoreux :* acide HPO_2H_2, le moins oxygéné des acides du phosphore.

HYPOPHYSAIRE adj. Relatif à l'hypophyse.

HYPOPHYSE n.f. ANAT. Glande endocrine située sous l'encéphale et qui sécrète de nombreuses hormones, en partic. l'hormone de croissance, des stimulines qui agissent sur les autres glandes endocrines, une hormone freinant la sécrétion urinaire et une autre faisant contracter les muscles lisses.

HYPOPLASIE n.f. PATHOL. Insuffisance de développement d'un tissu ou d'un organe.

HYPOSÉCRÉTION n.f. MÉD. Sécrétion inférieure à la normale.

HYPOSODÉ, E adj. MÉD. Pauvre en sel.

HYPOSPADIAS [-djas] n.m. MÉD. Malformation de la verge, dans laquelle l'urètre s'ouvre à la face inférieure de celle-ci et non à son extrémité.

HYPOSTASE n.f. (gr. *hupostasis,* ce qui est posé dessous). THÉOL. Chacune des trois personnes divines considérées comme substantiellement distinctes.

HYPOSTASIER v.t. **1.** THÉOL. Réduire (qqch) à l'état d'hypostase. **2.** Fig. Considérer à tort comme une réalité en soi, absolue. *Hypostasier une espérance.*

HYPOSTATIQUE adj. THÉOL. *Union hypostatique :* union en une seule hypostase des deux natures, divine et humaine, dans le Christ.

HYPOSTYLE adj. ARCHIT. Dont le plafond est soutenu par des colonnes. *Salle hypostyle.*

HYPOSULFITE n.m. Sel de l'acide hyposulfureux. SYN. : *thiosulfate.*

HYPOSULFUREUX adj.m. CHIM. *Acide hyposulfureux,* composé de soufre, d'oxygène et d'hydrogène ($H_2S_2O_3$). SYN. : *thiosulfurique.*

HYPOTAUPE n.f. Arg. scol. Classe de mathématiques supérieures.

HYPOTENDU, E adj. et n. Qui a une tension artérielle inférieure à la normale.

HYPOTENSEUR adj.m. et n.m. Se dit d'un médicament qui diminue la tension artérielle.

HYPOTENSIF, IVE adj. Relatif à l'hypotension.

HYPOTENSION n.f. Tension artérielle inférieure à la normale.

HYPOTÉNUSE n.f. (gr. *hupoteinousa pleura,* côté se tendant sous les angles). MATH. Côté opposé à l'angle droit d'un triangle rectangle. *Le carré de l'hypoténuse est égal à la somme des carrés des deux autres côtés.*

HYPOTHALAMIQUE adj. Relatif à l'hypothalamus.

HYPOTHALAMUS [ipɔtalamys] n.m. Région du diencéphale située à la base du cerveau et où se trouvent de nombreux centres régulateurs des grandes fonctions (faim, soif, activité sexuelle, sommeil-éveil, thermorégulation).

HYPOTHÉCABLE adj. Qui peut être hypothéqué.

HYPOTHÉCAIRE adj. Relatif à l'hypothèque ; garanti par une hypothèque.

HYPOTHÉCAIREMENT adv. Par hypothèque.

HYPOTHÉNAR adj. inv. ANAT. *Éminence hypothénar* ou *hypothénar,* n.m. : saillie à la partie interne de la paume de la main formée par les trois muscles courts moteurs du petit doigt.

HYPOTHÈQUE n.f. (gr. *hupothêkê,* gage). **1.** DR. Droit réel dont est grevé un bien immobilier au profit d'un créancier pour garantir le paiement de sa créance. **2.** Fig. Obstacle qui empêche l'accomplissement de qqch. *Sa maladie est une lourde hypothèque.* **3.** *Prendre une hypothèque sur l'avenir :* disposer d'une chose avant de la posséder.

HYPOTHÉQUER v.t. [18]. **1.** Grever (un bien) d'une hypothèque pour garantir une créance. *Hypothéquer une terre.* **2.** Fig. Engager, lier par qqch qui deviendra une difficulté. *Hypothéquer l'avenir.*

HYPOTHERMIE n.f. Abaissement de la température du corps au-dessous de la normale.

HYPOTHÈSE n.f. **1.** LOG. Proposition à partir de laquelle on raisonne pour résoudre un problème, pour démontrer un théorème. ◇ Spécialt. Proposition résultant d'une observation et que l'on soumet au contrôle de l'expérience ou que l'on vérifie par déduction. **2.** Cour. Supposition destinée à expliquer ou à prévoir des faits. *Faire des hypothèses.* ◇ *En toute hypothèse :* en tout cas ; quoi qu'il arrive.

HYPOTHÉTICO-DÉDUCTIF, IVE adj. (pl. *hypothético-déductifs, ives*). LOG. **1.** Se dit d'un raisonnement dans lequel certains principes sont considérés comme vrais et assurés et d'autres comme purement hypothétiques et vérifiables a posteriori. **2.** Se dit d'un système axiomatisé et formalisé.

HYPOTHÉTIQUE adj. **1.** LOG. Fondé sur une hypothèse. **2.** Cour. Douteux, incertain.

HYPOTHÉTIQUEMENT adv. Par hypothèse.

HYPOTHYROÏDIE n.f. MÉD. Insuffisance ou absence de la sécrétion thyroïdienne.

HYPOTONIE n.f. **1.** BIOCHIM. État d'une solution hypotonique. **2.** MÉD. Diminution de la tonicité musculaire.

HYPOTONIQUE adj. **1.** BIOCHIM. Se dit d'une solution saline dont la concentration moléculaire est inférieure à celle du plasma sanguin. **2.** MÉD. Qui présente une hypotonie, en parlant d'un organe.

HYPOTROPHIE n.f. PATHOL. Développement insuffisant du corps, retard de la croissance.

HYPOVITAMINOSE n.f. PATHOL. Carence d'une ou de plusieurs vitamines.

HYPOXÉMIE n.f. PATHOL. Diminution du taux d'oxygène dans le sang.

HYPOXIE n.f. Anoxie.

HYPSOMÈTRE n.m. (du gr. *hupsos,* hauteur). Instrument qui permet de déterminer l'altitude d'un lieu par la mesure du point d'ébullition de l'eau.

HYPSOMÉTRIE n.f. **1.** Mesure et représentation cartographique du relief terrestre. **2.** Étendue respective des différentes zones d'altitude d'une région.

HYPSOMÉTRIQUE adj. Relatif à l'hypsométrie. – *Carte hypsométrique :* carte qui représente la répartition des altitudes, en général par des courbes de niveau.

HYSOPE n.f. (gr. *hussôpos*). Arbrisseau des régions méditerranéennes et asiatiques, dont l'infusion des fleurs est stimulante. (Famille des labiées.)

HYSTÉRECTOMIE n.f. (gr. *hustera,* utérus, et *ektomê,* ablation). CHIR. Ablation de l'utérus.

HYSTÉRÉSIS [isterezis] n.f. (gr. *husterêsis,* retard). **1.** Retard dans l'évolution d'un phénomène physique par rapport à un autre dont il dépend. **2.** Propriété des substances ferromagnétiques, pour lesquelles l'induction dépend à la fois du champ magnétisant actuel et des états magnétiques antérieurs.

HYSTÉRIE n.f. (gr. *hustera,* utérus). **1.** Névrose caractérisée par la traduction dans le langage du corps des conflits psychiques (manifestations de conversion) et par un type particulier de personnalité marqué par le théâtralisme, la dépendance et la manipulation de l'entourage. **2. Fig.** Vive excitation poussée jusqu'au délire. *L'opinion est frappée d'une hystérie guerrière.* ◇ *Hystérie collective :* agitation, excitation, frénésie, parfois violente, qui gagne collectivement tous les membres d'un groupe, d'une foule.

■ Décrite par Hippocrate comme maladie spécifique des femmes privées de relations sexuelles, l'hystérie est assimilée au Moyen Âge à une possession du corps humain par Satan. Après les observations de Pinel et d'Esquirol, Charcot classe l'hystérie parmi les affections du système nerveux. Freud détermine une « structure hystérique de la personnalité » et montre que l'hystérie naît d'une confrontation permanente entre les souvenirs refoulés et la réalité.

HYSTÉRIFORME adj. Qui rappelle l'hystérie, qui y ressemble.

HYSTÉRIQUE adj. et n. Relatif à l'hystérie ; atteint d'hystérie.

HYSTÉROGRAPHIE n.f. Radiographie de l'utérus après injection d'un liquide opaque aux rayons X.

HYSTÉROMÈTRE n.m. MÉD. Instrument pour sonder et mesurer l'utérus.

HYSTÉROSALPINGOGRAPHIE n.f. Radiographie de l'utérus et des trompes après injection d'un liquide opaque aux rayons X. (Elle permet le diagnostic des stérilités par oblitération des trompes et celui des tumeurs de l'utérus.)

Hz, symbole du hertz.

I

I n.m. inv. **1.** Neuvième lettre de l'alphabet, la troisième des voyelles. ◇ *Mettre les points sur les* i : s'expliquer de façon claire et précise pour éviter les ambiguïtés. **2.** I, symbole chimique de l'iode. **3.** MATH. Désigne le nombre complexe ayant pour partie réelle 0 et pour partie imaginaire 1. (Le carré de *i* est égal à – 1.) **4.** I, chiffre romain représentant l'unité.

I. A. D. n.f. (sigle). Insémination artificielle avec donneur, méthode de procréation artificielle.

IAMBE ou **ÏAMBE** [jɑ̃b] n.m. (gr. *iambos*). MÉTR. ANC. Pied de vers composé d'une brève et d'une longue accentuée. ◆ pl. Pièce satirique, en alexandrins alternant avec des octosyllabes.

IAMBIQUE ou **ÏAMBIQUE** adj. Composé d'iambes.

IATROGÈNE adj. MÉD. Causé par les traitements médicaux ou les médicaments, en parlant d'une maladie, d'un accident morbide.

IBÈRE adj. et n. Des Ibères. ◆ n.m. Langue non indo-européenne parlée dans l'Antiquité par les Ibères.

IBÉRIQUE adj. **1.** Relatif à l'Ibérie. **2.** Relatif à l'Espagne et au Portugal. *Les pays ibériques.*

IBÉRIS [iberis] n.m. ou **IBÉRIDE** n.f. Plante dont certaines espèces sont cultivées comme ornementales sous le nom de *corbeille-d'argent*. (Famille des crucifères.)

IBIDEM adv. (mot lat.). Au même endroit d'un texte. Abrév. : *ibid.*

IBIS [ibis] n.m. (mot gr.). Oiseau échassier à bec long et courbé vers le bas. (L'ibis sacré, que les anciens Égyptiens vénéraient comme une incarnation du dieu Thot, possède un plumage blanc, sauf la tête, le cou et une partie des ailes, qui sont noirs.) [Famille des plataléidés.]

ibis sacré

ICAQUE n.f. Fruit de l'icaquier.

ICAQUIER n.m. Arbrisseau américain de la famille des rosacées, dont le fruit est comestible.

1. ICARIEN, ENNE adj. et n. Relatif à l'Icarie ; habitant de cette île.

2. ICARIEN, ENNE adj. (d'*Icare*, n. pr.). *Jeux icariens :* exercices acrobatiques effectués par des antipodistes.

ICAUNAIS, E adj. et n. De l'Yonne.

ICBM n.m. inv. (sigle de *Intercontinental Ballistic Missile*). Missile stratégique sol-sol dont la portée est supérieure à 5 500 km.

ICEBERG [isbɛrg] ou [ajsbɛrg] n.m. (mot angl. ; du norvég.). **1.** Bloc de glace de très grande taille flottant à la surface de la mer. (La portion émergée représente seulement un cinquième env. de la hauteur totale de l'iceberg.) **2.** Fig. *La partie immergée de l'iceberg :* la partie cachée et souvent la plus importante d'une affaire.

iceberg (vu en coupe)

ICE-BOAT [ajsbot] n.m. (mots angl.) [pl. *ice-boats*]. Rare. Véhicule à voile monté sur patins pour glisser sur la glace.

ICE-CREAM [ajskrim] n.m. (mots angl.) [pl. *ice-creams*]. Crème glacée.

ICEFIELD [ajsfild] n.m. (mot angl., *champ de glace*). GÉOGR. Vaste étendue de glace dans les régions polaires.

ICELUI, ICELLE pron. et adj. dém. (pl. *iceux, icelles*). Vx. Celui-ci, celle-ci.

ICHNEUMON [iknømɔ̃] n.m. (gr. *ikhneumôn*, fureteur). **1.** Vx. Mangouste. **2.** Insecte hyménoptère térébrant dont la larve est parasite des chenilles.

ICHOR [ikɔr] n.m. Vx. Sang purulent.

ICHTHUS [iktys] n.m. Transcription en caractères romains du monogramme grec du Christ : *Iêsous Christos Theou Uios Sôtêr* (Jésus-Christ, fils de Dieu, sauveur). [Ces lettres forment le mot grec *ikhthus*, « poisson » ; de là vient que le poisson a été souvent pris comme symbole du Christ.]

ICHTYOCOLLE [iktjɔkɔl] n.f. (du gr. *ikhthus*, poisson). Colle de poisson, utilisée notamm. dans le collage des vins.

ICHTYOÏDE [iktjɔid] adj. Rare. Qui a la forme d'un poisson.

ICHTYOL [iktjɔl] n.m. (gr. *ikhthus*, poisson). Huile sulfureuse employée dans le traitement de diverses maladies de la peau.

ICHTYOLOGIE [iktjɔlɔʒi] n.f. Étude scientifique des poissons.

ICHTYOLOGIQUE adj. Qui appartient à l'ichtyologie.

ICHTYOLOGISTE n. Spécialiste d'ichtyologie.

ICHTYOPHAGE adj. et n. Qui se nourrit principalement de poisson. SYN. : *piscivore.*

ICHTYORNIS [iktjɔrnis] n.m. (gr. *ikhthus*, poisson, et *ornis*, oiseau). Oiseau fossile du crétacé de l'Amérique du Nord, de la taille d'un pigeon.

ICHTYOSAURE [iktjɔzɔr] n.m. (gr. *ikhthus*, poisson, et *sauros*, lézard). Reptile fossile ayant l'aspect d'un requin, qui vivait au jurassique et atteignait 10 m de long.

ICHTYOSE [iktjoz] n.f. Maladie de la peau caractérisée par la formation d'écailles et la desquamation de l'épiderme, qui est sec et rugueux.

ICHTYOSTÉGA n.m. Amphibien fossile du dévonien, très voisin des poissons crossoptérygiens et tenu pour l'un des plus anciens vertébrés terrestres.

ICI adv. (lat. *ecce hic*, voici ici). **1.** Dans le lieu où l'on se trouve. ◇ *Par ici :* de ce côté-ci ; dans les environs. **2.** Dans ce pays. *Les gens d'ici.* **3.** Dans le temps présent. *D'ici à demain.*

ICI-BAS adv. Sur la terre, en ce monde, par opp. à *là-haut.*

ICOGLAN n.m. HIST. Officier du palais du Sultan, dans l'Empire ottoman.

1. ICÔNE n.f. (russe *ikona ;* gr. *eikonion*, petite image). Image du Christ, de la Vierge, des saints, dans l'Église de rite chrétien oriental.

2. ICÔNE n.f. (angl. *icon*). INFORM. Symbole graphique affiché sur un écran et correspondant, au sein d'un logiciel, à l'exécution d'une tâche particulière.

ICONIQUE adj. Qui se rapporte à l'image en tant que signe.

ICONOCLASME n.m. HIST. Doctrine, rendue officielle dans l'Empire byzantin par les empereurs Léon III l'Isaurien (730), Constantin V Copronyme et Léon V l'Arménien, qui prohibait comme idolâtres la représentation et la vénération des images du Christ et des saints. (L'orthodoxie fut rétablie en 843 par l'impératrice Théodora.)

ICONOCLASTE adj. et n. **1.** HIST. Partisan de l'iconoclasme. **2.** Fig. Qui cherche à détruire tout ce qui est attaché au passé, à la tradition.

ICONOGRAPHE n. Spécialiste d'iconographie.

ICONOGRAPHIE n.f. **1.** Étude descriptive des différentes représentations figurées d'un même sujet ; ensemble classé des images correspondantes. **2.** Étude de la représentation figurée dans une œuvre particulière. **3.** Ensemble de l'illustration d'une publication (livre, revue, etc.).

ICONOGRAPHIQUE adj. Relatif à l'iconographie.

ICONOLOGIE n.f. Étude de la formation, de la transmission et du contenu des images, des représentations figurées.

ICONOLOGIQUE adj. Relatif à l'iconologie.

ICONOSCOPE n.m. TÉLÉV. Tube électronique analyseur d'image.

ICONOSTASE n.f. Cloison couverte d'icônes, qui sépare la nef du sanctuaire dans les églises de rite chrétien oriental.

partie centrale d'une **iconostase** en bois sculpté et doré (XVIIIe s.)
[Église de la Transfiguration, île de Kiji, U.R.S.S.]

ICONOTHÈQUE n.f. Dans un musée, une bibliothèque, collection d'images classées.

ICOSAÈDRE [ikɔzaɛdr] n.m. (gr. *eikosi,* vingt, et *edra,* face). MATH. Polyèdre à vingt faces. (L'icosaèdre régulier a pour faces vingt triangles équilatéraux égaux.)

ICTÈRE n.m. (gr. *ikteros*). MÉD. Coloration jaune de la peau due à la présence dans le sang et dans les tissus, notamm. dans la peau, de pigments biliaires. SYN. (cour.) : *jaunisse.*

ICTÉRIQUE adj. et n. MÉD. Relatif à l'ictère ; atteint d'ictère.

ICTUS [iktys] n.m. **1.** MÉTR. ANC. Battement de la mesure d'un vers, dans la poésie antique. **2.** MÉD. Manifestation morbide brutale. ◇ *Ictus apoplectique :* apoplexie.

IDE n.m. (lat. sc. *idus,* du suéd.). Poisson d'eau douce de couleur rouge, élevé dans les étangs. (Long. 40 cm ; famille des cyprinidés.)

1. IDÉAL, E, ALS ou **AUX** adj. (bas lat. *idealis*). **1.** Qui n'existe que dans la pensée et non dans le réel. *Monde idéal.* ◇ **Spécialt.** Qui relève de l'idée, qui est conçu par l'esprit. *La géométrie raisonne sur des figures idéales.* **2.** Qui possède toutes les qualités souhaitables, qui tend à la perfection. *Ami idéal. Solution idéale.*

2. IDÉAL n.m. (pl. *idéals* ou *idéaux*). **1.** Modèle d'une perfection absolue, qui répond aux exigences esthétiques, morales, intellectuelles de qqn, d'un groupe. *Un idéal de beauté. Avoir un idéal.* **2.** Ce qui donne entière satisfaction. *Vivre heureux, voilà l'idéal.* **3.** MATH. Sous-groupe additif d'un anneau commutatif, tel que le produit d'un élément du sous-groupe par un élément quelconque de l'anneau est contenu dans le sous-groupe. **4.** PSYCHAN. *Idéal du moi :* instance du moi qui choisit les valeurs morales constituant le surmoi.

IDÉALEMENT adv. De façon idéale.

IDÉALISATEUR, TRICE adj. et n. Qui idéalise.

IDÉALISATION n.f. **1.** Action d'idéaliser ; fait d'être idéalisé. **2.** PSYCHAN. Processus par lequel l'objet du désir est investi de qualités imaginaires.

IDÉALISER v.t. Donner un caractère, une perfection idéale à (une personne, une chose). *Idéaliser un personnage.*

IDÉALISME n.m. **1.** PHILOS. Courant, tendance philosophique qui subordonne à la pensée toute existence, tout être objectif et extérieur à l'homme. *Idéalisme kantien.* **2.** Attitude, caractère d'une personne qui aspire à un idéal élevé, souvent utopique. *L'idéalisme de la jeunesse.*

IDÉALISTE adj. et n. **1.** PHILOS. Qui défend l'idéalisme. **2.** Qui a une conception idéale mais souvent utopique des valeurs sociales.

IDÉALITÉ n.f. **1.** Caractère de ce qui est idéal. **2.** PHILOS. *Idéalité mathématique :* statut des objets mathématiques, définis dans le champ de leur utilisation par les règles de leur construction.

IDÉATION n.f. PSYCHOL. Formation et enchaînement des idées.

IDÉE n.f. (lat. *idea*). **I. 1.** Représentation abstraite d'un être, d'un rapport entre des choses, d'un objet, etc. *L'idée du beau, du bien.* **2.** Représentation sommaire de qqch ; aperçu. *Je n'ai aucune idée de l'heure.* **3.** Manière de voir ; opinion, appréciation. *Avoir une haute idée de qqn. Répandre ses idées politiques.* ◇ *Avoir idée que :* penser, juger que. **4.** Inspiration ; conception littéraire ou artistique. *Auteur qui manque d'idées.* **5.** Pensée, conception neuve de qqch. *Avoir une idée de génie.* ◇ *Avoir l'idée de :* concevoir le projet de. **6.** Esprit, intellect. *J'ai dans l'idée qu'il ne viendra pas.* **II.** PHILOS. Essence intelligible des choses sensibles ; concept, notion. *L'idée de blancheur. L'idée de mort.* **III.** PSYCHOPATH. *Idée fixe :* représentation mentale qui s'impose avec ténacité à la conscience et dont le sujet méconnaît le caractère pathologique ; **par ext.,** idée qui occupe tyranniquement l'esprit. ◆ **pl.** Représentations liées à un état affectif. *Des idées roses, noires.* ◇ **Fam.** *Se faire des idées :* imaginer des choses fausses.

IDÉE-FORCE n.f. (pl. *idées-forces*). Idée principale, pivot d'un raisonnement et germe d'action.

IDÉEL, ELLE adj. PHILOS. Qui se rapporte aux idées ; qui est de la nature des idées.

IDEM [idɛm] adv. (mot lat.). De même. (S'emploie pour éviter des répétitions ; abrév. : *id.*)

IDEMPOTENT, E [idɛmpɔtɑ̃, ɑ̃t] adj. MATH. *Élément idempotent d'un ensemble* E *muni d'une loi de composition interne :* élément tel que le composé de *e* par *e* soit l'élément *e* lui-même.

IDENTIFIABLE adj. Qui peut être identifié.

IDENTIFICATEUR ou **IDENTIFIEUR** n.m. INFORM. Symbole utilisé en programmation pour désigner une variable ou une fonction.

IDENTIFICATION n.f. **1.** Action d'identifier ; fait de s'identifier. *L'identification d'un malfaiteur. L'identification de la pensée et de l'être.* **2.** PSYCHAN. Processus psychique par lequel le sujet s'assimile soit à une autre personne, soit à un objet d'amour.

IDENTIFICATOIRE adj. Qui concerne l'identification.

IDENTIFIER v.t. **1.** Établir l'identité de (qqn). *L'anthropométrie permet d'identifier les criminels.* **2.** Déterminer la nature de (qqch). *Identifier des plantes.* **3.** Assimiler à autre chose. *Identifier un homme politique à un régime.* ◆ **s'identifier** v.pr. **(à, avec).** Se rendre, en pensée, identique à. *Une romancière qui s'identifie à ses personnages.*

IDENTIQUE adj. (lat. *idem,* le même). **1.** Qui ne diffère en rien d'un autre, qui présente avec qqn, avec qqch une parfaite ressemblance. *Deux vases identiques. Mon opinion est identique à la vôtre.* **2.** Qui est unique, qui ne fait qu'un seul et même objet. *Des marchandises de provenance identique.*

IDENTIQUEMENT adv. De façon identique.

IDENTITAIRE adj. Relatif à l'identité d'une personne, d'un groupe.

IDENTITÉ n.f. (bas lat. *identitas,* du lat. *idem,* le même). **1.** Ce qui fait qu'une chose est exactement de même nature qu'une autre. *Identité de goûts.* ◇ LOG. *Principe d'identité :* principe fondamental de la logique traditionnelle selon lequel toute chose est identique à elle-même (« A est A »). **2.** Caractère permanent et fondamental de qqn, d'un groupe. *Affirmer son identité. Crise d'identité.* ◇ PSYCHOL. *Identité sociale :* conviction d'un individu d'appartenir à un groupe social, reposant sur le sentiment d'une communauté géographique, linguistique, culturelle et entraînant certains comportements spécifiques. **3.** Ensemble des données de fait et de droit (date et lieu de naissance, nom, prénom, filiation, etc.) qui permettent d'individualiser qqn. *Vérifier l'identité de qqn.* ◇ *Pièce d'identité :* document officiel comportant photographie et indications d'état civil. – *Identité judiciaire :* service de police chargé notamm. de relever des traces et indices sur les lieux d'une infraction, d'établir des fiches signalétiques. **4.** MATH. Égalité vérifiée pour toutes les valeurs assignables aux termes indéterminés. ◇ *Identité sur un ensemble* E : application de E dans E qui, à tout élément, associe cet élément lui-même.

IDÉOGRAMME n.m. (gr. *idea,* idée, et *gramma,* signe). LING. Signe graphique qui représente le sens du mot et non les sons.

IDÉOGRAPHIE n.f. Écriture idéographique.

IDÉOGRAPHIQUE adj. Qui concerne l'écriture par idéogrammes.

IDÉOLOGIE n.f. (gr. *idea,* idée, et *logos,* science). **1.** Système d'idées constituant un corps de doctrine philosophique et conditionnant le comportement individuel ou collectif. *L'idéologie nationaliste.* **2. Spécialt.** Pour les marxistes, production qu'opère dans le monde des idées une classe sociale dominante et qui permet à cette classe d'étayer sa domination économique sur la classe dominée. (On dit aussi *idéologie dominante.*) **3. Péj.** Système de pensée, d'idées vague et nébuleux.

IDÉOLOGIQUE adj. Relatif à l'idéologie.

IDÉOLOGISATION n.f. SOCIOL. Processus à la faveur duquel un groupe social se reconnaît dans un ensemble de représentations relatives à son rôle ou à son statut historique.

IDÉOLOGUE n. **1.** Personne qui est à l'origine de la doctrine d'un groupe. **2. Péj.** Personne qui vit dans un monde d'idées, qui ignore la réalité. ◆ **pl.** Groupe de philosophes (Destutt de Tracy, Cabanis, Constant, etc.) qui, à la fin du XVIIIe s. et au début du XIXe s., continuent la tradition du sensualisme de Condillac.

IDÉOMOTEUR, TRICE adj. PSYCHOL. Qui participe à la fois de la représentation et de la motricité.

IDES [id] n.f. pl. (mot lat.). ANTIQ. Quinzième jour des mois de mars, mai, juillet et octobre, et treizième jour des autres mois, dans le calendrier romain.

ID EST [idɛst] loc. conj. (du lat., par l'angl.). C'est-à-dire. Abrév. : *i. e.*

IDIOLECTE n.m. (gr. *idios,* spécial, et [*dia*]*lecte*). LING. Ensemble des particularités langagières propres à un individu donné.

IDIOMATIQUE adj. Caractéristique de tel ou tel idiome.

IDIOME [idjom] n.m. (gr. *idiôma*). Tout instrument de communication linguistique utilisé par une communauté (langue, dialecte, patois, etc.).

IDIOPATHIE [idjɔpati] n.f. (gr. *idios,* particulier, et *pathos,* maladie). Vx. Maladie qui a son existence propre et n'est pas la conséquence d'une autre.

IDIOSYNCRASIE n.f. (gr. *idios,* particulier, et *sugkrasis,* mélange). Didact. Manière d'être particulière à chaque individu qui l'amène à avoir des réactions, des comportements qui lui sont propres.

IDIOT, E adj. et n. (gr. *idiôtês,* ignorant). **1.** Dépourvu d'intelligence, de bon sens. **2. Fam.** Étourdi, irréfléchi. **3.** PSYCHIATRIE, VX. Atteint d'idiotie.

IDIOTEMENT adv. De façon idiote.

IDIOTIE [idjɔsi] n.f. **1.** Manque d'intelligence, de bon sens. **2.** Caractère inepte, stupide de qqch. **3.** Action, parole qui dénote un esprit obtus ; action inconsidérée. *Faire, dire des idioties.* **4.** PSYCHIATRIE, VX. Déficit intellectuel très profond.

IDIOTISME n.m. (gr. *idios,* particulier). LING. Expression ou construction particulière à une langue donnée et qu'on ne peut traduire littéralement. (On parle, selon la langue, de gallicisme, d'anglicisme, de germanisme, etc.)

IDOINE [idwan] adj. (lat. *idoneus*). Litt. Convenable, propre à. *Trouver une solution idoine.*

IDOLÂTRE adj. et n. (gr. *eidôlolatrês*). **1.** Qui adore les idoles. **2.** Qui aime avec excès, qui voue une sorte de culte à qqn ou qqch.

IDOLÂTRER v.t. **1.** Vouer un culte à (qqn, qqch). **2.** Aimer (qqn, qqch) avec passion.

IDOLÂTRIE n.f. **1.** Adoration des idoles. **2.** Amour excessif, passion pour qqn, qqch.

IDOLÂTRIQUE adj. Relatif à l'idolâtrie.

IDOLE n.f. (gr. *eidôlon*, image). **1.** Image ou représentation d'une divinité qui est l'objet d'un culte d'adoration. **2.** Personne qui est l'objet d'une admiration passionnée, en partic. vedette de la chanson, du music-hall.

IDYLLE n.f. (it. *idillio* ; mot gr.). **1.** LITTÉR. Petit poème chantant l'amour dans un décor champêtre. **2.** Amour tendre et naïf. **3.** Relation harmonieuse entre individus ou groupes.

IDYLLIQUE adj. **1.** LITTÉR. Relatif à l'idylle. **2.** Marqué par une entente parfaite. **3.** Merveilleux, idéal. *Se faire une idée idyllique de la situation.*

IF n.m. (du gaul. *ivos*). **1.** Arbre gymnosperme à feuillage persistant et à baies rouges, souvent cultivé et taillé de façon sculpturale dans les jardins. (Il peut atteindre 15 m de haut et vivre plusieurs siècles.) **2.** *If à bouteilles* ou *if* : ustensile de forme conique, garni de pointes, pour égoutter les bouteilles après rinçage.

if

IGLOO ou **IGLOU** n.m. (mot esquimau). Habitation en forme de coupole, faite de blocs de neige, que construisent les Esquimaux.

IGNAME [iɲam] n.f. (mot esp.). Plante grimpante des régions chaudes, au gros rhizome comestible *(Dioscorea batatas)*.

igname

IGNARE [iɲar] adj. et n. (lat. *ignarus*). Ignorant, sans instruction.

IGNÉ, E [igne] ou [iɲe] adj. (lat. *igneus*, de *ignis*, feu). **1.** Qui est en feu. **2.** Produit par l'action de la chaleur.

IGNIFUGATION [igni-] ou [-ɲi-] n.f. Action d'ignifuger ; son résultat.

IGNIFUGE ou **IGNIFUGEANT, E** [igni-] ou [-ɲi-] adj. et n.m. Se dit d'une substance, d'un produit propre à ignifuger.

IGNIFUGER [igni-] ou [-ɲi-] v.t. [17]. Traiter un matériau de telle sorte que la combustion ou la pyrolyse qu'il pourrait éventuellement subir soit diminuée, retardée ou supprimée.

IGNIPUNCTURE [igni-] ou [-ɲi-] n.f. Cautérisation par une aiguille rougie à blanc.

IGNITION [ignisjɔ̃] ou [-ɲi-] n.f. (lat. *ignis*, feu). État des corps en combustion.

IGNITRON [-gni-] ou [-ɲi-] n.m. ÉLECTR. Tube redresseur de puissance à gaz, dont la cathode est formée de mercure. (Les ignitrons sont utilisés pour la soudure, la commande des laminoirs et la traction ferroviaire.)

IGNIVOME [ignivɔm] ou [-ɲi-] adj. Litt. Qui vomit du feu.

IGNOBLE [iɲɔbl] adj. (lat. *ignobilis*, non noble). **1.** Qui est d'une bassesse écœurante ; abject, sordide. *Conduite ignoble.* **2.** Très laid, très mauvais, très sale. *Une nourriture ignoble.*

IGNOBLEMENT adv. De façon ignoble.

IGNOMINIE [iɲɔmini] n.f. (lat. *ignominia*). Litt. **1.** État de qqn qui a perdu tout honneur pour avoir commis une action infamante. *Sombrer dans l'ignominie.* **2.** Action, parole infâme. *Commettre, dire des ignominies.*

IGNOMINIEUSEMENT adv. Litt. Avec ignominie.

IGNOMINIEUX, EUSE adj. Litt. Qui cause de l'ignominie ; infamant, abject.

IGNORANCE n.f. **1.** Défaut général de connaissances ; manque d'instruction. *Le recul de l'ignorance.* **2.** Défaut de connaissance ou d'expérience dans un domaine déterminé. *L'ignorance des mathématiques. J'avoue mon ignorance sur ce point.*

IGNORANT, E adj. et n. **1.** Qui manque de connaissances, de savoir ; illettré. **2.** Qui n'est pas instruit de certaines choses.

IGNORANTIN adj.m. et n.m. Frère des écoles chrétiennes, ainsi désigné, dès le XVIIIe s., par dérision.

IGNORÉ, E adj. **1.** Dont l'existence, la nature n'est pas connue. *Cause ignorée d'un phénomène.* **2.** Inconnu, méconnu. *Chef-d'œuvre ignoré.*

IGNORER v.t. (lat. *ignorare*). **1.** Ne pas savoir, ne pas connaître. *Nul n'est censé ignorer la loi.* **2.** Ne pas connaître par expérience. *Ignorer les difficultés de la vie.* **3.** Manifester ostensiblement à l'égard de (qqn) une indifférence complète. **4.** Ne pas tenir compte de. *Ignorer un avertissement.*

IGUANE [igwan] n.m. (esp. *iguana*, mot des Caraïbes). Reptile saurien de l'Amérique tropicale, atteignant 1,50 m de long, portant une crête dorsale d'écailles pointues, herbivore. (Sa chair est estimée.)

iguane

IGUANODON [igwanɔdɔ̃] n.m. Reptile dinosaurien de l'époque crétacée, long de 10 m, à démarche bipède.

IGUE [ig] n.f. Région. Aven.

I. H. S., monogramme grec de Jésus, que l'Église latine a interprété : *Iesus, Hominum Salvator* (« Jésus, sauveur des hommes »).

IKAT n.m. (malais *mengikat*, nouer, lier). Étoffe obtenue en tissant des fils préalablement teints de façon qu'apparaissent des motifs réguliers.

IKEBANA n.m. (mot jap.). Art de la composition florale conforme aux traditions et à la philosophie japonaises et obéissant, depuis le VIIe s., à des règles et à une symbolique codifiées.

IL, ILS pron. pers. masc. de la 3e pers.

ILANG-ILANG [ilɑ̃ilɑ̃] n.m. (pl. *ilangs-ilangs*). Arbre cultivé en Indonésie et à Madagascar pour ses fleurs, utilisées en parfumerie. (Famille des anonacées.) [On écrit aussi *ylang-ylang*.]

ÎLE n.f. (lat. *insula*). **1.** Étendue de terre entourée d'eau de tous côtés. **2.** CUIS. *Île flottante* : œufs à la neige dont les blancs sont cuits au bain-marie dans un moule.

ILÉAL, E, AUX adj. Relatif à l'iléon.

ILÉITE n.f. Inflammation de l'iléon.

ILÉO-CÆCAL, E, AUX [ileosekal, o] adj. Relatif à la fois à l'iléon et au cæcum.

ILÉON n.m. (gr. *eileîn*, enrouler). Troisième partie de l'intestin grêle, entre le jéjunum et le gros intestin.

ÎLET n.m. Antilles. Hameau.

ILÉUS [ileys] n.m. MÉD. Obstruction de l'intestin. SYN. : *occlusion intestinale.*

ILIAQUE adj. (du lat. *ilia*, flanc). ANAT. Relatif aux flancs. ◇ *Fosse iliaque* : chacune des deux régions latérales et inférieures de la cavité abdominale. – *Os iliaque* : chacun des deux os formant la ceinture pelvienne, résultant de la soudure de l'ilion, de l'ischion et du pubis.

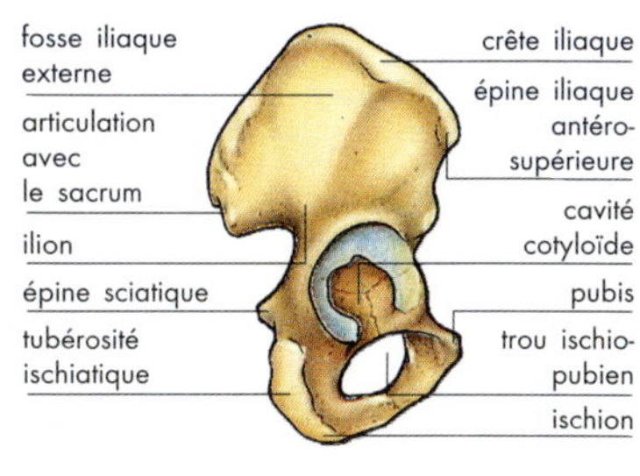

os **iliaque**

ÎLIEN, ENNE adj. et n. Habitant d'une île (du littoral breton surtout). SYN. : *insulaire.*

ILION n.m. L'un des trois éléments de l'os iliaque, formant la saillie de la hanche.

ILLÉGAL, E, AUX adj. (lat. *illegalis*, de *lex, legis*, loi). Contraire à une loi, aux lois.

ILLÉGALEMENT adv. De façon illégale.

ILLÉGALITÉ n.f. **1.** Caractère de ce qui est contraire à la loi. *Illégalité d'une convention.* **2.** Acte illégal. *Commettre une illégalité.*

ILLÉGITIME adj. (lat. *illegitimus*). **1.** Qui se situe hors des institutions établies par la loi. *Union illégitime.* ◇ *Enfant illégitime* : enfant né hors mariage et qui n'a pas été légitimé. **2.** Qui n'est pas fondé, justifié. *Prétention illégitime.*

ILLÉGITIMEMENT adv. De façon illégitime.

ILLÉGITIMITÉ n.f. Défaut de légitimité.

ILLETTRÉ, E adj. et n. **1.** Qui ne sait ni lire ni écrire ; analphabète. **2.** Vx. Qui n'est pas lettré, inculte.

ILLETTRISME n.m. État des personnes qui, ayant appris à lire et à écrire, en ont complètement perdu la pratique.

ILLICITE adj. (lat. *illicitus*). Défendu par la morale ou par la loi. *Gain illicite.*

ILLICITEMENT adv. De manière illicite.

ILLICO [illiko] adv. (mot lat.). Fam. Sur-le-champ, immédiatement. *Partir illico.*

ILLIMITÉ, E adj. Sans limites, infini.

ILLISIBILITÉ n.f. Caractère de ce qui est illisible.

ILLISIBLE adj. **1.** Qu'on ne peut lire, indéchiffrable. *Écriture illisible.* **2.** Qu'on ne peut comprendre à la lecture ; insupportable à lire. *Roman illisible.*

ILLISIBLEMENT adv. De façon illisible.

ILLITE n.f. Minéral argileux potassique à structure feuilletée.

ILLOGIQUE adj. Qui n'est pas logique. *Conclusion illogique. Esprit illogique.*

ILLOGIQUEMENT adv. De façon illogique.

ILLOGISME n.m. Caractère de ce qui est illogique ; chose illogique.

ILLUMINATION n.f. **1.** Action d'illuminer. ◇ Spécialt. Ensemble des lumières disposées pour décorer les rues ou éclairer les monuments publics. **2.** Idée soudaine, trait de génie. *Il a été pris d'une subite illumination.* **3.** RELIG. Dans l'expérience ascétique et mystique, état d'éveil, intelligence des choses spirituelles.

ILLUMINÉ, E n. et adj. Personne qui embrasse une idée ou soutient une doctrine avec une foi aveugle, un zèle fanatique ; utopiste, visionnaire. ◇ *Les illuminés de Bavière* : société secrète allemande du XVIIIe s.

ILLUMINER v.t. (lat. *illuminare*). **1.** Éclairer d'une vive lumière. **2.** Donner un vif éclat à. *Un sourire illumina son visage.*

ILLUMINISME n.m. Doctrine de certains mouvements religieux marginaux, fondée sur la croyance à une illumination intérieure ou à des révélations inspirées directement par Dieu.

ILLUSION [illyzjɔ̃] n.f. (lat. *illusio*, de *illudere*, se jouer de). **1.** Interprétation erronée d'une donnée sensorielle. *Le mirage est une illusion de la vue.* ◇ *Illusion d'optique* : erreur relative à la forme, aux dimensions, à la couleur des objets. – *Illusion optico-géométrique* : erreur de la perception visuelle de figures géométriques, se manifestant chez tous les individus par une surestimation ou une sous-estimation systématiques de longueur, de surface, de direction ou d'incurvation (illusions de Delbœuf, d'Oppel-Kundt, du trapèze, de Müller-Lyer, etc.), des angles, etc. **2.** Erreur de l'esprit ; croyance fausse, erronée. *Se nourrir d'illusions.* ◇ *Se faire illusion, des illusions* : se tromper.

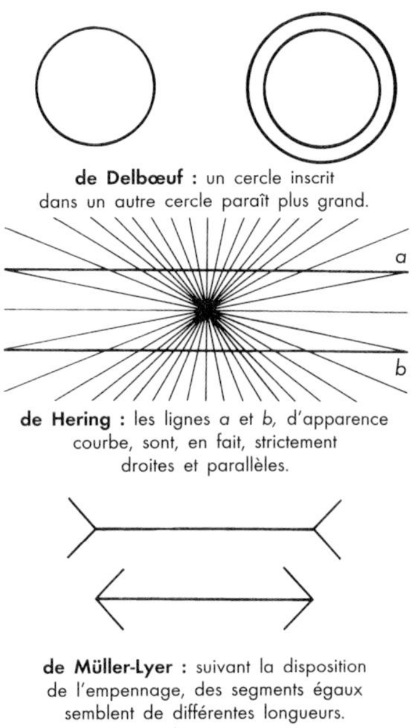

de Delbœuf : un cercle inscrit dans un autre cercle paraît plus grand.

de Hering : les lignes a et b, d'apparence courbe, sont, en fait, strictement droites et parallèles.

de Müller-Lyer : suivant la disposition de l'empennage, des segments égaux semblent de différentes longueurs.

exemples d'**illusions** optico-géométriques

ILLUSIONNER v.t. Tromper (qqn) par une illusion, créer des illusions chez. ◆ **s'illusionner** v.pr. Se faire illusion, se tromper.

ILLUSIONNISME n.m. **1.** Art de tromper le regard du spectateur par dextérité manuelle ou truquage ; prestidigitation. **2.** BX-A. Pratique baroquisante d'effets accentués de perspective, de luminisme, de trompe-l'œil.

ILLUSIONNISTE n. Artiste de variétés pratiquant l'illusionnisme ; prestidigitateur.

ILLUSOIRE adj. Propre à tromper par une fausse apparence qui ne se réalise pas. *Il est illusoire d'espérer le succès.*

ILLUSOIREMENT adv. Litt. D'une façon illusoire.

ILLUSTRATEUR, TRICE n. Artiste qui exécute des illustrations.

ILLUSTRATIF, IVE adj. Qui sert d'exemple, caractéristique.

ILLUSTRATION n.f. **1.** Action d'illustrer un texte ; image figurant dans le texte d'un livre, d'un journal. **2.** Action d'illustrer, de rendre clair. *Ceci peut servir d'illustration à sa thèse.*

ILLUSTRE adj. (lat. *illustris*). Qui est d'un renom éclatant, célèbre. *Famille illustre.*

1. ILLUSTRÉ, E adj. Orné de gravures, d'images, de photographies. *Livre illustré.*

2. ILLUSTRÉ n.m. Journal, revue contenant des récits accompagnés de dessins.

ILLUSTRER v.t. (lat. *illustrare*). **1.** Orner (un livre, un journal, un imprimé, etc.) d'images, de gravures, de dessins. **2.** Rendre plus clair par des notes, des exemples. **3.** Litt. Rendre illustre, célèbre. *Le village d'Illiers qu'a illustré Marcel Proust.* ◆ **s'illustrer** v.pr. Litt. Se distinguer.

ILLUSTRISSIME adj. Titre donné à certains personnages, principalement à de hauts dignitaires ecclésiastiques.

ILLUVIAL, E, AUX adj. PÉDOL. Qui résulte de l'illuviation.

ILLUVIATION n.f. PÉDOL. Processus d'accumulation, dans un horizon du sol, d'éléments dissous dans un autre horizon.

ILLUVIUM [illyvjɔm] n.m. ou, rare, **ILLUVION** n.f. PÉDOL. Horizon d'un sol résultant du processus d'illuviation.

ILLYRIEN, ENNE adj. et n. De l'Illyrie.

ILMÉNITE n.f. (de *Ilmen*, n. géogr.). MINÉR. Oxyde naturel de fer et de titane, que l'on trouve dans certains schistes cristallins.

ÎLOT n.m. (de *île*). **1.** Très petite île. **2.** Élément ayant une unité, un caractère particulier, mais isolé au sein d'un espace plus vaste (géographique, spatial, ethnique, abstrait, etc.). ◇ *Îlot de résistance* : petit groupe de réfractaires, de rebelles. **3.** Groupe de maisons, d'immeubles, délimité par des rues, dans une ville. ◇ *Îlot insalubre* : groupe de maisons délabrées, malsaines. **4.** MAR. Bloc formé par la superstructure d'un porte-aéronefs. **5.** ANAT. *Îlots de Langerhans* : petits groupes de cellules endocrines disséminés dans le pancréas et sécrétant l'insuline.

ÎLOTAGE n.m. Division d'une ville ou d'un quartier en îlots placés sous la surveillance d'un îlotier.

ILOTE n.m. (gr. *heilôs, heilôtos*). **1.** HIST. Esclave d'État, à Sparte. (En ce sens, on écrit aussi *hilote*.) **2.** Litt. Homme réduit au dernier degré de misère, de servilité ou d'ignorance.

ÎLOTIER n.m. Agent de police chargé de la surveillance d'un îlot.

ILOTISME n.m. **1.** HIST. Condition d'ilote. (On écrit aussi, dans ce sens, *hilotisme*.) **2.** Litt. État de servilité et d'ignorance.

IMAGE n.f. (lat. *imago*). **I. 1.** Représentation d'un être ou d'une chose par les arts graphiques ou plastiques, la photographie, le film, etc. **2.** Représentation imprimée d'un sujet quelconque. ◇ *Image d'Épinal* : gravure à usage populaire, de style naïf, dont Épinal a été le principal centre de fabrication au XIXe s. ; présentation naïve, simpliste d'un évènement, d'un fait. **3.** Fig. Ce qui reproduit, imite ou, par ext., évoque qqn, qqch. *Cet enfant est l'image de son père. Elle est l'image même de la réussite.* **II.** Ensemble de points ou d'éléments (pixels) représentatifs de l'apparence d'un objet, formés à partir du rayonnement émis, réfléchi, diffusé ou transmis par l'objet. ◇ Spécialt. Reproduction inversée d'un objet matériel donnée par un miroir. **III. 1.** Représentation mentale d'un être ou d'une chose. ◇ *Image (de marque)* : notoriété et perception qualitative dans le public d'une marque, d'un organisme, d'une personnalité. **2.** PSYCHOL. *Image mentale* : représentation psychique d'un objet absent. **3.** Expression évoquant la réalité par analogie ou similitude avec un domaine autre que celui auquel elle s'applique ; figure, métaphore. *S'exprimer par images. Mot qui fait image.* **IV.** MATH. *Image d'un élément* x *de* E *par une correspondance ou une relation de* E *vers* F : ensemble des éléments de F associés à x dans cette relation. (Si la correspondance est une application f, son image ne comporte qu'un seul élément de F, noté $f(x)$.) ◇ *Image d'une application* f *de* E *vers* F : ensemble des images par f des éléments de E.

IMAGÉ, E adj. Orné d'images, de métaphores. *Style imagé.*

IMAGERIE n.f. **1.** Ensemble d'images représentant des faits, des personnages, etc. **2.** Art, fabrication, commerce des images populaires (XIVe-XIXe s.). **3.** Technique permettant d'obtenir des images à partir de différents types de rayonnement (lumière, infrarouge, ultrasons, rayons X, etc.). *Imagerie médicale, spatiale.*
■ L'imagerie médicale permet l'examen interne du corps humain et l'obtention d'une image pour le diagnostic médical. En plus de la radiographie et de la radioscopie utilisant les rayons X et qui ont fait l'objet de perfectionnements (tomographie [coupe d'organes], scintigraphie [injection de corps radioactifs], scanographie [utilisation de l'ordinateur]), on fait appel aux ultrasons (échographie) et aux champs magnétiques (imagerie par résonance magnétique).

IMAGIER, ÈRE n. **1.** Vx. Marchand qui vend des estampes, des images. **2.** Au Moyen Âge, sculpteur en figures, plus rarement miniaturiste.

IMAGINABLE adj. Qui peut être imaginé.

1. IMAGINAIRE adj. (lat. *imaginarius*). **1.** Qui n'existe que dans l'esprit ; sans réalité, fictif. *Une crainte imaginaire.* ◇ *Malade imaginaire* : personne qui se croit malade sans l'être. **2.** MATH. *Partie imaginaire d'un nombre complexe* z : nombre réel y, noté $\mathrm{Im}(z)$, dans l'écriture $z : x + iy$. ◇ *Nombre imaginaire* : nombre complexe qui n'est pas réel (sa partie imaginaire n'est pas nulle). – *Nombre imaginaire pur* : nombre complexe dont la partie réelle est nulle.

2. IMAGINAIRE n.m. **1.** Domaine de l'imagination, des choses créées par l'imagination. **2.** PSYCHAN. Catégorie de l'ensemble « symbolique/imaginaire/réel », introduite par J. Lacan, qui reflète le désir dans l'image que le sujet a de lui-même.

IMAGINAL, E, AUX adj. Qui se rapporte à l'imago chez les insectes.

IMAGINATIF, IVE adj. et n. Qui imagine aisément, qui est inventif ou qui se laisse emporter par son imagination.

IMAGINATION n.f. **1.** Faculté de se représenter par l'esprit des objets ou des faits irréels ou jamais perçus, de restituer à la mémoire des perceptions ou des expériences antérieures. *Avoir l'imagination vive.* **2.** Faculté d'inventer, de créer, de concevoir. *Artiste qui a beaucoup d'imagination.* **3.** Litt. Chose imaginaire ; construction plus ou moins chimérique de l'esprit. *C'est une pure imagination.*

IMAGINER v.t. (lat. *imaginari*). **1.** Se représenter mentalement. *Imaginer le monde en l'an 2000.* **2.** Avoir l'idée de, inventer. *Torricelli imagina le baromètre.* ◆ **s'imaginer** v.pr. **1.** Se représenter par l'esprit, concevoir. **2.** Se figurer, croire sans fondement. *Elle s'imagine être une star.*

1. IMAGO [imago] n.m. (mot lat., *image*). Insecte adulte, arrivé à son complet développement et apte à se reproduire.

2. IMAGO [imago] n.f. PSYCHAN. Représentation inconsciente qui régit les rapports du sujet à son entourage.

IMAM [imam] n.m. (ar. *imām*). **1.** Chef religieux musulman. **2.** Mod. Chef d'une école juridique ou théologique islamique.

IMAMAT n.m. **1.** Charge ou dignité d'imam. **2.** Fonction de l'imam comme chef de la communauté musulmane.

I. M. A. O. [imao] n.m. (sigle). Inhibiteur de la monoamine-oxydase, groupe de médicaments psychotropes employés contre les dépressions.

IMBATTABLE adj. Qui ne peut être surpassé. *Coureur imbattable.*

IMBÉCILE adj. et n. (lat. *imbecillus*, faible). **1.** Dépourvu d'intelligence ; stupide, sot. *Comportement imbécile.* ◇ *Faire l'imbécile*, le clown, le crétin. **2.** MÉD. Atteint d'imbécillité.

IMBÉCILEMENT adv. De façon imbécile.

IMBÉCILLITÉ n.f. **1.** Sottise, stupidité, bêtise. **2.** Acte ou parole dénotant cette bêtise. *Dire des imbécillités.* **3.** Vx. Déficit intellectuel profond.

IMBERBE adj. (lat. *imberbis*). Qui est sans barbe.

IMBIBER v.t. (lat. *imbibere*). Mouiller, pénétrer profondément d'un liquide. *Imbiber d'eau une éponge.* ◆ **s'imbiber** v.pr. **1.** Absorber un liquide, s'en imprégner, en parlant d'une substance, d'un objet. **2.** Fam. Boire à l'excès (du vin, de l'alcool).

IMBIBITION n.f. Action d'imbiber ; fait de s'imbiber, d'être imbibé.

IMBRICATION n.f. **1.** État de choses imbriquées. **2.** Liaison étroite, intime.

IMBRIQUÉ, E adj. (lat. *imbricatus*). Se dit des choses qui se recouvrent en partie, à la façon des tuiles sur un toit ; entremêlé, enchevêtré.

ÉCHOGRAPHIE

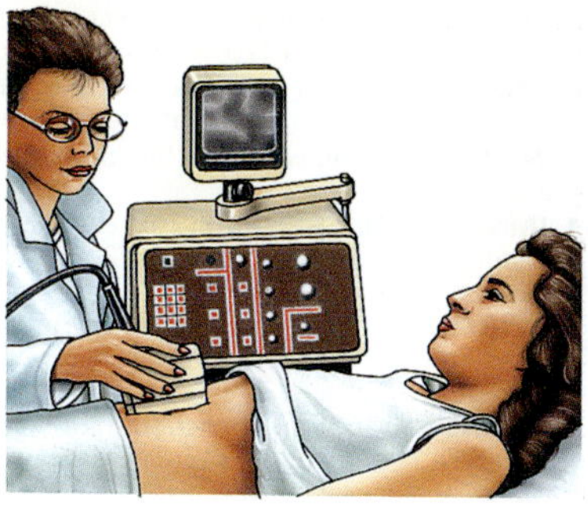

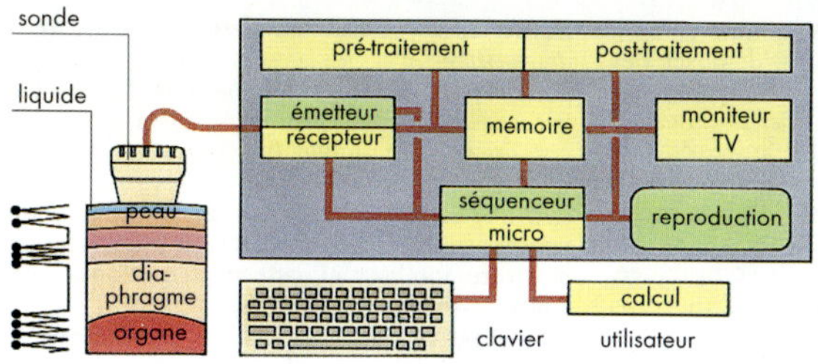

schéma du fonctionnement d'un appareil d'échographie

Une ligne d'ultrasons est produite par un capteur piézoélectrique émetteur puis récepteur.

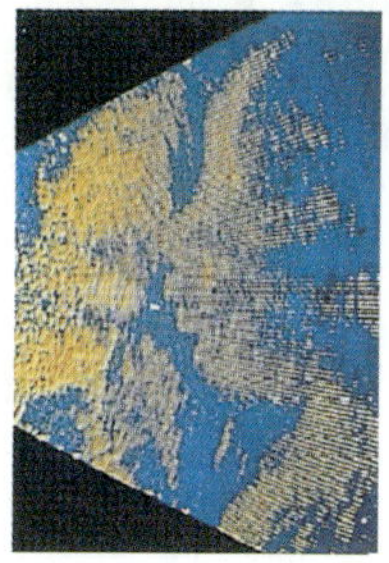

image échographique de la tête d'un fœtus de sept mois

L'échographie consiste à envoyer sur une région du corps, au moyen d'une sonde, des faisceaux d'ultrasons par brèves impulsions successives. L'impulsion ultrasonore réfléchie par les tissus rencontrés constitue l'écho. Les échos recueillis par la sonde fourniront, après amplification, un signal vidéo projeté sur un écran cathodique. Selon les types de sondes et les techniques, on obtient des images de forme sectorielle ou rectangulaire. Les coupes d'organes peuvent être en mode A, en mode B, etc.

L'échographie, reconnue inoffensive, trouve son principal champ d'application dans l'observation des tissus mous et la surveillance de la grossesse.

SCANOGRAPHIE

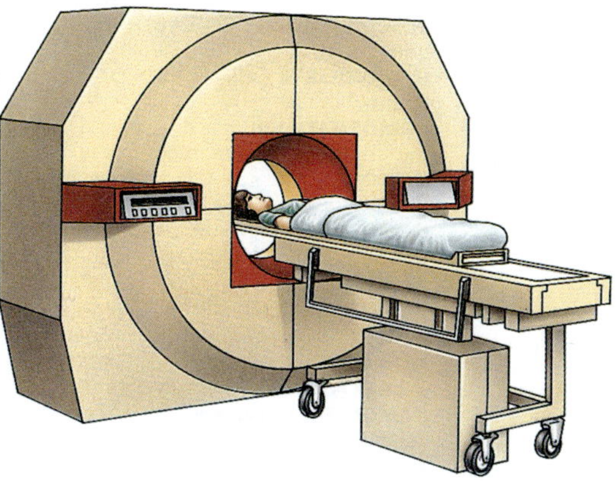

d'après doc. Thomson - C.G.R. - Ultrasonic

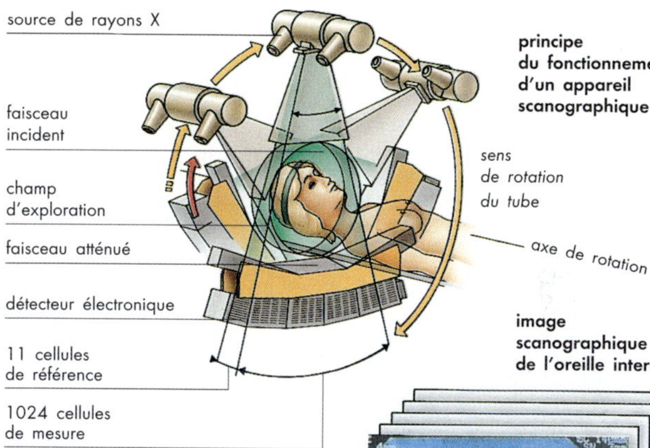

principe du fonctionnement d'un appareil scanographique

image scanographique de l'oreille interne

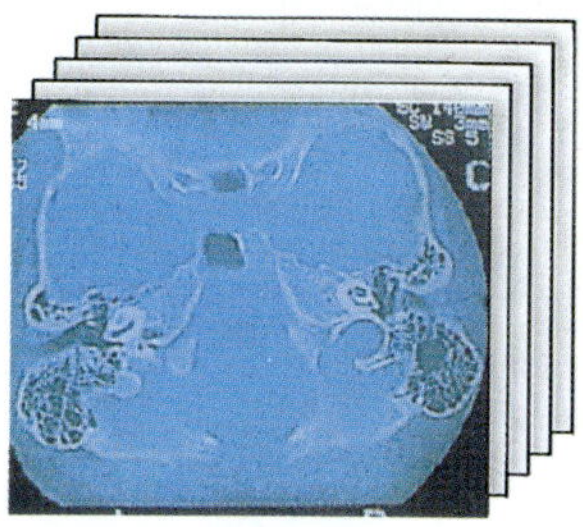

La scanographie (ou tomodensitométrie) est une technique qui consiste à traiter par un ordinateur l'information fournie par les rayons X. La source de rayons X se déplace autour du corps et la quantité de rayonnement reçue par les tissus est transmise à l'ordinateur qui calcule leurs densités radiologiques et en reconstitue l'image sur un écran cathodique. On obtient ainsi l'image d'une coupe de corps, une vue d'ensemble pouvant être fournie grâce à une série de coupes.

L'exploration du crâne et du cerveau a constitué la première et plus importante application de la scanographie, permettant pour une même coupe d'obtenir une image osseuse ou une image purement encéphalique.

IMAGERIE PAR RÉSONANCE MAGNÉTIQUE

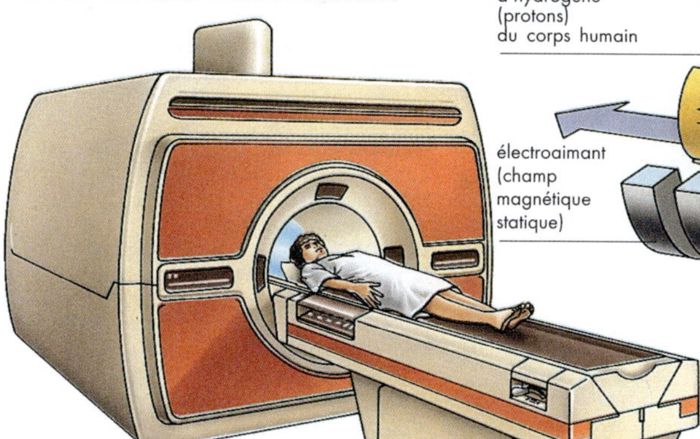

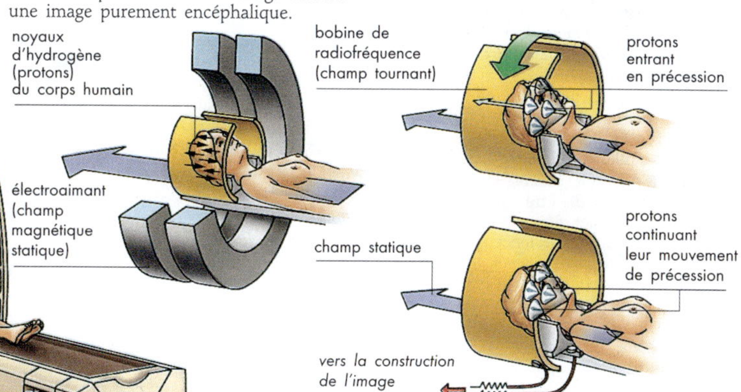

principe du fonctionnement d'un appareil à résonance magnétique nucléaire

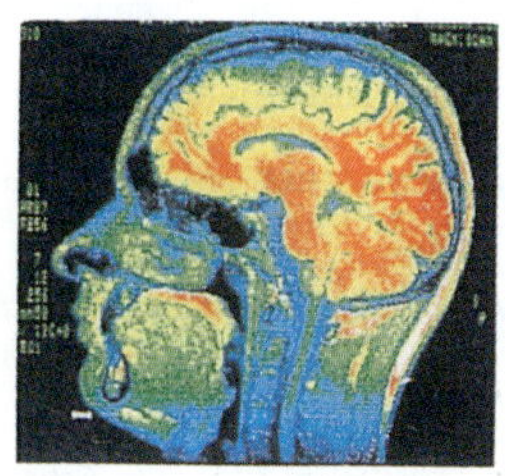

coupe sagittale du crâne (anatomie normale)

L'imagerie par résonance magnétique, ou I.R.M. (appelée aussi résonance magnétique nucléaire, ou R.M.N.), met à profit la propriété qu'ont certains noyaux atomiques placés dans un champ magnétique et stimulés par une onde radio de réémettre une partie de l'énergie absorbée sous forme de signal radio. L'intensité de la résonance est proportionnelle à la quantité d'hydrogène se trouvant dans le volume excité et montre la différence de concentration en eau des différents tissus.

IMBRIQUER v.t. (du lat. *imbrex,* tuile creuse). Engager un objet dans un autre, disposer des choses de manière qu'elles soient imbriquées. *Imbriquer les pièces d'un jeu de construction.* ◆ **s'imbriquer** v.pr. Être lié de manière étroite.

IMBROGLIO [ɛ̃brɔljo] ou [-glijo] n.m. (mot it.). **1.** Situation confuse et d'une grande complexité ; affaire embrouillée. **2.** THÉÂTRE. Pièce de théâtre dont l'intrigue est très compliquée.

IMBRÛLÉ, E adj. et n.m. Se dit d'un corps combustible qui, dans une combustion, s'est incomplètement combiné à l'oxygène de l'air.

IMBU, E adj. (lat. *imbutus,* imprégné). Rempli, pénétré profondément d'une idée, d'un sentiment. *Imbu de préjugés.* ◇ *Être imbu de soi-même :* être intimement persuadé de sa supériorité, être vaniteux, prétentieux.

IMBUVABLE adj. **1.** Qui n'est pas buvable. *L'eau de mer est imbuvable.* **2.** Fam. Insupportable, inacceptable, inadmissible. *Un homme imbuvable. Un livre imbuvable.*

I. M. C. n. (sigle). Infirme* moteur cérébral.

IMIDE n.m. (de *amide*). CHIM. Dérivé de l'ammoniac, de formule générale $(RCO)_2NH$, où deux atomes d'hydrogène ont été remplacés par des groupes acyles RCO.

IMINE n.f. (de *amine*). CHIM. Composé obtenu par condensation des aldéhydes et des cétones avec l'ammoniac ou les amines primaires (nom générique).

IMIPRAMINE n.f. Médicament antidépressif (thymoanaleptique) tricyclique.

IMITABLE adj. Qui peut être imité.

IMITATEUR, TRICE adj. et n. Qui imite.

IMITATIF, IVE adj. De la nature de l'imitation. *Harmonie imitative.*

IMITATION n.f. **1.** Action d'imiter qqn ou d'évoquer qqch. ◇ *À l'imitation de :* sur le modèle de. **2.** Action de reproduire artificiellement une matière, un objet ou de faire une copie d'un objet de valeur ; cette reproduction, cette copie. *Bijoux en imitation.* **3.** MUS. Procédé d'écriture qui consiste à répéter le même dessin mélodique d'une partie à l'autre.

IMITER v.t. (lat. *imitari*). **1.** Reproduire l'allure, le comportement de qqn, d'un animal, le bruit, le mouvement de qqch. **2.** Reproduire exactement, copier. *Imiter une signature.* **3.** Prendre pour modèle. *Imiter un romancier.* **4.** Être une imitation de, présenter le même aspect que. *Un stratifié qui imite le bois.*

IMMACULÉ, E adj. (lat. *immaculatus*). **1.** Qui n'a pas la moindre tache ou qui est d'une blancheur absolue. **2.** Qui est sans souillure morale. ◇ *Immaculée Conception :* privilège selon lequel la Vierge Marie a été préservée du péché originel, dogme défini par Pie IX le 8 décembre 1854 (bulle *Ineffabilis*).

IMMANENCE n.f. **1.** État de ce qui est immanent. **2.** PHILOS. Présence en l'homme même de sa finalité, de ses fins morales, par opp. à la transcendance.

IMMANENT, E adj. (lat. *immanens*). **1.** PHILOS. Qui est contenu dans un être, qui résulte de la nature même de cet être. **2.** PHILOS. Qui relève du domaine de l'expérience, par opp. à *transcendant.* **3.** Cour. *Justice immanente :* justice qui découle naturellement des actes accomplis, qui frappe le coupable sans intervention d'un agent extérieur.

IMMANENTISME n.m. PHILOS. Système fondé sur la notion d'immanence.

IMMANGEABLE [ɛ̃mɑ̃ʒabl] adj. Qui n'est pas bon à manger, qui n'est pas comestible.

IMMANQUABLE [ɛ̃mɑ̃kabl] adj. **1.** Qui ne peut manquer d'arriver, d'atteindre son but. **2.** Que l'on ne peut manquer, rater. *Un but immanquable.*

IMMANQUABLEMENT [ɛ̃-] adv. Sûrement, infailliblement.

IMMARCESCIBLE adj. (lat. *immarcessibilis,* de *marcescere,* se flétrir). Litt. Qui ne peut se flétrir. *Gloire immarcescible.*

IMMATÉRIALITÉ n.f. Qualité, état de ce qui est immatériel. *L'immatérialité des fantômes.*

IMMATÉRIEL, ELLE adj. Qui n'a pas de consistance corporelle.

IMMATRICULATION n.f. Action d'immatriculer, fait d'être immatriculé ; numéro ainsi attribué. *Immatriculation d'un soldat, d'une automobile. Immatriculation au registre du commerce et des sociétés.*

IMMATRICULER v.t. (lat. *immatriculare,* du bas lat. *matricula,* registre). Inscrire sur la matricule, sur un registre public (un nom, un numéro d'identification).

IMMATURATION n.f. PSYCHOL. Trouble du processus de maturation, s'exprimant par un désordre intellectuel, affectif, émotionnel ou psychomoteur.

IMMATURE adj. Qui n'a pas encore atteint la maturité intellectuelle, affective.

IMMATURITÉ n.f. État de qqn qui est immature, qui manque de maturité psychologique, intellectuelle ou affective.

IMMÉDIAT, E adj. (bas lat. *immediatus,* de *medius,* au milieu). **1.** Qui précède ou qui suit sans qu'il y ait d'intermédiaire ; direct, instantané. *Successeur immédiat. Soulagement immédiat.* ◇ PHILOS. *Connaissance immédiate :* connaissance par intuition. **2.** CHIM. *Analyse immédiate :* séparation des constituants d'un mélange. **3.** FÉOD. *Fief immédiat :* fief relevant directement du souverain et, dans le Saint Empire, de l'empereur. ◆ n.m. *Dans l'immédiat :* pour le moment.

IMMÉDIATEMENT adv. À l'instant même.

IMMÉDIATETÉ n.f. **1.** Caractère de ce qui est immédiat. **2.** FÉOD. Privilège d'un fief immédiat.

IMMELMANN [imɛlman] n.m. (du n. de son inventeur, l'as de la chasse allemande Max *Immelmann* [1890-1916]). Figure d'acrobatie aérienne consistant en un demi-looping vertical suivi d'un demi-tonneau.

IMMÉMORIAL, E, AUX adj. Litt. **1.** Qui remonte à la plus haute antiquité, très éloigné dans le passé. *Temps immémoriaux.* **2.** Qui est si ancien qu'on n'en connaît plus l'origine. *Usage immémorial.*

IMMENSE adj. (lat. *immensus*). Qui présente une étendue, des dimensions, une valeur, une intensité considérables. *La mer immense. Un immense succès.*

IMMENSÉMENT adv. De façon immense.

IMMENSITÉ n.f. **1.** Caractère de ce qui est immense, très vaste ; étendue très vaste. *L'immensité des mers.* **2.** Caractère de ce qui est considérable en grandeur, en intensité. *L'immensité de la tâche.*

IMMERGÉ, E adj. **1.** Qui est sous l'eau. **2.** *Économie immergée :* ensemble des activités économiques qui restent non déclarées (transactions occultes, productions illégales, travail noir, etc.).

IMMERGER v.t. (lat. *immergere*) [17]. Plonger entièrement dans un liquide, partic. dans la mer. *Immerger un sous-marin.* ◆ **s'immerger** v.pr. Se plonger totalement dans un milieu différent de son milieu habituel.

IMMÉRITÉ, E adj. Que l'on n'a pas mérité.

IMMERSIF, IVE adj. Fait par immersion.

IMMERSION n.f. (lat. *immersio*). **1.** Action de plonger un corps dans un liquide. *L'immersion d'un câble téléphonique.* **2.** Fait de se retrouver dans un milieu étranger sans contact direct avec son milieu d'origine. *Séjour linguistique en immersion.* **3.** ASTRON. Début de l'occultation d'un astre.

IMMETTABLE [ɛ̃mɛtabl] adj. Qu'on ne peut pas ou que l'on n'ose pas porter. *Costume immettable.*

1. IMMEUBLE adj. et n.m. (lat. *immobilis,* immobile). DR. Se dit d'un bien qui ne peut être déplacé *(immeuble par nature)* ou que la loi considère comme tel *(immeuble par destination).*

2. IMMEUBLE n.m. Bâtiment d'une certaine importance. ◇ Spécialt. Bâtiment divisé, à la construction, en appartements pour particuliers ou aménagé à usage de bureaux. *Immeuble en copropriété.*

IMMIGRANT, E adj. et n. Qui immigre, vient s'installer dans un pays étranger au sien.

IMMIGRATION n.f. Arrivée, dans un pays, d'étrangers venus s'y installer et y travailler.

IMMIGRÉ, E adj. et n. Qui a immigré.

IMMIGRER v.i. (lat. *immigrare*). Venir se fixer dans un pays étranger au sien.

IMMINENCE n.f. Caractère de ce qui est imminent. *L'imminence d'un danger.*

IMMINENT, E adj. (lat. *imminens*). Qui est sur le point de se produire. *Départ imminent.*

IMMISCER (S') [simise] v.pr. (lat. *immiscere*) [16]. *S'immiscer dans :* intervenir indûment et indiscrètement dans ce qui est de la compétence d'autrui.

IMMIXTION [imiksjɔ̃] n.f. (bas lat. *immixtio*). Action de s'immiscer dans les affaires d'autrui.

IMMOBILE adj. (lat. *immobilis*). Qui ne se meut pas, qui demeure fixe.

1. IMMOBILIER, ÈRE adj. **1.** Qui est immeuble, composé de biens immeubles. **2.** Relatif à un immeuble. *Saisie immobilière.*

2. IMMOBILIER n.m. Ensemble des professions intervenant dans la commercialisation des immeubles.

IMMOBILISATION n.f. **1.** Action d'immobiliser ; fait d'être immobilisé. *L'immobilisation d'un navire à cause d'avaries.* **2.** ÉCON. Élément non circulant de l'actif d'une entreprise (bâtiments, terrains, machines et matériel, brevets, fonds de commerce, etc.).

IMMOBILISER v.t. **1.** Rendre immobile ; empêcher ou arrêter le mouvement de. *Immobiliser des troupes. Immobiliser la jambe d'un malade.* **2.** *Immobiliser des capitaux,* les utiliser à des investissements qui les rendent indisponibles pour un autre objectif.

IMMOBILISME n.m. Disposition à se satisfaire de l'état (politique, social, etc.) présent ; opposition systématique à toute innovation.

IMMOBILISTE adj. et n. Qui fait preuve d'immobilisme.

IMMOBILITÉ n.f. État d'un être, d'une chose qui est ou paraît sans mouvement.

IMMODÉRÉ, E adj. Qui dépasse la mesure. *Prix immodéré. Prétentions immodérées.*

IMMODÉRÉMENT adv. De façon immodérée.

IMMODESTE adj. Litt. Qui manque de modestie, de pudeur.

IMMODESTIE n.f. Litt. Manque de pudeur.

IMMOLATEUR n.m. Litt. Celui qui immole ; sacrificateur.

IMMOLATION n.f. Action d'immoler.

IMMOLER v.t. (lat. *immolare*). **1.** Tuer (qqn, un animal) pour l'offrir en sacrifice à une divinité. **2.** Litt. Faire périr. *La guerre immole d'innombrables victimes.* **3.** Litt. Sacrifier (qqn, qqch) pour satisfaire une exigence (morale, passionnelle, etc.). *Immoler sa liberté à ses intérêts matériels.*

IMMONDE adj. (lat. *immundus,* de *mundus,* net). **1.** D'une saleté qui provoque le dégoût. *Un taudis immonde.* **2.** D'une bassesse, d'une immoralité ignoble, répugnante. *Des propos immondes.*

IMMONDICE n.f. (lat. *immunditia*). Vx. Chose sale ou impure. ◆ pl. Ordures ménagères ; déchets de toute sorte.

IMMORAL, E, AUX adj. Qui agit contrairement à la morale établie ; qui est contraire à cette morale.

IMMORALEMENT adv. Litt. De façon immorale.

IMMORALISME n.m. Doctrine qui nie toute obligation morale.

IMMORALISTE adj. et n. Qui concerne l'immoralisme ; partisan de l'immoralisme.

IMMORALITÉ n.f. Caractère de ce qui est immoral ; acte immoral.

IMMORTALISER v.t. Rendre immortel dans la mémoire des hommes.

IMMORTALITÉ n.f. (lat. *immortalitas,* de *mors, mortis*). **1.** Qualité, état de ce qui est immortel, d'un être immortel. *L'immortalité de l'âme.* **2.** Survivance éternelle dans le souvenir des hommes.

1. IMMORTEL, ELLE adj. (lat. *immortalis*). **1.** Qui n'est point sujet à la mort. *Dieux immortels.* **2.** Qu'on suppose devoir durer toujours. **3.** Dont le souvenir reste dans la mémoire des hommes. *Gloire immortelle.*

2. IMMORTEL, ELLE n. **1.** Dieu, déesse, dans la mythologie antique. **2.** Fam. Membre de l'Académie française.

IMMORTELLE n.f. **1.** *Immortelles :* plantes à fleurs persistantes, dont il existe 4 genres et près de 400 espèces, dont 8 en France. **2.** Fleur de ces plantes. *Un bouquet d'immortelles.*

IMMOTIVÉ, E adj. Sans motif, injustifié.

IMMUABILITÉ n.f. Litt. Caractère de ce qui est immuable.

IMMUABLE adj. Qui n'est pas sujet à changer, constant. *Un horaire immuable.*

IMMUABLEMENT adv. De façon immuable.

IMMUN, E [imœ̃, yn] adj. MÉD. Se dit de l'organisme immunisé ou de l'un de ses constituants intervenant dans la réponse immunitaire.

IMMUNISANT, E adj. Qui immunise.

IMMUNISATION n.f. Action d'immuniser ; fait d'être immunisé.

IMMUNISER v.t. (lat. *immunis,* exempt). **1.** Rendre réfractaire à une maladie. **2. Fig.** Mettre à l'abri d'un mal, d'une passion, d'une influence nocive.

IMMUNITAIRE adj. MÉD. Relatif à l'immunité d'un organisme.

IMMUNITÉ n.f. (lat. *immunitas,* de *munus, muneris,* charge). **I.** BIOL. Résistance naturelle ou acquise d'un organisme vivant à un agent infectieux (micro-organismes) ou toxique (venins, toxines de champignons). **II.** DR. Exemption d'impôts, de devoirs, de charges, etc. **1.** *Immunité parlementaire :* privilège selon lequel les parlementaires ne peuvent être poursuivis sans l'autorisation de l'assemblée à laquelle ils appartiennent. **2.** *Immunité diplomatique :* privilège des agents diplomatiques en vertu duquel, notamm., ceux-ci ne peuvent être déférés aux juridictions de l'État dans lequel ils sont en poste.
■ Les réactions de défense de l'organisme font appel à deux mécanismes : l'*immunité humorale* est assurée par les anticorps, substances chimiques solubles présentes dans le sérum ; l'*immunité cellulaire* est réalisée par des globules blancs, les lymphocytes T. Il y a un effondrement d'une catégorie de ces lymphocytes (les T4) dans le sida.

IMMUNOCOMPÉTENT, E adj. MÉD. Se dit d'un leucocyte, d'une cellule doués de propriétés immunitaires.

IMMUNODÉFICIENCE n.f. MÉD. Déficience des mécanismes immunitaires.

IMMUNODÉFICITAIRE adj. MÉD. Relatif à l'immunodéficience.

IMMUNODÉPRESSEUR ou **IMMUNOSUPPRESSEUR** adj.m. et n.m. Se dit d'un médicament ou d'un traitement capable de diminuer ou de supprimer les réactions immunitaires (corticoïdes, ciclosporine, radiations ionisantes).

IMMUNODÉPRESSIF, IVE ou **IMMUNOSUPPRESSIF, IVE** adj. Relatif aux immunodépresseurs.

IMMUNODÉPRIMÉ, E adj. et n. Qui n'a pas des réactions immunitaires normales.

IMMUNOFLUORESCENCE n.f. Technique de diagnostic immunologique fondée sur la coloration par une substance fluorescente des anticorps qui, se combinant à l'antigène correspondant, permettent de le mettre en évidence à l'examen microscopique.

IMMUNOGÈNE adj. Qui produit l'immunité.

IMMUNOGLOBULINE n.f. Anticorps qui assure l'immunité humorale, protéine présente dans le sang et les sécrétions capable de se combiner spécifiquement à l'antigène qui est à l'origine de sa production.

IMMUNOLOGIE n.f. Partie de la biologie et de la médecine qui étudie les phénomènes d'immunité.

IMMUNOLOGIQUE adj. Relatif à l'immunologie.

IMMUNOLOGISTE n. Spécialiste d'immunologie.

IMMUNOSTIMULANT, E adj. et n.m. Se dit d'un produit ou d'un procédé qui provoque ou amplifie une réaction immunitaire.

IMMUNOSUPPRESSEUR adj.m. et n.m., **IMMUNOSUPPRESSIF, IVE** adj. → ***immunodépresseur, immunodépressif.***

IMMUNOTECHNOLOGIE n.f. Technique de fabrication d'anticorps monoclonaux par des hybridomes.

IMMUNOTHÉRAPIE n.f. Traitement consistant à provoquer ou à augmenter l'immunité de l'organisme par l'injection d'anticorps ou d'antigènes.

IMMUNOTOLÉRANT, E adj. Qui ne réagit pas à l'introduction d'un antigène donné par la production d'anticorps correspondant.

IMMUTABILITÉ n.f. (lat. *immutabilitas,* de *mutare,* changer). DR. Caractère des conventions juridiques qui ne peuvent être modifiées par la volonté des contractants.

IMPACT [ɛ̃pakt] n.m. (lat. *impactus,* de *impingere,* heurter). **1.** Fait pour un corps, un projectile de venir en frapper un autre ; choc. *L'impact a été très violent.* – *Point d'impact :* endroit où a frappé un projectile. – *Angle d'impact :* angle de chute (→ ***tir***). **2.** Effet produit par qqch ; influence qui en résulte. *L'impact de la publicité.* **3.** Influence exercée par qqn, par ses idées. *L'impact d'un écrivain.* **4.** *Étude d'impact :* étude qui précède ou accompagne les grands travaux (route, barrage, installation industrielle, etc.) et qui s'intéresse aux conséquences de ceux-ci sur l'environnement.

1. IMPAIR, E adj. (lat. *impar*). **I. 1.** Se dit d'un nombre qui n'est pas divisible par deux. *Neuf est un nombre impair.* **2.** Qui est exprimé par un nombre, un chiffre impair. *Les nombres impairs se terminent par 1, 3, 5, 7 et 9.* **3.** ANAT. *Organes impairs :* organes qui n'ont pas de symétrique (estomac, foie, etc.). **II.** MATH. *Fonction impaire :* fonction f telle que $f'(-x) = -f(x)$.

2. IMPAIR n.m. Maladresse choquante, gaffe, bourde. *Commettre un impair.*

IMPALA [impala] n.m. Antilope d'Afrique australe et orientale, vivant en grands troupeaux et dont le mâle porte des cornes en forme de lyre.

impala mâle

IMPALPABLE adj. (de *palper*). Si fin, si ténu qu'on ne le sent pas au toucher. *Poussière impalpable.*

IMPALUDATION n.f. Infection par le parasite agent du paludisme.

IMPALUDÉ, E adj. et n. Qui a subi une impaludation. ◆ adj. Se dit d'une région où sévit le paludisme.

IMPANATION n.f. THÉOL. Consubstantiation.

IMPARABLE adj. Impossible à parer, à arrêter.

IMPARDONNABLE adj. Qui ne peut ou ne doit pas être pardonné ; inexcusable.

1. IMPARFAIT, E adj. **1.** Qui présente des lacunes, qui n'est pas achevé ; partiel, rudimentaire. *Connaissance imparfaite d'une langue.* **2.** Qui n'atteint pas la perfection absolue, qui présente des défauts, en parlant de qqn ou de qqch.

2. IMPARFAIT n.m. GRAMM. Système de formes verbales constituées d'une racine verbale et d'un affixe exprimant le passé et situant l'énoncé dans un moment indéterminé avant le moment présent ou avant le moment du récit.

IMPARFAITEMENT adv. De façon imparfaite.

IMPARIDIGITÉ, E adj. et n.m. ZOOL. Qui a un nombre impair de doigts à chaque patte, en parlant d'un mammifère à sabots (cheval, rhinocéros, etc.). SYN. : *mésaxonien, périssodactyle.*

IMPARIPENNÉ, E adj. BOT. *Feuille imparipennée :* feuille pennée terminée par une foliole impaire.

IMPARISYLLABIQUE adj. et n.m. LING. Se dit des mots latins qui ont au génitif singulier une syllabe de plus qu'au nominatif.

IMPARITÉ n.f. Propriété de ce qui est impair.

IMPARTAGEABLE adj. Qui ne peut être partagé.

IMPARTIAL, E, AUX adj. Qui ne favorise pas l'un aux dépens de l'autre ; qui n'exprime aucun parti pris ; équitable. *Avis impartial. Juge impartial.*

IMPARTIALEMENT adv. De façon impartiale ; avec équité, sans parti pris.

IMPARTIALITÉ n.f. Caractère, qualité de qqn qui est impartial ou de ce qui est juste, équitable.

IMPARTIR v.t. (lat. *impartiri,* accorder). DR. ou litt. Attribuer, accorder. *Impartir un délai.*

IMPARTITION n.f. ÉCON. Fait, pour un producteur, de se procurer à l'extérieur des biens matériels ou des services au lieu de se les assurer par ses propres moyens.

IMPASSE n.f. (*in* priv. et *passer*). **1.** Rue, ruelle sans issue. *Habiter au fond d'une impasse.* **2. Fig.** Situation ne présentant pas d'issue favorable. **3.** JEUX. Tentative pour faire une levée avec la carte inférieure d'une fourchette en spéculant sur la position de la carte intermédiaire. **4. Fam.** *Faire une impasse :* négliger d'étudier une des matières d'un programme d'examen en espérant être interrogé sur les autres. **5.** *Impasse budgétaire :* différence entre l'ensemble des dépenses publiques autorisées, y compris les comptes du Trésor, et la totalité des recettes dont la rentrée est considérée comme certaine.

IMPASSIBILITÉ n.f. Caractère ou état d'une personne impassible.

IMPASSIBLE adj. (bas lat. *impassibilis,* de *pati,* souffrir). Qui ne manifeste aucun trouble, aucune émotion, aucun sentiment. *Un air impassible. Rester impassible devant le danger.*

IMPASSIBLEMENT adv. Avec impassibilité.

IMPATIEMMENT [ɛ̃pasjamɑ̃] adv. Avec impatience.

IMPATIENCE [ɛ̃pasjɑ̃s] n.f. Manque de patience ; incapacité à supporter qqn, qqch ; incapacité à se contraindre ou à attendre.

IMPATIENT, E adj. (lat. *impatiens,* de *pati,* endurer). Qui manque de patience ; qui désire avec un empressement inquiet. *Être impatient de partir.* ◆ n. Personne impatiente. *Un jeune impatient.*

IMPATIENTE ou **IMPATIENS** [-sjɑ̃s] n.f. Balsamine, dont le fruit s'ouvre au moindre contact.

IMPATIENTER v.t. Faire perdre patience à (qqn) ; énerver. ◆ **s'impatienter** v.pr. Perdre patience.

IMPATRONISATION n.f. Litt. Action de s'impatroniser.

IMPATRONISER (S') v.pr. Litt. S'établir avec autorité quelque part, s'y poser en maître.

IMPAVIDE adj. (lat. *impavidus*). Litt. Qui n'éprouve ou ne manifeste aucune crainte, aucune peur. *Rester impavide dans le tumulte. Un air impavide.*

IMPAYABLE adj. Fam. Incroyablement comique, risible. *Vous êtes impayable avec ce chapeau.*

1. IMPAYÉ, E adj. Qui n'a pas été payé.

2. IMPAYÉ n.m. Dette, traite, effet non payé. *Recouvrement des impayés.*

IMPEACHMENT [impitʃmɛnt] n.m. (mot angl.). Procédure de mise en accusation du président, du vice-président ou d'un haut fonctionnaire des États-Unis devant le Congrès.

IMPECCABLE [ɛ̃pekabl] adj. (du lat. *peccare,* pécher). **1.** Qui est sans défaut, qui est à l'abri de toute critique. *Parler un français impeccable.* **2.** Parfaitement propre, net. *Uniformes impeccables.* **3.** THÉOL. Incapable de pécher.

IMPECCABLEMENT adv. De façon impeccable. *Chaussures impeccablement cirées.*

IMPÉCUNIEUX, EUSE adj. (du lat. *pecunia,* argent). Litt. Qui manque d'argent.

IMPÉCUNIOSITÉ n.f. Litt. Manque d'argent.

IMPÉDANCE [ɛ̃pedɑ̃s] n.f. (mot angl., *impedance*). PHYS. Rapport de l'amplitude complexe d'une grandeur sinusoïdale (tension électrique, pression acoustique) à l'amplitude complexe de la grandeur induite (courant électrique, flux de vitesse), dont le module se mesure en ohms.

IMPEDIMENTA [ɛ̃pedimɛ̃ta] n.m. pl. (mot lat., *bagages*). **1.** Vx. Charrois, bagages, etc., qui alourdissent la marche d'une armée. **2.** Litt. Ce qui entrave l'activité, le mouvement.

IMPÉNÉTRABILITÉ n.f. **1.** Caractère de qqn, de qqch d'impénétrable, qui ne se laisse pas deviner, connaître. *Impénétrabilité d'un mystère.* **2.** PHYS. Fait, pour deux corps, de ne pas pouvoir occuper en même temps le même lieu dans l'espace.

IMPÉNÉTRABLE adj. (du lat. *penetrare*, pénétrer). **1.** Qui ne peut être pénétré, traversé. *Une forêt impénétrable.* **2.** Impossible à comprendre, à saisir. *Desseins impénétrables.*

IMPÉNITENCE n.f. Refus de se repentir.

IMPÉNITENT, E adj. (lat. *impaenitens*, de *paenitere*, se repentir). **1.** Qui persiste dans une habitude. *Un buveur impénitent.* **2.** THÉOL. Qui refuse de se repentir.

IMPENSABLE adj. Qui dépasse l'imagination, qu'on ne peut concevoir ; incroyable.

IMPENSES [ɛ̃pɑ̃s] n.f. pl. (lat. *impensa*). DR. Dépense faite pour l'entretien ou l'amélioration d'un bien, notamm. d'un bien immeuble.

IMPER n.m. (abrév.). Fam. Imperméable.

1. IMPÉRATIF, IVE adj. (lat. *imperativus*, de *imperare*, commander). **1.** Qui a le caractère du commandement ; qui exprime un ordre absolu. *Ton impératif. Consigne impérative.* **2.** Qui s'impose comme une nécessité absolue. *Des besoins impératifs.*

2. IMPÉRATIF n.m. **1.** Nécessité absolue qui impose certaines actions comme un ordre. *Les impératifs du moment, de la situation.* **2.** GRAMM. Mode du verbe caractérisé par l'absence de pronoms de conjugaison et qui exprime un ordre ou une défense. **3.** PHILOS. *Impératif catégorique* : commandement moral inconditionné qui est à lui-même sa propre fin, chez Kant (par opp. à *impératif hypothétique*, commandement conditionné d'une action morale possible en vue d'une fin).

IMPÉRATIVEMENT adv. De façon impérative.

IMPÉRATRICE n.f. **1.** Femme d'un empereur. **2.** Femme qui gouverne un empire.

IMPERCEPTIBILITÉ n.f. Caractère de ce qui est imperceptible.

IMPERCEPTIBLE adj. (lat. *imperceptibilis*, de *percipere*, percevoir). **1.** Qui échappe à nos sens ; qui est trop petit pour être vu. *Ultrason imperceptible à l'oreille.* **2.** Qui échappe à l'attention. *Progrès, changement imperceptible.*

IMPERCEPTIBLEMENT adv. De façon imperceptible.

1. IMPERDABLE adj. Qui ne peut être perdu.

2. IMPERDABLE n.f. Suisse. Épingle de nourrice.

IMPERFECTIBLE adj. Qui n'est pas perfectible.

IMPERFECTIF, IVE adj. LING. Non-accompli. ◆ n.m. LING. Aspect imperfectif ; ensemble des formes verbales imperfectives.

IMPERFECTION n.f. (bas lat. *imperfectio*). **1.** État d'une personne ou d'une chose imparfaite. **2.** Ce qui rend qqn ou qqch imparfait ; défaut. *Ouvrage qui souffre de menues imperfections.*

IMPERFORATION n.f. MÉD. État d'une partie naturelle qui devrait être ouverte et qui est fermée. *Imperforation de l'anus.*

IMPÉRIAL, E, AUX adj. (lat. *imperium*, empire). **1.** Qui appartient ou se rapporte à un empereur, à ses prérogatives ou à un empire. *La garde impériale. La Rome impériale.* **2.** Litt. Se dit de qqn qui montre beaucoup d'autorité et de présence ou de son comportement ; majestueux. *Allure impériale.* **3.** BOT. *Couronne impériale* : fritillaire (plante).

IMPÉRIALE n.f. **1.** Étage supérieur d'une diligence, d'un tramway, d'un autobus, d'une voiture ferroviaire. **2.** Anc. Petite touffe de barbe sous la lèvre inférieure, mise à la mode par Napoléon III.

IMPÉRIALEMENT adv. De façon impériale.

IMPÉRIALISME n.m. **1. a.** Domination culturelle, économique, militaire, etc., d'un État ou d'un groupe d'États sur un autre État ou groupe d'États. **b.** Pour les marxistes, phase supérieure de développement du capitalisme, caractérisée par la disparition de la concurrence au profit des monopoles, le risque de guerre qui lui est conjoint et l'apparition des régimes autoritaires au détriment des démocraties bourgeoises. **2.** Volonté d'expansion et de domination, collective ou individuelle.

IMPÉRIALISTE adj. et n. Qui relève de l'impérialisme.

IMPÉRIAUX n.m. pl. HIST. *Les impériaux* : les soldats du Saint Empire romain germanique, depuis le début du XVe s. jusqu'au début du XIXe s.

IMPÉRIEUSEMENT adv. De façon impérieuse.

IMPÉRIEUX, EUSE adj. (lat. *imperiosus*, de *imperium*, empire). **1.** Autoritaire ; qui commande avec énergie, d'un ton sans réplique. *Se montrer un peu trop impérieux. Avoir la parole impérieuse.* **2.** Irrésistible, pressant. *Nécessité impérieuse.*

IMPÉRISSABLE adj. Qui ne saurait périr ; qui dure très longtemps. *Garder un souvenir impérissable de qqch.*

IMPÉRITIE [ɛ̃perisi] n.f. (lat. *imperitia*, de *peritus*, expérimenté). Litt. Manque de capacité dans la fonction que l'on exerce.

IMPERIUM [ɛ̃perjɔm] n.m. ANTIQ. ROM. Puissance publique ; pouvoir, dans le domaine politique, judiciaire et militaire, de celui qui gouvernait l'État (consul, préteur, dictateur, empereur). *L'imperium s'opposait à la potestas, pouvoir administratif.*

IMPERMÉABILISANT, E adj. et n.m. Se dit d'un produit à base de silicones qui, pulvérisé sur le cuir ou le tissu, le rend imperméable.

IMPERMÉABILISATION n.f. Action d'imperméabiliser ; fait d'être imperméabilisé.

IMPERMÉABILISER v.t. Rendre imperméable à l'eau, à la pluie.

IMPERMÉABILITÉ n.f. Qualité de ce qui est imperméable.

1. IMPERMÉABLE adj. **1.** Qui ne se laisse pas traverser par les liquides. *L'argile est imperméable.* **2.** *Imperméable à* : inaccessible à, qui ne se laisse pas toucher par (certains sentiments, certaines idées). *Être imperméable au modernisme.*

2. IMPERMÉABLE n.m. Vêtement de pluie imperméable (vêtement long, le plus souvent).

IMPERSONNALITÉ n.f. Caractère de ce qui est impersonnel.

IMPERSONNEL, ELLE adj. **1.** Qui n'appartient ou n'est destiné à personne en propre. *La loi est impersonnelle.* **2.** Qui n'a aucun caractère personnel ; banal, peu original. *Style, décor impersonnel.* **3.** GRAMM. *Verbe impersonnel*, qui n'a que la 3e pers. du sing., représentant un sujet neutre indéterminé (*il faut, il pleut, il neige*, etc.). – *Phrase impersonnelle*, dans laquelle le sujet, placé après le verbe, est remplacé devant le verbe par le pronom neutre *il* (ex. : *il est arrivé un paquet*). – *Modes impersonnels* : modes du verbe qui n'expriment pas la personne grammaticale, comme l'infinitif et le participe.

IMPERSONNELLEMENT adv. De façon impersonnelle.

IMPERTINENCE n.f. **1.** Manière arrogante de parler, d'agir. **2.** Parole, action déplacée ou offensante.

IMPERTINENT, E adj. et n. (lat. *pertinens*, qui convient). Qui parle, agit d'une manière blessante, par irrespect ou familiarité ; effronté, déplacé, désinvolte.

IMPERTURBABILITÉ n.f. État, caractère d'une personne imperturbable.

IMPERTURBABLE adj. (lat. *perturbare*, troubler). Que rien ne peut troubler, émouvoir, ébranler.

IMPERTURBABLEMENT adv. De façon imperturbable.

IMPESANTEUR n.f. Apesanteur.

IMPÉTIGINEUX, EUSE adj. MÉD. Qui ressemble à l'impétigo ou qui en a les caractères.

IMPÉTIGO [ɛ̃petigo] n.m. (mot lat., de *impetere*, attaquer). Affection contagieuse de la peau, due au streptocoque ou au staphylocoque, caractérisée par l'éruption de pustules qui, en se desséchant, forment des croûtes épaisses.

IMPÉTRANT, E n. (lat. *impetrare*, obtenir). DR. Personne qui obtient de l'autorité compétente qqch qu'elle a sollicité (diplôme, charge, titre).

IMPÉTRATION n.f. DR. Fait d'obtenir une grâce, un bénéfice.

IMPÉTRER v.t. DR. Vx. Obtenir par une requête, une supplique.

IMPÉTUEUSEMENT adv. Avec impétuosité.

IMPÉTUEUX, EUSE adj. (lat. *impetuosus*, de *impetus*, impulsion). **1.** Qui est animé d'un mouvement puissant, rapide ; tumultueux. *Ouragan impétueux. Torrent impétueux.* **2.** Qui est vif, emporté, en parlant de qqn, de son caractère.

IMPÉTUOSITÉ n.f. **1.** Litt. Caractère, nature de ce qui est impétueux ; violence. *L'impétuosité des flots.* **2.** Fougue, ardeur de qqn.

IMPIE [ɛ̃pi] adj. et n. (lat. *impius*). Litt. Qui méprise la religion ; athée, incroyant.

IMPIÉTÉ n.f. Litt. **1.** Mépris pour les choses religieuses. **2.** Parole, action impie.

IMPITOYABLE adj. **1.** Qui est sans pitié. *Juge impitoyable.* **2.** Qui ne fait grâce de rien. *Critique impitoyable.*

IMPITOYABLEMENT adv. Sans pitié.

IMPLACABILITÉ n.f. Litt. Caractère implacable de qqch, de qqn. *L'implacabilité d'une vengeance.*

IMPLACABLE adj. (lat. *placare*, apaiser). Dont on ne peut apaiser la violence, la dureté, l'inhumanité. *Haine implacable.*

IMPLACABLEMENT adv. De façon implacable.

IMPLANT n.m. **1.** MÉD. Pastille chargée d'une substance active (médicament, hormone, etc.) que l'on place dans le tissu cellulaire sous-cutané, où elle se résorbe lentement. **2.** *Implant dentaire* : plaque ou grille introduite au contact de l'os maxillaire pour soutenir une prothèse dentaire.

IMPLANTABLE adj. MÉD. **1.** Se dit d'un organe qui peut être implanté. **2.** Se dit d'un sujet sur lequel on peut pratiquer une implantation.

IMPLANTATION n.f. **1.** Action d'implanter, fait d'être implanté. *L'implantation d'une usine dans une région.* – Disposition des bâtiments, du matériel, du mobilier, etc., dans une entreprise. **2.** Manière dont les cheveux sont plantés. **3.** MÉD., CHIR. Intervention ayant pour but d'insérer un implant sous la peau.

IMPLANTER v.t. (lat. *implantare*, placer). **1.** Fixer, introduire, planter dans qqch. **2.** Installer, établir (qqn, qqch) quelque part de façon durable. *Implanter un centre commercial près d'une ville.* **3.** CONSTR. Matérialiser le tracé d'un ouvrage à construire, en partic. à l'aide de cordeaux tendus entre des piquets. **4.** CHIR. Pratiquer l'implantation de. ◆ **s'implanter** v.pr. Se fixer, s'installer.

IMPLANTOLOGIE n.f. Partie de l'odontostomatologie qui concerne les implants dentaires.

IMPLEXE adj. (lat. *implexus*, compliqué). Vx. Dont l'intrigue est très compliquée, en parlant d'un ouvrage littéraire.

IMPLICATION n.f. **1.** État d'une personne impliquée dans une affaire ; mise en cause, participation. *Son implication dans ce scandale n'a jamais été prouvée.* **2.** (Surtout pl.). Ce qui est impliqué par qqch ; conséquence attendue. *Implications politiques d'une décision économique.* **3.** LOG., MATH. Liaison de deux propositions par *si... alors*, du type « s'il est vrai que A = B et B = C, alors A = C », la première proposition étant l'*antécédent*, la seconde le *conséquent*.

IMPLICITE adj. (lat. *implicitus*). Qui est contenu dans une proposition sans être exprimé en termes précis, formels ; qui est la conséquence nécessaire. *Clause, condition, volonté implicite.*

IMPLICITEMENT adv. De façon implicite.

IMPLIQUER v.t. (lat. *implicare*, envelopper). **1.** Compromettre, engager dans une affaire fâcheuse, mettre en cause. **2.** Avoir pour conséquence logique ou inéluctable. *Ces propos impliquent un refus de votre part.* **3.** LOG. Entraîner comme implication. ◆ **s'impliquer** v.pr. Fam. *S'impliquer dans qqch*, s'y donner à fond.

IMPLORANT, E adj. Litt. Qui implore. *Voix implorante.*

IMPLORATION n.f. Action d'implorer ; adjuration, supplication.

IMPLORER v.t. Demander avec insistance, en faisant appel à la pitié. *Implorer le pardon.*

IMPLOSER v.i. Faire implosion.

IMPLOSIF, IVE adj. PHON. Se dit d'une consonne dépourvue de sa phase d'explosion (par ex. le [p] dans le mot *aptitude*).

IMPLOSION n.f. **1.** Phénomène physique par lequel un milieu solide ou un corps creux, soumis à une pression externe supérieure à sa résistance mécanique, s'écrase violemment et tend à se concentrer en un volume réduit. *Implosion d'un tube à vide de téléviseur. Implosion d'un sous-marin.* **2.** Fig. Désagrégation, effondrement interne d'un système. **3.** PHON. Première phase de l'émission d'une consonne occlusive, caractérisée par la mise en place des organes mobilisés par son émission.

IMPLUVIUM [ɛ̃plyvjɔm] n.m. (mot lat.). ANTIQ. Espace découvert au milieu de l'atrium des maisons romaines et qui contenait un bassin pour recevoir les eaux de pluie ; ce bassin lui-même.

IMPOLARISABLE adj. Se dit d'une pile électrique qui ne peut être polarisée.

IMPOLI, E adj. et n. Qui manque de politesse ; discourtois.

IMPOLIMENT adv. Avec impolitesse.

IMPOLITESSE n.f. **1.** Manque de politesse. **2.** Action, parole impolie.

IMPOLITIQUE adj. Rare. Qui manque d'habileté politique, d'opportunité.

IMPONDÉRABILITÉ n.f. Caractère impondérable de qqch.

1. IMPONDÉRABLE adj. Litt. Qu'il est impossible de prévoir, dont l'importance peut difficilement être évaluée. *Facteurs impondérables.*

2. IMPONDÉRABLE n.m. (Surtout pl.). Élément imprévisible qui influe sur la détermination des évènements. *Les impondérables de la politique.*

IMPOPULAIRE adj. Qui n'est pas conforme aux désirs de la population ; qui n'est pas aimé du grand nombre. *Loi très impopulaire.*

IMPOPULARITÉ n.f. Manque de popularité ; caractère de ce qui est impopulaire.

IMPORT n.m. Belgique. Montant. *Une facture d'un import de deux mille francs.*

1. IMPORTABLE adj. (de *importer*). Qu'il est permis ou possible d'importer.

2. IMPORTABLE adj. (de *porter*). Se dit d'un vêtement que l'on ne peut ou que l'on n'ose pas porter. *Ce chemisier est si transparent qu'il est importable.*

IMPORTANCE n.f. **1.** Caractère de ce qui importe par sa valeur, par son intérêt, par son rôle. *Attacher, donner beaucoup d'importance à qqch.* **2.** Caractère de ce qui est considérable par la force, le nombre, la quantité. *Une agglomération d'importance moyenne.* ◇ *D'importance :* important, considérable. *L'affaire est d'importance.* **3.** Autorité, influence que confère un rang élevé dans la société, un talent reconnu, etc.

1. IMPORTANT, E adj. **1.** Qui a une valeur, un intérêt, un rôle considérable. *Une parole très importante.* **2.** Considérable par ses proportions, sa quantité. *Un investissement assez important.* ◆ adj. et n. Péj. Qui témoigne une prétention à paraître plus qu'il n'est. *Vouloir faire l'important.*

2. IMPORTANT n.m. Point essentiel. *L'important, c'est de guérir.*

IMPORTATEUR, TRICE adj. et n. Qui fait des importations, qui importe. *Pays importateur de céréales.*

IMPORTATION n.f. **1.** Action d'importer. *Importation d'objets manufacturés.* **2.** (Surtout pl.). Ce qui est importé. *L'excédent des importations.*

1. IMPORTER v.t. (lat. *importare,* porter dans). **1.** Faire entrer dans un pays (des marchandises provenant de l'étranger). *Importer du bois, du charbon.* **2.** Fig. Introduire dans son pays, dans son milieu (ce qui vient de l'étranger). *Importer une danse, une mode.*

2. IMPORTER v.i. et t. ind. [*à*] (it. *importare,* être d'importance) [ne s'emploie qu'à l'inf. et aux 3e pers.]. **1.** Avoir de l'importance, présenter de l'intérêt. *Voilà ce qui importe.* **2.** *Il importe de, que :* il est nécessaire de, que. ◇ *Peu importe, qu'importe :* cela n'a aucune importance. **3.** *N'importe qui, quoi, lequel :* une personne, une chose quelconque. ◇ *N'importe où, quand, comment :* dans un lieu, dans un temps, d'une manière quelconque.

IMPORT-EXPORT n.m. (pl. *imports-exports*). Commerce de produits importés et exportés.

IMPORTUN, E [ɛ̃pɔrtœ̃, yn] adj. et n. (lat. *importunus,* difficile à aborder). **1.** Qui ennuie, qui gêne par une insistance ou une ingérence répétée ou hors de propos. **2.** Qui fatigue, qui irrite par sa continuité ou sa répétition. **3.** Qui incommode par son caractère déplacé. *Une question importune.*

IMPORTUNÉMENT adv. Rare. De façon importune.

IMPORTUNER v.t. Causer du désagrément à ; gêner, incommoder, ennuyer.

IMPORTUNITÉ n.f. Litt. Caractère de ce qui est importun.

IMPOSABLE adj. Soumis à l'impôt. *Revenu imposable.*

IMPOSANT, E adj. Qui impressionne par la grandeur, le nombre, la force.

1. IMPOSÉ, E adj. Qui est obligatoire. ◇ *Prix, tarif imposé,* que le commerçant doit respecter strictement. – SPORTS. *Exercices imposés, figures imposées :* exercices, figures obligatoires dans certains concours (patinage, gymnastique, etc.). ◆ adj. et n. Soumis à l'impôt. *Revenus imposés. Les imposés.*

2. IMPOSÉ n.m. Exercice imposé en gymnastique.

IMPOSÉE n.f. Figure imposée en patinage.

IMPOSER v.t. (lat. *imponere,* placer sur). **I. 1.** Obliger à faire, à subir ; ordonner (qqch de pénible). *Imposer sa volonté. Imposer des restrictions.* – *Imposer silence :* faire taire. **2.** Faire accepter par une pression morale. *Elle a su imposer ses idées.* – *Imposer le respect :* inspirer un sentiment de respect. **II. 1.** Charger (qqn) d'un impôt. *Imposer les contribuables.* **2.** Frapper (qqch) d'un impôt, d'une taxe. *Imposer les boissons alcoolisées.* **III. 1.** LITURGIE. *Imposer les mains :* mettre les mains sur qqn pour le bénir. **2.** IMPR. Faire l'imposition (d'une page). ◆ v.t. ind. *(à).* **1.** *En imposer à qqn,* lui inspirer du respect, de l'admiration, de la crainte. **2.** *S'en laisser imposer :* se laisser impressionner. ◆ **s'imposer** v.pr. **1.** Imposer sa présence, se faire accepter de force. **2.** Se faire accepter par une sorte de contrainte morale, par le respect que l'on inspire ou par sa valeur. *S'imposer comme le chef d'un mouvement.* **3.** Avoir un caractère de nécessité, devenir une obligation. *Des réformes s'imposent.*

IMPOSEUR n.m. et adj.m. IMPR. Technicien qui fait l'imposition, dans une imprimerie, un atelier de photogravure.

IMPOSITION n.f. **I. 1.** Impôt. **2.** Procédé de fixation de l'assiette et de liquidation d'un impôt. **II. 1.** LITURGIE. *Imposition des mains :* geste du prêtre ou de l'évêque qui impose les mains. **2.** IMPR. Opération consistant, compte tenu des contraintes techniques ou économiques, à déterminer la répartition des pages d'un imprimé dans les formes d'impression.

IMPOSSIBILITÉ n.f. **1.** Caractère de ce qui est impossible à faire, à concevoir logiquement. **2.** Chose impossible. *Se heurter à une impossibilité matérielle.*

1. IMPOSSIBLE adj. **1.** Qui ne peut pas être, qui ne peut pas se faire. *Une tâche impossible.* **2.** Fam. Très difficile à faire, à concevoir, à endurer, etc. *C'est vraiment une situation impossible.* **3.** Fam. Qui est insupportable, en parlant de qqn. *Des gens impossibles.* **4.** Jugé bizarre ou extravagant. *Avoir un nom impossible.*

2. IMPOSSIBLE n.m. *L'impossible :* ce qui ne saurait exister, se produire, être réalisé. *Vous demandez l'impossible. À l'impossible nul n'est tenu.* ◇ *Par impossible :* dans l'éventualité, hautement improbable, où ce dont il est question se produirait.

IMPOSTE n.f. (it. *imposta*). **1.** MENUIS. Partie fixe ou mobile, vitrée ou non, occupant le haut d'une baie au-dessus du ou des battants qui constituent la porte ou la fenêtre proprement dite. **2.** ARCHIT. Pierre ou autre élément, généralement en saillie, couronnant le piédroit d'une arcade et supportant la retombée de l'arc.

IMPOSTEUR n.m. (bas lat. *impostor,* de *imponere,* tromper). Litt. Personne qui trompe par de fausses apparences, qui se fait passer pour qqn d'autre.

IMPOSTURE n.f. Litt. Action, procédé de qqn qui cherche à tromper par de fausses apparences ou des allégations mensongères, notamm. en usurpant une qualité, un titre, une identité ou en présentant une œuvre pour ce qu'elle n'est pas. *Dénoncer les impostures d'un escroc.*

IMPÔT n.m. (lat. *impositum,* placé sur). Prélèvement effectué d'autorité sur les ressources ou les biens des individus ou des collectivités et payé en argent pour subvenir aux dépenses d'intérêt général de l'État ou des collectivités locales. *Impôt proportionnel, progressif. Impôt de répartition, de quotité.* – *Impôt direct,* perçu directement par l'Administration sur les revenus des personnes physiques, sur les bénéfices industriels, commerciaux. – *Impôt indirect,* perçu, notamm., sur les biens de consommation (par ex. les carburants, les alcools, les tabacs). – *Impôt de solidarité sur la fortune (I. S. F.) :* impôt institué en 1989 sur les grandes fortunes et destiné à financer le revenu minimum d'insertion.

IMPOTENCE n.f. État d'une personne ou d'un membre impotent.

IMPOTENT, E adj. et n. (lat. *impotens,* impuissant). **1.** Qui éprouve de grandes difficultés à se mouvoir. **2.** Se dit d'un membre qui est dans l'impossibilité d'accomplir, totalement ou partiellement, les mouvements qui lui sont propres.

IMPRATICABILITÉ n.f. Caractère, état de ce qui est impraticable.

IMPRATICABLE adj. **1.** Où l'on ne peut pas passer. **2.** Qu'on ne peut mettre à exécution ; irréalisable. *Projet impraticable.*

IMPRÉCATEUR, TRICE n. Litt. Personne qui profère des imprécations.

IMPRÉCATION n.f. (lat. *imprecatio,* de *precari,* prier). Litt. Malédiction proférée contre qqn ; parole ou souhait appelant le malheur sur qqn.

IMPRÉCATOIRE adj. Litt. Qui a la forme d'une imprécation.

IMPRÉCIS, E adj. Qui manque de précision ; vague, approximatif.

IMPRÉCISION n.f. Manque de précision, d'exactitude, de netteté.

IMPRÉDICTIBILITÉ n.f. Didact. Caractère d'un phénomène imprédictible.

IMPRÉDICTIBLE adj. Didact. Qui échappe à la prévision.

IMPRÉGNATION n.f. **1.** Action d'imprégner ; fait d'être imprégné. *L'imprégnation des bois, d'un tissu.* **2.** Fig. Pénétration lente. *L'imprégnation des esprits par la propagande.*

IMPRÉGNER v.t. (bas lat. *impregnare,* féconder) [18]. **1.** Faire pénétrer un liquide, une odeur dans (un corps). *Imprégner une étoffe d'un liquide. Le tabac imprègne les vêtements de son odeur.* **2.** Fig. Pénétrer de façon insidieuse et profonde, en parlant d'une influence. *Son éducation l'a imprégné de préjugés.*

IMPRENABLE adj. **1.** Qui ne peut être pris. *Citadelle imprenable.* **2.** *Vue imprenable,* qui ne peut être masquée par des constructions nouvelles ; très belle vue.

IMPRÉPARATION n.f. Litt. Manque de préparation.

IMPRÉSARIO n.m. (mot it., de *impresa,* entreprise). Personne qui négocie, moyennant rémunération, les engagements et les contrats d'un artiste ou d'un groupe d'artistes du spectacle. Graphie savante : *impresario* (pl. *impresarii*).

IMPRESCRIPTIBILITÉ n.f. Caractère de ce qui est imprescriptible.

IMPRESCRIPTIBLE adj. **1.** DR. Qui ne peut être atteint par la prescription. *Les biens du domaine public sont inaliénables et imprescriptibles.* **2.** Qui ne peut être effacé par le temps ; immuable. *Les droits imprescriptibles de l'homme.*

IMPRESSIF, IVE adj. Litt. Qui est de l'ordre de l'impression, de la subjectivité et non des faits ou du raisonnement. *Notations impressives.*

IMPRESSION n.f. (lat. *impressio,* application). **I.** Marque laissée par un objet qui appuie ou est pressé sur une substance. *L'impression du cachet sur la cire.* **II. 1.** Opération par laquelle on transfère sur un support (papier, étoffe, etc.)

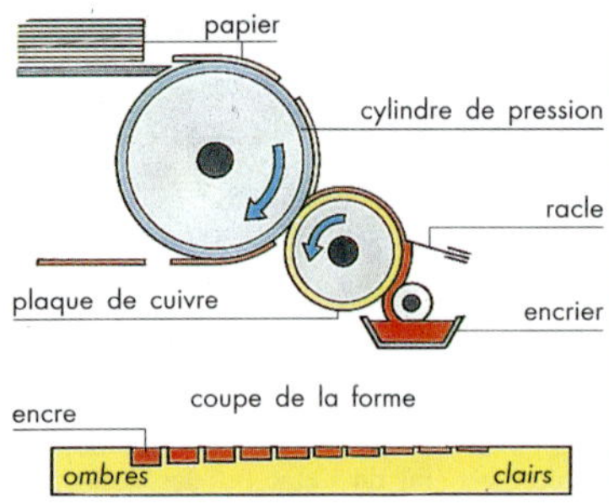

héliogravure
(impression en creux)

le cylindre en cuivre est gravé avec des creux plus ou moins profonds qui retiennent l'encre déposée sur le papier (procédé classique)

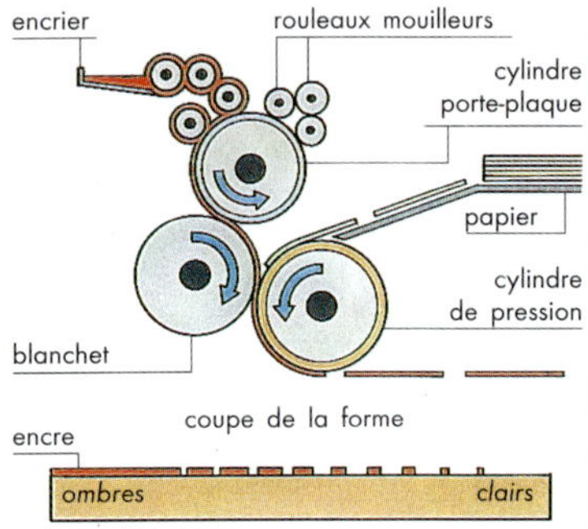

offset
(impression à plat)

le cylindre, revêtu d'un blanchet en caoutchouc, reçoit le décalque de la plaque et le reporte sur le papier

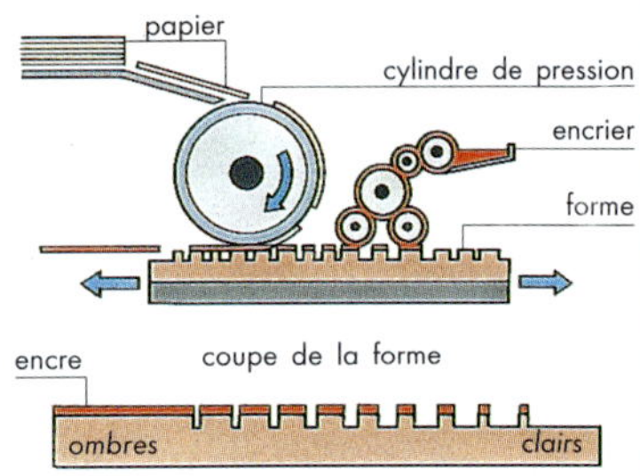

typographie
(impression en relief)

le cylindre de pression applique le papier sur la forme en relief

impression : les trois principaux procédés

les caractères disposés dans des formes, les dessins préparés sur les planches, les cylindres ou les pierres lithographiques ; dessin, motif ainsi reproduit. ◇ Vieilli. Édition. *La dernière impression d'un livre.* **2.** Première couche (de peinture, de colle, etc.) appliquée sur un support destiné à la peinture pour réduire le pouvoir absorbant de celui-ci. **3.** PHOT. Action d'impressionner une surface sensible. **III. 1.** Sentiment ou sensation résultant de l'effet d'un agent extérieur. *Éprouver une impression d'étouffement. – Avoir l'impression de, que :* croire, s'imaginer que. *Avoir l'impression de tomber, que l'on tombe.* **2.** Sentiment, opinion qui naît d'un premier contact. *Quelle est votre impression sur lui ? Faire bonne, mauvaise impression sur un jury. – Faire de l'impression à qqn, faire impression :* provoquer l'admiration, l'étonnement.

IMPRESSIONNABILITÉ n.f. **1.** Litt. Caractère de qqn qui se laisse facilement impressionner. **2.** PHOT. Sensibilité à la lumière.

IMPRESSIONNABLE adj. **1.** Facile à impressionner, à émouvoir ; émotif, sensible. **2.** PHOT. Qui peut être impressionné par un rayonnement ; sensible.

IMPRESSIONNANT, E adj. Qui produit une forte impression sur l'esprit, qui impressionne. *Une scène impressionnante.* ◇ Par ext. Considérable, imposant.

IMPRESSIONNER v.t. **1.** Produire une vive impression sur ; émouvoir, frapper. *La menace ne les impressionnera pas. Ce film risque d'impressionner les enfants.* **2.** PHOT. Laisser une trace sur (un support sensible), en parlant d'un rayonnement.

IMPRESSIONNISME n.m. **1.** École picturale française qui se manifesta notamm., de 1874 à 1886, par huit expositions publiques à Paris et qui marqua la rupture de l'art moderne avec l'académisme. **2.** Tendance générale, en art, à noter les impressions fugitives, la mobilité des phénomènes plutôt que l'aspect stable et conceptuel des choses.

■ PEINT. Les peintres impressionnistes, qui se veulent des réalistes, choisissent leurs sujets dans la vie contemporaine, dans un quotidien librement interprété selon la vision personnelle de chacun d'eux. Travaillant « sur le motif », comme souvent les peintres de Barbizon, comme certains paysagistes anglais, comme Boudin ou Jongkind, ils poussent très loin l'étude du plein air, font de la lumière l'élément essentiel et mouvant de leur peinture, écartant les teintes sombres pour utiliser des couleurs pures que fait papilloter une touche très divisée. Peintres d'une nature changeante, d'une vie heureuse saisie dans la particularité de l'instant, ils sont indifférents à la recherche, chère aux classiques (et dévoyée par les académistes), d'un beau idéal et d'une essence éternelle des choses.
Si Manet joue un rôle important dans la genèse de cette nouvelle peinture, les impressionnistes au sens strict sont Monet (dont la toile *Impression, soleil levant,* exposée en 1874, donne à un critique l'occasion de forger, péjorativement, le nom qui va devenir celui de l'école) ainsi que Pissarro et Sisley, qu'accompagnent d'autres artistes dont les personnalités respectives évolueront de façon nettement distincte : Renoir, Cézanne, Degas, Morisot, Guillaumin, Cassatt, etc. L'impressionnisme est un point de départ pour Seurat et Signac, maîtres du *néo-impressionnisme,* pour Gauguin, Toulouse-Lautrec, Van Gogh ainsi que pour de nombreux « postimpressionnistes », en France et à l'étranger.
– MUS. Le terme gagne la critique musicale v. 1887, qualifiant les œuvres de C. Debussy et, plus généralement, celles de tous les compositeurs préoccupés par la perception subjective des couleurs sonores et des rythmes : Ravel, Dukas, Satie, Roussel, etc. Les musiciens impressionnistes mirent à l'honneur la liberté de la forme, de la phrase et du langage harmoniques.

IMPRESSIONNISTE adj. Qui relève de l'impressionnisme. ◆ n. Peintre impressionniste.

IMPRÉVISIBILITÉ n.f. Caractère de ce qui est imprévisible.

IMPRÉVISIBLE adj. Qu'on ne peut prévoir.

IMPRÉVISION n.f. **1.** Litt. Manque de prévision ; imprévoyance. **2.** DR. *Théorie de l'imprévision,* selon laquelle l'exécution d'un contrat administratif doit être assurée lorsque survient un bouleversement économique imprévisible.

IMPRÉVOYANCE n.f. Défaut, manque de prévoyance.

IMPRÉVOYANT, E adj. et n. Qui manque de prévoyance, qui ne se soucie pas de prévoir les situations futures.

IMPRÉVU, E adj. Qui arrive sans avoir été prévu et qui déconcerte. *Incident imprévu.* ◆ n.m. Ce qui n'a pas été prévu. *Faire la part de l'imprévu. Faire face aux imprévus.*

IMPRIMABILITÉ n.f. ARTS GRAPH. Ensemble des propriétés d'un support d'impression, dont dépend la qualité de l'imprimé.

IMPRIMABLE adj. Qui peut être imprimé ; qui mérite de l'être.

IMPRIMANT, E adj. Qui imprime, qui sert à l'impression. *Forme imprimante.*

IMPRIMANTE n.f. Organe périphérique d'un ordinateur servant à éditer sur papier les résultats d'un traitement. *Imprimante à laser, à jet d'encre.*

IMPRIMATUR [-tyr] n.m. inv. (mot lat., *qu'il soit imprimé*). Permission d'imprimer donnée par l'autorité ecclésiastique.

IMPRIMÉ n.m. **1.** Livre, journal, brochure imprimés. **2.** Papier ou tissu imprimé à motifs. *Rideaux en imprimé à fleurs.*

IMPRIMER v.t. (lat. *imprimere,* laisser une empreinte). **I. 1.** Litt. Laisser (une trace, une empreinte) par pression sur une surface. *Imprimer ses pas sur le sable.* **2.** Communiquer, transmettre (une impulsion, un mouvement) à. *Les oscillations que la houle imprime à un navire.* **3.** Litt. Faire pénétrer dans l'esprit, dans le cœur ; inspirer. *Imprimer la crainte, le respect.* **II. 1.** Reporter sur (un support) un dessin, des couleurs, un texte, etc., par pression d'une surface sur une autre. *Imprimer du papier, des tissus.* **2.** Reproduire (des caractères graphiques, des gravures, etc.) à un certain nombre d'exemplaires par les techniques de l'imprimerie. *Imprimer un texte, une illustration.* **3.** Faire paraître, publier. *Un journal ne peut pas tout imprimer.*

IMPRIMERIE n.f. **1.** Ensemble des techniques (composition, imposition, clichage, impression, tirage) et des métiers qui concourent à la fabrication d'ouvrages imprimés. **2.** Établissement où l'on imprime des livres, des journaux, des affiches, des prospectus, etc.

IMPRIMEUR n.m. **1.** Directeur, propriétaire d'une imprimerie. **2.** Ouvrier, technicien qui travaille dans une imprimerie.

IMPROBABILITÉ n.f. Caractère de ce qui est improbable.

IMPROBABLE adj. Qui a peu de chances de se produire, de se réaliser. *Succès improbable.*

IMPROBATEUR, TRICE adj. Litt. Qui désapprouve, qui marque l'improbation.

IMPROBATION n.f. (lat. *improbatio,* désapprobation). Litt. Action de ne pas approuver ; désapprobation. *Donnez-moi votre approbation ou votre improbation.*

IMPROBITÉ n.f. Litt. Manque de probité, d'honnêteté.

IMPRODUCTIF, IVE adj. Qui ne produit rien ; stérile. ◆ adj. et n. Qui ne participe pas à la production.

IMPRODUCTIVITÉ n.f. Caractère, état de qqn, de ce qui est improductif.

1. IMPROMPTU, E [ɛ̃prɔ̃pty] adj. (lat. *in promptu,* sous la main). Fait sur-le-champ, non préparé, improvisé. *Dîner impromptu.* ◆ adv. Sur-le-champ, au pied levé.

2. IMPROMPTU n.m. **1.** LITTÉR. Petite pièce de vers improvisée ou composée rapidement. **2.** MUS. Pièce instrumentale de forme libre, généralement pour le piano.

IMPRONONÇABLE adj. Impossible à prononcer.

IMPROPRE adj. (lat. *improprius*). **1.** Qui ne convient pas, inadéquat. *Mot impropre.* **2.** *Impropre à :* qui ne convient pas pour (tel usage). *Denrée impropre à la consommation.*

IMPROPREMENT adv. De façon impropre (dans le langage).

IMPROPRIÉTÉ n.f. **1.** Caractère d'un mot, d'une expression impropre. **2.** Emploi impropre d'un mot, incorrection.

IMPROUVABLE adj. Que l'on ne peut prouver.

IMPROVISATEUR, TRICE n. Personne qui a le talent d'improviser.

IMPROVISATION n.f. **1.** Action, art d'improviser. *Orateur doué pour l'improvisation.* **2.** Ce que l'on improvise. *Une brillante improvisation.*

IMPROVISER v.t. (it. *improvvisare*). **1.** Produire, composer sur-le-champ, sans préparation (un discours, un morceau de musique, etc.). *Improviser une allocution.* – Absolt. *Improviser au piano.* **2.** Réaliser, organiser d'emblée, avec les seuls moyens dont on se trouve disposer. *Improviser un repas.* – Absolt. *Nous n'étions pas prévenus, nous avons improvisé.*

IMPROVISTE (À L') loc. adv. (it. *improvvisto,* imprévu). De façon inattendue, subitement ; sans prévenir. *Arriver chez qqn à l'improviste.*

Gelée blanche, ancienne route d'Ennery, Pontoise (1873), par Camille Pissarro. (Musée d'Orsay, Paris.) L'artiste continue la tradition terrienne de l'école de Barbizon, mais il choisit un paysage d'une grande banalité pour se concentrer sur l'effet lumineux d'ensemble, sur une palpitation chromatique obtenue par le mélange de couleurs claires posées en touches irrégulières.

L'Inondation à Port-Marly (1876), par Alfred Sisley. (Musée d'Orsay, Paris.) Les miroitements de l'eau transfigurent le quotidien dans de nombreuses toiles impressionnistes, à plus forte raison dans ce thème de crue de la Seine, plusieurs fois traité par Sisley.

Gare Saint-Lazare (1877), par Claude Monet. (Musée d'Orsay, Paris.) À côté de diverses usines et installations portuaires dans l'œuvre de Pissarro, la série consacrée par Monet à la gare parisienne qui dessert Argenteuil et la Normandie constitue l'une des principales incursions des impressionnistes dans la vie proprement moderne. Mais l'effet d'instantané atmosphérique y demeure essentiel.

La Balançoire (1876), par Auguste Renoir. (Musée d'Orsay, Paris.) Touche caressante, couleurs pures, ombres bleues trouées de taches de soleil jaunes et blanches participent à la sensualité de l'œuvre autant que son sujet, emprunté à la vie heureuse des loisirs.

Danseuses bleues (v. 1890), par Edgar Degas. (Musée d'Orsay, Paris.) Le motif des danseuses en attente dans les coulisses de l'Opéra n'est que prétexte à un poème purement pictural qui fait jouer l'intensité des couleurs complémentaires bleue et orangée dans le plan du tableau, le rôle de la perspective devenant négligeable.

Le Garçon au gilet rouge (v. 1890-1895 ?), par Paul Cézanne. (Fondation Bührle, Zurich.) On est ici dans l'art du XXe s., au-delà de l'impressionnisme, dont Cézanne entendait faire « quelque chose de solide et durable comme l'art des musées ». Il a retenu de celui-ci l'usage de la couleur pure et la liberté, extrême, de la touche, au profit d'une savante construction, d'une vibrante synthèse de l'espace à deux dimensions de la toile.

IMPRUDEMMENT adv. Avec imprudence.
IMPRUDENCE n.f. **1.** Défaut d'une personne imprudente. *Il a été victime de son imprudence.* **2.** Caractère d'une action imprudente. *L'imprudence d'une parole.* **3.** Action imprudente, irréfléchie. *Ne faites pas d'imprudences au volant.*
IMPRUDENT, E adj. et n. Qui manque de prudence, qui agit sans se préoccuper du danger ou des conséquences dommageables de ses actes, de ses propos ; inconscient. ◆ adj. Qui dénote l'absence de prudence. *Une conduite, une déclaration imprudente.*
IMPUBÈRE adj. et n. (lat. *impubes, -eris*). Qui n'a pas atteint l'âge, l'état de puberté.
IMPUBERTÉ n.f. Rare. État d'un enfant impubère.
IMPUBLIABLE adj. Que l'on ne peut ou que l'on ne doit pas publier.
IMPUDEMMENT [-damɑ̃] adv. Avec impudence ; effrontément.
IMPUDENCE n.f. **1.** Caractère de qqn, de ce qui est impudent ; effronterie cynique. *Il a eu l'impudence d'exiger des excuses.* **2.** Action, parole impudente.
IMPUDENT, E adj. et n. (lat. *impudens*, de *pudere*, avoir honte). Se dit de qqn ou de son comportement, d'une action qui est d'une effronterie insolente, d'une audace cynique. *Un mensonge impudent.*
IMPUDEUR n.f. **1.** Manque de pudeur physique, de retenue ; indécence. **2.** Manque de pudeur morale, de discrétion dans la manifestation des sentiments.
IMPUDICITÉ n.f. Litt. **1.** Caractère, comportement d'une personne impudique. ◇ Caractère de ce qui est impudique. **2.** Acte, parole impudique. *Se livrer à des impudicités.*
IMPUDIQUE adj. Qui blesse la pudeur ; indécent. *Une danseuse impudique. Un geste impudique.*
IMPUDIQUEMENT adv. De façon impudique.
IMPUISSANCE n.f. **1.** Manque de force, de moyens pour faire une chose. **2.** *Impuissance sexuelle* ou *impuissance* : incapacité (organique ou psychique) pour l'homme à accomplir l'acte sexuel.
IMPUISSANT, E adj. Qui est réduit à l'impuissance, qui manque du pouvoir, de la force nécessaire pour faire qqch. *Assister impuissant à un incendie.* ◆ adj.m. et n.m. Se dit d'un homme atteint d'impuissance sexuelle.
IMPULSER v.t. **1.** Donner de l'élan à (une activité), favoriser son expansion. **2.** Amener, pousser un groupe à agir dans une certaine direction. *Impulser un mouvement de revendication.*
IMPULSIF, IVE adj. et n. (bas lat. *impulsivus*, de *impellere*, pousser à). Qui cède à ses impulsions. *Un impulsif qui ne peut se retenir de parler.* ◆ adj. Qui est fait par impulsion. *Geste impulsif.*
IMPULSION n.f. **1.** Action d'une force qui agit par poussée sur qqch et tend à lui imprimer un mouvement ; mouvement ainsi produit. *Transmettre une impulsion à un mécanisme.* ◇ MÉCAN. *Impulsion d'une force* : produit de l'intensité de cette force par son temps d'application. SYN. : *quantité de mouvement.* **2.** PHYS. Variation brusque d'une grandeur physique suivie d'un retour rapide à sa valeur initiale. **3.** Action propre à accroître le développement, le dynamisme d'une activité, d'une entreprise ; effet qui en résulte. **4.** Force, penchant qui pousse à agir. *Être mû par une impulsion généreuse.* ◇ Spécialt. Une telle force, incoercible et soudaine, poussant à un acte qui échappe au contrôle du sujet. *Céder à une impulsion violente.*
IMPULSIVEMENT adv. De façon impulsive.
IMPULSIVITÉ n.f. Caractère impulsif de qqn, d'une conduite.
IMPUNÉMENT adv. **1.** Sans subir ou sans encourir de punition. *Ces trafiquants agiront-ils encore impunément ?* **2.** Sans s'exposer à des conséquences fâcheuses, à des inconvénients. *On ne peut pas impunément se passer de repos.*
IMPUNI, E adj. (lat. *impunitus*). Qui demeure sans punition. *Un coupable, un crime impuni.*
IMPUNITÉ n.f. Fait de ne pas risquer d'être puni, sanctionné. *Ses relations lui assurent l'impunité.* ◇ *En toute impunité* : impunément.
IMPUR, E adj. (lat. *impurus*). **1.** Qui n'est pas pur, qui est altéré par la présence d'éléments étrangers. *Une eau impure.* **2.** Litt. ou vieilli. Contraire à la chasteté. *Désirs impurs.*
IMPUREMENT adv. Rare. De façon impure.
IMPURETÉ n.f. **1.** État de ce qui est impur, souillé, altéré, pollué. *L'impureté de l'air.* **2.** Ce qui salit, altère qqch. *Filtrer un sirop pour en éliminer les impuretés.* **3.** Litt. ou vieilli. Acte impur, contraire à la chasteté.
IMPUTABILITÉ n.f. DR. Possibilité d'imputer une infraction à qqn.
IMPUTABLE adj. **1.** Qui peut, qui doit être imputé, attribué à qqch, à qqn. *Erreur imputable à l'étourderie.* **2.** Qui doit être imputé, prélevé sur tel compte, tel budget, etc. *Somme imputable à une réserve.*
IMPUTATION n.f. **1.** Fait d'imputer une faute à qqn ; accusation, fondée ou non. *Imputation calomnieuse.* **2.** Affectation d'une somme à un compte.
IMPUTER v.t. (lat. *imputare*, porter en compte). **1.** Attribuer à qqn, à qqch la responsabilité de. *Imputer un vol à qqn.* **2.** Porter au compte de. *Imputer une dépense sur un chapitre du budget.*
IMPUTRESCIBILITÉ n.f. Caractère, nature de ce qui est imputrescible.
IMPUTRESCIBLE adj. Qui ne peut se putréfier. *Le teck de Birmanie est un bois imputrescible.*
In, symbole chimique de l'indium.
IN- [ɛ̃], devant une consonne ; [in], devant une voyelle ou un *h* muet. Préfixe d'origine latine indiquant **1.** La suppression ou la négation *(inconnu, inhabile, inactif...).* **2.** La position intérieure ; le mélange *(incarcérer, infuser, insinuer...).* – REM. Le préfixe privatif prend la forme *il-* devant *e ; ir-* devant *r ; im-* devant *b, m, p.*
IN [in] adj. inv. (mot angl., *dedans*). Fam., vieilli. À la mode ; branché.
INABORDABLE adj. **1.** Où l'on ne peut aborder. *Île inabordable.* **2.** Que l'on ne peut aborder, qui est d'un abord difficile. *Le directeur est inabordable.* **3.** Que l'on ne peut payer ; dont le prix, le montant est trop élevé. *Dans ce quartier, les loyers sont inabordables.*
INABOUTI, E adj. Qui n'a pu aboutir. *Projet inabouti.*
INABRITÉ, E adj. Qui n'est pas protégé, qui n'est pas à l'abri. *Mouillage inabrité.*
INABROGEABLE adj. Que l'on ne peut abroger.
INACCENTUÉ, E adj. Qui ne porte pas d'accent ; atone. *Syllabe inaccentuée.*
INACCEPTABLE adj. Que l'on ne peut, que l'on ne doit pas accepter.
INACCEPTATION n.f. Litt. Fait de ne pas accepter ; refus.
INACCESSIBILITÉ n.f. Caractère, état de ce qui est inaccessible.
INACCESSIBLE adj. **1.** Dont l'accès est impossible. *Île inaccessible.* **2.** Que l'on ne peut comprendre, connaître. *Poème inaccessible.* **3.** *Inaccessible à* : qui ne peut pas être touché par (tel sentiment, telle manière de penser), insensible à. *Être inaccessible à la pitié.*
INACCOMPLI, E adj. Litt. Non accompli.
INACCOMPLISSEMENT n.m. Litt. Défaut d'accomplissement, d'exécution. *L'inaccomplissement d'une promesse.*
INACCORDABLE adj. Rare. **1.** Que l'on ne peut accorder, octroyer. **2.** Que l'on ne peut accorder, concilier. *Intérêts inaccordables.*
INACCOUTUMÉ, E adj. Inhabituel, insolite. *Un zèle inaccoutumé.*
INACHEVÉ, E adj. Qui n'est pas achevé.
INACHÈVEMENT n.m. État de ce qui n'est pas achevé.
INACTIF, IVE adj. **1.** Qui n'a pas d'activité ; désœuvré, oisif. *Rester inactif. Secteur inactif.* **2.** Qui n'a pas d'action, d'effet ; inefficace, inopérant. *Remède inactif.* ◆ adj. et n. Qui n'exerce pas d'activité professionnelle, qui n'appartient pas à la population active.
INACTINIQUE adj. PHYS., TECHN. Se dit d'un rayonnement, d'un éclairage qui n'agit pas sur un récepteur, en partic. sur une surface photosensible.
INACTION n.f. Absence d'action, de travail, d'activité.
INACTIVATION n.f. MÉD. Destruction du pouvoir pathogène d'une substance ou d'un micro-organisme.
INACTIVER v.t. MÉD. Produire l'inactivation de. *Inactiver un virus par l'action de la chaleur.*
INACTIVITÉ n.f. Absence d'activité ; état de qqn qui n'a pas d'occupation.
INACTUALITÉ n.f. Caractère de ce qui est inactuel. *L'inactualité de ces conceptions a fait abandonner le projet.*
INACTUEL, ELLE adj. Litt. Qui n'est plus actuel ou qui n'est pas d'actualité. *Des préoccupations inactuelles.*
INADAPTABLE adj. Qui n'est pas susceptible d'être adapté.
INADAPTATION n.f. Défaut d'adaptation. ◇ Spécialt. Défaut d'adaptation aux exigences de la vie en société.
INADAPTÉ, E adj. et n. Qui ne peut s'adapter à son milieu, à la société. ◆ adj. **1.** Qui n'est pas adapté. *Matériel inadapté aux besoins.* **2.** PSYCHOL. *Enfance inadaptée* : ensemble des enfants qui justifient de mesures éducatives particulières en raison d'un handicap physique, d'une déficience intellectuelle, de troubles affectifs ou de difficultés liées au milieu (cas sociaux, mineurs en danger moral, etc.).
INADÉQUAT, E adj. Qui n'est pas adéquat ; inapproprié.
INADÉQUATION n.f. Caractère de ce qui n'est pas adéquat.
INADMISSIBILITÉ n.f. Caractère de ce qui ne peut être admis, considéré comme valable.
INADMISSIBLE adj. Qui ne peut ou ne doit pas être admis, accepté ou toléré ; inacceptable, inexcusable. *Erreur inadmissible.*
INADVERTANCE n.f. (du lat. *advertere*, tourner [son attention] vers). Litt. Inattention, étourderie ; faute qui en résulte. ◇ *Par inadvertance* : par inattention, par mégarde.
INAFFECTIF, IVE adj. PSYCHOL. Qui témoigne de l'inaffectivité.
INAFFECTIVITÉ n.f. PSYCHOL. Absence apparente de sentiments.
INALIÉNABILITÉ n.f. DR. Caractère de ce qui est inaliénable. *L'inaliénabilité du domaine public.*
INALIÉNABLE adj. DR. Qui ne peut être aliéné ; incessible, insaisissable.
INALIÉNATION n.f. DR. État de ce qui n'est pas aliéné. *Inaliénation d'un droit.*
INALPAGE n.m. Région. Ascension des troupeaux aux alpages.
INALPER (S') v.pr. (valaisan *inalpa*). Région. Se rendre aux alpages avec les troupeaux.
INALTÉRABILITÉ n.f. Caractère de ce qui est inaltérable, incorruptible.
INALTÉRABLE adj. **1.** Qui ne peut être altéré. *L'or est inaltérable.* **2.** Qui ne peut être amoindri ; constant, immuable. *Amitié inaltérable.*
INALTÉRÉ, E adj. Qui n'a subi aucune altération.
INAMICAL, E, AUX adj. Contraire à l'amitié ; qui témoigne de dispositions hostiles ou malveillantes. *Démarche inamicale.*
INAMISSIBLE adj. THÉOL. Qui ne peut se perdre. *Grâce inamissible.*
INAMOVIBILITÉ n.f. DR. Garantie statutaire de certains agents de l'État, en vertu de laquelle ils sont inamovibles.
INAMOVIBLE adj. Qui ne peut être révoqué, puni ou déplacé qu'en vertu d'une procédure spéciale offrant des garanties renforcées. *Les magistrats du siège sont inamovibles.*
INANALYSABLE adj. Qui ne peut être analysé.
INANIMÉ, E adj. **1.** Qui n'est pas doué de vie. *Objets inanimés.* **2.** Qui a perdu la vie ou qui semble privé de vie ; inerte. *Corps inanimé. Tomber inanimé.* **3.** LING. Se dit des noms désignant des choses.
INANITÉ n.f. (lat. *inanitas*, de *inanis*, vide). Caractère de ce qui est vain, inutile ; vanité. *L'inanité d'un effort.*
INANITION n.f. (du lat. *inanis*, vide). Privation d'aliments. *Mourir, tomber d'inanition.*
INAPAISABLE adj. Litt. Qui ne peut être apaisé.
INAPAISÉ, E adj. Litt. Qui n'est pas apaisé. *Douleur inapaisée.*

INAPERÇU, E adj. *Passer inaperçu :* échapper à l'attention, aux regards, ne pas retenir l'attention.

INAPPARENT, E adj. Qui n'est pas apparent ; invisible.

INAPPÉTENCE n.f. Didact. **1.** Diminution, affaiblissement d'un désir, d'une envie. **2.** Manque d'appétit, dégoût pour les aliments.

INAPPLICABLE adj. Qui ne peut être appliqué. *Décision inapplicable en pratique.*

INAPPLICATION n.f. **1.** Fait de ne pas appliquer, de ne pas mettre en application. *L'inapplication d'un plan.* **2.** Manque d'application dans ce que l'on fait.

INAPPLIQUÉ, E adj. Qui manque d'application, de soin, d'attention.

INAPPRÉCIABLE adj. Dont on ne saurait estimer la valeur ; inestimable, précieux.

INAPPRÉCIÉ, E adj. Qui n'est pas apprécié.

INAPPRIVOISABLE adj. Qui ne peut être apprivoisé ; sauvage.

INAPPRIVOISÉ, E adj. Qui n'est pas apprivoisé.

INAPPROCHABLE adj. Que l'on ne peut approcher.

INAPPROPRIÉ, E adj. Qui n'est pas approprié ; inadapté.

INAPTE adj. Qui n'est pas apte à (telle activité) ; incapable. *Il est inapte aux affaires, à gérer ses affaires.* ◇ Spécialt. Qui n'est pas apte au service national. *Être déclaré inapte.*

INAPTITUDE n.f. Défaut d'aptitude ; incapacité.

INARRANGEABLE adj. Que l'on ne peut arranger.

INARTICULÉ, E adj. Qui n'est pas ou qui est mal articulé ; indistinct. *Cris inarticulés.*

INASSIMILABLE adj. **1.** Qui ne peut être assimilé par l'organisme. **2.** Que l'on ne peut assimiler intellectuellement. *Notions inassimilables.* **3.** Qui ne peut s'assimiler à une communauté, notamm. nationale. *Minorité inassimilable.*

INASSIMILÉ, E adj. Qui n'est pas assimilé.

INASSOUVI, E adj. Litt. Qui n'est pas assouvi ; insatisfait. *Vengeance restée inassouvie.*

INASSOUVISSEMENT n.m. Litt. État de ce qui n'est pas ou qui ne peut pas être assouvi.

INATTAQUABLE adj. Que l'on ne peut pas attaquer, contester. *Une argumentation inattaquable.*

INATTENDU, E adj. Que l'on n'attendait pas, qui surprend ; imprévu. *Une visite inattendue.*

INATTENTIF, IVE adj. Qui ne fait pas attention ; distrait, étourdi.

INATTENTION n.f. Manque d'attention ; distraction, étourderie.

INAUDIBLE adj. **1.** Qui ne peut être perçu par l'ouïe. *Vibrations inaudibles.* **2.** Dont on ne peut pas supporter l'audition. *Disque devenu inaudible. Musique inaudible pour certains.*

INAUGURAL, E, AUX adj. Qui concerne une inauguration, une ouverture officielle. *Séance inaugurale d'un congrès.*

INAUGURATION n.f. **1.** Cérémonie par laquelle on procède officiellement à la mise en service d'un bâtiment, à l'ouverture d'une exposition, etc. **2.** Litt. Début, commencement. *L'inauguration d'une ère nouvelle.*

INAUGURER v.t. (lat. *inaugurare,* prendre les augures, consacrer). **1.** Procéder à l'inauguration de (un monument, un établissement, une exposition, etc.). **2.** Établir (un usage), introduire (une chose nouvelle). *Inaugurer un nouveau procédé de fabrication.* **3.** Marquer le début de. *Évènement qui inaugura une ère de troubles.*

INAUTHENTICITÉ n.f. Manque d'authenticité.

INAUTHENTIQUE adj. Qui n'est pas authentique.

INAVOUABLE adj. Qui ne peut être avoué.

INAVOUÉ, E adj. Qui n'est pas avoué ou qu'on ne s'avoue pas.

IN-BORD [inbɔrd] adj. inv. Se dit d'un moteur fixé à l'intérieur de la coque d'un bateau, en motonautisme (par opp. à *moteur hors-bord*). ◆ n.m. inv. Bateau à moteur in-bord.

INCA ou **INCASIQUE** adj. Relatif aux Incas. ◇ *Os inca :* os surnuméraire au sommet de l'os occipital (il se rencontre plus fréquemment chez les populations amérindiennes).

INCALCULABLE adj. **1.** Qu'on ne peut calculer. *Le nombre des étoiles est incalculable.* **2.** Difficile ou impossible à apprécier. *Des pertes, des difficultés incalculables.*

INCANDESCENCE n.f. État d'un corps qu'une température élevée rend lumineux.

INCANDESCENT, E [ɛ̃kɑ̃desɑ̃, ɑ̃t] adj. (lat. *incandescens,* qui est en feu). Qui est en incandescence. *Des braises incandescentes.*

INCANTATION n.f. (du lat. *incantare,* prononcer des formules magiques). Formule magique, chantée ou récitée, pour obtenir un effet surnaturel.

INCANTATOIRE adj. Propre à l'incantation, qui constitue une incantation.

INCAPABLE adj. *Incapable de :* qui n'est pas capable de faire une chose, qui n'en a pas l'aptitude. *Il est incapable de marcher. Incapable de lâcheté.* ◆ adj. et n. **1.** Qui manque de capacité, d'aptitude, d'habileté. *C'est un incapable, il ne fera jamais rien.* **2.** DR. Qui est frappé d'incapacité. – *Incapable majeur :* personne majeure dont la capacité juridique est réduite ou supprimée du fait de l'altération de ses facultés mentales ou corporelles. (L'incapable majeur peut être mis sous sauvegarde de justice, en tutelle ou en curatelle.)

INCAPACITANT, E adj. et n.m. MIL. Se dit d'un produit chimique non mortel qui provoque chez l'homme une incapacité immédiate et temporaire en paralysant certains organes ou en annihilant la volonté de combattre.

INCAPACITÉ n.f. **1.** État de qqn qui est incapable de faire qqch ; inaptitude, incompétence. ◇ DR. *Incapacité de travail :* état d'une personne qu'un accident ou une maladie empêche de travailler. **2.** DR. CIV. Inaptitude à jouir d'un droit ou à l'exercer.

INCARCÉRATION n.f. **1.** Action d'incarcérer, d'écrouer ; emprisonnement. *L'incarcération d'un criminel.* **2.** Fait d'être enfermé, à la suite de la déformation de la carrosserie, dans un véhicule accidenté.

INCARCÉRER v.t. (lat. *carcer,* prison) [18]. Mettre en prison, écrouer, emprisonner.

INCARNADIN, E adj. Litt. D'une couleur plus pâle que l'incarnat.

INCARNAT, E [ɛ̃karna, at] adj. et n.m. (it. *incarnato,* de *carne,* chair). D'un rouge clair et vif.

INCARNATION n.f. **1.** Acte par lequel un être spirituel, une divinité s'incarne, prend les apparences d'un être animé ; forme sous laquelle cet être apparaît. ◇ THÉOL. (Avec la majuscule). Mystère de Dieu fait homme en Jésus-Christ. **2.** Personne ou chose qui apparaît comme la représentation concrète d'une réalité abstraite ; image, personnification. *Il est l'incarnation du mal.*

1. INCARNÉ, E adj. THÉOL. Qui s'est fait homme. *Le Verbe incarné.*

2. INCARNÉ adj.m. *Ongle incarné,* qui s'enfonce dans la chair, surtout au pied, et y cause une plaie.

INCARNER v.t. (bas lat. *incarnare,* de *caro, carnis,* chair). **1.** Personnifier une réalité abstraite. *Magistrat qui incarne la justice.* ◇ *C'est le diable, le démon incarné,* une personne très méchante (aussi : un enfant très turbulent). – *C'est la jalousie, le vice,* etc., *incarnés,* qqn d'extrêmement jaloux, vicieux, etc. **2.** Interpréter (un personnage, un rôle) à la scène, à l'écran. ◆ **s'incarner** v.pr. **1.** Prendre un corps de chair, en parlant d'une divinité, d'un être spirituel. **2.** Apparaître, se réaliser en. *Idéaux qui s'incarnent dans un tribun, un mouvement.*

INCARTADE n.f. (it. *inquartata,* sorte de coup d'épée). Léger écart de conduite ; extravagance. *Faire mille incartades.*

INCASIQUE adj. → ***inca.***

INCASSABLE adj. Qui ne peut se casser.

INCENDIAIRE n. Auteur volontaire d'un incendie. ◆ adj. **1.** Destiné à provoquer un incendie. *Projectile incendiaire.* **2.** Fig. Propre à enflammer les esprits ; virulent. *Propos incendiaires.*

INCENDIE [ɛ̃sɑ̃di] n.m. (lat. *incendium*). Grand feu qui, en se propageant, cause des dégâts importants.

INCENDIÉ, E adj. Détruit par un incendie. *Ville incendiée.* ◆ adj. et n. Dont les biens ont été ravagés par un incendie. *Prévoir l'indemnisation des incendiés.*

INCENDIER v.t. **1.** Brûler, détruire par le feu. *Incendier une forêt.* **2.** Fam. Accabler qqn de reproches, d'injures.

1. INCERTAIN, E adj. **1.** Qui n'est pas certain, indéterminé, douteux, vague. *Fait incertain. À une époque incertaine. Une couleur incertaine.* **2.** Variable, dont on n'est pas sûr qu'il ne va pas se couvrir, tourner à la pluie, en parlant du temps.

2. INCERTAIN n.m. ÉCON. Cours d'une monnaie étrangère exprimé en unités de la monnaie nationale.

INCERTITUDE n.f. **I. 1.** Caractère de ce qui ne peut être déterminé, connu à l'avance. *L'incertitude d'une situation.* **2.** Ce qui ne peut être établi avec exactitude, qui laisse place au doute. *Un avenir plein d'incertitudes.* **3.** ARITHM. *Incertitude sur l'approximation d'un nombre inconnu :* majorant de l'erreur (3,14 est une valeur approchée de π avec une incertitude égale à 1/100). **4.** PHYS. *Relations d'incertitude :* relations d'inégalité énoncées par Heisenberg et qui traduisent, en microphysique, l'impossibilité de mesurer simultanément la vitesse et la position d'une particule. **II.** État d'une personne incertaine. *Être dans l'incertitude.*

INCESSAMMENT adv. Sans délai, au plus tôt.

INCESSANT, E adj. Qui ne cesse pas ; qui dure constamment, continuel, ininterrompu.

INCESSIBILITÉ n.f. DR. Qualité des biens incorporels incessibles.

INCESSIBLE adj. DR. Qui ne peut être cédé.

INCESTE [ɛ̃sɛst] n.m. (lat. *incestus,* de *castus,* chaste). Relations sexuelles entre un homme et une femme liés par un degré de parenté entraînant la prohibition du mariage, dans une société donnée.

INCESTUEUX, EUSE adj. et n. Coupable d'inceste. ◆ adj. **1.** Entaché d'inceste. *Union incestueuse.* **2.** Né d'un inceste. *Un enfant incestueux.*

INCHANGÉ, E adj. Qui n'a subi aucun changement. *Situation inchangée.*

INCHAUFFABLE adj. Qu'on ne peut chauffer.

INCHAVIRABLE adj. Qui ne peut chavirer.

INCHIFFRABLE adj. Qui ne peut être chiffré, quantifié.

INCHOATIF, IVE [ɛ̃kɔatif, iv] adj. et n.m. LING. Se dit d'une forme verbale qui indique que l'action est envisagée dans son commencement ou dans sa progression (par ex. : *s'endormir, vieillir*).

INCIDEMMENT [ɛ̃sidamɑ̃] adv. De façon incidente, accidentellement. *Parler incidemment d'un projet.*

INCIDENCE n.f. **1.** Conséquence plus ou moins directe de qqch, répercussion, effet. ◇ *Incidence fiscale :* conséquences économiques de l'impôt, pour ceux qui le paient. **2.** PHYS. Caractéristique géométrique d'un corps ou d'un rayon se dirigeant vers une surface, mesurée par l'angle *(angle d'incidence)* que fait le vecteur vitesse du corps ou la direction du rayon avec la normale à la surface au point de rencontre *(point d'incidence)* [→ ***réflexion***].

1. INCIDENT, E adj. (lat. *incidere,* tomber sur). **1.** Qui se produit par hasard ; accessoire, occasionnel. *Remarque incidente.* **2.** PHYS. Se dit d'un corps, d'un rayonnement qui se dirige vers un autre corps, avec lequel il interagit. **3.** *Proposition incidente* ou *incidente,* n.f. : incise.

2. INCIDENT n.m. **1.** Évènement, le plus souvent fâcheux, qui survient au cours d'une action, d'une opération, etc., et peut la perturber. **2.** Difficulté peu importante mais dont les conséquences peuvent être graves. *Incident diplomatique.* **3.** DR. *Incident de procédure :* contestation élevée au cours d'un procès, ayant pour effet de suspendre ou d'arrêter la marche de l'instance.

INCINÉRATEUR n.m. Appareil servant à incinérer, à brûler les déchets. *Incinérateur à ordures.*

INCINÉRATION n.f. **1.** Action d'incinérer, de réduire en cendres. **2.** Crémation.

INCINÉRER v.t. [18]. Mettre, réduire en cendres.

INCIPIT [ɛ̃sipit] n.m. inv. (mot lat., *il commence*). Litt. Premiers mots d'un ouvrage.

INCISE n.f. LING. Proposition, généralement courte, insérée dans une autre. *L'homme, dit-on, est raisonnable.* SYN. : *proposition incidente.*

INCISER v.t. (lat. *incisus,* coupé). Faire une incision à, dans ; entailler, fendre. *Inciser l'écorce d'un arbre.*

INCISIF, IVE adj. Pénétrant, mordant, tranchant. *Style incisif. Critique incisive.*

INCISION n.f. **1.** Coupure allongée, fente ; entaille faite par un instrument tranchant. *Faire une incision avec un bistouri.* **2.** ARBOR., VITIC. *Incision annulaire,* pratiquée sur le pourtour d'un rameau ou du tronc pour hâter la maturité et favoriser le grossissement des fruits.

INCISIVE n.f. Dent des mammifères, aplatie, tranchante, pourvue d'une seule racine et située à la partie antérieure de chacun des deux maxillaires.

INCISURE n.f. BOT. Découpure profonde, irrégulière d'un organe végétal.

INCITANT, E adj. et n.m. Excitant.

INCITATEUR, TRICE ou **INCITATIF, IVE** adj. Qui incite ; propre à inciter. *Mesures incitatives.*

INCITATION n.f. Action d'inciter ; ce qui incite. *Incitation au meurtre.*

INCITER v.t. (lat. *incitare*). Pousser à ; engager vivement à. *Inciter le consommateur à acheter.*

INCIVIL, E adj. Litt. Qui manque de civilité, de politesse ; impoli.

INCIVIQUE adj. Qui n'est pas civique, pas digne d'un citoyen. *Conduite incivique.* ◆ adj. et n. Belgique. Collaborateur, sous l'occupation allemande.

INCIVISME n.m. Litt. Manque de civisme.

INCLASSABLE adj. Qu'on ne peut pas classer.

INCLÉMENCE n.f. Litt. Rigueur des conditions climatiques. *L'inclémence de l'hiver.*

INCLÉMENT, E adj. Litt. En parlant du temps, qui manque de douceur, rigoureux.

INCLINABLE adj. Qui peut s'incliner.

INCLINAISON n.f. **1.** État de ce qui est incliné. **2.** Obliquité de deux lignes, de deux surfaces ou de deux corps l'un par rapport à l'autre. **3.** *Inclinaison magnétique :* angle que forme avec le plan horizontal une aiguille aimantée suspendue librement par son centre de gravité. **4.** ARM. Angle que fait la trajectoire d'un projectile en un de ses points avec le plan horizontal (→ *tir*). **5.** ASTRON., ASTRONAUT. **a.** Angle formé par le plan de l'orbite d'une planète avec le plan de l'écliptique. **b.** Angle formé par le plan de l'orbite d'un satellite avec un plan de référence (en général le plan de l'équateur de l'astre autour duquel il gravite).

INCLINATION n.f. **1.** Action de pencher la tête ou le corps en signe d'acquiescement ou de respect. *Il me salua d'une légère inclination.* **2.** Disposition, tendance naturelle à qqch ; goût pour. *Inclination au bien. Inclination à la paresse.*

INCLINER v.t. (lat. *inclinare,* pencher). Baisser, pencher légèrement. *Le vent incline la cime des arbres.* ◆ v.t. ind. *(à).* Avoir du penchant pour, être enclin à. *Incliner à la sévérité.* ◆ **s'incliner** v.pr. **1.** Se pencher ; se courber par respect, par crainte. *S'incliner profondément devant qqn.* **2.** Renoncer à la lutte en s'avouant vaincu. *S'incliner devant un adversaire.* **3.** Être dominé, dans une compétition sportive, un match ; perdre. *L'équipe des visiteurs s'est inclinée devant la nôtre.*

INCLINOMÈTRE n.m. Clinomètre.

INCLURE v.t. (lat. *includere,* enfermer) [96]. **1.** Introduire (dans) ; insérer. *Inclure une note dans une lettre.* **2.** Comprendre, contenir. *Le contrat inclut cette condition.*

INCLUS, E adj. **1.** Enfermé, contenu dans qqch. **2.** *Dent incluse,* qui reste enfouie dans le maxillaire ou dans les tissus environnants. **3.** MATH. *Ensemble* A *inclus dans un ensemble* B : ensemble A dont tous les éléments sont éléments de B (on note $A \subset B$).

INCLUSIF, IVE adj. Qui contient en soi qqch d'autre.

INCLUSION n.f. **1.** Action d'inclure ; introduction. **2.** État d'une chose incluse dans une autre. **3.** MATH. Relation binaire entre deux ensembles A et B, notée $\subset$, définie par $A \subset B$ si et seulement si A est inclus dans B. **4.** État d'une dent incluse. **5.** Particule, métallique ou non, venant perturber les caractéristiques physiques, mécaniques ou chimiques d'un métal, d'un alliage ou d'un milieu cristallin. **6.** Corps étranger, lacune ou accident de formation dans une gemme. **7.** Insecte, fleur, petit objet, etc., conservés dans un bloc de matière plastique transparente.

INCLUSIVEMENT adv. Y compris. *Jusqu'à telle date inclusivement.*

INCOAGULABLE adj. Qui ne se coagule pas.

INCOERCIBILITÉ n.f. Litt. Caractère de ce qui est incoercible.

INCOERCIBLE [ɛ̃kɔɛrsibl] adj. Litt. Qu'on ne peut réprimer, contenir. *Rire incoercible.*

1. INCOGNITO [ɛ̃kɔɲito] adv. (mot it., du lat. *incognitus,* inconnu). Sans se faire connaître. *Voyager incognito.*

2. INCOGNITO n.m. Situation d'une personne qui garde secrète son identité.

INCOHÉRENCE n.f. **1.** Caractère de ce qui est incohérent. **2.** Parole, idée, action incohérente. **3.** PHYS. Caractéristique d'un ensemble de vibrations qui ne présentent pas de différence de phase constante entre elles.

INCOHÉRENT, E adj. **1.** Qui manque d'unité, de cohésion. *Assemblage incohérent.* **2.** Qui manque de logique, décousu. *Paroles incohérentes.* **3.** PHYS. Qui possède la propriété d'incohérence.

INCOLLABLE adj. **1.** Qui ne colle pas pendant la cuisson. *Un riz incollable.* **2.** Fam. Capable de répondre à toutes sortes de questions.

INCOLORE adj. **1.** Qui n'est pas coloré, n'a pas de couleur. *L'eau est incolore.* **2.** Fig. Qui manque de couleur, d'éclat ; terne. *Style incolore.*

INCOMBER [ɛ̃kɔ̃be] v.t. ind. **[à]** (lat. *incumbere,* peser sur). Reposer sur, revenir obligatoirement à. *Cette tâche lui incombe.*

INCOMBUSTIBILITÉ n.f. Caractère de ce qui est incombustible.

INCOMBUSTIBLE adj. Qui ne brûle pas. *L'amiante est incombustible.*

INCOMMENSURABILITÉ n.f. Caractère de ce qui est incommensurable.

INCOMMENSURABLE [ɛ̃kɔmmɑ̃syrabl] adj. **1.** D'une étendue, d'une grandeur telles qu'on ne peut les évaluer. **2.** MATH. Se dit de deux grandeurs dont le rapport des mesures est un nombre irrationnel. *Le périmètre du cercle est incommensurable avec son diamètre.*

INCOMMENSURABLEMENT adv. De façon incommensurable.

INCOMMODANT, E adj. Qui gêne, incommode. *Une odeur incommodante.*

INCOMMODE adj. **1.** Qui n'est pas d'usage facile, pratique. *Outil incommode.* **2.** Qui cause de la gêne, du désagrément. *Horaire incommode.* ◇ DR. *Établissements incommodes, insalubres et dangereux :* établissements industriels dont le fonctionnement présente de graves nuisances pour le voisinage et qui sont soumis à une réglementation administrative.

INCOMMODER v.t. Causer de la gêne, un malaise physique à. *L'odeur du tabac vous incommode-t-elle ?*

INCOMMODITÉ n.f. Caractère de ce qui est incommode, peu pratique.

INCOMMUNICABILITÉ n.f. Litt. **1.** Caractère de ce qui ne peut pas être communiqué. **2.** Situation dans laquelle on ne peut communiquer avec autrui.

INCOMMUNICABLE adj. **1.** Qui n'est pas communicable, pas transmissible. *Biens incommunicables.* **2.** Qu'on ne peut faire savoir à qqn, qui ne peut être exprimé. *Des sentiments incommunicables.*

INCOMMUTABILITÉ n.f. DR. Caractère de ce qui est incommutable.

INCOMMUTABLE adj. DR. Qui ne peut être dépossédé ; dont on ne peut être dépossédé ; qui ne peut changer ou être modifié.

INCOMPARABLE adj. À qui ou à quoi rien ne peut être comparé ; inégalable, remarquable.

INCOMPARABLEMENT adv. Sans comparaison possible.

INCOMPATIBILITÉ n.f. **1.** Impossibilité de s'accorder, de vivre ensemble. *Incompatibilité d'humeur.* **2.** DR. Impossibilité légale d'exercer simultanément certaines fonctions. **3.** MÉD. *Incompatibilité médicamenteuse :* impossibilité, sous peine d'accident, d'administrer certains médicaments en même temps que d'autres. ◇ *Incompatibilité sanguine :* état de deux sujets dont le sang de l'un ne peut être transfusé à l'autre. (L'*incompatibilité fœto-maternelle* a pour conséquence la maladie hémolytique du nouveau-né ; elle est due le plus souvent au facteur Rhésus.) **4.** MATH. Propriété d'un système d'équations qui n'a pas de solution.

INCOMPATIBLE adj. **1.** Qui n'est pas compatible, conciliable ; qui ne peut s'accorder, s'unir avec qqch. **2.** DR. Se dit des fonctions qui ne peuvent être exercées simultanément par une même personne. **3.** STAT. *Évènements incompatibles :* évènements n'ayant aucune éventualité commune et dont la réalisation simultanée est impossible. **4.** MATH. *Système d'équations incompatibles :* système n'ayant pas de solution.

INCOMPÉTENCE n.f. **1.** Manque de connaissances pour faire qqch ; incapacité. **2.** DR. Inaptitude d'un juge, d'un tribunal à connaître d'une affaire, à juger.

INCOMPÉTENT, E adj. **1.** Qui n'a pas les connaissances voulues pour décider ou parler de qqch. **2.** DR. Qui n'a pas qualité pour juger. *Tribunal incompétent.*

INCOMPLET, ÈTE adj. Qui n'est pas complet ; qui manque de qqch, partiel.

INCOMPLÈTEMENT adv. De façon incomplète.

INCOMPLÉTUDE n.f. État de ce qui est incomplet. ◇ *Sentiment d'incomplétude :* insatisfaction éprouvée par qqn qui a le sentiment de ne pas s'être complètement réalisé. **2.** LOG. Propriété d'une théorie dans laquelle il existe une formule qui n'est ni démontrable ni réfutable.

INCOMPRÉHENSIBILITÉ n.f. Litt. État de ce qui est incompréhensible.

INCOMPRÉHENSIBLE adj. **1.** Qu'on ne peut comprendre, inintelligible. *Raisonnement, texte incompréhensibles.* **2.** Dont on ne peut expliquer la conduite, les paroles, déconcertant. *Caractère incompréhensible.*

INCOMPRÉHENSIF, IVE adj. Qui ne cherche pas à comprendre les autres.

INCOMPRÉHENSION n.f. Incapacité ou refus de comprendre qqn, qqch, de l'apprécier.

INCOMPRESSIBILITÉ n.f. Caractère de ce qui est incompressible.

INCOMPRESSIBLE adj. **1.** Qui ne peut être comprimé. *L'eau est à peu près incompressible.* **2.** Qui ne peut être réduit. *Dépenses incompressibles. Peine incompressible.*

INCOMPRIS, E adj. et n. Qui n'est pas compris, apprécié à sa valeur.

INCONCEVABLE adj. Qu'on ne peut concevoir, comprendre, admettre ; inimaginable, extraordinaire.

INCONCEVABLEMENT adv. De façon inconcevable.

INCONCILIABLE adj. Que l'on ne peut concilier avec qqch d'autre.

INCONDITIONNALITÉ n.f. Caractère de ce qui est inconditionnel.

INCONDITIONNÉ, E adj. Qui n'est pas soumis à une condition ; absolu.

INCONDITIONNEL, ELLE adj. **1.** Qui n'admet ou ne suppose aucune condition ; impératif, absolu, sans réserve. **2.** PSYCHOL. *Stimulus inconditionnel,* qui suscite un réflexe, une réaction, une réponse indépendamment de tout conditionnement. ◇ *Réponse, réaction inconditionnelles, réflexe inconditionnel,* spécifiques, innés, toujours provoqués par l'application du stimulus inconditionnel. ◆ adj. et n. Partisan, admirateur sans réserve de qqch ou de qqn. *C'est un inconditionnel du rock.*

INCONDITIONNELLEMENT adv. De façon inconditionnelle.

INCONDUITE n.f. Mauvaise conduite ; dévergondage, débauche.

INCONEL [ɛ̃kɔnɛl] n.m. (nom déposé). Alliage de nickel (80 p. 100), de chrome (14 p. 100) et de fer (6 p. 100).

INCONFORT n.m. 1. Manque de confort. 2. Situation de malaise moral dans laquelle se trouve qqn, un groupe.

INCONFORTABLE adj. Qui n'est pas confortable.

INCONFORTABLEMENT adv. De façon inconfortable.

INCONGELABLE adj. Non congelable.

INCONGRU, E adj. (bas lat. *incongruus,* de *congruere,* s'accorder). Qui va contre les règles du savoir-vivre, de la bienséance ; déplacé.

INCONGRUITÉ n.f. Caractère de ce qui est incongru ; action ou parole incongrue.

INCONGRÛMENT adv. De façon incongrue.

INCONNAISSABLE adj. et n.m. Qui ne peut être connu.

1. INCONNU, E adj. et n. 1. Qui n'est pas connu. *Né de père inconnu.* 2. Qui n'est pas célèbre ; obscur. *Auteur inconnu.* ◆ adj. Qu'on n'a pas encore éprouvé. *Une joie inconnue.*

2. INCONNU n.m. Ce qui reste mystérieux. *Affronter l'inconnu.*

INCONNUE n.f. 1. Élément d'une question, d'une situation qui n'est pas connu. 2. ALG. Élément indéterminé dont on se propose de trouver la ou les valeurs vérifiant une ou plusieurs relations d'égalité ou d'inégalité.

INCONSCIEMMENT adv. De façon inconsciente.

INCONSCIENCE n.f. 1. Perte de connaissance momentanée ou permanente. 2. État de qqn qui agit sans comprendre la portée de ses actes.

1. INCONSCIENT, E adj. 1. Qui a perdu connaissance, évanoui. *Rester inconscient quelques minutes.* 2. Qui ne se rend pas compte de ses actes, insouciant. 3. Qui se produit sans qu'on en ait conscience. *Mouvement inconscient.* ◆ adj. et n. Qui agit de façon inconsidérée.

2. INCONSCIENT n.m. 1. Ensemble des phénomènes psychiques qui échappent à la conscience. 2. PSYCHAN. L'une des trois instances de l'appareil psychique. ◇ *Inconscient collectif :* instance de la psyché commune à tous les individus et faite de la stratification des expériences millénaires de l'humanité (notion due à C. G. Jung).

■ Selon Freud, l'inconscient est formé par les pulsions et par les désirs refoulés. Ce système ne connaît ni le temps ni la réalité extérieure ; des désirs inconciliables peuvent y coexister. Les mécanismes en jeu sont le déplacement et la condensation. L'inconscient n'obéit qu'au principe de plaisir. Les rêves, les actes manqués et les symptômes névrotiques apparaissent à Freud comme autant de manifestations de l'inconscient.

INCONSÉQUEMMENT adv. Litt. Avec inconséquence.

INCONSÉQUENCE n.f. 1. Défaut de lien, de suite dans les idées ou les actes, incohérence. *Agir par inconséquence.* 2. Chose dite ou faite sans réflexion.

INCONSÉQUENT, E adj. 1. Qui parle, agit à la légère ; irréfléchi. *Un homme inconséquent.* 2. Fait ou dit à la légère ; déraisonnable. *Démarche inconséquente.*

INCONSIDÉRÉ, E adj. (lat. *inconsideratus*). Fait ou dit sans réflexion. *Vœu inconsidéré.*

INCONSIDÉRÉMENT adv. De manière inconsidérée ; étourdiment.

INCONSISTANCE n.f. 1. Manque de consistance, de dureté. *L'inconsistance d'une pâte.* 2. Fig. Manque de fermeté, de force de caractère, de poids. *L'inconsistance des idées.* 3. Manque de logique, de fondement. 4. LOG. Propriété d'une théorie déductive où une même formule est à la fois démontrable et réfutable.

INCONSISTANT, E adj. 1. Qui manque de consistance, de solidité. 2. Qui manque de logique, de cohérence.

INCONSOLABLE adj. Qui ne peut se consoler.

INCONSOLÉ, E adj. Qui n'est pas consolé.

INCONSOMMABLE adj. Qui ne peut être consommé ; immangeable.

INCONSTANCE n.f. 1. Tendance à changer facilement d'opinion, de résolution, de conduite ; infidélité. 2. Instabilité, mobilité. *L'inconstance du temps.*

INCONSTANT, E adj. et n. Sujet à changer ; instable, infidèle. *Être inconstant dans ses résolutions.*

INCONSTATABLE adj. Qu'on ne peut constater.

INCONSTITUTIONNALITÉ n.f. Caractère de ce qui est inconstitutionnel.

INCONSTITUTIONNEL, ELLE adj. Non conforme à la Constitution.

INCONSTITUTIONNELLEMENT adv. De façon inconstitutionnelle.

INCONSTRUCTIBLE adj. Où l'on ne peut construire. *Zone inconstructible.*

INCONTESTABLE adj. Qui ne peut être contesté, mis en doute ; indéniable. *Preuve incontestable.*

INCONTESTABLEMENT adv. De façon incontestable.

INCONTESTÉ, E adj. Qui n'est pas contesté, discuté. *Droit incontesté.*

INCONTINENCE n.f. 1. Manque de retenue en face des plaisirs de l'amour. 2. Absence de sobriété dans les paroles. *Incontinence verbale.* 3. MÉD. Altération ou perte du contrôle des sphincters anal ou vésical.

1. INCONTINENT, E adj. 1. Qui n'est pas chaste. 2. Qui manque de modération, de sobriété dans ses paroles. 3. MÉD. Atteint d'incontinence.

2. INCONTINENT adv. (lat. *in continenti* [*tempore*], dans un temps continu). Litt. Aussitôt, immédiatement. *Partir incontinent.*

INCONTOURNABLE adj. Qu'il est impossible de contourner, d'éviter ; dont il faut tenir compte. *Argument incontournable.*

INCONTRÔLABLE adj. Qu'on ne peut contrôler.

INCONTRÔLÉ, E adj. Qui n'est pas contrôlé.

INCONVENANCE n.f. 1. Caractère de ce qui est inconvenant. 2. Action, parole qui viole les convenances ; grossièreté.

INCONVENANT, E adj. Qui blesse les convenances ; déplacé, indécent.

INCONVÉNIENT [ɛ̃kɔ̃venjɑ̃] n.m. (bas lat. *inconveniens,* qui ne convient pas). 1. Conséquence fâcheuse d'une situation, d'une action. 2. Désavantage, défaut. *Avantages et inconvénients du métier.*

INCONVERTIBILITÉ n.f. Caractère de ce qui est inconvertible. *Inconvertibilité d'une monnaie.*

INCONVERTIBLE adj. 1. Qu'on ne peut convertir à une religion. 2. Qui ne peut être échangé. *Valeur bancaire inconvertible en espèces.*

INCOORDINATION n.f. Absence, défaut de coordination.

INCORPORABLE adj. Que l'on peut incorporer. *Appelé incorporable.*

INCORPORATION n.f. 1. Action d'incorporer ; amalgame, intégration. 2. MIL. Phase finale de l'appel du contingent, dans laquelle les recrues rejoignent leurs unités. 3. PSYCHAN. Modalités diverses selon lesquelles le sujet fantasme l'entrée d'un corps dans le sien propre.

INCORPORÉITÉ n.f. Caractère des êtres incorporels.

INCORPOREL, ELLE adj. (lat. *incorporalis,* de *corpus, corporis,* corps). 1. Qui n'a pas de corps ; immatériel. 2. Imperceptible par les sens. 3. DR. *Biens incorporels,* qui n'ont pas d'existence matérielle (nom de société, marque, droits d'auteur, etc.).

INCORPORER v.t. (bas lat. *incorporare,* de *corpus, corporis,* corps). 1. Mêler intimement une substance, une matière à une autre ; intégrer (un élément) dans un tout. 2. Procéder à l'incorporation d'une recrue.

INCORRECT, E adj. 1. Qui n'est pas correct, qui comporte des erreurs. 2. Qui manque aux règles de la bienséance, de la politesse ; grossier.

INCORRECTEMENT adv. De façon incorrecte.

INCORRECTION n.f. 1. Faute de grammaire. 2. Manquement aux règles de la correction, de la bienséance. *Incorrection dans la conduite, les manières,* etc.

INCORRIGIBLE adj. Qu'on ne peut corriger. *Paresse incorrigible.*

INCORRIGIBLEMENT adv. De façon incorrigible. *Il est incorrigiblement imprudent.*

INCORRUPTIBILITÉ n.f. 1. Qualité de ce qui ne peut se corrompre. 2. Qualité de celui qui est incorruptible ; intégrité.

INCORRUPTIBLE adj. (bas lat. *incorruptibilis,* de *corrumpere,* gâter). 1. Qui ne se corrompt pas ; imputrescible. *Matière incorruptible à l'humidité.* 2. Incapable de se laisser corrompre pour agir contre son devoir ; intègre. *Magistrat incorruptible.*

INCRÉDIBILITÉ n.f. Caractère de ce qui est incroyable.

INCRÉDULE adj. et n. (lat. *incredulus,* de *credere,* croire). 1. Qui ne croit pas, ou qui met en doute les croyances religieuses ; incroyant. 2. Qui se laisse difficilement convaincre ; sceptique.

INCRÉDULITÉ n.f. 1. THÉOL., VX. Absence de foi. 2. Attitude d'une personne qui ne se laisse pas facilement convaincre ; scepticisme.

INCRÉÉ, E adj. Litt. Qui existe sans avoir été créé.

INCRÉMENT n.m. (lat. *incrementum,* accroissement, repris à l'angl. *increment*). INFORM. Quantité constante ajoutée à la valeur d'une variable à chaque exécution d'une instruction d'un programme.

INCRÉMENTER v.t. INFORM. Ajouter un incrément à.

INCRÉMENTIEL, ELLE adj. INFORM. Qui fonctionne par adjonction d'incréments aux variables qu'il utilise, en parlant d'un logiciel ou d'un matériel.

INCREVABLE adj. 1. Qui ne peut pas être crevé. *Pneu increvable.* 2. Fam. Qui n'est jamais fatigué ; résistant, infatigable.

INCRIMINABLE adj. Qui peut être incriminé.

INCRIMINATION n.f. Action d'incriminer ; fait d'être incriminé.

INCRIMINER v.t. (lat. *criminare,* de *crimen, criminis,* accusation). Mettre en cause, rendre responsable d'un acte blâmable.

INCRISTALLISABLE adj. Qui n'est pas susceptible de cristalliser.

INCROCHETABLE adj. Qu'on ne peut crocheter. *Serrure incrochetable.*

1. INCROYABLE adj. 1. À quoi il est difficile ou impossible d'ajouter foi. *Récit incroyable.* 2. Qui suscite l'étonnement par son caractère excessif ou insolite ; fantastique, inouï. *Une chance incroyable.*

2. INCROYABLE n.m. HIST. Au début du Directoire, élégant de la jeunesse dorée royaliste, à la tenue vestimentaire recherchée et excentrique et au langage affecté.

INCROYABLEMENT adv. De façon incroyable ; extraordinairement.

INCROYANCE n.f. Absence de foi religieuse.

INCROYANT, E adj. et n. Qui n'a pas de foi religieuse.

INCRUSTANT, E adj. Qui a la propriété de couvrir les corps d'une croûte minérale plus ou moins épaisse ; pétrifiant.

INCRUSTATION n.f. 1. Action d'incruster ; ce qui est incrusté. 2. Motif de broderie ou de dentelle appliqué par un point très serré sur un fond de tissu destiné à être lui-même découpé. 3. Dépôt plus ou moins dur que laisse une eau chargée de sels calcaires. 4. Remplacement, par un procédé électronique, d'une partie d'une image de télévision par une autre image ; image ainsi obtenue.

INCRUSTER v.t. (lat. *incrustare,* de *crusta,* croûte). 1. Insérer dans une matière des fragments d'une autre matière généralement plus précieuse, ornementale. *Incruster de la nacre dans l'ébène.* 2. Couvrir d'un dépôt minéral adhérent. ◆ **s'incruster** v.pr. 1. Se déposer sur une matière en adhérant fortement. 2. Se couvrir d'incrustations, de dépôts. *Tuyaux qui s'incrustent de calcaire.* 3. Fam. Imposer sa présence de façon prolongée et importune.

1. INCUBATEUR, TRICE adj. BIOL. Se dit d'un organe où se fait l'incubation. *La poche incubatrice de l'hippocampe.*

2. INCUBATEUR n.m. Couveuse.

INCUBATION n.f. (lat. *incubatio*). **1.** Couvaison. **2.** BIOL. Protection assurée aux œufs dans une cavité du corps de l'un des parents, chez de nombreux vertébrés. **3.** MÉD. Temps qui s'écoule entre l'introduction d'un agent infectieux dans un organisme et l'apparition des premiers symptômes de la maladie qu'il détermine.

INCUBE n.m. (bas lat. *incubus*). Démon masculin qui, selon la tradition, abuse des femmes pendant leur sommeil (par opp. à *succube*).

INCUBER v.t. (lat. *incubare,* être couché sur). Opérer l'incubation de. *L'hippocampe mâle incube les œufs dans sa poche ventrale.*

INCUIT n.m. Partie d'une chaux, d'un ciment, d'un plâtre qui n'a pas été portée à une température suffisante pendant la cuisson.

INCULCATION n.f. Action d'inculquer ; fait d'être inculqué.

INCULPABLE adj. Que l'on peut inculper.

INCULPATION n.f. Acte par lequel le juge d'instruction met en cause une personne soupçonnée d'un délit ou d'un crime. (On dit auj. *mise en examen.*)

INCULPÉ, E n. et adj. Personne soupçonnée d'un délit ou d'un crime, dans le cadre d'une procédure d'instruction.

INCULPER v.t. (lat. *inculpare,* de *culpa,* faute). Mettre en cause dans une procédure d'instruction (une personne soupçonnée d'un crime ou d'un délit).

INCULQUER v.t. (lat. *inculcare,* fouler, presser). Faire entrer durablement qqch dans l'esprit de qqn. *Inculquer une vérité.*

INCULTE adj. (lat. *incultus*). **1.** Qui n'est pas cultivé. *Terrain inculte.* **2.** Peu soigné, en désordre. *Barbe inculte.* **3.** Sans culture intellectuelle. *Esprit inculte.*

INCULTIVABLE adj. Qui ne peut être cultivé.

INCULTURE n.f. Manque de culture intellectuelle.

INCUNABLE adj. et n.m. (lat. *incunabulum,* berceau). Se dit d'un ouvrage qui date des origines de l'imprimerie (antérieur à 1500).

INCURABILITÉ n.f. Caractère d'un mal, d'un malade incurable.

INCURABLE adj. et n. (bas lat. *incurabilis*). Qui ne peut être guéri ; inguérissable.

INCURABLEMENT adv. De façon incurable. *Être incurablement atteint.* – Par plais. *Il est incurablement bête.*

INCURIE n.f. (lat. *incuria,* de *cura,* soin). Manque de soin, négligence, laisser-aller. *Faire preuve d'incurie.*

INCURIEUX, EUSE adj. Litt. Qui ne manifeste pas de curiosité ; indifférent.

INCURIOSITÉ n.f. Litt. Manque de curiosité ; indifférence à s'instruire.

INCURSION n.f. (lat. *incursio,* de *incurrere,* courir sur). **1.** Invasion d'un groupe armé très mobile, généralement de courte durée ; coup de main. **2.** Entrée soudaine et jugée importune. *Votre incursion dans cette réunion a paru déplacée.* **3.** Fait de s'intéresser exceptionnellement et momentanément à un domaine dans lequel on est profane.

INCURVATION n.f. Action d'incurver ; état de ce qui est incurvé.

INCURVER v.t. Courber de dehors en dedans ; rendre courbe. ◆ **s'incurver** v.pr. Prendre une forme courbe.

INCUS, E adj. (lat. *incusus,* de *cudere,* frapper). **1.** Se dit de la face d'une médaille, d'une pièce de monnaie frappée en creux ; se dit de la médaille, de la pièce de monnaie elle-même. **2.** *Carré incus :* marque d'un poinçon carré au revers des monnaies grecques archaïques.

INDAGUER v.i. (lat. *indagare*). Belgique. DR. Enquêter.

INDATABLE adj. Impossible à dater.

INDE n.m. (lat. *indicum,* de *indicus,* indien). Couleur bleue tirée de l'indigo.

INDÉBOULONNABLE adj. Fam. Se dit de qqn qui ne peut être destitué, révoqué.

INDÉBROUILLABLE adj. Qui ne peut être débrouillé.

INDÉCEMMENT adv. De façon indécente.

INDÉCENCE n.f. **1.** Caractère d'une personne, d'une chose indécente, qui viole les règles de la pudeur. **2.** Caractère de ce qui choque par son côté déplacé. *Cet étalage de luxe frise l'indécence.*

INDÉCENT, E adj. **1.** Qui viole les règles de la pudeur ; inconvenant. *Tenue indécente.* **2.** Qui choque la morale ; impudent, scandaleux. *Gaspillage indécent.*

INDÉCHIFFRABLE adj. Qu'on ne peut lire, déchiffrer, deviner.

INDÉCHIRABLE adj. Qui ne peut être déchiré.

INDÉCIDABLE adj. LOG. Se dit d'un énoncé qui, à partir des axiomes d'une théorie donnée, ne peut être ni démontré ni réfuté (par opp. à *décidable*).

INDÉCIS, E adj. et n. (bas lat. *indecisus,* non tranché). Qui ne sait pas se décider ; irrésolu, perplexe. ◆ adj. **1.** Qui n'a pas de solution, douteux. *Question, victoire indécise.* **2.** Vague, difficile à reconnaître. *Formes indécises.*

INDÉCISION n.f. État, caractère d'une personne indécise ; incertitude, irrésolution.

INDÉCLINABLE adj. LING. Qui ne se décline pas.

INDÉCODABLE adj. **1.** Qui ne peut être décodé. **2.** INFORM. Dont le décodage par des manœuvres frauduleuses est rendu très difficile ou impossible. *Logiciel indécodable.*

INDÉCOLLABLE adj. Impossible à décoller.

INDÉCOMPOSABLE adj. Qui ne peut être décomposé, analysé.

INDÉCROTTABLE adj. Fam. Incorrigible, impossible à améliorer. *Un paresseux indécrottable.*

INDÉFECTIBILITÉ n.f. Caractère de ce qui est indéfectible.

INDÉFECTIBLE adj. (du lat. *deficere,* faire défaut). Qui dure toujours, qui ne peut cesser d'être. *Attachement indéfectible.*

INDÉFECTIBLEMENT adv. De façon indéfectible.

INDÉFENDABLE adj. Qui ne peut être défendu.

INDÉFINI, E adj. (lat. *indefinitus*). **1.** Qu'on ne peut délimiter ; infini. *Espace indéfini.* **2.** Qu'on ne peut définir ; vague, indéterminé. *Tristesse indéfinie.* **3.** GRAMM. Qui exprime une idée générale sans l'appliquer à un objet déterminé. – *Article indéfini,* celui qui présente l'être ou l'objet que le nom désigne avec une individualisation indéterminée *(un, une, des).* – *Adjectif, pronom indéfinis,* qui indiquent une indétermination. (*Quelque, chaque,* etc., sont des adjectifs indéfinis ; *quelqu'un, chacun, personne, rien* sont des pronoms indéfinis.)

INDÉFINIMENT adv. De façon indéfinie ; perpétuellement.

INDÉFINISSABLE adj. Qu'on ne saurait définir ; vague. *Trouble indéfinissable.*

INDÉFORMABILITÉ n.f. Caractère de ce qui est indéformable.

INDÉFORMABLE adj. Qui ne peut être déformé.

INDÉFRICHABLE adj. Impossible à défricher.

INDÉFRISABLE n.f. Vieilli. Permanente.

INDÉHISCENT, E [ɛ̃deisɑ̃, ɑ̃t] adj. BOT. Qui ne s'ouvre pas, mais se détache en entier de la plante mère, en parlant de certains fruits secs (akène).

INDÉLÉBILE adj. (lat. *indelebilis*). **1.** Qui ne peut être effacé. *Encre indélébile.* **2.** Dont l'empreinte, la marque ne peut disparaître. *Souvenirs indélébiles.*

INDÉLÉBILITÉ n.f. Caractère de ce qui est indélébile.

INDÉLICAT, E adj. Qui manque d'honnêteté, malhonnête.

INDÉLICATEMENT adv. Malhonnêtement.

INDÉLICATESSE n.f. Malhonnêteté. *Commettre une indélicatesse.*

INDÉMAILLABLE adj. Tissé de sorte que les mailles ne filent pas si l'une se défait.

INDEMNE [ɛ̃dɛmn] adj. (lat. *indemnis,* de *damnum,* dommage). **1.** Qui n'a pas subi de dommage moral ou physique. *Sortir indemne d'un accident.* **2.** Qui n'est pas contaminé. *Être indemne de toute contagion.*

INDEMNISABLE adj. Qui peut ou doit être indemnisé.

INDEMNISATION n.f. Action d'indemniser ; paiement d'une indemnité.

INDEMNISER v.t. Dédommager (qqn) de ses frais, de ses pertes, d'un préjudice.

1. INDEMNITAIRE adj. Qui a le caractère d'une indemnité.

2. INDEMNITAIRE n. Personne qui reçoit une indemnité.

INDEMNITÉ n.f. **1.** Somme allouée pour dédommager d'un préjudice. *Indemnité pour cause d'expropriation.* ◇ *Indemnité journalière :* somme versée à un assuré social malade, en congé de maternité ou victime d'un accident du travail, qui doit interrompre son activité professionnelle. – *Indemnité de licenciement,* versée par l'employeur à un salarié licencié sans faute grave et comptant une certaine ancienneté. **2.** Élément d'une rémunération ou d'un salaire destiné à compenser une augmentation du coût de la vie ou à rembourser une dépense imputable à l'exercice de la profession. ◇ *Indemnité parlementaire :* émoluments des députés et des sénateurs.

INDÉMODABLE adj. Qui ne risque pas de se démoder.

INDÉMONTABLE adj. Qui ne peut être démonté.

INDÉMONTRABLE adj. Qu'on ne peut démontrer.

INDÈNE n.m. Hydrocarbure C_9H_8 extrait des goudrons de houille.

INDÉNIABLE adj. Qu'on ne peut dénier ; certain, incontestable. *Preuve indéniable.*

INDÉNIABLEMENT adv. De façon indéniable.

INDÉNOMBRABLE adj. Qu'il est impossible de dénombrer.

INDÉNOUABLE adj. Qui ne peut être dénoué.

INDENTATION [-sjɔ̃] n.f. (de *dent*). Échancrure d'une côte, d'un littoral. *Les indentations de la côte bretonne.*

INDÉPASSABLE adj. Que l'on ne peut dépasser. *Limite indépassable.*

INDÉPENDAMMENT (DE) loc. prép. **1.** En considérant à part chacun des éléments. *Étudier les deux faits indépendamment l'un de l'autre.* **2.** En plus de, par surcroît ; en mettant à part qqch. *Indépendamment de ces avantages.*

INDÉPENDANCE n.f. **1.** État d'une personne indépendante, autonome. **2.** Caractère, attitude d'une personne qui refuse les contraintes, les influences, les règles établies. **3.** Autonomie politique, souveraineté nationale. *Proclamer l'indépendance d'une nation.* **4.** Absence de rapports entre plusieurs choses. **5.** LOG. Propriété d'un axiome qui ne peut être démontré à partir des autres axiomes de la théorie dans laquelle il figure.

INDÉPENDANT, E adj. **1.** Qui ne dépend d'aucune autorité ; libre. – *Travailleur indépendant,* exerçant librement son activité, sans être salarié. **2.** Qui refuse la contrainte, la sujétion. *Caractère indépendant.* **3.** Qui jouit de l'autonomie politique. *Peuple indépendant.* **4.** Qui n'a aucun rapport avec autre chose ; qui n'est pas solidaire de qqch. *Point indépendant de la question.* **5.** GRAMM. *Proposition indépendante* ou *indépendante,* n.f. : proposition qui ne dépend d'aucune autre et dont aucune ne dépend. **6.** MATH. *Vecteurs (linéairement) indépendants,* dont les seules combinaisons linéaires nulles sont celles pour lesquelles tous les coefficients sont nuls. – *Variables aléatoires indépendantes,* telles que la probabilité pour que chacune prenne conjointement à l'autre une valeur donnée soit égale au produit des probabilités pour que chacune prenne séparément la valeur en question. – *Évènement indépendant,* dont la probabilité simple est égale à sa probabilité relative à un autre évènement du même univers.

INDÉPENDANTISME n.m. Revendication d'indépendance de la part d'un peuple.

INDÉPENDANTISTE adj. et n. Partisan de l'indépendance politique, de l'indépendantisme.

INDÉRACINABLE adj. Qu'on ne peut déraciner. *Préjugés indéracinables.*

INDÉRÉGLABLE adj. Qui ne peut se dérégler.

INDESCRIPTIBLE adj. Qui ne peut être décrit, exprimé. *Joie indescriptible.*

INDÉSIRABLE adj. et n. Qu'on n'accepte pas dans un pays, un milieu. *Individu indésirable. Sa présence est indésirable.*

INDESTRUCTIBILITÉ n.f. Caractère de ce qui est indestructible.

INDESTRUCTIBLE adj. Qui ne peut être détruit.

INDÉTECTABLE adj. Impossible à détecter. *Avion indétectable.*

INDÉTERMINABLE adj. Qui ne peut être déterminé.

INDÉTERMINATION n.f. **1.** Caractère de ce qui n'est pas déterminé, délimité, précisé. **2.** Caractère hésitant, irrésolu de qqn.

INDÉTERMINÉ, E adj. **1.** Qui n'est pas déterminé, précisé ; indistinct. *Espace indéterminé.* **2.** MATH. *Équation indéterminée,* admettant une infinité de solutions. ◇ *Forme indéterminée :* les formes $0/0$, $\infty - \infty$, $\infty \times \infty$, ∞/∞^0, 1^∞, que les règles élémentaires de calcul ne permettent pas de fixer directement.

INDÉTERMINISME n.m. **1.** Doctrine selon laquelle le déterminisme n'existe pas ou n'existe qu'en partie dans la nature. **2.** Caractère de ce qui n'est pas soumis au déterminisme.

INDEX [ɛ̃dɛks] n.m. (mot lat., *indicateur*). **1.** Deuxième doigt de la main, le plus proche du pouce. **2.** Aiguille d'un cadran ; repère fixe ou mobile. **3.** Liste alphabétique des mots, des sujets, des noms apparaissant dans un ouvrage, une collection, etc., avec les références permettant de les retrouver. **4.** *L'Index :* catalogue officiel des livres interdits aux catholiques, établi au XVIe s. et qui n'a plus force de loi depuis décembre 1965. ◇ **Fig.** *Mettre qqn, qqch à l'index,* les exclure, les signaler comme dangereux. **5.** INFORM. Valeur fixe permettant de compléter ou de corriger les valeurs de certaines adresses lors de l'exécution d'une instruction.

INDEXAGE n.m. ou **INDEXATION** n.f. Action d'indexer ; son résultat. *Indexage d'un prix, d'un livre.*

INDEXER v.t. **1.** Lier la variation d'un salaire, d'un prix, d'un loyer, d'une valeur à la variation d'une autre valeur prise comme référence. *Indexer une retraite sur le coût de la vie. Emprunt indexé sur l'or.* **2. a.** Réaliser l'index d'un ouvrage, d'une collection. **b.** Mettre à sa place, à son ordre dans un index. *Indexer un mot.* **3.** MÉCAN. Régler un mécanisme en plaçant un élément mobile en face d'un index. **4.** MATH. *Indexer les éléments d'un ensemble* E *par l'ensemble ordonné* I : établir une bijection entre E et I.

INDEXEUR n.m. Personne qui réalise l'index d'un ouvrage.

INDIANISME n.m. **1.** Étude des langues et des civilisations de l'Inde. **2.** Tendance littéraire hispano-américaine du XIXe s., qui se caractérise par l'intérêt porté aux cultures indiennes et par la célébration de la nature américaine.

INDIANISTE n. **1.** Spécialiste de l'indianisme. **2.** Écrivain se rattachant à l'indianisme.

INDIANOLOGIE n.f. Étude scientifique des Indiens d'Amérique, de leur culture.

INDIC [ɛ̃dik] n.m. (abrév.). Arg. Indicateur de police.

INDICAN [ɛ̃dikɑ̃] n.m. (lat. *indicum,* indigo). Substance qui existe dans l'indigo, ainsi que dans les urines.

1. INDICATEUR, TRICE adj. Qui indique, qui fait connaître. *Poteau indicateur.*

2. INDICATEUR n.m. **1.** Livre ou brochure qui sert de guide. *L'indicateur des rues de Paris.* **2.** Appareil qui sert à indiquer. *Un indicateur de vitesse, de pression.* **3.** *Indicateur coloré :* substance qui indique, par un changement de couleur, la concentration d'un constituant d'une solution. **4.** *Indicateur économique :* chiffre significatif de la situation économique pour une période donnée (produit national brut, indice des prix, commerce extérieur, etc.). SYN. : *clignotant.* ◇ BOURSE. *Indicateur de tendance :* série de chiffres exprimant les variations des cours de Bourse et reflétant la tendance du marché financier. **5.** Individu qui renseigne la police en échange d'un privilège ou d'une rémunération. **6.** ZOOL. Petit oiseau insectivore des régions chaudes, voisin du pic.

1. INDICATIF, IVE adj. Qui indique, annonce. *Prix communiqué à titre indicatif.*

2. INDICATIF n.m. **1.** GRAMM. Mode du verbe qui présente le procès de façon neutre, objective, sans interprétation. (En français, l'indicatif comporte des temps simples : présent, futur, imparfait, passé simple, et des temps composés : passé composé, plus-que-parfait, passé antérieur, futur antérieur.) **2.** Musique que répète une station de radio ou de télévision au début d'une émission, à fin d'identification. **3.** *Indicatif d'appel :* groupe de lettres et de chiffres assigné à une station d'émission télégraphique ou radiophonique pour permettre son identification et faciliter les appels.

INDICATION n.f. **1.** Action d'indiquer. *Indication d'origine.* **2.** Ce qui indique, fait connaître ; renseignement, conseil que l'on suggère. *Fournir des indications.* **3.** MÉD. Opportunité d'un traitement. *Indication d'un antibiotique.*

INDICE n.m. (lat. *indicium,* dénonciation). **1.** Signe apparent et probable qu'une chose existe. *Les indices d'un crime.* **2.** Nombre exprimant un rapport entre deux grandeurs ; rapport entre des quantités ou des prix, qui en montre l'évolution. *L'indice des prix de détail.* ◇ *Indice d'écoute :* nombre des personnes, évalué en pourcentage, ayant écouté ou regardé une émission de radio, de télévision à un moment déterminé. **3.** MATH. Signe attribué à une lettre représentant les différents éléments d'un ensemble. A *indice* n *s'écrit* A_n.

INDICIAIRE adj. Rattaché à un indice.

INDICIBLE adj. (du lat. *dicere,* dire). Litt. Qu'on ne peut exprimer ; indescriptible, extraordinaire.

INDICIBLEMENT adv. De façon indicible.

INDICIEL, ELLE adj. Qui a valeur d'indice. *Courbe indicielle.*

INDICTION n.f. (lat. *indictio,* taxe extraordinaire). Rang qu'occupe une année dans une période de quinze ans, pris en compte dans le comput ecclésiastique.

INDIEN, ENNE adj. et n. **1.** De l'Inde. **2.** Relatif aux autochtones de l'Amérique (les *Indes occidentales* des premiers navigateurs). ◇ *Été indien* ou *des Indiens* → ***été.***

INDIENNE n.f. Toile de coton légère colorée par impression.

INDIFFÉREMMENT adv. Sans faire de différence ; indistinctement.

INDIFFÉRENCE n.f. État d'une personne indifférente ; détachement, froideur, neutralité affective. ◇ PHILOS. *Liberté d'indifférence,* qui résulte de la possibilité de choisir qqch sans raison.

INDIFFÉRENCIATION n.f. État de ce qui est indifférencié.

INDIFFÉRENCIÉ, E adj. Se dit de ce qui ne présente pas de caractéristiques suffisantes pour se différencier. ◇ ANTHROP. *Filiation indifférenciée,* dans laquelle les lignées maternelle et paternelle ont socialement les mêmes fonctions.

INDIFFÉRENT, E adj. **1.** Qui ne présente aucun motif de préférence. *Ce chemin ou l'autre m'est indifférent.* **2.** Qui est de peu d'importance, qui présente peu d'intérêt. *Parler de choses indifférentes.* **3.** Qui ne tend pas vers un état plus que vers un autre. *Équilibre indifférent.* ◆ n. et adj. Individu que rien ne touche ni n'émeut.

INDIFFÉRENTISME n.m. Indifférence érigée en système, en politique ou en religion.

INDIFFÉRER v.t. [18]. Être indifférent à qqn, ne présenter aucun intérêt pour lui. *Cela m'indiffère.*

INDIGÉNAT n.m. HIST. Régime administratif qui était appliqué aux indigènes d'une colonie.

INDIGENCE n.f. (lat. *indigentia*). **1.** État d'une personne qui vit dans la misère. **2.** Grande pauvreté intellectuelle ou morale. *L'indigence de sa pensée est affligeante.*

INDIGÈNE adj. et n. (lat. *indigena*). **1.** Né dans le pays qu'il habite. SYN. : *aborigène, autochtone.* **2.** Se dit d'une plante originaire de la région où elle vit. *Essences indigènes et essences exotiques.* **3.** Originaire d'un pays d'outre-mer, avant la décolonisation.

INDIGÉNISME n.m. **1.** Courant littéraire et artistique du XXe s., développé en Amérique et spécialt dans le domaine hispano-américain, et qui prend pour thème l'affrontement des cultures indiennes et des systèmes intellectuels et économiques d'importation coloniale. **2.** ANTHROP. Politique menée par certains gouvernements, notamm. latino-américains, visant à l'acculturation ou à l'intégration systématique des ethnies qui vivent dans leurs pays.

INDIGÉNISTE adj. et n. Qui appartient à l'indigénisme ; qui en est partisan.

INDIGENT, E [ɛ̃diʒɑ̃, ɑ̃t] adj. et n. (lat. *indigens,* de *indigere,* avoir besoin). Qui est privé de ressources suffisantes, et est susceptible de recevoir des secours. ◆ adj. Qui manifeste une grande pauvreté de moyens. *Vocabulaire indigent.*

INDIGESTE adj. (lat. *indigestus*). **1.** Difficile à digérer ; lourd. *Mets indigeste.* **2.** Difficile à assimiler par l'esprit. *Roman indigeste.*

INDIGESTION n.f. Indisposition provenant d'une digestion qui se fait mal, et aboutissant en général au vomissement. ◇ Fig., fam. *Avoir une indigestion de qqch :* en avoir trop, jusqu'à en être dégoûté.

INDIGÈTE adj. (lat. *indiges, -etis,* du pays). ANTIQ. Se dit des dieux ou des héros romains propres à un pays, une région.

INDIGNATION n.f. Sentiment de colère que provoque un outrage, une action injuste. *Faire part de son indignation à qqn.*

INDIGNE adj. (lat. *indignus*). **1.** *Indigne de :* qui n'est pas digne de, qui ne mérite pas. *Indigne de confiance.* **2.** Qui inspire le mépris ; vil, honteux. *Conduite indigne.* **3.** Qui n'est pas digne de son rôle, de sa fonction. *Père indigne.*

INDIGNÉ, E adj. Qui marque la colère, la révolte ; qui manifeste de l'indignation.

INDIGNEMENT adv. De façon indigne.

INDIGNER v.t. Exciter, provoquer la colère, la révolte de. *Sa conduite indigne tout le monde.* ◆ **s'indigner** v.pr. Éprouver un sentiment de colère, de révolte.

INDIGNITÉ n.f. **1.** Caractère d'une personne, d'un acte indignes. *Commettre des indignités.* **2.** DR. *Indignité nationale :* peine comportant notamment la privation des droits civiques (instaurée pour réprimer toute atteinte à l'unité nationale commise pendant l'Occupation). ◇ *Indignité successorale,* qui exclut d'une succession l'héritier ayant commis une faute grave envers le défunt.

INDIGO [ɛ̃digo] n.m. (mot esp.). **1.** Matière colorante qui, dans sa forme première, est d'un bleu légèrement violacé. (Elle est extraite de l'indigotier, ou obtenue par synthèse.) **2.** Couleur bleu foncé légèrement violacé. ◆ adj. inv. Qui est d'une couleur bleu foncé légèrement violacé. *Des robes indigo.*

INDIGOTIER n.m. Plante vivace des régions chaudes, autref. cultivée comme plante tinctoriale. (Famille des papilionacées.)

INDIGOTINE n.f. Principe colorant de l'indigo.

INDIQUER v.t. (lat. *indicare*). **1.** Montrer, désigner (qqn, qqch) d'une manière précise. *Indiquer qqch du doigt.* **2.** Dénoter, révéler, être l'indice de. *Cela indique une grande rouerie.* **3.** Renseigner, faire connaître à (qqn) ce qu'il cherche. *Indiquer une rue.* **4.** BX-A. Esquisser. **5.** *Être indiqué,* conseillé, recommandé.

INDIRECT, E adj. **1.** Qui ne conduit pas au but directement, qui comporte des intermédiaires ; détourné. *Itinéraire indirect. Critique, louange indirecte.* ◇ *Tir indirect,* dans lequel l'objectif est invisible de l'emplacement de l'arme. **2.** GRAMM. *Complément d'objet indirect,* qui est introduit par une préposition. *Les verbes transitifs indirects sont suivis d'un complément d'objet indirect.* ◇ *Discours, style indirect, interrogation indirecte :* énoncé qui reproduit les paroles de qqn à l'intérieur d'un autre énoncé par l'intermédiaire d'un subordonnant.

INDIRECTEMENT adv. De façon indirecte.

INDISCERNABLE adj. Qu'on ne peut discerner, distinguer d'une autre chose.

INDISCIPLINE n.f. Attitude de qqn qui ne se soumet pas à la discipline ; désobéissance. *Faire preuve d'indiscipline.*

INDISCIPLINÉ, E adj. Rebelle à toute discipline. *Esprit indiscipliné.*

INDISCRET, ÈTE adj. et n. **1.** Qui manque de discrétion, de réserve. *Un regard indiscret.* **2.** Qui révèle ce qu'on devrait taire. *Une parole indiscrète. Ami indiscret.*

INDISCRÈTEMENT adv. De façon indiscrète.

INDISCRÉTION n.f. Manque de discrétion ; révélation d'un secret. *Commettre des indiscrétions.*

INDISCUTABLE adj. Qui n'est pas discutable, qui s'impose par son évidence ; incontestable.

INDISCUTABLEMENT adv. De façon indiscutable ; certainement.

INDISCUTÉ, E adj. Qui n'est pas mis en discussion.

INDISPENSABLE adj. Dont on ne peut se passer. *Protéines indispensables. Crédits indispensables.* ◆ n.m. Ce dont on ne peut se passer. *N'emporter que l'indispensable.*

INDISPONIBILITÉ n.f. État de celui ou de ce qui est indisponible.

INDISPONIBLE adj. **1.** Dont on ne peut pas disposer. **2.** Qui est empêché de s'adonner à un travail, une occupation.

INDISPOSÉ, E adj. Légèrement malade, mal à l'aise. ◇ Par euphémisme. Qui a ses règles, en parlant d'une femme.

INDISPOSER v.t. **1.** Rendre un peu malade, mettre mal à l'aise, incommoder. **2.** Rendre peu favorable, mécontenter. *On l'a indisposé contre moi.*

INDISPOSITION n.f. Léger malaise. ◇ Par euphémisme. État d'une femme indisposée.

INDISSOCIABLE adj. **1.** Qu'on ne peut dissocier d'une autre chose ou d'une autre personne. **2.** Qu'on ne peut diviser en parties. *Cela forme un tout indissociable.*

INDISSOLUBILITÉ n.f. Qualité de ce qui est indissoluble.

INDISSOLUBLE adj. Qui ne peut être délié, désuni ; indéfectible. *Attachement indissoluble.*

INDISSOLUBLEMENT adv. De façon indissoluble.

INDISTINCT, E adj. Qui manque de netteté ; confus, perçu confusément. *Voix indistincte.*

INDISTINCTEMENT adv. **1.** De façon indistincte, confusément. *Prononcer indistinctement.* **2.** Sans faire de différence, en bloc, indifféremment. *J'aime indistinctement tous les fruits.*

INDIUM [ɛ̃djɔm] n.m. Métal blanc, plus malléable que le plomb, fusible à 156 °C, présentant des analogies avec l'aluminium ; élément chimique (In) de numéro atomique 49, de masse atomique 114,82.

INDIVIDU n.m. (lat. *individuum,* ce qui est indivisible). **1.** Chaque spécimen vivant d'une espèce animale ou végétale, issu d'une cellule unique. *Le genre, l'espèce et l'individu.* **2.** Être humain, personne, par opp. à la collectivité, à la société. **3.** (Souvent péj.). Être humain indéterminé, personne quelconque. *Qui est cet individu ? Un triste individu.*

INDIVIDUALISATION n.f. **1.** Action d'individualiser ; son résultat. **2.** Fait de s'individualiser ; personnalisation.

INDIVIDUALISÉ, E adj. Qui possède les caractères propres d'un individu ; qui est distinct des autres êtres de la même espèce. *Groupe fortement individualisé.*

INDIVIDUALISER v.t. Rendre individuel, distinct des autres par des caractères propres. ◆ **s'individualiser** v.pr. Se distinguer des autres en affirmant sa personnalité.

INDIVIDUALISME n.m. **1.** Tendance à s'affirmer indépendamment des autres. **2.** Tendance à privilégier la valeur et les droits de l'individu contre les valeurs et les droits des groupes sociaux. **3.** PHILOS. Doctrine qui fait de l'individu le fondement soit de la société, soit des valeurs morales, soit des deux.

INDIVIDUALISTE adj. et n. **1.** Partisan de l'individualisme. **2.** Qui ne songe qu'à soi.

INDIVIDUALITÉ n.f. **1.** Ce qui constitue l'individu. **2.** Originalité propre à une personne. **3.** Personne qui a une forte personnalité et se distingue des autres.

INDIVIDUATION n.f. **1.** PHILOS. Ce qui distingue un individu d'un autre. **2.** PSYCHOL. Processus par lequel la personnalité se différencie.

1. INDIVIDUEL, ELLE adj. Qui concerne une seule personne. *Fiche individuelle.*

2. INDIVIDUEL, ELLE n. Concurrent n'appartenant à aucun club, à aucune équipe, dans une compétition.

INDIVIDUELLEMENT adv. De façon individuelle, séparément.

INDIVIS, E [ɛ̃divi, iz] adj. (lat. *indivisus,* qui n'est pas séparé). DR. **1.** Qui n'est pas divisé, partagé ; qui est possédé à la fois par plusieurs personnes. *Succession indivise.* **2.** Qui possède conjointement une propriété non divisée. *Héritiers indivis.* ◇ *Par indivis :* sans qu'il y ait eu partage, en commun.

INDIVISAIRE n. DR. Personne qui possède qqch dans l'indivision.

INDIVISÉMENT adv. DR. Par indivis.

INDIVISIBILITÉ n.f. Caractère de ce qui est indivisible.

INDIVISIBLE adj. Qui ne peut être divisé.

INDIVISION n.f. DR. **1.** État d'un bien indivis. **2.** Situation de qqn qui possède de tels biens.

IN-DIX-HUIT [indizɥit] adj. inv. et n.m. inv. **1.** Se dit d'une feuille d'impression qui forme 18 feuillets ou 36 pages. **2.** Se dit du format obtenu avec cette feuille, d'un livre de ce format. (On écrit aussi *in-18.*)

INDO-ARYEN, ENNE adj. et n.m. Se dit des langues indo-européennes parlées en Inde. (Les principales sont le sanskrit, le hindi, l'ourdou, le marathe, le bengali, le panjabi, le gujarati, l'oriya, le cinghalais et l'assamais.)

INDOCHINOIS, E adj. et n. De l'Indochine.

INDOCILE adj. et n. Qui ne se laisse pas diriger, conduire ; rebelle. *Enfant indocile.*

INDOCILITÉ n.f. Caractère de celui qui est indocile.

INDO-EUROPÉEN n.m. Langue non directement attestée mais reconstituée par comparaison des diverses langues à l'origine desquelles elle se trouve. ◆ **indo-européen, enne** adj. et n. Se dit des langues issues de l'indo-européen et des peuples qui les ont parlées. ■ Les langues indo-européennes se répartissent en 12 groupes principaux : le tokharien, l'indo-aryen, l'iranien, l'arménien, l'anatolien, le grec, l'albanais, l'italique (latin et langues romanes), le celtique, le germanique, le balte et le slave. La moitié de l'humanité parle actuellement une langue indo-européenne.

INDOLE n.m. CHIM. Composé qui est à la base d'une série d'hétérocycles comportant un cycle benzénique accolé à un cycle pyrrole.

INDOLE-ACÉTIQUE adj. (pl. *indole-acétiques*). *Acide indole-acétique :* substance de croissance des végétaux, contenue dans l'auxine.

INDOLEMMENT [ɛ̃dɔlamɑ̃] adv. Avec indolence.

INDOLENCE n.f. Nonchalance, indifférence, apathie.

INDOLENT, E adj. (lat. *indolens,* de *dolere,* souffrir). Qui évite de se donner de la peine, qui agit avec mollesse, qui manifeste de l'apathie.

INDOLORE adj. Qui ne cause aucune douleur. *Piqûre indolore.*

INDOMÉTACINE n.f. Médicament anti-inflammatoire dérivé de l'indole.

INDOMPTABLE [ɛ̃dɔ̃tabl] adj. Qu'on ne peut dompter, maîtriser. *Caractère indomptable.*

INDOMPTÉ, E [ɛ̃dɔ̃te] adj. Qu'on n'a pu encore dompter, contenir, réprimer. *Orgueil indompté.*

INDONÉSIEN, ENNE adj. et n. D'Indonésie. ◆ n.m. **1.** Ensemble de langues constituant la branche occidentale de la famille malayo-polynésienne. **2.** Forme du malais, langue officielle de la république d'Indonésie.

INDOOR [indɔr] adj. inv. (mot angl., *à l'intérieur*). SPORTS. Se dit d'une compétition disputée en salle.

INDOPHÉNOL n.m. Matière colorante obtenue en faisant agir un phénate alcalin sur une amine (nom générique).

IN-DOUZE [induz] adj. inv. et n.m. inv. **1.** Se dit d'une feuille d'impression qui, présentant 4 plis, forme 12 feuillets ou 24 pages. **2.** Se dit du format obtenu avec cette feuille, d'un livre de ce format. (On écrit aussi *in-12.*)

INDRI [ɛ̃dri] n.m. (mot malgache). Lémurien arboricole et végétarien vivant à Madagascar. (Les indris dépassent 1 m de longueur.)

1. INDU, E adj. *Une heure indue :* celle où il n'est pas convenable de faire telle ou telle chose ; heure trop tardive. *Il m'a réveillé à une heure indue.*

2. INDU n.m. DR. Ce qui n'est pas dû.

INDUBITABLE adj. (lat. *indubitabilis*). Dont on ne peut douter ; certain, incontestable.

INDUBITABLEMENT adv. Certainement, assurément, sans aucun doute.

INDUCTANCE n.f. Quotient du flux d'induction à travers un circuit, créé par le courant traversant ce circuit, par l'intensité de ce courant.

1. INDUCTEUR, TRICE adj. ÉLECTR. Se dit de ce qui produit le phénomène d'induction.

2. INDUCTEUR n.m. **1.** Aimant ou électroaimant destiné à fournir le champ magnétique créateur de l'induction. **2.** BIOL. Corps, molécule qui a la propriété d'induire une réaction biologique, un processus physiologique. *Inducteur de l'ovulation.*

INDUCTIF, IVE adj. **1.** Qui procède par induction. *Méthode inductive.* **2.** ÉLECTR. Qui possède une inductance.

INDUCTION n.f. (lat. *inductio*). **I. 1.** Généralisation d'une observation ou d'un raisonnement établis à partir de cas singuliers. **2.** MATH. Raisonnement par récurrence*. **II. 1.** *Induction magnétique :* vecteur caractérisant la densité du flux magnétique qui traverse une substance. – *Induction électromagnétique :* production de courants dans un circuit par suite de la variation du flux d'induction magnétique qui le traverse. ◇ *Moteur à induction :* moteur électrique à courant alternatif sans collecteur, dont une partie seulement, rotor ou stator, est reliée au réseau, l'autre partie travaillant par induction. **2.** EMBRYOL. Processus qui commande la différenciation des cellules de l'embryon et contrôle la constitution de celui-ci. ◇ Action de certaines régions embryonnaires (comme l'organisateur de la lèvre du blastopore), qui provoque la différenciation des régions voisines dans un sens déterminé.

INDUIRE v.t. (lat. *inducere,* conduire à) 98. **I. 1.** Conduire, mener (qqn) à une action, à un comportement. ◇ *Induire (qqn) en erreur,* l'amener, volontairement ou non, à se tromper. **2.** Avoir pour conséquence, entraîner, occasionner. *Cette installation induira la création de nombreux emplois.* **3.** Établir par voie de conséquence, par induction. **II.** ÉLECTR. Produire les effets de l'induction.

1. INDUIT, E [ɛ̃dɥi, it] adj. **I. 1.** Consécutif, résultant. *Effets induits d'une décision politique.* **2.** Établi par induction. **3.** MATH. *Loi induite sur une partie* A *de* E *par une loi définie sur* E *:* restriction de cette loi à A. **II.** Se dit d'un courant électrique produit par induction.

2. INDUIT n.m. Partie d'une machine électrique dans laquelle est induite une force électromotrice.

INDULGENCE n.f. **1.** Facilité à excuser ou à pardonner les fautes d'autrui. *Montrer de l'indulgence.* **2.** THÉOL. CATH. Rémission totale *(indulgence plénière)* ou partielle *(indulgence partielle)* de la peine temporelle due pour les péchés déjà pardonnés.

INDULGENCIER v.t. THÉOL. CATH. Attacher une indulgence à (un objet, un lieu, une prière).

INDULGENT, E adj. (lat. *indulgens*). Qui est porté à excuser, à pardonner ; clément.

INDULINE n.f. Colorant bleu dérivé de l'aniline (nom générique).

INDULT [ɛ̃dylt] n. m. (lat. *indultum,* de *indulgere,* être indulgent). DR. CAN. Toute faveur accordée par le Saint-Siège, soit au bénéfice d'une communauté, soit pour le bien d'un particulier, et qui dispense du droit commun de l'Église.

INDÛMENT adv. De façon illégitime.

INDURATION n.f. MÉD. Durcissement anormal d'un tissu ; partie indurée.

INDURÉ, E adj. MÉD. Devenu anormalement dur. *Lésion indurée.* – *Chancre induré :* chancre syphilitique.

INDURER v.t. MÉD. Rendre anormalement dur.

INDUSIE n.f. BOT. Petite lame très mince qui recouvre et protège les groupes de sporanges portés à la face inférieure des frondes de certaines espèces de fougère.

INDUSTRIALISATION n.f. Action d'industrialiser ; fait de s'industrialiser.

INDUSTRIALISÉ, E adj. Où l'industrie tient une place prédominante. *Pays industrialisés.*

INDUSTRIALISER v.t. 1. Donner un caractère industriel à (une activité). 2. Équiper (une région, un pays) en usines, en industries. ◆ **s'industrialiser** v.pr. Être exploité, équipé industriellement.

INDUSTRIALISME n.m. 1. Système économique dans lequel l'industrie est considérée comme le pivot des sociétés. 2. Prédominance sociale des industriels.

INDUSTRIE n.f. (lat. *industria,* activité). I. 1. Ensemble des activités économiques qui produisent des biens matériels par la transformation et la mise en œuvre de matières premières. ◇ *Capitaine d'industrie :* chef, patron d'une entreprise industrielle. 2. Chacune de ces activités économiques. *Industrie automobile. Industrie du vêtement.* 3. Par ext. Toute activité économique assimilable à l'industrie et organisée sur une grande échelle. *L'industrie du spectacle.* ◇ *Industries de la langue :* ensemble des activités liées aux applications de la recherche en linguistique, en informatique et en linguistique informatique (synthèse et reconnaissance de la parole, systèmes de dialogue homme-machine, aides à la correction orthographique, etc.). 4. DR. COMM. *Apport en industrie :* apport d'activité dans le cadre de la constitution d'une société (par opp. à un apport de capitaux ou en nature). II. Vieilli. 1. Toute activité manuelle tendant à produire quelque chose. 2. Litt. Habileté, ingéniosité employée à faire qqch. ◇ Litt. et péj. *Chevalier d'industrie :* personne vivant d'expédients, escroc.

1. INDUSTRIEL, ELLE adj. 1. Relatif à l'industrie, qui relève de l'industrie. *Fabrication industrielle. Produit industriel.* ◇ Fam. *Quantité industrielle :* très grande quantité. – HIST. *Révolution industrielle :* ensemble des phénomènes qui ont accompagné, à partir du XVIIIe s., la transformation du monde moderne grâce au développement du capitalisme, de la technique, de la production et des communications. – *Psychologie industrielle,* qui s'occupe des problèmes de psychologie (choix et orientation du personnel notamm.) et d'organisation du travail. 2. Relatif à un lieu où sont implantées des usines, des industries. *Zone industrielle.*

2. INDUSTRIEL n.m. Chef d'entreprise transformant des matières premières en produits ouvrés ou semi-ouvrés.

INDUSTRIELLEMENT adv. De façon industrielle. *Production organisée industriellement.*

INDUSTRIEUX, EUSE adj. Litt. Qui a de l'adresse, de l'habileté dans son métier.

INDUVIE [ɛ̃dyvi] n.f. (lat. *induviae,* vêtements). BOT. Organe de dissémination du fruit, provenant du périanthe de la fleur, comme les aigrettes des akènes des composées.

INÉBRANLABLE adj. 1. Qui ne peut être ébranlé. *Roc inébranlable.* 2. Ferme, qui ne se laisse pas abattre. *Courage inébranlable.*

INÉBRANLABLEMENT adv. De façon inébranlable, fermement.

INÉCHANGEABLE adj. Qui ne peut être échangé.

INÉCOUTÉ, E adj. Qui n'est pas écouté. *Ses paroles d'apaisement sont restées inécoutées.*

INÉDIT, E adj. et n.m. (lat. *ineditus*). 1. Qui n'a pas été imprimé, publié. *Poème inédit.* 2. Nouveau, original. *Spectacle inédit.*

INÉDUCABLE adj. Qu'on ne peut éduquer.

INEFFABLE adj. (lat. *ineffabilis*). Litt. Qui ne peut être exprimé, indicible. *Joie ineffable.*

INEFFABLEMENT adv. Litt. et rare. De façon ineffable.

INEFFAÇABLE adj. Qui ne peut être effacé, que l'on ne peut faire disparaître.

INEFFICACE adj. Qui n'est pas efficace ; inopérant. *Moyen, secrétaire inefficace.*

INEFFICACEMENT adv. De façon inefficace.

INEFFICACITÉ n.f. Manque d'efficacité.

INÉGAL, E, AUX adj. I. Qui n'est pas égal, par rapport à qqch ou à qqn d'autre. *Segments inégaux. Adversaires de force inégale.* II. Qui n'est pas égal à lui-même. 1. Qui n'est pas uni ; raboteux. *Terrain inégal.* 2. Dont le rythme n'est pas régulier. *Galop, pouls inégal.* 3. Dont la qualité n'est pas constante, en parlant d'une œuvre ou de qqn dont le travail ou la production varient. *Style inégal. Cinéaste inégal.* 4. Capricieux, changeant, en parlant de qqn ou de son caractère. *Humeur inégale.*

INÉGALABLE adj. Qui ne peut être égalé.

INÉGALÉ, E adj. Qui n'a pas été égalé. *Record inégalé.*

INÉGALEMENT adv. De façon inégale.

INÉGALITAIRE adj. Fondé sur l'inégalité politique, civile, sociale.

INÉGALITÉ n.f. I. 1. Caractère, état de choses ou de personnes inégales entre elles. *L'inégalité des salaires. Les inégalités sociales.* 2. MATH. Relation d'ordre dans un ensemble. – *Inégalité stricte,* notée $a < b$ (a inférieur à b) ou $b > a$ (b supérieur à a) [l'ouverture est tournée du côté de l'élément le plus grand]. – *Inégalité au sens large,* notée $a \leqslant b$ (a inférieur ou égal à b). II. 1. Caractère de ce qui n'est pas égal à lui-même, constant. *Les inégalités du débit d'un fleuve.* 2. Caractère de ce qui n'est pas égal, uni. *L'inégalité d'un terrain.*

INÉLASTIQUE adj. PHYS. *Collision, diffusion inélastique,* au cours de laquelle l'énergie cinétique totale n'est pas conservée.

INÉLÉGAMMENT adv. Sans élégance.

INÉLÉGANCE n.f. Défaut d'élégance.

INÉLÉGANT, E adj. 1. Qui manque d'élégance vestimentaire. *Mise inélégante.* 2. Qui manque de délicatesse de sentiments, de savoir-vivre ; discourtois, mal élevé. *Il serait inélégant d'insister.*

INÉLIGIBILITÉ n.f. État, condition d'une personne inéligible.

INÉLIGIBLE adj. Qui n'a pas les qualités requises pour être élu.

INÉLUCTABLE adj. (lat. *ineluctabilis,* de *eluctari,* surmonter en luttant). Qui ne peut être évité, empêché. *Une issue devenue hélas inéluctable.*

INÉLUCTABLEMENT adv. De façon inéluctable.

INÉMOTIVITÉ n.f. Absence de réaction émotionnelle.

INEMPLOI n.m. Par euphémisme. Chômage.

INEMPLOYABLE adj. Qui ne peut être employé.

INEMPLOYÉ, E adj. Qui n'est pas employé.

INÉNARRABLE adj. D'une bizarrerie, d'un comique extraordinaire. *Aventure inénarrable.*

INENTAMÉ, E adj. Qui n'est pas entamé.

INÉPROUVÉ, E adj. Litt. Qui n'a pas encore été éprouvé, ressenti.

INEPTE adj. (lat. *ineptus,* qui n'est pas apte). 1. Absurde, dépourvu de sens. *Réponse inepte.* 2. Sot, incapable. *Narrateur inepte.*

INEPTIE [inɛpsi] n.f. 1. Caractère d'un comportement, d'un acte inepte. 2. Action ou parole stupide. *Dire des inepties.*

INÉPUISABLE adj. Qu'on ne peut épuiser, intarissable.

INÉPUISABLEMENT adv. De façon inépuisable.

INÉPUISÉ, E adj. Qui n'est pas épuisé.

INÉQUATION [inekwasjɔ̃] n.f. MATH. Inégalité qui n'est satisfaite que pour certaines valeurs de paramètres indéterminés appelés *inconnues.*

INÉQUITABLE adj. Qui n'est pas équitable.

INERME adj. (lat. *inermis,* sans armes). 1. BOT. Qui n'a ni aiguillon ni épines. 2. ZOOL. Sans crochets. *Ténia inerme.*

INERTAGE n.m. Enrobage d'un déchet dans un verre ou un liant hydraulique pour empêcher la dissémination de ses composés toxiques dans l'environnement.

INERTE adj. (lat. *iners, -ertis,* incapable). 1. Sans activité ni mouvement propre. *Matière inerte.* 2. Sans mouvement ; immobile. *Le coup l'a assommé, il est resté inerte un bon moment.* 3. Sans énergie, sans réaction ; apathique.

INERTIE [inɛrsi] n.f. (lat. *inertia,* incapacité). 1. Manque d'activité, d'énergie, d'initiative. *Comment le tirer de son habituelle inertie ?* 2. PHYS. Propriété de la matière qui fait que les corps ne peuvent d'eux-mêmes modifier leur état de mouvement. ◇ *Principe d'inertie :* principe au terme duquel tout point matériel qui n'est soumis à aucune force est soit au repos, soit animé d'un mouvement rectiligne uniforme. – *Force d'inertie :* résistance que les corps, en raison de leur masse, opposent au mouvement ; fig., résistance passive de qqn qui refuse d'obéir, de se soumettre. – PHYS. *Centre d'inertie d'un système de points matériels :* barycentre de ces points affectés de coefficients qui sont leurs masses respectives. (Il se confond avec le centre de gravité.) – *Moment d'inertie d'un système solide* S : somme, étendue à tous les points du système S, des quantités mr^2, m étant la masse d'un point M du système S situé à la distance r d'un point O, d'un plan P ou d'un axe C donnés. 3. MÉD. *Inertie utérine :* contraction insuffisante de l'utérus pendant ou après l'accouchement. 4. *Navigation par inertie,* reposant sur la mesure puis l'intégration des accélérations subies par un véhicule (aérien, maritime, spatial).

INERTIEL, ELLE [inɛrsjɛl] adj. PHYS. Qui se rapporte à l'inertie ; dont le principe de fonctionnement est fondé sur l'inertie. ◇ *Centrale inertielle :* dispositif muni d'accéléromètres, de gyroscopes et d'un calculateur, utilisé pour la navigation par inertie.

INESCOMPTABLE adj. Qui ne peut être escompté.

INESPÉRÉ, E adj. Qu'on n'espérait pas, inattendu. *Chance inespérée.*

INESTHÉTIQUE adj. Qui n'est pas esthétique ; laid.

INESTIMABLE adj. Qu'on ne peut assez estimer ; inappréciable. *Des toiles de maître d'une valeur inestimable.*

INÉTENDU, E adj. Qui n'a pas d'étendue. *Le point géométrique est inétendu.*

INÉVITABLE adj. 1. Qu'on ne peut éviter ; fatal, inéluctable. 2. (Avant le n.). À qui ou à quoi l'on a forcément affaire ; que l'on ne peut éviter de subir. *L'inévitable raconteur d'histoires drôles des fins de banquets.*

INÉVITABLEMENT adv. De façon inévitable.

INEXACT, E adj. 1. Qui contient des erreurs, faux. *Calcul, renseignement inexact.* 2. Litt. Qui manque de ponctualité. *Il est fort inexact à ses rendez-vous.*

INEXACTEMENT adv. De façon inexacte.

INEXACTITUDE n.f. 1. Caractère de ce qui est inexact, erroné ; erreur commise par manque de précision. *Une biographie remplie d'inexactitudes.* 2. Litt. Manque de ponctualité.

INEXAUCÉ, E adj. Qui n'a pas été exaucé. *Vœu inexaucé.*

INEXCITABILITÉ n.f. État de ce qui est inexcitable.

INEXCITABLE adj. Que l'on ne peut exciter.

INEXCUSABLE adj. Qui ne peut être excusé.

INEXÉCUTABLE adj. Qui ne peut être exécuté.

INEXÉCUTÉ, E adj. Qui n'a pas été exécuté. *La sentence est restée inexécutée.*

INEXÉCUTION n.f. Absence ou défaut d'exécution. *L'inexécution d'un contrat.*

INEXERCÉ, E adj. Qui n'est pas exercé.

INEXIGIBILITÉ n.f. Caractère de ce qui est inexigible.

INEXIGIBLE adj. Qui ne peut être exigé. *Dette présentement inexigible.*

INEXISTANT, E adj. 1. Qui n'existe pas. *Difficultés inexistantes.* 2. Qui n'a ni valeur ni substance ; qui n'a pas de poids, qui ne compte pas. *Une réflexion inexistante.*

INEXISTENCE n.f. 1. Défaut d'existence. *L'inexistence de preuves certaines.* 2. DR. Qualité d'un acte juridique auquel il manque un élément constitutif essentiel.

INEXORABILITÉ n.f. État, caractère de ce qui est inexorable. *L'inexorabilité du sort.*

INEXORABLE adj. (lat. *inexorabilis,* de *exorare,* obtenir par prière). Qui ne peut être fléchi, d'une dureté implacable. *Juge inexorable. Volonté inexorable.*

INEXORABLEMENT adv. De façon inexorable.

INEXPÉRIENCE n.f. Manque d'expérience.

INEXPÉRIMENTÉ, E adj. Qui n'a pas d'expérience. *Pilote inexpérimenté.*

INEXPERT, E adj. Qui manque d'habileté, de savoir-faire.

INEXPIABLE adj. 1. Qui ne peut être expié. *Crime inexpiable.* 2. Qui est sans merci. *Lutte inexpiable.*

INEXPIÉ, E adj. Qui n'a pas été expié.

INEXPLICABLE adj. et n.m. Qui ne peut être expliqué ; incompréhensible.

INEXPLICABLEMENT adv. De façon inexplicable.

INEXPLIQUÉ, E adj. et n.m. Qui n'a pas reçu d'explication satisfaisante.

INEXPLOITABLE adj. Qui n'est pas susceptible d'être exploité. *Gisement inexploitable.*

INEXPLOITÉ, E adj. Qui n'est pas exploité.

INEXPLORABLE adj. Qui ne peut être exploré.

INEXPLORÉ, E adj. Que l'on n'a pas encore exploré.

INEXPLOSIBLE adj. Didact. Qui ne peut faire explosion.

INEXPRESSIF, IVE adj. Dépourvu d'expression, impassible. *Physionomie inexpressive.*

INEXPRIMABLE adj. et n.m. Qu'on ne peut exprimer, indicible. *Bonheur inexprimable.*

INEXPRIMÉ, E adj. Qui n'a pas été exprimé.

INEXPUGNABLE [inɛkspyɲabl] adj. (lat. *inexpugnabilis,* de *expugnare,* prendre par force). Qu'on ne peut prendre par la force. *Forteresse, position inexpugnable.*

INEXTENSIBILITÉ n.f. Caractère de ce qui est inextensible.

INEXTENSIBLE adj. Qui ne peut être allongé. *Tissu inextensible.*

IN EXTENSO [inɛkstɛ̃so] loc. adv. (mots lat., *en entier*). Tout au long, en entier. *Publier un discours in extenso.*

INEXTINGUIBLE [inɛkstɛ̃gibl] ou [inɛkstɛ̃gɥibl] adj. **1.** Rare. Qu'on ne peut éteindre. *Feu inextinguible.* **2.** Fig. Qu'on ne peut apaiser, arrêter. *Rire, soif inextinguible.*

INEXTIRPABLE adj. Qu'on ne peut extirper.

IN EXTREMIS [inɛkstremis] loc. adv. (mots lat., *à l'extrémité*). Au dernier moment, à la dernière limite. *Sauvé in extremis.*

INEXTRICABLE adj. (lat. *inextricabilis,* de *extricare,* débarrasser). Qui ne peut être démêlé. *Affaire inextricable.*

INEXTRICABLEMENT adv. De façon inextricable.

INFAILLIBILISTE n. et adj. RELIG. CATH. Partisan de l'infaillibilité pontificale, par opp. à ceux qui en contestèrent l'opportunité ou la rejetèrent (vieux-catholiques).

INFAILLIBILITÉ n.f. **1.** Qualité de qqn qui ne peut se tromper. ◇ *Infaillibilité pontificale :* dogme, proclamé en 1870 par le premier concile du Vatican, d'après lequel le pape, parlant ex cathedra, ne peut se tromper en matière de foi. **2.** Caractère de ce qui ne peut manquer de réussir. *L'infaillibilité d'un procédé.*

INFAILLIBLE adj. **1.** Qui ne peut se tromper. *Nul n'est infaillible.* **2.** Qui produit les résultats attendus, qui ne peut manquer d'arriver. *Remède infaillible. Succès infaillible.*

INFAILLIBLEMENT adv. Inévitablement, immanquablement, nécessairement.

INFAISABLE [-fə-] adj. Qui ne peut être fait.

INFALSIFIABLE adj. Qui ne peut être falsifié.

INFAMANT, E adj. Qui déshonore, nuit à la réputation de qqn. *Accusation infamante.* – DR. *Peine infamante :* peine criminelle politique (bannissement ; dégradation civique) soumettant le condamné à la réprobation publique.

INFÂME adj. (lat. *infamis,* de *fama,* réputation). **1.** Qui avilit ou déshonore. *Mensonge infâme.* **2.** Qui provoque le dégoût ; sale, répugnant. *Loques infâmes.*

INFAMIE n.f. **1.** Litt. Grand déshonneur, atteinte à la réputation de qqn. **2.** Caractère d'une personne ou d'une action infâme. *L'infamie d'un crime.* **3.** Action ou parole vile, honteuse. *Commettre une infamie.*

INFANT, E n. (esp. *infante*). Titre des enfants puînés des rois de Portugal et d'Espagne.

INFANTERIE n.f. Ensemble des troupes capables de combattre à pied. (Motorisée ou non, mécanisée, aérotransportée ou parachutée, l'infanterie assure la conquête, l'occupation et la défense du terrain. La position de l'infanterie en fin de combat matérialise le succès ou l'échec d'une opération.)

1. INFANTICIDE n.m. (lat. *infans, infantis,* enfant, et *caedere,* tuer). Meurtre d'un enfant et, spécialt, d'un nouveau-né.

2. INFANTICIDE n. Personne coupable du meurtre d'un enfant.

INFANTILE [ɛ̃fɑ̃til] adj. (bas lat. *infantilis*). **1.** Relatif à l'enfant en bas âge. *Maladie infantile.* **2.** Péj. Qui a gardé à l'âge adulte certains caractères, notamm. psychologiques, de l'enfant. *Comportement infantile.*

INFANTILISANT, E adj. Qui infantilise.

INFANTILISATION n.f. Action d'infantiliser ; fait d'être infantilisé.

INFANTILISER v.t. Rendre infantile, maintenir chez un adulte une mentalité infantile.

INFANTILISME n.m. **1.** Absence de maturité, puérilité ; comportement infantile, irresponsable. **2.** Arrêt du développement d'un individu, dû à une insuffisance endocrinienne (hypophysaire ou thyroïdienne) ou à une anomalie génétique.

INFARCI, E adj. MÉD. Se dit d'un tissu organique en nécrose hémorragique. *Paroi cardiaque infarcie.*

INFARCTUS [ɛ̃farktys] n.m. (lat. *in,* dans, et *farcire,* remplir de farce). MÉD. Lésion nécrotique des tissus due à un trouble circulatoire, et s'accompagnant le plus souvent d'une infiltration sanguine. (La cause habituelle des infarctus est l'oblitération d'un vaisseau par artérite, par thrombose ou par embolie.) ◇ *Infarctus du myocarde :* lésion du cœur de gravité variable, consécutive à l'oblitération d'une artère coronaire. – *Infarctus pulmonaire,* dû, le plus souvent, à une embolie.

INFATIGABLE adj. Que rien ne fatigue.

INFATIGABLEMENT adv. De façon infatigable, sans se lasser.

INFATUATION n.f. Litt. Satisfaction excessive et ridicule que l'on a de soi ; fatuité, prétention.

INFATUÉ, E adj. (lat. *fatuus,* sot). Qui a une trop bonne opinion de sa personne.

INFATUER (S') v.pr. Être excessivement content de sa personne ; devenir infatué.

INFÉCOND, E adj. **1.** Litt. Qui n'est pas fécond ; stérile. *Sol infécond.* **2.** MÉD. Qui n'a pas d'enfant, pour une raison ne relevant pas nécessairement de la stérilité. *Couple infécond.*

INFÉCONDITÉ n.f. Caractère de qqn ou de qqch d'infécond.

INFECT, E [ɛ̃fɛkt] adj. (lat. *infectus,* de *inficere,* souiller). **1.** Litt. Qui exhale de mauvaises odeurs ; putride. *Marais infect.* **2.** Fam. Qui excite le dégoût ; répugnant. *Livre infect.* **3.** Fam. Très mauvais. *Ce café est infect.*

INFECTANT, E adj. Qui produit l'infection.

INFECTER v.t. **1.** Contaminer par des germes infectieux. **2.** Litt. Remplir d'émanations puantes et malsaines, empester. ◆ **s'infecter** v.pr. Être atteint par l'infection. *La plaie s'est infectée.*

INFECTIEUX, EUSE [ɛ̃fɛksjø, øz] adj. **1.** Qui produit ou communique l'infection. *Germe infectieux.* **2.** Qui résulte ou s'accompagne d'infection. *La rougeole est une maladie infectieuse.*

INFECTIOLOGIE n.f. Branche de la médecine qui étudie les maladies infectieuses.

INFECTION [ɛ̃fɛksjɔ̃] n.f. **1.** Pénétration et développement dans un être vivant de micro-organismes pathogènes (dits *agents infectieux*), qui peuvent rester localisés (pneumonie, abcès, etc.), diffuser par voie sanguine (septicémie) ou répandre leurs toxines dans l'organisme (toxi-infections). **2.** Odeur ou goût particulièrement mauvais, puanteur. *C'est une infection, ici !*

INFÉODATION n.f. Action d'inféoder ; fait d'être inféodé.

INFÉODÉ, E adj. SC. DE LA V. Qui ne peut se nourrir qu'aux dépens d'une seule espèce. *Chenille inféodée au liseron.*

INFÉODER v.t. (de *féodal*). **1.** Mettre (qqn, qqch) sous la dépendance de. *Petit pays inféodé à une grande puissance.* **2.** FÉOD. Donner (une terre) pour qu'elle soit tenue en fief. ◆ **s'inféoder** v.pr. Se mettre sous la dépendance de, s'affilier à. *S'inféoder à un chef.*

INFÈRE adj. (lat. *inferus*). BOT. Se dit d'un ovaire situé au-dessous des points d'insertion des sépales, pétales et étamines, comme chez l'iris, le pommier. CONTR. : *supère.*

INFÉRENCE n.f. **1.** LOG. Opération intellectuelle par laquelle on passe d'une vérité à une autre vérité, jugée telle en raison de son lien avec la première. *La déduction est une inférence.* ◇ *Règles d'inférence,* celles qui permettent, dans une théorie déductive, de conclure à la vérité d'une proposition à partir d'une ou de plusieurs propositions, prises comme hypothèses. **2.** INFORM. *Moteur d'inférence :* programme qui, dans un système expert, interprète les données de la base de connaissances et assure, suivant des stratégies générales ou particulières, l'enchaînement des étapes de la résolution d'un problème donné.

INFÉRER v.t. (lat. *inferre,* alléguer) [18]. Litt. Tirer comme conséquence d'un fait, d'un principe.

1. INFÉRIEUR, E adj. (lat. *inferior,* qui est situé plus bas). **1.** Situé en bas, plus bas, au-dessous (par opp. à *supérieur*). *Mâchoire inférieure.* **2.** Moindre en quantité, en importance, en valeur. *La récolte est inférieure à celle de l'année passée. Jouer un rôle inférieur.* **3.** BIOL. Moins avancé dans l'évolution. *Espèces animales, végétales inférieures.* **4.** Se dit de la partie d'un fleuve la plus rapprochée de la mer. *Loire inférieure.* **5.** MATH. *Élément* x *d'un ensemble ordonné, inférieur à un élément* y, élément x vérifiant la relation d'inégalité $x < y$.

2. INFÉRIEUR, E n. Personne qui occupe une position subalterne, qui est à un moindre rang social.

INFÉRIEUREMENT adv. D'une manière inférieure, moins bien.

INFÉRIORISATION n.f. Action d'inférioriser ; fait d'être infériorisé.

INFÉRIORISER v.t. Rendre inférieur ; sous-estimer la valeur de.

INFÉRIORITÉ n.f. Désavantage en ce qui concerne le rang, la force, le mérite, etc. *Se trouver en état d'infériorité.* ◇ *Complexe d'infériorité :* sentiment morbide qui pousse le sujet, ayant la conviction intime d'être inférieur à ceux qui l'entourent, à se sous-estimer.

INFERNAL, E, AUX adj. (bas lat. *infernalis*). **1.** Litt. Qui appartient à l'enfer ou aux Enfers. *Puissances infernales.* **2.** Qui inspire l'horreur. *Ruse infernale.* **3.** Insupportable. *Vacarme infernal. Enfant infernal.* **4.** *Cycle infernal :* enchaînement de circonstances tel que les effets fâcheux d'une situation antérieure constituent en eux-mêmes la cause de difficultés nouvelles.

INFÉROVARIÉ, E adj. Se dit des végétaux dans lesquels l'ovaire est infère.

INFERTILE adj. Litt. Qui n'est pas fertile ; stérile.

INFERTILITÉ n.f. Litt. Stérilité.

INFESTATION n.f. État d'un organisme envahi par un parasite.

INFESTER v.t. (lat. *infestare,* de *infestus,* ennemi). **1.** Abonder dans un lieu, en parlant d'animaux nuisibles. *Les rats infestent certains navires.* **2.** MÉD. Envahir (un organisme), en parlant de parasites. **3.** Litt. Ravager par des invasions brutales, des actes de brigandage. *Les pirates infestaient ces côtes.*

INFEUTRABLE adj. Qui ne se feutre pas.

INFIBULATION n.f. ETHNOL. Opération qui consiste à faire passer un anneau *(fibule)* à travers le prépuce chez l'homme, à travers les petites lèvres chez la femme ou à coudre partiellement celles-ci. (L'infibulation est toujours pratiquée de nos jours sur les fillettes et les jeunes filles chez certains peuples, notamm. en Afrique.)

INFICHU, E adj. Fam. *Infichu de :* incapable de (faire qqch). *Il est infichu de se rappeler où il a mis la clef.* SYN. (très fam.) : *infoutu.*

1. INFIDÈLE adj. **1.** Qui manque à ses engagements, spécialement dans le mariage. *Infidèle à ses promesses.* **2.** Inexact, qui n'exprime pas la vérité, la réalité. *Récit infidèle.*

2. INFIDÈLE adj. et n. Vieilli. Qui ne croit pas au Dieu considéré comme le vrai Dieu. *Combattre les infidèles.*

INFIDÈLEMENT adv. De façon infidèle.

INFIDÉLITÉ n.f. **1.** Manque de fidélité, en partic. dans le mariage. **2.** Manque d'exactitude, de vérité. *L'infidélité d'un historien.*

INFILTRAT n.m. RADIOL. Opacité pulmonaire circonscrite, homogène et peu étendue.

INFILTRATION n.f. **1.** Passage lent d'un liquide à travers les interstices d'un corps. ◇ *Eaux d'infiltration :* eaux de pluie qui pénètrent dans le sol par percolation. **2.** Action de s'insinuer dans l'esprit de qqn, de pénétrer furtivement quelque part. **3.** MIL. Mode de progression utilisant au maximum les accidents de terrain et les zones non battues par le feu adverse. **4.** PATHOL. Envahissement d'un organe soit par des liquides organiques issus d'un canal ou d'un conduit naturel, soit par des cellules inflammatoires ou tumorales. **5.** THÉRAP. Injection d'un médicament dans une région de l'organisme.

INFILTRER v.t. **1.** MÉD. Introduire une substance dans (un organe). **2.** Faire entrer des éléments clandestins dans (un groupe) à des fins de surveillance ou de provocation. *Infiltrer un réseau d'espionnage.* ◆ **s'infiltrer** v.pr. **1.** Pénétrer peu à peu à travers les pores d'un corps solide. *L'eau s'infiltre dans le sable.* **2.** Pénétrer furtivement, s'insérer, se glisser dans. **3.** MIL. Progresser par infiltration.

INFIME adj. (lat. *infimus*). Très petit, minime. *Une somme infime.*

1. INFINI, E adj. (lat. *infinitus*). **1.** Qui est sans limites. *L'espace est infini.* **2.** Très grand, considérable. *Cela a mis un temps infini.* **3.** MATH. Se dit d'un ensemble qu'on peut mettre en bijection avec une de ses parties propres et du cardinal correspondant à cet ensemble.

2. INFINI n.m. **1.** Ce que l'on suppose sans limites. ◇ *À l'infini :* à une distance infiniment grande ; d'un très grand nombre de manières. *On peut varier le procédé à l'infini.* **2.** MATH. *Plus l'infini, moins l'infini :* éléments, notés respectivement $+\infty$ et $-\infty$, tels que tout nombre réel est inférieur à $+\infty$ et supérieur à $-\infty$.

INFINIMENT adv. **1.** Extrêmement. *Je vous suis infiniment obligé.* **2.** MATH. *Quantité infiniment grande :* quantité variable qui peut devenir, en valeur absolue, plus grande que tout nombre positif fixe, si grand soit-il (et dite aussi *infiniment grand,* n.m.). – *Quantité infiniment petite :* quantité variable qui peut devenir, en valeur absolue, inférieure à tout nombre positif, si petit soit-il (et dite aussi *infiniment petit,* n.m.).

INFINITÉ n.f. **1.** Très grand nombre. *Une infinité de gens.* **2.** Litt. Caractère de ce qui est infini. *L'infinité de l'Univers.*

INFINITÉSIMAL, E, AUX adj. (du lat. *infinitus*). **1.** Extrêmement petit. **2.** *Calcul infinitésimal :* partie des mathématiques recouvrant principalement le calcul différentiel et le calcul intégral.

1. INFINITIF, IVE adj. (bas lat. *infinitivus modus*). GRAMM. Caractérisé par l'emploi de l'infinitif. *Tournure, construction infinitive.* – *Proposition infinitive,* ou *infinitive,* n.f. : subordonnée complétive dont le verbe est à l'infinitif.

2. INFINITIF n.m. Forme nominale du verbe, ne portant pas de marque de nombre ni de personne.

INFINITUDE n.f. Litt. Qualité de ce qui est infini. *L'infinitude du temps.*

INFIRMATIF, IVE adj. DR. Qui infirme.

INFIRMATION n.f. DR. Annulation en appel d'une décision.

INFIRME adj. et n. (lat. *infirmus*). Qui ne jouit pas de toutes ses facultés physiques ; handicapé, invalide. ◇ *Infirme moteur cérébral (I.M.C.) :* sujet paralysé du fait d'une encéphalopathie périnatale non évolutive.

INFIRMER v.t. **1.** Détruire la valeur, l'autorité de ; remettre totalement en question, ruiner. *Infirmer un témoignage.* **2.** DR. Déclarer nul.

INFIRMERIE n.f. Local d'un établissement scolaire ou militaire, d'une entreprise, etc., où sont reçues les personnes souffrant de troubles légers, de maladies bénignes ou victimes d'accidents sans gravité.

INFIRMIER, ÈRE n. Personne habilitée à soigner les malades, sous la direction des médecins, dans les hôpitaux, les cliniques, etc., ou à domicile. ◆ adj. Relatif aux infirmiers et aux infirmières, aux soins qu'ils (elles) dispensent.

INFIRMITÉ n.f. Affection particulière qui atteint d'une manière chronique une partie du corps.

INFIXE n.m. (lat. *infixus,* inséré). LING. Élément qui s'insère au milieu d'un mot pour en modifier le sens, la valeur grammaticale.

INFLAMMABILITÉ n.f. Caractère de ce qui est inflammable.

INFLAMMABLE adj. (du lat. *inflammare,* allumer). Qui s'enflamme facilement.

INFLAMMATION n.f. **1.** Litt. Fait de s'enflammer, pour une matière combustible. **2.** MÉD. Réaction consécutive à une agression traumatique, chimique ou microbienne de l'organisme, et qui se manifeste par divers signes, ou symptômes (chaleur, rougeur, douleur, tuméfaction, etc.) ; ces signes.

INFLAMMATOIRE adj. MÉD. Qui est caractérisé par une inflammation ; dont l'origine est une inflammation. *Maladie inflammatoire.*

INFLATION n.f. (lat. *inflatio,* de *inflare,* enfler). **1.** Situation ou phénomène caractérisé par une hausse généralisée, durable et plus ou moins importante des prix. ◇ *Inflation rampante :* inflation chronique, mais dont le taux demeure relativement faible (par opp. à *inflation galopante*). **2.** Augmentation, accroissement excessifs. *Inflation de personnel.*
■ Trois causes principales sont traditionnellement invoquées pour expliquer l'inflation : l'*inflation par les coûts,* qui résulte de l'augmentation des charges – salariales notamment – pesant sur le processus de production des biens et des services et se répercutant sur les prix de ceux-ci ; l'*inflation par la demande,* qui manifeste un écart entre le volume des biens et des services demandés par le marché et la capacité de l'appareil productif à satisfaire cette demande ; l'*inflation monétaire,* enfin, qui révèle l'injection, dans le cycle économique, d'un volume exagéré de moyens de paiement, entraînant – par intensification de la demande – une hausse des prix. Des phénomènes d'interaction (« spirale prix-salaires ») entretiennent – et souvent accroissent – l'inflation.

INFLATIONNISTE adj. Qui est cause ou signe d'inflation. *Politique inflationniste.*

INFLÉCHI, E adj. **1.** Incurvé, ployé. **2.** PHON. *Voyelle infléchie,* qui a subi une inflexion.

INFLÉCHIR v.t. Modifier l'orientation de ; courber, incliner. ◆ **s'infléchir** v.pr. Prendre une autre direction ; se courber, dévier.

INFLÉCHISSEMENT n.m. Modification peu accusée d'un processus, d'une évolution.

INFLEXIBILITÉ n.f. Fait d'être inflexible ; caractère, attitude d'une personne inflexible.

INFLEXIBLE adj. **1.** Que rien ne peut fléchir, vaincre ou émouvoir ; inébranlable. *Se montrer inflexible. Volonté inflexible.* **2.** Dénué d'indulgence, de souplesse ; rigoureux. *Une morale inflexible.*

INFLEXIBLEMENT adv. Litt. De façon inflexible.

INFLEXION n.f. **1.** Action de plier légèrement, d'incliner. *Saluer d'une inflexion de la tête.* **2.** Changement de direction ; courbe. *L'inflexion brusque de la route.* ◇ MATH. *Point d'inflexion :* point où une courbe traverse sa tangente. **3.** Changement, modification dans la manière de conduire une affaire, de se comporter, d'envisager une situation. *L'inflexion d'une attitude politique.* **4.** Modulation, changement d'accent ou d'intonation. *Une voix nuancée d'inflexions.* **5.** PHON. Modification du timbre d'une voyelle sous l'influence d'une voyelle voisine.

INFLIGER v.t. (lat. *infligere,* heurter) [17]. **1.** Frapper d'une peine pour une faute, une infraction. *Infliger un blâme.* **2.** Faire subir qqch de pénible à (qqn). *Elle nous a infligé le récit de ses exploits.* **3.** *Infliger un démenti à :* contredire absolument, montrer à l'évidence l'erreur de. *Les faits lui ont infligé un cruel démenti.*

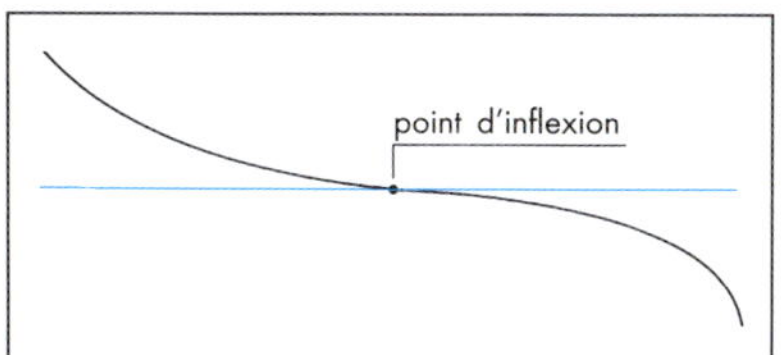

point d'**inflexion**

INFLORESCENCE n.f. (du lat. *inflorescere,* fleurir). BOT. **1.** Mode de groupement des fleurs sur une plante. (Principaux types d'inflorescence : grappe, épi, ombelle, capitule, cyme.) **2.** Ensemble de ces fleurs.

INFLUENÇABLE adj. Qui se laisse influencer.

INFLUENCE n.f. (lat. *influentia*). **1.** Action qu'une personne exerce sur une autre, autorité. *Avoir une grande influence sur un enfant.* ◇ PSYCHOL. *Syndrome d'influence :* conviction délirante d'être soumis à une force extérieure qui commande les pensées et les actes. **2.** Action qu'une chose exerce sur une personne ou sur une autre chose. *Influence de l'alcool sur l'organisme.* ◇ PHYS. *Électrisation par influence :* charge électrique prise par un conducteur placé au voisinage d'un autre conducteur électrisé.

INFLUENCER v.t. [16]. Exercer une influence sur, agir sur. *La Lune influence les marées. Influencer l'opinion publique.*

INFLUENT, E adj. Qui a de l'autorité, du prestige. *Personnage influent.*

INFLUENZA [ɛ̃flyɑ̃za] ou [ɛ̃flyɛ̃za] n.f. (mot it., *épidémie*). Vx. Grippe.

INFLUER [ɛ̃flye] v.t. ind. **[*sur*]** (lat. *influere,* couler dans). Exercer une action. *Le climat influe sur la santé.*

INFLUX [ɛ̃fly] n.m. (bas lat. *influxus,* influence). NEUROL. *Influx nerveux :* phénomène de nature électrique par lequel l'excitation d'une fibre nerveuse se propage dans le nerf.
■ L'influx nerveux est *centrifuge* quand il va des centres nerveux vers les organes (nerfs moteurs), *centripète* lorsqu'il va des organes vers les centres nerveux (nerfs sensitifs). Il est propulsé le long de la membrane des éléments nerveux par l'intermédiaire de *courants d'action* dus à des phénomènes de polarisation et de dépolarisation dans lesquels l'ion sodium a un rôle essentiel. Selon les nerfs et les espèces, sa vitesse de propagation est de 10 à 100 m par seconde.

INFO n.f. (abrév.). Fam. Information.

INFOGRAPHIE n.f. (nom déposé). Application de l'informatique à la représentation graphique et au traitement de l'image.

INFOGRAPHISTE n. Spécialiste d'Infographie.

IN-FOLIO [infɔljo] adj. inv. et n.m. inv. (mots lat., *en feuille*). Se dit du format déterminé par le pliage d'une feuille d'impression en 2 feuillets, soit 4 pages ; livre de ce format. (On écrit aussi *in-f°*.)

INFONDÉ, E adj. Dénué de fondement.

INFORMATEUR, TRICE n. Personne qui donne des informations à un enquêteur.

INFORMATICIEN, ENNE n. Personne qui s'occupe d'informatique ; spécialiste de l'informatique.

INFORMATIF, IVE adj. Qui informe. *Publicité informative.*

INFORMATION n.f. **I. 1.** Action d'informer, de s'informer. *L'information des lecteurs.* **2.** Renseignement. *Information fausse.* ◇ Nouvelle communiquée par une agence de presse, un journal, la radio, la télévision. **3.** INFORM. Élément de connaissance susceptible d'être codé pour être conservé, traité ou communiqué. **4.** CYBERN. Facteur qualitatif désignant la position d'un système et éventuellement transmis par ce système à un autre. ◇ *Quantité d'information :* mesure quantitative de l'incertitude d'un message en fonction du degré de probabilité de chaque signal composant ce message. – *Théorie de l'information,* qui a pour objet de définir et d'étudier les quantités d'information, le codage de ces informations, les canaux de transmission et

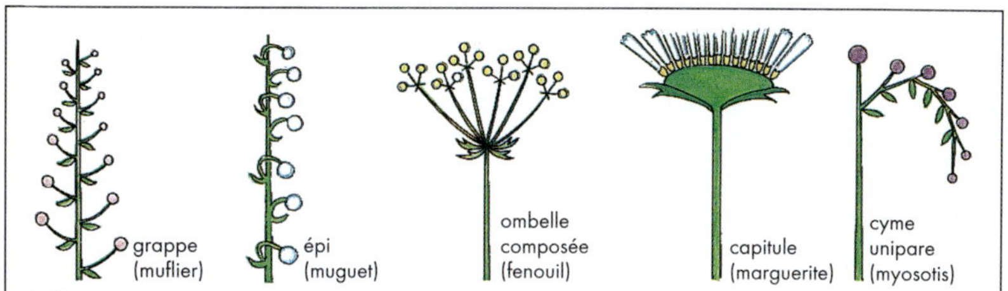

inflorescence : principaux types

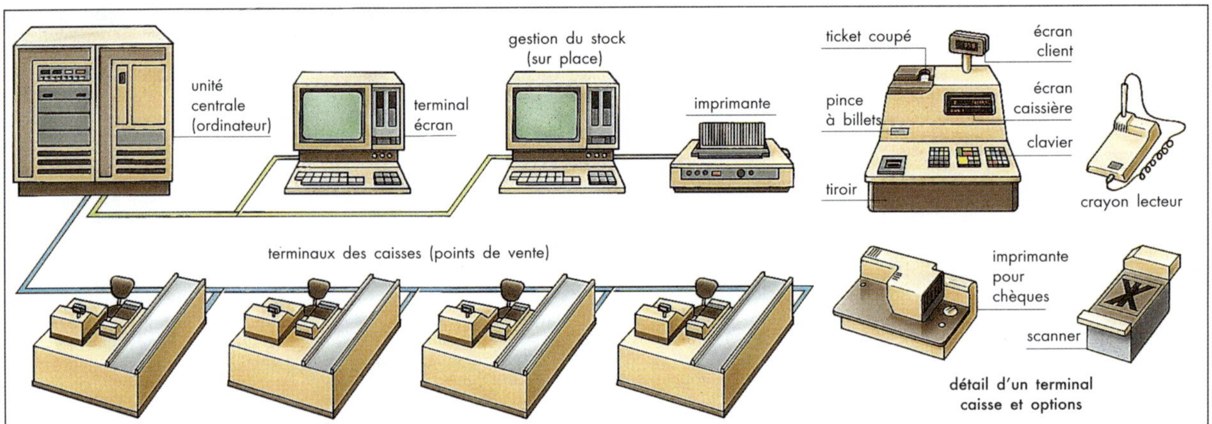

La gestion d'un magasin a pour objet de connaître les quantités de marchandises achetées aux fournisseurs et vendues aux clients, le stock disponible, le coût de la main-d'œuvre, les frais financiers, etc. Autrefois réalisée manuellement, elle est maintenant automatisée grâce à l'informatique. On utilise pour cela un ordinateur sur lequel sont connectés des terminaux-écrans, des terminaux points de vente (caisses enregistreuses) et des unités de disques magnétiques pour mémoriser les informations du magasin (articles, quantités, prix d'achat, prix de vente, etc.). Sur les terminaux sont connectés des crayons lecteurs ou des scanners (dispositif situé sous le tapis de caisse et possédant une petite fenêtre en forme d'étoile), pour la lecture optique : en effet, chaque article ou marchandise dans le magasin possède un numéro d'identification ou numéro de code, symbolisé par des codes-barres (petits traits verticaux, disposés selon une configuration précise, représentant un certain nombre d'informations spécifiques au produit) ; il n'est pas nécessaire de taper ce numéro sur le clavier pour faire apparaître les informations concernant le produit ; un crayon lecteur passé sur les codes-barres identifie l'article et donne aussitôt toutes ces informations, notamment le prix de vente, à la caissière.

informatique : exemple d'application à la gestion d'une grande surface de vente

leur capacité. **II.** DR. Ensemble des actes d'instruction qui ont pour objet de faire la preuve d'une infraction et d'en connaître les auteurs. ◆ pl. Bulletin radiodiffusé ou télévisé qui donne des nouvelles du jour. SYN. (fam.) : *infos.*

INFORMATIONNEL, ELLE adj. Qui concerne l'information.

1. INFORMATIQUE n.f. (de *information* et *automatique*). Science du traitement automatique et rationnel de l'information en tant que support des connaissances et des communications ; ensemble des applications de cette science, mettant en œuvre des matériels (ordinateurs) et des logiciels.

■ On peut distinguer : 1° l'*informatique théorique :* analyse numérique, théorie de l'information, langages et grammaires, automates, etc. ; 2° l'*informatique des systèmes :* architecture des ordinateurs et des systèmes d'exploitation, réseaux, etc. ; 3° l'*informatique technologique,* qui se rapporte aux matériels : composants électroniques, semi-conducteurs, mémoires, enregistrements sur supports magnétiques, organes périphériques d'entrée-sortie, etc. ; 4° l'*informatique méthodologique,* qui a trait surtout aux logiciels : compilation, langages, techniques d'exploitation, analyse, programmation structurée, etc. ; 5° l'*informatique appliquée,* qui couvre toutes les réalisations qui mettent en œuvre les ordinateurs et le traitement automatique de l'information.

2. INFORMATIQUE adj. Qui a trait à l'informatique. ◇ *Système informatique :* ensemble formé par un ordinateur et les différents éléments qui lui sont rattachés.

INFORMATIQUEMENT adv. Par des moyens informatiques.

INFORMATISABLE adj. Qui peut être informatisé.

INFORMATISATION n.f. Action d'informatiser ; fait d'être informatisé.

INFORMATISER v.t. **1.** Traiter par les procédés de l'informatique. *Informatiser une étude de marché.* **2.** Doter de moyens informatiques. *Informatiser une usine.*

INFORME adj. (lat. *informis,* affreux). **1.** Qui n'a pas de forme nette, reconnaissable. *Masse informe.* **2.** Qui est insuffisamment élaboré, pensé. *Projet, ouvrage informe.* **3.** Péj. Qui a une forme lourde et sans grâce. *Sculpture informe.*

INFORMÉ n.m. *Jusqu'à plus ample informé :* jusqu'à la découverte d'un fait nouveau.

INFORMEL, ELLE adj. **1.** Qui n'obéit pas à des règles déterminées ; qui n'a pas un caractère officiel. *Réunion informelle.* **2.** BX-A. Se dit d'une forme de peinture abstraite (à partir d'env. 1945) marquée par l'absence de composition organisée et traduisant, dans la gestualité ou la matière, la spontanéité de l'artiste. ◆ n. BX-A. Artiste informel.

INFORMER v.t. (lat. *informare,* donner une forme). **1.** Mettre au courant de qqch, avertir, aviser. *Informer qqn d'un changement. Je vous informe que votre demande a été transmise.* **2.** Donner des informations à, renseigner. *La presse a le devoir d'informer le public.* ◆ v.i. DR. Procéder à une information, instruire. ◆ **s'informer** v.pr. *(de).* Recueillir des renseignements ; interroger.

INFORMULÉ, E adj. Qui n'est pas formulé. *Une objection restée informulée.*

INFORTUNE n.f. (lat. *infortunium*). Litt. **1.** Malchance, adversité. **2.** (Souvent au pl.). Évènement malheureux, revers. *Conter ses infortunes.* ◇ Spécialt. Fait d'être trompé par son conjoint, son partenaire. *Infortune conjugale.*

INFORTUNÉ, E adj. et n. Litt. Qui n'a pas de chance.

INFOUTU, E adj. Très fam. Incapable (de). SYN. (fam.) : *infichu.*

INFRA [ɛ̃fra] adv. (mot lat.). Plus bas, ci-dessous. CONTR. : *supra.*

INFRACTION n.f. (lat. *infractio,* de *frangere,* briser). Transgression, violation de ce qu'une institution a défini comme règle. ◇ Spécialt. DR. Action ou comportement défini par la loi et sanctionné par une peine. (Il y a trois catégories d'infractions : les contraventions, les délits et les crimes.)

INFRALIMINAIRE adj. Se dit d'un stimulus dont l'intensité est trop faible pour entraîner une réponse manifeste de l'organisme.

INFRANCHISSABLE adj. Que l'on ne peut franchir.

INFRANGIBLE adj. (bas lat. *frangibilis*). Litt. Qui ne peut être brisé.

INFRAROUGE adj. et n.m. PHYS. Se dit du rayonnement électromagnétique de longueur d'onde comprise entre 0,8 micromètre (lumière rouge) et 1 mm, utilisé pour le chauffage, la photographie aérienne, en thérapeutique, dans les armements, etc.

INFRASON n.m. PHYS. Vibration de même nature que le son, mais de fréquence trop basse (inférieure à 15 Hz) pour être perçue par l'oreille humaine.

INFRASONORE adj. Relatif aux infrasons.

INFRASTRUCTURE n.f. **I. 1.** Ensemble des travaux relatifs à tout ce qui nécessite, pour un ouvrage (route, voie ferrée, etc.), des fondations. **2.** Couche de matériau posée entre la couche de fondation et la plate-forme d'une route. **3.** MIL. Ensemble des installations territoriales (services, écoles, bases, etc.) indispensables à la création et à l'emploi de forces armées. ◇ *Infrastructure aérienne :* ensemble des installations au sol indispensables aux avions. **II. 1.** Partie interne, sous-jacente à une structure (abstraite ou matérielle). **2.** Pour les marxistes, ensemble des moyens et des rapports de production qui sont à la base des formations sociales, par opp. à *superstructure.*

INFRÉQUENTABLE adj. Qu'on ne peut pas fréquenter.

INFROISSABILITÉ n.f. Qualité de ce qui est infroissable.

INFROISSABLE adj. Qui ne peut se chiffonner, se froisser.

INFRUCTUEUSEMENT adv. Sans résultat.

INFRUCTUEUX, EUSE adj. Qui ne donne pas de résultat utile ; vain. *Effort infructueux.*

INFULE n.f. ANTIQ. ROM. Bandelette sacrée de laine blanche qui ceignait le front des prêtres, des vestales et des suppliants, et dont on parait les victimes des sacrifices.

INFUMABLE adj. Qui est très désagréable à fumer, que l'on ne peut pas fumer.

INFUNDIBULIFORME [ɛ̃fɔ̃dibylifɔrm] adj. Qui a la forme d'un entonnoir. *Corolle infundibuliforme du liseron.*

INFUSE adj.f. (lat. *infusus*). *Science infuse,* que l'on posséderait naturellement, sans l'avoir acquise par l'étude ou l'expérience. *Je n'ai pas la science infuse.*

INFUSER v.t. (lat. *infundere,* verser dans). **1.** Faire macérer (une plante aromatique) dans un liquide bouillant afin que celui-ci en prenne l'arôme. *Infuser du thé.* **2.** Litt. Communiquer à qqn (du courage, de l'ardeur). ◆ v.i. Communiquer à un liquide ses sucs aromatiques. *Laisser infuser la tisane.*

INFUSETTE n.f. (nom déposé). Sachet de tisane prêt à infuser.

INFUSIBILITÉ n.f. Caractère de ce qui est infusible.

INFUSIBLE adj. Qu'on ne peut fondre.

INFUSION n.f. **1.** Action d'infuser. **2.** Liquide dans lequel on a mis une plante aromatique à infuser. *Infusion de tilleul.*

INFUSOIRE n.m. Vieilli. Protozoaire cilié dont les colonies peuvent se développer dans des infusions végétales.

INGAGNABLE adj. Qui ne peut être gagné. *Pari ingagnable.*

INGAMBE [ɛ̃gɑ̃b] adj. (it. *in gamba,* en jambe). Qui a les jambes lestes ; alerte. *Vieillard encore ingambe.*

INGÉNIER (S') v.pr. [*à*] (du lat. *ingenium,* esprit). Mettre en œuvre toutes les ressources de son esprit pour parvenir à son but. *S'ingénier à plaire.*

INGÉNIERIE [ɛ̃ʒeniri] n.f. (de *ingénieur*). **1.** Étude d'un projet industriel sous tous ses aspects (techniques, économiques, financiers, monétaires et sociaux) et qui nécessite un travail de synthèse coordonnant les travaux de plusieurs équipes de spécialistes ; discipline, spécialité que constitue le domaine de telles études. SYN. (anglic. déconseillé) : *engineering*. **2.** *Ingénierie génétique* : génie* génétique.

INGÉNIERISTE n. Spécialiste d'ingénierie.

INGÉNIEUR n.m. (anc. fr. *engin*, machine de guerre). Personne, généralement diplômée, que ses connaissances rendent apte à occuper des fonctions scientifiques ou techniques actives, en vue de créer, organiser ou diriger des travaux qui en découlent, ainsi qu'à y tenir un rôle de cadre. ◇ MIL. *Ingénieur de l'armement* : ingénieur d'un corps dans lequel ont été intégrés, en 1968, plusieurs anciens corps d'ingénieurs militaires (fabrication d'armement, génie maritime, poudres, etc.). – *Ingénieur militaire* : grade de certains services techniques des armées (matériel, essence, etc.). – *Ingénieur de l'État*, appartenant à un corps de l'État. – *Ingénieur du son* : ingénieur électricien spécialisé dans la technique du son, en partic. dans le tournage d'un film. – *Ingénieur système* : ingénieur informaticien spécialisé dans la conception, la production, l'utilisation et la maintenance de systèmes d'exploitation d'ordinateurs.

INGÉNIEUR-CONSEIL n.m. (pl. *ingénieurs-conseils*). Personne dont le métier est de donner, à titre personnel, des conseils, d'établir des projets, des expertises, de préparer et de suivre des travaux dans les activités qui relèvent du métier d'ingénieur.

INGÉNIEUSEMENT adv. De façon ingénieuse.

INGÉNIEUX, EUSE adj. (lat. *ingeniosus*). Plein d'esprit d'invention ; subtil, habile. *Explication ingénieuse.*

INGÉNIOSITÉ n.f. Qualité de qqn qui est ingénieux, de ce qui témoigne d'adresse. *Faire preuve d'ingéniosité. L'ingéniosité d'un mécanisme.*

INGÉNU, E [ɛ̃ʒeny] adj. et n. (lat. *ingenuus*, né libre). **1.** Litt. Qui agit, parle avec une innocente franchise, sans rien dissimuler de ses pensées ou de ses sentiments. **2.** Iron. Qui est d'une excessive naïveté, d'une candeur un peu sotte.

INGÉNUE n.f. THÉÂTRE. Emploi de jeune fille simple et naïve.

INGÉNUITÉ n.f. Sincérité, simplicité excessive dans sa naïveté ; candeur, innocence.

INGÉNUMENT adv. De façon ingénue.

1. INGÉRABLE adj. (de *ingérer*). Qui peut être ingéré, absorbé par la bouche. *Médicament ingérable.*

2. INGÉRABLE adj. (de *in-* et *gérable*). Impossible à gérer.

INGÉRENCE n.f. Action de s'ingérer ; immixtion.

INGÉRER [ɛ̃ʒere] v.t. (lat. *ingerere*, introduire dans) [18]. Introduire par la bouche dans l'estomac. *Ingérer des aliments.* ◆ **s'ingérer** v.pr. *(dans)*. Se mêler d'une chose sans en avoir le droit, l'autorisation ; s'immiscer. *S'ingérer dans les affaires d'autrui.*

INGESTION [ɛ̃ʒɛstjɔ̃] n.f. Action d'ingérer. *Ingestion d'un médicament.*

INGOUVERNABLE adj. Qu'on ne peut gouverner.

INGRAT, E adj. et n. (lat. *ingratus*). Qui méconnaît les bienfaits reçus et ne témoigne d'aucune reconnaissance à qui il les doit. ◆ adj. **1.** Qui n'est pas agréable à l'œil ; disgracieux. *Visage ingrat.* ◇ *L'âge ingrat* : le début de l'adolescence, la puberté. **2.** Qui ne dédommage guère de la peine qu'il coûte ; aride, stérile. *Un sol ingrat.* **3.** Qui exige de gros efforts sans résultats appréciables ; difficile, rebutant. *Travail ingrat.*

INGRATITUDE n.f. Caractère de qqn qui est ingrat, manque de reconnaissance ; acte ou parole ingrate.

INGRÉDIENT n.m. (lat. *ingrediens*). Produit qui entre dans la composition d'un mélange. *Les ingrédients d'une sauce.*

INGRESQUE adj. Qui se rapporte, se rattache à l'ingrisme.

INGRISME n.m. Art d'Ingres ou de ses épigones.

INGUÉRISSABLE adj. Qui ne peut être guéri.

INGUINAL, E, AUX [ɛ̃gɥinal, o] adj. (lat. *inguen, inguinis*, aine). ANAT. Relatif à l'aine.

INGURGITATION n.f. Action d'ingurgiter ; fait d'être ingurgité.

INGURGITER v.t. (lat. *ingurgitare*, de *gurges, gurgitis*, gouffre). **1.** Avaler rapidement et souvent en grande quantité. **2.** Fig. Acquérir massivement des connaissances, sans les assimiler.

INHABILE adj. **1.** Qui manque d'habileté. **2.** DR. Privé de certains droits.

INHABILETÉ n.f. Maladresse.

INHABILITÉ n.f. DR. Incapacité légale.

INHABITABLE adj. Qui ne peut être habité.

INHABITÉ, E adj. Qui n'est pas habité.

INHABITUEL, ELLE adj. Qui n'est pas habituel.

1. INHALATEUR, TRICE adj. Qui sert à des inhalations.

2. INHALATEUR n.m. Appareil servant à prendre des inhalations.

INHALATION n.f. **1.** Action, fait d'inhaler. **2.** Traitement qui consiste à inhaler des vapeurs d'eau chaude chargées de principes médicamenteux volatils, à l'aide d'un inhalateur.

INHALER v.t. (lat. *inhalare*, souffler sur). Absorber par les voies respiratoires. *Inhaler des gaz toxiques. Inhaler un aérosol.*

INHARMONIEUX, EUSE adj. Litt. Qui n'est pas harmonieux ; désagréable à l'oreille ou dépourvu d'esthétique.

INHÉRENCE n.f. État de ce qui est inhérent à qqch.

INHÉRENT, E adj. (lat. *inhaerens*, étant attaché à). Lié d'une manière intime et nécessaire à qqch. *Responsabilité inhérente à une fonction.*

INHIBER v.t. (lat. *inhibere*, retenir). **1.** Supprimer ou ralentir toute possibilité de réaction, toute activité chez (qqn). **2.** Suspendre (un processus physiologique ou psychologique).

1. INHIBITEUR, TRICE ou **INHIBITIF, IVE** adj. PHYSIOL. De nature à ralentir ou à arrêter un mouvement, une fonction. CONTR. : *dynamogène*.

2. INHIBITEUR n.m. Substance qui, à faible concentration, bloque ou retarde une réaction chimique ou biochimique.

INHIBITION n.f. **1.** Phénomène d'arrêt, de blocage ou de ralentissement d'un processus chimique, psychologique ou physiologique. **2.** Diminution de l'activité d'un neurone, d'une fibre musculaire ou d'une cellule sécrétrice, sous l'action d'un influx nerveux ou d'une hormone.

INHOMOGÈNE adj. Qui n'est pas homogène.

INHOSPITALIER, ÈRE adj. Qui n'est pas accueillant. *Rivage inhospitalier.*

INHUMAIN, E adj. **1.** Qui ne semble pas appartenir à la nature ou à l'espèce humaine ; atroce, monstrueux. *Cri inhumain.* **2.** Au-dessus des forces humaines. *Travail inhumain.* **3.** Sans pitié ; barbare, cruel. *Loi inhumaine.*

INHUMAINEMENT adv. De façon inhumaine.

INHUMANITÉ n.f. Litt. Manque d'humanité ; cruauté, férocité, barbarie.

INHUMATION n.f. Action d'inhumer ; fait d'être inhumé.

INHUMER v.t. (du lat. *humus*, terre). Mettre en terre, avec les cérémonies d'usage (un corps humain) ; enterrer, ensevelir (un mort).

INIMAGINABLE adj. Qui dépasse tout ce qu'on pourrait imaginer ; extraordinaire, incroyable.

INIMITABLE adj. Qui ne peut être imité.

INIMITÉ, E adj. Qui n'a pas été imité.

INIMITIÉ n.f. (lat. *inimicitia*). Sentiment durable d'hostilité ; haine, aversion.

ININFLAMMABLE adj. Qui ne peut s'enflammer. *Gaz ininflammable.*

ININTELLIGEMMENT adv. Sans intelligence.

ININTELLIGENCE n.f. Manque d'intelligence, de compréhension ; stupidité.

ININTELLIGENT, E adj. Qui manque d'intelligence.

ININTELLIGIBILITÉ n.f. Caractère de ce qui est inintelligible.

ININTELLIGIBLE adj. Qu'on ne peut comprendre, obscur.

ININTELLIGIBLEMENT adv. De façon inintelligible.

ININTÉRESSANT, E adj. Qui est sans intérêt.

ININTÉRÊT n.m. Absence d'intérêt.

ININTERROMPU, E adj. Qui n'est pas interrompu dans l'espace ou le temps.

INIQUE adj. (lat. *iniquus*). Litt. Qui manque à l'équité, contraire à l'équité ; injuste. *Juge inique. Jugement inique.*

INIQUEMENT adv. Litt. De façon inique.

INIQUITÉ [-ki-] n.f. Litt. Injustice grave.

INITIAL, E, AUX [inisjal, sjo] adj. (lat. *initialis*, de *initium*, début). Qui est au commencement. *Vitesse initiale d'un projectile. Erreur initiale.* ◇ BOT. *Cellules initiales* ou *initiales*, n.f. pl., situées à l'extrémité des racines et des tiges, et qui se multiplient rapidement.

INITIALE n.f. Première lettre d'un mot, du nom, du prénom d'une personne. *Signer un article de ses initiales.*

INITIALEMENT adv. Au début, à l'origine.

INITIALISATION n.f. INFORM. Étape préliminaire de la mise en service d'un ordinateur.

INITIALISER v.t. INFORM. Effectuer l'initialisation de.

INITIATEUR, TRICE n. **1.** Personne qui initie, fait connaître le premier qqch à qqn. **2.** Personne qui est à l'origine de qqch, qui ouvre une voie nouvelle. ◆ adj. Se dit du rôle, de la fonction de qqn qui initie.

INITIATION n.f. **1.** Action de révéler ou de recevoir la connaissance d'une pratique, les premiers rudiments d'une discipline. **2. a.** Cérémonie qui fait accéder un individu à un nouveau groupe d'appartenance (classe d'âge, métier, par ex.), dans les sociétés non industrielles. **b.** Ensemble de rites d'affiliation dans les cultes à mystères de l'Antiquité orientale et gréco-romaine. **c.** Auj. Ensemble de cérémonies introduisant dans des sociétés secrètes.

INITIATIQUE adj. Qui relève de l'initiation, de pratiques secrètes. *Rite initiatique.*

INITIATIVE n.f. **1.** Action de celui qui propose ou qui fait le premier qqch ; droit de proposer, de commencer qqch. *Prendre l'initiative d'une mesure.* ◇ *Initiative législative* : droit de soumettre à la discussion et au vote des assemblées parlementaires le texte d'une proposition de loi *(initiative parlementaire)* ou un projet de loi *(initiative du gouvernement)*. – *Initiative populaire* : droit reconnu aux citoyens de certains États (Suisse, Italie, par ex.) de soumettre au Parlement des propositions de loi recueillant un certain nombre de signatures. **2.** Qualité de celui qui sait prendre la décision nécessaire. *Faire preuve d'initiative.* **3.** *Initiative de défense stratégique (I. D. S.)* : programme d'études lancé par R. Reagan en 1983 et visant à l'élimination de la menace de missiles stratégiques, notamment à partir de systèmes spatiaux. (Ce programme a été partiellement abandonné en 1993.) SYN. (cour.) : *guerre des étoiles.*

INITIÉ, E adj. et n. Qui a reçu une initiation ; instruit d'un secret, d'un art. ◇ DR. *Délit d'initié* : infraction commise par ceux qui, disposant d'informations privilégiées, réalisent en Bourse des opérations bénéficiaires.

INITIER [inisje] v.t. (lat. *initiare*, commencer). **1.** Apprendre les rudiments d'une science, d'une technique à (qqn). **2. a.** Mettre (qqn) au courant de choses secrètes ou connues d'un petit nombre. **b.** Admettre (qqn) à la connaissance ou au culte d'un mystère religieux, aux pratiques d'une association, d'une secte. **3.** Révéler, être le premier à faire connaître qqch à (qqn). *Initier qqn à l'art roman.* **4.** (Emploi critiqué). Mettre en route, prendre l'initiative de (qqch). ◆ **s'initier** v.pr. *(à)*. Commencer à s'instruire dans (une discipline, une activité).

INJECTABLE adj. Qui peut être injecté.

INJECTÉ, E adj. Coloré par l'afflux du sang. *Face injectée. Yeux injectés.*

INJECTER v.t. (lat. *injectare*). **1.** Introduire sous pression (un liquide, un gaz) dans un corps ; faire une injection de. *Injecter un sérum par voie intraveineuse.* **2.** Fournir massivement (des capitaux) à une entreprise. ◆ **s'injecter** v.pr. Devenir injecté. *Ses yeux s'injectèrent.*

INJECTEUR n.m. TECHN. Appareil au moyen duquel on opère l'introduction forcée d'un fluide dans une machine ou dans un mécanisme.

INJECTIF, IVE adj. MATH. Se dit d'une application dans laquelle tout élément de l'ensemble d'arrivée a au plus un antécédent dans l'ensemble de départ.

INJECTION n.f. (lat. *injectio*). **1.** Opération qui consiste à injecter un produit. ◇ AUTOM. *Moteur à injection,* dans lequel un injecteur, souvent électronique, dose le mélange carburé sans l'intermédiaire d'un carburateur. **2.** Introduction d'un liquide ou d'un gaz dans l'organisme ; substance ainsi introduite. *Injection de morphine.* **3.** Apport massif (de capitaux, d'argent frais). **4.** MATH. Application injective. **5.** ASTRONAUT. *Injection sur orbite :* fait, pour un engin spatial, de passer de sa trajectoire de lancement à une trajectoire orbitale ; instant de ce passage.

INJOIGNABLE adj. Que l'on ne peut joindre, contacter.

INJONCTIF, IVE adj. et n.m. LING. Qui exprime un ordre.

INJONCTION n.f. Ordre précis, formel d'obéir sur-le-champ. *Des injonctions pressantes.* ◇ DR. *Injonction de payer :* procédure simplifiée de recouvrement des petites créances non payées à échéance et non contestées.

INJOUABLE adj. Qui ne peut être joué.

INJURE n.f. (lat. *injuria,* ce qui cause du tort). **1.** Parole qui blesse d'une manière grave et consciente ; insulte. ◇ DR. Expression outrageante qui ne renferme l'imputation d'aucun fait précis, constituant un délit si elle est publique et n'a pas été précédée de provocation. **2.** Litt. Action, procédé qui offense ; affront. *Il le prit comme une injure personnelle.* **3.** Litt. *Les injures du temps,* les dommages qu'il provoque.

INJURIER v.t. Offenser par des injures, insulter.

INJURIEUSEMENT adv. De façon injurieuse.

INJURIEUX, EUSE adj. Qui constitue une injure ; qui porte atteinte à la réputation, à la dignité de qqn ; insultant, outrageant. *Article injurieux. Propos injurieux.*

INJUSTE adj. **1.** Qui n'est pas conforme à la justice, à l'équité ; arbitraire, inique. *Châtiment injuste.* **2.** Qui n'agit pas avec justice, équité ; partial. *Il est injuste avec elle.*

INJUSTEMENT adv. De façon injuste.

INJUSTICE n.f. **1.** Caractère de ce qui est injuste. **2.** Acte injuste. *Réparer une injustice.*

INJUSTIFIABLE adj. Qu'on ne saurait justifier ; indéfendable, insoutenable.

INJUSTIFIÉ, E adj. Qui n'est pas ou n'a pas été justifié.

INLANDSIS [inlɑ̃dsis] n.m. (mot scand.). Glacier des hautes latitudes formant une vaste coupole masquant le relief sous-jacent.

INLASSABLE adj. Qui ne se lasse pas, que l'on ne peut lasser.

INLASSABLEMENT adv. De façon inlassable.

INLAY [inlɛ] n.m. (mot angl., *incrustation*). Bloc métallique coulé, inclus dans une cavité dentaire qu'il sert à obturer, reconstituant ainsi la forme anatomique de la dent.

INNÉ, E adj. (lat. *innatus*). **1.** Qui existe dès la naissance. ◇ PHILOS. *Idées innées :* selon les cartésiens, idées potentielles en notre esprit dès notre naissance, comme celles de Dieu, de l'âme ou du corps (par opp. à *idées adventices* et à *idées factices*). **2.** Qui appartient au caractère fondamental de qqn. *Avoir le sens inné de la justice.*

INNÉISME n.m. Doctrine postulant l'innéité de certaines structures mentales.

INNÉISTE n. et adj. Partisan de l'innéisme.

INNÉITÉ n.f. Caractère de ce qui est inné.

INNERVATION n.f. Mode de distribution des nerfs dans un tissu ou dans un organe.

INNERVER v.t. Atteindre (un organe), en parlant d'un nerf. *Le grand hypoglosse innerve la langue.*

INNOCEMMENT [inɔsamɑ̃] adv. Avec innocence, sans vouloir mal faire.

INNOCENCE n.f. **1.** Absence de culpabilité. *Proclamer l'innocence d'un accusé.* **2.** Pureté de qqn qui ignore le mal. ◇ *En toute innocence :* en toute franchise, en toute simplicité. **3.** Naïveté, simplicité d'esprit, candeur. *Abuser de l'innocence de qqn.*

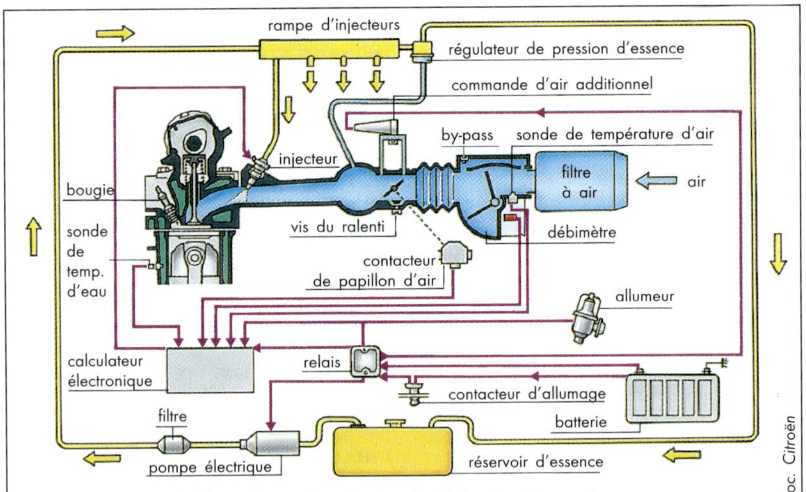

injection (automobile) : schéma de principe de l'injection électronique

INNOCENT, E adj. et n. (lat. *innocens*). **1.** Qui n'est pas coupable, responsable de ce dont on le soupçonne. *Il est innocent de ce meurtre.* **2.** Qui n'est pour rien dans les évènements dont il pâtit. *D'innocentes victimes.* ◇ RELIG. CHRÉT. *Massacre des Innocents :* meurtre des enfants de Bethléem de moins de deux ans ordonné par Hérode par crainte de la rivalité d'un futur Messie. **3.** Qui ignore les réalités de la vie ; pur et candide. *Âme innocente.* **4.** Simple d'esprit, naïf, niais. ◆ adj. Qui est fait sans intention maligne ; inoffensif. *Innocente plaisanterie.*

INNOCENTER v.t. **1.** Déclarer innocent. *Les juges l'ont innocenté.* **2.** Établir l'innocence de. *Ce témoignage l'a innocenté.* **3.** Excuser, justifier. *Innocenter la conduite de son fils.*

INNOCUITÉ [-ɔkɥi-] n.f. (lat. *innocuus,* qui n'est pas nuisible). Qualité, caractère d'une chose qui n'est pas nuisible.

INNOMBRABLE adj. Qui ne peut se compter ; très nombreux.

INNOMÉ, E ou **INNOMMÉ, E** adj. **1.** Qui n'a pas encore reçu de nom. **2.** DR. ROM. *Contrat innomé,* qui n'avait pas reçu du droit civil une dénomination particulière.

INNOMINÉ, E adj. (lat. *innominatus*). ANAT. *Ligne innominée :* éminence que présente la partie interne de l'os iliaque.

INNOMMABLE adj. Trop vil, trop dégoûtant pour être nommé ; inqualifiable. *Crime innommable.*

INNOVANT, E adj. Qui innove, constitue une innovation.

INNOVATEUR, TRICE adj. et n. Qui innove.

INNOVATION n.f. **1.** Action d'innover, d'inventer, de créer qqch de nouveau. **2.** Ce qui est nouveau ; création, transformation. *Des innovations techniques.*

INNOVER v.i. (lat. *innovare,* de *novus,* nouveau). Introduire qqch de nouveau dans un domaine particulier. *Innover en matière économique.*

INOBSERVABLE adj. Qui ne peut être exécuté. *Recommandations inobservables.*

INOBSERVANCE n.f. Attitude d'une personne qui n'observe pas des prescriptions religieuses ou morales.

INOBSERVATION n.f. Fait de ne pas observer les lois, les règlements, ses engagements.

INOBSERVÉ, E adj. Qui n'a pas été observé.

INOCCUPATION n.f. **1.** État d'une personne qui n'a pas d'occupations régulières. **2.** Fait d'être inhabité, en parlant d'un logement.

INOCCUPÉ, E adj. **1.** Sans occupation, oisif. **2.** Qui n'est pas habité. *Logement inoccupé.*

IN-OCTAVO [inɔktavo] adj. inv. et n.m. inv. (lat. *in,* en, et *octavus,* huitième). Se dit du format déterminé par le pliage d'une feuille d'impression en 8 feuillets, soit 16 pages ; livre de ce format. (On écrit aussi *in-8°* ou *in-8*.)

INOCULABLE adj. Qui peut être inoculé. *La rage est inoculable.*

INOCULATION n.f. MÉD. Introduction ou pénétration accidentelle dans l'organisme d'un germe vivant (bactérie ou virus).

INOCULER v.t. (lat. *inoculare,* greffer). **1.** Communiquer (un virus, une maladie, etc.) par inoculation. **2.** Litt. Transmettre par contagion morale ; communiquer. *Inoculer une doctrine.*

INOCYBE [inɔsib] n.m. Champignon basidiomycète, de couleur ocre.

INODORE adj. (lat. *inodorus*). Qui n'a pas d'odeur.

INOFFENSIF, IVE adj. Qui ne présente pas de danger. *Animal inoffensif. Remède inoffensif.*

INONDABLE adj. Qui peut être inondé.

INONDATION n.f. **1.** Submersion des terrains avoisinant le lit d'un cours d'eau, due à une crue ; eaux qui inondent. **2.** Présence anormale d'une grosse quantité d'eau dans un local. **3.** Afflux considérable de choses.

INONDÉ, E adj. et n. Qui a souffert d'une inondation.

INONDER v.t. (lat. *inundare*). **1.** Couvrir d'eau (un terrain, un lieu). **2.** Mouiller, tremper. *Inonder la moquette.* **3.** Affluer au point d'envahir complètement. *La foule inonde la place.* **4.** Répandre abondamment dans. *Inonder le marché de camelote.*

INOPÉRABLE adj. Qui ne peut subir une opération chirurgicale.

INOPÉRANT, E adj. Qui est sans effet ; inefficace. *Mesures inopérantes.*

INOPINÉ, E adj. (lat. *inopinatus*). Qui arrive sans qu'on y ait pensé ; imprévu, inattendu.

INOPINÉMENT adv. De façon inopinée.

INOPPORTUN, E adj. Qui n'est pas opportun, qui n'arrive pas à propos ; fâcheux, importun.

INOPPORTUNÉMENT adv. Litt. De façon inopportune. *Arriver inopportunément.*

INOPPORTUNITÉ n.f. Litt. Caractère de ce qui n'est pas opportun.

INOPPOSABILITÉ n.f. DR. Nature d'un acte dont les tiers peuvent écarter les effets.

INOPPOSABLE adj. DR. Qui ne peut pas être opposé.

INORGANIQUE adj. *Chimie inorganique :* chimie minérale.

INORGANISABLE adj. Qu'on ne peut pas organiser.

INORGANISATION n.f. État de ce qui n'est pas organisé ; désordre.

INORGANISÉ, E adj. Qui n'est pas organisé. ◆ adj. et n. Qui n'appartient pas à un parti, à un syndicat.

INOUBLIABLE adj. Que l'on ne peut oublier.

INOUÏ, E [inwi] adj. (*in-* privatif et *ouïr*). Tel qu'on n'a jamais rien entendu de pareil, qui est sans exemple ; incroyable, extraordinaire.

INOX n.m. (nom déposé). Acier, métal inoxydable.

INOXYDABLE adj. Qui résiste à l'oxydation.

IN PACE ou **IN-PACE** [inpatʃe] n.m. inv. (mots lat., *en paix*). HIST. Prison, souterrain d'un couvent où l'on enfermait les coupables scandaleux jusqu'à leur mort.

IN PARTIBUS [inpartibys] loc. adj. (mots lat., *dans les pays* [*des infidèles*]). Se disait autrefois d'un évêque ayant reçu en titre, mais sans juridiction réelle, un siège épiscopal supprimé du fait de la disparition du christianisme en pays infidèle ou schismatique.

IN PETTO [inpeto] loc. adv. (mots it., *dans le cœur*). **1.** À part soi, intérieurement, en secret. *Protester in petto.* **2.** *Cardinal in petto,* dont le pape se réserve de publier ultérieurement la nomination.

IN-PLANO [inplano] adj. inv. et n.m. inv. (mots lat., *en plan*). Se dit du format de base d'une feuille d'impression formant un feuillet de deux pages ; livre de ce format.

INPUT [input] n.m. (mot angl., *entrée*). ÉCON. Intrant.

INQUALIFIABLE adj. Qui ne peut être qualifié assez sévèrement ; indigne, innommable.

INQUART n.m. ORFÈVR. Opération consistant à ajouter à un alliage d'or et de cuivre, avant passage au creuset, trois fois son poids d'argent.

IN-QUARTO [inkwarto] adj. inv. et n.m. inv. (mots lat., *en quart*). Se dit du format déterminé par le pliage d'une feuille d'impression en 4 feuillets, soit 8 pages ; livre de ce format. (On écrit aussi *in-4°*.)

INQUIET, ÈTE adj. et n. (lat. *inquietus*). Qui est agité par la crainte, l'incertitude. *Être inquiet sur la santé de qqn.* ◆ adj. Qui témoigne de l'appréhension. *Regard inquiet.*

INQUIÉTANT, E adj. Qui cause de l'inquiétude. *Un état inquiétant.*

INQUIÉTER v.t. [18]. **1.** Rendre inquiet, alarmer. *Cette nouvelle m'inquiète.* **2.** Fam. Porter atteinte à la suprématie de, risquer de faire perdre sa place à. *La championne du monde n'a pas été inquiétée.* ◆ **s'inquiéter** v.pr. Se préoccuper, se soucier de, s'alarmer. *Il s'inquiète de tout.*

INQUIÉTUDE n.f. Trouble, état pénible causé par la crainte, l'appréhension d'un danger ; souci.

INQUILIN, E adj. et n.m. (lat. *inquilinus,* locataire). BIOL. Espèce vivant à l'intérieur d'une autre, ou fixée sur elle, sans se nourrir à ses dépens.

INQUILISME n.m. État, mode de vie des espèces inquilines.

1. INQUISITEUR, TRICE adj. Qui marque une curiosité indiscrète. *Regard inquisiteur.*

2. INQUISITEUR n.m. HIST. Membre d'un tribunal de l'Inquisition.

INQUISITION n.f. (lat. *inquisitio,* de *inquirere,* rechercher). **1.** Litt. Enquête considérée comme arbitraire et vexatoire. **2.** HIST. *L'Inquisition :* tribunal ecclésiastique qui était chargé de réprimer l'hérésie. (V. partie n.pr.)

INQUISITOIRE adj. DR. Se dit du système de procédure où celle-ci est dirigée par le juge.

INQUISITORIAL, E, AUX adj. **1.** Se dit d'un acte arbitraire. *Mesure inquisitoriale.* **2.** Relatif à l'Inquisition.

INRACONTABLE adj. Que l'on ne peut raconter.

INSAISISSABILITÉ n.f. DR. Caractère d'un bien insaisissable.

INSAISISSABLE adj. **1.** Qui ne peut être appréhendé. *Voleur insaisissable.* **2.** Qui ne peut être compris, apprécié, perçu. *Différence insaisissable.* **3.** DR. Que la loi défend de saisir.

INSALIFIABLE adj. CHIM. Qui ne peut fournir un sel. *Base insalifiable.*

INSALISSABLE adj. Qui ne peut se salir.

INSALIVATION n.f. PHYSIOL. Imprégnation des aliments par la salive.

INSALUBRE adj. Malsain, nuisible à la santé. *Logement insalubre.*

INSALUBRITÉ n.f. État de ce qui est insalubre. *Insalubrité d'un climat.*

INSANE [ɛ̃san] adj. (lat. *insanus*). Litt. Déraisonnable, fou.

INSANITÉ n.f. **1.** État de celui qui manque de bon sens ; déraison, folie. **2.** Parole ou action insane ; sottise, ineptie.

INSATIABILITÉ n.f. Litt. Appétit excessif, désir immodéré, avidité.

INSATIABLE [ɛ̃sasjabl] adj. (lat. *insatiabilis,* de *satiare,* rassasier). Qui ne peut être rassasié ; avide. *Une curiosité insatiable.*

INSATIABLEMENT adv. De façon insatiable.

INSATISFACTION n.f. État de qqn qui n'est pas satisfait de ce qu'il a, de ce qu'il reçoit, de l'existence, etc. *Un sentiment d'insatisfaction.*

INSATISFAISANT, E adj. Qui ne satisfait pas, insuffisant.

INSATISFAIT, E adj. et n. Qui n'est pas satisfait.

INSATURÉ, E adj. CHIM. Non saturé.

INSCRIPTIBLE adj. MATH. Que l'on peut inscrire dans une courbe ou dans une surface donnée, en partic. dans un cercle ou dans une sphère.

INSCRIPTION n.f. (lat. *inscriptio*). **I. 1.** Ensemble de caractères gravés ou écrits sur la pierre, le métal, etc., dans un but commémoratif. *L'épigraphie est la science des inscriptions.* **2.** Ce qui est inscrit quelque part. *Mur couvert d'inscriptions.* **II. 1.** Action d'inscrire sur une liste, un registre officiel ou administratif. *Inscription d'un étudiant à l'université.* **2. a.** DR. *Inscription hypothécaire :* mention faite, aux registres du conservateur des hypothèques, de l'hypothèque dont une propriété est grevée. **b.** *Inscription de faux :* procédure par laquelle on tente de démontrer qu'un acte authentique est faux. **3.** Anc. *Inscription maritime :* institution créée en 1668, qui recensait les marins professionnels, remplacée depuis 1967 par les *Affaires maritimes.*

INSCRIRE v.t. (lat. *inscribere,* écrire sur) [99]. **1.** Porter sur un registre, une liste le nom de, mettre sur une liste. *Inscrire un candidat.* **2.** Écrire, graver sur le métal, la pierre, etc. *Inscrire une épitaphe sur une tombe.* **3.** Noter (ce qu'on ne veut pas oublier). *Inscrire une adresse sur un carnet.* ◆ **s'inscrire** v.pr. **1.** Écrire, faire enregistrer son nom sur une liste, un registre, etc. ◇ *S'inscrire en faux contre qqch,* le nier ; soutenir en justice qu'une pièce authentique produite par la partie adverse n'est pas crédible sur le fond. **2.** Entrer dans un groupe, un organisme, un parti, un établissement. **3.** Être placé au milieu d'autres éléments, se situer. *Les négociations s'inscrivent dans le cadre de la diplomatie secrète.*

1. INSCRIT, E adj. **1.** MATH. *Angle inscrit dans un cercle,* dont le sommet appartient au cercle et les côtés coupent ce cercle. ◇ *Cercle inscrit dans un polygone convexe,* tangent à chaque côté du polygone. ◇ *Polygone inscrit dans un cercle, polyèdre inscrit dans une sphère,* dont les sommets appartiennent à ce cercle, à cette sphère. **2.** Suisse. *Colis inscrit :* envoi recommandé.

2. INSCRIT, E n. **1.** Personne dont le nom est inscrit sur une liste, qui s'est inscrite dans une organisation. **2.** Anc. *Inscrit maritime :* marin français immatriculé sur les registres de l'Inscription maritime.

INSCRIVANT, E n. DR. Personne qui requiert l'inscription d'une hypothèque.

INSCULPER v.t. (lat. *insculpere*). TECHN. Marquer d'un poinçon (un objet de métal).

INSÉCABILITÉ n.f. Caractère de ce qui est insécable.

INSÉCABLE adj. Qui ne peut être coupé ou partagé.

INSECTARIUM [-rjɔm] n.m. Établissement où l'on élève et conserve les insectes.

INSECTE n.m. (lat. *insectus,* divisé en parties). **1.** ZOOL. *Insectes :* classe d'animaux invertébrés articulés de l'embranchement des arthropodes, respirant par des trachées, et dont le corps, enveloppé dans un tégument chitineux, est divisé en plusieurs segments : la tête, portant une paire d'antennes et trois paires de pièces buccales, le thorax, formé de trois anneaux portant chacun une paire de pattes et dont les deux derniers sont souvent pourvus d'une paire d'ailes chez l'adulte, et l'abdomen, renfermant les viscères et formé de onze segments. *Les insectes comptent plus d'un million d'espèces.* (Principaux ordres : hyménoptères, coléoptères, diptères, lépidoptères, hétéroptères, homoptères, odonates.) **2.** Cour. (abusif en zool.). Tout animal très petit, qui, au regard de la zoologie, peut être un insecte proprement dit, un arachnide, un myriapode, etc.

■ L'œuf d'insecte donne naissance à une larve, toujours sans ailes, parfois si différente de l'adulte (chenille et papillon, asticot et mouche) qu'un stade intermédiaire (nymphe) est nécessaire. Les métamorphoses sont alors dites « complètes ».

INSECTICIDE adj. et n.m. Se dit d'un produit utilisé pour détruire les insectes nuisibles.

1. INSECTIVORE adj. Se dit d'un animal qui se nourrit principalement ou exclusivement d'insectes, comme le lézard, l'hirondelle.

2. INSECTIVORE n.m. *Insectivores :* ordre de mammifères de petite taille, à 44 dents pointues et qui se nourrissent notamment d'insectes, comme le hérisson, la taupe, la musaraigne.

INSÉCURITÉ n.f. Manque de sécurité.

IN-SEIZE [insɛz] adj. inv. et n.m. inv. Se dit du format déterminé par le pliage d'une feuille d'impression en 16 feuillets, soit 32 pages ; livre de ce format. (On écrit aussi *in-16*.)

INSELBERG [insəlbɛrg] n.m. (mot all., de *Insel,* île, et *Berg,* montagne). GÉOGR. Butte qui se

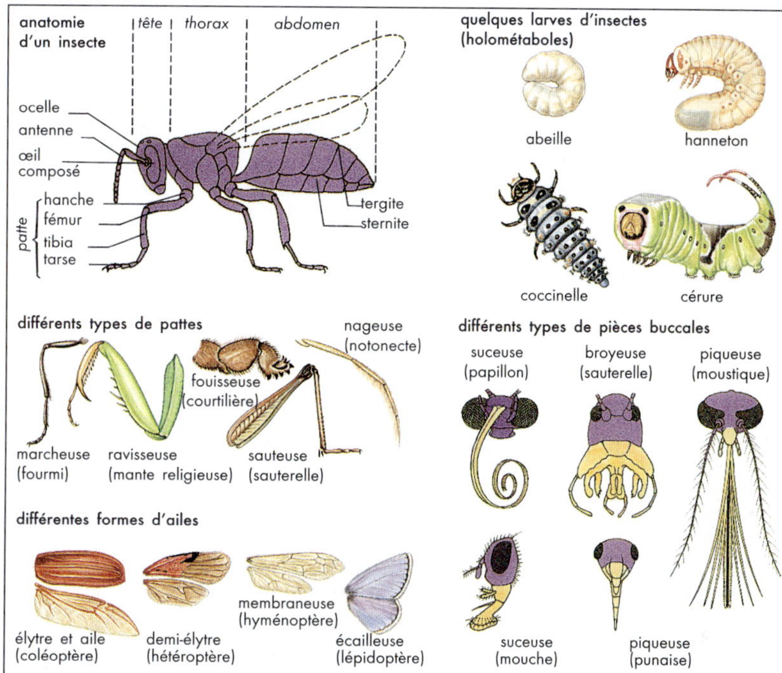

insectes

dresse au-dessus de plaines d'érosion, dans les régions tropicales ou désertiques.

INSÉMINATEUR, TRICE adj. et n. Qui pratique l'insémination artificielle.

INSÉMINATION n.f. Dépôt de la semence du mâle dans les voies génitales de la femelle. ◇ MÉD., ZOOT. *Insémination artificielle :* technique permettant la reproduction en dehors de tout rapport sexuel, par dépôt du sperme dans les voies génitales de la femme ou de la femelle. (C'est une des méthodes de la procréation médicalement assistée.)

INSÉMINER v.t. Procéder à l'insémination artificielle de.

INSENSÉ, E adj. et n. Qui a perdu la raison. ◆ adj. Qui marque cet état ; fou, extravagant. *Propos insensés.*

INSENSIBILISATION n.f. **1.** Action d'insensibiliser une partie du corps ; perte de la sensibilité. **2.** Anesthésie locale.

INSENSIBILISER v.t. Rendre insensible. *Insensibiliser un malade que l'on veut opérer.*

INSENSIBILITÉ n.f. Manque de sensibilité physique ou morale.

INSENSIBLE adj. **1.** Qui n'éprouve pas les sensations habituelles. *Être insensible au froid.* **2.** Qui n'est pas accessible à la pitié ; indifférent, dur. *Cœur insensible.* **3.** Imperceptible, progressif. *Progrès insensibles.*

INSENSIBLEMENT adv. De façon insensible, peu à peu.

INSÉPARABLE adj. Qui ne peut être séparé. ◆ adj. et n. Se dit de personnes qui sont presque toujours ensemble. *Deux inséparables.* ◆ n.m. pl. Perruches qui vivent en couples permanents.

INSÉPARABLEMENT adv. De façon à ne pouvoir être séparé.

INSÉRABLE adj. Qui peut être inséré.

INSÉRER v.t. (lat. *inserere,* introduire) [18]. **1.** Introduire, faire entrer, placer (une chose) parmi d'autres ; intercaler. *Insérer une feuille dans un livre.* ◇ *Prière d'insérer :* formule imprimée qu'un éditeur envoie aux revues et journaux et qui contient des indications relatives à un nouvel ouvrage. **2.** Intégrer, assimiler. *Insérer des réfugiés.* ◆ **s'insérer** v.pr. **1.** Trouver place, se placer, se situer. *La fiction s'insère parfois dans la réalité.* **2.** S'intégrer, s'introduire. *Les nouveaux immigrés se sont bien insérés dans la population.*

INSERMENTÉ [ɛ̃sɛrmɑ̃te] adj.m. et n.m. HIST. *Prêtre insermenté :* prêtre réfractaire*.

INSERT [ɛ̃sɛr] n.m. (mot angl., *ajout*). **1.** CIN. Gros plan, généralement bref, destiné à mettre en valeur un détail utile à la compréhension de l'action (lettre, nom de rue, carte de visite, etc.). **2.** Brève séquence ou bref passage introduit dans un programme de télévision ou de radio en direct.

INSERTION n.f. **1.** Fait de s'insérer, de s'attacher sur, dans (qqch). *L'insertion des feuilles sur la tige.* **2.** Fait d'insérer un texte dans une publication. *L'insertion d'une petite annonce dans le journal.* **3.** Action, manière d'insérer, de s'insérer dans un groupe. *L'insertion des immigrés.*

INSIDIEUSEMENT adv. De façon insidieuse.

INSIDIEUX, EUSE adj. (lat. *insidiosus,* de *insidiae,* embûches). **1.** Qui constitue un piège, qui cherche à tromper. *Question insidieuse.* **2.** Qui se répand sournoisement, sans que l'on s'en aperçoive. *Un poison insidieux.* **3.** MÉD. *Maladie insidieuse :* maladie d'apparence bénigne et qui s'avère grave par la suite.

INSIGHT [insajt] n.m. (mot angl., *intuition*). PSYCHOL. Brusque découverte de la solution d'un problème, de la structure d'une figure ou d'un objet perçu.

1. INSIGNE adj. (lat. *insignis*). Litt. Remarquable, éclatant. *Faveur insigne.*

2. INSIGNE n.m. (lat. *insigne,* signe, marque). **1.** Marque distinctive d'une dignité, d'une fonction. *Insigne de pilote, de grade, etc.* **2.** Signe distinctif des membres d'une association. *Insigne d'un club sportif.*

INSIGNIFIANCE n.f. Caractère de ce qui est insignifiant, sans valeur.

INSIGNIFIANT, E adj. **1.** Qui ne présente pas d'intérêt ; qui a peu d'importance, peu de valeur ; négligeable. *Détail insignifiant. Somme insignifiante.* **2.** Qui manque de personnalité, qui ne se distingue pas. *Acteur insignifiant.*

INSINCÈRE adj. Litt. Qui n'est pas sincère.

INSINCÉRITÉ n.f. Litt. Manque de sincérité.

INSINUANT, E adj. Qui s'insinue ; indirect. *Manières insinuantes.*

INSINUATION n.f. **1.** Manière subtile de faire accepter sa pensée. *Procéder par insinuation.* **2.** Ce que l'on fait entendre en insinuant ; allusion. *Une insinuation mensongère.*

INSINUER v.t. (lat. *insinuare,* de *in,* dans, et *sinus,* repli). Faire entendre d'une manière détournée, adroitement, sans dire expressément. ◆ **s'insinuer** v.pr. **1.** S'introduire, se glisser, se faire admettre adroitement. *S'insinuer dans les bonnes grâces de qqn.* **2.** S'infiltrer ; pénétrer doucement. *L'eau s'est insinuée dans les fentes.*

INSIPIDE adj. (*in,* priv., et lat. *sapidus,* qui a du goût). **1.** Qui n'a pas de saveur, de goût. *L'eau est insipide.* **2.** Fig. Sans agrément, ennuyeux. *Conversation insipide. Auteur insipide.*

INSIPIDITÉ n.f. Caractère de ce qui est insipide.

INSISTANCE n.f. Action d'insister, de revenir souvent sur qqch. *Réclamer une chose avec insistance.*

INSISTANT, E adj. Qui insiste, pressant.

INSISTER v.i. (lat. *insistere,* s'attacher à). **1.** Persévérer à demander qqch. *Insister pour être reçu.* **2.** Appuyer, souligner qqch avec force. *Insister sur un point.*

IN SITU [insity] loc. adv. (loc. lat.). Dans son milieu naturel. *Étudier une roche in situ.*

INSOCIABLE adj. Qui n'est pas sociable.

INSOLATION n.f. (lat. *insolatio*). **1.** Action des rayons du soleil qui frappent un objet. **2.** MÉD. État pathologique provoqué par une exposition trop longue au soleil. **3.** MÉTÉOR. Ensoleillement. **4.** PHOT. Exposition d'une substance photosensible à la lumière.

INSOLEMMENT [ɛ̃sɔlamɑ̃] adv. Avec insolence.

INSOLENCE n.f. (lat. *insolentia,* inexpérience). **1.** Effronterie, hardiesse excessive, manque de respect. *Réponse qui frise l'insolence.* **2.** Parole, action insolente.

INSOLENT, E adj. et n. (lat. *insolens*). Qui manque de respect, qui a une attitude effrontée. *Élève insolent.* ◆ adj. **1.** Qui dénote l'insolence. *Ton insolent.* **2.** Qui constitue une provocation, un défi. *Joie insolente.*

INSOLER v.t. Exposer (une substance photosensible ou une surface traitée avec une telle substance) à la lumière.

INSOLITE adj. (lat. *insolitus,* de *solere,* être habituel). Qui est différent de l'usage, de l'habitude et qui surprend ; étrange, bizarre. *Question insolite. Bruits insolites.*

INSOLUBILISER v.t. Rendre insoluble.

INSOLUBILITÉ n.f. Caractère de ce qui est insoluble.

INSOLUBLE adj. **1.** Qui ne peut pas être dissous. *La résine est insoluble dans l'eau.* **2.** Qu'on ne peut résoudre. *Problème insoluble.*

INSOLVABILITÉ n.f. DR. État de la personne ou de la société qui ne peut pas payer ses dettes par insuffisance d'actif.

INSOLVABLE adj. et n. Qui est en état d'insolvabilité. *Débiteur insolvable.*

INSOMNIAQUE ou, rare, **INSOMNIEUX, EUSE** adj. et n. Qui souffre d'insomnie.

INSOMNIE [ɛ̃sɔmni] n.f. (lat. *insomnia,* de *somnus,* sommeil). Impossibilité ou difficulté à s'endormir ou à dormir suffisamment.

INSONDABLE adj. **1.** Qui ne peut être sondé. *Gouffre insondable.* **2.** Fig. Impossible à comprendre ; impénétrable. *Mystère insondable.*

INSONORE adj. **1.** Qui ne produit aucun son sous l'effet d'une percussion, d'un frottement. **2.** Qui transmet peu les sons, qui les amortit. *Cloison insonore.* **3.** Où l'on n'entend que peu de bruit. *Pièce insonore.*

INSONORISATION n.f. Action d'insonoriser.

INSONORISER v.t. Rendre un local moins sonore ; l'aménager pour le soustraire aux bruits extérieurs.

INSONORITÉ n.f. Manque de sonorité.

INSOUCIANCE n.f. Caractère d'une personne insouciante ; imprévoyance, détachement.

INSOUCIANT, E adj. et n. Qui ne se soucie de rien. ◆ adj. Qui témoigne que l'on ne se soucie de rien. *Air insouciant.*

INSOUCIEUX, EUSE adj. Litt. Qui ne se soucie pas (de qqch). *Insoucieux du lendemain.*

1. INSOUMIS, E adj. Qui refuse de se soumettre ; rebelle.

2. INSOUMIS n.m. Militaire en état d'insoumission.

INSOUMISSION n.f. **1.** Fait de ne pas se soumettre à l'autorité ; rébellion. **2.** MIL. Infraction commise par la personne qui, astreinte aux obligations du service national, n'a pas obéi à un ordre de route régulièrement notifié.

INSOUPÇONNABLE adj. Que l'on ne peut soupçonner.

INSOUPÇONNÉ, E adj. Qui n'est pas soupçonné.

INSOUTENABLE adj. **1.** Qu'on ne peut soutenir, poursuivre sans fléchir. *Cadences insoutenables.* **2.** Qu'on ne peut supporter ; intolérable. *Douleur insoutenable.* **3.** Qu'on ne peut soutenir, défendre, justifier ; indéfendable. *Théorie insoutenable.*

INSPECTER [ɛ̃spɛkte] v.t. (lat. *inspectare,* examiner). **1.** Examiner avec soin pour contrôler, vérifier. *Les douaniers ont inspecté mes bagages.* **2.** Observer attentivement. *Inspecter l'horizon.*

INSPECTEUR, TRICE n. Titre donné aux agents de divers services publics et à certains officiers généraux chargés d'une mission de surveillance et de contrôle. *Inspecteur des ponts et chaussées.* – *Inspecteur (de police) :* fonctionnaire de police en civil chargé de missions d'investigations et de renseignements. – *Inspecteur des impôts :* agent de l'État chargé de collecter les renseignements qui permettent de fixer les bases d'imposition. – *Inspecteur du travail :* fonctionnaire qui est chargé de contrôler l'application de la législation du travail et de l'emploi.

INSPECTION n.f. **1.** Action de surveiller, de contrôler. **2.** Fonction d'inspecteur. **3.** Corps des inspecteurs. *Inspection générale des Finances, de la Sécurité sociale.*

INSPECTORAT n.m. Charge d'inspecteur.

INSPIRANT, E adj. Propre à inspirer.

1. INSPIRATEUR adj.m. *Muscles inspirateurs,* qui servent à l'inspiration de l'air dans les poumons.

2. INSPIRATEUR, TRICE n. **1.** Personne qui inspire une action, qui en est l'instigatrice. **2.** Auteur, œuvre dont s'inspire un auteur, un artiste et qu'il prend comme modèle. ◆ n.f. Femme qui inspire un artiste ; muse.

INSPIRATION n.f. **I.** Action d'inspirer, de faire pénétrer l'air dans ses poumons. **II. 1.** Influence divine ou surnaturelle par laquelle l'homme aurait la révélation de ce qu'il doit dire ou faire. *Inspiration divine. Inspiration des prophètes.* **2.** Enthousiasme créateur de l'artiste. *Poète sans inspiration.* **3.** Idée soudaine. *Avoir une inspiration géniale.* **4.** Influence exercée sur une œuvre artistique ou littéraire. *Château d'inspiration classique.*

INSPIRATOIRE adj. Relatif à l'inspiration de l'air pulmonaire.

INSPIRÉ, E adj. et n. **1.** Animé par l'inspiration divine ou créatrice. *Prophète inspiré.* **2.** Mû par un élan créateur. *Poète inspiré.* **3.** Fam. *Être bien, mal inspiré :* avoir une bonne, une mauvaise idée.

INSPIRER v.t. (lat. *inspirare,* souffler dans). **I.** Faire pénétrer dans la poitrine. *Inspirer de l'air.* **II. 1.** Faire naître dans le cœur, dans l'esprit (un sentiment, une pensée, un dessein) ; susciter. *Inspirer le respect, la haine.* **2.** Faire naître l'enthousiasme créateur chez. *La Muse inspire les poètes.* ◆ **s'inspirer** v.pr. *(de).* Se servir des idées de qqn, tirer ses idées de qqch. *S'inspirer de ses lectures.*

INSTABILITÉ n.f. Caractère de ce qui est instable, qui manque d'équilibre, de constance. ◇ PSYCHOPATH. *Instabilité psychomotrice :* insuffisance du contrôle de la motricité, souvent liée à une hyperémotivité.

INSTABLE adj. **1.** Qui manque de stabilité ; changeant, variable. *Temps instable.* **2.** Se dit d'un équilibre détruit par la moindre perturbation, d'une combinaison chimique pouvant se décomposer spontanément. ◆ adj. et n. **1.** Qui n'a pas de suite dans les idées. **2.** PSYCHOPATH. Qui souffre d'instabilité psychomotrice.

INSTALLATEUR, TRICE n. Spécialiste assurant l'installation d'un appareil (chauffage central, appareils sanitaires, etc.).

INSTALLATION n.f. **1.** Action par laquelle on installe ou on est installé. *Installation d'un magistrat.* **2.** Mise en place d'un appareil, d'un réseau électrique, téléphonique, etc. *Procéder à l'installation du chauffage central.* **3.** Ensemble de ces appareils, de ce réseau. *Réparer l'installation électrique.* **4.** ART CONTEMP. Œuvre dont les éléments sont organisés dans un espace donné à la manière d'un environnement.

INSTALLER v.t. (lat. médiév. *installare,* de *stallum,* stalle). **I. 1.** Établir solennellement, officiellement dans une dignité, dans une charge. *Installer le président d'un tribunal.* **2.** Établir dans un lieu pour un certain temps. *Installer sa famille en province.* ◇ *Être installé :* être parvenu à une situation qui assure l'aisance et le confort. **II. 1.** Mettre, disposer à une place déterminée. *Installer un fauteuil devant la fenêtre.* **2.** Placer (un appareil, un circuit) en effectuant certains travaux. *Installer l'électricité et le gaz.* **3.** Aménager. *Installer un appartement.* ◆ **s'installer** v.pr. S'établir dans un lieu, y établir sa résidence. *S'installer à Paris.*

INSTAMMENT adv. De façon instante.

INSTANCE n.f. (lat. *instantia,* de *instare,* presser vivement). **1.** (Au pl.). Prière, demande pressante, sollicitation. *Céder aux instances de qqn.* **2.** *Avec instance :* avec insistance. **3.** DR. Série des actes d'une procédure depuis la demande en justice jusqu'au jugement. *Introduire une instance.* **4.** Organisme, service qui exerce le pouvoir de décision. *Les instances du parti.* **5.** PSYCHAN. Chacune des structures de l'appareil psychique (le ça, le moi, le surmoi). SYN. : *système.*

1. INSTANT, E adj. (lat. *instans*). Litt. Pressant. *Prières instantes.*

2. INSTANT [ɛ̃stɑ̃] n.m. Moment très court. ◇ *À l'instant, dans l'instant :* à l'heure même, tout de suite. – *Dans un instant :* très bientôt. – *À chaque instant :* continuellement. – *Un instant ! :* attendez un peu. ◆ loc. adv. *Dès l'instant que :* dans la mesure où, puisque.

1. INSTANTANÉ, E adj. **1.** Qui se produit soudainement ; immédiat. *Mort presque instantanée.* **2.** Se dit d'un produit alimentaire déshydraté qui, après adjonction d'eau, est prêt à la consommation. *Potage instantané.*

2. INSTANTANÉ n.m. Cliché photographique obtenu par une exposition de très courte durée.

INSTANTANÉITÉ n.f. Caractère de ce qui est instantané.

INSTANTANÉMENT adv. De façon instantanée ; immédiatement.

INSTAR DE (À L') loc. prép. (lat. *ad instar,* à la ressemblance). Litt. À la manière, à l'exemple de. *À l'instar de ses parents.*

INSTAURATEUR, TRICE n. Litt. Personne qui instaure, établit qqch pour la première fois.

INSTAURATION n.f. Litt. Établissement. *L'instauration d'un gouvernement.*

INSTAURER v.t. (lat. *instaurare*). Établir les bases de ; fonder, organiser. *Instaurer une cour martiale.*

INSTI n. → ***instit.***

INSTIGATEUR, TRICE n. Personne qui pousse à faire qqch ; dirigeant, inspirateur. *L'instigateur d'un complot.*

INSTIGATION n.f. (lat. *instigatio,* de *instigare,* pousser). Action de pousser qqn à faire qqch. – *Faire qqch à l'instigation de qqn,* sur ses conseils, sur son incitation.

INSTIGUER v.t. Belgique. Pousser (qqn) à faire qqch.

INSTILLATION n.f. Action d'introduire goutte à goutte une substance médicamenteuse dans un canal, une cavité naturelle de l'organisme.

INSTILLER [ɛ̃stile] v.t. (lat. *instillare,* de *stilla,* goutte). **1.** Pratiquer l'instillation de. **2.** Litt. Faire pénétrer lentement. *Instiller le doute.*

INSTINCT [ɛ̃stɛ̃] n.m. (lat. *instinctus,* impulsion). **1.** Part héréditaire et innée des tendances comportementales de l'homme et des animaux. *Instinct migratoire.* **2.** Tendance, impulsion souvent irraisonnée qui détermine l'homme dans ses actes, son comportement. **3.** Don, disposition naturelle pour qqch. *Instinct des affaires.* **4.** Intuition, spontanéité. *Faire qqch d'instinct.*

INSTINCTIF, IVE adj. et n. Qui est poussé par l'instinct. ◆ adj. Qui naît de l'instinct ; irréfléchi, inconscient. *Dégoût instinctif.*

INSTINCTIVEMENT adv. Par instinct.

INSTINCTUEL, ELLE adj. PSYCHOL. Qui se rapporte à l'instinct ; pulsionnel.

INSTIT [ɛ̃stit] ou **INSTI** n. (abrév.). Fam. Instituteur.

INSTITUER v.t. (lat. *instituere,* établir). **1.** Établir (qqch de nouveau) ; fonder, instaurer. *Richelieu institua l'Académie française.* **2.** DR. Nommer (un héritier) par testament.

INSTITUT n.m. (lat. *institutum,* de *instituere,* établir). **1.** Établissement de recherche scientifique, d'enseignement, etc. *L'Institut Pasteur.* ◇ *Institut universitaire de technologie (I. U. T.) :* établissement d'enseignement assurant la formation de techniciens supérieurs. **2.** RELIG. CATH. Congrégation de religieux non clercs ou de laïques. *Institut séculier.* **3.** BANQUE. *Institut d'émission :* organisme chargé d'émettre la monnaie centrale (en France, la Banque de France). **4.** *Institut de beauté :* établissement où l'on dispense des soins du visage et du corps à des fins esthétiques.

INSTITUTEUR, TRICE n. Personne chargée de l'enseignement du premier degré, préélémentaire et élémentaire. (Depuis 1991, les instituteurs, formés dans les anciennes écoles normales, sont progressivement remplacés par les *professeurs des écoles,* formés dans les I.U.F.M.)

INSTITUTION n.f. **1.** Rare. Action d'instituer, d'établir. **2.** Établissement d'enseignement privé. *Institution de jeunes filles.* **3.** DR. Ensemble des règles établies en vue de la satisfaction d'intérêts collectifs ; organisme visant à les maintenir. *L'État, le Parlement, une fondation, la tutelle, la prescription sont des institutions.* ◆ pl. Ensemble des formes ou des structures politiques établies par la loi ou la coutume et relevant du droit public. *Institutions démocratiques.*

INSTITUTIONNALISATION n.f. Action d'institutionnaliser.

INSTITUTIONNALISER v.t. Donner un caractère institutionnel à.

INSTITUTIONNALISME n.m. Tendance à multiplier les institutions, les organismes de contrôle, etc., notamment dans les domaines politique et économique.

INSTITUTIONNEL, ELLE adj. **1.** Relatif aux institutions de l'État. **2.** Relatif à un ensemble de personnes participant à une même idée de travail. ◇ PSYCHOL. *Analyse institutionnelle :* analyse que mène en permanence un collectif sur lui-même. – PSYCHIATRIE. *Psychothérapie institutionnelle :* psychothérapie qui favorise la vie en collectivité au travers de réunions, d'ateliers de travail, de clubs. – *Pédagogie institutionnelle :* pédagogie qui préconise la création de règles d'organisation collectives. ◆ n.m. Investisseur institutionnel.

INSTRUCTEUR n.m. et adj.m. **1.** Gradé chargé de faire l'instruction militaire. **2.** DR. *Magistrat instructeur,* chargé d'instruire un procès.

INSTRUCTIF, IVE adj. Qui instruit, informe. *Conversation, lecture instructive.*

INSTRUCTION n.f. (lat. *instructio*). **I. 1.** Action d'instruire, de donner des connaissances nouvelles ; enseignement. *En France, l'instruction primaire est gratuite, laïque et obligatoire.* **2.** Savoir, connaissance, culture. *Avoir de l'instruction.* **3.** *Instruction militaire :* formation donnée aux militaires et notamm. aux recrues. **II. 1.** Ordre de service adressé par un supérieur à ses subordonnés. *Instruction préfectorale.* **2.** INFORM. Ordre exprimé en langage de programmation, dont l'interprétation entraîne l'exécution d'une opération élémentaire de type déterminé. (Une suite d'instructions constitue un programme.) **III.** DR. Phase de la procédure pénale pendant laquelle le juge d'instruction met une affaire en état d'être jugée (recherche des preuves d'une infraction, découverte de son auteur, etc.). ◆ pl. Ordres, explications pour la conduite d'une affaire, pour l'utilisation d'un appareil, etc. *Se conformer aux instructions de la notice.*

INSTRUIRE v.t. (lat. *instruere,* bâtir) [98]. **I. 1.** Former l'esprit de qqn en lui donnant des connaissances nouvelles. *Ce livre m'a beaucoup instruite.* **2.** Donner connaissance de qqch à (qqn), mettre au courant, informer. *Instruisez-moi de ce qui se passe.* **II.** DR. *Instruire une cause, une affaire,* la mettre en état d'être jugée. ◆ **s'instruire** v.pr. Développer ses connaissances, étudier.

INSTRUIT, E adj. Qui a des connaissances étendues, une bonne instruction.

INSTRUMENT n.m. (lat. *instrumentum*). **1.** Outil, machine servant à exécuter qqch, à accomplir une opération quelconque. *Instrument aratoire. Instrument de mesure.* **2.** MUS. Objet brut ou fabriqué utilisé pour produire des sons ou des bruits. **3.** Personne ou chose qui est employée pour atteindre un résultat ; moyen. *Devenir l'instrument de qqn.*

INSTRUMENTAIRE adj. DR. *Témoin instrumentaire :* témoin dont la présence est indispensable pour la validité de certains actes authentiques.

1. INSTRUMENTAL, E, AUX adj. **1.** Qui se rapporte aux instruments. **2.** MUS. Qui se rapporte uniquement aux instruments, à l'orchestre ; où l'on n'entend que des instruments (par opp. à *vocal*). *Musique instrumentale.* **3.** PSYCHOL. *Conditionnement instrumental :* conditionnement caractérisé par l'association de plusieurs stimulus pour déclencher une réaction, par opp. au conditionnement pavlovien.

2. INSTRUMENTAL n.m. LING. Cas de la déclinaison de certaines langues qui indique le moyen, l'instrument.

INSTRUMENTALISME n.m. PHILOS. Doctrine qui considère l'intelligence et les théories comme des outils destinés à l'action.

INSTRUMENTATION n.f. **1.** MUS. Choix des instruments correspondant à chaque partie d'une œuvre musicale. **2.** TECHN. Ensemble d'instruments (d'analyse, de contrôle, etc.).

INSTRUMENTER v.t. **1.** MUS. Confier chaque partie (d'une œuvre musicale) à un instrument. **2.** TECHN. Doter (une installation, une construction) en instruments et appareils de contrôle. ◆ v.i. DR. Établir un acte authentique.

INSTRUMENTISTE n. **1.** Musicien(enne) qui joue d'un instrument. **2.** Infirmier(ère) qui prépare et présente au chirurgien les instruments nécessaires au cours de l'intervention.

INSUBMERSIBILITÉ n.f. Caractère d'une embarcation, d'un bâtiment insubmersible.

INSUBMERSIBLE adj. Qui ne peut pas couler ; qui est doté de réserves de flottabilité (caissons étanches, cloisonnements, volumes de matière plastique expansée, etc.) suffisantes pour ne pouvoir couler que très difficilement. *Canot insubmersible.*

INSUBORDINATION n.f. Attitude de qqn qui refuse d'obéir, qui n'exécute pas les ordres reçus ; indiscipline.

INSUBORDONNÉ, E adj. Qui fait preuve d'insubordination ; indiscipliné.

INSUCCÈS n.m. Manque de succès ; échec.

INSU DE (À L') loc. prép. *À l'insu de (qqn),* sans qu'il s'en doute, en échappant à son attention. *Sortir à l'insu de tous. Elle est sortie à mon insu.*

INSUFFISAMMENT adv. De façon insuffisante.

INSUFFISANCE n.f. **1.** Caractère de ce qui est insuffisant ; carence. **2.** Incapacité, infériorité. *Reconnaître ses insuffisances.* **3.** MÉD. Diminution qualitative ou quantitative du fonctionnement d'un organe. *Insuffisance cardiaque.*

INSUFFISANT, E adj. **1.** Qui ne suffit pas ; faible. *Résultats insuffisants.* **2.** Qui n'a pas les aptitudes nécessaires ; incapable.

INSUFFLATEUR n.m. Instrument servant à insuffler dans le larynx et dans les narines de l'air ou des médicaments pulvérulents.

INSUFFLATION n.f. MÉD. Action d'insuffler.

INSUFFLER v.t. (lat. *insufflare*). **1.** MÉD. Introduire (de l'air, du gaz) à l'aide du souffle ou d'un appareil. **2.** Inspirer, transmettre, communiquer. *Insuffler du courage à ses troupes.*

INSULA n.f. (mot lat.). ANTIQ. À Rome, maison de rapport, divisée en logements (par opp. à la *domus,* maison particulière), ou îlot urbain délimité par le réseau des rues.

INSULAIRE adj. et n. (bas lat. *insularis,* de *insula,* île). Qui habite une île, qui y vit. *Peuplade insulaire.* ◆ adj. Relatif à une île, aux îles.

INSULARITÉ n.f. État, caractère d'un pays situé sur une ou plusieurs îles.

INSULINASE n.f. Enzyme du foie rendant l'insuline inactive.

INSULINE n.f. (lat. *insula,* île). Hormone hypoglycémiante sécrétée par les cellules β des îlots de Langerhans du pancréas. (L'insuline est employée dans le traitement du diabète.)
INSULINÉMIE n.f. MÉD. Taux sanguin d'insuline.
INSULINIQUE adj. Relatif à l'insuline, au traitement par l'insuline. – *Coma insulinique,* causé par l'excès d'insuline.
INSULINODÉPENDANCE n.f. MÉD. État d'un diabétique dont l'équilibre glucidique ne peut être assuré que par des injections d'insuline.
INSULINOTHÉRAPIE n.f. Traitement de certaines maladies, et principalement du diabète, par l'insuline.
INSULTANT, E adj. Qui constitue une insulte, une offense ; injurieux.
INSULTE n.f. Parole (ou, plus rarement, acte) qui a pour objet d'outrager, d'offenser, de blesser la dignité ou l'honneur ; injure.
INSULTÉ, E adj. et n. Qui a reçu une insulte.
INSULTER v.t. (lat. *insultare,* sauter sur). Offenser par des paroles blessantes ou des actes méprisants, injurieux.
INSULTEUR, EUSE n. Personne qui insulte.
INSUPPORTABLE adj. **1.** Qu'on ne peut supporter ; intolérable. *Douleur insupportable.* **2.** Très turbulent. *Enfant insupportable.*
INSUPPORTER v.t. Fam. (Condamné par l'Académie). Être insupportable à (qqn) ; exaspérer. *C'est qqn qui m'insupporte.*
INSURGÉ, E n. Personne qui est en insurrection, en révolte ; rebelle.
INSURGER (S') v.pr. (lat. *insurgere,* se lever contre) [17]. Se révolter, se soulever contre une autorité, un pouvoir, etc.
INSURMONTABLE adj. Qui ne peut être surmonté.
INSURPASSABLE adj. Qui ne peut être surpassé.
INSURRECTION n.f. Action de s'insurger, de se soulever contre le pouvoir établi en visant à le renverser ; révolution, soulèvement.
INSURRECTIONNEL, ELLE adj. Qui tient de l'insurrection, qui en a le caractère. *Mouvement insurrectionnel.*
INTACT, E adj. (lat. *intactus,* de *tangere,* toucher). **1.** À quoi l'on n'a pas touché ; dont on n'a rien retranché. *Somme intacte.* **2.** Qui n'a subi aucune atteinte ; pur, irréprochable. *Réputation intacte.*
INTACTILE adj. PHYSIOL. Rare. Qu'on ne peut sentir au toucher.
INTAILLE [ɛ̃taj] n.f. (it. *intaglio,* entaille). Pierre fine gravée en creux (à l'inverse du *camée*).
INTAILLER v.t. Graver (une pierre fine) en creux.
INTANGIBILITÉ n.f. Caractère de ce qui est intangible.
INTANGIBLE adj. Qui doit rester intact ; sacré, inviolable. *Principes intangibles.*
INTARISSABLE adj. **1.** Qui ne peut être tari. *Source intarissable.* **2.** Qui ne s'épuise pas. *Gaieté intarissable.* **3.** Qui ne cesse pas de parler. *Causeur intarissable.*
INTARISSABLEMENT adv. De façon intarissable. *Discourir intarissablement.*
INTÉGRABLE adj. MATH. Se dit d'une fonction qui admet une intégrale, d'une équation différentielle qui admet une solution.
INTÉGRAL, E, AUX adj. (lat. *integer,* entier). **1.** Dont on n'a rien retiré, entier, complet. *Paiement intégral.* **2.** *Casque intégral :* casque à l'usage des motocyclistes, des coureurs automobiles, permettant une protection de la boîte crânienne, du visage et des mâchoires. **3.** MATH. Relatif aux intégrales. – *Calcul intégral :* ensemble des méthodes et des algorithmes relatifs au calcul des primitives, des intégrales et à la résolution des équations différentielles.
INTÉGRALE n.f. **1.** Œuvre complète d'un écrivain, d'un musicien. **2.** MATH. Fonction, solution d'une équation différentielle. – *Intégrale définie d'une fonction* f *sur l'intervalle* [a, b] : nombre obtenu comme limite d'une somme de termes infinitésimaux et qui représente l'aire (algébrique) comprise entre la courbe représentative de la fonction *f,* l'axe des *x* et les deux verticales d'abscisses *a* et *b*. (Il se note $\int_a^b f(x) \cdot dx$ et est égal à $F(b) - F(a)$ où F est une primitive de *f.*) – *Intégrale d'une fonction* f : fonction g obtenue en considérant une intégrale définie de *f* comme dépendant de la borne supérieure de l'intervalle d'intégration. (On la note $g(x) : \int_a^x f(t) \cdot dt$.)
INTÉGRALEMENT adv. En totalité.
INTÉGRALITÉ n.f. État de ce qui est complet, de ce à quoi il ne manque rien. *Payer l'intégralité d'une somme.*
INTÉGRANT, E adj. *Partie intégrante :* élément constituant d'un tout et qui ne peut en être retiré, retranché ou abstrait. *Cela fait partie intégrante de nos prérogatives.*
INTÉGRATEUR n.m. Appareil qui totalise des indications continues.
INTÉGRATIF, IVE adj. PHYSIOL. *Action intégrative :* intégration.
INTÉGRATION n.f. **I. 1.** Action d'intégrer, fait de s'intégrer. **2.** ASTRONAUT. Opération qui consiste à assembler les différentes parties d'un système et à assurer leur compatibilité ainsi que le bon fonctionnement du système complet. **3.** ÉCON. Concentration verticale. **4.** PHYSIOL. Coordination des activités de plusieurs organes, en vue d'un fonctionnement harmonieux, réalisée par divers centres nerveux. SYN. : *action intégrative.* **II.** MATH. Recherche de l'intégrale d'une fonction ou de la solution d'une équation différentielle.
INTÈGRE adj. (lat. *integer,* entier). D'une probité absolue ; incorruptible. *Juge intègre.*
INTÉGRÉ, E adj. **1.** Se dit d'un circuit commercial caractérisé par l'absence de grossiste. (V. aussi *circuit.*) **2.** Se dit d'un élément inclus dès le stade de la construction dans la structure ou l'ensemble dont il fait partie. *Chauffage électrique intégré.* **3.** Se dit d'un service spécialisé d'une administration, d'une entreprise, etc., assurant des tâches confiées habituellement, dans des administrations ou des entreprises comparables, à des fournisseurs extérieurs. *Imprimerie intégrée.*
INTÈGREMENT adv. D'une manière intègre.
INTÉGRER v.t. **1.** Faire entrer dans un ensemble plus vaste ; incorporer, inclure. *Intégrer un nouveau paragraphe au chapitre.* **2.** Fam. Être reçu au concours d'entrée à une grande école. **3.** MATH. Déterminer l'intégrale (d'une fonction). ◆ **s'intégrer** v.pr. S'assimiler à un groupe. *La nouvelle venue s'est bien intégrée.*
INTÉGRISME n.m. Attitude et disposition d'esprit de certains croyants qui, au nom d'un respect intransigeant de la tradition, se refusent à toute évolution. *Intégrisme catholique, musulman.*
INTÉGRISTE adj. et n. **1.** Relatif à l'intégrisme ; partisan de l'intégrisme. **2.** Fig. Qui fait preuve d'intransigeance, d'un purisme excessif.
INTÉGRITÉ n.f. **1.** État d'une chose qui a toutes ses parties, qui n'a pas subi d'altération. *Intégrité d'une somme.* **2.** Qualité d'une personne intègre ; probité, honnêteté.
INTELLECT [ɛ̃telɛkt] n.m. (lat. *intellectus,* de *intellegere,* comprendre). Faculté de forger et de saisir des concepts, entendement.
INTELLECTION n.f. (lat. *intellectio*). PHILOS. Activité de l'intellect.
INTELLECTUALISATION n.f. Action d'intellectualiser.
INTELLECTUALISER v.t. Donner un caractère intellectuel, abstrait à ; considérer d'un point de vue intellectuel.
INTELLECTUALISME n.m. **1.** Doctrine philosophique qui affirme la prééminence de l'intelligence sur les sentiments et la volonté. **2.** Tendance d'une personne à donner la primauté à l'intelligence et aux facultés intellectuelles. **3.** Caractère d'une œuvre, d'un art où prédomine l'élément intellectuel.
INTELLECTUALISTE adj. et n. Qui appartient à l'intellectualisme.
INTELLECTUALITÉ n.f. Qualité, caractère de ce qui est intellectuel.
INTELLECTUEL, ELLE adj. Qui appartient à l'intelligence, à l'activité de l'esprit. *Travail intellectuel.* ◆ n. et adj. Personne dont la profession comporte essentiellement une activité de l'esprit (par opp. à *manuel*) ou qui a un goût affirmé pour les activités de l'esprit. Abrév. (fam.) : *intello.*
INTELLECTUELLEMENT adv. De façon intellectuelle ; sur le plan intellectuel.
INTELLIGEMMENT [-ʒamɑ̃] adv. Avec intelligence.
INTELLIGENCE n.f. (du lat. *intelligere,* comprendre). **I. 1.** Faculté de comprendre, de saisir par la pensée. *L'intelligence distingue l'homme de l'animal.* ◇ *Intelligence artificielle (I. A.) :* intelligence humaine simulée par une machine ; ensemble des théories et des techniques mises en œuvre pour réaliser de telles machines. **2.** Aptitude à s'adapter à une situation, à choisir en fonction des circonstances ; capacité de comprendre, de donner un sens à telle ou telle chose. **II.** Être humain considéré dans ses aptitudes intellectuelles. ◇ **Absolt.** Personne très intelligente. **III.** Communication, entente plus ou moins secrète entre personnes. *Intelligence avec l'ennemi.* ◇ *Être d'intelligence avec qqn,* s'entendre secrètement avec lui. – *Vivre en bonne, en mauvaise intelligence avec qqn :* vivre en bons, en mauvais termes avec lui. ◆ pl. Entente, relations secrètes.
■ Les tests d'intelligence (Binet-Simon, Terman-Merril, Wechsler-Bellevue) qui mesurent le *quotient intellectuel* (Q. I.) et les théories de H. Wallon et de J. Piaget donnent du développement intellectuel l'image d'une hiérarchie de savoir-faire acquis par l'enfant à travers une série de *stades.* Au plus bas niveau se situent les comportements réflexes, puis viennent les comportements concrets, liés à une *intelligence pratique* qui existe déjà chez les animaux supérieurs ; l'*intelligence concrète* est le premier niveau de l'*intelligence discursive* capable d'opérer sur des signes et des symboles ; quand cette opération se libère de l'affectivité et de l'action immédiate, l'enfant atteint le stade de l'*intelligence abstraite* (capacité de distinguer les qualités d'un objet, de comparer, de classer), que complète l'*intelligence conceptuelle* (raisonnement hypothético-déductif, appel à une logique formelle).
INTELLIGENT, E adj. **1.** Doué d'intelligence, capable de comprendre. *Elle est très intelligente.* **2.** Qui dénote l'intelligence. *Réponse intelligente.* **3.** Se dit d'un bien dont la maintenance ou le fonctionnement sont assurés par un dispositif automatisé capable de se substituer, pour certaines opérations, à l'intelligence humaine. *Voiture, immeuble intelligents.*
INTELLIGENTSIA [ɛ̃teliʒɛ̃sja] ou [inteligentsja] n.f. (mot russe). Ensemble des intellectuels d'un pays.
INTELLIGIBILITÉ n.f. Caractère d'une chose intelligible.
INTELLIGIBLE adj. **1.** Qui peut être facilement compris. *Parler à haute et intelligible voix. Discours intelligible.* **2.** PHILOS. Qui n'est connaissable que par l'entendement.
INTELLIGIBLEMENT adv. De façon intelligible. *Parler intelligiblement.*
INTEMPÉRANCE n.f. **1.** Litt. Manque de retenue, de modération dans un domaine quelconque. *Intempérance de langage.* **2.** Manque de sobriété dans le manger ou le boire.
INTEMPÉRANT, E adj. Qui fait preuve d'intempérance ; excessif.
INTEMPÉRIE n.f. (lat. *intemperies,* de *tempus,* temps). [Souvent pl.]. Mauvais temps, rigueur du climat. *Braver les intempéries.*
INTEMPESTIF, IVE adj. (lat. *intempestivus,* de *tempus,* temps). Qui est fait à contretemps, se produit mal à propos ; malvenu, inopportun. *Irruption intempestive.*
INTEMPESTIVEMENT adv. De façon intempestive.
INTEMPORALITÉ n.f. Caractère de ce qui est intemporel.
INTEMPOREL, ELLE adj. Qui est indépendant du temps, qui ne varie pas avec lui ; immuable. *Des vérités intemporelles.*
INTENABLE adj. **1.** Qui n'est pas supportable. *Une chaleur intenable.* **2.** Que l'on ne peut pas discipliner, maîtriser. *Ces enfants sont intenables.* **3.** Qui ne peut être tenu, conservé, défendu militairement. *Position intenable.*
INTENDANCE n.f. **1.** Fonction, service, bureaux de l'intendant. **2.** *Intendance militaire :* service chargé de pourvoir aux besoins des militaires (solde, alimentation, habillement, etc.) et à l'administration de l'armée. **3.** *Intendance universitaire :* corps de fonctionnaires chargés de l'administration financière des lycées et collèges, et de pourvoir aux besoins matériels de ces établissements. **4.** Fam. *L'intendance :* les questions matérielles et économiques. *S'occuper*

de l'intendance. ◇ *L'intendance suivra :* les solutions économiques viendront en leur temps, une fois prises les décisions politiques.

1. INTENDANT, E n. (lat. *intendens,* qui surveille). **1.** Fonctionnaire chargé de l'administration financière d'un établissement public ou d'enseignement. **2.** Personne chargée d'administrer les affaires, le patrimoine d'une collectivité ou d'un particulier.

2. INTENDANT n.m. **1.** MIL. Fonctionnaire de l'intendance militaire. **2.** HIST. Sous l'Ancien Régime, commissaire royal établi dans une généralité.

INTENSE adj. (bas lat. *intensus,* tendu). D'une puissance, d'une force très grande, qui dépasse la moyenne. *Chaleur intense. Activité intense.*

INTENSÉMENT adv. De façon intense.

INTENSIF, IVE adj. **1.** Qui met en œuvre des moyens importants ; qui fait l'objet de gros efforts. *Un entraînement sportif intensif.* **2.** PHYS. Qui a le caractère de l'intensité. *Grandeur intensive* (ex. : *pression, température*). **3.** Se dit d'une culture, d'un système de production agricole dont on obtient de forts rendements à l'hectare ou d'un élevage dont on obtient de hauts rendements zootechniques. **4.** LING. Qui renforce la notion exprimée. *Hyper- est un préfixe intensif.*

INTENSIFICATION n.f. Action d'intensifier.

INTENSIFIER v.t. Rendre plus intense, plus fort, plus actif. *Intensifier ses efforts.* ◆ **s'intensifier** v.pr. Devenir plus intense.

INTENSIONNEL, ELLE adj. LOG. Se dit de tout énoncé qui ne satisfait pas aux propriétés définies à l'intérieur d'un champ conceptuel donné, par opp. à *extensionnel.*

INTENSITÉ n.f. **1.** Très haut degré d'énergie, de force, de puissance atteint par qqch. **2.** Expression de la valeur numérique d'une grandeur (génér. vectorielle). *Intensité d'une force.* **3.** Quantité d'électricité que débite un courant continu pendant l'unité de temps. ◇ *Intensité lumineuse :* flux lumineux envoyé par une source de lumière dans un angle solide unité.

INTENSIVEMENT adv. De façon intensive.

INTENTER v.t. (lat. *intentare,* diriger). DR. Entreprendre contre qqn (une action en justice).

INTENTION n.f. (lat. *intentio,* action de diriger). Dessein délibéré d'accomplir tel ou tel acte, volonté. *Il l'a fait dans une bonne intention.* ◇ *À l'intention de qqn :* spécialement pour lui. *La collation était préparée à votre intention.*

INTENTIONNALITÉ n.f. PHILOS. Pour la phénoménologie, caractère propre qu'a la conscience d'être toujours orientée vers un objet, d'être conscience de qqch.

INTENTIONNÉ, E adj. *Bien, mal intentionné :* qui a de bonnes, de mauvaises dispositions d'esprit à l'égard de qqn.

INTENTIONNEL, ELLE adj. Fait de propos délibéré, avec intention. *Oubli intentionnel.*

INTENTIONNELLEMENT adv. Avec intention ; exprès, volontairement.

INTER [ɛ̃tɛr] n.m. (abrév.). Fam., vieilli. Téléphone interurbain.

INTERACTIF, IVE adj. **1.** Se dit de phénomènes qui réagissent les uns sur les autres. **2.** INFORM. Doué d'interactivité ; conversationnel. **3.** Se dit d'un support de communication favorisant un échange avec le public. *Émission, exposition, livre interactifs.*

INTERACTION n.f. **1.** Influence réciproque de deux phénomènes, de deux personnes. **2.** PHYS. *Interaction fondamentale :* chacun des types d'action réciproque qui s'exercent entre les constituants de la matière (interactions gravitationnelle, électromagnétique, faible [radioactivité et désintégration] et forte [force nucléaire]). [La théorie unifiée des interactions électromagnétique et faible a conduit à la théorie « électrofaible ».]

INTERACTIONNEL, ELLE adj. Didact. Relatif à l'interaction.

INTERACTIVITÉ n.f. **1.** INFORM. Faculté d'échange entre l'utilisateur d'un système informatique et la machine, par l'intermédiaire d'un terminal doté d'un écran de visualisation. **2.** Caractère d'un média interactif.

INTERAFRICAIN, E adj. Qui intéresse l'ensemble du continent africain.

INTERAGIR v.i. Exercer une interaction.

INTERALLEMAND, E adj. Qui concernait les deux Allemagnes, avant l'unification de ce pays.

INTERALLIÉ, E adj. Commun à plusieurs alliés.

INTERAMÉRICAIN, E adj. Commun à plusieurs États du continent américain.

INTERARABE adj. Commun à l'ensemble des pays arabes.

INTERARMÉES adj. Commun à plusieurs armées (de terre, de mer ou de l'air).

INTERARMES adj. Commun à plusieurs armes (infanterie, artillerie, etc.) de l'armée de terre. *Manœuvres interarmes.*

INTERATTRACTION n.f. Tendance à se regrouper que l'on observe entre les individus de certaines espèces.

INTERBANCAIRE adj. Qui concerne les relations entre banques.

INTERCALAIRE adj. **1.** Inséré, ajouté entre d'autres choses de même nature. *Feuille intercalaire.* **2.** Se dit du jour ajouté au mois de février dans les années bissextiles (29 février). ◆ n.m. Feuille, feuillet intercalaire.

INTERCALATION n.f. Action d'intercaler ; addition, après coup, d'un mot ou d'une ligne à l'intérieur d'un texte, d'un objet dans un ensemble, etc. ; ce qui est intercalé.

INTERCALER v.t. (lat. *intercalare,* de *calare,* appeler). Insérer parmi d'autres choses, dans une série, un ensemble. *Intercaler un nom dans une liste.*

INTERCÉDER v.i. (lat. *intercedere*) [18]. Intervenir en faveur de qqn. *Intercéder en faveur d'un condamné.*

INTERCELLULAIRE adj. BIOL. Se dit des espaces compris entre les cellules chez les êtres pluricellulaires.

INTERCEPTER v.t. (lat. *interceptus,* pris au passage). **1.** Arrêter au passage. *Les nuages interceptent les rayons du soleil.* **2.** S'emparer de (qqch qui était destiné à autrui). *Intercepter une lettre, un messager.* ◇ SPORTS. Dans certains sports d'équipe, s'emparer du ballon au cours d'une passe entre deux adversaires. **3.** Arrêter qqn, un véhicule, en l'empêchant d'atteindre son but. *La police a intercepté le malfaiteur.*

INTERCEPTEUR n.m. MIL. Avion de chasse spécialement conçu pour s'opposer, en les attaquant, aux incursions d'appareils ennemis.

INTERCEPTION n.f. **1.** Action d'intercepter ; fait d'être intercepté. **2.** MIL. Action qui consiste, après détection et identification des appareils ou engins adverses, à diriger sur eux des avions de chasse ou des missiles sol-air. **3.** SPORTS. Action d'intercepter le ballon.

INTERCESSEUR n.m. Litt. Personne qui intercède en faveur d'une autre personne.

INTERCESSION [ɛ̃tɛrsɛsjɔ̃] n.f. (lat. *intercessio*). Action d'intercéder ; prière en faveur de qqn.

INTERCHANGEABILITÉ n.f. **1.** Caractère de ce qui est interchangeable. **2.** TECHN. Caractère propre à des pièces ou organes de machines dont les tolérances de fabrication permettent de les monter à la place les uns des autres sans aucune opération d'ajustage.

INTERCHANGEABLE adj. Se dit de choses, de personnes qui peuvent être mises à la place les unes des autres.

INTERCIRCULATION n.f. CH. DE F. Circulation entre les voitures d'un train.

INTERCLASSE n.m. Intervalle qui sépare deux heures de classe.

INTERCLASSER v.t. Classer (deux ou plusieurs séries) en une série unique, partic. grâce à une interclasseuse.

INTERCLASSEUSE n.f. Machine permettant la fusion de deux ou plusieurs groupes de cartes perforées.

INTERCLUBS adj. Qui oppose les équipes ou les membres de plusieurs clubs sportifs. *Compétition interclubs.*

INTERCOMMUNAL, E, AUX adj. Qui est commun à plusieurs communes ou qui les concerne. *Hôpital intercommunal.*

INTERCOMMUNALITÉ n.f. Caractère de ce qui est intercommunal.

INTERCOMMUNAUTAIRE adj. Qui concerne les relations entre plusieurs communautés.

INTERCOMPRÉHENSION n.f. LING. Compréhension réciproque.

INTERCONNECTABLE adj. Qui peut être interconnecté.

INTERCONNECTER v.t. Associer, joindre par interconnexion.

INTERCONNEXION n.f. ÉLECTR. Association, par connexion, de réseaux distincts, pour assurer la continuité du service en cas de défaut, la mise en commun des réserves et une production plus économique.

INTERCONTINENTAL, E, AUX adj. Qui est situé ou qui a lieu entre des continents, ou qui les relie.

INTERCOSTAL, E, AUX adj. ANAT. Qui est entre les côtes. *Muscles intercostaux.*

INTERCOTIDAL, E, AUX adj. → ***intertidal.***

INTERCULTUREL, ELLE adj. Qui concerne les contacts entre différentes cultures.

INTERCURRENT, E adj. (lat. *intercurrens,* de *currere,* courir). MÉD. Se dit d'une affection qui survient pendant la durée d'une autre. *Maladie intercurrente.*

INTERDÉPARTEMENTAL, E, AUX adj. Commun à plusieurs départements.

INTERDÉPENDANCE n.f. Dépendance mutuelle.

INTERDÉPENDANT, E adj. Se dit de personnes ou de choses dépendant les unes des autres.

INTERDICTION n.f. **1.** Action d'interdire, défense. *Interdiction d'un genre de commerce.* **2.** Défense perpétuelle ou temporaire faite à une personne de remplir ses fonctions. *Prêtre, fonctionnaire frappé d'interdiction.* ◇ *Interdiction légale :* privation de l'exercice des droits civils constituant une peine accessoire à toute peine afflictive et infamante. – *Interdiction de séjour :* peine frappant certains condamnés, qui interdit à ceux-ci l'accès de certaines localités.

INTERDIGITAL, E, AUX adj. Situé entre les doigts. *Espace interdigital.*

INTERDIRE v.t. (lat. *interdicere*) [103]. **1.** Défendre à qqn, empêcher qqn d'utiliser, de faire. *Le médecin lui a interdit l'alcool.* **2.** Frapper d'interdiction. *Interdire un prêtre.*

INTERDISCIPLINAIRE adj. Qui établit des relations entre plusieurs sciences ou disciplines.

INTERDISCIPLINARITÉ n.f. Caractère de ce qui est interdisciplinaire.

1. INTERDIT, E adj. et n. Qui est l'objet d'une interdiction. *Prêtre interdit. Un interdit de séjour.* ◆ adj. Qui ne sait que répondre, qui perd contenance, déconcerté. *Demeurer interdit.*

2. INTERDIT n.m. **1.** Condamnation absolue qui met qqn à l'écart d'un groupe. *Jeter l'interdit sur qqn. Lever un interdit.* **2.** Impératif institué par un groupe, une société et qui prohibe un acte, un comportement. *Transgression d'un interdit.* **3.** DR. CAN. Censure qui prive les fidèles de certains biens spirituels (par ex. la célébration du culte) sans les exclure de la communauté ecclésiale.

INTERENTREPRISES adj. Qui concerne plusieurs entreprises.

INTÉRESSANT, E adj. **1.** Qui offre de l'intérêt, digne d'attention, important. *Nouvelle intéressante.* **2.** Qui procure un avantage matériel ; avantageux. *Acheter à un prix intéressant.* **3.** Qui inspire de l'intérêt, excite la sympathie. – Vieilli. *État intéressant, position intéressante :* état d'une femme enceinte. ◆ n. *Faire l'intéressant, son intéressant :* chercher à se faire remarquer.

INTÉRESSÉ, E adj. et n. Qui est concerné par une chose. *Prévenir les intéressés.* ◆ adj. **1.** Qui n'a en vue que son intérêt pécuniaire. **2.** Inspiré par l'intérêt. *Service intéressé.*

INTÉRESSEMENT n.m. Participation aux bénéfices d'une entreprise. *Intéressement des salariés.*

INTÉRESSER v.t. (de *intérêt*). **1.** Avoir de l'importance, de l'utilité pour ; concerner. *Loi qui intéresse les industriels.* **2.** Inspirer de l'intérêt, retenir l'attention de. *Ce jeune homme m'intéresse. Ce livre vous intéressera.* **3.** Attribuer une part des bénéfices d'une entreprise à. *Il est intéressé à l'affaire.* ◆ **s'intéresser** v.pr. ***(à).*** Avoir de l'intérêt pour.

INTÉRÊT n.m. (du lat. *interest,* il importe). **I. 1.** Ce qui importe, ce qui est utile, avantageux. *Agir dans* *l'intérêt d'un ami.* **2.** Attachement exclusif à ce qui est avantageux pour soi, en partic. à l'argent. *C'est l'intérêt qui le guide.* **II. 1.** (Génér. au pl.). Part, somme d'argent qu'une personne a dans une affaire. *Avoir des intérêts dans une entreprise.* **2.** Somme que le débiteur paie au créancier pour l'usage de l'argent prêté. ◇ *Intérêt composé :* intérêt perçu sur un capital formé d'un capital primitif accru de ses intérêts accumulés jusqu'à l'époque de l'échéance. [Le capital *a,* placé au taux *r* pour 1 F, devient au bout de *n* années : $A = a(1 + r)^n$.] – *Intérêt simple :* intérêt perçu sur le capital primitif non accru de ses intérêts. (L'intérêt simple *i* du capital *a,* placé pendant le temps *t,* au taux de *r* est : $i = \frac{art}{100}$.) – *Intérêts compensatoires :* somme destinée à réparer le préjudice causé par l'inexécution d'une obligation. – *Intérêts moratoires :* somme destinée à réparer le préjudice causé par un retard dans l'exécution d'une obligation. **III. 1.** Sentiment de curiosité, de bienveillance à l'égard de qqch, de qqn ; agrément que l'on y prend. *Ressentir un vif intérêt pour qqn.* **2.** Originalité, importance. *Une déclaration du plus haut intérêt.*

INTERETHNIQUE adj. Relatif aux rapports, aux échanges entre ethnies différentes.

INTERFACE [ɛ̃tɛrfas] n.f. **1.** Didact. Limite commune à deux systèmes, permettant des échanges entre ceux-ci. *L'interface gaz-liquide. L'interface production-distribution.* **2.** INFORM. Frontière conventionnelle entre deux systèmes ou deux unités, permettant des échanges d'informations.

INTERFÉCOND, E adj. BIOL. Se dit d'individus ou de populations qui peuvent se reproduire par croisement.

INTERFÉRENCE n.f. **1.** Rencontre, conjonction de deux séries de phénomènes distincts. *L'interférence des faits démographiques et politiques.* **2.** PHYS. Phénomène résultant de la superposition d'oscillations ou d'ondes de même nature et de fréquences égales (ou voisines).

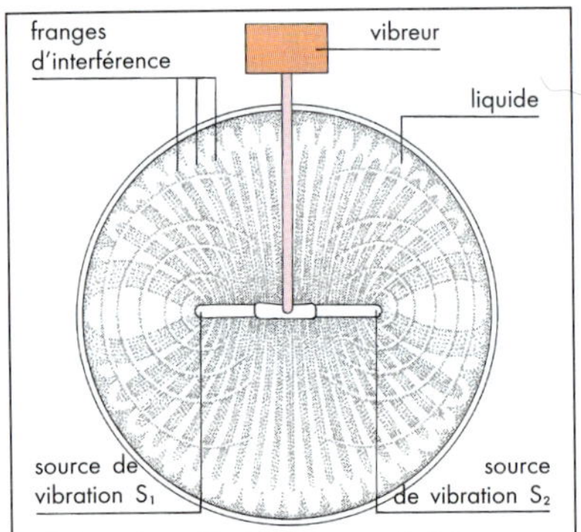

phénomène d'**interférence** générée par deux sources de vibrations (S_1 et S_2) à la surface d'un liquide

INTERFÉRENT, E adj. PHYS. Qui présente le phénomène d'interférence.

INTERFÉRENTIEL, ELLE adj. Didact. Relatif aux interférences.

INTERFÉRER v.i. (du lat. *inter,* entre, et *ferre,* porter) [18]. **1.** Se superposer en se renforçant ou en se contrariant. *Ces évènements ont fini par interférer dans ma vie privée.* **2.** Produire des interférences. *Des rayons qui interfèrent.*

INTERFÉROMÈTRE n.m. Appareil de mesure par interférométrie.

INTERFÉROMÉTRIE n.f. Méthode de mesure de très grande précision, fondée sur les phénomènes d'interférence.

INTERFÉRON n.m. Protéine produite par les cellules infectées par un virus et qui rend ces cellules, et les autres cellules dans lesquelles elle a diffusé, résistantes à toute autre infection virale.

INTERFLUVE n.m. GÉOGR. Région entre deux vallées.

INTERFOLIAGE n.m. REL. Action d'interfolier.

INTERFOLIER v.t. REL. Insérer des feuillets blancs entre les pages d'un livre.

INTERFRANGE n.m. OPT. Distance séparant deux franges consécutives d'interférence ou de diffraction.

INTERGALACTIQUE adj. ASTRON. Situé entre des galaxies.

INTERGLACIAIRE adj. Se dit des périodes, et notamm. des périodes du quaternaire, comprises entre deux glaciations.

INTERGOUVERNEMENTAL, E, AUX adj. Qui concerne plusieurs gouvernements.

INTERGROUPE n.m. Réunion de parlementaires de différents groupes politiques, formée pour étudier un problème déterminé.

1. INTÉRIEUR, E adj. (lat. *interior*). **1.** Qui est au-dedans, dans l'espace compris entre les limites de qqch. *Cour intérieure.* **2.** Qui se rapporte à l'esprit, à la vie morale, psychologique de l'homme. *Sentiment intérieur.* **3.** Qui concerne un pays, un territoire. *Politique intérieure.* **4.** MATH. *Bissectrice intérieure d'un triangle* ABC *en* A : bissectrice de l'angle de sommet A ayant pour côtés les demi-droites d'origine A passant par B et C. (Les 3 bissectrices intérieures se coupent en un point, centre du cercle inscrit dans le triangle.)

2. INTÉRIEUR n.m. **1.** La partie de dedans. *L'intérieur du corps.* **2.** Espace compris entre les frontières d'un pays ; le pays lui-même, ou sa partie centrale, par opp. aux frontières ou aux côtes. ◇ *Ministère de l'Intérieur :* administration chargée de représenter l'État sur le territoire national, et notamm. de la direction des affaires administratives et de la police. **3.** Endroit où l'on habite ; maison, appartement. *Un intérieur confortable.* ◇ *Femme d'intérieur :* femme qui sait tenir sa maison. – *Homme, femme d'intérieur,* qui n'aime pas sortir, qui reste au milieu des siens. – *Robe, veste d'intérieur :* vêtement confortable que l'on porte chez soi. **4.** *De l'intérieur :* en faisant partie d'un groupe, en participant à la chose même. *Juger de l'intérieur.*

INTÉRIEUREMENT adv. **1.** Au-dedans. **2.** En soi-même, à part soi. *Se révolter intérieurement.*

INTÉRIM [ɛ̃terim] n.m. (lat. *interim,* pendant ce temps-là). **1.** Temps pendant lequel une fonction est remplie par un autre que par le titulaire ; exercice de cette fonction. ◇ *Par intérim :* pendant l'absence du titulaire ; provisoirement. *Ministre par intérim.* **2.** Activité des salariés intérimaires. *Faire de l'intérim. Société d'intérim.*

INTÉRIMAIRE n. et adj. **1.** Personne qui, provisoirement, exerce des fonctions à la place du titulaire. **2.** Travailleur mis temporairement à la disposition d'une entreprise par une entreprise de travail temporaire pour qu'il occupe un emploi ponctuel (remplacement, surcroît de travail). ◆ adj. Qui a lieu, qui s'exerce par intérim. *Fonctions intérimaires.*

INTERINDIVIDUEL, ELLE adj. Qui concerne les rapports entre plusieurs individus.

INTERINDUSTRIEL, ELLE adj. Qui concerne les échanges entre secteurs de l'économie.

INTÉRIORISATION n.f. Action d'intérioriser.

INTÉRIORISER v.t. **1.** Garder pour soi, contenir en son for intérieur. *Intérioriser sa colère.* **2.** Faire siennes (des opinions, des règles de conduite qui étaient jusque-là étrangères ou extérieures, au point de ne plus les distinguer comme acquises). *Il a complètement intériorisé les règles de fonctionnement de son parti.* **3.** Rendre plus intime, plus profond. *Intérioriser un rôle.*

INTÉRIORITÉ n.f. Caractère de ce qui est intérieur.

INTERJECTIF, IVE adj. GRAMM. Qui exprime l'interjection. *Locution interjective.*

INTERJECTION n.f. (lat. *interjectio,* parenthèse). GRAMM. Mot invariable, isolé, qui exprime un sentiment violent, une émotion, un ordre (ex. : *ah !, hélas !, chut !*).

INTERJETER v.t. [27]. DR. *Interjeter appel :* faire appel d'une décision de justice rendue en premier ressort.

INTERLEUKINE n.f. BIOCHIM. Substance jouant un rôle de médiateur dans la réponse immunitaire.

INTERLIGNAGE n.m. Action ou manière d'interligner.

1. INTERLIGNE n.m. Blanc séparant des lignes composées, écrites ou dactylographiées.

2. INTERLIGNE n.f. ARTS GRAPH. Lame de métal, d'une épaisseur qui varie d'un demi-point à six points typographiques, dont on se sert pour espacer les lignes ; avance du film supérieure à la force de corps nominale et remplissant la même fonction, en photocomposition.

INTERLIGNER v.t. Séparer par des interlignes.

INTERLOCK n.m. (mot angl.). **1.** Tricot à mailles cueillies dont l'aspect est identique sur les deux faces. **2.** Métier circulaire spécialement conçu pour réaliser ce tricot.

INTERLOCUTEUR, TRICE n. (du lat. *inter,* entre, et *loqui,* parler). **1.** Toute personne conversant avec une autre. **2.** Personne avec laquelle on engage des négociations, des pourparlers. *Interlocuteur valable.*

INTERLOCUTOIRE adj. et n.m. DR. *Jugement interlocutoire :* jugement qui, avant de statuer sur le fond, ordonne des mesures propres à préparer la solution de l'affaire.

INTERLOPE adj. (de l'angl. *interloper,* navire trafiquant en fraude). **1.** Équivoque, louche, suspect. *Personnage interlope.* **2.** Illégal. *Commerce interlope.*

INTERLOQUER v.t. (lat. *interloqui,* interrompre). Mettre dans l'embarras par un effet de surprise, décontenancer. *Cette réponse l'a interloqué.*

INTERLUDE n.m. Divertissement dramatique ou musical entre deux parties d'un spectacle, d'une émission de télévision, etc.

INTERMÈDE n.m. (it. *intermedio,* lat. *intermedius*). **1.** Divertissement entre deux pièces ou deux actes d'une représentation théâtrale. *Intermède comique.* **2.** Temps pendant lequel une action s'interrompt ; période de temps entre deux évènements.

1. INTERMÉDIAIRE adj. (du lat. *inter,* entre, et *medius,* qui est au milieu). Qui est entre deux choses, qui forme une transition entre deux termes.

2. INTERMÉDIAIRE n. **1.** Personne qui sert de lien entre deux autres. *Servir d'intermédiaire.* **2.** Personne, entreprise, etc., qui, dans un circuit de distribution commerciale, se trouve entre le producteur et le consommateur, l'acheteur. ◆ n.m. Entremise, voie, moyen. *Apprendre une nouvelle par l'intermédiaire d'un correspondant.*

INTERMÉDIATION n.f. Processus au terme duquel les établissements de crédit, recevant des épargnes, les affectent à des prêts.

INTERMÉTALLIQUE adj. Se dit de composés formés de deux ou de plusieurs métaux.

INTERMEZZO [ɛ̃tɛrmedzo] n.m. (mot it., *intermède*). **1.** MUS. Divertissement musical intercalé entre les parties d'une œuvre théâtrale. **2.** Pièce instrumentale de caractère.

INTERMINABLE adj. Qui dure très longtemps. *Attente interminable.*

INTERMINABLEMENT adv. De façon interminable.

INTERMINISTÉRIEL, ELLE adj. Relatif à plusieurs ministres ou ministères.

INTERMISSION n.f. MÉD. Intermittence.

INTERMITTENCE n.f. **1.** Caractère de ce qui est intermittent. *L'intermittence d'un signal lumineux.* ◇ *Par intermittence :* par moments, de façon discontinue ; irrégulièrement. **2.** MÉD. Intervalle qui sépare deux accès de fièvre ; intermission.

INTERMITTENT, E adj. (du lat. *intermittere,* discontinuer). Qui s'arrête et reprend par intervalles ; discontinu, irrégulier. *Travail intermittent.* ◇ Vx. *Fièvre intermittente :* paludisme. ◆ n. Salarié dont l'activité comporte une alternance de périodes travaillées et non travaillées. *Les intermittents du spectacle.*

INTERMODAL, E, AUX adj. Qui met en jeu plusieurs moyens de transport différents (rail, route, fleuve, etc.). *Gare intermodale.*

INTERMOLÉCULAIRE adj. Qui est entre les molécules. *Espace intermoléculaire.*

INTERMUSCULAIRE adj. Situé entre les muscles.

INTERNALISATION n.f. ÉCON. Inclusion, dans les charges d'une entreprise, du coût d'effets externes de l'activité de celle-ci (nuisances, pollutions, etc.).

INTERNAT n.m. **1.** Situation d'un élève interne. **2.** Établissement où les élèves sont nourris et logés. **3.** Concours permettant d'obtenir le titre d'interne des hôpitaux. *Passer l'internat.* ◇ Fonction d'interne ; durée de ces fonctions.

1. INTERNATIONAL, E, AUX adj. **1.** Qui a lieu, qui se passe entre plusieurs nations. *Arbitrage international.* **2. a.** *Style gothique interna-*

Style **international.** Maison Tugendhat à Brno, Tchécoslovaquie (1930). Architecte : Mies van der Rohe.

tional → **gothique. b.** *Style international :* se dit de l'architecture fonctionnelle, aux formes cubiques, sans ornements, créée par Le Corbusier, Gropius, Mies van der Rohe, les architectes du groupe De Stijl, etc., et qui s'est répandue dans de nombreux pays au cours des années 1925-1935. SYN. : *mouvement moderne.*

2. INTERNATIONAL, E, AUX n. Sportif qui représente son pays dans des épreuves internationales. ◆ n.m. **1.** Domaine des relations internationales, spécialt dans les échanges commerciaux. **2.** Dans une entreprise, secteur chargé de ce domaine. *Travailler à l'international.*

INTERNATIONALE n.f. Association générale de militants appartenant à diverses nations. (V. partie n.pr.)

INTERNATIONALISATION n.f. Action de rendre international.

INTERNATIONALISER v.t. Rendre international ; porter sur le plan international.

INTERNATIONALISME n.m. Doctrine selon laquelle les divers intérêts nationaux doivent être subordonnés à un intérêt général supranational.

INTERNATIONALISTE adj. et n. Relatif à l'internationalisme ; qui en est partisan.

INTERNATIONALITÉ n.f. État, caractère de ce qui est international.

INTERNAUTE n. Utilisateur du réseau télématique Internet.

1. INTERNE adj. (lat. *internus*). **1.** Qui concerne le dedans de qqch ; intérieur. *Maladie interne. Problème interne à l'entreprise.* ◇ *Médicament à usage interne,* à introduire dans l'organisme par voie buccale, rectale ou parentérale. – *Médecine interne :* branche de la médecine consacrée aux maladies internes justiciables d'un traitement médical (et non chirurgical). **2.** PHYS. *Énergie interne d'un système :* grandeur thermodynamique dont les variations sont égales à la somme du travail et de la chaleur échangés par ce système.

2. INTERNE n. **1.** Élève logé et nourri dans un établissement scolaire. **2.** *Interne des hôpitaux :* étudiant(e) en médecine, reçu(e) au concours de l'internat, qui seconde le chef de service dans un hôpital.

INTERNÉ, E adj. et n. **1.** Enfermé dans un camp de concentration, une prison. *Les internés politiques.* **2.** Qui est l'objet d'une mesure d'internement en milieu psychiatrique.

INTERNÉGATIF n.m. Film négatif polychrome établi à partir d'un interpositif ou d'un positif original en vue des tirages de série.

INTERNEMENT n.m. **1.** Action d'interner ; fait d'être interné. **2.** Mesure d'hospitalisation forcée en hôpital psychiatrique à l'initiative d'un proche (placement volontaire) ou du préfet du département (placement d'office).

INTERNER v.t. **1.** Enfermer dans un camp, une prison ; emprisonner. **2.** Faire entrer (un malade mental ou présumé tel) dans un hôpital psychiatrique.

INTERNONCE n.m. Représentant du pape dans un État non catholique.

INTEROCÉANIQUE adj. Qui sépare ou relie deux océans. *Isthme, canal interocéanique.*

INTÉROCEPTIF, IVE adj. PHYSIOL. Se dit de la sensibilité qui recueille ses informations dans les viscères et qui est le point de départ des réflexes végétatifs (par opp. à *extéroceptif*).

INTÉROCEPTIVITÉ n.f. PHYSIOL. Caractère de la sensibilité intéroceptive.

INTEROSSEUX, EUSE adj. Situé entre les os.

INTERPELLATEUR, TRICE n. Personne qui interpelle, qui adresse une interpellation.

INTERPELLATION n.f. **1.** Action d'interpeller. **2.** Demande d'explication adressée à un ministre par un membre du Parlement, et sanctionnée par un ordre du jour. **3.** Sommation faite à qqn d'avoir à dire, à faire qqch.

INTERPELLER [ɛ̃tɛrpəle] (cour.) ou [ɛ̃tɛrpɛle] (soutenu) v.t. (lat. *interpellare,* interrompre) [26]. **1.** Adresser la parole à qqn pour lui demander qqch. *Interpeller un passant.* **2.** Sommer qqn de répondre, lui demander de s'expliquer sur un fait ; vérifier son identité, l'arrêter. **3.** Contraindre qqn à regarder en face une situation, s'imposer à lui. *La misère du monde nous interpelle.*

INTERPÉNÉTRATION n.f. Pénétration mutuelle.

INTERPÉNÉTRER (S') v.pr. [18]. Se pénétrer mutuellement.

INTERPERSONNEL, ELLE adj. Qui concerne les relations entre les individus.

INTERPHASE n.f. BIOL. Période qui sépare deux divisions successives d'une cellule vivante. (C'est pendant l'interphase que la cellule se nourrit et grandit jusqu'à doubler de volume.)

INTERPHONE n.m. (nom déposé). Téléphone à haut-parleur permettant des communications à courte distance, en général à l'intérieur du même bâtiment.

INTERPLANÉTAIRE adj. ASTRON. Situé entre les planètes du système solaire.

INTERPOLATEUR, TRICE n. Personne qui interpole.

INTERPOLATION n.f. **1.** Action d'interpoler ; passage interpolé. **2.** MATH. *Interpolation linéaire :* approximation d'une fonction, sur un intervalle donné, par la fonction affine définie sur cet intervalle et prenant aux bornes de cet intervalle les valeurs de la fonction approchée. **3.** STAT. Intercalation, dans une suite de valeurs connues, d'une ou de plusieurs valeurs déterminées par le calcul et non par l'observation.

INTERPOLER v.t. (lat. *interpolare,* réparer). **1.** Introduire dans un texte des passages qui n'en font pas partie et qui en changent le sens. **2.** MATH. Effectuer l'interpolation de.

INTERPOSER v.t. (lat. *interponere*). **1.** Placer entre deux choses. *Interposer un rideau pour tamiser la lumière.* **2.** Faire intervenir comme médiation entre deux personnes. *Interposer son autorité.* ◆ **s'interposer** v.pr. Se placer entre, s'intercaler, s'entremettre.

INTERPOSITIF n.m. CIN. Copie positive intermédiaire polychrome établie par tirage d'un internégatif.

INTERPOSITION n.f. Action d'interposer ; fait de s'interposer. ◇ DR. *Interposition de personnes :* fait, pour qqn, de conclure un acte pour une autre personne, afin de lui faciliter l'octroi d'avantages que cette dernière ne pourrait pas obtenir directement.

INTERPRÉTABLE adj. Qui peut être interprété.

INTERPRÉTARIAT n.m. Métier, fonction d'interprète. *École d'interprétariat.*

INTERPRÉTATIF, IVE adj. Qui contient une interprétation. *Jugement interprétatif.*

INTERPRÉTATION n.f. **1.** Action d'interpréter, de donner un sens à qqch ; explication, commentaire. *Interprétation d'un texte, d'une œuvre.* **2.** Action ou manière de représenter, de jouer, de danser une œuvre dramatique, musicale, chorégraphique, etc. ◇ *Interprétation musicale :* exercice d'improvisation chorégraphique sur un canevas musical donné. **3.** PSYCHAN. Travail effectué par le patient, aidé par son analyste, pour dégager le désir inconscient qui anime certains de ses comportements. **4.** LOG. *Interprétation (d'une théorie axiomatique formalisée) :* opération qui consiste à associer, aux symboles d'une théorie, des objets et des relations entre ces objets. **5.** INFORM. Traduction et exécution d'un programme instruction par instruction.

INTERPRÈTE n. (lat. *interpres, interpretis*). **1.** Personne qui traduit oralement une langue dans une autre. **2.** Personne qui est chargée de déclarer, de faire connaître les volontés, les intentions d'une autre. *Soyez mon interprète auprès de votre amie.* **3.** Personne qui exécute une œuvre musicale vocale ou instrumentale, qui joue un rôle au théâtre ou au cinéma.

INTERPRÉTER v.t. (lat. *interpretari*) [18]. **1.** Chercher à rendre compréhensible, à traduire, à donner un sens à. *Interpréter un rêve, une loi. Mal interpréter les intentions de qqn.* **2. a.** Jouer (un rôle) dans une pièce ou un film. **b.** Exécuter (un morceau de musique). **c.** Danser (une œuvre chorégraphique). ◆ **s'interpréter** v.pr. Être compris, expliqué. *Cette réponse peut s'interpréter de plusieurs façons.*

INTERPRÉTEUR n.m. INFORM. Logiciel d'interprétation.

INTERPROFESSION n.f. Groupe de professions d'un secteur économique.

INTERPROFESSIONNEL, ELLE adj. Qui groupe, concerne plusieurs professions. *Salaire minimum interprofessionnel de croissance (S. M. I. C.).*

INTERQUARTILE adj. STAT. Se dit de l'intervalle séparant le premier et le troisième quartile d'une série statistique.

INTERRACIAL, E, AUX adj. Qui se produit entre des gens de races différentes.

INTERRÉGIONAL, E, AUX adj. Qui concerne plusieurs régions. ◇ *Entente interrégionale :* établissement public associant de deux à quatre Régions limitrophes.

INTERRÈGNE n.m. **1.** Intervalle entre la mort d'un roi et le sacre de son successeur. **2. Par plais.** Intervalle pendant lequel une fonction n'est pas assurée par un titulaire.

INTERROGATEUR, TRICE adj. et n. Qui interroge. *Regard interrogateur.*

INTERROGATIF, IVE adj. Qui exprime une interrogation. *Phrase interrogative.* ◆ **n.m.** Mot interrogatif (adjectif, pronom, adverbe).

INTERROGATION n.f. (lat. *interrogatio*). Demande, question ou ensemble de questions. *Répondre à une interrogation.* ◇ *Interrogation directe :* interrogation posée directement à l'interlocuteur, sans l'intermédiaire d'un verbe (ex. : *qui est venu ?*). – *Interrogation indirecte :* interrogation posée par l'intermédiaire d'un verbe comme *savoir, demander,* etc. (ex. : *je me demande qui est venu*). – *Point d'interrogation :* signe de ponctuation (?) placé à la fin d'une interrogative directe ; **fam.,** chose incertaine, imprévisible.

INTERROGATIVE n.f. GRAMM. Phrase interrogative.

INTERROGATIVEMENT adv. D'une manière interrogative ; par interrogation.

INTERROGATOIRE n.m. **1.** Ensemble des questions posées à qqn (prévenu, accusé) et des réponses qu'il y apporte au cours d'une enquête, d'une instruction. **2.** Procès-verbal consignant ces demandes et ces réponses.

INTERROGEABLE adj. TÉLÉCOMM. Que l'on peut interroger. *Répondeur interrogeable à distance.*

INTERROGER v.t. (lat. *interrogare*) [17]. **1.** Adresser, poser des questions à ; questionner. **2.** Examiner avec attention. *Interroger l'histoire. Interroger le ciel pour voir s'il va pleuvoir.* **3.** TÉLÉCOMM. Consulter, génér. à distance, une base de données pour obtenir un renseignement.

INTERROI n.m. À Rome, sous la République, magistrat qui gouvernait en cas de disparition simultanée des deux consuls.

INTERROMPRE v.t. (lat. *interrumpere*) [78]. **1.** Rompre la continuité ou la continuation de. *Interrompre son travail.* **2.** Couper la parole à qqn, l'arrêter dans son discours. *Interrompre une personne qui parle.* ◆ **s'interrompre** v.pr. Cesser de faire qqch, s'arrêter au cours d'une action.

INTERRO-NÉGATIF, IVE adj. (pl. *interro-négatifs, ives*). Se dit d'une phrase interrogative dont l'interrogation porte sur une phrase négative. (Ex. : *ne viendra-t-elle pas demain ?*)

INTERRUPTEUR n.m. Appareil qui sert à interrompre ou à rétablir un courant électrique en ouvrant ou en fermant son circuit ; commutateur.

INTERRUPTION n.f. **1.** Action d'interrompre ; suspension, arrêt. *Travailler sans interruption.* **2.** Paroles prononcées pour interrompre. *De bruyantes interruptions.*

INTERSAISON n.f. Période qui sépare deux saisons commerciales, touristiques, sportives, etc.

INTERSECTÉ, E adj. MATH. Coupé. *Ligne intersectée.*

INTERSECTION n.f. (lat. *intersectio,* de *secare,* couper). **1.** Endroit où deux routes se croisent. **2.** MATH. Ensemble des points ou des éléments communs à deux ou à plusieurs lignes, surfaces ou volumes. – *Point d'intersection :* endroit où deux lignes se coupent. **3.** LOG. *Intersection* ou *produit de deux relations :* jonction entre deux relations s'exprimant par « et », et qui se vérifie si – et seulement si – les deux relations se vérifient à la fois. – *Intersection* ou *produit des classes* K *et* L *:* classe constituée d'éléments appartenant à la fois à la classe K et à la classe L ; l'opération elle-même (symbolisée par K ∩ L). – MATH. *Intersection de deux ensembles* A *et* B *:* ensemble des éléments communs à ces deux ensembles noté A ∩ B (A inter B).

INTERSESSION n.f. Temps qui sépare deux sessions d'une assemblée.

INTERSEXUALITÉ n.f. Évolution d'un animal qui change de sexe au cours de sa vie.

INTERSIDÉRAL, E, AUX adj. ASTRON. Situé entre les astres.

INTERSIGNE n.m. Lien mystérieux qui existerait entre deux faits, deux êtres en apparence indépendants l'un de l'autre ; présage.

INTERSPÉCIFIQUE adj. BIOL. Relatif aux rapports entre espèces.

INTERSTELLAIRE adj. (lat. *stella,* étoile). ASTRON. Situé entre les étoiles. ◇ *Matière interstellaire :* ensemble des matériaux extrêmement diffus (gaz et poussières) existant dans l'espace situé entre les étoiles d'une galaxie.

INTERSTICE [ɛ̃tɛrstis] n.m. (lat. *interstare,* se trouver entre). Petit espace vide entre les parties de qqch. *Les interstices des volets.*

INTERSTITIEL, ELLE [ɛ̃tɛrstisjɛl] adj. Situé dans les interstices de qqch. ◇ MÉD. Se dit de formations cellulaires situées entre les cellules parenchymateuses des organes ou de substances qui séparent les cellules des tissus de type conjonctif.

INTERSUBJECTIF, IVE adj. Relatif à l'intersubjectivité.

INTERSUBJECTIVITÉ n.f. Communication entre deux personnes, considérée sur le plan de l'échange de contenus.

INTERSYNDICAL, E, AUX adj. Qui concerne plusieurs syndicats. *Réunion intersyndicale.*

INTERSYNDICALE n.f. Association de plusieurs sections syndicales, de plusieurs syndicats, pour des objectifs pratiques communs.

INTERTEXTUALITÉ n.f. LITTÉR. Ensemble des relations qu'un texte, et notamm. un texte littéraire, entretient avec un autre ou avec d'autres, tant au plan de sa création (par la citation, le plagiat, l'allusion, le pastiche, etc.) qu'au plan de sa lecture et de sa compréhension, par les rapprochements qu'opère le lecteur.

INTERTEXTUEL, ELLE adj. Relatif à l'intertextualité.

INTERTIDAL, E, AUX ou **INTERCOTIDAL, E, AUX** adj. (angl. *tide,* marée). GÉOGR. Se dit de la zone comprise entre les niveaux des marées les plus hautes et ceux des marées les plus basses.

INTERTITRE n.m. **1.** Titre secondaire annonçant une partie ou un paragraphe d'un article. **2.** CIN. Plan ne comportant que du texte, intercalé au montage à l'intérieur d'une scène. *Les intertitres indiquaient le dialogue dans le cinéma muet.*

INTERTRIBAL, E, AUX ou **ALS** adj. Relatif à des échanges entre tribus.

INTERTRIGO n.m. (mot lat., de *terere,* frotter). MÉD. Dermatose siégeant dans les plis de la peau.

INTERTROPICAL, E, AUX adj. Qui se trouve entre les tropiques.

1. INTERURBAIN, E adj. Établi entre des villes différentes.

2. INTERURBAIN ou, fam., **INTER** n.m. Vieilli. Téléphone interurbain, avant la généralisation des centraux automatiques.

INTERVALLE n.m. (lat. *intervallum*). **1.** Espace plus ou moins large entre deux corps ; distance d'un point à un autre. *Intervalle entre deux murs.* **2.** Espace de temps entre deux instants, deux périodes. *À deux mois d'intervalle.* ◇ *Par intervalles :* de temps à autre. **3.** MUS. Distance qui sépare deux sons (seconde, tierce, quarte, etc.). **4.** PHYS. Rapport des fréquences de deux sons. **5.** MATH. Ensemble des nombres x compris entre deux nombres a et b. – *Intervalle fermé* [a, b] *:* ensemble des nombres x tels que $a \leqslant x \leqslant b$. – *Intervalle ouvert*]a, b[*:* ensemble des nombres x tels que $a < x < b$. – *Intervalle semi-ouvert (ou semi-fermé) :* ensemble des nombres x tels que $a \leqslant x < b$ ou $a < x \leqslant b$.

les **intervalles** en musique

INTERVENANT, E adj. et n. Qui intervient dans un procès, dans une discussion, dans un processus économique, etc.

INTERVENIR v.i. (lat. *intervenire*) [40] [auxil. *être*]. **1.** Prendre part volontairement à une action pour en modifier le cours. *Intervenir dans une négociation.* **2.** Prendre la parole pour donner son avis. **3.** Procéder à une intervention chirurgicale. **4.** Se produire, avoir lieu. *Un évènement est intervenu.* **5.** MIL. Engager des forces militaires.

INTERVENTION n.f. **1.** Action d'intervenir dans une situation quelconque, un débat, une action, etc. **2.** Acte opératoire, opération chirurgicale. **3.** DR. INTERN. Action d'un État ou d'un groupe d'États s'ingérant dans la sphère de compétence d'un autre État.

INTERVENTIONNISME n.m. **1.** Doctrine préconisant l'intervention de l'État dans les affaires économiques. **2.** Doctrine préconisant l'intervention d'un État dans un conflit entre d'autres États.

INTERVENTIONNISTE n. et adj. Partisan de l'interventionnisme.

INTERVERSION n.f. Modification, renversement de l'ordre habituel ou naturel. *Interversion des lettres dans un mot.*

INTERVERTÉBRAL, E, AUX adj. Placé entre deux vertèbres.

INTERVERTIR v.t. (lat. *intervertere,* détourner). Modifier, renverser l'ordre naturel ou habituel des choses. *Intervertir les rôles.*

INTERVIEW [ɛ̃tɛrvju] n.f. ou m. (mot angl.). Entretien avec une personne pour l'interroger sur ses actes, ses idées, ses projets, afin soit d'en publier ou diffuser le contenu, soit de l'utiliser aux fins d'analyse (enquête d'opinion).

INTERVIEWÉ, E adj. et n. Se dit d'une personne soumise à une interview.

1. INTERVIEWER [ɛ̃tɛrvjuve] v.t. Soumettre à une interview.

2. INTERVIEWER [ɛ̃tɛrvjuvœr] n.m. ou **INTERVIEWEUR, EUSE** n. Personne qui interviewe qqn.

INTERVOCALIQUE adj. Situé entre deux voyelles.

INTESTAT [ɛ̃tɛsta] adj. inv. et n. (lat. *intestatus,* de *testari,* tester). Qui n'a pas fait de testament.

1. INTESTIN, E adj. (lat. *intestinus,* intérieur). Litt. Qui se passe entre des adversaires appartenant à la même communauté ; intérieur. *Divisions intestines.*

2. INTESTIN n.m. (lat. *intestina*). Viscère abdominal creux allant de l'estomac à l'anus, divisé en deux parties, l'*intestin grêle* et le *gros intestin* qui lui fait suite.

INTESTINAL, E, AUX adj. Qui concerne les intestins. *Occlusion intestinale.* SYN. : *entérique.* ◇ *Suc intestinal :* suc digestif sécrété par les glandes du duodénum et du jéjunum, contenant des enzymes qui agissent sur les aliments (amylase, maltase, invertase, lactase sur les glucides ; lipase sur les lipides ; peptidases et autres protéases sur les protides). – *Vers intestinaux :* parasites (ténia, ascaride, oxyure, etc.) de l'intestin de l'homme et des animaux.

INTIMATION n.f. DR. Action d'intimer.

INTIME adj. (lat. *intimus,* superlatif de *interior*). **1.** Litt. Intérieur et profond, qui constitue l'essence d'un être, d'une chose. *Connaître la nature intime de qqn.* **2.** Qui existe au plus profond de nous. *Conviction, sentiment intime.* **3.** Qui est uniquement privé, personnel ; qui se passe entre amis. *Un journal intime. Dîner intime.* **4.** *Toilette intime,* des organes génitaux. ◆ adj. et n. À qui on est lié par des liens profonds.

INTIMÉ, E adj. et n. DR. Cité en justice, particulièrement en appel.

INTIMEMENT adv. Très profondément. *Intimement persuadé. Intimement unis.*

INTIMER v.t. (bas lat. *intimare,* introduire, notifier). **1.** Signifier, déclarer avec autorité. *Intimer un ordre.* **2.** DR. Assigner en appel.

INTIMIDABLE adj. Que l'on peut intimider.

INTIMIDANT, E adj. Qui intimide.

INTIMIDATEUR, TRICE adj. Propre à intimider.

INTIMIDATION n.f. Action d'intimider ; menace, pression. *Agir par intimidation.*

INTIMIDER v.t. **1.** Inspirer de la crainte, de la peur à. **2.** Faire perdre son assurance à ; remplir de gêne, de timidité.

INTIMISME n.m. Style, manière intimiste.

INTIMISTE adj. et n. **1.** Se dit d'un écrivain, notamment d'un poète, qui exprime ses émotions, ses sentiments les plus intimes, les plus secrets sur le ton de la confidence. **2.** Se dit d'un peintre qui représente des scènes de caractère intime ou familier, de ses œuvres.

INTIMITÉ n.f. **1.** Litt. Caractère de ce qui est intime, secret. *Dans l'intimité de sa conscience.* **2.** Relations étroites, amitié. *Vivre dans l'intimité de qqn.* **3.** Vie privée. *Savoir préserver son intimité.*

INTITULÉ n.m. Titre d'un livre, d'un chapitre, d'une loi, d'un jugement, etc.

INTITULER v.t. (bas lat. *intitulare,* de *titulus,* inscription). Désigner par un titre. ◆ **s'intituler** v.pr. Avoir pour titre.

INTOLÉRABLE adj. **1.** Qu'on ne peut pas supporter ; insupportable. *Une douleur intolérable.* **2.** Qu'on ne peut pas admettre, accepter. *Une conduite intolérable.*

INTOLÉRANCE n.f. (*in* priv. et lat. *tolerare,* supporter). **1.** Attitude hostile ou agressive à l'égard de ceux dont on ne partage pas les opinions, les croyances. **2.** MÉD. Impossibilité, pour un organisme, de supporter certains médicaments ou certains aliments.

INTOLÉRANT, E adj. et n. Qui fait preuve d'intolérance.

INTONATIF, IVE adj. PHON. Relatif à l'intonation.

INTONATION n.f. (lat. *intonare,* faire retentir). **1.** Inflexion que prend la voix. **2.** PHON. Mouvement mélodique de la parole, caractérisé par des variations de hauteur des voyelles et qui joue un rôle important dans l'organisation de l'énoncé oral. **3.** MUS. Façon d'attaquer un son vocal permettant une émission juste.

INTOUCHABLE adj. **1.** Qui ne peut être touché ; intangible. **2.** Que l'on ne peut jamais joindre, contacter. ◆ adj. et n. **1.** Qui ne peut être l'objet d'aucune critique, d'aucune sanction ; sacro-saint. *Ses conseillers sont intouchables.* **2.** En Inde, membre des castes les plus basses.

INTOX n.f. (abrév.). Fam. Action, fait d'intoxiquer les esprits. *Faire de l'intox.*

INTOXICANT, E adj. Qui produit une intoxication. *Gaz intoxicant.*

INTOXICATION n.f. **1.** Introduction ou accumulation spontanée d'une substance toxique, d'un poison dans l'organisme. *Intoxication alimentaire.* **2. Fig.** Effet lent et insidieux sur l'esprit de certaines influences, qui émoussent le sens critique ou le sens moral.

INTOXIQUÉ, E adj. et n. Qui est sous l'effet d'un produit toxique, nuisible à l'organisme. ◇ **Spécialt.** Qui use habituellement d'une drogue, d'un stupéfiant.

INTOXIQUER v.t. (lat. *intoxicare*). **1.** Empoisonner, imprégner de substances toxiques. **2. Fig.** Influencer en faisant perdre tout sens critique. *Propagande qui intoxique les esprits.*

INTRA-ATOMIQUE adj. (pl. *intra-atomiques*). Contenu dans l'atome.

INTRACARDIAQUE adj. Qui concerne l'intérieur du cœur.

INTRACELLULAIRE adj. Qui est à l'intérieur d'une cellule vivante.

INTRACOMMUNAUTAIRE adj. Qui se fait à l'intérieur d'une communauté et, en partic., au sein de la Communauté européenne.

INTRACRÂNIEN, ENNE adj. Situé à l'intérieur de la boîte crânienne.

INTRADERMIQUE adj. Qui est situé dans l'épaisseur du derme.

INTRADERMO-RÉACTION n.f. (pl. *intradermo-réactions*). Injection intradermique d'une substance pour en étudier l'effet sur l'organisme. Abrév. : *intradermo.*

INTRADOS [ɛ̃trado] n.m. **1.** ARCHIT. Surface intérieure ou inférieure d'un arc, d'une voûte (par opp. à *extrados*). **2.** Surface inférieure d'une aile d'avion.

INTRADUISIBLE adj. Qu'on ne peut traduire. *Jeu de mots intraduisible.*

INTRAITABLE adj. Qui n'accepte aucun compromis, très exigeant. *Il est intraitable sur ce point.*

INTRAMOLÉCULAIRE adj. Qui concerne l'intérieur des molécules.

INTRAMONTAGNARD, E adj. Situé à l'intérieur d'une chaîne de montagnes.

INTRA-MUROS [ɛ̃tramyros] adv. et adj. inv. (mots lat., *en dedans des murs*). Dans l'intérieur de la ville. *Quartiers intra-muros.*

INTRAMUSCULAIRE adj. **1.** Situé à l'intérieur d'un muscle. **2.** *Injection intramusculaire* ou *intramusculaire,* n.f. : injection faite dans l'épaisseur d'un muscle.

INTRANSIGEANCE n.f. Caractère intransigeant de qqn ou de qqch.

INTRANSIGEANT, E adj. et n. (esp. *intransigente,* lat. *transigere,* transiger). Qui ne fait aucune concession, qui n'admet aucun compromis.

INTRANSITIF, IVE adj. et n.m. GRAMM. Se dit des verbes qui n'admettent pas de complément d'objet, comme *paraître, devenir, dîner, dormir,* etc.

INTRANSITIVEMENT adv. GRAMM. À la façon d'un verbe intransitif. *Verbe transitif employé intransitivement.*

INTRANSITIVITÉ n.f. GRAMM. Caractère d'un verbe intransitif.

INTRANSMISSIBILITÉ n.f. Caractère de ce qui est intransmissible.

INTRANSMISSIBLE adj. Qui ne peut se transmettre.

INTRANSPORTABLE adj. Que l'on ne peut transporter. *Blessé intransportable.*

INTRANT n.m. ÉCON. Élément entrant dans la production d'un bien. SYN. : *input.*

INTRANUCLÉAIRE adj. PHYS. Situé à l'intérieur du noyau de l'atome.

INTRAOCULAIRE adj. Didact. Qui est situé, qui s'opère à l'intérieur de l'œil.

INTRA-UTÉRIN, E adj. (pl. *intra-utérins, es*). Qui est situé ou qui a lieu à l'intérieur de l'utérus.

INTRAVEINEUX, EUSE adj. **1.** Qui concerne l'intérieur d'une veine. **2.** *Injection intraveineuse* ou *intraveineuse,* n.f. : injection faite à l'intérieur d'une veine.

INTRÉPIDE adj. et n. (lat. *intrepidus,* de *trepidus,* tremblant). Qui ne craint pas le danger, qui ne se laisse pas rebuter par les obstacles.

INTRÉPIDEMENT adv. Avec intrépidité.

INTRÉPIDITÉ n.f. Caractère d'une personne intrépide.

INTRICATION n.f. (du lat. *intricare,* embrouiller). État de ce qui est intriqué ; enchevêtrement.

INTRIGANT, E adj. et n. Qui recourt à l'intrigue pour parvenir à ses fins.

INTRIGUE n.f. **1.** Machination secrète ou déloyale qu'on emploie pour obtenir quelque avantage ou pour nuire à qqn. *Déjouer une intrigue.* **2.** Liaison amoureuse passagère. *Nouer une intrigue.* **3.** Enchaînement de faits et d'actions formant la trame d'une pièce de théâtre, d'un roman, d'un film, etc.

INTRIGUER v.t. (it. *intrigare,* lat. *intricare,* embarrasser). Exciter vivement la curiosité de. *Sa conduite m'intrigue.* ◆ v.i. Se livrer à des intrigues ; manœuvrer.

INTRINSÈQUE adj. (lat. *intrinsecus,* au-dedans). Qui appartient à l'objet lui-même, indépendamment des facteurs extérieurs ; inhérent ; essentiel. *Les difficultés intrinsèques de l'entreprise.* CONTR. : *extrinsèque.*

INTRINSÈQUEMENT adv. De façon intrinsèque, en soi ; essentiellement.

INTRIQUER v.t. Rendre complexe, entremêler. ◆ **s'intriquer** v.pr. Se mêler, se confondre.

INTRODUCTEUR, TRICE n. **1.** Personne qui introduit. *Servir d'introducteur à qqn.* **2.** Personne qui introduit quelque part une idée, un usage, une chose nouvelle.

INTRODUCTIF, IVE adj. **1.** Qui sert à introduire une question. *Exposé introductif.* **2.** DR. Qui sert de commencement à une procédure. *Requête introductive d'instance.*

INTRODUCTION n.f. **1.** Action d'introduire. **2.** *Lettre d'introduction :* lettre qu'on écrit pour faciliter à une personne l'accès auprès d'une autre. **3.** Texte explicatif en tête d'un ouvrage ; entrée en matière d'un exposé, d'un discours. **4.** Ce qui introduit à la connaissance d'une science. *Introduction à la chimie.*

INTRODUIRE v.t. (lat. *introducere*) [98]. **1.** Faire entrer (qqn). *Introduire une visiteuse.* **2.** Faire entrer, pénétrer une chose dans une autre. *Introduire une sonde dans une plaie.* **3.** Faire adopter par l'usage. *Introduire une nouvelle mode.* **4.** Faire admettre dans une société, présenter. *Introduire un ami dans la famille.* ◆ **s'introduire** v.pr. Entrer, pénétrer. *Voleurs qui s'introduisent dans une maison.*

INTROÏT [ɛ̃trɔit] n.m. (lat. *introitus,* entrée). LITURGIE. Chant d'entrée de la messe romaine.

INTROJECTION n.f. PSYCHAN. Processus par lequel le sujet intègre à son moi tout ce qui le satisfait dans le monde extérieur.

INTROMISSION n.f. (du lat. *intromittere,* introduire dans). Didact. Introduction. ◇ **Spécialt.** Introduction du pénis dans le vagin.

INTRONISATION n.f. Action d'introniser.

INTRONISER v.t. (gr. *enthronizein,* de *thronos,* trône épiscopal). Installer sur le trône (un roi, un évêque, etc.).

INTRORSE [ɛ̃trɔrs] adj. (lat. *introrsum,* en dedans). BOT. Se dit d'une anthère dont les fentes de déhiscence sont tournées vers l'intérieur de la fleur. (C'est le cas le plus fréquent.) CONTR. : *extrorse.*

INTROSPECTIF, IVE adj. Fondé sur l'introspection ; relatif à l'introspection.

INTROSPECTION n.f. (du lat. *introspicere,* regarder à l'intérieur). Observation méthodique, par le sujet lui-même, de ses états de conscience et de sa vie intérieure, en psychologie.

INTROUVABLE adj. Que l'on ne peut pas trouver.

INTROVERSION n.f. (mot all. ; lat. *introversus,* vers l'intérieur). PSYCHOL. Attitude d'une personne qui est surtout attentive à son moi, à sa vie intérieure, à ses émotions, et qui a tendance à se détourner du monde extérieur et du milieu ambiant. CONTR. : *extraversion.*

INTROVERTI, E adj. et n. Qui est porté à l'introversion. CONTR. : *extraverti.*

INTRUS, E [ɛ̃try, ɛ̃tryz] adj. et n. (du lat. *intrudere,* introduire de force). Qui s'introduit quelque part sans avoir qualité pour y être admis, sans y avoir été invité.

INTRUSION n.f. **I. 1.** Action de s'introduire sans y être invité, dans un lieu, dans une société, un groupe. **2.** Action d'intervenir dans un domaine où l'on n'a aucun titre à le faire. **3.** Arrivée, intervention soudaine de qqch. **II.** GÉOL. Mise en place d'un magma dans les formations préexistantes. – Ensemble de roches magmatiques mises en place en profondeur.

INTUBATION n.f. MÉD. Introduction, dans la trachée, d'un tube semi-rigide pour isoler les voies respiratoires des voies digestives et permettre la respiration artificielle en réanimation ou en anesthésie générale.

INTUBER v.t. MÉD. Pratiquer une intubation sur (un patient).

INTUITIF, IVE adj. Que l'on a par intuition ; qui procède de l'intuition. *Connaissance intuitive.* ◆ adj. et n. Doué d'intuition.

INTUITION n.f. (lat. *intuitio,* de *intueri,* regarder). **1.** Saisie immédiate de la vérité sans l'aide du raisonnement. **2.** Faculté de prévoir, de deviner. *Avoir l'intuition de l'avenir.*

INTUITIONNISME n.m. Doctrine des logiciens néerlandais Heyting et Brouwer, selon laquelle on ne doit considérer en mathématiques que les entités qu'on peut construire par l'intuition.

INTUITIVEMENT adv. Par intuition.

INTUMESCENCE n.f. (du lat. *intumescere,* gonfler). **1.** Didact. Gonflement. *L'intumescence de la rate.* **2.** PHYS. Onde de surface qui se produit dans les canaux découverts de faible profondeur.

INTUMESCENT, E [ɛ̃tymɛsɑ̃, ɑ̃t] adj. Didact. Qui commence à enfler.

INTUSSUSCEPTION n.f. (du lat. *intus,* dedans, et *suscipere,* prendre sur soi). CYTOL. Absorption.

INUIT [inɥit] adj. inv. Relatif aux Inuit, aux Esquimaux.

INUKTITUT [inuktitut] n.m. Langue parlée par les Inuit ; esquimau.

INULE n.f. (lat. *inula*). Plante à fleurs jaunes. (Famille des composées.)

INULINE n.f. CHIM. Glucide voisin de l'amidon, soluble dans l'eau, insoluble dans l'alcool, rencontré dans le rhizome de diverses composées (dahlia, topinambour).

INUSABLE adj. Qui ne peut s'user.

INUSITÉ, E adj. Qui n'est pas usité.

INUSUEL, ELLE adj. Qui n'est pas usuel.

IN UTERO [inytero] loc. adv. et adj. inv. (mots lat., *dans l'utérus*). Qui se produit à l'intérieur de l'utérus (en partic., en parlant des phénomènes physiologiques et pathologiques qui affectent l'embryon et le fœtus).

INUTILE adj. et n. Qui ne sert à rien.

INUTILEMENT adv. De façon inutile.

INUTILISABLE adj. Impossible à utiliser.

INUTILISÉ, E adj. Qu'on n'utilise pas.

INUTILITÉ n.f. Manque d'utilité. *L'inutilité d'un remède.* ◆ pl. Choses inutiles.

INVAGINATION n.f. (lat. *in,* dans, et *vagina,* gaine). MÉD. Repliement d'un organe creux sur lui-même, comme un doigt de gant retourné.

INVAGINER (S') v.pr. Se replier vers l'intérieur par invagination.

INVAINCU, E adj. Qui n'a jamais été vaincu.

INVALIDANT, E adj. Se dit d'une maladie, d'un handicap, d'une blessure, etc., qui constitue une gêne importante, une entrave à l'activité habituelle.

INVALIDATION n.f. Action d'invalider. ◇ **Spécialt.** Décision par laquelle une assemblée annule l'élection d'un de ses membres.

INVALIDE adj. et n. (lat. *invalidus,* faible). Infirme, qui n'est pas en état d'avoir une vie active. ◆ n.m. Ancien militaire que l'âge ou les infirmités ont rendu incapable de servir. – *Établissement des invalides de la marine :* organisme créé en 1673, et chargé aujourd'hui de gérer le régime spécial de sécurité sociale des marins. ◆ adj. DR. Qui n'est pas valable, qui est légalement nul.

INVALIDER v.t. Déclarer nul ou non valable. *Invalider une élection.*

INVALIDITÉ n.f. **1.** État d'une personne invalide. – *Assurance invalidité :* assurance du régime général de la Sécurité sociale qui permet notamm. l'octroi d'une pension aux invalides. **2.** DR. Manque de validité qui entraîne la nullité.

INVAR [ɛ̃var] n.m. (nom déposé). Alliage de fer à 36 p. 100 de nickel, caractérisé par une dilatation quasiment nulle aux températures peu éloignées de la température ordinaire.

INVARIABILITÉ n.f. État, caractère de ce qui est invariable.

INVARIABLE adj. **1.** Qui ne change pas. *L'ordre invariable des saisons.* **2.** GRAMM. Se dit d'un mot qui ne subit aucune modification quelle que soit sa fonction.

INVARIABLEMENT adv. De façon invariable ; toujours, immanquablement.

INVARIANCE n.f. 1. MATH. Caractère de ce qui est invariant. 2. PHYS. Propriété de certaines grandeurs physiques qui sont régies par des lois de conservation.

1. INVARIANT, E adj. 1. MATH. Se dit d'un point, d'une figure qui est sa propre image dans une transformation ponctuelle. (Une figure est invariante *point par point* si chaque point est invariant. Autrement, elle est dite *globalement invariante* [parallélogramme dans une symétrie autour de son centre].) 2. CHIM., PHYS. *Système invariant :* système en équilibre dont la variance est nulle.

2. INVARIANT n.m. 1. Ce qui ne varie pas, ce qui est constant. *Un invariant économique.* 2. MATH. Point, figure globalement invariants.

INVASIF, IVE adj. MÉD. 1. Se dit d'une méthode d'exploration ou de soins nécessitant une lésion de l'organisme. 2. Caractère d'une tumeur qui s'étend et envahit les tissus voisins.

INVASION n.f. (lat. *invadere,* envahir). 1. Action d'envahir un pays avec des forces armées. 2. Arrivée massive d'animaux nuisibles. *Invasion de sauterelles.* 3. Irruption de personnes ou de choses qui arrivent quelque part en grand nombre. *Invasion de touristes.* 4. Diffusion soudaine et massive d'objets, d'idées, de comportements, etc., jugés négatifs. *L'invasion en français des mots d'origine anglo-saxonne.* 5. MÉD. *Période d'invasion :* période de début des maladies infectieuses correspondant à l'apparition des premiers signes cliniques. (Elle succède à la période d'incubation.)

INVECTIVE n.f. (bas lat. *invectivus,* de *invehere,* attaquer). Parole violente et injurieuse. *Proférer des invectives contre qqn.*

INVECTIVER v.i. et t. Dire des invectives, injurier. *Invectiver contre qqn. Invectiver qqn.*

INVENDABLE adj. Qu'on ne peut vendre.

INVENDU, E adj. et n.m. Qui n'a pas été vendu. *Liquider les invendus.*

INVENTAIRE n.m. (lat. *inventus,* trouvé). 1. État, description et estimation des biens appartenant à qqn, à une collectivité. *Faire l'inventaire d'une succession.* ◇ *Faire l'inventaire de qqch,* en faire la revue détaillée, minutieuse. 2. État détaillé et estimatif des biens et droits que possède une entreprise, pour constater les profits ou les pertes.

INVENTER v.t. (de *inventeur*). 1. Créer le premier, en faisant preuve d'ingéniosité (ce qui n'existait pas encore et dont personne n'avait eu l'idée). *Gutenberg inventa l'imprimerie.* 2. Imaginer à des fins déterminées. *Inventer un expédient.* 3. Créer de toutes pièces, tirer de son imagination (ce que l'on fait passer pour réel ou vrai). *Inventer une histoire, une excuse.*

INVENTEUR, TRICE n. (lat. *inventor,* de *invenire,* trouver). 1. Personne qui invente. 2. DR. Qui découvre, retrouve un objet caché ou perdu, un trésor.

INVENTIF, IVE adj. Qui a le génie, le talent d'inventer. *Esprit inventif.*

INVENTION n.f. I. 1. Action d'inventer, de créer qqch de nouveau. *L'invention du téléphone.* 2. Chose inventée, imaginée. *Les grandes inventions.* 3. Faculté d'inventer, don d'imagination. 4. Mensonge imaginé pour tromper. *C'est une pure invention, je n'ai jamais dit cela !* 5. MUS. Courte composition musicale de style contrapuntique, pour instruments à clavier. II. DR. Découverte de choses cachées (trésor, gisement archéologique, etc.) ; objet ainsi découvert.

INVENTIVITÉ n.f. Qualité d'une personne inventive.

INVENTORIAGE n.m. Action d'inventorier.

INVENTORIER v.t. Faire l'inventaire de.

INVÉRIFIABLE adj. Qui ne peut être vérifié.

INVERSABLE adj. Qui ne peut se renverser.

1. INVERSE adj. (lat. *inversus*). 1. Opposé, contraire à la direction actuelle ou naturelle. *Sens, ordre inverse.* 2. *En raison inverse,* se dit d'une comparaison entre objets qui varient en proportion inverse l'un de l'autre. 3. MATH. *Nombres inverses l'un de l'autre,* dont le produit est égal à l'unité. – *Éléments inverses :* les deux éléments dont la composition fournit l'élément unité, dans un ensemble muni d'une loi de composition interne notée multiplicativement. – *Fonction inverse d'une fonction numérique* f (*ne s'annulant pas sur un intervalle* I) *:* fonction numérique égale pour x de I à l'inverse de $f(x)$. – *Application inverse (d'une bijection) :* application réciproque. – *Figures inverses,* transformées l'une de l'autre par inversion. 4. GÉOGR. *Relief inverse :* relief d'inversion*.

2. INVERSE n.m. 1. Contraire. *Faire l'inverse de ce qui est commandé.* 2. MATH. Élément ou nombre inverse d'un autre. 3. CHIM. *Inverse optique :* énantiomère.

3. INVERSE n.f. MATH. Figure, application, fonction inverse d'une autre.

INVERSEMENT adv. D'une manière inverse.

INVERSER v.t. (de *inverse*). 1. Renverser la direction, la position relative de. *Inverser deux propositions.* 2. Changer le sens d'un courant électrique.

INVERSEUR n.m. Appareil pour inverser un courant électrique, le sens de marche d'un ensemble mécanique. ◇ *Inverseur de poussée :* dispositif qui, dans un propulseur à réaction, peut modifier l'orientation de la poussée en changeant la direction des gaz.

INVERSIBLE adj. 1. PHOT. *Film inversible* ou *inversible,* n.m. : film dont le développement par inversion donne une image positive. 2. MATH. Se dit d'un élément d'un ensemble muni d'une loi de composition interne, admettant un inverse.

INVERSIF, IVE adj. LING. Qui a rapport à l'inversion.

INVERSION n.f. 1. Action d'inverser, fait de s'inverser. 2. LING. Construction par laquelle on donne aux mots un ordre autre que l'ordre normal ou habituel. *L'inversion du sujet dans l'interrogation directe.* 3. PATHOL. Retournement d'un organe creux. *Inversion de l'utérus après un accouchement.* 4. GÉOGR. a. *Relief d'inversion :* relief dont l'allure topographique est en opposition avec la disposition structurale. SYN. : *relief inverse.* b. *Inversion de température :* phénomène particulier aux régions montagneuses, où l'air froid, plus lourd, se trouve dans les vallées et les bassins, l'air relativement chaud, plus léger, en altitude. 5. CHIM. Transformation du saccharose en glucose et en lévulose par hydrolyse. 6. PHOT. Suite d'opérations permettant d'obtenir directement une image positive sur la couche sensible employée à la prise de vue. 7. MATH. Transformation ponctuelle qui, à tout point M (différent d'un point O appelé *pôle*), associe le point M' de la droite OM tel que le produit $\overline{OM} \times \overline{OM'}$ soit égal à une constante k (appelée *puissance*). 8. Vieilli. *Inversion sexuelle :* homosexualité.

INVERTASE n.f. Enzyme de la muqueuse intestinale qui dédouble le saccharose en glucose et en lévulose. SYN. : *invertine, sucrase, saccharase.*

INVERTÉBRÉ, E adj. et n.m. Se dit des animaux pluricellulaires sans colonne vertébrale, comme les insectes, les crustacés, les mollusques, les vers, les oursins, etc. (La plupart des invertébrés supérieurs sont réunis dans l'embranchement des arthropodes.)

1. INVERTI, E adj. CHIM. Se dit du saccharose ayant subi l'inversion.

2. INVERTI, E adj. et n. Vieilli. Homosexuel(le).

INVERTINE n.f. Invertase.

INVERTIR v.t. (lat. *invertere,* retourner). 1. Renverser symétriquement. 2. CHIM. Transformer le saccharose par inversion.

INVESTIGATEUR, TRICE adj. et n. (lat. *investigator,* de *vestigium,* trace). Se dit de qqn qui fait des investigations, des recherches suivies, minutieuses, ou de son comportement.

INVESTIGATION n.f. Recherche attentive et suivie. *Poursuivre ses investigations.*

INVESTIGUER v.i. Procéder à des investigations, faire une recherche attentive et suivie.

1. INVESTIR v.t. (lat. *investire,* entourer). 1. Charger solennellement, officiellement, d'un pouvoir, d'un droit, d'une dignité. ◇ *Investir qqn de sa confiance,* lui accorder une confiance sans réserve, se fier à lui entièrement. 2. MIL. Encercler (une ville, une position militaire) pour couper les communications avec l'extérieur.

2. INVESTIR v.t. (angl. *to invest*). 1. Placer des capitaux dans une entreprise. 2. PSYCHOL. Mettre toute son énergie dans une action, une activité. *Il investit beaucoup dans son travail.*

1. INVESTISSEMENT n.m. Action d'entourer de troupes (une ville, une position militaire).

2. INVESTISSEMENT n.m. (angl. *investment*). 1. Emploi de capitaux visant à accroître la production d'une entreprise ou à améliorer son rendement. 2. Placement de fonds. *Club* d'investissement.* 3. PSYCHOL. Action d'investir.

INVESTISSEUR, EUSE adj. et n. Qui pratique un ou des investissements. *Organisme investisseur.* ◇ *Investisseur institutionnel :* organisme effectuant des placements à grande échelle pour son compte ou celui de tiers. (Fam., par abrév. phon. du pluriel : *zinzins.*)

INVESTITURE n.f. 1. Acte par lequel un parti politique désigne son ou ses candidats pour une élection. 2. Procédure qui tend, en régime parlementaire, à accorder à un nouveau chef de gouvernement la confiance du Parlement. 3. FÉOD. Cérémonie de la mise en possession d'un fief.

INVÉTÉRÉ, E adj. (lat. *inveteratus,* de *inveterare,* faire vieillir). 1. Fortifié, enraciné, par le temps. *Mal invétéré.* 2. Qui a laissé vieillir, s'enraciner en soi telle manière d'être, telle habitude ; impénitent. *Un buveur invétéré.*

INVÉTÉRER (S') v.pr. [18]. Litt. S'affermir, se fortifier par le temps. *Laisser s'invétérer une mauvaise habitude.*

INVINCIBILITÉ n.f. Caractère de qqn, de qqch d'invincible.

INVINCIBLE adj. 1. Qu'on ne peut vaincre. *Armée invincible.* 2. Qu'on ne peut surmonter. *Peur invincible.* 3. Qu'on ne peut réfuter. *Argument invincible.*

INVINCIBLEMENT adv. De façon invincible.

INVIOLABILITÉ n.f. 1. Caractère de ce qui est inviolable. 2. DR. CONSTIT. Privilège des parlementaires de ne pouvoir être poursuivis ou arrêtés, pour des actes étrangers à l'exercice de leur fonction, sans l'autorisation de la chambre dont ils sont membres.

INVIOLABLE adj. 1. Qu'on ne doit jamais violer, enfreindre. *Serment, droit inviolable.* 2. Que la loi préserve de toute poursuite.

INVIOLÉ, E adj. Qui n'a pas été violé, outragé, enfreint. *Sanctuaire inviolé. Loi inviolée.*

INVISIBILITÉ n.f. Caractère de ce qui est invisible.

INVISIBLE adj. 1. Qui ne peut pas être vu. *Réparation invisible.* 2. Qui, par sa nature, sa taille, son éloignement, échappe à la vue. *Certaines étoiles sont invisibles à l'œil nu.*

INVISIBLEMENT adv. De façon invisible.

INVITANT, E adj. Qui invite. *Puissance invitante.*

INVITATION n.f. Action d'inviter ; son résultat.

INVITE n.f. Ce qui invite à faire qqch, appel indirect, adroit. *Répondre à l'invite de qqn.*

INVITÉ, E n. Personne que l'on invite à un repas, une cérémonie, une fête, etc.

INVITER v.t. (lat. *invitare*). 1. Prier (qqn) de venir en un lieu, d'assister, de participer à qqch. *Inviter qqn à dîner.* – *Artiste invité* (ou *artiste en représentation*) : soliste engagé temporairement par une compagnie étrangère à la sienne et rémunéré au cachet. 2. Absolt. Payer le repas, la consommation, etc. *Bois, c'est Paul qui invite.* 3. Demander avec autorité, ordonner à qqn de faire qqch. *Inviter qqn à se taire.* 4. Engager, inciter (à). *Le soleil invite à la promenade.*

IN VITRO [invitro] loc. adv. et adj. inv. (mots lat., *dans le verre*). Se dit de toute exploration ou expérimentation biologique qui se fait en dehors de l'organisme (dans des tubes, des éprouvettes, etc.). CONTR. : *in vivo.*

INVIVABLE adj. Impossible à vivre ; très difficile à supporter.

IN VIVO [invivo] loc. adv. et adj. inv. (mots lat., *dans le vif*). Qui se fait dans l'organisme, en parlant d'une réaction physiologique, biochimique, etc. CONTR. : *in vitro.*

INVOCATEUR, TRICE n. Personne qui invoque.

INVOCATION n.f. (lat. *invocatio*). 1. Action d'invoquer. 2. LITURGIE. Patronage, protection, dédicace. *Église placée sous l'invocation de la Vierge.*

INVOCATOIRE adj. Qui sert à invoquer.

INVOLONTAIRE adj. 1. Qui échappe au contrôle de la volonté. 2. Qui agit sans le vouloir. *Témoin involontaire d'un accident.*

INVOLONTAIREMENT adv. Sans le vouloir.

INVOLUCELLE n.m. BOT. Petit involucre.

INVOLUCRE n.m. (lat. *involucrum,* enveloppe). BOT. Ensemble de bractées, d'organes foliacés, rapprochés autour de la base d'une fleur ou d'une inflorescence, en partic. d'une ombelle ou d'un capitule.

INVOLUTÉ, E adj. (lat. *involutus,* enveloppe). BOT. Roulé en dedans.

INVOLUTIF, IVE adj. **1.** Qui se rapporte à une involution. **2.** MÉD. Se dit des processus liés au vieillissement. **3.** MATH. *Application involutive :* bijection d'un ensemble E sur lui-même égale à sa bijection réciproque.

INVOLUTION n.f. **1.** BIOL. Régression d'un organe, soit chez un individu, soit dans une espèce, suivant un des mécanismes de l'évolution. **2.** MÉD. **a.** Régression physiologique d'un organe (notamm., de l'utérus après l'accouchement). **b.** Processus de régression biologique et psychologique dû au vieillissement. **3.** PHILOS. Passage de l'hétérogène à l'homogène, du multiple à l'un. **4.** ALG. Application involutive. **5.** GÉOM. Homographie réciproque.

INVOQUER v.t. (lat. *invocare*). **1.** Appeler une puissance surnaturelle à l'aide par des prières. *Invoquer Dieu, les saints.* **2.** Solliciter l'aide, le secours de qqn de plus puissant par des prières, des supplications. *Invoquer l'aide de ses alliés.* **3.** Avancer comme justification, alléguer, arguer de. *Invoquer un prétexte pour ne pas venir.*

INVRAISEMBLABLE adj. **1.** Qui ne semble pas vrai ou qui ne peut être vrai. *Votre hypothèse est invraisemblable.* **2.** Qui surprend par son côté extraordinaire, bizarre. *Un chapeau invraisemblable.*

INVRAISEMBLABLEMENT adv. De façon invraisemblable.

INVRAISEMBLANCE n.f. **1.** Manque de vraisemblance. **2.** Fait, chose invraisemblable. *Récit plein d'invraisemblances.*

INVULNÉRABILITÉ n.f. Caractère de qqn qui est invulnérable ; fait d'être invulnérable.

INVULNÉRABLE adj. **1.** Qui ne peut être blessé. **2.** Qui résiste à toute atteinte morale. **3.** À l'abri de toute atteinte sociale ; intouchable. *Un haut fonctionnaire invulnérable.*

IODATE n.m. Sel de l'acide iodique.

IODE [jɔd] n.m. (gr. *iôdês,* violet). Corps simple de densité 4,93, fusible à 114 °C, qui se présente sous forme de paillettes grises à éclat métallique et répand, quand on le chauffe, des vapeurs violettes ; élément (I) de numéro atomique 53, de masse atomique 126,90.

IODÉ, E adj. **1.** Qui contient de l'iode. *Eau iodée.* **2.** Qui évoque l'iode, en partic. en parlant d'une odeur. *Senteur iodée des algues.*

IODER v.t. Couvrir ou additionner d'iode.

IODHYDRIQUE adj.m. *Acide iodhydrique,* formé par la combinaison d'iode et d'hydrogène (HI).

IODIQUE adj.m. *Acide iodique,* produit par l'oxydation de l'iode (HIO_3).

IODISME n.m. MÉD. Intoxication par l'iode.

IODLER v.i. → ***iouler.***

IODOFORME n.m. Composé (CHI_3), solide jaune, formé par l'action de l'iode sur l'acétone en milieu basique, utilisé comme antiseptique.

IODO-IODURÉ, E adj. (pl. *iodo-iodurés, es*). CHIM. Qui contient de l'iode et de l'iodure de potassium. *Solution iodo-iodurée.*

IODURE n.m. Sel de l'acide iodhydrique.

IODURÉ, E adj. **1.** Qui contient un iodure. *Sirop ioduré.* **2.** Couvert d'une couche d'iodure. *Plaque photographique iodurée.*

ION n.m. (mot angl. ; du gr. *ion,* allant). Atome ou groupe d'atomes ayant gagné ou perdu un ou plusieurs électrons.

IONIEN, ENNE adj. et n. **1.** De l'Ionie. **2.** PHILOS. *École ionienne :* école des VIIe et VIe s. av. J.-C. qui entreprit une vaste enquête sur la nature pour en rechercher le principe d'explication : l'eau pour Thalès, l'infini pour Anaximandre, l'air pour Anaximène. **3.** MUS. *Mode ionien,* mode d'*ut,* dans la musique d'église et, auj., dans le jazz. ◆ n.m. L'un des principaux dialectes de la langue grecque, parlé en Ionie.

1. IONIQUE adj. Dû ou relatif à des ions.

2. IONIQUE adj. **1.** De l'Ionie. **2.** *Ordre ionique :* ordre d'architecture grecque apparu v. 560 av. J.-C., caractérisé par une colonne cannelée, élancée, posée sur une base moulurée, et par un chapiteau dont l'échine, décorée d'oves, est flanquée de deux volutes.

IONISANT, E adj. Qui produit l'ionisation. *Protection contre les radiations ionisantes.*

IONISATION n.f. CHIM. Transformation d'atomes, de molécules neutres en ions.

IONISER v.t. CHIM. Provoquer l'ionisation de.

IONISME n.m. Pensée des philosophes grecs de l'école ionienne.

IONOGRAMME n.m. CHIM. Formule représentant les concentrations des différents ions (sodium, potassium, chlore, etc.) contenus dans un liquide organique.

IONONE n.f. Cétone à odeur de violette très prononcée, employée en parfumerie.

IONOPLASTIE n.f. Production d'un dépôt métallique par passage d'un courant électrique dans un gaz raréfié. SYN. : *pulvérisation cathodique.*

IONOSPHÈRE n.f. Zone de la haute atmosphère d'une planète (dont la Terre), caractérisée par la présence de particules chargées (électrons et ions), formées par photo-ionisation sous l'effet du rayonnement solaire.

IONOSPHÉRIQUE adj. De l'ionosphère.

IOTA n.m. inv. **1.** Neuvième lettre de l'alphabet grec (ι), correspondant à notre *i.* **2.** Fig. Ce qui est très petit ; la moindre des choses. ◇ *Pas un iota :* rien du tout. *J'ai lu votre rapport, n'y changez pas un iota.*

IOTACISME n.m. LING. Évolution d'une voyelle ou d'une diphtongue vers le son [i], phénomène important en grec postclassique.

IOULER, IODLER, JODLER ou **YODLER** v.i. (all. *jodeln*). Chanter à la manière des Tyroliens qui vocalisent sans paroles, en passant sans transition de la voix de poitrine à la voix de tête avec de fréquents changements de registre.

IOURTE n.f. → ***yourte.***

IPÉCA ou **IPÉCACUANA** [-kwana] n.m. (mot port., du tupi). Racine d'un arbrisseau du Brésil, aux propriétés expectorantes et vomitives. (Famille des rubiacées.)

IPOMÉE n.f. (gr. *ips,* ver, et *omoios,* semblable). Belle plante volubile ou rampante des régions chaudes du globe, à fleurs vivement colorées, représentée par environ 400 espèces, parmi lesquelles la patate douce et le volubilis.

IPPON [ipɔn] n.m. (mot jap.). Point décisif, dans les arts martiaux (judo, karaté, kendo, etc.).

IPSÉITÉ n.f. (lat. *ipse,* soi-même). PHILOS. Ce qui fait qu'un être est lui-même et non un autre.

IPSO FACTO [ipsofakto] loc. adv. (mots lat., *par le fait même*). Par une conséquence obligée, automatiquement.

Ir, symbole chimique de l'iridium.

IRAKIEN, ENNE ou **IRAQUIEN, ENNE** adj. et n. De l'Iraq. Graphie savante : *iraqien, enne.*

IRANIEN, ENNE adj. et n. De l'Iran. ◆ n.m. LING. **1.** Groupe de langues indo-européennes parlées en Iran et dans les régions environnantes. **2.** Persan.

IRASCIBILITÉ n.f. Litt. Caractère d'une personne irascible.

IRASCIBLE [irasibl] adj. (bas lat. *irascibilis,* de *irasci,* se mettre en colère). Prompt à la colère, porté à la colère.

IRBM n.m. inv. (sigle de *Intermediate Range Ballistic Missile*). Missile stratégique sol-sol de portée comprise entre 2 400 et 6 500 km.

IRE n.f. (lat. *ira*). Litt. et vx. Colère.

IRÉNIQUE adj. (gr. *eirênikos,* pacifique). **1.** Qui veut éviter les excès d'une attitude purement polémique. **2.** De l'irénisme.

IRÉNISME n.m. RELIG. Attitude de compréhension et de charité adoptée entre chrétiens de confessions différentes pour étudier les problèmes qui les séparent.

IRIDACÉE n.f. (de *iris*). *Iridacées :* famille de plantes monocotylédones, aux fleurs souvent décoratives, comprenant notamm. l'iris, le glaïeul, le crocus.

IRIDECTOMIE n.f. (gr. *ektomê,* coupure). Excision chirurgicale d'une partie de l'iris.

IRIDIÉ, E adj. CHIM. Qui contient de l'iridium. *Platine iridié.*

IRIDIEN, ENNE adj. ANAT. De l'iris de l'œil.

IRIDIUM [iridjɔm] n.m. (lat. *iris, iridis,* arc-en-ciel). Métal blanc extrêmement dur, résistant à l'action des agents chimiques, fondant vers 2 400 °C et contenu dans certains minerais de platine ; élément (Ir) de numéro atomique 77, de masse atomique 192,22.

IRIDOLOGIE n.f. Méthode de diagnostic des troubles organiques à partir de l'examen de l'iris. (Le caractère scientifique de cette méthode est sujet à controverses.)

IRIS [iris] n.m. (mot gr.). **1.** Membrane circulaire, contractile, diversement colorée, qui occupe le centre antérieur de l'œil et percée en son milieu d'un orifice, la pupille. (Situé entre la cornée et le cristallin, l'iris joue le rôle d'un diaphragme.) **2.** PHOT. Ouverture circulaire à diamètre variable obtenue par un ensemble de lamelles réglables, utilisée comme diaphragme. **3.** Plante souvent cultivée pour ses fleurs ornementales et odorantes et dont le rhizome est parfois employé en parfumerie. (Type de la famille des iridacées.) **4.** Substance parfumée (huile essentielle ou poudre) tirée du rhizome de l'iris.

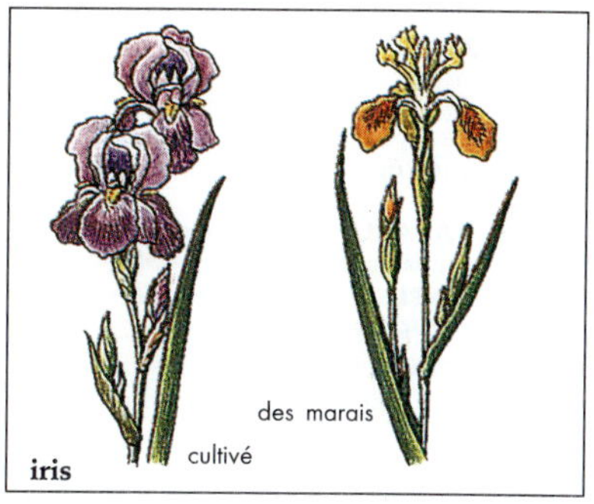

iris

IRISABLE adj. Susceptible d'irisation.

IRISATION n.f. **1.** Propriété qu'ont certains corps de disperser la lumière en rayons colorés comme l'arc-en-ciel. **2.** Reflets ainsi produits.

IRISÉ, E adj. Qui a les couleurs, les nuances de l'arc-en-ciel. *Verre irisé.*

IRISER v.t. **1.** Faire apparaître l'irisation dans. **2.** Donner les couleurs de l'arc-en-ciel à.

IRISH-COFFEE [ajriʃkɔfi] n.m. (mot angl., *café irlandais*) [pl. *irish-coffees*]. Boisson composée de café très chaud additionné de whiskey et nappé de crème fraîche.

IRISH-TERRIER [ajriʃterje] n.m. (pl. *irish-terriers*). Chien terrier irlandais, à la robe uniformément rouge.

IRITIS [iritis] n.f. PATHOL. Inflammation de l'iris.

IRLANDAIS, E adj. et n. De l'Irlande. ◆ n.m. Langue celtique parlée en Irlande.

I. R. M. n.f. (sigle). Imagerie par résonance magnétique.

IRONE n.f. Cétone qui constitue le principe odorant de la racine d'iris.

IRONIE n.f. (gr. *eirôneia,* interrogation). **1.** Raillerie consistant à ne pas donner aux mots leur valeur réelle ou complète ou à faire entendre le contraire de ce qu'on dit. *Une ironie cinglante. L'ironie perce dans ses propos.* ◇ *Ironie socratique :* manière de philosopher propre à Socrate, qui posait des questions apparemment éloignées entre elles, pour mettre l'interlocuteur en contradiction avec lui-même. **2.** Fig. Contraste entre une réalité cruelle et ce que l'on pouvait attendre. *Ironie du sort.*

IRONIQUE adj. **1.** Qui manifeste de l'ironie. *Réponse ironique.* **2.** Qui emploie l'ironie. *Un écrivain ironique.* **3.** Fig. Qui fait un contraste étrange, dérisoire. *Un ironique retournement de situation.*

IRONIQUEMENT adv. De façon ironique.

IRONISER v.i. User d'ironie. *Ironiser sur les aventures de qqn.*

IRONISTE n. Personne, en partic. écrivain, qui use habituellement de l'ironie.

IROQUOIS, E adj. Qui appartient aux Iroquois. ◆ n.m. Famille de langues parlées par les Iroquois.

IRRACHETABLE adj. Qui ne peut être racheté.

IRRADIANT, E adj. Qui irradie.

IRRADIATION n.f. 1. Fait de se propager par rayonnement à partir d'un centre d'émission. *L'irradiation de la lumière solaire.* 2. MÉD. *Irradiation douloureuse :* propagation d'une douleur à partir de son point d'apparition. 3. PHYS. Action d'un rayonnement ionisant sur une matière vivante ou inanimée ; fait d'être irradié.

IRRADIER v.i. ou **S'IRRADIER** v.pr. (du lat. *radius,* rayon). Se propager en s'écartant d'un centre, en rayonnant. *Les rayons d'un foyer lumineux irradient de tous côtés.* ◆ v. t. Exposer à certaines radiations (radiations ionisantes, en partic.).

IRRAISONNÉ, E adj. Qui n'est pas raisonné, contrôlé par la raison. *Crainte irraisonnée.*

IRRATIONALISME n.m. 1. Attitude de celui qui soutient que le fondement de la connaissance que l'homme a du monde ne ressortit pas à la raison. 2. Attitude de celui qui affirme que le comportement moral, social de l'homme ne repose pas sur des valeurs qui relèvent de la raison.

IRRATIONALISTE adj. et n. Propre à l'irrationalisme ; partisan de l'irrationalisme.

IRRATIONALITÉ n.f. Caractère de ce qui est irrationnel. *L'irrationalité d'un comportement.*

IRRATIONNEL, ELLE adj. 1. Contraire à la raison ; inaccessible à la raison. *Peur irrationnelle.* 2. MATH. *Nombre irrationnel :* nombre réel qui n'est pas un nombre rationnel, qui ne peut s'écrire comme quotient de deux entiers ($\sqrt{2}$, π, etc.).

IRRATTRAPABLE adj. Qu'on ne peut pas rattraper, réparer. *Erreur irrattrapable.*

IRRÉALISABLE adj. Qui ne peut être réalisé.

IRRÉALISÉ, E adj. Qui n'est pas réalisé.

IRRÉALISME n.m. Manque de sens du réel.

IRRÉALISTE adj. et n. Qui manque du sens du réel, de réalisme. *Projet irréaliste.*

IRRÉALITÉ n.f. Caractère de ce qui est irréel.

IRRECEVABILITÉ n.f. 1. Caractère de ce qui n'est pas recevable. 2. DR. Caractère d'une demande en justice qui ne peut être examinée, pour des raisons de forme ou de délai.

IRRECEVABLE adj. Qui ne peut être pris en considération ; inacceptable, inadmissible. ◇ Spécialt. DR. Qui n'est pas recevable.

IRRÉCONCILIABLE adj. Qui ne peut être réconcilié.

IRRÉCOUVRABLE adj. Qui ne peut être recouvré. *Créance irrécouvrable.*

IRRÉCUPÉRABLE adj. Qui n'est pas récupérable.

IRRÉCUSABLE adj. Qui ne peut être récusé.

IRRÉDENTISME n.m. (de *Italia irredenta,* Italie non achetée). 1. HIST. Après 1870, mouvement de revendication italien sur le Trentin, l'Istrie et la Dalmatie, puis sur l'ensemble des territoires considérés comme italiens. 2. Aspiration et mouvement national visant à réunir à la mère patrie les territoires peuplés par le même groupe ethnique et qui se trouvent sous domination étrangère.

IRRÉDENTISTE adj. et n. De l'irrédentisme ; partisan de l'irrédentisme.

IRRÉDUCTIBILITÉ n.f. Qualité, caractère de ce qui est irréductible.

IRRÉDUCTIBLE adj. 1. Qui ne peut être réduit, simplifié. 2. Qui ne transige pas, qu'on ne peut fléchir. *Ennemi irréductible.* 3. CHIR. Qui ne peut être remis en place. *Fracture irréductible.* 4. MATH. a. *Fraction irréductible :* fraction dont le numérateur et le dénominateur n'ont pas de diviseur commun autre que 1 (11/4 est irréductible). b. *Polynôme irréductible sur un corps* K : polynôme ne pouvant se décomposer en produit de polynômes à coefficients dans le corps K.

IRRÉDUCTIBLEMENT adv. De façon irréductible.

IRRÉEL, ELLE adj. Qui n'est pas réel, qui paraît en dehors de la réalité.

IRRÉFLÉCHI, E adj. 1. Qui est fait ou dit sans réflexion. 2. Qui agit sans réflexion.

IRRÉFLEXION n.f. Défaut de réflexion, étourderie.

IRRÉFORMABLE adj. Qui ne peut être réformé, corrigé.

IRRÉFRAGABLE adj. (lat. *refragari,* s'opposer). Litt. Qu'on ne peut récuser, contredire. *Autorité irréfragable.*

IRRÉFUTABILITÉ n.f. Caractère de ce qui est irréfutable.

IRRÉFUTABLE adj. Qui ne peut être réfuté.

IRRÉFUTABLEMENT adv. De façon irréfutable.

IRRÉFUTÉ, E adj. Qui n'a pas été réfuté.

IRRÉGULARITÉ n.f. 1. Manque de régularité, de symétrie, d'uniformité. 2. Caractère de ce qui n'est pas régulier, réglementaire, légal. 3. Action irrégulière, contraire à la loi, au règlement. *Commettre de graves irrégularités.* 4. Chose, surface irrégulière. *Irrégularités de terrain.*

1\. **IRRÉGULIER, ÈRE** adj. 1. Qui n'est pas symétrique, pas uniforme. ◇ BOT. Se dit d'un calice ou d'une corolle dont les pièces ne sont pas égales. SYN. : *zygomorphe.* 2. Qui n'est pas régulier dans son travail, ses résultats. *Athlète irrégulier.* 3. Non conforme à l'usage commun. *Situation irrégulière d'un couple.* 4. Non conforme à une réglementation. *Procédure irrégulière.* 5. GRAMM. Qui s'écarte d'un type considéré comme normal. *Conjugaison irrégulière.*

2\. **IRRÉGULIER** n.m. Partisan, franc-tireur qui coopère à l'action d'une armée régulière.

IRRÉGULIÈREMENT adv. De façon irrégulière.

IRRÉLIGIEUX, EUSE adj. 1. Qui n'a pas de convictions religieuses. 2. Irrespectueux envers la religion. *Discours irréligieux.*

IRRÉLIGION n.f. (lat. *irreligio*). Absence de convictions religieuses.

IRRÉMÉDIABLE adj. À quoi on ne peut remédier. *Désastre irrémédiable.*

IRRÉMÉDIABLEMENT adv. Sans recours, sans remède. *Malade irrémédiablement perdu.*

IRRÉMISSIBLE adj. Litt. 1. Qui ne mérite pas de pardon, de rémission. *Faute irrémissible.* 2. Implacable, fatal. *Le cours irrémissible des évènements.*

IRRÉMISSIBLEMENT adv. Litt. Sans rémission, sans miséricorde.

IRREMPLAÇABLE adj. Qui ne peut être remplacé.

IRRÉPARABLE adj. Qui ne peut être réparé.

IRRÉPARABLEMENT adv. De façon irréparable.

IRRÉPRÉHENSIBLE adj. Litt. Que l'on ne saurait blâmer. *Conduite irrépréhensible.*

IRRÉPRESSIBLE adj. Qu'on ne peut réprimer. *Force irrépressible.*

IRRÉPROCHABLE adj. Qui ne mérite pas de reproche ; qui ne présente pas de défaut. *Collaborateur, travail irréprochable.*

IRRÉPROCHABLEMENT adv. De façon irréprochable.

IRRÉSISTIBLE adj. À qui ou à quoi l'on ne peut résister. *Charme irrésistible.*

IRRÉSISTIBLEMENT adv. De façon irrésistible.

IRRÉSOLU, E adj. et n. Qui a de la peine à se déterminer, à prendre parti. ◆ adj. Qui n'a pas reçu de solution.

IRRÉSOLUTION n.f. Incertitude, état d'une personne qui demeure irrésolue.

IRRESPECT n.m. Manque de respect.

IRRESPECTUEUSEMENT adv. De façon irrespectueuse.

IRRESPECTUEUX, EUSE adj. Qui manque de respect ; qui blesse le respect.

IRRESPIRABLE adj. 1. Non respirable ; empuanti. *L'air de cette pièce est irrespirable.* 2. Difficile à supporter, en parlant d'un milieu. *Climat familial irrespirable.*

IRRESPONSABILITÉ n.f. 1. État de celui qui n'est pas responsable de ses actes. *Plaider l'irresponsabilité d'un accusé.* 2. Caractère de qqn qui agit à la légère. 3. DR. Privilège mettant le chef de l'État à l'abri de tout contrôle parlementaire ou juridictionnel pour les actes accomplis dans l'exercice de ses fonctions, sauf cas prévus par la Constitution.

IRRESPONSABLE adj. et n. 1. Qui n'est pas capable de répondre de ses actes, de sa conduite. 2. Qui agit avec une légèreté coupable.

IRRÉTRÉCISSABILITÉ n.f. Propriété d'un tissu ayant subi un apprêt lui donnant une stabilité dimensionnelle au lavage.

IRRÉTRÉCISSABLE adj. Qui ne peut rétrécir au lavage.

IRRÉVÉRENCE n.f. 1. Manque de respect ; insolence. 2. Action, parole irrévérencieuse.

IRRÉVÉRENCIEUSEMENT adv. Litt. De façon irrévérencieuse.

IRRÉVÉRENCIEUX, EUSE adj. Qui manque de respect.

IRRÉVERSIBILITÉ n.f. Caractère, propriété de ce qui est irréversible.

IRRÉVERSIBLE adj. 1. Qui n'est pas réversible. *Mouvement irréversible.* 2. Que l'on ne peut suivre que dans une seule direction, dans un seul sens. *Le temps est irréversible.* 3. CHIM. Se dit d'une réaction qui se poursuit jusqu'à achèvement et qui n'est pas limitée par la réaction inverse.

IRRÉVERSIBLEMENT adv. De façon irréversible. *Processus engagé irréversiblement.*

IRRÉVOCABILITÉ n.f. Caractère de ce qui est irrévocable. *L'irrévocabilité d'une décision.*

IRRÉVOCABLE adj. 1. Qui ne peut être révoqué. *Donation irrévocable.* 2. Sur quoi il est impossible de revenir. *Décision irrévocable.*

IRRÉVOCABLEMENT adv. De façon irrévocable ; définitivement.

IRRIGABLE adj. Qui peut être irrigué.

IRRIGATEUR n.m. MÉD. Appareil servant à faire des lavements ou des injections.

IRRIGATION n.f. 1. Apport d'eau sur un terrain cultivé ou une prairie en vue de compenser l'insuffisance des précipitations et de permettre le plein développement des plantes. 2. MÉD. Action de faire parvenir un liquide à une partie malade. *Irrigation d'une plaie.* 3. PHYSIOL. Apport du sang dans les tissus par les vaisseaux sanguins.

IRRIGUER v.t. (lat. *irrigare*). Arroser par irrigation. *Irriguer des champs.*

IRRITABILITÉ n.f. 1. Caractère, état d'une personne irritable. 2. Caractère d'un tissu, d'un organe qui s'irrite facilement.

IRRITABLE adj. 1. Qui se met facilement en colère. 2. Se dit d'un tissu, d'un organe qui s'irrite facilement. *Avoir la gorge irritable.*

IRRITANT, E adj. 1. Qui met en colère, provoque un état d'irritation ; énervant. *Ces hésitations sont irritantes.* 2. Qui irrite les tissus, les organes. *Gaz irritants.*

IRRITATIF, IVE adj. MÉD. Qui irrite.

IRRITATION n.f. 1. État de qqn qui est irrité, en colère. *Provoquer une vive irritation chez qqn.* 2. Inflammation légère d'un tissu, d'un organe.

IRRITER v.t. (lat. *irritare*). 1. Mettre en colère ; énerver, contrarier, exaspérer. *Ce contretemps l'a beaucoup irritée.* 2. Enflammer légèrement (la peau, un organe), en provoquant une sensation de douleur ou une réaction. *La fumée irrite les yeux.*

IRRUPTION n.f. (lat. *irruptio*). 1. Entrée soudaine et violente, dans un lieu, d'un grand nombre de personnes. *L'irruption des manifestants.* ◇ *Faire irruption quelque part,* y entrer brusquement et de façon inattendue. 2. Débordement brusque et violent de la mer, d'un fleuve ; envahissement. *Irruption des eaux dans la ville basse.* 3. Apparition soudaine d'éléments dans un domaine. *L'irruption de techniques nouvelles.*

ISABELLE adj. inv. (esp. *isabel,* p.-ê. du n. d'*Isabelle* la Catholique). D'une couleur brun jaune clair, en parlant de la robe des chevaux. *Cheval isabelle* ou *isabelle,* n.m.

ISALLOBARE n.f. (de *isobare* et gr. *allos,* autre). MÉTÉOR. Courbe joignant les points de la Terre où les variations de la pression atmosphérique sont égales en un temps donné.

ISARD n.m. (prélatin *izar*). Chamois des Pyrénées.

ISATIS [-tis] n.m. (mot lat., du gr.). 1. BOT. Pastel. 2. Renard des régions arctiques, appelé aussi *renard bleu* ou *renard polaire,* dont la fourrure d'hiver peut être gris bleuté ou blanche.

ISBA [isba] ou [izba] n.f. (russe *izba,* maison). Habitation des paysans russes, faite de rondins de bois de sapin.

ISBN (sigle de *international standard book number*). Numéro d'identification international attribué à chaque ouvrage publié.

ISCHÉMIE [-ke-] n.f. (gr. *iskhein,* arrêter, et *haima,* sang). MÉD. Interruption de l'irrigation sanguine d'un organe, d'un tissu.

ISCHÉMIQUE [-ke-] adj. MÉD. Relatif à l'ischémie. *Gangrène ischémique.*

ISCHIATIQUE [-kja-] adj. ANAT. Qui se rapporte, qui appartient à l'ischion.

ISCHION [iskjɔ̃] n.m. (mot gr.). ANAT. Un des trois os formant l'os iliaque.

ISENTROPIQUE adj. PHYS. Se dit d'une transformation thermodynamique au cours de laquelle l'entropie reste constante. CONTR. : *polytropique.*

I. S. F. [iɛsɛf] n.m. (sigle). Impôt* de solidarité sur la fortune.

ISIAQUE adj. Relatif à Isis. *Cultes isiaques.*

ISLAM [islam] n.m. (ar. *islām,* soumission à Dieu). **1.** Religion des musulmans. **2.** *L'Islam :* le monde musulman ; la civilisation qui le caractérise. Graphie savante : *islām.* *(V. carte p. 566.)*
■ Fondé au VIIe s. en Arabie par Mahomet, l'islam est répandu en Asie, en Afrique et en Europe. On estime à plus de 800 millions le nombre des musulmans. Le Coran, révélé à Mahomet par Dieu (Allāh), est, avec la tradition, le fondement de la vie religieuse et politique. Le dogme fondamental de l'islam est un strict monothéisme. La loi canonique *(charia)* fixe les cinq devoirs fondamentaux (les « cinq piliers ») des croyants : 1° la profession de foi, ou chahādā (il n'y a d'autre Dieu qu'Allāh, et Mahomet est l'envoyé d'Allāh) ; 2° la prière rituelle cinq fois le jour ; 3° le jeûne du ramadan ; 4° le pèlerinage à La Mecque, ou hadj, une fois dans la vie ; 5° l'aumône rituelle. Cette loi comporte aussi des prescriptions d'ordre politique, juridique, alimentaire et hygiénique. Dans les deux grandes tendances de l'islam, le sunnisme et le chiisme, il n'y a pas de clergé, mais seulement des guides religieux (ulémas, mollahs) qui interprètent la loi et veillent à son application.

ISLAMIQUE adj. Relatif à l'islam.

ISLAMISATION n.f. Action d'islamiser.

ISLAMISER v.t. **1.** Convertir à l'islam. **2.** Appliquer la loi islamique à (la vie publique, sociale, la justice, etc.).

ISLAMISME n.m. **1.** Vieilli. Religion musulmane, islam. **2.** Mouvement politico-religieux préconisant l'islamisation complète, radicale, du droit, des institutions, du gouvernement, dans les pays islamiques.

ISLAMISTE adj. et n. Relatif à l'islamisme ; partisan de l'islamisme.

ISLAMOLOGIE n.f. Discipline qui étudie l'islam.

ISLANDAIS, E adj. et n. D'Islande. ◆ n.m. **1.** Marin qui partait pêcher la morue sur les bancs d'Islande. *Les islandais de Paimpol.* **2.** LING. Langue nordique parlée en Islande.

ISMAÉLIEN, ENNE ou **ISMAÏLIEN, ENNE** n. Membre d'une secte chiite qui admet Ismā'īl comme dernier imam.

ISMAÉLISME n.m. Système religieux des ismaéliens.

ISMAÉLITE adj. et n. HIST. Se dit d'un ensemble de populations nomades du désert arabique, que la Bible fait descendre d'Ismaël, fils d'Abraham.

ISO (ÉCHELLE) [sigle de l'amér. *International Organization for Standardization,* organisation internationale de normalisation]. PHOT. Échelle de sensibilité des émulsions photographiques standardisée internationalement.

Le ribat de Monastir (Tunisie), commencé en 796. À la fois couvent et forteresse, le ribat est caractéristique des premiers temps de l'islam et du jeune empire arabe qui défend ses frontières : en effet, tous ont été construits entre le VIIIe s. et le IXe s.

Grande mosquée bâtie (876-879) par le calife tulunide Ibn Tūlūn au Caire. Lieu de prière, la mosquée est le monument essentiel de l'islam, que l'expansion religieuse implante dans tout le monde islamique, avec des variantes régionales : iwan* en Iran, jeux de coupoles et de demi-coupoles en Turquie (type à son apogée avec Sinan, à Édirne) ou, comme ici, à cour ouverte bordée de portiques selon le prototype arabe mis au point à Damas. (Le minaret, de structure hélicoïdale, est directement inspiré par la *Malwiyya,* minaret de la Grande Mosquée des Abbassides de Sāmarrā [Iraq].)

Mausolée élevé à Āgrā (Inde), en 1628, pour son père I'timād al-Dawla, par l'épouse de l'empereur Djahāngīr. Blancheur du marbre, rehauts de pierres polychromes, finesse des claires-voies ; tout ici se fait l'écho du raffinement et de l'élégance de l'architecture moghole dans laquelle, avec le style indo-musulman, s'accomplit la synthèse entre influence iranienne et goût autochtone.

Panneau en faïence d'Iznik (XVe-XVIe s.) ornant les appartements du palais de Topkapı à Istanbul, et illustrant l'exubérance et la qualité du style décoratif ottoman. Originaire d'Iran, l'art du revêtement mural en faïence a partout privilégié le motif floral, tout comme l'art du tapis dans la même région. En revanche, les nomades du Caucase et de l'Anatolie modulent à l'infini la symbolique et la stylisation géométrique : ainsi, dans le décor à thème animalier (oiseaux affrontés de part et d'autre d'un arbre) ornant ce tapis en laine (XVe s.) [ci-dessus à droite] provenant d'Anatolie (Historika Museet, Stockholm).

Mihrab (965) de la Grande Mosquée omeyyade de Cordoue (Espagne). Cet élément majeur de la mosquée bénéficie toujours d'un soin particulier. La façade de celui-ci s'ouvre par un arc en fer à cheval somptueusement décoré de mosaïques à fond d'or, de stucs et de placage de marbre. On notera le contraste entre l'austérité de la calligraphie coufique, du bandeau et de l'encadrement, et les variations du thème floral annonciatrices de l'arabesque.

les arts de l'**islam**

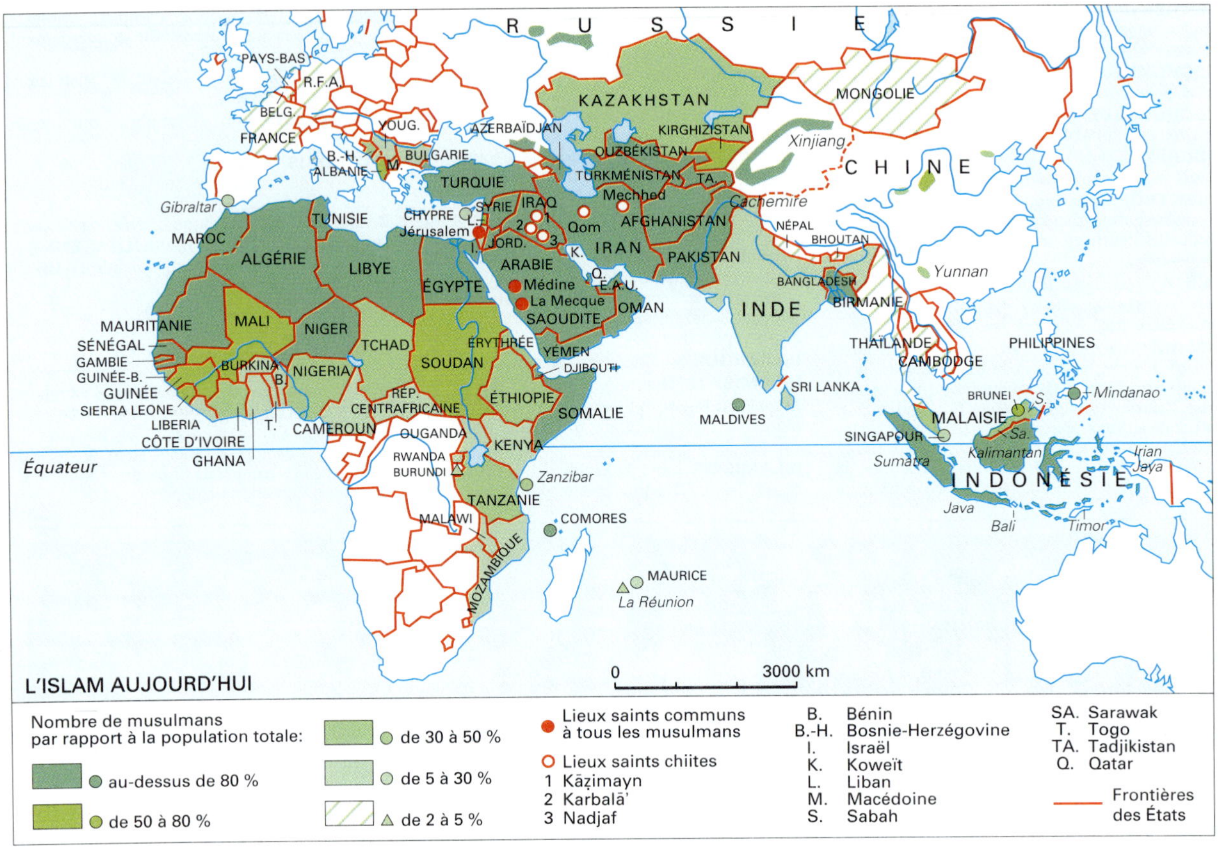

1. ISOBARE adj. (gr. *isos,* égal, et *baros,* pesanteur). SC. **1.** D'égale pression atmosphérique. *Surface isobare.* **2.** Qui a lieu à une pression constante. *Transformation isobare.*

2. ISOBARE adj. et n.m. PHYS. Se dit de noyaux ayant même nombre de masse mais des numéros atomiques différents.

3. ISOBARE n.f. MÉTÉOR. Sur une carte météorologique, courbe qui joint les points de la Terre où la pression atmosphérique est la même.

ISOBATHE adj. et n.f. (gr. *isos,* égal, et *bathos,* profondeur). GÉOGR. Se dit d'une courbe reliant les points d'égale profondeur sous terre ou sous l'eau.

ISOCARDE n.m. (gr. *isos,* égal, et *kardia,* cœur). Mollusque bivalve dont la coquille a la forme d'un cœur. (Long. 6 cm env.)

ISOCARÈNE adj. MAR. Se dit de volumes de carène égaux, mais de formes différentes selon le degré de gîte.

ISOCÈLE adj. GÉOM. Qui a deux côtés égaux. ◇ *Trapèze isocèle :* trapèze dont les côtés non parallèles sont égaux. – *Triangle isocèle :* triangle ayant deux côtés de même longueur.

ISOCHORE [-kɔr] adj. (gr. *isos,* égal, et *khôra,* espace). PHYS. Qui correspond à un volume constant. *Transformation isochore.*

ISOCHROMATIQUE [-krɔ-] adj. (gr. *isos,* égal, et *khrôma, -atos,* couleur). Dont la couleur est uniforme.

ISOCHRONE ou **ISOCHRONIQUE** [-kro-] adj. (gr. *isos,* égal, et *khronos,* temps). Didact. Qui s'effectue dans des intervalles de temps égaux. *Les oscillations isochrones du pendule.*

ISOCHRONISME [-krɔ-] n.m. Didact. Caractère de ce qui est isochrone.

ISOCLINAL, E, AUX adj. GÉOL. *Pli isoclinal,* dont les deux flancs sont parallèles. – *Structure isoclinale,* caractérisée par la répétition de plis isoclinaux.

ISOCLINE adj. (gr. *isoklinês,* de *klineîn,* pencher). **1.** Qui a la même inclinaison. **2.** GÉOPHYS. *Courbe, ligne isocline* ou *isocline,* n.f. : courbe reliant les points de la Terre où l'inclinaison magnétique est la même.

ISODOME adj. (gr. *isodomos*). ARCHIT. Se dit d'un appareil dans lequel les pierres se chevauchent et offrent toutes une face visible de même hauteur et même longueur.

ISODYNAMIE n.f. (gr. *isos,* égal, et *dunamis,* force). PHYSIOL. Équivalence entre des aliments qui ont, à poids différents, la même valeur énergétique.

ISODYNAMIQUE adj. **1.** GÉOPHYS. Se dit d'une courbe reliant les points de la Terre où la composante horizontale du champ magnétique est la même. **2.** PHYSIOL. Relatif à l'isodynamie ; qui présente un rapport d'isodynamie. *Aliments isodynamiques.*

ISOÉDRIQUE adj. (gr. *isos,* égal, et *hedra,* face). MINÉR. Dont les facettes sont semblables, en parlant d'un cristal.

ISOÉLECTRIQUE adj. Se dit d'un corps électriquement neutre.

ISOÈTE n.m. (gr. *isoetês,* qui dure toute l'année). BOT. Herbe aquatique vivace, rhizomateuse, portant des sporanges de deux sortes. (Embranchement des ptéridophytes.)

ISOGAME adj. BIOL. Qui présente une reproduction par isogamie.

ISOGAMIE n.f. (gr. *isos,* égal, et *gamos,* mariage). BIOL. Mode de reproduction sexuée dans lequel les deux gamètes sont semblables, et qui se réalise chez diverses espèces d'algues et de champignons inférieurs. CONTR. : *hétérogamie.*

ISOGLOSSE n.f. (gr. *isos,* égal, et *glôssa,* langue). LING. Ligne séparant deux aires dialectales (dites *aires d'isoglosse*) qui offrent pour un trait linguistique donné des formes ou des systèmes différents. ◆ adj. Situé sur la même isoglosse.

ISOGLUCOSE n.m. Glucose tiré de l'amidon des céréales, principalement du maïs, utilisé dans l'agroalimentaire.

ISOGONE adj. (gr. *isos,* égal, et *gônia,* angle). **1.** Qui a des angles égaux. **2.** GÉOPHYS. Se dit d'une courbe joignant les points de la Terre ayant la même déclinaison magnétique.

ISOGREFFE n.f. MÉD. Greffe entre donneur et receveur génétiquement identiques (greffe entre jumeaux vrais, chez l'homme).

ISOHYÈTE [izɔjɛt] adj. et n.f. (gr. *isos,* égal, et *huetos,* forte pluie). MÉTÉOR. Se dit d'une courbe joignant les points de la Terre recevant la même quantité de précipitations pour une période considérée.

ISOHYPSE [izɔips] adj. (gr. *isos,* égal, et *hupsos,* hauteur). *Courbe isohypse* ou *isohypse,* n.f. : courbe de niveau*.

ISOÏONIQUE adj. Qui contient les mêmes ions à la même concentration.

ISOLABLE adj. Qui peut être isolé.

1. ISOLANT, E adj. **1.** Qui est mauvais conducteur de la chaleur, de l'électricité ou du son. *Matériau isolant.* **2.** LING. *Langue isolante :* langue dans laquelle les mots sont réduits à un radical sans variation morphologique et où les rapports grammaticaux sont marqués par la place des termes. *Le chinois, le tibétain sont des langues isolantes.*

2. ISOLANT n.m. Matériau isolant.

ISOLAT [izɔla] n. m. **1.** BIOL. Espèce complètement isolée, au sein de laquelle n'existe aucun échange génétique avec le reste du monde et menacée ainsi par le confinement. **2.** DÉMOGR. Groupe ethnique que son isolement géographique, social ou culturel contraint aux unions endogamiques.

ISOLATEUR n.m. Support isolant d'un conducteur électrique.

ISOLATION n.f. **1.** Action de réaliser un isolement acoustique, électrique ou thermique. **2.** PSYCHAN. Mécanisme de défense qui consiste en la rupture des liens associatifs existant entre une représentation ou un acte et son affect. **3.** *Isolation sensorielle :* privation de tout stimulus sensoriel, réalisée notamm. dans des enceintes isolées acoustiquement et thermiquement et remplies d'eau salée à la température du corps, dites *caissons d'isolation sensorielle.*

ISOLATIONNISME n.m. (amér. *isolationism*). Politique extérieure d'un État qui reste volontairement à l'écart des affaires internationales, qui s'isole politiquement et économiquement des autres.

ISOLATIONNISTE adj. et n. Relatif à l'isolationnisme ; partisan de l'isolationnisme.

1. ISOLÉ, E adj. (it. *isolato*). **1.** Seul, séparé des autres. *Vivre isolé.* **2.** À l'écart, éloigné des autres habitations ou de toute activité. *Maison isolée. Un endroit isolé.* **3.** Rare, unique. *Un cas isolé.* **4.** Protégé du contact de tout corps conducteur de l'électricité, de la chaleur ou du son. *Appartement bien isolé.* **5.** MATH. *Point isolé a d'une partie* A (d'un espace topologique E) : point *a* de E admettant un voisinage ne contenant aucun élément de A autre que lui-même.

2. ISOLÉ n.m. Militaire momentanément sans affectation.

ISOLEMENT n.m. **1.** État d'une habitation, d'un lieu écarté. *L'isolement d'un village.* **2.** État de qqn qui est isolé. *L'isolement d'un prisonnier.* **3.** État de qqn qui est moralement seul. **4.** État d'un pays, d'une région sans relation politique ou économique, sans engagement avec les autres. **5.** État d'un corps isolé du point de vue électrique, calorifique ou phonique ; isolation. **6.** PSYCHIATRIE. Mesure thérapeutique qui vise à soustraire le sujet de son milieu familial et social.

ISOLÉMENT adv. De façon isolée, à part, individuellement. *Agir isolément.*

ISOLER v.t. **I. 1.** Séparer qqch, un lieu des objets environnants, de ce qui l'entoure. *Les inondations ont isolé le village.* **2.** Protéger des influences thermiques ou acoustiques. *Isoler un local.* **3.** CHIM. Dégager de ses combinaisons. *Isoler un métal.* **4.** ÉLECTR. Empêcher la conduction électrique entre (des corps conducteurs), notamm. au moyen d'isolants ; déconnecter (un circuit, un dispositif). **II. 1.** Mettre qqn physiquement ou moralement à l'écart des autres, lui interdire toute relation avec les autres. *Isoler les malades contagieux. Ses idées l'isolent de son milieu.* **2.** Considérer qqch à part, le distinguer du reste ; abstraire. *Isoler une phrase de son contexte.* ◆ **s'isoler** v.pr. Se mettre à l'écart, se séparer des autres. *Il aime s'isoler pour réfléchir, pour méditer.*

ISOLEUCINE n.f. Acide aminé essentiel, présent dans de nombreuses protéines.

ISOLOGUE adj. CHIM. Rare. Se dit de corps organiques qui ont des propriétés chimiques très voisines.

ISOLOIR n.m. Cabine où l'électeur met son bulletin sous enveloppe, et qui garantit le secret du vote.

ISOMÉRASE n.f. Enzyme qui catalyse les réarrangements intramoléculaires (par ex., la transformation d'une forme L en une forme D).

ISOMÈRE adj. et n.m. (gr. *isos,* égal, et *meros,* partie). CHIM. Se dit de deux composés formés des mêmes éléments dans les mêmes proportions, mais présentant des propriétés différentes. (Deux composés sont isomères s'ils ont la même formule brute, mais des formules développées différentes.)

ISOMÉRIE n.f. CHIM. Caractère des composés isomères.

ISOMÉRISATION n.f. CHIM. Transformation en un composé isomère.

ISOMÉTRIE n.f. MATH. Transformation ponctuelle conservant les distances. *Translations, symétries et rotations sont des isométries du plan ou de l'espace.*

ISOMÉTRIQUE adj. **1.** MATH. Se dit d'une transformation ponctuelle qui est une isométrie. – *Figures isométriques :* figures qui s'échangent dans une isométrie. **2.** CHIM. Dont les dimensions sont égales. *Cristaux isométriques.* **3.** Se dit d'une contraction musculaire telle que la longueur du muscle ne change pas alors que la force développée par le muscle augmente.

ISOMORPHE adj. **1.** CHIM. Qui affecte la même forme cristalline. **2.** MATH. Se dit de deux ensembles tels qu'il existe un isomorphisme de l'un dans l'autre.

ISOMORPHISME n.m. **1.** CHIM. Caractère des corps isomorphes. **2.** MATH. *Isomorphisme d'un ensemble dans un autre ensemble :* homomorphisme bijectif du premier ensemble dans le second.

ISONIAZIDE n.m. Puissant médicament antituberculeux.

ISONOMIE n.f. (gr. *isonomia,* de *nomos,* loi). MINÉR. Conformité dans le mode de cristallisation.

ISOPET n.m. → ***ysopet.***

ISOPHASE adj. Dont la période d'éclairement est égale à la période d'obscurité, en parlant d'un feu de signalisation maritime.

ISOPODE n.m. *Isopodes :* ordre de crustacés, parfois terrestres, à sept paires de pattes semblables, comme le cloporte.

ISOPRÈNE n.m. Diène qui est à la base de la fabrication de nombreux polymères.

ISOPTÈRE n.m. *Isoptères :* ordre d'insectes à ailes égales, comme les termites.

ISOSÉISTE ou **ISOSISTE** adj. et n.f. Se dit d'une courbe réunissant les points de la Terre où un séisme s'est fait sentir avec la même intensité.

ISOSTASIE n.f. GÉOL. Équilibre relatif des divers compartiments de l'écorce terrestre dû aux différences de densité (dans la théorie dite de *l'isostasie*).

ISOSTATIQUE adj. Relatif à l'isostasie.

ISOSYLLABIQUE adj. Qui a le même nombre de syllabes.

ISOTHÉRAPIE n.f. MÉD. Méthode thérapeutique apparentée à l'homéopathie par l'emploi des très hautes dilutions, et à la biothérapie par l'origine des produits qu'elle utilise.

1. ISOTHERME adj. (gr. *isos,* égal, et *thermos,* chaud). **1.** De même température. **2.** Qui se fait à une température constante. *Réaction isotherme.* **3.** Maintenu à une température constante ; isolé thermiquement. *Camion isotherme.*

2. ISOTHERME n.f. MÉTÉOR. Courbe qui joint les points de la Terre où la température est identique à un moment donné.

ISOTONIE n.f. PHYS. Équilibre moléculaire de deux solutions séparées par une membrane perméable et qui ont la même pression osmotique.

ISOTONIQUE adj. **1.** PHYS. Se dit d'une solution qui, ayant même concentration moléculaire qu'une autre, a la même pression osmotique que celle-ci. **2.** MÉD. *Solution isotonique :* solution de même concentration moléculaire que le plasma du sang.

ISOTOPE n.m. (angl. *isotope,* du gr.). PHYS. Chacun des différents types de noyaux atomiques d'un même élément, différant par leur nombre de neutrons mais ayant le même nombre de protons et d'électrons et possédant donc les mêmes propriétés chimiques. – *Isotope radioactif :* radio-isotope.

ISOTOPIQUE adj. Relatif aux isotopes.

ISOTRON n.m. Appareil servant à la séparation des isotopes par le triage électrique de leurs ions.

ISOTROPE adj. (gr. *isos,* égal, et *tropos,* direction). PHYS. Dont les propriétés physiques sont identiques dans toutes les directions.

ISOTROPIE n.f. Caractère d'un milieu isotrope.

ISRAÉLIEN, ENNE adj. et n. De l'État d'Israël.

ISRAÉLITE adj. et n. **1.** Relatif à l'Israël biblique, à son peuple. **2.** Juif. *Communauté israélite.*

ISSANT, E adj. HÉRALD. Se dit de figures d'animaux qui paraissent sortir à mi-corps du bord de l'écu.

ISSN (sigle de *international standard serial number*). Numéro d'identification international attribué à chaque publication périodique.

ISSU, E adj. (anc. fr. *issir,* du lat. *exire,* sortir). Venu, né de. *Il est issu d'une famille d'agriculteurs.*

ISSUE n.f. **1.** Ouverture ou passage par où l'on peut sortir, s'échapper. *Issue de secours.* **2.** Moyen de sortir d'une difficulté, d'un embarras ; échappatoire. *Situation sans issue.* **3.** Manière dont une chose aboutit, dont une affaire se conclut. *L'issue du combat.* ◇ *À l'issue de :* à la fin de. *À l'issue de la réunion.* ◆ pl. **1.** Produits autres que la farine provenant de la mouture des céréales. **2.** BOUCH. Parties non consommables des animaux (cornes, cuir, suif, etc.).

ISTHME [ism] n.m. (lat. *isthmus,* du gr.). **1.** Bande de terre étroite, située entre deux mers et réunissant deux terres. **2.** ANAT. Partie rétrécie de certaines régions du corps, de certains organes. *Isthme du gosier.*

ISTHMIQUE [ismik] adj. **1.** Relatif à un isthme. **2.** ANTIQ. GR. *Jeux Isthmiques :* jeux qui se célébraient dans l'isthme de Corinthe et qui comprenaient notamm. des concours musicaux et athlétiques.

ITALIANISANT, E adj. et n. **1.** Spécialiste de la langue et de la civilisation italiennes. **2.** BX-A. Se dit d'artistes, d'œuvres marqués par l'italianisme.

ITALIANISER v.t. Donner un caractère, un aspect italien à.

ITALIANISME n.m. **1.** Mot, tournure, expression propres à la langue italienne. **2.** BX-A. Tendance, chez les artistes étrangers, à l'imitation de la manière italienne, de modèles italiens (notamm. à la Renaissance).

ITALIEN, ENNE adj. et n. **1.** D'Italie. **2.** *À l'italienne :* à la manière italienne. **a.** Se dit d'une salle de théâtre, le plus souvent semi-circulaire, constituée de plusieurs niveaux (corbeille, balcon, galerie) en partie divisés en loges. (Apparu au XVIIe s., ce type d'architecture théâtrale a prévalu en Occident jusqu'au XXe s.) **b.** Se dit d'un format de livre dans lequel la longueur est horizontale (par opp. au format *à la française,* plus haut que large). ◆ n.m. Langue romane parlée principalement en Italie.

1. ITALIQUE adj. (lat. *Italicus*). Se dit des populations indo-européennes qui pénétrèrent en Italie au cours du IIe millénaire. ◆ n.m. Groupe de langues indo-européennes parlées par ces populations (latin, ombrien, etc.).

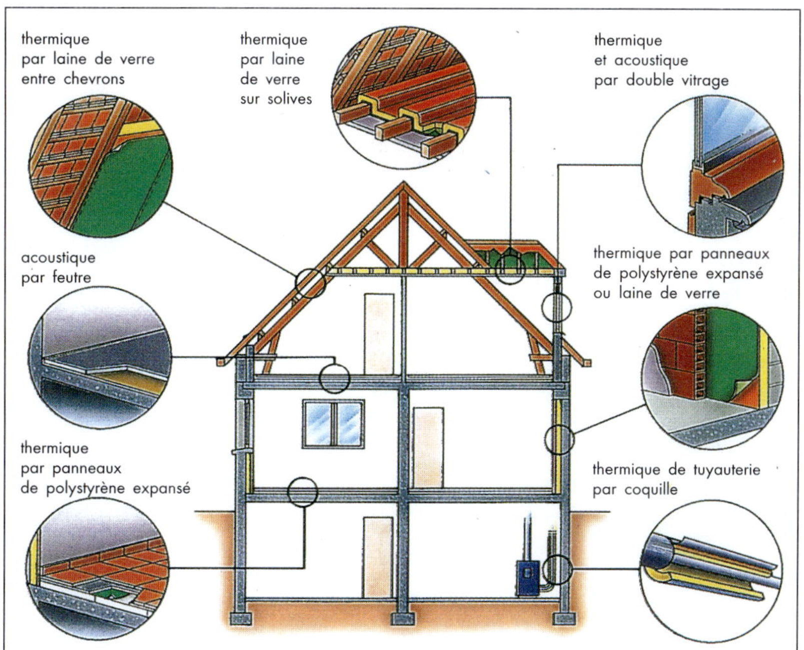

isolation thermique et acoustique : différents systèmes employables dans une maison individuelle

2. ITALIQUE adj. et n.m. Se dit du caractère d'imprimerie incliné vers la droite, créé à Venise vers 1500 par Alde Manuce.

1. ITEM [itɛm] adv. (mot lat.). De même, en outre, de plus (dans les comptes, les énumérations, etc.).

2. ITEM [itɛm] n.m. (de 1. *item*). **1.** LING. Tout élément d'un ensemble (grammatical, lexical, etc.) considéré en tant que terme particulier. **2.** PSYCHOL. Chacune des questions, chacun des éléments d'un test.

1. ITÉRATIF, IVE adj. (lat. *iterativus,* de *iterare,* recommencer). Fait ou répété plusieurs fois.

2. ITÉRATIF, IVE adj. et n.m. LING. Fréquentatif.

ITÉRATION n.f. **1.** Action de répéter, de faire de nouveau. **2.** PSYCHIATRIE. Répétition indéfinie et stéréotypée d'un acte moteur ou d'une pensée vide.

ITÉRATIVEMENT adv. De manière itérative, répétitive.

ITHYPHALLIQUE adj. (du gr. *ithus,* droit). BX-A. Qui présente un phallus en érection. *Statue ithyphallique.*

ITINÉRAIRE n.m. (lat. *iter, itineris,* chemin). Chemin à suivre ou suivi pour aller d'un lieu à un autre ; parcours, trajet. *Choisir l'itinéraire le plus court.* ◆ adj. TOPOGR. *Mesure itinéraire :* évaluation d'une distance.

ITINÉRANT, E adj. et n. Qui se déplace dans l'exercice de ses fonctions, de son métier. *Troupe itinérante de comédiens.* ◆ adj. Qui exige des déplacements, qui n'est pas sédentaire. ◇ GÉOGR. *Culture itinérante :* déplacement des zones de cultures et, souvent, de l'habitat, caractéristique des régions tropicales, où le sol s'épuise rapidement.

ITOU adv. (anc. fr. *atut,* avec infl. de *itel,* pareillement). Fam. Aussi, de même. *Et moi itou.*

I.U.F.M. n.m. (sigle de *institut universitaire de formation des maîtres*). Établissement d'enseignement supérieur qui assure la formation professionnelle des enseignants du premier et du second degrés.

IULE n.m. (gr. *ioulos*). Mille-pattes qui s'enroule en spirale quand on le touche.

I. U. T. n.m. (sigle). Institut* universitaire de technologie.

IVE ou **IVETTE** n.f. (de *if*). BOT. Labiée à fleurs jaunes très odorantes, commune dans les jachères des régions tempérées.

I. V. G. n.f. (sigle). Interruption volontaire de grossesse (légale en France pour motifs thérapeutiques, ou avant la dixième semaine).

IVOIRE n.m. (lat. *ebur, eboris*). **1.** Partie dure des dents de l'homme et des mammifères, recouverte d'émail au-dessus de la couronne. **2.** Substance osseuse et dure qui constitue les défenses de l'éléphant et de quelques autres animaux. **3.** Objet fabriqué, sculpté dans de l'ivoire. **4.** *Ivoire végétal :* corozo.

IVOIRERIE n.f. Art de l'ivoirier ; produits de cet art.

IVOIRIEN, ENNE adj. et n. De la Côte d'Ivoire.

IVOIRIER, ÈRE n. Personne qui travaille l'ivoire. *Les ivoiriers dieppois.*

IVOIRIN, E adj. Litt. Qui ressemble à l'ivoire par sa blancheur, son éclat. SYN. : *éburnéen.*

IVRAIE n.f. (lat. pop. *ebriaca,* de *ebrius,* ivre). Graminée à graines toxiques, commune dans les prés et les cultures, où elle gêne la croissance des céréales. (On emploie deux espèces d'ivraie pour les gazons, sous le nom de *ray-grass.*) ◇ Fig. *Séparer le bon grain de l'ivraie :* séparer les bons des méchants, le bien du mal.

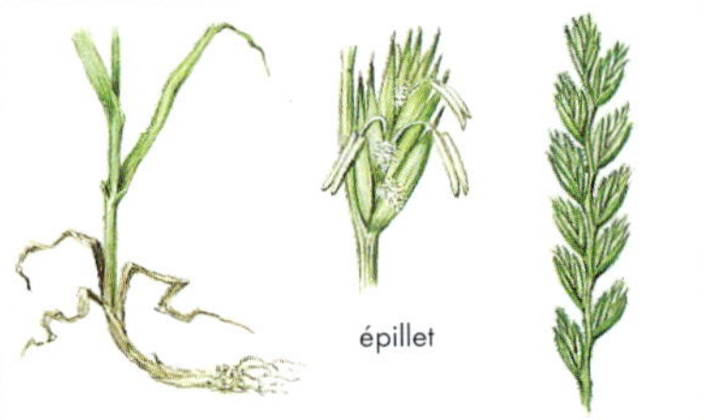

ivraie

IVRE adj. (lat. *ebrius*). **1.** Qui a l'esprit troublé par l'effet du vin, de l'alcool. – *Ivre mort, ivre morte :* ivre au point d'avoir perdu connaissance. **2.** Exalté par une passion, un sentiment, etc. *Ivre d'amour, de bonheur, d'orgueil.*

IVRESSE n.f. **1.** État d'excitation psychique et d'incoordination motrice dû à l'ingestion massive d'alcool ; ébriété. **2.** État voisin dû à l'ingestion massive de barbituriques ou de certains stupéfiants. **3.** État d'euphorie, d'excitation ; transport. *L'ivresse du plaisir.*

IVROGNE n. (lat. pop. *ebrionia,* ivrognerie). Personne qui s'enivre souvent ; alcoolique.

IVROGNERIE n.f. Habitude de s'enivrer.

IVROGNESSE n.f. Vieilli. Femme ivrogne.

IWAN [iwan] n.m. (persan *iwān*). ARCHIT. Salle voûtée quadrangulaire, d'origine iranienne, grande ouverte par un arc brisé en façade ou sur la cour de certaines mosquées. Graphie savante : *iwān.*

IXIA n.f. (mot lat., du gr.). Iridacée bulbeuse, cultivée pour ses belles fleurs de couleurs vives.

IXODE n.m. (gr. *iksôdês,* gluant). Tique (acarien).

iwan (madrasa de Chāh Ḥusayn, à Ispahan ; fin de l'époque Séfévide)

J

J n.m. inv. **1.** Dixième lettre de l'alphabet et la septième des consonnes, correspondant à la constrictive sonore [ʒ]. ◇ *Jour J :* jour où doit avoir lieu un évènement important et prévu, et, en partic., où doit se déclencher une action militaire, une attaque. **2.** MATH. j, racine cubique de l'unité dans le corps des complexes. **3.** PHYS. J, symbole du joule. – J/K, symbole du joule par kelvin. – J/(kg·K), symbole du joule par kilogramme-kelvin.
JABIRU [ʒabiry] n.m. (mot tupi-guarani). Oiseau échassier des régions chaudes, voisin de la cigogne. (Haut. 1,50 m env.)
JABLE n.m. (mot gaul.). **1.** Rainure pratiquée dans les douves des tonneaux pour y enchâsser le fond. **2.** Partie de la douve qui dépasse le fond du tonneau.
JABLER v.t. Faire le jable de (une douve, un tonneau).
JABLOIR n.m., **JABLOIRE** ou **JABLIÈRE** n.f. Outil de tonnelier servant à faire le jable.
JABORANDI n.m. (mot guarani). Arbuste aromatique de l'Amérique tropicale dont on extrait la pilocarpine.
JABOT [ʒabo] n.m. (mot auvergnat). **1.** Chez les oiseaux, poche formée par un renflement de l'œsophage, où la nourriture séjourne quelque temps avant de passer dans l'estomac et d'où elle peut être régurgitée. **2.** Renflement volumineux placé entre l'œsophage et le gésier des insectes. **3.** Ornement de dentelle ou de tissu léger froncé ou plissé, fixé au plastron d'un vêtement.
JABOTER v.i. Pousser des cris en secouant le jabot, en parlant des oiseaux.
JABOTEUR, EUSE n. Oiseau qui jabote.
JACARANDA n.m. (mot guarani). Arbre ornemental d'Amérique tropicale, dont certaines espèces sont utilisées en ébénisterie. (Famille des bignoniacées.)
JACASSE n.f. Région. Pie (oiseau).
JACASSEMENT n.m. **1.** Action de jacasser, de piailler. **2.** Bavardage continuel et bruyant.
JACASSER v.i. (de *jacque,* n. dial. du geai). **1.** Crier, en parlant de la pie. **2.** Fam. Bavarder, parler avec volubilité.
JACASSEUR, EUSE ou **JACASSIER, ÈRE** adj. et n. Fam. Celui, celle qui jacasse.
JACÉE n.f. (lat. *jacea*). Centaurée à fleurs mauves des prés et des chemins.
JACENT, E adj. DR., VX. Dont personne ne revendique la propriété. *Succession jacente.* (On dit auj. *vacant, e.*)
JACHÈRE n.f. (bas lat. *gascaria*). **1.** Terre non ensemencée, subissant des labours de printemps et d'été pour préparer les semailles d'automne. **2.** Terre non cultivée temporairement pour permettre la reconstitution de la fertilité du sol (auj., aussi : pour limiter une production jugée trop abondante).
JACINTHE n.f. (gr. *Huakinthos,* personnage myth.). **1.** Plante bulbeuse dont on cultive une espèce de l'Asie Mineure pour ses fleurs en grappes ornementales. (Famille des liliacées.) **2.** *Jacinthe des bois :* endymion.

jacinthes

JACISTE adj. et n. Qui appartient à la jeunesse agricole chrétienne (J. A. C.).
JACK [dʒak] n. m. (mot angl.). Fiche mâle ou femelle (mâle le plus souvent) à deux conducteurs coaxiaux, utilisée notamm. en téléphonie.
JACKET [ʒakɛt] n.f. (mot angl.). Revêtement en céramique ou en résine synthétique destiné à remplacer la couche d'émail de la couronne dentaire. SYN. : *jaquette.*
JACKPOT [ʒakpɔt] n.m. (mot angl.). **1.** Dans certains jeux et notamm. dans certaines machines à sous, combinaison qui permet de remporter le gros lot. ◇ Montant en monnaie de ce gros lot. – Fig. Grosse somme vite gagnée, pactole. **2.** Machine à sous fondée sur le principe du jackpot.
JACO n.m. → ***jacquot.***
JACOBÉE n.f. (lat. *jacobaeus,* de Jacques). Séneçon, d'une espèce commune dans les bois et les prés, appelé aussi *herbe de Saint-Jacques.*
JACOBIN, E n. (lat. *Jacobus,* Jacques). Dominicain, autref., en France. ◆ n.m. et adj. **1.** HIST. (Avec une majuscule). Membre du club des Jacobins (v. partie n. pr.). **2.** Républicain partisan d'une démocratie centralisée.
JACOBINISME n.m. **1.** Doctrine démocratique et centralisatrice professée sous la Révolution par les Jacobins. **2.** Opinion préconisant le centralisme de l'État.
JACOBITE n. et adj. **1.** HIST. Partisan de Jacques II et de la maison des Stuarts, après la révolution de 1688, en Angleterre. **2.** RELIG. Membre de l'Église jacobite. ◆ adj. *Église jacobite :* Église orientale monophysite, appelée officiellement *syrienne orthodoxe.* (Elle doit son nom à l'évêque *Jacques* Baradaï, qui fut son principal organisateur ; la branche jacobite qui s'est rattachée à Rome au XVIIIe s. forme le patriarcat syrien catholique.)
JACOBUS [-bys] n.m. Monnaie d'or frappée sous le règne de Jacques Ier, en Angleterre.
JACONAS n.m. Anc. Étoffe de coton légère.
JACOT n.m. → ***jacquot.***
JACQUARD n.m. **1.** Métier à tisser inventé par Jacquard. **2.** Tricot qui présente des bandes ornées de dessins géométriques sur un fond de couleur différente.
JACQUEMART n.m. → ***jaquemart.***
JACQUERIE n.f. (de *jacques,* n. pop. donné aux paysans). **1.** Révolte paysanne. **2.** (Avec une majuscule). HIST. Insurrection paysanne de 1358 (v. partie n. pr.).
JACQUES n.m. **1.** (Souvent avec une majuscule). HIST. Membre de la Jacquerie. **2.** Fam., VX. Imbécile, niais. ◇ Mod. *Faire le jacques :* se livrer à des excentricités ; se donner en spectacle.
JACQUET [ʒakɛ] n. m. (dimin. de *Jacques*). Jeu dérivé du trictrac, joué avec des pions et des dés sur une tablette divisée en quatre compartiments.
JACQUIER n.m. → ***jaquier.***
JACQUOT, JACOT ou **JACO** n.m. Perroquet gris parleur des forêts d'Afrique occidentale.
1. JACTANCE n.f. (lat. *jactantia,* de *jactare,* vanter). Litt. Attitude arrogante qui se manifeste par l'emphase avec laquelle une personne parle d'elle-même, se vante. *Parler avec jactance.*
2. JACTANCE n.f. Pop. Bavardage, bagou, baratin.
JACTER v.i. Pop. Parler.
JACULATOIRE adj. (lat. *jaculari,* lancer). RELIG. *Oraison jaculatoire :* prière courte et fervente.
JACUZZI [ʒakuzi] n.m. (nom déposé). Petit bassin équipé de jets d'eau sous pression destinés à créer des remous relaxants.
JADE n.m. (esp. *ijada*). **1.** Silicate naturel d'aluminium, de calcium et de magnésium, utilisé comme pierre fine, d'un vert plus ou moins foncé, à l'éclat laiteux, très employé en Chine. (Le jade comprend deux variétés : la *jadéite* et la *néphrite.*) **2.** Objet en jade.
JADÉITE n.f. Jade d'une variété formée essentiellement d'un pyroxène.
JADIS [ʒadis] adv. (anc. fr. *ja a dis,* il y a déjà des jours). Autrefois, dans le passé.

JAGUAR [ʒagwar] n.m. (mot tupi-guarani). Mammifère carnivore de l'Amérique du Sud, voisin de la panthère, à taches ocellées. (Long. 1,30 m env.)

jaguar

JAILLIR v.i. (lat. pop. *galire,* mot gaul.). **1.** Sortir impétueusement, en parlant d'un liquide, d'un gaz. *Le pétrole jaillit du sol.* **2.** Litt. Se manifester vivement, sortir soudainement. *Du choc des opinions jaillit la vérité.*

JAILLISSANT, E adj. Qui jaillit.

JAILLISSEMENT n.m. Action, fait de jaillir. *Jaillissement d'une source, d'idées.*

JAÏN, E, DJAÏN, E adj. et n. ou **JAÏNA** adj. inv. et n. inv. Qui appartient au jaïnisme.

JAÏNISME, DJAÏNISME ou **JINISME** n.m. Religion fondée en Inde au VIe s. av. J.-C. (par *Jina* ou *Mahāvīra**, selon la tradition) et dont le but est de conduire l'homme au nirvana. ■ Fondé par un contemporain du Bouddha, Mahāvīra, le jaïnisme vise, comme le brahmanisme, à libérer l'homme de la souffrance et du cycle des réincarnations. Son principe fondamental est la non-violence envers toutes les créatures, vivantes ou inanimées, et il professe que l'ascétisme est la voie la plus sûre pour la délivrance. Le jaïnisme atteint son apogée au XIIe s. et compte encore env. 2 millions de fidèles, répartis surtout dans certains États de l'Inde (Gujerat, Bihār, Mysore).

JAIS [ʒɛ] n.m. (lat. *gagates,* pierre de Gages [Lycie]). **1.** Lignite d'une variété d'un noir brillant. SYN. (vx) : *jayet.* **2.** *De jais :* d'un noir brillant. *Des yeux de jais.*

JALAP [ʒalap] n.m. (esp. *jalapa*). Plante du Mexique, dont la racine a des propriétés purgatives. (Famille des convolvulacées.)

JALE n.f. Dial. Seau servant aux vendangeurs.

JALON n.m. (lat. pop. *galire,* lancer). **1.** Piquet servant à établir des alignements, à marquer des distances. **2.** Ce qui sert de point de repère, de marque pour suivre une voie déterminée. *Poser les jalons d'un travail.*

JALON-MIRE n.m. (pl. *jalons-mires*). Jalon équipé de voyants à écartement parfois variable et permettant de déterminer, en une seule opération, une direction et une distance.

JALONNEMENT n.m. Action, manière de jalonner. *Le jalonnement d'un itinéraire.*

JALONNER v.t. **1.** Déterminer, matérialiser (le parcours, la direction, l'alignement) de. *Piquets qui jalonnent une route enneigée.* **2.** Se succéder en marquant des étapes dans le temps, le cours de qqch. *Succès qui jalonnent une existence.*

JALONNEUR, EUSE n. Personne chargée de jalonner.

JALOUSEMENT adv. De façon jalouse.

JALOUSER v.t. Porter envie à, être jaloux de. *Jalouser ses camarades.*

1. JALOUSIE n.f. **1.** Sentiment d'inquiétude douloureuse chez qqn qui éprouve un désir de possession exclusive envers la personne aimée et qui craint son éventuelle infidélité. **2.** Dépit envieux ressenti à la vue des avantages d'autrui.

2. JALOUSIE n.f. Dispositif de fermeture de fenêtre composé de lamelles mobiles, horizontales ou verticales.

JALOUX, OUSE adj. et n. (lat. pop. *zelosus,* gr. *zêlos,* zèle). **1.** Qui éprouve de la jalousie en amour. **2.** Qui éprouve du dépit devant les avantages des autres, envieux. ◆ adj. Très attaché à. *Se montrer jaloux de son autorité.*

JAMAÏQUAIN, E ou **JAMAÏCAIN, E** adj. et n. De la Jamaïque.

JAMAIS adv. (anc. fr. *ja,* déjà, et *mais,* davantage). **1.** (Accompagné de *ne*). En aucun temps. *Cela ne s'est jamais vu.* **2.** (Sans *ne,* notamm. après *si, que*). En un moment quelconque. *Si jamais vous venez.* ◇ *À jamais, pour jamais :* toujours.

JAMBAGE n.m. **1.** Trait vertical ou légèrement incliné d'un *m,* d'un *n,* etc. **2.** ARCHIT. Piédroit ou partie antérieure de piédroit.

JAMBART n.m. ARM. Jambière.

JAMBE n.f. (bas lat. *gamba*). **I. 1.** Partie du membre inférieur comprise entre le genou et le cou-de-pied. *Le squelette de la jambe est formé du tibia et du péroné.* **2.** Cour. Le membre inférieur tout entier. *Avoir des jambes longues, maigres.* ◇ *À toutes jambes :* en courant le plus vite possible. – Fam., iron. *Ça lui (me, etc.) fait une belle jambe :* cela ne l'avance en rien, ne présente aucune utilité. – *Par-dessous, par-dessus la jambe :* avec désinvolture. – *Prendre ses jambes à son cou :* s'enfuir en courant. – Fam. *Tenir la jambe à qqn,* l'importuner par un long discours, souvent ennuyeux. – *Tirer dans les jambes de qqn,* l'attaquer d'une façon déloyale. **3.** SPORTS. *Jeu de jambes :* manière de mouvoir les jambes. *Jeu de jambes d'un boxeur, d'un joueur de tennis.* **4.** Partie du pantalon recouvrant chacune des deux jambes. **II.** Partie du membre d'un quadrupède, et, spécialt, d'un cheval, correspondant à la jambe et à l'avant-bras de l'homme. **III.** CONSTR. **1.** Pilier ou chaîne en pierre de taille que l'on intercale dans un mur en maçonnerie afin de le renforcer. **2.** *Jambe de force :* pièce de bois ou de fer oblique, posée vers l'extrémité d'une poutre pour la soulager en diminuant sa portée. SYN. : *contrefiche.*

JAMBETTE n.f. Petite pièce verticale de charpente, soulageant, par ex., un arbalétrier.

JAMBIER n.m. et adj.m. ANAT. Muscle de la jambe.

JAMBIÈRE n.f. **1.** Morceau de tissu ou de cuir façonné pour envelopper et protéger la jambe. **2.** Partie d'une armure protégeant la jambe.

JAMBON n.m. Morceau du porc correspondant au membre postérieur, préparé cru ou cuit.

JAMBONNEAU n.m. **1.** Portion inférieure du membre antérieur ou du membre postérieur du porc. **2.** Coquillage du genre *pinne.*

JAMBOREE [ʒɑ̃bɔri] n.m. (mot amér.). Réunion internationale des scouts.

JAMBOSE n.f. Fruit du jambosier.

JAMBOSIER n.m. Myrtacée de l'Inde, cultivée pour ses fruits rafraîchissants.

JAM-SESSION [dʒamseʃən] n.f. (angl. *jam,* foule, et *session,* réunion) [pl. *jam-sessions*]. Réunion de musiciens de jazz improvisant en toute liberté pour leur plaisir.

JAN [ʒɑ̃] n.m. (de *Jean*). Chacun des quatre compartiments de la table de trictrac ou de jacquet.

JANGADA n.f. (mot port.). Radeau équipé d'une voile triangulaire, utilisé par les pêcheurs brésiliens de la région de Recife.

JANISSAIRE n.m. (turc *yeni çeri,* nouvelle milice). HIST. Soldat d'un corps d'infanterie ottoman recruté, au début (XIVe-XVIe s.), parmi les enfants enlevés aux peuples soumis. (Troupe d'élite, les janissaires jouèrent un rôle déterminant dans les conquêtes de l'Empire ottoman.)

JANOTISME n.m. (de *Janot,* type de benêt). Vx. Construction incorrecte de la phrase prêtant à une équivoque ridicule.

JANSÉNISME n.m. Doctrine de Jansénius et de ses disciples ; mouvement religieux animé par ses partisans.
■ Le jansénisme fut d'abord un mouvement religieux qui se développa aux XVIIe et XVIIIe s., notamm. en France – où Port-Royal apparut comme son principal foyer –, en Italie, aux Provinces-Unies. Au-delà des querelles théologiques sur la grâce, le jansénisme, qui trouva un terrain favorable dans la bourgeoisie parlementaire, gallicane et austère, manifesta une opposition à l'arbitraire royal et à la morale mondaine des jésuites.

JANSÉNISTE adj. et n. **1.** Qui appartient au jansénisme. **2.** Qui manifeste une vertu austère évoquant celle des jansénistes. ◆ adj. *Reliure janséniste :* reliure sans aucun ornement.

JANTE n.f. (gaul. *cambo,* courbe). Cercle qui constitue la périphérie d'une roue de véhicule, d'un volant, d'une poulie.

JANVIER n.m. (lat. *januarius*). Premier mois de l'année.

JAPON n.m. **1.** Porcelaine, ivoire fabriqués au Japon. **2.** *Papier japon* ou *japon :* papier légèrement jaune, soyeux, satiné, nacré, fabriqué autref. au Japon avec l'écorce d'un mûrier et qui servait aux tirages de luxe ; papier fabriqué à l'imitation du papier japon.

JAPONAIS, E adj. et n. Du Japon. ◆ n.m. Langue parlée au Japon.

JAPONAISERIE ou **JAPONERIE** n.f. Objet d'art ou de curiosité originaire du Japon.

JAPONISANT, E n. Spécialiste de la langue et de la civilisation japonaises.

JAPONISME n.m. Mode et influence des œuvres et objets d'art du Japon en Occident (surtout pendant la seconde moitié du XIXe s.).

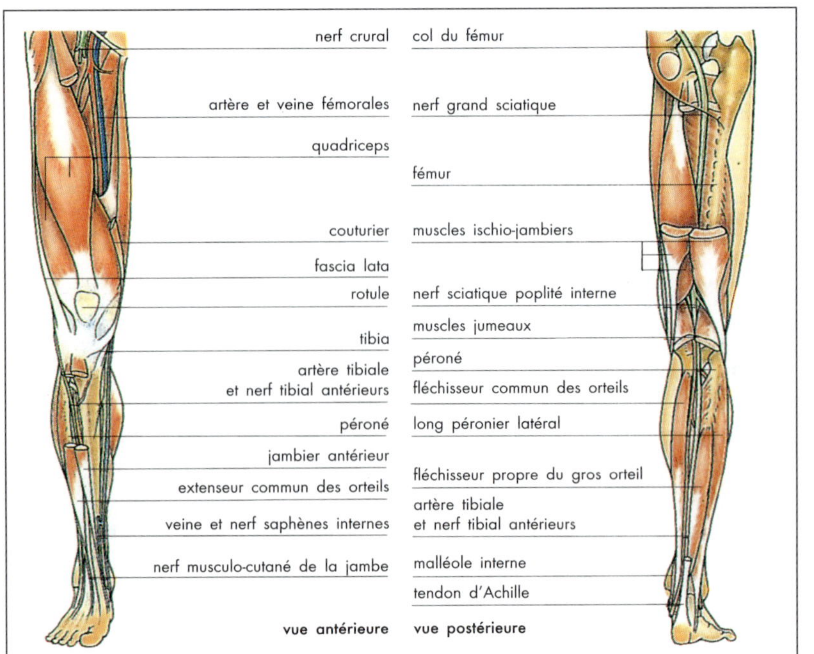

cuisse et **jambe**

JAPONISTE n. Amateur d'œuvres et d'objets d'art du Japon.

JAPPEMENT n.m. **1.** Aboiement aigre et perçant des jeunes chiens. **2.** Cri du chacal.

JAPPER v.i. (onomat.). **1.** Aboyer, en parlant des jeunes chiens. (Les gros chiens *aboient ;* les chiens de chasse *crient* ou *donnent de la voix.*) **2.** Pousser son cri, en parlant du chacal.

JAPPEUR, EUSE adj. et n. Qui a l'habitude de japper.

JAQUE n.m. Fruit du jaquier, riche en amidon, pouvant atteindre 15 kg.

JAQUELIN n.m. ou **JAQUELINE** n.f. Bouteille en grès à large panse, répandue dans le nord de la France et les Flandres.

JAQUEMART ou **JACQUEMART** n.m. (anc. prov. *Jaqueme,* de *Jacques*). Automate qui frappe sur le timbre ou la cloche de certaines horloges monumentales.

JAQUETTE n.f. (de *Jacques,* sobriquet du paysan). **1. a.** Veste de cérémonie portée par les hommes et dont les pans ouverts se prolongent par-derrière. **b.** Veste de femme ajustée à la taille qui, avec la jupe assortie, compose le costume tailleur. **c.** Canada. Fam. Chemise de nuit. **2.** Chemise de protection, souvent illustrée, sous laquelle un livre est présenté à la vente. **3.** Jacket.

JAQUIER ou **JACQUIER** n.m. (port. *jaca,* fruit du jaquier). Arbre de la famille des moracées (genre artocarpus) cultivé dans les régions tropicales pour ses fruits (jaques).

JAR ou **JARD** n.m. (mot dial.). Amas de sable et de gravier qui se forme dans la Loire et qui est balayé par de forts courants.

JARDE n.f. ou **JARDON** n.m. (it. *giarda,* mot ar.). VÉTÉR. Tumeur calleuse à la face externe du jarret du cheval.

JARDIN n.m. (du francique *gardo*). **1.** Terrain où l'on cultive des végétaux utiles (potager, verger) ou d'agrément (parterres de fleurs, bosquets). ◇ Fig. *Jeter une pierre dans le jardin de qqn,* l'attaquer par un moyen détourné, le critiquer par une allusion voilée. **2.** *Jardin d'hiver :* pièce aménagée en serre pour la culture des plantes d'appartement. **3.** *Côté jardin :* partie de la scène d'un théâtre située à la gauche des spectateurs (par opp. à *côté cour*). **4.** *Jardin d'enfants :* dans les établissements d'enseignement privé, les deux premières années de classes enfantines (correspondant aux deux premières années de maternelle dans l'enseignement public).
■ En Occident, les deux grands types de jardins, s'agissant de compositions importantes, à ambition esthétique ou symbolique, sont le jardin *régulier,* qui impose sa symétrie à une nature domestiquée (jardin « à la française » du XVIIe s.), et le jardin paysager, qui simule le pittoresque d'un paysage naturel varié (jardin « anglais » ou « anglo-chinois » des XVIIIe et XIXe s.). Chine, Japon, Islam ont leurs types propres.

JARDINAGE n.m. **1.** Culture des jardins. **2.** SYLV. Action de jardiner une forêt.

JARDINER v.i. S'adonner au jardinage. ◆ v.t. SYLV. Exploiter les arbres d'une forêt un à un ou par bouquets, de façon à dégarnir le sol le moins possible et à faire vivre côte à côte des arbres de tous âges (surtout des sapins ou des épicéas). *Futaie jardinée.*

JARDINERIE n.f. (nom déposé). Établissement commercial où l'on vend tout ce qui concerne le jardin et le jardinage.

JARDINET n.m. Petit jardin.

JARDINEUX, EUSE adj. Qui présente une tache déterminée par une fêlure ou une substance étrangère, en parlant d'une gemme.

JARDINIER, ÈRE n. Personne qui cultive les jardins. ◆ adj. Relatif aux jardins.

JARDINIÈRE n.f. **1.** Meuble, bac contenant une caisse ou des pots dans lesquels on cultive des fleurs, des plantes vertes, etc. **2.** Assortiment de différents légumes coupés en petits morceaux. **3.** *Jardinière d'enfants :* personne chargée des enfants dans un jardin d'enfants. **4.** Carabe doré (insecte).

JARDON n.m. → *jarde.*

1. JARGON n.m. (du radical onomat. *garg-,* gosier). **1.** Langage incorrect employé par qqn qui a une connaissance imparfaite, approximative d'une langue. **2.** Fam. Langue qu'on ne comprend pas ; charabia. **3.** Vocabulaire propre à une profession, une discipline, etc. ; argot de métier. *Le jargon médical.*

2. JARGON n.m. (de *jargaud,* jars). Cri du jars.

JARGONAPHASIE n.f. PSYCHIATRIE. Trouble du langage caractérisé par la substitution de termes inintelligibles ou inadéquats aux mots appropriés et par une grande volubilité.

1. JARGONNER v.i. (de 1. *jargon*). Fam. Parler en jargon.

2. JARGONNER v.i. (de 2. *jargon*). Crier, en parlant du jars.

JARNICOTON [ʒarnikɔtɔ̃] interj. (altér. de *Je renie Coton* [confesseur d'Henri IV]). Vx. (Juron plaisant). *Jarnicoton !*

JAROSSE ou **JAROUSSE** n.f. (mot dial. de l'Ouest). Gesse cultivée.

JAROVISATION n.f. (russe *jarovoe,* blé de printemps). AGRIC. Vernalisation.

1. JARRE n.f. (prov. *jarra,* de l'ar.). Grand vase en terre cuite, à large ouverture, panse ovoïde, anses et fond plat, servant à la conservation des aliments.

jasmin

2. JARRE n.m. (du francique). Poil plus long et plus gros mélangé à la fourrure des animaux.

JARRET n.m. (du gaul. *garra,* jambe). **1.** Partie de la jambe située derrière l'articulation du genou. **2.** Endroit où se plie la jambe de derrière des quadrupèdes. **3.** BOUCH. *Jarret de veau :* morceau du veau correspondant à la jambe et à l'avant-bras. **4.** CONSTR. Solution de continuité ou imperfection d'une partie de construction courbe.

JARRETÉ, E adj. Qui a les jambes de derrière tournées en dedans, en parlant d'un quadrupède.

JARRETELLE n.f. Ruban élastique servant à maintenir le bas attaché à la gaine ou au porte-jarretelles.

JARRETER v.i. [27]. CONSTR. Former un jarret, en parlant de l'intrados d'une voûte ou d'une pièce de bois ouvrée et courbe.

JARRETIÈRE n.f. Bande de tissu élastique entourant le bas et le maintenant tiré.

JARS [ʒar] n.m. (du francique). Oie mâle. *Le jars jargonne,* pousse son cri.

1. JAS [ʒɑ] n.m. (lat. *jugum,* joug). MAR. Barre transversale d'une ancre servant à assurer la prise verticale des pattes de l'ancre sur le fond.

2. JAS [ʒɑ] n.m. (lat. pop. *jacium,* de *jacere,* être couché). Région. (Provence). Bergerie.

JASER v.i. (onomat.). **1.** Bavarder sans fin pour le plaisir de parler ou de dire des médisances. *On jase beaucoup à son propos.* **2.** Trahir un secret en bavardant. **3.** Émettre des sons modulés, un babillage. **4.** Crier, en parlant des oiseaux parleurs, tels la pie, le merle, le perroquet, etc.

JASERAN n.m. (de *al-Djazā'ir,* n. ar. d'Alger). Cotte de mailles ou haubert, au Moyen Âge.

1. JASEUR, EUSE adj. et n. Qui aime à jaser.

Vue des aménagements réalisés par Le Nôtre, entre 1656 et 1661, au château de Vaux-le-Vicomte. Parterres de broderies, plans d'eau reflétant la lumière, fontaines et statues, nymphée au loin (devant lequel passe un canal transversal) composent un tout ordonné et hiérarchisé selon les lois de la géométrie et de l'optique. La noblesse impérieuse de l'ensemble s'apprécie pleinement depuis les pièces de réception du château.

Jardin du Kinkaku-ji (Pavillon d'or) à Kyōto (fin du XIVe s.). Influencés par les jardins chinois, ceux du Japon les ont souvent dépassés en raffinement. Derrière une apparence de nature en liberté, l'emploi et la valeur suggestive de chacun de leurs composants – eaux, pierres, mousses, feuillages, etc. – résultent d'une codification précise : si le Kinkaku-ji symbolise « le palais du Paradis », son jardin, avec lac et îles, représente « le pays du Bonheur ».

l'art des **jardins**

2. JASEUR n.m. Oiseau passereau des régions boréales, venant parfois en France.

JASMIN n.m. (de l'ar.). **1.** Arbuste dressé ou sarmenteux aux fleurs très odorantes blanches, jaunes ou rougeâtres et à corolle tubuleuse, réunies en cymes ou en grappes. (Famille des oléacées.) [*V. illustration p. 571.*] **2.** Parfum que l'on tire de ces fleurs.

JASPE n.m. (lat. *jaspis*). Roche sédimentaire siliceuse, de couleurs vives mêlées (rouge, vert, jaune, etc.), employée en joaillerie.

JASPER v.t. Bigarrer de diverses couleurs imitant le jaspe. *Jasper la tranche d'un livre.*

JASPINER v.i. Arg. Causer, bavarder.

JASPURE n.f. Aspect jaspé.

JASS n.m. → ***yass.***

JATAKA n.m. inv. (sanskrit *jātāka,* naissance). RELIG. Récit populaire et didactique des vies antérieures du Bouddha.

JATTE n.f. (lat. *gabata,* plat). Récipient rond et sans rebord ; son contenu. *Une jatte de lait.*

JATTÉE n.f. Rare. Contenu d'une jatte.

JAUGE n.f. (du francique). **1.** Capacité d'un récipient propre à mesurer un liquide ou des grains. **2.** AGRIC. Tranchée ouverte dans la terre par le labour ou à la bêche ou à la charrue. **3.** AUTOM. *Jauge (de niveau) :* indicateur du niveau de l'essence dans le réservoir et de l'huile dans le carter du moteur. **4.** MAR. Capacité totale ou partielle d'un navire de commerce, exprimée naguère en tonneaux de jauge (2,83 m^3), auj. en mètres cubes et évaluée selon certaines règles précises. ◇ *Formule de jauge :* règle servant à mesurer certaines caractéristiques des yachts pour les classer en plusieurs séries. – *Jauge brute :* capacité du navire obtenue en retranchant de sa capacité totale les espaces exclus (cuisine, claires-voies, etc.). – *Jauge nette :* capacité du navire commercialement utilisable et sur laquelle sont fondées les taxes de port, de pilotage, etc. **5.** TECHN. Instrument servant à contrôler ou à mesurer une cote intérieure. **6.** TECHN. **a.** Manomètre pour la mesure des très basses pressions. **b.** *Robinet de jauge :* chacun des robinets placés sur un réservoir ou un générateur de vapeur, à diverses hauteurs, de part et d'autre du niveau normal. **7.** TEXT. Unité de mesure servant à déterminer la densité des aiguilles sur les machines à tricoter.

JAUGEAGE n.m. Action de jauger.

JAUGER v.t. [17]. **1.** Mesurer avec une jauge (la capacité, le volume de). *Jauger une barrique.* **2.** MAR. Déterminer la jauge de. *Jauger un bâtiment.* **3.** Litt. Apprécier qqn, qqch, les juger à leur valeur. *Jauger les qualités d'une candidate.* ◆ v.i. MAR. Avoir une capacité de. *Navire qui jauge 1 200 tonneaux.*

JAUGEUR n.m. MAR. Spécialiste de la vérification des jauges des bateaux.

JAUMIÈRE n.f. (moyen fr. *jaume,* var. de *heaume*). MAR. Tube par lequel passe la mèche du gouvernail.

JAUNÂTRE adj. Qui tire sur le jaune, d'un jaune terne ou sale.

1. JAUNE adj. (lat. *galbinus*). **I. 1.** De la couleur du citron, du soufre, etc. (placée, dans le spectre solaire, entre le vert et l'orangé). **2.** *Race jaune,* caractérisée principalement par une pigmentation jaunâtre ou cuivrée de la peau, et qui peuple en grande partie l'Asie. SYN. : *xanthoderme.* **II. 1.** SPORTS. *Maillot jaune :* premier du classement général, dans le Tour de France cycliste, et qui porte un maillot de cette couleur. **2.** JEUX. *Nain jaune :* jeu de cartes pour 3 à 8 joueurs, qui se joue avec 52 cartes. *Le sept de carreau représente le nain jaune.* **3.** BIOL. *Corps jaune :* masse de couleur blanc jaunâtre, de fonction endocrinienne, qui se développe dans l'ovaire si l'ovule a été fécondé, et qui sécrète une hormone, la progestérone, qui conditionne la gestation. **4.** PATHOL. *Fièvre jaune :* maladie contagieuse des pays tropicaux, due à un virus transmis par un moustique, la *stégomyie,* et caractérisée par la coloration jaune de la peau et par des vomissements de sang noir. SYN. : *vomito negro.* ◆ adv. *Rire jaune,* avec contrainte, pour dissimuler son dépit ou sa gêne.

2. JAUNE n. Personne de race jaune (par opp. à *Blanc,* à *Noir*).

3. JAUNE adj. *Syndicats jaunes :* syndicats créés pour s'opposer aux actions revendicatives des syndicats ouvriers (et dont l'emblème était, à l'origine, un gland jaune et un genêt.) ◆ adj. et n. Péj. Se dit d'un membre d'un syndicat jaune, d'un briseur de grève.

4. JAUNE n.m. **1.** Couleur jaune. *Étoffe d'un jaune clair.* – *Jaune d'or :* jaune légèrement orangé. **2.** *Jaune d'argent :* couleur de surface obtenue par la cémentation de sels d'argent avec de l'ocre sur la feuille de verre, dans l'art du vitrail. **3.** Matière colorante permettant d'obtenir la couleur jaune. *Jaune d'antimoine, de cadmium, de chrome.* **4.** *Jaune d'œuf :* partie centrale de l'œuf des oiseaux, surmontée par le germe et riche en lécithine, en protéine (vitelline) et en vitamines A et D.

1. JAUNET, ETTE adj. Litt. Un peu jaune.

2. JAUNET n.m. Fam. et vx. Pièce d'or.

JAUNIR v.t. Teindre (qqch) en jaune, rendre jaune. *Le soleil jaunit les moissons.* ◆ v.i. Devenir jaune. *Le papier jaunit en vieillissant.*

JAUNISSANT, E adj. Qui jaunit.

JAUNISSE n.f. Ictère. ◇ Fig., fam. *Faire une jaunisse de qqch, en faire une jaunisse :* éprouver un grand dépit à propos de qqch.

JAUNISSEMENT n.m. Action de rendre jaune ; fait de devenir jaune.

1. JAVA n.f. Danse populaire à trois temps, typique des bals musettes et très en vogue au début du XXe s. ◇ Fam. *Faire la java :* s'amuser, faire la fête, en partic. de manière bruyante.

2. JAVA n.m. Afrique. Tissu de pagne en coton imprimé, de qualité commune.

JAVANAIS, E adj. et n. De Java. ◆ n.m. **1.** Langue du groupe indonésien parlée à Java. **2.** Argot codé qui consiste à insérer après chaque consonne les syllabes *av* ou *va.* (Ex. : *bonjour* transformé en ***bavonjavour.***)

JAVART n.m. (mot gaul.). VÉTÉR. Tumeur au bas de la jambe du cheval, du bœuf, etc.

JAVEAU n.m. Île de sable, de limon, laissée par un cours d'eau au fort débit.

JAVEL (EAU DE) n.f. (de *Javel,* n. de lieu). Solution aqueuse d'hypochlorite et de chlorure de sodium, utilisée comme décolorant et désinfectant.

JAVELAGE n.m. AGRIC. **1.** Mise en javelles. **2.** Séjour des javelles sur le chaume.

JAVELER v.t. [24]. AGRIC. Mettre en javelles.

JAVELEUR, EUSE n. et adj. Personne qui javelle.

JAVELINE n.f. Arme de jet longue et mince.

JAVELLE n.f. (lat. pop. *gabella,* mot gaul.). **1.** AGRIC. Dans la moisson à la main, petit tas de tiges de céréales qu'on laisse sur place quelque temps avant la mise en gerbe. **2.** Petit tas de sel, dans les salins.

JAVELLISATION n.f. Procédé de stérilisation de l'eau, à laquelle on ajoute la quantité juste suffisante d'eau de Javel pour oxyder les matières organiques.

JAVELLISER v.t. Stériliser (l'eau) par addition d'eau de Javel.

JAVELOT n.m. (mot gaul.). **1.** Lance courte, arme de jet des Anciens. **2.** SPORTS. Instrument de lancer, en forme de lance, employé en athlétisme. (La longueur et le poids minimaux du javelot sont de 2,60 m et 800 g pour les hommes, de 2,20 m et 600 g pour les femmes.)

lancer du **javelot**

JAYET n.m. Vx. Jais.

JAZZ [dʒaz] n.m. (de l'amér. *jazz-band*). Musique afro-américaine, créée au début du XXe s. par les communautés noire et créole du sud des États-Unis, et fondée pour une large part sur l'improvisation, un traitement original de la matière sonore et une mise en valeur spécifique du rythme, le swing.

JAZZ-BAND [dʒazbɑ̃d] n.m. (pl. *jazz-bands*). Vieilli. Orchestre de jazz.

JAZZIQUE ou **JAZZISTIQUE** adj. Relatif au jazz, propre au jazz.

JAZZMAN [dʒazman] n.m. (pl. *jazzmans* ou *jazzmen*). Musicien de jazz.

JAZZY [dʒazi] adj. inv. (mot angl.). Fam. Qui rappelle, évoque le jazz.

JE (lat. *ego*), pron. pers. de la 1re pers. du sing. des deux genres. *Je pars demain, j'irai à Toulon.* ◆ n.m. inv. PHILOS. Sujet qui parle, qui pense.

JEAN ou **JEANS** [dʒin(s)] n.m. **1.** Tissu de coton ou de polyester-coton, très serré, fabriqué à partir d'une chaîne teinte généralement en bleu et d'une trame écrue. **2. a.** Pantalon coupé dans ce tissu. SYN. : ***blue-jean.*** **b.** Pantalon de tissu quelconque, coupé comme un jean. *Jean de velours.*

JEAN-FOUTRE n.m. inv. Pop. Homme incapable, sur qui on ne peut compter.

JEAN-LE-BLANC n.m. inv. Circaète (oiseau).

1. JEANNETTE n.f. Petite planche à repasser montée sur un pied, utilisée notamment pour le repassage des manches.

2. JEANNETTE n.f. Nom donné aux filles de 8 à 11 ans dans les associations scoutes catholiques.

JÉCISTE adj. et n. Qui appartient à la Jeunesse étudiante chrétienne (J. E. C.).

JECTISSE [ʒɛktis] ou **JETISSE** [ʒətis] adj.f. **1.** *Terre jectisse :* terre déplacée ou rapportée. **2.** *Pierre jectisse,* qui peut facilement être posée à la main, dans une construction.

JEEP [dʒip] n.f. (nom déposé, prononciation de *G. P.,* initiales de *General Purpose,* tous usages). Automobile tout terrain à quatre roues motrices, d'un type mis au point pour l'armée américaine pendant la Seconde Guerre mondiale.

JÉJUNAL, E, AUX adj. ANAT. Du jéjunum.

JÉJUNO-ILÉON n.m. (pl. *jéjuno-iléons*). ANAT. Partie de l'intestin grêle qui s'étend du duodénum au cæcum.

JÉJUNUM [ʒeʒynɔm] n.m. (lat. *jejunum intestinum,* intestin à jeun). Partie de l'intestin grêle qui fait suite au duodénum.

JE-M'EN-FICHISME ou **JE-M'EN-FOUTISME** n.m. (pl. *je-m'en-fichismes, je-m'en-foutismes*). Fam. Attitude de qqn qui manifeste une indifférence totale à l'égard des évènements.

JE-M'EN-FICHISTE ou **JE-M'EN-FOUTISTE** adj. et n. (pl. *je-m'en-fichistes, je-m'en-foutistes*). Fam. Qui fait preuve de je-m'en-fichisme, de je-m'en-foutisme.

JE-NE-SAIS-QUOI n.m. inv. Chose qu'on ne saurait définir ou exprimer.

JENNÉRIEN, ENNE adj. Litt. Se dit du vaccin et de la vaccination antivarioliques mis au point par Jenner au XVIIIe s.

JENNY [dʒeni] n.f. (mot angl.) [pl. *jennys*]. Machine utilisée autref. pour filer le coton.

JÉRÉMIADE n.f. (par allusion aux Lamentations de *Jérémie*). Fam. Plainte, lamentation persistante, importune.

JEREZ [xerɛs] n.m. → ***xérès.***

JERK [dʒɛrk] n.m. (mot angl., *secousse*). Danse qui consiste à imprimer à tout le corps un rythme saccadé, à la mode à partir de 1965.

JERKER v.i. Danser le jerk.

JÉROBOAM n.m. (mot angl.). Grosse bouteille de champagne d'une contenance de quatre champenoises (soit plus de 3 litres).

JERRICAN, JERRYCAN [dʒerikan] ou **JERRICANE** [ʒɛrikan] n.m. (de *Jerry,* surnom donné aux Allemands par les Anglais, et angl. *can,* bidon). Récipient métallique muni d'un bec verseur, d'une contenance d'env. 20 litres.

JERSEY [ʒɛrzɛ] n.m. (de l'île de *Jersey*). **1.** Tricot ne comportant que des mailles à l'endroit sur une même face. ◇ *Point de jersey :* point de tricot obtenu en alternant un rang de mailles à l'endroit et un rang de mailles à l'envers. **2.** Vêtement (et en partic. chandail) en jersey.

JERSIAIS, E adj. et n. De Jersey. ◇ *Race jersiaise :* race bovine de petite taille, originaire de Jersey, excellente laitière.

JÉSUITE n.m. Membre de la Compagnie de Jésus, société de clercs réguliers fondée par Ignace de Loyola en 1539 et approuvée par le pape en 1540. ◆ adj. et n. Péj. Hypocrite. ◆ adj. *Style jésuite :* style architectural de la Contre-Réforme.

■ D'abord société missionnaire, la Compagnie de Jésus adopta très vite le ministère de l'enseignement, rendu indispensable par les nécessités de la Réforme catholique. Lors de la querelle avec les jansénistes, on lui reprocha son lien direct avec la papauté (vœu spécial d'obéissance) et les positions laxistes de certains de ses casuistes. Supprimée dans la plupart des pays catholiques dans l'Europe des Lumières entre 1762 et 1767, puis par le pape Clément XIV en 1773, la Compagnie fut rétablie par Pie VII en 1814.

JÉSUITIQUE adj. **1.** Qui concerne les jésuites. **2.** Péj. Hypocrite et astucieux.

JÉSUITIQUEMENT adv. De façon jésuitique.

JÉSUITISME n.m. **1.** Système moral et religieux des jésuites. **2.** Péj. Hypocrisie, astuce.

JÉSUS n.m. **1.** Représentation du Christ enfant. **2.** *Jésus de Lyon* ou *jésus :* saucisson sec de gros diamètre emballé sous cæcum de porc. ◆ adj. *Papier jésus* ou *jésus,* n.m. : format de papier de grande dimension (56 × 72 cm, 56 × 76 cm ou 55 × 70 cm).

1. JET [ʒɛ] n. m. **I. 1.** Action de jeter, de lancer. ◇ Fig. *Premier jet :* ébauche, esquisse d'une œuvre, notamm. littéraire. – *D'un jet, d'un seul jet, du premier jet :* en une seule fois, d'un seul coup. **2.** *Arme de jet :* arme qui constitue elle-même un projectile (javelot) ou qui le lance (arc). **3.** MAR. *Jet à la mer :* opération qui consiste à jeter à la mer tout ou partie de la cargaison afin d'alléger le navire. **4.** TECHN. **a.** Action de faire couler la matière en fusion dans un moule. **b.** Masselotte. **II. 1.** Distance correspondant à la portée d'un jet. *À un jet de pierre.* **2.** Mouvement d'un fluide qui jaillit avec force et comme sous l'effet d'une pression. *Un jet de sang, de salive.* – Spécialt. *Jet d'eau :* filet ou gerbe d'eau qui jaillit d'une fontaine et retombe dans un bassin. ◇ *À jet continu :* sans interruption. **3.** Émission, projection vive et soudaine. *Un jet de lumière, de flammes.* **4.** CONSTR. *Jet d'eau :* traverse saillante au bas d'un vantail de fenêtre ou d'une porte extérieure, moulurée en talon renversé de façon à écarter le ruissellement de la pluie. **5.** Nouvelle pousse des végétaux.

2. JET [dʒɛt] n.m. (mot angl.). Avion à réaction.

JETABLE adj. Se dit d'un objet destiné à être jeté après usage. *Rasoir, briquet jetable.*

JETAGE n.m. Sécrétion s'écoulant du nez d'animaux atteints de la morve, de la gourme.

1. JETÉ n.m. **1.** *Jeté de table :* bande d'étoffe ou de broderie que l'on met sur une table comme ornement. ◇ *Jeté de lit :* couvre-lit. **2.** En tricot, brin jeté sur l'aiguille avant de prendre une maille. **3.** CHORÉGR. Saut lancé, exécuté d'une jambe sur l'autre. **4.** SPORTS. En haltérophilie, mouvement amenant la barre de l'épaule au bout des bras tendus verticalement.

2. JETÉ, E adj. Fam. Fou. *Il est complètement jeté, ce type.*

JETÉE n.f. **1.** Ouvrage enraciné dans le rivage et établi pour permettre l'accès d'une installation portuaire, pour faciliter les manœuvres des bateaux et navires dans les chenaux d'accès à un port. **2.** Couloir reliant une aérogare à un satellite ou à un poste de stationnement d'avion.

1. JETER v.t. (lat. *jactare*) [27]. **I. 1.** Envoyer loin en lançant. *Jeter une pierre.* ◇ Fig. *Jeter qqch à la face, à la figure, à la tête de qqn :* dire, reprocher vivement. **2.** Porter vivement (le corps ou une partie du corps) dans une direction. *Jeter la jambe en avant.* ◇ *Jeter les yeux, le regard sur :* regarder, s'intéresser à. **3.** Se débarrasser de, mettre aux ordures. *Jeter des fruits gâtés.* **4.** Mettre, poser rapidement ou sans précaution. *Jeter un châle sur ses épaules.* **5.** Disposer, mettre en place, établir. *Jeter un pont sur la rivière. Jeter les fondations, les bases de qqch.* **6.** Répandre, susciter. *Jeter une lumière vive sur qqch. Jeter le trouble dans les esprits.* **II. 1.** Pousser avec violence. *Jeter qqn à terre.* **2.** Mettre brusquement dans un certain état. *Jeter dans l'embarras.* **III. 1.** Lancer hors de soi, émettre. *Animal qui jette son venin. Jeter un cri.* **2.** Faire jaillir, lancer. *Diamant qui jette mille feux.* ◇ Fam. *En jeter :* avoir de l'allure, une apparence brillante qui impressionne. **3.** Produire des bourgeons, en parlant des végétaux. ◆ **se jeter** v.pr. **1.** Se porter vivement ; se précipiter. *Se jeter contre un mur.* **2.** S'engager, s'adonner complètement, avec passion. *Se jeter dans les études.* **3.** Déverser ses eaux, en parlant d'un cours d'eau. *La Saône se jette dans le Rhône.* **4.** Pop. *S'en jeter un :* boire un verre.

2. JETER n.m. ARM. *Tir au jeter :* tir exécuté par surprise à courte distance, sans employer les appareils de pointage.

JETEUR, EUSE n. *Jeteur de sort :* personne qui lance des malédictions en usant de magie.

JETISSE adj.f. → *jectisse.*

JETON n.m. (de *jeter,* calculer). **I. 1.** Pièce ronde et plate (de métal, d'ivoire, de matière plastique, etc.) utilisée pour faire fonctionner certains appareils, comme marque à certains jeux et à divers autres usages. *Jeton de téléphone.* ◇ Fam. *Faux jeton :* hypocrite. **2.** *Jeton de présence :* somme forfaitaire allouée aux membres des conseils d'administration. **II.** Pop. **1.** Coup. *Prendre un jeton.* **2.** *Avoir, foutre les jetons :* avoir, faire peur.

JET-SET [dʒɛtsɛt] n.f. ou m. (mot angl., de *jet,* avion à réaction, et *set,* groupe) [pl. *jet-sets*]. Ensemble des personnalités qui constituent un milieu riche et international habitué des voyages en jet. – REM. On dit aussi *jet-society* [dʒɛtsɔsajti].

JET-STREAM [dʒɛtstrim] n.m. (mot angl.) [pl. *jet-streams*]. MÉTÉOR. Courant d'ouest très rapide (parfois plus de 500 km/h), qu'on observe entre 10 000 et 15 000 m, entre les 30e et 45e parallèles des deux hémisphères.

JETTATURA [dʒɛt(t)atura] n.f. (mot napolitain, de l'it. *gettare,* jeter). En Italie, action de jeter un mauvais sort ; sorcellerie.

JEU n.m. (lat. *jocus*). **I. 1.** Activité physique ou intellectuelle non imposée et gratuite, à laquelle on s'adonne pour se divertir, en tirer un plaisir. *Se livrer aux jeux de son âge.* – *Jeu d'esprit,* qui exige de l'esprit, de l'invention. ◇ Fig. *Jeu d'enfant :* chose très facile. *Ce n'est qu'un jeu d'enfant, qu'un jeu pour elle.* – *Se faire un jeu de qqch,* le faire très facilement. **2.** Action, attitude de qqn qui n'agit pas sérieusement ; plaisanterie. *Dire qqch par jeu.* ◇ *Jeu de mots :* équivoque, plaisanterie fondée sur la ressemblance des mots. **3.** Au Moyen Âge, forme dramatique caractérisée par le mélange des tons et la variété des sujets. *Le Jeu de Robin et Marion.* **II. 1.** Activité de loisir soumise à des règles conventionnelles, comportant gagnant(s) et perdant(s), et où interviennent les qualités physiques ou intellectuelles, l'adresse, l'habileté ou le hasard. *Tricher au jeu.* ◇ *Théorie des jeux :* partie de la théorie de la décision relative aux initiatives susceptibles d'être prises (stratégies) par un partenaire, à partir de la connaissance (informations) des décisions possibles des autres partenaires. – *Jeu d'entreprise :* méthode de formation à la gestion des entreprises et d'entraînement à la prise de décision par l'étude de situations proposant des problèmes analogues à ceux que pose la vie de l'entreprise. **2.** Ensemble des règles d'après lesquelles on joue. *Respecter, jouer le jeu.* – *Cela n'est pas de jeu :* ce n'est pas conforme aux règles, à ce qui était convenu. **3.** Ensemble des différents jeux de hasard, notamm. ceux où on risque de l'argent. *Se ruiner au jeu.* – *Maison de jeu :* établissement public où on joue de l'argent. **4.** Action, manière de jouer ; partie qui se joue. ◇ *D'entrée de jeu :* tout de suite, dès le début. – *Être en jeu :* être l'objet d'un débat, d'une question. – *Faire le jeu de qqn,* l'avantager, agir dans son intérêt, le plus souvent involontairement. – *Se prendre, se piquer au jeu :* se passionner pour une chose à laquelle on n'avait guère pris d'intérêt jusque-là. – *Jouer gros jeu :* risquer beaucoup, risquer gros. – *Les jeux sont faits :* tout est décidé. **5.** Division d'un set, au tennis. ◇ *Jeu blanc,* dans lequel le perdant n'a marqué aucun point. – *Jeu décisif :* jeu supplémentaire servant à départager deux joueurs ou deux équipes à égalité à six jeux partout. **6.** *Jeu à XIII :* rugby à treize joueurs. **III. 1.** Ensemble des éléments nécessaires à la pratique d'un jeu. *Acheter un jeu de cartes.* **2.** Ensemble des cartes, des jetons, etc., distribués à un joueur. *Avoir un bon jeu.* – Fig. *Avoir beau jeu de :* être dans des conditions favorables, avoir toute facilité pour. *Il a beau jeu de critiquer, lui qui ne fait rien !* **3.** Série complète d'objets de même nature. *Un jeu de clefs.* ◇ *Jeu d'orgue :* suite, série de tuyaux d'un orgue correspondant à un même timbre ; tableau de commande des éclairages d'un théâtre. – ÉLECTR. *Jeu de barres :* ensemble des conducteurs rigides auxquels se raccordent les arrivées et les départs de ligne dans un poste de transformation, une sous-station, etc. **IV. 1.** Manière de jouer d'un instrument de musique ; manière d'interpréter un rôle. *Jeu brillant, pathétique.* **2.** Manière de bouger, de se mouvoir en vue d'obtenir un résultat. *Jeu de jambes.* – *Jeu de physionomie :* mimique significative du visage. – *Jeu de scène :* mouvement, attitude concourant à un certain effet, sans lien direct avec le texte. **3.** Manière d'agir ; manège, stratagème. *Le jeu subtil d'un diplomate.* – *Entrer dans le jeu de qqn,* faire cause commune avec lui, lui donner son appui. – *Jouer double jeu :* avoir deux attitudes différentes pour tromper. ◇ *Vieux jeu :* suranné. **4.** Litt. Ensemble de mouvements produisant un effet esthétique. *Jeu d'ombre et de lumière.* – *Jeu d'eau :* configuration esthétique d'un ou de plusieurs jets d'eau. **V. 1.** Mouvement régulier d'un mécanisme, d'un organe. *Jeu du piston dans le cylindre.* **2.** Fonctionnement normal d'un système, d'une organisation, des éléments d'un ensemble. *Le jeu de la concurrence.* ◇ *Entrer en jeu :* intervenir dans une affaire. – *Mettre qqn en jeu,* l'employer dans une action déterminée. – *Mise en jeu :* emploi, usage. – *Jeu d'écriture :* opération comptable purement formelle, n'ayant aucune incidence sur l'équilibre des recettes et des dépenses. **3.** MÉCAN. **a.** Intervalle laissé entre deux pièces, leur permettant de se mouvoir librement. **b.** Excès d'aisance dû à un défaut de serrage entre deux pièces en contact. *Axe qui a pris du jeu.* ◆ pl. Ensemble de compétitions regroupant plusieurs disciplines sportives, et auxquelles participent souvent les représentants de divers pays. *Jeux Panafricains. Jeux Olympiques.*

JEUDI [ʒødi] n. m. (lat. *Jovis dies,* jour de Jupiter). Quatrième jour de la semaine. – *Jeudi saint :* jeudi de la semaine sainte. ◇ Fam. *Semaine des quatre jeudis :* temps qui n'arrivera jamais.

JEUN (À) loc. adv. (lat. *jejunus*). Sans avoir rien mangé ni bu depuis le réveil.

1. JEUNE adj. (lat. *juvenis*). **1.** Qui n'est pas avancé en âge. *Jeune homme, jeune fille.* ◇ Belgique. *Vieux jeune homme, vieille jeune fille :* vieux garçon, vieille fille. **2.** Qui a encore la vigueur et le charme de la jeunesse. *À cinquante ans, elle est restée très jeune.* **3.** Nouveau, récent. *Un pays jeune.* **4.** Qui est moins âgé que les personnes de la même fonction, de la même profession, etc. *Un jeune ministre.* **5.** Qui n'a pas encore les qualités de la maturité ; naïf, crédule. *Vous vous êtes montré un peu jeune et léger.* **6.** Cadet. *Durand jeune et Cie.* **7.** Qui appartient à la jeunesse. *Jeune expérience.* **8.** Se dit d'un vin auquel il manque encore les qualités qu'il peut acquérir par le vieillissement. **9.** Fam. *C'est un peu jeune :* c'est un peu insuffisant. ◆ adv. À la manière des personnes jeunes. *S'habiller jeune.*

2. JEUNE n. **1.** Personne jeune. – *Les jeunes :* la jeunesse. **2.** Animal non encore adulte.

JEÛNE n.m. Privation d'aliments. *Un long jeûne affaiblit.* ◇ Suisse. *Jeûne fédéral :* fête religieuse consacrée à l'amour de la patrie, fixée au troisième dimanche de septembre.

JEUNEMENT adv. VÉN. Nouvellement. – *Cerf dix cors jeunement :* cerf de six ans.

JEÛNER v.i. (lat. *jejunare*). **1.** S'abstenir de manger ; pratiquer le jeûne, la diète. **2.** Pratiquer le jeûne pour des raisons religieuses.

JEUNESSE n.f. **1.** Période de la vie humaine comprise entre l'enfance et l'âge mûr. *L'éclat de la jeunesse.* ◇ *N'être plus de la première jeunesse :* n'être plus très jeune. **2.** Fait d'être jeune ; ensemble des caractères physiques et moraux d'une personne jeune. *Jeunesse de cœur, d'esprit.* **3.** Ensemble des jeunes, ou des enfants et des adolescents. *Émissions pour la jeunesse.* **4.** Période de croissance, de développement ; état, caractère des choses nouvellement créées ou établies et qui n'ont pas encore atteint leur plénitude. *Science qui est dans sa jeunesse.* **5.** Fam. *Une jeunesse :* une jeune fille ou une très jeune femme. ◆ pl. Mouvement, groupement de jeunes gens. *Les jeunesses musicales.*

JEUNET, ETTE adj. Fam. Très jeune ; un peu trop jeune.

JEUNE-TURC, JEUNE-TURQUE n. (pl. *jeunes-turcs, -turques*). Personne (souvent, personne jeune) qui, dans une organisation politique, est favorable à une action rapide, ferme et volontaire. *Les jeunes-turcs du parti.*

JEÛNEUR, EUSE n. Personne qui jeûne.

JEUNOT, OTTE adj. et n. Fam. Jeune et naïf.

JIGGER [dʒigər] n.m. (mot angl., *cribleur*). Appareil utilisé pour les traitements et la teinture des différents tissus, dans lequel les pièces circulent alternativement dans les deux sens.

JINGLE [dʒingœl] n.m. (mot angl., *couplet*). Bref thème musical destiné à introduire ou à accompagner une émission ou un message publicitaire. Recomm. off. : *sonal.*

JINGXI [ʒiŋksi] n.m. (mot chinois, *théâtre de la capitale*). Genre dramatique musical chinois connu en Occident sous le nom d'*opéra de Pékin*, dans lequel les acteurs déclament, chantent, dansent, miment et font parfois de l'acrobatie, accompagnés par un ensemble de plusieurs instruments.

JINISME n.m. → ***jaïnisme.***

JIU-JITSU [ʒjyʒitsy] n.m. inv. (mot jap.). Art martial japonais, fondé sur les projections, les luxations, les étranglements et les coups frappés (atémis) sur les points vitaux du corps, et qui, codifié, a donné naissance au judo.

JOAILLERIE n.f. **1.** Art de mettre en valeur les pierres fines et précieuses, en utilisant leur éclat, leur forme, leur couleur. **2.** Commerce du joaillier. **3.** Articles vendus par le joaillier.

JOAILLIER, ÈRE [ʒɔaje, ɛr] n. Personne qui crée, fabrique ou vend des joyaux. ◆ adj. Relatif à la joaillerie.

JOB [dʒɔb] n.m. (mot angl., *besogne, tâche*). **1.** Fam. Petit emploi rémunéré, souvent provisoire ; petit boulot. *Un job d'étudiant.* **2.** Tout travail rémunéré. *Avoir un bon job.*

JOBARD, E [ʒɔbar, ard] adj. et n. (moyen fr. *jobe,* niais, de *Job,* n.pr.). Fam. Très naïf, qui se laisse duper facilement.

JOBARDER v.t. Pop., vieilli. Tromper, berner.

JOBARDISE ou **JOBARDERIE** n.f. Fam. Crédulité, naïveté.

JOBELIN n.m. Argot des malfaiteurs, au XVᵉ s.

JOBISTE n. Belgique. Fam. Étudiant(e) occupant un emploi occasionnel, un job.

JOCASSE n.f. Litorne (oiseau).

JOCISTE [ʒɔsist] adj. et n. Qui appartient à la Jeunesse ouvrière chrétienne (J. O. C.).

JOCKEY [ʒɔkɛ] n. (mot angl.) [pl. *jockeys*]. Professionnel(le) qui monte les chevaux de course.

JOCRISSE n.m. (de *Jocrisse,* n. d'un personnage de théâtre). Vx. Benêt qui se laisse duper.

JODHPURS [ʒɔdpyr] n.m. pl. (de *Jodhpur,* ville de l'Inde où l'on fabrique des cotonnades). Pantalon long, serré à partir du genou, utilisé pour monter à cheval.

JODLER [jɔdle] v.i. → ***iouler.***

JOGGER [dʒɔgœr] n.m. ou f. Chaussure spécialement adaptée au jogging.

JOGGEUR, EUSE [dʒɔgœr, øz] n. Personne qui pratique le jogging.

JOGGING [dʒɔgiŋ] n.m. (mot angl.). **1.** Course à pied pratiquée pour l'entretien de la forme physique, sur les terrains les plus variés (bois et campagne, routes, rues des villes). **2.** Survêtement utilisé pour cette activité.

JOHANNIQUE adj. Relatif à l'apôtre Jean, à son œuvre. *Évangile johannique.*

JOHANNITE n. Membre d'un mouvement religieux chrétien oriental qui confère le baptême au nom de saint Jean-Baptiste.

JOICE adj. → ***jouasse.***

JOIE n.f. (lat. *gaudium*). **1.** Sentiment de bonheur intense, de plénitude, limité dans sa durée, éprouvé par une personne dont une aspiration, un désir est satisfait. *Ressentir une grande joie.* ◇ Fam. *S'en donner à cœur joie :* profiter pleinement de l'agrément qui se présente. **2.** État de satisfaction qui se manifeste par de la gaieté et de la bonne humeur ; ces manifestations elles-mêmes. *L'incident les a mis en joie.* ◇ *Feu de joie :* feu allumé dans les réjouissances publiques. **3.** Ce qui provoque chez qqn un sentiment de vif bonheur, de vif plaisir. *C'est une joie de les revoir.* ◇ *Les joies de :* les plaisirs, les bons moments que telle chose procure ou, fam. et iron., les ennuis, les désagréments. *Les joies du mariage, du service militaire.*

JOIGNABLE adj. Que l'on peut joindre, avec qui on peut entrer en contact. *Vous êtes joignable à partir de quelle heure ?*

JOINDRE v.t. (lat. *jungere*) [82]. **1.** Rapprocher des choses de telle sorte qu'elles se touchent. *Joindre des planches.* ◇ Fig. et fam. *Joindre les deux bouts :* boucler son budget. **2.** Unir, assujettir. *Joindre des tôles par des rivets.* **3.** Établir une communication entre ; relier. *Le canal du Centre joint la Saône à la Loire.* **4.** Ajouter, associer. *Joindre une pièce au dossier. Joindre l'utile à l'agréable.* **5.** Entrer en rapport, en communication avec. *Je l'ai joint par téléphone.* ◆ v.i. Être en contact étroit. *Les battants de la fenêtre joignent mal.* ◆ **se joindre** v. pr. *(à).* S'associer à qqn, à un groupe ; participer à qqch.

1. JOINT, E adj. Uni, lié ; qui est en contact. *Sauter à pieds joints.*

2. JOINT n.m. **1.** Surface ou ligne d'assemblage de deux éléments fixes. Spécialt. : **a.** Point de raccordement de deux tuyaux, de deux rails. **b.** CONSTR. Espace entre deux pierres garni de liant. ◇ *Joint de dilatation :* dispositif permettant la libre dilatation et la contraction en fonction de la température. **2.** Garniture assurant l'étanchéité d'un assemblage. *Changer le joint d'un robinet qui fuit.* ◇ *Joint de culasse :* joint d'étanchéité interposé entre le bloc-cylindres et la culasse d'un moteur à combustion interne. **3.** MÉCAN. Articulation entre deux pièces. – *Joint de cardan* → ***cardan.*** **4.** Fig. Intermédiaire. *Faire le joint entre deux personnes.* **5.** Fig., fam. Moyen de résoudre une affaire, une difficulté. *Chercher, trouver un joint.*

3. JOINT n.m. (mot amér.). Arg. Cigarette de haschisch ou de marijuana.

JOINTIF, IVE adj. Qui joint sans laisser d'intervalle. *Lattes jointives.*

JOINTOIEMENT n.m. Action de jointoyer.

JOINTOYER [ʒwɛ̃twaje] v.t. [13]. Remplir avec du mortier ou une autre substance (les joints d'une maçonnerie, d'un sol).

JOINTURE n.f. **1.** Endroit où deux choses se joignent. *La jointure de deux pierres.* **2.** Articulation. *La jointure du genou. Faire craquer ses jointures.*

JOINT-VENTURE [dʒɔjntvɛntʃər] n.m. (mot angl., *entreprise mixte*) [pl. *joint-ventures*]. ÉCON. Association de fait entre deux personnes physiques ou morales pour un objet commun mais limité, avec partage des frais et des risques.

1. JOJO adj. inv. Fam. Joli. *C'est pas jojo, cette affaire.*

2. JOJO n.m. Fam. *Un affreux jojo :* un enfant turbulent et mal élevé.

JOJOBA n.m. (mot indien du Mexique). Arbuste des régions arides du Mexique et de la Californie, dont les graines renferment une cire liquide utilisée comme substitut du blanc de baleine. (Famille des buxacées.)

JOKER [ʒɔkɛr] n.m. (mot angl.). Carte portant la figure d'un bouffon et susceptible de prendre à certains jeux la valeur que lui donne celui qui la détient.

1. JOLI, E adj. (anc. scand. *jôl*). **1.** Agréable à voir et, par ext., à entendre ; qui séduit par sa grâce, son charme. *Une jolie fille. Une jolie voix.* ◇ *Faire le joli cœur :* chercher à paraître agréable, à séduire. **2.** Fam. Qui mérite d'être considéré, assez important. *Avoir un joli talent. C'est une jolie somme.* **3.** (Par antiphrase). Déplaisant, désagréable, laid. *Embarquez-moi tout ce joli monde !*

2. JOLI n.m. Ce qui est joli. ◇ Fam., iron. *C'est du joli ! :* c'est mal.

JOLIESSE n.f. Litt. Caractère de ce qui est joli. *La joliesse d'un visage.*

JOLIET, ETTE adj. Litt. Assez joli, mignon.

JOLIMENT adv. **1.** Bien, de façon agréable, plaisante. **2.** Iron. Très mal, sévèrement. *Se faire joliment recevoir.* **3.** Fam. Beaucoup, très. *Être joliment content.*

JOMON n.m. (jap. *jōmon,* cordé). Période prénéolithique et néolithique du Japon (7000-300 av. notre ère), caractérisée par des poteries portant des marques de cordes ou des impressions de coquillages. Graphie savante : *jōmon.*

JONC [ʒɔ̃] n.m. (lat. *juncus*). **1.** Plante des lieux humides, à tiges et feuilles cylindriques. (Famille des joncacées.) **2.** Canne faite d'une tige de rotang, ou *jonc d'Inde.* **3.** Anneau ou bracelet dont le cercle est partout de même grosseur. **4.** *Jonc fleuri :* butome.

JONCACÉE n.f. *Joncacées :* famille de plantes monocotylédones herbacées, à rhizome rampant, comme le jonc ou la luzule.

JONCER v.t. [16]. Rare. Garnir (un objet) de jonc.

JONCHAIE, JONCHÈRE ou **JONCHERAIE** n.f. Lieu où croissent les joncs.

1. JONCHÉE n.f. Litt. Quantité d'objets qui jonchent le sol. *Une jonchée de feuilles.*

2. JONCHÉE n.f. (de *jonc*). Fromage frais de vache, de chèvre ou de brebis, présenté dans un panier de jonc.

JONCHER v.t. (de *jonc*). **1.** Couvrir en répandant çà et là, étendre. *Joncher la terre de fleurs.* **2.** Être épars sur, couvrir. *Des feuilles mortes jonchent le sol.*

JONCHET n.m. Chacun des bâtonnets de bois, d'os, etc., mis en tas et qu'il faut, dans un jeu, recueillir un à un sans faire bouger les autres. ◆ pl. Jeu de jonchets. SYN. : ***honchets.***

JONCTION n.f. (lat. *junctio*). **1.** Action de joindre, d'unir ; fait de se joindre. *La jonction de deux armées.* ◇ *Point de jonction* ou *jonction :* endroit où deux choses se joignent, se confondent. **2.** ÉLECTRON. Zone d'un semi-conducteur dans laquelle les modes de conduction s'inversent.

JONGLER [ʒɔ̃gle] v.i. **[avec]** (anc. fr. *jogler,* se jouer de). **1.** Lancer en l'air, les uns après les autres, des objets que l'on relance à mesure qu'on les reçoit. **2.** Fig. Manier avec une grande habileté, une grande aisance. *Jongler avec les chiffres, avec les horaires.*

JONGLERIE n.f. **1.** Action de jongler ; art du jongleur. **2.** Fig. Tour d'adresse ou de passe-passe. **3.** Fig. Habileté hypocrite.

JONGLEUR, EUSE n. (lat. *joculator,* rieur). **1.** Artiste qui pratique l'art de jongler. **2.** Fig. Personne habile, qui jongle avec les idées, les mots. ◆ n.m. HIST. Poète-musicien ambulant du Moyen Âge, ménestrel.

JONKHEER [ʒɔnkɛr] n.m. HIST. Noble hollandais dont le rang était celui d'un écuyer.

JONQUE n.f. (port. *junco,* du javanais *djong*). Bateau à fond plat, à dérive, muni de deux ou trois mâts et gréé de voiles de toile ou de natte raidies par des lattes en bambou, qui sert au transport ou à la pêche, en Extrême-Orient.

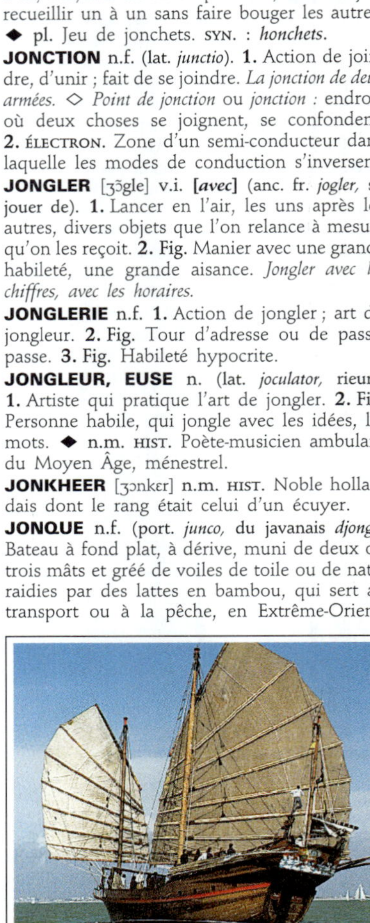

jonque

JONQUILLE n.f. (esp. *junquillo*). Narcisse à haute collerette, à feuilles cylindriques comme

jonquille

celles des joncs, cultivé pour ses fleurs jaunes. ◆ adj. inv. D'une couleur jaune clair.

JORAN n.m. (de *Jura*). Vent frais du nord-ouest qui souffle sur le sud du Jura et le lac Léman.

JORDANIEN, ENNE adj. et n. De la Jordanie.

JORURI n.m. (jap. *jōruri*). Genre dramatique populaire japonais qui a donné naissance au bunraku*. Graphie savante : *jōruri.*

JOSEPH adj. et n.m. (du prénom de l'inventeur *Joseph* de Montgolfier). Se dit d'un papier mince utilisé pour filtrer les liquides.

JOSÉPHISME n.m. HIST. Système conçu par Joseph II, empereur germanique, pour subordonner l'Église à l'État.

JOTA [xɔta] n.f. (mot esp.). Chanson et danse populaires espagnoles à trois temps, avec accompagnement de castagnettes.

JOTTEREAU n.m. (anc. fr. *jouette,* petite joue). MAR. Pièce de bois ou de métal fixée de chaque côté de la tête du mât d'un voilier.

JOUABLE adj. Qui peut être joué.

JOUAILLER v.i. Fam. **1.** Jouer petit jeu. **2.** Jouer médiocrement (d'un instrument ; à un jeu).

JOUAL [ʒwal] n.m. sing. (prononciation canadienne de *cheval*). Parler populaire québécois à base de français fortement anglicisé.

JOUASSE ou **JOICE** [ʒwas] adj. Pop. Content, heureux.

JOUBARBE n.f. (lat. *Jovis barba,* barbe de Jupiter). Plante vivace poussant sur les toits, les murs, les rochers, et dont les rosettes de feuilles ressemblent à de petits artichauts. (Genre sempervivum ; famille des crassulacées.)

joubarbe

JOUE n.f. (mot prélatin). **I. 1.** Chacune des parties latérales du visage de l'homme, comprise entre la bouche, l'œil et l'oreille. ◇ *Mettre en joue :* viser avec une arme à feu pour tirer. **2.** Partie latérale de la tête de certains animaux. **3.** BOUCH. Morceau du bœuf correspondant à la région du maxillaire inférieur, servant à faire du pot-au-feu. **II. 1.** Espace plein ou vide au-dessous de l'accotoir d'un canapé, d'un fauteuil. **2.** MAR. Partie renflée de chaque côté de l'étrave d'un navire. **3.** MÉCAN. Pièce latérale servant de fermeture ou de support à un ensemble mécanique. **4.** CONSTR. Épaisseur de bois de chaque côté d'une mortaise, d'une rainure.

JOUÉE n.f. CONSTR. Côté d'une embrasure, d'une lucarne, etc.

JOUER v.i. (lat. *jocari*). **I. 1.** Se divertir, se distraire, se livrer à des jeux. *Il ne pense qu'à jouer.* **2.** Exercer le métier d'acteur ; tenir un rôle. *Jouer dans un film.* **II. 1.** Fonctionner correctement. *La clé joue dans la serrure.* **2.** Changer de dimensions, de forme sous l'effet de l'humidité ; prendre du jeu, en parlant de ce qui est en bois. *La porte a joué.* **3.** Agir, produire un effet. *L'argument ne joue pas en votre faveur.* ◆ v.t. ind. **I.** *(à).* **1.** Se divertir en pratiquant un jeu, s'amuser avec un jeu, un jouet ; pratiquer un sport. *Jouer aux osselets.* **2.** Engager de l'argent dans un jeu. *Jouer à la roulette.* **3.** Spéculer. *Jouer à la Bourse, en Bourse.* ◇ *Jouer à la hausse, à la baisse :* spéculer sur la hausse ou la baisse des cours des valeurs ou des marchandises, particulièrement sur les marchés à terme. **II. A.** *(avec).* Exposer à des risques par légèreté. *Jouer avec sa santé.* **B.** *(de).* **1.** Manier un instrument, une arme. *Jouer du couteau.* **2.** Tirer parti, faire usage d'une partie de son corps. – *Jouer des coudes :* se frayer un passage dans la foule. **3.** Se servir ou savoir se servir d'un instrument de musique. *Jouer du violon.* **4.** *Jouer de bonheur, de malchance :* avoir une chance, une malchance particulièrement remarquables ou durables. **C.** *(sur). Jouer sur les mots :* tirer parti des équivoques qu'ils peuvent présenter. **III.** *(à).* Chercher à paraître ce qu'on n'est pas. ◇ *Jouer au plus fin :* chercher à se duper l'un l'autre. ◆ v.t. **I. 1.** Mettre en jeu, lancer, déplacer (ce avec quoi on joue). *Jouer une bille, une boule, une carte.* **2.** Miser (une somme), mettre comme enjeu. *Jouer gros jeu.* **3.** Risquer. *Jouer sa vie.* **II. 1.** Interpréter (une pièce musicale). *Jouer un air.* **2.** Donner la représentation de (une pièce), passer (un film). *Cette salle joue* Hamlet. **3.** Interpréter (une œuvre) ; tenir le rôle de. *Jouer une grande coquette.* ◇ Fig. *Jouer un rôle :* avoir une part, une influence. *Elle a joué un grand rôle dans sa vie.* **4.** Affecter (un comportement), feindre (un sentiment). *Jouer la surprise.* **5.** Adopter une stratégie dans une perspective donnée ; parier sur. *Jouer la prévention. Jouer la baisse des taux d'intérêt.* ◇ *Jouer la montre :* chercher à gagner du temps. – Fam. *La jouer... :* adopter tel comportement. *La jouer modeste. La jouer grand seigneur.* **6.** Litt. Tromper, duper. *Il vous a joué.* ◆ **se jouer** v.pr. *(de).* **1.** Ne pas se laisser arrêter par qqch ; n'en faire aucun cas. *Se jouer des difficultés. Se jouer des lois.* ◇ *En se jouant :* aisément. **2.** Litt. Tromper qqn, abuser de sa confiance. *Elle s'est jouée de vous.*

JOUET n.m. **1.** Objet conçu pour amuser un enfant. **2.** Fig. *Être le jouet de :* être victime de qqn, d'une volonté supérieure, de l'action d'éléments, etc.

JOUETTE n.f. Belgique. Personne encline à s'amuser à des riens.

JOUEUR, EUSE n. **1.** Personne qui pratique un jeu, un sport. *Joueur d'échecs, de tennis.* **2.** Personne qui a la passion des jeux d'argent, le goût du risque. ◇ *Beau joueur :* personne qui sait reconnaître sa défaite avec élégance, sportivement. **3.** Personne qui joue d'un instrument de musique. *Joueur de guitare.* ◆ adj. Qui aime jouer, s'amuser. *Un enfant joueur.*

JOUFFLU, E adj. (de *joue* et *gifle*). Qui a de grosses joues. *Un bébé joufflu.*

JOUG [ʒu] n.m. (lat. *jugum*). **1.** Pièce de bois utilisée pour atteler une paire d'animaux de trait. (Dans le cas de l'attelage des bovins, le joug se place soit derrière les cornes – joug de nuque –, soit devant le garrot.) **2.** Litt. Contrainte matérielle ou morale. *Tenir qqn sous le joug.* **3.** Chez les Romains, javelot attaché horizontalement sur deux autres fichés en terre, et sous lequel le vainqueur faisait passer, en signe de soumission, les chefs et les soldats de l'armée vaincue. **4.** TECHN. Fléau d'une balance.

JOUIR v.t. ind. [*de*] (lat. *gaudere*). **1.** Tirer un vif plaisir, une grande joie de. *Jouir de sa victoire.* **2.** Avoir la possession de (qqch dont on tire des avantages) ; bénéficier de. *Jouir d'une bonne santé.* ◆ v.i. Fam. Atteindre l'orgasme.

JOUISSANCE n.f. **I. 1.** Plaisir intense tiré de la possession de qqch, de la connaissance, etc. **2.** Plaisir physique intense. ◇ **Spécialt.** Plaisir sexuel. **II.** Libre disposition de qqch ; droit d'utiliser une chose, un droit, d'en jouir. ◇ DR. *Jouissance légale :* usufruit sur les biens de l'enfant mineur dont bénéficie le parent qui les administre.

JOUISSANT, E adj. Fam., vx. Réjouissant.

JOUISSEUR, EUSE n. Personne qui recherche les plaisirs matériels ou sensuels.

JOUISSIF, IVE adj. Fam. Qui procure un plaisir intense.

JOUJOU n.m. (pl. *joujoux*). **1.** Petit jouet d'enfant. ◇ Fam. *Faire joujou :* jouer, s'amuser. **2.** Objet dont on aime à se servir. ◇ **Spécialt.** Mécanique très perfectionnée, merveilleuse.

JOUJOUTHÈQUE n.f. Canada. Ludothèque.

JOULE n.m. (du n. du physicien angl. J.P. *Joule*). **1.** Unité de mesure de travail, d'énergie et de quantité de chaleur (symb. J), équivalant au travail produit par une force de 1 newton dont le point d'application se déplace de 1 m dans la direction de la force. – *Joule par kelvin :* unité de mesure de capacité thermique et d'entropie (symb. J/K), équivalant à l'augmentation de l'entropie d'un système recevant une quantité de chaleur de 1 joule à la température thermodynamique constante de 1 kelvin, pourvu qu'aucun changement irréversible n'ait lieu dans le système. – *Joule par kilogramme-kelvin :* unité de mesure de chaleur massique et d'entropie massique [symb. J/(kg·K)], équivalant à la chaleur massique d'un corps homogène de masse 1 kilogramme dans lequel l'apport d'une quantité de chaleur de 1 joule produit une élévation de température thermodynamique de 1 kelvin. **2.** *Effet Joule :* dégagement de chaleur dans un conducteur homogène parcouru par un courant électrique.

JOUR n.m. (lat. médiév. *diurnum,* de jour). **I. 1.** Clarté, lumière du Soleil permettant de voir les objets. *En plein jour. Se placer face au jour.* ◇ *Le petit jour :* l'aube. – *Mettre au jour :* sortir de terre, dégager (une chose enfouie). – Fig. *Au grand jour :* au vu et au su de tous, ouvertement, sans rien dissimuler. **2. a.** Manière dont les objets sont éclairés. *La pièce baignait dans un jour glauque.* ◇ *Faux jour :* lumière qui éclaire mal les objets. **b.** Fig. Aspect. *Sous un jour favorable.* **3.** Litt. *Donner le jour à :* mettre au monde. – *Voir le jour :* naître ; paraître ; être édité. **II. 1. a.** Ouverture, dans un espace plein, qui laisse passer la lumière. *Des jours entre les planches mal jointes.* **b.** ARCHIT. et ARTS DÉC. *À jour, percé à jour :* se dit d'un élément d'architecture, d'un objet, d'un ornement percé de nombreux vides. ◇ Fig. *Percer qqn à jour :* deviner ses intentions. – Fig. *Se faire jour :* finir par apparaître, par être connu, notoire. **2.** BROD. Vide pratiqué dans une étoffe soit par le retrait des fils, soit par l'écartement des fils à l'aide d'une grosse aiguille. SYN. : *ajour.* **III. 1.** Intervalle de temps compris entre le lever et le coucher du soleil en un lieu donné. *Le jour et la nuit.* ◇ *De jour :* pendant le jour. *Travailler de jour.* **2.** Durée de la rotation de la Terre, d'une autre planète ou d'un satellite naturel autour de son axe. ◇ ASTRON. *Jour sidéral :* durée de la rotation de la Terre sur elle-même, mesurée par rapport au point vernal (env. 23 h 56 min 4 s). – *Jour solaire vrai :* durée variable, voisine de 24 h, séparant deux passages consécutifs du Soleil au méridien d'un lieu (plus long que le jour sidéral en raison du mouvement de la Terre autour du Soleil). – *Jour solaire moyen :* durée moyenne, constante par définition, d'un jour solaire vrai, fixée à 24 h et commençant à midi. – *Jour civil :* jour solaire moyen dont la durée est de 24 h exactement et commençant à minuit. **3.** Cour. Période de 24 h, assimilée au jour civil, constituant une unité de temps et un repère dans le calendrier. *Quel jour sommes-nous ?* – REM. La métrologie lui affecte le symb. d ou, en France, j. ◇ *De jour en jour :* graduellement, progressivement, au fur et à mesure que les jours passent. – *Du jour au lendemain :* brusquement, sans transition. – *D'un jour à l'autre :* à tout moment, incessamment. **4.** Intervalle de 24 h considéré en fonction des circonstances qui le marquent (température, évènements, activité des personnes, etc.). *Un jour de chaleur. Jour de consultation.* ◇ *Au jour le jour :* régulièrement, sans omettre un jour ; en ne considérant que le jour présent, sans s'occuper du lendemain. – *Jour pour jour :* exactement, au jour près. *Dans un an, jour pour jour.* **5.** Période, moment indéterminé. *Un jour ou l'autre. Un beau jour.* **6.** Moment présent, époque actuelle. *Au goût du jour.* ◇ *À jour :* en conformité avec le moment présent. *Mettre à jour un dictionnaire.* ◆ pl. **I. 1.** Litt. Époque, temps. ◇ *De nos jours :* dans le temps où nous vivons. **2.** Litt. Vie, existence. *Mettre fin à ses jours. Des jours difficiles.* **3.** *Les beaux jours :* le printemps, la belle saison. **II.** HIST. *Grands jours :* sous l'Ancien Régime, assises judiciaires tenues par une délégation d'un parlement dans une ville de son ressort.

JOUR-AMENDE n.m. (pl. *jours-amendes*). DR. Peine de substitution à l'emprisonnement ou peine complémentaire qui consiste en une amende dont le montant quotidien est dû un certain nombre de jours.

JOURNADE n.f. Cotte à longues manches qui se portait par-dessus les armes (XVe-XVIe s.).

JOURNAL n.m. (lat. *diurnalis,* journalier). **I. 1.** Publication, le plus souvent quotidienne, qui donne des informations politiques, littéraires, scientifiques, etc. – *Journal interne d'entreprise :* publication réalisée par une entreprise et destinée à ses différents collaborateurs. ◇ *Journal parlé, télévisé :* actualités transmises par la radio, la télévision. – *Journal lumineux, journal électronique :* dispositif visible de la rue, faisant apparaître des annonces par un procédé

Principaux journaux quotidiens d'information

pays	*titre*	*diffusion*
Allemagne	Bild Zeitung	4 200 000
	Frankfurter Allgemeine Zeitung	394 000
	Süddeutsche Zeitung	397 000
	Die Welt	210 000
Belgique	Het Laatste Nieuws	235 000
	La Libre Belgique	90 000
	Le Soir	200 000
	De Standaard	70 000
Canada	Le Devoir	27 000
	The Globe and Mail	321 000
	La Presse	202 000
	The Toronto Star	507 000
	Le Journal de Montréal	289 000
Chine	Le Quotidien du peuple	1 650 000
Espagne	ABC	286 000
	El País	579 000
États-Unis	Los Angeles Times	1 200 000
	New York Times	1 200 000
	USA Today	1 500 000
	Washington Post	813 000
France	La Croix	98 000
	Le Figaro	400 000
	France-Soir	213 000
	L'Humanité	70 000
	Libération	174 000
	Le Monde	362 000
	Ouest-France	790 000
	Le Parisien + Aujourd'hui	418 000
Grande-Bretagne	Daily Express	1 500 000
	Daily Mail	1 700 000
	Daily Mirror	3 700 000
	The Daily Telegraph	1 040 000
	The Guardian	400 000
	The Independent	276 000
	The Sun	3 600 000
	The Times	386 000
Italie	Corriere della Sera	700 000
	La Repubblica	850 000
	La Stampa	450 000
Japon	Asahi Shimbun	13 005 000
	Mainichi Shimbun	6 250 000
	Yomiuri Shimbun	14 250 000
Russie	Izvestia	753 000
	Komsomolskaïa Pravda	1 427 000
	La Pravda	150 000
	Selskaïa Jizn	1 226 000
Suisse	Journal de Genève + Gazette de Lausanne	40 000
	Blick	361 000
	Neue Zürcher Zeitung	152 000
	Tribune de Genève	60 000
International	International Herald Tribune	200 000

électrique ou électronique. **2.** Écrit où l'on relate les faits jour par jour. *Tenir son journal.* ◇ *Journal intime :* notation, plus ou moins régulière, de ses impressions ou réflexions personnelles. **3.** MAR. *Journal de bord :* registre dans lequel sont inscrits tous les renseignements concernant la navigation d'un navire. **4.** COMPTAB. *Livre journal* ou *journal :* registre sur lequel un commerçant inscrit, jour par jour, ses diverses opérations comptables. **5.** Belgique. *Journal de classe :* cahier de textes. **II.** Anc. Mesure de superficie correspondant à la quantité de terrain qu'un homme pouvait labourer en un jour.

1. JOURNALIER, ÈRE adj. Qui se fait chaque jour.

2. JOURNALIER, ÈRE n. Travailleur payé à la journée (en partic., ouvrier agricole saisonnier).

JOURNALISME n.m. **1.** Profession de ceux qui écrivent dans les journaux, participent à la rédaction d'un journal parlé ou télévisé. **2.** Ensemble des journaux ou des journalistes.

JOURNALISTE n. Personne qui a pour occupation principale, régulière et rétribuée, l'exercice du journalisme dans un ou plusieurs organes de la presse écrite ou audiovisuelle.

JOURNALISTIQUE adj. Qui a trait au journalisme ou aux journalistes.

JOURNÉE n.f. **1.** Espace de temps compris approximativement entre le lever et le coucher du soleil. **2.** Cet espace de temps considéré : **a.** du point de vue du climat ; **b.** des activités auxquelles on le consacre. *Journée bien remplie.* **3.** Travail, affaires que l'on fait ; rémunération, recette correspondante. *Faire de bonnes journées. Gagner sa journée.* **4.** Jour marqué par un évènement important. *Journée des Barricades.*

JOURNELLEMENT adv. **1.** Tous les jours ; quotidiennement. **2.** De façon fréquente, continue.

JOUTE n.f. (de *jouter*). **1.** HIST. Combat courtois à cheval, d'homme à homme, avec la lance. **2.** *Joute nautique, joute lyonnaise :* jeu où deux hommes, debout sur une barque, cherchent à se faire tomber à l'eau en se poussant avec une longue perche. **3.** Litt. Lutte spectaculaire où l'on rivalise de talent. *Joute oratoire.*

JOUTER v.i. (lat. pop. *juxtare,* toucher à). **1.** Pratiquer la joute à cheval ou la joute nautique. **2.** Litt. Rivaliser, se mesurer avec qqn.

JOUTEUR, EUSE n. Litt. Personne qui prend part à une joute. *Un rude jouteur.*

JOUVENCE n.f. *Eau, bain de jouvence,* ce qui fait rajeunir qqn, lui redonne de la vitalité.

JOUVENCEAU, ELLE n. (bas lat. *juvenculus*). Vx ou par plais. Adolescent(e).

JOUXTER [ʒukste] v.t. Litt. Être situé à côté de, avoisiner.

JOVIAL, E, ALS ou **AUX** adj. (bas lat. *jovialis,* né sous la planète Jupiter). Qui est d'une gaieté simple et communicative ; qui exprime la gaieté.

JOVIALEMENT adv. De façon joviale.

JOVIALITÉ n.f. Humeur joviale.

JOVIEN, ENNE adj. (lat. *Jovis,* génitif de Jupiter). Relatif à la planète Jupiter.

JOYAU n.m. (anc. fr. *joiel*). **1.** Objet fait de matières précieuses, généralement destiné à la parure ; bijou. **2.** Fig. Chose très belle ou d'une grande valeur. *Un joyau de l'architecture gothique.*

JOYEUSEMENT adv. Avec joie, dans la joie.

JOYEUSETÉ n.f. Fam. Plaisanterie.

1. JOYEUX, EUSE adj. **1.** Qui éprouve de la joie. *Une bande joyeuse.* **2.** Qui exprime la joie. *Cris joyeux.* **3.** Qui inspire la joie. *Joyeuse nouvelle.*

2. JOYEUX n.m. Arg. mil., vx. Soldat des bataillons d'infanterie légère d'Afrique.

J.T. n.m. (sigle). Journal télévisé.

JUBARTE n.f. Mégaptère.

JUBÉ n.m. (du premier mot lat. de la formule liturgique *Jube, Domine, benedicere*). Clôture monumentale, généralement surmontée d'une galerie, séparant le chœur de la nef dans certaines églises et qui servait aux lectures liturgiques.

1. JUBILAIRE adj. Relatif à un jubilé.

2. JUBILAIRE n. Suisse. Personne qui fête un jubilé.

JUBILANT, E adj. Fam. Qui jubile.

JUBILATION n.f. Joie intense et expansive.

JUBILATOIRE adj. Fam. Qui provoque la jubilation.

JUBILÉ n.m. (lat. ecclés. *jubilaeus,* de l'hébr. *yôbel,* sonnerie de cor). **1.** Dans la Bible, année privilégiée revenant tous les 50 ans et marquée par la redistribution égalitaire des terres. **2.** RELIG. CATH. Année sainte, revenant avec une périodicité qui a varié selon les époques, où les pèlerins de Rome bénéficient d'une indulgence plénière. **3.** Anniversaire important, généralement cinquantenaire, d'un mariage, de l'exercice d'une fonction, etc., et partic. du début d'un règne. **4.** Suisse. Petite fête qui marque l'anniversaire d'une entrée en fonction, de la création d'un club, etc.

JUBILER v.i. (lat. *jubilare*). Fam. Manifester une joie intense, souvent intérieure.

JUCHÉE n.f. Lieu où se perchent les faisans.

JUCHER v.t. (du francique). Placer à une hauteur relativement grande par rapport à sa taille. ◆ v.i. Se mettre sur une branche, sur une perche pour dormir, en parlant des poules et de quelques oiseaux. *Les faisans juchent sur les arbres.* ◆ **se jucher** v.pr. Se percher.

JUCHOIR n.m. Perche ou bâton préparé pour faire jucher la volaille.

JUDAÏCITÉ n.f. Fait d'être juif.

JUDAÏQUE adj. (lat. *judaicus*). Relatif au judaïsme. *La loi judaïque.*

JUDAÏSER v.t. Rendre juif, convertir au judaïsme.

JUDAÏSME n.m. Ensemble de la pensée et des institutions religieuses du peuple d'Israël, des Juifs.

■ On désigne par judaïsme la forme prise par la religion israélite après la destruction du Temple de Jérusalem (587 av. J.-C.) et l'Exil (587-538 av. J.-C.). Au sens courant, le judaïsme est l'ensemble des institutions religieuses du peuple juif. La tradition religieuse juive se réclame d'Abraham*, père des croyants, et de Moïse*, législateur d'Israël. La Bible (l'Ancien Testament des chrétiens) contient la Loi écrite, dont l'essentiel fut révélé à Moïse sur le mont Sinaï : c'est la *Torah* (« doctrine »). Une Loi orale (la *Mishna*), explicitant la Loi écrite, est contenue dans le *Talmud**, œuvre de savants docteurs, dont la rédaction définitive a été achevée au Ve s.

JUDAS n.m. **1.** Traître. **2.** Petite ouverture ou appareil à lentille *(judas optique)* aménagé dans un vantail de porte, une cloison, etc., pour voir ce qui se passe de l'autre côté sans être vu.

JUDÉITÉ ou **JUDAÏTÉ** n.f. Ensemble des caractères qui constituent l'identité juive.

JUDELLE n.f. Foulque (oiseau).

JUDÉO-ALLEMAND, E adj. et n.m. (pl. *judéo-allemands, es*). Yiddish.

JUDÉO-CHRÉTIEN, ENNE adj. (pl. *judéo-chrétiens, ennes*). Se dit des croyances et des valeurs morales communes au judaïsme et au christianisme. ◆ n. Adepte du judéo-christianisme.

JUDÉO-CHRISTIANISME n.m. **1.** Doctrine professée, dans l'Église primitive, par les chrétiens d'origine juive sur la nécessité de la pratique des observances mosaïques. **2.** Ensemble des éléments constitutifs de la civilisation judéo-chrétienne, qui a modelé les sociétés occidentales.

JUDÉO-ESPAGNOL n.m. LING. Ladino.

JUDICATURE n.f. Vx. État, charge de juge.

JUDICIAIRE adj. **I. 1.** Qui relève de la justice, de son administration. *Autorité judiciaire.* ◇ *Juridiction judiciaire :* ensemble de tribunaux jugeant des litiges des particuliers entre eux, par opp. aux juridictions administratives, qui jugent les affaires dans lesquelles l'Administration est partie. **2.** Qui se fait en justice, par autorité de justice. *Vente judiciaire.* ◇ *Acte judiciaire,* lié au déroulement d'une procédure. – HIST. *Duel judiciaire :* combat entre un accusateur et un accusé, admis dans l'Antiquité et au Moyen Âge, comme preuve juridique. **II.** *Astrologie judiciaire,* qui porte un jugement conjectural sur la qualité d'un individu et les péripéties de sa vie.

JUDICIAIREMENT adv. Au point de vue judiciaire.

JUDICIEUSEMENT adv. De façon judicieuse, avec pertinence ; intelligemment.

JUDICIEUX, EUSE adj. (du lat. *judicium,* jugement). **1.** Qui a le jugement bon, droit, juste. *Un esprit judicieux.* **2.** Qui témoigne d'un jugement rationnel, pertinent. *Remarque judicieuse.*

JUDO n.m. (jap. *ju,* souple, et *do,* méthode). Sport

prise de **judo** (6e de hanche)

de combat, dérivé du jiu-jitsu, où la souplesse et la vitesse jouent un rôle prépondérant.

JUDOGI n.m. Kimono de judoka.

JUDOKA n. Personne qui pratique le judo.

JUGAL, E, AUX adj. (lat. *jugalis*). ANAT. Relatif à la joue. ◇ *Arcade jugale* : arcade osseuse de la joue. SYN. : *arcade zygomatique*.

JUGE n.m. (lat. *judex, judicis*). **1.** Magistrat chargé de rendre la justice en appliquant les lois. ◇ *Juge d'instance*, du tribunal d'instance (anc. *juge de paix*). – *Juge consulaire* : membre d'un tribunal de commerce. – *Juge d'instruction* : juge du tribunal de grande instance chargé de l'instruction préparatoire en matière pénale. (Il est aussi officier de police judiciaire.) [En Suisse, on dit *juge informateur*.] – *Juge de l'application des peines* : juge du tribunal de grande instance chargé de suivre et d'individualiser l'exécution des peines des condamnés. – *Juge des enfants*, chargé, en matière civile, de tout ce qui concerne l'assistance éducative, et, en matière pénale, des délits commis par les mineurs. – *Juge des référés*, qui, sans être saisi au principal, a le pouvoir d'ordonner des mesures urgentes qui ne se heurtent à aucune contestation sérieuse. – *Juge des tutelles*, chargé principalement de surveiller la gestion des biens des incapables. – *Juge de la mise en état*, chargé, en matière civile, d'instruire une affaire et de la mettre en état d'être jugée par le tribunal. – *Juge aux affaires familiales* : juge chargé de l'ensemble des problèmes familiaux (que les parents soient mariés ou non), notamm. de la défense des intérêts des enfants mineurs. – *Juge rapporteur* : juge chargé de compléter le dossier d'une affaire en cours. (Parfois au fém., dans la langue familière : *la juge*.) **2.** Commissaire chargé, dans une course, un sport, de constater l'ordre des arrivées, de réprimer les irrégularités qui pourraient se produire au cours d'une épreuve. **3.** Personne qui est appelée à servir d'arbitre dans une contestation, à donner son avis. *Je vous fais juge de la situation.*

JUGÉ n.m. → **2. *juger*.**

JUGEABLE adj. Qui peut être jugé.

JUGE-COMMISSAIRE n.m. (pl. *juges-commissaires*). Juge désigné par le tribunal pour diriger certaines procédures (ex : redressement et liquidation judiciaires).

JUGEMENT n.m. **I. 1.** Action de juger une affaire selon le droit ; décision rendue par un tribunal, partic. par un tribunal d'instance, de grande instance, de commerce ou un conseil de prud'hommes. ◇ *Jugement par défaut*, prononcé contre une partie qui n'a pas comparu à l'audience. – *Jugement avant dire droit*, ordonnant une mesure provisoire ou une mesure d'instruction au cours du procès. **2.** *Jugement de Dieu* : **a.** Décret de la Providence, volonté divine. **b.** Ensemble d'épreuves (ordalies) auxquelles on soumettait autrefois les accusés pour les innocenter ou démontrer leur culpabilité. ◇ RELIG. CHRÉT. *Jugement dernier* : acte par lequel, à la Parousie, le Christ manifestera le sort de tous les humains. **II. 1.** Faculté de l'esprit qui permet de juger, d'apprécier. *Former son jugement.* **2.** Aptitude à bien juger. *Être dépourvu de jugement. Je m'en remets à votre jugement.* **3.** Action de se faire une opinion, manière de juger ; appréciation portée sur qqn ou qqch, opinion, sentiment. *Des jugements péremptoires.*

JUGEOTE n.f. Fam. Jugement sain, bon sens. *Il n'a pas deux sous de jugeote.*

1. JUGER v.t. (lat. *judicare*) [17]. **I. 1.** Prononcer en qualité de juge une sentence sur. *Juger qqn, une affaire.* **2.** Prendre une décision en qualité d'arbitre. *Juger un litige.* **II. 1.** Estimer la valeur de. *Juger une candidate.* **2.** Être d'avis, penser, estimer. *Elle a jugé nécessaire de protester.* ◆ v.t. ind. ***(de).*** **1.** Porter une appréciation sur qqch. *Juger de la distance.* **2.** Se faire une idée, imaginer qqch. *Jugez de ma surprise.* ◆ **se juger** v.pr. Porter sur soi un jugement. *Se juger perdu.*

2. JUGER ou **JUGÉ** n.m. *Au juger* ou *au jugé* : d'après une approximation sommaire. ◇ ARM. *Tir au juger*, exécuté sans épauler ni viser.

JUGEUR, EUSE n. Litt. Personne qui prétend juger de tout.

JUGLANDACÉE n.f. *Juglandacées* : famille d'arbres apétales de grande taille, dont le type est le noyer.

1. JUGULAIRE adj. (du lat. *jugulum*, gorge). ANAT. Qui appartient à la gorge, au cou. ◇ *Veine jugulaire* ou *jugulaire*, n.f. : chacune des quatre grosses veines situées de chaque côté des parties latérales du cou.

2. JUGULAIRE n.f. Courroie de cuir ou bande métallique servant à assujettir un casque, un shako, une bombe, etc., sous le menton.

JUGULER v.t. (lat. *jugulare*, égorger). Arrêter dans son développement ; étouffer, maîtriser. *Juguler l'inflation.*

JUIF, IVE n. (lat. *judaeus*, de Judée). **1.** (Avec une majuscule). Personne appartenant à la communauté israélite, au peuple juif. *Un Juif polonais.* ◇ *Juif errant* : personnage légendaire condamné à marcher sans s'arrêter jusqu'à la fin du monde pour avoir injurié Jésus portant sa croix. (La tradition le nomme *Ahasvérus*.) **2.** Personne qui professe la religion judaïque. *Un juif pratiquant.* **3.** Fam. *Le petit juif* : l'endroit sensible de l'articulation du coude. ◆ adj. Relatif aux juifs. *Religion juive.*

JUILLET n.m. (lat. *Julius*, [mois de] Jules [César]). Septième mois de l'année.

JUILLETTISTE n. Personne qui prend ses vacances au mois de juillet.

JUIN n.m. (lat. *Junius*, [mois de] Junius [Brutus]). Sixième mois de l'année.

JUIVERIE n.f. Anc. Quartier juif, ghetto.

JUJUBE n.m. (gr. *zizuphon*). **1.** Fruit du jujubier, drupe rouge à maturité, à pulpe blanche et sucrée, légèrement laxative, qui sert à fabriquer la pâte de jujube. **2.** Suc, pâte extraits du jujube.

JUJUBIER n.m. Arbre cultivé dans le Midi pour ses fruits (jujubes). [Haut. jusqu'à 8 m ; famille des rhamnacées.]

JUKE-BOX [dʒukbɔks] n.m. (de l'amér.) [pl. inv. ou *juke-boxes*]. Électrophone automatique placé généralement dans un lieu public et permettant, après introduction d'une pièce ou d'un jeton, d'écouter un disque sélectionné.

JULEP [ʒylɛp] n.m. (de l'ar.). PHARM. Préparation liquide, sucrée et aromatisée, servant de base aux potions (*julep simple* et *julep gommeux*).

JULES n.m. Fam. **1.** Petit ami, amant, mari. **2.** Souteneur, proxénète.

JULIEN, ENNE adj. (lat. *Julianus*). **1.** *Année julienne* : année de 365,25 jours. **2.** *Calendrier julien*, que réforma Jules César en 46 av. J.-C. (→ ***calendrier***). **3.** *Ère* ou *période julienne* : espace de 7 980 années juliennes utilisé pour la chronologie des phénomènes astronomiques, dont l'origine a été fixée au 1er janvier de l'an 4713 av. J.-C., à 12 h temps universel.

JULIÉNAS n.m. Vin d'un cru renommé du Beaujolais.

JULIENNE n.f. (du prénom *Julien*). **1.** Plante ornementale (nom usuel de plusieurs espèces de crucifères). **2.** Manière de tailler certains légumes en fins bâtonnets ; potage fait et servi avec des légumes ainsi taillés. **3.** Lingue (poisson).

JUMBO [dʒœmbo] n.m. (mot amér., surnom de l'éléphant). Chariot à portique supportant des perforatrices et servant au forage des trous de mine pour l'abattage des roches ou au forage des trous de boulonnage pour le soutènement.

JUMBO-JET [dʒœmbodʒɛt] n.m. (mot amér.) [pl. *jumbo-jets*]. Avion gros-porteur.

1. JUMEAU, ELLE adj. (lat. *gemellus*). **1.** Se dit de deux enfants nés d'un même accouchement. **2.** Se dit de deux choses semblables, symétriques ou faites pour aller ensemble. *Maisons jumelles. Lits jumeaux.* ◆ n. Frère jumeau ou sœur jumelle. – (Au pl.). Enfants jumeaux. ■ Biologiquement, les *vrais jumeaux*, ou jumeaux monozygotes, proviennent de la division d'un seul ovule fécondé par un seul spermatozoïde et se ressemblent totalement ; les *faux jumeaux*, ou jumeaux dizygotes, qui peuvent être de sexe différent, résultent de la fécondation simultanée de deux ovules distincts par deux spermatozoïdes.

2. JUMEAU n.m. **1.** Chacun des quatre muscles pairs de la fesse et de la jambe. **2.** BOUCH. Morceau du bœuf situé dans l'épaule.

JUMEL adj.m. (du n. de l'ingénieur français A. *Jumel*). TEXT. *Coton jumel* : coton égyptien à longues fibres.

JUMELAGE n.m. **1.** Action de jumeler. **2.** MIL. Affût commun à plusieurs armes, permettant leur tir simultané.

JUMELÉ, E adj. **1.** Disposé par couples. *Colonnes jumelées. Roues jumelées.* **2.** *Pari jumelé* ou *jumelé*, n.m. : consistant à désigner les chevaux arrivés premier et deuxième d'une course.

JUMELER v.t. [24]. **1.** Ajuster, accoupler côte à côte (deux objets semblables et semblablement disposés). *Jumeler des poutres.* **2.** Associer (des villes étrangères) en vue d'établir entre elles des liens et des échanges culturels et touristiques.

JUMELLE adj.f. et n.f. → ***1. jumeau.***

JUMELLES n.f. pl. **1.** Instrument d'optique formé de deux lunettes identiques accouplées de façon à permettre la vision binoculaire. (Dans ce sens, s'emploie aussi au sing. : *jumelle marine*.) ◇ *Jumelles à prismes*, comportant deux prismes redressant l'image. **2.** TECHN. Ensemble de deux pièces exactement semblables entrant dans la composition d'une machine ou d'un outil.

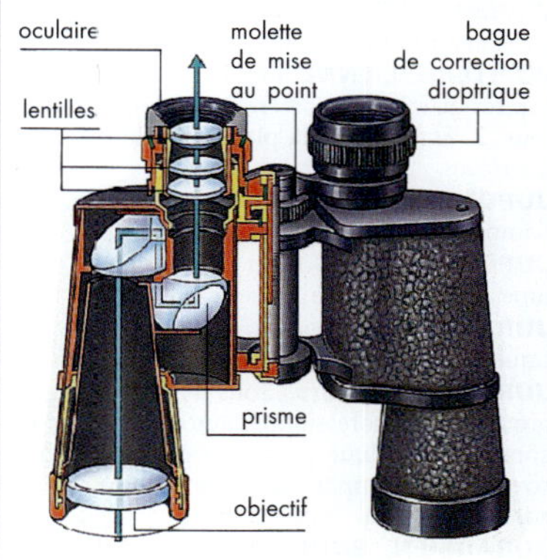

jumelles à prismes

JUMENT n.f. (lat. *jumentum*, bête de somme). Femelle adulte de l'espèce chevaline.

JUMPING [dʒœmpiŋ] n.m. (mot angl.). Concours hippique consistant en une succession de sauts d'obstacles.

JUNGLE [ʒœ̃gl] ou [ʒɔ̃gl] n.f. (du hindi). **1.** En Inde, formation végétale arborée qui prospère sous un climat chaud et humide avec une courte saison sèche. **2.** Fig. Milieu où règne la loi du plus fort. *La jungle du monde des affaires.* ◇ *La loi de la jungle* : la loi du plus fort.

JUNIOR adj. (mot lat., *plus jeune*). **1.** Puîné, cadet. *Laurent junior.* **2.** Qui concerne les jeunes, qui leur est destiné. *La mode junior.* **3.** Débutant, sur le plan professionnel. *Ingénieur junior.* ◆ adj. et n. Se dit d'une catégorie d'âge, variable selon les sports ou les jeux, intermédiaire entre les cadets et les seniors (entre 16 et 20 ans).

JUNIOR ENTREPRISE n.f. (nom déposé). Association créée par des étudiants dans le cadre de leurs études et au sein de laquelle ils accomplissent des travaux spécialisés et rémunérés pour le compte d'entreprises.

JUNKER [junkər] n.m. (mot all.). HIST. Membre de la noblesse terrienne, en Prusse.

JUNKIE ou **JUNKY** [(d)ʒœnki] n. (de l'arg. amér. *junk*, drogue dure) [pl. *junkies*]. Arg. Héroïnomane.

JUNONIEN, ENNE adj. De la déesse Junon.

JUNTE [ʒœ̃t] n.f. (esp. *junta*, de *junto*, joint). **1.** Anc. Conseil politique ou administratif, dans les pays ibériques. **2.** Gouvernement à caractère autoritaire, le plus souvent militaire, issu d'un coup d'État.

JUPE n.f. (de l'ar.). **I.** Vêtement féminin qui enserre la taille et descend jusqu'aux jambes. – *Jupe portefeuille*, qui se croise largement par-devant. **II. 1.** Dans les véhicules à coussin d'air, paroi souple limitant une chambre dans laquelle une certaine surpression permet la sustentation du véhicule. **2.** Surface latérale d'un piston, qui assure son guidage à l'intérieur du cylindre.

JUPE-CULOTTE n.f. (pl. *jupes-culottes*). Pantalon très ample coupé de manière à tomber comme une jupe.

JUPETTE n.f. Jupe très courte.

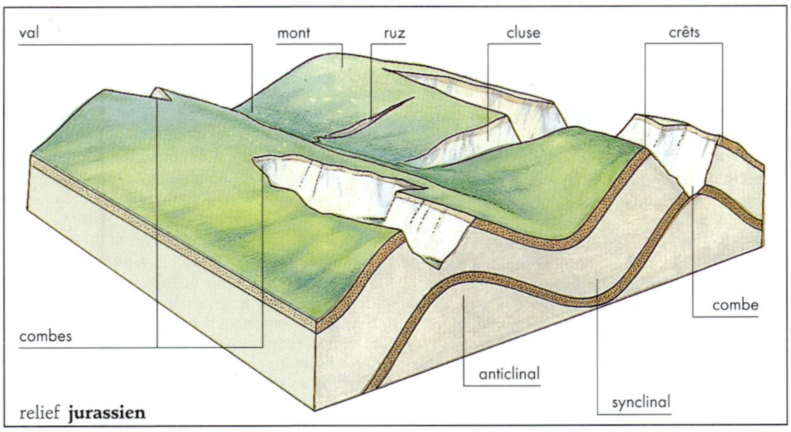

relief **jurassien**

JUPIER, ÈRE n. Vx. Couturière, tailleur, spécialisés dans la coupe des jupes.

JUPITÉRIEN, ENNE adj. **1.** Litt. Qui rappelle Jupiter par son caractère impérieux, dominateur. **2.** ASTRON. De la planète Jupiter. *Satellites jupitériens.*

JUPON n.m. Pièce de lingerie qui soutient l'ampleur d'une jupe, d'une robe.

JUPONNER v.t. Donner de l'ampleur à une jupe ou à une robe grâce à un jupon.

JURANÇON n.m. Vin des Pyrénées-Atlantiques.

JURANDE n.f. HIST. Sous l'Ancien Régime, groupement professionnel autonome, avec personnalité juridique propre et discipline collective stricte, composé de membres égaux unis par un serment.

JURASSIEN, ENNE adj. et n. **1.** Du Jura. **2.** GÉOGR. *Relief jurassien* : type de relief développé dans une structure sédimentaire régulièrement plissée, où alternent couches dures et couches tendres, et dans lequel la topographie reflète le plus souvent la structure.

JURASSIQUE n.m. et adj. GÉOL. Période de l'ère secondaire, entre le trias et le crétacé, marquée par le dépôt d'épaisses couches calcaires, partic. dans le Jura.

JURAT [ʒyra] n.m. HIST. Magistrat municipal, dans certaines villes du midi de la France, sous l'Ancien Régime.

JURATOIRE adj. DR. *Caution juratoire* : serment, fait en justice, de représenter sa personne ou un objet.

1. JURÉ, E adj. **1.** Qui a prêté serment. *Expert juré.* **2.** Fig. *Ennemi juré* : adversaire acharné, implacable. **3.** HIST. *Métier juré* : métier autonome organisé en jurande, par opp. au métier réglé, contrôlé par les municipalités.

2. JURÉ n.m. **1.** Citoyen désigné par voie de tirage au sort en vue de participer au jury d'une cour d'assises. **2.** Membre d'un jury quelconque.

JUREMENT n.m. Vx. Blasphème.

1. JURER v.t. (lat. *jurare*). **1.** Prononcer solennellement un serment en engageant un être ou une chose que l'on tient pour sacré. *Jurer sur l'honneur de dire la vérité.* ◇ *Ne jurer que par qqn* : approuver tout ce qu'il fait. **2.** Affirmer avec vigueur ; promettre. *Il jure qu'il ne ment pas.* **3.** Décider par un engagement ferme ; s'engager à. *Jurer la ruine d'un concurrent.* ◆ **se jurer** v.pr. **1.** Se promettre réciproquement qqch. *Elles se sont juré une amitié éternelle.* **2.** Se promettre à soi-même de faire qqch. *Je me suis juré de ne plus y aller.*

2. JURER v.i. Proférer des jurons ; blasphémer. ◆ v.t. ind. Être mal assorti avec qqch ; produire un effet disparate. *Ce vert jure avec cet orangé.*

JUREUR adj.m. et n.m. HIST. Se dit d'un prêtre qui, sous la Révolution, avait prêté serment à la Constitution civile du clergé.

JURIDICTION n.f. (lat. *juris dictio*, droit de rendre la justice). **1.** Pouvoir de juger, de rendre la justice ; étendue de territoire où s'exerce ce pouvoir. **2.** Organisme institué pour trancher les litiges qui lui sont soumis. **3.** Ensemble des tribunaux de même ordre, de même nature ou de même degré hiérarchique. ◇ *Juridiction du premier degré*, statuant en première instance. – *Juridiction du second degré*, d'appel.

JURIDICTIONNEL, ELLE adj. Relatif à une juridiction.

JURIDIQUE adj. Qui relève du droit.

JURIDIQUEMENT adv. De façon juridique ; du point de vue du droit.

JURIDISME n.m. Attachement étroit à la règle juridique ; formalisme juridique.

JURISCONSULTE n.m. (lat. *juris consultus*, versé dans le droit). Spécialiste faisant profession de donner des consultations sur des questions de droit.

JURISPRUDENCE n.f. (lat. *jurisprudentia*, science du droit). DR. Ensemble des décisions des tribunaux, qui constitue une source du droit. ◇ *Faire jurisprudence* : faire autorité et servir d'exemple dans un cas déterminé ; créer un précédent.

JURISPRUDENTIEL, ELLE adj. DR. Qui résulte de la jurisprudence.

JURISTE n. Personne qui connaît, pratique le droit ; auteur d'ouvrages juridiques.

JURON n.m. Expression grossière ou blasphématoire traduisant sous forme d'interjection une réaction vive de dépit ou de colère.

JURY n.m. (mot angl.). **1.** Ensemble des jurés appelés à titre temporaire à participer à l'exercice de la justice en cour d'assises. **2.** Commission d'examinateurs chargée d'un examen, d'un classement, d'un jugement. *Jury d'exposition. Jury d'agrégation.*

JUS [ʒy] n.m. (lat. *jus, juris*, sauce). **1.** Liquide extrait de la pulpe, de la chair de certains fruits ou légumes ; boisson constituée par ce liquide. **2.** Suc résultant de la cuisson d'une viande, d'une volaille. **3.** Pop. Café noir. ◇ Pop. *Jus de chaussettes* : mauvais café. **4.** Fam. Courant électrique. **5.** Fam., vx. Laïus, exposé.

JUSANT n.m. (anc. fr. *jus*, en bas). MAR. Marée descendante. SYN. : *reflux*.

JUSÉE n.f. TECHN. Liqueur acide obtenue par le lessivage du tan et utilisée au début du tannage à l'écorce de chêne.

JUSQU'AU-BOUTISME n.m. (pl. *jusqu'au-boutismes*). Fam. Comportement des jusqu'au-boutistes.

JUSQU'AU-BOUTISTE n. et adj. (pl. *jusqu'au-boutistes*). Fam. Partisan d'une action poussée jusqu'à ses limites extrêmes, quelles qu'en soient les conséquences.

JUSQUE prép. (anc. fr. *enjusque*, lat. *inde*, de là, et *usque*, jusque). [Suivi des prép. *à, en, vers, dans*, pour indiquer une limite spatiale ou temporelle, un point limite, un degré extrême]. *De Paris jusqu'à Rome. Il est allé jusqu'à la frapper. Aimer jusqu'à ses ennemis.* ◆ loc. conj. *Jusqu'à ce que* : jusqu'au moment où (indique la limite temporelle). ◆ loc. adv. *Jusque-là, jusqu'ici* : jusqu'à ce lieu, jusqu'à ce moment (indiquent la limite qu'on ne dépasse pas).
– REM. L'*e* de *jusque* s'élide devant une voyelle ; *jusque* s'écrit aussi quelquefois avec un *s* à la fin, surtout en poésie. *Jusques à quand ?*

JUSQUIAME [ʒyskjam] n.f. (gr. *huoskuamos*, fève de porc). Plante des décombres, à feuilles visqueuses et à fleurs jaunâtres rayées de pourpre, très toxique. (Famille des solanacées.)

JUSSIEUA n.m. ou **JUSSIÉE** n.f. (de *Jussieu*, n.pr.). Plante exotique aquatique, cultivée comme plante ornementale.

JUSSION n.f. (lat. *jussio*, ordre). HIST. *Lettre de jussion* : lettre patente par laquelle le roi enjoignait la cour souveraine d'enregistrer un acte législatif.

JUSTAUCORPS n.m. **1.** Pourpoint serré à la taille, à basques et à manches, en usage au XVIIe s. **2.** Sous-vêtement féminin d'un seul tenant, dont le bas se termine en slip. SYN. : *body*. **3.** Vêtement collant d'une seule pièce utilisé pour la danse et certains sports.

JUSTE adj. et n. (lat. *justus*). **1.** Qui juge et agit selon l'équité, en respectant les règles de la morale ou de la religion. ◇ *Dormir du sommeil du juste*, d'un sommeil profond et tranquille. **2.** *Au juste* : exactement, précisément. *Je voudrais savoir au juste quel âge elle a.* ◆ adj. **1.** Conforme à la justice, à la morale. *Sentence juste.* **2.** Conforme à la raison, à la vérité. *Pensée, raisonnement juste.* **3.** Qui est exact, conforme à la réalité, à la règle ; qui est tel qu'il doit être ; qui fonctionne avec précision. *Note juste. Balance juste.* **4.** Étroit, court. *Chaussons trop justes.* **5.** Qui suffit à peine. *Deux minutes, ce sera juste.* **6.** Précis, réglé. *Tir juste.* ◆ adv. **1.** Avec justesse. *Chanter juste.* **2.** Précisément. *Le café est juste au coin.* **3.** D'une manière insuffisante. *Il a mesuré trop juste.* **4.** Seulement. *J'ai juste pris le temps de dîner.* ◇ Fam. *Comme de juste* : comme il se doit, évidemment.

JUSTEMENT adv. **1.** Légitimement. *Être justement indigné.* **2.** Précisément, par coïncidence. *Nous parlions justement de vous.* **3.** D'une manière exacte. *Comme on l'a dit si justement.*

JUSTESSE n.f. **1.** Qualité d'une chose bien réglée, exacte et donc bien adaptée à sa fonction. *Justesse d'une montre.* ◇ **Spécialt.** Qualité d'un instrument de mesure qui donne des indications de grandeur très voisines de celles de la réalité. **2.** Précision, exactitude (d'une expression, d'un ton, etc.). *Justesse d'une comparaison.* **3.** Manière de faire, de penser, etc., sans erreur ni écart. *Viser avec justesse.* **4.** *De justesse* : de très peu. *Gagner de justesse.*

JUSTICE n.f. **I. 1.** Principe moral qui exige le respect du droit et de l'équité. *Faire régner la justice.* ◇ *Justice sociale*, celle qui exige des conditions de vie équitables pour chacun. **2.** Vertu, qualité morale qui consiste à être juste, à respecter les droits d'autrui. *Pratiquer la justice.* ◇ *Rendre, faire justice à qqn* : réparer le tort qu'il a subi, reconnaître ses mérites. **3.** Caractère de ce qui est juste, impartial. *Il a perdu, certes, mais c'est justice.* **II.** Pouvoir de rendre le droit à chacun ; exercice de ce pouvoir. **1.** Action par laquelle une autorité, un pouvoir judiciaire reconnaît le droit de chacun. ◇ **Spécialt.** En droit, fonction souveraine de l'État consistant à définir le droit positif et à trancher les litiges entre sujets de droit. *Demander, faire justice.* **2.** Acte par lequel s'exprime ce pouvoir, cette fonction. *Être condamné par décision de justice.* ◇ *Se faire justice* : se venger ; se tuer, en parlant d'un coupable, en partic. d'un meurtrier. **3.** Institution qui exerce un pouvoir juridictionnel ; ensemble de ces institutions. *Justice civile, militaire. Justice administrative.* ◇ *Palais de justice* : édifice où siègent les tribunaux. – *Repris de justice* : criminel qui a déjà subi une condamnation. – FÉOD. *Basse justice*, celle qui était compétente pour des causes mineures. – *Haute justice*, celle qui était compétente pour des causes majeures (infractions pouvant entraîner des condamnations à mort).

■ On distingue deux ordres de juridiction : *l'ordre judiciaire* et *l'ordre administratif*. Les *tribunaux judiciaires* sont chargés de juger les litiges entre les particuliers (tribunaux d'instance ou de grande instance en matière civile) et de sanctionner les auteurs des contraventions, délits ou crimes (tribunaux de police, tribunaux correctionnels, cours d'assises). Il y a en principe un *tribunal d'instance* (tribunal de police au pénal) par arrondissement et un *tribunal de grande instance* (tribunal correctionnel au pénal) par département. Les *cours d'assises* se réunissent périodiquement dans chaque département. Les mineurs sont jugés par des tribunaux pour enfants. À côté des tribunaux de droit commun existent des *tribunaux d'exception,* à compétence spéciale : les tribunaux des affaires de sécurité sociale, les tribunaux paritaires des baux ruraux, les tribunaux maritimes commerciaux... L'appel des décisions d'un tribunal inférieur devant un tribunal supérieur est en principe de droit pour les litiges d'une certaine importance. Il y a 30 cours d'appel en métropole. La *Cour de cassation* juge les pourvois en cassation formés à l'encontre des décisions rendues en dernier ressort par les tribunaux judiciaires et les pourvois en révision. Les *tribunaux administratifs* jugent les litiges dans lesquels l'Administration est partie. Le Conseil d'État, qui juge certains litiges importants (recours contre les décrets), est le juge d'appel et de cassation des décisions des tribunaux administratifs. Le *tribunal des conflits* tranche les conflits de compétence entre les tribunaux judiciaires et administratifs. La *Cour des comptes* juge les comptes des comptables publics et des chambres régionales des comptes. (→ ***France.***)

JUSTICIABLE adj. et n. Qui relève de la justice, des tribunaux. ◆ adj. **1.** Qui doit répondre de ses actes. *Être justiciable de sa politique.* **2.** *Justiciable de :* qui relève de, qui nécessite. *Maladie justiciable d'un traitement prolongé.*

JUSTICIER, ÈRE adj. et n. **1.** Qui agit en redresseur de torts sans en avoir reçu le pouvoir légal. **2.** FÉOD. Qui avait le droit de rendre la justice sur ses terres. *Seigneur haut justicier.*

JUSTIFIABLE adj. Qui peut être justifié.

JUSTIFIANT, E adj. THÉOL. *Grâce justifiante,* qui rend juste.

JUSTIFICATEUR, TRICE adj. Qui apporte une justification. *Témoignage justificateur.*

1. JUSTIFICATIF, IVE adj. et n.m. Qui sert à justifier ou à prouver. *Pièces justificatives.*

2. JUSTIFICATIF n.m. Exemplaire ou extrait de journal prouvant l'insertion d'un article ou d'une annonce, et envoyé à l'auteur ou à l'annonceur.

JUSTIFICATION n.f. **1.** Action de justifier, de se justifier. **2.** Preuve d'une chose par titres ou par témoins. *Justification d'identité.* ◇ IMPR. *Justification du tirage :* formule indiquant le nombre d'exemplaires d'un livre imprimé sur différentes sortes de papiers. **3.** THÉOL. Acte par lequel Dieu fait passer une âme de l'état de péché à l'état de grâce. **4.** IMPR. Longueur d'une ligne pleine.

JUSTIFIER v.t. (lat. *justificare*). **1.** Mettre hors de cause ; prouver l'innocence de. *Justifier sa conduite.* **2.** Faire admettre qqch, en établir le bien-fondé, la nécessité. *Justifier les dépenses. Ses craintes ne sont pas justifiées.* **3.** IMPR. Donner à (une ligne) la longueur requise *(justification)* en insérant des blancs. **4.** THÉOL. Mettre au nombre des justes. ◆ v.t. ind. ***(de).*** Apporter la preuve matérielle. *Quittance qui justifie du paiement.* ◆ **se justifier** v.pr. Donner des preuves de son innocence ; dégager sa responsabilité.

JUTE n.m. (mot angl., du bengali *jhuto*). **1.** Fibre textile extraite des tiges d'une plante de la famille des tiliacées. **2.** Étoffe grossière faite avec ces fibres. *Murs tendus de jute.*

JUTER v.i. (de *jus*). Fam. Rendre du jus. *Oranges qui jutent.*

1. JUTEUX, EUSE adj. Qui a beaucoup de jus. *Pêche juteuse.* **2.** Fam. Fructueux, qui rapporte beaucoup d'argent. *Affaire juteuse.*

2. JUTEUX n.m. Arg. mil. Adjudant.

JUVÉNAT n.m. (lat. *juvenis,* homme jeune). RELIG. Stage qui prépare au professorat, dans certains ordres religieux.

JUVÉNILE adj. (lat. *juvenilis*). Qui appartient à la jeunesse, qui en a l'ardeur, la vivacité. *Enthousiasme juvénile.* ◆ n.m. ZOOL. Jeune d'un animal.

JUVÉNILITÉ n.f. Litt. Caractère de ce qui est juvénile.

JUXTALINÉAIRE adj. (lat. *juxta,* à côté, et *linea,* ligne). Se dit d'une traduction où le texte original et la version se correspondent ligne à ligne dans deux colonnes contiguës.

JUXTAPOSABLE adj. Que l'on peut juxtaposer.

JUXTAPOSÉ, E adj. GRAMM. Se dit des propositions qui ne sont liées par aucune coordination ou subordination.

JUXTAPOSER v.t. Poser, placer côte à côte, dans une proximité immédiate.

JUXTAPOSITION n.f. Action de juxtaposer.

K

K n.m. inv. **1.** Onzième lettre de l'alphabet et huitième des consonnes. *K majuscule. k minuscule.* (La consonne [k] est une occlusive vélaire sourde.) **2.** k, symbole de kilo. **3.** K, symbole chimique du potassium. **4.** K, symbole du kelvin.

KA n.m. → ***kaon.***

KABBALE ou, vx, **CABALE** n.f. (hébr. *qabbalah,* tradition). Interprétation juive ésotérique et symbolique du texte de la Bible, et dont le livre classique est le *Zohar,* ou *Livre de la splendeur.* (Les adeptes des sciences occultes utilisent dans un sens magique les symboles de la kabbale.)

KABBALISTE ou, vx, **CABALISTE** n. Spécialiste de la kabbale.

KABBALISTIQUE ou, vx, **CABALISTIQUE** adj. **1.** Relatif à la kabbale. **2.** → ***cabalistique.***

KABIG ou **KABIC** n.m. (mot breton). Veste à capuchon en drap de laine imperméable.

KABUKI [kabuki] n.m. (mot jap.). Genre théâtral japonais où le dialogue alterne avec des parties psalmodiées ou chantées, et avec des intermèdes de ballet.

KABYLE adj. et n. De Kabylie. ◆ n.m. Langue berbère parlée en Kabylie. SYN. : *tamazight.*

KACHA ou, rare, **KACHE** n.f. (mot russe). Semoule de sarrasin mondé, cuite à l'eau ou au gras.

KADDISH n.m. (de l'araméen). Prière juive récitée à la fin de chaque partie de l'office.

KAFKAÏEN, ENNE [kafkajɛ̃, ɛn] adj. Dont l'absurdité, l'illogisme rappellent l'atmosphère des romans de Kafka.

KAHLER (MALADIE DE) : affection maligne caractérisée par la prolifération dans la moelle osseuse de plasmocytes anormaux qui détruisent le tissu osseux dans lequel ils se développent, et par des modifications importantes des protéines plasmatiques. SYN. : *myélomatose.*

KAÏNITE [kainit] n.f. (mot all.). MINÉR. Sel double constitué par du sulfate de magnésium et du chlorure de potassium hydratés naturels.

KAISER [kajzœr] ou [kɛzɛr] n.m. (lat. *Caesar*). Empereur allemand. ◇ Spécialt. *Le Kaiser :* l'empereur Guillaume II (1888-1918).

KAKATOÈS n.m. → ***cacatoès.***

KAKEMONO [kakemɔno] n.m. (mot jap., *chose suspendue*). Peinture ou calligraphie japonaise, sur soie ou papier, qui se déroule verticalement.

1. KAKI n.m. (mot jap.). Fruit du plaqueminier, à pulpe molle et sucrée, ayant l'aspect d'une tomate. SYN. : *figue caque, plaquemine.*

2. KAKI adj. inv. (hindi *khākī,* couleur de poussière). Brun-jaune (couleur de la tenue de campagne de nombreuses armées). ◆ n.m. Afrique. Coutil servant à faire des uniformes (quelle qu'en soit la couleur).

KALA-AZAR n.m. (mot de l'Assam). Maladie parasitaire due à un protozoaire (leishmania), qui sévit en Orient et dans le bassin méditerranéen, et qui est caractérisée par une augmentation du volume de la rate, du foie et des ganglions.

KALACHNIKOV n.m. Fusil soviétique de 7,62 mm, à chargeur en portion de cercle contenant 30 cartouches.

KALÉ n. inv. et adj. inv. Gitan.

KALÉIDOSCOPE n.m. (gr. *kalos,* beau, *eidos,* aspect, et *skopein,* regarder). **1.** Appareil formé d'un tube opaque, contenant plusieurs miroirs disposés de façon que l'objet regardé ou les petits objets colorés placés dans le tube y produisent des dessins symétriques et variés. **2.** Fig. Suite rapide de sensations vives et variées.

KALÉIDOSCOPIQUE adj. D'un kaléidoscope.

KALI n.m. (ar. *qalī,* soude). Plante du littoral, à feuilles épineuses, riche en soude. (Famille des chénopodiacées.)

KALICYTIE n.f. BIOCHIM. Taux de potassium dans les cellules des tissus et dans les globules du sang.

KALIÉMIE [kaliemi] n.f. MÉD. Taux de potassium dans le plasma sanguin.

KALIUM [kaljɔm] n.m. Vx. Potassium.

KALMOUK, E adj. Relatif aux Kalmouks.

KAMALA n.m. Plante dont le fruit est employé pour la teinture des tissus et comme médicament ténifuge. (Famille des euphorbiacées.)

KAMI n.m. (mot jap., *seigneur*). Être surnaturel, divinité, dans la religion shintoïste.

KAMICHI [kamiʃi] n.m. (d'une langue indigène du Brésil). Oiseau échassier d'Amérique du Sud aux ailes armées de deux éperons.

KAMIKAZE [kamikaz] ou [-kaze] n.m. (mot jap., *vents divins*). **1.** Pilote japonais volontaire pour écraser son avion chargé d'explosifs sur un objectif ; cet avion lui-même (en 1944-45). **2.** Par ext. Personne téméraire qui se sacrifie pour une cause.

KAMMERSPIEL [kamərʃpil] n.m. (mot all., *théâtre de chambre*). **1.** Technique dramatique qui vise à créer sur scène une impression d'intimité par la simplification des thèmes et des décors. **2.** Genre cinématographique inspiré de cette technique dramatique.

KAMPTOZOAIRE n.m. ZOOL. Animal marin microscopique pourvu d'une couronne de tentacules ciliés entourant la bouche et l'anus.

KAN n.m. → ***2. khan.***

KANA n.m. inv. (mot jap.). Signe de l'écriture japonaise, à valeur syllabique.

KANAK, E adj. et n. → ***canaque.***

KANDJAR n.m. (ar. *khandjar*). Poignard turc et albanais à grand pommeau et à lame étroite et recourbée.

KANGOUROU n.m. (angl. *kangaroo,* d'une langue australienne). Mammifère australien, du groupe des marsupiaux, aux membres postérieurs très longs, permettant le déplacement par bonds. (Le mâle peut atteindre 1,50 m de haut ; la femelle conserve son petit pendant six mois environ dans une poche ventrale.)

kangourou femelle et son petit

KANJI [kɑ̃dji] n.m. inv. (mot jap.). Signe de l'écriture japonaise, à valeur idéographique.

KANNARA ou **CANARA** n.m. Langue dravidienne parlée au Karnātaka.

KANTIEN, ENNE [kɑ̃sjɛ̃, ɛn] adj. Relatif à la philosophie de Kant.

KANTISME n.m. Philosophie de Kant.

KAOLIANG [kaɔljɑ̃] n.m. (mot chin.). Sorgho à panicule lâche, cultivé en Extrême-Orient.

KAOLIN [kaɔlɛ̃] n.m. (mot chin.). Roche argileuse, blanche et friable, composée essentiellement de kaolinite et qui entre dans la composition de la porcelaine dure.

KAOLINISATION n.f. Formation du kaolin par altération des feldspaths alcalins des granites.

KAOLINITE n.f. MINÉR. Silicate naturel d'aluminium, appartenant au groupe des argiles, principal constituant du kaolin.

KAON ou **KA** n.m. PHYS. Particule élémentaire (K), neutre ou chargée positivement ou négativement, et dont la masse vaut 965 fois celle de l'électron.

KAPOK [kapɔk] n.m. (mot angl., du malais). Duvet végétal, très léger et imperméable, qui entoure les graines de certains arbres (fromager, kapokier), et que l'on utilise notamm. pour le rembourrage des coussins.

KAPOKIER n.m. Arbre asiatique qui produit le kapok. (Famille des malvacées.)

KAPOSI (SARCOME ou **SYNDROME DE) :** maladie maligne de type sarcomateux qui est la complication la plus fréquente du sida.

KAPPA n.m. inv. Dixième lettre de l'alphabet grec (Κ, κ), correspondant au *k* français.

KARAÏTE, CARAÏTE ou **QARAÏTE** adj. et n. (hébr. *qaraïm,* fils des Écritures). Se dit d'un mouvement religieux issu du judaïsme qui ne reconnaît que la seule autorité de la Torah.

KARAKUL ou **CARACUL** [karakyl] n.m. (de *Karacol,* v. d'Ouzbékistan). Mouton d'Asie centrale, d'une variété à toison longue et ondulée ; cette fourrure. (Le karakul né avant terme fournit le breitschwanz.)

KARAOKÉ n.m. (jap. *kara,* vide, et *oke,* orchestration). Divertissement collectif consistant à chanter sur une musique préenregistrée.

KARATÉ n.m. (mot jap.). Sport de combat et art martial d'origine japonaise, dans lequel les adversaires combattent de façon fictive, les coups étant arrêtés avant de toucher.

karaté (coup de pied sauté au visage)

KARATÉKA n. Personne qui pratique le karaté.

KARBAU ou **KÉRABAU** n.m. (mot indonésien). Buffle d'Asie aux cornes très longues et très écartées.

KARITÉ n.m. (mot ouolof). Arbre de l'Afrique tropicale, dont les graines fournissent une matière grasse comestible, le beurre de karité.

KARMA ou **KARMAN** n.m. (mot sanskr.). Principe fondamental des religions indiennes qui repose sur la conception de la vie humaine comme maillon d'une chaîne de vies *(samsara),* chaque vie étant déterminée par les actes accomplis dans la vie précédente.

KARMAN (MÉTHODE) : technique d'avortement par aspiration, efficace pendant les six premières semaines de la grossesse.

KARST n.m. GÉOL. Région possédant un relief karstique.

KARSTIQUE adj. Relatif au karst. ◇ *Relief karstique* ou *relief calcaire :* relief particulier aux régions dans lesquelles les roches calcaires forment d'épaisses assises, et résultant de l'action, en grande partie souterraine, d'eaux qui dissolvent le carbonate de calcium.

KART [kart] n.m. (mot angl.). Petit véhicule automobile de compétition, à embrayage automatique, sans boîte de vitesses, ni carrosserie, ni suspension.

KARTING [kartiŋ] n.m. (mot angl.). Sport pratiqué avec le kart.

KASHER, CASHER ou **CACHÈRE** [kaʃɛr] adj. inv. Se dit d'un aliment (viande, notamm.) conforme aux prescriptions rituelles du judaïsme, ainsi que du lieu où il est préparé ou vendu.

KASSITE adj. HIST. Relatif aux Kassites, ancien peuple de Mésopotamie.

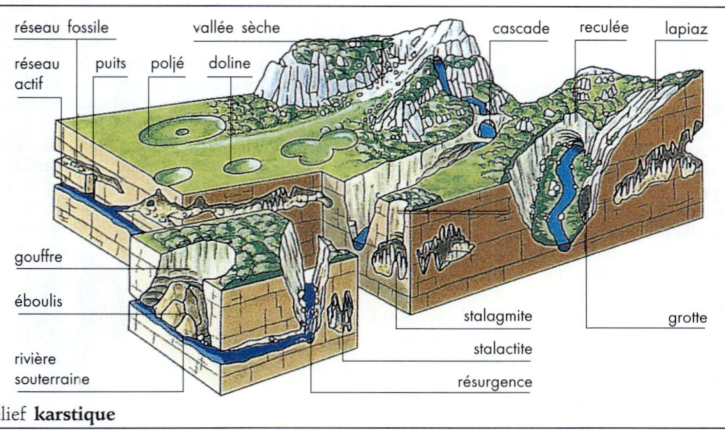

relief **karstique**

KATCHINA n.m. (mot indien). Chez les Indiens de l'Amérique du Nord, être surnaturel intermédiaire entre les dieux et les hommes ; masque qui le représente.

KATHAKALI n.m. Théâtre dansé du sud de l'Inde.

KAWA [kawa] ou **KAVA** n.m. **1.** Poivrier d'une espèce commune aux îles Marquises et à Hawaii. **2.** Boisson enivrante tirée de ce poivrier.

KAYAK [kajak] n.m. (mot inuit). **1.** Embarcation individuelle des Esquimaux, dont la carcasse de bois est recouverte de peaux cousues qui entourent l'emplacement du rameur. **2.** Embarcation de sport étanche et légère, inspirée du kayak esquimau, propulsée par une pagaie double ; sport pratiqué avec cette embarcation.

kayak

KAYAKABLE adj. Canada. Où l'on peut faire du kayak. *Rivière kayakable.*

KAYAKISTE n. Sportif pratiquant le kayak.

KAZAKH, E adj. et n. Du Kazakhstan. ◆ n.m. Langue turque du Kazakhstan.

KEEPSAKE [kipsɛk] n.m. (mot angl., *souvenir*). Vx. Album orné de gravures, de dessins ou d'aquarelles, qu'on offrait en cadeau, en France, à l'époque romantique.

KEFFIEH [kefje] n.m. (mot ar.). Coiffure traditionnelle des Bédouins, faite d'un morceau de tissu plié et maintenu sur la tête par un cordon.

KÉFIR n.m. → ***képhir.***

KELVIN [kɛlvin] n.m. (de *Kelvin,* physicien angl.). Unité de mesure de température thermodynamique, équivalant à 1/273,16 de la température thermodynamique du point triple de l'eau.

KÉMALISME n.m. Courant politique se réclamant de Mustafa Kemal.

KENDO [kɛndo] n.m. Art martial d'origine japonaise dans lequel les adversaires, protégés par un casque et un plastron, luttent avec un sabre de bambou.

KÉNOTRON n.m. (du gr. *kenos,* vide). Valve à deux électrodes utilisée pour l'alimentation des tubes à rayons X et pour le redressement des courants alternatifs de faible intensité et de haute ou très haute tension.

KENTIA [kɛntja] ou [kɛ̃sja] n.m. Palmier originaire de Nouvelle-Guinée et des îles Moluques.

KENYAN, E adj. et n. Du Kenya.

KENYAPITHÈQUE n.m. Primate fossile dans le pliocène du Kenya, et qui peut avoir été un ancêtre de l'homme.

KÉPHIR ou **KÉFIR** n.m. (mot du Caucase). Boisson gazeuse et acidulée, obtenue en faisant fermenter du petit-lait.

KÉPI n.m. Coiffure légère munie d'une visière et d'une fausse jugulaire en galon métallique, portée notamm. par les officiers de l'armée de terre française.

KÉRABAU n.m. → ***karbau.***

KÉRATINE n.f. (gr. *keras, keratos,* corne). Scléroprotéine imperméable à l'eau, riche en soufre, substance fondamentale des poils, des ongles, des cornes, des sabots, des plumes.

KÉRATINISATION n.f. PHYSIOL. Transformation des cellules des couches profondes de l'épiderme en cellules de la couche cornée superficielle riches en kératine.

KÉRATINISÉ, E adj. Chargé de kératine.

KÉRATITE n.f. Inflammation de la cornée.

KÉRATOCÔNE n.m. MÉD. Modification progressive de la courbure de la cornée qui prend la forme d'un cône.

KÉRATOPLASTIE n.f. Greffe de la cornée.

KÉRATOSE n.f. Affection de la peau formant un épaississement de la couche cornée.

KÉRATOTOMIE n.f. Incision de la cornée.

KERMÈS [kɛrmɛs] n.m. (mot ar., du persan). **1.** Cochenille nuisible qui se fixe sur certains arbres et y pond ses œufs. **2.** *Chêne kermès :* petit chêne méditerranéen à feuilles persistantes et épineuses.

KERMESSE n.f. **1.** Région. Dans les Flandres, fête patronale et foire annuelle. **2.** Fête en plein air comportant des jeux et des stands de vente, et organisée le plus souvent au bénéfice d'une œuvre. *La kermesse de l'école, de la paroisse.*

KÉROGÈNE n.m. (gr. *kêros,* cire, et *gennân,* produire). Forme sous laquelle se présente la majeure partie de la matière organique fossilisée dans les roches anciennes. (Le kérogène est un intermédiaire commun à tous les combustibles fossiles [gaz, pétroles, schistes bitumeux, charbons].)

KÉROSÈNE [-zɛn] n.m. (gr. *kêros,* cire). Liquide pétrolier incolore ou jaune pâle, distillant entre 150 et 300 °C, obtenu comme intermédiaire entre l'essence et le gazole à partir du pétrole brut, et utilisé comme carburant d'aviation.

KERRIA n.m. ou **KERRIE** n.f. (de *Ker,* botaniste angl.). Arbuste ornemental, d'origine japonaise, à fleurs jaune d'or. (Famille des rosacées.)

KETCH [kɛtʃ] n.m. (mot angl.). Voilier dont le grand-mât est à l'avant et dont l'artimon est implanté en avant de la barre (à la différence du yawl).

ketch

KETCHUP [kɛtʃœp] n.m. (mot angl., du hindi). Condiment d'origine anglaise, sauce épaisse à base de tomates, de saveur piquante.

KETMIE n.f. (ar. *khatmi*). Arbre des régions chaudes, au bois utilisé en ébénisterie. (Famille des malvacées.)

KEUF n.m. (verlan de *flic*). Fam. Policier.

KEVLAR n.m. (n. déposé). Fibre aramide légère, robuste et très résistante au feu et à la corrosion.

KEYNÉSIANISME n.m. Ensemble des théories de l'économiste J. M. Keynes.

KEYNÉSIEN, ENNE [kenezjɛ̃, ɛn] adj. Relatif aux théories de l'économiste Keynes.

kF, abrév. de kilofranc.

kg, symbole du kilogramme.

kg/m, symbole du kilogramme par mètre.

kg/m², symbole du kilogramme par mètre carré.

kg/m³, symbole du kilogramme par mètre cube.

KHÂGNE ou **CAGNE** n.f. Arg. scol. Classe préparatoire à l'École normale supérieure (lettres) dans les lycées.

KHÂGNEUX, EUSE ou **CAGNEUX, EUSE** n. Arg. scol. Élève de khâgne.

KHALIFAT n.m. → ***califat.***

KHALIFE n.m. → ***calife.***

KHALKHA n.m. Langue officielle de la République de Mongolie. SYN. : *mongol.*

KHAMSIN ou **CHAMSIN** [ramsin] n.m. (ar. *khamsin,* cinquantaine). Vent de sable en Égypte, analogue au sirocco.

1. KHAN [kɑ̃] n.m. (mot turc). Titre turc équivalant à l'origine à celui d'empereur, et porté ultérieurement par des dynastes vassaux ou des nobles du Moyen-Orient ou de l'Inde.

2. KHAN ou **KAN** [kɑ̃] n.m. (mot persan). En Orient, abri pour les voyageurs ; caravansérail.

KHANAT n.m. (de 1. *khan*). **1.** Fonction, juridiction d'un khan. **2.** Pays soumis à cette juridiction.

KHARIDJISME n.m. (ar. *kharadja,* sortir). Doctrine religieuse et politique d'une secte musulmane née de la scission de 657 et pratiquant un islam rigoriste.

KHARIDJITE adj. et n. Relatif au kharidjisme ; partisan du kharidjisme.

KHAT n.m. → ***qat.***

KHÉDIVAL, E, AUX ou **KHÉDIVIAL, E, AUX** adj. Du khédive. *Ordre khédival.*

KHÉDIVAT ou **KHÉDIVIAT** n.m. Dignité de khédive.

KHÉDIVE n.m. (mot persan). Titre porté par le vice-roi d'Égypte de 1867 à 1914.

KHI n.m. inv. Vingt-deuxième lettre de l'alphabet grec (Χ, χ), correspondant à *kh.*

KHMER, ÈRE adj. et n. Des Khmers, peuple du Cambodge. ◆ n.m. Langue officielle du Cambodge. SYN. : *cambodgien.*

KHOIN [kwɛ̃] ou **KHOISAN** n.m. Famille de langues parlées par quelques ethnies du sud de l'Afrique (Bochiman, Hottentots).

KHÔL n.m. → ***kohol.***

KIBBOUTZ [kibuts] n.m. (mot hébr.) En Israël, exploitation communautaire, le plus souvent agricole. Pluriel savant : *kibboutzim.*

KICHENOTTE n.f. → ***quichenotte.***

KICK n.m. (angl. *to kick,* donner des coups de pied). Dispositif de mise en marche d'un moteur de motocyclette, à l'aide du pied.

KID n.m. (mot angl.). Fam. Enfant, gamin.

KIDNAPPER v.t. (angl. *to kidnap*). Enlever (qqn), en partic. pour obtenir une rançon.

KIDNAPPEUR, EUSE n. Personne qui commet un kidnapping.

KIDNAPPING [kidnapiŋ] n.m. Enlèvement d'une personne, en partic. pour obtenir une rançon.

KIEF [kjɛf] n.m. (ar. *kaif*). Litt. Repos absolu observé par les Orientaux au milieu du jour.

KIESELGUHR ou **KIESELGUR** [kizɛlgur] n.m. (mot all.). MINÉR. Masse de silice hydratée, formée par les squelettes de diatomées, très poreuse et absorbante.

KIESÉRITE [kiserit] n.f. MINÉR. Sulfate hydraté naturel de magnésium.

KIF n.m. (ar. *kīf*). Poudre de haschisch mêlée de tabac, en Afrique du Nord.

KIF-KIF adj. inv. (de l'ar. dialectal). Fam. *C'est kif-kif :* c'est pareil.

KIKI n.m. Pop. Cou, gorge.

KIL n.m. (de *kilo*). Pop. *Un kil de rouge :* un litre de vin rouge.

KILIM [kilim] n.m. (mot turc). Tapis d'Orient tissé.

KILO- (gr. *khilioi,* mille), préfixe (symb. k) qui, placé devant une unité de mesure, la multiplie par 10^3.

KILO n.m. (abrév.) [pl. *kilos*]. Kilogramme.

KILOCALORIE n.f. Unité de quantité de chaleur valant 1 000 calories (symb. kcal).

KILOCYCLE n.m. (Impropre). Kilohertz.

KILOFRANC n.m. Unité de compte équivalant à 1 000 francs. Abrév. : *kF.*

KILOGRAMME n.m. Unité de mesure de masse (symb. kg), équivalant à la masse du prototype en platine iridié qui a été sanctionné par la Conférence générale des poids et mesures tenue à Paris en 1889, et qui est déposé au Bureau international des poids et mesures. ◇ *Kilogramme par mètre :* unité de mesure de masse linéique (symb. kg/m), équivalant à la masse linéique d'un corps homogène de section uniforme dont la masse est 1 kilogramme et la longueur 1 mètre. – *Kilogramme par mètre carré :* unité de mesure de masse surfacique (symb. kg/m²), équivalant à la masse surfacique d'un corps homogène d'épaisseur uniforme dont la masse est 1 kilogramme et la surface 1 mètre carré. – *Kilogramme par mètre cube :* unité de mesure de masse volumique (symb. kg/m³), équivalant à la masse volumique d'un corps homogène dont la masse est 1 kilogramme et le volume 1 mètre cube ; unité de mesure de concentration (symb. kg/m³), équivalant à la concentration d'un échantillon homogène contenant 1 kilogramme du corps considéré dans un volume total de 1 mètre cube. – *Kilogramme-force :* ancienne unité de force, d'emploi prohibé. (→ ***newton.***)

KILOHERTZ n.m. Fréquence équivalant à 1 000 hertz (symb. kHz).

KILOMÉTRAGE n.m. **1.** Action de kilométrer. **2.** Nombre de kilomètres parcourus.

KILOMÈTRE n.m. Unité pratique de distance (symb. km) valant 1 000 m. ◇ *Kilomètre carré :* unité de surface (symb. km²) égale à la surface d'un carré de 1 km de côté, soit un million de mètres carrés. (1 km² vaut 100 ha.) – *Kilomètre cube :* unité de volume (symb. km³) égale au volume d'un cube de 1 km de côté, soit un milliard de mètres cubes. – *Kilomètre par heure* (cour. : ***kilomètre à l'heure, kilomètre heure***) : unité de mesure de vitesse (symb. km/h) valant 1/3,6 mètre par seconde.

KILOMÉTRER v.t. [18]. Marquer d'indications kilométriques. *Kilométrer une route.*

KILOMÉTRIQUE adj. Relatif au kilomètre.

KILOTONNE n.f. Unité servant à évaluer la puissance d'une charge nucléaire, équivalant à l'énergie dégagée par l'explosion de 1 000 tonnes de trinitrotoluène (T. N. T.).

KILOTONNIQUE adj. Se dit d'une charge nucléaire dont les effets sont comparables à ceux produits par l'explosion d'une charge de trinitrotoluène d'un poids compris entre 1 000 et 1 million de tonnes.

KILOVOLT n.m. Multiple du volt, valant 1 000 volts (symb. kV).

KILOWATT n.m. Unité de puissance (symb. kW) égale à 1 000 watts.

KILOWATTHEURE n.m. Unité d'énergie ou de travail (symb. kWh), équivalant au travail exécuté pendant une heure par une machine dont la puissance est de 1 kilowatt.

KILT [kilt] n.m. (mot angl.). **1.** Jupe courte, en tartan, portée par les montagnards écossais. **2.** Jupe portefeuille plissée, en tissu écossais.

KIMBANGUISME n.m. (de Simon *Kimbangu* [1889-1951]). Mouvement messianique d'inspiration chrétienne, répandu en Afrique centrale et occidentale.

KIMBERLITE n.f. (de *Kimberley,* n. pr.). Roche magmatique ultrabasique, compacte et sombre, qui peut contenir du diamant.

KIMONO n.m. (mot jap.). **1.** Tunique japonaise très ample, d'une seule pièce, croisée devant et maintenue par une large ceinture, l'obi. **2.** Par ext. Vêtement d'intérieur consistant en un peignoir léger dont la coupe ou l'étoffe évoquent le kimono japonais. **3.** Tenue composée d'une veste et d'un pantalon amples portée par les judokas, les karatékas, etc. ◆ adj. inv. *Manche kimono :* manche ample taillée d'une seule pièce avec le corsage.

KINASE n.f. (du gr. *kinein,* stimuler). Enzyme qui a pour propriété d'activer une autre enzyme, comme l'entérokinase, la thrombokinase.

KINESCOPE n.m. (gr. *kinesis,* mouvement, et *skopein,* regarder). Appareil constitué d'un récepteur d'images de télévision associé à une caméra cinématographique, qui permet d'enregistrer sur film les images de la télévision, en vue de la répétition ultérieure d'une émission en direct.

KINÉSIE n.f. Activité musculaire, mouvement.

KINÉSITHÉRAPEUTE n. Praticien exerçant professionnellement le massage thérapeutique et la kinésithérapie. (En France, auxiliaire médical, titulaire d'un diplôme d'État.) Abrév. (fam.) : *kiné.*

KINÉSITHÉRAPIE n.f. Ensemble des traitements qui utilisent la mobilisation active ou passive pour donner ou rendre à un malade, à un blessé, le geste et la fonction des différentes parties du corps. Abrév. (fam.) : *kiné.*

KINESTHÉSIE ou **CINESTHÉSIE** n.f. (gr. *kinein,* se mouvoir, et *aisthêsis,* sensation). Perception consciente de la position et des mouvements des différentes parties du corps.

KINESTHÉSIQUE ou **CINESTHÉSIQUE** adj. De la kinesthésie.

KINÉTOSCOPE n.m. Appareil inventé par Edison et W. Dickson, en 1890, et qui permettait la projection de photographies prises à de très courts intervalles, dont le déroulement rapide donnait une impression de mouvement.

KING-CHARLES [kiŋʃarl] n.m. inv. (mot angl., *roi Charles*). Épagneul nain anglais, à poil long.

KINKAJOU [kɛ̃kaʒu] n.m. (mot d'une langue d'Amérique du Sud). Mammifère carnivore des forêts de l'Amérique du Sud. (Long. 35 cm env., sans la queue.)

KINOIS, E adj. et n. De Kinshasa.

KIOSQUE n.m. (du turc *kyöchk*). **1.** Pavillon ouvert de tous côtés, installé dans un jardin ou sur une promenade publique. **2.** Petite boutique sur la voie publique pour la vente de journaux, de fleurs, etc. **3.** Superstructure d'un sous-marin, servant d'abri de navigation pour la marche en surface et de logement pour les mâts pendant la plongée. **4.** (Nom déposé). Nom donné à certains services vidéotex accessibles à partir d'un Minitel.

KIOSQUIER, ÈRE ou **KIOSQUISTE** n. Personne qui tient un kiosque à journaux.

KIP n.m. Unité monétaire principale de la République démocratique populaire du Laos.

KIPPA n.f. (mot hébreu, *coupole*). Calotte que portent les juifs pratiquants.

KIPPER [kipœr] n.m. (mot angl.). Hareng ouvert, légèrement salé et fumé.

KIPPOUR n.m. inv. → ***Yom Kippour.***

KIR n.m. (du chanoine *Kir,* anc. maire et député de Dijon). Apéritif constitué par un mélange de liqueur de cassis et de vin blanc. ◇ *Kir royal :* kir où le vin blanc est remplacé par du champagne.

KIRGHIZ, E adj. et n. Du Kirghizistan. ◆ n.m. Langue turque du Kirghizistan.

KIRSCH [kirʃ] n.m. (all. *Kirsch,* cerise). Eau-de-vie extraite de cerises ou de merises fermentées.

KIT [kit] n.m. (mot angl.). Ensemble d'éléments vendus avec un plan de montage et que l'on peut assembler soi-même. Recomm. off. : *prêt-à-monter.*

KITCHENETTE n.f. (angl. *kitchen,* cuisine). Petite cuisine souvent intégrée à la salle de séjour. Recomm. off. : *cuisinette.*

KITSCH ou **KITCH** [kitʃ] adj. inv. et n.m. inv. (mot all., *toc*). Se dit d'un objet, d'un décor, d'une œuvre d'art de mauvais goût destiné à la consommation de masse. ◇ Se dit d'un courant artistique (et des œuvres qu'il produit) procédant d'une outrance volontaire et ironique du mauvais goût.

KIWI [kiwi] n.m. (mot angl., du maori). **1.** Aptéryx (oiseau). **2.** Fruit comestible d'un arbuste, l'*actinidia,* à peau marron couverte d'une pilosité soyeuse.

kiwi

KLAXON [klaksɔn] n.m. (n. déposé). Avertisseur sonore pour les automobiles, les bateaux.

KLAXONNER v.i. Faire fonctionner un Klaxon, un avertisseur sonore.

KLEENEX [klinɛks] n.m. (nom déposé). Mouchoir jetable en ouate de cellulose.

KLEPHTE ou **CLEPHTE** n.m. (gr. moderne *klephthês,* brigand). Montagnard libre de la région de l'Olympe et du Pinde, dans la Grèce ottomane.

KLEPTOMANE ou **CLEPTOMANE** n. Personne atteinte de kleptomanie.

KLEPTOMANIE ou **CLEPTOMANIE** n.f. (du gr. *kleptein,* voler). Impulsion pathologique qui pousse certaines personnes à voler.

KLINEFELTER (SYNDROME DE) : syndrome associant chez le garçon un développement anormal des seins, une atrophie testiculaire et une absence de formation des spermatozoïdes, et s'accompagnant de diverses anomalies chromosomiques.

KLIPPE n.f. (mot all., *écueil*). GÉOL. Lambeau de recouvrement de roche dure sur une roche plus tendre, mis en relief par l'érosion, dans une structure charriée.

KLYSTRON n.m. (du gr. *kludzein,* s'agiter). ÉLECTRON. Tube à modulation de vitesse, engendrant ou amplifiant des courants d'hyperfréquences.

km, symbole du kilomètre.

km/h, symbole du kilomètre par heure.

KNICKERS [nikərs] n.m. pl. ou **KNICKER** n.m. (mot angl.). Pantalon large et court, serré au-dessous du genou.

KNOCK-DOWN [nɔkdawn] n.m. inv. (mot angl., de *knock,* coup, et *down,* par terre). État d'un boxeur envoyé à terre, mais qui n'est pas encore mis hors de combat.

KNOCK-OUT [nɔkawt] n.m. inv. (mot angl., de *knock,* coup, et *out,* dehors). Mise hors de combat d'un boxeur resté au moins dix secondes à terre. ◆ adj. inv. Assommé. *Mettre qqn knock-out.* Abrév. : *K.-O.*

KNOUT [knut] n.m. (mot russe). **1.** En Russie, fouet constitué de plusieurs lanières de cuir. **2.** Châtiment corporel, qui consistait à frapper le dos avec un tel fouet.

KNOW-HOW [noaw] n.m. inv. (mot angl.). ÉCON. (Anglicisme déconseillé). Savoir-faire.

K.-O. [kao] n.m. et adj. (abrév.). Knock-out. ◆ adj. Épuisé par un effort ou assommé par un choc violent. *Être K.-O. de fatigue.*

KOALA n.m. (mot australien). Mammifère marsupial grimpeur aux oreilles rondes, vivant en Australie. (Long. env. 80 cm.)

koalas

KOB ou **COB** n.m. Antilope des marais d'Afrique australe.

KOBOLD [kɔbɔld] n.m. (mot all.). Génie familier de la mythologie germanique.

KOCH [kɔk] **(BACILLE DE) :** bacille de la tuberculose.

KODAK n.m. (nom déposé). Appareil photographique de la marque de ce nom.

KODIAK n.m. Ours brun d'une race d'Amérique du Nord, le géant des carnivores actuels (3,60 m de long et 500 kg).

KOHOL ou **KHÔL** n.m. (ar. *kuḥl*). Fard noirâtre provenant de la carbonisation de substances grasses, utilisé pour le maquillage des yeux.

KOINÈ [kɔjnɛ] n.f. (gr. *koinê* [*dialektos*], [langue] commune). **1.** Dialecte attique mêlé d'éléments ioniques, qui est devenu la langue commune de tout le monde grec à l'époque hellénistique et romaine. **2.** Toute langue commune se superposant à un ensemble de dialectes ou de parlers sur une aire géographique donnée.

KOLA ou **COLA** n.m. **1.** Kolatier. **2.** Fruit du kolatier (noix de kola), contenant des alcaloïdes stimulants.

KOLATIER n.m. Arbre originaire d'Afrique, qui produit le kola. (Famille des sterculiacées.)

KOLINSKI [kɔlɛ̃ski] n.m. (mot russe). Fourrure d'une sorte de martre, jaune au naturel, et que l'on emploie teinte pour imiter la zibeline.

KOLKHOZ ou **KOLKHOZE** n.m. (mot russe). En U.R.S.S., coopérative agricole de production ayant la jouissance de la terre qu'elle occupe et la propriété collective des moyens de production.

KOLKHOZIEN, ENNE adj. et n. Relatif à un kolkhoz ; membre d'un kolkhoz.

KOMMANDANTUR [-tur] ou [-tyr] n.f. HIST. Commandement militaire local en région occupée par les Allemands, lors des deux guerres mondiales.

KOMSOMOL n.m. (abrév. de mots russes). HIST. Membre d'une organisation de masse soviétique (le *Komsomol*) chargée de former la jeunesse dans l'esprit du communisme.

KONDO n.m. Bâtiment principal d'un ensemble monastique bouddhique, au Japon, abritant le sanctuaire où est révérée l'image du Bouddha ou du bodhisattva.

KONDRATIEV (CYCLE DE) : cycle long caractérisant une période économique (production, emploi, demande, prix), d'une durée totale de l'ordre de cinquante ans. (Il doit son nom à l'économiste soviétique Nikolaï Dmitrievitch Kondratiev [1892-1930].)

KONZERN [kɔ̃zɛrn] ou [kɔntsɛrn] n.m. (mot all.). Entente formée par plusieurs entreprises économiques, plus étroite que le cartel, mais qui ne consiste pas en une fusion complète.

KOPECK n.m. (mot russe). **1.** Ancienne unité monétaire divisionnaire de la C.E.I., qui valait 1/100 de rouble. **2.** Fam. *Pas un kopeck :* pas un sou.

KORÊ ou **CORÉ** n.f. (mot gr.). Statue de jeune fille, typique de l'art grec archaïque, sculptée jusqu'au tout début du Vᵉ s. av. J.-C. Pluriel savant : *korai.*

korê d'Euthydikos (marbre ; v. 530-510 av. J.-C.) [musée de l'Acropole, Athènes]

KORRIGAN, E n. (mot breton). Nain ou fée des légendes bretonnes, tantôt bienveillant, tantôt malveillant.

KORSAKOFF (SYNDROME DE) : affection neurologique caractérisée par une amnésie de fixation, souvent associée à une polynévrite des membres inférieurs.

KOT n.m. (mot néerl., *chambre*). Belgique. **1.** Chambre d'étudiant. **2.** Débarras.

KOTO n.m. (mot jap.). Instrument de musique extrême-oriental à cordes pincées, formé d'une caisse de résonance plate de forme approximativement rectangulaire, sur laquelle sont tendues des cordes possédant chacune leur chevalet.

KOUAN-HOUA [kwanwa] n.m. LING. Mandarin (langue).

KOUBBA n.f. (mot ar.). Monument élevé sur la tombe d'un marabout, en Afrique du Nord.

KOUDOURROU n.m. ARCHÉOL. Borne de pierre servant, en Mésopotamie, à limiter un domaine.

KOUGLOF [kuglɔf] n.m. (mot alsacien, all. *Kugel,* boule). Gâteau alsacien fait d'une pâte levée, en forme de couronne.

KOULAK n.m. (mot russe). HIST. Paysan enrichi de la Russie de la fin du XIXᵉ s. et du début du XXᵉ s.

KOULIBIAC n.m. Pâté russe à base de poisson, de viande, de chou, etc.

KOUMYS ou **KOUMIS** [kumis] n.m. (mot tartare). Lait fermenté de jument, d'ânesse ou de vache, originaire de l'Asie centrale, analogue au képhir.

KOUROS ou **COUROS** n.m. (mot gr.). Statue grecque archaïque représentant un jeune homme nu. Pluriel savant : *kouroi.*

KOWEÏTIEN, ENNE adj. et n. Du Koweït.

Kr, symbole chimique du krypton.

KRAAL [kral] n.m. (mot néerl.). Village indigène ou enclos pour le bétail, en Afrique du Sud.

KRACH [krak] n.m. (mot all., *craquement*). **1.** Effondrement des cours des valeurs ou des marchandises, à la Bourse. **2.** Débâcle financière, faillite brutale d'une entreprise.

KRAFT n.m. (all. *Kraft,* force). **1.** *Papier kraft* ou *kraft :* papier d'emballage très résistant fabriqué avec de la pâte kraft écrue ou blanchie. **2.** *Pâte kraft :* pâte chimique, obtenue par le procédé au sulfate, de résistance mécanique élevée.

KRAK n.m. (ar. *karāk*). Ensemble fortifié construit par les croisés en Palestine et en Syrie.

KRAKEN [krakɛn] n.m. (mot norvégien). Monstre marin fabuleux, pareil à un poulpe géant, de la légende scandinave.

KREMLIN ou **KREML** n.m. HIST. Partie centrale, fortifiée, des villes russes anciennes.

KREMLINOLOGIE n.f. Étude de la politique soviétique, et en partic. des luttes pour le pouvoir à l'intérieur des instances dirigeantes.

KREUZER [krøtzɛr] ou [-dzɛr] n.m. (mot all., de *Kreuz,* croix). Ancienne monnaie d'Autriche-Hongrie, qui valait 1/100 de florin.

KRILL [kril] n.m. Plancton des mers froides formé de petits crustacés (essentiellement *Euphausia superba*) transparents, et qui constitue la nourriture principale des baleines bleues.

KRISS ou **CRISS** [kris] n.m. (malais *kris*). Poignard malais à lame ondulée en forme de flamme.

KRONPRINZ [krɔnprints] n.m. (mot all.). HIST. Titre du prince héritier, en Allemagne et en Autriche.

KROUMIR [krumir] n.m. (probablement du n. de la tribu tunisienne des Kroumirs). Chausson bas, en basane, que l'on porte à l'intérieur des sabots pour en atténuer le frottement.

KRYPTON [kriptɔ̃] n.m. (du gr. *kruptos,* caché). Gaz rare de l'atmosphère, utilisé dans certaines ampoules électriques ; élément (Kr) de numéro atomique 36, de masse atomique 83,80.

KSAR n.m. (ar. *qṣar,* pl. *qṣur*) [pl. *ksour*]. Village fortifié de l'Afrique du Nord.

KSI ou **XI** [ksi] n.m. inv. Quatorzième lettre de l'alphabet grec (Ξ, ξ), correspondant à l'*x* de l'alphabet français.

KUFIQUE adj. et n.m. → ***coufique.***

KUMMEL n.m. (mot all., *cumin*). Liqueur alcoolique aromatisée avec du cumin et fabriquée surtout en Allemagne et en Russie.

KUMQUAT [kumkwat] n.m. (du chin.). **1.** Arbuste du genre fortunella. **2.** Fruit de cet arbuste, ressemblant à une petite orange, et qui se mange souvent confit.

KUNG-FU [kuŋfu] n.m. inv. (mot chin.). Art martial chinois, assez proche du karaté.

KURDE adj. et n. Du Kurdistān. ◆ n.m. Langue du groupe iranien parlée par les Kurdes.

KURU [kuru] n.m. PATHOL. Encéphalite provoquée par un virus lent, que l'on observe en Nouvelle-Guinée.

KWAS ou **KVAS** [kvas] n.m. (russe *kvas*). Boisson faite avec de l'orge fermentée, en usage dans les pays slaves.

KWASHIORKOR [kwasjɔrkɔr] **(SYNDROME DE) :** dénutrition extrême (cachexie) due à une insuffisance alimentaire globale, observée chez certains enfants du tiers-monde.

K-WAY [kawe] n.m. inv. (nom déposé). Coupe-vent qui, replié dans une des poches prévues à cet effet, peut être porté en ceinture.

KYAT n.m. Unité monétaire principale de la Birmanie. (→ ***monnaie.***)

KYMRIQUE n.m. LING. Rare. Gallois (langue).

KYRIE ou **KYRIE ELEISON** [kirijeeleisɔn] n.m. inv. (gr. *Kurie,* Seigneur, et *eleêson,* aie pitié). **1.** Invocation grecque en usage dans la liturgie romaine et dans de nombreuses liturgies orientales. **2.** Musique composée sur ces paroles.

KYRIELLE n.f. (de *Kyrie*). Longue suite ininterrompue. *Une kyrielle d'injures.*

KYSTE n.m. (gr. *kustis,* vessie). **1.** Cavité pathologique à contenu liquide ou semi-liquide, séreux, colloïde ou sébacé. **2.** ZOOL. Forme de résistance et de dissémination de nombreux protozoaires, à paroi épaisse et protectrice.

KYSTIQUE adj. De la nature du kyste.

KYUDO n.m. Tir à l'arc japonais.

L

L n.m. inv. **1.** Douzième lettre de l'alphabet, et la neuvième des consonnes. ([l] est une consonne latérale.) **2.** L, chiffre romain, valant cinquante. **3.** L ou l, symbole du litre.

1. LA art. f. sing. et pron. pers. f. sing. → *le.*

2. LA n.m. inv. MUS. Note de musique ; sixième degré de la gamme de *do.*

LÀ adv. (lat. *illac*). **1.** Indique : **a.** un lieu autre que celui où on se trouve (par opp. à *ici*) ; **b.** un lieu quelconque et le lieu où l'on est (dans la langue courante) ; **c.** un moment imprécis du temps ; **d.** un renforcement. *Vous dites là des choses incroyables* ; **e.** *Çà et là,* de tous côtés. – *De là,* de ce lieu-là ; pour cette raison. – *Par là,* par ce lieu; dans les environs ; par ce moyen. – *Là contre :* contre cela. **2.** Se met à la suite, et avec un trait d'union, des pronoms démonstratifs et des substantifs précédés eux-mêmes de l'adj. dém. *ce (cet, cette, ces)* pour rendre la désignation plus précise. *Cet homme-là.* **3.** Se met aussi avant quelques adverbes de lieu. *Là-dessus, là-bas, etc.* ◆ loc. interj. *Là, là !* Pour apaiser, consoler. *Là, là ! rassurez-vous.*

La, symbole chimique du lanthane.

LABADENS [labadɛ̃s] n.m. (du n. d'un personnage de Labiche). Vx. Camarade de collège, d'internat.

LABANOTATION n.f. Système de notation chorégraphique élaboré par Rudolf von Laban.

LABARUM [labarɔm] n.m. (mot lat.). HIST. Étendard impérial sur lequel Constantin aurait fait mettre, après sa victoire sur Maxence, une croix et le monogramme du Christ (312).

LÀ-BAS adv. En un lieu situé plus bas ou plus loin.

LABDANUM [labdanɔm] ou **LADANUM** [ladanɔm] n.m. (gr. *ladanon*). Gomme-résine utilisée en parfumerie.

LABEL [labɛl] n.m. (mot angl., *étiquette*). **1.** Marque spéciale créée par un syndicat professionnel et apposée sur un produit destiné à la vente, pour en certifier l'origine, les conditions de fabrication. **2.** Signe garantissant la qualité de qqch. **3.** Société éditrice de disques ; marque déposée par cette société.

LABÉLISER ou **LABELLISER** v.t. Attribuer un label à. *Labéliser un produit.*

LABELLE n.m. (lat. *labellum,* petite lèvre). Pétale supérieur de la corolle des orchidées.

LABEUR n.m. (lat. *labor*). **1.** Litt. Travail pénible et prolongé. **2.** Ouvrage typographique de longue haleine, par opp. à *travaux de ville* ou *bilboquet.* ◇ *Imprimerie de labeur :* imprimerie spécialisée dans les labeurs, par opp. à *imprimerie de presse.*

LABFERMENT n.m. (all. *Lab,* présure, et *ferment*). Enzyme du suc gastrique, homologue chez l'homme de la présure* des ruminants.

LABIAL, E, AUX adj. (du lat. *labium,* lèvre). Relatif aux lèvres. ◇ PHON. *Consonne labiale* ou *labiale,* n.f. : consonne dont l'articulation principale consiste en un arrondissement des lèvres (bilabiales, labiodentales).

LABIALISER v.t. PHON. Prononcer (un phonème) en arrondissant les lèvres.

LABIÉ, E adj. (du lat. *labium,* lèvre). BOT. Se dit d'une corolle gamopétale et zygomorphe dont le bord est découpé en deux lobes principaux opposés l'un à l'autre comme deux lèvres ouvertes.

LABIÉE n.f. (du lat. *labium,* lèvre). *Labiées :* famille de plantes dicotylédones, à fleurs zygomorphes, souvent parfumées, qui comprend le lamier, la sauge, la menthe, la lavande, le thym, le romarin. SYN. : *lamiacée.* (On dit parfois, à tort, *labiacée.*)

LABILE adj. (lat. *labilis,* de *labi,* glisser). **1.** Se dit des composés chimiques peu stables, notamment à la chaleur, telles certaines protéines, les vitamines, etc. **2.** PSYCHOL. Se dit d'une humeur changeante.

LABILITÉ n.f. **1.** CHIM. Caractère d'un composé labile. **2.** PSYCHOL. Caractère d'une humeur labile.

LABIODENTALE adj.f. et n.f. PHON. Se dit d'une consonne réalisée avec la lèvre inférieure et les incisives supérieures : [f], [v].

LABIUM [labjɔm] n.m. ZOOL. Lèvre inférieure des insectes.

LABORANTIN, E n. Personne employée dans un laboratoire d'analyses ou de recherches.

LABORATOIRE n.m. (du lat. *laborare,* travailler). **1.** Local disposé pour faire des recherches scientifiques, des analyses biologiques, des essais industriels, des travaux photographiques, etc. ◇ *Laboratoire de langue :* salle insonorisée permettant à l'étudiant de se livrer à la pratique orale de la langue à l'aide d'un magnétophone sur lequel est enregistré un modèle d'enseignement. **2.** Ensemble de chercheurs effectuant dans un lieu déterminé un programme de recherches. **3.** Fig. Tout lieu où une équipe travaille à l'élaboration de qqch. *Un laboratoire de l'urbanisme.*

LABORIEUSEMENT adv. Avec beaucoup de peine et de travail.

LABORIEUX, EUSE adj. et n. (lat. *laboriosus,* de *labor,* travail). Qui travaille beaucoup, assidûment. ◆ adj. **1.** Qui coûte beaucoup de travail, d'efforts. *Une recherche laborieuse.* **2.** Qui se fait difficilement. *Digestion laborieuse.* **3.** Qui manque de spontanéité, de vivacité. *Plaisanterie laborieuse.*

LABOUR n.m. Façon qu'on donne aux terres en les labourant. ◆ pl. Terres labourées. *Marcher dans les labours.*

LABOURABLE adj. Propre à être labouré, cultivable. *Terres labourables.*

LABOURAGE n.m. Action, manière de labourer la terre.

LABOURER v.t. (lat. *laborare,* travailler). **1.** Ouvrir et retourner la terre avec la charrue, l'araire, la houe, la bêche, afin de l'ameublir ; enfouir ce qu'elle porte en surface et préparer ainsi son ensemencement. **2.** Creuser profondément le sol, l'entailler. **3.** Marquer (une partie du corps) de raies, de stries, d'écorchures profondes. *La balle lui a labouré le visage. Un front labouré de rides.*

LABOUREUR n.m. **1.** Litt. Celui qui laboure, cultive la terre. **2.** En France, sous l'Ancien Régime, paysan qui possédait charrue et animaux de trait nécessaires pour mettre en valeur les terres qu'il louait ou dont il était propriétaire.

1. LABRADOR n.m. (de *Labrador,* n.pr.). MINÉR. Feldspath plagioclase, répandu dans certaines roches comme la diorite.

2. LABRADOR n.m. (de *Labrador,* n.pr.). Retriever d'une race de grande taille, à poil ras, noir ou fauve.

labrador

LABRE n.m. (lat. *labrum,* lèvre). **1.** Poisson marin vivant près des côtes rocheuses, paré de couleurs vives, comestible. (Long. jusqu'à 60 cm.) SYN. : *vieille.* **2.** ZOOL. Lèvre supérieure des insectes.

LABRI ou **LABRIT** n.m. Chien de berger à poil frisé du midi de la France.

LABYRINTHE n.m. (gr. *laburinthos*). **1.** Édifice légendaire, attribué à Dédale, composé d'un grand nombre de pièces disposées de telle manière qu'on n'en trouvait que très difficilement l'issue. **2.** Réseau compliqué de chemins où l'on a du mal à s'orienter. **3.** Complication inextricable. *Le labyrinthe de la procédure.* **4.** ANAT. Ensemble des parties qui composent l'oreille interne (limaçon ou cochlée, vestibule et canaux semi-circulaires). **5.** ARCHIT. Composition en méandres, de plan centré, du pavement de certaines cathédrales du Moyen Âge, que les fidèles suivaient à genoux (mimant ainsi un pèlerinage en Terre sainte). **6.** Petit bois ou plantation de haies comportant des allées tellement entrelacées qu'on peut s'y égarer facilement.

LABYRINTHIQUE adj. Relatif à un labyrinthe.

LABYRINTHITE n.f. MÉD. Inflammation de l'oreille interne.

LABYRINTHODONTE n.m. (gr. *laburinthos,* labyrinthe, et *odous, odontos,* dent). *Labyrinthodontes :* sous-classe des stégocéphales, comprenant des amphibiens fossiles du trias dont les dents portaient des replis sinueux compliqués.

LAC n.m. (lat. *lacus*). Grande étendue d'eau intérieure, généralement douce, souvent qualifiée selon son origine (tectonique, glaciaire, volcanique, etc.). ◇ Fam. *Être, tomber dans le lac :* échouer, n'aboutir à rien.

Principaux lacs du monde

nom et région		*superficie (en km²)*
Supérieur	Amérique du Nord	82 700
Victoria	Afrique orientale	68 100
Huron	Amérique du Nord	59 800
Michigan	Amérique du Nord	58 300
Aral (mer d')	Asie centrale	39 000
Tanganyika	Afrique orientale	31 900
Baïkal	Sibérie	31 500
Grand Lac de l'Ours	Amérique du Nord	31 100
Malawi	Afrique orientale	30 800
Grand Lac de l'Esclave	Amérique du Nord	28 930

LAÇAGE ou **LACEMENT** n.m. Action ou manière de lacer.

LACCASE n.f. Enzyme oxydante qui existe dans la laque, la carotte, les fruits, etc.

LACCOLITE n.m. (gr. *lakkos,* fosse, et *lithos,* pierre). GÉOL. Intumescence du relief, d'origine volcanique, provoquée par une montée de lave qui n'atteint pas la surface.

LACÉDÉMONIEN, ENNE adj. et n. De Lacédémone (Sparte).

LACER v.t. (lat. *laqueare,* de *laqueus,* lacet) [16]. Serrer, maintenir, fermer avec un lacet.

LACÉRATION n.f. Action de lacérer.

LACÉRER v.t. (lat. *lacerare,* déchirer) [18]. Mettre en pièces, déchirer. *Lacérer un livre.*

LACERIE ou **LASSERIE** n.f. Vannerie souple en paille, en osier fin.

LACERTILIEN n.m. *Lacertiliens :* sous-ordre de reptiles saurophidiens, généralement munis de pattes et rarement de grande taille, tels que le lézard, le gecko, le caméléon. SYN. : *saurien.*

LACET n.m. (de *lacs*). **1.** Cordon qu'on passe dans des œillets pour serrer un vêtement, des souliers, etc. **2.** Série de zigzags. *Route en lacet.* **3.** Mouvement d'oscillation d'un véhicule autour d'un axe vertical, passant par son centre de gravité. **4.** Nœud coulant pour prendre le gibier.

LACEUR, EUSE n. Personne qui fait des filets pour la chasse, pour la pêche.

LÂCHAGE n.m. **1.** Action de lâcher. **2.** Fam. Abandon.

1. LÂCHE adj. (de *lâcher*). **1.** Qui n'est pas tendu, pas serré. *Corde, nœud lâche.* **2.** Litt. Qui manque de précision, de densité. *Style lâche.*

2. LÂCHE adj. et n. **1.** Qui manque de courage, d'énergie, peureux, poltron. *Homme lâche.* **2.** Qui manifeste de la cruauté et de la bassesse, en sachant qu'il n'en sera pas puni.

LÂCHÉ, E adj. BX-A. Fait avec négligence, sans fermeté. *Dessin lâché.*

LÂCHEMENT adv. Sans courage ; avec bassesse.

1. LÂCHER v.t. (lat. *laxare*). **1.** Rendre qqch moins tendu, le détendre. *Lâcher un cordage.* **2.** Cesser de tenir, de retenir (qqch). *Lâcher sa proie. Lâcher les amarres.* **3.** Laisser échapper malgré soi (une parole, un geste). *Lâcher une sottise.* **4.** Quitter brusquement, abandonner. *Lâcher ses études.* **5.** Fam. Cesser d'importuner, laisser tranquille. *Il ne m'a pas lâché de la journée. Lâche-moi les bretelles !* **6.** SPORTS. Distancer (un concurrent, un groupe de concurrents, etc.). *Lâcher le peloton.* **7.** *Lâcher pied :* abandonner une position ; céder. ◆ v.i. Céder, rompre, se casser. *La corde a lâché.*

2. LÂCHER n.m. Action de laisser aller, de laisser partir. *Un lâcher de ballons.*

LÂCHETÉ n.f. **1.** Manque de courage. **2.** Action indigne. *Commettre une lâcheté.*

LÂCHEUR, EUSE n. Fam. Personne qui abandonne ceux avec qui elle était engagée.

LACINIÉ, E adj. (lat. *laciniatus,* découpé). BOT. Se dit d'un organe qui offre des découpures profondes et étroites.

LACIS [lasi] n.m. (de *lacer*). Réseau de fils, de vaisseaux, de routes, etc., entrelacés. *Un lacis de fils de fer. Un lacis veineux.*

LACONIQUE adj. (gr. *lakonikos,* de Laconie). Concis, bref. *Réponse laconique.*

LACONIQUEMENT adv. En peu de mots.

LACONISME n.m. Façon de parler remarquable par sa brièveté, sa concision.

LACRIMA-CHRISTI [lakrimakristi] n.m. inv. (mots lat., *larme du Christ*). **1.** Vin provenant des vignes cultivées au pied du Vésuve. **2.** Cépage qui le produit.

LACRYMAL, E, AUX adj. (lat. *lacrimalis,* de *lacrima,* larme). Didact. Relatif aux larmes.

LACRYMOGÈNE adj. Qui fait pleurer. *Gaz lacrymogène.*

LACRYMO-NASAL, AUX adj.m. *Canal lacrymo-nasal :* conduit reliant le sac lacrymal aux fosses nasales.

LACS [lɑ] n.m. (lat. *laqueus*). **1.** Nœud coulant pour prendre du gibier. **2.** Ruban de toile solide employé pour exercer des tractions lors de l'accouchement ou maintenir une attelle.

LACTAIRE n.m. (lat. *lac, lactis,* lait). Champignon des bois, à chapeau souvent coloré et à lames, dont la chair brisée laisse écouler un lait blanc ou coloré. (Beaucoup d'espèces sont comestibles ; d'autres sont à rejeter en raison de leur âcreté.)

LACTALBUMINE n.f. Protéine du lait.

LACTAME n.m. CHIM. Amide interne cyclique souvent formé par élimination d'eau à partir d'un aminoacide (nom générique).

LACTARIUM [laktarjɔm] n.m. (mot lat.). Centre de collectage et de distribution du lait maternel.

LACTASE n.f. CHIM. Enzyme sécrétée par la muqueuse intestinale, qui convertit le lactose en glucose et en galactose.

LACTATE n.m. CHIM. Sel de l'acide lactique.

LACTATION n.f. (du lat. *lactare,* allaiter). Formation, sécrétion et excrétion du lait ; période pendant laquelle elle a lieu.

LACTÉ, E adj. (lat. *lac, lactis,* lait). **1.** Qui consiste en lait. *Régime lacté.* **2.** Qui ressemble au lait. *Suc lacté.* **3.** Qui dépend de la sécrétion lactée. *Fièvre lactée.* **4.** Qui contient du lait. *Farine lactée.* **5.** Qui a l'apparence, la blancheur du lait. **6.** *Veines lactées :* vaisseaux lymphatiques de l'intestin. **7.** *Voie lactée :* bande blanchâtre, floue, de forme et d'intensité irrégulières, qui fait le tour complet de la sphère céleste. (C'est la trace dans le ciel du disque de la Galaxie*, où la densité d'étoiles apparaît maximale.)

LACTESCENCE [laktesɑ̃s] n.f. Litt. Caractère d'un liquide qui ressemble au lait.

LACTESCENT, E adj. (lat. *lactescens,* qui devient laiteux). BOT. Qui contient un suc laiteux.

LACTIFÈRE adj. ANAT. Qui conduit le lait.

LACTIQUE adj. **1.** CHIM. Se dit d'un acide-alcool $CH_3—CHOH—COOH$, qui apparaît lors de la fermentation des hexoses sous l'action des bactéries lactiques, et lors de la décomposition du glycogène pendant la contraction musculaire. **2.** *Ferments lactiques :* ensemble des bacilles (lactobacilles) isolés de divers produits laitiers, qui transforment les hexoses en acide lactique. (Ils sont utilisés comme antidiarrhéiques.)

LACTODENSIMÈTRE ou **LACTOMÈTRE** n.m. Pèse-lait.

LACTOFLAVINE n.f. (lat. *lac,* lait, et *flavus,* jaune). Autre nom de la vitamine B2, que l'on trouve dans le lait. SYN. : *riboflavine.*

LACTONE n.f. CHIM. Ester interne cyclique fourni par certains acides-alcools (nom générique).

LACTOSE [laktoz] n.m. CHIM. Sucre de formule $C_{12}H_{22}O_{11}$, contenu dans le lait, et se dédoublant en glucose et en galactose.

LACTOSÉRUM [laktoserɔm] n.m. Petit-lait obtenu lors de la fabrication du fromage.

LACUNAIRE adj. **1.** Qui présente des lacunes. **2.** PSYCHOL. *Amnésie lacunaire :* oubli portant sur une ou plusieurs périodes bien circonscrites de la vie passée. **3.** HISTOL. *Système lacunaire :* ensemble des cavités discontinues formant les interstices des cellules des tissus et des organes.

LACUNE n.f. (lat. *lacuna*). **1.** Espace vide dans l'intérieur d'un corps. **2.** Interruption dans un texte. *Manuscrit rempli de lacunes.* **3.** Ce qui manque pour compléter une chose ; trou, défaillance, insuffisance. *Les lacunes d'une éducation.* **4.** GÉOL. Absence d'une couche de terrain dans une série stratigraphique.

LACUNEUX, EUSE adj. **1.** Litt. Qui comporte des lacunes. **2.** BOT. *Tissu lacuneux :* tissu du dessous des feuilles de dicotylédones, où ont lieu les échanges gazeux.

LACUSTRE adj. (lat. *lacustris,* de *lacus,* lac). Qui vit sur les bords ou dans les eaux d'un lac. *Plante lacustre.* ◇ *Cité lacustre :* village construit sur pilotis, dans les temps préhistoriques, en bordure des lacs et des lagunes. (Les recherches actuelles des préhistoriens remettent en cause l'existence de telles cités, et la langue scientifique désigne auj. les constructions sur pilotis par le terme de *palafitte.*)

LAD [lad] n.m. (mot angl.). Garçon d'écurie qui soigne les chevaux de course.

LADANG n.m. En Asie du Sud-Est, culture temporaire semi-nomade sur brûlis.

LADANUM n.m. → ***labdanum.***

LADIN n.m. (lat. *latinus,* latin). Dialecte rhéto-roman parlé dans le Tyrol du Sud.

LADINO n.m. Forme du castillan parlée en Afrique du Nord et au Proche-Orient par les descendants des Juifs expulsés d'Espagne en 1492. SYN. : *judéo-espagnol.*

LADITE adj. (pl. *lesdites*) → ***1. dit.***

1. LADRE n. et adj. (lat. *Lazarus,* n., dans la parabole de l'Évangile, du pauvre couvert d'ulcères). **1.** Vx. Lépreux. **2.** Litt. Avare. **3.** VÉTÉR. Se dit d'un porc ou d'un bœuf qui a des cysticerques de ténia dans ses muscles ou sous la langue.

2. LADRE n.m. *Taches de ladre :* parties de la peau du cheval dépigmentées, rosâtres, dégarnies de poils autour des yeux, des naseaux et des parties génitales.

LADRERIE n.f. **1.** Vx. Lèpre. **2.** Hôpital où l'on recevait les lépreux. **3.** Litt. Avarice. **4.** VÉTÉR. Maladie du porc ou du bœuf ladres.

LADY [lɛdi] n.f. (mot angl.) [pl. *ladys* ou *ladies*]. Femme de haut rang, en Angleterre.

LAGOMORPHE n.m. *Lagomorphes :* ordre de mammifères classés autrefois parmi les rongeurs, et qui comprend le lièvre et le lapin.

LAGON [lagɔ̃] n.m. (mot esp.). Étendue d'eau à l'intérieur d'un atoll, ou fermée vers le large par un récif corallien.

LAGOPÈDE n.m. (gr. *lagôs,* lièvre, et lat. *pes, pedis,* pied). Oiseau gallinacé habitant les hautes montagnes et le nord de l'Europe. (Le lagopède des Alpes est entièrement blanc en hiver ; le lagopède d'Écosse, ou *grouse,* n'a pas le plumage blanc hivernal.)

LAGOTRICHE [lagɔtriʃ] ou **LAGOTHRIX** n.m. (gr. *lagôs,* lièvre, et *thrix, trikhos,* cheveu). Singe de l'Amérique du Sud, appelé aussi *singe laineux.* (Long. env. 50 cm, sans la queue.)

LAGUIOLE [lajɔl] n.m. (de *Laguiole,* n.pr.). **1.** Fromage voisin du Cantal, fabriqué dans l'Aubrac. **2.** Couteau de poche à manche légèrement recourbé et à lame allongée.

LAGUIS [lagi] n.m. MAR. Cordage terminé par un nœud qui se serre par le seul poids du corps qu'il entoure.

LAGUNAGE n.m. TECHN. Création de bassins pour l'épuration des eaux.

LAGUNAIRE adj. Relatif aux lagunes.

LAGUNE n.f. (it. *laguna*). Étendue d'eau marine retenue derrière un cordon littoral.

LÀ-HAUT adv. **1.** En un lieu plus haut, au-dessus. **2.** Au ciel, dans la vie future (par opp. à *ici-bas*).

1. LAI [lɛ] n.m. (celt. *laid*). Au Moyen Âge, petit poème narratif ou lyrique, à vers courts, généralement de huit syllabes, à rimes plates.

2. LAI, E adj. (lat. *laicus*). *Frère lai, sœur laie :* religieux non prêtre, religieuse non admise aux vœux solennels, qui assuraient des services matériels dans les couvents.

LAÏC adj.m. et n.m. → ***laïque.***

LAÏCAT n.m. Ensemble des laïques dans l'Église catholique.

LAÎCHE [lɛʃ] n.f. (bas lat. *lisca*). Plante vivace, très commune au bord des eaux, dans les marais, où elle forme des touffes ayant l'aspect de grandes herbes à feuilles coupantes. (Les laîches, ou *carex*, de la famille des cypéracées, ont des tiges de section triangulaire.)

LAÏCISATION n.f. Action de laïciser. *La laïcisation des hôpitaux, de l'enseignement.*

LAÏCISER v.t. Rendre laïque. ◇ **Spécialt.** Soustraire à l'autorité religieuse, organiser selon les principes de la laïcité.

LAÏCISME n.m. Doctrine des partisans de la laïcisation des institutions.

LAÏCISTE adj. et n. Partisan du laïcisme.

LAÏCITÉ n.f. **1.** Caractère de ce qui est laïque, indépendant des conceptions religieuses ou partisanes. **2.** Système qui exclut les Églises de l'exercice du pouvoir politique ou administratif, et en particulier de l'organisation de l'enseignement public.

LAID, E adj. **1.** Dont l'aspect heurte le sens esthétique, l'idée qu'on a du beau. *Laid comme un pou.* **2.** Qui s'écarte des bienséances, de ce que l'on pense être bien, moral, honnête. *Il est laid de mentir.* ◆ n.m. Ce qui est laid, inesthétique.

LAIDEMENT adv. D'une façon laide.

LAIDERON n.m. ou, rare, **LAIDERONNE** n.f. Jeune fille, jeune femme laide.

LAIDEUR n.f. **1.** Fait d'être laid ; caractère de ce qui est laid. *La laideur d'un visage.* **2.** Caractère de ce qui est bas, vil. *Une grande laideur de sentiments.* **3.** Rare. Chose laide.

1. LAIE [lɛ] n.f. (francique *lêha*). Femelle du sanglier.

2. LAIE n.f. (francique *laida,* chemin). Sentier rectiligne percé dans une forêt.

3. LAIE n.f. → ***laye.***

LAIMARGUE n.f. (gr. *laimargos,* vorace). Requin du Groenland, chassé pour son huile et son cuir.

LAINAGE n.m. **1.** Étoffe de laine. **2.** Vêtement en laine. **3.** Toison des moutons. **4.** Opération qui donne aux tissus de laine et de coton un aspect pelucheux et doux.

LAINE n.f. (lat. *lana*). **1.** Fibre épaisse, douce et frisée, provenant de la toison des moutons et autres ruminants. – *Laine crue,* non apprêtée. – *Laine à tricoter,* en pelote, en écheveau. ◇ Fig. *Se laisser manger la laine sur le dos :* se laisser dépouiller. **2.** Vêtement de laine tissé et tricoté ; lainage. *Mettre une laine, une petite laine.* **3.** BOT. Duvet qui recouvre certaines plantes. **4.** Substance fibreuse évoquant la laine. – *Laine de laitier* ou *laine minérale :* produit préparé par projection de vapeur d'eau sur un jet de laitier fondu, et utilisé comme isolant calorifique. – *Laine de verre :* fibre de verre de très faible diamètre, utilisée pour l'isolation thermique.

LAINÉ, E adj. *Peau lainée :* peausserie ayant conservé sa laine ; vêtement fait dans cette peausserie.

LAINER v.t. Opérer le lainage d'une étoffe.

LAINERIE n.f. **1.** Action, art de fabriquer des étoffes de laine ; ces étoffes. **2.** Magasin où l'on vend de la laine, des lainages. **3.** Atelier où on laine le drap, les étoffes. **4.** Lieu où l'on tond les moutons.

LAINEUR, EUSE n. Ouvrier, ouvrière qui laine le drap, les étoffes.

LAINEUSE n.f. Machine à lainer.

LAINEUX, EUSE adj. **1.** Fourni de laine. **2.** Qui a l'apparence de la laine. *Poil laineux.* **3.** *Plante laineuse,* couverte de poils.

1. LAINIER, ÈRE adj. Qui concerne la laine. *L'industrie lainière.*

2. LAINIER n.m. **1.** Manufacturier, marchand de laine. **2.** Ouvrier qui laine le drap.

LAÏQUE ou **LAÏC, ÏQUE** adj. et n. (bas lat. *laicus,* gr. *laikos,* qui appartient au peuple). **1.** Qui n'appartient pas au clergé. *Juridiction laïque. Un laïque.* **2.** Partisan de la laïcité. ◆ adj. **1.** Indépendant des organisations religieuses ; qui relève de la laïcité. *État laïque.* ◇ *École laïque :* école publique distribuant un enseignement neutre sur le plan confessionnel. **2.** Qui est étranger à la religion, au sentiment religieux. *Un mythe laïque.*

LAIRD [lɛrd] n.m. (mot écossais). Grand propriétaire foncier, en Écosse.

LAIS [lɛ] n.m. pl. (de *laisser*). DR. Terrains que la mer, en se retirant, laisse à découvert. (Ils appartiennent au domaine public.)

1. LAISSE [lɛs] n.f. (de *laisser*). Corde, lanière servant à mener un chien. ◇ Fig. *Tenir qqn en laisse,* l'empêcher d'agir librement.

2. LAISSE n.f. LITTÉR. Suite de vers qui constitue une section d'un poème médiéval ou d'une chanson de geste.

3. LAISSE n.f. MAR. Ligne, sur une plage, atteinte par la mer, généralement jalonnée des débris que celle-ci abandonne au jusant.

LAISSÉES n.f. pl. CHASSE. Fiente des sangliers.

LAISSÉ-POUR-COMPTE n.m. (pl. *laissés-pour-compte*). Marchandise dont on a refusé de prendre livraison. ◆ **laissé-pour-compte, laissée-pour-compte** n. (pl. *laissés-, laissées-pour-compte*). Fam. Personne dont on n'a pas voulu, rejetée par un groupe social.

LAISSER v.t. (lat. *laxare,* relâcher). **I. 1.** Ne pas prendre, ne pas employer, ne pas consommer, etc. (qqch dont on pourrait disposer). *Laisser de la viande dans son assiette.* **2.** Ne pas emmener avec soi. *Laisser ses enfants à la maison.* **3.** Quitter volontairement. *Laisser sa famille, sa maison, son pays.* **4.** Être définitivement séparé (par la mort, l'exil, etc.) de. *Laisser de grands biens.* **5.** Être la cause de qqch qui se forme ou qui subsiste. *Le produit a laissé une auréole.* **6.** Perdre dans telles circonstances, en tel lieu. *Il a laissé la vie dans cette bataille. J'y ai laissé beaucoup d'argent et toutes mes illusions.* **7.** Litt. *Ne pas laisser de :* ne pas cesser de, ne pas manquer de. *Cette réponse ne laisse pas de m'étonner.* **II. 1.** Abandonner, réserver à qqn. *Laisser sa part à une amie.* **2.** Remettre, confier à qqn. *Laisser une lettre à la concierge. Je vous laisse ce soin.* **3.** Abandonner involontairement, par oubli. *J'ai laissé mon parapluie chez toi.* **III. 1.** Maintenir dans le même état, la même situation, la même position. *Laisser qqn à la porte. Laisser un champ en friche.* **2.** Abandonner à qqn qqch qui lui revient. *Laisser un pourboire.* ◇ **Spécialt.** *Laisser (à qqn) à penser, à juger (si, ce que, etc.) :* ne pas expliquer à qqn qqch que l'on juge suffisamment clair, explicite. ◇ **Absolt.** *Cela laisse à penser,* donne à réfléchir. **IV.** (Suivi d'un infinitif). Ne pas empêcher de ; permettre de. *Je les ai laissés sortir. Laisser tomber un vase.* ◇ *Laisser faire, laisser dire :* ne pas se soucier de ce que font, de ce que disent les autres. – Fam. *Laisser tomber :* abandonner. ◆ **se laisser** v.pr. **1.** Être, volontairement ou non, l'objet d'une action. *Se laisser surprendre.* **2.** Être agréable à, en parlant de choses. *Petit vin qui se laisse boire.* **3.** *Se laisser aller, se laisser vivre :* se relâcher, s'abandonner à ses penchants. ◇ *Se laisser dire que...,* entendre dire, mais sans y croire beaucoup, que. – *Se laisser faire :* ne pas opposer de résistance.

LAISSER-ALLER n.m. inv. Négligence dans la tenue, dans les manières.

LAISSER-COURRE n.m. inv. ou **LAISSÉ-COURRE** n.m. (pl. *laissés-courre*). VÉN. Lieu ou moment où l'on découple les chiens.

LAISSEZ-PASSER n.m. inv. Permis de circuler délivré par écrit. SYN. : *sauf-conduit.*

LAIT n.m. (lat. *lac, lactis*). **I. 1.** Liquide blanc sécrété par les glandes mammaires de la femme et des femelles des mammifères, aliment très riche en graisses émulsionnées, en protides, en lactose, en vitamines, en sels minéraux et qui assure la nutrition des jeunes au début de leur vie. – *Lait en poudre :* lait déshydraté, écrémé ou non, sucré ou non, pouvant être reconstitué par adjonction d'eau. – *Lait U.H.T.* → ***U.H.T.*** **2.** *Lait de poule :* jaune d'œuf battu dans du lait chaud avec du sucre. ◇ *Au lait :* additionné de lait. *Café au lait.* – *Frère, sœur de lait :* enfant qui a été nourri du lait de la même femme qu'un autre. – Fig. et fam. *Boire du lait, du petit-lait :* éprouver une vive satisfaction. **II. 1.** Liquide qui ressemble au lait. *Lait d'amande, de coco, de chaux.* **2.** Préparation plus ou moins fluide, souvent parfumée, pour les soins de la peau ou le démaquillage.

LAITAGE n.m. Aliment à base de lait.

LAITANCE ou, rare, **LAITE** n.f. Sperme de poisson.

LAITÉ, E adj. Qui a de la laitance. *Hareng laité.*

LAITERIE n.f. **1.** Usine où le lait est traité pour sa consommation et pour la production de produits dérivés (crème, beurre, fromage, yaourts). **2.** Industrie, commerce du lait. **3.** Local où l'on conserve le lait et où l'on fait le beurre, dans une ferme.

LAITERON n.m. Plante à fleurs jaunes, contenant un latex blanc et constituant une excellente nourriture pour les porcs et les lapins. (Famille des composées.)

LAITEUX, EUSE adj. Qui ressemble au lait, de couleur blanchâtre. *Teint laiteux.*

1. LAITIER, ÈRE n. Commerçant détaillant en produits laitiers. ◆ adj. **1.** Qui concerne le lait et ses dérivés. *Industrie laitière.* **2.** *Vache laitière* ou *laitière,* n.f., élevée pour la production du lait.

2. LAITIER n.m. Sous-produit métallurgique essentiellement composé de silicates et formé au cours des fusions d'élaboration.

LAITIÈRE n.f. **1.** Vache laitière. **2.** Pot à lait à anse et à couvercle.

LAITON n.m. (ar. *lāṭūn,* cuivre). Alliage de cuivre et de zinc (jusqu'à 46 p. 100), ductile et malléable. SYN. (vx) : *cuivre jaune.*

LAITONNAGE n.m. MÉTALL. Déposition, par voie électrolytique, d'une couche de laiton à la surface d'une pièce.

laits liquides entiers crus entiers, demi-écrémés, écrémés *-pasteurisés* *-stérilisés* *-stérilisés U.H.T.* **laits concentrés** sucrés non sucrés **laits en poudre** **laits fermentés** traditionnels (koumys) yaourts *-nature* *-maigres* *-aromatisés* *-aux fruits* *-liquides*	**crèmes** fraîches liquides stérilisées U.H.T. chantilly **beurres** sans sel salés allégés (pâtes à tartiner) **desserts lactés** laits aromatisés liégeois flans mousses crèmes dessert crèmes glacées **produits protéiniques** caséine concentrés de protéines peptides	**fromages au lait de vache seul** frais (petit-suisse) à pâte molle et moisissures externes (camembert) à pâte molle et croûte lavée (livarot) fermentés à pâte persillée (bleus) fermentés non cuits pressés (cantal) fermentés cuits pressés (comté) **fromages au lait de chèvre seul** à pâte molle et croûte fleurie (chabichou)	**fromages au lait de brebis seul** à pâte persillée (roquefort) **fromages de laits mélangés** (lait de vache avec lait de chèvre ou de brebis) **fromages fondus** crème de gruyère pâtes à tartiner **sous-produits industriels** laits reconstitués (alimentation animale) poudre de babeurre poudre de lactosérum

les dérivés du **lait**

LAITONNER v.t. **1.** Effectuer le laitonnage de. **2.** Garnir de fils de laiton.

LAITUE n.f. (lat. *lactuca,* de *lac, lactis,* lait). Plante herbacée annuelle, à végétation rapide, la plus cultivée des plantes consommées en salade.

laitues

LAÏUS [lajys] n.m. (de *Laïus,* père d'Œdipe). Fam. Discours long et verbeux.

LAÏUSSER v.i. Fam. Faire un laïus.

LAÏUSSEUR, EUSE adj. et n. Fam. Qui a l'habitude de faire des laïus.

LAIZE n.f. TEXT. Lé.

LAKISTE [lakist] n. et adj. (angl. *lake,* lac). Se dit des poètes romantiques anglais (Wordsworth, Coleridge, Southey) qui fréquentaient le district des Lacs, au nord-ouest de l'Angleterre (fin du XVIIIe s.-début du XIXe s.).

LALA interj. (Employée avec *ah* ou *oh* et exprimant un sentiment de difficulté, de déception, de lassitude, d'énervement, etc.). *Ah ! lala ! Ce que tu peux me fatiguer par moments.*

LALLATION n.f. **1.** Défaut de prononciation de la consonne *l.* **2.** Ensemble des émissions vocales des nourrissons. SYN. : *babil, babillage.*

1. LAMA n.m. (d'un mot tibétain). Moine bouddhiste, au Tibet et en Mongolie.

2. LAMA n.m. (mot esp., du quechua). Mammifère ruminant de la cordillère des Andes, dont il existe deux races sauvages *(guanaco* et *vigogne)* et deux races domestiques (*alpaga* et *lama* proprement dit) élevées pour leur chair et leur laine et utilisées comme bêtes de somme. (Famille des camélidés.)

lama

LAMAGE n.m. Action de lamer.

LAMAÏSME n.m. Forme particulière du bouddhisme au Tibet et en Asie centrale, consécutive à l'établissement du pouvoir temporel des dalaï-lamas (XVIIe s.).

LAMAÏSTE adj. et n. Adepte du lamaïsme.

LAMANAGE n.m. Opération d'amarrage d'un navire à quai, faisant l'objet d'une concession.

LAMANEUR n.m. (anc. fr. *laman,* pilote, du moyen néerl.). Ouvrier employé dans un port pour l'amarrage des navires.

LAMANTIN n.m. (esp. *manati*). Mammifère herbivore au corps massif atteignant 3 m de long et pesant jusqu'à 500 kg, vivant dans les fleuves d'Afrique et d'Amérique tropicales. (Ordre des siréniens.)

LAMARCKISME n.m. (de *Lamarck*). Théorie exposée par Lamarck dans sa *Philosophie zoologique* (1809), qui explique l'évolution des êtres vivants par l'influence des variations de milieu sur le comportement, puis sur la morphologie des organismes.

LAMASERIE n.f. Couvent de lamas.

LAMBDA n.m. inv. **1.** Onzième lettre de l'alphabet grec (Λ, λ), correspondant au *l* français. **2.** (En app.). Fam. Moyen, quelconque. *Individu lambda.*

LAMBDOÏDE adj. ANAT. Se dit de la suture entre l'occipital et les pariétaux.

LAMBEAU n.m. (francique *labba*). **1.** Morceau d'étoffe, de papier, d'une matière quelconque déchiré, détaché, arraché. *Vêtement en lambeaux.* ◇ *Tomber, partir en lambeaux :* s'en aller par morceaux. **2.** Fragment d'un ensemble, partie détachée d'un tout. *Un lambeau de peau.*

LAMBEL n.m. HÉRALD. Traverse horizontale placée en chef, d'où se détachent des pendants rectangulaires ou trapézoïdaux.

LAMBERT (PROJECTION) : représentation plane conique conforme directe d'une sphère ou d'un ellipsoïde, introduite par J. H. Lambert en 1772 et utilisée dans de nombreux pays pour le calcul des triangulations géodésiques et pour l'établissement des cartes topographiques.

LAMBI n.m. Antilles. Strombe (mollusque).

LAMBIC ou **LAMBICK** n.m. Bière forte fabriquée en Belgique, préparée avec du malt et du froment cru par fermentation spontanée.

LAMBIN, E adj. et n. (même radical que *lambeau* [idée de mollesse]). Fam. Qui agit avec lenteur et mollesse.

LAMBINER v.i. Fam. Agir avec lenteur, sans énergie ni vivacité.

LAMBLIASE n.f. (lat. *lamblia*). Parasitose intestinale due à un protozoaire flagellé, le *Lamblia.*

LAMBOURDE n.f. (anc. fr. *laon,* planche, du francique). **1.** CONSTR. **a.** Pièce de bois de petit équarrissage (27 ou 34 mm × 80 mm) reposant sur les solives et sur laquelle sont clouées les lames d'un parquet. **b.** Poutre fixée le long d'un mur et sur laquelle s'appuient les extrémités des solives d'un plancher. **2.** AGRIC. Rameau d'un arbre fruitier, terminé par des boutons à fruits.

LAMBREQUIN n.m. (néerl. *lamperkijn,* de *lamper,* voile). **1.** Bande d'étoffe festonnée par le bas dont on décore les cantonnières de baies, les ciels de lit. **2.** Motif décoratif capricieux, à symétrie axiale, employé en céramique, en reliure. ◆ pl. HÉRALD. Longs rubans partant du heaume et entourant l'écu.

LAMBRIS [lɑ̃bri] n.m. (lat. *labrusca,* vigne sauvage). **1.** Revêtement des parois d'une pièce, d'un plafond, d'une voûte. **2.** Matériau constitué de lames de bois profilées et rainées, destinées au lambrissage. ◆ pl. Litt. *Lambris dorés :* riche habitation, palais.

LAMBRISSAGE n.m. Ouvrage du menuisier ou du maçon qui lambrisse.

LAMBRISSER v.t. Revêtir d'un lambris.

LAMBRUSQUE ou **LAMBRUCHE** n.f. (lat. *labrusca*). Vigne sauvage.

LAMBSWOOL [lɑ̃bswul] n.m. (angl. *lamb,* agneau, et *wool,* laine). **1.** Laine très légère provenant d'agneaux de 6 à 8 mois. **2.** Tissu fabriqué avec cette laine.

LAME n.f. (lat. *lamina*). **I. 1.** Partie métallique d'un instrument ou d'un outil propre à couper, à trancher, à scier, à raser, à gratter. *Lame de couteau, de rasoir.* – Fig. *Bonne, fine lame :* personne qui manie bien l'épée. **2.** Outil à large arête coupante. **II. 1.** Morceau de métal ou d'autre matière dure, plat et étroit. *Une lame d'acier.* **2.** OPT. Rectangle de verre sur lequel on dépose les objets à examiner au microscope, recouverts d'une lamelle. ◇ GÉOL. *Lame mince :* tranche de roche à faces parallèles, assez mince (0,03 mm), obtenue par sciage et polissage et destinée à l'observation microscopique. SYN. : *plaque mince.*

lamantin

3. ANAT. Partie osseuse mince, longue et plate. – *Lame vertébrale :* partie osseuse formant l'arc postérieur des vertèbres, entre l'apophyse articulaire et l'apophyse épineuse. **4.** PRÉHIST. Éclat de pierre dont la longueur excède le double de la largeur. **5.** TEXT. Cadre supportant les lisses du métier à tisser. – Bande continue relativement étroite d'une matière apte à un usage textile. **6.** BOT. Membrane sous le chapeau de certains champignons. **III.** Vague de la mer, forte et bien formée. ◇ *Lame de fond :* lame de forte amplitude ; fig., phénomène brutal et violent.

LAMÉ, E adj. et n.m. *Tissu lamé,* orné de minces lames d'or ou d'argent (ou d'imitation) ou dont le tissage comporte des fils de métal.

LAMELLAIRE adj. Dont la structure présente des lames, des lamelles.

LAMELLE n.f. (lat. *lamella*). **1.** Petite lame, feuillet. *Des lamelles de mica.* **2.** Fine tranche. **3.** Chacune des lames rayonnantes qui portent l'hyménium des champignons, au-dessous du chapeau. **4.** OPT. Mince lame de verre, de forme généralement carrée ou ronde, utilisée pour recouvrir les préparations microscopiques et appelée également *couvre-objet.*

LAMELLÉ, E ou **LAMELLEUX, EUSE** adj. Garni ou constitué de lamelles.

LAMELLÉ-COLLÉ n.m. (pl. *lamellés-collés*). Matériau formé de lamelles de bois assemblées par collage.

LAMELLIBRANCHE n.m. Bivalve.

LAMELLICORNE adj. et n.m. ZOOL. Se dit d'un coléoptère dont les antennes sont formées de lamelles pouvant s'écarter comme un éventail (scarabée, hanneton, cétoine, etc.).

LAMELLIFORME adj. En forme de lamelle.

LAMELLIROSTRE adj. Qui a le bec garni sur ses bords de lamelles transversales, en parlant d'un oiseau, tel le canard.

LAMENTABLE adj. Qui fait pitié, navrant, pitoyable.

LAMENTABLEMENT adv. De façon lamentable.

LAMENTATION n.f. Plainte prolongée et accompagnée de gémissements et de cris.

LAMENTER (SE) v.pr. (lat. *lamentari*). Se plaindre ; se désoler, récriminer.

LAMENTO [lamɛnto] n.m. (mot it.). Chant de tristesse et de déploration, souvent utilisé dans le madrigal, la cantate, l'opéra italien.

LAMER v.t. TECHN. Dresser une surface (notamm. une surface perpendiculaire à l'axe d'un trou) au moyen d'une lame tournante ou avec une fraise ou un foret spéciaux.

LAMIACÉE n.f. (lat. *lamium,* ortie). Labiée.

LAMIE n.f. (lat. *lamia*). **1.** Dans la mythologie antique, monstre femelle à queue de serpent qui dévore les enfants. **2.** Requin de l'Atlantique Nord atteignant 4 m de long, appelé aussi *requin taupe* ou *touille.*

LAMIER n.m. (lat. *lamium*). Plante commune au bord des chemins et dans les bois, appelée cour. *ortie blanche, jaune* ou *rouge.* (Famille des labiées.)

1. LAMIFIÉ, E adj. Stratifié.

2. LAMIFIÉ n.m. Matériau stratifié décoratif (appellation commerciale).

LAMINAGE n.m. **1.** Action de laminer un métal. **2.** Fig. Action de laminer, de réduire ; fait d'être laminé, rogné. *Le laminage des revenus.*

1. LAMINAIRE adj. PHYS. *Régime laminaire :* régime d'écoulement d'un fluide qui s'effectue par glissement des couches de fluide les unes sur les autres sans échange de particules entre elles, par opp. à *régime turbulent.*

2. LAMINAIRE n.f. (lat. *lamina*). Algue brune des côtes rocheuses, dont le thalle peut atteindre plusieurs mètres de long et qui peut servir d'engrais ou fournir de l'iode, de la soude, de la potasse. (Sous-classe des phéophycées.)

LAMINECTOMIE n.f. Résection des lames vertébrales, premier temps de toute intervention neurochirurgicale sur la moelle épinière.

LAMINER v.t. (de *lame*). **1.** Faire subir à un produit métallurgique une déformation permanente par passage entre deux cylindres d'axes parallèles et tournant en sens inverses. **2.** Fig. Rogner, diminuer. **3.** Ruiner la santé de qqn, ses forces physiques ou psychiques. **4.** Rétrécir (une veine fluide).

LAMINEUR n.m. Ouvrier employé au laminage des métaux. ◆ adj.m. Qui lamine. *Cylindre lamineur.*

LAMINEUX, EUSE adj. ANAT. *Tissu lamineux :* tissu conjonctif disposé en lames parallèles.

LAMINOIR n.m. **1.** Machine pour laminer un produit métallurgique par passage entre deux cylindres ; installation métallurgique comprenant un certain nombre de ces machines. **2. Fig.** *Passer au laminoir :* être soumis à de rudes épreuves.

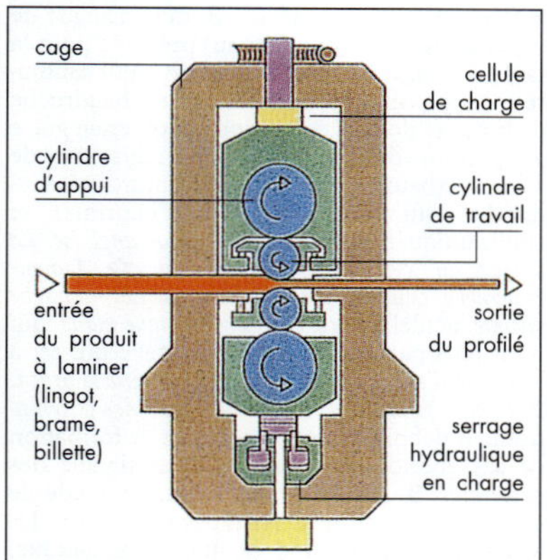

laminoir : schéma de fonctionnement

LAMPADAIRE n.m. (lat. médiév. *lampadarium*). Dispositif d'éclairage d'appartement ou de voie publique, à une ou plusieurs lampes montées sur un support élevé.

LAMPANT, E adj. (prov. *lampan,* de *lampa,* briller). Se dit d'un produit pétrolier propre à alimenter une lampe à flamme.

LAMPARO n.m. (mot prov.). Lampe placée à l'avant du bateau, dans la pêche à feu.

LAMPAS [lɑ̃pa] ou [lɑ̃pas] n.m. (du francique). **1.** Tissu d'ameublement en soie orné de grands motifs décoratifs en relief, obtenus grâce à une armure différente de celle du fond. **2.** VÉTÉR. Gonflement de la membrane qui tapisse le palais des jeunes chevaux.

LAMPASSÉ, E adj. (de *lampas*). HÉRALD. Se dit d'un quadrupède dont la langue est d'un émail particulier.

LAMPE n.f. (lat. *lampas, lampadis*). **1.** Appareil d'éclairage fonctionnant à l'électricité ; luminaire. *Lampe de chevet.* ◇ *Lampe de poche :* boîtier équipé d'une pile et d'une ampoule électrique. **2.** Ampoule électrique. *Griller une lampe.* ◇ *Lampe à incandescence,* dans laquelle l'émission de la lumière est produite au moyen d'un corps porté à l'incandescence par le passage d'un courant électrique. – *Lampe témoin,* signalant le fonctionnement et la mise en marche d'un appareil en s'allumant ou en s'éteignant. **3.** Récipient contenant un liquide ou un gaz combustible pour produire de la lumière. *Lampe à huile, à pétrole, à essence, à acétylène.* ◇ *Lampe tempête :*

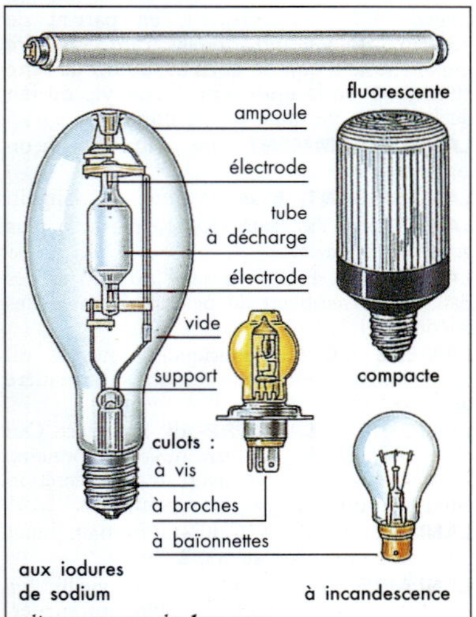

divers types de **lampes**

lampe particulièrement bien protégée contre le vent. – *Lampe de sûreté,* que l'on peut utiliser dans une atmosphère grisouteuse. **4.** Dispositif produisant une flamme et utilisé comme source de chaleur. *Lampe à alcool. Lampe à souder.* **5.** ÉLECTRON. Vieilli. Tube à vide. **6.** *Lampe à vapeur de mercure :* tube contenant de la vapeur de mercure et qui, traversé par une décharge électrique, émet une vive lueur bleuâtre.

LAMPÉE n.f. Fam. Grande gorgée de liquide qu'on avale d'un coup. *Une lampée de vin.*

LAMPER v.t. (forme nasalisée de *laper*). Fam. Boire avidement, par lampées.

LAMPION n.m. (it. *lampione,* grande lampe). **1.** Lanterne vénitienne. **2.** Petit récipient contenant une matière combustible et une mèche, qui sert aux illuminations (encore en usage dans certaines localités, lors de fêtes traditionnelles). ◇ *Sur l'air des lampions :* en scandant trois syllabes sur une seule note. *Crier : « remboursez ! » sur l'air des lampions.*

LAMPISTE n.m. **1.** Vx. Personne chargée de l'entretien des lampes et des lanternes dans un établissement ou une exploitation industrielle. **2.** Fam. Employé subalterne. *S'en prendre au lampiste.*

LAMPISTERIE n.f. Vx. Lieu où l'on garde et répare les appareils d'éclairage (dans les gares, en partic.).

LAMPOURDE n.f. (prov. *lampourdo*). Plante dont une espèce, appelée *petite bardane* ou *herbe aux écrouelles,* est dépurative. (Famille des composées.)

LAMPRILLON n.m. Larve de la lamproie, commune dans le sable des rivières.

LAMPROIE n.f. (bas lat. *lampreda*). Vertébré aquatique sans mâchoires, très primitif, de forme cylindrique et allongée, à peau nue et gluante. (Classe des agnathes, ordre des cyclostomes.)

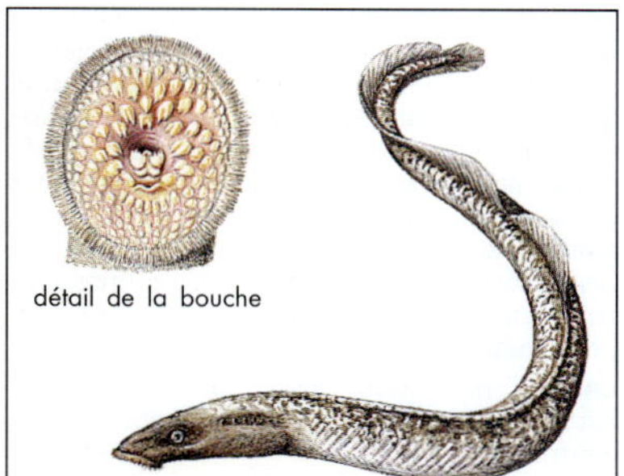

lamproie de rivière

LAMPROPHYRE n.m. Roche éruptive, génér. filonienne, caractérisée par sa richesse en mica noir ou en amphibole brune.

LAMPYRE n.m. (lat. *lampyris,* du gr. *lampein,* briller). Coléoptère dont la femelle, sans ailes et lumineuse, est connue sous le nom de *ver luisant.*

LANÇAGE n.m. TR. PUBL. Injection dans un sol d'eau ou d'air comprimé, au moyen de tuyaux métalliques appelés *lances,* pour faciliter l'enfoncement des pieux.

LANCE n.f. (lat. *lancea*). **1.** Arme d'hast à long manche et à fer pointu. – **Litt.** *Rompre une lance, des lances avec qqn,* soutenir une discussion avec lui. **2.** Autref., cavalier armé d'une lance ; groupe de quelques combattants attachés à son service. **3.** Long bâton garni d'un tampon pour jouter sur l'eau. **4.** Tuyau muni d'un ajutage ou d'un diffuseur servant à former et à diriger un jet d'eau. *Lance à eau, lance d'incendie.*

LANCÉ, E adj. Qui a acquis une certaine célébrité. *Un acteur lancé.*

LANCE-AMARRE n.m. et adj. (pl. *lance-amarres* ou inv.). MAR. Appareil (pistolet, fusil, etc.) pour lancer une amarre soit à terre, soit d'un navire à un autre.

LANCE-BOMBE ou **LANCE-BOMBES** n.m. (pl. *lance-bombes*). Appareil installé sur un avion pour le largage des bombes.

LANCÉE n.f. Élan pris par qqn, qqch en mouvement. ◇ *Sur sa lancée :* en profitant du mouvement donné par l'élan initial.

LANCE-FLAMME ou **LANCE-FLAMMES** n.m. (pl. *lance-flammes*). Appareil employé au combat pour projeter des liquides enflammés.

LANCE-FUSÉE ou **LANCE-FUSÉES** n.m. (pl. *lance-fusées*). Vieilli. Lance-roquettes multiples.

LANCE-GRENADE ou **LANCE-GRENADES** n.m. (pl. *lance-grenades*). Appareil lançant des grenades.

LANCEMENT n.m. **1.** Action de lancer. **2.** Publicité faite pour promouvoir un produit. *Prix de lancement.* **3. Belgique.** Élancement.

LANCE-MISSILE ou **LANCE-MISSILES** n.m. (pl. *lance-missiles*). Engin servant à lancer des missiles.

LANCÉOLÉ, E adj. (lat. *lanceolatus*). **1.** BOT. Se dit d'un organe terminé en forme de lance. *Feuille lancéolée.* **2.** ARCHIT. *Arc lancéolé :* arc brisé aigu, en lancette.

LANCE-PIERRE ou **LANCE-PIERRES** n.m. (pl. *lance-pierres*). Dispositif à deux branches, muni de deux élastiques et d'une pochette, dont les enfants se servent pour lancer des pierres. SYN. : *fronde.* ◇ Fam. *Manger au lance-pierre,* très rapidement et plutôt mal. – *Être payé au lance-pierre :* être mal payé.

1. LANCER [lɑ̃se] v.t. (de *lance*) [16]. **I. 1.** Imprimer à qqch un vif mouvement qui l'envoie à travers l'espace. *Lancer des pierres, une flèche, une fusée.* **2.** Mouvoir (les bras, les jambes) d'un geste vif dans une direction. *Lancer la jambe en avant.* **3.** Dire de manière soudaine ou assez violente ; émettre des sons avec force. *Lancer un appel, un cri de terreur.* **4. Fig.** Envoyer contre qqn. *Lancer un mandat d'arrêt, un ultimatum.* **II. 1.** Faire connaître ou reconnaître d'un large public. *C'est ce livre qui l'a lancée.* **2.** Donner l'élan nécessaire à. *Lancer une entreprise, une affaire.* **3.** Mettre à l'eau un navire par glissement sur sa cale de construction. **4. Fig.** Faire parler qqn de qqch qu'il aime, amener la conversation sur l'un de ses sujets favoris. *Quand on le lance sur l'automobile, il est intarissable.* **5.** VÉN. *Lancer un cerf,* le faire sortir de l'endroit où il est. ◆ v.i. **Belgique.** Élancer. ◆ **se lancer** v.pr. **1.** Se précipiter, se jeter dans une direction déterminée. *Se lancer dans le vide.* **2. Fig.** S'engager impétueusement dans une action. *Se lancer dans des dépenses excessives.*

2. LANCER n.m. **1.** Épreuve d'athlétisme consistant à projeter le plus loin possible un engin (poids, disque, javelot, marteau). **2.** *Pêche au lancer :* pêche à la ligne consistant à envoyer loin devant soi un appât ou un leurre qu'on ramène grâce à un moulinet.

LANCE-ROQUETTE ou **LANCE-ROQUETTES** n.m. (pl. *lance-roquettes*). Arme tirant des roquettes.

LANCE-TORPILLE ou **LANCE-TORPILLES** n.m. (pl. *lance-torpilles*). Dispositif servant à lancer des torpilles.

LANCETTE n.f. **1.** Petit instrument de chirurgie qui était utilisé pour la saignée, la vaccination et l'incision de petits abcès. **2.** ARCHIT. Arc brisé plus aigu que le tiers-point, dans l'architecture gothique.

1. LANCEUR, EUSE n. Personne qui lance. *Une lanceuse de javelot.*

2. LANCEUR n.m. **1.** Véhicule propulsif capable d'envoyer une charge utile dans l'espace. *(V. illustration p. 590.)* **2.** Sous-marin porteur de missiles stratégiques.

LANCIER n.m. **1.** Soldat d'un corps de cavalerie, armé de la lance. **2.** *Quadrille des lanciers* ou *les lanciers :* variante du quadrille, dansée en France v. 1856.

LANCINANT, E adj. Qui lancine. *Douleur lancinante. Souvenir lancinant.*

LANCINATION n.f. ou **LANCINEMENT** n.m. Douleur qui lancine.

LANCINER v.t. et i. (lat. *lancinare*). Faire souffrir par des élancements répétés. ◆ v.t. Tourmenter de façon persistante ; obséder.

LANÇON n.m. Équille.

LAND [lɑ̃d] n.m. (mot all.) [pl. *Länder*]. **1.** Chacun des États de la République fédérale d'Allemagne. **2.** Province, en Autriche.

LANDAIS, E adj. et n. Des Landes. ◇ *Course landaise :* jeu traditionnel des Landes dans lequel un homme (l'écarteur) doit éviter la charge d'une vache.

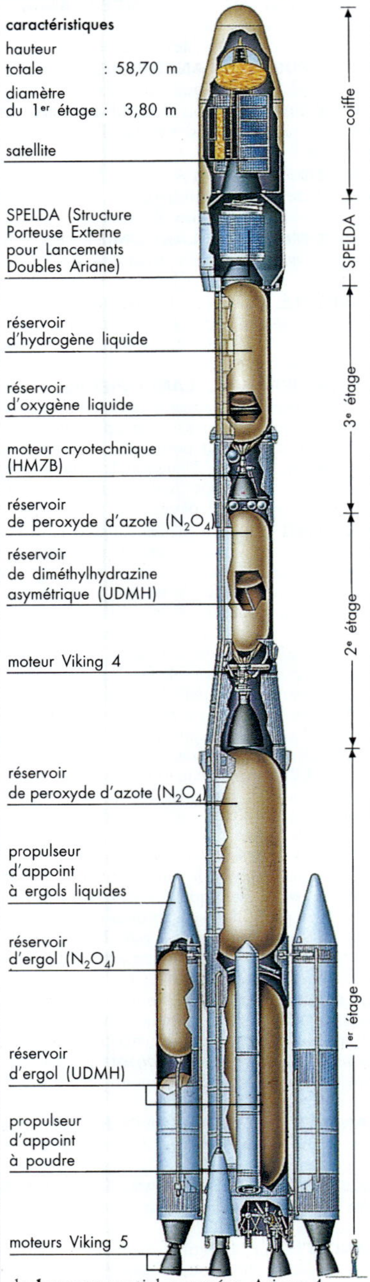

le **lanceur** spatial européen Ariane 4 version 44 LP (propulseurs d'appoint à liquide et à poudre)

LAND ART [landart] n.m. (mots angl.). Tendance de l'art contemporain apparue aux États-Unis v. 1967, caractérisée par un travail dans et sur la nature. (Michael Heizer, Robert Smithson, Walter de Maria ; les Anglais Richard Long, Hamish Fulton...)

LANDAU n.m. (de *Landau,* v. d'Allemagne) [pl. *landaus*]. **1.** Voiture d'enfant composée d'une nacelle rigide à capote mobile, suspendue dans une armature de métal à roues et à guidon. **2.** Véhicule hippomobile découvert à quatre roues et quatre places disposées vis-à-vis.

LANDAULET n.m. Ancienne carrosserie automobile ayant l'aspect d'un coupé à conduite extérieure et dont la partie postérieure (custode) pouvait se rabattre à la manière d'une capote.

LANDE n.f. (mot gaul.). Formation végétale de la zone tempérée où dominent bruyères, genêts et ajoncs ; terrain recouvert par cette végétation.

LANDERNEAU ou **LANDERNAU** n.m. (de *Landerneau,* n.pr.). Milieu étroit et fermé ; microcosme. *Le landerneau des bouilleurs de cru.*

LANDGRAVE [lɑ̃dgrav] n.m. (all. *Land,* terre, et *Graf,* comte). HIST. **1.** Titre porté au Moyen Âge par des princes germaniques possesseurs de terres relevant directement de l'empereur (comtes d'Alsace, de Hesse et de Thuringe). **2.** Magistrat qui rendait la justice au nom de l'empereur.

LANDGRAVIAT n.m. **1.** Dignité du landgrave. **2.** Pays gouverné par un landgrave.

LANDIER n.m. (mot gaul.). Chenet surmonté d'un panier métallique pour maintenir au chaud un récipient.

LANDOLPHIA n.f. (de *Landolphe,* navigateur fr.). Plante de Madagascar dont le latex fournit du caoutchouc. (Famille des apocynacées.)

LANDSGEMEINDE [lɑ̃dsgemajndə] n.f. (mot all.). Assemblée législative réunissant tous les citoyens, dans certains cantons de Suisse alémanique.

LANDSTURM [lɑ̃dʃturm] n.m. (mot all.). Subdivision du recrutement militaire comprenant les réservistes âgés, dans les pays germaniques et en Suisse.

LANDTAG [lɑ̃dtag] n.m. (mot all.). Assemblée délibérante, dans les États germaniques.

LANDWEHR [lɑ̃dvɛr] n.f. (mot all.). Subdivision du recrutement militaire comprenant la première réserve, dans les pays germaniques et en Suisse.

LANERET n.m. Mâle du faucon lanier.

LANGAGE n.m. (de *langue*). **I. 1.** Faculté propre à l'homme d'exprimer et de communiquer sa pensée au moyen d'un système de signes vocaux ou graphiques ; ce système. **2.** Système structuré de signes non verbaux remplissant une fonction de communication. *Langage gestuel.* **3.** INFORM. Ensemble de caractères, de symboles et de règles permettant de les assembler, utilisé pour donner des instructions à un ordinateur. – *Langage évolué :* langage proche de la formulation logique ou mathématique des problèmes et indépendant du type d'ordinateur. – *Langage machine :* langage directement exécutable par l'unité centrale d'un ordinateur, dans lequel les instructions sont exprimées en code binaire. **II. 1.** Manière de parler propre à un groupe social ou professionnel, à une discipline, etc. *Le langage administratif.* **2.** Ensemble des procédés utilisés par un artiste dans l'expression de ses sentiments et de sa conception du monde. *Le langage de la peinture.* **3.** Expression propre à un sentiment, une attitude. *Le langage de la raison.*

LANGAGIER, ÈRE adj. Relatif au langage.

LANGE n.m. (lat. *laneus,* de laine). Anc. Rectangle de tissu pour emmailloter un nourrisson.

LANGER v.t. [17]. Mettre des couches à un bébé, l'emmailloter dans un lange.

LANGOUREUSEMENT adv. De façon langoureuse.

LANGOUREUX, EUSE adj. Qui exprime la langueur, alangui.

LANGOUSTE n.f. (prov. *langosta,* lat. *locusta,* sauterelle). Crustacé à fortes antennes, mais sans pinces, atteignant 40 cm de long, très apprécié pour sa chair. (Ordre des décapodes.)

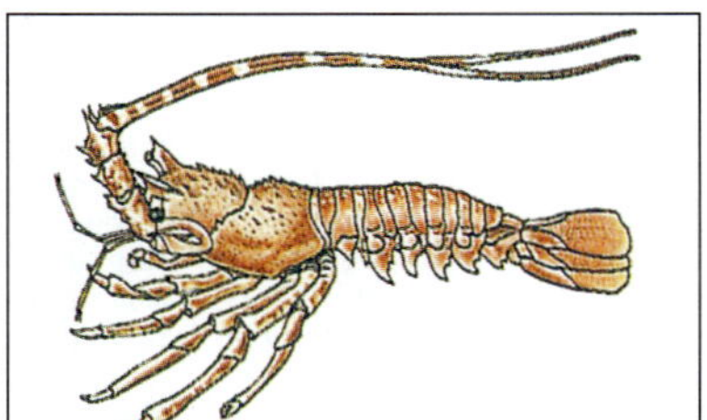
langouste

LANGOUSTIER n.m. **1.** Bateau équipé pour la pêche à la langouste. **2.** Filet en forme de balance profonde pour prendre les langoustes.

LANGOUSTINE n.f. Crustacé décapode de la taille et de la forme d'une grosse écrevisse, pêché sur les fonds de vase, au large des côtes atlantiques européennes et de la Méditerranée.

LANGRES n.m. Fromage au lait de vache de forme tronconique, à pâte molle et fermentée, fabriqué en Haute-Marne.

LANGUE n.f. (lat. *lingua*). **I. 1.** Corps charnu, allongé, mobile, situé dans la cavité buccale et qui, chez l'homme, joue un rôle essentiel dans la déglutition, le goût et la parole. ◇ *Tirer la langue,* la sortir de la bouche en signe de moquerie ; fig., être dans le besoin. **2.** Cet organe, servant à la parole. ◇ Fam. *Avoir la langue bien pendue :* parler beaucoup. – *Avoir la langue trop longue :* ne pas savoir garder un secret. – *Tenir sa langue :* garder un secret. – *Avaler sa langue :* garder le silence. – Litt. *Prendre langue :* entrer en pourparlers. – *Mauvaise langue :* personne qui se plaît à médire. **3.** CUIS. Langue de certains animaux (bœuf, veau) préparée pour la table. – *Langue écarlate :* langue de bœuf saumurée, cuite puis introduite dans une baudruche de bœuf et dont la coloration est obtenue grâce au carmin de cochenille. **II. 1.** Système de signes verbaux propre à une communauté d'individus qui l'utilisent pour s'exprimer et communiquer entre eux. *La langue anglaise. La langue du* XVIe *siècle, du barreau.* ◇ *Langue maternelle,* celle du pays où l'on est né. – *Langue vivante,* actuellement parlée. – *Langue morte,* qui n'est plus parlée. – *Langue mère,* celle qui est à l'origine d'autres langues. – *Langue verte :* l'argot. **2.** *Langue formelle :* système de symboles conventionnels défini par les seules règles de formation de ses énoncés sans référence au signifié des symboles. **3.** *Langue de bois :* manière rigide de s'exprimer usant de stéréotypes et de formules figées et reflétant une position dogmatique, notamm. en politique. **III.** Ce qui a la forme allongée et étroite d'une langue. *Langue de terre.* ◇ *Langue glaciaire :* partie d'un glacier de vallée en aval du névé.

LANGUÉ, E adj. HÉRALD. *Oiseau langué,* dont la langue est d'un émail particulier.

LANGUE-DE-BŒUF n.f. (pl. *langues-de-bœuf*). Fistuline (champignon).

LANGUE-DE-CHAT n.f. (pl. *langues-de-chat*). Petit gâteau sec en forme de languette arrondie.

LANGUE-DE-SERPENT n.f. (pl. *langues-de-serpent*). Ophioglosse (fougère).

LANGUEDOCIEN, ENNE adj. et n. Du Languedoc.

LANGUETTE n.f. **1.** Objet de forme mince, étroite et allongée. *Languette de chaussure.* **2.** TECHN. Petite pièce plate, fixée à l'une de ses extrémités, généralement par encastrement. **3.** MUS. Lame vibrante, dans certains instruments. **4.** Aiguille du fléau d'une balance. **5.** Tenon découpé à l'extrémité d'une planche, destiné à entrer dans une mortaise.

LANGUEUR n.f. (lat. *languor*). **1.** Abattement physique ou moral, qui se manifeste par un manque d'énergie, de dynamisme. **2.** Mélancolie douce et rêveuse.

LANGUEYER [lɑ̃geje] v.t. [12]. Garnir (les tuyaux d'orgue) de languettes métalliques.

LANGUIDE adj. Litt. Langoureux.

LANGUIER n.m. Pièce d'orfèvrerie médiévale, en forme d'arbre.

LANGUIR v.i. (lat. *languere*). **1.** Litt. Se morfondre, souffrir de qqch et dépérir. **2.** Traîner en longueur, manquer d'animation. *La conversation languit.* **3.** Attendre vainement. *Ne me fais pas languir.* **4.** S'étioler, dépérir, en parlant de végétaux. ◆ v.t. ind. ***(après).*** Fam. Attendre impatiemment qqn ou qqch et souffrir de cette attente. ◆ **se languir** v.pr. S'ennuyer du fait de l'absence de qqch ou de qqn.

LANGUISSAMMENT adv. Litt. De façon languissante.

LANGUISSANT, E adj. Morne, qui languit.

LANICE adj. Vx. *Bourre lanice :* partie la plus grossière de la laine.

LANIER n.m. Faucon d'Italie du Sud et des Balkans, ressemblant au pèlerin. (Famille des falconidés.)

LANIÈRE n.f. (du francique). Courroie ou bande longue et étroite de cuir ou d'une matière quelconque.

LANIGÈRE ou **LANIFÈRE** adj. **1.** Didact. Qui porte de la laine ou un duvet cotonneux. **2.** *Puceron lanigère,* recouvert d'une sécrétion cireuse et qui s'attaque aux pommiers.

LANISTE n.m. ANTIQ. Celui qui formait, louait ou vendait des gladiateurs, à Rome.

LANLAIRE adv. (onomat.). Fam., vieilli. *Envoyer qqn se faire lanlaire,* l'envoyer promener, l'éconduire.

LANOLINE n.f. Graisse de consistance solide, jaune ambré, retirée du suint du mouton et employée comme excipient pour les crèmes et les pommades.

LANSQUENET n.m. (all. *Landsknecht,* serviteur du pays). Mercenaire allemand au service de la France et du Saint Empire (XVe-XVIIe s.).

LANTANIER ou **LANTANA** n.m. (du gaul.). Arbuste grimpant des régions chaudes, cultivé dans les jardins. (Famille des verbénacées.)

LANTERNE n.f. (lat. *lanterna*). **I. 1.** Boîte à parois transparentes qui abrite une lumière. – *Lanterne sourde,* dont on occulte la lumière à volonté. – *Lanterne vénitienne :* lanterne en papier translucide et colorié, employée dans les fêtes, les illuminations. ◇ Fam. *Prendre des vessies pour des lanternes :* se tromper grossièrement. **2.** Signal lumineux à l'avant ou à l'arrière de certains véhicules. *Lanterne rouge à l'arrière d'un convoi.* ◇ *La lanterne rouge :* le dernier d'une course, d'un classement. **3.** Anc. Réverbère. ◇ *Mettre à la lanterne :* pendre à un réverbère, pendant la Révolution. **4.** Anc. *Lanterne magique :* instrument d'optique utilisé autref. pour projeter sur un écran l'image agrandie de figures peintes. ◇ *Éclairer la lanterne de qqn,* le renseigner. **II.** ARCHIT. **1.** Construction circulaire percée de baies, sommant un bâtiment ou une partie de bâtiment. **2.** *Lanterne des morts :* dans certains cimetières, pilier creux au sommet ajouré, où l'on plaçait le soir un fanal, au Moyen Âge. **III.** ZOOL. *Lanterne d'Aristote :* appareil masticateur des oursins. ◆ pl. Feux de position d'un véhicule automobile. SYN. : *veilleuses.*

LANTERNEAU n.m. ARCHIT. Construction basse en surélévation sur un toit, pour l'éclairage ou la ventilation.

LANTERNER v.i. Fam. Flâner, perdre son temps. ◇ Fam. *Faire lanterner qqn,* le faire attendre.

LANTERNON n.m. ARCHIT. Petite lanterne placée au sommet d'un dôme, d'un comble, pour l'éclairage ou l'aération.

lanternon (surmontant le dôme de la chapelle du Val-de-Grâce à Paris [XVIIe s.])

LANTHANE n.m. Métal du groupe des terres rares ; élément (La) de numéro atomique 57, de masse atomique 138,90.

LANTHANIDE n.m. Chacun des éléments appartenant à la série des terres rares, dont le premier est le lanthane.

LANUGINEUX, EUSE adj. (lat. *lanugo,* duvet). BOT. Couvert de duvet.

LAO n.m. Langue thaïe, l'une des langues officielles du Laos. SYN. : *laotien.*

LAOTIEN, ENNE adj. et n. Du Laos. ◆ n.m. LING. Lao.

LAPALISSADE n.f. (de *La Palice,* personnage d'une chanson). Affirmation d'une évidence niaise, vérité de La Palice.

LAPAROSCOPIE n.f. Cœlioscopie.

LAPAROTOMIE n.f. (gr. *lapara,* flanc, et *tomê,* section). Ouverture chirurgicale de l'abdomen.

LAPEMENT n.m. Action de laper ; bruit que fait un animal qui lape.

LAPER v.i. et t. (onomat). Boire en prenant le liquide avec la langue, en parlant des animaux.

LAPEREAU [lapro] n.m. (préroman *lapparo*). Jeune lapin.

LAPIAZ n.m. → *lapié.*

LAPICIDE n.m. Ouvrier qui grave des inscriptions sur la pierre.

1. LAPIDAIRE n.m. (lat. *lapidarius,* de *lapis, lapidis,* pierre). **1.** Professionnel qui taille et polit les pierres précieuses et fines, spécialisé soit dans le diamant, soit dans les autres gemmes ; commerçant qui vend ces pierres. **2.** Meule utilisée pour le dressage des surfaces planes. **3.** Traité sur les vertus magiques et médicinales des pierres précieuses, au Moyen Âge.

2. LAPIDAIRE adj. **1.** D'une concision brutale. *Formule lapidaire.* **2.** Relatif aux pierres fines et précieuses, à leur taille ; qui concerne la pierre. – *Inscription lapidaire,* gravée sur la pierre. – *Musée lapidaire,* consacré à des sculptures sur pierre provenant de monuments.

LAPIDATION n.f. Action de lapider.

LAPIDER v.t. (lat. *lapidare*). Tuer, attaquer, poursuivre à coups de pierres.

LAPIÉ ou **LAPIAZ** [lapja] n.m. (mot du Jura). GÉOGR. Ciselure superficielle d'un relief, résultant du ruissellement dans les roches calcaires.

LAPILLI n.m. pl. (mot it., *petites pierres*). Projections volcaniques de petites dimensions (entre 1 et 64 mm de diamètre).

LAPIN, E n. (de *lapereau*). **1.** Mammifère lagomorphe, sauvage ou domestique, très prolifique. (Le lapin sauvage, ou *lapin de garenne,* qui est un gibier apprécié, vit sur les terrains boisés et sableux, où il creuse des terriers collectifs. Le lapin domestique est élevé princ. pour sa chair, parfois pour sa fourrure.) *Le lapin clapit,* pousse son cri. ◇ Fam. *Cage* ou *cabane à lapins :* immeuble regroupant de nombreux appartements exigus. – Fam. *Chaud lapin :* homme d'un fort tempérament amoureux. – Fam. *Coup du lapin :* coup brutal sur la nuque. **2.** Chair comestible du lapin. **3.** Fourrure de lapin. **4.** Fam. *Poser un lapin à qqn,* ne pas venir au rendez-vous qu'on lui a fixé.

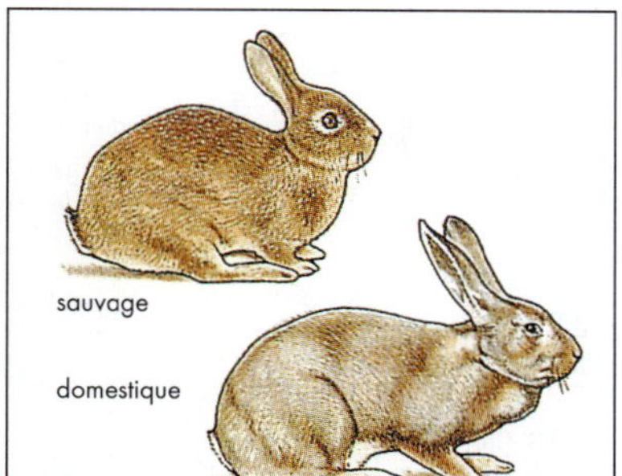

lapins

LAPINER v.i. Mettre bas, en parlant de la lapine.

LAPINIÈRE n.f. Endroit où l'on élève des lapins.

LAPINISME n.m. Fam. Fécondité jugée excessive (d'un couple, d'un peuple).

LAPIS-LAZULI [lapislazyli] ou **LAPIS** [lapis] n.m. inv. (lat. *lapis,* pierre, et *lazuli,* d'azur). Pierre d'un bleu intense, composée de lazurite, employée en bijouterie et en ornementation.

LAPON, ONE ou **ONNE** adj. et n. De la Laponie. ◆ n.m. Langue finno-ougrienne parlée en Laponie.

LAPPING n.m. (de l'angl. *to lap,* laper). TECHN. Finition par rodage d'une surface métallique au moyen d'une poudre abrasive.

1. LAPS [laps] n.m. (lat. *lapsus,* chute). *Laps de temps :* intervalle de temps.

2. LAPS, E adj. (lat. *lapsus,* tombé). Vx. Se disait de qqn qui avait adopté puis abandonné le catholicisme.

LAPSI n.m. pl. (lat. *lapsus,* tombé). Chrétiens qui, au temps des persécutions, avaient renié ou fait semblant de renier leur foi.

LAPSUS [lapsys] n.m. (mot lat., *glissement*). Faute commise en parlant *(lapsus linguae)* ou en écrivant *(lapsus calami)* et qui consiste à substituer au terme attendu un autre mot. *Freud voit dans le lapsus l'émergence de désirs inconscients.*

LAPTOT n.m. Vx. Débardeur, manœuvre, dans les ports africains.

LAQUAGE n.m. **1.** Action de laquer. **2.** *Laquage du sang :* destruction des hématies libérant leur contenu en hémoglobine, qui se répartit de façon homogène dans le milieu.

LAQUAIS n.m. (gr. médiév. *oulakês,* turc *ulaq,* coureur). **1.** Valet de pied qui porte la livrée. **2.** Litt. Homme d'un caractère servile.

1. LAQUE n.f. (mot ar., du sanskr.). **1.** Gomme-résine rouge-brun, fournie par plusieurs plantes d'Orient de la famille des anacardiacées ; vernis noir ou rouge préparé, en Chine surtout, avec cette résine. **2.** Matière alumineuse colorée, employée en peinture. **3.** Produit qui, vaporisé sur la chevelure, la recouvre d'un film qui maintient la coiffure. **4.** Vernis à ongles non transparent.

2. LAQUE n.m. Objet d'Extrême-Orient revêtu de nombreuses couches de laque, éventuellement peint, gravé, sculpté.

LAQUÉ, E adj. **1.** Se dit d'une volaille (canard), d'une viande (porc) enduite, entre deux cuissons, d'une sauce aigre-douce. (Cuisine chinoise.) **2.** MÉD. *Milieu laqué,* dans lequel s'est produit le laquage du sang.

LAQUER v.t. Couvrir de laque, d'une couche de laque.

LAQUEUR n.m. Ouvrier qui décore des ouvrages en bois par application de laques et de vernis.

LAQUEUX, EUSE adj. Litt. Qui a l'aspect de la laque.

LARAIRE n.m. ANTIQ. ROM. Petit sanctuaire domestique destiné au culte des dieux lares. (Des laraires se trouvaient aussi aux carrefours de Rome.)

LARBIN n.m. Fam. **1.** Domestique, valet. **2.** Homme servile.

LARCIN n.m. (lat. *latrocinium*). Petit vol commis sans effraction et sans violence ; produit de ce vol.

LARD [lar] n.m. (lat. *lardum*). **1.** Tissu adipeux sous-cutané du porc et de certains animaux. – *Lard gras* ou *gros lard :* graisse de porc prélevée entre les couennes et la chair, le long de l'échine. – *Lard maigre* ou *petit lard :* graisse de la poitrine du porc entremêlée de chair musculaire, qui peut être salée ou fumée. ◇ Fam. *Faire du lard :* engraisser par suite de l'inaction. **2.** Pop. *Gros lard :* personne grosse. **3.** Pop. *Tête de lard :* personne entêtée et ayant mauvais caractère.

LARDER v.t. **1.** Piquer (une viande) de petits morceaux de lard. *Larder un rôti de bœuf.* **2.** Litt. Percer de coups, blesser, cribler.

LARDOIRE n.f. Grosse aiguille creuse utilisée pour larder les viandes.

LARDON n.m. **1.** Petit morceau de lard pour accommoder un plat. **2.** Pop. Enfant.

LARDONNER v.t. Tailler (un morceau de lard) en lardons.

LARE n.m. et adj. (lat. *lar, laris*). ANTIQ. ROM. Dieu protecteur du foyer domestique.

LARGABLE adj. Qui peut être largué.

LARGAGE n.m. Action de larguer, notamm. à partir d'un aéronef.

1. LARGE adj. (lat. *largus*). **I. 1.** Qui a une certaine étendue dans le sens perpendiculaire à la longueur, à la hauteur. *Rivière large de plusieurs mètres. Être large d'épaules.* **2.** Qui n'est pas serré ; ample. *Vêtement large.* **3.** Qui est grand, important en quantité. *Faire de larges concessions.* **II. 1.** Qui n'est pas borné, qui est sans préjugés. *Un esprit large. Des idées larges.* **2.** Qui est généreux ; qui est fait avec générosité. *Se montrer large.* ◆ adv. **1.** De manière large. *Mesurer large.* ◇ *Voir large :* voir grand. **2.** *Ne pas en mener large :* être inquiet, mal à son aise.

2. LARGE n.m. **1.** Largeur. *Se promener en long et en large.* ◇ *De large :* en largeur. *Un mètre de large.* – *Être au large :* avoir de la place, de l'argent. **2.** *Le large :* la haute mer. *Vent du large.* ◇ *Au large (de) :* dans les parages ; à une certaine distance. *Naviguer au large d'une île. Se tenir au large de qqn.* – *Au large ! :* éloignez-vous. – Fig., fam. *Prendre, gagner le large :* décamper.

LARGEMENT adv. **1.** De façon large ; abondamment. *Gagner largement sa vie.* **2.** Au minimum. *Il était largement onze heures.*

LARGESSE n.f. Litt. Libéralité, générosité. *Profiter de la largesse de qqn.* ◆ pl. Dons généreux. *Répandre ses largesses.*

LARGET n.m. MÉTALL. Demi-produit sidérurgique de section rectangulaire, d'une largeur minimale de 150 mm et d'une épaisseur au plus égale au quart de la largeur.

LARGEUR n.f. **1.** Dimension d'un corps dans le sens perpendiculaire à la longueur. **2.** Caractère de ce qui n'est pas mesquin, pas étroit. *Largeur d'idées, de vues.* **3.** Fam. *Dans les grandes largeurs :* complètement.

LARGHETTO [largeto] adv. (mot it.). MUS. Un peu moins lentement que largo. ◆ n.m. Morceau exécuté dans ce mouvement.

LARGO [largo] adv. (mot it.). MUS. Lentement et avec ampleur. ◆ n.m. Morceau exécuté dans un mouvement lent.

1. LARGUE adj. (forme prov. de *large*). MAR. **1.** Vx. Qui n'est pas tendu. *Cordage largue.* **2.** Vx. *Vent largue* ou, **mod.**, *largue,* n.m. : vent portant oblique par rapport à l'axe du bateau.

2. LARGUE n.m. Allure du navire qui reçoit le vent largue. ◇ *Grand largue :* allure portante se rapprochant du vent arrière.

LARGUER v.t. (prov. *largá*). **1.** MAR. Détacher, lâcher, laisser aller (une amarre, une voile, etc.). ◇ Fig. *Larguer les amarres :* partir. **2.** Lâcher d'un aéronef (du personnel ou du matériel muni de parachute). **3.** Fam. Abandonner volontairement (ce qui embarrasse). ◇ Fam. *Être largué :* être perdu, ne plus rien comprendre.

LARGUEUR n.m. Spécialiste chargé à bord d'un aéronef du parachutage de personnel ou de matériel.

LARIFORME n.m. *Lariformes :* ordre d'oiseaux palmipèdes aquatiques comme la mouette et le goéland.

LARIGOT n.m. **1.** Vx. Petite flûte pastorale. **2.** Jeu d'orgue qui sonne une octave au-dessus du nasard.

LARME n.f. (lat. *lacrima*). **1.** Liquide salé produit par deux glandes (glandes lacrymales) situées sous les paupières, au-dessus des globes oculaires, qui humecte la conjonctive et pénètre dans les fosses nasales par les caroncules lacrymales. ◇ *Avoir des larmes dans la voix :* parler d'une voix tremblante qui trahit le chagrin, l'émotion. – *Larmes de crocodile :* larmes hypocrites. – *Pleurer à chaudes larmes, fondre en larmes :* pleurer abondamment. – *Rire aux larmes :* rire très fort. **2.** Fig. Petite quantité d'un liquide. *Une larme de lait dans votre café ?* **3.** Liquide sécrété par le larmier des cervidés.

LARME-DE-JOB n.f. (pl. *larmes-de-Job*). Plante cultivée dans le Midi, à grains luisants en forme de larme. (Famille des graminées.)

LARMIER n.m. (de *larme*). **1.** ARCHIT. Membre horizontal en saillie sur le nu d'un mur, ou formant la partie médiane d'une corniche, creusé par en dessous d'une rainure qui écarte les eaux pluviales. **2.** ANAT. Angle interne de l'œil. **3.** ZOOL. Orifice situé au-dessous de l'angle interne de l'œil des cervidés et par où s'écoule un liquide gras et odorant. ◇ Tempe du cheval.

LARMOIEMENT n.m. **1.** Écoulement continuel de larmes. **2.** (Surtout pl.). Plaintes, pleurnicheries. *Cessez vos larmoiements !*

LARMOYANT, E adj. **1.** Dont les yeux sont humides de larmes. *Vieillard larmoyant.* **2.** Qui cherche à attendrir. *Ton larmoyant.*

LARMOYER v.i. [13]. **1.** Être plein de larmes, en parlant de l'œil, des yeux. **2.** Se lamenter, pleurnicher. *Larmoyer sur son sort.*

LARRON n.m. (lat. *latro*). **1.** Litt. Voleur. ◇ *Le bon et le mauvais larron :* les deux voleurs qui, selon les Évangiles, furent mis en croix avec Jésus-Christ et dont le premier se repentit avant de mourir. – *S'entendre comme larrons en foire :* s'entendre parfaitement. – *Le troisième larron :* celui qui tire profit de la querelle de deux autres personnes. **2.** TECHN. Trou, fissure par où fuit l'eau d'une digue, d'un canal.

LARSEN [larsɛn] n.m. (de *Larsen,* n.pr.). Oscillation parasite se manifestant par un sifflement lorsque la sortie d'une chaîne électroacoustique, par ex. le haut-parleur, réagit sur son entrée (le microphone). [On dit aussi *effet Larsen.*]

LARVAIRE adj. **1.** Relatif à la larve, à son état. *Formes larvaires des insectes.* **2.** Fig. Qui en est à son début. *Mouvement de révolte à l'état larvaire.*

LARVE n.f. (lat. *larva,* fantôme). **1.** Forme libre apparaissant à l'éclosion de l'œuf et présentant avec la forme adulte de son espèce des différences importantes, tant par sa forme que par son régime alimentaire ou son milieu. **2.** Fam. Personne qui se laisse vivre, qui est très paresseuse. **3.** *Larve (humaine) :* personne qui a perdu toute dignité, toute qualité propre à l'homme. **4.** ANTIQ. ROM. Fantôme malfaisant, spectre d'homme entaché de quelque crime ou victime d'une mort violente.

LARVÉ, E adj. **1.** MÉD. Se dit d'une maladie qui n'est pas encore apparente ou qui ne se manifeste pas complètement. **2.** Fig. Qui ne s'est pas encore manifesté nettement ; latent. *Une opposition larvée.*

LARVICIDE adj. et n.m. Se dit d'une substance utilisée pour détruire des larves d'insectes.

LARYNGALE n.f. Consonne articulée au niveau du larynx.

LARYNGÉ, E [larɛ̃ʒe] ou **LARYNGIEN, ENNE** adj. Relatif au larynx. *Spasme laryngé.*

LARYNGECTOMIE n.f. CHIR. Ablation du larynx, pratiquée notamm. en cas de cancer touchant cet organe.

LARYNGITE n.f. Inflammation du larynx.

LARYNGOLOGIE [larɛ̃gɔlɔʒi] n.f. Étude du larynx et de ses affections.

LARYNGOLOGISTE ou **LARYNGOLOGUE** n. Spécialiste en laryngologie.

LARYNGOSCOPE n.m. Appareil avec lequel on peut observer le larynx.

LARYNGOSCOPIE n.f. Exploration visuelle, directe ou indirecte, de l'intérieur du larynx.

LARYNGOTOMIE n.f. Ouverture chirurgicale du larynx.

LARYNX n.m. (gr. *larunx*). Organe de la phonation situé sur le trajet des voies respiratoires, entre le pharynx et la trachée.

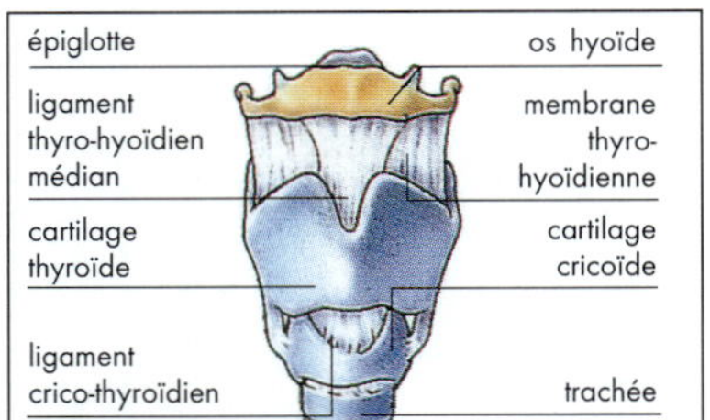

larynx (vue extérieure, de face)

1. LAS [las] interj. Litt. Hélas !

2. LAS, LASSE [la, las] adj. (lat. *lassus*). **1.** Litt. Qui éprouve, manifeste une grande fatigue physique. *Geste las.* **2.** *Être las de :* ne plus supporter ; être ennuyé, dégoûté de.

LASAGNE [lazaɲ] n.f. (mot it.) [pl. *lasagnes* ou inv.]. Pâte italienne en forme de larges rubans, disposés en couches alternées avec un hachis de viande et gratinés.

LASCAR n.m. (mot persan, *soldat*). Fam. **1.** Individu rusé, qui aime jouer des tours. **2.** Individu quelconque, type, gars. *Qui c'est, ce lascar ?*

LASCIF, IVE [lasif, -iv] adj. (lat. *lascivus*). **1.** Enclin aux plaisirs de l'amour. **2.** Qui évoque la sensualité, les plaisirs de l'amour. *Danse lascive.*

LASCIVITÉ ou **LASCIVETÉ** n.f. Litt. Penchant, caractère lascif de qqn, de qqch.

LASER [lazɛr] n.m. (sigle de l'angl. *light amplification by stimulated emission of radiation*). Appareil pouvant engendrer un faisceau de rayonnement spatialement et temporellement cohérent, susceptible de multiples applications dans la recherche scientifique, l'armement, la médecine, les télécommunications, l'industrie, etc.

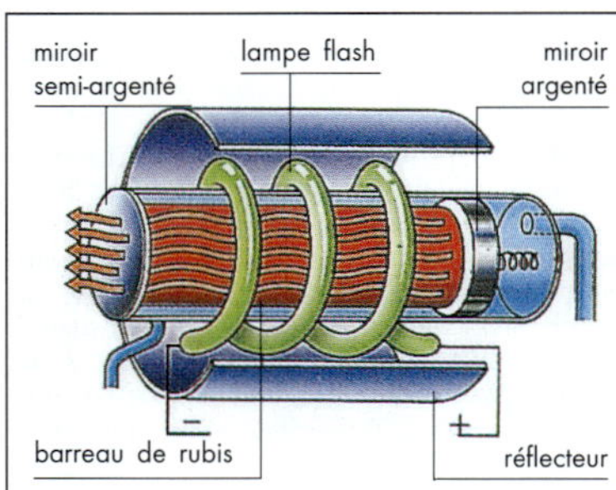

Sous l'effet du rayonnement de la lampe flash, des atomes du barreau de rubis artificiel sont excités. Ils perdent leur excédent d'énergie en émettant une lumière rouge cohérente.

laser à rubis

LASSANT, E adj. Qui lasse par sa monotonie.

LASSER v.t. (lat. *lassare*). Rendre las, excéder, ennuyer. *Lasser qqn par ses questions.* ◆ **se lasser** v.pr. Se fatiguer par ennui, de. *On se lasse de l'entendre.*

LASSERIE n.f. → ***lacerie.***

LASSIS n.m. Bourre de soie ; étoffe faite de cette bourre.

LASSITUDE n.f. (lat. *lassitudo*). **1.** Sensation de fatigue physique. **2.** Dégoût, ennui, découragement.

LASSO n.m. (esp. *lazo,* lacet). Corde ou longue lanière de cuir tressé, terminée par un nœud coulant et utilisée pour capturer les animaux. *Le lasso, attribut traditionnel du gaucho, du cow-boy.*

LASTEX [lastɛks] n.m. (nom déposé). Filé de latex recouvert de fibres textiles (coton, rayonne, Nylon, etc.).

LASTING [lastiŋ] n.m. (mot angl., *durable*). Étoffe de laine rase, brillante.

LATANIER n.m. Palmier des Mascareignes, cultivé parfois comme plante d'appartement.

LATENCE n.f. **1.** État de ce qui est latent. **2.** PSYCHOL. Temps écoulé entre le stimulus et la réponse correspondante. **3.** PSYCHAN. *Période de latence :* période de la vie sexuelle infantile de 5 ans à la préadolescence, au cours de laquelle les acquis de la sexualité infantile seraient refoulés.

LATENT, E adj. (lat. *latens,* de *latere,* être caché). **1.** Qui existe de manière non apparente mais peut à tout moment se manifester. ◇ *Œil latent :* œil à fruit qui, sur les arbres cultivés, demeure un certain temps à l'état rudimentaire. – *Maladie latente,* sans symptômes apparents. – *Image latente :* image photographique d'un film impressionné qui n'est pas encore développé. **2.** *Chaleur latente,* nécessaire pour que se produise la fusion, la vaporisation, etc. (d'une substance). **3.** PSYCHAN. *Contenu latent d'un rêve :* ensemble des désirs inconscients exprimés par le rêve.

LATÉRAL, E, AUX adj. (lat. *lateralis,* de *latus, lateris,* flanc). **1.** Qui se trouve sur le côté. *Porte latérale.* ◇ MATH. *Aire latérale :* aire totale d'un solide, déduction faite de celle de sa ou de ses bases. **2.** Qui double une chose ; secondaire, annexe. *Canal latéral et canal principal.* **3.** PHON. *Consonne latérale* ou *latérale,* n.f. : consonne occlusive caractérisée par un écoulement de l'air de chaque côté de la langue (par ex. *l* en français).

LATÉRALEMENT adv. Sur le côté.

LATÉRALISATION n.f. PSYCHOL. **1.** Spécialisation progressive, au cours de la petite enfance, de chacun des hémisphères du cerveau dans leurs fonctions respectives. **2.** Résultat de cette spécialisation ; dominance.

LATÉRALISÉ, E adj. PSYCHOL. Qui présente telle latéralisation. – *Enfant bien, mal latéralisé,* qui présente une latéralisation nette dans toutes les tâches *(bien latéralisé)* ou fluctuante selon les tâches *(mal latéralisé).*

LATÉRALITÉ n.f. PSYCHOL. Dominance fonctionnelle systématisée, droite ou gauche, dans l'utilisation de certains organes pairs (main, œil, pied).

LATERE (A) loc. adj. → ***a latere.***

LATÉRISATION ou **LATÉRITISATION** n.f. GÉOL. Transformation d'un sol en latérite par migration (lessivage) de la silice.

LATÉRITE n.f. (lat. *later,* brique). Sol rougeâtre de la zone tropicale humide, caractérisé par la présence d'alumine libre et d'oxydes de fer.

LATÉRITIQUE adj. Formé de latérite ; qui en contient. *Sol latéritique.* SYN. : *ferrallitique.*

LATEX [latɛks] n.m. (mot lat., *liqueur*). **1.** Émulsion sécrétée par certaines plantes, notamm. les plantes à caoutchouc, et ayant souvent un aspect laiteux. *On tire le caoutchouc du latex de l'hévéa et de certains pissenlits.* **2.** Émulsion aqueuse de certaines substances synthétiques, obtenue par polymérisation et utilisée dans les industries du textile, de la peinture, du papier, etc.

LATICIFÈRE adj. BOT. Qui contient, sécrète du latex. ◆ n.m. Tissu végétal sécrétant du latex.

LATICLAVE n.m. (lat. *latus clavus,* large bande). ANTIQ. **1.** Bande pourpre qui ornait la tunique des sénateurs romains. **2.** La tunique elle-même.

LATIFOLIÉ, E adj. BOT. Qui a de larges feuilles.

LATIFUNDISTE n.m. Propriétaire d'un latifundium.

LATIFUNDIUM [latifɔ̃djɔm] n.m. (mot lat.). Grand domaine agricole exploité extensivement, caractéristique des économies peu développées et à forte concentration de la propriété foncière, dans lequel le travail est principalement fourni par des journaliers ou des métayers. Pluriel savant : *latifundia.*

LATIN, E adj. et n. (lat. *latinus*). **1.** Du Latium. **2.** D'un pays dont la langue a pour origine le latin ; relatif à ces langues. *Amérique latine.* ◆ adj. **1.** Relatif au latin. ◇ *Alphabet latin,* utilisé pour transcrire les langues romanes et de nombreuses autres langues. **2.** Relatif à l'Église romaine d'Occident ayant le latin pour langue liturgique. *Rite latin.* **3.** *Voile latine :* voile triangulaire à antenne. ◇ *Bâtiment latin,* gréant des voiles latines. ◆ n.m. Langue des Latins. – *Bas latin,* parlé ou écrit après la chute de l'Empire romain et durant le Moyen Âge. – *Latin populaire :* latin parlé qui a donné naissance aux langues romanes. ◇ *Latin de cuisine :* jargon formé de mots français à désinence latine. – **Fig., fam.** *Y perdre son latin :* n'y rien comprendre.

LATINISANT, E adj. et n. **1.** RELIG. Qui pratique le culte de l'Église latine dans un pays de rite grec. **2.** Latiniste.

LATINISATION n.f. Action de latiniser ; fait d'être latinisé.

LATINISER v.t. **1.** Donner une forme ou une terminaison latine à (un mot). **2.** Donner le caractère latin à. *L'invasion romaine a latinisé la Gaule.* **3.** Adapter l'alphabet latin à (une langue).

LATINISME n.m. Mot, expression propre à la langue latine.

LATINISTE n. Spécialiste de la langue et de la littérature latines. SYN. : *latinisant.*

LATINITÉ n.f. **1.** Caractère latin de qqn, d'un groupe. **2.** Le monde latin, la civilisation latine. ◇ *Basse latinité :* époque où fut parlé le bas latin.

LATINO n. et adj. Aux États-Unis, immigré originaire d'Amérique latine.

LATINO-AMÉRICAIN, E adj. et n. (pl. *latino-américains, es*). De l'Amérique latine.

LATITUDE n.f. (lat. *latitudo, -dinis,* largeur). **I. 1.** Angle formé, en un lieu donné, par la verticale du lieu avec le plan de l'équateur. *Les latitudes sont comptées à partir de l'équateur vers les pôles de 0 à ± 90°, positivement vers le nord, négativement vers le sud.* ◇ *Basses latitudes :* latitudes voisines de l'équateur, par opp. aux *hautes latitudes,* voisines du pôle. **2.** Lieu considéré sous le rapport du climat. *Plante qui peut vivre sous toutes les latitudes.* **II.** Liberté, pouvoir d'agir à son gré. *Laisser toute latitude à qqn.*

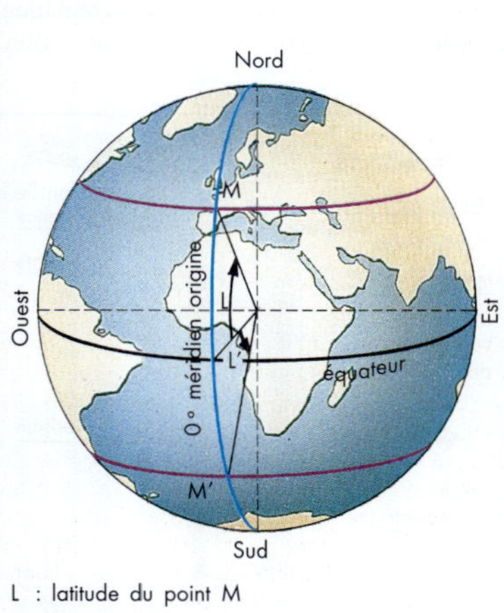

L : latitude du point M
L' : latitude du point M'

latitude

LATITUDINAIRE adj. et n. Partisan d'une doctrine religieuse étendant le salut à tout le genre humain.

LATOMIES n.f. pl. (lat. *latomiae*). ANTIQ. ROM. Vastes carrières à ciel ouvert qui servaient de prison, à Syracuse.

LATO SENSU [latosɛ̃sy] loc. adv. (mots lat.). Au sens large (par opp. à *stricto sensu*).

LATRIE n.f. (gr. *latreia*). CATH. *Culte de latrie :* culte d'adoration qui n'est rendu qu'à Dieu seul, par opp. à *culte de dulie.*

LATRINES n.f. pl. (lat. *latrina*). Lieux d'aisances dans un camp, une caserne, une prison, etc.

LATRODECTE n.m. (gr. *latris,* captif, et *dêktés,* qui mord). Araignée venimeuse, appelée aussi *veuve noire.*

LATS n.m. Unité monétaire principale de la Lettonie.

LATTAGE n.m. Action de latter ; ensemble de lattes, lattis.

LATTE n.f. **1.** Planchette de bois servant d'armature ou de couverture. **2.** Long sabre droit de cavalerie, au XIXe s. **3. Pop.** Chaussure ; pied. *Donner des coups de lattes.* **4. Belgique.** Règle plate.

LATTER v.t. Garnir de lattes.

LATTIS [lati] n.m. Garniture de lattes.

LAUDANUM [lodanɔm] n.m. (lat. *ladanum,* résine du ciste). Teinture d'opium safranée, très utilisée autref. en médecine.

LAUDATEUR, TRICE n. Litt. Personne qui fait des louanges.

LAUDATIF, IVE adj. (lat. *laudativus,* de *laudare,* louer). Qui loue, glorifie, vante. *Article laudatif.*

LAUDES n.f. pl. (bas lat. *laudes,* louanges). Prière liturgique du matin.

LAURACÉE n.f. *Lauracées :* famille de plantes comprenant des arbres et des arbustes des régions chaudes, comme le laurier, le camphrier et le cannelier.

LAURE ou **LAVRA** n.f. (gr. *laura*). Grand monastère orthodoxe.

LAURÉ, E adj. (lat. *laurens,* de laurier). Litt. Orné de lauriers. *Tête laurée.*

LAURÉAT, E adj. et n. (lat. *laureatus,* couronné de laurier). Qui a réussi un examen, a remporté un prix dans un concours.

LAURENTIEN, ENNE adj. et n. Des Laurentides.

LAURÉOLE n.f. Plante du genre *daphné.*

LAURIER n.m. (lat. *laurus*). Arbuste de la famille des lauracées, de la région méditerranéenne, à fleurs blanchâtres et à feuilles persistantes utilisées comme condiment. *Dans l'Antiquité, le laurier était l'emblème de la victoire.* SYN. : *laurier-sauce.* ◆ pl. **Fig., litt.** Gloire, succès. *Les lauriers de la victoire.* ◇ *S'endormir, se reposer sur ses lauriers :* ne pas poursuivre après un succès.

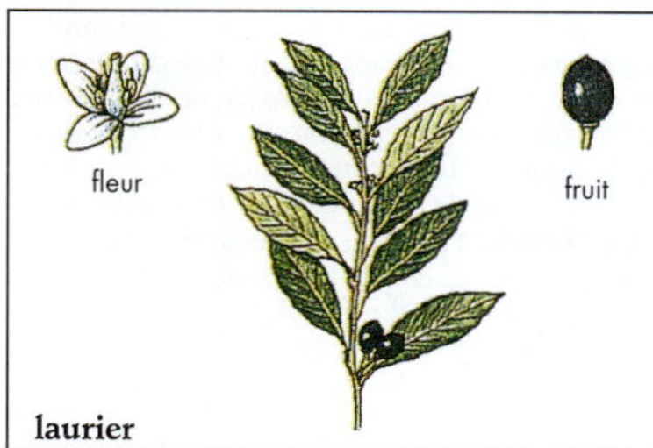

laurier

LAURIER-CERISE n.m. (pl. *lauriers-cerises*). Arbrisseau à feuilles persistantes et à fleurs blanches en grappes, dont les fruits sont toxiques, utilisé dans les haies vives. (Famille des rosacées.)

LAURIER-ROSE n.m. (pl. *lauriers-roses*). Arbuste à fleurs blanches ou roses, ornemental et toxique. (Famille des apocynacées.)

LAURIER-SAUCE n.m. (pl. *lauriers-sauce*). Laurier utilisé en cuisine, par opp. au *laurier-rose.*

LAURIER-TIN n.m. (pl. *lauriers-tins*). Viorne de la région méditerranéenne, dont les feuilles persistantes rappellent celles du laurier. (Famille des caprifoliacées.)

LAUSE ou **LAUZE** n.f. (du gaul.). Pierre plate utilisée comme dalle ou pour couvrir des bâtiments dans le sud et le sud-est de la France.

LAV n.m. inv. (sigle de *lymphadenopathy associated virus*). Premier nom du V. I. H., isolé en 1983 à l'Institut Pasteur.

LAVABLE adj. Qui peut être lavé.

LAVABO n.m. (mot lat., *je laverai*). **I. 1.** Appareil sanitaire en forme de cuvette et alimenté en eau, permettant de faire sa toilette. **2.** (Surtout pl.). Pièce contenant un ou plusieurs de ces appareils, avec water-closets attenants, dans certaines collectivités et lieux publics. **II.** LITURGIE. Action du prêtre qui se lave les mains à la messe, après présentation des offrandes ; moment de la messe, lieu de l'église où se fait ce geste.

LAVAGE n.m. **1.** Action de laver. **2.** *Lavage de cerveau :* action psychologique exercée sur une personne pour anéantir ses pensées et ses réactions personnelles par l'utilisation de coercition physique ou psychologique. **3.** MIN. Élimination des stériles contenus dans le charbon et dans les minerais bruts.

LAVALLIÈRE n.f. (de Mlle de *La Vallière*). Cravate souple, nouée en deux larges boucles.

LAVANDE n.f. (it. *lavanda,* qui sert à laver). **1.** Plante aromatique de la région méditerranéenne, à feuilles persistantes et à fleurs bleues ou violettes en épi. (Famille des labiées.) **2.** Huile essentielle odorante obtenue à partir de ces fleurs. ◆ adj. inv. *Bleu lavande :* bleu mauve assez clair.

lavande

LAVANDIÈRE n.f. **1.** Litt. Femme qui lavait le linge à la main. **2.** Bergeronnette (oiseau).

LAVANDIN n.m. Lavande hybride, cultivée pour son essence.

LAVARET [-rɛ] n.m. (mot savoyard). Corégone des lacs alpins.

LAVASSE n.f. Fam. Boisson (notamm. café), soupe, etc., dans laquelle on a mis trop d'eau.

LAVATORY [lavatɔri] n.m. (mot angl.) [pl. *lavatorys* ou *lavatories*]. Vieilli. Lavabo public.

LAVE n.f. (it. *lava,* lat. *labes,* éboulement). **1.** Matière en fusion émise par un volcan et qui se solidifie en refroidissant pour former une roche volcanique. **2.** *Lave torrentielle :* masse boueuse qui s'écoule dans le lit d'un torrent.

LAVÉ, E adj. **1.** Se dit d'une couleur d'un faible degré d'intensité chromatique (mêlée de blanc), par opp. à *saturé.* **2.** Fait au lavis. *Dessin lavé.*

LAVE-AUTO n.m. (pl. *lave-autos*). **Canada.** Station de lavage automatique pour automobiles.

LAVE-DOS n.m. inv. Brosse munie d'un long manche pour se laver le dos.

LAVE-GLACE n.m. (pl. *lave-glaces*). Appareil envoyant un jet de liquide sur le pare-brise d'une automobile pour le laver.

LAVE-LINGE n.m. inv. Machine à laver le linge.

LAVE-MAINS n.m. inv. Petit lavabo d'appoint, en partic. dans les toilettes.

LAVEMENT n.m. **1.** Injection d'un liquide dans le gros intestin, par l'anus, pour l'évacuation de son contenu ou dans un but thérapeutique. **2.** LITURGIE. *Lavement des pieds :* cérémonie du jeudi saint célébrée en souvenir de Jésus, qui, d'après saint Jean, lava les pieds de ses douze apôtres avant la Cène.

LAVE-PONT n.m. (pl. *lave-ponts*). Balai-brosse pour laver le plancher d'un navire.

LAVER v.t. (lat. *lavare*). **1.** Nettoyer avec un liquide, notamment avec de l'eau. *Laver la vaisselle.* ◇ *Machine à laver :* appareil muni d'un moteur pour laver le linge ou la vaisselle. – **Fam.** *Laver la tête à qqn,* le réprimander sévèrement. **2.** Prouver l'innocence de, disculper. *Laver qqn d'une accusation.* ◇ **Litt.** *Laver une injure (dans le sang) :* se venger. **3.** *Laver un dessin,* l'exécuter ou le rehausser au lavis. **4.** Procéder au lavage (du minerai). ◆ **se laver** v.pr. **1.** Laver son corps. **2. Fig.** *Se laver les mains (de qqch) :* décliner toute responsabilité.

LAVERIE n.f. **1.** Blanchisserie équipée de machines à laver individuelles. **2.** Atelier de lavage du minerai.

LAVE-TÊTE n.m. inv. Cuvette qui, fixée par un support au dossier d'un siège, permet, chez les coiffeurs, de laver les cheveux au-dessus d'un lavabo.

LAVETTE n.f. **1.** Carré de tissu-éponge servant à laver la vaisselle, à essuyer une table, etc. **2.** Belgique, Suisse. Carré de tissu-éponge pour se laver. **3.** Fam. Personne veule et sans énergie.

1. LAVEUR, EUSE n. Personne qui lave. *Un laveur de carreaux.*

2. LAVEUR n.m. Appareil pour nettoyer certains produits industriels.

LAVE-VAISSELLE n.m. inv. Appareil qui lave et sèche automatiquement la vaisselle.

LAVIS [lavi] n.m. **1.** Procédé qui tient du dessin et de la peinture, consistant dans l'emploi de l'encre de Chine ou d'une couleur quelconque unique, étendues d'eau et passées au pinceau. **2.** Œuvre exécutée par ce procédé.

LAVOIR n.m. **1.** Anc. Lieu public où on lavait le linge. **2.** MIN. Atelier de lavage pour le charbon.

LAVRA n.f. → ***laure.***

LAVURE n.f. Eau qui a servi à laver la vaisselle.

LAWRENCIUM [lorɑ̃sjɔm] n.m. (de *Lawrence,* n.pr.). Élément chimique transuranien (Lr), de numéro atomique 103.

LAXATIF, IVE adj. et n.m. (lat. *laxativus,* de *laxare,* relâcher). Se dit d'une substance qui a une action purgative légère.

LAXISME n.m. (du lat. *laxus,* large). **1.** Indulgence, tolérance excessive. **2.** RELIG. Système selon lequel on peut suivre une opinion du moment qu'elle est un tant soit peu probable.

LAXISTE adj. et n. **1.** Qui manifeste du laxisme. *Politique laxiste.* **2.** Partisan du laxisme théologique.

LAXITÉ n.f. (lat. *laxitas*). État de ce qui est lâche, distendu. *La laxité d'un tissu.*

LAYE ou **LAIE** n.f. Hache à un ou deux tranchants finement dentelés pour dresser la pierre tendre.

1. LAYER [lɛje] v.t. ⑪. Tracer une laie dans (une forêt).

2. LAYER [lɛje] v.t. ⑪. Dresser avec la laye (le parement d'une pierre).

LAYETIER n.m. Artisan qui fabrique et vend des layettes, des caisses, des coffres.

LAYETTE [lɛjɛt] n.f. (anc. fr. *laie,* tiroir). **1.** Ce qui sert à habiller un nouveau-né, un bébé. **2.** Meuble à tiroirs plats et compartimentés, servant à ranger l'outillage et les fournitures, en horlogerie et petite mécanique.

LAYON [lɛjɔ̃] n.m. Petit sentier forestier.

LAZARET [lazarɛ] n.m. (it. *lazaretto,* de *lazaro,* ladre). **1.** Établissement où l'on isole et où l'on contrôle les arrivants d'un pays infecté par une maladie contagieuse. **2.** Anc. Léproserie.

LAZARISTE n.m. (du prieuré *Saint-Lazare*). Membre de la Société des prêtres de la Mission, fondée en 1625 par saint Vincent de Paul.

LAZULITE n.f. MINÉR. Phosphate naturel d'aluminium et de magnésium hydraté, de couleur bleue.

LAZURITE n.f. MINÉR. Feldspathoïde d'une variété bleue, constituant principal du lapis-lazuli.

LAZZARONE [ladzarɔne] n.m. (mot napolitain) [pl. *lazzarones* ou *lazzaroni*]. Vx. Homme du bas peuple, à Naples.

LAZZI [ladzi] ou [lazi] n.m. (mot it.) [pl. *lazzis* ou inv.]. Plaisanterie moqueuse.

L-DOPA n.f. Précurseur de la dopamine, utilisé dans le traitement de la maladie de Parkinson.

LE, LA, LES art. déf. (lat. *ille, illa, illi*). [Déterminant un groupe nominal, son genre, son nombre]. *Manger à la française,* à la manière française. ◆ pron. pers. placé avant le verbe, en fonction d'objet direct ou d'attribut.

LÉ n.m. (lat. *latus,* large). **1.** TEXT. Largeur d'une étoffe entre ses deux lisières. SYN. : *laize.* **2.** COUT. Panneau d'étoffe incrusté dans une jupe pour lui donner plus d'ampleur. **3.** Largeur d'une bande de papier peint.

LEADER [lidœr] n.m. (mot angl., *guide*). **1.** Personne qui est à la tête d'un parti politique, d'un mouvement, d'un groupe ; chef. ◇ *Leader d'opinion :* personne qui, par sa fonction ou sa position, est susceptible d'avoir une influence sur le public. **2.** Concurrent, équipe qui est en tête d'une compétition sportive. **3.** Entreprise, groupe, produit qui occupe la première place dans un domaine. **4.** AÉRON. Avion guide d'un dispositif aérien ; son chef de bord.

LEADERSHIP [lidœrʃip] n.m. (mot angl.). Fonction de leader ; commandement, hégémonie, position dominante.

LEASING [liziŋ] n.m. (mot angl.). ÉCON. (Anglic. déconseillé). Crédit-bail.

LEBEL n.m. (du n. de l'inventeur Nicolas *Lebel* [1838-1891]). Fusil de calibre 8 mm, réalisé en 1886, plusieurs fois perfectionné, et employé dans l'armée française jusqu'en 1940.

LÉCANORE n.f. (gr. *lekanê,* bassin). Lichen crustacé, commun sur les pierres et les écorces.

LÉCHAGE ou, rare, **LÈCHEMENT** n.m. Action de lécher.

LÈCHE n.f. **1.** Fam. *Faire de la lèche à qqn,* le flatter bassement. **2.** Fam. et vx. Tranche mince de pain, de viande.

LÉCHÉ, E adj. **1.** Fam. Exécuté minutieusement. *Portrait léché.* **2.** *Ours mal léché :* personne mal élevée, grossière.

LÈCHE-BOTTES n. inv. Fam. Personne qui flatte servilement. SYN. (vulg.) : *lèche-cul.*

LÈCHEFRITE n.f. (de *lèche,* et anc. fr. *froie,* frotte). Ustensile de cuisine placé sous la broche ou le gril pour recevoir le jus et la graisse d'une pièce de viande mise à rôtir.

LÈCHEMENT n.m. → ***léchage.***

LÉCHER v.t. (du francique) ⑱. **1.** Enlever avec la langue, passer la langue sur. *Lécher un plat.* ◇ Fam. *Lécher les bottes de qqn,* le flatter servilement. – Fig., fam. *Lécher les vitrines :* regarder longuement les étalages des magasins. **2.** Effleurer légèrement, en parlant de l'eau, du feu. *Les vagues nous lèchent les pieds.* **3.** Fam. Exécuter avec un soin excessif, fignoler. *Lécher un tableau.*

1. LÉCHEUR, EUSE n. Fam. Vil flatteur.

2. LÉCHEUR adj.m. *Insecte lécheur,* possédant des pièces buccales qui lui permettent de lécher le nectar.

LÈCHE-VITRINES n.m. inv. ou **LÈCHE-VITRINE** n.m. (pl. *lèche-vitrines*). Fam. *Faire du lèche-vitrines :* flâner le long des rues en regardant les vitrines, les étalages des magasins.

LÉCITHINE n.f. (gr. *lekithos,* jaune d'œuf). Lipide phosphoré, abondant dans le jaune d'œuf, le système nerveux.

LEÇON n.f. (lat. *lectio,* lecture). **I. 1.** Enseignement donné en une séance par un professeur, un maître, à une classe, à un auditoire, à un élève. **2.** Ce que le maître donne à apprendre. *Réciter sa leçon.* **3.** Enseignement tiré d'une faute ou d'un évènement. *Les leçons de l'expérience.* **4.** Avertissement, réprimande. *Donner, recevoir une bonne leçon.* **II.** Forme particulière d'un texte dont on possède des versions divergentes.

1. LECTEUR, TRICE n. **1.** Personne qui lit un livre, un journal, etc. **2.** Personne qui lit à haute voix, devant un auditoire. **3.** Collaborateur qui lit les manuscrits envoyés à un éditeur. **4.** Professeur étranger chargé d'exercices pratiques sur la langue du pays dont il est originaire. **5.** LITURGIE. Anc. Clerc qui avait reçu le deuxième des ordres mineurs.

2. LECTEUR n.m. **1.** Appareil qui permet de reproduire des sons enregistrés, des informations codées et enregistrées dans une mémoire électronique. *Lecteur de cassettes.* – *Lecteur laser :* dispositif de lecture d'informations enregistrées (sons, images, données) comportant un laser. **2.** INFORM. Machine ou dispositif permettant l'introduction des données dans un ordinateur à partir d'une disquette, d'une bande magnétique, d'un ruban de papier perforé, d'une carte perforée, etc.

LECTISTERNE n.m. (lat. *lectus,* lit, et *sternere,* étendre). ANTIQ. ROM. Cérémonie religieuse au cours de laquelle un banquet était offert aux images des dieux placées sur des lits de parade.

LECTORAT n.m. **1.** Ensemble des lecteurs d'un quotidien, d'une revue, etc. **2.** Fonction de lecteur dans l'enseignement.

LECTURE n.f. (lat. médiév. *lectura*). **1.** Action de lire, de déchiffrer. **2.** Fait de savoir lire. *Apprendre la lecture.* **3.** Action de lire à haute voix, devant un auditoire. *Donner lecture d'un texte.* **4.** Ce qu'on lit. *Avoir de mauvaises lectures.* **5.** Analyse, interprétation d'un texte, d'une partition, etc. *Une nouvelle lecture de Lautréamont.* **6.** Discussion et vote d'un texte par une assemblée législative ; délibération sur un projet de loi. **7.** Restitution, par un lecteur, de signaux enregistrés sous forme acoustique ou électromagnétique. ◇ *Tête de lecture :* lecteur ou organe du lecteur qui procède à la lecture. ◇ INFORM. *Lecture en mémoire :* sortie d'informations enregistrées dans une mémoire électronique. ◇ *Lecture optique,* utilisant un procédé optoélectronique automatique.

LÉCYTHE n.m. (gr. *lekuthos*). ARCHÉOL. Petit vase à corps cylindrique, goulot étroit, anse et pied, destiné au parfum et devenu, à partir du Ve s. av. J.-C., une offrande funéraire courante en Attique.

LEDIT adj. (pl. *lesdits*) → ***1. dit.***

LÉGAL, E, AUX adj. (lat. *legalis,* de *lex, legis,* loi). Conforme à la loi, défini par la loi.

LÉGALEMENT adv. De façon légale.

LÉGALISATION n.f. Action de légaliser.

LÉGALISER v.t. **1.** Rendre légal. **2.** DR. Certifier l'authenticité des signatures apposées sur un acte, en parlant d'un officier public.

LÉGALISME n.m. Souci de respecter minutieusement la loi.

LÉGALISTE n. et adj. Relatif au légalisme ; qui fait preuve de légalisme.

LÉGALITÉ n.f. **1.** Caractère de ce qui est légal. **2.** Situation conforme à la loi. *Rester dans la légalité.*

LÉGAT n.m. (lat. *legatus,* envoyé). **1.** Représentant officiel du pape. ◇ *Légat a latere :* cardinal de l'entourage immédiat du pape chargé d'une mission extraordinaire. **2.** ANTIQ. ROM. **a.** Personnage chargé d'une mission diplomatique (ambassadeur), administrative (adjoint au gouverneur de province) ou militaire (lieutenant des généraux en campagne). **b.** Gouverneur de province impériale ou commandant de légion, sous l'Empire.

LÉGATAIRE n. (du lat. *legare,* léguer). Bénéficiaire d'un legs. *Légataire universel.*

LÉGATION n.f. **1.** Représentation diplomatique d'un gouvernement auprès d'un État où il n'a pas d'ambassade. ◇ Bâtiment occupé par cette représentation diplomatique. **2.** DR. CAN. Charge de légat pontifical. ◇ Étendue de pays qui constitue le ressort de cette charge.

LEGATO [legato] adv. (mot it.). MUS. En liant les sons.

LÈGE adj. (néerl. *leeg,* vide). MAR. *Navire lège,* n'ayant ni chargement ni cargaison, ou naviguant sur lest.

LÉGENDAIRE adj. **1.** Qui appartient à la légende ; fabuleux, mythique. *Animaux légendaires.* **2.** Qui est connu de tous ; célèbre. *Une paresse légendaire.*

LÉGENDE n.f. (lat. *legenda,* ce qui doit être lu). **I. 1.** Récit à caractère merveilleux, où les faits historiques sont transformés par l'imagination populaire ou par l'invention poétique. **2.** Histoire déformée et embellie par l'imagination. **II.** Explication jointe à une photographie, à un dessin, à un plan ou à une carte géographique.

LÉGENDER v.t. Pourvoir (une illustration) d'une légende.

lecteur de disques numériques

LÉGER, ÈRE adj. (lat. *levis*). **I. 1.** Dont le poids est peu élevé. *Bagage léger.* ◇ Dans certains sports individuels, qualifie une catégorie de poids. **2.** Dont la densité est faible. *Métal, gaz léger.* **3.** Dont la texture, l'épaisseur est faible. *Tissu léger. Légère couche de neige.* **4.** Qui est peu concentré, peu fort. *Thé, café léger.* – *Cigarette légère :* dont la teneur en nicotine et en goudrons a été diminuée. – *Sommeil léger,* que peu de chose suffit à troubler. **5.** Qui met en œuvre des moyens peu importants. *Chirurgie légère.* **6.** Qui est peu appuyé, qui a de la finesse. *Allure, grâce légère.* ◇ *Avoir la main légère :* agir avec douceur. **II. 1.** Libre de soucis, de responsabilités. *Se sentir léger. Avoir le cœur léger.* **2.** Qui est peu important. *Légère différence. Peine légère.* **3.** Qui est enjoué, sans gravité. *Ton léger. Poésie, musique légère.* **4.** Qui manque de sérieux. *Se montrer un peu léger.* ◇ *À la légère :* inconsidérément.

LÉGÈREMENT adv. **1.** De façon légère. *S'habiller légèrement.* **2.** Un peu. *Il est légèrement éméché.* **3.** À la légère, inconsidérément. *Se conduire légèrement.*

LÉGÈRETÉ n.f. **1.** Propriété de ce qui est peu pesant, peu dense. **2.** Caractère de ce qui est léger, fin, agile. *Bondir avec légèreté.* **3.** Caractère de ce qui est sans gravité. *Légèreté d'une punition.* **4.** Manque de sérieux. *Légèreté de caractère.*

LEGGINGS ou **LEGGINS** [legins] n.f. pl. (mot angl.). Jambières de cuir ou de forte toile.

LEGHORN [legɔrn] n.f. (n. angl. de la ville de *Livourne*). Poule d'une race obtenue aux États-Unis par sélection, excellente pondeuse.

LÉGIFÉRER v.i. (lat. *legifer,* qui établit des lois) [18]. **1.** Établir des lois. **2.** Édicter des règles.

LÉGION n.f. (lat. *legio*). **I. 1.** HIST. Unité fondamentale de l'armée romaine. (La légion impériale comptait environ 6 000 hommes répartis en 10 cohortes, 30 manipules et 60 centuries.) **2.** Appellation de certaines unités militaires. ◇ *Légion étrangère :* formation militaire française créée en 1831, en Algérie, et composée de volontaires, en majorité étrangers. (Une légion étrangère espagnole, le *Tercio,* fut créée en 1920.) **II.** Grand nombre, nombre excessif (d'êtres vivants). *Une légion de solliciteurs.* ◇ *Être légion :* être très nombreux.

LÉGIONELLOSE n.f. Maladie du légionnaire.

LÉGIONNAIRE n.m. **I. 1.** Soldat d'une légion romaine. **2.** Militaire de la légion étrangère. **II.** *Maladie du légionnaire :* pneumonie hautement fébrile, d'origine bactérienne, dont les premiers cas furent observés lors d'une réunion de l'American Legion. SYN. : *légionellose.* ◆ n. Membre de l'ordre de la Légion d'honneur.

1. LÉGISLATEUR, TRICE adj. et n. (lat. *legislator*). Qui légifère, qui en a le pouvoir.

2. LÉGISLATEUR n.m. **1.** Autorité qui a mission d'établir des lois ; la loi en général. **2.** Personne qui fixe les règles d'un art, d'une science.

LÉGISLATIF, IVE adj. Relatif à la loi, au pouvoir de légiférer. *Pouvoir législatif.* – *Élections législatives* ou *législatives,* n.f. pl., destinées à désigner, au suffrage universel, les députés de l'Assemblée nationale (en France). ◇ HIST. *Assemblée législative :* v. partie n. pr. – *Corps législatif :* assemblée élue, chargée de voter les lois sous le Consulat et le second Empire.

LÉGISLATION n.f. Ensemble des lois, des dispositions législatives d'un pays, ou concernant un domaine particulier. *La législation américaine. Législation financière.*

LÉGISLATIVEMENT adv. Par voie législative.

LÉGISLATURE n.f. Durée du mandat d'une assemblée législative.

LÉGISTE n.m. (du lat. *lex, legis,* loi). **1.** Spécialiste des lois. **2.** HIST. Juriste dont le corps apparut dans l'administration royale au XIIIe s. (Les légistes les plus célèbres et les plus efficaces furent ceux de Philippe IV le Bel : Flote, Marigny, Nogaret.) ◆ adj. *Médecin légiste,* chargé d'expertises en matière légale.

LÉGITIMATION n.f. **1.** Action de légitimer. **2.** DR. Acte par lequel on rend légitime un enfant naturel.

1. LÉGITIME adj. (lat. *legitimus*). **1.** Qui est consacré, reconnu, admis par la loi. *Autorité légitime. Mariage légitime.* **2.** Qui est fondé en raison, en droit, en justice. *Demande légitime.* ◇ *Légitime défense :* droit de riposter par un acte interdit (notamm. : homicide, blessures et coups) pour se protéger ou pour protéger autrui contre un acte de violence.

2. LÉGITIME n.f. Pop. Épouse.

LÉGITIMÉ, E adj. et n. DR. Qui bénéficie d'une légitimation. *Fils légitimé.*

LÉGITIMEMENT adv. Conformément à la loi, à l'équité, à la justice.

LÉGITIMER v.t. **1.** Justifier, faire admettre comme excusable, juste. *Rien ne légitime sa colère.* **2.** Faire reconnaître comme légitime (un pouvoir, un titre, etc.). **3.** DR. Conférer la légitimité à (un enfant naturel).

LÉGITIMISME n.m. Opinion, attitude des légitimistes.

LÉGITIMISTE adj. et n. Qui défend une dynastie légitime, les droits de la naissance au trône. ◇ HIST. En France, partisan de la branche aînée des Bourbons, détrônée en 1830 au profit de la branche d'Orléans. (La disparition, sans héritier, en 1883, du comte de Chambord, « Henri V », petit-fils de Charles X, mit fin pratiquement aux activités du parti légitimiste.)

LÉGITIMITÉ n.f. **1.** Qualité de ce qui est fondé en droit, fondé en justice, en équité. **2.** Qualité d'un enfant légitime.

LEGO n.m. (nom déposé). Jeu de construction en plastique, à pièces emboîtables.

LEGS [lɛ] ou [lɛg] n.m. (anc. fr. *lais,* de *laisser*). **1.** DR. Libéralité faite par testament au bénéfice d'une personne. – *Legs à titre particulier :* legs d'un ou de plusieurs biens déterminés. – *Legs à titre universel :* legs qui porte sur un ensemble de biens, par exemple une quote-part de l'ensemble de la succession ou la totalité des meubles ou des immeubles. – *Legs universel :* legs qui porte sur la totalité de la succession ou de la quotité disponible, lorsque le légataire universel est en concurrence avec des héritiers réservataires. **2.** Fig., litt. Ce qu'une génération transmet aux générations suivantes ; héritage.

LÉGUER v.t. (lat. *legare*) [18]. **1.** Donner par testament. **2.** Fig. Transmettre à ceux qui viennent ensuite. *Elle a légué son heureux caractère à ses enfants.*

1. LÉGUME n.m. (lat. *legumen*). **1.** Plante potagère dont les graines, les feuilles, les tiges ou les racines entrent dans l'alimentation. (On distingue les *légumes verts* [racine de la carotte, tige et bourgeon de l'asperge, feuilles du poireau, fleurs du chou-fleur, fruit du haricot] et les *légumes secs* [graines du haricot, du pois].) **2.** BOT. Gousse.

2. LÉGUME n.f. Fam. *Grosse légume :* personnage important.

1. LÉGUMIER, ÈRE adj. Qui se rapporte aux légumes. *Culture légumière.* ◆ n. Belgique. Commerçant en légumes.

2. LÉGUMIER n.m. Plat creux, avec couvercle, dans lequel on sert des légumes.

LÉGUMINE n.f. Substance protidique existant dans certaines graines (pois, haricot).

LÉGUMINEUSE n.f. *Légumineuses :* ordre de plantes dicotylédones dont le fruit est une gousse, ou légume, et comprenant trois familles : papilionacées, césalpiniacées et mimosacées. (Ex. : pois, haricot, lentille, luzerne, trèfle.)

LEI [lɛj] n.m. pl. → ***leu.***

LÉIOMYOME n.m. MÉD. Tumeur bénigne qui se développe à partir de fibres musculaires lisses. (La majorité des tumeurs de l'utérus dites « fibromes » sont en fait des léiomyomes.)

LEISHMANIA ou **LEISHMANIE** [lɛʃ-] n.f. (de *Leishman,* n.pr.). Protozoaire parasite commun à l'homme et aux animaux, de l'embranchement des flagellés. (Les leishmanias sont surtout connues dans les pays chauds et sont transmises par des insectes, les phlébotomes ; elles déterminent chez l'homme des maladies graves, ou *leishmanioses viscérales* [kala-azar], ou des formes cutanées.)

LEISHMANIOSE n.f. MÉD. Affection causée par les leishmanias.

LEITMOTIV [lajtmɔtif] ou [lɛtmɔtif] n.m. (mot all.). **1.** MUS. Motif, thème caractéristique destiné à rappeler une idée, un sentiment, un personnage. **2.** Formule, idée qui revient sans cesse dans un discours, une conversation, une œuvre littéraire. Pluriel savant : *leitmotive.*

LEK n.m. Unité monétaire principale de l'Albanie. (→ ***monnaie.***)

LEMME [lɛm] n.m. (gr. *lêmma,* proposition prise d'avance). MATH. Proposition déduite d'un ou de plusieurs postulats dont la démonstration prépare celle d'un théorème.

LEMMING [lɛmiŋ] n.m. (mot norvég.). Petit rongeur de Scandinavie, effectuant parfois des migrations massives vers le Sud. (Long. 10 cm.)

lemming

LEMNACÉE n.f. (gr. *lemna,* lentille d'eau). *Lemnacées :* famille de petites plantes aquatiques, comprenant les *lentilles d'eau.*

LEMNISCATE n.f. (lat. *lemniscatus,* gr. *lêmniskos,* ruban). MATH. Courbe plane, ensemble des points dont le produit des distances à deux points fixes est constant.

LEMPIRA n.m. Unité monétaire principale du Honduras. (→ ***monnaie.***)

LÉMURE n.m. (lat. *lemures*). ANTIQ. ROM. Spectre d'un mort, fantôme.

LÉMURIEN n.m. (lat. *lemures,* âmes des morts). *Lémuriens :* sous-ordre de mammifères primates aux lobes olfactifs très développés, comprenant des formes arboricoles et frugivores de Madagascar, d'Afrique et de Malaisie, comme le maki, l'aye-aye et l'indri. SYN. : ***prosimien.***

LENDEMAIN n.m. (anc. fr. *l'endemain*). **1.** Jour qui suit celui où l'on est, ou celui dont on parle. **2.** Avenir plus ou moins immédiat. *Songer au lendemain.* ◇ *Du jour au lendemain :* dans un court espace de temps.

LENDIT n.m. (lat. *indictum,* ce qui est fixé). HIST. Importante foire qui se tenait au Moyen Âge dans la plaine Saint-Denis.

LÉNIFIANT, E adj. Litt. Qui lénifie ; amollissant. *Climat lénifiant.*

LÉNIFIER v.t. (du lat. *lenis,* doux). **1.** Litt. Atténuer, adoucir, apaiser. **2.** MÉD. Adoucir au moyen d'un calmant.

LÉNINISME n.m. Doctrine de Lénine, considérée dans son apport au marxisme.

LÉNINISTE adj. et n. Relatif au léninisme ; qui en est partisan.

LÉNITIF, IVE adj. et n.m. (lat. *lenis,* doux). Litt. Lénifiant.

LENT, E adj. (lat. *lentus,* souple). **1.** Qui n'agit pas avec rapidité, qui se fait avec lenteur. *Esprit lent. Exécution lente.* **2.** Dont l'effet tarde à se manifester, qui est progressif. *Poison lent.* **3.** PSYCHOL. *Sommeil lent :* sommeil profond.

LENTE n.f. (lat. *lens, lendis*). Œuf que le pou dépose à la base des cheveux.

LENTEMENT adv. Avec lenteur.

LENTEUR n.f. Manque de rapidité, d'activité, de vivacité dans les mouvements, dans le raisonnement. *Marcher avec lenteur. Lenteur d'esprit.*

LENTICELLE n.f. (lat. *lens, lentis,* lentille). BOT. Pore traversant le liège d'une écorce et permettant la respiration des tissus sous-jacents.

LENTICULAIRE ou **LENTICULÉ, E** adj. En forme de lentille. *Verre lenticulaire.*

LENTICULE n.f. Lentille d'eau.

LENTIGO n.m. ou **LENTIGINE** n.f. (lat. *lens, lentis,* lentille). MÉD. Petite tache pigmentaire de la peau. SYN. (cour.) : ***grain de beauté.***

LENTILLE n.f. (lat. *lenticula*). **I. 1.** Plante annuelle cultivée pour sa graine, de la famille des papilionacées ; la graine elle-même, consommée comme légume sec, et qui a la forme d'un petit disque renflé en son centre. **2.** *Lentille d'eau :* plante de la taille d'une lentille, à deux ou trois feuilles, vivant en grand nombre à la surface des eaux stagnantes. (Famille des lemnacées.) SYN. : ***lenticule.*** **3.** Vx. Tache de rousseur. **II. 1.** Verre taillé en forme de lentille, servant dans les instruments d'optique. ◇ *Lentille cornéenne :* verre de contact qui ne s'applique que sur la cornée. **2.** *Lentille électronique :* dispositif qui joue le même rôle pour les électrons qu'une lentille optique pour la lumière. **III.** GÉOL. Formation d'étendue limitée en raison de l'érosion ou de la localisation de la sédimentation.

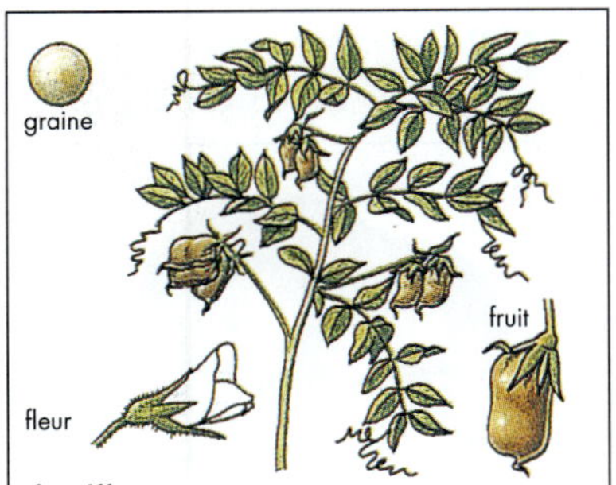

lentille

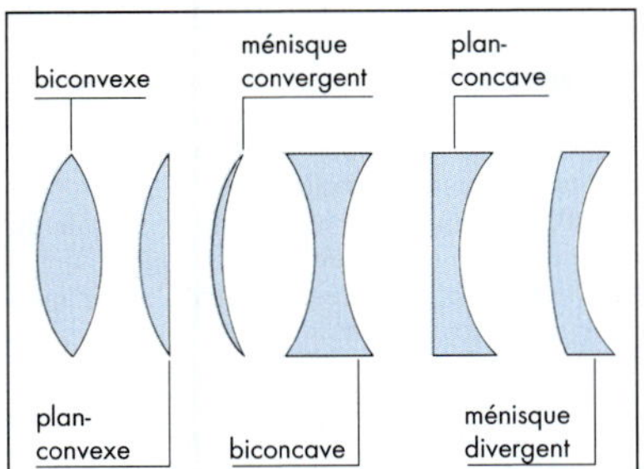

lentilles

LENTILLON n.m. Lentille qu'on sème à l'automne.

LENTISQUE [lɑ̃tisk] n.m. (lat. *lentiscus*). Arbrisseau cultivé dans le Proche-Orient, et dont le tronc fournit une résine appelée *mastic* et employée comme masticatoire. (Famille des anacardiacées ; genre pistachier.)

LENTIVIRUS n.m. Virus à action lente, tel que le virus du sida.

LENTO [lɛnto] adv. (mot it.). MUS. Lentement. ◆ n.m. Mouvement exécuté dans ce tempo.

LÉONARD, E adj. et n. Du pays de Léon, en Bretagne.

1. LÉONIN, E adj. (lat. *leoninus*, de *leo, leonis*, lion). **1.** Propre au lion ; qui rappelle le lion. *Crinière léonine.* **2.** Se dit d'un partage où qqn se réserve la plus grosse part, d'un contrat qui avantage exagérément l'une des parties.

2. LÉONIN, E adj. (de *Léon*, chanoine du XIIe s.). *Vers léonin,* dont les deux hémistiches riment ensemble.

LÉONURE n.m. Agripaume (plante).

LÉOPARD n.m. (lat. *leo*, lion, et *pardus*, panthère). **1.** Panthère tachetée d'Afrique. (Long. 1,20 m.) **2.** Fourrure de cet animal, aux taches en rosettes, très précieuse en pelleterie. **3.** *Tenue léopard :* tenue de camouflage dont les taches de diverses couleurs évoquent le pelage du léopard, utilisée par certaines troupes de choc (parachutistes, notamm.). **4.** *Léopard de mer :* grand phoque carnassier de l'Antarctique. **5.** HÉRALD. Lion représenté la tête de face et, la plupart du temps, passant.

LÉOPARDÉ, E adj. HÉRALD. *Lion léopardé :* lion passant (et non rampant).

L. E. P. [lɛp] n.m. (sigle). Anc. Lycée d'enseignement professionnel, appelé aujourd'hui *lycée professionnel.*

LÉPIDODENDRON [-dɛ̃] n.m. (gr. *lepis, lepidos*, écaille, et *dendron*, arbre). Arbre de l'ère primaire, qui atteignait 25 à 30 m de haut. (Embranchement des ptéridophytes, ordre des lépidodendrales.)

LÉPIDOLITE n.m. Mica lithinifère, principal minerai du lithium.

LÉPIDOPTÈRE n.m. (gr. *lepis, lepidos*, écaille, et *pteron*, aile). *Lépidoptères :* ordre d'insectes à métamorphoses complètes, portant à l'état adulte quatre ailes membraneuses couvertes d'écailles microscopiques colorées. (La larve du lépidoptère est appelée *chenille*, la nymphe *chrysalide*, l'adulte *papillon*.)

LÉPIDOSIRÈNE n.m. Poisson des marais du bassin de l'Amazone, qui se retire dans un terrier creusé dans la vase pour y mener une vie ralentie pendant la saison sèche, et qui respire par des branchies et par des poumons. (Long. 1,20 m ; sous-classe des dipneustes.)

LÉPIDOSTÉE n.m. → *lépisostée.*

LÉPIOTE n.f. (gr. *lepion*, petite écaille). Champignon à lames, à chapeau couvert d'écailles, à anneau, mais sans volve, croissant dans les bois, les prés. *La coulemelle, comestible, est la lépiote élevée.*

LÉPISME n.m. Insecte à corps gris argenté, vivant dans les lieux humides des maisons. (Long. 1 cm ; ordre des thysanoures.) Nom usuel : *(petit) poisson d'argent.*

LÉPISOSTÉE ou **LÉPIDOSTÉE** n.m. Poisson des rivières et des lacs des États-Unis. (Long. 1,50 m ; sous-classe des holostéens.)

LÉPORIDÉ n.m. (lat. *lepus, leporis*, lièvre). *Léporidés :* famille de mammifères lagomorphes, comprenant les lièvres et les lapins.

LÈPRE n.f. (lat. *lepra*). **1.** Maladie infectieuse chronique, due au bacille de Hansen, qui se manifeste par des lésions cutanées, ou lépromes (forme lépromateuse), ou des atteintes du système nerveux (forme tuberculoïde). **2.** Fig. et litt. Vice ou mal grave qui s'étend comme la lèpre.

LÉPREUX, EUSE adj. et n. Qui a la lèpre ; qui concerne la lèpre. ◆ adj. Fig. Couvert de moisissures. *Murs lépreux.*

LÉPROLOGIE n.f. Étude de la lèpre.

LÉPROMATEUX, EUSE adj. Relatif à un lépromе ; caractérisé par les lépromes.

LÉPROME n.m. Tumeur nodulaire caractéristique de la forme dite *lépromateuse* de la lèpre.

LÉPROSERIE n.f. Hôpital pour les lépreux.

LEPTE n.m. (gr. *leptos*, mince). ZOOL. Larve du trombidion.

LEPTOCÉPHALE n.m. (gr. *leptos*, mince, et *kephalê*, tête). Larve de l'anguille, transparente, en forme de feuille de saule, qui traverse l'Atlantique vers les côtes européennes en trois ans env. (Long. max. : 6 à 7 cm.)

LEPTON n.m. Particule insensible à la force nucléaire forte. (L'électron, son neutrino associé et leurs antiparticules sont des leptons.)

LEPTOSOME adj. et n. Se dit de qqn dont la constitution physique est caractérisée par un corps mince et allongé (par opp. à *pycnique*).

LEPTOSPIRE n.m. (gr. *leptos*, mince, et *spire*). Bactérie de la famille des spirochètes, responsable des leptospiroses.

LEPTOSPIROSE n.f. PATHOL. Maladie infectieuse due à un leptospire. (La *leptospirose ictéro-hémorragique* est caractérisée par une fièvre élevée, une hépatite avec ictère et des hémorragies.)

LEPTURE n.m. Coléoptère longicorne, qui vit sur les fleurs.

LEQUEL, LAQUELLE, LESQUELS, LESQUELLES pron. relat., en général précédé d'une prép. *Le bateau sur lequel nous naviguions.* ◆ pron. interr. Quel (parmi plusieurs). *Voici deux étoffes, laquelle choisissez-vous ?* (Forme avec *à* et *de* les pronoms *auquel, auxquels, auxquelles, duquel, desquels, desquelles.*)

LERCHE adv. (altér. de *cher*). Arg. *Pas lerche :* pas beaucoup.

LÉROT [lero] n.m. (de *loir*). Petit rongeur hibernant de couleur brun rougeâtre, à ventre blanc.

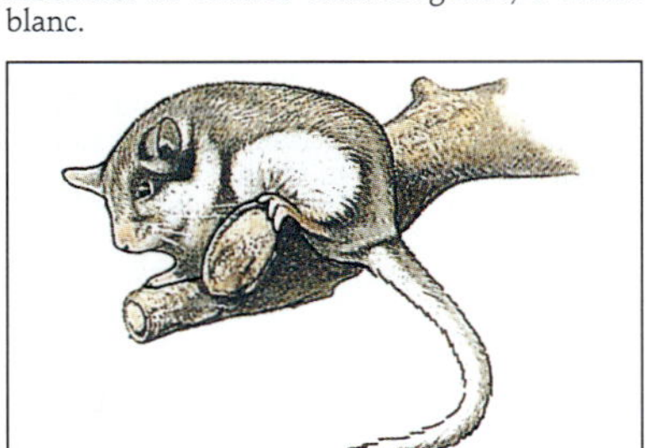
lérot

LES art. et pron. pl. → *le.*

LÈS prép. → *lez.*

LESBIANISME ou, VX, **LESBISME** n.m. Homosexualité féminine.

LESBIEN, ENNE adj. et n. De Lesbos. ◆ adj. Relatif au lesbianisme.

LESBIENNE n.f. Femme homosexuelle.

LÈSE- (lat. *laesa*, blessée). [Élément placé devant un nom, le plus souvent féminin, pour indiquer qu'il a été porté atteinte à ce que celui-ci désigne.] *Un crime de lèse-société, de lèse-conscience.*

LÈSE-MAJESTÉ n.f. inv. DR. ANC. Attentat à la majesté du souverain.

LÉSER v.t. (lat. *laesus*, blessé) [18]. **1.** Faire tort à (qqn, ses intérêts). **2.** Produire la lésion de (un organe).

LÉSINE ou **LÉSINERIE** n.f. (it. *lesina*, alêne, par allusion à des avares qui réparaient leurs chaussures eux-mêmes). Vieilli ou litt. Ladrerie, épargne excessive dans les plus petites choses.

LÉSINER v.i. Économiser avec excès, agir avec une trop grande économie de moyens. ◇ *Ne pas lésiner sur :* ne pas hésiter à utiliser abondamment, à faire la dépense de.

LÉSINEUR, EUSE adj. et n. Vieilli ou litt. Qui lésine.

LÉSION n.f. (lat. *laesio*). **1.** Modification de la structure d'un tissu, d'un organe sous l'influence d'une cause morbide. **2.** DR. Préjudice qu'éprouve une partie dans un contrat ou dans un partage.

LÉSIONNAIRE adj. DR. Qui a un caractère de lésion. *Contrat lésionnaire.*

LÉSIONNEL, ELLE adj. MÉD. **1.** Caractérisé par une lésion. **2.** Qui cause une lésion.

LESSIVABLE adj. Que l'on peut lessiver. *Papier peint lessivable.*

LESSIVAGE n.m. **1.** Action de lessiver. **2.** PÉDOL. Dans un sol, migration d'argile ou de limon vers un horizon inférieur par dissolution sélective.

LESSIVE n.f. (lat. pop. *lixiva*, de *lix, licis*). **1.** Solution alcaline servant à laver et à nettoyer. ◇ Produit alcalin (poudre ou liquide) qui entre dans cette solution. *Un baril de lessive.* **2.** Solution alcaline ou saline servant à la fabrication du savon. **3.** Action de laver le linge ; linge lavé. *Faire la lessive. Étendre la lessive.* **4.** Fig. et fam. Exclusion rapide et massive de personnes jugées indésirables dans une collectivité.

LESSIVER v.t. **I. 1.** Nettoyer avec de la lessive. *Lessiver les murs, du linge.* **2.** TECHN., CHIM. Débarrasser des parties solubles à l'aide d'une lessive. **3.** PÉDOL. Entraîner le lessivage de. *Précipitations qui lessivent le sol.* **II. 1.** Fam. Faire perdre à qqn toute force physique ; épuiser, éreinter. **2.** Fam. Au jeu, dépouiller (qqn). **3.** Fam. Battre, écraser (un adversaire). **4.** Fam. *Se faire lessiver :* se faire éliminer d'un groupe, d'une fonction comme indésirable.

LESSIVEUSE n.f. Récipient en tôle galvanisée pour faire bouillir le linge.

LESSIVIEL, ELLE adj. Relatif à la lessive. *Produits lessiviels.*

LESSIVIER n.m. Fabricant de lessive.

LEST n.m. (néerl. *last*). **1.** Matière pesante placée dans les fonds d'un navire ou fixée à sa quille pour lui assurer un tirant d'eau ou une stabilité convenables. – *Navire sur lest,* qui navigue sans fret. **2.** Sable qu'un aéronaute emporte dans la nacelle du ballon, et qu'il jette pour prendre de l'altitude ou ralentir sa descente. ◇ Fig. *Jeter, lâcher du lest :* faire un sacrifice, des concessions pour rétablir une situation compromise.

LESTAGE n.m. Action de lester.

LESTE adj. (it. *lesto*, dégagé). **1.** Qui se meut avec agilité, aisance ; alerte, vif. *Un vieillard encore leste.* ◇ *Avoir la main leste :* être prompt à frapper, à gifler. **2.** Trop libre, qui blesse la décence ; gaulois, grivois. *Histoire, propos lestes.*

LESTEMENT adv. D'une manière leste.

LESTER v.t. **1.** Charger de lest. *Lester un navire.* **2.** Fam. Charger en remplissant. *Lester ses poches d'objets divers.*

LET [lɛt] adj. inv. (mot angl., *obstacle*). Au tennis et au tennis de table, se dit d'une balle de service qui touche le filet et retombe dans les limites du court ou de la table, dans le camp adverse. SYN. : *net.* Recomm. off. : *filet.*

LÉTAL, E, AUX adj. (lat. *letalis,* de *letum,* mort). **1.** MÉD. Se dit de toute cause qui entraîne la mort du fœtus avant l'accouchement. **2.** GÉNÉT. Se dit d'un gène qui entraîne la mort plus ou moins précoce de l'individu qui le porte. **3.** *Dose létale :* dose d'un produit toxique qui entraîne la mort.

LÉTALITÉ n.f. **1.** Caractère de ce qui est létal. ◇ Spécialt. Caractère d'un gène létal. **2.** Mortalité. *Tables de létalité.*

LETCHI n.m. → ***litchi.***

LÉTHARGIE n.f. (gr. *lêthargia,* de *lêthê,* oubli). **1.** Sommeil profond, anormalement continu, sans fièvre ni infection, avec relâchement musculaire complet. *Tomber en léthargie.* **2.** Fig. Torpeur, nonchalance extrême.

LÉTHARGIQUE adj. **1.** Qui tient de la léthargie ; atteint de léthargie. *Sommeil léthargique.* **2.** Fig. Dont l'activité est très diminuée. *Industrie léthargique.*

1. LETTON, ONNE ou **ONE** adj. et n. De Lettonie.

2. LETTON ou **LETTE** n.m. Langue balte parlée en Lettonie.

LETTRAGE n.m. Marquage au moyen de lettres.

LETTRE n.f. (lat. *littera*). **I. 1.** Signe graphique utilisé pour les écritures alphabétiques et dont l'ensemble constitue l'alphabet. ◇ *En toutes lettres :* écrit sans abréviation ; avec des mots (et non avec des chiffres, des signes conventionnels, etc.). – (Par euphémisme). *Les cinq lettres, le mot de cinq lettres :* merde. **2.** Signe alphabétique envisagé dans sa forme, sa taille, etc. *Lettre minuscule, majuscule.* **3.** IMPR. Caractère représentant une des lettres de l'alphabet. *Prendre une lettre dans la casse.* **II. 1.** GRAV. Inscription gravée sur une estampe. – *Épreuve avant la lettre,* tirée avant gravure de toute inscription. ◇ Fig. *Avant la lettre :* avant le complet développement de qqch ; qui préfigure ce que sera l'état définitif. **2.** Sens strict des mots d'un texte, d'un discours, etc. (par opp. au sens profond, à l'esprit). *Respecter la lettre de la loi.* ◇ *À la lettre, au pied de la lettre :* au sens propre, exact ; scrupuleusement, ponctuellement. – *Être, rester, devenir lettre morte,* sans effet, inutile. **III. 1.** Message personnel écrit adressé à quelqu'un par la poste, sous enveloppe. *Lettre d'amour. Papier à lettres.* – *Lettre de château :* lettre de remerciement aux personnes chez qui on a été invité à faire un séjour. – Belgique. *Lettre de mort :* faire-part de décès. ◇ Fam. *Passer comme une lettre à la poste,* facilement, sans difficulté. – *Lettre ouverte :* écrit polémique ou revendicatif (adressé à qqn en partic. mais rendu public simultanément). **2.** Document officiel ou privé. ◇ DR. *Lettre d'intention :* document dans lequel est déclarée l'intention de passer un contrat, de conclure un accord ultérieur. – DR. *Lettre de voiture,* qui prouve le contrat de transport. – HIST. *Lettre de cachet* → ***cachet.*** – *Lettre de marque :* lettre patente que l'État délivrait, en temps de guerre, au capitaine d'un navire armé en course. – MIL. *Lettre de service :* document ministériel conférant à un officier des attributions particulières. – CATH. *Lettre pastorale :* mandement. ◆ pl. **1.** LITTÉR. Culture et activités littéraires. ◇ *Homme de lettres, femme de lettres :* écrivain. **2.** Ensemble des connaissances et des études littéraires (par opp. à *sciences*). *Faculté des lettres.*

LETTRÉ, E adj. et n. **1.** Qui a du savoir, de la culture littéraire. **2.** Belgique. Personne qui sait lire et écrire.

LETTRE-TRANSFERT n.f. (pl. *lettres-transferts*). Caractère graphique se reportant sur du papier ou sur une autre surface lisse par pression et frottement.

LETTRINE n.f. (it. *letterina*). Grande initiale, ornée ou non, placée au début d'un chapitre ou d'un paragraphe.

LETTRISME n.m. Mouvement littéraire qui fait consister la poésie dans la seule sonorité ou dans le seul aspect des lettres disposées en un certain ordre ; école picturale qui fait appel à des combinaisons visuelles de lettres et de signes. *Isidore Isou, fondateur du lettrisme.*

1. LEU n.m. (forme anc. de *loup*). *À la queue leu leu :* à la file, à la suite les uns des autres.

2. LEU n.m. (mot roum.) [pl. *lei*]. Unité monétaire principale de la Roumanie. (→ ***monnaie.***)

LEUCANIE n.f. (lat. *leucania*). Papillon du groupe des noctuelles.

LEUCÉMIE n.f. (gr. *leukos,* blanc, et *haima,* sang). Maladie se manifestant le plus souvent par la prolifération de globules blancs dans le sang (jusqu'à 500 000 par mm³) et de cellules anormales révélant une altération des organes hématopoïétiques (moelle osseuse, rate, ganglions).

■ Les leucémies *aiguës* sont associées à un syndrome infectieux, anémique et hémorragique. Les leucémies *chroniques* sont les *leucémies myéloïdes* (caractérisées par une prolifération dans le sang et la moelle osseuse de granulocytes porteurs d'une anomalie chromosomique, le chromosome de Philadelphie) et les *leucémies lymphoïdes,* se manifestant par un envahissement généralisé des tissus par des lymphocytes.

LEUCÉMIQUE adj. et n. Relatif à la leucémie ; atteint de leucémie.

LEUCINE n.f. Acide aminé, constituant essentiel des protéines sous sa forme lévogyre (L-leucine).

LEUCITE n.f. MINÉR. Silicate naturel d'aluminium et de potassium des roches volcaniques.

LEUCOCYTAIRE adj. Qui concerne les leucocytes. ◇ *Formule leucocytaire,* exprimant les taux respectifs des différentes variétés de leucocytes dans le sang.

LEUCOCYTE n.m. (gr. *leukos,* blanc, et *kutos,* cavité). Globule blanc du sang et de la lymphe, assurant la défense contre les micro-organismes. (Chaque millimètre cube de sang en contient de 5 000 à 8 000, qui se distribuent environ en 65 p. 100 de polynucléaires et en 35 p. 100 de mononucléaires.)

LEUCOCYTOSE n.f. Augmentation du nombre des globules blancs (leucocytes) du sang.

LEUCO-ENCÉPHALITE n.f. (pl. *leuco-encéphalites*). Atteinte inflammatoire de la substance blanche des hémisphères cérébraux, entraînant des troubles neurologiques et une détérioration intellectuelle.

LEUCOME n.m. Tache blanchâtre sur la cornée.

LEUCOPÉNIE n.f. Diminution du nombre des globules blancs (leucocytes) du sang.

LEUCOPLASIE n.f. Transformation pathologique d'une muqueuse, qui se recouvre d'une couche cornée (comme la peau normale) et qui, étant constamment humide, prend un aspect blanchâtre.

LEUCOPOÏÈSE n.f. Formation des globules blancs (leucocytes).

LEUCOPOÏÉTIQUE adj. Relatif à la leucopoïèse.

LEUCORRHÉE n.f. Écoulement blanchâtre, muqueux ou purulent, provenant des voies génitales de la femme. SYN. : *pertes blanches.*

LEUCOSE n.f. État leucémique.

LEUCOTOMIE n.f. Lobotomie partielle.

LEUDE n.m. (francique *leudi,* gens). HIST. Sous les Mérovingiens, homme libre, riche et puissant, lié au roi par serment.

1. LEUR pron. pers. de la 3ᵉ pers. du pl. (lat. *illorum,* d'eux). À eux, à elles. *Elle leur a donné du chocolat.* (Se place immédiatement devant le verbe.)

2. LEUR, LEURS adj. poss. (lat. *illorum,* d'eux). D'eux, d'elles. *Elles mettent leur bonnet et leurs gants.* ◆ pron. poss. *Le leur, la leur, les leurs :* l'être, la chose, les êtres, les choses d'eux, d'elles. *Nos voisins ont aussi un chat, mais le leur est gris.* ◇ *Ils y ont mis du leur,* de la bonne volonté. ◇ (Attribut sans art.). *Cette beauté qui était leur.* ◆ pl. *Les leurs :* leurs parents, leurs amis, leurs proches. ◇ *Être des leurs, un des leurs :* faire partie de leur groupe, partager la même activité.

LEURRE n.m. (francique *lopr,* appât). **1.** Artifice, moyen d'attirer et de tromper. *Ce projet n'est qu'un leurre.* **2.** FAUC. Morceau de cuir rouge façonné en forme d'oiseau, auquel on attache un appât et que l'on jette en l'air pour faire revenir le faucon. **3.** PÊCHE. Appât factice attaché à un hameçon. **4.** ARM. Moyen destiné à gêner la détection d'un aéronef, d'un navire ou d'un sous-marin, ou à faire dévier les armes offensives dirigées contre eux.

LEURRER v.t. **1.** Attirer par quelque espérance trompeuse. *Il s'est laissé leurrer.* **2.** FAUC. Dresser à revenir au leurre. *Leurrer un faucon.* ◆ **se leurrer** v.pr. Se faire des illusions ; s'illusionner. *Tu te leurres sur ses sentiments.*

LEV [lev] n.m. (mot bulgare) [pl. *leva*]. Unité monétaire principale de la Bulgarie. (→ ***monnaie.***)

LEVAGE n.m. **1.** Fait de lever, en parlant d'une pâte. **2.** Action de lever, de déplacer verticalement une charge. *Appareil de levage.*

LEVAIN n.m. (de *lever*). **1.** Culture de micro-organismes utilisée pour produire la fermentation dans un produit. **2.** Morceau de pâte en cours de fermentation qui, mêlé à la pâte du pain, la fait lever et fermenter. **3.** Fig., litt. Ce qui peut faire naître, amplifier un état, un sentiment, une action. *Un levain de discorde.*

LEVALLOIS (TECHNIQUE) : technique de débitage de la pierre du paléolithique moyen, caractérisée par une préparation du nucléus qui permet d'obtenir des éclats d'une forme prédéterminée. (La technique Levallois représente l'un des aspects de l'industrie moustérienne.)

LEVALLOISIEN n.m. PRÉHIST. Faciès industriel caractérisé par la technique Levallois. ◆ **levalloisien, enne** adj. Du levalloisien.

LEVANT n.m. Est, orient. ◇ Anc. *La flotte du Levant,* de la Méditerranée, par opp. à la flotte du Ponant (de l'Atlantique). ◆ adj.m. *Le soleil levant,* qui se lève.

LEVANTIN, E adj. et n. Originaire des pays de la Méditerranée orientale.

1. LEVÉ, E adj. **1.** Soulevé, placé plus haut. *Mains levées.* ◇ *Au pied levé :* sans préparation, à l'improviste. **2.** Sorti du lit, debout. *Levée chaque jour à l'aube.* **3.** Dressé, vertical. *Pierres levées.* ◆ n.m. *Voter par assis et levé :* manifester son vote en restant assis ou en se levant.

2. LEVÉ ou **LEVER** n.m. TOPOGR. Établissement d'un plan, d'une carte, sur le terrain ou à l'aide de photographies aériennes ; plan, carte ainsi tracés.

LEVÉE n.f. **I. 1.** Action d'enlever, de retirer. *Levée des scellés.* ◇ *Levée du corps :* enlèvement du cercueil de la maison mortuaire ; cérémonie qui l'accompagne. – DR. *Levée d'option :* acte du bénéficiaire d'une promesse de vente qui déclare se porter acquéreur d'un bien aux conditions convenues. **2.** Action de faire cesser ; fin. *Levée de la séance.* **3. a.** Action de recueillir, de collecter ; ce qui a été collecté. *Levée des impôts.* **b.** Enlèvement des lettres de la boîte par un préposé de l'administration des postes. *Heure de la levée.* **c.** Ensemble des cartes jouées à chaque coup et ramassées par celui qui a gagné. SYN. : *pli.* **4.** Enrôlement. *Levée des troupes.* ◇ *Levée en masse :* appel de tous les hommes valides pour la défense du pays. **II.** Remblai formant digue, élevé parallèlement à un cours d'eau pour protéger la vallée des inondations. *Levée de terre. Les levées de la Loire.*

LÈVE-GLACE n.m. → ***lève-vitre.***

1. LEVER v.t. (lat. *levare*) [19]. **I. 1.** Mettre plus haut, à un niveau supérieur. *Lever son verre.* **2.** Diriger vers le haut, mouvoir de bas en haut (une partie du corps). *Lever la tête, la main.* ◇ *Lever les épaules :* manifester son mépris par un haussement d'épaules. – *Lever les yeux sur qqn, qqch,* le regarder, s'y intéresser. **3.** Placer verticalement, redresser (ce qui était horizontal ou penché). *Lever un pont basculant.* **II. 1.** Retirer (ce qui était posé), ôter. *Lever les scellés.* **2.** Soulever en découvrant ce qui était caché. *Lever le rideau.* ◇ Fig. *Lever le voile :* révéler ce qui était secret. **3.** Fig. Représenter sur une surface plane en dessinant. *Lever un plan, une carte.* **4.** CUIS. Prélever. *Lever un blanc de poulet.* **5.** Recueillir, collecter (des fonds). *Lever un impôt. Lever des capitaux.* **6.** Recruter, mobiliser. *Lever une armée.* **7.** Abolir, supprimer (ce qui fait obstacle). *Lever une difficulté, une hypothèque.* **8.** *Lever la séance,* la clore ; partir. **III. 1.** Faire sortir (un animal) de son gîte. *Lever un lièvre.* **2.** Faire sortir du lit, mettre debout. *Lever un malade, un enfant.* ◆ v.i. **1.** Sortir de terre, pousser. *Les blés lèvent.* **2.** Gonfler sous l'effet de la fermentation. *Le pain, la pâte lève.* ◆ **se lever** v.pr. **1.** Quitter la position couchée ou assise, se mettre debout. ◇ *Se lever de table :* quitter la table. **2.** Sortir du lit. *À quelle heure vous levez-vous ?* **3.** Fig. Se dresser, se révolter.

Le peuple s'est levé contre la dictature. **4.** Apparaître à l'horizon, en parlant d'un astre. *La Lune s'est levée.* **5. a.** Commencer à souffler, en parlant du vent. *Le mistral s'est levé tout à coup.* **b.** Se former, devenir forte, en parlant de la houle, de la mer. **6.** S'éclaircir, devenir meilleur, en parlant du temps.

2. LEVER n.m. **1.** Action de sortir du lit ; moment où l'on se lève. **2.** Instant où un astre apparaît au-dessus de l'horizon. **3.** TOPOGR. Levé. **4.** *Lever de rideau :* **a.** Moment où le rideau se lève pour découvrir la scène. **b.** Petite pièce en un acte jouée avant la pièce principale d'un spectacle théâtral. **c.** Match préliminaire dans une réunion sportive.

LÈVE-VITRE ou **LÈVE-GLACE** n.m. (pl. *lève-vitres, -glaces*). Mécanisme servant à ouvrir ou fermer les vitres d'une automobile ; bouton servant à actionner ce mécanisme.

LEVIER n.m. **1.** Barre rigide pouvant tourner autour d'un point fixe (point d'appui ou pivot), pour remuer, soulever les fardeaux. ◇ FIN. *Effet de levier :* accroissement de la rentabilité des capitaux propres d'une entreprise par l'effet de l'endettement. **2.** Tige de commande (d'un mécanisme). *Levier de changement de vitesse.* **3.** Moyen d'action ; ce qui sert à surmonter une résistance. *L'intérêt est un puissant levier.*

LÉVIGATION n.f. TECHN. Séparation, par entraînement dans un courant d'eau, des constituants d'un mélange préalablement réduit en poudre.

LÉVIGER v.t. (lat. *levigare,* rendre lisse) [17]. TECHN. Soumettre (une substance) à la lévigation.

LÉVIRAT n.m. **1.** HIST. Loi hébraïque qui obligeait un homme à épouser la veuve de son frère mort sans descendant mâle. **2.** ANTHROPOL. Pratique selon laquelle la ou les épouses d'un mari défunt passent à un ou aux frères du mari.

LÉVITATION n.f. (mot angl., lat. *levitas,* légèreté). **1.** TECHN. État d'un corps restant en équilibre au-dessus d'une surface grâce à une force compensant la pesanteur. **2.** Phénomène selon lequel certains êtres seraient soulevés du sol et s'y maintiendraient sans aucun appui naturel.

1. LÉVITE n.m. (mot hébr.). HIST. Membre de la tribu de Lévi, traditionnellement chargé du service du Temple, dans l'ancien Israël.

2. LÉVITE n.f. Anc. **1.** Robe de femme, au XVIIIe s. **2.** Longue redingote d'homme.

LÉVOGYRE adj. CHIM. Se dit des composés qui font tourner le plan de polarisation de la lumière dans le sens inverse des aiguilles d'une montre. *Le fructose est lévogyre.* CONTR. : ***dextrogyre.***

LEVRAUT n.m. Jeune lièvre.

LÈVRE n.f. (lat. *labrum*). **1.** Chacune des parties extérieures inférieure et supérieure de la bouche, qui couvrent les dents. ◇ *Du bout des lèvres :* en remuant à peine les lèvres. – Fig. *Manger, sourire du bout des lèvres,* à peine, avec réticence. **2.** ANAT. Chacun des replis cutanés de l'appareil génital externe féminin, situés en dehors *(grandes lèvres)* ou en dedans *(petites lèvres).* **3.** BOT. Lobe de certaines fleurs. **4.** TECHN. Bord saillant d'une ouverture. ◆ pl. MÉD. Bords d'une plaie.

LEVRETTE n.f. **1.** Femelle du lévrier. **2.** *Levrette d'Italie :* femelle du lévrier italien. SYN. : ***levron.***

LEVRETTÉ, E adj. Qui a le ventre relevé comme celui d'un lévrier. *Épagneul levretté.*

LEVRETTER v.i. Mettre bas, en parlant de la lapine ou de la hase.

LÉVRIER n.m. (de *lièvre*). Chien longiligne, à la tête allongée et à la musculature puissante, très rapide, propre à la chasse du lièvre. *La femelle du lévrier est la levrette.* ◇ *Lévrier italien :* levron.

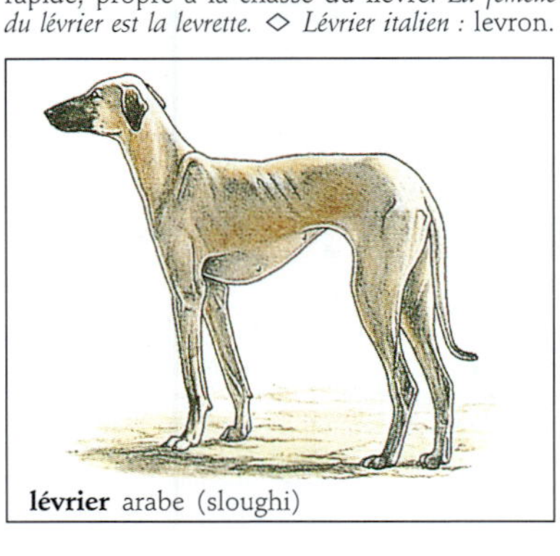

lévrier arabe (sloughi)

LEVRON, ONNE n. **1.** Lévrier de moins de six mois. **2.** Lévrier de petite taille, la plus petite des espèces. SYN. : ***lévrier italien, levrette d'Italie.***

LÉVULOSE n.m. CHIM. Variété lévogyre du fructose.

LEVURE n.f. (de *lever*). **1.** Champignon unicellulaire qui produit la fermentation alcoolique des solutions sucrées ou qui fait lever les pâtes farineuses. (Les levures sont des champignons ascomycètes ; le genre le plus important est le *saccharomyces.*) **2.** Abusif et cour. *Levure chimique :* mélange de produits chimiques utilisé en pâtisserie et en biscuiterie pour faire lever la pâte (et dénommé *poudre à lever* ou *poudre levante* dans la terminologie technique).

LEVURIER n.m. Anc. Fabricant ou marchand de levure de bière.

LEXÈME n.m. LING. Élément significatif, appartenant au lexique (morphème lexical), par opp. au morphème grammatical.

LEXICAL, E, AUX adj. Qui concerne le lexique, le vocabulaire d'une langue.

LEXICALISATION n.f. LING. Processus par lequel une suite de morphèmes devient une unité lexicale.

LEXICALISÉ, E adj. LING. Se dit d'une suite de morphèmes fonctionnant comme une unité de lexique et employée comme un mot. *« Petit déjeuner », « tout à fait » sont lexicalisés.*

LEXICOGRAPHE n. LING. Spécialiste de lexicographie, auteur de dictionnaires.

LEXICOGRAPHIE n.f. LING. Discipline dont l'objet est l'élaboration des dictionnaires.

LEXICOGRAPHIQUE adj. LING. Relatif à la lexicographie.

LEXICOLOGIE n.f. LING. Partie de la linguistique qui étudie le vocabulaire, considéré dans son histoire, son fonctionnement, etc.

LEXICOLOGIQUE adj. LING. De la lexicologie.

LEXICOLOGUE n. LING. Spécialiste de lexicologie.

LEXIE n.f. (gr. *lexis,* mot). LING. Toute unité du lexique (mot ou expression).

LEXIQUE n.m. (gr. *lexikon,* de *lexis,* mot). **1.** Ensemble des mots formant la langue d'une communauté et considéré abstraitement comme l'un des éléments constituant le code de cette langue (notamm. par opp. à la grammaire). **2. a.** Dictionnaire spécialisé regroupant les termes utilisés dans une science ou une technique. **b.** Dictionnaire bilingue succinct. **c.** Glossaire placé à la fin d'un ouvrage. **3.** Vocabulaire employé par un écrivain, un homme politique, etc., dans son œuvre, ses discours, étudié sous l'angle de sa diversité, de sa complexité.

LEXIS [lɛksis] n.f. (mot gr.). LOG. Énoncé considéré indépendamment de la vérité ou de la fausseté de son contenu sémantique.

LEZ ou **LÈS** [lɛ] prép. (lat. *latus,* côté). Près de (uniquement dans les noms de lieux). *Lys-lez-Lannoy. Savigny-lès-Beaune.*

LÉZARD n.m. (lat. *lacertus*). **1.** Reptile commun près des vieux murs, dans les bois, les prés. (Le lézard ocellé peut atteindre 60 cm de long ; type du sous-ordre des lacertiliens.) ◇ Fam. *Faire le lézard :* se prélasser au soleil pour se réchauffer ou bronzer. **2.** Peau tannée des grands lézards tropicaux (iguanes, varans), très appréciée en maroquinerie. **3.** Fam. Difficulté imprévue, problème.

lézard des murailles

LÉZARDE n.f. **1.** Crevasse affectant toute l'épaisseur d'un ouvrage de maçonnerie. ◇ Fig. et litt. Fissure, atteinte qui compromet la solidité de qqch, d'un état, d'un sentiment. **2.** Galon étroit d'ameublement, servant à masquer clous ou coutures.

1. LÉZARDER v.i. Fam. Faire le lézard.

2. LÉZARDER v.t. Produire des lézardes. ◆ **se lézarder** v.pr. Se fendre, se crevasser, en parlant d'un mur.

Li, symbole chimique du lithium.

LI n.m. (mot chin.). Mesure itinéraire chinoise valant 576 m environ.

LIAGE n.m. Action de lier ; son résultat.

LIAIS [ljɛ] n.m. (probablement de *lie,* par analogie de couleur). Calcaire dur, d'un grain très fin, utilisé en dallages et revêtements.

LIAISON n.f. (de *lier*). **I. 1.** Union, jonction de plusieurs choses, de plusieurs corps ensemble. **2.** Enchaînement des parties d'un tout. *Liaison dans les idées.* – *Mots de liaison :* conjonctions et prépositions. **3.** CONSTR. **a.** Action, manière de joindre les matériaux. ◇ *Maçonnerie en liaison,* dans laquelle le milieu de chaque élément (pierre, brique, etc.) pose sur le joint de deux éléments du lit immédiatement inférieur. **b.** Mortier utilisé pour la liaison. **4.** CUIS. Opération consistant à incorporer un ingrédient (jaune d'œuf, farine, etc.) à une préparation pour l'épaissir ; cet ingrédient. **5.** GRAMM. Prononciation de la dernière consonne d'un mot, habituellement muette, avec la voyelle initiale du mot suivant. (Ex. : *les oiseaux* [lɛzwazo].) **6.** MUS. Trait réunissant deux ou plusieurs notes écrites sur le même degré et indiquant que la seconde et, le cas échéant, les suivantes ne doivent pas être attaquées de nouveau ; signe indiquant que l'on ne doit pas détacher les notes les unes des autres. **7.** CHIM. Interaction entre ions (liaison ionique), entre atomes (liaison covalente, liaison métallique), entre molécules (liaison de Van der Waals), responsable de la cohésion et de la structure des corps composés. **8.** MÉCAN. Ensemble de conditions particulières auxquelles est assujetti un corps solide par rapport à un autre, qui limite les mouvements possibles de l'un par rapport à l'autre et qui détermine leur degré de liberté relatif. **II. 1.** Communication régulièrement assurée entre deux ou plusieurs points du globe. *Liaison aérienne.* **2. a.** Action de maintenir les relations entre différents services, différents organismes. ◇ *En liaison :* en contact, en communication. *Rester en liaison.* **b.** Spécialt. MIL. Lien permanent établi entre chefs et subordonnés, entre armes, unités différentes. *Agent de liaison.* **III. 1.** Litt. Lien entre deux personnes, reposant sur des affinités de goût, d'intérêt, de sentiment. *Liaison d'amitié, d'affaires.* **2.** Relation amoureuse suivie.

LIAISONNER v.t. CONSTR. **1.** Disposer en liaison (des éléments de maçonnerie). *Liaisonner des briques.* **2.** Remplir (des joints de maçonnerie) de mortier.

LIANE n.f. (de *lier*). Plante dont la tige flexible grimpe en s'accrochant à un support (espèces grimpantes : vigne, lierre, clématite) ou en s'enroulant autour (plantes volubiles : liseron, haricot). [Les lianes abondent dans la forêt équatoriale.]

1. LIANT, E adj. Qui se lie facilement avec autrui ; sociable. *Caractère, esprit liant.*

2. LIANT n.m. **1.** Matière ajoutée à une autre, qui, en se solidifiant, en agglomère les parties composantes. ◇ CONSTR. *Liant hydraulique :* matériau pulvérulent durcissant à l'abri de l'air, sous la seule influence de l'eau, et capable d'agglomérer des matières inertes (sables, graviers, etc.). **2.** Constituant, non volatil ou semi-volatil, des peintures, véhiculant et agglutinant les pigments de couleur. SYN. : ***médium.*** **3.** Élasticité. *Le liant de l'acier.* **4.** Litt. Affabilité. *Avoir du liant.*

1. LIARD n.m. (anc. fr. *liart,* grisâtre). Ancienne monnaie de cuivre qui valait 3 deniers, le quart d'un sou.

2. LIARD n.m. Région. Peuplier franc.

LIARDER v.i. Vieilli. Lésiner.

LIAS [ljas] n.m. (mot angl., fr. *liais*). GÉOL. Partie inférieure du système jurassique.

LIASIQUE adj. GÉOL. Relatif au lias.

LIASSE n.f. Paquet de papiers, de billets, etc., liés ensemble. *Liasse de lettres.*

LIBAGE n.m. (anc. fr. *libe,* bloc de pierre). CONSTR. Quartier de roche dont on se sert pour les fondations d'un mur, d'un pilier.

LIBANAIS, E adj. et n. Du Liban.

LIBANISATION n.f. Processus de fragmentation d'un État, résultant de l'affrontement entre diverses communautés. (On dit aussi *balkanisation.*)

LIBATION n.f. (lat. *libatio,* de *libare,* verser). ANTIQ. Offrande rituelle à une divinité d'un liquide (vin, huile, lait) que l'on répandait sur le sol ou sur un autel. ◆ pl. *Faire des libations, de joyeuses libations :* boire copieusement, bien s'amuser en buvant du vin, de l'alcool.

LIBECCIO [libetʃjo] n.m. (mot it.). Vent du sud-ouest qui souffle sur la Côte d'Azur et la Corse.

LIBELLE n.m. (lat. *libellus,* petit livre). Litt. Petit écrit satirique, parfois à caractère diffamatoire.

LIBELLÉ n.m. Formulation d'un acte, d'un document, manière dont il est rédigé.

LIBELLER v.t. **1.** Rédiger (un acte) dans les formes. – Spécialt. *Libeller un chèque, un mandat,* en spécifier le montant et la destination. **2.** Formuler par écrit.

LIBELLISTE n. Vx. Auteur de libelles.

LIBELLULE n.f. (lat. *libella,* niveau, à cause du vol horizontal de l'insecte). Insecte à quatre ailes transparentes finement nervurées, aux yeux globuleux à facettes, volant rapidement près des eaux en capturant des insectes, et dont la larve est aquatique. (Ordre des odonates ; long. jusqu'à 5 cm.) [→ ***demoiselle*** et ***agrion.***]

LIBER [libɛr] n.m. (mot lat.). BOT. Tissu végétal assurant par ses tubes criblés la conduction de la sève élaborée, et se trouvant dans la partie profonde des racines, des tiges et de l'écorce du tronc.

LIBERA [libera] n.m. inv. LITURGIE. Répons de l'office des morts.

LIBÉRABLE adj. **1.** Qui présente les conditions requises pour être libéré. *Prisonnier libérable.* **2.** Qui va être rendu à la vie civile. *Militaire libérable.*

LIBÉRAL, E, AUX adj. et n. **1.** Qui est favorable aux libertés individuelles, à la liberté de penser, à la liberté politique. *Idées libérales.* **2.** Qui appartient au libéralisme économique ou politique, qui en est partisan. *Majorité, économie libérale. Les libéraux et les conservateurs.* ◇ *Parti libéral :* parti se réclamant du libéralisme politique, notamment en Grande-Bretagne, en Allemagne fédérale, en Belgique, en Italie. **3.** Indulgent, tolérant, permissif. *Un père libéral. Une éducation libérale.* ◆ adj. **1.** *Profession libérale :* profession dépendant d'un ordre, d'un organisme professionnel et dont la rémunération ne revêt aucun caractère commercial (avocat, médecin, expert-comptable, etc.). **2.** *Arts libéraux.* **a.** Au Moyen Âge, ensemble des disciplines intellectuelles fondamentales, divisées en deux cycles, le *trivium* (grammaire, rhétorique, dialectique) et le *quadrivium* (arithmétique, musique, géométrie, astronomie). **b.** À l'époque classique, arts dans lesquels la conception intellectuelle et l'inspiration prédominent, et, spécialement, les beaux-arts, par opposition aux arts mécaniques.

LIBÉRALEMENT adv. Avec libéralité ou avec libéralisme. *Interpréter libéralement une loi.*

LIBÉRALISATION n.f. Action de libéraliser.

LIBÉRALISER v.t. Rendre (un régime, une économie) plus libéral, en partic. en diminuant les interventions de l'État.

LIBÉRALISME n.m. **1.** Doctrine économique de la libre entreprise, selon laquelle l'État ne doit pas, par son intervention, gêner le libre jeu de la concurrence. **2.** Doctrine politique visant à limiter les pouvoirs de l'État au regard des libertés individuelles. (Le libéralisme politique s'est opposé au XVIIIe s. à l'absolutisme monarchique.) **3.** Fait d'être libéral, tolérant. *Le libéralisme d'un directeur, d'un règlement.*

LIBÉRALITÉ n.f. **1.** Disposition à donner largement ; générosité. *Agir avec libéralité.* **2.** (Surtout pl.). Litt. Don fait avec générosité. **3.** DR. Acte procurant un avantage sans contrepartie.

LIBÉRATEUR, TRICE adj. Qui libère de contraintes morales ou physiques. *Un rire libérateur.* ◆ adj. et n. Qui libère du despotisme, d'une occupation étrangère. *Fêter les libérateurs.*

LIBÉRATION n.f. **I. 1.** Action de rendre libre une personne prisonnière ; élargissement. ◇ *Libération conditionnelle :* mise en liberté d'un condamné avant l'expiration de sa peine, sous certaines conditions. **2.** Renvoi d'un militaire, du contingent dans ses foyers après l'accomplissement de son service actif ; démobilisation. **3.** Action de délivrer un peuple de la servitude, de l'occupation étrangère. **4.** DR. **a.** Acquittement d'une dette. **b.** Paiement du montant d'une action. **5.** Affranchissement de tout ce qui limite la liberté, le développement de qqn, d'un groupe ; émancipation. ◇ Spécialt. Action de mettre fin à une réglementation, à un contrôle strict. *Libération des prix.* **6.** Cessation d'une contrainte matérielle ou psychologique ; délivrance. **II. 1.** PHYS. Dégagement d'énergie lors d'une réaction chimique ou nucléaire. **2.** *Vitesse de libération :* vitesse minimale qu'il faut communiquer à un corps au départ d'un astre pour lui permettre d'échapper au champ d'attraction de cet astre. (Pour la Terre, elle est voisine de 11,2 km/s.)

LIBÉRATOIRE adj. Qui a pour effet de libérer d'une obligation, d'une dette.

LIBÉRÉ, E adj. et n. Dégagé d'une obligation, d'une peine, d'une servitude. ◆ adj. Affranchi de contraintes sociales ou morales. ◇ Spécialt. Affranchi des contraintes sociales en matière de mœurs. *C'est une fille assez libérée.*

LIBÉRER v.t. (lat. *liberare*) 18. **I. 1.** Mettre en liberté (un prisonnier) ; élargir, relâcher. **2.** Renvoyer (une recrue, une classe) dans ses foyers. **3.** Délivrer un pays, un peuple de la domination ou de l'occupation étrangère. **4.** Débarrasser de qqch qui entrave. *Libérer qqn de ses liens.* **5.** Décharger d'une obligation, d'une dette. **6.** Laisser partir, rendre sa liberté d'action à qqn. **7.** Fig. Soustraire à une contrainte physique ou morale. *Cette nouvelle me libère d'un souci.* **II. 1.** Rendre libre (un mécanisme). *Libérer le cran de sûreté d'une arme.* **2.** Dégager de ce qui obstrue, entrave. *Libérer le passage.* **3.** Rendre (un lieu) libre, disponible. *Libérer un appartement.* **4.** Rendre libre (ce qui était soumis à des restrictions). *Libérer les échanges.* **5.** PHYS. Dégager (une énergie, une substance). *Réaction qui libère de l'oxygène.* ◆ **se libérer** v.pr. **1.** Se rendre libre de toute occupation. **2.** Acquitter une dette, une obligation.

1. LIBÉRIEN, ENNE adj. BOT. Du liber.

2. LIBÉRIEN, ENNE adj. et n. Du Liberia.

LIBÉRISTE adj. Relatif au vol à voile pratiqué avec une aile libre. ◆ n. Personne qui pratique ce sport.

LIBERO [libero] n.m. (mot it.). Au football, défenseur évoluant librement devant le gardien de but et en couverture de la ligne de défense.

LIBÉRO-LIGNEUX, EUSE adj. (pl. *libéro-ligneux, euses*). BOT. Composé de liber et de bois.

LIBERTAIRE n. et adj. Partisan de la liberté absolue de l'individu en matière politique et sociale ; anarchiste. ◆ adj. Qui relève de la doctrine libertaire.

LIBERTÉ n.f. (lat. *libertas*). **I.** Absence d'entrave. **1.** État d'une personne qui n'est pas soumise à la servitude. **2.** État d'un être qui n'est pas captif. *Animal qui vit en liberté.* ◇ DR. *Liberté surveillée (des mineurs délinquants) :* régime dans lequel ceux-ci sont maintenus dans leur milieu et soumis à une surveillance assurée par des délégués à la liberté surveillée sous le contrôle du juge des enfants. **3.** Possibilité de se mouvoir sans gêne ni entrave physique. *Recouvrer la liberté de ses mouvements.* **II.** Absence de contrainte. **1.** Possibilité d'agir, de penser, de s'exprimer selon ses propres choix. ◇ *Avoir toute liberté, de, pour :* pouvoir, sans aucune surveillance ni contrôle, faire telle chose, agir de telle manière. – *Prendre la liberté de :* se permettre de. **2.** État d'une personne qui n'est liée par aucun engagement professionnel, conjugal, etc. **3.** Attitude de qqn qui n'est pas dominé par la peur, la gêne, les préjugés. *S'expliquer en toute liberté avec qqn.* **III. 1.** *Liberté civile, liberté :* faculté pour un citoyen de faire tout ce qui n'est pas contraire à la loi et qui ne nuit pas à autrui. – *Liberté naturelle :* droit que l'homme a par nature d'employer ses facultés comme il l'entend. **2.** Spécialt. Droit reconnu à l'individu d'aller et de venir sans entraves sur le territoire national, d'y entrer et d'en sortir à son gré. ◇ *Liberté de conscience, liberté du culte :* droit de pratiquer la religion de son choix. – *Liberté d'opinion, d'expression, de pensée* (ou *de penser*) : droit d'exprimer librement ses pensées, ses opinions et de les publier. – *Liberté de réunion (publique) :* droit accordé aux individus de délibérer des sujets de leur choix dans un local ouvert à tous, sans autorisation préalable. – *Liberté syndicale :* droit pour les salariés de constituer des syndicats, d'adhérer ou non à un syndicat. – *Liberté d'enseignement :* liberté de créer un établissement d'enseignement et, pour l'enseigné, de choisir entre l'enseignement public et l'enseignement privé. **IV.** État d'un pays qui se gouverne en pleine souveraineté. **V.** État de l'homme qui se gouverne selon sa raison, en l'absence de tout déterminisme. ◆ pl. **1.** Immunités et franchises. *Les libertés municipales.* **2.** (Surtout dans la loc. *prendre des libertés*). Manières d'agir trop libres, ou jugées telles. – *Prendre des libertés avec qqn,* agir avec lui trop familièrement. ◇ Fig. *Prendre des libertés avec un texte,* ne pas le citer (ou le traduire, etc.) exactement. **3.** *Libertés publiques :* ensemble des libertés reconnues aux personnes et aux groupes face à l'État.

LIBERTICIDE adj. et n. Litt. Qui porte atteinte aux libertés. *Loi liberticide.*

LIBERTIN, E adj. et n. (lat. *libertinus,* affranchi). **1.** LITTÉR., HIST. Libre-penseur, au XVIIe s. **2.** Litt. Qui mène une vie dissolue, qui est de mœurs très libres. ◆ adj. Litt. Marqué par le libertinage, la licence des mœurs. *Propos libertins.*

LIBERTINAGE n.m. Litt. Manière de vivre dissolue du libertin ; inconduite, licence.

LIBERTY [libɛrti] n.m. inv. et adj. inv. (nom déposé ; du n. de l'inventeur). Tissu fin, le plus souvent en coton, à petites fleurs, employé pour l'habillement et l'ameublement.

LIBERUM VETO [liberɔmveto] n.m. inv. (mots lat.). HIST. Droit de veto qui appartenait à chaque membre de la Diète polonaise.

LIBIDINAL, E, AUX adj. PSYCHAN. Relatif à la libido. *Objet libidinal.* – *Stade libidinal :* étape du développement de la libido, caractérisée par le primat d'une zone érogène et d'un type de relation d'objet.

LIBIDINEUX, EUSE adj. Litt. Qui est porté à rechercher sans cesse les plaisirs érotiques.

LIBIDO n.f. (mot lat., *désir*). PSYCHAN. Énergie de la pulsion sexuelle. (La libido peut s'investir sur le moi [*libido narcissique*] ou sur un objet extérieur [*libido d'objet*].)

LIBOURET n.m. PÊCHE. Ligne à main, à plusieurs hameçons, utilisée notamment pour la pêche au maquereau.

LIBRAIRE n. (lat. *librarius,* de *liber,* livre). Personne qui vend des livres, des ouvrages imprimés, qui tient une librairie.

LIBRAIRIE n.f. **1.** Vx. Bibliothèque. **2.** Magasin du libraire. **3.** Activité, commerce de librairie. **4.** (Dans des noms de firmes). Maison d'édition qui assure la vente directe d'une partie de sa production par l'intermédiaire d'un ou plusieurs magasins qu'elle possède.

LIBRATION n.f. (lat. *libratio*). ASTRON. **1.** Oscillation d'un astre autour d'une position moyenne. **2.** Spécialt. Balancement apparent de la Lune autour de son axe, que l'on perçoit depuis la Terre.

LIBRE adj. (lat. *liber*). **I. 1.** Qui n'est pas esclave, qui n'est pas prisonnier, retenu en captivité. *L'accusé est libre.* **2.** Qui a le pouvoir d'agir, de se déterminer à sa guise. *Vous êtes libre de refuser.* – *Libre à vous de :* il vous est permis de. **3.** Se dit d'un État, d'un peuple qui exerce le pouvoir en toute souveraineté. **4.** Qui est sans contrainte, sans souci des règles. *Mener une vie très libre.* **5.** Qui n'est pas lié par un engagement, qui dispose de son temps. *Je suis libre ce soir à cinq heures.* **6.** Qui n'est pas marié, engagé dans une relation amoureuse. **II. 1.** Qui se détermine indépendamment de dogmes, d'idées reçues. *Un esprit libre.* ◇ *Libre-pensée, libre-penseur :* v. à l'ordre alphabétique. – *Libre arbitre* → ***2. arbitre.*** **2.** Qui n'éprouve pas de gêne dans ses relations avec autrui. *Être très libre avec qqn.* **3.** Qui ne respecte pas la décence, les convenances. *Des plaisanteries un peu libres.* **III. 1.** Qui n'est pas assujetti, retenu. *Laisser ses cheveux libres.* **2.** Qui ne comporte pas d'obstacles, de contraintes. *La voie est libre.* ◇ *Entrée libre,* gratuite et sans formalité. – *Avoir le champ* *libre :* avoir la possibilité d'agir à sa guise. – *Temps libre,* dont on peut disposer à sa guise. **3.** Qui n'est pas défini par un règlement, une convention, un programme, etc. *Figures libres.* **4.** *Papier libre,* sans en-tête ou non timbré. **5.** Se dit d'une adaptation, d'une traduction qui n'est pas tout à fait fidèle au texte original. **6.** Qui n'est pas assujetti à des contraintes fixées par le pouvoir politique, qui ne subit aucune pression. *Une presse libre.* **7.** Qui n'est pas occupé ou réservé à qqn. *Le taxi est libre.* **8.** MATH. *Famille libre de vecteurs :* famille de vecteurs linéairement indépendants.

LIBRE-ÉCHANGE n.m. sing. Système économique dans lequel les échanges commerciaux entre États sont libres et affranchis des droits de douane (par opp. à *protectionnisme*).

LIBRE-ÉCHANGISME n.m. (pl. *libre-échangismes*). Doctrine économique visant à établir le libre-échange.

LIBRE-ÉCHANGISTE adj. et n. (pl. *libre-échangistes*). Relatif au libre-échange ; partisan du libre-échange.

LIBREMENT adv. **1.** Sans entrave, sans restriction, sans contrainte. *Circuler librement.* **2.** En toute liberté de choix. *Président librement élu.* **3.** Avec franchise, spontanéité. *Parler librement.*

LIBRE-PENSÉE n.f. (calque de l'angl. *free-thinking*) [pl. *libres-pensées*]. **1.** Attitude, conceptions d'un libre-penseur. **2.** Ensemble des libres-penseurs.

LIBRE-PENSEUR n.m. (pl. *libres-penseurs*). Personne qui s'est affranchie de toute sujétion religieuse, de toute croyance en quelque dogme que ce soit.

LIBRE-SERVICE n.m. (pl. *libres-services*). **1.** Méthode de vente où le client se sert lui-même, dans un magasin, dans un restaurant. **2.** Établissement où l'on se sert soi-même.

LIBRETTISTE n. Auteur du livret d'une œuvre lyrique ou chorégraphique.

LIBRETTO [libreto] n.m. (pl. *librettos* ou *libretti*). MUS., VX. Livret.

LIBYEN, ENNE adj. et n. De Libye.

1. LICE n.f. (du francique). **1.** Palissade de bois dont on entourait les places ou châteaux fortifiés. **2.** Terrain ainsi clos, qui servait aux tournois, aux joutes. **3.** Tout champ clos préparé pour des exercices, des joutes de plein air. ◇ Fig. *Entrer en lice :* s'engager dans une lutte, intervenir dans une discussion. **4.** Bordure intérieure d'une piste d'athlétisme, de cyclisme.

2. LICE n.f. (lat. pop. *licia*). Femelle d'un chien de chasse. ◇ *Lice portière :* chienne destinée à la reproduction.

3. LICE n.f. → ***3. lisse.***

LICENCE n.f. (lat. *licentia,* permission). **I. 1.** Litt. Liberté excessive qui tend au dérèglement moral ; caractère de ce qui est licencieux, contraire à la décence. *Licence des mœurs.* **2.** Liberté que prend un écrivain, un poète avec les règles de la grammaire, de la syntaxe, de la versification. *Licence poétique.* **II. 1.** Diplôme universitaire sanctionnant la première année d'études du second cycle. **2.** DR. Permis d'exercer une activité soumise à autorisation préalable ; autorisation délivrée par l'Administration d'importer ou d'exporter divers produits. – *Licence d'exploitation* ou *licence :* autorisation d'exploiter un brevet d'invention. **3.** SPORTS. Document émanant d'une fédération, délivré à titre personnel, et qui permet de prendre part aux compétitions.

LICENCIABLE adj. et n. Se dit d'un salarié qui peut être licencié ou qui fait l'objet d'une procédure de licenciement.

1. LICENCIÉ, E n. et adj. **1.** Titulaire d'une licence universitaire. *Licencié en droit. Licencié ès lettres.* **2.** Titulaire d'une licence sportive.

2. LICENCIÉ, E adj. et n. Qui est privé de son emploi à la suite d'un licenciement.

LICENCIEMENT n.m. Rupture, à l'initiative de l'employeur, d'un contrat de travail à durée indéterminée. – *Licenciement individuel,* ne concernant qu'un seul salarié et pouvant intervenir pour cause économique ou pour faute professionnelle du salarié. – *Licenciement collectif,* concernant plusieurs salariés d'une entreprise et généralement décidé pour des motifs d'ordre économique. (Cette forme de licenciement d'ordre économique n'est plus soumise à l'autorisation administrative depuis les lois du 3 juillet et du 30 décembre 1986.)

LICENCIER v.t. Priver d'emploi, renvoyer un salarié, rompre son contrat de travail.

LICENCIEUX, EUSE adj. (lat. *licentiosus,* de *licentia,* liberté). **1.** Litt. Extrêmement libre dans ses mœurs, ses écrits, ses paroles. **2.** Contraire à la pudeur, à la décence. *Chanson licencieuse.*

LICHEN [likɛn] n.m. (gr. *leikhên,* qui lèche). **1.** Végétal qui croît sur les sols pauvres, les arbres, les pierres, formé d'un thalle aplati ou rameux, où vivent associés un champignon et une algue. (Les lichens résistent à des conditions extrêmes de température et de sécheresse.) **2.** PATHOL. *Lichen plan :* dermatose prurigineuse caractérisée par de petites papules violacées, sèches et dures.

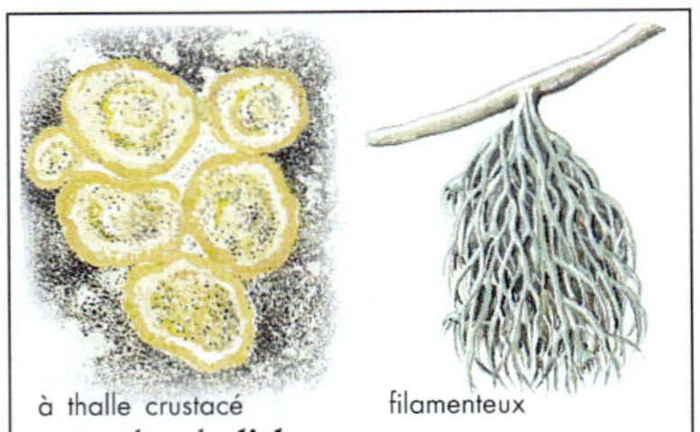

exemples de **lichen**

LICHER v.t. (de *lécher*). Pop., VX. Boire.

LICHETTE n.f. **1.** Fam. Petite quantité (d'un aliment). *Lichette de pain, de vin.* **2.** Belgique. Attache, cordon servant à suspendre un vêtement, une serviette.

LICIER n.m. → ***lissier.***

LICITATION n.f. DR. Vente aux enchères, par les copropriétaires, d'un bien indivis.

LICITE adj. (lat. *licitus,* permis). Permis par la loi. *User de moyens licites.*

LICITEMENT adv. De façon licite.

LICITER v.t. DR. Vendre par licitation.

LICOL ou **LICOU** n.m. (de *lier,* et anc. fr. *col,* cou). Pièce de harnais qu'on place sur la tête des bêtes de somme pour les attacher, les mener.

LICORNE n.f. (lat. *unicornis,* à une seule corne). Animal fabuleux représenté comme un cheval portant au milieu du chanfrein une longue corne torsadée.

LICTEUR n.m. (lat. *lictor*). ANTIQ. Officier qui marchait devant les principaux magistrats de l'ancienne Rome, portant un faisceau de verges qui, dans certaines circonstances, enserrait une hache.

LIDO n.m. (de *Lido,* n.pr.). GÉOGR. Cordon littoral en position avancée à l'entrée d'une baie et pouvant isoler une lagune.

LIE n.f. (du gaul. *liga*). **1.** Dépôt qui se forme dans les liquides fermentés (bière, vin). ◇ *Boire le calice, la coupe jusqu'à la lie* → ***calice.*** **2.** Litt. Ce qu'il y a de plus vil, de plus mauvais dans une société ; rebut, racaille. *La lie de la populace.*

LIÉ, E adj. MATH. *Famille liée :* famille de vecteurs qui n'est pas libre.

LIED [lid] n.m. (mot all.) [pl. *lieds* ou *lieder*]. Poème chanté, à une ou à plusieurs voix, avec ou sans accompagnement, dans les pays germaniques.

■ Le lied prend sa source dans les pays germaniques au Moyen Âge. Après avoir été polyphonique, il devient au XVIIIe s. mélodie de salon, puis, à partir du XIXe s., œuvre de concert accompagnée au piano ou à l'orchestre grâce à Beethoven, Schubert, Schumann, Brahms, Wolf, Mahler et R. Strauss.

LIE-DE-VIN adj. inv. Rouge violacé.

LIÈGE n.m. (du lat. *levis,* léger). **1.** BOT. Tissu végétal épais, imperméable et léger, à parois imprégnées de subérine, fourni par l'écorce de certains arbres, en partic. du chêne-liège. **2.** Cour. Cette partie de l'écorce, propre à divers usages commerciaux (bouchons, flotteurs, plaques, etc.).

LIÉGÉ, E adj. Garni de liège.

LIÉGEOIS, E adj. et n. De Liège. ◆ adj. *Café, chocolat liégeois :* glace au café ou au chocolat servie non entièrement prise et nappée de crème Chantilly.

LIEN n.m. (lat. *ligamen*). **1.** Ce qui sert à lier pour maintenir ou fermer (ficelle, courroie, chaîne, etc.). **2.** Ce qui attache, unit, établit un rapport logique ou de dépendance. *Lien de cause à effet.* **3.** Ce qui lie deux, plusieurs personnes ; relation. *Les liens du sang, de l'amitié.* **4.** Litt. Ce qui impose une contrainte, enchaîne. *Briser, rompre ses liens. Les liens d'un serment.*

LIER v.t. (lat. *ligare*). **I. 1.** Attacher, maintenir avec un lien. *Lier une gerbe d'épis.* **2.** Joindre des éléments, établir entre eux une continuité. *Lier des lettres par un trait de plume.* ◇ *Lier des notes,* les rendre par une seule émission de voix ou de souffle, par un seul coup d'archet, etc. **3.** Maintenir, réunir à l'aide d'une substance. *Lier des pierres avec du mortier.* **4.** *Lier une sauce,* l'épaissir, la rendre homogène avec une liaison. **II. 1.** Constituer un lien affectif entre des personnes ; unir par un intérêt, un goût, un rapport quelconque. *L'intérêt nous lie.* ◇ *Lier amitié, lier conversation :* contracter une amitié ; engager la conversation. – *Avoir partie liée avec qqn :* être engagé solidairement avec lui dans une affaire. **2.** Attacher par un engagement juridique ou moral. **3.** Maintenir dans un état de dépendance ; enchaîner. *Être lié par une promesse.* ◆ **se lier** v.pr. Contracter amitié, être uni à qqn, rattaché à qqch. *Ils se sont vite liés.*

LIERNE n.f. (de *lier*). **1.** ARCHIT. Chacune des nervures qui joignent les sommets des tiercerons à la clef, dans une voûte de style gothique flamboyant. **2.** CONSTR. Dans une charpente métallique, barre reliant les pannes entre elles pour prévenir le flambage.

LIERRE n.m. (anc. fr. *l'iere,* du lat. *hedera*). **1.** Plante ligneuse grimpante, à feuilles persistantes, à baies noires toxiques, qui se fixe aux murs, aux arbres par des racines crampons. (Famille des hédéracées.) **2.** *Lierre terrestre :* gléchome.

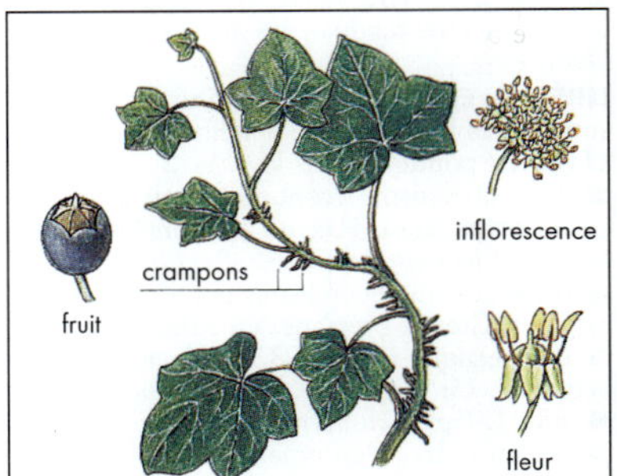

lierre

LIESSE n.f. (lat. *laetitia*). Litt. *En liesse,* se dit d'une foule qui manifeste une joie débordante.

1. LIEU n.m. (lat. *locus*) [pl. *lieux*]. **I. 1.** Partie circonscrite de l'espace où se situe une chose, où se déroule une action. *Lieu de rendez-vous.* – *En tous lieux :* partout. ◇ MATH., vieilli. *Lieu géométrique :* ensemble de points vérifiant une propriété caractéristique. **2.** Localité, pays, contrée. *Un lieu charmant.* **II.** Endroit, édifice, local, etc., considéré du point de vue de sa destination, de son usage. *Lieu de travail.* – *Lieux de débauche,* mauvais lieux (lupanars, tripots, débits de boisson). – *Lieu public :* endroit où le public a accès (jardin public, cinéma, café, etc.). **III.** (Dans des expressions). *Avoir lieu :* se produire, arriver, se dérouler. *La réunion aura lieu à 10 heures.* – *Avoir lieu de, avoir tout lieu de :* avoir une raison, de bonnes raisons pour. *Nous avons tout lieu de croire qu'il est innocent.* – *Ce n'est pas le lieu (de) :* ce n'est pas l'endroit, le moment pour. – *Donner lieu à :* fournir l'occasion de. *Cela donnera lieu à des critiques.* – *En premier, en second lieu :* premièrement, d'abord ; deuxièmement, ensuite. – *En dernier lieu :* enfin, finalement. – *En haut lieu :* auprès des responsables, des dirigeants. – *Il y a lieu de :* il est permis, opportun de. *Il y a lieu d'être inquiet.* – *S'il y a lieu :* le cas échéant. – *Tenir lieu de :* se substituer à, remplacer. ◇ *Au lieu de :* à la place de ; plutôt que de. *Employer un mot au lieu d'un autre. Écoute au lieu de parler.* ◇ *Au lieu que* (+ subj.) : plutôt que. ◆ pl. **1.** Locaux, propriété. *Faire l'état des lieux.* **2.** Vieilli. *Lieux d'aisances :* cabinets, toilettes. **3.** *Lieux saints :* les localités et les sanctuaires de Palestine liés au souvenir de Jésus (v. partie n. pr., Jérusalem).

2. LIEU n.m. (anc. scand. *lyr*) [pl. *lieus*]. *Lieu noir* ou *lieu* : colin (poisson).

LIEU-DIT ou **LIEUDIT** n.m. (pl. *lieux-dits, lieudits*). Lieu qui porte un nom rappelant une particularité topographique ou historique et qui, souvent, constitue un écart d'une commune.

LIEUE n.f. (du gaul.). **1.** Anc. Mesure linéaire, de valeur variable. **a.** *Lieue de terre* ou *lieue commune* : vingt-cinquième partie du degré terrestre compté sur un grand cercle, soit 4,445 km. **b.** *Lieue kilométrique* : lieue de 4 km. **c.** *Lieue marine* ou *lieue géographique* : vingtième partie du degré terrestre, soit 3 milles ou env. 5,556 km. **d.** *Lieue de poste* : lieue de 3,898 km. **2.** Canada. Mesure linéaire équivalant à 3 milles. **3.** Fig. *Être à cent lieues, à mille lieues de* : être fort éloigné de. *J'étais à cent lieues de le croire coupable.*

LIEUR, EUSE n. Personne qui lie, qui est chargée de lier des gerbes, des bottes.

LIEUSE n.f. Mécanisme conçu pour lier les gerbes ou les bottes derrière un appareil de récolte.

LIEUTENANT n.m. (lat. *locum tenens*, qui tient un lieu). **1.** Celui qui seconde et remplace le chef. **2.** Officier dont le grade se situe entre celui de sous-lieutenant et celui de capitaine. (→ ***grade.***) **3.** Suisse. Sous-lieutenant. (Le lieutenant est appelé *premier lieutenant.*) **4.** *Lieutenant de vaisseau* : officier de marine dont le grade correspond à celui de capitaine dans les armées de terre et de l'air. **5.** HIST. *Lieutenant général du royaume* : personne que le roi désignait pour exercer temporairement le pouvoir à sa place (le duc de Guise en 1557 ; le comte d'Artois, futur Charles X, en 1814 ; le duc d'Orléans, futur Louis-Philippe, en 1830). **6.** DR. ANC. **a.** *Lieutenant criminel* : magistrat établi dans chaque bailliage ou sénéchaussée pour connaître des affaires criminelles. **b.** *Lieutenant général de police* : magistrat qui dirigeait la police à Paris et dans les principales villes du royaume, à partir de la fin du XVIIe s.

LIEUTENANT-COLONEL n.m. (pl. *lieutenants-colonels*). Officier des armées de terre ou de l'air dont le grade est intermédiaire entre celui de commandant et celui de colonel. (→ ***grade.***)

LIÈVRE n.m. (lat. *lepus, leporis*). **1. a.** Mammifère de l'ordre des lagomorphes, à longues pattes postérieures permettant une course rapide, qui a la pointe des oreilles noire et gîte dans des dépressions du sol. *La femelle du lièvre se nomme hase. – Le lièvre vagit*, pousse son cri. **b.** Chair comestible de cet animal. **2. a.** *Lever un lièvre*, le faire sortir de son gîte ; fig., soulever une question, une difficulté. **b.** Fig. *Courir, chasser deux lièvres à la fois* : poursuivre deux buts différents. **3.** SPORTS. Coureur chargé de mener un train rapide au début d'une course, pour faciliter la réalisation d'une performance.

lièvre

LIFT n.m. (de l'angl. *to lift*, soulever). Au tennis, effet donné à la balle en la frappant de bas en haut, afin d'en augmenter le rebond.

LIFTER v.t. SPORTS. Donner un effet de lift à (une balle). ◆ v.i. Faire un lift.

LIFTIER, ÈRE n. (de l'angl. *lift*, ascenseur). Personne préposée à la manœuvre d'un ascenseur, dans un grand magasin, un hôtel.

LIFTING [liftiŋ] n.m. (mot angl.). **1.** Intervention de chirurgie esthétique consistant à enlever des bandelettes de peau et à retendre celle-ci pour supprimer les rides. Recomm. off. : ***lissage.*** **2.** Fig., fam. Opération de rajeunissement, de rénovation. *Un lifting idéologique.*

LIGAMENT n.m. (lat. *ligamentum*, de *ligare*, lier). Ensemble de fibres conjonctives serrées et résistantes, orientées dans le même sens, qui unissent les os au niveau des articulations ou maintiennent des organes en place.

LIGAMENTAIRE adj. Relatif aux ligaments.

LIGAMENTEUX, EUSE adj. De la nature des ligaments.

LIGAND n.m. (du lat. *ligare*, lier). CHIM. Molécule ou ion unis à l'atome central d'un complexe par une liaison de coordination.

LIGASE n.f. Toute enzyme qui catalyse une réaction de synthèse avec formation de liaisons entre deux molécules, en utilisant l'énergie fournie par l'A. T. P.

LIGATURE n.f. (du lat. *ligare*, lier). **1.** Opération qui consiste à serrer un lien, une bande autour d'une partie du corps (en général, un vaisseau sanguin) ou d'objets divers ; le lien lui-même. ◇ *Ligature des trompes* : méthode anticonceptionnelle irréversible consistant à ligaturer les trompes de Fallope. **2.** HORTIC. Action d'entourer d'un lien une plante, une greffe, etc. **3.** Ensemble de lettres liées qui forme un caractère unique. (Ex. : œ.)

LIGATURER v.t. Attacher, serrer avec une ligature. *Ligaturer une artère, les trompes.*

LIGE adj. (du francique). **1.** Se disait d'un vassal lié à son seigneur par une forme d'hommage plus étroite que l'hommage ordinaire. **2.** Fig., litt. *Homme lige* : personne totalement dévouée à qqn, à un groupe.

LIGÉRIEN, ENNE adj. (lat. *Liger*, Loire). De la Loire, de son bassin.

LIGIE n.f. (de *Ligie*, n. myth.). Crustacé voisin des cloportes, vivant sur les côtes, à la limite des hautes mers. (Long. 3 cm.)

1. LIGNAGE n.m. **1.** Groupe de filiation unilinéaire dont tous les membres se considèrent comme descendants d'un même ancêtre. **2.** *De haut lignage* : de haute noblesse.

2. LIGNAGE n.m. Nombre de lignes qui forment un texte imprimé.

LIGNARD n.m. HIST. Soldat de l'infanterie de ligne avant 1914.

LIGNE n.f. (lat. *linea*). **I. 1. a.** Trait continu dont l'étendue se réduit pratiquement à la dimension de la longueur. **b.** MAR. *Ligne d'eau* : ligne déterminée sur la coque d'un navire par des plans parallèles à la surface de l'eau. **c.** MAR. *Ligne de charge* : ligne apposée sur la surface d'un navire et au-delà de laquelle il ne doit pas s'enfoncer. **2. a.** MATH. Figure qui peut être matérialisée par un fil assez fin. *Un point qui se déplace engendre une ligne.* **b.** Ensemble des éléments se trouvant sur une même horizontale dans un tableau à double entrée (matrice, déterminant, etc.). **3. a.** Trait réel ou imaginaire qui sépare deux éléments contigus ; intersection de deux surfaces. **b.** MATH. *Ligne de niveau* : section d'une surface par un plan horizontal. **c.** *Ligne équinoxiale* : équateur. ◇ Absolt. MAR. *La Ligne* : l'équateur. **d.** ASTRON. *Ligne des nœuds* : ligne d'intersection du plan de l'orbite d'un astre avec un plan pris pour référence. **4.** Forme, contour, dessin d'un corps, d'un objet, etc. *La ligne d'une voiture.* ◇ Fam. *Avoir, garder la ligne*, une silhouette fine, élégante. *Faire attention à sa ligne.* **5.** Belgique. Raie des cheveux. **II. 1.** Trait imaginaire marquant une direction suivie de façon continue. *Aller en droite ligne.* **2.** Règle de vie, orientation. *Ligne de conduite.* **3.** Itinéraire régulier desservi par un service de transport ; ce service. *Ligne aérienne. Pilote de ligne. – Cargo de ligne*, qui dessert une ligne régulière de navigation. **III. 1.** Cordeau pour aligner. *Ligne de charpentier, de maçon.* **2.** Fil terminé par un ou plusieurs hameçons pour pêcher. **3.** Installation servant au transport d'énergie électrique, à la communication. *Ligne à haute tension. Ligne téléphonique.* ◇ *Être en ligne* : être branché téléphoniquement avec un correspondant. **4.** TÉLÉCOMM., INFORM. *En ligne* : se dit d'un réseau ou d'un service télématique accessible par un ordinateur via le réseau téléphonique ou un réseau câblé. – *Hors ligne* : se dit d'un périphérique qui n'est plus connecté à un ordinateur et qui ne se trouve donc plus disponible pour échanger des données avec lui ou exécuter des tâches à sa demande ; se dit d'un service d'informations dont les données sont enregistrées dans une mémoire locale et ne sont pas accessibles par l'intermédiaire d'une ligne de télécommunication. **IV. 1.** Suite, série continue de personnes ou de choses. *Une ligne de peupliers.* ◇ *Hors ligne* : exceptionnel, tout à fait supérieur. **2.** MÉCAN. *Ligne d'arbre* : alignement des supports de vilebrequin d'un moteur. **3.** MIL. **a.** Dispositif formé d'hommes, d'unités ou de moyens de combat placés les uns à côté des autres ; cette troupe elle-même. – *La ligne* : avant 1914, ensemble de régiments d'infanterie du corps de bataille. – *Monter en ligne* : aller au combat. – *Mettre en ligne* : présenter (des troupes) pour affronter l'ennemi. – *En première ligne* : au plus près de l'ennemi. ◇ Fig., cour. *Sur toute la ligne* : d'un bout à l'autre ; tout à fait, complètement. *Se tromper sur toute la ligne.* **b.** Suite continue de fortifications permanentes destinées à protéger une frontière. *La ligne Maginot.* **c.** *Bâtiment de ligne* : grand navire de guerre puissamment armé et formant l'élément principal d'une escadre. **4.** COMM. Série de produits ou d'articles se complétant dans leur utilisation et unis par des qualités communes. **5.** FIN. *Ligne de crédit* : montant d'un crédit accordé par une banque et que le bénéficiaire peut utiliser au fur et à mesure de ses besoins. **6.** TÉLÉV. Segment de droite décrit lors du balayage d'une image en télévision ou en télécopie, à l'émission ou à la réception. **7.** ZOOL. *Ligne latérale* : organe sensoriel des poissons et des larves d'amphibiens, formé par un canal sous-cutané comportant des cellules sensibles aux vibrations de l'eau. **V.** Suite de mots écrits ou imprimés sur une longueur déterminée. – *Aller, mettre à la ligne* : commencer une nouvelle ligne. – *Entrer en ligne de compte* : être inclus dans un compte ; avoir de l'importance. **VI.** Ensemble des générations successives de parents. – *Ligne directe*, dont les parents descendent directement les uns des autres (par opp. à *ligne collatérale*). **VII. 1.** Ancienne mesure française de longueur représentant la douzième partie du pouce (env. 2,25 mm). **2.** Canada. Mesure de longueur valant 3,175 mm (huitième partie du pouce).

LIGNÉE n.f. **1.** Descendance, race. **2.** BIOL. Phylum.

LIGNER v.t. Marquer d'une ligne ou de lignes.

LIGNEUL n.m. (lat. pop. *lineolum*). Fil enduit de poix, à l'usage des cordonniers.

LIGNEUX, EUSE adj. (lat. *lignosus*, de *lignum*, bois). **1.** De la nature du bois. *Matière ligneuse.* **2.** Dont la tige contient suffisamment de faisceaux lignifiés pour devenir résistante. CONTR. : *herbacé.* **3.** Qui appartient au bois. *Fibre ligneuse.*

LIGNICOLE adj. Qui vit dans le bois des arbres, en parlant d'une espèce animale. *Insectes lignicoles.*

LIGNIFICATION n.f. Phénomène par lequel les membranes de certaines cellules végétales s'imprègnent de lignine et prennent l'aspect du bois.

LIGNIFIER (SE) v.pr. Se changer en bois ; s'imprégner de lignine.

LIGNINE n.f. BOT. Substance organique qui imprègne les cellules, les fibres et les vaisseaux du bois, et les rend imperméables, inextensibles et rigides. (La lignine est le constituant principal du bois.)

LIGNITE n.m. (lat. *lignum*, bois). Roche d'origine organique, résultant de la décomposition incomplète de débris végétaux. (Roche combustible, contenant 70 p. 100 de carbone, le lignite a une valeur calorifique trois fois moindre, en moyenne, que celle de la houille.)

LIGNOMÈTRE n.m. Règle graduée servant au comptage des lignes d'un texte composé.

LIGOT [ligo] n.m. (mot gascon). Petite botte de bûchettes enduites de résine à un bout, pour allumer le feu.

LIGOTAGE n.m. Action de ligoter.

LIGOTER v.t. (lat. *ligare*, lier). **1.** Attacher étroitement qqn à qqch, ou lui lier les membres. **2.** Priver qqn de sa liberté d'action, d'expression.

LIGUE n.f. (it. *liga*, du lat. *ligare*, lier). **1.** HIST. Union formée entre plusieurs princes, en partic. pour défendre des intérêts politiques, religieux, etc. ; confédération entre plusieurs cités ou États. [V. Ligue (Sainte), partie n. pr.] **2.** Association de citoyens unis en vue d'une action déterminée. *La Ligue des droits de l'homme.*

LIGUER v.t. Unir dans une même coalition, une même alliance. ◆ **se liguer** v.pr. Unir ses efforts contre qqn, qqch.

LIGUEUR, EUSE n. **1.** Membre d'une ligue. **2.** HIST. Personne qui faisait partie de la Sainte Ligue sous Henri III et Henri IV.

LIGULE n.f. (lat. *ligula,* languette). **1.** Petite languette d'un végétal, en partic. pétale unique des fleurs ligulées, ou demi-fleuron des plantes composées. **2.** Cette fleur ligulée.

LIGULÉ, E adj. BOT. Se dit des fleurs de capitules de composées qui portent une ligule.

LIGULIFLORE n.f. *Liguliflores :* sous-famille de composées dont le capitule comporte des fleurs toutes semblables, à corolle en languette à cinq dents et comprenant notamm. le pissenlit, la chicorée, le salsifis.

LIGURE ou **LIGURIEN, ENNE** adj. et n. De la Ligurie.

LILAS [lila] n.m. (ar. *lilāk,* du persan). **1.** Arbuste originaire du Moyen-Orient, cultivé pour ses grappes de fleurs mauves ou blanches, odorantes. (Famille des oléacées.) **2.** Branche fleurie de cet arbre. *Couper des lilas* (ou *du lilas*). ◆ adj. inv. D'une couleur mauve rosé.

lilas

LILIACÉE n.f. (lat. *liliaceus,* de *lilium,* lis). *Liliacées :* famille de plantes monocotylédones aux fleurs à six pièces périanthaires, comprenant près de 4 000 espèces dont le lis, la tulipe, la jacinthe, le muguet, l'ail, le poireau, l'aloès, etc.

LILIAL, E, AUX adj. Litt. Qui a la blancheur, la pureté du lis.

LILIIFLORE n.f. *Liliiflores :* ordre de plantes monocotylédones comprenant les liliacées et les familles voisines, soit plus de 4 000 espèces.

LILLIPUTIEN, ENNE [-sjɛ̃, ɛn] adj. et n. (de *Lilliput,* n.pr.). De très petite taille.

LILLOIS, E adj. et n. De Lille.

LIMACE n.f. (lat. *limax*). **1.** Mollusque gastropode pulmoné terrestre, sans coquille externe. **2.** Fam. Personne lente et molle.

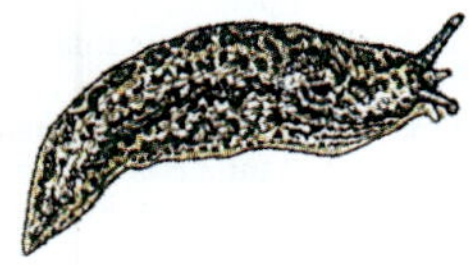
limace

LIMAÇON n.m. **1.** Vieilli. Mollusque terrestre à coquille enroulée et, en partic., escargot. SYN. : *colimaçon.* **2.** Organe de l'oreille interne, formé d'un tube enroulé en spirale contenant les terminaisons sensorielles du nerf auditif. (On distingue le limaçon osseux, ou cochlée, et le limaçon membraneux, ou canal cochléaire.)

LIMAGE n.m. Action de limer.

LIMAILLE n.f. Matière que forment les parcelles de métal détachées par l'action de la lime.

LIMAN n.m. (mot russe ; gr. *limên,* port). Lagune isolée par un cordon littoral barrant partiellement l'embouchure d'un fleuve.

LIMANDE n.f. (anc. fr. *lime*). **1.** Poisson plat comestible, vivant dans la Manche et l'Atlantique. (Long. 40 cm ; superfamille des pleuronectes.) **2.** PRÉHIST. Biface plat d'une forme ovale très allongée.

LIMBAIRE adj. BOT. Du limbe.

LIMBE n.m. (lat. *limbus,* bord). **1.** Couronne circulaire (en métal, en verre, etc.) portant la graduation angulaire d'un instrument de mesure. **2.** Bord lumineux du disque d'un astre. **3.** BOT. Partie principale, élargie et étalée, de la feuille. ◇ Partie large et étalée d'un pétale ou d'un sépale.

LIMBES n.m. pl. **1.** THÉOL. Séjour où les justes de l'Ancien Testament attendaient la venue rédemptrice du Christ *(descente du Christ aux limbes)* ; séjour de félicité des enfants morts sans baptême. **2.** État vague, incertain. *Projet encore dans les limbes.*

LIMBIQUE adj. NEUROL. *Système limbique :* ensemble de structures situées sous le cortex cérébral, jouant un rôle sensoriel (olfaction) et comportemental (émotions, affectivité), et intervenant dans la mémoire.

1. LIME n.f. (lat. *lima*). **1.** Outil à main, en acier trempé, long et étroit, couvert d'entailles, utilisé pour tailler, ajuster, polir les métaux, le bois, etc., par frottement. ◇ *Lime à ongles :* petite lime de métal strié ou de papier émeri destinée à raccourcir, arrondir le bord des ongles. **2.** Mollusque bivalve marin.

2. LIME ou **LIMETTE** n.f. (ar. *līma*). Petit citron de couleur verte, à peau lisse, à chair sans pépins très juteuse.

LIMER v.t. (lat. *limare*). Travailler (un objet, un métal) à la lime. ◆ **se limer** v.pr. *Se limer les ongles,* les raccourcir, les arrondir avec une lime à ongles.

LIMERICK n.m. (mot angl.). LITTÉR. Épigramme burlesque de cinq vers, rimée, en anglais.

LIMES [limɛs] n.m. (mot lat., *frontière*). HIST. Sous l'Empire romain, zone de fortifications plus ou moins continues bordant certaines frontières dépourvues de défenses naturelles.

LIMETTE n.f. → *2. lime.*

LIMETTIER n.m. Agrume du genre citrus dont le fruit est la lime. (Famille des rutacées.)

LIMEUR, EUSE adj. Qui sert à limer.

LIMICOLE adj. (lat. *limus,* fange, et *colere,* habiter). SC. DE LA V. Qui vit dans la vase ou qui y cherche sa nourriture. *Oiseau, larve limicole.*

LIMIER n.m. (anc. fr. *liem,* celui qu'on mène à la laisse). **1.** Chien courant, employé, dans la chasse à courre, pour la recherche du gibier. **2.** Fam. Policier, détective. *Les limiers de la P. J.*

1. LIMINAIRE adj. (du lat. *limen, liminis,* seuil). Qui est au début d'un livre, d'un poème, d'un débat. *Déclaration liminaire.*

2. LIMINAIRE ou **LIMINAL, E, AUX** adj. PSYCHOL. Du seuil ; au niveau du seuil, en parlant d'un stimulus, d'une perception.

LIMITABLE adj. Susceptible d'être limité.

LIMITATIF, IVE adj. Qui limite, qui fixe ou constitue une limite.

LIMITATION n.f. **1.** Action de fixer la limite, la frontière d'un terrain. **2.** Action, fait de fixer un terme, des bornes, des restrictions à qqch. *Limitation de vitesse.*

LIMITE n.f. (lat. *limes, limitis*). **1.** Ligne séparant deux pays, deux territoires, deux terrains contigus. **2.** Ligne qui circonscrit un espace, qui marque le début ou la fin d'une étendue. **3.** Ce qui marque le début ou la fin d'un espace de temps, ce qui le circonscrit. – *Limite d'âge :* âge au-delà duquel on ne peut exercer une fonction. **4.** Borne, point au-delà desquels ne peuvent aller ou s'étendre une action, une influence, un état, etc. *Ma patience a des limites.* – *À la limite :* si on envisage le cas extrême. ◇ (En app.). *Date, prix, vitesse,* etc., *limite,* qu'on ne peut dépasser, extrême. – PSYCHIATRIE. *État* ou *cas limite :* borderline. **5.** MATH. *Limite d'une fonction en un point* c *de son intervalle de définition :* nombre *l* tel qu'on peut trouver des valeurs de la variable proches de *c* pour lesquelles la différence entre *l* et les valeurs prises par la fonction soit arbitrairement petite. – *Limite d'une suite convergente :* nombre *l* tel qu'on peut trouver un rang à partir duquel la différence entre *l* et le terme général de la suite soit arbitrairement petite.

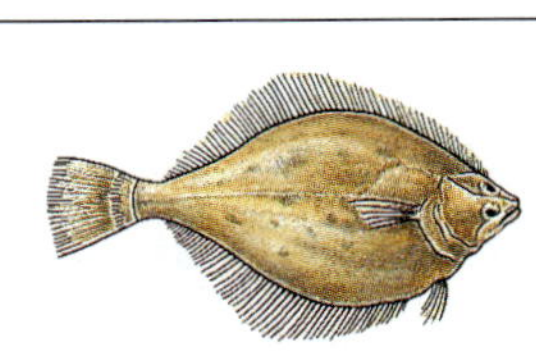
limande

LIMITÉ, E adj. **1.** Restreint, de peu d'étendue, de peu d'importance. *Une confiance limitée.* **2.** Fam. Sans grands moyens intellectuels ; peu inventif. *Un cinéaste limité.*

LIMITER v.t. (lat. *limitare*). **1.** Enfermer ; constituer la limite de. *L'Atlantique limite la France à l'ouest.* **2.** Restreindre dans certaines limites. *Limiter ses dépenses.* ◆ **se limiter** v.pr. **1.** S'imposer des limites. **2.** Avoir pour limites.

LIMITEUR n.m. TECHN. Dispositif destiné à empêcher qu'une grandeur, par sa variation au-delà d'une certaine valeur, puisse avoir des conséquences dangereuses. *Limiteur de vitesse d'une turbine.*

LIMITROPHE adj. **1.** Situé à la frontière d'un pays, d'une région. **2.** Qui a des limites communes avec un lieu. *Pays limitrophes.*

LIMIVORE adj. ZOOL. Qui se nourrit des divers éléments organiques contenus dans la vase, en parlant d'un animal.

LIMNÉE n.f. (lat. sc. *limnæa*). Mollusque gastropode d'eau douce, à coquille spiralée et pointue et à respiration pulmonaire. (Long. max. 5 cm.)

LIMNOLOGIE n.f. (gr. *limnê,* lac, et *logos,* science). Étude scientifique des lacs et des eaux lacustres ; hydrologie lacustre.

LIMNOLOGIQUE adj. De la limnologie.

LIMOGEAGE n.m. Action de limoger.

LIMOGER v.t. (de *Limoges,* n.pr.) [17]. Priver un officier, un fonctionnaire de son emploi par révocation, déplacement, etc.

1. LIMON n.m. (lat. *limus*). Roche sédimentaire détritique, de granulométrie intermédiaire entre celle des sables et celle des argiles, constituant des sols légers et fertiles.

2. LIMON n.m. (ar. *laymūn*). Citron très acide, fruit du limonier.

3. LIMON n.m. (du gaul.). **1.** Chacune des deux branches de la limonière d'une voiture hippomobile. **2.** Partie rampante d'un escalier dans laquelle s'assemblent les marches et les contremarches, vers le jour central.

LIMONADE n.f. **1.** Boisson gazeuse à base de sucre, d'acides, d'essence de citron, de gaz carbonique. **2.** Fam. Commerce des cafetiers.

LIMONADIER, ÈRE n. **1.** Personne qui fait le commerce de boissons au détail. **2.** Personne qui fabrique de la limonade.

LIMONAGE n.m. AGRIC. Action de répandre du limon sur des terres pauvres.

LIMONAIRE n.m. (du n. de l'inventeur). Anc. Orgue de Barbarie de la marque de ce nom.

LIMONÈNE n.m. Hydrocarbure de la famille des terpènes, employé comme solvant.

LIMONEUX, EUSE adj. Qui contient du limon.

1. LIMONIER n.m. Citronnier de la variété qui produit les limons.

2. LIMONIER n.m. Cheval que l'on met aux limons.

LIMONIÈRE n.f. **1.** Brancard d'une voiture hippomobile formé de deux longues pièces de bois. **2.** Véhicule hippomobile à quatre roues, qui a un brancard à deux limons.

LIMONITE n.f. (de 1. *limon*). Minerai de fer (oxyde ferrique hydraté naturel) d'aspect terreux, jaunâtre, aussi appelé *hématite brune.*

LIMOSELLE n.f. (lat. *limosus,* bourbeux). Herbe des lieux humides. (Famille des scrofulariacées.)

LIMOUGEAUD, E adj. et n. De Limoges.

LIMOUSIN, E adj. et n. Du Limousin. ◇ *Race limousine :* race de bovins de boucherie.

LIMOUSINAGE n.m. Maçonnerie faite avec des moellons et du mortier.

LIMOUSINE n.f. Automobile à conduite intérieure, possédant quatre portes et six glaces latérales.

LIMPIDE adj. (lat. *limpidus*). **1.** Clair et transparent. *Une eau limpide.* **2.** Fig. Simple, clair, aisé à comprendre. *Un exposé limpide.*

LIMPIDITÉ n.f. Caractère de ce qui est limpide.

LIMULE n.f. Arthropode marin (mer des Antilles, Pacifique), atteignant 50 cm de long, appelé (abusivement, car ce n'est pas un crustacé) *crabe des Moluques.* (Classe des mérostomes.)

LIN n.m. (lat. *linum*). **1.** Plante herbacée, à fleur bleue, cultivée dans les régions tempérées, en partic. dans le nord de la France. (La tige fournit, par rouissage, des fibres dont on fabrique un fil utilisé comme textile. La graine fournit une farine dont on fait des cataplasmes émollients, une huile siccative employée notamm. en peinture, et des tourteaux utilisés pour l'alimentation du bétail.) ◇ *Lin de la Nouvelle-Zélande :* phormium. **2.** Fibre textile issue de cette plante ; tissu fait de cette fibre.

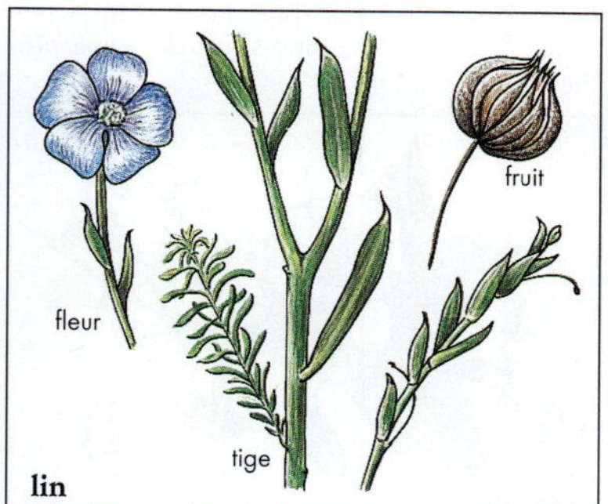

lin

LINACÉE n.f. *Linacées :* famille de plantes dicotylédones telles que le lin.

LINAIGRETTE n.f. Plante des marais, aux petits fruits secs entourés d'une houppe cotonneuse. (Famille des cypéracées.)

LINAIRE n.f. (de *lin*). Plante herbacée à fleurs solitaires ou en grappes jaunes, blanches, pourpres ou violettes, dont une espèce est la *ruine-de-Rome*. SYN. : *velvote.*

LINCEUL n.m. (lat. *linteolum*, petit morceau de toile de lin). Pièce de toile dans laquelle on ensevelit un mort. SYN. : *suaire.*

LINÇOIR ou **LINSOIR** n.m. CONSTR. Lambourde indépendante recevant un plancher au droit d'un mur affecté d'un percement et reportant les charges de part et d'autre de celui-ci à la façon d'un chevêtre.

1. LINÉAIRE adj. (lat. *linearis*, de *linea*, ligne). **1.** Qui a l'aspect continu d'une ligne. – *Mesure linéaire :* mesure de longueur (par opp. à *mesure de surface* ou *de volume*). – *Dessin linéaire,* qui ne reproduit que les seuls contours d'un objet. **2.** MATH. *Algèbre linéaire :* partie des mathématiques étudiant les structures telles que les espaces vectoriels et les notions associées (applications linéaires, matrices, déterminants, tenseurs, etc.). **3.** MATH. *Application* ou *fonction linéaire réelle :* fonction de type $f(x) = a \cdot x$ où a est un réel déterminé. (Sa représentation graphique est une droite passant par l'origine du repère.) – *Application linéaire :* application f d'un espace vectoriel sur un autre espace vectoriel vérifiant les égalités $f(x + y) = f(x) + f(y)$ et $f(a \cdot x) = a \cdot f(x)$ pour tous les vecteurs x et y et pour tout nombre a. – *Combinaison linéaire de vecteurs (d'un espace vectoriel) :* vecteur obtenu en multipliant chacun de ces vecteurs par un nombre (coefficient) et en additionnant les vecteurs ainsi obtenus. **4.** Fig. D'une grande simplicité, sobre, sans complication inutile. *Un discours linéaire.*

2. LINÉAIRE n.m. **1.** Longueur disponible pour la présentation d'une marchandise dans un magasin de détail, notamment un libre-service. **2.** Écriture syllabique de la Grèce archaïque. (Le linéaire A [XVIIIe-XVIe s. av. J.-C.] n'a pas été déchiffré ; le linéaire B [XVe-XIIe s.] notait le mycénien.)

LINÉAIREMENT adv. MATH. De façon linéaire.

LINÉAL, E, AUX adj. Rare. Des lignes d'un dessin. *Perspective linéale et perspective aérienne.*

LINÉAMENT n.m. (lat. *lineamentum*, de *linea*, ligne). **1.** Litt. Chacun des traits, chacune des lignes élémentaires qui définissent le contour général des êtres, des objets, leur forme globale (surtout au pl.). *Les linéaments d'un visage.* **2.** Fig., litt. Premiers traits d'un être, d'une chose appelés à se développer. *Les grands linéaments d'un ouvrage.*

LINÉARITÉ n.f. Caractère de ce qui est linéaire.

LINÉATURE n.f. Nombre de lignes que comporte sur un pouce (25,4 mm) ou sur un centimètre la trame d'un cliché d'impression.

LINÉIQUE adj. Didact. Se dit d'une grandeur rapportée à l'unité de longueur.

LINER [lajnœr] n.m. (mot angl.). Cargo, navire de ligne.

LINETTE n.f. Graine de lin.

LINGA ou **LINGAM** n.m. (sanskr. *liṅga*). Symbole phallique du dieu indien Śiva.

LINGE n.m. (lat. *lineus*, de lin). **1.** Ensemble des objets de tissu à usage vestimentaire ou domestique. – *Linge de corps :* ensemble des sous-vêtements. – *Linge de maison :* ensemble des articles de tissu destinés à la literie, la toilette, la table, la cuisine. ◇ Fam. *Laver son linge sale en famille :* limiter à ses proches les discussions sur les problèmes personnels difficiles. – *Être blanc comme un linge,* très pâle. **2.** Morceau d'étoffe, de tissu. **3.** Suisse. Serviette de toilette. – *Linge de bain :* serviette de bain.

LINGÈRE n.f. Personne chargée de l'entretien du linge d'une maison, d'une institution, d'un hôpital, etc.

LINGERIE n.f. **1.** Fabrication et commerce du linge. **2.** Lieu où l'on range le linge. **3.** Ensemble des sous-vêtements et des vêtements de nuit féminins.

LINGETTE n.f. Petite serviette imprégnée d'une substance destinée à l'hygiène ou aux soins du corps.

LINGOT n.m. (de l'anc. prov.). **1.** Masse de métal ou d'alliage ayant conservé la forme du moule dans lequel elle a été coulée. **2.** Spécialt. Masse coulée d'un kilogramme d'or fin au titre de 995 millièmes. **3.** IMPR. Pièce de métal servant à remplir les blancs d'une forme.

LINGOTIÈRE n.f. Moule dans lequel on coule le métal en fusion pour en faire un lingot.

LINGUA FRANCA [lingwa-] n.f. inv. **1.** Sabir utilisé dans les ports de la Méditerranée du XIII[e] au XIX[e] s. **2.** Langue auxiliaire de relation, utilisée par des groupes de langues maternelles différentes.

LINGUAL, E, AUX [lɛ̃gwal, o] adj. (lat. *lingua*, langue). **1.** De la langue. *Muscle lingual.* **2.** Articulé avec la langue. – *Consonne linguale* ou *linguale,* n.f. : [d], [t], [l], [n], [r].

LINGUATULE [lɛ̃gwatyl] n.f. Arthropode vermiforme, parasite des voies respiratoires de certains vertébrés. (Long. 10 cm.)

LINGUE n.f. Poisson de mer comestible, souvent pêché au chalut. (Famille des gadidés.) SYN. : *julienne.*

LINGUETTE n.f. Médicament absorbé par voie perlinguale.

LINGUISTE [lɛ̃gɥist] n. Spécialiste de linguistique.

1. LINGUISTIQUE [lɛ̃gɥistik] n.f. (lat. *lingua*, langue). Science qui a pour objet l'étude du langage et des langues.

2. LINGUISTIQUE [lɛ̃gɥistik] adj. **1.** Qui concerne la langue comme moyen de communication. *Communauté linguistique.* **2.** Qui concerne l'apprentissage d'une langue étrangère. *Séjour linguistique à l'étranger.* **3.** Qui concerne la linguistique. *Théorie linguistique.*

LINGUISTIQUEMENT adv. Du point de vue linguistique.

LINIER, ÈRE adj. Relatif au lin. *Industrie linière.*

LINIÈRE n.f. Champ de lin.

LINIMENT n.m. (lat. *linimentum*, de *linire*, oindre). Médicament onctueux ayant pour excipient un corps gras, savonneux ou alcoolique, et avec lequel on fait des frictions.

LINKAGE n.m. (de l'angl. *to link*, lier). BIOL. Association constante, dans une espèce animale ou végétale, de deux caractères individuels n'ayant aucun lien logique.

LINKS [links] n.m. pl. (mot angl.). Terrain, parcours de golf.

LINNÉEN, ENNE adj. Relatif à Linné ; de Linné. *Classification linnéenne.*

LINO n.m. (abrév.). Fam. Linoléum.

LINOLÉINE n.f. Glycéride de l'acide linoléique, contenu dans les huiles siccatives.

LINOLÉIQUE adj. *Acide linoléique :* acide gras diéthylénique $C_{18}H_{32}O_2$.

LINOLÉUM [linɔleɔm] n.m. (mot angl., du lat. *linum*, lin, et *oleum*, huile). Revêtement de sol imperméable, composé d'une toile de jute recouverte d'un mélange d'huile de lin, de résine et de poudre de liège agglomérée.

LINON n.m. (de *lin*). Batiste, toile de lin fine.

LINOTTE n.f. (de *lin*). Oiseau passereau à dos brun et à poitrine rouge, granivore, chanteur. (Long. 15 cm env. ; famille des fringillidés.) ◇ Fam. *Tête de linotte :* personne très étourdie.

LINOTYPE n.f. (angl. *line of types*, ligne de caractères ; nom déposé). IMPR. Anc. Machine de composition mécanique utilisant un clavier pour produire des lignes justifiées fondues en un seul bloc.

LINOTYPIE n.f. Anc. Composition à la Linotype.

LINOTYPISTE n. Anc. Ouvrier, ouvrière qui compose sur une Linotype.

LINSANG [lɛ̃sɑ̃g] n.m. (mot javanais). Mammifère carnivore de l'Asie du Sud-Est.

LINSOIR n.m. → ***linçoir.***

LINTEAU n.m. (lat. *liminaris*, du seuil). Pièce allongée horizontale au-dessus d'une baie, reportant sur les côtés de celle-ci la charge des parties supérieures.

LINTER [lintɛr] n.m. (mot amér.). Duvet de fibres très courtes, formé de cellulose pure, restant fixé sur les graines de certains cotonniers après l'égrenage.

LION, LIONNE n. (lat. *leo*). **1.** Grand mammifère carnivore de la famille des félidés, au pelage fauve orné d'une crinière chez le mâle, confiné maintenant dans les savanes d'Afrique après avoir vécu au Proche-Orient et en Europe, et qui s'attaque aux zèbres, aux antilopes, aux girafes. (Long. 2 m env. ; longévité 40 ans.) – *Le lion rugit,* pousse son cri. ◇ Fam. *Avoir mangé du lion :* faire preuve d'une énergie inaccoutumée. – *C'est un lion :* c'est un homme courageux. – *La part du lion :* la plus grosse part. **2.** *Le Lion :* constellation et signe du zodiaque (v. partie n.pr.). ◇ *Un lion :* une personne née sous ce signe. **3.** *Lion de mer :* otarie mâle d'une espèce à crinière.

lion et **lionne**

LIONCEAU n.m. Petit du lion.

LIPARIS [-ris] n.m. Orchidacée vivace des marais tourbeux.

LIPASE n.f. (gr. *lipos*, graisse). Enzyme contenue dans plusieurs sucs digestifs et qui hydrolyse les lipides. SYN. : *saponase.*

LIPIDE n.m. (gr. *lipos*, graisse). Corps gras d'origine animale ou végétale, jouant un grand rôle dans les structures cellulaires et dont la fonction énergétique est importante (9 Calories par gramme).

LIPIDÉMIE ou **LIPÉMIE** n.f. MÉD. Taux des lipides totaux du plasma sanguin, compris, normalement, entre 5 et 8 g par litre.

LIPIDIQUE adj. Relatif aux lipides.

LIPOCHROME [-krom] n.m. BIOL. Groupe de pigments solubles, colorant les graisses en jaune.

LIPOGRAMME n.m. (gr. *leipein*, laisser, et *gramma*, lettre). Œuvre littéraire dans laquelle on s'astreint à ne pas faire entrer une ou plusieurs lettres de l'alphabet.

LIPOÏDE n.m. BIOL. Lipide complexe.

LIPOÏDIQUE adj. MÉD. Relatif à la graisse, au tissu adipeux.

LIPOLYSE n.f. PHYSIOL. Destruction des graisses alimentaires dans l'organisme.

LIPOME n.m. (gr. *lipos*, graisse, et suffixe *-ome*). MÉD. Tumeur bénigne constituée de tissu graisseux siégeant sous la peau surtout au niveau du dos, du cou, de l'épaule.

LIPOPHILE adj. SC. Qui a de l'affinité pour les graisses.

LIPOPHOBE adj. SC. Qui n'absorbe pas ou qui absorbe peu les graisses.

LIPOPROTÉINE n.f. Combinaison d'une protéine et d'un lipide. (C'est sous cette forme que sont véhiculées les graisses du plasma sanguin.)

LIPOSOLUBLE adj. Soluble dans les graisses.

LIPOSOME n.m. Vésicule artificielle microscopique, à membrane lipidique, utilisée comme modèle d'étude des membranes biologiques et pour l'introduction de substances dans les cellules d'un organisme.

LIPOSUCCION n.f. Traitement de certaines surcharges adipeuses par ponction et aspiration sous vide.

LIPOTHYMIE n.f. (gr. *leipein,* laisser, et *thumos,* esprit). PATHOL. Impression d'évanouissement immédiat ou brève perte de connaissance, avec conservation des mouvements respiratoires et cardiaques.

LIPOTROPE adj. *Facteur lipotrope,* qui se fixe sur les graisses ou qui en facilite le métabolisme.

LIPPE n.f. (mot néerl.). **1.** Lèvre inférieure épaisse et proéminente. **2.** Fam. *Faire la lippe :* faire la moue, bouder.

LIPPÉE n.f. **1.** Vx. Ce qu'on prend avec les lèvres. **2.** Litt. *Franche lippée :* bon repas qui ne coûte rien.

LIPPU, E adj. Qui a de grosses lèvres.

LIQUATION [likwasjɔ̃] n.f. (du lat. *liquare,* fondre). Séparation, par échauffement, de deux métaux alliés de fusibilités différentes.

LIQUÉFACTEUR n.m. Appareil employé pour liquéfier un gaz.

LIQUÉFACTION n.f. **1.** Action de liquéfier ; fait de se liquéfier. ◇ Spécialt. Action de liquéfier un gaz en le refroidissant au-dessous de sa température critique. **2.** Transformation du charbon naturel en produits hydrocarbonés liquides. **3.** Fam. État d'amollissement, d'abattement physique et intellectuel.

LIQUÉFIABLE adj. Qu'on peut liquéfier.

LIQUÉFIANT, E adj. Qui liquéfie.

LIQUÉFIER v.t. (lat. *liquefacere*). **1.** Faire passer (un gaz, un solide) à l'état liquide. **2.** Fam. Ôter toute force, toute énergie à (qqn). ◆ **se liquéfier** v.pr. **1.** Passer à l'état liquide. **2.** Fam. S'amollir, perdre toute énergie.

LIQUETTE n.f. (de *limace,* au sens arg. de « chemise »). Pop. Chemise.

LIQUEUR n.f. (lat. *liquor,* liquide). **1.** Boisson alcoolisée, préparée sans fermentation à partir d'alcool, de produits végétaux et de sirop ; eau-de-vie, sucrée ou non. **2.** Toute préparation pharmaceutique liquide.

LIQUIDABLE adj. Qui peut être liquidé.

LIQUIDAMBAR n.m. (mot esp.). Arbre de l'Asie Mineure et de l'Amérique, dont on tire diverses résines (styrax, ambre liquide).

LIQUIDATEUR, TRICE adj. et n. DR. Chargé d'une liquidation amiable ou judiciaire.

LIQUIDATIF, IVE adj. DR. Qui concerne une liquidation ; qui opère une liquidation.

LIQUIDATION n.f. **1.** Action de calculer et de fixer le montant, jusque-là indéterminé, d'un compte à régler. *Liquidation d'un impôt.* ◇ Règlement de ce compte. **2.** BOURSE. Règlement des opérations à terme et des opérations conditionnelles. **3.** DR. Ensemble des opérations préliminaires au partage d'une indivision. *Liquidation de communauté, de succession, de société.* ◇ DR. COMM. *Liquidation judiciaire :* procédure judiciaire qui permet de réaliser l'actif et d'apurer le passif d'un commerçant, d'un artisan ou d'une société en état de cessation de paiements, en vue du règlement de ses créanciers. **4.** Vente de marchandises à bas prix, soit pour une cessation de commerce, soit pour l'écoulement rapide d'un stock. **5.** Action de mettre fin à une situation difficile, en partic. par des mesures énergiques. **6.** Action de se débarrasser d'une personne gênante en l'assassinant. *La liquidation du dernier témoin.*

1. LIQUIDE adj. (lat. *liquidus*). **1.** Qui coule ou tend à couler. ◇ *État liquide :* état de la matière présenté par les corps n'ayant pas de forme propre, mais dont le volume est invariable. **2.** Qui n'est pas épais, de faible consistance. *Sauce trop liquide.* **3.** Vieilli. *Consonne liquide* ou *liquide,* n.f. : consonne qui, tels le *l* ou le *r,* évoque le glissement d'un liquide.

2. LIQUIDE adj. (it. *liquido*). FIN. Déterminé dans son montant. *Une créance, une dette liquide.* – Qui n'est grevé d'aucune charge. ◇ Cour. *Argent liquide* ou *liquide,* n.m. : argent immédiatement disponible, en espèces (par opp. aux chèques, notamm.).

3. LIQUIDE n.m. (de 1. *liquide*). **1.** Corps qui se trouve à l'état liquide à la température et à la pression ordinaires (par opp. aux solides et aux gaz). **2.** Aliment ou boisson liquide. *Il ne peut avaler que du liquide.*

LIQUIDER v.t. **1.** DR. et FIN. Procéder à la liquidation de (un impôt, une dette, un commerce, etc.). **2.** Vendre (des marchandises) à bas prix. **3.** Fam. Mettre fin à (une situation difficile), notamm. par des mesures énergiques. **4.** Fam. Éliminer qqn, un groupe en le supprimant physiquement. **5.** Fam. Consommer complètement (un aliment, un repas) ; vider (un contenant).

LIQUIDIEN, ENNE adj. Didact. De nature liquide, composé d'un liquide.

LIQUIDITÉ n.f. Caractère d'une somme d'argent liquide, dont on peut disposer immédiatement ou presque. ◇ *Liquidités internationales :* ensemble de moyens de paiement, composé d'or, de devises et de droits de tirage, dont dispose un pays pour honorer ses engagements à l'égard des autres.

LIQUOREUX, EUSE [likɔrø, -øz] adj. Se dit de boissons alcoolisées sucrées, de saveur douce.

LIQUORISTE n. Fabricant de liqueurs alcoolisées.

1. LIRE n.f. (it. *lira*). Unité monétaire principale de l'Italie. (→ ***monnaie.***)

2. LIRE v.t. (lat. *legere*) [106]. **1.** Reconnaître les signes graphiques d'une langue, former mentalement ou à voix haute les sons que ces signes ou leurs combinaisons représentent et leur associer un sens. *Lire le chinois, le braille.* ◇ Absolt. *Cet enfant lit couramment. Il ne sait ni lire ni écrire.* **2.** Prendre connaissance du contenu d'un texte par la lecture. *Lire le journal.* **3.** Énoncer à voix haute un texte écrit, pour le porter à la connaissance d'autrui. *Lire un conte à un enfant.* **4.** Comprendre, déchiffrer (un ensemble de signes autres que ceux de l'écriture). *Lire une partition musicale, un graphique.* **5. a.** Reconnaître une information présentée à un organe d'entrée ou stockée dans une mémoire, afin de la transmettre vers une autre unité de l'ordinateur. **b.** Restituer sous leur forme initiale des signaux (électriques, acoustiques) enregistrés. **6.** Comprendre qqch, le discerner, le reconnaître à certains signes. *Lire de la tristesse dans les yeux de qqn.*

LIRETTE n.f. Tissage artisanal dont la trame est constituée de fines bandes de tissu.

LIS ou **LYS** n.m. (lat. *lilium*). **1.** Plante bulbeuse à grandes fleurs blanches (famille des liliacées) ; cette fleur elle-même. **2.** *Fleur de lis :* meuble héraldique qui était l'emblème de la royauté, en France. **3.** *Lis de mer :* encrine. **4.** *Lis Saint-Jacques :* amaryllis.

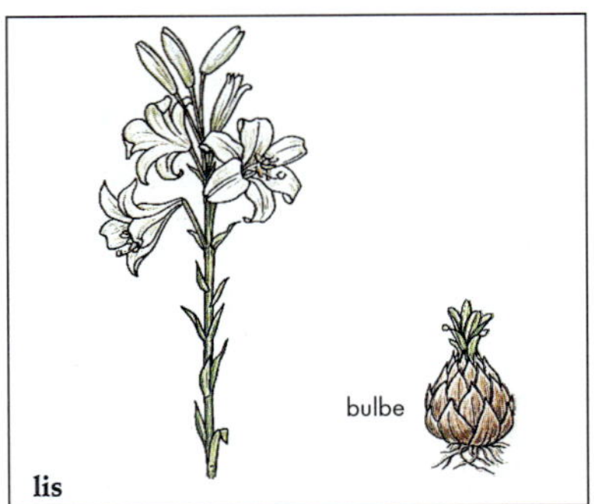

lis

LISAGE [lizaʒ] n.m. (de *lire*). **1.** Analyse d'un dessin pour tissu mis en carte, préliminaire au perçage des cartons. **2.** Métier servant à cette opération.

LISBONNAIS, E adj. et n. De Lisbonne.

LISE n.f. (mot gaul.). Sable mouvant des bords de la mer.

LISÉRAGE n.m. Point exécuté avec du fil de métal, de coton, de soie ou de laine dont on entoure un motif brodé afin de le faire ressortir.

LISERÉ ou **LISÉRÉ** n.m. **1.** Ruban étroit dont on borde un vêtement. **2.** Raie étroite bordant une étoffe d'une autre couleur.

LISERER ou **LISÉRER** v.t. (de *lisière*) [19] ou [18]. Border d'un liseré.

LISERON n.m. (dimin. de *lis*). Plante volubile de la famille des convolvulacées, fréquente dans les haies, où elle épanouit ses fleurs à corolle en entonnoir, souvent blanches. (Nom scientifique : *convolvulus ;* noms usuels : *volubilis, belle-de-jour.*)

liseron

LISEUR, EUSE n. et adj. Personne qui aime lire.

LISEUSE n.f. **1.** Petit coupe-papier qui sert à marquer la page d'un livre où l'on arrête sa lecture. **2.** Couvre-livre. **3.** Vêtement féminin, chaud et léger, qui couvre le buste et les bras et que l'on met pour lire au lit.

LISIBILITÉ n.f. Qualité de ce qui est lisible.

LISIBLE adj. **1.** Aisé à lire, à déchiffrer. *Écriture lisible.* **2.** Qui peut être lu sans fatigue, sans ennui ; digne d'être lu. **3.** Fig. Qui est facilement intelligible et ne recèle pas d'élément caché. *Un projet, une action lisibles.*

LISIBLEMENT adv. De façon lisible.

LISIER n.m. AGRIC. Mélange liquide des urines et des excréments des animaux domestiques, partic. des bovins et des porcins.

LISIÈRE n.f. (anc. fr. *lis*). **1.** Bord d'une pièce de tissu qui en limite de chaque côté la largeur. **2.** Limite, bord de qqch. *La lisière d'un champ.* **3.** Litt. *Tenir en lisières :* diriger avec rigueur, exercer une tutelle sur (qqn).

LISP n.m. (sigle de l'angl. *list processing,* traitement de liste). INFORM. Langage de programmation symbolique, utilisé notamm. en intelligence artificielle.

LISSAGE n.m. **1.** Action de lisser. **2.** TECHN. Action de disposer les lisses d'un métier à tisser en fonction du genre d'étoffe que l'on veut obtenir. **3.** Recomm. off. pour *lifting.* **4.** STAT. Procédé d'ajustement des valeurs observées visant à leur substituer des valeurs représentables par une courbe continue et sans points anguleux.

1. LISSE adj. (de *lisser*). Qui n'offre pas d'aspérités, uni et poli.

2. LISSE n.f. **1.** MAR. Membrure longitudinale qui maintient en place les couples d'un bateau. **2.** Pièce plate ou tube métallique placés à la partie supérieure d'un pavois ou d'une rambarde et servant de main courante ou d'appui. **3.** TECHN. Calandre spéciale pour adoucir et égaliser la surface du papier, et située en bout de machine.

3. LISSE ou **LICE** n.f. (lat. *licium*). Fil de métal portant un maillon ou une lamelle allongée percée d'un trou dans lesquels passe le fil de chaîne, sur un métier à tisser. ◇ *Métier de basse lisse :* métier pour les tapisseries ou les tapis dans lequel les nappes de fils de chaîne sont disposées horizontalement. – *Métier de haute lisse,* dans lequel elles sont disposées verticalement.

LISSÉ n.m. Degré de cuisson du sucre qui convient pour la préparation des entremets et de la confiserie.

LISSER v.t. (lat. *lixare,* repasser). **1.** Rendre lisse, polir. **2.** STAT. Procéder au lissage de.

LISSEUR, EUSE n. Personne qui exécute un lissage.

LISSEUSE n.f. Machine employée pour lisser les cuirs, le papier, le carton, etc.

LISSIER ou **LICIER** n.m. **1.** Ouvrier qui monte les lisses d'un métier à tisser. **2.** Praticien qui exécute des tapisseries sur métier. (Les *haute-lissiers* travaillent aux métiers de haute lisse, les *basse-lissiers,* à ceux de basse lisse.)

LISSOIR n.m. Instrument servant à lisser le papier, le ciment, etc.

LISTAGE n.m. **1.** Action de lister. **2.** Recomm. off. pour *listing.*

1. LISTE n.f. (germ. *lîsta,* lisière). Bande de poils blancs occupant le front et le chanfrein de certains chevaux.

2. LISTE n.f. (it. *lista ;* du germ.). **1.** Suite de mots, de nombres, de noms de personnes, de choses le plus souvent inscrits l'un au-dessous de l'autre. *Dresser, établir la liste des absents.* ◇ *Liste électorale :* liste des électeurs. – *Liste noire :* ensemble de personnes que l'on considère avec suspicion, avec lesquelles on s'interdit certaines transactions, etc. – *Liste rouge :* liste des abonnés au téléphone dont le nom ne figure pas dans l'annuaire et dont le numéro ne peut être communiqué par le service des renseignements. – *Liste de mariage :* ensemble de cadeaux sélectionnés par les futurs époux, parmi lesquels parents et amis peuvent choisir pour les offrir lors du mariage. **2.** Longue énumération. *La liste des signatures croît de jour en jour.* **3.** *Liste civile :* somme allouée annuellement à certains chefs d'État. **4.** INFORM. Tout ensemble structuré d'éléments d'informations. ◇ Recomm. off. pour *listing.*

LISTEL ou **LISTEAU** n.m. (it. *listello*). **1.** CONSTR. Moulure plate saillante, filet ou réglet employé, notamm., en combinaison avec une ou deux moulures creuses. **2.** MONN. Cercle périphérique présentant une saillie supérieure aux saillies du type et de la légende, sur chaque côté d'une pièce de monnaie.

LISTER v.t. **1.** Mettre en liste. **2.** INFORM. Imprimer en continu, article par article, tout ou partie des informations traitées par un ordinateur.

LISTÉRIOSE n.f. Maladie infectieuse des animaux et de l'homme, due à une bactérie Gram positif, *Listeria monocytogenes,* particulièrement grave chez la femme enceinte et le nouveau-né.

LISTING [listiŋ] n.m. (mot angl.). INFORM. Sortie sur une imprimante du résultat d'un traitement par ordinateur. Recomm. off. : *listage* pour cette opération et *liste* pour son résultat.

LISTON n.m. MAR. Ornement longitudinal en saillie ou en creux, s'étendant de l'avant à l'arrière d'un bâtiment au niveau du pont.

LIT n.m. (lat. *lectus*). **I. 1.** Meuble sur lequel on se couche pour dormir ou se reposer. *S'allonger sur son lit. Sauter du lit.* ◇ *Lit de camp :* lit démontable composé essentiellement d'un châssis pliable et d'un fond garni de sangles ou de grosse toile. – *Lit clos :* lit à panneaux mobiles, se fermant comme une armoire. – *Lits jumeaux :* lits de même forme placés l'un à côté de l'autre. – *Lit de repos :* lit bas, divan, canapé sur lequel on s'allonge pour se reposer. **2.** Literie, ensemble des draps, des couvertures qui garnissent un lit. ◇ *Faire un lit,* y disposer les draps et les couvertures afin qu'on puisse s'y coucher. – Litt. *Faire le lit de :* favoriser, volontairement ou non, le développement d'un phénomène jugé néfaste. – *Garder le lit, être cloué au lit* (pour cause de maladie). **3.** Endroit où l'on couche, en tant que symbole de l'union conjugale. – *Faire lit à part :* coucher séparément. ◇ *Enfant du premier, du second lit,* d'un premier, d'un second mariage. **4.** Tout ce qui, sur le sol, peut être utilisé pour se coucher, s'étendre. *Lit de gazon, de feuillage.* **5.** HIST. *Lit de justice :* lit sous dais où siégeait le roi dans un angle de la grand-chambre du parlement ; par ext., séance du parlement tenue en présence du roi. **II. 1.** Couche horizontale d'une matière ou d'objets quelconques sur laquelle vient reposer qqch. **2.** GÉOL. Plus petite subdivision lithologique d'une formation sédimentaire. **3.** CONSTR. Intervalle de deux assises superposées, rempli ou non de liant. **4.** Partie du fond de vallée où s'écoulent les eaux d'un cours d'eau. ◇ *Lit majeur,* occupé par les eaux seulement lors des crues. – *Lit mineur* ou *apparent,* occupé en dehors des périodes de crue. **5.** MAR. *Lit du vent :* direction dans laquelle souffle le vent.

LITANIE n.f. (gr. *litaneia,* prière). Fam. Longue et ennuyeuse énumération. *Une litanie de réclamations.* ◆ pl. LITURGIE. Prières formées d'une suite de courtes invocations, que les fidèles récitent ou chantent en l'honneur de Dieu, de la Vierge ou des saints.

LITAS n.m. Unité monétaire principale de la Lituanie.

LIT-CAGE n.m. (pl. *lits-cages*). Lit métallique pliant.

LITCHI, LETCHI ou **LYCHEE** [litʃi] n.m. (chin. *li chi*). **1.** Arbre originaire d'Extrême-Orient, cultivé dans les régions tropicales humides pour son fruit et son bois. (Famille des sapindacées.) **2.** Fruit de cet arbre.

1. LITEAU n.m. (anc. fr. *listel*). **1.** Raie colorée qui, vers les extrémités, traverse le linge de maison d'une lisière à l'autre. *Torchon à liteaux.* **2.** TECHN. **a.** Baguette de bois supportant une tablette. SYN. : *tasseau.* **b.** Pièce de bois avivé de section un peu plus forte que celle du tasseau, placée horizontalement sur les chevrons pour recevoir les tuiles ou les ardoises.

2. LITEAU n.m. (de *lit*). Vx. Endroit où le loup dépose et élève ses petits.

LITÉE n.f. **1.** Réunion d'animaux dans un même repaire. **2.** Portée d'une femelle, notamm. d'une femelle de sanglier.

LITER v.t. Superposer (des poissons salés) dans les barils ou les caques.

LITERIE n.f. Tout ce qui concerne l'équipement d'un lit (sommier, matelas, couvertures, etc.).

LITHAM [litam] ou **LITSAM** n.m. (ar. *lithām*). Voile dont les femmes musulmanes et certains nomades sahariens se couvrent la face. Graphie savante : *lithām.*

LITHARGE n.f. (gr. *litharguros,* pierre d'argent). Oxyde de plomb (PbO) fondu et cristallisé, de couleur rouge-orangé.

LITHIASE n.f. (gr. *lithiasis,* de *lithos,* pierre). MÉD. Formation de calculs dans les canaux excréteurs des glandes (voies biliaires, urinaires, salivaires, etc.).

LITHIASIQUE adj. et n. Relatif à la lithiase ; atteint de lithiase.

LITHINE n.f. (gr. *lithos,* pierre). Hydroxyde de lithium.

LITHINÉ, E adj. et n.m. Qui contient de la lithine.

LITHINIFÈRE adj. Qui contient du lithium.

LITHIQUE adj. PRÉHIST. Relatif à une industrie de la pierre.

LITHIUM [litjɔm] n.m. Métal blanc, alcalin, le plus léger de tous les métaux (densité 0,55), fusible à 180 °C, dont les sels sont utilisés en psychiatrie comme régulateurs de l'humeur ; élément (Li) de numéro atomique 3, de masse atomique 6,94.

LITHO n.f. (abrév.). Fam. Lithographie.

LITHOBIE n.m. (gr. *lithos,* pierre, et *bios,* vie). Mille-pattes carnassier, brun, vivant sous les pierres, les feuilles mortes. (Long. 3 cm env.)

LITHODOME n.m. → ***2. lithophage.***

LITHOGÈNE adj. Rare. Qui donne naissance à des pierres.

LITHOGENÈSE n.f. GÉOL. Formation des roches sédimentaires.

LITHOGRAPHE n. Ouvrier ou artiste qui imprime par les procédés de la lithographie.

LITHOGRAPHIE n.f. (gr. *lithos,* pierre). **1.** Art de reproduire par impression des dessins tracés avec une encre ou un crayon gras sur une pierre calcaire. (La lithographie a été inventée en 1796 par Senefelder.) **2.** Estampe imprimée par ce procédé.

LITHOGRAPHIER v.t. Imprimer, reproduire par les procédés de la lithographie.

LITHOGRAPHIQUE adj. Relatif à la lithographie. ◇ *Calcaire lithographique :* calcaire à grain très fin et homogène, utilisé en lithographie.

LITHOLOGIE n.f. **1.** Nature des roches constituant une formation géologique. **2.** Vieilli. Pétrographie.

LITHOLOGIQUE adj. Relatif à la lithologie.

LITHOPÉDION n.m. Embryon ou fœtus mort et calcifié.

1. LITHOPHAGE adj. Qui ronge la pierre. *Coquillages lithophages.*

2. LITHOPHAGE ou **LITHODOME** n.m. Mollusque dont la coquille, allongée, est recouverte d'un épiderme marron et qui, grâce à une sécrétion acide, perfore les roches.

LITHOPHANIE n.f. (gr. *lithos,* pierre, et *phainein,* apparaître). Réalisation d'effets de translucidité dans la porcelaine, le verre opaque, etc., par des variations d'épaisseur de la pâte.

LITHOPONE n.m. Mélange de sulfate de baryum et de sulfure de zinc, non toxique, employé en peinture en remplacement de la céruse.

LITHOSOL n.m. Sol très peu évolué, formé par fragmentation mécanique de la roche mère.

LITHOSPHÈRE n.f. Couche externe du globe terrestre, rigide, constituée par la croûte et le manteau supérieur, et limitée vers l'intérieur par l'asthénosphère.

LITHOSPHÉRIQUE adj. Relatif à la lithosphère.

LITHOTHAMNIUM [litɔtamnjɔm] n.m. (gr. *thamnion,* herbe). Algue marine incrustée de calcaire.

LITHOTRITEUR ou **LITHOTRIPTEUR** n.m. MÉD. Appareil permettant le broyage, par des ondes de choc émises électriquement, des calculs urinaires, et l'élimination de ceux-ci par les voies naturelles, sans intervention chirurgicale.

LITHOTYPOGRAPHIE n.f. Reproduction en lithographie de planches imprimées avec les caractères typographiques ordinaires.

LITIÈRE n.f. (de *lit*). **I.** Anc. Lit couvert, porté par des hommes ou des bêtes de somme à l'aide de deux brancards. **II. 1.** Lit de paille ou d'autres matières végétales qu'on répand dans les étables et sur lesquelles se couchent les animaux. ◇ Litt. *Faire litière de (qqch),* n'en faire aucun cas, le mépriser. **2.** Matière faite de particules absorbantes, destinée à recueillir les déjections des animaux d'appartement. **3.** *Litière végétale :* ensemble des feuilles mortes et débris végétaux en décomposition qui recouvrent le sol des forêts.

LITIGE n.m. (lat. *litigium,* de *lis, litis,* procès). **1.** Contestation donnant lieu à procès ou à arbitrage. *Point en litige.* **2.** Par ext. Contestation quelconque.

LITIGIEUX, EUSE adj. Qui est en litige. *Point litigieux.*

LITISPENDANCE n.f. (lat. *lis, litis,* procès, et *pendere,* être pendant). DR. Situation réalisée lorsque deux demandes, portant sur le même objet et opposant les mêmes parties, sont portées devant deux juridictions, toutes deux également compétentes.

LITORNE n.f. (mot picard). Grive à tête et croupion gris. (Long. 27 cm env.)

LITOTE n.f. (gr. *litotês,* simplicité). Expression qui consiste à dire moins pour faire entendre plus. (Ex. : *Je ne te hais point* pour signifier *je t'aime.*)

LITRE n.m. (du gr. *litra,* poids de douze onces). **1.** Unité de volume pour les liquides ou pour les matières sèches, équivalant à 1 décimètre cube (symb. l ou L). **2.** Récipient contenant un litre ; son contenu. *Un litre de vin.*

LITRON n.m. (de *litre*). Pop. Litre de vin.

LITSAM n.m. → ***litham.***

LITTÉRAIRE adj. (lat. *litterarius*). **1.** Qui concerne la littérature ; qui relève de ses techniques et de ses qualités spécifiques. *Prix littéraires. Journal littéraire.* **2.** Qui a rapport aux lettres, par opp. aux sciences. *Études littéraires.* **3.** Péj. Qui est trop attaché aux idées, au style, aux effets de l'expression et donne du réel une image fausse ou faussée. ◆ adj. et n. Qui a des aptitudes pour les lettres, la littérature plutôt que pour les sciences.

LITTÉRAIREMENT adv. Du point de vue littéraire.

LITTÉRAL, E, AUX adj. (bas lat. *litteralis,* de *littera,* lettre). **1.** Qui suit un mot lettre à la lettre. *Transcription littérale.* **2.** Qui s'attache au sens strict d'un texte. *Traduction littérale.* **3.** *Arabe littéral :* arabe classique, écrit (par opp. à l'arabe parlé, ou dialectal).

LITTÉRALEMENT adv. **1.** À la lettre. *Traduire littéralement.* **2.** Fam. Absolument, tout à fait. *Il est littéralement épuisé.*

LITTÉRALITÉ n.f. Caractère de ce qui est littéral.

LITTÉRARITÉ n.f. Didact. Caractère spécifique d'un texte littéraire.

LITTÉRATEUR n.m. Souvent péj. Personne qui s'occupe de littérature, qui écrit.

LITTÉRATURE n.f. (lat. *litteratura,* écriture). **1.** Ensemble des œuvres écrites ou orales auxquelles on reconnaît une finalité esthétique. ◇ *C'est de la littérature :* c'est un écrit, un discours superficiel, empreint d'artifice (et, souvent, peu sincère). **2.** Les œuvres littéraires considérées du point de vue du pays, de l'époque, du milieu où elles s'inscrivent, du genre auquel elles appartiennent. *La littérature francophone du XXe siècle.* **3.** Activité, métier de l'écrivain, de l'homme de lettres.

1. LITTORAL, E, AUX adj. (lat. *litus, litoris,* rivage). Qui appartient au bord de la mer. ◇ *Érosion littorale :* érosion des côtes sous l'action conjuguée de la mer et des agents atmosphériques.

2. LITTORAL n.m. Étendue de pays le long des côtes, au bord de la mer.

LITTORINE n.f. (lat. *litus, litoris,* rivage). Mollusque très abondant sur les côtes européennes à marée basse, et dont une espèce comestible est appelée *bigorneau.* (Long. 1 à 3 cm ; classe des gastropodes.)

LITUANIEN, ENNE adj. et n. De la Lituanie. ◆ n.m. Langue balte parlée en Lituanie.

LITURGIE n.f. (gr. *leitourgia,* de *leitos,* public, et *ergon,* œuvre). **1.** Ensemble des règles fixant le déroulement des actes du culte. **2.** Rare. Office ou partie d'office. **3.** ANTIQ. GR. Service public (spectacle, fête, armement d'un vaisseau, etc.) dont l'organisation et les dépenses étaient prises en charge non par la cité mais par de riches citoyens.

LITURGIQUE adj. Relatif à la liturgie.

LIURE n.f. (de *lier*). **1.** Câble servant à maintenir des fardeaux sur une charrette. **2.** MAR. Cordage ou pièce de charpente servant à en unir d'autres.

LIVAROT n.m. Fromage à pâte molle et à croûte lavée, fabriqué avec du lait de vache dans la région de Livarot (Calvados).

LIVE [lajv] adj. inv. et n.m. inv. (mot angl., *vivant*). Se dit d'un disque, d'une émission enregistrés non en studio, mais sur scène devant un public.

LIVÈCHE n.f. (lat. pop. *levistica*). Plante originaire de Perse, cultivée pour ses graines dépuratives et stimulantes. (Famille des ombellifères.)

LIVEDO [livedo] n.m. ou f. (mot lat., *tache bleue*). MÉD. Rougeur violacée qui dessine sur la peau un réseau à mailles arrondies ou ovalaires et qui est due à des troubles circulatoires.

LIVET n.m. MAR. Ligne de jonction du pont et de la coque d'un navire.

LIVIDE adj. (lat. *lividus*). De couleur plombée, extrêmement pâle ; terreux, blême, blafard. *Un teint livide.*

LIVIDITÉ n.f. État de ce qui est livide.

LIVING-ROOM [liviŋrum] ou **LIVING** n.m. (mot angl., *pièce où l'on vit*) [pl. *living-rooms, livings*]. Pièce de séjour dans un appartement. SYN. : *salle de séjour, séjour.*

LIVRABLE adj. Qui peut ou qui doit être livré.

LIVRAISON n.f. **1.** Action de livrer une chose vendue à son acquéreur. *La livraison constitue l'obligation du vendeur dans le contrat de vente.* **2.** Marchandise ainsi remise. **3.** Partie d'un ouvrage qu'on délivre aux souscripteurs au fur et à mesure de l'impression.

1. LIVRE n.m. (lat. *liber*). **1.** Assemblage de feuilles imprimées et réunies en un volume relié ou broché. **2.** Volume imprimé considéré du point de vue de son contenu. *Le sujet d'un livre.* ◇ *Livre blanc :* recueil de documents sur un problème déterminé, publié par un gouvernement ou un organisme quelconque. – *À livre ouvert :* sans préparation, à la première lecture. **3.** Division d'un ouvrage. *Les douze livres de « l'Énéide ».* **4.** Registre sur lequel on inscrit ou note qqch. ◇ **Spécialt.** Registre sur lequel on note des comptes, des opérations commerciales. ◇ MAR. (Expression fautive). *Livre de bord :* journal* de bord.

2. LIVRE n.f. (lat. *libra*). **1.** Ancienne unité de poids de valeur variable, dont le nom est encore donné, dans la pratique non officielle, au demi-kilogramme. *En France, la livre représentait 489,5 g.* **2.** Canada. Unité de masse équivalant à la *pound* britannique (symb. lb), valant 453,592 g.

3. LIVRE n.f. (lat. *libra*). **1.** Ancienne monnaie de compte dont la valeur a beaucoup varié suivant les temps et les lieux et qui a été remplacée, en France, par le franc. *Livre parisis, tournois. Livre de Flandre.* **2.** Unité monétaire principale de Chypre, de l'Égypte, de la République d'Irlande, du Liban, du Soudan, de la Syrie et de la Turquie. ◇ *Livre sterling* ou *livre :* unité monétaire principale (symb. £) de la Grande-Bretagne et de l'Irlande du Nord. (→ ***monnaie.***)

LIVRE-CASSETTE n.m. (pl. *livres-cassettes*). Cassette contenant l'enregistrement d'un texte, d'un roman.

LIVRÉE n.f. **1.** Costume distinctif que portaient autrefois les domestiques des grandes maisons. **2.** ZOOL. Pelage de certains animaux (cerfs, chevreuils) ; aspect visuel présenté par un insecte. *La livrée métallique des cétoines.*

LIVRER v.t. (lat. *liberare,* délivrer). **1.** Remettre (qqn) au pouvoir de. *Livrer des malfaiteurs à la police.* ◇ **Spécialt.** Trahir, dénoncer. *Livrer ses complices.* **2.** Abandonner (qqch) au pouvoir, à l'action de. *Livrer un pays à la guerre civile.* **3.** *Livrer (un) combat, (une) bataille,* l'engager, le (la) mener à terme. ◇ *Livrer passage à :* laisser la place pour passer. **4.** Remettre à un acheteur. *Livrer une commande.* **5.** Apporter (une marchandise) à. *On vous livrera vos meubles demain.* ◆ **se livrer** v.pr. ***(à).*** **1.** Se constituer prisonnier. **2.** Confier ses sentiments, ses pensées à (qqn). **3.** S'abandonner sans réserve à (un sentiment). *Se livrer à la joie.* **4.** S'adonner à une activité, se consacrer à, pratiquer. *Se livrer à son sport favori.*

LIVRESQUE adj. Qui provient uniquement des livres et non de l'expérience. *Connaissances purement livresques.*

LIVRET n.m. **1.** Carnet, registre ou petite brochure dans lequel on inscrit certains renseignements. ◇ *Livret de famille :* livret remis aux personnes mariées, contenant l'extrait de l'acte de mariage. (Il est complété par les extraits des actes de naissance des enfants, etc. ; les parents d'un enfant naturel peuvent obtenir un livret de famille.) [En Belgique, on dit *livret de mariage.*] – *Livret matricule :* livret établi et détenu par l'autorité militaire, où sont consignés les renseignements d'ordre militaire sur l'intéressé (états de service, spécialités, etc.). – *Livret individuel* (ou *militaire*) : extrait du livret matricule, remis à l'intéressé et indiquant sa situation militaire. – *Livret scolaire,* mentionnant les notes et places d'un élève. – *Livret de caisse d'épargne :* livret que les caisses d'épargne remettent à chacun de leurs déposants pour y inscrire les dépôts et remboursements ainsi que les intérêts acquis. – *Compte sur livret :* compte ouvert par les banques à des personnes physiques et fonctionnant dans des conditions analogues à celles des livrets de caisse d'épargne. – HIST. *Livret ouvrier :* livret rendu obligatoire sous le second Empire, dans lequel l'ouvrier devait faire inscrire son embauchage et son départ de tout établissement (supprimé en 1890). **2.** MUS. Petit livre contenant les paroles d'une œuvre lyrique. ◇ Texte littéraire mis en musique. SYN. (VX) : *libretto.* **3.** CHORÉGR. Brochure donnant l'explication d'un ballet. SYN. : *argument.* **4.** Suisse. Table de multiplication.

LIVREUR, EUSE n. Employé(e) qui livre aux acheteurs des marchandises vendues.

LIXIVIATION n.f. (lat. *lixivium,* lessive). TECHN. Opération qui consiste à faire passer lentement un solvant à travers un produit pulvérisé et déposé en couche épaisse, pour en extraire un ou plusieurs constituants solubles (parfums, alcaloïdes, etc.).

LIXIVIER v.t. Soumettre à la lixiviation.

LLANOS [ljanos] n.m. pl. GÉOGR. Grande plaine herbeuse de l'Amérique du Sud.

lm, symbole du lumen.

LOADER [lowdər] n.m. (mot angl., de *to load,* charger). TR. PUBL. Chargeuse.

LOB n.m. (mot angl.). SPORTS. Coup qui consiste à faire passer la balle ou le ballon au-dessus d'un adversaire, assez haut pour qu'il ne puisse pas l'intercepter.

LOBAIRE adj. ANAT. Relatif à un lobe.

LOBBY [lɔbi] n.m. (mot angl., *couloir*) [pl. *lobbys* ou *lobbies*]. Groupe de pression.

LOBBYING [lɔbiiŋ] ou **LOBBYSME** n.m. Action menée par un lobby.

LOBE n.m. (gr. *lobos,* lobe de l'oreille). **1.** Partie arrondie et saillante d'un organe quelconque. *Les lobes du poumon.* ◇ *Lobe de l'oreille :* partie molle et arrondie du pavillon auriculaire. **2.** ARCHIT. Découpure en arc de cercle dont la répétition sert à composer certains arcs et rosaces (dits *polylobés*), certains ornements. **3.** BOT. Division profonde et généralement arrondie des organes foliacés ou floraux.

LOBÉ, E adj. Divisé en lobes. *Feuille lobée.*

LOBECTOMIE n.f. Ablation chirurgicale d'un lobe du poumon.

LOBÉLIE n.f. (de *Lobel,* médecin flamand de la fin du XVIe s.). Plante des régions exotiques, cultivée pour ses fleurs colorées et pour son action stimulante sur la respiration. (Famille des campanulacées.)

LOBER v.t. et i. SPORTS. Tromper par un lob ; faire un lob.

LOBOTOMIE n.f. Section chirurgicale de la totalité des fibres nerveuses qui unissent un lobe du cortex cérébral aux régions sous-corticales. (La lobotomie, critiquée par de nombreux auteurs, était pratiquée pour traiter des affections mentales graves après échec des autres thérapeutiques.)

LOBULAIRE ou **LOBULÉ, E** adj. **1.** Relatif au lobule. **2.** Formé de lobules.

LOBULE n.m. **1.** Petit lobe. **2.** Subdivision d'un lobe. *Lobule hépatique.*

LOBULEUX, EUSE adj. Divisé en lobules.

1. LOCAL, E, AUX adj. (bas lat. *localis*). **1.** Particulier à un lieu, à une région, à un pays (par opp. à *national, général*). *Journal local. Coutumes locales.* ◇ *Couleur locale :* ensemble des traits caractéristiques (usages, coutumes, etc.) d'un pays, d'une époque ; leur représentation exacte et pittoresque. **2.** Qui n'affecte qu'une partie du corps. *Douleur locale.*

2. LOCAL n.m. Lieu, partie d'un bâtiment qui a une destination déterminée.

LOCALEMENT adv. De façon locale, par endroits.

LOCALIER n.m. Journaliste chargé de la rubrique des faits locaux.

LOCALISABLE adj. Qui peut être localisé.

LOCALISATEUR, TRICE adj. Qui permet de localiser.

LOCALISATION n.f. **1.** Action de localiser, de situer ; fait d'être localisé ou situé dans l'espace ou le temps. *La localisation d'un engin spatial par rapport à la Terre.* **2.** Action de limiter l'extension de qqch ; fait d'être limité. *Localisation d'un conflit.* **3.** ANAT. *Localisation cérébrale :* attribution d'une fonction particulière à une partie précise du cortex cérébral. **4.** ÉCON. Adaptation d'un produit, d'une activité productrice ou commerciale à une zone géographique, en fonction de différents facteurs naturels, techniques, économiques, culturels et sociaux.

LOCALISER v.t. **1.** Déterminer la place, le moment, l'origine, la cause de. *Localiser une sensation.* **2.** Arrêter l'extension de, limiter ; circonscrire. *Localiser un incendie.*

LOCALITÉ n.f. Petite ville, bourg, village.

LOCATAIRE n. (du lat. *locare,* louer). Personne qui prend à loyer une terre, une maison, un appartement. ◇ *Locataire principal :* personne qui prend à loyer un local pour le sous-louer en totalité ou en partie.

1. LOCATIF, IVE adj. Qui concerne le locataire ou la chose louée. *Un immeuble locatif.* ◇ *Impôts locatifs, taxes locatives :* impôts répartis d'après la valeur locative. – *Réparations locatives :* réparations qui sont à la charge du locataire. – *Risques locatifs :* responsabilité encourue par le locataire pour les dommages qu'il peut causer par sa faute à l'immeuble qu'il occupe. – *Valeur locative :* revenu que peut rapporter un bien immeuble en location.

2. LOCATIF n.m. (du lat. *locus,* lieu). LING. Cas qui, dans certaines langues, exprime le lieu où se passe l'action.

LOCATION n.f. (lat. *locatio,* de *locare,* louer). **1.** Action de donner ou de prendre à loyer un local, un appareil, etc. *Location d'un logement, d'une voiture.* **2.** Action de retenir à l'avance une place de train, d'avion, de théâtre, etc.

LOCATION-ACCESSION n.f. (pl. *locations-accessions*). Location-vente, en matière de propriété immobilière.

LOCATION-GÉRANCE n.f. (pl. *locations-gérances*). Gérance libre.

LOCATION-VENTE n.f. (pl. *locations-ventes*). Contrat aux termes duquel un bien est loué à une personne qui, à l'expiration d'un délai fixé, a la possibilité d'en devenir propriétaire.

1. LOCH [lɔk] n.m. (néerl. *log,* poutre). MAR. Appareil servant à mesurer la vitesse apparente d'un navire.

2. LOCH [lɔk] n.m. (mot écossais). Lac très allongé au fond d'une vallée, en Écosse.

LOCHE n.f. (mot gaul.). **1.** Poisson de rivière à corps allongé, atteignant 30 cm, voisin des cyprinidés. **2.** Poisson marin de la famille des gadidés. (Long. 25 cm.) **3.** Région. Limace.

LOCHER v.t. (du francique *luggi,* branlant). Région. Secouer un arbre pour en faire tomber les fruits.

LOCHIES [lɔʃi] n.f. pl. (gr. *lokheia,* accouchement). MÉD. Écoulement utérin qui dure de deux à trois semaines après l'accouchement.

LOCK-OUT [lɔkawt] ou [lɔkaut] n.m. inv. (angl. *to lock out,* mettre à la porte). Fermeture temporaire d'une entreprise à l'initiative de l'employeur. (Le lock-out constitue le plus souvent une réponse patronale à une grève.)

LOCK-OUTER v.t. Fermer par un lock-out.

LOCOMOBILE n.f. Anc. Machine à vapeur montée sur roues non motrices, qui servait à actionner les batteuses agricoles.

LOCOMOTEUR, TRICE adj. **1.** Qui sert à la locomotion. *Machine locomotrice.* **2.** Relatif à la locomotion. *Ataxie locomotrice.*

LOCOMOTION n.f. **1.** Fonction des êtres vivants, et notamm. des animaux, par laquelle ils assurent activement le déplacement de leur organisme tout entier. *Les différents modes de locomotion chez les animaux* (course, reptation, natation, vol). **2.** Transport de choses ou de personnes d'un lieu vers un autre. *Locomotion aérienne. Moyens de locomotion.*

LOCOMOTIVE n.f. **1.** Machine électrique, à moteur thermique, à air comprimé, etc. (anc., à vapeur), montée sur roues et destinée à remorquer un convoi de voitures ou de wagons sur une voie ferrée. **2.** Fig., fam. Personne, groupe qui joue le rôle d'un élément moteur par son prestige, son talent, son activité.

LOCOTRACTEUR n.m. Engin de traction sur rail actionné par un moteur thermique de faible puissance.

LOCULAIRE, LOCULÉ, E ou **LOCULEUX, EUSE** adj. (du lat. *locus,* lieu). BOT. Partagé en plusieurs loges. – REM. On emploie seulement les composés *biloculaire, triloculaire,* etc.

LOCUS [lɔkys] n.m. BIOL. Emplacement d'un gène sur le chromosome qui le porte. (Des gènes allèles relatifs à tel ou tel caractère héréditaire occupent le même locus sur les chromosomes homologues.)

LOCUSTE n.f. (lat. *locusta,* sauterelle). Criquet migrateur.

Diesel-électrique CC 72001

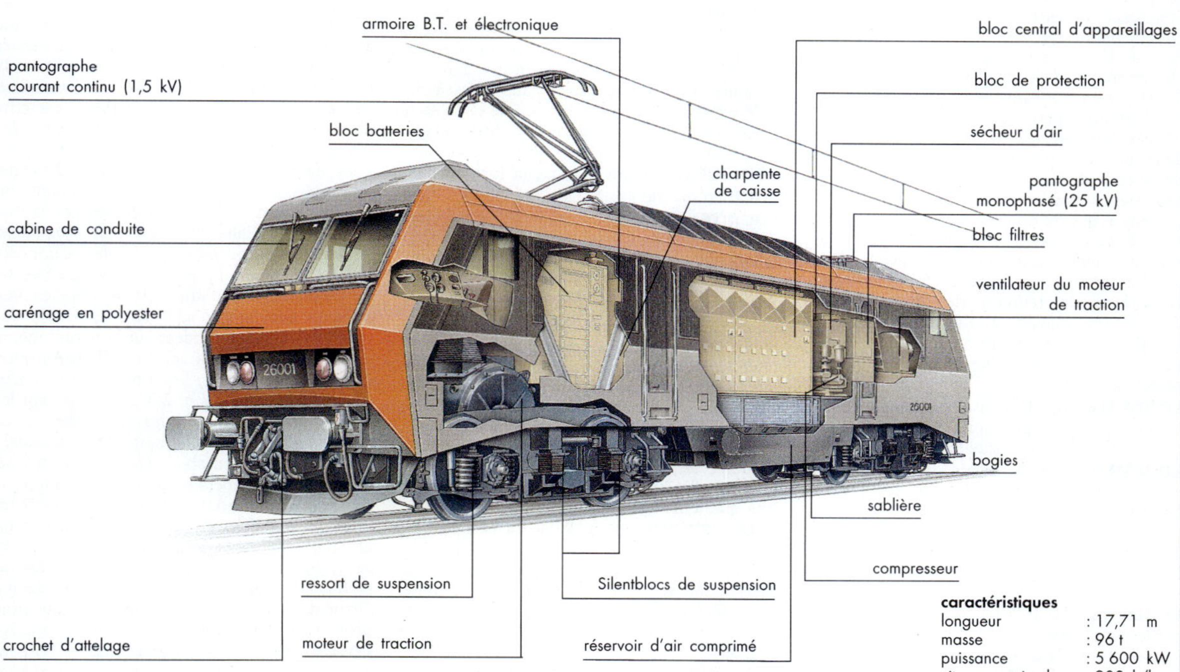

caractéristiques	
longueur	: 17,71 m
masse	: 96 t
puissance	: 5 600 kW
vitesse maximale	: 200 k/h

électrique BB 26001

locomotives

LOCUTEUR, TRICE n. LING. Sujet parlant (par opp. à *auditeur*). ◇ *Locuteur natif :* sujet parlant qui, ayant intériorisé les règles de grammaire de sa langue maternelle, peut porter sur les énoncés émis des jugements de grammaticalité.

LOCUTION n.f. (lat. *locutio,* de *loqui,* parler). **1.** Expression, forme particulière de langage. *Locution familière.* **2.** GRAMM. Groupe de mots figé constituant une unité sur le plan du sens. *Locution adverbiale, conjonctive.*

LODEN [lɔdɛn] n.m. (mot all.). **1.** TEXT. Lainage foulé et imperméable. **2.** Manteau de coupe sport, fait dans ce lainage.

LODS [lo] n.m. pl. (anc. fr. *los,* louange, lat. *laus,* promesse). FÉOD. *Lods et ventes :* redevance que le seigneur percevait lors de la cession d'une tenure.

LŒSS [løs] n.m. (all. *Löss*). Limon d'origine éolienne, très fertile. (Déposé lors de phases climatiques froides, il recouvre de vastes surfaces en Europe, en Chine, aux États-Unis.)

LOF [lɔf] n.m. (néerl. *loef*). MAR. Vx. Côté d'un navire qui se trouve frappé par le vent. ◇ *Aller au lof :* se rapprocher de la direction d'où vient le vent. – *Virer lof pour lof :* virer vent arrière.

LOFER v.i. MAR. Gouverner plus près du vent (par opp. à *abattre*).

LOFING-MATCH [lɔfiŋ-] n.m. (faux anglic.) [pl. *lofing-matches*]. MAR. Dans une régate, manœuvre consistant à forcer un concurrent à se placer bout au vent.

LOFT [lɔft] n.m. (mot angl.). Ancien local professionnel (entrepôt, atelier, usine) transformé en logement, en studio d'artiste.

LOGARITHME n.m. (gr. *logos,* rapport, et *arithmos,* nombre). MATH. *Logarithme d'un nombre réel positif dans un système de base a positive,* ou, plus simplement, *logarithme :* exposant de la puissance à laquelle il faut élever *a* (différent de 1) pour retrouver le nombre considéré (symb. log). – *Logarithme naturel* ou *népérien d'un nombre :* logarithme de ce nombre dans un système dont la base est le nombre *e* (symb. ln). – *Logarithme vulgaire* ou *décimal d'un nombre :* logarithme de ce nombre dans un système dont la base est 10 (symb. lg).

LOGARITHMIQUE adj. Relatif aux logarithmes. – *Échelle logarithmique,* telle que les grandeurs représentées graphiquement le sont par des nombres ou des longueurs proportionnelles au logarithme de ces grandeurs.

LOGE n.f. (francique *laubja*). **I.** Petit local à l'entrée d'un immeuble, servant généralement de logement à un gardien, un concierge. **II. 1.** ARCHIT. Galerie, le plus souvent en étage, largement ouverte sur l'extérieur par une colonnade, des arcades ou des baies libres. *Les Loges du Vatican.* SYN. : *loggia.* **2.** Compartiment cloisonné dans une salle de spectacle. *Louer une loge de balcon.* ◇ Fam. *Être aux premières loges :* être bien placé pour voir, suivre le déroulement d'un évènement quelconque. **3.** Petite pièce dans laquelle se préparent les artistes de théâtre, de cinéma. **4.** BX-A. Atelier où est isolé chacun des élèves participant à certains concours (notamm. le prix de Rome, naguère). *Entrer en loge.* **5.** BIOL. Cavité contenant un organe ; compartiment contenant un individu d'une colonie animale (polype, ectoprocte, etc.). **III. 1.** Lieu de réunion des francs-maçons. **2.** (Avec une majuscule). Cellule maçonnique, groupe de francs-maçons réunis sous la présidence d'un vénérable. ◇ *Grande Loge :* fédération de Loges.

LOGEABLE adj. **1.** Suffisamment spacieux et bien conçu pour loger (qqn, qqch). **2.** Que l'on peut facilement loger quelque part.

LOGEMENT n.m. **1.** Action de loger ; fait de se loger. *Assurer le logement des troupes. Crise du logement.* **2.** Partie d'une maison, d'un immeuble où l'on habite ; local d'habitation. *Un logement de deux pièces.* **3.** Lieu, en partic. cavité, où vient se loger qqch. *Le logement du pêne d'une serrure.*

LOGER v.i. [17]. **1.** Avoir sa résidence permanente ou provisoire quelque part, habiter. *Où logez-vous ?* **2.** Trouver place. *Tous ses bagages logent dans le coffre.* ◆ v.t. **1.** Procurer un lieu d'habitation, un abri à. *Loger des soldats.* **2.** Faire entrer, faire pénétrer ; mettre. *Il lui a logé une balle dans le bras. Loger une idée dans la tête de qqn.*

LOGETTE n.f. **1.** ARCHIT. Petit ouvrage en surplomb, de plan allongé, à un seul étage. **2.** Petite loggia.

LOGEUR, EUSE n. Personne qui loue des chambres meublées.

LOGGIA [lɔdʒja] n.f. (mot it., *loge*). ARCHIT. **1.** Loge. **2.** Terrasse en retrait de façade, fermée sur les côtés. **3.** Mezzanine.

1. LOGICIEL n.m. INFORM. Ensemble des programmes, procédés et règles, et éventuellement de la documentation, relatifs au fonctionnement d'un ensemble de traitement de l'information. Recomm. off. pour *software.*

2. LOGICIEL, ELLE adj. INFORM. Relatif à un ou à des logiciels.

LOGICIEN, ENNE n. Spécialiste de logique.

LOGICISME n.m. **1.** PHILOS. Tendance à faire prévaloir la logique des raisonnements sur leur aspect psychologique. **2.** Doctrine, développée par Frege et B. Russell, selon laquelle les mathématiques seraient soumises à la formalisation de la logique et s'y réduiraient.

1. LOGIQUE n.f. (gr. *logikê,* de *logos,* raison). **1.** Science du raisonnement en lui-même, abstraction faite de la matière à laquelle il s'applique et de tout processus psychologique. ◇ *Logique formelle* ou *symbolique* → ***formel.*** – *Logique mathématique :* théorie scientifique des raisonnements, excluant les processus psychologiques mis en œuvre et qui se divise en *calcul des propositions* et *calcul des prédicats.* (Son développement a permis de mener à bien la formalisation des mathématiques.) **2.** Manière de raisonner juste, méthode, suite cohérente d'idées. *Sa conversation manque de logique.* **3.** Ensemble des procédés cognitifs ; leur étude. *La logique de la médecine expérimentale.* **4.** Ensemble des relations qui règlent le fonctionnement d'une organisation ou l'apparition de phénomènes. *La logique du vivant.* **5.** Processus, enchaînement de faits qui semble devoir aboutir à telle situation. *S'installer dans une logique de guerre. Une logique d'exclusion.*

■ La logique constitue une langue, c'est-à-dire un système de signes avec les règles de leur emploi. Cette langue est constituée d'un système de symboles et de variables liés par des opérateurs qui déterminent la structure interne des propositions et les relations entre les propositions. La logique remonte à Aristote (IVe s. av. J.-C.). Il jeta les bases du syllogisme*, que les philosophes scolastiques formalisèrent au Moyen Âge. C'est au XIXe s., avec Bolzano, Boole et De Morgan, que la logique devient mathématique. Frege (1848-1925) est le fondateur de la *logique formelle,* théorisée notamm. par Russell (1872-1970) et Wittgenstein (1889-1951).

2. LOGIQUE adj. **1.** Conforme aux règles de la logique, de la cohérence, du bon sens. ◇ *Lois logiques :* ensemble des formules représentant un enchaînement de propositions dans un discours vrai en tout état de cause, c'est-à-dire indépendamment de la vérité ou de la fausseté des propositions qui y figurent. **2.** Se dit de qqn qui raisonne de manière cohérente.

LOGIQUEMENT adv. De façon logique.

LOGIS n.m. (de *loger*). Litt. Logement.

LOGISTE n. Jeune artiste admis à entrer en loge pour prendre part à un concours.

LOGISTICIEN, ENNE n. Spécialiste de la logistique.

1. LOGISTIQUE n.f. (gr. *logistikos,* relatif au raisonnement). **1.** Ensemble des opérations ayant pour but de permettre aux armées de vivre, de se déplacer, de combattre et d'assurer les évacuations et le traitement médical du personnel. **2.** Ensemble de méthodes et de moyens relatifs à l'organisation d'un service, d'une entreprise, etc., et comprenant les manutentions, les transports, les conditionnements et parfois les approvisionnements. **3.** Vx. Logique mathématique.

2. LOGISTIQUE adj. **1.** Relatif à la logistique militaire. ◇ *Soutien logistique :* mission assurée par les organismes des services des armées (matériel, intendance, carburant, santé, etc.). **2.** Qui a trait aux méthodes et aux moyens d'organisation d'une opération, d'un processus.

LOGITHÈQUE n.f. Bibliothèque de logiciels.

LOGO ou, rare, **LOGOTYPE** n.m. Représentation graphique d'une marque commerciale, du sigle d'un organisme.

LOGOGRAPHE n.m. (du gr. *logos,* discours, et *graphein,* écrire). **1.** Historien antérieur à Hérodote. **2.** ANTIQ. GR. Rhéteur qui rédigeait pour autrui des accusations ou des plaidoiries.

LOGOGRIPHE n.m. (gr. *logos,* parole, et *griphos,* filet). Énigme dans laquelle on compose, avec les lettres d'un mot, d'autres mots qu'il faut deviner, aussi bien que le mot principal. (Ainsi, avec le mot *orange,* on peut former *ange, orge, orage, onagre, organe, rage, rang,* etc.)

LOGOMACHIE [lɔgɔmaʃi] n.f. (gr. *logos,* discours, et *makhê,* combat). **1.** Assemblage de mots creux dans un discours, dans un raisonnement. **2.** LITTÉR. Discussion sur les mots, ou dans laquelle les interlocuteurs emploient les mêmes mots dans des sens différents.

LOGOMACHIQUE adj. Péj. Qui tient de la logomachie.

LOGOPÉDIE n.f. (gr. *logos,* parole, et *pais, paidos,* enfant). Technique qui a pour but de corriger les défauts de prononciation chez les enfants.

LOGORRHÉE [lɔgɔre] n.f. (gr. *logos,* parole, et *rhein,* couler). Flot de paroles désordonnées, incoercible et rapide, que l'on rencontre dans certains états d'excitation psychique.

LOGORRHÉIQUE adj. Qui a les caractéristiques de la logorrhée.

LOGOS [lɔgɔs] n.m. (mot gr.). **1.** Rationalité suprême, conçue comme gouvernant le monde, dans certaines philosophies. **2.** THÉOL. Verbe éternel incarné, dans l'Évangile de saint Jean.

LOGOTYPE n.m. → ***logo.***

LOI n.f. (lat. *lex, legis*). **I. 1.** Prescription établie par l'autorité souveraine de l'État, applicable à tous, et définissant les droits et les devoirs de chacun. *Selon la loi en vigueur. Projet de loi.* – *Avoir force de loi :* obliger, au même titre que la loi. – *Loi(s) fondamentale(s) :* la Constitution ou les textes formant la Constitution d'un pays ; sous l'Ancien Régime, ensemble des coutumes relatives à la transmission et à l'exercice du pouvoir. – *Loi d'habilitation,* autorisant le gouvernement à prendre par ordonnances des mesures qui relèvent normalement du domaine de la loi. – *Loi organique,* qui précise l'organisation des pouvoirs publics établis par la Constitution. – *Loi d'orientation,* définissant un certain nombre de principes dans un domaine donné. – *Loi de programme :* loi-programme. – *Loi de règlement,* qui a pour objet de clore les dépenses et les recettes d'un exercice budgétaire. **2. a.** *La loi :* l'ensemble des règles juridiques, des prescriptions légales. *Nul n'est censé ignorer la loi.* **b.** Légalité. *Se mettre hors la loi.* **II. 1.** Ce que prescrit l'autorité divine ; ensemble des prescriptions propres à une religion. ◇ *Loi divine :* ensemble des préceptes que Dieu a donnés aux hommes par la Révélation. *Table de la Loi. Loi mosaïque, coranique.* – *Loi ancienne* ou *mosaïque :* prescriptions contenues dans l'Ancien Testament. – *Loi nouvelle* ou *Loi du Christ :* prescriptions contenues dans le Nouveau Testament. **2.** Règle, obligation qui s'impose à un individu dans son comportement ; convention établie par la morale, la vie sociale, etc. *Les lois de l'hospitalité, de l'honneur.* – *Se faire une loi de :* s'imposer l'obligation de. ◇ *Loi morale :* principe universel de détermination d'une volonté libre en vue d'une action. – *Loi naturelle :* ensemble des règles de conduite fondées sur la nature même de l'homme et de la société. **III. 1.** Autorité, domination sur qqn ; volonté imposée. *Dicter sa loi. La loi du plus fort.* **2.** Ce qu'imposent les choses, les évènements, les circonstances. *La loi du destin.* **IV. 1.** Principe fondamental ; condition indispensable. *Lois de l'esthétique.* **2.** Proposition générale énonçant des rapports nécessaires et constants entre des phénomènes physiques ou entre les constituants d'un ensemble. *Loi de la gravitation universelle. La loi de l'offre et de la demande.* **3.** MATH. *Loi de probabilité :* application associant à chaque élément d'un ensemble d'évènements une probabilité déterminée.

LOI-CADRE n.f. (pl. *lois-cadres*). Loi se bornant à définir les grands principes ou les grandes orientations d'une réforme dont la réalisation dans le détail est confiée au pouvoir réglementaire.

LOIN adv. (lat. *longe*). À une grande distance dans l'espace ou le temps. *Arme qui porte loin. Remonter loin dans l'histoire.* ◇ *Au loin :* à une grande distance. *Aller au loin.* – *De loin :* d'une grande distance ; longtemps à l'avance. *Prévoir le danger de loin.* – *De loin en loin :* à de grands intervalles. ◇ *Aller loin :* avoir de grandes conséquences ; (au futur) être promis à un grand avenir, en parlant de qqn. *C'est une idée qui va loin. Un jeune homme qui ira loin.* – *Aller trop loin :* exagérer. – *Ne pas aller loin :* être sans valeur. – *Voir loin :* être doué d'une grande prévoyance. ◇ Suisse. *Être loin :* être absent. ◆ loc. prép. *Loin de.* **1.** À une grande distance de. *Habiter loin de Paris.* **2.** (Indiquant une négation renforcée). *Je suis loin de vous en vouloir.* ◇ *Loin de là :* bien au contraire.

1. LOINTAIN, E adj. **1.** Qui se trouve à une grande distance dans l'espace ou dans le temps ; éloigné, indirect. **2.** Absent, détaché de ce qui se passe ; dédaigneux.

2. LOINTAIN n.m. **1.** Plan situé à une grande distance. *Dans le lointain.* **2.** (Souvent pl.). Partie d'un tableau, d'un dessin représentant les lieux et les objets les plus éloignés.

LOINTAINEMENT adv. Vaguement, grossièrement. *Forme évoquant lointainement un cœur.*

LOI-PROGRAMME n.f. (pl. *lois-programmes*). **1.** Loi autorisant le gouvernement à engager certaines dépenses dont le règlement est échelonné sur plusieurs exercices budgétaires annuels. (On dit aussi *loi de programme* ou *loi d'engagement.*) **2.** Loi dépourvue de caractère contraignant fixant les objectifs et les moyens de l'État dans un secteur déterminé.

LOIR n.m. (lat. pop. *lis, liris*). Petit rongeur d'Europe méridionale et d'Asie Mineure, au pelage gris, frugivore, hibernant, familier des maisons isolées. (Long. 15 cm.) ◇ *Dormir comme un loir,* longtemps et profondément.

loir

LOISIBLE adj. *Il est loisible (de) :* il est permis, possible (de).

LOISIR n.m. (lat. *licere,* être permis). Temps dont qqn peut disposer en dehors de ses occupations ordinaires. ◇ *À loisir, tout à loisir :* à son aise, sans se presser. – *Avoir le loisir de :* avoir le temps disponible, la possibilité de. ◆ pl. Distractions pendant les temps libres. *Des loisirs coûteux.*

LOKOUM n.m. → ***loukoum.***

LOLLARD n.m. **1.** En Allemagne et aux Pays-Bas, au XIVe s., pénitent. **2.** En Angleterre, prédicateur itinérant, disciple de Wycliffe.

LOLO n.m. **1.** Fam. Lait, dans le langage des petits enfants. **2.** Pop. Sein.

LOMBAGO n.m. → ***lumbago.***

1. LOMBAIRE adj. (lat. *lumbus,* rein). Relatif aux lombes.

2. LOMBAIRE n.f. Vertèbre lombaire.

LOMBALGIE n.f. Douleur de la région lombaire. SYN. (fam.) : *mal de* (ou *aux*) *reins.*

LOMBARD, E adj. et n. De Lombardie. ◆ adj. FIN. *Taux lombard :* taux appliqué aux banques commerciales de la République fédérale d'Allemagne pour leur refinancement auprès de la banque centrale.

LOMBARTHROSE n.f. MÉD. Arthrose des articulations intervertébrales de la région lombaire.

LOMBES n.f. pl. Régions du dos situées de chaque côté de la colonne vertébrale, au-dessous de la cage thoracique, au-dessus de la crête iliaque.

LOMBO-SACRÉ, E adj. (pl. *lombo-sacrés, es*). Qui se rapporte au sacrum et à la cinquième vertèbre lombaire. *Articulation lombo-sacrée.*

LOMBOSTAT n.m. Corset orthopédique, destiné à soutenir la colonne vertébrale lombaire et sacrée.

LOMBRIC n.m. (lat. *lumbricus*). Ver annélide oligochète, appelé cour. *ver de terre,* qui creuse des galeries dans le sol humide, dont il se nourrit, contribuant ainsi à son aération et à sa fertilité. (Long. env. 30 cm.)

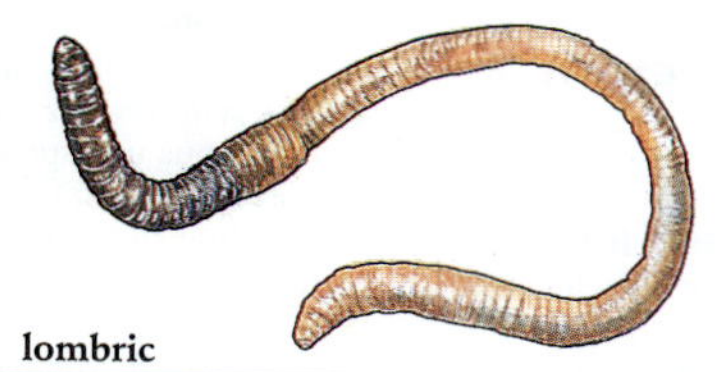
lombric

LOMBRICULTURE n.f. Élevage de lombrics destinés à la production d'engrais.

LOMÉCHUSE [lɔmekyz] n.f. Petit coléoptère qui se fait nourrir par les fourmis, en échange d'une sécrétion enivrante.

LONDONIEN, ENNE adj. et n. De Londres.

LONDRÈS [lɔ̃drɛs] n.m. (esp. *londres,* de Londres). Cigare cubain, d'abord fabriqué spécialement pour les Anglais.

1. LONG, LONGUE adj. (lat. *longus*). **I. 1.** Qui a telle mesure d'une extrémité à l'autre. *Long de cent mètres.* **2.** Qui s'étend sur une grande distance, une grande longueur. *Longue rue.* **3.** Qui se caractérise par sa longueur, par opp. à un type normal plus court ou à un type plat, rond, etc. *Muscles longs.* **II. 1.** Qui a telle durée. *Une attente longue de deux heures.* **2.** Qui dure longtemps. *Long voyage.* **3.** PHON. *Syllabe, voyelle longue* ou *longue,* n.f., dont la durée d'émission est sensible (par opp. aux *brèves*). **4.** Fam. Se dit d'une personne qui met beaucoup de temps à faire qqch. **III.** Se dit d'une œuvre, d'un discours, d'un texte qui a un développement important.

2. LONG n.m. **1.** Longueur. *Une table de 2 m de long.* **2.** *De son long :* de toute sa longueur. *Tomber de tout son long.* ◇ *Au long, tout au long :* sans abréger, complètement. – *De long en large :* alternativement en longueur, puis en largeur. – *En long et en large :* dans les deux dimensions ; sous tous ses aspects. ◆ loc. prép. *Le long de :* en longeant. *Le long de la rivière.* ◆ adv. *En dire long :* avoir une signification importante. ◇ *En savoir long :* être bien informé.

LONGANE n.m. (chin. *long-yen,* œil de dragon). Fruit comestible, de couleur rose ou pourpre, dont la graine est munie d'une enveloppe charnue, blanchâtre (Asie, Océanie).

LONGANIMITÉ n.f. (du lat. *longus,* long, et *animus,* esprit). Litt. **1.** Patience à supporter ses propres maux. **2.** Indulgence qui porte à pardonner ce qu'on pourrait punir.

LONG-COURRIER n.m. (pl. *long-courriers*). **1.** Avion de transport destiné à voler sur de très longues distances (6 000 km au moins). **2.** Navire effectuant une navigation de long cours.

LONG DRINK [lɔ̃gdrink] n.m. (mot angl.) [pl. *long drinks*]. Boisson alcoolisée allongée d'eau ou de soda.

1. LONGE n.f. (de *long*). **1.** Courroie pour attacher un cheval, le conduire à la main ou le faire travailler sur un cercle autour d'un cavalier. **2.** Longue courroie pour attacher ou mener un animal.

2. LONGE n.f. (lat. *lumbus,* rein). *Longe de porc :* partie supérieure des régions cervicale, lombaire et sacrée. – *Longe de veau :* morceau correspondant aux lombes.

LONGER v.t. 17. Suivre le bord de. *Longer la rivière. Le bois longe la côte.*

LONGERON n.m. Pièce maîtresse de l'ossature d'une machine, d'une aile d'avion, d'une construction en charpente, etc., disposée dans le sens de la longueur ; partic., poutre longitudinale du tablier d'un pont.

LONGÉVITÉ n.f. (du lat. *longus,* long, et *aevum,* âge). **1.** Longue durée de vie. *La longévité des carpes.* **2.** Durée de la vie en général.

LONGICORNE adj. et n.m. ZOOL. Capricorne ; cérambycidé.

LONGILIGNE adj. Se dit d'une personne élancée, aux membres longs et minces. CONTR. : *bréviligne.*

LONGITUDE n.f. (lat. *longitudo,* longueur). Angle dièdre formé, en un lieu donné, par le méridien du lieu avec le méridien de Greenwich, et compté de 0 à ± 180°, à partir de cette origine, positivement vers l'ouest, négativement vers l'est.

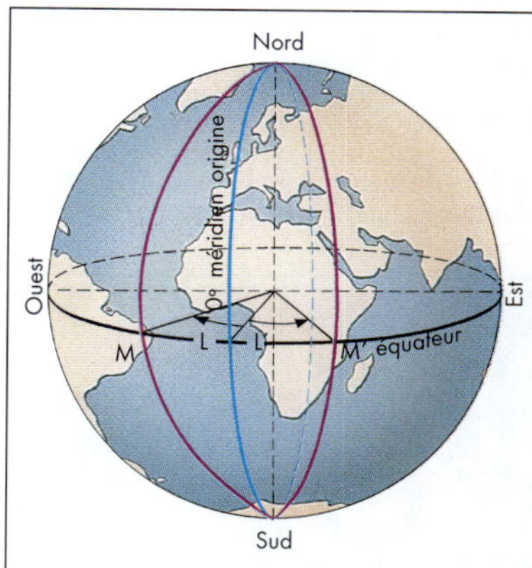

L : longitude du point M
L' : longitude du point M'
longitude

LONGITUDINAL, E, AUX adj. Qui est fait dans la longueur, dans le sens de la longueur.

LONGITUDINALEMENT adv. Dans le sens de la longueur.

LONG-JOINTÉ, E adj. (pl. *long-jointés, es*). Se dit d'un cheval, d'une jument qui a les paturons trop longs.

LONG-MÉTRAGE ou **LONG MÉTRAGE** n.m. (pl. *longs[-]métrages*). Film dont la durée dépasse une heure.

LONGOTTE n.f. Tissu de coton épais et lourd.

LONGRINE n.f. (it. *lungarina,* de *lungo,* long). Pièce de construction horizontale, reposant sur plusieurs points d'appui sur lesquels elle répartit une charge.

LONGTEMPS adv. Pendant un long espace de temps.

LONGUE n.f. **1.** Syllabe ou voyelle longue. **2.** MUS. Note longue. **3.** Jeu de boules pratiqué dans le midi de la France. **4.** *À la longue :* avec le temps. *À la longue, tu oublieras.*

LONGUEMENT adv. Pendant un long moment.

1. LONGUET, ETTE adj. Fam. Qui dure un peu trop longtemps, qui est un peu trop long.

2. LONGUET n.m. Petit pain long et mince.

LONGUEUR n.f. **I. 1.** Dimension d'une chose dans le sens de sa plus grande étendue (par opp. à *largeur*). ◇ MATH. Mesure du côté le plus grand d'un rectangle. – Distance entre les extrémités d'un segment. – Valeur de la différence entre les bornes supérieure et infé-

Longévité de quelques êtres vivants

Animaux	
Éphémère	2 à 3 jours
Cigale d'Amérique	3 à 4 mois *
Musaraigne	2 ans
Souris	4 ans
Cobaye, hérisson	5 ans
Lièvre	10 ans
Renard, mouton	15 ans
Chat, chien	20 ans
Bœuf, tigre	25 ans
Chimpanzé	25 ans
Ours, girafe	30 ans
Chameau, âne	40 ans
Serpent python	70 ans
Alligator	90 ans
Tortue	200 ans
Végétaux	
Agave	100 ans
Séquoia	2 000 ans

* À l'état adulte (et 17 ans de vie larvaire).

rieure d'un intervalle. **2.** Unité de mesure égale à la longueur d'un cheval, d'un véhicule, d'une embarcation, etc., servant à évaluer la distance entre les concurrents à l'arrivée d'une course. *Gagner d'une courte longueur.* **II.** SPORTS. *La longueur :* la spécialité sportive du saut en longueur, consistant à sauter le plus loin possible, après une course d'élan, d'une planche d'appel. **III. 1.** Espace de temps que dure une chose. ◇ *À longueur de :* pendant toute la durée de. **2.** Durée supérieure à la normale, durée excessive. ◇ *Traîner,* (litt.) *tirer en longueur :* durer très longtemps sans progresser. ◆ pl. Développements longs et inutiles (dans un texte, un film, etc.).

saut en **longueur**

LONGUE-VUE [lɔ̃gvy] n.f. (pl. *longues-vues*). Lunette d'approche.

LOOCH [lɔk] n.m. (de l'ar. *la'uq*). PHARM. Potion préparée à partir d'une émulsion et d'un mucilage.

LOOFA n.m. → ***luffa.***

LOOK [luk] n.m. (mot angl.). Fam. Aspect, image donnée par qqn, qqch ; allure, style. *Changer de look. Le nouveau look d'un magazine.*

LOOPING [lupiŋ] n.m. (mot angl.). Exercice de voltige aérienne consistant à faire une boucle dans un plan vertical. SYN. (anc.) : *boucle.*

LOPETTE ou **LOPE** n.f. **1.** Arg. Homosexuel. **2.** Fam. Homme veule, sans caractère.

LOPHOPHORE n.m. (gr. *lophos,* huppe, et *phoros,* qui porte). Oiseau gallinacé de l'Himalaya, à plumage éclatant et varié.

LOPIN n.m. (anc. fr. *lope,* masse informe). **1.** Petite parcelle (de terrain). **2.** MÉTALL. Masse métallique destinée à être formée par action mécanique à chaud.

LOQUACE [lɔkas] ou, rare, [lɔkwas] adj. (lat. *loquax,* bavard). Qui parle beaucoup.

LOQUACITÉ n.f. Fait d'être loquace, disposition à parler beaucoup.

LOQUE n.f. (anc. néerl. *locke,* mèche de cheveux). **1.** (Souvent pl.). Vieux vêtement, vêtement très abîmé. **2.** Belgique. Étoffe servant au nettoyage des sols, au ménage. **3.** Fig. Personne sans énergie, usée par les échecs, la maladie, etc.

LOQUET n.m. (anc. angl. *loc,* verrou). Barre mobile autour d'un pivot, servant à fermer une porte par la pression d'un ressort ou par son propre poids.

LOQUETEAU n.m. Petit loquet pour la fermeture des châssis, des persiennes, etc.

LOQUETEUX, EUSE adj. Litt. Vêtu de loques, misérable.

LORAN n.m. (sigle de *LOng Range Aid to Navigation,* aide à la navigation à grande distance). Procédé de radionavigation permettant à un aviateur ou à un navigateur de déterminer sa position par rapport à trois stations émettrices fixes.

LORD [lɔr] ou [lɔrd] n.m. **1.** Titre usuel des pairs britanniques (ducs, marquis, comtes, vicomtes et barons). **2.** Membre de la Chambre des lords. **3.** Anc. *Lord de l'Amirauté, lord de la mer :* ministre de la Marine, en Angleterre (jusqu'en 1964).

LORD-MAIRE n.m. (pl. *lords-maires*). Premier magistrat de certaines villes britanniques.

LORDOSE n.f. (gr. *lordôsis,* action de se courber). **1.** ANAT. Courbure normale, à convexité antérieure, des parties cervicale et lombaire de la colonne vertébrale. **2.** MÉD. Exagération pathologique de cette courbure.

LORETTE n.f. (du n. du quartier *Notre-Dame-de-Lorette,* à Paris). Anc. Jeune femme élégante et de mœurs faciles, au début du XIXᵉ s.

LORGNER [lɔrɲe] v.t. (anc. fr. *lorgne,* louche ; du germ.). **1.** Regarder du coin de l'œil, avec insistance et avec une intention particulière. **2.** Convoiter qqch secrètement. *Lorgner une place.*

LORGNETTE n.f. Petite lunette d'approche portative. ◇ *Regarder par le petit bout de la lorgnette :* ne voir les choses que sous un aspect particulier, que l'on grossit exagérément.

LORGNON n.m. Lunettes sans branches qu'on tient à la main ou qu'un ressort fait tenir sur le nez.

LORI n.m. (mot malais). Petit perroquet d'Océanie.

LORICAIRE n.m. (lat. *lorica,* cuirasse). Poisson originaire de l'Amérique du Sud, voisin du poisson-chat, parfois élevé en aquarium entre 17 et 26 °C. (Long. 10 à 15 cm ; famille des siluridés.)

LORIOT n.m. (lat. *aureolus,* d'or). Oiseau passereau jaune et noir (mâle) ou verdâtre (femelle), au chant sonore, vivant dans les bois, les vergers, où il se nourrit de fruits et d'insectes. (Long. 23 cm env.)

LORIQUET n.m. (de *lori*). Petit perroquet de l'Inde, de la Malaisie et du Pacifique ouest, au plumage vert, souvent élevé en volière.

LORIS [lɔris] n.m. (moyen néerl. *loeris,* clown). Mammifère primate de l'Inde, de mœurs nocturnes. (Long. 20 cm ; sous-ordre des lémuriens.)

LORRAIN, E adj. et n. De la Lorraine. ◆ n.m. Dialecte de langue d'oïl parlé en Lorraine.

LORRY [lɔri] n.m. (mot angl.) [pl. *lorrys* ou *lorries*]. Petit chariot à quatre roues que l'on pousse à la main sur une voie ferrée pour le transport des matériaux.

LORS [lɔr] adv. (lat. *illa hora,* à cette heure). **1.** *Depuis lors :* depuis ce temps-là. **2.** *Dès lors :* dès ce temps-là ; par conséquent. ◆ loc. prép. *Lors de :* à l'époque, au moment de. *Lors de son mariage.* ◆ loc. conj. **1.** *Dès lors que* (+ ind.) : du moment que ; puisque. **2.** Litt. *Lors même que* (+ conditionnel) : quand bien même, même si.

LORSQUE [lɔrsk(ə)] conj. (Indique un rapport de temps). Quand, au moment où. – REM. La voyelle *e* de *lorsque* ne s'élide que devant *il, elle, on, en, un, une.*

LOSANGE n.m. (du gaul.). Quadrilatère dont les quatre côtés ont même longueur et dont les diagonales sont perpendiculaires.

■ Les diagonales d'un losange se coupent en leur milieu et sont perpendiculaires l'une à l'autre. Sa surface est égale au produit de sa base par sa hauteur ou au demi-produit de ses deux diagonales.

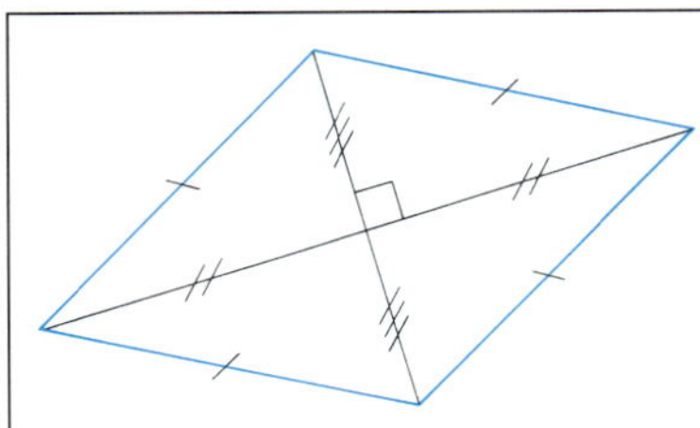
losange

LOSANGÉ, E adj. Qui présente une série de losanges ; divisé en losanges.

LOSANGIQUE adj. En forme de losange.

LOSER [luzœr] n.m. (mot angl.). Fam. Perdant, minable, raté.

LOT n.m. (mot francique, *sort*). **I. 1.** Part qui revient à chacun dans un partage. **2.** Ce qui revient à qqn dont le numéro est sorti dans une loterie. *Tirer le gros lot.* **3.** Fig., litt. Ce qui échoit à chacun ; ce que le hasard, le destin lui réserve. **II. 1.** Ensemble d'articles, d'objets assortis, de marchandises vendues ensemble. **2.** Fraction d'un terrain destiné à être vendu par parcelles. **3.** INFORM. Ensemble fini de travaux destinés à être traités d'un seul tenant en différé. – *Traitement par lots :* mode d'exploitation d'un ordinateur dans lequel les programmes devant être exécutés sont stockés par ordre d'arrivée, puis mis en œuvre périodiquement l'un après l'autre en fonction de leurs priorités éventuelles.

LOTE n.f. → ***lotte.***

LOTERIE n.f. (du néerl.). **1.** Jeu de hasard qui consiste à tirer au sort des numéros désignant des billets gagnants et donnant droit à des lots. ◇ *Loterie nationale :* en France, loterie instituée par l'État en 1933 et supprimée en 1990. **2.** Fig. Ce qui est régi par le hasard.

LOTI, E adj. *Être bien, mal loti :* être favorisé, défavorisé par le sort.

LOTIER n.m. (lat. *lotus,* mélilot). Papilionacée qui croît dans les bois, les prés, les champs. (Nom usuel : *trèfle cornu.*)

LOTION [lɔsjɔ̃] n.f. (bas lat. *lotio,* de *lavare,* laver). Eau de toilette, souvent légèrement alcoolisée, utilisée pour les soins de l'épiderme ou de la chevelure. – *Lotion après-rasage :* after-shave.

LOTIONNER v.t. Frictionner (le cuir chevelu, l'épiderme) avec une lotion.

LOTIR v.t. **1.** Diviser en lots. *Lotir un terrain pour le vendre.* **2.** Mettre en possession d'un lot.

LOTISSEMENT n.m. **1.** Morcellement d'une propriété foncière par lots, en vue de construire des habitations. **2.** Ensemble des habitations construites sur un terrain loti.

LOTISSEUR, EUSE n. Personne qui lotit un terrain.

LOTO n.m. (it. *lotto,* sort). **1.** Jeu de hasard dans lequel les joueurs sont munis de cartons numérotés dont ils couvrent les cases à mesure que l'on tire d'un sac les 90 numéros correspondants. **2.** *Loto national :* en France, jeu de hasard institué par l'État en 1976. – *Loto sportif :* en France, jeu fondé sur des pronostics sportifs, institué par l'État en 1985.

LOTOIS, E adj. et n. Du Lot.

LOTTE ou **LOTE** n.f. (du gaul.). **1.** Poisson d'eau douce à chair estimée, dont la deuxième nageoire dorsale est très longue. (Long. 30 à 70 cm ; poids jusqu'à 4 kg ; famille des gadidés.) **2.** *Lotte de mer :* baudroie.

LOTUS [lɔtys] n.m. (mot lat. ; du gr. *lôtos*). **1.** Plante représentée par plusieurs espèces ornementales (dont aucune n'est rangée par les botanistes dans le genre lotus), comme les lotus blancs et les lotus bleus d'Égypte, qui sont des nénuphars. **2.** BOT. Lotier (nom générique).

1. LOUABLE adj. Digne de louanges.

2. LOUABLE adj. Qui peut être mis ou pris en location.

LOUAGE n.m. DR. Contrat par lequel une personne s'engage à laisser à une autre la jouissance d'une chose pendant un certain temps *(louage de choses)* ou à faire qqch pour elle *(louage d'ouvrage et d'industrie ;* SYN. : *contrat d'entreprise).*

LOUANGE n.f. Action de louer qqn. *Dire qqch à la louange de qqn.* ◆ pl. Paroles par lesquelles on fait l'éloge de qqn, de qqch. *Combler de louanges.* ◇ *Chanter les louanges de qqn :* vanter ses mérites.

LOUANGER v.t. [17]. Litt. Décerner des louanges à (qqn).

LOUANGEUR, EUSE adj. et n. Litt. Qui loue, flatteur. *Paroles louangeuses.*

LOUBARD ou **LOUBAR** n.m. Fam. Jeune voyou, jeune délinquant. SYN. : *loulou.*

1. LOUCHE adj. (lat. *luscus,* borgne). **1.** Qui n'a pas un ton franc, en parlant des couleurs, des liquides, etc. **2.** Qui manque de franchise, de clarté ; équivoque, suspect. *Conduite louche.*

2. LOUCHE n.m. **1.** *Du louche :* qqch qui éveille la méfiance. *Il y a du louche là-dessous.* **2.** CHIM. Léger précipité qui donne à un liquide un aspect trouble.

3. LOUCHE n.f. (du francique). Grande cuillère à long manche, pour servir le potage.

LOUCHER v.i. Être atteint de strabisme. ◆ v.t. ind. *(sur).* Regarder avec envie, avoir des vues sur, convoiter. *Loucher sur un héritage.*

LOUCHERIE n.f. ou **LOUCHEMENT** n.m. Strabisme.

LOUCHET n.m. Bêche à fer long et étroit.

LOUCHEUR, EUSE n. Personne qui louche.

LOUCHON n.m. Fam., vx. Personne qui louche.

1. LOUER v.t. (lat. *laudare*). **1.** Vanter les mérites ou les qualités de (qqn, qqch). **2.** *Louer Dieu :* célébrer sa grandeur, ses bienfaits. ◆ **se louer** v.pr. **(de).** Se montrer satisfait (de). *N'avoir qu'à se louer de qqn.*

2. LOUER v.t. (lat. *locare*). **1.** Donner à loyer. **2.** Prendre à loyer. ◇ Prendre à son service moyennant un salaire. *Louer un extra pour une réception.* **3.** Réserver (une place) dans un train, un théâtre, etc.

LOUEUR, EUSE n. DR. Bailleur, personne qui donne à louer un bien. *Loueur de voitures.*

LOUFIAT n.m. Très fam. et péj. Garçon de café.

LOUFOQUE adj. et n. (de *fou*). Fam. Extravagant, fou, insensé.

LOUFOQUERIE n.f. Fam. Acte, parole de loufoque ; extravagance.

LOUGRE n.m. (angl. *lugger*). Voilier comportant en général deux mâts gréés de voiles au tiers.

LOUIS n.m. **1.** Ancienne monnaie d'or française, d'env. 6,70 g, à l'effigie de Louis XIII et de ses successeurs. **2.** Pièce d'or française de 20 F, appelée aussi *napoléon.*

LOUISE-BONNE n.f. (pl. *louises-bonnes*). Poire d'une variété douce et fondante.

LOUKOUM ou **LOKOUM** n.m. (ar. *rāḥat al-ḥulqum,* le repos des gorges). Confiserie orientale faite d'une pâte sucrée parfumée aux amandes, à la pistache, etc.

1. LOULOU n.m. (de *loup*). Petit chien à museau pointu et à fourrure longue et abondante.

2. LOULOU, LOULOUTE n. Fam. Garçon, fille. *Un sacré loulou.*

3. LOULOU n.m. Fam. Loubard, voyou.

LOUP n.m. (lat. *lupus*). **1.** Mammifère carnivore, à pelage gris jaunâtre, vivant dans les forêts d'Europe, d'Asie et d'Amérique, et devenu très rare en France. (Famille des canidés.) – *Le loup hurle,* pousse son cri. ◇ *Être connu comme le loup blanc :* être connu de tout le monde. – *Hurler avec les loups :* se joindre aux autres pour critiquer ou attaquer. – *Jeune loup :* jeune homme ambitieux, soucieux de faire carrière. – *(Vieux) loup de mer :* marin expérimenté. – *Se jeter dans la gueule du loup :* s'exposer soi-même à un grand danger. **2.** Nom donné à plusieurs poissons voraces, en partic. au bar. **3.** Masque de velours ou de satin noir, couvrant le pourtour des yeux. **4.** Erreur, oubli, malfaçon irréparable dans la confection d'un ouvrage.

loup

LOUPAGE n.m. Fam. Action de louper.

LOUP-CERVIER n.m. (de *loup,* et lat. *cervarius,* qui attaque les cerfs) [pl. *loups-cerviers*]. Lynx.

LOUPE n.f. (du francique *luppa,* masse informe de caillé). **I.** Lentille de verre convergente qui grossit les objets. ◇ *À la loupe :* d'une manière minutieuse. **II. 1.** BOT. Excroissance ligneuse qui vient sur le tronc et sur les branches de certains arbres. SYN. : *broussin, exostose.* **2.** MÉD. Kyste du cuir chevelu dû à l'hypertrophie d'une glande sébacée dont le produit de sécrétion n'est plus évacué. SYN. : *kyste sébacé.* **3.** MÉTALL. Masse ferreuse ou de fonte, renfermant des impuretés (scories) éliminées au cours du puddlage par forgeage au marteau.

LOUPÉ n.m. Fam. Erreur, ratage.

LOUPER v.t. (de *loup,* au sens de « malfaçon »). Fam. **1.** Ne pas réussir, mal exécuter ; échouer. **2.** Rater (un rendez-vous, un moyen de transport, une occasion). ◆ v.i. Fam. *Ça n'a pas loupé :* cela s'est produit comme il fallait s'y attendre.

LOUP-GAROU n.m. (de *loup* et *garou,* calque d'un mot francique, *homme-loup*) [pl. *loups-garous*]. Être malfaisant qui, selon certaines croyances, avait le pouvoir de se métamorphoser en loup la nuit et qui reprenait forme humaine le jour.

LOUPIOT, E n. (de *loup*). Fam. Enfant.

LOUPIOTE n.f. Fam. Petite lampe.

1. LOURD, E adj. (lat. *luridus,* blême, maladroit). **I. 1.** Pesant, difficile à porter, à remuer à cause de son poids. *Lourd fardeau.* ◇ Dans divers sports individuels, qualifie une catégorie de poids. **2.** Dont la densité est élevée. ◇ *Eau lourde :* liquide (D_2O) analogue à l'eau ordinaire (mais dans les molécules duquel les atomes d'hydrogène sont remplacés par son isotope, le deutérium), employé comme ralentisseur de neutrons dans certains réacteurs nucléaires. **3.** Qui met en œuvre des moyens techniques, financiers, etc., importants. *Chirurgie lourde. Équipement lourd.* **4.** Se dit d'un sol compact, difficile à labourer. **5.** Se dit d'un aliment difficile à digérer. *Les ragoûts sont lourds.* **6.** *Temps lourd :* temps orageux, accablant. **7.** *Sommeil lourd :* sommeil profond. **II. 1.** Que sa quantité, sa force, sa violence, etc., rend difficile à supporter, à faire. *Lourde tâche. Lourde faute.* ◇ *Avoir la main lourde :* frapper rudement ; peser ou verser une chose en trop grande quantité. **2.** Qui manque de finesse, d'intelligence ; maladroit. *Esprit lourd. Plaisanterie lourde.* ◆ adv. **1.** *Peser lourd :* avoir un poids plus élevé que la moyenne ; avoir une grande importance. **2.** Pop. *Il n'y en a pas lourd :* il n'y en a pas beaucoup. – *Ne pas en savoir lourd :* être très ignorant.

2. LOURD n.m. COMM. En France, marchandise pesant plus de 1 000 kg au mètre cube ; à l'étranger, marchandise cubant moins de 1,132 m^3 pour 1 016 kg.

LOURDAUD, E adj. et n. Lent, gauche et maladroit. (Le fém. est rare.)

LOURDE n.f. Arg. Porte.

LOURDEMENT adv. **1.** Avec un grand poids. *Voiture lourdement chargée.* **2.** Pesamment. *Tomber lourdement sur le sol.* **3.** Grossièrement, maladroitement. *Se tromper lourdement.*

LOURDER v.t. Pop. Mettre à la porte, renvoyer, congédier.

LOURDEUR n.f. Caractère de ce qui est lourd. *La lourdeur de sa démarche. Lourdeur d'esprit.*

LOURE n.f. (lat. *lura,* sacoche). **1.** Cornemuse d'un type très répandu au Moyen Âge. **2.** Danse assez lente jouée avec cet instrument.

LOURER v.t. (de *loure*). MUS. Lier (les notes) en appuyant sur le premier temps de chaque mesure ou sur la première note de chaque temps.

LOUSTIC n.m. (all. *lustig,* gai). **1.** Fam. Mauvais plaisant. ◇ Individu en qui on n'a pas grande confiance. **2.** Vx. Farceur, homme qui amuse par ses facéties.

LOUTRE n.f. (lat. *lutra*). Carnivore mustélidé aquatique, aux pattes palmées, mangeur de poissons. (La *loutre commune* vit près des cours d'eau, des marais, en Europe, en Asie, en Amérique, et atteint 80 cm de long. La *loutre de mer,* qui peut peser 40 kg, vit dans le Pacifique. La loutre fournit une fourrure au poil épais et soyeux, d'autant plus précieuse qu'elle est rare.) ◇ Cour. *Loutre de mer :* fourrure d'otarie.

loutre commune

1. LOUVE n.f. (lat. *lupa*). Loup femelle.

2. LOUVE n.f. CONSTR. Coin métallique en plusieurs parties, utilisé pour la manutention des pierres de taille.

LOUVER v.t. Soulever avec la louve.

LOUVET, ETTE adj. De la couleur du poil du loup, jaune mêlé de noir, en parlant de la robe du cheval.

LOUVETEAU n.m. **1.** Jeune loup de moins de un an. **2.** Jeune scout de 8 à 11 ans.

LOUVETER v.i. [27]. Mettre bas, en parlant de la louve.

LOUVETERIE [luvtri] n.f. Institution ayant pour fonction d'assurer les battues de destruction des nuisibles (sangliers, renards, etc., et autref. loups, etc.). ◇ *Lieutenant de louveterie :* fonctionnaire bénévole et assermenté appartenant à la louveterie.

LOUVETIER n.m. Lieutenant de louveterie.

LOUVOYAGE ou **LOUVOIEMENT** n.m. Action de louvoyer.

LOUVOYER v.i. (de *lof*) [13]. **1.** MAR. Naviguer contre le vent, tantôt sur un bord, tantôt sur l'autre. **2.** Fig. Prendre des détours pour atteindre un but ; biaiser, tergiverser.

LOVELACE [lɔvlas] n.m. (de *Lovelace,* n. pr.). Litt. Séducteur pervers et cynique.

LOVER v.t. (bas all. *lofen,* tourner). MAR. Rouler (un cordage) en cercles superposés. ◆ **se lover** v.pr. S'enrouler sur soi-même. *Serpent qui se love sous une pierre.*

LOXODROMIE n.f. (gr. *loxos,* courbe, et *dromos,* course). Ligne coupant les méridiens sous un angle constant ; route d'un navire ou d'un avion qui suit constamment le même cap.

LOXODROMIQUE adj. Relatif à la loxodromie.

LOYAL, E, AUX adj. (lat. *legalis,* conforme à la loi). Qui obéit aux lois de l'honneur, de la probité, de la droiture. *Une femme loyale. Une conduite loyale.* ◇ Fam. *À la loyale :* sans user de coups interdits. *Se battre à la loyale.*

LOYALEMENT adv. De façon loyale.

LOYALISME n.m. Fidélité au régime établi ou à une autorité considérée comme légitime.

LOYALISTE adj. et n. Fidèle au régime établi. ◆ n.m. pl. Colons américains qui demeurèrent fidèles aux Anglais durant et après la guerre de l'Indépendance. (Beaucoup s'exilèrent, surtout dans le Bas-Canada.)

LOYAUTÉ n.f. Caractère loyal de qqn, de qqch.

LOYER n.m. (lat. *locarium,* prix du gîte). **1.** Prix du louage d'une chose. ◇ Spécialt. Prix de la location d'un logement. – *Donner, prendre à loyer,* en location. **2.** *Loyer de l'argent :* taux d'intérêt de l'argent emprunté.

LOZÉRIEN, ENNE adj. et n. De la Lozère.

L. P. n.m. (sigle). Lycée professionnel.

Lr, symbole chimique du lawrencium.

L. S. D. n.m. (sigle de l'all. *Lyserg Säure Diäthylamid*). Dérivé de l'acide lysergique, hallucinogène de synthèse qui agit surtout en modifiant les sensations visuelles et auditives. SYN. : *lysergamide, lysergide.*

Lu, symbole chimique du lutécium.

LUBIE n.f. (du lat. *lubere,* plaire). Fantaisie soudaine, caprice extravagant.

LUBRICITÉ n.f. Caractère lubrique de qqn, de qqch.

LUBRIFIANT, E adj. et n.m. Se dit d'un produit qui lubrifie.

LUBRIFICATION n.f. Action de lubrifier.

LUBRIFIER v.t. (du lat. *lubricus,* glissant). Graisser, rendre glissant, pour atténuer le frottement et faciliter le fonctionnement.

LUBRIQUE adj. (lat. *lubricus,* glissant). Qui a ou qui manifeste un penchant excessif pour les plaisirs charnels, la luxure.

LUBRIQUEMENT adv. Avec lubricité.

LUCANE n.m. (lat. *lucanus,* cerf-volant). Coléoptère des chênes et des châtaigniers. (Le mâle atteint 8 cm de long et porte des mandibules de taille très variable, mais parfois énormes, qui lui valent son nom usuel de *cerf-volant.*)

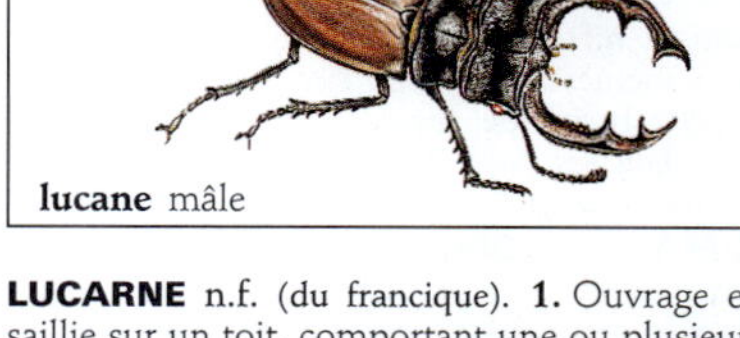
lucane mâle

LUCARNE n.f. (du francique). **1.** Ouvrage en saillie sur un toit, comportant une ou plusieurs fenêtres donnant du jour au comble. **2.** SPORTS. Chacun des deux angles supérieurs d'un but de football. *Tirer dans la lucarne.*

1. LUCERNAIRE n.m. Office religieux célébré à la tombée du jour.

2. LUCERNAIRE n.f. Méduse acalèphe très commune, qui vit fixée aux herbes marines.

LUCIDE adj. (lat. *lucidus*). **1.** Qui est en pleine possession de ses facultés intellectuelles ; conscient. **2.** Perspicace, clairvoyant.

LUCIDEMENT adv. De façon lucide.

LUCIDITÉ n.f. Qualité ou état d'une personne lucide.

LUCIFÉRASE n.f. (lat. *lucifer,* qui apporte la lumière). Enzyme des organes lumineux de divers animaux.

1. LUCIFÉRIEN, ENNE adj. Litt. Qui tient du diable, démoniaque.

2. LUCIFÉRIEN n.m. Membre de certaines sectes satanistes qui rendaient un culte à Lucifer.

LUCIFÉRINE n.f. Substance contenue dans les organes lumineux de divers animaux, et dont l'oxydation en présence de luciférase provoque une émission de lumière (lampyre, divers poissons).

LUCIFUGE adj. ZOOL. Se dit des animaux qui évitent la lumière.

LUCILIE n.f. (lat. *lux, lucis,* lumière). Mouche d'un vert métallique, vivant sur les fleurs et les déchets organiques, et pouvant pondre sur la viande. – *Lucilie bouchère :* espèce originaire d'Amérique, qui pond sur les plaies des mammifères et dont les larves se développent en consommant la chair de leur hôte.

LUCIMÈTRE n.m. Instrument de mesure météorologique de l'intensité moyenne du rayonnement solaire.

LUCIOLE n.f. (it. *lucciola,* de *luce,* lumière). Coléoptère lumineux voisin du lampyre. (Long. 1 cm.)

LUCITE n.f. MÉD. Lésion cutanée causée par les radiations lumineuses (notamm. en cas d'exposition prolongée au soleil).

LUCRATIF, IVE adj. (lat. *lucrativus*). Qui rapporte de l'argent, du profit. *Emploi lucratif.*

LUCRATIVEMENT adv. De façon lucrative.

LUCRE n.m. (lat. *lucrum*). Profit recherché avec avidité. *Esprit de lucre.*

LUDDISME [lydism] n.m. HIST. Organisation et action des luddites.

LUDDITE [lydit] n.m. (de *Ludd,* n.pr.). HIST. Membre d'une des bandes d'ouvriers anglais, menés par N. Ludd, qui, entre 1811 et 1816, s'organisèrent pour détruire les machines accusées de provoquer le chômage.

LUDICIEL n.m. (lat. *ludus,* jeu, et [*logi*]*ciel*). Logiciel de jeu.

LUDION n.m. (lat. *ludio,* histrion). Fiole ou figurine creuse, ouverte à sa partie inférieure et lestée de façon à couler ou à émerger dans le liquide où elle est plongée lorsque la pression à la surface libre du liquide varie. (Les variations de pression sont généralement produites en appuyant sur une membrane fermant le récipient.)

LUDIQUE adj. (lat. *ludus,* jeu). Relatif au jeu. *Activité ludique.*

LUDISME n.m. Comportement ludique.

LUDOLOGUE n. Personne qui crée des jeux pour les médias.

LUDOTHÈQUE n.f. Organisme mettant à la disposition des enfants un local avec des jouets.

LUÉTINE n.f. Substance autrefois utilisée en cuti-réaction pour le diagnostic de la syphilis. (Cette réaction, dite *luo-test,* est totalement abandonnée.)

LUETTE n.f. (pour *l'uette,* dimin. du lat. *uva,* grappe). Appendice charnu, mobile et contractile, prolongeant le bord postérieur du voile du palais et qui contribue à la fermeture des fosses nasales pendant la déglutition.

LUEUR n.f. (lat. *lucere,* luire). **1.** Clarté faible ou éphémère. *Les premières lueurs de l'aube.* **2.** Éclat fugitif du regard. *Une lueur d'intérêt a brillé dans ses yeux.* **3.** Manifestation passagère et vive. *Une lueur d'intelligence.*

LUFFA ou **LOOFA** n.m. Cucurbitacée grimpante d'Afrique et d'Asie, dont la pulpe fibreuse, desséchée, constitue l'éponge végétale.

LUGE n.f. (mot savoyard ; du gaul.). Petit traîneau utilisé pour glisser sur la neige ; sport pratiqué avec ce traîneau.

1. LUGER v.i. [17]. **1.** Faire de la luge. **2.** Suisse. Fam. Échouer à un examen, à une élection.

2. LUGER [lyʒɛr] n.m. (de M. *Luger,* n.pr.). Pistolet automatique de 9 mm.

LUGEUR, EUSE n. Personne qui pratique le sport de la luge.

LUGUBRE adj. (lat. *lugere,* être en deuil). Qui exprime ou inspire la tristesse ; funèbre, sinistre. *Des plaintes lugubres.*

LUGUBREMENT adv. De façon lugubre.

LUI pron. pers. de la 3e pers. du sing., des deux genres.

LUIRE v.i. (lat. *lucere*) [97]. **1.** Émettre ou réfléchir de la lumière, briller. **2.** Fig., litt. Apparaître, se manifester comme une lueur. *Un faible espoir luit encore.*

LUISANCE n.f. Litt. Qualité de ce qui luit ; éclat lumineux.

1. LUISANT, E adj. Qui luit. ◇ *Ver luisant :* lampyre femelle.

2. LUISANT n.m. Aspect d'une surface qui reluit.

LULU n.m. Alouette nichant au sol.

LUMACHELLE [lymaʃɛl] n.f. (de l'it. *lumaca,* limaçon). GÉOL. Roche sédimentaire calcaire formée par l'accumulation de coquilles fossiles.

LUMBAGO ou **LOMBAGO** [lɔ̃bago] n.m. (lat. *lumbus,* rein). PATHOL. Affection brutale et douloureuse survenant au niveau lombaire et due souvent à un effort de soulèvement ou à une torsion brusque du rachis lombaire. SYN. (fam.) : *tour de reins.*

LUMEN [lymɛn] n.m. (mot lat., *lumière*). Unité de mesure de flux lumineux (symb. lm), équivalant au flux lumineux émis dans un angle solide de 1 stéradian par une source ponctuelle uniforme située au sommet de l'angle solide et ayant une intensité lumineuse de 1 candela.

LUMIÈRE n.f. (lat. *lumen, luminis,* lumière). **I. 1.** Rayonnement émis par des corps portés à haute température (incandescence) ou par des corps excités (luminescence) et qui est perçu par les yeux. (La lumière est constituée par des ondes électromagnétiques, et sa vitesse de propagation dans le vide est de 299 792 458 m/s ; on peut aussi la considérer comme un flux de particules énergétiques dénuées de masse, les *photons.*) ◇ *Lumière cendrée :* lumière solaire réfléchie par la Terre sur la Lune et qui permet de distinguer le disque entier de la Lune lorsque celle-ci se montre sous forme de croissant. – *Lumière noire* ou *lumière de Wood :* rayonnement ultraviolet invisible qui provoque la fluorescence de certains corps. – *Lumière zodiacale* → **zodiacal. 2.** Clarté du soleil ; jour. **3.** Éclairage artificiel ; ce qui produit cet éclairage. *Éteindre la lumière. Il reste une lumière allumée.* **4.** BX-A. Partie claire ou plus éclairée que les autres dans une peinture, un dessin. *La distribution des lumières et des ombres.* **5.** *Habit de lumière :* habit brodé de fils brillants, que porte le torero consacré, le matador. **II. 1.** Ce qui éclaire l'esprit ; élément qui fait comprendre. *La lumière de la raison.* ◇ *À la lumière de :* en se référant à. – *Faire, apporter, jeter la lumière sur :* révéler les tenants et les aboutissants d'un problème, d'une affaire. – *Mettre en lumière :* signaler, publier. – *Trait de lumière :* compréhension soudaine de qqch. – *Avoir des lumières sur qqch :* posséder des connaissances, un savoir dans ce domaine. **2.** (Souvent en tournure négative). Personne au savoir ou aux mérites éclatants. *Ce n'est pas une lumière.* **III. 1.** Orifice d'entrée et de sortie de la vapeur dans le cylindre d'une machine à vapeur. **2.** Ouverture percée dans le canon des anciennes armes à feu, par laquelle on enflammait la charge. **3.** Dans les instruments d'optique à pinnules, petit trou par lequel on voit l'objet observé. **4.** Trou pratiqué dans un outil. ◆ pl. **1.** *Les Lumières :* mouvement philosophique qui domine le monde des idées en Europe au XVIIIe s. **2.** Feux d'un véhicule. *Laisser ses lumières allumées.*

LUMIGNON n.m. (lat. *lumen, luminis,* lumière). **1.** Bout de la mèche d'une bougie allumée. **2.** Petit morceau de chandelle. **3.** Lampe qui diffuse une lumière faible.

LUMINAIRE n.m. **1.** Tout appareil d'éclairage. **2.** Lampes, cierges utilisés dans le culte chrétien. **3.** ASTROL. Le Soleil ou la Lune.

LUMINANCE n.f. **1.** PHYS. Quotient de l'intensité lumineuse d'une surface par l'aire apparente de cette surface, pour un observateur lointain. (Unité : le cd/m^2.) SYN. (anc.) : *brillance.* **2.** *Signal de luminance :* signal qui représente uniquement les luminances des points de l'objet dont on transmet l'image, en télévision.

LUMINESCENCE n.f. Caractère propre à de nombreuses substances d'émettre de la lumière à basse température sous l'effet d'une excitation.

LUMINESCENT, E [-nɛsɑ̃, ɑ̃t] adj. **1.** Relatif à la luminescence. **2.** *Tube luminescent :* tube contenant un gaz ou une vapeur qui s'illumine lorsqu'on y produit une décharge électrique.

LUMINEUSEMENT adv. De façon lumineuse, claire. *Expliquer lumineusement un problème difficile.*

LUMINEUX, EUSE adj. **1.** Qui émet ou réfléchit la lumière. *Corps lumineux.* **2.** Fig. Qui a beaucoup de lucidité, de clarté. *Intelligence lumineuse. Explication lumineuse.*

LUMINISME n.m. BX-A. Tendance picturale qui privilégie les effets de lumière ou de clair-obscur.

LUMINISTE adj. et n. BX-A. Relatif au luminisme ; adepte du luminisme.

LUMINOPHORE n.m. ÉLECTRON. Petit grain de matière émettant de la lumière, sous l'impact d'un faisceau d'électrons, et constituant la couche sensible de l'écran des tubes cathodiques.

LUMINOSITÉ n.f. **1.** Qualité de ce qui est lumineux. **2.** ASTRON. Quantité totale d'énergie rayonnée par unité de temps par un astre.

LUMITYPE n.f. (nom déposé). IMPR. Machine à composer photographique.

LUMP [lœp] n.m. (mot angl.). Poisson osseux des mers froides, connu en France pour ses œufs qui ressemblent au caviar.

LUMPENPROLÉTARIAT [lumpənprɔletarja] n.m. (mot all.). Dans la terminologie marxiste, partie du prolétariat constituée par ceux qui ne disposent d'aucune ressource et caractérisée par l'absence de conscience de classe.

1. LUNAIRE adj. (lat. *lunaris*). **1.** Qui concerne ou évoque la Lune. ◇ *Mois lunaire :* lunaison. **2.** Fig., litt. Chimérique, extravagant. *Projet lunaire.*

2. LUNAIRE n.f. Plante ornementale cultivée pour ses fleurs odorantes et ses fruits, qui ont la forme de disques blanc argenté, pouvant dépasser 5 cm de diamètre. (Noms usuels : *monnaie-du-pape, herbe aux écus ;* famille des crucifères.)

LUNAISON n.f. (bas lat. *lunatio*). Espace de temps qui s'écoule entre deux nouvelles lunes consécutives (env. 29,5 j). SYN. : *mois lunaire.*

LUNATIQUE adj. et n. Qui a l'humeur changeante, bizarre.

LUNCH [lœʃ] ou [lœntʃ] n.m. (mot angl.) [pl. *lunchs* ou *lunches*]. Repas léger que l'on sert en buffet à l'occasion d'une réception.

LUNCHER [lœʃe] v.i. Vx. Faire un lunch.

LUNDI n.m. (lat. *Lunae dies,* jour de la Lune). Premier jour de la semaine.

1. LUNE n.f. (lat. *luna*). **1.** Satellite naturel de la Terre. ◇ *Nouvelle lune :* phase de la Lune dans laquelle celle-ci, se trouvant placée entre le Soleil et la Terre, tourne vers la Terre son hémisphère obscur et, de ce fait, est invisible. – *Pleine lune :* phase de la Lune dans laquelle celle-ci, se trouvant à l'opposé du Soleil par rapport à la Terre, tourne vers la Terre son hémisphère éclairé et est donc visible sous l'aspect d'un disque entier. – *Lune rousse :* lunaison qui commence après Pâques, entre le 5 avril et le 6 mai. (C'est souvent une période de gelées ou de vents froids qui font roussir les jeunes pousses.) ◇ *Être dans la lune :* être distrait. – *Demander, promettre la lune :* demander, promettre l'impossible. – *Tomber de la lune :* être surpris par un évènement imprévu. – *Lune de miel :* premier temps du mariage ; période de bonne entente entre des personnes quelles qu'elles soient (souvent, entre des personnes au début de leur relation). **2.** Satellite naturel d'une planète quelconque. *Les lunes de Jupiter.* **3.** Fig., fam. *Vieilles lunes :* idées dépassées, périmées.

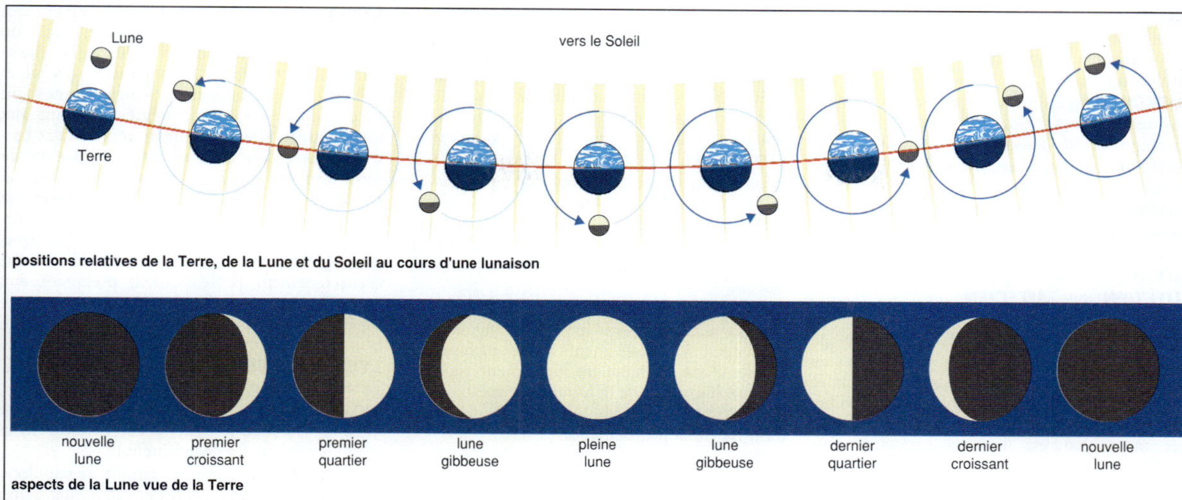

les phases de la **Lune**

■ La Lune tourne autour de la Terre en 27 j 7 h 43 min *(révolution sidérale),* à une distance moyenne de 384 400 km. Dans le même temps, elle accomplit une rotation complète sur elle-même. Aussi présente-t-elle toujours la même face à la Terre. Dépourvue de lumière propre, elle ne fait que réfléchir la lumière qu'elle reçoit du Soleil et possède donc en permanence un hémisphère obscur et un hémisphère éclairé. Les aspects différents, ou *phases,* suivant lesquels elle est vue de la Terre s'expliquent par les variations de sa position relative par rapport à notre planète et au Soleil. Ces phases se déroulent suivant un cycle de 29 j 12 h 44 min *(révolution synodique, lunaison* ou *mois lunaire).* Le rayon de la Lune est de 1 738 km, sa densité moyenne de 3,34 et sa masse n'est que le 1/81 environ de celle de la Terre. Sa surface présente de vastes plaines accidentées, criblées de très nombreux cratères météoritiques de dimensions variées, et des montagnes aux formes douces pouvant atteindre des altitudes élevées (8 200 m). Elle n'est entourée d'aucune atmosphère, ce qui lui vaut de subir des températures allant d'environ + 100 °C le jour à – 150 °C la nuit. Le sol lunaire a été étudié directement de 1969 à 1972, au cours de six vols de la série « Apollo », qui permirent à douze astronautes américains de débarquer sur l'astre et d'en rapporter près de 400 kg d'échantillons.

2. LUNE n.m. Môle (poisson).

LUNÉ, E adj. Fam. *Bien, mal luné :* dans de bonnes, de mauvaises dispositions d'humeur.

1. LUNETIER, ÈRE n. Fabricant, marchand de lunettes.

2. LUNETIER, ÈRE adj. Relatif à la vente, à la fabrication de lunettes.

LUNETTE n.f. (de *lune,* à cause de la forme). **I.** Instrument d'optique destiné à l'observation des objets éloignés (en partic. des astres), et dont l'objectif est constitué d'une lentille convergente ou d'un système achromatique équivalent. – *Lunette d'approche :* lunette munie d'un redresseur d'image. – ARM. *Lunette de pointage :* lunette qui sert à viser un objectif en le grossissant. **II.** Objet évidé, de forme circulaire. **1.** Ouverture d'une cuvette de W.-C. **2.** MÉCAN. Appareil fixe ou mobile, servant de guide supplémentaire pour une pièce de grande longueur sur une machine-outil. **3.** ARCHIT. Portion de voûte en berceau pénétrant dans la montée d'une voûte principale. **4.** FORTIF. Ouvrage extérieur d'une place, composé de deux faces et de deux flancs, et constituant une position avancée dans un système bastionné. **5.** ORNITH. Fourchette. **6.** PEINT. Partie supérieure, cintrée, d'un tableau d'autel ou d'une peinture murale. **7.** MAR. *Lunette d'étambot :* orifice percé dans l'étambot pour le passage de l'arbre de l'hélice. **8.** *Lunette arrière :* vitre arrière d'une automobile. ◆ pl. **1.** Paire de verres correcteurs ou filtrants, enchâssés dans

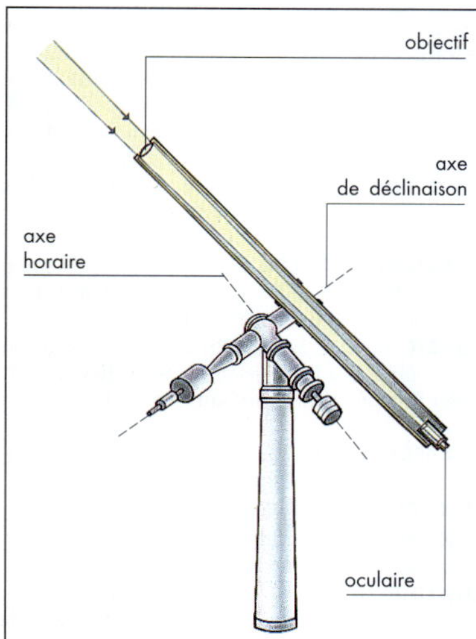

lunette astronomique

une monture conçue pour être placée sur le nez, devant les yeux. **2.** *Serpent à lunettes :* naja.

LUNETTÉ, E adj. Fam. Qui porte des lunettes.

LUNETTERIE n.f. Métier, commerce du lunetier.

LUNI-SOLAIRE adj. (pl. *luni-solaires*). ASTRON. Relatif à la fois à la Lune et au Soleil, à leurs mouvements et aux repères chronologiques que ceux-ci fournissent. *Calendrier luni-solaire.*

LUNULE n.f. (lat. *lunula,* petit croissant). **1.** Tache blanche en forme de croissant, située à la base de l'ongle chez l'homme. **2.** Surface limitée par deux arcs de cercle ayant mêmes extrémités, et dont la convexité est tournée du même côté.

LUNURE n.f. Défaut du bois, inclusion d'aubier, en forme de croissant ou d'anneau, dans le bois de cœur.

LUPANAR n.m. (mot lat., de *lupa,* fille publique). Litt. Maison de prostitution.

LUPERCALES n.f. pl. (lat. *lupercalia*). ANTIQ. Fêtes annuelles célébrées à Rome le 15 février près d'une grotte, le Lupercal, en l'honneur de Faunus Lupercus, dieu des troupeaux.

LUPERQUE n.m. (lat. *lupercus*). ANTIQ. ROM. Membre de la confrérie des prêtres qui célébraient le culte de Faunus Lupercus (en partic. lors des lupercales).

LUPIN n.m. (lat. *lupinus*). Plante à feuilles palmées, cultivée comme fourrage ou pour ses fleurs ornementales disposées en épi. (Famille des papilionacées.)

LUPIQUE adj. et n. MÉD. Relatif au lupus ; qui en est atteint.

LUPOME n.m. MÉD. Lésion élémentaire du lupus tuberculeux.

1. LUPULINE n.f. ou **LUPULIN** n.m. (lat. *lupulus,* houblon). Poudre jaune produite par les fleurs femelles de houblon, et contenant des résines amères qui aromatisent la bière.

2. LUPULINE n.f. Luzerne sauvage à petites fleurs jaunes, très commune dans les champs. SYN. : *minette.*

LUPUS [lypys] n.m. (mot lat., *loup*). Affection de la peau, caractérisée par l'infiltration du derme par des foyers tuberculeux juxtaposés, ou *lupomes.* (On dit aussi *lupus tuberculeux.*)

■ On distingue le *lupus tuberculeux* ou *lupus vulgaire,* qui provoquait d'importantes mutilations, actuellement en voie de disparition, le *lupus érythémateux chronique,* affection bénigne, purement cutanée, et le *lupus érythémateux systémique,* où les lésions de la peau sont associées à de graves lésions viscérales.

LURETTE n.f. (de *heurette,* dimin. de *heure*). Fam. *Il y a belle lurette :* il y a bien longtemps.

LUREX n.m. (nom déposé). Fil textile gainé d'une pellicule de polyester qui lui donne l'aspect du métal.

LURON, ONNE n. **1.** Fam. Personne gaie, insouciante. **2.** Vieilli. Personne hardie en amour.

LUSIN ou, vx, **LUZIN** n.m. (du néerl. *huising*). MAR. Ligne d'amarrage faite de deux fils de caret entrelacés.

LUSITANIEN, ENNE ou **LUSITAIN, E** adj. et n. De la Lusitanie, du Portugal.

LUSOPHONE adj. et n. De langue portugaise.

LUSTRAGE n.m. Action, manière de lustrer.

LUSTRAL, E, AUX adj. (lat. *lustralis,* expiatoire). **1.** RELIG. Qui sert à purifier. *Eau lustrale.* **2.** ANTIQ. Que l'on fait tous les cinq ans. *Sacrifice lustral.*

LUSTRATION n.f. RELIG. Rite de purification d'une personne ou d'un lieu.

1. LUSTRE n.m. (lat. *lustrum*). **1.** Litt. Période de cinq années. **2.** (Au pl.). Longue période. *Il y a des lustres que je ne l'ai pas vue.* **3.** ANTIQ. À Rome, sacrifice de purification pratiqué tous les cinq ans.

2. LUSTRE n.m. (it. *lustro,* lumière). **I. 1.** Éclat brillant de qqch ; poli. *Le vernis de Chine a un beau lustre.* **2.** Litt., fig. Éclat, relief. *Le lustre mondain.* **II.** Appareil d'éclairage décoratif suspendu au plafond.

LUSTRER v.t. **1.** Donner du brillant, du poli à. *Lustrer la carrosserie d'une voiture.* **2.** Rendre (un vêtement) brillant par le frottement, l'usure.

LUSTRERIE n.f. **1.** Fabrication des lustres et des appareils d'éclairage. **2.** Ensemble des luminaires muraux ou de plafond d'une maison, etc.

LUSTRINE n.f. (it. *lustrino,* de *lustro,* brillant). Étoffe de coton apprêtée et lustrée.

LUT [lyt] n.m. (lat. *lutum,* limon). Enduit se durcissant par dessiccation, et que l'on utilise pour boucher ou entourer les objets qui sont au contact du feu.

LUTÉCIUM [lytesjɔm] n.m. Métal du groupe des terres rares ; élément (Lu) de numéro atomique 71, de masse atomique 174,97.

LUTÉINE n.f. (lat. *luteus,* jaune). Vieilli. Progestérone.

LUTÉINIQUE ou **LUTÉAL, E, AUX** adj. (lat. *luteus,* jaune). Relatif au corps jaune de l'ovaire, à la progestérone.

LUTER v.t. Boucher avec du lut.

LUTÉTIEN ou **LUTÉCIEN** n.m. (de *Lutèce,* n.pr.). GÉOL. Étage du système paléogène.

LUTH n.m. (ar. *al-'ūd*). **1.** Instrument de musique à 7, 13 ou 21 cordes pincées, très en vogue en Europe aux XVIe et XVIIe s., dont le corps est en forme de demi-poire et le chevillier à angle droit avec le manche. **2.** Tortue marine des mers chaudes, dont la carapace, sans écailles cornées, est incluse dans une peau dure comme du cuir. (Elle peut atteindre 2,40 m de longueur et peser 600 kg.)

luth (F. De Troy-Louvre, Paris)

LUTHÉRANISME n.m. Ensemble des Églises protestantes qui se rattachent à Luther ; doctrine théologique issue de la pensée de Luther.

LUTHERIE n.f. Métier, commerce du luthier.

LUTHÉRIEN, ENNE adj. et n. Qui appartient à la doctrine de Luther.

LUTHIER n.m. Fabricant d'instruments de musique portables à cordes (violons, guitares, etc.). – REM. Pour les instruments de grande taille (clavecin, piano, harpe), on dit *facteur.*

LUTHISTE n. Joueur de luth.

1. LUTIN n.m. (du lat. *Neptunus,* Neptune). **1.** Petit génie malicieux. **2.** Vx. Enfant espiègle, taquin.

2. LUTIN, E adj. Litt. Qui est espiègle, éveillé.

LUTINER v.t. Litt. Poursuivre (une femme) de ses baisers, de ses caresses, en parlant d'un homme.

LUTRIN n.m. (lat. pop. *lectorinum*). **1.** Meuble à pupitre, fixe ou mobile, en ferronnerie, en menuiserie, etc., destiné à supporter les livres ouverts pour en faciliter la lecture. ◇ Spécialt. Un tel meuble, placé dans le chœur d'une église pour porter les livres de chant liturgique. **2.** Enceinte réservée aux chantres dans le chœur.

LUTTE n.f. **1.** Affrontement, combat entre deux personnes, deux groupes, dont chacun s'efforce de faire triompher sa cause ou d'imposer sa domination à l'autre. *Entrer en lutte avec qqn. Lutte inégale.* ◇ *De haute lutte :* à la suite d'un effort vigoureux et continu. – *Lutte des classes :* selon les marxistes, conflit opposant les classes sociales en deux groupes antagonistes, les uns opprimants, les autres opprimés, et qui s'expliquerait en dernière instance par la propriété privée des moyens de production et serait le moteur de l'histoire. – *Lutte pour la vie :* combat que mène chaque individu, chaque espèce pour assurer sa survie ; concurrence vitale des espèces ayant pour résultat, selon Charles Darwin, la seule survivance des plus aptes (sélection naturelle). **2.** Sport de combat dans lequel deux adversaires s'affrontent à mains nues, chacun cherchant à renverser l'autre sur le dos. – *Lutte libre :* lutte dans laquelle les prises sur tout le corps sont autorisées. – *Lutte gréco-romaine,* où les prises ne peuvent être portées qu'au-dessus de la ceinture. **3.** Ensemble d'actions menées pour vaincre un mal, des difficultés. *Lutte contre le cancer.* – AGRIC. *Lutte biologique :* défense des cultures utilisant les prédateurs ou les parasites naturels des espèces indésirables. **4.** Action de deux forces agissant en sens contraire ; antagonisme. *Lutte entre le bien et le mal.* **5.** Accouplement, dans l'espèce ovine.

LUTTER v.i. (lat. *luctare*). **1.** Combattre à la lutte. **2.** Entrer en lutte avec qqn, qqch. *Lutter contre le sommeil.* **3.** Rivaliser. *Lutter de vitesse.*

LUTTEUR, EUSE n. **1.** Sportif qui pratique la lutte. **2.** Personne énergique, qui aime lutter, se battre pour obtenir qqch. *C'est un lutteur, il réussira.*

LUX [lyks] n.m. (mot lat., *lumière*). Unité de mesure d'éclairement lumineux (symb. lx), équivalant à l'éclairement d'une surface qui reçoit, d'une manière uniformément répartie, un flux lumineux de 1 lumen par mètre carré.

LUXATION n.f. Déboîtement, déplacement d'un os de son articulation.

LUXE n.m. (lat. *luxus*). **1.** Caractère de ce qui est coûteux, raffiné, somptueux. *Le luxe de la table.* **2.** Environnement constitué par des objets coûteux ; manière de vivre coûteuse et raffinée. *Faire étalage de luxe.* ◇ *De luxe,* se dit d'objets, de produits, de services qui correspondent à des goûts recherchés et coûteux, et non aux besoins ordinaires de la vie. – Fam. *Ce n'est pas du luxe :* cela fait partie du nécessaire ; c'est indispensable. **3.** Grande abondance de qqch, profusion. *Un grand luxe de précautions.* **4.** Ce que l'on se permet de manière exceptionnelle ; ce que l'on se permet de dire, de faire en plus, pour le plaisir. *Il ne peut pas se payer le luxe de lui dire ce qu'il pense de lui.*

LUXEMBOURGEOIS, E adj. et n. Du Luxembourg. ◆ n.m. Dialecte allemand parlé dans le grand-duché de Luxembourg.

LUXER v.t. (lat. *luxare*). Provoquer la luxation de. *La torsion a luxé le poignet.* ◆ **se luxer** v.pr. Avoir une de ses articulations disloquée. *Se luxer le genou.*

LUXMÈTRE n.m. (lat. *lux,* lumière, et *mètre*). Appareil servant à mesurer l'éclairement.

LUXUEUSEMENT adv. De façon luxueuse.

LUXUEUX, EUSE adj. Qui se signale par son luxe. *Ameublement luxueux.*

LUXURE n.f. (lat. *luxuria,* surabondance). Litt. Recherche sans retenue des plaisirs de l'amour physique, des plaisirs sensuels.

LUXURIANCE n.f. Litt. État de ce qui est luxuriant.

LUXURIANT, E adj. (lat. *luxurians,* surabondant). Qui pousse, se développe avec abondance. *Végétation luxuriante.*

LUXURIEUX, EUSE adj. Litt. Qui dénote la luxure ; sensuel.

LUZERNE n.f. (prov. *luzerno*). Plante fourragère, riche en protéines, très souvent introduite dans les rotations pour enrichir le sol en azote. (Famille des papilionacées.)

luzerne

LUZERNIÈRE n.f. Champ de luzerne.

LUZIN n.m. → ***lusin.***

LUZULE n.f. Plante des prés et des bois, à feuilles plates et velues. (Famille des joncacées.)

lx, symbole du lux.

LYCANTHROPE n.m. (gr. *lukos,* loup, et *anthrôpos,* homme). Homme transformé en loup-garou.

LYCANTHROPIE n.f. Métamorphose supposée d'un homme en loup-garou.

LYCAON [likaɔ̃] n.m. (mot lat.). Mammifère carnivore d'Afrique, intermédiaire entre le chien et l'hyène, à pelage fauve rayé de noir. (Long. 90 cm env.)

LYCÉE n.m. (gr. *lukeion*). **1.** Établissement qui dispense l'enseignement du second cycle du second degré (de la seconde à la classe terminale). ◇ *Lycée d'enseignement général et technologique :* établissement d'enseignement du second cycle du second degré préparant aux baccalauréats d'enseignement général, aux baccalauréats technologiques et aux brevets de technicien et, dans les sections supérieures, aux concours d'entrée dans les grandes écoles et aux brevets de technicien supérieur. – *Lycée professionnel (L. P.)* [de 1975 à 1985, *lycée d'enseignement professionnel* ou *L. E. P.*] : établissement d'enseignement professionnel, préparant aux C. A. P., aux B. E. P. et aux baccalauréats professionnels. **2.** Belgique. Établissement public d'enseignement secondaire pour les filles.

LYCÉEN, ENNE n. Élève d'un lycée. ◆ adj. Relatif au lycée, aux lycéens.

LYCÈNE n.f. (lat. *lycaena*). Papillon diurne, à ailes bleues chez le mâle, à vol vif, et dont la chenille vit sur les légumineuses.

LYCÉNIDÉ n.m. *Lycénidés :* famille de papillons diurnes, aux couleurs vives et différentes selon le sexe.

LYCHEE n.m. → ***litchi.***

LYCHNIS [liknis] n.m. (gr. *lukhnos,* lampe). Plante dont une espèce à graines toxiques, la nielle des blés, croît dans les moissons. (Famille des caryophyllacées.)

LYCOPE n.m. (lat. *lycopus*). Plante des lieux humides, appelée aussi *patte-de-loup.* (Famille des labiées.)

LYCOPERDON n.m. (gr. *lukos,* loup, et *perdesthai,* péter). Champignon en forme de poire retournée, blanc, rejetant une poussière de spores à maturité. (Groupe des gastromycètes ; nom usuel : *vesse-de-loup.*)

LYCOPODE n.m. (gr. *lukos,* loup, et *pous, podos,* pied). **1.** Plante vasculaire vivace dont les tiges, rampantes ou dressées, portent un manchon de petites feuilles. SYN. (usuel) : ***pied-de-loup.*** **2.** Poudre formée par les microspores de cette plante, utilisée notamment par les artificiers (sa combustion est instantanée).

LYCOPODIALE n.f. *Lycopodiales :* ordre de cryptogames vasculaires comme le lycopode.

LYCOSE n.f. (gr. *lukos,* araignée-loup). Araignée errante creusant des terriers, et dont une espèce est la tarentule.

LYCRA n.m. (nom déposé). Fibre élastomère utilisée dans la confection d'articles textiles possédant une grande élasticité.

LYDDITE n.f. Explosif dérivé de l'acide picrique.

LYDIEN, ENNE adj. et n. De la Lydie. ◆ adj. MUS. *Mode lydien :* mode de *fa,* en musique d'Église (et, auj., dans le jazz).

LYMPHANGIOME n.m. Angiome d'un vaisseau lymphatique.

LYMPHANGITE n.f. Inflammation des vaisseaux lymphatiques. (On distingue des *lymphangites réticulaires* [plaque rouge due à l'inflammation de petits capillaires lymphatiques] et des *lymphangites tronculaires* [cordon rouge dû à l'inflammation d'un gros tronc lymphatique].)

LYMPHATIQUE adj. **1.** Relatif à la lymphe. **2.** Se dit de l'appareil circulatoire contenant la lymphe et des organes annexes. *Ganglions, vaisseaux lymphatiques.* ◆ adj. et n. **1.** Vx. Atteint de lymphatisme. **2.** Dont l'allure est molle, nonchalante.

LYMPHATISME n.m. Vx. État de déficience constitutionnelle avec asthénie et augmentation de volume des ganglions lymphatiques.

LYMPHE n.f. (lat. *lympha,* eau). PHYSIOL. Liquide riche en protéines et en lymphocytes, circulant dans l'organisme.

■ La lymphe est le véritable milieu intérieur dans lequel baignent les cellules. C'est un liquide intermédiaire entre le sang et les constituants des cellules. Elle renferme des lymphocytes provenant des ganglions lymphatiques et un plasma qui, dans l'intestin grêle, se charge des graisses de la digestion. La lymphe circule dans les vaisseaux lymphatiques.

LYMPHOBLASTE n.m. Cellule de 15 à 20 µm de diamètre dont le noyau, volumineux, présente une structure de cellule immature.

LYMPHOCYTAIRE adj. Relatif aux lymphocytes.

LYMPHOCYTE n.m. Leucocyte mononucléé de petite taille, à cytoplasme réduit et jouant un rôle important dans l'immunité.

LYMPHOCYTOSE n.f. MÉD. Augmentation du nombre des lymphocytes dans le sang.

LYMPHOGRANULOMATOSE n.f. MÉD. *Lymphogranulomatose maligne :* sarcome à prédominance ganglionnaire d'abord localisé et qui peut toucher tous les organes. SYN. : *maladie de Hodgkin.* – *Lymphogranulomatose bénigne :* sarcoïdose. – *Lymphogranulomatose inguinale subaiguë,* ou *bénigne* ou *vénérienne :* maladie de Nicolas-Favre*.

LYMPHOGRAPHIE n.f. Radiographie des vaisseaux et ganglions lymphatiques après injection d'une substance de contraste.

LYMPHOÏDE adj. ANAT. Qui se rapporte aux ganglions lymphatiques. ◇ *Organes lymphoïdes :* ganglions lymphatiques, amygdales, follicules clos de l'intestin, rate et thymus.

LYMPHOKINE n.f. Protéine intervenant comme modulateur dans les réactions immunitaires. *Les interférons sont des lymphokines.*

LYMPHOME n.m. MÉD. Tumeur maligne du tissu lymphoïde.

LYMPHOPÉNIE n.f. MÉD. Diminution du nombre des lymphocytes dans le sang.

LYMPHOPOÏÈSE n.f. (du gr. *poiêsis,* création). PHYSIOL. Formation des différents lymphocytes matures du sang et des organes lymphoïdes.

LYMPHORÉTICULOSE n.f. MÉD. *Lymphoréticulose bénigne d'inoculation :* affection des ganglions lymphatiques pouvant aboutir à la suppuration. SYN. : *maladie des griffes du chat.*

LYMPHOSARCOME n.m. MÉD. Sarcome caractérisé par une prolifération de cellules malignes d'aspect lymphocytaire.

LYNCH (LOI DE) : procédure qui consistait, aux États-Unis, à condamner et à exécuter séance tenante les criminels pris en flagrant délit.

LYNCHAGE n.m. Action de lyncher qqn.

LYNCHER [lɛ̃ʃe] v.t. (amér. *to lynch*). Exécuter sommairement, sans jugement régulier, en parlant d'une foule, d'un groupe.

LYNCHEUR, EUSE n. Personne qui participe à un lynchage.

LYNX [lɛ̃ks] n.m. (gr. *lunx,* loup-cervier). Mammifère carnivore de la famille des félidés, haut sur pattes, à vue perçante, très vorace, vivant en Europe (*loup-cervier* des Alpes), en Afrique, en Asie *(caracal)* et en Amérique. ◇ *Avoir des yeux de lynx,* des yeux vifs et perçants ; fig., être capable de discerner les petits détails qui échappent en général à l'attention d'autrui.

lynx du Canada

LYONNAIS, E adj. et n. De Lyon.

LYOPHILE adj. Se dit des substances qui perdent leurs propriétés biologiques à la suite d'une opération de lyophilisation et qui peuvent les retrouver par addition d'eau.

LYOPHILISAT n.m. Produit résultant d'une opération de lyophilisation.

LYOPHILISATION n.f. (gr. *luein,* dissoudre). Déshydratation par sublimation à basse température et sous vide que l'on fait subir à certaines substances pour les conserver. SYN. : *cryodessiccation.*

LYOPHILISER v.t. Soumettre à la lyophilisation. *Café lyophilisé.*

LYRE n.f. (lat. *lyra,* mot gr.). **1.** Instrument de musique à cordes pincées, en usage chez les Anciens. **2.** *Lyre de dilatation :* tuyau en forme de demi-cercle, inséré dans une canalisation pour permettre à celle-ci de se dilater librement sous l'action de la chaleur.

LYRIC n.m. (mot angl.). Partie chantée d'un film, d'une œuvre dramatique.

1. LYRIQUE adj. **1.** ANTIQ. GR. Se disait de la poésie chantée avec accompagnement de la lyre. **2.** Se dit d'un genre poétique inspiré de la poésie lyrique grecque, par opp. à *épique* ou à *dramatique.* **3.** Se dit d'une œuvre poétique, littéraire ou artistique où s'expriment avec une certaine passion les sentiments personnels de l'auteur. ◇ *Abstraction lyrique :* tendance de l'art abstrait qui s'oppose à l'abstraction géométrique et qui se caractérise par la liberté et la spontanéité de l'expression. **4.** Qui est mis en scène et chanté. *Théâtre lyrique.* ◇ *Artiste lyrique :* chanteur, chanteuse d'opéra, d'opéra-comique. **5.** Fig. Qui est plein d'enthousiasme, d'exaltation. *Quand il parle de cinéma, il devient lyrique.*

2. LYRIQUE n.m. Poète qui pratique la poésie lyrique.

3. LYRIQUE n.f. Poésie lyrique, genre lyrique.

LYRIQUEMENT adv. Avec lyrisme.

LYRISME n.m. Expression poétique et exaltée de sentiments personnels, de passions.

LYS n.m. → *lis.*

LYSAT n.m. Produit résultant d'une lyse.

LYSE n.f. (gr. *lusis,* dissolution). BIOL. Dissolution, destruction d'un élément organique (cellule, bactérie, etc.).

LYSER v.t. BIOL. Détruire par lyse.

LYSERGAMIDE ou **LYSERGIDE** n.m. L. S. D.

LYSERGIQUE adj. *Acide lysergique :* diéthylamine dérivé de l'ergot de seigle, puissant hallucinogène. SYN. (arg.) : *acide.*

LYSIMAQUE n.f. (n. du médecin gr. *Lusimakhos*). Plante des lieux humides, à fleurs jaunes. (Famille des primulacées.) SYN. : *nummulaire.*

LYSINE n.f. Acide aminé indispensable à la croissance.

LYSOSOME n.m. Petit organite intracellulaire assurant des fonctions de désassimilation.

LYSOZYME n.m. Enzyme bactéricide qui se trouve dans les larmes, le lait, etc.

LYTIQUE adj. **1.** Qui provoque la lyse. **2.** *Cocktail lytique :* mélange employé en anesthésiologie pour supprimer les réactions néfastes de l'organisme.

M

M [ɛm] n.m. inv. **1.** Treizième lettre de l'alphabet, et la dixième des consonnes. (La consonne *m* note une occlusive nasale bilabiale.) **2.** M, chiffre romain, vaut *mille.* **3.** M, symbole du maxwell. **4.** M, symbole du préfixe méga. **5.** m, symbole du mètre. – m^{-1}, symbole du mètre à la puissance moins 1. – m/s, symbole du mètre par seconde. – m/s^2, symbole du mètre par seconde carrée. – m^2, symbole du mètre carré. – m^2/s, symbole du mètre carré par seconde. – m^3, symbole du mètre cube. – m^3/kg, symbole du mètre cube par kilogramme. **6.** m, symbole du préfixe milli.

MA adj. poss. fém. → ***mon.***

MABOUL, E adj. et n. (de l'ar.). Fam. Fou.

MAC n.m. (abrév.). Arg. Maquereau, proxénète.

MACABRE adj. Qui a trait à la mort ; funèbre, sinistre. *Plaisanterie macabre. Découverte macabre.* ◇ *Danse macabre :* au Moyen Âge, allégorie peinte ou sculptée dans laquelle des morts décharnés ou des squelettes entraînent dans leur ronde des personnages de toutes les conditions sociales et de tous les âges.

MACACHE adv. (de l'ar.). Pop. et vx. (Exprimant la négation, le refus). *Macache ! :* rien du tout ! rien à faire !

MACADAM [makadam] n.m. (de *McAdam,* n.pr.). Assise de chaussée formée de pierres concassées, cylindrées et agglomérées avec un agrégat sableux ; chaussée ainsi revêtue.

MACADAMISER v.t. Recouvrir de macadam.

MACANÉEN, ENNE adj. et n. De Macao.

MACAQUE n.m. (port. *macaco,* mot bantou). Singe d'Asie voisin des cercopithèques, mesurant 50 à 60 cm de long sans compter la queue. (Le macaque rhésus, de l'Inde, est utilisé dans les laboratoires et a permis la découverte du facteur Rhésus.) ◆ n. Fam. Personne très laide.

macaque rhésus

MACAREUX n.m. Oiseau marin au plumage noir et blanc, au gros bec multicolore, vivant en colonies dans les régions tempérées fraîches de l'Atlantique nord. (Long. 30 cm.)

macareux

MACARON n.m. (it. *macarone,* macaroni). **1.** Petit gâteau rond moelleux, à base de pâte d'amandes, de blancs d'œufs et de sucre. **2.** Fam. Décoration, insigne de forme ronde. ◇ Spécialt. Vignette, insigne à caractère officiel que l'on appose sur le pare-brise d'une voiture. **3.** Natte de cheveux enroulée sur l'oreille.

MACARONI n.m. (mot it.). Pâte alimentaire de semoule de blé dur, moulée en tubes d'environ 5 mm de diamètre.

MACARONIQUE adj. *Poésie macaronique :* poésie burlesque, où les mots sont mêlés de latin ou prennent une terminaison latine.

MACASSAR n.m. **1.** Huile de coco parfumée. (On dit aussi *huile de Macassar.*) **2.** Ébène d'un brun sombre veiné de noir. (On dit aussi *bois de Macassar.*)

MCBURNEY (POINT DE). PATHOL. Point situé sur la paroi abdominale, qui devient douloureux à la pression en cas d'appendicite.

MACCARTISME ou **MACCARTHYSME** n.m. (de *McCarthy,* n.pr.). Programme de « lutte contre les activités antiaméricaines » mis en œuvre aux États-Unis dans les années 50 à l'instigation du sénateur Joseph McCarthy, politique anticommuniste extrémiste qui conduisit à des poursuites (« chasse aux sorcières ») dans l'ensemble de l'administration fédérale ainsi que dans les milieux d'artistes et d'intellectuels (cinéma, universités, presse), contre toute personne soupçonnée de sympathies communistes ou simplement progressistes.

MACCHABÉE [makabe] n.m. Pop. Cadavre.

MACCHIAIOLI n.m. pl. (mot it., de *macchia,* tache). Groupe de peintres italiens du XIXe s., d'inspiration antiacadémique et qui utilisèrent une technique de touche large, de tons contrastés. (Les plus connus de ces artistes, qui exposèrent ensemble à Florence en 1862, sont Giovanni Fattori [1825-1908], Silvestro Lega [1826-1895], Telemaco Signorini [1835-1901].)

MACÉDOINE n.f. (de *Macédoine,* n.pr.). Mélange de plusieurs fruits ou légumes coupés en morceaux.

MACÉDONIEN, ENNE adj. et n. De la Macédoine. ◆ n.m. Langue slave du Sud parlée principalement en Macédoine.

MACÉRATEUR n.m. Récipient où s'opère une macération.

MACÉRATION n.f. **1.** Fait de macérer. **2.** Opération consistant à faire tremper un corps dans un liquide pour en extraire les parties solubles, ou un produit alimentaire pour le parfumer ou le conserver. ◆ pl. Litt. Mortifications, que l'on s'inflige par esprit de pénitence.

MACÉRER v.t. (lat. *macerare,* rendre doux) [18]. Mettre dans un liquide pour conserver ou parfumer. ◆ v.i. Baigner longuement dans un liquide. *Cerises qui macèrent dans de l'eau-de-vie.*

MACERON n.m. (it. *macerone*). Plante herbacée, à fleurs jaunes. (Famille des ombellifères.)

MACH [mak] **(NOMBRE DE) :** rapport de la vitesse d'un mobile (projectile, avion) à celle du son dans l'atmosphère où il se déplace. (Cette unité n'est pas une véritable unité de vitesse, car la vitesse du son dans l'air est proportionnelle à la racine carrée de la température.)

MACHAON [makaɔ̃] n.m. (de *Machaon,* personnage myth.). Papillon diurne, à ailes jaunes tachetées de noir, de rouge et de bleu, mesurant jusqu'à 9 cm d'envergure et appelé usuellement *porte-queue.* (La chenille du machaon vit sur les ombellifères [carotte, persil, etc.].)

MÂCHE n.f. (de *mâcher*). Plante potagère à petites feuilles, du genre valérianelle, que l'on mange en salade. SYN. : *doucette.*

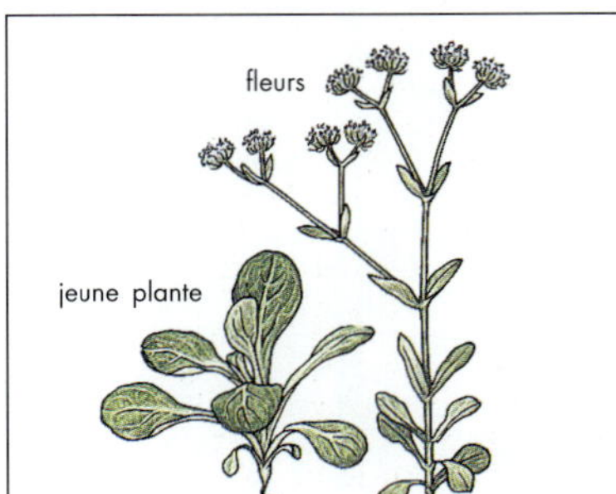

mâche

MÂCHEFER [mɑʃfɛr] n.m. (de l'anc. picard *maquer,* frapper). Scorie provenant de la combustion des charbons produisant des cendres à demi fusibles.

MÂCHEMENT n.m. Action de mâcher.

MÂCHER v.t. (lat. *masticare*). **1.** Broyer avec les dents avant d'avaler, ou triturer dans la bouche. ◇ Fig. *Mâcher la besogne, la leçon à qqn,* lui préparer son travail. – *Ne pas mâcher ses mots* : dire crûment son opinion. **2.** Couper sans netteté, en déchirant les fibres. *Outil qui mâche le bois.*

MACHETTE n.f. (esp. *machete*). Grand coutelas des régions tropicales, à lame épaisse, à poignée courte, utilisé à la volée comme outil ou comme arme.

MÂCHEUR, EUSE n. Personne qui a l'habitude de mâcher qqch. *Un mâcheur de chewing-gum.*

MACHIAVEL n.m. (de *Machiavel,* n. pr.). Personne, en partic. homme politique, qui pratique le machiavélisme.

MACHIAVÉLIQUE [makjavelik] adj. **1.** Qui est digne de la doctrine de Machiavel, considérée comme négation de la morale. **2.** Qui est d'une grande perfidie, d'une scélératesse tortueuse.

MACHIAVÉLISME [makjavelism] n.m. **1.** Système politique de Machiavel. **2.** Politique faisant abstraction de la morale. **3.** Caractère d'une conduite tortueuse et sans scrupules.

MÂCHICOULIS n.m. (de l'anc. fr. *macher,* écraser, et *col,* cou). FORTIF. Au Moyen Âge, galerie en encorbellement au sommet d'une muraille ou d'une tour, comportant des ouvertures permettant de battre le pied de celle-ci au moyen de projectiles divers ; chacune de ces ouvertures.

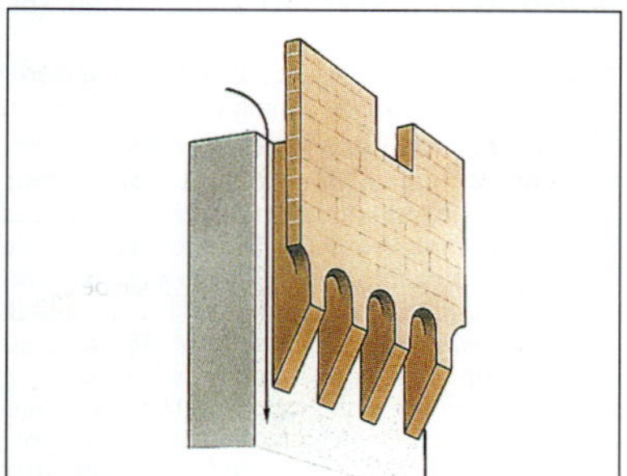
mâchicoulis

MACHIN, E n. (de *machine*). Fam. **1.** Chose dont on ne veut pas ou dont on ne peut pas dire le nom. **2.** (Avec majuscule). Personne inconnue, ou que l'on ne peut pas ou que l'on ne veut pas nommer.

MACHINAL, E, AUX adj. Se dit d'un mouvement naturel où la volonté n'a pas de part ; mécanique.

MACHINALEMENT adv. De façon machinale.

MACHINATION n.f. Intrigues, menées secrètes pour faire réussir un complot, un mauvais dessein ; manœuvre.

MACHINE n.f. (lat. *machina,* mot gr.). **I. 1.** Appareil ou ensemble d'appareils capable d'effectuer un certain travail ou de remplir une certaine fonction, soit sous la conduite d'un opérateur, soit d'une manière autonome. ◇ PHYS. *Machine simple* : dispositif mécanique dans lequel la force se transmet directement (levier, poulie, treuil, etc.). ◇ *Machine de guerre* : dans l'Antiquité et au Moyen Âge, tout engin employé dans la guerre de siège (bélier, catapulte, baliste, etc.) ; par ext., moyen offensif quelconque utilisé contre qqn. ◇ *Machine à bois* : machine-outil pour le travail du bois. ◇ *Machine à sous* : jeu de hasard constitué par un appareil dans lequel on introduit une pièce de monnaie et qui en redonne parfois plusieurs. **2.** Appareil, instrument destiné à simplifier les tâches, les travaux de la vie quotidienne. *Machine à écrire, à calculer. Machine à laver.* ◇ Absolt. Machine à écrire ; ordinateur. **3.** Tout véhicule comportant un mécanisme ou un moteur. – Absolt. Locomotive. ◇ Fig. *Faire machine arrière* : reculer, renoncer. **II.** Grande organisation fortement structurée, à rouages complexes. *La machine administrative.* **III.** Personne dont l'action est automatique, et qui semble dénuée de sentiments, de qualités humaines.

MACHINE-OUTIL n.f. (pl. *machines-outils*). Machine destinée à façonner la matière au moyen d'un outillage mis en œuvre par des mouvements et des efforts appropriés.

MACHINER v.t. (lat. *machinari,* combiner). Combiner (certains moyens d'action) avec de mauvais desseins ; manigancer, ourdir.

MACHINERIE n.f. **1.** Ensemble de machines employées à un travail. **2.** Endroit où sont les machines d'un navire, etc.

MACHINE-TRANSFERT n.f. (pl. *machines-transferts*). Machine-outil à postes d'usinage multiples, devant lesquels les pièces à usiner sont successivement et automatiquement transférées.

MACHINISME n.m. Emploi généralisé de machines substituées à la main-d'œuvre, dans l'industrie.

MACHINISTE n. **1.** Conducteur de machines. **2. a.** Conducteur d'autobus. **b.** Belgique. Conducteur de locomotive. **3.** Ouvrier chargé de mettre en place et de démonter les décors et les accessoires de théâtre et de cinéma.

MACHISME [matʃism] ou [maʃism] n.m. (de *macho*). Idéologie fondée sur l'idée que l'homme domine socialement la femme et que, à ce titre, il a droit à des privilèges de maître ; comportement conforme à cette idéologie.

MACHISTE [matʃist] ou [maʃist] adj. et n. Qui manifeste des tendances au machisme ; macho.

MACHMÈTRE [makmɛtr] n.m. Instrument servant à mesurer le nombre de Mach à bord d'un avion.

MACHO [matʃo] adj. et n.m. (mot esp., du lat. *masculus,* mâle). Fam. Qui fait preuve de machisme ; phallocrate.

MÂCHOIRE n.f. (de *mâcher*). **1.** Chacune des deux formations osseuses ou cartilagineuses munies de dents, soutenant l'orifice de la bouche des vertébrés. (Chez l'homme, la mâchoire supérieure est formée de deux os, les maxillaires, soudés entre eux et aux os voisins ; la mâchoire inférieure, ou *mandibule,* ne comporte qu'un maxillaire, articulé au crâne par une paire de condyles.) **2.** TECHN. Pièce double dont les deux parties peuvent se rapprocher ou s'éloigner à volonté pour serrer et maintenir un objet. *Mâchoires d'un étau, d'une tenaille.* ◇ MÉCAN. *Mâchoire de frein* : pièce métallique garnie à sa périphérie d'une matière à haut coefficient de frottement, qui assure le ralentissement et l'arrêt d'un véhicule en frottant sur un tambour solidaire de la roue.

MÂCHON n.m. Région. À Lyon, restaurant où l'on sert un repas léger ; ce repas.

MÂCHONNEMENT n.m. Action de mâchonner.

MÂCHONNER v.t. **1.** Triturer avec les dents. *Mâchonner un chewing-gum.* **2.** Mordre machinalement un objet qu'on tient entre les dents. *Mâchonner son crayon.* **3.** Émettre d'une manière indistincte. *Mâchonner une vague protestation.*

MÂCHOUILLER v.t. Fam. Mâchonner.

MÂCHURE n.f. (de l'anc. fr. *macher,* écraser, altéré d'après *mâcher*). Partie du drap, du velours, où le poil est couché, écrasé.

1. MÂCHURER v.t. (lat. pop. *mascarare,* noircir avec de la suie). Vx. Barbouiller de noir.

2. MÂCHURER v.t. (de *mâchure*). Vx. Meurtrir, déchirer, mettre en lambeaux.

MACIS [masi] n.m. (lat. *macir,* écorce aromatique). Capsule, écorce de la noix muscade, utilisée comme condiment.

MACLAGE n.m. VERR. Brassage du bain de verre fondu en creuset, afin d'en rendre toutes les parties bien homogènes.

MACLE n.f. (francique *maskila,* maille). MINÉR. Association de plusieurs cristaux de même espèce, mais orientés différemment, avec interpénétration partielle.

MACLÉ, E adj. Qui présente des macles.

MACLER v.t. (anc. fr. *maquer,* frapper). Opérer le maclage de. *Macler le verre.*

MÂCON n.m. Vin du Mâconnais.

1. MAÇON n.m. (du francique *makjo*). Entrepreneur ou ouvrier qui réalise une construction en maçonnerie (gros œuvre) ou de légers ouvrages (enduits, ravalements, etc.).

2. MAÇON, ONNE adj. Se dit des animaux qui se construisent une habitation avec de la terre, de la cire, etc. *Guêpe maçonne.*

3. MAÇON, ONNE n. Franc-maçon.

MAÇONNAGE n.m. **1.** Action de maçonner ; travail du maçon. **2.** Travail de l'animal qui se construit une habitation.

MÂCONNAIS, E adj. et n. De Mâcon.

MAÇONNER v.t. **1.** Construire en pierres, moellons, briques, etc. **2.** Revêtir d'une maçonnerie. **3.** Boucher au moyen d'une maçonnerie. *Maçonner une fenêtre.*

MAÇONNERIE n.f. **1.** Ouvrage composé de pierres ou de briques, unies par un liant (mortier, plâtre, ciment, etc.) ; partie des travaux d'un bâtiment qui s'y rapporte. **2.** Franc-maçonnerie.

MAÇONNIQUE adj. Qui appartient à la franc-maçonnerie.

MACQUE ou **MAQUE** n.f. Masse cannelée avec laquelle on écrasait le chanvre et le lin pour en isoler les fibres.

MACRAMÉ n.m. (de l'ar.). Dentelle d'ameublement assez lourde, obtenue avec des fils tressés et noués à la main.

MACRE n.f. (mot germ.). Plante aquatique des étangs, à feuilles les unes flottantes, les autres immergées, aux belles fleurs blanches et dont le fruit, ou *châtaigne d'eau,* renferme une amande comestible. (Famille des hydrocharidacées.)

1. MACREUSE n.f. (mot normand, du néerl. *meerkol*). Canard des régions boréales, à plumage sombre, qui passe l'hiver sur les côtes de France, où il se nourrit de coquillages.

2. MACREUSE n.f. Morceau du bœuf constitué par les muscles de l'épaule.

MACRO n.f. (abrév.). INFORM. Fam. Macro-instruction.

MACROBIOTIQUE adj. et n.f. Se dit d'un régime végétarien composé essentiellement de céréales, de légumes et de fruits.

MACROCÉPHALE n. et adj. Atteint de macrocéphalie.

MACROCÉPHALIE n.f. (gr. *makros,* grand, et *kephalê,* tête). MÉD. Augmentation anormale du volume du crâne, souvent par suite d'une hydrocéphalie.

MACROCHEIRE [-kɛr] n.m. ZOOL. Crabe géant des mers du Japon.

MACROCOSME n.m. L'univers extérieur dans sa relation analogique avec l'homme (microcosme), dans la tradition ésotérique et alchimique.

MACROCOSMIQUE adj. Du macrocosme.

MACROCYSTE ou **MACROCYSTIS** n.m. (gr. *makros,* grand, et *kustis,* vessie). Algue brune des mers froides, dont le thalle peut atteindre 200 m de longueur.

MACROCYTAIRE adj. BIOL. Relatif aux macrocytes ou caractérisé par la présence de macrocytes.

MACROCYTE n.m. BIOL. Globule rouge mûr, de grand diamètre.

MACRODÉCISION n.f. ÉCON. Décision économique émanant d'un groupe et portant sur des quantités globales (par opp. à *microdécision*).

MACROÉCONOMIE n.f. Partie de la science économique qui se propose d'expliquer les relations entre les agrégats d'une économie et envisage les faits économiques globaux.

MACROÉCONOMIQUE adj. Relatif à la macroéconomie.

MACROGLOBULINE n.f. Globuline de poids moléculaire élevé, voisin de 1 million.

MACROGLOBULINÉMIE n.f. Affection caractérisée par un excès de macroglobulines dans le plasma sanguin.

MACROGRAPHIE n.f. Étude à l'œil nu ou à la loupe de la structure d'un solide après traitement de sa surface par un réactif.

MACROGRAPHIQUE adj. Relatif à la macrographie.

MACRO-INSTRUCTION n.f. (pl. *macro-instructions*). INFORM. Instruction complexe, définissant des opérations composées à partir des instructions du répertoire de base d'un ordinateur.

MACROMOLÉCULAIRE adj. **1.** Relatif aux macromolécules. **2.** *Chimie macromoléculaire* : partie de la chimie qui traite de la synthèse et des propriétés des macromolécules.

MACROMOLÉCULE n.f. Très grosse molécule, formée par l'enchaînement et la répétition d'un grand nombre de motifs élémentaires.

MACROPHAGE n.m. et adj. Cellule de grande taille intervenant dans les processus immunitaires en phagocytant les éléments tels que, notamm., les cellules étrangères.

MACROPHOTOGRAPHIE n.f. Photographie des petits objets donnant une image grandeur nature ou un peu plus grande. SYN. : *photomacrographie*.

MACROPODE n.m. Poisson brillamment coloré, originaire du sud-est de l'Asie, long de 7 cm, souvent élevé en aquarium. (Le mâle fabrique avec son mucus un nid flottant et surveille les œufs, puis les jeunes.)

MACROPSIE n.f. (gr. *makros,* grand, et *opsis,* vue). MÉD. Trouble de la vision consistant en l'exagération de la taille des objets.

MACROSCÉLIDIDÉ n.m. (gr. *makros,* grand, et *skelos,* jambe). *Macroscélididés :* famille de mammifères insectivores africains aux gros yeux, aux pattes arrière propres au saut, tels que le rat à trompe.

MACROSCOPIQUE adj. Qui se voit à l'œil nu.

MACROSÉISME n.m. Séisme sensible directement à l'homme (par opp. au *microséisme,* détectable seulement à l'aide d'instruments).

MACROSOCIOLOGIE n.f. Sociologie qui étudie la société globalement, dans ses principales structures, économiques, idéologiques, etc.

MACROSPORANGE n.m. BOT. Sporange femelle, produisant des macrospores.

MACROSPORE n.f. BOT. Grosse spore qui, chez certains cryptogames, donne un prothalle femelle.

MACROURE n.m. (gr. *makros,* grand, et *oura,* queue). *Macroures :* sous-ordre de crustacés décapodes à l'abdomen bien développé tels que l'écrevisse, le homard, la langouste.

MACULA n.f. (mot lat.). ANAT. Dépression de la rétine, appelée aussi *tache jaune,* située au pôle postérieur de l'œil, et où l'acuité visuelle est maximale.

MACULAGE n.m. **1.** Action de maculer, de tacher. **2.** IMPR. Défaut d'impression entraînant le report de l'encre d'une feuille imprimée sur une autre feuille.

MACULATURE n.f. **1.** Feuille maculée à l'impression. **2.** Papier grossier servant à l'emballage du papier en rames. **3.** Litt. Tache, souillure.

MACULE n.f. (lat. *macula*). **1.** IMPR. Mauvaise feuille d'impression (mal encrée, mal repérée, maculée). **2.** PAPET. Papier d'emballage très ordinaire, à base de vieux papiers. **3.** MÉD. Tache cutanée non perceptible au toucher, se traduisant par une simple modification de la coloration de la peau.

MACULER v.t. (lat. *maculare*). Couvrir de taches. *Maculer sa copie d'encre.*

MACUMBA [makumba] n.f. Culte proche du vaudou, pratiqué dans certaines régions du Brésil.

MADAME n.f. (pl. *mesdames*). **1.** Titre accordé autrefois aux dames de qualité et donné aujourd'hui aux femmes mariées et, de plus en plus, à toutes les femmes. (En abrégé, Mme.) **2.** Titre précédant la fonction ou la profession d'une femme. *Madame la Directrice.* **3.** HIST. (Avec une majuscule.) Titre que l'on donnait, à la cour de France, aux filles du roi, du Dauphin, et à la femme de Monsieur, frère du roi.

MADAPOLAM [madapɔlam] n.m. (n. d'une v. de l'Inde). Tissu de coton blanc, à armure toile, à grain très marqué, intermédiaire entre le calicot et la percale.

MADÉCASSE adj. et n. Vx. Malgache.

MADE IN [mɛdin], expression anglaise signifiant *fabriqué en, à,* et qui, suivie du nom anglais d'un pays, indique l'origine d'un produit manufacturé.

1. MADELEINE n.f. (du prénom *Madeleine*). Petit gâteau en forme de coquille bombée, constitué d'une pâte à base d'œufs battus, de sucre, de farine, de beurre fondu, parfumée au citron ou à la fleur d'oranger.

2. MADELEINE n.f. (de *sainte Madeleine,* fêtée le 22 juillet). VITIC. Nom commun à divers cépages précoces donnant du raisin de table.

MADELONNETTE n.f. Religieuse placée sous le vocable de sainte Marie-Madeleine, dont la congrégation recueillait les filles repenties.

MADEMOISELLE n.f. (pl. *mesdemoiselles*). **1.** Titre donné aux jeunes filles ou aux femmes célibataires. (En abrégé, Mlle.) **2.** Anc. Titre donné à une femme mariée dont le mari n'était pas noble. **3.** HIST. (Avec une majuscule.) Titre de la fille aînée du frère puîné du roi. ◇ *La Grande Mademoiselle :* la duchesse de Montpensier, fille de Gaston d'Orléans, frère de Louis XIII.

MADÈRE n.m. Vin muté à l'alcool, produit dans l'île de Madère. ◇ *Sauce madère :* sauce brune à laquelle est incorporé du madère.

MADÉRISATION n.f. Fait pour un vin de se madériser.

MADÉRISER (SE) v.pr. En parlant d'un vin blanc ou rosé, prendre un goût de madère du fait d'une oxydation.

MADICOLE adj. Se dit de la faune et de la flore des parois rocheuses couvertes d'une simple lame d'eau courante (voisinage des sources, cascades et torrents).

MADONE n.f. (it. *madonna,* madame). Image, représentation de la Vierge. ◇ *La Madone :* la Vierge.

MADOURAIS n.m. Langue indonésienne parlée à Madura et dans l'est de Java.

MADRAGUE n.f. (prov. *madraga,* de l'ar. *madraba*). Grande enceinte de filets pour la pêche du thon.

MADRAS [madras] n.m. **1.** Étoffe à chaîne de soie et trame de coton, de couleurs vives, dont on fait des fichus, des écharpes, des jupes, etc. **2.** Coiffure traditionnelle des femmes antillaises, formée d'un foulard en étoffe de ce genre.

MADRASA ou **MEDERSA** n.f. Collège, université dépendant de l'autorité religieuse, dans les pays musulmans.

MADRÉ, E adj. (anc. fr. *masdre,* bois veiné, du francique). Se dit de certains bois aux fibres irrégulièrement enchevêtrées, utilisés en ébénisterie pour leurs qualités décoratives. SYN. : *ronceux.* ◆ adj. et n. Litt. Inventif et retors, sous des allures bonhommes.

MADRÉPORAIRE n.m. *Madréporaires :* sous-classe de cnidaires hexacoralliaires tels que le madrépore, renfermant des polypes à squelette calcaire (polypier). [Très abondants dans les mers chaudes, ils forment des récifs côtiers dits *coralliens* ou des îles circulaires (atolls).]

MADRÉPORE n.m. (it. *madrepora,* de *madre,* mère, et *poro,* pore). Cnidaire constructeur jouant un rôle déterminant dans la formation des récifs coralliens.

madrépore

MADRÉPORIQUE adj. Relatif aux madrépores. ◇ *Plaque madréporique :* orifice d'entrée du système aquifère des échinodermes.

MADRIER n.m. (du lat. *materia*). Pièce de bois très épaisse, employée en construction. ◇ Spécialt. Pièce de bois d'équarrissage normalisée, de forte section (75 × 200 mm ou 75 × 225 mm ou 100 × 225 mm).

MADRIGAL n.m. (it. *madrigale*) [pl. *madrigaux*]. **1.** Petite pièce en vers exprimant une pensée fine, tendre ou galante. **2.** MUS. Composition vocale polyphonique a capella, ou monodique avec accompagnement, et qui cherche à traduire les inflexions d'un poème.

MADRIGALISTE n. Auteur de madrigaux.

MADRILÈNE adj. et n. De Madrid.

MADRURE n.f. Forme sinueuse des veines du bois madré, appréciée en ébénisterie.

MAELSTRÖM ou **MALSTROM** [malstrɔm] n.m. (mot néerl.). Gouffre, tourbillon.

MAËRL [maɛrl] ou **MERL** n.m. (mot breton). Sable calcaire des rivages utilisé pour l'amendement de sols, notamment en Bretagne.

MAESTOSO [maɛstozo] adv. (mot it.). MUS. Lentement et majestueusement.

MAESTRIA [maɛstrija] n.f. (mot it., *maîtrise*). Aisance, perfection dans l'exécution d'une œuvre d'art, dans la réalisation de qqch ; brio, virtuosité.

MAESTRO [maɛstro] n.m. (mot it., *maître*). Nom donné à un compositeur de musique ou à un chef d'orchestre célèbre, et, par plaisanterie, à tout chef d'orchestre.

MAFÉ n.m. Afrique. Ragoût de viande ou de poisson dans une sauce à l'arachide.

MAFFLU, E adj. (du néerl. *maffelen,* mâchonner). Litt. Qui a de grosses joues.

MAFIA ou **MAFFIA** n.f. (mot it.). **1.** *La Mafia :* organisation criminelle sicilienne dont les activités, exercées par des clans familiaux soumis à une direction collégiale occulte, reposent sur une stratégie d'infiltration de la société civile et des institutions. **2.** Association criminelle d'envergure, comparable par sa structure et ses procédés à la Mafia. **3.** Bande ou association secrète de malfaiteurs. **4.** Fam., péj. Groupe occulte de personnes qui se soutiennent dans leurs intérêts par toutes sortes de moyens.

MAFIEUX, EUSE ou **MAFFIEUX, EUSE** adj. et n. De la Mafia ; d'une mafia.

MAFIOSO ou **MAFFIOSO** [mafjozo] n.m. (pl. *maf[f]iosi*). Membre de la Mafia.

MAGANÉ, E adj. Canada. Fam. **1.** Détérioré, usé. **2.** Fatigué, épuisé ; malade.

MAGANER v.t. Canada. Fam. Abîmer, user.

MAGASIN n.m. (de l'ar.). **1.** Local pour recevoir et conserver des marchandises, des provisions. *Magasin à blé.* **2.** Établissement de commerce plus ou moins important, où l'on vend des marchandises en gros ou au détail. ◇ *Grand magasin :* établissement de vente au détail proposant un large assortiment de marchandises sur une grande surface, généralement en étages et en ville. – *Magasin d'usine :* grande surface où sont vendus, à des prix inférieurs à ceux du marché, des articles provenant directement de l'usine. **3.** Litt. Lieu renfermant des choses diverses en grande quantité ; réservoir. *Un magasin d'idées, d'images.* **4.** Cavité qui reçoit les cartouches ou le chargeur, dans une arme à répétition. **5.** PHOT., CIN. **a.** Contenant hermétique où est enroulée, à l'abri de la lumière, la pellicule à impressionner ou à projeter. **b.** Boîte adaptable à un projecteur, conçue pour recevoir des diapositives et les projeter. **6.** DR. *Magasin général :* établissement exploité par des personnes de droit privé, qui met à la disposition du public des locaux destinés à recevoir des marchandises en vue de constituer une garantie à un prêt.

1. MAGASINAGE n.m. **1.** Action de mettre en magasin. **2.** Droit que l'on paie pour ce dépôt.

2. MAGASINAGE n.m. Canada. Action de magasiner ; shopping.

MAGASINER v.i. Canada. Faire des courses dans les magasins, se livrer au magasinage.

MAGASINIER, ÈRE n. Employé(e) chargé(e) de garder les objets amenés en magasin et de tenir des états de stock.

MAGAZINE n.m. (mot angl., du fr. *magasin*). **1.** Publication périodique, le plus souvent illustrée, qui traite des sujets les plus divers. **2.** Émission de radio, de télévision traitant régulièrement de sujets appartenant à un même domaine de connaissances.

MAGDALÉNIEN, ENNE adj. et n.m. (de l'abri de la *Madeleine,* à Tursac, Dordogne). Se dit de l'ensemble des faciès culturels marquant l'apogée du paléolithique supérieur en Europe occidentale. (Succédant au solutréen, le magdalénien se prolonge jusqu'à la fin de la glaciation würmienne, aux alentours de 14000 à 9500 av. J.-C. Outre une diversification continue de l'industrie lithique, il est caractérisé par l'épanouissement de l'outillage osseux [sagaies, harpons] et de l'art pictural [grottes d'Altamira, des Combarelles, de Font-de-Gaume].)

1. MAGE n.m. (lat. *magus,* mot gr.). **1.** Membre de la caste sacerdotale et savante de l'Iran ancien. **2.** Celui qui est versé dans les sciences occultes, la magie. **3.** *Les Rois mages :* personnages qui vinrent, guidés par une étoile, adorer

Jésus à Bethléem. (Une tradition très postérieure aux Évangiles leur a donné les noms de Melchior, Gaspard et Balthazar.)

2. MAGE ou **MAJE** adj.m. (prov. *majer,* lat. *major,* plus grand). HIST. *Juge mage :* lieutenant du sénéchal dans certaines provinces.

MAGENTA [maʒɛ̃ta] adj. inv. et n.m. Couleur primaire, rouge violacé, utilisée en trichromie.

MAGHRÉBIN, E adj. et n. Du Maghreb.

MAGHZEN n.m. → ***makhzen.***

MAGICIEN, ENNE n. **1.** Personne qui pratique la magie. **2.** Personne qui semble disposer d'un pouvoir magique sur les êtres et les choses. **3.** Illusionniste qui produit ses effets au moyen d'accessoires truqués.

MAGIE n.f. (lat. *magia,* du gr.). **1.** Vx. Science, religion des mages. **2.** Ensemble des pratiques fondées sur la croyance en des forces surnaturelles immanentes à la nature et visant à maîtriser, à se concilier ces forces. ◇ *Magie noire, magie blanche,* respectivement mises en œuvre pour le mal ou pour le bien. **3.** Fig. Effets comparables à ceux de la magie ; puissance de séduction, d'illusion. *La magie des mots.* ◇ *Comme par magie :* d'une manière inexplicable.

MAGIQUE adj. **1.** Qui relève de la magie. *Pouvoir magique.* **2.** Dont les effets sont extraordinaires, sortent du rationnel. *Spectacle magique.* **3.** Qui agit d'une manière surprenante. *Mot magique.* **4.** *Carré magique :* tableau de nombres, carré, tel que la somme des éléments d'une ligne, d'une colonne ou d'une diagonale soit le même nombre. **5.** PSYCHOL. *Pensée magique :* forme de pensée de l'enfant, entre 2 et 7 ans, caractérisée par une confusion entre l'univers subjectif et l'univers objectif.

MAGIQUEMENT adv. De façon magique.

MAGISTER [maʒistɛr] n.m. (mot lat., *maître*). Fam. et vx. Pédant. *Faire le magister.*

MAGISTÈRE n.m. (lat. *magisterium*). **1.** Ensemble de ceux qui, détenant l'autorité au nom du Christ, ont la charge d'interpréter la doctrine révélée (pape, conciles œcuméniques, évêques). **2.** Dignité de grand maître d'un ordre religieux militaire. **3.** Composition à laquelle les alchimistes attribuaient des propriétés merveilleuses. **4.** Diplôme de haut niveau décerné par les universités et sanctionnant au minimum trois années de formation associant enseignement et stages.

MAGISTRAL, E, AUX adj. (lat. *magister,* maître). **1.** Qui porte la marque de la supériorité, de l'excellence. *Une œuvre magistrale. Une habileté magistrale.* **2.** Litt. Qui appartient à un maître ; impérieux, imposant. *Ton magistral.* ◇ *Cours magistral :* conférence dont le contenu et la présentation dépendent du professeur, par opposition aux travaux dirigés ou à d'autres formes de pédagogie qui impliquent une participation active des étudiants. **3.** *Médicament magistral :* médicament qui se confectionne en pharmacie d'après l'ordonnance, par opp. à *officinal.*

MAGISTRALEMENT adv. De façon magistrale.

MAGISTRAT n.m. (lat. *magistratus*). **1.** Tout fonctionnaire ou officier civil investi d'une autorité juridictionnelle (membre des tribunaux, des cours, etc.), administrative (maire, préfet, etc.) ou politique (ministre, président de la République, etc.). **2.** Fonctionnaire exerçant ses fonctions, au sein d'une juridiction de l'ordre judiciaire ou administratif et, en particulier, membre de la magistrature du siège ou du parquet. (On rencontre le fém. *magistrate.*)

MAGISTRATURE n.f. **1.** Dignité, charge de magistrat ; temps pendant lequel un magistrat exerce ses fonctions. **2.** Corps des magistrats.

MAGMA n.m. (mot gr., *pâte pétrie*). **1.** Mélange formant une masse pâteuse, épaisse et visqueuse. **2.** GÉOL. Liquide qui se forme à l'intérieur de la Terre, par fusion de la croûte ou du manteau, et qui, en refroidissant, forme une roche. **3.** Mélange confus de choses abstraites.

MAGMATIQUE adj. GÉOL. Relatif au magma. – *Roche magmatique :* roche provenant de la cristallisation en profondeur (roche plutonique) ou en surface (roche volcanique) d'un magma. SYN. : *roche éruptive.*

MAGMATISME n.m. GÉOL. Formation, migration et solidification des magmas.

MAGNAN [maɲɑ̃] n.m. (mot prov.). Région. **1.** Midi. Ver à soie. **2.** Afrique. Fourmi noire très vorace.

MAGNANARELLE n.f. Région. (Midi) et anc. Femme qui élève des vers à soie.

MAGNANERIE n.f. **1.** Bâtiment destiné à l'élevage des vers à soie. **2.** Sériciculture.

MAGNANIER, ÈRE n. Personne qui pratique l'élevage des vers à soie.

MAGNANIME adj. (lat. *magnus,* grand, et *animus,* esprit). Dont la générosité se manifeste par la bienveillance et la clémence.

MAGNANIMEMENT adv. Avec magnanimité.

MAGNANIMITÉ n.f. Caractère de qqn, d'un comportement qui est magnanime.

MAGNAT [magna] n.m. (lat. *magnus,* grand). **1.** HIST. En Hongrie et en Pologne, membre des grandes familles nobles dominantes. **2.** Personnalité très importante du monde des affaires, de l'industrie, de la finance, de la presse.

MAGNER (SE) ou **MANIER (SE)** v.pr. (de *manier*). Fam. Se dépêcher.

MAGNÉSIE n.f. (lat. *magnes* [*lapis*], [pierre] d'aimant). CHIM. Oxyde ou hydroxyde de magnésium. [La *magnésie anhydre* MgO est une poudre blanche fondant vers 2 500 °C, que l'eau transforme en *magnésie hydratée* $Mg(OH)_2$. La magnésie est antiacide, et laxative ou purgative à forte dose.]

MAGNÉSIEN, ENNE adj. Qui contient du magnésium. ◆ adj.m. et n.m. Organomagnésien.

MAGNÉSIOTHERMIE n.f. Procédé de préparation de métaux purs utilisant le pouvoir de réduction du magnésium.

MAGNÉSITE n.f. MINÉR. Giobertite.

MAGNÉSIUM [maɲezjɔm] n.m. Métal solide, blanc argenté, de densité 1,7, pouvant brûler à l'air avec une flamme éblouissante ; élément (Mg) de numéro atomique 12, de masse atomique 24,30.

MAGNÉTIQUE adj. (bas lat. *magneticus,* de *magnes,* aimant minéral). **1.** Doué des propriétés de l'aimant. *Corps magnétique.* **2.** Qui concerne le magnétisme. *Champ magnétique.* **3.** Qui a une influence puissante et mystérieuse. *Regard magnétique.*

MAGNÉTISABLE adj. Qui peut être magnétisé.

MAGNÉTISANT, E adj. Qui provoque l'aimantation.

MAGNÉTISATION n.f. Action, manière de magnétiser.

MAGNÉTISER v.t. **1.** Communiquer une aimantation à (un matériau, un corps). **2.** Litt. Exercer une attraction puissante et mystérieuse sur. *Orateur qui magnétise les foules.*

MAGNÉTISEUR, EUSE n. Personne censée posséder un fluide particulier (se manifestant notamm. dans l'imposition des mains, les passes à distance, etc.).

MAGNÉTISME n.m. **1.** Ensemble des phénomènes que présentent les matériaux aimantés. **2.** Attrait puissant et mystérieux exercé par qqn sur son entourage. **3.** *Magnétisme animal :* propriété occulte du corps animal qui le rendrait réceptif à l'influence des corps célestes et à celles des corps qui l'environnent, de même qu'il exercerait la sienne sur ces derniers. **4.** *Magnétisme terrestre :* champ magnétique assez régulier au niveau de la surface de la Terre, dont le pôle magnétique Nord varie lentement d'année en année. SYN. : *géomagnétisme.*

■ Chacun des atomes d'un corps est constitué de charges électriques en mouvement (les électrons), qui sont sensibles à l'action d'un champ magnétique extérieur. La plupart des corps sont *diamagnétiques ;* leur aimantation est temporaire, et de sens opposé à celui du champ extérieur. À cause de leur structure électronique, les atomes de certains matériaux (oxygène, platine) sont analogues à de petits aimants qui tendent à s'aligner dans la direction du champ ; ces corps *paramagnétiques* possèdent une faible aimantation.

D'autres matériaux à structure cristalline sont *ferromagnétiques* (nickel, cobalt) ou *ferrimagnétiques* (ferrites). Ces corps se partagent en petits domaines à l'intérieur desquels tous les atomes ont une aimantation parallèle. Ces domaines tendent à s'aligner dans la direction d'un champ magnétique extérieur, ce qui confère au matériau une forte aimantation.

MAGNÉTITE n.f. Oxyde naturel de fer, doué de magnétisme, bon minerai de fer.

MAGNÉTO n.f. Génératrice électrique où le champ inducteur est produit par un aimant permanent.

MAGNÉTOCASSETTE n.m. Magnétophone utilisant des cassettes.

MAGNÉTOCHIMIE n.f. Étude des propriétés magnétiques des combinaisons chimiques et de leurs applications en chimie.

MAGNÉTODYNAMIQUE adj. Se dit d'un appareil dans lequel l'excitation magnétique est produite par un aimant permanent.

MAGNÉTOÉLECTRIQUE adj. Qui tient à la fois des phénomènes magnétiques et électriques.

MAGNÉTOHYDRODYNAMIQUE n.f. Science qui traite de la dynamique des fluides conducteurs (par ex., un gaz ionisé) en présence d'un champ magnétique. Abrév. : *M. H. D.* ◆ adj. Relatif à la magnétohydrodynamique.

MAGNÉTOMÈTRE n.m. Appareil destiné à la mesure d'un champ magnétique.

MAGNÉTOMÉTRIE n.f. Mesure des champs magnétiques et des propriétés magnétiques des corps.

MAGNÉTOMOTEUR, TRICE adj. *Force magnétomotrice :* grandeur scalaire égale à la circulation du vecteur champ magnétique le long d'un contour fermé. Abrév. : *f. m. m.*

MAGNÉTON n.m. PHYS. Unité élémentaire de moment magnétique propre aux domaines atomiques et subatomiques. (La valeur du magnéton de Bohr est : $\mu = e\hbar/2m$ [e = charge de l'électron ; $\hbar$ = constante de Planck réduite ; m = masse de l'électron].)

MAGNÉTO-OPTIQUE n.f. (pl. *magnéto-optiques*). Étude des propriétés optiques des substances soumises à des champs magnétiques.

MAGNÉTOPAUSE n.f. Limite externe de la magnétosphère d'une planète.

MAGNÉTOPHONE n.m. Appareil d'enregistrement et de lecture des sons, par aimantation rémanente d'une bande magnétique.

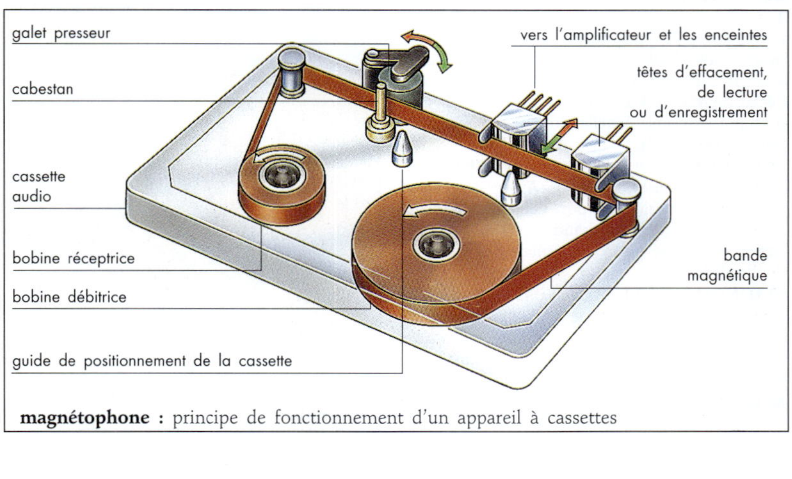

magnétophone : principe de fonctionnement d'un appareil à cassettes

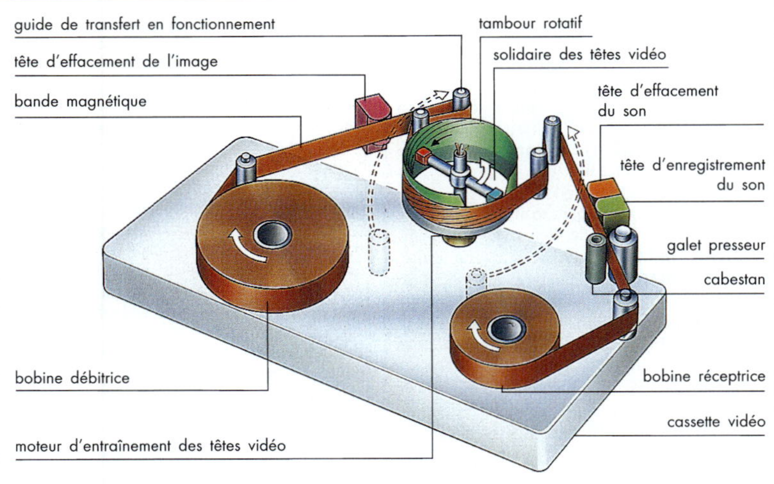

magnétoscope : principe de fonctionnement

MAGNÉTOSCOPE n.m. Appareil d'enregistrement et de lecture des images et du son sur bande magnétique.

MAGNÉTOSCOPER v.t. Enregistrer avec un magnétoscope.

MAGNÉTOSPHÈRE n.f. Zone dans laquelle le champ magnétique d'une planète se trouve confiné par le vent solaire.

MAGNÉTOSTATIQUE adj. Se dit des phénomènes concernant des aimants ou des masses magnétiques au repos. ◆ n.f. Science qui étudie ces phénomènes.

MAGNÉTOSTRICTION n.f. Déformation mécanique d'un matériau ferromagnétique, qui accompagne son aimantation.

MAGNÉTRON n.m. Tube à vide de forte puissance, générateur ou amplificateur de courants de très haute fréquence, dont le flux d'électrons est commandé à la fois par un champ électrique et par un champ magnétique.

MAGNIFICAT [magnifikat] n.m. inv. (mot lat.). **1.** Cantique de la Vierge Marie chanté aux vêpres. **2.** Musique composée sur ce cantique.

MAGNIFICENCE n.f. **1.** Qualité de ce qui est magnifique ; splendeur, éclat. *La magnificence d'un palais.* **2.** Litt. Générosité, prodigalité. – REM. À distinguer de *munificence,* malgré la proximité des sens.

MAGNIFIER v.t. (lat. *magnificare,* de *magnus,* grand). Exalter la grandeur, glorifier, vanter. *Magnifier un exploit.*

MAGNIFIQUE adj. (lat. *magnificus*). **1.** Qui a une beauté pleine de grandeur ; somptueux, grandiose. *Un magnifique spectacle.* **2.** Qui est extrêmement beau ; superbe, splendide. *Un temps magnifique. Athlète magnifique.* **3.** Qui est d'une qualité exceptionnelle. *Ce boucher a de la viande magnifique.* **4.** Remarquable, admirable. *Une découverte magnifique.*

MAGNIFIQUEMENT adv. De façon magnifique.

MAGNITUDE n.f. (lat. *magnitudo,* grandeur). **1.** ASTRON. Quantité qui sert à caractériser l'éclat apparent (magnitude *apparente*) ou réel (magnitude *absolue*) d'un astre. (La magnitude s'exprime par un nombre qui diminue quand l'éclat augmente.) **2.** GÉOL. Représentation numérique, sur une échelle donnée, de l'importance d'un séisme.

MAGNOLIA [maɲɔlja] ou, rare, **MAGNOLIER** n.m. (du botaniste *Magnol*). Arbre originaire d'Asie et d'Amérique, à port élégant, à feuilles alternes, luisantes, à grandes fleurs d'odeur suave, recherché pour l'ornement des parcs et des jardins.

MAGNOLIALE n.f. *Magnoliales :* ordre de plantes à fleurs d'un type primitif, comme le tulipier, le magnolia, la badiane. (Certains auteurs y incluent aussi le laurier, le camphrier et le théier.)

MAGNUM [magnɔm] n.m. **1.** Grosse bouteille contenant l'équivalent de deux bouteilles ordinaires (1,5 litre). **2.** Bouteille de 1,5 ou de 2 litres d'eau minérale, de jus de fruits, etc.

1. MAGOT n.m. (de *Magog,* n. pr.). **1.** Singe sans queue, du genre macaque, vivant en Afrique du Nord et à Gibraltar. (Long. 75 cm.) **2.** Figurine représentant un personnage obèse, souvent hilare ou grimaçant, nonchalamment assis.

2. MAGOT n.m. (anc. fr. *mugot,* lieu où l'on conserve les fruits). Fam. Masse d'argent plus ou moins importante amassée peu à peu et mise en réserve.

MAGOUILLE n.f. ou **MAGOUILLAGE** n.m. Fam. Lutte d'influence, combinaison douteuse entre des groupes, des organisations quelconques ou entre des personnes à l'intérieur d'un groupe.

MAGOUILLER v.t. et i. Fam. Se livrer à des magouilles.

MAGOUILLEUR, EUSE adj. et n. Fam. Qui magouille.

MAGRET n.m. (de *maigre*). CUIS. Filet de canard.

MAGYAR, E [magjar] adj. et n. Hongrois.

MAHALEB n.m. (ar. *maḥlab*). Cerisier des régions montagneuses de l'Europe, à fruits amers, de la taille des pois.

MAHARAJA ou **MAHARADJAH** n.m. (mot sanskr.). Titre signifiant *grand roi,* et que l'on donne aux princes feudataires de l'Inde. Graphies savantes : *mahārājā, mahārādjāh.*

MAHARANÉ ou **MAHARANI** n.f. (mot sanskr.). Femme de maharaja. Graphie savante : *mahārānī.*

MAHATMA n.m. (mot sanskr., *grande âme*). Titre donné en Inde à des personnalités spirituelles de premier plan. *Le mahatma Gandhi.* Graphie savante : *mahātmā.*

MAHAYANA adj. (mot sanskr., *grand véhicule*). *Bouddhisme mahayana :* bouddhisme spéculatif, par opposition au *bouddhisme hinayana,* qui s'est surtout développé dans le nord de l'Inde (d'où il a gagné la Corée, la Chine et le Japon). Graphie savante : *mahāyāna.*

magnolia

MAHDI n.m. (ar. *mahdī*). Dans l'islam, envoyé de Dieu, qui doit venir à la fin des temps pour rétablir la foi corrompue et la justice sur la Terre.

MAHDISME n.m. Manifestation religieuse de l'islam, caractérisée par l'attente ou la proclamation d'un mahdi.

MAHDISTE adj. et n. Qui appartient au mahdisme.

MAH-JONG ou **MA-JONG** [maʒɔ̃] ou [maʒɔ̃g] n.m. (mot chin., *je gagne*) [pl. *mah-jongs, ma-jongs*]. Jeu chinois qui s'apparente aux dominos et à certains jeux de cartes.

MAHOMÉTAN, E adj. et n. Vx. Musulman.

MAHONIA n.m. (de *Mahón,* port des Baléares). Arbrisseau à feuilles épineuses, à fleurs jaunes et à baies bleues, originaire de l'Amérique du Nord, souvent cultivé dans les parcs. (Haut. 1 à 2 m ; famille des berbéridacées.)

MAHONNE n.f. (esp. *mahona,* de l'ar.). MAR. Chaland de port, sans moyens propres de propulsion.

MAHOUS, OUSSE adj. → ***maous.***

MAHRATTE n.m. → ***marathe.***

MAI n.m. (lat. *Maius mensis,* mois de la déesse Maia). **1.** Cinquième mois de l'année. ◇ *Premier mai :* journée de revendication des syndicats américains dès 1884, adoptée en France par l'Internationale socialiste en 1889 et devenue fête légale et jour férié en 1947. **2.** HIST. Arbre vert et enrubanné que l'on plantait le 1er mai en l'honneur de qqn.

MAÏA n.m. Grand crabe comestible, épineux, aux pattes très longues. (Nom usuel : *araignée de mer.*)

MAICHE n.m. Louisiane. Marécage sans arbres, le long de la mer.

MAIE [mɛ] n.f. (lat. *magis, magidis,* sorte de plat). **1.** Coffre sur pieds qu'on utilisait autrefois pour pétrir et conserver le pain. **2.** Table de pressoir.

MAÏEUR ou **MAYEUR** n.m. (lat. *major,* plus grand). Belgique. Bourgmestre.

MAÏEUTIQUE [majøtik] n.f. (gr. *maieutikê,* art de faire accoucher). Dans la philosophie socratique, art de faire découvrir à l'interlocuteur, par une série de questions, les vérités qu'il a en lui.

1. MAIGRE adj. et n. (lat. *macer*). Qui a très peu de graisse. *Il est très maigre.* ◆ adj. **1.** Qui contient peu ou pas de matières grasses. *Fromage maigre.* **2.** *Jours maigres,* pendant lesquels les catholiques ne doivent pas manger de viande. **3.** Peu abondant. *Un maigre repas.* **4.** Peu important, médiocre. *Un maigre salaire.* **5.** *Charbon maigre,* à faible teneur en matières volatiles, excellent combustible industriel. **6.** Mince, peu épais. *Caractères typographiques maigres* (par opp. à *gras*).

2. MAIGRE n.m. **I. 1.** Partie maigre d'une viande, d'un jambon, etc. **2.** *Faire maigre :* ne pas manger de viande aux jours prescrits par l'Église. **II.** Sciène (poisson). ◆ pl. Étiage.

MAIGRELET, ETTE, MAIGRICHON, ONNE ou **MAIGRIOT, OTTE** adj. Un peu maigre.

MAIGREMENT adv. De façon peu abondante.

MAIGREUR n.f. **1.** État de qqn, d'un animal qui est maigre, sans graisse ni chair. *Être d'une maigreur effrayante.* **2.** Manque d'ampleur, de richesse. *La maigreur d'un sujet.*

MAIGRIR v.i. Devenir maigre. ◆ v.t. Faire paraître maigre, mince.

MAIL [maj] n. m. (lat. *malleus,* marteau). **1.** Petit maillet muni d'un long manche dont on se servait pour pousser une boule de bois au jeu du mail ; ce jeu lui-même. **2.** Promenade publique (où l'on jouait au mail).

MAIL-COACH [mɛlkotʃ] n.m. (mot angl.) [pl. *mail-coachs* ou *mail-coaches*]. Berline anglaise attelée à quatre chevaux, avec plusieurs rangs de banquettes sur le dessus de la voiture.

MAILING [meliŋ] n.m. (mot amér.) [Anglic. déconseillé]. Publipostage.

MAILLAGE n.m. **1.** Disposition en réseau. **2.** Interconnexion d'un réseau électrique.

1. MAILLE n.f. (lat. *macula,* tache ou maille de tissu). **I. 1. a.** Boucle de fil reliée à d'autres boucles pour former un tricot ou un filet. – *Maille à l'endroit, à l'envers :* maille dont la courbe supérieure est en avant ou en arrière du tricot. **b.** Tissu tricoté. *L'industrie de la maille.* **2.** MAR. **a.** Élément d'une chaîne d'ancre. **b.** Intervalle entre deux membrures ou entre deux varangues. **3.** Petit annelet de fer dont on faisait les armures au Moyen Âge. *Cotte de mailles.* **4.** TECHN. Chacune des ouvertures d'un tamis, d'un grillage. **5.** ÉLECTR. Ensemble des conducteurs reliant les nœuds d'un réseau et formant un circuit fermé. **6.** GÉOL. Parallélépipède qui, répété périodiquement dans les trois directions de l'espace, engendre un réseau cristallin. **II. 1.** Tache apparaissant sur le plumage des jeunes perdreaux et des jeunes faucons. SYN. : *maillure.* **2.** Taie ronde qui se forme sur la prunelle des yeux.

2. MAILLE n.f. (lat. pop. *medialia,* lat. *medius,* demi). **1.** Ancienne monnaie de cuivre de très petite valeur. **2.** Fig. *Avoir maille à partir avec qqn :* avoir un démêlé, une dispute avec lui.

MAILLÉ, E adj. Qui a le plumage, le pelage marqué de mailles, en parlant d'un animal.

MAILLECHORT [majʃɔr] n.m. (des n. des inventeurs, *Maillot* et *Chorier*). Alliage de cuivre, de nickel et de zinc, imitant l'argent.

MAILLER v.t. **1.** Former des mailles. **2.** MAR. *Mailler une chaîne :* fixer une chaîne sur une autre ou sur une boucle au moyen d'une manille. **3.** Suisse. Tordre, fausser. ◆ v.i. Commencer à avoir des mailles, en parlant des perdreaux.

MAILLET n. m. **1.** Gros marteau à deux têtes, en bois dur, en cuir parcheminé, en plastique, en caoutchouc, etc., utilisé par les menuisiers, les sculpteurs sur pierre, etc. **2.** Outil analogue constitué d'une masse tronconique de bois dur munie d'un manche et utilisé par les sculpteurs sur bois.

MAILLETON n.m. AGRIC. Vx. Bouture ou bourgeon de l'année.

MAILLOCHE n.f. (de *mail*). **1.** Gros maillet à une seule tête, cylindrique et située dans l'axe du manche, utilisé en tonnellerie, en maroquinerie, en cordonnerie, etc. **2.** Outil en bois pour façonner le verre fondu. **3.** MUS. Baguette terminée par une boule garnie de matière souple, pour battre certains instruments à percussion (grosse caisse, xylophone, vibraphone, etc.).

MAILLON n.m. **1.** Anneau d'une chaîne ; chaînon. – Fig. *Être un maillon de la chaîne,* un élément d'un système organisé, d'une hiérarchie. **2.** MAR. Partie d'une chaîne d'ancre entre deux manilles d'assemblage, d'une longueur de 30 m.

MAILLOT n.m. (de *maille*). **1.** Vêtement souple qui couvre le corps en totalité ou jusqu'à la taille, et qui se porte sur la peau. – *Maillot de corps :* sous-vêtement en tissu à mailles, couvrant le torse. **2.** Vêtement de bain. **3.** Vêtement collant ne couvrant que le haut du corps. *Maillot d'un coureur cycliste.* – *Maillot académique :* maillot de danse d'une seule pièce qui enserre le corps des pieds jusqu'au cou ainsi que les bras. **4.** Anc. Lange dont on enveloppait un enfant.

1. MAILLOTIN n.m. Pressoir à olives.

2. MAILLOTIN n.m. HIST. *Les Maillotins :* les insurgés parisiens armés de maillets (mars 1382).

MAILLURE n.f. **1.** Aspect donné par les rayons ligneux sur une section radiale d'une pièce de bois. **2.** ZOOL. Maille.

MAIN n.f. (lat. *manus*). **A.I.1.** Organe de la préhension et de la sensibilité, muni de cinq doigts, qui constitue l'extrémité des membres supérieurs de l'homme. ◇ *Avoir sous la main,* à sa portée. – Fig. *À pleines mains :* largement. – *Des deux mains :* avec empressement. – *Avoir le cœur sur la main :* être très généreux. – *Prêter la main :* aider. – Vieilli. *Agir sous main,* secrètement. **2.** Cet organe, servant à donner, à recevoir ou à exprimer qqch. ◇ *Tendre la main :* demander l'aumône. – *De la main à la main :* sans passer par un intermédiaire ; en espèces, dans une transaction non reconnue ou frauduleuse. – *De main en main :* d'une personne à l'autre. – *De première main :* directement. – *De seconde main :* indirectement. – *Avoir la main :* être le premier à jouer, aux cartes. – *Voter à main levée :* exprimer son suffrage par ce geste de la main. **3.** La main, considérée comme un instrument. ◇ *Se faire la main :* s'essayer à un travail. – *Perdre la main :* perdre son habileté manuelle ; perdre l'habitude. – *Mettre la main à la pâte :* travailler soi-même. – *Mettre la dernière main à un travail,* le terminer. – *De longue main :* par un travail long et réfléchi depuis longtemps. **4.** La main, utilisée pour frapper ou manier les armes. ◇ *Lever la main sur qqn :* s'apprêter à le frapper, ou le frapper effectivement. – *À main armée :* les armes à la main. **II.1.** La main comme symbole de l'aide, de l'acceptation. ◇ *Tendre la main à qqn,* lui offrir son aide ; lui faire une offre de réconciliation. – *Demander, obtenir la main de qqn :* demander, obtenir une jeune fille en mariage. **2.** La main, comme symbole de l'action, de l'effort. – *Avoir la main heureuse (malheureuse) :* réussir (échouer) souvent. – *Avoir les mains libres :* avoir toute liberté d'agir. **3.** La main, comme symbole de la possession ou du pouvoir, de l'autorité. ◇ *Changer de mains :* passer d'un possesseur à un autre. – *Mettre la main sur qqn,* l'arrêter. – *Mettre la main sur qqch,* le découvrir. – *Faire main basse sur qqch,* s'en emparer indûment. – *Prendre en main :* se charger de. – *Se prendre par la main :* s'obliger à faire qqch. – *Reprendre en main :* redresser une situation compromise. – *Passer la main :* renoncer à ses pouvoirs, les transmettre. – *Avoir la haute main sur :* commander. **4.** La main comme symbole de la force violente. ◇ *Ne pas y aller de main morte :* agir avec brutalité. **B.I.1.** Personne, considérée du point de vue de son activité. ◇ *En bonnes mains :* confié à une personne capable. **2.** *Première main :* première ouvrière d'une maison de couture, capable d'exécuter tous les modèles. – *Petite main :* autref., personne débutant dans la couture ; fig., simple exécutant mais qui est chargé d'une tâche génér. minutieuse. **3.** *Main à main :* exercice d'équilibre au cours duquel deux acrobates (un porteur et un voltigeur) multiplient les élévations en se tenant par les mains. **II.1.** Unité de longueur égale à la largeur d'une main. **2.** *Main courante.* **a.** Partie supérieure d'une rampe d'escalier, d'une barre d'appui, etc., sur laquelle s'appuie la main. **b.** COMPTAB. Brouillard. **3.** Ensemble de 25 feuilles de papier ou vingtième de rame. **4.** Rapport de la force d'un papier à son épaisseur. – *Papier qui a de la main,* qui donne au toucher une impression d'épaisseur. **5.** Afrique. Portion d'un régime de bananes. **C.I.** Extrémité des membres antérieurs des vertébrés tétrapodes. **II.** *Main de ressort :* pièce sur laquelle s'articule l'extrémité d'un ressort. **III.** *Main de justice :* main d'ivoire à trois doigts levés, placée à l'extrémité du bâton royal, symbole de l'autorité judiciaire.

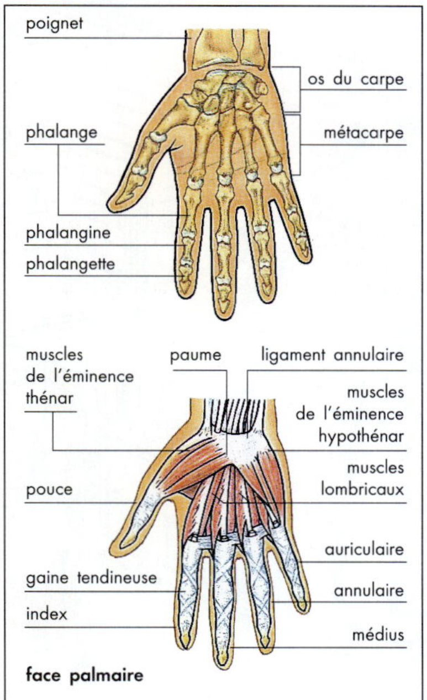

main

MAINATE n.m. (mot malais). Passereau originaire de Malaisie, apte à imiter la voix humaine. (Famille des sturnidés.)

MAIN-D'ŒUVRE n.f. (pl. *mains-d'œuvre*). **1.** Façon, travail de l'ouvrier dans la confection d'un ouvrage. **2.** Ensemble des salariés, en partic. des ouvriers, d'un établissement, d'une région, d'un pays.

MAIN-FORTE n.f. sing. *Prêter main-forte à qqn,* lui venir en aide.

MAINLEVÉE n.f. DR. Acte qui arrête les effets d'une saisie, d'une opposition, d'une hypothèque.

MAINMISE n.f. **1.** Action de s'emparer de qqch. **2.** Action de s'assurer une domination exclusive et souvent abusive sur qqch.

MAINMORTABLE adj. FÉOD. Qui est sujet à la mainmorte.

MAINMORTE n.f. **1.** FÉOD. Droit de succession perçu par le seigneur sur les biens de ses serfs. **2.** DR. État des biens appartenant à des personnes morales (associations, communautés, hospices, etc.).

MAINT, E adj. (du germ.). Litt. Un grand nombre (indéterminé). *En mainte occasion. Maintes fois.*

MAINTENANCE n.f. **1.** Ensemble des opérations permettant de maintenir ou de rétablir un système, un matériel, un appareil, etc., dans un état donné ou de lui restituer des caractéristiques de fonctionnement spécifiées. **2.** MIL. Action ayant pour but de maintenir en condition et en nombre suffisant les effectifs et le matériel des unités d'une armée en opération.

MAINTENANT adv. (de *main* et *tenant*). À présent, à partir de l'instant présent. ◆ loc. conj. *Maintenant que :* à présent que, dès lors que.

MAINTENEUR n.m. **1.** Litt. Personne soutenant, maintenant qqch qui est menacé de disparaître. **2.** *Mainteneur des jeux Floraux :* dignitaire d'une académie littéraire de Toulouse.

MAINTENIR v.t. (lat. *manutenere*) [40]. **1.** Tenir fixe, stable. *Poutre qui maintient la charpente.* **2.** Empêcher de remuer, d'avancer. *Maintenir les gens à distance.* **3.** Conserver dans le même état. *Maintenir les lois existantes.* **4.** Affirmer avec force, soutenir. *Je maintiens que cela est vrai.* ◆ **se maintenir** v.pr. Rester dans le même état, dans la même situation.

MAINTIEN n.m. **1.** Manière de se tenir ; attitude. **2.** Action de faire durer, de conserver. *Le maintien des traditions.* ◇ *Maintien de l'ordre :* ensemble des mesures de sécurité prises par l'autorité compétente pour prévenir ou réprimer les actions de nature à troubler l'ordre public. **3.** DR. *Maintien dans les lieux :* mesure qui permet à l'occupant de bonne foi d'un logement de rester dans les lieux malgré la volonté du propriétaire. – *Maintien sous les drapeaux :* mesure par laquelle le gouvernement décide de conserver temporairement sous les drapeaux les hommes ayant achevé leur service actif.

MAÏOLIQUE n.f. → ***majolique.***

MAÏORAL, E, AUX ou **MAYORAL, E, AUX** adj. Belgique. Relatif au bourgmestre.

MAÏORAT ou **MAYORAT** n.m. Belgique. Fonction de bourgmestre.

MAIRE n.m. (du lat. *major,* plus grand). **1.** Premier magistrat municipal, qui est l'organe exécutif de la commune. ◇ *Maire d'arrondissement :* maire élu dans chaque arrondissement de Paris, Lyon et Marseille. **2.** HIST. *Maire du palais :* dignitaire de la cour mérovingienne qui se substitua peu à peu au roi.

■ DR. Élu en son sein par le conseil municipal pour la durée du mandat du conseil (6 ans), le maire, qui peut être assisté d'adjoints, est à la fois agent de l'État et agent de la commune. Comme agent de l'État, le maire, placé sous l'autorité du préfet, est officier d'état civil et officier de police judiciaire (publication et exécution des lois, listes électorales, etc.). Comme agent de la commune, qu'il représente juridiquement, il est chargé de la police municipale, de la préparation des délibérations du conseil municipal et de l'exécution des décisions de celui-ci.

MAIRESSE n.f. Fam. **1.** Femme d'un maire. **2.** Femme exerçant les fonctions de maire.

MAIRIE n.f. **1.** Fonction de maire. **2.** Édifice où se trouvent les services de l'administration municipale, appelé aussi *hôtel de ville.* **3.** Administration municipale. *Employée de mairie.*

1. MAIS adv. (lat. *magis,* davantage). Litt. *N'en pouvoir mais :* ne pouvoir rien à qqch.

2. MAIS conj. **1.** Indique une opposition, une précision. *Elle est intelligente mais paresseuse.* **2.** Marque le renforcement d'une réponse, d'une exclamation. *Mais naturellement !*

MAÏS n.m. (esp. *maíz,* d'une langue haïtienne). **1.** Céréale de grande dimension, à tige unique et à gros épi portant des graines en rangs serrés, très largement cultivée dans le monde pour l'alimentation humaine et, surtout, animale. (Famille des graminées.) **2.** *Maïs d'eau :* victoria.

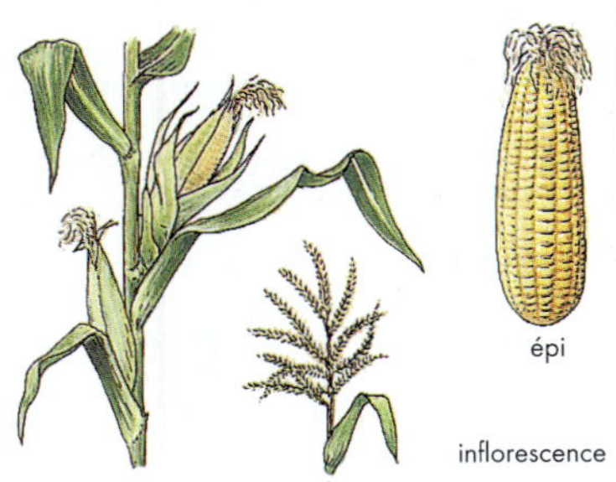

maïs

MAÏSERIE [maizri] n.f. **1.** Usine où l'on traite le maïs pour en extraire fécule, glucose, etc. **2.** Activité industrielle liée à la transformation du maïs.

MAISON n.f. (lat. *mansio,* de *manere,* demeurer). **I. 1.** Bâtiment construit pour servir d'habitation aux personnes. *Rue bordée de maisons.* ◇ Spécialt. Bâtiment construit pour abriter une famille (par opp. à *appartement*). *Acheter une maison.* **2.** Logement où l'on habite. *Rester à la maison.* **3.** ASTROL. Chacune des douze divisions égales du ciel, qui concernent les conjonctures formant la trame de l'existence. **II. 1.** Édifice public ou privé servant à un usage particulier. *Maison de retraite, de santé, d'arrêt.* ◇ *Maison des jeunes et de la culture (M. J. C.) :* établissement destiné à favoriser la diffusion et la pratique des activités culturelles les plus diverses dans un milieu jeune et populaire. **2.** Entreprise commerciale ou industrielle. *Maison de vins en gros.* **III. 1.** Membres d'une même famille. *Le fils, la fille de la maison.* – *De bonne maison :* de famille honorable. ◇ *Gens de maison :* employés de maison, domestiques. **2.** Famille noble. **3.** HIST. *Maison du roi, de l'empereur :* ensemble des personnes civiles *(maison civile)* et militaires *(maison militaire)* attachées à la personne du souverain. ◆ adj. inv. **1.** Fam. Fabriqué par la maison (et non commandé à l'extérieur), dans un restaurant. *Tarte maison.* **2.** Particulier à une entreprise, à un établissement d'enseignement, etc. *Ingénieurs maison. Un diplôme maison.*

MAISONNÉE n.f. Ensemble des personnes d'une famille vivant dans la même maison.

MAISONNETTE n.f. Petite maison.

MAISTRANCE ou **MESTRANCE** [mɛstrɑ̃s] n.f. (de *maistre,* anc. forme de *maître*). Cadre des sous-officiers de carrière de la Marine nationale.

1. MAÎTRE, MAÎTRESSE n. (lat. *magister*). **1.** Personne qui commande, gouverne, exerce une autorité. **2.** Personne qui enseigne, professeur, instituteur. – *Maître auxiliaire :* professeur assurant l'intérim d'un emploi vacant de professeur titulaire. **3.** Personne qui possède un animal domestique et s'en occupe. *Le maître a rappelé son chien.*

2. MAÎTRE n.m. **I.1.** Personne qui enseigne qqch. *Maître nageur.* ◇ *Maître d'armes,* qui enseigne l'escrime. – *Maître de conférences :* titre donné auj. aux anciens maîtres-assistants. – Vx. *Maître à danser :* professeur de danse. **2.** Personne qui dirige l'exécution de qqch. *Maître d'équipage.* ◇ *Maître d'œuvre :* responsable de l'organisation et de la réalisation d'un vaste ouvrage ; personne ou organisme qui dirige un chantier du bâtiment après avoir exécuté les plans de l'ouvrage. – *Maître de l'ouvrage :* personne physique ou morale pour le compte de laquelle une construction est réalisée. – *Maître imprimeur :* chef d'entreprise dirigeant une imprimerie. – *Maître de forges :* propriétaire d'un établissement sidérurgique dont il assume personnellement l'administration. **3.** Personne dont on est le disciple ; artiste, écrivain éminent qui est pris comme modèle. – *Maître à penser :* philosophe, personnalité ayant une importante influence idéologique. (On dit aussi *maître-penseur.*) **4.** BX-A. **a.** Vx. Artiste qui dirigeait un atelier. **b.** Artiste du passé dont on ignore le nom et dont on a reconstitué une partie de l'œuvre. *Le Maître de Moulins.* **5.** *Passer maître :* être, devenir très habile dans un art, un métier, etc. – *Trouver son maître :* rencontrer qqn qui vous est supérieur en qqch. **6.** *Second maître, maître, premier maître, maître principal :* grades des officiers mariniers de la Marine nationale. (→ ***grade.***) **II.1.** Titre donné aux avocats, à certains officiers ministériels. *L'étude de maître X.* **2.** *Maître des requêtes :* membre du Conseil d'État chargé de présenter un rapport sur les affaires qui lui sont soumises. **3.** Titre d'un artisan qui a été admis à la maîtrise, dans un métier où subsistent des traditions de corporation. ◇ Suisse. *Maître d'état :* artisan responsable d'un secteur de la construction d'une maison.

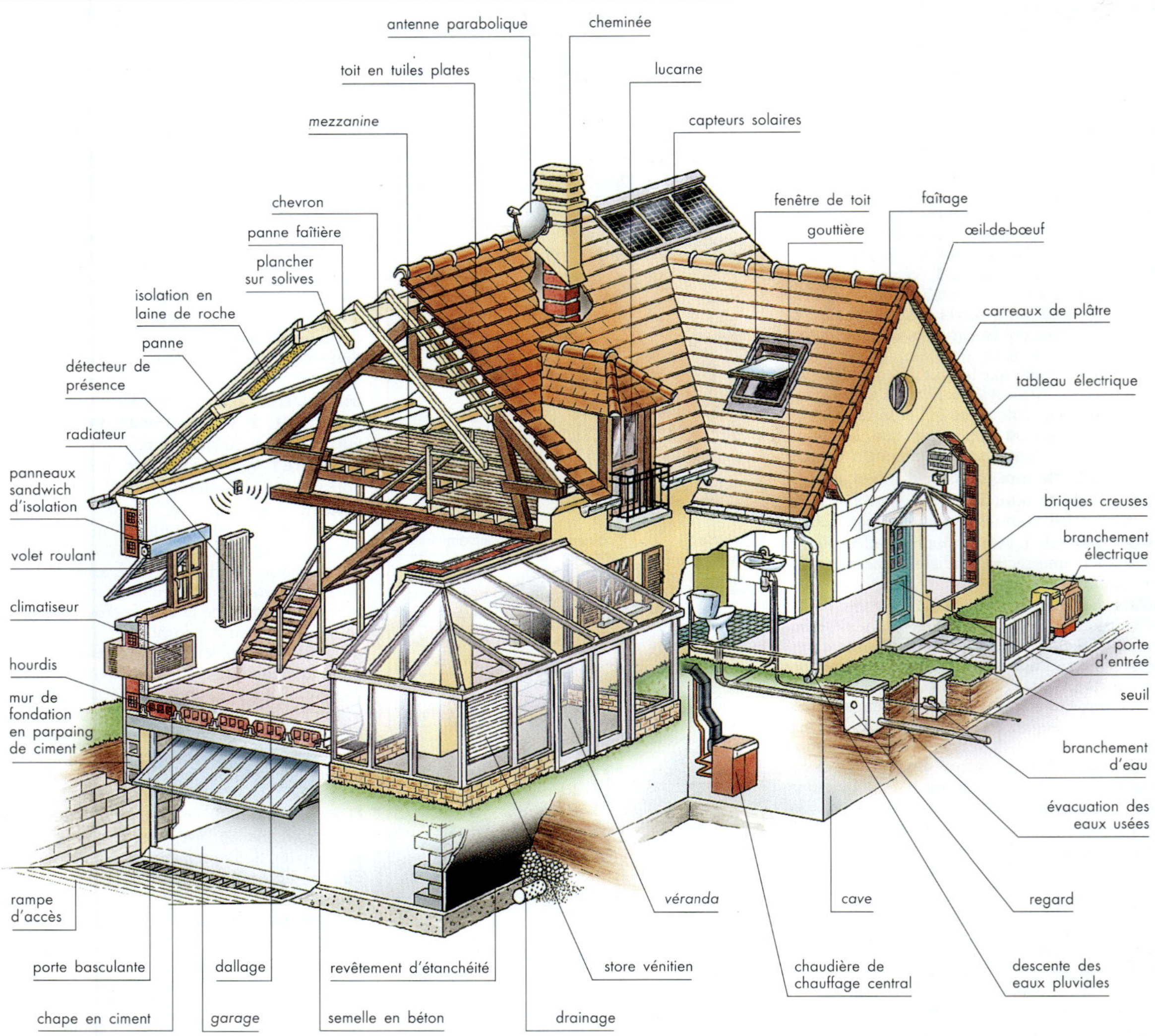

maison : nomenclature des parties ou éléments pouvant constituer une maison individuelle

3. MAÎTRE, MAÎTRESSE adj. **1.** Qui a un rôle capital, essentiel. *L'idée maîtresse d'un ouvrage.* **2.** Qui est le plus important dans son genre. **a.** Se dit de la plus forte carte à jouer dans la couleur et de celui qui la détient. *Valet maître. Être maître à cœur.* **b.** *Maître couple* : section droite du cylindre engendré par un solide en mouvement ; couple situé à l'endroit où un navire est le plus large. **3.** *Maîtresse femme* : femme énergique, déterminée. **4.** *Être maître de qqch, de faire qqch,* en disposer librement ; être libre de faire qqch.

MAÎTRE-À-DANSER n.m. (pl. *maîtres-à-danser*). Compas d'épaisseur à branches croisées, pour la mesure ou le report d'une dimension intérieure.

MAÎTRE-ASSISTANT, E n. (pl. *maîtres-assistants, es*). Membre de l'enseignement supérieur qui organise les travaux dirigés et contribue aux travaux de recherche. (Ce titre est remplacé auj. par celui de *maître de conférences.*)

MAÎTRE-AUTEL n.m. (pl. *maîtres-autels*). Autel principal d'une église.

MAÎTRE-CHIEN n.m. (pl. *maîtres-chiens*). Responsable du dressage et de l'emploi d'un chien, dans les corps spécialisés de la police et de l'armée, les sociétés de gardiennage, etc.

MAÎTRE-CYLINDRE n.m. (pl. *maîtres-cylindres*). Piston commandé par le conducteur d'une automobile, qui envoie du liquide sous pression dans le système de freinage.

MAÎTRE-PENSEUR n.m. (pl. *maîtres-penseurs*). Philosophe ou personnalité ayant une importante influence idéologique. (On dit aussi *maître à penser.*)

MAÎTRESSE n.f. Femme avec laquelle un homme a des relations sexuelles en dehors du mariage.

MAÎTRISABLE adj. Que l'on peut maîtriser.

MAÎTRISE n.f. **I. 1.** Domination de soi, sang-froid. *Conserver sa maîtrise devant un danger.* – *Maîtrise de soi* : contrôle sur la manifestation de ses émotions. **2.** Domination incontestée. *La maîtrise de l'énergie nucléaire.* – *Maîtrise de l'air, de la mer* : supériorité militaire, aérienne ou navale, acquise sur un adversaire dans un espace déterminé. **3.** Perfection, sûreté dans la technique. **II. 1.** Vx. Situation d'un maître au sein d'une corporation ou d'un corps analogue. ◇ Suisse. *Maîtrise fédérale* : brevet supérieur qui autorise un artisan à s'installer à son compte et à former des apprentis. **2.** Ensemble des contremaîtres et des chefs d'équipe. **3.** Grade universitaire sanctionnant le second cycle de l'enseignement supérieur. – *Maîtrise de conférences* : emploi de maître de conférences. **4.** MUS. École de chant et ensemble des chantres d'une église. SYN. : *psallette.*

MAÎTRISER v.t. **1.** Se rendre maître de forces difficilement contrôlables. *Maîtriser un incendie.* **2.** Soumettre, contenir par la force. *Maîtriser un forcené.* **3.** Dominer (un sentiment, une passion). ◆ **se maîtriser** v.pr. Rester, redevenir maître de soi.

MAÏZENA [maizena] n.f. (n. déposé). Farine de maïs spécialement préparée pour être utilisée en cuisine.

MAJE adj.m. → ***2. mage.***

MAJESTÉ n.f. (lat. *majestas*). **I. 1.** Caractère de grandeur, de dignité, de noblesse. **2.** (Avec majuscule). Titre des empereurs, des rois. *Sa Majesté l'Impératrice.* – *Sa Majesté très Chrétienne* : le roi de France. – *Sa Majesté Catholique* : le roi d'Espagne. **II. 1.** Air extérieur de grandeur, de noblesse. *Une allure pleine de majesté.* **2.** BX-A. *Christ, Vierge, saint en majesté,* représentés assis sur un trône dans une attitude hiératique.

MAJESTUEUSEMENT adv. Avec majesté.

MAJESTUEUX, EUSE adj. Qui a de la majesté.

1. MAJEUR, E adj. (lat. *major*). **1.** Plus grand, plus considérable, plus important. *La majeure partie.* ◇ *En majeure partie* : pour la plus grande partie. – *Tierce majeure* : l'as, le roi, la dame d'une même couleur, aux cartes. **2.** Qui a atteint l'âge de la majorité. **3.** Très important. *Raison majeure.* ◇ *Cas de force majeure* : évènement qu'on ne peut éviter et dont on n'est pas responsable. **4.** MUS. Se dit des intervalles de 2e, 3e, 6e et 7e formés entre la tonique et les autres notes d'une gamme majeure. – *Mode majeur* ou *majeur,* n.m. : mode caractérisé par la succession, dans la gamme, de deux tons, un demi-ton, trois tons et un demi-ton. – *Gamme majeure* : gamme diatonique du mode majeur. – *Accord parfait majeur,* dont la tierce est majeure et la quinte juste.

2. MAJEUR n.m. Doigt du milieu de la main ; médius.

MAJEURE n.f. LOG. Première proposition d'un syllogisme.

MAJOLIQUE ou **MAÏOLIQUE** n.f. (it. *maiolica,* de l'île de Majorque). Faïence italienne de la Renaissance, initialement inspirée de la céramique hispano-mauresque.

exemple de **majolique :**
grand plat à décor historié, en faïence de Faenza (v. 1530) [Louvre, Paris]

MA-JONG n.m. → ***mah-jong.***

MAJOR n.m. (lat. *major,* plus grand). **1.** Officier supérieur chargé de l'administration d'un corps de troupes, appelé depuis 1975 *chef des services administratifs.* – *Major général* : officier général chargé de hautes fonctions d'état-major aux échelons élevés du commandement. **2.** Grade le plus élevé des sous-officiers des armées. **3.** Officier d'un grade égal à celui de commandant, en France sous l'Ancien Régime et auj. encore dans de nombreuses armées étrangères. **4.** Vx. Médecin militaire. **5.** Premier d'une promotion. **6.** Suisse. Officier commandant un bataillon. ◇ *Major de table* : celui qui préside un banquet, anime une soirée.

MAJORAL n.m. (prov. *majourau*) [pl. *majoraux*]. Chacun des cinquante membres du comité directeur (dit *consistoire*) du félibrige.

MAJORANT n.m. MATH. *Majorant d'un sous-ensemble* A *d'un ensemble ordonné* E : élément *a* de E tel que tout élément *x* de A est inférieur à *a*.

MAJORAT n.m. Bien inaliénable attaché à un titre de noblesse et transmis avec le titre à l'héritier du titulaire.

MAJORATION n.f. Action de majorer ; augmentation.

MAJORDOME n.m. (it. *maggiordomo,* lat. *major domus,* chef de la maison). Maître d'hôtel de grande maison.

MAJORER v.t. **1.** Augmenter la valeur du montant d'une facture, d'un impôt, etc. ; relever. *Majorer des salaires.* **2.** MATH. Trouver un majorant à (un ensemble).

MAJORETTE n.f. Jeune fille en uniforme de fantaisie qui parade dans les fêtes et les défilés.

MAJORITAIRE adj. et n. Qui appartient à la majorité ; qui s'appuie sur une majorité. ◇ *Scrutin majoritaire,* dans lequel est proclamé élu le candidat ayant obtenu le plus grand nombre de suffrages.

MAJORITAIREMENT adv. En majorité.

MAJORITÉ n.f. (lat. *major,* plus grand). **I.** Âge auquel, selon la loi, une personne acquiert la pleine capacité d'exercer ses droits *(majorité civile)* ou est reconnue responsable de ses actes *(majorité pénale). En France, la majorité est fixée à 18 ans.* **II. 1.** Le plus grand nombre, la plus grande partie. *Il y a une majorité de filles dans cette classe.* ◇ *Majorité silencieuse* : partie majoritaire d'une population qui n'exprime pas publiquement ses opinions. **2.** Le plus grand nombre des voix ou des suffrages dans une assemblée. ◇ *Majorité absolue,* exigeant la moitié des suffrages exprimés plus un. – *Majorité qualifiée* ou *renforcée,* pour laquelle la loi exige que soient réunis plus de suffrages que pour la majorité absolue. – *Majorité relative* ou *simple,* celle obtenue par un candidat qui recueille plus de suffrages que ses concurrents.

MAJORQUIN, E adj. et n. De Majorque.

MAJUSCULE adj. et n.f. (lat. *majusculus,* un peu plus grand). *Lettre majuscule* ou *majuscule,* n.f. : lettre plus grande que les autres et de forme différente. SYN. : *capitale.*

MAKHZEN ou **MAGHZEN** n.m. (de l'ar.). Gouvernement du sultan, au Maroc.

MAKI n.m. (mot malgache). Mammifère primate à museau allongé et à longue queue, propre à Madagascar. (Sous-ordre des lémuriens.)

MAKILA n.m. (mot basque). Canne ferrée, plombée à l'extrémité inférieure, et dont la poignée contient une pointe.

MAKIMONO [makimɔno] n.m. (mot jap., *rouleau*). Peinture japonaise, composée et déroulée horizontalement.

1. MAL n.m. (lat. *malum*). **1.** Ce qui est contraire au bien, à la vertu, ce qui est condamné par la morale. *Faire le mal pour le mal.* **2.** Ce qui est susceptible de nuire, de faire souffrir, ce qui n'est pas adapté. *Le mal est fait.* ◇ *Faire du mal à qqn,* le faire souffrir, lui nuire. – *Dire du mal de qqn,* le dénigrer, le calomnier. **3. a.** Souffrance physique. *Maux de dents, d'estomac.* ◇ *Avoir mal* : souffrir. – *Mal de tête* : migraine, céphalée. – *Mal de cœur* : nausée d'origine gastrique. – *Mal de mer, mal de l'air* : malaises particuliers éprouvés en bateau, en avion. – *Mal des montagnes, de l'altitude, des aviateurs* : malaises causés par la raréfaction de l'oxygène en altitude. **b.** Maladie. *Le mal a progressé.* ◇ *Mal blanc* : panaris. – *Grand mal, haut mal* : épilepsie. – *Petit mal* : épilepsie qui se manifeste surtout par des absences. **4.** Souffrance morale. *Le mal du pays.* ◇ *Être en mal de qqch,* souffrir de son absence. – *Mal du siècle* : état dépressif caractéristique de la jeunesse, à l'époque romantique. **5.** Peine, travail. *Se donner du mal.* – *Avoir du mal (à)* : éprouver de la difficulté (à). **6.** Mauvais côté de qqch. ◇ *Prendre une chose en mal,* s'en offenser.

2. MAL adv. (lat. *male*). **1.** D'une manière mauvaise. *Écrire, parler mal.* **2.** *Être bien mal, au plus mal* : être très malade. **3.** *Être mal avec qqn,* être brouillé avec lui. – *Prendre mal qqch,* s'en offenser. ◆ loc. adv. Fam. **a.** *Pas mal* : en assez grande quantité. **b.** *N'être pas mal* : être bien de sa personne.

MALABAR n.m. (de *Malabār,* région de l'Inde). Fam. Homme grand et fort.

MALABSORPTION n.f. MÉD. Trouble du processus d'absorption des aliments à travers la muqueuse intestinale.

MALACHITE [malakit] n.f. (gr. *malakhê,* mauve). Carbonate basique naturel de cuivre, pierre d'un beau vert vif utilisée en joaillerie et en tabletterie.

MALACOLOGIE n.f. (gr. *malakos,* mou, et *logos,* science). Étude des mollusques.

MALACOPTÉRYGIEN n.m. *Malacoptérygiens* : groupe de poissons osseux à nageoires molles ou flexibles, comprenant le saumon, la carpe, la morue, etc.

MALACOSTRACÉ n.m. (gr. *malakos,* mou, et *ostrakon,* coquille). *Malacostracés* : sous-classe de crustacés comprenant les ordres les plus élevés en organisation, notamm. les eucarides.

MALADE adj. et n. (lat. *male habitus,* mal disposé). Dont la santé est altérée. ◆ adj. **1.** Qui est en mauvais état. *Une industrie malade.* **2.** Dans un état général de malaise. *J'étais malade de voir ça.* **3.** Fam. Un peu dérangé intellectuellement.

MALADIE n.f. **1.** Altération dans la santé, dans l'équilibre des êtres vivants (animaux et végétaux). – *Maladie professionnelle,* contractée dans l'exercice d'une profession déterminée. – *Assurance maladie* : une des assurances sociales qui permet au salarié de percevoir en cas d'arrêt de travail des indemnités journalières et de bénéficier du remboursement partiel ou total des frais occasionnés par sa maladie. ◇ Fam. *En faire une maladie* : être très contrarié par qqch. **2.** Altération, dégradation de qqch. *Les maladies du vin.* **3.** Fam. Trouble dans la manière de se conduire ; comportement excessif, passion. *La maladie de la vitesse.*

MALADIF, IVE adj. **1.** Sujet à être malade. **2.** Dont les manifestations ressemblent à celles des troubles mentaux ; morbide.

MALADIVEMENT adv. De façon maladive.

MALADRERIE n.f. (de *ladre,* lépreux). Hôpital de lépreux, au Moyen Âge.

MALADRESSE n.f. **1.** Caractère d'une personne maladroite, de ses gestes, de ses réalisations. *Remarquer la maladresse d'un dessin.* **2.** Défaut de savoir-faire dans la conduite, dans les actions. *Sa maladresse a fait échouer les négociations.* **3.** Acte maladroit. *Accumuler les maladresses.*

MALADROIT, E adj. et n. **1.** Qui manque d'adresse, d'aisance dans ses mouvements, ses gestes. **2.** Qui manque d'expérience, de sûreté pour l'exécution de qqch. *Un jeune cinéaste encore maladroit.* **3.** Qui manque de diplomatie, de sens de l'opportunité. *Tu as été maladroit, tu n'aurais pas dû lui dire cela.* **4.** Qui n'est pas approprié au but recherché. *Une intervention maladroite.*

MALADROITEMENT adv. De façon maladroite.

MALAGA n.m. **1.** Raisin récolté dans la région de Málaga. **2.** Vin liquoreux fait avec ce raisin.

MAL-AIMÉ, E n. (pl. *mal-aimés, es*). Personne qui souffre du rejet des autres.

MALAIRE adj. (du lat. *mala,* joue). Relatif à la joue. – *Os malaire :* os qui forme la saillie de la pommette.

MALAIS, E adj. et n. De la Malaisie. ◆ n.m. Langue du groupe indonésien, parlée dans la péninsule malaise et sur les côtes de l'Insulinde, auj. langue officielle de la Malaisie et de l'Indonésie (sous le nom d'*indonésien*).

MALAISE n.m. (de *mal* et *aise*). **1.** Sensation pénible d'un trouble de l'organisme. *Éprouver un malaise.* **2.** État d'inquiétude, de trouble mal défini ; début de crise. *Le malaise social.*

MALAISÉ, E adj. Qui n'est pas facile, pas commode à faire.

MALAISÉMENT adv. Avec difficulté.

MALANDRE n.f. (bas lat. *malandria*). **1.** TECHN. Nœud pourri dans les bois de construction, qui empêche leur emploi. **2.** VÉTÉR. Gerçure située au pli du jarret des chevaux.

MALANDRIN n.m. (it. *malandrino,* voleur). Litt. Bandit de grand chemin, voleur, brigand.

MALAPPRIS, E adj. et n. Qui est mal éduqué, grossier, goujat.

MALARD ou **MALART** n.m. Région. Mâle des canards sauvages ou domestiques.

MALARIA n.f. (it. *mala aria,* mauvais air). Vieilli. Paludisme.

MALAVISÉ, E adj. Litt. Qui agit sans discernement.

MALAXAGE n.m. Action de malaxer.

MALAXER v.t. (lat. *malaxare,* amollir). **1.** Pétrir une substance pour la ramollir, pour la rendre plus homogène. *Malaxer du beurre.* **2.** Masser, triturer du bout des doigts (une partie du corps).

MALAXEUR n.m. et adj.m. Appareil muni d'une cuve, servant à malaxer.

MALAYALAM n.m. Langue dravidienne parlée au Kerala. Graphie savante : *malayālam.*

MALAYO-POLYNÉSIEN, ENNE adj. et n.m. (pl. *malayo-polynésiens, ennes*). LING. Austronésien.

MALBÂTI, E adj. et n. Mal fait, en parlant de qqn.

MALBEC n.m. Cépage rouge, très répandu en France.

MALCHANCE n.f. **1.** Mauvaise chance, déveine. *Il est poursuivi par la malchance.* ◇ *Jouer de malchance :* ne pas avoir de chance dans une action. **2.** Hasard malheureux, situation défavorable, issue malheureuse.

MALCHANCEUX, EUSE adj. et n. En butte à la malchance.

MALCOMMODE adj. Qui n'est pas commode, pas pratique.

MALDONNE n.f. **1.** Erreur dans la distribution des cartes ; fausse donne. **2.** Fam. *Il y a maldonne :* il y a malentendu ; il y a erreur.

1. MÂLE adj. (lat. *masculus*). **I. 1.** BIOL. Qui appartient au sexe fécondant, porteur de cellules reproductrices plus nombreuses, plus petites et plus mobiles que celles du sexe femelle. **2.** Qui est du sexe masculin. – *Fleur mâle :* fleur qui ne porte que des étamines. **3.** Fig. Qui annonce de la force, de l'énergie. *Une voix mâle.* **II.** TECHN. Se dit de la partie d'un instrument, d'un organe qui entre dans un autre. *Prise mâle.*

2. MÂLE n.m. **1.** Être vivant organisé pour féconder, dans l'acte de la génération. **2.** Individu du sexe masculin, par opp. à la femme. **3.** Fam. Homme vigoureux, moralement ou physiquement.

MALÉDICTION n.f. (du lat. *maledicere,* maudire). **1.** Litt. Action de maudire. **2.** Malheur, fatalité. *La malédiction est sur moi.*

MALÉFICE n.m. (lat. *maleficium*). Litt. Sortilège, pratique magique visant à nuire.

MALÉFIQUE adj. Litt. Qui a une influence surnaturelle et maligne.

MALÉKISME ou **MALIKISME** n.m. École théologique, morale et juridique de l'islam sunnite, issue de Mālik ibn Anas (715-795), caractérisée par son rigorisme, et qui prédomine au Maghreb. Graphie savante : *mālikisme.*

MALENCONTREUSEMENT adv. De façon malencontreuse.

MALENCONTREUX, EUSE adj. (de *mal* et anc. fr. *encontre,* rencontre). Qui cause de l'ennui en survenant mal à propos. *Circonstance malencontreuse.*

MALENGUEULÉ, E adj. et n. Canada. Fam. Qui parle grossièrement, profère des jurons ; malappris.

MAL-EN-POINT adj. inv. En mauvais état de santé, de fortune, de situation. *Un blessé bien mal-en-point.* (On écrit aussi *mal en point.*)

MALENTENDANT, E adj. et n. Se dit de qqn dont l'acuité auditive est diminuée.

MALENTENDU n.m. Fait de se méprendre sur qqch, notamm. sur le sens d'une parole, d'un mot. *Faire cesser un malentendu.*

MAL-ÊTRE n.m. inv. Sentiment de profond malaise.

MALFAÇON n.f. Défaut, défectuosité dans un ouvrage, un travail.

MALFAISANT, E adj. Qui fait, qui cause du mal ; nuisible. *Influence malfaisante.*

MALFAITEUR n.m. Individu qui commet des vols, des crimes.

MALFAMÉ, E adj. (du lat. *fama,* renommée). Qui est fréquenté par des individus de mauvaise réputation. *Un bar malfamé.* (On écrit aussi *mal famé.*)

MALFORMATION n.f. Altération morphologique congénitale d'un tissu, d'un organe du corps humain. *Malformation cardiaque.*

MALFRAT n.m. (du languedocien *malfar,* mal faire). Arg. Malfaiteur, truand.

MALGACHE adj. et n. De Madagascar. ◆ n.m. Langue du groupe indonésien parlée à Madagascar.

MALGRÉ prép. **1.** Contre le gré, la volonté de. *Faire qqch malgré soi.* **2.** En dépit de. *Sortir malgré la pluie.* ◆ loc. conj. Litt. *Malgré que j'en aie, que tu en aies,* etc. : bien que cela me (te, etc.) contrarie, bien que ce soit à contrecœur.

MALHABILE adj. Qui manque d'habileté, de capacité.

MALHABILEMENT adv. De façon malhabile.

MALHEUR n.m. (de *mal* et *heur*). **1.** Situation pénible qui affecte douloureusement qqn. *C'est dans le malheur qu'on connaît ses vrais amis.* **2.** Évènement fâcheux, funeste. *Un malheur n'arrive jamais seul.* ◇ Fam. *Faire un malheur :* se livrer à des accès de violence ou faire un éclat ; obtenir un grand succès. **3.** Sort hostile, malchance. ◇ *Jouer de malheur :* avoir une malchance persistante. – *Porter malheur :* avoir une influence fatale, néfaste. **4.** *Par malheur :* malheureusement.

MALHEUREUSEMENT adv. De façon malheureuse.

MALHEUREUX, EUSE adj. et n. **1.** Qui est dans une situation pénible, douloureuse. *Un homme malheureux.* **2.** Qui inspire la pitié. *S'occuper des malheureux.* ◆ adj. **I. 1.** Qui exprime le malheur, la douleur. *Un air malheureux.* **2.** Qui manque de chance. *Un essai malheureux.* ◇ *Avoir la main malheureuse :* ne pas gagner au jeu ; casser tout ce qu'on touche. **II. 1.** Qui a pour conséquence le malheur ; désastreux. *Entreprise malheureuse. Faire une rencontre malheureuse.* **2.** (Avant le n.). Sans valeur, sans importance. *Un malheureux coin de terre.*

MALHONNÊTE adj. et n. **1.** Qui enfreint les règles de la probité, de l'honnêteté. *Une transaction malhonnête.* **2.** Qui choque la décence, la pudeur ; inconvenant. *Faire des propositions malhonnêtes à une femme.*

MALHONNÊTEMENT adv. De façon malhonnête.

MALHONNÊTETÉ n.f. **1.** Caractère malhonnête de qqn, de son comportement. *Malhonnêteté d'un joueur.* **2.** Action contraire à l'honnêteté. *Commettre une malhonnêteté.*

MALI n.m. Belgique. Déficit.

MALICE n.f. (lat. *malitia,* méchanceté). Penchant à dire ou à faire de petites méchancetés ironiques, des taquineries ; moquerie.

MALICIEUSEMENT adv. Avec malice.

MALICIEUX, EUSE adj. et n. Qui a de la malice ; malin, taquin.

MALIEN, ENNE adj. et n. Du Mali.

MALIGNEMENT adv. Avec malignité.

MALIGNITÉ n.f. (lat. *malignitas,* méchanceté). **1.** Méchanceté mesquine. *La malignité publique.* **2.** Caractère dangereux, mortel (d'une tumeur, d'un mal). **3.** Tendance à faire le mal.

MALIKISME n.m. → ***malékisme.***

MALIN, IGNE adj. et n. (lat. *malignus,* méchant). **1.** Enclin à dire ou à faire des choses malicieuses ; fin, rusé, habile. ◇ Fam. *Faire le malin :* vouloir se mettre en avant, vouloir faire de l'esprit. **2.** Litt. *Le Malin :* le démon. ◆ adj. **1.** Qui témoigne d'une intelligence malicieuse, plus ou moins rusée. *Un sourire malin.* ◇ Fam. *Ce n'est pas malin :* c'est stupide. – Fam. *Ce n'est pas bien malin :* ce n'est pas très difficile. **2.** Qui montre de la méchanceté. *Il éprouve un malin plaisir à relever les erreurs.* ◇ Litt. *L'esprit malin :* le démon. **3.** MÉD. *Tumeur maligne :* tumeur cancéreuse.

MALINES n.f. (de *Malines,* v. de Belgique). Dentelle belge très fine, exécutée aux fuseaux, et dont les motifs sont cernés d'un fil plat qui leur donne un léger relief.

MALINGRE adj. (de *mal* et anc. fr. *haingre,* décharné). Qui est d'une constitution délicate, fragile.

MALINKÉ n.m. Langue du groupe mandingue parlée par les Malinké.

MALINOIS n.m. (de *Malines,* n.pr.). Chien de berger belge à poil court fauve.

MALINTENTIONNÉ, E adj. et n. Qui a de mauvaises intentions.

MALIQUE adj. (du lat. *malum,* pomme). CHIM. Se dit d'un diacide-alcool qui se trouve dans les pommes et les fruits acides.

MALLE n.f. (du francique *malha*). **I. 1.** Coffre de bois, de cuir, etc., de grandes dimensions, où l'on enferme les objets que l'on emporte en voyage. ◇ Pop. *Se faire la malle :* partir sans prévenir, s'enfuir. **2.** Vx. *Malle arrière :* coffre arrière d'une automobile. **II.** Vx. Malle-poste.

MALLÉABILISATION n.f. TECHN. Action de rendre malléable.

MALLÉABILISER v.t. Procéder à la malléabilisation.

MALLÉABILITÉ n.f. **1.** Caractère de qqn, de son esprit, qui est docile, influençable. **2.** Qualité d'un métal malléable.

MALLÉABLE adj. (lat. *malleatus,* battu au marteau). **1.** Qui se laisse influencer ou former. *Un enfant encore malléable.* **2.** TECHN. *Métal malléable,* que l'on peut façonner et réduire facilement en feuilles.

MALLÉOLAIRE adj. Relatif aux malléoles.

MALLÉOLE n.f. (lat. *malleolus,* petit marteau). Chacune des apophyses de la région inférieure du tibia *(malléole interne)* et du péroné *(malléole externe)* formant la cheville.

MALLE-POSTE n.f. (pl. *malles-poste*). Anc. Voiture qui faisait surtout le service des dépêches.

MALLETTE n.f. **1.** Petite valise. **2.** Belgique. Cartable d'écolier.

MAL-LOGÉ, E n. (pl. *mal-logés, es*). Personne dont les conditions d'habitation ne sont pas satisfaisantes.

MALLOPHAGE n.m. *Mallophages :* ordre d'insectes parasites usuellement nommés *poux d'oiseaux.*

MALMENER v.t. [19]. **1.** Battre, rudoyer, traiter (qqn) durement. *La foule malmena le voleur.*

2. Mettre (un adversaire) dans une situation difficile, au cours d'un combat. *Son adversaire l'a malmené au premier round.*

MALMIGNATTE n.f. Araignée des régions méditerranéennes, à abdomen noir tacheté de rouge, et dont la morsure est dangereuse. (Long. 15 mm.)

MALNUTRITION n.f. Défaut d'adaptation de l'alimentation aux conditions de vie d'un individu, d'une population ; déséquilibre alimentaire.

MALODORANT, E adj. Qui a mauvaise odeur ; puant, fétide.

MALONIQUE adj. CHIM. Se dit d'un diacide provenant de l'oxydation de l'acide malique.

MALOTRU, E n. (lat. *male astrucus,* né sous une mauvaise étoile). Personne grossière, mal élevée.

MALOUIN, E adj. et n. De Saint-Malo.

MALPIGHIE n.f. (de *Malpighi,* n.pr.). Plante d'Amérique tropicale, dont une espèce à fruits comestibles est appelée *cerisier des Antilles.*

MALPOLI, E adj. et n. Fam. Qui fait preuve de manque d'éducation, qui choque la bienséance.

MALPOSITION n.f. Position défectueuse d'une dent sur l'arcade dentaire.

MALPROPRE adj. Qui manque de propreté ; sale. *Des mains malpropres.* ◆ adj. et n. Malhonnête, contraire à la décence, à la morale. *Conduite malpropre.* ◇ Fam. *Comme un malpropre :* sans ménagement et d'une façon indigne. *Il s'est fait renvoyer comme un malpropre.*

MALPROPREMENT adv. Avec malpropreté.

MALPROPRETÉ n.f. **1.** Défaut de propreté. **2.** Indécence, malhonnêteté.

MALSAIN, E adj. Qui nuit à la santé physique ou morale ; dangereux.

MALSÉANT, E adj. Litt. Qui n'est pas convenable ; déplacé, grossier, inconvenant.

MALSONNANT, E adj. Litt. Contraire à la bienséance, à la pudeur, en parlant des mots.

MALSTROM n.m. → ***maelström.***

MALT n.m. (mot angl.). Orge germée artificiellement, séchée et réduite en farine, utilisée pour fabriquer de la bière.

MALTAGE n.m. Opération de conversion de l'orge en malt.

MALTAIS, E adj. et n. De Malte.

MALTAISE n.f. Orange d'une variété sucrée.

MALTASE n.f. Enzyme du suc intestinal, qui hydrolyse le maltose.

MALTE (FIÈVRE DE) : brucellose.

MALTER v.t. Faire subir le maltage à.

MALTERIE n.f. **1.** Usine où l'on réalise le maltage. **2.** Ensemble des activités industrielles liées à la fabrication du malt.

MALTEUR n.m. **1.** Personne travaillant dans une malterie. **2.** Industriel de la malterie.

MALTHUSIANISME n.m. (du n. de l'économiste angl. *Malthus*). **1.** Restriction volontaire de la procréation. **2.** ÉCON. Ralentissement volontaire de la production, de l'expansion économique.

MALTHUSIEN, ENNE adj. et n. **1.** Qui appartient aux doctrines de Malthus. **2.** Opposé à l'expansion économique ou démographique.

MALTOSE n.m. CHIM. Sucre donnant par hydrolyse deux molécules de glucose, et qu'on obtient par hydrolyse de l'amidon.

MALTÔTE n.f. (de *mal,* et anc. fr. *tolte,* imposition). HIST. Taxe extraordinaire levée en France à partir de 1291, durant quelques décennies, sur toutes les marchandises.

MALTRAITANCE n.f. Mauvais traitements envers une catégorie de personnes (enfants, personnes âgées, etc.).

MALTRAITER v.t. Traiter durement (qqn, un animal). *Maltraiter des prisonniers.*

MALUS [malys] n.m. (mot lat., *mauvais*). Majoration d'une prime d'assurance automobile en fonction du nombre d'accidents survenus annuellement aux assurés et dans lesquels leur responsabilité se trouve engagée. CONTR. : *bonus.*

MALVACÉE n.f. (lat. *malva,* mauve). *Malvacées :* famille de plantes dialypétales aux nombreuses étamines, telles que le fromager, le cotonnier et la mauve.

MALVEILLANCE n.f. **1.** Intention de nuire. *Incendie attribué à la malveillance.* **2.** Mauvaise disposition d'esprit à l'égard de qqn.

MALVEILLANT, E adj. et n. Porté à vouloir, à souhaiter du mal à autrui ; qui a des intentions hostiles. *Un esprit malveillant.*

MALVENU, E adj. **1.** Hors de propos, déplacé. *Une réflexion malvenue.* **2.** Litt. *Être malvenu à, de :* être peu fondé à, peu qualifié pour. (On écrit génér. *mal venu.*)

MALVERSATION n.f. (du lat. *male versari,* se comporter mal). Détournement de fonds dans l'exercice d'une charge. *Un caissier coupable de malversations.*

MAL-VIVRE n.m. inv. Fait de mener une existence insatisfaisante, source de malaise. *Le mal-vivre des banlieusards.*

MALVOISIE n.m. **1.** Vin grec doux et liquoreux. **2.** Cépage donnant des vins liquoreux.

MALVOYANT, E adj. et n. **1.** Se dit d'une personne aveugle ou d'une personne dont l'acuité visuelle est très diminuée. **2.** Amblyope.

MAMAN n.f. Mère, dans le langage affectif, surtout celui des enfants.

MAMBA n.m. Gros serpent d'Afrique noire, très venimeux.

MAMBO n.m. Danse d'origine cubaine, proche de la rumba.

MAMELLE n.f. (lat. *mamilla*). Glande placée sur la face ventrale du tronc des femelles des mammifères, sécrétant après la gestation le lait dont se nourrissent les jeunes. *Le nombre de mamelles varie de une paire à six paires selon les espèces.*

MAMELON n.m. **1.** Éminence charnue qui s'élève vers le centre de la mamelle, du sein. **2.** Sommet, colline de forme arrondie. *Les mamelons boisés des Vosges.*

MAMELONNÉ, E adj. Qui porte des proéminences en forme de mamelons.

MAMELOUK ou **MAMELUK** n.m. (de l'ar.). **1.** HIST. Soldat esclave faisant partie d'une milice qui joua un rôle considérable dans l'histoire de l'Égypte et, épisodiquement, en Inde. (V. Mamelouks, partie n.pr.) **2.** Cavalier d'un escadron de la Garde de Napoléon Ier.

MAMELU, E adj. Fam. Qui a de grosses mamelles, de gros seins.

MAMIE, MAMY ou **MAMMY** n.f. Grand-mère, dans le langage enfantin.

1. MAMILLAIRE adj. ANAT. Relatif au mamelon ; qui a la forme d'un mamelon.

2. MAMILLAIRE n.f. Cactacée à surface couverte de mamelons épineux.

MAMMAIRE adj. (du lat. *mamma,* mamelle). Relatif aux mamelles, aux seins.

MAMMALIEN, ENNE adj. Relatif aux mammifères.

MAMMALOGIE n.f. Partie de la zoologie qui traite des mammifères.

MAMMECTOMIE ou **MASTECTOMIE** n.f. CHIR. Ablation du sein.

MAMMIFÈRE n.m. Animal vertébré caractérisé par la présence de mamelles, d'une peau généralement couverte de poils, d'un cœur à quatre cavités, d'un encéphale relativement développé, par une température constante et une reproduction presque toujours vivipare. ■ Les mammifères sont les plus récents des vertébrés : ils ne deviennent importants qu'au début de l'ère tertiaire. On dénombre environ 5 000 espèces de mammifères. Leurs caractéristiques principales sont : l'abondance des glandes cutanées (glandes sébacées lubrifiant les poils, glandes sudoripares sécrétant la sueur, glandes mammaires sécrétant le lait) ; une grande richesse en formations cornées et en poils (la fourrure favorise la température constante du corps) ; la possession de trois sortes de dents (incisives, canines, dents jugales) ; un cœur, formé de deux oreillettes et deux ventricules, qui isole totalement la circulation générale et la circulation pulmonaire ; un système nerveux central très développé. Tous les mammifères sont vivipares, sauf les monotrèmes.

MAMMITE n.f. Mastite.

MAMMOGRAPHIE n.f. Radiographie de la glande mammaire.

MAMMOPLASTIE n.f. Intervention de chirurgie esthétique sur le sein.

MAMMOUTH n.m. (mot russe ; d'une langue sibérienne). Éléphant fossile du quaternaire, dont on a retrouvé des cadavres entiers dans les glaces de Sibérie. (Couvert d'une toison laineuse, il possédait d'énormes défenses recourbées et mesurait 3,50 m de haut.)

mammouth (reconstitution probable)

MAMMY n.f. → ***mamie.***

MAMOURS n.m. pl. (de *ma* et *amour,* forme anc. des mots *mon amour*). Fam. Grandes démonstrations de tendresse ; câlins, caresses. *Faire des mamours à qqn.*

MAM'SELLE ou **MAM'ZELLE** n.f. (abrév.). Pop. Mademoiselle.

MAMY n.f. → ***mamie.***

MAN [mɑ̃] n.m. (du francique *mado*). Larve du hanneton, appelée aussi *ver blanc.*

MANA n.m. (mot polynésien, *force*). Force surnaturelle, impersonnelle et indifférente, dans les religions animistes.

MANADE n.f. (mot prov.). Troupeau de taureaux, de chevaux, en Camargue.

MANAGEMENT [manedʒmɛnt] ou [manaʒmɑ̃] n.m. (mot angl., de *to manage,* diriger). **1.** Ensemble des techniques de direction, d'organisation et de gestion de l'entreprise. **2.** Ensemble des dirigeants d'une entreprise.

1. MANAGER [manadʒœr] ou [manadʒɛr] n.m. (mot angl., de *to manage,* diriger). **1.** Spécialiste du management, dirigeant d'entreprise. **2.** Personne qui gère les intérêts d'un sportif, qui entraîne une équipe.

2. MANAGER [manadʒe] v.t. [17]. **1.** Faire du management, organiser, diriger (une affaire, un service, etc.). **2.** Entraîner des sportifs, être leur manager.

MANANT n.m. (du lat. *manere,* rester). **1.** Paysan, vilain ou habitant d'un village, sous l'Ancien Régime. **2.** Litt. Homme grossier ; rustre.

MANCEAU, ELLE adj. et n. De la ville, de la région du Mans.

MANCELLE n.f. (lat. pop. *manicella,* de *manus,* main). Chacune des deux courroies fixées sur les côtés du mantelet, et qui servent à supporter les traits dans les attelages à deux chevaux.

MANCENILLE n.f. (esp. *manzanilla,* petite pomme). Fruit du mancenillier, qui ressemble à une petite pomme d'api.

MANCENILLIER n.m. Arbre originaire des Antilles et d'Amérique équatoriale, dont le suc, caustique, est très vénéneux. (Famille des euphorbiacées.)

1. MANCHE n.m. (lat. *manicum,* de *manus,* main). **1.** Partie par laquelle on tient un instrument, un outil. ◇ Fam. *Être du côté du manche,* du côté du plus fort. **2.** Os apparent des côtelettes et des gigots. ◇ Pop. *Tomber sur un manche :* rencontrer une difficulté. **3.** MUS. Partie d'un instrument à cordes fixée à la caisse, supportant la touche et le chevillier. **4.** Pop. *Se débrouiller, s'y prendre comme un manche :* se montrer incapable, maladroit.

2. MANCHE n.f. (lat. *manica,* de *manus,* main). **1.** Partie du vêtement qui entoure le bras. – Fig. *Retrousser ses manches :* se mettre au travail avec ardeur. ◇ Fam. *C'est une autre paire de manches :* c'est tout différent. – Fig. *Avoir qqn dans sa manche :* avoir du crédit auprès de lui. **2.** Au jeu, une des parties liées que l'on est convenu de jouer. **3.** *Manche à air :* tube en toile placé au sommet d'un mât pour indiquer la direction du vent ; conduit métallique servant à aérer l'intérieur d'un navire.

3. MANCHE n.f. (prov. *mancho,* quête). Pop. *Faire la manche :* mendier.

MANCHERON n.m. **1.** Chacune des deux poignées d'une charrue. **2.** Manche très courte couvrant le haut du bras.

MANCHETTE n.f. **1.** Poignet à revers d'une chemise ou d'un chemisier, à quatre boutonnières que l'on réunit avec des boutons de manchette. SYN. : *poignet mousquetaire*. **2.** Coup porté avec l'avant-bras. **3.** Titre en gros caractères en tête de la première page d'un journal. **4.** Note ou addition marginale dans un texte à composer.

MANCHON n.m. **1.** Rouleau de fourrure dans lequel on met les mains pour les préserver du froid. **2.** Pièce cylindrique servant à protéger, à assembler. **3.** TECHN. Fourreau à parois épaisses pour opérer la liaison de deux tuyaux ou de deux arbres de transmission. **4.** Rouleau de feutre sur lequel se fait le papier.

1. MANCHOT, E adj. et n. (lat. *mancus,* estropié). Estropié ou privé d'une main ou d'un bras. – Fam. *Ne pas être manchot :* être adroit, habile.

2. MANCHOT n.m. Oiseau des régions antarctiques, dont les membres antérieurs, impropres au vol, servent de nageoires. (18 espèces, dont le *manchot empereur* et le *manchot royal* ; famille des sphéniscidés.)

manchot

3. MANCHOT, E adj. et n. Rare. Du département de la Manche. – REM. L'homonymie avec *1. manchot* et *2. manchot* rend l'emploi de ce mot relativement peu fréquent.

MANCHOU, E adj. et n. → ***mandchou.***

MANCIE n.f. (gr. *manteia*). Divination obtenue par quelque procédé que ce soit.

MANDALA n.m. (mot sanskr., *cercle*). Dans le bouddhisme du Grand Véhicule et dans le tantrisme, diagramme géométrique dont les couleurs symboliques, les enceintes concentriques, etc., figurent l'univers et servent de support à la méditation. Graphie savante : *maṇḍala.*

exemple de **mandala** (tanka tibétain du XIXe s.) [musée Guimet, Paris]

MANDALE n.f. (p.-ê. arg. it. *mandolino,* coup de pied). Pop. Gifle.

MANDANT, E n. Personne qui, par un mandat, donne à une autre pouvoir de la représenter dans un acte juridique.

MANDARIN n.m. (port. *mandarim,* du malais). **1.** HIST. Titre donné autrefois aux fonctionnaires de l'Empire chinois, choisis par concours parmi les lettrés. **2.** Péj. Personnage important et influent dans son milieu (spécialt, professeur d'université). **3.** LING. Forme dialectale du chinois, parlée par plus de 70 p. 100 de la population, et qui sert de base à la langue commune officielle actuelle.

MANDARINAL, E, AUX adj. Relatif aux mandarins.

MANDARINAT n.m. **1.** HIST. Dignité, fonction de mandarin ; le corps des mandarins chinois. **2.** Péj. Pouvoir arbitraire détenu dans certains milieux par des intellectuels influents.

MANDARINE n.f. (esp. *mandarina,* [orange] des mandarins). Fruit du mandarinier, sorte de petite orange douce et parfumée, dont l'écorce est facile à décoller.

MANDARINIER n.m. Arbre du genre citrus, très proche de l'oranger, dont le fruit est la mandarine. (Famille des rutacées.)

MANDAT n.m. (lat. *mandatum*). **I. 1.** Pouvoir qu'une personne donne à une autre d'agir en son nom. ◇ DR. *Mandat d'amener, de comparution :* ordre de faire comparaître qqn devant un juge. – *Mandat d'arrêt, de dépôt :* ordre d'arrêter, de conduire qqn en prison. – *Mandat légal :* mandat conféré par la loi, qui désigne la personne recevant pouvoir de représentation. ◇ HIST. *Territoire sous mandat :* territoire dont l'administration était confiée à une puissance étrangère. **2.** Mission, que les citoyens confient à certains d'entre eux par voie élective, d'exercer en leur nom le pouvoir politique ; durée de cette mission. *Mandat parlementaire.* ◇ *Mandat impératif :* mandat tel que l'élu est tenu de se conformer au programme qu'il a exposé à ses mandants. **II. 1.** Titre remis par le service des postes pour faire parvenir une somme à un correspondant. *Envoyer un mandat.* **2. a.** DR. COMM. Effet négociable par lequel une personne doit payer à une autre personne une somme d'argent. **b.** FIN. Pièce délivrée par une administration publique et en vertu de laquelle un créancier se fait payer par le Trésor public.

MANDATAIRE n. (lat. *mandatarius*). **1.** Personne qui a reçu mandat ou procuration pour représenter son mandant dans un acte juridique. ◇ DR. *Mandataire(-)liquidateur :* mandataire chargé, par décision de justice, de représenter les créanciers et de procéder le cas échéant à la liquidation judiciaire d'une entreprise. **2.** *Mandataire aux Halles :* commerçant ayant obtenu de l'autorité administrative la concession d'un emplacement dans un marché d'intérêt national.

MANDAT-CARTE n.m. (pl. *mandats-cartes*). Mandat postal payable en espèces, établi sur une formule remplie par l'expéditeur.

MANDAT-CONTRIBUTIONS n.m. (pl. *mandats-contributions*). Mandat-carte spécial pour le paiement des contributions.

MANDATEMENT n.m. **1.** Action de mandater. **2.** DR. ADM. Ordonnancement.

MANDATER v.t. **1.** Donner à qqn le pouvoir d'agir en son nom, l'investir d'un mandat. **2.** Payer sous la forme d'un mandat.

MANDAT-LETTRE n.m. (pl. *mandats-lettres*). Titre, encaissable dans un bureau de poste, adressé par l'émetteur au bénéficiaire.

MANDATURE n.f. Durée d'un mandat politique électif.

MANDCHOU, E ou **MANCHOU, E** adj. et n. De la Mandchourie.

MANDÉEN, ENNE adj. et n. Relatif au mandéisme ; adepte du mandéisme.

MANDÉISME n.m. Doctrine religieuse à caractère gnostique, née vers le IIe s. de notre ère, et dont il reste quelques milliers d'adeptes en Iraq.

MANDEMENT n.m. RELIG. CATH. Écrit d'un évêque à ses diocésains ou à son clergé pour éclairer un point de doctrine ou donner des instructions. SYN. : *lettre pastorale.*

MANDER v.t. (lat. *mandare*). Litt. Demander, faire venir (qqn).

MANDIBULAIRE adj. De la mandibule.

MANDIBULATE n.m. ZOOL. Antennate.

MANDIBULE n.f. (du lat. *mandere,* mâcher). **1.** Mâchoire inférieure de l'homme et des vertébrés (par opp. au *maxillaire*). **2.** Pièce buccale paire des crustacés, des myriapodes et des insectes, située antérieurement aux mâchoires. **3.** (Souvent pl.). Fam. Mâchoire. – *Jouer des mandibules :* manger.

MANDINGUE adj. Relatif aux Mandingues. ◆ n.m. LING. Groupe de langues de la famille nigéro-congolaise parlées en Afrique de l'Ouest.

MANDOLINE n.f. (it. *mandolino*). Instrument de musique à cordes doubles pincées et à caisse de résonance le plus souvent bombée.

MANDOLINISTE n. Joueur, joueuse de mandoline.

MANDORE n.f. (altér. du lat. *pandura*). Anc. Petit luth à chevillier en forme de crosse monté de 4 à 6 chœurs de cordes.

MANDORLE n.f. (it. *mandorla*). Gloire en forme d'amande qui entoure la figure du Christ triomphant dans certaines représentations.

MANDRAGORE n.f. (lat. *mandragoras,* du gr.). Plante des régions chaudes dont la racine, tubérisée et bifurquée, rappelle la forme d'un corps humain. (Famille des solanacées.) *Autrefois, on attribuait une valeur magique à la mandragore et on l'utilisait en sorcellerie.*

MANDRILL [-dril] n.m. (mot angl.). Singe d'Afrique au museau rouge bordé de sillons faciaux bleus. (Long. 80 cm ; famille des cynocéphalidés.)

mandrill

MANDRIN n.m. (prov. *mandre*). **1.** MÉCAN. Appareil qui se fixe sur une machine-outil ou sur un outil portatif, et qui permet de serrer l'élément tournant et d'assurer son entraînement en rotation. **2.** Outil, instrument de forme généralement cylindrique, pour agrandir ou égaliser un trou. **3.** Tube creux servant au bobinage du papier.

MANDRINAGE n.m. Action de mandriner.

MANDRINER v.t. MÉCAN. Mettre en forme (une pièce) à l'aide d'un mandrin ; agrandir (un trou) au mandrin.

MANDUCATION n.f. (du lat. *manducare,* manger). Didact. Ensemble des actions mécaniques qui constituent l'acte de manger et préparent la digestion.

MANÉCANTERIE n.f. (lat. *mane,* le matin, et *cantare,* chanter). Anc. École de chant attachée à une paroisse pour y former les enfants de chœur.

MANÈGE n.m. (it. *maneggio*). **I. 1. a.** Ensemble des exercices destinés à apprendre à un cavalier à monter, à dresser correctement son cheval. *Faire du manège.* **b.** Lieu où se pratiquent ces exercices d'équitation. *Manège couvert.* **2.** Machine actionnée par des animaux, utilisée autref. pour communiquer un mouvement rotatif continu à un arbre moteur. **3.** Attraction foraine où des véhicules miniatures, des figures d'animaux, servant de montures aux enfants, sont ancrés sur un plancher circulaire que l'on fait tourner autour d'un axe vertical. **4.** Piste d'un cirque ; spectacle qui s'y déroule. **5.** CHORÉGR. Parcours circulaire effectué autour de la scène en une suite de pas rapides sur pointes ou demi-pointes, ou en sautant. **II.** Manière habile ou étrange de se conduire, d'agir ; manœuvres, agissements.

MÂNES n.m. pl. (lat. *manes*). **1.** ANTIQ. ROM. Âmes des morts, considérées comme des divinités. **2.** Litt. Aïeux considérés comme vivant dans l'au-delà.

MANETON n.m. (de *manette*). Partie d'un vilebrequin ou d'une manivelle sur laquelle est articulée la tête de bielle.

MANETTE n.f. (de *main*). Levier de commande manuelle de certains organes de machines.

MANGA n.m. (mot jap.). Bande dessinée japonaise.

MANGANATE n.m. Sel M_2MnO_4, où M est un métal monovalent.

MANGANÈSE n.m. (it. *manganese*). Métal grisâtre, de densité 7,2, très dur et très cassant, qui existe dans la nature à l'état d'oxyde, et qu'on utilise surtout dans la fabrication des aciers spéciaux ; élément (Mn) de numéro atomique 25, de masse atomique 54,93.

MANGANEUX adj.m. Se dit de l'oxyde et des sels du manganèse bivalent.

MANGANINE n.f. (nom déposé). TECHN. Alliage de cuivre, de manganèse et de nickel utilisé dans la fabrication des résistances électriques.

MANGANIQUE adj.m. Se dit de l'oxyde et des sels du manganèse trivalent.

MANGANITE n.m. Sel dérivant de l'anhydride manganeux MnO_2.

MANGEABLE adj. **1.** Que l'on peut manger ; comestible. **2.** Qui est tout juste bon à manger.

MANGEAILLE n.f. **1.** Nourriture de certains animaux domestiques. **2.** Fam. Nourriture abondante et de médiocre qualité.

MANGE-DISQUE n.m. (pl. *mange-disques*). Électrophone portatif à fonctionnement automatique, comportant une fente dans laquelle on glissait un disque 45 tours.

MANGE-MIL n.m. inv. Afrique. Petit oiseau vivant en bande et causant des dégâts importants aux récoltes de céréales.

MANGEOIRE n.f. Auge où mangent le bétail, les animaux de basse-cour.

MANGEOTTER v.t. et i. Fam. Manger sans appétit, en petite quantité.

1. MANGER v.t. (lat. *manducare*) [17]. **I. 1.** Absorber, avaler un aliment, après l'avoir mâché ou non, afin de se nourrir. *Manger du poisson, de la soupe.* ◇ Pop. *Manger le morceau :* faire des aveux, des révélations ; dénoncer ses complices. – Fam. *Manger ses mots :* les prononcer mal. – *Manger des yeux :* regarder avidement. **2.** Abîmer, détruire en rongeant. *Pull mangé par les mites.* **3.** Dépenser, dilapider. *Manger tout son héritage.* ◇ *Manger de l'argent,* en dépenser en pure perte. **II. 1.** Entamer, ronger. *La rouille mange le fer.* **2.** Consommer pour son fonctionnement. *Une voiture qui mange trop d'huile.* ◇ *Ça ne mange pas de pain :* ça ne coûte pas cher. ◆ v.i. **1.** Absorber des aliments. *Manger trop vite. Manger peu.* **2.** Prendre un repas. *Manger au restaurant.*

2. MANGER n.m. **1.** Ce qu'on mange, nourriture, repas. *On peut apporter son manger.* **2.** Fait de manger. ◇ *En perdre le boire et le manger :* être si absorbé par une occupation, une passion, etc., qu'on en oublie les nécessités de la vie.

MANGE-TOUT ou **MANGETOUT** n.m. inv. Haricot ou pois dont on mange la cosse aussi bien que les grains.

MANGEUR, EUSE n. Personne qui mange (beaucoup ou peu), qui aime manger (tel ou tel aliment). *Un gros mangeur. Une mangeuse de fruits.*

MANGEURE [mɑ̃ʒyr] n.f. Vx. Endroit mangé d'une étoffe, d'un pain, etc.

MANGLE n.f. (mot esp., du malais). Fruit du manglier.

MANGLIER n.m. Palétuvier appelé également *rhizophore,* constituant principal de la mangrove.

MANGONNEAU n.m. (bas lat. *manganum,* du gr.). Machine de guerre qui lançait des pierres, utilisée au Moyen Âge.

MANGOUSTAN n.m. (port. *mangustão,* du malais). Fruit du mangoustanier, au goût délicat.

MANGOUSTANIER n.m. Arbre fruitier originaire de Malaisie, surtout cultivé en Extrême-Orient dans les zones tropicales humides. (Famille des guttifères.)

MANGOUSTE n.f. (esp. *mangosta,* du marathe). Petit mammifère carnivore d'Afrique et d'Asie, ayant l'aspect d'une belette, dont certaines espèces sont des prédateurs de serpents, dont elles peuvent supporter le venin. (Long. 50 cm env. ; famille des viverridés.)

MANGROVE n.f. (mot angl.). Formation végétale caractéristique des régions côtières intertropicales, constituée de forêts impénétrables de palétuviers, qui fixent leurs fortes racines dans les baies aux eaux calmes, où se déposent boues et limons.

MANGUE n.f. (port. *manga,* du tamoul). Fruit charnu du manguier, dont la pulpe jaune est savoureuse et très parfumée.

MANGUIER n.m. Arbre des régions tropicales produisant les mangues. (Famille des anacardiacées.)

MANIABILITÉ n.f. Qualité de ce qui est maniable.

MANIABLE adj. **1.** Qui est facile à manier ou à manœuvrer. *Un appareil photo très maniable. Voiture maniable.* **2.** Qui se laisse diriger ; docile, souple. *Un caractère maniable.*

MANIACO-DÉPRESSIF, IVE adj. et n. (pl. *maniaco-dépressifs, ives*). Se dit d'une psychose caractérisée par la succession plus ou moins régulière d'accès maniaques et mélancoliques chez un même sujet, et des malades ainsi atteints.

MANIAQUE adj. et n. (lat. médiév. *maniacus*). **1.** Qui a un goût et un soin excessifs pour des détails. *Il est très maniaque dans le choix de ses cravates.* **2.** Qui a des habitudes bizarres, un peu ridicules. *Un vieux garçon maniaque.* **3.** Qui est obsédé par qqch. *Une maniaque de l'exactitude.* **4.** Qui est extrêmement préoccupé d'ordre et de propreté. **5.** PSYCHIATRIE. Qui est atteint de manie. ◆ adj. PSYCHIATRIE. **1.** Propre à la manie. *Euphorie maniaque.* **2.** *État maniaque :* manie.

MANIAQUERIE n.f. Fam. Comportement d'une personne maniaque, qui a un souci excessif du détail.

MANICHÉEN, ENNE [-keɛ̃, ɛn] adj. et n. **1.** Relatif au manichéisme ; qui en est adepte. **2.** Qui apprécie les choses selon les principes du bien et du mal, sans nuances. *Conception manichéenne du monde.*

MANICHÉISME [-ke-] n.m. **1.** Religion de Mani, fondée sur un strict dualisme opposant les principes du bien et du mal. (Le manichéisme fut une religion missionnaire rivale du christianisme jusqu'au Moyen Âge. Son influence se fit sentir chez les bogomiles et les cathares.) **2.** Conception qui divise toute chose en deux parties, dont l'une est considérée tout entière avec faveur et l'autre rejetée sans nuance.

MANICLE ou **MANIQUE** n.f. (lat. *manicula,* petite main). Manchon de cuir utilisé par certains ouvriers (relieurs, cordonniers, bourreliers, etc.). SYN. : *gantelet.*

MANICORDE n.m. (gr. *monokhordon,* monocorde, avec infl. du lat. *manus,* main). Ancien instrument de musique à cordes frappées, en usage avant le XVIe s.

MANIE n.f. (lat. *mania,* folie, du gr.). **1.** Habitude, goût bizarre qui provoque la moquerie ou l'irritation. *Avoir la manie de se regarder dans la glace.* **2.** Goût excessif pour qqch ; obsession, idée fixe. *La manie de la persécution.* **3.** PSYCHIATRIE. État de surexcitation psychique caractérisé par l'exaltation ludique de l'humeur, l'accélération désordonnée de la pensée et les débordements instinctuels. SYN. : *état maniaque.*

MANIEMENT n.m. **I. 1.** Action ou manière de manier, d'utiliser un instrument, un outil, de se servir d'un moyen quelconque. *Le maniement de cette machine est simple. Maniement de la langue.* – *Maniement d'armes :* suite de mouvements réglementaires effectués par les militaires avec leurs armes pour défiler, rendre les honneurs, etc. **2.** Gestion, administration de qqch. *Le maniement des affaires.* **II.** Dépôt graisseux qui se forme en différents points du corps d'un animal de boucherie, que l'on palpe à la main pour déterminer l'état d'engraissement du sujet vivant.

1. MANIER v.t. (de *main*). **1.** Tenir qqch entre ses mains, le manipuler. *Manier un objet fragile avec précaution.* **2.** Se servir d'un appareil, d'un instrument, l'utiliser ; manœuvrer (un véhicule, une machine). *Apprendre à manier le pinceau. Voiture difficile à manier.* **3.** Employer, combiner avec habileté (des idées, des mots, des sentiments). *Manier l'ironie.* **4.** Pétrir à la main du beurre et de la farine pour les mêler intimement.

2. MANIER (SE) v.pr. → ***magner (se).***

MANIÈRE n.f. (anc. fr. *manier,* habile). **1.** Façon particulière d'être ou d'agir. *Parler d'une manière brutale.* ◇ *C'est une manière de parler :* ce qui est dit ne doit pas être pris au pied de la lettre. **2.** Façon de peindre, de composer particulière à un artiste ; style propre à un écrivain. *La manière de Raphaël.* ◇ *À la manière de :* à l'imitation de. **3.** *Manière noire :* procédé de gravure à l'eau-forte dans lequel le graveur fait apparaître le motif désiré en clair, avec toute la gamme possible des demi-teintes, sur un fond noir obtenu par grenage au berceau. SYN. : *mezzotinto.* ◆ pl. **1.** Façons habituelles de parler ou d'agir en société. *Avoir des manières désinvoltes.* **2.** Attitude pleine d'affectation. ◇ *Faire des manières :* agir, parler sans simplicité ; se faire prier. – *Sans manières :* en toute simplicité. ◆ loc. prép. *De manière à :* de façon à, afin de. ◆ loc. conj. (Indiquant le but). *De manière que* (+ subj.) : pour que, afin que. – (Indiquant la conséquence). *De telle manière que* (+ ind.) : de telle sorte que.

MANIÉRÉ, E adj. Qui manque de naturel, de simplicité ; précieux.

MANIÉRISME n.m. (it. *manierismo*). **1.** Manque de naturel, affectation, en partic. en matière artistique et littéraire. **2.** BX-A. Forme d'art qui s'est développée en Italie puis en Europe au XVIe s., sous l'influence de la *manière* des grands maîtres de la Renaissance. (Le maniérisme se caractérise par des effets recherchés de raffinement ou d'emphase, par l'élongation élégante des corps, parfois par une tendance au fantastique ; on peut citer parmi ses représentants : Pontormo, J. Romain, le Parmesan, divers artistes de l'école de Fontainebleau, J. Metsys, Arcimboldo, etc.) **3.** PSYCHIATRIE. Caractère des moyens de communication (langage, gestes, mimiques) empreints d'affectation et de surcharges qui les rendent discordants.

MANIÉRISTE adj. et n. **1.** Qui verse dans le maniérisme. **2.** Qui se rattache au maniérisme artistique.

MANIEUR, EUSE n. *Manieur, manieuse de :* personne qui manie telle chose, qui a affaire à tel genre de personnes. – *Manieur d'argent :* homme d'affaires, financier. – *Manieur d'hommes :* personne qui fait preuve de qualités de chef, qui sait diriger, mener les hommes.

MANIF n.f. (abrév.). Fam. Manifestation sur la voie publique.

MANIFESTANT, E n. Personne qui prend part à une manifestation sur la voie publique.

MANIFESTATION n.f. **1.** Action de manifester ; témoignage, marque. *Des manifestations de tendresse.* **2.** Évènement organisé dans un but commercial, culturel, etc. *Manifestation culturelle.* **3.** Rassemblement collectif, défilé de personnes organisé sur la voie publique, et destiné à exprimer publiquement une opinion politique, une revendication. Abrév. (fam.) : *manif.*

1. MANIFESTE adj. (lat. *manifestus*). Dont la nature, la réalité, l'authenticité s'imposent avec évidence. *Son erreur est manifeste.*

2. MANIFESTE n.m. (it. *manifesto*). **1.** Écrit public par lequel un chef d'État, un gouvernement, un parti, etc., expose son programme, son point de vue politique, ou rend compte de son action. **2.** Exposé théorique par lequel des artistes, des écrivains lancent un mouvement artistique, littéraire. *Manifeste du surréalisme.* **3.** Document de bord d'un avion comportant l'itinéraire du vol, le nombre de passagers et la quantité de fret emportée. **4.** Tableau descriptif des marchandises formant la cargaison d'un navire, à l'usage des douanes.

MANIFESTEMENT adv. De façon manifeste, patente ; visiblement.

MANIFESTER v.t. (lat. *manifestare*). Exprimer, faire connaître, donner des preuves de. *Manifester sa volonté, son courage. Son discours manifeste un grand désarroi.* ◆ v.i. Faire une démonstration collective publique, y participer. *Manifester pour la paix.* ◆ **se manifester** v.pr. **1.** Apparaître au grand jour, se faire reconnaître à tel signe. *La maladie se manifeste d'abord par des boutons.* **2.** Donner des signes de son existence, se faire connaître. *Un seul candidat s'est manifesté.*

MANIFOLD [-fɔld] n.m. (mot angl.). Carnet de notes, de factures, etc., permettant d'établir, au moyen de papier carbone, des copies de documents.

MANIGANCE n.f. (lat. *manus,* main). [Souvent pl.]. Petite manœuvre secrète qui a pour but de tromper.

MANIGANCER v.t. [16]. Préparer secrètement et avec des moyens plus ou moins honnêtes. *Manigancer un mauvais coup.*

MANIGUETTE n.f. (altér. de l'it. *meleghetta*). Graine de l'amome, de goût poivré. SYN. : *graine de paradis*.

1. MANILLE n.f. **1.** Jeu de cartes qui se joue généralement à quatre, deux contre deux, et où le dix et l'as sont les cartes maîtresses. **2.** Le dix de chaque couleur au jeu de manille.

2. MANILLE n.f. (lat. *manicula*). Étrier métallique en forme d'U ou de lyre, fermé par un axe fileté et servant à relier deux longueurs de chaîne, des câbles, des voilures, etc.

3. MANILLE n.m. (de *Manille,* n.pr.). **1.** Cigare estimé provenant des Philippines. **2.** *Chanvre de Manille* ou *manille :* abaca.

MANILLON n.m. L'as de chaque couleur, au jeu de la manille.

MANIOC n.m. (du tupi). Plante des régions tropicales dont la racine tubérisée comestible fournit une fécule dont on tire le tapioca. (Famille des euphorbiacées.)

manioc

MANIP ou **MANIPE** n.f. (abrév.). **1.** Fam. Manœuvre obscure visant à manipuler qqn. **2.** Arg. scol. Manipulation scientifique, expérience (de physique, de chimie, etc.).

1. MANIPULATEUR, TRICE n. Personne qui manipule.

2. MANIPULATEUR n.m. Appareil employé dans la télégraphie électrique pour transmettre les dépêches en alphabet Morse par l'établissement et la rupture du courant.

MANIPULATION n.f. **1.** Action ou manière de manipuler un objet, un appareil ; maniement. *La manipulation des explosifs est dangereuse.* **2.** Spécialité du prestidigitateur qui, par sa seule dextérité, fait apparaître et disparaître des objets. **3.** Manœuvre destinée à tromper. *Manipulation électorale. – Manipulation des foules :* influence exercée sur les groupes nombreux, sur l'opinion, au moyen, notamm., d'une propagande massive. **4.** Exercice au cours duquel des élèves, des chercheurs, etc., réalisent une expérience ; cette expérience même. **5.** GÉNÉT. *Manipulations génétiques :* ensemble des opérations faisant appel à la culture *in vitro* de cellules et à la modification, notamm. par fragmentation, de la structure de l'A. D. N. pour obtenir des organismes présentant des combinaisons nouvelles de propriétés héréditaires. **6.** MÉD. *Manipulation vertébrale :* mobilisation forcée, brève et mesurée, des articulations d'un segment de la colonne vertébrale à des fins thérapeutiques.

1. MANIPULE n.m. (lat. *manipulus,* poignée). ANTIQ. Unité tactique de base de la légion romaine, composée de deux centuries.

2. MANIPULE n.m. (lat. médiév. *manipulus,* ornement liturgique). RELIG. Bande d'étoffe que portaient au bras gauche le prêtre, le diacre et le sous-diacre, pour la messe.

MANIPULER v.t. (lat. *manipulus,* poignée). **1.** Tenir (un objet) dans ses mains lors d'une utilisation quelconque. **2.** Manœuvrer un appareil, le faire fonctionner avec la main. *Apprendre à manipuler une caméra.* **3.** Soumettre (qqch, une substance chimique ou pharmaceutique) à certaines opérations. *Manipuler des produits toxiques avec des gants.* **4.** Transformer par des opérations plus ou moins honnêtes ; trafiquer. *Manipuler les statistiques.* **5.** Amener insidieusement qqn à tel ou tel comportement, le diriger à sa guise ; manœuvrer. *Se laisser manipuler par un parti.*

MANIQUE n.f. → ***manicle.***

MANITOU n.m. (mot algonquin). **1.** Chez les Indiens Dakotas et les Sioux, pouvoir surnaturel pouvant s'incarner dans différentes personnes étrangères, ou dans des objets mystérieux, inhabituels. **2.** Fam. Personnage puissant dans un certain domaine d'activité. *Un grand manitou de la presse.*

MANIVELLE n.f. (lat. *manicula,* mancheron de charrue). **1.** Levier coudé deux fois à angle droit, à l'aide duquel on imprime un mouvement de rotation à l'arbre au bout duquel il est placé. ◇ *Premier tour de manivelle :* début du tournage d'un film. **2.** Organe de machine transformant un mouvement rectiligne alternatif en un mouvement circulaire continu. **3.** Bielle reliée à l'axe du pédalier d'une bicyclette et portant la pédale.

1. MANNE n.f. (lat. médiév. *manna,* de l'hébr.). **1.** Nourriture providentielle et miraculeuse envoyée aux Hébreux dans leur traversée du désert du Sinaï après leur sortie d'Égypte. **2.** Litt. Aubaine, chose providentielle. **3.** BOT. Exsudation sucrée provenant de différents végétaux. **4.** Éphémère qui abonde près des rivières l'été, dont les poissons se nourrissent et qui peut servir d'appât.

2. MANNE n.f. (moyen néerl. *manne*). Grand panier d'osier.

1. MANNEQUIN n.m. (moyen néerl. *mannekijn,* petit panier). Panier à claire-voie, dont se servent en partic. les horticulteurs.

2. MANNEQUIN n.m. (moyen néerl. *mannekijn,* petit homme). **1.** Forme humaine sur laquelle les couturières essaient et composent en partie les modèles, ou qui sert à exposer ceux-ci dans les étalages. **2.** Dans une maison de couture, personne sur laquelle le couturier essaie ses modèles, et qui présente sur elle-même les nouveaux modèles de collection au public. **3.** Figure en ronde bosse d'homme ou d'animal (cheval en partic.), articulée, destinée aux peintres, aux sculpteurs pour l'étude des attitudes du corps.

MANNITE n.f. ou **MANNITOL** n.m. CHIM. Substance organique comportant six fonctions alcool, à goût sucré, existant dans la manne du frêne.

MANNOSE n.m. CHIM. Glucide dérivant de la mannite.

MANODÉTENDEUR n.m. Dispositif permettant d'abaisser la pression d'un fluide comprimé, en vue de l'utilisation de celui-ci.

MANŒUVRABILITÉ n.f. Qualité d'un véhicule, d'un bateau, d'un aéronef manœuvrable ; maniabilité.

MANŒUVRABLE adj. Facile à manœuvrer, maniable en parlant d'un véhicule, d'un bateau, d'un aéronef.

1. MANŒUVRE n.f. **I. 1.** Ensemble d'opérations permettant de mettre en marche, de faire fonctionner une machine, un véhicule, un aéronef, etc. **2.** Action de diriger un véhicule, un appareil de transport ; mouvement ou série de mouvements que détermine cette action. *La manœuvre d'un avion, d'une automobile. Faire une manœuvre pour se garer.* **3.** Action exercée sur la marche d'un navire par le jeu de la voilure, de la machine ou du gouvernail ; évolution, mouvement particuliers que détermine cette action. *Manœuvre d'accostage.* **4.** MAR. Cordage appartenant au gréement d'un navire. **II. 1.** Mouvement d'ensemble d'une troupe ; action ou manière de combiner les mouvements de formations militaires dans un dessein déterminé. **2.** (Surtout au pl.). Exercice d'instruction militaire destiné à enseigner les mouvements des troupes et l'usage des armes. **III.** Ensemble de moyens employés pour obtenir un résultat. *Il a tenté une ultime manœuvre pour faire passer son projet.* ◇ *Fausse manœuvre :* action inappropriée, mal exécutée ou exécutée à contretemps, et susceptible d'avoir des conséquences fâcheuses.

2. MANŒUVRE n.m. Salarié affecté à des travaux ne nécessitant pas de connaissances professionnelles spéciales et qui est à la base de la hiérarchie des salaires.

MANŒUVRER v.t. (lat. *manu operare,* travailler avec la main). **1.** Mettre en action (un appareil, une machine) ; faire fonctionner. *Manœuvrer une pompe.* **2.** Faire exécuter une manœuvre à (un véhicule) ; diriger, conduire. **3.** Amener (une personne) à agir dans le sens que l'on souhaite ; se servir de qqn comme moyen pour parvenir à ses fins ; manipuler. ◆ v.i. **1.** Exécuter une manœuvre, un exercice d'instruction militaire. *Troupe qui manœuvre.* **2.** Combiner et employer certains moyens, plus ou moins détournés, pour atteindre un objectif.

MANŒUVRIER, ÈRE adj. et n. Qui sait obtenir ce qu'il veut par des moyens habiles. ◆ adj. **1.** Litt. Qui use de manœuvres pour parvenir à ses fins. **2.** Qui est habile à faire manœuvrer des troupes, un navire.

MANOGRAPHE n.m. Manomètre enregistreur.

MANOIR n.m. (lat. *manere,* rester). Habitation ancienne et de caractère, d'une certaine importance, entourée de terres.

MANOMÈTRE n.m. (gr. *manos,* rare, et *metron,* mesure). Instrument servant à mesurer la pression d'un fluide.

MANOMÉTRIE n.f. Mesure des pressions des fluides.

MANOMÉTRIQUE adj. Qui concerne la manométrie.

MANOQUE n.f. Petite botte de feuilles de tabac.

MANOSTAT n.m. Appareil servant à maintenir constante la pression d'un fluide dans une enceinte.

MANOUCHE n. (tsigane *manuš,* homme). Personne qui appartient à l'un des trois groupes dont l'ensemble forme les Tsiganes (→ ***rom***). ◆ adj. Tsigane. *Coutumes manouches.*

MANQUANT, E adj. Qui manque, qui est en moins. *Les pièces manquantes d'un dossier.* ◆ adj. et n. Absent. *Élèves manquants.*

1. MANQUE n.m. (de *manquer*). **1.** Fait de manquer, de faire défaut ; insuffisance ou absence de ce qui serait nécessaire. *Manque de main-d'œuvre compétente.* ◇ *Manque à gagner :* perte portant sur un bénéfice escompté et non réalisé. **2.** *État de manque :* état d'anxiété et de malaise physique lié à l'impossibilité de se procurer sa drogue, pour un toxicomane. **3.** À la roulette, l'une des six chances simples, comprenant tous les numéros de 1 à 18 inclus (par opp. à *passe*). ◆ loc. prép. *Par manque de :* faute de.

2. MANQUE n.f. Pop. *À la manque :* mauvais, défectueux, raté. *Conducteur à la manque.*

1. MANQUÉ, E adj. **1.** Défectueux. *Ouvrage manqué.* **2.** Qui n'est pas devenu ce qu'il devait ou prétendait être. *Avocat manqué.* ◇ Fam. *Garçon manqué,* se dit d'une fille ayant les comportements d'un garçon.

2. MANQUÉ n.m. **1.** Gâteau en pâte à biscuit contenant une forte proportion de beurre fondu et recouvert de pralin ou de fondant. **2.** *Moule à manqué :* moule à pâtisserie, à bord haut et roulé.

MANQUEMENT n.m. Action de manquer à un devoir, à une loi, à une règle. *De graves manquements à la discipline.*

MANQUER v.i. (it. *mancare,* être insuffisant). **1.** Échouer, ne pas réussir. *L'attentat a manqué.* **2.** Faire défaut ; être en quantité insuffisante. *L'argent manque.* **3.** Être absent de son lieu de travail, d'études. *Plusieurs élèves manquent aujourd'hui.* ◆ v.t. ind. *(à, de).* **I.** *Manquer à.* **1.** Faire défaut à. *Les forces lui manquent.* **2.** Se soustraire, se dérober à (une obligation morale). *Manquer à son devoir, à sa parole.* **3.** Litt. Se conduire de manière irrespectueuse à l'égard de. *Manquer à un supérieur.* **II.** *Manquer de.* **1.** Ne pas avoir, ou ne pas disposer en quantité suffisante de. *Manquer du nécessaire. Manquer d'argent.* **2.** Être sur le point de, faillir. *Il a manqué de se faire écraser* (ou, sans prép., *il a manqué se faire écraser*). **3.** *Ne pas manquer de :* ne pas oublier, négliger, omettre de. *Je ne manquerai pas de le lui dire.* ◆ v.t. **1.** Ne pas réussir à atteindre, ne pas toucher. *La balle l'a* *manqué.* ◇ *Ne pas manquer qqn :* ne pas laisser échapper l'occasion de lui donner une leçon, de se venger de lui. **2.** Ne pas réussir. *Manquer une photo.* **3.** Laisser échapper. *Manquer une belle occasion.* **4.** Ne pas rencontrer comme prévu. *Manquer un ami à qui l'on avait donné rendez-vous.* ◇ Arriver trop tard pour prendre (un moyen de transport). *Manquer son train, son avion.*

MANSARDE n.f. (de Fr. *Mansart*). Pièce de comble, en principe sous toit brisé, avec un mur incliné.

MANSARDÉ, E adj. Qui est disposé en mansarde. *Chambre mansardée.*

MANSE n.m. ou f. (lat. médiév. *mansa,* du lat. class. *manere,* résider). HIST. Habitation rurale avec jardin et champs, constituant une unité d'exploitation agricole, dans les domaines du haut Moyen Âge.

MANSION n.f. LITTÉR. Chacune des parties indépendantes du décor, fortement individualisées et servant de cadre à un épisode de l'action, dans le théâtre médiéval (représentation des mystères, en partic.).

MANSUÉTUDE [mɑ̃sɥetyd] n.f. (lat. *mansuetudo*). Litt. Disposition d'esprit qui incline à une bonté indulgente.

1. MANTE n.f. (prov. *manta*). Anc. Ample cape à capuchon froncé, portée autref. par les femmes.

2. MANTE n.f. (gr. *mantis,* prophète). **1.** Insecte carnassier à la petite tête triangulaire très mobile, aux pattes antérieures ravisseuses, qui chasse à l'affût. (Long. 5 cm ; ordre des orthoptères ; noms usuels : *mante religieuse, mante prie-Dieu.*) **2.** Grande raie cornue de l'océan Atlantique, inoffensive, vivipare (jusqu'à 5 m de long et 1 000 kg).

mante

MANTEAU n.m. (lat. *mantellum,* dimin. de *mantum,* manteau). **1.** Vêtement à manches longues, boutonné devant, que l'on porte à l'extérieur pour se protéger du froid. ◇ *Sous le manteau :* clandestinement, en dehors des formes légales ou régulières. *Livre vendu sous le manteau.* **2.** Construction qui délimite le foyer d'une cheminée et fait saillie dans la pièce, composée de deux piédroits qui supportent un linteau ou un arc. **3.** GÉOL. Partie d'une planète tellurique, en partic. de la Terre, intermédiaire entre la croûte et le noyau. **4. a.** HÉRALD. Ornement extérieur de l'écu, formé d'une draperie doublée d'hermine. **b.** THÉÂTRE. *Manteau d'Arlequin :* encadrement intérieur de la scène, simulant une draperie, formé de deux châssis latéraux supportant un châssis horizontal. **5.** ZOOL. **a.** Chez les oiseaux et les mammifères, région dorsale, quand elle est d'une autre couleur que celle du reste du corps. **b.** Chez les mollusques, repli de peau qui recouvre la masse viscérale et dont la face externe sécrète souvent une coquille qui n'y reste pas adhérente.

MANTELÉ, E adj. ZOOL. Dont le dos est d'une couleur différente de celle du corps.

MANTELET n.m. **1.** Cape de femme en tissu léger, à capuchon, à pans longs devant et écourtée derrière. **2.** MAR. Volet plein qui servait à fermer un hublot ou un sabord.

MANTELURE n.f. Poil du dos d'un chien, dont la couleur diffère du reste du corps.

MANTILLE n.f. (lat. *mantilla*). Longue écharpe de dentelle que les femmes portent sur la tête ou sur les épaules.

MANTIQUE n.f. (gr. *mantikê*). Art, pratique de la divination.

MANTISSE n.f. (lat. *mantissa,* addition). MATH. **1.** Partie décimale, toujours positive, d'un logarithme décimal. **2.** Dans la représentation en virgule flottante, nombre formé des chiffres les plus significatifs du nombre à représenter.

MANTOUAN, E adj. et n. De Mantoue.

MANTRA n.m. (mot sanskr., *instrument de pensée*). Syllabe ou phrase sacrée à laquelle est attribué un pouvoir spirituel, dans l'hindouisme et le bouddhisme.

MANUALITÉ n.f. Fonctionnement prédominant de la main droite ou de la main gauche.

MANUBRIUM [manybrijɔm] n.m. (lat. *manubrium,* manche, poignée). **1.** ANAT. Partie supérieure du sternum, sur laquelle s'insèrent les clavicules. **2.** ZOOL. Chez les méduses, tube axial, garni ou non de tentacules, à l'extrémité duquel s'ouvre la bouche.

MANUCURE n. (lat. *manus,* main, et *curare,* soigner). Personne chargée des soins esthétiques des mains, et en partic. des ongles.

MANUCURER v.t. Soigner les mains de qqn, lui faire les ongles.

1. MANUEL, ELLE adj. (lat. *manualis,* de *manus,* main). **1.** Qui se fait principalement avec la main, où l'activité de la main est importante. *Métier manuel* (par opp. à *intellectuel*). **2.** Qui requiert l'intervention active de l'homme, de sa main (par opp. à *automatique*). *Commande manuelle.* ◇ *Médecine manuelle :* méthodes de soins par manipulation des articulations, notamm. celles de la colonne vertébrale. *La chiropractie et l'ostéopathie sont des médecines manuelles.* ◆ adj. et n. **1.** Qui est plus à l'aise dans l'activité manuelle que dans l'activité intellectuelle. *Il est surtout manuel ; c'est un manuel.* **2.** Qui exerce un métier manuel. *Travailleur manuel.*

2. MANUEL n.m. Ouvrage didactique ou scolaire qui expose les notions essentielles d'un art, d'une science, d'une technique, etc.

MANUÉLIN, E adj. (de *Manuel Ier,* n. pr.). Se dit du style décoratif abondant et complexe qui caractérise l'architecture gothique portugaise à la fin du XVe et au début du XVIe s.

art **manuélin :** fenêtre de la salle du chapitre au couvent du Christ à Tomar, par Diogo de Arruda (XVIe s.)

MANUELLEMENT adv. **1.** Avec la main, en se servant de la main. **2.** Par une opération manuelle.

MANUFACTURABLE adj. Qui peut être fabriqué industriellement.

MANUFACTURE n.f. (lat. médiév. *manufactura,* travail à la main). **1.** Vaste établissement industriel réalisant des produits manufacturés (ne se dit plus que pour certains établissements). *Manufacture d'armes.* **2.** HIST. *Manufacture royale :* en France, sous l'Ancien Régime, établissement industriel appartenant à des particuliers et bénéficiant de privilèges royaux accordés par lettres patentes. – *Manufacture royale d'État :* établissement appartenant à l'État et travaillant essentiellement pour lui.

MANUFACTURER v.t. Transformer industriellement en produits finis (des matières premières). ◇ *Produit manufacturé,* issu de la transformation en usine de matières premières.

MANUFACTURIER, ÈRE adj. Relatif aux manufactures, à leur production.

MANU MILITARI [many-] loc. adv. (mots lat., *par la main militaire*). **1.** Par l'emploi de la force publique, de la troupe. **2.** En usant de la force physique. *Expulser un chahuteur manu militari.*

MANUMISSION n.f. (lat. *manumissio*). HIST. À Rome et au Moyen Âge, affranchissement légal d'un esclave, d'un serf.

1. MANUSCRIT, E adj. (lat. *manu scriptus,* écrit à la main). Qui est écrit à la main. *Une page manuscrite.*

2. MANUSCRIT n.m. **1.** Ouvrage écrit à la main. **2.** IMPR. Original (ou copie) d'un texte destiné à la composition, qu'il soit écrit à la main ou dactylographié. – REM. L'usage du mot *tapuscrit* se répand pour désigner le manuscrit dactylographié.

MANUTENTION n.f. (lat. *manu tenere,* tenir avec la main). **1.** Manipulation, déplacement de marchandises en vue de l'emmagasinage, de l'expédition, de la vente. **2.** Local réservé à ces opérations.

MANUTENTIONNAIRE n. Personne effectuant des travaux de manutention.

MANUTENTIONNER v.t. Soumettre à des opérations de manutention. *Manutentionner des marchandises.*

MANUTERGE n.m. (lat. *manus,* main, et *tergere,* essuyer). Petit linge avec lequel le prêtre s'essuie les doigts au moment du *Lavabo* de la messe.

MANZANILLA [mɑ̃zanilja] n.m. Vin liquoreux d'Espagne, aromatique et légèrement amer.

MAOÏSME n.m. Théorie et philosophie politique de Mao Zedong.

■ Le maoïsme, qui se veut « un marxisme concret », définit une voie chinoise originale de construction du socialisme. Son application a conduit à la scission avec l'U. R. S. S. (1961). Privilégiant les luttes de libération nationale dans le tiers monde, le maoïsme conteste le rôle de leader du mouvement communiste international joué par l'U. R. S. S. Des mouvements gauchistes français se sont réclamés du maoïsme autour des années 1970.

MAOÏSTE adj. et n. Relatif au maoïsme ; partisan du maoïsme.

MAORI, E adj. (mot indigène). Relatif aux Maoris, population de la Nouvelle-Zélande.

MAOUS, OUSSE ou **MAHOUS, OUSSE** adj. Très fam. Grand, gros.

MAPPEMONDE [mapmɔ̃d] n.f. (lat. *mappa mundi,* nappe du monde). **1.** Carte représentant le globe terrestre divisé en deux hémisphères. **2.** Cour. (abusif en géogr.). Sphère représentant le globe terrestre.

MAQUE n.f. → ***macque.***

MAQUÉE n.f. Belgique. Fromage blanc du genre caillebotte.

MAQUER v.t. Très fam. Exploiter une prostituée, être son souteneur.

MAQUERAISON n.f. Saison de la pêche du maquereau (l'été, en Bretagne).

1. MAQUEREAU n.m. (néerl. *makelaer*). Poisson de mer à chair estimée, à dos bleu-vert zébré de noir, s'approchant des côtes au printemps et en été, objet d'une pêche industrielle en vue de la conserverie. (Long. jusqu'à 40 cm ; famille des scombridés.)

maquereau

2. MAQUEREAU n.m. (moyen néerl. *makelâre,* courtier). Très fam. Homme qui vit de la prostitution des femmes ; proxénète, souteneur. Abrév. (pop.) : *mac.*

MAQUERELLE n.f. Très fam. Tenancière d'une maison de prostitution. (On dit aussi *mère maquerelle.*)

MAQUETTE n.f. (it. *macchietta,* petite tache). **1.** Petit modèle en cire, en terre glaise, etc., d'une sculpture. **2. a.** Représentation en trois dimensions, à échelle réduite mais fidèle dans ses proportions et son aspect, d'un bâtiment, d'un décor de théâtre, etc. **b.** Modèle réduit d'un véhicule, d'un bateau, d'un avion, etc. ◇ Spécialt. Modèle réduit vendu en pièces détachées prêtes à monter. **3.** Projet plus ou moins poussé pour la conception graphique d'un imprimé. **4.** Projet destiné à définir la structure d'un organisme, d'une entreprise, etc. *Une nouvelle maquette de l'armée de terre.*

MAQUETTISTE n. **1.** Professionnel capable d'exécuter une maquette d'après des plans, des dessins. **2.** Graphiste spécialisé dans l'établissement de projets de typographie, d'illustration, de mise en pages.

MAQUIGNON n.m. (néerl. *makelen,* trafiquer). **1.** Marchand de chevaux et, par ext., marchand de bétail, notamm. de bovins. **2.** Personne qui use en affaires de moyens frauduleux, de procédés indélicats. – REM. Le fém. *maquignonne* est rare.

MAQUIGNONNAGE n.m. **1.** Métier de maquignon. **2.** Manœuvres frauduleuses employées dans les affaires et les négociations. ◇ Marchandage honteux.

MAQUIGNONNER v.t. Maquiller un animal pour tromper sur son âge, pour dissimuler ses défauts.

MAQUILLAGE n.m. **1.** Action, manière de maquiller ou de se maquiller. **2.** Ensemble de produits servant à se maquiller. **3.** Action de maquiller pour falsifier, tromper.

MAQUILLER v.t. (néerl. *maken,* faire). **1.** Farder ; mettre en valeur (le visage, les traits) au moyen de produits cosmétiques, notamm. de produits colorés qui dissimulent les imperfections et soulignent les qualités esthétiques. **2.** Fig. Modifier pour donner une apparence trompeuse. *Maquiller les faits.*

MAQUILLEUR, EUSE n. Spécialiste du maquillage. ◇ Spécialt. Personne dont le métier consiste à maquiller les acteurs au théâtre, au cinéma, à la télévision.

MAQUIS n.m. (corse *macchia*). **1.** Dans les régions méditerranéennes, association végétale touffue et dense qui caractérise les sols siliceux des massifs anciens et qui est composée d'arbustes (chênes verts, chênes-lièges), de myrtes, de bruyères, d'arbousiers et de lauriers-roses. ◇ *Prendre le maquis :* se réfugier, après avoir commis un délit, dans une zone peu accessible couverte par le maquis, dans les régions méditerranéennes. **2.** HIST. Lieu retiré où se réunissaient les résistants à l'occupation allemande au cours de la Seconde Guerre mondiale ; groupe de ces résistants. *Les maquis du Vercors.* ◇ *Prendre le maquis :* rejoindre les résistants du maquis, sous l'Occupation. **3.** Fig. Complication inextricable. *Le maquis de la procédure.* **4.** Afrique. Bar, dancing.

MAQUISARD n.m. Résistant d'un maquis, sous l'Occupation.

MARABOUT n.m. (port. *marabuto,* de l'ar. *murābiṭ*). **I. 1.** Dans les pays musulmans, saint personnage, objet de la vénération populaire durant sa vie et après sa mort. ◇ Afrique. Musulman réputé pour ses pouvoirs magiques ; devin, guérisseur. **2.** Tombeau d'un marabout. → ***koubba.*** **3.** Tente ronde à toit conique. **4.** Bouilloire de métal à gros ventre, à couvercle en dôme. **II.** Grande cigogne des régions chaudes de l'Ancien Monde, à la tête et au cou dépourvus de plumes, au bec fort et épais.

marabout

MARABOUTAGE n.m. Afrique. Action de marabouter ; pratiques à la fois magiques et religieuses des marabouts.

MARABOUTER v.t. Afrique. Jeter, en recourant à un marabout, un sort à.

MARACA n.f. (mot esp.). MUS. Instrument à percussion d'origine sud-américaine, constitué par une coque contenant des grains durs, avec lequel on scande le rythme des danses. *Une paire de maracas.*

MARAÎCHAGE n.m. Culture maraîchère.

MARAÎCHER, ÈRE n. (de *marais*). Producteur de légumes selon les méthodes intensives de culture. ◆ adj. Relatif à la production intensive des légumes. *Culture maraîchère.*

MARAÎCHIN, E adj. et n. Qui appartient au Marais vendéen ou au Marais poitevin.

MARAIS n.m. (francique *marisk*). **1.** Région basse où sont accumulées, sur une faible épaisseur, des eaux stagnantes, et qui est caractérisée par une végétation particulière (aunes, roseaux, plantes aquatiques, etc.). **2.** Fig. Activité, situation, lieu, etc., où des difficultés sans fin retardent l'action ; bourbier. **3.** HIST. *Le Marais :* v. partie n. pr. **4.** *Marais salant :* ensemble de bassins et de canaux, pour la production du sel par évaporation des eaux de mer sous l'action du soleil et du vent. **5.** Ancien marécage assaini consacré à la culture maraîchère.

MARANS (RACE DE) : race française de poules réputée pour la production de gros œufs, de couleur roux foncé, à la coquille épaisse.

MARANTA n.m. ou **MARANTE** n.f. (de *Maranta,* n. d'un botaniste). Plante des régions tropicales, cultivée pour ses rhizomes, dont on tire l'*arrow-root.* (Classe des monocotylédones.)

1. MARASME n.m. (gr. *marasmos,* consomption). **1.** Ralentissement important ou arrêt de l'activité économique ou commerciale. **2.** Affaiblissement des forces morales ; découragement, dépression.

2. MARASME n.m. Champignon à pied coriace, dont une espèce, le mousseron, est commune. (Famille des agaricacées.)

MARASQUE n.f. (it. *marasca*). Cerise d'une variété acide et amère, dite aussi *griotte de Marasca,* avec laquelle on fabrique le marasquin.

MARASQUIN n.m. (it. *maraschino*). Liqueur ou eau-de-vie tirée de la marasque.

MARATHE, MAHRATTE ou **MARATHI** n.m. Langue indo-aryenne parlée dans l'État de Mahārāshtra. Graphie savante : *marāṭhī.*

MARATHON n.m. (de *Marathon,* v. grecque). **1.** Course à pied de grand fond (42,195 km), discipline olympique. **2.** Négociation longue et difficile, débat laborieux, mettant à rude épreuve la résistance des participants. *Le marathon de Bruxelles sur les prix agricoles.*

MARATHONIEN, ENNE n. Coureur, coureuse de marathon.

MARÂTRE n.f. (bas lat. *matrastra,* seconde femme du père). **1.** Vx. Seconde épouse du père, par rapport aux enfants qui sont nés d'un premier mariage. **2.** Litt. Mère dénaturée, sans indulgence.

MARAUD, E n. (n. du *matou,* dans l'Ouest). Vx. Coquin, drôle.

MARAUDAGE n.m. **1.** Autrefois, vol de denrées commis par des gens de guerre en campagne ; rapine. **2.** Vol de récoltes, de fruits, de légumes encore sur pied. SYN. : ***maraude.***

MARAUDE n.f. **1.** Maraudage. **2.** *Taxi en maraude :* taxi qui circule à vide en quête de clients, au lieu de stationner.

MARAUDER v.i. (de *maraud*). **1.** Commettre des vols de fruits, de légumes sur pied, dans les jardins, les vergers, etc. **2.** Être en maraude, en parlant d'un taxi.

MARAUDEUR, EUSE n. Celui, celle qui se livre à la maraude.

MARAVÉDIS [maravedi] n.m. (esp. *maravedí,* de l'ar.). Monnaie de billon frappée en Espagne à partir de la fin du Moyen Âge, et qui circula jusqu'en 1848.

MARBRE n.m. (lat. *marmor*). **I. 1.** Roche métamorphique résultant de la transformation d'un calcaire, dure, souvent veinée de couleurs variées, capable de recevoir un beau poli et qui est très employée dans les arts. – *Marbre artificiel :* stuc mélangé de couleurs, qui imite le marbre. ◇ Fig. *De marbre :* froid et insensible ; impassible, impavide. **2.** Objet, statue en marbre. ◇ Plateau, tablette de marbre. *Le marbre d'une cheminée.* **II. 1.** TECHN. Surface en fonte dure, parfaitement plane, servant à vérifier la planéité d'une surface ou utilisée comme plan de référence dans le traçage. **2. a.** ARTS GRAPH. Table sur laquelle on place les pages pour les imposer, les formes pour les corriger. ◇ Table de presse sur laquelle on place la forme dont on doit tirer l'épreuve. **b.** IMPR. Texte composé en attente de mise en pages, pour un journal ou un périodique.

MARBRÉ, E adj. Marqué de veines ou de taches évoquant le marbre.

MARBRER v.t. **1.** Décorer de dessins, de couleurs évoquant les veines du marbre. **2.** Marquer (la peau, le corps) de marbrures.

MARBRERIE n.f. **1.** Travail, industrie de transformation et de mise en œuvre des marbres et des roches dures. **2.** Atelier dans lequel se pratique ce travail.

MARBREUR, EUSE n. Artisan confectionnant des papiers de luxe à effets de marbrure ou d'irisation.

1. MARBRIER, ÈRE adj. Relatif au marbre, à l'industrie du marbre.

2. MARBRIER n.m. **1.** Spécialiste procédant au sciage, à la taille, au polissage de blocs, de plaques ou d'objets en marbre ou en granite. **2.** Propriétaire d'une marbrerie ; marchand de marbre.

MARBRIÈRE n.f. Carrière de marbre.

MARBRURE n.f. **1.** Décor imitant les veines, les taches du marbre. *Marbrure d'une tranche de livre.* **2.** Marque semblable à une veine ou à une tache du marbre, qui se voit sur la peau.

1. MARC [mar] n.m. (francique *marka*). **1.** Ancienne unité de mesure française de masse, valant huit onces, soit 244,75 g. **2.** Monnaie d'or ou d'argent usitée autref. en différents pays avec des valeurs variables. **3.** DR. *Au marc le franc :* se dit d'un partage fait entre les intéressés au prorata de leurs créances ou de leurs intérêts dans une affaire.

2. MARC [mar] n.m. (anc. fr. *marcher,* fouler). **1.** Résidu des fruits, en partic. du raisin, que l'on a pressés pour en extraire le jus. **2.** Eau-de-vie obtenue en distillant du marc de raisin. **3.** Résidu de certaines substances que l'on a fait infuser, bouillir, etc. *Marc de café.*

MARCASSIN [markasɛ̃] n.m. (p.-ê. de *marque,* à cause des rayures). Petit du sanglier âgé de moins de six mois, au pelage rayé horizontalement de noir et de blanc.

MARCASSITE n.f. (ar. *marqachīṭā*). MINÉR. Sulfure naturel de fer, cristallisant dans le système orthorhombique.

MARCEL n.m. Tee-shirt unisexe décolleté et sans manches ; débardeur.

MARCESCENCE [marsesɑ̃s] n.f. BOT. Caractère d'un organe marcescent.

MARCESCENT, E [marsesɑ̃, ɑ̃t] adj. (lat. *marcescere,* flétrir). BOT. Se dit d'un organe qui se flétrit sur la plante sans se détacher.

1. MARCHAND, E adj. **1.** Qui a rapport au commerce. – *Valeur marchande d'un objet,* sa valeur dans le commerce. – *Qualité marchande :* qualité normale dans le commerce, par rapport aux qualités supérieures (extra, surfine, etc.). – *Prix marchand :* prix auquel les marchands vendent entre eux. **2.** Qui est à vendre, ou qui se vend facilement. *Denrée marchande.* **3.** Où il se fait beaucoup de commerce, qui vit grâce au commerce. *Ville marchande.* **4.** *Marine marchande,* celle qui assure le transport des voyageurs et des marchandises, par opp. à la marine de guerre. *Navire, bâtiment marchand.*

2. MARCHAND, E n. (du lat. *mercatus,* marché). **1.** Personne qui fait du négoce, qui est habile dans l'art du négoce. *Une civilisation de marchands.* **2.** Commerçant qui vend un certain type de marchandises, de produits. *Marchand de légumes, de meubles, de journaux.* ◇ *Marchand de couleurs :* droguiste. – *Marchand de biens :* commerçant qui achète des immeubles, des fonds pour les revendre ou qui sert d'intermédiaire dans ces transactions. – Péj. *Marchand de canons :* fabricant d'armes de guerre. – Fam., péj. *Marchand de soupe :* directeur d'une institution scolaire privée qui ne songe qu'au profit ; mauvais restaurateur.

MARCHANDAGE n.m. **1.** Action de marchander pour obtenir qqch à meilleur prix. **2.** Tractation laborieuse à des fins plus ou moins honorables. *Marchandages électoraux.* **3.** DR. Contrat par lequel un sous-entrepreneur fournit à l'entrepreneur de la main-d'œuvre qu'il rétribue lui-même. (Si l'opération a un but lucratif, le marchandage, ou trafic de main-d'œuvre, est réprimé par la loi.)

MARCHANDER v.t. **1.** Discuter le prix d'une marchandise pour l'obtenir à meilleur compte. *Marchander un meuble ancien.* ◇ Absolt. *Elle aime marchander.* **2.** Litt. Accorder à regret, avec parcimonie ou en exigeant certains avantages. *Ne pas marchander les éloges.* ◆ v.i. DR. Conclure un contrat de marchandage.

1. MARCHANDEUR, EUSE n. Personne qui a l'habitude de marchander en achetant.

2. MARCHANDEUR n.m. DR. Sous-entrepreneur qui se borne à fournir à un entrepreneur la main-d'œuvre dont il a besoin.

MARCHANDISAGE n.m. Ensemble des techniques assurant, grâce à une stratégie adaptée, la meilleure diffusion commerciale des produits. SYN. (anglic. déconseillé) : *merchandising.*

MARCHANDISE n.f. **1.** Objet, produit qui se vend et s'achète. ◇ *Tromper sur la marchandise :* faire payer trop cher ou donner autre chose que ce que l'on avait promis. **2.** Ce que qqn cherche à placer, à faire accepter en le présentant sous son jour le plus favorable. *Faire valoir sa marchandise.*

MARCHANT, E adj. Qui marche. ◇ *L'aile marchante :* la fraction la plus active (d'un parti politique, d'une organisation quelconque).

MARCHANTIA [marʃɑ̃tja] n.f. (de *Marchant,* n.pr.). Plante de la classe des hépatiques, commune dans les lieux humides.

1. MARCHE n.f. (de *marcher*). **I. 1.** Action, fait de marcher, mode de locomotion de l'homme. *La marche et la course.* ◇ Manière de marcher. *Marche rapide, lente.* **2.** Action de marcher considérée comme une activité physique, un exercice sportif. *Aimer la marche.* **3.** Distance parcourue en marchant. *Une longue marche en forêt.* **4. a.** Mouvement qu'exécute une troupe pour se porter à pied d'un point à un autre. ◇ *Marche forcée :* marche qui est prolongée au-delà de la durée normale d'une étape. **b.** Déplacement à pied d'un groupe constituant une manifestation publique d'opinion, notamm. politique. *Marche pour la paix.* **c.** *Ouvrir, fermer la marche :* marcher dans les premiers, dans les derniers rangs, dans un défilé, un groupe. **5.** Pièce de musique destinée à régler les pas d'un groupe, d'une troupe. *Une marche aux accents entraînants.* **II. 1.** Déplacement d'un véhicule. *Être assis dans le sens de la marche.* – *Monter, descendre en marche :* monter d'un véhicule, en descendre alors que celui-ci est en marche. **2.** Mouvement d'un astre. *La marche de la Lune.* **3. a.** Fonctionnement d'un mécanisme. *La marche d'une horloge.* ◇ *Être en marche :* fonctionner, en parlant d'un mécanisme, d'une machine ; fig., commencer à avancer, à se manifester. *Un grand mouvement d'opinion est en marche.* – *Mettre en marche :* déclencher le fonctionnement de, faire marcher. **b.** Fonctionnement d'un organisme, d'une institution, d'une affaire. *Donner des instructions pour la bonne marche du service.* **4.** Progression, déroulement dans le temps. *Suivre la marche d'une maladie.* **5.** MUS. *Marche harmonique :* groupe d'accords se reproduisant symétriquement à des intervalles égaux, en montant ou en descendant. **III. 1.** Chacune des surfaces planes sur lesquelles on pose le pied pour monter ou pour descendre un escalier. **2.** Pédale du métier à tisser à bras sur laquelle l'ouvrier appuie le pied pour faire lever ou descendre les fils de chaîne.

2. MARCHE n.f. (francique *marka,* frontière). Sous les Carolingiens, territoire jouant le rôle de zone de protection militaire à proximité d'une frontière ou dans une région mal pacifiée. (Dirigées par des *marquis* ou des *margraves,* les marches se multiplièrent au IXe s.)

MARCHÉ n.m. (lat. *mercatus*). **I. 1.** Lieu public, en plein air ou couvert, où l'on vend et où l'on achète des marchandises. ◇ *Marché d'intérêt national (M. I. N.) :* marché de produits agricoles ou alimentaires institué par décret après consultation des collectivités locales, des Chambres de commerce et d'industrie et des branches d'agriculture intéressées. **2.** Réunion de commerçants ambulants qui, à jours fixes, vendent dans un lieu dépendant du domaine public des produits comestibles ainsi que des articles ménagers, vestimentaires, etc. ◇ *Faire son marché, le marché :* aller acheter ses provisions (sur un marché public ou dans les magasins). **3.** Ville, pays où se fait principalement le commerce d'un produit déterminé ou de plusieurs. *Anvers est l'un des principaux marchés mondiaux de pierres précieuses.* **II. 1.** Débouché économique ; ensemble de clients qui achètent ou peuvent acheter une production. *Conquérir de nouveaux marchés. Il n'y a pas de marchés pour ce type de produit.* ◇ *Part de marché :* pourcentage des ventes d'un produit, d'une entreprise, d'une marque, par rapport au total des ventes des produits similaires sur un marché déterminé. – *Segment de marché :* groupe homogène et distinct de personnes possédant en commun un certain nombre de caractéristiques qui permettent d'ajuster la politique de produits d'une entreprise et sa stratégie publicitaire. – *Étude de marché :* étude prévisionnelle des débouchés d'un produit donné, ou des produits d'une branche d'activité, d'un pays, etc. **2.** Lieu théorique où se rencontrent l'offre et la demande ; état de l'offre et de la demande. *Le marché de la voiture d'occasion.* – *Marché en hausse,* dans lequel la demande l'emporte sur l'offre. – *Marché du travail :* situation de l'offre et de la demande d'emploi dans une région, un pays ou par rapport à un type d'activité. ◇ *Économie de marché :* système économique dans lequel les mécanismes naturels tendent à assurer seuls, à l'exclusion de toute intervention des monopoles ou de l'État, l'équilibre de l'offre et de la demande. **3.** BOURSE. *Marché au comptant :* marché sur lequel la livraison et le règlement des capitaux suivent immédiatement la négociation. – *Marché financier,* celui sur lequel s'effectuent les négociations de valeurs à revenu fixe et variable, les émissions de titres et, d'une manière générale, les opérations sur capitaux à long terme ; marché des capitaux. – *Marché monétaire :* marché sur lequel se rencontrent offres et demandes de capitaux à court terme, notamm. entre les institutions financières. – *Marché à prime :* marché sur lequel l'acheteur de titres se réserve la faculté, vis-à-vis du vendeur, soit d'exécuter le contrat passé, soit de l'annuler contre paiement d'un dédit, ou *prime.* – *Marché à règlement mensuel :* marché où se pratiquent des négociations sur des valeurs qui ne sont payées et livrées qu'à des échéances mensuelles, et qui a remplacé l'ancien marché à terme. ◇ *Marché à terme international de France (M. A. T. I. F.) :* marché où se concluent des contrats portant sur des taux d'intérêt, des devises, des indices boursiers, et essentiellement destiné à protéger les détenteurs d'actifs financiers contre les fluctuations des cours de ceux-ci. – *Marché à option :* marché dans lequel existe, pour l'acheteur de l'option, une possibilité d'opter à terme entre l'exécution ou l'abandon du contrat. – *Second marché :* marché où des valeurs mobilières sont admises à des conditions moins exigeantes que celles qu'implique la cote officielle. – *Marché gris :* lieu fictif de cotation et d'échange anticipé d'une valeur avant son admission officielle à la cote. **4.** *Marché commun :* Communauté économique européenne. **III. 1.** Tractation, accord impliquant un échange à titre onéreux de biens ou de services ; convention d'achat et de vente. *Marché avantageux.* ◇ *Marché public :* contrat par lequel un entrepreneur s'engage, moyennant un paiement convenu, à fournir une prestation à l'Administration. (En principe, la passation des marchés publics a lieu par adjudication ou appel d'offres ; le régime des contrats administratifs leur est applicable.) – *Marché de gré à gré :* contrat administratif impliquant la liberté de choix du cocontractant par l'Administration. **2.** Toute convention arrêtée entre deux personnes ; arrangement convenu. – *Mettre le marché en main à qqn,* lui donner nettement le choix de conclure l'accord ou de rompre. ◇ *Par-dessus le marché :* en plus de ce qui a été convenu, stipulé ; de plus, en outre. **3.** *Bon marché :* d'un prix peu élevé. – *À bon marché :* à bas prix ; à peu de frais, sans grande peine. *En être quitte à bon marché.* ◇ *Faire bon marché de qqch,* en faire peu de cas ; ne pas l'épargner. *Faire bon marché de sa santé.*

MARCHÉAGE n.m. Branche du marketing, coordination de l'ensemble des actions commerciales en termes de dosage et de cohérence. SYN. (anglic. déconseillé) : *marketing mix.*

MARCHEPIED n.m. **1.** Marche ou série de marches, qui servent à monter dans une voiture, dans un train ou à en descendre. **2.** Escabeau à deux ou trois marches. **3.** Moyen de progresser, de réaliser ses ambitions, de s'élever socialement. *Se faire un marchepied de qqn, de qqch.*

MARCHER v.i. (du francique). **I. 1.** Se déplacer, se mouvoir en mettant un pied devant l'autre. *Marcher vite.* ◇ Fig. *Marcher sur les traces, les pas de qqn,* suivre son exemple, l'imiter. – *Marcher droit :* avoir une conduite irréprochable. **2.** Mettre le pied sur, dans qqch, lors de son déplacement. *Marcher dans une flaque d'eau.* **3.** En parlant d'un véhicule, d'un mobile, se mouvoir, se déplacer. *Navire qui marche à vingt nœuds.* **II. 1.** Être en état de marche, fonctionner, en parlant d'un appareil, d'un organe, etc. *Cette montre marche. Son cœur marche mal.* **2.** Être en activité, en parlant d'organismes, de services, etc. *Les banques ne marchent pas le dimanche.* **3.** Se dérouler correctement ; faire des progrès, prospérer. *Une affaire qui marche.* **III. 1.** Fam. Accepter une affaire, consentir à participer à qqch avec qqn. *C'est entendu, je marche avec vous.* ◇ *Ça marche :* c'est d'accord. **2.** Fam. Faire preuve de crédulité. *Tu peux lui raconter n'importe quoi, elle marche.* ◇ *Faire marcher qqn,* le taquiner ; le mystifier ; jouer de sa crédulité ou de sa gentillesse pour obtenir beaucoup de lui.

MARCHEUR, EUSE n. Personne qui marche, qui aime à marcher.

MARCHEUSE n.f. Figurante muette incarnant une passante ou animant une silhouette dans un opéra, au music-hall, etc.

MARCIONISME [marsjɔnism] n.m. Hérésie de Marcion (IIe s. de notre ère), prônant un dualisme analogue à celui des gnostiques et opposant le Dieu de justice de l'Ancien Testament au Dieu d'amour du Nouveau Testament.

MARCONI adj. inv. (de *Marconi,* n.pr., à cause du haubanage évoquant une antenne de T. S. F.). MAR. Se dit d'un type de gréement très utilisé en yachting, caractérisé par un mât à pible (d'une seule pièce) et une grand-voile triangulaire hissée avec une seule drisse.

MARCOPHILIE n.f. Collection des marques, flammes et oblitérations apposées sur les objets postaux.

MARCOTTAGE n.m. Procédé de multiplication végétative des plantes, par lequel une tige aérienne est mise en contact avec le sol et s'y enracine avant d'être isolée de la plante mère.

MARCOTTE n.f. (moyen fr. *marcot*). AGRIC. Branche tenant encore à la plante mère, que l'on couche en terre pour qu'elle y prenne racine.

MARCOTTER v.t. Pratiquer le marcottage de.

MARDI n.m. (lat. *Martis dies,* jour de Mars). Deuxième jour de la semaine. ◇ *Mardi gras :* dernier jour avant le début du carême.

MARE n.f. (anc. scand. *marr,* lac). **1.** Petite étendue d'eau dormante. **2.** Grande quantité de liquide répandu, flaque. *Une mare de sang.*

MARÉCAGE n.m. (de *maresc,* anc. forme de *marais*). **1.** Terrain humide et bourbeux ; marais. **2.** Litt. Lieu, situation où l'on risque les compromissions, l'abaissement moral. *Il s'est engagé dans un marécage d'affaires douteuses.*

MARÉCAGEUX, EUSE adj. **1.** Relatif aux marécages. **2.** Fig. *Terrain marécageux :* situation difficile où rien n'est sûr, où l'on ne sait pas à qui ni à quoi se fier.

MARÉCHAL n.m. (francique *marhskalk,* domestique chargé des chevaux) [pl. *maréchaux*]. **I. 1.** *Maréchal de France :* officier général titulaire d'une dignité d'État, conférée à certains commandants en chef victorieux devant l'ennemi. (Son insigne est un bâton de commandement.) **2.** *Maréchal des logis, maréchal des logis-chef :* sous-officier des armes anciennement montées (gendarmerie, cavalerie, artillerie et train), d'un grade correspondant à ceux de sergent et de sergent-chef dans les autres armes de l'armée de terre. **3.** HIST. *Maréchal de camp :* officier général des armées de l'Ancien Régime et de la Restauration. **II.** Maréchal-ferrant.

MARÉCHALAT n.m. Dignité de maréchal.

MARÉCHALE n.f. Femme d'un maréchal.

MARÉCHALERIE n.f. Atelier, métier du maréchal-ferrant.

MARÉCHAL-FERRANT n.m. (pl. *maréchaux-ferrants*). Artisan dont le métier est de ferrer les chevaux ; maréchal.

MARÉCHAUSSÉE n.f. **1.** Ancienne juridiction des maréchaux de France. **2.** Ancien corps de troupes à cheval chargé d'assurer la sécurité publique et qui a pris en 1791 le nom de *gendarmerie nationale.* **3.** Fam. *La maréchaussée :* la gendarmerie, les gendarmes.

MARÉE n.f. (de *mer*). **1.** Mouvement oscillatoire du niveau de la mer, dû à l'attraction de la Lune et du Soleil sur la masse d'eau des océans. – *Marée montante :* flot ou flux. – *Marée haute :* maximum du flot. – *Marée descendante :* reflux ou jusant. – *Marée basse :* fin du jusant. – *Échelle de marée :* planche verticale placée à poste fixe et portant des graduations sur lesquelles on lit la hauteur d'eau. – *Coefficient de marée :* nombre compris entre 20 et 120, caractéristique de chaque marée et indicatif de la différence de niveau entre la haute mer et la basse mer. ◇ **Fig.** *Contre vents et marées :* en dépit de tous les obstacles. **2.** Foule considérable en mouvement. *Une marée humaine envahit la place.* **3.** Phénomène de masse évoquant le flux par son caractère irrésistible, inéluctable. *La marée montante du chômage.* **4.** Ensemble des produits frais de la mer destinés à la consommation (poissons, crustacés, coquillages). **5.** ASTRON. Déformation d'un astre sous l'action gravitationnelle d'un ou de plusieurs autres. **6.** *Marée noire :* arrivée sur un rivage de nappes de pétrole provenant d'un navire qui a été accidenté ou qui a purgé ses réservoirs, ou de l'éruption accidentelle d'une tête de puits sous-marine.

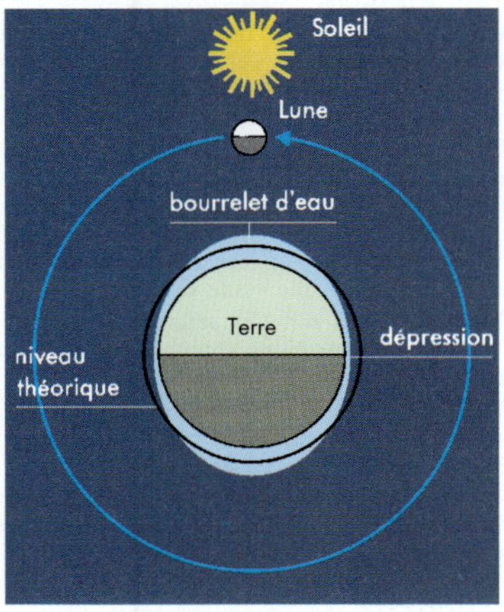

Dans les marées de vive-eau (à la pleine lune ou à la nouvelle lune), les attractions de la Lune et du Soleil s'ajoutent.

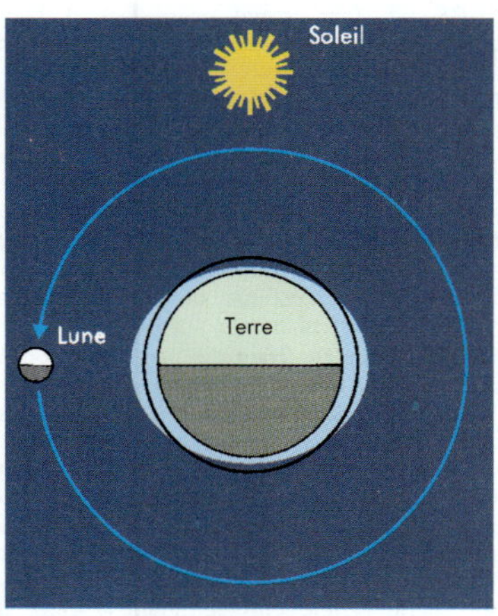

Dans les marées de morte-eau (lorsque la Lune est en quadrature), les attractions se contrarient.

le phénomène des **marées**

■ Bien que leur production relève d'un mécanisme théorique simple, les marées se manifestent d'une façon extrêmement complexe, et très variablement suivant les lieux où on les observe. Leur allure et leur amplitude sont en effet liées non seulement à la position relative de la Terre, du Soleil et de la Lune, qui se modifie chaque jour, mais également aux irrégularités du contour et de la profondeur des bassins océaniques. D'une façon générale, le phénomène, auquel la rotation de la Terre conjuguée au mouvement orbital de la Lune confère, en un lieu donné, son caractère périodique, peut être considéré comme la superposition d'un grand nombre d'ondes et présente, selon les endroits, un caractère *diurne* (une haute et une basse mer toutes les 24 h 50 min), *semi-diurne* (deux hautes mers et deux basses mers en 24 h 50 min) ou *mixte* (inégalités dans la durée des hautes et des basses mers). Dans les mers fermées, les amplitudes sont le plus souvent nulles ou presque nulles. Au contraire, sur les rivages précédés d'une vaste plate-forme continentale, elles sont très élevées : jusqu'à 19,6 m dans la baie de Fundy (Canada) ; 16,1 m dans la baie du Mont-Saint-Michel.

MARÉGRAPHE n.m. Instrument, installation enregistrant la hauteur des marées.

MARELLE n.f. (anc. fr. *merel,* jeton). Jeu d'enfant qui consiste à pousser à cloche-pied un palet dans des cases tracées sur le sol.

MARÉMOTEUR, TRICE adj. Relatif à la force motrice des marées, ou qui l'utilise. *Usine marémotrice.*

1. MARENGO [marɛ̃go] n.m. (de *Marengo,* n.pr.). Drap d'une texture très serrée, à fond noir, parsemé de petits effets blancs à peine apparents.

2. MARENGO adj. inv. **1.** D'une couleur brun-rouge foncé, piqueté de blanc. **2.** *Poulet, veau Marengo* ou *à la marengo :* poulet ou veau détaillés en morceaux et cuits dans une sauce à base de vin blanc avec des tomates et des champignons.

MARENNES n.f. Huître creuse élevée dans la région de Marennes.

MAREYAGE n.m. Travail, commerce du mareyeur.

MAREYEUR, EUSE n. Commerçant en gros vendant aux poissonniers et aux écaillers les produits frais de la mer.

MARFIL n.m. → ***1. morfil.***

MARGAILLE n.f. Belgique. Fam. **1.** Rixe. **2.** Désordre, bruit, tapage.

MARGARINE n.f. (gr. *margaron,* perle). Substance grasse comestible, de consistance molle, faite avec diverses huiles et graisses le plus souvent végétales (arachide, soja, noix de coco).

MARGAUDER v.i. → ***margoter.***

MARGAUX n.m. Vin de Médoc rouge très réputé produit sur la commune de Margaux (Gironde).

MARGAY [margɛ] n.m. Chat sauvage de l'Amérique du Sud.

MARGE n.f. (lat. *margo, marginis,* bord). **1.** Espace blanc latéral d'une page imprimée ou écrite. *Porter des annotations dans les marges d'un livre, en marge.* **2.** Fig. **a.** Intervalle de temps ou liberté d'action dont on dispose, entre certaines limites, pour l'exécution de quelque chose, le choix d'une décision. *Se donner une marge de réflexion. Avoir une grande marge de manœuvre, d'initiative.* – *Avoir de la marge :* un temps, une latitude suffisants pour agir. **b.** Tolérance, écart possible admis dans une évaluation. *Prévoir une marge d'erreur.* **3. a.** BANQUE. Différence entre le montant d'un crédit accordé et la valeur des biens remis en gage pour obtenir le remboursement de ce crédit. **b.** *Marge bénéficiaire :* différence entre le prix de vente et le prix de revient d'un bien, généralement exprimé en pourcentage du prix de vente. **c.** *Marge brute d'autofinancement (M. B. A.) :* cash-flow. **4.** *En marge de :* plus ou moins en dehors, à l'écart de. *Trafic en marge de la légalité.* ◇ *En marge de la société, en marge :* sans s'intégrer au groupe social et sans se soumettre à ses normes. *Vivre en marge.* **5.** OCÉANOGR. *Marge continentale :* ensemble formé par la plate-forme continentale et la pente continentale qui la limite.

MARGELLE n.f. (dimin. de *marge*). Pierre ou assise de pierres qui forme le rebord d'un puits, d'une fontaine, etc.

MARGER v.t. 17. **1.** Placer les margeurs d'une machine à écrire de manière à laisser une marge à droite et à gauche du texte tapé. **2.** ARTS GRAPH. Placer la feuille à imprimer sur la machine de façon que le blanc des marges soit régulièrement réservé.

1. MARGEUR, EUSE n. ARTS GRAPH. Ouvrier, ouvrière qui marge.

2. MARGEUR n.m. Appareil, dispositif qui permet de marger, sur une machine à écrire, une presse d'imprimerie.

1. MARGINAL, E, AUX adj. **1.** Qui est écrit dans la marge. *Notes marginales.* **2.** Qui a une valeur, un rôle accessoire, secondaire. *Occupations marginales.* **3.** ÉCON. *Entreprise marginale :* celle dont le prix de revient est sensiblement égal au prix de vente le plus élevé pratiqué sur le marché. – *Prix marginal :* valeur au-dessous de laquelle il n'est plus possible, pour une entreprise, de vendre sans perdre d'argent.

2. MARGINAL, E, AUX adj. et n. Se dit de qqn qui se situe en marge de la société, qui n'est pas bien intégré au groupe social ni soumis à ses normes.

MARGINALEMENT adv. De façon marginale, annexe ; accessoirement.

MARGINALISATION n.f. Fait de devenir marginal, d'être marginalisé.

MARGINALISER v.t. **1.** Placer en marge, mettre à l'écart ; situer en dehors de ce qui est essentiel, principal, central. *Marginaliser une formation politique.* **2.** Tendre à exclure de la société, à faire perdre son intégration sociale à. *Transformations économiques qui marginalisent certains groupes sociaux.*

MARGINALISME n.m. Théorie économique selon laquelle la valeur d'échange d'un produit donné est déterminée par l'utilité de sa dernière unité disponible.

MARGINALITÉ n.f. Caractère de ce qui est marginal. ◇ **Spécialt.** Position marginale par rapport à une forme sociale.

MARGINER v.t. Annoter dans la marge (un texte, un livre).

MARGIS [marʒi] n.m. Arg. mil. Maréchal des logis.

MARGOTER, MARGOTTER ou **MARGAUDER** v.i. Pousser son cri, en parlant de la caille.

MARGOTIN n.m. (de *Margot,* forme fam. de *Marguerite*). Vx. Petit fagot de brindilles.

MARGOUILLAT n.m. Lézard des savanes africaines au sud du Sahara, insectivore, actif et diurne. (Famille des agamidés.)

MARGOUILLIS [marguji] n.m. (anc. v. *marguiller,* souiller ; lat. *marga,* marne). Fam. et vx. Gâchis ; boue mêlée d'ordures.

MARGOULETTE n.f. Pop. Mâchoire, bouche, figure. (Surtout dans la loc. *se casser la margoulette,* se casser la figure, tomber.)

MARGOULIN n.m. (mot dial.). Fam. Commerçant, homme d'affaires peu scrupuleux.

MARGRAVE n.m. (all. *Markgraf,* comte de la frontière). HIST. Titre donné aux chefs militaires des marches, dans l'Empire carolingien puis à certains princes du Saint Empire.

MARGRAVIAT n.m. HIST. **1.** État, dignité de margrave. **2.** Seigneurie, juridiction d'un margrave.

MARGUERITE n.f. (lat. *margarita,* perle, mot gr.). **1.** Plante de la famille des composées, à fleurs centrales jaunes et à fleurs périphériques blanches (nom commun à plusieurs espèces). **2.** Roue portant à sa périphérie les caractères d'impression de certaines machines à écrire et de certaines imprimantes d'ordinateurs.

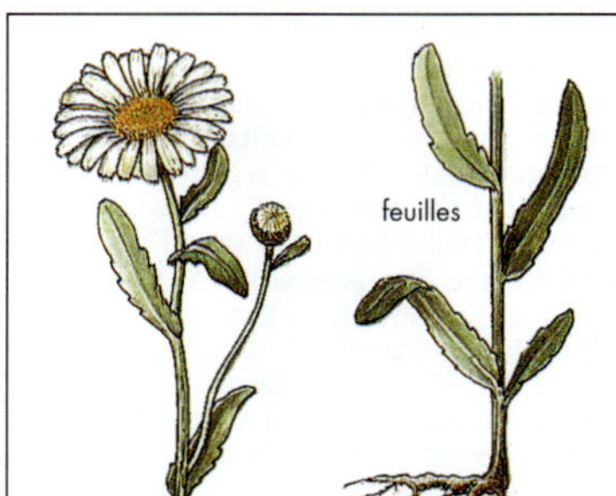

marguerite

MARGUILLIER n.m. (lat. *matricularis,* qui tient un registre). Vx. Membre du conseil de fabrique d'une paroisse. SYN. (vx) : *fabricien.*

MARI n.m. (lat. *maritus*). Homme uni à une femme par le mariage.

MARIABLE adj. Qui est en âge ou en état de se marier.

MARIACHI [marjatʃi] n.m. Au Mexique, musicien ambulant qui joue lors des mariages, des festivités.

MARIAGE n.m. (de *marier*). **1.** Acte solennel par lequel un homme et une femme établissent entre eux une union dont les conditions, les effets et la dissolution sont régis par les dispositions juridiques en vigueur dans leur pays (en France, par le Code civil), par les lois religieuses ou par la coutume ; union ainsi établie. **2.** Cérémonie, réception organisée à l'occasion de la célébration de cette union. **3.** Un des sept sacrements de l'Église catholique. **4.** Combinaison, réunion de plusieurs choses, organismes, etc. *Mariage de deux firmes industrielles.* **5.** Jeu de cartes dans lequel l'un des buts est de réunir dans sa main un roi et une dame de même couleur. SYN. : *brisque.*
■ DR. En France, le mariage civil, qui est le seul reconnu par la loi, doit nécessairement précéder le mariage religieux. Les époux doivent être de sexe différent et avoir 18 ans révolus pour l'homme et 15 ans révolus pour la femme, sauf dispense du procureur de la République. Chacun des futurs époux doit subir un examen médical prénuptial. La femme veuve ou divorcée doit respecter le *délai de viduité.* Le mariage est célébré par un officier de l'état civil après la publication des bans à la mairie. Les biens des époux sont régis par le régime de la communauté légale ou par un contrat de mariage passé devant notaire. La bigamie est interdite. Le mariage est prohibé entre certains membres d'une même famille, sauf dispense. Le mariage est dissous par la mort de l'un des époux ou par le divorce.

MARIAL, E, ALS ou **AUX** adj. Relatif à la Vierge Marie.

MARIANISTE n.m. Membre de la Société de Marie, institut clérical spécialement voué à l'éducation, fondé en 1817, à Bordeaux, par l'abbé Guillaume Chaminade.

MARIÉ, E n. **1.** Personne qui est sur le point de se marier ou qui vient de se marier. *Un marié en habit. Vive la mariée !* ◇ *Se plaindre que la mariée est trop belle :* se plaindre de qqch dont on devrait se louer. **2.** *Jeune marié(e) :* personne dont le mariage est récent.

MARIE-JEANNE n.f. inv. Fam. Haschisch, marijuana.

MARIE-LOUISE n.f. (pl. *maries-louises*). Bordure cartonnée, biseautée ou à gorge, fixée au bord intérieur d'un cadre.

MARIER v.t. **1.** Unir par le lien conjugal. **2.** Donner en mariage. *Marier sa fille.* **3.** Associer (des choses qui peuvent se combiner). *Marier des couleurs entre elles.* ◆ **se marier** v.pr. Contracter mariage.

MARIE-SALOPE n.f. (pl. *maries-salopes*). MAR. (non vulgaire). Chaland à fond mobile destiné à recevoir les vases extraites par une drague et à les transporter en haute mer.

MARIEUR, EUSE n. Personne qui aime à s'entremettre pour faciliter des mariages.

MARIGOT n.m. Dans les pays tropicaux, bras mort d'un fleuve ou d'une rivière, ou mare d'eau stagnante.

MARIJUANA [mariʒɥana] ou **MARIHUANA** [marirwana] n.f. (mot hispano-amér.). Substance que forment les feuilles et les sommités fleuries des pieds femelles du chanvre indien *(Cannabis sativa),* utilisée comme drogue.

MARIMBA n.m. Xylophone africain dont chaque lame est munie d'un résonateur en bambou, en bois ou en calebasse.

1. MARIN, E adj. (lat. *marinus,* de *mare,* mer). **1.** Qui relève de la mer, qui y vit, qui en provient. *Courants marins. Sel marin.* **2.** Qui sert à la navigation sur mer ou qui en relève. *Carte marine.* **3.** Qui tient bien la mer ; qui est à l'aise en mer. *Bateau marin.* ◇ *Avoir le pied marin :* savoir se déplacer à bord d'un bateau malgré le roulis, le tangage ; ne pas être sujet au mal de mer.

2. MARIN n.m. **1.** Personne employée professionnellement à la conduite et à l'entretien des navires de mer. **2.** Homme habile dans l'art de la navigation. *Les Phéniciens, peuple de marins.* **3.** GÉOGR. Vent du sud-est qui souffle de la Méditerranée vers le Languedoc, la Montagne Noire et les Cévennes, et qui apporte d'importantes précipitations.

MARINA n.f. (mot it., *plage*). Ensemble immobilier construit en bord de mer, et comprenant à la fois habitations et installations portuaires pour les bateaux de plaisance.

MARINADE n.f. **1.** Mélange liquide aromatique composé de vinaigre, de sel, d'épices, etc., qui sert à conserver viandes et poissons et à leur donner un arôme particulier. **2.** Viande, poisson marinés.

MARINAGE n.m. Action de faire mariner ; fait de mariner.

1. MARINE n.f. **1.** Ensemble de ce qui relève de l'art de la navigation sur mer, du service de mer. **2.** Ensemble des gens de mer, des navires et des activités qui s'y rapportent. **3.** Ensemble des navires et des activités de navigation du même type. *Marine marchande. Marine de pêche, de plaisance.* – *Marine de guerre* ou *marine militaire :* ensemble des forces navales et aéronavales d'un État, destinées à la guerre sur mer. *(V. illustration p. 634.)* **4.** Puissance navale, marine militaire d'un État. *S'engager dans la marine.* – (Avec la majuscule dans ces deux emplois). *Ministère de la Marine. La Marine nationale.* ◇ *Artillerie, infanterie, troupes de marine :* formations de l'armée de terre chargées de la sécurité des territoires français d'outre-mer et constituant une part importante des forces terrestres d'intervention (appelées *troupes coloniales* de 1900 à 1958). **5.** BX-A. **a.** Tableau représentant une vue de mer, de port, etc. **b.** Le plus allongé des formats de châssis pour tableaux, utilisé notamm. pour la peinture des marines.

2. MARINE n.m. (mot angl.). Fusilier marin dans les forces navales britanniques et américaines.

MARINER v.t. **1.** Mettre en marinade, faire tremper dans une marinade. **2.** MIN. Enlever (les produits d'abattage) après un tir de mine. ◆ v.i. **1.** Tremper dans une marinade, en parlant d'un aliment. **2.** Fam. Attendre longtemps (et, souvent, dans une situation inconfortable ou peu agréable). *Il m'a fait mariner une heure dans sa salle d'attente.*

MARINGOUIN n.m. (mot tupi). Canada, Louisiane. Moustique ou insecte piqueur voisin (cousin, etc.).

1. MARINIER, ÈRE adj. **1.** Qui appartient à la marine. – *Officier marinier :* sous-officier de la Marine nationale appartenant au cadre de maistrance. **2.** *Arche marinière :* arche d'un pont, plus large que les autres, sous laquelle passent les bateaux.

2. MARINIER n.m. Batelier.

MARINIÈRE n.f. **1.** Blouse très ample, qui se passe par la tête, souvent ornée d'un col carré dans le dos. **2.** *Moules (à la) marinière,* cuites dans leur jus additionné de vin blanc et aromatisé aux fines herbes.

MARINISME n.m. Préciosité stylistique rappelant la manière de l'écrivain italien *G. Marino.*

MARIOL, MARIOLE ou **MARIOLLE** adj. et n. (it. *mariolo,* filou). Fam. **1.** Malin, roublard. **2.** *Faire le mariole :* faire l'intéressant ; plastronner, se vanter.

MARIOLOGIE n.f. Partie de la théologie catholique concernant la Vierge Marie.

MARIONNETTE n.f. (de *Marion,* n.pr.). **1.** Petite figure de bois ou de carton qu'une personne cachée fait mouvoir avec la main ou grâce à des fils. **2.** Personne frivole, sans caractère, que l'on fait mouvoir à sa guise.

MARIONNETTISTE n. Montreur, manipulateur de marionnettes.

MARISQUE n.f. (lat. *marisca,* figue sauvage). Tuméfaction fibreuse du pourtour de l'anus, reliquat d'une hémorroïde résorbée.

MARISTE n.m. Membre de deux congrégations religieuses vouées à la Vierge : la Société de Marie, qui se consacre aux tâches missionnaires ; les Petits Frères de Marie, ou frères maristes, institut enseignant composé de religieux laïcs.

MARITAL, E, AUX adj. (lat. *maritalis*). DR. Du mari ; qui appartient au mari.

MARITALEMENT adv. Comme des époux, sans être mariés légalement. *Vivre maritalement.*

MARITIME adj. (lat. *maritimus,* de *mare,* mer). **1.** Qui est au bord de la mer. **2.** Relatif à la mer ou à la navigation sur mer. *Trafic maritime.* **3.** *Plante maritime :* plante que l'on trouve au voisinage de la mer. (À distinguer de *plante marine,* plante qui vit dans la mer.)

MARITORNE n.f. (n. d'une servante d'auberge, dans *Don Quichotte*). Litt. Fille, femme mal faite, malpropre et acariâtre.

MARIVAUDAGE n.m. **1.** LITTÉR. Langage raffiné et précieux propre à l'expression de la passion amoureuse, dont le modèle est le théâtre de Marivaux. **2.** Litt. Badinage spirituel et superficiel ; échange de propos galants et raffinés.

MARIVAUDER v.i. (de *Marivaux,* n.pr.). Litt. Se livrer au marivaudage, au badinage galant.

MARJOLAINE n.f. Plante aromatique de la famille des labiées. SYN. : *origan.*

MARK n.m. (mot all.). **1.** Unité monétaire principale de la République fédérale d'Allemagne (On dit aussi *Deutsche Mark.*) [→ **monnaie.**] **2.** *Mark finlandais :* markka.

MARKETING [marketiŋ] n.m. (mot angl.). Ensemble des actions coordonnées (étude de marché, publicité, promotion sur le lieu de vente, stimulation du personnel de vente, recherche de nouveaux produits, etc.) qui concourent au développement des ventes d'un produit ou d'un service. Recomm. off. : *mercatique.* ◇ *Marketing mix :* marchéage.

MARKKA n.m. (pl. *markkaa*). Unité monétaire principale de la Finlande. SYN. : *mark finlandais.* (→ **monnaie.**)

MARLI n.m. (p.-ê. de *Marly,* v. des Yvelines). Limite séparant l'aile du fond d'une assiette ou d'un plat.

MARLIN n.m. Poisson téléostéen des mers chaudes, dont le rostre constitue un trophée apprécié dans la pêche au gros.

MARLOU n.m. Fam. Souteneur ; voyou.

MARMAILLE n.f. (de *marmot*). Fam. Bande, troupe désordonnée et bruyante de tout jeunes enfants.

MARMELADE n.f. (port. *marmelada,* de *marmelo,* coing). **1.** Compote de fruits coupés en morceaux et cuits avec du sucre jusqu'à ce qu'ils aient une consistance de purée. **2.** Fam. *En marmelade :* réduit en bouillie ; écrasé.

MARMENTEAU adj.m. et n.m. (lat. pop. *materiamentum*). Se dit d'un arbre de haute tige servant à la décoration, et que les usufruitiers n'ont pas le droit de faire couper.

MARMITAGE n.m. Arg. mil., vx. Bombardement intensif (en partic. avec des obus de gros calibre, dits *marmites*).

MARMITE n.f. (anc. fr. *marmite,* hypocrite). **1.** Récipient avec couvercle, sans manche (à la différence de la casserole), en général muni d'anses, dans lequel on fait cuire les aliments ; son contenu. **2.** *Marmite de Papin* ou *marmite à pression :* vase clos muni d'une soupape de sûreté et dans lequel on peut élever l'eau liquide à une température supérieure à celle de l'ébullition à l'air libre. **3.** GÉOMORPH. *Marmite de géants* ou *marmite torrentielle :* cavité que l'érosion creuse, avec l'aide de graviers et de galets, dans une roche assez compacte pour s'user sans s'émietter. **4.** Arg. mil., vx. Obus de gros calibre, pendant la Première Guerre mondiale.

MARMITÉE n.f. Rare. Contenu d'une marmite.

MARMITER v.t. Arg. mil., vx. Soumettre au marmitage (un objectif).

MARMITON n.m. Apprenti attaché au service de la cuisine, dans un restaurant.

MARMONNEMENT n.m. Action de marmonner ; bruit fait en marmonnant.

MARMONNER v.i. (onomat.). Murmurer entre ses dents, d'une manière confuse et, souvent, avec hostilité. ◆ v.t. Dire en murmurant entre ses dents. *Marmonner des injures.*

MARMORÉEN, ENNE adj. (lat. *marmoreus,* de marbre). **1.** Qui a la nature ou l'aspect du marbre. **2.** Litt. Froid, dur, blanc comme le marbre. *Pâleur marmoréenne.*

MARMOT n.m. (anc. fr. *marmote,* guenon). **1.** Fam. Petit enfant. **2.** Anc. Figurine grotesque qui, souvent, servait de heurtoir.

Galion anglais (XVIe s.).

Vaisseau de haut rang français (XVIIIe s.).

Cuirassé britannique *Dreadnought* (1906).

Navire porte-conteneurs.

Paquebot de croisière *Holiday* construit au Danemark (1985) [nombre de passagers : 1 794].

Pétrolier géant japonais de 400 000 t (1976).

Corvette française lance-missiles pour la lutte antiaérienne (1988).

Patrouilleur rapide lance-missiles de fabrication française (type la *Combattante III*).

marines marchande et militaire

Les marines de guerre ne se distinguèrent réellement des marines marchandes qu'à l'époque des grandes rivalités maritimes entre les États de l'Occident, aux XVe-XVIe s. : ainsi, la galère*, en usage de l'Antiquité au XVIIIe s., fut tout aussi bien un bâtiment de commerce qu'un bâtiment de guerre. Au milieu du XVIIe s. apparurent les grandes flottes de combat. Au XIXe s. survinrent les grandes mutations techniques : avènement de la vapeur, adoption de l'hélice, construction en fer puis en acier, chauffe au mazout. C'est alors qu'apparurent de nouveaux types de navires ; marine marchande et marine de guerre se différencièrent nettement.
Au XXe s., le développement des échanges commerciaux internationaux fait la prospérité des cargos*, pétroliers, minéraliers et transporteurs de marchandises générales. Le transport de passagers souffre toutefois de la concurrence aérienne, ainsi qu'en témoigne le désarmement de nombre de paquebots ; le développement des croisières semble cependant offrir de nouvelles perspectives.
Quant à la marine militaire – tirant la leçon des deux guerres mondiales et bénéficiant des progrès tant dans le domaine de la propulsion nucléaire que dans celui de l'armement –, elle ne s'identifie plus à la maîtrise de la surface de la mer : sous-marins* et porte-avions* tiennent un rôle primordial dans la stratégie de la guerre navale moderne.

MARMOTTE n.f. **1.** Mammifère rongeur dont une espèce vit dans les Alpes entre 1 500 et 3 000 m d'altitude et hiberne plusieurs mois dans un terrier. (Long. 50 cm.) ◇ *Dormir comme une marmotte* : dormir profondément et longuement. **2.** Boîte à échantillons des voyageurs de commerce. **3.** Cerise bigarreau d'une variété à chair ferme.

marmotte

MARMOTTEMENT n.m. Action de marmotter, murmure d'une personne qui marmotte.
MARMOTTER v.t. et i. (onomat.). Fam. Murmurer confusément et entre les dents.
MARMOUSET n.m. (anc. fr. *marmote,* guenon). **1.** Figurine grotesque. *Marmousets sculptés sur les portails des églises.* **2.** Fam., vieilli. Petit garçon ; homme de petite taille. **3.** Chenet dont une extrémité est ornée d'une figure. **4.** ZOOL. Ouistiti ou tamarin (singes). ◆ pl. HIST. Nom sous lequel les ducs de Bourgogne et de Berry désignèrent les anciens conseillers de Charles V, rappelés au gouvernement par Charles VI en 1388.
1. MARNAGE n.m. MAR. Différence entre la hauteur de la pleine mer et celle de la basse mer.
2. MARNAGE n.m. AGRIC. Opération consistant à marner une terre.
MARNAIS, E adj. et n. De la Marne.
MARNE n.f. (mot gaul.). Roche sédimentaire argileuse contenant une forte proportion (de 35 à 65 p. 100) de calcaire, et que l'on utilise pour amender les sols acides et pour fabriquer du ciment.
1. MARNER v.t. AGRIC. Amender un sol pauvre en calcaire par incorporation de marne. ◆ v.i. Fam. Travailler dur.
2. MARNER v.i. MAR. En parlant de la mer, monter par l'effet de la marée.
MARNEUR n.m. AGRIC. Celui qui marne les terres.
MARNEUX, EUSE adj. Qui est de la nature de la marne ou qui en contient. *Calcaire marneux.*
MARNIÈRE n.f. Carrière de marne.
MAROCAIN, E adj. et n. Du Maroc.
MAROILLES [marwal] n.m. Fromage au lait de vache, à pâte molle et à croûte lavée, fabriqué en Thiérache.
MAROLLIEN n.m. (de *Marolles,* n. d'un anc. quartier de Bruxelles). Argot des faubourgs de Bruxelles, à base de français et de flamand.
MARONITE adj. et n. Se dit d'un fidèle de l'Église maronite. ◆ adj. **1.** Relatif aux maronites. **2.** *Église maronite :* Église de rite syrien implantée surtout au Liban. (L'Église maronite tire son nom du monastère de Saint-Maron, au sud d'Antioche, en Syrie. Les maronites proclamèrent leur communion avec l'Église de Rome au XIIe s. Le centre principal de l'Église maronite se trouve au Liban où elle joue un rôle important et où réside le patriarche.)
MARONNER v.i. (onomat.). Fam. **1.** Rager, exprimer son mécontentement en marmonnant. **2.** Attendre. *Il m'a fait maronner trois heures.*
MAROQUIN n.m. (de *Maroc*). **1.** Peau de chèvre tannée au moyen de produits végétaux, teinte et utilisée pour la reliure et la maroquinerie. **2.** Fam. Portefeuille ministériel.
MAROQUINAGE n.m. Action de maroquiner.
MAROQUINER v.t. Tanner et corroyer (une peau) à la façon du maroquin.
MAROQUINERIE n.f. **1.** Fabrication du maroquin ; lieu où il se prépare. **2.** Fabrication de petits objets en cuir ; entreprise industrielle ou artisanale vouée à cette fabrication. **3.** Commerce, magasin de petits objets en cuir ; ces objets eux-mêmes.
MAROQUINIER, ÈRE n. Personne qui travaille à la fabrication ou à la vente d'objets de maroquinerie.
MAROTIQUE adj. LITTÉR. Qui imite le style, à la fois spirituel et archaïque, de Clément Marot.
MAROTTE n.f. (dimin. de *Marie*). **1.** Sceptre, surmonté d'une tête grotesque coiffée d'un capuchon garni de grelots, attributs de la Folie. **2.** Tête en bois, en carton, etc., dont se servent les modistes, les coiffeurs. **3.** Fam. Idée fixe, manie.
MAROUETTE n.f. (prov. *maroueto,* marionnette). Oiseau échassier voisin du râle, nichant dans les herbes au bord des cours d'eau et dans les marais. (Long. 20 cm.)
MAROUFLAGE n.m. Action de maroufler.
MAROUFLE n.f. Colle forte utilisée autrefois pour maroufler.
MAROUFLER v.t. **1.** Coller (une toile peinte) sur une surface murale ou un plafond ; coller sur une toile de renfort (une toile peinte, une peinture sur papier, un dessin). **2.** Poser et coller sur un panneau de bois (un revêtement décoratif) en exerçant un fort pressage dirigé du milieu vers les extrémités.
MAROUTE n.f. (anc. fr. *amerote*). Plante à odeur fétide, dite aussi *camomille puante.* (Famille des composées.)
MARQUAGE n.m. Action de marquer. ◇ *Marquage radioactif :* introduction de radioéléments dans une molécule, une substance, un organisme vivant, permettant de les suivre dans leurs déplacements.
MARQUANT, E adj. **1.** Qui fait impression, qui laisse une trace. *Les faits marquants de l'actualité.* **2.** Qui est remarquable pour sa situation, son mérite. *Une personnalité marquante.*
MARQUE n.f. **I.1.** Trace de contact, empreinte laissée par un corps sur un autre. *La marque des pas sur la neige.* **2.** Trace laissée sur le corps par un coup, un choc, etc. *La marque d'une brûlure.* **II.1.** *Marque de fabrique, de commerce, de service,* ou *marque :* tout signe servant à distinguer des produits, des objets, des services. ◇ DR. *Marque déposée :* marque de fabrique ou de commerce ayant fait l'objet d'un dépôt légal, afin de bénéficier de la protection juridique attachée à cette formalité. **2.** Ensemble des produits fabriqués, vendus sous une marque ; firme, entreprise qui est propriétaire de cette marque. *Les grandes marques de champagne.* ◇ *De marque,* se dit d'un produit qui sort d'une maison dont la marque est connue ; de qualité. **III.1.** Trace, signe, objet qui sert à repérer, à reconnaître qqch. *Garder la page d'un livre avec une marque.* **2.** SPORTS. **a.** Repère placé par un athlète pour faciliter un saut, un élan. *Prendre ses marques.* ◇ *À vos marques !,* en athlétisme, ordre donné par le starter pour amener les athlètes sur la ligne de départ. ◇ *Marque !,* au rugby, cri poussé par le joueur effectuant un arrêt de volée. **b.** Décompte des points gagnés, des buts inscrits au cours d'une compétition. SYN. : *score.* **3.** Jeton, fiche dont on se sert à certains jeux. **4.** Insigne, attribut d'une fonction, d'une dignité, d'un grade, etc. ◇ *Personnalité de marque :* personnage, hôte important. **5.** Spécialt. Pavillon ou guidon hissé au mât du bâtiment de guerre à bord duquel est embarqué l'officier général ou supérieur commandant le groupe (et, le cas échéant, le ministre de tutelle de la Marine ou le chef de l'État). **6.** ÉCON. *Taux de marque :* rapport entre la marge bénéficiaire et le prix de vente. **IV.1.** Caractère propre, trait distinctif. *Un film qui porte la marque de son réalisateur.* **2.** Preuve, témoignage. *Prodiguer à qqn des marques d'estime.* **3.** LING. Trait pertinent dont la présence ou l'absence permet d'opposer deux formes ou deux éléments linguistiques dont les autres traits sont identiques (par ex. le trait de voisement qui oppose le phonème [b], marqué, au phonème [p], non marqué). ◆ pl. Fig. Ensemble de repères délimitant un territoire, une zone d'influence. *Chercher, trouver, perdre ses marques.*
MARQUÉ, E adj. **1.** Indiqué avec netteté. *Une différence marquée.* **2.** Se dit de qqn qui est engagé dans qqch, ou compromis par ses agissements antérieurs. *Elle est marquée politiquement. Il est trop marqué pour arbitrer ce conflit.*
MARQUER v.t. (anc. fr. *merchier,* faire une marque). **I. 1.** Faire ou laisser une marque visible, une trace. *Le coup a légèrement marqué la carrosserie.* **2.** Laisser une marque, une trace dans le caractère ou la personnalité de qqn. *Son éducation très rigoureuse l'a marquée.* **II. 1.** Signaler, distinguer par un repère, un signe. *Marquer du linge.* **2.** SC. Procéder au marquage radioactif de. *Marquer une molécule.* **3.** Anc. Soumettre (un condamné) à la peine infamante de la marque (flétrissure imprimée au fer chaud sur l'épaule). **III. 1.** Noter, inscrire. *Marquer un rendez-vous sur un agenda.* **2.** Fournir une indication, en parlant d'un instrument de mesure. *L'altimètre marquait neuf mille pieds.* **3.** SPORTS. **a.** *Marquer un but, un essai :* réussir un but, un essai. ◇ *Marquer le coup :* accuser un coup reçu, à la boxe ; fig., laisser voir qu'on a été touché par un évènement fâcheux, une attaque personnelle ; montrer, par son attitude, qu'on attache une certaine importance à quelque fait. **b.** *Marquer un adversaire,* rester dans sa proximité immédiate et le surveiller étroitement pour contrecarrer ses initiatives, dans un sport d'équipe. **4.** Souligner, rendre plus apparent, plus sensible. *Marquer un temps d'arrêt.* ◇ *Marquer le pas :* continuer à frapper le sol avec les pieds, selon la cadence du pas, sans avancer ; fig., ralentir, cesser de progresser, en parlant d'un processus. **5.** CHORÉGR. Esquisser les pas et les mouvements déjà connus d'un ballet, au cours d'une répétition. **6.** Faire ressortir, accuser, en partic. en parlant d'un vêtement. *Robe qui marque la taille.* **IV. 1.** Signaler, exprimer, faire connaître à autrui. *Marquer sa désapprobation.* **2.** Indiquer, révéler, exprimer. *Un geste qui marque beaucoup de générosité.* ◆ v.i. **I. 1.** Faire une marque, laisser une trace. *Ce composteur ne marque plus.* **2.** En parlant d'un cheval, avoir le creux des incisives externes encore visible, ce qui indique un âge qui n'est pas supérieur à huit ans. **II. 1.** Laisser une impression, un souvenir durables, en parlant d'évènements. *Ces faits ont marqué dans ma vie.* **2.** Fam. *Marquer bien, mal :* avoir bon, mauvais aspect ; faire bonne, mauvaise impression.
MARQUETER v.t. (de *marquer*) [27]. Orner de marqueterie.
MARQUETERIE [markətri] ou [markɛtri] n.f. **1.** Assemblage décoratif de lamelles de bois d'essences variées (ou de marbres, de métaux, etc.), employé en revêtement, notamm. sur un ouvrage de menuiserie. **2.** Ensemble formé d'éléments disparates. *Une marqueterie de nationalités.*
MARQUETEUR n.m. et adj.m. Ouvrier qui fait des ouvrages de marqueterie.
1. MARQUEUR, EUSE n. **1.** Personne qui marque. **2.** Joueur, joueuse qui marque un but, un essai, un panier, etc.
2. MARQUEUR n.m. **1.** Crayon-feutre formant un trait large. **2.** MÉD. Atome ou molécule pouvant être retrouvés en très faible quantité, après injection, dans l'organisme, grâce à une propriété physique particulière (radioactivité, fluorescence). SYN. : *traceur.* ◇ *Marqueur biologique :* substance présente dans l'organisme, caractéristique d'un état physiologique particulier ou d'une pathologie (cancer, par ex.). – *Marqueur génétique :* caractère héréditaire (groupes sanguins, par ex.) permettant de différencier les uns des autres des individus ou des groupes. (En biologie moléculaire, notamm. pour réaliser la cartographie du génome, on utilise comme marqueurs génétiques des portions de l'A.D.N.)
MARQUIS n.m. (anc. fr. *marchis*). **1.** HIST. Seigneur de rang comtal qui était préposé à la garde d'une marche territoriale, à l'époque carolingienne. **2.** Titre de noblesse intermédiaire entre celui de duc et celui de comte.
MARQUISAT n.m. **1.** Titre, dignité de marquis. **2.** Fief d'un marquis.
MARQUISE n.f. **1.** Femme d'un marquis. **2.** Auvent en charpente de fer et vitré, placé au-dessus d'une porte d'entrée, d'un perron. **3.** Bague à chaton oblong, couvrant la première phalange. **4.** Bergère à deux places, à dossier bas, sorte de demi-canapé.
MARQUOIR n.m. Instrument de tailleur, de couturière pour marquer.
MARRAINE n.f. (lat. *mater,* mère). **1.** Femme qui présente un enfant au baptême ou à la confirmation et qui doit veiller à son éducation religieuse. **2.** Celle qui préside au baptême d'un navire, d'un ouvrage d'art, etc. **3.** Celle qui

présente qqn dans un club pour l'y faire entrer. **4.** *Marraine de guerre :* femme ou jeune fille qui, pendant un conflit, entretient une correspondance avec un soldat, lui envoie des colis, etc.

MARRANE n.m. (esp. *marrano*). HIST. Juif d'Espagne ou du Portugal converti de force au catholicisme et qui continuait à pratiquer en secret sa religion.

MARRANT, E adj. Fam. Amusant, comique.

MARRE adv. (de *se marrer*). Fam. *En avoir marre :* en avoir assez, être excédé.

MARRER (SE) v.pr. (anc. fr. *se marrir,* s'ennuyer). Fam. Rire ou se divertir, s'amuser.

MARRI, E adj. (anc. fr. *se marrir,* s'ennuyer). Litt. ou par plais. Fâché, attristé, contrarié.

1. MARRON n.m. (du rad. préroman *marr-,* caillou). **1.** Fruit de certaines variétés cultivées de châtaigniers. – *Marron glacé :* marron confit dans du sucre et glacé au sirop. ◇ *Tirer les marrons du feu :* courir des risques sans profit personnel. **2.** *Marron d'Inde :* graine du marronnier d'Inde, riche en amidon mais non comestible, dont certaines préparations sont utilisées contre les troubles circulatoires (varices, hémorroïdes). **3.** Couleur brun-rouge. **4.** Pop. Coup de poing. **5.** CIN. Copie positive tirée en noir adouci, virant sur le bistre et servant à l'établissement de contretypes. ◆ adj. inv. Brun-rouge.

2. MARRON, ONNE adj. (mot des Antilles ; esp. *cimarrón*). **1.** HIST. Se disait d'un esclave fugitif, dans l'Amérique coloniale. **2.** Qui exerce une profession libérale dans des conditions illégales. *Médecin, avocat marron.*

3. MARRON adj. Pop. *Être marron :* être dupé, attrapé, refait. (On dit aussi *être fait marron.*)

MARRONNIER n.m. **1.** Châtaignier d'une variété cultivée, qui produit le marron *Castanea.* **2.** *Marronnier d'Inde* ou *marronnier :* arbre à feuilles composées palmées, originaire des Balkans et souvent planté sur les voies publiques. (Haut. 30 m ; longévité 2 à 3 siècles ; famille des hippocastanacées.)

marronnier d'Inde

MARRUBE [maryb] n.m. (lat. *marrubium*). Plante aromatique de la famille des labiées. ◇ *Marrube noir :* ballote.

MARS n.m. (lat. *martius,* de Mars). **1.** Troisième mois de l'année. **2.** Papillon de jour, brun tacheté de blanc, avec des reflets bleus ou violets changeants.

MARSALA n.m. (de *Marsala,* v. de Sicile). Vin doux produit en Sicile.

MARSAULT [marso] ou **MARSEAU** n.m. (lat. *marem salicem*). Saule à feuilles elliptiques, qu'on trouve près des eaux et dont le bois sert à faire des perches à houblon.

MARSEILLAIS, E adj. et n. De Marseille. ◇ *La Marseillaise,* hymne national de la France. (V. partie n. pr.)

MARSHMALLOW [marʃmalo] n.m. (mot angl., *guimauve*). Guimauve molle enrobée de sucre glace et d'amidon.

MARSOUIN n.m. (anc. scand. *marsvin,* porc de mer). **1.** Mammifère cétacé voisin du dauphin, mesurant 1,50 m, très vorace, commun dans l'Atlantique, où il suit souvent les navires. **2.** Arg. mil. Militaire de l'infanterie de marine.

marsouin

1. MARSUPIAL, E, AUX adj. (lat. *marsupium,* bourse). Se dit d'un organe propre aux mammifères marsupiaux. *Poche marsupiale.*

2. MARSUPIAL n.m. (pl. *marsupiaux*). Mammifère d'un type primitif, dont la femelle a une poche ventrale contenant les mamelles et qui est destinée à recevoir les petits après la naissance. (Types principaux : kangourou, sarigue. Les marsupiaux, qui constituent le groupe des métathériens, sont répandus surtout en Australie et en Nouvelle-Guinée, ainsi qu'aux Moluques et en Amérique tropicale.)

MARTAGON n.m. (mot esp.). Lis des prairies de montagne, à fleurs rose et brun, malodorant, rare et de culture difficile.

MARTE n.f. → *martre.*

1. MARTEAU n.m. (lat. pop. *martellus*). **1.** Outil de percussion formé d'une tête en acier dur trempé et d'un manche. **2.** Battant métallique servant de heurtoir à une porte. **3.** Pièce d'horlogerie qui frappe les heures sur un timbre. **4.** Pièce garnie de feutre, qui frappe la corde d'un piano. **5.** Sphère métallique (7,257 kg) munie d'un fil d'acier et d'une poignée, que lancent les athlètes ; épreuve d'athlétisme pratiquée avec cet engin. **6.** SYLV. Instrument qui porte une empreinte en relief, servant à marquer certains arbres. **7.** TECHN. Appareil constitué d'un outil (fleuret, burin ou aiguille) et d'un corps cylindrique dans lequel se meut un piston qui frappe l'outil sous l'effet d'un choc pneumatique, hydraulique ou électrique, et qui sert à disloquer les matériaux rocheux *(marteau piqueur)* ou à creuser des trous destinés à recevoir des charges explosives *(marteau perforateur).* **8.** ANAT. Premier osselet de l'oreille moyenne, dont le manche est solidaire du tympan et dont la tête s'articule avec l'enclume.

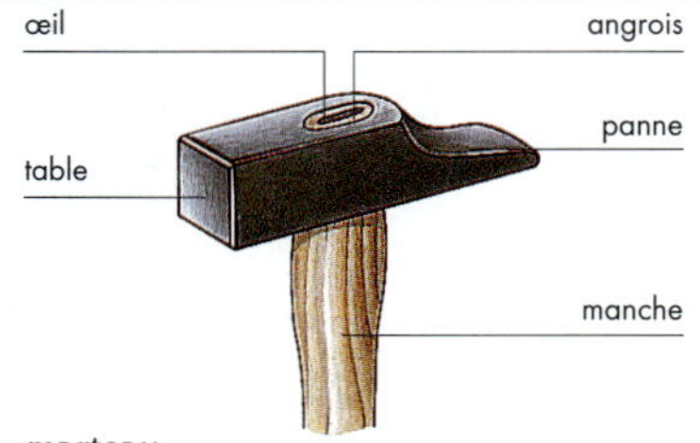

marteau

lancer du **marteau**

9. ZOOL. Requin-marteau. ◆ pl. CHORÉGR. Mouvements alternatifs des jambes, exécutés par le danseur accroupi, et au cours desquels seuls les talons frappent le sol.

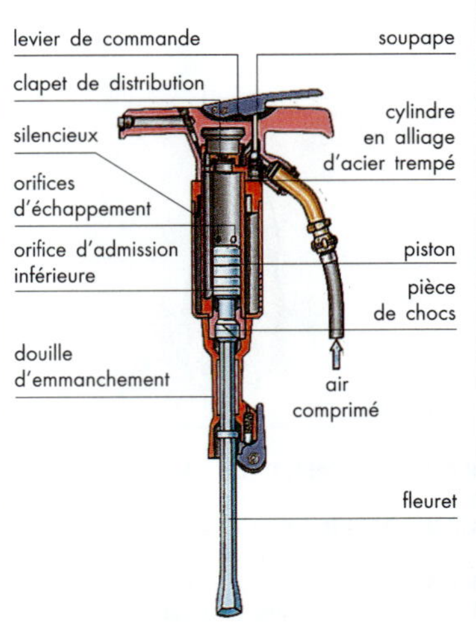

marteau pneumatique

2. MARTEAU adj. Pop. *Être marteau :* être fou.

MARTEAU-PILON n.m. (pl. *marteaux-pilons*). Machine-outil de forge destinée à provoquer la déformation du métal par action d'une masse tombante.

MARTEAU-PIOLET n.m. (pl. *marteaux-piolets*). Instrument d'alpiniste analogue au piolet, mais à manche plus court et à panne formant masse, permettant de poser des pitons ou de tailler la glace.

MARTEL n.m. (lat. *martellus,* marteau). *Se mettre martel en tête :* se faire du souci.

MARTELAGE n.m. **1.** Action de marteler ; façonnage ou forgeage au marteau. **2.** SYLV. Marque faite avec le marteau aux arbres qui doivent être abattus ou réservés.

MARTÈLEMENT [martɛlmɑ̃] n.m. **1.** Action de marteler ; bruit qui en résulte. **2.** Bruit cadencé rappelant celui des coups de marteau. *Le martèlement des pas d'une troupe en marche.*

MARTELER v.t. 25. **1.** Frapper, forger, façonner au moyen du marteau. **2.** Frapper fort et à coups redoublés ; ébranler par un bruit fort et répété. **3.** Articuler avec force, en détachant les mots. *Marteler ses phrases.*

MARTELEUR n.m. et adj.m. Ouvrier qui fait le martelage, le forgeage au marteau.

MARTENSITE [-tɛ̃-] n.f. (n. de l'ingénieur all. *Martens*). Composant de l'acier et de certains autres métaux ou alliages, résultant de la trempe.

MARTENSITIQUE [-tɛ̃-] adj. **1.** Qui renferme de la martensite. **2.** *Structure martensitique :* structure du même type que celle des aciers contenant de la martensite, observée dans d'autres alliages.

1. MARTIAL, E, AUX adj. (lat. *martialis,* de *Mars,* dieu de la Guerre). **1.** Litt. Qui manifeste des dispositions combatives, belliqueuses. *Un discours martial.* **2.** Décidé, résolu, qui cherche à en imposer. *Prendre un air martial.* **3. a.** *Cour martiale :* tribunal militaire d'exception (XVIIIe-XIXe s.). **b.** *Loi martiale :* loi d'exception confiant le maintien de l'ordre aux autorités militaires. **4.** *Arts martiaux :* ensemble des sports de combat d'origine japonaise, tels que le judo, le karaté, l'aïkido, le kendo.

2. MARTIAL, E, AUX adj. **1.** CHIM. ANC. Qui contient du fer. **2.** MÉD. *Carence martiale :* insuffisance alimentaire en fer, cause d'anémies. – *Fonction martiale :* fonction par laquelle le foie met en réserve le fer. – *Thérapeutique martiale :* traitement par le fer.

MARTIEN, ENNE adj. Relatif à la planète Mars. ◆ n. Habitant imaginaire de cette planète.

MARTIN-CHASSEUR n.m. (pl. *martins-chasseurs*). Oiseau coraciadiforme des forêts tropicales, voisin des martins-pêcheurs, qui chasse les insectes et les reptiles.

1. MARTINET n.m. (de *Martin,* n.pr.). Oiseau ressemblant à l'hirondelle, mais à ailes plus étroites et à queue plus courte. (Il reste en France de mai au début d'août et chasse les insectes au cours de son vol rapide ; long. 16 cm env. ; ordre des micropodiformes.)

2. MARTINET n.m. **1.** Fouet formé de plusieurs lanières de cuir fixées à un manche. **2.** Marteau à bascule qui, mis en mouvement par une roue à cames, sert à battre les métaux.

MARTINGALE n.f. (prov. *martegalo,* de Martigues). **1.** Ensemble de deux pattes se boutonnant l'une sur l'autre et placées à la taille dans le dos d'un vêtement. **2.** Courroie du harnais qui s'oppose à l'élévation exagérée de la tête du cheval. **3.** Système de jeu qui prétend, selon des principes fondés sur le calcul des probabilités, assurer un bénéfice certain dans les jeux de hasard.

MARTINI n.m. (nom déposé). **1.** Vermouth rouge, blanc ou rosé de la marque de ce nom. **2.** Cocktail composé de vermouth blanc et de gin.

MARTINIQUAIS, E adj. et n. De la Martinique.

MARTINISME n.m. Doctrine mystique de Claude de Saint-Martin, qui considère le Christ comme intermédiaire unique avec Dieu.

MARTIN-PÊCHEUR n.m. (pl. *martins-pêcheurs*). Petit oiseau au plumage brillant, qui se tient d'ordinaire au bord des cours d'eau et plonge avec rapidité pour prendre de petits poissons. (Long. 16 cm env. ; ordre des coraciadiformes.)

martin-pêcheur

MARTRE ou **MARTE** n.f. (du germ.). Mammifère carnivore à fourrure estimée, dont il existe trois espèces, la martre ordinaire, la fouine et la zibeline. (Famille des mustélidés.)

MARTYR, E n. (gr. *martus, marturos,* témoin). **1.** Chrétien mis à mort ou torturé en témoignage de sa foi. **2.** Personne qui a souffert la mort pour sa foi religieuse, ou pour une cause à laquelle elle s'est sacrifiée. *Les martyrs de la Résistance.* ◆ adj. Qui souffre de mauvais traitements systématiques. *Une enfant martyre.*

MARTYRE n.m. (lat. *martyrium*). **1.** Torture, supplice, mort que qqn endure, en général pour la défense de sa foi, de sa cause. **2.** Grande douleur physique ou morale ; état, situation extrêmement pénible. *Souffrir le martyre.*

MARTYRISER v.t. Faire endurer de cruels traitements à ; torturer, persécuter.

MARTYRIUM [martirjɔm] n.m. (mot lat.). Dans le christianisme primitif, monument, chapelle élevés autour de la tombe d'un martyr.

MARTYROLOGE n.m. **1.** Liste ou catalogue des martyrs et des saints. **2.** Liste des victimes d'une cause. *Le martyrologe de la Résistance.*

MARXIEN, ENNE adj. Relatif à Karl Marx, à ses œuvres.

MARXISANT, E adj. Qui tend vers le marxisme, qui s'apparente au marxisme.

MARXISER v.t. Rendre marxiste.

MARXISME n.m. Ensemble des conceptions politiques, philosophiques, sociales de K. Marx, de F. Engels et de leurs continuateurs.

■ Le marxisme repose sur le matérialisme et le socialisme : il est ainsi à la fois une théorie générale et le programme de mouvements ouvriers organisés. Pour les marxistes, le matérialisme est la base théorique, opposée à l'idéalisme considéré comme instrument spéculatif au service de la bourgeoisie. Le matérialisme revêt deux aspects : l'un *dialectique,* qui exprime les lois générales du monde extérieur et de la pensée humaine, l'autre *historique,* qui affirme que c'est la réalité sociale qui détermine la conscience des hommes. Le mouvement historique est conditionné par les contradictions entre les *modes* de production (antique, féodal, capitaliste) et les *rapports* de production, c'est-à-dire les rapports que les hommes ont entre eux pour produire. Ces contradictions constituent la *lutte des classes,* qui est, de ce fait, le moteur de l'histoire. En analysant le mode de production capitaliste, Marx a élaboré une théorie de la valeur : celle-ci est l'expression de la quantité de travail contenue dans une marchandise. La plus-value est constituée par la différence entre la valeur créée par l'ouvrier pendant son temps de travail et le salaire payé ; son taux dans le régime capitaliste est donc fonction du degré d'exploitation de l'ouvrier. Cette analyse sert de base à une politique, le communisme, dont le stade ultime devrait être l'abolition de l'État.

MARXISME-LÉNINISME n.m. sing. Théorie et pratique politiques s'inspirant de Marx et de Lénine.

MARXISTE adj. et n. Relatif au marxisme ; partisan du marxisme.

MARXISTE-LÉNINISTE adj. et n. (pl. *marxistes-léninistes*). Relatif au marxisme-léninisme ; partisan du marxisme-léninisme.

MARXOLOGUE n. Spécialiste de l'œuvre de Karl Marx.

MARYLAND [marilɑ̃d] n.m. (n. d'un État américain). Tabac qui provient du Maryland.

MAS [mɑ] ou [mɑs] n.m. (mot prov.). Maison de campagne, ferme, en Provence.

MASCARA n.m. (de l'it. *maschera,* masque, par l'angl.). Produit cosmétique coloré pour le maquillage des cils.

MASCARADE n.f. (it. *mascherata*). **1.** Réunion ou défilé de personnes déguisées et masquées. **2.** Déguisement étrange, accoutrement ridicule. **3.** Mise en scène trompeuse, comédie, hypocrisie. *Ce procès n'a été qu'une mascarade.*

MASCARET n.m. (mot gascon). Surélévation brusque des eaux, qui se produit dans certains estuaires au moment du flux et qui progresse rapidement vers l'amont sous la forme d'une vague déferlante.

MASCARON n.m. (it. *mascherone*). Masque sculpté de fantaisie pouvant décorer la clef de l'arc ou de la plate-bande d'une baie, la panse d'un vase, l'orifice d'une fontaine, etc.

MASCOTTE n.f. (prov. *mascoto,* sortilège). Objet, personne ou animal considérés comme des porte-bonheur, des fétiches.

1. MASCULIN, E adj. (lat. *masculinus,* de *masculus,* mâle). **1.** Qui appartient au mâle, à l'homme, qui a ses caractères. *Voix masculine.* **2.** Qui est composé d'hommes. *Population masculine.* **3.** Qui appartient au genre masculin. **4.** *Rime masculine :* rime qui ne finit pas par un *e* muet ou une syllabe muette.

2. MASCULIN n.m. GRAMM. Un des genres grammaticaux qui s'applique, en français, à la plupart des noms d'êtres mâles et à une partie des noms désignant des choses.

MASCULINISER v.t. **1.** Donner un caractère masculin à. **2.** BIOL. Provoquer l'apparition de caractères sexuels masculins.

MASCULINITÉ n.f. Ensemble des traits psychologiques, des comportements considérés comme caractéristiques du sexe masculin.

MASER [mazer] n.m. (sigle de l'angl. *microwave amplification by stimulated emission of radiation*). Amplificateur de micro-ondes par émission stimulée de rayonnement électromagnétique, dispositif fonctionnant suivant les mêmes principes que le laser, mais pour des ondes électromagnétiques non visibles.

MASKINONGÉ n.m. (mot amérindien). Poisson d'Amérique du Nord voisin du brochet, mais beaucoup plus grand.

MASO adj. et n. (abrév.). Fam. Masochiste.

MASOCHISME [mazɔʃism] n.m. (de L. von Sacher-*Masoch,* romancier autrichien). **1.** Perversion dans laquelle le sujet recherche le plaisir sexuel dans la douleur physique et les humiliations qui lui sont infligées. **2.** Comportement d'une personne qui semble rechercher les situations où elle souffre, se trouve en difficulté, etc.

MASOCHISTE adj. et n. Relatif au masochisme ; atteint de masochisme. Abrév. (fam.) : *maso.*

MASQUAGE n.m. **1.** Action de masquer qqch, de l'occulter. **2.** IMPR. Technique utilisée en photogravure pour améliorer la qualité de la sélection des couleurs.

MASQUE n.m. (it. *maschera*). **I. 1.** Faux visage de carton peint, de matière plastique, de tissu, etc., dont on se couvre la figure pour se déguiser ou dissimuler son identité. *Masque de carnaval.* ◇ Fig. *Lever, tomber le masque :* révéler sa vraie nature tenue jusqu'alors dissimulée. – *Arracher son masque à qqn :* révéler, dévoiler sa duplicité. **2.** Vx. Personne qui porte un masque. **3.** Forme stylisée du visage ou du corps humain ou animal, ayant une fonction rituelle. (Les masques de certains peuples, véritables œuvres d'art, peuvent représenter un homme, une force surnaturelle, un animal sacré, ou une divinité exerçant symboliquement une fonction naturelle ou rituelle précise.) **4.** ZOOL. Lèvre inférieure des larves de libellules se dépliant brusquement pour la capture des proies. **II. 1.** Litt. Apparence, aspect du visage. *Présenter un masque impénétrable.* **2.** MÉD. *Masque de (la) grossesse :* chloasma. **III. 1.** Moulage de la face, pris sur le vif ou sur un cadavre. *Masque mortuaire.* **2.** Préparation, souvent sous forme de crème, de pâte ou de gel, utilisée en application pour les soins esthétiques du visage. **IV. 1.** Appareil que l'on applique sur le nez et la bouche pour administrer les anesthésiques gazeux et l'oxygène. **2.** Accessoire des plongeurs subaquatiques, isolant de l'eau les yeux et le nez. **3.** Protection pour le visage, en treillis métallique, portée par les escrimeurs. **4.** *Masque à gaz :* appareil individuel de protection contre les gaz toxiques. **V. 1.** MIL. Obstacle artificiel ou naturel servant d'abri contre les tirs ennemis ou d'écran contre l'observation. **2.** TR. PUBL. *Masque de barrage :* couche de béton bitumineux, imperméable et souple, que l'on pose sur la face amont d'un barrage pour l'étanchéifier.

MASQUÉ, E adj. **1.** Qui porte un masque. *Visage masqué. Danseur masqué.* ◇ *Bal masqué :* bal où l'on va sous un déguisement. **2.** MIL. *Tir masqué :* tir exécuté par-dessus un obstacle.

MASQUER v.t. **1.** Couvrir d'un masque. **2.** Dérober à la vue ; cacher. *Ces arbres masquent la maison.* **3.** Soustraire à la connaissance, cacher sous de fausses apparences. *Il nous masque ses projets.* **4.** MAR. *Masquer une voile,* la brasser de telle façon que le vent la frappe par-devant. ◆ v.i. MAR. Avoir ses voiles frappées par-devant par le vent, en parlant d'un navire.

MASSACRANT, E adj. *Être d'une humeur massacrante :* être de très mauvaise humeur.

MASSACRE n.m. **I. 1.** Action de massacrer. **2.** Fam. Exécution très maladroite d'un travail, d'une opération ; ratage, gâchis. *Ne découpez pas le poulet avec ce couteau, vous allez faire un massacre.* **3.** Pop. *Faire un massacre :* remporter un grand succès. **4.** *Jeu de massacre :* jeu forain qui consiste à renverser des poupées à bascule avec des balles. **II.** VÉN. Trophée de chasse formé de la tête d'un cervidé portant les bois, séparée du corps et naturalisée.

MASSACRER v.t. (lat. pop. *matteuculare*). **1.** Tuer sauvagement et en masse (des êtres, des gens sans défense). *Massacrer une population civile.* **2.** Fam. Abîmer, endommager par un travail maladroit, une opération mal menée. ◇ Représenter, exécuter maladroitement une œuvre, au point de la défigurer. *Massacrer un concerto.*

MASSACREUR, EUSE n. Personne qui massacre.

MASSAGE n.m. Action de masser. (Les massages sont employés, associés à la kinésithérapie, pour la rééducation des blessés et le traitement des affections articulaires, osseuses, musculaires et nerveuses.)

MASSALIOTE adj. et n. (de *Massalia,* n. grec de *Marseille*). De l'antique Marseille.

1. MASSE n.f. (lat. *massa*). **I. 1.** Grande quantité d'une matière, d'une substance sans forme précise. *Masse de terre, de pierres.* **2.** Quantité, volume important de liquide, de gaz formant une unité. *La masse du sang en circulation.* ◇ MÉTÉOR. *Masse d'air :* flux d'air qui présente une certaine homogénéité et dont les qualités physiques (pression, température, degré d'humidité) varient suivant la position géographique qu'il occupe. **3.** Volume d'un objet important par ses dimensions et par son poids ; bloc compact. ◇ *Dans la masse :* dans un seul bloc de matière homogène. *Travailler, sculpter, usiner* *dans la masse.* – *Comme une masse :* sans réagir ou de tout son poids, comme une chose inanimée, inerte. *S'affaisser, tomber comme une masse.* **4.** Réunion d'éléments distincts de même nature, rassemblés en un tout indistinct. *Reconnaître sa voiture dans la masse des véhicules.* **5.** ARCHIT. *Plan de masse :* plan à petite échelle, ne donnant d'un ensemble de bâtiments que les contours et souvent, par des ombres, une indication des volumes. SYN. : *plan-masse.* **6.** Grande quantité d'éléments formant un tout. *Elle a réuni une masse de documents sur cette question.* ◇ ÉCON. *Masse monétaire :* ensemble des billets en circulation, des monnaies divisionnaires et des dépôts à vue. **7. a.** Caisse spéciale d'un groupe, à laquelle chacun contribue pour sa quote-part. *Masse d'un atelier des Beaux-Arts.* **b.** MIL. Allocation forfaitaire attribuée à une formation militaire pour subvenir à certaines dépenses. *La masse de casernement.* **c.** DR. Ensemble des biens d'une succession, d'une société ou d'un groupement. **II. 1.** PHYS. Quotient de la force appliquée à un corps par l'accélération que cette force imprime au mouvement de ce corps *(masse inerte)* ; grandeur qui caractérise un corps relativement à l'attraction qu'il subit de la part d'un autre *(masse pesante).* [L'unité SI de masse est le kilogramme.] **2. a.** *Masse spécifique* ou *volumique :* quotient de la masse d'un corps par son volume. **b.** CHIM. *Nombre de masse :* nombre total de particules (protons et neutrons) constituant le noyau d'un atome. – *Unité de masse atomique :* unité de mesure de masse atomique (symb. u) égale à la fraction 1/12 de la masse du nucléide ^{12}C et valant approximativement $1{,}660\,56 \cdot 10^{-27}$ kilogramme. – *Masse molaire moléculaire :* masse d'une mole de substance formée de molécules. **3.** ASTRONAUT. *Rapport de masse :* dans une fusée, rapport entre la masse au lancement et la masse à l'achèvement de la combustion des ergols. **4.** *Masse critique :* quantité minimale de substance fissile nécessaire pour qu'une réaction en chaîne puisse s'établir spontanément et se maintenir. **5.** ÉLECTR. **a.** Ensemble des pièces conductrices qui, dans une installation électrique, sont mises en communication avec le sol. **b.** Ensemble métallique d'une automobile par où se ferment les circuits de l'équipement électrique. **III. 1.** Grande quantité de choses ou de personnes. *La masse des estivants se presse sur les plages.* ◇ *En masse :* en grand nombre. *Arrivée en masse.* – Fam. *Une masse de :* une grande quantité de, un grand nombre de. – Pop. *Des masses :* beaucoup. *Des comme ça, tu risques pas d'en trouver des masses.* **2.** Le commun des hommes, le plus grand nombre. *Un spectacle destiné à la masse.* ◇ *De masse :* qui concerne la grande majorité du corps social, considérée comme culturellement homogène. *Communication de masse.* ◆ pl. Le peuple, les classes populaires. *Les masses laborieuses. Prétendre faire l'éducation des masses.*

2. MASSE n.f. (lat. pop. *mattea*). **1.** Outil formé d'une lourde tête (métallique ou en bois) percée d'un trou dans lequel est fixé un long manche, servant à frapper, casser, enfoncer, etc. **2.** HIST. *Masse d'armes :* arme formée d'un manche assez souple surmonté d'une masse métallique, souvent garnie de pointes, en usage au Moyen Âge et jusqu'au XVIe s. **3.** Gros bout d'une queue de billard.

MASSÉ n.m. Au billard, coup donné sur une bille perpendiculairement à la surface du tapis.

MASSELOTTE n.f. (dimin. de *masse*). **1.** Métal en excédent qui adhère à une pièce fondue. SYN. : *jet.* **2.** Petite masse d'un système mécanique agissant par inertie, gravité ou force centrifuge, souvent ajoutée à un organe tournant pour l'équilibrer dans sa rotation.

MASSEPAIN n.m. (it. *marzapane,* de l'ar.). Petit biscuit rond, fait avec des amandes, du sucre et des blancs d'œufs.

1. MASSER v.t. (ar. *mass,* palper). Presser, pétrir différentes parties du corps avec les mains pour assouplir les tissus, fortifier les muscles, atténuer les douleurs, etc.

2. MASSER v.t. Rassembler, disposer en masse. *Masser des troupes. Masser ses cheveux en chignon derrière la tête.* ◆ **se masser** v.pr. Se réunir en masse, se grouper.

3. MASSER v.t. et i. Au billard, faire un massé.

MASSÉTER [masetɛr] n.m. et adj.m. (mot gr., de *masâsthai,* mâcher). Muscle de la joue, qui élève la mâchoire inférieure.

MASSETTE n.f. **1.** Petite masse à tête parallélépipédique, utilisé notamment par les carriers, les maçons, les plâtriers. **2.** Plante du bord des étangs, dite *roseau-massue,* dont les fleurs forment un épi compact d'aspect brun et velouté. (Famille des typhacées.)

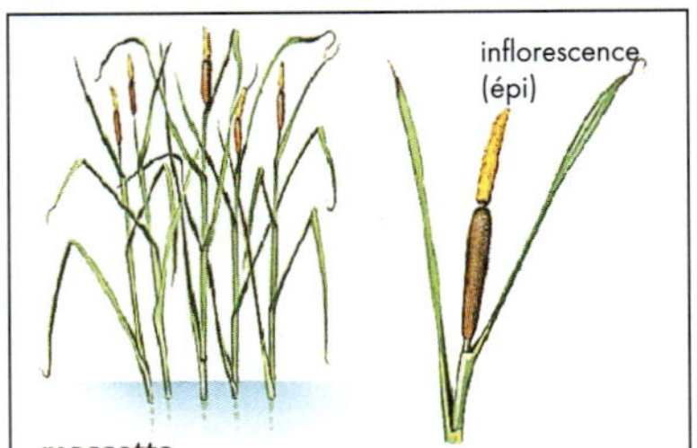

massette

MASSEUR, EUSE n. Personne habilitée à effectuer des massages.

1. MASSICOT n.m. (it. *marzacotto,* vernis, de l'ar.). MINÉR. Oxyde naturel de plomb (PbO), de couleur jaune.

2. MASSICOT n.m. (de *Massiquot,* n. de l'inventeur). **1.** Machine à couper le papier en feuilles. **2.** Machine permettant la mise aux dimensions du bois de placage déroulé ou tranché.

MASSICOTER v.t. Couper au massicot.

1. MASSIER n.m. (de *masse,* bâton). HIST. Huissier porteur d'une masse qui, lors de certaines solennités, précédait le roi, le chancelier, le corps de l'Université, etc.

2. MASSIER, ÈRE n. Dans un atelier de peinture ou de sculpture, élève chargé de recueillir les cotisations (masse) et de pourvoir aux dépenses communes.

1. MASSIF, IVE adj. **1.** Qui forme un bloc compact ; qui n'est ni creux, ni plaqué, ni mélangé. *Un meuble en acajou massif.* **2.** Qui a une apparence épaisse, lourde, compacte. *Formes massives.* **3.** Qui est donné, fait, ou qui existe en grande quantité. *Dose massive de médicaments.* **4.** Qui groupe un grand nombre de personnes. *Manifestation massive.* **5.** ASTRON. Qui possède une forte masse. *Étoile massive.*

2. MASSIF n.m. **1.** Ensemble de plantes fleuries ou d'arbustes, dans un parterre. *Un massif de tulipes.* **2.** Ensemble de hauteurs présentant un caractère montagneux. *Le massif du Mont-Blanc.* ◇ *Massif ancien :* région formée de terrains plissés au précambrien ou au primaire, n'ayant subi que de larges déformations ou des cassures (failles). **3.** ARCHIT. Ouvrage de béton ou de maçonnerie destiné à porter ou à épauler une construction. **4.** PUBL. Ensemble des panneaux publicitaires d'un quai *(massif quai)* ou d'un couloir *(massif couloir)* affectés à un même annonceur, dans le métro.

MASSIFICATION n.f. Adaptation d'un phénomène à la masse, au grand nombre, par suppression des caractères différenciés qu'il présentait. *La massification de la culture.*

MASSIFIER v.t. Opérer la massification de.

MASSIQUE adj. PHYS. **1.** Qui concerne la masse. **2.** Se dit d'une grandeur rapportée à l'unité de masse. *Volume massique, chaleur massique.*

MASSIVEMENT adv. De façon massive.

MASSIVITÉ n.f. Caractère massif de qqch.

MASS MEDIA n.m. pl. (mots angl.). Moyens de communication* de masse (télévision, radio, presse, cinéma, etc.).

MASSORE ou **MASSORAH** n.f. (hébr. *massorah,* tradition). Annotation destinée à fixer le texte hébreu de la Bible et à remédier aux altérations dans la transmission du texte au cours des siècles.

MASSORÈTE n.m. Érudit juif, auteur de massores.

MASSUE n.f. (de *masse,* marteau). Bâton noueux, beaucoup plus gros à un bout qu'à l'autre, utilisé comme arme contondante de l'Antiquité au XVIe s. ◇ Fig. *Coup de massue :* évènement catastrophique et brutal qui abat, bouleverse. – *Argument massue,* qui laisse sans réplique l'interlocuteur.

MASTABA n.m. (de l'ar.). Monument funéraire trapézoïdal (abritant caveau et chapelle), construit pour les notables de l'Égypte pharaonique de l'Ancien Empire.

MASTARD n.m. Pop. Individu grand et fort ; costaud.

MASTECTOMIE n.f. → ***mammectomie.***

MASTÈRE n.m. (angl. *master,* maître). Diplôme à finalité professionnelle, délivré par certaines grandes écoles, sanctionnant une formation spécialisée en un an au moins.

MASTIC n.m. (gr. *mastikhê,* gomme de lentisque). **1.** Pâte malléable à base de carbonate de calcium et d'huile de lin pure, durcissant au contact de l'air, qui sert à boucher des trous ou des joints, à faire adhérer des objets de nature différente, etc. **2.** IMPR. Erreur grave dans la composition typographique (en partic., mélange des caractères). **3.** Résine jaunâtre qui découle du lentisque. ◆ adj. inv. Beige clair.

MASTICAGE n.m. Action de mastiquer, de joindre ou de remplir avec du mastic.

1. MASTICATEUR, TRICE adj. Qui intervient dans la mastication. (Certains muscles masticateurs abaissent la mâchoire inférieure [digastriques], d'autres l'élèvent [masséters temporaux], d'autres la déplacent latéralement [ptérygoïdiens].)

2. MASTICATEUR n.m. Ustensile servant à broyer les aliments pour certains malades.

MASTICATION n.f. Action de mâcher.

MASTICATOIRE n.m. et adj. Substance qu'on mâche, sans l'avaler (tel le chewing-gum), pour exciter la sécrétion de la salive.

MASTIFF n.m. (mot angl., du fr. *mâtin*). Chien à corps trapu, voisin du dogue de Bordeaux.

1. MASTIQUER v.t. (lat. *masticare*). Triturer (des aliments) avec les dents avant de les avaler.

2. MASTIQUER v.t. Coller, joindre, boucher avec du mastic.

MASTITE n.f. (gr. *mastos,* mamelle). MÉD. Inflammation de la glande mammaire. SYN. : *mammite.*

MASTOC adj. inv. (p.-ê. de l'all. *Mastochs,* bœuf à l'engrais, ou de *massif*). Fam. Qui a des formes lourdes, épaisses.

MASTODONTE n.m. (gr. *mastos,* mamelle, et *odous, odontos,* dent). **1.** Mammifère fossile de la fin du tertiaire et du début du quaternaire, voisin de l'éléphant, mais muni de molaires mamelonnées et parfois de deux paires de défenses. **2.** Fam. Personne, animal ou chose énorme.

mastodonte (reconstitution probable)

MASTOÏDE adj. (gr. *mastoeidês,* qui a l'apparence d'une mamelle). ANAT. *Apophyse mastoïde* ou *mastoïde,* n.f. : éminence placée à la partie inférieure et postérieure de l'os temporal, en arrière de l'oreille.

MASTOÏDIEN, ENNE adj. ANAT. Relatif à l'apophyse mastoïde. ◇ *Cavités* ou *cellules mastoïdiennes :* cavités de l'apophyse mastoïde, en communication avec la caisse du tympan.

MASTOÏDITE n.f. MÉD. Inflammation des cellules mastoïdiennes, qui peut accompagner une otite aiguë.

MASTOLOGIE n.f. MÉD. Étude de la physiologie et de la pathologie des glandes mammaires.

MASTROQUET n.m. (p.-ê. du picard). **1.** Pop. et vieilli. Marchand de vin au détail. **2.** Fam. Débit de boissons ; café. Abrév. : *troquet.*

MASTURBATION n.f. Action de masturber, de se masturber.

MASTURBER v.t. (lat. *manus,* main, et *stuprare,* polluer). Procurer le plaisir sexuel par l'excitation manuelle des parties génitales. ◆ **se masturber** v.pr. Se livrer à la masturbation sur soi-même.

M'AS-TU-VU n. inv. (Question qu'emploient les acteurs évoquant entre eux leurs succès.) Personne vaniteuse.

MASURE n.f. (bas lat. *mansura,* demeure). Maison misérable, délabrée.

MASURIUM n.m. CHIM. Vx. Technétium.

1. MAT [mat] n.m. (ar. *māta,* il est mort). Aux échecs, position du roi qui est en échec, sans pouvoir se mettre hors de prise, ce qui termine la partie. ◆ adj. inv. Se dit du roi en position de mat, du joueur dont le roi est dans une telle situation.

2. MAT, E [mat] adj. (lat. *mattus,* humide). **1.** Qui n'a pas d'éclat, de poli. *Or mat. Photographie sur papier mat.* **2.** Qui n'a pas de transparence, n'est pas lumineux. *Verre mat.* – *Teint mat, peau mate,* légèrement bistre. **3.** Qui n'a pas de résonance. *Son mat.*

3. MAT [mat] n.m. (angl. *mat,* natte). Nappe en fibres de verre, en fibres synthétiques ou naturelles non tissées, utilisée dans la fabrication des plastiques armés, des stratifiés, etc.

MÂT [mɑ] n.m. (francique *mast*). **1.** Longue pièce de bois ou de métal, de section généralement circulaire, dressée verticalement ou obliquement sur le pont d'un voilier, maintenue par des haubans et destinée à porter la voilure. – *Grand mât :* mât principal d'un voilier. ◇ *Mât de charge :* dispositif comprenant une corne montée sur un pivot ainsi que divers organes de manœuvre, et servant à embarquer et à débarquer les marchandises à bord d'un navire. **2.** Longue pièce fichée dans le sol, au sommet de laquelle on hisse des drapeaux, des signaux, etc. – CH. DE F. Support des signaux et des disques. ◇ *Mât de cocagne* → **cocagne. 3.** Longue perche fixe servant aux exercices des gymnastes.

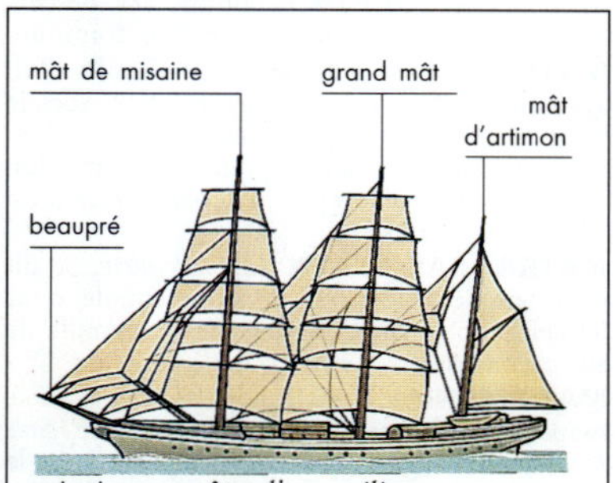

principaux **mâts** d'un voilier

MATABICHE n.m. (du port. *matar o bicho,* tuer la bête). Afrique. Pot-de-vin, bakchich.

MATADOR n.m. (mot esp., de *matar,* tuer). Dans les courses de taureaux, celui qui, ayant reçu l'alternative, est chargé de la mise à mort de l'animal.

MATAF n.m. Arg. Matelot.

MATAGE n.m. **1.** TECHN. Action de matir un métal précieux. **2.** Action de travailler au matoir à tasser, ou de refouler une matière malléable à froid.

MATAMORE n.m. (esp. *Matamoros,* tueur de Maures [personnage de la comédie espagnole]). Faux brave, fanfaron.

MATCH [matʃ] n.m. (mot angl.) [pl. *matchs* ou *matches*]. Compétition sportive disputée entre deux concurrents, deux équipes. *Un match de tennis, de football.* ◇ Par ext. Compétition (économique, politique, etc.) entre États, organismes, etc.

MATCHER v.i. Rare. Disputer un match. ◆ v.t. Rare. Affronter dans un match.

MATCHICHE [matʃiʃ] n.f. (du port.). Danse d'origine brésilienne, à deux temps, à la mode au début du XXe s.

MATCH-PLAY [matʃplɛ] n.m. (mot angl.) [pl. *match-plays*]. Au golf, compétition se jouant trou par trou.

MATÉ n.m. (mot esp., du quechua). Houx d'Amérique du Sud, dont les feuilles fournissent une infusion stimulante et diurétique. SYN. : *thé des jésuites.*

MATEFAIM n.m. (de 1. *mater* et *faim*). Crêpe très épaisse, spécialité lyonnaise ou franc-comtoise.

MATELAS n.m. (ar. *maṭraḥ,* tapis). **1.** Pièce de literie, généralement capitonnée, rembourrée de laine, de mousse, ou à ressorts, et destinée à garnir le sommier. ◇ *Matelas pneumatique :* enveloppe gonflable de toile caoutchoutée ou de plastique, utilisée pour le camping, la plage, etc. **2.** Épaisse couche d'un matériau mou, souple ou meuble. *Matelas de feuilles.* ◇ *Matelas d'air :* couche d'air aménagée entre deux parois, dans une construction.

MATELASSÉ, E adj. et n.m. Se dit d'un tissu doublé d'une couche moelleuse maintenue par des piqûres.

MATELASSER v.t. **1.** Rembourrer (un siège, un coussin, etc.) en fixant la couche intérieure par des piqûres ou des boutons. **2.** Doubler (une étoffe) avec un tissu matelassé.

MATELASSIER, ÈRE n. Professionnel qui confectionne ou répare les matelas.

MATELASSURE n.f. Ce qui sert à rembourrer, à faire des matelas.

MATELOT n.m. (moyen néerl. *mattenoot,* compagnon). MAR. **1.** Homme d'équipage qui, à bord, participe à la manœuvre et à l'entretien du navire. **2.** Militaire du rang, dans la Marine nationale (premier grade). **3.** Chacun des navires d'une formation, considéré par rapport à celui qu'il précède ou qu'il suit.

MATELOTAGE n.m. MAR. Ensemble des travaux relatifs à la manœuvre et au service du gabier.

MATELOTE n.f. Préparation faite de poissons coupés en morceaux, cuits dans du vin avec des oignons. *Matelote d'anguilles au vin blanc.* ◇ (En app.). *Sauce matelote.*

1. MATER v.t. (de 1. *mat*). Aux échecs, mettre (le roi, l'adversaire) en position de mat. ◇ Absolt. Faire mat.

2. MATER v.t. (de 2. *mat*). **I. 1.** TECHN. Matir. **2.** Soumettre au matage ; refouler, battre au matoir. ◇ *Mater une soudure,* la battre avec un matoir. **II. 1.** Réduire à l'impuissance, à l'obéissance. **2.** Réprimer, se rendre maître de. *Mater une révolte.*

3. MATER v.t. (fr. d'Alger, de l'esp. *matar,* tuer). Arg. **1.** Regarder, surveiller. **2.** Épier avec convoitise ; reluquer.

MÂTER v.t. MAR. Pourvoir un navire de son ou de ses mâts.

MÂTEREAU n.m. Petit mât de faible diamètre.

MATÉRIALISATION n.f. **1.** Action de matérialiser, fait de se matérialiser. *Matérialisation d'un projet.* ◇ Spécialt. Action de matérialiser une voie, un emplacement, etc. **2.** PHYS. Transformation d'énergie rayonnante en particules de masse non nulle.

MATÉRIALISER v.t. (lat. *materia,* matière). **1.** Donner une forme concrète, une réalité sensible à. *La rivière matérialise la frontière.* ◇ Litt. Considérer comme matériel. *Philosophie qui matérialise l'âme.* **2.** Réaliser, rendre effectif. *Matérialiser un projet.* **3.** Signaliser. *Matérialiser une piste cyclable par des lignes vertes.* ◆ **se matérialiser** v.pr. Devenir réel, se concrétiser.

MATÉRIALISME n.m. **1.** PHILOS. Doctrine qui affirme que rien n'existe en dehors de la matière, et que l'esprit est lui-même entièrement matériel. *Matérialisme historique, matérialisme dialectique* → **marxisme. 2.** Manière de vivre, état d'esprit orientés vers la recherche des plaisirs et des satisfactions matériels.

■ Le matérialisme est un courant philosophique qui remonte à l'Antiquité (Démocrite, Épicure, Lucrèce). Il repose sur l'idée que la matière constitue tout l'être de la réalité. Le matérialisme nie tout dualisme entre une Création et un Créateur, entre le corps et l'âme, et fait de la pensée un phénomène matériel. Renouvelé par les libertins du XVIIe s. et l'invention de la physique mathématique (Galilée, Newton), le matérialisme est largement diffusé par les philosophes du siècle des Lumières (Diderot), dans une perspective plus physiologique (d'Holbach, La Mettrie) ou plus sociale (Helvétius). Le *matérialisme historique,* défini par Marx, inscrit dans l'histoire de l'homme les concepts atemporels du matérialisme antique : l'histoire, qui a pour moteur la lutte des classes, est constituée par l'ensemble des modes de production, apparus ou à venir ; le mode de production conditionne les modes de vie, sociaux, politiques, intellectuels ; c'est donc l'être social de l'homme qui détermine la conscience, et non l'inverse.

MATÉRIALISTE adj. et n. **1.** Qui appartient au matérialisme ; partisan du matérialisme. **2.** Orienté vers la seule recherche des satisfactions matérielles.

MATÉRIALITÉ n.f. **1.** Caractère de ce qui est matériel. **2.** Circonstance matérielle qui constitue un acte. *En droit, la matérialité s'oppose aux motifs.*

MATÉRIAU n.m. **1.** Substance, matière destinée à être mise en œuvre. *Choix, qualité d'un matériau.* **2.** Matière de base, ensemble d'informations utilisable pour une recherche, la rédaction d'un ouvrage, etc. *Cette enquête lui a fourni le matériau de sa thèse.* ◆ pl. **1.** Matières d'origine naturelle ou artificielle entrant dans la construction d'un bâtiment, d'un véhicule, etc. *Matériaux provenant de démolitions.* **2.** Informations, documents recueillis et combinés pour former un tout. *Les matériaux d'un procès. Rassembler des matériaux pour la rédaction d'un dictionnaire.*

1. MATÉRIEL, ELLE adj. (lat. *materialis,* de *materia,* matière). **1.** Formé de matière (par opp. à *spirituel,* à *intellectuel,* etc.). *L'univers matériel.* ◇ MÉCAN. *Point matériel :* élément dont la masse est supposée concentrée en un point. **2.** Qui concerne les objets (et non les personnes). *Dégâts matériels. Accident dû à une défaillance matérielle et non à une erreur humaine.* **3. a.** Qui existe effectivement ; réel, tangible. *Obstacle matériel.* **b.** Qui est considéré d'un point de vue purement concret, en dehors de toute subjectivité. *Être dans l'impossibilité matérielle de faire qqch.* – *Temps matériel :* temps nécessaire pour accomplir une action. **4.** Qui concerne les nécessités de la vie humaine, les moyens financiers de l'existence. *Confort matériel.* **5.** Péj. Trop attaché à l'argent, aux plaisirs. *Esprit matériel.*

2. MATÉRIEL n.m. **1.** Ensemble des objets, des instruments nécessaires pour le bon fonctionnement d'une exploitation, d'un établissement, la pratique d'un sport, d'une activité, etc. **2.** Matériau (sens 2). **3.** Ensemble des équipements nécessaires aux forces armées. ◇ *Service du matériel,* chargé, dans les armées de terre et de l'air, de la gestion et du maintien en condition des matériels. (Dans l'armée de terre, le matériel est une arme depuis 1976.) **4.** INFORM. Ensemble des éléments physiques d'un système informatique (recomm. off. pour *hardware*). **5.** *Matériel génétique :* support de l'information héréditaire dans les organismes, composé d'A. D. N. ou d'A. R. N.

MATÉRIELLE n.f. Fam. Argent nécessaire pour vivre. *Assurer la matérielle.*

MATÉRIELLEMENT adv. **1.** D'une manière concrète, objective ; effectivement. *C'est matériellement impossible.* **2.** Sur le plan financier, matériel. *Être matériellement défavorisé.*

MATERNAGE n.m. **1.** Ensemble des soins qu'une mère, ou la personne qui la remplace, prodigue à son enfant ; ensemble des relations qu'elle entretient avec lui. ◇ PSYCHOL. Relation établie entre le thérapeute et son patient sur ce modèle. **2.** Action de materner, de protéger excessivement qqn.

MATERNEL, ELLE adj. (lat. *maternus*). **1.** Propre à la mère. *Allaitement maternel.* **2.** Qui concerne les mères. ◇ *Hôtel maternel :* établissement qui héberge les mères célibataires. **3.** Qui rappelle, imite le comportement d'une mère. *Gestes maternels.* ◇ *École maternelle* ou *maternelle,* n.f. : école facultative mixte accueillant les enfants de deux à six ans. – *Maison maternelle :* établissement qui, dans le cadre de la protection maternelle et infantile, a pour but de prévenir les abandons d'enfant. **4.** Relatif à la mère, qui est du côté de la mère. *Grands-parents maternels.* ◇ *Langue maternelle :* première langue apprise par l'enfant, généralement celle de la mère, dans son milieu familial.

MATERNELLE n.f. École maternelle.

MATERNELLEMENT adv. De façon maternelle.

MATERNER v.t. 1. PSYCHOL. et cour. Établir une relation de maternage avec. 2. Entourer de soins excessifs, protéger excessivement.

MATERNISER v.t. Donner à (un lait animal ou synthétique) une composition la plus proche possible de celle du lait de femme.

MATERNITÉ n.f. (lat. *maternitas,* de *mater,* mère). I. 1. État, qualité de mère. ◇ *Assurance maternité :* assurance sociale qui prend en charge les frais médicaux et pharmaceutiques de la grossesse, de l'accouchement et l'indemnité de repos *(congé maternité).* 2. Fait de mettre un enfant au monde. *Elle a eu trois maternités rapprochées.* 3. DR. Lien de droit entre une mère et son enfant. II. 1. Établissement, service hospitalier où s'effectuent la surveillance médicale de la grossesse et l'accouchement. 2. Œuvre d'art représentant une mère avec son enfant.

MATH ou **MATHS** n.f. pl. (abrév.). Fam. 1. Mathématiques. *Un cours de math. Être fort en maths.* 2. *Math sup, math spé :* classe de mathématiques supérieures, de mathématiques spéciales.

MATHÉMATICIEN, ENNE n. Chercheur, enseignant spécialiste des mathématiques.

1. MATHÉMATIQUE adj. (gr. *mathêmatikos,* de *mathêma,* science). 1. Relatif aux mathématiques. *Logique mathématique.* 2. Qui exclut toute incertitude, toute inexactitude. *Précision mathématique.* ◇ *C'est mathématique :* c'est logique, inévitable.

2. MATHÉMATIQUE n.f. 1. (Au sing. ou au pl.). Science qui étudie par le moyen du raisonnement déductif les propriétés d'êtres abstraits (nombres, figures géométriques, fonctions, espaces, etc.) ainsi que les relations qui s'établissent entre eux. 2. (Au sing.). Ensemble des disciplines mathématiques envisagées comme constituant un tout organique. ◇ Méthode d'élaboration du raisonnement propre à ces disciplines. 3. *Mathématiques spéciales :* classe préparatoire aux concours des grandes écoles scientifiques. SYN. (arg. scol.) : *taupe.* – *Mathématiques supérieures :* classe intermédiaire entre le baccalauréat et la classe de mathématiques spéciales. SYN. (arg. scol.) : *hypotaupe.*

MATHÉMATIQUEMENT adv. 1. Selon les méthodes mathématiques. 2. Avec une exactitude rigoureuse, immanquablement. 3. Inévitablement.

MATHÉMATISATION n.f. Application à un domaine particulier de théories, de méthodes mathématiques.

MATHÉMATISER v.t. Opérer la mathématisation de. *Mathématiser une théorie économique.*

MATHEUX, EUSE n. 1. Fam. Étudiant en mathématique. 2. Personne douée pour les mathématiques.

MATHURIN n.m. (n. d'un saint). 1. Religieux de l'ordre des Trinitaires (fondé en 1198), qui s'était donné pour mission de faciliter le rachat des chrétiens captifs dans les États barbaresques. 2. Fam. Matelot.

MATHUSALEM n.m. (de *Mathusalem,* n.pr.). Grosse bouteille de champagne d'une contenance de huit bouteilles (6 litres).

MATIÈRE n.f. (lat. *materia*). I. 1. Substance, réalité constitutive des corps, douée de propriétés physiques. ◇ BIOL. *La matière vivante,* la matière dont sont faits les êtres vivants. 2. PHILOS. Corps, réalité matérielle (par opp. à l'*âme,* à l'*esprit*). 3. Substance particulière dont est faite une chose et connaissable par ses propriétés. *Matière combustible. Matière picturale d'un tableau.* 4. *Matière première :* matériau d'origine naturelle qui est l'objet d'une transformation artisanale ou industrielle. *La laine, le coton sont des matières premières.* ◇ Fig. Ce qui fait l'objet d'une élaboration, d'une transformation d'ordre intellectuel. *Ces questionnaires lui ont fourni la matière première de son enquête.* II. 1. Ce qui peut constituer le fond, le sujet d'un ouvrage, d'une étude. *Il y a là la matière d'un roman.* ◇ *Entrée en matière :* introduction (d'un exposé, d'une étude, etc.). – *Table des matières :* liste fournissant l'indication des sujets traités dans un ouvrage, et leur référence. 2. Ce qui est l'objet d'une étude systématique, d'un enseignement. *Élève brillant dans les matières artistiques.* 3. DR. *Matière civile, commerciale,* etc. : ce qui concerne la juridiction civile, commerciale, etc. 4. a. Ce qui fournit l'occasion, ce qui est la cause de. *Donner matière à discussion. Être, donner matière à rire.* b. *En matière* (*de,* ou suivi d'un adj.) : en ce qui concerne (tel domaine). *En matière de sport, en matière sportive.*

MATIÉRISME n.m. ART CONTEMP. Tendance à privilégier le traitement de la matière, notamm. en peinture (emploi d'une couche picturale épaisse, souvent additionnée de matériaux hétérogènes).

MATIÉRISTE adj. et n. Qui relève du matiérisme ; adepte du matiérisme.

M. A. T. I. F. [matif] n.m. (sigle). Marché* à terme international de France.

MATIN n.m. (lat. *matutinum*). 1. Début du jour. *Quatre heures du matin.* 2. Partie du jour comprise entre le lever du soleil et midi. ◇ *De bon matin, de grand matin :* de bonne heure. – *Un beau matin :* un jour indéterminé. ◆ adv. 1. Litt. De bonne heure. *Se lever matin.* 2. Dans la matinée. *Dimanche matin.*

1. MÂTIN n.m. (lat. *mansuetus,* apprivoisé). Gros chien de garde.

2. MÂTIN, E n. Fam., vieilli. Personne vive, délurée. ◆ interj. Fam., vieilli. *Mâtin !,* marque l'étonnement ou l'admiration (souvent employé par plais.).

MATINAL, E, AUX adj. 1. Propre au matin. *Brise matinale.* 2. Qui se lève de bonne heure.

MÂTINÉ, E adj. 1. Qui n'est pas de race pure. *Épagneul mâtiné de dogue.* 2. Qui est mêlé à qqch d'autre. *Un français mâtiné d'italien.*

MATINÉE n.f. 1. Temps qui s'écoule depuis le point du jour jusqu'à midi. ◇ *Faire la grasse matinée :* rester tard au lit le matin. 2. Spectacle, réunion qui a lieu l'après-midi.

MÂTINER v.t. Couvrir (une chienne de race), en parlant d'un chien de race différente, ou d'un corniaud.

MATINES n.f. pl. LITURGIE. Premier office divin chanté avant le lever du jour (appelé auj. *office de lectures*).

MATINEUX, EUSE adj. et n. Vx ou litt. Qui a l'habitude de se lever de bon matin.

MATINIER, ÈRE adj. Litt. Du matin. ◇ *L'étoile matinière :* Vénus.

MATIR v.t. TECHN. Rendre mat (un métal précieux).

MATITÉ n.f. État de ce qui est mat.

MATOIR n.m. Outil en acier trempé, qui sert à mater, à matir.

MATOIS, E adj. et n. (de l'arg. *mate,* voleur, filou). Litt. Qui a de la ruse et de la finesse.

MATON, ONNE n. (de 3. *mater*). Arg. Gardien, gardienne de prison.

MATORRAL n.m. (pl. *matorrals*). Formation végétale des pays méditerranéens, plus ouverte que le maquis et constituée de cistes, d'oliviers sauvages, de lentisques, d'arbousiers et de petits chênes.

MATOS n.m. Fam. Matériel.

MATOU n.m. Chat mâle, en général non castré.

MATRAQUAGE n.m. Action de matraquer.

MATRAQUE n.f. (de l'ar.). Arme contondante, faite le plus souvent d'un cylindre de bois ou de caoutchouc durci.

MATRAQUER v.t. 1. Frapper à coups de matraque. ◇ Fig. Critiquer durement. 2. Fam. Demander à (un client) un prix excessif pour un produit, un service. 3. Infliger, en le répétant avec insistance (un slogan, une image publicitaire, etc.).

MATRAQUEUR, EUSE n. et adj. Personne qui matraque.

1. MATRAS [matra] n.m. (du lat. *mataris,* d'orig. gaul.). Carreau d'arbalète, terminé par une petite masse de fer.

2. MATRAS [matra] n.m. (de 1. *matras,* p.-ê. avec infl. de l'ar. *matara,* vase). Récipient à long col, de forme sphérique ou ovoïde, utilisé dans les laboratoires de chimie.

MATRIARCAL, E, AUX adj. Relatif au matriarcat. *Société matriarcale.*

MATRIARCAT n.m. (lat. *mater,* mère, et gr. *arkhê,* commandement). Système politique et juridique dans lequel les femmes ont une autorité prépondérante dans la famille et exercent des fonctions politiques dans l'organisation sociale.

MATRIÇAGE n.m. MÉTALL. Forgeage à chaud de produits non ferreux à l'aide d'une matrice.

MATRICAIRE n.f. (de *matrice*). Plante herbacée odorante, dont une espèce, la *petite camomille,* ressemble à l'anthémis. (Famille des composées.)

MATRICE n.f. (lat. *matrix, matricis*). 1. Vieilli. Utérus. 2. MATH. *Matrice (à* n *lignes et* p *colonnes) :* tableau rectangulaire de nombres disposés suivant *n* lignes et *p* colonnes, *n* et *p* pouvant être égaux *(matrice carrée).* 3. STAT. Arrangement ordonné d'un ensemble d'éléments. 4. ADMIN. *Matrice cadastrale :* document énumérant les parcelles appartenant à chaque propriétaire dans la commune. – *Matrice du rôle des contributions :* registre original d'après lequel sont établis les rôles des contributions dans chaque commune. 5. TECHN. Moule en creux ou en relief, servant à reproduire une empreinte sur un objet soumis à son action.

MATRICER v.t. [16]. TECHN. Former (une pièce) au moyen de matrices.

MATRICIDE n.m. (lat. *matricidium*). Litt. Crime de celui, de celle qui a tué sa mère.

MATRICIEL, ELLE adj. Relatif aux matrices. *Calcul matriciel.*

MATRICLAN n.m. ANTHROP. Clan fondé sur la filiation matrilinéaire.

1. MATRICULE n.f. (bas lat. *matricula,* petit registre). 1. Registre où sont inscrits les noms de tous les individus qui entrent dans un hôpital, dans une prison, dans un corps de troupes, etc. 2. Inscription sur ce registre. 3. Extrait de cette inscription.

2. MATRICULE n.m. 1. Numéro d'inscription sur la matricule. *Le prisonnier matricule 100,* et, elliptiquement, *le matricule 100.* 2. Numéro d'identification des véhicules et matériels militaires.

MATRILIGNAGE n.m. ANTHROP. Ligne ou groupe de filiation unilinéaire dont tous les membres se considèrent comme les descendants par les femmes d'un ancêtre commun.

MATRILINÉAIRE adj. ANTHROP. Se dit d'un système de filiation et d'organisation sociale dans lequel seule l'ascendance maternelle est prise en ligne de compte pour la transmission du nom, des privilèges, de l'appartenance à un clan ou à une classe.

MATRILOCAL, E, AUX adj. ANTHROP. Se dit du mode de résidence d'un jeune couple, dans lequel l'époux vient habiter dans la famille de sa femme. SYN. : *uxorilocal.*

MATRIMONIAL, E, AUX adj. (lat. *matrimonium,* mariage). Qui a rapport au mariage. – *Régime matrimonial :* régime qui règle la répartition et la gestion des biens entre époux. – *Agence matrimoniale :* établissement commercial qui met en rapport des personnes désireuses de se marier.

MATRIOCHKA n.f. (mot russe). Chacune des poupées gigognes en bois peint d'une série ; cette série.

MATRONE n.f. (lat. *matrona*). 1. ANTIQ. Femme mariée ou mère de famille, chez les Romains. 2. Femme d'âge mûr et d'allure respectable. ◇ Péj. Femme corpulente aux manières vulgaires. 3. Accoucheuse, autrefois, ou dans les pays où la profession de sage-femme n'est pas réglementée.

MATRONYME n.m. Nom de famille formé d'après le nom de la mère.

MATTE n.f. Substance métallique sulfureuse résultant de la première fusion d'un minerai traité et non suffisamment épuré.

MATTHIOLE n.f. (du n. de *Matthioli,* botaniste it.). Plante ornementale dont on cultive une espèce, sous les noms de *giroflée rouge, violier.* (Famille des crucifères.)

MATURATION n.f (lat. *maturatio,* de *maturare,* mûrir). 1. Processus menant au développement complet d'un phénomène, à la plénitude d'une faculté. *Maturation d'un talent.* 2. BIOL. Évolution d'un organe animal ou végétal vers la maturité. 3. PHYSIOL. Évolution de l'organisme humain vers son état adulte (par opp. à la *croissance* désignant l'évolution des mensurations). *Maturation sexuelle.* 4. MÉTALL. Maintien à une température voisine de la température ambiante d'un produit en alliage léger préalablement trempé, destiné à en améliorer les qualités mécaniques. SYN. : *vieillissement.*

MATURE adj. **1.** Arrivé à maturité. ◇ Spécialt. Arrivé à une certaine maturité psychologique. **2.** Se dit du poisson prêt à frayer.
MÂTURE n.f. MAR. Ensemble des mâts d'un navire.
MATURITÉ n.f. **1.** État d'un fruit quand il est mûr. **2.** Période de la vie caractérisée par le plein développement physique, affectif et intellectuel. **3.** État de l'intelligence, d'une faculté qui a atteint son plein développement. ◇ Spécialt. Sûreté du jugement (génér. propre à l'âge mûr). *Manquer de maturité.* **4.** Suisse. Examen de fin d'études secondaires, homologue du baccalauréat français.
MATUTINAL, E, AUX adj. Vx ou litt. Qui appartient au matin.
MAUBÈCHE n.f. Bécasseau hivernant en France, représenté par deux espèces : la *maubèche des estuaires* et la *maubèche des champs.* (Long. 25 cm env.)
MAUDIRE v.t. (lat. *maledicere*) 104. **1.** Litt. Vouer à la damnation éternelle, en parlant de Dieu. **2.** Litt. Appeler la malédiction, la colère divine sur (qqn). **3.** Exprimer son impatience, sa colère contre. *Maudire le sort.*
MAUDIT, E adj. et n. **1.** Voué à la damnation éternelle. ◇ *Le Maudit* : le démon. **2.** Réprouvé, rejeté par la société. *Poète maudit.* ◆ adj. Qui contrarie désagréablement, dont on a sujet de se plaindre. *Cette maudite pluie !*
MAUGRABIN, E ou **MAUGREBIN, E** adj. et n. Vieilli. Maghrébin.
MAUGRÉER v.i. (anc. fr. *maugré,* chagrin). Litt. Manifester sa mauvaise humeur, son mécontentement. ◆ v.t. Marmonner (des injures, des paroles désagréables).
MAUL n.m. (angl. *to maul,* malmener). Au rugby, mêlée ouverte où le ballon ne touche pas terre.
MAURANDIE n.f (de *Maurandy,* n.pr.). Plante mexicaine, parfois grimpante, dont les fleurs à grande corolle tubuleuse sont recherchées pour orner les tonnelles. (Famille des scrofulariacées.)
MAURE ou **MORE** adj. et n. (lat. *Maurus,* Africain). **I.** HIST. **a.** Chez les Romains, qui appartenait à la Mauritanie ancienne (actuel Maghreb). **b.** Au Moyen Âge, Berbère appartenant au peuple qui conquit l'Espagne. **2.** HÉRALD. *Tête de Maure :* figure représentant une tête de Noir. **3.** Auj. Habitant du Sahara occidental.
MAURELLE n.f. (de *Maure*). Croton fournissant un colorant brun utilisé en teinturerie.
1. MAURESQUE ou **MORESQUE** adj. Propre aux Maures.
2. MAURESQUE n.f. **1.** Femme maure. **2.** Pastis additionné de sirop d'orgeat.
MAURICIEN, ENNE adj. et n. De l'île Maurice.
MAURISTE n.m. Bénédictin de la congrégation de Saint-Maur, créée à Paris en 1618.
MAURITANIEN, ENNE adj. et n. De la Mauritanie.
MAUSER [mozɛr] n.m. (du n. des frères Wilhelm et Paul von *Mauser* [1834-1882 et 1838-1914]). **1.** Fusil adopté en 1872 par l'Allemagne pour remplacer le fusil à aiguille. **2.** Type de pistolet automatique.
MAUSOLÉE n.m. (de *Mausole,* n.pr.). Monument funéraire de grandes dimensions, à l'architecture somptueuse.
MAUSSADE adj. (de *mal,* et anc. fr. *sade,* agréable). **1.** Qui est d'une humeur chagrine, désagréable ; qui manifeste cette humeur. *Un homme maussade, à l'air maussade.* **2.** Qui inspire l'ennui, la tristesse. *Temps maussade.*
MAUSSADERIE n.f. Litt. Fait d'être maussade, mauvaise humeur.
MAUVAIS, E adj. (lat. pop. *malifatius,* de *male fatum,* mauvais sort). **I. 1.** Dangereux, nuisible. *Mauvais climat. Mauvais livre.* ◇ *Trouver mauvais que :* considérer comme néfaste. – *Mauvais bruits :* propos défavorables. – *Mer mauvaise,* très agitée. **2.** Qui n'est pas de bonne qualité. *Du mauvais pain.* **3.** Qui ne convient pas, défavorable, inopportun. *Arriver au mauvais moment.* **4.** De valeur nulle ou faible ; qui rapporte peu, insuffisant. *Mauvaise récolte. Mauvaise affaire.* **5.** Qui provoque une réaction défavorable. *Faire mauvais effet.* ◇ Fam. *La trouver mauvaise :* être mécontent, déçu de qqch. **II. 1.** Dépourvu de qualités morales ; qui fait le mal. *C'est un homme mauvais.* **2.** Contraire à la morale ou à la loi. *Mauvaise conduite.* **3.** *Mauvaise tête :* personne sujette à des coups de tête, qui n'a pas bon caractère. **4.** Qui manque de qualité, de talent. *Mauvais acteur.* ◆ adv. **1.** *Il fait mauvais :* le temps n'est pas beau. **2.** *Sentir mauvais :* exhaler une odeur fétide.
MAUVE n.f. (lat. *malva*). Plante à fleurs roses ou violacées, dont l'infusion est laxative et calmante. (Type de la famille des malvacées.) ◆ adj. et n.m. Couleur violet pâle.

mauve

MAUVÉINE n.f. CHIM. Colorant violet dérivé de l'aniline.
MAUVIETTE n.f. (dimin. de *mauvis*). **1.** Vx. Alouette devenue grasse à la fin de l'été. **2.** Fam. Personne chétive, maladive ou peu courageuse.
MAUVIS [movi] n.m. (anglo-saxon *maew,* mouette). Petite grive à la chair estimée. (Long. 22 cm env.)
1. MAXI adj. inv. Très long, en parlant d'un vêtement. *Robe, mode maxi.* ◆ n.m. **1.** Manteau masculin ou féminin très long. **2.** Mode des jupes et des manteaux longs.
2. MAXI adj. inv. (abrév.). Fam. Maximal. *Sur cette voiture, c'est la vitesse maxi.* ◆ adv. Fam. Au maximum ; tout au plus. *Tu peux en tirer mille francs maxi.*
1. MAXILLAIRE adj. (lat. *maxillaris,* de *maxilla,* mâchoire). Qui se rapporte aux mâchoires.
2. MAXILLAIRE n.m. **1.** Mâchoire supérieure (par opp. à la *mandibule*). **2.** Os des mâchoires. *Maxillaire inférieur, supérieur.*

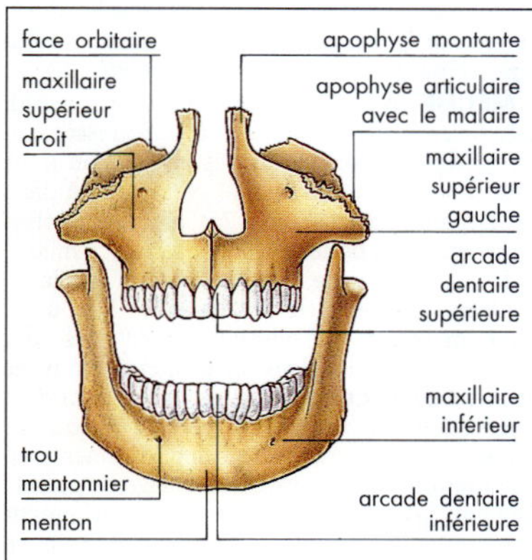

les **maxillaires**

MAXILLE n.f. (lat. *maxilla*). Pièce buccale paire des insectes, des crustacés, etc., située en arrière des mandibules.
MAXILLIPÈDE n.m. ZOOL. Appendice pair des crustacés, situé entre les mâchoires et les pattes et servant surtout à tenir les proies. SYN. : *patte-mâchoire.*
MAXILLO-FACIAL, E, AUX adj. Du maxillaire et de la face.
1. MAXIMA (A) loc. adj. inv. DR. *Appel a maxima :* appel formé par le ministère public pour diminuer la peine prononcée.
2. MAXIMA n.m. pl. → ***maximum.***
MAXIMAL, E, AUX adj. **1.** Qui constitue ou atteint le plus haut degré. **2.** MATH. *Élément maximal (d'un ensemble ordonné) :* élément tel qu'il n'existe aucun autre élément dans cet ensemble qui lui soit strictement supérieur.
MAXIMALISME n.m. Tendance à préconiser des solutions extrêmes, notamm. en politique (par opp. à *minimalisme*).
MAXIMALISTE adj. et n. Qui relève du maximalisme ; qui en est partisan.
MAXIME n.f. (lat. *maxima sententia,* sentence générale). Formule brève énonçant une règle de morale ou de conduite ou une réflexion d'ordre général.
MAXIMISATION ou **MAXIMALISATION** n.f. Action de maximiser.
MAXIMISER ou **MAXIMALISER** v.t. **1.** Donner la plus haute valeur possible à (une grandeur, un fait, une idée, etc.). **2.** Porter une quantité au plus haut degré.
MAXIMUM [maksimɔm] n.m. (mot lat., *le plus grand*) [pl. *maximums* ou *maxima*]. **1.** Le plus haut degré atteint par qqch ou que qqch puisse atteindre. *Le maximum de risques.* ◇ *Au maximum :* au plus, dans le pire des cas ; au plus haut degré. *Utiliser qqch au maximum.* **2.** Spécialt. Limite supérieure d'une condamnation pénale. *Être condamné au maximum.* **3.** MATH. *Maximum (d'un ensemble ordonné) :* le plus grand élément, s'il existe, de cet ensemble. – *Maximum d'une fonction :* la plus grande des valeurs de cette fonction dans un intervalle de la variable ou dans son domaine de définition. ◆ adj. (Emploi critiqué). Maximal. (*Maximal* est préconisé par l'Académie des sciences.)
MAXWELL [makswɛl] n.m. (de J. C. *Maxwell,* n.pr.). Anc. Unité C.G.S. de flux magnétique équivalant au flux produit par une induction magnétique de 1 gauss à travers une surface de 1 cm^2, normale au champ.
1. MAYA adj. Qui appartient aux Mayas. ◆ n.m. Famille de langues indiennes de l'Amérique centrale.
2. MAYA n.f. (mot sanskr., *illusion*). Dans la pensée hindoue, apparence illusoire qui cache la réalité et provoque l'ignorance. Graphie savante : *māyā.*
MAYE [mɛ] n.f. Auge de pierre destinée à recevoir l'huile d'olive qui coule du pressoir.
MAYEN n.m. Suisse (Valais). Pâturage d'altitude moyenne avec bâtiment, où le troupeau séjourne au printemps et en automne.
MAYENNAIS, E adj. et n. De la Mayenne.
MAYEUR n.m. → ***maïeur.***
MAYONNAISE n.f. (p.-ê. de *Port-Mahon,* n.pr.). Sauce froide composée d'une émulsion de jaune d'œuf et d'huile.
MAYORAL, E, AUX adj. → ***maïoral.***
MAYORAT n.m. → ***maïorat.***
MAZAGRAN n.m. (de *Mazagran,* anc. n. d'une v. d'Algérie). **1.** Vx. Café froid ou chaud, servi dans un verre profond. **2.** Récipient épais, en faïence, en forme de verre à pied bas, sans anse, pour boire le café.
MAZARINADE n.f. HIST. Chanson ou pamphlet publiés contre Mazarin pendant la Fronde.
MAZDÉEN, ENNE adj. Du mazdéisme.
MAZDÉISME n.m. Religion de l'Iran ancien réformée par Zarathushtra. (Le mazdéisme est une religion dualiste : le monde est le théâtre d'une lutte opposant le principe du Mal [Ahriman ou Angra-Mainyu] et le principe du Bien [Ormuzd ou Ahura-Mazdâ], le triomphe final devant revenir à ce dernier. Le livre sacré du mazdéisme est l'Avesta.) SYN. : *zoroastrisme.*
MAZÉAGE n.m. MÉTALL. Action de mazer.
MAZER v.t. MÉTALL. Faire subir à la fonte un premier affinage.
MAZETTE n.f. (normand *mesette,* mésange). Vx. **1.** Personne qui manque d'énergie, d'habileté. **2.** Spécialt. Joueur maladroit. ◆ interj. Vieilli. (Exprimant l'admiration, l'étonnement). *Mazette ! trois millions, rien que ça !*
MAZOT n.m. Suisse. Petit bâtiment rural.
MAZOUT [mazut] n.m. (du russe). Fioul, fioul domestique.
MAZOUTER v.t. Polluer par le mazout. ◆ v.i. Se ravitailler en mazout, en parlant d'un navire.
MAZURKA [mazyrka] n.f. (mot polon.). **1.** Danse à trois temps, d'origine polonaise (Mazurie). **2.** Air sur lequel elle s'exécute.
Md, symbole chimique du mendélévium.
ME pron. pers. de la 1re pers. du sing., compl. d'objet dir. ou indir. (avant le verbe). *Je m'inquiète. Il me semble.*

MEA CULPA [meakylpa] n.m. inv. (mots lat. tirés du Confiteor, *par ma faute*). **1.** Aveu de la faute commise ; coup dont on se frappe la poitrine en prononçant ces paroles. **2.** *Faire, dire son mea culpa :* reconnaître ses torts.

MÉANDRE n.m. (gr. *Maiandros,* le Méandre, fl. sinueux d'Asie Mineure). **1.** Sinuosité décrite par un cours d'eau. **2.** Fig. Détour sinueux et tortueux. *Les méandres de la diplomatie.* **3.** ARTS DÉC. Ornement courant du type des grecques ou des postes ; onde de certains guillochis.

MÉANDRINE n.f. Madrépore des mers chaudes, aux loges en méandres.

MÉAT [mea] n.m. (lat. *meatus,* passage). **1.** BOT. Cavité intercellulaire des végétaux. **2.** ANAT. *Méat urinaire :* orifice externe de l'urètre.

MEC n.m. Fam. **1.** Garçon, homme. *Venez, les mecs !* **2.** Mari, amant, compagnon. *Elle vient avec son mec.*

MÉCANICIEN, ENNE n. **1.** Physicien, physicienne spécialiste de mécanique. **2.** Ouvrier effectuant le montage et les réparations courantes d'ensembles mécaniques. Abrév. (fam.) : *mécano.* **3.** *Officier mécanicien de l'air :* officier de l'armée de l'air chargé de l'encadrement de certaines formations à caractère technique. ◆ n.m. CH. DE F. Agent de conduite d'un engin moteur (locomotive, automotrice, etc.).

MÉCANICIEN-DENTISTE n.m. (pl. *mécaniciens-dentistes*). Vieilli. Prothésiste dentaire.

MÉCANICIENNE n.f. Ouvrière exécutant à la machine certains travaux dans le prêt-à-porter.

MÉCANICISME n.m. PHILOS. Mécanisme.

1. MÉCANIQUE n.f. (gr. *mêkhanê,* machine). **1.** Combinaison d'organes propres à produire ou à transmettre des mouvements. **2.** Science ayant pour objet l'étude des forces et des mouvements. **a.** *Mécanique céleste :* branche de l'astronomie qui étudie le mouvement des astres sous l'action de la gravitation universelle. **b.** *Mécanique quantique* ou *ondulatoire,* dénominations originelles de la physique quantique*. **c.** *Mécanique rationnelle :* mécanique considérée sous son aspect mathématique. **d.** *Mécanique relativiste :* mécanique construite à partir de la théorie de la relativité. **e.** *Mécanique statistique :* mécanique appliquée aux systèmes formés d'un grand nombre d'éléments semblables (atomes, molécules, etc.). **3.** Étude des machines, de leur construction et de leur fonctionnement. **4.** Machine considérée du point de vue du fonctionnement de ses organes mécaniques. *Une belle mécanique.* **5.** Litt. Ensemble des moyens utilisés dans le fonctionnement d'une activité. *La mécanique politique.*

■ La mécanique dite « classique » comprend trois grands domaines : la *statique,* étude de l'action des forces sur les corps en l'absence du mouvement ; la *cinématique,* étude de l'espace, du temps et des mouvements indépendamment de leurs causes ; la *dynamique,* étude des mouvements sous l'action des forces. D'autres mécaniques ont vu le jour depuis la fin du XIXe s. : mécaniques *statistique, relativiste, quantique.*

2. MÉCANIQUE adj. **1.** Relatif aux lois du mouvement et de l'équilibre. **2.** Qui agit uniquement suivant les lois du mouvement et des forces (par opp. à *chimique*). *L'action mécanique des vents.* **3.** Qui est mis en mouvement par une machine, qui comporte un mécanisme. *Jouet mécanique.* **4.** Qui relève du fonctionnement d'une machine, d'un mécanisme, et en particulier du moteur d'un véhicule. *Difficultés, ennuis mécaniques.* **5.** Qui ne dépend pas de la volonté ; machinal. *Un geste mécanique.*

MÉCANIQUEMENT adv. **1.** De façon mécanique, machinale. **2.** Du point de vue de la mécanique.

MÉCANISATION n.f. Action de mécaniser.

MÉCANISER v.t. **1.** Introduire l'emploi des machines dans (une activité, une installation). *Mécaniser l'agriculture.* **2.** Rendre une action mécanique, automatique ; automatiser. *Mécaniser un travail.*

MÉCANISME n.m. **I. 1.** Combinaison d'organes ou de pièces disposés de façon à obtenir un résultat déterminé ; ensemble des pièces entrant en jeu dans un fonctionnement. *Régler un mécanisme. Démonter le mécanisme.* **2.** Mode de fonctionnement de qqch qui est comparé à une machine. *Mécanisme du corps humain. Mécanisme de défense.* **II.** PHILOS. Philosophie de la nature qui s'efforce d'expliquer l'ensemble des phénomènes naturels par les seules lois de cause à effet. SYN. (moins cour.) : *mécanicisme.*

MÉCANISTE adj. et n. PHILOS. Qui concerne ou qui professe le mécanisme.

MÉCANO n.m. (abrév.). Fam. Mécanicien.

MÉCANOGRAPHE n. **1.** Personne chargée de transcrire, en perforations, des données alphabétiques ou numériques sur des cartes spéciales. **2.** Personne chargée de saisir des informations pour les entrer en mémoire d'ordinateur.

MÉCANOGRAPHIE n.f. (gr. *mêkhanê,* machine, et *graphein,* écrire). Méthode de dépouillement, de tri ou d'établissement de documents administratifs, comptables ou commerciaux, fondée sur l'utilisation de machines traitant mécaniquement des cartes perforées.

MÉCANOGRAPHIQUE adj. De la mécanographie.

MÉCANORÉCEPTEUR n.m. NEUROL. Récepteur sensoriel sensible à des stimulations mécaniques souvent très faibles.

MÉCANOTHÉRAPIE n.f. (gr. *mêkhanê,* machine, et *therapeuein,* soigner). Kinésithérapie effectuée au moyen d'appareils mécaniques.

MECCANO n.m. (nom déposé). Jeu de construction à pièces métalliques interchangeables.

MÉCÉNAT n.m. Protection, subvention accordée à des activités culturelles, sportives, etc.

MÉCÈNE n.m. (de *Mécène,* n.pr.). Personne physique ou morale qui protège les écrivains, les artistes, les savants, etc., en les aidant financièrement.

MÉCHAGE n.m. **1.** CHIR. Action de drainer une plaie ou un abcès avec une mèche. **2.** Désinfection d'une cuve, d'un tonneau par combustion d'une mèche soufrée à l'intérieur du récipient.

MÉCHAMMENT adv. **1.** De façon méchante, dure. *Agir méchamment.* **2.** Fam. Très. *Elle était méchamment en colère.*

MÉCHANCETÉ n.f. **1.** Penchant à faire du mal. *Agir par méchanceté.* **2.** Action, parole méchante. *Faire, dire des méchancetés.*

MÉCHANT, E adj. et n. (anc. fr. *meschoir,* mal tomber). Qui fait le mal sciemment ; qui manifeste de la malveillance. *Homme méchant. Regard méchant.* ◆ adj. **1.** Qui attire des ennuis, cause des difficultés ; dangereux. *S'attirer une méchante affaire.* **2.** Litt. Qui n'a aucune valeur ou compétence (en ce sens, précède le nom). *Un méchant poète.* **3.** Pop. Extraordinaire, étonnant, remarquable. *Tu as une méchante bagnole.*

1. MÈCHE n.f. (lat. pop. *micca,* gr. *muxa*). **I. 1.** Assemblage de fils, cordon, tresse employés dans la confection des bougies ou pour servir à conduire un liquide combustible dans un appareil d'éclairage. **2.** Gaine de coton contenant de la poudre noire et servant à mettre le feu à une arme, une mine, un explosif. ◇ Fam. *Découvrir, vendre la mèche :* trouver, livrer un secret. **3.** Toile imprégnée de soufre que l'on fait brûler dans les tonneaux pour les désinfecter. **4.** CHIR. Pièce de gaze étroite et longue que l'on introduit dans une plaie pour arrêter l'épanchement du sang, drainer une suppuration. **II. 1.** TEXT. Assemblage de grande longueur de fibres textiles éventuellement maintenues par une légère torsion. **2.** Bout de ficelle attaché à la lanière d'un fouet. **3.** MUS. Touffe de crins de cheval tendus entre les extrémités d'un archet et qui en forme la partie utile, qui frotte sur les cordes. **4.** Touffe de cheveux. **III. 1.** TECHN. Outil rotatif en acier servant à percer des trous. **2.** Axe du gouvernail d'un navire.

2. MÈCHE n.f. (it. *mezzo,* moyen). **1.** Fam. *Être de mèche avec qqn :* être son complice. **2.** Pop. *Y a pas mèche :* il n'y a pas moyen, c'est impossible.

MÉCHER v.t. 18. **1.** CHIR. Placer une mèche dans (une plaie). **2.** Procéder au méchage de (une cuve à vin, un tonneau).

MÉCHEUX, EUSE adj. TEXT. Qui forme mèche, en parlant des laines brutes.

MÉCHOUI [meʃwi] n.m. (ar. *machwī*). Mouton ou agneau cuit en entier à la broche ; repas où l'on sert cet animal rôti (en partic., en Afrique du Nord).

MECHTA [mɛʃta] n.f. (ar. *machtā*). En Algérie et en Tunisie, hameau.

MECKEL (DIVERTICULE DE) : petit diverticule d'origine embryonnaire, appendu à la portion terminale de l'intestin grêle, et qui n'existe que chez 1 p. 100 des individus.

MÉCOMPTE n.m. Espérance trompée, déception. *Affaire n'apportant que des mécomptes.*

MÉCONDUIRE (SE) v.pr. 98. Belgique, Zaïre. Se conduire mal.

MÉCONDUITE n.f. Belgique, Zaïre. Mauvaise conduite, débauche.

MÉCONIUM [mekɔnjɔm] n.m. (gr. *mêkônion,* suc de pavot). Premières matières fécales du nouveau-né.

MÉCONNAISSABLE adj. Transformé au point d'être malaisé à reconnaître. *La maladie l'a rendu méconnaissable.*

MÉCONNAISSANCE n.f. Litt. Fait de méconnaître, d'ignorer.

MÉCONNAÎTRE v.t. 91. Litt. Ne pas comprendre (qqch), ne pas voir les qualités de ; ne pas apprécier à sa juste valeur. *Méconnaître l'importance d'une découverte.*

MÉCONNU, E adj. et n. Qui n'est pas apprécié selon son mérite. *Une artiste méconnue.*

MÉCONTENT, E adj. et n. Qui n'est pas satisfait, qui éprouve du ressentiment.

MÉCONTENTEMENT n.m. Sentiment, état d'indignation de qqn, d'un groupe qui est mécontent.

MÉCONTENTER v.t. Rendre mécontent, exciter le mécontentement de.

MÉCOPTÈRE n.m. *Mécoptères :* ordre d'insectes aux quatre ailes égales, à larve souterraine, tels que la panorpe.

MÉCRÉANT, E n. (préf. *mé-* et *créant,* p. présent de *croire*). Vieilli. Irreligieux ou infidèle ; personne qui n'a pas de religion.

MÉDAILLE n.f. (it. *medaglia*). **1.** Pièce de métal, en général circulaire, portant un dessin, une inscription en relief, frappée en l'honneur d'une personne ou en souvenir d'un évènement. (Les médailles sont d'une taille en général un peu supérieure à celle des plus grandes monnaies.) ◇ *Médailles commémoratives :* décorations attribuées aux militaires ayant participé à certaines guerres (guerres mondiales, Indochine, etc.). **2.** Pièce de métal représentant un sujet de dévotion. *Médaille de la Vierge.* **3.** Pièce de métal donnée en prix dans certains concours, certaines épreuves sportives (jeux Olympiques) ou en récompense d'actes de dévouement, etc. **4.** Petite pièce de métal portée comme breloque ou comme plaque d'identité (pour les animaux).

MÉDAILLÉ, E adj. et n. Décoré d'une médaille ayant valeur de récompense.

MÉDAILLER v.t. Honorer, décorer (qqn) d'une médaille.

MÉDAILLEUR n.m. Graveur en médailles.

MÉDAILLIER n.m. **1.** Collection de médailles. *Le médaillier national.* **2.** Meuble qui renferme une telle collection. *Un médaillier de chêne.*

MÉDAILLON n.m. (it. *medaglione*). **1.** Médaille sans revers qui dépasse en poids et en taille les médailles ordinaires. **2.** Bijou de forme circulaire ou ovale, dans lequel on place un portrait, des cheveux, etc. **3.** Bas-relief ou autre élément décoratif circulaire ou ovale. **4.** Préparation culinaire de forme ronde ou ovale.

MEDAL PLAY [medəlplɛ] n.m. (angl. *medal,* médaille, et *play,* jeu) [pl. *medal plays*]. Au golf, compétition fondée sur le décompte des coups pour l'ensemble du parcours.

MÈDE adj. et n. De Médie. ◆ adj. Relatif aux Mèdes, à leur civilisation. *Art mède.* SYN. : *médique.*

MÉDECIN n.m. (lat. *medicus*). **1.** Titulaire du diplôme de docteur en médecine, qui exerce la médecine. ◇ *Médecin traitant,* qui donne des soins au cours d'une maladie. **2.** *Médecin des armées :* officier du corps des médecins militaires, depuis 1968.

MÉDECIN-CONSEIL n.m. (pl. *médecins-conseils*). Médecin attaché à un organisme public ou privé (caisse d'assurance maladie, compagnie d'assurances), chargé de donner un avis médical motivé sur les cas qui lui sont soumis (arrêt de travail, taux d'invalidité, etc.).

MÉDECINE n.f. (lat. *medicina*). **1.** Ensemble des connaissances scientifiques et des moyens mis en œuvre pour la prévention, la guérison ou le soulagement des maladies, blessures ou infirmités. **2.** Système médical particulier. *La médecine homéopathique.* **3. a.** *Médecine légale :* branche de la médecine appliquée à différentes questions de droit, de criminologie (constats des décès, expertises auprès des tribunaux). **b.** *Médecine sociale :* ensemble des mesures préventives et curatives prises en charges par les pouvoirs publics ou privés et particulièrement destinées à éviter ou à combattre l'action des facteurs sociaux défavorables. **c.** *Médecine du travail :* ensemble des mesures préventives destinées à dépister les maladies touchant les travailleurs et à éviter les accidents ou maladies résultant de l'activité professionnelle. **4.** Profession de médecin.

MÉDECINE-BALL n.m. → ***medicine-ball.***

MEDERSA n.f. → ***madrasa.***

MÉDIA n.m. (de *mass media*) [pl. *médias*]. **1.** Tout support de diffusion de l'information (radio, télévision, presse imprimée, livre, ordinateur, vidéogramme, satellite de télécommunication, etc.) constituant à la fois un moyen d'expression et un intermédiaire transmettant un message à l'intention d'un groupe. – *Nouveaux médias,* ceux qui découlent des technologies récentes (informatique, Bureautique, etc.), envisagés en partic. du point de vue des débouchés, des marchés qu'ils sont susceptibles de faire naître. – REM. On trouve aussi *médium* ou *medium* au sing., et *media,* n.m. inv. **2.** *Média de groupe :* organe d'information ou de communication dont les usagers ou les destinataires appartiennent à un même groupe, qu'il s'agisse d'une collectivité territoriale, d'un groupement autour d'un intérêt particulier ou d'une caractéristique commune (radio, télévision locale). **3.** *Plan média :* recherche d'une combinaison de médias et de supports permettant d'atteindre le maximum de consommateurs visés par la publicité.

MÉDIAL, E, AUX adj. **1.** GRAMM. Qui est placé au milieu d'un mot. **2.** PHON. *Consonne médiale* ou *médiale,* n.f. : consonne placée entre deux voyelles.

MÉDIALE n.f. (lat. *medialis,* milieu). **1.** STAT. Valeur d'une distribution qui sépare celle-ci en deux classes égales. **2.** Consonne médiale.

MÉDIAN, E adj. (lat. *medius,* qui est au milieu). **1.** Qui se trouve au milieu. *Ligne médiane.* **2.** ANAT. *Nerf médian :* principal nerf de la flexion du membre supérieur, agissant sur le bras, l'avant-bras et la main. ◇ *Veines médianes :* les deux veines situées à la surface de l'avant-bras. **3.** MATH. Se dit, pour une courbe plane ou une surface, de l'ensemble des milieux des cordes parallèles à une direction donnée. ◇ *Plan médian (d'un tétraèdre) :* plan passant par une arête et le milieu de l'arête opposée.

MÉDIANE n.f. **1.** MATH. Dans un triangle, droite passant par un sommet et par le milieu du côté opposé ; segment limité par ces deux points. **2.** STAT. Nombre répartissant les termes d'une série numérique, rangée par ordre de grandeur, en deux groupes de même fréquence.

MÉDIANOCHE [medjanɔʃ] n.m. (esp. *media noche,* minuit). Vx. Repas gras suivant un jour maigre, après minuit sonné.

MÉDIANTE n.f. (lat. *medians,* au milieu). MUS. Troisième degré de la gamme tonale (entre la tonique et la dominante).

MÉDIAPLANNING n.m. Choix et achat des supports en vue d'une campagne, en publicité.

MÉDIASTIN n.m. (lat. *mediastinus,* qui se tient au milieu). Espace compris entre les deux poumons et divisé en deux parties par des replis des plèvres. (Le *médiastin antérieur* contient le cœur et le thymus ; le *médiastin postérieur* renferme l'œsophage, l'aorte et le canal thoracique.)

MÉDIAT, E adj. **1.** Qui n'a rapport, qui ne touche à une chose que par une autre ; qui est intermédiaire. *Juridiction médiate.* **2.** MÉD. *Auscultation médiate,* pratiquée au stéthoscope.

1. MÉDIATEUR, TRICE adj. et n. (bas lat. *mediator,* de *mediare,* être au milieu). Qui sert d'intermédiaire, d'arbitre, de conciliateur. *Puissance médiatrice. Le médiateur de la paix.* ◆ adj. MATH. *Plan médiateur (d'un segment de l'espace) :* plan perpendiculaire au segment en son milieu.

2. MÉDIATEUR n.m. **1.** Personne qui effectue une médiation. **2.** *Médiateur de la République :* autorité indépendante jouant le rôle d'intermédiaire entre les pouvoirs publics et les particuliers au sujet de leurs revendications concernant le fonctionnement d'un service public. **3.** *Médiateur chimique :* substance libérée par l'extrémité des fibres nerveuses en activité et excitant les cellules voisines (neurone, fibre musculaire, cellule glandulaire).

MÉDIATHÈQUE n.f. Collection rassemblant sur des supports correspondant aux différents médias (bande magnétique, disque, film, papier, etc.) des documents de natures diverses. ◇ Organisme chargé de la conservation et de la mise à la disposition du public d'une telle collection ; lieu qui l'abrite.

MÉDIATION n.f. **1.** Entremise destinée à amener un accord ; arbitrage. *Offrir sa médiation.* **2.** DR. Procédure du droit international public ou du droit du travail, qui propose une solution de conciliation aux parties en litige. **3.** PHILOS. Articulation entre deux êtres ou deux termes au sein d'un processus dialectique ou dans un raisonnement.

MÉDIATIQUE adj. **1.** Des médias. **2.** Rendu populaire grâce aux médias. *Une personnalité très médiatique.*

MÉDIATISATION n.f. Action de médiatiser.

1. MÉDIATISER v.t. (de *média*). Faire passer, diffuser par les médias.

2. MÉDIATISER v.t. (de *médiat*). **1.** Servir d'intermédiaire pour transmettre qqch. **2.** PHILOS. Instaurer une médiation.

MÉDIATOR n.m. Lamelle d'une matière plus ou moins souple (plastique, corne, écaille, etc.), qui sert à toucher les cordes de certains instruments de musique (mandoline, balalaïka, banjo, guitare, etc.). SYN. : *plectre.*

MÉDIATRICE n.f. MATH. **1.** *Médiatrice (d'un segment du plan) :* droite perpendiculaire au segment en son milieu. **2.** *Médiatrice d'un triangle :* médiatrice d'un côté du triangle.

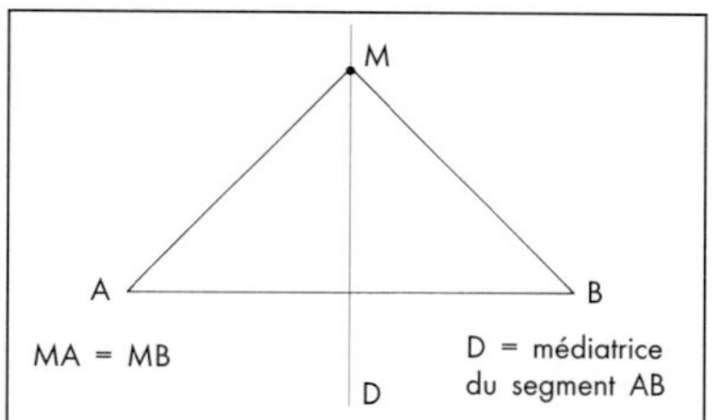

médiatrice

MÉDICAL, E, AUX adj. **1.** De la médecine, des médecins. **2.** Qui relève de la clinique, par opp. à la chirurgie ou à la psychothérapie. *Traitement médical.* **3.** *Professions médicales,* celles des médecins, des chirurgiens-dentistes et des sages-femmes. **4.** *Visiteur(euse), délégué(e) médical(e) :* représentant(e) des laboratoires de spécialités pharmaceutiques auprès des professions médicales.

MÉDICALEMENT adv. Du point de vue de la médecine.

MÉDICALISATION n.f. Action de médicaliser.

MÉDICALISÉ, E adj. *Logement médicalisé :* local d'habitation équipé d'appareils d'assistance pour personnes âgées ou handicapées, et placé sous surveillance médicale.

MÉDICALISER v.t. **1.** Faire relever (des phénomènes naturels ou sociaux) du domaine médical. **2.** Doter (un pays, une région) d'une infrastructure médicale.

MÉDICAMENT n.m. (lat. *medicamentum*). Substance ou composition administrée en vue d'établir un diagnostic médical ou de restaurer, corriger, modifier les fonctions organiques.

MÉDICAMENTEUX, EUSE adj. Qui a les propriétés d'un médicament.

MÉDICASTRE n.m. (it. *medicastro*). Vx. Mauvais médecin, charlatan.

MÉDICATION n.f. (lat. *medicatio*). Emploi d'agents thérapeutiques, répondant à une indication donnée.

MÉDICINAL, E, AUX adj. Qui sert de remède. *Une plante médicinale.*

MEDICINE-BALL [mɛdsinbol] ou **MÉDECINE-BALL** n.m. (angl. *medicine,* remède, et *ball,* ballon) [pl. *medicine-balls, médecine-balls*]. Ballon plein et lourd, utilisé pour les exercices d'assouplissement et de musculation.

MÉDICINIER n.m. BOT. Plante tropicale dont les graines fournissent une huile purgative. (Famille des euphorbiacées.)

MÉDICO-LÉGAL, E, AUX adj. **1.** De la médecine légale. **2.** Qui est destiné à faciliter la découverte de la vérité par un tribunal civil ou pénal, ou à préparer certaines dispositions administratives. *Expertise médico-légale.* **3.** *Institut médico-légal :* établissement, tel que la morgue de Paris, destiné à recevoir des cadavres, notamm. pour pratiquer certains examens demandés par les magistrats.

MÉDICO-PÉDAGOGIQUE adj. (pl. *médico-pédagogiques*). Se dit d'une institution pédagogique placée sous contrôle médical et accueillant des adolescents déficients intellectuels de 14 à 18 ans pour les initier à la vie professionnelle.

MÉDICO-SOCIAL, E, AUX adj. De la médecine sociale.

MÉDICO-SPORTIF, IVE adj. (pl. *médico-sportifs, ives*). Qui concerne la médecine rattachée au sport.

MÉDIÉVAL, E, AUX adj. (lat. *medium aevum,* moyen âge). Relatif au Moyen Âge.

MÉDIÉVISME n.m. Étude de la civilisation, de l'histoire du Moyen Âge.

MÉDIÉVISTE adj. et n. Spécialiste du Moyen Âge.

MÉDINA n.f. (ar. *madīna*). Vieille ville (par opp. à la ville neuve européenne), dans les pays d'Afrique du Nord, en partic. au Maroc et en Tunisie.

MÉDIOCRATIE [-si] n.f. Pouvoir exercé par les médiocres.

MÉDIOCRE adj. (lat. *mediocris,* qui tient le milieu). **1.** Qui est au-dessous de la moyenne ; modique, insuffisant. *Revenus médiocres.* **2.** Qui a peu de capacités dans tel domaine. *Élève médiocre en anglais.* **3.** Qui est sans éclat, sans intérêt. *Film médiocre.* ◆ adj. et n. Peu intelligent ou mesquin, borné.

MÉDIOCREMENT adv. De façon médiocre.

MÉDIOCRITÉ n.f. État, caractère de qqn, de ce qui est médiocre.

MÉDIQUE adj. Relatif aux Mèdes, à la Médie. SYN. : *mède.*

MÉDIRE v.t. ind. ***(de)*** [103]. Tenir sur qqn des propos malveillants, révéler ses défauts avec l'intention de nuire. *Médire de ses voisins.*

MÉDISANCE n.f. **1.** Action de médire, de dénigrer. **2.** Propos de qqn qui médit. *Se répandre en médisances.*

MÉDISANT, E adj. et n. Qui médit, qui manifeste de la médisance. *Propos médisants.*

MÉDITATIF, IVE adj. et n. Qui est porté à la méditation. ◆ adj. **1.** Qui dénote un état de méditation. **2.** Rêveur, songeur. *Air méditatif.*

MÉDITATION n.f. (lat. *meditatio*). **1.** Action de réfléchir, de penser profondément à un sujet, à la réalisation de qqch. *Cet ouvrage est le fruit de ses méditations.* **2.** Attitude qui consiste à s'absorber dans une réflexion profonde. **3.** Oraison mentale sur un sujet religieux ; application de l'esprit à un tel sujet.

MÉDITER v.t. (lat. *meditari,* réfléchir). **1.** Soumettre à une profonde réflexion. *Méditer une vérité. Méditez mon conseil.* **2.** Préparer par une longue réflexion. *Méditer un projet. Il médite de partir.* ◆ v.t. ind. ***(sur).*** Se livrer à de profondes réflexions sur. *Méditer sur la fuite du temps.* ◆ v.i. S'absorber dans ses pensées, dans la méditation.

MÉDITERRANÉEN, ENNE adj. De la Méditerranée, des régions qui l'entourent. – *Climat méditerranéen :* climat caractérisé par des étés chauds et secs et des hivers généralement doux et pluvieux, typique notamment des régions proches de la Méditerranée. ◆ n. Originaire ou habitant des régions qui bordent la Méditerranée.

1. MÉDIUM [medjɔm] n.m. (lat. *medium,* milieu). **1.** MUS. Registre moyen d'une voix, d'un instrument. **2.** PEINT. Liant.

2. MÉDIUM [medjɔm] n. (de l'angl.). Intermédiaire entre le monde des vivants et le monde des esprits, selon les doctrines spirites.

3. MÉDIUM n.m. → ***média.***

MÉDIUMNIQUE [medjɔmnik] adj. Qui a trait à la médiumnité.

MÉDIUMNITÉ n.f. Faculté que possèdent les médiums de servir d'interprètes aux esprits.

MÉDIUS [medjys] n.m. (lat. *digitus medius,* doigt du milieu). Doigt du milieu de la main ; majeur.

MÉDOC n.m. Vin rouge provenant de la région du Médoc, au nord de Bordeaux.

MÉDULLAIRE adj. (du lat. *medulla,* moelle). **1.** Relatif à la moelle épinière. **2.** Relatif à la moelle osseuse. ◇ *Canal médullaire :* canal axial des os longs, qui contient la moelle osseuse. **3.** Qui forme la partie centrale de certains organes. *Substance médullaire de la surrénale.* **4.** BOT. Relatif à la moelle d'une plante.

MÉDULLEUX, EUSE adj. BOT. Rempli de moelle.

MÉDULLOSURRÉNAL, E, AUX adj. De la médullosurrénale.

MÉDULLOSURRÉNALE n.f. ANAT. Partie centrale des capsules surrénales, sécrétant l'adrénaline.

MÉDUSE n.f. (de *Méduse,* n.pr.). Animal marin, représentant la forme nageuse de nombreux cnidaires, fait d'une ombrelle contractile, transparente et d'aspect gélatineux dont le bord porte des filaments urticants et la face inférieure la bouche et généralement les tentacules. (Dans certaines espèces, la larve est un polype fixé au fond marin.) [Embranchement des cœlentérés.]

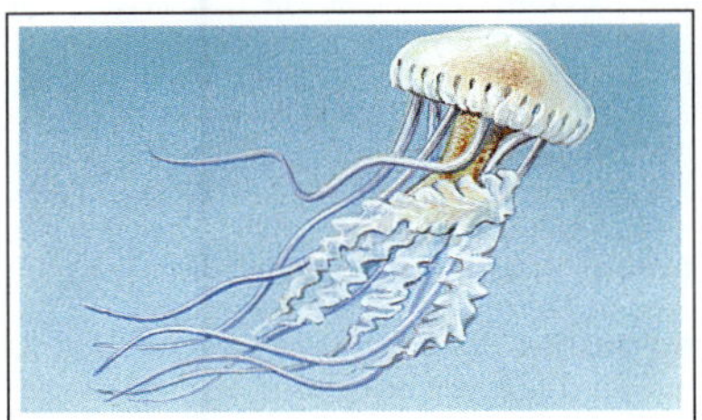
méduse

MÉDUSER v.t. Frapper de stupeur ; stupéfier.

MEETING [mitiŋ] n.m. (mot angl., de *to meet,* rencontrer). **1.** Importante réunion publique organisée par un parti, un syndicat, etc., pour informer et débattre d'un sujet politique ou social. **2.** Démonstration, réunion sportive. *Meeting aérien. Meeting d'athlétisme.*

MÉFAIT n.m. **1.** Action mauvaise, nuisible, et, en particulier, crime ou délit. *Commettre un méfait.* **2.** Résultat néfaste, effet nuisible de qqch. *Les méfaits du tabac.*

MÉFIANCE n.f. État d'esprit de qqn qui se tient sur ses gardes face à qqn d'autre ou à propos de qqch. *Éveiller la méfiance de qqn.*

MÉFIANT, E adj. et n. Qui se méfie, qui dénote la méfiance.

MÉFIER (SE) v.pr. *(de).* **1.** Manquer de confiance, être soupçonneux. *Se méfier de qqn, de ses conseils.* **2.** Faire attention, se tenir sur ses gardes. *La rue est glissante : méfie-toi !*

MÉFORME n.f. Mauvaise condition physique d'un sportif.

MÉG- ou **MÉGA-** (gr. *megas,* grand). Préfixe (symb. M) qui, placé devant une unité, la multiplie par un million (10^6).

MÉGA n.m. (abrév.). Cour. Mégaoctet.

MÉGABIT n.m. Unité de mesure (symb. Mbit ou Mb), équivalant à 2^{20} bits.

MÉGACARYOCYTE n.m. BIOL. Cellule géante de la moelle osseuse, dont la fragmentation fournit les plaquettes sanguines.

MÉGACÉROS [-rɔs] n.m. (de *méga-* et gr. *keras,* corne). Ruminant fossile du quaternaire dont la ramure atteignait 3 m d'envergure.

MÉGACÔLON n.m. PATHOL. Dilatation d'un segment ou de la totalité du côlon, entraînant en général une constipation chronique et opiniâtre.

MÉGAFLOPS n.m. Unité de mesure de la puissance d'un système informatique, qui correspond au traitement d'un million d'opérations en virgule flottante par seconde. Abrév. : *Mflops.*

MÉGAHERTZ n.m. Un million de hertz (symb. MHz).

MÉGALÉRYTHÈME n.m. Maladie éruptive bénigne de l'enfance, dite aussi *cinquième maladie.*

MÉGALITHE n.m. (gr. *megas, megalos,* grand, et *lithos,* pierre). Monument composé d'un ou plusieurs grands blocs de pierre bruts ou sommairement aménagés (menhirs, dolmens, cromlechs).

MÉGALITHIQUE adj. Fait de mégalithes, relatif aux mégalithes.

MÉGALITHISME n.m. Coutume, usage de l'édification des mégalithes, que manifestent certaines cultures.

■ En Europe occidentale, le mégalithisme se répand à partir de la zone atlantique, vers le Ve millénaire, pour atteindre ensuite l'Europe du Nord et celle de l'Est. Propagé par des populations néolithiques, encore pratiqué durant le chalcolithique et le bronze, il est probablement le support d'un culte du soleil et de celui d'une divinité féminine.

mégalithisme : vue partielle des alignements de menhirs de Carnac (Morbihan)

MÉGALO adj. et n. Fam. Mégalomane.

MÉGALOBLASTE n.m. BIOL. Érythroblaste géant, pathologique, caractérisé par un noyau à chromatine fine et un cytoplasme normal.

MÉGALOCYTAIRE adj. BIOL. Relatif aux mégalocytes, aux affections caractérisées par la présence de mégalocytes. *Anémie mégalocytaire.*

MÉGALOCYTE n.m. BIOL. Globule rouge résultant de la maturation d'un mégaloblaste.

MÉGALOMANE adj. et n. **1.** PSYCHIATRIE. Atteint de mégalomanie. **2.** Cour. Qui manifeste des idées de grandeur, un orgueil excessifs. Abrév. (fam.) : *mégalo.*

MÉGALOMANIAQUE adj. Relatif à la mégalomanie.

MÉGALOMANIE n.f. (gr. *megas,* grand, et *mania,* folie). Surestimation de sa valeur physique ou intellectuelle, de sa puissance ; délire, folie des grandeurs.

MÉGALOPOLE, MÉGALOPOLIS [-lis] ou **MÉGAPOLE** n.f. (gr. *megas,* grand, et *polis,* ville). Très grande agglomération urbaine ou ensemble de grandes villes voisines.

MÉGALOPTÈRE n.m. *Mégaloptères :* ordre d'insectes aux longues ailes, à larve aquatique, comprenant notamment le sialis.

MÉGAOCTET n.m. Unité de mesure (symb. Mo), équivalant à 2^{20} octets.

MÉGAPHONE n.m. (gr. *megas,* grand, et *phonê,* voix). Appareil qui amplifie les sons de la voix ; porte-voix.

MÉGAPODE n.m. (gr. *megas,* grand, et *pous, podos,* pied). Gros oiseau d'Océanie, aux pattes très fortes, qui assure l'incubation de ses œufs par la chaleur solaire, volcanique ou par la fermentation de substances organiques.

MÉGAPOLE n.f. → *mégalopole.*

MÉGAPTÈRE n.m. (gr. *megas,* grand, et *pteron,* aile). Cétacé à longues nageoires, appelé cour. *baleine à bosse* (long. 15 m env.). SYN. : *jubarte.*

MÉGARDE (PAR) loc. adv. (de l'anc. fr. *se mesgarder,* se mal garder). Par inadvertance, par erreur. *Par mégarde, j'ai pris cette clé au lieu de l'autre.*

MÉGARON [megarɔn] n.m. ANTIQ. GR. Grande salle rectangulaire, à foyer fixe central, qui caractérise le premier type d'habitation, en Crète, à Mycènes, etc.

MÉGATHÉRIUM [-rjɔm] n.m. (gr. *megas,* grand, et *thêrion,* bête). Grand mammifère fossile des terrains tertiaires et quaternaires d'Amérique du Sud, qui atteignait 4,50 m de long. (Ordre des édentés.)

MÉGATONNE n.f. Unité servant à évaluer la puissance d'un explosif nucléaire, équivalent de l'énergie produite par l'explosion d'un million de tonnes de trinitrotoluène (T. N. T.).

MÉGATONNIQUE adj. Se dit d'une charge nucléaire égale ou supérieure à une mégatonne.

MÉGÈRE n.f. (de *Mégère,* n. pr.). Femme acariâtre, emportée et méchante.

MÉGIR ou **MÉGISSER** v.t. TECHN. Tanner (une peau) à l'alun.

MÉGIS [meʒi] n.m. (de l'anc. fr. *mégier,* soigner). TECHN. Bain de cendre et d'alun qui était employé pour mégir les peaux.

MÉGISSERIE n.f. Industrie, commerce des peaux mégissées. ◇ Par ext. Industrie de transformation des petites peaux par un mode quelconque de tannage.

MÉGISSIER n.m. **1.** Ouvrier qui mégit les peaux. **2.** Tanneur de petites peaux.

MÉGOHM n.m. Un million d'ohms (symb. MΩ).

MÉGOT n.m. (p.-ê. du dial. *mégauder,* téter). Fam. Bout d'un cigare ou d'une cigarette que l'on a fini de fumer.

MÉGOTAGE n.m. Fam. Action de mégoter.

MÉGOTER v.i. Fam. Faire des économies sur de petites choses ; lésiner.

MÉHARÉE n.f. Voyage à dos de méhari.

MÉHARI n.m. (ar. *mahriyya,* pl. *mahārī*) [pl. *méharis* ou *méhara*]. Nom donné au dromadaire en Afrique du Nord et au Sahara.

MÉHARISTE n. Personne qui monte un méhari.

MEIJI [mɛʒi] adj. (mot jap.). HIST. *L'ère meiji :* la période du règne de Meiji tennō, au Japon (v. partie n. pr.).

1. MEILLEUR, E adj. (lat. *melior*). **1.** (Comparatif de supériorité de *bon*). Plus favorable, plus clément, plus généreux. *L'espoir d'un monde meilleur. Il est meilleur qu'il (n') en a l'air.* ◇ *De meilleure heure :* plus tôt. **2.** (Superlatif de *bon*). Qui atteint le plus haut degré de bonté, de qualité dans son domaine. *La meilleure des femmes. Que la meilleure gagne ! Les plats les meilleurs.*

2. MEILLEUR n.m. Ce qui est excellent chez qqn ou dans qqch. *Donner le meilleur de soi-même.* ◇ (Emploi critiqué). *Prendre le meilleur sur qqn :* prendre l'avantage ; l'emporter. *Ce coureur a rapidement pris le meilleur sur son concurrent.*

MÉIOSE n.f. (gr. *meiôsis,* décroissance). BIOL. Division de la cellule aboutissant à la réduction de moitié du nombre des chromosomes, se produisant au moment de la formation des cellules reproductrices (gamètes).

MÉIOTIQUE adj. BIOL. Relatif à la méiose.

MEISTRE n.m. → ***mestre.***

MEITNERIUM [majtnɛrjɔm] n.m. (de L. *Meitner,* n.pr.). Élément chimique artificiel (Mt), de numéro atomique 109.

MÉJANAGE n.m. (prov. *mejan,* moyen). TECHN. Classement des peaux d'après la longueur et la finesse de la laine.

MÉJUGER v.t. [17]. Litt. Porter un jugement défavorable ou erroné sur. ◆ v.t. ind. *(de).* Litt. Se tromper sur. *Méjuger de ses capacités.* ◆ **se méjuger** v.pr. Litt. Se sous-estimer.

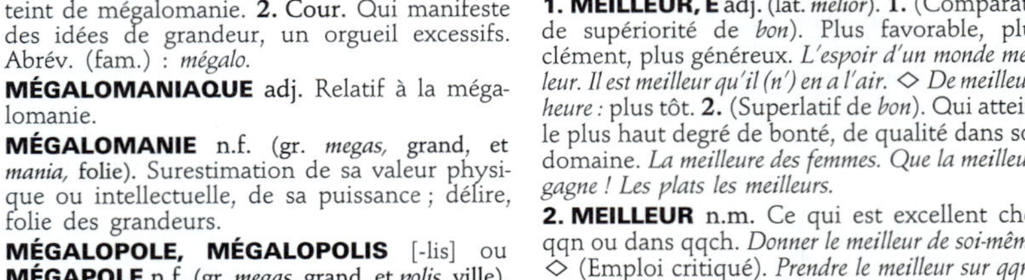

représentation schématique des différentes étapes d'une **méiose**

MELÆNA ou **MÉLÉNA** n.m. PATHOL. Élimination par l'anus de sang noir due à la présence, dans l'intestin, de sang digéré.

MÉLAMPYRE n.m. (gr. *melas,* noir, et *puros,* grain). Plante herbacée parasitant certaines graminées par ses racines. (Famille des scrofulariacées.)

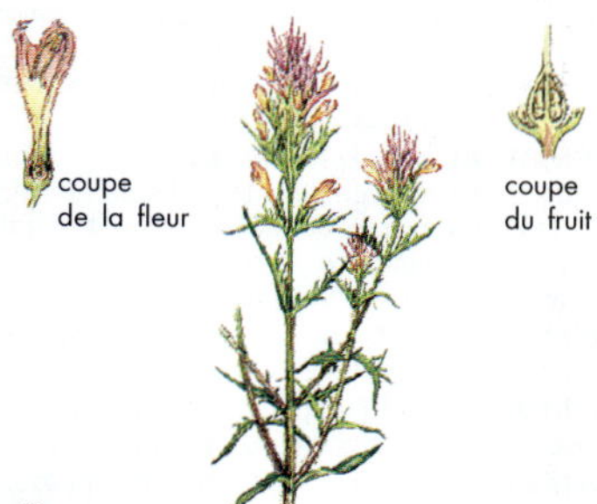

mélampyre

MÉLANCOLIE n.f. (lat. *melancholia ;* gr. *melas, -anos,* noir, et *kholê,* bile). **1.** État de dépression, de tristesse vague, de dégoût de la vie. ◇ Fam. *Ne pas engendrer la mélancolie :* être très gai. **2.** Caractère de ce qui inspire cet état. *La mélancolie d'un paysage d'automne.* **3.** PSYCHIATRIE. Dépression intense caractérisée par un ralentissement psychomoteur, et constituant l'une des phases de la psychose maniacodépressive.

MÉLANCOLIQUE adj. et n. **1.** Qui éprouve une tristesse vague. *Il était songeur et mélancolique.* **2.** Atteint de mélancolie. ◆ adj. Qui manifeste, qui provoque de la mélancolie.

MÉLANCOLIQUEMENT adv. De façon mélancolique.

MÉLANÉSIEN, ENNE adj. et n. De Mélanésie. ◆ n.m. Groupe de langues de la famille austronésienne, parlées en Mélanésie.

MÉLANGE n.m. **1.** Action de mêler, de mettre ensemble des substances diverses. *Faire un mélange de couleurs.* ◇ Spécialt. Absorption, dans un temps relativement court, de boissons alcoolisées de nature différente. *Éviter les mélanges.* **2.** Substance obtenue en mêlant. **3.** Réunion de choses ou d'êtres de nature différente. *Style qui est un mélange d'ancien et de moderne.* ◇ *Bonheur sans mélange :* bonheur parfait. **4.** CHIM. Association de plusieurs corps sans réaction chimique. – *Mélange détonant* → ***détonant.*** ◆ pl. **1.** Recueil portant sur des sujets variés. *Mélanges littéraires.* **2.** Ouvrage composé d'articles divers, offert en hommage à un professeur par ses collègues et ses disciples.

MÉLANGÉ, E adj. Composé d'éléments différents. *Assistance très mélangée.*

MÉLANGER v.t. [17]. **1.** Mettre ensemble pour former un tout. *Mélanger des liquides.* **2.** Mettre en désordre. *Mélanger ses dossiers.* – *Mélanger les cartes,* les battre. **3.** Confondre (des choses), mêler en un tout confus. *Mélanger les dates.*

MÉLANGEUR n.m. Appareil servant à mélanger des substances. ◇ Spécialt. Robinetterie à deux têtes et un bec, permettant d'obtenir un mélange d'eau froide et d'eau chaude.

MÉLANINE n.f. Pigment de couleur foncée, produit de l'oxydation de la tyrosine, présent normalement dans la peau, les cheveux et l'iris.

MÉLANIQUE adj. **1.** Relatif à la mélanine. *Pigment mélanique.* **2.** Relatif au mélanisme. *Mutation mélanique.*

MÉLANISME n.m. Mutation récessive de certains animaux, consistant en une pigmentation noire de leurs phanères.

MÉLANOCYTE n.m. (gr. *melas, -anos,* noir, et *kutos,* creux). Cellule de la peau de l'homme et des vertébrés contenant la mélanine et assurant la protection des organes internes contre les radiations solaires.

MÉLANODERME adj. et n. (gr. *melas, -anos,* noir, et *derma,* peau). Se dit de qqn dont la peau est noire et qui présente la plupart des caractères des Noirs.

MÉLANODERMIE n.f. MÉD. Coloration brunâtre ou noirâtre de la peau et des muqueuses, due à une surcharge en pigment mélanique.

MÉLANOME n.m. MÉD. Tumeur cutanée développée à partir des mélanocytes. (Il existe des mélanomes bénins mais il s'agit le plus souvent de tumeurs cancéreuses de haute gravité, appelées nævo-carcinomes.)

MÉLANOSE n.f. (gr. *melanôsis,* tache). MÉD. Accumulation localisée de pigment mélanique dans les tissus.

MÉLASSE n.f. (lat. *mellaceum,* vin cuit). **1.** Résidu sirupeux non cristallisable de la fabrication du sucre, utilisé notamment pour l'alimentation du bétail. **2.** Fam. Mélange confus. **3.** Fam. *Être dans la mélasse,* dans une situation inextricable ou dans la misère.

MELBA adj. inv. (du n. d'une cantatrice). *Pêche, poire, fraises Melba,* pochées au sirop, servies sur une couche de glace à la vanille et nappées de purée de framboises et de crème Chantilly.

MELCHIOR [-kjɔr] n.m. Vx. Maillechort.

MELCHITE [-kit] adj. et n. → ***melkite.***

MELDOIS, E adj. et n. De Meaux.

MÊLÉ, E adj. (Souvent péj.). Formé d'éléments divers, disparates. *Une société très mêlée.*

MÉLÉAGRINE n.f. (de *Méléagre,* n. myth.). Huître perlière. SYN. : *pintadine.*

MÊLÉ-CASSIS ou, pop., **MÊLÉ-CASS** ou **MÊLÉ-CASSE** n.m. inv. Mélange d'eau-de-vie et de cassis. ◇ *Voix de mêlé-cass :* voix rauque.

MÊLÉE n.f. **1.** Combat opiniâtre et confus où on lutte corps à corps. **2.** Rixe, bousculade entre un certain nombre de personnes. **3.** Lutte, conflit d'intérêts, de passions. *Être au-dessus de la mêlée politique.* **4.** SPORTS. Phase du jeu de rugby où les avants de chaque équipe se mettent face à face en s'arc-boutant pour récupérer le ballon lancé sur le sol au milieu d'eux par le demi de mêlée. – *Mêlée ouverte :* mêlée que les avants forment spontanément.

mêlée

MÉLÉNA n.m. → ***melæna.***

MÊLER v.t. (bas lat. *misculare*). **1.** Mettre ensemble des choses diverses. *Mêler un peu d'eau avec du vin.* **2.** Mettre dans le plus grand désordre ; emmêler, embrouiller. *Il a mêlé toutes mes photos.* **3.** Faire participer (qqn) à une action ; impliquer. *Mêler qqn à une affaire.* ◆ **se mêler** v.pr. **1.** Se confondre, entrer dans un tout. *Les eaux des deux rivières se mêlent au confluent.* **2.** Se joindre à. *Se mêler à un cortège.* **3.** Intervenir dans qqch, en particulier de manière inopportune. *Ne te mêle pas de ses affaires.*

MÊLE-TOUT n. inv. Belgique. Personne brouillonne, qui s'occupe de ce qui ne la regarde pas.

MÉLÈZE n.m. (mot dauphinois). Arbre croissant dans les montagnes au-dessus de la zone des sapins, à aiguilles caduques insérées par touffes. (Ordre des conifères ; haut. 20 à 35 m.)

MELIA [melja] n.m. (mot gr., *frêne*). Arbre à longues grappes de fleurs odorantes, originaire d'Asie. (Famille des méliacées.)

MÉLIACÉE n.f. *Méliacées :* famille de plantes arborescentes équatoriales, telles que le melia et l'acajou, recherchés en ébénisterie.

MÉLILOT n.m. (du gr. *meli,* miel, et *lôtos,* lotus). Herbe fourragère aux petites fleurs odorantes, utilisée en parfumerie et en pharmacopée. (Famille des papilionacées.)

MÉLI-MÉLO n.m. (pl. *mélis-mélos*). Fam. Mélange confus, désordonné.

MÉLINITE n.f. (lat. *melinus,* couleur de coing). Explosif à base d'acide picrique.

MÉLIORATIF, IVE adj. et n.m. (lat. *melior,* meilleur). LING. Se dit d'un terme qui présente sous un aspect favorable l'idée ou l'objet désigné (par opp. à *péjoratif*). *Adjectifs mélioratifs.*

MÉLIQUE adj. (du gr. *melos,* chant). LITTÉR. Se dit de la poésie lyrique, et surtout chorale, des Grecs.

MÉLISSE n.f. (gr. *melissa,* abeille). Plante mellifère antispasmodique et stomachique. (Famille des labiées.) SYN. : *citronnelle.* – *Eau de mélisse :* alcoolat obtenu par la distillation des feuilles de mélisse fraîche, et employé comme antispasmodique et stomachique.

MÉLITOCOCCIE [-ksi] n.f. MÉD., VÉTÉR. Brucellose.

MÉLITTE n.f. Plante mellifère vivace, appelée aussi *mélisse des bois* ou *mélisse sauvage.* (Famille des labiées.)

MELKITE ou **MELCHITE** [-kit] adj. et n. (syriaque *melech,* roi). RELIG. **1.** *Patriarcats melkites :* patriarcats orthodoxes d'Alexandrie, d'Antioche et de Jérusalem. **2.** Fidèle (orthodoxe ou catholique) d'un des patriarcats melkites. (Les patriarcats melkites se séparèrent de Rome en 1054, mais il existe, depuis 1724, un patriarcat melkite catholique qui a autorité sur l'Orient.)

MELLAH n.m. (ar. *mallāḥ,* saloir). Anc. Quartier juif, dans les villes marocaines.

MELLIFÈRE adj. (lat. *mel, mellis,* miel, et *ferre,* porter). **1.** Qui produit du miel. *Insecte mellifère.* SYN. : *mellifique.* **2.** Qui produit un suc avec lequel les abeilles font le miel. *Plante mellifère.*

MELLIFICATION n.f. Élaboration du miel par les abeilles.

MELLIFIQUE adj. Qui fait du miel. *Insecte mellifique.* SYN. : *mellifère.*

MELLIFLU, E ou **MELLIFLUE** (selon l'Académie) adj. Litt. Qui a la douceur, la suavité du miel.

MELLITE n.m. (lat. *mel, mellis,* miel). Médicament à base de miel.

MÉLO n.m. (abrév.). Fam. Mélodrame. ◆ adj. Fam. Mélodramatique.

MÉLODICA n.m. Petit instrument à air, à bouche, muni d'un clavier analogue à un clavier de piano qui actionne des soupapes.

MÉLODIE n.f. (gr. *melôdia*). **1.** Suite de sons formant un air. **2.** MUS. Composition pour voix seule avec accompagnement. **3.** Suite harmonieuse de mots, de phrases, etc., propre à charmer l'oreille. *La mélodie d'un vers.*

MÉLODIEUSEMENT adv. De façon mélodieuse.

MÉLODIEUX, EUSE adj. Dont la sonorité est agréable à l'oreille ; harmonieux.

MÉLODIQUE adj. Relatif à la mélodie.

MÉLODISTE n. Musicien qui compose des mélodies.

MÉLODRAMATIQUE adj. **1.** Qui relève du mélodrame. *Genre mélodramatique.* **2.** Qui évoque le mélodrame par son emphase, son exagération. *Ton mélodramatique.* Abrév. (fam.) : *mélo.*

mélèze d'Europe

MÉLODRAME n.m. (gr. *melos,* cadence, et *drama,* action théâtrale). **1.** ANTIQ. GR. Dialogue de tragédie chanté entre le coryphée et un personnage. **2.** Anc. Drame où une musique instrumentale accompagnait l'entrée et la sortie des personnages. **3.** Drame populaire, né à la fin du XVIIIe s., où sont accumulées des situations pathétiques et des péripéties imprévues. Abrév. (fam.) : *mélo.*

MÉLOÉ n.m. Insecte coléoptère vésicant, noir ou bleu, à reflets métalliques, sans ailes et aux élytres très courts.

MÉLOMANE n. et adj. Amateur de musique.

MÉLOMANIE n.f. Rare. Amour passionné de la musique.

MELON n.m. (lat. *melo*). **1.** Plante rampante cultivée pour ses fruits, demandant de la chaleur et de la lumière. (Famille des cucurbitacées.) **2.** Fruit de cette plante, arrondi ou ovoïde, vert, jaune ou brun clair, à chair orangée ou vert clair, sucrée et parfumée. **3.** *Melon d'eau* : pastèque. **4.** *Chapeau melon* : chapeau rond et bombé à bords étroits, ourlés sur les côtés.

melons

MÉLONGÈNE ou **MÉLONGINE** n.f. Vx. Aubergine.

MELONNÉ, E adj. Qui a la forme d'un melon.

MELONNIÈRE n.f. Terrain, serre où l'on cultive le melon.

MÉLOPÉE n.f. (gr. *melopoiia*). **1.** ANTIQ. Chant rythmé qui accompagnait la déclamation. **2.** Chant monotone et triste.

MÉLOPHAGE n.m. (gr. *mêlon,* brebis, et *phagein,* manger). Mouche parasite des moutons, dont elle suce le sang.

MELTING-POT [mɛltiŋpɔt] n.m. (mot angl., *creuset*) [pl. *melting-pots*]. **1.** HIST. Brassage et assimilation d'éléments démographiques divers, aux États-Unis. **2.** Endroit où se rencontrent des éléments d'origines variées, des idées différentes.

MÉLUSINE n.f. (de la fée *Mélusine*). Feutre à poils longs et souples, rappelant la fourrure.

MEMBRANAIRE adj. Relatif aux membranes.

MEMBRANE n.f. (lat. *membrana,* peau qui recouvre les membres). **1.** Enveloppe souple entourant un organe, une cellule, un organite cellulaire. ◇ *Fausse membrane :* enduit blanchâtre constitué de fibrine, se formant sur les muqueuses à la suite de certaines inflammations (angine diphtérique, notamm.). **2.** Pièce d'une mince couche de matière souple et généralement élastique. ◇ Spécialt. *Membrane vibrante :* dans un haut-parleur, membrane qui engendre des ondes sonores en vibrant sous l'impulsion d'un dispositif électromagnétique, électrostatique, etc. ; dans un instrument de musique, membrane qui vibre, généralement sous l'effet d'une percussion (tambours) ou, plus rarement, sous l'effet de la vibration d'une corde (banjo), d'une colonne d'air (mirliton), etc. **3.** PHYS. Mince paroi d'une substance poreuse que l'on interpose entre deux milieux et qui permet d'éliminer ou de concentrer certains constituants par osmose, dialyse, filtration, etc. – *Membrane semi-perméable,* qui permet le passage de certaines substances et en arrête d'autres.

MEMBRANEUX, EUSE adj. **1.** Relatif à une membrane. **2.** Formé d'une membrane.

MEMBRE n.m. (lat. *membrum*). **1.** Appendice disposé par paires sur le tronc de l'homme et des vertébrés tétrapodes, et servant à la locomotion et à la préhension. *Membres inférieurs et membres supérieurs.* – *Membre fantôme* → **fantôme.** ◇ *Membre viril :* pénis. **2.** Personne, groupe faisant partie d'un ensemble, d'une association, etc. *Les membres d'un club.* ◇ (En app.). *Pays, État membre :* pays faisant partie d'une communauté internationale ; État faisant partie d'une fédération. **3.** MATH. Dans une égalité ou une inégalité, chacun des deux termes figurant de part et d'autre du signe. **4.** LING. Partie d'un constituant ou constituant d'une unité de rang supérieur. *Membre de phrase.*

MEMBRÉ, E adj. Litt. *Bien, mal membré :* qui a les membres vigoureux, faibles.

MEMBRON n.m. CONSTR. Baguette en plomb ou en zinc protégeant la ligne de brisis d'un toit mansardé.

MEMBRU, E adj. Litt. Qui a de gros membres.

MEMBRURE n.f. **1.** Ensemble des membres du corps humain. **2.** CONSTR. Forte pièce en bois ou en métal, servant de point d'appui à une charpente ou à un assemblage de pièces ajustées. **3.** Couple, en construction navale.

1. MÊME adj. (lat. pop. *metipsimus,* de *egomet ipse,* moi-même). **1.** (Avant le nom, marque la similitude, l'identité totale). *Avoir les mêmes goûts.* **2.** (Après le nom, marque une insistance, souligne une précision). *Ces plantes mêmes. Être la bonté même. Les plus grands maîtres eux-mêmes.* ◇ *De soi-même :* spontanément. ◆ adv. **1.** (Marque un renforcement). *Aujourd'hui même.* **2.** (Marque un renchérissement, une gradation). *Je vous dirai même que... Même moi je n'ai pas su répondre.* ◇ *À même :* directement. *Boire à même la bouteille.* – *De même :* de la même manière. *Agissez de même.* – *Être, mettre à même de :* être, mettre en état, en mesure de. *Vous êtes à même de vous renseigner.* – Fam. *Tout de même, quand même :* néanmoins, malgré tout. *Il a réussi tout de même.* ◆ pron. indéf. (Indique l'identité, la ressemblance). *Je connais ce disque, j'ai le même.* ◇ *Revenir au même :* être au fond la même chose. ◆ loc. conj. **1.** *De même que :* ainsi que, comme. **2.** Fam. *Même que :* au point que.
– REM. *Même* est adj. et variable : 1° quand il précède le substantif : *commettre cent fois les mêmes fautes ;* 2° lorsqu'il suit un pronom personnel auquel il est joint par un trait d'union : *eux-mêmes. Même* est adv. et inv. quand il modifie un adjectif, un verbe, etc. : *même eux étaient malades ; ils sont réservés et même timides ; ces murs même ont des oreilles.*

2. MÊME n.m. PHILOS. Principe invariant de la pensée.

MÉMÉ n.f. **1.** Langage enfantin. Grand-mère. **2.** Fam., péj. Femme d'un certain âge, installée dans sa vie domestique, familiale.

MÊMEMENT adv. Vx. De même.

MÉMENTO [memɛ̃to] n.m. (lat. *memento,* souviens-toi) [pl. *mémentos*]. **1.** Agenda où l'on inscrit ce dont on veut se souvenir. **2.** Livre où est résumé l'essentiel d'une question. *Mémento d'histoire.* **3.** LITURGIE. Prière du canon de la messe commençant par ce mot.

MÉMÈRE n.f. **1.** Langage enfantin. Grand-mère. **2.** Pop. Femme d'un certain âge et, le plus souvent, de forte corpulence. **3.** Canada. Fam. Personne bavarde, indiscrète ; commère.

MÉMÉRER v.i. [18]. Canada. Fam. Bavarder, faire des commérages.

1. MÉMOIRE n.f. (lat. *memoria*). **1.** Activité biologique et psychique qui permet de retenir des expériences antérieurement vécues. ◇ *De mémoire :* en s'aidant seulement de la mémoire. – *De mémoire d'homme :* du plus loin qu'on se souvienne. – *Pour mémoire :* à titre de rappel. **2.** Aptitude à se souvenir. *Avoir bonne, mauvaise mémoire.* **3.** Souvenir qu'on garde de qqn, qqch ; ce qui reste ou restera dans l'esprit des hommes. *Dictateur de sinistre mémoire.* ◇ *Mémoire collective :* ensemble des souvenirs spécifiques d'une communauté, d'une nation. – *À la mémoire de :* en l'honneur de (un mort, un évènement passé). **4.** INFORM. Organe de l'ordinateur qui permet l'enregistrement, la conservation et la restitution des données. – *Mémoire de masse :* puissante mémoire externe. – *Mémoire morte :* mémoire dont le contenu enregistré ne peut être modifié par l'utilisateur. – *Mémoire vive :* mémoire effaçable qui peut être reprogrammée au gré de l'utilisateur.

2. MÉMOIRE n.m. **1.** Écrit sommaire exposant des faits, des idées. **2.** Exposé scientifique ou littéraire en vue d'un examen, d'une communication dans une société savante. *Les mémoires de l'Académie des sciences.* **3.** Relevé des sommes dues à un fournisseur. **4.** DR. Acte de procédure contenant les prétentions et arguments du plaideur, devant certaines juridictions. ◆ pl. (Avec une majuscule). Relation écrite faite par une personne des évènements qui ont marqué sa vie. *Publier ses Mémoires.*

MÉMORABLE adj. Digne d'être conservé dans la mémoire.

MÉMORANDUM [memɔrɑ̃dɔm] n.m. (lat. *memorandum,* qu'on doit se rappeler) [pl. *mémorandums*]. **1.** Note diplomatique contenant l'exposé sommaire de l'état d'une question. **2.** Carnet de notes ; mémento.

MÉMORIAL n.m. (pl. *mémoriaux*). **1.** (Avec une majuscule). Ouvrage dans lequel sont consignés des faits mémorables. **2.** Monument commémoratif. **3.** Mémoire servant à l'instruction d'une affaire diplomatique.

MÉMORIALISTE n. Auteur de mémoires historiques ou littéraires.

MÉMORIEL, ELLE adj. **1.** Relatif à la mémoire. **2.** Relatif aux mémoires d'un ordinateur.

MÉMORISABLE adj. Qui peut être mémorisé.

MÉMORISATION n.f. Action de mémoriser.

MÉMORISER v.t. **1.** Fixer dans sa mémoire. **2.** INFORM. Conserver (une information) dans une mémoire.

MENAÇANT, E adj. Qui exprime une menace ; qui fait prévoir une menace, un danger. *Geste menaçant. Temps menaçant.*

MENACE n.f. (lat. pop. *minacia,* de *minae,* menaces). **1.** Parole, geste, acte par lesquels on exprime la volonté qu'on a de faire du mal à qqn, par lesquels on manifeste sa colère. **2.** Signe, indice qui laisse prévoir un danger. *Menace de pluie, de guerre.*

MENACÉ, E adj. En danger.

MENACER v.t. [16]. **1.** Chercher à intimider par des menaces. *Menacer qqn de mort. Menacer de sévir.* **2.** Constituer un danger, un sujet de crainte pour ; absolt, être à craindre. *Une crise nous menace. La pluie menace.* **3.** Laisser craindre. *La neige menace de tomber.* ◇ *Menacer ruine :* être dans un état de délabrement qui laisse craindre un prochain écroulement.

MÉNADE n.f. (gr. *mainas, -ados,* de *mainesthai,* être fou). ANTIQ. GR. Bacchante adonnée aux transes sacrées.

MÉNAGE n.m. (lat. *mansio,* demeure). **I. 1.** Homme et femme vivant ensemble et formant la base de la famille. *Un ménage avec deux enfants.* ◇ *Monter son ménage :* acheter le nécessaire à la vie domestique. – *Scène de ménage :* violente querelle entre époux. – *Se mettre en ménage :* se marier ou vivre maritalement. – *Faire bon, mauvais ménage :* s'accorder bien, mal. **2.** STAT. Unité élémentaire de population (couple, personne seule, communauté) résidant dans un même logement, envisagée dans sa fonction économique de consommation. *Les dépenses des ménages.* **II.** Ensemble de ce qui concerne l'entretien, la propreté d'un intérieur. ◇ *Faire le ménage :* ranger et nettoyer un local ; fig., réorganiser qqch en se débarrassant de ce qui est inutile ; mettre de l'ordre dans qqch. – *Femme de ménage* (parfois *homme de ménage*) : personne qui fait des ménages, moyennant salaire, chez un particulier, dans une entreprise, etc. – *Faire des ménages :* assurer contre rémunération les travaux ménagers.

MÉNAGEMENT n.m. Attitude destinée à ménager qqn ; précaution, égard.

1. MÉNAGER v.t. (de *ménage*) [17]. **1.** Employer avec économie, avec mesure ; épargner, économiser. *Ménager son revenu. Ménager ses forces.* ◇ *Ne pas ménager ses paroles :* parler brutalement ou crûment. **2.** Traiter avec égards, avec respect, pour ne pas déplaire, indisposer ou fatiguer. *Ménagez-le, il sort de maladie. Ménager un adversaire.* ◇ *Ménager les oreilles de qqn,* éviter de le choquer ou de le blesser. **3.** Préparer avec soin ou avec prudence. *Ménager une surprise. Ménager une porte de sortie.* ◆ **se ménager** v.pr. **1.** Économiser ses forces, prendre soin de sa santé. **2.** *Se ménager qqch,* se le réserver, s'arranger pour en disposer. *Se ménager quelques heures de repos.*

2. MÉNAGER, ÈRE adj. Relatif aux soins du ménage. *Occupations ménagères.* ◇ *Équipement ménager :* ensemble des appareils domestiques destinés à faciliter les tâches ménagères.

MÉNAGÈRE n.f. **1.** Femme qui a soin du ménage, qui s'occupe de l'administration du foyer. **2.** Service de couverts de table (cuillers, fourchettes, etc.) dans leur coffret.

MÉNAGERIE n.f. (de *ménage*). **1.** Collection d'animaux de toutes espèces, entretenus pour l'étude ou pour la présentation au public. **2.** Lieu où l'on entretient ces animaux.

MÉNAGISTE n. Commerçant spécialisé dans la vente d'équipements électroménagers.

MENCHEVIK [mɛnʃevik] adj. et n. (du russe). HIST. Se dit de la portion minoritaire du parti ouvrier social-démocrate russe, qui s'opposa à partir de 1903 aux bolcheviques et que ceux-ci éliminèrent après oct. 1917.

MENDÉLÉVIUM [mɛ̃delevjɔm] n.m. (de *Mendeleïev,* chimiste russe). CHIM. Élément transuranien (Md), de numéro atomique 101, de masse atomique 256, obtenu artificiellement à partir de l'einsteinium.

MENDÉLIEN, ENNE adj. Relatif au mendélisme.

MENDÉLISME n.m. (de *Mendel,* botaniste autrichien). Théorie explicative du mécanisme général de l'hérédité, reposant sur les lois de Mendel. (Le mendélisme a conduit à la théorie chromosomique de l'hérédité et à la notion de « gène ».)

MENDIANT, E n. **1.** Personne qui mendie. **2.** *Les quatre mendiants* ou *mendiant,* n.m. : dessert composé de quatre fruits secs : figues, raisins secs, amandes, noisettes (par allusion à la couleur de l'habit des ordres mendiants). ◆ adj. *Ordres mendiants,* fondés à partir du XIIIe s., et auxquels leur règle impose la pauvreté. (Les quatre ordres les plus anciens et les plus importants sont les carmes, les franciscains, les dominicains et les augustins. Le concile de Trente a autorisé les ordres mendiants à acquérir des revenus, au lieu de vivre seulement de la bienfaisance des fidèles.)

MENDICITÉ n.f. (lat. *mendicitas*). **1.** Action de mendier. **2.** Condition de celui qui mendie. *Être réduit à la mendicité.*

MENDIER v.i. (lat. *mendicare*). Demander l'aumône, la charité. ◆ v.t. **1.** Demander comme une aumône. *Mendier du pain.* **2.** Solliciter humblement ou avec insistance. *Mendier des éloges.*

MENDIGOT, E n. Pop., vx. Mendiant(e).

MENDIGOTER v.t. et i. Pop., vx. Mendier.

MENDOLE n.f. Poisson osseux assez commun sur les côtes méditerranéennes, gris argenté avec des raies brunes, à chair peu estimée. (Long. 20 cm ; famille des ménidés.)

MENEAU n.m. (bas lat. *medianus,* qui est au milieu). ARCHIT. Chacun des montants fixes divisant une baie en compartiments, notamment dans l'architecture du Moyen Âge et de la Renaissance. (Ils peuvent être recoupés par des *croisillons* horizontaux.)

MENÉE n.f. **1.** VÉN. Voie d'un cerf qui fuit. **2.** Suisse. Congère.

MENÉES n.f. pl. Manœuvres secrètes et malveillantes pour faire réussir un projet ; machination.

MENER v.t. (lat. *minari,* menacer) [19]. **I. 1.** Faire aller avec soi, accompagner, conduire quelque part ; emmener. *Mener des enfants à l'école.* **2.** Conduire, transporter à telle destination. *Le taxi vous mènera à la gare.* ◇ Fig. *Mener qqn en bateau,* le mystifier, le tromper. **3.** Permettre d'accéder à un lieu. *Ce chemin mène à la plage.* **4.** Guider, diriger vers. *Indices qui mènent au coupable.* ◇ *Mener loin :* avoir de graves conséquences (pour qqn). **5.** GÉOM. Tracer. *Mener une circonférence par trois points.* **II. 1.** Être en tête de ; diriger, commander. *Mener une course.* **2.** Assurer le déroulement de. *Mener les débats. Mener une enquête. Bien mener ses affaires.* ◇ *Mener une vie... :* vivre de telle ou telle façon. – *Mener la vie dure à qqn,* lui rendre la vie pénible (en partic. en exerçant sur lui une autorité brutale). – *Mener qqch à bien,* le faire réussir. **3.** Fam. *Ne pas en mener large :* avoir peur ; être inquiet, mal à l'aise. ◆ v.t. et i. Avoir l'avantage sur un adversaire. *Mener par deux buts à zéro.*

MÉNESTREL n.m. (lat. *ministerium,* service). Au Moyen Âge, musicien de basse condition qui récitait ou chantait des vers en s'accompagnant d'un instrument de musique.

MÉNÉTRIER n.m. Dans les campagnes, homme qui jouait d'un instrument de musique pour faire danser.

MENEUR, EUSE n. **1.** Personne qui par son ascendant et son autorité dirige un mouvement, notamm. un mouvement populaire ou insurrectionnel. ◇ *Meneur d'hommes :* personne qui sait par son autorité entraîner les autres à sa suite. **2.** *Meneur de jeu.* **a.** Animateur d'un jeu, d'un spectacle. **b.** SPORTS. Joueur qui anime une équipe, qui conduit ses évolutions.

MENHIR [menir] n.m. (breton *men,* pierre, et *hir,* longue). Monument mégalithique constitué d'un seul bloc de pierre vertical.

MENIN, E [me-] n. (esp. *menino*). HIST. En Espagne, jeune homme, jeune fille attachés à la personne des enfants royaux. ◆ n.m. HIST. En France, gentilhomme attaché au service du Dauphin.

MÉNINGE n.f. (lat. *meninga,* gr. *mênigx*). Chacune des trois membranes *(pie-mère, arachnoïde, dure-mère)* entourant le cerveau et la moelle épinière. ◆ pl. Fam. Cerveau, esprit. *Se fatiguer les méninges.*

MÉNINGÉ, E adj. Relatif aux méninges, à la méningite. *Symptômes méningés.*

MÉNINGIOME n.m. MÉD. Tumeur bénigne développée à partir de l'arachnoïde et adhérente à la dure-mère.

MÉNINGITE n.f. Inflammation des méninges, d'origine microbienne ou virale, se traduisant par une raideur de la nuque, des céphalées et des vomissements.

MÉNINGITIQUE adj. Relatif à la méningite.

MÉNINGOCOQUE n.m. PATHOL. Diplocoque provoquant des méningites cérébro-spinales.

MÉNINGO-ENCÉPHALITE n.f. (pl. *méningo-encéphalites*). PATHOL. Inflammation simultanée de l'encéphale et des méninges.

MÉNISCAL, E, AUX adj. ANAT. Relatif au ménisque du genou.

MÉNISCITE [-sit] n.f. PATHOL. Affection d'un ménisque du genou.

MÉNISCOGRAPHIE n.f. MÉD. Radiographie du ménisque du genou après injection d'un produit de contraste dans l'articulation.

MÉNISQUE n.m. (gr. *mêniskos,* petite lune). **1.** Lentille de verre convexe d'un côté et concave de l'autre. *Ménisque convergent, divergent.* **2.** Surface incurvée qui forme l'extrémité supérieure d'une colonne de liquide contenue dans un tube. **3.** ANAT. Lame de cartilage située entre les os, dans certaines articulations comme le genou.

MENNONITE n. HIST. Membre d'une secte anabaptiste, fondée par le réformateur hollandais Menno Simonsz (1496-1561), surtout répandue en Amérique (amish de Pennsylvanie).

MÉNOLOGE n.m. (gr. *mên, mênos,* mois, et *logos,* discours). Livre liturgique de l'Église grecque, correspondant au martyrologe latin.

MÉNOPAUSE n.f. (gr. *mên, mênos,* mois, et *pausis,* cessation). Cessation de l'ovulation chez la femme, caractérisée par l'arrêt définitif de la menstruation ; époque où elle se produit.

MÉNOPAUSÉE adj.f. Se dit d'une femme dont la ménopause est accomplie.

MÉNOPAUSIQUE adj. Relatif à la ménopause.

MENORA n.f. (mot hébreu). Chandelier à sept branches, un des principaux objets du culte hébraïque.

MÉNORRAGIE n.f. MÉD. Exagération de l'hémorragie menstruelle (règles).

MÉNOTAXIE n.f. Réaction d'orientation d'un animal, provoquée par un stimulus lointain.

MENOTTE n.f. (dimin. de *main*). Fam. Petite main, main d'enfant. ◆ pl. Bracelets métalliques avec lesquels on attache les poignets des prisonniers.

MENSE [mɑ̃s] n.f. (lat. *mensa,* table). HIST. Part des biens fonciers d'un évêché ou d'un monastère affectée, à l'époque carolingienne, à l'usage personnel des évêques, des abbés, des moines, etc.

MENSONGE n.m. (lat. pop. *mentionica,* de *mentiri,* mentir). **1.** Action de mentir, d'altérer la vérité. **2.** Affirmation contraire à la vérité.

MENSONGER, ÈRE adj. Fondé sur un mensonge ; faux, trompeur. *Promesse mensongère.*

MENSONGÈREMENT adv. De façon mensongère.

MENSTRUATION n.f. (de *menstrues*). PHYSIOL. Phénomène physiologique caractérisé par un écoulement sanguin périodique correspondant à l'élimination de la muqueuse utérine, se produisant chez la femme, lorsqu'il n'y a pas eu fécondation, de la puberté à la ménopause.

MENSTRUEL, ELLE adj. Relatif à la menstruation.

MENSTRUES n.f. pl. (lat. *menstrua,* de *mensis,* mois). Vx. Perte de sang accompagnant la menstruation. SYN. : *règles.*

MENSUALISATION n.f. Action de mensualiser.

MENSUALISER v.t. **1.** Rendre mensuel (un paiement, un salaire). **2.** Payer au mois ; faire passer à une rémunération mensuelle (qqn qui était payé à l'heure, etc.).

MENSUALITÉ n.f. **1.** Somme versée chaque mois. *Payer par mensualités.* **2.** Traitement mensuel.

1. MENSUEL, ELLE adj. (lat. *mensis,* mois). Qui se fait, qui paraît tous les mois. *Revue, paiement mensuels.* ◆ n. Salarié mensualisé.

2. MENSUEL n.m. Publication qui paraît chaque mois.

MENSUELLEMENT adv. Par mois.

MENSURATION n.f. (bas lat. *mensuratio*). Détermination de certaines dimensions caractéristiques du corps (notamm. le tour de poitrine, le tour de taille et le tour de hanches). ◆ pl. Ces dimensions elles-mêmes.

1. MENTAL, E, AUX adj. (bas lat. *mentalis,* de *mens, mentis,* esprit). **1.** Relatif aux fonctions intellectuelles, au psychisme. *État mental. Maladies mentales.* **2.** Qui se fait exclusivement dans l'esprit, sans être exprimé. *Calcul mental.*

2. MENTAL n.m. sing. Ensemble des dispositions mentales, psychiques de qqn ; esprit.

MENTALEMENT adv. Par la pensée, sans s'exprimer à haute voix.

MENTALISATION n.f. PSYCHOL. Intellectualisation des conflits psychiques.

MENTALISER v.t. PSYCHOL. Se représenter mentalement.

MENTALISME n.m. **1.** Conception selon laquelle la psychologie a pour objet l'étude des divers états de conscience et pour méthode privilégiée l'introspection. **2.** LING. Conception selon laquelle le contenu est l'élément déterminant de la structure de la langue.

MENTALITÉ n.f. **1.** Ensemble des manières d'agir, de penser de qqn. **2.** SOCIOL. Ensemble des habitudes intellectuelles, des croyances, des comportements caractéristiques d'un groupe.

MENTERIE n.f. Fam. et vieilli. Mensonge.

MENTEUR, EUSE adj. et n. Qui ment ; qui a l'habitude de mentir.

MENTHE n.f. (gr. *minthê*). **1.** Plante odorante des lieux humides, velue, à fleurs roses ou blanches. (Famille des labiées.) **2.** Essence de cette plante utilisée pour son arôme et ses propriétés médicinales.

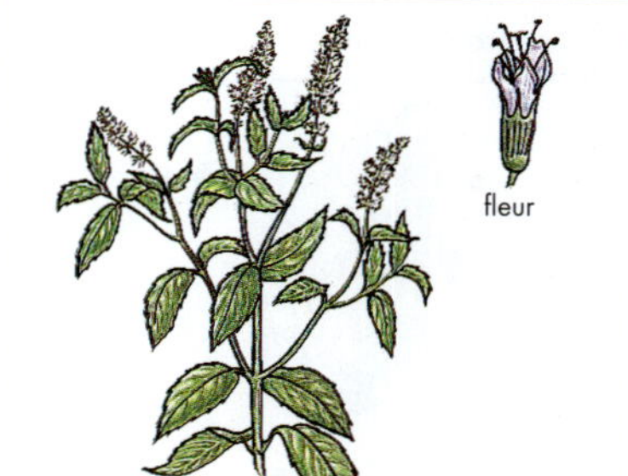

menthe

MENTHOL [mɑ̃tɔl] ou [mɛ̃tɔl] n.m. Alcool terpénique extrait de l'essence de menthe.

MENTHOLÉ, E adj. Qui contient du menthol.

MENTION [mɑ̃sjɔ̃] n.f. (lat. *mentio,* de *mens, mentis,* esprit). **1.** Action de signaler, de citer ; fait d'être signalé, cité. *Faire mention d'un évènement.* **2.** Indication, note dans un texte, un formulaire. **3.** Appréciation, souvent favorable, donnée par un jury sur une personne, un travail, dans un examen, un concours, une compétition.

MENTIONNER v.t. Faire mention de, citer.

MENTIR v.i. (lat. *mentiri*) [37]. **1.** Donner pour vrai ce qu'on sait être faux ou nier ce qu'on sait être vrai. ◇ *Sans mentir :* sans exagérer. **2.** Tromper par de fausses apparences. *Cette photographie ne ment pas.*

MENTISME n.m. (lat. *mens, mentis,* esprit). PSYCHIATRIE. Trouble de la pensée dans lequel les idées, les images défilent de façon incoercible.

MENTON n.m. (lat. *mentum*). Partie saillante du visage, au-dessous de la bouche.

MENTONNET n.m. **1.** ARM. Pièce articulée sur la détente d'une arme à feu, permettant le tir coup par coup. **2.** CH. DE F. Boudin.

MENTONNIER, ÈRE adj. Relatif au menton ; du menton.

MENTONNIÈRE n.f. **1.** Bande passant sous le menton et retenant une coiffure. ◇ Spécialt. Pièce entourant le menton et assurant la tenue d'un casque. **2.** HIST. Pièce articulée d'un casque servant à protéger le bas de la figure (XVe-XVIIIe s.). **3.** CHIR. Bandage pour le menton. **4.** Accessoire épousant la forme du menton et servant à maintenir le violon pendant le jeu.

MENTOR [mɛ̃tɔr] n.m. (de *Mentor,* n.pr.). Litt. Guide attentif, conseiller expérimenté.

1. MENU, E adj. (lat. *minutus,* amoindri). **1.** Qui a peu de volume, d'épaisseur, d'importance. *Menus morceaux. Taille menue. Menus frais.* ◇ *À pas menus* : à tout petits pas. – *Menue monnaie* : monnaie de peu de valeur. – Litt. *Menu peuple* : gens de basse condition. – *Menus plaisirs* : dépenses fantaisistes et occasionnelles. **2.** Qui est mince, frêle. *Une enfant toute menue.* ◆ adv. En petits morceaux. *Hacher menu.* ◆ n.m. *Par le menu* : en tenant compte des moindres détails. *Raconter par le menu.*

2. MENU n.m. **1.** Liste détaillée des plats servis à un repas. **2.** Repas à prix fixe servi dans un restaurant (par opp. au repas *à la carte,* dont les plats sont choisis par le client). **3.** INFORM. Liste d'actions exécutables par un ordinateur exploité en mode interactif.

MENUET n.m. (dimin. de *menu*). **1.** Danse à trois temps. **2.** MUS. Composition dans le caractère de cette danse qui, à la fin du XVIIe s., s'intègre à la suite et au XVIIIe s. à la symphonie.

MENUISE n.f. (lat. *minutia*). Petit poisson à frire, comme le jeune sprat ou le hareng.

MENUISER v.t. (lat. pop. *minutiare,* rendre menu). Travailler (du bois) en menuiserie. ◆ v.i. Faire de la menuiserie, travailler le bois.

MENUISERIE n.f. **1.** Métier du menuisier. **2.** Ouvrage du menuisier. **3.** Atelier de menuisier.

MENUISIER n.m. Spécialiste (ouvrier, artisan, industriel, etc.) qui produit des ouvrages en bois pour le bâtiment, constitués de pièces relativement petites (à la différence du charpentier), ou des meubles généralement utilitaires, sans placage ni ornement (à la différence de l'ébéniste).

MÉNURE n.m. (gr. *mênê,* lune, et *oura,* queue). Passereau d'Australie, de la taille d'un faisan, et qui doit son nom d'*oiseau-lyre* aux longues plumes recourbées de la queue des mâles.

ménure

MENU-VAIR n.m. (pl. *menus-vairs*). Vx. Fourrure du petit-gris.

MÉNYANTHE n.m. (gr. *minuanthes*). Plante des étangs, à feuilles à trois folioles (d'où le nom de *trèfle d'eau*), à pétales roses soudés.

MÉPHISTOPHÉLIQUE adj. Litt. Digne de Méphistophélès ; diabolique. *Rire méphistophélique.*

MÉPHITIQUE adj. (lat. *mephitis,* odeur infecte). Qui a une odeur répugnante ou toxique.

MÉPHITISME n.m. Caractère de ce qui est méphitique ; exhalaisons méphitiques.

1. MÉPLAT, E adj. CONSTR. **1.** Qui a plus de largeur que d'épaisseur, en parlant d'une pièce de bois, de métal. **2.** *Bas-relief méplat,* où le motif se présente comme un jeu de surfaces planes, qui sont les parties épargnées (non entaillées) du matériau mis en œuvre.

2. MÉPLAT n.m. **1.** Partie relativement plane. *Les méplats du visage.* **2.** CONSTR. Pièce méplate.

MÉPRENDRE (SE) v.pr. [*sur*] (préf. *mé[s]* et *prendre*) [79]. Litt. Se tromper sur qqn, qqch, prendre une personne ou une chose pour une autre. ◇ *À s'y méprendre* : au point de se tromper.

MÉPRIS n.m. **1.** Sentiment par lequel on juge qqn, sa conduite condamnables, indignes d'estime, d'attention. **2.** Fait de ne tenir aucun compte de qqch. *Mépris des conventions, de la richesse.* ◇ *Au mépris de* : sans tenir compte de. *Agir au mépris du danger.*

MÉPRISABLE adj. Digne de mépris.

MÉPRISANT, E adj. Qui a ou qui témoigne du mépris. *Sourire méprisant.*

MÉPRISE n.f. Erreur commise sur qqn, qqch. *Commettre une lourde méprise.* ◇ *Par méprise* : par suite d'une erreur.

MÉPRISER v.t. (préf. *mé[s]* et *priser*). **1.** Avoir ou témoigner du mépris pour qqn, pour qqch. *Mépriser la lâcheté.* **2.** Ne faire aucun cas de. *Mépriser le danger.*

MÉPROBAMATE n.m. Médicament anxiolytique et hypnotique.

MER n.f. (lat. *mare*). **1.** Très vaste étendue d'eau salée qui couvre une partie de la surface du globe ; partie définie de cette étendue. *La mer Rouge.* ◇ *Armée de mer* : ensemble des navires et des formations aériennes et terrestres relevant de la marine militaire. – *Homme de mer* : marin. – *Pleine mer* : la partie de la mer éloignée du rivage, le large. – *Mal de mer* : ensemble de troubles causés par les oscillations d'un bateau ; naupathie. ◇ DR. *Mer nationale* : eaux intérieures. – *Mer territoriale* : eaux territoriales. – *Haute mer* : partie de la mer libre, en principe, de la juridiction des États. **2.** Villes, plages qui bordent la mer. *Aller à la mer pour les vacances. Préférer la mer à la montagne.* **3.** Eau de la mer ou de l'océan. *La mer est chaude.* ◇ Fig. *Ce n'est pas la mer à boire* : ce n'est pas très difficile. – *Une goutte d'eau dans la mer* : un apport, un effort insignifiant. **4.** Marée. – *Basse mer* : marée basse. – *Haute mer* ou *pleine mer* : marée haute. **5.** À la surface de la Lune ou de certaines planètes du système solaire, vaste étendue faiblement accidentée. **6.** Grande quantité de liquide, d'une chose quelconque. *Mer de sable.*

MERCANTI n.m. (it. *mercante,* marchand). Péj. Commerçant malhonnête, âpre au gain.

MERCANTILE adj. (de l'it.). Animé par l'appât du gain, le profit. *Esprit mercantile.*

MERCANTILISME n.m. **1.** Litt. État d'esprit mercantile. **2.** HIST. Doctrine économique élaborée au XVIe et au XVIIe s. à la suite de la découverte, en Amérique, des mines d'or et d'argent, selon laquelle les métaux précieux constituent la richesse essentielle des États, et qui préconise une politique protectionniste.

MERCANTILISTE adj. Relatif au mercantilisme ; qui en est partisan.

MERCAPTAN n.m. (lat. *mercurium captans,* qui capte le mercure). CHIM. Composé d'odeur fétide, dérivant d'un alcool dans lequel l'oxygène est remplacé par du soufre. SYN. : *thioalcool.*

MERCATICIEN, ENNE n. Spécialiste de la mercatique.

MERCATIQUE n.f. Recomm. off. pour *marketing.*

1. MERCENAIRE adj. (lat. *mercenarius,* de *merces,* salaire). Litt. Qui ne travaille que pour un salaire ; qui est inspiré par le profit.

2. MERCENAIRE n.m. Soldat recruté à prix d'argent et pour un conflit ponctuel par un gouvernement dont il n'est pas ressortissant.

MERCERIE n.f. (lat. *merx, mercis,* marchandise). **1.** Ensemble des articles destinés à la couture, aux travaux d'aiguille. **2.** Commerce, magasin du mercier.

MERCERISAGE n.m. (de *Mercer,* n. pr.). Traitement à la soude des fils ou des tissus de coton, donnant à ceux-ci un aspect brillant et soyeux.

MERCERISER v.t. Traiter par mercerisage.

MERCHANDISING [mɛrʃɑ̃diziŋ] ou [-dajziŋ] n.m. (mot angl.) [Anglic. déconseillé]. Marchandisage.

1. MERCI n.f. (lat. *merces, mercedis,* salaire). Litt. *Demander merci* : demander grâce. – *Dieu merci* : grâce à Dieu, heureusement. – *Être à la merci de qqn, de qqch,* à la discrétion de qqn ; soumis à l'influence de, à l'action de qqch. – *Sans merci* : sans pitié.

2. MERCI n.m. Parole de remerciement. *Vous pouvez lui dire un grand merci.* ◆ interj. (Pour remercier). *Vous m'avez rendu service, merci !*

MERCIER, ÈRE n. Personne vendant de la mercerie.

MERCREDI n.m. (lat. *Mercurii dies,* jour de Mercure). Troisième jour de la semaine. ◇ *Mercredi des Cendres* : le premier jour du carême, marqué par une cérémonie de pénitence.

MERCURE n.m. (lat. *Mercurius*). Métal blanc très brillant, liquide à la température ordinaire ; élément (Hg) de numéro atomique 80, de masse atomique 200,59. SYN. (vx) : *vif-argent.* ■ Le mercure existe dans la nature à l'état de sulfure, appelé *cinabre,* que l'on traite par le grillage. C'est le seul métal liquide à la température ordinaire. Il se solidifie à – 39 °C et bout à 357 °C. Sa densité est de 13,6. Il est employé à la construction d'appareils de physique (baromètres et thermomètres, notamm.), à l'étamage des glaces et à l'extraction de l'or et de l'argent, avec lesquels il s'allie facilement pour former des amalgames.

MERCURESCÉINE n.f. PHARM. Composé mercuriel sodique de couleur rouge, utilisé pour son action antiseptique puissante.

MERCUREUX adj.m. Se dit de l'oxyde de mercure Hg_2O et des sels du mercure univalent.

MERCUREY n.m. Vin de Bourgogne rouge, récolté dans la région de Mercurey.

1. MERCURIALE n.f. **1.** HIST. Sous l'Ancien Régime, assemblée des différentes chambres du parlement qui se tenait à l'origine le mercredi et au cours de laquelle étaient présentées des observations sur la manière dont la justice avait été rendue ; discours prononcé dans cette assemblée. **2.** Litt. Remontrance, réprimande d'une certaine vivacité.

2. MERCURIALE n.f. (lat. *mercurialis,* de Mercure, dieu du Commerce). Bulletin reproduisant les cours officiels des denrées vendues sur un marché public ; ces cours eux-mêmes.

3. MERCURIALE n.f. (lat. *mercurialis herba,* herbe de Mercure). Plante commune dans les champs, les bois, à fleurs verdâtres, utilisée comme laxatif. (Famille des euphorbiacées.)

MERCURIEL, ELLE adj. Qui contient du mercure.

MERCURIQUE adj. Se dit de l'oxyde de mercure HgO et des sels du mercure bivalent.

MERCUROCHROME n.m. (nom déposé). Composé organique mercuriel dont les solutions aqueuses, de couleur rouge, constituent un antiseptique puissant.

MERDE n.f. (lat. *merda*). **1.** Vulg. Excrément de l'homme et de quelques animaux. **2.** Fam. (Souvent au pl.). Ennui, difficulté. *Je n'ai que des merdes en ce moment.* ◇ *Être dans la merde* : se trouver dans une situation difficile, inextricable. **3.** Fam. Être ou chose sans valeur. ◇ *De merde* : mauvais, détestable, très gênant. *Un temps de merde.* ◆ interj. Fam. (Exprimant la colère, l'indignation, le mépris, etc.). *Et merde !*

MERDER v.i. et t. Fam. Ne pas réussir.

MERDEUX, EUSE adj. Fam. **1.** Mauvais, qui ne donne pas satisfaction. **2.** Gêné, confus, mal à son aise (surtout : pour avoir commis une maladresse, un impair). *Se sentir merdeux.* ◆ n. Fam. **1.** Enfant, gamin. **2.** Personne mal élevée ou prétentieuse.

MERDIER n.m. Fam. **1.** Grand désordre. **2.** Situation complexe, confuse, où il n'y a que des difficultés.

MERDIQUE adj. Fam. Mauvais, sans valeur.

MERDOYER v.i. [13]. Fam. S'empêtrer dans ses réponses ; avoir des difficultés pour faire qqch.

1. MÈRE n.f. (lat. *mater*). **I.** Femme qui a mis au monde un ou plusieurs enfants. *Mère de famille.* ◇ *Mère célibataire* : femme ayant un ou plusieurs enfants sans être mariée. **II. 1.** Supérieure d'un couvent. **2.** Fam. *La mère X* : madame X. **III. 1.** Litt. Pays, lieu où une chose a commencé ; source, cause, origine. *La Grèce, mère des arts. L'oisiveté est la mère de tous les vices.*

◇ *Mère patrie :* pays où l'on est né, patrie considérée sur le plan affectif. **2.** (En apposition). *Idée mère :* idée principale, de laquelle procèdent d'autres idées. – *Maison mère :* principal établissement d'une communauté, notamment religieuse. – *Société mère :* société ayant sous sa dépendance financière d'autres sociétés, dites *filiales*. **3.** Femelle d'un animal qui a eu des petits. **4.** *Mère du vinaigre :* pellicule qui se forme à la surface des liquides alcooliques, constituée par l'accumulation des acétobacters.

2. MÈRE adj. (lat. *merus,* pur). *Mère goutte :* vin qui coule de la cuve ou du pressoir avant que le raisin ait été pressé ; première huile qui sort des olives pressées.

MÈRE-GRAND n.f. (pl. *mères-grand*). Vx. Grand-mère.

MÉRENS n.m. Poney d'une race originaire des montagnes ariégeoises, utilisé pour le tourisme équestre.

MERGUEZ [mɛrgɛz] n.f. (de l'ar.). Saucisse fraîche pimentée, à base de bœuf ou de bœuf et de mouton et consommée grillée ou frite (spécialité d'Afrique du Nord).

MERGULE n.m. (bas lat. *mergulus,* de *mergus,* plongeon). Oiseau voisin du pingouin, à bec très court.

1. MÉRIDIEN, ENNE adj. (lat. *meridianus,* de *meridies,* midi). **1.** ASTRON. Se dit du plan qui, en un lieu, comprend la verticale de ce lieu et l'axe du monde. **2.** Se dit d'un instrument servant à observer les astres dans le plan du méridien. *Lunette méridienne.* **3.** MATH. Se dit d'un plan qui contient l'axe d'une surface de révolution.

2. MÉRIDIEN n.m. **1.** Lieu des points ayant même longitude, à la surface de la Terre ou d'un astre quelconque. ◇ *Méridien origine* ou *premier méridien :* méridien par rapport auquel on compte les degrés de longitude. (Le méridien origine international passe par l'ancien observatoire de Greenwich, à 2° 20′ 14″ à l'ouest de celui de Paris.) **2.** Plan défini par la verticale locale et l'axe de rotation de la Terre. (On dit aussi *plan méridien.*) ◇ *Méridien magnétique :* plan vertical contenant la direction du champ magnétique terrestre. **3.** ASTRON. Demi-grand cercle de la sphère céleste limité aux pôles et passant par le zénith d'un lieu.

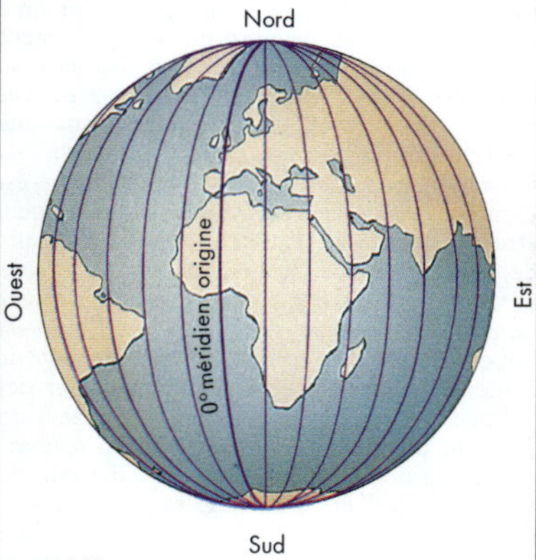

méridiens

1. MÉRIDIENNE n.f. **1.** MATH. Section d'une surface de révolution par un plan passant par l'axe de cette surface. **2.** GÉOGR. Chaîne de triangulation orientée suivant un méridien.

2. MÉRIDIENNE n.f. **1.** Litt. Sieste. **2.** Lit de repos à deux chevets de hauteur inégale réunis par un dossier.

MÉRIDIONAL, E, AUX adj. et n. (lat. *meridionalis,* de *meridies,* midi). Du midi de la France. *Accent méridional.* ◆ adj. Situé au sud. *La côte méridionale de la Grande-Bretagne.*

MERINGUE [mərɛ̃g] n.f. Pâtisserie légère, à base de blancs d'œufs et de sucre, que l'on fait cuire au four à feu doux.

MERINGUER [mə-] v.t. Garnir de meringue.

MÉRINOS [merinos] n.m. (esp. *merino ;* de l'ar.). **1.** Mouton très répandu dans le monde, dont il existe plusieurs races et dont la laine fine est très estimée. **2.** Étoffe, feutre faits avec la laine de ce mouton.

mérinos (bélier)

MERISE n.f. (de *amer* et *cerise*). Fruit du merisier, noir, suret et peu charnu.

MERISIER n.m. Cerisier sauvage, appelé aussi *cerisier des oiseaux,* dont le bois est apprécié en ébénisterie. (Haut. 15 m env.)

MÉRISME n.m. (gr. *merisma,* délimitation). LING. Trait distinctif constituant des phonèmes.

MÉRISTÈME n.m. (gr. *meristos,* partagé). BOT. Tissu végétal formé de cellules indifférenciées, siège de divisions rapides et nombreuses, situé dans les régions de croissance de la plante.

MÉRITANT, E adj. Qui a du mérite.

MÉRITE n.m. (lat. *meritum,* gain). **1.** Ce qui rend qqn, sa conduite, dignes d'estime, de récompense. *Tout le mérite de cette entreprise lui revient.* **2.** Ensemble des qualités intellectuelles et morales particulièrement dignes d'estime. *Des gens de mérite.* **3.** Qualité louable de qqn, de qqch. *Il a le mérite d'être très ponctuel.* **4.** (Dans les noms de certaines distinctions honorifiques récompensant les mérites acquis dans un domaine particulier). *Ordre du Mérite agricole, du Mérite maritime.*

MÉRITER v.t. **1.** Être digne de récompense ou passible de châtiment. *Mériter des éloges, une punition.* **2.** Présenter les conditions requises pour obtenir. *Cette lettre mérite une réponse. Cela mérite réflexion.* ◆ v.t. ind. *(de). Bien mériter de sa patrie :* avoir droit à sa reconnaissance.

MÉRITOCRATIE [-si] n.f. Système dans lequel le mérite détermine la hiérarchie.

MÉRITOIRE adj. Digne d'estime, de récompense ; louable.

MERL n.m. → ***maërl.***

MERLAN n.m. (de *merle*). **1.** Poisson des côtes d'Europe occidentale, à trois nageoires dorsales et deux anales, pêché activement pour sa chair tendre et légère. (Long. 20 à 40 cm ; famille des gadidés.) **2.** Pop., vx. Coiffeur.

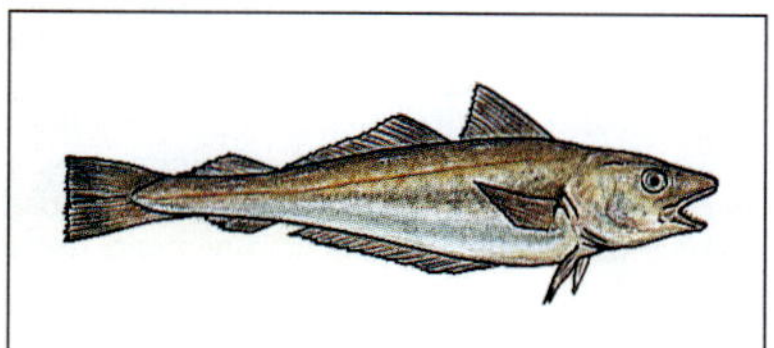
merlan

MERLE n.m. (lat. *merula*). Oiseau passereau voisin de la grive, commun dans les parcs et les bois, à plumage sombre (noir chez le mâle, brun chez la femelle). *Le merle siffle, chante,* pousse son cri. ◇ Fig. *Merle blanc :* personne ou objet introuvable.

merles

MERLETTE n.f. Merle femelle.

MERLIN n.m. (mot lorrain ; lat. *marculus,* marteau). **1.** Anc. Marteau utilisé pour assommer les bovins lors de l'abattage. **2.** Forte masse dont la tête se termine en biseau d'un côté, utilisée pour fendre le bois.

MERLON n.m. (it. *merlone*). Partie pleine d'un parapet entre deux créneaux.

MERLOT n.m. VITIC. Cépage, le plus souvent rouge, cultivé surtout dans le Bordelais.

MERLU n.m. (anc. prov. *merlus,* de *merle,* merlan, et anc. fr. *luz,* brochet). Poisson marin commun dans l'Atlantique, à dos gris, portant deux nageoires dorsales et une anale, dépourvu de barbillon mentonnier, et commercialisé sous le nom de *colin.* (Long. 1 m env. ; famille des gadidés.)

MERLUCHE n.f. (anc. prov. *merluce,* anc. var. de *merlus,* merlu). **1.** Poisson de la famille des gadidés, tel que le merlu et la lingue. **2.** Morue séchée, non salée.

MÉROSTOME n.m. ZOOL. *Mérostomes :* classe d'arthropodes aquatiques qui ne comprend plus actuellement que le genre *limule.*

MÉROU n.m. (esp. *mero*). Poisson osseux pouvant atteindre, dans les mers chaudes, 2 m de long et peser plus de 100 kg, à la chair très estimée. (Famille des serranidés.)

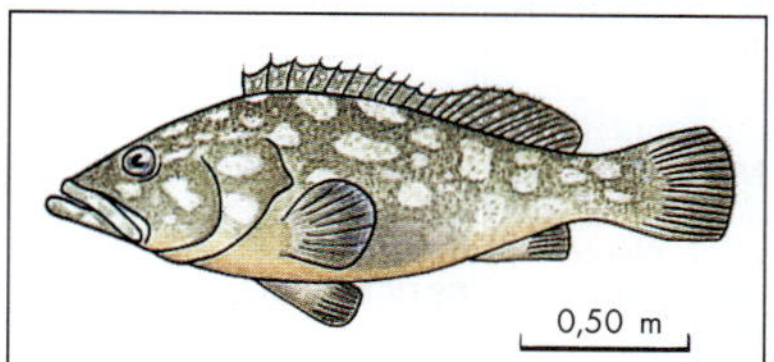

mérou

MÉROVINGIEN, ENNE adj. Relatif à la dynastie des Mérovingiens.

MERRAIN n.m. (lat. pop. *materiamen,* bois). **1.** Planche obtenue en débitant un billot de bois dans le sens des rayons médullaires, et servant à confectionner les douves des tonneaux. **2.** Tige centrale de la ramure d'un cerf.

MÉRULE n.m. ou f. Très grand champignon qui attaque le bois des charpentes.

MERVEILLE n.f. (it. *mirabilia*). **1.** Ce qui inspire une grande admiration par sa beauté, sa grandeur, sa valeur. *Les merveilles de la nature.* ◇ *À merveille :* très bien, parfaitement. – *Faire merveille, des merveilles :* obtenir un remarquable résultat ; faire qqch d'étonnant, de très difficile. – *Les Sept Merveilles du monde :* les sept ouvrages les plus remarquables de l'Antiquité (les pyramides d'Égypte, les jardins suspendus de Sémiramis à Babylone, la statue en or et ivoire de Zeus Olympien par Phidias, le temple d'Artémis à Éphèse, le mausolée d'Halicarnasse, le colosse de Rhodes, le phare d'Alexandrie). – *La huitième merveille du monde :* ce qui inspire une très vive admiration. **2.** Pâte frite, coupée en morceaux, que l'on mange saupoudrée de sucre. SYN. : *oreillette.*

MERVEILLEUSE n.f. HIST. Femme élégante et excentrique de la période de la Convention thermidorienne et du Directoire.

MERVEILLEUSEMENT adv. De façon merveilleuse.

1. MERVEILLEUX, EUSE adj. Qui suscite l'admiration par ses qualités extraordinaires, exceptionnelles.

2. MERVEILLEUX n.m. **1.** Ce qui s'éloigne du cours ordinaire des choses ; ce qui paraît miraculeux, surnaturel. **2.** Intervention de moyens et d'êtres surnaturels dans une œuvre littéraire, et en particulier dans l'épopée.

MÉRYCISME n.m. (gr. *mêrukismos,* rumination). MÉD. Comportement pathologique de rumination d'aliments d'abord déglutis, puis régurgités et mastiqués sans arrêt.

MERZLOTA n.f. (mot russe). Partie du sol et du sous-sol gelée en hiver. SYN. : *tjäle.*

MES adj. poss. Pl. de *mon, ma.*

MESA n.f. (mot esp., *table*). GÉOGR. Plateau constitué par les restes d'une coulée volcanique mise en relief par l'érosion.

MÉSAISE [mezɛz] n.m. Litt., vieilli. État de malaise physique ou moral.

MÉSALLIANCE n.f. (préf. *mé*[s]- et *alliance*). Mariage avec une personne de classe ou de fortune considérée comme inférieure.

MÉSALLIER (SE) v.pr. Épouser une personne de classe jugée inférieure.

MÉSANGE n.f. (francique *meisinga*). Petit passereau au plumage parfois rehaussé de teintes vives, aux joues souvent blanches, répandu dans le monde entier. (Les mésanges, très utiles à l'agriculture par le grand nombre d'insectes qu'elles détruisent, forment la famille des paridés.)

mésange bleue

MÉSANGETTE n.f. Cage à trébuchet, pour prendre les petits oiseaux.

MÉSAVENTURE n.f. Aventure désagréable qui a des conséquences fâcheuses ; déboires.

MÉSAXONIEN adj.m. et n.m. Imparidigité.

MESCALINE n.f. (mexicain *mexcalli,* peyotl). Alcaloïde hallucinogène extrait d'une cactacée mexicaine, le peyotl.

MESCLUN [mɛsklœ̃] n.m. (mot prov.). Mélange de jeunes plants de salades de diverses espèces et de plantes aromatiques.

MESDAMES, MESDEMOISELLES n.f. pl. Pl. de *madame, mademoiselle.*

MÉSENCÉPHALE n.m. (gr. *mesos,* au milieu, et *encéphale*). ANAT. Région de l'encéphale formée des pédoncules cérébraux en avant et des tubercules quadrijumeaux en arrière.

MÉSENCHYME [mezɑ̃ʃim] n.m. BIOL. Tissu conjonctif de l'embryon, à partir duquel se forment les vaisseaux sanguins et lymphatiques, les muscles, les cartilages et le squelette.

MÉSENTENTE n.f. Mauvaise entente.

MÉSENTÈRE n.m. (gr. *mesos,* au milieu, et *enteron,* intestin). ANAT. Repli du péritoine reliant les anses de l'intestin grêle à la paroi postérieure de l'abdomen.

MÉSENTÉRIQUE adj. Relatif au mésentère.

MÉSESTIME n.f. Litt. Mauvaise opinion que l'on a de qqn.

MÉSESTIMER v.t. Litt. Apprécier (une personne, une chose) au-dessous de sa valeur.

MÉSINTELLIGENCE n.f. Litt. Défaut d'entente, d'accord entre des personnes.

MESMÉRIEN, ENNE adj. Qui appartient à Mesmer ou au mesmérisme. ◆ n. Adepte du mesmérisme.

MESMÉRISME n.m. Doctrine de Mesmer.

MÉSO-AMÉRICAIN, E adj. (pl. *méso-américains, es*). Relatif à la Méso-Amérique.

MÉSOBLASTE ou **MÉSODERME** n.m. BIOL. Feuillet embryonnaire situé entre l'endoblaste et l'ectoblaste, et qui fournit le sang, le squelette, les reins.

MÉSOBLASTIQUE ou **MÉSODERMIQUE** adj. BIOL. Relatif au mésoblaste.

MÉSOCARPE n.m. BOT. Zone médiane d'un fruit, entre l'épiderme et le noyau ou les graines, charnue et sucrée chez les fruits comestibles.

MÉSOÉCONOMIE n.f. Partie de la science économique se situant à mi-chemin de la macroéconomie et de la microéconomie.

MÉSOLITHIQUE n.m. et adj. (gr. *mesos,* au milieu, et *lithos,* pierre). Phase du développement technique des sociétés préhistoriques, correspondant à l'abandon progressif d'une économie de prédation (paléolithique) et à l'orientation vers une économie de production (néolithique).

MÉSOMÈRE adj. CHIM. En état de mésomérie.

MÉSOMÉRIE n.f. CHIM. Structure d'un composé intermédiaire entre deux formes isomères.

MÉSOMORPHE adj. PHYS. Se dit d'états (smectique, nématique) de la matière intermédiaires entre l'état amorphe et l'état cristallin. ◇ *Corps mésomorphe :* cristal liquide.

MÉSON n.m. (gr. *mesos,* médian). PHYS. Particule d'interaction forte (hadron), composée d'un quark et d'un antiquark, et de nombre baryonique égal à 0 (par opp. à *baryon*). [Les pions et les kaons sont des prototypes de mésons.]

MÉSOPAUSE n.f. MÉTÉOR. Surface de séparation entre la mésosphère et la thermosphère.

MÉSOPOTAMIEN, ENNE adj. et n. De la Mésopotamie.

MÉSOSPHÈRE n.f. MÉTÉOR. Couche atmosphérique qui s'étend entre la stratosphère et la thermosphère (autour de la Terre, de 40 à 80 km d'altitude environ).

MÉSOTHÉRAPIE n.f. MÉD. Procédé thérapeutique consistant en injections de doses minimes de médicaments faites au moyen d'aiguilles très fines le plus près possible du siège de la douleur ou de la maladie.

MÉSOTHORAX n.m. ZOOL. Deuxième division du thorax des insectes, entre le prothorax et le métathorax, qui porte les ailes antérieures.

MÉSOZOÏQUE adj. et n.m. GÉOL. Secondaire.

MESQUIN, E adj. (it. *meschino,* chétif). Qui manque de grandeur, de générosité ; qui est petit, médiocre. *Un procédé mesquin.*

MESQUINEMENT adv. Avec mesquinerie.

MESQUINERIE n.f. Caractère de ce qui est mesquin ; petitesse.

MESS [mɛs] n.m. (mot angl.). Salle où les officiers, les sous-officiers d'un corps ou d'une garnison prennent leurs repas.

MESSAGE n.m. (lat. *missus,* envoyé). **1.** Information, nouvelle transmise à qqn. ◇ *Message téléphoné :* correspondance dictée par téléphone directement par le demandeur au central télégraphique, qui l'achemine par des moyens informatiques au bureau chargé de la distribution. **2.** Communication adressée avec une certaine solennité à qqn, à une assemblée, à une nation. *Message du chef de l'État.* **3.** LING. Toute séquence de discours produite par un locuteur dans le cadre de la communication linguistique. **4.** *Message publicitaire :* information sur un produit, un service, une société transmise par les annonces publicitaires. ◇ **Spécialt.** Annonce publicitaire ou promotionnelle de courte durée diffusée sur un support audiovisuel. SYN. (anglic. déconseillé) : ***spot.*** **5.** Pensée profonde, incitation adressée aux hommes par un être d'exception, un écrivain, un artiste. *Le message de Gāndhī.*

MESSAGER, ÈRE n. **1.** Personne chargée de transmettre un message. **2.** Ce qui annonce qqch. **3.** (En app.). BIOL. *A. R. N. messager,* se dit de l'acide ribonucléique assurant le transport du message héréditaire déchiffré dans les cellules de l'organisme.

MESSAGERIE n.f. (Souvent au pl.). **1.** Service de transport pour les voyageurs et les marchandises ; maison où est établi ce service. **2.** Transport rapide qui s'effectue par avion, par chemin de fer, par bateau, par voitures. **3.** *Messagerie électronique :* service d'envoi de messages en temps réel ou différé entre des personnes connectées sur un réseau télématique. SYN. : ***courrier électronique, télémessagerie.*** **4.** Entreprise chargée du routage, de l'acheminement, de la distribution d'ouvrages imprimés (presse, librairie).

MESSE n.f. (lat. d'Église *missa,* action de renvoyer). **1.** Célébration fondamentale du culte catholique, dont l'acte central commémore, sous la forme du pain et du vin de la dernière Cène, le sacrifice du Christ sur la croix. ◇ *Messe basse :* messe dont toutes les parties sont lues et récitées et non chantées ; **fam.,** entretien à voix basse entre deux personnes. – *Messe chantée :* grand-messe. – *Messe de minuit :* messe célébrée dans la nuit de Noël. – *Messe des morts* ou *de requiem :* messe que l'on dit pour le repos de l'âme des morts. – *Messe solennelle* ou *pontificale :* messe chantée par un prélat. **2.** Musique composée pour une grand-messe. ■ Sous le nom de *messes* ont été composées, depuis le XIIIe s., un grand nombre d'œuvres vocales *a cappella* destinées à illustrer les textes liturgiques de l'ordinaire. Les plus célèbres compositeurs de messes ont été Guillaume de Machaut, Dufay, Ockeghem, Josquin Des Prés, R. de Lassus, Palestrina, Victoria. À partir du XVIIe s., la messe devient concertante et admet les instruments, avec Formé (1567-1638), Charpentier, Lotti (v. 1667-1740), Bach (messe en *si* mineur), Mozart, Haydn, Beethoven *(Missa solemnis),* Schubert, Liszt, Gounod, Bruckner.

MESSEOIR v.t. ind. (de *seoir*) 67. Litt. *Il messied, il ne messied pas de :* il ne convient pas, il convient de.

MESSER [mɛser] n.m. (it. *messere*). Vx (ou, mod., par plais.). Messire, seigneur.

MESSIANIQUE adj. Relatif au Messie, au messianisme.

MESSIANISME n.m. **1.** Attente et espérance du Messie, dans la Bible. **2.** Croyance en la venue d'un libérateur ou d'un sauveur qui mettra fin à l'ordre présent, considéré comme mauvais, et instaurera un ordre nouveau dans la justice et le bonheur.

MESSIDOR n.m. (lat. *messis,* moisson, et gr. *dôron,* don). HIST. Dixième mois du calendrier républicain, commençant le 19 ou le 20 juin et finissant le 18 ou le 19 juillet.

MESSIE n.m. (lat. *messias,* araméen *meshiḥā,* oint, sacré par le Seigneur). **1.** (Avec une majuscule). Dans le judaïsme, envoyé de Dieu qui rétablira Israël dans ses droits et inaugurera l'ère de la justice. **2.** (Avec une majuscule). Chez les chrétiens, le Christ. **3.** Fig. Celui dont on attend le salut, personnage providentiel. ◇ *Être attendu comme le Messie,* comme un sauveur, avec un grand espoir.

MESSIER [mesje] n.m. (anc. fr. *mes,* moisson). HIST. Officier chargé de surveiller les cultures avant l'ouverture des bans de moisson, sous l'Ancien Régime.

MESSIEURS n.m. pl. Pl. de *monsieur.*

MESSIN, E adj. et n. De Metz.

MESSIRE n.m. (anc. fr. *mes,* mon, et *sire*). Titre d'honneur donné autrefois aux personnes nobles et plus tard réservé au chancelier de France.

MESTRANCE n.f. → ***maistrance.***

MESTRE ou **MEISTRE** n.m. (anc. forme de *maître*). HIST. *Mestre de camp :* commandant d'un régiment sous l'Ancien Régime.

MESURABLE adj. Que l'on peut mesurer.

MESURAGE n.m. Action de mesurer.

MESURE n.f. (lat. *mensura*). **I. 1.** Action d'évaluer une grandeur d'après son rapport avec une grandeur de même espèce prise comme unité et comme référence. *Appareil de mesure. La mesure du temps.* ◇ **Spécialt.** *Prendre les mesures de (qqn) :* mesurer son corps ou une partie de son corps en vue de confectionner ou de choisir un vêtement. – *Sur mesure :* confectionné d'après des mesures prises sur la personne même ; **fig.,** particulièrement adapté. *Un emploi du temps sur mesure.* – *À mesure (que) :* en même temps (que) et en proportion. **2.** Fig. Élément de comparaison et d'appréciation. *L'homme est la mesure de toute chose.* ◇ *Dans une certaine mesure :* jusqu'à un certain point, dans une certaine proportion. – *Donner sa mesure, la mesure de son talent :* montrer ce dont on est capable. – *Être en mesure de :* pouvoir faire qqch, être à même de. **II. 1.** Quantité servant d'unité de base pour une évaluation. *Mesures légales* (→ ***unité***). ◇ *Il n'y a pas de commune mesure entre ces choses (ces évènements,* etc.), il est impossible de les comparer. **2.** Récipient de contenance déterminée servant à mesurer des volumes. ◇ *Faire bonne mesure :* donner à un acheteur un peu au-delà de ce qui lui revient ; donner généreusement. **3.** MUS. Division du temps musical en unités égales, matérialisées dans la partition par des barres verticales dites *barres de mesure. Mesure à deux, à trois temps.* ◇ *En mesure :* dans la cadence convenable à l'exécution du morceau. – *Battre la mesure :* indiquer le rythme, la cadence par des gestes convenus. **4.** LITTÉR. Quantité de syllabes exigée par le rythme du vers. **III.** Modération, retenue dans l'action, le comportement, le jugement. *Parler avec mesure.* ◇ *Passer, dépasser la mesure :* aller au-delà de ce qui est permis, régulier, convenable. **IV.** Moyen mis en œuvre en vue d'un résultat déterminé. *Mesure conservatoire. Je vais prendre les mesures qui s'imposent.*

MESURÉ, E adj. Modéré, fait avec mesure. *Être mesuré dans ses paroles.*

MESURER v.t. (bas lat. *mesurare*). **1.** Déterminer (une quantité) par le moyen d'une mesure. **2.** Déterminer l'importance de. *Mesurer les pertes subies.* **3.** Proportionner, régler sur. *Mesurer le châtiment à l'offense.* **4.** Déterminer avec modération. *Mesurer sa dépense, ses paroles.* **5.** Donner avec parcimonie. *Mesurer la nourriture à qqn.* ◆ **se mesurer** v.pr. *Se mesurer avec, à qqn,* lutter avec lui, se comparer à lui.

MESUREUR n.m. **1.** Agent préposé à la mensuration et à la pesée d'objets divers. **2.** Appareil ou instrument permettant d'effectuer diverses mesures ou analyses.

MÉSUSAGE n.m. Litt. Usage abusif ou détourné de (qqch).

MÉSUSER v.t. ind. *(de)*. Litt. Faire un mauvais usage de.

MÉTA n.m. (nom déposé). Métaldéhyde, employé en tablettes comme combustible solide.

MÉTABOLE adj. ZOOL. Se dit d'un insecte qui subit une métamorphose.

MÉTABOLIQUE adj. Du métabolisme.

MÉTABOLISER v.t. PHYSIOL. Transformer (une substance) dans un organisme vivant, au cours du métabolisme.

MÉTABOLISME n.m. (gr. *metabolê*, changement). PHYSIOL. Ensemble des processus complexes et incessants de transformation de matière et d'énergie par la cellule ou l'organisme, au cours des phénomènes d'édification et de dégradation organiques (anabolisme et catabolisme). ◇ *Métabolisme de base :* quantité de chaleur, exprimée en Calories, produite par le corps humain, par heure et par mètre carré de la surface du corps, au repos.

MÉTABOLITE n.m. PHYSIOL. Produit de transformation d'un corps organique au sein d'une cellule, d'un tissu ou du milieu sanguin.

MÉTACARPE n.m. ANAT. Ensemble des os constituant le squelette de la paume de la main, compris entre le carpe et les phalanges.

MÉTACARPIEN, ENNE adj. ANAT. Relatif au métacarpe. ◆ n.m. Chacun des cinq os du métacarpe.

MÉTACENTRE n.m. MAR. Point d'intersection de l'axe longitudinal d'un navire et de la verticale passant par le centre de carène lorsque le navire est incliné.

MÉTACENTRIQUE adj. MAR. *Courbe métacentrique :* lieu des métacentres d'un navire dans toutes les inclinaisons possibles. ◇ *Hauteur* ou *distance métacentrique :* hauteur du métacentre au-dessus du centre de gravité correspondant à une inclinaison nulle du navire.

MÉTACHLAMYDÉE n.f. *Métachlamydées :* sous-classe de plantes dicotylédones dont les pétales sont soudés entre eux. SYN. (anc.) : *gamopétale.*

MÉTAGALAXIE n.f. ASTRON. Ensemble de l'Univers observable.

MÉTAIRIE n.f. (de *métayer*). **1.** Propriété foncière exploitée selon un contrat de métayage. **2.** Les bâtiments de la métairie.

MÉTAL n.m. (lat. *metallum*, mine) [pl. *métaux*]. **1.** Corps simple caractérisé par un éclat particulier dit « éclat métallique », une aptitude à la déformation, une tendance marquée à former des cations, et conduisant bien en général la chaleur et l'électricité. **2.** Matériau constitué d'un de ces éléments chimiques ou de leur mélange (alliage). ◇ *Métaux précieux :* l'or, l'argent, le platine. **3.** HÉRALD. L'or ou l'argent, par opposition aux *couleurs* et aux *fourrures*. **4.** Litt. Matière, substance dont est fait un être. *Il est du métal dont on forge les héros.*

MÉTALANGAGE n.m. ou **MÉTALANGUE** n.f. **1.** Langage spécialisé que l'on utilise pour décrire une langue naturelle. **2.** Langage de description d'un autre langage formel ou informatique.

MÉTALDÉHYDE n.m. Polymère de l'aldéhyde acétique, corps solide blanc, employé comme combustible et pour détruire les limaces.

MÉTALINGUISTIQUE adj. Qui concerne la métalangue ou le métalangage.

MÉTALLERIE n.f. CONSTR. Fabrication et pose des ouvrages métalliques pour le bâtiment.

MÉTALLIER, ÈRE n. CONSTR. Spécialiste de la métallerie.

MÉTALLIFÈRE adj. Qui renferme un métal.

MÉTALLIQUE adj. **1.** Constitué par du métal. *Câble métallique. Encaisse métallique.* **2.** Qui a l'apparence du métal, qui évoque le métal par sa dureté, sa sonorité, son éclat, etc.

MÉTALLISATION n.f. Action de métalliser.

MÉTALLISER v.t. **1.** Revêtir (une surface) d'une mince couche de métal ou d'alliage aux fins de protection ou de traitement. **2.** Donner un éclat métallique à.

MÉTALLISEUR adj.m. Se dit d'un appareil qui sert à métalliser. *Pistolet métalliseur.* ◆ n.m. Ouvrier pratiquant la métallisation.

MÉTALLO n.m. Fam. Ouvrier métallurgiste.

MÉTALLOCHROMIE [metalɔkrɔmi] n.f. Technique de coloration de la surface des métaux.

MÉTALLOGÉNIE n.f. Étude de la formation des gîtes métallifères.

MÉTALLOGRAPHIE n.f. Étude de la structure et des propriétés des métaux et de leurs alliages.

MÉTALLOGRAPHIQUE adj. Relatif à la métallographie.

MÉTALLOÏDE n.m. (gr. *metallon*, métal, et *eidos*, aspect). Vx. Non-métal.

MÉTALLOPLASTIQUE adj. *Joint métalloplastique :* joint composé d'une feuille d'amiante serrée entre deux minces feuilles de cuivre.

MÉTALLOPROTÉINE n.f. BIOL. Protéine associée à des composés contenant des métaux.

MÉTALLURGIE n.f. (gr. *metallourgeîn*, exploiter une mine). Ensemble des procédés et des techniques d'extraction, d'élaboration, de formage et de traitement des métaux et des alliages. ◇ *Métallurgie des poudres :* ensemble des procédés de la métallurgie permettant d'obtenir des produits ou des pièces par compression et frittage à chaud à partir de poudres métalliques.

MÉTALLURGIQUE adj. Relatif à la métallurgie.

MÉTALLURGISTE n.m. **1.** Dirigeant d'une entreprise de métallurgie. **2.** Ouvrier du travail des métaux. Abrév. (fam.) : *métallo.*

MÉTALOGIQUE n.f. Discipline qui a pour objet la description des propriétés d'une théorie logique déterminée et d'assurer son axiomatisation et sa formalisation. ◆ adj. Relatif à la métalogique.

MÉTAMATHÉMATIQUE n.f. Théorie déductive qui a pour objet d'établir certaines propriétés des théories mathématiques déjà formalisées. ◆ adj. Relatif à la métamathématique.

MÉTAMÈRE n.m. **1.** ANAT. Segment primitif de l'embryon. SYN. : *somite.* **2.** ZOOL. Anneau, segment. *Les métamères du ténia, du lombric.*

MÉTAMÉRIE n.f. Caractère des animaux dont le corps est formé d'une suite de métamères.

MÉTAMÉRIQUE adj. Qui comprend des métamères, qui est formé de métamères. *Une structure métamérique.*

MÉTAMÉRISÉ, E adj. Divisé en métamères.

MÉTAMORPHIQUE adj. GÉOL. **1.** Relatif au métamorphisme. **2.** *Roche métamorphique,* qui a subi un ou plusieurs métamorphismes.

MÉTAMORPHISER v.t. GÉOL. Transformer (une roche) par métamorphisme.

MÉTAMORPHISME n.m. (préf. *méta-* et gr. *morphê*, forme). GÉOL. Dans la croûte terrestre, transformation à l'état solide d'une roche préexistante sous l'effet de la température, de la pression. (Le *métamorphisme de contact,* localisé, est lié à l'intrusion de roches plutoniques ; le *métamorphisme régional,* qui affecte une portion de l'écorce terrestre, est lié à l'orogenèse.)

MÉTAMORPHOSABLE adj. Qui peut être métamorphosé.

MÉTAMORPHOSE n.f. **1.** Changement d'une forme en une autre. **2.** BIOL. Transformation importante du corps et du mode de vie, au cours du développement, de certains animaux, comme les amphibiens et certains insectes. **3.** Changement complet dans l'état, le caractère d'une personne, dans l'aspect des choses.

MÉTAMORPHOSER v.t. **1.** Changer la forme, la nature ou l'individualité d'un être. *Mercure métamorphosa Argus en paon.* **2.** Changer profondément l'aspect ou le caractère de. ◆ **se métamorphoser** v.pr. Changer complètement de forme, d'état.

MÉTAMYÉLOCYTE n.m. BIOL. Cellule de la moelle osseuse qui, dans la lignée des polynucléaires, fait suite au myélocyte et précède immédiatement le granulocyte adulte.

MÉTAPHASE n.f. BIOL. Deuxième phase de la division cellulaire par mitose.

MÉTAPHORE n.f. (gr. *metaphora*, transport). LING., RHÉT. Procédé par lequel on transporte la signification propre d'un mot à une autre signification qui ne lui convient qu'en vertu d'une comparaison sous-entendue. (Ex. : *la* lumière *de l'esprit, la* fleur *des ans,* brûler *de désir, ficelle* au sens de « pain », etc.)

MÉTAPHORIQUE adj. De la métaphore.

MÉTAPHORIQUEMENT adv. De façon métaphorique.

MÉTAPHOSPHORIQUE adj. Se dit de l'acide HPO_3, dérivé du phosphore.

MÉTAPHYSE n.f. Partie des os longs située entre la diaphyse et l'épiphyse.

MÉTAPHYSICIEN, ENNE n. Spécialiste de la métaphysique.

1. MÉTAPHYSIQUE [metafizik] n.f. (gr. *meta ta phusika*, après la physique [cette connaissance étant, dans les œuvres d'Aristote, traitée après la physique].) **1.** Partie de la réflexion philosophique qui a pour objet la connaissance absolue de l'être en tant qu'être, la recherche et l'étude des premiers principes et des causes premières. ◇ Conception propre à un philosophe dans ce domaine. *La métaphysique de Heidegger.* **2.** (Souvent péj.). Spéculation intellectuelle sur des choses abstraites, et qui n'aboutit pas à une solution des problèmes réels.

2. MÉTAPHYSIQUE adj. **1.** Qui appartient à la métaphysique. **2.** Qui a un caractère trop abstrait. **3.** BX-A. *Peinture métaphysique :* courant pictural italien du début du XXe s., illustré par De Chirico, Carrà, Morandi et caractérisé par une transposition onirique de la réalité et un climat de tension et d'« inquiétante étrangeté ».

MÉTAPHYSIQUEMENT adv. D'un point de vue métaphysique.

MÉTAPLASIE [metaplazi] n.f. PATHOL. Transformation d'un tissu vivant en un autre, de structure et de fonction différentes. (Les métaplasies s'observent au cours des processus inflammatoires ou tumoraux.)

1. MÉTAPSYCHIQUE adj. Vieilli. Parapsychologique.

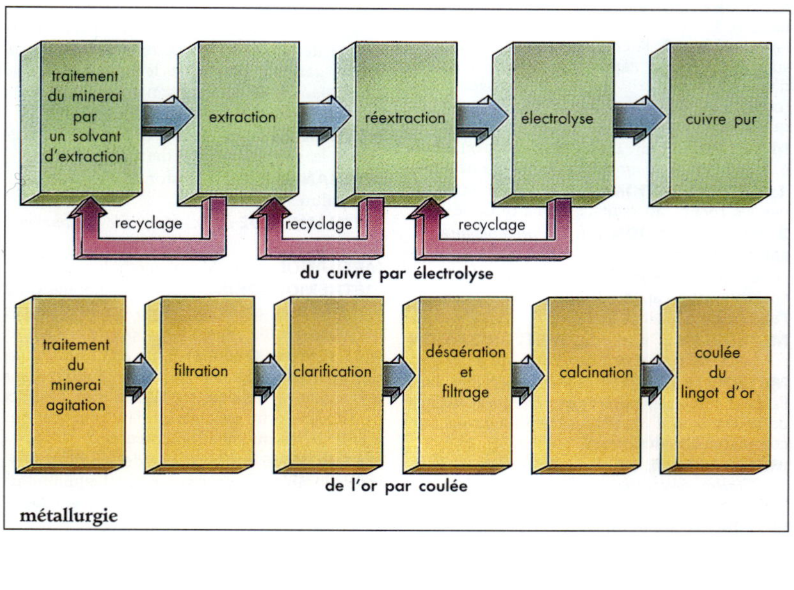

métallurgie

2. MÉTAPSYCHIQUE n.f. Vieilli. Parapsychologie.

MÉTAPSYCHOLOGIE n.f. PSYCHAN. Interprétation théorique généralisée des processus psychiques, dans leurs relations internes, chez Freud.

MÉTASTABLE adj. Se dit d'un système qui n'est pas stable en théorie, mais qui paraît tel en raison d'une vitesse de transformation très faible.

MÉTASTASE n.f. (gr. *metastasis,* changement). PATHOL. Apparition, en un point de l'organisme, d'un phénomène pathologique déjà présent ailleurs. ◇ Spécialt. Localisation à distance d'une tumeur cancéreuse propagée par voie sanguine ou lymphatique.

MÉTASTASER v.t. et i. MÉD. Produire des métastases dans (un organe, un organisme).

MÉTASTATIQUE adj. Relatif aux métastases.

MÉTATARSE n.m. (gr. *meta,* après, et *tarsos,* plat du pied). Partie du squelette du pied comprise entre le tarse et les orteils, et qui reste verticale dans la marche chez les vertébrés onguligrades ou digitigrades.

MÉTATARSIEN, ENNE adj. et n.m. Se dit des cinq os du métatarse.

MÉTATHÉORIE n.f. LOG. Étude des propriétés d'un système formel au moyen d'une métalangue. (La métathéorie étudie notamment les concepts de consistance, de complétude et d'indépendance des axiomes.)

MÉTATHÉRIEN n.m. *Métathériens :* marsupiaux.

MÉTATHÈSE n.f. (gr. *metathesis,* déplacement). LING. Déplacement de voyelles, de consonnes ou de syllabes à l'intérieur d'un mot. (Ainsi, l'anc. fr. *formage* est devenu *fromage.*)

MÉTATHORAX n.m. ZOOL. Troisième division du thorax des insectes, qui porte les ailes postérieures.

MÉTAYAGE n.m. Contrat d'exploitation agricole dans lequel le propriétaire d'un domaine rural le loue au métayer en échange d'une partie des fruits et récoltes.

MÉTAYER, ÈRE n. (de *meitié,* forme anc. de *moitié*). Exploitant agricole lié au propriétaire foncier par un contrat de métayage.

MÉTAZOAIRE n.m. (gr. *meta,* après, et *zôon,* animal). Animal pluricellulaire (par opp. à *protozoaire*).

MÉTEIL n.m. (lat. *mixtus,* mélangé). Mélange de seigle et de froment semés et récoltés ensemble.

MÉTEMPSYCOSE [metɑ̃psikoz] n.f. (gr. *metempsukhôsis*). Réincarnation de l'âme après la mort dans un corps humain, ou dans celui d'un animal ou dans un végétal.

MÉTENCÉPHALE n.m. BIOL. Troisième vésicule de l'encéphale embryonnaire, d'où dérivent le cervelet, la protubérance annulaire, le bulbe rachidien, et dont la cavité forme le quatrième ventricule.

MÉTÉO n.f. (abrév.). **1.** Fam. Météorologie. **2.** Bulletin météorologique. *Écouter la météo.* **3.** Conditions atmosphériques. *Si la météo le permet.*

MÉTÉORE n.m. (gr. *meteôra,* choses élevées dans les airs). **1.** Vx. Tout phénomène qui a lieu dans l'atmosphère. **2.** Phénomène lumineux qui résulte de l'entrée dans l'atmosphère terrestre d'un objet solide venant de l'espace. SYN. (cour.) : *étoile filante.* **3.** Fig. Personne ou chose qui brille d'un éclat très vif mais passager.

MÉTÉORIQUE adj. **1.** Qui appartient ou a trait à un météore. **2.** *Eaux météoriques :* eaux de pluie.

1. MÉTÉORISATION n.f. Modifications subies par les roches au contact de l'atmosphère.

2. MÉTÉORISATION n.f. → ***météorisme.***

MÉTÉORISER v.i. (gr. *meteôrizein,* gonfler). MÉD. Gonfler par l'accumulation d'un gaz contenu dans l'appareil digestif, en parlant de l'abdomen.

MÉTÉORISME n.m. ou **MÉTÉORISATION** n.f. MÉD. Ballonnement du ventre, dû à des gaz.

MÉTÉORITE n.f. Objet solide se mouvant dans l'espace interplanétaire et qui atteint la surface de la Terre ou d'un astre quelconque sans être complètement désintégré.

MÉTÉORITIQUE adj. Relatif à une météorite. ◇ *Cratère météoritique :* dépression creusée à la surface de la Terre ou d'un astre quelconque par l'impact d'une météorite.

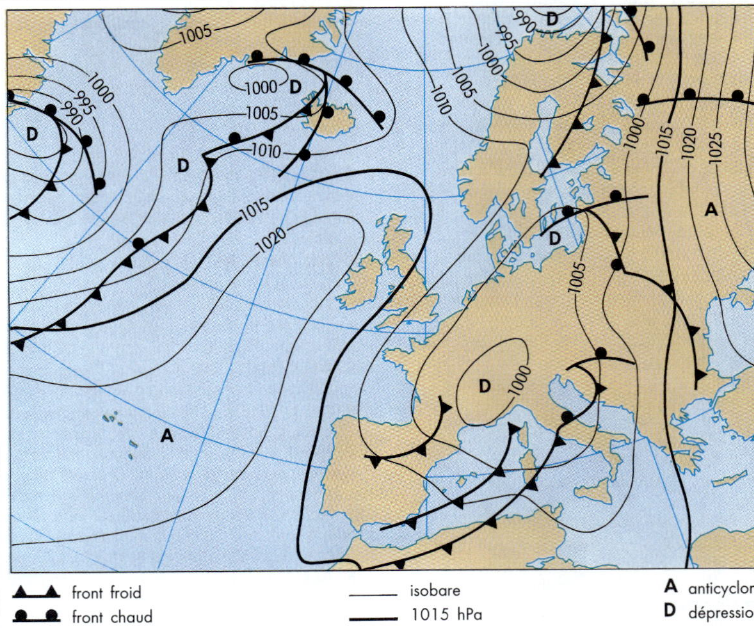

météorologie : exemple de carte de situation des champs de pression le 27 novembre 1990 à 0 heure

MÉTÉOROLOGIE n.f. (gr. *meteôrologia*). **1.** Branche de la géophysique qui se consacre à l'observation des éléments du temps (températures, précipitations, vents, pression, etc.) et à la recherche des lois des mouvements de l'atmosphère, notamment en vue de la prévision du temps. **2.** Organisme chargé de ces études. Abrév. (fam.) : *météo.*

MÉTÉOROLOGIQUE adj. Qui concerne la météorologie, le temps qu'il fait.

MÉTÉOROLOGUE ou **MÉTÉOROLOGISTE** n. Spécialiste de météorologie.

MÉTÈQUE n.m. (gr. *metoikos*). **1.** ANTIQ. GR. Étranger domicilié dans une cité et jouissant d'un statut particulier. **2.** Péj. Étranger établi en France et dont le comportement est jugé défavorablement.

MÉTHACRYLATE n.m. Ester de l'acide méthacrylique.

MÉTHACRYLIQUE adj. (de *méthane*). Se dit d'un acide carboxylique et de résines qui en dérivent et qui servent à la fabrication de verres de sécurité.

MÉTHADONE n.f. Substance morphinique de synthèse, utilisée comme succédané de la morphine dans certaines cures de désintoxication de toxicomanes.

MÉTHANAL n.m. (pl. *méthanals*). CHIM. Aldéhyde formique.

MÉTHANE n.m. (gr. *methu,* boisson fermentée). Gaz incolore (CH_4), de densité 0,554, brûlant à l'air avec une flamme pâle. (Il se dégage des matières en putréfaction et constitue le gaz des marais et le grisou. C'est le constituant essentiel du gaz naturel.) SYN. (VX) : *formène.*

MÉTHANIER n.m. Navire conçu pour transporter le gaz naturel (méthane) liquéfié.

MÉTHANISER v.t. Transformer (des déchets, des ordures) en méthane.

MÉTHANOÏQUE adj. CHIM. *Acide méthanoïque :* acide formique.

MÉTHANOL n.m. Alcool méthylique.

MÉTHÉMOGLOBINE n.f. Hémoglobine dont le fer ferreux a été oxydé en fer ferrique, ce qui la rend impropre au transport de l'oxygène.

MÉTHÉMOGLOBINÉMIE n.f. MÉD. Accumulation pathologique de méthémoglobine dans les hématies, au-delà de 1,5 g par litre, et s'observant principalement lors d'intoxications accidentelles ou médicamenteuses.

MÉTHIONINE n.f. BIOL. Acide aminé soufré, indispensable à la croissance et à l'équilibre de l'organisme, présent dans les œufs, la caséine et le lait.

MÉTHODE n.f. (lat. *methodus*). **1.** Marche rationnelle de l'esprit pour arriver à la connaissance ou à la démonstration d'une vérité. ◇ *Méthode expérimentale :* procédure qui consiste à observer les phénomènes, à en tirer des hypothèses et à vérifier les conséquences de ces hypothèses par une expérimentation scientifique. **2.** Manière ordonnée de mener qqch. *Procéder avec méthode.* **3.** Ensemble ordonné de manière logique de principes, de règles, d'étapes permettant de parvenir à un résultat ; technique, procédé. *Méthodes de fabrication.* **4.** Ensemble des règles qui permettent l'apprentissage d'une technique, d'une science. **5.** Ouvrage groupant logiquement les éléments d'une science, d'un enseignement. *Méthode de lecture.*

MÉTHODIQUE adj. **1.** Qui procède d'une méthode. *Vérifications méthodiques.* ◇ PHILOS. *Doute méthodique :* première démarche de Descartes dans la recherche de la vérité, qui consiste à rejeter toutes les connaissances déjà acquises comme l'ayant été sans fondement. **2.** Qui agit avec méthode. *Esprit méthodique.*

MÉTHODIQUEMENT adv. Avec méthode.

MÉTHODISME n.m. Mouvement religieux protestant fondé en Angleterre au XVIIIe s. par John Wesley, en réaction contre le ritualisme de l'Église anglicane. (Les Églises méthodistes, répandues dans le monde entier, sont groupées en une Fédération méthodiste mondiale.)

MÉTHODISTE adj. et n. Relatif au méthodisme ; qui le professe.

MÉTHODOLOGIE n.f. **1.** Étude systématique, par observation, de la pratique scientifique, des principes qui la fondent et des méthodes de recherche qu'elle utilise. **2.** Ensemble des méthodes et des techniques d'un domaine particulier. **3.** Cour. (abusif en sciences). Manière de faire, de procéder ; méthode.

MÉTHODOLOGIQUE adj. Relatif à la méthodologie.

MÉTHYLE n.m. Radical univalent (CH_3) dérivé du méthane. ◇ *Chlorure de méthyle (CH_3Cl) :* liquide dont l'évaporation abaisse la température à –55 °C, et qui est employé dans plusieurs industries et en médecine.

MÉTHYLÈNE n.m. (gr. *methu,* boisson fermentée, et *hulê,* bois). **1.** Alcool méthylique. **2.** Radical bivalent CH_2. *Chlorure de méthylène (CH_2Cl_2).* ◇ *Bleu de méthylène :* colorant et désinfectant extrait de la houille.

MÉTHYLIQUE adj. CHIM. Se dit de composés dérivés du méthane. ◇ *Alcool méthylique :* alcool CH_3OH extrait des goudrons de bois ou préparé synthétiquement et utilisé comme solvant, combustible et intermédiaire dans certaines synthèses. SYN. : *méthanol, esprit-de-bois, méthylène.*

MÉTHYLORANGE n.m. Hélianthine.

METICAL n.m. (pl. *meticals*). Unité monétaire principale du Mozambique. (→ ***monnaie.***)

MÉTICULEUSEMENT adv. De façon méticuleuse.

MÉTICULEUX, EUSE adj. (lat. *meticulosus*, craintif). **1.** Qui apporte beaucoup d'attention, de soin à ce qu'il fait. *Un esprit méticuleux.* **2.** Qui manifeste ce soin. *Propreté méticuleuse.*

MÉTICULOSITÉ n.f. Litt. Caractère d'une personne, d'une action méticuleuse.

MÉTIER n.m. (lat. *ministerium*, service). **I.1.** Profession caractérisée par une spécificité exigeant un apprentissage, de l'expérience, etc., et entrant dans un cadre légal ; toute activité dont on tire des moyens d'existence. *Choisir, apprendre, exercer un métier.* **2.a.** HIST. Groupement dont les membres sont soumis à une discipline collective pour l'exercice d'une profession. SYN. : *corporation*. **b.** Mod. Profession artisanale. *Le secteur des métiers.* **3.** Savoir-faire, habileté technique résultant de l'expérience, d'une longue pratique ; secteur d'activité dans lequel une entreprise a acquis ce savoir-faire. *Avoir du métier. Les métiers d'une entreprise.* **4.** Fonction, rôle présentant certains des caractères d'une profession. *Le métier de parents.* **II.1.** Machine servant à la fabrication des textiles. *Métier à tisser.* **2.** Cadre rigide sur lequel on tend un ouvrage à broder.

MÉTIS, ISSE [metis] adj. et n. (lat. *mixtus*, mélangé). **1.** Qui est issu de l'union de deux personnes de couleur de peau différente. **2.** Se dit d'un hybride obtenu à partir de deux variétés différentes de la même espèce. **3.** *Toile métisse* ou *métis*, n.m. : toile dont la chaîne est en coton et la trame en lin. *Draps de métis.*

MÉTISSAGE n.m. **1.** Union féconde entre hommes et femmes de groupes humains présentant un certain degré de différenciation génétique. ◇ Fig. *Métissage culturel* : production culturelle (musique, littérature, etc.) résultant de l'influence mutuelle de civilisations en contact. **2.** Croisement de variétés végétales différentes, mais appartenant à la même espèce. **3.** Croisement entre animaux de la même espèce, mais de races différentes, destiné à créer au bout de quelques générations une race aux caractéristiques intermédiaires.

MÉTISSER v.t. Croiser par métissage.

MÉTONYMIE n.f. (gr. *metônumia*, changement de nom). LING., RHÉT. Phénomène par lequel un concept est désigné par un terme désignant un autre concept qui lui est relié par une relation nécessaire (l'effet par la cause, le contenu par le contenant, le tout par la partie, etc.). [Ex. : *il s'est fait* refroidir (tuer) ; *toute la* ville *dort* (les habitants) ; *une fine* lame (escrimeur) ; etc.]

MÉTONYMIQUE adj. Qui relève de la métonymie.

MÉTOPE n.f. (gr. *meta*, après, et *opê*, ouverture). ARCHIT. Partie de la frise dorique entre deux triglyphes ; panneau sculpté remplissant cet espace.

MÉTRAGE n.m. **1.** Action de métrer. **2.** Longueur en mètres (notamm. : d'un coupon d'étoffe, d'un film). **3.** CIN. *Court, long, moyen métrage* : v. à leur ordre alphab.

1. MÈTRE n.m. (lat. *metrum*, mesure, gr. *metron*). **1.** Unité SI de longueur (symb. m), égale à la longueur du trajet parcouru dans le vide par la lumière pendant une durée de 1/299 792 458 de seconde. **2.** Objet servant à mesurer et ayant la longueur d'un mètre. **3.** *Mètre carré* : unité SI de superficie (symb. m^2), équivalant à l'aire d'un carré ayant 1 mètre de côté. – *Mètre carré par seconde* : unité SI de viscosité cinématique (symb. m^2/s), équivalant à la viscosité cinématique d'un fluide dont la viscosité dynamique est 1 pascal-seconde et la masse volumique 1 kilogramme par mètre cube. – *Mètre cube* : unité SI de volume (symb. m^3), équivalant au volume d'un cube ayant 1 mètre de côté. – *Mètre cube par kilogramme* : unité SI de volume massique (symb. m^3/kg), équivalant au volume massique d'un corps homogène dont le volume est 1 mètre cube et la masse 1 kilogramme. – *Mètre à la puissance moins un* : unité SI de nombre d'ondes (symb. m^{-1}), équivalant au nombre d'ondes d'une radiation monochromatique dont la longueur d'onde est égale à 1 mètre ; syn. de *dioptrie*. – *Mètre par seconde* : unité SI de vitesse (symb. m/s), équivalant à la vitesse d'un mobile qui, animé d'un mouvement uniforme, parcourt une longueur de 1 mètre en 1 seconde. – *Mètre par seconde carrée* : unité SI d'accélération (symb. m/s^2) d'un mobile animé d'un mouvement uniformément varié, dont la vitesse varie, en 1 seconde, de 1 mètre par seconde.
■ Le mètre avait été primitivement défini comme une longueur égale à la dix millionième partie du quart du méridien terrestre. Depuis la 1re Conférence générale des poids et mesures (Paris, 1889) et jusqu'à octobre 1960, il était représenté par la distance, à la température de 0 °C, des axes de deux traits parallèles tracés sur le prototype international en platine iridié déposé au pavillon de Breteuil, à Sèvres. De 1960 à 1983 (17e Conférence générale des poids et mesures), le mètre a été défini à partir d'une des radiations émises par une lampe à décharge contenant l'isotope 86 du krypton. L'utilisation de lasers ayant permis une détermination très précise de la vitesse de la lumière, la nouvelle définition du mètre a été rattachée à la valeur de cette grandeur.

2. MÈTRE n.m. (lat. *metrum*, gr. *metron*, vers). **1.** Dans la prosodie grecque et latine, groupe déterminé de syllabes longues ou brèves, comprenant deux temps marqués. **2.** Forme rythmique d'une œuvre poétique ; vers.

MÉTRÉ n.m. **1.** Mesure d'un terrain, d'une construction. **2.** Devis détaillé de tous travaux dans le bâtiment.

MÉTRER v.t. [18]. Mesurer en mètres.

MÉTREUR, EUSE n. **1.** Employé d'un architecte ou d'un entrepreneur qui établit des métrés. **2.** Technicien chargé de contrôler l'état d'avancement d'un travail de construction par la mesure des éléments réalisés.

MÉTRICIEN, ENNE n. Spécialiste de la versification.

1. MÉTRIQUE adj. **1.** Relatif au mètre. ◇ *Système métrique* : ensemble, système de poids, mesures et monnaies ayant pour base le mètre. – *Quintal métrique* : poids de 100 kg (symb. q). – *Tonne métrique* : poids de 1 000 kg (symb. t). **2.** Relatif aux mesures, aux distances. ◇ MATH. *Espace métrique* : ensemble muni d'une distance. – *Propriété métrique* : propriété liée à la mesure d'une grandeur. – *Relations métriques* : relations entre les valeurs des segments d'une figure. – *Géométrie métrique*, qui étudie les propriétés des figures invariantes par les isométries.
■ Avant l'établissement du système métrique, les différentes mesures usitées en France variaient d'une province à l'autre. En 1790, un décret de l'Assemblée constituante chargea l'Académie des sciences d'organiser un meilleur système et de déterminer une unité de mesure pour convenir à tous les temps, à tous les peuples. Entre 1792 et 1799, Méchain et Delambre mesurèrent la longueur de la partie du méridien terrestre comprise entre Dunkerque et Barcelone. On en déduisit la longueur totale du méridien : la quarante millionième partie de cette longueur, matérialisée par un étalon en platine iridié, fut prise pour unité de longueur, et reçut le nom de *mètre*. Institué en France par la loi du 18 germinal an III (7 avril 1795), le système métrique y devint légal avec la loi du 19 frimaire an VIII (10 décembre 1799) et y fut rendu obligatoire à partir du 1er janvier 1840 par la loi du 4 juillet 1837. La loi du 2 avril 1919 porta une notable extension du système métrique. Enfin, le décret du 3 mai 1961 a fixé le système des unités de mesure légales, qui est, depuis le 1er janvier 1962, le système métrique à six unités de base, appelé *système international d'unités* (système SI).

2. MÉTRIQUE adj. Relatif à la mesure du vers. ◆ n.f. **1.** Science qui étudie les éléments dont sont formés les vers. **2.** Système de versification propre à un poète, un pays, une langue.

MÉTRISATION n.f. Conversion des mesures au système métrique.

MÉTRITE n.f. (du gr. *mêtra*, matrice). MÉD. Inflammation de l'utérus. ◇ *Métrite du col* : cervicite.

1. MÉTRO n.m. (abrév. de *chemin de fer métropolitain*). **1.** Chemin de fer souterrain ou aérien qui dessert les quartiers d'une grande ville et de sa banlieue ; ensemble des installations de ce moyen de transport. SYN. (vieilli ou ADMIN.) : *métropolitain*. **2.** Rame d'un tel chemin de fer. *Rater le dernier métro.*

2. MÉTRO adj. et n. (abrév.). Fam. De la métropole, qui vient de la métropole, dans les départements et territoires français d'outre-mer.

3. MÉTRO n.m. Afrique. Franc français.

MÉTROLOGIE n.f. (du gr. *metron*, mesure, et *logos*, science). Science des mesures.

MÉTROLOGIQUE adj. Relatif à la métrologie.

MÉTROLOGISTE ou **MÉTROLOGUE** n. Spécialiste de métrologie.

MÉTROMANIE n.f. Rare. Manie de composer des vers.

MÉTRONOME n.m. (du gr. *metron*, mesure, et *nomos*, règle). Appareil servant à marquer la pulsation rythmique d'un morceau de musique. (Il contrôle la régularité des temps et précise la vitesse d'exécution des différents temps. Le métronome mécanique, inventé par D.N. Winkel, a été breveté en 1816 par J. Maelzel.) [*V. illustration p. 654.*]

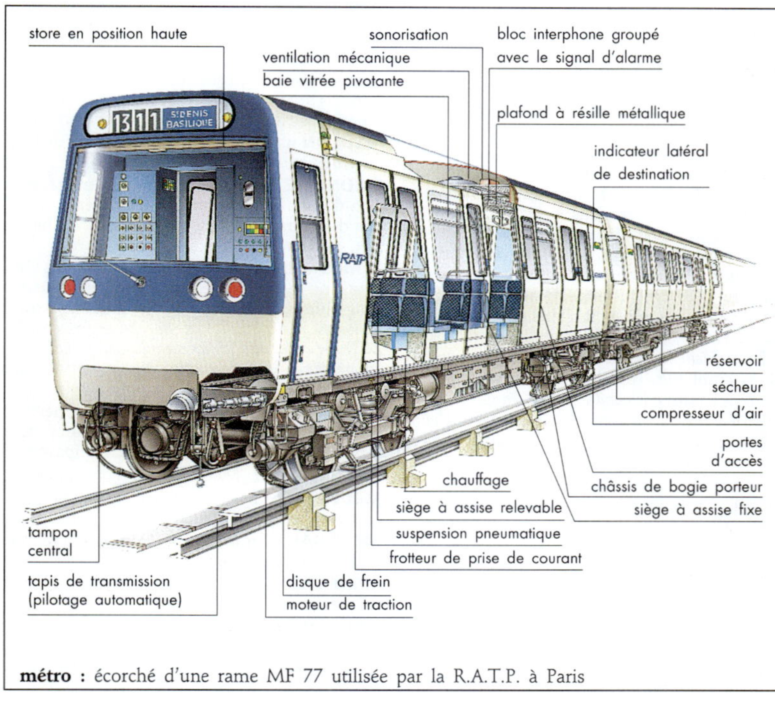

métro : écorché d'une rame MF 77 utilisée par la R.A.T.P. à Paris

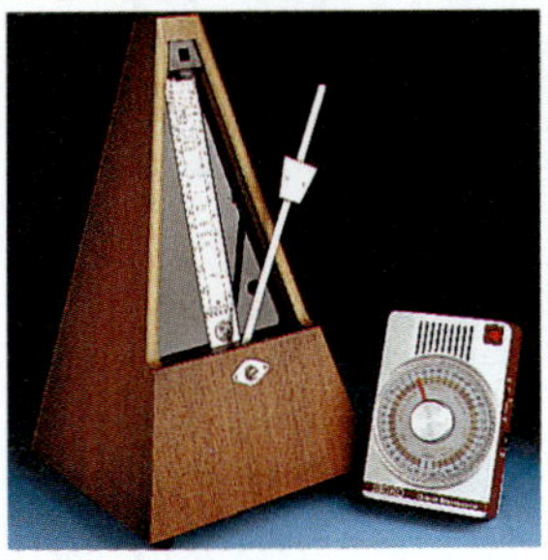
métronomes mécanique et à quartz

MÉTROPOLE n.f. (du gr. *mêtêr,* mère, et *polis,* ville). **1.** État considéré par rapport à ses colonies, ses territoires extérieurs. **2.** Capitale politique ou économique d'une région, d'un État. ◇ *Métropole d'équilibre :* en France, grand centre urbain provincial devant contribuer à contrebalancer l'influence de Paris pour en limiter la croissance. **3.** Centre le plus important dans un domaine particulier. *Hollywood, la métropole du cinéma.* **4.** RELIG. Chef-lieu d'une province ecclésiastique et siège de l'archevêque métropolitain. SYN. : *archevêché.*

1. MÉTROPOLITAIN, E adj. **1.** Qui appartient à une métropole, à la mère patrie. **2.** Qui appartient à une métropole ecclésiastique. *Église métropolitaine.* ◆ adj. et n. De la métropole. Abrév. (fam.) : *métro.*

2. MÉTROPOLITAIN n.m. Archevêque qui a juridiction sur une province ecclésiastique.

3. MÉTROPOLITAIN n.m. Vieilli ou ADMIN. Métro.

MÉTROPOLITE n.m. RELIG. Prélat orthodoxe qui occupe un rang intermédiaire entre le patriarche et les archevêques.

MÉTRORRAGIE n.f. (du gr. *mêtra,* matrice, et *rhagê,* rupture). MÉD. Hémorragie utérine survenant en dehors des périodes menstruelles.

METS [mɛ] n.m. (du lat. *missus,* mis [sur la table]). Tout aliment apprêté qui entre dans la composition d'un repas.

METTABLE adj. Que l'on peut mettre, porter, en parlant d'un vêtement.

METTEUR n.m. **1.** *Metteur en scène :* personne qui règle la réalisation scénique d'une œuvre dramatique ou lyrique en dirigeant les acteurs et en harmonisant les divers éléments de cette réalisation (texte, décor, musique, etc.) ; réalisateur d'un film. **2.** *Metteur en ondes :* spécialiste de la mise* en ondes d'émissions radiophoniques. **3.** *Metteur en pages :* typographe qui effectue la mise en pages d'un ouvrage. **4.** *Metteur en œuvre,* celui qui met en œuvre, utilise qqch.

METTRE v.t. (lat. *mittere,* envoyer) [84]. **I. 1.** Placer (qqch ou qqn) dans un endroit déterminé. *Mettre ses clefs dans son sac. Mettre un enfant au lit.* **2.** Disposer sur le corps, revêtir ; porter. *Mettre une robe neuve, un chapeau, des lunettes.* **3.** Inclure, mêler, introduire. *Mettre du sel dans une sauce.* **4.** Provoquer, faire naître. *Mettre du désordre.* **II. 1.** Placer dans une certaine position, une certaine situation. *Mettre à l'envers, à l'endroit. Mettre qqn à la tête d'un groupe.* **2.** Disposer (un appareil, un mécanisme) de manière qu'il fonctionne. *Mettre le contact, le verrou. Mettre la radio.* **3.** Faire consister, fonder. *Chacun met son bonheur où il lui plaît.* **4.** Fam. *Mettons, mettez :* supposons, supposez. **III. 1.** Employer, utiliser un certain temps. *Mettre six mois à répondre à une lettre. Enfin, te voilà ! Tu y as mis le temps !* **2.** Dépenser. *Mettre mille francs dans un tableau.* **3.** Consacrer, investir. *Mettre tout son cœur dans un travail.* – *Y mettre du sien :* faire des concessions, contribuer à. – Fam. *En mettre un coup :* donner son plein effort. **IV. 1.** *Mettre en :* modifier la forme, la structure de, de telle manière. *Mettre un vase en miettes. Mettre une pièce en vers. Mettre en ordre.* **2.** Faire passer dans un certain état. *Mettre qqn en colère. Mettre un mot au pluriel.* **3.** Soumettre à une action. *Mettre de l'eau à chauffer. Mettre un appareil en marche.* ◆ **se mettre** v.pr. **1.** Se placer, occuper un lieu, une fonction, une situation. *Se mettre à table. Se mettre devant les autres.* **2.** Prendre une certaine position. *Se mettre debout.* **3.** S'habiller de telle manière, avec tel vêtement. *Se mettre en uniforme. N'avoir rien à se mettre.* **4.** Entrer dans un état, une situation déterminée. *Se mettre en nage. Se mettre en frais.* **5.** Entreprendre, commencer. *Se mettre au travail. Se mettre à fumer.* **6.** *Se mettre en tête, dans la tête, dans l'esprit :* s'imaginer ; vouloir absolument.

MEUBLANT, E adj. DR. *Meubles meublants :* objets qui servent à meubler et à garnir un logement.

1. MEUBLE adj. (lat. *mobilis,* mobile). **1.** GÉOL. Se dit d'une formation dont les éléments ont peu de cohésion ou n'en ont pas (limons, vases, sables, cendres volcaniques, etc.). **2.** Qui se fragmente, se laboure facilement. *Sol, terre meuble.*

2. MEUBLE adj. DR. *Bien meuble.* **a.** *Bien meuble par nature :* bien corporel susceptible d'être déplacé (par opp. à *bien immeuble*). **b.** *Bien meuble par détermination de la loi :* bien incorporel que la loi assimile aux précédents (créances, hypothèques, etc.).

3. MEUBLE n.m. **1.** Objet mobile servant à l'aménagement ou à la décoration d'un lieu (lit, chaise, table, armoire, etc.). **2.** DR. Bien meuble. **3.** HÉRALD. Toute pièce qui figure sur l'écu. SYN. : *pièce.*

MEUBLÉ, E adj. et n.m. Se dit d'un appartement loué avec le mobilier.

MEUBLER v.t. **1.** Garnir, équiper de meubles. **2.** Remplir un vide, occuper une période de temps. *Savoir meubler ses loisirs.* ◆ v.i. Produire un effet d'ornementation. *Étoffe qui meuble bien.*

MEUF n.f. (verlan de *femme*). Fam. Femme, notamm. jeune femme.

MEUGLEMENT n.m. Cri sourd et prolongé des bovins ; beuglement.

MEUGLER v.i. Pousser des meuglements ; beugler.

MEULAGE n.m. Action de meuler.

1. MEULE n.f. (lat. *mola*). **1.** Lourd cylindre, généralement en pierre, servant à écraser, à broyer, à moudre. *La meule d'un moulin.* **2.** Corps solide de forme circulaire constitué de matière abrasive, qui sert à aiguiser, à polir. **3.** Grande pièce cylindrique de fromage. *Meule de gruyère.* **4.** Suisse. Fam. *Faire la meule.* **a.** Rabâcher, ressasser. **b.** Harceler qqn pour obtenir qqch.

2. MEULE n.f. **1.** Tas de gerbes de céréales, ou tas de paille ou de foin, lié ou en vrac, constitué pour la conservation de ces produits. **2.** Anc. Tas de bois recouvert de gazon, que l'on carbonise en plein air. **3.** HORTIC. Anc. Couche à champignons.

3. MEULE n.f. Arg. Motocyclette, cyclomoteur.

MEULER v.t. Usiner ou dresser à la meule.

MEULETTE n.f. Petite meule. *Meulette de paille.*

MEULIER, ÈRE adj. **1.** Relatif aux meules à moudre. *Silex meulier.* **2.** *Pierre meulière* ou *meulière,* n.f. : roche sédimentaire siliceuse et calcaire, abondante dans les couches tertiaires du Bassin parisien, utilisée autrefois pour la fabrication des meules. (La *meulière caverneuse,* partiellement décalcifiée, sert souvent en construction.)

MEULON n.m. Petite meule provisoire de foin, de chanvre, etc.

MEUNERIE n.f. **1.** Usine pour la transformation des grains en farine. **2.** Commerce, industrie de la transformation des grains en farine. SYN. : *minoterie.*

1. MEUNIER, ÈRE adj. (lat. *molinarius*). Qui concerne la meunerie. ◆ n. **1.** Personne qui dirige une meunerie ou un moulin. SYN. : *minotier.* ◇ *Échelle de meunier* → **échelle.** **2.** *Truite, sole, etc. (à la) meunière,* farinée, cuite au beurre à la poêle, citronnée et servie dans son jus de cuisson.

2. MEUNIER n.m. **1.** Mousseron. **2.** Chevaine (poisson). **3.** Blatte (insecte). **4.** Pinot noir servant à préparer les vins de Champagne.

MEUNIÈRE n.f. Mésange à longue queue.

MEURETTE n.f. Sauce au vin rouge, avec des croûtons, accompagnant les œufs, le poisson, etc.

MEURSAULT n.m. Vin de Bourgogne réputé, issu du cépage chardonnay.

MEURTRE n.m. (de *meurtrir*). Action de tuer volontairement un être humain.

MEURTRIER, ÈRE n. Personne qui commet ou qui a commis un meurtre. ◆ adj. Propre à causer la mort ; qui fait mourir beaucoup de monde. *Épidémie meurtrière.*

MEURTRIÈRE n.f. Ouverture étroite pratiquée dans le mur d'un ouvrage fortifié pour permettre l'observation et l'envoi de projectiles.

MEURTRIR v.t. (francique *murthrjan,* assassiner). **1.** Blesser par un choc qui laisse une marque sur la peau ; contusionner. **2.** Endommager (un fruit) par choc ou par contact. **3.** Blesser moralement ; marquer. *Cette humiliation l'a meurtri.*

MEURTRISSURE n.f. **1.** Contusion marquée par une tache bleuâtre. **2.** Partie d'un fruit endommagée par un choc.

MEUSIEN, ENNE adj. et n. De la Meuse.

MEUTE n.f. (du lat. *motus,* mû). **1.** Troupe de chiens courants dressés pour la chasse. **2.** Fig. Foule, bande de gens acharnés contre qqn. *Une meute de créanciers.*

MeV, symbole de mégaélectronvolt (un million d'électronvolts), unité pratique d'énergie utilisée en physique des particules.

MÉVENTE n.f. Vente inférieure aux prévisions, ou notablement en baisse.

MEXICAIN, E adj. et n. Du Mexique.

MÉZAIL [mezaj] n.m. (du gr. *mesos,* au milieu). Visière mobile des heaumes et des bassinets.

MÉZIGUE ou **MÉZIG** pron. pers. Arg. Moi.

MEZZANINE [mɛdzanin] n.f. (it. *mezzanino,* entresol). **1.** Petit étage situé entre deux grands. **2.** Niveau intermédiaire ménagé dans une pièce haute de plafond. **3.** Petite fenêtre d'entresol. **4.** Étage compris entre le parterre et le balcon, dans un théâtre.

MEZZA VOCE [mɛdzavɔtʃe] loc. adv. (mots it.). À mi-voix.

MEZZO-SOPRANO [mɛdzosɔprano] n.m. ou f. (mots it.) [pl. *mezzo-sopranos*]. Voix de femme plus grave et plus étendue que le soprano ; chanteuse qui a cette voix.

MEZZOTINTO [mɛdzotinto] n.m. inv. (it. *mezzo tinto,* demi-teinte). GRAV. Manière noire.

MFLOPS n.m. (abrév.). Mégaflops.

Mg, symbole chimique du magnésium.

MI- (lat. *medius,* qui est au milieu), préf. inv., qui se joint à certains mots par un trait d'union et qui signifie *à moitié, à demi, au milieu de. À mi-jambe. Toile mi-fil, mi-coton. Mi-figue, mi-raisin. La mi-août.*

MI n.m. inv. Note de musique, troisième degré de la gamme de *do.*

MIAM ou **MIAM-MIAM** interj. Fam. (Indiquant que qqch est appétissant, alléchant). *Miam ! Ça a l'air bon, ce que tu prépares !*

MIAOU n.m. (onomat.). Cri du chat, miaulement.

MIASMATIQUE adj. Litt. Qui exhale des miasmes.

MIASME n.m. (gr. *miasma,* souillure). [Surtout pl.]. Émanation dangereuse de matières putrides dégageant une odeur désagréable.

MIAULEMENT n.m. Cri du chat et de certains carnassiers.

MIAULER v.i. Pousser son cri, en parlant du chat et de certains carnassiers.

MIAULEUR, EUSE adj. Qui miaule.

MI-BAS n.m. inv. Longue chaussette fine, s'arrêtant au-dessous du genou. SYN. : *demi-bas.*

MI-BOIS (À) loc. adv. CONSTR. *Assemblage à mi-bois,* réalisé en entaillant deux pièces de bois sur la moitié de leur épaisseur.

MICA n.m. (mot lat., *parcelle*). Minéral brillant et clivable, abondant dans les roches éruptives et métamorphiques, formé de silicate d'aluminium et de potassium. (On utilise le mica blanc pour sa transparence et son infusibilité.) ◇ *Mica noir :* mica qui se présente en lamelles hexagonales de couleur noire. SYN. : *biotite.*

MICACÉ, E adj. Qui contient du mica.

MI-CARÊME n.f. (pl. *mi-carêmes*). Jeudi de la troisième semaine du carême, que l'on célèbre par des fêtes.

MICASCHISTE [mikaʃist] n.m. Roche métamorphique feuilletée, formée de lits de mica séparés par de petits cristaux de quartz.

MICELLAIRE adj. Constitué de micelles.

MICELLE n.f. (lat. *mica,* parcelle). Particule mesurant entre 0,001 et 0,3 micromètre, formée d'un agrégat de molécules semblables, et donnant un système colloïdal.

MICHE n.f. (lat. *mica,* parcelle). Gros pain rond. ◇ Suisse. Petit pain. ◆ pl. Pop. Fesses.

MICHELINE n.f. (de *Michelin,* n.pr.). **1.** Autorail qui était monté sur pneumatiques spéciaux (1932-1953). **2.** Cour. (abusif). Tout autorail.

MI-CHEMIN (À) loc. adv. Vers le milieu du chemin qui mène quelque part. ◆ loc. prép. *À mi-chemin de :* entre deux choses, à une étape intermédiaire. *À mi-chemin du rire et des larmes.*

MICHETON n.m. Arg. Client d'une prostituée.

MI-CLOS, E adj. À moitié fermé. *Yeux mi-clos.*

MICMAC n.m. (moyen fr. *meutemacre,* rébellion). Fam. Situation suspecte et embrouillée ; imbroglio.

MICOCOULIER n.m. (mot prov.). Arbre ou arbuste des régions tempérées et tropicales, abondant dans le midi de la France, dont le bois sert à faire des manches d'outils, des cannes. (Haut. jusqu'à 25 m ; famille des ulmacées.)

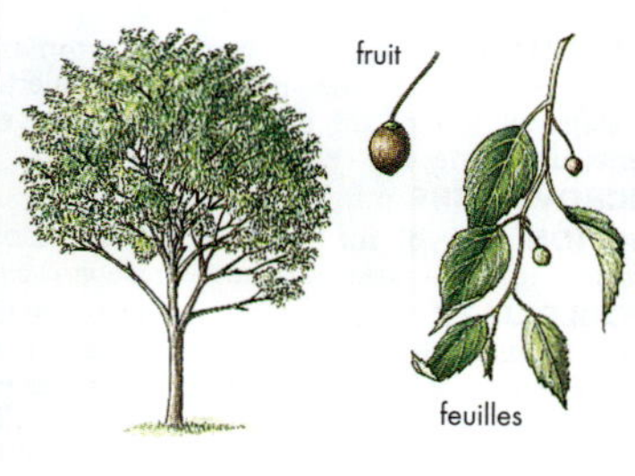

micocoulier

MICOQUIEN n.m. (du gisement de *la Micoque,* aux Eyzies-de-Tayac). PRÉHIST. Faciès industriel correspondant à l'acheuléen final et marquant la transition avec le paléolithique moyen. ◆ **micoquien, enne** adj. Du micoquien.

MI-CORPS (À) loc. adv. Au milieu du corps.

MI-CÔTE (À) loc. adv. À la moitié de la côte.

MI-COURSE (À) loc. adv. **1.** Vers le milieu de la course. **2.** Au milieu du chemin à parcourir pour atteindre un but.

MICR-, MICRO- (gr. *mikros,* petit), préf. (symb. μ) qui, placé devant une unité, la multiplie par 10^{-6}.

1. MICRO n.m. (abrév. de *microphone*). Appareil qui transforme les vibrations sonores en oscillations électriques. *Parler devant le micro.* ◇ *Micro baladeur* → ***1. baladeur.***

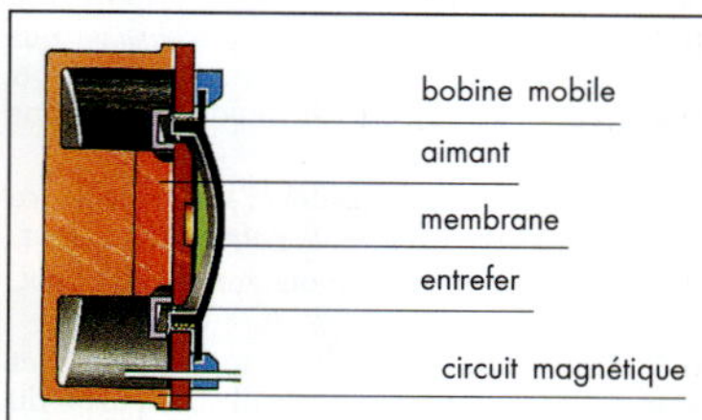

micro (vu en coupe)

2. MICRO n.m. (abrév.). Fam. Micro-ordinateur.

3. MICRO n.f. (abrév.). Fam. Micro-informatique.

MICROALVÉOLE n.f. TECHN. Très petite alvéole (spécialt, chacune de celles qui constituent la trace matérielle d'un enregistrement numérique destiné à un décodage par laser).

MICROANALYSE n.f. Analyse chimique portant sur des masses de substance extrêmement faibles, par convention de 0,1 à 5 mg.

MICROBALANCE n.f. Balance utilisée pour comparer de très petites masses, de l'ordre du millionième de gramme.

MICROBE n.m. (de *micro-* et gr. *bios,* vie). **1.** Micro-organisme. **2.** Fam. Personne chétive, petite ou sans envergure.

MICROBIEN, ENNE adj. Relatif aux micro-organismes.

MICROBILLE n.f. Particule de pigment, d'agent abrasif, de charge inerte, obtenue par micronisation.

MICROBIOLOGIE n.f. Ensemble des disciplines biologiques (bactériologie, mycologie, virologie et parasitologie) qui s'occupent de tous les micro-organismes.

MICROBIOLOGISTE n. Spécialiste de microbiologie.

MICROBOUTURAGE n.m. Technique de multiplication végétative qui consiste à prélever des fragments d'une plante et à les cultiver en flacons fermés, pour régénérer un seul ou un grand nombre d'individus.

MICROBUS [-bys] n.m. Véhicule pour le transport des personnes, d'une dizaine de places, destiné aux déplacements rapides.

MICROCALORIMÈTRE n.m. Appareil servant aux mesures de microcalorimétrie.

MICROCALORIMÉTRIE n.f. Technique de mesure des très faibles quantités de chaleur.

MICROCASSETTE n.f. Cassette magnétique de format réduit.

MICROCÉPHALE adj. et n. (gr. *mikros,* petit, et *kephalê,* tête). Atteint de microcéphalie.

MICROCÉPHALIE n.f. Anomalie morphologique du crâne dont le volume est réduit.

MICROCHIMIE n.f. Chimie portant sur des quantités de matière de l'ordre du milligramme.

MICROCHIRURGIE n.f. Chirurgie pratiquée sous le contrôle du microscope, avec des instruments miniaturisés spéciaux.

MICROCIRCUIT n.m. Circuit électronique de très petites dimensions, composé de circuits intégrés, de transistors, de diodes, de résistances et de capacités, et enfermé dans un boîtier étanche.

MICROCLIMAT n.m. Ensemble des conditions de température, d'humidité, de vent particulières à un espace homogène de faible étendue à la surface du sol.

MICROCLINE n.m. MINÉR. Feldspath potassique.

MICROCOQUE n.m. (gr. *mikros,* petit, et *kokkos,* graine). Bactérie de forme ronde, non ciliée et immobile, Gram positif.

MICROCOSME n.m. (gr. *mikros,* petit, et *kosmos,* monde). **I. 1.** En philosophie et dans les doctrines ésotériques, être constituant un monde en petit dont la structure reflète le monde *(macrocosme)* auquel il appartient ; partic., l'homme ainsi considéré par rapport à l'Univers. **2.** Milieu social replié sur lui-même. **II.** Figue de mer.

MICROCOSMIQUE adj. Relatif au microcosme.

MICRO-CRAVATE n.m. (pl. *micros-cravates*). Micro miniaturisé, que l'on peut accrocher aux vêtements.

MICROCRISTAL n.m. (pl. *microcristaux*). Cristal microscopique formant la structure des principaux alliages.

MICRODÉCISION n.f. ÉCON. Décision prise par un sujet économique sur les quantités le concernant personnellement.

MICRODISSECTION n.f. Dissection faite sous le microscope sur des cellules ou des êtres de petite taille.

MICROÉCONOMIE n.f. Branche de la science économique étudiant les comportements individuels des agents économiques.

MICROÉCONOMIQUE adj. Relatif à la microéconomie.

MICROÉDITION n.f. Publication* assistée par ordinateur (P. A. O.).

MICROÉLECTRONIQUE n.f. Technologie des composants, des circuits, des assemblages électroniques miniaturisés.

MICROFIBRE n.f. Fibre textile dont le titre est inférieur à 1 décitex, utilisée pour conférer à un produit des propriétés particulières ou pour abaisser les limites d'aptitude à la filature.

MICROFICHE n.f. Film en feuilles rectangulaires comportant une ou plusieurs images de dimensions très réduites.

MICROFILM n.m. Film en rouleau ou en bande composé d'une série d'images de dimensions très réduites.

MICROFILMER v.t. Reproduire sur microfilm (des documents).

MICROFLORE n.f. Flore microbienne d'un milieu donné.

MICROFORME n.f. Tout support d'information comportant des images de dimensions très réduites.

MICROFRACTOGRAPHIE n.f. Technique d'examen et d'étude des surfaces de rupture au microscope électronique.

MICROGLIE n.f. Glie réticulo-endothéliale dont les cellules sont mobiles et douées de phagocytose.

MICROGLOSSAIRE n.m. LING. Vocabulaire spécifique d'une activité, qui est relativement indépendant du vocabulaire général.

MICROGRAPHIE n.f. **1.** Étude au microscope de très petits objets, notamm. de la structure des métaux et alliages. **2.** Photographie prise au microscope. **3.** Ensemble des opérations liées à l'utilisation des microformes.

MICROGRAPHIQUE adj. De la micrographie.

MICROGRAVITÉ n.f. **1.** Quasi-absence de force de gravitation. **2.** Micropesanteur.

MICROGRENU, E adj. GÉOL. Se dit des roches magmatiques filoniennes caractérisées par une texture en petits grains visibles seulement au microscope.

MICRO-INFORMATIQUE n.f. (pl. *micro-informatiques*). Domaine de l'informatique relatif à la fabrication et à l'utilisation des micro-ordinateurs. Abrév. (fam.) : *micro.*

MICRO-INTERVALLE n.m. (pl. *micro-intervalles*). MUS. Intervalle plus petit qu'un demi-ton.

MICROLITE n.m. Dans une roche volcanique, petit cristal visible seulement au microscope.

MICROLITHE n.m. (gr. *mikros,* petit, et *lithos,* pierre). Petit silex taillé, composante d'un outillage préhistorique.

MICROLITHIQUE adj. Se dit de l'outillage préhistorique constitué de microlithes.

MICROLITIQUE adj. Se dit d'une roche volcanique formée de microlites.

MICROMANIPULATEUR n.m. Appareil permettant d'effectuer diverses interventions (usinage, assemblage, etc.) sur de très petites pièces observées au microscope.

MICROMÉCANIQUE n.f. Ensemble des techniques concernant la conception, la fabrication et le fonctionnement des objets mécaniques de très petites dimensions.

MICROMÉTÉORITE n.f. Météorite de très petites dimensions.

MICROMÈTRE n.m. **1.** Instrument permettant de mesurer avec une grande précision des longueurs ou des angles très petits. **2.** Unité de mesure de longueur (symb. μm) égale à un millionième de mètre. SYN. (anc.) : ***micron.***

MICROMÉTRIE n.f. Mesure des dimensions très petites à l'aide du micromètre.

MICROMÉTRIQUE adj. Du micromètre. ◇ *Vis micrométrique,* à pas très fin et à tête graduée, permettant de réaliser des réglages très précis.

MICROMODULE n.m. Circuit électronique de très petite dimension imprimé sur une mince plaquette de céramique.

MICRON n.m. Anc. Micromètre.

MICRONÉSIEN, ENNE adj. et n. De Micronésie.

MICRONISATION n.f. Réduction d'un corps solide (pigment ou abrasif) en particules ayant des dimensions de l'ordre du micromètre.

MICRO-ONDE n.f. (pl. *micro-ondes*). Onde électromagnétique d'une longueur comprise entre 1 m et 1 mm.

MICRO-ONDES n.m. inv. Four* à micro-ondes.

MICRO-ORDINATEUR n.m. (pl. *micro-ordinateurs*). Petit ordinateur construit autour d'un microprocesseur auquel on adjoint l'environnement logiciel et matériel (écran, clavier) nécessaire au traitement complet de l'information. Abrév. (fam.) : *micro.*

MICRO-ORGANISME n.m. (pl. *micro-organismes*). BIOL. Être vivant microscopique, génér. constitué d'une seule cellule.

■ Le terme *micro-organisme* tend à remplacer celui de *microbe,* bien que l'on continue à parler de maladies « microbiennes ». Les micro-organismes comprennent les bactéries, les champignons unicellulaires (levures), les virus et les protistes. Ils jouent un rôle essentiel dans les cycles écologiques, mais certains sont à l'origine des maladies infectieuses bactériennes et virales, de parasitoses (telles que le paludisme) et de mycoses.

MICROPESANTEUR n.f. Pesanteur très réduite, inférieure au millième de la pesanteur terrestre normale. SYN. : *microgravité.*

MICROPHAGE n.m. BIOL. Cellule qui effectue la phagocytose d'éléments très petits, telles les bactéries.

MICROPHONE n.m. TECHN. ou vieilli. Micro.

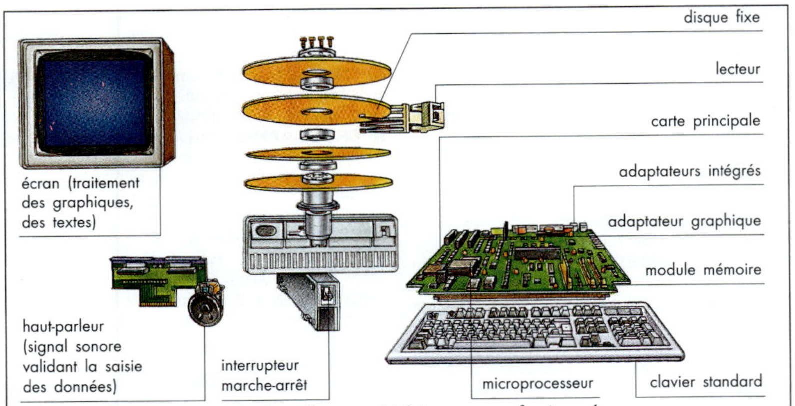

micro-ordinateur : constitution d'un matériel à usage professionnel

MICROPHONIQUE adj. Relatif à un micro.

MICROPHOTOGRAPHIE n.f. Photographie des préparations microscopiques.

MICROPHOTOGRAPHIQUE adj. Relatif à la microphotographie.

MICROPHYSIQUE n.f. Partie de la physique qui étudie les atomes, les noyaux et les particules élémentaires.

MICROPILULE n.f. Pilule contraceptive ne contenant que des progestatifs.

MICROPODIFORME n.m. *Micropodiformes* : ordre d'oiseaux aux pattes très courtes, incapables de s'envoler du sol, tels que le martinet ou l'engoulevent.

MICROPROCESSEUR n.m. INFORM. Processeur miniaturisé dont tous les éléments sont rassemblés en un seul circuit intégré.

MICROPROGRAMMATION n.f. INFORM. Mode d'organisation de la commande d'un ordinateur, dans lequel les instructions du programme sont exécutées par une suite d'instructions élémentaires.

MICROPSIE n.f. (gr. *mikros,* petit, et *opsis,* vue). Illusion visuelle dans laquelle les objets paraissent avoir une taille plus petite qu'ils n'ont en réalité.

MICROPYLE n.m. Petit orifice dans les téguments de l'ovule des végétaux phanérogames, permettant la fécondation.

MICROSATELLITE n.m. ASTRONAUT. Satellite artificiel de moins de 150 kg, placé à bord d'un lanceur comme passager auxiliaire, en même temps qu'une charge utile principale.

MICROSCOPE n.m. (gr. *mikros,* petit, et *skopein,* observer). Instrument d'optique composé de plusieurs lentilles, qui sert à regarder les objets très petits. ◇ *Microscope électronique* : appareil analogue au microscope, mais dans lequel les rayons lumineux sont remplacés par un faisceau d'électrons. (Son grossissement peut atteindre 100 fois celui du microscope optique.) – *Microscope à effet tunnel* : microsonde permettant d'explorer une surface à l'échelle atomique, et utilisant l'*effet tunnel**.

MICROSCOPIE n.f. Examen au microscope.

MICROSCOPIQUE adj. **1.** Fait au moyen du microscope. **2.** Qui ne peut être vu qu'avec un microscope. *Particules microscopiques.* **3.** Très petit, minuscule. *Un livre microscopique.*

MICROSÉISME n.m. GÉOPHYS. Chacun des séismes de très faible amplitude, détectables seulement au moyen d'instruments, qui agitent la Terre de manière plus ou moins permanente.

MICROSILLON [-si-] n.m. Disque portant cent spires en moyenne au centimètre de rayon, et dont la gravure permet une audition de 25 minutes environ par face de 30 cm de diamètre.

MICROSOCIOLOGIE n.f. Étude des formes de la sociabilité au sein des petits groupes.

MICROSOCIOLOGIQUE adj. Relatif à la microsociologie.

MICROSONDE n.f. Appareil qui permet, grâce à l'impact d'un faisceau d'électrons sur une lame mince, de doser les éléments que contient cette lame.

MICROSPORANGE n.m. BOT. Sporange produisant des microspores.

MICROSPORE n.f. BOT. Spore fournie par certains cryptogames, plus petite que la spore femelle et qui germe en donnant un prothalle mâle.

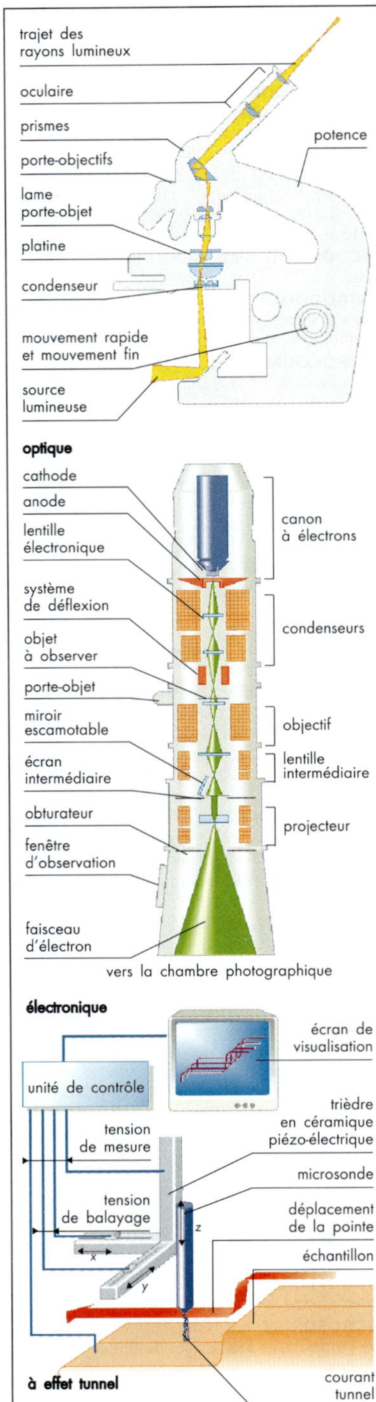

microscopes : schémas de principe

MICROSTRUCTURE n.f. Didact. Structure dépendant d'une structure plus vaste.

MICROTECHNIQUE n.f. Technique de la conception, de la fabrication et de la réparation des objets de petite dimension (tels que montres, machines à écrire, périphériques d'ordinateurs, etc.).

MICROTOME n.m. Instrument pour découper dans les tissus animaux ou végétaux de minces tranches en vue d'un examen au microscope.

MICROTRACTEUR n.m. Petit tracteur agricole pour le jardinage et le maraîchage.

MICROTRAUMATISME n.m. MÉD. Traumatisme très léger, sans conséquence lorsqu'il est unique, mais dont la répétition peut entraîner des manifestations pathologiques.

MICRO-TROTTOIR n.m. (pl. *micros-trottoirs*). Enquête d'opinion effectuée au hasard dans la rue, pour une radio ou une télévision.

MICROTUBULE n.m. Fine structure cytoplasmique constituant une partie du squelette cellulaire et jouant un rôle dans les changements de forme des cellules.

MICROVOITURE n.f. Voiturette.

MICTION [miksjɔ̃] n.f. (bas lat. *mictio*). MÉD. Action d'uriner. – REM. À distinguer de *mixtion.*

MIDDLE JAZZ [midəldʒaz] n.m. inv. (mots amér.). Ensemble des styles de jazz qui succédèrent à ceux de La Nouvelle-Orléans et de Chicago et restèrent en vogue jusqu'à l'apparition du be-bop, au début des années 40, sans pour autant disparaître complètement.

MIDI n.m. (de *mi-,* et anc. fr. *di* ; lat. *dies,* jour). **I. 1.** Milieu du jour ; heure, moment du milieu du jour (douzième heure). ◇ *Chercher midi à quatorze heures* : chercher des difficultés là où il n'y en a pas. **2.** Litt. Le milieu d'une durée, surtout en parlant de l'existence humaine. ◇ *Le démon de midi* : les tentations d'ordre sexuel qui assaillent l'homme vers le milieu de la vie. **II. 1.** Le sud comme point cardinal ; la direction sud du Soleil. *Exposition au midi.* **2.** (Avec majuscule). Région sud de la France. *L'accent du Midi.*

MIDINETTE n.f. (de *midi* et *dînette*). Fam. **1.** Vx. Jeune ouvrière parisienne de la couture et de la mode. **2.** Jeune fille à la sentimentalité naïve.

MIDRASH [midraʃ] n.m. (mot hébr., de *darash,* scruter). Méthode d'exégèse rabbinique de la Bible qui, au-delà du sens littéral fixé à partir d'un certain moment de l'histoire, tend à rechercher dans les écrits bibliques une signification plus profonde. Pluriel savant : *midrashim.*

MIDSHIP [midʃip] n.m. (angl. *midshipman,* qui est au milieu d'un navire). Fam. Aspirant ou enseigne de vaisseau de 2ᵉ classe, dans la marine militaire française.

1. MIE n.f. (de *mica,* parcelle). Partie intérieure du pain. ◇ Pop. *À la mie de pain* : sans valeur.

2. MIE n.f. (de *m'amie,* mon amie). Litt., vx. Amie. *Ma mie.*

MIEL n.m. (lat. *mel*). Substance sucrée et parfumée produite par les abeilles, à partir du nectar des fleurs, qu'elles récoltent dans leur jabot et entreposent dans les alvéoles de la ruche. ◇ Fig. *Être tout miel* ou *être tout sucre, tout miel,* d'une affabilité hypocrite.

MIELLAT n.m. Produit sucré élaboré par divers pucerons à partir de la sève des végétaux, et dont se nourrissent les fourmis et les abeilles.

MIELLÉ, E adj. Propre au miel ; qui rappelle le miel. *Odeur miellée.*

MIELLÉE n.f. Production saisonnière intense du nectar par les fleurs.

MIELLEUSEMENT adv. D'un ton mielleux.

MIELLEUX, EUSE adj. D'une douceur hypocrite. *Paroles mielleuses.*

1. MIEN, ENNE pron. poss. (lat. *meus*) [précédé de *le, la, les*]. Ce qui est à moi. *C'est votre opinion, ce n'est pas la mienne.* ◆ adj. poss. Litt. Qui est à moi. *Je ne fais pas mienne votre proposition.*

2. MIEN n.m. Ce qui m'appartient. *Le tien et le mien.* ◆ pl. *Les miens* : ma famille, mes proches.

MIETTE n.f. (de 1. *mie*). **1.** Petit fragment qui tombe du pain, d'un gâteau quand on le coupe. ◇ *Ne pas perdre une miette de qqch,* y prêter une grande attention. **2.** Fig. Parcelle, débris, ce qui reste de qqch ; bribe. *Les miettes d'une fortune.* ◇ *En miettes* : en petits morceaux.

1. MIEUX adv. (lat. *melius*). **1.** (Sert de comparatif à *bien*). De façon plus convenable, plus avantageuse, plus favorable. *Ça vaut mieux. Elle* *se porte mieux.* – *Aimer mieux :* préférer. – *Être, aller mieux :* être en meilleure santé. – *Aller de mieux en mieux :* s'améliorer. – *À qui mieux mieux :* à l'envi, avec émulation. ◇ *Tant mieux !,* expression de satisfaction dont on se sert pour se féliciter d'une chose. **2.** (Avec l'article *le*). Sert de superlatif à *bien. C'est la mieux faite.*

2. MIEUX n.m. **1.** Ce qui est préférable, plus avantageux. *Le mieux est d'y aller.* ◇ *Faute de mieux :* à défaut d'une chose plus avantageuse, plus agréable. – *Au mieux :* aussi bien que possible. – *Acheter, vendre au mieux :* réaliser une opération boursière au mieux des possibilités de négociation (et non : au mieux des intérêts du donneur d'ordre). **2.** État meilleur. *Le médecin a constaté un mieux.*

MIEUX-ÊTRE n.m. inv. Amélioration du confort, de la santé, etc.

MIÈVRE adj. Qui est d'une grâce affectée et fade ; qui manque de vigueur, d'accent.

MIÈVREMENT adv. Avec mièvrerie.

MIÈVRERIE n.f. Caractère de qqn, de qqch qui est fade, affecté, mièvre ; action, propos mièvre, insipide.

MI-FER (À) loc. adv. MÉCAN. Se dit d'un assemblage réalisé en entaillant deux pièces de fer sur la moitié de leur épaisseur.

MIGMATITE n.f. (gr. *migma,* mélange). Roche métamorphique profonde ayant subi un début d'anatexie et dans laquelle des bandes de gneiss sont séparées par des zones granitiques.

MIGNARD, E adj. (de *mignon*). Litt. D'une délicatesse, d'une douceur affectée.

MIGNARDISE n.f. **1.** Litt. Manque de naturel ; grâce affectée. **2.** Œillet vivace très utilisé pour la garniture des bordures.

1. MIGNON, ONNE adj. (de *minet*). **1.** Qui a de la grâce, de la délicatesse. *Visage mignon.* **2.** Fam. Gentil, aimable, complaisant. ◇ *Péché mignon :* petit défaut auquel on s'abandonne volontiers. **3.** *Filet mignon :* morceau de viande coupé dans la pointe du filet. ◆ n. (Terme de tendresse en parlant à un enfant). *Alors, mon mignon (ma mignonne) ?*

2. MIGNON n.m. HIST. Nom donné aux favoris d'Henri III, très efféminés.

MIGNONNET, ETTE adj. Fam., vx. Petit et mignon.

MIGNONNETTE n.f. **1.** Petit gravillon roulé donnant un fin gravier. **2.** Poivre grossièrement moulu. **3.** Petite fleur (nom commun au réséda, à une saxifrage, à l'œillet mignardise et à d'autres petites fleurs). **4.** Flacon miniature, échantillon d'alcool.

MIGNOTER v.t. (de l'anc. fr. *mignot,* gentil). Fam., vx. Traiter délicatement, choyer, dorloter.

MIGRAINE n.f. (gr. *hêmi,* à demi, et *kranion,* crâne). **1.** MÉD. Douleur violente qui affecte un côté de la tête et qui s'accompagne souvent de nausées et de vomissements. **2.** Cour. (abusif en méd.). Mal de tête.

MIGRAINEUX, EUSE adj. et n. Relatif à la migraine ; sujet à la migraine.

MIGRANT, E adj. et n. Se dit de qqn qui effectue une migration.

MIGRATEUR, TRICE adj. et n.m. Se dit d'un animal qui effectue des migrations.

MIGRATION n.f. (lat. *migratio*). **1.** Déplacement de population, de groupe, d'un pays dans un autre pour s'y établir, sous l'influence de facteurs économiques ou politiques. **2.** Déplacement en groupe et dans une direction déterminée, que certains animaux entreprennent à certaines saisons. **3.** PÉDOL. Entraînement, par les eaux, de diverses substances du sol. **4.** Déplacement d'un organisme, d'une molécule, etc. ◇ *Migration larvaire,* au cours de laquelle les larves de parasites se déplacent dans l'organisme de l'hôte afin d'y trouver les conditions optimales à leur développement.

MIGRATOIRE adj. Relatif aux migrations.

MIGRER v.i. Effectuer une migration.

MIHRAB [mirab] n.m. (mot ar.). Dans une mosquée, niche creusée dans le mur indiquant la direction *(qibla)* de La Mecque. Graphie savante inv. : *miḥrāb.*

MI-JAMBE (À) loc. adv. À la hauteur du milieu de la jambe.

MIJAURÉE n.f. (de *mijolée,* mot dial.). Femme, jeune fille qui a des manières affectées et ridicules.

MIJOTER v.t. (de l'anc. fr. *musgode,* provision de vivres, du germ.). **1.** Faire cuire lentement et à petit feu. **2.** Fig. Préparer de longue main, avec soin, dans le secret. *Mijoter un complot.* ◆ v.i. Cuire lentement. *Faire mijoter un ragoût.*

MIJOTEUSE n.f. (nom déposé). Cocotte électrique permettant une cuisson prolongée à feu doux.

MIKADO n.m. (mot jap., *souverain*). **1.** Empereur du Japon. **2.** Jeu de jonchets dans lequel on utilise de longues et fines baguettes de bois diversement colorées.

1. MIL adj. num. → ***1. mille.***

2. MIL n.m. Céréale à petit grain, telle que le millet et le sorgho, cultivée en zone tropicale sèche.

MILAN n.m. (lat. pop. *milanus*). Oiseau rapace diurne des régions chaudes et tempérées, à queue longue et fourchue, chassant le menu gibier et les petits rongeurs. (Envergure jusqu'à 1,50 m.)

MILANAIS, E adj. et n. **1.** De Milan. **2.** *Escalope milanaise,* panée à l'œuf et frite.

MILDIOU n.m. (angl. *mildew*). Maladie des plantes cultivées (vigne, pomme de terre, céréales, etc.), provoquée par des champignons microscopiques, affectant surtout les jeunes pousses et les feuilles.

MILDIOUSÉ, E adj. Attaqué par le mildiou.

MILE [majl] n.m. (mot angl.). Mesure itinéraire anglo-saxonne valant environ 1 609 m.

MILER [majlœr] n.m. **1.** SPORTS. Athlète spécialiste du demi-fond (1 500 m, mile). **2.** TURF. Cheval qui court sur de petites distances (mile).

MILIAIRE adj. (lat. *miliarus,* de *milium,* millet). **1.** Qui ressemble à un grain de mil. *Glandes miliaires.* **2.** *Fièvre miliaire* ou *miliaire,* n.f. : éruption cutanée due à une distension des glandes sudoripares, et qui se manifeste au cours de divers états infectieux. ◇ *Tuberculose miliaire :* granulie.

MILICE n.f. (lat. *militia,* service militaire). **1.** HIST. Du Moyen Âge au XVIIIe s., troupe levée dans les communes pour renforcer l'armée régulière. **2.** Belgique. **a.** Service militaire. **b.** Armée. **3.** Suisse. *Armée de milice :* armée composée de citoyens soldats rapidement mobilisables grâce à de fréquentes périodes d'instruction. **4.** Organisation paramilitaire constituant l'élément de base de certains partis totalitaires ou de certaines dictatures.

1. MILICIEN, ENNE n. Personne appartenant à une milice.

2. MILICIEN n.m. **1.** Belgique. Jeune homme qui accomplit son service militaire ; appelé. **2.** HIST. Membre de la Milice.

MILIEU n.m. (de *mi-,* et *lieu*). **I. 1.** Lieu également éloigné de tous les points du pourtour ou des extrémités de qqch. ◇ MATH. *Milieu d'un segment :* point situé à égale distance des extrémités. **2.** CHORÉGR. Exercices que l'on exécute au centre de la classe, sans appui à la barre. **3.** *Milieu de terrain :* au football, joueur chargé d'assurer la liaison entre défenseurs et attaquants ; ensemble des joueurs tenant ce rôle dans une équipe. **4.** Moment également éloigné du début et de la fin d'une période de temps. *Le milieu de la nuit.* **II.** Position modérée entre deux partis extrêmes. *Juste milieu.* **III. 1.** Espace matériel dans lequel un corps est placé. **2.** Ensemble des facteurs extérieurs qui agissent de façon permanente ou durable sur les êtres vivants. ◇ BIOL. Biotope, site où vit ordinairement une espèce. – *Milieu intérieur :* milieu dans lequel baignent directement les cellules vivantes chez les animaux supérieurs, c'est-à-dire le sang et la lymphe. ◇ BACTÉR. *Milieu de culture :* produit nutritif artificiel qui permet la croissance plus ou moins rapide des populations bactériennes ou l'isolement de celles-ci en colonies séparées, dans un dessein diagnostique. ◇ GÉOGR. *Milieu géographique :* ensemble des caractéristiques physiques (relief, climat, etc.) et humaines (environnement politique, économique, etc.) influant sur la vie des hommes. **3.** Entourage social, groupe de personnes parmi lesquelles qqn vit habituellement ; la société dont il est issu. *Milieu populaire.* **4.** *Le milieu :* l'ensemble des personnes en marge de la loi, qui vivent de trafics illicites, des revenus de la prostitution. ◆ loc. prép. *Au milieu de :* au centre, dans la partie centrale de ; parmi. ◆ loc. adv. *Au beau milieu, en plein milieu :* alors que qqch bat son plein, est à son moment le plus fort.

1. MILITAIRE adj. (lat. *militaris,* de *miles,* soldat). **1.** Qui concerne les armées, leurs membres, les opérations de guerre. *Camp militaire.* **2.** Considéré comme propre à l'armée. *Exactitude militaire.*

2. MILITAIRE n. Personne qui fait partie des forces armées.

MILITAIREMENT adv. De façon militaire, par la force armée.

MILITANT, E adj. Qui lutte, combat pour une idée, une opinion, un parti. ◆ n. Adhérent d'une organisation politique, syndicale, sociale, qui participe activement à la vie de cette organisation.

MILITANTISME n.m. Attitude, activité du militant.

MILITARISATION n.f. Action de militariser.

MILITARISER v.t. **1.** Donner un caractère, une structure militaire à. **2.** Pourvoir de forces armées.

MILITARISME n.m. **1.** Système politique fondé sur la prépondérance de l'armée. **2.** Exaltation des valeurs militaires et du rôle de l'armée, considérés comme garants de l'ordre.

MILITARISTE adj. et n. Relatif au militarisme ; qui en est partisan.

MILITARO-INDUSTRIEL, ELLE adj. (pl. *militaro-industriels, elles*). *Complexe militaro-industriel :* ensemble imbriqué des décideurs politiques, des responsables militaires et des industriels chargés d'assurer la fourniture de leurs matériels aux forces armées.

MILITER v.i. (du lat. *miles,* soldat). **1.** Participer d'une manière active à la vie d'un parti politique, d'un syndicat, d'une organisation. **2.** Constituer un argument en faveur de ou contre qqn, qqch. *Cela ne milite pas en votre faveur.*

MILK-BAR [milkbar] n.m. (mot angl.) [pl. *milk-bars*]. Vieilli. Bar où l'on consomme des boissons à base de lait.

MILK-SHAKE [milkʃek] n.m. (mot amér.) [pl. *milk-shakes*]. Boisson frappée, à base de lait aromatisé.

MILLAGE [milaʒ] n.m. (angl. *mile*). Canada. Distance comptée en miles.

MILLAS n.m., **MILLASSE** n.f. → ***milliasse.***

1. MILLE adj. num. et n.m. inv. (lat. *milia,* pl. de *mille*). **1.** Dix fois cent. *Deux mille hommes. L'an deux mille.* (Dans les dates, on écrit indifféremment *mille* ou *mil. L'an mil* [ou *mille*] *huit cent.*) **2.** Millième, dans l'expression d'un rang. *Numéro mille.* ◇ *Mettre, taper dans le mille :* deviner juste ; atteindre son objectif. **3.** Nombre indéterminé, mais considérable. *Courir mille dangers.* ◇ Fam. *Des mille et des cents :* de très fortes sommes.

2. MILLE n.m. (de 1. *mille*). **1.** Mesure itinéraire romaine, qui valait mille pas (1 481,5 m). **2.** Unité de mesure internationale pour les distances en navigation aérienne ou maritime, correspondant à la distance de deux points de la Terre ayant même longitude et dont les latitudes diffèrent d'une minute. (Le mille vaut, par convention, 1 852 m, sauf dans les pays du Commonwealth, où il vaut 1 853,18 m.) [On dit aussi *mille marin* ou *mille nautique.*] **3.** Canada. Équivalent du mile anglo-saxon.

1. MILLE-FEUILLE n.f. (pl. *mille-feuilles*). Plante à feuilles très découpées et à capitules de petites fleurs blanchâtres groupées en corymbes. (Famille des composées.) SYN. : *achillée.*

2. MILLE-FEUILLE n.m. (pl. *mille-feuilles*). Gâteau de pâte feuilletée garni de crème pâtissière.

MILLEFIORI [millefjɔri] n.m. inv. (mot it.). Objet de verre (souvent : presse-papiers) décoré intérieurement d'une mosaïque formée de sections de baguettes de verre de plusieurs couleurs.

MILLE-FLEURS n.f. inv. Tapisserie du XVe ou du début du XVIe s., dont le fond est semé de petites plantes fleuries.

1. MILLÉNAIRE adj. (lat. *millenarius*). Qui a mille ans au moins.

2. MILLÉNAIRE n.m. Dix siècles ou mille ans.

MILLÉNARISME n.m. **1.** Ensemble de croyances à un règne terrestre eschatologique du Messie et de ses élus, censé devoir durer mille ans. **2.** Mouvement ou système de pensée contestant l'ordre social et politique existant, réputé décadent et perverti, et attendant une rédemption collective – retour à un paradis perdu, ou avènement d'un homme charismatique.

MILLÉNARISTE adj. et n. Qui appartient au millénarisme ; adepte du millénarisme.

MILLENIUM [milenjɔm] n.m. L'Âge d'or attendu par les millénaristes.

MILLE-PATTES n.m. inv. Arthropode terrestre dont le corps, formé d'anneaux, porte de nombreuses pattes semblables. (Les mille-pattes forment une classe comprenant l'iule, la scolopendre, le géophile.) [Nom sc. : *myriapode.*]

MILLEPERTUIS n.m. Plante aux fleurs à nombreuses étamines et dont les feuilles contiennent de nombreuses petites glandes translucides qui les font croire criblées de trous. (Famille des hypéricacées. On a utilisé leurs fleurs jaunes en infusions vulnéraires et balsamiques.)

MILLÉPORE n.m. Animal marin formant des colonies de polypes construisant un squelette calcaire massif. (Embranchement des cnidaires ; ordre des hydrocoralliaires.)

MILLERAIES [milrɛ] n.m. TEXT. Tissu de velours à côtes très fines et très serrées.

MILLERANDAGE n.m. AGRIC. Accident occasionné par la coulure, et qui entraîne un avortement des grains de raisin.

MILLERANDÉ, E adj. Atteint de millerandage. *Vigne millerandée.*

MILLÉSIME n.m. (lat. *millesimus,* de *mille,* mille). Chiffres indiquant l'année d'émission d'une pièce de monnaie, de la récolte du raisin ayant servi à faire un vin, de la production d'une voiture, etc.

MILLÉSIMER v.t. Attribuer un millésime à.

MILLET [mijɛ] n.m. (lat. *milium*). Nom donné à quelques graminées, en partic. à une céréale qui n'est plus cultivée que localement en France, mais qui reste d'un grand usage en Afrique, notamm. dans la zone sahélienne.

MILLI- (mot lat.), préf. (symb. m) qui, placé devant une unité, la multiplie par 10^{-3}.

MILLIAIRE adj. ANTIQ. Se disait des bornes placées au bord des voies romaines pour indiquer les milles.

MILLIAMPÈRE n.m. Millième d'ampère (mA).

MILLIAMPÈREMÈTRE n.m. ÉLECTR. Ampèremètre gradué en milliampères.

MILLIARD n.m. **1.** Mille millions. **2.** Nombre extrêmement grand. *Des milliards de petits insectes.*

MILLIARDAIRE adj. et n. Qui possède un capital ou des revenus d'au moins un milliard de francs.

MILLIARDIÈME adj. num. ord. et n. **1.** Qui occupe le rang marqué par un milliard. **2.** Qui est contenu un milliard de fois dans un tout.

MILLIASSE ou **MILLASSE** n.f., **MILLAS** n.m. (de *millet*). Région. Bouillie de farine de maïs cuisinée avec de la graisse de porc puis mise à frire ou à griller.

MILLIBAR n.m. MÉTÉOR. Unité de pression atmosphérique, remplacée auj. par l'hectopascal, et équivalant à un millième de bar, soit environ 3/4 de millimètre de mercure.

MILLIÈME adj. num. ord. et n. **1.** Qui occupe un rang marqué par le numéro mille. **2.** Qui se trouve mille fois dans le tout. ◆ n.m. MIL. Unité d'angle utilisée pour le tir et égale à l'angle sous lequel on voit une longueur de 1 m à 1 000 m.

MILLIER n.m. **1.** Quantité, nombre de mille, d'environ mille. *Un millier de personnes étaient présentes.* **2.** Grand nombre indéterminé. *Des milliers d'étoiles.*

MILLIGRAMME n.m. Millième partie du gramme (mg).

MILLILITRE n.m. Millième partie du litre (ml).

MILLIMÈTRE n.m. Millième partie du mètre (mm).

MILLIMÉTRIQUE ou **MILLIMÉTRÉ, E** adj. Relatif au millimètre ; gradué en millimètres.

MILLION n.m. (it. *milione*). Mille fois mille.

MILLIONIÈME adj. num. ord. et n. **1.** Qui se trouve un million de fois dans le tout. **2.** Qui occupe un rang marqué par le nombre d'un million.

MILLIONNAIRE adj. Se dit d'une ville ou d'une agglomération dont la population atteint ou dépasse le million d'habitants. ◆ adj. et n. Se dit d'une personne très riche, dont les revenus dépassent un million de francs.

MILLIVOLT n.m. Millième de volt (mV).

MILLIVOLTMÈTRE n.m. Appareil, gradué en millivolts, servant à mesurer de très faibles différences de potentiel.

MILONGA n.f. Danse populaire de l'Argentine, proche du tango.

MILORD [milɔr] n.m. (angl. *my lord,* mon seigneur). Vx. Homme riche et élégant. *Être habillé comme un milord.*

MILOUIN n.m. (lat. *miluus,* milan). Canard qu'on trouve en hiver sur les lacs et les cours d'eau lents d'Europe occidentale. (La femelle est gris-brun, le mâle gris clair avec la tête rousse et la poitrine noire ; long. 45 cm.)

MI-LOURD adj.m. et n.m. (pl. *mi-lourds*). Dans certains sports (boxe, judo, haltérophilie), qualifie une catégorie de poids intermédiaire entre les poids moyens et les poids lourds.

MIME n.m. (lat. *mimus,* mot gr.). **1.** LITTÉR. GR. et LAT. Pièce de théâtre de caractère comique et de thème souvent pastoral où le geste avait une part prépondérante. **2.** Auj. Genre de comédie où l'acteur représente par gestes l'action, les sentiments. ◆ n. **1.** Acteur spécialisé dans le genre du mime. **2.** Personne qui imite bien les gestes, les attitudes, le parler d'autrui ; imitateur.

MIMER v.t. et i. **1.** Exprimer (une attitude, un sentiment, une action) par les gestes, par les jeux de physionomie, sans utiliser la parole. *Mimer la douleur.* **2.** Imiter d'une façon plaisante (une personne, ses gestes, ses manières).

MIMÉTIQUE adj. Relatif au mimétisme.

MIMÉTISME n.m. (du gr. *mimeisthai,* imiter). **1.** Particularité de certaines espèces vivantes de se confondre par la forme ou la couleur avec l'environnement ou avec les individus d'une autre espèce. *Le mimétisme du caméléon.* **2.** Reproduction machinale des gestes, des attitudes d'autrui.

MIMI n.m. Fam. **1.** Chat, dans le langage enfantin. **2.** Baiser, caresse. *Faire un mimi sur la joue.* ◆ adj. inv. Fam. Mignon. *Qu'il est mimi !*

1. MIMIQUE adj. Qui mime, qui exprime par le geste. *Langage mimique.*

2. MIMIQUE n.f. **1.** Expression de la pensée par le geste, les jeux de physionomie. **2.** Ensemble d'expressions du visage. *Une mimique expressive.*

MIMODRAME n.m. Action dramatique représentée en pantomime.

MIMOGRAPHE n.m. Vx. Auteur de mimes.

MIMOLETTE n.f. (de *mollet,* un peu mou). Fromage voisin de l'édam, mais plus gros, fabriqué en France.

MIMOLOGIE n.f. Art de l'imitation par la voix et les gestes.

MIMOSA n.m. (du lat. *mimus,* qui se contracte comme un mime). **1.** Plante légumineuse originaire du Brésil et appelée usuellement *sensitive,* car ses feuilles se replient au moindre contact. (Une espèce de mimosa fournit le bois d'amourette, utilisé notamm. en tabletterie. Le mimosa des fleuristes, dont les fleurs jaunes sont réunies en petites sphères, appartient au genre acacia.) **2.** *Œuf mimosa :* œuf dur dont chaque moitié est farcie d'une mayonnaise épaissie du jaune écrasé.

mimosas

MIMOSACÉE n.f. *Mimosacées :* famille de légumineuses comprenant l'acacia, le mimosa des fleuristes et la sensitive.

MI-MOYEN adj.m. et n.m. (pl. *mi-moyens*). Dans certains sports (boxe, judo), qualifie une catégorie de poids immédiatement inférieure à celle des poids moyens.

min, symbole de la minute, unité de temps.

MIN [min] n.m. Dialecte chinois parlé au Fujian, à Taïwan et à Hainan.

MINABLE adj. et n. (de *miner*). Fam. D'une pauvreté, d'une médiocrité pitoyables. *Un résultat minable. Une bande de minables.*

MINABLEMENT adv. Fam. De manière minable.

MINAGE n.m. Action de miner.

MINAHOUET [minawɛ] n.m. MAR. Petit outil de bois utilisé pour fourrer un cordage mince.

MINARET [minarɛ] n.m. (turc *minare*). Tour d'une mosquée, du haut de laquelle le muezzin fait les cinq appels à la prière quotidienne.

MINAUDER v.i. (de *mine*). Faire des mines, des manières pour séduire.

MINAUDERIE n.f. Action de minauder ; mines affectées, simagrées. *Faire des minauderies.*

MINAUDIER, ÈRE adj. et n. Qui minaude, qui fait des mines.

MINAUDIÈRE n.f. (nom déposé). Boîte souvent en argent ou en or destinée à être portée à la main comme accessoire de la toilette féminine, et contenant le plus souvent un nécessaire de maquillage.

MINBAR [minbar] n.m. (mot ar.). Chaire à prêcher, dans une mosquée.

1. MINCE adj. (de l'anc. fr. *mincier,* couper en menus morceaux). **1.** Qui est peu épais. *Couper la viande en tranches minces.* **2.** Qui a peu de largeur, qui est fin. *Taille mince. Un mince filet d'eau.* ◇ *Mince comme un fil :* très mince. **3.** Qui a peu d'importance ; insignifiant. *Un mérite bien mince.*

2. MINCE interj. Fam. (Marquant l'admiration ou le mécontentement). *Mince alors ! Tu as vu cette voiture ! Mince ! Je me suis trompé.*

MINCEUR n.f. État, caractère de qqn, de qqch qui est mince.

MINCIR v.i. Devenir plus mince. ◆ v.t. Faire paraître plus mince. *Cette veste te mincit.*

MINDEL [mindɛl] n.m. (n. d'une riv. all.). GÉOL. Deuxième glaciation alpine datée de 500 000 ans environ.

1. MINE n.f. (breton *min,* bec). **1.** Aspect de la physionomie indiquant certains sentiments ou l'état du corps. *Mine réjouie.* ◇ *Avoir bonne mine :* avoir un visage qui dénote la bonne santé ; fam., iron., avoir l'air ridicule. – *Avoir mauvaise mine :* avoir le visage défait ; paraître malade. – *Faire bonne, mauvaise, grise mine à qqn,* lui faire bon, mauvais accueil. – *Faire mine de :* faire semblant de. **2.** Apparence, aspect extérieur. *Juger sur la mine.* ◇ Fam. *Mine de rien :* sans en avoir l'air. – *Ne pas payer de mine :* ne pas inspirer confiance par son apparence ; n'avoir l'air de rien (et souvent : être excellent, remarquable malgré son aspect peu engageant). ◆ pl. *Faire des mines :* minauder, faire des simagrées.

2. MINE n.f. **I.** MIN. **1.** Gisement de substance minérale ou fossile, renfermée dans le sein de la terre ou existant à la surface. ◇ *Métaux de la mine de platine :* métaux rares (palladium, iridium, rhodium et ruthénium) qui accompagnent le platine dans ses minerais. SYN. : *platinoïde.* **2.** Cavité creusée dans le sol pour extraire le charbon ou le minerai. *Descendre dans la mine.* **3.** Ensemble des installations nécessaires à l'exploitation d'un gisement. *(V. illustration p. 659.)* **4.** Fig. Fonds riche de qqch, ressource importante. *Ce livre est une mine d'informations.* **II.** MIL. **1.** Galerie souterraine pratiquée en vue de détruire au moyen d'une charge explosive un ouvrage fortifié ennemi. **2.** Charge explosive sur le sol, sous terre ou dans l'eau et qui agit soit directement par explosion, soit indirectement par éclats ou effets de souffle. *Mines terrestres (antichars, antipersonnel, fixes, bondissantes), marines (acoustiques, à dépression, magnétiques, etc.).* **III.** Petit bâton de graphite ou de toute autre matière formant l'axe d'un crayon et qui laisse une trace sur le papier.

3. MINE n.f. (gr. *mnâ*). ANTIQ. Unité de poids valant entre 400 et 600 grammes.

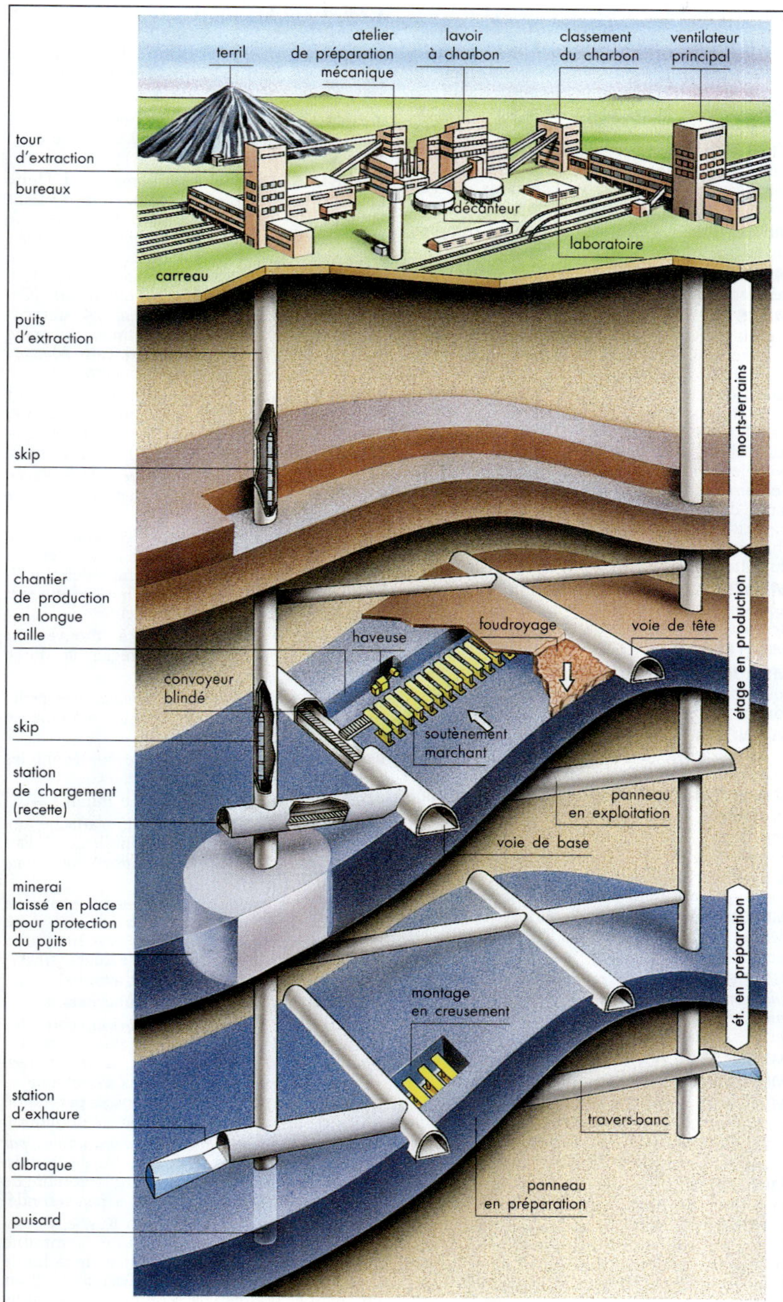

mine : exemple d'infrastructure d'un gisement sédimentaire de charbon faiblement incliné

4. MINE n.f. (lat. *hemina*). Anc. Mesure de capacité pour les grains, valant en France 78 litres environ.

MINER v.t. **1.** MIL. Poser des mines. **2.** Creuser lentement en dessous, à la base. *L'eau mine la pierre.* **3.** Fig. Attaquer, ruiner peu à peu, lentement. *Le chagrin la mine.*

MINERAI n.m. Élément de terrain contenant des minéraux utiles en proportion notable, et qui demandent une élaboration pour être utilisés par l'industrie. (La plupart des minerais métallifères sont des oxydes [bauxite, limonite], des sulfures [galène, blende], des carbonates [malachite, sidérite] ou des silicates [garniérite].)

1. MINÉRAL n.m. (lat. *minera,* mine) [pl. *minéraux*]. Corps inorganique, solide à la température ordinaire, constituant les roches de l'écorce terrestre. (On distingue les *minéraux amorphes,* où les molécules sont disposées sans ordre, comme dans l'opale, et les *minéraux cristallisés,* où les molécules ou les atomes sont régulièrement distribués, comme dans le quartz, le mica.)

2. MINÉRAL, E, AUX adj. Qui appartient aux minéraux. ◇ *Chimie minérale :* partie de la chimie qui traite des corps tirés du règne minéral (par opp. à *chimie organique*). – *Eau minérale :* eau qui contient des minéraux en dissolution, et qu'on emploie en boisson ou en bains, à des fins thérapeutiques. – Vieilli. *Règne minéral :* ensemble des minéraux, par opp. à *règne animal* et à *règne végétal.*

MINÉRALIER n.m. Cargo conçu pour le transport des cargaisons en vrac, des minerais.

MINÉRALIER-PÉTROLIER n.m. Pétrolier-minéralier.

MINÉRALISATEUR, TRICE adj. et n.m. Se dit d'un élément qui transforme un métal en minerai en se combinant avec lui. *Le chlore, le fluor, le soufre, le bore sont des minéralisateurs.*

MINÉRALISATION n.f. **1.** CHIM. Transformation d'un métal en minerai par sa combinaison avec une substance minéralisatrice. **2.** État d'une eau chargée d'éléments minéraux solubles.

MINÉRALISÉ, E adj. Qui contient des matières minérales. *Eau faiblement minéralisée.*

MINÉRALISER v.t. Transformer (un métal) en minerai.

MINÉRALOGIE n.f. Branche de la géologie qui traite des minéraux, de leurs propriétés physiques et chimiques et de leur formation.

MINÉRALOGIQUE adj. **1.** Relatif à la minéralogie. **2.** Qui concerne les mines. **3.** *Numéro, plaque minéralogique :* numéro, plaque d'immatriculation des véhicules automobiles enregistrés par l'administration des Mines, en France. (Cette dénomination, officielle jusqu'en 1929, est restée en usage dans la langue courante.)

MINÉRALOGISTE n. Spécialiste de minéralogie.

MINÉRALURGIE n.f. Ensemble des procédés et des techniques d'extraction des minéraux à partir de minerais bruts extraits des mines.

MINERVAL n.m. (pl. *minervals*). **Belgique, Zaïre.** Frais de scolarité, dans l'enseignement secondaire.

MINERVE n.f. (de *Minerve,* n.pr.). CHIR. Appareil orthopédique placé autour du cou et destiné à maintenir la tête en extension et droite.

MINERVOIS n.m. Vin rouge récolté dans le Minervois.

MINESTRONE n.m. (mot it.). Soupe aux légumes et au lard additionnée de petites pâtes ou de riz. (Cuisine italienne.)

MINET, ETTE n. **1.** Fam. Chat, chatte. **2.** Fam. (Terme d'affection). *Mon minet, ma minette.* **3.** Jeune homme, jeune fille à la mode, d'allure affectée.

1. MINETTE n.f. (dimin. de *mine*). Minerai de fer lorrain assez pauvre en fer (28 à 34 p. 100), phosphoreux, mais se traitant bien au haut-fourneau.

2. MINETTE n.f. Lupuline (plante).

1. MINEUR n.m. et adj.m. **1.** Ouvrier qui travaille à la mine. **2.** Militaire qui pose des mines.

2. MINEUR, E adj. (lat. *minor,* plus petit). **1.** D'une importance, d'un intérêt secondaire, accessoire. *Problème mineur. Affaire mineure.* **2.** MUS. Se dit de l'intervalle musical qui est plus petit d'un demi-ton chromatique que l'intervalle majeur formé du même nombre de degrés. ◇ *Mode mineur* ou *mineur,* n.m. : mode dans lequel les intervalles formés à partir de la tonique sont mineurs ou justes, et caractérisé par un demi-ton entre, respectivement, les 2e et 3e, et les 5e et 6e degrés.

3. MINEUR, E adj. et n. Qui n'a pas encore atteint l'âge de la majorité légale. (En France, 18 ans.) ◇ DR. PÉN. *Détournement* ou *enlèvement de mineur :* fait d'enlever ou de faire enlever un mineur à l'autorité à laquelle il est confié.

MINEURE n.f. LOG. Seconde proposition d'un syllogisme.

MINI adj. inv. Qui est très court, en parlant d'une robe, d'une jupe. ◆ n.m. **1.** Vêtements féminins particulièrement courts. *La mode du mini.* **2.** Fam. Mini-ordinateur.

MINIATURE n.f. (du lat. *miniare,* enduire au minium). **1.** Image peinte participant à l'enluminure d'un manuscrit. **2.** Peinture de petites dimensions et de facture délicate, telle que scène gracieuse ou portrait, soit encadrée, soit traitée en médaillon, soit employée pour décorer une boîte, une tabatière. ◇ *En miniature :* en réduction. ◆ adj. Extrêmement petit ; qui est la réduction de qqch. *Autos miniatures.*

miniature d'al-Wāsiṭī illustrant un manuscrit du XIIIe s. du *Livre des Séances* d'al-Ḥarīrī (XIIe s.) [B.N., Paris]

MINIATURÉ, E adj. Enjolivé de miniatures.

MINIATURISATION n.f. Action de miniaturiser.

MINIATURISER v.t. TECHN. Donner de très petites dimensions à.

MINIATURISTE n. Peintre en miniatures.

MINIBUS ou **MINICAR** n.m. Petit autocar.

MINICASSETTE n.f. (nom déposé). Cassette de petit format. ◆ n.m. Magnétophone utilisant ce type de cassette.

MINICHAÎNE n.f. Chaîne haute fidélité très compacte.

MINIER, ÈRE adj. Relatif aux mines.

MINIÈRE n.f. Vx. Gîte de tourbe ou de minerai de fer qui s'exploite à ciel ouvert.

MINIJUPE n.f. Jupe très courte, s'arrêtant à mi-cuisse.

1. MINIMA (A) loc. adj. inv. (lat. *a minima pœna,* de la plus petite peine). DR. *Appel a minima :* appel que le ministère public interjette quand il estime la peine insuffisante.

2. MINIMA n.m. pl. → ***minimum.***

MINIMAL, E, AUX adj. **1.** Qui a atteint son minimum. *Température minimale.* **2.** ART CONTEMP. Se dit d'une œuvre réduite à des formes géométriques strictes ainsi qu'à des modalités élémentaires de matière ou de couleur. **3.** MATH. *Élément minimal :* élément d'un ensemble ordonné tel qu'il n'existe aucun autre élément qui lui soit inférieur.

■ Apparu aux États-Unis durant les années 60, l'*art minimal* (angl. *minimal art*) s'est opposé à l'expressionnisme abstrait en s'appuyant sur l'exemple d'artistes comme Ellsworth Kelly (peinture « hard-edge »), B. Newman, le sculpteur D. Smith. Il se manifeste par des travaux en trois dimensions (« structures primaires »), d'un dépouillement non dénué de puritanisme, souvent à base de matériaux industriels : œuvres de Don Judd, R. Morris, Carl André, Dan Flavin, Sol LeWitt, qui visent plus à une action sur l'environnement, à une mise en valeur de l'espace qu'à une expression plastique propre.

MINIMALISATION n.f. Action de minimaliser ; fait d'être minimalisé.

MINIMALISER v.t. Réduire jusqu'au seuil minimal. *Minimaliser les frais.*

MINIMALISME n.m. **1.** Recherche des solutions requérant le minimum de moyens, d'efforts (par opp. à *maximalisme*). **2.** Art minimal ; caractère de cet art.

MINIMALISTE adj. et n. **1.** Qui relève du minimalisme ; qui en est partisan. **2.** Qui se rapporte ou appartient à l'art minimal.

1. MINIME adj. (lat. *minimus,* très petit). Qui est très petit, peu important, peu considérable. *Dépenses minimes.*

2. MINIME n. Jeune sportif dont l'âge se situe, selon les disciplines, autour de 13 ans.

3. MINIME n.m. CATH. Religieux membre d'un ordre mendiant institué au XVe s. par saint François de Paule, à Cosenza (Italie).

MINIMISATION n.f. Action de minimiser ; fait d'être minimisé.

MINIMISER v.t. Accorder une moindre importance à, réduire l'importance de. *Minimiser le rôle de qqn. Minimiser un incident.*

MINIMUM [minimɔm] n.m. (mot lat., *la plus petite chose*) [pl. *minimums* ou *minima*]. **1.** Le plus petit degré auquel qqch peut être réduit. *Prendre le minimum de risques.* ◇ *Au minimum :* pour le moins. **2.** DR. Peine la plus faible qui puisse être appliquée pour un cas déterminé. **3.** MATH. Plus petit élément (s'il existe) d'un ensemble ordonné. – *Minimum d'une fonction :* minimum des valeurs prises par cette fonction dans un intervalle donné ou dans son domaine de définition. **4.** *Minimum vieillesse :* montant au-dessous duquel ne peut être liquidé un avantage de l'assurance vieillesse, en fonction de certaines conditions d'âge et d'activité. ◆ adj. (Emploi critiqué). Minimal. *Des températures minimums.* (*Minimal* est préconisé par l'Acad. des sciences.)

MINI-ORDINATEUR n.m. (pl. *mini-ordinateurs*). Ordinateur de faible volume, d'une capacité moyenne de mémoire, de bonne performance, utilisé de manière autonome ou comme élément périphérique d'un ordinateur central ou d'un réseau informatique. Abrév. (fam.) : *mini.*

MINISTÈRE n.m. (lat. *ministerium,* service). **1.** Fonction, charge de ministre ; temps pendant lequel on l'exerce. **2.** Ensemble des ministres ou cabinet qui composent le gouvernement d'un État. **3.** Administration dépendant d'un ministre ; bâtiment où se trouvent ses services. **4.** *Ministère public :* magistrature établie près d'une juridiction et requérant l'application des lois au nom de la société. (On dit aussi *magistrature debout, parquet.*) **5.** RELIG. Fonctions, charges que l'on exerce (se dit spécialt du sacerdoce).

MINISTÉRIEL, ELLE adj. Relatif au ministre ou au ministère. *Fonctions ministérielles.*

MINISTRABLE adj. et n. Susceptible de devenir ministre.

MINISTRE n.m. (lat. *minister,* serviteur). **1.** Membre du gouvernement d'un État à la tête d'un département ministériel. ◇ *Ministre d'État :* titre honorifique attribué à certains ministres, en raison de leur personnalité ou de l'importance que l'on veut donner à leur domaine. (Le ministre d'État est généralement chargé d'une mission particulière.) – *Ministre délégué,* chargé d'exercer pour le compte du Premier ministre certaines des missions de ce dernier. (S'emploie parfois au fém., dans la langue familière : *la ministre.*) **2.** RELIG. *Ministre du culte.* **a.** Prêtre ou pasteur chargé d'un service paroissial. **b.** Vieilli. Pasteur du culte réformé.

MINITEL n.m. (nom déposé). Terminal d'interrogation vidéotex diffusé par l'Administration des télécommunications.

MINITÉLISTE n. Utilisateur du Minitel.

MINIUM [minjɔm] n.m. (mot lat.). **1.** Pigment rouge-orangé obtenu par oxydation du plomb fondu. **2.** Peinture antirouille au minium.

MINNESANG [minəsaŋ] n.m. sing. (mot all., de *Minne,* amour, et *Sang,* chanson). LITTÉR. Poésie courtoise allemande des XIIe et XIIIe s.

MINNESÄNGER [minəsɛngɛr] n.m. inv. (mot all.). LITTÉR. ALL. Poète courtois du Moyen Âge.

MINOEN [minɔɛ̃] n.m. (de *Minos,* n.pr.). Période de l'histoire de la Crète préhellénique, depuis le IIIe millénaire jusqu'à 1100 av. J.-C. *Le minoen ancien.* ◆ **minoen, enne** adj. Du minoen.

MINOIS n.m. (de *mine,* air du visage). Visage délicat et gracieux d'enfant, de jeune fille, de jeune femme.

MINORANT adj.m. et n.m. MATH. *Élément minorant d'une partie d'un ensemble ordonné* E ou *minorant,* n.m. : élément de E inférieur à tous les éléments de cette partie.

MINORATIF, IVE adj. Litt. Qui minore.

MINORATION n.f. Action de minorer.

MINORER v.t. **1.** Diminuer l'importance de, minimiser. *Minorer un incident.* **2.** Porter à un chiffre inférieur. *Minorer les prix de 10 p. 100.* **3.** MATH. Déterminer un minorant.

MINORITAIRE adj. et n. Qui appartient à la minorité ; qui s'appuie sur une minorité.

1. MINORITÉ n.f. (du lat. *minor,* plus petit). **1.** État d'une personne qui n'a pas atteint l'âge de la majorité. **2.** Période de la vie de qqn pendant laquelle il n'est pas légalement responsable de ses actes et n'a pas l'exercice de ses droits.

2. MINORITÉ n.f. (angl. *minority*). **1.** Ensemble de personnes, de choses inférieures en nombre par rapport à un autre ensemble. **2.** Spécialt. Groupe de personnes réunissant le moins de voix dans une élection, un vote. **3.** Ensemble de ceux qui se différencient au sein d'un même groupe (par opp. à *majorité*). ◇ *Minorité nationale :* groupe se distinguant de la majorité de la population par ses particularités ethniques, sa religion, sa langue ou ses traditions.

MINORQUIN, E adj. et n. De Minorque.

MINOT n.m. Farine de blé dur utilisée pour la fabrication des pâtes ou pour l'alimentation du bétail.

MINOTERIE n.f. Meunerie.

MINOTIER n.m. Industriel exploitant une minoterie.

MINOU n.m. (de *minet*). Fam. **1.** Langage enfantin. Chat. **2.** (Terme d'affection). *Mon minou.*

MINQUE n.f. Belgique. Halle aux poissons, dans les localités côtières.

MINUIT n.m. **1.** Milieu de la nuit. **2.** Douzième heure après midi ; instant marqué vingt-quatre heures ou zéro heure. *Le train part à minuit.*

MINUS [minys] n.m. (du lat. *minus habens,* qui a le moins). Fam. Personne sans envergure ; minable.

1. MINUSCULE adj. (lat. *minusculus,* de *minor,* plus petit). Très petit. *Minuscules flocons de neige.*

2. MINUSCULE adj. et n.f. *Lettre, caractère minuscule* ou *minuscule,* n.f. : petite lettre (par opp. à *majuscule*).

MINUTAGE n.m. Action de minuter.

MINUTAIRE adj. DR. Qui a le caractère d'un original. *Acte minutaire.*

1. MINUTE n.f. (lat. *minutus,* menu). **1.** Unité de mesure du temps (symb. min), valant 60 secondes. **2.** Court espace de temps. *Je reviens dans une minute.* ◇ *La minute de vérité :* le moment exceptionnel et passager où la vérité éclate. **3.** Unité de mesure d'angle (symb.'), valant 1/60 de degré, soit $\pi/10\ 800$ radian. (On l'appelle parfois *minute sexagésimale.*) **4.** MÉTROL. *Minute centésimale :* sous-multiple du grade valant $\pi/20\ 000$ radian. ◆ interj. Fam. *Minute ! Minute papillon !,* attendez !, doucement !

2. MINUTE n.f. (lat. *minutus,* menu). DR. Écrit original d'un jugement ou d'un acte notarié, dont il ne peut être délivré aux intéressés que des copies (*grosses* ou *expéditions*) ou des extraits.

MINUTER v.t. (de 1. *minute*). Fixer avec précision la durée, le déroulement de. *Minuter un spectacle.*

MINUTERIE n.f. **1.** Appareil électrique à mouvement d'horlogerie, destiné à assurer un contact pendant un laps de temps déterminé. **2.** Partie du mouvement d'une horloge qui sert à marquer les divisions de l'heure.

MINUTEUR n.m. Appareil à mouvement d'horlogerie, permettant de régler la durée d'une opération ménagère.

MINUTIE [minysi] n.f. (lat. *minutia,* très petite parcelle). Application attentive et scrupuleuse aux détails.

MINUTIER [-tje] n.m. Registre contenant les minutes des actes d'un notaire.

MINUTIEUSEMENT adv. Avec minutie.

MINUTIEUX, EUSE adj. **1.** Qui s'attache aux petits détails ; scrupuleux, pointilleux. **2.** Fait avec minutie ; méticuleux. *Observation minutieuse.*

MIOCÈNE n.m. et adj. (gr. *meiôn,* moins, et *kainos,* récent). Troisième période de l'ère tertiaire, entre l'oligocène et le pliocène, qui a vu l'apparition des mammifères évolués (singes, ruminants, mastodontes, dinothériums).

MIOCHE n. (de *mie*). Fam. Jeune enfant.

MI-PARTI, E adj. (anc. fr. *mipartir,* partager). Composé de deux parties égales, mais dissemblables. *Costume mi-parti jaune et vert.* ◇ HIST. *Chambres mi-parties :* aux XVIe et XVIIe s., chambres des parlements composées par moitié de juges protestants et de juges catholiques.

MIPS n.m. (sigle de *million d'instructions par seconde*). INFORM. Unité de mesure de la puissance d'un ordinateur, exprimant le nombre de millions d'instructions exécutées par seconde.

MIR n.m. (mot russe). HIST. En Russie, assemblée gérant les affaires d'une commune paysanne, qui avait notamment pour tâche de répartir les terres par lots entre les familles pour un temps donné ; la commune paysanne elle-même. (Le statut de 1861, abolissant le servage, conféra au mir le droit d'acheter le terroir qu'il détenait jusqu'alors.)

MIRABELLE n.f. (de *Mirabel,* n.pr.). **1.** Petite prune jaune, douce et parfumée. **2.** Eau-de-vie faite avec ce fruit.

MIRABELLIER n.m. Prunier cultivé qui produit les mirabelles. (Famille des rosacées.)

MIRABILIS [mirabilis] n.m. (mot lat., *admirable*). Plante herbacée, originaire d'Afrique et d'Amérique, souvent cultivée pour ses grandes fleurs colorées qui s'ouvrent la nuit (d'où son nom usuel de *belle-de-nuit*). [Famille des nyctaginacées.]

MIRACIDIUM [mirasidjɔm] n.m. Première forme larvaire des vers trématodes (douves, bilharzies).

MIRACLE n.m. (lat. *miraculum,* prodige). **1.** Phénomène interprété comme une intervention divine. ◇ *Crier miracle, au miracle :* s'extasier, marquer un étonnement admiratif (et, souvent, quelque peu excessif). **2.** Fait, résultat étonnant, extraordinaire ; hasard merveilleux, chance exceptionnelle. *C'est un miracle qu'il en soit sorti vivant.* ◇ *Par miracle :* de façon heureuse et inattendue ; par bonheur. **3.** (En app.). D'une efficacité surprenante ; exceptionnel. *Un médicament miracle.* **3.** LITTÉR. Drame religieux du Moyen Âge, mettant en scène une intervention miraculeuse d'un saint ou de la Vierge.

MIRACULÉ, E adj. et n. **1.** Se dit de qqn qui a été l'objet d'un miracle. **2.** Qui a échappé, par une chance exceptionnelle, à une catastrophe.

MIRACULEUSEMENT adv. De façon miraculeuse, très étonnante.

MIRACULEUX, EUSE adj. **1.** Qui tient du miracle. *Guérison miraculeuse.* **2.** Étonnant, extraordinaire par ses effets. *Remède miraculeux.*

MIRADOR n.m. (mot esp., de *mirar,* regarder). Tour d'observation ou de surveillance, pour la garde d'un camp de prisonniers, d'un dépôt, etc.

MIRAGE n.m. (de *mirer*). **1.** Phénomène d'optique observable dans les régions où se trouvent superposées des couches d'air de températures différentes (déserts, banquise), consistant en ce que les objets éloignés ont une ou plusieurs images diversement inversées et superposées. (Ce phénomène est dû à la densité inégale des couches de l'air et, par suite, à la réflexion totale des rayons lumineux.) **2.** Fig. Apparence trompeuse qui séduit quelques instants. *Espérance qui n'était qu'un mirage.* **3.** Action de mirer un œuf.

MIRAUD, E adj. et n. → ***miro.***

MIRBANE n.f. *Essence de mirbane :* en parfumerie, nitrobenzène.

MIRE n.f. (de *mirer*). **1.** OPT. Règle graduée ou signal fixe utilisés pour le nivellement, en géodésie ou en topographie. **2.** PHOT. **a.** Dessin de traits de largeurs et d'orientations différentes, servant à étudier les limites de netteté d'un objectif photographique ou d'une surface sensible. **b.** TÉLÉV. Image comportant divers motifs géométriques, qui permet d'optimiser le réglage des postes récepteurs. **3.** ARM. *Cran de mire :* échancrure pratiquée dans la hausse d'une arme à feu et servant à la visée. ◇ *Ligne de mire :* ligne droite déterminée par le milieu du cran de mire ou de l'œilleton et par le sommet du guidon d'une arme à feu. – *Point de mire :* point que l'on veut atteindre en tirant avec une arme à feu ; fig., personne, chose sur laquelle se dirigent les regards, les convoitises.

MIRE-ŒUF ou **MIRE-ŒUFS** n.m. (pl. *mire-œufs*). Appareil qui sert à observer par transparence l'intérieur des œufs au moyen de la lumière électrique.

MIREPOIX adj. et n.f. (du n. du duc de *Mirepoix*). Préparation d'oignons, de carottes, de jambon ou de lard de poitrine que l'on ajoute à certains plats ou à certaines sauces pour en relever la saveur.

MIRER v.t. (lat. *mirari,* admirer). **1.** Litt. Refléter. *Les arbres mirent leurs branches dans la rivière.* **2.** TECHN. Observer (un œuf) à contre-jour ou au moyen d'un mire-œuf afin de s'assurer de l'état de son contenu. ◆ **se mirer** v.pr. Litt. **1.** Se regarder dans un miroir ou dans une surface réfléchissante. *Narcisse se mirait dans l'eau des sources.* **2.** Se refléter.

MIRETTES n.f. pl. Pop. Yeux.

MIREUR, EUSE n. Personne qui effectue le mirage des œufs.

MIRIFIQUE adj. (lat. *mirificus*). Fam. Étonnant, merveilleux, surprenant.

MIRLIFLOR ou **MIRLIFLORE** n.m. Vx. Jeune élégant qui parade, qui fait l'intéressant.

MIRLITON n.m. (d'un anc. refrain). **1.** Instrument de musique dans lequel le souffle humain fait vibrer une membrane qui modifie la voix qui parle ou chante devant. ◇ Fam. *De mirliton :* se dit de sons, de musique, de vers de mauvaise qualité. **2.** Shako sans visière porté par certains cavaliers sous la Ire République.

MIRMIDON n.m. → ***myrmidon.***

MIRMILLON n.m. (lat. *mirmillo*). ANTIQ. Gladiateur romain, armé d'un bouclier, d'une courte épée et d'un casque, qui luttait habituellement contre le rétiaire.

MIRO ou **MIRAUD, E** adj. et n. (de *mirer*). Pop. Qui a une mauvaise vue ; myope.

MIROBOLANT, E adj. Fam. Qui est trop extraordinaire pour pouvoir se réaliser. *Promesses mirobolantes.*

MIROIR n.m. (de *mirer*). **1.** Verre poli et métallisé (généralement avec de l'argent, de l'étain ou de l'aluminium) qui réfléchit les rayons lumineux. ◇ *Miroir aux alouettes :* instrument monté sur un pivot et garni de petits morceaux de miroir qu'on fait tourner au soleil pour attirer les alouettes et d'autres petits oiseaux ; fig., ce qui fascine par une apparence trompeuse. ◇ OPT. *Miroir ardent :* miroir à surface concave qui fait converger les rayons lumineux. **2.** Surface polie, métallique, ayant les mêmes usages que le verre poli. ◇ AÉRON. *Miroir d'appontage :* système optique permettant aux pilotes d'effectuer seuls leur manœuvre d'appontage sur un porte-avions. **3.** Litt. Surface unie qui réfléchit les choses. *Le miroir des eaux.* ◇ *Miroir d'eau :* bassin sans jet d'eau ni fontaine. **4.** Litt. et fig. Ce qui offre l'image, le reflet de qqch. *Les yeux sont le miroir de l'âme.*

MIROITANT, E adj. Litt. Qui miroite.

MIROITÉ, E adj. Se dit d'un cheval bai à croupe marquée de taches plus brunes ou plus claires que le fond.

MIROITEMENT n.m. Litt. Éclat, reflet produit par une surface qui miroite.

MIROITER v.i. (de *miroir*). Réfléchir la lumière avec scintillement. ◇ *Faire miroiter :* faire entrevoir comme possible pour séduire. *Faire miroiter à qqn une fortune.*

MIROITERIE n.f. **1.** Industrie de l'argenture et de l'étamage des glaces. **2.** Atelier de miroitier.

MIROITIER, ÈRE n. Personne qui coupe, encadre, pose ou vend des glaces.

MIROTON ou **MIRONTON** n.m. Plat de tranches de bœuf bouilli accommodé avec des oignons et du vin blanc.

MIRV [mirv] n.m. inv. (sigle de ***multiple independently*** [***targetable***] ***reentry vehicle***). Charge nucléaire multiple emportée par un missile et dont les éléments peuvent être guidés chacun sur un objectif particulier.

MISAINE n.f. (it. *mezzana*). *Mât de misaine :* mât de l'avant d'un navire, situé entre le grand mât et le beaupré. ◇ *Voile de misaine* ou *misaine :* basse voile du mât de misaine.

MISANDRE adj. et n. (gr. *miseîn,* haïr, et *andros,* homme). Qui éprouve du mépris pour les hommes (par opp. à *misogyne*).

MISANDRIE n.f. Attitude misandre.

MISANTHROPE adj. et n. (gr. *miseîn,* haïr, et *anthrôpos,* homme). Qui aime la solitude, qui fuit ses semblables ; qui est d'humeur constamment maussade.

MISANTHROPIE n.f. Disposition d'esprit qui pousse à fuir la société.

MISANTHROPIQUE adj. Qui a le caractère de la misanthropie.

MISCELLANÉES [miselane] n.f. pl. (lat. *miscellanea,* choses mêlées). LITTÉR. Recueil composé d'articles, d'études variés.

MISCIBILITÉ n.f. Didact. Caractère de ce qui est miscible.

MISCIBLE [misibl] adj. (lat. *miscere,* mêler). Didact. Qui peut former avec un autre corps un mélange homogène.

MISE n.f. (p. passé fém. de *mettre*). **I. 1.** Action de placer qqch, qqn dans un lieu particulier, dans telle position. *Mise en bouteilles, en sac. Mise à l'endroit, à l'envers. Mise à la porte, en pension.* **2.** Spécialt. *Mise à prix.* **a.** Détermination du prix de ce que l'on vend (ou, parfois, de ce que l'on se propose d'acheter) ; somme à partir de laquelle démarrent les enchères dans une vente publique. **b.** Suisse. Vente aux enchères. **3.** (Dans certaines loc.). Fait d'inscrire, d'enregistrer. – *Mise à :* inscription dans (telle liste, tel document). *Mise à l'ordre du jour d'une question. Mise à l'index d'un ouvrage jugé subversif.* **II.** Action de risquer de l'argent au jeu, ou dans une affaire ; cet argent. *Mise de fonds importante. Doubler sa mise.* ◇ Fig. *Sauver la mise de qqn,* le tirer d'une situation où il risque de tout perdre. **III. 1.** Action de faire passer qqch dans un état ou une situation nouvelle ; son résultat. *Mise en gerbe, en tas. Mise en veilleuse, en état de marche.* ◇ *Mise en eau d'un barrage :* action de laisser s'accumuler derrière ce barrage les eaux qu'il est appelé à retenir. – *Mise à feu :* ensemble des opérations d'allumage d'un foyer, d'une chaudière, d'un four, d'un haut-fourneau, etc. – *Mise sous tension :* alimentation d'une installation électrique. – *Mise en forme :* ensemble des opérations permettant d'obtenir un produit de forme donnée (par déformation plastique, par enlèvement de matière ou par assemblage d'éléments différents). **2.** Action d'organiser, de disposer selon un certain ordre, pour une certaine finalité. ◇ *Mise en page(s) :* assemblage, d'après la maquette, des diverses compositions et des clichés d'un livre, d'un journal, etc., pour obtenir des pages d'un format déterminé, en vue de l'impression. – IMPR. *Mise en train :* réglage de la forme imprimante sur la presse. – *Mise au point :* opération qui consiste, dans un instrument d'optique, à rendre l'image nette ; assemblage, mise en place et réglage d'éléments mécaniques ou électriques ; rectification d'une erreur d'imprimerie ; explication destinée à éclaircir, à régler des questions restées jusque-là dans le vague. – SCULPT. *Mise aux points :* technique de reproduction d'un modèle en ronde bosse par report sur l'ébauche des points les plus caractéristiques du volume à reproduire. – *Mise en plis :* opération qui consiste à mettre en boucles les cheveux mouillés en vue de la coiffure à réaliser après le séchage. – DR. *Mise en état :* préparation d'une affaire sous le contrôle d'un juge en vue de sa venue à l'audience pour y être jugée. **3.** Spécialt. **a.** *Mise en scène :* réalisation scénique ou cinématographique d'une œuvre lyrique ou dramatique, d'un scénario ; présentation dramatique et arrangée d'un évènement. **b.** *Mise en ondes :* réalisation radiophonique d'une œuvre, d'une émission. **4.** Action de donner l'impulsion initiale à une opération ou à un mécanisme en vue de les faire fonctionner. *Mise en chantier.* ◇ *Mise en service :* opération par laquelle une installation, une machine neuve, etc., est utilisée pour la première fois en service normal. **5.** Action de faire apparaître d'une certaine manière. *Mise en évidence, en lumière.* ◇ *Mise en avant d'un produit :* manière de le présenter dans le magasin pour qu'il se distingue bien des autres produits, qu'il ressorte. – PHILOS. *Mise entre parenthèses :* dans la phénoménologie, suspension du jugement sur le monde. **6.** Action d'établir certaines relations. *Mise en contact, en contradiction.* **7.** Action d'amener une personne à une situation déterminée. *Mise en liberté. Mise à la retraite.* ◇ *Mise en garde :* menace de défense décrétée en cas de menace de conflit, pour assurer la sécurité du pays. – *Mise à pied :* mesure disciplinaire consistant à priver, pendant une courte durée, un salarié de son emploi et du salaire correspondant. **IV.** Manière de se vêtir, d'être habillé. *Une mise élégante.* ◇ Litt. *De mise :* convenable, opportun (souvent dans une phrase négative). *Ce n'est pas de mise ici.*

MISER v.t. (de *mise*). Déposer (une mise, un enjeu). *Miser une grosse somme sur un cheval.* ◆ v.t. ind. ***(sur).*** **1.** Parier sur qqn, qqch. ◇ *Miser sur qqn :* escompter sa réussite. **2.** Compter sur qqch, sur son existence, pour aboutir au résultat. *Miser sur la Bourse pour s'enrichir.* ◆ v.i. Suisse. Vendre ou acheter dans une vente aux enchères.

MISÉRABILISME n.m. Tendance littéraire et artistique caractérisée par un goût systématique pour la représentation de la misère humaine.

MISÉRABILISTE adj. et n. Qui relève du misérabilisme.

MISÉRABLE adj. et n. (lat. *miserabilis*). **1.** Qui manque de ressources ; indigent, nécessiteux. **2.** De nature à susciter la pitié ; déplorable. *Fin misérable.* **3.** Digne de mépris, sans valeur. *Un misérable acte de vengeance.* ◆ adj. Qui a peu de prix, peu de valeur ; minime. *Salaire misérable.*

MISÉRABLEMENT adv. De façon misérable.

MISÈRE n.f. (lat. *miseria*). **1.** État d'extrême pauvreté, de faiblesse, d'impuissance ; manque grave de qqch. **2.** Évènement douloureux, qui suscite la pitié. **3.** Chose de peu d'importance. **4.** Tradescantia (plante). ◆ pl. Ce qui rend la vie douloureuse, incommode, pénible. *Les petites misères de l'existence.* ◇ Fam. *Faire des misères à qqn,* le taquiner, le tracasser.

MISERERE [mizerere] n.m. inv. ou **MISÉRÉRÉ** n.m. (lat. *miserere,* aie pitié). **1.** Psaume dont la traduction dans la Vulgate commence par ce mot, l'un des sept psaumes de la pénitence ; pièce de musique chantée, composée sur les paroles de ce psaume. **2.** Vx. *Colique de miserere :* occlusion intestinale.

MISÉREUX, EUSE adj. et n. Qui est dans la misère ; pauvre. ◆ adj. Qui donne l'impression de la misère. *Un quartier miséreux.*

MISÉRICORDE n.f. (lat. *misericordia*). **1.** Litt. Pitié qui pousse à pardonner à un coupable, à faire grâce à un vaincu ; pardon accordé par

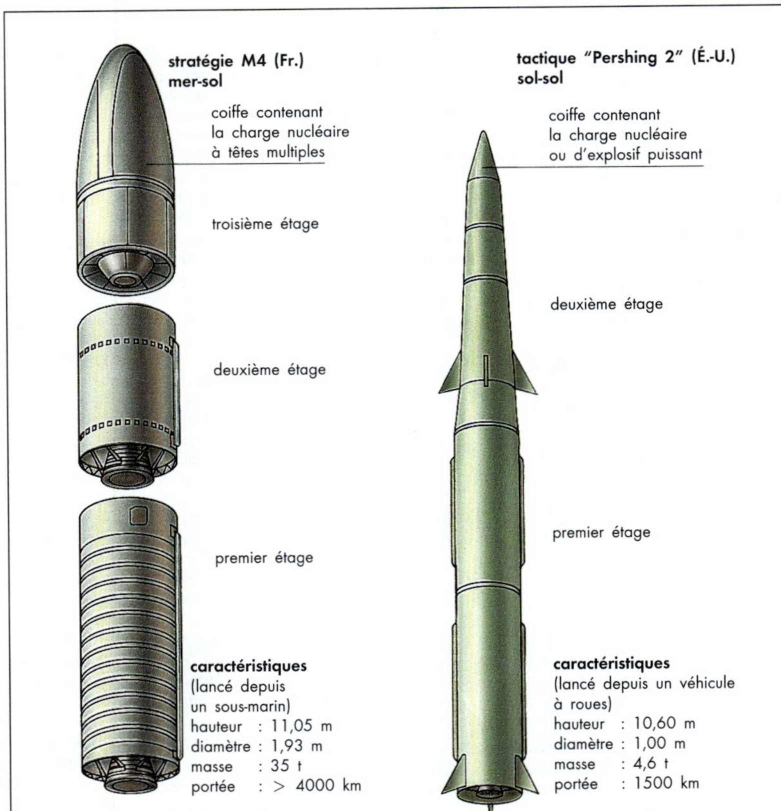

deux types de **missiles** nucléaires

pure bonté. *Implorer miséricorde.* **2.** Console placée sous le siège relevable d'une stalle d'église et servant, quand ce siège est relevé, à s'appuyer tout en ayant l'air d'être debout. **3.** Vx. *Ancre de miséricorde :* ancre la plus forte d'un navire. ◆ interj. Vx. (Marquant une surprise accompagnée de regret, de peine ou de dépit, l'effroi, etc.). *Miséricorde !*

MISÉRICORDIEUX, EUSE adj. Enclin à la miséricorde, au pardon.

MISOGYNE adj. et n. (gr. *miseîn,* haïr, et *gunê,* femme). Qui a une hostilité manifeste à l'égard des femmes.

MISOGYNIE n.f. Haine, mépris pour les femmes.

MISONÉISME n.m. (du gr. *miseîn,* haïr, et *neos,* nouveau). Rare. Aversion pour tout ce qui est nouveau, pour tout changement.

MISONÉISTE adj. et n. Rare. Qui fait preuve de misonéisme.

MISPICKEL n.m. (mot all.). MINÉR. Sulfure naturel de fer et d'arsenic (FeAsS).

MISS [mis] n.f. (mot angl., *mademoiselle*). **1.** Fam. Jeune fille. **2.** Reine de beauté. *Miss France.*

MISSEL n.m. (lat. *missalis liber,* livre de messe). Livre qui contient les textes de la liturgie de la messe.

MISSI DOMINICI n.m. pl. (mots lat., *envoyés du maître*). HIST. Agents nommés par Charlemagne, qui allaient deux par deux, un clerc et un laïque, pour assurer le contrôle et la surveillance des autorités locales.

MISSILE n.m. (mot angl. ; du lat. *missile,* arme de jet). Projectile faisant partie d'un système d'arme à charge militaire classique ou nucléaire, doté d'un système de propulsion automatique et guidé sur toute ou partie de sa trajectoire par autoguidage ou téléguidage.

■ Les missiles sont balistiques ou non suivant que leur trajectoire comporte ou non une phase balistique après l'extinction des moteurs-fusées où le missile, à la façon d'un projectile, est soumis aux seules forces de gravitation. En fonction de leur point de lancement et de leur objectif, les missiles sont classés en missiles *air-air, air-sol, sol-sol, mer-mer, air-mer,* etc. On distingue les missiles tactiques, armes du combat terrestre, naval ou aérien (portée inférieure à 1 100 km), des missiles stratégiques (portée de 1 100 à 12 000 km), de type IRBM ou ICBM, qui sont lancés de silos ou de sous-marins. Tous peuvent être munis d'une charge nucléaire.

MISSILIER n.m. Militaire spécialisé dans le service des missiles.

MISSION n.f. (lat. *missio,* action d'envoyer). **I. 1.** Charge donnée à qqn d'accomplir une tâche définie. *Recevoir, remplir une mission.* **2.** Fonction temporaire et déterminée dont un gouvernement, une organisation charge qqn, un groupe. *Parlementaire en mission.* **3.** Ensemble des personnes ayant reçu cette charge. *Mission scientifique.* **4.** But élevé, devoir inhérent à une fonction, une profession, une activité et au rôle social qu'on lui attribue. **II.** RELIG. **1.** Organisation visant à la propagation de la foi. **2.** Établissement de missionnaires. **3.** Suite de prédications pour la conversion des infidèles ou des pécheurs.

MISSIONNAIRE n. Prêtre, pasteur, religieux employé soit aux missions étrangères, soit aux missions intérieures. ◆ adj. Relatif aux missions, à la propagation de la foi.

MISSIVE n.f. et adj. (lat. *missus,* envoyé). Litt. Lettre quelconque. ◇ DR. *Lettre missive :* tout écrit confié à un particulier ou à la poste pour le faire parvenir.

MISTELLE n.f. (esp. *mistela,* de *misto,* mélangé). Moût de raisin auquel on a ajouté de l'alcool pour en arrêter la fermentation.

MISTIGRI n.m. (de *miste,* var. de *mite,* n. fam. du chat, et *gris*). **1.** Fam. Chat. **2.** Valet de trèfle, à certains jeux de cartes.

MISTON, ONNE n. Fam., vx. Gamin.

MISTOUFLE n.f. Pop., vx. Misère.

MISTRAL n.m. (mot prov.) [pl. *mistrals*]. Vent violent, froid, turbulent et sec, qui souffle du secteur nord, sur la France méditerranéenne, entre les méridiens de Sète et de Toulon. (À l'O. de Sète, le même courant porte le nom de *tramontane.*)

MITA n.f. (mot inca). HIST. Travail forcé auquel les Espagnols astreignaient les Indiens dans leurs colonies américaines.

MITAGE n.m. (de *se miter*). Multiplication de résidences dans un espace rural.

MITAINE n.f. (anc. fr. *mite,* gant). **1.** Gant s'arrêtant aux premières phalanges. **2.** Canada, Suisse. Moufle.

MITAN n.m. Arg., vieilli. *Le mitan :* le milieu.

MITARD n.m. Arg. Cachot d'une prison.

MITE n.f. (moyen néerl. *mîte,* racloir). **1.** Petit papillon dont les chenilles rongent et minent les tissus de laine. SYN. : *teigne.* **2.** *Mite du fromage :* petit acarien qui vit sur la croûte de certains fromages.

MITÉ, E adj. Troué par les mites. *Couverture mitée.*

1. MI-TEMPS n.f. inv. Chacune des deux périodes d'égale durée que comportent certains sports d'équipe, comme le football, le rugby, etc. ; temps d'arrêt qui sépare ces deux périodes.

2. MI-TEMPS loc. adv. *À mi-temps :* pendant la moitié de la durée normale du travail. ◆ n.m. inv. Travail à mi-temps.

MITER (SE) v.pr. Être attaqué, abîmé par les mites. *Étoffe qui se mite.*

MITEUX, EUSE adj. et n. D'apparence misérable, pitoyable.

MITHRIACISME ou **MITHRAÏSME** n.m. Culte de Mithra.

MITHRIAQUE adj. Relatif au culte de Mithra.

MITHRIDATISER v.t. Immuniser contre un poison par une accoutumance progressive.

MITHRIDATISME n.m. ou **MITHRIDATISATION** n.f. (de *Mithridate,* qui, selon la légende, s'était accoutumé aux poisons). Immunité à l'égard d'une substance toxique acquise par l'ingestion de doses progressivement croissantes de cette substance.

MITIGATION n.f. (du lat. *mitigare,* adoucir). DR. *Mitigation des peines :* substitution d'une peine plus douce à la peine infligée par les juges, en raison de la faiblesse physique du condamné.

MITIGÉ, E adj. **1.** Nuancé, tiède, incertain. *Le projet a reçu un accueil mitigé.* **2.** Relâché, peu rigoureux. *Un zèle mitigé.* **3.** (Emploi critiqué). *Mitigé de :* mêlé de. *Éloges mitigés de critiques.*

MITIGER v.t. [17]. Vieilli. Adoucir, rendre moins rigoureux, moins strict.

MITIGEUR n.m. Appareil de robinetterie permettant un réglage manuel ou thermostatique de la température de l'eau.

MITOCHONDRIE [mitɔkɔ̃dri] n.f. (gr. *mitos,* filament, et *khondros,* grain). BIOL. Organite cytoplasmique de la cellule, de 0,5 μm de large et 2 à 5 μm de long, qui synthétise l'adénosine triphosphate utilisée comme source d'énergie.

MITON n.m. Gantelet de mailles ou de plaques dont le pouce seul était libre (XVe-XVIe s.).

MITONNER v.i. (de *miton,* mie de pain, dans l'Ouest). Mijoter, en parlant d'aliments. ◆ v.t. **1.** Faire mijoter (un aliment). **2.** Préparer qqch peu à peu, avec soin. *Mitonner sa vengeance.*

MITOSE n.f. (gr. *mitos,* filament). BIOL. Mode usuel de division de la cellule vivante, assurant le maintien d'un nombre constant de chromo-

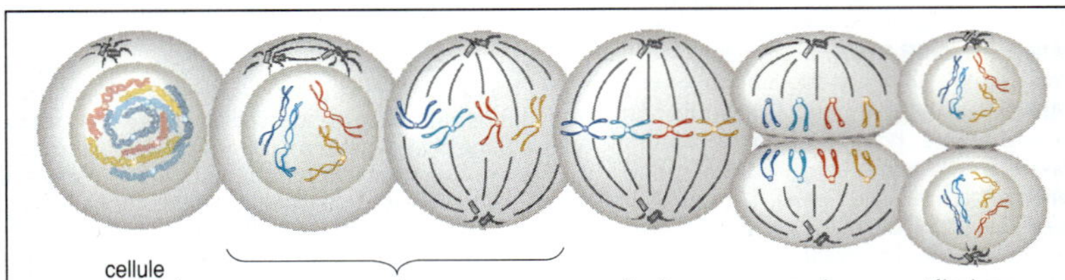

représentation schématique des différentes étapes d'une **mitose**

somes. (La mitose comporte quatre phases : prophase, métaphase, anaphase et télophase.) SYN. : *caryocinèse, division indirecte.*

MITOTIQUE adj. BIOL. Relatif à la mitose.

MITOYEN, ENNE adj. (de *moitié*). Qui appartient à deux personnes et sépare leurs propriétés. *Mur mitoyen.*

MITOYENNETÉ n.f. État de ce qui est mitoyen.

MITRAILLADE n.f. Décharge simultanée de nombreuses armes à feu.

MITRAILLAGE n.m. Action de mitrailler.

MITRAILLE n.f. (anc. fr. *mitaille,* menu métal). **1.** Anc. Amas de ferrailles dont on chargeait les canons. **2.** *Obus à mitraille :* obus rempli de galettes de fonte, qui se morcellent à l'éclatement du projectile. **3.** Décharge d'obus, de balles. **4.** Ensemble de fragments métalliques divisés, provenant généralement de récupération, pour l'élaboration des alliages. **5.** Fam. Menue monnaie de métal.

MITRAILLER v.t. **1.** Tirer par rafales sur. **2.** Fam. Photographier ou filmer à de multiples reprises. **3.** *Mitrailler qqn de questions,* le soumettre à un grand nombre de questions.

MITRAILLETTE n.f. Pistolet-mitrailleur.

MITRAILLEUR n.m. Servant d'une mitrailleuse.

MITRAILLEUSE n.f. Arme automatique, de petit calibre (inférieur à 20 mm), à tir tendu et par rafales, montée sur un affût. (Mise au point à la fin du XIXe s., douée d'une grande précision, elle arme les unités d'infanterie, les engins blindés, les avions, etc.)

MITRAL, E, AUX adj. (de *mitre*). **1.** *Valvule mitrale :* valvule située entre l'oreillette et le ventricule gauches du cœur. **2.** Relatif à la valvule mitrale. *Insuffisance mitrale, rétrécissement mitral.*

MITRE n.f. (lat. *mitra,* bandeau ; du gr.). **1.** Coiffure liturgique de l'officiant (évêque, abbé) dans les cérémonies pontificales. **2.** ANTIQ. Ornement en forme de bandeau triangulaire de la tiare assyrienne. **3.** CONSTR. Appareil ou construction coiffant l'extrémité d'un conduit de cheminée pour empêcher la pluie ou le vent d'y pénétrer.

MITRÉ, E adj. RELIG. Qui a droit à la mitre ; qui porte la mitre.

MITRON n.m. (de *mitre*). **1.** Apprenti boulanger ou pâtissier. **2.** CONSTR. Extrémité supérieure d'un conduit de cheminée, sur laquelle repose la mitre.

MI-VOIX (À) loc. adv. En émettant un faible son de voix.

MIXAGE n.m. **1.** Mélange de plusieurs bandes de signaux sonores ; adaptation de ces bandes magnétiques à un film. **2.** Mélange dans un ordre déterminé.

1. MIXER v.t. Procéder au mixage de.

2. MIXER [miksœr] ou **MIXEUR** n.m. (de l'angl.). Appareil électrique servant à broyer et à mélanger des denrées alimentaires.

MIXITÉ n.f. Caractère mixte d'un groupe, d'une équipe, d'un établissement scolaire.

MIXTE adj. (lat. *mixtus,* mêlé). **1.** Formé d'éléments de nature, d'origine différentes. **2.** Qui comprend des personnes des deux sexes, ou appartenant à des formations différentes. *Équipe mixte. École mixte.* **3.** *Mariage mixte,* entre deux personnes de nationalité, de race ou de religion différentes. **4.** MATH. *Produit mixte de trois vecteurs :* produit scalaire du premier par le produit vectoriel des deux autres.

MIXTION [mikstjɔ̃] n.f. (lat. *mixtio*). PHARM. Action de mélanger des substances dans un liquide pour la composition d'un médicament ; ce médicament. – REM. À distinguer de *miction.*

MIXTIONNER v.t. Rare. Opérer la mixtion de.

MIXTURE n.f. **1.** Mélange de solutions alcooliques (teintures), de drogues pharmaceutiques, etc. **2.** Mélange quelconque dont le goût est désagréable.

M.J.C. [ɛmʒise] n.f. (sigle). Maison des jeunes et de la culture.

M.K.S.A. (sigle). Système d'unités dans lequel les unités fondamentales sont le mètre (longueur), le kilogramme (masse), la seconde (temps) et l'ampère (intensité électrique). [Auj. remplacé par le système SI.]

M.M.P.I. n.m. (sigle de *Minnesota multiphasic personality inventory*). Test sous forme de questionnaire, destiné à mesurer certains traits de la personnalité.

Mn, symbole chimique du manganèse.

MNÉMONIQUE adj. (gr. *mnêmonikos*). Relatif à la mémoire.

1. MNÉMOTECHNIQUE adj. **1.** Relatif à la mnémotechnique. **2.** Se dit d'un procédé capable d'aider la mémoire par des associations mentales.

2. MNÉMOTECHNIQUE ou, vx, **MNÉMOTECHNIE** n.f. (gr. *mnêmê,* mémoire, et *tekhnê,* art). Art de développer la mémoire par des exercices.

MNÉSIQUE adj. Relatif à la mémoire.

Mo, symbole chimique du molybdène.

MOABITE adj. et n. Du pays de Moab.

1. MOBILE adj. (lat. *mobilis,* de *movere,* mouvoir). **1.** Qui peut se mouvoir, qu'on peut enlever ou changer de position. *Classeur à feuillets mobiles. Cloison mobile.* ◇ IMPR. *Caractère mobile :* élément d'un ensemble de caractères typographiques fondus séparément. **2.** Qui est amené ou qui est prêt à se déplacer, à changer d'activité. *Une main-d'œuvre mobile.* **3.** Qui peut se déplacer rapidement, en parlant de troupes. ◇ *Gendarmerie mobile :* partie de la gendarmerie organisée en escadrons motorisés ou blindés. – *Garde mobile :* membre de la gendarmerie mobile. – Anc. *Garde républicaine mobile :* gendarmerie mobile. – HIST. *Garde nationale mobile :* formation militaire organisée de 1868 à 1871 avec les jeunes gens qui n'étaient pas appelés au service militaire. **4.** Qui est animé d'un mouvement constant, ou dont l'aspect change constamment. *La surface mobile des eaux. Visage mobile.* **5.** Dont la date, la valeur n'est pas fixe. ◇ *Fêtes mobiles :* fêtes chrétiennes dont la date varie en fonction de la date de Pâques. **6.** *Communication mobile :* radiocommunication à l'usage de personnes en déplacement.

2. MOBILE n.m. **I. 1.** Corps en mouvement. *La vitesse d'un mobile.* **2.** Œuvre d'art composée d'éléments articulés et susceptible de mouvement (sous l'action de l'air, d'un moteur). *Les premiers mobiles ont été conçus par Calder.* **II. 1.** Motif qui pousse qqn à agir, qui détermine certaines de ses conduites. *L'intérêt est son seul mobile.* **2.** Motif qui conduit une personne à commettre une infraction. *Chercher le mobile d'un crime.* **III.** HIST. Soldat de la garde nationale mobile.

MOBILE HOME [mɔbilom] n.m. (mot amér., *maison mobile*) [pl. *mobile homes*]. Caravane de grande dimension, tractable hors gabarit routier. Recomm. off. : ***résidence mobile.***

1. MOBILIER, ÈRE adj. DR. Qui concerne les biens meubles. *Effets mobiliers. Valeurs mobilières.*

2. MOBILIER n.m. **1.** Ensemble des meubles destinés à l'usage personnel et à l'aménagement d'une habitation. **2.** Ensemble des meubles et objets d'équipement destinés à un usage particulier. *Mobilier scolaire.* **3.** DR. Ensemble des biens meubles qui dépendent d'un patrimoine. **4.** *Mobilier national :* meubles meublants appartenant à l'État. ◇ *Mobilier urbain :* ensemble des équipements installés au bénéfice des usagers sur la voie publique et dans les lieux publics, notamm. les lieux publics de plein air.

MOBILISABLE adj. Qui peut être mobilisé.

MOBILISATEUR, TRICE adj. Qui mobilise. *Mot d'ordre mobilisateur.* ◇ *Centre mobilisateur :* organe de la mobilisation de l'armée.

MOBILISATION n.f. Action de mobiliser.

MOBILISER v.t. **1.** Mettre sur pied de guerre les forces militaires d'un pays ; adapter la structure de son économie et de son administration aux nécessités du temps de guerre. **2.** Faire appel à l'action de qqn, d'un groupe. *Mobiliser les adhérents d'une association.* **3.** Être pour qqn, un groupe, d'un intérêt suffisant pour les faire agir. *Cette mesure a mobilisé les militants.* **4.** Utiliser ses forces, y faire appel, les réunir en vue d'une action. *Mobiliser les ressources d'un pays pour lutter contre la crise.* **5.** FIN. Céder à terme (une créance) moyennant un prix donné. **6.** DR. Ameublir. **7.** CHIR. Libérer un organe de ses adhérences normales ou pathologiques. **8.** MÉD. Mettre en mouvement des articulations pour en rétablir la souplesse. ◆ **se mobiliser** v.pr. Rassembler toute son énergie pour l'accomplissement de qqch ; être motivé et prêt à agir.

MOBILISME n.m. GÉOL. Théorie selon laquelle la position des continents à la surface du globe a varié au cours des temps géologiques.

MOBILITÉ n.f. (lat. *mobilitas*). **1.** Facilité à se mouvoir, à être mis en mouvement, à changer, à se déplacer. ◇ *Mobilité de la main-d'œuvre :* pour les salariés, passage d'une région d'emploi à une autre ; changement de profession, de qualification. – *Mobilité sociale :* possibilité pour les individus ou les groupes de changer de position sur le plan social, professionnel, etc. **2.** Inconstance, instabilité. *Mobilité de caractère.*

MÖBIUS (RUBAN ou **BANDE DE) :** surface à un seul côté inventée par le mathématicien Möbius (v. partie n.pr.).

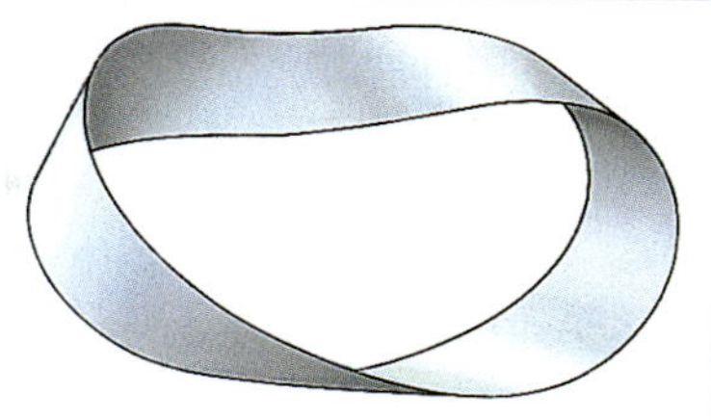
ruban de **Möbius**

MOBLOT n.m. (de 1. *mobile*). Fam., vieilli. Soldat de la garde nationale mobile.

MOBYLETTE n.f. (nom déposé). Cyclomoteur de la marque de ce nom.

MOCASSIN n.m. (algonquin *mockasin*). **1.** Chaussure des Indiens de l'Amérique du Nord, en peau non tannée. **2.** Chaussure basse, souple et sans lacets. **3.** Serpent américain, venimeux, voisin des crotales mais dépourvu de « sonnette » caudale.

MOCHARD, E adj. Pop. Assez moche.

MOCHE adj. (de *amocher*). Fam. Laid ; mauvais.

MOCHETÉ n.f. Très fam. Personne ou chose laide.

MOCO n.m. Arg. Marin originaire de Toulon ; par ext., Provençal.

MODAL, E, AUX adj. **1.** LING. Qui se rapporte aux modes du verbe. *Formes modales.* **2.** MUS. Se dit d'une musique utilisant d'autres modes que le majeur et le mineur. **3.** PHILOS. Relatif aux modes de la substance, de l'essence. ◇ *Logique modale :* logique qui prend en compte la modalité des propositions. (*p* est une proposition de la logique modale qui peut s'énoncer ainsi : « Il est possible que la proposition que j'écris soit fausse. »)

MODALITÉ n.f. **1.** Condition, particularité qui accompagne un fait, un acte juridique. *Fixer les modalités d'un paiement.* **2.** MUS. Échelle modale d'un morceau, par opp. à *tonalité.* **3.** PHILOS. et LOG. Dans un jugement, dans une proposition, caractère qui fait qu'ils sont possibles ou impossibles, nécessaires ou contingents.

1. MODE n.f. (lat. *modus,* manière). **1.** Manière passagère d'agir, de vivre, de penser, etc., liée à un milieu, à une époque déterminés. ◇ *À la mode :* suivant le goût du moment ; en vogue. – *À la mode de :* à la manière de. **2.** Manière particulière de s'habiller conformément au goût d'une certaine société. *La mode parisienne.* **3.** Commerce ; industrie de la toilette. *Les ouvrières de la mode.* **4.** CUIS. *Bœuf mode,* piqué de lard et cuit avec carottes et oignons.

2. MODE n.m. (lat. *modus,* manière). **1.** Manière générale dont un phénomène se présente, dont une action se fait ; méthode. *Mode de vie.* **2.** GRAMM. Manière dont le verbe exprime l'état ou l'action. (En français, il y a six modes : l'*indicatif,* le *subjonctif,* le *conditionnel,* l'*impératif,* l'*infinitif* et le *participe.*) **3.** MUS. Échelle à structure définie dans le cadre de l'octave et caractérisée par la disposition de ses intervalles. **4.** PHILOS. Détermination d'une substance, d'une essence. **5.** STAT. Valeur dominante correspondant au plus grand effectif, dans une distribution statistique.

■ C'est à tort, semble-t-il, que les musicologues ont appliqué rétrospectivement aux musiques grecque et médiévale la définition usuelle du mot *mode.* Les « modes » antiques sont en réalité des échelles types inséparables de formules

caractéristiques, selon une conception encore fréquente dans les musiques archaïques ou orientales, échelles liées à une notion de hauteur, de timbre, d'échos. Il en serait de même dans la musique byzantine primitive. Les huit modes grégoriens sont un décalque des huit tons byzantins ayant pris les noms des modes grecs : dorien, lydien, phrygien, mixolydien et hypodorien, hypolydien, hypophrygien, hypomixolydien. Ils sont caractérisés par leur note finale et la place, toujours de *mi* à *fa* et de *si* à *do*, qu'occupent les demi-tons. Leur note initiale permet de les situer (ainsi, le mode phrygien, qui commence par un *mi*, est dit aussi *mode de mi*).
Au XVIe s., les règles de la tonalité classique fixées ne connaissaient plus que le mode majeur, dont la structure unique (1 ton, 1 ton, 1/2 ton, 1 ton, 1 ton, 1 ton, 1/2 ton) fut établie à partir de *do*, et le mode mineur, dont la structure unique utilise celle du mode majeur mais prévoit un 1/2 ton à la place du ton entre le 5e et le 6e degré. Au XXe siècle, le jazz et certaines écoles de la musique contemporaine ont tenté d'utiliser de nouveau les ressources des modes.

MODELAGE n.m. Action de modeler un objet, une figure ; la chose modelée.

1. MODÈLE n.m. (it. *modello*). **I. 1.** Ce qui est donné pour servir de référence, de type. *Modèle d'écriture.* **2.** Ce qui est donné, ou choisi, pour être reproduit. *Copier un modèle.* **3. Spécialt.** Personne qui pose pour un photographe, un peintre, un sculpteur, etc. **4.** Personne ou objet qui représente idéalement une catégorie, un ordre, une qualité, etc. *Un modèle de classicisme. Un modèle de loyauté, d'hypocrisie.* **5.** Prototype d'un objet. ◇ **Spécialt.** Modelage (en terre, en cire, en plâtre, etc.) constituant le prototype d'une sculpture. **6.** MÉTALL. Pièce, généralement en bois, ayant, au retrait près, la même forme que les pièces à mouler et destinée à réaliser des moules de fonderie. **7.** *Modèle réduit :* reproduction à petite échelle d'une machine, d'un véhicule, d'un navire, etc. **II. Didact. 1.** Structure formalisée utilisée pour rendre compte d'un ensemble de phénomènes qui possèdent entre eux certaines relations. ◇ *Modèle mathématique :* représentation mathématique d'un phénomène physique, économique, humain, etc., réalisée afin de pouvoir mieux étudier celui-ci. **2.** Représentation schématique d'un processus, d'une démarche raisonnée. *Modèle linguistique.*

2. MODÈLE adj. (seult épithète). Parfait en son genre. *Un écolier modèle. Une ferme modèle.*

MODELÉ n.m. **1.** Relief des formes, en sculpture, en peinture. **2.** GÉOGR. Aspect que l'érosion donne au relief.

MODELER v.t. (de *modèle*) [25]. **1.** Pétrir (de la terre, de la cire, etc.) pour obtenir une certaine forme. **2.** Donner une forme, un relief particulier à. *La robe modelait son corps.* **3.** Fixer d'après un modèle, conformer, régler. *Il modèle sa conduite sur celle de ses frères.* ◆ **se modeler** v.pr. *(sur).* Régler sa conduite sur (qqn, qqch).

MODELEUR, EUSE n. **1.** Artiste qui exécute des sculptures en terre, en cire, en plâtre, etc. **2.** IND. Ouvrier qui fait des modèles en bois, en plâtre ou en cire pour le moulage des pièces coulées.

MODÉLISATION n.f. Établissement des modèles (sens II, 1), notamm. des modèles utilisés en automatique, en informatique, en recherche opérationnelle et en économie.

MODÉLISER v.t. Procéder à la modélisation de.

MODÉLISME n.m. Activité de celui qui fabrique des modèles réduits.

MODÉLISTE n. **1.** Dessinateur, dessinatrice de mode. **2.** Personne qui fabrique des modèles réduits.

MODEM [mɔdɛm] n.m. (sigle de *modulateur démodulateur*). Appareil électronique utilisé dans les installations de traitement de l'information à distance, qui assure la modulation des signaux émis et la démodulation des signaux reçus.

MODÉNATURE n.f. (it. *modanatura*). ARCHIT. Traitement ornemental (proportions, forme, galbe) de certains éléments en relief ou en creux d'un édifice, et en particulier des moulures.

MODÉRANTISME n.m. Rare. Attitude politique des modérés.

MODÉRANTISTE adj. et n. Qui appartient au modérantisme.

1. MODÉRATEUR, TRICE adj. et n. (lat. *moderator*). **1.** Qui retient dans les bornes de la modération. *Jouer le rôle de modérateur.* ◇ *Ticket modérateur :* quote-part du coût des soins que l'assurance maladie laisse à la charge de l'assuré. **2.** PHYSIOL. Se dit d'un nerf ou d'une substance qui ralentit l'activité d'un organe.

2. MODÉRATEUR n.m. PHYS. Substance qui, comme l'eau ordinaire, l'eau lourde ou le graphite, diminue la vitesse des neutrons résultant d'une fission nucléaire et permet une réaction en chaîne.

MODÉRATION n.f. **1.** Caractère, comportement de qqn qui est éloigné de toute position excessive, qui fait preuve de pondération, de mesure dans sa conduite. *Réponse pleine de modération.* **2.** Action de freiner, de tempérer qqch, de ralentir un mouvement. **3.** Action de limiter, de réduire. *Modération d'un impôt.* ◇ *Engagement de modération :* accord au terme duquel les entreprises conviennent avec les pouvoirs publics d'un pourcentage de hausse de prix maximal.

MODERATO [mɔderato] adv. (mot it.). MUS. D'un mouvement modéré. *Allegro moderato.*

MODÉRÉ, E adj. **1.** Qui n'est pas exagéré, excessif. *Payer un prix modéré.* **2.** Éloigné de tout excès, mesuré. *Être modéré dans ses paroles.* ◆ adj. et n. Partisan d'une politique généralement conservatrice éloignée des solutions extrêmes.

MODÉRÉMENT adv. Avec modération, sans excès.

MODÉRER v.t. (lat. *moderari,* de *modus,* mesure) [18]. Diminuer la force, l'intensité excessive de ; freiner, tempérer. *Modérer sa colère, ses dépenses.* ◆ **se modérer** v.pr. S'écarter de tout excès ; se contenir. *Modère-toi, ce n'est pas si grave.*

MODERN DANCE [mɔdɛrndɑ̃s] n.f. (mots amér.) [pl. *modern dances*]. Forme contemporaine prise par la danse traditionnelle, issue d'un refus de se plier aux règles de la danse académique, et qui se caractérise par une plus grande liberté d'expression et de mouvement.
■ La modern dance, les tendances qui s'y rattachent, celles qui s'en dégagent ne sont pas l'émanation d'une seule école. C'est essentiellement une volonté consciente de pouvoir s'exprimer avec son corps et non avec une symbolique de pas. À l'origine phénomène uniquement américain, la modern dance eut toutefois quelques précurseurs en Europe. On reconnaît aujourd'hui l'importance des recherches de R. von Laban et de l'Allemande Mary Wigman, par exemple ; le rôle d'Isadora Duncan, avec sa danse libre, n'est pas négligeable. Les « pionniers », tels Ruth Saint Denis et Ted Shawn, ont préparé par leurs initiatives (ouverture d'une école, la Denishawn School, en 1915) la venue vers les années 1920-1930 des véritables fondateurs de la modern dance : Martha Graham, Doris Humphrey, Charles Weidman. Leurs élèves imposèrent à leur tour des styles très personnels créant plusieurs courants (Merce Cunningham, Paul Taylor, José Limón). Un autre courant est représenté par Alwin Nikolais, et un de ses élèves, Murray Louis. Dans les années 1960-1970, de jeunes artistes, telle Twyla Tharp, voient dans la danse une traduction privilégiée d'un moment éphémère. Création sans cesse renouvelée, cette danse « immédiate » est déjà isolée de la modern dance, elle est dite « post modern dance ».

1. MODERNE adj. (bas lat. *modernus,* de *modo,* récemment). **1.** Qui appartient au temps présent ou à une époque relativement récente. *Science moderne. Peintures modernes.* **2.** Qui bénéficie des progrès les plus récents. *Équipement très moderne.* **3.** Qui est fait selon les techniques et le goût contemporains (par opp. à *ancien*). *Mobilier moderne.* **4.** Qui a pour objet l'étude des langues et littératures vivantes (par opp. à *classique*). *Lettres modernes.* **5.** Qui est conforme à l'usage actuel d'une langue (par opp. à *vieux, vieilli, classique*). **6.** *Histoire moderne :* celle qui concerne la période qui va de la chute de Constantinople (1453) à la fin du XVIIIe siècle (partic., à 1789 pour la France). **7.** ARCHIT. *Mouvement moderne :* style international*.
■ Chaque époque qualifie de *moderne,* au sens de « contemporain et novateur », ce qui, dans l'effort d'expression qui lui est propre, s'oppose à la tradition ; il en est ainsi pour la *modernité* célébrée par Baudelaire, pour le *modern style* de 1900 et, bien sûr, pour les ruptures intervenues au XXe s. dans le domaine des arts (cubisme, dadaïsme, constructivisme, musique sérielle, etc.) et de l'architecture.

2. MODERNE n.m. **1.** Ce qui est moderne. **2.** Homme (écrivain, artiste) de l'époque contemporaine. *Les modernes.*

MODERNISATEUR, TRICE adj. et n. Qui modernise.

MODERNISATION n.f. Action de moderniser.

MODERNISER v.t. Rajeunir, donner une forme plus moderne, adaptée aux techniques présentes. *Moderniser son mobilier, l'agriculture.* ◆ **se moderniser** v.pr. Se conformer aux usages modernes.

MODERNISME n.m. **1.** Goût, recherche de ce qui est moderne. **2. a.** LITTÉR. Mouvement littéraire hispano-américain de la fin du XIXe s., qui a subi l'influence du Parnasse et du symbolisme français. **b.** Mouvement littéraire et artistique brésilien, né à São Paulo en 1922, et qui cherche ses thèmes dans la nature et la culture nationales. **3.** RELIG. CATH. Ensemble de doctrines et de tendances qui ont pour objet commun de renouveler l'exégèse, la doctrine sociale et le gouvernement de l'Église pour les mettre en accord avec les données de la critique historique moderne, et avec les nécessités de l'époque où l'on vit. (On donne en particulier ce nom à la crise religieuse qui a marqué le pontificat de Pie X, pape de 1903 à 1914, en France et en Italie surtout. Les idées moder-

Bandoneon (1983), par le ballet de l'Opéra de Wuppertal, sous la direction de Pina Bausch.

Carolyn Carlson, chorégraphe et interprète de *The Blue Lady* (Théâtre de la Ville, Paris, 1984).

modern dance

nistes furent condamnées en 1907 [décret *Lamentabili* et encyclique *Pascendi*].)

MODERNISTE adj. et n. **1.** Se dit de ce qui se veut moderne, d'un partisan de ce qui est moderne. **2.** Qui relève du modernisme.

MODERNITÉ n.f. Caractère de ce qui est moderne.

MODERN STYLE n.m. inv. et adj. inv. (mots angl.). Art* nouveau.

MODESTE adj. (lat. *modestus*, modéré). **1.** Qui pense ou parle de soi-même sans orgueil. **2.** Qui manifeste l'absence d'orgueil. *Maintien modeste.* **3.** Modéré, éloigné de l'exagération. *Être modeste dans ses prétentions.* **4.** D'une grande simplicité, sans faste. *Un modeste repas.*

MODESTEMENT adv. Avec modestie.

MODESTIE n.f. Qualité qui éloigne de penser à soi ou de parler de soi avec orgueil.

MODICITÉ n.f. (bas lat. *modicitas*). Caractère de ce qui est modique, peu considérable en quantité, en valeur, etc.

MODIFIABLE adj. Qui peut être modifié.

MODIFICATEUR, TRICE adj. Propre à modifier.

MODIFICATIF, IVE adj. Qui modifie. *Avis modificatif.*

MODIFICATION n.f. Changement qui se fait dans une chose, dans une personne.

MODIFIER v.t. (lat. *modificare*). **1.** Changer, sans en altérer la nature essentielle, la forme, la qualité, etc., de. *Modifier une loi.* **2.** GRAMM. En parlant d'un adverbe, déterminer ou préciser le sens (d'un verbe, d'un adj. ou d'un autre adv.).

MODILLON n.m. (it. *modiglione*). ARCHIT. Ornement saillant répété de proche en proche sous une corniche, comme s'il la soutenait.

MODIQUE adj. (lat. *modicus*). De peu d'importance, de faible valeur. *Une modique somme.*

MODIQUEMENT adv. Avec modicité.

MODISTE n. Personne qui confectionne ou vend des chapeaux de femme.

MODULABLE adj. Qui peut être modulé.

MODULAIRE adj. **1.** Qui est constitué d'un ensemble de modules. **2.** Qui se conforme à un système dimensionnel ayant un module pour unité de base.

MODULANT, E adj. Qui module.

MODULATEUR, TRICE adj. Didact. Qui produit la modulation. ◆ n.m. Dispositif réalisant l'opération de modulation.

MODULATION n.f. (lat. *modulatio*, de *modulus*, cadence). **1.** Chacun des changements de ton, d'accent, d'intensité dans l'émission d'un son, en particulier l'inflexion de la voix. ◇ MUS. Passage d'une tonalité à une autre au cours d'un morceau. **2.** Variation recherchée dans le coloris, le modelé, les formes, les manières d'exprimer qqch dans une œuvre. **3.** Variation, adaptation, modification de qqch selon certains critères ou certaines circonstances. *Modulation des prix.* **4.** PHYS. Variation dans le temps d'une caractéristique d'un phénomène (amplitude, fréquence, etc.) en fonction des valeurs d'une caractéristique d'un autre phénomène. **5.** TÉLÉCOMM. Processus par lequel une grandeur caractéristique d'une oscillation, dite *porteuse*, est astreinte à suivre les variations d'un signal, dit *modulant.* ◇ *Modulation d'amplitude :* modulation par laquelle on astreint l'amplitude d'une porteuse à varier proportionnellement aux valeurs instantanées d'un signal modulant. – *Modulation de fréquence :* modulation par laquelle on astreint la fréquence d'une porteuse à varier proportionnellement aux valeurs instantanées d'un signal modulant ; bande de fréquences dans laquelle sont diffusées des émissions de radio selon ce procédé. – *Modulation d'impulsion :* modulation faisant varier certaines caractéristiques d'impulsions qui, en l'absence de modulation, se suivent, identiques entre elles, à intervalles réguliers.

MODULE n.m. (lat. *modulus*, mesure). **1.** Unité fonctionnelle d'équipements susceptibles d'être utilisés conjointement à d'autres. **2.** Dans un programme éducatif, unité d'enseignement qu'un étudiant, un élève peut combiner à d'autres afin de personnaliser sa formation. **3.** ARCHIT. **a.** Dans l'architecture antique et classique, commune mesure conventionnelle d'une ordonnance, correspondant en général au demi-diamètre du fût de la colonne dans sa partie basse (au-dessus du congé). **b.** En préfabrication, unité de coordination dimensionnelle. **4.** ASTRONAUT. Partie d'un véhicule spatial constituant une unité à la fois structurelle et fonctionnelle. **5.** HYDROL. Débit moyen annuel d'un cours d'eau. (Le *module spécifique* ou *relatif* fournit le débit par km² de bassin.) **6.** MÉCAN. Quotient du diamètre primitif d'un engrenage par le nombre de dents. **7.** NUMISM. Diamètre d'une monnaie, d'une médaille. **8.** MATH. *Module d'un nombre complexe* $z = a + ib$: nombre réel positif ayant pour carré $a^2 + b^2$. ◇ *Module d'un vecteur :* norme de ce vecteur.

MODULER v.t. (lat. *modulari*, de *modulus*, cadence). **1.** Exécuter avec des inflexions variées. *Moduler des sons, des couleurs.* **2.** Adapter d'une manière souple à des circonstances diverses. **3.** TÉLÉCOMM. Effectuer la modulation de. ◆ v.i. MUS. Passer d'une tonalité à une autre, au cours d'un morceau.

MODULO prép. MATH. *Congruence modulo* p : relation d'équivalence entre deux entiers dont la différence est un multiple de p.

MODULOR n.m. (nom déposé ; de *module* et *nombre d'or*). Système de proportions architecturales breveté en 1945 par Le Corbusier, et fondé sur le nombre d'or.

MODUS VIVENDI [mɔdysvivɛ̃di] n.m. inv. (mots lat., *manière de vivre*). **1.** Accord permettant à deux parties en litige de s'accommoder d'une situation en réservant la solution du litige sur le fond. **2.** Accommodement, arrangement dans une relation, une manière de vivre ; compromis. *Trouver un modus vivendi.*

MOELLE [mwal] n.f. (lat. *medulla*). **1.** Substance molle, graisseuse, qui remplit le canal médullaire et les alvéoles de la substance spongieuse des différents os. (La *moelle osseuse* se présente sous deux aspects principaux : la *moelle rouge*, riche en tissu hématopoïétique, et la *moelle jaune*, contenant surtout de la graisse.) **2.** *Moelle épinière :* centre nerveux situé dans le canal rachidien et qui assure la transmission de l'influx nerveux entre le cerveau, les organes du tronc et les membres, ainsi que certains réflexes. **3.** BOT. Région axiale du cylindre central de la tige et de la racine, occupée génér. par les grosses cellules, non chlorophylliennes. **4.** Fig., litt. Partie essentielle, substance de qqch. **5.** Fig. *Jusqu'à la moelle (des os) :* très profondément.

MOELLEUSEMENT adv. De façon moelleuse.

MOELLEUX, EUSE [mwalø, øz] adj. **1.** Doux et agréable au toucher et comme élastique. *Un lit moelleux.* **2.** Agréable à goûter, à entendre, à voir. *Voix moelleuse.* ◇ *Vin moelleux :* vin qui n'est ni très doux ni très sec.

MOELLON [mwalɔ̃] n.m. (lat. pop. *mutulio*, corbeau). CONSTR. Pierre, non taillée ou grossièrement taillée, de petites dimensions.

MOERE ou **MOËRE** [mur] ou [mwɛr] n.f. (moyen néerl. *moer*, marais). GÉOGR. En Flandre, lagune maritime asséchée et mise en culture.

MŒURS [mœr] ou [mœrs] n.f. pl. (lat. *mores*). **1.** Pratiques sociales, usages communs à un groupe, un peuple, une époque. *Les mœurs des Romains.* **2.** Habitudes particulières à chaque espèce animale. *Les mœurs des abeilles.* **3.** Habitudes de vie, comportements individuels. *Avoir des mœurs simples.* **4. a.** Ensemble des principes, des règles codifiées par la morale sociale, en particulier sur le plan sexuel. ◇ DR. *Attentat aux mœurs :* atteinte à la liberté d'autrui par un comportement sexuel imposé avec ou sans violence (viol, attentat à la pudeur), ou dont le caractère public heurte les conceptions morales (outrage public aux bonnes mœurs, outrage public à la pudeur). **b.** Conduites individuelles considérées par rapport à ces règles. *Femme de mœurs légères.*

MOFETTE n.f. (it. *moffetta*, de *muffa*, moisissure). **1.** Émanation de gaz carbonique qui se produit dans les régions volcaniques. **2.** ZOOL. → ***moufette.***

MOFFLER v.t. Belgique. Fam. Recaler à un examen.

MOHAIR [mɔɛr] n.m. (mot angl., de l'ar.). Poil de la chèvre angora, dont on fait des laines à tricoter ; étoffe faite avec cette laine.

1. MOI pron. pers. de la 1re pers. du sing. des deux genres (lat. *me*). Employé comme sujet pour renforcer *je*, ou comme complément après une préposition ou un impératif, ou comme attribut. – *À moi !,* au secours ! – *De vous à moi, entre vous et moi :* en confidence, entre nous.

2. MOI n.m. inv. **1.** Ce qui constitue l'individualité, la personnalité du sujet. **2.** Personnalité s'affirmant en excluant les autres ; égoïsme. *Le moi est haïssable.* **3.** PHILOS. Sujet pensant. **4.** PSYCHAN. Instance de l'appareil psychique, distinguée du ça et du surmoi et permettant une défense de l'individu contre la réalité et contre les pulsions. ◇ *Moi idéal :* position du moi relevant de l'imaginaire, ou du narcissisme infantile.

MOIE n.f. → ***moye.***

MOIGNON n.m. (de l'anc. fr. *moing*, mutilé). **1.** Ce qui reste d'un membre coupé ou amputé. *Moignon du bras.* **2.** Membre rudimentaire. *Les manchots n'ont qu'un moignon d'aile.* **3.** Ce qui reste d'une grosse branche cassée ou coupée. SYN. : *chicot.* **4.** Partie de la couronne de la dent, taillée afin de recevoir une prothèse fixe.

MOINDRE adj. (lat. *minor*). **1.** Plus petit en dimensions, en quantité, en intensité. *Un moindre prix. Vitesse moindre.* **2.** (Avec l'art. déf.). Le plus petit, le moins important, le moins grand. *Le moindre bruit l'effraie.* **3.** Suisse. Fam. Maladif, affaibli. *Il se sent moindre en ce moment.* **4.** STAT. *Méthode des moindres carrés :* méthode qui permet de trouver la moyenne la plus probable parmi les résultats de plusieurs observations.

MOINDREMENT adv. Litt. *Pas le moindrement :* pas le moins du monde.

MOINE n.m. (lat. ecclés. *monachus*, solitaire, du gr.). **1.** Homme lié par des vœux religieux et menant une vie essentiellement spirituelle, le plus souvent en communauté dans un monastère. (Cette appellation ne peut canoniquement être appliquée aux religieux non soumis à la clôture.) ◇ *Gras comme un moine :* très gras. **2.** Anc. Récipient dans lequel on plaçait des braises pour chauffer un lit ; auj., bouillotte en terre, en céramique. **3.** Phoque des mers chaudes à pelage gris tacheté.

MOINEAU n.m. (de *moine*, à cause de la couleur du plumage). **1.** Oiseau passereau abondant dans les villes (moineau franc ou, fam., pierrot) et dans les champs (moineau friquet). [Genre *passer* ; famille des plocéidés.] *Le moineau pépie,* pousse son cri. ◇ Fam. *Manger comme un moineau :* très peu. – Fam. *Tête, cervelle de moineau :* personne étourdie, écervelée. **2.** Fam. Individu et, en partic., individu désagréable ou malhonnête. *Un drôle de moineau. Un vilain moineau.*

moineaux (femelle et mâle)

MOINERIE n.f. Vx et péj. **1.** Ensemble des moines. **2.** Esprit monastique.

MOINILLON n.m. Fam. Jeune moine.

1. MOINS adv. (lat. *minus*). **1.** (Indique une infériorité de qualité, de quantité, de prix). *Moins beau ; moins d'hommes ; moins cher.* ◇ *À moins :* pour un moindre prix ; pour un motif moins important. – *Au moins :* si ce n'est davantage, en tout cas, de toute façon. *Il a au moins cinquante ans. Tu pourrais au moins la laisser parler.* – *Du moins :* néanmoins, en tout cas. *C'est du moins ce que je pense.* – *Être rien moins que :* être bel et bien, véritablement. *Il n'est rien moins qu'un héros.* **2.** (Précédé de l'art. défini, sert de superlatif à l'adv. *peu*). *C'est la moins agréable des îles.* ◇ *À tout le moins, pour le moins, tout du moins :* en tout cas, avant tout. ◆ prép. Indique une soustraction. *8 moins 3 égale 5.* ◆ loc. prép. *À moins de.* **a.** (Suivi d'un nom). Au-dessous de, à un prix moindre que. *À moins de cent francs, j'achète.*

b. (Suivi d'un inf.). Sauf si, excepté si. *À moins d'être très riche.* ◆ loc. conj. *À moins que (ne)* [+ subj.] : sauf si. *À moins qu'il ne soit trop tard.*
2. MOINS n.m. Signe noté « – » indiquant une soustraction ou un nombre négatif.
MOINS-DISANT n.m. (pl. *moins-disants*). DR. Personne qui, dans une adjudication, fait l'offre de prix la plus basse.
MOINS-PERÇU n.m. (pl. *moins-perçus*). DR. Ce qui est dû et n'a pas été perçu.
MOINS-VALUE n.f. (pl. *moins-values*). **1.** Diminution de la valeur d'un objet ou d'un droit appréciée à deux moments différents. **2.** Déficit éventuel des recettes fiscales sur les prévisions établies par la loi de finances. CONTR. : *plus-value.*
MOIRAGE n.m. Reflet chatoyant d'une substance ou d'un objet moiré.
MOIRE n.f. (angl. *mohair*, de l'ar.). **1.** Étoffe à reflet changeant, obtenue en écrasant le grain des étoffes avec une calandre spéciale ; ce reflet. **2.** Litt. Reflets changeants et chatoyants d'une surface, d'un objet.
1. MOIRÉ, E adj. Qui offre les reflets de la moire.
2. MOIRÉ n.m. Effet de la moire. *Le moiré d'une étoffe.*
MOIRER v.t. Donner un aspect moiré à (une étoffe).
MOIREUR n.m. Ouvrier qui moire des étoffes.
MOIRURE n.f. Litt. Effet de moire.
MOIS n.m. (lat. *mensis*). **1.** Chacune des douze divisions de l'année civile. **2.** Espace de temps d'environ trente jours. **3.** Unité de travail et de salaire correspondant à un mois légal ; ce salaire lui-même. *Toucher son mois.* **4.** Somme due pour un mois de location, de services, etc.
■ Il y a douze mois dans l'année, qui sont *janvier, février, mars, avril, mai, juin, juillet, août, septembre, octobre, novembre, décembre.* Les mois de janvier, mars, mai, juillet, août, octobre et décembre ont 31 jours ; les mois d'avril, juin, septembre et novembre ont 30 jours ; février a 28 jours, et 29 quand l'année est bissextile.
MOISE n.f. (lat. *mensa*, table). CONSTR. Couple de deux pièces de charpente jumelles assemblées de façon à enserrer et à maintenir d'autres pièces ; chacune des pièces de ce couple.
MOÏSE [mɔiz] n.m. (de *Moïse*, n. pr.). Berceau portatif en osier capitonné.
MOISER v.t. CONSTR. Réunir à l'aide de moises.
MOISI n.m. Partie moisie de qqch ; moisissure. *Enlever le moisi du pain.*
MOISIR v.i. (lat. *mucere*, de *mucus*, morve). **1.** Se couvrir de moisissure. *Le pain a moisi.* **2.** Fam. Rester, attendre longtemps au même endroit. *Je n'ai aucune envie de moisir ici.* **3.** Fam. Rester inutilisé, improductif. *C'est de l'argent qui moisit.* ◆ v.t. Couvrir de moisissure. *La pluie a moisi les raisins.*
MOISISSURE n.f. **1.** Champignon de très petite taille qui provoque une modification chimique du milieu sur lequel il croît. (Quelques moisissures sont parasites de végétaux [mildiou, oïdium, rouille] ou d'animaux [muguet], mais la plupart sont saprophytes [mucor, pénicillium].) **2.** Corruption de qqch sous l'effet de ces champignons ; partie moisie de qqch.
MOISSINE n.f. VITIC. Bout de sarment que l'on cueille avec la grappe quand on veut la conserver fraîche.
MOISSON n.f. (lat. *messio*). **1.** Action de récolter les blés, les céréales parvenus à maturité ; époque de cette récolte. **2.** Ce qui est récolté ou à récolter. *Rentrer la moisson.* **3.** Grande quantité de choses amassées, recueillies. *Engranger une moisson de fiches.*
MOISSONNAGE n.m. Action, manière de moissonner.
MOISSONNER v.t. **1.** Faire la moisson de. *Moissonner le blé.* ◇ Absolt. *Les agriculteurs de l'Ouest moissonnent.* **2.** Litt. Recueillir, amasser en quantité. *Moissonner des renseignements.*
MOISSONNEUR, EUSE n. Personne qui fait la moisson.
MOISSONNEUSE n.f. Machine utilisée pour la moisson.
MOISSONNEUSE-BATTEUSE n.f. (pl. *moissonneuses-batteuses*). Machine servant à récolter

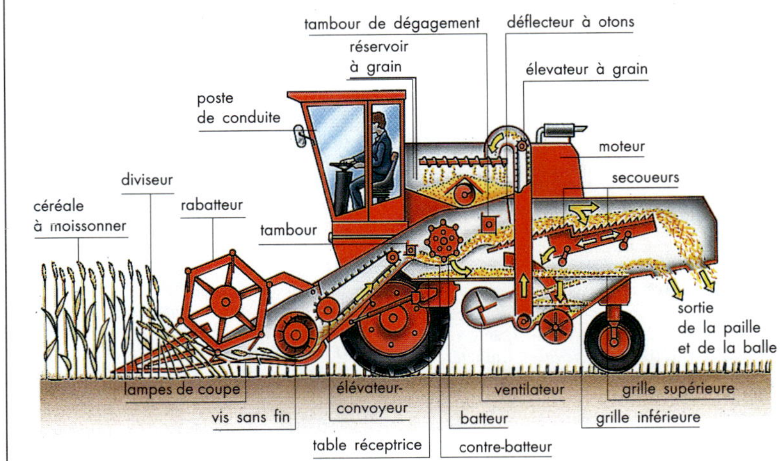

moissonneuse-batteuse : écorché et schéma de fonctionnement

les céréales, qui coupe, bat, trie et nettoie sommairement les grains.
MOISSONNEUSE-LIEUSE n.f. (pl. *moissonneuses-lieuses*). Machine qui coupe les céréales et les lie en gerbes.
MOITE adj. (lat. pop. *muscidus*). **1.** Légèrement humide sous l'effet de la transpiration. *Avoir les mains moites.* **2.** Imprégné d'humidité. *Chaleur moite.*
MOITEUR n.f. **1.** Légère humidité de la peau. **2.** État de ce qui est moite, humide. *La moiteur de l'air.*
MOITIÉ n.f. (lat. *medietas*). **1.** Chacune des deux parties égales d'un tout divisé. *Cinq est la moitié de dix.* – *À moitié :* à demi, en partie. – *De moitié :* dans la proportion de un sur deux. ◇ *(À) moitié prix :* pour la moitié du prix normal, ordinaire. – *Moitié..., moitié...,* en partie..., en partie... *Couverture moitié grise, moitié blanche.* – *Moitié-moitié :* d'une égale quantité de chacun des composants ; à parts égales. **2.** Une des deux parties à peu près égales d'un espace, d'une durée, d'une action. *Faire la moitié du chemin. Il est absent la moitié du temps.* ◇ *À moitié chemin :* au milieu de l'espace à parcourir ; sans continuer une action entreprise. – *Être, se mettre de moitié :* participer à égalité avec qqn aux risques et aux résultats d'une entreprise. – *Être pour moitié dans qqch :* en être responsable pour une part. **3.** Fam. Épouse.
MOITIR v.t. Vx. Rendre moite.
MOKA n.m. (de *Moka*, v. du Yémen). **1.** Café d'une variété estimée, riche en caféine. **2.** Infusion de ce café. **3.** Gâteau fait d'une génoise fourrée d'une crème au beurre parfumée au café.
MOL adj.m. → *mou.*
mol, symbole de la mole.
1. MOLAIRE adj. PHYS. Relatif à la mole.
2. MOLAIRE n.f. (lat. *molaris*, de *mola*, meule). Grosse dent placée à la partie moyenne et postérieure des maxillaires, qui sert à broyer les aliments. (La forme des molaires, chez les mammifères, est en rapport avec le régime alimentaire.)

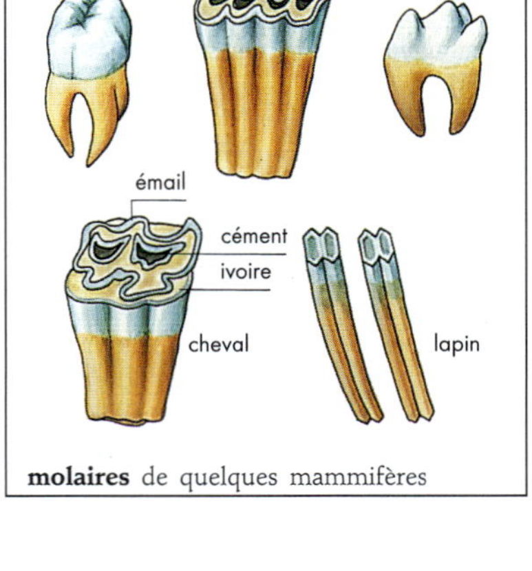

molaires de quelques mammifères

MÔLAIRE adj. MÉD. Relatif à la môle. *Grossesse môlaire.*
MOLALITÉ n.f. CHIM. Concentration molaire massique.
MOLARITÉ n.f. CHIM. Concentration molaire volumique.
MOLASSE n.f. (anc. fr. *mol*, mou). Grès tendre, à ciment calcaire, se formant généralement dans les dépressions au pied des chaînes de montagne.
MOLDAVE adj. et n. De Moldavie.
MOLE n.f. (de *molécule-gramme*). PHYS. Unité SI de quantité de matière (symb. mol), équivalant à la quantité de matière d'un système contenant autant d'entités élémentaires qu'il y a d'atomes dans 0,012 kg de carbone 12. (La mole est l'une des sept unités de base du système international d'unités.)
1. MÔLE n.m. (it. *molo*). Ouvrage en maçonnerie qui protège l'entrée d'un port ou divise un bassin en darses.
2. MÔLE n.f. (lat. *mola*, meule). Gros poisson des mers d'Europe occidentale, appelé également *poisson-lune.* (Long. jusqu'à 2 m ; poids 1 000 kg.)
3. MÔLE n.f. (lat. *mola*, meule). MÉD. Dégénérescence des villosités du placenta, qui sont transformées en vésicules ressemblant à des kystes hydatiques. (On dit généralement *môle hydatiforme.*)
MOLÉCULAIRE adj. Relatif aux molécules.
MOLÉCULE n.f. (lat. *moles*, masse). Groupement d'atomes qui représente, pour un corps pur qui en est constitué, la plus petite quantité de matière pouvant exister à l'état libre.
MOLÉCULE-GRAMME n.f. (pl. *molécules-grammes*). **1.** Anc. Mole d'une substance formée de molécules. **2.** Masse molaire moléculaire.
MOLÈNE n.f. (anc. fr. *mol*, mou). Plante des lieux incultes, dont une espèce est le bouillon-blanc. (Famille des verbascacées.)
MOLESKINE n.f. (angl. *moleskin*, peau de taupe). Toile de coton fin, recouverte d'un enduit flexible et d'un vernis souple imitant le grain du cuir.
MOLESTER v.t. (lat. *molestare*, ennuyer). Faire subir des violences physiques à. *Les manifestants s'en sont pris à des passants qu'ils ont molestés.*
MOLETAGE n.m. **1.** Action de réaliser au moyen de molettes des stries sur une surface de révolution d'une pièce. **2.** L'ensemble de ces stries, le dessin qu'elles forment.
MOLETER v.t. [27]. TECHN. Travailler, orner, polir à la molette.
MOLETTE n.f. (lat. *mola*, meule). **1.** Roulette striée servant à actionner un mécanisme mobile. **2.** TECHN. Petit disque en acier dur, servant à couper, graver, travailler les corps durs, le verre, etc. ; outil muni d'un tel disque. *Molette de vitrier.* **3.** ÉQUIT. Partie mobile de l'éperon, en forme de roue étoilée.
MOLIÉRESQUE adj. Relatif à Molière ; qui évoque son comique.

MOLINISME n.m. Système théologique du jésuite Luis Molina, qui voulait concilier la liberté humaine et l'action de la grâce divine.

MOLINISTE adj. et n. Relatif à Molina ; partisan du molinisme.

MOLINOSISME n.m. Doctrine de Molinos.

MOLINOSISTE adj. et n. Relatif à Molinos ; partisan du molinosisme.

MOLLAH [mɔla], **MULLA** ou **MULLAH** [mula] n.m. (ar. *mawlā,* seigneur). Dans l'islam, titre donné aux personnalités religieuses, aux docteurs de la loi, partic. dans les mondes turco-iranien et indien.

MOLLARD n.m. Vulg. Crachat épais.

MOLLASSE adj. (anc. fr. *mol,* mou). Qui est trop mou, qui manque de consistance ; flasque. *Chairs mollasses.* ◆ adj. et n. Fam. Qui est mou, apathique. *Regarde-moi cette grande mollasse !*

MOLLASSERIE n.f. Fam. Caractère de qqn d'une mollesse excessive.

MOLLASSON, ONNE adj. et n. Fam. Qui est très mou, sans énergie.

MOLLÉ n.m. (esp. *molle,* du quechua). Plante ornementale du midi de la France. (On utilise le suc résineux de sa tige sous le nom de *mastic d'Amérique* ou *résine de mollé* ; famille des anacardiacées.)

MOLLEMENT adv. **1.** Avec nonchalance, abandon. *Être mollement étendu sur un divan.* **2.** Sans conviction, faiblement. *Protester mollement.*

MOLLESSE n.f. (anc. fr. *mol,* mou). État, caractère de qqch, de qqn qui est mou.

1. MOLLET n.m. (anc. fr. *mol,* mollet). Saillie que font les muscles de la partie postérieure de la jambe, entre la cheville et le pli du genou.

2. MOLLET, ETTE adj. (dimin. de l'anc. fr. *mol,* mou). **1.** Litt. Un peu mou. *Lit mollet.* **2.** *Œuf mollet :* œuf bouilli peu de temps dans sa coque, dont le blanc est coagulé, le jaune restant liquide. ◇ *Pain mollet :* petit pain au lait. – REM. Le fém. est rare.

MOLLETIÈRE n.f. et adj.f. (de 1. *mollet*). Bande de cuir ou de toile qui couvrait la jambe de la cheville au jarret.

MOLLETON n.m. (de 2. *mollet*). Étoffe épaisse, cardée et foulée, de coton ou de laine, généralement moelleuse et chaude.

MOLLETONNER v.t. Garnir, doubler de molleton. *Molletonner un couvre-lit. Gants molletonnés.*

MOLLETONNEUX, EUSE adj. Qui a l'aspect du molleton.

MOLLIR v.i. Devenir mou, perdre de sa force, de son énergie, de sa vigueur. *Sentir ses jambes mollir. Le vent mollit.* ◆ v.t. MAR. *Mollir un cordage,* le détendre.

MOLLO adv. Pop. Doucement, sans forcer. *Allez-y mollo.*

MOLLUSCUM [mɔlyskɔm] n.m. (mot lat., *nœud de l'érable*). MÉD. *Molluscum contagiosum :* petite tumeur cutanée bénigne d'origine virale atteignant surtout les enfants. ◇ *Molluscum pendulum :* fibrome cutané bénin relié à la peau par un pédicule.

MOLLUSQUE n.m. (lat. sc. *molluscum,* de *mollusca nux,* noix à écorce molle). *Mollusques :* embranchement d'animaux aquatiques ou des lieux humides, invertébrés, au corps mou, portant dorsalement un *manteau* souvent couvert d'une coquille et, plus ou moins ventralement un *pied.* (Les trois classes principales de mollusques sont : les gastropodes [escargot, limace], les bivalves, dits naguère *lamellibranches* [moule, huître], et les céphalopodes [pieuvre, seiche].)

MOLOCH [mɔlɔk] n.m. (de *Moloch,* n.pr.). Lézard épineux des déserts australiens atteignant 20 cm de long. (Famille des agamidés.)

MOLOSSE n.m. (gr. *molossos,* du pays des Molosses). Gros chien de garde.

MOLTO adv. (mot it.). MUS. Beaucoup. – *Allegro molto :* très vivement.

MOLURE n.m. (gr. *molouros*). Grand python de l'Asie du Sud-Est et de l'Indonésie.

MOLY n.m. (gr. *môlu*). Ail d'une espèce appelée aussi *ail doré.*

MOLYBDÈNE n.m. (gr. *molubdaina,* de *molubdos,* plomb). Métal blanc, dur, cassant et peu fusible ; élément chimique (Mo) de numéro atomique 42, de masse atomique 95,94.

MOLYBDÉNITE n.f. Sulfure naturel de molybdène (MoS_2), hexagonal.

MOLYBDIQUE adj. CHIM. Se dit de l'anhydride MoO_3 et des acides correspondants.

MÔME n. Fam. Enfant. ◆ n.f. Fam. Jeune fille. *Une jolie môme.*

MOMENT n.m. (lat. *momentum*). **I.1.** Espace de temps considéré dans sa durée plus ou moins brève. *Cela dure un (bon) moment. Passer de longs moments à rêver. J'arrive dans un moment.* ◇ *En un moment :* en très peu de temps. – *Un moment ! :* attendez ! – *À tout moment :* continuellement, sans cesse. – *Par moments :* par intervalles, de temps à autre. – *Sur le moment :* sur l'instant, sur le coup. **2.** Espace de temps considéré du point de vue de son contenu, des évènements qui s'y situent. *Un moment de panique. C'est un mauvais moment à passer.* ◇ *Avoir de bons moments :* être sympathique, agréable à vivre par périodes, de façon irrégulière ; connaître des périodes heureuses. **3.** Temps présent. *La mode du moment.* ◇ *En ce moment, pour le moment :* actuellement, pour l'instant. **4.** Instant opportun ; occasion. *Ce n'est pas le moment de partir. Attendre le moment favorable.* **5.** CHORÉGR. *Moments essentiels :* étapes (au moins au nombre de deux) qui engendrent un mouvement, un pas. **II.1.** PHYS. **a.** *Moment cinétique :* vecteur égal au moment du vecteur quantité de mouvement. **b.** *Moment d'un couple de forces :* produit de l'une des forces du couple par le bras de levier de ce couple. **c.** *Moment électrique, magnétique d'un dipôle,* produit de la charge (électrique, magnétique) d'un des deux pôles par la distance qui les sépare. **d.** *Moment d'une force par rapport à un point :* vecteur égal au moment du vecteur qui représente la force. **2.** ALG. *Moment d'un bipoint* (A, B) *par rapport à un point* O *de l'espace :* produit vectoriel de $\overrightarrow{OA}$ et $\overrightarrow{AB}$. (Ce vecteur ne varie pas si on fait glisser le vecteur $\overrightarrow{AB}$ sur la droite passant par A et B.) **3.** STAT. *Moment (d'ordre* n*) d'une variable statistique :* moyenne des puissances $n^{ièmes}$ de ces valeurs pondérée par les effectifs de leurs classes respectives. ◆ loc. prép. *Au moment de :* sur le point de. ◆ loc. conj. **1.** *Au moment où :* lorsque, précisément. **2.** *Du moment que :* puisque.

MOMENTANÉ, E adj. Qui ne dure qu'un moment, qu'un instant.

MOMENTANÉMENT adv. De façon momentanée ; temporairement, provisoirement.

MOMERIE n.f. (de l'anc. fr. *momer,* se déguiser). Litt. et vieilli. Affectation ridicule de sentiments qu'on n'éprouve pas, en particulier de sentiments religieux.

MÔMERIE n.f. (de *môme*). Fam. (Surtout pl.). Enfantillage.

MOMIE n.f. (ar. *mūmiya*). **1.** Cadavre conservé au moyen de matières balsamiques, de l'embaumement. **2.** Vieilli. Personne figée dans des idées surannées. **3.** Fam. Personne très sèche et très maigre, dont les os du visage saillent sous la peau.

momie (Égypte, époque ptolémaïque) [Louvre, Paris]

MOMIFICATION n.f. Action de momifier, fait de se momifier.

MOMIFIER v.t. Transformer un corps en momie. ◆ **se momifier** v.pr. Devenir inerte, physiquement ou intellectuellement ; se fossiliser.

MOMORDIQUE n.f. (du lat. *mordere,* mordre). Plante grimpante aux fruits colorés et ornementaux appelés *pommes de merveille.* (Famille des cucurbitacées.)

MON adj. poss. masc. sing., **MA** fém. sing., **MES** pl. des deux genres (lat. *meus*). **1.** Qui est à moi, qui vient de moi, qui me concerne, qui m'est propre ou qui est tel par rapport à moi. *Mon stylo. Mes idées.* **2.** Indique un rapport d'ordre social (parenté, relations affectives, titre, grade, etc.). *Ma mère. Mes amis. Mon général.* – Au lieu de *ma,* on emploie *mon* devant un nom ou un adj. fém. quand celui-ci commence par une voyelle ou un h muet. *Mon âme. Mon histoire.*

MONACAL, E, AUX adj. (du lat. *monachus,* moine). Propre au genre de vie des moines. *Vie monacale.*

MONACHISME [-ʃism] n.m. **1.** État de moine ; vie monastique. **2.** Institution monastique.
■ La vie monastique, si elle n'est pas spécifique au christianisme, occupe dans cette religion une place particulièrement importante. Le monachisme chrétien naît en Orient, sous l'influence de saint Antoine et de son disciple Pacôme. Il se manifeste d'abord sous une forme érémitique (anachorètes du désert), puis évolue dans le sens d'une vie en collectivité (cénobites). Ses règles sont formulées au IVe s. par saint Basile de Césarée. En Occident, la vie monastique se développe véritablement à partir du VIe s., sous l'impulsion de saint Benoît de Nursie, dont la règle l'emporte bientôt sur les formes de piété et de vie plus ascétiques apportées sur le continent par les moines irlandais (saint Colomban).

MONADE n.f. (gr. *monas, -ados,* de *monos,* seul). PHILOS. Chez Leibniz, substance simple, active, indivisible, dont le nombre est infini et dont tous les êtres sont composés.

MONADELPHE adj. (gr. *monos,* seul, et *adelphos,* frère). BOT. Se dit d'une fleur dont les étamines sont soudées entre elles, comme chez le genêt, la rose trémière.

MONADOLOGIE n.f. ou **MONADISME** n.m. PHILOS. Théorie de Leibniz, suivant laquelle l'univers est composé de monades.

MONANDRE adj. (gr. *monos,* seul, et *andros,* mâle). BOT. Se dit d'une fleur qui n'a qu'une étamine.

MONARCHIE n.f. (gr. *monos,* seul, et *arkhein,* commander). **1.** Régime dans lequel l'autorité est exercée par un individu et par ses délégués. **2.** Régime politique dans lequel le chef de l'État est un roi ou un empereur héréditaire ; État ainsi gouverné. *La monarchie anglaise.* – *Monarchie absolue,* celle où le pouvoir du monarque n'est contrôlé par aucun autre. – *Monarchie d'Ancien Régime :* système politique en vigueur en France depuis le règne de François Ier jusqu'à la Révolution et constituant une monarchie absolue. – *Monarchie constitutionnelle :* celle où l'autorité du prince est limitée par une Constitution. – *Monarchie parlementaire :* monarchie constitutionnelle dans laquelle le gouvernement est responsable devant le Parlement.

MONARCHIEN n.m. HIST. Dans l'Assemblée constituante (1789-1791), partisan d'une monarchie à l'anglaise.

MONARCHIQUE adj. Qui concerne la monarchie.

MONARCHISME n.m. Doctrine politique des partisans de la monarchie.

MONARCHISTE adj. et n. Qui est partisan de la monarchie.

MONARQUE n.m. (gr. *monos,* seul, et *arkhein,* commander). Chef de l'État dans une monarchie ; roi, souverain.

MONASTÈRE n.m. (gr. *monastêrion*). Maison, ensemble des bâtiments qu'habitent des moines ou des moniales.

MONASTIQUE adj. (gr. *monastikos,* solitaire). Relatif aux moines ou aux moniales.

MONAURAL, E, AUX adj. (du lat. *auris,* oreille). **1.** ACOUST. Qui ne concerne qu'une seule oreille (en tant qu'organe de l'audition). *Excitation, sensation monaurale.* **2.** Monophonique.

MONAZITE n.f. (all. *Monazit*). MINÉR. Phosphate naturel de cérium, de lanthane ou d'une autre terre rare.

MONCEAU n.m. (lat. *monticellus,* petit mont). **1.** Élévation formée par un amoncellement d'objets. *Un monceau d'ordures. Des monceaux de livres.* **2.** Grande quantité de choses. *Des monceaux d'erreurs.*

MONDAIN, E adj. (lat. *mundanus*). **1.** Relatif à la vie sociale des classes riches des villes, à leur luxe, à leurs divertissements. *Dîner mondain. Chronique mondaine.* ◇ *Danseur mondain :* professionnel qui fait danser les clientes dans un dancing. **2.** RELIG. Relatif à la vie séculière. **3.** DR. *Brigade mondaine* ou, fam., *la mondaine,* n.f. : ancienne dénomination de la brigade des stupéfiants et du proxénétisme. ◆ adj. et n. Qui adopte les manières en usage dans la société des gens en vue ; qui aime les mondanités. *Il est très mondain. C'est une mondaine.*

MONDANITÉ n.f. **I.** PHILOS. Fait d'être au monde, de lui appartenir. **II. 1.** Caractère de ce qui est mondain, qui relève de la société des gens en vue. **2.** Fréquentation du beau monde ; goût pour ce genre de vie. ◆ pl. Habitudes de vie propres aux gens du monde ; politesses conventionnelles. *Fuir les mondanités.*

MONDE n.m. (lat. *mundus*). **I. 1.** Ensemble de tout ce qui existe ; univers. *La création du monde. Les lois qui gouvernent le monde.* **2.** La nature, ce qui constitue l'environnement des êtres humains. *Enfant qui découvre le monde.* **3.** Ensemble de choses ou d'êtres considéré comme formant un tout à part organisé. *Le monde sous-marin. Le monde des abeilles.* **4.** Ensemble de choses abstraites, de concepts considérés comme formant un univers. *Le monde des idées. Le monde du rêve, de la folie.* ◇ *Se faire (tout) un monde de :* attribuer une importance exagérée à. **5.** Écart important, grande différence. *Il y a un monde entre eux.* **II. 1.** La Terre, la surface terrestre, le globe terrestre. *Faire le tour du monde.* (V. partie n.pr., planisphère Monde). ◇ *Au bout du monde :* dans un endroit éloigné. – *Courir, parcourir le monde :* voyager beaucoup. – *L'Ancien Monde :* l'Europe, l'Asie et l'Afrique. – *Le Nouveau Monde :* l'Amérique. **2.** La Terre, considérée comme le séjour de l'homme. ◇ *Mettre au monde :* accoucher, donner naissance à (un enfant). – *Venir au monde :* naître. – *Aller dans l'autre monde :* mourir. – *Pour rien au monde :* en aucun cas. **III. 1.** Ensemble des êtres humains vivant sur la Terre. *Cette guerre concerne le monde entier.* **2.** Ensemble de personnes ; grand nombre de personnes ou nombre indéterminé de personnes. *Il y a du monde ? Pas grand monde.* ◇ *Avoir du monde,* des invités. *Avoir du monde à dîner.* **3. a.** Les gens, l'ensemble des personnes à qui on a affaire. *Elle connaît bien son monde.* – *Tout le monde :* tous les gens. **b.** Vieilli. Personnes qui sont au service de qqn. **c.** Entourage de qqn, famille proche. *Avoir tout son monde autour de soi.* **4.** Milieu, groupe social défini par une caractéristique, un type d'activité. *Être du même monde. Le monde des affaires. Le monde des arts.* ◇ *Le petit monde :* les enfants. **5.** Ensemble des personnes constituant les classes sociales les plus aisées, la haute société, qui se distingue par son luxe, ses divertissements. *Les gens du monde.* ◇ *Beau, joli monde :* société brillante, élégante. – *Homme, femme du monde :* personne qui vit dans la bonne société et en connaît les usages. **6.** Litt. Vie séculière, profane, par opp. à la vie spirituelle. *Se retirer du monde.*

MONDER v.t. (lat. *mundare,* purifier). **1.** Débarrasser les grains de leurs enveloppes adhérentes. *Monder l'orge.* **2.** Nettoyer en séparant les impuretés, en partic. enlever la pellicule qui enrobe le noyau de certains fruits. *Monder des amandes.* **3.** Tailler, nettoyer (les arbres, les bois).

MONDIAL, E, AUX adj. Qui concerne le monde entier.

MONDIALEMENT adv. Dans le monde entier.

MONDIALISATION n.f. Fait de devenir mondial, de se mondialiser.

MONDIALISER v.t. Donner à qqch un caractère mondial, une extension qui intéresse le monde entier.

MONDIALISME n.m. **1.** Doctrine qui vise à réaliser l'unité politique du monde considéré comme une communauté humaine unique. **2.** Prise en considération des problèmes politiques dans une optique mondiale.

MONDIALISTE adj. et n. Qui relève du mondialisme ; qui en est partisan.

MONDOVISION n.f. (de *monde* et [*télé*]*vision*). Transmission entre divers continents d'images de télévision par l'intermédiaire de satellites relais de télécommunications.

MONÉGASQUE adj. et n. De Monaco.

MONEL n.m. (nom déposé). Alliage de cuivre et de nickel résistant à la corrosion.

MONÈME n.m. LING. Morphème, dans la terminologie de la linguistique fonctionnelle.

M. O. N. E. P. [monɛp] n.m. (sigle de *marché des options négociables de Paris*). Marché où s'achètent et se vendent des options portant sur des produits financiers.

MONÈRE n.f. BIOL. Être vivant primitif formé d'une cellule unique sans noyau, dans certaines théories évolutionnistes.

MONERGOL n.m. Propergol composé d'un seul ergol (eau oxygénée, hydrazine, etc.).

MONÉTAIRE adj. (lat. *monetarius,* de *moneta,* monnaie). Relatif à la monnaie, aux monnaies.

MONÉTARISATION n.f. Évolution des structures monétaires.

MONÉTARISME n.m. Courant de la pensée économique, représenté notamm. par Milton Friedman, qui insiste sur l'importance de la politique monétaire dans la régulation de la vie économique.

MONÉTARISTE adj. et n. Relatif au monétarisme ; partisan d'un monétarisme.

MONÉTIQUE n.f. (nom déposé). Ensemble des dispositifs utilisant l'informatique et l'électronique dans les transactions bancaires (cartes de paiement, terminaux de points de vente, etc.).

MONÉTISATION n.f. Introduction de nouveaux signes monétaires dans le circuit économique.

MONÉTISER v.t. Effectuer la monétisation de. *Monétiser de l'or.*

MONGOL, E adj. et n. De Mongolie. ◆ n.m. Groupe de langues altaïques parlées en Mongolie. → ***khalkha.***

MONGOLIEN, ENNE adj. et n. Atteint de trisomie 21, ou mongolisme. SYN. : *trisomique.*

MONGOLISME n.m. Maladie congénitale due à la présence d'un chromosome surnuméraire sur la 21ᵉ paire et caractérisée cliniquement par un déficit intellectuel associé à des modifications morphologiques particulières (petite taille, membres courts, faciès aplati, fentes palpébrales obliques et étroites avec repli de l'angle cutané interne des paupières). SYN. : *trisomie 21.*

MONGOLOÏDE adj. **1.** Qui rappelle le type mongol. **2.** MÉD. Qui évoque le mongolisme.

MONIAL, E, AUX adj. Vx. Monacal, monastique.

MONIALE n.f. Religieuse contemplative à vœux solennels.

MONILIA n.m. (lat. *monile,* collier). Champignon se développant en automne sur les poires, les pommes et quelques autres fruits, et provoquant leur pourriture.

MONILIOSE n.f. Maladie des fruits due au monilia.

MONISME n.m. (gr. *monos,* seul). PHILOS. Système selon lequel le monde n'est constitué que d'une seule substance, pour lequel l'objet auquel s'applique la pensée est un, par opp. à *dualisme,* à *pluralisme.*

MONISTE adj. et n. Relatif au monisme ; partisan du monisme.

1. MONITEUR, TRICE n. (lat. *monitor,* qui avertit). **1.** Personne chargée d'enseigner ou de faire pratiquer certaines activités, certains sports. *Moniteur de ski.* **2.** Étudiant rémunéré pour participer à l'activité enseignante, dans l'enseignement supérieur. **3.** Personne chargée de l'encadrement des enfants dans les activités collectives extrascolaires. *Monitrice de colonie de vacances.* Abrév. (fam.) : *mono.* **4.** Afrique. Fonctionnaire de rang subalterne employé dans le développement agricole ; enseignant de rang inférieur à celui d'instituteur.

2. MONITEUR n.m. **1.** Écran de visualisation associé à un micro-ordinateur. **2.** MÉD. Appareil électronique permettant l'enregistrement permanent des phénomènes physiologiques et déclenchant une alarme au moment des troubles, utilisé surtout en réanimation et dans les unités de soins intensifs. **3.** INFORM. Programme de contrôle permettant de surveiller l'exécution de plusieurs programmes n'ayant aucun lien entre eux.

MONITION n.f. (lat. *monitio,* action d'avertir). DR. CAN. Avertissement officiel de l'autorité ecclésiastique. SYN. : *admonition.*

MONITOIRE n.m. et adj. (lat. *monitorius*). Monition publique qu'un juge ecclésiastique adresse à celui qui a connaissance d'un fait pour l'obliger à témoigner.

MONITOR n.m. (mot amér.). **1.** MAR. ANC. Cuirassé de moyen tonnage d'un type utilisé à la fin du XIXᵉ s. et au début du XXᵉ. **2.** MIN. Canon à eau sous pression.

MONITORAGE ou **MONITORING** [-riŋ] n.m. Surveillance médicale à l'aide d'un moniteur.

MONITORAT n.m. Formation pour la fonction de moniteur ; cette fonction.

MÔN-KHMER, ÈRE adj. et n.m. (pl. *môn-khmers, ères*). LING. Se dit d'un groupe de langues parlées en Asie du Sud-Est.

MONNAIE n.f. (de *Juno Moneta,* Junon la Conseillère, dans le temple de laquelle les Romains frappaient la monnaie). **I. 1.** Pièce de métal frappée par l'autorité souveraine pour servir aux échanges. ◇ *Battre monnaie :* fabriquer, émettre de la monnaie. – *Fausse monnaie,* qui imite frauduleusement la monnaie légale. – Fig. *C'est monnaie courante :* c'est chose fréquente. **2. a.** Instrument légal des paiements. *Monnaie de papier.* – *Monnaie de réserve :* monnaie détenue par les banques d'émission et utilisée parallèlement à l'or dans les règlements internationaux. – *Monnaie centrale,* émise par la banque centrale. – *Monnaie de compte :* unité monétaire non représentée matériellement et utilisée uniquement pour les comptes. ◇ Fig. *Servir de monnaie d'échange :* être utilisé comme moyen d'échange dans une négociation. **b.** Unité monétaire adoptée par un État. *La monnaie du Chili est le peso.* *(V. tableau p. 669.)* **II. 1.** Équivalent de la valeur d'un billet ou d'une pièce en billets ou pièces de moindre valeur. *Faire la monnaie de 500 francs.* **2.** Pièces ou coupures de faible valeur que l'on porte sur soi. *Avez-vous de la monnaie ?* ◇ *Petite monnaie :* pièces de faible valeur. **3.** Différence entre la valeur d'un billet, d'une pièce et le prix exact d'une marchandise. *Rendre la monnaie.* ◇ Fig. *Rendre à qqn la monnaie de sa pièce :* user de représailles envers lui, lui rendre la pareille.

MONNAIE-DU-PAPE n.f. (pl. *monnaies-du-pape*). Lunaire (plante).

MONNAYABLE adj. **1.** Qui peut être monnayé. *Métal monnayable.* **2.** Dont on peut tirer un profit ; susceptible d'être rémunéré, payé. *Talent monnayable.*

MONNAYAGE n.m. Fabrication de la monnaie.

MONNAYER v.t. [11]. **1.** Convertir (un métal) en monnaie. **2.** Faire argent de, tirer profit de. *Vedette de cinéma qui monnaie ses souvenirs.* **3.** Afrique. Rendre la monnaie sur (une somme).

MONNAYEUR n.m. **1.** Ouvrier qui effectue la frappe de la monnaie. **2.** Appareil qui fait automatiquement la monnaie.

1. MONO n.m. (abrév.). Fam. **1.** Moniteur, monitrice. **2.** Monoski.

2. MONO n.f. (abrév.). Fam. Monophonie.

MONOACIDE adj. et n.m. CHIM. Se dit d'un acide qui ne libère qu'un seul ion H^+ par molécule.

MONOAMINE n.f. CHIM. Amine ne possédant qu'un radical —NH_2. (Les catécholamines, la sérotonine sont des monoamines.)

MONOAMINE-OXYDASE n.f. (pl. *monoamines-oxydases*). Enzyme qui détruit par oxydation les monoamines en excès dans l'organisme. Abrév. : *M.A.O.* (Les inhibiteurs de la monoamine-oxydase [I.M.A.O.], médicaments antidépresseurs, agissent sur l'humeur en faisant remonter le taux sanguin des catécholamines.)

MONOATOMIQUE adj. CHIM. Se dit d'un corps simple constitué d'atomes isolés.

Principales monnaies internationales

(L'orthographe des noms de monnaies non francisés est donnée dans la langue du pays d'origine ; lorsqu'il existe, le nom français de la monnaie figure entre crochets [ ].)

pays	*unité monétaire*	*symbole*	*subdivision*
Afghanistan	afghāni	A	100 puls
Afrique du Sud	rand	R	100 cents
Albanie	lek	LEDK	100 qindarka
Algérie	dinar algérien	DA	100 centimes
Allemagne	Deutsche Mark	DM	100 Pfennige
Arabie saoudite	riyal	RLAS	100 halalas
Argentine	peso	$	100 centavos
Australie	dollar australien	$A	100 cents
Autriche	Schilling	SCH	100 Groschen
Belgique	franc belge	FB	100 centimes
Bénin	franc C. F. A.	FCFA	100 centimes
Birmanie	kyat	K	100 pyas
Bolivie	boliviano	BOL	100 centavos
Brésil	real	BRL	100 centavos
Bulgarie	lev (*pl.* leva)	LVA	100 stotinki (*sing.* stotinka)
Burkina	franc C. F. A.	FCFA	100 centimes
Burundi	franc du Burundi	FBU	100 centimes
Cambodge	riel	δ	100 sen
Cameroun	franc C. F. A.	FCFA	100 centimes
Canada	dollar canadien	$CAN	100 cents
C. E. E.	écu		
C. E. I.	rouble	RBL	
centrafricaine (République)	franc C. F. A.	FCFA	100 centimes
Chili	peso chilien	$	100 centavos
Chine (Rép. pop. de)	yuan		10 jiao ou 100 fen
Chypre	livre cypriote	£CYP	1 000 mils
Colombie	peso colombien	$COL	100 centavos
Congo	franc C. F. A.	FCFA	100 centimes
Corée du Nord	won	KPW	100 chon
Corée du Sud	won	KRW	100 chon
Costa Rica	colón (*pl.* colones) [colon]	COCR	100 céntimos
Côte d'Ivoire	franc C. F. A.	FCFA	100 centimes
Croatie	kuna		100 lipa
Cuba	peso cubain	$CU	100 centavos
Danemark	krone (*pl.* kroner) [couronne danoise]	KRD	100 øre
Égypte	livre égyptienne	£EG	100 piastres
Émirats arabes unis	dirham	—	100 fils
Équateur	sucre	SUC	100 centavos
Espagne	peseta	PTA	100 céntimos
États-Unis	dollar US	$US	100 cents
Éthiopie	birr		100 cents
Finlande	markka (*pl.* markkaa) [mark finlandais]	MF	100 penniä (*sing.* penni)
France	franc	F	100 centimes
Gabon	franc C. F. A.	FCFA	100 centimes
Ghana	cédi	C	100 pesewas
Grande-Bretagne	pound sterling [livre sterling]	£	100 pence (*sing.* penny)
Grèce	drachme	DR	
Guatemala	quetzal (*pl.* quetzales)	Q	100 centavos
Guinée	franc guinéen	—	100 centimes
Haïti	gourde	G	100 centimes
Honduras	lempira	LEMP	100 centavos
Hongkong	dollar de Hongkong	$HGK	100 cents
Hongrie	forint	FOR	100 fillér
Inde	roupie indienne	RS	100 paisé
Indonésie	rupiah	NRPH	100 sen
Iran	rial	RL	100 dinars
Iraq	dinar irakien	DIK	5 rials ou 20 dirhams ou 1 000 fils
Irlande (Rép. d')	livre irlandaise	£IR	100 pence (*sing.* penny)
Islande	couronne islandaise	KIS	100 aurar (*sing.* eyrir)
Israël	shekel	ILS	100 agorot

pays	*unité monétaire*	*symbole*	*subdivision*
Italie	lira (*pl.* lire) [lire]	LIT	100 centesimi (*sing.* centesimo)
Japon	yen	Y	100 sen
Jordanie	dinar jordanien	DJ	1 000 fils
Kenya	shilling du Kenya	SHK	100 cents
Koweït	dinar koweïtien	KD	10 dirhams ou 1 000 fils
Laos	kip	KIP	100 att
Liban	livre libanaise	£LIB	100 piastres
Liberia	dollar libérien	$LBR	100 cents
Libye	dinar libyen	DLY	1 000 dirhams
Luxembourg	franc luxembourgeois	FLUX	100 centimes
Madagascar	franc malgache	FMG	100 centimes
Malaisie	ringgit [dollar de Malaisie]		100 sen ou cents
Mali	franc C. F. A.	FCFA	100 centimes
Maroc	dirham	DH	100 centimes
Mauritanie	ouguiya	UM	5 khoums
Mexique	peso mexicain	$MEX	100 centavos
Mozambique	metical	—	100 kobo
Népal	roupie népalaise	—	100 paisa
Nicaragua	córdoba	$NI	100 centavos
Niger	franc C. F. A.	FCFA	100 centimes
Nigeria	naira	NR	100 kobo
Norvège	couronne norvégienne	KRN	100 øre
Nouvelle-Zélande	dollar néo-zélandais	$NZ	100 cents
Pakistan	roupie du Pakistan	RUPP	100 paisa
Panamá	balboa	BAL	100 centésimos
Paraguay	guaraní	GUA	100 céntimos
Pays-Bas	gulden [florin]	FL	100 cents
Pérou	sol	S	100 céntimos
Philippines	peso	$PHI	100 centavos
Pologne	złoty	ZL	100 groszy (*sing.* grosz)
Portugal	escudo	ESC	100 centavos
Qaṭar	riyal	QR	100 dirhams
Roumanie	leu (*pl.* lei)	LEI	100 bani
Rwanda	franc rwandais	FRU	100 centimes
Salvador	colón (*pl.* colones) [colon]	COES	100 centavos
Sénégal	franc C. F. A.	FCFA	100 centimes
Slovaquie	couronne slovaque	Sk	100 haleriov
Slovénie	tolar (*pl.* tolarji)		100 stojin
Somalie	shilling	SMSH	100 cents
Soudan	livre soudanaise	£SOU	100 piastres ou 1 000 millièmes
Suède	couronne suédoise	KRS	100 öre
Suisse	franc suisse	FS	100 centimes
Syrie	livre syrienne	£SYR	100 piastres
Tanzanie	shilling de Tanzanie	SHT	100 cents
Tchad	franc C. F. A.	FCFA	100 centimes
tchèque (République)	couronne tchèque	Kč	100 haléřů (*sing.* haléř)
Thaïlande	baht	—	100 satang
Togo	franc C. F. A.	FCFA	100 centimes
Tunisie	dinar tunisien	DTU	1 000 millimes
Turquie	livre turque	£TQ	
Uruguay	peso urugayen	$UR	100 centésimos
Venezuela	bolívar (*pl.* bolívares)	BOLV	100 céntimos
Viêt Nam	dông	DON	10 hao ou 100 xu
Yémen	rial du Yémen	YR	100 fils
	dinar	DY	1 000 fils
Yougoslavie	dinar	DIN	100 paras
Zaïre	zaïre	NZ	100 makuta
Zimbabwe	dollar du Zimbabwe	Z$	100 cents

MONOBASE n.f. Base qui ne libère qu'un seul ion OH^- par molécule.

MONOBASIQUE adj. CHIM. Qui est de même nature que les monobases, qui constitue une monobase.

MONOBLOC adj. et n.m. TECHN. Qui est fait d'une seule pièce, d'un seul bloc. *Châssis monobloc.*

MONOCÂBLE adj. Qui ne comporte, n'utilise qu'un seul câble. ◆ n.m. Transporteur aérien fait d'un seul câble sans fin, à la fois porteur et tracteur.

MONOCAMÉRAL, E, AUX adj. Qui ne comporte qu'une seule chambre, qu'une seule assemblée parlementaire. *Système monocaméral.*

MONOCAMÉRISME ou **MONOCAMÉRALISME** n.m. Système politique dans lequel le Parlement est composé d'une seule chambre.

MONOCHROMATEUR n.m. Dispositif optique fournissant une radiation monochromatique.

MONOCHROMATIQUE adj. PHYS. Se dit d'un rayonnement électromagnétique ayant une fréquence unique.

MONOCHROME adj. Qui est d'une seule couleur.

MONOCHROMIE [-kro-] n.f. Caractère de ce qui est monochrome.

MONOCINÉTIQUE adj. PHYS. Se dit de particules ayant toutes la même vitesse.

MONOCLE n.m. (gr. *monos,* seul, et lat. *oculus,* œil). Verre correcteur unique que l'on fait tenir dans l'arcade sourcilière.

MONOCLINAL, E, AUX adj. Se dit d'un relief structural (cuesta, crêt, barre) ou d'une série sédimentaire affectés par un pendage identique dans une direction donnée.

MONOCLINIQUE adj. MINÉR. Se dit d'un système cristallin dont la symétrie est celle d'un prisme oblique à base losange. SYN. : *clinorhombique.*

MONOCLONAL, E, AUX adj. BIOL. Qui appartient à un même clone cellulaire. ◇ *Anticorps monoclonal :* anticorps spécifique sécrété par des lymphocytes dérivant d'une cellule unique (*clone*) sélectionnée. (La fabrication des anticorps monoclonaux a permis d'importants progrès diagnostiques et thérapeutiques en immunologie et en cancérologie.)

MONOCOLORE adj. **1.** Qui ne présente qu'une seule couleur. **2.** Se dit d'un gouvernement qui est l'émanation d'un seul des partis représentés au Parlement.

1. MONOCOQUE adj. Se dit d'une structure de véhicule automobile combinant carrosserie et châssis et composée d'éléments en tôle soudés, formant un ensemble rigide à la flexion et à la torsion.

2. MONOCOQUE n.m. Bateau, voilier à une seule coque (par opp. à *multicoque*).

1. MONOCORDE adj. Qui est émis sur une seule note et ne varie pas ; monotone. *Chant monocorde.*

2. MONOCORDE adj. et n.m. Se dit d'un instrument de musique à une seule corde.

MONOCORPS adj. et n.m. Se dit d'un véhicule dont le profil ne présente de décrochement ni à l'avant ni à l'arrière.

MONOCOTYLÉDONE n.f. (gr. *monos,* seul, et *kotulêdôn,* cavité). *Monocotylédones :* classe de plantes angiospermes dont la graine contient une plantule à un seul cotylédon, présentant des feuilles aux nervures parallèles et des fleurs dont la symétrie est souvent d'ordre 3. (Les principales familles de monocotylédones sont les graminées, les liliacées, les orchidacées et les palmiers.)

MONOCRATIE [-si] n.f. Système politique dans lequel le pouvoir est exercé par un seul homme.

MONOCRISTAL n.m. (pl. *monocristaux*). PHYS. Domaine d'un milieu cristallin possédant une périodicité parfaite. (En général, un cristal est formé d'agrégats de monocristaux. Un monocristal de grandes dimensions possède des propriétés particulières.)

MONOCULAIRE adj. Relatif à un seul œil. *Microscope monoculaire.*

MONOCULTURE n.f. Culture unique ou largement dominante d'une espèce végétale (vigne, maïs, café, etc.) dans une région ou une exploitation.

MONOCYCLE n.m. Vélocipède à une roue, utilisé par les acrobates.

MONOCYCLIQUE adj. **1.** Se dit d'un composé chimique dont la formule renferme une chaîne fermée. **2.** Se dit d'espèces animales ne présentant qu'un cycle sexuel par an.

MONOCYLINDRE adj. et n.m. Se dit d'un moteur à un seul cylindre.

MONOCYLINDRIQUE adj. Monocylindre.

MONOCYTE n.m. (du gr. *kutos,* creux). Leucocyte mononucléaire de grande taille, qui assure essentiellement la phagocytose.

MONODÉPARTEMENTAL, E, AUX adj. ADMIN. *Région monodépartementale,* qui ne compte qu'un seul département (Guadeloupe, Guyane, Martinique, Réunion).

MONODIE n.f. MUS. Chant à une voix.

MONODIQUE adj. Se dit d'un chant à une seule voix.

MONŒCIE [mɔnesi] n.f. BOT. Caractère d'une plante monoïque.

MONOGAME adj. **1.** Qui n'a qu'un seul conjoint légitime. **2.** Qui se conforme au système de la monogamie. *Société monogame.*

MONOGAMIE n.f. (gr. *monos,* seul, et *gamos,* mariage). Système dans lequel l'homme ne peut être simultanément l'époux de plus d'une femme, et la femme l'épouse de plus d'un homme. (La monogamie s'oppose à la polyandrie et à la polygynie, les deux formes de la polygamie.)

MONOGAMIQUE adj. Relatif à la monogamie.

MONOGATARI n.m. (mot jap.). LITTÉR. Genre littéraire japonais qui regroupe à la fois des contes très courts, parfois mêlés de vers, généralement réunis en recueils, et des œuvres romanesques d'une grande étendue.

MONOGÉNISME n.m. Doctrine anthropologique ancienne d'après laquelle toutes les races humaines dériveraient d'un type unique.

MONOGRAMME n.m. **1.** Chiffre composé des lettres ou des principales lettres d'un nom. **2.** Marque ou signature abrégée.

MONOGRAPHIE n.f. Étude détaillée sur un point précis d'histoire, de science, de littérature, sur une personne, sa vie, etc.

MONOGRAPHIQUE adj. Qui a le caractère d'une monographie.

MONOÏ [mɔnɔj] n.m. inv. Huile parfumée d'origine tahitienne, tirée de la noix de coco et des fleurs de tiaré.

MONOÏDÉISME n.m. PSYCHOL. Concentration volontaire ou pathologique de la pensée sur un seul thème.

MONOÏQUE adj. (gr. *monos,* seul, et *oïkos,* demeure). BOT. Se dit d'une plante à fleurs unisexuées mais où chaque pied porte des fleurs mâles et des fleurs femelles (comme le maïs, le noisetier, etc.). CONTR. : *dioïque.*

MONOKINI n.m. (formation plaisante sur *Bikini*). Maillot de bain féminin ne comportant qu'un slip et pas de soutien-gorge.

MONOLINGUE adj. et n. **1.** Qui ne parle qu'une langue (par opp. à *bilingue, trilingue,* etc.). **2.** Rédigé en une seule langue. *Dictionnaire monolingue.* SYN. : *unilingue.*

MONOLINGUISME [mɔnɔlɛ̃gɥism] n.m. État d'une personne, d'une région, d'un pays monolingues.

MONOLITHE n.m. et adj. (gr. *monos,* seul, et *lithos,* pierre). **1.** Se dit d'un ouvrage formé d'un seul bloc de pierre. **2.** Se dit d'un monument taillé dans le roc.

MONOLITHIQUE adj. **1.** Formé d'un seul bloc de pierre. **2.** Fig. Qui présente l'aspect d'un bloc homogène, rigide, où il n'y a pas de place pour la contradiction. *Organisation, parti monolithique.*

MONOLITHISME n.m. Caractère de ce qui est monolithique.

MONOLOGUE n.m. (gr. *monologos,* qui parle seul). **1.** LITTÉR. Au théâtre, discours qu'un personnage se tient à lui-même pour évoquer le passé, exprimer un sentiment, présenter une situation, etc. ◇ *Monologue comique :* pièce médiévale à un seul personnage, qui fait la satire d'un type social ou psychologique. **2.** Discours que tient seul sur scène un humoriste et par lequel il met l'accent sur les travers de ses contemporains, de son époque, souvent en racontant des épisodes de la vie quotidienne. **3.** Discours de quelqu'un qui se parle tout haut à lui-même ou qui, dans la conversation, ne laisse pas parler les autres.

MONOLOGUER v.i. Tenir un monologue.

MONOMANIE n.f. **1.** PSYCHIATRIE. Toute affection psychique qui n'affecte que partiellement l'esprit. **2.** Cour. Idée fixe.

1. MONÔME n.m. (gr. *monos,* seul, et *nomos,* portion). MATH. Expression algébrique formée d'un seul terme où figurent une ou plusieurs variables.

2. MONÔME n.m. (par jeu de mots avec le précédent, formé sur *seul-homme ;* arg. de Polytechnique). Cortège d'étudiants marchant en file indienne en se tenant par les épaules, traditionnel naguère après la fin des examens. *Le monôme du bac.*

MONOMÈRE adj. et n.m. CHIM. Se dit d'un composé constitué de molécules simples pouvant réagir avec d'autres molécules pour donner des polymères.

MONOMÉTALLISME n.m. Système monétaire qui n'admet qu'un étalon monétaire, l'or ou l'argent (par opp. à *bimétallisme*).

MONOMÉTALLISTE adj. et n. Partisan du monométallisme.

MONOMÈTRE adj. LITTÉR. Composé d'une seule espèce de vers. *Poème monomètre.*

MONOMOTEUR adj.m. et n.m. Se dit d'un avion équipé d'un seul moteur.

MONONUCLÉAIRE n.m. et adj. Globule blanc possédant un seul noyau.

MONONUCLÉOSE n.f. MÉD. Augmentation du nombre des mononucléaires dans le sang. ◇ *Mononucléose infectieuse :* maladie bénigne du système hématopoïétique, due au virus d'Epstein-Barr, qui se manifeste par une angine, une augmentation de volume des ganglions lymphatiques et de la rate, une très grande asthénie et une augmentation du nombre des monocytes avec apparition de grands mononucléaires.

MONOPARENTAL, E, AUX adj. D'un seul des deux parents ; où il n'y a que le père ou la mère pour élever l'enfant ou les enfants. *Autorité, famille monoparentale.*

MONOPARTISME n.m. Système politique fondé sur l'existence d'un parti unique.

MONOPHASÉ, E adj. Se dit des tensions ou des courants alternatifs simples ainsi que des installations correspondantes (par opp. à *polyphasé*).

MONOPHONIE n.f. Technique permettant la transmission d'un signal musical au moyen d'une seule voie (disque, amplificateur, radiorécepteur classique, etc.), par opp. à *stéréophonie.* Abrév. (fam.) : *mono.*

MONOPHONIQUE adj. Qui concerne la monophonie. SYN. : *monaural.*

MONOPHYSISME n.m. RELIG. Doctrine du Ve s. affirmant l'union du divin et de l'humain dans le Christ en une seule nature. (Condamné par le concile de Chalcédoine en 451, le monophysisme survit dans quelques Églises orientales.)

MONOPHYSITE adj. et n. Relatif au monophysisme ; partisan du monophysisme.

1. MONOPLACE adj. et n.m. Se dit d'un véhicule à une seule place.

2. MONOPLACE n.f. Automobile à une place, spécialement conçue pour les compétitions.

MONOPLAN adj. et n.m. Se dit d'un avion à un seul plan de sustentation.

MONOPLÉGIE n.f. (du gr. *plêgê,* coup). Paralysie d'un seul membre.

MONOPOLE n.m. (gr. *monos,* seul, et *pôlein,* vendre). **1.** Privilège exclusif, de droit ou de fait, que possède un individu, une entreprise ou un organisme public de fabriquer, de vendre ou d'exploiter certains biens ou services. **2.** Fig. Possession exclusive de qqch. *S'attribuer le monopole de la vérité.*

MONOPOLEUR, EUSE adj. et n. ÉCON. Monopoliste.

MONOPOLISATEUR, TRICE n. Personne qui monopolise qqch.

MONOPOLISATION n.f. Action de monopoliser.

MONOPOLISER v.t. **1.** Exercer son monopole sur (une production, un secteur d'activité). **2.** Se réserver, accaparer pour son seul profit. *Monopoliser la parole.*

MONOPOLISTE adj. et n. ÉCON. Qui exerce, détient un monopole.

MONOPOLISTIQUE adj. ÉCON. Qui a la forme d'un monopole ; qui tend vers le monopole ou s'y apparente. *Pratiques monopolistiques.*

MONOPOLY n.m. (nom déposé). Jeu de société dans lequel les joueurs doivent acquérir des terrains et des immeubles, figurés sur un tableau, jusqu'à en obtenir le monopole.

MONOPROCESSEUR adj.m. et n.m. INFORM. Se dit d'un système informatique possédant une seule unité de traitement.

MONOPSONE n.m. (du gr. *opsônein,* s'approvisionner). ÉCON. Marché caractérisé par la présence d'un acheteur et d'une multitude de vendeurs.

MONOPTÈRE adj. et n.m. (du gr. *pteron,* aile). ARCHIT. Se dit d'un temple circulaire à coupole reposant sur une seule rangée de colonnes.

MONORAIL adj. et n.m. **1.** Se dit d'un chemin de fer n'utilisant qu'un seul rail de roulement. **2.** Se dit d'un dispositif de manutention comportant un rail unique, généralement suspendu.

MONORIME adj. et n.m. Se dit d'un poème dont tous les vers ont la même rime.

MONOSACCHARIDE n.m. CHIM. Ose.

MONOSÉMIQUE adj. LING. Qui n'a qu'un seul sens. *Mot monosémique.* CONTR. : *polysémique.*

MONOSÉPALE adj. BOT. Dont le calice est d'une seule pièce.

MONOSKI n.m. Ski sur lequel on pose les deux pieds pour glisser sur l'eau ou sur la neige. ◇ Sport ainsi pratiqué. Abrév. (fam.) : *mono.*

MONOSPACE n.m. Voiture particulière spacieuse et monocorps.

MONOSPERME adj. BOT. Se dit des fruits et des divisions de fruits qui ne contiennent qu'une seule graine.

MONOSTYLE adj. ARCHIT. À une seule colonne.

MONOSYLLABE adj. et n.m. Qui n'a qu'une seule syllabe. *Répondre par monosyllabes.*

MONOSYLLABIQUE adj. 1. Monosyllabe. 2. Qui ne contient que des monosyllabes. *Vers monosyllabique.*

MONOTHÉISME n.m. (du gr. *theos,* dieu). Doctrine, religion qui n'admet qu'un seul Dieu.

MONOTHÉISTE adj. et n. Qui concerne ou professe le monothéisme. (Le judaïsme, le christianisme et l'islam sont des religions monothéistes.)

MONOTHÉLISME n.m. (du gr. *thelein,* vouloir). RELIG. Doctrine du VIIe s. selon laquelle il n'y aurait eu dans le Christ qu'une seule volonté, la volonté divine. (Elle fut condamnée en 681 par le troisième concile de Constantinople.)

MONOTONE adj. (du gr. *tonos,* ton). 1. Qui est toujours sur le même ton. *Chant monotone.* 2. Qui lasse par son rythme, ses intonations sans variété. *Acteur monotone.* 3. Qui est uniforme, sans imprévu. *Soirée monotone.* 4. MATH. *Fonction monotone (sur un intervalle) :* fonction croissante ou décroissante sur tout l'intervalle.

MONOTONIE n.f. Caractère, état de ce qui est monotone. *Monotonie d'une voix, d'un paysage.*

MONOTRACE adj. AÉRON. Se dit d'un train d'atterrissage dont les roues principales sont toutes situées dans l'axe du fuselage.

MONOTRÈME n.m. (gr. *trêma,* trou). *Monotrèmes :* sous-classe de mammifères primitifs d'Australie, de Tasmanie et de Nouvelle-Guinée qui ont le corps couvert de poils ou de piquants, un bec sans dents, pondent des œufs mais allaitent leurs petits, tels que les ornithorynques et les échidnés. SYN. : *protothérien.*

MONOTROPE n.m. Plante sans chlorophylle, aux feuilles réduites, parasite du pin. (Famille des pirolacées.) SYN. : *sucepin.*

1. MONOTYPE n.m. 1. Estampe obtenue à partir d'une planche sur laquelle le motif a été peint, et non gravé. 2. Yacht à voile faisant partie d'une série de bateaux identiques, tous construits sur le même plan.

2. MONOTYPE n.f. (nom déposé). ARTS GRAPH. Machine à composer produisant des lignes justifiées en caractères mobiles.

MONOVALENT, E adj. CHIM. Univalent.

MONOXYDE n.m. CHIM. Oxyde qui contient un seul atome d'oxygène dans sa molécule. *Le monoxyde de carbone (CO) est un gaz très toxique.*

MONOXYLE adj. Qui est fabriqué, taillé dans une seule pièce de bois. *Pirogue, tambour monoxyle.*

MONOZYGOTE adj. BIOL. Se dit de jumeaux issus d'un même œuf, ou *vrais jumeaux.* SYN. : *univitellin.* CONTR. : *bivitellin, dizygote.*

MONSEIGNEUR n.m. (pl. *messeigneurs, nosseigneurs*). 1. Titre donné aux princes d'une famille souveraine, aux prélats. Abrév. : *M*[gr]. 2. (Avec une majuscule). Titre du Grand Dauphin, fils de Louis XIV, et, après lui, des Dauphins de France.

MONSIEUR [məsjø] n.m. (pl. *messieurs*). 1. Titre donné, par civilité, à un homme à qui l'on s'adresse, oralement ou par écrit (précède la fonction quand on la nomme : *Monsieur le Professeur*). 2. Appellation respectueuse utilisée par un serveur, un employé, etc., pour s'adresser à un client, au maître de maison ou pour parler de lui. *Monsieur désire ? Monsieur est absent.* 3. Péj. a. *Faire le monsieur :* jouer à l'homme important. b. *Un vilain monsieur :* un individu peu estimable. 4. (Avec une majuscule). Titre du frère puîné du roi de France, à partir de la seconde moitié du XVIe s.

MONSIGNOR [-ɲɔr] ou **MONSIGNORE** [-ɲɔre] n.m. (pl. *monsignors* ou *monsignori*). Prélat de la cour pontificale.

MONSTERA n.m. Plante grimpante et rameuse originaire de l'Amérique tropicale, aux grandes feuilles profondément découpées, aux racines pendantes, appréciée comme plante d'appartement. (Famille des aracées.)

MONSTRANCE n.f. Pièce d'orfèvrerie ancienne destinée à montrer ou à exposer aux fidèles l'hostie consacrée et qui préfigure l'ostensoir.

MONSTRE n.m. (lat. *monstrum*). 1. SC. DE LA V. Être vivant présentant une importante malformation. *L'étude des monstres est la tératologie.* 2. Être fantastique de la mythologie, des légendes. 3. Animal, objet effrayant par sa taille, son aspect. *Monstres marins.* 4. Personne d'une laideur repoussante. 5. a. Personne qui suscite l'horreur par sa cruauté, sa perversité. b. Personne qui effraie ou suscite une profonde antipathie par quelque défaut, quelque vice qu'elle présente à un degré extrême. *Un monstre d'égoïsme.* 6. *Monstre sacré :* comédien très célèbre ; personnage hors du commun, auréolé d'une gloire mythique. ◆ adj. Fam. Prodigieux, énorme ; extraordinaire. *Une chance monstre.*

MONSTRILLIDÉ n.m. ZOOL. *Monstrillidés :* famille de crustacés copépodes dont la larve vit en parasite.

MONSTRUEUSEMENT adv. 1. D'une manière monstrueuse. *Il a monstrueusement agi.* 2. Prodigieusement, excessivement.

MONSTRUEUX, EUSE adj. 1. Atteint de graves malformations. *Veau monstrueux.* 2. Excessivement laid, horrible. *Un masque monstrueux.* 3. Prodigieux, extraordinaire (par une taille hors du commun). *Un potiron monstrueux.* 4. Qui dépasse les limites de ce que l'on peut imaginer, tolérer ; horrible, abominable. *Crime monstrueux.*

MONSTRUOSITÉ n.f. 1. Caractère de ce qui est monstrueux. 2. Chose monstrueuse.

MONT n.m. (lat. *mons*). 1. Cour. Grande élévation naturelle au-dessus du terrain environnant. *Le mont Everest. Les monts d'Arrée.* ◇ Fig. *Promettre monts et merveilles,* des choses extraordinaires mais peu réalisables. 2. GÉOMORPH. Forme structurale d'une région plissée, correspondant à la couche dure d'un anticlinal. 3. ANAT. *Mont de Vénus :* pénil.

MONTAGE n.m. 1. Action de porter du bas vers le haut. 2. Action d'assembler les différents éléments d'un ensemble complexe, et, spécialt : a. TECHN. Assemblage des différentes pièces d'un appareil, d'un ensemble mécanique, d'un meuble. *Montage d'une bibliothèque.* b. Choix et assemblage des divers plans d'un film, des bandes enregistrées pour une émission de radio, etc. c. IMPR. Assemblage des films portant les textes et les illustrations qui sont copiés ensemble sur la forme d'impression. 3. ÉLECTRON. *Montage symétrique :* circuit amplificateur à deux tubes ou deux transistors, l'un amplifiant les alternances positives, l'autre les alternances négatives du signal. SYN. : *push-pull.* 4. BANQUE. *Montage financier :* ensemble de procédés permettant à une entreprise de se procurer des ressources sur le marché des capitaux bancaires ou financiers.

1. MONTAGNARD, E adj. et n. Qui est de la montagne, habite les montagnes.

2. MONTAGNARD n.m. HIST. Député de la Convention qui siégeait sur les gradins les plus élevés. (V. partie n. pr.)

MONTAGNE n.f. (lat. *mons,* mont). 1. Élévation naturelle du sol, caractérisée par une forte dénivellation entre les sommets et le fond des vallées. ◇ *Montagne à vaches,* dont l'ascension ne présente pas de difficultés. 2. Région de forte altitude, lieu de villégiature. *Passer ses vacances à la montagne.* 3. *Montagnes russes :* attraction foraine constituée de montées et de descentes abruptes sur lesquelles roulent très rapidement, sous l'effet de leur propre poids, des rames de petites voitures. 4. Fig. Amoncellement important d'objets. *Une montagne de livres.* 5. HIST. *La Montagne,* v. partie n. pr.

Montagnes : les principaux sommets		
Asie	Everest	8 846 m
	K 2	8 611 m
	Kangchenjunga	8 586 m
	Lhotse	8 545 m
	Makālū	8 515 m
Amérique	Aconcagua	6 959 m
Afrique	Kilimandjaro	5 895 m
Europe	mont Blanc	4 807 m

MONTAGNEUX, EUSE adj. Où il y a beaucoup de montagnes.

MONTAISON n.f. 1. Migration par laquelle certains poissons (notamm. les saumons) quittent l'eau salée pour remonter les fleuves et s'y reproduire ; saison de cette migration. 2. Montée en graine d'une plante.

MONTALBANAIS, E adj. et n. De Montauban.

MONTANISME n.m. RELIG. Doctrine hérétique du IIe s. professée par Montanus (ou *Montan*), prêtre phrygien.

MONTANISTE adj. et n. Relatif au montanisme ; partisan du montanisme.

1. MONTANT n.m. 1. Élément vertical d'un ensemble, destiné à servir de support ou de renfort. 2. Élément vertical, central ou latéral du cadre d'un vantail ou d'un châssis de fenêtre, de porte. 3. Chacune des deux pièces latérales auxquelles sont fixés les échelons d'une échelle.

2. MONTANT n.m. 1. Total d'un compte. 2. ÉCON. *Montants compensatoires monétaires :* taxes et subventions destinées à compenser les différentes parités monétaires dans la C. E. E. et à harmoniser la circulation intracommunautaire des produits agricoles.

3. MONTANT, E adj. 1. Qui monte. 2. MIL. *Garde montante,* celle qui va prendre son service.

MONTBÉLIARDE adj.f. et n.f. Se dit d'une race française de bovins à robe pie rouge, surtout exploitée pour la production de lait.

MONT-BLANC n.m. (pl. *monts-blancs*). Entremets froid fait d'un dôme de crème Chantilly entouré d'une bordure de purée de marrons.

MONT-DE-PIÉTÉ n.m. (it. *monte di pietà,* banque de charité) [pl. *monts-de-piété*]. Vx. Caisse de crédit municipal, établissement public de prêt sur gage à taux modéré.

MONT-D'OR n.m. (pl. *monts-d'or*). Fromage voisin du vacherin, fabriqué dans le Doubs.

MONTE n.f. 1. Action, manière de monter à cheval. 2. Accouplement, dans les espèces équine, bovine, caprine et porcine ; époque de cet accouplement.

MONTÉ, E adj. 1. Pourvu d'une monture, d'un cheval. ◇ *Être bien, mal monté :* avoir un bon, un mauvais cheval. – Vx. *Troupes montées :* armes qui utilisaient le cheval (cavalerie, artillerie, train). 2. Pourvu. *Être bien monté en cravates.* 3. Assemblé, ajusté. ◇ *Coup monté :* coup préparé à l'avance et en secret. 4. Exalté, irrité. *Avoir la tête montée.* ◇ *Être monté :* être en colère.

MONTE-CHARGE n.m. (pl. *monte-charges* ou inv.). Appareil servant à monter des fardeaux d'un étage à l'autre.

MONTÉE n.f. 1. Action de monter sur un lieu élevé. 2. Chemin par lequel on monte au sommet d'une éminence ; pente raide. 3. Trajectoire d'un aéronef, d'une fusée qui s'élèvent. 4. ARCHIT. a. Chacune des deux parties comprises entre le faîte et les supports latéraux d'un arc, d'une voûte. b. Flèche d'un arc, d'une voûte. 5. Fait d'être porté à un niveau plus élevé. *La montée des eaux.* ◇ *Montée de lait :* installation de la sécrétion lactée, après l'accouchement. 6. Élévation en quantité, en valeur, en intensité. *La montée des prix.* ◇ *Montée en puissance :* progression spectaculaire de qqch (production ou utilisation d'un produit, popularité de qqn, etc.). 7. Afrique. Début de la demi-journée de travail.

MONTE-EN-L'AIR n.m. inv. Fam. Cambrioleur.

MONTÉNÉGRIN, E adj. et n. Du Monténégro.

MONTE-PLAT ou **MONTE-PLATS** n.m. (pl. *monte-plats*). Petit monte-charge assurant la circulation des plats entre la cuisine et la salle à manger.

MONTER v.i. (lat. pop. *montare ;* de *mons,* mont). I. 1. (Auxil. *être*). Se transporter en un lieu plus élevé. *Monter sur une colline, à la tribune.* ◇ *Monter sur le trône :* devenir roi. **2.** Se placer sur un animal, sur ou dans un véhicule. *Monter à cheval, en avion.* **3.** Fam. *Monter à Paris :* aller de la province (surtout, du Midi) vers Paris. **4.** Avoir de l'avancement. *Monter en grade.* **II. 1.** (Auxil. *être*). Suivre une pente, s'élever en pente. *La route monte en lacet jusqu'au col.* **2.** (Auxil. *être*). Croître en hauteur. *Une construction qui monte rapidement.* **3.** (Auxil. *être* ou *avoir*). Atteindre un niveau plus élevé. *La rivière est, a monté après l'orage.* **4.** (Auxil. *être*). S'élever, atteindre telle ou telle élévation. *La tour Eiffel monte à plus de trois cents mètres.* **5.** (Auxil. *avoir*). Passer du grave à l'aigu. *La voix monte par tons et demi-tons.* **6.** (Auxil. *avoir*). Atteindre un degré, un prix plus élevé. *Les denrées alimentaires ont monté.* **7.** (Auxil. *avoir*). Former un total de. *La dépense monte à mille francs.* ◆ v.t. (Auxil. *avoir*). **I. 1.** Gravir, parcourir de bas en haut. *Monter un escalier.* **2.** Se placer sur une bête pour se faire porter. *Monter un cheval.* **3.** Transporter dans un lieu plus élevé. *Monter une valise au troisième étage.* **4.** Accroître la valeur, la force, l'intensité de qqch, en hausser le niveau. *Cet hôtel a monté ses prix.* **5.** *Monter (une mayonnaise, des blancs en neige,* etc.) : battre les ingrédients (d'une préparation culinaire) pour en augmenter la consistance et le volume. **6.** Fig. Exciter, exalter (en partic. dans un sens hostile). *On les a montés contre nous.* **II.** Fournir du nécessaire. *Monter sa maison, son ménage.* **III. 1.** Assembler les différentes parties de, mettre en état de fonctionner. *Monter une charpente, une tente.* **2.** Effectuer le montage de (un film, une bande magnétique, etc.). **3.** Enchâsser dans une monture. *Monter un diamant.* **4.** Préparer, organiser. *Monter une entreprise, un complot.* ◇ Fam. *Monter le coup à qqn,* l'induire en erreur. **5.** *Monter un specacle, une pièce de théâtre,* en organiser la représentation, la mise en scène. ◆ **se monter** v.pr. **1.** S'élever à un total de. *Les frais se montent à mille francs.* **2.** Se pourvoir de. *Se monter en linge.* **3. a.** *Se monter la tête :* s'exciter, s'exalter. **b.** Fam. *Se monter le coup :* se mettre en tête des idées fausses.

MONTE-SAC ou **MONTE-SACS** n.m. (pl. *monte-sacs*). Appareil servant à monter des sacs.

MONTEUR, EUSE n. **1.** Ouvrier, ouvrière qui assemble les diverses pièces constitutives d'un ensemble. **2.** CIN. Spécialiste chargé du montage.

MONTGOLFIÈRE n.f. (de *Montgolfier,* n.pr.). Aérostat dont la sustentation est assurée par de l'air chauffé par un foyer situé sous le ballon.

MONTICOLE n.m. Passereau voisin du merle.

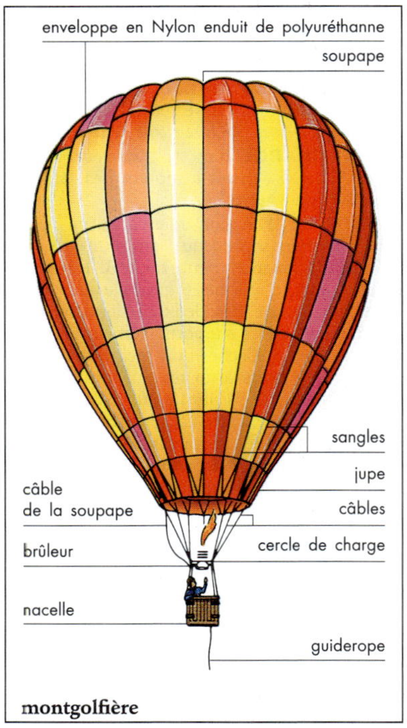

montgolfière

MONTICULE n.m. Petit mont, petite élévation du sol.

MONT-JOIE n.f. (pl. *monts-joie*). Anc. Monceau de pierres pour marquer les chemins ou pour rappeler quelque évènement important.

MONTMARTROIS, E adj. et n. De Montmartre.

MONTMORENCY n.f. Cerise d'une variété acidulée, à courte queue.

MONTMORILLONITE n.f. MINÉR. Silicate hydraté naturel d'aluminium, avec un peu de magnésie.

MONTOIR n.m. *Côté du montoir* ou *montoir :* côté gauche du cheval (celui où l'on se met en selle).

MONTOIS, E adj. et n. De Mont-de-Marsan.

MONTPELLIÉRAIN, E adj. et n. De Montpellier.

MONTRABLE adj. Qui peut être montré.

MONTRACHET [mɔ̃raʃɛ] n.m. Vin blanc sec issu du cépage chardonnay, grand cru de la côte de Beaune.

1. MONTRE n.f. **1.** Petit appareil portatif servant à donner l'heure et d'autres indications (date, etc.). – *Montre mécanique :* montre dont l'énergie est fournie par un ressort. – *Montre à quartz :* montre électronique dont le résonateur est un cristal de quartz entretenu électroniquement et qui est dotée soit d'un affichage à aiguilles *(montre analogique),* soit d'un affichage à cristaux liquides par chiffres et lettres *(montre numérique).* ◇ *Montre en main :* en un temps précis, vérifié. – *Course contre la montre :* épreuve cycliste sur route dans laquelle les concurrents, partant à intervalles réguliers, sont chronométrés individuellement ; **fig.,** action ou entreprise qui doit être réalisée en un temps limité, très bref. **2.** *Montre marine :* chronomètre utilisé à bord des bateaux pour les calculs de navigation astronomique.

2. MONTRE n.f. (de *montrer*). **1.** Litt. *Être en montre :* être exposé en vitrine. **2.** *Faire montre de :* montrer, manifester, faire preuve de. *Faire montre de prudence.*

MONTRÉALAIS, E [mɔ̃re-] adj. et n. De Montréal.

MONTRE-BRACELET n.f. (pl. *montres-bracelets*). Bracelet-montre.

MONTRER v.t. (lat. *monstrare*). **1.** Faire voir, exposer aux regards. *Montrer ses bijoux.* **2.** Indiquer, désigner par un geste, un signe. *Montrer qqn du doigt.* **3.** Manifester, faire paraître. *Montrer du courage.* **4.** Prouver, démontrer, enseigner. *Montrer qu'on a raison.* ◆ **se montrer** v.pr. **1.** Apparaître à la vue. **2.** Se révéler, s'avérer être. *Se montrer intransigeant.*

MONTREUR, EUSE n. Personne qui montre tel spectacle, telle attraction. *Montreur d'ours.*

MONTUEUX, EUSE adj. (lat. *montuosus*). Litt. Accidenté, coupé de collines.

MONTURE n.f. (de *monter*). **1.** Bête sur laquelle on monte pour se faire porter, bête de selle. *Cavalier chevauchant sa monture.* **2.** Partie d'un objet qui sert à fixer, à assembler l'élément principal. *La monture d'une paire de lunettes, d'une bague.*

MONUMENT n.m. (lat. *monumentum*). **1.** Ouvrage d'architecture ou de sculpture destiné à perpétuer le souvenir d'un personnage ou d'un évènement. ◇ *Monument funéraire,* élevé sur une sépulture. **2.** Édifice remarquable par sa beauté ou son ancienneté. **a.** *Monument public :* ouvrage d'architecture ou de sculpture appartenant à l'État, à un département, à une commune. **b.** *Monument historique :* édifice, objet mobilier ou autre vestige du passé qu'il importe de conserver dans le patrimoine national pour les souvenirs qui s'y rattachent ou pour sa valeur artistique. **3. a.** Toute œuvre considérable, digne de durer. ◇ *Être un monument de :* présenter (telle caractéristique, telle particularité, surtout négative) à un degré extrême. *C'est un monument de sottise.* **b.** Tout ce qui est propre à attester qqch, à en transmettre le souvenir (vestige, document, œuvre d'art, objet quelconque).

■ En France, la création du premier poste d'*inspecteur des Monuments historiques* remonte à 1830, celle de la *Commission supérieure* à 1837. Une loi de 1913 a institué le *classement* des monuments, objets mobiliers et œuvres d'art jugés les plus importants. Une autre loi a institué en 1927 l'*inscription* à l'*Inventaire supplémentaire* d'autres témoignages historiques et artistiques. (Bénéficient aujourd'hui de ces deux mécanismes de protection près de 35 000 édifices ou parties d'édifice, plus de 200 000 objets.) En 1943 a été instaurée une protection des abords des grands monuments, en 1962 la procédure des *secteurs sauvegardés* (noyaux historiques des villes). Un *Inventaire général des monuments et richesses artistiques de la France* a été entrepris en 1962 également. Il existe un organisme mondial, l'ICOMOS (Conseil international des monuments et des sites).

MONUMENTAL, E, AUX adj. **1.** Qui a les qualités de proportions, de style, de force propres à un monument. **2.** Énorme en son genre, étonnant. *Erreur, bêtise monumentale.* **3.** Des monuments. *Plan monumental de Paris.*

MONUMENTALITÉ n.f. Caractère puissant ou grandiose d'une œuvre d'art, apporté par ses dimensions, ses proportions, son style.

1. MOQUE n.f. (bas all. *mokke,* cruche). **1.** Région. Tasse pour boire le cidre. **2.** MAR. Bidon. *Une moque de peinture.* ◇ Grand récipient pour boire.

2. MOQUE n.f. (néerl. *mok*). Bloc de bois lenticulaire, cannelé sur son pourtour pour recevoir une estrope et percé intérieurement d'un trou par où passe un cordage.

3. MOQUE n.f. (lat. *mucus*). Suisse. Morve.

MOQUER v.t. Litt. Railler, tourner en ridicule. *Plus que de le critiquer, tu le moques.* ◆ **se moquer** v.pr. *(de).* **1.** Faire un objet de plaisanterie de, railler. **2.** Ne faire nul cas de, mépriser. *Se moquer du qu'en-dira-t-on.* **3.** Prendre qqn pour un sot, essayer de le tromper. *Je n'aime pas que l'on se moque de moi.*

MOQUERIE n.f. **1.** Action ou habitude de se moquer. *Être en butte à la moquerie des gens.* **2.** Action, parole par lesquelles on se moque ; raillerie. *Exciter les moqueries de son entourage.*

MOQUETTE n.f. Tapis à velours bouclé ou à bouclettes, souvent d'une seule couleur, recouvrant généralement tout le sol d'une pièce.

MOQUETTER v.t. Recouvrir de moquette.

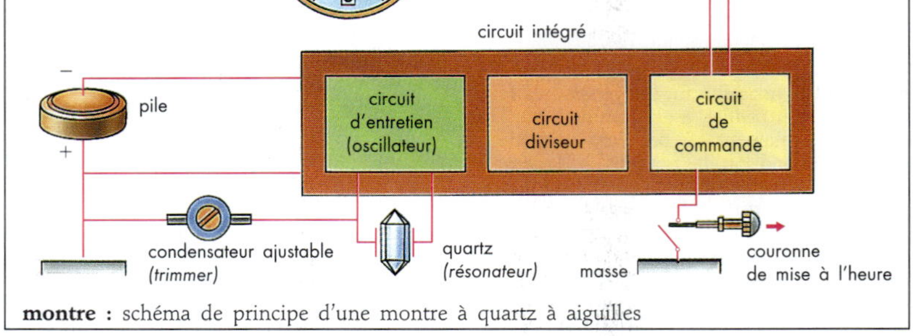

montre : schéma de principe d'une montre à quartz à aiguilles

1. MOQUEUR, EUSE adj. et n. Qui se moque ; qui aime à se moquer. ◆ adj. Inspiré par la raillerie ; qui manifeste de la raillerie. *Sourire moqueur.*

2. MOQUEUR n.m. **1.** Oiseau passereau des États-Unis. **2.** Oiseau des savanes africaines voisin de la huppe.

MORACÉE n.f. (lat. *morus,* mûrier). *Moracées :* famille de l'ordre des urticales comprenant des plantes dicotylédones apétales des régions chaudes, telles que le mûrier ou le figuier.

MORAILLES n.f. pl. (prov. *moralha,* pièce de fer). Tenailles pour maintenir par les naseaux un cheval rétif que l'on veut ferrer, soigner, etc.

MORAILLON n.m. TECHN. Pièce métallique mobile qui vient s'encastrer dans une pièce fixe sur le côté d'une malle ou d'un coffre et servant à leur fermeture.

MORAINE n.f. (savoyard *morêna*). GÉOGR. Matériel transporté ou déposé par un glacier.

MORAINIQUE adj. Des moraines, relatif aux moraines.

1. MORAL, E, AUX adj. (lat. *mores,* mœurs). **1.** Qui concerne les règles de conduite en usage dans une société. *Un jugement moral.* **2.** Conforme à ces règles, admis comme honnête, juste. *Avoir le sens moral.* **3.** Relatif à l'esprit, à la pensée (par opp. à *matériel,* à *physique*). *Avoir la force morale de lutter.*

2. MORAL n.m. sing. **1.** Ensemble des facultés mentales, de la vie psychique. *Le physique influe sur le moral.* **2.** État d'esprit, disposition à supporter qqch. *Avoir bon moral.*

MORALE n.f. **1.** Ensemble des règles d'action et des valeurs qui fonctionnent comme normes dans une société. ◇ *Faire la morale à qqn,* lui adresser des exhortations, des recommandations morales, le réprimander. **2.** PHILOS. Théorie des fins des actions de l'homme. **3.** Précepte, conclusion pratique que l'on veut tirer d'une histoire.

MORALEMENT adv. **1.** Conformément à la morale. *Agir moralement.* **2.** Du point de vue de la morale. *Être moralement responsable.* **3.** Quant au moral. *Moralement, la malade va mieux.*

MORALISANT, E adj. Qui moralise.

MORALISATEUR, TRICE adj. et n. Qui donne des leçons de morale.

MORALISATION n.f. Action de moraliser, de rendre moral.

MORALISER v.t. **1.** Rendre conforme à la morale. *Moraliser la vie politique, une profession.* **2.** Faire la morale à ; réprimander. *Moraliser un enfant.* ◆ v.i. Faire des réflexions morales.

MORALISME n.m. Attachement formaliste et étroit à une morale.

MORALISTE n. Auteur qui écrit sur les mœurs, la nature humaine. ◆ adj. Empreint de moralisme.

MORALITÉ n.f. **1.** Adéquation d'une action, d'un fait, etc., à une morale. *Geste d'une moralité exemplaire.* **2.** Attitude, conduite morale, principes. *Une femme d'une moralité irréprochable.* **3.** Conclusion morale que suggère une histoire. **4.** LITTÉR. Œuvre théâtrale en vers, au Moyen Âge. (Elle met en scène des personnages allégoriques et a pour objet l'édification morale.)

MORASSE n.f. (it. *moraccio,* noiraud). IMPR. Dernière épreuve d'une page de journal, tirée avant le clichage des formes pour une révision générale.

1. MORATOIRE adj. (du lat. *morari,* s'attarder). DR. **1.** Qui accorde un délai. **2.** *Intérêts moratoires :* intérêts dus en raison du retard apporté au paiement d'une créance.

2. MORATOIRE n.m. (lat. *moratorium,* ajournement). **1.** DR. Délai légal accordé à certains débiteurs éprouvant des difficultés à s'acquitter de leurs dettes en raison des circonstances (guerre ou crise économique notamm.). **2.** Suspension volontaire d'une action ; délai que l'on s'accorde avant de poursuivre une activité dans un domaine donné. *Moratoire nucléaire. Débattre du moratoire pour la chasse.*

MORAVE adj. et n. **1.** De Moravie. **2.** *Frères moraves :* mouvement religieux chrétien né au XVe s., en Bohême, parmi les hussites. (Les frères moraves, dispersés après la défaite de la Montagne Blanche [1620], forment en Allemagne, en Angleterre, aux États-Unis, en Amérique du Sud et en Bohême des groupes missionnaires importants.)

MORBIDE adj. (lat. *morbidus ;* de *morbus,* maladie). **1.** Propre à la maladie, pathologique. *État morbide.* **2.** Qui dénote un déséquilibre moral, mental. *Goûts morbides.*

MORBIDESSE n.f. (it. *morbidezza*). **1.** Litt. Grâce maladive, langueur. **2.** BX-A. Caractère moelleux et suave du modelé des chairs en peinture.

MORBIDITÉ n.f. **1.** Caractère de ce qui est morbide. **2.** Rapport entre le nombre des malades et celui d'une population.

MORBIER n.m. **1.** Fromage cylindrique pesant de 5 à 12 kg, au lait de vache, à pâte pressée, fabriqué dans le Jura. **2.** Suisse. Horloge comtoise d'appartement.

MORBIHANNAIS, E adj. et n. Du Morbihan.

MORBILLEUX, EUSE adj. (lat. *morbilli,* rougeole). MÉD. Propre à la rougeole.

MORBLEU interj. (de *mort de Dieu*). Vx. Juron marquant la colère, l'impatience, etc.

MORBUS [mɔrbys] n.m. Vx. *Choléra morbus* → ***choléra.***

MORCEAU n.m. (anc. fr. *mors,* lat. *morsus,* morsure). **1.** Partie d'un tout, d'une matière, d'un aliment, d'un corps. ◇ Fam. *Enlever, emporter le morceau :* réussir, avoir gain de cause. – Pop. *Casser, cracher, lâcher, manger le morceau :* parler, avouer. **2.** Fragment d'une œuvre écrite. *Recueil de morceaux choisis.* **3.** Œuvre musicale prise isolément ; fragment d'œuvre musicale. *Interpréter un morceau de Couperin.*

MORCELABLE adj. Que l'on peut morceler.

MORCELER v.t. [24]. Diviser en morceaux, en parties. *Morceler un héritage.*

MORCELLEMENT n.m. Action de morceler ; fait d'être morcelé.

MORDACHE n.f. (lat. *mordax,* tranchant). **1.** Morceau de métal mou (ou de matière plastique, etc.) qu'on place entre les mâchoires d'un étau pour serrer une pièce sans l'endommager. **2.** Suisse. Fam. Faconde, bagou.

MORDACITÉ n.f. (lat. *mordacitas*). Litt. Caractère de ce qui est mordant ; causticité.

MORDANÇAGE n.m. TECHN. **1.** Décapage aux acides d'une surface métallique. **2.** Application d'un mordant sur une étoffe, les poils d'une fourrure. **3.** Opération fixant un colorant sur une surface réceptrice.

MORDANCER v.t. [16]. TECHN. Soumettre à l'opération du mordançage.

1. MORDANT, E adj. **1.** Qui entame en rongeant. *Acide mordant.* **2.** Fig. Incisif, piquant. *Ironie mordante.*

2. MORDANT n.m. **I. 1.** Vivacité, énergie, entrain dans l'attaque. **2.** Caractère vif, agressif d'une réplique, d'une manière de s'exprimer ; causticité. **II. 1.** Acide ou autre substance employés pour attaquer un métal en surface (dans la gravure à l'eau-forte, en partic.). **2.** Substance dont on imprègne les étoffes et les poils de fourrure pour leur faire prendre la teinture. **3.** Vernis pour fixer l'or en feuille sur le cuivre, le bronze, etc. **4.** MUS. Ornement, surtout en usage dans la musique ancienne, formé de la note écrite, de sa seconde inférieure et du retour à la note écrite.

MORDICANT, E adj. Vx. Qui provoque un picotement.

MORDICUS [mɔrdikys] adv. (mot lat., *en mordant*). Fam. Avec une fermeté opiniâtre. *Soutenir, affirmer qqch mordicus.*

MORDILLAGE ou **MORDILLEMENT** n.m. Action de mordiller.

MORDILLER v.t. Mordre légèrement et à de nombreuses reprises.

MORDORÉ, E adj. (de *More* et *doré*). D'un brun chaud avec des reflets dorés.

MORDORER v.t. Rare. Donner une couleur mordorée à.

MORDORURE n.f. Litt. Couleur mordorée.

MORDRE v.t. et v.t. ind. (lat. *mordere*) [76]. **1.** Serrer, saisir fortement avec les dents en entamant, en blessant. *Le chien l'a mordu. Mordre son crayon.* ◇ *Mordre à l'appât, à l'hameçon :* s'en saisir, en parlant du poisson ; fig., se laisser prendre à qqch, en parlant de qqn. – *Ça mord :* le poisson mord à l'appât. **2.** Absolt. Attaquer avec les dents. *Ce chien risque de mordre.* **3.** Ronger, pénétrer dans, entamer. *La lime mord le métal. La vis mord dans le bois.* **4.** S'accrocher, trouver prise. *L'ancre n'a pas mordu.* **5.** GRAV. Attaquer la planche à graver, en parlant de l'eau-forte, d'un mordant. **6.** Aller au-delà de la limite fixée, empiéter sur. *La balle a mordu la ligne, sur la ligne.* ◇ *Mordre sur :* empiéter légèrement sur (un espace, une période). **7.** Fam. *Mordre à qqch,* y prendre goût, s'y mettre. *Elle mord aux mathématiques.* ◆ **se mordre** v.pr. Fam. *Se mordre les doigts de qqch :* s'en repentir amèrement.

MORDU, E adj. **1.** Fam. Passionnément amoureux. **2.** *Saut mordu :* en athlétisme, saut amorcé au-delà de la limite permise. ◆ adj. et n. Fam. Passionné. *Elle est mordue de cinéma. C'est un mordu du jazz.*

MORE adj. et n. → ***maure.***

MOREAU, ELLE adj. et n. D'un noir luisant, en parlant d'un cheval, d'une jument.

MORELLE n.f. (lat. pop. *morellus,* brun). Plante de la famille des solanacées, représentée par des espèces comestibles (pomme de terre, tomate, aubergine) et des formes sauvages toxiques (douce-amère, tue-chien).

MORÈNE n.f. Plante des eaux stagnantes, à feuilles flottantes et à fleurs blanches. (Famille des hydrocharidacées.)

MORESQUE adj. → ***1. mauresque.***

MORFAL, E, ALS adj. et n. Arg. Qui mange avec un appétit vorace.

1. MORFIL ou **MARFIL** n.m. Vx. Dent d'éléphant non travaillée.

2. MORFIL n.m. (de *mort* et *fil*). Petit filament de métal, petite barbe qui restent attachés au tranchant d'une lame fraîchement affûtée.

MORFLER v.i. Pop. Encaisser un coup dur, une punition.

MORFONDRE (SE) v.pr. (du radical *murr-,* museau, et *fondre,* prendre froid) [75]. S'ennuyer à attendre trop longtemps.

MORGANATIQUE adj. (du germ. *Morgengabe,* don du matin). **1.** Se dit du mariage d'un prince avec une personne de rang inférieur, qui reste exclue des dignités nobiliaires. **2.** Se dit de la femme ainsi épousée et des enfants nés de ce mariage.

MORGANATIQUEMENT adv. De façon morganatique.

MORGANITE n.f. Pierre fine, béryl de couleur rose.

MORGELINE n.f. (de *mordre* et *geline,* poule). Mouron des oiseaux ou mouron blanc.

MORGON n.m. Vin d'un cru renommé du Beaujolais.

1. MORGUE n.f. (de l'anc. fr. *morguer,* dévisager, lat. *murricare,* faire la moue). Attitude hautaine, méprisante.

2. MORGUE n.f. (du précéd.). **1.** Lieu où sont déposés les cadavres non identifiés ou justiciables d'une expertise médico-légale (à Paris, l'Institut médico-légal). **2.** Salle où, dans un hôpital, une clinique, on garde momentanément les morts.

MORGUÉ, MORGUENNE ou **MORGUIENNE** interj. Ancien juron marquant la colère, l'impatience.

MORGUER v.t. Litt. Traiter avec arrogance.

MORIBOND, E adj. et n. (lat. *moribundus*). Qui est près de mourir ; agonisant, mourant.

MORICAUD, E adj. et n. (de *More*). Fam. (Parfois péj. et raciste). Qui a la peau très brune.

MORIGÉNER v.t. (lat. *morigerari,* être complaisant) [18]. Réprimander, gronder, sermonner.

MORILLE n.f. (lat. *maurus,* brun foncé). Champignon des bois, comestible délicat, à chapeau alvéolé. (Classe des ascomycètes.)

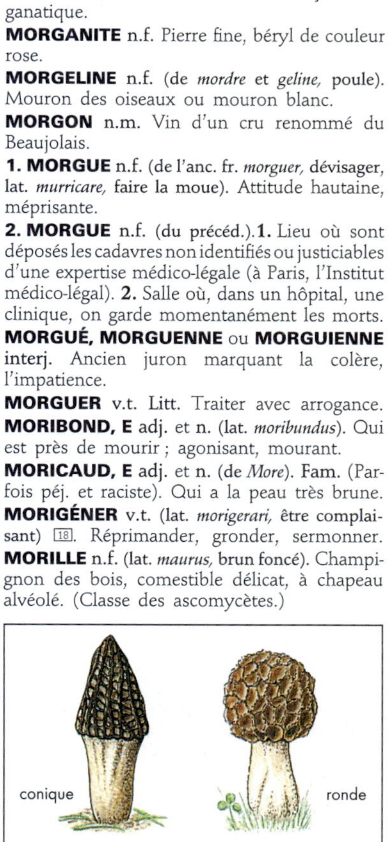

morilles (comestibles)

MORILLON n.m. (anc. fr. *morel,* brun). Canard sauvage du genre *fuligule,* à plumage noir et blanc chez le mâle, assez commun sur les côtes d'Europe occidentale en hiver. (Long. 42 cm.)

MORIO n.m. Papillon du genre *vanesse,* à ailes brunes bordées de jaune.

MORION n.m. (esp. *morrión*). Casque léger de fantassin, d'origine espagnole, caractérisé par ses bords relevés en nacelle et par une crête en croissant (XVIe et XVIIe s.).

MORISQUE adj. et n. Musulman d'Espagne converti, souvent par la contrainte, au catholicisme, à partir de 1499. (Les révoltes des morisques de 1568-1571 décidèrent Philippe III à les chasser d'Espagne au début du XVIIe s., ce qui entraîna le départ de plus de 250 000 personnes.)

MORMON, E n. et adj. (mot amér.). Membre d'un mouvement religieux, dit aussi *Église de Jésus-Christ des saints des derniers jours,* fondé aux États-Unis en 1830 par Joseph Smith. (Fondateurs de Salt Lake City, les mormons donnèrent à l'État de l'Utah un essor remarquable après l'abandon de certains aspects de leur doctrine [autonomie théocratique et polygamie]. La doctrine des mormons tire ses sources de la Bible et du *Livre de Mormon,* ouvrage de Smith publié en 1830.)

MORMONISME n.m. Doctrine des mormons.

1. MORNE adj. (francique *mornôn,* être triste). **1.** Empreint de tristesse. *Un regard morne.* **2.** Qui, par sa monotonie, inspire la tristesse. *Une morne plaine.* **3.** Terne, sans éclat. *Style morne.*

2. MORNE n.m. (mot créole ; esp. *morro,* monticule). Antilles. Colline.

3. MORNE n.f. (anc. fr. *morné,* émoussé). Anneau épais, sorte de frette dont on habillait le fer de la lance de joute.

MORNÉ, E adj. HÉRALD. Se dit des animaux représentés sans langue, sans dents et sans ongles et, pour les oiseaux, sans bec ni pattes.

MORNIFLE n.f. (rad. *murr-,* museau, et anc. fr. *nifler*). Pop., vieilli. Gifle donnée du revers de la main.

1. MOROSE adj. (lat. *morosus ;* de *mores,* mœurs). **1.** Qui est d'une humeur sombre et chagrine. **2.** Se dit d'un secteur économique peu actif.

2. MOROSE adj. (lat. *morosus,* qui s'attarde). THÉOL. *Délectation morose :* complaisance avec laquelle l'esprit s'attarde à une pensée qu'il devrait repousser.

MOROSITÉ n.f. Caractère de qqn, de qqch qui est morose.

MORPHÈME n.m. (gr. *morphê,* forme). LING. Unité minimale de signification. (On distingue les *morphèmes grammaticaux* [par ex. *-ent,* marque de la 3e personne du pluriel des verbes] et les morphèmes lexicaux [par ex. *prudent* dans *imprudemment, voi-* dans *voient*].)

MORPHINE n.f. (de *Morphée,* dieu du Sommeil). Puissant psychodysleptique et analgésique, principal alcaloïde de l'opium. (L'usage prolongé de la morphine entraîne une tolérance et une dépendance physique et psychique sévères. Le sevrage est insupportable et susceptible d'entraîner des troubles cardio-vasculaires pouvant aboutir à la mort. Le danger de toxicomanie grave réduit l'usage thérapeutique de la morphine aux états douloureux aigus, aux douleurs néoplasiques et aux œdèmes pulmonaires.)

MORPHING [mɔrfiŋ] n.m. (mot anglo-amér., du gr.). CIN. Transformation continue, animée d'une image en une autre.

MORPHINIQUE adj. De la morphine.

MORPHINISME n.m. Intoxication chronique par la morphine.

MORPHINOMANE adj. et n. Qui s'adonne à la morphinomanie.

MORPHINOMANIE n.f. Toxicomanie à la morphine.

MORPHISME n.m. MATH. Homomorphisme.

MORPHOGÈNE adj. PHYSIOL. Se dit d'une action ou d'une fonction qui intervient dans la croissance, la forme du corps.

MORPHOGENÈSE n.f. **1.** GÉOMORPH. Création et évolution des formes du relief terrestre. **2.** BIOL. Développement embryonnaire.

MORPHOLOGIE n.f. (gr. *morphê,* forme, et *logos,* science). **1.** Étude de la forme et de la structure externe des êtres vivants. **2.** Aspect général du corps humain. *La morphologie d'un athlète.* **3.** *Morphologie de la Terre :* géomorphologie. **4.** LING. Partie de la grammaire qui étudie la forme des mots et les variations de leurs désinences.

MORPHOLOGIQUE adj. Relatif à la morphologie.

MORPHOLOGIQUEMENT adv. Du point de vue de la morphologie.

MORPHOPSYCHOLOGIE [-kɔ-] n.f. Étude des corrélations entre la morphologie d'une personne et les traits psychologiques constitutifs de sa personnalité.

MORPION n.m. (de *mords,* impér., et *pion,* fantassin). **1.** Très fam. Pou du pubis. SYN. : *phtirius.* **2.** Fam., péj. Garçon très jeune, petit gamin. **3.** Jeu dans lequel chacun des deux adversaires s'efforce d'aligner, le premier, cinq signes (croix, points, ronds, etc.) sur un papier quadrillé. **4.** IMPR. Défaut d'impression dû à la présence d'une poussière sur un cliché.

MORS [mɔr] n.m. (lat. *morsus,* morsure). **1.** Pièce métallique fixée à la bride et passée dans la bouche du cheval sur les barres, et qui permet de le conduire. (Le *mors de filet* agit sur les commissures des lèvres, le *mors de bride,* plus puissant, agit sur les barres). ◇ *Prendre le mors aux dents :* en parlant d'un cheval, s'emporter ; fam., se mettre subitement en colère, ou montrer subitement une grande ardeur, une grande énergie. **2.** TECHN. Chacune des mâchoires d'un étau, d'une pince, de tenailles, etc. ◆ pl. REL. Saillies formées, lors de l'endossure, par les cartons, le long du dos d'un livre à relier et formant charnière entre le dos et les plats.

1. MORSE n.m. (russe *morj,* du lapon). Mammifère marin des régions arctiques, au corps épais, aux canines supérieures transformées en défenses. (Long 5 m env. ; poids 1 t env. ; ordre des pinnipèdes.)

morse

2. MORSE n.m. (p.-ê. de *mors*). MÉCAN. *Cône morse :* emmanchement conique de dimensions normalisées, d'une conicité de l'ordre de 5 p. 100, permettant le centrage et l'entraînement d'un arbre, d'un mandrin, d'un outil de coupe, etc.

3. MORSE n.m. (du n. de l'inventeur). *Code Morse* ou *morse :* code télégraphique utilisant un alphabet conventionnel fait de traits et de points.

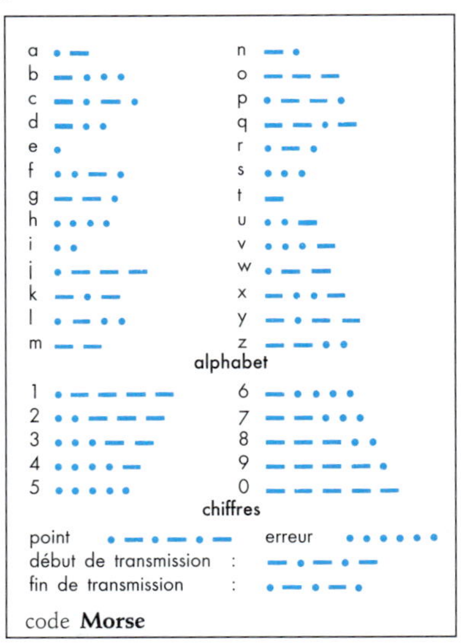

code **Morse**

MORSURE n.f. (de *mors*). **1.** Action de mordre ; plaie faite en mordant. **2.** Action d'entamer une matière. *La morsure de la lime.* ◇ GRAV. Attaque du métal par l'acide. **3.** Fig. Vive attaque, effet nuisible d'un élément naturel. *Les morsures du gel.*

1. MORT n.f. (lat. *mors, mortis*). **1.** Cessation complète et définitive de la vie. *Périr de mort violente. Mort naturelle, accidentelle.* ◇ *Être à la mort, à deux doigts de la mort, à l'article de la mort, sur son lit de mort,* sur le point de mourir. – *Être entre la vie et la mort,* en grand danger de mourir. – *Mort apparente :* état de ralentissement extrême des fonctions vitales, donnant à l'individu l'aspect extérieur de la mort. – *Souffrir mille morts :* subir de terribles souffrances. – *La mort dans l'âme :* avec un regret très vif, mêlé de chagrin. **2.** DR. **a.** *Peine de mort :* peine criminelle suprême, peine capitale (supprimée en France par la loi du 9 octobre 1981). **b.** *Mort civile :* peine entraînant la privation de tous les droits civils, abolie en 1854. **3.** PSYCHAN. *Pulsion de mort :* force qui pousse l'être humain à l'autodestruction et qui est à l'œuvre dans les passages à l'acte et dans la dépression. **4.** RELIG. *Mort éternelle, mort de l'âme :* perte de la grâce, damnation aux peines de l'enfer. **5.** Fig. Cessation complète d'activité ; extinction. *La mort du petit commerce.* **6.** *À mort :* **a.** Mortellement. *Blessé à mort.* **b.** Fam. De toutes ses forces, à un degré intense. *Freiner à mort. Être fâché à mort.* **c.** *À mort ! Mort à ... !* (pour réclamer la mort de qqn ou le conspuer).

2. MORT, E adj. (lat. *mortuus*). **1.** Qui a cessé de vivre. *Mort de froid.* **2.** Qui semble sans vie. *Un regard mort.* ◇ *Être mort de fatigue,* épuisé. – *Plus mort que vif :* qui, sous l'empire de la peur, paraît incapable de réagir et est comme mort. **3. a.** Privé d'animation, d'activité. *Ville morte.* ◇ *Temps mort :* moment où il n'y a pas d'activité, d'action ; au basket-ball et au volley-ball, minute de repos accordée à la demande d'une équipe. **b.** Qui n'a pas d'efficacité ou qui n'en a plus ; hors d'usage. *Ces piles sont mortes.* **c.** *Bras mort d'un cours d'eau :* bras où le courant est très faible, où l'eau stagne. – *Eau morte,* stagnante. – *Vallée morte :* vallée qui n'est plus drainée par un cours d'eau. **4.** *Angle mort :* **a.** Partie du champ visuel occupée par un obstacle masquant ce qui se trouve derrière lui. **b.** MIL. Zone de terrain dérobée à la vue par un obstacle, ou non battue par le feu. **5.** *Langue morte :* langue qui n'est plus parlée.

3. MORT, E n. **1.** Personne décédée. *Honorer la mémoire des morts.* **2.** Dépouille mortelle, cadavre. *Porter un mort en terre.* **3.** MIL. *Aux morts !* sonnerie et batterie pour honorer le souvenir de ceux qui sont morts pour la patrie. ◆ n.m. **1.** Au bridge, celui des quatre joueurs qui étale son jeu sur la table ; les cartes de ce joueur. **2.** *Faire le mort :* faire semblant d'être mort ; ne donner aucun signe de vie, ne pas manifester sa présence. **3.** Fam. *La place du mort,* celle qui est à côté du conducteur, dans une automobile, et qui est réputée la plus dangereuse en cas de collision.

MORTADELLE n.f. (it. *mortadella*). Gros saucisson cuit fait d'un mélange de viande et de gras. (Spécialité italienne.)

MORTAISAGE n.m. Action de mortaiser.

MORTAISE n.f. (p.-ê. du lat. *morari,* retenir). **1.** Cavité de section généralement rectangulaire, pratiquée dans une pièce de bois ou de métal, pour recevoir le tenon d'une autre pièce assemblée. **2.** MÉCAN. Rainure pratiquée dans un alésage et destinée à recevoir une clavette.

MORTAISER v.t. Pratiquer une mortaise dans.

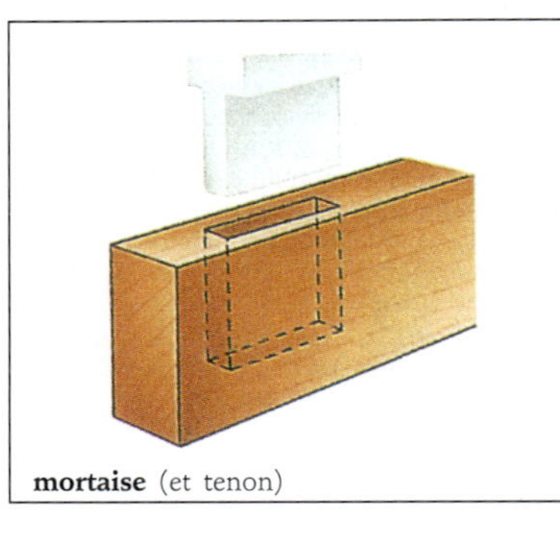
mortaise (et tenon)

MORTAISEUSE n.f. Machine-outil pour creuser les mortaises.

MORTALITÉ n.f. (lat. *mortalitas*). **1.** Phénomène de la mort, considéré du point de vue du nombre. *La mortalité due aux épidémies.* **2.** Rapport des décès dans une population à l'effectif moyen de cette population, durant une période donnée. SYN. : *létalité.* ◇ *Tables de mortalité* : tables statistiques permettant d'établir l'espérance de vie d'une population, d'un groupe déterminé.

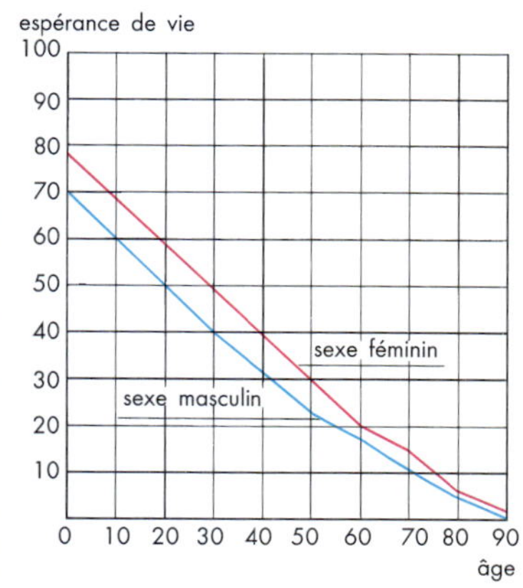

Par exemple, pour une femme, l'espérance de vie est de 78 ans à la naissance, de 48 ans à 30 ans, etc.

table de **mortalité**

MORT-AUX-RATS [mɔr(t)ora] n.f. inv. Préparation empoisonnée, le plus souvent à base d'arsenic, destinée à détruire les rats, les rongeurs.

MORT-BOIS n.m. (pl. *morts-bois*). Bois sans valeur que forment les arbustes, les broussailles, les ronces, etc.

MORTE-EAU n.f. (pl. *mortes-eaux*). *Marée de morte-eau* ou *morte-eau* : marée de faible amplitude, qui se produit lorsque la Lune est en quadrature (par opp. à *vive-eau*).

MORTEL, ELLE adj. (lat. *mortalis*). **1.** Sujet à la mort. *Tous les hommes sont mortels.* **2.** Qui cause la mort. *Maladie mortelle.* **3.** Fig. Très pénible ou très ennuyeux ; sinistre. *Une soirée mortelle.* **4.** Fig. *Ennemi mortel,* que l'on hait profondément. **5.** *Péché mortel,* qui fait perdre la vie de la grâce. ◆ n. Être humain. *Un heureux mortel.*

MORTELLEMENT adv. **1.** De manière telle qu'elle cause la mort ; à mort. *Être blessé mortellement.* **2.** Fig. Extrêmement. *Discours mortellement ennuyeux.*

MORTE-SAISON n.f. (pl. *mortes-saisons*). Période où l'activité est très faible pour un commerce, une industrie, etc.

MORT-GAGE n.m. (pl. *morts-gages*). DR. ANC. Gage dont les fruits ne venaient pas en déduction du capital de la créance.

MORTIER n.m. (lat. *mortarium,* auge). **I. 1.** Récipient en matière dure, à fond demi-sphérique, où l'on broie, avec un pilon, des aliments, certaines substances (pharmaceutiques, en partic.), etc. **2.** Bouche à feu à âme lisse, pour le tir courbe, notamment sur des objectifs défilés. **3.** Bonnet des magistrats de la Cour de cassation et de la Cour des comptes. **II.** Mélange constitué de sable, d'eau, d'un liant (chaux ou ciment) et éventuellement d'adjuvants, utilisé pour liaisonner les éléments d'une construction, pour exécuter des chapes et des enduits. – *Mortier industriel* : mortier sec, prêt à l'emploi.

mortier britannique léger de 81 mm

MORTIFÈRE adj. Fam. Qui cause la mort ; qui est d'un ennui mortel. *Discours mortifère.*

MORTIFIANT, E adj. Qui mortifie, humilie.

MORTIFICATION n.f. **1.** Action de mortifier son corps. **2.** Blessure d'amour-propre, humiliation. **3.** PATHOL. Nécrose. **4.** CUIS. Faisandage.

MORTIFIER v.t. **1.** Soumettre (le corps, la chair) à une privation, infliger une souffrance dans un but d'ascèse. **2.** Humilier, blesser dans son amour-propre. *Votre refus m'a mortifié.* **3.** PATHOL. Nécroser. **4.** CUIS. Faisander. *Mortifier du gibier.*

MORTINATALITÉ n.f. DÉMOGR. Rapport du nombre des enfants mort-nés à celui des naissances au cours d'une même période.

MORT-NÉ, E adj. et n. (pl. *mort-nés, mort-nées*). Mort en venant au monde. ◆ adj. Fig. Qui échoue dès son commencement. *Projet mort-né.*

MORTUAIRE adj. (lat. *mortuarius*). Relatif aux morts, aux cérémonies, aux formalités qui concernent un décès. *Drap, chambre mortuaire.* ◇ *Maison mortuaire,* où une personne est décédée. (En Belgique, on dit *la mortuaire,* n.f.). – DR. *Registre, extrait mortuaire* : registre des décès d'une localité ; copie d'un acte extrait de ce registre.

MORUE n.f. (p.-ê. celt. *mor,* mer, et anc. fr. *luz,* brochet). **1.** Gros poisson des mers froides, consommé frais sous le nom de *cabillaud,* salé sous le nom de *morue verte,* séché sous le nom de *merluche* et du foie duquel on tire une huile riche en vitamines A et D. (Long. jusqu'à 1,50 m ; famille des gadidés.) **2.** Fam. *Habit à queue de morue* : habit de cérémonie à pans longs et effilés, frac. **3.** Vulg., péj. Prostituée.

morue

MORULA n.f. (mot lat., *petite mûre*). BIOL. Premier stade du développement de l'embryon, qui se présente sous la forme d'une sphère dont la surface a l'aspect d'une mûre.

1. MORUTIER, ÈRE adj. Relatif à la morue, à sa pêche.

2. MORUTIER n.m. **1.** Bateau équipé pour la pêche à la morue. **2.** Pêcheur de morue.

MORVANDIAU adj.m. et n.m. ou **MORVANDEAU, ELLE** adj. et n. Du Morvan.

MORVE n.f. (de *vorme,* var. anc. de *gourme*). **1.** Sécrétion des muqueuses du nez. **2.** VÉTÉR. Maladie contagieuse des équidés (cheval, âne), souvent mortelle, transmissible à l'homme et due à un bacille produisant des ulcérations des fosses nasales. (Les animaux atteints de morve doivent être abattus.)

MORVEUX, EUSE adj. **1.** Qui a la morve au nez. *Enfant morveux.* ◇ Fig. *Se sentir morveux* : se sentir gêné, confus d'une maladresse ou d'une erreur que l'on a commise. **2.** VÉTÉR. Qui est atteint de la morve. ◆ n. **1.** Fam. Petit garçon, petite fille, gamin. **2.** Personne jeune qui prend des airs d'importance.

MOS n.m. (sigle de *metal oxide semi-conductor*). ÉLECTRON. Transistor à effet de champ, à grille isolée par une couche d'oxyde de silicium, utilisé dans les circuits intégrés.

1. MOSAÏQUE n.f. (it. *mosaico*). **1.** Assemblage de petits fragments multicolores (marbre, pâte de verre, etc.), dits *tesselles,* juxtaposés pour former un dessin, et liés par un ciment ; art d'exécuter ce type d'assemblage. *Mosaïque murale. Mosaïque de galets.* ◇ REL. Incrustation de peau amincie sur les plats ou le dos d'une reliure, d'une autre teinte que ceux-ci. **2.** Fig. Ensemble d'éléments juxtaposés et disparates. *Une mosaïque d'États.* **3.** AGRIC. Maladie à virus qui attaque certaines plantes en déterminant sur leurs feuilles des taches de diverses couleurs. **4. a.** GÉNÉT. Mode d'hérédité où les caractères parentaux sont répartis par plaques sur le corps de l'hybride. **b.** BIOL. Ensemble de cellules juxtaposées chez le même être vivant et qui n'ont pas le même génome. ◆ adj. *Pavage mosaïque* : revêtement de chaussée constitué par des pavés de petites dimensions et assemblés suivant des courbes qui s'entrecroisent.

exemple de **mosaïque** (détail du décor de l'église Sant'Apollinare Nuovo à Ravenne ; art byzantin, VIe s.)

2. MOSAÏQUE adj. Relatif à Moïse, au mosaïsme. *La loi mosaïque.* (→ ***Torah,*** partie n.pr.)

MOSAÏQUÉ, E adj. Qui offre l'aspect d'une mosaïque ou qui est orné d'une mosaïque.

MOSAÏSME n.m. Ensemble des doctrines et des institutions que le peuple d'Israël reçut de Dieu par l'intermédiaire de Moïse.

MOSAÏSTE n. Artiste ou artisan qui fait des mosaïques.

MOSAN, E adj. *Art mosan* : art qui s'est développé à l'époque romane dans la région de la Meuse moyenne et inférieure, illustré notamment par la dinanderie, l'orfèvrerie et l'émaillerie.

MOSCOVITE adj. et n. De Moscou.

MOSELLAN, E adj. et n. De la Moselle.

MOSETTE ou **MOZETTE** n.f. (it. *mozzetta*). Camail des ecclésiastiques italiens.

MOSQUÉE n.f. (de l'ar.). Édifice cultuel de l'islam.

MOT n.m. (bas lat. *muttum,* grognement). **I.** Élément de la langue constitué d'un ou de plusieurs phonèmes et susceptible d'une transcription graphique comprise entre deux blancs. *Mot mal orthographié.* ◇ *Au bas mot* : en évaluant au plus bas. – *Avoir des mots avec qqn,* se quereller avec lui. – *Grand mot* : terme emphatique. – *Gros mot* : terme grossier, injurieux. – *Jouer sur les mots* : employer des termes équivoques. – *Mot à mot, mot pour mot* : littéralement ; sans rien changer. – *Mots croisés* : v. à l'ordre alphabétique. – *Se payer de mots* : parler au lieu d'agir. **II. 1.** Petit nombre de paroles, de phrases. *Dire un mot à l'oreille de qqn. Écrire un mot.* ◇ *Avoir le dernier mot* : l'emporter dans une discussion, une querelle. – *Avoir son mot à dire* : être en droit de donner son avis. – *Bon mot, mot d'esprit* : parole spirituelle. – *En un mot* : brièvement. – *Le fin mot (de l'histoire, de l'affaire)* : le sens caché. – *Mot d'ordre* : consigne donnée en vue d'une action déterminée. – *Prendre qqn au mot,* accepter sur-le-champ une proposition qu'il a faite. – *Se donner le mot* : se mettre d'accord, convenir de ce qu'il faut dire ou faire. – *Toucher un mot à qqn de qqch,* lui en parler brièvement. **2. a.** Sentence, parole historiques. **b.** Parole remarquable par la drôlerie, le bonheur de l'expression, l'invention verbale. *C'est un mot que l'on attribue à plusieurs humoristes. Mot d'auteur.* **3.** INFORM. Élément d'information stocké ou traité d'un seul tenant dans un ordinateur.

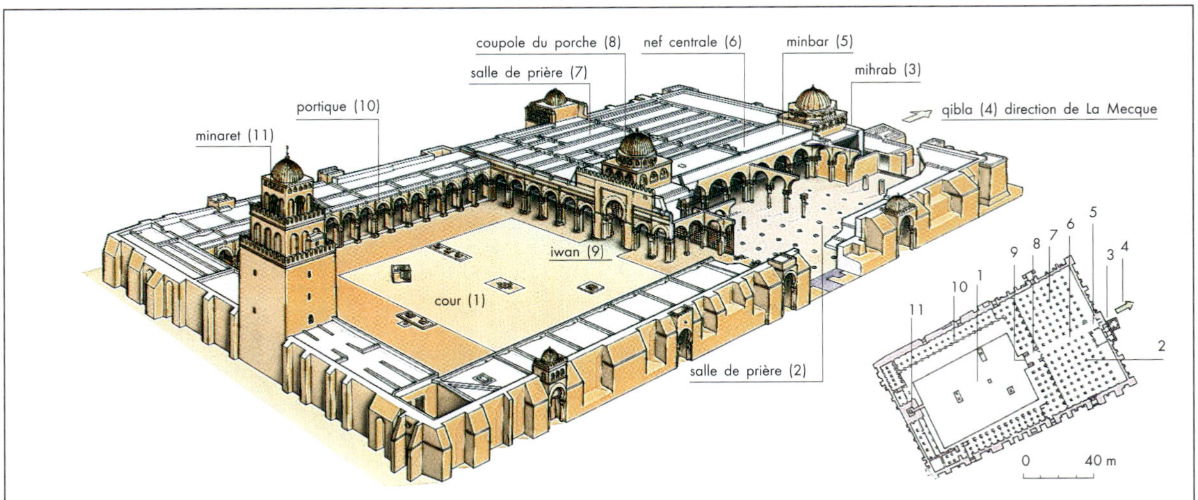

mosquée : vue d'ensemble et plan de la Grande Mosquée de Kairouan (Tunisie) [VIII-IXe s.]

MOTARD, E n. Fam. Motocycliste. ◆ n.m. Motocycliste de la police, de la gendarmerie ou de l'armée.

MOT-CLEF n.m. (pl. *mots-clefs*). Didact. Mot qui, une fois indexé, permet d'identifier un article dans un fichier.

MOTEL n.m. (mot amér.). Hôtel à proximité des grands itinéraires routiers, spécialement aménagé pour accueillir les automobilistes.

MOTET n.m. (de *mot*). MUS. Composition à une ou plusieurs voix, religieuse ou non, avec ou sans accompagnement, apparue au XIIIe s. et destinée à l'origine à embellir la monodie liturgique.

1. MOTEUR, TRICE adj. (lat. *motor,* de *motus,* mû). **1.** Qui produit un mouvement, qui le transmet. **2.** Se dit d'un nerf ou d'un muscle qui assure la motricité d'un organe.

2. MOTEUR n.m. **1.** Appareil qui transforme en énergie mécanique d'autres formes d'énergie. ◇ *Moteur thermique :* moteur transformant l'énergie thermique en énergie mécanique. – *Moteur à combustion interne :* moteur dans lequel ce sont les gaz de combustion eux-mêmes qui fournissent la force expansive agissant sur le mécanisme (c'est le cas du *moteur à explosion,* qui emprunte son énergie à l'expansion d'un gaz). – *Moteur à combustion externe :* moteur dans lequel l'énergie calorifique fournie par le combustible n'agit pas directement sur les parties mécaniques (cas de la turbine à gaz, de la machine à vapeur). – *Moteur à réaction :* moteur dans lequel l'action mécanique est réalisée par l'éjection d'un flux gazeux à grande vitesse, qui crée une certaine quantité de mouvement. (Celle-ci s'obtient soit en aspirant de l'air à l'avant du mobile et en le rejetant vers l'arrière à une vitesse plus élevée [turboréacteurs, pulsoréacteurs et statoréacteurs], soit en empruntant au mobile une partie de sa masse [moteurs-fusées].) – *Moteur électrique :* moteur transformant l'énergie électrique en énergie mécanique. – *Moteur linéaire :* moteur électrique servant à mouvoir un véhicule et dont le stator et le rotor sont en translation rectiligne l'un par rapport à l'autre. **2.** Fig. Personne qui dirige, instigateur. *Il est le moteur de l'entreprise.* **3.** Fig. Cause d'action, motif déterminant. *Le moteur de l'expansion.*

MOTEUR-FUSÉE n.m. (pl. *moteurs-fusées*). Propulseur à réaction utilisé en aviation et en astronautique, dont le comburant n'est pas fourni par l'air extérieur.

MOTIF n.m. (du lat. *movere,* mouvoir). **I. 1.** Raison d'ordre intellectuel qui pousse à faire qqch, à agir. *Un motif louable, honnête.* **2.** DR. Partie du jugement où le juge indique les raisons de sa décision ; ces raisons elles-mêmes. **II. 1. a.** Thème, structure ornementale qui, le plus souvent, se répète. **b.** MUS. Dessin mélodique ou rythmique, plus ou moins long et pouvant, dans le développement de l'œuvre, subir des modifications ou des transpositions. **2.** BX-A. Modèle, thème plastique d'une œuvre (en partic. d'une peinture de paysage) ou partie de ce thème. ◇ *Aller sur le motif :* aller peindre en plein air, d'après nature. **3.** PHYS. *Motif cristallin :* arrangement, disposition des atomes d'une maille cristalline les uns par rapport aux autres.

MOTILITÉ n.f. MÉD. Aptitude à effectuer des mouvements spontanés ou réactionnels, chez l'être vivant.

MOTION n.f. (lat. *motio,* mise en mouvement). Texte soumis à l'approbation d'une assemblée par un de ses membres ou une partie de ses membres. *Voter une motion.* ◇ **Spécialt.** Un tel texte, soumis au vote d'une assemblée parlementaire.

MOTIONNER v.i. Vx. Déposer une motion.

MOTIVANT, E adj. Qui motive.

MOTIVATION n.f. **1.** Ensemble des motifs qui expliquent un acte. **2.** LING. Relation entre la forme et le contenu d'un signe. **3.** PSYCHOL. Facteur conscient ou inconscient qui incite l'individu à agir de telle ou telle façon. ◇ ÉCON. *Étude de motivation :* étude visant à déterminer les facteurs psychologiques qui expliquent soit l'achat d'un produit, soit sa prescription, soit son rejet.

MOTIVER v.t. **1.** Fournir des motifs pour justifier (un acte). *Motiver une visite. Refus motivé.* **2.** Provoquer en justifiant. *La méfiance motive son attitude.* **3.** Créer les conditions qui poussent à agir chez ; stimuler. *La réussite la motive à poursuivre. Être très motivé.*

MOTO n.f. (abrév.). Motocyclette.

MOTOCISTE n. Vendeur et réparateur de motocycles.

MOTOCROSS n.m. Épreuve motocycliste sur un circuit fermé et très accidenté.

MOTOCULTEUR n.m. AGRIC. Machine automotrice conduite à l'aide de mancherons, utilisée pour le travail de parcelles de petites dimensions.

MOTOCULTURE n.f. Utilisation de machines motorisées dans l'agriculture.

MOTOCYCLE n.m. Cycle mû par un moteur. (Il existe trois groupes de motocycles : le *cyclomoteur,* dont la cylindrée n'excède pas 50 cm³, le *vélomoteur,* dont la cylindrée n'excède pas 125 cm³, et la *motocyclette.*)

épreuve de **motocross**

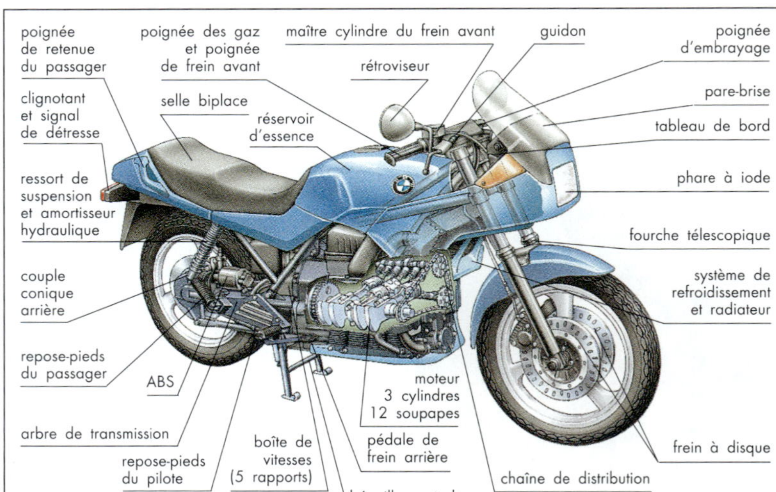

motocyclette BMW K 75

turboréacteur à double flux CFM 56-5C

longueur	: 2,61 m
diamètre maximal	: 1,83 m
masse avec accessoires	: 3,9 t
poussée nominale	: de 13 883 à 15 129 daN

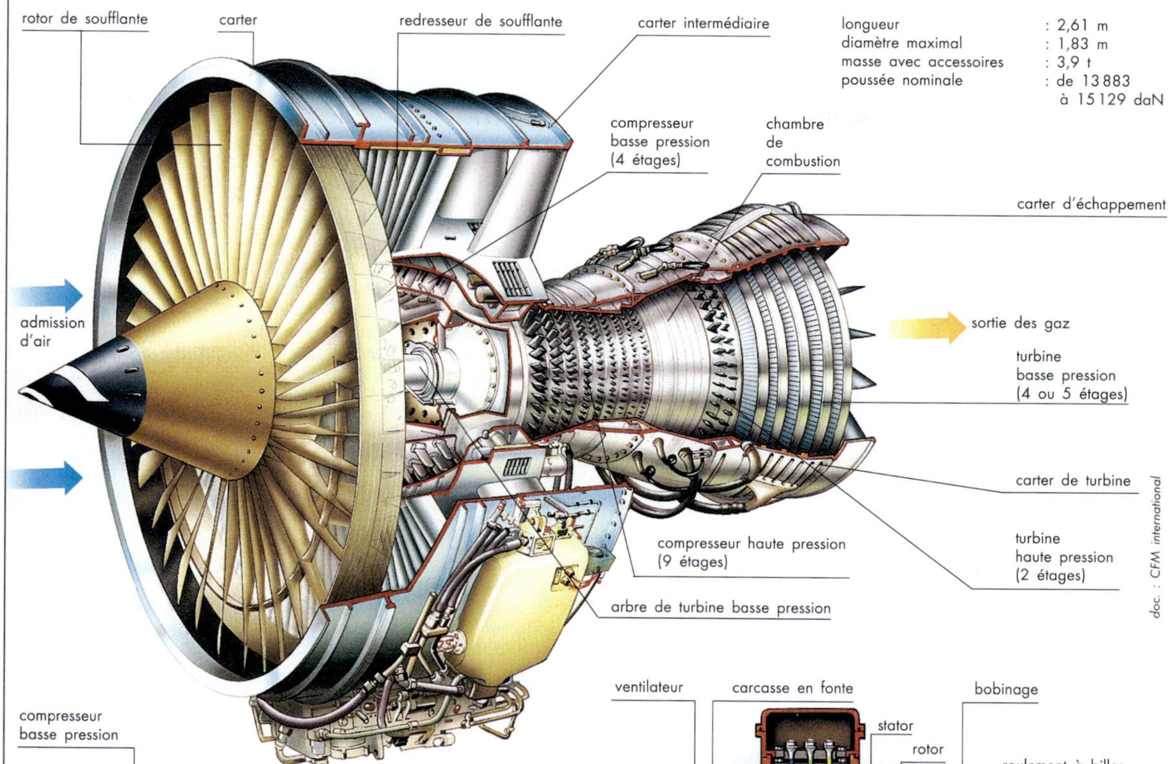

doc. : CFM international

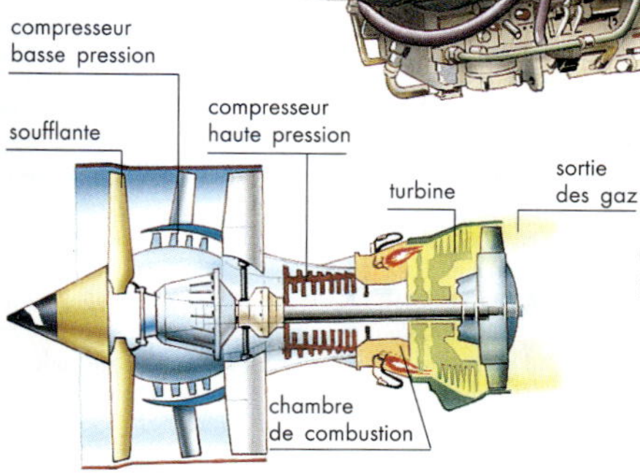

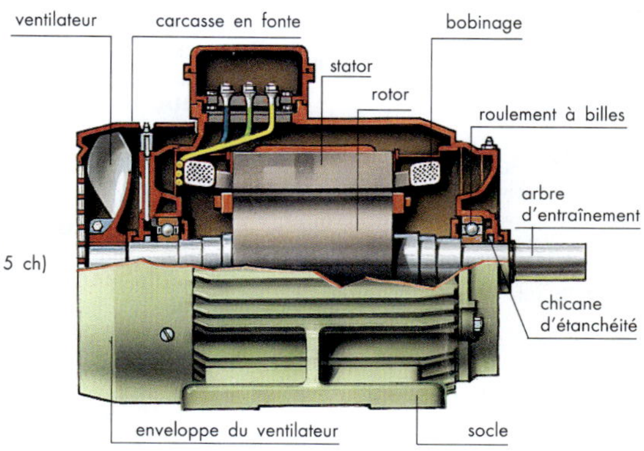

électrique asynchrone
puissance : 11 kW (15 ch)

doc. : CEM

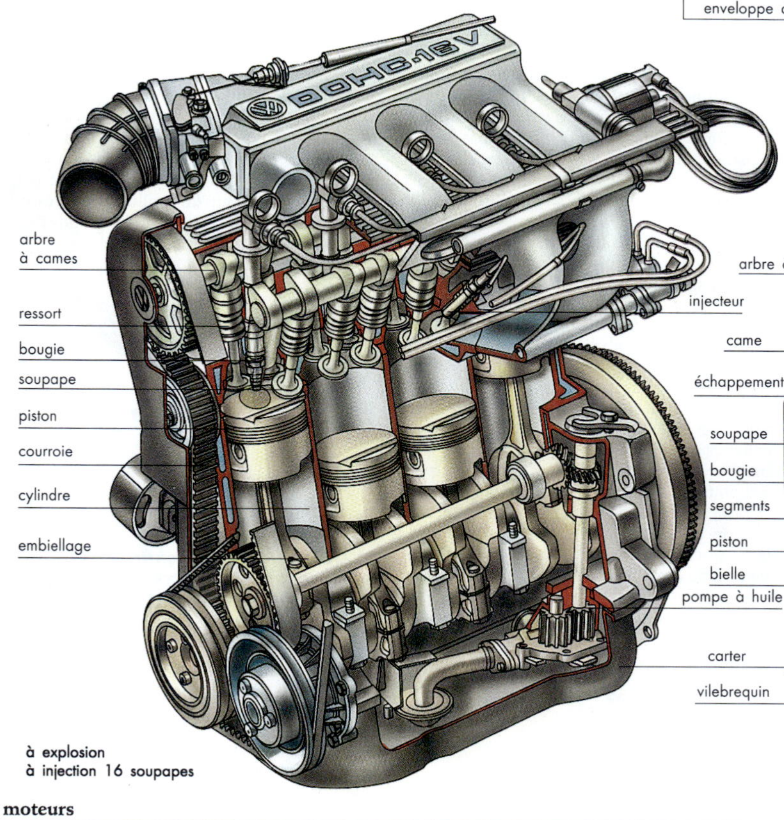

à explosion
à injection 16 soupapes

détail des soupapes et de l'injection

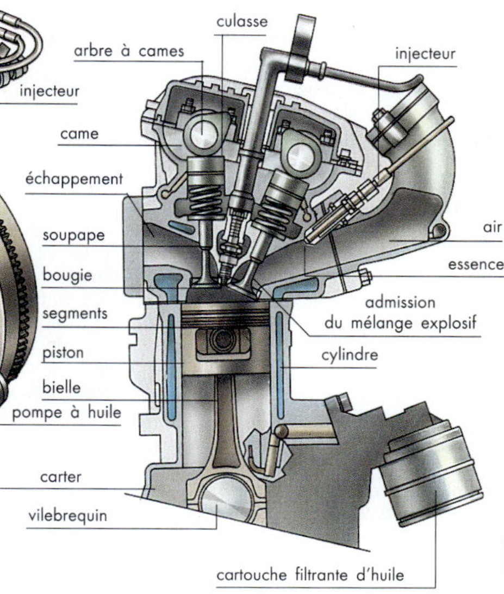

doc. : VAG

MOTOCYCLETTE n.f. Véhicule à deux roues, actionné par un moteur à explosion de plus de 125 cm³. *(V. illustration p. 676.)*
MOTOCYCLISME n.m. Ensemble des activités sportives disputées sur motocyclettes et side-cars.

motocyclisme (course dans la catégorie des 750 cm³)

MOTOCYCLISTE n. Personne qui conduit une motocyclette. ◆ adj. Relatif à la moto. *Sport motocycliste.*
MOTONAUTIQUE adj. Relatif au motonautisme.
MOTONAUTISME n.m. Sport de la navigation sur des embarcations rapides à moteur.
MOTONEIGE n.f. Canada. Petit véhicule à une ou deux places, muni de skis à l'avant et tracté par des chenilles. SYN. : *motoski.*
MOTONEIGISME n.m. Canada. Pratique de la motoneige.
MOTONEIGISTE n. Canada. Personne qui pratique la motoneige.
MOTOPAVER [-pavœr] n.m. TR. PUBL. Engin malaxant un mélange granuleux et sableux avec un bitume, qu'il dépose en couche régulière.
MOTOPOMPE n.f. Pompe actionnée par un moteur.
MOTORGRADER [mɔtɔrgradœr] n.m. TR. PUBL. Niveleuse.
MOTOR-HOME n.m. (mot angl., de *motor,* moteur, et *home,* maison) [pl. *motor-homes*]. Anglic. déconseillé. Véhicule automobile aménagé pour servir d'habitation. SYN. (recomm. off.) : *auto-caravane.*
MOTORISATION n.f. **1.** Action de motoriser ; fait d'être motorisé. **2.** Équipement d'un véhicule automobile en un type déterminé de moteur (moteur à essence ou moteur Diesel, en partic.).
MOTORISÉ, E adj. **1.** Doté de moyens de transport automobiles. *Troupes motorisées.* **2.** Fam. *Être motorisé :* disposer d'un véhicule à moteur pour ses déplacements.
MOTORISER v.t. **1.** Rare. Munir d'un moteur. *Motoriser une barque.* **2.** Doter de véhicules, de machines à moteur. *Motoriser l'agriculture.*
MOTORISTE n. **1.** Spécialiste de la réparation et de l'entretien des automobiles et des moteurs. **2.** Industriel qui fabrique des moteurs.
MOTORSHIP [mɔtɔrʃip] n.m. (mot angl.). Navire de commerce propulsé par un moteur Diesel. Abrév. : *M/S.*
MOTOSKI n.f. Motoneige.
MOTRICE n.f. Automotrice incluse dans un convoi constitué de plusieurs voitures. *Motrice de métro.*
MOTRICITÉ n.f. PHYSIOL. Ensemble des fonctions biologiques qui assurent le mouvement, chez l'homme et les animaux.
MOTS CROISÉS n.m. pl. **1.** Mots disposés horizontalement et verticalement de telle sorte que certaines de leurs lettres coïncident. **2.** Jeu qui consiste à trouver ces mots d'après des « définitions » plus ou moins énigmatiques. *Faire des mots croisés* ou, sing., *un mots croisés.*
MOTTE n.f. **1.** Morceau de terre compacte comme on en détache avec la charrue. **2.** HIST. Butte servant d'assise au château féodal. **3.** Masse de beurre pour la vente au détail. **4.** MÉTALL. Moule en sable séparé de son châssis avant la coulée du métal ; saillie de sable sur le moule.
MOTTER (SE) v.pr. CHASSE. Se cacher derrière les mottes, en parlant d'un animal.
MOTTEUX n.m. Oiseau passereau du genre traquet, qui se pose sur les mottes de terre, appelé aussi *cul-blanc.* (Long. 16 cm.)
1. MOTU PROPRIO [mɔtyprɔprijo] loc. adv. (mots lat., *de son propre mouvement*). Spontanément, sans y être incité.
2. MOTU PROPRIO n.m. inv. Acte législatif promulgué par le pape de sa propre initiative.
MOTUS [mɔtys] interj. (Pour engager à garder le silence). *Motus et bouche cousue !*
MOT-VALISE n.m. (pl. *mots-valises*). Mot constitué par l'amalgame de la partie initiale d'un mot et de la partie finale d'un autre (par ex. *franglais,* formé de *français* et *anglais*).
1. MOU ou **MOL** (devant un mot commençant par une voyelle), **MOLLE** adj. (lat. *mollis*). **1.** Qui cède facilement au toucher ; qui manque de dureté. *Pâte molle. Beurre mou.* **2.** Qui manque de vigueur, d'énergie, de vivacité. *Une molle résistance. Avoir les jambes molles.* **3.** MAR. Se dit d'un voilier qui, sous l'action du vent, a tendance à abattre (par opp. à *ardent*). **4.** PHYS. Se dit des rayons X les moins pénétrants. ◆ n. Fam. Personne sans énergie.
2. MOU n.m. **1.** Poumon de certains animaux de boucherie, souvent donné comme aliment aux animaux de compagnie, au chat en particulier. **2.** *Donner du mou à une corde, à une chaîne, etc.,* la détendre. **3.** Pop. *Rentrer dans le mou de, à qqn :* attaquer le premier et vigoureusement.
MOUCHAGE n.m. Action de moucher, de se moucher.
MOUCHARABIEH [muʃarabje] n.m. (ar. *machrabiyya*). Grillage fait de petits bois tournés, permettant de voir sans être vu, dans l'architecture arabe traditionnelle ; balcon, logette garnis d'un tel grillage.
1. MOUCHARD, E adj. et n. (de *mouche,* espion). Fam. et péj. Dénonciateur, délateur.
2. MOUCHARD n.m. **1.** Appareil de contrôle et de surveillance. **2.** Fam. Judas d'une porte.
MOUCHARDAGE n.m. Fam. Action de moucharder, dénonciation.
MOUCHARDER v.t. Fam. Dénoncer. ◆ v.i. Fam. Pratiquer le mouchardage.
MOUCHE n.f. (lat. *musca*). **I. 1.** Insecte diptère aux formes trapues, aux antennes courtes, au vol bourdonnant et zigzaguant. (Sous-ordre des brachycères.) [La *mouche domestique* est nuisible par les micro-organismes qu'elle transporte sur ses pattes et sa trompe ; les *mouches verte* et *bleue* pondent sur la viande ; la *mouche tsé-tsé,* ou *glossine,* transmet la maladie du sommeil ; la *mouche charbonneuse,* ou *stomoxe,* pique les bestiaux.] ◇ *Mouche du vinaigre :* drosophile. ◇ Fig. *Fine mouche :* personne très rusée. – *Pattes de mouche :* écriture fine et peu lisible. – *Prendre la mouche :* se vexer et s'emporter mal à propos, pour peu de chose. – Fam. *Quelle mouche le pique ? :* pourquoi se fâche-t-il ? – *Tomber comme des mouches,* se dit de personnes abattues par la maladie, tuées, etc., en grand nombre. **2.** PÊCHE. Leurre imitant un insecte. **II. 1.** Petite touffe de poils au-dessous de la lèvre inférieure. **2.** Petite rondelle de taffetas noir que les femmes, aux XVIIe et XVIIIe s., se collaient sur le visage ou sur la gorge pour mettre en valeur la blancheur de leur peau. **3.** Point noir au centre d'une cible. ◇ *Faire mouche :* atteindre son but. **4.** SPORTS. **a.** ESCR. Bouton qui garnit la pointe d'un fleuret pour la rendre inoffensive. **b.** BOXE. Catégorie de poids ; boxeur appartenant à cette catégorie. *Poids mouche.*

mouches

MOUCHER v.t. (bas lat. *muccare*). **1.** Débarrasser (les narines) des sécrétions nasales. **2.** Enlever la partie carbonisée d'une mèche. **3.** Fam. Réprimander, remettre à sa place. ◆ **se moucher** v.pr. Moucher son nez.
MOUCHERON n.m. Petit insecte voisin de la mouche, comme la simulie, le chironome, etc.
MOUCHERONNER v.i. Saisir des insectes à la surface de l'eau, en parlant des poissons.
MOUCHETÉ, E adj. **1.** Tacheté, en parlant du pelage de certains animaux, d'une étoffe, d'un bois, etc. **2.** Se dit des céréales atteintes de certaines maladies causées par des champignons qui forment sur les grains une poussière noire.
MOUCHETER v.t. [27]. **1.** Marquer de petits points disposés plus ou moins régulièrement. *Moucheter une étoffe.* **2.** Garnir d'une mouche (un fleuret, sa pointe).
MOUCHETIS [muʃti] n.m. CONSTR. Crépi à aspect granuleux exécuté par projection de mortier sur la surface extérieure d'un mur.
MOUCHETTE n.f. **1.** MENUIS. Rabot pour faire les baguettes et les moulures. **2.** ARCHIT. **a.** Soufflet aux contours en courbe et contre-courbe, l'un des éléments des remplages de fenêtres dans le style gothique flamboyant. **b.** ARCHIT. Partie saillante du larmier d'une corniche. ◆ pl. Vx. Ciseaux pour moucher les chandelles.
MOUCHETURE n.f. **1.** Tache naturelle sur le pelage de certains animaux. *Les mouchetures de la panthère.* **2.** Ornement donné à une étoffe en la mouchetant.
MOUCHOIR n.m. **1.** Petit carré de tissu fin servant à se moucher. ◇ *Arriver, se tenir dans un mouchoir :* dans un peloton très serré ou à très peu de distance l'un de l'autre ; obtenir des résultats très voisins dans une épreuve, un concours, etc. **2.** Vx ou Afrique. Étoffe dont les femmes se servaient pour se couvrir la tête ; fichu, foulard. (On dit aussi *mouchoir de tête.*)
MOUCHURE n.f. Rare. Mucosité qu'on retire du nez en se mouchant.
MOUCLADE n.f. CUIS. Plat de moules au vin blanc et à la crème.
MOUDJAHID n.m. (de l'ar. *djihād,* guerre sainte) [pl. *moudjahidine* ou *moudjahidin*]. Combattant d'un mouvement de libération nationale du monde musulman. – REM. À la forme du pluriel en *-in* adoptée sous l'influence de l'anglais, il paraît préférable de substituer la forme *moudjahidine,* plus conforme à l'orthographe française.
MOUDRE v.t. (lat. *molere*) [85]. Réduire en poudre avec un moulin, une meule. *Moudre du blé, du café.*
MOUE n.f. (francique *mauwa*). Grimace faite par mécontentement, en allongeant les lèvres.
MOUETTE n.f. (du francique). Oiseau palmipède plus petit que le goéland (long. 30 à 40 cm), bon voilier mais ne plongeant pas, se nourrissant surtout de mollusques, vivant sur les côtes et remontant parfois les grands fleuves. (Famille des laridés.)

mouette

MOUFETER v.i. → ***moufter.***
MOUFETTE, MOUFFETTE ou **MOFETTE** n.f. (it. *mofetta ;* du germ.). Mammifère carnivore d'Amérique, capable de projeter derrière lui à plusieurs mètres de distance un liquide infect, sécrété par ses glandes anales, qui éloigne les prédateurs. (Long. 30 cm sans la queue.) SYN. : *sconse.*
1. MOUFLE n.f. (bas lat. *muffula,* du germ.). **1.** Gant, généralement fourré, où il n'y a de séparation que pour le pouce. **2.** Assemblage de poulies dans une même chape, qui permet de soulever de très lourdes charges. (La réunion

de deux moufles par une même corde constitue un palan.)

2. MOUFLE n.m. Partie réfractaire d'un four dans laquelle sont disposés les produits à traiter pour les protéger soit de l'action directe du chauffage, soit de l'action oxydante de l'air.

MOUFLET, ETTE n. Fam. Petit enfant.

MOUFLON n.m. (it. *muflone*). Ruminant sauvage des montagnes de l'Europe et de l'Amérique du Nord, voisin du mouton.

mouflon

MOUFTER ou **MOUFETER** v.i. (moyen fr. *mouveter,* agiter) 3. Pop. (Surtout en tournure négative). Parler, protester. *Accepter sans moufter.* – REM. *Moufeter* est inusité aux présents de l'indicatif et du subjonctif, aux trois premières personnes du singulier et à la troisième personne du pluriel, et à l'impératif présent, à la deuxième personne du singulier.

MOUILLABILITÉ n.f. Propriété d'un solide mouillable.

MOUILLABLE adj. Qui peut se laisser mouiller par un liquide.

MOUILLAGE n.m. **I. 1.** Action de mouiller, d'imbiber d'eau. **2.** Action d'ajouter de l'eau au lait, au vin, etc., dans une intention frauduleuse. **3.** Mise à l'eau de mines sous-marines. **II.** MAR. **1.** Emplacement favorable à l'ancrage d'un bâtiment de navigation. **2.** Manœuvre pour jeter l'ancre.

MOUILLANCE n.f. Propriété qu'a un mouillant d'augmenter l'aptitude du liquide dans lequel il est dissous à mouiller une surface.

MOUILLANT, E adj. **1.** Se dit d'un liquide qui a la propriété de s'étendre sur une surface entrant en contact avec lui. **2.** *Agent mouillant* ou *mouillant,* n.m., se dit d'un corps qui, mélangé à un liquide, lui permet de mouiller un solide plus facilement que s'il était pur.

MOUILLE n.f. **1.** HYDROL. Creux entre les bancs d'alluvions du lit d'une rivière. **2.** MAR. Avarie causée à une cargaison par l'humidité ou par une rentrée d'eau.

MOUILLÉ, E adj. PHON. *Consonne mouillée :* consonne articulée avec le son [j]. (En français, l'*n* est mouillé dans *manière.*)

MOUILLEMENT n.m. CUIS. Arrosage d'un mets pendant sa cuisson.

MOUILLER v.t. (du lat. *mollis,* mou). **1.** Rendre humide, imbiber d'eau. *Mouiller du linge.* ◇ PHYS. Pour un liquide en contact avec une surface, présenter une interface de raccordement faisant un angle aigu avec la surface. **2.** Étendre d'eau. *Mouiller du vin.* **3.** Ajouter à un mets du liquide pour composer une sauce. *Mouiller un ragoût.* **4.** Immerger. *Mouiller des mines sous-marines. Mouiller l'ancre.* **5.** Fam. *Mouiller qqn,* le compromettre. ◆ v.i. **1.** MAR. Jeter l'ancre. **2.** Pop. Avoir peur. ◆ **se mouiller** v.pr. **1.** Être touché par la pluie, par l'eau. **2.** Fam. Prendre des responsabilités, des risques dans une affaire ; se compromettre.

MOUILLÈRE n.f. AGRIC. Partie de champ ou de pré ordinairement humide.

MOUILLETTE n.f. Morceau de pain long et mince qu'on trempe dans les œufs à la coque.

MOUILLEUR n.m. **1.** Appareil pour mouiller, humecter. SYN. : *mouilloir.* **2.** MAR. Appareil qui permet le mouillage des ancres, des mines. ◇ *Mouilleur de mines :* petit bâtiment aménagé pour immerger des mines.

MOUILLOIR n.m. Mouilleur.

MOUILLURE n.f. **1.** Action de mouiller. **2.** État de ce qui est humide. **3.** PHON. Caractère d'une consonne mouillée.

MOUISE n.f. (all. dial. *mues,* bouillie). Pop. Misère.

MOUJIK n.m. (mot russe). Paysan, dans la Russie d'ancien régime.

MOUJINGUE n. (esp. *muchacho*). Pop. Enfant, mouflet, moutard.

MOUKÈRE ou **MOUQUÈRE** n.f. (mot algérien ; de l'esp. *mujer*). Pop. Femme.

1. MOULAGE n.m. (de *mouler*). **1.** Action de verser, de disposer dans des moules des métaux, des plastiques, des pâtes céramiques, etc. **2.** Action de prendre d'un objet une empreinte destinée à servir de moule. **3.** Reproduction d'un objet faite au moyen d'un moule.

2. MOULAGE n.m. Action de moudre.

MOULANT, E adj. Se dit d'un vêtement qui moule le corps.

1. MOULE n.m. (lat. *modulus,* mesure). **1.** Objet présentant une empreinte creuse, dans laquelle on introduit une matière pulvérulente, pâteuse ou liquide qui prend, en se solidifiant, la forme de l'empreinte. **2.** Récipient pouvant affecter des formes diverses et servant au moulage de certains mets, en cuisine. *Moule à gaufre, à charlotte.* **3.** Modèle imposé, type selon lesquels on construit qqch, on façonne qqn. *Esprits sortant du même moule.*

2. MOULE n.f. (lat. *musculus,* coquillage). **1.** Mollusque lamellibranche comestible, à coquille bivalve sombre, vivant fixé sur les rochers battus par la mer ou dans les estuaires. (L'élevage des moules, ou *mytiliculture,* se pratique sur toutes les côtes françaises.) ◇ *Moule d'étang :* anodonte. – *Moule de rivière :* mulette. **2.** Fam. Personne sans énergie, maladroite ; mollasson.

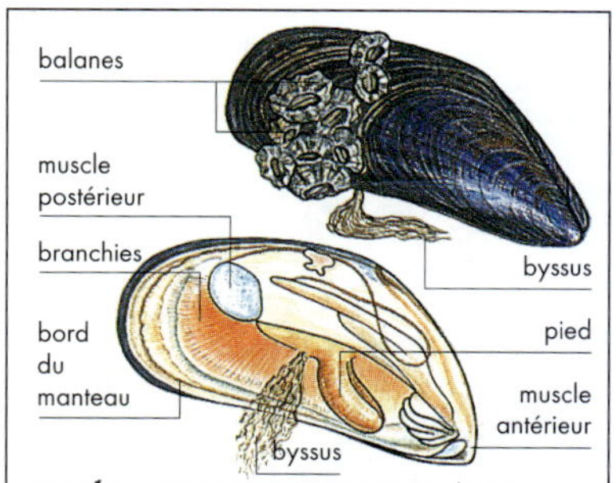

moule : vue externe et anatomique

MOULÉ, E adj. **1.** *Écriture moulée,* dont les lettres sont bien formées. **2.** *Lettre moulée :* lettre tracée à la main et imitant une lettre d'imprimerie.

MOULER v.t. **1.** Exécuter le moulage de. *Mouler une statue.* **2.** Prendre l'empreinte de. **3.** Accuser les contours en épousant la forme de. *Robe moulant le corps.*

MOULEUR n.m. Ouvrier qui exécute des moulages.

MOULIÈRE n.f. Établissement, au bord de la mer, où l'on pratique l'élevage des moules.

MOULIN n.m. (bas lat. *molinum,* de *mola,* meule). **1.** Machine à moudre les grains de céréales ; bâtiment où elle est installée. – *Moulin à eau, à vent,* mû par l'énergie hydraulique, éolienne. ◇ *Apporter de l'eau au moulin de qqn,* lui donner des arguments qui confirment ses dires. – *Entrer quelque part comme dans un moulin,* comme on veut, sans contrôle. – *Se battre contre des moulins à vent,* contre des ennemis qui n'existent qu'en imagination, contre des chimères. **2.** Appareil servant à moudre, à broyer du grain, des aliments. *Moulin à café, à légumes.* – Anc. *Moulin à huile :* pressoir à huile. – Canada. *Moulin à scie :* scierie. ◇ Fam. *Moulin à paroles :* personne très bavarde. **3.** TEXT. Appareil servant à mouliner des fils textiles. **4.** Fam. Moteur (d'avion, de voiture, de moto). **5.** *Moulin à prières :* cylindre que les bouddhistes font tourner au moyen d'une poignée pour accumuler ainsi les mérites de la récitation des formules sacrées qu'il contient.

MOULINAGE n.m. Action de mouliner.

MOULIN-À-VENT n.m. inv. Vin d'un cru réputé du Beaujolais.

MOULINER v.t. **1.** Réunir et tordre ensemble plusieurs fils textiles de façon à les consolider. **2.** Écraser avec un moulin à légumes. **3.** Fam. Traiter des données en grande quantité, en parlant d'un ordinateur.

MOULINET n.m. **1.** Appareil fixé au manche d'une canne à pêche et dont l'élément essentiel est une bobine sur laquelle est enroulée la ligne. **2.** Mouvement tournant rapide que l'on fait avec un bâton, avec ses bras, etc., souvent pour empêcher un adversaire d'approcher. *Faire de grands moulinets avec une canne.* **3.** Appareil à hélice pour mesurer la vitesse d'un courant d'eau. **4.** Tourniquet placé à l'entrée d'un accès réservé aux piétons.

MOULINETTE n.f. (nom déposé). **1.** Petit moulin électrique à couteaux pour broyer les aliments. **2.** Fam. *Passer à la moulinette :* soumettre à une analyse minutieuse ; décortiquer. *Allocution passée à la moulinette.*

MOULINEUR, EUSE ou **MOULINIER, ÈRE** n. Ouvrier, ouvrière chargés du moulinage des fils textiles.

MOULOUD ou **MULUD** [mulud] n.m. (de l'ar. *Mūlūd al-Nabī,* anniversaire du Prophète). Fête religieuse musulmane qui célèbre l'anniversaire de la naissance du Prophète.

MOULT [mult] adv. (lat. *multum*). Vx ou par plais. Très ; beaucoup de. *Donner moult détails.*

MOULU, E adj. (de *moudre*). **1.** Rompu, brisé de fatigue, de coups. *Avoir le corps moulu.* **2.** *Or moulu :* or réduit en poudre, employé au XVIIIe s. pour la dorure des métaux.

MOULURAGE n.m. Action de moulurer.

MOULURATION n.f. Ensemble des moulures d'un ouvrage d'architecture, d'un meuble ou d'une partie de ceux-ci.

MOULURE n.f. (de *mouler*). Ornement linéaire, en relief ou en creux, présentant un profil constant et servant à souligner une forme architecturale, à mettre en valeur un objet. *Les moulures d'une corniche.*

MOULURER v.t. **1.** Orner de moulures. **2.** Exécuter une moulure sur (une pièce de bois, une maçonnerie, etc.).

MOULURIÈRE n.f. Machine travaillant le bois à grande vitesse, destinée à la fabrication des moulures.

MOUMOUTE n.f. Fam. **1.** Perruque. **2.** Veste en peau de mouton retournée.

MOUND n.m. → ***burial mound.***

MOUNDA n.m. → ***munda.***

MOUQUÈRE n.f. → ***moukère.***

MOURANT, E adj. et n. Qui se meurt ; qui va mourir. ◆ adj. Près de disparaître, qui s'affaiblit. *Voix mourante.*

MOURIR v.i. (lat. *mori*) 42 [auxil. *être*]. **1.** Cesser de vivre, d'exister ; périr, décéder. *Mourir de vieillesse.* ◇ *Mourir de sa belle mort,* de mort naturelle et non de mort accidentelle ou violente. **2.** Cesser de vivre, dépérir. *Plante qui meurt faute d'eau.* **3.** S'affaiblir progressivement, s'éteindre doucement. *Laisser le feu mourir.* **4.** Disparaître. *Entreprise, civilisation qui meurt.* **5.** *Mourir de :* être affecté à un très haut degré par. *Mourir de faim, de peur, d'ennui.* ◇ *C'est à mourir de rire :* c'est extrêmement drôle. ◆ **se mourir** v.pr. Litt. Être près de s'éteindre ; être en passe de disparaître.

MOUROIR n.m. Péj. Maison de retraite, service hospitalier, etc., considérés comme le lieu où les personnes âgées ou malades vont mourir.

MOURON n.m. (moyen néerl. *muer*). **1.** Petite plante commune dans les cultures et les chemins, à fleurs rouges ou bleues, toxique pour les animaux. (Famille des primulacées.) **2.** *Mouron des oiseaux* ou *mouron blanc :* stellaire à petites fleurs. (Famille des caryophyllacées.) SYN. : *morgeline.* **3.** Pop. *Se faire du mouron :* se faire du souci.

MOURRE n.f. (it. dial. *morra*). Jeu dans lequel deux joueurs se montrent simultanément un certain nombre de doigts en annonçant la somme présumée des doigts dressés.

MOUSMÉ n.f. (du jap.). **1.** Vx. Jeune fille, jeune femme, au Japon. **2.** Pop. Femme, fille en général.

MOUSQUET n.m. (it. *moschetto,* émouchet). Arme à feu portative employée aux XVIe et XVIIe s. (Introduit en France après la bataille de Pavie [1525], le mousquet était jusqu'en 1650 appuyé sur une fourche pour le tir.)

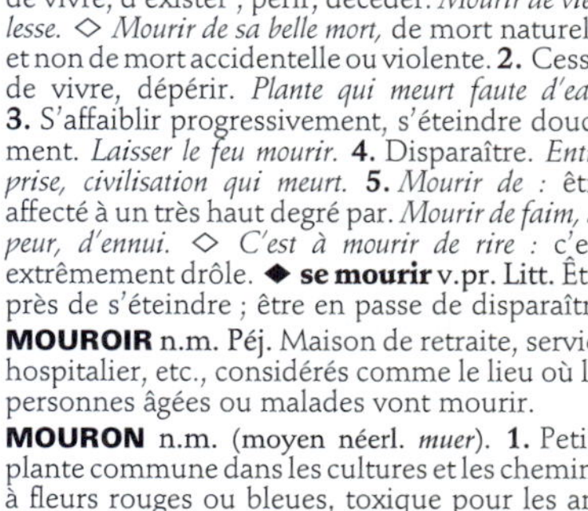

mousquet du XVIIe s.
(musée de l'Armée, Paris)

MOUSQUETAIRE n.m. (de *mousquet*). Gentilhomme d'une des deux compagnies à cheval de la maison du roi (XVIIe-XVIIIe s.). ◇ *Bottes à la mousquetaire,* à revers. – *Gants à la mousquetaire,* à large crispin. – *Poignet mousquetaire :* manchette.

MOUSQUETERIE n.f. Vx. Décharge de plusieurs mousquets qui tirent en même temps.

1. MOUSQUETON n.m. Fusil court et léger en usage jusqu'à la Seconde Guerre mondiale.

2. MOUSQUETON n.m. Boucle métallique qu'une lame élastique ou un ergot articulé maintient fermée, constituant un système d'accrochage susceptible d'être engagé ou dégagé rapidement.

MOUSSAGE n.m. Introduction dans un latex naturel ou synthétique d'un courant d'air finement atomisé, permettant d'obtenir une texture cellulaire ou spongieuse.

MOUSSAILLON n.m. Fam. Petit mousse, jeune mousse.

MOUSSAKA n.f. (turc *musakka*). Plat grec ou turc, composé d'aubergines, de viande, de tomates et d'œufs cuits au four.

MOUSSANT, E adj. Qui produit de la mousse.

1. MOUSSE n.m. (it. *mozzo*). Marin de moins de dix-sept ans.

2. MOUSSE n.f. (francique *mosa*). Plante formée d'un tapis de courtes tiges feuillues serrées l'une contre l'autre, vivant sur le sol, les arbres, les murs, les toits. (Embranchement des bryophytes.)

3. MOUSSE n.f. (de 2. *mousse*). **1.** Couche liquide contenant des bulles d'air, à la surface de certains liquides ; écume. **2.** Préparation culinaire dont les ingrédients ont été battus et présentant une consistance onctueuse. *Mousse de foie.* – *Mousse au chocolat :* crème à base de chocolat et de blanc d'œuf battu. **3.** Matière plastique cellulaire. **4.** *Point mousse :* point de tricot qui ne comporte que des mailles à l'endroit. **5.** *Mousse de platine :* platine spongieux, à propriétés catalytiques, obtenu par la calcination de certains de ses sels.

4. MOUSSE adj. (lat. *mutilus,* tronqué). TECHN. Qui n'est pas aigu, pas tranchant ; émoussé. *Lame mousse.*

MOUSSELINE n.f. (it. *mussolina,* tissu de Mossoul). Tissu peu serré, léger, souple et transparent. ◆ adj. inv. **1.** *Pommes mousseline :* purée de pommes de terre très légère. **2.** *Sauce mousseline :* sauce hollandaise additionnée de crème fouettée. **3.** *Verre mousseline :* verre très fin, dépoli, orné de dessins transparents.

MOUSSER v.i. Produire de la mousse. *Le champagne mousse.* ◇ Fam. *Faire mousser qqn, qqch,* les faire valoir, les vanter de manière exagérée.

MOUSSERON n.m. (bas lat. *mussirio*). Petit champignon comestible délicat, poussant en cercle dans les prés, les clairières. (Famille des agaricacées ; genre tricholome.) SYN. : *meunier.*

1. MOUSSEUX, EUSE adj. Qui mousse. ◇ Se dit d'un vin ou d'un cidre contenant du gaz carbonique sous pression et qui, fraîchement débouché, produit une légère mousse.

2. MOUSSEUX n.m. Vin mousseux autre que le champagne.

MOUSSOIR n.m. Vx. Ustensile servant à faire mousser le chocolat.

MOUSSON n.f. (néerl. *mouçon,* ar. *mausim,* saison). Vent saisonnier qui souffle, surtout dans l'Asie méridionale, alternativement vers la mer (en hiver : *mousson sèche*) et vers la terre (en été : *mousson humide*) pendant plusieurs mois.

MOUSSU, E adj. Couvert de mousse. *Un banc moussu.*

MOUSTACHE n.f. (it. *mostaccio ;* du gr.). **1.** Poils qu'on laisse pousser au-dessus de la lèvre supérieure. **2.** Poils latéraux, longs et raides, de la gueule de certains animaux. SYN. : *vibrisses.*

MOUSTACHU, E adj. et n. Qui a une moustache, de la moustache.

MOUSTÉRIEN, ENNE adj. et n.m. (du *Moustier*). PRÉHIST. Se dit d'un faciès culturel du paléolithique moyen caractérisé par des pointes triangulaires et des racloirs obtenus par des retouches d'éclats sur une seule face (70000-35000 av. J.-C.).

MOUSTIQUAIRE n.f. **1.** Rideau de tulle, de mousseline dont on entoure les lits pour se préserver des moustiques. **2.** Châssis en toile métallique placé aux fenêtres et ayant le même usage.

MOUSTIQUE n.m. (esp. *mosquito*). **1.** Insecte diptère à abdomen allongé et à longues pattes fragiles, dont la femelle pique la peau de l'homme et des animaux pour se nourrir de leur sang. (Le mâle se nourrit du nectar des fleurs. Le moustique de France est le *cousin ;* l'*anophèle* est le moustique qui transmet le protozoaire responsable du paludisme.) **2.** Fam. **a.** Enfant. **b.** Personne petite et malingre.

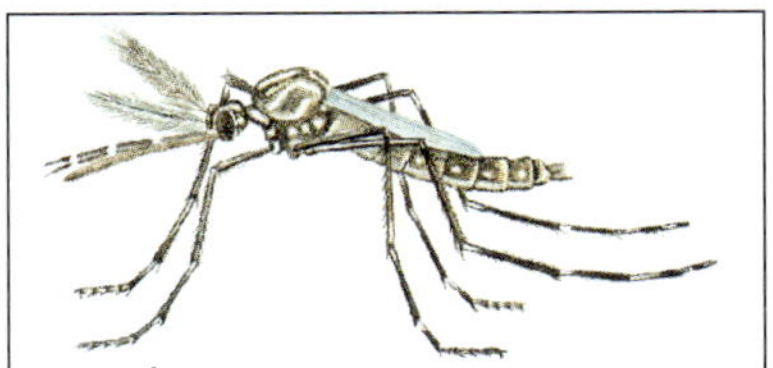
moustique

MOÛT n.m. (lat. *mustum*). **1.** Jus de raisin non fermenté. **2.** Jus de fruits ou de végétaux que l'on fait fermenter pour préparer des boissons alcooliques.

MOUTARD n.m. Fam. **1.** Petit garçon. **2.** Enfant.

MOUTARDE n.f. (de *moût*). **1.** Crucifère annuelle très commune en Europe et en Asie, à fleurs jaunes et dont les fruits fournissent le condiment du même nom. Nom usuel : *moutarde blanche.* – *Moutarde noire :* sénevé. **2.** Graine de cette plante. *Pulvérisée, la moutarde sert à préparer les sinapismes.* **3.** Condiment préparé avec ces graines broyées et du vinaigre. ◇ Fam. *La moutarde lui monte au nez :* il commence à se fâcher. ◆ adj. inv. D'une couleur jaune verdâtre.

moutarde

MOUTARDIER n.m. **1.** Fabricant de moutarde. **2.** Petit pot dans lequel on sert la moutarde sur la table.

MOUTIER n.m. (lat. *monasterium*). Vx (ou dans des noms de villes). Monastère.

MOUTON n.m. (lat. pop. *multo,* bélier ; du gaul.). **I. 1.** Mammifère ruminant porteur d'une épaisse toison bouclée (laine), dont seul le mâle adulte *(bélier),* chez certaines races, porte des cornes annelées et spiralées et que l'on élève pour sa chair, sa laine et, dans certains cas, pour son lait. (Long. 1,50 m ; poids 150 kg ; longévité env. 10 ans.) *Le mouton femelle est la brebis, le jeune, l'agneau. Le mouton bêle,* pousse son cri. ◇ *Revenons à nos moutons :* revenons à notre sujet, après une digression (allusion à une scène de *la Farce de Maître Pathelin*). ◇ *Un mouton à cinq pattes :* un phénomène, une chose, une personne extrêmement rare. – Fam. *Mouton noir :* personne qui, dans une famille, un groupe, etc., est ressentie comme très différente et tenue plus ou moins à l'écart. **2.** Viande, cuir ou fourrure de cet animal. **II. 1.** Homme crédule ou d'humeur douce. **2.** Arg. Compagnon de cellule d'un prisonnier chargé d'obtenir de lui des aveux. **III. 1.** Dispositif utilisé pour enfoncer dans le sol des pieux servant d'appui aux fondations de construction. **2.** Machine à forger ou à estamper agissant par le choc d'une masse frappante sur la pièce à former. **3.** Appareil d'essai de choc. **4.** Grosse pièce de bois dans laquelle sont engagées les anses d'une cloche. ◆ pl. **1.** Petites lames couvertes d'écume, apparaissant sur la mer par brise de force moyenne. **2.** Petits nuages floconneux. **3.** Amas de poussière d'aspect laineux.

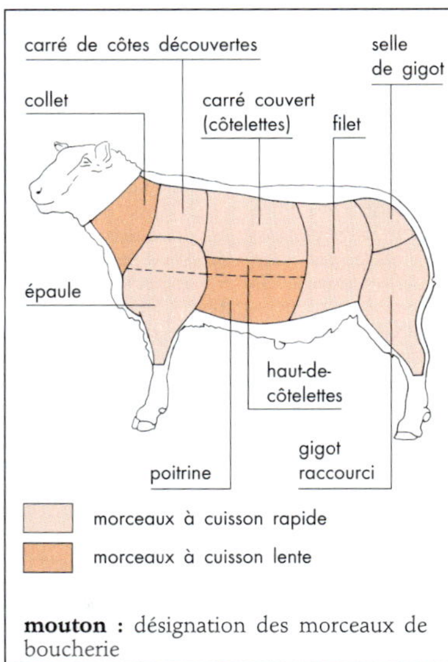

mouton : désignation des morceaux de boucherie

MOUTONNÉ, E adj. **1.** *Ciel moutonné,* couvert de petits nuages blancs (cirrocumulus). **2.** *Roches moutonnées :* roches dures, façonnées en bosses et en creux et polies par les glaciers.

MOUTONNEMENT n.m. Fait de moutonner ; aspect de la mer, du ciel qui moutonnent.

MOUTONNER v.i. **1.** Se briser en produisant une écume blanche, en parlant de la mer. *Les vagues moutonnent.* **2.** Se couvrir de petits nuages blancs et pommelés. *Ciel qui moutonne.*

MOUTONNERIE n.f. Caractère moutonnier ; esprit d'imitation.

MOUTONNEUX, EUSE adj. Qui moutonne, qui se couvre de vagues ou de nuages.

MOUTONNIER, ÈRE adj. **1.** Relatif au mouton. *Élevage moutonnier.* **2.** Qui suit aveuglément et stupidement l'exemple des autres. *Foule moutonnière.*

MOUTURE n.f. (lat. pop. *molitura,* de *molere,* moudre). **1.** Action ou manière de moudre les céréales, le café ; produit résultant de cette opération. **2.** Nouvelle présentation d'un thème, d'un sujet déjà traité auparavant. *C'est le même livre, dans une mouture à peine différente.* **3.** *Première mouture :* premier état d'une œuvre littéraire, d'un projet, etc. *Première mouture d'un rapport.*

MOUVANCE n.f. (de *mouvoir*). **1.** Domaine dans lequel qqn ou qqch exerce son influence. **2.** HIST. État de dépendance d'un fief par rapport au domaine éminent dont il relevait. **3.** Litt. Caractère de ce qui est mouvant.

MOUVANT, E adj. **1.** Qui bouge sans cesse, qui n'est pas stable. *Foule, situation mouvante.* **2.** Qui a peu de consistance, qui s'affaisse. *Sables mouvants.* **3.** HIST. *Domaine mouvant,* en situation de mouvance.

MOUVEMENT n.m. (lat. *movere,* mouvoir). **I.1.** Déplacement, changement de position d'un corps dans l'espace. *Mouvement d'un astre.* ◇ *Mouvement absolu d'un corps :* mouvement envisagé par rapport à des repères fixes. – *Mouvement ondulatoire :* propagation d'une vibration périodique avec transport d'énergie. – *Mouvement uniforme,* dont la vitesse est constante. – *Quantité de mouvement d'un point matériel :* vecteur égal au produit de la masse de ce point par son vecteur vitesse. **2.** Ensemble de mécanismes engendrant le déplacement régulier d'une machine, d'un de ses organes. *Mouvement d'horlogerie.* ◇ *Mouvement perpétuel,* qui serait capable de fonctionner indéfiniment sans dépense d'énergie. (L'impossibilité de son existence découle des lois de la thermodynamique.) **3.** Rare. Action de déplacer. ◇ *Mouvement des terres :* exécution de remblais ou de déblais avec des engins appropriés. **4.** Action ou manière de se mouvoir, de déplacer le corps, une partie du corps ; ensemble des gestes, des déplacements du corps. *Mouvement de tête. Mouvement de danse.* ◇ *Faux mouvement :* mouvement inhabituel du corps provoquant une douleur ou entraînant une maladresse. – Fam. *En deux temps trois mouvements :* très rapidement. **5.** Ensemble des déplacements d'un groupe. *Mouvements de foule.* ◇ MIL. Déplacement d'une formation militaire dans un but tactique. **6.** Animation, agitation. *Quartier plein de mouvement. Se donner du mouvement.* **II.1.** Variation, fluctuation, évolution. *Mouvement des prix. Mouvement des idées.* ◇ Fam. *Suivre le mouvement :* être au courant de l'actualité, des nouveautés. **2.** Action collective visant à un changement. *Mouvement insurrectionnel, littéraire.* ◇ HIST. *Parti du Mouvement :* v. partie n.pr. **3.** Organisation politique, syndicale, culturelle, etc. **4.** Impulsion, élan qui porte à manifester un sentiment. *Mouvement de colère. Agir de son propre mouvement.* – *Avoir un bon mouvement :* se montrer obligeant, généreux. **5.** Animation, vivacité, rythme d'une œuvre littéraire, artistique ; partie d'une œuvre considérée dans sa dynamique. *Mouvement d'une phrase. Mouvement oratoire.* **6.** MUS. **a.** Degré de vitesse de la mesure (indiqué par des termes généralement italiens ou par un nombre correspondant à une graduation du métronome). **b.** Partie d'une œuvre musicale (d'une symphonie, notamm.). **7.** TOPOGR. *Mouvement de terrain :* portion de terrain présentant une forme particulière qui la distingue du terrain avoisinant.

MOUVEMENTÉ, E adj. Agité, troublé par des évènements subits. *Séance mouvementée.*

MOUVEMENTER v.t. Modifier le montant de (un compte bancaire ou postal).

MOUVOIR v.t. (lat. *movere*) [54]. **1.** Mettre en mouvement, remuer, faire changer de place. **2.** Pousser, faire agir. *Être mû par l'intérêt.* ◆ **se mouvoir** v.pr. Être en mouvement.

MOVIOLA n.f. (nom déposé). CIN. Visionneuse sonore professionnelle utilisée pour le montage.

MOXA n.m. (du jap.). **1.** Pratique thérapeutique de la médecine extrême-orientale traditionnelle consistant à mettre la peau en contact avec un corps incandescent (souvent bâtonnet d'armoise ou petite quantité de poudre de cette plante). **2.** Cautère utilisé pour le moxa.

MOYE ou **MOIE** [mwa] n.f. (bas lat. *mediare*, de *medius*, qui est au milieu). TECHN. Couche tendre dans une pierre dure.

MOYÉ, E [mwaje] adj. Qui contient des moyes. *Roche moyée.*

1. MOYEN, ENNE adj. (lat. *medianus*, du milieu). **1.** Qui se situe entre deux extrêmes. *Homme de taille moyenne. Personne d'âge moyen.* – *Moyen terme :* parti qu'on prend pour éviter deux inconvénients extrêmes. ◇ *Cours moyen :* classes (cours moyen 1re année, cours moyen 2e année) où l'on reçoit les enfants de neuf à onze ans dans l'enseignement du premier degré. – LING. *Moyen français :* stade intermédiaire du français (entre l'ancien français et le français classique), parlé entre le XIVe et le XVIe s. – LING. *Voix moyenne* ou *moyen*, n.m. : voix de la conjugaison grecque qui exprime un retour de l'action sur le sujet (pronominal réfléchi ou réciproque en français). – LOG. *Moyen terme :* élément d'un syllogisme commun à la majeure et à la mineure. – MATH. *Termes moyens d'une proportion* ou *moyens*, n.m. pl. : termes B et C de l'égalité $\frac{A}{B} = \frac{C}{D}$. – SPORTS. *Poids moyen :* catégorie de poids dans de nombreux sports ; sportif appartenant à cette catégorie. **2.** Qui n'est ni bon ni mauvais ; médiocre, ordinaire. *Élève moyen. Intelligence moyenne.* ◇ *Français moyen*, représentatif de la masse des Français. **3.** Qui est obtenu en calculant une moyenne. *Prix moyen.* – *Vitesse moyenne :* quotient de la distance parcourue par la durée du parcours.

2. MOYEN n.m. **1.** Ce qui sert d'intermédiaire, ce qui permet de faire qqch. *La fin justifie les moyens.* – *Moyen de transport :* véhicule permettant de se déplacer. ◇ *Employer les grands moyens :* prendre des mesures énergiques, décisives. – *Moyens du bord*, ceux dont on peut disposer immédiatement ; expédients. **2.** LING. Voix moyenne. **3.** DR. Arguments présentés par une partie à un procès. ◆ pl. **1.** Ressources pécuniaires ; fortune, richesse. *Vivre selon ses moyens.* **2.** Capacités, aptitudes physiques ou intellectuelles. *Perdre tous ses moyens.* ◇ *Par ses propres moyens :* avec ses seules ressources. **3.** MATH. Termes moyens d'une proportion. ◆ loc. prép. *Au moyen de, par le moyen de :* en faisant usage de, par l'entremise de.

MOYEN ÂGE n.m. Période de l'histoire du monde située entre l'Antiquité et l'époque moderne. ◇ Spécialt. En Europe, période qui s'étend de la disparition de l'Empire romain en Occident (476) à la chute de Constantinople (1453) et qui se caractérise notamm. par le morcellement politique et une société agricole divisée en une classe noble et une classe paysanne asservie. – *Haut Moyen Âge*, du Ve s. à l'an mille environ.

MOYENÂGEUX, EUSE adj. **1.** Vieilli. Médiéval. **2.** Fam. et péj. Qui évoque le Moyen Âge ; suranné. *Idées moyenâgeuses.*

MOYEN-COURRIER n.m. et adj. (pl. *moyen-courriers*). Avion de transport destiné à voler sur des distances moyennes (en général inférieures à 2 000 km).

MOYEN-MÉTRAGE ou **MOYEN MÉTRAGE** n.m. (pl. *moyens*[-]*métrages*). Film dont la durée (de 30 à 60 minutes) se situe entre celle du court-métrage et celle du long-métrage.

MOYENNANT prép. (de *moyenner*, négocier). Au moyen de ; à la condition de. *Moyennant cette somme.*

MOYENNE n.f. **I.** Quantité, chose, état qui tient le milieu entre plusieurs autres, qui est éloigné des extrêmes et correspond au type le plus répandu. *Une intelligence au-dessus de la moyenne.* **II.1.** Quantité obtenue en additionnant toutes les quantités données et en divisant ce total par le nombre de quantités. ◇ MATH. *Moyenne arithmétique (de plusieurs nombres) :* somme de ces nombres divisée par le nombre de termes. – *Moyenne quadratique (de plusieurs nombres) :* racine carrée de la moyenne arithmétique de leur carré. – *Moyenne géométrique de* n *nombres :* racine $n^{\text{ième}}$ de leur produit. – POLIT. *Moyenne de liste* ou *plus forte moyenne :* moyenne du nombre de voix obtenues par les candidats d'une liste, dans un mode de scrutin à la proportionnelle. **2.** Spécialt. Note égale à la moitié de la note maximale qui peut être attribuée à un devoir ou à une copie d'examen. *Il a obtenu la moyenne en mathématiques.* **3.** Vitesse moyenne. *Rouler à 80 km/h de moyenne.* **4.** *En moyenne :* en évaluant la moyenne ; en compensant les différences en sens opposés. *Une espérance de vie de soixante-neuf ans en moyenne.*

MOYENNEMENT adv. De façon moyenne ; ni peu ni beaucoup.

MOYENNER v.t. Pop. et vieilli. *Il n'y a pas moyen de moyenner :* il n'est pas possible de parvenir à un résultat satisfaisant.

MOYEN-ORIENTAL, E, AUX adj. Qui se rapporte au Moyen-Orient.

MOYETTE [mwajɛt] n.f. (dimin. de l'anc. fr. *meie*, meule). AGRIC. Petit tas de gerbes dressées dans un champ pour permettre au grain de sécher.

MOYEU [mwajø] n.m. (lat. *modiolus*, petit vase). **1.** Pièce centrale sur laquelle sont assemblées les pièces qui doivent tourner autour d'un axe. **2.** Pièce centrale traversée par l'essieu, dans la roue d'un véhicule.

MOZABITE ou **MZABITE** adj. et n. Du Mzab.

MOZAMBICAIN, E adj. et n. Du Mozambique.

MOZARABE adj. et n. (mot esp., de l'ar.). Se dit des chrétiens d'Espagne qui conservèrent leur religion sous la domination musulmane, mais adoptèrent la langue et les coutumes arabes. ◆ adj. Se dit d'un art chrétien d'Espagne dans lequel s'est manifestée une influence du décor islamique (Xe s. et début du

l'art du haut Moyen Âge

Fibule en argent doré (?), émail et pierres fines (VIe s.) provenant de Douvrend (Seine-Maritime). [Musée municipal, Rouen.] Le jeu décoratif, abstrait en dépit des motifs de têtes d'oiseaux au bec recourbé, est caractéristique de l'art du métal des peuples germaniques, avant et après leur installation en Gaule.

Enluminure (représentant saint Marc) de *l'Évangéliaire de Charlemagne* écrit par le scribe rhénan Godescalc entre 781 et 783. (B.N., Paris.) Le retour, sous l'influence des traditions paléochrétienne et byzantine, à une certaine figuration naturaliste, a permis de parler d'une « Renaissance carolingienne » dans les arts.

Baptistère (VIIe s. ?, modifié au IXe s.) de l'église San Miguel de Tarrasa (Catalogne). La construction en pierre d'époque wisigothique – ici, huit colonnes monolithes supportent une coupole par l'intermédiaire d'arcs surhaussés – préfigure l'art roman.

Page enluminée du *Livre de Kells* (autour de l'an 800 ?). [Trinity College, Dublin.] Un des chefs-d'œuvre de l'art irlandais, l'évangéliaire dit « de Kells » a sans doute été calligraphié et peint par un atelier monastique installé dans l'île d'Iona, en Écosse. Les lettres à l'ornementation foisonnante de cette page unissent des entrelacs d'origine antique et germanique, peuplés de petites figures, à un jeu de spirales vertigineux, hérité de l'art celtique tardif de La Tène.

XIe, surtout dans les régions restées indépendantes de l'Espagne du Nord).

MOZETTE n.f. → ***mosette.***

MOZZARELLE [mɔdzarɛl] n.f. (it. *mozzarella*). Fromage italien au lait de vache ou, parfois, de bufflonne, à pâte molle.

MRBM n.m. (sigle de l'angl. *medium range ballistic missile*). Missile de portée moyenne, comprise entre 600 et 1 500 milles nautiques (de 1 100 à 2 775 km).

M. S. B. S. n.m. (sigle de *mer-sol balistique stratégique*). Missile stratégique français lancé par les sous-marins à propulsion nucléaire du type *Redoutable*. (Opérationnel depuis 1971, le missile M. S. B. S. a une portée de 2 700 km et est équipé d'une charge de 150 kt. Le modèle M 20 lui succède sur l'*Indomptable* en 1977 avec une charge thermonucléaire d'une portée supérieure à 3 000 km. Le modèle M 4 à têtes multiples équipe, à partir de 1985, l'*Inflexible*. Les missiles étrangers de ce type sont désignés par le sigle SLBM.)

M.S.T. n.f. (sigle). Maladie sexuellement* transmissible.

Mt, symbole chimique du meitnerium.

M.T.S. (sigle). Ancien système d'unités dont les trois unités fondamentales sont le *mètre* (longueur), la *tonne* (masse), la *seconde* (temps).

1. MU n.m. inv. Douzième lettre de l'alphabet grec (Μ, μ), correspondant au *m* français. ◇ MÉTROL. (Écrit μ ; prononcé *mu* [my]). Symbole de micro, préfixe SI qui, placé devant une unité de mesure, la divise par un million.

2. MU n.m. PHYS. Muon.

MUANCE n.f. État d'une voix d'enfant quand elle mue, à la puberté.

MUCILAGE n.m. (bas lat. *mucilago*, de *mucus*, morve). **1.** Substance présente chez de nombreux végétaux, et qui se gonfle au contact de l'eau en donnant des solutions visqueuses. **2.** PHARM. Liquide visqueux formé par la solution d'une gomme dans l'eau. (Les mucilages se présentent dans le commerce sous forme de granulés. Ce sont des laxatifs légers.)

MUCILAGINEUX, EUSE adj. Qui contient du mucilage ; qui en a la consistance, l'aspect.

MUCINE n.f. Glycoprotéine, constituant organique principal du mucus.

MUCOR n.m. (mot lat., *moisissure*). Moisissure blanche à sporanges foncés, se développant sur le pain humide, le crottin, etc. (Sous-classe des zygomycètes, famille des mucoracées.)

MUCORACÉE n.f. BOT. *Mucoracées* : famille de champignons inférieurs, généralement saprophytes, comprenant notamm. le mucor.

MUCOSITÉ n.f. (lat. *mucosus*, muqueux). Sécrétion des muqueuses.

MUCOVISCIDOSE [-visi-] n.f. Maladie congénitale et familiale, caractérisée par une viscosité excessive de la sécrétion des glandes exocrines et entraînant des troubles digestifs et respiratoires chroniques.

MUCRON n.m. (lat. *mucro*). BOT. Prolongement de la nervure médiane des feuilles de certaines plantes.

MUCUS [mykys] n.m. (mot lat., *morve*). Sécrétion visqueuse contenant des protides et des glucides sous forme de mucines, produite par les glandes muqueuses et retenant poussières et micro-organismes.

MUDÉJAR, E [mydeʒar] adj. et n. (mot esp., de l'ar.). Se dit des musulmans restés en Castille après la reconquête chrétienne (XIe-XVe s.). ◆ adj. Se dit d'un art qui s'est développé en Espagne chrétienne du XIIIe au XVIe s. (après la Reconquête) et qui est caractérisé par l'emprunt de certaines techniques et formes décoratives islamiques.

MUDRA [mudra] n.f. (mot sanskr.). Geste rituel des mains et des doigts, possédant une signification religieuse, et utilisé entre autres par les danseurs traditionnels de l'Inde. Graphie savante inv. : *mudrā.*

1. MUE n.f. (de *muer*). **1. a.** Changement dans le plumage, le poil, la peau, auquel les animaux vertébrés sont sujets à certaines époques de l'année ; époque où arrive ce changement. **b.** Rejet total et reconstitution du tégument chitineux, permettant la croissance des arthropodes ; ce tégument abandonné. SYN. : *exuvie.* **2.** Changement qui s'opère dans le timbre de la voix des jeunes gens au moment de la puberté ; temps où arrive ce changement.

2. MUE n.f. Grande cage à claire-voie pour une poule et ses poussins.

MUER v.i. (lat. *mutare*, changer). **1.** Perdre périodiquement sa peau, son poil, son plumage, son revêtement chitineux, en parlant de certains animaux. *Les serpents, les oiseaux, les arthropodes muent.* **2.** Changer de timbre au moment de la puberté, en parlant de la voix (en partic. des garçons) ou de celui qui a cette voix. ◆ v.t. *(en).* Litt. Transformer en. *Elle fut muée en statue de sel.* ◆ **se muer** v.pr. Litt. Se transformer, se changer. *Sympathie qui se mue en amitié.*

MUESLI [mysli] n.m. (mot all.). Mélange de flocons de céréales et de fruits secs sur lequel on verse du lait froid, et destiné à être consommé surtout au petit déjeuner, au goûter ou comme dessert.

MUET, ETTE adj. et n. (anc. fr. *mu*, lat. *mutus*). Qui n'a pas l'usage de la parole. *Être sourd et muet de naissance.* ◆ adj. **I. 1.** Qui est momentanément empêché de parler par un sentiment violent. *Être muet d'admiration.* **2.** Qui refuse de parler, qui s'abstient volontairement de parler. **3.** THÉÂTR. Se dit d'un acteur qui n'a pas de texte à dire, d'une scène ou d'une action sans paroles. **II. 1.** Se dit d'un sentiment qui ne se manifeste pas par des paroles. *Un désespoir muet.* **2.** *Cinéma muet* ou *muet*, n.m., qui ne comportait pas l'enregistrement de la parole ou du son (par opp. à *cinéma parlant*). **3.** PHON. Se dit d'une unité graphique non prononcée (par ex. le *b* dans *plomb*, le *l* dans *fils*). ◇ *H muet*, qui n'empêche pas la liaison. **4.** Qui ne parle pas de qqch, n'en fait pas mention. *La loi est muette à ce sujet.* **5.** Qui ne comporte pas les indications habituellement contenues. *Carte de géographie muette.* ◇ *Carte muette* : carte qui, au restaurant, ne mentionne pas les prix des plats, et qui est destinée aux personnes invitées.

MUETTE n.f. (de *meute*). Vx. **1.** Cabane, local destinés à abriter la mue des cerfs, des faucons, etc. **2.** Pavillon de chasse.

MUEZZIN [mɥedzin] n.m. (turc *müezzin*, de l'ar. *mu'adhdhin*). Fonctionnaire religieux musulman chargé d'appeler du haut du minaret de la mosquée aux cinq prières quotidiennes de l'islam.

MUFFIN [mœfin] n.m. (mot angl.). Petit pain au lait à pâte levée qu'on sert avec le thé.

MUFLE n.m. (moyen fr. *moufle*, visage rebondi). **1.** Extrémité du museau de certains mammifères. **2.** Homme sans éducation ; goujat, malotru.

MUFLERIE n.f. Comportement du mufle, manque de délicatesse ; grossièreté.

MUFLIER n.m. (de *mufle*). Plante souvent cultivée pour ses fleurs décoratives rappelant un mufle d'animal. (Famille des scrofulariacées.) SYN. : *gueule-de-loup.*

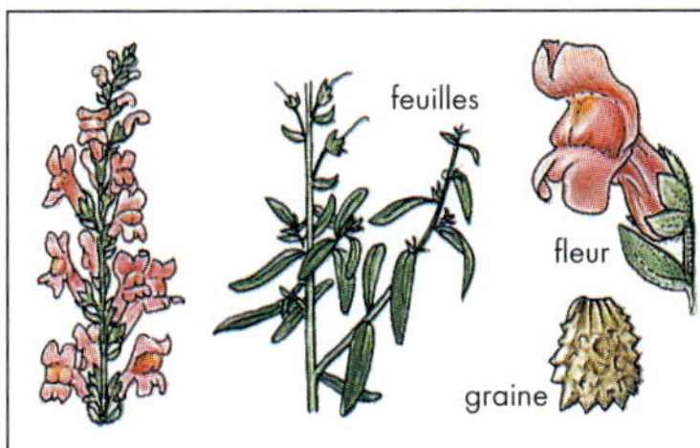

muflier

MUFTI ou **MUPHTI** n.m. (mot ar.). Interprète officiel de la loi musulmane. Graphie savante : *muftī.*

MUGE n.m. (lat. *mugil*). Poisson à large tête, vivant près des côtes, mais pondant en mer, et dont la chair est estimée. SYN. : *mulet.*

MUGIR v.i. (lat. *mugire*). **1.** Crier, en parlant des bovidés. **2.** Produire un son comparable à un mugissement. *La sirène mugit.*

MUGISSANT, E adj. Qui mugit.

MUGISSEMENT n.m. **1.** Cri sourd et prolongé des animaux de l'espèce bovine. **2.** Bruit qui ressemble à ce cri. *Le mugissement des flots.*

MUGUET n.m. (anc. fr. *mugue*, musc [à cause de l'odeur]). **1.** Liliacée à petites fleurs blanches d'une odeur douce et agréable, qui fleurit en mai. **2.** Maladie de la muqueuse buccale due à une levure *(Candida albicans)*, et qui apparaît surtout dans la bouche des nouveau-nés.

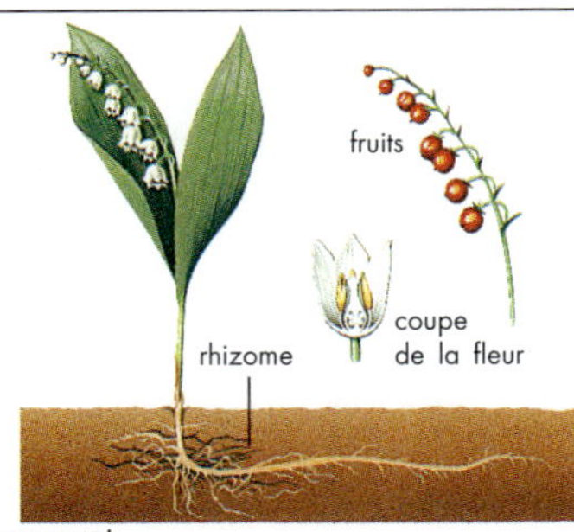

muguet

MUID [mɥi] n.m. (lat. *modius*, mesure). **1.** Anc. Unité de mesure de capacité pour les liquides, les grains et diverses matières, et qui variait selon les pays et les marchandises. (À Paris, le muid valait 274 litres pour le vin.) **2.** Futaille de la capacité d'un muid.

MULARD, E n. et adj. Canard, cane nés du canard musqué et de la cane commune, ou inversement.

MULASSIER, ÈRE adj. Relatif à la production des mulets.

MULÂTRE adj. et n. (esp. *mulato*, de *mulo*, mulet). Né d'un Noir et d'une Blanche, ou d'une Noire et d'un Blanc.

MULÂTRESSE n.f. Vieilli. Femme mulâtre.

1. MULE n.f. (lat. *mulleus*, de couleur rouge). Pantoufle laissant le talon découvert. ◇ *Mule du pape* : pantoufle blanche du pape, brodée d'une croix d'or.

2. MULE n.f. (lat. *mula*). Mulet femelle, presque toujours stérile.

MULE-JENNY [mylʒeni] n.f. (mot angl.) [pl. *mule-jennys*]. Métier employé au XIXe s. dans le filage du coton.

1. MULET [mylɛ] n.m. (lat. *mulus*). **1.** Hybride mâle d'un âne et d'une jument, toujours stérile. (L'hybride de cheval et d'ânesse s'appelle *bardot*.) **2.** Fam. Voiture de remplacement, dans une course automobile.

mulet

2. MULET n.m. (lat. *mullus*, rouget). Muge (poisson).

MULETA [mulɛta] n.f. (mot esp.). Morceau d'étoffe écarlate dont se sert le matador pour travailler et fatiguer le taureau avant de lui porter l'estocade.

MULETIER, ÈRE adj. *Chemin muletier*, étroit et escarpé. ◆ n. Personne qui conduit des mulets.

MULETTE n.f. (dimin. de *moule*). Mollusque bivalve des rivières du nord et de l'est de la France, produisant des perles de petite taille. (Long. 10 cm env.) SYN. : *moule de rivière.*

MULHOUSIEN, ENNE adj. et n. De Mulhouse.

MULLA ou **MULLAH** n.m. → ***mollah.***

MÜLLER (CANAUX DE) : organes embryonnaires dont l'évolution aboutit dans le sexe féminin à la formation des trompes, de l'utérus et du vagin, et qui s'atrophient dans le sexe masculin.

MULON n.m. (anc. fr. *mule*, tas de foin). Tas de sel recouvert d'argile pour assurer sa conservation, dans les marais salants.

MULOT n.m. (bas lat. *mulus*, taupe). Petit rat gris fauve des bois et des champs.

MULSION n.f. AGRIC. Action de traire.

MULTICÂBLE adj. et n.m. MIN. Se dit d'une installation d'extraction dans laquelle les cages sont suspendues à plusieurs câbles.
MULTICARTE adj. Se dit d'un voyageur de commerce qui représente plusieurs maisons.
MULTICELLULAIRE adj. Formé de plusieurs cellules. SYN. : *pluricellulaire.*
MULTICOLORE adj. Qui présente un grand nombre de couleurs.
MULTICONFESSIONNEL, ELLE adj. Où coexistent plusieurs religions.
MULTICOQUE adj. et n.m. Se dit d'un bateau et, en partic., d'un voilier comportant plusieurs coques (catamaran, trimaran, prao, etc.), par opp. à *monocoque.*
MULTICOUCHE adj. Qui comprend plusieurs couches.
MULTICULTURALISME n.m. Coexistence de plusieurs cultures dans une société, un pays.
MULTICULTUREL, ELLE adj. Qui relève de plusieurs cultures.
MULTIDIMENSIONNEL, ELLE adj. Qui a des dimensions multiples, qui concerne des niveaux, des domaines variés. *Développement multidimensionnel d'une entreprise.* ◇ STAT. *Analyse multidimensionnelle :* analyse des données relative à un grand nombre d'éléments, représentés comme points d'un espace vectoriel à plusieurs dimensions.
MULTIDISCIPLINAIRE adj. Pluridisciplinaire.
MULTIETHNIQUE adj. Pluriethnique.
MULTIFENÊTRE adj. INFORM. Se dit d'un logiciel permettant l'utilisation simultanée de plusieurs fenêtres sur un écran.
MULTIFILAIRE adj. Qui comprend plusieurs fils ou brins.
MULTIFONCTION ou **MULTIFONCTIONS** adj. Se dit d'un appareil remplissant à lui seul plusieurs fonctions.
MULTIFORME adj. Qui a plusieurs formes.
MULTIGRADE adj. Se dit d'un produit dont les propriétés s'étendent simultanément à plusieurs spécifications. ◇ *Huile multigrade :* huile de graissage à haut indice de viscosité qui peut servir en toutes saisons.
MULTILATÉRAL, E, AUX adj. Se dit d'un accord, économique ou politique, intervenant entre plusieurs pays.
MULTILINÉAIRE adj. MATH. Se dit d'une application à plusieurs variables qui est linéaire par rapport à chacune d'elles.
MULTILINGUE adj. **1.** Qui existe, qui se fait en plusieurs langues différentes. **2.** Qui peut utiliser couramment plusieurs langues. SYN. : *plurilingue.*
MULTILINGUISME n.m. Situation d'une région, d'un État, etc., où sont parlées plusieurs langues. SYN. : *plurilinguisme.*
MULTILOBÉ, E adj. BIOL. Se dit d'un organe découpé en plusieurs lobes.
MULTILOCULAIRE adj. BOT. Se dit d'un ovaire végétal divisé en un grand nombre de cavités.
MULTIMÉDIA adj. Qui utilise ou concerne plusieurs médias. ◇ *Groupe multimédia :* groupe industriel de communication développant ses activités dans les domaines de la presse, de l'édition, de la télévision, de la radio, de la publicité, etc. ◆ n.m. Ensemble des techniques et des produits qui permettent l'utilisation simultanée et interactive de plusieurs modes de représentation de l'information (textes, sons, images fixes ou animées).
MULTIMÉDIATISATION n.f. Action de médiatiser par le truchement de plusieurs médias.
MULTIMÈTRE n.m. Appareil unique regroupant un ampèremètre, un voltmètre, un ohmmètre et, parfois, un capacimètre.
MULTIMILLIARDAIRE n. et adj. Personne plusieurs fois milliardaire.
MULTIMILLIONNAIRE n. et adj. Personne plusieurs fois millionnaire.
MULTINATIONAL, E, AUX adj. **1.** Qui concerne plusieurs nations. **2.** *Société multinationale* ou *multinationale,* n.f. : groupe industriel, commercial ou financier dont les activités et les capitaux se répartissent entre plusieurs États.
MULTINÉVRITE n.f. NEUROL. Névrite atteignant simultanément ou successivement, de façon asymétrique, plusieurs troncs nerveux.
MULTINORME adj. Se dit d'un récepteur de télévision qui peut fournir des images provenant d'émetteurs de normes différentes. SYN. : *multistandard.*
MULTIPARE adj. et n.f. (du lat. *parere,* enfanter). **1.** Se dit d'une femme qui a mis au monde plusieurs enfants (par opp. à *primipare, nullipare*). **2.** Qui met bas plusieurs petits en une seule portée (par opp. à *unipare*). *La laie est multipare.*
MULTIPARITÉ n.f. **1.** Fait, pour une femme, d'être multipare. **2.** Caractère d'une femelle, d'une espèce multipare.
MULTIPARTISME n.m. Système politique caractérisé par la multiplicité des partis.
MULTIPARTITE adj. Qui regroupe plusieurs partis politiques. *Un gouvernement multipartite.*
1. MULTIPLE adj. (lat. *multiplex*). **1.** Qui se produit de nombreuses fois, qui existe en plusieurs exemplaires. *À de multiples reprises.* **2.** Qui est composé de plusieurs parties.
2. MULTIPLE n.m. **1.** Nombre entier qui contient un autre nombre entier plusieurs fois exactement. *8 est un multiple de 2.* ◇ *Multiple commun à plusieurs nombres :* nombre entier multiple de chacun de ces nombres. – *Plus petit commun multiple (de plusieurs nombres) :* le plus petit des multiples communs à ces nombres. Abrév. : *P.P.C.M.* **2.** ART CONTEMP. Œuvre, objet conçus par un artiste pour être produits et vendus en plusieurs exemplaires.
MULTIPLET n.m. **1.** INFORM. Ensemble de bits dont la combinaison permet de représenter un chiffre, une lettre ou un signe sous la forme binaire, que traite un ordinateur. **2.** MATH. Système formé par *n* éléments $(x_1, x_2, ..., x_n)$ d'un ensemble rangés dans un ordre donné avec répétition possible d'un élément. **3.** PHYS. **a.** Ensemble d'états différents d'une même particule élémentaire, d'énergies très voisines. **b.** Niveau atomique ou nucléaire dégénéré, en spectroscopie. (Les multiplets correspondent à des états quantiques différents.)
MULTIPLEX adj. et n.m. **1.** Se dit d'une liaison par voie hertzienne ou téléphonique faisant intervenir des participants qui se trouvent en des lieux distincts. **2.** Se dit d'un matériel, d'une installation ou d'un signal dans lesquels un multiplexage est réalisé ou mis en œuvre. SYN. : *multivoie.*
MULTIPLEXAGE n.m. TÉLÉCOMM. **1.** Division d'une voie de transmission commune en plusieurs voies distinctes pouvant transmettre simultanément des signaux indépendants dans le même sens. **2.** Combinaison de signaux indépendants en un seul signal composite destiné à être transmis sur une voie commune.
MULTIPLEXEUR n.m. TÉLÉCOMM. Dispositif permettant le multiplexage.
MULTIPLIABLE adj. Qui peut être multiplié.
MULTIPLICANDE n.m. MATH. Nombre à multiplier par un autre appelé *multiplicateur.*
1. MULTIPLICATEUR, TRICE adj. Qui multiplie.
2. MULTIPLICATEUR n.m. MATH. Nombre par lequel on multiplie. ◇ *Théorie du multiplicateur :* théorie économique selon laquelle tout accroissement d'investissement productif détermine une augmentation du revenu global plus importante que cet accroissement d'investissement.
MULTIPLICATIF, IVE adj. **1.** Qui concerne la multiplication. **2.** Qui multiplie. ◇ *Groupe multiplicatif :* groupe dont l'opération est notée ×. – *Notation multiplicative :* usage du signe × ou · pour noter une multiplication.
MULTIPLICATION n.f. **1.** MATH. Opération associant à deux nombres, l'un appelé *multiplicande,* l'autre *multiplicateur,* un troisième nombre appelé *produit. Dans le cas des nombres entiers, la multiplication de* a *par* b *a pour résultat la somme de* a *termes tous égaux à* b. ◇ *Table de multiplication :* tableau donnant le produit, l'un par l'autre, des dix premiers nombres entiers. **2.** MÉCAN. Rapport dont on augmente le régime de deux engrenages dans une transmission de mouvement, et dans lequel la vitesse de rotation de l'arbre entraîné est supérieure à celle de l'arbre entraînant. **3.** BIOL. Augmentation du nombre d'individus d'une espèce vivante, soit par reproduction sexuée, soit par fragmentation d'un seul sujet *(multiplication végétative).* **4.** Augmentation en nombre ; accroissement. *Multiplication des points de vente.*
MULTIPLICATIVEMENT adv. MATH. De façon multiplicative.
MULTIPLICITÉ n.f. Nombre considérable.
MULTIPLIER v.t. (lat. *multiplicare*). **1.** Augmenter le nombre, la quantité de. *Multiplier les efforts pour réussir.* **2.** Procéder à la multiplication d'un nombre par un autre. ◆ v.i. Effectuer une multiplication. ◆ **se multiplier** v.pr. **1.** Se répéter un grand nombre de fois. *Les incidents frontaliers se multiplient.* **2.** Se reproduire, augmenter en nombre par voie de génération. **3.** Faire preuve d'une activité extrême en donnant l'impression qu'on est partout à la fois.
MULTIPLIEUR n.m. Organe de calculateur analogique ou numérique permettant d'effectuer le produit de deux nombres.
MULTIPOINT ou **MULTIPOINTS** adj. inv. Se dit d'une serrure comportant plusieurs pênes dormants actionnés simultanément par le même organe de manœuvre.
MULTIPOLAIRE adj. **1.** Qui a plusieurs pôles (par opp. à *bipolaire*). *Un monde multipolaire.* **2.** HISTOL. Se dit d'un neurone dont le corps cellulaire est entouré de plusieurs dendrites.
MULTIPOSTE adj. et n.m. Se dit d'un micro-ordinateur auquel peuvent être reliés directement plusieurs postes de travail.
MULTIPOSTULATION n.f. DR. Fait, pour un avocat ou un avoué en appel, d'effectuer plusieurs postulations.
MULTIPRISE n.f. Prise de courant électrique permettant de relier plusieurs appareils au réseau. (On dit aussi *prise multiple.*)
MULTIPROCESSEUR adj.m. et n.m. Se dit d'un système informatique possédant plusieurs unités de traitement qui fonctionnent en se partageant un même ensemble de mémoires et d'unités périphériques.
MULTIPROGRAMMATION n.f. Mode d'exploitation d'un ordinateur permettant l'exécution imbriquée dans le temps de plusieurs programmes avec une même machine.
MULTIPROGRAMMÉ, E adj. INFORM. Multitâche.
MULTIPROPRIÉTÉ n.f. Formule de copropriété d'une résidence secondaire permettant à ses utilisateurs d'user chacun à leur tour du droit de jouissance d'un bien immeuble pendant un temps donné. SYN. : *propriété saisonnière.*
MULTIRACIAL, E, AUX adj. Où coexistent plusieurs races.
MULTIRÉCIDIVISTE n. DR. Auteur de plusieurs récidives.
MULTIRISQUE adj. *Assurance multirisque* ou *multirisque,* n.f. : assurance couvrant simultanément plusieurs risques, comme le vol et l'incendie.
MULTISALLE ou **MULTISALLES** adj. et n.m. Se dit d'un cinéma qui comporte plusieurs salles de projection. *Complexe multisalle.*
MULTISERVICE adj. Qui permet l'accès à plusieurs services de télécommunication. *Carte à mémoire multiservice.*
MULTISOUPAPES adj. Se dit d'un moteur qui comporte plus de deux soupapes par cylindre.
MULTISTANDARD adj. Multinorme.
MULTITÂCHE adj. Se dit d'un ordinateur conçu pour la multiprogrammation. SYN. : *multiprogrammé.*
MULTITRAITEMENT n.m. Exécution simultanée de plusieurs programmes dans plusieurs processeurs d'un même ordinateur.
MULTITUBE adj. ARM. Se dit d'un canon composé de plusieurs tubes accolés.
MULTITUBULAIRE adj. Aquatubulaire.
MULTITUDE n.f. (lat. *multitudo*). **1.** Très grand nombre. *Une multitude d'enfants, d'oiseaux.* **2.** Rassemblement en grand nombre d'êtres vivants, de personnes. **3.** Litt. *La multitude :* le commun des hommes, la masse, la foule.
MULTIVIBRATEUR n.m. ÉLECTRON. Bascule.
MULTIVOIE adj. et n.m. Multiplex.
MULUD n.m. → ***Mouloud.***
MUNDA ou **MOUNDA** n.m. Groupe de langues parlées dans les régions montagneuses du centre et de l'est de l'Inde par des populations tribales.
MUNGO [mungo] n.m. Haricot à petit grain, originaire d'Extrême-Orient. (Les grains de mungo germés sont appelés *germes de soja.*)
MUNICHOIS, E [mynikwa, az] adj. et n. De Munich. ◆ n. HIST. Partisan des accords conclus à Munich le 30 septembre 1938.
MUNICIPAL, E, AUX adj. (lat. *municipalis*). **1.** Relatif à l'administration d'une commune. ◇ *Officier municipal :* élu, fonctionnaire qui participe à l'administration d'une commune. – *Élections municipales* ou *municipales,* n.f. pl. : élections du conseil* municipal au suffrage universel. **2.** HIST. *Garde municipale :* garde républicaine de Paris, de 1802 à 1813.
MUNICIPALISATION n.f. Action de municipaliser.

MUNICIPALISER v.t. Placer (un bien, un service) sous le contrôle d'une commune.

MUNICIPALITÉ n.f. **1.** Territoire soumis à une organisation municipale. **2.** Ensemble formé par le maire et ses adjoints.

MUNICIPE n.m. (lat. *municipium*). HIST. Cité italienne soumise à Rome, participant aux charges financières et militaires, mais se gouvernant par ses propres lois.

MUNIFICENCE n.f. (lat. *munificentia*, de *munus*, cadeau, et *facere*, faire). Litt. Disposition qui porte à faire des libéralités. – REM. À distinguer de *magnificence*, malgré la proximité de sens.

MUNIFICENT, E adj. Litt. Très généreux.

MUNIR v.t. (lat. *munire*, fortifier). Pourvoir de ce qui est nécessaire, utile. *Munir d'argent. Munir une lampe d'un abat-jour.* ◆ **se munir** v.pr. Prendre avec soi. *Se munir de provisions pour une longue route.* ◇ *Se munir de patience, de courage :* se préparer à supporter ce qui va arriver.

MUNITION n.f. (lat. *munitio*, fortification). **1.** Vx. Ce qui était indispensable à l'approvisionnement des armées. **2.** (Surtout pl.). Ce qui est nécessaire à l'approvisionnement des armes à feu (cartouches, charges de poudre, fusées, etc.).

MUNITIONNAIRE n.m. Agent chargé de fournir les vivres et les fourrages aux troupes, sous l'Ancien Régime.

MUNSTER [mœ̃stɛr] n.m. Fromage affiné à pâte molle, fabriqué avec du lait de vache dans les Vosges.

MUNTJAC [mœ̃ntʒak] n.m. (d'une langue de Java). Cerf du Sud-Est asiatique, aux bois courts.

MUON n.m. (de *mu*, et [*électr*]*on*). Particule élémentaire (μ) de la famille des leptons ayant une charge électrique positive ou négative égale à celle de l'électron et dont la masse vaut 207 fois celle de l'électron. SYN. : *mu*.

MUPHTI n.m. → ***mufti***.

MUQUEUSE n.f. Membrane qui tapisse certaines cavités du corps et dont la surface est continuellement humectée de mucus.

MUQUEUX, EUSE adj. (lat. *mucosus*, de *mucus*, morve). **1.** Relatif aux mucosités. **2.** Se dit d'une glande qui sécrète du mucus.

MUR n.m. (lat. *murus*). **1.** Ouvrage en maçonnerie, en terre, en pan de bois ou de fer, etc., qui, dans un plan vertical, sert à enclore un espace, à soutenir des terres, à constituer les côtés d'une maison et à en supporter les étages. ◇ *Entre quatre murs :* enfermé, à l'intérieur d'un lieu clos de murs, d'un bâtiment. – Fam. *Aller (droit) dans le mur :* courir à l'échec, au désastre. – *Être au pied du mur,* face à ses responsabilités. – *Être le dos au mur :* ne plus pouvoir reculer. – *Coller qqn au mur* (pour le fusiller). – *Se cogner, se taper la tête contre les murs :* désespérer de parvenir à une solution. – Fam. *Faire le mur :* sortir sans permission (notamm. d'une caserne, d'un internat), en escaladant un mur. **2.** MIN. Éponte située au-dessous du minerai. **3.** Paroi naturelle, pente abrupte. *Skieur qui descend un mur.* **4.** Ce qui constitue un obstacle ; fig., ce qui isole, sépare. *Les gendarmes formaient un mur devant les manifestants. Le mur de la vie privée.* **5.** SPORTS. Au football, écran formé, entre le but et le tireur d'un coup franc, par un groupe de joueurs serrés les uns contre les autres. **6.** AÉRON. *Mur du son :* ensemble des phénomènes aérodynamiques qui se produisent lorsqu'un mobile se déplace dans l'atmosphère à une vitesse voisine de celle du son. – *Mur de la chaleur :* ensemble des phénomènes calorifiques qui se produisent aux très grandes vitesses et qui limitent très fortement les performances aériennes dans l'atmosphère. **7.** *Mur d'escalade* ou *mur artificiel :* paroi de béton, de bois, aménagée spécialement pour la pratique de la varappe. ◆ pl. Limites d'une ville, d'un immeuble ; lieu circonscrit par ces limites.

MÛR, E adj. (lat. *maturus*). **1.** Se dit d'un fruit, d'une graine, complètement développés, en état d'être récoltés. **2.** Se dit d'un bouton, d'un abcès près de percer. **3.** Se dit de qqn qui a atteint son plein développement physique ou intellectuel. **4.** Se dit de ce qui, après une longue évolution, est amené au stade de la réalisation. ◇ *Après mûre réflexion :* après avoir bien réfléchi.

MURAGE n.m. Action de murer.

MURAILLE n.f. **1.** Mur épais, d'une certaine hauteur. **2.** Surface verticale abrupte. **3.** Partie de la coque d'un navire depuis la flottaison jusqu'au plat-bord. **4.** Partie extérieure du sabot du cheval.

1. MURAL, E, AUX adj. **1.** Qui croît sur les murs. *Plante murale.* **2.** Appliqué, fait sur un mur. *Carte murale.*

2. MURAL n.m. (pl. *murals*). ART CONTEMP. Décor destiné à animer la surface d'un mur.

MURALISME n.m. Courant artistique du XXe s., caractérisé par l'exécution de grandes peintures murales sur des thèmes populaires ou de propagande nationale (spécialement au Mexique : Rivera, Orozco, Siqueiros).

MURALISTE n. Peintre adepte du muralisme.

MÛRE n.f. (anc. fr. *meure*, lat. *morum*). **1.** Fruit du mûrier. **2.** Fruit de la ronce.

MÛREMENT adv. Après de longues réflexions.

MURÈNE n.f. (lat. *muraena*). Poisson des fonds rocheux des côtes méditerranéennes, à corps allongé comme l'anguille, très vorace et causant des morsures dangereuses. (Long. max. 1,50 m ; ordre des apodes.)

murène

MURÉNIDÉ n.m. *Murénidés :* famille de poissons osseux dont le type est la murène.

MURER v.t. **1.** Boucher avec de la maçonnerie. *Murer une porte.* **2.** Enfermer dans un lieu en bouchant, en supprimant les issues. *L'éboulement a muré les mineurs dans la galerie.* ◆ **se murer** v.pr. Rester enfermé chez soi, rester à l'écart des autres.

MURET n.m., **MURETTE** n.f. ou, rare, **MURETIN** n.m. Petit mur.

MUREX n.m. (mot lat.). Mollusque gastropode à coquille couverte de pointes, vivant sur les côtes de la Méditerranée, et dont on tirait la pourpre. (Les plus grandes espèces atteignent 8 cm de long.)

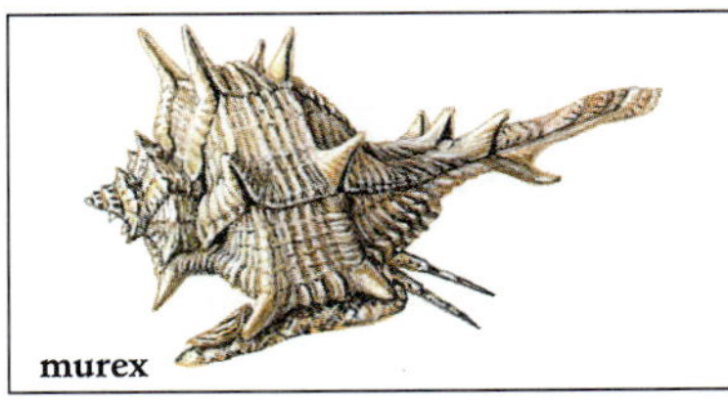

murex

MURIATE n.m. Vx. Chlorure.

MURIDÉ n.m. (lat. *mus, muris*, rat). *Muridés :* famille de petits rongeurs à longue queue, vivant cachés, tels que le rat, la souris, le mulot.

MÛRIER n.m. Arbre ou arbuste des régions tempérées de l'Asie et de l'Amérique, à suc laiteux et à feuilles caduques. ◇ *Mûrier noir,* cultivé pour ses fruits. – *Mûrier blanc,* dont les feuilles nourrissent le ver à soie.

MÛRIR v.i. **1.** Devenir mûr, arriver à maturité. *Le raisin mûrit en automne.* **2.** Évoluer, se développer de manière favorable. *Idées qui mûrissent.* **3.** Prendre, acquérir de la sagesse, de l'expérience. ◆ v.t. **1.** Rendre mûr (un fruit, une graine). *Le soleil mûrit les fruits.* **2.** Porter à l'état de maturité, de complet développement. *Mûrir un projet.* **3.** Rendre sage, expérimenté. *Les épreuves l'ont mûrie.*

MÛRISSAGE ou **MÛRISSEMENT** n.m. Maturation de certains produits.

MÛRISSANT, E adj. Qui est en train de mûrir.

MÛRISSERIE n.f. Entrepôt dans lequel on fait mûrir les fruits (en partic. les bananes).

MURMEL n.m. (mot all.). Marmotte dont la fourrure rappelle la martre.

MURMURANT, E adj. Litt. Qui fait entendre un murmure.

MURMURE n.m. (lat. *murmur*). **1.** Bruit de voix léger, sourd et prolongé. **2.** Paroles, plaintes sourdes marquant le mécontentement individuel ou collectif. *Obéir sans murmure.* **3.** Litt. Bruissement léger, prolongé. *Le murmure d'un ruisseau.*

MURMURER v.i. **1.** Faire entendre un bruit de voix sourd et prolongé. **2.** Faire entendre une sourde protestation, une manifestation peu explicite de mécontentement. **3.** Litt. Faire entendre un bruissement léger. ◆ v.t. Dire à voix basse, confidentiellement. *Murmurer des secrets à l'oreille d'une amie.*

MÛRON n.m. Dial. **1.** Fruit de la ronce, mûre. **2.** Framboisier sauvage.

MURRHIN, E adj. (du lat. *murrha*). ANTIQ. *Vase murrhin :* vase fort estimé des Anciens, et dont la matière peut avoir été la fluorine.

MUR-RIDEAU n.m. (pl. *murs-rideaux*). Mur extérieur, non porteur, d'un bâtiment, généralement construit avec des éléments standardisés et préfabriqués, le plus souvent largement vitrés.

MUSACÉE n.f. (d'un mot ar., *banane*). *Musacées :* famille de plantes monocotylédones, aux fleurs à cinq étamines, telles que le bananier ou le strelitzia.

MUSAGÈTE adj.m. ANTIQ. *Apollon musagète,* conducteur des Muses.

MUSARAIGNE n.f. (bas lat. *musaranea*, souris-araignée). Mammifère insectivore de la taille d'une souris, à museau pointu, utile, destructeur de vers et d'insectes.

musaraigne

MUSARD, E adj. et n. Vx. Qui perd son temps à des riens.

MUSARDER v.i. (de *muser*). Fam. Perdre son temps, s'amuser à des riens ; flâner.

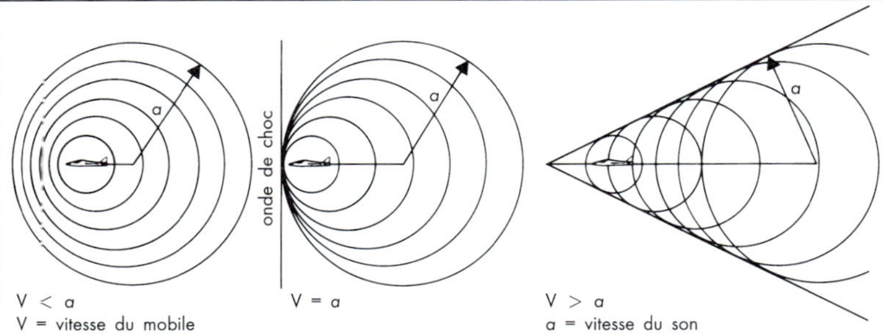

Lorsqu'un mobile atteint la vitesse du son, il se déplace à la même vitesse que les ondes de pression qu'il engendre. Il crée alors une onde de choc sonore. Lorsque la vitesse est supersonique, les ondes de pression s'inscrivent à l'intérieur d'un cône, le « cône de Mach ».

le phénomène du **mur** du son

MUSARDISE n.f. Litt. Action ou habitude de musarder.

MUSC [mysk] n.m. (lat. *muscus*). Substance odorante utilisée en parfumerie et produite par certains mammifères, en partic. par un cervidé, le *porte-musc* mâle. ◇ *Musc végétal :* huile tirée de la mauve musquée.

MUSCADE n.f. et adj. (mot prov.). **1.** Fruit du muscadier, dont la graine (noix [de] muscade) est utilisée comme condiment et fournit le *beurre de muscade.* **2.** Accessoire de prestidigitateur en forme de muscade, généralement fait de liège, utilisé pour certains escamotages. ◇ Fig. (En parlant de qqch qui passe presque inaperçu). *Passez muscade :* le tour est joué.

MUSCADET n.m. (de *muscat*). Vin blanc sec de la région nantaise.

MUSCADIER n.m. Arbre ou arbrisseau des pays chauds, qui fournit la muscade.

MUSCADIN n.m. (it. *moscardino,* pastille au musc). HIST. Jeune élégant vêtu de façon excentrique et adversaire actif des Jacobins, après le 9-Thermidor (1794).

MUSCADINE n.f. Vigne d'une variété canadienne ; vin que produit cette vigne.

MUSCARDIN n.m. (it. *moscardino*). Petit loir vivant dans les haies, où il construit son nid.

MUSCARDINE n.f. Maladie mortelle des vers à soie, produite par un champignon, le botrytis.

MUSCARI n.m. (lat. *muscus,* musc). Plante voisine de la jacinthe, à grappes de petites fleurs violettes. (Famille des liliacées.)

muscari

MUSCARINE n.f. (lat. *musca,* mouche). Alcaloïde toxique extrait de la fausse oronge.

MUSCAT n.m. **1.** Cépage dont les baies ont une saveur musquée caractéristique. **2.** Vin doux et sucré obtenu avec ce cépage. ◆ adj.m. Se dit de certains fruits à saveur musquée, notamm. du raisin. (Le fém. *muscate,* rare, est attesté.)

MUSCIDÉ [myside] n.m. (lat. *musca,* mouche). *Muscidés :* famille d'insectes diptères tels que la mouche domestique et la lucilie.

MUSCINÉE n.f. (lat. *muscus,* mousse). BOT. *Muscinées :* classe des mousses.

MUSCLE n.m. (lat. *musculus,* petite souris). **1.** Organe formé de fibres dont la contraction produit le mouvement et assure la résistance aux forces extérieures. *(V. planche Anatomie.)* **2.** Fig. Force, énergie, vigueur.
■ On distingue les *muscles lisses* ou *viscéraux* dont la contraction est involontaire et inconsciente (tube digestif, bronches, parois artérielles) et les *muscles striés* ou *squelettiques,* insérés sur les os, dont la contraction est volontaire et qui assurent les mouvements du corps. Le *muscle cardiaque* (myocarde) a la particularité d'être un muscle viscéral strié dont la contraction est involontaire et automatique.

MUSCLÉ, E adj. **1.** Qui a les muscles bien développés. **2.** Qui use volontiers de la force ; brutal, autoritaire. *Régime musclé. Politique musclée.*

MUSCLER v.t. **1.** Développer les muscles de. *L'exercice muscle le corps.* **2.** Fig. Donner plus de vigueur, d'énergie à (qqch). *Muscler l'économie.*

MUSCULAIRE adj. Propre aux muscles.

MUSCULATION n.f. Ensemble d'exercices visant à développer la musculature.

MUSCULATURE n.f. Ensemble des muscles du corps humain.

MUSCULEUX, EUSE adj. **1.** Qui est de la nature des muscles, qui est formé de muscles. **2.** Qui est très musclé. *Bras musculeux.*

MUSCULO-, élément signifiant « relatif à un muscle, aux muscles », utilisé pour former des termes d'anatomie.

MUSCULO-MEMBRANEUX, EUSE adj. ANAT. Se dit d'une structure membraneuse qui comporte des éléments musculaires.

MUSE n.f. (lat. *musa*). **1.** (Avec une majuscule). Chacune des neuf déesses grecques qui présidaient aux arts libéraux : *Clio* (histoire), *Euterpe* (musique), *Thalie* (comédie), *Melpomène* (tragédie), *Terpsichore* (danse), *Érato* (élégie), *Polymnie* (poésie lyrique), *Uranie* (astronomie), *Calliope* (éloquence). **2.** Litt. *Les Muses, la Muse,* symbole de la poésie. ◇ *Taquiner la Muse :* s'essayer, en amateur, à faire des vers. **3.** (Avec une minuscule). Inspiratrice d'un poète, d'un écrivain.

MUSEAU n.m. (bas lat. *musus*). **1.** Partie antérieure, allongée et plus ou moins pointue, de la face de certains mammifères, située au-dessus de la bouche et dont l'extrémité forme le mufle. **2.** Région semblable de divers autres vertébrés, notamm. des poissons. ◇ Par anal. de forme. *Museau de tanche :* saillie du col de l'utérus dans le vagin. **3.** CUIS. Préparation de charcuterie à base notamm. de mufle et de menton de porc ou de bœuf. **4.** Fam. Visage.

MUSÉE n.m. (gr. *mouseîon,* temple des Muses). **1.** Lieu, établissement où est conservée, exposée, mise en valeur une collection d'œuvres d'art, d'objets d'intérêt culturel, scientifique ou technique. *Musée lapidaire. Musée de l'automobile. Musée du Louvre.* ◇ *Direction des musées de France :* réunion en un service administratif central, à Paris (Louvre), des principaux musées publics nationaux, municipaux ou autres (« classés » ou « contrôlés »). **2.** ANTIQ. (Avec une majuscule). Sanctuaire consacré aux Muses. ◇ Spécialt. Grand édifice élevé par Ptolémée Ier à Alexandrie, qui abritait une bibliothèque célèbre dans le monde antique.

MUSELER v.t. (anc. fr. *musel,* museau) [24]. **1.** Mettre une muselière à. *Museler un chien.* **2.** Empêcher de s'exprimer, réduire au silence. *Museler la presse.*

MUSELET n.m. (anc. fr. *musel,* museau). Armature de fil de fer qui maintient le bouchon des bouteilles de vin mousseux.

MUSELIÈRE n.f. (anc. fr. *musel,* museau). Appareil que l'on met au museau de certains animaux, des chiens notamm., pour les empêcher de mordre (ou de paître, de téter).

MUSELLEMENT n.m. Action de museler.

MUSÉOGRAPHIE n.f. Ensemble des notions techniques nécessaires à la présentation et à la bonne conservation des œuvres, des objets que détiennent les musées.

MUSÉOLOGIE n.f. Science de l'organisation des musées, de la conservation et de la mise en valeur de leurs collections.

MUSER v.i. (anc. fr. *mus,* museau). **1.** Litt. S'amuser à des riens, flâner. **2.** Belgique. Fredonner.

MUSEROLLE n.f. (it. *museruola*). Élément du harnais qui entoure la partie inférieure de la tête du cheval et qui l'empêche d'ouvrir la bouche.

1. MUSETTE n.f. (anc. fr. *muse,* de *muser,* jouer de la musette). **1.** Instrument de musique à air, composé d'un réservoir en forme de sac alimenté par un soufflet et muni d'un ou deux tuyaux à anches (chalumeaux) et de quelques grands tuyaux (bourdons). **2.** Gavotte pastorale à deux ou trois temps, comportant une note tenue persistante, très en vogue aux XVIIe et XVIIIe s. **3.** *Bal musette :* bal populaire où l'on danse au son de l'accordéon (à l'origine, de la musette).

2. MUSETTE n.f. Sac de toile porté en bandoulière.

3. MUSETTE n.f. (anc. fr. *muset,* musaraigne). Musaraigne commune.

MUSÉUM [myzeɔm] n.m. (mot lat.). Musée consacré aux sciences naturelles.

1. MUSICAL, E, AUX adj. **1.** Propre à la musique. *Art musical.* **2.** Qui comporte de la musique. *Soirée musicale. Comédie musicale. Film musical.* **3.** Qui a les caractères de la musique, harmonieux. *Voix musicale.*

2. MUSICAL n.m. (mot amér.) [pl. *musicals*]. Film musical, et en partic. comédie musicale américaine.

MUSICALEMENT adv. **1.** Du point de vue musical. **2.** D'une manière harmonieuse.

MUSICALITÉ n.f. Qualité de ce qui est musical.

MUSIC-HALL [myzikol] n.m. (mot angl.) [pl. *music-halls*]. **1.** Établissement spécialisé dans des spectacles de fantaisie, de variétés. **2.** Genre de spectacle que présente un tel établissement. *Aimer le music-hall.*

MUSICIEN, ENNE adj. et n. **1.** Qui compose ou exécute des morceaux de musique. **2.** Qui a du goût, des aptitudes pour la musique.

MUSICOGRAPHE n. Auteur qui écrit sur la musique, les musiciens.

MUSICOGRAPHIE n.f. Activité du musicographe.

MUSICOGRAPHIQUE adj. Relatif à la musicographie.

MUSICOLOGIE n.f. Science de l'histoire de la musique et de la théorie musicale.

MUSICOLOGIQUE adj. De la musicologie.

MUSICOLOGUE n. Spécialiste de la musicologie.

MUSICOTHÉRAPIE n.f. Utilisation des effets de l'audition ou de la réalisation musicales à des fins psychothérapeutiques.

MUSIQUE n.f. (lat. *musica,* de *musa,* muse). **I. 1.** Art de combiner les sons ; productions de cet art ; théorie de cet art. *Apprendre la musique.* – *Musique de chambre,* écrite pour un petit nombre d'instruments. – *Musique légère,* de variété. ◇ Fam. *C'est toujours la même musique :* c'est toujours la même chose. – Fam. *Connaître la musique :* savoir d'expérience de quoi il s'agit. **2.** Notation écrite d'airs musicaux. **3.** *Réglé comme du papier à musique :* ordonné de manière précise, rigoureuse. **4.** Orchestre, fanfare. *Le régiment défile, musique en tête.* – *Musique militaire :* formation musicale appartenant aux forces armées. – *Chef de musique :* musicien qui dirige une fanfare ou une harmonie civile ou militaire. **5.** Suisse, Belgique, Canada. *Musique à bouche :* harmonica. **II.** Suite de sons produisant une impression harmonieuse. *La musique d'un vers.*

MUSIQUER v.t. Vx, LITTÉR. Mettre en musique.

MUSIQUETTE n.f. Petite musique facile, sans valeur artistique.

MUSOIR n.m. (de *museau*). MAR. Extrême pointe d'une digue ou d'une jetée.

MUSQUÉ, E adj. **1.** Qui est parfumé de musc. **2.** Qui rappelle l'odeur du musc. **3.** Qui évoque le goût du muscat. **4.** *Bœuf musqué :* ovibos.

MUSSER v.t. Vx. Cacher.

MUSSIF, IVE adj. (bas lat. *aurum musivum,* or de mosaïque). *Or mussif :* sulfure stannique dont l'éclat rappelle l'or et dont on se sert pour bronzer des statuettes de plâtre.

MUSSIPONTAIN, E adj. et n. De Pont-à-Mousson.

MUSSITATION n.f. (du lat. *mussitare,* parler à voix basse). PSYCHIATRIE. Trouble de l'articulation caractérisé par l'émission de propos rares et proférés indistinctement.

MUST [mœst] n.m. (mot angl., *obligation*). Fam. Ce qu'il faut absolument faire ou avoir fait pour être à la mode ; impératif.

MUSTANG [mystɑ̃g] n.m. (mot amér., de l'anc. esp. *mestengo,* vagabond). Cheval sauvage d'Amérique du Nord.

MUSTÉLIDÉ n.m. (lat. *mustela,* belette). *Mustélidés :* famille de mammifères carnivores aux pattes courtes, souvent buveurs de sang, tels la belette, l'hermine, le putois, le furet, les martres.

MUSULMAN, E adj. (de l'ar. *muslim,* croyant, fidèle). Qui concerne l'islam. ◆ adj. et n. Qui professe la religion islamique.

MUTABILITÉ n.f. Aptitude à subir des mutations.

MUTABLE adj. Susceptible de muter.

MUTAGE n.m. Action de muter un moût.

MUTAGÈNE adj. BIOL. Susceptible de provoquer des mutations chez les êtres vivants.

MUTAGENÈSE n.f. BIOL. Production d'une mutation. – *Mutagenèse dirigée :* introduction de gènes dans des micro-organismes en culture, pour leur faire produire des protéines utiles.

MUTANT, E adj. et n. **1.** Animal ou végétal qui présente des caractères nouveaux par rapport à l'ensemble de ses ascendants. **2.** Être extraordinaire qui, dans les récits de science-fiction, procède d'une mutation, partic. d'une mutation de l'espèce humaine.

MUTATEUR n.m. Convertisseur statique d'énergie qui modifie la forme du courant délivré par une source d'énergie électrique.

MUTATION n.f. (lat. *mutatio,* de *mutare,* changer). **1.** Changement, évolution. *Les mutations historiques.* **2.** BIOL. Apparition, dans une lignée animale ou végétale, de caractères héréditaires nouveaux, par suite d'un changement dans la structure des chromosomes. **3.** Changement d'affectation d'un employé, d'un fonctionnaire. ◇ Changement de club pour un sportif amateur. **4.** DR. Transmission de la propriété d'un bien, d'un droit. ◇ *Droits de mutation :* droits à acquitter à l'administration fiscale par le bénéficiaire, en cas de mutation. **5.** *Jeu de mutation :* jeu d'orgue utilisant pour une touche un ou plusieurs tuyaux, compléments du son fondamental.

MUTATIONNISME n. Théorie de l'évolution, émise par De Vries en 1901, qui attribue aux mutations un rôle essentiel dans l'apparition d'espèces nouvelles.

MUTATIONNISTE adj. et n. Qui concerne ou soutient le mutationnisme.

MUTATIS MUTANDIS loc. adv. (mots lat., *en changeant ce qui doit être changé*). En faisant les changements nécessaires. *Ces deux situations peuvent, mutatis mutandis, être comparées.*

MUTAZILISME n.m. École théologique musulmane fondée à Bassora au VIIIe s. et qui disparut au XIIIe s. ; doctrine de cette école, affirmant notamm. que Dieu respecte la liberté humaine et soutenant le monothéisme strict.

MUTAZILITE n.m. Adepte du mutazilisme.

1. MUTER v.t. (de *muet*). Arrêter la fermentation alcoolique des moûts en les additionnant d'alcool ou en les soumettant à l'action du gaz sulfureux.

2. MUTER v.t. (lat. *mutare,* changer). Changer d'affectation, de poste. ◆ v.i. BIOL. Être affecté par une mutation.

MUTILANT, E adj. Qui entraîne une mutilation.

MUTILATEUR, TRICE adj. et n. Litt. Qui mutile.

MUTILATION n.f. **1.** Perte partielle ou complète d'un membre ou d'un organe externe. **2.** Retranchement d'une ou plusieurs parties d'une œuvre d'art ; déformation, altération, dégradation.

MUTILÉ, E n. Personne dont le corps a subi une mutilation.

MUTILER v.t. (lat. *mutilare*). **1.** Retrancher un membre ou un organe. **2.** Détériorer, détruire partiellement, défigurer, tronquer. *Mutiler une statue, un tableau, un monument, la vérité.*

1. MUTIN, E adj. (anc. fr. *meute,* émeute). Litt. Espiègle, malicieux.

2. MUTIN n.m. Personne qui est en révolte ouverte contre une autorité établie.

MUTINÉ, E adj. et n. Qui participe à une mutinerie.

MUTINER (SE) v.pr. Se révolter collectivement et ouvertement contre l'autorité. *Les prisonniers se mutinèrent.*

MUTINERIE n.f. Action de se mutiner.

MUTIQUE adj. MÉD. Qui présente un mutisme.

MUTISME n.m. (lat. *mutus,* muet). **1.** Attitude de celui qui ne veut pas exprimer sa pensée, qui garde le silence. **2.** MÉD. Absence de communication verbale sans lésion organique, en relation avec des troubles psychiques.

MUTITÉ n.f. (bas lat. *mutitas*). MÉD. Impossibilité de parler, par suite de lésions des centres nerveux ou des organes de la phonation.

MUTUALISER v.t. Faire passer (un risque, une dépense) à la charge d'une mutualité, d'une collectivité.

MUTUALISME n.m. **1.** BIOL. Relation durable entre deux espèces ou deux populations, avantageuse pour toutes les deux. (La symbiose est un cas particulier de mutualisme.) **2.** Mutualité.

MUTUALISTE adj. et n. Qui appartient à la mutualité, à une mutuelle. ◆ adj. *Société mutualiste :* organisme de droit privé sans but lucratif, offrant à ses adhérents un système d'assurance et de protection sociale.

MUTUALITÉ n.f. **1.** Système de solidarité entre les membres d'un groupe professionnel à base d'entraide mutuelle. SYN. : *mutualisme.* **2.** Ensemble des sociétés mutualistes.

MUTUEL, ELLE adj. (lat. *mutuus,* réciproque). **1.** Qui s'échange entre deux ou plusieurs personnes, qui implique un comportement simultané et réciproque. *Une mutuelle admiration.* **2.** *Assurance mutuelle :* société d'assurance sans but lucratif.

MUTUELLE n.f. Société mutualiste, assurance mutuelle.

MUTUELLEMENT adv. Réciproquement.

MUTUELLISME n.m. Principe d'entraide réciproque, qui est à la base des mutuelles.

MUTUELLISTE adj. et n. **1.** D'une mutuelle. **2.** Partisan du mutuellisme.

MUTULE n.f. (lat. *mutulus ;* du gr.). ARCHIT. Modillon plat, souvent orné de gouttes et placé sous le larmier, juste au-dessus du triglyphe, dans l'entablement dorique.

MYALGIE n.f. (gr. *mus,* muscle, et *algos,* douleur). Douleur musculaire.

MYASTHÉNIE n.f. Affection caractérisée par une grande fatigabilité des muscles et due à un trouble de transmission de l'influx nerveux à la jonction du nerf et du muscle (plaque motrice).

MYATONIE n.f. Disparition du tonus musculaire en rapport avec une affection neurologique.

MYCÉLIEN, ENNE adj. Du mycélium.

MYCÉLIUM [miseljɔm] n.m. (mot lat.). Appareil végétatif des champignons, formé de filaments souterrains ramifiés, génér. blancs.

MYCÉNIEN, ENNE adj. et n. De Mycènes. ◇ *Art mycénien :* art développé dans le monde achéen au IIe millénaire av. J.-C. ◆ n.m. La plus ancienne forme connue du grec, écrite dans un syllabaire d'origine crétoise déchiffré en 1953 (linéaire B).

MYCÉTOME n.m. Pseudotumeur inflammatoire provoquée par des champignons parasites ou des bactéries, observée surtout dans les régions tropicales.

MYCODERME n.m. (gr. *mukês,* champignon, et *derma,* peau). Levure se développant à la surface des boissons fermentées ou sucrées. (Une espèce produit l'acescence du vin et sert à la préparation du vinaigre.)

MYCOLOGIE n.f. Étude scientifique des champignons.

MYCOLOGIQUE adj. Relatif à la mycologie.

MYCOLOGUE n. Spécialiste de mycologie.

MYCOPLASME n.m. Bactérie dépourvue de paroi, dont plusieurs espèces sont pathogènes (agents de pneumopathies et de maladies sexuellement transmissibles).

MYCORHIZE n.f. Association d'un champignon inférieur avec les racines d'une plante (chêne, hêtre, orchidacées).

MYCOSE n.f. (gr. *mukês,* champignon). MÉD. Affection provoquée par des champignons parasites. (Les mycoses atteignent la peau, les plis cutanés [intertrigo], les orteils, les ongles [onychomycose], le cuir chevelu [teigne] ainsi que les viscères.)

MYCOSIQUE adj. Relatif à la mycose.

MYCOSIS [mikozis] n.m. MÉD. *Mycosis fongoïde :* affection maligne de la peau et des cellules de la lignée hématopoïétique, caractérisée par des plaques rouges prurigineuses et par une infiltration tumorale des tissus.

MYDRIASE n.f. MÉD. Dilatation anormale et persistante de la pupille. CONTR. : *myosis.*

MYDRIATIQUE adj. et n.m. Se dit d'un médicament qui provoque la mydriase.

MYE [mi] n.f. (gr. *muax,* moule). Mollusque bivalve comestible, vivant enfoncé dans le sable ou l'argile des côtes. (Long. 10 cm.)

MYÉLENCÉPHALE n.m. NEUROL. Structure nerveuse de l'embryon, à partir de laquelle se différencie le bulbe rachidien.

MYÉLINE n.f. NEUROL. Graisse phosphorée constitutive de la gaine des fibres du système nerveux central.

MYÉLINISÉ, E adj. Entouré de myéline.

MYÉLITE n.f. (gr. *muelos,* moelle). Inflammation de la moelle épinière.

MYÉLOBLASTE n.m. BIOL. Cellule de la moelle osseuse qui constitue la cellule souche des leucocytes polynucléaires.

MYÉLOCYTE n.m. BIOL. Cellule de la moelle osseuse, dérivée d'un myéloblaste, précurseur d'un leucocyte polynucléaire.

MYÉLOGRAMME n.m. MÉD. Résultat de l'étude diagnostique qualitative et quantitative des cellules de la moelle osseuse hématopoïétique. (Le myélogramme est pratiqué sur un prélèvement obtenu par ponction sternale.)

MYÉLOGRAPHIE n.f. MÉD. Radiographie de la moelle épinière et du canal rachidien après injection, dans la région lombaire, d'un liquide opaque aux rayons X.

MYÉLOÏDE adj. MÉD. Qui concerne la moelle osseuse. ◇ *Leucémie myéloïde :* leucémie caractérisée par une prolifération des cellules issues de la moelle osseuse et par une augmentation de volume de la rate.

MYÉLOMATOSE n.f. MÉD. Maladie de Kahler.

MYÉLOME n.m. Tumeur de la moelle osseuse, s'accompagnant d'anomalies des immunoglobulines.

MYGALE n.f. (gr. *mugalê,* musaraigne). Araignée qui creuse un terrier fermé par un opercule. (Certaines mygales de l'Amérique tropicale atteignent 18 cm de long ; leur morsure est très douloureuse.)

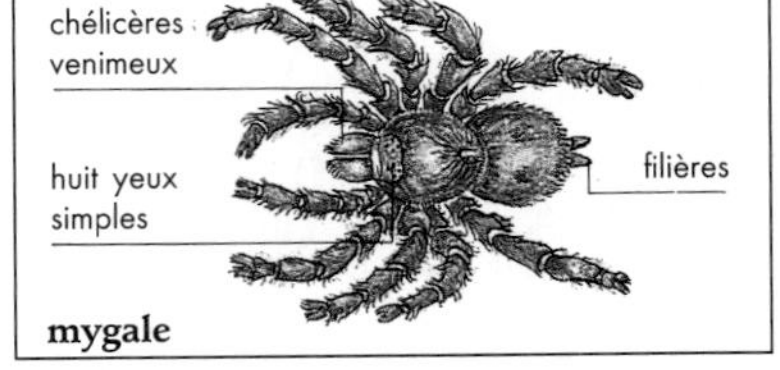

mygale

MYIASE [mijaz] n.f. PATHOL. Parasitose provoquée, chez les animaux et chez l'homme, par des larves de diptères.

MYLONITE n.f. GÉOL. Roche ayant subi un broyage tectonique intense et qui est réduite à un grain très fin.

MYOCARDE n.m. (du gr. *mus,* muscle, et *kardia,* cœur). Ensemble des cellules musculaires cardiaques ; muscle creux formant la partie contractile du cœur.

MYOCARDITE n.f. Inflammation du myocarde.

MYOCASTOR n.m. → *myopotame.*

MYOFIBRILLE n.f. Fibrille contractile constitutive de la fibre musculaire.

MYOGRAMME n.m. Courbe obtenue par myographie.

MYOGRAPHE n.m. Appareil qui enregistre les contractions musculaires.

MYOGRAPHIE n.f. Enregistrement graphique de la contraction des muscles.

MYOLOGIE n.f. Étude des muscles.

MYOME n.m. Tumeur du tissu musculaire.

MYOMECTOMIE n.f. Ablation d'un myome. (S'il s'agit d'un fibromyome utérin, le terme signifie qu'il y a conservation de l'utérus, ce qui oppose cette intervention à l'hystérectomie.)

MYOPATHE adj. et n. Atteint de myopathie.

MYOPATHIE n.f. (du gr. *mus,* muscle). Atrophie musculaire grave, à évolution progressive.

MYOPE adj. et n. (gr. *muôps*). **1.** Qui est atteint de myopie. **2.** Fig. Qui manque de discernement, de perspicacité, de prévoyance.

MYOPIE n.f. **1.** Anomalie de la vue qui fait que l'on voit troubles les objets éloignés. (La myopie provient d'une trop grande convergence du cristallin, qui forme les images en avant de la rétine. Le port de verres divergents corrige cette anomalie.) **2.** Fig. Manque de discernement, de perspicacité, de prévoyance.

MYOPOTAME ou **MYOCASTOR** n.m. ZOOL. Ragondin.

MYORELAXANT, E adj. et n.m. Se dit d'un médicament qui favorise la détente musculaire.

MYORELAXATION n.f. Relaxation musculaire.

MYOSINE n.f. Protéine constituante des myofibrilles, qui joue un rôle important dans la contraction du muscle.

MYOSIS [mjozis] n.m. MÉD. Rétrécissement anormal de la pupille. CONTR. : *mydriase*.

MYOSITE n.f. MÉD. Inflammation du tissu musculaire.

MYOSOTIS [mjɔzɔtis] n.m. (gr. *muosôtis*, oreille de souris). Plante à fleurs bleues, très petites et élégantes, appelée usuellement *oreille-de-souris*, *ne-m'oubliez-pas*, etc. (Famille des borraginacées.)

MYRIADE n.f. (du gr. *murias*, dix mille). Quantité innombrable, indéfinie. *Des myriades d'étoiles.*

MYRIAPODE n.m. *Myriapodes :* classe d'arthropodes terrestres présentant de nombreux segments et de nombreuses paires de pattes, ayant une paire d'antennes, des mandibules broyeuses et des trachées respiratoires. SYN. (cour.) : *mille-pattes*.

MYRIOPHYLLE n.f. Plante aquatique à feuilles allongées en fines lanières, utilisée fréquemment dans les aquariums.

MYRMÉCOPHILE adj. et n. (gr. *murmêx*, fourmi). Se dit des espèces animales qui vivent en permanence dans les fourmilières, ou au contact des fourmis, ainsi que des plantes qui hébergent habituellement des fourmis.

MYRMIDON ou **MIRMIDON** n.m. Litt. Petit homme insignifiant.

MYROBALAN ou **MYROBOLAN** n.m. (gr. *muron*, parfum, et *balanos*, gland). Drupe de divers badamiers de l'Inde, riche en tanin, utilisée en tannerie et autrefois en pharmacie.

MYROSINE n.f. Enzyme des graines de moutarde, qui libère l'essence de moutarde.

MYROXYLE ou **MYROXYLON** n.m. (gr. *muron*, parfum, et *xulon*, bois). Arbre de l'Amérique tropicale, fournissant des résines odorantes (baume du Pérou, baume de Tolú).

MYRRHE n.f. (lat. *myrrha ;* du gr.). Résine odorante fournie par un arbre d'Arabie.

MYRTACÉE n.f. *Myrtacées :* famille de plantes des régions chaudes, telles que le myrte et l'eucalyptus.

MYRTE n.m. (gr. *murtos*). Herbe à feuillage toujours vert, à petites fleurs blanches d'une odeur agréable.

MYRTIFORME adj. ANAT. Qui a la forme d'une feuille de myrte.

MYRTILLE [mirtij] ou [mirtil] n.f. (de *myrte*). Baie noire comestible, produite par un sous-arbrisseau des montagnes d'Europe et d'Amérique du Nord ; cet arbrisseau. (Famille des éricacées ; genre airelle.)

myrtille

MYSIDACÉ n.m. *Mysidacés :* ordre de crustacés de haute mer, d'assez grande taille et dépourvus de branchies.

1. MYSTÈRE n.m. (lat. *mysterium ;* gr. *mustês*, initié). **1.** Ce qui est incompréhensible, caché, inconnu. *Les mystères de la vie.* ◇ *Faire mystère de :* tenir secret. **2.** Question difficile, obscure. *Il y a un mystère là-dessous.* **3.** THÉOL. Vérité de foi inaccessible à la seule raison humaine et qui ne peut être connue que par une révélation divine. **4.** LITTÉR. Au Moyen Âge, pièce de théâtre à sujet religieux et où l'on faisait intervenir Dieu, les saints, les anges et le diable. **5.** HIST. Ensemble de doctrines secrètes et de rites initiatiques dont la révélation devait apporter le salut, dans certaines religions anciennes originaires de Grèce ou d'Orient. *Religions à mystères.*

■ Le mystère médiéval proposait une représentation totale de la vie humaine dans ses rapports avec les puissances divines : le surnaturel y côtoyait le réalisme le plus trivial. Sa représentation, qui durait plusieurs jours, était le privilège de certaines confréries. La passion de Jésus était un des sujets traditionnels des mystères, dont le plus célèbre est le *Mystère de la Passion* d'Arnoul Gréban (v. 1450).

2. MYSTÈRE n.m. (nom déposé). Crème glacée enrobée de meringue et de praliné.

MYSTÉRIEUSEMENT adv. De façon mystérieuse.

MYSTÉRIEUX, EUSE adj. **1.** Qui contient un sens caché. *Des paroles mystérieuses.* **2.** Difficile à comprendre, inconnu. *Le monde mystérieux des abîmes sous-marins.* **3.** Tenu secret. *Ils se sont rencontrés en un lieu mystérieux.* **4.** Se dit de qqn dont on ignore l'identité ou qui s'entoure de mystère. *Un mystérieux visiteur.*

MYSTICÈTE n.m. *Mysticètes :* sous-ordre de cétacés portant des fanons et dépourvus de dents, comme la baleine.

MYSTICISME n.m. (de *mystique*). **1.** Attitude religieuse ou philosophique qui affirme la possibilité d'une union parfaite avec Dieu ou l'Absolu dans la contemplation ou l'extase ; doctrine qui admet la réalité de cette union. **2.** Doctrine ou croyance fondée sur le sentiment religieux ou lui faisant une très grande place. ◇ Tendance à se fonder sur le sentiment, et notamm., le sentiment religieux, sur l'intuition et non sur la raison.

MYSTICITÉ n.f. Rare. Caractère de ce qui est mystique ; foi intense, pratiques mystiques.

MYSTIFIABLE adj. Qui peut être mystifié.

MYSTIFIANT, E adj. Qui mystifie.

MYSTIFICATEUR, TRICE adj. et n. Qui mystifie, qui aime à mystifier ; auteur d'une mystification.

MYSTIFICATION n.f. **1.** Action de mystifier, de tromper qqn. **2.** Ce qui n'est qu'illusion ; ce qui constitue une duperie, un mythe intellectuel ou moral ; imposture.

MYSTIFIER v.t. (de *mystère*). **1.** Abuser de la crédulité de qqn pour s'amuser à ses dépens. **2.** Tromper en donnant de la réalité une idée séduisante, mais fausse. – REM. À distinguer de *mythifier*.

1. MYSTIQUE adj. (lat. *mysticus*). **1.** Qui concerne les mystères de la religion. *Le baptême, naissance mystique.* **2.** Qui appartient au mysticisme. *Les phénomènes mystiques.* **3.** DR. *Testament mystique :* testament présenté clos et scellé à un notaire, qui en dresse un acte de suscription en présence de deux témoins. ◆ adj. et n. **1.** Qui pratique le mysticisme, qui a une foi religieuse intense. **2.** Dont le caractère est exalté, dont les idées sont absolues.

2. MYSTIQUE n.f. **1.** Philosophie ou théologie qui traite des phénomènes que l'on ne peut expliquer rationnellement. **2.** Croyance absolue qui se forme autour d'une idée, d'une personne.

MYSTIQUEMENT adv. Selon le sens mystique.

MYTHE n.m. (gr. *muthos*, récit). **1.** Récit populaire ou littéraire mettant en scène des êtres surhumains et des actions imaginaires, dans lesquels sont transposés des évènements historiques, réels ou souhaités, ou dans lesquels se projettent certains complexes individuels ou certaines structures sous-jacentes des rapports familiaux et sociaux. **2.** Construction de l'esprit qui ne repose pas sur un fond de réalité. **3.** Représentation symbolique qui influence la vie sociale. *Le mythe du progrès.*

MYTHIFIER v.t. Donner un caractère de mythe à. – REM. À distinguer de *mystifier*.

MYTHIQUE adj. Qui concerne les mythes ; légendaire.

MYTHOLOGIE n.f. **1.** Ensemble des mythes et des légendes propres à un peuple, à une civilisation, à une région. *La mythologie gréco-romaine.* **2.** Étude systématique des mythes. *La mythologie comparée.* **3.** Ensemble de croyances se rapportant à la même idée et s'imposant au sein d'une collectivité. *Mythologie de la vedette.*

MYTHOLOGIQUE adj. Relatif à la mythologie.

MYTHOLOGUE n. Spécialiste de la mythologie.

MYTHOMANE adj. et n. Qui est atteint de mythomanie.

MYTHOMANIE n.f. Tendance pathologique à l'altération de la vérité et à la fabulation.

MYTILICULTEUR, TRICE n. Personne qui élève des moules.

MYTILICULTURE n.f. (lat. *mytilus*, moule, et *culture*). Élevage des moules.

MYTILOTOXINE n.f. Substance toxique présente dans le foie de certaines moules.

MYXINE n.f. Animal cordé aquatique, au corps anguiforme, à la peau nue très visqueuse, parasite des poissons.

MYXŒDÉMATEUX, EUSE adj. et n. Relatif au myxœdème ; atteint de myxœdème.

MYXŒDÈME [miksedɛm] n.m. (gr. *muxa*, morve). Œdème généralisé, accompagné de divers troubles (apathie, fatigue, etc.) et dû à une insuffisance de fonctionnement de la glande thyroïde.

MYXOMATOSE n.f. (du gr. *muxa*, morve). Maladie infectieuse du lapin, due à un virus.

MYXOMYCÈTE n.m. (gr. *muxa*, morve, et *mukês*, champignon). *Myxomycètes :* classe de champignons inférieurs se nourrissant de végétaux en décomposition et constituant des amas gélatineux informes (par opp. à *eumycète*).

MZABITE adj. et n. → ***mozabite***.

N

N n.m. inv. Quatorzième lettre de l'alphabet et la onzième des consonnes. (Le son [n] est une consonne nasale ; le groupe *gn* sert à noter la consonne nasale palatalisée [ɲ] ; placé après une voyelle *n* peut servir à la nasaliser : [ɑ̃] *an,* [ɔ̃] *on,* etc. **1.** N, symbole chimique de l'azote. **2.** N, symbole du newton. – N.m, symbole du newton-mètre. – N/m, symbole du newton par mètre. **3.** N., s'emploie dans les récits pour désigner qqn qu'on ne veut pas nommer. **4.** n, symbole de nano. **5.** N., abrév. de *nord.* **6.** ℕ, désigne l'ensemble des nombres entiers naturels, zéro compris. – ℕ*, désigne l'ensemble des entiers naturels privés du zéro.

Nième [ɛnjɛm] adj. et n. Énième.

Na, symbole chimique du sodium.

NA interj. (Exclam. enfantine servant à renforcer une affirmation ou une négation de caractère souvent capricieux). *J'irai pas, na !*

NABAB [nabab] n.m. (hindi *nawab*). **1.** Dans l'Inde musulmane, gouverneur ou grand officier de la cour des empereurs moghols. **2.** Homme riche qui fait étalage de son opulence.

NABATÉEN, ENNE adj. Relatif aux Nabatéens.

NABI n.m. (mot hébr.). **1.** Prophète hébreu. **2.** Artiste membre d'un groupe postimpressionniste de la fin du XIXe s.

Groupe des **nabis :** *le Talisman* (1888), par Paul Sérusier. (Musée d'Orsay, Paris.)

■ Le groupe des nabis est constitué en 1888, à Paris, par de jeunes artistes qu'influencent à la fois l'école de Pont-Aven, le japonisme et l'enseignement de G. Moreau. Les principaux peintres du groupe sont Sérusier, M. Denis,Bonnard, Vuillard, Paul Ranson (1864-1909), Ker-Xavier Roussel (1867-1944) ; la plupart d'entre eux accordent une place importante, dans leur œuvre, à des travaux décoratifs.

NABLE n.m. (néerl. *nagel,* boulon). MAR. Ouverture pratiquée au voisinage de la quille d'une embarcation et permettant d'évacuer l'eau séjournant dans les fonds.

NABOT, E n. (de *nain* et *bot*). Péj. Personne de très petite taille.

NABUCHODONOSOR [-kɔ-] n.m. Grosse bouteille de champagne d'une contenance de 20 bouteilles ordinaires.

NACARAT n.m. (de l'esp. *nacarado,* nacré). Litt. Rouge clair à reflets nacrés.

NACELLE n.f. (bas lat. *navicella,* de *navis,* navire). **I.** Litt. Petite barque sans mât ni voile. **II. 1.** Panier suspendu à un ballon, où prennent place les aéronautes. **2.** Coque carénée suspendue ou portée par un bras, dans laquelle prend place l'ouvrier effectuant certains travaux. **3.** Carénage contenant le groupe propulseur d'un avion. **4.** Partie d'un landau, d'une poussette, d'un porte-bébé, etc., en toile, sur laquelle on couche ou on assied un bébé.

NACRE n.f. (anc. it. *naccaro*). Substance dure, irisée, riche en calcaire, produite par certains mollusques à l'intérieur de leur coquille et utilisée en bijouterie et en tabletterie. (La nacre des coquilles est faite de couches planes, tandis que les perles fines, produites par les coquillages, sont constituées par des couches sphériques et concentriques.)

NACRÉ, E adj. Qui a l'apparence, le miroitement irisé de la nacre.

NACRER v.t. Donner l'aspect de la nacre à.

NADIR n.m. (de l'ar.). Point de la sphère céleste représentatif de la direction verticale descendante en un lieu donné (par opp. à *zénith*).

NÆVO-CARCINOME [nevo-] n.m. (pl. *nævocarcinomes*). Mélanome malin.

NÆVUS [nevys] n.m. (mot lat., *tache*). MÉD. Malformation circonscrite de la peau, de couleur noire ou rose, simple tache ou saillie recouverte de poils. Pluriel savant : *nævi.* SYN. (cour.) : *grain de beauté.*

NAFÉ n.m. BOT. Fruit de la ketmie.

NAGAÏKA ou **NAHAÏKA** n.f. Fouet de cuir des cosaques.

NAGARI n.f. et adj. Devanagari. Graphie savante : *nāgarī.*

NAGE n.f. **1.** Action, manière de nager. – *Nage libre :* style de nage dont le choix est laissé aux concurrents, dans une épreuve de natation (en pratique, le crawl, qui est la nage la plus rapide). ◇ *Être en nage,* couvert de sueur. – *À la nage :* en nageant ; mode de préparation de certains crustacés préparés et servis dans un court-bouillon. **2.** MAR. Action de ramer.

NAGEOIRE n.f. Membre ou appendice large et plat permettant la nage de nombreux animaux aquatiques (poissons, cétacés, tortues, etc.).

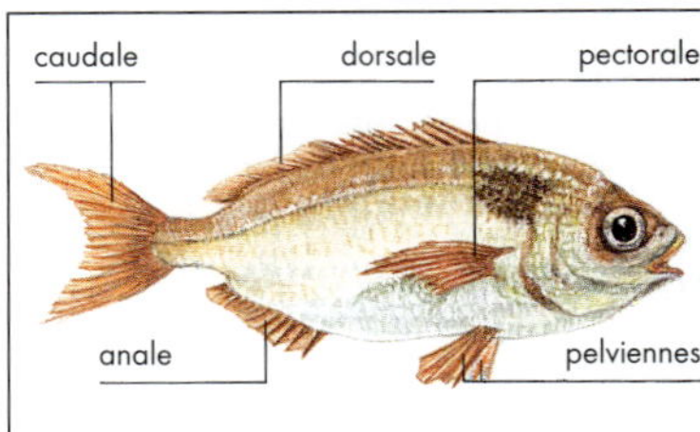

nageoires

NAGER v.i. (lat. *navigare,* naviguer) [17]. **I. 1.** Se déplacer à la surface de l'eau ou dans l'eau par des mouvements appropriés. ◇ Fig. *Nager entre deux eaux :* ménager deux partis opposés. – Fam. *Savoir nager :* savoir se débrouiller. **2.** Flotter sur un liquide. *Le bois nage sur l'eau.* **3.** Fam. Être dans l'embarras, ne pas comprendre. *Je nage dans ce dossier.* **4.** Fam. *Nager dans un vêtement,* y être trop au large. **5.** Être plongé dans un sentiment, un état. *Nager dans la joie.* **II.** MAR. Ramer. ◆ v.t. **1.** Pratiquer (tel ou tel type de nage). *Nager le crawl.* **2.** Disputer (une épreuve de natation). *Nager le cent mètres.*

NAGEUR, EUSE n. **1.** Personne qui nage, qui sait nager. ◇ *Maître nageur :* professeur de natation. – *Nageur de combat :* militaire spécialement entraîné pour des opérations sous-marines. **2.** MAR. Rameur. ◆ adj. Se dit d'un animal qui nage. *Oiseau nageur.*

NAGUÈRE adv. (de *n'a* et *guère*). Litt. Il y a quelque temps.

NAHAÏKA n.f. → ***nagaïka.***

NAHUA adj. et n. Se dit d'un groupe amérindien émigré du territoire des États-Unis vers le Mexique entre le VIIe et le XIIe s., auquel appartenaient les Aztèques.

NAHUATL n.m. Langue parlée par les Aztèques.

NAÏADE n.f. (lat. *naias, naiadis ;* du gr.). **1.** (Souvent avec une majuscule). Nymphe des rivières, des fontaines, des ruisseaux. **2.** Plante monocotylédone d'eau douce répandue en Europe centrale (nom sc. : *naias*).

1. NAÏF, ÏVE adj. et n. (lat. *nativus,* naturel). **1.** Candide, ingénu ; confiant et simple par inexpérience ou par nature. *Grâces naïves de l'enfance.* **2.** D'une crédulité, d'une candeur excessive. *Réponse naïve. Il me prend pour un naïf.*

◆ adj. **1.** Litt. Naturel, spontané, sincère. **2.** LOG. *Théorie naïve :* théorie mathématique qui n'est pas axiomatisée. **3.** Se dit d'un art (peinture, principalement) pratiqué par des artistes autodidactes doués d'un sens plastique naturel et ne prétendant pas à l'art savant (académique ou d'avant-garde), et de ces artistes eux-mêmes.

2. NAÏF n.m. Peintre pratiquant l'art naïf.

Art **naïf** : *Carnaval* (1952), par le peintre haïtien Wilson Bigaud. (Art Center, New York.)

NAIN [nɛ̃], **NAINE** [nɛn] adj. et n. (lat. *nanus*). Dont la taille est de beaucoup inférieure à la taille moyenne. ◆ adj. *Étoile naine :* étoile de forte densité moyenne et de luminosité relativement faible.

NAIRA n.m. Unité monétaire principale du Nigeria. (→ ***monnaie.***)

NAISSAIN n.m. (de *naître*). Ensemble des larves nageuses d'huîtres, de moules, avant leur fixation.

NAISSANCE n.f. (lat. *nascentia*). **I. 1.** Commencement de la vie indépendante pour un être vivant, au sortir de l'organisme maternel. ◇ *Acte de naissance :* acte de l'état civil faisant preuve de la naissance, dressé immédiatement par l'officier de l'état civil dès la déclaration de naissance. – *De naissance :* de façon congénitale, non acquise. – *Donner naissance à :* mettre au monde (qqn) ; produire (qqch). – *Prendre naissance :* naître, commencer, avoir son origine. **2.** Mise au monde. *Naissance difficile.* ◇ *Naissance double, triple, etc.,* de jumeaux, de triplés, etc. **3.** Enfant qui naît. *Il y aura bientôt une naissance dans la famille.* **II. 1.** Endroit, point où commence qqch, partic. une partie du corps. *La naissance de la gorge.* **2.** Moment où commence qqch. *Naissance du jour.* **3.** Fait pour qqch d'apparaître, de commencer. *Naissance d'une idée.*

NAISSANT, E adj. Qui naît, qui commence à être, à paraître.

NAÎTRE v.i. (lat. *nasci*) [92] [auxil. *être*]. **1.** Venir au monde. ◇ *Être né pour :* avoir des aptitudes spéciales pour. – *Ne pas être né d'hier :* être malin, avisé. – *Faire naître :* provoquer, produire. **2.** Commencer à exister, à se manifester. *Le conflit est né d'intérêts opposés.* **3.** Avoir son origine, prendre sa source, en parlant d'un cours d'eau.

NAÏVEMENT adv. Avec naïveté.

NAÏVETÉ n.f. **1.** Ingénuité, simplicité d'une personne qui manifeste naturellement ses idées, ses sentiments. **2.** Excès de crédulité. *Être d'une grande naïveté.* **3.** Propos qui échappe par ignorance ; bêtise. *Dire des naïvetés.*

NAJA n.m. (mot cinghalais). Serpent venimeux d'Asie et d'Afrique. (Nom usuel : *serpent à lunettes.*) SYN. : *cobra.*

NAMIBIEN, ENNE adj. et n. De Namibie.

NANA n.f. Fam. **1.** Jeune fille, jeune femme. **2.** Personne de sexe féminin, quel que soit son âge.

NANAN n.m. Fam., vx. Toute chose exquise. ◇ Vieilli. *C'est du nanan :* c'est délicieux ; c'est très facile.

NANAR n.m. Fam. **1.** Objet, marchandise invendable. **2.** Film inintéressant ; navet.

NANCÉIEN, ENNE adj. et n. De Nancy.

NANDOU n.m. (du guarani). Gros oiseau ratite des pampas d'Amérique du Sud, au plumage brun, aux ailes invisibles sous les plumes, aux pattes à trois doigts.

NANISER ou **NANIFIER** v.t. Traiter une plante de manière à l'empêcher de grandir.

NANISME n.m. (lat. *nanus,* nain). **1.** État d'un individu caractérisé par une taille très petite, du fait d'un trouble de la croissance des cartilages. **2.** État d'une plante naine.

NANKIN n.m. Tissu de coton, jaune chamois, qui se fabriqua d'abord à Nankin.

NANO-, préf. (symb. n) qui, placé devant une unité, la multiplie par 10^{-9}.

NANOMÈTRE n.m. Unité de mesure de longueur (symb. nm), équivalant à un milliardième de mètre.

NANORÉSEAU n.m. (nom déposé). Réseau informatique local constitué d'un micro-ordinateur central et d'autres micro-ordinateurs eux-mêmes reliés entre eux.

NANOTECHNOLOGIE n.f. TECHN. Application de la microélectronique à la fabrication de dispositifs ou de structures à l'échelle du nanomètre.

NANSOUK [nɑ̃suk] ou **NANZOUK** n.m. (mot hindi). Tissu léger de coton, d'aspect soyeux, utilisé en lingerie.

NANTAIS, E adj. et n. De Nantes.

NANTI, E adj. et n. Qui ne manque de rien, riche. *L'égoïsme des nantis.*

NANTIR v.t. (de l'anc. fr. *nant,* gage). **1.** DR. CIV. Affecter (un bien) en garantie d'une dette. **2.** Litt. Munir, pourvoir. ◆ **se nantir** v.pr. ***(de).*** Litt. Prendre avec soi.

NANTISSEMENT n.m. DR. CIV. **1.** Contrat par lequel un débiteur affecte un bien à la garantie d'une dette. **2.** Bien remis en nantissement.

NANZOUK n.m. → ***nansouk.***

NAOS [naɔs] n.m. (mot gr.). ARCHÉOL. **1.** Salle centrale du temple, abritant la statue du dieu. SYN. : *cella.* **2.** Dans l'Égypte pharaonique, édicule en bois ou en pierre abritant, au cœur du temple, la statue du dieu.

NAPALM n.m. (mot amér.). Essence gélifiée utilisée pour le chargement de projectiles incendiaires.

NAPÉE n.f. (gr. *napê,* bois). MYTH. Nymphe des prairies et des forêts.

NAPEL n.m. (lat. *napus,* navet). Aconit des montagnes.

NAPHTA n.m. (mot lat.). Distillat du pétrole, intermédiaire entre l'essence et le kérosène.

NAPHTALÈNE n.m. Hydrocarbure aromatique $C_{10}H_8$, formé de deux noyaux benzéniques accolés, constituant principal de la naphtaline.

NAPHTALINE n.f. Naphtalène impur du commerce, utilisé comme antimite.

NAPHTAZOLINE n.f. Vasoconstricteur utilisé pour décongestionner les muqueuses nasale ou oculaire.

NAPHTE n.m. (lat. *naphta ;* mot gr.). **1.** Vx. Pétrole. **2.** Mod. Mélange de liquides inflammables résultant de la décomposition par pyrogénation des matières organiques.

NAPHTOL n.m. CHIM. Phénol $C_{10}H_7OH$, dérivé du naphtalène, utilisé comme antiseptique et dans la fabrication des colorants et des parfums synthétiques (n. générique).

NAPOLÉON n.m. Pièce d'or française de 20 F, restée en usage jusqu'à la Première Guerre mondiale. SYN. : *louis.*

NAPOLÉONIEN, ENNE adj. Relatif à Napoléon, à sa dynastie.

NAPOLITAIN, E adj. et n. **1.** De Naples. **2.** *Tranche napolitaine :* glace disposée par couches diversement parfumées et servie en tranches.

NAPPAGE n.m. Action de napper.

NAPPE n.f. (lat. *mappa*). **1.** Linge dont on couvre la table pour les repas. **2.** Vaste étendue plane, en surface ou sous terre. *Nappe d'eau, de pétrole. Nappe de brouillard.* – *Nappe de feu :* vaste étendue embrasée. – *Nappe de gaz :* quantité de gaz lourd qui s'étale près du sol. ◇ HYDROL. *Écoulement* ou *ruissellement en nappe :* écoulement rapide des eaux en une mince pellicule qui couvre toute la surface d'un versant, dans les régions où la couverture végétale est discontinue. **3.** TEXT. Ensemble de fibres textiles disposées en couche régulière. **4.** MATH. Portion d'un seul tenant d'une surface courbe. (Le sommet d'une surface conique la divise en deux nappes.)

NAPPER v.t. CUIS. Recouvrir (un mets) d'une sauce, d'une crème, d'un fondant.

NAPPERON n.m. Petite pièce de toile brodée destinée à décorer un meuble ou à le protéger.

NARCÉINE n.f. L'un des alcaloïdes de l'opium.

NARCISSE n.m. (de *Narcisse,* n. pr.). **1.** Herbe vivace et bulbeuse, aux feuilles allongées, aux fleurs printanières blanches (narcisse des poètes) ou jaunes (jonquille). [Famille des amaryllidacées.] **2.** Litt. Homme amoureux de sa propre image.

narcisse des poètes

NARCISSIQUE adj. et n. Relatif au narcissisme ; atteint de narcissisme.

NARCISSISME n.m. **1.** Admiration de soi ; attention exclusive portée à soi-même. **2.** PSYCHAN. Investissement de la libido sur le moi, pris comme objet par la pulsion sexuelle.

NARCO-ANALYSE n.f. (pl. *narco-analyses*). Technique d'investigation psychologique visant à la résurgence de souvenirs oubliés par l'injection intraveineuse d'un hypnotique provoquant la baisse du niveau de vigilance.

NARCODOLLAR n.m. *Narcodollars :* profits réalisés, généralement en dollars, par les trafiquants de stupéfiants.

NARCOLEPSIE n.f. (gr. *narkê,* sommeil, et *lêpsis,* action de prendre). MÉD. Tendance irrésistible au sommeil, se manifestant par accès.

NARCOSE n.f. (gr. *narkê,* sommeil). Sommeil artificiel obtenu par administration de médicaments.

NARCOTINE n.f. CHIM. L'un des alcaloïdes de l'opium.

NARCOTIQUE adj. et n.m. (gr. *narkotikos,* qui engourdit). Se dit d'une substance qui provoque le sommeil.

NARCOTRAFIQUANT, E n. (amér. *narcotics,* stupéfiants). Trafiquant de drogue.

NARD [nar] n.m. (gr. *nardos*). **1.** Graminée aromatique, commune dans les prés. **2.** Nom commun à plusieurs espèces odoriférantes (lavande, ail, valériane). **3.** Parfum extrait de certaines valérianacées.

NARGUER v.t. **1.** Regarder avec insolence et supériorité, en se moquant. **2.** Braver, mépriser. *Narguer les autorités, le danger.*

NARGUILÉ, NARGHILÉ ou **NARGHILEH** n.m. (mot persan). Pipe orientale, à long tuyau flexible, dans laquelle la fumée passe par un flacon rempli d'eau parfumée avant d'arriver à la bouche.

NARINE n.f. (lat. *naris*). Chacune des deux ouvertures du nez, chez l'homme et chez les mammifères.

NARQUOIS, E adj. Malicieux et moqueur ; railleur. *Air, sourire narquois.*

NARQUOISEMENT adv. D'une manière narquoise.

NARRATEUR, TRICE n. Personne qui narre, qui fait un récit.

NARRATIF, IVE adj. Qui relève de la narration.

NARRATION n.f. (lat. *narratio*). **1.** Récit, exposé détaillé d'une suite de faits. **2.** Spécialt. Exercice scolaire qui consiste à faire un récit écrit sur un sujet donné.

NARRER v.t. (lat. *narrare*). Litt. Exposer dans le détail, faire connaître par un récit.

NARSE n.f. Région. (Massif central). Fondrière tourbeuse, marécage.

NARTHEX [nartɛks] n.m. (mot gr.). ARCHIT. **1.** Portique ou vestibule transversal, à l'entrée de certaines églises paléochrétiennes et médiévales, où se tenaient les catéchumènes et les pénitents. **2.** Vestibule fermé de certaines églises.

NARVAL n.m. (mot norvég.) [pl. *narvals*]. Mammifère cétacé des mers arctiques, atteignant 4 m de long, appelé autref. *licorne de mer* à cause de la longue dent (2 à 3 m) que porte le mâle.

narval

NASAL, E, AUX adj. (lat. *nasus*, nez). **1.** Du nez ; relatif au nez. – *Fosses nasales :* cavités paires limitées par l'ethmoïde et le palais, séparées par la lame perpendiculaire et où l'air pénètre par les narines avant de passer dans les poumons. **2.** PHON. Se dit d'un phonème pendant l'articulation duquel le voile du palais est abaissé, ce qui permet à l'air expiré de s'écouler, en partie (voyelles nasales) ou totalement (consonnes), à travers les fosses nasales.

NASALISATION n.f. PHON. Action de nasaliser un son ; état d'un son nasalisé.

NASALISER v.t. PHON. Donner un timbre nasal à (une voyelle, une consonne).

NASALITÉ n.f. Caractère nasal d'un son.

NASARD n.m. Jeu de mutation de l'orgue.

NASARDE n.f. Vieilli. Léger coup, chiquenaude donnés sur le nez.

1. NASE ou **NAZE** n.m. (it. *naso*, nez). Arg. Nez.

2. NASE ou **NAZE** adj. (arg. *nase*, syphilitique). Pop. **1.** Cassé, hors d'usage. *La télé est nase.* **2.** Idiot, stupide ou un peu fou.

NASEAU n.m. (lat. *nasus*, nez). **1.** Narine de certains animaux comme le cheval, le bœuf, etc. **2.** Fam. *Les naseaux :* le nez.

NASILLARD, E adj. Qui nasille, qui vient du nez. *Voix nasillarde.*

NASILLEMENT n.m. Action de nasiller ; bruit d'une voix, d'un son nasillards.

NASILLER v.i. (lat. *nasus*, nez). **1.** Parler du nez ; émettre un son nasillard. **2.** Pousser son cri, en parlant du canard.

NASILLEUR, EUSE n. Personne qui nasille.

NASIQUE n.m. (lat. *nasica*, au grand nez). **1.** Singe de Bornéo, à nez long et mou. **2.** Serpent arboricole, non venimeux, du sud de l'Asie, à museau prolongé en pointe. (Long. 1,50 m.)

NASITORT [nazitɔr] n.m. (lat. *nasus*, nez, et *tortus*, tordu). Cresson alénois.

NASONNEMENT n.m. Modification de la voix, due à une résonance nasale excessive.

NASSE n.f. (lat. *nassa*). **1.** Panier conique doté d'une entrée en goulot et se terminant en pointe dans lequel le poisson, une fois entré, ne peut plus ressortir. **2.** Mollusque gastropode carnassier à coquille striée, vivant sur les côtes de l'Europe.

NASTIE n.f. (du gr. *nastos*, pressé). BOT. Mouvement relativement rapide d'un végétal en réaction à un choc, à un contact, à une secousse, etc.

NATAL, E, ALS adj. (lat. *natalis*, de *natus*, naissance). Où l'on est né. *Pays natal.*

NATALISTE adj. Qui vise à favoriser la natalité.

NATALITÉ n.f. Rapport entre le nombre des naissances et celui des habitants d'une région pendant un temps donné. (Le *taux de natalité* exprime le nombre d'enfants nés vivants par rapport à un groupe moyen de 1 000 habitants.)

NATATION n.f. (lat. *natatio*, de *natare*, nager). Action de nager, en tant qu'exercice, en tant que sport. ◇ *Natation synchronisée* ou *artistique :* ballet nautique comportant un certain nombre de figures notées. (C'est auj. un sport olympique.)

NATATOIRE adj. Qui sert à la nage. – *Palette natatoire :* organe caudal de nage de certains crustacés. – *Vessie natatoire :* poche située dans l'abdomen de certains poissons, pleine d'oxygène et d'azote.

NATICE n.f. (du lat. *natex*). Mollusque gastropode des plages de l'Europe occidentale, dont la coquille rappelle celle d'un escargot.

NATIF, IVE adj. et n. (lat. *nativus*). *Natif de :* qui est né à ; originaire de. *Il est natif, c'est un natif de Lyon.* ◆ adj. **1.** Litt. Qui est inné, naturel ; que l'on a de naissance. *Dispositions natives pour la musique.* **2.** MINÉR. Se dit d'un métal existant dans le sol à l'état non combiné.

NATION n.f. (lat. *natio*). **1.** Grande communauté humaine, le plus souvent installée sur un même territoire et qui possède une unité historique, linguistique, culturelle, économique plus ou moins forte. **2.** DR. Communauté politique distincte des individus qui la composent et titulaire de la souveraineté.

NATIONAL, E, AUX adj. **1.** Relatif à une nation ; qui lui appartient. *Hymne national.* **2.** Qui intéresse l'ensemble d'un pays (par opp. à *régional, local*). *Équipe nationale.* ◇ *Route nationale* ou *nationale*, n.f. : route construite et entretenue par l'État. **3.** POLIT. Nationaliste.

NATIONALISATION n.f. Transfert à la collectivité de la propriété de certains moyens de production appartenant à des particuliers, en vue soit de mieux servir l'intérêt public, soit d'assurer l'indépendance de l'État ou d'interdire la réalisation de bénéfices privés dans certaines activités, soit de sanctionner les propriétaires pour leurs agissements passés.

■ En France, les principales nationalisations ont porté sur certaines fabrications d'armement (1936), la Banque de France (1936-1945), les chemins de fer (1937), les houillères (1944-1946), les grandes banques de dépôt (1945), les usines Renault (1945), les grandes compagnies d'assurances (1946), la production et la distribution du gaz et de l'électricité (1946), la sidérurgie, de nombreuses banques et entreprises industrielles (1981-82).

NATIONALISER v.t. Procéder à la nationalisation de.

NATIONALISME n.m. **1.** Doctrine qui affirme la prééminence de l'intérêt de la nation par rapport aux intérêts des groupes, des classes, des individus qui la constituent. **2.** Mouvement politique d'individus qui veulent imposer la prédominance de la nation à laquelle ils appartiennent dans tous les domaines.

NATIONALISTE adj. et n. Qui appartient au nationalisme. SYN. : *national.*

NATIONALITÉ n.f. **1.** Appartenance juridique d'une personne à la population d'un État. **2.** État, condition d'un peuple constitué en corps de nation ; cette nation elle-même. **3.** Groupement d'individus de même origine ou partageant une histoire et des traditions communes, mais qui n'est pas constitué en État.

NATIONAL-POPULISME n.m. Doctrine politique fondée sur un nationalisme xénophobe et raciste, déclarant défendre les intérêts du peuple contre les classes dirigeantes.

NATIONAL-SOCIALISME n.m. sing. Doctrine nationaliste, raciste (et, plus particulièrement, antisémite), exposée par Adolf Hitler dans *Mein Kampf* (1923-24) et qui fut l'idéologie politique de l'Allemagne hitlérienne (1933-1945). SYN. : *nazisme.*

■ Fondé à Munich en 1920, le parti national-socialiste domina l'Allemagne de 1933 (accession de Hitler au pouvoir) à 1945. Il lui imposa un régime reposant sur l'embrigadement des masses, le terrorisme d'État (dont les SS et la Gestapo furent les agents), le bellicisme et l'extermination de l'Autre, en partic. des Juifs et des Tsiganes.

NATIONAL-SOCIALISTE adj. et n. (pl. *nationaux-socialistes*). Qui appartient au national-socialisme. SYN. : *nazi.* – REM. On rencontre parfois le fém. *nationale-socialiste.*

NATIONAUX n.m. pl. Citoyens d'une nation, par opp. aux étrangers. *Les consuls défendent les intérêts de leurs nationaux.*

NATIVISME n.m. PSYCHOL. Théorie selon laquelle l'espace et le temps sont donnés dans les sensations elles-mêmes et non acquis par expérience. CONTR. : *génétisme.*

NATIVISTE adj. et n. Du nativisme.

NATIVITÉ n.f. (lat. *nativitas*). Fête anniversaire de la naissance de Jésus-Christ, de la Vierge et de Jean-Baptiste. ◇ Absolt. (Avec une majuscule). Naissance de Jésus ; fête de Noël.

NATRÉMIE n.f. Taux sanguin du sodium (ou *natrium*). [Normalement : 3,10 à 3,45 g/l.]

NATRON ou **NATRUM** [natrɔm] n.m. (ar. *natrūn*). Carbonate de sodium hydraté naturel. (Le natron servait aux Égyptiens pour conserver les momies.)

NATTAGE n.m. Action de natter ; état de ce qui est natté.

NATTE n.f. (lat. *matta*). **1.** Tissu de paille ou de joncs entrelacés. **2.** Brins de matières diverses que l'on a tressés. **3.** Tresse de cheveux.

NATTER v.t. Tresser en natte.

NATTIER, ÈRE n. Personne qui fabrique des nattes, des tapis tissés en fibres de jonc ou de roseau.

NATURALISATION n.f. **1.** DR. Fait d'octroyer la nationalité d'un État à un étranger ou à un apatride qui la demande. **2.** Acclimatation naturelle et durable des plantes, des animaux dans un lieu qui leur est étranger. **3.** Action de donner à un animal mort l'apparence du vivant, par taxidermie.

NATURALISÉ, E n. et adj. Personne qui a obtenu sa naturalisation.

NATURALISER v.t. **1.** Donner à (un étranger, un apatride) la nationalité d'un État. **2.** Acclimater définitivement. **3.** Conserver (un animal) par naturalisation.

NATURALISME n.m. **1.** École littéraire et artistique du XIXe s. qui, par l'application à l'art des méthodes de la science positive, visait à reproduire la réalité avec une objectivité parfaite et dans tous ses aspects, même les plus vulgaires. **2.** PHILOS. Doctrine qui affirme que la nature n'a pas d'autre cause qu'elle-même et que rien n'existe en dehors d'elle.

■ L'école naturaliste se constitue entre 1860 et 1880 sous la double influence du réalisme de Flaubert et du positivisme de Taine. Par leur souci du document vrai, les Goncourt appartiennent déjà au naturalisme. Mais c'est Zola qui incarne la nouvelle esthétique, dont il se fait le théoricien (*le Roman expérimental*, 1880) : il fonde la vérité du roman sur l'observation scrupuleuse de la réalité et sur l'expérimentation, qui soumet l'individu au déterminisme de l'hérédité et du milieu. *Les Soirées de Médan* (1880), qui rassemblèrent autour de Zola, Maupassant, Léon Hennique, Henry Céard, Paul Alexis et Huysmans, forment le manifeste de l'école nouvelle, à laquelle se rattachent A. Daudet, O. Mirbeau, J. Renard, J. Vallès, etc. Le naturalisme s'imposa également au théâtre avec l'œuvre de H. Becque et les mises en scène d'Antoine au Théâtre-Libre.

NATURALISTE n. **1.** Personne qui se livre à l'étude des plantes, des minéraux, des animaux. **2.** Personne qui prépare des animaux pour la conservation dans des collections. SYN. : *taxidermiste.* ◆ adj. et n. Relatif au naturalisme ; adepte du naturalisme.

1. NATURE n.f. (lat. *natura*). **I. 1.** Ensemble des êtres et des choses qui constituent l'univers ; monde physique, réalité. *Les merveilles de la nature.* ◇ *Les forces de la nature :* les forces qui semblent animer l'univers et qui se manifestent notamm. dans les phénomènes météorologiques (tempêtes, orages...), telluriques (éruptions volcaniques, tremblements de terre...), etc. – *Une force de la nature :* une personne d'une très grande force physique ou morale. **2.** Ensemble du monde physique, considéré en dehors de l'homme. **3.** Ensemble de ce qui, dans le monde physique, n'apparaît pas comme transformé par l'homme. *Passer une semaine en pleine nature.* ◇ *Dans la nature :* dans un lieu indéterminé, mais éloigné ou difficilement accessible. *S'égailler dans la nature.* **4.** Ensemble des lois qui paraissent maintenir l'ordre des choses et des êtres. *La nature ne fait rien en vain.* ◇ *Contre nature*, se dit de ce qui est jugé contraire à ces lois, et en partic. des conduites sexuelles telles que l'homosexualité et la zoophilie. **II. 1.** Ensemble des caractères fondamentaux qui définissent les êtres. ◇ *Nature humaine :* ensemble des caractères communs à tous les hommes. – *Forcer la nature :* vouloir faire plus que ce qu'on peut. **2.** Ensemble des traits qui constituent la personnalité physique ou morale d'un être humain. *Une nature indolente.* **3.** Ensemble des caractères, des propriétés qui définissent les choses ; espèce. *Des emplois de toute nature.* ◇ *De nature à* : susceptible de, capable de ; propre à. *Cette action est de nature à nous nuire.* **III. 1.** Modèle réel qu'un artiste a sous les yeux. *Peindre d'après nature.* ◇ BX-A. *Nature morte* : représentation de fruits, de fleurs, de nourritures, de gibier, d'objets divers. **2.** *En nature* : en production du sol, en objets réels et non en argent. *Cadeaux en nature.* ◇ Fam. *Payer en nature* : accorder ses faveurs en échange d'un service rendu.

2. NATURE adj. inv. **1.** Au naturel, sans préparation ; sans addition ni mélange. *Omelette, café nature.* **2.** Fam. Naturel, spontané. *Elle est très nature.*

1. NATUREL, ELLE adj. **1.** Qui appartient à la nature, qui en est le fait, qui est le propre du monde physique (par opp. à *surnaturel*). *Phénomène naturel.* **2.** Qui est issu directement de la nature, du monde physique ; qui n'est pas dû au travail de l'homme (par opp. à *artificiel, synthétique*). *Gaz naturel.* ◇ *Mort naturelle,* qui ne résulte ni d'un accident ni d'un meurtre. **3.** Qui n'est pas altéré, modifié, falsifié. *Jus de fruits naturel.* **4.** Qui tient à la nature d'un homme, qui n'a pas été acquis ni modifié. *Couleur naturelle des cheveux.* **5.** Conforme à l'ordre normal des choses, au bon sens, à la raison. ◇ *C'est (tout) naturel* : c'est bien normal, cela va de soi. **6.** Qui s'exprime ou agit selon sa nature profonde ; qui exclut toute affectation, toute contrainte. *Garder un air naturel.* ◇ PHILOS. *Religion naturelle* : ensemble de croyances et de préceptes relatifs à Dieu et à la morale, fondés sur les seules données de la raison et de la conscience morale. **7.** MATH. *Entier naturel* ou *naturel,* n.m. : chacun des entiers positifs de la suite 0, 1, 2, 3, 4,... **8.** MUS. *Note naturelle,* qui n'est pas altérée par un dièse ou un bémol. **9.** DR. *Enfant naturel* : enfant né hors mariage (par opp. à *enfant légitime*).

2. NATUREL n.m. **1.** Ensemble des tendances et des caractères qui appartiennent à un individu, tempérament. *Être d'un naturel jaloux.* **2.** Absence d'affectation dans les sentiments, les manières. *Manque de naturel.* **3.** Personne originaire d'un lieu. **4.** *Au naturel* : préparé ou conservé sans assaisonnement. *Thon au naturel.*

NATURELLEMENT adv. **1.** Par une impulsion naturelle, conformément à sa nature. *Être naturellement gai.* **2.** D'une manière aisée, simple. *Cela s'explique naturellement.* **3.** Par une conséquence logique, d'une manière inévitable. *Naturellement, elle n'est pas encore arrivée.*

NATURISME n.m. **1.** Tendance à suivre de près la nature ; doctrine hygiénique et sportive appliquant cette tendance. **2.** Pratique du nudisme.

NATURISTE adj. et n. Qui appartient au naturisme ; qui pratique le naturisme.

NATUROPATHIE n.f. Ensemble de méthodes de soins visant à renforcer les défenses de l'organisme par des moyens considérés comme naturels (hygiène de vie, diététique, massages, phytothérapie, oligothérapie, etc.).

NAUCORE n.f. (gr. *naûs,* navire, et *koris,* punaise). Insecte des eaux stagnantes, carnivore. (Long. 2 cm ; ordre des hétéroptères.)

NAUFRAGE n.m. (lat. *naufragium*). **1.** Perte d'un bâtiment en mer. ◇ *Faire naufrage* : couler, disparaître sous les flots, en parlant d'un bateau, de ses passagers, de son équipage. **2.** Fig. Ruine complète. *Le naufrage d'une entreprise.*

NAUFRAGÉ, E adj. et n. Qui a fait naufrage.

NAUFRAGER v.i. [17]. Litt. Faire naufrage.

NAUFRAGEUR, EUSE n. **1.** Personne qui, par de faux signaux ou d'autres manœuvres, provoquait des naufrages pour s'emparer des épaves. **2.** Personne qui cause la ruine d'autrui.

NAUMACHIE [nomaʃi] n.f. (gr. *naumakhia*). Dans la Rome antique, spectacle d'un combat naval ; grand bassin aménagé pour un tel spectacle.

NAUPATHIE n.f. MÉD. Mal de mer.

NAUPLIUS [noplijys] n.m. (mot lat.). Première forme larvaire des crustacés.

NAURUAN, E adj. et n. De l'État de Nauru.

NAUSÉABOND, E adj. (lat. *nauseabundus*). Qui cause des nausées ; écœurant, dégoûtant. *Odeur nauséabonde.*

NAUSÉE n.f. (lat. *nausea,* mal de mer). **1.** Envie de vomir. *Avoir des nausées.* **2.** Profond dégoût. *Ces façons de faire donnent la nausée.*

NAUSÉEUX, EUSE adj. **1.** Qui souffre de nausées ; provoqué par des nausées. *Se sentir un peu nauséeux. État nauséeux.* **2.** Litt. Qui provoque le dégoût moral.

NAUTILE n.m. (gr. *nautilos,* matelot). Mollusque céphalopode des mers chaudes, à coquille spiralée et cloisonnée à l'intérieur, et qui existe depuis l'ère primaire. (Diamètre 25 cm.)

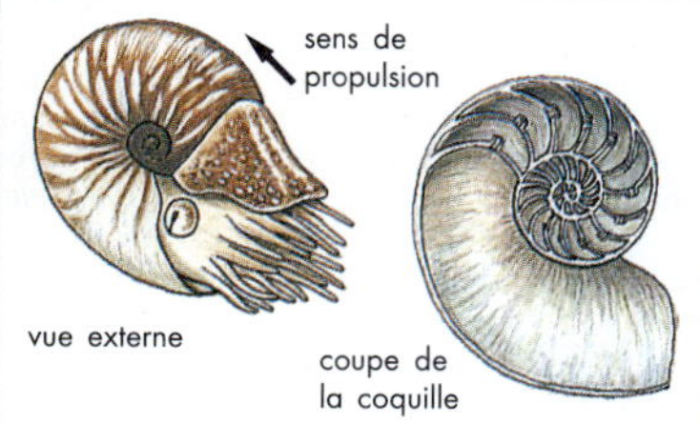

nautile

NAUTIQUE adj. (lat. *nauticus,* naval). **1.** Qui appartient à la navigation, qui relève du domaine de la navigation. **2.** Qui concerne les sports pratiqués sur l'eau.

NAUTISME n.m. Ensemble des sports nautiques (comportant notamm. la navigation de plaisance).

NAUTONIER n.m. (lat. *nauta,* matelot). Litt. Personne qui conduit un navire, une barque.

NAVAJA [navaxa] n.f. (mot esp.). Long couteau espagnol, à lame effilée, légèrement recourbée.

NAVAL, E, ALS adj. (lat. *navalis,* de *navis,* navire). **1.** Qui concerne la navigation. *Construction navale.* **2.** Relatif aux marines de guerre. ◇ *École navale* : école de formation des officiers de la marine militaire, fondée à Brest en 1930 (installée depuis 1945 à Lanvéoc-Poulmic).

NAVALISATION n.f. ARM. Adaptation à l'utilisation, sur un navire de guerre, d'une arme ou d'un matériel conçu initialement pour être employé à terre ou sur un aéronef.

NAVARIN n.m. (de *Navarin,* n. d'une bataille). Ragoût de mouton préparé avec des pommes de terre, des navets, des carottes, etc.

NAVARQUE n.m. ANTIQ. GR. Commandant d'une flotte ou d'un navire de guerre.

NAVARRAIS, E adj. et n. De Navarre.

NAVEL n.f. (mot angl., *nombril*). Orange d'une variété caractérisée par la formation d'un fruit secondaire interne.

NAVET n.m. (lat. *napus*). **1.** Plante potagère à racine comestible ; cette racine. (Famille des crucifères.) **2.** Fam. Œuvre littéraire ou artistique sans valeur, sans intérêt.

1. NAVETTE n.f. (anc. fr. *nef,* navire). **1. a.** Pièce de métier à tisser renfermant la bobine de trame et qui, par un mouvement de va-et-vient, introduit la duite entre les fils de chaîne. ◇ Fig. *Faire la navette* : aller et venir de façon continuelle. **b.** Pièce de la machine à coudre qui renferme la canette. **2.** Véhicule effectuant des liaisons courtes et régulières entre deux lieux. ◇ ASTRONAUT. *Navette spatiale* : véhicule spatial récupérable, conçu pour assurer la liaison entre la Terre et une orbite basse autour de la Terre. **3.** DR. CONSTIT. Va-et-vient d'une proposition ou d'un projet de loi entre le Sénat et l'Assemblée nationale, en France. **4.** LITURGIE. Petit récipient qui contient l'encens destiné à être brûlé pendant les offices liturgiques.

■ ASTRONAUT. La navette spatiale américaine, utilisée depuis 1981, constitue à la fois un lanceur et un vaisseau spatial. Son avantage est d'être en grande partie réutilisable. Son élément principal est l'orbiteur. En forme d'avion à aile delta, il est long de 37 m et possède une envergure de 24 m. Son fuselage comprend à l'avant une cabine pour l'équipage (jusqu'à 7 astronautes), au centre une vaste soute de 4,5 m de diamètre et de 18 m de longueur pouvant accueillir des charges utiles d'une masse allant jusqu'à 29,5 t et, à l'arrière, les trois principaux moteurs-fusées de l'engin et deux moteurs de manœuvre. Sa masse « à sec » (réservoirs vides et sans charge utile) est de 68 t. Ce véhicule spatial est conçu pour des missions en orbite basse (300 km d'altitude) et peut revenir se poser au sol comme un avion. Mais il ne peut aller seul dans l'espace : au décollage lui sont adjoints deux propulseurs auxiliaires à propergol solide (chacun contient 500 t de propergol) et un réservoir extérieur de 47 m de long et 8,4 m de diamètre, non réutilisable, contenant 703 t d'hydrogène et d'oxygène liquides, pour l'alimentation des moteurs principaux. Cinq orbiteurs ont été mis en service : « Columbia », « Challenger », « Discovery », « Atlantis » et « Endeavour ». L'explosion en vol de « Challenger », le 28 janv. 1986, a provoqué la mort de 7 astronautes et retardé la poursuite du programme jusqu'en 1988.

lancement d'une **navette** spatiale américaine

2. NAVETTE n.f. (de *navet*). Plante cultivée voisine du colza, dont les graines fournissent une huile. (Famille des crucifères.)

NAVETTEUR, EUSE n. Belgique. Personne qui se déplace quotidiennement par un moyen de transport en commun entre son domicile et son lieu de travail.

NAVICERT [navisɛrt] n.m. inv. (mot angl.). MAR. Permis de navigation accordé par un gouvernement à un bâtiment de commerce en temps de guerre.

NAVICULAIRE adj. (du lat. *navicula,* petit bateau). ANAT. Qui évoque la forme d'un petit bateau ou d'une navette.

NAVICULE n.f. Diatomée microscopique vert bleuâtre, qui confère sa coloration à l'huître verte.

NAVIGABILITÉ n.f. **1.** État d'un cours d'eau, d'un canal navigable. **2.** État d'un navire pouvant tenir la mer, d'un avion pouvant voler. *Certificat de navigabilité.*

NAVIGABLE adj. Où l'on peut naviguer. *Rivière navigable.*

NAVIGANT, E adj. et n. Qui navigue. ◇ *Personnel navigant* : personnel appartenant aux équipages des avions, par opp. à *personnel au sol.*

NAVIGATEUR, TRICE n. **1.** Membre de l'équipage d'un navire ou d'un avion, chargé de relever le chemin parcouru et de déterminer la route à suivre. **2.** Personne qui navigue, qui fait de longs voyages sur mer. *Navigateur solitaire.*

NAVIGATION n.f. **1.** Action de naviguer, de conduire d'un point à un autre un véhicule maritime, fluvial, aérien ou spatial. **2.** Technique du déplacement des véhicules maritimes, aériens ou spatiaux, de la détermination de leur position et de leur route ou de leur trajectoire.

■ Initialement pratiquée par l'observation de repères connus ou identifiés sur une carte *(navigation à vue),* la navigation utilise aujourd'hui des réseaux de balises radioélectriques placées au sol (systèmes Decca, Loran, VOR, etc.) ou embarquées à bord de satellites (systèmes TRANSIT, NAVSTAR). Les techniques de *navigation astronomique,* fondées sur la mesure de hauteur des astres, ont été remplacées, à bord des avions et des bateaux, par la *navigation inertielle,* confiant le guidage à un système gyroscopique entièrement autonome.

NAVIGUER v.i. (lat. *navigare*). **1.** Voyager sur l'eau ou dans les airs. **2.** Faire suivre à un navire ou à un avion une route déterminée. **3.** Se comporter à la mer. *Bateau qui navigue bien.* **4.** INFORM. Accomplir les opérations permettant d'accéder aux différents services offerts à l'utilisateur d'un réseau télématique. **5.** Fig. *Savoir naviguer :* savoir diriger habilement ses affaires en évitant les obstacles.

NAVIPLANE n.m. (nom déposé). Aéroglisseur conçu selon la technique du coussin d'air à jupes souples.

NAVIRE n.m. (lat. *navigium*). Bâtiment ponté, d'assez fort tonnage, destiné à la navigation en pleine mer.

NAVIRE-CITERNE n.m. (pl. *navires-citernes*). Navire de charge dont les cales constituent ou contiennent des citernes pour le transport des cargaisons liquides en vrac.

NAVIRE-HÔPITAL n.m. (pl. *navires-hôpitaux*). Navire aménagé pour le transport des malades et des blessés (en temps de guerre, notamm.).

NAVIRE-JUMEAU n.m. (pl. *navires-jumeaux*). Navire possédant les mêmes caractéristiques de construction qu'un autre. SYN. (anglic.) : *sister-ship.*

NAVISPHÈRE n.f. MAR. Instrument représentant la sphère céleste, et qui, une fois réglé, permet au navigateur d'identifier un astre observé au sextant.

NAVRANT, E adj. **1.** Qui cause une vive affliction. **2.** Lamentable.

NAVREMENT n.m. Litt. État de très grande affliction.

NAVRER v.t. (mot norrois). Causer une grande peine, une vive affliction à.

NAZARÉEN, ENNE adj. De Nazareth. ◇ *École nazaréenne :* groupe de peintres allemands du XIXe s. ◆ n.m. (Avec une majuscule). Nom donné par les Juifs à Jésus et aux premiers chrétiens.

■ BX-A. D'esprit religieux, les nazaréens s'installèrent à partir de 1810 env. à Rome, où ils vécurent en confrérie et s'inspirèrent de l'idéalisme des primitifs italiens. Les plus connus d'entre eux sont Friedrich Overbeck (1789-1869), qui demeura toute sa vie à Rome, et Peter von Cornelius (1783-1867), qui travailla et enseigna à Munich, Düsseldorf et Berlin.

NAZCA adj. et n. Se dit d'une culture précolombienne de la côte sud du Pérou (300 av. J.-C.-600 apr. J.-C.).

NAZE n.m. et adj. → *1.* et *2. nase.*

NAZI, E adj. et n. National-socialiste.

NAZISME n.m. National-socialisme.

Nb, symbole chimique du niobium.

N. B. C., sigle de *nucléaire, biologique, chimique,* utilisé pour désigner les armes de ce type (appelées aussi *armes spéciales*) et les mesures ou moyens concernant ces armes.

Nd, symbole chimique du néodyme.

Ne, symbole chimique du néon.

NE adv. (lat. *non*). Indique une négation dans le groupe verbal, ordinairement accompagné des mots *pas, point, rien, aucun,* etc. (Le *ne explétif* s'emploie seul sans idée de négation dans les propositions subordonnées comparatives ou dans celles qui dépendent d'un verbe exprimant la crainte, le doute, etc. *Il est plus riche que vous ne pensez ; je crains qu'il ne vienne.*)

NÉ, E adj. (de *naître*). **1.** [En composition]. De naissance. *Aveugle-né.* **2.** *Bien né :* d'une famille honorable (ou, anc., noble).

NÉANDERTALIEN, ENNE adj. et n.m. (de *Neandertal,* en Allemagne). Se dit d'un type de paléanthropien rapporté à l'espèce *Homo sapiens,* dont il constitue une sous-espèce. SYN. : *homme de Neandertal.*

NÉANMOINS adv. (de *néant* et *moins*). [Marquant une opposition]. Pourtant, malgré cela. *Ce sacrifice est pénible, néanmoins il est nécessaire.*

NÉANT n.m. (lat. pop. *ne gentem,* personne). **1.** Le non-être ; ce qui n'existe pas. ◇ *Tirer qqch du néant,* le créer. **2.** Ce qui n'a pas encore d'existence ou qui a cessé d'être. ◇ Fig. *Tirer qqn du néant,* l'aider à s'élever dans l'échelle sociale à partir d'une situation misérable.

NÉANTHROPIEN, ENNE adj. et n.m. Se dit d'une forme d'anthropien rapportée à la sous-espèce *Homo sapiens sapiens.*

NÉANTISATION n.f. Action de néantiser ; fait d'être néantisé.

NÉANTISER v.t. **1.** PHILOS. Constituer comme néant. **2.** Faire disparaître, anéantir, éliminer.

NEBKA n.f. (de l'ar.). GÉOMORPH. Petite dune formée à l'abri d'une touffe de végétation.

NÉBULEUSE n.f. **1.** ASTRON. Nuage de gaz et de poussières interstellaires. ◇ *Nébuleuse diffuse* ou *à émission :* nébuleuse brillante située à proximité d'étoiles chaudes et qui émet de la lumière. – *Nébuleuse obscure :* nébuleuse riche en poussières interstellaires, qui forme un nuage sombre masquant les astres situés derrière. – *Nébuleuse planétaire :* nébuleuse entourant une étoile chaude, et formée de matière éjectée par celle-ci. – *Nébuleuse par réflexion :* nébuleuse brillante qui réfléchit la lumière des étoiles environnantes. ◇ Anc. *Nébuleuse spirale* ou *extragalactique :* galaxie. **2.** Fig. Rassemblement d'éléments hétéroclites, aux relations imprécises et confuses.

nébuleuse planétaire NGC 6853, dans la constellation du Petit Renard

NÉBULEUX, EUSE adj. (lat. *nebulosus,* de *nebula,* nuage). **1.** Obscurci par les nuages. *Ciel nébuleux.* **2.** Vague, confus, qui manque de précision. *Projet nébuleux.*

NÉBULISATION n.f. Action de nébuliser.

NÉBULISER v.t. Projeter (un liquide) en fines gouttelettes à l'aide d'un nébuliseur.

NÉBULISEUR n.m. Appareil permettant de nébuliser un liquide, une substance médicamenteuse.

NÉBULOSITÉ n.f. **1.** MÉTÉOR. Nuage ayant l'apparence d'une légère vapeur. ◇ Fraction de ciel couverte par des nuages à un moment donné. **2.** Litt. Manque de clarté ; flou.

1. NÉCESSAIRE adj. (lat. *necessarius*). **1.** Dont on a absolument besoin ; essentiel, primordial. *L'eau est nécessaire à la vie.* **2.** Dont on ne peut se passer ; indispensable. *Le silence lui est nécessaire pour travailler.* **3.** Exigé pour que qqch se produise, réussisse. *Trouver les moyens nécessaires à la recherche.* **4. a.** Qui est inéluctable, inévita-

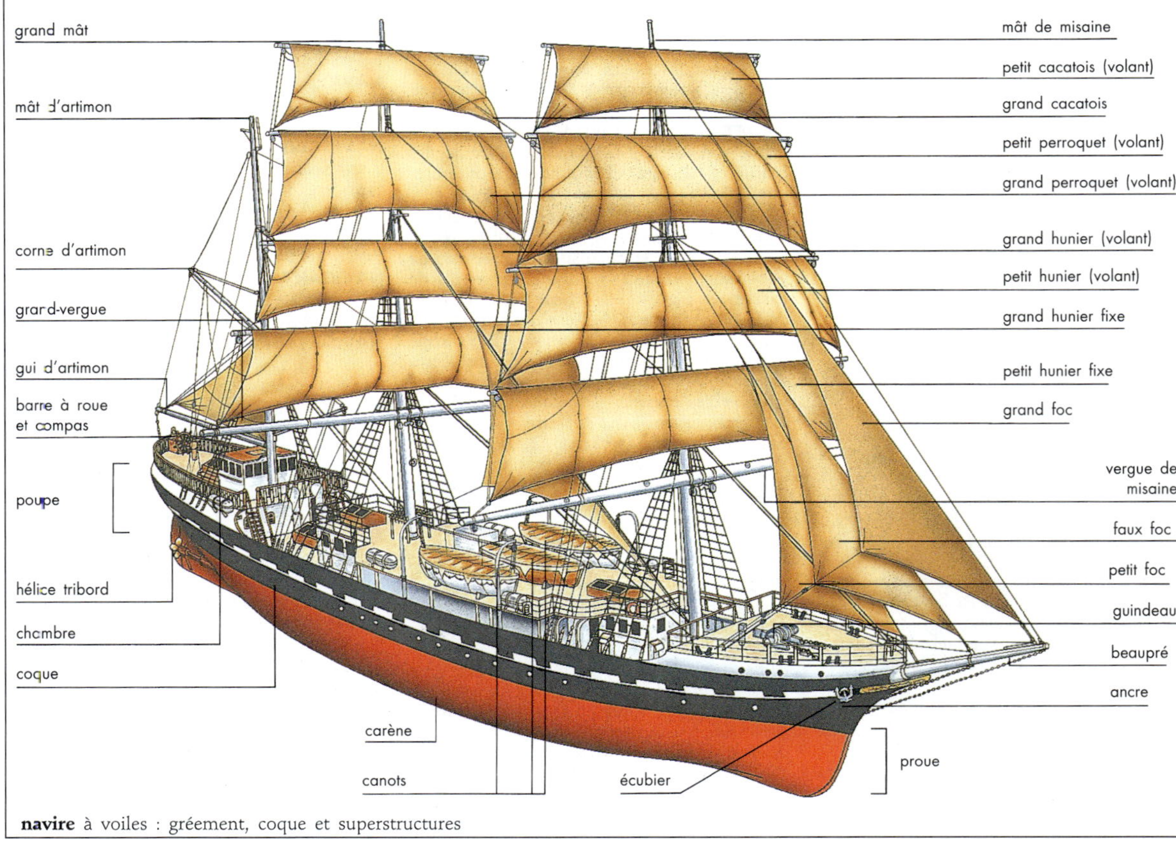

navire à voiles : gréement, coque et superstructures

ble, obligatoire. *Conséquence nécessaire.* **b.** Qui ne peut pas ne pas se produire dans des conditions données, au sein d'un processus donné, par opp. à *contingent.* **5.** LOG. Qui dépend de la logique et correspond à une loi de la pensée.

2. NÉCESSAIRE n.m. **1.** Ce qui est indispensable pour les besoins de la vie. *Manquer du nécessaire.* **2.** Ce qui est essentiel, important. *Faites le nécessaire.* **3.** Boîte, sac, mallette, etc., qui renferme divers objets destinés à un usage précis. *Nécessaire de couture.*

NÉCESSAIREMENT adv. **1.** Absolument, forcément. *Il faut nécessairement que cela soit fait.* **2.** Par une conséquence rigoureuse.

NÉCESSITANT, E adj. THÉOL. *Grâce nécessitante :* grâce qui contraint l'homme à suivre son inspiration.

NÉCESSITÉ n.f. (lat. *necessitas*). **1.** Caractère de ce qui est nécessaire ; chose, condition ou moyen nécessaire. *La nécessité de gagner sa vie.* ◇ *De première nécessité :* qui correspond à un besoin fondamental ; dont on ne peut guère ou dont on ne peut pas se passer. **2.** DR. *État de nécessité :* situation dans laquelle un particulier ou un gouvernement accomplit une action constituant une infraction aux lois mais qui, du fait des circonstances, bénéficie légalement de l'impunité.

NÉCESSITER v.t. Rendre nécessaire, exiger, réclamer. *Ceci nécessite quelques explications.*

NÉCESSITEUX, EUSE adj. et n. Qui manque des choses nécessaires à la vie ; indigent.

NECK [nɛk] n.m. (mot angl., *cou*). GÉOMORPH. Piton de roches dures, correspondant à l'emplacement d'une ancienne cheminée volcanique, mis en relief par l'érosion.

NEC PLUS ULTRA [nɛkplyzyltra] n.m. inv. (mots lat., *[et] pas plus outre*). Ce qu'il y a de mieux.

NÉCROBIE n.f. (gr. *nekros,* mort, et *bios,* vie). Insecte coléoptère, rouge à l'avant, bleu-vert à l'arrière, vivant sur des matières en décomposition. (Long. env. 5 mm.)

NÉCROLOGE n.m. Registre paroissial contenant les noms des morts avec la date du décès.

NÉCROLOGIE n.f. **1.** Liste de personnes notables décédées au cours d'un certain espace de temps. **2.** Notice biographique consacrée à une personne décédée récemment. **3.** Avis de décès dans un journal ; rubrique contenant de tels avis.

NÉCROLOGIQUE adj. Relatif à la nécrologie.

NÉCROLOGUE n. Auteur de nécrologies.

NÉCROMANCIE n.f. (gr. *nekros,* mort, et *manteia,* prédiction). Évocation des morts pour connaître l'avenir ou une chose cachée.

NÉCROMANCIEN, ENNE n. ou **NÉCROMANT** n.m. Personne qui pratique la nécromancie.

NÉCROPHAGE adj. Qui se nourrit de cadavres.

NÉCROPHILE adj. et n. Atteint de nécrophilie.

NÉCROPHILIE n.f. Satisfaction des pulsions sexuelles sur un cadavre.

NÉCROPHORE n.m. (gr. *nekrophoros,* qui transporte les morts). Insecte coléoptère qui enterre les cadavres d'animaux avant d'y déposer ses œufs. (Long. 2 à 3 cm.)

NÉCROPOLE n.f. (gr. *nekros,* mort, et *polis,* ville). **1.** Vastes lieux de sépultures dans l'Antiquité. **2.** Litt. Grand cimetière.

NÉCROPSIE n.f. Vx. Autopsie.

NÉCROSE n.f. (gr. *nekrôsis,* mortification). PATHOL. Mort d'une cellule ou d'un groupe de cellules à l'intérieur d'un corps vivant. SYN. : *mortification.*

NÉCROSER v.t. Produire la nécrose de. ◆ **se nécroser** v.pr. Être atteint de nécrose.

NÉCROTIQUE adj. Relatif à la nécrose.

NECTAIRE n.m. (de *nectar*). BOT. Glande produisant le nectar, habituellement placée à l'intérieur d'une fleur. (Les éperons des orchidées, des ancolies sont des nectaires.)

NECTAR n.m. (lat. *nectar,* du gr. *nektar*). **1.** MYTH. GR. Breuvage divin à base de miel, qui procurait l'immortalité à ceux qui en buvaient. **2.** BOT. Liquide sucré plus ou moins visqueux sécrété par les nectaires des plantes. **3.** Boisson à base de jus ou de purée de fruits additionnés d'eau et de sucre. *Nectar d'abricot.* **4.** Litt. Boisson délicieuse.

NECTARIFÈRE adj. Qui sécrète le nectar.

NECTARINE n.f. Pêche à peau lisse dont le noyau n'adhère pas à la chair.

NECTON n.m. (gr. *nêktos,* qui nage). BIOL. Ensemble des animaux marins qui nagent activement, par opp. au plancton.

NÉERLANDAIS, E adj. et n. Des Pays-Bas. ◆ n.m. Langue germanique parlée aux Pays-Bas et en Belgique.

NÉERLANDOPHONE adj. et n. De langue néerlandaise.

NEF n.f. (lat. *navis*). **1.** Grand navire à voiles, au Moyen Âge. **2.** Partie d'une église de plan allongé qui s'étend depuis le chœur ou le transept jusqu'à la façade principale ou au narthex ; chacun des vaisseaux susceptibles de composer cette partie.

NÉFASTE adj. (lat. *nefastus*). **1.** Litt. Marqué par des évènements funestes, tragiques. *Journée néfaste.* **2.** Qui peut avoir des conséquences fâcheuses, susceptibles de faire du mal ; nuisible. *Influence néfaste.* **3.** ANTIQ. ROM. Se dit d'un jour où il était défendu par la religion de vaquer aux affaires publiques.

NÈFLE n.f. (bas lat. *mespila ;* mot gr.). **1.** Fruit comestible du néflier. **2.** Fam. *Des nèfles ! :* rien à faire ! Pas du tout ! Pas question !

NÉFLIER n.m. Arbrisseau épineux à l'état sauvage, dont le fruit est la nèfle. (Famille des rosacées.)

NÉGATEUR, TRICE adj. et n. Litt. Qui est porté à tout nier, à tout critiquer.

1. NÉGATIF, IVE adj. (lat. *negare,* nier). **1.** Qui marque le refus. *Réponse négative.* **2.** Dépourvu d'éléments constructifs ; inefficace. *Critique négative.* **3.** Se dit de ce qui peut être considéré comme l'inverse, le contraire d'une chose. **4.** MATH. *Grandeur négative :* grandeur dont le signe est opposé à celui d'une grandeur positive de même nature. ◇ *Nombre négatif :* nombre inférieur ou égal à zéro. **5.** *Électricité négative,* l'une des deux formes d'électricité statique.

2. NÉGATIF n.m. Image photographique ou électronique dont les tons sont inverses de ceux du sujet.

NÉGATION n.f. (lat. *negatio, onis,* de *negare,* nier). **1.** Action de nier qqch. **2.** Action de rejeter, de ne faire aucun cas de qqch. **3.** *Être la négation de qqch :* être en complète contradiction avec qqch. **4.** GRAMM. Mot ou groupe de mots servant à nier, comme *ne, non, pas,* etc. **5.** LOG. *Négation d'une proposition* p : proposition qui résulte de la proposition *p* par l'ajout du connecteur ⅂ (« ⅂*p* » se lit « non-*p* »). [⅂*p* n'est vrai que si *p* est faux.] ◇ *Principe de la double négation :* principe selon lequel, s'il est faux que A soit faux, alors A est vrai.

NÉGATIONNISME n.m. Doctrine niant la réalité du génocide des Juifs par les nazis, notamm. l'existence des chambres à gaz.

NÉGATIVE n.f. *Répondre par la négative :* répondre par un refus, une négation.

NÉGATIVEMENT adv. De façon négative.

NÉGATIVISME n.m. **1.** Attitude de refus systématique, de dénigrement. **2.** PSYCHOL. Ensemble des conduites de refus et d'opposition qui traduisent une rupture du contact avec autrui.

NÉGATIVITÉ n.f. **1.** Caractère de ce qui est négatif, non constructif. **2.** État d'un corps électrisé négativement.

NÉGATON n.m. (de *négatif* et *électron*). Rare. Électron (par opp. à *positron*).

NÉGATOSCOPE n.m. Boîte à lumière à écran translucide, pour l'examen par transparence des films radiographiques.

NÉGLIGÉ n.m. **1.** État de qqn dont la tenue est négligée. **2.** Litt. Léger vêtement féminin d'intérieur.

NÉGLIGEABLE adj. **1.** Qui peut être négligé, dont on peut ne pas tenir compte. **2.** *Traiter qqn, qqch comme (une) quantité négligeable :* ne pas tenir compte de leur existence, de leur opinion, les estimer sans importance.

NÉGLIGEMMENT adv. Avec négligence.

NÉGLIGENCE n.f. (lat. *negligentia*). **1.** Manque de soin, d'application, d'exactitude ; laisser-aller. **2.** Faute légère, manque de précision. *Négligence de style.* **3.** DR. Faute non intentionnelle résultant d'un manque de vigilance.

NÉGLIGENT, E adj. et n. (lat. *negligens*). Qui montre de la négligence.

NÉGLIGER v. t. (lat. *negligere*) [17]. **1.** Laisser de côté, omettre de faire. *Négliger ses devoirs.* **2.** Laisser sans soin, ne pas cultiver. *Négliger sa tenue, ses talents.* **3.** Traiter sans attention, délaisser. *Négliger ses amis.* ◆ **se négliger** v.pr. Ne plus prendre soin de sa personne.

NÉGOCE n.m. (lat. *negotium,* occupation). Litt. Ensemble des opérations d'un commerçant ; activité commerciale.

NÉGOCIABILITÉ n.f. Qualité d'un titre représentatif d'un droit ou d'une créance qui permet leur transmission commerciale à un tiers.

NÉGOCIABLE adj. Qui peut être négocié. *Effet de commerce négociable.*

NÉGOCIANT, E n. Personne qui fait du commerce en gros.

NÉGOCIATEUR, TRICE n. **1.** Personne qui est chargée de négocier pour le compte de son gouvernement. *Les négociateurs d'un traité.* **2.** Personne qui sert d'intermédiaire dans une affaire pour favoriser un accord.

NÉGOCIATION n.f. **1.** Action de négocier, de discuter les affaires communes entre des parties en vue d'un accord. *La négociation d'un contrat.* **2.** Ensemble de discussions, de pourparlers entre des personnes, des partenaires sociaux, des représentants qualifiés d'États, menés en vue d'aboutir à un accord sur les problèmes posés. *Négociations sur le désarmement.* **3.** Transmission des effets de commerce.

NÉGOCIER v.t. (lat. *negotiari,* faire du commerce). **1.** Traiter, discuter en vue d'un accord. *Négocier la paix avec l'ennemi.* **2.** Monnayer un titre, une valeur. **3.** (Calque de l'angl. *to negociate*). *Négocier un virage,* manœuvrer pour le prendre dans les meilleures conditions. ◆ v.i. Engager des pourparlers en vue de régler un différend ou de mettre fin à un conflit ; traiter.

NÉGONDO n.m. → ***negundo.***

1. NÈGRE, NÉGRESSE n. (esp. *negro,* du lat. *niger,* noir). **1.** Personne de race noire. (L'utilisation fréquente de ce mot dans des contextes racistes lui fait généralement préférer aujourd'hui le terme neutre de *Noir.*) ◇ *Nègre blanc :* albinos de race noire. **2.** Anc. Esclave noir. *Les nègres d'une plantation.* ◇ Fam. *Travailler comme un nègre :* travailler très dur, sans relâche. ◆ n.m. **1.** Fam. Personne qui prépare ou rédige anonymement, pour qqn qui le signe, un travail littéraire, artistique ou scientifique. **2.** *Nègre en chemise :* entremets au chocolat nappé d'une crème anglaise.

2. NÈGRE adj. Qui appartient aux Noirs, à la culture des Noirs. ◇ *Art nègre :* art négro-africain considéré en tant que source d'inspiration, au XXe s., de certains courants de l'art occidental (fauvisme, cubisme, expressionnisme...). ◇ *Nègre blanc,* adj. inv. : ambigu, qui vise à concilier des avis contraires. *Des motions nègre blanc.*

1. NÉGRIER, ÈRE adj. Relatif à la traite des Noirs. *Navire négrier.*

2. NÉGRIER n.m. **1.** Personne qui faisait la traite des Noirs. **2.** Bâtiment qui servait à ce commerce. **3.** Employeur qui traite ses employés comme des esclaves.

NÉGRILLE n.m. Vx. Pygmée.

NÉGRILLON, ONNE n. Fam. **1.** Enfant noir. **2.** Enfant de race blanche très brun de teint.

NÉGRITUDE n.f. Ensemble des valeurs culturelles et spirituelles des Noirs ; prise de conscience de l'appartenance à cette culture spécifique. (Le terme est apparu peu avant 1935, notamm. sous la plume de Léopold Sédar Senghor et d'Aimé Césaire.)

NÉGRO-AFRICAIN, E adj. (pl. *négro-africains, es*). Relatif aux Noirs d'Afrique. *Langues négro-africaines.*

NÉGROÏDE adj. et n. Qui rappelle les caractéristiques morphologiques des Noirs (notamm. les caractéristiques du visage). *Traits négroïdes.*

NEGRO SPIRITUAL [negrospiritwol] n.m. (mot amér.) [pl. *negro spirituals*]. Chant religieux des Noirs d'Amérique, d'inspiration chrétienne, en langue américaine. SYN. : *gospel.*

NEGUNDO ou **NÉGONDO** [negɔ̃do] n.m. (mot malais). Érable ornemental à feuilles parfois panachées de blanc.

NÉGUS [negys] n.m. (mot éthiopien). Titre des souverains d'Éthiopie.

NEIGE n.f. (de *neiger*). **1.** Eau congelée qui tombe des nuages en flocons blancs et légers. ◇ *Neiges permanentes* (dites improprement *neiges éternelles*) : neiges amoncelées dans les parties les plus élevées des massifs montagneux, qui peuvent donner naissance aux glaciers. – *Blanc comme neige* : très blanc ; fig., innocent. **2.** La montagne l'hiver, les sports d'hiver. *Aller à la neige.* **3.** *Neige carbonique* : anhydride carbonique solidifié. **4.** CUIS. *En neige* : se dit de blancs d'œufs battus jusqu'à former une mousse blanche et consistante. *Monter des blancs en neige.* ◇ *Œufs à la neige* : blancs montés en neige, cuits dans du lait bouillant et servis sur une crème anglaise. **5.** Arg. Drogue (cocaïne ou héroïne) sous forme de poudre blanche.
■ Quand la température des basses couches de l'atmosphère est inférieure à 0 °C, les précipitations tombent sous forme de neige. Celle-ci résulte de la présence, dans un nuage, de noyaux de congélation faisant cesser le phénomène de surfusion. La neige, par sa faible conductibilité, protège le sol et les cultures et influe sur le régime des cours d'eau.

NEIGER v. impers. (lat. pop. *nivicare*, de *nix, nivis*, neige) [23]. Tomber, en parlant de la neige.

NEIGEUX, EUSE adj. Couvert de neige. ◇ *Temps neigeux* : état de l'atmosphère caractérisé par des chutes de neige.

NELUMBO ou **NÉLOMBO** n.m. (mot cinghalais). *Nelumbos* : genre de nymphéacées dont une espèce est le lotus sacré des hindous.

NEM n.m. Petite crêpe de riz fourrée (soja, viande, vermicelles, etc.), roulée et frite. (Cuis. vietnamienne.)

NÉMALE ou **NÉMALION** n.m. Algue rouge gélatineuse des chutes d'eau.

NÉMATHELMINTHE n.m. *Némathelminthes* : embranchement de vers cylindriques non annelés, pourvus d'un tube digestif, tels que les nématodes.

NÉMATIQUE adj. Se dit de l'état mésomorphe, plus voisin de l'état liquide que de l'état cristallin, dans lequel les molécules, très allongées, peuvent se déplacer parallèlement les unes par rapport aux autres.

NÉMATOCÈRE n.m. (gr. *nêma*, fil, et *keras*, antenne). *Nématocères* : sous-ordre d'insectes diptères grêles, aux antennes longues, tels que les moustiques.

NÉMATOCYSTE n.m. (gr. *nêma*, fil, et *kustis*, vessie). Organe urticant des cnidaires.

NÉMATODE n.m. (du gr. *nêma*, fil). *Nématodes* : vers vivant dans le sol (anguillules) ou en parasites de l'homme et des mammifères (ascarides, oxyures), et qui constituent la classe principale des némathelminthes.

NÉMÉENS adj.m. pl. ANTIQ. GR. *Jeux Néméens* : jeux célèbres tous les deux ans à Némée, en l'honneur de Zeus.

NÉMERTE n.m. ou f. Ver plat marin, type de la classe des *némertiens*.

NÉNÉ n.m. Pop. Sein.

NÉNETTE n.f. Fam. **1.** Tête. *Se casser la nénette.* **2.** Jeune fille, jeune femme.

NÉNIES n.f. pl. (lat. *nenia*). Chant funèbre en Grèce, à Rome.

NENNI adv. Vx. Non.

NÉNUPHAR n.m. (ar. *nīnūfar*). Plante aquatique, souvent cultivée dans les pièces d'eau pour ses larges feuilles flottantes et pour ses fleurs à pétales blancs, jaunes ou rouges. (Famille des nymphéacées.)

nénuphar

NÉOBLASTE n.m. BIOL. Cellule indifférenciée qui, chez les annélides, assure la reconstitution de tissus amputés.

NÉO-CALÉDONIEN, ENNE adj. et n. (pl. *néo-calédoniens, ennes*). De la Nouvelle-Calédonie.

NÉOCAPITALISME n.m. Forme contemporaine du capitalisme, caractérisée notamm. par la prédominance des très grandes entreprises et des sociétés anonymes et par l'émergence d'une classe de dirigeants qui ne s'appuient plus exclusivement sur la propriété du capital mais aussi sur sa gestion, son investissement, ses transferts.

NÉOCAPITALISTE adj. et n. Qui appartient au néocapitalisme.

NÉOCLASSICISME n.m. **1.** Tendance artistique et littéraire de la fin du XVIIIe s. et du début du XIXe, qui s'est appuyée sur les exemples de l'Antiquité classique ou du classicisme du XVIIe s. **2.** Tendance à revenir à un certain classicisme, par réaction contre les audaces d'une période antérieure.
■ Les découvertes archéologiques du XVIIIe s. (Pompéi, etc.) ont été à la base du courant néoclassique. Parmi les architectes, on peut citer Soufflot puis Ledoux en France, R. Adam puis John Soane (1753-1837) en Grande-Bretagne, Schinkel en Allemagne. Canova est le plus doué des sculpteurs. En France, les peintres, tels David, Jean-Baptiste Regnault (1754-1829) ou Girodet-Trioson, ont partie liée avec les idéologies révolutionnaire, puis impériale.

NÉOCLASSIQUE adj. Qui appartient au néoclassicisme. ◇ *École néoclassique* : courant de pensée qui, à la fin du XIXe s., renouvela l'analyse économique, notamm. celle de la valeur. (Elle fut représentée notamm. par L. Walras et A. Marshall.)

NÉOCOLONIALISME n.m. Politique menée par certains pays développés, visant à instituer, sous des formes nouvelles, leur domination sur les États indépendants du tiers-monde naguère colonisés.

NÉOCOLONIALISTE adj. et n. Qui appartient au néocolonialisme.

NÉOCOMIEN n.m. (de *Neocomum*, nom lat. de Neuchâtel). GÉOL. Groupement d'étages du crétacé inférieur. ◆ **néocomien, enne** adj. Du néocomien.

NÉODARWINISME n.m. Théorie de l'évolution qui ne reconnaît que les mutations génétiques et la sélection naturelle comme facteurs de l'apparition de nouvelles formes animales ou végétales.

NÉODYME n.m. (du gr. *didumos*, double). Métal du groupe des terres rares, solide blanc qui fond vers 1 000 °C ; élément chimique (Nd) de numéro atomique 60, de masse atomique 144,24.

NÉOFORMATION n.f. Formation de tissu nouveau, de structure normale ou anormale, chez un être vivant.

NÉOFORMÉ, E adj. Qui résulte d'une néoformation.

NÉOGÈNE n.m. et adj. (gr. *neos*, nouveau, et *genos*, naissance). GÉOL. Partie terminale de l'ère tertiaire, subdivisée en miocène et pliocène.

NÉOGOTHIQUE adj. et n.m. Se dit d'un style qui, au XIXe s. surtout, s'est inspiré du gothique.

NÉOGRAMMAIRIEN, ENNE adj. et n. Se dit d'une école de linguistes allemands de la fin du XIXe s., d'inspiration scientiste.

NÉOGREC, NÉOGRECQUE adj. **1.** Qui concerne le grec moderne. **2.** BX-A. Qui s'inspire de la Grèce classique.

NÉO-HÉBRIDAIS, E adj. et n. (pl. *néo-hébridais, es*). Des Nouvelles-Hébrides (auj. Vanuatu).

NÉO-IMPRESSIONNISME n.m. Mouvement pictural de la fin du XIXe s., fondé sur le *divisionnisme*, dont Seurat fut l'initiateur et Signac l'un des principaux propagateurs.

NÉO-IMPRESSIONNISTE adj. et n. (pl. *néo-impressionnistes*). Qui appartient au néo-impressionnisme, ou qui s'y rattache.

Amour et Psyché.
Détail d'un groupe en marbre (1793) d'Antonio Canova. (Louvre, Paris.)
Recherchant la forme idéale, sous l'influence de théoriciens comme Winckelmann, le sculpteur italien puise tantôt aux sources grecques et romaines les plus sévères, tantôt – comme ici – à la grâce alexandrine.

Les licteurs rapportent à Brutus les corps de ses fils (1789), par David. (Louvre, Paris.)
L'étude sur modèle vivant a autant d'importance chez David que l'inspiration antique (architecture, statuaire, composition en frise des bas-reliefs), d'où la qualité plastique de ses figures unie à la leçon morale attendue du sujet historique.

néoclassicisme

NÉO-INDIEN, ENNE adj. (pl. *néo-indiens, ennes*). Se dit des langues indo-aryennes parlées actuellement dans le sous-continent indien.

NÉOKANTISME n.m. Mouvement philosophique issu du kantisme, dominé par la recherche d'une morale (école axiologique de Bade), d'une théorie de la connaissance et d'une méthode (école de Marburg).

NÉOLIBÉRALISME n.m. Forme moderne du libéralisme, qui laisse place à une intervention limitée de l'État.

NÉOLITHIQUE n.m. (gr. *neos*, nouveau, et *lithos*, pierre). Phase du développement technique des sociétés préhistoriques (pierre polie, céramique), correspondant à leur accession à une économie productive (agriculture, élevage). [Il commence dès le IXᵉ millénaire au Proche-Orient, vers le VIᵉ millénaire en Europe et se termine avec l'âge du bronze.] ◆ adj. Relatif au néolithique.

NÉOLITHISATION n.f. préhist. Passage des sociétés préhistoriques du stade de la prédation à celui d'une économie de production, marqué notamm. par l'apparition de l'agriculture et de l'élevage, et par la sédentarisation.

NÉOLOCAL, E, AUX adj. anthrop. Se dit du mode de résidence de nouveaux époux qui n'est celui d'aucun des parents du couple.

NÉOLOGIE n.f. Ensemble des processus de formation des néologismes (dérivation, composition, siglaison, emprunt, etc.).

NÉOLOGIQUE adj. Relatif à la néologie ou aux néologismes.

NÉOLOGISME n.m. Mot de création ou d'emprunt récent ; acception nouvelle d'un mot existant déjà dans la langue.

NÉOMÉNIE n.f. (gr. *neos*, nouveau, et *mênê*, lune). Jour de la nouvelle lune, considéré comme un jour de fête dans la Grèce ancienne.

NÉOMERCANTILISME n.m. écon. Doctrine modernisée du mercantilisme prônant un certain protectionnisme et certaines interventions de l'État pour aider l'économie nationale.

NÉOMORTALITÉ n.f. Mortalité des nouveau-nés. syn. : *mortalité néonatale*.

NÉOMYCINE n.f. méd. Antibiotique polyvalent utilisé en applications locales.

NÉON n.m. (gr. *neon*, nouveau). **1.** Gaz rare de l'atmosphère ; élément chimique (Ne) de numéro atomique 10, de masse atomique 20,179. **2.** Éclairage par tube fluorescent au néon, et, par ext., par tube fluorescent quel qu'il soit ; le tube lui-même. *Installer le néon. Changer un néon.*

NÉONATAL, E, ALS adj. Relatif au nouveau-né. *Médecine néonatale.* ◇ *Mortalité néonatale* : néomortalité.

NÉONATALOGIE n.f. Spécialité médicale qui a pour objet l'étude du nouveau-né.

NÉONAZI, E adj. et n. Relatif au néonazisme ; partisan du néonazisme.

NÉONAZISME n.m. Mouvement d'extrême droite dont le programme s'inspire du national-socialisme.

NÉOPHYTE n. (gr. *neos*, nouveau, et *phuein*, faire naître). **1.** Dans l'Église primitive, nouveau converti. **2.** Adepte récent d'une doctrine, d'un parti.

NÉOPILINA n.m. Mollusque des mers chaudes, aux structures très primitives, seul représentant actuel de la classe des tryblidiidés, disparue au carbonifère.

NÉOPLASIE n.f. **1.** biol. Formation d'un tissu nouveau. **2.** pathol. Tumeur.

NÉOPLASIQUE adj. Qui concerne la néoplasie.

NÉOPLASME n.m. pathol. **1.** Tissu qui résulte du processus de néoplasie. **2.** Tumeur.

NÉOPLASTICISME n.m. Doctrine de l'art abstrait selon Mondrian.

NÉOPLATONICIEN, ENNE adj. et n. Qui appartient au néoplatonisme.

NÉOPLATONISME n.m. **1.** Système philosophique qui naît à Alexandrie (IIIᵉ s.) et qui renouvelle le système platonicien en y adjoignant des éléments mystiques. **2.** Tout système inspiré du platonisme.

NÉOPOSITIVISME n.m. Positivisme logique. syn. : *empirisme logique*.

NÉOPOSITIVISTE adj. et n. Qui appartient au néopositivisme ; qui en est partisan.

NÉOPRÈNE n.m. (nom déposé). Caoutchouc synthétique thermoplastique.

NÉORÉALISME n.m. **1.** Mouvement cinématographique né en Italie au lendemain de la Seconde Guerre mondiale. **2.** Tendance, dans les arts plastiques du XXᵉ s., à renouer avec la figuration réaliste (par opp. au cubisme, à l'abstraction, etc.).

■ Inauguré par *Ossessione* (1943) de L. Visconti, le néoréalisme a marqué la volonté de revenir à la réalité humaine et sociale de l'Italie, réalité dont le cinéma fasciste avait travesti ou occulté la représentation. Ce mouvement novateur, qui privilégiait les décors naturels et le recours à des acteurs non professionnels, se développa très vite après 1945, regroupant les personnalités artistiques les plus diverses : R. Rossellini, V. De Sica, Giuseppe De Santis, Alberto Lattuada, le scénariste Cesare Zavattini. L'expérience néoréaliste prit fin dès le début des années 50 mais son importance aura été fondamentale dans l'évolution ultérieure du cinéma italien.

NÉORÉALISTE adj. et n. Qui appartient au néoréalisme.

NÉOTECTONIQUE n.f. géol. Tectonique développée à l'ère quaternaire.

NÉOTÈNE n.m. biol. Animal, espèce présentant la néoténie.

NÉOTÉNIE n.f. biol. Coexistence, chez un animal, de caractères larvaires et de l'aptitude à se reproduire, comme chez l'axolotl.

NÉOTHOMISME n.m. Système théologique dont le pape Léon XIII voulut faire le point de départ d'un renouveau intellectuel dans l'Église et qui, pour manifester l'actualité de la pensée de saint Thomas d'Aquin, insère la théologie thomiste classique dans une problématique moderne. (Principaux représentants : J. Maritain, É. Gilson, M. D. Chenu, K. Rahner, Y. Congar.)

NÉOTTIE n.f. (gr. *neotteia*). Orchidée des forêts de hêtres, sans chlorophylle, aux racines en forme de nid d'oiseau.

NÉO-ZÉLANDAIS, E adj. et n. (pl. *néo-zélandais, es*). De la Nouvelle-Zélande.

NÉOZOÏQUE n.m. géol., rare. Ère tertiaire.

1. NÉPALAIS, E adj. et n. Du Népal.

2. NÉPALAIS ou **NÉPALI** n.m. Langue indo-aryenne parlée au Népal, où elle est langue officielle.

NÈPE n.f. (lat. *nepa*, scorpion). Insecte hétéroptère des eaux stagnantes, carnassier, plat, respirant l'air par un tube abdominal. (Long. env. 5 cm.)

NÉPENTHÈS [nepɛ̃tɛs] n.m. (mot gr.). **1.** antiq. gr. Remède magique contre la tristesse. **2.** bot. Plante carnivore de l'Asie tropicale et de Madagascar, dont les feuilles en vrille se terminent par une petite urne membraneuse surmontée d'un couvercle, où peuvent tomber les proies.

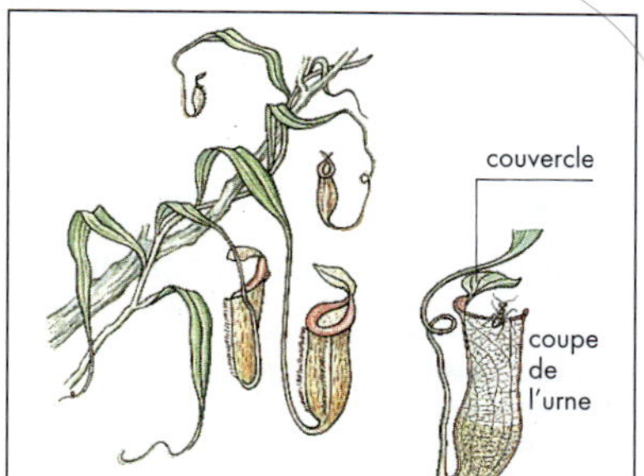

népenthès

NÉPÉRIEN, ENNE adj. (de J. *Neper*, n.pr.). *Logarithme népérien* : logarithme dont la base est le nombre *e*.

NEPETA ou **NÉPÈTE** n.f. (mot lat.). bot. *Nepetas* : genre de labiées à odeur forte, dont la principale espèce est la cataire.

NÉPHÉLÉMÉTRIE n.f. (du gr. *nephelê*, nuage). Procédé de mesure de la concentration d'une émulsion, par comparaison de sa transparence avec celle d'une préparation étalon.

NÉPHÉLINE n.f. minér. Aluminosilicate de sodium, hexagonal.

NÉPHÉLION n.m. (mot gr., *petit nuage*). Légère opacité de la cornée.

NÉPHRECTOMIE n.f. chir. Ablation d'un rein.

NÉPHRÉTIQUE adj. (gr. *nephros*, rein). Qui concerne les reins.

NÉPHRIDIE n.f. Organe excréteur des invertébrés, jouant le rôle des reins.

1. NÉPHRITE n.f. (gr. *nephros*, rein). méd. Néphropathie.

2. NÉPHRITE n.f. Silicate naturel de magnésium, de fer et de calcium, appartenant au genre amphibole. (C'est une variété de jade.)

NÉPHROLOGIE n.f. Étude des reins, de leur physiologie et de leurs maladies.

NÉPHROLOGUE n. Spécialiste de néphrologie.

NÉPHRON n.m. Unité fonctionnelle élémentaire du rein. (Le néphron est composé du glomérule et du tubule. Le rein humain en compte env. un million.)

NÉPHROPATHIE n.f. Maladie du rein en général ; néphrite.

NÉPHROPEXIE n.f. Fixation chirurgicale du rein, en cas de ptôse de cet organe.

NÉPHROSE n.f. méd. *Néphrose lipoïdique* : maladie rénale survenant sans cause apparente, mais fréquemment sur un terrain allergique, surtout chez l'enfant.

NÉPOTISME n.m. (it. *nepotismo*, du lat. *nepos*, neveu). **1.** Attitude de certains papes qui accordaient des faveurs particulières à leurs parents. **2.** Abus qu'un homme en place fait de son crédit en faveur de sa famille.

NEPTUNISME n.m. géol. Théorie qui donnait une origine marine à toute roche (par opp. à *plutonisme*).

NEPTUNIUM [nɛptynjɔm] n.m. Métal transuranien radioactif ; élément (Np) de numéro atomique 93, de masse atomique 237,05.

NÉRÉ n.m. (du mandingue). Afrique. Arbre dont les racines et les graines sont utilisées en médecine traditionnelle. (Famille des mimosacées.)

NÉRÉIDE n.f. ou **NÉRÉIS** [nereis] n.m. (gr. *nereis*, nymphe de la mer). Ver marin vivant dans la vase ou sur les rochers des côtes de l'Europe occidentale. (Long. 20 à 30 cm ; embranchement des annélides.)

NERF [nɛr] n.m. (lat. *nervus*, ligament). **I. 1.** Cordon blanchâtre conducteur des messages nerveux du cerveau aux différents organes et réciproquement. (V. planche anatomie.) **2.** Fam. Tendon, ligament. *Viande pleine de nerfs.* ◇ *Nerf de bœuf* : cravache, matraque faite d'une verge de bœuf ou de taureau étirée et desséchée. **3.** Ce qui fait la force de qqch, l'énergie physique ou morale de qqn. *Il a du nerf. Moteur qui manque de nerf.* **4.** Ce qui est à la base, au principe d'une action efficace. ◇ *Le nerf de la guerre* : l'argent. **II.** rel. Chacune des ficelles à l'aide desquelles on coud les cahiers d'un volume relié et qui forment de petites saillies sur le dos de l'ouvrage. ◆ pl. Système nerveux considéré comme le siège de la résistance psychologique, de l'équilibre mental. *Avoir les nerfs solides.* ◇ *Avoir ses nerfs, avoir les nerfs en boule, en pelote* : se trouver dans un état de grand agacement. – Fam. *Donner, taper, porter sur les nerfs* : causer un vif agacement. – *Être, vivre sur les nerfs*, dans un état de tension nerveuse permanente. – *Guerre des nerfs* : ensemble de procédés (intoxication, désinformation, etc.) visant à affaiblir, à déstabiliser l'adversaire. – *Passer ses nerfs sur qqn, sur qqch* : manifester contre cette personne ou cette chose une irritation dont la cause est ailleurs. – Fam. *Paquet, boule de nerfs* : personne très nerveuse, irritable.

NÉRITIQUE adj. (du gr. *nêritês*, coquillage de mer). Se dit d'un dépôt marin constitué de galets, de gravier, de sable, de vase et de boue, s'accumulant sur le plateau continental.

NÉROLI n.m. (du n. d'une princesse it. qui aurait inventé ce parfum). Huile essentielle obtenue par distillation des fleurs du bigaradier.

NÉRONIEN, ENNE adj. Litt. Qui est digne de Néron, de sa cruauté.

NERPRUN [nɛrprœ̃] n.m. (lat. *niger prunus*, prunier noir). Arbuste à fruits noirs, tel que la bourdaine. (Famille des rhamnacées.)

NERVATION n.f. Disposition des nervures d'une feuille, d'une aile d'insecte.

NERVEUSEMENT adv. De façon nerveuse.

NERVEUX, EUSE adj. (lat. *nervosus,* vigoureux). **1.** Qui relève des nerfs, du système nerveux. ◇ *Système nerveux :* ensemble des nerfs, ganglions et centres nerveux qui assurent la commande et la coordination des fonctions vitales et la réception des messages sensoriels. (Chez l'homme, on distingue le *système nerveux cérébro-spinal* [cerveau, cervelet, bulbe, moelle épinière, nerfs crâniens et rachidiens] et le *système neurovégétatif.*) ◇ *Centre nerveux :* groupe de neurones (substance grise du système nerveux) siège d'une fonction nerveuse déterminée. **2.** Relatif aux nerfs, au siège de l'équilibre psychologique, mental. *Tension nerveuse.* **3.** Qui est dû à la nervosité ou qui l'exprime. *Un rire nerveux.* **4.** Excité, fébrile, impatient. **5.** Qui manifeste de la vivacité, de la vigueur. *Style nerveux.* ◇ Spécialt. *Moteur nerveux, voiture nerveuse,* qui a de bonnes reprises. ◆ adj. et n. Qui est dominé par des nerfs irritables ; très émotif. *Personne nerveuse. Un grand nerveux.*

NERVI n.m. (mot prov.). Homme de main, tueur.

NERVIN, E adj. Vx. Qui est présumé avoir une action tonique sur le système nerveux, en parlant d'un médicament, d'une substance.

NERVOSITÉ n.f. **1.** État d'excitation nerveuse passagère. *Donner des signes de nervosité.* **2.** État permanent ou momentané d'irritabilité ou d'inquiétude. *La nervosité de l'opinion.*

NERVURE n.f. (de *nerf*). **1.** Ligne saillante sur une surface. **2.** ARCHIT. Grosse moulure d'une voûte, en partic. d'une voûte gothique. (Les *nervures* sont, en général, la partie visible des arcs constituant l'ossature de cette voûte.) **3.** BOT. Filet creux, souvent ramifié et saillant, sous le limbe d'une feuille, par où est transportée la sève. **4.** COUT. Petit pli debout, formant garniture en relief sur un vêtement ; passepoil formant relief. **5.** TECHN. Renforcement, faisant saillie, d'une pièce mécanique. **6.** ZOOL. Filet de l'aile des insectes.

NERVURER v.t. Pourvoir, orner de nervures.

NESCAFÉ n.m. (nom déposé). Café soluble.

N'EST-CE PAS adv. interr. **1.** (S'emploie pour appeler l'acquiescement de l'interlocuteur à ce qui vient d'être dit). *Vous viendrez, n'est-ce pas ?* **2.** (S'emploie à l'intérieur d'une phrase comme une simple articulation ou un renforcement). *La question, n'est-ce pas, reste ouverte.*

NESTORIANISME n.m. Doctrine de Nestorius, déclarée hérétique par le concile d'Éphèse en 431.

■ Au lieu d'attribuer à l'unique personne de Jésus-Christ les deux natures divine et humaine, Nestorius enseignait qu'en Jésus-Christ coexistaient deux personnes, l'une divine, l'autre humaine. La pensée de Nestorius survit dans l'*Église nestorienne,* qui, prospère au XIIIe s., est maintenant réduite à quelques communautés regroupées la plupart au nord de l'Iraq.

NESTORIEN, ENNE adj. et n. Qui appartient au nestorianisme.

1. NET, NETTE adj. (lat. *nitidus,* brillant). **1.** Propre, sans tache. *Une glace nette.* ◇ Fig. *Avoir les mains nettes, la conscience nette :* être moralement irréprochable. **2.** Bien marqué, bien distinct. *Une cassure nette. Une différence très nette.* ◇ *Vue nette :* vue qui distingue bien les objets. **3.** Qui ne prête à aucun doute. *Nette amélioration.* ◇ *En avoir le cœur net :* s'assurer entièrement de la vérité d'un fait. – Fam. *Ne pas être net :* être un peu fou ; être louche, suspect. **4.** Dont on a déduit tout élément étranger. *Poids, prix, salaire net,* par opp. à ***brut.*** ◇ *Faire place nette :* débarrasser un endroit de tout ce qui gêne. ◇ *Net de :* exempt de, non susceptible de. *Net d'impôt.* ◆ adv. **1.** Brutalement, tout d'un coup. *Objet qui s'est cassé net.* **2.** Sans ambiguïté ni ménagement. *Refuser net.* ◆ n.m. *Au net :* sous une forme définitive et propre. *Mettre une copie au net.*

2. NET adj. inv. (mot angl., *filet*). SPORTS. Let, au tennis, au tennis de table, au volley-ball. Recomm. off. : *filet.*

NETSUKE [nɛtsyke] n.m. (mot jap.). Dans le costume traditionnel japonais, figurine servant de contrepoids aux objets attachés à la ceinture.

NETTEMENT adv. D'une manière nette, claire, incontestable.

NETTETÉ n.f. Caractère de ce qui est net.

NETTOIEMENT n.m. Ensemble des opérations ayant pour objet de nettoyer des lieux.

NETTOYAGE n.m. Action de nettoyer ; son résultat. ◇ Fam. *Nettoyage par le vide :* élimination énergique de tout ce qui encombre.

NETTOYANT n.m. Produit de nettoyage.

NETTOYER v.t. (de *net*) [13]. **1.** Rendre net, propre, en débarrassant de ce qui salit, encombre. *Nettoyer une chambre.* **2.** Débarrasser (un lieu) d'éléments indésirables, dangereux. *La police a nettoyé ce quartier.* **3.** Vider un lieu de son contenu. *Les voleurs ont nettoyé l'appartement.* **4.** Fam. *Nettoyer qqn,* lui faire perdre tout son argent, ses biens. *Il s'est fait nettoyer au poker.* **5.** Pop. Tuer, assassiner, liquider. **6.** Fam. Fatiguer à l'extrême, épuiser.

1. NETTOYEUR, EUSE n. Personne qui nettoie.

2. NETTOYEUR n.m. Appareil de nettoyage domestique utilisant un jet d'eau sous pression.

NEUCHÂTELOISE n.f. (de *Neuchâtel,* n. pr.). Cartel d'applique dont la forme, inspirée du style Louis XV, a été élaborée par les horlogers du Jura suisse.

1. NEUF adj. num. et n.m. inv. (lat. *novem*). **1.** Nombre qui suit huit dans la série des entiers naturels. ◇ *Preuve par neuf :* méthode de contrôle des opérations arithmétiques fondée sur la théorie des congruences modulo un entier, ici égal à 9. **2.** Neuvième. *Charles IX.*

2. NEUF, NEUVE adj. (lat. *novus,* nouveau). **1.** Fait depuis peu et qui n'a pas ou presque pas servi. *Maison neuve. Bicyclette neuve.* **2.** Qui n'a pas encore été dit, traité. *Pensée neuve. Sujet neuf.* **3.** Qui n'est pas influencé par l'expérience antérieure, qui est libre des préjugés auxquels conduit l'habitude. *Un regard neuf.*

3. NEUF n.m. Ce qui est neuf. ◇ *À neuf :* de façon à apparaître comme neuf. – *De neuf :* avec des choses neuves.

NEUFCHÂTEL [nøʃatɛl] n.m. Fromage au lait de vache, à la pâte onctueuse, fabriqué à Neufchâtel-en-Bray.

NEUME n.m. (gr. *pneuma,* souffle). MUS. Ancien signe de notation musicale, simple ou composé, évoquant notamm. l'ornementation de toute mélodie du plain-chant.

NEURAL, E, AUX adj. ANAT. Relatif au système nerveux. ◇ *Plaque neurale, tube neural :* formations de la partie dorsale de l'embryon qui correspondent à la première ébauche du système nerveux.

NEURASTHÉNIE n.f. (gr. *neuron,* nerf, et *astheneia,* manque de force). **1.** MÉD. État d'asthénie physique et psychique comportant divers aspects somatiques tels que fatigue, irritabilité, céphalée, difficulté de la concentration intellectuelle, pauvreté de la vie sexuelle, etc. (Pour S. Freud, la neurasthénie est un état névrotique proche de la névrose d'angoisse et de l'hypocondrie.) **2.** Cour. État d'abattement et de tristesse, tendance marquée au pessimisme.

NEURASTHÉNIQUE adj. Relatif à la neurasthénie. ◆ adj. et n. Atteint de neurasthénie.

NEURINOME n.m. Tumeur des nerfs périphériques, développée à partir du tissu de soutien propre au nerf.

NEUROBIOLOGIE n.f. Discipline biologique qui étudie le système nerveux.

NEUROBLASTE n.m. BIOL. Cellule nerveuse embryonnaire.

NEUROCHIMIE ou **NEUROBIOCHIMIE** n.f. Étude des phénomènes biochimiques à l'intérieur du système nerveux.

NEUROCHIMIQUE ou **NEUROBIOCHIMIQUE** adj. Relatif à la neurochimie.

NEUROCHIRURGICAL, E, AUX adj. Relatif à la neurochirurgie.

NEUROCHIRURGIE n.f. Chirurgie du système nerveux.

NEUROCHIRURGIEN, ENNE n. Praticien spécialisé en neurochirurgie.

NEURODÉPRESSEUR n.m. PHARM. Substance qui déprime l'activité du système nerveux.

NEUROENDOCRINIEN, ENNE adj. Relatif à la neuroendocrinologie.

NEUROENDOCRINOLOGIE n.f. Étude des hormones sécrétées par certaines structures du système nerveux central.

NEUROFIBROMATOSE n.f. Maladie caractérisée par la formation de tumeurs fibreuses le long des nerfs et de tumeurs cutanées, appelée aussi *maladie de Recklinghausen.*

NEUROLEPTIQUE adj. et n.m. Se dit d'une classe de médicaments psychotropes utilisés dans le traitement des psychoses.

NEUROLINGUISTIQUE n.f. Étude des rapports entre le langage et les structures cérébrales.

NEUROLOGIE n.f. **1.** Branche de la médecine qui s'occupe des maladies du système nerveux. **2.** Discipline qui étudie le système nerveux dans son ensemble.

NEUROLOGIQUE adj. Relatif à la neurologie.

NEUROLOGUE ou, rare, **NEUROLOGISTE** n. Spécialiste de neurologie.

NEUROMÉDIATEUR n.m. → ***neurotransmetteur.***

NEURONAL, E, AUX ou **NEURONIQUE** adj. Relatif au neurone.

NEURONE n.m. Cellule différenciée appartenant au système nerveux, comprenant un corps cellulaire et des prolongements (axone et dendrites) et constituant l'unité fonctionnelle du système nerveux.

NEUROPATHIE n.f. Affection du système nerveux en général.

NEUROPHYSIOLOGIE n.f. Physiologie du système nerveux.

NEUROPHYSIOLOGIQUE adj. Relatif à la neurophysiologie.

NEUROPLÉGIQUE adj. et n.m. Se dit d'une substance qui paralyse la transmission de l'influx nerveux.

NEUROPSYCHIATRE n. Spécialiste de neuropsychiatrie.

NEUROPSYCHIATRIE n.f. Spécialité médicale qui regroupe la neurologie et la psychiatrie.

NEUROPSYCHOLOGIE n.f. Étude des relations entre les fonctions psychologiques supérieures et les structures cérébrales.

NEUROPSYCHOLOGUE n. Spécialiste de neuropsychologie.

NEURORADIOLOGIE n.f. Radiologie appliquée au système nerveux central.

NEUROSCIENCES n.f. pl. Ensemble des disciplines biologiques et cliniques qui étudient le système nerveux et ses affections.

NEUROSÉCRÉTION n.f. Activité glandulaire endocrine des cellules nerveuses.

NEUROTOMIE n.f. → ***névrotomie.***

NEUROTRANSMETTEUR ou **NEUROMÉDIATEUR** n.m. Médiateur chimique élaboré au niveau d'une synapse et qui assure la transmission de l'influx nerveux.

NEUROTRANSMISSION n.f. PHYSIOL. Transmission de l'influx nerveux par l'intermédiaire d'un neurotransmetteur.

NEUROTROPE adj. Se dit des substances chimiques et des micro-organismes qui se fixent électivement sur le système nerveux.

NEUROVÉGÉTATIF, IVE adj. ANAT. Se dit du système nerveux qui règle la vie végétative, formé de ganglions et de nerfs et relié à l'axe cérébro-spinal, qui contient les centres réflexes. (On distingue, dans le système neurovégétatif, ou système nerveux autonome, le système *sympathique* et le système *parasympathique,* qui innervent les mêmes viscères mais qui ont des effets antagonistes.)

NEURULA n.f. Stade embryonnaire des vertébrés succédant à la gastrula, et pendant lequel se forme l'axe cérébro-spinal.

NEUTRALISANT, E adj. Qui neutralise, propre à neutraliser.

NEUTRALISATION n.f. **1.** Action de neutraliser ; fait d'être neutralisé. **2.** CHIM. Traitement d'un acide par une base, ou inversement, jusqu'à l'obtention d'un pH égal à 7.

NEUTRALISER v.t. **1.** Annuler l'effet de, empêcher d'agir par une action contraire. *Neutraliser la concurrence.* **2.** Déclarer neutres (un État, une ville, un territoire, des personnels, etc.). **3.** CHIM. Rendre neutre. *Neutraliser une solution.* **4.** Amoindrir, atténuer la force, l'effet de. *Neutraliser un rouge trop vif en y mêlant du blanc.* **5.** Arrêter momentanément le trafic, la circulation sur une portion de route ou de voie ferrée. ◆ **se neutraliser** v.pr. S'annuler réciproquement, se contrebalancer.

NEUTRALISME n.m. **1.** Doctrine consistant à refuser d'adhérer à une alliance militaire. **2.** Doctrine impliquant le refus de s'intégrer à l'un des grands blocs politiques et idéologiques du monde. **3.** BIOL. Modèle évolutionniste proposé par M. Kimura, selon lequel la plupart des mutations génétiques ne sont ni favorables ni défavorables, mais neutres, et ne sont donc pas directement soumises à la sélection naturelle.

NEUTRALISTE adj. et n. Qui est partisan du neutralisme.

NEUTRALITÉ n.f. **1.** État de celui qui reste neutre, de ce qui est neutre. **2.** Situation d'un État qui demeure à l'écart d'un conflit international. **3.** PSYCHAN. Attitude non-directive de l'analyste, qui doit s'efforcer de ne pas privilégier une valeur religieuse, morale ou sociale, et s'abstenir de tout conseil. **4.** CHIM., PHYS. État, qualité d'un corps ou d'un milieu électriquement neutres.

NEUTRE adj. et n. (lat. *neuter,* ni l'un ni l'autre). **1.** Qui ne prend parti ni pour l'un ni pour l'autre, dans un conflit, une discussion, un désaccord, etc. **2.** Se dit d'un pays qui ne participe pas aux hostilités engagées entre d'autres pays. ◆ adj. **1.** Qui est objectif, impartial. **2.** Qui n'est marqué par aucun accent, aucun sentiment. *Une voix, un ton neutre.* **3.** Se dit d'une couleur qui n'est ni franche ni vive. **4.** GRAMM. Se dit du genre grammatical qui, dans une classification à trois genres, s'oppose au masculin et au féminin. **5.** CHIM. Qui n'est ni acide ni basique, dont le pH est égal à 7. **6.** PHYS. Se dit des corps qui ne présentent aucune électrisation, des conducteurs qui ne sont le siège d'aucun courant. **7.** MATH. *Élément neutre :* élément d'un ensemble muni d'une loi de composition interne, dont la composition avec tout élément ne modifie pas ce dernier. 0 *est élément neutre pour l'addition des nombres.* ◆ n.m. GRAMM. Le genre neutre.

NEUTRINO n.m. PHYS. Particule fondamentale de la famille des leptons, de charge électrique nulle, de masse nulle ou très faible, dont il existe trois variétés associées aux trois autres leptons (électron, muon, tau).

NEUTROGRAPHIE ou **NEUTRONOGRAPHIE** n.f. Radiographie effectuée au moyen d'un faisceau de neutrons.

NEUTRON n.m. PHYS. Particule électriquement neutre, de la famille des hadrons, constituant, avec les protons, les noyaux des atomes. ◇ *Bombe à neutrons :* charge thermonucléaire dont le rayonnement neutronique a été augmenté et les effets de souffle, de chaleur et de radioactivité réduits. (Permettant d'anéantir les êtres vivants, elle laisserait intacts les matériels et les installations.)

■ De masse très voisine de celle du proton, le neutron ne possède pas de charge électrique. Il est instable à l'état libre et se transforme en un proton, un électron et un antineutrino. La diffraction des neutrons permet de déterminer la structure atomique des solides cristallins ; leur impact sur des noyaux lourds (uranium, plutonium) produit les réactions de *fission* nucléaire.

1. NEUTRONIQUE adj. Relatif au neutron.

2. NEUTRONIQUE n.f. Étude des faisceaux de neutrons et de leurs interactions.

NEUTRONOGRAPHIE n.f. → ***neutrographie.***

NEUTROPÉNIE n.f. MÉD. Diminution du nombre de certains globules blancs, les polynucléaires neutrophiles.

NEUTROPHILE adj. et n.m. MÉD. Se dit des cellules (leucocytes polynucléaires du sang) ayant une affinité pour les colorants neutres.

NEUVAIN n.m. Strophe ou poème de neuf vers.

NEUVAINE n.f. RELIG. CATH. Suite de prières, d'actes de dévotion poursuivis pendant neuf jours, en vue d'obtenir une grâce particulière.

NEUVIÈME adj. num. ord. et n. **1.** Qui occupe le rang marqué par le numéro neuf. **2.** Qui se trouve neuf fois dans le tout. ◆ n.f. MUS. Intervalle de neuf degrés.

NEUVIÈMEMENT adv. En neuvième lieu.

NE VARIETUR [nevarjetyr] loc. adv. et adj. inv. (mots lat., *afin qu'il n'y soit rien changé*). Se dit d'une édition, d'un acte juridique dans leur forme définitive.

NÉVÉ n.m. (mot valaisan). **1.** Partie amont d'un glacier où la neige, évoluant par tassement et fusion partielle, se transforme en glace. **2.** Plaque de neige isolée, mais relativement importante, persistant en été.

NEVEU n.m. (lat. *nepos*). **1.** Fils du frère ou de la sœur. **2.** *Neveu à la mode de Bretagne :* enfant d'un cousin germain ou d'une cousine germaine.

NÉVRALGIE n.f. (gr. *neuron,* nerf, et *algos,* douleur). Douleur vive ressentie sur le trajet d'un nerf.

NÉVRALGIQUE adj. **1.** Qui appartient à la névralgie ; qui est de la nature de la névralgie. **2.** *Point névralgique :* point où les atteintes à l'intérêt d'un pays, à l'amour-propre d'un individu sont les plus sensibles ; point sensible.

NÉVRAXE n.m. ANAT. Axe* cérébro-spinal.

NÉVRILÈME n.m. ANAT. Gaine qui enveloppe un nerf et assure son support nourricier par l'intermédiaire des vaisseaux.

NÉVRITE n.f. Lésion inflammatoire d'un nerf.

NÉVRITIQUE adj. Relatif à la névrite.

NÉVROGLIE n.f. (gr. *neuron,* nerf, et *gloios,* glu). ANAT. Glie.

NÉVROPATHE adj. et n. Vieilli. Atteint de névropathie.

NÉVROPATHIE n.f. Vieilli. Troubles psychiques en général.

NÉVROPTÈRE n.m. (gr. *neuron,* nervure, et *pteron,* aile). *Névroptères :* ancien ordre, auj. démembré, d'insectes à métamorphoses complètes, pourvus de quatre ailes à nombreuses nervures, et qui comprenait le fourmilion et la phrygane.

NÉVROSE n.f. **1.** Affection caractérisée par des conflits qui inhibent les conduites sociales et qui s'accompagnent d'une conscience pénible des troubles. – *Névrose phobique :* hystérie d'angoisse. **2.** *Névrose expérimentale :* état induit chez un animal dans des situations analogues à celles du conditionnement, qui se traduit par des troubles du comportement et ressemble à la névrose humaine.

■ Les névroses n'ont aucun substrat anatomique connu et n'altèrent pas les fonctions intellectuelles du sujet atteint qui est lucide et conscient de ses troubles. Suivant la prédominance de tel ou tel symptôme, on distingue l'hystérie, la névrose d'angoisse, la névrose obsessionnelle et la névrose phobique (ou hystérie d'angoisse).

NÉVROSÉ, E adj. et n. Atteint de névrose.

NÉVROTIQUE adj. Relatif à la névrose.

NÉVROTOMIE ou **NEUROTOMIE** n.f. CHIR. Section d'un nerf pratiquée dans le traitement de certaines névralgies rebelles.

NEW-LOOK [njuluk] adj. inv. et n.m. inv. (mot amér., *style nouveau*). **1.** Se dit de la mode ample et longue, lancée en 1947 par C. Dior. **2.** Se dit de ce qui se présente sous un nouvel aspect, sur le plan politique, économique, social, etc.

NEWSMAGAZINE [njuzmagazin] ou **NEWS** [njuz] n.m. (mot angl.). Hebdomadaire en couleurs consacré à l'actualité politique, économique, sociale, culturelle, etc.

NEWTON [njutɔn] n.m. PHYS. Unité de mesure de force (symb. N), équivalant à la force qui communique à un corps ayant une masse de 1 kilogramme une accélération de 1 mètre par seconde carrée. – *Newton par mètre :* unité de mesure de tension capillaire (symb. N/m), équivalant à la tension capillaire d'une surface sur laquelle la force s'exerçant sur un élément de ligne est de 1 newton par mètre de longueur.

NEWTONIEN, ENNE adj. Relatif au système de Newton.

NEWTON-MÈTRE n.m. (pl. *newtons-mètres*). Unité de mesure du moment d'une force (symb. N·m), équivalant au moment d'une force de 1 newton dont la ligne d'action est à la distance de 1 mètre du point par rapport auquel le moment est considéré.

NEW-YORKAIS, E [nujɔrkɛ, ɛz] adj. et n. (pl. *new-yorkais, es*). De New York.

NEZ [ne] n.m. (lat. *nasus*). **I. 1.** Partie saillante du visage, entre la bouche et le front, siège et organe de l'odorat. *Nez droit, aquilin.* ◇ Fam. *À vue de nez :* approximativement. – Fam. *Avoir un verre dans le nez :* être un peu ivre. – *Pied de nez :* geste de moquerie que l'on fait en appuyant sur l'extrémité du nez le bout du pouce d'une main tenue ouverte et les doigts écartés. **2.** Mufle, museau de quelques mammifères. **3.** Odorat, flair. *Ce chien a du nez.* ◇ Fig. *Avoir du nez, avoir le nez fin, creux :* être perspicace. – Fam. *Avoir qqn dans le nez,* ne pas le supporter ; lui en vouloir. **4.** Visage, tête. ◇ *Se trouver nez à nez avec qqn,* face à face. – *Mettre le nez dehors :* sortir. – *Regarder qqn sous le nez,* l'examiner avec indiscrétion, le toiser avec insolence. – *Au nez de qqn,* devant lui, sans se cacher. – *Passer sous le nez de qqn,* lui échapper. – Fam. *Se casser le nez :* trouver porte close ; échouer. – Fam. *Mener qqn par le bout du nez,* lui faire faire tout ce qu'on veut. – Fam. *Mettre, fourrer le nez dans qqch,* s'en occuper, le plus souvent indiscrètement. – Fam. *Montrer le bout du nez :* apparaître, se montrer à peine ; dévoiler ses intentions. – Belgique. Fam. *Faire de son nez :* faire de l'embarras. **II. 1. a.** Avant du fuselage d'un avion ou d'une fusée. *Piquer du nez.* **b.** MAR. Proue. **2.** GÉOGR. Cap, promontoire. **3.** TECHN. Partie saillante de certains objets. *Nez de marche.*

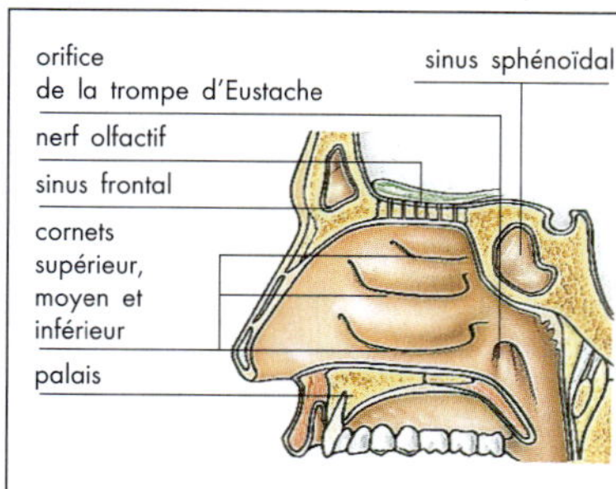

nez (coupe sagittale)

Ni, symbole chimique du nickel.

NI conj. (lat. *nec*). S'emploie comme coordination (addition ou alternative) dans les phrases négatives. *Elle n'a laissé ni son nom ni son adresse.* (*Ni,* le plus souvent répété, s'emploie avec la négation simple *ne*.)

NIABLE adj. (Surtout en tournure négative). Qui peut être nié. *Ce n'est pas niable.*

NIAIS, E adj. et n. (lat. *nidus,* nid). Naïf et un peu sot. ◆ adj. FAUC. Se disait d'un oiseau pris au nid.

NIAISEMENT adv. De façon niaise.

NIAISER v.i. Canada. **1.** Perdre son temps à des riens. **2.** Faire ou dire des niaiseries.

NIAISERIE n.f. **1.** Caractère niais. **2.** Acte, parole niaise, stupide ; sottise.

NIAISEUX, EUSE adj. et n. Canada. Niais, sot.

NIAOULI [njauli] n.m. Arbre abondant en Nouvelle-Calédonie, qui fournit une essence utilisée en parfumerie et en pharmacie. (Famille des myrtacées.)

NIB adv. Arg. Rien. *C'est un bon à nib.*

NICARAGUAYEN, ENNE [nikaragwajɛ̃, ɛn] adj. et n. Du Nicaragua.

1. NICHE n.f. (de *nicher*). **1.** Renfoncement ménagé dans un mur et pouvant recevoir une statue, un meuble, etc. **2.** Renfoncement aménagé dans un objet quelconque. **3.** Petite cabane servant d'abri à un chien. **4.** *Niche écologique :* ensemble des conditions d'habitat, de régime alimentaire et de mœurs propres à une espèce vivante déterminée. **5.** ÉCON. *Niche (technologique) :* petit segment de marché, ciblé en termes de clientèle ou de produit, génér. nouveau et peu exploité.

2. NICHE n.f. Fam. Farce jouée à qqn.

NICHÉE n.f. **1.** Ensemble des oiseaux d'une même couvée encore au nid. **2.** Fam. Groupe de jeunes enfants d'une même famille.

NICHER v.i. (du lat. *nidus,* nid). Faire son nid. ◆ **se nicher** v.pr. **1.** Faire son nid. **2.** Se loger, s'installer. *Où s'est-il niché ?*

NICHET n.m. Œuf en plâtre, en marbre, etc., qu'on met dans un nid où l'on veut que les poules aillent pondre.

NICHOIR n.m. **1.** Cage disposée pour mettre à couver des oiseaux. **2.** Panier à claire-voie où l'on fait couver les oiseaux de basse-cour.

NICHON n.m. Pop. Sein.

NICHROME [nikrɔm] n.m. (nom déposé). Alliage de nickel, de chrome et de fer, avec parfois un peu d'aluminium.

NICKEL [nikɛl] n.m. (all. *Kupfernickel*). Métal d'un blanc grisâtre, brillant, à cassure fibreuse ; élément (Ni) de numéro atomique 28, de masse atomique 58,71. ◆ adj. inv. Fam. Parfaitement propre, rangé ; impeccable. *C'est nickel chez eux.*

NICKELAGE n.m. Action de nickeler.

NICKELER v.t. 24. Recouvrir d'une couche de nickel.

NICODÈME n.m. (de *Nicodème,* n. d'un personnage de l'Évangile). Litt. et vieilli. Homme simple, borné, niais.

NIÇOIS, E adj. et n. **1.** De Nice. **2.** *Salade niçoise :* plat froid composé d'un mélange de tomates, de pommes de terre, d'œufs durs, d'olives, d'anchois, etc., assaisonnés à l'huile et au vinaigre.

NICOL n.m. (de *Nicol,* n.pr.). Dispositif constitué d'un spath coupé obliquement sous un angle de 35° environ et recollé à l'aide de baume du Canada, permettant d'obtenir de la lumière polarisée.

NICOLAIER (BACILLE DE) : agent du tétanos.

NICOLAÏSME n.m. **1.** Doctrine gnostique d'une secte du Ier s. **2.** Pratique de ceux qui, aux Xe et XIe s., n'admettaient pas le célibat ecclésiastique.

NICOLAÏTE n.m. Adepte du nicolaïsme.

NICOLAS-FAVRE (MALADIE DE) : maladie sexuellement transmissible due à un germe du genre chlamydia. SYN. : *lymphogranulomatose subaiguë, bénigne* ou *vénérienne.*

NICOTINE n.f. (de *Nicot,* n.pr.). Principal alcaloïde du tabac, dont la teneur varie de 1 à 8 p. 100 dans les feuilles des espèces cultivées, et qui est un violent excitant du système neurovégétatif.

NICOTINIQUE adj. Se dit d'un acide (considéré comme précurseur d'une vitamine) et de son amide (vitamine PP).

NICTATION ou **NICTITATION** n.f. ZOOL. Clignement des paupières.

NICTITANT, E adj. (lat. *nictare,* clignoter). ZOOL. *Paupière nictitante :* troisième paupière, qui, chez les oiseaux, se déplace horizontalement devant l'œil.

NID n.m. (lat. *nidus*). **1.** Construction que font divers animaux (oiseaux, poissons, insectes, etc.) pour y déposer leurs œufs (les oiseaux, en outre, y couvent les œufs et y élèvent les jeunes). **2.** Habitation que se ménagent certains animaux. *Nid de souris, de guêpes.* **3.** Habitation, logement, maison. *Un nid d'amoureux.* **4.** Repaire. *Un nid de brigands.* ◇ *Nid d'aigle :* construction difficilement accessible, dans la montagne. **5.** *Nid à poussière :* endroit propice à l'accumulation de poussière.

quelques types de **nids**

NIDA n.m. (abrév.). IND. Nid-d'abeilles.

NIDATION n.f. BIOL. Implantation de l'œuf ou du jeune embryon dans la muqueuse utérine des mammifères.

NID-D'ABEILLES n.m. (pl. *nids-d'abeilles*). **1.** BROD. Point d'ornement exécuté sur un plissé de tissu, de manière à retenir les plis régulièrement suivant un dessin géométrique. **2.** IND. Structure alvéolaire en carton imprégné de résine phénolique ou en métal, qui constitue la partie centrale d'une structure sandwich. Abrév. : *nida.*

NID-DE-PIE n.m. (pl. *nids-de-pie*). Poste d'observation situé sur le mât avant de certains navires et où se tient l'homme de vigie.

NID-DE-POULE n.m. (pl. *nids-de-poule*). Trou dans une route défoncée.

NIDIFICATION n.f. Construction d'un nid.

NIDIFIER v.i. Construire son nid.

NIÉBÉ n.m. (mot ouolof). Afrique. Variété de haricot.

NIÈCE n.f. (lat. *neptis*). Fille du frère ou de la sœur.

1. NIELLAGE n.m. ou **NIELLURE** n.f. Art et action de nieller ; travail du nielleur.

2. NIELLAGE n.m. ou **NIELLURE** n.f. AGRIC. Détérioration des grains par la nielle.

1. NIELLE n.m. (lat. *nigellus,* noirâtre). ORFÈVR. Incrustation décorative d'une substance de couleur noire (à base de sulfures métalliques) sur un fond de métal incisé (génér. de l'argent).

2. NIELLE n.f. **1.** Plante à fleurs pourpres, qui pousse dans les champs de céréales et dont les graines sont toxiques. (Famille des caryophyllacées.) **2.** Maladie produite par une anguillule sur les céréales, dont elle fait avorter les fleurs.

1. NIELLER v.t. Orner de nielles.

2. NIELLER v.t. AGRIC. Gâter par la nielle.

NIELLEUR n.m. ORFÈVR. Graveur en nielle.

NIELLURE n.f. → ***niellage.***

NIELSBOHRIUM [nilsbɔrjɔm] n.m. (de *Niels Bohr,* n.pr.). Élément chimique artificiel (Ns), de numéro atomique 107.

NIER [nje] v.t. (lat. *negare*). Dire qu'une chose n'existe pas, n'est pas vraie ; rejeter comme faux. *Nier un fait. Je ne nie pas que la chose ne soit possible* ou *soit possible. Elle nie l'avoir vu.*

NIETZSCHÉEN, ENNE [nitʃeɛ̃, ɛn] adj. et n. Relatif à la philosophie de Nietzsche ; partisan de la philosophie de Nietzsche.

NIFE [nife] n.m. (de *ni[ckel]* et *fe[r]*). GÉOL. Vieilli. Partie centrale de la Terre (noyau) qui serait constituée de nickel et de fer.

NIGAUD, E adj. et n. (dimin. de *Nicodème,* n.pr.). Qui agit d'une manière sotte, maladroite.

NIGAUDERIE n.f. Caractère, action de nigaud.

NIGELLE n.f. (lat. *nigellus,* noirâtre). Plante à fleurs bleues et à feuilles divisées en lanières. (Famille des renonculacées.)

NIGÉRIAN, E adj. et n. Du Nigeria.

NIGÉRIEN, ENNE adj. et n. Du Niger.

NIGÉRO-CONGOLAIS, E adj. (pl. *nigéro-congolais, es*). Se dit d'une famille de langues d'Afrique noire à laquelle appartiennent le ouolof, le peul, le mandingue, etc., ainsi que les langues bantoues.

NIGHT-CLUB [najtklœb] n.m. (mots angl.) [pl. *night-clubs*]. Établissement de spectacle ouvert la nuit ; boîte de nuit.

NIHILISME n.m. (lat. *nihil,* rien). **1.** Tendance révolutionnaire de l'intelligentsia russe des années 1860, caractérisée par le rejet des valeurs de la génération précédente. **2.** Négation des valeurs intellectuelles et morales communes à un groupe social, refus de l'idéal collectif de ce groupe.

NIHILISTE n. et adj. Partisan du nihilisme.

NIKKEI (INDICE) [nom déposé] : indice boursier créé en 1949 au Japon, établi à partir du cours de 225 sociétés.

NILGAUT [nilgo] n.m. (mot hindi). Antilope d'Asie à cornes courtes. (Haut. au garrot 1,40 m.)

NILLE [nij] n.f. TECHN. Manchon cylindrique mobile entourant l'axe de la poignée d'une manivelle, permettant de tourner celle-ci sans frottement dans la main.

NILLES n.f. pl. (lat. *nodiculus,* petit nœud). Suisse. Articulations des doigts.

NILOTIQUE adj. Se dit d'un groupe de langues africaines parlées dans la région du haut Nil.

NIMBE n.m. (lat. *nimbus*). **1.** Cercle lumineux placé autour de la tête des dieux et des empereurs romains déifiés, puis, par les chrétiens, autour de celle du Christ et des saints, dans l'iconographie religieuse ; auréole. **2.** Litt. Halo lumineux, auréole entourant qqn, qqch.

NIMBER v.t. **1.** Orner d'un nimbe. **2.** Litt. Entourer d'un halo. *Sommets neigeux que le soleil couchant nimbe de rose.*

NIMBO-STRATUS [nɛ̃bostratys] n.m. inv. Nuage bas, qui se présente en couches épaisses de couleur grise, caractéristique du mauvais temps. SYN. (anc.) : *nimbus.*

nimbo-stratus

NIMBUS [nɛ̃bys] n.m. (mot lat., *nuage*). Nuage d'un gris sombre. (Utilisé dans des composés : *cumulo-nimbus, nimbo-stratus.*)

NÎMOIS, E adj. et n. De Nîmes.

N'IMPORTE → ***2. importer.***

NINAS [ninas] n.m. (esp. *niñas*). Cigarillo de type courant.

NIÑO (EL) n.m. inv. (mots esp., *l'Enfant-Jésus*). CLIMATOL. Phénomène climatique déclenché par un réchauffement anormal de l'océan, dans l'est du Pacifique, à la latitude des côtes péruviennes, et entraînant des dérèglements climatiques d'extension mondiale.

NIOBIUM [njɔbjɔm] n.m. (mot all.). Métal assez rare, gris d'acier, associé au tantale dans ses minerais ; élément (Nb) de numéro atomique 41, de masse atomique 92,90. SYN. (vx) : *colombium.*

NIOLO n.m. (de *Niolo,* n. pr.). Fromage au lait de brebis ou de chèvre, fabriqué en Corse.

NIPPE n.f. (anc. fr. *guenipe*). Fam. Vêtement. ◆ pl. Fam. Vêtements usagés.

NIPPER v.t. Fam. Habiller.

NIPPON, ONNE ou **ONE** adj. et n. (mot jap.). Du Japon.

NIQUE n.f. (de l'anc. fr. *niquer,* faire un signe de tête). *Faire la nique à qqn,* lui faire un signe de mépris ou de moquerie.

NIRVANA n.m. (mot sanskr.). Extinction de la douleur, qui correspond à la libération du cycle des réincarnations, dans la pensée orientale (bouddhisme, notamm.). Graphie savante : *nirvāṇa.*

NITRATATION n.f. Transformation d'un nitrite en nitrate. (Dans le sol, cette transformation se fait spontanément en présence d'une bactérie, le *nitrobacter.*)

NITRATE n.m. Sel de l'acide nitrique. *Nitrate d'argent.* SYN. (rare) : *azotate.*

■ Les nitrates jouent un rôle important comme engrais, car ils constituent le principal aliment azoté des plantes, dont ils favorisent la croissance. On utilise des nitrates de sodium, de calcium, de potassium, de magnésium et surtout d'ammonium *(ammonitrate).*

NITRATE-FUEL [-fjul] n.m. (pl. *nitrates-fuels*). Mélange explosif composé de nitrate d'ammonium et de fioul.

NITRATER v.t. Ajouter du nitrate à.

NITRATION n.f. CHIM. **1.** Traitement chimique par l'acide nitrique. **2.** Réaction de substitution qui introduit dans une molécule organique le radical NO_2.

NITRE n.m. (lat. *nitrum,* mot gr.). Vx. Nitrate de potassium ou salpêtre.

NITRÉ, E adj. *Dérivé nitré :* composé de formule générale R—NO_2, dans lequel le groupe nitryle NO_2 est directement lié à un atome de carbone par son atome d'azote.

NITRER v.t. CHIM. Soumettre à la nitration.

NITREUX, EUSE adj. **1.** Qui contient du nitre. *Terre nitreuse.* **2.** CHIM. Se dit de l'acide HNO_2. SYN. : *azoteux.* **3.** Se dit des bactéries, comme le nitrosomonas, qui réalisent la nitrosation.

NITRIÈRE n.f. Lieu d'où l'on tire le nitre.

NITRIFIANT, E adj. Qui produit la nitrification.

NITRIFICATION n.f. CHIM. Transformation de l'azote ammoniacal en nitrates, génér. sous l'action de bactéries, notamm. le nitrobacter.

NITRIFIER v.t. Transformer en nitrate.

NITRILE n.m. Composé organique dont la formule contient le radical —CN. ◇ *Nitrile acrylique :* acrylonitrile.

NITRIQUE adj. **1.** Se dit des bactéries, comme le *nitrobacter,* qui réalisent la nitratation. **2.** CHIM. *Acide nitrique :* composé oxygéné dérivé de l'azote (HNO_3), acide fort et oxydant. SYN. (rare) : *acide azotique.* (L'acide nitrique du commerce est couramment appelé *eau-forte.*)

NITRITE n.m. Sel de l'acide nitreux. SYN. : *azotite.*

NITROBACTER [-tɛr] n.m. Bactérie aérobie du sol, qui oxyde les nitrites en nitrates.

NITROBENZÈNE [-bɛ̃-] n.m. Dérivé nitré du benzène, connu, en parfumerie, sous le nom d'*essence de mirbane.* (Il entre dans la composition de certains explosifs et sert à préparer l'aniline.)

NITROCELLULOSE n.f. Ester nitrique de la cellulose, principe du collodion et des poudres sans fumée.

NITROGÈNE n.m. Vx. Azote.

NITROGLYCÉRINE n.f. Ester nitrique de la glycérine, liquide huileux, jaunâtre. (C'est un explosif puissant, qui entre dans la composition de la dynamite.)

NITROSATION n.f. CHIM. **1.** Transformation de l'ammoniaque en acide nitreux ou en nitrites. (Dans le sol, cette transformation se fait en présence d'une bactérie, le *nitrosomonas.*) **2.** Réaction chimique qui introduit le radical —NO dans une molécule organique.

NITROSÉ, E adj. Se dit de composés organiques renfermant le radical —NO.

NITROSOMONAS [-nas] n.m. Bactérie provoquant la nitrosation.

NITROSYLE n.m. Radical univalent —NO.

NITRURATION n.f. MÉTALL. Traitement thermochimique de durcissement superficiel d'alliages ferreux par l'azote.

NITRURE n.m. Combinaison de l'azote avec un métal.

NITRURER v.t. Traiter un alliage ferreux par nitruration, pour le durcir superficiellement.

NITRYLE n.m. Azotyle.

NIVAL, E, AUX adj. (lat. *nix, nivis,* neige). Relatif à la neige ; dû à la neige. – *Régime nival :* régime des cours d'eau alimentés par la fonte des neiges (hautes eaux de printemps et basses eaux d'hiver).

NIVÉAL, E, AUX adj. Se dit des plantes qui fleurissent en plein hiver, ou qui peuvent vivre dans la neige.

NIVEAU n.m. (lat. *libella*). **I. 1.** Hauteur de qqch par rapport à un plan horizontal de référence. *Le niveau du fleuve a monté.* ◇ GÉOGR. *Niveau de base :* niveau en fonction duquel s'élabore le profil d'équilibre des cours d'eau. **2.** Ensemble des locaux situés sur un même plan horizontal, d'un bâtiment. *Le rayon vêtement est au deuxième niveau du magasin.* **II. 1.** Valeur de qqch, de qqn ; degré atteint dans un domaine. *Niveau d'instruction. Ils sont au même niveau.* ◇ *Niveau mental* ou *intellectuel :* degré d'efficacité intellectuelle d'un sujet, apprécié par divers tests psychotechniques. – SC. ÉDUC. *Niveau scolaire :* importance des acquisitions scolaires d'un élève, appréciée notamm. par rapport à des programmes officiels. **2.** Situation d'une chose par rapport à une autre ; équilibre. **3.** Valeur atteinte par une grandeur. *Niveau d'audition.* – *Niveau d'énergie :* chacune des valeurs possibles de l'énergie d'une particule, d'un noyau d'atome, d'une molécule, etc. **4.** Échelon d'un ensemble organisé, position dans une hiérarchie. *Tous les niveaux de l'État sont concernés.* **5.** ÉCON. *Niveau de vie :* mesure des conditions réelles d'existence d'un individu, d'une famille ou d'une population prise dans son ensemble. **6.** LING. *Niveau de langue :* chacun des registres d'une même langue que le locuteur peut employer en fonction des situations et des interlocuteurs (marqués dans le présent dictionnaire par les mentions pop. [populaire], fam. [familier], arg. [argotique], litt. [littéraire], etc.). **III. 1.** État d'un plan horizontal. ◇ *De niveau :* sur le même plan horizontal. – GÉOGR. *Courbe de niveau :* ligne représentant sur une carte les points de même altitude. (La différence d'altitude entre deux courbes voisines est constante.) SYN. : *courbe isohypse.* – *Surface de niveau :* lieu des points d'un liquide en équilibre où s'exerce la même pression ; surface normale aux lignes de champ, dans un champ de vecteurs. – ARM. *Angle de niveau :* angle formé par la ligne de tir avec le plan horizontal. (→ *tir.*) **2.** Instrument qui permet de vérifier l'horizontalité d'une surface. – *Niveau à bulle (d'air) :* niveau composé d'un tube de verre dans lequel se trouvent un liquide très mobile (alcool ou éther) et une bulle gazeuse. – *Niveau d'eau :* appareil de visée à liquide, se composant d'un pied supportant un tube métallique dont les extrémités, relevées à angle droit, sont prolongées par deux tubes de verre.

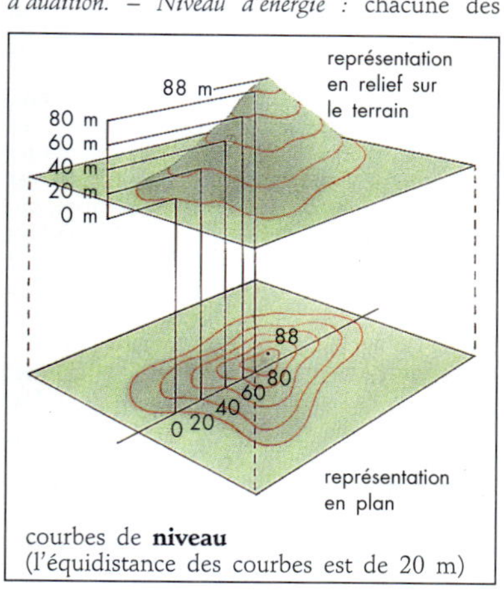

courbes de **niveau**
(l'équidistance des courbes est de 20 m)

NIVELAGE n.m. Action de niveler.

NIVELER v.t. [24]. **1.** Égaliser le niveau de ; rendre plan, horizontal ; aplanir. *Niveler un terrain.* **2.** Fig. Rendre égal. *Niveler les fortunes.* **3.** TECHN. Mesurer ou vérifier au moyen du niveau.

NIVELETTE n.f. Petit niveau à voyant pour régler la pente d'une chaussée.

NIVELEUR, EUSE adj. et n. Qui nivelle, égalise.

NIVELEURS n.m. pl. (pour traduire l'angl. *levellers*). Républicains anglais qui, pendant la guerre civile (1647-1649), tout en étant fermement hostiles à la monarchie, s'opposèrent aux tendances autoritaires de Cromwell.

NIVELEUSE n.f. Engin de terrassement tracté, équipé d'une lame orientable, pour le décapage et le nivellement des terres.

NIVELLE n.f. Niveau à bulle que l'on dispose sur un niveau à lunette pour en contrôler l'horizontalité.

NIVELLEMENT n.m. **1.** Action de niveler, de mesurer les différences de niveau, de mesurer avec des niveaux, de mettre de niveau, d'établir une base horizontale sur un terrain. **2.** Aplanissement des accidents du relief par l'érosion. **3.** Fig. Action d'égaliser les fortunes, les conditions sociales, etc.

NIVÉOLE n.f. Plante voisine de la perce-neige. (Famille des amaryllidacées.)

NIVERNAIS, E adj. et n. De Nevers ou du Nivernais.

NIVO-GLACIAIRE adj. (pl. *nivo-glaciaires*). *Régime nivo-glaciaire :* régime des cours d'eau alimentés par la fonte des neiges et des glaciers, caractérisé par des hautes eaux de printemps et d'été, et des basses eaux d'hiver.

NIVO-PLUVIAL, E, AUX adj. *Régime nivo-pluvial :* régime des cours d'eau alimentés par la fonte des neiges et par les pluies (maximum de printemps et d'automne, minimum d'été).

NIVÔSE n.m. (lat. *nivosus,* neigeux). Quatrième mois du calendrier républicain (du 21, 22 ou 23 décembre au 19, 20 ou 21 janvier).

NIXE n.f. Nymphe des eaux de la mythologie germanique.

NIZERÉ n.m. Essence de roses blanches.

No, symbole chimique du nobélium.

NÔ n.m. inv. (mot jap.). Drame lyrique japonais, combinant la musique, la danse et la poésie. Graphie savante : *nō.*

NOBÉLIUM [nɔbeljɔm] n.m. (de *Nobel,* n.pr.). Élément chimique transuranien (No), de numéro atomique 102.

1. NOBILIAIRE adj. Qui appartient, qui est propre à la noblesse. *Titre nobiliaire.*

2. NOBILIAIRE n.m. Registre des familles nobles d'une province ou d'un État.

NOBLE adj. et n. (lat. *nobilis,* illustre). Qui appartient à la catégorie sociale qui, de par la naissance ou la décision des souverains, jouit de certains privilèges. ◆ adj. **1.** Qui appartient à un noble, à la noblesse. *Sang noble.* **2.** Qui a de la dignité, de la grandeur, qui manifeste de l'élévation. *De nobles sentiments.* **3.** Qui suscite l'admiration, le respect par sa distinction, sa majesté. *Un port de tête et un maintien très nobles.* **4.** Qui se distingue par sa qualité ; supérieur. – *Métal noble,* précieux. – *Parties nobles :* le cerveau, le cœur, chez l'homme.

NOBLEMENT adv. De façon noble.

NOBLESSE n.f. **1.** Condition de noble. *Noblesse héréditaire.* **2.** Classe sociale constituée par les nobles ; aristocratie. ◇ *Noblesse d'épée,* acquise au Moyen Âge par des services militaires ; par ext., ensemble des familles de noblesse ancienne. – *Noblesse de robe,* formée de bourgeois anoblis grâce aux fonctions ou charges qu'ils avaient exercées. **3.** Caractère de qqn, de qqch qui est grand, élevé, généreux. *La noblesse de cœur.*

NOBLIAU ou **NOBLAILLON** n.m. Péj. Homme de petite noblesse.

NOCE n.f. (lat. *nuptiae*). Festin et réjouissances qui accompagnent un mariage ; ensemble des personnes qui s'y trouvent. – *Noces d'argent, d'or, de diamant :* fêtes que l'on célèbre au bout de 25, 50, 60 ans de mariage. – *Épouser en secondes noces,* par un second mariage. ◇ Fam. *Faire la noce :* mener une vie dissolue ; faire la fête, prendre part à une partie de plaisir en buvant, en mangeant avec excès. – Fam. *Ne pas être à la noce :* être dans une situation critique, gênante.

NOCEUR, EUSE n. Fam. Personne qui fait la noce, qui mène une vie de débauche.

NOCHER n.m. (lat. *nauclerus,* pilote). Litt. Pilote, homme chargé de conduire un navire, une barque. – *Le nocher des Enfers :* Charon.

NOCIF, IVE adj. **1.** Qui est de nature à nuire à l'organisme. *Des émanations nocives.* **2.** Dangereux, pernicieux, funeste. *Théories nocives.*

NOCIVITÉ n.f. Caractère de ce qui est nocif.

NOCTAMBULE adj. et n. (lat. *nox, noctis,* nuit, et *ambulare,* marcher). Qui aime sortir tard le soir, se divertir la nuit.

NOCTAMBULISME n.m. Comportement des personnes qui aiment à se promener, à se divertir pendant la nuit.

NOCTILUQUE n.f. (lat. *noctilucus,* qui brille la nuit). Protozoaire parfois très abondant dans la mer, qu'il rend lumineuse la nuit. (Diamètre 1 mm.)

NOCTUELLE n.f. (lat. *noctua,* chouette). Papillon de nuit dont les chenilles sont souvent nuisibles (nom commun à plusieurs espèces, dont la plupart appartiennent à la famille des noctuidés).

NOCTUIDÉ n.m. *Noctuidés :* famille de papillons de nuit comprenant de très nombreuses espèces (plus de sept cents en France), et dont les chenilles causent souvent d'importants dégâts aux cultures vivrières (blé, maïs, pomme de terre, tomate, etc.).

NOCTULE n.f. Chauve-souris de la famille des vespertilionidés. (Long. 9 cm sans la queue ; envergure 40 cm.)

1. NOCTURNE adj. (lat. *nocturnus,* de *nox, noctis,* nuit). **1.** Qui a lieu pendant la nuit. *Tapage nocturne.* **2.** Se dit d'un animal qui sort, agit, vole ou court pendant la nuit (par opp. à *diurne*).

2. NOCTURNE n.m. **1.** Morceau de musique d'un caractère rêveur et mélancolique. **2.** Partie de l'office des matines. **3.** Oiseau nocturne. **4.** Tableau représentant un effet de nuit.

3. NOCTURNE n.f. **1.** Ouverture en soirée d'un magasin. **2.** Réunion sportive en soirée.

NOCUITÉ n.f. (lat. *nocuus,* nuisible). Caractère de qqch qui est nocif, dangereux pour la santé.

NODAL, E, AUX adj. (lat. *nodus,* nœud). **1.** HISTOL. Se dit d'un tissu spécial, situé dans l'épaisseur du muscle cardiaque et assurant les fonctions d'automaticité, d'excitabilité, de conductibilité et de contractilité. **2.** PHYS. Relatif aux nœuds d'une surface ou d'une corde vibrantes. **3.** OPT. *Points nodaux :* points de l'axe d'un système optique centré, par lesquels passent un rayon incident et le rayon émergent correspondant lorsque ces rayons sont parallèles.

NODOSITÉ n.f. (lat. *nodosus,* noueux). **1.** Caractère d'un végétal, d'un arbre qui présente de nombreux nœuds. **2.** MÉD. Production anormale, généralement arrondie et dure, parfois incluse sous la peau. **3.** Radicelle des légumineuses, hypertrophiée par la présence d'un rhizobium.

NODULAIRE adj. Relatif aux nœuds.

NODULE n.m. (lat. *nodulus,* petit nœud). **1.** Petite nodosité. **2.** Renflement de l'extrémité antérieure du vermis inférieur du cervelet. **3.** Petite concrétion minérale ou rocheuse, de forme grossièrement arrondie, située dans une roche de nature différente. **4.** Concrétion de minerai déposée sur le fond des océans.

NODULEUX, EUSE adj. Qui a beaucoup de petits nœuds.

1. NOËL n.m. (lat. *natalis* [*dies*], [jour] de naissance). **1.** Fête de la nativité du Christ, célébrée le 25 décembre. ◇ *Arbre de Noël* : arbuste vert (épicéa le plus souvent, parfois sapin vrai) que l'on orne et illumine à l'occasion de la fête de Noël. – *Père Noël* : personnage légendaire chargé de distribuer des cadeaux aux enfants pendant la nuit de Noël. **2.** Époque autour de cette fête. *Partir à Noël.* **3.** PÉTR. *Arbre de Noël* : branchement de conduites à la tête d'un puits de pétrole. ◆ n.f. *La Noël* : la fête de Noël, l'époque de Noël.

2. NOËL n.m. Cantique célébrant la Nativité. – Chanson populaire inspirée par la fête de Noël. – Transcription instrumentale d'un noël.

NOÈME n.m. (gr. *noêma,* pensée). PHILOS. Objet intentionnel de pensée, pour la phénoménologie.

NOÈSE n.f. (gr. *noêsis,* intelligence). PHILOS. Acte par lequel la pensée vise un objet, pour la phénoménologie.

NOÉTIQUE adj. PHILOS. Relatif à la noèse.

NŒUD n.m. (lat. *nodus*). **I. 1.** Entrecroisement qui réunit étroitement deux brins, deux fils, deux cordes, etc., ou simple enlacement serré d'un brin, d'un fil, d'une corde, etc., sur lui-même. *Faire un nœud à ses lacets.* ◇ *Nœud coulant,* qui se serre ou se desserre sans se dénouer. **2.** Ornement constitué d'une étoffe nouée. *Mettre un nœud dans ses cheveux.* **II. 1.** Endroit où se croisent plusieurs voies de communication. *Nœud ferroviaire.* **2.** Fig. **a.** Ce qui constitue le point essentiel d'une question, la difficulté d'un problème. **b.** LITTÉR. Moment d'une pièce de théâtre, d'un roman où l'intrigue est arrivée à son point essentiel mais où le dénouement reste incertain. ◇ Fam. *Sac de nœuds* : affaire très embrouillée, pleine de pièges et d'embûches. **3.** ANAT. Amas tissulaire globuleux. ◇ *Nœud vital* : centre des mouvements respiratoires, situé dans le bulbe. **4.** PHYS. Point fixe d'une corde vibrante, d'un système d'ondes stationnaires. **5.** ÉLECTR. Point de jonction de deux ou plusieurs branches d'un réseau électrique. **6.** ASTRON. Chacun des deux points d'intersection de l'orbite d'un astre avec un plan de référence (plan de l'écliptique dans le cas d'une planète ; plan de l'équateur de sa planète dans le cas d'un satellite, etc.). **III.** Unité de vitesse, utilisée en navigation maritime ou aérienne, équivalant à 1 mille marin par heure, soit 0,514 4 m par seconde. **IV. 1. a.** BOT. Point de la tige où s'insère une feuille ; région du tronc d'un arbre d'où part une branche et où les fibres ligneuses prennent une orientation nouvelle. **b.** Partie plus dure et plus sombre dans le bois, vestige d'un nœud au sens précédent. **2.** Vx. Articulation ou jointure des doigts.

1. NOIR, E adj. (lat. *niger*). **I. 1.** Se dit de la couleur la plus foncée, due à l'absence ou à l'absorption totale des rayons lumineux, par opp. au blanc et aux autres couleurs ; qui a cette couleur. *Des cheveux noirs. De l'encre noire.* ◇ PHYS. *Corps noir* : corps idéal qui absorbe intégralement tout le rayonnement qu'il reçoit. **2.** Sale, crasseux. *Avoir les mains noires.* **II. 1.** De couleur relativement foncée. *Raisin noir. Lunettes noires.* **2.** Qui est sans luminosité ; obscur, sombre. *Nuit noire. Un long couloir tout noir.* **III. 1.** Qui marque ou manifeste le pessimisme, la tristesse, le malheur, etc. *Des idées noires.* **2.** Inspiré par la perversité, la méchanceté, la colère, etc. *Une âme noire.* ◇ *Regard noir,* qui exprime la colère. **3.** Qui est marqué par le malheur, le désastre ; funeste. *Lundi noir. Série noire.* **4.** Fam. Ivre. *Il est complètement noir.* **5.** Qui comporte une part de mystère ; clandestin, illégal. ◇ *Travail noir* : activité professionnelle non déclarée et qui échappe aux réglementations en matière sociale, fiscale, etc. – *Caisse noire* : fonds qui n'apparaissent pas en comptabilité et que l'on peut utiliser sans contrôle. – *Marché noir* : marché parallèle, trafic clandestin de marchandises, notamm. de denrées. **6.** Qui est lié aux forces des ténèbres, aux forces du mal. *Magie noire.* ◇ *Messe noire* : parodie de messe du culte satanique, célébrée en l'honneur du démon. **7. a.** Se dit d'un genre romanesque apparu en Angleterre à la fin du XVIIIe s. et qui prend pour thème des aventures fantastiques ou horribles. **b.** Se dit de la fiction romanesque ou cinématographique, notamm. policière, qui unit les scènes de violence à la peinture réaliste d'une société sordide. *Roman noir. Le film noir américain.*

2. NOIR n.m. **I. 1.** Couleur noire. *Teindre en noir.* **2.** Matière colorante de couleur noire. *Un tube de noir.* ◇ *Noir de carbone, noir de fumée* : pigment industriel noir, constitué par de fines particules de carbone. – *Noir d'aniline* : colorant noir violacé, obtenu par oxydation de l'aniline. – *Noir animal* : charbon* animal. – *Noir d'ivoire* : pigment noir obtenu par calcination d'os très durs, utilisé en peinture. **3.** Étoffe noire ; vêtement ou couleur de deuil. *Être en noir.* **4.** Fig. *Noir sur blanc* : par écrit, formellement. ◇ *Noir au blanc* : reproduction d'un texte, d'un trait sous forme négative, en blanc sur fond noir. **5.** Fam. *Petit noir* ou *noir* : tasse de café noir, dans un débit de boissons. **6.** MIL. Centre d'une cible de tir. **7.** ZOOL. *Poche du noir* : organe des céphalopodes contenant l'encre. **8.** *En noir et blanc* : qui ne comporte que des valeurs de noir, de blanc et de gris, qui n'est pas en couleurs. *Film en noir et blanc.* **II.** Obscurité, nuit, ténèbres. *Avoir peur du noir.* **III. 1.** (En loc.). Pessimisme, pensées tristes. *Avoir le noir. Broyer du noir.* SYN. (fam.) : *cafard.* ◇ *Pousser les choses au noir, voir tout en noir* : être très pessimiste. **2.** Fam. Travail noir, marché noir. *Travailler au noir. Acheter au noir.*

3. NOIR, E n. (Avec une majuscule). Personne de race noire (le terme s'emploie par opp. à *Blanc, Jaune*). *Les Noirs américains.* ◆ adj. Qui appartient à une race caractérisée principalement par une pigmentation très foncée de la peau (par opp. à *blanc, jaune*) ; qui relève de ces groupes. *Un chanteur noir. L'Afrique noire.*

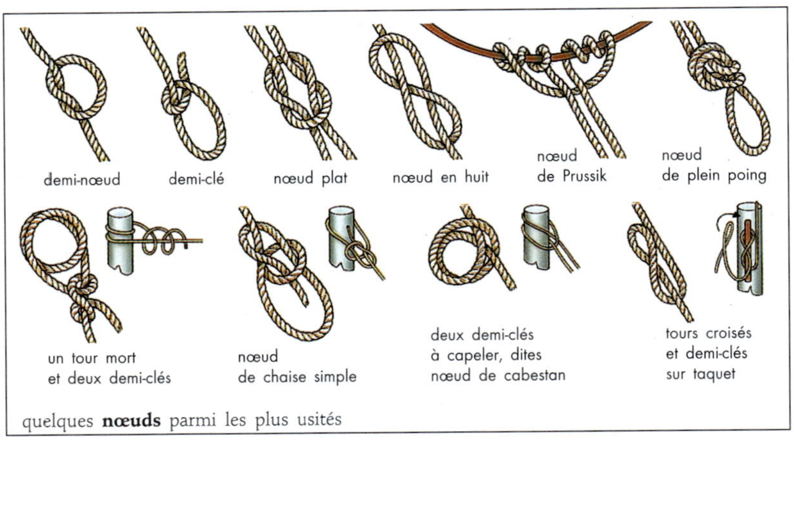

quelques **nœuds** parmi les plus usités

NOIRÂTRE adj. Qui tire sur le noir.

NOIRAUD, E adj. et n. Qui a les cheveux noirs et le teint brun.

NOIRCEUR n.f. **1.** État de ce qui est noir. *La noirceur de l'ébène.* **2.** Méchanceté extrême, perfidie. *La noirceur d'un crime.*

NOIRCIR v.t. (lat. *nigrescere*). **1.** Rendre noir. ◇ Fam. *Noircir du papier* : écrire abondamment ou écrire des choses de peu de valeur. **2.** Peindre sous des couleurs noires, inquiétantes. *Noircir la situation.* ◆ v.i. Devenir noir. *Le bois noircit au feu.* ◆ **se noircir** v.pr. **1.** Devenir noir. *Le ciel se noircit.* **2.** Fam. S'enivrer.

NOIRCISSEMENT n.m. Action, fait de noircir.

NOIRCISSURE n.f. Tache noire.

NOIRE n.f. MUS. Note égale au quart de la ronde, représentée par le chiffre 4.

NOISE n.f. (lat. *nausea,* mal de mer). Litt. *Chercher noise, des noises à qqn,* lui chercher querelle.

NOISERAIE n.f. Endroit planté de noyers ou de noisetiers.

NOISETIER n.m. Arbrisseau des bois et des haies, dont le fruit est la noisette. (Haut. max. 7 m ; famille des bétulacées.) SYN. : *coudrier.*

noisetier

NOISETTE n.f. (dimin. de *noix*). **1.** Fruit du noisetier, comestible, formé d'une grosse amande dans une coque ligneuse, le tout enchâssé dans une cupule foliacée. **2.** Petite quantité d'une matière de la grosseur d'une noisette. *Une noisette de beurre.* **3.** *Pommes noisettes* : pommes de terre tournées en forme de noisettes et rissolées. **4.** Charbon criblé en morceaux de 15 à 30 mm. ◆ adj. inv. De la couleur brun clair, tirant sur le roux, de la noisette. *Des yeux noisette.*

NOIX n.f. (lat. *nux, nucis*). **I. 1.** Fruit à coque ligneuse, entourée d'une écorce verte dite *brou,* produit par le noyer. **2.** Fruit de divers arbres ou arbustes à enveloppe ligneuse. *Noix de coco, noix (de) muscade, noix vomique.* ◇ Pop. *À la noix (de coco)* : sans valeur, négligeable. **3.** Fam. Personne stupide ; imbécile. *Quelle noix, ce type !* **4.** Pop. *Des noix !* : rien du tout ! Pas question ! **II. 1.** *Noix de veau* : morceau du veau formé par les muscles de la partie interne de la cuisse, qui est débité en rôtis ou en escalopes. **2.** Charbon criblé en morceaux de 30 à 50 mm. **3.** Écrou entraînant en translation une pièce sur laquelle il est fixé. **4.** Roue cannelée d'un moulin broyeur pour les graines, les tourteaux, etc.

NOLI-ME-TANGERE [nɔlimetɑ̃ʒere] n.m. inv. (mots lat., *ne me touchez pas*). **1.** Balsamine. **2.** Vx. Cancer de la peau.

NOLIS [nɔli] n.m. Vx. Fret d'un bateau.

NOLISEMENT n.m. Affrètement.

NOLISER v.t. (lat. pop. *naulidiare,* de *naulum,* fret). Affréter, louer un bateau, un avion. ◇ *Avion nolisé* : charter.

NOM n.m. (lat. *nomen*). **I. 1.** Mot servant à désigner une personne, un animal ou une chose et à les distinguer des êtres de même espèce. *Nom de famille. Changer de nom.* ◇ *De nom :* par le nom seulement. *Je le connais de nom, mais je ne l'ai jamais vu.* **2.** Prénom. *Choisir un nom pour un enfant.* ◇ Fam. *Petit nom :* prénom usuel. **3.** Personnage. *Les plus grands noms de la littérature.* **4.** Réputation, renom. ◇ *Se faire un nom :* devenir célèbre. **5.** *Nom commercial :* désignation d'un établissement commercial, constituant un élément du fonds de commerce. **II. 1.** Mot s'appliquant à chacun des individus d'une catégorie donnée. *Noms d'animaux, de choses.* ◇ *Appeler les choses par leur nom :* parler un langage clair, direct ; ne pas avoir peur des mots. **2.** Mot considéré comme titre d'une qualité, comme qualificatif. *Être digne du nom d'ami.* ◇ *Au nom de :* de la part ou à la place de ; en considération de. *Agir au nom de qqn. Au nom de ce que vous avez de plus cher.* **III.** GRAMM. Catégorie grammaticale regroupant les mots qui désignent soit une espèce ou un représentant de l'espèce *(noms communs),* soit un individu particulier *(noms propres).* SYN. : *substantif.*

NOMADE adj. et n. (gr. *nomas, nomados,* qui fait paître). **1.** Qui mène un genre de vie non sédentaire et qui vit principalement de l'élevage. **2.** Qui n'a pas de domicile fixe et qui se déplace fréquemment. ◆ adj. Qui peut s'utiliser lors de déplacements sans nécessité de branchement, en parlant d'un matériel informatique, audiovisuel ou de télécommunication.

NOMADISER v.i. Vivre en nomade.

NOMADISME n.m. Genre de vie nomade. *Le nomadisme des régions désertiques.* ◇ *Nomadisme pastoral :* genre de vie nomade dans lequel l'élevage est la ressource exclusive ou principale.

NO MAN'S LAND [nomanslɑ̃d] n.m. inv. (loc. angl., *terre d'aucun homme*). **1.** Territoire inoccupé entre les premières lignes de deux belligérants. **2.** Zone complètement dévastée, abandonnée.

NOMBRABLE adj. Que l'on peut compter.

NOMBRE n.m. (lat. *numerus*). **I. 1. a.** Notion fondamentale des mathématiques qui permet de dénombrer, de classer les objets ou de mesurer les grandeurs mais qui ne peut faire l'objet d'une définition stricte. *Nombre entier, relatif, fractionnaire, décimal. Apprendre la suite des nombres.* **b.** *Loi des grands nombres :* loi concernant la fréquence de réalisation d'un évènement ayant une probabilité d'arrivée déterminée et selon laquelle la possibilité d'un écart de quelque importance entre la fréquence et la probabilité diminue avec le nombre des épreuves. **c.** ARCHIT. *Nombre d'or :* nombre égal à $\frac{1+\sqrt{5}}{2}$, soit env. 1,618, et correspondant à une proportion considérée comme particulièrement esthétique. ◇ *Nombre d'or d'une année :* rang d'une année quelconque dans la période de dix-neuf ans du cycle de Méton. **d.** PHYS. *Nombre caractéristique :* rapport sans dimensions de certaines grandeurs physiques relatives à un phénomène et qui en facilite l'analyse théorique (*nombre de Mach,* par ex.). **2.** Ensemble, collection de personnes ou de choses. ◇ *En nombre :* en grande quantité, en masse. – *Nombre de, bon nombre de :* beaucoup, plusieurs. – *Sans nombre :* innombrable. – *Le nombre, le grand nombre, le plus grand nombre :* la majorité des gens. – *Faire nombre :* constituer un ensemble nombreux. – *Être du nombre :* être parmi les participants. – *Au nombre de :* dans un groupe de, parmi, comme faisant partie de. **II. 1.** LING. Catégorie grammaticale qui permet l'opposition entre le singulier et le pluriel. **2.** LITTÉR. Harmonie, rythme qui résulte de l'arrangement des mots, en prose ou en poésie.

NOMBRER v.t. Litt. Dénombrer.

NOMBREUX, EUSE adj. **1.** Qui est en grand nombre. **2.** Qui comprend un grand nombre d'éléments. *Famille nombreuse.*

NOMBRIL [nɔ̃bri] ou [nɔ̃bril] n.m. (lat. *umbilicus*). Cicatrice du cordon ombilical, au milieu du ventre. SYN. : *ombilic.* ◇ Fam. *Se prendre pour le nombril du monde :* se donner une importance exagérée.

NOMBRILISME n.m. Fam. Attitude d'une personne pour qui rien ne compte que ses propres problèmes.

NOME n.m. (gr. *nomos*). HIST. Division administrative de l'ancienne Égypte et de la Grèce moderne.

NOMENCLATEUR, TRICE adj. et n. Qui établit une nomenclature.

NOMENCLATURE n.f. (lat. *nomenclatura,* désignation par le nom). **1.** Ensemble des termes techniques d'une discipline, présentés selon un classement méthodique. *La nomenclature chimique.* **2.** Ensemble des entrées d'un dictionnaire.

NOMENKLATURA [nɔmɛnklatura] n.f. (mot russe, *liste de noms*). **1.** En U. R. S. S., liste des postes de direction politique et économique et des personnes susceptibles de les occuper. **2.** Par ext. Ensemble de personnes jouissant de prérogatives particulières ; classe des personnes en vue, des privilégiés.

NOMINAL, E, AUX adj. (lat. *nomen, nominis,* nom). **I. 1.** Relatif au nom d'une personne. *Erreur nominale.* ◇ *Appel nominal,* qui se fait en désignant les noms. **2.** Qui n'a que le nom, sans avoir les avantages ou les pouvoirs réels. *Chef nominal d'un parti.* ◇ *Valeur nominale :* valeur inscrite sur une monnaie, un effet de commerce ou une valeur mobilière, qui correspond à la valeur théorique d'émission et de remboursement. **II.** GRAMM. Relatif au nom. *L'infinitif est une forme nominale du verbe.*

NOMINALEMENT adv. De façon nominale.

NOMINALISATION n.f. LING. Action de nominaliser.

NOMINALISER v.t. LING. Transformer (une phrase) en un groupe nominal (ex. : *le chauffeur est prudent* → *la prudence du chauffeur*).

NOMINALISME n.m. Doctrine philosophique selon laquelle le concept n'est qu'un nom et n'existent effectivement que les individus auxquels renvoient les noms. SYN. : *terminisme.*

NOMINALISTE adj. et n. Relatif au nominalisme ; qui en est partisan.

1. NOMINATIF, IVE adj. (du lat. *nominare,* appeler). **1.** Qui contient des noms. *État nominatif des employés.* **2.** Se dit d'un titre dont la preuve de propriété résulte de l'inscription du nom de son possesseur sur un registre de la société émettrice (par opp. à *titre au porteur*).

2. NOMINATIF n.m. LING. Cas exprimant la fonction grammaticale de sujet ou d'attribut dans les langues à déclinaison.

NOMINATION n.f. (lat. *nominatio*). Désignation d'une personne à un emploi, une fonction ou une dignité.

NOMINATIVEMENT adv. En spécifiant le nom ; par le nom. *Être appelé nominativement.*

NOMINER v.t. (angl. *to nominate,* proposer). Sélectionner des personnes, des œuvres pour un prix, une distinction. – REM. Ce calque de l'anglais, critiqué par les puristes, est d'un usage courant dans la langue journalistique. Recomm. off. : *sélectionner.*

NOMMÉ, E adj. et n. **1.** Qui est appelé, qui porte tel ou tel nom. *Louis XII, nommé le Père du peuple.* **2.** *À point nommé :* à propos. *Arriver à point nommé.*

NOMMÉMENT adv. En désignant ou en étant désigné par le nom. *Être accusé nommément.*

NOMMER v.t. (lat. *nominare*). **I. 1.** Désigner (qqn, qqch) par un nom. **2.** Qualifier d'un nom. *Vous nommez poète ce pauvre rimailleur !* **II. 1.** Choisir pour remplir certaines fonctions. *On l'a nommé directeur.* **2.** Instituer en qualité de. *Nommer qqn son héritier.* ◆ **se nommer** v.pr. **1.** Avoir pour nom. **2.** Se faire connaître par son nom. *Il ne s'est même pas nommé.*

NOMOGRAMME n.m. TECHN. Système de courbes permettant de trouver certains résultats par simple lecture, sans calcul.

NOMOGRAPHIE n.f. Technique du tracé des nomogrammes, utilisation des nomogrammes.

NOMOTHÈTE n.m. ANTIQ. Membre d'une commission de révision de la législation, à Athènes au IVe s.

1. NON adv. (lat. *non*). **1.** Indique une réponse négative. *Viendrez-vous ? – Non.* **2.** Équivaut à une proposition négative avec les coordinations et dans les phrases sans verbe. *Je lui ai demandé s'il viendrait, il m'a répondu que non.* **3.** Joint à une interrogative, exprime l'impatience. *Vous venez, non ?* **4.** Sur un ton interrogatif, marque l'étonnement, le refus provisoire de croire à ce qui vient d'être dit. *Il n'est pas arrivé. – Non ?* **5.** Fam. Avec une phrase exclamative, indique l'étonnement, l'indignation. *Ah non, vous ne sortirez pas !* **6.** Devant un participe ou un adjectif, en constitue la négation, le contraire. *Non vérifiable.* **7.** *Non plus :* équivaut à *aussi* dans une phrase négative. ◇ *Non seulement... mais encore (aussi) :* pas seulement, pas uniquement. – *Non pas que, non que,* indiquent que l'on écarte la cause que l'on pourrait supposer pour y substituer la cause véritable. *Il ne réussit pas, non qu'il soit paresseux, mais parce qu'il est malchanceux.*

2. NON n.m. inv. Expression du refus, du désaccord. *Un non catégorique.*

NON-ACCOMPLI, E adj. et n.m. LING. Se dit d'une forme verbale exprimant qu'une action est considérée dans son déroulement. SYN. : *imperfectif.*

NON-ACTIVITÉ n.f. État d'un fonctionnaire, d'un militaire de carrière temporairement sans emploi.

NONAGÉNAIRE adj. et n. (lat. *nonageni*). Âgé de quatre-vingt-dix à quatre-vingt-dix-neuf ans.

NON-AGRESSION n.f. Absence d'agression ; fait de ne pas attaquer. ◇ *Pacte de non-agression :* convention conclue entre des États qui s'engagent à ne pas régler leurs différends par la force.

NON-ALIGNÉ, E adj. et n. Qui pratique le non-alignement.

NON-ALIGNEMENT n.m. Politique de neutralité vis-à-vis des deux blocs antagonistes, occidental et communiste, observée pendant la guerre froide par certains États du tiers-monde.

NONANTAINE n.f. Belgique. Nombre de quatre-vingt-dix ou environ ; âge d'environ quatre-vingt-dix ans.

NONANTE [nɔnɑ̃t] adj. num. Belgique et Suisse. Quatre-vingt-dix.

NONANTIÈME adj. num. ord. et n. Belgique et Suisse. Quatre-vingt-dixième.

NON-ASSISTANCE n.f. Abstention volontaire de porter assistance à qqn. *Être poursuivi pour non-assistance à personne en danger.*

NON-BELLIGÉRANCE n.f. État d'un pays qui, sans être totalement neutre dans un conflit, ne prend pas part aux opérations militaires.

NON-BELLIGÉRANT, E adj. et n. Qui ne participe pas à un conflit.

NONCE n.m. (it. *nunzio,* envoyé). **1.** *Nonce apostolique* ou *nonce :* prélat chargé de représenter le pape auprès d'un gouvernement étranger. **2.** *Nonce extraordinaire :* nonce chargé de fonctions temporaires. ◇ *Nonce ordinaire :* nonce résidant, chargé de fonctions permanentes.

NONCHALAMMENT adv. Avec nonchalance.

NONCHALANCE n.f. (de l'anc. fr. *chaloir,* être d'intérêt pour). **1.** Absence d'ardeur, d'énergie, de zèle. **2.** Manque de vivacité, lenteur naturelle ou affectée dans l'attitude.

NONCHALANT, E adj. et n. **1.** Qui manque de zèle, d'ardeur, d'énergie. *Élève nonchalant.* **2.** Qui manque de vivacité, dont les gestes sont lents et vagues. *Allure nonchalante.*

NONCIATURE n.f. Fonction d'un nonce du pape ; exercice de cette charge. ◇ Résidence du nonce.

NON-COMBATTANT, E adj. et n. Qui ne prend pas une part effective au combat, en parlant du personnel militaire.

NON-COMPARANT, E adj. et n. DR. Qui fait défaut en justice.

NON-COMPARUTION n.f. DR. Fait de s'abstenir de comparaître en justice.

NON-CONCILIATION n.f. Défaut de conciliation.

NON-CONCURRENCE n.f. DR. *Clause de non-concurrence :* clause intégrée dans un contrat de travail, interdisant à un salarié l'exercice d'activités professionnelles pouvant nuire à son ancien employeur.

NON-CONFORMISME n.m. Attitude d'indépendance à l'égard des usages établis, des idées reçues.

NON-CONFORMISTE adj. et n. **1.** Se dit de qqn, de son attitude, qui fait preuve de non-conformisme, qui affiche son originalité. **2.** HIST. Protestant qui ne suit pas la religion anglicane, en Angleterre.

NON-CONFORMITÉ n.f. Défaut de conformité.

NON-CONTRADICTION n.f. LOG. Propriété de toute théorie déductive, dans laquelle une même proposition ne peut être à la fois démontrée et réfutée. SYN. : *consistance.* ◇ *Loi de non-contradiction :* principe selon lequel une même proposition ne peut être à la fois vraie et fausse.

NON-CROYANT, E adj. et n. Qui n'appartient à aucune confession religieuse.

NON-CUMUL n.m. DR. *Non-cumul des peines :* fait, prévu par la loi dans le cas de certaines infractions, de ne pas cumuler des peines.

NON-DÉNONCIATION n.f. DR. Fait de ne pas révéler une infraction dont on a eu connaissance. *Non-dénonciation de crime, de sévices.*

NON-DIRECTIF, IVE adj. Où l'on évite toute pression sur l'interlocuteur. ◇ *Entretien non-directif :* technique d'entretien par laquelle l'intervieweur, par une attitude neutre, cherche à laisser paraître les désirs et les résistances de l'interviewé.

NON-DIRECTIVISME n.m. PSYCHOL. Théorie qui préconise une attitude de disponibilité absolue et d'abstention de tout conseil ou interprétation, notamm. dans les relations de type pédagogique ou psychothérapique.

NON-DIRECTIVITÉ n.f. Attitude, méthode non-directive.

NON-DISCRIMINATION n.f. Attitude de ceux qui refusent de traiter différemment les gens selon leurs origines ethniques, religieuses, etc.

NON-DISSÉMINATION n.f. Non-prolifération.

NON-DIT n.m. Ce que l'on évite de dire, ce que l'on tait, en général de manière délibérée.

NON-DROIT n.m. Ensemble des situations qui ne sont pas concernées par la règle de droit, qu'elles soient ou non réglementées.

NONE n.f. (lat. *nona,* neuvième). **1.** ANTIQ. ROM. Quatrième partie du jour, commençant après la neuvième heure, c'est-à-dire vers 3 heures de l'après-midi. **2.** LITURGIE. Partie de l'office monastique ou du bréviaire qui se récite à 15 heures.

NON-ENGAGÉ, E adj. et n. Qui pratique le non-engagement. *Les pays non-engagés.*

NON-ENGAGEMENT n.m. Attitude de celui qui reste libre à l'égard de toute position politique, qui ne s'engage pas dans un conflit.

NONES n.f. pl. (lat. *nonae*). ANTIQ. ROM. Septième jour de mars, mai, juillet et octobre, cinquième jour des autres mois.

NON-ÊTRE n.m. inv. PHILOS. **1.** Ce qui n'a pas d'existence, de réalité. **2.** Absence d'être.

NON-EUCLIDIEN, ENNE adj. Se dit d'une géométrie où l'on nie l'axiome d'Euclide.

NON-ÉVÈNEMENT ou **NON-ÉVÉNEMENT** n.m. Évènement dont on attendait des informations ou un effet particulier et qui n'a pas la portée escomptée.

NON-EXÉCUTION n.f. DR. Défaut d'exécution.

NON-EXISTENCE n.f. Fait de ne pas être, de ne pas exister.

NON-FIGURATIF, IVE adj. et n. ART CONTEMP. Abstrait.

NON-FIGURATION n.f. ART CONTEMP. Art non-figuratif.

NON-FUMEUR, EUSE n. Personne qui ne fume pas.

NONIDI n.m. Neuvième jour de la décade, dans le calendrier républicain.

NON-INGÉRENCE n.f. Attitude qui consiste à ne pas s'ingérer dans les affaires d'autrui.

NON-INITIÉ, E n. et adj. Personne profane dans un certain domaine.

NON-INSCRIT, E n. et adj. Député qui n'est pas inscrit à un groupe parlementaire.

NON-INTERVENTION n.f. Attitude d'un État qui n'intervient pas dans les affaires des autres États, lorsqu'il n'y est pas directement intéressé.

NON-INTERVENTIONNISTE n. et adj. Partisan de la non-intervention. *Une politique non-interventionniste.*

NON-JOUISSANCE n.f. DR. Privation de jouissance.

NON-LIEU n.m. DR. *Arrêt, ordonnance de non-lieu,* ou *non-lieu :* décision du juge d'instruction ou de la chambre d'accusation, selon laquelle il n'y a pas lieu à poursuivre en justice.

NON-MARCHAND, E adj. ÉCON. Se dit du secteur de l'économie qui, visant à satisfaire des besoins d'intérêt général, met à la disposition des consommateurs à titre gratuit ou semi-gratuit des biens ou des services, en principe collectifs.

NON-MÉTAL n.m. (pl. *non-métaux*). CHIM. Corps simple non métallique. SYN. (VX) : *métalloïde.*

■ Les non-métaux sont mauvais conducteurs de la chaleur et de l'électricité ; ils n'ont pas, en général, d'éclat métallique, et tous leurs composés oxygénés sont des oxydes neutres ou des oxydes acides. Les non-métaux sont l'hydrogène, le fluor, le chlore, le brome, l'iode, l'oxygène, le soufre, le sélénium, le tellure, l'azote, le phosphore, l'arsenic, le carbone, le silicium, le bore.

NON-MOI n.m. inv. PHILOS. Ensemble de tout ce qui est distinct du moi.

NONNE n.f. (bas lat. *nonna*). Vx. Religieuse.

NONNETTE n.f. **1.** Fam. Jeune religieuse. **2.** Petit pain d'épice rond. **3.** Mésange à tête noire et à ailes gris-brun.

NONOBSTANT prép. et adv. (de *non* et lat. *obstans,* empêchant). Litt. Malgré, sans égard à.

NON-PAIEMENT n.m. Défaut de paiement.

NONPAREIL, EILLE adj. Litt. Qui n'a pas son pareil, inégalable.

NON-PROLIFÉRATION n.f. Politique visant à interdire la possession d'armes nucléaires aux pays n'en disposant pas. SYN. : *non-dissémination.*

NON-RECEVOIR n.m. *Fin de non-recevoir.* **1.** DR. Moyen de défense qui tend à faire écarter une demande en justice, mais sans examen du fond de celle-ci. **2.** Cour. Refus catégorique.

NON-REPRÉSENTATION n.f. *Non-représentation d'enfant :* refus de restituer un enfant aux personnes qui ont le droit de le réclamer.

NON-RÉSIDENT n.m. Personne ayant sa résidence habituelle à l'étranger.

NON-RESPECT n.m. Fait de ne pas respecter une obligation légale, réglementaire, etc.

NON-RETOUR n.m. *Point de non-retour :* moment à partir duquel on ne peut plus annuler une action en cours, revenir en arrière.

NON-SALARIÉ, E n. Personne dont l'activité professionnelle n'est pas rémunérée par un salaire (commerçant, membre d'une profession libérale, etc.).

NON-SENS n.m. inv. Phrase ou parole dépourvue de sens ; chose absurde.

NON-SPÉCIALISTE adj. et n. Qui n'est pas spécialiste dans un domaine donné.

NON-STOP [nɔnstɔp] adj. inv. (mot angl.). **1.** Continu, sans interruption. *Vol non-stop de Paris à Miami.* **2.** SPORTS. *Descente non-stop* ou *non-stop,* n.f. inv. : à skis, descente d'entraînement effectuée avant la compétition, en général d'une seule traite, afin de reconnaître la piste.

NON-TISSÉ n.m. Étoffe obtenue par liage mécanique, chimique ou thermique de fibres ou de filaments textiles disposés en nappes.

NONUPLER v.t. Rare. Multiplier par neuf.

NON-USAGE n.m. Cessation d'un usage.

NON-VALEUR n.f. **1.** État d'une propriété qui ne produit aucun revenu. **2.** Chose ou personne sans valeur. **3.** Recette prévue et qui ne s'est pas réalisée ; créance considérée comme irrécupérable.

NON-VIABLE adj. Se dit d'un fœtus n'ayant pas atteint le stade de développement intra-utérin suffisant pour être apte à vivre (par opp. à *viable*), ou d'un nouveau-né ayant des lésions incompatibles avec la vie.

NON-VIOLENCE n.f. **1.** Principe de conduite en vertu duquel on renonce à la violence comme moyen d'action politique. **2.** Abstention de toute violence, dans quelque domaine que ce soit.

NON-VIOLENT, E adj. et n. **1.** Partisan de la non-violence. **2.** Qui ne participe d'aucune violence.

NON-VOYANT, E n. Personne qui ne voit pas, aveugle.

NOPAL n.m. (mot aztèque) [pl. *nopals*]. Opuntia à rameaux aplatis, cultivé autref. pour l'élevage de la cochenille, et dont les fruits (figue de Barbarie) sont comestibles.

NORADRÉNALINE n.f. Médiateur chimique libéré par le système nerveux et présent en faible quantité dans la médullosurrénale, où il est le précurseur de l'adrénaline.

NORAMIDOPYRINE n.f. Analgésique dérivé de l'amidopyrine et ayant les mêmes effets toxiques.

NORD n.m. inv. et adj. inv. (angl. *north*). **1.** Un des quatre points cardinaux, dans la direction de l'étoile Polaire. (Le nord est situé sur l'axe de rotation terrestre, dans la direction telle qu'un observateur, placé au point où cet axe perce la Terre et regardant au-dessus de sa tête, voit les étoiles se déplacer dans le sens inverse des aiguilles d'une montre.) ◇ Fam. *Perdre le nord :* ne plus savoir où l'on en est, perdre la tête. **2.** (Avec une majuscule). Partie du globe terrestre ou d'un pays située vers ce point. *Le Nord canadien. Elle habite le Nord.* **3.** (Avec une majuscule). Ensemble des pays industrialisés (situés dans l'hémisphère Nord), par opp. aux pays en développement. *Dialogue Nord-Sud.*

NORD-AFRICAIN, E adj. et n. (pl. *nord-africains, es*). De l'Afrique du Nord.

NORD-AMÉRICAIN, E adj. et n. (pl. *nord-américains, es*). De l'Amérique du Nord.

NORD-CORÉEN, ENNE adj. et n. (pl. *nord-coréens, ennes*). De la Corée du Nord.

NORDÉ ou **NORDET** n.m. (de *nord-est*). MAR. Vent soufflant de la direction du nord-est.

NORD-EST [nɔrɛst] ou [nɔrdɛst] n.m. inv. et adj. inv. Point de l'horizon ou partie du monde situés entre le nord et l'est.

NORDICITÉ n.f. Canada. Caractère nordique d'un lieu, d'une région.

NORDIQUE adj. et n. **1.** Relatif aux peuples du nord de l'Europe. ◇ *Langues nordiques :* groupe de langues germaniques comprenant le suédois, le norvégien, le danois et l'islandais. SYN. : *langues scandinaves.* **2.** Canada. Relatif aux régions situées les plus au nord.

NORDIR v.i. MAR. Tourner au nord, en parlant du vent.

NORDISTE n. et adj. **1.** Partisan du gouvernement fédéral pendant la guerre de Sécession, aux États-Unis. **2.** Du département du Nord ou de la Région Nord-Pas-de-Calais, en France.

NORD-OUEST [nɔrwɛst] ou [nɔrdwɛst] n.m. inv. et adj. inv. Point de l'horizon ou partie du monde situés entre le nord et l'ouest.

NORD-VIETNAMIEN, ENNE adj. et n. (pl. *nord-vietnamiens, ennes*). Du Viêt Nam du Nord, avant la réunification de ce pays, en 1975.

NORIA n.f. (mot esp., de l'ar.). **1.** Machine hydraulique formée de godets attachés à une chaîne sans fin, plongeant renversés et remontant pleins. **2.** Allers et retours ininterrompus de véhicules de transport. *Une noria de camions.*

NORMAL, E, AUX adj. **I. 1.** Qui est conforme à une moyenne considérée comme une norme ; qui n'a rien d'exceptionnel ; ordinaire, habituel. *Une taille normale. Une vie normale.* **2.** Qui ne présente aucun trouble pathologique. *Il n'est pas dans son état normal.* **3.** *École normale primaire :* établissement de l'enseignement public où l'on formait des instituteurs. (Cette fonction est auj. assurée dans le cadre des Instituts universitaires de formation des maîtres [I.U.F.M.].) ◇ *École normale supérieure :* établissement de l'enseignement public où l'on forme des professeurs de l'enseignement secondaire, certains membres de l'enseignement supérieur et du personnel de recherche. **4.** *Nombre normal :* nombre pris dans la série de Renard, constituée par une progression géométrique approchée de 5, 10, 20 ou 40 nombres échelonnés de 100 à 1 000. **5.** CHIM. Se dit d'une solution titrée, servant aux dosages chimiques et contenant une mole d'éléments actifs par litre. **II.** MATH. Perpendiculaire.

NORMALE n.f. **1.** État normal, habituel. *Revenir à la normale.* **2.** MATH. Droite perpendiculaire. ◇ *Normale à une courbe (en un point) :* perpendiculaire à la tangente de la courbe en ce point. – *Normale à une surface (en un point) :* perpendiculaire au plan tangent en ce point.

NORMALEMENT adv. De façon normale ; en principe.

NORMALIEN, ENNE n. Élève ou ancien élève d'une école normale (primaire ou supérieure).

NORMALISATEUR, TRICE adj. et n. Qui normalise.

NORMALISATION n.f. **1.** Action de normaliser. **2.** Ensemble de règles techniques résultant de l'accord des producteurs et des usagers et visant à spécifier, unifier et simplifier, en vue d'un meilleur rendement dans tous les domaines de l'activité humaine.

NORMALISÉ, E adj. *Taille normalisée :* taille d'un vêtement de confection établie selon les mesures moyennes d'un échantillonnage d'individus.

NORMALISER v.t. **1.** Faire revenir à une situation normale. *Normaliser des relations diplomatiques.* **2.** Soumettre à la normalisation ; rendre conforme à la norme. ◆ **se normaliser** v.pr. Devenir normal.

NORMALITÉ n.f. **1.** Caractère de ce qui est conforme à une norme, considéré comme l'état normal. **2.** CHIM. Rapport de la concentration d'une solution titrée à celle de la solution normale.

NORMAND, E adj. et n. **1.** De la Normandie. ◇ *Race normande :* race bovine, bonne laitière et bonne race de boucherie, à robe caractéristique tachetée comprenant toujours les trois couleurs blond, noir (bringé) et blanc. **2.** *Réponse de Normand :* réponse ambiguë.

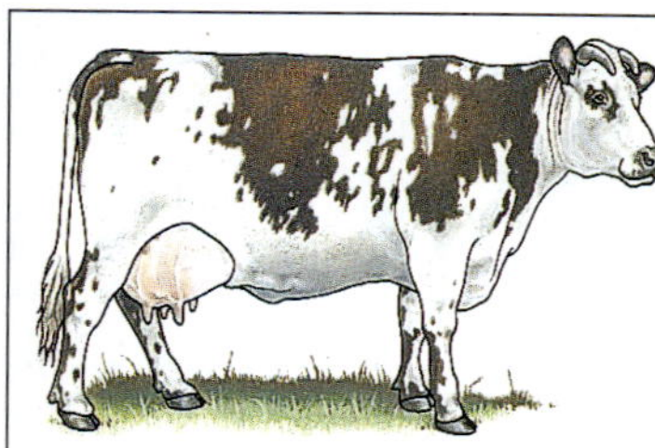

vache de race **normande**

NORMATIF, IVE adj. Dont on dégage des règles ou des préceptes ; qui établit une norme. *Grammaire normative.*

NORMATIVITÉ n.f. État de ce qui est régulier, conforme à une norme.

NORME n.f. (lat. *norma,* équerre, règle). **1.** État habituel, conforme à la règle établie. **2.** Critère, principe auquel se réfère tout jugement de valeur moral ou esthétique. **3.** TECHN. Règle fixant le type d'un objet fabriqué, les conditions techniques de production. ◇ *Norme de productivité :* productivité moyenne d'une branche économique. **4.** MATH. *Norme sur un espace vectoriel :* application de cet espace dans l'ensemble des nombres réels positifs qui vérifie les propriétés associées intuitivement à la notion de longueur (le vecteur nul est le seul à avoir une norme nulle ; la norme de la somme de deux vecteurs est inférieure ou égale à la somme de leurs normes ; la norme du produit d'un vecteur par un nombre est égale au produit de sa norme par ce nombre).

NORMÉ, E adj. MATH. *Espace normé :* espace vectoriel muni d'une norme. ◇ *Vecteur normé :* vecteur dont la norme est égale à 1.

NOROÎT ou **NOROIS** [nɔrwa] n.m. (de *nord-ouest*). MAR. Vent soufflant du nord-ouest.

NORROIS [nɔrwa] n.m. (angl. *north,* nord). Langue germanique parlée par les anciens peuples de la Scandinavie, et qui est l'ancêtre des langues nordiques.

1. NORVÉGIEN, ENNE adj. et n. De Norvège.

2. NORVÉGIEN n.m. **1.** Langue nordique parlée en Norvège. **2.** Voilier à arrière pointu, sans tableau.

NOS adj. poss. des deux genres. Pl. de *notre.*

NOSÉMOSE n.f. (du gr. *nosos,* maladie). Maladie de l'appareil digestif des abeilles, causée par un protozoaire.

NOSOCOMIAL, E, AUX adj. (gr. *nosos,* maladie, et *komeîn,* soigner). Se dit d'une infection contractée lors d'un séjour en milieu hospitalier.

NOSOCONIOSE n.f. (gr. *nosos,* maladie, et *konis,* poussière). Maladie produite par l'action des poussières, et le plus souvent d'origine professionnelle.

NOSOGRAPHIE n.f. Description des maladies.

NOSOLOGIE n.f. Classification des maladies.

NOSTALGIE n.f. (gr. *nostos,* retour, et *algos,* douleur). **1.** Tristesse et état de langueur causés par l'éloignement du pays natal ; mal du pays. **2.** Regret attendri ou désir vague accompagné de mélancolie. *Avoir la nostalgie des vacances.*

NOSTALGIQUE adj. et n. Qui est atteint de nostalgie, de regret du passé, du pays natal. ◆ adj. Qui provoque la nostalgie, inspiré par la nostalgie. *Chanson nostalgique.*

NOSTOC n.m. Cyanobactérie dont certaines espèces colonisent les sols humides, alors que d'autres sont des constituants de lichens.

NOSTRAS [nɔstras] adj.m. *Choléra nostras* → ***choléra.***

NOTA ou **NOTA BENE** [nɔtabene] n.m. inv. (loc. lat., *notez bien*). Note mise dans la marge ou au bas d'un texte écrit. Abrév. : *N. B.*

NOTABILITÉ n.f. Personne en vue par sa situation ou son autorité morale, intellectuelle.

1. NOTABLE adj. (lat. *notabilis,* de *notare,* désigner). Digne d'être noté ; important, remarquable.

2. NOTABLE n.m. Personne qui a une situation sociale de premier rang dans une ville, une région. ◇ HIST. *Assemblée des notables :* assemblée de membres représentatifs des trois ordres du royaume de France, auxquels les rois demandaient avis dans certains cas.

NOTABLEMENT adv. D'une manière notable, appréciable ; beaucoup.

NOTAIRE n.m. (lat. *notarius,* scribe). Officier public et ministériel qui reçoit et rédige les actes, les contrats, etc., pour leur conférer un caractère authentique, obligatoire dans certains cas.

NOTAIRESSE n.f. Vx. Femme d'un notaire.

NOTAMMENT adv. Spécialement, particulièrement, entre autres.

NOTARIAL, E, AUX adj. Qui se rapporte aux notaires, à leurs fonctions.

NOTARIAT n.m. **1.** Ensemble de la profession notariale. **2.** Fonction, charge de notaire.

NOTARIÉ, E adj. Passé devant notaire.

NOTATEUR, TRICE n. Spécialiste de la notation chorégraphique.

NOTATION n.f. **1.** Action d'indiquer, de représenter par un système de signes conventionnels ; ce système. *Notation algébrique, chorégraphique, musicale.* **2.** Courte remarque. **3.** Action de noter. *La notation des exercices scolaires.* **4.** BANQUE. Recomm. off. pour *rating.*

NOTE n.f. (lat. *nota*). **I. 1.** Courte indication que l'on écrit pour se rappeler qqch. *Prendre des notes.* **2.** Brève communication écrite destinée à informer (notamm. dans un contexte administratif). *Note de service.* ◇ *Note diplomatique :* correspondance entre un ministère des Affaires étrangères et les agents d'une mission diplomatique. **3.** Afrique. Lettre, missive. **4.** Courte remarque, annotation apportant un commentaire, un éclaircissement sur un texte. *Notes en marge, en bas de page.* **5.** Marque distinctive ; touche, nuance. *Une note de gaieté.* **II. 1.** Appréciation, souvent chiffrée, de la valeur de qqn, de sa conduite, de son travail, etc. *Une note de 12/20.* **2.** Détail d'un compte à acquitter ; facture. *Note d'hôtel.* **III. 1.** MUS. Signe conventionnel qui indique par sa position sur la portée la hauteur d'un son musical et par sa forme *(figure de note)* la durée relative de ce son. **2.** Son musical correspondant à ce signe ; syllabe ou lettre le désignant. *Chanter les notes de la gamme (do* ou *ut, ré, mi, fa, sol, la, si). Note grave, aiguë.* **3.** Fig. *Donner la note :* indiquer le ton, ce qu'il convient de faire. – *Être dans la note :* faire ce qui convient. – *Fausse note :* détail qui choque. – *La note juste :* le détail exact, en accord avec la situation. – *Forcer la note :* exagérer.

■ Les syllabes servant à désigner les sept notes de la gamme ont été empruntées par un moine du Xᵉ s., Gui d'Arezzo, à l'hymne à saint Jean-Baptiste. Ce sont les premières syllabes des vers de la première strophe : *Ut* queant laxis / *Re*sonare fibris / *Mi*ra gestorum / *Fa*muli tuorum / *Sol*ve polluti / *La*bii reatum / *S*ancte *I*ohannes. Au XVIIᵉ s., *ut,* difficile à solfier, fut remplacé par *do,* plus euphonique. Ces noms de notes sont utilisés dans tous les pays de langue latine.

NOTER v.t. (lat. *notare*). **1.** Faire une marque sur ce qu'on veut retenir. *Noter un passage.* **2.** Mettre par écrit. *Noter un rendez-vous.* **3.** Prendre garde à. *Notez bien ce que je vous dis.* **4.** Écrire de la musique avec des signes convenus. *Noter un air.* **5.** Apprécier le travail, la valeur de qqn. *Noter des devoirs.*

NOTHOFAGUS n.m. Hêtre de l'hémisphère Sud (Chili, Australie), utilisé en menuiserie, charpente et parquets.

NOTICE n.f. (lat. *notitia,* connaissance). Exposé succinct, résumé par écrit sur un sujet particulier ; ensemble d'indications sommaires.

NOTIFICATIF, IVE adj. Qui sert à notifier qqch.

NOTIFICATION n.f. Action de notifier ; avis.

NOTIFIER v.t. Faire connaître à qqn dans les formes légales ou usitées ; faire part, avertir de. *Notifier à l'accusé l'arrêt de la cour.*

NOTION n.f. (lat. *notio,* connaissance). **1.** Idée qu'on a de qqch, concept. **2.** Connaissance élémentaire de qqch.

NOTIONNEL, ELLE adj. Relatif à une notion.

NOTOIRE adj. (lat. *notorius,* qui fait connaître). Connu d'un très grand nombre de personnes ; public, célèbre. *Criminel notoire.*

NOTOIREMENT adv. Manifestement.

NOTONECTE n.f. Insecte des mares, qui nage souvent le dos tourné vers le bas. (Long. 2 cm ; ordre des hétéroptères.)

NOTORIÉTÉ n.f. Caractère d'une personne ou d'un fait notoire ; renommée, réputation, renom. ◇ DR. *Acte de notoriété :* acte destiné à attester un fait notoire et constant, et délivré par un officier public ou un magistrat.

NOTRE adj. poss. (pl. *nos*). Qui nous concerne, qui est à nous.

NÔTRE pron. poss. (lat. *noster*) [précédé de *le, la, les*]. Ce qui est à nous. ◆ adj. poss. Litt. (Toujours attribut). Qui est à nous. *Cette maison est nôtre.* ◆ n.m. pl. *Les nôtres :* nos parents, nos amis, nos alliés.

NOTRE-DAME n.f. inv. Titre que les catholiques donnent à la Vierge Marie ; nom donné aux églises qui lui sont consacrées.

NOTULE n.f. (bas lat. *notula,* de *nota,* marque). Courte note commentant un point de détail d'un texte ou exposant brièvement une question.

NOUAGE n.m. **1.** Action de nouer. **2.** Opération de tissage qui consiste à nouer les fils d'une chaîne terminée à ceux de la chaîne nouvelle qui lui succède.

NOUAISON n.f. ARBOR. Formation du fruit qui succède à la fleur. SYN. : *nouure.*

NOUBA n.f. (ar. *nūba*). **1.** Anc. Musique de régiment des tirailleurs nord-africains. **2.** Fam. Fête, noce. *Faire la nouba.*

1. NOUE n.f. (mot gaul.). Terre grasse et humide fournissant des herbages pour le bétail.

2. NOUE n.f. (lat. *navis,* navire). **1.** CONSTR. Pièce oblique d'une charpente, formant l'arête rentrante à la rencontre de deux combles. **2.** Arête rentrante formée par la rencontre des versants de deux toits. **3.** Lame de plomb ou de zinc ou rangée de tuiles creuses placées dans cet angle.

NOUEMENT n.m. Vx. Nouage.

NOUER v.t. (lat. *nodare*). **1.** Faire un nœud à ; réunir par un nœud. *Nouer une cravate.* ◇ Fig. *Avoir la gorge nouée,* contractée, serrée par l'émotion. **2.** Lier, tenir attaché, fermé par un lien auquel on a fait un nœud. *Nouer ses cheveux.* **3.** Former des liens plus ou moins étroits avec qqn, un groupe. *Nouer une amitié.* ◇ *Nouer la conversation,* l'engager. **4.** Litt. Organiser dans le détail, élaborer, ourdir. *Nouer un complot.*

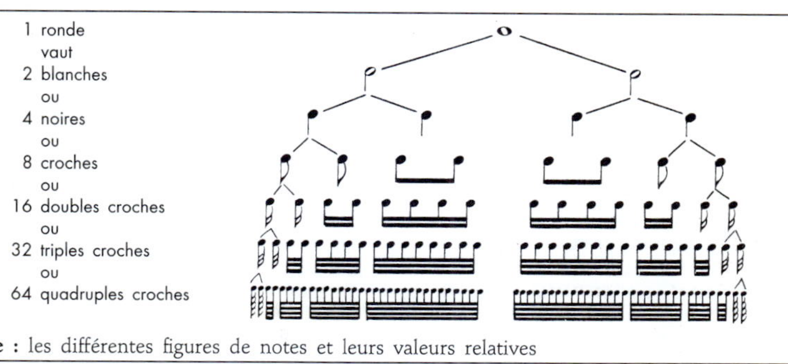

note : les différentes figures de notes et leurs valeurs relatives

NOUET n.m. Vx. Linge dans lequel on a placé une substance pour la faire infuser dans l'eau bouillante.

NOUEUX, EUSE adj. **1.** Se dit du bois qui a beaucoup de nœuds. *Un arbre au tronc noueux.* **2.** Qui présente des nodosités. *Des doigts noueux.*

NOUGAT n.m. (mot prov.). Confiserie de sucre, de miel et de blancs d'œufs frais ou desséchés, additionnée d'amandes, de noisettes ou encore de pistaches.

NOUGATINE n.f. **1.** Nougat dur, fait d'amandes broyées et de caramel. **2.** Génoise pralinée et garnie d'amandes ou de noisettes grillées et hachées.

NOUILLE n.f. (all. *Nudel*). Pâte alimentaire à base de semoule de blé dur, laminée, découpée en lanières minces, déshydratée et prête à l'emploi culinaire. ◆ adj. et n.f. Fam. Se dit d'une personne sans énergie ou peu dégourdie.

NOULET n.m. CONSTR. **1.** Pénétration de deux combles de hauteur différente, déterminant deux noues, dites *branches du noulet*. **2.** Pièces de charpente (sorte de ferme inclinée) constituant les arêtiers de ces deux noues.

NOUMÉNAL, E, AUX adj. PHILOS. Relatif au noumène (par opp. à *phénoménal*).

NOUMÈNE n.m. (gr. *nooumenon*). PHILOS. Pour Kant, concept de la chose en soi, conçue comme au-delà de toute expérience possible (par opp. à *phénomène*).

NOUNOU n.f. (pl. *nounous*). Nourrice, dans le langage enfantin.

NOURRAIN n.m. (du lat. *nutrire,* nourrir). **1.** Jeune poisson utilisé pour repeupler un étang. **2.** Jeune porc après le sevrage et au début de la période d'engraissement.

NOURRICE n.f. (lat. *nutrix, nutricis*). **I. 1.** Femme qui allaite des enfants en bas âge. ◇ *Nourrice sèche :* femme qui élève un enfant au biberon. **2.** Femme qui garde des enfants à son domicile contre rémunération. (On dit aussi auj. *assistante maternelle, gardienne.*) **II. 1.** Réservoir supplémentaire pour l'alimentation d'une chaudière ou d'un moteur. **2.** TECHN. Pièce d'où partent plusieurs tuyauteries divergentes.

NOURRICIER, ÈRE adj. Qui nourrit, procure la nourriture. ◇ *Père nourricier :* père adoptif.

NOURRIR v.t. (lat. *nutrire*). **1.** Fournir des aliments à ; faire vivre en donnant des aliments. *Nourrir qqn. Nourrir des animaux.* **2.** Donner les moyens de vivre et de subsister. *Il a cinq personnes à nourrir.* **3.** Litt. Donner une formation à qqn, lui fournir des idées, etc. **4.** Entretenir, faire durer (un sentiment). *Nourrir l'espoir.* **5.** Entretenir en accroissant l'importance. *Le bois stocké nourrissait l'incendie.* ◇ *Feu, tir nourri,* intense. **6.** Renforcer la matière de (un discours, un texte, une œuvre, etc.). *Nourrir la conversation d'anecdotes amusantes.* ◆ **se nourrir** v.pr. **1.** Absorber des aliments. **2.** Tirer sa force, sa substance de. *Préjugés qui se nourrissent de l'ignorance.* ◇ *Se nourrir d'illusions :* entretenir des illusions qui donnent une raison d'espérer, de vivre.

NOURRISSAGE n.m. **1.** Action de nourrir un animal domestique. **2.** Vx. Engraissement des bestiaux.

NOURRISSANT, E adj. Qui nourrit beaucoup.

NOURRISSEUR n.m. **1.** Celui qui engraisse du bétail pour la boucherie. **2.** *Nourrisseur automatique :* appareil permettant la distribution automatique d'aliments aux animaux.

NOURRISSON n.m. Enfant en bas âge, depuis la chute du cordon jusqu'à deux ans. (Jusqu'à la chute du cordon on dit *nouveau-né.*)

NOURRITURE n.f. **1.** Action de nourrir un être vivant. *Assurer la nourriture du bétail.* **2.** Toute substance qui sert à l'alimentation des êtres vivants. *Oiseau qui cherche sa nourriture. Une nourriture saine.* **3.** Litt. Ce qui nourrit le cœur, l'esprit. *Les nourritures intellectuelles.*

NOUS (lat. *nos*), pron. pers. de la 1re pers. du pl. des deux genres. ◇ *Nous* (ou *pluriel de majesté*), employé pour *je* dans le style officiel (en ce cas, l'attribut reste au singulier).

NOUURE n.f. ARBOR. Nouaison.

1. NOUVEAU ou **NOUVEL** (devant une voyelle ou un *h* muet), **ELLE** adj. (lat. *novellus*). **1.** Qui existe, qui est connu depuis peu. *Mots nouveaux.* **2.** Qui vient après qqn ou qqch de même espèce, qui vient les remplacer, leur succéder ou s'y ajouter. *Le nouveau directeur.* **3.** Qui possède des qualités originales ; inédit ; hardi. *Techniques nouvelles.* **4.** (Avec une valeur d'adverbe, mais variable devant les adj. ou des p. passés pris comme noms). Qui est tel depuis peu. *Des nouveaux riches.* ◆ adj. et n. Qui est depuis peu quelque part, qui exerce depuis peu une activité ; novice. *Être nouveau dans le métier.*

2. NOUVEAU n.m. Ce qui est original, inattendu. *Il y a du nouveau.* ◇ *À nouveau, de nouveau :* une fois de plus, pour la seconde fois.

NOUVEAU-NÉ, E adj. et n. (pl. *nouveau-nés, es*). Qui vient de naître.

NOUVEAUTÉ n.f. **1.** Qualité de ce qui est nouveau ; chose nouvelle. **2.** Livre nouvellement publié. **3.** Produit nouveau de l'industrie, de la mode. ◇ *Magasin de nouveautés,* qui vend des articles de mode.

1. NOUVELLE n.f. Première annonce d'un évènement arrivé depuis peu ; cet évènement. *Répandre une nouvelle.* ◆ pl. **1.** Renseignements sur la santé, la situation, etc., de personnes que l'on connaît. *Donner de ses nouvelles.* **2.** Informations sur les évènements du monde diffusées par les médias. *Écouter les nouvelles à la radio.*

2. NOUVELLE n.f. (it. *novella*). LITTÉR. Composition appartenant au genre du roman, mais qui s'en distingue par un texte plus court, par la simplicité du sujet et par la sobriété du style et de l'analyse psychologique.

NOUVELLEMENT adv. Litt. Depuis peu.

NOUVELLISTE n. LITTÉR. Auteur de nouvelles.

NOVA n.f. (lat. *nova* [*stella*], nouvelle [étoile]) [pl. *novae*]. Étoile qui, augmentant brusquement d'éclat, semble constituer une étoile nouvelle. (L'accroissement de luminosité s'effectue en quelques jours, mais le retour à la luminosité initiale peut s'étaler sur une dizaine d'années.)

NOVATEUR, TRICE adj. et n. (lat. *novare,* renouveler). Qui innove.

NOVATION n.f. (bas lat. *novatio*). **1.** DR. Substitution d'un nouveau titre de créance à un ancien. **2.** Innovation.

NOVATOIRE adj. DR. Qui est de la nature de la novation, ou relatif à la novation.

NOVÉLISATION n.f. (de l'angl. *novel,* roman). Réécriture, sous forme de roman, du scénario d'un film, d'un feuilleton.

NOVELLE n.f. DR. ROM. Constitution ou édit impérial venu s'ajouter à un code antérieur. *Les Novelles de Justinien, de Théodose.*

NOVEMBRE n.m. (du lat. *novem,* neuf [l'année romaine commençant au mois de mars]). Onzième mois de l'année.

NOVER v.t. DR. Renouveler une obligation.

NOVICE n. et adj. (lat. *novicius,* de *novus,* nouveau). Personne peu expérimentée ; débutant. *Il est novice dans le métier.* ◆ n. RELIG. Personne qui accomplit son noviciat.

NOVICIAT n.m. RELIG. **1.** Temps d'épreuve et de préparation imposé aux candidats à la vie religieuse et qui s'achève par la prononciation des vœux. (La durée canonique du noviciat est de 12 mois ; dans certains cas, elle peut aller jusqu'à trois ans.) **2.** Ensemble des locaux qui sont réservés aux novices, dans un monastère.

NOYADE n.f. Action de noyer ou de se noyer.

NOYAU n.m. (lat. *nodus,* nœud). **I.** Partie centrale de certains fruits charnus (drupes), formée d'un endocarpe lignifié qui entoure la graine ou amande. *Noyau de pêche, de prune.* **II. 1.** Partie centrale de qqch, d'une densité différente de celle de la masse. **a.** PHYS. Partie centrale de l'atome, formée de protons et de neutrons, autour de laquelle gravitent les électrons et où est rassemblée la quasi-totalité de la masse de l'atome. **b.** BIOL. Organite central et vital de toute cellule vivante, contenant les chromosomes et un ou plusieurs nucléoles. **c.** GÉOPHYS. Partie centrale du globe terrestre. **d.** ASTRON. Corps solide constituant la partie permanente d'une comète ; région centrale d'une galaxie où la densité et la luminosité sont maximales ; région centrale d'une tache solaire. **2.** Élément central servant de support à un ensemble. **a.** CONSTR. Support vertical d'un escalier tournant, portant les marches du côté opposé au mur de cage. **b.** ÉLECTR. Pièce magnétique autour de laquelle sont disposés des enroulements. **c.** MÉTALL. Pièce résistant à la matière en fusion, que l'on introduit dans un moule pour obtenir des parties creuses sur la pièce coulée. **3.** Amas de fines particules. ◇ MÉTÉOR. *Noyaux de condensation :* particules très fines en suspension dans l'atmosphère, et qui, ayant la propriété d'activer la condensation de la vapeur d'eau, jouent un rôle essentiel dans le déclenchement des précipitations. **4.** NEUROL. Groupement de neurones dans le système nerveux central. **5.** MATH. Dans l'application linéaire d'un espace vectoriel E dans un espace vectoriel F, sous-espace de E formé des vecteurs dont l'image dans F est le vecteur nul. **6.** CHIM. Chaîne cyclique de composés organiques. SYN. : *cycle.* **III. 1.** Petit groupe de personnes à l'origine d'un groupe plus vaste, ou qui en constitue l'élément essentiel. *Le noyau d'une colonie.* **2.** *Noyau dur :* **a.** Élément essentiel, central, de qqch. **b.** Partie la plus intransigeante, la plus déterminée d'un groupe. **c.** Petit groupe d'actionnaires qui détiennent le pouvoir dans une société industrielle ou commerciale. **3.** Petit groupe cohérent agissant dans un milieu hostile ou dominant. *Noyaux de résistance.*

NOYAUTAGE n.m. **1.** Tactique qui consiste à infiltrer dans un syndicat, un parti, etc., des personnes qui ont pour rôle de le désorganiser ou d'en prendre le contrôle. **2.** MÉTALL. Fabrication des noyaux de moules de fonderie ; ensemble des noyaux utilisés dans la fabrication d'une pièce ; atelier où ils sont fabriqués.

NOYAUTER v.t. **1.** Procéder au noyautage de (une organisation). **2.** MÉTALL. Fabriquer un noyau de fonderie.

NOYAUTEUR n.m. MÉTALL. Ouvrier chargé de l'exécution et de la pose des noyaux à l'intérieur des moules de fonderie.

NOYÉ, E n. Personne morte par noyade.

1. NOYER v.t. (lat. *necare,* mettre à mort) [13]. **1.** Faire mourir par asphyxie dans un liquide. *Noyer des chatons.* ◇ *Noyer le poisson :* fatiguer un poisson pris à la ligne, de manière à l'amener à la surface ; fig., fam., embrouiller une question, un problème pour tromper ou lasser. **2.** Recouvrir d'eau ; mouiller abondamment. *Les crues ont noyé les terres. Yeux noyés de larmes.* ◇ *Noyer un moteur :* provoquer un afflux excessif d'essence au carburateur, qui rend impossible la combustion. **3.** Étendre d'une trop grande quantité d'eau. *Noyer son vin, une sauce.* **4.** Fig. Combattre, réprimer, faire disparaître dans de grandes quantités de liquides. *Noyer une révolte dans le sang. Noyer son chagrin dans l'alcool.* **5.** Enfermer, prendre dans une masse solide. *Armature noyée dans le béton.* **6.** Faire disparaître dans une masse confuse ;

noyer

plonger dans la confusion. *Noyer l'essentiel dans des détails.* ◆ **se noyer** v.pr. **1.** Périr par immersion. **2. Fig.** Perdre pied, se laisser submerger, se perdre. *Se noyer dans les détails.* – *Se noyer dans un verre d'eau :* éprouver de grandes difficultés devant un très petit obstacle. **3.** Fondre, disparaître dans un tout. *Petite imperfection qui se noie dans la masse.*

2. NOYER n.m. (lat. *nux, nucis,* noix). **1.** Grand arbre des régions tempérées, qui porte les *noix,* et dont le bois dur est susceptible d'un beau poli. (Haut. 10 à 25 m ; longévité 300 à 400 ans ; famille des juglandacées.) **2.** Bois de cet arbre.

Np, symbole chimique du neptunium.

Ns, symbole chimique du nielsbohrium.

NTSC (sigle de *National Television System Committee*), système de télévision en couleurs exploité aux États-Unis.

1. NU n.m. inv. Treizième lettre de l'alphabet grec (Ν, ν) correspondant au *n* français.

2. NU, E adj. (lat. *nudus*). **1.** Qui n'est pas vêtu. *Se baigner nu.* ◇ Sans accessoires. – *Se battre à mains nues,* sans arme. – *À l'œil nu :* sans l'aide d'un instrument d'optique. **2.** Sans végétation. *Paysage nu et désolé.* **3.** Sans ornement. *Murs nus.* – *Style nu,* dépouillé. – *La vérité toute nue,* sans fard. **4.** Qui n'est pas enveloppé, protégé. *Fil électrique nu.* – *Épée nue,* hors du fourreau.
– REM. *Nu* reste invariable devant les noms *jambes, pieds* et *tête,* employés sans article ; il s'y joint par un trait d'union et constitue avec eux des expressions toutes faites : *nu-jambes, nu-pieds, nu-tête.*

3. NU n.m. **1.** BX-A. Représentation du corps humain totalement ou largement dévêtu, dénudé. *Un nu de Renoir.* **2.** CONSTR. Parement de mur sans aucune saillie. **3.** *Mettre à nu :* découvrir ; dévoiler.

NUAGE n.m. (lat. *nubes*). **1.** Ensemble de particules d'eau très fines, liquides ou solides, maintenues en suspension dans l'atmosphère par les mouvements verticaux de l'air. ◇ *Être dans les nuages :* être distrait, rêveur. **2.** Tout ce qui forme une masse légère et comme en suspension. *Nuage de fumée, de poussière.* ◇ *Nuage de lait :* petite quantité de lait que l'on verse dans le thé, le café. **3.** Ce qui trouble la sérénité ; menace plus ou moins précise. *Avenir chargé de nuages. Bonheur sans nuages.*
■ Il existe dix genres de nuages (distingués selon leur développement [horizontal, vertical ou mixte] et leur altitude) : altocumulus, altostratus, cirrocumulus, cirrostratus, cirrus, cumulo-nimbus, cumulus, nimbo-stratus, stratocumulus et stratus.

NUAGEUX, EUSE adj. **1.** Couvert de nuages. *Ciel nuageux.* ◇ *Système nuageux :* succession normale de nuages lors du passage d'une

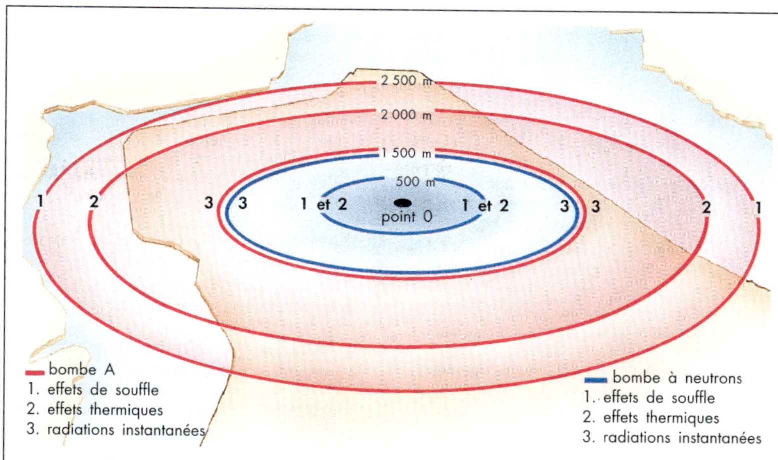

armes **nucléaires :** effets comparés de l'explosion d'une bombe A (très fort effet de souffle, fort effet thermique, peu de radiations) et de l'explosion d'une bombe à neutrons (faible effet de souffle, faible effet thermique, radiations nombreuses et intenses)

dépression. **2. Fig.** Qui manque de clarté, de netteté, de rigueur ; confus. *Esprit nuageux.*

NUAISON n.f. (de *nue*). MAR. Période pendant laquelle persiste un même vent, un même état atmosphérique.

NUANCE n.f. (de *nue*). **1.** Chacun des degrés, des tons différents d'une même couleur, ou chacun des degrés intermédiaires entre deux couleurs. **2.** Différence légère, subtile, peu sensible entre des choses, des sentiments, des idées, etc., de même nature. *Saisir les nuances d'une pensée.* ◇ *Être sans nuances :* être intransigeant, tout d'une pièce. **3.** MUS. Chacun des différents degrés d'intensité et d'expressivité que l'on peut donner aux sons dans l'exécution.

NUANCER v.t. [16]. **1.** Ménager des gradations dans les couleurs, dans leurs intensités, leurs valeurs. *Nuancer un rouge avec de l'orangé.* **2.** Exprimer (la pensée) en tenant compte des différences les plus subtiles. *Nuancer ses jugements.*

NUANCIER n.m. Carton, petit album présentant les différentes nuances d'un produit coloré (peinture, maquillage, etc.).

NUBIEN, ENNE adj. et n. De Nubie.

NUBILE adj. (lat. *nubilis,* de *nubere,* se marier). Se dit d'une fille en âge de se marier, qui est pubère.

NUBILITÉ n.f. État d'une jeune fille nubile; âge nubile.

NUBUCK n.m. (probablement de l'angl. *new buck,* nouveau daim). Cuir de bovin qui présente, après ponçage, une surface veloutée semblable à celle du daim.

NUCAL, E, AUX adj. ANAT. Relatif à la nuque.

NUCELLAIRE adj. BOT. Relatif au nucelle.

NUCELLE n.m. (lat. *nucella,* petite noix). BOT. Partie principale de l'ovule d'une angiosperme.

1. NUCLÉAIRE adj. **1.** Relatif au noyau de l'atome et à l'énergie qui en est issue. – *Arme nucléaire :* arme qui utilise l'énergie nucléaire. (Les armes nucléaires comprennent les armes *atomiques* ou de *fission,* et les armes *thermonucléaires,* ou de *fusion.* Elles emploient divers vecteurs : bombe d'avion, obus, missile, roquette, etc.) **2.** BIOL. Qui appartient au noyau de la cellule. *Membrane nucléaire.*

2. NUCLÉAIRE n.m. Ensemble des techniques, des industries qui concourent à la mise en œuvre de l'énergie nucléaire.

NUCLÉARISATION n.f. Action de nucléariser.

NUCLÉARISER v.t. **1.** Remplacer des sources d'énergie traditionnelles par l'énergie nucléaire. **2.** Doter (un pays) d'armes nucléaires.

NUCLÉASE n.f. BIOCHIM. Enzyme qui catalyse la scission des acides nucléiques.

NUCLÉÉ, E adj. BIOL. Se dit d'une cellule qui possède un ou plusieurs noyaux.

NUCLÉIDE n.m. → ***nuclide.***

NUCLÉINE n.f. Vieilli. Nucléoprotéine.

NUCLÉIQUE adj. *Acides nucléiques :* acides phosphorés qui comptent parmi les constituants fon-

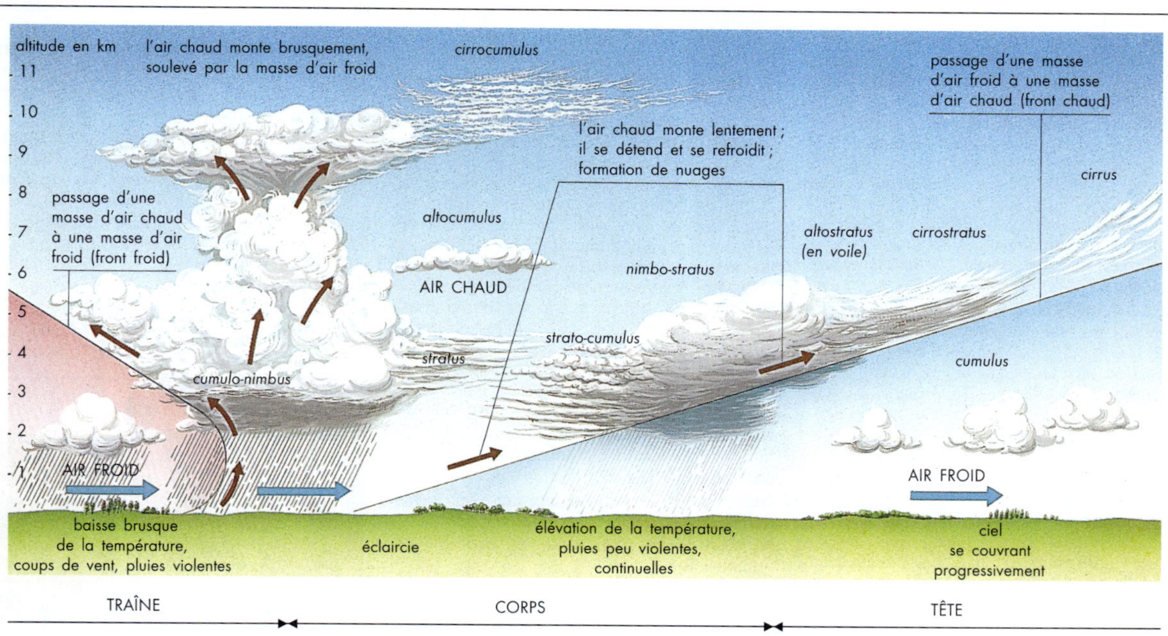

système **nuageux :** ensemble des formations nuageuses accompagnant une dépression

damentaux du noyau de la cellule et forment les supports du message héréditaire. (Ils sont divisés en deux groupes : les *acides ribonucléiques* [A. R. N.] et les *acides désoxyribonucléiques* [A. D. N.].)

NUCLÉOLE n.m. Corps sphérique très riche en A. R. N., situé à l'intérieur du noyau des cellules.

NUCLÉON n.m. Particule constituant le noyau d'un atome. (On distingue les protons, de charge positive, et les neutrons, de charge nulle.)

NUCLÉONIQUE adj. Relatif aux nucléons.

NUCLÉOPHILE adj. et n.m. Se dit d'une molécule ou d'un ion ayant une configuration électronique qui les rend susceptibles de donner une paire d'électrons et des réactions où ils interviennent.

NUCLÉOPROTÉINE n.f. ou **NUCLÉOPROTÉIDE** n.m. Hétéroprotéine qui résulte de la combinaison d'une protéine basique avec un acide nucléique.

NUCLÉOSIDE n.m. BIOCHIM. Hétéroside résultant de l'union d'un pentose avec une base purique ou pyrimidique.

NUCLÉOSYNTHÈSE n.f. ASTROPHYS. Formation des éléments chimiques par réactions nucléaires au sein des étoiles.

NUCLÉOTIDE n.m. BIOCHIM. Produit de l'union d'un nucléoside avec l'acide phosphorique, entrant dans la composition des acides nucléiques.

NUCLÉUS ou **NUCLEUS** [nykleys] n.m. (mot lat., *noyau*). **1.** PRÉHIST. Bloc de roche dure dont on a extrait des éclats ou des lames pour la fabrication d'outils. **2.** ANAT. *Nucleus pulposus :* partie centrale des disques intervertébraux, gélatineuse mais ferme. (La hernie du nucleus pulposus est l'une des causes de la sciatique.)

NUCLIDE ou **NUCLÉIDE** n.m. PHYS. Noyau atomique caractérisé par son nombre de protons et par son nombre de neutrons.

NUDIBRANCHE n.m. *Nudibranches :* superordre de mollusques gastropodes marins dépourvus de coquille, aux branchies nues tournées vers l'arrière.

NUDISME n.m. Fait de vivre au grand air dans un état de nudité complète. SYN. : *naturisme.*

NUDISTE adj. et n. Relatif au nudisme ; qui pratique le nudisme.

NUDITÉ n.f. (bas lat. *nuditas*). **1.** État d'une personne, d'une partie du corps nue. **2.** État de ce que rien ne garnit, qui est dépouillé de tout ornement. *La nudité d'un mur sans tableaux.* **3.** Simplicité, absence de fioritures. *Nudité d'un style.* **4.** BX-A. Corps représenté nu.

NUE n.f. (lat. *nubes,* nuage). Litt. et vieilli. Nuages. ◆ pl. *Porter aux nues :* exalter, louer excessivement. – *Tomber des nues :* être extrêmement surpris.

NUÉ, E adj. (de *nue*). Vieilli. **1.** Aux couleurs changeantes. *Jaspe nué.* **2.** *Or nué :* or nuancé employé comme fond dans un ouvrage brodé de soie.

NUÉE n.f. (de *nue*). **1.** Litt. Gros nuage épais. *Nuée d'orage.* ◇ *Nuée ardente :* émission d'un nuage de gaz à très haute température, chargé de cendres incandescentes et de blocs, qui s'écoule sur les flancs du volcan lors de certaines éruptions volcaniques. **2.** Multitude dense, compacte de petits animaux volants (insectes, oiseaux), évoquant un nuage. *Une nuée de criquets.*

NUEMENT adv. → ***nûment.***

NUE-PROPRIÉTÉ n.f. (pl. *nues-propriétés*). DR. Droit de propriété ne conférant à son titulaire que le droit de disposer d'un bien, mais non d'en user et d'en percevoir les fruits.

NUER v.t. Litt. Disposer des couleurs selon les nuances ; nuancer.

NUIRE v.t. ind. [*à*] (lat. *nocere*) 97. **1.** Faire du tort, du mal, causer un dommage à. **2.** Constituer un danger, une gêne, un obstacle pour. *Le tabac nuit à la santé.*

NUISANCE n.f. (Souvent au pl.). Tout facteur de la vie urbaine ou industrielle qui constitue une gêne, un préjudice, un danger pour la santé, pour l'environnement.

NUISETTE n.f. Chemise de nuit très courte.

1. NUISIBLE adj. Qui nuit, qui cause des dommages, fait du tort. *Excès nuisibles à la santé.*

2. NUISIBLE n.m. Animal (rongeur, insecte, etc.) parasite ou destructeur.

NUIT n.f. (lat. *nox, noctis*). **1.** Durée comprise entre le coucher et le lever du soleil. ◇ *De nuit :* pendant la nuit. – *Nuit et jour :* sans arrêt ni le jour ni la nuit, continuellement. – *Nuit bleue :* nuit marquée par une série d'actions terroristes ou criminelles coordonnées. **2.** Obscurité qui règne pendant ce temps. *À la nuit tombante. Il fait nuit noire.* ◇ *La nuit des temps :* les temps les plus reculés de l'histoire. **3.** Prix que l'on paie pour une nuit à l'hôtel. SYN. : *nuitée.*

NUITAMMENT adv. Litt. De nuit, pendant la nuit. *Un vol commis nuitamment.*

NUITÉE n.f. Durée de séjour dans un hôtel, comptée généralement de midi au jour suivant à midi ; nuit d'hôtel.

NUL, NULLE adj. indéf. [devant le nom] (lat. *nullus*). Aucun, pas un (suivi de *ne*). *Nul espoir n'est permis.* ◆ adj. qualificatif (Après le nom). **1.** Qui est sans existence, qui se réduit à rien ; qui reste sans résultat. *Différence nulle. Élection nulle.* **2.** Sans aucune valeur. *Devoir nul.* **3.** MATH. Qui a zéro pour valeur, pour mesure. *Angle, dièdre nul.* ◇ *Fonction numérique nulle,* qui, à toute valeur de la variable, associe le nombre zéro. ◆ adj. et n. Qui n'a aucune intelligence, aucune compétence, en parlant de qqn. *Elle est nulle. Un nul.* ◇ *Être nul en qqch,* totalement ignorant. ◆ pron. indéf. Litt. Personne. *Nul n'est prophète en son pays.*

NULLARD, E adj. et n. Fam. Sans valeur, sans aucune compétence.

NULLEMENT adv. Aucunement.

NULLIPARE adj. et n.f. **1.** MÉD. Se dit d'une femme qui n'a jamais accouché. **2.** Se dit d'une femelle de mammifère avant sa première gestation.

NULLITÉ n.f. **1.** Manque total de talent, de valeur. **2.** Personne sans compétence. *C'est une nullité.* **3.** DR. Inefficacité d'un acte juridique, résultant de l'absence d'une des conditions de fond ou de forme requises pour sa validité.

NÛMENT ou **NUEMENT** adv. Litt. Sans déguisement ; simplement, carrément.

NUMÉRAIRE n.m. Toute monnaie en espèces ayant cours légal. *Payer en numéraire plutôt que par chèque.* ◆ adj. Se dit de la valeur légale des espèces monnayées.

NUMÉRAL, E, AUX adj. et n.m. **1.** Se dit d'un terme qui exprime une idée de nombre *(adjectif numéral cardinal)* ou de rang *(adjectif numéral ordinal).* **2.** Se dit des symboles (lettres, chiffres, etc.) servant à représenter les nombres dans un système de numérotation.

NUMÉRATEUR n.m. (du lat. *numerare,* compter). MATH. Terme d'une fraction placé au-dessus de la barre horizontale et indiquant de combien de parties de l'unité se compose cette fraction.

NUMÉRATION n.f. **1.** Action de compter, de dénombrer. **2.** Façon d'écrire les nombres *(numération écrite)* et de les énoncer *(numération parlée).* **3.** MÉD. *Numération globulaire :* dénombrement des globules rouges et des globules blancs du sang (rapporté en général à 1 mm^3).

NUMÉRIQUE adj. (du lat. *numerus,* nombre). **1.** Qui relève des nombres ; qui se fait avec les nombres, est représenté par des nombres. **2.** Qui est évalué ou se traduit en nombre, en quantité. *Supériorité numérique.* **3.** *Disque numérique :* disque audionumérique*. ◆ adj. et n.m. INFORM., TÉLÉCOMM. **1.** Se dit de la représentation d'informations ou de grandeurs physiques au moyen de caractères, tels que des chiffres, ou au moyen de signaux à valeurs discrètes. SYN. (anglic. déconseillé) : *digital.* **2.** Se dit des systèmes, dispositifs ou procédés employant ce mode de représentation discrète, par opp. à *analogique.* SYN. (anglic. déconseillé) : *digital.*

NUMÉRIQUEMENT adv. Du point de vue du nombre ; sous forme numérique.

NUMÉRISATION n.f. Action de numériser.

NUMÉRISER v.t. INFORM. Exprimer sous forme numérique (une information analogique).

NUMÉRISEUR n.m. INFORM. Dispositif de numérisation.

NUMÉRO n.m. (it. *numero,* du lat. *numerus,* nombre). **1.** Chiffre, nombre qui indique la place d'une chose dans une série. ◇ Suisse. *Numéro postal :* code postal. **2.** Partie d'un ouvrage périodique. ◇ Fig. *La suite au prochain numéro :* ce qui reste à faire est renvoyé à plus tard. **3.** Billet portant un chiffre et qui donne le droit de participer au tirage d'une loterie. ◇ Fig. *Tirer le bon numéro :* bénéficier d'un concours de circonstances particulièrement heureux ; avoir de la chance. **4.** Chacune des parties d'un spectacle (cirque, music-hall, etc.). ◇ Fam. *Faire son numéro :* se faire remarquer, se donner en spectacle. **5.** Fam. Personnage singulier. *Un drôle de numéro.*

NUMÉROLOGIE n.f. Art supposé de tirer de l'analyse numérique de caractéristiques individuelles telles que le nom, le prénom, la date de naissance, etc., des conclusions sur le caractère des personnes et des pronostics sur leur avenir.

NUMÉROLOGUE n. Spécialiste de numérologie.

NUMÉROTAGE n.m. Action de porter un numéro, un indice de classement sur qqch.

NUMÉROTATION n.f. Attribution d'un numéro d'ordre ou de classement à qqch ; ordre de classement.

NUMÉROTER v.t. Marquer d'un numéro d'ordre, d'un numéro d'identification. ◆ v.i. Composer un numéro de téléphone.

NUMÉROTEUR n.m. Appareil pour numéroter.

NUMERUS CLAUSUS [nymerysklozys] n.m. (mots lat., *nombre arrêté*). Nombre auquel on limite la quantité de personnes admises à une fonction, à un grade, etc., conformément à une réglementation préalablement établie.

NUMIDE adj. et n. De la Numidie.

NUMISMATE n. Personne versée dans la connaissance des monnaies et médailles.

1. NUMISMATIQUE adj. (du gr. *nomisma,* monnaie). Relatif aux monnaies et aux médailles.

2. NUMISMATIQUE n.f. Étude scientifique des monnaies, médailles, jetons, etc.

NUMMULAIRE n.f. Lysimaque (plante).

NUMMULITE n.f. (lat. *nummus,* pièce de monnaie). Protozoaire fossile du début du tertiaire, dont le test calcaire de forme lenticulaire, pouvant atteindre 8 cm de diamètre, servait probablement de flotteur.

NUMMULITIQUE adj. et n.m. GÉOL. Paléogène. ◆ adj. Qui contient des nummulites.

NUNATAK n.m. (mot inuit). Pointe rocheuse isolée perçant la glace d'un inlandsis.

NUNCHAKU [nunʃaku] n.m. Fléau d'armes d'origine japonaise.

NUNUCHE adj. Fam. Qui est un peu niais.

NUOC-MÂM [nɥokmam] n.m. inv. (mot vietnamien). Condiment du Viêt Nam, obtenu par macération de poisson dans une saumure.

NU-PIEDS n.m. inv. Chaussure à semelle mince retenue au pied par des courroies.

NU-PROPRIÉTAIRE, NUE-PROPRIÉTAIRE n. et adj. (pl. *nu[e]s-propriétaires*). Propriétaire d'un bien sur lequel une autre personne exerce un droit d'usufruit.

NUPTIAL, E, AUX adj. (du lat. *nuptiae,* noces). **1.** Relatif à la cérémonie du mariage, au jour du mariage. *Bénédiction nuptiale.* **2.** Qui concerne l'union entre les époux. *Anneau nuptial.*

NUPTIALITÉ n.f. Rapport du nombre de mariages d'une année à l'effectif moyen de la population. (On dit aussi *taux de nuptialité.*)

NUQUE n.f. (ar. *nukhā'*). Partie postérieure du cou, au-dessous de l'occiput.

NURAGHE [nurage] n.m. (mot sarde) [pl. *nuraghes* ou *nuraghi*]. En Sardaigne, tour en

nuraghe aux environs d'Alghero (IIe millénaire av. J.-C.)

cône tronqué, datant de l'âge du bronze (à partir du IIe millénaire av. J.-C.) et qui servait probablement de refuge ou de forteresse.

NURAGIQUE adj. Relatif à la civilisation qui édifia les nuraghes. (Caractérisée par les nuraghes et par des statuettes en bronze au style schématique et vigoureux, la civilisation nuragique est en pleine floraison entre le xe et le vie s. av. J.-C.)

NURSE [nœrs] n.f. (mot angl.). Vieilli. Bonne d'enfant, gouvernante.

NURSERY [nœrsəri] n.f. (mot angl.) [pl. *nurserys* ou *nurseries*]. **1.** Vieilli. Pièce réservée aux enfants dans une maison. **2.** Salle réservée aux nouveau-nés dans une maternité, un hôpital. **3.** Local où l'on peut changer les bébés, faire chauffer les biberons, dans certains lieux publics (aéroports, stations-service, etc.). **4.** Lieu d'élevage de poissons, de crustacés.

NURSING [nœrsiŋ] ou **NURSAGE** n.m. (angl. *nursing*). MÉD. Ensemble de soins destinés à assurer le confort et la propreté d'un grabataire (opéré, comateux).

NUTATION n.f. (lat. *nutatio,* balancement de la tête). **1.** MÉCAN., PHYS. Petit mouvement périodique qu'effectue l'axe de rotation d'un corps animé d'un mouvement de type gyroscopique, autour de la position moyenne de cet axe. ◇ Spécialt. Petit mouvement périodique que subit l'axe de rotation de la Terre autour de sa position moyenne. **2.** BIOL. Mouvement hélicoïdal exécuté par l'extrémité d'une tige, d'une racine, d'une feuille, au cours de la croissance.

NUTRIMENT n.m. BIOL. Espèce chimique utilisable telle quelle dans l'alimentation des cellules vivantes (carbone, azote, oligoéléments, etc.), ou assimilable sans digestion préalable (glucose, acides aminés, etc.).

NUTRITIF, IVE adj. (du lat. *nutrire,* nourrir). **1.** Qui nourrit. *Substance nutritive.* **2.** Qui contient en abondance des éléments ayant la propriété de nourrir ; nourrissant. **3.** Relatif à la nutrition. *Valeur nutritive d'un aliment.*

NUTRITION n.f. (du lat. *nutrire,* nourrir). Ensemble des fonctions digestive, respiratoire, circulatoire, excrétoire et endocrinienne qui permettent l'apport aux cellules des éléments assurant leur croissance, le maintien de leurs formes, leur fonctionnement et l'élimination de leurs déchets.

NUTRITIONNEL, ELLE adj. Relatif à la nutrition, aux régimes alimentaires.

NUTRITIONNISTE n. Médecin spécialiste de la nutrition et des troubles qui l'affectent.

NYCTAGINACÉE n.f. *Nyctaginacées :* famille de plantes dicotylédones à fleurs sans pétales telles que la bougainvillée, le mirabilis.

NYCTALOPE adj. et n. (gr. *nuktalôps,* qui voit la nuit). Affecté de nyctalopie.

NYCTALOPIE n.f. Faculté de voir la nuit que l'on observe chez certains animaux et chez certains individus atteints de troubles visuels.

NYCTHÉMÉRAL, E, AUX adj. Du nycthémère, qui a la durée du nycthémère. *Rythme nycthéméral.*

NYCTHÉMÈRE n.m. (gr. *nux, nuktos,* nuit, et *hêmera,* jour). Durée de vingt-quatre heures, comportant un jour et une nuit. (Le nycthémère est une unité physiologique de temps, comprenant, pour l'homme et pour la plupart des animaux, une période de veille et une période de sommeil.)

NYCTURIE n.f. PHYSIOL. Élimination urinaire à prédominance nocturne.

NYLON n.m. (nom déposé). **1.** Matière à mouler à base de résine polyamide. **2.** Fibre, tissu obtenus à partir de ce produit.

NYMPHAL, E, ALS ou **AUX** adj. ZOOL. Relatif à une nymphe d'insecte.

NYMPHALIDÉ n.m. *Nymphalidés :* famille de papillons aux couleurs vives, aux chenilles épineuses, à chrysalide nue, tels que les vanesses.

NYMPHE n.f. (gr. *numphê,* jeune fille). **1.** MYTH. GR. et ROM. Divinité féminine représentée sous les traits d'une jeune fille et personnifiant divers aspects de la nature. **2.** Par ext. Jeune fille gracieuse et bien faite. **3.** ANAT. Chacune des petites lèvres de la vulve. **4.** ENTOMOL. Forme que prennent certains insectes, à l'issue de leur développement larvaire.

NYMPHÉA n.m. Nénuphar dont une espèce est le lotus sacré des Égyptiens.

NYMPHÉACÉE n.f. *Nymphéacées :* famille de plantes aquatiques, aux feuilles flottantes, telles que le nénuphar et le victoria.

NYMPHÉE n.m. (gr. *numphaion*). **1.** ANTIQ. Lieu ou sanctuaire dédié aux nymphes. **2.** BX-A. Construction (parfois une grotte artificielle) élevée au-dessus ou autour d'une source, d'une fontaine.

NYMPHETTE n.f. Très jeune fille au physique attrayant et aux manières aguichantes.

NYMPHOMANE adj. et n.f. Atteinte de nymphomanie.

NYMPHOMANIE n.f. Exagération des besoins sexuels chez la femme.

NYMPHOSE n.f. Période de vie ralentie, propre aux insectes supérieurs et pendant laquelle la larve se transforme en un adulte très différent.

NYSTAGMUS [nistagmys] n.m. (gr. *nustagma,* action de baisser la tête). Succession de mouvements oscillatoires, courts et saccadés, des yeux, parfois liée à une lésion des centres nerveux.

NYSTATINE n.f. Antibiotique actif contre les mycoses dues aux levures.

O

O n.m. inv. **1.** Quinzième lettre de l'alphabet et la quatrième des voyelles. **2.** O, symbole chimique de l'oxygène. **3.** O., abrév. de *ouest.*

Ô interj. **1.** Litt. (Pour invoquer, interpeller). *Ô mon Dieu. Ô Paul !* **2.** (Marquant l'admiration, l'étonnement, la surprise). *Ô joie !*

OARISTYS [-tis] n.f. (gr. *oaristus*). Litt. Conversation tendre ; idylle.

OASIEN, ENNE adj. et n. Des oasis.

OASIS [ɔazis] n.f. (mot gr. ; de l'égyptien). **1.** Petite région fertile grâce à la présence d'eau, dans un désert. **2.** Fig. Lieu, situation qui procure du calme ; refuge. *Une oasis de calme et de silence dans la grande ville.*

OBÉDIENCE n.f. (lat. *oboediencia,* obéissance). **1.** RELIG. Obéissance à un supérieur ecclésiastique. ◇ HIST. *Lettre d'obédience :* lettre délivrée par un supérieur à un religieux ou à une religieuse, lui permettant d'enseigner (France, 1850-1881). **2.** Dépendance d'une maison religieuse par rapport à une maison principale. **3.** Fidélité et adhésion à une autorité spirituelle, politique ou philosophique. **4.** Groupement de loges maçonniques à l'échelon national.

OBÉIR v.t. ind. **[*à*]** (lat. *oboedire*). **1.** Se soumettre à la volonté de qqn, à un règlement. *Obéir à ses parents, à ses supérieurs, à la loi.* **2.** Céder à une incitation, à un sentiment. *Obéir à ses instincts.* **3.** Répondre au mouvement commandé, fonctionner correctement. *Les freins n'obéissent plus.* **4.** Être soumis à une force, à une nécessité naturelle. *Les corps obéissent à la pesanteur.* – REM. *Obéir* peut s'employer au passif. *Quand je donne un ordre, j'aime être obéi.*

OBÉISSANCE n.f. Action de celui qui obéit ; fait d'obéir. ◇ *Obéissance passive :* soumission aveugle aux ordres reçus.

OBÉISSANT, E adj. Qui obéit, qui est soumis.

OBEL ou **OBÈLE** n.m. Marque utilisée pour noter un passage douteux ou interpolé dans les anciens manuscrits.

OBÉLISQUE n.m. (gr. *obeliskos,* broche à rôtir). Pierre levée, généralement monolithe, de forme quadrangulaire, terminée par un pyramidion. (Gravé de hiéroglyphes, l'obélisque était, dans l'Égypte pharaonique, un symbole solaire que sa forme et sa fonction – capter les rayons de l'astre – apparentaient à la pyramide.)

OBÉRER v.t. (du lat. *obaeratus,* endetté) 18. Litt. **1.** Faire peser une lourde charge financière sur. **2.** Compromettre par des engagements anticipés. *Cette décision obère l'avenir.*

OBÈSE adj. et n. (lat. *obesus,* gras). Atteint d'obésité.

OBÉSITÉ n.f. Excès de poids corporel par augmentation de la masse adipeuse de l'organisme. (Il y a obésité lorsque la surcharge pondérale dépasse de 20 % le poids idéal, correspondant au taux de mortalité le plus bas.)

OBI n.f. (mot jap.). Large et longue ceinture de soie portée au Japon sur le kimono.

OBIER n.m. (it. *obbio*). Arbrisseau du genre viorne, dont une forme cultivée doit son nom de *boule-de-neige* à ses fleurs blanches groupées en une boule. (Haut. 2 à 4 m.)

OBIT [ɔbit] n.m. (lat. *obitus,* mort). RELIG. CATH. Service religieux célébré par fondation pour un défunt à la date anniversaire de sa mort.

OBITUAIRE adj. RELIG. CATH. *Registre obituaire* ou *obituaire,* n.m. : registre renfermant la liste des défunts pour l'anniversaire desquels on doit prier ou célébrer un obit.

OBJECTAL, E, AUX adj. PSYCHAN. Relatif à l'objet.

OBJECTER v.t. (lat. *objectare,* placer devant). Répondre en opposant une objection à ce qui a été dit. *Elle n'a rien objecté à mes raisons.*

OBJECTEUR n.m. *Objecteur de conscience :* jeune homme qui, avant son incorporation, se déclare, en raison de ses convictions religieuses ou philosophiques, opposé en toute circonstance à l'usage personnel des armes. (L'objecteur de conscience accomplit un service civil dans une administration de l'État ou dans une collectivité locale pendant une durée fixée à 20 mois.)

1. OBJECTIF, IVE adj. (lat. *objectus,* placé devant). **1.** Qui existe indépendamment de la pensée (par opp. à *subjectif*). *La réalité objective.* **2.** Qui ne fait pas intervenir d'éléments affectifs ou personnels dans ses jugements ; impartial. **3.** Dont on ne peut contester le caractère scientifique. **4.** *Allié objectif :* personne, groupe dont le comportement sert les intérêts de qqn avec qui il n'a pas nécessairement d'affinités.

2. OBJECTIF n.m. **1.** But, cible que qqch doit atteindre. *Les objectifs d'une politique.* ◇ MIL. Point, ligne ou zone de terrain à battre par le feu (bombardement) ou à conquérir par le mouvement et le choc (attaque). **2.** OPT. Élément d'un instrument d'optique qui est tourné vers l'objet que l'on veut observer, par opp. à l'*oculaire,* contre lequel on place l'œil. **3.** PHOT. Système optique d'un appareil de prise de vues ou de projection, qui permet de former l'image sur un support sensible ou sur un écran.

OBJECTION n.f. Argument opposé à une affirmation.

OBJECTIVATION n.f. Action d'objectiver.

OBJECTIVEMENT adv. **1.** De façon objective, en s'en tenant à la réalité des faits. *Rendre compte objectivement des évènements.* **2.** PHILOS. En se plaçant du point de vue de l'objet.

OBJECTIVER v.t. **1.** PSYCHOL. Rapporter à une réalité extérieure. *Objectiver des sensations.* **2.** Exprimer qqch, le réaliser, le définir, lui donner une forme concrète. *Objectiver une pensée.*

OBJECTIVISME n.m. **1.** Absence systématique de parti pris. **2.** DR. *Objectivisme juridique :* principe selon lequel l'obligation juridique est fondée sur l'existence d'une règle indépendante de la volonté des sujets.

OBJECTIVISTE adj. et n. Qui relève de l'objectivisme ; qui en est partisan.

OBJECTIVITÉ n.f. **1.** Qualité d'une personne qui porte un jugement objectif, qui sait faire abstraction de ses préférences personnelles. **2.** Qualité de ce qui est conforme à la réalité, de ce qui décrit avec exactitude. *L'objectivité d'un récit.*

OBJET n.m. (lat. *objectum,* chose placée devant). **1.** Toute chose concrète, perceptible par la vue, le toucher. **2.** Chose solide considérée comme un tout, fabriquée par l'homme et destinée à un certain usage. **3.** Ce sur quoi porte une activité, un sentiment, etc. *L'objet de l'astronomie est l'étude des astres. Cette jeune femme est l'objet de toute son affection.* **4.** But d'une action, d'un comportement. *Toutes ces précautions ont pour objet la sécurité publique.* ◇ *Sans objet :* sans motivation, sans fondement. – *Remplir son objet :* atteindre le but proposé. **5.** DR. **a.** Bien, prestation sur lesquels porte un droit, une obligation. **b.** Résultat auquel tend une action en justice. **6.** PSYCHAN. « Ce en quoi ou par quoi la pulsion peut atteindre son but » (Freud), en tant que se distinguant de ce but*. – *Relation d'objet :* relation de l'individu avec ses objets libidinaux. **7.** GRAMM. *Complément d'objet :* nom, groupe nominal ou pronom complément du verbe, qui désigne l'être ou la chose qui subit l'action exprimée par le verbe. (On distingue le *complément d'objet direct,* qui dépend d'un verbe transitif direct, du *complément d'objet indirect,* qui dépend d'un verbe transitif indirect.) **8.** INFORM. *Programmation par objets :* mode

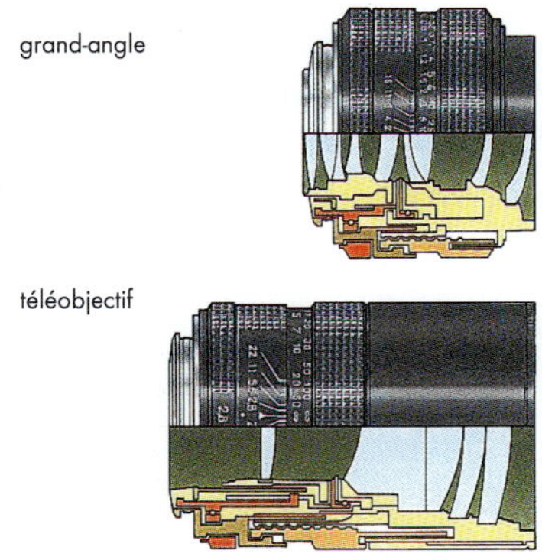

objectifs photographiques

de programmation dans lequel les données et les procédures qui les manipulent sont regroupées en entités appelées *objets*. – *Langage à objets, langage orienté objets* : langage adapté à la programmation par objets.

OBJURGATION n.f. (du lat. *objurgare,* blâmer). Litt. (Surtout pl.). **1.** Remontrance, mise en garde sévères (en partic. pour dissuader qqn). **2.** Prière pressante, adjuration.

OBLAT, E [ɔbla, at] n. (lat. *oblatus,* offert). **1.** Laïque qui s'agrège à un monastère sans prononcer de vœux. **2.** Religieux de certaines congrégations. ◆ n.m. pl. RELIG. CATH. **1.** Le pain et le vin de l'eucharistie. **2.** Dons à l'occasion d'une messe (cierge, quête, etc.).

OBLATIF, IVE adj. PSYCHOL. Qui fait passer les besoins d'autrui avant les siens propres.

OBLATION n.f. Action par laquelle on offre qqch à Dieu ; offrande à Dieu du pain et du vin, précédant la consécration, pendant la messe.

OBLATIVITÉ n.f. PSYCHOL. Caractère d'un sujet oblatif.

OBLIGATAIRE n. BOURSE. Porteur d'une, de plusieurs obligations. ◆ adj. Fait d'obligations. *Emprunt obligataire.*

OBLIGATION n.f. **1.** Contrainte, devoir qu'imposent la loi, la morale, les conventions sociales, les circonstances, etc. ◇ *L'obligation de* (+ inf.) : la nécessité de. *Être dans l'obligation de partir.* **2.** DR. Lien de droit par lequel une personne est tenue de faire ou de ne pas faire qqch. **3.** BOURSE. Titre négociable, représentant une des fractions égales d'un prêt consenti à une société privée ou à une collectivité publique lors de l'émission d'un emprunt (dit *emprunt obligataire*). ◇ BANQUE. *Obligation cautionnée* : crédit accordé à une entreprise pour différer le paiement de la T. V. A. ou de droits de douane.

OBLIGATOIRE adj. **1.** Imposé par la loi ou des circonstances particulières ; exigé par les conventions sociales. *Présence obligatoire.* **2.** Fam. Inévitable, inéluctable.

OBLIGATOIREMENT adv. **1.** De façon obligatoire. **2.** Fam. Fatalement, forcément.

OBLIGÉ, E adj. et n. Redevable, reconnaissant. *Je vous suis très obligé. Je suis votre obligé.* ◆ adj. Nécessaire. *Conséquence obligée.* ◇ Fam. *C'est obligé* : c'est forcé, obligatoire.

OBLIGEAMMENT adv. De façon obligeante, de manière à rendre service.

OBLIGEANCE n.f. Disposition, penchant à rendre service, à faire plaisir. *Elle est d'une extrême obligeance.*

OBLIGEANT, E adj. Qui aime à obliger, à faire plaisir ; aimable, serviable.

OBLIGER v.t. (lat. *obligare,* de *ligare,* lier) [17]. **1.** Imposer comme devoir, lier par une loi, une convention. **2.** Contraindre, forcer, mettre dans la nécessité de. *Obliger qqn à partir, au départ. Être obligé de travailler.* **3.** Rendre service par complaisance, être agréable à. *Obliger un ami.*

1. OBLIQUE adj. (lat. *obliquus*). **1.** Qui est de biais, dévié par rapport à une ligne, à un plan horizontal, vertical. **2.** DR. *Action oblique* : action qui permet à un créancier d'exercer les droits que son débiteur néglige. **3.** LING. *Cas oblique* : cas exprimant, par rapport au verbe, des fonctions considérées comme secondaires (par opp. au *sujet* et à l'*objet direct* considérés comme des fonctions principales). **4.** ANAT. *Muscle oblique* ou *oblique,* n.m. : muscle dont l'action s'exerce suivant des directions non parallèles au plan de symétrie du corps.

2. OBLIQUE n.f. MATH. Droite qui coupe une autre droite ou un autre plan sans lui être perpendiculaire.

OBLIQUEMENT adv. De façon oblique ; selon une direction, une disposition oblique.

OBLIQUER v.i. **1.** Prendre une direction un peu différente de la direction primitive ; quitter le chemin principal. **2.** Aller en ligne oblique, prendre une direction de côté.

OBLIQUITÉ [ɔblikɥite] n.f. Inclinaison d'une ligne, d'une surface sur une autre. ◇ ASTRON. *Obliquité de l'écliptique* : angle de 23° 26′ que forme l'écliptique avec l'équateur céleste.

OBLITÉRATEUR, TRICE adj. Qui oblitère. ◆ n.m. Appareil pour oblitérer des timbres, des reçus, des quittances, etc.

OBLITÉRATION n.f. Action d'oblitérer.

OBLITÉRER v.t. (lat. *oblitterare,* effacer) [18]. **1.** Couvrir d'une empreinte, d'une marque (un timbre, un document, etc.). **2.** Litt. Effacer progressivement. *Le temps a oblitéré ses souvenirs.* **3.** Didact. Obstruer (un canal, un orifice).

OBLONG, ONGUE [ɔblɔ̃, ɔ̃g] adj. (lat. *oblongus*). De forme allongée.

OBNUBILATION n.f. PSYCHIATRIE. Obscurcissement de la conscience, accompagné d'un ralentissement des processus intellectuels.

OBNUBILÉ, E adj. **1.** PSYCHIATRIE. Qui souffre d'obnubilation. **2.** Cour. Qui n'a qu'une idée en tête, obsédé. *Il est obnubilé par son travail.*

OBNUBILER v.t. (lat. *obnubilare,* couvrir de nuages). Obscurcir les facultés mentales, fausser le jugement de. *La peur de mal faire l'obnubile.*

OBOLE n.f. (gr. *obolos*). **1.** Petite offrande, contribution peu importante en argent. *Apporter son obole à une quête.* **2.** HIST. Unité de monnaie et de poids de la Grèce antique, qui valait le sixième de la drachme (0,71 g dans le système attique).

OBOMBRER v.t. Litt. Couvrir d'ombre.

OBSCÈNE adj. (lat. *obscenus,* de mauvais augure). Qui blesse ouvertement la pudeur par des représentations d'ordre sexuel.

OBSCÉNITÉ n.f. **1.** Caractère de ce qui est obscène. **2.** Parole, acte obscène.

OBSCUR, E adj. (lat. *obscurus*). **1.** Sombre, qui n'est pas ou qui est mal éclairé. *Lieu obscur.* **2.** Difficile à comprendre. *Pensée obscure.* **3.** Peu connu, effacé. *Mener une existence obscure.*

OBSCURANTISME n.m. Attitude d'opposition à l'instruction, à la raison et au progrès.

OBSCURANTISTE adj. et n. Qui relève de l'obscurantisme ; qui défend l'obscurantisme.

OBSCURCIR v.t. Rendre obscur. ◆ **s'obscurcir** v.pr. Devenir obscur.

OBSCURCISSEMENT n.m. Action d'obscurcir, fait de s'obscurcir.

OBSCURÉMENT adv. **1.** De façon obscure, peu intelligible, confuse. **2.** De manière à rester ignoré. *Finir obscurément sa vie.*

OBSCURITÉ n.f. **1.** État de ce qui est obscur. **2.** Fig. Manque de clarté, d'intelligibilité. **3.** Fig., litt. État, situation d'une personne obscure, sans notoriété.

OBSÉCRATION n.f. (lat. *obsecratio*). Didact. Prière, demande instante adressée à Dieu ou aux hommes.

OBSÉDANT, E adj. Qui obsède, qui importune.

OBSÉDÉ, E adj. et n. Qui est la proie d'une obsession, d'une idée fixe. ◇ Spécialt. Qui est la proie d'obsessions de nature sexuelle.

OBSÉDER v.t. (lat. *obsidere,* assiéger) [18]. **1.** Occuper de façon exclusive, s'imposer sans cesse à l'esprit de. *Cette idée m'obsède.* **2.** Litt. Importuner par une présence, des demandes incessantes. *Tâchez d'éconduire ces solliciteurs qui vous obsèdent.*

OBSÈQUES n.f. pl. (lat. *obsequiae,* de *obsequi,* suivre). Cérémonie des funérailles.

OBSÉQUIEUSEMENT adv. De façon obséquieuse.

OBSÉQUIEUX, EUSE adj. (lat. *obsequiosus*). Poli et empressé à l'excès ; servile.

OBSÉQUIOSITÉ n.f. Caractère d'une personne obséquieuse, de son comportement.

OBSERVABLE adj. Qui peut être observé.

OBSERVANCE n.f. **1.** Action d'observer fidèlement une règle religieuse ; cette règle. **2.** Par ext. Communauté religieuse considérée par rapport à la règle qu'elle observe. *L'observance bénédictine.* ◇ *Stricte observance* : branche d'un ordre religieux qui, après des réformes, suit de nouveau la règle primitive. **3.** Litt. Action d'observer une prescription, une coutume, de pratiquer une règle de conduite.

OBSERVATEUR, TRICE n. **1.** Personne qui regarde, assiste à qqch en spectateur. ◇ Spécialt. Personne présente dans un débat, une commission, mais qui ne peut intervenir ni voter. **2.** Personne dont la mission est de regarder le déroulement de certains évènements afin d'en rendre compte. ◇ MIL. Celui qui surveille les positions ennemies, observe le combat. **3.** Individu considéré sous le rapport de la position qu'il occupe dans l'espace et des circonstances particulières suivant lesquelles les phénomènes se présentent à lui. *Un observateur placé face au nord.* ◆ adj. Qui sait observer, regarde avec un esprit critique.

OBSERVATION n.f. **I. 1.** Action de regarder avec attention les êtres, les choses, les évènements, les phénomènes pour les étudier, les surveiller, en tirer des conclusions. ◇ *Esprit d'observation* : disposition ou habileté à observer. **2.** MIL. Surveillance systématique de l'ennemi en vue d'obtenir des renseignements. **3.** MÉD. Surveillance d'un malade pendant un temps donné, destinée à permettre au médecin de préciser ou d'infirmer un diagnostic incertain. *Mettre un malade en observation.* **II. 1.** Compte rendu, ensemble de remarques, de réflexions de qqn qui a observé, étudié qqch. *Consigner ses observations sur un registre.* **2.** Remarque faite aux propos de qqn. *Le discours appelle deux observations.* **3.** Légère réprimande. *Cette absence lui a valu une observation.* **III.** Action de se conformer à ce qui est prescrit. *L'observation du Code de la route.*

OBSERVATOIRE n.m. **1.** Établissement spécialement affecté aux observations astronomiques, météorologiques ou volcanologiques. **2.** Lieu d'où l'on peut observer, aménagé pour l'observation. **3.** Organisme, groupe chargé d'observer des faits politiques, économiques, sociaux. *Observatoire de l'immobilier.*

OBSERVER v.t. (lat. *observare*). **I. 1.** Examiner attentivement, considérer avec attention (pour étudier). **2.** Regarder attentivement (pour surveiller, contrôler). *Observer les faits et gestes de ses voisins.* **3.** Remarquer, constater. *J'observe que vous allez de mieux en mieux.* **II. 1.** Respecter, se conformer à (ce qui est prescrit par la loi, les usages, etc.). **2.** Adopter de façon durable et volontaire (un comportement). *Observer un silence prudent.* ◆ **s'observer** v.pr. **1.** Surveiller, contrôler ses moindres réactions. **2.** S'épier, se surveiller réciproquement.

OBSESSION n.f. (lat. *obsessio*). **1.** PSYCHIATRIE. Idée souvent absurde ou incongrue qui surgit dans la conscience et l'assiège, bien que le sujet soit conscient de son caractère morbide et la ressente comme étrangère. **2.** Fait d'obséder qqn ; ce qui obsède, idée fixe.

OBSESSIONNEL, ELLE adj. PSYCHIATRIE. Qui relève de l'obsession. ◇ *Névrose obsessionnelle* : névrose dont les symptômes sont des obsessions et des rituels. ◆ adj. et n. Qui souffre d'obsessions ; atteint d'une névrose obsessionnelle.

OBSIDIENNE n.f. (de *Obsius,* n. de celui qui, selon Pline, découvrit ce minéral). Verre volcanique de couleur sombre, ayant l'aspect du verre de bouteille, mais très cassant.

OBSIDIONAL, E, AUX adj. (du lat. *obsidio, -onis,* siège). Didact. Qui concerne le siège d'une ville. ◇ *Fièvre obsidionale* : psychose collective frappant une population assiégée. – *Délire obsidional* : délire du sujet qui se croit assiégé.

OBSOLESCENCE n.f. (du lat. *obsolescere,* perdre de sa valeur). Litt. Fait d'être périmé. ◇ Spécialt. Dépréciation d'une machine, d'un équipement, qui le rend périmé du seul fait de l'évolution technique (et non de l'usure résultant de son fonctionnement).

OBSOLESCENT, E adj. Litt. Frappé d'obsolescence.

OBSOLÈTE adj. (lat. *obsoletus*). Litt. Déprécié, périmé par obsolescence ; sorti de l'usage.

OBSTACLE n.m. (lat. *obstaculum,* de *obstare,* se tenir devant). **1.** Ce qui empêche d'avancer, s'oppose à la marche. **2.** Fig. Ce qui empêche ou retarde une action, une progression. *Se heurter à des obstacles insurmontables.* **3.** SPORTS. Chacune des difficultés à franchir, placée sur une piste dans une compétition (hippisme, course à pied, en partic.). [*V. illustration p. 710.*]

OBSTÉTRICAL, E, AUX adj. Relatif à l'accouchement.

OBSTÉTRICIEN, ENNE n. Médecin spécialiste d'obstétrique.

OBSTÉTRIQUE n.f. (lat. *obstetrix,* accoucheuse). Discipline médicale qui traite de la grossesse et de la technique de l'accouchement.

OBSTINATION n.f. Caractère d'une personne obstinée ; entêtement, persévérance.

OBSTINÉ, E adj. et n. Opiniâtre, entêté. *Enfant obstiné.* ◆ adj. **1.** Qui marque de l'obstination.

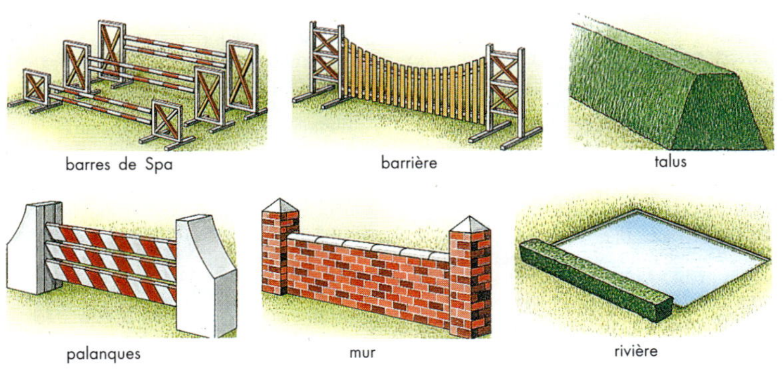

principaux **obstacles** utilisés dans un concours hippique

Travail obstiné. **2.** Constant, répété. *Toux obstinée.* ◇ MUS. *Basse obstinée :* partie de basse d'une composition qui répète le même motif.

OBSTINÉMENT adv. Avec obstination.

OBSTINER (S') v.pr. (lat. *obstinare*). Persévérer, s'entêter. *S'obstiner dans un refus, à refuser.* ◇ Absolt. *Il nie et s'obstine.*

OBSTRUCTIF, IVE adj. PATHOL. Se dit d'une affection qui cause une obstruction.

OBSTRUCTION n.f. **1.** Tactique, ensemble de manœuvres employées pour entraver le bon déroulement d'une action, d'un processus, d'un débat. **2.** PATHOL. Engorgement d'un conduit organique, d'un vaisseau. **3.** SPORTS. Action de s'opposer de façon irrégulière au jeu de l'adversaire.

OBSTRUCTIONNISME n.m. Obstruction systématique dans une assemblée, spécialt dans une assemblée parlementaire.

OBSTRUCTIONNISTE adj. et n. Qui fait systématiquement de l'obstruction.

OBSTRUER v.t. (lat. *obstruere,* construire devant). Boucher par un obstacle, barrer.

OBTEMPÉRER v.t. ind. **[*à*]** (lat. *obtemperare*) [18]. Obéir à (un ordre), se soumettre à (une injonction). *Obtempérer à une sommation.*

OBTENIR v.t. (lat. *obtinere,* maintenir) [40] [auxil. *avoir*]. **1.** Parvenir à se faire accorder (ce que l'on désire). *Obtenir un délai.* **2.** Atteindre (un résultat), parvenir à ce que qqch se produise. *Obtenir le baccalauréat. J'ai obtenu qu'il s'en aille.*

OBTENTION n.f. Fait d'obtenir (en partic. à la suite d'essais, de recherches).

1. OBTURATEUR, TRICE adj. **1.** Qui sert à obturer. **2.** ANAT. *Trou obturateur :* trou ischio-pubien.

2. OBTURATEUR n.m. **1.** Objet qui sert à obturer. **2.** Dispositif d'un objectif photographique pour obtenir des temps de pose différents. **3.** Appareil qui sert à interrompre ou à rétablir la circulation dans une conduite d'eau, de gaz, de vapeur.

OBTURATION n.f. Action, manière d'obturer.

OBTURER v.t. (lat. *obturare,* boucher). **1.** Boucher hermétiquement par l'introduction ou l'application d'un corps. **2.** Combler avec un amalgame (les cavités d'une dent cariée).

OBTUS, E [ɔpty, yz] adj. (lat. *obtusus,* émoussé). **1.** Qui manque de finesse, de pénétration ; borné. *Esprit obtus.* **2.** MATH. Se dit d'un angle géométrique dont la mesure est comprise strictement entre 90^0 et 180^0.

OBTUSANGLE [ɔptyzɑ̃gl] adj. Se dit d'un triangle qui a un angle obtus.

OBTUSION n.f. (bas lat. *obtusio*). NEUROL. Trouble de la vigilance caractérisé par un manque d'attention, une lenteur à saisir un raisonnement, à percevoir et à s'orienter.

OBUS n.m. (all. *Haubitze,* obusier, du tchèque). Projectile de forme cylindro-ogivale lancé par une bouche à feu. (On distingue les obus pleins, ou *perforants,* et les obus remplis de balles ou de matières explosives, toxiques, fumigènes, nucléaires, etc.)

OBUSIER n.m. Canon relativement court qui peut effectuer du tir direct, du tir plongeant et du tir vertical.

OBVENIR v.i. (lat. *obvenire*) [40] [auxil. *être*]. DR. Échoir par succession.

OBVERS n.m. ou **OBVERSE** n.f. (lat. *obvertere,* tourner vers, contre). Vx. Avers.

OBVIE adj. (lat. *obvius*). PHILOS., THÉOL. Évident, démontré, qui se présente naturellement à l'esprit. *Sens obvie.*

OBVIER v.t. ind. **[*à*]** (lat. *obviare,* aller à la rencontre de). Litt. Prévenir (qqch de fâcheux) en prenant les mesures nécessaires, en y faisant obstacle ; remédier à. *Obvier à un oubli.*

OC adv. (anc. occitan *oc,* oui). *Langue d'oc :* ensemble des dialectes romans (appelés souvent auj. *occitan*) parlés dans la moitié sud de la France (par opp. à *langue d'oïl*).

■ La langue d'oc a constitué au Moyen Âge une grande langue de civilisation, mais elle n'a pu s'unifier du fait des circonstances historiques. Elle a connu au XIXe s., avec le félibrige, une renaissance spectaculaire, qui se confirme actuellement dans l'affirmation d'une conscience régionale occitane. Sa frontière septentrionale n'a guère varié depuis le Moyen Âge : il s'agit d'une ligne qui part de la Gironde, remonte au nord pour englober le Limousin et l'Auvergne et s'infléchit ensuite vers le sud-est pour atteindre la frontière italienne au nord de Briançon.

Cet ensemble présente trois grandes aires dialectales : le nord-occitan (limousin, auvergnat, provençal-alpin), l'occitan moyen, qui est le plus proche de la langue médiévale (languedocien et provençal au sens restreint), et le gascon (à l'ouest de la Garonne).

OCARINA n.m. (mot it., de *oca,* oie). Petit instrument de musique populaire, à vent, de forme ovoïde et percé de trous.

OCCASE n.f. Fam. Occasion.

OCCASION n.f. (lat. *occasio,* de *occidere,* tomber). **1.** Conjoncture, circonstance qui vient à propos. *Profiter de l'occasion.* ◇ *À l'occasion :* le cas échéant. **2.** Circonstance qui détermine un évènement. *J'apprends que vous venez à Bordeaux, ce sera une occasion de nous voir.* ◇ *À l'occasion de :* lors de ; en prenant pour motif, pour prétexte. *Donner une fête à l'occasion d'un anniversaire.* **3.** Objet (meuble, voiture, etc.) vendu ou acheté de seconde main ; achat, vente de tels objets. *Marché de l'occasion.* ◇ *D'occasion :* qui n'est pas vendu ou acheté neuf. *Voiture d'occasion.*

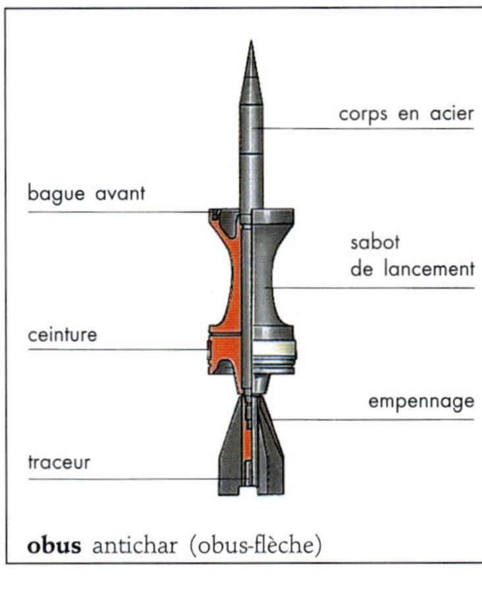

obus antichar (obus-flèche)

OCCASIONNALISME n.m. PHILOS. Théorie des causes occasionnelles.

OCCASIONNEL, ELLE adj. **1.** Qui arrive, se produit par occasion, par hasard ; accidentel, irrégulier. *Rencontre occasionnelle. Travail occasionnel.* **2.** Qui est tel par occasion (par opp. à *habituel*). *Client occasionnel.* **3.** PHILOS. *Cause occasionnelle :* circonstance qui n'est pas la cause directe d'un fait, mais qui est nécessaire pour que la cause produise son effet. (Ex. [emprunté à saint Thomas] : celui qui coupe du bois est la cause occasionnelle de ce que ce bois sera brûlé.)

OCCASIONNELLEMENT adv. Par occasion.

OCCASIONNER v.t. Être l'occasion, la cause de, entraîner (qqch de fâcheux, le plus souvent). *Cette soirée lui a occasionné de folles dépenses.*

OCCIDENT n.m. (lat. *occidens,* qui se couche). **1.** Côté de l'horizon où le soleil se couche ; couchant, ouest. **2.** *L'Occident :* l'ensemble des pays d'Europe occidentale et d'Amérique du Nord. – Spécialt. L'ensemble des pays membres du pacte de l'Atlantique Nord. ◇ *L'Église d'Occident :* les Églises de rite latin (par opp. aux Églises de rite oriental).

OCCIDENTAL, E, AUX adj. **1.** Situé à l'ouest, à l'occident. **2.** Qui est de l'Occident. **3.** Relatif à la civilisation européenne (par opp. aux civilisations d'Afrique, d'Orient, d'Extrême-Orient et d'Amérique latine). ◆ n. (Avec une majuscule). Personne qui appartient à la civilisation européenne.

OCCIDENTALISATION n.f. Action d'occidentaliser.

OCCIDENTALISER v.t. Modifier (un peuple, une société) par le contact avec les valeurs et la civilisation de l'Occident, donné en modèle.

OCCIDENTALISTE adj. et n. HIST. Membre de l'intelligentsia russe du XIXe s. partisan du développement de la Russie sur le modèle européen.

OCCIPITAL, E, AUX adj. Qui appartient à l'occiput. ◇ *Lobe occipital :* lobe postérieur du cerveau où sont logés les centres visuels. – *Os occipital* ou *occipital,* n.m. : os qui forme la paroi postérieure et inférieure du crâne. – *Trou occipital :* trou dans l'os occipital par où passe l'axe cérébro-spinal.

OCCIPUT [ɔksipyt] n.m. (mot lat., de *caput,* tête). Partie inférieure et postérieure de la tête.

OCCIRE [ɔksir] v.t. (lat. *occidere*) [seult à l'inf. et au p. passé *occis, e*]. Litt. ou par plais. Faire mourir, tuer.

OCCITAN, E adj. et n. De l'Occitanie, ensemble des régions de langue d'oc. ◆ n.m. Langue d'oc.

OCCITANISME n.m. Mouvement de défense de la langue et de la culture occitanes.

OCCLURE v.t. (lat. *occludere*) [96]. MÉD. Fermer (un orifice, un conduit, etc.).

OCCLUSIF, IVE adj. Qui produit une occlusion. ◇ PHON. *Consonne occlusive* ou *occlusive,* n.f. : consonne dont l'articulation comporte une occlusion comme [p], [t], [k], [g], [b], [d].

OCCLUSION n.f. (lat. *occlusio*). **1.** MÉD. Fermeture pathologique d'un conduit, d'un orifice de l'organisme. *Occlusion intestinale due à une obstruction* (oblitération, rétrécissement, etc.) *ou à une strangulation* (volvulus, invagination, etc.). **2.** CHIR. Opération consistant à rapprocher les bords d'une ouverture naturelle (notamm. les paupières et les lèvres). **3.** Position des mâchoires lorsqu'on serre les dents. **4.** PHON. Fermeture complète et momentanée en un point du canal vocal. **5.** CHIM. Emprisonnement de substances par d'autres, par des mécanismes divers (absorption, adsorption, etc.) ; substance emprisonnée. **6.** MÉTÉOR. Mécanisme de rejet en altitude des langues d'air chaud d'une dépression tempérée ; perturbation qui en résulte.

OCCULTATION n.f. (lat. *occultatio*). **1.** Action d'occulter, de cacher qqch. **2.** ASTRON. Disparition momentanée d'un astre derrière un autre de diamètre apparent supérieur.

OCCULTE adj. (lat. *occultus*). **1.** Dont la cause, les buts restent cachés ; mystérieux. **2.** *Sciences occultes :* doctrines et pratiques concernant des faits échappant à l'explication rationnelle, fondées en général sur la croyance en des correspondances entre les choses et présentant le plus souvent un caractère plus ou moins ésotérique (alchimie, magie, mantique, etc.).

OCCULTER v.t. (lat. *occultare,* cacher). **1.** Passer sous silence, dissimuler. **2.** ASTRON. En parlant d'un astre, cacher (un autre astre) par occultation. **3.** Rendre invisible (un signal lumineux) dans un périmètre donné. **4.** Faire en sorte qu'une région ne puisse pas recevoir une émission de télévision.

OCCULTISME n.m. Étude et pratique des sciences occultes.

OCCULTISTE adj. et n. Qui relève de l'occultisme ; adepte de l'occultisme.

OCCUPANT, E adj. et n. Qui occupe un lieu, un pays. ◆ n. DR. *Occupant de bonne foi :* personne qui habite un logement dont elle paie régulièrement le loyer, sans contrat de location, mais qui, du fait de sa bonne foi, bénéficie du droit de maintien dans les lieux. – *Premier occupant :* celui qui occupe, prend possession le premier d'un lieu.

OCCUPATION n.f. **1.** Action de se rendre maître militairement d'une ville, d'un pays. ◇ HIST. *L'Occupation,* v. partie n. pr. **2.** Fait d'occuper un lieu, de stationner sur un terrain, d'en prendre possession. *Occupation d'un local par la force.* **3.** DR. Mode d'acquisition, par la prise de possession, d'un bien vacant. **4.** Ce à quoi on occupe son temps (activité de loisir ou travail). *La musique est son occupation favorite. Avoir de multiples occupations.*

OCCUPATIONNEL, ELLE adj. *Thérapeutique, psychothérapie occupationnelle,* qui cherche à réadapter les malades mentaux par le travail ou des activités de loisirs.

OCCUPÉ, E adj. **1.** Qui est sous occupation ennemie. *Territoires occupés.* **2.** Qui est pris, utilisé par qqn. *Toutes les cabines sont occupées. La ligne téléphonique est occupée.* **3.** Qui est pris par une tâche, une activité ; qui n'est pas disponible.

OCCUPER v.t. (lat. *occupare*). **I. 1.** Remplir (un espace, une durée). *Le lit occupe toute la chambre. La pêche occupe ses loisirs.* **2.** Remplir, exercer (une fonction, une charge). *Occuper un poste subalterne.* **3.** Avoir la possession, l'usage d'un lieu. *Les enfants occupent le premier étage.* **4.** Rester en masse en un lieu pour manifester un mécontentement, une revendication, etc. *Occuper une usine en grève.* **5.** S'installer et établir son autorité sur un territoire militairement, par la force. *Occuper la zone frontalière. Occuper un pays conquis.* **II. 1.** Donner du travail à ; employer. *L'agriculture occupe une faible partie de la population.* **2.** Absorber, remplir le temps, la pensée de. *Ses études l'occupent beaucoup.* ◆ **s'occuper** v.pr. ***(de).*** Travailler, consacrer son temps à. *Elle s'occupe d'enfants inadaptés.* ◇ Absolt. Avoir une activité, n'être pas oisif. *C'est un homme qui sait s'occuper.*

1. OCCURRENCE n.f. (lat. *occurrere,* se présenter). **1.** LITURGIE. Rencontre de deux fêtes occurrentes. **2.** *En l'occurrence, en pareille occurrence :* dans cette circonstance, en ce cas.

2. OCCURRENCE n.f. (de l'angl. *occurrence*). **1.** LING. Apparition d'une unité linguistique (phonologique, grammaticale ou lexicale) dans un corpus ; cette unité. **2.** LOG. Place occupée par un symbole dans une formule.

OCCURRENT, E adj. LITURGIE. *Fête occurrente,* qui tombe le même jour qu'une autre.

OCÉAN n.m. (lat. *oceanus ;* mot gr.). **1.** Vaste étendue du globe terrestre couverte par l'eau de mer. **2.** Chacune des divisions majeures de l'océan mondial, constituant des entités géographiques partageables en régions. *L'océan Indien.* ◇ Absolt. *L'Océan* : l'océan Atlantique, en France. **3.** Fig. Grande quantité, immensité. *Un océan de verdure.*

OCÉANAUTE n. Plongeur spécialisé dans l'exploration sous-marine.

OCÉANE adj.f. Litt. De l'Océan, qui a trait à l'Océan. *Étendues océanes. La brise océane.*

OCÉANIDE n.f. MYTH. Nymphe de la mer.

OCÉANIEN, ENNE adj. et n. D'Océanie.

OCÉANIQUE adj. Relatif à l'océan. ◇ *Climat océanique :* dans les zones tempérées, climat de la façade occidentale des continents, caractérisé par des étés frais, des hivers doux, des pluies fines et abondantes toute l'année, avec un maximum en saison froide, et une prédominance des vents d'ouest.

OCÉANOGRAPHE n. Spécialiste d'océanographie.

OCÉANOGRAPHIE n.f. Étude physique, chimique et biologique des eaux et des fonds marins. SYN. : *hydrologie marine.*

OCÉANOGRAPHIQUE adj. Relatif à l'océanographie.

OCÉANOLOGIE n.f. Ensemble des disciplines scientifiques (physique, chimie et biologie) et des techniques (prospection, exploitation) relatives à l'étude et à l'utilisation du domaine océanique.

■ L'océanologie s'intéresse notamm. à la productivité biologique des eaux et des fonds, à l'amélioration des pêches et à l'aquaculture, à la recherche des gisements (hydrocarbures et nodules polymétalliques), aux énergies de la mer, aux problèmes de la pollution et du dessalement de l'eau de mer.

OCÉANOLOGIQUE adj. Relatif à l'océanologie.

OCÉANOLOGUE n. Spécialiste d'océanologie.

OCELLE n.m. (lat. *ocellus,* petit œil). **1.** Œil simple de nombreux arthropodes (insectes, arachnides, etc.). **2.** Tache ronde sur l'aile d'un insecte, le plumage d'un oiseau, etc.

OCELLÉ, E [ɔsɛle] adj. Parsemé d'ocelles, de taches évoquant les ocelles.

OCELOT n.m. (mot aztèque). Félin sauvage d'Amérique à fourrure grise tachetée très recherchée ; cette fourrure. (Long. 65 cm env. ; famille des félidés.)

OCRE n.f. (gr. *ôkhra*). Argile souvent pulvérulente, colorée en jaune ou en rouge par des oxydes de fer (hématite, limonite, etc.) et utilisée comme colorant. ◆ adj. inv. et n.m. Couleur brun-jaune ou brun-rouge clairs.

OCRER v.t. Teindre, colorer en ocre.

OCREUX, EUSE adj. Litt. De couleur ocre.

OCTAÈDRE n.m. et adj. Polyèdre à huit faces. ◇ *Octaèdre régulier,* dont les faces sont des triangles équilatéraux égaux.

OCTAÉDRIQUE adj. Qui a la forme d'un octaèdre.

OCTAL, E, AUX adj. **1.** Qui a pour base le nombre huit. **2.** *Système octal :* système de numération à base huit.

OCTANE n.m. **1.** Hydrocarbure saturé (C_8H_{18}) existant dans l'essence de pétrole. **2.** *Indice d'octane :* indice mesurant la valeur antidétonante d'un carburant par comparaison avec un carburant étalon.

OCTANT n.m. (lat. *octans*). **1.** Huitième de cercle, arc de 45°. **2.** Anc. Instrument servant à prendre en mer des hauteurs d'astres et des distances, analogue au sextant mais dont le limbe était d'un octant.

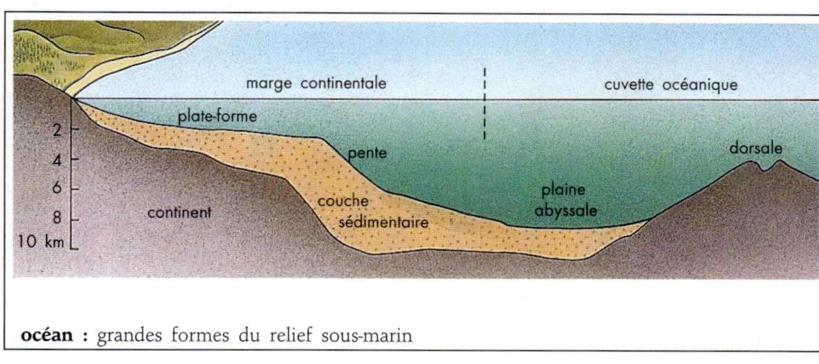

océan : grandes formes du relief sous-marin

OCTANTE adj. num. (lat. *octoginta*). Vx. Quatre-vingts.

OCTAVE n.f. (lat. *octavus,* huitième). **1.** MUS. **a.** Huitième degré de l'échelle diatonique, portant le même nom que le premier. **b.** Ensemble des notes contenues dans l'intervalle de huit degrés. **2.** RELIG. CATH. Période de huit jours qui suit chacune des grandes fêtes de l'année ; dernier jour de cette huitaine.

OCTAVIER v.i. MUS. Faire entendre accidentellement l'octave haute d'un son, au lieu du son lui-même, en parlant d'un instrument. *La clarinette a tendance à octavier dans l'aigu.*

OCTAVIN n.m. Rare. Petite flûte, qui sonne à l'octave supérieure de la grande. SYN. (plus cour.) : *piccolo.*

OCTET [ɔktɛ] n.m. **1.** INFORM. Groupe ou multiplet comprenant huit éléments binaires. **2.** PHYS. Ensemble de huit électrons formant la couche extérieure complète d'un atome.

OCTIDI n.m. Huitième jour de la décade, dans le calendrier républicain.

OCTOBRE n.m. (lat. *october,* huitième, l'année romaine commençant en mars). Dixième mois de l'année, de trente et un jours.

OCTOCORALLIAIRE n.m. *Octocoralliaires :* ordre de cnidaires à huit tentacules comme le corail, la vérétille, l'alcyon, la gorgone.

OCTOGÉNAIRE adj. et n. (lat. *octogenarius*). Qui a entre quatre-vingts et quatre-vingt-neuf ans.

OCTOGONAL, E, AUX adj. **1.** Qui a la forme d'un octogone. **2.** Qui a pour base un octogone. *Prisme octogonal.*

OCTOGONE n.m. et adj. (gr. *oktagônes,* à huit angles). MATH. Polygone qui a huit angles et, par suite, huit côtés.

1. OCTOPODE adj. Qui a huit pieds ou tentacules.

2. OCTOPODE n.m. Mollusque céphalopode possédant huit tentacules (poulpe, argonaute).

OCTOSTYLE adj. ARCHIT. Qui présente huit colonnes de front. *Temple octostyle.*

OCTOSYLLABE adj. et n.m. Qui a huit syllabes. *Vers octosyllabes.*

OCTOSYLLABIQUE adj. Qui a huit syllabes.

OCTROI n.m. (de *octroyer*). **1.** Action d'octroyer. **2.** Droit que payaient certaines marchandises et notamm. les denrées à leur entrée en ville (supprimé en 1948). **3.** Administration chargée de percevoir ce droit ; bureau où il était perçu.

OCTROYER v.t. (lat. pop. *auctoridiare*) [13]. Concéder, accorder à titre de faveur. ◆ **s'octroyer** v.pr. Prendre sans permission. *S'octroyer un jour de repos.*

OCTUOR n.m. (lat. *octo,* huit). MUS. **1.** Composition à huit parties. **2.** Groupe de huit instrumentistes ou chanteurs.

OCTUPLE adj. et n.m. Qui vaut huit fois autant.

OCTUPLER v.t. Multiplier par huit.

1. OCULAIRE adj. (lat. *oculus,* œil). **1.** De l'œil. *Globe oculaire.* **2.** *Témoin oculaire,* qui a vu la chose dont il témoigne.

2. OCULAIRE n.m. Système optique d'une lunette, d'un microscope, etc., placé du côté de l'œil de l'observateur et qui sert à examiner l'image fournie par l'objectif.

OCULARISTE n. Personne qui prépare des pièces de prothèse oculaire.

OCULISTE n. Médecin spécialisé dans les troubles de la vision. SYN. : *ophtalmologiste* ou *ophtalmologue.*

OCULOGYRE adj. Propre à la rotation latérale des yeux vers la droite ou vers la gauche.

OCULOMOTEUR, TRICE adj. Relatif à la motricité des yeux.

OCULUS [ɔkylys] n.m. ARCHIT. Petite ouverture de forme circulaire ou proche du cercle, munie ou non d'un panneau vitré. Pluriel savant : *oculi.* SYN. : *œil-de-bœuf.*

OCYTOCINE n.f. Hormone sécrétée par le lobe postérieur de l'hypophyse, favorisant les contractions de l'utérus lors de l'accouchement.

ODALISQUE n.f. (turc. *odaliq*). **1.** Esclave attachée au service des femmes du sultan, dans l'Empire ottoman. **2.** Litt. Femme d'un harem.

ODE n.f. (gr. *ôdê,* chant). **1.** ANTIQ. GR. Poème destiné à être chanté. **2.** LITTÉR. Poème lyrique divisé en strophes semblables entre elles par le nombre et la mesure des vers et destiné soit à célébrer de grands évènements ou de hauts personnages *(ode héroïque),* soit à exprimer des sentiments plus familiers *(ode anacréontique).* **3.** MUS. Poème mis en musique.

ODELETTE n.f. Petite ode.

ODÉON n.m. (lat. *odeum,* petit théâtre). Édifice à gradins, couvert, généralement de plan semi-circulaire, et destiné, dans l'Antiquité, aux auditions musicales.

ODEUR n.f. (lat. *odor*). **1.** Émanation transmise par un fluide (air, eau) et perçue par l'appareil olfactif. **2.** *Mourir en odeur de sainteté :* mourir en état de perfection chrétienne. ◇ Fam. *Ne pas être en odeur de sainteté auprès de qqn,* ne pas être apprécié, estimé de lui.

ODIEUSEMENT adv. De façon odieuse.

ODIEUX, EUSE adj. (lat. *odiosus,* de *odium,* haine). **1.** Qui provoque la haine, l'indignation ; abject, ignoble. *Meurtre odieux.* **2.** Qui déplaît, qui est désagréable, pénible. *Passer une soirée odieuse.* **3.** Déplaisant, insupportable, en parlant de qqn.

ODOMÈTRE n.m. (gr. *hodos,* route, et *metron,* mesure). Instrument servant à mesurer un trajet parcouru par une voiture ou par un piéton. (Dans ce dernier cas, c'est un podomètre.)

ODONATE n.m. *Odonates :* ordre d'insectes chasseurs, à gros yeux et à longues ailes transversales, tels que la libellule.

ODONTALGIE n.f. (gr. *odous, odontos,* dent, et *algos,* douleur). MÉD. Mal de dents.

ODONTALGIQUE adj. MÉD. Relatif à l'odontalgie.

ODONTOCÈTE n.m. *Odontocètes :* sous-ordre de cétacés pourvus de dents et non de fanons, tels que le cachalot.

ODONTOÏDE adj. ANAT. *Apophyse odontoïde :* saillie de la deuxième vertèbre cervicale.

ODONTOLOGIE n.f. Étude des dents, de leurs maladies et du traitement de celles-ci.

ODONTOLOGISTE n. Praticien qui exerce l'odontologie.

ODONTOMÈTRE n.m. Petite règle graduée servant à déterminer le nombre et le genre des dentelures d'un timbre-poste.

ODONTOSTOMATOLOGIE n.f. MÉD. Discipline constituée par l'odontologie et la stomatologie combinées ; chirurgie dentaire.

ODORANT, E adj. (anc. fr. *odorer,* sentir). Qui exhale, répand une odeur ; odoriférant.

ODORAT n.m. (lat. *odoratus*). Sens permettant la perception des odeurs, dont les récepteurs sont localisés dans les fosses nasales chez les vertébrés, sur les antennes chez les insectes, et qui joue un rôle de premier plan chez la plupart des espèces, tant aquatiques que terrestres.

ODORIFÉRANT, E adj. Litt. Qui répand une odeur (en général, une odeur agréable).

ODYSSÉE n.f. (gr. *Odusseia,* Odyssée). Voyage mouvementé, riche d'incidents, de péripéties.

ŒCUMÉNICITÉ [eky-] n.f. Caractère de ce qui est œcuménique.

ŒCUMÉNIQUE [ekymenik] adj. (gr. *oikoumenê gê,* terre habitée). **1.** Didact. Universel. ◇ RELIG. CATH. *Concile œcuménique,* dont la convocation a été notifiée à l'ensemble des évêques. **2.** RELIG. Qui rassemble, qui intéresse l'ensemble des Églises ; relatif à l'œcuménisme.

ŒCUMÉNISME [eky-] n.m. Mouvement qui préconise l'union de toutes les Églises en une seule.

■ À l'origine de l'œcuménisme contemporain, il y a la conférence internationale protestante d'Édimbourg (1910). Le Conseil œcuménique des Églises, fondé en 1948, et dont le siège est à Genève, groupe un grand nombre d'Églises protestantes et la plupart des orthodoxes orientaux. Longtemps étrangère à ce mouvement, l'Église catholique, depuis le deuxième concile du Vatican (1962), multiplie les contacts avec les non-catholiques et les non-chrétiens (rassemblement par le pape Jean-Paul II, le 27 oct. 1986 à Assise, des représentants de toutes les religions du monde).

ŒCUMÉNISTE [eky-] adj. et n. Qui relève de l'œcuménisme ; qui en est partisan.

ŒDÉMATEUX, EUSE [ede-] adj. Relatif à l'œdème.

ŒDÈME [edɛm] n.m. (gr. *oidêma,* tumeur). MÉD. Accumulation anormale de liquide séreux dans les espaces intercellulaires du tissu conjonctif.

ŒDICNÈME [ediknɛm] n.m. Oiseau haut sur pattes au plumage terne, vivant dans les régions chaudes et sèches.

ŒDIPE [edip] n.m. PSYCHAN. *Complexe d'Œdipe* ou *œdipe :* ensemble des sentiments amoureux et hostiles que chaque enfant éprouve à l'égard du couple parental (attachement sexuel au parent de sexe opposé et haine à l'égard du parent de même sexe considéré comme un rival). [L'issue normale du complexe d'Œdipe est l'identification avec le parent de même sexe.]

ŒDIPIEN, ENNE [edi-] adj. PSYCHAN. Relatif au complexe d'Œdipe.

ŒIL n.m. (lat. *oculus*) [pl. *yeux*]. **I. 1.** Organe pair de la vue, formé du globe oculaire et de ses annexes (paupières, cils, glandes lacrymales, etc.). **2.** Cet organe en tant que partie du visage et élément de la physionomie. *Avoir les yeux bleus.* ◇ Fig., fam. *Pour les beaux yeux de qqn,* pour lui seul, sans but intéressé. – *Entre quatre yeux* (prononcé génér., fam., *entre quat'z-yeux*) : en tête à tête. **3.** Cet organe, en tant qu'il manifeste les traits permanents du caractère, les émotions, les sentiments ou sert à l'expression des désirs, des pensées. ◇ *Faire de l'œil à qqn,* lui faire signe en clignant de l'œil, soit pour marquer la connivence, soit pour l'aguicher. – *Ouvrir de grands yeux :* paraître très étonné. **4.** Cet organe considéré dans sa fonction, la vision, ou comme symbole de la faculté d'observation, de la perspicacité, de la vigilance. *Voir une chose de ses propres yeux.* ◇ *Avoir l'œil :* veiller, prendre garde. – *Avoir l'œil sur qqn (ou qqch), avoir, tenir qqn à l'œil,* le surveiller. – *Fermer les yeux sur qqch,* faire semblant de ne pas le voir. – *Ne pas avoir les yeux dans sa poche :* être très observateur. – *L'œil du maître,* sa surveillance. – *Ouvrir l'œil :* être attentif. – *Ouvrir les yeux :* voir la réalité telle qu'elle est. – *Sauter aux yeux, crever les yeux :* être évident. – *Voir tout par ses yeux,* par soi-même. – Fam. *Se mettre le doigt dans l'œil :* se tromper complètement. – Fam. (Pour exprimer l'incrédulité). *Mon œil !* – Fam. *Sortir par les yeux :* se dit de ce que l'on a trop vu, et dont on est dégoûté. – *N'avoir pas froid aux yeux :* avoir du courage, de l'énergie. – Fam. *À l'œil :* gratuitement. – Pop. *Se battre l'œil de qqch,* s'en moquer complètement. – *Mauvais œil :* regard de certaines personnes qui, selon une superstition populaire, porterait malheur. **5.** Cet organe considéré dans les mouvements qui lui sont propres. ◇ *Ne pas pouvoir fermer l'œil de la nuit :* ne pas pouvoir dormir. – *Fermer les yeux de, à qqn,* l'assister au moment de sa mort. **6.** Manière de voir, sentiment. *Voir les choses d'un œil favorable.* **7.** *Œil de verre* ou *œil artificiel :* prothèse en verre, en émail, etc., qu'on met à la place d'un œil énucléé. **II. 1.** Trou pratiqué dans un outil ou une pièce mécanique pour le passage ou l'articulation d'une autre pièce. *L'œil d'un marteau.* **2.** (Pl. *œils*). IMPR. Partie du caractère représentant le dessin de la lettre reproduit à l'impression sur le papier. **3.** Point végétatif situé à l'aisselle d'une feuille ou à l'extrémité d'un rameau, évoluant soit en rameau, soit en fleur. **4. a.** Trou du pain et du fromage. **b.** Lentille de graisse à la surface du bouillon. **5.** Cœur d'un cyclone tropical caractérisé par des vents faibles et un temps peu nuageux et autour duquel tournent des vents violents. **6.** (Pl. *œils*). MAR. Boucle formée à l'extrémité d'un filin. **7.** Judas optique. *Œil d'une porte.*

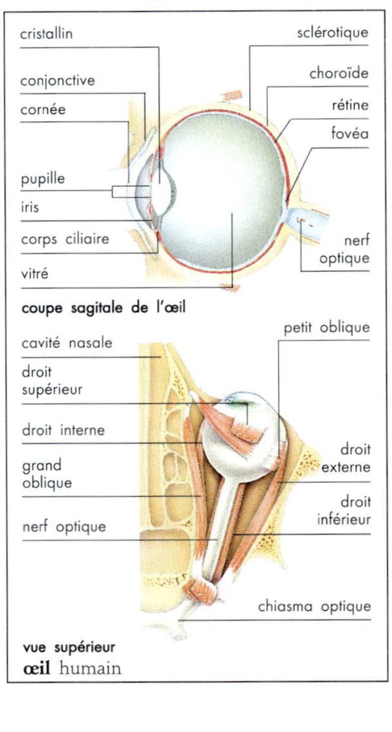

œil humain

■ L'œil humain est un globe limité par trois membranes : la *sclérotique,* coque protectrice, formant en avant la *cornée ;* la *choroïde,* pigmentée et nourricière, se prolongeant en avant par l'*iris,* percé de la *pupille,* à ouverture variable suivant l'intensité de la lumière incidente ; la *rétine,* nerveuse et sensible à l'excitant lumineux, reliée à l'encéphale par le *nerf optique,* et sur laquelle se dessinent les images fournies par les milieux antérieurs transparents de l'œil (cornée, humeur aqueuse, cristallin, vitré). Les *muscles ciliaires,* à la limite de l'iris et de la choroïde, font varier la convergence du cristallin, permettant l'accommodation, dont l'amplitude diminue pendant la vieillesse (presbytie). Les *muscles oculomoteurs,* fixés à l'extérieur de la sclérotique, produisent les mouvements du globe oculaire dans l'orbite. L'œil peut présenter des défauts de réfraction (myopie, hypermétropie, astigmatisme) et des anomalies, généralement héréditaires, dans la vision des couleurs (daltonisme, achromatopsie).
Les insectes adultes et les crustacés possèdent des yeux à facettes (yeux composés) qui perçoivent très bien les mouvements, tandis que les poulpes ont des yeux comparables à ceux de l'homme.

ŒIL-DE-BŒUF n.m. (pl. *œils-de-bœuf*). Lucarne à fenêtre ronde ou ovale ; oculus.

ŒIL-DE-CHAT n.m. (pl. *œils-de-chat*). Pierre fine, variété de chrysobéryl.

ŒIL-DE-PERDRIX n.m. (pl. *œils-de-perdrix*). Cor entre les doigts du pied.

ŒIL-DE-PIE n.m. (pl. *œils-de-pie*). MAR. Ouverture pratiquée dans les bandes de ris et dans les bords d'une voile pour y passer les garcettes de ris, un filin ou une manille.

ŒIL-DE-TIGRE n.m. (pl. *œils-de-tigre*). Quartz chatoyant, moins rare que l'œil-de-chat.

ŒILLADE n.f. Coup d'œil furtif, lancé pour marquer la tendresse ou la connivence.

ŒILLARD n.m. TECHN. Orifice carré, percé dans une meule pour recevoir une tige métallique.

ŒILLÈRE n.f. **1.** Petite coupe pour baigner l'œil. **2.** Partie de la bride qui garantit l'œil du cheval et l'empêche de voir de côté. ◇ Fig. *Avoir des œillères :* ne pas comprendre certaines choses par étroitesse d'esprit.

1. ŒILLET [œjɛ] n.m. (de *œil*). **1.** Petite pièce métallique évidée, de forme ronde ou ovale, qui sert de renfort à une perforation faite sur une ceinture, une courroie, une bâche, etc. ; cette perforation elle-même. **2.** PAPET. Anneau de papier autocollant renforçant les perforations des feuilles destinées à être classées dans des reliures mobiles à anneaux. **3.** Endroit où l'on fait cristalliser le sel, dans les marais salants.

2. ŒILLET [œjɛ] n.m. **1.** Plante herbacée aux fleurs parfumées, aux feuilles très découpées, cultivée généralement en jardin. (Famille des caryophyllacées.) **2.** *Œillet d'Inde :* plante à fleurs ornementales appelée aussi *tagetes.* (Famille des composées.)

ŒILLETON n.m. **1.** OPT. Extrémité du tube d'une lunette ou d'un microscope, qui détermine la position de l'œil. **2.** AGRIC. Rejeton que

œillet

produisent certaines plantes (artichaut, bananier) et que l'on utilise pour leur multiplication.

ŒILLETONNAGE n.m. Multiplication des plantes par séparation et plantation d'œilletons.

ŒILLETONNER v.t. Pratiquer l'œilletonnage de.

ŒILLETTE n.f. (anc. fr. *olie,* olive). Pavot somnifère cultivé pour ses graines, dont on tire une huile comestible et utilisée en peinture ; cette huile.

ŒKOUMÈNE [ekumɛn] n.m. → ***écoumène.***

ŒNANTHE [enɑ̃t] n.f. (gr. *oinanthê,* fleur de vigne). Ombellifère vénéneuse, croissant dans les endroits humides.

ŒNANTHIQUE [enɑ̃-] adj. Qui appartient au vin.

ŒNILISME ou **ŒNOLISME** [enɔ-] n.m. (gr. *oinos,* vin). Alcoolisme dû à l'abus du vin.

ŒNOLIQUE [enɔ-] adj. *Acides œnoliques,* matières colorantes trouvées dans les vins rouges.

ŒNOLOGIE [enɔlɔʒi] n.f. Science et technique de la fabrication et de la conservation des vins.

ŒNOLOGIQUE [enɔ-] adj. Relatif à l'œnologie.

ŒNOLOGUE [enɔ-] n. Spécialiste d'œnologie.

ŒNOMÉTRIE [enɔmetri] n.f. Détermination de la richesse des vins en alcool.

ŒNOMÉTRIQUE [enɔ-] adj. Relatif à l'œnométrie.

ŒNOTHÈQUE [enɔ-] n.f. Magasin spécialisé dans la vente des vins de cru.

ŒNOTHÉRACÉE [enɔ-] n.f. *Œnothéracées :* famille de plantes à longs fruits infères telles que le fuchsia, l'épilobe, l'onagre. SYN. : *onagracée.*

ŒNOTHÈRE ou **ŒNOTHERA** [eno-] n.m. Plante herbacée aux grandes fleurs jaunes ou rougeâtres réunies en grappes. (Famille des œnothéracées.) SYN. : *onagre.*

ŒRSTED [œrstɛd] n.m. (du nom du physicien). PHYS. Unité C. G. S. électromagnétique de champ magnétique. (L'unité SI équivalente est l'ampère par mètre.)

ŒRSTITE [œrstit] n.f. Acier spécial au titane et au cobalt, à fort champ coercitif et à grande aimantation rémanente, pour aimant permanent.

ŒSOPHAGE [ezɔfaʒ] n.m. (gr. *oisophagos,* qui porte ce qu'on mange). Première partie du tube digestif depuis le pharynx jusqu'au cardia de l'estomac, et dont les parois antérieure et postérieure, normalement appliquées l'une contre l'autre, ne s'écartent qu'au passage du bol alimentaire. (L'œsophage des oiseaux est muni d'une poche, le *jabot.*)

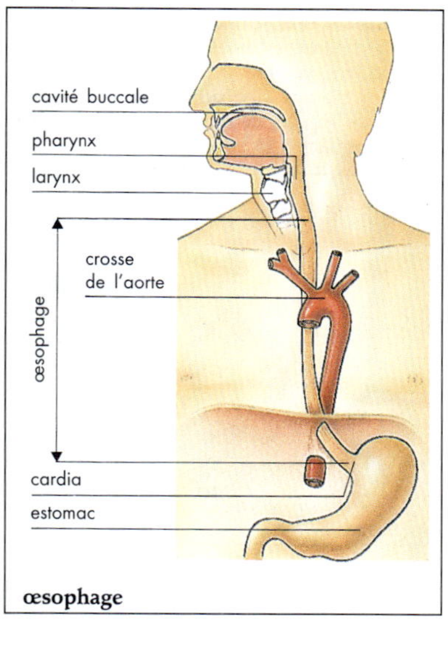

œsophage

ŒSOPHAGIEN, ENNE ou **ŒSOPHAGIQUE** adj. Relatif à l'œsophage.

ŒSOPHAGITE [ezo-] n.f. MÉD. Inflammation de l'œsophage.

ŒSOPHAGOSCOPE [ezo-] n.m. MÉD. Endoscope destiné à l'examen interne de l'œsophage par les voies naturelles.

ŒSTRADIOL [ɛs-] n.m. BIOCHIM. Principale hormone œstrogène de l'ovaire.

ŒSTRAL, E, AUX [ɛstral, o] adj. PHYSIOL. Relatif à l'œstrus. ◇ *Cycle œstral :* modifications périodiques des organes génitaux femelles, en rapport avec la libération des ovules. (Chez la femme, le cycle œstral dure 28 jours et comporte deux phases : folliculaire et lutéale ; il est sous la dépendance d'hormones, cesse provisoirement pendant la grossesse et définitivement à la ménopause.)

ŒSTRE [ɛstr] n.m. (gr. *oistros,* taon). Mouche qui pond près des narines des moutons et des chèvres, et dont la larve se développe dans les os du crâne, provoquant des vertiges chez l'animal.

ŒSTROGÈNE [ɛs-] ou, vx, **ESTROGÈNE** adj. et n.m. Se dit des substances (hormones) qui provoquent l'œstrus.

ŒSTRUS [ɛstrys] n.m. PHYSIOL. Ensemble des phénomènes physiologiques et comportementaux qui précèdent et accompagnent l'ovulation chez la femme et chez la femelle des mammifères.

ŒUF [œf au sing., ø au pl.] n.m. (lat. *ovum*). **1.** Cellule résultant de la fécondation, et qui, par division, donne un nouvel être, animal ou végétal. SYN. : *zygote.* ◇ *Dans l'œuf :* dès le commencement, à l'origine. *Étouffer une révolte dans l'œuf.* **2.** Gamète femelle mûr, pondu mais non encore fécondé. SYN. : *œuf vierge.* **3.** Corps organique pondu par les reptiles et les oiseaux et comprenant le jaune (l'œuf proprement dit), entouré de blanc (albumine) et d'une coquille calcaire poreuse. **4.** Produit comestible de la ponte de certains oiseaux, poissons, etc. *Œufs de lump.* **5.** Cour. (sans compl.). Œuf de poule. – *Œuf sur le plat, au plat ou œuf (au) miroir :* œuf cuit légèrement, sans le brouiller, dans un corps gras. ◇ Pop. *Va te faire cuire un œuf ! :* va-t'en et débrouille-toi !, va au diable ! – Fam. *Être plein comme un œuf :* être repu, ivre. – *Mettre tous ses œufs dans le même panier :* placer tous ses espoirs, tous ses fonds dans une même affaire. – Fam. *Quel œuf ! :* quel idiot ! – *Marcher sur des œufs :* marcher en posant le pied avec précaution ; fig., parler, agir, avec la plus grande prudence. – Belgique. Fam. *Avoir un œuf à peler avec qqn,* un compte à régler avec lui. **6.** Bonbon, confiserie en forme d'œuf. – *Œuf de Pâques :* œuf en chocolat, en sucre, en nougat, etc., que l'on offre à Pâques. **7.** Par anal. Morceau de bois en forme d'œuf qu'on met dans une chaussette pour la tendre, tandis qu'on la reprise. **8.** SPORTS (ski). *Position en œuf :* position aérodynamique de recherche de vitesse, skis parallèles, écartés, genoux fléchis et buste incliné en avant.

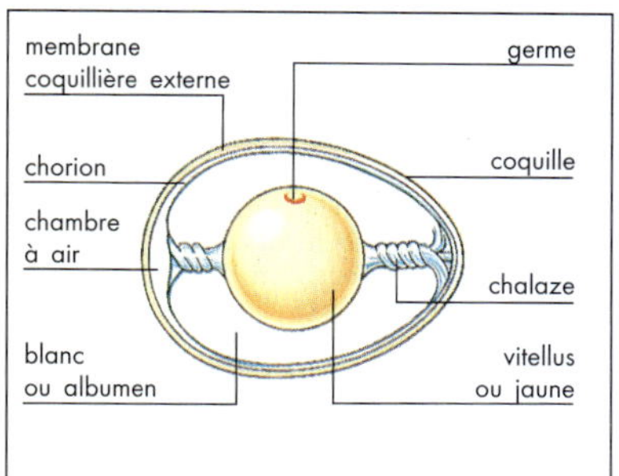

constitution d'un **œuf** de poule

ŒUFRIER n.m. Ustensile de cuisine utilisé pour faire cuire en même temps plusieurs œufs à la coque ; coquetière.

ŒUVÉ, E adj. Qui porte des œufs, en parlant d'un poisson ou d'un crustacé femelle.

1. ŒUVRE n.f. (lat. *opera,* travail). **1.** Litt. Travail, tâche, activité. ◇ *Se mettre à l'œuvre :* commencer à travailler. – *Juger (qqn) à l'œuvre,* selon ses actes. – *Mettre en œuvre (qqch),* l'employer de façon ordonnée, en vue d'une application. – *Mise en œuvre :* action de mettre en œuvre ; début de réalisation. **2.** Ce qui résulte d'un travail ; production, réalisation. *Cette décoration est l'œuvre de toute la classe.* **3.** Production artistique ou littéraire ; ensemble des réalisations d'un écrivain, d'un peintre. *Une œuvre d'art. L'œuvre de Sartre, de Chopin.* **4.** Organisation à but religieux, humanitaire ou philanthropique. *Faire un don à une œuvre.* ◆ pl. **1.** *Bonnes œuvres :* ensemble d'actions charitables accomplies dans le cadre d'une organisation religieuse. **2.** MAR. *Œuvres mortes :* partie émergée d'un navire. – *Œuvres vives :* partie d'un navire située au-dessous de la ligne de flottaison ; fig., partie vitale, essentielle de qqch. *Entreprise touchée dans ses œuvres vives par la crise.*

2. ŒUVRE n.m. (lat. *opera,* travaux). **1.** Ensemble des productions d'un artiste, notamment de celles réalisées au moyen d'une technique particulière. *L'œuvre gravé de Pissarro.* **2.** CONSTR. *Gros œuvre :* ensemble des ouvrages (fondations, murs, planchers) constituant la structure d'une construction. – *Second œuvre :* ensemble des ouvrages d'achèvement d'une construction. ◇ *(Être) à pied d'œuvre,* à proximité immédiate de l'ouvrage en construction ou du travail à faire ; fig., prêt à commencer un travail. **3.** ALCH. *Le grand œuvre :* la transmutation des métaux en or ; la fabrication de la pierre philosophale.

ŒUVRER v.i. **1.** Travailler à réaliser qqch d'important. *Œuvrer au rétablissement économique du pays.* **2.** Mettre tout en œuvre, travailler pour obtenir qqch. *J'œuvre pour assurer votre sécurité.*

ŒUVRETTE n.f. Fam. Petite œuvre littéraire ou artistique sans grande portée.

OFF adj. inv. (mot angl., *hors de [l'écran]*). **1.** CIN., TÉLÉV. Se dit d'une voix, d'un son dont la source n'est pas visible sur l'écran. Recomm. off. : *hors champ.* **2.** Se dit d'un spectacle organisé en marge d'une manifestation culturelle officielle. *Festival off.*

OFFENSANT, E adj. Qui offense, blessant.

OFFENSE n.f. (du lat. *offendere,* blesser). **1.** Parole, action qui blesse qqn, dans sa dignité, dans son honneur. **2.** Outrage commis publiquement envers le président de la République, un chef d'État ou de gouvernement, un ministre des Affaires étrangères ou un agent diplomatique d'un État étranger, et qui constitue un délit. **3.** RELIG. Faute, péché qui offense Dieu.

OFFENSÉ, E adj. et n. Qui a subi une offense, qui est atteint dans son honneur.

OFFENSER v.t. **1.** Blesser qqn dans sa dignité, son honneur. ◇ *Soit dit sans vous offenser,* sans vouloir vous vexer, sans intention désobligeante à votre égard. **2.** RELIG. *Offenser Dieu :* pécher. **3.** Enfreindre (un principe, une règle), ne pas respecter. *Offenser le bon goût.* ◆ **s'offenser** v.pr. ***(de).*** Se vexer.

OFFENSEUR n.m. Celui qui offense.

OFFENSIF, IVE adj. (lat. *offendere,* attaquer). Qui attaque, sert à attaquer.

OFFENSIVE n.f. **1.** Action d'envergure menée par une force armée et destinée à imposer à l'ennemi sa volonté, à le chasser de ses positions et à le détruire. **2.** Initiative, attaque visant à faire reculer qqn ou qqch. *Offensive diplomatique.*

OFFENSIVEMENT adv. De façon offensive.

OFFERTOIRE n.m. (lat. *offerre,* offrir). **1.** RELIG. CATH. Partie de la messe pendant laquelle le prêtre accomplit l'oblation du pain et du vin. **2.** Morceau de musique que l'on exécute à ce moment de la messe.

1. OFFICE n.m. (lat. *officium,* service). **1.** Fonction, charge exercée par qqn ; rôle joué par qqch. *Remplir son office.* – *Faire office de :* jouer le rôle de. ◇ *D'office :* par voie d'autorité, sans demande préalable. **2.** Établissement public ou privé se consacrant à une activité déterminée ; agence, bureau. *Office de publicité.* **3.** DR. Service public doté de la personnalité morale et de l'autonomie financière. **4.** DR. *Office ministériel :* fonction conférée à vie par nomination de l'autorité publique ; charge. **5.** HIST. Charge avec juridiction, fonction publique. (L'office, dont le titulaire était depuis le xve s. inamovible, pouvait être vendu et devint héréditaire [1604]. Le système des offices fut aboli le 4 août 1789.) **6.** RELIG. *Office divin* ou *office :* ensemble des prières et des cérémonies réparties à des heures déterminées de la journée. **7.** Envoi périodique d'un nombre limité de livres, venant de paraître ou réimprimés, par un éditeur aux libraires. ◆ pl. *Bons offices :* service, assistance. *Requérir les bons offices de qqn.* ◇ **Spécialt.** Intervention bienveillante (d'une personne, d'un État) en vue d'amener deux groupes, deux États à négocier.

2. OFFICE n.m. ou, vx, n.f. (lat. *officium*). Pièce attenante à la cuisine où l'on dispose tout ce qui dépend du service de la table.

OFFICIAL n.m. (pl. *officiaux*). Juge ecclésiastique délégué par l'évêque pour exercer la juridiction contentieuse.

OFFICIALISATION n.f. Action d'officialiser.

OFFICIALISER v.t. Rendre officiel.

OFFICIALITÉ n.f. Siège de l'official.

OFFICIANT n.m. et adj.m. RELIG. Qui célèbre l'office public ; célébrant. *Prêtre officiant.*

1. OFFICIEL, ELLE adj. (angl. *official,* bas lat. *officialis*). **1.** Qui émane du gouvernement, de l'Administration ; qui a un caractère légal. *Nomination officielle. Texte officiel.* **2.** Organisé par les autorités. *Cérémonie officielle.* **3.** Qui a une fonction dans un gouvernement. *Personnage officiel.* **4.** Qui est donné pour vrai par une autorité quelconque, mais qui laisse supposer une autre réalité. *La version officielle des évènements.*

2. OFFICIEL n.m. **1.** Personne qui a une fonction publique. **2.** Personne qui a une fonction dans l'organisation d'épreuves sportives, de concours, etc.

OFFICIELLEMENT adv. De façon officielle.

1. OFFICIER v.i. (lat. *officiare,* de *officium,* service). **1.** RELIG. Célébrer l'office divin. **2.** Iron. Travailler de façon solennelle. *Officier à la cuisine.*

2. OFFICIER n.m. (lat. *officium,* fonction publique). **1.** Militaire qui a un grade au moins égal à celui de sous-lieutenant ou d'enseigne de vaisseau. – *Officier général :* général ou amiral. – *Officier de marine* ou *de vaisseau :* officier appartenant au corps de commandement de la marine de guerre. – *Officier subalterne :* sous-lieutenant, lieutenant, enseigne ou lieutenant de vaisseau. – *Officier supérieur :* commandant, lieutenant-colonel, colonel ou capitaine de corvette, capitaine de frégate, capitaine de vaisseau. **2.** Titulaire d'un office, d'une fonction. ◇ HIST. *Grand officier de la Couronne :* haut dignitaire de la cour des rois de France. – *Officier de l'état civil :* personne responsable de la tenue et de la conservation des registres de l'état civil, et qui est généralement le maire de la commune. – *Officier ministériel :* personne (huissier, notaire, commissaire-priseur, etc.) titulaire d'un office ministériel. – *Officier de police judiciaire :* fonctionnaire chargé de constater les infractions et de livrer leurs auteurs à la justice. – *Officier public :* titulaire d'une fonction, dont les affirmations et les constatations ont un caractère authentique (officier de l'état civil, huissier, notaire). **3.** Titulaire de certains titres honorifiques. – *Officier de la Légion d'honneur :* personne titulaire d'un grade supérieur à celui de chevalier. – *Grand officier de la Légion d'honneur :* personne ayant un grade supérieur à celui de commandeur.

OFFICIÈRE n.f. Femme ayant le grade d'officier dans l'Armée du Salut.

OFFICIEUSEMENT adv. De façon officieuse.

OFFICIEUX, EUSE adj. (lat. *officiosus,* de *officium,* service rendu). Qui émane d'une source autorisée, tout en n'ayant pas l'authenticité garantie. *Cette communication n'est encore qu'officieuse.*

OFFICINAL, E, AUX adj. **1.** Se dit d'un remède préparé par avance et conservé dans l'officine ou pharmacie (par opp. à *magistral*). **2.** *Herbe, plante officinale,* dont on se sert en pharmacie.

OFFICINE n.f. (lat. *officina,* atelier). **1.** Ensemble des locaux où le pharmacien entrepose, prépare et vend les médicaments au public ; pharmacie. **2.** Péj. Endroit où se trame qqch de secret, de nuisible, de mauvais. *Une officine d'espionnage.*

OFFRANDE n.f. (lat. *offerenda*). **1.** Don fait à une divinité ou déposé dans un temple avec une intention religieuse. **2.** Don volontaire et, le plus souvent, modeste. *Verser une offrande.*

OFFRANT n.m. *Le plus offrant :* celui qui offre le plus haut prix.

OFFRE n.f. **1.** Action d'offrir ; ce qui est offert. *Accepter une offre avantageuse.* – *Appel d'offres :* mode de conclusion des marchés publics par lequel l'Administration met publiquement les candidats en concurrence. ◇ *Offre publique d'achat (O. P. A.) :* offre par laquelle une société fait connaître au public l'intention qu'elle a d'acquérir un certain nombre de titres d'une autre société. – *Offre publique d'échange (O. P. E.) :* offre par laquelle une société fait connaître au public son intention d'échanger ses propres titres contre ceux d'une société qu'elle désire contrôler. **2.** Action de proposer un contrat à une autre personne. *Offre d'emploi.* **3.** ÉCON. Quantité d'un bien ou d'un service qui peut être vendue sur le marché à un prix donné. – *Loi de l'offre et de la demande :* loi économique déterminant le prix où s'équilibrent le volume de l'offre d'un produit ou d'un service et celui de la demande.

OFFREUR, EUSE n. Personne qui offre un bien, un service (par opp. à *demandeur*).

OFFRIR v.t. (lat. *offerre*) [34]. **1.** Donner, présenter en cadeau. *Offrir des fleurs.* **2.** Mettre à la disposition de qqn, proposer spontanément. *Offrir son bras à qqn pour l'aider à marcher. Offrir l'hospitalité.* **3.** Comporter ; procurer ; donner lieu à. *Cette solution offre de nombreux avantages.* ◆ **s'offrir** v.pr. **1.** Se proposer. *S'offrir à aider qqn.* **2.** Se payer, s'accorder le plaisir de. *S'offrir un voyage.* **3.** S'exposer. *S'offrir aux regards.*

OFFSET [ɔfsɛt] n.m. inv. (angl. *off,* dehors, et *to set,* placer). Procédé d'impression par double décalque de la forme d'impression sur le blanchet de caoutchouc, puis de celui-ci sur le papier. – *Offset à sec,* sans mouillage. ◇ *Plaque offset :* feuille mince de métal portant l'image imprimante, dans ce procédé. ◆ adj. inv. et n.f. inv. Se dit de la machine, du papier utilisés dans l'impression par le procédé offset.

OFFSETTISTE n. Professionnel de l'offset.

OFFSHORE ou **OFF SHORE** [ɔfʃɔr] adj. inv. et n.m. inv. (mot angl., *au large*). **1.** Se dit de la prospection, du forage et de l'exploitation des gisements de pétrole situés au large des rivages. **2.** BANQUE. (Anglic. déconseillé). Extraterritorial. **3.** Se dit d'un sport motonautique de grande vitesse sur bateaux très puissants ; le bateau lui-même.

OFFUSQUER v.t. (lat. *offuscare,* de *fuscus,* sombre). Choquer, déplaire à. ◆ **s'offusquer** v.pr. Se froisser, se choquer. *S'offusquer de qqch.*

OFLAG [ɔflag] n.m. (mot all., abrév. de *OFfizierLAGer,* camp d'officiers). En Allemagne, pendant la Seconde Guerre mondiale, camp de prisonniers de guerre réservé aux officiers.

OGHAM n.m. Écriture oghamique.

OGHAMIQUE adj. (de *Ogham,* inventeur mythique de cette écriture). *Écriture oghamique :* écriture alphabétique utilisée au début de l'ère chrétienne pour noter l'irlandais. SYN. : *ogham.*

OGIVAL, E, AUX adj. ARCHIT. **1.** Relatif à l'ogive. **2.** Relatif à l'arc brisé ; qui en a la forme. ◇ Vx. *Art ogival :* art gothique.

OGIVE n.f. (p.-ê. du lat.). **1.** ARCHIT. Arc diagonal de renfort bandé sous la voûte gothique, dont il facilite la construction et dont il reporte la poussée vers les angles. ◇ *Voûte sur croisée d'ogives,* qui s'appuie ou semble s'appuyer sur l'entrecroisement de deux arcs diagonaux. (Dans cette voûte, caractéristique de la construction gothique, les ogives sont en général des arcs en plein cintre, les doubleaux et formerets d'encadrement étant, eux, des arcs brisés.) **2.** Cour. (abusif en archit.). Arc brisé gothique. **3.** Partie antérieure d'un projectile, de forme conique ou ogivale. ◇ *Ogive nucléaire :* ogive à charge nucléaire dont sont dotés certains missiles ou projectiles. (On dit aussi *tête nucléaire.*)

OGRE, OGRESSE n. (lat. *Orcus,* dieu de la Mort). **1.** Dans les contes de fées, géant vorace qui mange les petits enfants. **2.** Personne vorace.

OH interj. (Marquant la surprise, l'indignation). *Oh ! Vous étiez là ! Oh, la crapule !*

OHÉ interj. (Pour appeler). *Ohé ! Il y a quelqu'un ?*

OHM n.m. (du nom du physicien). Unité de mesure de résistance électrique (symb. Ω), équivalant à la résistance électrique entre deux points d'un conducteur lorsqu'une différence de potentiel constante de 1 volt, appliquée entre ces deux points, produit dans ce conducteur un courant de 1 ampère, ledit conducteur n'étant le siège d'aucune force électromotrice.

OHMIQUE adj. Relatif à l'ohm.

OHMMÈTRE n.m. Appareil servant à mesurer la résistance électrique d'un conducteur.

OHM-MÈTRE n.m. (pl. *ohms-mètres*). Unité de résistivité. (Cette unité de mesure n'est pas légale en France.)

OÏDIE [ɔidi] n.f. Cellule isolée qui se détache du thalle de certains champignons et qui, jouant le rôle de bouture, assure leur multiplication.

OÏDIUM [ɔidjɔm] n.m. (gr. *ôon,* œuf). Maladie produite sur certaines plantes par les champignons du groupe des ascomycètes, généralement caractérisée par l'apparition d'une poussière grisâtre à la surface des organes parasités. (L'oïdium de la vigne est la plus redoutable de ces maladies.)

OIE n.f. (lat. *avica,* de *avis,* oiseau). **1.** Oiseau palmipède massif, au long cou et au bec large, dont on connaît plusieurs espèces sauvages (celles qui passent en France viennent des régions arctiques et hivernent dans le Midi) et une espèce domestique, que l'on élève pour sa chair et son foie surchargé de graisse par gavage. (Le mâle est le *jars,* les jeunes les *oisons.*) – *L'oie criaille, siffle, cacarde,* pousse son cri. – *Oies du Capitole :* oies sacrées du Capitole, qui sauvèrent Rome (390 av. J.-C.) en prévenant par leurs cris Manlius et les Romains de l'attaque nocturne des Gaulois. ◇ *Pas de l'oie :* pas de parade militaire en usage dans certaines armées (notamm. l'armée soviétique). – *Jeu de l'oie :* jeu que l'on joue avec deux dés sur un carton où il y a des figures d'oies disposées de neuf en neuf cases. **2.** Fig., fam. Personne sotte, niaise. ◇ *Oie blanche :* jeune fille candide et un peu sotte.

oie domestique

OIGNON [ɔɲɔ̃] n.m. (lat. *unio, unionis*). **1.** Plante potagère du genre ail, dont le bulbe, d'une saveur et d'une odeur fortes et piquantes, est très employé en cuisine (famille des liliacées) ; ce bulbe. ◇ Fam. *Aux petits oignons :* préparé avec un soin particulier ; parfait. – Pop. *Ce ne sont pas tes oignons :* ça ne te regarde pas. – Fam. *En rang d'oignons :* sur une seule ligne. – *Pelure d'oignon* → **pelure. 2.** Bulbe souterrain de certaines plantes (lis, tulipe, etc.). **3.** Grosse montre de gousset de forme bombée. **4.** Durillon se formant à la base du gros orteil.

oignons

OIGNONADE n.f. Mets accommodé avec beaucoup d'oignons.

OIGNONIÈRE n.f. Terrain semé en oignons.

OÏL [ɔjl] adv. (anc. forme de *oui*). *Langue d'oïl :* ensemble des dialectes romans parlés dans la moitié nord de la France (picard, wallon, champenois, francien, etc.), par opp. à *langue d'oc.*

OILLE [ɔj] n.f. (esp. *olla*). Vx. Potée composée de viandes et de légumes variés.

OINDRE v.t. (lat. *ungere*) 82. **1.** Frotter d'huile ou d'une substance grasse. *On oignait les athlètes pour la lutte.* **2.** LITURGIE. Procéder à l'onction de.

OING ou **OINT** [wɛ̃] n.m. (lat. *unctum,* onguent). Graisse servant à oindre.

OINT, E adj. et n. Se dit d'une personne qui a été consacrée par l'onction liturgique. ◇ *L'oint du Seigneur :* Jésus-Christ.

OISEAU n.m. (lat. pop. *aucellus,* dimin. du lat. *avis,* oiseau). **1.** Vertébré ovipare, couvert de plumes, à respiration pulmonaire, à sang chaud, dont les membres postérieurs servent à la marche, dont les membres antérieurs, ou ailes, servent au vol, et dont les mâchoires forment un bec corné. ◇ *À vol d'oiseau :* en ligne droite. – *Avoir un appétit d'oiseau,* un très petit appétit. – *Avoir une cervelle d'oiseau :* être très étourdi. – *Être comme l'oiseau sur la branche :* être pour très peu de temps dans un endroit. **2.** Anc. Auge de maçon qui servait autrefois à porter le mortier sur les épaules. **3.** Fam. et péj. Individu quelconque. *Un drôle d'oiseau.*
■ On compte quelque 8 000 espèces d'oiseaux (dont la moitié de passereaux) formant une classe et vingt-cinq ordres principaux. Leur taille varie de 2-3 cm (colibris) à plus de 2 m (autruche). Beaucoup d'entre eux couvent leurs œufs dans des nids. On en rencontre dans divers milieux : arbres, sol, marécages, littoral (oiseaux aquatiques) et nombreux sont ceux qui migrent à certaines saisons.

OISEAU-LYRE n.m. (pl. *oiseaux-lyres*). Ménure.

OISEAU-MOUCHE n.m. (pl. *oiseaux-mouches*). Colibri.

OISELER v.i. 24. CHASSE. Tendre des filets pour prendre des oiseaux.

OISELET n.m. Litt. Petit oiseau.

OISELEUR n.m. Celui qui prend des petits oiseaux au filet ou au piège.

OISELIER, ÈRE n. Personne qui fait métier d'élever et de vendre des oiseaux.

OISELLE n.f. Fam. Jeune fille naïve, niaise.

OISELLERIE n.f. Commerce de l'oiselier.

OISEUX, EUSE adj. (lat. *otiosus*). Inutile, sans intérêt à cause de son caractère superficiel et vain. *Discussion oiseuse.*

OISIF, IVE adj. et n. (de *oiseux*). Qui n'a pas d'occupation, ou qui dispose de beaucoup de loisirs ; désœuvré. ◆ adj. Qui se passe dans l'oisiveté. *Mener une vie oisive.*

OISILLON n.m. Jeune oiseau.

OISIVEMENT adv. De façon oisive.

OISIVETÉ n.f. État d'une personne oisive.

OISON n.m. Petit de l'oie.

O. K. [ɔke] interj. (abrév. de l'amér. *oll korrect,* orthographe fautive pour *all correct*). Fam. D'accord, c'est entendu. ◆ adj. inv. Fam. Qui est correct, qui convient ; parfait. *Tout est O. K. C'est O. K., pour vous ?*

OKA n.m. (de *Oka,* n.pr.). Canada. Fromage proche du Port-Salut.

OKAPI n.m. (mot africain). Mammifère ruminant du Zaïre, voisin de la girafe, mais à cou plus court et à pelage rayé à l'arrière. (Haut. au garrot 1 m.)

okapi

OKOUMÉ n.m. (mot africain). Arbre de l'Afrique équatoriale, au bois rose, utilisé notamment dans la fabrication du contreplaqué. (Famille des burséracées.)

OLA n.f. (mot esp., *vague*). Ovation du public d'une enceinte sportive, consistant à se lever à tour de rôle afin de produire un mouvement d'ensemble comparable à une ondulation.

OLÉ ou **OLLÉ** interj. (mot esp.). [Pour encourager, en partic. dans les corridas]. *Olé !*

OLÉACÉE n.f. (lat. *olea,* olive). *Oléacées :* famille d'arbres ou d'arbustes à fleurs gamopétales, tels que l'olivier, le jasmin, le lilas, le frêne.

OLÉAGINEUX, EUSE adj. (lat. *oleagineus,* d'olivier). De la nature de l'huile. ◇ *Plante oléagineuse* ou *oléagineux,* n.m. : plante cultivée pour ses graines ou ses fruits riches en lipides, dont on tire des matières grasses alimentaires ou industrielles (soja, tournesol, olivier).

OLÉANDOMYCINE n.f. Antibiotique actif contre les bactéries Gram positif.

OLÉASTRE n.m. Olivier sauvage.

OLÉATE n.m. Sel ou ester de l'acide oléique.

OLÉCRANE n.m. (gr. *ôlenê,* bras, et *kranion,* tête). ANAT. Apophyse du cubitus, formant la saillie du coude.

OLÉFIANT ou **OLÉIFIANT** adj.m. Anc. *Gaz oléfiant :* éthylène.

OLÉFINE n.f. Alcène. SYN. : *hydrocarbure éthylénique.*

OLÉICOLE adj. Qui concerne l'oléiculture.

OLÉICULTEUR, TRICE n. Personne qui cultive l'olivier.

OLÉICULTURE n.f. Culture de l'olivier.

OLÉIFÈRE adj. Dont on extrait de l'huile.

OLÉIFIANT adj.m. → ***oléfiant.***

OLÉIFORME adj. Qui a la consistance de l'huile.

OLÉINE n.f. CHIM. Triester oléique de la glycérine, liquide qui entre dans la composition des huiles végétales.

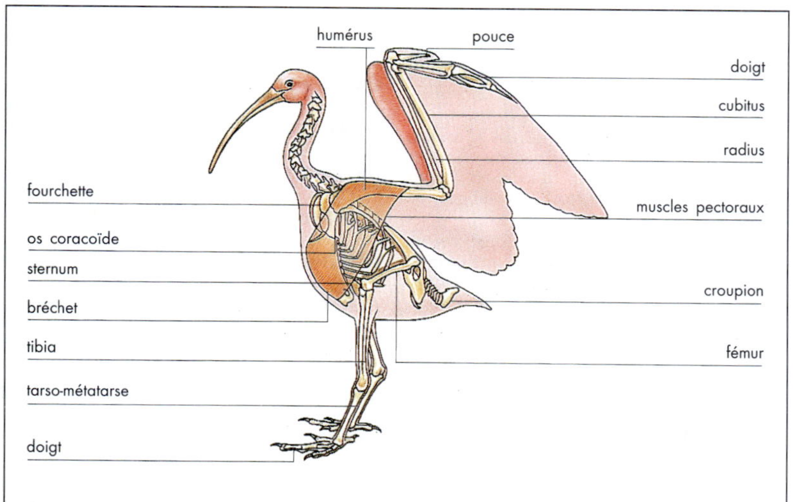

oiseau : squelette d'un ibis rouge

OLÉIQUE adj. CHIM. Se dit d'un acide organique non saturé, produit par l'hydrolyse de l'oléine.

OLÉODUC n.m. Pipeline servant au transport du pétrole brut.

OLÉOLAT n.m. Solution huileuse d'essences végétales.

OLÉ OLÉ adj. inv. Fam. Libre, leste, osé.

OLÉOMÈTRE n.m. Appareil servant à mesurer la teneur en huile des graines oléagineuses.

OLÉOPNEUMATIQUE adj. Se dit d'un type de suspension sans ressort pour véhicules automobiles, qui combine l'emploi d'éléments contenant de l'huile sous pression et celui d'enceintes remplies d'air ou de gaz.

OLÉORÉSINE n.f. Produit insoluble dans l'eau et visqueux, exsudé par diverses plantes. (La térébenthine est une oléorésine.)

OLÉUM [ɔleɔm] n.m. CHIM. Acide sulfurique partiellement déshydraté.

OLFACTIF, IVE adj. (du lat. *olfacere,* flairer). Relatif à l'odorat.

OLFACTION n.f. SC. Odorat.

OLIBRIUS [ɔlibrijys] n.m. (bas lat. *Olybrius,* n.pr.). Fam. Individu qui se distingue par son excentricité stupide.

OLIFANT ou **OLIPHANT** n.m. (de *éléphant*). HIST. Petit cor d'ivoire des chevaliers du Moyen Âge.

OLIGARCHIE n.f. (gr. *oligoi,* peu nombreux, et *arkhê,* commandement). Régime politique où l'autorité est entre les mains de quelques personnes ou de quelques familles puissantes ; ensemble de ces personnes, de ces familles.

OLIGARCHIQUE adj. Qui relève d'une oligarchie.

OLIGARQUE n.m. Membre d'une oligarchie.

OLIGISTE n.m. et adj. (gr. *oligistos,* très peu). Oxyde naturel de fer Fe_2O_3, appelé aussi *hématite rouge,* colorant souvent des roches sédimentaires (grès, argile), et constituant un minerai exploitable dans certains schistes.

OLIGOCÈNE adj. et n.m. (gr. *oligos,* peu, et *kainos,* récent). Se dit de la deuxième période de l'ère tertiaire, entre l'éocène et le miocène, d'une durée approximative de 10 millions d'années.

OLIGOCHÈTE [-kɛt] n.m. (gr. *oligos,* peu, et *khaitê,* longs cheveux). *Oligochètes :* classe d'annélides aux soies peu nombreuses telles que le ver de terre (lombric).

OLIGOCLASE n.f. Feldspath de la série des plagioclases, abondant dans les roches cristallines.

OLIGODENDROGLIE n.f. NEUROL. Ensemble des cellules de la névroglie, pauvres en prolongements.

OLIGOÉLÉMENT n.m. BIOL. Élément chimique nécessaire, à l'état de traces, à la croissance ou à la vie des animaux et des végétaux. (Le fer, le manganèse, le bore, le magnésium, le cobalt, etc., sont des oligoéléments.)

OLIGOPHRÈNE adj. et n. Qui est atteint d'oligophrénie.

OLIGOPHRÉNIE n.f. (gr. *oligos,* peu, et *phrên,* pensée). MÉD. Insuffisance mentale globale.

OLIGOPOLE n.m. ÉCON. Marché dans lequel il n'y a que quelques vendeurs face à une multitude d'acheteurs (par opp. à *oligopsone*).

OLIGOPOLISTIQUE adj. Relatif à l'oligopole.

OLIGOPSONE n.m. ÉCON. Marché caractérisé par la présence d'un très petit nombre d'acheteurs devant de très nombreux vendeurs (par opp. à *oligopole*).

OLIGOTHÉRAPIE n.f. MÉD. Traitement des maladies par des oligoéléments.

OLIGURIE n.f. PATHOL. Diminution de la quantité d'urine émise.

OLIM [ɔlim] n.m. inv. (mot lat., *autrefois*). HIST. Registre du parlement de Paris de 1254 à 1318.

OLIPHANT n.m. → ***olifant.***

OLIVACÉ, E adj. De couleur olive.

OLIVAIE ou **OLIVERAIE** n.f. Lieu planté d'oliviers. SYN. (rare) : *olivette.*

OLIVAISON n.f. Récolte des olives ; saison où l'on fait cette récolte.

OLIVÂTRE adj. Qui tire sur la couleur de l'olive ; verdâtre.

OLIVE n.f. (lat. *oliva*). **1.** Fruit à noyau, ellipsoïdal, de l'olivier, dont on tire une huile alimentaire. ◇ *Olive noire,* cueillie mûre et conservée dans l'huile. – *Olive verte,* cueillie avant maturité, adoucie par un traitement à l'aide d'une solution de soude puis conservée dans la saumure. **2.** Objet ou ornement ayant la forme d'une olive. ◇ **Spécialt.** Petit interrupteur de forme ellipsoïdale placé sur un fil électrique. **3.** Chacune des deux éminences blanchâtres ovoïdes de la face antérieure du bulbe rachidien. **4.** Donax (mollusque). ◆ **adj. inv.** Qui a la couleur vert clair, tirant un peu sur le jaune, de l'olive verte.

OLIVERAIE n.f. → ***olivaie.***

OLIVET n.m. Fromage fabriqué au lait de vache dans l'Orléanais.

OLIVÉTAIN, E n. Membre de la congrégation du Mont-Olivet.

OLIVETTE n.f. **1.** Rare. Olivaie. **2.** Raisin à grains en forme d'olive, dont diverses variétés sont cultivées en Provence. **3.** Tomate d'une variété à fruit allongé, oblong.

OLIVIER n.m. Arbre de la famille des oléacées, cultivé surtout dans le bassin méditerranéen, qui fournit l'olive. (L'olivier était dans l'Antiquité un emblème de fécondité et un symbole de paix et de gloire.)

olivier

OLIVINE n.f. MINÉR. Péridot de couleur vert olive, commun dans les basaltes. (Son altération fournit la *serpentine.*)

OLLAIRE adj. (du lat. *olla,* pot). *Pierre ollaire :* serpentine dont on fait des pots.

OLLÉ interj. → ***olé.***

OLOGRAPHE ou **HOLOGRAPHE** adj. (gr. *holos,* entier, et *graphein,* écrire). DR. *Testament olographe,* écrit en entier, daté et signé de la main du testateur.

OLYMPE n.m. (gr. *Olumpos,* mont Olympe). *L'Olympe.* **1.** Litt. L'ensemble des dieux qui, dans la mythologie gréco-romaine, habitaient sur l'Olympe. *Un dieu de l'Olympe.* **2.** Poét. Le ciel.

OLYMPIADE n.f. Espace de quatre ans entre deux célébrations successives des jeux Olympiques. ◆ pl. (Emploi critiqué). Jeux Olympiques.

OLYMPIEN, ENNE adj. **1.** De l'Olympe. ◇ *Les dieux olympiens :* Zeus, Poséidon, Arès, Héphaïstos, Apollon, Hermès, Aphrodite, Héra, Athéna, Artémis, Déméter, Hestia, les douze principales divinités grecques. **2.** Majestueux et serein, à l'image des dieux de l'Olympe. *Calme olympien.*

OLYMPIQUE adj. **1.** Relatif aux jeux Olympiques. **2.** Conforme aux règles des jeux Olympiques. *Piscine olympique.* **3.** *Jeux Olympiques.* **a.** ANTIQ. Jeux panhelléniques de la Grèce antique, qui se célébraient tous les quatre ans, depuis 776 av. J.-C., à Olympie, en l'honneur de Zeus Olympien et qui comprenaient non seulement des épreuves sportives mais aussi des concours musicaux et littéraires. (Ils furent supprimés en 394 par Théodose.) **b.** Mod. Compétition sportive internationale, rénovée en 1893 par le baron Pierre de Coubertin et qui a lieu tous les quatre ans depuis 1896. *Jeux Olympiques d'été.* – *Jeux Olympiques d'hiver,* ayant lieu, depuis 1924, la même année que les jeux d'été.

Les jeux Olympiques modernes

1896	Athènes	1952	Helsinki
1900	Paris	1956	Melbourne
1904	Saint Louis	1960	Rome
1908	Londres	1964	Tōkyō
1912	Stockholm	1968	Mexico
1920	Anvers	1972	Munich
1924	Paris	1976	Montréal
1928	Amsterdam	1980	Moscou
1932	Los Angeles	1984	Los Angeles
1936	Berlin	1988	Séoul
1948	Londres	1992	Barcelone.

OLYMPISME n.m. Organisation, institution des jeux Olympiques. ◇ **Spécialt.** Idéal olympique.

OMANAIS, E adj. et n. Du sultanat d'Oman.

OMBELLALE n.f. *Ombellales :* ordre de plantes aux fleurs en ombelles, comprenant les familles des ombellifères, des cornacées et des hédéracées.

OMBELLE n.f. (lat. *umbella,* parasol). BOT. Inflorescence dans laquelle les pédoncules partent tous d'un même point pour s'élever au même niveau, comme les rayons d'un parasol.

OMBELLÉ, E adj. BOT. Disposé en ombelle.

OMBELLIFÈRE n.f. (de *ombelle* et lat. *ferre,* porter). *Ombellifères :* importante famille de plantes à fleurs disposées en ombelles, dont certaines espèces sont comestibles *(carotte, cerfeuil, persil, angélique),* d'autres vénéneuses *(ciguë).*

OMBELLULE n.f. BOT. Chacune des ombelles partielles dont l'ensemble constitue l'ombelle.

OMBILIC n.m. (lat. *umbilicus*). **1.** ANAT. **a.** Orifice de l'abdomen, chez le fœtus, laissant passer le cordon ombilical. **b.** Nombril. **2.** Point central et saillant d'un bouclier, d'un plat en métal ou en céramique. **3.** BOT. Plante des rochers, à feuilles charnues circulaires. (Famille des crassulacées.) **4.** GÉOGR. Élargissement et approfondissement d'une vallée glaciaire. **5.** MATH. Point d'une surface où toutes les sections normales ont même rayon de courbure.

OMBILICAL, E, AUX adj. Relatif à l'ombilic.

OMBILIQUÉ, E adj. Pourvu d'un ombilic.

OMBLE n.m. (altér. de *amble*). Poisson d'eau douce voisin du saumon, à chair délicate. (L'*omble chevalier* vit dans les lacs de montagne de l'Europe occidentale ; l'*omble de fontaine,* importé des États-Unis, préfère les eaux courantes.) [Long. 30 à 60 cm.]

OMBRAGE n.m. Ensemble de branches, de feuilles d'arbres qui donnent de l'ombre ; cette ombre. ◇ **Litt.** *Porter, faire, donner ombrage à qqn,* lui inspirer de l'inquiétude ou du ressentiment. – **Litt.** *Prendre ombrage de qqch,* s'en offenser.

OMBRAGÉ, E adj. Couvert d'ombrages.

OMBRAGER v.t. [17]. Couvrir de son ombre, former ombrage sur.

OMBRAGEUX, EUSE adj. **1.** Se dit d'un cheval (ou d'une mule, etc.) qui a peur de son ombre ou d'un objet inaccoutumé. **2.** Susceptible, soupçonneux. *Un caractère ombrageux.*

1. OMBRE n.m. (lat. *umbra,* poisson de couleur sombre). Poisson des cours d'eau du centre et de l'est de la France, voisin du saumon, à chair estimée. (Long. 25 à 40 cm.) [À distinguer de l'*omble.*]

2. OMBRE n.f. (lat. *umbra*). **1.** Zone sombre due à l'absence de lumière ou à l'interception de la lumière par un corps opaque. ◇ *À l'ombre de :* à l'abri de ; sous la protection de. – **Fam.** *Mettre, être à l'ombre :* mettre, être en prison. – *Ombres chinoises* ou *théâtre d'ombres :* spectacle présentant des silhouettes fortement éclairées par-derrière et apparaissant sur un écran transparent. – *Vivre, rester dans l'ombre,* effacé. **2.** Légère apparence, reflet, trace. *Il n'y a pas l'ombre d'un doute.* ◇ *Courir après une ombre :* se livrer à des espérances chimériques. **3.** ANTIQ. Esprit d'un mort conservant dans l'au-delà une apparence humaine immatérielle. **4.** BX-A. (Surtout au pl.). Partie assombrie d'un dessin, d'une peinture. ◇ **Cour., fig.** *Il y a une ombre au tableau,* un inconvénient, un élément inquiétant dans une situation plutôt favorable.

3. OMBRE n.f. *Terre d'ombre :* ocre brune qui sert de pigment en peinture.

OMBRÉE n.f. GÉOGR. Ubac.

OMBRELLE n.f. (it. *ombrello ;* lat. *umbrella,* parasol). **1.** Petit parasol portatif de femme. **2.** ZOOL. Masse transparente, gélatineuse mais rigide, formant l'essentiel du corps des méduses.

OMBRER v.t. (lat. *umbrare*). Mettre des ombres à (un dessin, un tableau).

OMBRETTE n.f. Oiseau échassier de l'Afrique tropicale. (Famille des ciconiidés.)

OMBREUX, EUSE adj. Litt. Où il y a de l'ombre.

OMBRIEN, ENNE adj. et n. De l'Ombrie.

OMBRINE n.f. Poisson marin jaunâtre, avec des bandes brunes latérales. (Long. 30 à 60 cm.)

OMBUDSMAN [ɔmbydsman] n.m. (du suédois). Personnalité indépendante chargée d'examiner les plaintes des citoyens contre l'Administration, dans les pays scandinaves.

OMÉGA n.m. inv. **1.** Dernière lettre de l'alphabet grec (ω, Ω) notant un *o* long ouvert. **2.** Symbole de l'ohm (Ω).

OMELETTE n.f. (anc. fr. *alumelle,* petite lame). **1.** Œufs battus et cuits dans une poêle. **2.** *Omelette norvégienne :* entremets composé d'une glace enrobée d'un soufflé chaud.

OMERTA n.f. (it. *omertà*). Loi du silence, règle qui veut que l'on garde, sous peine de représailles, le secret le plus absolu sur les faits criminels dont on aurait pu avoir connaissance, dans les milieux liés à la mafia.

OMETTRE v.t. (lat. *omittere*) [84]. **1.** Oublier ou négliger de faire ou de dire. **2.** Ne pas comprendre dans une énumération, un ensemble ; passer sous silence.

OMICRON [ɔmikrɔn] n.m. inv. Lettre de l'alphabet grec (ο), notant un *o* bref fermé.

OMIS n.m. MIL. Jeune homme assujetti aux obligations du service national qui n'a pas été recensé avec sa classe d'âge.

OMISSION n.f. (bas lat. *omissio*). **1.** Action d'omettre, de négliger. **2.** Oubli, lacune.

OMMATIDIE n.f. (gr. *ommation,* petit œil). ZOOL. Chacun des yeux élémentaires dont l'ensemble constitue l'œil composé des arthropodes.

1. OMNIBUS [ɔmnibys] n.m. (mot lat., *pour tous*). **1.** Anc. Voiture fermée de transport en commun, à quatre roues, d'abord hippomobile, puis automobile. **2.** Train omnibus.

2. OMNIBUS [ɔmnibys] adj. inv. **1.** ÉLECTR. *Barre omnibus :* conducteur de forte section relié d'une part au générateur, d'autre part au circuit de distribution. **2.** *Train omnibus,* desservant toutes les stations de son parcours.

OMNICOLORE adj. Qui présente toutes sortes de couleurs.

OMNIDIRECTIF, IVE adj. Se dit d'une antenne d'émission ou de réception qui rayonne les ondes avec la même intensité dans toutes les directions ou qui les reçoit avec la même efficacité, quelle que soit la direction d'où elles émanent.

OMNIDIRECTIONNEL, ELLE adj. Qui a les mêmes propriétés dans toutes les directions.

OMNIPOTENCE n.f. (lat. *omnipotentia*). Toute-puissance, pouvoir absolu.

OMNIPOTENT, E adj. (lat. *omnipotens*). Dont l'autorité est absolue ; tout-puissant.

OMNIPRATICIEN, ENNE n. et adj. Généraliste.

OMNIPRÉSENCE n.f. Présence constante en tous lieux.

OMNIPRÉSENT, E adj. Présent continuellement en tous lieux.

OMNISCIENCE n.f. Science, connaissance universelle.

OMNISCIENT, E adj. (lat. *sciens,* sachant). Qui sait tout ou paraît tout savoir.

OMNISPORTS adj. inv. Où l'on pratique plusieurs sports. *Salle omnisports.*

OMNIUM [ɔmnjɔm] n.m. (mot angl. ; du lat.). Vieilli. **1.** Compétition cycliste sur piste, comportant plusieurs épreuves. **2.** Compagnie financière ou commerciale s'adonnant à des activités variées ou ayant des participations dans plusieurs entreprises.

OMNIVORE adj. et n. (lat. *omnis,* tout, et *vorare,* dévorer). Qui se nourrit indifféremment d'aliments divers, en parlant d'un animal. (Les mammifères omnivores ont souvent des molaires aux tubercules arrondis.)

OMOPLATE n.f. (gr. *ômos,* épaule, et *platê,* surface plate). Os plat, large, mince et triangulaire, situé à la partie postérieure de l'épaule et constituant avec la clavicule la ceinture scapulaire.

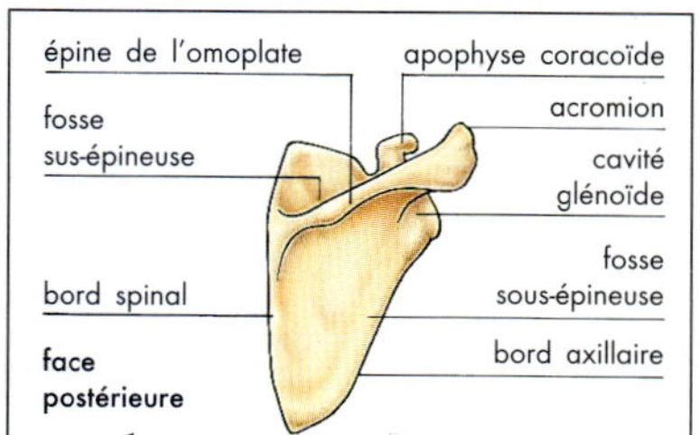

omoplate

ON pron. indéf. (lat. *homo,* homme) [toujours sujet]. Désigne : **I. 1.** Une personne, un groupe de personnes indéterminées ; quelqu'un, des gens. *On frappe à la porte.* **2.** Les hommes. *On vivait mieux autrefois. Plus on est de fous plus on rit.* **II. 1.** Fam. Le locuteur (je). *On fait ce qu'on peut !* **2.** Fam. Le locuteur et le groupe auquel il appartient (nous). *Nous, on n'y peut rien.* **3.** Fam. L'interlocuteur (tu, vous). *Alors, on se promène ?* – REM. **1.** L'accord peut se faire au féminin et au pluriel. *On est élégante aujourd'hui ! On est tous égaux devant la loi.* **2.** *On* peut être précédé de l'article. *L'on vous demande au téléphone.*

ONAGRACÉE n.f. BOT. Œnothéracée.

1. ONAGRE n.f. (gr. *onagra*). BOT. Œnothère.

2. ONAGRE n.m. (gr. *onagros*). **1.** Mammifère ongulé sauvage d'Iran et d'Inde, intermédiaire entre le cheval et l'âne. **2.** ANTIQ. ROM. Catapulte servant à lancer de gros projectiles.

ONANISME n.m. (du n. d'*Onan,* personnage biblique). Masturbation.

ONC, ONCQUES ou **ONQUES** [ɔ̃k] adv. Vx ou par plais. Jamais.

1. ONCE n.f. (lat. *uncia,* douzième partie). **1.** Mesure de poids des anciens Romains valant 1/12 de livre (27,25 g env.). **2.** En France, ancienne mesure de masse, représentant la seizième partie de la livre et valant 30,594 g. **3.** Unité de masse anglo-saxonne (symb. oz), utilisée aussi au Canada et valant 28,35 g (31,104 g pour les matières précieuses). **4.** Fam. *Une once de :* une très petite quantité de.

2. ONCE n.f. (anc. fr. *lonce ;* lat. *lynx*). Grand félin vivant dans les régions froides et montagneuses du nord de l'Asie.

ONCHOCERCOSE [ɔ̃kɔsɛrkoz] n.f. (gr. *ogkos,* courbure, et *kerkos,* queue). MÉD. Parasitose due à une filaire atteignant la peau et l'œil.

ONCIAL, E, AUX adj. et n.f. (de *once*). PALÉOGR. Se dit d'une écriture composée de lettres capitales aux contours arrondis, utilisée du IVe au VIIe s.

ONCLE n.m. (lat. *avunculus*). Frère du père ou de la mère. ◇ *Oncle à la mode de Bretagne :* cousin germain du père ou de la mère.

1. ONCOGÈNE adj. (du gr. *ogkos,* grosseur). MÉD. Cancérogène.

2. ONCOGÈNE n.m. MÉD. Gène pouvant être un facteur de la cancérogenèse.

ONCOLOGIE n.f. Cancérologie.

ONCOLOGUE ou **ONCOLOGISTE** n. MÉD. Cancérologue.

ONCOTIQUE ou **ONKOTIQUE** adj. BIOL. Se dit de la pression osmotique propre des protéines en solution dans un liquide.

ONCQUES adv. → *onc.*

ONCTION n.f. (lat. *unctio,* de *ungere,* oindre). **1.** LITURGIE. Application d'huile sainte sur une personne pour la consacrer à Dieu, lui conférer la grâce de lutter contre le mal ou contre la maladie. **2.** MÉD. Friction douce de la peau avec une pommade contenant un principe actif. **3.** Litt. Douceur particulière dans les gestes et la manière de parler. *L'onction ecclésiastique.*

ONCTUEUX, EUSE adj. (lat. *unctum,* de *ungere,* oindre). **1.** Dont la consistance, à la fois légère et douce, donne au toucher l'impression d'un corps gras. **2.** D'une consistance moelleuse et douce et d'une saveur veloutée. *Fromage onctueux.*

ONCTUOSITÉ n.f. Qualité de ce qui est onctueux.

ONDATRA n.m. Mammifère rongeur de l'Amérique du Nord, vivant comme le castor et dont la fourrure, recherchée, est appelée *castor du Canada* ou *loutre d'Hudson.* (Long. 60 cm.) SYN. : *rat musqué.*

ONDE n.f. (lat. *unda*). **I.1.** Mouvement de la surface de l'eau, d'un liquide qui forme des rides concentriques qui se soulèvent et s'abaissent à la suite d'un choc. **2.** Litt. Eau de la mer, d'un lac, etc. **3.** Ligne, dessin présentant des sinuosités, des cercles concentriques. **II. 1.** Modification de l'état physique d'un milieu matériel ou immatériel qui se propage à la suite d'une action locale avec une vitesse finie, déterminée par les caractéristiques des milieux traversés. – *Onde amortie,* dont l'amplitude décroît régulièrement (par opp. à *onde entretenue*). – *Onde stationnaire :* phénomène d'interférence dû à la superposition de deux vibrations de même fréquence et de même amplitude. – PHYS. *Fonction d'onde :* fonction caractérisant l'état d'un quanton et dont le carré du module représente la densité de probabilité de présence du quanton. ◇ *Ondes mécaniques,* qui se propagent par vibration de la matière. – *Onde de choc.* **a.** Surface de discontinuité des vitesses due à la compression de l'air aux grandes vitesses et qui se crée dans les régions où la vitesse d'écoulement dépasse celle du son. (Tout mobile se déplaçant à une vitesse supersonique crée une onde de choc.) **b.** Répercussion, conséquence de qqch, le plus souvent fâcheuse. ◇ *Ondes électromagnétiques,* qui se propagent dans le vide, sans support matériel. – *Longueur d'onde :* distance minimale entre deux points consécutifs de même phase d'un mouvement qui se propage en ligne droite ; fig., fam. *Être sur la même longueur d'onde :* se comprendre, parler le même langage. – *Ondes métriques,* dont la longueur est comprise entre 1 et 10 m (fréquences de 300 à 30 MHz, dites *très hautes fréquences ;* abrév. : *T. H. F.* ou, anglic., *VHF*). – *Ondes décamétriques* (ou *ondes courtes*), dont la longueur dans le vide est comprise entre 1 et 10 décamètres (fréquences de 30 à 3 MHz, dites *hautes fréquences ;* abrév. : *H. F.*). – *Ondes hectométriques* (ou *ondes moyennes,* ou *petites ondes*), dont la longueur dans le vide est comprise entre 1 et 10 hectomètres (fréquences de 3 000 à 300 kHz, dites *moyennes fréquences ;* abrév. : *M. F.*). – *Ondes kilométriques* (ou *ondes longues,* ou *grandes ondes*), dont la longueur dans le vide est comprise entre 1 et 10 kilomètres (fréquences de 300 à 30 kHz, dites *basses fréquences ;* abrév. : *B. F.*). – *Onde porteuse :* onde électromagnétique de haute fréquence, employée pour la transmission des signaux par modulation d'amplitude ou de fréquence. **2.** *Ondes Martenot :* instrument de musique électronique à clavier, qui transforme des oscillations électriques en oscillations mécaniques dans un haut-parleur. ◆ pl. *Les ondes :* la radio, les émissions radiodiffusées (parfois aussi : la radio et la télévision).

■ On distingue les *ondes mécaniques* (ondes sonores, vagues dans un liquide), qui se propagent par vibration de la matière, et les *ondes électromagnétiques,* qui se propagent en dehors de tout support matériel, dans le vide. Les ondes sonores ont des fréquences (nombre de vibrations par seconde) comprises entre 20 et 20 000 Hz ; les ultrasons ont des fréquences plus élevées, les infrasons des fréquences plus basses. Par ordre de fréquences croissantes, les ondes électromagnétiques comprennent les ondes radioélectriques (à partir de 30 kHz), l'infrarouge, la lumière visible (de $37 \cdot 10^{13}$ à $75 \cdot 10^{13}$ Hz), l'ultraviolet, les rayons X, les rayons γ (au-delà de 10^{19} Hz) et les rayons cosmiques. À partir de l'ultraviolet, les rayonnements de haute fréquence ont une action biologique.

ONDÉ, E adj. **1.** Litt. Qui forme des ondes, des sinuosités. **2.** HÉRALD. Se dit des pièces dont les bords sont découpés en sinuosités alternativement concaves et convexes.

ONDÉE n.f. Grosse pluie soudaine et de courte durée ; averse.

ONDEMÈTRE n.m. Appareil servant à mesurer la longueur des ondes électromagnétiques.

ONDIN, E n. (Rare au masc.). Génie des eaux, dans les mythologies germanique et scandinave.

ONDINISME n.m. SEXOL. Érotisation des fonctions urinaires. SYN. : *urolagnie.*

ON-DIT n.m. inv. (Surtout au pl.). Rumeur, nouvelle répétée de bouche en bouche.

ONDOIEMENT [ɔ̃dwamɑ̃] n.m. **1.** Litt. Mouvement d'ondulation. **2.** LITURGIE CATH. Baptême administré en cas d'urgence, et réduit à l'ablution d'eau accompagnée des paroles sacramentelles.

ONDOYANT, E adj. Litt. **1.** Qui ondoie, qui se meut en formant des ondes ; ondulant. **2.** Fig. Qui change selon les circonstances ; inconstant, versatile. *Un caractère ondoyant.*

ONDOYER v.i. [13]. Litt. **1.** Flotter souplement en s'élevant et en s'abaissant alternativement ; onduler. **2.** Former une ligne sinueuse. *La route ondoie dans la vallée.* ◆ v.t. CATH. Baptiser par ondoiement.

ONDULANT, E adj. Qui ondule. ◇ *Fièvre ondulante :* brucellose.

ONDULATION n.f. (bas lat. *undula,* petite onde). **1.** Mouvement léger et régulier d'un fluide qui s'abaisse et s'élève alternativement. *L'ondulation des vagues.* **2.** (Surtout au pl.). Mouvement se propageant par vagues successives. *Les ondulations d'un champ de blé.* **3.** Succession de petites hauteurs et de faibles dépressions. *Ondulation du terrain.* **4.** Forme sinueuse, mouvement des cheveux qui frisent. **5.** ÉLECTR. Composante alternative du courant fourni par les redresseurs.

ONDULATOIRE adj. **1.** Qui a les caractères, la forme d'une onde. *Mouvement ondulatoire.* **2.** PHYS. Qui concerne les ondes. ◇ *Mécanique ondulatoire :* forme initiale de la théorie quantique, créée en 1924 par Louis de Broglie, selon laquelle à toute particule en mouvement est associée une onde périodique.

ONDULÉ, E adj. **1.** Qui présente des ondulations. **2.** Se dit de tôles, de plaques de matière plastique, de carton, etc., qui présentent une alternance régulière de reliefs et de creux.

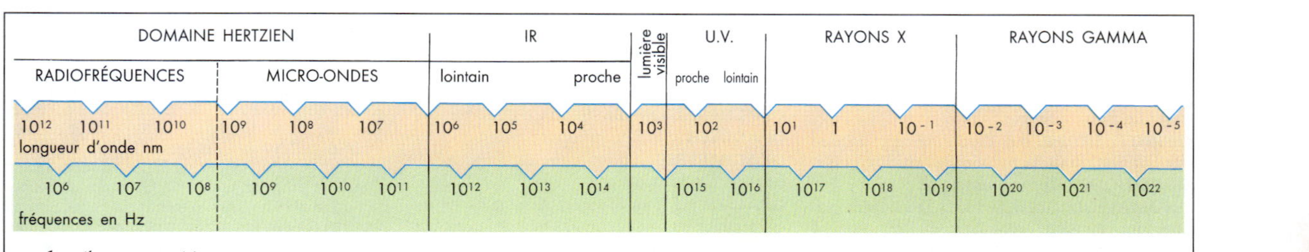

ondes électromagnétiques

ONDULER v.i. Avoir un léger mouvement sinueux. *Les moissons ondulent.* ◆ v.t. Donner une forme ondulante à. *Onduler ses cheveux.*

ONDULEUR n.m. ÉLECTR. Convertisseur statique d'énergie, qui transforme un courant unidirectionnel en un système de courants alternatifs.

ONDULEUX, EUSE adj. Litt. Qui présente des ondulations plus ou moins régulières.

ONE-MAN-SHOW [wanmanʃo] n.m. inv. (mots angl., *spectacle d'un seul homme*). Spectacle de variétés où l'artiste est seul sur scène. Recomm. off. : *spectacle solo* ou *solo.*

ONÉREUX, EUSE adj. (lat. *onerosus,* de *onus,* charge). Qui occasionne des frais importants. *Séjour onéreux.* ◇ *À titre onéreux :* en payant.

ONE-STEP [wanstεp] n.m. (mots angl., *un pas*) [pl. *one-steps*]. Anc. Danse américaine, en vogue après la Première Guerre mondiale.

O. N. G. n.f. (sigle). Organisation* non gouvernementale.

ONGLE n.m. (lat. *ungula*). **1.** Lame cornée d'origine épidermique qui couvre le dessus du bout des doigts et des orteils chez l'homme et un grand nombre d'animaux vertébrés. ◇ *Jusqu'au bout des ongles :* à un degré extrême ; à la perfection. **2.** Griffe des carnassiers.

ONGLÉ, E adj. Litt. Pourvu d'ongles.

ONGLÉE n.f. Engourdissement douloureux du bout des doigts, causé par un grand froid.

ONGLET n.m. **1.** Petite entaille où l'on peut placer l'ongle. *L'onglet d'une lame de canif.* **2.** TECHN. Extrémité d'une pièce de bois qui forme un angle de 45°. *Assemblage à onglet.* ◇ *Boîte à onglets :* boîte ouverte aux deux extrémités, dont la section affecte la forme d'un U et dans les parois de laquelle sont pratiquées des entailles qui guident la scie selon un angle déterminé. **3.** REL. Étroite bande de papier ou de toile cousue en même temps que les feuilles d'un livre pour y insérer un feuillet supplémentaire. **4.** Échancrure semi-circulaire pratiquée dans les bords des feuillets d'un livre, d'un cahier pour signaler un chapitre, une section et en faciliter la consultation. **5.** BOT. Partie inférieure et rétrécie d'un pétale. **6.** MATH. Portion d'un solide de révolution limitée par deux méridiens. **7.** Morceau du bœuf tiré des muscles du diaphragme, qui fournit des biftecks appréciés.

ONGLETTE n.f. Petit burin de graveur.

ONGLIER n.m. **1.** Nécessaire pour la toilette des ongles. **2.** Pince ou petits ciseaux à lames cintrées pour couper les ongles.

ONGLON n.m. ZOOL. Étui corné du sabot des ruminants, des suidés et des éléphants.

ONGUENT [ɔ̃gɑ̃] n.m. (lat. *unguentum*). Médicament d'usage externe, à base de résine, de corps gras et de divers principes actifs.

ONGUICULE n.m. ZOOL. Petit ongle, griffe.

ONGUICULÉ, E [ɔ̃gɥi-] adj. et n. ZOOL. Pourvu d'ongles plats ou de griffes, en parlant des mammifères (par opp. à *ongulé*).

1. ONGULÉ, E adj. ZOOL. Dont les doigts sont terminés par des sabots.

2. ONGULÉ n.m. ZOOL. *Ongulés :* superordre de mammifères porteurs d'un sabot et comprenant les proboscidiens (éléphants), les périssodactyles, ou imparidigités (cheval, rhinocéros), et les artiodactyles, ou paridigités (ruminants, suidés, camélidés).

ONGULIGRADE adj. et n.m. ZOOL. Qui marche sur des sabots.

ONIRIQUE adj. **1.** Relatif au rêve, à l'onirisme. **2.** Litt. Qui évoque le rêve, qui est inspiré par le rêve. *Littérature onirique.*

ONIRISME n.m. (gr. *oneiros,* songe). PSYCHOL. **1.** Images, phénomènes du rêve. **2.** Délire aigu constitué de représentations concrètes, animées et enchaînées comme celles du rêve et vécues intensément par le sujet.

ONIROMANCIE n.f. Divination par les rêves.

ONIROMANCIEN, ENNE n. Personne qui pratique l'oniromancie.

ONIROTHÉRAPIE n.f. Psychothérapie fondée sur l'utilisation de la pensée onirique de veille.

ONKOTIQUE adj. → ***oncotique.***

ONOMASIOLOGIE n.f. LING. Étude sémantique qui consiste, à partir du concept, à rechercher les signes linguistiques, l'expression qui lui correspondent (par opp. à *sémasiologie*).

ONOMASTIQUE n.f. (du gr. *onoma,* nom). LING. Branche de la lexicologie qui étudie l'origine des noms propres. (→ ***anthroponymie*** et ***toponymie.***)

ONOMATOPÉE n.f. (gr. *onomatopoiia,* création de mots). Mot dont la prononciation rappelle le son produit par l'être ou la chose qu'il dénote. *« Teuf-teuf », « glouglou » sont des onomatopées.* ◇ Formation de mots par ce procédé.

ONOMATOPÉIQUE adj. Qui concerne l'onomatopée.

ONQUES adv. → ***onc.***

ONTIQUE adj. PHILOS. **1.** Se dit de toute connaissance qui se rapporte aux objets déterminés du monde. **2.** Qui relève de l'étant (par opp. à *ontologique*).

ONTOGENÈSE ou **ONTOGÉNIE** n.f. (du gr. *ôn, ontos,* être). BIOL. Développement de l'individu depuis l'œuf fécondé jusqu'à l'état adulte.

ONTOGÉNÉTIQUE adj. Relatif à l'ontogenèse.

ONTOLOGIE n.f. (gr. *ôn, ontos,* être, et *logos,* science). PHILOS. Spéculation sur l'être en tant qu'être, sur l'être en soi.

ONTOLOGIQUE adj. PHILOS. **1.** Relatif à l'ontologie. ◇ *Preuve ontologique de l'existence de Dieu,* qui consiste, après avoir posé Dieu comme parfait, à soutenir que, s'il lui manquait l'existence, il ne serait pas parfait, donc qu'il existe. (Elle a été utilisée en partic. par saint Anselme.) **2.** Qui relève de l'être (par opp. à *ontique*).

ONTOLOGISME n.m. Doctrine qui affirme que la connaissance de Dieu, directe et immédiate, est naturelle à l'homme.

ONUSIEN, ENNE adj. Relatif à l'O.N.U.

ONYCHOMYCOSE [-kɔ-] n.f. MÉD. Inflammation des ongles due à des champignons parasites.

ONYCHOPHAGIE [ɔnikɔfaʒi] n.f. (gr. *onux, onukhos,* ongle, et *phagein,* manger). MÉD. Habitude de se ronger les ongles.

ONYCHOPHORE [ɔnikɔfɔr] n.m. ZOOL. Péripate.

ONYX n.m. (gr. *onux,* ongle [à cause de sa transparence]). Agate d'une variété caractérisée par des raies concentriques de diverses couleurs.

ONYXIS [-ksis] n.m. (gr. *onux,* ongle). MÉD. Inflammation de l'ongle, due à une infection microbienne ou à une mycose.

ONZAIN n.m. Strophe de onze vers.

ONZE adj. num. et n.m. inv. (lat. *undecim*). **1.** Nombre qui suit dix dans la suite des entiers naturels. **2.** Onzième. *Louis XI.* **3.** (Avec l'art. déf. et un adj.). SPORTS. Équipe de football. *Le onze tricolore.*

ONZIÈME adj. num. ord. et n. **1.** Qui occupe un rang marqué par le nombre onze. **2.** Qui est contenu onze fois dans un tout.

ONZIÈMEMENT adv. En onzième lieu.

OOCYTE n.m. → ***ovocyte.***

OOGONE [ɔɔ-] n.f. (gr. *ôon,* œuf, et *gonê,* génération). BOT. Organe dans lequel se forment les oosphères chez certaines thallophytes.

OOLITHE ou **OOLITE** [ɔɔ-] n.f. (gr. *ôon,* œuf, et *lithos,* pierre). GÉOL. Petite concrétion sphérique de la taille d'un œuf de poisson (0,5 à 2 mm), formée de couches concentriques précipitant autour d'un noyau. ◆ n.m. Calcaire à oolithes.

OOLITHIQUE adj. Qui contient des oolithes.

OOSPHÈRE n.f. BOT. Gamète femelle, homologue, chez les végétaux, de l'ovule des animaux.

OOSPORE n.f. BOT. Œuf des thallophytes.

OOTHÈQUE [ɔɔ-] n.f. (du gr. *ôon,* œuf, et *thêkê,* boîte). ZOOL. Coque dans laquelle sont enfermés les œufs des insectes dictyoptères et orthoptères.

O. P. n. (sigle). Ouvrier professionnel.

O. P. A. n.f. (sigle). Offre* publique d'achat.

OPACIFICATION n.f. Action d'opacifier.

OPACIFIER v.t. Rendre opaque.

OPACIMÉTRIE n.f. Mesure de l'opacité de certains liquides ou gaz.

OPACITÉ n.f. (lat. *opacitas*). **1.** État de ce qui est opaque, qui ne laisse pas passer la lumière. **2.** Litt. Ombre épaisse. **3.** Fig., litt. Caractère de ce qui ne peut être pénétré par l'intelligence.

OPALE n.f. (lat. *opalus*). Pierre fine, à reflets irisés, variété de silice hydratée.

OPALESCENCE n.f. Teinte, reflet d'opale.

OPALESCENT, E adj. Qui prend une teinte, un reflet d'opale.

OPALIN, E adj. Qui a l'aspect laiteux et bleuâtre de l'opale, ses reflets irisés. *Teinte opaline.*

OPALINE n.f. **1.** Verre opalin blanc ou coloré. **2.** Objet fait avec cette matière.

OPALISATION n.f. Action d'opaliser.

OPALISER v.t. TECHN. Donner un aspect opalin à. *Opaliser le verre.*

OPAQUE adj. (lat. *opacus,* épais). **1.** Qui ne se laisse pas traverser par la lumière. *Verre opaque.* **2.** Sombre, impénétrable. *Nuit opaque.* **3.** Fig. Dont on ne peut pénétrer le sens ; incompréhensible. *Texte opaque.*

OP ART [ɔpart] n.m. (angl. *optical art,* art optique) [pl. *op arts*]. ARTS PLAST. Tendance qui, au sein de l'art cinétique, privilégie les effets optiques générateurs d'illusion de mouvement. (L'op art est issu notamment des recherches de Vasarely.)

OPE [ɔp] n.f. ou m. (lat. *opa,* ouverture). ARCHIT. Ouverture ménagée dans un mur. ◇ Spécialt. Trou ménagé pour recevoir un boulin.

O. P. E. n.f. (sigle). Offre* publique d'échange.

OPÉABLE adj. et n.f. Se dit d'une société qui peut faire l'objet d'une O.P.A. ou d'une O.P.E.

OPEN [ɔpœn] ou [ɔpεn] adj. inv. (mot angl., *ouvert*). **1.** Se dit d'une compétition réunissant amateurs et professionnels. *Tournoi open.* **2.** *Billet open :* billet d'avion, de chemin de fer non daté. ◆ n.m. Compétition open.

OPENFIELD [ɔpœnfild] n.m. (mot angl., *champ ouvert*). GÉOGR. Campagne.

OPÉRA n.m. (mot it.). **1.** Œuvre théâtrale mise en musique, composée d'une partie orchestrale (ouverture, interludes, entractes, etc.), d'une partie chantée répartie entre le récitatif, les airs, les ensembles (duos, trios, etc.) et les chœurs. ◇ *Opéra bouffe,* dont le thème est un sujet léger ou comique. – *Opéra sérieux* ou *grand opéra,* dont l'action est tragique. **2.** Genre musical que constituent de telles œuvres. **3.** Théâtre où on les joue. **4.** *Opéra de Pékin :* jingxi.

OPÉRA-BALLET n.m. (pl. *opéras-ballets*). Œuvre dramatique composée de chants et de danses. (Genre spécifiquement français illustré au XVIIIe s. par A. Campra et J.-Ph. Rameau.)

OPÉRABLE adj. Qui peut être opéré. *Le malade est maintenant opérable.*

OPÉRA-COMIQUE n.m. (pl. *opéras-comiques*). Opéra dans lequel alternent des épisodes parlés et chantés.

OPÉRANDE n.m. MATH., INFORM. Donnée intervenant dans une opération, dans une instruction.

OPÉRANT, E adj. Qui opère, produit un effet.

1. OPÉRATEUR, TRICE n. **1.** Personne qui fait fonctionner un appareil. *Opérateur radio.* ◇ CIN. *Opérateur de prises de vues :* cadreur. – *Chef opérateur :* directeur de la photographie*. **2.** Personne qui exécute des opérations de Bourse. ◆ n.m. **1.** Entreprise qui exploite un réseau de télécommunication. **2.** Entreprise ou personne qui met en place une opération financière.

2. OPÉRATEUR n.m. MATH., INFORM. Symbole représentant une opération logique ou mathématique. *L'opérateur « division par deux ».*

OPÉRATION n.f. (lat. *operatio*). **I. 1.** Ensemble organisé des processus qui concourent à l'effet, à l'action d'une fonction, d'un organe, etc. *Les opérations de la digestion.* ◇ THÉOL. *Opération du Saint-Esprit :* action du Saint-Esprit sur la Vierge Marie au moment de l'incarnation. – Fam., par plais. *Par l'opération du Saint-Esprit :* par un moyen mystérieux. **2.** Action concrète et méthodique, individuelle ou collective, qui vise à tel résultat. *Les opérations nécessaires à la confection d'un livre. Opération de sauvetage.* **3.** MIL. Ensemble des combats et manœuvres exécutés dans une région en vue d'atteindre un objectif précis. **II.** MATH. **a.** Calcul, à l'aide des tables d'addition et de multiplication, d'une somme, d'une différence, d'un produit ou d'un quotient. *Apprendre les quatre opérations.* **b.** Loi de composition interne. **III.** Affaire dont on évalue le profit financier. ◇ *Opération de Bourse :* action d'acheter ou de vendre des valeurs de Bourse. **IV.** Intervention chirurgicale.

OPÉRATIONNEL, ELLE adj. **1.** Qui est prêt à entrer en activité, à réaliser parfaitement une, des opérations. **2.** Relatif aux opérations militaires. ◇ **Spécialt.** Se dit d'une formation, d'un engin capables d'être engagés en opération. **3.** *Recherche opérationnelle :* ensemble des techniques rationnelles d'analyse et de résolution de problèmes concernant, notamm., l'activité économique et visant à élaborer les décisions les plus efficaces pour aboutir au meilleur résultat.

OPÉRATOIRE adj. **1.** Relatif à une opération chirurgicale. *Choc opératoire.* ◇ *Bloc opératoire* → ***bloc.*** **2.** Qui permet de réaliser une opération sans avoir la valeur d'une théorie. **3.** Qui sert à effectuer des opérations logiques, à former des concepts.

OPERCULAIRE adj. TECHN. Qui se rapporte à l'opercule ou qui fait office d'opercule.

OPERCULE n.m. (lat. *operculum,* couvercle). **1.** ZOOL. **a.** Pièce paire qui recouvre les branchies chez les poissons osseux et ne laisse qu'une fente postérieure (l'ouïe). **b.** Pièce cornée qui ferme la coquille des mollusques gastropodes prosobranches. **c.** Mince couvercle de cire qui obture les cellules des abeilles. **2.** BOT. Couvercle du sporogone des mousses. **3.** TECHN. Pièce servant de couvercle.

OPERCULÉ, E adj. Qui est muni d'un opercule.

OPÉRÉ, E adj. et n. Qui a subi une opération chirurgicale.

OPÉRER v.t. (lat. *operari,* travailler) [18]. **1.** Accomplir (une action), effectuer (une série d'actes) permettant d'obtenir, d'accomplir qqch. *Opérer une reconversion.* **2.** Avoir pour résultat, produire. *Les vacances ont opéré sur lui un heureux changement.* **3.** Effectuer (une opération de calcul, de chimie). *Opérer une addition, un mélange.* **4.** Pratiquer un acte chirurgical sur (qqn, une partie du corps). ◇ Absolt. *Il faut opérer.* ◆ v.i. **1.** Procéder, agir d'une certaine manière. *Opérer avec méthode.* **2.** Produire un effet, être efficace ; agir. *Le charme a opéré.* ◆ **s'opérer** v.pr. Se produire, avoir lieu. *Une transformation s'est opérée en lui.*

OPÉRETTE n.f. Œuvre théâtrale de caractère léger, où se mêlent des parties chantées et parlées. ◇ *D'opérette :* qui paraît léger ou factice, qu'on ne peut pas prendre au sérieux. *Soldat d'opérette.*

OPÉRON n.m. GÉNÉT. Groupe de gènes voisins sur le chromosome et qui concourent à l'accomplissement d'une même fonction cellulaire.

OPHICLÉIDE n.m. (gr. *ophis,* serpent, et *kleis,* clef). Instrument de musique à vent, en cuivre et à embouchure, dont le tuyau à deux branches est muni de clés.

OPHIDIEN n.m. *Ophidiens :* ordre (ou sous-ordre) de reptiles comprenant tous les serpents.

OPHIOGLOSSE n.m. Fougère des prairies humides, appelée aussi *langue-de-serpent.*

OPHIOGRAPHIE n.f. → ***ophiologie.***

OPHIOLÂTRIE n.f. Culte des serpents.

OPHIOLITE n.f. GÉOL. Dans les chaînes de montagnes, séquence de roches éruptives – comprenant de bas en haut des roches ultrabasiques, des gabbros, des pillow-lavas surmontés de radiolarites – généralement considérée comme un fragment de croûte océanique disloquée par la tectonique.

OPHIOLITIQUE adj. Relatif aux ophiolites.

OPHIOLOGIE ou **OPHIOGRAPHIE** n.f. Description scientifique des serpents.

OPHITE n.m. Marbre d'un vert foncé rayé de filets jaunes entrecroisés ou marqué de taches blanchâtres.

OPHIURE n.f. ou **OPHIURIDE** n.m. (gr. *ophis,* serpent, et *oura,* queue). Animal marin ayant l'aspect d'une étoile de mer, mais à bras longs, grêles et souples. (Embranchement des échinodermes.)

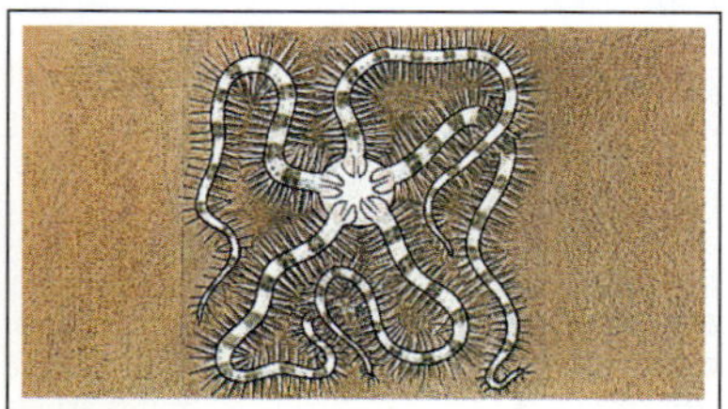

ophiure

OPHRYS [ɔfris] n.m. (gr. *ophrus,* sourcil). Orchidée terrestre vivace dont les fleurs ressemblent à des araignées, à des mouches, à des abeilles.

OPHTALMIE n.f. (gr. *ophtalmos,* œil). Affection inflammatoire de l'œil.

OPHTALMIQUE adj. **1.** Relatif aux yeux. **2.** Relatif à l'ophtalmie.

OPHTALMOLOGIE n.f. Spécialité médicale dont l'objet est le traitement des affections de l'œil et de ses annexes ainsi que la correction des troubles de la vision.

OPHTALMOLOGIQUE adj. Relatif à l'ophtalmologie.

OPHTALMOLOGISTE ou **OPHTALMOLOGUE** n. Médecin spécialisé en ophtalmologie. SYN. : *oculiste.*

OPHTALMOMÈTRE n.m. Instrument mesurant les différentes courbures de la cornée et permettant de mesurer l'astigmatisme de sa face antérieure.

OPHTALMOSCOPE n.m. Instrument utilisé pour examiner l'intérieur de l'œil. (Il permet de pratiquer l'examen dit *fond d'œil.*)

OPHTALMOSCOPIE n.f. Examen de l'intérieur de l'œil avec l'ophtalmoscope.

OPIACÉ, E adj. et n.m. Se dit d'une substance contenant de l'opium ou exerçant une action comparable à celle de l'opium.

OPIACER v.t. [16]. Additionner d'opium.

OPIAT n.m. Vx. Préparation pharmaceutique (électuaire) opiacée.

OPILION n.m. *Opilions :* sous-classe d'arachnides aux longues pattes, sans venin ni soie, possédant un corps segmenté dont les deux parties sont réunies en une seule masse, sans séparation et qui comprend notamm. les faucheux.

OPIMES adj.f. pl. (lat. *opimus,* riche). ANTIQ. *Dépouilles opimes :* armes du général ennemi tué et dépouillé de la propre main du général romain, qui les consacrait à Jupiter.

OPINEL n.m. (nom déposé). Couteau fermant à manche en bois.

OPINER v.t. ind. (lat. *opinari*). **1.** Acquiescer à, approuver. *Il opina à ce que je venais de dire.* **2.** *Opiner de la tête, du bonnet, du chef :* approuver sans mot dire, par un simple signe.

OPINIÂTRE adj. (de *opinion*). **1.** Qui est obstiné dans sa résolution, tenace dans sa volonté. **2.** Qui est poursuivi avec ténacité, persévérance. *Travail opiniâtre.* **3.** Qui est durable dans son état, qui persiste. *Toux opiniâtre.*

OPINIÂTREMENT adv. Avec opiniâtreté.

OPINIÂTRETÉ n.f. Litt. Volonté tenace ; fermeté, acharnement. *Travailler avec opiniâtreté.*

OPINION n.f. (lat. *opinio*). **1.** Jugement, avis émis sur un sujet. ◇ *Avoir bonne opinion de :* estimer, apprécier. – DR. *Partage d'opinions :* situation d'un tribunal au sein duquel aucune majorité ne se dégage au cours du délibéré. **2.** *L'opinion, l'opinion publique :* la manière de penser la plus répandue dans une société, celle de la majorité du corps social. ◆ pl. Croyances, convictions. *Être inquiété pour ses opinions.*

OPIOMANE adj. et n. Qui s'adonne à l'opium.

OPIOMANIE n.f. Toxicomanie due à l'usage de l'opium.

OPISTHOBRANCHE n.m. (gr. *opisthen,* de derrière). *Opisthobranches :* sous-classe de mollusques marins, à branchies orientées vers l'arrière ou sur le côté, subdivisés en *nudibranches* et *tectibranches.*

OPISTHODOME n.m. (gr. *opisthen,* de derrière, et *domos,* maison). ANTIQ. Partie postérieure d'un temple grec, à l'opposé du pronaos.

OPISTHOTONOS n.m. MÉD. Contracture généralisée incurvant le corps en arrière, observée dans le tétanos.

OPIUM [ɔpjɔm] n.m. (gr. *opion,* suc de pavot). **1.** Suc épaissi qui s'écoule d'incisions faites aux capsules de diverses espèces de pavot et qui, fumé ou mâché, provoque un état d'euphorie suivi d'un sommeil onirique. (L'opium a une action proche de celle de la morphine, mais moins puissante. Son usage thérapeutique tend à être abandonné pour celui des opiacés naturels ou synthétiques.) **2.** Litt. Ce qui agit à la manière d'une drogue (en apportant l'oubli, en causant un engourdissement moral et intellectuel, etc.). *Son opium, c'est le travail.*

OPONCE n.m. → ***opuntia.***

OPOPANAX n.m. (gr. *opos,* suc, et *panax,* nom de plante). **1.** Ombellifère des régions chaudes d'Europe et d'Asie, employée en pharmacie pour la confection de certains baumes. **2.** Parfum fabriqué avec la gomme-résine de l'opopanax.

OPOSSUM [ɔpɔsɔm] n.m. (de l'algonquin). **1.** Petit marsupial d'Amérique et d'Australie, de la taille d'un chat, au museau pointu, aux oreilles nues, à la longue queue écailleuse. (Groupe des sarigues.) **2.** Fourrure de cet animal.

opossums

OPOTHÉRAPIE n.f. (gr. *opos,* suc). Utilisation thérapeutique d'organes ou d'extraits d'organes d'origine animale. (Elle est de plus en plus remplacée par l'hormonothérapie.)

OPPIDUM [ɔpidɔm] n.m. (mot lat.). ANTIQ. Lieu fortifié établi sur une hauteur. Pluriel savant : *oppida.*

OPPORTUN, E adj. (lat. *opportunus,* qui conduit au port). Qui convient au temps, aux lieux, aux circonstances ; qui survient à propos.

OPPORTUNÉMENT adv. Avec opportunité.

OPPORTUNISME n.m. Attitude consistant à régler sa conduite selon les circonstances du moment, que l'on cherche à utiliser toujours au mieux de ses intérêts.

OPPORTUNISTE adj. et n. Qui agit avec opportunisme. *Politique opportuniste.* ◆ adj. BIOL. Se dit d'un germe qui ne manifeste sa virulence que sur un organisme dont les défenses immunitaires sont affaiblies.

OPPORTUNITÉ n.f. **1.** Qualité de ce qui est opportun. **2.** (Emploi critiqué ; calque de l'angl. *opportunity*). Occasion favorable.

OPPOSABILITÉ n.f. **1.** DR. Qualité d'un moyen de défense qu'il est possible de faire valoir en justice contre un adversaire, ou d'un contrat dont on peut se prévaloir vis-à-vis d'un tiers. **2.** Caractère opposable d'un doigt.

OPPOSABLE adj. **1.** Qui peut être mis en face et en contact. *Le pouce est opposable aux autres doigts.* **2.** Qui peut être opposé à qqch, utilisé contre qqch. *Argument opposable à un projet de loi.* **3.** Se dit d'un acte juridique ou d'un jugement dont les tiers doivent tenir compte.

OPPOSANT, E adj. et n. **1.** Qui forme une opposition. *Partie opposante dans un procès.* **2.** Personne qui s'oppose à une décision, à un gouvernement, à une majorité, etc.

1. OPPOSÉ, E adj. **1.** Placé vis-à-vis, contraire. *Rives opposées.* **2.** Contradictoire, de nature différente. *Intérêts opposés.* **3.** Hostile, défavorable. *Être opposé à la violence.* **4.** BOT. Se dit de feuilles insérées par deux au même nœud, comme chez l'ortie. **5.** MATH. *Demi-droites opposées,* qui sont portées par une même droite et n'ont qu'un seul point commun. – *Angles opposés par le sommet :* angles de même sommet dont les côtés sont des demi-droites opposées deux à deux. – *Nombres opposés,* qui ont pour somme zéro. (Ils ont même valeur absolue et des signes contraires.)

2. OPPOSÉ n.m. **1.** Chose directement contraire ; inverse. ◇ *À l'opposé de :* du côté opposé à ; au contraire de. **2.** MATH. Nombre opposé d'un autre.

OPPOSER v.t. (lat. *opponere*). **1.** Mettre vis-à-vis, en correspondance. *Opposer deux motifs d'ornementation.* **2.** Placer une chose de manière qu'elle fasse obstacle à une autre. *Opposer une digue aux flots.* **3.** Objecter. *Opposer des arguments valables.* **4.** Faire s'affronter. *Opposer une équipe à une autre.* **5.** Comparer en soulignant les différences. *Opposer les avantages de la mer et de la montagne.* ◆ **s'opposer** v.pr. ***(à).*** **1.** Être contraire, faire obstacle à. *S'opposer à un mariage.* **2.** Contraster. *Nos opinions s'opposent.*

OPPOSITE (À L') loc. adv. (lat. *oppositus,* opposé). Vis-à-vis, à l'opposé.

OPPOSITION n.f. (bas lat. *oppositio*). **I. 1.** Contraste. *Opposition de couleurs.* **2.** Différence extrême, contradiction ; situation de choses ou de personnes qui s'affrontent. *Opposition de caractères.* **II. 1.** Action de s'opposer, de résister, de faire obstacle à qqn, à qqch. *Faire de l'opposition systématique.* **2.** DR. Acte par lequel une personne empêche légalement l'accomplissement d'un acte (*opposition à mariage, à paiement,* etc.) ou rend un titre indisponible entre les mains de son dépositaire. **3.** Ensemble des partis et des forces politiques opposés à la majorité parlementaire, au gouvernement qui en est issu. **4.** PSYCHOL. *Crise d'opposition,* dans laquelle l'enfant, vers 3 ans, affirme son autonomie par une attitude de refus systématique. **III.** ASTRON. Situation de deux astres du système solaire qui se trouvent, par rapport à la Terre, en des points du ciel diamétralement opposés.

OPPOSITIONNEL, ELLE adj. et n. Qui est dans l'opposition politique.

OPPRESSANT, E adj. Qui accable, oppresse.

OPPRESSÉ, E adj. Qui éprouve une gêne respiratoire.

OPPRESSER v.t. (lat. *oppressus,* de *opprimere,* opprimer). **1.** Gêner la respiration de. **2.** Étreindre, accabler. *Ce souvenir m'oppresse.*

OPPRESSEUR n.m. Celui qui opprime.

OPPRESSIF, IVE adj. Qui tend à opprimer.

OPPRESSION n.f. **1.** Fait d'oppresser ; sensation de gêne respiratoire. **2.** Malaise psychique sourd, un peu angoissant, qui étreint. **3.** Action d'opprimer, d'accabler sous une autorité tyrannique. *Lutter contre l'oppression.*

OPPRIMANT, E adj. Qui opprime.

OPPRIMÉ, E adj. et n. Qu'on opprime.

OPPRIMER v.t. (lat. *opprimere*). Accabler par violence, par abus d'autorité.

OPPROBRE n.m. (lat. *opprobrium*). Litt. **1.** Réprobation publique qui s'attache à des actions jugées condamnables. **2.** Cause, sujet de honte. *Fils qui est l'opprobre de sa famille.* **3.** État d'abjection, d'avilissement. *Vivre dans l'opprobre.*

OPSONINE n.f. BIOCHIM. Anticorps qui, en se fixant sur les bactéries, favorise leur phagocytose par des cellules.

OPTATIF, IVE adj. et n.m. (lat. *optare,* souhaiter). LING. Se dit d'une forme, d'un mode qui exprime le souhait. (Ex. : le subjonctif, en français : *puisse-t-il venir.*)

OPTER v.i. (lat. *optare,* choisir). Choisir entre plusieurs possibilités.

OPTICIEN, ENNE n. Personne qui vend ou fabrique des instruments d'optique.

OPTIMAL, E, AUX adj. Se dit de l'état le plus favorable. SYN. : *optimum.*

OPTIMALISATION ou **OPTIMISATION** n.f. Action d'optimaliser ou d'optimiser ; fait d'être optimalisé ou optimisé.

OPTIMALISER ou **OPTIMISER** v.t. Donner à (qqch, une machine, une entreprise) le rendement optimal en créant les conditions les plus favorables ou en en tirant le meilleur parti possible.

OPTIMISME n.m. (lat. *optimus,* le meilleur). **1.** Attitude de ceux qui prétendent que tout est pour le mieux dans le monde ou que la somme des biens l'emporte sur celle des maux. **2.** Tendance à prendre les choses du bon côté, à être confiant dans l'avenir. CONTR. : *pessimisme.*

OPTIMISTE adj. et n. Qui fait preuve d'optimisme.

OPTIMUM [ɔptimɔm] n.m. (mot lat., *le meilleur*) [pl. *optimums* ou *optima*]. État, degré de développement de qqch jugé le plus favorable au regard de circonstances données. ◆ adj. Meilleur ; optimal. *Température optimum* ou *optima.*

OPTION [ɔpsjɔ̃] n.f. (lat. *optio,* choix). **1.** Fait d'opter, choix à faire, parti à prendre ; choix fait, parti pris. ◇ *À option :* à choisir. *Matière à option à l'examen.* **2.** Accessoire facultatif que l'on peut acheter ou non moyennant un supplément de prix, ou présentation variable à choisir dans une certaine gamme de produits. **3.** Promesse d'achat ou de location qui, pour être effective, doit être confirmée avant une date limite. *Prendre une option sur un appartement.* ◇ *Levée d'option* → **levée.** **4.** DR. Faculté de choisir entre plusieurs situations juridiques.

OPTIONNEL, ELLE adj. Qui donne lieu à un choix, à une option.

1. OPTIQUE adj. (gr. *optikos*). **1.** Relatif à la vision ou à l'œil. ◇ *Angle optique* ou *angle de vision :* angle ayant son sommet à l'œil de l'observateur et dont les côtés passent par les extrémités de l'objet considéré. – *Nerf optique :* nerf reliant l'œil à l'encéphale et formant la deuxième paire de nerfs crâniens. (Chez l'homme, les deux nerfs optiques s'entrecroisent partiellement au *chiasma optique* avant d'atteindre le diencéphale.) **2.** Relatif à l'optique ; qui sert en optique, qui est fondé sur les lois de l'optique. ◇ *Centre optique :* point de l'axe d'une lentille tel qu'à tout rayon lumineux intérieur à la lentille, et passant par ce point, correspondent un rayon incident et un rayon émergent parallèles l'un à l'autre.

2. OPTIQUE n.f. **1.** Partie de la physique qui traite des propriétés de la lumière et des phénomènes de la vision. **2.** Fabrication, commerce des instruments et des appareils utilisant, notamm., les propriétés des lentilles et des miroirs (dits *instruments d'optique*). **3.** Partie d'un appareil formée de lentilles, de miroirs ou de leurs combinaisons, par opp. à la monture, au boîtier. **4.** Manière de juger particulière ; point de vue. *Avoir une certaine optique sur qqch.*

OPTOÉLECTRONIQUE n.f. Étude, conception de dispositifs associant l'électronique et l'optique ou mettant en œuvre l'interaction de phénomènes optiques et électroniques. ◆ adj. Relatif à l'optoélectronique.

OPTOMÈTRE n.m. Réfractomètre.

OPTOMÉTRIE n.f. MÉD. Ensemble des procédés destinés à étudier la réfraction de l'œil et à dépister les défauts optiques pouvant être corrigés par des verres de lunettes ou des lentilles de contact.

OPTOMÉTRISTE n. Spécialiste d'optométrie.

OPTRONIQUE n.f. (de *optique* et *électronique*). Utilisation de l'optoélectronique à des fins militaires. ◆ adj. Relatif à l'optronique.

OPULENCE n.f. **1.** Grande richesse, extrême abondance de biens matériels. **2.** Litt. Ampleur, caractère opulent de qqch.

OPULENT, E adj. (lat. *opulentus,* de *opes,* richesses). **1.** Litt. Très riche. **2.** Qui a des formes corporelles développées. *Poitrine opulente.*

OPUNTIA [ɔpɔ̃sja] ou **OPONCE** n.m. (lat. *opuntius,* de la ville d'Oponte). Plante grasse à rameaux épineux en forme de raquette. (Famille des cactacées ; noms usuels : *cactus, figuier d'Inde, figuier de Barbarie.*)

OPUS [ɔpys] n.m. (mot lat., *œuvre*). Terme qui, suivi d'un numéro, sert à situer un morceau de musique dans la production d'un compositeur. (Souvent abrégé : *op.*)

OPUSCULE n.m. (lat. *opusculum*). Petit ouvrage, petit livre.

OPUS INCERTUM [ɔpysɛ̃sɛrtɔm] n.m. inv. (mots lat., *ouvrage sans ordre*). CONSTR. Appareil fait de blocs de pierre d'importance variable et de forme irrégulière qui s'enchâssent sans laisser de vides.

1. OR n.m. (lat. *aurum*). **1.** Métal précieux d'un jaune brillant, inaltérable à l'air et à l'eau, fondant à 1 064 °C ; élément (Au) de numéro atomique 79, de masse atomique 196,97. ◇ *Affaire d'or, en or,* très avantageuse. – *À prix d'or :* très cher. – *Faire un pont d'or à qqn,* lui offrir une rémunération importante. – *C'est de l'or en barre,* une valeur très sûre. ◇ *En or :* parfait. – *Cœur d'or :* personne généreuse. – *Règle d'or :* précepte qu'il convient de respecter absolument. – *Âge d'or :* temps heureux d'une civilisation ; époque de bonheur, de prospérité. – *Nombre d'or* → **nombre.** ◇ *Livre d'or :* registre où sont apposées les signatures des personnages, des invités reçus officiellement. **2.** Alliage de ce métal avec d'autres métaux (argent, cuivre, nickel, zinc, etc.) utilisé en bijouterie, en dentisterie, etc. *Dent en or. Or blanc, gris, jaune, rose, rouge, vert* (d'une teneur en or de 18 carats, selon la loi française). **3.** Monnaie d'or. **4.** *Or noir :* pétrole. ◆ adj. inv. *Valeur or :* valeur exprimée en une unité monétaire convertible en or. ◇ DR. *Clause or :* clause d'un contrat par laquelle l'obligation du débiteur est exprimée en valeur or.

■ L'or est le plus malléable et le plus ductile de tous les métaux. On peut le réduire en feuilles d'une épaisseur de 1/10 000 de mm. Sa densité est 19,5. Bon conducteur de la chaleur et de l'électricité, inattaquable par les acides, il n'est soluble que dans l'eau régale.

2. OR conj. (lat. *hac hora,* à cette heure). [Marquant une transition d'une idée à une autre ; introduisant une circonstance particulière dans un récit]. *Or, il arriva ce que précisément il redoutait.*

ORACLE n.m. (lat. *oraculum*). **1.** ANTIQ. Réponse d'une divinité au fidèle qui la consultait ; divinité qui rendait cette réponse ; sanctuaire où cette réponse était rendue. **2.** Dans la Bible, volonté de Dieu annoncée par les prophètes. **3.** Litt. Décision jugée infaillible et émanant d'une personne de grande autorité. *Il rendait des oracles.* **4.** Litt. Personne considérée comme infaillible.

ORAGE n.m. (anc. fr. *ore,* vent). **1.** Perturbation atmosphérique violente, accompagnée d'éclairs, de tonnerre, de rafales, d'averses de pluie ou de grêle. ◇ *Orage magnétique :* intense perturbation transitoire du champ magnétique terrestre. **2.** Litt. (Surtout pl.). Ce qui vient troubler violemment un état de calme ou de sécurité. *Les orages de l'amour.* **3.** Fig. Trouble dans la vie personnelle ou les relations entre individus, qui se manifeste de manière plus ou moins tumultueuse ; brouille, dispute. *Sentir venir l'orage.* ◇ *Il y a de l'orage dans l'air,* une tension, une nervosité qui laisse présager un éclat.

ORAGEUSEMENT adv. De façon orageuse.

ORAGEUX, EUSE adj. **1.** Qui caractérise l'orage. *Temps orageux.* **2.** Fig. Agité, troublé. *Vie, séance orageuse.*

ORAISON n.f. (lat. *oratio,* discours). **1.** Prière mentale sous forme de méditation. **2.** Courte prière liturgique récitée, au nom de l'assemblée, par le célébrant d'un office. **3.** *Oraison funèbre :* discours public prononcé en l'honneur d'un mort illustre.

1. ORAL, E, AUX adj. (lat. *os, oris,* bouche). **1.** De la bouche, qui concerne la bouche. *Cavité orale.* **2.** Fait de vive voix ; transmis par la voix (par opp. à *écrit*). *Témoignage oral. Tradition orale.* **3.** PHON. Se dit d'un phonème dans l'émission duquel l'air expiré s'écoule par la seule cavité buccale (par opp. à *nasal*). *Voyelles orales.* **4.** PSYCHAN. *Stade oral :* premier stade de l'évolution libidinale du nourrisson, lié au plaisir de la succion, de l'alimentation.

2. ORAL n.m. **1.** Examen ou partie d'examen qui consiste uniquement en interrogations et réponses verbales. **2.** *L'oral :* ce qui est parlé, par opposition à *l'écrit.*

ORALEMENT adv. En paroles.

ORALISER v.t. Didact. Dire à haute voix.

ORALITÉ n.f. **1.** Caractère oral. *Oralité d'une tradition.* **2.** Caractère d'une civilisation dans laquelle la culture est essentiellement ou exclusivement orale. **3.** PSYCHAN. Ensemble des caractéristiques du stade oral.

ORANAIS, E adj. et n. D'Oran.

ORANGE n.f. (de l'ar. *narandj*). **1.** Fruit comestible de l'oranger, d'un jaune mêlé de rouge. **2.** *Orange amère :* bigarade. ◆ adj. inv. et n.m. De la couleur de l'orange (mélange de rouge et de jaune).

ORANGÉ, E adj. Qui tire sur la couleur de l'orange. ◆ n.m. Couleur orangée.

ORANGEADE n.f. Boisson faite de jus d'orange, de sucre et d'eau.

ORANGEAT n.m. Écorce d'orange hachée finement et confite.

ORANGER n.m. Arbre du groupe des agrumes, à feuilles persistantes, du genre *citrus,* cultivé dans les régions chaudes et qui produit les oranges. (Famille des rutacées.) ◇ *Eau de fleur d'oranger :* essence extraite par distillation des fleurs du bigaradier et utilisée comme arôme en pâtisserie.

ORANGERAIE n.f. Terrain planté d'orangers.

ORANGERIE n.f. Serre, bâtiment où l'on abrite pendant l'hiver les orangers ou les autres arbres de la même famille plantés en caisses.

oranger

ORANGETTE n.f. Petite orange amère utilisée en confiserie.

ORANGISTE adj. et n. **1.** En Angleterre, partisan de Guillaume III d'Orange, opposé au parti catholique, qui soutenait Jacques II (1688). **2.** Protestant de l'Irlande du Nord.

ORANG-OUTAN ou **ORANG-OUTANG** [ɔrɑ̃utɑ̃] n.m. (mot malais, *homme des bois*) [pl. *orangs-outan(g)s*]. Grand singe anthropoïde, aux bras très longs, à la fourrure peu fournie et d'un brun roux, des îles indo-malaises. (Famille des pongidés.)

orang-outan

ORANT, E n. (du lat. *orare,* prier). BX-A. Personnage représenté dans l'attitude de la prière.

ORATEUR, TRICE n. (lat. *orator*). **1.** Personne qui prononce un discours devant des assistants. ◇ *Orateur sacré,* celui qui prononce des sermons, des oraisons funèbres. **2.** Personne éloquente, qui sait parler en public.

1. ORATOIRE adj. Didact. Qui concerne l'art de parler en public.

2. ORATOIRE n.m. (du lat. *orare,* prier). **1.** Chapelle de dimensions restreintes, généralement située dans une maison particulière. *L'oratoire est public, semi-public ou privé.* **2. a.** *L'Oratoire d'Italie :* société cléricale sans vœux, fondée en 1564 par saint Philippe Neri, dont les membres s'adonnent essentiellement à l'enseignement et à la prédication. **b.** *L'Oratoire de France :* société cléricale fondée en 1611 par le cardinal de Bérulle et vouée à la prédication, aux recherches érudites, à l'enseignement. (Supprimée en 1792, puis en 1880 et 1903, la société a été chaque fois reconstituée.)

ORATORIEN n.m. Membre d'une des deux congrégations de l'Oratoire.

ORATORIO n.m. (mot it.). Composition musicale dramatique, à sujet religieux ou parfois profane, avec récitatifs, airs, chœurs et orchestre.

1. ORBE adj. (lat. *orbus,* privé de). ARCHIT. Se dit d'un mur sans porte ni fenêtre.

2. ORBE n.m. Litt. Surface circulaire, cercle.

ORBICOLE adj. Rare. Qui peut vivre sur tous les points du globe terrestre. *Plante orbicole.*

ORBICULAIRE adj. (du lat. *orbiculus,* petit cercle). Didact. Qui est rond, qui décrit une circonférence. ◇ ANAT. *Muscle orbiculaire :* muscle circulaire entourant la bouche, l'orifice palpébral.

ORBITAIRE adj. Relatif à l'orbite de l'œil.

ORBITAL, E, AUX adj. ASTRON. Relatif à une orbite. ◇ *Station orbitale :* station spatiale sur orbite. – *Véhicule orbital,* capable d'être mis en orbite pour effectuer des liaisons avec des satellites ou des stations orbitales.

ORBITALE n.f. PHYS. *Orbitale atomique* ou *moléculaire :* distribution spatiale d'un électron dans un atome, des électrons de liaison dans une molécule.

ORBITE n.f. (lat. *orbita,* ligne circulaire). **I. 1.** Trajectoire fermée d'un corps animé d'un mouvement périodique. **2.** Courbe décrite par une planète autour du Soleil, ou par un satellite autour de sa planète. ◇ *Mise sur orbite :* ensemble des opérations visant à placer un satellite artificiel sur une orbite déterminée. **3.** Fig. Zone d'action, sphère d'influence. *Être dans l'orbite d'une personnalité politique.* **II.** Cavité osseuse de la face, dans laquelle l'œil est placé.

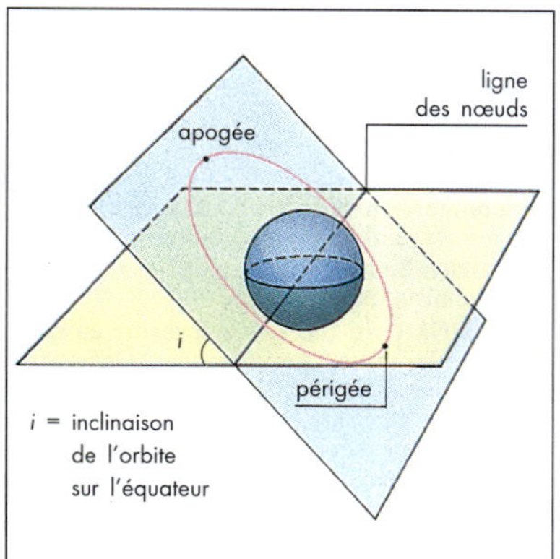

orbite d'un satellite de la Terre

ORBITÈLE adj. ZOOL. Se dit d'une araignée qui construit une toile polygonale dont les rayons coupent la spirale.

ORBITER v.i. Décrire une orbite, en parlant d'un corps céleste ou d'un satellite artificiel.

ORBITEUR n.m. Élément d'une sonde spatiale destiné à être satellisé autour d'un astre. – Élément principal, satellisable et récupérable, de la navette spatiale américaine.

ORCANETTE ou **ORCANÈTE** n.f. (anc. fr. *alcanne,* henné). Plante cultivée dans les régions méditerranéennes pour sa racine, dont l'écorce fournit une teinture rouge. (Famille des borraginacées.)

ORCHESTRAL, E, AUX [-kɛs-] adj. Relatif à l'orchestre.

ORCHESTRATEUR, TRICE n. Musicien, musicienne qui compose des orchestrations.

ORCHESTRATION [-kɛs-] n.f. **1.** Répartition des différentes parties d'une composition musicale entre les instruments de l'orchestre. **2.** Fig. Organisation concertée d'une action, d'un évènement. *L'orchestration d'un fait divers.*

ORCHESTRE [ɔrkɛstr] n.m. (lat. *orchestra,* du gr. *orkheîsthai,* danser). **1.** Ensemble d'instrumentistes constitué pour exécuter de la musique ; ensemble des instruments dont ils jouent. **2.** Lieu d'un théâtre, d'un cinéma où se situent les sièges du rez-de-chaussée, face à la scène. **3.** ANTIQ. Zone circulaire du théâtre, comprise entre la scène et les sièges des spectateurs, et où évoluait le chœur.

■ Assez réduit au XVIIIe s. – les cordes prédominaient –, l'orchestre, au XIXe s., avec Beethoven, Berlioz, Wagner, est grossi de nombreux cuivres et gagne en ampleur et en intensité. Au XXe s., l'orchestre s'est considérablement enrichi, notamment de percussions et d'instruments électroniques. La recherche de répartitions différentes des masses sonores et des timbres conduit fréquemment à faire varier sa disposition traditionnelle, parfois en séparant totalement les différentes sections d'instruments à l'intérieur du lieu d'exécution.

ORCHESTRER [-kɛs-] v.t. **1.** Procéder à l'orchestration de. **2.** Fig. Organiser de manière à donner le maximum d'ampleur et de retentissement. *Mouvement orchestré par un parti.*

ORCHIDACÉE [ɔrki-] n.f. (du gr. *orkhis,* testicule). *Orchidacées :* famille de plantes monocotylédones, souvent épiphytes, remarquables par leurs belles fleurs, dont on cultive surtout les espèces d'origine tropicale, et comprenant plus de 17 500 espèces, comme l'orchis, l'ophrys, le cattleya, le sabot-de-Vénus et le vanillier.

orchidée *Oncidium*

ORCHIDÉE [ɔrkide] n.f. Plante de la famille des orchidacées.

ORCHIS [ɔrkis] n.m. (gr. *orkhis,* testicule). Orchidacée à racines tuberculeuses, à labelle muni d'un éperon nectarifère.

ORCHITE [ɔrkit] n.f. MÉD. Inflammation du testicule.

ORDALIE n.f. (du francique). HIST., ETHNOL. Épreuve judiciaire dont l'issue, réputée dépendre de Dieu ou d'une puissance surnaturelle, établit la culpabilité ou l'innocence d'un accusé. (Les ordalies étaient en usage au Moyen Âge sous le nom de *jugement de Dieu.*)

1. ORDINAIRE adj. (lat. *ordinarius,* placé en rang). **1.** Qui est conforme à l'ordre des choses, à l'usage habituel ; courant. *La conduite ordinaire*

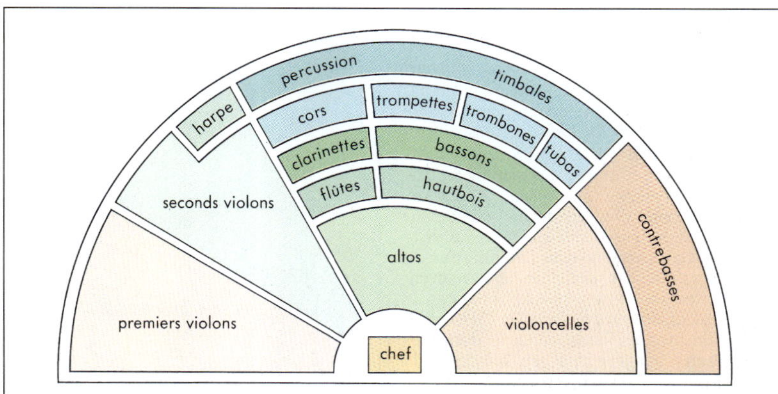

orchestre : disposition habituelle de l'orchestre symphonique classique

de notre vie. **2.** Qui ne dépasse pas le niveau commun ; médiocre. *Une qualité ordinaire.*

2. ORDINAIRE n.m. **1.** Niveau habituel, commun ; ce qui est courant, banal. ◇ *Comme à l'ordinaire* : comme d'habitude. – *D'ordinaire* : habituellement. **2.** Ce qu'on sert habituellement à un repas, menu habituel. *Cela améliore l'ordinaire.* **3.** MIL. Réunion d'hommes du rang dont l'alimentation est organisée et gérée en commun. **4.** DR. CAN. *L'ordinaire du lieu* : ecclésiastique qui exerce une juridiction sur un diocèse, une abbaye, etc.

ORDINAIREMENT adv. Habituellement, le plus souvent.

ORDINAL, E, AUX adj. (bas lat. *ordinalis,* de *ordo, ordinis,* rang). **1.** *Adjectif numéral ordinal,* qui exprime le rang, l'ordre d'un élément au sein d'un ensemble (ex. : *premier, deuxième, troisième,* etc.). **2.** *Nombre ordinal* : nombre entier indiquant la place occupée par les objets d'un ensemble quand ils sont rangés dans un certain ordre.

ORDINAND n.m. RELIG. Clerc appelé à recevoir un ordre sacré.

ORDINANT n.m. RELIG. Évêque qui procède à une ordination.

ORDINATEUR n.m. **1.** Machine automatique de traitement de l'information, obéissant à des programmes formés par des suites d'opérations arithmétiques et logiques. **2.** *Ordinateur domestique, individuel* ou *personnel* : micro-ordinateur construit autour d'un microprocesseur, à l'usage des particuliers. SYN. (anglic.) : *PC (personal computer).*

■ Un ordinateur comprend une partie matérielle, constituée de circuits électroniques hautement intégrés, et des logiciels. La partie matérielle regroupe un ou des processeurs, une mémoire, des unités d'entrée-sortie et des unités de communication. Le processeur exécute, instruction après instruction, le ou les programmes contenus dans la mémoire. Les unités d'entrée-sortie comprennent des claviers, des écrans d'affichage, des unités de stockage sur disques ou sur bandes magnétiques, des imprimantes, etc. Elles permettent l'introduction des données et la sortie des résultats. Les unités de communication autorisent la mise en relation de l'ordinateur avec des terminaux ou avec d'autres ordinateurs organisés en réseau. Les logiciels sont écrits dans un langage que l'ordinateur est capable de traduire en une série limitée d'instructions élémentaires directement exécutables par les circuits électroniques. L'enchaînement des instructions est susceptible d'être modifié par les résultats mêmes des opérations effectuées ou par l'arrivée de nouvelles informations venues de l'extérieur. La fonction d'un ordinateur se limite à ordonner, classer, calculer, trier, rechercher, éditer, représenter des informations qui ont au préalable été codifiées selon une représentation binaire.

ORDINATION n.f. (lat. *ordinatio,* action de mettre en ordre). RELIG. **1.** Rite sacramentel par lequel un chrétien, généralement au cours d'une messe, reçoit des mains d'un évêque le sacrement de l'ordre dans un de ses trois degrés (diaconat, presbytérat, épiscopat). **2.** Dans la religion protestante, acte par lequel l'Église confère à une personne la charge d'un ministère. (Les anglicans et les luthériens la réservent aux pasteurs.) SYN. : *consécration.*

ORDINOGRAMME n.m. INFORM. Représentation graphique de l'enchaînement des opérations d'un programme. SYN. : *organigramme.*

ORDO n.m. inv. (mot lat., *ordre*). LITURGIE. Calendrier liturgique indiquant pour chaque jour l'ordonnance de la messe et des offices.

1. ORDONNANCE n.f. **I.** Action de disposer, d'arranger selon un ordre ; disposition des éléments d'un ensemble. *L'ordonnance d'un repas.* **II. 1.** Prescription d'un médecin ; papier sur lequel elle est portée. **2.** DR. (En France). **a.** Acte pris par le gouvernement, avec l'autorisation du Parlement, dans des domaines qui relèvent normalement de la loi. **b.** Acte pris par le gouvernement, en vertu des articles 11, 47 et 92 de la Constitution, dans certains domaines (référendum ; budget ; mise en œuvre de la Constitution). **c.** Acte juridictionnel ou d'administration judiciaire émanant d'un magistrat du siège. **3.** HIST. Texte de loi émanant du roi, sous l'Ancien Régime. **4.** MIL. *D'ordonnance* : conforme au règlement. ◇ *Officier d'ordonnance* : officier qui remplit les fonctions d'aide de camp.

2. ORDONNANCE n.f. ou m. Anc. Militaire mis à la disposition d'un officier pour son service personnel.

ORDONNANCEMENT n.m. **1.** Organisation, agencement méthodique. **2.** DR. Acte par lequel, après avoir liquidé les droits d'un créancier, un administrateur donne l'ordre à un comptable public de payer sur sa caisse. SYN. : *mandatement.* **3.** IND. Déclenchement et contrôle de l'avancement d'une commande à travers les différents services de fabrication, depuis sa mise en œuvre jusqu'à l'expédition au client.

ORDONNANCER v.t. [16]. **1.** Disposer dans un certain ordre, agencer. *Ordonnancer une cérémonie.* **2.** Délivrer un ordre de payer une somme sur la caisse d'un comptable public.

ORDONNANCIER n.m. **1.** Registre officiel sur lequel le pharmacien doit inscrire le contenu de certaines ordonnances (nom du médicament, du prescripteur, du malade). **2.** Bloc de papier à en-tête utilisé par un praticien (médecin, dentiste, etc.) pour rédiger ses ordonnances.

ORDONNATEUR, TRICE n. **1.** Personne qui ordonne, règle selon un certain ordre. – *Ordonnateur des pompes funèbres* : personne qui accompagne et dirige des convois mortuaires. **2.** Administrateur qui a qualité pour ordonnancer une dépense publique.

ORDONNÉ, E adj. **1.** Qui a de l'ordre et de la méthode. *Élève ordonné.* **2.** Où il y a de l'ordre, bien rangé. *Maison ordonnée.* **3.** MATH. *Ensemble ordonné* : ensemble muni d'une relation d'ordre.

ORDONNÉE n.f. MATH. Deuxième coordonnée cartésienne d'un point.

ORDONNER v.t. (lat. *ordinare,* mettre en rang). **I.** Mettre en ordre, classer, ranger. *Ordonner ses idées.* ◇ MATH. *Ordonner un polynôme* : écrire les termes dans l'ordre, croissant ou décroissant, des exposants de la variable. **II. 1.** Commander, donner l'ordre de. *On nous a ordonné le silence, de nous taire.* **2.** En parlant d'un médecin, prescrire. *Il m'a ordonné des antibiotiques.* **III.** RELIG. Consacrer par l'ordination.

ORDOVICIEN, ENNE adj. et n.m. GÉOL. Se dit de la deuxième période de l'ère primaire, entre le cambrien et le silurien.

ORDRE n.m. (lat. *ordo, ordinis,* rang). **I. 1.** Manière dont les éléments d'un ensemble organisé sont placés les uns par rapport aux autres ; disposition, arrangement. *L'ordre d'un parc, d'un jardin.* ◇ MATH. *Ordre* (ou *relation d'ordre*) *sur un ensemble* : relation binaire, réflexive, antisymétrique et transitive dans cet ensemble. – *Ordre d'une matrice carrée* : nombre de ses lignes ou de ses colonnes. – *Ordre d'une surface* (ou *d'une courbe*) *algébrique* : degré de l'équation la définissant. **2.** Succession d'éléments rangés, classés d'une manière déterminée ; principe qui détermine le rang de chacun des éléments dans cette succession. *Ordre alphabétique, chronologique.* ◇ *Ordre du jour* : liste des questions qu'une assemblée doit examiner tour à tour (v. aussi ci-dessous, III. 2.). – Fig. *C'est à l'ordre du jour* : cela fait l'objet des débats, des conversations du moment ; c'est d'actualité. **3.** Disposition des objets lorsqu'ils sont rangés, mis à la place qui est la leur. *Mettre de l'ordre dans ses papiers. Pièce en ordre.* ◇ *Mettre bon ordre à (une situation fâcheuse),* y porter remède, la faire cesser. **4.** Tendance spontanée à disposer les choses à leur place, à les ranger ; qualité de qqn qui sait ranger, qui range volontiers. *Avoir de l'ordre.* **5.** Manière d'agir ou de raisonner dans laquelle les étapes de l'action, de la pensée se suivent selon une succession logique, cohérente. *Procéder avec ordre et méthode.* **6. a.** Ensemble de règles qui garantissent le fonctionnement social. *La loi et l'ordre.* – *Rappel à l'ordre* : rappel de ce qu'il convient de faire, de dire ; semonce, réprimande. **b.** Respect de ces règles ; absence de troubles, paix civile. *Ordre public.* **c.** Spécialt. Absence de troubles sur la place publique. ◇ *Forces de l'ordre,* chargées du maintien de l'ordre et de la sécurité publique. – *Service d'ordre d'une manifestation* : ensemble des personnes qui l'encadrent et qui veillent à ce qu'elle se déroule sans incident. **d.** HIST. *Ordre moral* : v. partie n. pr. **7.** Ensemble des lois qui régissent l'enchaînement des causes et des effets. *L'ordre de l'univers, de la nature. C'est dans l'ordre (des choses).* **II. 1.** Catégorie, rang, classe. *Dans cet ordre d'idées... Des affaires du même ordre.* – *De premier ordre* : de grande qualité ; supérieur

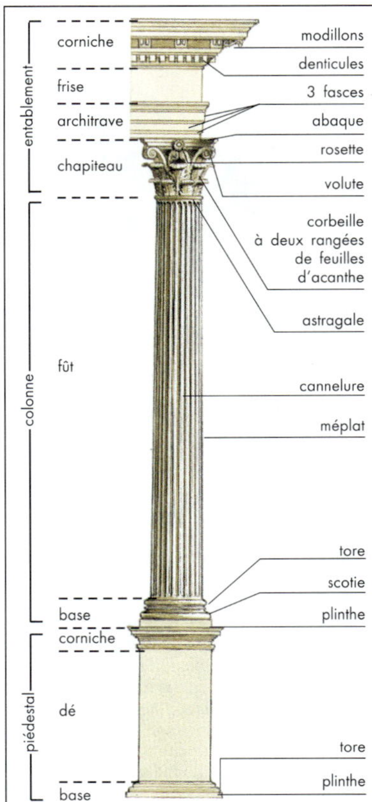

ordre : détails d'une colonne corinthienne

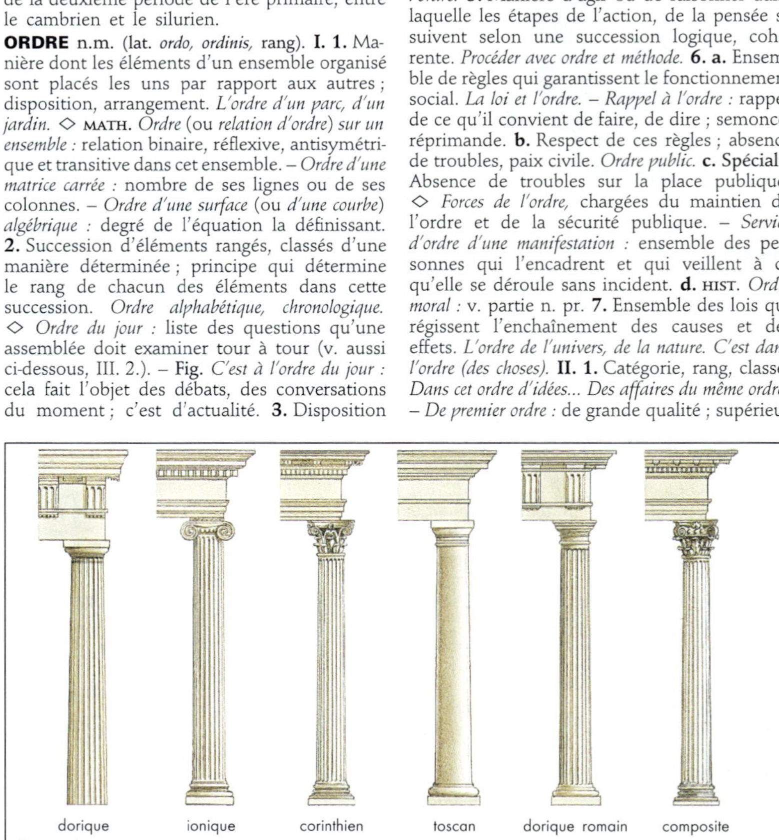

les **ordres** grecs et romains

en son genre. **2.** DR. Ensemble des tribunaux de même nature. *L'ordre judiciaire, l'ordre administratif.* **3.** SC. DE LA V. Division de la classification des plantes et des animaux, intermédiaire entre la classe et la famille. **4.** RELIG. Sacrement constitutif de la hiérarchie de l'Église catholique, qui comprend trois degrés (évêque, prêtre, diacre). – *Ordres majeurs* ou *sacrés* (diaconat ; sacerdoce : prêtre, évêque). – *Ordres mineurs,* dénommés aujourd'hui *ministères* et correspondant à des fonctions de lecteur et de servant d'autel. **5.** HIST. Chacune des trois classes (clergé, noblesse et tiers état) qui composaient la société française sous l'Ancien Régime. **6.** ARCHIT. Chacun des styles de construction des architectures antique et classique, caractérisés par la forme, les proportions, la disposition et l'ornementation des parties saillantes de l'édifice (colonnes, pilastres, chapiteaux, entablements...). *Ordres grecs* (dorique, ionique, corinthien), *romains* (toscan, composite). **III. 1.** Commandement, injonction ; consigne. *Donner des ordres.* – *Mot d'ordre* → ***mot.*** **2.** Spécialt. Texte émanant d'un échelon du commandement militaire et communiqué officiellement aux échelons subordonnés. ◇ *Ordre de mission,* enjoignant à un militaire d'exécuter une mission et l'accréditant à cet effet. – *Ordre du jour,* notifiant l'ensemble des ordres pour la journée. – *Ordre de l'armée, de la division, du régiment,* émanant du commandement de l'une de ces formations. *Citation d'une unité, d'un militaire à l'ordre de l'armée pour sa belle conduite.* **3.** INFORM. Directive pour l'unité de commande d'un organe périphérique d'ordinateur. **4.** *Ordre de Bourse :* mandat donné à un intermédiaire d'acheter ou de vendre des valeurs mobilières ou des marchandises. **IV. 1.** Société de personnes liées par des vœux solennels de religion. *Ordres monastiques.* ◇ *Entrer dans les ordres :* se faire prêtre, religieux (ou religieuse). **2.** Association à laquelle les membres de certaines professions libérales sont légalement tenus d'appartenir. *Ordre des avocats, des médecins, des architectes.* **3.** Compagnie honorifique instituée pour récompenser le mérite personnel. *Ordre de la Légion d'honneur. Ordre national du Mérite.* ■ ARCHIT. On distingue trois ordres grecs : le dorique, l'ionique et le corinthien. Les Romains ont créé le toscan, le dorique romain et le composite. La redécouverte des monuments antiques et l'interprétation du traité de Vitruve ont engendré dès le XVe s., avec la Renaissance italienne, une architecture utilisant avec plus ou moins de liberté les ordres grecs et romains, leurs modules, leur modénature et leurs ornements spécifiques.

ORDRÉ, E adj. Suisse. Ordonné.

ORDURE n.f. (de l'anc. fr. *ord,* repoussant ; lat. *horridus*). **1.** (Surtout au pl.). Excréments d'animal. **2.** Action, parole grossière, vile, sale. *Proférer des ordures.* **3.** Personne vile, abjecte. *Il s'est conduit comme une ordure.* ◆ pl. Déchets, détritus de la vie quotidienne. *Ordures ménagères.* – *Boîte à ordures :* poubelle. ◇ *Mettre aux ordures :* mettre au rebut, jeter.

ORDURIER, ÈRE adj. **1.** Qui exprime des grossièretés, des obscénités. **2.** Qui contient des obscénités.

ÖRE [ørə] n.m. Unité monétaire divisionnaire de la Suède *(öre),* du Danemark et de la Norvège *(øre),* valant 1 centième de couronne. (→ ***monnaie.***)

ORÉADE n.f. Dans la mythologie grecque, nymphe des montagnes.

ORÉE n.f. (lat. *ora,* bord). Litt. Bord, lisière d'un bois.

1. OREILLARD, E adj. Qui a les oreilles longues et pendantes, en parlant d'un animal.

2. OREILLARD n.m. Chauve-souris insectivore aux grandes oreilles. (Famille des vespertilionidés.)

OREILLE n.f. (lat. *auricula,* de *auris*). **1.** Organe de l'ouïe et, en particulier, partie externe de l'organe, placée de chaque côté de la tête. ◇ *Frotter, tirer les oreilles de qqn,* le châtier, le réprimander pour quelque méfait. – *Se faire tirer l'oreille :* résister, se faire prier longtemps. – *Avoir l'oreille basse :* être humilié, confus, penaud. – *Montrer le bout de l'oreille :* laisser deviner son vrai caractère, ses véritables projets. – *Dire qqch à l'oreille de qqn,* tout bas et en approchant sa bouche de son oreille. – *Venir aux oreilles de qqn,* venir à sa connaissance. – *Avoir l'oreille de qqn,* avoir sa confiance, être écouté de lui. – *Tendre l'oreille :* écouter attentivement. **2.** Sens par lequel on perçoit les sons. **3.** Aptitude à reconnaître les sons musicaux, les mélodies, et à s'en souvenir. *Avoir de l'oreille.* **4.** Chacune des saillies, des appendices qui se présentent par paires et sont destinés à la préhension de certains objets. *Oreilles d'une marmite, d'un écrou.* **5.** MAR. Partie saillante des pattes d'une ancre. ■ L'oreille se compose, chez l'homme et chez les mammifères, de trois parties : l'*oreille externe* extracrânienne, avec le pavillon et le conduit auditif, fermé par le tympan ; l'*oreille moyenne,* ou caisse du tympan, cavité de l'os temporal, communiquant avec le pharynx par la trompe d'Eustache, et dans laquelle une chaîne de trois osselets (marteau, enclume, étrier) transmet les vibrations du tympan à la fenêtre ovale, qui les transmet à l'oreille interne ; l'*oreille interne,* ou *labyrinthe,* également située dans le temporal, qui contient l'organe de l'équilibration (utricule, saccule, canaux semi-circulaires) et l'appareil auditif, formé du limaçon, contenant les cellules auditives ciliées de l'organe de Corti.

OREILLE-DE-MER n.f. (pl. *oreilles-de-mer*). ZOOL. Haliotide (mollusque). SYN. : ***ormeau.***

OREILLE-DE-SOURIS n.f. (pl. *oreilles-de-souris*). Myosotis.

OREILLER [ɔrɛje] n.m. Coussin carré ou rectangulaire qui soutient la tête quand on est couché.

OREILLETTE n.f. **1.** Chacune des deux cavités supérieures du cœur, au-dessus des ventricules, avec lesquels elles communiquent, et qui reçoivent le sang des veines. **2.** Chacune des parties rabattables d'une coiffure qui protègent les oreilles. **3.** Merveille (pâtisserie).

OREILLON n.m. Moitié d'abricot dénoyauté et mis en conserve. ◆ pl. Maladie contagieuse due à un virus, qui atteint surtout les enfants et se manifeste par un gonflement et une inflammation des glandes parotides. (Les oreillons peuvent donner lieu à des complications : orchite, atteintes pancréatiques et méningées.)

ORÉMUS [ɔremys] n.m. (lat. *oremus,* prions, mot prononcé dans les messes en latin par le prêtre pour inviter à la prière). Fam. et vx. Prière.

ORÉOPITHÈQUE n.m. (gr. *oreas,* montagne, et *pithêkos,* singe). Grand primate fossile de la fin de l'ère tertiaire, dont un squelette complet a été découvert à Baccinello, en Toscane.

ORES [ɔr] adv. (lat. *hac hora,* à cette heure). *D'ores et déjà :* dès maintenant.

ORFÈVRE n. (lat. *aurum,* or, et anc. fr. *fevre,* artisan). Artisan qui fait ou commerçant qui vend les gros ouvrages de métaux précieux, argent et or principalement (vaisselle de table, objets de toilette, luminaires, etc.). ◇ Fig. *Être orfèvre en la matière,* y être expert, habile.

ORFÉVRÉ, E adj. Travaillé par un orfèvre ; ouvragé finement comme une pièce d'orfèvrerie.

ORFÈVRERIE n.f. **1.** Art, métier, commerce de l'orfèvre. **2.** Objets fabriqués par un orfèvre.

ORFRAIE [ɔrfrɛ] n.f. (lat. *ossifraga,* qui brise les os). **1.** Vx. Pygargue. **2.** *Pousser des cris d'orfraie :* pousser des cris épouvantables, très aigus (par confusion avec *effraie*).

ORFROI n.m. (lat. *aurum phrygium,* or phrygien). Large bande richement brodée d'or ou d'argent ornant les vêtements sacerdotaux.

ORGANDI n.m. Mousseline de coton légère, très apprêtée, utilisée pour la confection de robes, de corsages et de linge de table.

ORGANE n.m. (lat. *organum*). **1.** Partie d'un corps vivant qui remplit une fonction utile à la vie. **2.** Voix humaine. *Avoir un bel organe.* **3.** Pièce, partie d'une machine assurant une fonction déterminée. **4.** Publication, média qui est le porte-parole d'un groupe, d'un parti. **5.** Ce qui sert d'intermédiaire, d'instrument. *Les magistrats, organes de la justice.*

ORGANEAU n.m. MAR. **1.** Fort anneau métallique scellé dans la maçonnerie d'un quai pour amarrer les bateaux. **2.** Anneau d'une ancre sur lequel s'amarre la chaîne ou le câble.

ORGANELLE n.f. → ***organite.***

ORGANICIEN, ENNE adj. et n. Spécialiste de chimie organique.

ORGANICISME n.m. **1.** HIST. DE LA MÉD. Doctrine qui professait que toute maladie se rattache à la lésion d'un organe. **2.** PHILOS. Doctrine du XIXe s. qui comparait les modes d'organisation et de fonctionnement des sociétés à ceux des êtres vivants.

ORGANICISTE adj. et n. Relatif à l'organicisme ; partisan de l'organicisme.

ORGANIER n.m. Facteur d'orgues.

ORGANIGRAMME n.m. **1.** Graphique représentant la structure d'une organisation complexe (entreprise, groupement, etc.) avec ses divers éléments et leurs relations. **2.** INFORM. Ordinogramme.

ORGANIQUE adj. **1.** Relatif aux organes, aux tissus vivants, aux êtres organisés. *Vie organique.* **2.** Se dit d'une maladie, d'un trouble dus à une lésion d'un organe ou de plusieurs (par opp. à *fonctionnel*). **3. a.** Qui est inhérent à la structure, à la constitution de qqch. ◇ MIL. Qui relève d'un corps de troupes ou d'une grande unité. **b.** Se dit d'un ensemble qui forme un tout. *Groupement organique.* **4.** CHIM. *Chimie organique :* partie de la chimie qui étudie le carbone et ses combinaisons. – *Composé organique,* qui relève de la chimie organique. **5.** GÉOL. *Roche organique :* roche sédimentaire formée par des débris d'organismes vivants (charbon, pétrole, etc.). **6.** *Architecture organique :* courant de l'architecture du XXe s. qui emprunte aux formes de la nature l'idée de certaines de ses structures et articulations, et tend le plus souvent à une liaison étroite avec les sites naturels (Wright, Aalto, etc.).

ORGANIQUEMENT adv. **1.** De façon organique. **2.** Du point de vue de la structure d'un ensemble.

ORGANISABLE adj. Qui peut être organisé.

1. ORGANISATEUR, TRICE adj. et n. Qui organise, sait organiser.

2. ORGANISATEUR n.m. EMBRYOL. Partie de l'embryon qui provoque la différenciation des territoires embryonnaires.

ORGANISATEUR-CONSEIL n.m. (pl. *organisateurs-conseils*). Professionnel capable de déter-

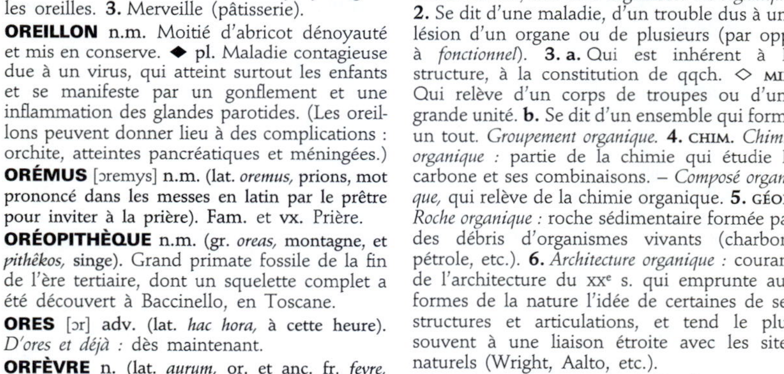

oreille (vue en coupe)

miner les structures propres à assurer la marche d'une entreprise au mieux des objectifs qui lui sont assignés.

ORGANISATION n.f. **1.** Action d'organiser, de structurer, d'arranger. **2.** Manière dont les différents organes ou parties d'un ensemble complexe, d'une société, d'un être vivant sont structurés, agencés ; la structure, l'agencement eux-mêmes. ◇ **Spécialt.** Manière dont un État, une administration, un service sont constitués. **3.** Groupement, association, en général d'une certaine ampleur, qui se propose des buts déterminés. *Organisation syndicale.* ◇ *Organisation internationale :* groupement composé d'États (organisation intergouvernementale), à vocation soit universelle, soit régionale ou continentale. (Les organisations internationales ont notamment pour objet la sécurité collective des États et la promotion de la condition humaine dans la communauté mondiale.) – *Organisation non gouvernementale (O. N. G.) :* organisme dont le financement est assuré essentiellement par des dons privés et qui se voue à l'aide humanitaire sous une ou plusieurs de ses différentes formes (assistance médicale ou technique dans les pays non industrialisés, aide aux plus démunis dans les pays développés, secours en cas de catastrophe ou de guerre, etc.).

ORGANISATIONNEL, ELLE adj. Qui concerne l'organisation de qqch.

ORGANISÉ, E adj. **1.** Qui a reçu une organisation, qui est aménagé d'une certaine façon. **2.** BIOL. Pourvu d'organes dont le fonctionnement constitue la vie. **3.** Qui sait organiser sa vie, ses affaires. *Être méticuleux et organisé.*

ORGANISER v.t. (de *organe*). **1.** Combiner, disposer pour le bon fonctionnement. *Organiser un ministère.* **2.** Préparer, arranger, dans un but précis. *Organiser une conférence de presse.* ◆ **s'organiser** v.pr. **1.** Arranger son travail, ses affaires de façon efficace, harmonieuse. **2.** Prendre forme, s'agencer de manière satisfaisante.

ORGANISEUR n.m. (anglo-amér. *organizer*). Ordinateur de poche assurant les fonctions d'un agenda.

ORGANISME n.m. **1.** Être vivant, animal ou végétal, organisé. **2.** Ensemble des organes qui constituent un être vivant. ◇ **Spécialt.** Corps humain. **3.** Ensemble des services, des bureaux affectés à une tâche administrative.

ORGANISTE n. (lat. *organum,* orgue). Personne qui joue de l'orgue.

ORGANITE n.m. ou **ORGANELLE** n.f. BIOL. Chacun des éléments distincts, entourés d'une membrane, présents dans le cytoplasme de la cellule eucaryote (noyau, plastes, mitochondries, etc.).

ORGANOCHLORÉ, E adj. et n.m. Se dit d'un produit organique de synthèse dérivé du chlore et utilisé notamment comme insecticide, fongicide, réfrigérant, etc.

ORGANOGENÈSE n.f. BIOL. Formation et développement des organes au sein d'un être vivant au cours de son développement.

ORGANOLEPTIQUE adj. Se dit des substances capables d'impressionner un récepteur sensoriel.

ORGANOLOGIE n.f. Discipline qui étudie les instruments de musique, leur histoire, leur classification, etc.

ORGANOMAGNÉSIEN adj.m. et n.m. Se dit d'un composé organique contenant au moins une liaison carbone-magnésium. (Les organomagnésiens sont d'importants réactifs de synthèse.) SYN. (cour.) : *magnésien.*

ORGANOMÉTALLIQUE adj. et n.m. Se dit d'un composé organique renfermant au moins une liaison carbone-métal.

ORGANOPHOSPHORÉ, E adj. et n.m. Se dit d'un produit chimique de synthèse (insecticide, fongicide, etc.) dérivé du phosphore.

ORGANSIN n.m. Fil formé de deux fils de soie grège tordus séparément dans un sens puis ensemble en sens inverse. ◇ Fil de chaîne dans le tissage utilisant l'organsin.

ORGANSINER v.t. TEXT. Tordre ensemble des fils de soie pour en faire de l'organsin.

ORGASME n.m. (du gr. *orgân,* bouillonner d'ardeur). Point culminant du plaisir sexuel.

ORGASMIQUE ou **ORGASTIQUE** adj. Relatif à l'orgasme.

1. ORGE n.f. (lat. *hordeum*). **1.** Céréale dont les épis portent de longues barbes, cultivée pour son grain utilisé dans l'alimentation animale et pour la fabrication de la bière, et récoltée aussi sous forme de fourrage vert ; sa graine. (Famille des graminées.) **2.** *Sucre d'orge :* bâtonnet de sucre cuit (autref. avec une décoction d'orge), coloré et aromatisé.

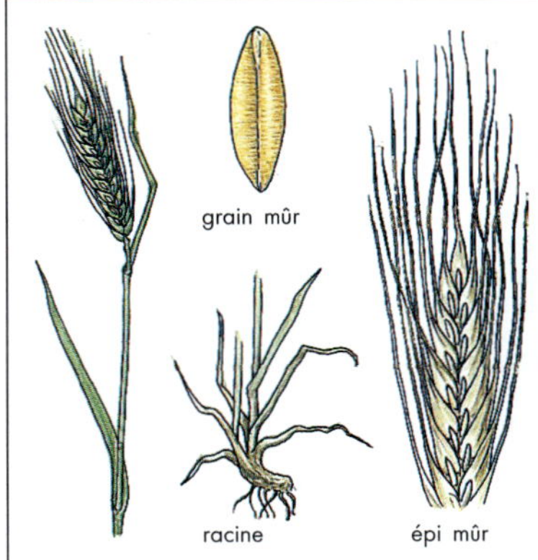

orge

2. ORGE n.m. *Orge mondé :* grains d'orge débarrassés de leur première enveloppe. ◇ *Orge perlé :* grains d'orge dont on a enlevé toutes les enveloppes, réduits en petites boules farineuses.

ORGEAT [ɔrʒa] n.m. *Sirop d'orgeat :* sirop préparé autrefois avec une décoction d'orge, aujourd'hui avec une émulsion d'amandes.

ORGELET n.m. (bas lat. *hordeolus,* grain d'orge). Petit furoncle, de la grosseur d'un grain d'orge, qui se développe sur le bord libre de la paupière. SYN. : *compère-loriot.*

ORGIAQUE adj. **1.** Litt. Qui tient de l'orgie. **2.** ANTIQ. Relatif aux orgies rituelles propres au culte de certains dieux grecs et romains.

ORGIE n.f. (lat. *orgia, -orum ;* mot gr., *fêtes de Dionysos*). **1.** Partie de débauche où l'on se livre à toutes sortes d'excès. **2.** Profusion, excès de qqch. *Une orgie de lumière.* ◆ pl. ANTIQ. Rites secrets des mystères de certains dieux (notamm., Dionysos chez les Grecs et Bacchus chez les Romains), pendant lesquels les participants étaient pris de délire sacré.

ORGUE n.m. (lat. *organum*) [fém. au pl. quand il désigne un seul instrument]. **1.** Instrument de musique à un ou plusieurs claviers, à vent et à tuyaux, en usage principalement dans les églises. *Orgue de chœur* ou *petites orgues. Grand orgue de tribune* ou *grandes orgues.* ◇ *Orgue*

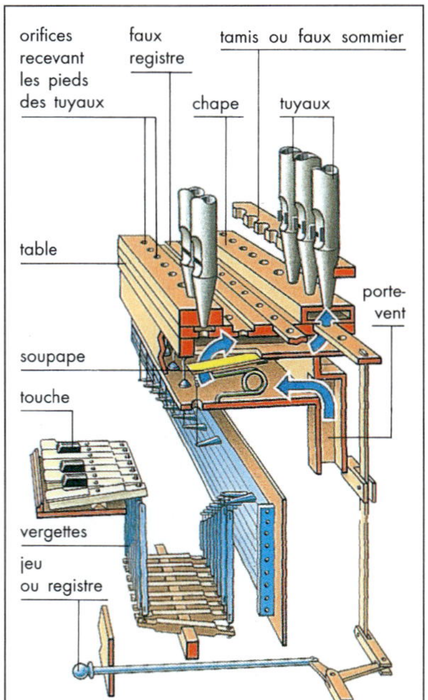

orgue : schéma
du mécanisme d'un orgue classique

orgue électronique

orgue de Barbarie

électrique, dans lequel un dispositif électrique déclenche la traction des claviers au sommier. – *Orgue électronique,* qui produit des sons grâce à des signaux électriques transformés en signaux mécaniques, amplifiés. **2.** *Orgue de Barbarie* (par altér. de *Barberi,* n. d'un fabricant d'orgues de Modène) : instrument de musique mécanique des musiciens ambulants, dans lequel l'admission de l'air qui met en vibration les tuyaux sonores est réglée par le défilement de bandes de carton perforées entraînées au moyen d'une manivelle. **3.** ZOOL. *Orgue de mer :* tubipore. ◆ n.m. pl. **1.** GÉOL. Prismes d'une grande régularité, formés lors du refroidissement d'une coulée volcanique, basaltique le plus souvent, perpendiculairement à sa surface. (Ils peuvent atteindre 30 à 45 m de haut.) **2.** ARM. *Orgues de Staline :* lance-roquettes multitube d'artillerie (notamm. utilisé par l'U. R. S. S. pendant la Seconde Guerre mondiale).

ORGUEIL [ɔrgœj] n.m. (du francique). **1.** Sentiment exagéré de sa propre valeur. **2.** Sentiment de dignité, fierté légitime. **3.** Objet, sujet de fierté. *Cette enfant est l'orgueil de la famille.*

ORGUEILLEUSEMENT adv. Avec orgueil.

ORGUEILLEUX, EUSE adj. et n. Qui manifeste de l'orgueil, de la prétention.

ORIBUS [-bys] n.m. Dial. Chandelle de résine.

ORICHALQUE [-kalk] n.m. (gr. *oreikhalkos,* laiton). Métal ou alliage métallique mentionné par plusieurs auteurs de l'Antiquité. (Le mot a désigné d'abord un métal fabuleux très précieux, puis des alliages du type bronze ou laiton.)

ORIEL n.m. (mot angl., de l'anc. fr. *orel,* galerie). ARCHIT. Ouvrage vitré, en général en surplomb, formant une sorte de balcon clos sur un ou plusieurs étages.

ORIENT n.m. (lat. *oriens,* qui se lève). **1.** Côté de l'horizon où le soleil se lève ; levant, est. **2.** *L'Orient :* les pays de l'Ancien Monde situés à l'est par rapport à la partie occidentale de l'Europe (l'Asie, une partie de l'Afrique du Nord-Est, avec l'Égypte, et, anc., une partie de l'Europe balkanique). ◇ HIST. *L'Orient ancien :* l'ensemble des pays (Égypte, couloir syrien, Anatolie, Mésopotamie, Iran et golfe Persique) qui ont pratiqué l'écriture et connu la vie urbaine. **3.** Reflets irisés d'une perle. **4.** Dans la franc-maçonnerie, ville où se trouve une loge.

ORIENTABLE adj. Que l'on peut orienter.

ORIENTAL, E, AUX adj. et n. **1.** Qui se trouve vers l'orient, vers l'est. **2.** Relatif à l'Orient ; propre à l'Orient, à sa culture.

ORIENTALISME n.m. **1.** Ensemble des disciplines qui ont pour objet l'étude des civilisations orientales. **2.** Goût pour les choses de l'Orient. **3.** Genre pictural et littéraire, très vivant au XIXe s., qui s'attache à la description de paysages, de scènes et de personnages de l'Afrique du Nord et du Moyen-Orient.

ORIENTALISTE adj. Qui se rapporte à l'orientalisme. ◆ n. **1.** Spécialiste des civilisations orientales. **2.** Artiste qui, par les sujets qu'il traite, se rattache à l'orientalisme.

ORIENTATION n.f. **1.** Action de déterminer, du lieu où l'on se trouve, la direction des points cardinaux. ◇ *Sens de l'orientation :* aptitude à savoir où l'on se situe, à retrouver facilement son chemin. – SPORTS. *Course d'orientation :* compétition sportive consistant à accomplir à pied, le plus rapidement possible, un parcours balisé, en s'aidant d'une carte et d'une boussole. (Née à la fin du XIXe s., la course d'orientation est devenue un sport olympique.) **2.** Manière dont qqch est disposé par rapport aux points cardinaux. *Orientation plein sud d'une chambre.* **3.** Action d'orienter qqn dans ses études, le choix de son métier. ◇ *Orientation scolaire et professionnelle :* détermination de la meilleure voie, dans l'enseignement secondaire, professionnel et supérieur, en fonction des aptitudes et des motivations du sujet, ainsi que du marché de l'emploi. **4.** Direction prise par une action, une activité. *Orientation d'une enquête.* **5.** Tendance politique, idéologie. **6.** MATH. *Orientation d'un espace vectoriel :* répartition de l'ensemble des bases de cet espace en deux classes d'équivalence, celle des bases dites directes et celle des bases dites rétrogrades. (Sur la droite, l'orientation est fixée par le choix des points d'abscisse 0 et 1.) **7.** ÉTHOL. *Réaction d'orientation :* réaction de déplacement ou de stabilisation de la posture provoquée par un stimulus externe (physique ou chimique) provenant d'un objet, d'un congénère ou d'un animal d'une autre espèce.

ORIENTÉ, E adj. **1.** Qui a une position, une direction déterminée. **2.** MATH. Se dit d'un espace vectoriel muni d'une orientation. **3.** Marqué par une idéologie ; qui est au service d'une cause, notamm. d'une cause politique déterminée.

ORIENTEMENT n.m. MAR. Angle d'une direction visée avec le nord, compté dans le sens inverse des aiguilles d'une montre.

ORIENTER v.t. (de *orient*). **1.** Disposer (qqch) par rapport aux points cardinaux. **2.** Tourner, diriger (qqch) dans une certaine direction. **3.** Indiquer la direction à prendre à (qqn). *Orienter le public vers la sortie.* **4.** Diriger, engager (qqn, une action) dans une certaine voie. *Orienter le débat.* ◇ Spécialt. *Orienter un élève,* choisir pour lui telle voie professionnelle, telles études (en partic. hors du tronc commun ou du cycle long des études secondaires). **5.** Diriger (qqn) vers un service, une personne. *Orienter un malade vers un service spécialisé.* ◆ **s'orienter** v.pr. **1.** Reconnaître, du lieu où l'on est, la direction des points cardinaux. **2.** Trouver, retrouver son chemin. **3.** Tourner son action, ses activités vers (qqch).

ORIENTEUR, EUSE n. Personne chargée de l'orientation scolaire et professionnelle. ◆ adj. MIL. *Soldat, gradé* ou *officier orienteur,* qui est chargé de diriger le mouvement d'une formation militaire.

ORIFICE n.m. (lat. *orificum,* de *os, oris,* bouche). Ouverture qui donne entrée dans une cavité, qui fait communiquer un conduit avec l'extérieur ou une autre structure.

ORIFLAMME n.f. (lat. *aurea flamma,* flamme d'or). **1.** Bannière d'apparat, longue et effilée. **2.** HIST. Enseigne féodale de l'abbaye de Saint-Denis, adoptée par les rois de France du XIIe au XVe s.

ORIGAMI n.m. (mot jap.). Art traditionnel japonais du papier plié.

orme

ORIGAN [ɔrigɑ̃] n.m. (gr. *origanon*). Marjolaine.

ORIGINAIRE adj. **1.** Qui vient de, qui tire son origine de tel lieu. *Il est originaire de Savoie.* **2.** Que l'on tient de son origine, qui existe à l'origine ; originel. *Tare originaire.*

ORIGINAIREMENT adv. À l'origine.

1. ORIGINAL, E, AUX adj. **1.** Qui émane directement de l'auteur, de la source, de la première rédaction. *Un texte original.* ◇ *Édition originale :* première édition d'un ouvrage imprimé. – *Gravure originale :* gravure, estampe conçue et exécutée par un même artiste (par opp. à la gravure *d'interprétation,* d'après un modèle que le graveur a puisé dans l'œuvre d'autrui). **2.** Qui semble se produire pour la première fois, qui n'imite pas. *Pensée originale.* **3.** Qui écrit, compose d'une manière neuve, personnelle. *Musicien original.* **4.** Qui ne ressemble à aucun autre ; excentrique. *Un caractère original.* ◆ n. Personne dont le comportement sort de l'ordinaire. *C'est un vieil original.*

2. ORIGINAL n.m. Modèle, ouvrage, texte primitif, document authentique (par opp. à *copie, traduction, reproduction...*).

ORIGINALEMENT adv. De façon originale.

ORIGINALITÉ n.f. **1.** Caractère de ce qui est original, nouveau, singulier. **2.** Marque, preuve de fantaisie, ou de bizarrerie, d'excentricité.

ORIGINE n.f. (lat. *origo, originis*). **1.** Première manifestation, commencement, principe. *L'origine du monde.* ◇ *À l'origine, dès l'origine :* au début. **2.** Point de départ, cause. *L'origine d'une fortune.* **3.** Milieu d'où qqn est issu ; ascendance, extraction. *Des origines bourgeoises.* **4.** Temps, lieu, milieu d'où est issu qqch ; provenance. *Bière d'origine belge. Mot d'origine latine.* **5.** MATH. *Origine d'un axe :* point d'abscisse nulle. – *Origine d'un repère :* point commun aux axes de coordonnées.

ORIGINEL, ELLE adj. Qui remonte jusqu'à l'origine. – *Péché originel :* péché qui, selon le christianisme, entache tous les hommes, en tant que descendants d'Adam et Ève.

ORIGINELLEMENT adv. Dès l'origine.

ORIGNAL n.m. (basque *oregnac*) [pl. *orignaux*]. Canada. Élan.

ORILLON n.m. FORTIF. Massif de maçonnerie arrondi à l'angle d'épaule d'un bastion.

ORIN n.m. (moyen néerl. *ooring*). MAR. **1.** Filin frappé sur un objet immergé (ancre, grappin, etc.), d'une longueur suffisante pour que la bouée qui le termine reste visible à marée haute. **2.** Filin de retenue d'une mine.

ORIPEAU n.m. (anc. fr. *orie,* doré, et *pel,* peau). TECHN. Vx. Lame de métal, mince et polie, ayant l'aspect de l'or. ◆ pl. Litt. **1.** Vêtements usés qui ont conservé un reste de splendeur. **2.** Fig. Clinquant, faux éclat.

ORIYA n.m. Langue indo-aryenne parlée dans l'État d'Orissa, en Inde. Graphie savante : *oriyā.*

O. R. L. [oɛrɛl] n.f. (sigle). Oto-rhino-laryngologie. ◆ n. Oto-rhino-laryngologiste.

ORLE n.m. (anc. fr. *orler,* ourler ; lat. *ora,* bord). HÉRALD. Bordure réduite ne touchant pas les bords de l'écu.

ORLÉANAIS, E adj. et n. D'Orléans.

ORLÉANISME n.m. **1.** HIST. Opinion des partisans de la maison d'Orléans. **2.** DR. Régime parlementaire dans lequel le chef de l'État a un rôle prépondérant, le gouvernement étant responsable à la fois devant lui et devant le Parlement.

ORLÉANISTE adj. et n. HIST. Relatif à l'orléanisme ; partisan de l'orléanisme.

ORLON n.m. (nom déposé). Fibre textile synthétique acrylique.

ORMAIE ou **ORMOIE** n.f. Lieu planté d'ormes.

ORME n.m. (lat. *ulmus*). Arbre atteignant de 20 à 30 m de haut, à feuilles dentelées, souvent planté, dont le bois solide et souple est utilisé en charpenterie et en ébénisterie. (Famille des ulmacées ; l'espèce est actuellement menacée par une maladie, la graphiose, dont l'agent est un champignon microscopique.)

1. ORMEAU n.m. Jeune orme.

2. ORMEAU, ORMET ou **ORMIER** n.m. (lat. *auris maris,* oreille de mer). Haliotide (mollusque). SYN. : *oreille-de-mer.*

ORMILLE n.f. **1.** Très jeune orme. **2.** Plant de petits ormes.

ORNAIS, E adj. et n. De l'Orne.

ORNE n.m. (lat. *ornus*). Frêne du sud de l'Europe, à fleurs blanches odorantes en panicules très fournies.

ORNEMANISTE n. Professionnel spécialisé dans la conception ou la réalisation d'ornements en architecture, décoration, ameublement.

ORNEMENT n.m. (lat. *ornamentum*). **1.** Élément qui orne, agrémente un ensemble, ajoute quelque chose qui embellit. (*V. illustration p. 726.*) ◇ *D'ornement :* purement décoratif. *Plantes d'ornement.* **2.** Chacun des vêtements liturgiques particuliers que revêtent les ministres du culte catholique. **3.** MUS. Groupe de notes brèves, écrites ou improvisées, destinées à embellir ou varier une mélodie vocale ou instrumentale (trille, mordant, gruppetto, appoggiature...).

ORNEMENTAL, E, AUX adj. Qui sert ou peut servir à l'ornement ; décoratif.

ORNEMENTATION n.f. Action, art, manière de disposer des ornements ; effet qui en résulte.

ORNEMENTER v.t. Enrichir d'ornements.

ORNER v.t. (lat. *ornare*). **1.** Embellir en ajoutant un, des éléments décoratifs. *Orner une façade de caryatides.* ◇ Fig. Parer, rendre plus attrayant. *Orner son récit d'anecdotes.* **2.** Servir d'ornement à, enjoliver. *Une bague ornait sa main.*

ORNIÉRAGE n.m. Déformation permanente de la surface d'une chaussée créant une ornière.

ORNIÈRE n.f. (lat. *orbita*). Trace creusée dans le sol des chemins par les roues des véhicules. ◇ Litt. *Sortir de l'ornière :* se dégager de la routine ; se tirer d'une situation difficile.

ORNITHOGALE n.m. (gr. *ornis, ornithos,* oiseau, et *gala,* lait). Plante bulbeuse, à fleurs blanches ou verdâtres, dont une espèce est la *dame-d'onze-heures.* (Famille des liliacées.)

ORNITHOLOGIE n.f. Partie de la zoologie qui étudie les oiseaux.

ORNITHOLOGIQUE adj. Relatif à l'ornithologie.

ORNITHOLOGISTE ou **ORNITHOLOGUE** n. Spécialiste d'ornithologie.

ORNITHOMANCIE n.f. Divination par le vol ou le chant des oiseaux.

ORNITHORYNQUE [ɔrnitɔrɛ̃k] n.m. (gr. *ornis, ornithos,* oiseau, et *runkhos,* bec). Mammifère monotrème d'Australie et de Tasmanie, à bec de canard, à pattes palmées et à queue plate, lui permettant de creuser des galeries près de l'eau. (Sous-classe des monotrèmes ; long. 40 cm env.)

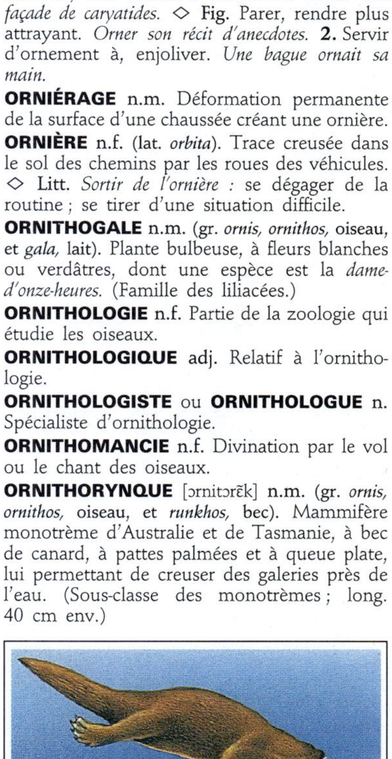
ornithorynque

exemples d'**ornements** courants

ORNITHOSE n.f. Maladie des oiseaux transmissible à l'homme, due aux bactéries *Chlamydia psittaci.* (Lorsque la maladie est transmise par les perroquets, on parle de *psittacose*.)

OROBANCHE n.f. (gr. *orobankhê*). Plante sans chlorophylle, à fleurs gamopétales, qui vit en parasite sur les racines d'autres plantes (labiées, légumineuses, etc.).

OROBE n.m. Plante voisine de la gesse. (Famille des légumineuses.)

OROGENÈSE ou, rare, **OROGÉNIE** n.f. (gr. *oros,* montagne, et *genesis,* génération). GÉOL. Formation des chaînes de montagnes.

OROGÉNIQUE adj. Relatif à l'orogenèse. ◇ *Mouvements orogéniques :* mouvements de l'écorce terrestre qui donnent naissance aux montagnes.

OROGRAPHIE n.f. Vx. Description du relief terrestre.

OROGRAPHIQUE adj. Relatif à l'orographie.

ORONGE n.f. (prov. *ouronjo,* orange). **1.** Amanite à chapeau jaune-orangé, pied et lames jaunes, et large volve membraneuse (comestible très recherché). SYN. : *amanite des Césars, oronge vraie.* **2.** *Fausse oronge :* amanite à chapeau rouge taché de blanc, à pied et lames blancs, à la volve réduite (champignon vénéneux). SYN. : *amanite tue-mouches.*

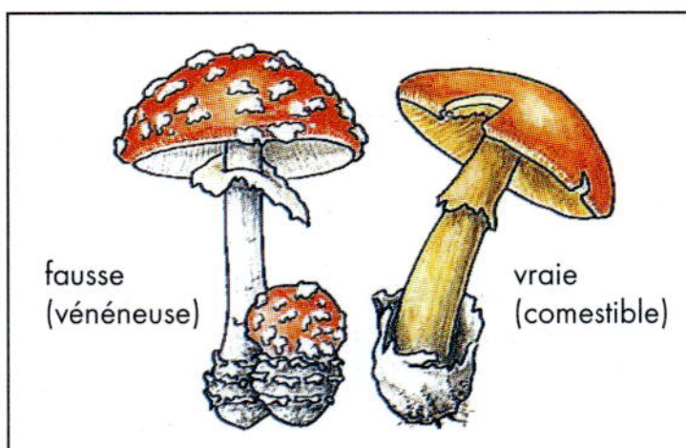

oronges

OROPHARYNX n.m. ANAT. Partie moyenne du pharynx, communiquant avec la bouche.

ORPAILLAGE n.m. Exploitation artisanale d'alluvions aurifères.

ORPAILLEUR n.m. (de l'anc. fr. *harpailler,* saisir). Artisan qui lave les alluvions aurifères pour en retirer les paillettes d'or. SYN. : *pailleteur.*

ORPHELIN, E n. (bas lat. *orphanus*). Enfant qui a perdu son père et sa mère, ou l'un des deux.

ORPHELINAT n.m. Établissement où l'on élève des enfants orphelins.

ORPHÉON n.m. (de *Orphée*). Chorale de voix d'hommes ou de voix mixtes d'enfants.

ORPHÉONISTE n. Membre d'un orphéon.

ORPHIE n.f. (mot néerl.). Poisson à bec fin et pointu, à squelette vert émeraude, dit souvent *aiguille, aiguillette, bécassine de mer.*

ORPHIQUE adj. et n. Didact. Relatif à Orphée, à l'orphisme. ◆ adj. BX-A. Qui se rattache à l'orphisme.

ORPHISME n.m. (de *Orphée*). **1.** Courant religieux de la Grèce antique, rattaché à Orphée, le maître des incantations. **2.** Tendance du cubisme visant à une construction abstraite des formes par la couleur, représentée au premier chef par R. Delaunay. (Son nom lui fut donné par G. Apollinaire en 1913.)

■ L'orphisme enseignait que les hommes étaient nés des cendres des Titans foudroyés par Zeus. L'âme, enfermée dans le corps comme dans une prison, porte le fardeau d'un crime originel, celui des Titans ; elle ne s'évadera de cette prison, après de nombreux cycles d'existences (transmigrations), que lorsqu'elle sera purifiée, conformément aux règles, par les jeûnes, l'ascétisme et l'initiation qui est essentielle pour connaître l'itinéraire spirituel. L'orphisme a donné naissance à une abondante littérature (*poèmes orphiques*) qui se développa du VIe s. av. J.-C. jusqu'à la fin du paganisme.

ORPIMENT n.m. (lat. *aurum,* or, et *pigmentum,* piment). Sulfure naturel d'arsenic, jaune vif, utilisé en peinture et en pharmacie.

ORPIN n.m. Plante grasse herbacée des rocailles et lieux arides, aux feuilles charnues, aux fleurs ornementales. (Famille des crassulacées.) SYN. : *sedum.*

ORQUE n.f. (lat. *orca*). Épaulard (mammifère marin).

ORSEC (sigle de *ORganisation des SECours*). *Plan ORSEC :* programme d'organisation des secours permettant au préfet de mobiliser, en cas de catastrophe, tous les moyens, publics et privés, de son département.

ORSEILLE n.f. (catalan *orcella*). **1.** Lichen d'une espèce répandue sur les côtes rocheuses de la Méditerranée. **2.** Colorant tiré de ce lichen, utilisé en teinture.

ORTEIL n.m. (lat. *articulus,* jointure). Doigt du pied. ◇ Spécialt. Le plus gros doigt du pied, appelé aussi *gros orteil.*

ORTHÈSE n.f. Appareil d'assistance destiné à corriger une déficience du système locomoteur (attelles, gouttières, etc.), par opp. à la *prothèse.*

ORTHOCENTRE n.m. (gr. *orthos,* droit). MATH. Point commun aux trois hauteurs d'un triangle.

ORTHOCHROMATIQUE adj. PHOT. Qui est sensible à toutes les couleurs sauf au rouge, en parlant d'un film.

ORTHODONTIE [-si] n.f. Partie de l'odontostomatologie qui a pour objet la correction des anomalies de position des dents.

ORTHODONTISTE n. Spécialiste de l'orthodontie.

ORTHODOXE adj. et n. (gr. *orthos,* droit, et *doxa,* opinion). **1.** Qui est conforme au dogme, à la doctrine d'une religion (par opp. à *hérétique*). **2.** Conforme à une doctrine considérée comme seule vraie. **3.** Fidèle d'une Église orthodoxe. **4.** *Églises orthodoxes :* Églises chrétiennes orientales, séparées de Rome depuis 1054, mais restées fidèles à la doctrine définie par le concile de Chalcédoine (451).

ORTHODOXIE n.f. **1.** Caractère de ce qui est orthodoxe. **2.** Ensemble des doctrines des Églises orthodoxes.

ORTHODROMIE n.f. Ligne de plus courte distance entre deux points de la surface de la Terre. (C'est l'arc de grand cercle qui les joint, en supposant la Terre sphérique.)

ORTHODROMIQUE adj. Relatif à l'orthodromie.

ORTHOÉPIE n.f. (gr. *orthos,* correct, et *epos,* parole). Discipline traitant de la prononciation correcte des sons d'une langue.

ORTHOGENÈSE n.f. BIOL. Mode d'évolution d'une lignée au long de laquelle un caractère déterminé change par degrés dans la même direction évolutive.

ORTHOGÉNIE n.f. Contrôle des naissances.

ORTHOGÉNISME n.m. Étude scientifique de l'orthogénie.

ORTHOGONAL, E, AUX adj. En géométrie élémentaire, perpendiculaire. ◇ *Vecteurs orthogonaux du plan :* deux vecteurs de directions orthogonales. – *Vecteurs orthogonaux d'un espace vectoriel euclidien :* deux vecteurs dont le produit scalaire est nul. – *Base orthogonale (d'un espace vectoriel) :* base formée de vecteurs deux à deux orthogonaux. – *Projection orthogonale :* projection dont la direction est orthogonale à l'axe ou au plan de projection. – *Symétrie orthogonale :* symétrie axiale.

ORTHOGONALEMENT adv. Selon une direction orthogonale.

ORTHOGONALITÉ n.f. Caractère de ce qui est orthogonal.

ORTHOGRAPHE n.f. (gr. *orthos,* droit, et *graphein,* écrire). **1.** Ensemble de règles et d'usages qui régissent la manière d'écrire les mots d'une langue donnée. **2.** Maîtrise de ces règles et de ces usages. *Avoir une bonne, une mauvaise orthographe.* **3.** Manière correcte d'écrire un mot. *Il y a deux orthographes possibles pour ce mot.*

ORTHOGRAPHIER v.t. Écrire du point de vue des règles de l'orthographe.

ORTHOGRAPHIQUE adj. Relatif à l'orthographe. – *Signes orthographiques :* cédille, trait d'union, accents, etc.

ORTHONORMÉ, E adj. MATH. *Base orthonormée :* base orthogonale dont les vecteurs ont tous une norme égale à 1.

ORTHOPÉDIE n.f. (gr. *orthos,* droit, et *paideia,* éducation). Partie de la médecine et de la chirurgie qui a pour objet le traitement des affections du squelette, des articulations, de l'appareil locomoteur.

ORTHOPÉDIQUE adj. Relatif à l'orthopédie.

ORTHOPÉDISTE n. et adj. Spécialiste de l'orthopédie.

ORTHOPHONIE n.f. Rééducation de la phonation et du langage écrit et oral.

ORTHOPHONIQUE adj. Relatif à l'orthophonie.

ORTHOPHONISTE n. Auxiliaire médical spécialisé dans la rééducation du langage.

ORTHOPNÉE n.f. Dyspnée qui oblige le malade à rester debout ou assis pour respirer.

ORTHOPTÈRE n.m. *Orthoptères :* ordre d'insectes broyeurs à métamorphoses incomplètes et dont les ailes membraneuses ont des plis droits, comme le criquet, la sauterelle, le grillon.

ORTHOPTIE [-psi] ou **ORTHOPTIQUE** n.f. (gr. *orthos,* droit, et *optikos,* qui concerne la vue).

Branche de l'ophtalmologie qui traite les défauts de la vision binoculaire (strabisme, hétérophorie, insuffisance de convergence, etc.).

ORTHOPTIQUE adj. Relatif à l'orthoptie.

ORTHOPTISTE n. Auxiliaire médical spécialiste d'orthoptie.

ORTHORHOMBIQUE adj. Se dit d'un système cristallin dont la symétrie du réseau est celle d'un parallélépipède rectangle ou d'un prisme droit à base de losange.

ORTHOSCOPIQUE adj. Se dit d'un objectif photographique ou d'un oculaire bien corrigé de la distorsion.

ORTHOSE n.f. MINÉR. Feldspath potassique, abondant dans le granite, le gneiss.

ORTHOSTATE n.m. (du gr. *orthostatês,* dressé). ARCHÉOL. Bloc de pierre dressé, support d'autres blocs ; bloc ou dalle, orné ou non, formant l'assise inférieure d'un mur.

ORTHOSTATIQUE adj. PHYSIOL. Qui a rapport avec la station debout.

ORTHOSYMPATHIQUE adj. MÉD. *Système orthosympathique :* sympathique (n.m.).

ORTHOTROPE adj. BOT. Se dit d'un type d'ovule, qualifié aussi de *droit,* où le micropyle est situé à l'opposé de la chalaze et du placenta.

ORTIE n.f. (lat. *urtica*). **1.** Herbe aux fleurs peu visibles, couverte de poils, dont la base renferme un liquide irritant qui pénètre sous la peau par simple contact des pointes. (Famille des urticacées.) ◇ *Ortie blanche :* lamier blanc. **2.** *Ortie de mer :* actinie.

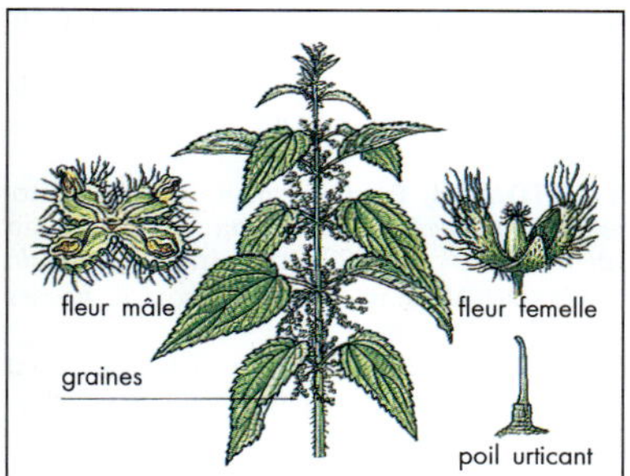

ortie

ORTOLAN n.m. (lat. *hortolanus,* jardinier). Bruant d'Europe, recherché pour sa chair délicate.

ORVALE n.f. Nom usuel de certaines espèces de sauges.

ORVET [ɔrvɛ] n.m. (anc. fr. *orb,* aveugle). Lézard apode insectivore gris ou doré, dont la queue se brise facilement, d'où son nom de *serpent de verre.* (Long. 30 à 50 cm ; famille des anguidés.)

ORVIÉTAN n.m. Électuaire initialement préparé à Orvieto (Ombrie) au XVIe s., dont l'usage a cessé au XIXe s.

ORYCTÉROPE n.m. (gr. *oruktêr,* fouisseur, et *ops,* vue). Mammifère des savanes africaines, aux longues oreilles, au museau terminé en groin (d'où son nom de *cochon de terre* en Afrique du Sud), à la longue queue, seul représentant de l'ordre des tubulidentés.

ORYX n.m. (mot lat. ; du gr.). Antilope aux cornes longues et légèrement incurvées, dont une espèce est l'algazelle.

Os, symbole chimique de l'osmium.

O. S. n. (sigle). Ouvrier spécialisé.

OS [ɔs], au pl. [o] n.m. (lat. *os, ossis*). **I. 1.** Organe dur et solide qui constitue la charpente de l'homme et des vertébrés. – *Os à moelle :* os qui contient de la moelle et qu'on met notamm. dans le pot-au-feu. ◇ *N'avoir que la peau et les os :* être très maigre. – Fam. *Sac d'os, paquet d'os :* personne très maigre. – Fam. *Ne pas faire de vieux os :* ne pas vivre très longtemps ; ne pas rester longtemps quelque part. – Pop. *L'avoir dans l'os :* subir un échec. – Fam. *Jusqu'à l'os :* complètement. – *Donner un os à ronger à qqn,* lui faire une maigre faveur, lui laisser quelques miettes d'une grosse affaire. **2.** Matière constituée d'os, avec laquelle on fabrique certains objets. *Manche de couteau en os.* **3.** Fig., fam. Difficulté, problème. *Tomber sur un os. Il y a un os.* **II.** *Os de seiche :* coquille interne dorsale de la seiche, formée d'une plaque allongée, poreuse, calcaire, faisant fonction de flotteur.

■ On distingue les *os courts* (vertèbres, carpe, tarse), les *os plats* (omoplate, os iliaque, voûte du crâne) et les *os longs* (fémur, humérus, tibia, radius...). Un os long comprend : une partie moyenne, ou *diaphyse,* formée de tissu osseux compact, entouré du périoste, creusée d'une cavité axiale contenant de la moelle jaune constituée de graisse ; et les parties extrêmes, ou *épiphyses,* formées de tissus osseux spongieux, dont les cavités contiennent de la moelle rouge hématopoïétique qui fournit les globules du sang. Les surfaces articulaires sont recouvertes de *cartilage,* et les muscles (dits squelettiques) s'insèrent sur des protubérances de l'os, ou *apophyses.*

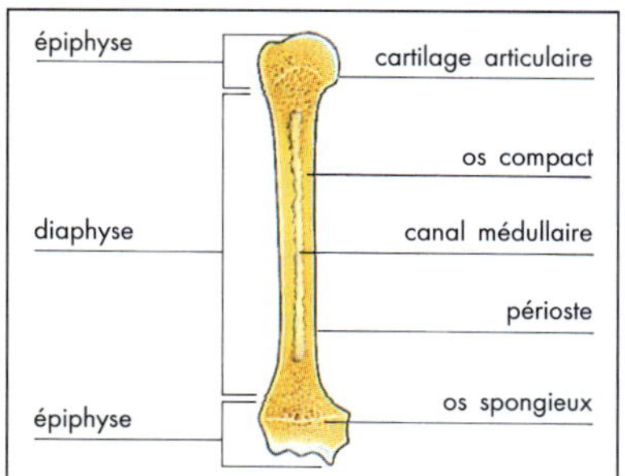

structure d'un **os** long

OSCABRION n.m. ZOOL. Chiton (mollusque).

OSCAR n.m. **1.** Haute récompense cinématographique, matérialisée par une statuette et attribuée chaque année, à Hollywood, à des artistes et à des techniciens du film. **2.** Récompense décernée par un jury dans divers domaines. *L'oscar de la publicité, de l'emballage.*

OSCILLAIRE [ɔsi-] n.f. Cyanobactérie formant des filaments qui présentent un balancement spontané et régulier dans l'eau.

OSCILLANT, E [ɔsilɑ̃, ɑ̃t] adj. Qui oscille.

OSCILLATEUR [ɔsilatœr] n.m. **1.** Appareil produisant des courants électriques alternatifs périodiques de fréquence déterminée. **2.** PHYS. Système, mécanique ou électrique, siège d'un phénomène périodique. ◇ *Oscillateur harmonique :* oscillateur dont l'élongation est une fonction sinusoïdale du temps.

OSCILLATION [ɔsilasjɔ̃] n.f. **1.** PHYS. Phénomène caractérisé par une ou plusieurs grandeurs oscillantes. ◇ Succession des courants de charge et de décharge qui circulent dans un circuit électrique. **2.** Mouvement de va-et-vient. *Les oscillations du pendule.* **3.** Fluctuation, changement alternatif et irrégulier. *Les oscillations de l'opinion publique.* **4.** Cycle complet d'un oscillateur durant une période.

OSCILLATOIRE adj. De la nature de l'oscillation.

OSCILLER [ɔsile] v.i. (bas lat. *oscillare,* balancer). **1.** Être animé d'un mouvement alternatif et régulier. *Le pendule oscille.* **2.** Être animé d'un mouvement de va-et-vient quelconque qui menace l'équilibre, la régularité, etc. *La statue oscille sur sa base.* **3.** Hésiter entre des attitudes contraires. *Le gouvernement oscille entre la fermeté et le laxisme.* **4.** Varier entre deux niveaux. *Les réserves de pétrole oscillent entre 30 et 75 jours.*

OSCILLOGRAMME n.m. Image qui apparaît sur l'écran d'un oscillographe.

OSCILLOGRAPHE n.m. Appareil permettant d'observer et d'enregistrer les variations d'une grandeur physique variable en fonction du temps.

OSCILLOMÈTRE [ɔsilɔ-] n.m. MÉD. Instrument mesurant les oscillations des artères.

OSCILLOSCOPE [ɔsilɔ-] n.m. Appareil servant à rendre visibles les variations temporelles d'une grandeur physique.

OSCULATEUR, TRICE adj. (du lat. *osculari,* baiser). *Cercle osculateur* (ou *cercle de courbure*) *en un point d'une courbe plane :* cercle tangent en ce point à la courbe et ayant pour rayon le rayon de courbure de la courbe en ce point. ◇ *Plan osculateur (en un point d'une courbe gauche) :* plan défini par la tangente et la normale principale en M.

OSCULE n.m. (lat. *osculum,* petite bouche). Grand pore excréteur à la surface des éponges.

OSE n.m. (de *glucose*). CHIM. Glucide ne comportant qu'une seule chaîne carbonée sans ramification. SYN. : *monosaccharide.*

OSÉ, E adj. **1.** Fait avec audace, risqué. *Tentative osée.* **2.** Qui choque les bienséances. *Plaisanterie osée.*

OSEILLE n.f. (lat. *acidulus,* aigrelet). **1.** Plante potagère à feuilles comestibles, qui doivent leur goût acide à la présence d'acide oxalique. (Famille des polygonacées.) **2.** Fam. Argent. **3.** *Sel d'oseille :* oxalate de potassium.

OSER v.t. (bas lat. *ausare,* oser). **1.** Avoir la hardiesse, le courage de. *Oser se plaindre.* **2.** Litt. Tenter, entreprendre avec courage, avec audace. *C'est un homme à tout oser.* **3.** Suisse. Avoir la permission de. *Est-ce que j'ose entrer ?*

OSERAIE n.f. Lieu planté d'osiers.

OSIDE n.m. Glucide hydrolysable (par opp. aux *oses*). [On distingue les *holosides* (disaccharides, polysaccharides) et les *hétérosides.*]

OSIER n.m. (bas lat. *auseria*). Saule à rameaux jaunes, longs et flexibles, servant à tresser des paniers, des corbeilles, à faire des liens, etc. ; ces rameaux.

OSIÉRICULTURE n.f. Culture de l'osier.

OSMANLI, E adj. et n. Rare. Ottoman. ◆ n.m. Langue turque telle qu'elle était parlée dans l'Empire ottoman.

OSMIQUE adj. Se dit d'un acide dérivé de l'osmium, employé en histologie.

OSMIUM [ɔsmjɔm] n.m. (du gr. *osmê,* odeur). Métal extrait du minerai de platine, fondant vers 2 700 °C ; élément chimique (Os) de numéro atomique 76, de masse atomique 190,2.

OSMIURE n.m. CHIM. Combinaison de l'osmium avec un autre corps simple.

OSMOMÈTRE n.m. Appareil servant à mesurer la pression osmotique.

OSMONDE n.f. Fougère des lieux humides, dont les sporanges sont portés par des feuilles spéciales.

OSMOSE n.f. (gr. *ôsmos,* poussée). **1.** Transfert du solvant d'une solution diluée vers une solution concentrée au travers d'une membrane dite *permsélective.* ◇ *Osmose électrique :* électro-osmose. – *Osmose inverse,* procédé de séparation consistant en un transfert inverse de l'osmose normale, utilisé pour traiter ou dessaler l'eau, concentrer des jus de fruits, etc. **2.** Fig. Influence réciproque, interpénétration. *Osmose entre deux civilisations voisines.*

OSMOTIQUE adj. Relatif à l'osmose.

OSQUE adj. Relatif aux Osques.

OSSATURE n.f. (de *os*). **1.** Ensemble des os, charpente d'un homme ou d'un animal ; squelette. **2.** Squelette, charpente qui soutient un ensemble ou lui donne sa rigidité. **3.** Fig. Structure, plan, canevas. *L'ossature d'un discours.*

OSSÉINE n.f. (de *os*). Substance organique du groupe des scléroprotéines, constituant le tiers en poids des os frais.

OSSELET n.m. **1.** Petit os. **2.** Petit os du pied de mouton ou sa reproduction en matières diverses (ivoire, métal, plastique) dont les enfants se servent pour un jeu d'adresse. **3.** *Osselet de l'oreille :* élément squelettique de l'oreille moyenne des vertébrés tétrapodes, transmettant les vibrations sonores du tympan à la fenêtre ovale. (Chez les mammifères, il existe trois osselets : le *marteau,* l'*enclume* et l'*étrier.*)

OSSEMENTS n.m. pl. Os décharnés d'hommes ou d'animaux morts.

OSSÈTE n.m. (du géorgien, par le russe et l'allemand). Langue iranienne parlée dans la région du Caucase.

OSSEUX, EUSE adj. **1.** Qui a des os. *Poisson osseux.* **2.** Dont les os sont saillants. *Main osseuse.* **3.** MÉD. Relatif aux os. ◇ *Tissu osseux :* tissu organique constituant la partie dure des os.

OSSIANIQUE adj. Qui appartient ou qui ressemble à la poésie attribuée à Ossian ou à la littérature composée à son imitation.

OSSIANISME n.m. Imitation des poésies attribuées à Ossian.

OSSIFICATION n.f. PHYSIOL. Conversion en os des parties membraneuses et cartilagineuses.

◇ *Point d'ossification :* zone où débute l'ossification d'un os long.

OSSIFIER (S') v.pr. Se transformer en os.

OSSO-BUCO [ɔsobuko] n.m. inv. (mot it., *os à trou*). Jarret de veau servi avec l'os à moelle, accompagné de tomates, d'oignons et de riz.

OSSU, E adj. Litt. Qui a de gros os.

OSSUAIRE n.m. (bas lat. *ossuarium*). Bâtiment ou excavation où l'on entasse des ossements humains, près d'un champ de bataille, d'un cimetière, etc.

OST ou **HOST** n.m. (lat. *hostis*, ennemi, troupe armée). HIST. Armée, à l'époque féodale. ◇ *Service d'ost* ou *ost :* service militaire que les vassaux devaient à leur suzerain au Moyen Âge.

OSTÉALGIE n.f. (gr. *osteon*, os, et *algos*, douleur). MÉD. Douleur osseuse.

OSTÉITE n.f. Inflammation du tissu osseux.

OSTENSIBLE adj. (du lat. *ostendere*, montrer). Que l'on ne cache pas, qui est fait avec l'intention d'être vu. *Une démarche ostensible.*

OSTENSIBLEMENT adv. De façon ostensible.

OSTENSIF, IVE adj. LOG. Se dit d'une procédure de définition ou de vérification qui consiste à expliquer le sens d'un mot ou à justifier une assertion sans utiliser d'autres mots ou assertions, mais par une indication extralinguistique (par ex. montrer l'objet auquel le mot se rapporte).

OSTENSOIR n.m. (lat. *ostensus*, montré). Pièce d'orfèvrerie dans laquelle on expose à l'autel l'hostie consacrée.

OSTENTATION n.f. (lat. *ostentatio*, de *ostendere*, montrer). Affectation qu'on apporte à faire qqch ; attitude de qqn qui cherche à se faire remarquer. ◇ Étalage indiscret d'un avantage ou d'une qualité.

OSTENTATOIRE adj. Qui manifeste de l'ostentation, affecté.

OSTÉOBLASTE n.m. Cellule jeune de la moelle osseuse et de la couche ostéogène du périoste, qui élabore la substance osseuse fondamentale (osséine) dans laquelle elle finit par être emprisonnée.

OSTÉOCHONDROSE [-kɔ̃-] n.f. Inflammation des cartilages formateurs des os ou recouvrant leurs extrémités.

OSTÉOCLASIE n.f. Opération qui consiste à briser certains os, pour remédier à des déformations osseuses ou articulaires.

OSTÉOCLASTE n.m. BIOL. Grande cellule de la moelle osseuse, qui détruit la substance osseuse persistante.

OSTÉOGÈNE adj. Qui sert à former les os. *Couche ostéogène du périoste.*

OSTÉOGENÈSE ou **OSTÉOGÉNIE** n.f. Constitution, formation des os et du tissu osseux.

OSTÉOLOGIE n.f. Partie de l'anatomie qui traite des os.

OSTÉOLOGIQUE adj. Relatif à l'ostéologie.

OSTÉOLYSE n.f. Destruction pathologique du tissu osseux.

OSTÉOMALACIE n.f. Affection caractérisée par un ramollissement des os.

OSTÉOME n.m. Tumeur bénigne de l'os.

OSTÉOMYÉLITE n.f. Inflammation des os et de la moelle osseuse, due au staphylocoque.

OSTÉOPATHE n. Personne qui traite des états pathologiques par des manipulations rachidiennes et articulaires.

OSTÉOPATHIE n.f. MÉD. **1.** Maladie des os en général. **2.** Pratique thérapeutique de l'ostéopathe.

OSTÉOPHYTE n.m. MÉD. Prolifération anormale du tissu osseux au voisinage d'une inflammation (en général d'une arthrose). SYN. (cour.) : *bec-de-perroquet.*

OSTÉOPLASTIE n.f. CHIR. Restauration d'un os à l'aide de fragments osseux.

OSTÉOPOROSE n.f. MÉD. Fragilité des os due à une raréfaction et à un amincissement des travées osseuses.

OSTÉOSARCOME n.m. MÉD. Tumeur maligne des os.

OSTÉOSYNTHÈSE n.f. CHIR. Intervention ayant pour but de réunir mécaniquement les fragments osseux d'une fracture par une pièce métallique.

OSTÉOTOMIE n.f. CHIR. Résection partielle d'un os pour remédier à une difformité.

OSTIAK n.m. → *ostyak.*

OSTINATO n.m. (mot it.). MUS. Motif mélodique ou rythmique répété obstinément, généralement à la basse d'une œuvre.

OSTIOLE n.m. (lat. *ostiolum*, petite porte). BOT. Orifice respiratoire microscopique du stomate, présent en grand nombre à la face inférieure des feuilles chez les plantes dicotylédones et sur les deux faces des feuilles des monocotylédones.

OSTO n.m. → *hosto.*

OSTRACÉ, E adj. Qui est de la nature de l'huître.

OSTRACISME n.m. (du nom de l'*ostracon*, qui servait à l'expression des suffrages). **1.** ANTIQ. GR. Procédure en usage à Athènes, permettant aux membres de l'ecclésia de bannir pour dix ans un homme politique dont ils redoutaient la puissance ou l'ambition. **2.** Action d'exclure qqn d'un groupe, d'un parti, de le tenir à l'écart.

OSTRACODE n.m. *Ostracodes :* sous-classe de crustacés ayant une carapace bivalve et des antennes locomotrices, tels que les cypris.

OSTRACON [-kɔn] n.m. (gr. *ostrakon*, coquille) [pl. *ostraca*]. ARCHÉOL. Coquille ou tesson de poterie qui servait de support pour l'écriture ou le dessin (vote, esquisse, plan, etc.).

OSTRÉICOLE adj. (lat. *ostrea*, huître, et *colere*, cultiver). Relatif à l'ostréiculture.

OSTRÉICULTEUR, TRICE n. Personne qui pratique l'ostréiculture.

OSTRÉICULTURE n.f. Élevage des huîtres.

OSTRÉIDÉ n.m. *Ostréidés :* famille de mollusques bivalves tels que les huîtres et les genres voisins, au pied avorté, à la coquille souvent irrégulière et fixée par la valve gauche.

1. OSTROGOTH, E, OSTROGOT, E ou **OSTROGOTHIQUE** adj. Relatif aux Ostrogoths.

2. OSTROGOTH ou **OSTROGOT** n.m. **1.** Homme qui ignore les bienséances, la politesse. **2.** Fam. *Un drôle d'ostrogoth :* un individu bizarre.

OSTYAK ou **OSTIAK** n.m. Langue ougrienne de Sibérie occidentale.

OTAGE n.m. (anc. fr. *hostage*, logement, les otages logeant généralement chez celui à qui ils étaient livrés). **1.** Personne prise ou livrée comme garantie de l'exécution de certaines conventions militaires ou politiques. *Laisser des otages à l'ennemi.* **2.** Personne dont on s'empare et qu'on utilise comme moyen de pression contre qqn, un État, pour l'amener à céder à des exigences.

OTALGIE n.f. (gr. *oûs, ôtos*, oreille, et *algos*, douleur). MÉD. Douleur d'oreille.

OTARIE n.f. (gr. *ôtarion*, petite oreille). Mammifère marin voisin du phoque, dont il se distingue par la présence de pavillons aux oreilles et par des membres plus longs permettant un déplacement plus aisé sur terre. (Les otaries vivent presque toutes sur les côtes de l'hémisphère Sud, où on les chasse pour leur peau appelée impropr. *loutre de mer.*)

otarie de Californie

ÔTÉ prép. Litt. En ôtant, excepté. *Ouvrage excellent, ôté deux ou trois chapitres.*

ÔTER v.t. (lat. *obstare*, faire obstacle). **1.** Tirer qqn, qqch de l'endroit où ils sont. *Ôter un objet de la table.* **2.** Se débarrasser de. *Ôter son manteau.* **3.** Retrancher d'une autre chose. *Ôter deux de quatre.* **4.** Retirer. *Ôter son emploi à qqn. Ôtez-lui cette idée de l'esprit.* ◆ **s'ôter** v.pr. Fam. Se retirer de quelque part, s'en écarter. *Ôte-toi de là.*

OTIQUE adj. ANAT. Relatif à l'oreille.

OTITE n.f. (du gr. *oûs, ôtos*, oreille). Inflammation de l'oreille.

■ On distingue des *otites externes*, d'origine microbienne ou dues à des champignons (infection cutanée du conduit auditif externe), des *otites moyennes*, aiguës ou chroniques (siégeant dans la caisse du tympan et produites par une infection du rhino-pharynx transmise par la trompe d'Eustache), et des *otites internes*, ou *labyrinthites* (siégeant dans l'oreille interne, d'origine virale ou bactérienne, se traduisant par une surdité souvent irréversible).

OTOCYON n.m. Mammifère carnassier de l'Afrique du Sud, dont les oreilles sont très développées. (Long. du corps 60 cm.)

OTOCYSTE n.m. ZOOL. **1.** Vésicule auditive embryonnaire des vertébrés. **2.** Vx. Statocyste des invertébrés.

OTOLITHE n.f. Concrétion minérale (calcaire chez l'homme) contenue à l'état normal dans l'organe de l'équilibration (oreille interne).

OTOLOGIE n.f. Étude de l'oreille et de ses maladies.

OTOMI n.m. Langue indienne parlée en Amérique centrale.

OTO-RHINO-LARYNGOLOGIE n.f. Partie de la médecine qui s'occupe des maladies des oreilles, du nez et de la gorge. Abrév. : *O.R.L.*

OTO-RHINO-LARYNGOLOGISTE ou **OTO-RHINO** n. (pl. *oto-rhino-laryngologistes* ou *oto-rhinos*). Médecin spécialisé en oto-rhino-laryngologie. Abrév. : *O.R.L.*

OTORRAGIE n.f. MÉD. Hémorragie par l'oreille.

OTORRHÉE n.f. MÉD. Écoulement par l'oreille.

OTOSCOPE n.m. Instrument au moyen duquel on examine le conduit auditif.

OTOSPONGIOSE n.f. Affection de l'oreille qui provoque une surdité par ankylose de l'étrier.

1. OTTOMAN, E adj. et n. Relatif aux Ottomans, à la période de l'Empire turc ottoman (début du XIVe s.-1922). SYN. (rare) : *osmanli.*

2. OTTOMAN n.m. Étoffe de soie à grosses côtes, tramée coton.

OTTOMANE n.f. Canapé de plan ovale dont le dossier se prolonge par des joues enveloppantes (XVIIIe s.).

OTTONIEN, ENNE adj. (de *Otton Ier* le Grand). Se dit d'une brillante époque de l'architecture et de l'art allemands, qui va approximativement de 950 à 1030.

OU conj. (lat. *aut*). Sert à indiquer : **1.** Une alternative ou une équivalence. *Blanc ou noir.* (*Ou* peut être renforcé par *bien* ou, fam., par *alors*.) **2.** Une explication en d'autres termes. *Lutèce ou l'ancien Paris.*

OÙ adv. (lat. *ubi*). **1.** Avec valeur relative, marque le lieu et le temps. *La maison où j'habite. Le jour où je vous ai rencontrée.* ◇ *Là où :* au lieu dans lequel. – *Où que :* en quelque lieu que. **2.** Avec valeur interrogative, marque le lieu, le but. *Où courez-vous ? Où cela vous mènera-t-il ?* ◇ *D'où :* de quel endroit, de quelle origine. – *Par où :* par quel endroit.

OUABAÏNE [wabain] n.f. (mot somali). Glucoside tonicardiaque.

OUAILLE [waj] n.f. (anc. fr. *oeille ;* lat. *ovis*, brebis). Litt. ou par plais. Fidèle, par rapport au pasteur spirituel (le plus souvent au pl.). *Un curé et ses ouailles.*

OUAIS [wɛ] adv. (altér. de *oui*). Fam. **1.** (Exprime le doute, la raillerie). *Ouais ! Tu ne me feras pas avaler ça.* **2.** Oui.

OUANANICHE n.f. (mot amérindien). Canada. Saumon d'eau douce.

OUAOUARON n.m. (mot amérindien). Canada. Grenouille géante.

OUARINE n.m. ZOOL. Hurleur.

OUATE n.f. (it. *ovatta ;* de l'ar.). Laine, soie, filasse, coton, préparés soit pour être placés sous la doublure des objets de literie ou de vêtements, soit pour servir à des pansements. (On dit indifféremment *de la ouate* ou *de l'ouate*.) ◇ *Ouate de cellulose :* matière absorbante constituée par la superposition de minces couches de cellulose. – *Ouate hydrophile :* ouate purifiée par lavages dans de l'eau alcaline.

OUATÉ, E adj. Qui donne une impression de douceur ou de confort douillet. *Une atmosphère ouatée.*

OUATER v.t. Garnir, doubler d'ouate.

OUATERIE n.f. Industrie de la fabrication de l'ouate.

OUATINE n.f. Nappe de fibre textile cousue entre deux tissus légers, et utilisée comme doublure de vêtement.

OUATINER v.t. Doubler de ouatine.

OUBLI n.m. **1.** Fait d'oublier, de perdre le souvenir de qqn, de qqch. *L'oubli d'un détail important.* **2.** Manquement aux règles, à des habitudes. *L'oubli des convenances.* **3.** Défaillance de la mémoire, de l'attention ; étourderie.

OUBLIABLE adj. (Souvent iron.). Qui peut ou qui doit être oublié. *Un roman oubliable.*

OUBLIE n.f. Anc. Gaufre mince et légère, roulée en cylindre. *Marchand d'oublies.*

OUBLIER v.t. (lat. pop. *oblitare*). **1.** Ne plus savoir qqch, être incapable de se le remémorer. *Oublier une date.* **2.** Ne pas se souvenir de qqch par un défaut d'attention. *J'avais oublié qu'il devait venir.* ◇ *Oublier l'heure,* ne pas prêter attention à l'heure et se mettre ainsi en retard. **3.** Laisser qqch quelque part, ne pas le prendre par manque d'attention. *Oublier ses gants, son parapluie.* **4.** Ne plus se préoccuper de qqch. *Oublier ses soucis.* **5.** Ne plus s'occuper de qqn, le délaisser. *Oublier ses amis.* **6.** Ne pas tenir compte de qqch, n'en faire aucun cas, et, en partic., manquer à une obligation. *Oublier ses promesses.* **7.** Pardonner. *Oublier une injure.* ◆ **s'oublier** v.pr. **1.** Disparaître de la mémoire. *Tout cela s'oubliera vite.* **2.** Faire abnégation de soi, ne plus penser à ses intérêts. ◇ Par plais. *Ne pas s'oublier :* être très attentif à son intérêt propre. **3.** Manquer aux convenances. ◇ *S'oublier à :* se relâcher au point de. *S'oublier à dire un gros mot.* **4.** Fam. Faire ses besoins mal à propos. *Le chat s'est oublié sur le tapis.*

OUBLIETTE n.f. (de *oublier*). **1.** (Surtout pl.). Cachot où l'on enfermait ceux qui étaient condamnés à la prison perpétuelle. **2.** Fosse couverte d'une trappe, où l'on faisait tomber ceux dont on voulait se débarrasser. – REM. L'usage de ce cachot et, surtout, de cette fosse, est largement mythique. **3.** Endroit où l'on relègue qqch, qqn que l'on veut oublier. *Le projet est tombé dans les oubliettes.*

OUBLIEUX, EUSE adj. Litt. **1.** Qui ne garde pas le souvenir de qqch, de qqn, ou qui ne s'en préoccupe pas. *Être oublieux des bienséances.* **2.** Qui est sujet à oublier, en partic. les bienfaits reçus.

OUCHE n.f. (lat. *olca*). **1.** Vx. Terrain voisin de la maison et planté d'arbres fruitiers. **2.** AGRIC. Bonne terre fertile. **3.** Vx. Parcelle enclose proche des bâtiments de ferme, consacrée aux cultures vivrières ou fourragères.

OUDLER [udlœr] n.m. Au tarot, chacune des trois cartes (le un, le vingt et un d'atout et l'excuse) qui jouent un rôle important dans les enchères.

OUED [wɛd] n.m. (ar. *wādī*). **1.** Rivière, en Afrique du Nord. **2.** Cours d'eau, le plus souvent intermittent, des régions sèches.

OUEST n.m. inv. et adj. inv. (angl. *west*). **1.** Partie de l'horizon où le soleil se couche ; point cardinal situé du côté où le soleil se couche. **2.** (Avec une majuscule). Partie du globe terrestre ou d'un pays située vers ce point. **3.** (Avec une majuscule). Ensemble des États du pacte de l'Atlantique.

OUEST-ALLEMAND, E adj. (pl. *ouest-allemands, es*). De la République fédérale d'Allemagne, avant l'unification de ce pays, en 1990.

OUF interj. **1.** (Exprime le soulagement après une épreuve pénible ou désagréable, un effort). *Ouf ! Voilà une bonne chose de faite ! Ouf ! il est parti.* **2.** *Ne pas laisser à qqn le temps de dire ouf, de faire ouf,* ne pas lui laisser le temps de souffler, de respirer, de dire le moindre mot.

OUGANDAIS, E adj. et n. De l'Ouganda.

OUGRIEN, ENNE adj. et n.m. Se dit d'un groupe de langues de la famille ouralienne (hongrois, ostiak, vogoule).

OUGUIYA n.m. Unité monétaire principale de la République islamique de Mauritanie. (→ ***monnaie.***)

1. OUI adv. (de l'anc. fr. *o,* cela, et du pronom *il*). Marque une réponse positive, une approbation (par opp. à *non*).

2. OUI n.m. inv. Réponse positive. *Tout se résout par des oui ou par des non.* (On dit *le oui,* mais on peut dire : *je crois qu'oui.*) ◇ *Pour un oui, pour un non :* à tout bout de champ, sans motif sérieux.

OUÏ-DIRE n.m. inv. Ce qu'on sait par la rumeur publique. ◇ *Par ouï-dire :* pour l'avoir entendu dire.

1. OUÏE [wi] n.f. (de *ouïr*). **I.** Sens par lequel sont perçus les sons. *Les chiens ont l'ouïe fine.* ◇ Fam. *Être tout ouïe :* être prêt à écouter attentivement qqn ou qqch. **II. 1.** Chez les poissons, chacune des deux fentes de rejet de l'eau respiratoire, situées sous le rebord postérieur des opercules ; chacun de ces opercules eux-mêmes. **2.** Chacune des ouvertures pratiquées sur le capot d'un appareil ou d'une machine. **3.** Chacune des ouvertures en forme d'S pratiquées dans la table d'harmonie de certains instruments à cordes (violon, violoncelle, etc.) et mettant la caisse de résonance en relation avec l'air ambiant.

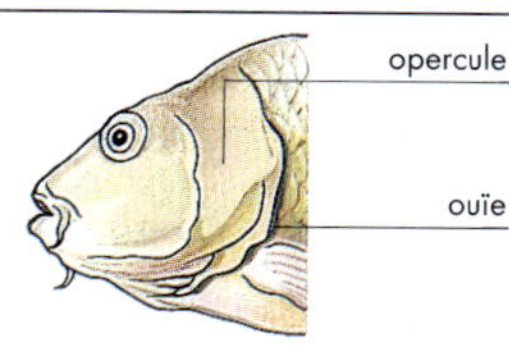

détail de l'**ouïe** d'un poisson

2. OUÏE ou **OUILLE** [uj] interj. (onomat.). **1.** (Exprime la douleur). *Ouïe, je me suis brûlé !* **2.** (Exprime la surprise, la contrariété, l'inquiétude). *Ouille, ouille, ouille ! Nous nous sommes complètement trompés !*

OUÏGOUR ou **OUIGHOUR** n.m. Langue turque de l'Asie centrale.

OUILLAGE n.m. Action d'ouiller.

OUILLER v.t. (anc. fr. *aouiller,* remplir jusqu'à l'œil). Remplir avec du vin de même provenance un tonneau pour compenser l'évaporation.

OUILLÈRE, OUILLIÈRE [ujɛr] ou **OULLIÈRE** [uljɛr] n.f. (de l'anc. fr. *ouiller,* creuser). AGRIC. Espace laissé entre des rangées de ceps et affecté à d'autres cultures.

OUÏR v.t. (lat. *audire,* entendre) [51]. **1.** Entendre, percevoir les sons par l'oreille. *J'ai ouï dire que.* **2.** DR. Recevoir la déposition de. *Ouïr les experts.* – REM. Auj., n'est usité qu'à l'inf. prés., au p. passé *ouï, e* et aux temps composés.

OUISTITI n.m. (onomat.). **1.** Petit singe arboricole d'Amérique tropicale, à queue touffue et aux fortes griffes. (Haut. env. 20 cm ; famille des hapalidés.) **2.** Fam. *Un drôle de ouistiti :* une personne bizarre.

ouistiti

OUKASE ou **UKASE** [ukaz] n.m. **1. a.** Édit du tsar, en Russie. **b.** Décret rendu par l'État, en Union soviétique. **2.** Litt. Décision autoritaire et arbitraire.

OULÉMA n.m. → ***uléma.***

OULLIÈRE n.f. → ***ouillère.***

OUMIAK n.m. (mot inuit). Embarcation de grandes dimensions des Esquimaux, faite de peaux de phoque cousues.

OUOLOF ou **WOLOF** n.m. Langue nigéro-congolaise parlée au Sénégal et en Gambie.

OURAGAN n.m. (esp. *huracán,* d'une langue caraïbe). **1.** Tempête très violente, où la vitesse du vent dépasse 120 km à l'heure. **2.** Fig. Déchaînement impétueux, explosion de sentiments, de passions. *Un ouragan de protestations.*

OURALIEN, ENNE adj. **1.** De l'Oural. **2.** *Langues ouraliennes* ou *ouralien,* n.m. : famille de langues réunissant le finno-ougrien et le samoyède.

OURALO-ALTAÏQUE adj. (pl. *ouralo-altaïques*). LING. Se dit d'un vaste ensemble qui réunirait les langues ouraliennes et altaïques.

OURAQUE n.m. ANAT. Cordon fibreux, reliquat embryonnaire de l'allantoïde, tendu de l'ombilic au sommet de la vessie.

OURDIR v.t. (lat. *ordiri*). **1.** Préparer la chaîne sur l'ourdissoir, pour la monter ensuite sur le métier à tisser. **2.** Fig., litt. Tramer, machiner. *Ourdir une conspiration.*

OURDISSAGE n.m. Action d'ourdir.

OURDISSEUR, EUSE n. Personne qui pratique l'ourdissage.

OURDISSOIR n.m. Machine servant à étaler en nappe et à tendre les fils de la chaîne.

OURDOU ou **URDU** n.m. Langue indo-aryenne parlée en Inde du Nord et au Pakistan où c'est la langue officielle. (Il s'agit en fait de la même langue que le hindi mais écrite en alphabet arabo-persan.) Graphie savante : *urdū.*

OURÉBI n.m. Afrique. Petite antilope de la savane, à la robe gris fauve.

OURLER v.t. (lat. pop. *orulare,* de *ora,* bord). Faire un ourlet à.

OURLET n.m. (dimin. de *orle*). Repli cousu au bord d'une étoffe. ◇ *Faux ourlet :* ourlet formé avec un morceau de tissu rajouté.

OURLIEN, ENNE adj. Relatif aux oreillons. ◇ *Orchite ourlienne,* consécutive aux oreillons.

OURS [urs] n.m. (lat. *ursus*). **I. 1.** Mammifère carnivore à la longue fourrure, à la queue courte, à la marche plantigrade. (Famille des ursidés.) *L'ours grogne, gronde,* pousse son cri. – *Ours blanc :* ours des régions arctiques, qui mène une vie aquatique et se nourrit surtout de poissons. (Son poids atteint 600 kg et sa hauteur, dressé, 2,70 m.) – *Ours brun :* ours qui vit en solitaire dans les forêts montagneuses d'Europe et d'Asie, et qui se nourrit notamment de fruits et de miel. – *Ours des cocotiers :* ours de Malaisie, excellent grimpeur. **2.** Fam. Personne qui fuit le monde. *Un vieil ours solitaire.* **3.** Jouet d'enfant en peluche ayant l'apparence d'un ourson. **4.** Encadré où doivent figurer, sur chaque exemplaire d'un journal, les noms de l'imprimeur, du directeur de la publication, des principaux rédacteurs, etc. **II.** Par anal. *Ours marin :* otarie d'une espèce particulière.

ours

OURSE n.f. (lat. *ursa*). Ours femelle.

OURSIN n.m. (autre forme du mot *hérisson*). Animal marin à test calcaire globuleux, couvert de piquants mobiles, et dont les glandes reproductrices sont comestibles. (Noms usuels :

châtaigne de mer, hérisson de mer ; embranchement des échinodermes.)

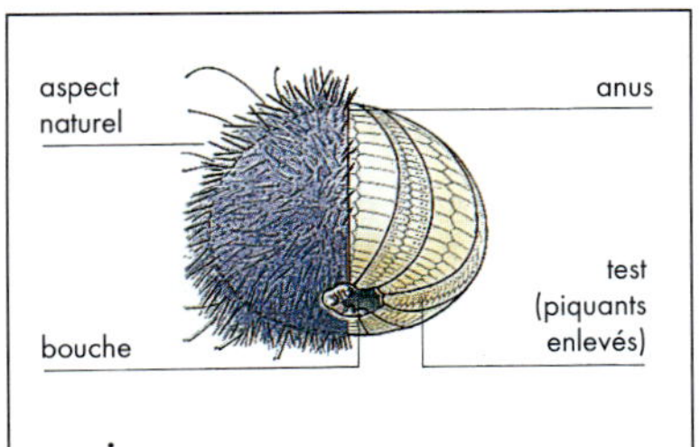

oursin

OURSON n.m. Petit d'un ours.

OUST ou **OUSTE** interj. (onomat.). Fam. (S'emploie pour chasser qqn ou pour l'obliger à se hâter). *Allez, ouste ! Filez ! Ouste là ! Pressez !*

OUT [awt] adv. (mot angl., *dehors*). **1.** Au tennis, se dit pour informer les joueurs que la balle a franchi les limites du jeu. **2.** En boxe, se dit pour signifier la mise définitive hors de combat. ◆ adj. inv. Fam. **1.** Qui est hors de combat, hors de compétition. **2.** Qui n'est plus dans le coup, qui est dépassé. *Du matériel out, bon pour la casse.*

OUTARDE n.f. (lat. *avis tarda,* oiseau lent). Oiseau échassier au corps lourd, recherché pour sa chair savoureuse. (La *grande outarde* [long. env. 1 m], qui passe en France en hiver, est devenue très rare ; on rencontre surtout la *petite outarde,* ou canepetière [long. env. 50 cm].)

OUTARDEAU n.m. Jeune outarde.

OUTIL [uti] n.m. (lat. *utensilia,* ustensiles). **1.** Objet fabriqué, utilisé manuellement ou sur une machine pour réaliser une opération déterminée. **2.** Élément d'une activité qui n'est qu'un moyen, un instrument. *Les statistiques sont un outil indispensable pour une bonne gestion.* **3.** Fam., vieilli. Personne maladroite, inefficace ou bizarre. *Vous êtes un drôle d'outil, vous !*

OUTILLAGE n.m. **1.** Ensemble des outils nécessaires à une profession ou à un travail. **2.** Service chargé des outils, dans une entreprise.

OUTILLÉ, E adj. Qui a les outils nécessaires à un travail.

OUTILLER v.t. Munir des outils, des instruments nécessaires pour faire qqch ; équiper en machines (un atelier, une usine).

OUTILLEUR n.m. Professionnel capable de confectionner à la main et sur machine, ainsi que de mettre au point des calibres, moules, outillages et montages de fabrication.

OUTLAW [awtlo] n.m. (mot angl.). Hors-la-loi, bandit, aventurier.

OUTPUT [awtput] n.m. (de l'angl. *to put out,* produire, mettre dehors). ÉCON. Résultat d'une production, par opp. à *input.*

OUTRAGE n.m. (de 2. *outre*). **1.** Grave offense, atteinte à l'honneur, à la dignité de qqn ; affront, injure. **2.** DR. Parole, geste, menace, etc., par lesquels un individu exprime sciemment son mépris à un dépositaire de l'autorité ou de la force publique, et qui constituent une infraction. *Outrage à agent.* **3.** Manquement, atteinte à une règle, un principe. ◇ DR. *Outrage aux bonnes mœurs :* délit consistant à porter atteinte à la moralité publique par écrits, dessins, photographies ou paroles. – *Outrage public à la pudeur :* délit consistant en un geste contraire à la décence, perçu ou susceptible d'être perçu par des tiers. **4.** Litt. *Faire subir les derniers outrages à une femme,* la violer.

OUTRAGEANT, E adj. Qui outrage ; insultant.

OUTRAGER v.t. [17]. Offenser vivement, insulter.

OUTRAGEUSEMENT adv. De façon excessive.

OUTRAGEUX, EUSE adj. Litt. Excessif. *Se vanter de manière outrageuse.*

OUTRANCE n.f. **1.** Caractère de ce qui est outré. **2.** Action ou parole qui passe les bornes, la mesure. *Les outrances de sa conduite ont choqué.*

OUTRANCIER, ÈRE adj. Qui pousse les choses à l'excès.

1. OUTRE n.f. (lat. *uter*). **1.** Peau de bouc cousue en forme de sac, pour conserver et transporter des liquides. **2.** Fam. *Être gonflé, plein comme une outre :* être gavé de nourriture ou avoir trop bu.

2. OUTRE prép. (lat. *ultra,* au-delà de). En plus de. *Apporter, outre les témoignages, des preuves écrites.* ◇ *Outre mesure :* à l'excès. ◆ adv. *En outre :* de plus. ◇ *Passer outre :* ne pas tenir compte de qqch, d'une interruption, d'un avis. ◆ loc. conj. *Outre que :* en plus du fait que...

OUTRÉ, E adj. **1.** Exagéré. *Parole outrée.* **2.** Indigné, scandalisé. *Je suis outré de tant d'impertinence.*

OUTRE-ATLANTIQUE adv. De l'autre côté de l'Atlantique ; en Amérique du Nord, et en particulier aux États-Unis.

OUTRECUIDANCE n.f. **1.** Litt. Confiance excessive en soi-même. **2.** Acte désinvolte, impudent.

OUTRECUIDANT, E adj. (de *outre,* et anc. fr. *cuider,* penser). Qui manifeste de l'outrecuidance, présomptueux.

OUTRE-MANCHE adv. Au-delà de la Manche, par rapport à la France ; en Grande-Bretagne.

OUTREMER n.m. Lapis-lazuli. ◆ adj. inv. et n.m. D'un bleu intense.

OUTRE-MER adv. Au-delà des mers par rapport à la France. *Aller s'établir outre-mer.*

OUTREPASSÉ, E adj. ARCHIT. *Arc outrepassé :* arc qui se prolonge par deux petits segments rentrants au-dessous de sa ligne de plus grande ouverture. SYN. : *arc en fer à cheval.*

OUTREPASSER v.t. Aller au-delà de ce qui est permis, de ce qui est légal. *Outrepasser ses pouvoirs.*

OUTRER v.t. (de *outre*). **1.** Porter les choses au-delà de la juste raison, leur donner une importance ou une expression exagérée, excessive. *Outrer la vérité.* **2.** Pousser à bout, provoquer l'indignation de. *Vos paroles l'ont outré.*

OUTRE-RHIN adv. Au-delà du Rhin ; en Allemagne.

OUTRE-TOMBE (D') loc. adj. inv. Au-delà de la tombe. *Mémoires d'outre-tombe.*

OUTRIGGER [awtrigœr] n.m. (angl. *out,* en dehors, et *to rig,* équiper). SPORTS, vieilli. **1.** Portant* de certaines embarcations destinées à la pratique sportive de l'aviron. **2.** Embarcation munie d'outriggers.

OUTSIDER [awtsajdœr] n.m. (mot angl., *celui qui est en dehors*). Concurrent dont les chances de remporter une compétition sont réduites, mais non négligeables (par opp. à *favori*).

OUVALA n.f. (mot serbe). GÉOMORPH. Dans les régions de relief karstique, vaste dépression résultant de la coalescence de plusieurs dolines.

1. OUVERT, E adj. **I. 1.** Qui laisse un passage, où l'on peut entrer. *Porte, fenêtre ouverte.* **2.** Qui est en communication avec l'extérieur ; accessible et, par ext., vulnérable. ◇ *Port ouvert,* où les navires étrangers pénètrent librement. – *Rade ouverte :* mouillage exposé au vent, à l'ennemi, etc. – *Ville ouverte :* ville qui n'est pas fortifiée ou que l'on renonce à défendre en temps de guerre. – *À bureau, à guichet ouvert,* sans autre formalité que la présentation des titres. – *Tenir table ouverte :* recevoir journellement à sa table des invités. – Suisse. *Vin ouvert :* vin vendu en carafe dans un café, un restaurant. **3.** PHON. **a.** Se dit d'une voyelle prononcée avec une ouverture plus ou moins grande du canal vocal, par opp. à *fermé. è ouvert* ([ɛ], par ex. dans *père*) et *é fermé.* **b.** *Syllabe ouverte,* terminée par une voyelle. **4.** SPORTS, JEUX. Dont le résultat est incertain, en raison de la valeur sensiblement égale des adversaires, des concurrents. *Compétition très ouverte.* **5.** CHORÉGR. Se dit du danseur, de la danseuse qui possède naturellement la position de l'en-dehors. **II. 1.** Qui se confie, franc. *Caractère ouvert.* **2.** Qui exprime la franchise. *Visage ouvert.* **3.** Intelligent, vif. *Esprit ouvert.* **4.** Déclaré, qui se manifeste publiquement. *Guerre ouverte.* **5.** Qui est accueillant, accessible. *Milieu ouvert. Être ouvert aux idées nouvelles.* **III.** MATH. **1.** *Ensemble ouvert* → ***ouvert*** (n.m.). **2.** *Intervalle ouvert (d'un ensemble ordonné) :* intervalle ne contenant pas ses extrémités. **IV.** DR. *Milieu ouvert :* régime pénitentiaire caractérisé par l'absence de précautions matérielles et physiques contre l'évasion, en fonction de la personnalité du délinquant.

2. OUVERT n.m. MATH. Élément de la topologie $\mathcal{T}$ défini sur un espace topologique (E, $\mathcal{T}$). SYN. : *ensemble ouvert.*

■ La notion d'ouvert est une notion de base de la topologie : une topologie est définie sur un ensemble E par la donnée d'une famille de sous-ensembles, les ouverts, vérifiant trois axiomes : une réunion quelconque d'ouverts est un ouvert, l'intersection de deux ouverts est un ouvert, l'ensemble vide et l'ensemble tout entier sont des ouverts.

OUVERTEMENT adv. De façon ouverte, manifeste. *Parler ouvertement.*

OUVERTURE n.f. **I. 1.** Action d'ouvrir ; état de ce qui est ouvert. *L'ouverture d'un coffre.* **2.** Fente, trou, espace vide dans un corps. *Faire une ouverture dans un mur.* **3. a.** Action d'inaugurer, de commencer. *Ouverture de la chasse.* ◇ MIL. *Ouverture du feu :* déclenchement du tir. **b.** Dans certains jeux, début d'une partie. **4.** MUS. Composition instrumentale au début d'un opéra, d'un oratorio, d'une grande œuvre, que l'on trouve, notamm. au XVIIIe s., sous la forme sonate. **5.** DR. Point de départ d'une situation juridique ou d'un droit. *Ouverture d'une succession :* moment où il devient possible de la recueillir. **6.** SPORTS. En rugby, à la sortie d'une mêlée, action d'adresser le ballon aux trois-quarts, généralement par l'intermédiaire du *demi d'ouverture.* **II. 1.** Fait d'être ouvert. *L'ouverture des magasins.* **2.** Écartement, espacement. *Ouverture de compas.* **3.** CHORÉGR. Écartement des pieds donné par l'en-dehors. **4.** TECHN. **a.** MIN. Dimension du chantier ou de la galerie creusés dans un gisement. **b.** OPT. Surface utile, exposée aux rayons lumineux d'un système optique. **c.** AUTOM. *Ouverture des roues avant :* divergence donnée aux roues avant motrices, dans les véhicules automobiles. **d.** PHOT. *Ouverture relative d'un objectif :* rapport du diamètre du diaphragme à la distance focale. **III. 1.** Fait d'être ouvert, réceptif. *Ouverture d'esprit.* **2.** Possibilité de communiquer avec l'extérieur. *Ouverture sur le monde.* **3.** Attitude politique visant à des rapprochements avec d'autres ; élargissement des alliances. *Pratiquer une politique d'ouverture.* ◆ pl. En politique, premières propositions, premières négociations. *Ouvertures de paix.*

OUVRABILITÉ n.f. CONSTR. Propriété d'un béton fraîchement gâché de se laisser aisément mettre en place dans les moules et coffrages.

OUVRABLE adj. (de *ouvrer*). **1.** Qui peut être travaillé, ouvré. *Matière ouvrable.* **2.** *Jour ouvrable,* consacré normalement au travail. (Tous les jours de la semaine sont des jours ouvrables sauf le jour de repos hebdomadaire [en principe le dimanche] et les jours fériés et chômés.)

OUVRAGE n.m. (de *œuvre*). **1.** Action de travailler ; travail, tâche. *Se mettre à l'ouvrage.* **2.** Objet produit par le travail, notamment celui d'un ouvrier, d'un artiste. *Un ouvrage de menuiserie, de sculpture.* ◇ *Ouvrage d'art :* construction de grande importance (pont, tunnel, etc.) entraînée par l'établissement d'une ligne de communication. – DR. *Ouvrage public :* bien immeuble relevant du domaine public, sur lequel sont souvent réalisés des travaux publics et utilisé à des besoins d'intérêt général. **3.** Travail d'aiguille ou de tricot. ◇ *Boîte à ouvrage,* dont la disposition intérieure en casiers permet de ranger tout ce qui est nécessaire à la couture. **4.** Texte scientifique ou littéraire ; livre. *Publier un ouvrage.* **5.** Partie d'un haut-fourneau au-dessus du creuset, dans laquelle débouchent les tuyères à vent. **6.** MIL. Élément autonome d'une fortification capable de résister même après encerclement. ◆ n.f. Fam. (souvent par plais.). *De la belle ouvrage :* du beau travail.

OUVRAGÉ, E adj. Finement travaillé, décoré.

OUVRAGER v.t. [17]. Travailler (qqch) avec une grande minutie.

OUVRAISON n.f. TEXT. Opération de filature permettant de séparer grossièrement les touffes de matières premières textiles.

1. OUVRANT, E adj. Conçu de manière à pouvoir être ouvert. *Toit ouvrant d'une automobile.*

2. OUVRANT n.m. Vantail (par opp. à *dormant*).

OUVRÉ, E adj. (lat. *operatus*). **1.** Façonné. *Fer ouvré.* **2.** Travaillé, décoré avec soin. *Lingerie ouvrée.* **3.** *Jour ouvré,* où l'on travaille.

OUVREAU n.m. Ouverture pratiquée dans les fours de verriers pour en contrôler la marche ou pour y cueillir le verre en fusion.

OUVRE-BOÎTE ou **OUVRE-BOÎTES** n.m. (pl. *ouvre-boîtes*). Instrument coupant, manuel ou électrique, pour ouvrir les boîtes de conserves.

OUVRE-BOUTEILLE ou **OUVRE-BOUTEILLES** n.m. (pl. *ouvre-bouteilles*). Ustensile servant à ouvrir les bouteilles ; décapsuleur.

OUVRE-HUÎTRE ou **OUVRE-HUÎTRES** n.m. (pl. *ouvre-huîtres*). Couteau à lame courte et forte permettant d'ouvrir les huîtres.

OUVRER v.t. (lat. *operare*). **1.** TECHN. Façonner, travailler, orner. *Ouvrer du bois, de la lingerie.* **2.** Procéder à l'ouvraison de matières textiles.

OUVREUR, EUSE n. **1.** Celui, celle qui ouvre, qui sait ouvrir. *Ouvreur d'huîtres.* **2.** Au bridge, joueur qui commence les enchères. **3.** Skieur qui ouvre la piste lors d'une compétition de ski. **4.** Personne chargée de placer les spectateurs dans un théâtre, un cinéma (surtout au féminin).

OUVREUSE n.f. TEXT. Machine servant à désagréger les fibres agglomérées de la laine, du coton ou de la soie.

OUVRIER, ÈRE n. (lat. *operarius*). **1.** Personne salariée ayant une fonction de production et qui se livre à un travail manuel pour le compte d'un employeur. ◇ *Ouvrier à façon,* à qui l'on fournit la matière à mettre en œuvre pour un prix forfaitaire. – *Ouvrier spécialisé (O. S.),* dont le travail ne demande aucun diplôme mais une simple mise au courant, par opposition à *l'ouvrier qualifié, hautement qualifié* ou *professionnel,* dont l'apprentissage a été sanctionné au minimum par un certificat d'aptitude professionnelle. **2.** Litt. Agent, artisan. *Être l'ouvrier de son destin.* ◆ adj. Qui concerne les ouvriers ; qui est composé, constitué d'ouvriers. *Cité ouvrière.*

OUVRIÈRE n.f. Chez les insectes sociaux (abeilles, fourmis, termites), individu stérile assurant la nutrition, la construction du nid, les soins aux larves, la défense de la colonie.

OUVRIÉRISME n.m. **1.** Tendance, au sein d'un groupe politique ou syndical, à donner la priorité aux revendications ouvrières. **2.** Idée selon laquelle la classe ouvrière serait, par sa morale et sa culture, supérieure aux autres classes.

OUVRIÉRISTE adj. et n. Qui relève de l'ouvriérisme ; qui fait preuve d'ouvriérisme.

OUVRIR v.t. (lat. *aperire*) [34]. **I. 1.** Dégager (ce qui est fermé), déplacer (ce qui empêche une communication avec l'extérieur) pour ménager un accès. *Ouvrir une armoire, un livre, une bouteille.* ◇ Absolt. Ouvrir la porte. *On sonne, va ouvrir.* **2.** Rendre possible l'accès à ; faire communiquer avec l'extérieur. *Ouvrir un port. Ouvrir ses frontières.* **3.** Faire fonctionner, mettre en marche ; allumer, brancher. *Ouvrir la radio.* **4.** *Ouvrir l'esprit de qqn,* le rendre plus capable de comprendre. ◇ *Ouvrir l'appétit :* donner de l'appétit. **5.** Pop. *L'ouvrir :* ouvrir la bouche, parler. **II. 1.** Percer, entamer (qqch de solide). *Ouvrir un pâté.* **2.** Commencer, inaugurer. *Ouvrir la chasse, le bal.* ◇ *Ouvrir la marque, le score :* marquer le premier but. – *Ouvrir une piste de ski,* y faire la première trace pour s'assurer de son état ou pour établir un temps de référence avant une compétition. **3.** Créer, fonder, faire fonctionner pour la première fois. *Ouvrir une école.* ◇ *Ouvrir un compte :* faire établir un compte bancaire à son nom et y verser des fonds. – *Ouvrir un emprunt :* émettre un emprunt dans le public, en parlant de l'État, d'une collectivité publique. ◆ v.i. **1.** Donner accès à un lieu. *Porte qui ouvre sur le jardin.* **2.** Ouvrir ses portes. *Le magasin ouvre demain.* **3.** JEUX. Commencer la partie, la mise, les enchères. **4.** SPORTS. Au rugby, pratiquer une ouverture. ◆ **s'ouvrir** v.pr. **1.** Présenter une ouverture, un passage. *Pays qui s'ouvre au commerce.* ◇ *Fleur qui s'ouvre,* qui s'épanouit. **2.** Se couper. *S'ouvrir la lèvre.* **3.** Commencer. *La fête s'ouvrit sur un discours.* **4.** *S'ouvrir à qqn,* se confier à lui.

OUVROIR n.m. **1.** Dans les communautés de femmes, lieu où les religieuses s'assemblent pour travailler. **2.** Vx. Lieu où des dames bénévoles faisaient des travaux de couture pour les pauvres d'une paroisse ou pour l'ornement d'une église.

OUZBEK ou **UZBEK** [uzbɛk] adj. et n. De l'Ouzbékistan. ◆ n.m. Langue turque parlée en Ouzbékistan.

OUZO n.m. Liqueur parfumée à l'anis, d'origine grecque.

OVAIRE n.m. (lat. *ovum,* œuf). **1.** Glande génitale femelle paire, où se forment les ovules et qui produit des hormones (œstrogènes, progestérone). **2.** BOT. Partie renflée et creuse du pistil, qui contient les ovules et formera le fruit après la fécondation.

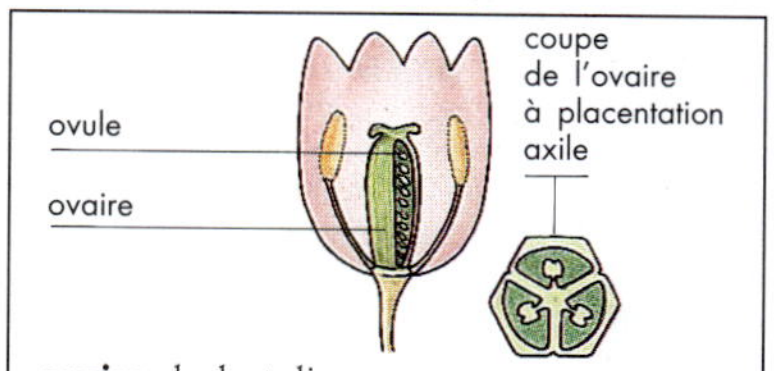

ovaire de la tulipe

OVALAIRE adj. Qui a une forme à peu près ovale.

OVALBUMINE n.f. BIOL. Albumine présente dans le blanc d'œuf.

1. OVALE adj. (lat. *ovum,* œuf). **1.** Qui a la forme d'un œuf. **2.** MATH. Se dit de toute courbe plane, fermée, convexe et allongée, ayant deux axes de symétrie comme l'ellipse. **3.** Se dit d'un solide de révolution ayant l'allure générale d'un ellipsoïde de révolution aplati. **4.** Se dit d'un domaine plan limité par une courbe ovale.

2. OVALE n.m. **1.** Figure, forme ovale. *L'ovale du visage.* **2.** MATH. Courbe ovale.

OVALISATION n.f. TECHN. Usure inégale des parois des cylindres d'un moteur, qui fait tendre ceux-ci vers une forme ovale.

OVALISER v.t. Rendre ovale.

OVARIECTOMIE n.f. CHIR. Ablation d'un ovaire.

OVARIEN, ENNE adj. Relatif à l'ovaire.

OVARITE n.f. Inflammation des ovaires.

OVATE n.m. (du lat. *vates,* devin). Chez les Gaulois, druide d'une classe intermédiaire de la hiérarchie.

OVATION n.f. (lat. *ovatio*). **1.** ANTIQ. ROM. Récompense accordée au général victorieux, inférieure au triomphe. **2.** Acclamations, honneurs rendus à qqn par une assemblée, par la foule.

OVATIONNER v.t. Saluer par une ovation, acclamer.

OVE n.m. (lat. *ovum,* œuf). Ornement architectural en relief, en forme d'œuf, employé en nombre le long d'une ligne.

OVÉ, E adj. Qui a la forme d'un œuf. *Fruit ové.*

OVERDOSE [ɔvərdoz] n.f. (mot angl.). **1.** Surdose. **2.** Fig., fam. Dose excessive. *Overdose de musique.*

OVERDRIVE [ɔvərdrajv] n.m. (mot angl.). AUTOM. Dispositif à train d'engrenages dont le rapport de multiplication se combine à un ou plusieurs rapports de la boîte de vitesses principale.

OVIBOS [ɔvibɔs] n.m. (lat. *ovis,* brebis, et *bos,* bœuf). Mammifère ruminant des régions boréales, paraissant tenir à la fois du bœuf et du mouton, et qu'on appelle aussi *bœuf musqué.*

OVIDÉ n.m. Vx. *Ovidés :* ancienne famille de ruminants cavicornes comprenant les moutons et les mouflons, ramenée aujourd'hui au rang de sous-famille sous le nom d'*ovinés.*

OVIDUCTE n.m. (lat. *ovum,* œuf, et *ductus,* conduit). Conduit par lequel les œufs passent de l'ovaire hors du corps, chez les animaux.

1. OVIN, E adj. (lat. *ovis,* brebis). Qui concerne les brebis, les moutons.

2. OVIN n.m. Individu de l'espèce ovine.

OVINÉ n.m. *Ovinés :* sous-famille de bovidés de petite taille, tels que le mouton, le mouflon (anc. famille des ovidés), la chèvre, le bouquetin.

OVIPARE adj. et n. (lat. *ovum,* œuf, et *parere,* engendrer). Qui se reproduit par des œufs pondus avant ou après fécondation, mais avant éclosion.

OVIPARITÉ n.f. Mode de reproduction des animaux ovipares.

OVIPOSITEUR ou **OVISCAPTE** n.m. ZOOL. Tarière.

OVNI n.m. (sigle de *objet volant non identifié*). Objet (« soucoupe volante », etc.) ou phénomène fugitif observé dans l'atmosphère et dont la nature n'est pas identifiée par les témoins.

OVOCYTE ou **OOCYTE** n.m. BIOL. Cellule de la lignée germinale femelle des animaux, n'ayant pas encore subi les deux phases de la méiose.

OVOGENÈSE ou **OVOGÉNIE** n.f. BIOL. Formation des gamètes femelles chez les animaux.

OVOGONIE n.f. BIOL. Cellule de la lignée germinale femelle des animaux, dont l'accroissement donne les ovocytes.

OVOÏDE ou **OVOÏDAL, E, AUX** adj. Dont la forme ressemble à celle d'un œuf.

OVOTIDE n.m. BIOL. Gamète femelle.

OVOVIVIPARE adj. et n. Se dit d'un animal qui se reproduit par œufs, mais qui les conserve dans ses voies génitales jusqu'à l'éclosion des jeunes, l'embryon se développant uniquement à partir des réserves accumulées dans l'œuf. SYN. : *vivipare incubant.*

OVOVIVIPARITÉ n.f. Mode de reproduction des animaux ovovivipares.

OVULAIRE adj. Qui concerne l'ovule.

OVULATION n.f. BIOL. Production et rejet des ovules par l'ovaire chez la femme et les animaux femelles. SYN. : *ponte ovulaire.*

OVULATOIRE adj. Relatif à l'ovulation.

OVULE n.m. (lat. *ovum,* œuf). **1.** BIOL. Cellule femelle destinée à être fécondée. **2.** BOT. Petit organe contenu dans l'ovaire, qui renferme la cellule femelle, ou oosphère, et qui fournira la graine après la fécondation par le pollen. **3.** Petit solide ovoïde contenant une matière médicamenteuse, destiné à être placé dans le vagin.

OVULER v.i. Avoir une ovulation.

OXACIDE n.m. CHIM. Acide contenant de l'oxygène.

OXALATE n.m. Sel ou ester de l'acide oxalique.

OXALIDE n.f. ou **OXALIS** [ɔksalis] n.m. (lat. *oxalis,* oseille). Herbe riche en acide oxalique, dont la multiplication par bulbes et tubercules est fréquente, et parfois cultivée pour ses fleurs ornementales.

OXALIQUE adj. *Acide oxalique :* acide organique de formule COOH—COOH, qui donne à l'oseille son goût particulier.

OXER [ɔksɛr] n.m. ÉQUIT. Obstacle de concours composé de deux plans verticaux de barres parallèles, séparés par une distance variable.

OXFORD [ɔksfɔr] ou [ɔksfɔrd] n.m. (du n. de la ville angl.). Toile de coton rayée ou quadrillée, très solide, à grain accentué.

OXHYDRIQUE adj. Relatif à un mélange d'hydrogène et d'oxygène, au chalumeau produisant la combustion de ce mélange.

OXHYDRYLE n.m. CHIM. Hydroxyle.

OXIME n.f. CHIM. Composé contenant le groupement =N—OH et formé par élimination d'eau entre l'hydroxylamine et un aldéhyde ou une cétone (nom générique).

OXO adj. inv. CHIM. Se dit d'une réaction, d'un procédé de synthèse qui, à partir d'oléfines et d'un mélange d'oxyde de carbone et d'hydrogène, permet d'obtenir des composés aliphatiques oxygénés.

OXONIUM n.m. Ion univalent H_3O^+.

OXYACÉTYLÉNIQUE adj. Relatif à un mélange d'oxygène et d'acétylène, au chalumeau produisant la combustion de ce mélange, au soudage utilisant ce chalumeau.

OXYCARBONÉ, E adj. Combiné à l'oxyde de carbone. *Hémoglobine oxycarbonée.*

OXYCHLORURE n.m. Combinaison d'un corps avec l'oxygène et le chlore.

OXYCOUPAGE n.m. Procédé de coupage thermique.

OXYCRAT n.m. ANTIQ. GR. Boisson rafraîchissante composée d'eau et de vinaigre.

OXYDABLE adj. Qui peut être oxydé.

OXYDANT, E adj. et n.m. Se dit d'un corps qui a la propriété d'oxyder.

OXYDASE n.f. Enzyme qui active l'oxygène et le fixe à l'hydrogène ou à d'autres corps.

OXYDATION n.f. Combinaison avec l'oxygène et, plus généralement, réaction dans laquelle un atome ou un ion perd des électrons ; état de ce qui est oxydé. ◇ *Oxydation anodique :* procédé de revêtement électrolytique de pièces métalliques par formation de couches protectrices du métal de base.

OXYDE n.m. (gr. *oxus,* acide). CHIM. Corps résultant de la combinaison de l'oxygène avec un autre élément. *Oxyde de carbone (CO).*

OXYDER v.t. **1.** Faire passer à l'état d'oxyde. **2.** Combiner avec l'oxygène. **3.** Faire perdre des électrons à un atome, à un ion. ◆ **s'oxyder** v.pr. Passer à l'état d'oxyde.

OXYDORÉDUCTASE n.f. Enzyme qui catalyse les réactions d'oxydoréduction.

OXYDORÉDUCTION n.f. CHIM. Action d'un corps oxydant sur un corps réducteur, avec à la fois oxydation du réducteur et réduction de l'oxydant. (Les phénomènes d'oxydoréduction, qui permettent la respiration cellulaire des organismes vivants, sont assurés par des enzymes.)

OXYGÉNATION n.f. Action d'oxygéner.

OXYGÈNE n.m. (gr. *oxus,* acide, et *gennan,* engendrer). **1.** Gaz incolore, inodore et sans saveur qui forme la partie de l'air nécessaire à la respiration ; élément (O) de numéro atomique 8, de masse atomique 16. **2.** Air pur. *Respirer l'oxygène à la campagne.* **3.** Fig. Ce qui permet de progresser, ce qui redonne du dynamisme, un souffle nouveau. ◇ *Donner de l'oxygène à :* insuffler un dynamisme nouveau, stimuler.

■ L'oxygène est un gaz de densité 1,105 ; il se liquéfie à – 183 °C sous la pression atmosphérique. Il se combine à la plupart des corps simples, en particulier avec l'hydrogène, pour donner de l'eau. Élément le plus répandu dans la nature, il forme le cinquième de l'air en volume et se trouve dans la plupart des roches sous forme d'oxyde. Il est employé dans l'industrie pour de nombreuses préparations (acide sulfurique) ou comme comburant (chalumeau oxhydrique, convertissage des aciers).

OXYGÉNÉ, E adj. **1.** Qui contient de l'oxygène. ◇ *Eau oxygénée :* solution aqueuse de dioxyde d'hydrogène H_2O_2. **2.** *Cheveux oxygénés,* décolorés avec de l'eau oxygénée.

OXYGÉNER v.t. [18]. Opérer la combinaison d'un corps avec l'oxygène. ◆ **s'oxygéner** v.pr. Fam. Respirer l'air pur. *Aller s'oxygéner à la campagne.*

OXYGÉNOTHÉRAPIE n.f. Traitement par les inhalations d'oxygène, souvent associé à la respiration artificielle.

OXYHÉMOGLOBINE n.f. Combinaison instable d'hémoglobine et d'oxygène, qui donne sa couleur rouge vif au sang artériel.

OXYLITHE n.f. CHIM. Dioxyde de sodium qui, en présence d'eau, dégage de l'oxygène.

OXYMEL n.m. Vx. Médicament à base de miel soluble dans le vinaigre.

OXYMORE ou **OXYMORON** n.m. RHÉT. Figure de style qui réunit deux mots en apparence contradictoires. (Ex. : *un silence éloquent.*) SYN. : *alliance de mots.*

OXYSULFURE n.m. Composé d'oxygène et de soufre.

OXYTON adj. et n.m. (gr. *oxus,* aigu, et *tonos,* ton). PHON. Se dit d'un mot ayant l'accent tonique sur sa syllabe finale.

OXYURE [ɔksjyr] n.m. (gr. *oxus,* aigu, et *ouron,* queue). Ver nématode, long de 0,5 à 1 cm, parasite de l'intestin de l'homme (surtout de l'enfant), qui provoque des démangeaisons anales pénibles et dont on se débarrasse par des vermifuges.

OXYUROSE n.f. Parasitose due aux oxyures.

OYAT n.m. Plante utilisée pour la fixation du sable des dunes. (Famille des graminées.) SYN. : *gourbet.*

oyat

oz, symbole de l'once anglo-saxonne.

OZALID n.m. (nom déposé). IMPR. Épreuve en positif tirée sur papier sensibilisé à l'aide de composés diazoïques.

OZÈNE n.m. (gr. *ozaina,* puanteur). MÉD. Rhinite chronique accompagnée de croûtes fétides.

OZOCÉRITE ou **OZOKÉRITE** n.f. (gr. *ozein,* exhaler une odeur, et *kêros,* cire). CHIM. Hydrocarbure naturel semblable à la cire d'abeille. SYN. : *paraffine naturelle.*

OZONATEUR n.m. → ***ozoniseur.***

OZONE n.m. (gr. *ozein,* exhaler une odeur). Corps simple gazeux, à l'odeur forte, au pouvoir très oxydant, dont la molécule (O_3) est formée de trois atomes d'oxygène. ◇ *Trou d'ozone :* zone de l'atmosphère terrestre où l'on observe chaque année une diminution temporaire de la concentration en ozone.

■ Plus instable que l'oxygène à basse température, l'ozone peut être obtenu à partir de l'oxygène vers 1 500 °C. Il est aussi produit par les étincelles électriques et, dans la haute atmosphère, où il joue le rôle d'écran vis-à-vis du rayonnement ultraviolet, par réaction photochimique. On l'emploie à la stérilisation des eaux, au blanchiment des textiles et à la synthèse de certaines essences végétales.

OZONÉ, E adj. Qui renferme de l'ozone, qui a été traité par l'ozone.

OZONEUR n.m. → ***ozoniseur.***

OZONIDE n.m. Combinaison de l'ozone avec un alcène.

OZONISATION ou **OZONATION** n.f. Action d'ozoniser.

OZONISER ou **OZONER** v.t. **1.** CHIM. Transformer en ozone (l'oxygène). **2.** Faire agir de l'ozone sur un corps pour le stériliser ou le transformer.

OZONISEUR, OZONEUR ou **OZONATEUR** n.m. Appareil à préparer l'oxygène ou l'air ozonisés.

OZONOSPHÈRE n.f. Couche de l'atmosphère terrestre, située entre 15 et 40 km d'altitude, qui contient la quasi-totalité de l'ozone atmosphérique.

P

P n.m. inv. Seizième lettre de l'alphabet, et la douzième des consonnes. **1. p.**, abrév. de *pour* (dans p. cent) et de *page.* **2. p.**, symbole de pico. **3.** MUS. p., abrév. de *piano.* **4.** MÉTROL. P, symbole de peta-. **5.** P, symbole chimique du phosphore. **6.** P., symbole du poise. **7.** RELIG. P., abrév. de *père.*
■ PHON. Seule, la lettre *p* note la consonne occlusive bilabiale sourde [p]. Suivie de *h,* elle note un [f] *(éléphant, pharmacien).* Elle est parfois muette à la finale *(coup, loup)* et à l'intérieur des mots (*compte* et ses composés, etc.). Elle se fait entendre en liaison à la finale des adverbes *trop* et *beaucoup : trop élevé* [tropelve], *beaucoup entendu* [bokupɑ̃tɑ̃dy].

Pa, 1. Symbole du pascal. ◇ Pa.s, symbole du pascal-seconde. **2.** Symbole chimique du protactinium.

PACAGE [pakaʒ] n.m. (lat. *pascuum,* pâturage). **1.** Lieu où l'on mène paître le bétail. ◇ Spécialt. Parcours. **2.** Action de faire paître le bétail. *Droit de pacage.*

PACAGER v.t. [17]. Faire paître, faire pâturer (le bétail). ◆ v.i. Paître.

PACANE n.f. (mot algonquin). Noix ovale, à coque mince, fruit du pacanier. (On dit aussi *noix de pacane.*)

PACANIER n.m. Grand arbre des lieux frais et humides du sud-est des États-Unis, appelé aussi *noyer d'Amérique.*

PACEMAKER [pesmekər] n.m. (mot angl., *régulateur du pas, de l'allure*). Stimulateur cardiaque.

PACFUNG ou **PACKFUNG** [pakfɔ̃] n.m. (du chinois). Alliage de cuivre, de nickel et de zinc qui présente l'aspect de l'argent.

PACHA n.m. (mot turc). **1.** Titre honorifique attaché à de hautes fonctions, et notamm. à celles de gouverneur de province, dans l'Empire ottoman. ◇ Fam. *Une vie de pacha :* une vie sans souci, dans l'abondance. **2.** MAR. Arg. *Le pacha :* le commandant.

PACHALIK n.m. (mot turc). Territoire soumis au gouvernement d'un pacha.

PACHTO [paʃto] ou **PACHTOU** [paʃtu] n.m. Langue indo-européenne du groupe iranien parlée en Afghanistan où elle est langue officielle. (Elle s'écrit avec l'alphabet arabe.) SYN. : ***afghan.***

PACHYDERME [-ʃi-] n.m. (gr. *pakhus,* épais, et *derma,* peau). *Pachydermes :* ancien ordre de mammifères (éléphant, hippopotame, rhinocéros) aujourd'hui classés parmi les ongulés.

PACHYDERMIE n.f. MÉD. Épaississement de la peau.

PACIFICATEUR, TRICE adj. et n. Qui apaise les troubles ou rétablit la paix.

PACIFICATION n.f. Action de pacifier.

PACIFIER v.t. (lat. *pax, pacis,* paix, et *facere,* faire). **1.** Rétablir le calme, la paix dans une région, un pays en état de guerre. **2.** Litt. Apaiser le trouble dans un esprit, une conscience.

1. PACIFIQUE adj. **1.** Qui aspire à la paix ; qui s'efforce de l'établir. *Homme, souverain pacifique.* **2.** Qui se passe dans la paix ; qui tend à la paix. *Action pacifique.*

2. PACIFIQUE adj. Qui concerne l'océan Pacifique.

PACIFIQUEMENT adv. De façon pacifique.

PACIFISME n.m. Courant de pensée préconisant la recherche de la paix internationale par la négociation, le désarmement, la non-violence.

PACIFISTE adj. et n. Qui appartient au pacifisme ; partisan du pacifisme.

PACK [pak] n.m. (mot angl., *paquet*). **1.** Emballage qui réunit plusieurs bouteilles, flacons ou pots pour en faciliter le stockage et le transport. **2.** SPORTS. Ensemble des avants d'une équipe de rugby. **3.** Dans les régions polaires, ensemble des glaces flottantes arrachées à la banquise par les courants marins et les vents.

PACKAGE [pakɛdʒ] n.m. (mot angl.). Ensemble de marchandises ou de services proposés groupés à la clientèle et qu'il n'est pas possible de dissocier. Recomm. off. : *achat groupé, forfait.*

PACKAGER ou **PACKAGEUR** [pakedʒœr] ou [pakadʒœr] n.m. Sous-traitant qui se charge de la réalisation partielle ou totale d'un livre pour le compte d'un éditeur.

PACKAGING [pakedʒiŋ] ou [pakadʒiŋ] n.m. (mot angl., *emballage*). **1.** Technique de l'emballage et du conditionnement des produits, du point de vue de la publicité. **2.** L'emballage lui-même. Recomm. off. : *conditionnement.* **3.** Activité du packager.

PACKFUNG n.m. → ***pacfung.***

PACOTILLE n.f. (esp. *pacotilla*). **1.** Marchandise de peu de valeur. ◇ *De pacotille :* de qualité médiocre ; sans grande valeur. **2.** Anc. Petit lot de marchandises qu'un officier, un matelot ou un passager d'un navire avait le droit d'embarquer pour commercer pour son propre compte.

PACQUAGE n.m. Action de pacquer.

PACQUER v.t. (moyen fr. *pakke,* ballot). Mettre en baril (le poisson salé).

PACSON, PAQSON ou **PAXON** n.m. Arg. Paquet.

PACTE n.m. Accord, convention solennelle entre États ou entre particuliers.

PACTISER v.i. **1.** Conclure un pacte. *Pactiser avec l'ennemi.* **2.** Transiger. *Pactiser avec le crime.*

PACTOLE n.m. (n. d'une rivière de Lydie, qui charriait de l'or). Litt. Source de richesse.

PADAN, E adj. (lat. *padanus*). Relatif au Pô, à la plaine du Pô.

PADDOCK [padɔk] n.m. (mot angl., *enclos*). **I. 1.** Enclos dans une prairie, pour les juments poulinières et leurs poulains. **2.** Piste circulaire où les chevaux sont promenés en main, avant une course. **II.** Pop. Lit.

PADDY n.m. (mot angl. ; du malais). Riz non décortiqué. – (En app.). *Riz paddy.*

PADINE n.f. Algue brune dont les frondes s'étalent en éventail.

PADISCHAH, PADICHA ou **PADICHAH** n.m. (mot persan). Souverain de l'Empire ottoman ; sultan.

PADOU ou **PADOUE** n.m. (de *Padoue,* n.pr.). Ruban de fil et de soie.

PÆAN n.m. → ***péan.***

PAELLA [paelja] ou [paɛla] n.f. (mot esp.). Plat espagnol à base de riz au safran, doré à l'huile et cuit au bouillon, garni de viande, de poissons, de crustacés, etc.

1. PAF interj. (Exprimant le bruit d'un coup, d'une rupture brusque, d'une chute, etc.). *Et paf !*

2. PAF adj. inv. (onomat.). Pop. Ivre.

3. PAF n.m. inv. (sigle de *paysage audiovisuel français*). Ensemble des chaînes de télévision et de radiodiffusion autorisées à émettre sur le territoire national, en tant qu'elles composent une totalité douée de caractéristiques particulières et comparée à un « paysage ».

PAGAIE [pagɛ] n.f. Rame courte, à pelle large, qui se manie sans être appuyée à un point fixe.

PAGAILLE, PAGAYE ou **PAGAÏE** [pagaj] n.f. Fam. Désordre, confusion. *C'est la pagaille dans cette maison.* ◇ *En pagaille :* en grande quantité.

PAGANISER v.t. Rendre païen.

PAGANISME n.m. (du lat. *paganus,* paysan, parce que les campagnards de l'Empire romain restèrent fidèles au polythéisme longtemps après que le christianisme se fut établi dans les villes). Religion des païens, culte polythéiste, pour les chrétiens, à partir du IVe siècle.

PAGAYE n.f. → ***pagaille.***

PAGAYER [pageje] v.i. [11]. Manier une pagaie, diriger une embarcation à l'aide d'une pagaie.

PAGAYEUR, EUSE n. Personne qui pagaie.

1. PAGE n.f. (lat. *pagina*). **1.** Chacun des deux côtés d'une feuille ou d'un feuillet de papier. *Une page blanche.* – IMPR. *Belle page :* page de droite d'un livre. – *Fausse page :* page de gauche. ◇ Fam. *Être à la page,* au fait de l'actualité ; au goût du jour. **2.** Feuille ou feuillet. *Déchirer une page.* **3.** Ce qui est écrit, imprimé sur la page. **4.** Passage d'une œuvre littéraire ou musicale. *Les plus belles pages de Racine, de Mozart.*

2. PAGE n.m. (gr. *paidion,* petit garçon). Anc. Jeune noble placé au service d'un seigneur.

PAGE-ÉCRAN n.f. (pl. *pages-écrans*). INFORM. Quantité, ensemble d'informations affichées ou susceptibles d'être affichées par un écran de visualisation.

PAGEL n.m. ou **PAGELLE** n.f. Poisson marin de couleur gris-rose argenté, dont une espèce est pêchée sur les côtes d'Espagne et commercialisée sous le nom de *daurade.*

PAGEOT, PAJOT ou **PAGE** n.m. Pop. Lit.

PAGET (MALADIE CUTANÉO-MUQUEUSE DE) : affection cancéreuse siégeant habituellement autour du mamelon d'un sein, parfois au niveau de la vulve.

PAGET (MALADIE OSSEUSE DE) : affection rhumatologique caractérisée par un remaniement anarchique du tissu osseux, touchant principalement le crâne, le rachis, le bassin et se manifestant par des douleurs osseuses et parfois par une surdité.

PAGINATION n.f. Numérotation des pages d'un livre, des feuillets d'un manuscrit.

PAGINER v.t. Folioter.

PAGNE n.m. (esp. *paño*). Morceau d'étoffe ou de matière végétale tressée, drapé autour de la taille et qui couvre le corps des hanches aux genoux.

PAGNON n.m. Anc. Drap noir de Sedan d'une texture très fine.

PAGNOT n.m. Pop. et vx. Lit.

PAGNOTER (SE) v.pr. Pop. Se mettre au lit.

PAGODE n.f. (mot port. ; du sanskr. *bhagavat,* « saint, divin », par le tamoul). **1.** Édifice religieux bouddhique, en Extrême-Orient. ◇ Spécialt. Pavillon à toitures étagées de la Chine et du Japon. **2.** (En app.). *Manche pagode,* qui va s'évasant vers le poignet. **3.** NUMISM. Monnaie d'or de l'Inde, frappée du XVIIᵉ au XIXᵉ s.

PAGODON n.m. Petite pagode.

PAGRE n.m. Poisson de mer voisin de la daurade, à chair estimée. (Long. 50 cm.)

PAGURE n.m. (gr. *pagauros,* qui a la queue en forme de corne). Crustacé décapode couramment appelé *bernard-l'ermite,* très commun sur les côtes de l'Europe occidentale, et qui protège son abdomen mou dans la coquille vide d'un gastropode. (Plus de 1 000 espèces.)

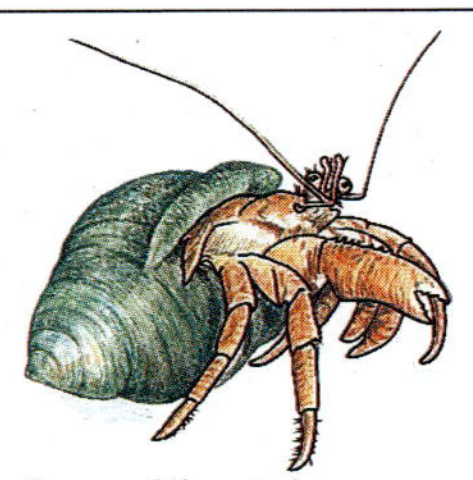

pagure (bernard-l'ermite)

PAGUS [pagys] n.m. (mot lat.). Circonscription territoriale rurale, en Gaule romaine, puis sous les Carolingiens. Pluriel savant : *pagi.*

PAHLAVI ou **PEHLVI** n.m. Langue iranienne qui fut l'organe de la civilisation sassanide et de la littérature mazdéenne.

PAIE [pɛ] ou **PAYE** [pɛj] n.f. **1.** Paiement des salaires ou des soldes. *Jour de paie.* ◇ Pop. *Ça fait une paie :* ça fait longtemps. **2.** Salaire ou solde. *Toucher sa paie.* ◇ *Bulletin, feuille* ou *fiche de paie :* pièce justificative récapitulant notamment les éléments de calcul (nombre d'heures, retenues sociales, etc.) d'un salaire, d'un traitement.

PAIEMENT ou **PAYEMENT** [pɛmɑ̃] n.m. Action de payer une somme d'argent en exécution d'une obligation ; somme payée. *Paiement en espèces, par chèque. Recevoir un paiement.*

PAÏEN, ENNE adj. et n. (lat. *paganus,* paysan). **1.** Adepte des cultes polythéistes de l'Antiquité, et, particulièrement, du polythéisme gréco-latin (par opp. à *chrétien*). **2.** Adepte d'une religion polythéiste ou fétichiste. **3.** Litt. Impie, mécréant.

PAIERIE [pɛri] n.f. Bureau d'un trésorier-payeur.

PAILLAGE n.m. Action de pailler.

PAILLARD, E adj. et n. (de *paille*). Qui est porté à la licence sexuelle ; libertin. ◆ adj. Grivois, égrillard, en parlant de paroles, de textes.

PAILLARDISE n.f. **1.** Comportement d'une personne paillarde. **2.** Action, parole paillarde.

1. PAILLASSE n.f. (de *paille*). **1.** Grand sac rembourré de paille (ou de balle d'avoine, de feuilles, etc.) et servant de matelas. **2.** Plan de travail d'un évier, à côté de la cuve. **3.** Plan de travail carrelé, à hauteur d'appui, dans un laboratoire de chimie, de pharmacie, etc.

2. PAILLASSE n.m. (de *Paillasse,* personnage de théâtre it.). Anc. Bateleur, pitre de théâtre forain ou de cirque ; clown.

PAILLASSON n.m. **1. a.** Petite natte épaisse, en fibres dures pour essuyer les semelles des chaussures au seuil d'une habitation ; tapis-brosse. **b.** Fig., fam. Personne plate et servile. **2.** HORTIC. Claie de paille dont on couvre les couches et les espaliers pour les garantir de la gelée. **3.** TECHN. Paille tressée utilisée en chapellerie.

PAILLASSONNAGE n.m. HORTIC. Action de paillassonner.

PAILLASSONNER v.t. HORTIC. Couvrir de paillassons.

PAILLE n.f. (lat. *palea,* balle de blé). **1.** Tige de graminée, et en particulier de céréale, coupée et dépouillée de son grain. – *Tirer à la courte paille :* tirer au sort en faisant choisir au hasard des brins de paille de longueur inégale. ◇ Pop. (et souvent iron.). *Une paille :* presque rien. **2.** Matière que forment ensemble ces tiges. – *Vin de paille :* vin blanc liquoreux, obtenu avec des raisins qu'on laisse sécher sur la paille. – *Papier paille :* papier d'emballage à base de paille. ◇ *Être sur la paille,* dans la misère. – *Homme de paille :* prête-nom dans une affaire malhonnête. **3.** Petit tuyau utilisé pour boire un liquide en l'aspirant. SYN. : *chalumeau.* **4.** TECHN. Défaut interne dans les produits forgés ou laminés, constitué par une cavité allongée et de faible épaisseur. **5.** *Paille de fer :* tampon formé de longs copeaux métalliques, utilisé pour gratter, pour décaper (les parquets, notamm.). ◆ adj. inv. De la couleur jaune pâle de la paille. *Un chemisier paille.*

PAILLÉ, E adj. **1.** Qui a la couleur de la paille. **2.** TECHN. Qui présente une, des pailles. *Fonte paillée.*

PAILLE-EN-QUEUE n.m. (pl. *pailles-en-queue*). Phaéton, oiseau dont la queue présente deux longues plumes rectrices médianes.

1. PAILLER n.m. (lat. *palearium,* grenier à paille). **1.** Lieu (hangar, grenier) où l'on entrepose la paille. **2.** Meule de paille.

2. PAILLER v.t. Couvrir, garnir de paille.

PAILLET n.m. MAR. Natte de cordage tressé destinée à protéger un objet du frottement.

PAILLETAGE n.m. Action de pailleter.

PAILLETÉ, E adj. Couvert de paillettes.

PAILLETER v.t. [27]. Orner, semer de paillettes.

PAILLETEUR n.m. Orpailleur.

PAILLETTE n.f. **1.** Parcelle d'or que l'on trouve dans les sables aurifères. **2.** Petite lamelle d'une matière plus ou moins brillante et rigide. *Paillette de mica. Savon en paillettes pour laver les lainages.* ◇ Petite lamelle d'une matière brillante utilisée pour orner certaines étoffes, certains vêtements. *Costume à paillettes du clown blanc.* **3.** Petite paille dans une pièce métallique, une pierre précieuse.

PAILLEUX, EUSE adj. **1.** TECHN. Paillé. *Acier pailleux.* **2.** AGRIC. *Fumier pailleux,* dont la paille est peu décomposée.

PAILLIS [paji] n.m. Couche de paille destinée à maintenir la fraîcheur du sol, à préserver certains fruits (fraises, melons) du contact de la terre.

PAILLON n.m. **1.** Petite lamelle de métal. ◇ Lamelle, plaque de métal brillante servant de fond en émaillerie, en bijouterie. **2.** Manchon de paille destiné à protéger une bouteille.

PAILLOT [pajo] n.m. Vieilli. Petite paillasse servant d'alaise dans un lit d'enfant.

PAILLOTE n.f. Hutte à toit de paille, dans les pays chauds.

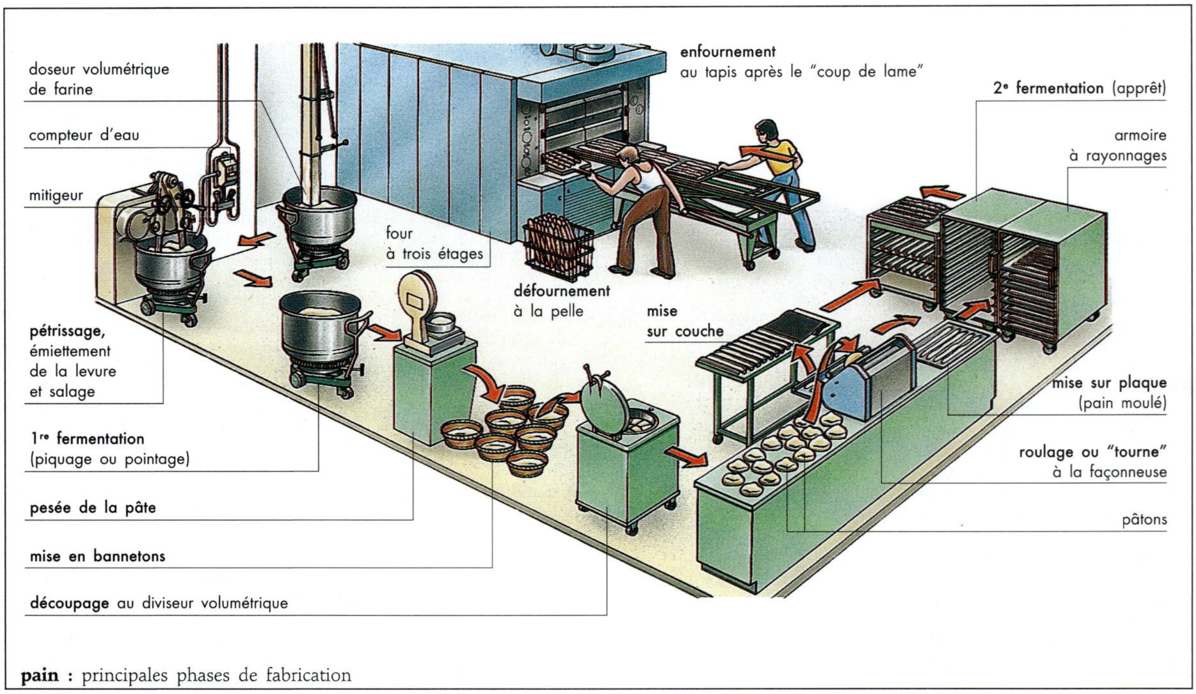

pain : principales phases de fabrication

PAIN [pɛ̃] n.m. (lat. *panis*). **1.** Aliment fait d'une pâte composée essentiellement de farine, d'eau, de sel et de levure (ou de levain), pétrie et fermentée puis cuite au four. *Du pain, le pain.* – *Pain de campagne,* à croûte épaisse, fait à partir de levain et de farine de blé obtenue par mouture à la meule, dont la pâte était pétrie à la main (auj., plus souvent, pain de farine bise, à croûte farinée, imitant le pain de campagne à l'ancienne). – *Pain complet,* où entrent de la farine brute et du petit son. – *Pain de fantaisie,* vendu à la pièce (par opp. au *gros pain,* vendu au poids). – *Pain de mie,* fait de farine de gruau et cuit dans des moules. – *Pain moulé,* préparé et cuit en plaçant les pâtons dans un moule. – *Pain noir,* à la farine de sarrasin et de seigle. – *Pain parisien,* dont le mode de préparation et de cuisson permet d'obtenir une croûte dorée et croustillante, une mie présentant des trous nombreux et volumineux, et vendu à la pièce (v. ci-après, 2.) – *Pain viennois :* pain à la farine de gruau dont la pâte contient un peu de lait. – *Pain perdu :* entremets fait de pain rassis trempé dans du lait, sucré et frit. ◇ (Le *pain,* symbole de la nourriture). *Gagner durement son pain.* – *Enlever, ôter à qqn le pain de la bouche,* lui retirer une partie ou la totalité de ses moyens de subsistance (notamm. en le privant de la possibilité de travailler, par la concurrence, etc.). ◇ *Avoir du pain sur la planche :* avoir beaucoup de travail à faire. – Fam. *Faire passer le goût du pain à qqn,* le tuer (aussi : lui infliger une correction). – *Manger son pain blanc (le premier) :* jouir de circonstances favorables qui ne dureront pas. – *Je (il,* etc.) *ne mange pas de ce pain-là :* je (il) n'use pas de ces procédés (douteux, malhonnêtes, etc.). **2.** Masse façonnée de cet aliment. *Un pain.* – *Pain rond,* en forme de demi-boule, par opp. au *pain long,* en forme de long cylindre aplati. *Le pain de fantaisie* (700 g), *le pain parisien* (400 ou 500 g), *le bâtard et la baguette* (300 g), *le petit pain* (50 g) *sont des pains longs.* ◇ **Belgique.** *Pain français :* tout pain de forme allongée. **3.** (Avec un compl. ou un adj., désignant certaines pâtisseries). *Pain d'épice* (ou : *d'épices*) *:* gâteau de farine de seigle au sucre, au miel et aux aromates (anis, girofle, cannelle, etc.). – *Pain de Gênes,* fait d'une pâte à biscuit à laquelle sont incorporées des amandes pilées. ◇ **Belgique.** *Pain à la grecque :* biscuit croquant recouvert de sucre cristallisé. **4.** CUIS. *Pain de... :* préparation moulée en forme de pain. *Pain de poisson, de légumes.* **5.** Masse d'une matière moulée. *Pain de cire, de savon.* – *Pain de sucre :* masse de sucre de canne coulée dans un moule conique. ◇ GÉOMORPH. *Pain de sucre :* piton granitique au sommet arrondi, caractéristique des régions de climat tropical humide. **6.** *Arbre à pain :* artocarpus. **7.** Pop. Coup (de poing, notamm.).

1. PAIR, E adj. (lat. *par, paris,* égal). **1.** Divisible par deux. *Nombre pair.* ◇ MATH. *Fonction paire,* qui prend la même valeur pour deux valeurs opposées de la variable. **2.** ANAT. *Organes pairs,* qui sont au nombre de deux. *Les poumons, les reins sont des organes pairs.*

2. PAIR n.m. **1.** Égalité de valeur. **2.** Égalité de change de deux monnaies, entre deux pays. **3.** Égalité entre le cours nominal d'une valeur mobilière et son cours boursier. *Titre au pair.* **4.** *Au pair :* logé, nourri et percevant une petite rémunération en échange de certains services. *Être, travailler au pair.* ◇ *De pair :* ensemble, sur le même rang. *Aller, marcher de pair.* – *Hors (de) pair :* sans égal ; exceptionnel, supérieur.

3. PAIR n.m. **1.** Personne semblable quant à la dignité, au rang. *Être jugé par ses pairs.* **2.** FÉOD. Grand vassal de la couronne. – Seigneur d'une terre érigée en pairie. **3.** HIST. Membre de la Chambre haute, en France, de 1814 à 1848. **4.** (angl. *peer*). Membre de la Chambre des lords, en Angleterre.

PAIRAGE n.m. TÉLÉV. Défaut d'entrelacement des lignes, entraînant une réduction de la finesse de l'image dans le sens vertical.

PAIRE n.f. (lat. pop. *paria,* choses égales). **1.** Ensemble de deux choses identiques ou symétriques, utilisées ensemble ou formant un objet unique. *Une paire de gants. Une paire de lunettes, de ciseaux.* **2.** Ensemble de deux éléments (êtres ; choses). *Une paire d'amis. Une paire de claques.* **3.** MATH. Ensemble comportant deux éléments. **4.** Couple d'animaux formé par le mâle et la femelle d'une même espèce.

PAIRESSE n.f. **1.** Épouse d'un pair. **2.** Femme titulaire d'une pairie, en Grande-Bretagne.

PAIRIE n.f. **1.** Titre, dignité d'un pair. **2.** FÉOD. Fief auquel la dignité de pair était attachée. **3.** HIST. Dignité des membres de la Chambre haute, actuellement en Angleterre, et en France de 1814 à 1848.

PAIRLE [pɛrl] n.m. HÉRALD. Pièce en forme d'Y partant de la pointe de l'écu pour aboutir aux deux angles du chef.

PAISIBLE [pɛzibl] adj. **1.** D'humeur douce et tranquille. *Un homme paisible.* **2.** Que rien ne trouble ; où règne le calme et la tranquillité. *Quartier paisible.* **3.** DR. Qui n'est pas troublé dans la jouissance ou la possession d'un bien.

PAISIBLEMENT adv. De manière paisible.

PAISSANCE [pɛsɑ̃s] n.f. (de *paître*). DR. Pacage du bétail sur un terrain communal.

PAISSEAU n.m. (lat. *paxillus*). AGRIC. Échalas.

PAÎTRE v.t. (lat. *pascere*) [91]. Manger en broutant. *Paître l'herbe.* ◆ v.i. Manger de l'herbe en broutant. *Mener, faire paître un troupeau.* ◇ Fam. *Envoyer paître qqn,* l'éconduire vivement, avec humeur.

PAIX [pɛ] n.f. (lat. *pax, pacis*). **1.** Situation d'un pays qui n'est pas en guerre. *Maintenir la paix.* – *Paix armée,* dans laquelle chacun se tient sur le pied de guerre. **2.** Cessation des hostilités ; traité mettant fin à l'état de guerre. *Signer, ratifier la paix.* **3.** État de concorde, d'accord entre les membres d'un groupe, d'une nation. *Vivre en paix avec ses voisins.* ◇ *Faire la paix :* se réconcilier. **4.** Tranquillité, quiétude exempte de bruit, d'agitation, de désordre. *La paix de la nature, des bois.* **5.** Tranquillité, sérénité de l'esprit. *Avoir la conscience en paix.* ◆ interj. (Pour réclamer le silence, le calme). *La paix !*

PAJOT n.m. → ***pageot.***

PAKISTANAIS, E adj. et n. Du Pakistan.

1. PAL n.m. (lat. *palus*) [pl. *pals*]. **1.** Pieu aiguisé à une extrémité. ◇ *Supplice du pal,* qui consistait à enfoncer un pal dans le corps du condamné. **2.** HÉRALD. Pièce honorable, large bande verticale au milieu de l'écu. **3.** AGRIC. Plantoir de vigneron. ◇ *Pal injecteur :* instrument destiné à injecter dans le sol une substance chimique (insecticide, fertilisant, etc.).

2. PAL adj. inv. (sigle de l'angl. *phase alternation line*). *Système Pal :* système de télévision en couleurs, d'origine allemande.

PALABRE n.f. ou m. (esp. *palabra,* parole). **1.** (Surtout au pl.). Discussion, conversation longue et oiseuse. *D'interminables palabres.* **2.** Afrique (non péj.). Débat coutumier entre les hommes d'une communauté villageoise. ◇ Spécialt. Procès traditionnel devant un tribunal coutumier.

PALABRER v.i. **1.** Discuter longuement et de manière oiseuse ; tenir des palabres. **2.** Afrique. **a.** Se plaindre, demander justice. **b.** Se disputer, se quereller. **c.** Marchander.

PALACE n.m. (mot angl.). Hôtel luxueux.

PALADIN n.m. (lat. *palatinus,* du palais). **1.** Seigneur de la suite de Charlemagne, dans la tradition des chansons de geste. **2.** Chevalier errant.

PALAFITTE n.m. (it. *palafitta*). ARCHÉOL. Habitat préhistorique du néolithique et de l'âge du bronze (3000 à 700 av. J.-C.), d'un type répandu au bord des lacs européens. (Le terme de *palafitte* recouvre la notion ancienne, aujourd'hui controversée, de *cité lacustre.*)

1. PALAIS n.m. (lat. *palatium*). **1.** Vaste et somptueuse résidence d'un chef d'État, d'un personnage de marque, d'un riche particulier. **2.** Vaste édifice public destiné à un usage d'intérêt général. *Palais des Sports.* **3.** *Palais de justice* ou, absolt, *le Palais :* bâtiment départemental où siègent les tribunaux.

2. PALAIS n.m. (lat. *palatum*). Paroi supérieure de la bouche, séparant celle-ci des fosses nasales. – *Voûte du palais,* ou *palais dur* (partie antérieure, osseuse). *Voile du palais,* ou *palais mou* (partie postérieure, membraneuse). ◇ *Avoir le palais fin :* être gourmet.

PALAMISME n.m. Doctrine théologique de Grégoire Palamas*.

PALAN n.m. (it. *palanco*). Appareil de levage comportant un mécanisme démultiplicateur (poulies, moufles, train d'engrenages, tambour, etc.) qui permet de soulever des charges avec un effort moteur relativement faible.

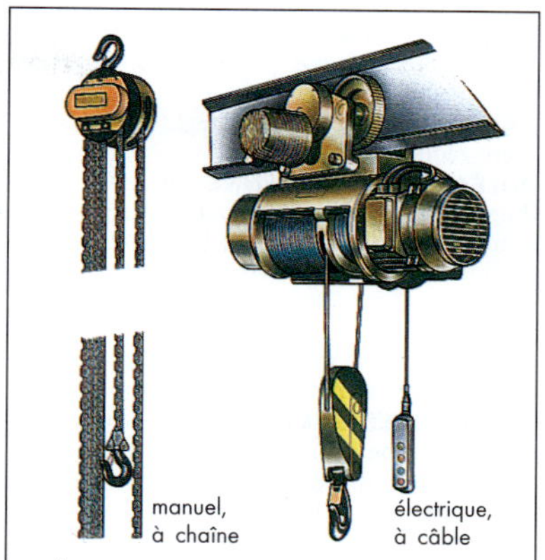

palans

PALANCHE n.f. (lat. pop. *palanca,* levier). Morceau de bois concave et entaillé à chaque extrémité pour porter sur l'épaule deux charges, deux seaux.

PALANÇON n.m. CONSTR. Chacune des pièces de bois utilisées pour armer un torchis.

PALANGRE n.f. (mot prov. ; gr. *panagron,* grand filet). Ligne pour la pêche en mer constituée d'une corde le long de laquelle sont attachées des empiles munies d'hameçons.

PALANGROTTE n.f. (prov. *palangrotto*). Ligne plombée pour la pêche en mer, enroulée autour d'une plaque de liège et manœuvrée à la main.

PALANQUE n.f. (it. *palanca*). **1.** Mur de défense, obstacle fait de gros pieux plantés verticalement et côte à côte. **2.** Chacune des planches superposées qui constituent l'un des obstacles du concours hippique.

PALANQUÉE n.f. MAR. Charge d'un palan.

PALANQUER v.i. Utiliser un palan. ◆ v.t. Lever avec un palan.

PALANQUIN n.m. (port. *palanquim ;* du sanskr.). Chaise ou litière portée à bras d'hommes ou installée sur le dos d'un animal (chameau, éléphant), dans les pays orientaux.

PALASTRE n.m. → ***palâtre.***

PALATAL, E, AUX adj. et n.f. (lat. *palatum,* palais). PHON. Se dit d'une voyelle ou d'une consonne qui a son point d'articulation situé dans la région du palais dur (par ex. le [j] de *fille* ou le [i] de *ici*).

PALATALISATION n.f. PHON. Modification subie par un phonème dont l'articulation se trouve reportée dans la région du palais dur. SYN. : ***mouillure.***

PALATALISER v.t. PHON. Faire subir la palatalisation à (un phonème).

PALATIAL, E, AUX adj. D'un, du palais ; des palais (édifices).

1. PALATIN, E adj. (lat. *palatinus*). **1.** HIST. Se dit d'un seigneur chargé d'un office dans le palais d'un souverain carolingien ou du Saint Empire. **2.** Du Palatinat. **3.** Qui dépend d'un palais.

2. PALATIN, E adj. ANAT. Du palais.

3. PALATIN n.m. HIST. Premier des grands officiers de la couronne de Hongrie.

PALATINAT n.m. **1.** Dignité d'Électeur palatin. **2.** Province gouvernée par l'Électeur palatin.

PALÂTRE ou **PALASTRE** n.m. (de *pale*). Boîte qui contient le mécanisme d'une serrure.

1. PALE n.f. (lat. *pala,* pelle). **1.** Chacun des éléments de forme vrillée fixés au moyeu d'une hélice. **2.** Partie plate d'un aviron, qui entre dans l'eau. **3.** Palette d'une roue de bateau à aubes. **4.** TECHN. Vanne d'un réservoir.

2. PALE ou **PALLE** n.f. (lat. *palla,* tenture). LITURGIE. Linge carré et rigide qui sert à couvrir le calice pendant la messe.

PÂLE adj. (lat. *pallidus*). **1.** Peu coloré, d'une blancheur terne, en parlant du teint. *Figure pâle.* **2.** Qui a le teint pâle ; blême, blafard. *Que tu* *es pâle !* ◇ Arg. mil. *Se faire porter pâle,* malade. **3.** Faible, sans éclat, en parlant d'une lumière. *Une pâle lueur.* **4.** D'une tonalité atténuée, en parlant d'une couleur. *Rose pâle.* **5.** Fig. Terne, sans éclat, sans brillant. *Un pâle imitateur.*

PALÉ, E adj. HÉRALD. Divisé verticalement en un nombre pair de parties égales d'émaux alternés.

PALE-ALE [pɛlɛl] n.f. (mot angl.) [pl. *pale-ales*]. Bière blonde anglaise.

PALÉANTHROPIEN, ENNE adj. et n. Se dit d'une forme d'anthropien fossile intermédiaire entre les archanthropiens et les néanthropiens, essentiellement représentée par les néandertaliens.

PALÉE n.f. Rang de pals, de pieux enfoncés dans le sol pour soutenir un ouvrage en terre, en maçonnerie ou en charpente.

PALEFRENIER, ÈRE n. (anc. prov. *palafren,* palefroi). Personne qui panse, soigne les chevaux.

PALEFROI n.m. (bas lat. *paraveredus,* cheval de poste). Anc. Cheval de parade ou de marche (par opp. au *destrier,* cheval de bataille).

PALÉMON n.m. (gr. *Palaimôn,* n. myth.). ZOOL. Grosse crevette rose, dite *bouquet.*

PALÉOASIATIQUE adj. → ***paléosibérien.***

Art **paléochrétien** : le Bon Pasteur, statuette en ivoire découverte aux environs de Rome. Fin du IIIe s. apr. J.-C. (Louvre, Paris.)

PALÉOBOTANIQUE n.f. (gr. *palaios,* ancien). Paléontologie végétale.

PALÉOCÈNE n.m. GÉOL. Première époque du paléogène.

PALÉOCHRÉTIEN, ENNE adj. Des premiers chrétiens. *L'art paléochrétien.*

PALÉOCLIMAT n.m. Climat d'une ancienne époque géologique.

PALÉOCLIMATOLOGIE n.f. Science des paléoclimats.

PALÉOÉCOLOGIE n.f. Étude des relations entre les organismes fossiles et leur milieu.

PALÉOGÈNE n.m. Première période de l'ère tertiaire, subdivisée en trois époques (paléocène, éocène et oligocène). SYN. : ***nummulitique.***

PALÉOGÉOGRAPHIE n.f. Science qui étudie la géographie de la Terre aux époques géologiques.

PALÉOGRAPHE n. et adj. Spécialiste de paléographie.

PALÉOGRAPHIE n.f. Science des écritures anciennes.

PALÉOGRAPHIQUE adj. Relatif à la paléographie, aux écritures anciennes.

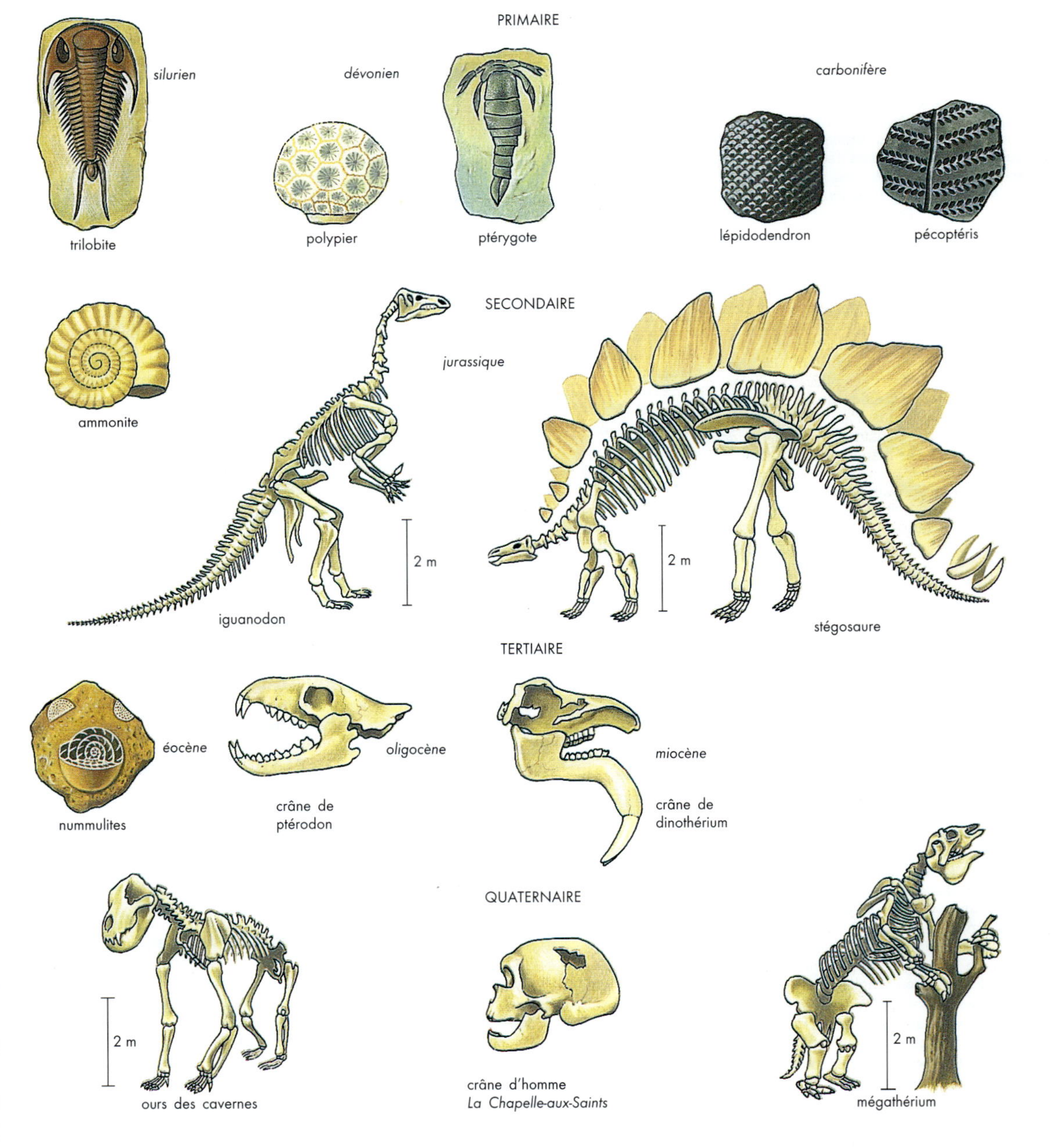

paléontologie : squelettes ou fossiles d'êtres vivants ayant peuplé la Terre à différentes époques géologiques

PALÉOHISTOLOGIE n.f. Étude des tissus animaux et végétaux conservés dans les fossiles.

PALÉOLITHIQUE n.m. et adj. (gr. *palaios,* ancien, et *lithos,* pierre). Première période de la préhistoire, caractérisée par l'apparition puis le développement de l'industrie de la pierre, et par une économie de prédation.

■ S'étendant du quaternaire (3 millions d'années) à l'holocène (Xe millénaire), le paléolithique est divisé en trois phases (inférieure, moyenne et supérieure) selon les degrés de complexité de l'outillage. En France, les principaux faciès du paléolithique sont : l'abbevillien, l'acheuléen, la technique Levallois, le moustérien, le châtelperronien ou périgordien ancien, l'aurignacien, le gravettien, le solutréen, le magdalénien. Le paléolithique supérieur est marqué par l'apparition de l'*Homo sapiens sapiens* et par la production d'objets à caractère artistique.

PALÉOMAGNÉTISME n.m. Magnétisme terrestre au cours des époques géologiques ; science qui l'étudie.

PALÉONTOLOGIE n.f. Science des êtres vivants ayant peuplé la Terre aux époques géologiques, fondée sur l'étude des fossiles.

PALÉONTOLOGIQUE adj. Relatif à la paléontologie.

PALÉONTOLOGISTE ou **PALÉONTOLOGUE** n. Spécialiste de paléontologie.

PALÉOSIBÉRIEN, ENNE ou **PALÉOASIATIQUE** adj. Se dit de langues sans parenté connue parlées en Sibérie orientale.

PALÉOSOL n.m. Sol formé dans des conditions anciennes de climat et de végétation, recouvert par des dépôts plus récents ou affleurant à la surface.

PALÉOTHÉRIUM [-terjɔm] n.m. (gr. *palaios,* ancien, et *thêrion,* bête sauvage). Mammifère ongulé fossile du début de l'ère tertiaire, proche de l'actuel tapir.

PALÉOZOÏQUE n.m. et adj. Ère primaire.

PALERON n.m. (de 1. *pale*). Morceau de demi-gros correspondant au membre antérieur du bœuf.

PALESTINIEN, ENNE adj. et n. De Palestine.

PALESTRE n.f. (gr. *palaistra*). ANTIQ. Partie du gymnase grec et des thermes romains où se pratiquaient les exercices physiques, en particulier la lutte.

PALET n.m. (de 1. *pale*). Pierre plate et ronde ou disque épais qu'on lance le plus près possible d'un but marqué, dans certains jeux. *Palet de hockey sur glace, de marelle.*

PALETOT n.m. (anc. angl. *paltok,* jaquette). Veste ample et confortable, qui arrive à mi-cuisse, que l'on porte sur d'autres vêtements. ◇ Pop. *Tomber sur le paletot de qqn,* l'attaquer par surprise, le malmener.

PALETTE n.f. (de 1. *pale*). **1.** Plaque percée d'un trou pour le pouce, sur laquelle les peintres disposent et mêlent leurs couleurs. **2.** Ensemble des couleurs habituellement utilisées par un peintre. **3.** Fig. Ensemble d'objets différents mais de même nature ; gamme, éventail. *Une large palette de tissus d'ameublement.* **4.** Plateau de chargement destiné à la manutention des marchandises par chariots élévateurs à fourche. **5.** Morceau du mouton, du porc, comprenant l'omoplate et la chair qui la recouvre. **6.** *Palette électronique* ou *graphique* : système de création d'images utilisant l'écran d'une station de travail ou d'un micro-ordinateur.

PALETTISABLE adj. Se dit d'une marchandise qui peut être chargée sur palette.

PALETTISATION n.f. Action de palettiser.

PALETTISER v.t. **1.** Équiper de palettes ; organiser en équipant de palettes. **2.** Charger sur une, des palettes. *Palettiser du papier.*

PALETTISEUR n.m. Appareil servant à palettiser des marchandises.

PALÉTUVIER n.m. (mot tupi). Arbre des mangroves représenté par plusieurs espèces, toutes caractérisées par des racines en grande partie aériennes formant de nombreux arceaux.

PÂLEUR n.f. (lat. *pallor*). Aspect, couleur d'une personne, d'une chose pâle.

1. PALI n.m. (mot hindi). Langue des anciens textes religieux du bouddhisme méridional, apparentée au sanskrit. Graphie savante : *pāli.*

2. PALI, E adj. Du pali.

PALICARE n.m. → ***pallikare.***

PÂLICHON, ONNE adj. Fam. Un peu pâle.

PALIER n.m. (anc. fr. *paele,* poêle). **1.** Plate-forme ménagée à chaque étage, dans un escalier. **2.** Partie horizontale entre deux déclivités d'une voie ferrée, d'une route. **3.** Fig. Phase de stabilité dans le cours d'une évolution. ◇ *Par paliers* : progressivement, par étapes. *Procéder par paliers.* **4.** TECHN. Organe mécanique supportant et guidant un arbre de transmission. **5.** AÉRON. *Vol en palier,* qui s'effectue à altitude constante.

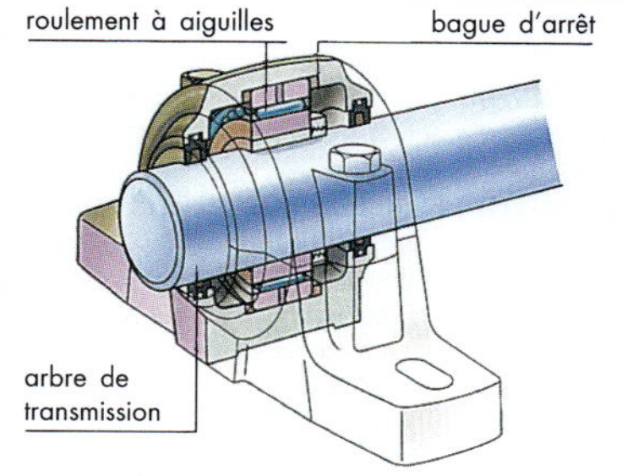

palier à roulement

PALIÈRE adj.f. (de *palier*). *Marche palière,* qui est de plain-pied avec un palier. – *Porte palière,* qui ouvre sur un palier.

PALIKARE n.m. → ***pallikare.***

PALILALIE n.f. (gr. *palin,* de nouveau, et *lalein,* parler). PSYCHOPATH. Trouble de la parole qui se manifeste par la répétition involontaire du même mot ou de la même phrase.

PALIMPSESTE [palɛ̃psɛst] n.m. (gr. *palimpsêstos,* gratté de nouveau). Manuscrit sur parchemin dont la première écriture a été lavée ou grattée et sur lequel un nouveau texte a été écrit.

PALINDROME n.m. et adj. (gr. *palin,* de nouveau, et *dromos,* course). Groupe de mots qui peut être lu de gauche à droite ou de droite à gauche en gardant le même sens. (Ex. : *Ésope reste ici et se repose.*)

PALINGÉNÉSIE n.f. (gr. *palin,* de nouveau, et *genesis,* génération). **1.** Retour cyclique des mêmes évènements ou du même type d'évènements, dans certaines conceptions philosophiques (stoïcisme, notamm.) ou religieuses. **2.** Litt. Retour à la vie, nouvelle vie. **3.** Régénération par le baptême, chez les anciens écrivains chrétiens.

PALINGÉNÉSIQUE adj. Relatif à la palingénésie.

PALINODIE n.f. (gr. *palin,* de nouveau, et *ôdê,* chant). **1.** Rétractation ou désaveu de ce qu'on a dit ou fait ; brusque changement d'opinion. **2.** ANTIQ. Pièce de vers dans laquelle l'auteur rétractait ce qu'il avait exprimé précédemment.

PÂLIR v.i. **1.** Devenir subitement pâle, blême. *Pâlir de colère.* ◇ Fig. *Faire pâlir qqn de dépit, de jalousie,* lui inspirer un dépit, une jalousie violents. **2.** Perdre de sa luminosité, de son éclat. *Ces couleurs ont pâli au soleil.* ◇ Fig. *Son étoile pâlit* : son influence, son crédit diminue.

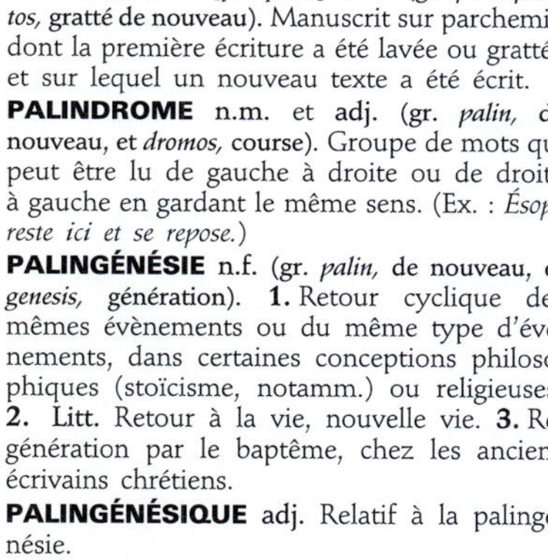
palétuvier

◆ v.t. Litt. Rendre pâle. *La maladie a pâli ses traits.*

PALIS [pali] n.m. (de 1. *pal*). Pieu enfoncé avec d'autres pour former une clôture continue ; cette clôture.

PALISSADE n.f. (de *palis*). **1.** Clôture formée d'une rangée de pieux ou de planches plus ou moins jointifs. **2.** Mur de verdure fait d'arbres ou d'arbustes taillés verticalement.

PALISSADER v.t. **1.** Entourer de palissades. **2.** Disposer, tailler en palissade.

PALISSADIQUE adj. BOT. Se dit du parenchyme chlorophyllien, à cellules serrées, de la face supérieure des feuilles.

PALISSAGE n.m. Opération qui consiste à attacher les branches d'un arbre ou d'un arbuste à un support (mur, treillage, etc.) pour les faire pousser en espalier. *Palissage de la vigne.*

PALISSANDRE n.m. (d'une langue de la Guyane). Bois lourd et dur, d'un brun sombre violacé, très recherché en ébénisterie et provenant de diverses espèces d'arbres d'Amérique du Sud.

PÂLISSANT, E adj. Qui pâlit.

PALISSER v.t. Procéder au palissage de.

PALISSON n.m. (de *palis*). Instrument de chamoiseur utilisé pour assouplir les peaux.

PALISSONNER v.t. Assouplir au palisson.

PALISSONNEUR n.m. Ouvrier qui palissonne les peaux.

PALIURE n.m. (gr. *paliouros*). Arbrisseau épineux utilisé dans le midi de la France pour former des haies. (Famille des rhamnacées.)

PALLADIANISME n.m. Style ou théorie s'inspirant de Palladio, en architecture.

PALLADIEN, ENNE adj. Propre à Palladio, à son style.

1. PALLADIUM [palladjɔm] n.m. (gr. *Palladion,* statue sacrée de Pallas, à Troie). ANTIQ. Objet sacré dont la possession était considérée comme un gage de sauvegarde de la cité.

2. PALLADIUM [palladjɔm] n.m. (mot angl., d'après *Pallas*). Métal blanc, ductile et dur, qui absorbe l'hydrogène ; élément (Pd) de numéro atomique 46, de masse atomique 106,4.

PALLE n.f. → ***2. pale.***

PALLÉAL, E, AUX adj. (du lat. *palla,* manteau). ZOOL. Qui concerne le manteau des mollusques. – *Cavité* ou *chambre palléale,* contenant les organes respiratoires des mollusques.

1. PALLIATIF, IVE adj. et n.m. MÉD. Se dit d'un traitement, d'un remède agissant sur les symptômes d'une maladie sans s'attaquer à sa cause. ◇ *Soins palliatifs* : dans un service hospitalier, ensemble des soins et des soutiens destinés à accompagner un malade jusqu'aux derniers moments de sa vie.

2. PALLIATIF n.m. Moyen provisoire de détourner un danger ; expédient pour écarter un obstacle. *Trouver un palliatif.*

PALLIDUM [palidɔm] n.m. (du lat. *pallidus,* pâle). ANAT. Un des noyaux gris striés du cerveau, qui contrôle le tonus et la coordination des mouvements élémentaires.

PALLIER v.t. (bas lat. *palliare,* couvrir d'un manteau). Remédier d'une manière incomplète ou provisoire à. *Pallier les conséquences d'une erreur.* ◆ v.t. ind. *(à)* [tour critiqué]. *Pallier à un inconvénient.*

PALLIKARE, PALIKARE, PALLICARE ou **PALICARE** n.m. (gr. mod. *pallikari,* brave). HIST. Soldat grec ou albanais qui combattait contre les Turcs, pendant la guerre de l'Indépendance (1821-1828).

PALLIUM [paljɔm] n.m. (mot lat.). **1.** ANTIQ. Manteau romain d'origine grecque. **2.** LITURGIE. Petite étole de laine blanche à croix noires, insigne papal porté aussi par certains dignitaires de l'Église catholique.

PALMACÉE n.f. BOT. *Palmacées* : famille des palmiers.

PALMAIRE adj. (du lat. *palma,* paume). ANAT. De la paume de la main. *Muscles palmaires.*

PALMARÈS [palmarɛs] n.m. (mot lat., pl. de *palmaris,* digne de la palme). **1.** Liste de lauréats. *Le palmarès d'un concours.* **2.** Liste de succès, de victoires. *Un sportif au palmarès éloquent.* **3.** Classement par ordre de popularité des chansons, des musiques de variétés à la mode. SYN. (anglic. déconseillé) : *hit-parade.*

PALMARIUM [palmarjɔm] n.m. (du lat. *palma,* palmier). Serre où sont cultivés des palmiers.

PALMAS [palmas] n.f. pl. (esp. *palma,* paume de la main). Battements rythmés des mains, dans la danse et le chant flamencos.

PALMATIFIDE ou **PALMIFIDE** adj. BOT. *Feuille palmifide :* feuille palmée dont les divisions atteignent le milieu du limbe.

PALMATURE n.f. MÉD. Malformation d'une main dont les doigts sont réunis par une membrane ; cette membrane.

1. PALME n.f. (lat. *palma*). **1.** Feuille de palmier. ◇ (En tant que symbole de la victoire). *Remporter la palme,* l'emporter sur d'autres ; triompher. ◇ *Vin, huile de palme,* de palmier. **2.** Décoration, distinction dont l'insigne représente une, des palmes. *Palmes académiques. Croix de guerre avec palme* (indiquant une citation à l'ordre de l'armée). **3.** Nageoire en caoutchouc qui s'ajuste au pied et qui augmente la vitesse, la puissance de la nage.

2. PALME n.m. (du lat. *palmus*). ANTIQ. Mesure d'environ une paume, un travers de main.

PALMÉ, E adj. Dont la structure, la forme sont celles d'une palme. **1.** ZOOL. Dont les doigts sont réunis par une palmure. *Pattes palmées du canard, de la grenouille.* **2.** MÉD. Atteint de palmature. *Doigts palmés.* **3.** BOT. *Feuilles composées palmées,* dont les folioles partent du même point.

1. PALMER v.t. (du lat. *palma,* palme). TECHN. *Palmer des aiguilles,* en aplatir la tête avant d'y percer les chas.

2. PALMER [palmɛr] n.m. (du n. de l'inventeur, Jean-Louis *Palmer*). Instrument de précision à tambour micrométrique pour la mesure des épaisseurs et des diamètres extérieurs.

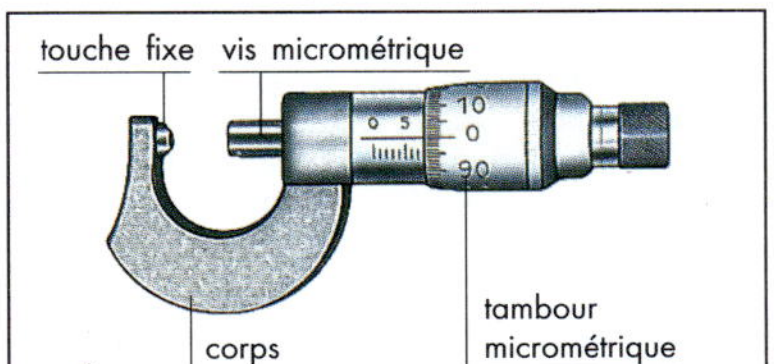

palmer

PALMERAIE n.f. Lieu planté de palmiers.

PALMETTE n.f. **1.** ARCHIT. Ornement en forme de palme stylisée. **2.** HORTIC. Forme d'un arbre ou d'un arbuste palissé dont les branches latérales sont étalées symétriquement par rapport à un axe vertical. *Taille en palmette.*

PALMIER n.m. **1.** Arbre des régions chaudes du globe, à fleurs unisexuées, dont la tige, ou stipe, se termine par un bouquet de feuilles (palmes), souvent pennées, et dont les 1 200 espèces constituent la famille des palmacées. Les palmiers fournissent des produits alimentaires (dattes, noix de coco, huile de palme, chou palmiste) ou industriels (raphia, rotin, ivoire végétal). **2.** Gâteau sec plat, en pâte feuilletée, dont la forme évoque vaguement une palmette.

palmier à huile

PALMIFIDE adj. → ***palmatifide.***

PALMIPÈDE n.m. et adj. (lat. *palma,* paume, et *pes, pedis,* pied). Oiseau aquatique présentant une palmure aux doigts (oie, canard, cygne, pingouin, pélican, etc. ; les palmipèdes constituent un groupe de convergence, formé de six ordres distincts).

PALMISÉQUÉ, E adj. BOT. *Feuille palmiséquée :* feuille palmée dont les divisions atteignent la base du limbe.

PALMISTE n.m. Palmier représenté par plusieurs espèces (arec, cocotier des Maldives, notamm.) et dont le bourgeon terminal comestible est consommé sous le nom de *chou palmiste.*

PALMITE n.m. Moelle comestible du palmier.

PALMITINE n.f. Ester de la glycérine et de l'acide palmitique, l'un des constituants des corps gras.

PALMITIQUE adj.m. CHIM. *Acide palmitique :* acide gras saturé, constituant fréquent des graisses naturelles du groupe des glycérides.

PALMURE n.f. ZOOL. Membrane reliant les doigts de certains vertébrés aquatiques (palmipèdes, loutre, grenouille).

PALOIS, E adj. et n. De la ville de Pau.

PALOMBE n.f. (lat. *palumbus*). Pigeon ramier.

PALONNIER n.m. Barre répartissant les efforts qui s'exercent à ses deux extrémités. **1.** AÉRON. Barre (et, par ext., tout dispositif de transmission) se manœuvrant au pied et agissant sur la gouverne de direction d'un avion. **2.** SPORTS. Barre, poignée aux deux bouts de laquelle sont attachés les deux brins formant l'extrémité divisée de la corde de traction d'un skieur nautique. **3.** AGRIC. Barre aux extrémités de laquelle sont fixés les traits d'un véhicule à traction animale, d'une charrue.

PALOT [palo] n.m. (de *pale*). Bêche étroite servant à retirer les vers, les coquillages, etc., du sable ou de la vase.

PÂLOT, OTTE [pɑlo, ɔt] adj. Fam. Un peu pâle.

PALOURDE n.f. (lat. *peloris*). Clovisse (coquillage).

PALPABLE adj. **1.** Qui se fait sentir au toucher. **2.** Vérifiable ; évident, manifeste. *Preuves palpables.*

PALPATION n.f. MÉD. Action de palper.

PALPE n.m. (de *palper*). Petit appendice mobile des arthropodes, constituant ordinairement deux paires, les *palpes maxillaires* et les *palpes labiaux.*

PALPÉBRAL, E, AUX adj. (du lat. *palpebra,* paupière). Des paupières. *Réflexe palpébral.*

PALPER v.t. (lat. *palpare*). **1.** Examiner, apprécier en touchant avec la main, les doigts. *Palper une étoffe.* **2.** Fam. Toucher, recevoir (de l'argent).

PALPEUR n.m. Capteur servant à contrôler une dimension ou à réguler une grandeur, un état physique (chaleur, en particulier). *Plaque électrique à palpeur.*

PALPITANT, E adj. **1.** Qui palpite. *Avoir le cœur palpitant.* **2.** Fig. Qui suscite un intérêt très vif, mêlé d'émotion. *Aventures palpitantes.*

PALPITATION n.f. **1.** Mouvement de ce qui palpite. **2.** Spécialt. (Surtout pl.). Battements accélérés du cœur.

PALPITER v.i. (lat. *palpitare*). **1.** Être agité de mouvements convulsifs, de frémissements, en parlant d'un être que l'on vient de tuer, de sa chair. **2.** Litt. Manifester une sorte d'agitation, de frémissement, en parlant de qqch. *Une flamme qui palpite avant de s'éteindre.* **3.** Battre plus fort, plus vite, en parlant du cœur.

PALPLANCHE n.f. Profilé métallique de section spéciale, planté avec d'autres dans un sol meuble ou immergé pour former une paroi étanche. ◇ Madrier équarri employé au même usage.

PALSAMBLEU interj. (altér. euphémique de *par le sang de Dieu*). Juron ancien, souvent mis dans la bouche des paysans de comédie.

PALTOQUET n.m. (de *paletot,* casaque de paysan). Fam., vieilli. Rustre. ◇ Mod. Personnage insignifiant et prétentieux.

PALU n.m. Fam. Paludisme.

PALUCHE n.f. Pop. Main.

PALUD ou **PALUDE** n.m. → ***palus.***

PALUDARIUM [palydarjɔm] n.m. Récipient ou local pour l'élevage des animaux amphibies (grenouilles, tritons, etc.).

PALUDÉEN, ENNE adj. (du lat. *palus, paludis,* marais). **1.** Dû au paludisme. *Fièvres paludéennes.* **2.** Rare. Des marais. *Plante paludéenne.*

PALUDIER, ÈRE n. Ouvrier, ouvrière qui travaille dans les marais salants.

PALUDINE n.f. Mollusque gastropode vivipare des cours d'eau et des étangs. (Long. 3 à 4 cm.)

PALUDISME n.m. (du lat. *palus, paludis,* marais). Maladie parasitaire produite par un protozoaire parasite du sang, le *plasmodium* (ou *hématozoaire de Laveran*), et transmise par un moustique des régions chaudes et marécageuses, l'anophèle. SYN. (vieilli) : ***malaria.***
■ Quatre espèces de plasmodium provoquent le paludisme qui se manifeste par des accès de fièvre intermittente suivant un rythme caractéristique (fièvre tierce ou fièvre quarte), avec anémie, splénomégalie, altération de l'état général. Une seule espèce *(Plasmodium falciparum)* est responsable des formes mortelles. Le traitement fait appel aux sels de quinine et à des dérivés synthétiques. La prophylaxie repose sur la lutte contre les moustiques. La culture du plasmodium, réalisée en 1976, ouvre la voie à la fabrication d'un vaccin.

PALUS [paly], **PALUD** [paly] ou **PALUDE** [palyd] n.m. (mot lat., *marais*). Région. (Sud-Ouest, Bordelais). Terre d'alluvions au fond des vallées.

PALUSTRE adj. (lat. *paluster*). **1.** Qui vit ou qui croît dans les marais. *Coquillages palustres.* **2.** Rare. Dû au paludisme. *Fièvre palustre.*

PALYNOLOGIE n.f. (du gr. *palunein,* répandre de la farine). Étude des pollens actuels et fossiles.

PALYNOLOGIQUE adj. De la palynologie.

PÂMER (SE) v.pr. (lat. *spasmare,* avoir un spasme). Litt. S'évanouir, tomber en syncope. ◇ *Se pâmer de :* être comme sur le point de défaillir sous l'effet de tel sentiment, telle émotion. *Se pâmer de joie, d'effroi.*

PÂMOISON n.f. Vieilli ou litt. Évanouissement, syncope. *Tomber en pâmoison.*

PAMPA n.f. (mot esp., du quechua). Vaste prairie d'Amérique du Sud.

PAMPERO n.m. (mot esp.). Vent froid et violent de la pampa.

PAMPHLET n.m. (mot angl. ; d'un n.pr.). Écrit satirique généralement court et violent, dirigé contre qqn, une institution, un groupe, etc.

PAMPHLÉTAIRE n. Auteur de pamphlets.

PAMPILLE n.f. Macaron terminé par des pendeloques, élément caractéristique de certains motifs de passementerie, de bijouterie.

PAMPLEMOUSSE n.m. ou f. (néerl. *pompel,* gros, et *limoes,* citron). Fruit du pamplemoussier, comestible, jaune, au goût acidulé et légèrement amer.

PAMPLEMOUSSIER n.m. Arbre du genre citrus *(Citrus grandis)* qui produit les pamplemousses.

pamplemoussier

PAMPRE n.m. (lat. *pampinus*). **1.** VITIC. Jeune rameau de l'année. **2.** BX-A. Ornement figurant un rameau de vigne sinueux, avec feuilles et grappes.

1. PAN n.m. (lat. *pannus,* morceau d'étoffe). **1.** Partie tombante et flottante d'un vêtement ; grand morceau d'étoffe. *Pan de chemise, de rideau.* **2.** CONSTR. **a.** Face d'un bâtiment, par opp. à l'ensemble. *Tout un pan de l'immeuble s'est écroulé.* **b.** Partie de mur de même surface et peu développée en longueur. **c.** *Pan coupé :* partie de construction oblique qui remplace ou remplit l'angle que formerait la rencontre de deux murs ou parois. **d.** Ossature dont les intervalles sont comblés par des matériaux de remplissage. *Pan de bois, de fer.* **3.** Litt. Partie de qqch. *Tout un pan de ma vie s'écroule.* **4.** Face d'un corps polyédrique. *Écrou à six pans.*

2. PAN interj. (Onomat. exprimant un bruit sec, un coup, un éclatement). *Pan ! Un coup de feu...*

PANACE n.m. → ***panax.***

PANACÉE [panase] n.f. (gr. *panakeia*). Remède universel à toutes les maladies. – **Fig.** Prétendu remède à tous les problèmes (notamm. moraux, sociaux).

PANACHAGE n.m. Action de panacher. ◇ **Spécialt.** Inscription par l'électeur, sur un même bulletin de vote, de candidats appartenant à des listes différentes, autorisée dans certains scrutins.

PANACHE n.m. (it. *pennaccio,* du lat. *penna,* plume). **1.** Assemblage de plumes flottantes servant d'ornement. *Panache d'un casque.* **2.** Objet, forme évoquant un panache par son aspect mouvant, ondoyant. *Un panache de fumée.* **3.** ARCHIT. Surface concave, appareillée en éventail, d'un pendentif ou d'une trompe. **4.** **Fig.** Éclat, brio. ◇ Bravoure gratuite, pleine d'élégance et d'allant.

PANACHÉ, E adj. **1.** Qui présente des couleurs diverses. *Tulipe panachée.* **2.** Composé d'éléments différents. *Style panaché. Fruits panachés.* ◇ *Glace panachée,* composée de différents parfums. – *Liste panachée :* liste électorale résultant d'un panachage. **3.** *Demi panaché* ou *panaché,* n.m. : demi de bière mélangée de limonade.

PANACHER v.t. **1.** Orner de couleurs variées. **2.** Composer d'éléments divers. ◇ *Panacher une liste électorale,* la composer par panachage. ◆ **se panacher** v.pr. Prendre des couleurs variées.

PANACHURE n.f. Ensemble de motifs ou de taches de couleur tranchant sur un fond de couleur différente.

PANADE n.f. (prov. *panado,* lat. *panis,* pain). **1.** Vx. Soupe faite de pain bouilli dans de l'eau ou du lait. **2.** Fam. Misère. *Être, tomber dans la panade.*

PANAFRICAIN, E adj. De l'ensemble du continent africain, des nations qui le composent. ◇ Relatif au panafricanisme.

PANAFRICANISME n.m. Doctrine politique, mouvement tendant à regrouper, à rendre solidaires les nations du continent africain.

PANAIRE adj. Relatif au pain. *Fermentation panaire.*

PANAIS n.m. (lat. *pastinaca*). Plante bisannuelle à fleurs jaunes, dont la variété potagère *(Pastinaca saticea)* possède une racine très utilisée naguère comme légume et comme fourrage. (Famille des ombellifères.)

PANAMA n.m. (de *Panamá*). Anc. Chapeau souple, tressé avec la feuille d'un arbuste d'Amérique centrale.

PANAMÉEN, ENNE ou **PANAMIEN, ENNE** adj. et n. De la République de Panamá.

PANAMÉRICAIN, E adj. **1.** Relatif au continent américain tout entier. **2.** Relatif au panaméricanisme.

PANAMÉRICANISME n.m. Doctrine politique, mouvement tendant à établir une solidarité des nations à l'échelle du continent américain.

PANARABISME n.m. Doctrine politique, mouvement tendant à regrouper les nations de langue et de civilisation arabes.

1. PANARD, E adj. (prov. *panard,* boiteux). Se dit d'un cheval dont les pieds sont tournés en dehors.

2. PANARD n.m. Pop. Pied.

PANARIS [panari] n.m. (lat. *panaricium*). Infection aiguë du doigt ; mal blanc.

PANATELA ou **PANATELLA** n.m. (mot esp.). Cigare de La Havane, mince et allongé.

PANATHÉNÉES n.f. pl. (gr. *pan,* tout, et *Athenê,* Athéna). ANTIQ. GR. Fêtes célébrées chaque année en juillet à Athènes en l'honneur d'Athéna.

PANAX ou **PANACE** n.m. (mot lat.). Arbre ou arbrisseau tropical dont on utilise la racine (ginseng) pour ses propriétés toniques. (Famille des araliacées.)

PAN-BAGNAT n.m. (mot prov.) [pl. *pans-bagnats*]. Petit pain rond coupé en deux, garni de tomates, de salade, d'œufs durs, de thon et d'anchois, et arrosé d'huile d'olive.

PANCA n.m. → ***panka.***

PANCARTAGE n.m. Affichage, dans un lieu public, d'indications destinées aux usagers.

PANCARTE n.f. (gr. *pan,* tout, et *khartês,* livre). Panneau, plaque portant une inscription ou un avis destiné au public.

PANCETTA n.f. Charcuterie faite de poitrine de porc salée, roulée et séchée.

PANCHEN-LAMA [panʃɛnlama] n.m. (pl. *panchen-lamas*). Second personnage de la hiérarchie du bouddhisme tibétain, après le dalaï-lama.

PANCHROMATIQUE adj. PHOT. Sensible à toutes les couleurs, en parlant d'une émulsion, d'une pellicule.

PANCLASTITE n.f. (gr. *pan,* tout, et *klastos,* brisé). Explosif constitué d'un mélange de peroxyde d'azote et d'un combustible liquide.

PANCRACE n.m. (gr. *pan,* tout, et *kratos,* force). ANTIQ. GR. Combat gymnique combinant la lutte et le pugilat.

PANCRÉAS [pãkreas] n.m. (gr. *pan,* tout, et *kreas,* chair). Glande abdominale située chez l'homme en arrière de l'estomac, et qui assure à la fois la sécrétion d'un suc digestif, le suc pancréatique, agissant en milieu alcalin sur tous les aliments, et de deux hormones régulatrices du métabolisme des glucides, l'insuline et le glucagon.

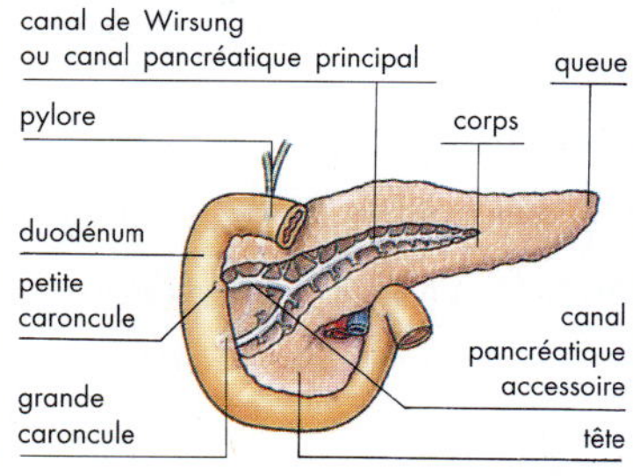

pancréas

PANCRÉATECTOMIE n.f. CHIR. Ablation du pancréas.

PANCRÉATIQUE adj. Du pancréas.

PANCRÉATITE n.f. Inflammation du pancréas.

PANDA n.m. (mot népalais). Mammifère des forêts d'Inde et de Chine dont les deux espèces, le grand panda *(Ailuropoda melanoleuca)* voisin de l'ours, qui se nourrit de pousses de bambou, et le petit panda *(Ailurus fulgens)* à l'allure de gros chat, qui mange des feuilles et des fruits, sont auj. classées dans deux familles différentes.

pandas

PANDANUS [pãdanys] n.m. (malais *pandang*). Plante ornementale à port de palmier, d'origine tropicale.

PANDECTES n.f. pl. (gr. *pan,* tout, et *dekhestai,* recevoir). DR. ROM. Recueil de décisions des jurisconsultes romains.

PANDÈMES n.f. pl. ANTIQ. GR. Fêtes où l'on servait des repas publics.

PANDÉMIE n.f. Épidémie qui atteint les populations d'une zone géographique très étendue (un ou plusieurs continents).

PANDÉMONIUM [pãdemɔnjɔm] n.m. (angl. *pandemonium,* du gr. *pan,* tout, et *daimôn,* démon). Litt. **1.** Capitale supposée de l'enfer. **2.** Lieu où règnent la corruption et le désordre. ◇ Lieu plein d'agitation et de bruit.

PANDICULATION n.f. (du lat. *pandiculari,* s'étendre). Mouvement qui consiste à s'étirer, bras et jambes tendus, en bâillant.

PANDIT [pãdit] n.m. (mot sanskr.). Titre honorifique donné dans l'Inde, notamm. aux érudits.

PANDORE n.m. (type popularisé par une chanson de Nadaud). Fam. et vieilli. Gendarme.

PANÉ, E adj. Cuit, grillé dans un enrobage d'œuf battu et de chapelure. *Escalope panée.*

PANÉGYRIQUE n.m. (gr. *panêgurikos*). Parole, écrit à la louange de qqn, de qqch. ◇ Éloge sans réserve ou excessif.

PANÉGYRISTE n. Auteur d'un panégyrique.

PANEL [panɛl] n.m. (mot angl., *tableau*). **1.** SOCIOL. Groupe de personnes formant un échantillon et destiné à être interrogé à intervalles réguliers, pour des enquêtes, pour des études de marché. **2.** Groupe de spécialistes réuni devant un auditoire pour débattre d'une question donnée et en dégager une présentation d'ensemble.

PANER v.t. (du lat. *panis,* pain). Enrober un aliment de chapelure avant de le faire griller, sauter.

PANERÉE n.f. Vieilli. Contenu d'un panier.

PANETERIE n.f. **1.** Lieu où l'on conserve et distribue le pain dans les communautés, les grands établissements. **2.** HIST. Office de panetier.

PANETIER n.m. HIST. Officier chargé du pain à la cour d'un souverain.

PANETIÈRE n.f. (de *pain*). Anc. **1.** Sac pour le pain, les provisions. **2.** Meuble à claire-voie où l'on conserve du pain.

PANETON n.m. (de *panier*). Petit panier doublé de toile, où les boulangers mettent le pâton.

PANGERMANISME n.m. Doctrine politique, mouvement visant à regrouper en un État unique toutes les populations d'origine germanique.

PANGERMANISTE adj. et n. Relatif au pangermanisme ; partisan du pangermanisme.

PANGOLIN n.m. (malais *pang-goling*). Mammifère d'Afrique et d'Asie, couvert d'écailles, se nourrissant de termites et de fourmis. (Long. 1 m env. ; ordre des pholidotes.)

pangolin

PANHELLÉNIQUE adj. Qui concerne tous les Grecs.

PANHELLÉNISME n.m. Système politique tendant à réunir tous les Grecs.

PANIC n.m. Millet d'une variété cultivée comme céréale ou plante fourragère et appelée également *millet des oiseaux.*

PANICAUT [paniko] n.m. (mot prov., du lat. *panis,* pain, et *cardus,* chardon). Plante des terres incultes et des sables littoraux, appelée aussi *chardon bleu,* aux feuilles épineuses bleuâtres. (Famille des ombellifères.)

PANICULE n.f. (lat. *panicula,* de *panus,* épi). BOT. Grappe composée, de forme conique. *Panicules de maïs, d'avoine.*

PANICULÉ, E adj. BOT. Qui porte des fleurs en panicule.

PANIER n.m. (lat. *panarium,* corbeille à pain). **1.** Ustensile fait à l'origine de vannerie, souvent muni d'une ou deux anses, et servant à contenir ou à transporter des provisions, des marchandises. ◇ *Panier à salade :* panier à jour permettant de secouer la salade pour l'égoutter ; **fam.**, voiture cellulaire. – *Mettre au panier :* jeter aux ordures. – *Mettre dans le même panier :* englober dans un même jugement péjoratif. – **Fig.** *Panier percé :* personne très dépensière. **2.** Contenu d'un panier. ◇ *Le fond du panier :* le rebut (par opp. au *dessus du panier,* ce qu'il y a de meilleur). – *Le panier de la ménagère :* la part du budget d'un ménage destinée aux dépenses alimentaires et d'entretien de la maison, et qui sert au calcul du coût de la vie. – **Fig.** et **fam.** *Panier de crabes :* collectivité dont les membres se détestent et cherchent à se nuire. **3.** Au basket-ball, but formé d'un filet sans fond monté sur une armature circulaire ; tir au but réussi valant 2 points (3 points au-delà de la ligne de 6,25 m). **4. Anc.** Jupon bouffant garni de baleines.

PANIÈRE n.f. Grande corbeille d'osier à deux anses.

PANIER-REPAS n.m. (pl. *paniers-repas*). Panier (ou paquet, etc.) contenant un repas froid destiné à un voyageur, un excursionniste, etc.

PANIFIABLE adj. Que l'on peut utiliser pour faire du pain. *Céréale panifiable.*

PANIFICATION n.f. Transformation des matières farineuses en pain.

PANIFIER v.t. Transformer en pain.

PANINI n.m. (mot it.) [pl. *paninis* ou inv.]. Sandwich d'origine italienne, fait avec un petit pain mi-cuit que l'on garnit et passe ensuite au grille-pain.

PANIQUANT, E adj. Qui suscite la panique.

PANIQUARD, E adj. et n. **Fam.** et **péj.** Personne qui cède facilement à la panique, qui s'affole pour peu de chose.

PANIQUE n.f. (du dieu *Pan*). Terreur subite et violente, incontrôlable, et de caractère souvent collectif. ◆ adj. *Peur panique :* peur soudaine, irraisonnée.

PANIQUER v.i. ou **SE PANIQUER** v.pr. **Fam.** Céder à la panique, s'affoler. ◆ v.t. **Fam.** Affoler. *Les responsabilités le paniquent.*

PANISLAMIQUE adj. Relatif au panislamisme.

PANISLAMISME n.m. Mouvement politico-religieux visant à unir sous une même autorité tous les peuples de religion musulmane.

PANJABI n.m. Langue indo-aryenne parlée au Pendjab. Graphie savante : *panjābī.*

PANKA ou **PANCA** n.m. (mot hindi). Écran suspendu au plafond, qui se manœuvre au moyen de cordes et qui est employé dans les pays chauds comme ventilateur.

PANMIXIE n.f. Reproduction sans sélection naturelle.

1. PANNE n.f. (lat. *penna,* plume). Étoffe comparable au velours, mais à poils plus longs et moins serrés.

2. PANNE n.f. Graisse sous la peau du porc. ◇ **Spécialt.** Graisse qui entoure les rognons de cet animal.

3. PANNE n.f. (anc. fr. *penne,* plume, lat. *penna*). **1.** Arrêt de fonctionnement accidentel et momentané. *Panne de moteur. Tomber en panne.* – *Panne sèche,* due à un manque de carburant. ◇ **Fig.** *Être en panne :* ne pas pouvoir continuer (à faire, à dire, etc.). – **Fam.** *Être en panne de qqch,* en manquer. **2.** MAR. *Mettre en panne :* orienter la ou les voiles de manière à arrêter le navire dans sa marche.

4. PANNE n.f. (var. de *penne,* plume). Partie étroite de la tête d'un marteau, opposée au côté plat (ou *table*). ◇ Partie plate et tranchante d'un piolet.

5. PANNE n.f. (gr. *phatnê,* crèche). Pièce horizontale de la charpente d'un toit, posée sur les arbalétriers et portant les chevrons.

PANNÉ, E adj. **Pop.** Démuni d'argent, pauvre.

PANNEAU n.m. (lat. *pannelus,* petit pan). **1.** Élément plan d'un ouvrage de menuiserie, de maçonnerie, etc., délimité ou non par une bordure et généralement quadrangulaire. **2.** Élément préfabriqué, plaque destinée à être utilisée comme matériau de remplissage, de revêtement, etc. *Panneau de fibres, de particules (de bois), d'amiante-ciment.* **3.** Élément plan de bois, de métal, etc., portant des indications, des inscriptions, ou destiné à en porter. *Panneau d'affichage.* **4.** BX-A. **a.** Planche ou assemblage de planches servant de support à une peinture. **b.** Compartiment peint (d'un retable, etc.). *Panneaux d'un triptyque.* **5.** MAR. Élément plan et rigide fermant une écoutille. *Panneaux de cale.* **6.** COUT. Pièce de tissu rapportée de façon apparente dans un vêtement pour l'orner ou pour lui donner de l'ampleur. **7.** CHASSE. Filet pour prendre le gibier. ◇ **Fig.** *Tomber, donner dans le panneau,* dans le piège ; se laisser prendre, duper.

PANNEAUTER v.i. Chasser avec des panneaux.

PANNERESSE n.f. (de *panneau*). CONSTR. Pierre ou brique d'un mur ayant sa face la plus longue en parement. (Par opp. à *boutisse.*)

PANNETON [pantɔ̃] n.m. TECHN. Partie d'une clé située à l'extrémité de la tige, perpendiculairement à celle-ci, et qui fait mouvoir le pêne en tournant dans la serrure.

PANNICULE n.m. ANAT. *Pannicule adipeux :* couche de tissu cellulaire située sous la peau et où s'accumule la graisse.

PANONCEAU n.m. (de l'anc. fr. *penon,* étendard). **1.** Écusson à la porte des officiers ministériels. **2.** Petit panneau. *Panonceaux à la porte d'un hôtel* (indiquant sa catégorie, etc.).

PANOPHTALMIE n.f. MÉD. Inflammation généralisée du globe oculaire.

PANOPLIE n.f. (gr. *panoplia,* armure d'un hoplite). **I. 1.** Collection d'armes disposées sur un panneau de manière à constituer une décoration. **2.** Jouet d'enfant constitué par un ensemble de pièces de déguisement et d'accessoires caractéristiques d'un personnage, d'une profession, en général vendus fixés sur un panneau. *Panoplie de Robin des Bois, d'infirmière.* **II.** Ensemble d'objets, d'éléments semblables ; ensemble des moyens d'action dont on dispose dans une situation donnée. *La panoplie des sanctions administratives.*

PANOPTIQUE adj. Se dit d'un édifice dont on peut, d'un poste d'observation prévu à cet effet, embrasser par la vue tout l'intérieur. *Prison panoptique.*

PANORAMA n.m. (mot angl., du gr. *pan,* tout, et *horama,* spectacle). **1.** Vaste paysage qu'on découvre circulairement d'une hauteur. **2. Fig.** Vue d'ensemble. *Panorama de la littérature contemporaine.* **3.** BX-A. **Anc.** Long tableau peint en trompe-l'œil, développé sur les murs d'une rotonde dont le spectateur occupe le centre (fin XVIIIe-XIXe s.).

1. PANORAMIQUE adj. Qui offre les caractères d'un panorama ; qui permet de découvrir un vaste paysage. *Vue panoramique.*

2. PANORAMIQUE n.m. CIN. Mouvement de caméra consistant en une rotation de celle-ci autour d'un axe ; effet visuel résultant de ce mouvement.

PANORPE n.f. (gr. *pan,* tout, et *horpêx,* aiguillon). Insecte à ailes membraneuses tachetées de brun, dont le mâle a l'abdomen terminé par une pince. (Long. 3 cm env. ; ordre des mécoptères.)

PANOSSE n.f. **Région.** (Savoie) ; **Suisse.** Serpillière.

PANOSSER v.t. **Région.** (Savoie) ; **Suisse.** Nettoyer à l'aide d'une panosse, passer à la panosse.

PANOUFLE n.f. Garniture en peau de mouton recouvrant le dessus d'un sabot.

PANSAGE n.m. Action de panser (un cheval, un animal domestique).

PANSE n.f. (lat. *pantex,* intestins). **1.** Première poche de l'estomac des ruminants, où les végétaux absorbés s'entassent avant la mastication. SYN. : *rumen.* **2. Fam.** Ventre ; gros ventre. **3.** Partie arrondie et renflée de certains objets. *Panse d'une cruche.* **4.** Partie d'une cloche où frappe le battant. **5.** Partie arrondie de certaines lettres *(a, b, p, q).*

PANSEMENT n.m. **1.** Action de panser une plaie. **2.** Ce qui est utilisé pour panser une plaie ; ensemble des médicaments, des compresses stériles, etc., employés pour protéger une plaie de l'infection et favoriser sa cicatrisation. ◇ *Pansement gastrique :* préparation médicamenteuse administrée par la bouche sous forme de poudre ou de gel, qui adhère à la muqueuse gastrique malade et la protège de l'action des sucs digestifs.

PANSER v.t. (lat. *pensare,* soigner). **1.** Appliquer un pansement sur ; soigner avec un, des pansements. *Panser une plaie, un blessé.* **2. Fig.** Adoucir (une douleur morale) en consolant ; soulager. *Panser un cœur meurtri.* **3.** Faire la toilette d'un animal domestique, en partic. d'un cheval.

PANSLAVE adj. **1.** De l'ensemble des Slaves. **2.** Du panslavisme ; favorable au panslavisme.

PANSLAVISME n.m. Idéologie du XIXe s. et du début du XXe s., reposant sur le sentiment d'un héritage historique commun à tous les Slaves et visant à restaurer leur unité politique.

PANSLAVISTE adj. et n. Qui relève du panslavisme ; qui en est partisan.

PANSU, E adj. **1.** Qui a une grosse panse, un gros ventre. **2.** Renflé. *Bonbonne pansue.*

PANTAGRUÉLIQUE adj. Qui évoque Pantagruel, l'énormité de son appétit.

PANTALON n.m. (de *Pantalon,* n.pr.). **1.** Culotte à longues jambes descendant jusqu'aux pieds. **2.** Partie d'un décor de théâtre destinée à donner une perspective dans l'ouverture d'une fenêtre ou d'une porte.

PANTALONNADE n.f. (de *Pantalon,* personnage de la comédie italienne). **1.** Farce, bouffonnerie grossière. **2.** Démonstration hypocrite d'un sentiment.

PANTE [pɑ̃t] n.m. (de *pantin*). **Arg., vx.** Individu considéré comme facile à voler, à gruger.

PANTELANT, E adj. (de *panteler*). **Litt. 1. Vx.** Haletant. **2.** *Chair pantelante :* chair encore palpitante d'un être que l'on vient de tuer.

PANTELER v.i. (lat. pop. *pantasiare,* rêver) [24]. **Litt. 1. Vx.** Haleter. **2. Rare.** Être pantelant.

PANTENNE ou **PANTÈNE** n.f. (prov. *pantano*). **1.** CHASSE. Pantière. **2.** MAR. *Gréement en pantenne,* en désordre. – *Vergues en pantenne,* hissées obliquement, en signe de deuil.

PANTHÉISME n.m. (gr. *pan,* tout, et *theos,* dieu). **1.** Système religieux, philosophique qui identifie Dieu et le monde. **2.** Divinisation de la nature.

PANTHÉISTE adj. et n. Qui relève du panthéisme ; adepte du panthéisme.

PANTHÉON n.m. (gr. *pan,* tout, et *theos,* dieu). **1.** Temple que les Grecs et les Romains consacraient à tous leurs dieux. **2.** Ensemble des dieux d'une mythologie, d'une religion. **3.** Monument où sont déposés les corps des hommes illustres d'une nation. *Le Panthéon de Paris.*

1. PANTHÈRE n.f. (gr. *panthêr*). Mammifère carnassier des régions tropicales, de la famille des félidés, au pelage jaune tacheté de noir. *Panthère d'Afrique,* ou *léopard. Panthère d'Amérique,* ou *jaguar. Panthère noire* (mutant mélanique, de l'Insulinde).

panthère d'Afrique

2. PANTHÈRE adj. inv. *Amanite panthère,* à chapeau brun tacheté de blanc, vénéneuse mais non mortelle.

PANTIÈRE n.f. (gr. *panthêra*). Grand filet tendu verticalement pour prendre des oiseaux qui volent par troupe. SYN. : *pantenne.*

PANTIN n.m. (anc. fr. *pantine,* écheveau de soie). **1.** Figurine burlesque en carton, en bois découpé, etc., dont on fait mouvoir les membres en tirant sur un fil. **2.** Personne influençable et versatile.

LISTE DES PAPES

Saint Pierre († 64 ou 67).
Saint Lin (67-76).
Saint Clet (76-88).
Saint Clément Ier (88-97).
Saint Évariste (97-105).
Saint Alexandre Ier (105-115).
Saint Sixte Ier (115-125).
Saint Télesphore (125-136).
Saint Hygin (136-140).
Saint Pie Ier (140-155).
Saint Anicet (155-166).
Saint Soter (166-175).
Saint Éleuthère (175-189).
Saint Victor Ier (189-199).
Saint Zéphyrin (199-217).
Saint Calixte (217-222).
Saint Urbain Ier (222-230).
Saint Pontien (230-235).
Saint Antère (235-236).
Saint Fabien (236-250).
Saint Corneille (251-253).
Saint Lucius Ier (253-254).
Saint Etienne Ier (254-257).
Saint Sixte II (257-258).
Saint Denys (259-268).
Saint Félix Ier (269-274).
Saint Eutychien (275-283).
Saint Caïus (283-296).
Saint Marcellin (296-304).
Saint Marcel Ier (308-309).
Saint Eusèbe (309).
Saint Miltiade (311-314).
Saint Sylvestre Ier (314-335).
Saint Marc (336).
Saint Jules Ier (337-352).
Libère (352-366).
Saint Damase Ier (366-384).
Saint Sirice (384-399).
Saint Anastase Ier (399-401).
Saint Innocent Ier (401-417).
Saint Zosime (417-418).
Saint Boniface Ier (418-422).
Saint Célestin Ier (422-432).
Saint Sixte III (432-440).
Saint Léon Ier le Grand (440-461).
Saint Hilaire (461-468).
Saint Simplice (468-483).
Saint Félix III (II) [483-492].
Saint Gélase Ier (492-496).
Anastase II (496-498).
Saint Symmaque (498-514).
Saint Hormisdas (514-523).
Saint Jean Ier (523-526).
Saint Félix IV (III) [526-530].
Boniface II (530-532).
Jean II (533-535).
Saint Agapet (535-536).
Saint Silvère (536-537).
Vigile (537-555).
Pélage Ier (556-561).
Jean III (561-574).
Benoît Ier (575-579).
Pélage II (579-590).
Saint Grégoire Ier le Grand (590-604).
Sabinien (604-606).
Boniface III (607).
Saint Boniface IV (608-615).
Dieudonné Ier ou saint Adéodat (615-618).
Boniface V (619-625).
Honorius Ier (625-638).
Séverin (640).
Jean IV (640-642).
Théodore Ier (642-649).
Saint Martin Ier (649-655).
Saint Eugène Ier (654-657).
Saint Vitalien (657-672).
Dieudonné II ou Adéodat (672-676).
Domnus ou Donus (676-678).
Saint Agathon (678-681).
Saint Léon II (682-683).
Saint Benoît II (684-685).
Jean V (685-686).
Conon (686-687).
Saint Serge ou Sergius Ier (687-701).
Jean VI (701-705).
Jean VII (705-707).
Sisinnius (708).
Constantin (708-715).
Saint Grégoire II (715-731).
Saint Grégoire III (731-741).
Saint Zacharie (741-752).
Étienne II (III) [752-757].
Saint Paul Ier (757-767).
Étienne III (IV) [768-772].
Adrien Ier (772-795).
Saint Léon III (795-816).
Étienne IV (V) [816-817].
Saint Pascal Ier (817-824).
Eugène II (824-827).
Valentin (827).
Grégoire IV (827-844).
Serge ou Sergius II (844-847).
Saint Léon IV (847-855).
Benoît III (855-858).
Saint Nicolas Ier le Grand (858-867).
Adrien II (867-872).
Jean VIII (872-882).
Marin Ier (882-884).
Saint Adrien III (884-885).
Étienne V (VI) [885-891].
Formose (891-896).
Boniface VI (896).
Étienne VI (VII) [896-897].
Romain (897).
Théodore II (897).
Jean IX (898-900).
Benoît IV (900-903).
Léon V (903).
Serge ou Sergius III (904-911).
Anastase III (911-913).
Landon (913-914).
Jean X (914-928).
Léon VI (928).
Étienne VII (VIII) [928-931].
Jean XI (931-935).
Léon VII (936-939).
Étienne VIII (IX) [939-942].
Marin II (942-946).
Agapet II (946-955).
Jean XII (955-964).
Léon VIII (963-965).
[Benoît V, antipape (964-966)].
Jean XIII (965-972).
Benoît VI (973-974).
Benoît VII (974-983).
Jean XIV (983-984).
Jean XV (985-996).
Grégoire V (996-999).
[Jean XVI, antipape (997-998)].
Sylvestre II (999-1003).
Jean XVII (1003).
Jean XVIII (1004-1009).
Serge ou Sergius IV (1009-1012).
Benoît VIII (1012-1024).
Jean XIX (1024-1032).
Benoît IX (1032-1044).
Sylvestre III (1045).
Grégoire VI (1045-46).
Clément II (1046-47).
Benoît IX, de nouveau (1047-48).
Damase II (1048).
Saint Léon IX (1049-1054).
Victor II (1055-1057).
Étienne IX (X) [1057-58].
[Benoît X, antipape (1058-1060)].
Nicolas II (1059-1061).
Alexandre II (1061-1073).
Saint Grégoire VII (1073-1085).
Bienheureux Victor III (1086-87).
Bienheureux Urbain II (1088-1099).
Pascal II (1099-1118).
Gélase II (1118-19).
Calixte II (1119-1124).
Honorius II (1124-1130).
Innocent II (1130-1143).
Célestin II (1143-44).
Lucius II (1144-45).
Bienheureux Eugène III (1145-1153).
Anastase IV (1153-54).
Adrien IV (1154-1159).
Alexandre III (1159-1181).
Lucius III (1181-1185).
Urbain III (1185-1187).
Grégoire VIII (1187).
Clément III (1187-1191).
Célestin III (1191-1198).
Innocent III (1198-1216).
Honorius III (1216-1227).
Grégoire IX (1227-1241).
Célestin IV (1241).
Innocent IV (1243-1254).
Alexandre IV (1254-1261).
Urbain IV (1261-1264).
Clément IV (1265-1268).
Bienheureux Grégoire X (1271-1276).
Bienheureux Innocent V (1276).
Adrien V (1276).
Jean XXI (1276-77).
Nicolas III (1277-1280).
Martin IV (1281-1285).
Honorius IV (1285-1287).
Nicolas IV (1288-1292).
Saint Célestin V (1294).
Boniface VIII (1294-1303).
Bienheureux Benoît XI (1303-04).
Clément V (1305-1314).
Jean XXII (1316-1334).
Benoît XII (1334-1342).
Clément VI (1342-1352).
Innocent VI (1352-1362).
Bienheureux Urbain V (1362-1370).
Grégoire XI (1370-1378).

Grand Schisme d'Occident.

• *Papes romains.*
Urbain VI (1378-1389).
Boniface IX (1389-1404).
Innocent VII (1404-1406).
Grégoire XII (1406-1415).
• *Papes d'Avignon.*
Clément VII (1378-1394).
Benoît XIII (1394-1423).
• *Papes de Pise.*
Alexandre V (1409-10).
Jean XXIII (1410-1415).

Les papes après le Grand Schisme.

Martin V (1417-1431).
Eugène IV (1431-1447).
Nicolas V (1447-1455).
Calixte III (1455-1458).
Pie II (1458-1464).
Paul II (1464-1471).
Sixte IV (1471-1484).
Innocent VIII (1484-1492).
Alexandre VI (1492-1503).
Pie III (1503).
Jules II (1503-1513).
Léon X (1513-1521).
Adrien VI (1522-23).
Clément VII (1523-1534).
Paul III (1534-1549).
Jules III (1550-1555).
Marcel II (1555).
Paul IV (1555-1559).
Pie IV (1559-1565).
Saint Pie V (1566-1572).
Grégoire XIII (1572-1585).
Sixte Quint (1585-1590).
Urbain VII (1590).
Grégoire XIV (1590-91).
Innocent IX (1591).
Clément VIII (1592-1605).
Léon XI (1605).
Paul V (1605-1621).
Grégoire XV (1621-1623).
Urbain VIII (1623-1644).
Innocent X (1644-1655).
Alexandre VII (1655-1667).
Clément IX (1667-1669).
Clément X (1670-1676).
Bienheureux Innocent XI (1676-1689).
Alexandre VIII (1689-1691).
Innocent XII (1691-1700).
Clément XI (1700-1721).
Innocent XIII (1721-1724).
Benoît XIII (1724-1730).
Clément XII (1730-1740).
Benoît XIV (1740-1758).
Clément XIII (1758-1769).
Clément XIV (1769-1774).
Pie VI (1775-1799).
Pie VII (1800-1823).
Léon XII (1823-1829).
Pie VIII (1829-30).
Grégoire XVI (1831-1846).
Pie IX (1846-1878).
Léon XIII (1878-1903).
Saint Pie X (1903-1914).
Benoît XV (1914-1922).
Pie XI (1922-1939).
Pie XII (1939-1958).
Jean XXIII (1958-1963).
Paul VI (1963-1978).
Jean-Paul Ier (1978).
Jean-Paul II, élu en 1978.

PANTOGRAPHE n.m. (gr. *pan,* tout, et *graphein,* écrire). **1.** Instrument formé de quatre tiges articulées, servant à reproduire mécaniquement un dessin, le cas échéant à une échelle différente. **2.** CH. DE F. Dispositif articulé de captage du courant sur les locomotives électriques, frottant sur la caténaire.

PANTOIRE n.f. MAR. Filin dont une extrémité est assujettie à un point fixe et dont l'autre porte une poulie, un œil ou une cosse.

PANTOIS, E adj. (de l'anc. fr. *pantoisier,* haleter). Déconcerté par un évènement imprévu ; stupéfait, interdit. *Être tout pantois. Rester pantois.*

PANTOMÈTRE n.m. Instrument d'arpentage pour la mesure des angles et le tracé des perpendiculaires sur le terrain.

PANTOMIME n.f. (gr. *pantomimos,* qui imite tout). **1.** Jeu du mime ; art de s'exprimer par les gestes, les attitudes, les jeux de physionomie, sans recourir au langage. **2.** Pièce mimée. **3.** Péj. Comportement outré, ridicule.

PANTOTHÉNIQUE adj. (gr. *pantothen,* de toutes parts). BIOCHIM. *Acide pantothénique :* acide présent dans tous les tissus animaux et nécessaire aux métabolismes des lipides et des glucides. SYN. : *vitamine B5.*

PANTOUFLARD, E adj. et n. Fam. Se dit d'une personne casanière.

PANTOUFLE n.f. **1.** Chaussure d'intérieur sans talon ni tige. **2.** Fig., fam. Situation d'un fonctionnaire qui pantoufle ; dédit qu'il doit à l'État.

PANTOUFLER v.i. Fam. Quitter la fonction publique pour entrer dans une entreprise privée, en parlant d'un fonctionnaire.

PANTOUM n.m. (mot malais). Poème à forme fixe emprunté à la poésie malaise et composé d'une suite de quatrains à rimes croisées. (Le deuxième et le quatrième vers du premier quatrain fournissent les premier et troisième vers du suivant, et le dernier vers de la pièce répète le premier.)

PANURE n.f. Chapelure.

PANZER [pɑ̃dzɛr] n.m. (mot all.). Engin blindé allemand, pendant la Seconde Guerre mondiale.

P. A. O. n.f. (sigle). Publication* assistée par ordinateur.

PAON [pɑ̃] n.m. (lat. *pavo, pavonis*). **1.** Oiseau gallinacé originaire d'Asie, dont le mâle porte une magnifique livrée bleutée à reflets métalliques et une longue queue aux plumes tachetées d'ocelles qu'il relève en roue dans la parade. (Long. plus de 2,50 m, queue comprise.) – *Le paon criaille, braille,* pousse son cri. ◇ *Être vaniteux comme un paon,* très vaniteux. – *Se parer des plumes du paon :* se prévaloir de mérites usurpés. **2.** Papillon aux ailes ocellées (nom commun à plusieurs espèces).

paon mâle

PAONNE [pan] n.f. Femelle du paon.

PAPA n.m. (gr. *pappas,* père). Père, dans le langage des enfants. ◇ Fam. *À la papa :* sans hâte ; sans risque. – Fam. *De papa :* désuet, démodé, vieux jeu.

PAPAL, E, AUX adj. Du pape. *Les terres papales.*

PAPAS [papas] n.m. (gr. *pappas,* père). Prêtre d'une Église d'Orient.

PAPAUTÉ n.f. **1.** Dignité, fonction de pape. **2.** Administration, gouvernement d'un pape ; durée de son pontificat.

PAPAVÉRACÉE n.f. (lat. *papaver,* pavot). *Papavéracées :* famille de plantes à pétales séparés et caducs, à fruit en capsule, telles que le pavot, le coquelicot, la chélidoine.

PAPAVÉRINE n.f. PHARM. Un des alcaloïdes de l'opium, utilisé en médecine comme antispasmodique.

PAPAYE [papaj] n.f. (mot caraïbe). Fruit comestible du papayer, semblable à un gros melon.

PAPAYER n.m. Arbre fruitier des régions tropicales et équatoriales, qui produit la papaye. (Famille des passifloracées.)

PAPE n.m. (gr. *pappas,* père). **I.1.** Chef élu de l'Église catholique romaine. *Le pape est l'évêque de Rome.* *(V. liste p. 741.)* **2.** Fam. Personne jouissant d'une autorité indiscutée. *André Breton, le pape du surréalisme.* **II.** Passerine de la taille d'un moineau, aux couleurs vives.

1. PAPELARD, E adj. et n. (de l'anc. fr. *paper,* manger gloutonnement). Litt. Hypocrite.

2. PAPELARD n.m. Fam. Papier.

PAPELARDISE n.f. Litt. Hypocrisie.

PAPERASSE [papras] n.f. Papier, écrit tenu pour sans valeur. – *De la paperasse, des paperasses :* des papiers inutiles, encombrants.

PAPERASSERIE n.f. Excès de paperasse, abus d'écritures administratives.

PAPERASSIER, ÈRE n. et adj. Qui se complaît dans la paperasse, la paperasserie.

PAPESSE n.f. Femme pape, selon une légende. *La papesse Jeanne.*

PAPET n.m. (du lat. *pappare,* manger). Suisse. Plat traditionnel du canton de Vaud, constitué d'une bouillie de pommes de terre et de poireaux accompagnée de saucisses.

PAPETERIE [papɛtri] n.f. **1.** Magasin où l'on vend du papier, des fournitures scolaires et des articles de bureau. **2.** Fabrication du papier ; fabrique de papier.

PAPETIER, ÈRE n. **1.** Personne qui fabrique du papier. **2.** Personne qui tient une papeterie. ◆ adj. Du papier. *Industrie papetière.*

PAPI n.m. → ***papy.***

PAPIER n.m. (lat. *papyrus*). **1.** Matière faite de substances végétales réduites en une pâte étalée et séchée en couche mince, et qui sert à écrire, à imprimer, à envelopper, etc. ◇ *Papier à lettres,* d'une pâte fine, utilisé pour la correspondance. – *Papier écolier :* papier réglé destiné aux devoirs des écoliers, aux écritures courantes. – *Papier à musique,* sur lequel sont imprimées des portées, pour écrire la musique. – *Papier à dessin,* apprêté, blanc et solide. – *Papier journal,* de qualité très ordinaire, sur lequel on imprime les journaux. – *Papier d'emballage,* résistant, destiné à envelopper des objets volumineux ou pesants. – *Papier cristal :* papier translucide, glacé et lustré sur les deux faces. – *Papier peint :* papier coloré ou décoré, destiné à tapisser les murs des pièces d'habitation. – *Papier mâché,* réduit en menus morceaux et mélangé à de l'eau additionnée de colle, de manière à former une pâte que l'on peut modeler, façonner. – Fig. *Figure de papier mâché,* d'une pâleur maladive. – *Papier sensible,* utilisé pour la photographie. – *Papier de verre,* enduit d'une préparation abrasive et servant à poncer, à polir. **2.** Feuille, morceau de cette matière. *Mettre un papier à la corbeille.* – *Papiers collés, découpés,* utilisés par certains artistes (Braque, Matisse, etc.) dans des tableaux, des compositions graphiques ou picturales. **3.** Feuille très mince d'un métal. *Papier d'aluminium, d'argent.* **4.** Feuille écrite ou imprimée ; document. *Papiers personnels.* ◇ *Sur le papier :* théoriquement, en principe. **5.a.** Article, dans la presse écrite. ◇ Reportage, court exposé sur un sujet, dans la presse radiodiffusée, télévisée. **b.** Effet de commerce, valeur mobilière. ◆ pl. **1.** *Papiers d'identité* ou, ellipt., *papiers :* pièces d'identité. *Police ! Vos papiers !* **2.** Fam. *Être dans les petits papiers de qqn,* jouir de sa faveur, de son estime.

PAPIER-CALQUE n.m. (pl. *papiers-calque*). Papier translucide permettant de recopier un dessin sur lequel il est appliqué.

PAPIER-ÉMERI n.m. (pl. *papiers-émeri*). Papier dont la surface est recouverte d'une couche de produit abrasif.

PAPIER-FILTRE n.m. (pl. *papiers-filtres*). Papier poreux destiné à la filtration des liquides.

PAPIER-MONNAIE n.m. (pl. *papiers-monnaies*). Monnaie fiduciaire, généralement non convertible en métal précieux.

PAPILIONACÉ, E adj. (lat. *papilio, papilionis,* papillon). BOT. *Corolle papilionacée,* dont l'aspect rappelle celui d'un papillon et qui se compose de cinq pétales (l'étendard, les deux ailes et deux autres formant la carène).

PAPILIONACÉE n.f. *Papilionacées :* vaste famille de plantes à corolle papilionacée, de l'ordre des légumineuses. (Elle comprend notamment le genêt, le cytise, la glycine, la vesce, le soja, le haricot, le pois, la lentille, la luzerne, le trèfle, l'arachide.)

PAPILLAIRE [papilɛr] adj. ANAT. Qui a des papilles ; qui est de la nature des papilles.

PAPILLE [papij] n.f. (lat. *papilla*). Petite éminence plus ou moins saillante qui s'élève à la surface d'une muqueuse, en partic. de celle de la langue.

PAPILLEUX, EUSE [papijø, øz] adj. Semé de papilles.

PAPILLOMAVIRUS n.m. Virus responsable de papillomes cutanés et muqueux plus ou moins contagieux (verrues, condylomes vénériens). [Certains papillomavirus ont un pouvoir cancérogène.]

PAPILLOME [papijom] n.m. MÉD. Tumeur bénigne en forme de papille qui se développe sur la peau ou les muqueuses.

PAPILLON n.m. (lat. *papilio, -onis*). **I.1.** Insecte adulte de l'ordre des lépidoptères, aux quatre ailes couvertes d'écailles extrêmement fines et parées de couleurs plus ou moins vives. ◇ *Nœud papillon :* nœud de cravate en forme de papillon. **2.** Style de nage, dérivé de la brasse, dans lequel les bras sont ramenés latéralement au-dessus de l'eau. (On dit aussi *brasse papillon.*) **3.** *Papillon de mer :* gonelle (poisson). **4.** PHYS. *Effet papillon :* image proposée par le météorologue E. N. Lorenz pour appréhender les phénomènes physiques liés au chaos, et selon laquelle une petite perturbation dans un système peut avoir des conséquences considérables et imprévisibles. (Par ex., dans l'atmosphère, le souffle dû au battement d'une aile de papillon pourrait déclencher une tempête à des milliers de kilomètres de là.) **II.1.** Fam. Avis de contravention. **2.** Écrou à ailettes, qu'on serre et desserre à la main. **3.** Pièce plate pivotant autour de son axe de symétrie et permettant de régler un débit par le masquage plus ou moins complet d'une ouverture.

deux mouvements de la nage **papillon**

PAPILLONNAGE ou **PAPILLONNEMENT** n.m. Action de papillonner.

PAPILLONNANT, E adj. Qui papillonne.

PAPILLONNER v.i. **1.** Être agité d'un mouvement rapide évoquant les ailes d'un papillon. **2.** Passer constamment d'une chose ou d'une personne à une autre.

PAPILLONNEUR, EUSE n. Spécialiste de nage papillon.

PAPILLOTAGE n.m. **1.** Mouvement incessant et involontaire des yeux, des paupières. **2.** Effet produit sur la vue par le miroitement de lumières vives, par le mouvement d'objets brillants ou colorés.

PAPILLOTANT, E adj. Qui papillote.

PAPILLOTE n.f. (de l'anc. fr. *papillot,* dimin. de *papillon*). **1.** Morceau de papier sur lequel on enroule en boucle une mèche de cheveux pour la friser. **2.** Papier beurré ou huilé, ou feuille d'aluminium, dont on enveloppe certains aliments pour les cuire au four ou à la vapeur. **3.** Papier enveloppant un bonbon ; bonbon ainsi présenté. **4.** Ornement de papier enroulé et découpé dont on entoure le manche d'un gigot ou d'une côtelette.

PAPILLOTEMENT n.m. Scintillement qui trouble ou fatigue la vue.

livrée dissuasive
mimétisme
livrée dissuasive (tête de chouette)
Papilio dardanus
Danaus chrysippus
♀
forme Trophonius
Kenya
Samia cynthia
Inde
Caligo prometheus
Colombie
dissimulation
face dorsale cachée
face ventrale foliacée
dimorphisme de la femelle et du mâle
Armandia lidderdali
Inde
Kallima
Java
♀
Morpho cypris
Colombie
♂
différentes formes des ailes
homochromie
différence de coloris selon la saison
au printemps
en été
Catocala nupta
Europe
Araschnia
forme levana
Europe
forme prorsa
Eustera troglophylla
Gabon
Troïdes priamus hecuba
îles Salomon
Saturnia pyri
(grand paon de nuit)
France
Vanessa io
(paon de jour)
France
Iphiclides podalirius
(flambé)
France
Argynnis paphia
(tabac d'Espagne)
France
Apatura iris
(mars changeant)
Europe
Papilio machaon
(grand porte-queue)
Afrique du Nord,
Europe, Asie tempérée
Allancastria cerisyi
(thaïs)
S.-E. de l'Europe,
Asie Mineure
Vanessa aglais polychloros
(grande tortue)
Afrique du Nord,
Europe, Asie
Euvanessa antiopa
(morio)
Europe occ.,
Asie, Amér. du Nord
Deilephila [Daphnis] nerii
(sphinx du laurier rose)
Europe méridionale
Parnassius apollo
(apollon)
sud de la France,
Espagne et Portugal,
Afrique du Nord
Gonopteryx cleopatra
(citron de Provence)
France
Acherontia atropos
(sphinx tête-de-mort)
Europe

papillons

PAPILLOTER v.i. **1.** Être animé de reflets mouvants, scintiller. **2.** En parlant de l'œil, de la paupière, être animé d'un mouvement continuel, qui empêche de fixer un objet.

PAPION n.m. (altér. de *babouin*). Singe cynocéphale (nom commun à plusieurs espèces telles que l'hamadryas, le drill, etc.).

PAPISME n.m. Péj. (employé surtout par les protestants, du XVIe au XIXe s.). Catholicisme romain.

PAPISTE n. Péj. (mêmes emplois que *papisme*). Catholique romain.

PAPOTAGE n.m. Fam. Bavardage frivole.

PAPOTER v.i. (anc. fr. *papeter,* bavarder). Fam. Bavarder ; dire des choses insignifiantes.

PAPOU, E adj. et n. Des Papous.

PAPOUILLE n.f. Fam. (Souvent pl.). Chatouillement. *Faire des papouilles à qqn.*

PAPRIKA n.m. (mot hongr.). Piment doux de Hongrie, que l'on utilise en poudre comme condiment.

PAPULE n.f. (lat. *papula*). MÉD. Petite éminence s'élevant sur la peau, ne renfermant pas de liquide et disparaissant sans laisser de trace, dans certaines maladies.

PAPULEUX, EUSE adj. MÉD. Formé de papules ; couvert de papules.

PAPY ou **PAPI** n.m. Grand-père, dans le langage enfantin.

PAPYROLOGIE n.f. Étude des papyrus.

PAPYROLOGUE n. Spécialiste de papyrologie.

PAPYRUS [papirys] n.m. (mot lat., du gr.). **1.** Plante des bords du Nil, de la famille des cypéracées. **2.** Feuille pour l'écriture, fabriquée par les anciens Égyptiens à partir de la tige de cette plante. **3.** Manuscrit sur papyrus.

PAQSON n.m. → ***pacson.***

PÂQUE n.f. (gr. *paskha,* hébr. *pessah,* passage). **1.** (Avec une majuscule). Fête annuelle juive qui commémore la sortie d'Égypte du peuple hébreu, sa libération et l'annonce de sa rédemption messianique. **2.** Agneau pascal. *Manger la pâque.*

PAQUEBOT n.m. (angl. *packet-boat*). Grand navire aménagé pour le transport des passagers.

PÂQUERETTE n.f. (de *Pâques*). Petite marguerite blanche qui fleurit dans les prés aux environs de Pâques et reste en fleur presque toute l'année. ◇ Fig., fam. *Au ras des pâquerettes :* à un niveau très sommaire, très élémentaire ; sans recul ni perspective, sans élévation.

pâquerette

PÂQUES n.m. (de *pâque*). Fête annuelle de l'Église chrétienne, qui commémore la résurrection de Jésus-Christ. ◇ Fam., vieilli. *Faire Pâques avant les Rameaux :* être enceinte avant le mariage. ◆ n.f. pl. **1.** (Avec une minuscule). La fête de Pâques. *Joyeuses pâques.* ◇ *Faire ses pâques :* communier au cours du temps pascal, selon la prescription de l'Église. **2.** *Pâques fleuries :* le dimanche des Rameaux.

■ La fête de Pâques a été fixée par le concile de Nicée (325) au premier dimanche après la pleine lune qui a lieu soit le jour de l'équinoxe de printemps (21 mars), soit aussitôt après cette date. Pâques est donc au plus tôt le 22 mars. Si la pleine lune tombe le 20 mars, la suivante sera le 18 avril (29 jours après). Si ce jour est un dimanche, Pâques sera le 25 avril. Ainsi, la fête de Pâques oscille entre le 22 mars et le 25 avril, et de sa date dépendent celles des autres fêtes mobiles.

PAQUET n.m. (anc. fr. *pacque,* mot néerl.). **1. a.** Réunion de plusieurs choses attachées ou enveloppées ensemble. *Un paquet de linge.* ◇ Fig. *Faire son* (ou *ses*) *paquet(s) :* se préparer à partir. – Fam. *Mettre le paquet :* n'épargner aucun effort, employer tous les moyens dont on dispose. – Fam. *Risquer le paquet :* risquer gros dans une entreprise hasardeuse. – Fam. *Recevoir, avoir son paquet :* subir une critique sévère mais justifiée. **b.** Objet enveloppé, attaché pour être transporté plus facilement. *Expédier un paquet par la poste.* **2.** Masse importante ; grande quantité. *Il y en a un paquet !* **3.** IMPR. Réunion de plusieurs lignes composées en caractères mobiles et liées ensemble. **4.** INFORM. Ensemble de données organisées dans un certain format et acheminées en bloc au sein d'un réseau d'ordinateurs. **5.** *Paquet de mer :* grosse vague qui s'abat sur un bateau, un quai, etc., en déferlant.

PAQUETAGE n.m. Ensemble des effets et des objets d'équipement d'un soldat, disposés réglementairement.

PAQUETEUR, EUSE n. Rare. Personne qui fait des paquets, des colis.

1. PAR prép. (lat. *per,* par le moyen de). Indique : **1.** Le lieu par où l'on passe. *Passer par Paris.* ◇ *De par :* quelque part dans ; à travers. *De par le monde.* **2.** Le temps. *Comme par le passé.* – (Relativement aux circonstances atmosphériques). *Par beau temps.* **3.** Le moyen. *Arriver par bateau.* **4.** La cause. *Agir par intérêt.* ◇ *De par :* du fait de, étant donné ; par l'ordre ou l'autorité de. *De par la loi.* **5.** L'agent. *Faire réparer sa voiture par un garagiste.* **6.** La distribution. *Gagner tant par mois.*

2. PAR n.m. (mot angl., *égalité*). Au golf, nombre de coups nécessaires pour réussir un trou ou effectuer l'ensemble du parcours, égal à celui qui est établi par un excellent joueur et servant de repère.

1. PARA n.m. Unité monétaire divisionnaire de la Yougoslavie, valant 1/100 de dinar. (→ ***monnaie.***)

2. PARA n.m. (abrév.). Fam. Parachutiste militaire. ◇ Moins cour. Parachutiste, en général.

PARABASE n.f. (gr. *parabasis,* digression). LITTÉR. Partie d'une comédie grecque où l'auteur, par la voix du coryphée, haranguait les spectateurs.

PARABELLUM [parabɛllɔm] n.m. (mot all., d'après le lat. *Si vis pacem, para bellum,* v. pages roses). Pistolet automatique de gros calibre en usage autrefois dans l'armée allemande.

PARABIOSE n.f. BIOL. Procédé expérimental de greffe, dit aussi *greffe siamoise,* qui met en association deux organismes animaux et qui permet certaines observations physiologiques.

1. PARABOLE n.f. (gr. *parabolê,* comparaison). Comparaison développée dans un récit conventionnel dont les éléments sont empruntés à la vie quotidienne et comportent un enseignement religieux ou moral. *La parabole des talents, dans l'Évangile.* ◇ *Parler par paraboles,* d'une manière voilée ou obscure.

2. PARABOLE n.f. **1.** MATH. Courbe plane dont chaque point est équidistant d'un point fixe appelé *foyer* et d'une droite fixe appelée *directrice. La parabole est une conique.* **2.** TÉLÉCOMM. Antenne parabolique.

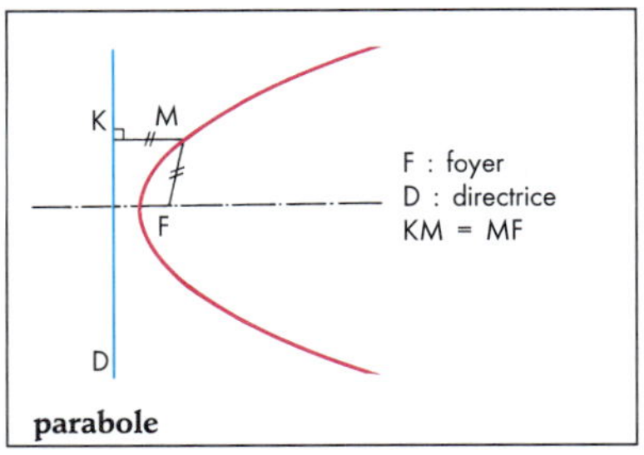

parabole

1. PARABOLIQUE adj. Qui tient de la parabole, de l'allégorie.

2. PARABOLIQUE adj. **1.** MATH. De la parabole. **2.** En forme de parabole ou de paraboloïde de révolution. *Réflecteur parabolique d'un radiateur électrique* (dit, par ext., *radiateur parabolique*). *Antenne parabolique.*

PARABOLIQUEMENT adv. En décrivant une parabole.

PARABOLOÏDE n.m. Surface de second degré dont les sections planes sont soit des paraboles ou des ellipses *(paraboloïde elliptique),* soit des hyperboles ou des ellipses *(paraboloïde hyperbolique).* ◇ *Paraboloïde de révolution,* engendré par une parabole tournant autour de son axe.

PARACENTÈSE [parasɛ̃tɛz] n.f. (gr. *parakentêsis,* ponction). MÉD. Ponction pratiquée pour retirer d'une cavité du corps un liquide séreux ou purulent. *Paracentèse du tympan.*

PARACÉTAMOL n.m. Médicament analgésique et antipyrétique.

PARACHÈVEMENT n.m. Fait de parachever.

PARACHEVER v.t. [19]. Mener à son complet achèvement avec un soin particulier.

PARACHIMIE n.f. Secteur d'activité regroupant la production et la commercialisation de produits dérivés de l'industrie chimique.

PARACHRONISME n.m. (gr. *para,* à côté de, et *khronos,* temps). Faute de chronologie qui consiste à situer un évènement à une époque plus tardive que celle où il s'est réellement produit.

PARACHUTAGE n.m. Action de parachuter.

PARACHUTE n.m. (de *parer* et *chuter*). **1.** Appareil destiné à ralentir la chute d'une personne ou d'un objet tombant d'une grande hauteur, constitué essentiellement d'une voilure en tissu léger relié par des cordelettes (suspentes) à un système d'attache, à un harnais. ◇ Appareil semblable utilisé pour freiner certains avions à l'atterrissage. **2.** Dispositif de sécurité d'un ascenseur, qui bloque la cabine en cas de rupture du câble.

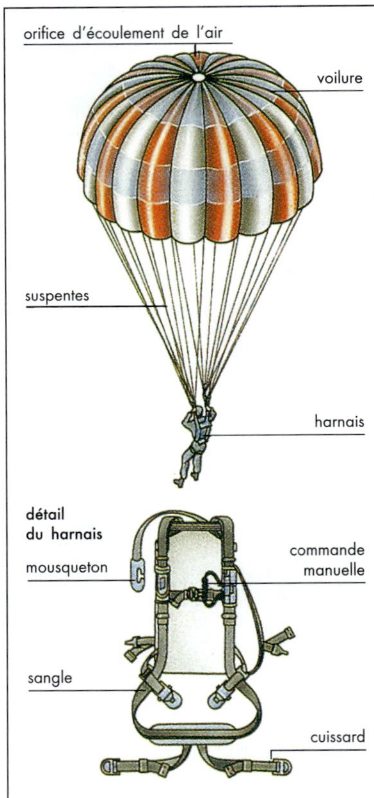

parachute et harnais

PARACHUTER v.t. **1.** Larguer d'un aéronef avec un parachute. *Parachuter des troupes, du matériel.* **2.** Fam. Nommer, désigner brusquement qqn à un emploi, à une fonction où sa nomination n'était pas prévue.

PARACHUTISME n.m. Technique, sport du saut en parachute.

PARACHUTISTE n. **1.** Personne qui pratique le parachutisme. **2.** Militaire appartenant à une unité aéroportée, spécialement entraîné à combattre après avoir été parachuté. Abrév. (fam.) : *para.* ◆ adj. MIL. *Troupes, unités parachutistes :* unités composées de parachutistes entraînés à combattre par petits groupes (commandos) ou dans le cadre d'une grande unité aéroportée.

PARACLET [paraklɛ] n.m. sing. (gr. *paraklêtos,* avocat). THÉOL. *Le Paraclet :* le Saint-Esprit.

1. PARADE n.f. (de 1. *parer*). **1.** Exhibition, étalage que l'on fait de qqch pour attirer l'attention sur soi, pour se faire valoir. *Faire parade de son savoir.* ◇ *De parade :* destiné à servir d'ornement. *Arme de parade.* – **Fig.** Extérieur, de façade ; peu sincère. *Un non-conformisme de parade.* **2.** Cérémonie militaire où les troupes sont rassemblées pour une revue, un défilé. **3.** ÉTHOL. Ensemble de comportements instinctuels de séduction précédant l'accouplement, observé chez de nombreuses espèces animales. **4.** Scène burlesque jouée à la porte d'un théâtre forain pour engager le public à entrer.

2. PARADE n.f. (de 2. *parer*). **1.** Action de parer un coup, une attaque (en escrime, en boxe, etc.). **2.** Défense, riposte.

3. PARADE n.f. (esp. *parada*). ÉQUIT. Arrêt brusque d'un cheval au manège.

PARADER v.i. **1.** Prendre un air avantageux pour attirer l'attention ; se pavaner, s'exhiber. **2.** Défiler, manœuvrer, en parlant de troupes.

PARADEUR, EUSE n. Personne qui aime à parader.

PARADIGMATIQUE adj. LING. Qui appartient à un paradigme.

PARADIGME n.m. (gr. *paradeigma*). **1.** LING. Ensemble des formes fléchies d'un mot pris comme modèle (déclinaison ou conjugaison) ; ce mot lui-même. **2.** LING. Ensemble des unités qui peuvent être substituées les unes aux autres dans un contexte donné. **3.** LOG. Modèle théorique de pensée qui oriente la recherche et la réflexion scientifiques.

PARADIS n.m. (gr. *paradeisos,* jardin). **1.** Séjour des âmes des justes après la mort. ◇ *Il ne l'emportera pas au paradis :* il ne restera pas impuni. **2.** *Paradis terrestre* ou *paradis :* jardin de délices où Dieu plaça Adam et Ève, dans la Genèse. **3.** Séjour enchanteur ; état le plus heureux dont on puisse jouir. ◇ *Les paradis artificiels* (titre d'une œuvre de Baudelaire) : les plaisirs que procurent les stupéfiants. **4.** *Paradis fiscal :* pays ou place financière qui fait bénéficier d'avantages fiscaux les personnes qui y font des opérations, des dépôts, etc. **5.** Galerie supérieure d'une salle de théâtre. **6.** Pommier d'une espèce de petite taille, utilisé comme porte-greffe. **7.** *Oiseau de paradis :* paradisier. **8.** *Graine de paradis :* graine de l'amome. SYN. : *maniguette.*

PARADISIAQUE adj. Qui évoque le paradis.

PARADISIER n.m. Oiseau passereau de Nouvelle-Guinée, dont le mâle porte un plumage aux couleurs variées et brillantes. SYN. : *oiseau de paradis.*

PARADOS [parado] n.m. FORTIF. Terrassement protégeant contre les coups de revers.

PARADOXAL, E, AUX adj. **1.** Qui tient du paradoxe. **2.** *Sommeil paradoxal :* phase du sommeil pendant laquelle ont lieu les rêves. (Le relâchement musculaire y est maximal, mais les ondes cérébrales rappellent celles de l'état de veille.)

PARADOXALEMENT adv. De façon paradoxale.

PARADOXE n.m. (gr. *paradoxos,* de *para,* contre, et *doxa,* opinion). **1.** Pensée, opinion contraire à l'opinion commune. **2.** LOG. Antinomie.

PARAFE n.m., **PARAFER** v.t., **PARAFEUR** n.m. → ***paraphe, parapher, parapheur.***

PARAFFINAGE n.m. Action de paraffiner.

PARAFFINE n.f. (lat. *parum affinis,* qui a peu d'affinité). CHIM. **1.** Vieilli. Alcane. **2.** Substance blanche faite d'un mélange d'hydrocarbures saturés solides caractérisés par leur indifférence aux agents chimiques, utilisée notamment dans la fabrication des bougies et de certains emballages. ◇ *Paraffine naturelle :* ozocérite.

PARAFFINER v.t. Enduire, imprégner de paraffine. *Papier paraffiné.*

PARAFISCAL, E, AUX adj. Relatif à la parafiscalité.

PARAFISCALITÉ n.f. Ensemble des taxes et des cotisations perçues, sous l'autorité de l'État, au profit d'administrations, d'organismes autonomes.

PARAFOUDRE n.m. Dispositif destiné à préserver les appareils et les lignes électriques contre les effets de la foudre.

PARAGE n.m. BOUCH. Action de parer la viande, de la préparer pour la vente au détail.

PARAGES n.m. pl. (esp. *paraje,* lieu de station). **1.** MAR. Étendue de mer proche de (tel lieu). *Les parages d'Ouessant.* **2.** Région environnant un lieu quelconque ; voisinage, abords. – *Dans les parages :* dans le voisinage immédiat.

PARAGRAPHE n.m. (gr. *paragraphos,* écrit à côté). **1.** Subdivision d'un texte en prose, marquée par un retour à la ligne au début et à la fin. **2.** Signe typographique (§) indiquant une telle subdivision. *Page 12, § 3.*

PARAGRÊLE adj. inv. et n.m. Se dit d'un dispositif servant à empêcher la grêle de tomber et à la transformer en pluie.

PARAGUAYEN, ENNE [-gwɛ-] adj. et n. Du Paraguay.

PARAISON n.f. Masse de verre pâteux préparée avant son façonnage.

1. PARAÎTRE v.i. (lat. *parere*) [91] [auxil. *avoir* ou *être*]. **I. 1.** Se présenter à la vue, apparaître. *Une étoile paraît dans le ciel.* **2.** Manifester sa présence alors que l'on est attendu. *Paraître en public.* **3.** Être visible, se manifester. *Sa vanité paraît dans tout ce qu'il fait.* ◇ *Sans qu'il y paraisse :* sans que cela se voie. **4.** Être publié. *Ce livre a paru l'an dernier.* **II. 1.** (Suivi d'un attribut). Avoir l'apparence de, sembler. *Elle paraît souffrante.* **2.** Absolt. Se faire remarquer par une apparence avantageuse ; briller. *Chercher à paraître.* **3.** *Il paraît, il paraîtrait que ; à ce qu'il paraît, paraît-il :* on dit que, le bruit court que ; selon les apparences.

2. PARAÎTRE n.m. *Le paraître :* l'apparence.

PARALANGAGE n.m. Ensemble des moyens de communication naturels qui ne font pas partie du système linguistique, mais qui peuvent accompagner et renforcer la parole (gestes, mimiques, etc.).

PARALITTÉRAIRE adj. De la paralittérature.

PARALITTÉRATURE n.f. Ensemble des productions textuelles (romans-photos, bandes dessinées, récits d'anticipation, etc.) exclues par le jugement social de la littérature proprement dite.

PARALLACTIQUE adj. De la parallaxe.

PARALLAXE n.f. (gr. *parallaxis,* changement). **1.** Déplacement de la position apparente d'un corps, dû à un changement de position de l'observateur. **2.** *Parallaxe d'un astre :* angle sous lequel on verrait, de cet astre, une longueur conventionnellement choisie (rayon équatorial de la Terre, pour les astres du système solaire ; demi-grand axe de l'orbite terrestre, pour les étoiles). **3.** *Parallaxe de visée :* angle formé par l'axe optique et l'axe de visée d'un appareil (viseur et objectif d'un appareil photo, par exemple). ◇ *Erreur de parallaxe,* commise en lisant obliquement la graduation d'un appareil de mesure.

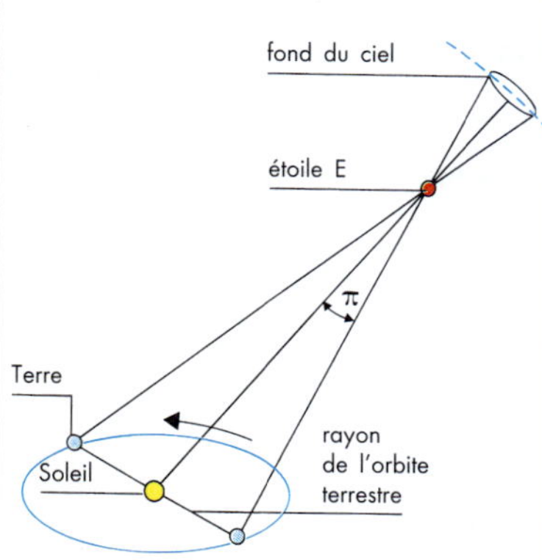

La parallaxe π d'une étoile proche E est mesurée par le déplacement apparent de cette étoile sur le fond du ciel, vu de la Terre, à six mois d'intervalle.

parallaxe d'une étoile

1. PARALLÈLE adj. (gr. *parallêlos,* de *para,* à côté, et *allêlos,* l'un l'autre). **1.** Se dit de droites coplanaires, ou de plans sans point commun ou confondus. – *Droite parallèle à un plan :* droite parallèle à une droite de ce plan. **2.** Qui se développe dans la même direction ou en même temps ; semblable. *Mener des actions parallèles.* **3.** ETHNOL. Se dit de certains parents (oncles, cousins, neveux) qui descendent d'un parent de même sexe que celui de l'ascendant immédiat d'une personne (par opp. à *croisé*). **4.** Qui existe, s'exerce en même temps qu'autre chose mais en dehors d'un cadre légal ou officiel (et souvent de manière illicite, clandestine). *Marché parallèle. Police parallèle.*

2. PARALLÈLE n.f. **1.** Droite parallèle à une autre droite ou à un plan. **2.** MIL. Tranchée ou communication enterrée parallèlement au front. **3.** ÉLECTR. *En parallèle :* en dérivation. CONTR. : *en série.*

3. PARALLÈLE n.m. **1.** Chacun des cercles imaginaires parallèles à l'équateur et servant à mesurer la latitude. *Parallèles et méridiens.* ◇ *Parallèle de hauteur :* almicantarat. **2.** MATH. Section d'une surface de révolution par un plan perpendiculaire à l'axe. **3.** Comparaison suivie entre deux ou plusieurs sujets. *Mettre en parallèle.*

PARALLÈLEMENT adv. De façon parallèle.

PARALLÉLÉPIPÈDE n.m. (gr. *parallêlos,* et *epipedon,* surface plane). Polyèdre à six faces (parallélogrammes), parallèles deux à deux. – *Parallélépipède droit,* dont les arêtes sont perpendiculaires au plan de base. – *Parallélépipède rectangle :* parallélépipède droit dont la base est un rectangle.

PARALLÉLÉPIPÉDIQUE adj. Qui a la forme d'un parallélépipède.

PARALLÉLISME n.m. **1.** État de ce qui est parallèle. **2.** Évolution similaire ou ressemblance de faits, de choses que l'on compare.

PARALLÉLOGRAMME n.m. Quadrilatère plan dont les côtés sont parallèles deux à deux.

PARALOGIQUE adj. Du paralogisme.

PARALOGISME n.m. Didact. Raisonnement faux, fait de bonne foi (à la différence du sophisme).

PARALYMPIQUE adj. **1.** Relatif aux jeux Paralympiques. **2.** *Jeux Paralympiques :* compétitions pour handicapés qui se déroulent quelques jours après les jeux Olympiques.

PARALYSANT, E adj. De nature à paralyser.

PARALYSÉ, E adj. et n. Atteint, frappé de paralysie.

PARALYSER v.t. **1.** Frapper de paralysie. **2.** Fig. Empêcher d'agir, de produire ; frapper d'impuissance, neutraliser. *Une grève paralyse les transports en commun.*

PARALYSIE n.f. (gr. *paralusis,* relâchement). **1.** Disparition ou diminution considérable de la fonction motrice, généralement consécutive à une lésion nerveuse centrale ou périphérique. **2.** Fig. Impossibilité d'agir ; arrêt complet. *Paralysie de l'économie.*

■ Les principales causes de paralysie sont les traumatismes (fractures du rachis), les tumeurs et maladies du système nerveux, les troubles circulatoires du cerveau (hémorragie cérébrale), les intoxications (champignons vénéneux, botulisme), les maladies infectieuses (poliomyélite). Certaines paralysies sont consécutives à des lésions du tissu musculaire (myopathie, myosite). La paralysie peut atteindre un seul côté du corps (hémiplégie), les deux membres inférieurs (paraplégie), un seul membre (monoplégie). Lorsque les quatre membres sont atteints, c'est une quadriplégie ou tétraplégie. La *paralysie générale* est un état démentiel d'origine syphilitique, devenu très rare depuis l'emploi de la pénicilline.

PARALYTIQUE adj. et n. Atteint de paralysie.

PARAMAGNÉTIQUE adj. *Corps paramagnétique,* qui, placé dans un champ magnétique, s'aimante très faiblement dans le même sens que celui-ci.

PARAMAGNÉTISME n.m. Propriété des corps paramagnétiques.

PARAMÉCIE n.f. (gr. *paramêkês,* oblong). Protozoaire de l'embranchement des ciliés, commun dans les eaux douces stagnantes et qui atteint parfois 0,2 mm de long. *(V. illustration p. 746.)*

PARAMÉDICAL, E, AUX adj. Qui a trait au domaine des soins, de la santé, ou qui s'y consacre, sans toutefois relever du corps des médecins ni lui appartenir. *Professions paramédicales.*

PARAMÈTRE n.m. **1.** MATH. **a.** Élément autre que la variable ou l'inconnue, désignant un coefficient en fonction duquel on peut exprimer une proposition ou les solutions d'un problème. **b.** *Paramètre d'une parabole :* distance de son foyer à sa directrice. **2.** STAT. Grandeur mesurable

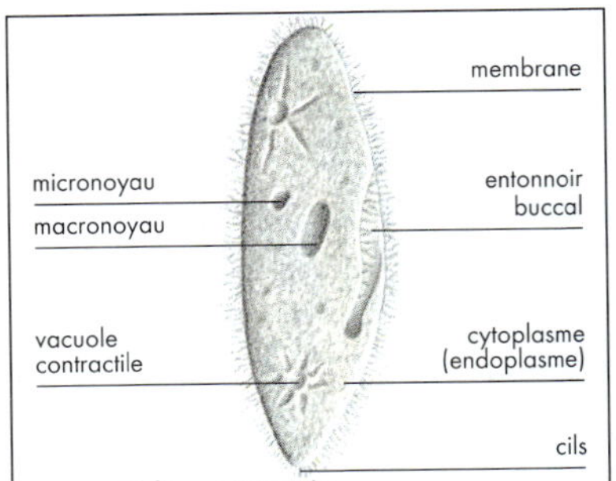

paramécie : anatomie

permettant de présenter, de façon plus simple, les caractéristiques principales d'un ensemble statistique. **3.** INFORM. Variable dont la valeur, l'adresse ou le nom ne sont précisés qu'à l'exécution du programme. **4.** Élément important à prendre en compte pour évaluer une situation, comprendre un phénomène dans le détail.

PARAMÉTRER v.t. **1.** Définir les paramètres de. **2.** INFORM. Dans la conception d'un programme, remplacer certaines informations par des paramètres.

PARAMÉTRIQUE adj. Du paramètre ; qui contient un paramètre. – *Équations paramétriques* (d'une courbe du plan) : couple de deux fonctions x (t) et y (t), donnant pour chaque valeur de t les coordonnées x et y d'un point de la courbe.

PARAMILITAIRE adj. Qui possède les caractéristiques d'une armée, qui en a la structure et l'organisation. *Groupes paramilitaires.*

PARAMNÉSIE n.f. (gr. *para,* à côté de, et *mnêsis,* mémoire). Trouble de la mémoire affectant le rappel des souvenirs et se manifestant par la fabulation, la localisation erronée des souvenirs dans le temps ou l'illusion du déjà-vu.

PARANÉOPLASIQUE adj. Se dit de manifestations pathologiques, en partic. de dermatoses, liées à un cancer en évolution mais qui ne sont pas directement causées par la prolifération des cellules malignes.

PARANGON [parɑ̃gɔ̃] n.m. (esp. *parangón,* comparaison). Litt. Modèle, type accompli. *Un parangon de vertu.*

PARANGONNAGE n.m. IMPR. Action de parangonner.

PARANGONNER v.t. IMPR. Assembler dans une même ligne de composition des caractères de corps différents.

PARANOÏA n.f. (mot gr., *folie*). **1.** Psychose chronique caractérisée par l'organisation logique de thèmes délirants. **2.** Comportement de qqn, d'un groupe qui a tendance à se croire persécuté ou agressé.

■ La paranoïa est intégrée au sein de la personnalité même du sujet : c'est pourquoi on parle de *personnalité paranoïaque.* Celle-ci est caractérisée par la surestimation de soi, la méfiance, l'incapacité à l'autocritique, la rigidité mentale. La paranoïa ne s'accompagne pas forcément de délire. Quand celui-ci apparaît, il peut avoir deux aspects : le délire passionnel ou le délire d'interprétation, dont la forme la plus fréquente est le délire de persécution.

PARANOÏAQUE adj. et n. De la paranoïa ; atteint de paranoïa. Abrév. (fam.) : *parano.*

PARANOÏDE adj. PSYCHIATRIE. *Délire paranoïde* : délire caractérisé par son incohérence et son polymorphisme, qui constitue l'une des formes de la schizophrénie.

PARANORMAL, E, AUX adj. et n.m. Se dit de certains phénomènes, d'existence établie ou non, dont le mécanisme et les causes, inexpliqués dans l'état actuel de la connaissance, seraient imputables à des forces de nature inconnue, d'origine notamment psychique (perception extrasensorielle, psychokinèse, etc.).

PARANTHROPE n.m. Australanthropien découvert en Afrique du Sud, représentant la forme robuste des australopithèques.

PARAPENTE n.m. Parachute conçu pour s'élancer d'un versant montagneux, du sommet d'une falaise, etc. ; sport pratiqué avec ce type de parachute.

parapente

PARAPENTISTE n. Personne qui pratique le parapente.

PARAPET n.m. (it. *parapetto,* qui protège la poitrine). **1.** Muret à hauteur d'appui formant garde-fou. **2.** FORTIF. Mur, talus permettant aux défenseurs d'un ouvrage fortifié de tirer en étant à couvert du feu ennemi.

PARAPÉTROLIER, ÈRE adj. Se dit d'activités liées à l'industrie du pétrole.

PARAPHARMACIE n.f. Ensemble des produits sans usage thérapeutique vendus en pharmacie (shampooings, dentifrices, savons, etc.) ; commerce de ces produits.

PARAPHASIE n.f. Trouble du langage oral caractérisé par l'altération, notamment par interversion ou substitution, des syllabes et des mots.

PARAPHE ou **PARAFE** n.m. **1.** DR. Signature abrégée, souvent formée des initiales, utilisée notamment pour l'approbation des renvois et des ratures dans un acte officiel. **2.** Trait de plume accompagnant la signature.

PARAPHER ou **PARAFER** v.t. Marquer, signer d'un paraphe.

PARAPHERNAL, E, AUX adj. (gr. *para,* contre, et *phernê,* dot). DR. Se disait de l'apport de l'épouse non compris dans la dot, dans le régime dotal. *Biens dotaux et biens paraphernaux.*

PARAPHEUR ou **PARAFEUR** n.m. Classeur, dossier, souvent muni de buvards intercalaires, dans lequel le courrier est présenté à la signature.

PARAPHIMOSIS [-zis] n.m. MÉD. Étranglement du gland de la verge par le prépuce, qui constitue l'une des complications du phimosis.

PARAPHRASE n.f. (gr. *paraphrasis*). **1.** Développement explicatif d'un texte. **2.** Péj. Commentaire verbeux et diffus d'un texte. **3.** LING. Énoncé synonyme d'un autre énoncé moins long.

PARAPHRASER v.t. Commenter, amplifier par une paraphrase.

PARAPHRASEUR, EUSE n. Litt. Personne qui paraphrase, qui amplifie un fait ou un récit en le rapportant.

PARAPHRASTIQUE adj. Qui a le caractère d'une paraphrase. *Énoncé paraphrastique.*

PARAPHRÈNE adj. et n. Atteint de paraphrénie.

PARAPHRÉNIE n.f. (du gr. *phrên,* pensée). Psychose chronique caractérisée par un délire d'une grande richesse imaginative où dominent les thèmes fantastiques, se développant d'abord sans altération notable de l'adaptation au réel. SYN. : *délire fantastique.*

PARAPHRÉNIQUE adj. De la paraphrénie.

PARAPHYSE n.f. BOT. Poil stérile accompagnant les éléments producteurs de spores, chez les champignons.

PARAPLÉGIE n.f. (gr. *para,* contre, et *plêgê,* choc). Paralysie des deux membres inférieurs.

PARAPLÉGIQUE adj. et n. Atteint de paraplégie.

PARAPLUIE n.m. (de *parer* et *pluie*). **1.** Accessoire portatif formé d'un manche et d'une étoffe tendue sur une armature pliante, destiné à se protéger de la pluie. ◇ Fig., fam. *Ouvrir le parapluie* : prendre toutes les précautions nécessaires pour ne pas avoir à endosser de responsabilités, à subir de désagréments. **2.** Arg. Passe pour ouvrir les serrures à pompe. **3.** *Parapluie nucléaire* : protection nucléaire assurée par une grande puissance à ses alliés.

PARAPODE n.m. Organe natatoire, couvert de nombreuses soies, des annélides marines.

PARAPSYCHIQUE adj. Parapsychologique. SYN. (vieilli) : *métapsychique.*

PARAPSYCHOLOGIE n.f. Étude des phénomènes paranormaux ayant une origine psychique, ou jugés tels. SYN. (vieilli) : *métapsychique.*

PARAPSYCHOLOGIQUE adj. De la parapsychologie.

PARAPSYCHOLOGUE n. Spécialiste de parapsychologie.

PARAPUBLIC, IQUE adj. Qui s'apparente au secteur public. ◆ n.m. *Le parapublic* : le secteur parapublic.

PARASCÈVE n.f. (gr. *paraskeuê,* préparatif). Veille du sabbat, dans la religion juive.

PARASCOLAIRE adj. Qui est en relation avec l'enseignement donné à l'école, qui le complète, sans être explicitement mentionné dans les programmes d'un niveau donné, d'une classe.

PARASEXUALITÉ n.f. BIOL. Ensemble des phénomènes de sexualité primitive, sans fécondation proprement dite ni méiose, observés chez les bactéries (transfert d'un matériel génétique d'une bactérie à l'autre par un pont cytoplasmique).

PARASISMIQUE adj. Propre à résister aux effets destructeurs des séismes.

PARASITAIRE adj. **1.** Dû à un parasite, aux parasites ; relatif aux parasites. **2.** Qui vit, qui se développe à la manière d'un parasite.

PARASITE n.m. (gr. *parasitos,* commensal). **1.** Personne qui vit dans l'oisiveté, aux dépens des autres, de la société. **2.** BIOL. Être vivant qui puise les substances qui lui sont nécessaires dans l'organisme d'un autre, appelé *hôte. Le mildiou de la vigne, le ténia de l'homme sont des parasites.* ◆ pl. Perturbations dans la réception des signaux radioélectriques. *Parasites d'origine atmosphérique, industrielle.* ◆ adj. **1.** Inutile et gênant. *Des constructions parasites.* **2.** BIOL. Qui vit en parasite. *Plante parasite.*

PARASITER v.t. **1.** Vivre en parasite aux dépens de (qqn), au détriment de (un être vivant). **2.** Perturber (un signal radioélectrique) par des parasites.

PARASITICIDE adj. et n.m. Se dit d'un produit qui détruit les parasites.

PARASITISME n.m. **1.** État, mode de vie du parasite. **2.** BIOL. Condition de vie des parasites, des êtres vivants qui en parasitent d'autres.

PARASITOLOGIE n.f. Étude des organismes parasites. *Parasitologie médicale.*

PARASITOSE n.f. Maladie due à un parasite.

PARASOL n.m. (it. *parasole*). **1.** Objet pliant en forme de grand parapluie, destiné à protéger du soleil. **2.** *Pin parasol,* dont le houppier, étalé au sommet d'un haut fût, évoque un parasol.

PARASTATAL, E, AUX adj. Belgique. Semi-public. *Institutions parastatales.*

PARASYMPATHIQUE adj. et n.m. Se dit de l'un des deux systèmes nerveux neurovégétatifs. (Antagoniste du sympathique, le système parasympathique, agissant par l'intermédiaire de l'acétylcholine, ralentit le rythme cardiaque et accélère les mouvements du tube digestif.)

PARASYMPATHOLYTIQUE adj. Se dit d'une substance qui inhibe le système parasympathique, qui s'oppose à son action.

PARASYMPATHOMIMÉTIQUE adj. Se dit d'une substance dont les effets sont comparables à l'action du système parasympathique.

PARASYNTHÉTIQUE adj. et n.m. LING. Se dit d'un mot formé par l'addition à une base d'un préfixe et d'un suffixe (par ex. *invivable*).

PARATAXE n.f. LING. Juxtaposition de phrases, sans mot de liaison explicitant le rapport qui les unit (ex. : *Il fait beau, je vais me promener*).

PARATHORMONE n.f. Hormone parathyroïdienne régulant le taux du phosphore et du calcium dans le milieu intérieur.

PARATHYROÏDE n.f. Chacune des quatre glandes endocrines situées derrière la thyroïde, qui sécrètent la parathormone.

PARATHYROÏDIEN, ENNE adj. Des parathyroïdes ; produit par les parathyroïdes.

PARATONNERRE n.m. Appareil destiné à préserver les bâtiments des effets de la foudre ; partie visible (pointe de choc) de cet appareil.

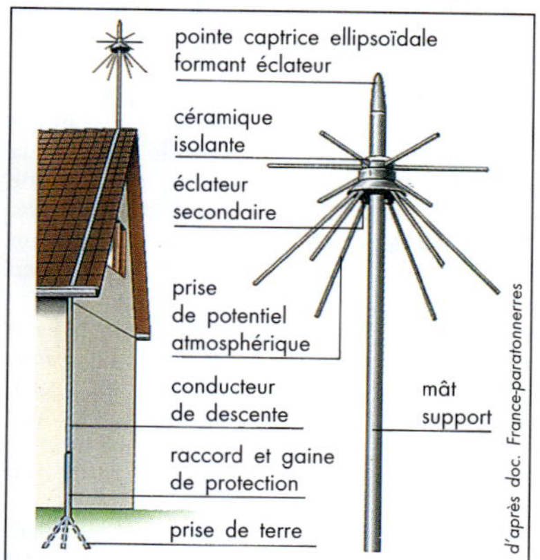

paratonnerre

PARÂTRE n.m. **1.** Vx. Beau-père. **2.** Rare. Mauvais père.

PARATYPHIQUE adj. et n. Atteint de paratyphoïde. ◇ *Bacille paratyphique :* bactérie du genre salmonelle.

PARATYPHOÏDE adj. et n.f. Se dit d'une fièvre typhoïde due à un bacille paratyphique.

PARAVALANCHE n.m. Construction destinée à protéger des avalanches.

PARAVENT n.m. Meuble composé de panneaux verticaux articulés, servant à isoler, à protéger des courants d'air.

PARBLEU interj. (euphémisme pour *par Dieu*). Vieilli. (Pour souligner une évidence, exprimer l'approbation). *Il était content ? – Parbleu !*

PARC n.m. (bas lat. *parricus,* enclos). **I. 1.** Terrain d'une assez vaste étendue, le plus souvent enclos et boisé, pour l'agrément, la promenade, ou servant de réserve de gibier. **a.** Grand jardin public. *Le parc de la Tête-d'Or, à Lyon.* **b.** Vaste jardin d'agrément dépendant d'une grande demeure, d'un château. *Le parc de Marly.* **2.** *Parc national, parc naturel régional :* vaste étendue de territoire à l'intérieur de laquelle la faune, la flore et le milieu naturel en général sont protégés de l'action destructrice de l'homme. *Les parcs nationaux français des Alpes, des Pyrénées.* **3.** *Parc de loisirs :* vaste terrain aménagé spécialement pour les loisirs et comportant diverses installations destinées à la détente et à l'amusement, en partic. des enfants (jeux d'adresse ou de force, équipements sportifs, attractions, manèges, etc.). **II. 1.** *Parc de stationnement* ou *parc :* emplacement spécialement aménagé pour le stationnement des véhicules automobiles. SYN. : *parking.* **2.** Ensemble d'équipements, de matériels, d'installations de même nature dont dispose un pays, une entreprise, etc. *Le parc automobile, immobilier français.* **3.** Emplacement de stockage à l'air libre. *Parc à ferrailles. Parc à brut* (à pétrole brut). **4.** Canada. *Parc industriel :* espace aménagé pour recevoir des entreprises industrielles et commerciales. **III. 1.** Petit enclos où l'on place les enfants en bas âge pour qu'ils s'y ébattent sans danger. **2.** Installation littorale ou de pleine mer pour l'élevage des animaux marins (huîtres, notamm.). **3. a.** Clôture faite de claies, à l'intérieur de laquelle on enferme les moutons (pour la nuit, etc.). **b.** Pâtis entouré de fossés où l'on met des bœufs à l'engrais.

PARCAGE n.m. **1.** Action de parquer. **2.** AGRIC. Action de faire séjourner un troupeau de moutons dans un parc que l'on déplace à intervalles réguliers pour fertiliser le sol par les déjections.

PARCELLAIRE adj. Constitué de parcelles ; divisé en parcelles.

PARCELLARISATION ou **PARCELLISATION** n.f. Action de parcellariser, de parcelliser.

PARCELLARISER ou **PARCELLISER** v.t. **1.** Diviser en parcelles, en petits éléments. **2.** Fractionner (une tâche complexe) en opérations élémentaires. *Travail parcellarisé.*

PARCELLE n.f. (lat. *particula*). **1.** Petite partie, petit morceau ; fragment. *Une parcelle de gâteau.* **2.** Pièce de terrain de même culture ou de même utilisation, constituant une unité cadastrale. ◇ Afrique. Lot de terrain bâti ou à bâtir.

PARCE QUE loc. conj. **1.** (Exprimant la cause, le motif). *On se chauffe parce qu'on a froid.* ◇ (Employé seul, pour marquer le refus ou l'impossibilité de répondre). *Pourquoi ne voulez-vous pas le rencontrer ? – Parce que.* **2.** Fam. (Pour marquer une coordination). *Vous partez ? Parce que je suis à vous dans deux minutes.* – REM. La voyelle *e* de *que* ne s'élide que devant *il, elle, on, en, un, une.*

PARCHEMIN n.m. (gr. *pergamênê,* peau de Pergame). **1.** Peau d'animal (surtout de mouton, de chèvre) spécialement traitée pour l'écriture ou la reliure. **2.** Document écrit sur parchemin. *Déchiffrer d'antiques parchemins.* ◇ Spécialt. Titre de noblesse. **3.** Fam. Diplôme universitaire.

PARCHEMINÉ, E adj. Qui a la consistance ou l'aspect du parchemin. – *Peau parcheminée,* sèche et ridée.

PARCHET n.m. Suisse. Parcelle de terre (et en particulier de vignoble).

PARCIMONIE n.f. (du lat. *parsus,* épargné). Épargne rigoureuse, jusque dans les plus petites choses. ◇ *Avec parcimonie :* avec une mesure extrême ; en s'en tenant au strict minimum.

PARCIMONIEUSEMENT adv. Avec parcimonie.

PARCIMONIEUX, EUSE adj. Qui fait preuve de parcimonie ; qui témoigne de parcimonie.

PARCMÈTRE ou **PARCOMÈTRE** n.m. Appareil indiquant le temps de stationnement payant pour les automobiles et percevant le droit correspondant grâce à un dispositif automatique d'encaissement de la monnaie.

PARCOTRAIN n.m. Parking payant mis par la S. N. C. F. à la disposition des usagers du chemin de fer.

PARCOURIR v.t. [45]. **1.** Traverser, visiter dans toute son étendue, en allant et venant dans diverses directions. *Parcourir une ville.* **2.** Accomplir (un trajet déterminé). *Parcourir une route.* **3.** Examiner, lire rapidement. *Parcourir un livre.*

PARCOURS n.m. **1.** Chemin, trajet suivi pour aller d'un point à un autre. *Le parcours d'un autobus.* **2.** Circuit, itinéraire déterminé sur lequel se déroule une compétition sportive, un entraînement. – Trajet semé d'obstacles qu'un cavalier doit faire parcourir à sa monture, dans une épreuve hippique. – Trajet effectué par un joueur de golf qui place successivement la balle dans chacun des trous du terrain ; par ext., le terrain lui-même. ◇ *Incident de parcours :* difficulté imprévue retardant la réalisation d'un projet. **3.** *Parcours du combattant :* parcours effectué par les militaires à titre d'entraînement au combat, sur un terrain spécialement aménagé comportant des obstacles variés ; ce terrain lui-même ; fig., série d'épreuves rencontrées dans la réalisation de qqch. **4.** CHORÉGR. Aptitude à se propulser en avant.

PAR-DELÀ prép. De l'autre côté de.

PARDESSUS n.m. Vêtement long d'homme qui se porte par-dessus les autres vêtements ; manteau.

PAR-DEVERS prép. **1.** Devant, en présence de. *Par-devers le juge.* **2.** En la possession de. *Retenir des documents par-devers soi.*

PARDI interj. (de *par Dieu*). (Pour souligner une évidence, exprimer l'approbation). *S'il l'a fait, c'est qu'il y trouvait son intérêt, pardi !*

PARDIEU interj. (de *par* et *Dieu*). Vx. (Pour renforcer une affirmation). *Pardieu, quelle ardeur !*

PARDON n.m. **1.** Action de pardonner ; rémission d'une faute, d'une offense. **2.** Pèlerinage religieux annuel et fête populaire, en Bretagne. **3.** (Avec une majuscule). *Grand Pardon :* Yom* Kippour. **4.** (Employé comme formule de politesse, pour s'excuser). *Pardon, je vous dérange ?* – (Pour faire répéter ce qu'on n'a pas entendu, compris). *Pardon ?* – Pop. (Pour souligner la pensée, renforcer l'expression). *Lui, il est déjà grand, mais son frère, alors, pardon !*

PARDONNABLE adj. Qui peut être pardonné.

PARDONNER v.t. **1.** Renoncer à punir (une faute), à se venger de (une offense). **2.** Avoir de l'indulgence pour, excuser. *Pardonnez ma franchise.* **3.** Accepter sans dépit, sans jalousie. *On ne lui pardonne pas ses succès.* ◆ v.t. ind. **1.** *Pardonner à qqn,* cesser d'entretenir à son égard de la rancune ou de l'hostilité pour ses fautes. **2.** Absolt. *Ça ne pardonne pas :* cela ne manque jamais d'avoir de graves conséquences.

PARÉAGE ou **PARIAGE** n.m. (bas lat. *pariare,* être égal). FÉOD. Convention du droit féodal français qui se concluait entre un seigneur puissant, qui offrait sa protection, et un autre plus faible (généralement un ecclésiastique), qui offrait la moitié des revenus d'une seigneurie donnée, laquelle devenait alors indivise.

PARE-BALLES adj. inv. Qui protège des balles. *Un gilet pare-balles.* ◆ n.m. inv. Dispositif qui protège des balles. *Pare-balles d'un stand de tir.*

PARE-BRISE n.m. inv. Plaque de verre spécial ou de matière transparente à l'avant de l'habitacle d'un véhicule.

PARE-CHOCS n.m. inv. Dispositif débordant l'aplomb d'un véhicule automobile à l'avant et à l'arrière, et destiné à protéger la carrosserie des menus chocs dans la circulation ou lors des parcages.

PARÈDRE n. et adj. (gr. *paredros,* qui siège à côté). MYTH. Divinité associée, à un rang subalterne, au culte et aux fonctions d'une autre divinité.

PARE-ÉCLATS n.m. inv. Dispositif (terrassement, blindage, etc.) de protection contre les éclats de projectiles.

PARE-ÉTINCELLES n.m. inv. Écran de foyer, généralement métallique, s'opposant à la projection des étincelles.

PARE-FEU adj. inv. Qui protège du feu, de l'incendie. *Porte pare-feu.* ◆ n.m. inv. Coupe-feu.

PARE-FUMÉE n.m. inv. Dispositif destiné à canaliser ou à diriger la fumée qui s'échappe d'une cheminée.

PARÉGORIQUE adj. (du gr. *parêgorein,* adoucir). *Élixir parégorique :* teinture anisée d'opium camphré, employée contre les douleurs intestinales et la diarrhée.

PAREIL, EILLE adj. (du lat. *par, paris,* égal). **1.** Semblable, analogue, identique. *Deux livres pareils.* **2.** Tel, de cette sorte. *En pareil cas.* ◆ n. **1.** Personne égale, semblable. *Vous et vos pareils.* – *Il n'a pas son pareil :* il est supérieur à n'importe qui. **2.** Vieilli ou litt. Chose comparable, semblable. *J'en ai déjà un comme ça, je voudrais le pareil.* ◇ Cour. *Sans pareil :* incomparable, supérieur en son genre. – Fam. *C'est du pareil au même :* c'est exactement la même chose. **3.** *Rendre la pareille à qqn,* lui faire subir le traitement qu'on a reçu de lui. ◆ adv. Fam. De la même façon. *Ils sont toujours habillés pareil.*

PAREILLEMENT adv. De la même manière, aussi. *Je le désire pareillement.*

PARÉLIE n.m. → ***parhélie.***

PAREMENT n.m. (de *parer,* orner). **1.** Revers des manches de certains vêtements. **2.** TECHN. Face extérieure, visible, d'un ouvrage (en maçonnerie, menuiserie, etc.). **3.** LITURGIE. Parure (pièce d'étoffe, ou décor peint, sculpté, etc.) ornant le devant ou les faces d'un autel.

PAREMENTER v.t. Revêtir d'un parement.

PAREMENTURE n.f. **1.** Doublure des devants d'un manteau, qui forme revers d'encolure. **2.** Toile pour doubler les revers.

PARENCHYMATEUX, EUSE adj. Du parenchyme ; formé de parenchyme.

PARENCHYME [parɑ̃ʃim] n.m. **1.** HISTOL. Tissu formé de cellules différenciées, doué d'une fonction physiologique spécifique. *Parenchyme rénal.* **2.** BOT. Tissu fondamental des végétaux supérieurs, formé de cellules vivantes peu différenciées, aux parois minces, et assurant différentes fonctions.

PARENT, E n. et adj. (lat. *parens,* de *parere,* enfanter). Personne qui a des liens familiaux plus ou moins étroits avec qqn. ◇ *Traiter qqn en parent pauvre,* sans considération. ◆ n.m. Le père ou la mère. ◆ pl. **1.** Le père et la mère. **2.** Litt. Les ancêtres. *Issu de parents illustres.* ◆ adj. Qui a des traits communs avec qqn, qqch d'autre. *Ces deux interprétations sont parentes.*

PARENTAL, E, AUX adj. Des parents, du père et de la mère. *Autorité parentale.*

PARENTALES ou **PARENTALIES** n.f. pl. ANTIQ. ROM. Fêtes annuelles en l'honneur des morts.

PARENTÉ n.f. **1.** Relation de consanguinité ou d'alliance qui unit deux ou plusieurs personnes entre elles. ◇ DR. Lien juridique qui unit des personnes qui descendent l'une de l'autre *(parenté directe* ou *en ligne directe)* ou qui descendent d'un ancêtre commun *(parenté collatérale* ou *en ligne collatérale).* – ANTHROP. *Système de parenté :* ensemble des relations qui existent entre les parents et les classes de parents d'une même famille dans une ethnie, une société, et définissant les comportements, les droits et les obligations des membres de la famille. **2.** Ensemble des parents et des alliés de qqn. *Il a une nombreuse parenté.* **3.** Ressemblance, analogie, affinité. *Parenté de deux opinions.*

PARENTÈLE n.f. Vx. **1.** Lien de parenté ; consanguinité. **2.** Ensemble des parents.

PARENTÉRAL, E, AUX adj. (gr. *enteron,* intestin). MÉD. Qui se fait par une voie autre que la voie digestive (bouche, rectum), en parlant de l'administration d'un médicament.

PARENTHÈSE n.f. (gr. *parenthesis,* action de mettre auprès de). **1.** Élément (phrase, membre de phrase, mot) qui interrompt la continuité syntaxique d'un discours, d'un texte, et apporte une information accessoire. **2. a.** Chacun des deux signes typographiques ( ) qui indiquent l'intercalation d'un tel élément. *Ouvrir, fermer la parenthèse.* ◇ Ensemble de ces deux signes et leur contenu. **b.** MATH. Ces signes, isolant une expression algébrique et indiquant qu'une opération dont le signe est à gauche de la parenthèse ouvrante s'applique à l'expression tout entière. **3.** Digression, remarque incidente, accessoire. *J'en ai terminé avec cette parenthèse.* ◇ *Par parenthèse, entre parenthèses :* incidemment, sans rapport avec ce qui précède ou ce qui suit.

PARÉO n.m. (mot tahitien). **1.** Vêtement traditionnel tahitien, pièce d'étoffe nouée au-dessus de la poitrine ou à la taille et qui couvre les jambes jusqu'au-dessous du genou. **2.** Longue jupe drapée inspirée du paréo tahitien.

1. PARER [pare] v.t. (lat. *parare,* disposer). **1.** Garnir d'objets qui embellissent ; orner. *Parer une salle pour un bal.* **2.** Revêtir de beaux habits, d'ornements élégants. **3.** (Dans quelques emplois). Apprêter pour l'usage ou la consommation. *Parer la viande* (en enlevant les nerfs, la graisse, etc.), *une peau* (en l'amincissant côté chair). **4.** MAR. Préparer ; tenir prêt à servir. *Parer une ancre. Paré !* ◆ **se parer** v.pr. *(de).* **1.** Se vêtir avec soin, élégance. *Se parer de ses plus beaux atours.* **2.** Litt. S'adjuger, s'attribuer plus ou moins indûment. *Se parer d'un faux titre.*

2. PARER v.t. (it. *parare*). Se protéger d'une attaque, d'un coup en détournant de soi. ◆ v.t. ind. *(à).* Se prémunir contre, pourvoir à ; se préserver de. *Parer au danger, à toute éventualité.*

PARÈRE n.m. (lat. *parere,* paraître). DR. Certificat attestant l'existence d'un usage déterminé.

PARÉSIE n.f. (gr. *paresis,* relâchement). MÉD. Paralysie partielle, légère ou provisoire.

PARE-SOLEIL n.m. inv. Dispositif protégeant des rayons directs du soleil (notamment : écran articulé et orientable, dans une automobile ; accessoire en tronc de cône qui s'adapte à l'objectif, en photographie).

PARESSE n.f. (lat. *pigritia*). **1.** Répugnance au travail, à l'effort ; goût pour l'inaction, apathie. **2.** MÉD. Lenteur anormale dans le fonctionnement d'un organe. *Paresse intestinale.*

PARESSER v.i. Se laisser aller à la paresse.

PARESSEUSEMENT adv. Sans manifester de force, d'énergie ; mollement.

1. PARESSEUX, EUSE adj. et n. Qui montre, manifeste de la paresse. ◆ adj. MÉD. Lent dans son fonctionnement. *Estomac paresseux.*

2. PARESSEUX n.m. Mammifère xénarthre d'Amérique du Sud, aux mouvements très lents. *L'aï ou bradype, l'unau sont des paresseux.*

PARESTHÉSIE n.f. (gr. *para,* à côté, et *aisthêsis,* sensation). Trouble de la sensibilité qui se traduit par une sensation spontanée anormale et non douloureuse (fourmillement, picotement, etc.).

PAREUR, EUSE n. TECHN. Personne qui pare, qui donne à un ouvrage sa dernière finition.

PARFAIRE v.t. (lat. *perficere*) [109]. Achever, mener à son complet développement, à la perfection. *Parfaire une œuvre.*

1. PARFAIT, E adj. (lat. *perfectus*). **1.** Qui réunit toutes les qualités ; sans défaut. *Bonheur, calme, travail parfait.* – *C'est parfait ! Parfait ! :* tout est pour le mieux. **2.** Qui présente toutes les caractéristiques propres à sa catégorie, à son espèce ; qui est exactement tel. *Un parfait homme du monde.* **3.** *Bois parfait,* dont les vaisseaux, constitués de cellules lignifiées ayant résorbé leurs membranes transversales, forment des tubes continus (par opp. à *aubier*). **4.** MATH. *Nombre parfait :* nombre égal à la somme de tous ses diviseurs (lui-même étant exclu).

2. PARFAIT n.m. **1.** Crème glacée au café moulée en forme de cône. **2.** GRAMM. Temps du verbe qui marque un état présent résultant d'une action passée. SYN. : *accompli, perfectif.* **3.** HIST. Croyant qui avait reçu le baptême de l'esprit *(consolamentum)* et était soumis à une recherche constante de la perfection, chez les cathares.

PARFAITEMENT adv. **1.** De façon parfaite. *Connaître parfaitement une langue.* **2.** Totalement, complètement, absolument. *Un endroit parfaitement calme.* **3.** Oui, certainement, à coup sûr. *Viendrez-vous ? – Parfaitement !*

PARFILAGE n.m. Action de parfiler.

PARFILER v.t. Défaire fil à fil (une étoffe, un galon) afin de récupérer l'or ou l'argent qui recouvrait les fils de soie.

PARFOIS adv. Dans certaines circonstances ; quelquefois.

PARFONDRE v.t. (lat. *perfundere,* mélanger) [75]. TECHN. Incorporer par fusion (des matières colorantes) à l'émail ou au verre.

PARFUM n.m. (it. *perfumo*). **1.** Odeur agréable, senteur. *Le parfum des roses.* **2.** Substance aromatique d'origine naturelle ou synthétique utilisée pour donner à la peau, au corps, aux vêtements, une odeur agréable ; mélange de telles substances. *Un flacon de parfum.* **3.** Arôme donné à certains aliments (notamm. aux glaces, aux sorbets). **4.** Arg. *Au parfum :* au courant, informé.

PARFUMER v.t. (it. *perfumare*). **1.** Remplir, imprégner d'une bonne odeur. **2.** Imprégner de parfum. *Parfumer du linge.* **3.** Aromatiser. *Parfumer une crème au citron.* ◆ **se parfumer** v.pr. Répandre du parfum sur soi.

PARFUMERIE n.f. **1.** Fabrication ou commerce des parfums. **2.** Magasin, rayon d'un magasin où l'on vend des parfums et des produits de beauté. **3.** Ensemble des parfums et des produits de toilette à base de parfum.

PARFUMEUR, EUSE n. **1.** Personne qui crée ou fabrique des parfums. **2.** Personne qui fait commerce des parfums et des produits de beauté.

PARHÉLIE ou **PARÉLIE** n.m. (gr. *para,* à côté, et *hêlios,* soleil). MÉTÉOR. Phénomène lumineux (tache colorée) dû à la réflexion des rayons solaires sur un nuage de cristaux de glace.

PARI n.m. (de *parier*). **1.** Convention par laquelle des personnes soutenant des opinions contradictoires s'engagent à verser une somme d'argent à celle d'entre elles qui se trouvera avoir raison (ou à la faire bénéficier d'un avantage quelconque). *Engager, faire, tenir, gagner un pari.* – Affirmation qu'un évènement hypothétique se produira, sans enjeu défini. ◇ PHILOS. *Pari de Pascal :* argument des *Pensées* destiné à montrer aux incroyants qu'en pariant sur l'existence de Dieu ils ont tout à gagner et rien à perdre. **2.** Jeu d'argent où le gain dépend de l'issue d'une compétition (épreuve hippique, notamm.). ◇ *Pari mutuel :* organisme détenant le monopole de l'organisation et de l'enregistrement des paris sur les courses de chevaux, effectué sur les hippodromes et en dehors *(Pari mutuel urbain).*

PARIA n.m. (mot port. ; du tamoul). **1.** Individu hors caste, considéré comme au plus bas de l'échelle sociale, en Inde (avant l'abolition officielle des castes, en 1947). SYN. : *intouchable.* **2.** Personne tenue à l'écart, méprisée de tous. *Être traité en paria, comme un paria.*

PARIADE n.f. **1.** Rassemblement des oiseaux par paires, préludant à l'accouplement. **2.** Saison à laquelle se produit ce rassemblement. **3.** Couple d'oiseaux.

PARIAGE n.m. → ***paréage.***

PARIAN n.m. (mot angl., de *Paros,* n. pr.). TECHN. Porcelaine d'un blanc crémeux, imitant le marbre de Paros.

PARIDÉ n.m. (lat. *parus,* mésange). *Paridés :* famille de passereaux de petite taille, d'Eurasie et d'Amérique du Nord, dont le type est la mésange et qui comprend une cinquantaine d'espèces au plumage souvent assez coloré.

PARIDIGITÉ, E adj. et n.m. ZOOL. Qui a un nombre pair de doigts à chaque patte, en parlant d'un mammifère ongulé.

PARIER v.t. (bas lat. *pariare,* être égal). **1.** Faire un pari. *Parier sur le favori, sur un outsider.* **2.** Mettre en jeu (telle somme) dans un pari. *Il a parié cent francs que c'était elle qui avait raison.* **3.** Affirmer, soutenir comme très probable, comme presque certain. *Je parie qu'il viendra.*

PARIÉTAIRE n.f. (lat. *paries, -etis,* muraille). Plante herbacée, annuelle ou vivace, qui croît près des murs ou sur les murs, et appelée également *casse-pierre, perce-muraille.* (Famille des urticacées.)

PARIÉTAL, E, AUX adj. (du lat. *paries, -etis,* paroi). **1.** ANAT. *Os pariétal* ou *pariétal,* n.m. : chacun des deux os qui forment les côtés et la voûte du crâne. ◇ *Lobe pariétal :* lobe cérébral situé sous l'os pariétal et limité en avant par la scissure de Rolando, qui joue un rôle majeur dans l'intégration de la sensibilité. **2.** Peint, dessiné ou gravé sur les parois d'une grotte (en particulier d'une grotte ayant servi d'habitat à l'époque préhistorique). *Peinture pariétale.* SYN. : *rupestre.* **3.** BOT. *Placentation pariétale,* dans laquelle les ovules sont fixés sur le bord des carpelles, eux-mêmes soudés par leurs bords en un ovaire à une seule loge (comme chez les orchidacées, les papavéracées).

PARIEUR, EUSE n. Personne qui parie.

PARIGOT, E adj. et n. Pop. Parisien.

PARIPENNÉ, E adj. BOT. Se dit de feuilles composées pennées se terminant au sommet par deux folioles opposées (pois, vesce, etc.).

PARIS-BREST n.m. inv. Pâtisserie en pâte à choux, en forme de couronne, saupoudrée d'amandes et fourrée de crème pralinée.

PARISETTE n.f. Plante des bois humides, à baies bleuâtres appelée aussi *raisin de renard.* (Famille des liliacées.)

PARISIANISME n.m. **1.** Expression, tournure propre au français parlé à Paris. **2.** Usage, habitude, manière d'être propre aux Parisiens. **3.** Tendance à n'accorder d'importance qu'à Paris, à ce qui s'y fait, s'y crée et à négliger le reste de la France ou de la francophonie.

PARISIEN, ENNE adj. et n. De Paris.

PARISIS [parizi] adj. inv. HIST. Frappé à Paris, en parlant de la monnaie (par opp. à la monnaie frappée à Tours). *Livre parisis et livre tournois.*

PARISYLLABIQUE adj. (du lat. *par,* égal, et *syllabique*). LING. Se dit des mots latins qui ont dans leur déclinaison le même nombre de syllabes au nominatif et au génitif singulier (par opp. à *imparisyllabique*).

PARITAIRE adj. Qui est formé d'un nombre égal de représentants de chaque partie ; où les deux parties sont représentées à égalité. *Commission, négociation paritaire.*

PARITARISME n.m. Tendance à recourir aux négociations paritaires en matière sociale ; courant d'idées qui préconise le recours aux organismes paritaires pour traiter des accords entre patronat et salariat.

PARITÉ n.f. (lat. *par, paris,* égal). **1.** Égalité parfaite ; conformité. *Parité entre les salaires masculins et féminins.* **2.** Égalité dans deux pays de la valeur d'échange de deux monnaies ; taux de change d'une monnaie par rapport à une autre. **3.** MATH. Caractère pair d'un nombre ou d'une fonction. **4.** PHYS. Grandeur physique conservée lors des processus dont les lois sont invariantes par réflexion spatiale.

1. PARJURE n.m. Faux serment ; violation de serment. *Commettre un parjure.*

2. PARJURE adj. et n. Qui prononce un faux serment, qui viole son serment.

PARJURER (SE) v.pr. (lat. *perjurare*). Violer son serment ; faire un faux serment.

PARKA n.f. ou m. (mot inuit, *peau*). Manteau court à capuche, en tissu imperméable.

PARKÉRISATION [parkerizasjɔ̃] n.f. (nom déposé). MÉTALL. Phosphatation profonde des pièces métalliques constituant une protection contre la corrosion.

PARKING [parkiŋ] n.m. (mot angl.). Parc de stationnement automobile.

PARKINSON (MALADIE DE) : affection dégénérative du système nerveux, caractérisée par un tremblement et une rigidité musculaire.

PARKINSONIEN, ENNE adj. et n. De la maladie de Parkinson ; atteint de cette maladie.

PARLANT, E adj. **1.** Expressif, suggestif. *Un portrait parlant.* **2.** Qui n'a pas besoin de commentaires, très convaincant. *Preuves parlantes.* **3.** TECHN. Qui reproduit ou enregistre la parole. *Machine parlante. L'horloge parlante. – Le cinéma parlant* ou *le parlant,* n.m. (par opp. au cinéma muet). **4.** HÉRALD. *Armes parlantes :* armes dont certains éléments sont en relation avec le nom des possesseurs.

1. PARLÉ, E adj. Exprimé, réalisé par la parole. *Une langue parlée.*

2. PARLÉ n.m. Ce qui est parlé, dit (par opp. à ce qui est chanté, à ce qui est écrit). *Le parlé et le chant, dans un opéra-comique.*

PARLEMENT n.m. (de *parler*). **1.** (Avec une majuscule). Assemblée ou ensemble des assemblées exerçant le pouvoir législatif. ◇ **Spécialt.** Ensemble des deux chambres, dans les pays où existe le bicamérisme. *En France, le Parlement comprend l'Assemblée nationale et le Sénat.* **2.** HIST. En France, sous l'Ancien Régime, corps de justice souverain, émanation de la Cour du roi, et dont les attributions, purement judiciaires à l'origine, tendirent progressivement à gagner le domaine politique.

1. PARLEMENTAIRE adj. Du Parlement. – *Régime parlementaire,* dans lequel le gouvernement est responsable devant le Parlement.

2. PARLEMENTAIRE n. **1.** Membre du Parlement. **2.** Personne qui, en temps de guerre, est chargée de parlementer avec l'ennemi.

PARLEMENTARISME n.m. Régime parlementaire.

PARLEMENTER v.i. Discuter en vue d'un accommodement. ◇ **Spécialt.** Tenir des pourparlers avec l'ennemi ; négocier avec lui les termes d'un accord.

1. PARLER v.i. (bas lat. *parabolare*). **1.** Articuler des paroles. *Enfant qui commence à parler.* **2.** Manifester, exprimer sa pensée par la parole. *Parler en termes choisis. Parler en public.* ◇ *Parler en l'air,* à la légère, sans réfléchir. – *Parler d'or,* avec justesse, pertinence, sagesse. – Fam. (Pour approuver ou, iron., pour marquer le doute, l'incrédulité). *Eux, courageux ? Tu parles !* ◇ *Parlant* (précédé d'un adv.) : de tel point de vue. *Humainement parlant.* **3.** Manifester, exprimer sa pensée autrement que par la parole, le langage articulé. *Parler par gestes.* **4.** Révéler ce qui devait être tenu caché ; avouer. *Son complice a parlé.* **5.** Ne pas nécessiter d'explications détaillées ; être éloquent, révélateur. *Les faits parlent d'eux-mêmes.* ◆ v.t. ind. **1.** ***(à, avec).*** Communiquer avec qqn par la parole. *Parler à un ami, avec une amie. – Trouver à qui parler :* avoir affaire à un interlocuteur ou à un adversaire capable de résister, de l'emporter. ◇ *Parler au cœur :* toucher, émouvoir. **2.** ***(de).*** S'entretenir de ; faire part de ses pensées, de son avis sur. *Parler de qqn, de qqch.* ◇ *C'est qqn qui fait parler de lui,* qui est connu (en bonne ou en mauvaise part). **3.** (Suivi de l'inf.). Annoncer son intention, son envie de. *Elle a parlé de venir nous voir.* ◆ v.t. **1.** *Parler une langue,* en faire usage ; pouvoir s'exprimer dans cette langue. **2.** *Parler politique, affaires, etc.,* s'en entretenir. ◆ **se parler** v.pr. Communiquer par le langage articulé ; s'adresser la parole.

2. PARLER n.m. **1.** Langage, manière de s'exprimer. *Un parler truculent.* **2.** LING. Moyen de communication linguistique (langue, dialecte, patois) particulier à une région.

PARLEUR, EUSE n. Péj. *Un beau parleur :* qqn qui s'exprime avec trop de recherche, qui s'écoute parler.

PARLOIR n.m. Salle où l'on reçoit les visiteurs dans certains établissements (scolaires, religieux, pénitentiaires, etc.).

PARLOTE ou **PARLOTTE** n.f. Fam. Conversation insignifiante, oiseuse.

PARLURE n.f. Canada. Manière de s'exprimer particulière à qqn, un groupe (accent, vocabulaire, tournures).

PARME adj. inv. et n.m. De la couleur mauve soutenu de la violette de Parme.

PARMÉLIE n.f. (lat. *parmelia*). Lichen formant une plaque jaune sur les pierres, les troncs d'arbres.

1. PARMESAN, E adj. et n. De la ville ou du duché de Parme.

2. PARMESAN n.m. Fromage italien au lait de vache, à pâte très dure, granuleuse.

PARMI prép. (de *par* et *mi,* au milieu). Devant un nom au pl. ou un nom collectif. **1.** Entre, au milieu de. *Se frayer un chemin parmi la foule.* **2.** Au nombre de. *Compter qqn parmi ses amis.*

1. PARNASSIEN, ENNE adj. et n. LITTÉR. Qui appartient au groupe du Parnasse (→ ***Parnasse contemporain,*** partie n.pr.).

2. PARNASSIEN n.m. Papillon aux ailes ocellées, commun dans les montagnes.

PARODIE n.f. (gr. *parôdia*). **1.** Imitation burlesque d'une œuvre littéraire ou artistique. **2.** Imitation grossière. *Une parodie de procès.*

PARODIER v.t. Faire la parodie de.

PARODIQUE adj. Qui tient de la parodie.

PARODISTE n. Auteur d'une parodie.

PARODONTAL, E, AUX adj. Du parodonte.

PARODONTE n.m. ANAT. Ensemble des tissus de soutien de la dent (os alvéolaire, ligaments, gencives).

PARODONTISTE n. Chirurgien-dentiste spécialisé dans les soins du parodonte.

PARODONTOLOGIE n.f. Partie de l'odontologie qui étudie le parodonte.

PARODONTOLYSE n.f. Dégradation, destruction du parodonte par des lésions dégénératives.

PARODONTOSE n.f. Affection chronique du parodonte.

PAROI n.f. (lat. *paries, -etis*). **1.** Mur, cloison qui sépare une pièce d'une autre. **2.** Surface matérielle qui délimite intérieurement un objet creux. **3.** ANAT. Partie qui circonscrit une cavité du corps. **4.** Surface latérale d'une cavité naturelle. *La paroi d'une grotte.* **5.** Versant rocheux uni, proche de la verticale, en montagne.

PAROIR n.m. TECHN. Outil servant à parer, dans différents corps de métier (corroyeur, maréchal-ferrant, etc.).

PAROISSE n.f. (gr. *paroikia,* groupement d'habitations). Territoire sur lequel s'exerce le ministère d'un curé, d'un pasteur.

PAROISSIAL, E, AUX adj. De la paroisse.

1. PAROISSIEN, ENNE n. Fidèle d'une paroisse. ◇ Fam. *Un drôle de paroissien :* un drôle d'individu.

2. PAROISSIEN n.m. Missel à l'usage des fidèles.

PAROLE [parɔl] n.f. (lat. *parabola*). **I. 1.** Faculté naturelle de parler. *L'homme, l'être doué de parole.* **2.** Fait de parler. *Un silence plus éloquent que la parole.* **Spécialt. a.** Fait de parler devant autrui, en public. *Droit de parole des membres d'une assemblée délibérante. – Prendre la parole :* commencer à parler. **b.** Possibilité, droit de parler dans un groupe, une assemblée. *Avoir, demander la parole. – Passer la parole à qqn,* lui permettre de parler à son tour ; l'y inviter. **3.** Capacité personnelle à parler, à s'exprimer oralement. *Elle a la parole facile.* **4.** LING. Usage concret qu'un individu fait de la langue. *L'opposition entre parole et langue, dans la théorie du langage.* **5.** *La parole de Dieu, la bonne parole :* l'Évangile. **II. 1.** Mot ou suite de mots, phrase. *Il n'a pas prononcé une parole de toute la journée. – C'était une parole en l'air,* prononcée sans sérieux, à la légère. – (À certains jeux de cartes, pour signifier que l'on ne fait pas d'enchère ou que l'on ne déclare pas d'atout). *Parole !* ◇ *De belles paroles :* des discours prometteurs qui restent sans suite. **2.** Assurance donnée à qqn ; engagement, promesse. *Donner sa parole. – Rendre sa parole à qqn,* le délier d'une promesse. *– Être de parole, n'avoir qu'une parole :* respecter ses engagements. – *Sur parole :* sur une simple affirmation ; sur la garantie de la bonne foi. *Je vous crois sur parole. Libéré sur parole.* ◆ pl. *Les paroles :* le texte (d'une chanson, etc.), par opp. à la musique.

PAROLI n.m. (mot it.). Vx. *Faire paroli :* laisser en jeu la mise engagée et la somme gagnée.

PAROLIER, ÈRE n. Personne qui écrit des textes destinés à être mis en musique, des paroles de chansons.

PARONOMASE n.f. (gr. *paronomasia*). RHÉT. Figure qui consiste à rapprocher des paronymes dans une phrase (ex. : *Qui se ressemble s'assemble*).

PARONYME adj. et n.m. (gr. *para,* à côté, et *onoma,* mot). Se dit de mots de sens différents mais de formes relativement voisines. (Ex. : *conjecture* et *conjoncture ; collision* et *collusion.*)

PARONYMIE n.f. Caractère des paronymes.

PARONYMIQUE adj. Relatif aux paronymes.

PARONYQUE n.f. (gr. *paronukhis,* de *onux,* ongle, par analogie de forme). Plante herbacée à petites fleurs vertes ou blanches dont on cultive quelques espèces dans les jardins de rocaille. (Famille des caryophyllacées.)

PAROS [parɔs] n.m. Marbre blanc de Páros.

PAROTIDE n.f. et adj.f. (du gr. *para,* à côté, et *oûs, ôtos,* oreille). ANAT. Glande salivaire paire, située en avant de l'oreille.

PAROTIDIEN, ENNE adj. De la parotide, des parotides.

PAROTIDITE n.f. MÉD. Inflammation de la parotide, des parotides.

PAROUSIE [paruzi] n.f. (gr. *parousia,* arrivée). THÉOL. Retour glorieux du Christ, à la fin des temps, en vue du Jugement dernier.

PAROXYSME n.m. (gr. *paroxusmos,* action d'exciter). **1.** Plus haut degré (d'un sentiment, d'une douleur, etc.). **2.** MÉD. Phase d'une maladie pendant laquelle tous les symptômes se manifestent avec leur maximum d'intensité.

PAROXYSMIQUE, PAROXYSMAL, E, AUX ou **PAROXYSTIQUE** adj. Du paroxysme ; qui présente les caractères d'un paroxysme.

PAROXYTON [parɔksitɔ̃] n.m. LING. Mot accentué sur l'avant-dernière syllabe.

PARPAILLOT, E n. (altér. de *papillon*). Vx et péj., ou auj. par plais. Protestant.

PARPAING [parpɛ̃] n.m. (lat. pop. *perpetaneus,* ininterrompu). **1.** Élément de construction (pierre, moellon, etc.), qui traverse toute l'épaisseur d'un mur. **2.** Aggloméré parallélépipédique moulé et comprimé, employé en maçonnerie.

PARQUER v.t. **1.** Enfermer (des personnes) dans un espace étroit. *Parquer des réfugiés dans un camp.* **2.** Mettre dans un lieu entouré d'une clôture. *Parquer des bœufs.* **3.** Mettre en stationnement, garer. *Parquer une voiture.* ◆ v.i. Être dans un parc. *Les moutons parquent.*

PARQUET n.m. (de *parc*). **I. 1.** Assemblage de planches (dites *lames de parquet*) formant le sol de certaines pièces d'habitation. *(V. illustration p. 750.)* **2.** MAR. Assemblage de tôles formant plate-forme ou constituant le sol d'un compartiment du navire. *Parquet de chauffe.* **3.** *Parquet d'élevage :* petit parc, enclos pour l'élevage des poules, des faisans. **4.** BX-A. Système de lattes de maintien ajouté au revers d'un tableau peint sur bois, pour l'empêcher de jouer exagérément. **II.** DR. Ensemble des magistrats qui exercent les fonctions du ministère public. SYN. : ***magistrature debout.***

PARQUETAGE n.m. Action de parqueter.

PARQUETER v.t. [27]. **1.** Garnir d'un parquet. *Parqueter une chambre.* **2.** BX-A. Poser un parquet au revers d'un panneau, d'un tableau peint sur bois.

PARQUETEUR n.m. Menuisier qui fabrique, pose ou répare les parquets.

PARQUEUR, EUSE ou **PARQUIER, ÈRE** n. **1.** Personne qui garde les animaux dans un parc. **2.** Personne qui s'occupe des huîtres d'un parc.

PARRAIN n.m. (lat. *pater,* père). **1.** Celui qui présente un enfant au baptême ou à la confirmation et se porte garant de sa fidélité. **2.** Celui qui préside au baptême d'une cloche, au lancement d'un navire, etc. – Celui qui donne un nom à qqn, à qqch. **3.** Celui qui présente qqn dans un club, une société, pour

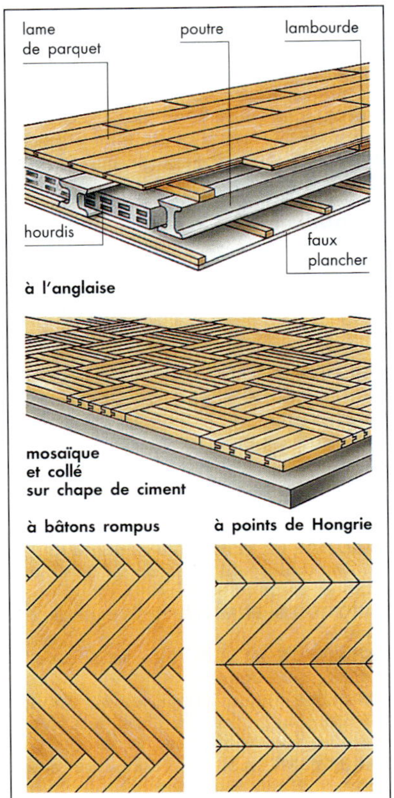

quelques types de **parquets**

l'y faire entrer. **4.** Chef d'une organisation criminelle (Mafia, en particulier).

PARRAINAGE n.m. **1.** Qualité, fonction de parrain ou de marraine. **2.** Soutien moral accordé à qqn, à qqch. **3.** Méthode publicitaire fondée sur le financement d'une activité (sportive, culturelle, audiovisuelle, etc.) et destinée à rapprocher dans l'esprit du public une marque de cette activité. SYN. (anglic. **déconseillé**) : ***sponsoring.***

PARRAINER v.t. **1.** Soutenir qqn, s'en porter garant ; patronner (une œuvre, un projet). **2.** Recomm. off. pour ***sponsoriser.***

PARRAINEUR n.m. Recomm. off. pour *sponsor.*

1. PARRICIDE n. et adj. (lat. *parricida*). Personne qui a commis un parricide.

2. PARRICIDE n.m. **1.** Meurtre du père ou de la mère ou de tout autre ascendant légitime. **2.** Meurtre du souverain, dans l'ancien droit.

PARSEC [parsɛk] n.m. (de **par***allaxe* et **sec***onde*). ASTRON. Unité (symb. pc) correspondant à la distance à la Terre d'une étoile dont la parallaxe annuelle est égale à une seconde de degré. (Le parsec vaut 3,26 années de lumière, soit $3{,}08.10^{13}$ kilomètres.)

PARSEMER v.t. [19]. **1.** Disperser sur ; jeter çà et là, à la surface de qqch. **2.** Litt. Être répandu çà et là sur (une surface, une étendue). *Les étoiles parsèment le ciel.*

PARSI, E n. et adj. (du persan). Zoroastrien de l'Inde. (Les zoroastriens restés en Iran s'appellent *guèbres.*)

PARSISME n.m. Religion des parsis.

1. PART n.m. (lat. *partus,* accouchement). DR. *Substitution de part* (ou *d'enfant*) : délit consistant à attribuer à une femme un enfant qui n'est pas d'elle. – *Suppression de part* (ou *d'enfant*) : délit consistant à dissimuler ou à faire disparaître l'état civil d'un enfant, la preuve d'une naissance.

2. PART n.f. (lat. *pars, partis*). **I. 1.** Partie d'un tout ; portion résultant d'une division, d'un partage. *Faire quatre parts d'un gâteau.* ◇ *Faire la part de :* tenir compte de. *Faire la part du hasard.* – *Faire la part du feu :* abandonner, pour ne pas tout perdre, ce qui ne peut plus être sauvé, préservé. **2.** Ce qui revient, ce qui échoit à qqn. *Avoir la meilleure part.* ◇ *À part entière :* qui jouit de tous les droits attachés à telle qualité, telle catégorie. *Français à part entière.* – *Avoir, prendre part à :* participer à ; jouer un rôle dans. – *Faire part de qqch à qqn,* l'en informer. – *Pour ma (sa, etc.) part :* en ce qui me (le) concerne. – *Prendre en bonne, en mauvaise part,* du bon, du mauvais côté ; interpréter en bien ou en mal. **3.** (Avec un possessif). Ce qu'on apporte en partage ; contribution. *Fournir sa part d'efforts. Payer sa part.* **4.** DR. *Part sociale* ou *part :* portion déterminée du capital d'une société à responsabilité limitée, d'une coopérative, d'une société à capital variable, d'une société en participation ou d'une société en commandite simple. ◇ Chacune des fractions d'un patrimoine attribuée à un copartageant. – *Part virile :* résultat de la division de la valeur d'un bien indivis par le nombre des propriétaires. **5.** DR. FISC. Unité de base servant au calcul de l'impôt sur le revenu. *Le nombre de parts est proportionnel au nombre de personnes qui composent la famille.* **II. 1.** *À part :* **a.** Qui est différent des autres, du reste. *Ça, c'est un cas à part.* **b.** Séparément. *J'ai rangé vos affaires à part.* **c.** Excepté. *À part ses petites manies, elle est plutôt agréable.* ◇ *À part moi (soi, etc.) :* en moi-même, en soi-même ; en mon (son) for intérieur. **2.** *Autre part :* en un autre endroit, ailleurs. – *De part en part :* à travers, en passant d'un côté au côté opposé. *Percer de part en part.* – *De toute(s) part(s) :* de tous côtés ; partout. – *D'une part..., d'autre part... :* d'un côté (ou : d'un point de vue...)..., de l'autre... – *D'autre part :* de plus, en outre. – *Nulle part :* en aucun lieu. – *Quelque part :* v. à son ordre alphab. **3.** *De la part de (qqn),* en son nom ; venant de lui. *Remettez-lui ce paquet de ma part.*

PARTAGE n.m. **I. 1.** Action de partager, de diviser en portions, en parties. *Le partage d'un gâteau.* **a.** MATH. Division d'une grandeur ou d'un nombre en parties. – *Partage proportionnel,* dans lequel les parties sont proportionnelles à des coefficients donnés. **b.** DR. Acte qui règle les parts d'une succession ou qui met fin à une indivision. – *Partage d'ascendant,* par lequel une personne répartit de son vivant ses biens entre ses descendants, par donation ou par testament. **2.** Fait de partager, d'avoir qqch en commun avec qqn, avec d'autres. ◇ *Sans partage :* à soi seul ; entier, total ; entièrement, totalement. **3.** GÉOGR. *Ligne de partage des eaux :* ligne de plus faible pente séparant deux bassins hydrographiques. **II.** Litt. Ce qui échoit à qqn ; part, sort. *L'exil est son partage.* – *Recevoir en partage,* comme don naturel ; avoir pour lot.

PARTAGEABLE adj. Qui peut être partagé.

PARTAGER v.t. [17]. **1.** Diviser en parts, fractionner. *Partager un terrain.* **a.** Diviser en parts destinées à être attribuées à des personnes différentes, à des usages divers, etc. *Partager ses biens entre ses proches.* **b.** Séparer en parties distinctes. *Raie qui partage en deux une chevelure.* **2.** Donner une part de (ce que l'on possède, ce dont on dispose). *Je vais partager mes provisions avec vous.* **3.** Avoir en commun avec qqn, avec d'autres. *Elle partage son studio avec une amie.* **4.** Diviser en groupes dont les avis diffèrent, s'opposent. *Question qui partage l'opinion publique.* **5.** *Être partagé :* être animé de tendances, de sentiments contradictoires. – *Sentiment partagé,* éprouvé par plusieurs personnes.

PARTAGEUR, EUSE adj. Qui partage de bon gré. *Il n'est pas très partageur.*

PARTAGEUX, EUSE n. et adj. Vx ou HIST. Partisan du partage des propriétés, des terres.

PARTANCE n.f. *En partance :* sur le point de partir (bateau, train... ; voyageurs).

1. PARTANT, E adj. Fam. *Être partant (pour) :* être disposé, prêt (à).

2. PARTANT, E n. **1.** Personne qui part. **2.** Concurrent(e) – personne, cheval, véhicule, etc. – qui prend le départ d'une course, qui est présent sur la ligne de départ.

3. PARTANT conj. Litt. Par conséquent. *« Plus d'amour, partant plus de joie »* (La Fontaine).

PARTENAIRE n. (angl. *partner*). **1.** Personne avec qui on est associé contre d'autres, dans un jeu. **2. a.** Personne avec qui l'on pratique certaines activités (danse, sport, etc.). **b.** Personne, groupe auxquels on s'associe pour la réalisation d'un projet. *Chercher des partenaires financiers.* **c.** Personne avec qui l'on a une relation sexuelle. **3.** Pays qui entretient avec un ou plusieurs autres des relations politiques, économiques, etc. *Les partenaires européens.* **4.** *Partenaires sociaux :* représentants du patronat et des syndicats d'une branche professionnelle, de la direction et du personnel d'une entreprise, considérés en tant que parties dans des accords, des négociations.

PARTENARIAL, E, AUX adj. Du partenariat, relatif au partenariat (notamm. dans le domaine social). *Négociations partenariales.*

PARTENARIAT n.m. Système associant des partenaires sociaux ou économiques.

PARTERRE n.m. **1.** Partie d'un jardin où fleurs, bordures, gazon, etc., sont disposés de manière à former une composition décorative. **2.** Partie d'une salle de théâtre située derrière les fauteuils d'orchestre ; spectateurs qui y sont placés. **3.** Public, assistance. *Un parterre d'industriels.*

PARTHÉNOGENÈSE n.f. (du gr. *parthenos,* vierge). BIOL. Reproduction à partir d'un ovule ou d'une oosphère non fécondés.

■ La parthénogenèse naturelle s'observe chez de nombreux insectes : abeilles (où elle donne les mâles, ou faux bourdons), pucerons, etc., chez d'autres animaux et chez de rares végétaux. On a pu provoquer artificiellement la parthénogenèse chez de nombreux animaux, notamment des mammifères (lapine).

PARTHÉNOGÉNÉTIQUE adj. BIOL. De la parthénogenèse ; issu d'une parthénogenèse. *Embryon parthénogénétique.* SYN. : ***agame.***

1. PARTI n.m. (de l'anc. fr. *partir,* partager). **I. 1.** Association de personnes constituée en vue d'une action politique. *Les militants d'un parti.* – *Système des partis :* organisation de la vie politique accordant un rôle prépondérant aux partis. *Système du parti unique* (opposé au bipartisme, au pluripartisme). ◇ *Esprit de parti :* partialité en faveur de son propre parti, sectarisme. **2.** Ensemble de personnes ayant des opinions, des aspirations, des affinités communes. *Le parti des honnêtes gens, des mécontents.* **3.** Vx. Petit groupe de soldats chargés d'une reconnaissance, d'un coup de main, etc. **II.** Litt. Résolution, décision ; solution. *Hésiter entre deux partis.* ◇ *Prendre parti :* se prononcer pour ou contre, se décider. – *Parti pris :* opinion préconçue, résolution prise d'avance. **III. 1.** *Faire un mauvais parti à qqn,* le maltraiter, le mettre à mal. ◇ *Tirer parti de qqch, de qqn,* l'utiliser, le faire servir au mieux de ses possibilités. **2.** Vieilli ou par plais. Personne à marier (considérée du point de vue de sa situation sociale, de sa fortune). *Un beau parti.*

2. PARTI, E adj. Fam. Ivre. *Il est un peu parti.*

3. PARTI, E adj. (de l'anc. fr. *partir,* partager). HÉRALD. *Écu parti,* divisé verticalement en deux parties égales.

PARTIAIRE [parsjɛr] adj. DR. *Colon partiaire :* fermier qui partage les récoltes avec le propriétaire.

PARTIAL, E, AUX [parsjal, o] adj. (de *parti*). Qui fait preuve d'un parti pris injuste ; qui manque d'équité.

PARTIALEMENT [parsjalmɑ̃] adv. Avec partialité.

PARTIALITÉ [parsjalite] n.f. Attitude partiale ; caractère partial (d'une opinion, d'un jugement, etc.).

PARTICIPANT, E adj. et n. Qui participe.

PARTICIPATIF, IVE adj. Qui correspond à une participation financière. ◇ *Prêts participatifs :* prêts à taux d'intérêt variable assortis d'une clause de participation du prêteur aux résultats de l'entreprise. – *Titres participatifs :* titres qui, à mi-chemin de l'action et de l'obligation, ne donnent pas de droit de vote mais sont assortis d'une rémunération fixe garantie, et d'un supplément en fonction des résultats de la société.

PARTICIPATION n.f. Action, fait de participer. **1.** Fait de recevoir une part d'un profit. ◇ Système dans lequel les salariés sont associés aux profits et, le cas échéant, à la gestion de leur entreprise. **2.** Fait de détenir une fraction du capital d'une société. ◇ *Société en participation :* société non immatriculée, dépourvue de la personnalité morale, dont un associé négocie avec les tiers. **3.** DR. *Participation aux acquêts :* régime matrimonial selon lequel, à la dissolution du mariage, chacun des époux a droit à une somme égale à la moitié des acquêts réalisés par l'autre.

PARTICIPE n.m. (lat. *participium*). GRAMM. Forme verbale impersonnelle, qui joue tantôt le rôle d'adjectif (variable), tantôt celui de verbe. *Participe présent, passé.*

PARTICIPER v.t. ind. *(à)*. **1.** S'associer, prendre part à. *Participer à une manifestation.* **2.** Payer sa part de, cotiser pour. *Participer aux frais du repas.* **3.** Avoir part à, recevoir sa part de. *Participer aux bénéfices d'une société.* **4.** Litt. *Participer de (qqch),* en présenter certains caractères.

PARTICIPIAL, E, AUX adj. Du participe, de la nature du participe. ◇ *Proposition participiale* ou *participiale,* n.f., dont le verbe est un participe.

PARTICULARISATION n.f. Action de particulariser.

PARTICULARISER v.t. Différencier par des caractères particuliers.

PARTICULARISME n.m. Fait, pour un groupe social, une ethnie, etc., d'affirmer ou de revendiquer ses particularités (notamment culturelles, linguistiques) et de chercher à les préserver ; ensemble de ces particularités.

PARTICULARISTE adj. et n. Qui témoigne de particularisme.

PARTICULARITÉ n.f. Caractère particulier de qqn, de qqch ; caractéristique.

PARTICULE n.f. (lat. *particula,* petite part). **1.** Très petite partie d'un élément matériel, d'un corps. *De fines particules de calcaire, de sable.* ◇ PHYS. *Particule (élémentaire) :* constituant fondamental de la matière (électron, quark, etc.) ou de la lumière (photon) apparaissant, dans l'état actuel des connaissances, comme non décomposable en d'autres éléments. *Physique des particules.* **2.** LING. Petit mot invariable servant à préciser le sens d'autres mots ou à indiquer des rapports grammaticaux. **3.** Préposition *de* précédant certains noms de famille (noms de familles nobles, en particulier).
■ La notion de particule élémentaire a perdu de sa pertinence, dans la mesure où les nucléons, protons et neutrons se sont révélés être constitués de trois quarks. La classification actuelle distingue les *leptons* (électron, photon, bosons intermédiaires), qui ne participent pas aux interactions nucléaires fortes, et les *quarks* et leurs combinaisons (nucléons) qui y participent. La théorie prévoit l'existence du *graviton,* qui ne participerait qu'aux interactions gravitationnelles.

1. PARTICULIER, ÈRE adj. (lat. *particularis*). **I. 1.** Propre à qqch, à qqn. *Plante particulière à un climat.* **2.** Affecté en propre à qqn, à qqch ; privé. *Avoir une voiture particulière.* **3.** Personnel, individuel. *Raisons particulières.* **4.** Remarquable, spécial, spécifique. *Signe particulier.* **5.** Qui n'est pas ordinaire, pas courant. *Une affaire très particulière.* **II.** *En particulier.* **1.** À part, séparément ; en tête à tête. *Je l'ai rencontrée en particulier.* **2.** Spécialement ; notamment.

2. PARTICULIER n.m. **1.** Personne privée (par opp. aux collectivités professionnelles, administratives, etc.). **2.** Ce qui est particulier ; ensemble de détails, détail. *Le particulier et le général.*

PARTICULIÈREMENT adv. De façon particulière ; spécialement.

PARTIE n.f. (de l'anc. fr. *partir,* partager). **I. 1.** Portion, élément d'un tout. *Les différentes parties d'une machine. Passer une partie des vacances à la mer.* ◇ *Faire partie de :* être un élément de ; appartenir à. – *En partie :* pour seulement une fraction, une part ; pas totalement. ◇ MATH. *Partie d'un ensemble :* sous-ensemble de cet ensemble. – *Ensemble des parties d'un ensemble :* ensemble ayant pour éléments tous les sous-ensembles de cet ensemble. **2.** MUS. Chacune des voix, instrumentales ou vocales, d'une composition musicale. *Partie de soprano, de basse.* **II. 1.** Durée pendant laquelle des adversaires s'opposent, dans un jeu, un sport ; totalité des coups à faire, des points à gagner pour déterminer un gagnant et un perdant. *Partie de cartes, de tennis.* **2.** Lutte, compétition ; conflit. *Gagner, perdre la partie.* ◇ *Quitter la partie :* abandonner la lutte, renoncer. **3.** Divertissement pris à plusieurs. *Partie de chasse, de pêche.* ◇ *Ce n'est que partie remise :* c'est qqch qui est simplement différé, mais qui se fera, qui aura lieu. **III.** Profession, spécialité. *Être très fort dans sa partie.* **IV. 1.** DR. Chacune des personnes qui plaident l'une contre l'autre. ◇ Cour. *Avoir affaire à forte partie,* à un adversaire puissant, contre lequel la lutte est difficile. – *Prendre qqn à partie,* s'en prendre, s'attaquer à lui. **2.** Chacune des personnes qui prennent part à une négociation ou qui s'engagent mutuellement par une convention, un contrat. ◆ pl. Pop. *Les parties :* les organes génitaux masculins.

1. PARTIEL, ELLE adj. **1.** Qui ne constitue ou qui ne concerne qu'une partie d'un tout. *Des résultats partiels.* ◇ MATH. *Dérivée partielle :* dérivée d'une fonction $f(x, y, ..., z)$ de plusieurs variables par rapport à l'une des variables, les autres étant supposées constantes, notée f'_x ou $\frac{\partial f}{\partial x}$ et dite dérivée par rapport à *x*. – *Dividende partiel :* l'un des restes successifs obtenus au cours d'une division. **2.** Qui n'a lieu, n'existe que pour une partie ; incomplet. *Éclipse partielle.* ◇ *Élection partielle* ou *partielle,* n.f. : élection faite en dehors des élections générales, à la suite d'un décès, d'une démission, etc.

2. PARTIEL n.m. **1.** Dans l'enseignement supérieur, épreuve portant sur une partie du programme d'un examen, dans le contrôle continu des connaissances, et constituant un élément de la note finale. **2.** ACOUST. Chacun des sons émis par un corps vibrant à chacune de ses fréquences de résonance.

PARTIELLEMENT adv. En partie, pour une part. *Une déclaration partiellement vraie.*

PARTINIUM [partinjɔm] n.m. (du n. de G. H. *Partin*). TECHN. Alliage d'aluminium, de tungstène et de magnésium.

PARTIR v.i. (lat. *partiri,* partager) [43] [auxil. *être*]. **1.** Quitter un lieu ; se mettre en route. *Partir en vacances, pour l'Amérique.* **2.** *Partir de :* avoir pour commencement, pour origine, pour point de départ. *Trois routes partent du village. Son geste part d'une bonne intention.* ◇ *À partir de :* à dater de, depuis. – Fam. *C'est parti :* l'action est commencée. – Fam. *Être mal parti :* commencer dans des conditions telles que la réussite paraît compromise. **3.** Se mettre en marche, commencer à fonctionner ; être déclenché, lancé. *Moteur qui part difficilement. Le coup est parti tout seul.* **4.** S'enlever, disparaître ; se détacher. *Un bouton est parti. Cette tache ne partira pas.*

1. PARTISAN n.m. (it. *partigiano*). **1.** Personne dévouée à une organisation, à un parti, à un idéal, à qqn, etc. **2.** Combattant volontaire n'appartenant pas à une armée régulière. ◆ adj. *Partisan de :* favorable à. *Il, elle est partisan de ce projet.* (Le fém. *partisante* est fam.)

2. PARTISAN, E adj. Péj. De parti pris, inspiré par l'esprit de parti. *Des querelles partisanes.*

PARTITA n.f. (mot it.). MUS. Variation ou série de variations sur un thème. ◇ Suite de danses ou de mouvements chorégraphiques. ◇ Sonate de chambre pour le violon ou le clavier. Pluriel savant : *partite.*

PARTITEUR n.m. AGRIC. Appareil destiné à répartir l'eau d'un canal d'irrigation.

PARTITIF, IVE adj. et n.m. (lat. *partitus,* partagé). LING. Qui exprime l'idée de partie par rapport au tout. *Article partitif.*

PARTITION n.f. (lat. *partitio,* partage). **1.** Division, séparation. **2.** Partage politique d'une unité territoriale. *La partition de l'Inde.* **3.** MATH. *Partition d'un ensemble :* famille de parties non vides de cet ensemble, deux à deux disjointes et dont la réunion est égale à l'ensemble. **4.** MUS. Ensemble des parties d'une composition musicale réunies pour être lues simultanément ; feuillet, cahier où ces parties sont transcrites. **5.** HÉRALD. Division d'un écu en un nombre pair de parties égales d'émaux alternés.

PARTON n.m. (de *part*[*icule*] et suff. *-on*). PHYS. Constituant hypothétique du nucléon.

PARTOUT adv. En tout lieu, n'importe où.

PARTOUZE ou **PARTOUSE** n.f. Fam. Ébats sexuels à plus de deux personnes.

PARTURIENTE [partyrjɑ̃t] n.f. (du lat. *parturire,* être en couches). MÉD. Femme qui accouche.

PARTURITION n.f. (bas lat. *parturitio*). **1.** MÉD. Accouchement naturel. **2.** Mise bas des animaux.

PARULIE n.f. (gr. *paroulis,* de *oûlon,* gencive). MÉD. Abcès des gencives.

PARURE n.f. **1.** Litt. Ce qui pare, embellit. **2. a.** Ensemble de bijoux assortis (collier, bracelet, pendants d'oreille, etc.) destinés à être portés en même temps. **b.** Ensemble assorti de pièces de linge. *Une parure de lit.* **3.** BOUCH. Ce qui est retranché de la viande lorsqu'on la pare. **4.** ZOOL. *Parure de noces :* livrée saisonnière plus colorée de divers animaux vertébrés à la saison des amours.

PARURERIE n.f. Fabrication et commerce des articles destinés à agrémenter l'habillement féminin (fleurs artificielles, boutons, etc.).

PARURIER, ÈRE n. Fabricant, commerçant en articles de parurerie.

PARUTION n.f. Fait de paraître, d'être publié (pour un livre, un article, etc.) ; date, moment de la publication.

PARVENIR v.i. (lat. *pervenire*) [40] [auxil. *être*]. **1.** Arriver, venir jusqu'à un terme, un point donné, dans une progression. **2.** Arriver à destination. *Ma lettre lui est parvenue.* **3.** *Parvenir à* (+ inf.) : réussir, arriver à. **4.** S'élever socialement, réussir ; faire fortune.

PARVENU, E n. Péj. Personne qui s'est élevée au-dessus de sa condition première sans avoir acquis les manières, la culture, le savoir-vivre qui conviendraient à son nouveau milieu.

PARVIS [parvi] n.m. (bas lat. *paradisus,* paradis ; du gr.). Place qui s'étend devant l'entrée principale d'une église (parfois, auj., d'un grand bâtiment public).

1. PAS n.m. (lat. *passus*). **I. 1.** Mouvement que fait l'homme ou l'animal en portant un pied devant l'autre pour se déplacer. ◇ *Pas à pas, à pas comptés :* lentement. – *À grands pas :* à longues enjambées ; rapidement. – *À pas de loup :* sans bruit. – *Faire les cent pas :* aller et venir (souvent : lors d'une attente, avec impatience, etc.). – *Faire un faux pas :* trébucher ; fig., commettre une erreur, un impair. – Fig. *Faire le(s) premier(s) pas :* faire des avances ; prendre l'initiative d'une relation, d'une rencontre. **2.** Manière de marcher ; démarche, allure. *Un pas lourd, gracieux.* – *Pas de course,* de qqn qui court. ◇ MIL. *Pas de route :* pas normal, non cadencé, utilisé pour des marches. – *Pas accéléré :* pas cadencé plus rapide que le pas normal. – *Pas redoublé :* pas de vitesse double du pas cadencé normal ; marche militaire qui rythme cette allure. – *Pas de charge :* pas très rapide. **3.** L'allure la plus lente des animaux quadrupèdes, caractérisée par la pose successive des quatre membres. *Passer du pas au trot puis au galop.* **4.** Longueur d'une enjambée. *Avancez de trois pas.* ◇ Fig. Cheminement, progression. *Les premiers pas vers la paix.* **5.** Empreinte des pieds de qqn qui marche. *Des pas dans la neige.* ◇ *Marcher sur les pas de qqn,* suivre sa trace, agir à son exemple. **6.** CHORÉGR. Mouvement exécuté par un danseur avec ses pieds, à terre, avec ou sans parcours ; fragment d'un ballet interprété par un ou plusieurs danseurs *(grand pas de deux, pas de quatre).* **II. 1.** *Le pas d'une porte,* son seuil. **2.** *Pas de tir.* **a.** Emplacement aménagé pour les tireurs, sur un champ ou un stand de tir. **b.** Ensemble des installations permettant le tir d'un lanceur spatial. **3. a.** (Dans quelques noms géogr.). Détroit, passage resserré. *Le pas de Calais.* **b.** *Franchir, sauter le pas :* se décider à faire qqch. – *Mauvais pas :* endroit où il est dangereux de passer ; fig., situation difficile. **4.** *Céder, donner le pas à qqn,* le laisser passer, lui donner la priorité. – *Prendre le pas sur :* devancer, précéder. **III.** Distance qui sépare deux points d'intersection consécutifs d'une hélice circulaire avec une génératrice, deux filets consécutifs d'une vis, ou les plans médians de deux dents consécutives d'un pignon, mesurée parallèlement à l'axe de rotation. *Pas d'une hélice.*

2. PAS adv. de négation (lat. *passus,* pas). **1.** (Employé avec *ne.*) *Elle ne voudra pas. Être ou ne pas être. Ne viendrez-vous pas ?* **2.** (Employé sans *ne.*) *En reprendrez-vous ? – Pas du tout. Pourquoi pas ?* ◇ Fam. *T'en fais pas !*

P.A.S. [peaɛs] n.m. (sigle). MÉD. Acide para-amino-salicylique, médicament antituberculeux.

1. PASCAL, E, ALS ou **AUX** adj. (bas lat. *paschalis*). Qui concerne la fête de Pâques ou la Pâque juive. *Le temps pascal.*

2. PASCAL n.m. (de Blaise *Pascal*) [pl. *pascals*]. Unité mécanique de contrainte et de pression (symb. Pa), équivalant à la contrainte ou à la pression uniforme qui, agissant sur une surface plane de 1 mètre carré, exerce perpendiculairement à cette surface une force totale de 1 newton. (10^5 Pa = 1 bar.)

3. PASCAL n.m. (pl. *pascals*). INFORM. Langage de programmation adapté au traitement d'applications scientifiques.

PASCALIEN, ENNE adj. Relatif à Blaise Pascal, à ses idées. *Le pari pascalien.*

PASCAL-SECONDE n.m. (pl. *pascals-seconde*). Unité de mesure de viscosité dynamique (symb. Pa.s).

PAS-D'ÂNE n.m. inv. **1.** Tussilage (plante). **2.** Escalier dont les marches, parfois inclinées, ont une faible hauteur et un très large giron. **3.** ARM. Partie d'une garde d'épée de forme enveloppante.

PAS-DE-PORTE n.m. inv. Somme que paie un commerçant afin d'obtenir la jouissance d'un local, soit directement du bailleur, soit par l'acquisition du droit d'un locataire en place.

PAS-GRAND-CHOSE n. inv. Péj. Personne qui ne mérite guère de considération, d'estime.

PASO DOBLE [pasodɔbl] n.m. inv. (mots esp.). Danse de rythme vif, à 2/4, d'origine espagnole, souvent jouée dans l'arène lors des corridas.

PASQUIN n.m. (it. *Pasquino,* nom d'une statue antique sur laquelle on placardait des sonnets satiriques à Rome). Vx. **1.** Écrit satirique, épigramme malicieuse. **2.** Diseur de mots d'esprit, bouffon.

PASSABLE adj. Qui est d'une qualité moyenne, acceptable. *Un devoir passable. Un vin passable.*

PASSABLEMENT adv. **1.** Moyennement. **2.** Assez, plutôt. *Un discours passablement ennuyeux.*

PASSACAILLE n.f. (esp. *pasacalle*). MUS. Mouvement d'une suite, apparenté à la chaconne, consistant en variations sur une basse obstinée. ◇ Danse de cour à mouvement très lent, au XVIIe s.

PASSADE n.f. (it. *passata*). **1.** Courte liaison amoureuse. **2.** Attachement, goût passager.

PASSAGE n.m. **I. 1.** Action, fait de passer. *Le passage des hirondelles. Le passage du rire aux larmes.* ◇ DR. *Droit de passage* : droit de passer sur la propriété d'autrui. (La servitude de passage est légale en cas d'enclave.) **2.** Lieu où l'on passe. *Ôtez-vous du passage.* ◇ Fig. *Passage obligé* : condition, action nécessaire pour la réalisation d'un projet. *Son élection à la mairie est un passage obligé.* **3. a.** Petite rue passant sous le premier étage des maisons sur une partie au moins de son parcours. **b.** Galerie couverte où ne passent que les piétons. **4. a.** *Passage pour piétons* : surface balisée d'une chaussée que les piétons doivent emprunter pour traverser une rue. – *Passage souterrain,* aménagé sous une route, une voie ferrée pour les piétons, les automobiles. – *Passage protégé* : croisement où la priorité est accordée à la voie principale et non à la voie de droite. **b.** *Passage à niveau* : croisement au même niveau d'une voie ferrée et d'une route, d'un chemin. ◇ CH. DE F. *Passage supérieur (inférieur),* où la voie ferrée est franchie par une route qui passe au-dessus (en dessous). **5.** Tapis étroit dans un corridor, une antichambre. **6.** Somme payée pour emprunter une voie, un moyen de transport (notamm. maritime ou fluvial), etc. *Payer un passage élevé.* **7.** Fragment (d'une œuvre littéraire, musicale). *J'ai lu quelques passages de ce roman.* **II. 1.** Moment où l'on passe. – *De passage* : qui reste peu de temps dans un endroit. – *Oiseau de passage* : oiseau migrateur ; fam., personne qui ne fait que rester très peu de temps quelque part. ◇ *Avoir un passage à vide,* un moment où l'on se sent fatigué, où l'on a les idées confuses, etc. **2.** ASTRON. Moment où un astre s'interpose devant un autre. – *Passage d'un astre au méridien* : instant où cet astre traverse exactement le plan méridien. **3.** ANTHROP. *Rites de passage* : rites, cérémonies qui sanctionnent l'accession d'un individu d'un groupe à un autre, notamm. du groupe des jeunes au groupe des adultes.

1. PASSAGER, ÈRE adj. **1.** Qui ne fait que passer en un lieu. *Un hôte passager.* **2.** De brève durée. *Un malaise passager.* **3.** (Emploi critiqué). Très fréquenté. *Une rue passagère.*

2. PASSAGER, ÈRE n. Personne qui emprunte un moyen de transport sans en assurer la marche ni faire partie du personnel, de l'équipage.

PASSAGÈREMENT adv. De manière passagère ; pour peu de temps.

1. PASSANT n.m. **1.** Anneau qui maintient l'extrémité libre d'une courroie ou d'une sangle. **2.** Bande étroite de tissu fixée au pantalon pour y glisser la ceinture.

2. PASSANT, E adj. Fréquenté. *Une rue passante.*

3. PASSANT, E n. Personne qui circule à pied dans un lieu, une rue.

4. PASSANT, E adj. HÉRALD. Se dit d'un animal représenté sur ses pieds, dans l'attitude de la marche (par opp. à *rampant*).

PASSATION n.f. **1.** Action d'écrire, de rédiger dans la forme juridiquement prescrite. ◇ COMPTAB. *Passation d'écriture* : inscription d'une opération sur un livre de comptes. **2.** *Passation des pouvoirs* : action de passer, de transmettre les pouvoirs, notamm. à un successeur.

PASSAVANT n.m. **1.** MAR. Passage entre l'avant et l'arrière d'un navire (passerelle ; espace entre un roof et le bastingage, etc.). **2.** DR. Document qui, en matière de douanes ou de contributions indirectes, autorise la circulation de marchandises ou de boissons.

1. PASSE n.m. (abrév.). Fam. Passe-partout.

2. PASSE n.f. **I. 1.** SPORTS. Action de passer le ballon ou le palet à un partenaire, dans les jeux d'équipe (football, rugby, hockey, etc.). **2.** TECHN. Passage de l'outil, dans une opération répétitive, cyclique. *Passe d'ébauchage et passe de finition d'un taraudage.* **3.** Fam. Rencontre tarifée d'une prostituée avec un client. – *Maison, hôtel de passe,* de prostitution. **4.** Mouvement par lequel le torero fait passer le taureau près de lui. **5.** Mouvement de la main du magnétiseur, de l'hypnotiseur, près du sujet, de son visage. **6.** *Passe d'armes* : enchaînement d'attaques, de parades, de ripostes, en escrime ; fig., vif échange verbal. **II. 1.** MAR. Passage praticable à la navigation, chenal. **2.** *Être dans une bonne, une mauvaise passe,* dans une situation avantageuse, difficile. – *Être en passe de* : être sur le point de, en situation de. *Il est en passe de réussir.* – *Mot de passe* : mot, phrase ou combinaison alphanumérique convenus par lesquels on se fait reconnaître. **III. 1.** Série de numéros de 19 à 36, à la roulette (ceux qui *passent* 18). *Passe et manque.* **2.** Mise que doit faire chaque joueur, à certains jeux. **3.** IMPR. Ensemble des feuilles de papier prévues en sus du chiffre officiel du tirage, pour compenser les pertes occasionnelles et les feuilles de mise en train.

1. PASSÉ prép. Après, au-delà de. *Passé ce jour.*

2. PASSÉ, E adj. **1.** Écoulé, révolu, en parlant du temps. *L'an passé.* **2.** Qui a perdu de son éclat, défraîchi, en parlant d'une étoffe, d'une couleur.

3. PASSÉ n.m. **1.** Temps écoulé ; vie écoulée antérieurement à un présent donné. *Le passé, le présent et l'avenir. Songer au passé.* – *Par le passé* : autrefois. **2.** GRAMM. Ensemble des formes du verbe situant l'énoncé dans un moment antérieur à l'instant présent. – *Passé antérieur,* marquant qu'un fait s'est produit avant un autre dans le passé (ex. : *dès qu'il eut fini d'écrire, il fut soulagé*). – *Passé composé,* formé avec un auxiliaire, et donnant un fait pour accompli (ex. : *cette semaine j'ai beaucoup lu*). – *Passé simple,* marquant un fait achevé dans un passé révolu ou historique (ex. : *Napoléon mourut à Sainte-Hélène*). **3.** CHORÉGR. Temps de préparation à un pas plus important ; temps d'élan d'un saut, d'un tour.

PASSE-BANDE adj. inv. ÉLECTR. Se dit d'un filtre ne laissant passer qu'une certaine bande de fréquences.

PASSE-BAS adj. inv. ÉLECTR. Se dit d'un filtre qui ne laisse passer que les fréquences inférieures à une fréquence donnée.

PASSE-BOULES n.m. inv. Jeu d'adresse représentant la figure d'un personnage dont la bouche est démesurément ouverte pour recevoir les boules qu'y lancent les joueurs.

PASSE-CRASSANE n.f. inv. Poire d'hiver d'une variété à chair fondante et juteuse. SYN. : *crassane.*

PASSE-DROIT n.m. (pl. *passe-droits*). Faveur accordée contre le droit, le règlement, l'usage.

PASSÉE n.f. CHASSE. **1.** Moment où l'on profite du passage de certains oiseaux (canards, bécasses) pour les tirer au vol à un point de leur passage. **2.** Trace laissée par une bête sauvage.

PASSE-HAUT adj. inv. ÉLECTR. Se dit d'un filtre qui ne laisse passer que les fréquences supérieures à une fréquence donnée.

PASSÉISME n.m. Attachement au passé.

PASSÉISTE adj. et n. Attaché au passé, aux traditions ; partisan du retour au passé.

PASSE-LACET n.m. (pl. *passe-lacets*). Grosse aiguille à long chas et à pointe mousse utilisée pour glisser un lacet dans des œillets, un élastique dans un ourlet, etc.

PASSEMENT n.m. Galon dont on orne des rideaux, des habits, etc.

PASSEMENTER v.t. Orner de passements.

PASSEMENTERIE n.f. **1.** Ensemble des articles tissés ou tressés (passements, franges, galons, etc.) utilisés comme garniture dans l'ameublement ou, plus rarement, l'habillement. **2.** Fabrication, commerce de ces articles.

PASSEMENTIER, ÈRE n. Personne qui fabrique ou vend de la passementerie.

PASSE-MONTAGNE n.m. (pl. *passe-montagnes*). Coiffure de tricot qui couvre la tête et le cou, ne laissant que le visage à découvert.

PASSE-PARTOUT n.m. inv. **1.** Clé ouvrant plusieurs serrures. Abrév. (fam.) : *passe.* **2.** Encadrement de carton ou de papier rigide dans lequel on peut placer un dessin, une gravure, une photo ; cadre à fond ouvrant. **3.** Scie à lame large, avec une poignée à chaque extrémité, pour débiter de grosses pièces (troncs d'arbre, quartiers de pierre, etc.). ◆ adj. inv. Dont on peut faire usage en toutes circonstances ; d'un emploi très étendu ; banal. *Mot, réponse passe-partout.*

PASSE-PASSE n.m. inv. *Tour de passe-passe* : tour d'adresse des prestidigitateurs ; fig., artifice, tromperie adroite.

PASSE-PIED n.m. (pl. *passe-pieds*). Danse ancienne, vive et légère, sur un rythme à trois temps ; air sur lequel elle se dansait.

PASSE-PLAT n.m. (pl. *passe-plats*). Ouverture pratiquée dans une cloison pour passer directement les plats et les assiettes de la cuisine à la salle à manger.

PASSEPOIL n.m. **1.** Bande de tissu, de cuir, etc., prise en double dans une couture et formant une garniture en relief. **2.** Liseré qui borde la couture de l'uniforme de certaines armes, dont il constitue un signe distinctif. *Pantalon à passepoil noir de la gendarmerie.*

PASSEPOILÉ, E adj. Garni d'un passepoil.

PASSEPORT n.m. Document délivré à ses ressortissants par une autorité administrative nationale en vue de certifier leur identité au regard des autorités étrangères et de leur permettre de circuler librement hors des frontières. ◇ *Demander, recevoir ses passeports* : solliciter ou se voir imposer son départ en cas de difficultés diplomatiques, en parlant d'un ambassadeur.

PASSER v.i. (lat. pop. *passare,* de *passus,* pas) [auxil. *être* ou, plus rarement, *avoir*]. **I.** Aller, se déplacer en un mouvement continu. **1.** Aller à travers, traverser. *Passer par Paris, par les bois.* ◇ Fig. Se trouver dans tel état, telle situation ; traverser. *Passer par de graves difficultés.* – *Cette idée m'est passée par la tête,* m'est venue à l'esprit. – *Il faudra bien en passer par là,* en venir à faire cela, s'y résoudre. – *Laisser passer* : ne pas s'opposer à ; ne pas remarquer, ne pas corriger. **2.** (Avec l'inf.). Être à un moment à un endroit pour. *Passer voir qqn à l'hôpital.* ◇ *En passant* : sans s'attarder. – Fig. *Passer sur* : ne pas s'arrêter à. *Passons sur les détails.* – Absolt. *Bref ! Passons...* **3. a.** Aller, faire mouvement en franchissant une limite ou un obstacle, en ayant à vaincre une résistance. *Marchandises qui passent en fraude. Fenêtre qui laisse passer l'air.* **b.** Couler au travers d'un filtre, d'un tamis. *Le café passe.* **c.** Être digéré. *Le déjeuner ne passe pas* ; fig., fam. *Il m'a fait une observation qui n'est pas passée.* **d.** Être admis, accepté. *Passer dans la classe supérieure.* **4.** Venir dans une certaine position. *Son intérêt passe avant tout.* ◇ Dépasser. *Le jupon passe sous la robe.* **5. a.** Aller d'un lieu dans un autre. *Passer au salon, dans le salon.* **b.** Changer d'état, de situation. *Passer de vie à trépas.* ◇ Être promu à telle fonction. *Il est passé chef de service.* **c.** En venir à. *Passer aux aveux.* **d.** Se joindre à, rejoindre (l'autre parti, l'autre camp). *Passer dans l'opposition. Passer à l'ennemi.* **e.** Se transmettre à un autre possesseur. *À sa mort, la propriété passera à ses fils.* **6.** Se soumettre à, subir. *Passer à la visite médicale.* ◇ *Y passer :* subir une fâcheuse nécessité, une épreuve, un désagrément ; fam., mourir. **7.** Se produire en public ; être représenté, projeté. *Passer à la télévision. Ce film passe dans quelques salles.* **8.** *Passer pour :* être considéré comme. ◇ *Passer inaperçu :* ne pas être remarqué. **II. 1.** S'écouler. *Trois minutes passèrent.* **2.** Avoir une durée limitée ; cesser d'être. *La mode passe. La douleur va passer.* **3.** Perdre son éclat, en parlant d'une couleur, d'une étoffe. ◆ v.t. **I. 1.** Franchir, traverser. *Passer le seuil d'une maison. Passer une rivière sur un pont.* ◇ Subir (un examen ; ses épreuves) ; réussir à un examen. *Passer le bac.* **2.** Faire aller d'un lieu dans un autre ; faire traverser, faire aller. *Passer des marchandises en fraude. Passer la tête à la fenêtre.* ◇ Exposer, soumettre à l'action de. *Passer un bistouri à la flamme pour le stériliser.* – *Passer au fil de l'épée :* tuer, exécuter au moyen de l'épée. **3.** Tamiser, filtrer. *Passer un bouillon.* **4.** Donner, transmettre. *Passe-moi le sel.* **5.** Laisser derrière soi, devancer. *Passer qqn à la course.* **6.** Aller au-delà de, dépasser. *Cela passe mes forces.* **7.** Omettre, sauter. *Passer une ligne.* ◇ **Absolt.** S'abstenir de jouer ou d'annoncer, quand vient son tour, à certains jeux (de cartes, etc.). *Je passe...* **8.** *Passer qqch à qqn,* le lui permettre, lui pardonner ; l'excuser. *On passe tous ses caprices à cet enfant.* **II. 1.** Laisser s'écouler, dépenser, employer (du temps). *Passer ses vacances à la mer.* **2.** Satisfaire, contenter, assouvir. *Il passe son envie de fumer en suçant des bonbons.* **3.** Ternir (les couleurs). *Le soleil a passé ces bleus.* **III. 1.** Étendre sur une surface. *Passer une couche de peinture sur un meuble.* **2.** Mettre sur soi, enfiler rapidement. *Passer une veste.* **IV. 1.** Inscrire (une écriture comptable). *Passer un article en compte.* **2.** Conclure (un accord). *Passer une convention, un traité.* ◆ **se passer** v.pr. **1.** Avoir lieu, arriver. *La scène se passe à Paris. Que se passe-t-il ?* **2.** S'écouler. *Deux semaines se sont passées.* **3.** *Se passer de :* s'abstenir de. *Se passer de tabac.* ◇ Ne pas nécessiter, ne pas appeler. *Ça se passe de tout commentaire !*

PASSERAGE n.f. Plante qui passait autrefois pour guérir la rage. (Famille des crucifères.)

PASSEREAU ou **PASSÉRIFORME** n.m. (lat. *passer,* moineau). *Passereaux :* ordre d'oiseaux de taille généralement petite, arboricoles, chanteurs et bâtisseurs de nids, pourvus de pattes à quatre doigts (trois en avant et un, pourvu d'une forte griffe, en arrière), tels que le moineau, le merle, le rossignol.

PASSERELLE n.f. **1.** Pont souvent étroit réservé aux piétons. **2.** Escalier ou plan incliné mobile permettant l'accès à un avion, à un navire. *Passerelle d'embarquement.* **3.** Fig. Passage, communication. *Ménager une passerelle entre deux cycles d'études.* **4.** MAR. Plate-forme située au-dessus du pont supérieur d'un navire et s'étendant sur toute sa largeur. *Passerelle de navigation, de commandement.* **5.** THÉÂTRE et CIN. Support des projecteurs, à la partie supérieure d'une scène, d'un studio de cinéma ou de télévision.

PASSERINE n.f. Passereau d'Amérique, de la taille d'un moineau, aux couleurs éclatantes, appelé aussi *pape* et dont plusieurs espèces peuvent être élevées en captivité.

PASSEROSE n.f. Rose trémière.

PASSET n.m. Belgique. Petit escabeau à une seule marche.

PASSE-TEMPS n.m. inv. Occupation divertissante, qui fait passer le temps agréablement.

PASSE-THÉ n.m. inv. Petite passoire à thé.

PASSE-TOUT-GRAIN n.m. inv. Vin de Bourgogne provenant pour un tiers de pinot et pour deux tiers de gamay.

PASSEUR, EUSE n. **1.** Personne qui conduit un bac, un bateau pour traverser un cours d'eau. **2.** Personne qui fait passer une frontière clandestinement à des personnes ou à des marchandises taxées, prohibées. **3.** SPORTS. Personne qui effectue une passe.

PASSE-VELOURS n.m. inv. Amarante (plante).

PASSE-VOLANT n.m. (pl. *passe-volants*). HIST. Soldat supplémentaire, figurant qu'on présentait aux revues, sous l'Ancien Régime, pour justifier des états de solde majorés.

PASSIBLE adj. (lat. *passibilis,* de *passus,* ayant souffert). *Passible de :* qui encourt (telle peine) ou qui peut entraîner son application. *Délit passible d'un an de prison.*

1. PASSIF, IVE adj. (bas lat. *passivus,* susceptible de souffrir). **1.** Qui n'agit pas de soi-même, qui n'accomplit pas d'action. *Être le témoin passif d'un évènement.* **2.** Qui ne fait que subir ; qui manque d'énergie, apathique. *Ne restez donc pas passif, réagissez ! Un gros garçon mou et passif.* **3.** GRAMM. *Voix passive* ou *passif,* n.m. : ensemble des formes verbales (constituées, en français, de l'auxiliaire *être* et du participe passé du verbe actif) indiquant que le sujet subit l'action, laquelle est accomplie par l'agent. **4.** CHIM. Qui est devenu non réactif par passivation, en parlant d'un métal, de sa surface. **5.** ÉLECTR. Qui ne comporte pas de source d'énergie, en parlant d'un élément de circuit, d'un circuit. **6.** HIST. *Citoyen passif :* citoyen qui, dans le suffrage censitaire, n'avait pas de droit de vote (par opp. au *citoyen actif*). **7.** *Défense passive :* ensemble des moyens mis en œuvre en temps de guerre pour protéger les populations civiles contre les attaques aériennes.

2. PASSIF n.m. **1.** Ensemble des dettes d'une personne physique ou morale. **2.** COMPTAB. Ce qui, dans le bilan d'une entreprise, d'une société, d'une association, figure l'ensemble des dettes à l'égard des associés et à l'égard des tiers (fonds propres, réserves, provisions, dettes à long, moyen et court terme et, le cas échéant, bénéfice net). **3.** GRAMM. Voix passive.

PASSIFLORACÉE n.f. *Passifloracées :* famille de plantes (ordre des pariétales) dont le type est la passiflore, caractérisées par une fleur présentant une couronne frangée.

PASSIFLORE n.f. (lat. *passio,* passion, et *flos, floris,* fleur). Plante tropicale au fruit comestible *(fruit de la Passion),* dite aussi *fleur de la Passion* à cause de la forme de sa fleur dont les organes évoquent les instruments de la Passion (couronne d'épines, clous, marteaux, etc.).

PASSIM [pasim] adv. (mot lat., *çà et là*). En de nombreux autres passages (d'une œuvre citée, d'un livre). *Page douze et passim.*

PASSING-SHOT [pasiŋʃɔt] n.m. (mot angl.) [pl. *passing-shots*]. Au tennis, balle rapide et liftée évitant un adversaire monté à la volée.

PASSION n.f. (lat. *passio,* de *pati,* souffrir). **I. 1.** Mouvement violent, impétueux, de l'être vers ce qu'il désire ; émotion puissante et continue qui domine la raison. *La passion amoureuse.* **2.** Objet de ce désir, de cet attachement. *Elle a été la grande passion de sa vie.* **3.** Inclination très vive. *C'est une femme qui a la passion de son métier.* **II.** (Avec la majuscule). **1.** RELIG. *La Passion :* l'ensemble des évènements de la vie de Jésus, de son arrestation à sa mort. **2.** MUS. Oratorio sur le sujet de la Passion. **3.** *Fruit de la Passion :* fruit comestible de certaines passiflores.

PASSIONISTE n.m. Membre d'une congrégation fondée en 1720 par saint Paul de la Croix, et dont le but est la propagation, par des missions, de la dévotion à la Passion de Jésus-Christ.

PASSIONNANT, E adj. Qui passionne ; excitant, captivant.

PASSIONNÉ, E adj. et n. Animé par la passion. *Débat passionné. Un passionné de cinéma.*

PASSIONNEL, ELLE adj. **1.** Inspiré par la passion amoureuse. *Crime passionnel.* **2.** De la passion ; relatif aux passions. *État passionnel.*

PASSIONNELLEMENT adv. De manière passionnelle.

PASSIONNÉMENT adv. Avec passion.

PASSIONNER v.t. **1.** Intéresser vivement. *Ce roman m'a passionné.* **2.** Donner un caractère animé, violent à. *Passionner un débat.* ◆ **se passionner** v.pr. *(pour).* Prendre un intérêt très vif à.

PASSIVATION n.f. CHIM. Modification de la surface des métaux, qui les rend moins sensibles aux agents chimiques. ◇ TECHN. Traitement de la surface des métaux et des alliages ferreux (phosphatation, notamm.) qui produit cette modification.

PASSIVEMENT adv. De façon passive.

PASSIVER v.t. **1.** CHIM. Rendre passif. **2.** TECHN. Faire subir la passivation à.

PASSIVITÉ n.f. Caractère passif (de qqn, de qqch) ; inertie, apathie.

PASSOIRE n.f. Ustensile de cuisine percé de petits trous, dans lequel on égoutte les aliments, ou au moyen duquel on filtre sommairement certains liquides.

1. PASTEL n.m. (it. *pastello*). **1.** Bâtonnet fait d'un matériau colorant aggloméré. **2.** Dessin exécuté au pastel. ◆ adj. inv. Se dit de couleurs, de tons clairs et doux.

2. PASTEL n.m. (mot prov.). Plante cultivée autrefois pour ses feuilles, qui fournissent une couleur bleue. (Famille des crucifères.) SYN. : *guède, isatis.*

PASTELLISTE n. Artiste qui travaille au pastel.

PASTENAGUE n.f. (mot prov.). Poisson sélacien plat des côtes européennes, possédant sur la queue un aiguillon venimeux. (Long. : jusqu'à 1,50 m.)

PASTÈQUE n.f. (port. *pateca ;* mot hindi). Plante cultivée dans les pays méditerranéens pour son fruit à pulpe rouge très juteuse et rafraîchissante ; ce fruit. (Famille des cucurbitacées.) SYN. : *melon d'eau.*

pastèque

PASTEUR n.m. (lat. *pastor,* de *pascere,* paître). **I.** Litt. Homme qui garde les troupeaux, berger. **II. 1.** Litt. Prêtre ou évêque, en tant qu'il a charge d'âmes (ses « brebis »). ◇ *Le Bon Pasteur :* Jésus-Christ. **2.** Ministre du culte protestant.

PASTEURELLA n.f. (de *Pasteur*). Bactérie pathogène, agent des pasteurelloses.

PASTEURELLOSE n.f. VÉTÉR. Infection due à une pasteurella, parfois transmissible à l'homme.

PASTEURIEN, ENNE ou **PASTORIEN, ENNE** adj. De Pasteur ; qui constitue une application de ses théories. ◆ n. Travailleur scientifique de l'Institut Pasteur.

PASTEURISATION n.f. Stérilisation d'une boisson fermentescible (lait, bière, etc.) par échauffement sans ébullition (autour de 80 °C), suivi d'un refroidissement brusque ; conservation des aliments par ce procédé.

PASTEURISER v.t. Opérer la pasteurisation de.

PASTICHE n.m. (it. *pasticcio,* pâté). Œuvre littéraire ou artistique où l'on imite le style d'un auteur, soit pour assimiler sa manière, soit dans une intention parodique.

PASTICHER v.t. Faire le pastiche d'un artiste, d'un écrivain, imiter son style, sa manière.

PASTICHEUR, EUSE n. Auteur de pastiches.

PASTILLAGE n.m. **1.** Fabrication des pastilles. **2.** Imitation en pâte de sucre d'un objet, en confiserie. **3.** Procédé décoratif consistant à rapporter sur une poterie des motifs modelés à part.

PASTILLE n.f. (esp. *pastilla*). **1.** Petit morceau de pâte à sucer, de forme généralement ronde, en confiserie ou en pharmacie. *Pastille de menthe.* **2.** Motif décoratif de forme ronde. *Jupe à pastilles.*

PASTILLEUSE n.f. Appareil pour la fabrication des pastilles.

PASTIS [pastis] n.m. (mot prov.). **1.** Boisson apéritive alcoolisée parfumée à l'anis, qui se boit étendue d'eau. **2.** Fam. Situation embrouillée, confuse. *Quel pastis !*

PASTORAL, E, AUX adj. (du lat. *pastor,* berger). **1.** Des pasteurs, des bergers. *Vie pastorale.* ◇ GÉOGR. Relatif à l'élevage nomade. **2.** Qui évoque la campagne, la vie champêtre sur un mode idéalisé. *Poésie pastorale.* **3.** RELIG. Du pasteur, du ministre du culte en tant qu'il a charge d'âmes. ◇ *Lettre pastorale :* mandement.

PASTORALE n.f. **1.** Pièce de théâtre, peinture dont les personnages sont des bergers, des bergères. **2.** Pièce de musique de caractère champêtre. **3.** RELIG. Partie de la théologie qui concerne le ministère sacerdotal ; action dans ce ministère et ensemble des principes qui l'inspirent.

PASTORALISME n.m. Élevage de ruminants sur des terres faiblement productives dont ils utilisent la végétation naturelle comme unique source de nourriture.

PASTORAT n.m. Dignité, fonction de pasteur ; durée de cette fonction.

PASTORIEN, ENNE adj. → ***pasteurien.***

PASTOUREAU, ELLE n. Litt. Petit berger, petite bergère. ◆ n.m. pl. HIST. Paysans insurgés qui, au XIIIe s. et au début du XIVe, prétendaient partir pour la croisade et dont le mouvement dégénéra en brigandage et en tueries.

PASTOURELLE n.f. **1.** LITTÉR. Genre lyrique du Moyen Âge dans lequel une bergère dialogue avec un chevalier qui cherche à la séduire. **2.** MUS. Figure de la contredanse française.

PAT [pat] adj. inv. et n.m. (it. *patta,* de *patto ;* lat. *pactum,* accord). Aux échecs, se dit du roi quand, seule pièce restant à jouer, il ne peut être déplacé sans être mis en échec. *Le pat rend la partie nulle.*

PATACHE n.f. (d'un mot esp. ; de l'ar.). Anc. **1.** Voiture publique peu confortable. **2.** Bateau des douanes.

PATACHON n.m. Fam. *Mener une vie de patachon,* une vie désordonnée de plaisirs et de débauche.

PATAGIUM [-ʒjɔm] n.m. ZOOL. Membrane tendue le long des flancs et des pattes, et permettant à divers mammifères et reptiles de planer d'arbre en arbre.

PATAPHYSIQUE n.f. « Science des solutions imaginaires », inventée par Alfred Jarry. ◆ adj. De la pataphysique.

PATAPOUF n.m. Fam. Enfant, homme lourd et embarrassé. *Un gros patapouf.*

PATAQUÈS n.m. (de la phrase plaisante *je ne sais pas-t'-à qui est-ce*). **1. a.** Faute de liaison qui consiste à prononcer un *t* pour un *s,* ou vice versa, ou à confondre deux lettres quelconques (comme dans *ce n'est point-z-à moi,* par exemple). **b.** Faute de langage grossière. **2.** Discours confus, inintelligible. **3.** Situation embrouillée, confuse.

PATARAS [patarɑ] n.m. MAR. Étai arrière partant du sommet du mât.

PATARD n.m. Anc. Monnaie de faible valeur, autrefois en usage en Flandre.

PATARIN n.m. (it. *patarino*). HIST. **1.** Membre d'une association fondée au XIe s. à Milan pour la réforme du clergé. **2.** Cathare d'Italie. ◇ Hérétique (en Italie).

PATAS [patas] n.m. Afrique. Singe au pelage roux, appelé aussi *singe rouge* ou *singe pleureur.*

PATATE n.f. (esp. *batata*). **I. 1.** Fam. Pomme de terre. ◇ Fig., fam. *En avoir gros sur la patate :* éprouver un vif ressentiment ou une profonde tristesse. – Fam. *Patate chaude :* problème embarrassant que personne ne veut régler et que chacun essaie de faire résoudre par un autre. *Ce dossier, c'est une vraie patate chaude !*

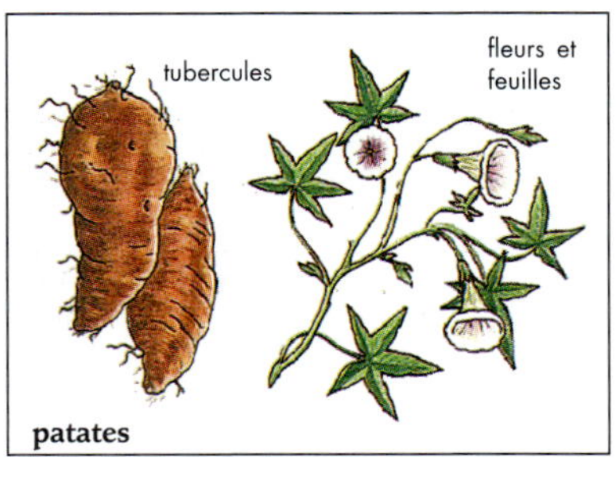

patates

2. Pop. Personne stupide. **II.** *Patate douce* ou *patate :* plante de la famille des convolvulacées, cultivée en Amérique et en Asie pour son tubercule comestible (n. sc. : *ipomée*) ; ce tubercule.

PATATI, PATATA interj. Fam. (Pour évoquer ou résumer des longs bavardages, ou des paroles que l'on peut deviner). *Et patati, et patata !*

PATATRAS [patatra] interj. (Exprimant le bruit d'une chose qui tombe avec fracas.) *Patatras ! Toute la vaisselle par terre !*

PATAUD, E n. et adj. (de *patte*). **1.** Jeune chien à grosses pattes. **2.** Fam. Personne lourde et lente, aux mouvements gauches, embarrassés. ◇ Fig. Personne maladroite, qui manque de tact, de délicatesse.

PATAUGAS n.m. (nom déposé). Chaussure montante de forte toile, utilisée notamm. pour la randonnée.

PATAUGEAGE n.m. Action de patauger.

PATAUGEOIRE n.f. Bassin peu profond réservé à la baignade des jeunes enfants (dans une piscine notamm.).

PATAUGER v.i. (de *patte*) [17]. **1.** Marcher dans une eau bourbeuse, sur un sol détrempé. **2.** Fig. S'embarrasser, s'embrouiller dans des difficultés. *Patauger dans un exposé.*

PATAUGEUR, EUSE n. Personne qui patauge.

PATCH n.m. (mot angl.). MÉD. Petit pansement adhésif. Recomm. off. : *pièce* (chirurgie), *timbre* (immunologie).

PATCHOULI [patʃuli] n.m. (angl. *patchleaf*). Plante voisine de la menthe, originaire des régions tropicales d'Asie et d'Océanie, dont on extrait un parfum (famille des labiées) ; ce parfum.

PATCHWORK [patʃwœrk] n.m. (mot angl.). **1.** Ouvrage fait de morceaux de tissu de couleurs différentes, souvent vives, cousus les uns aux autres. *Couvre-pied en patchwork.* **2.** Fig. Ensemble quelconque formé d'éléments hétérogènes, disparates. *Un patchwork de nationalités.*

PÂTE n.f. (bas lat. *pasta*). **I. 1.** Préparation à base de farine délayée (à l'eau, au lait), pétrie le plus souvent avec d'autres ingrédients (levure, sel, sucre, etc.) et destinée à être consommée cuite, principalement sous forme de pain ou de gâteau. **2.** (Surtout dans *de... pâte, d'une pâte*). Constitution, tempérament d'une personne. *Elle est d'une pâte à vivre cent ans.* ◇ Fam. *Une bonne pâte :* une personne de caractère facile et bon. **3.** *Pâtes, pâtes alimentaires :* petits morceaux de pâte de semoule de blé dur prêts à l'emploi en cuisine, et se présentant sous des formes variées (vermicelles, nouilles, macaroni, etc.). – Au sing. *Une pâte.* **II.** Préparation de composition variable, de consistance intermédiaire entre le liquide et le solide, et destinée à des usages divers. *Pâte de fruits. Pâte dentifrice. Pâte céramique.* **1.** PEINT. Couleur préparée, travaillée sur la palette ou sur le tableau avec une consistance plus ou moins épaisse. **2.** *Pâte à papier :* matière servant à fabriquer le papier, constituée de fibres d'origine végétale (bois, paille, chiffons, etc.) ; au cours de la fabrication, cette matière, en suspension dans l'eau, additionnée ou non de substances telles que charges, colorants, adhésifs, etc. **III.** MINÉR. Substance constituée de petits cristaux noyés dans du verre et entourant les phénocristaux, dans une roche volcanique microlitique.

PÂTÉ n.m. **1.** Préparation à base de hachis de viande ou de poisson, cuite enrobée d'une pâte feuilletée *(pâté en croûte)* ou dans une terrine. **2.** Belgique. Petit gâteau à la crème. **3.** Tache d'encre sur du papier. **4.** *Pâté de maisons :* groupe de maisons isolé par des rues. **5.** Petit tas de sable humide moulé (dans un seau de plage, etc.) que les enfants confectionnent par jeu.

PÂTÉE n.f. **1.** Mélange d'aliments réduits en pâte, de consistance plus ou moins épaisse, avec lequel on nourrit les animaux domestiques. **2.** Pop. Correction, volée de coups. ◇ Défaite écrasante. *Recevoir une pâtée. Prendre la pâtée.*

1. PATELIN n.m. (forme dial. de *pâtis*). Fam. Pays, région, village.

2. PATELIN, E adj. et n. (de *Pathelin,* n.pr.). Litt. D'une douceur insinuante et hypocrite.

PATELINER v.i. Vx. Se comporter de manière pateline, faire le patelin.

PATELLE n.f. (lat. *patella*). Mollusque comestible à coquille conique, très abondant sur les rochers découvrant à marée basse, couramment appelé *bernicle* ou *bernique, chapeau chinois.* (Taille 5 cm env. ; classe des gastropodes.)

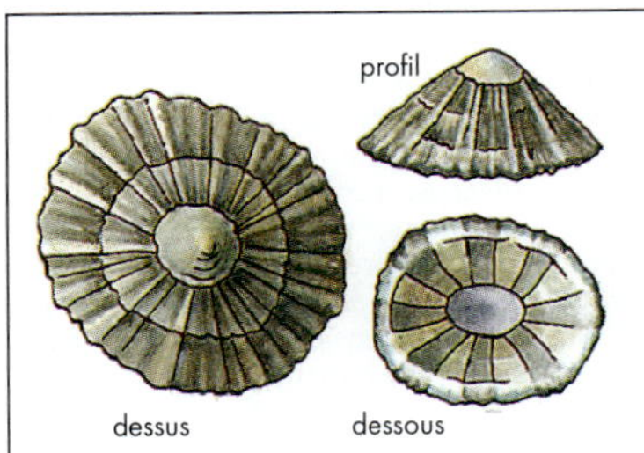

patelle

PATÈNE n.f. (lat. *patena,* plat). LITURGIE. Petit plat rond destiné à recevoir l'hostie.

PATENÔTRE [patnotr] n.f. (du lat. *Pater noster,* Notre Père). Litt. et vieilli. Prière. – Spécialt, péj. Prière dite machinalement, à voix basse et sans articuler. *Marmotter des patenôtres.*

PATENT, E adj. (lat. *patens, patentis,* ouvert). **1.** Évident, manifeste. *C'est un fait patent. Il est patent que...* **2.** HIST. *Lettres patentes :* lettres notifiant une décision royale et qui, à la différence des *lettres closes* ou *lettres de cachet,* étaient expédiées ouvertes et scellées du grand sceau. *Lettres patentes d'anoblissement.*

PATENTAGE n.m. Trempe en bain de plomb ou de sel qu'on fait subir aux fils d'acier devant présenter des caractéristiques particulières (résistance à la torsion, au pliage, etc.).

PATENTE n.f. (de *lettres patentes*). **1.** Taxe annuelle acquittée naguère par les commerçants, les industriels, les membres de certaines professions libérales, remplacée auj. par la taxe professionnelle. **2.** MAR. *Patente de santé :* certificat sanitaire délivré à un navire en partance. **3.** Canada. Fam. **a.** Objet quelconque ; machin, bidule. **b.** Invention, procédé ingénieux.

PATENTÉ, E adj. **1.** Anc. Qui paie patente. *Commerçant patenté.* **2.** Attitré, confirmé. *Défenseur patenté d'une institution.*

PATENTER v.t. **1.** Soumettre à la patente ; délivrer une patente à (qqn). **2.** Canada. Fam. Réparer sommairement ; bricoler.

PATER [patɛr] n.m. inv. (mot lat.). Prière en latin qui commence par les mots *Pater noster,* « Notre Père ». *Dire des Pater.*

PATÈRE n.f. (lat. *patera,* coupe). **1.** ANTIQ. Coupe à boire évasée et peu profonde. **2.** Ornement en forme de rosace. **3.** Support fixé à un mur pour accrocher des vêtements ou pour soutenir des rideaux, une draperie, etc.

PATERFAMILIAS [patɛrfamiljas] n.m. **1.** ANTIQ. Chef de la famille romaine. **2.** Par plais. Père autoritaire.

PATERNALISME n.m. Attitude de qqn qui se conduit envers ceux sur qui il exerce une autorité comme un père vis-à-vis de ses enfants ; manière de diriger, de commander avec une bienveillance autoritaire et condescendante.

PATERNALISTE adj. et n. Du paternalisme ; qui témoigne, fait preuve de paternalisme.

PATERNE adj. (lat. *paternus,* paternel). Litt. D'une bienveillance doucereuse.

1. PATERNEL, ELLE adj. **1.** Du père. *Domicile paternel.* **2.** Qui est du côté du père. *Grands-parents paternels.* **3.** Qui évoque un père ; protecteur, indulgent. *Ton paternel.*

2. PATERNEL n.m. Fam. Père.

PATERNELLEMENT adv. En père, comme un père.

PATERNITÉ n.f. **1.** État, qualité de père. ◇ DR. Lien juridique entre un père et ses enfants. *Paternité légitime* (dans le cadre du mariage) et *paternité naturelle* (hors du mariage). – *Paternité adoptive,* résultant d'une adoption. **2.** Qualité d'auteur, d'inventeur. *La paternité d'une invention.*

PÂTEUX, EUSE adj. **1.** Qui a la consistance, intermédiaire entre le liquide et le solide, d'une pâte. *Matière pâteuse.* – *Encre pâteuse,* qui présente un dépôt bourbeux. – *Fusion pâteuse :* passage progressif de l'état solide à l'état liquide, caractéristique des verres. ◇ *Avoir la bouche, la langue pâteuse,* comme chargée d'une pâte (après l'ivresse, notamm.). – *Voix pâteuse,* confuse et mal timbrée. **2.** Fig. Qui manque d'aisance ; lourd et embarrassé. *Discours, style pâteux.*

PATHÉTIQUE adj. (gr. *pathêtikos,* émouvant). **1.** Qui touche profondément, qui suscite une vive émotion par son caractère douloureux ou dramatique. *Un appel pathétique.* **2.** ANAT. *Nerf pathétique* ou *pathétique,* n.m. : nerf qui innerve le muscle grand oblique de l'œil. ◆ n.m. Caractère pathétique. *Le pathétique d'une situation.*

PATHÉTIQUEMENT adv. De façon pathétique.

PATHÉTISME n.m. Litt. Caractère de ce qui est pathétique.

PATHOGÈNE adj. (gr. *pathos,* souffrance, et *gennân,* engendrer). Qui provoque ou peut provoquer une, des maladies. *Virus pathogène.*

PATHOGENÈSE ou **PATHOGÉNIE** n.f. Étude du mécanisme par lequel des causes pathogènes, connues ou inconnues, provoquent une maladie ; ce mécanisme lui-même.

PATHOGÉNIQUE adj. Relatif à la pathogénie.

PATHOGNOMONIQUE adj. MÉD. *Signe, symptôme pathognomonique,* qui permet d'établir le diagnostic certain d'une maladie, parce qu'il en est caractéristique.

PATHOLOGIE n.f. **1.** Science des causes, des symptômes et de l'évolution des maladies. **2.** Ensemble des manifestations d'une maladie, des effets morbides qu'elle entraîne.

PATHOLOGIQUE adj. **1.** Qui tient de la pathologie ; anormal, morbide. *Une peur pathologique de l'eau.* **2.** Qui relève de la pathologie en tant que science. *Anatomie pathologique.*

PATHOLOGIQUEMENT adv. **1.** De façon pathologique. **2.** Du point de vue de la pathologie.

PATHOLOGISTE n. et adj. Spécialiste en anatomie pathologique.

PATHOMIMIE n.f. PSYCHIATRIE. Simulation volontaire ou pathologique de symptômes, pour attirer l'attention de l'entourage ou dans un but utilitaire.

PATHOS [patos] n.m. (mot gr., *passion*). Recherche inopportune d'effets de style dramatiques ; propos pleins d'emphase et peu clairs.

PATIBULAIRE adj. (du lat. *patibulum,* gibet). Propre à un individu qui mérite la potence ; louche, suspect, inquiétant. *Mine, air patibulaire.*

PATIEMMENT [pasjamɑ̃] adv. Avec patience.

1. PATIENCE [pasjɑ̃s] n.f. (lat. *patientia*). **I. 1.** Aptitude à supporter avec constance ou résignation les maux, les désagréments de l'existence. – *Prendre son mal en patience,* s'efforcer de le supporter sans se plaindre. ◇ Exclam. (Pour exhorter au calme, ou comme formule de menace). *Patience !* **2.** Qualité de qqn qui peut attendre longtemps sans irritation ni lassitude. – *Perdre patience :* ne plus supporter d'attendre, de subir. **3.** Capacité à persévérer, esprit de suite, constance dans l'effort. **II.** Réussite (jeu de cartes).

2. PATIENCE [pasjɑ̃s] n.f. (gr. *lapathon*). Plante voisine de l'oseille, à racines toniques. (Famille des polygonacées.)

1. PATIENT, E adj. **1.** Qui a de la patience ; qui la manifeste. *De patientes recherches.* **2.** PHILOS. Qui subit l'action (notamm., d'un agent physique) ; passif. *L'être est agent ou patient.*

2. PATIENT, E n. Personne qui subit un traitement, une opération chirurgicale, etc.

PATIENTER v.i. Prendre patience, attendre sans irritation.

PATIN n.m. **I.** Pièce, mobile ou fixe, adaptée à un objet pour en permettre le glissement sur un support. **1.** Pièce de tissu (génér. du feutre) sur laquelle on pose le pied pour avancer en glissant sur un parquet, sans risque de le rayer ou de le salir. **2. a.** *Patin à glace :* dispositif constitué d'une lame fixée sous une chaussure et destinée à glisser sur la glace. **b.** *Patin à roulettes :* dispositif monté sur quatre roulettes (plus rarement trois) et qui s'adapte au pied au moyen de lanières, ou qui est fixé directement à une chaussure spéciale. **c.** *Patin en ligne :* patin à roulettes dont les roulettes sont alignées à l'imitation de la lame du patin à glace. **II. 1.** Organe mobile venant frotter sur une surface, soit pour servir d'appui à un ensemble en mouvement (guidage), soit pour absorber de la puissance en excédent (freinage) dans une machine, un mécanisme. **2.** Chacun des éléments rigides articulés qui constituent une chenille d'un véhicule. **3.** CH. DE F. Support d'un rail, qui repose sur les traverses.

1. PATINAGE n.m. **1.** Pratique du patin à glace, du patin à roulettes. – *Patinage artistique :* exhibition sur glace composée de figures imposées ou libres, de sauts acrobatiques et de danse, présentée en compétition ou en spectacle. – *Patinage de vitesse :* course sur glace avec patins. **2.** Rotation sans entraînement des roues motrices d'un véhicule, par suite d'une adhérence insuffisante.

figure de **patinage** artistique

épreuve de **patinage** de vitesse

2. PATINAGE n.m. Action de donner à un objet une patine artificielle ; fait de se patiner.

PATINE n.f. (it. *patina*). **1.** Aspect que prennent certains objets, certaines surfaces avec le temps. *Patine d'une statue, d'un bibelot. Patine d'un vieux mur.* ◇ Altération chimique, naturelle et stable de la surface du bronze. **2.** Lustrage, coloration artificielle de divers objets (dont les bronzes) pour les protéger ou les embellir.

1. PATINER v.i. (de *patte*). **1.** Glisser, avancer avec des patins (à glace, à roulettes). **2.** Glisser par manque d'adhérence. *Roue qui patine.*

2. PATINER v.t. (de *patine*). Revêtir d'une patine (en partic. d'une patine artificielle). ◆ **se patiner** v.pr. Prendre une patine. *Bronzes qui se patinent.*

PATINETTE n.f. Trottinette.

PATINEUR, EUSE n. Personne qui patine.

PATINOIRE n.f. **1.** Lieu aménagé pour le patinage sur glace. **2.** Surface très glissante. *Une vraie patinoire, ce dallage !*

PATIO [patjo] ou [pasjo] n.m. (mot esp.). Cour intérieure, comportant souvent un portique en galerie, des maisons de type espagnol.

PÂTIR v.i. (lat. *pati,* subir). Subir un dommage à cause de ; souffrir. *Les oliviers ont pâti du gel.*

PÂTIS [pɑti] n.m. (lat. *pastus,* pâture). Lande ou friche où l'on fait paître le bétail.

PÂTISSER v.i. Faire de la pâtisserie.

PÂTISSERIE n.f. **1.** Préparation, sucrée ou salée, de pâte travaillée, garnie de façons diverses et cuite au four. **2.** Profession, commerce, boutique de pâtissier. **3.** Péj. Décoration, ensemble de reliefs ornementaux en staff, en stuc.

PÂTISSIER, ÈRE n. Personne qui confectionne ou qui vend de la pâtisserie. ◆ adj. *Crème pâtissière :* crème cuite, assez épaisse, souvent parfumée, qui garnit certaines pâtisseries (choux, éclairs, etc.).

PÂTISSON n.m. (mot prov.). Courge d'une espèce dite aussi *bonnet-de-prêtre, artichaut d'Espagne* ou *d'Israël.*

PATOCHE n.f. Fam., vx. Grosse main.

PATOIS n.m. Parler rural employé par un groupe relativement restreint et d'usage surtout oral.

PATOISANT, E adj. et n. Qui s'exprime en patois.

PATOISER v.i. Vx. Parler patois.

PÂTON n.m. **1.** Morceau de pâte à pain mis en forme avant cuisson. **2.** AGRIC. Pâtée pour la volaille.

PATOUILLER v.i. Fam. Patauger. ◆ v.t. Fam. Manier, tripoter avec maladresse ou indiscrètement ; tripatouiller.

PATRAQUE adj. (mot prov. ; de l'esp.). Fam. **1.** Un peu fatigué ou souffrant. *Se sentir patraque.* **2.** Vieilli. Qui fonctionne mal, détraqué, en parlant d'un mécanisme.

PÂTRE n.m. (lat. *pastor*). Litt. Celui qui fait paître des troupeaux ; berger, pasteur.

PATRIARCAL, E, AUX adj. (gr. *patriarkhês,* chef de famille). **1.** Litt. Propre aux patriarches de la Bible. **2.** RELIG. D'un patriarche ; qui relève de son autorité. **3.** SOCIOL. Relatif au patriarcat. ◇ *Société patriarcale,* dont l'organisation obéit aux principes du patriarcat.

PATRIARCAT n.m. **1.** RELIG. Dignité, fonction de patriarche. ◇ Territoire sur lequel s'exerce la juridiction d'un patriarche. **2.** SOCIOL. Organisation familiale et sociale fondée sur la descendance par les mâles et sur le pouvoir exclusif ou prépondérant du père.

PATRIARCHE n.m. (lat. *patriarcha*). **I. 1.** Grand ancêtre du peuple d'Israël, dans la Bible. **2.** Litt. Vieillard respectable, qui vit entouré d'une nombreuse famille. **II.** RELIG. **1.** Titre honorifique donné dans l'Église latine à quelques évêques de sièges importants et anciens. **2.** Évêque d'un siège épiscopal ayant autorité sur des sièges secondaires, dans les Églises orientales. ◇ *Patriarche œcuménique :* titre porté par les patriarches de Constantinople.

PATRICE n.m. (lat. *patricius*). HIST. ROM. Haut dignitaire de l'Empire romain, à partir de Constantin.

PATRICIAL, E, AUX adj. HIST. ROM. Relatif aux patrices, à la dignité de patrice.

PATRICIAT n.m. HIST. ROM. **1.** Rang de patricien. **2.** Dignité de patrice.

PATRICIEN, ENNE n. HIST. ROM. Citoyen appartenant à la classe aristocratique. ◆ adj. Litt. Noble. *Famille patricienne.*

PATRICLAN n.m. ANTHROP. Clan qui repose sur la filiation patrilinéaire.

PATRIE n.f. (lat. *patria*). **1.** Communauté politique d'individus vivant sur le même sol et liés par un sentiment d'appartenance à une même collectivité (notamm. culturelle, linguistique) ; pays habité par une telle communauté. **2.** Pays, province, ville d'origine d'une personne.

PATRILIGNAGE n.m. ANTHROP. Lignage ou groupe de filiation unilinéaire par les hommes.

PATRILINÉAIRE adj. ANTHROP. Qui ne prend en compte que l'ascendance paternelle, en parlant d'un mode de filiation ou d'organisation sociale (par opp. à *matrilinéaire*).

PATRILOCAL, E, AUX adj. ANTHROP. Se dit d'un mode de résidence dans lequel la femme vient habiter dans la famille du mari.

PATRIMOINE n.m. (lat. *patrimonium,* de *pater,* père). **1.** Ensemble des biens hérités du père et de la mère ; biens de famille. **2.** Bien, héritage commun d'une collectivité, d'un groupe humain. **3.** BIOL. *Patrimoine génétique, héréditaire :* ensemble des caractères héréditaires, génotype d'un individu, d'une lignée.

PATRIMONIAL, E, AUX adj. Du, d'un patrimoine.

PATRIOTARD, E adj. et n. Fam. et péj. Qui témoigne d'un patriotisme excessif, étroit.

PATRIOTE adj. et n. (gr. *patriôtês*). **1.** Qui aime sa patrie, qui s'efforce de la servir. **2.** HIST. Partisan de la Révolution, en 1789.

PATRIOTIQUE adj. Relatif au patriotisme.

PATRIOTIQUEMENT adv. En patriote.

PATRIOTISME n.m. Amour de la patrie.

PATRISTIQUE n.f. Étude de la vie et de la doctrine des Pères de l'Église (IIe-VIIe s.). SYN. : *patrologie.* ◆ adj. Relatif aux Pères de l'Église.

PATROLOGIE n.f. **1.** Collection des écrits des Pères de l'Église. **2.** Patristique.

1. PATRON, ONNE n. (lat. *patronus,* avocat). **I. 1.** Chef d'une entreprise industrielle ou commerciale ; employeur par rapport à ses employés. **2. a.** Professeur de médecine ; personne qui dirige un service hospitalier. **b.** Professeur, maître qui dirige un travail de recherche. *Patron de thèse.* **3.** MAR. Commandant d'un bateau de pêche. **II.** Saint, sainte dont on porte le nom ; saint, sainte à qui une église est dédiée ; saint protecteur, sainte protectrice. *Sainte Geneviève, patronne de Paris.* **III.** HIST. ROM. Citoyen puissant accordant sa protection à d'autres citoyens (ses *clients*).

2. PATRON n.m. (de *patron,* chef). **1.** Modèle (en tissu, en papier fort, etc.) d'après lequel on taille un vêtement. ◇ *Tailles demi-patron, patron, grand patron :* chacune des trois tailles masculines, en bonneterie. **2.** Modèle servant à exécuter certains travaux d'artisanat, d'arts décoratifs. **3.** Pochoir pour le coloriage.

PATRONAGE n.m. **1.** Appui, soutien accordé par un personnage influent, une organisation. **2.** Protection d'un saint. **3.** Organisation, œuvre qui veille sur les enfants, les adolescents, en particulier, en organisant leurs loisirs pendant les congés ; siège d'une telle organisation.

PATRONAL, E, AUX adj. **1.** Du patronat. **2.** Du saint patron. *Fête patronale.*

PATRONAT n.m. Ensemble des patrons, des chefs d'entreprise. *Patronat et salariat.*

■ Le patronat français s'est, dans l'ensemble, organisé plus tardivement que les salariés au sein de syndicats de travailleurs : dans la sidérurgie, le Comité des forges se crée en 1864 ; puis, groupant plusieurs secteurs économiques, la Confédération générale de la production française est fondée en 1919, la Confédération générale du patronat français en 1936 et le Conseil national du patronat français en 1946. Les entreprises sont également regroupées au sein de la Confédération générale des petites et moyennes entreprises, créée en octobre 1944.

PATRONNER v.t. Soutenir par son patronage.

PATRONNESSE adj.f. *Dame patronnesse,* qui patronne une œuvre de bienfaisance.

PATRONYME n.m. Nom patronymique, nom de famille, par opp. au prénom.

PATRONYMIQUE adj. (gr. *patêr,* père, et *onuma,* nom). *Nom patronymique :* nom de famille. – Nom commun à tous les descendants d'un même ancêtre illustre. *« Mérovingiens » est le nom patronymique des descendants de Mérovée.*

PATROUILLE n.f. Mission de surveillance, de renseignements ou de liaison confiée à une petite formation militaire (terrestre, aérienne ou navale) ou policière ; cette formation elle-même.

PATROUILLER v.i. Effectuer une, des patrouilles ; aller en patrouille.

PATROUILLEUR n.m. **1.** Membre, élément d'une patrouille (soldat, aéronef, etc.). **2.** MAR. Petit bâtiment de guerre spécialement conçu pour les patrouilles, les missions de surveillance et de contrôle.

1. PATTE n.f. **I. 1.** Membre ou appendice des animaux supportant le corps et assurant la marche, le saut, le grimper, la préhension, etc. *Les insectes ont trois paires de pattes.* ◇ *Pantalon à pattes d'éléphant,* dont les jambes s'évasent du genou aux chevilles. ◇ (En parlant de personnes). *Marcher à quatre pattes,* sur les mains et les genoux. – *Montrer patte blanche :* présenter toutes les garanties nécessaires pour être admis quelque part. – Fam. *Coup de patte :* allusion, critique, trait malveillant lancé au passage. – Fam. *Tirer dans les pattes de qqn,* lui causer sournoisement des difficultés. – Fam. *Tomber sous la patte de qqn,* se trouver à sa merci. – Fam. *Retomber sur ses pattes :* sortir sans dommage d'un mauvais pas. **2.** Fam. Pied, jambe. *Se casser une patte.* **3.** Fam. Main. *De grosses pattes aux doigts courts.* **4.** Habileté de la main particulière à un artiste, à un artisan. *La patte d'un peintre.* **5.** *Pattes de lapin* ou *pattes :* favoris très courts. **II. 1.** Pièce longue et plate servant à fixer, maintenir, assembler. *Patte à glace.* **2.** Languette de cuir, d'étoffe, etc., servant à maintenir, à fermer, à décorer un vêtement. **3.** MAR. Pièce triangulaire de chacun des bras d'une ancre.

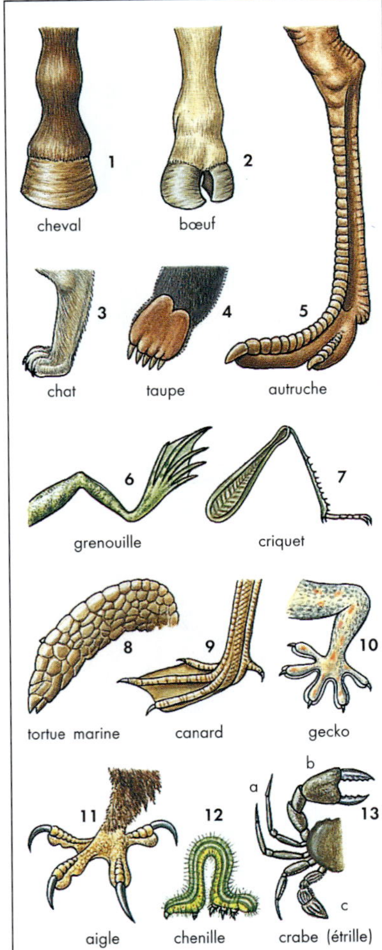

Quelques types de **pattes** et leurs fonctions : 1, 2, 5. Course ; 3, 11. Capture des proies ; 4. Fouissage ; 6, 7. Saut ; 8, 9. Nage ; 10. Adhérence ; 12. Arpentage ; 13. a) Marche ; b) Capture des proies ; c) Nage.

2. PATTE n.f. (germ. *paita,* vêtement). Suisse. Chiffon, torchon.

PATTÉ, E adj. (de *patte*). HÉRALD. Dont les extrémités vont en s'élargissant. *Croix pattée.*

PATTE-DE-LOUP n.f. (pl. *pattes-de-loup*). Lycope (plante).

PATTE-D'OIE n.f. (pl. *pattes-d'oie*). **1.** Carrefour où trois voies (ou davantage) s'ouvrent selon des directions obliques les unes par rapport aux autres. **2.** Rides divergentes à l'angle externe de l'œil. **3.** ANAT. Ensemble de trois tendons musculaires insérés sur la partie supérieure de la face interne du tibia.

PATTE-MÂCHOIRE n.f. (pl. *pattes-mâchoires*). ZOOL. Maxillipède (appendice des crustacés).

PATTEMOUILLE n.f. Linge mouillé que l'on utilise pour repasser à la vapeur.

PATTE-NAGEOIRE n.f. (pl. *pattes-nageoires*). ZOOL. Uropode (appendice des crustacés).

PATTERN [patərn] ou [patɛrn] n.m. (mot angl., *modèle*). Modèle simplifié d'une structure, en sciences humaines.

PATTINSONAGE [patinsɔnaʒ] n.m. (de *Pattinson,* chimiste angl.). TECHN. Ancien procédé de séparation de l'argent et du plomb par liquation.

PATTU, E adj. **1.** Qui a de grosses pattes. *Chien pattu.* **2.** Dont le haut des pattes porte des plumes. *Pigeon pattu.*

PÂTURABLE adj. Qui peut être utilisé comme pâturage.

PÂTURAGE n.m. **1.** Lieu où le bétail pâture. **2.** Action, droit de faire pâturer le bétail.

PÂTURE n.f. (bas lat. *pastura,* de *pascere,* paître). **1.** Vx. Nourriture des animaux. **2.** Action de pâturer. **3.** Lieu où l'on fait paître le bétail. ◇ *Vaine pâture :* droit de laisser paître les animaux après l'enlèvement des récoltes. **4.** Fig. Ce qui alimente, entretient un besoin, un désir, une faculté ; ce sur quoi peut s'exercer une activité. *Jeter un scandale en pâture à la presse.*

PÂTURER v.t. et i. AGRIC. Paître.

PÂTURIN n.m. Plante très commune dans les prairies, au bord des chemins, etc., et utilisée comme fourrage. (Famille des graminées.)

PATURON n.m. (anc. fr. *empasturer,* entraver). Partie de la jambe du cheval, entre le boulet et le sabot, correspondant à la première phalange.

PAUCHOUSE n.f. → ***pochouse.***

PAULETTE n.f. (de Charles *Paulet,* n.pr.). HIST. Droit annuel payé par le titulaire d'un office de judicature ou de finances pour en jouir comme d'un bien privé. (Établie par édit en 1604, la paulette assura l'hérédité des offices et fut abolie en 1789.)

PAULIEN, ENNE adj. DR. *Action paulienne,* par laquelle un créancier demande la révocation d'un acte accompli, en violation de ses droits, par son débiteur. SYN. : *action révocatoire.*

PAULINIEN, ENNE adj. De saint Paul.

PAULINISME n.m. Doctrine de saint Paul.

1. PAULISTE n.m. Missionnaire catholique dont la congrégation, fondée en 1858 à New York, est dédiée à saint Paul.

2. PAULISTE adj. et n. De São Paulo.

PAULOWNIA [polɔnja] n.m. (de Anna *Paulowna,* fille du tsar Paul Ier). Arbre ornemental originaire de l'Extrême-Orient, à fleurs mauves odorantes, à grandes feuilles. (Haut. jusqu'à 15 m ; famille des scrofulariacées.)

PAUME n.f. (lat. *palma*). **1.** Intérieur, creux de la main, entre le poignet et les doigts. **2.** Jeu de balle qui se joue avec une raquette en terrain ouvert *(longue paume)* ou clos *(courte paume).*

PAUMÉ, E adj. et n. Fam. Se dit d'une personne déprimée, indécise, dépassée par les évènements, ou qui ne peut s'adapter à une situation, qui vit en dehors de la réalité.

PAUMÉE n.f. FÉOD. Colée.

1. PAUMELLE n.f. (de *paume*). TECHN. **1.** Ferrure double qui permet le pivotement d'une porte, d'une fenêtre, d'un volet, etc., et dont les deux parties, l'une fixe, portant un gond, l'autre mobile, peuvent être séparées (à la différence de la charnière, à axe maté). **2.** Bande de cuir renforcée au creux de la main par une plaque métallique, utilisée par les selliers, les voiliers, etc., pour pousser l'aiguille.

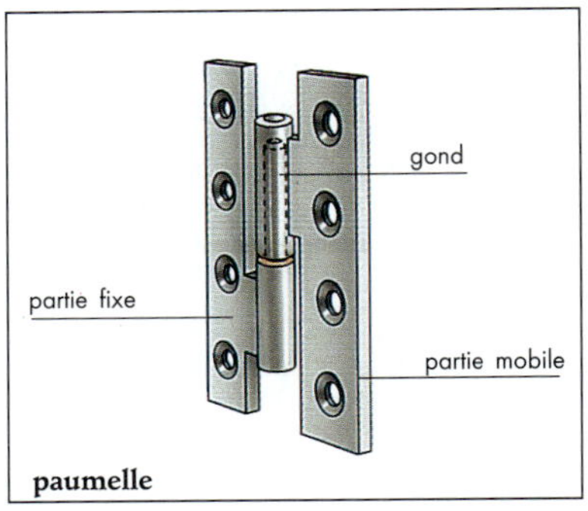

paumelle

2. PAUMELLE n.f. (prov. *palmola*). Orge d'une espèce cultivée surtout en montagne, dite aussi *orge à deux rangs.*

PAUMER v.t. Fam. Perdre, égarer. ◆ **se paumer** v.pr. Fam. Perdre son chemin, s'égarer.

PAUMIER n.m. VÉN. Daim dont les andouillers portent des paumures.

PAUMOYER v.t. [13]. **1.** MAR. Haler, serrer main sur main, largeur de paume après largeur de paume. **2.** Coudre à la paumelle.

PAUMURE n.f. VÉN. Partie aplatie des andouillers du cerf, du daim.

PAUPÉRISATION n.f. Appauvrissement progressif et continu d'une population.

PAUPÉRISER v.t. Frapper de paupérisation.

PAUPÉRISME n.m. (angl. *pauperism ;* du lat. *pauper,* pauvre). État de très grande indigence d'une population, d'un groupe humain.

PAUPIÈRE n.f. (lat. *palpebra*). Chacun des deux voiles musculo-membraneux qui, en se rapprochant, recouvrent et protègent la partie antérieure de l'œil. *Paupière supérieure, inférieure.*

PAUPIETTE n.f. (anc. fr. *poupe,* partie charnue). Mince tranche de viande roulée autour d'une farce, bardée de lard et braisée. *Paupiette de veau.*

PAUSE n.f. (lat. *pausa*). **1.** Arrêt momentané d'une activité, d'un travail, généralement consacré au repos. *Faire une pause, la pause.* ◇ **Belgique.** *Faire les pauses :* travailler en équipes par roulement. **2.** Suspension dans le déroulement d'un processus. *Marquer une pause dans des réformes.* **3.** MUS. Silence de la durée d'une ou de plusieurs mesures ; signe (barre horizontale sous la quatrième ligne de la portée) qui note ce silence.

PAUSE-CAFÉ n.f. (pl. *pauses-café*). Fam. Pause pour prendre le café.

PAUSER v.i. **1.** MUS. Faire une pause. **2.** Fam. *Faire pauser qqn,* le faire attendre.

PAUVRE adj. et n. (lat. *pauper*). Qui a peu de ressources, de biens, d'argent. ◇ *Nouveau pauvre :* personne sans emploi ne disposant plus des ressources nécessaires à sa subsistance. ◆ adj. **1.** Dépourvu de biens, de richesses, de ressources ; misérable. **2.** Qui dénote le manque d'argent. *De pauvres habits.* **3.** *Pauvre en :* qui contient peu de ; qui manque de. *Eau pauvre en sels minéraux.* **4.** (Avant le nom). Qui attire la pitié, la commisération. *Le pauvre homme !* **5.** Qui produit peu ; qui est peu fécond. *Terre pauvre.* **6.** Insuffisant, médiocre. *Vocabulaire pauvre.* **7.** BX-A. *Art pauvre :* tendance de l'art contemporain caractérisée par un refus des techniques traditionnelles et des matériaux nobles de la création artistique.

■ Apparu en Italie v. 1965-1967, l'art pauvre *(arte povera)* recourt à des matériaux non artistiques et souvent frustes tels que la terre, le plomb, l'acier, la graisse, le feutre, la brique, le ciment, etc. Il a pour principaux représentants M. Merz, Giovanni Anselmo, Jannis Kounellis, Gilberto Zorio.

Art **pauvre :** *Struttura che mangia* (*Structure qui mange,* 1968), par Giovanni Anselmo. Granite, laitue fraîche, déchets. (M.N.A.M., C.N.A.C. Georges-Pompidou, Paris.)

PAUVREMENT adv. **1.** Dans la pauvreté. *Vivre pauvrement.* **2.** Médiocrement, insuffisamment, maladroitement. *C'est pauvrement dit.*

PAUVRESSE n.f. Vieilli. Femme sans ressources, indigente ; mendiante.

PAUVRET, ETTE n. et adj. Fam. Pauvre petit(e). *Oh, le pauvret !*

PAUVRETÉ n.f. **1.** Manque d'argent, de ressources ; état d'une personne pauvre. **2.** Aspect de ce qui dénote le manque de ressources ; dénuement apparent. **3.** Infécondité, stérilité ; insuffisance. *Pauvreté d'un sol.*

PAVAGE n.m. **1.** Action de paver. **2.** Revêtement d'un sol, constitué de pavés ou d'éléments de petite taille et de forme plus ou moins régulière. *Pavage en mosaïque.*

PAVANE n.f. (it. *pavana,* de *Pava,* Padoue). Danse et composition musicale de caractère noble et lent, à 2/4, qui, dans la suite ancienne, est suivie de la gaillarde.

PAVANER (SE) v.pr. (de *pavane,* avec l'influence de *paon*). Marcher ou se tenir en prenant des poses avantageuses ; parader, faire l'important.

PAVÉ n.m. **1.** Bloc épais d'un matériau dur (pierre ; bois, autref. ; etc.), généralement de forme cubique, utilisé pour le revêtement de certaines voies. ◇ *Un pavé dans la mare :* une vérité, une révélation brutale, qui jette la perturbation. **2.** Revêtement formé de tels blocs. *Le pavé du boulevard.* ◇ *Être sur le pavé :* être sans domicile, sans emploi. – *Tenir le haut du pavé :* tenir le premier rang, être en vue. **3. a.** Fam. Livre très épais. *Un indigeste pavé de dix-huit cents pages.* **b.** Fam. Texte trop long et mal rédigé. **c.** Texte journalistique ou, plus souvent, publicitaire, de grandes dimensions, distingué du reste de la publication par un encadré, une typographie particulière, etc., dans la presse. *Pavé publicitaire.* **4.** Bifteck très épais. *Pavé aux herbes.* **5.** MATH. Ensemble des points d'un espace métrique dont chacune des coordonnées est prise dans un intervalle borné et dont le parallélépipède rectangle est l'image la plus simple. **6.** INFORM. *Pavé numérique :* sur un clavier, ensemble distinct de touches numériques et de touches d'opérations.

PAVEMENT n.m. Sol de dalles, de carreaux, de mosaïque, etc.

PAVER v.t. (lat. *pavire,* niveler). Revêtir (un sol) de pavés.

PAVEUR n.m. Ouvrier qui effectue les pavages.

PAVIE n.f. (de *Pavie,* n. d'une ville it.). Pêche jaune dont la chair adhère au noyau.

PAVILLON n.m. (lat. *papilio,* papillon). **I. 1.** Maison particulière de petite ou de moyenne dimension. **2.** Bâtiment ou corps de bâtiment caractérisé par un plan sensiblement carré. **3.** Toit d'un véhicule automobile. **4.** Une des trois enceintes d'un champ de courses (par opp. à *pesage* et à *pelouse*). **II. 1.** Partie extérieure visible de l'oreille, lame cartilagineuse recouverte de peau (plissée et fixe chez l'homme, mobile chez de nombreux mammifères) où s'ouvre le conduit auditif. **2. a.** Extrémité évasée d'un instrument de musique à vent. **b.** Dispositif de forme variable (tube évasé, cornet, tronc de cône, etc.) servant à concentrer, à diriger des ondes acoustiques. *Haut-parleur à pavillon.* **III. 1.** MAR. Drapeau. *Pavillon national.* ◇ *Baisser pavillon :* s'avouer vaincu ; renoncer, céder. **2.** Étoffe dont on recouvre le ciboire. **3.** HÉRALD. Drapé en dôme qui surmonte le manteau encadrant les armoiries des souverains.

PAVILLONNAIRE adj. Relatif aux pavillons d'habitation. *Zone pavillonnaire.*

PAVILLONNERIE n.f. Endroit où sont gardés les pavillons, les drapeaux (à bord d'un navire, en partic.). ◇ Atelier où l'on fabrique les pavillons.

PAVIMENTEUX, EUSE adj. SC. Qui présente l'aspect d'un pavage. *Épithélium pavimenteux.*

PAVLOVIEN, ENNE adj. De Pavlov ; relatif aux expériences, aux théories de Pavlov.

PAVOIS n.m. (it. *pavese,* de Pavie). **1.** HIST. Grand bouclier des Francs, sur lequel les rois étaient hissés en signe d'accession au pouvoir. ◇ Litt. *Élever sur le pavois :* mettre à l'honneur ; exalter. **2.** MAR. Partie de la muraille d'un navire s'élevant au-dessus d'un pont découvert et servant de protection, de garde-corps. **3.** MAR. (Dans les loc. *grand pavois* et *petit pavois*). Ornementation de fête des navires. – *Petit pavois,* consistant en pavillons nationaux hissés en tête de chaque mât. – *Grand pavois,* constitué par le petit pavois et par une guirlande de pavillons de signaux tendue de l'avant à l'arrière et passant par le haut des mâts.

PAVOISEMENT n.m. Action de pavoiser.

PAVOISER v.t. Orner (un navire, un édifice, une rue, etc.) de pavillons, de drapeaux. ◆ v.i. Fam. Manifester une grande joie (en partic., à l'occasion d'une réussite, d'un succès).

PAVOT n.m. (lat. *papaver*). Plante cultivée soit pour ses fleurs ornementales, soit, dans le cas du pavot somnifère, pour ses capsules, qui fournissent l'opium, et pour ses graines, qui donnent l'huile d'œillette. (Famille des papavéracées.)

pavots

PAXON n.m. → ***pacson.***

PAYABLE adj. Qui peut ou qui doit être payé (à telle personne, à telle date, etc.).

PAYANT, E adj. **1.** Qui paie. *Hôtes payants.* **2.** Que l'on paie. *Spectacle payant.* **3.** Fam. Profitable, rentable. *Elle a su attendre, ça a été payant.*

PAYE n.f. → ***paie.***

PAYEMENT n.m. → ***paiement.***

PAYER v.t. (lat. *pacare,* pacifier) [11]. **1.** Verser (une somme due) ; acquitter (une dette, un droit, un impôt, etc.). **2.** Verser la somme due pour. *Payer des achats.* ◇ *Payer cher qqch,* l'obtenir au prix de grands sacrifices. – *Il me le paiera :* je me vengerai de lui. **3.** Donner à qqn ce qui lui est dû (somme d'argent le plus souvent). *Payer un fournisseur. Payer en espèces, en nature.* ◇ *Je suis payé pour le savoir :* je l'ai appris à mes dépens. **4.** Récompenser, dédommager. *Payer qqn de ses efforts.* ◇ *Payer qqn de retour,* reconnaître ses services (son affection, etc.) par des services, une affection semblables. **5.** Racheter par un châtiment subi, expier. *Il a payé son crime.* **6.** *Payer de...* **a.** *Payer d'audace* (*d'effronterie,* etc.) : faire preuve d'audace ; obtenir à force d'audace. **b.** *Payer de sa personne :* s'engager personnellement en affrontant les difficultés, les dangers, etc. ◆ v.i. Fam. Être profitable, rentable. *C'est un commerce qui paie.* ◆ **se payer** v.pr. **1.** Retenir une somme d'argent en paiement. *Voilà un billet, payez-vous.* ◇ *Se payer de mots* → ***mot.*** **2.** Fam. Acheter pour soi ; s'offrir le luxe, le plaisir de. *Se payer une robe neuve.*

PAYER-PRENDRE n.m. inv. Recomm. off. pour *cash and carry.*

1. PAYEUR, EUSE adj. et n. Qui paie.

2. PAYEUR n.m. Celui dont l'emploi est de payer des dépenses, des traitements, des rentes, etc.

1. PAYS n.m. (lat. *pagensis,* de *pagus,* canton). **1.** Territoire d'une nation ; nation, État. ◇ Ensemble des habitants d'une nation. **2.** Région, contrée envisagée du point de vue physique, climatique, économique, etc. *Pays chauds.* ◇ *Le pays,* celui où l'on se trouve ou dont on parle. *Les gens du pays.* – *Vin de pays,* produit par un terroir déterminé mais qui ne bénéficie pas de l'appellation contrôlée. – *Voir du pays :* voyager. **3.** Lieu, région d'origine. ◇ *Mal du pays :* nostalgie de la terre natale. **4.** Village, localité. *Un petit pays de deux cents habitants.*

2. PAYS, E n. Fam. Personne du même village, de la même région. *Rencontrer une payse.*

PAYSAGE n.m. **1.** Étendue de pays qui s'offre à la vue. ◇ Une telle étendue, caractérisée par son aspect. *Paysage montagneux. Paysage urbain.* **2.** Représentation d'un paysage, d'un site naturel (ou, moins souvent, d'un site urbain) par la peinture, le dessin, la photographie, etc. **3.** Aspect d'ensemble, situation dans un domaine. *Paysage politique, audiovisuel.*

PAYSAGER, ÈRE adj. **1.** Relatif au paysage. **2.** Qui rappelle un paysage naturel. *Jardin, parc paysager.*

PAYSAGISTE n. et adj. **1.** Artiste qui s'est spécialisé dans la représentation de paysages. **2.** Architecte ou jardinier qui conçoit les plans d'ensemble de jardins et de parcs.

PAYSAN, ANNE n. **1.** Homme, femme de la campagne, qui vit du travail de la terre. SYN. : ***agriculteur, cultivateur, exploitant agricole*** (souvent employés à cause de la valeur négative du sens 2). **2.** Péj. Rustre, lourdaud. ◆ adj. Des paysans ; relatif aux paysans. *Vie paysanne.*

PAYSANNAT n.m. ÉCON. Ensemble des paysans ; condition de paysan.
PAYSANNERIE n.f. Ensemble des paysans.
Pb, symbole chimique du plomb.
PC [pese] n.m. (sigle de l'angl. *personal computer*). Anglic. Ordinateur individuel, de capacité relativement réduite.
P. C. [pese] n.m. (sigle). **1.** Poste de commandement. **2.** Parti communiste.
PCB n.m. (abrév. de *polychlorobiphényle*). CHIM. Composé aromatique dont la décomposition à chaud peut produire des furannes et des dioxines.
Pd, symbole chimique du palladium.
P.-D. G. [pedeʒe] n.m. (sigle). Président-directeur général.
PÉAGE n.m. (lat. *pes, pedis,* pied). Droit que l'on paie pour emprunter une autoroute, un pont, etc. ; lieu où est perçu ce droit. ◇ TÉLÉV. *Chaîne à péage,* dont certains programmes ne sont accessibles qu'aux usagers abonnés. (On dit aussi *chaîne cryptée.*)
PÉAGISTE ou, vx, **PÉAGER, ÈRE** n. Personne qui perçoit un péage. *Les péagistes d'une autoroute.*
PÉAN ou **PÆAN** n.m. (gr. *paian*). ANTIQ. GR. Hymne guerrier en l'honneur d'Apollon.
PEAU n.f. (lat. *pellis*). **1.** Organe constituant le revêtement extérieur du corps de l'homme et des animaux. ◇ *Se mettre dans la peau de qqn,* se mettre mentalement à sa place pour comprendre sa pensée, ses réactions. *Acteur qui entre dans la peau de son personnage.* – Fam. *Peau de vache :* personne dont la sévérité va jusqu'à la dureté. – Fam. *Vieille peau* (mot injurieux à l'adresse d'une femme, en partic. d'une femme mûre). ◇ *Être bien* (ou *mal*) *dans sa peau :* se sentir à l'aise (ou mal à l'aise) ; plein d'allant (ou déprimé). – *Faire peau neuve :* changer de vêtements ou, fig., changer complètement de conduite, d'opinion. – Pop. *Avoir qqn dans la peau,* en être passionnément amoureux. ◇ *Risquer sa peau,* sa vie. – *Vendre chèrement sa peau :* se défendre vigoureusement avant de succomber. – Pop. *Faire la peau à qqn,* le tuer. **2.** Cuir détaché du corps d'un animal. *Une peau de renard.* **3.** Enveloppe des fruits, de certaines plantes. *Peau de banane.* **4.** Croûte légère qui se forme sur certaines substances liquides ou onctueuses comme le lait bouilli, le fromage, etc. **5.** ÉLECTR. *Effet de peau,* dans lequel la valeur efficace de la densité du courant croît exponentiellement du centre à la périphérie d'un conducteur siège d'un courant de haute fréquence.

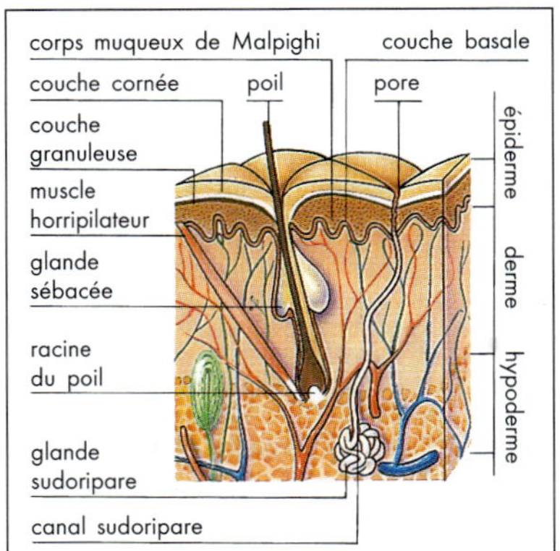

peau : coupe histologique

PEAUCIER n.m. et adj.m. Muscle qui prend au moins l'une de ses insertions à la peau.
PEAUFINER v.t. **1.** Nettoyer, polir à la peau de chamois. **2.** Mettre au point, parachever avec un soin minutieux.
PEAU-ROUGE adj. (pl. *peaux-rouges*). Vieilli. Des Peaux-Rouges (v. partie n.pr.).
PEAUSSERIE n.f. **1.** Commerce, travail du peaussier. **2.** Marchandise, article de peau.
PEAUSSIER n.m. et adj.m. **1.** Ouvrier, artisan qui prépare les peaux. **2.** Commerçant en peaux.
PÉBRINE n.f. (prov. *pebrino,* de *pebre,* poivre). Maladie des vers à soie causée par un sporozoaire et caractérisée par des taches noires évoquant un saupoudrage de poivre.
PÉBROC ou **PÉBROQUE** n.m. Arg. Parapluie.
PÉCAÏRE [pekajre] interj. (mot prov.). Région. (Midi). Vx. (Pour exprimer une commisération affectueuse). *Pécaïre ! Pauvre petite !*
PÉCARI n.m. (mot caraïbe). **1.** Cochon sauvage d'Amérique. **2.** Cuir de cet animal.

pécari

PECCABLE adj. RELIG. Susceptible de pécher.
PECCADILLE n.f. (esp. *pecadillo*). Faute légère, sans gravité.
PECCANT, E adj. MÉD., VX. *Humeurs peccantes,* mauvaises.
PECHBLENDE [pɛʃblɛ̃d] n.f. (all. *Pech,* poix, et *Blende,* sulfure). Oxyde naturel d'uranium UO_2, le plus important des minerais d'uranium (40 à 90 p. 100), dont on extrait aussi le radium.
1. PÊCHE n.f. (lat. *persicus,* de Perse). **1.** Fruit comestible du pêcher, à chair juteuse et à noyau dur. *Pêche abricot,* à chair jaune. – *Peau, teint de pêche,* rose et velouté. ◇ Pop. *Se fendre la pêche :* bien rire. **2.** Pop. Coup de poing. **3.** Fam. *Avoir la pêche :* se sentir plein d'allant, de dynamisme. ◆ adj. inv. D'un rose pâle légèrement doré.
2. PÊCHE n.f. **1.** Action, manière de pêcher. *Aller à la pêche.* **2.** Poissons, produits pêchés. *Vendre sa pêche.* **3.** Lieu où l'on pêche. *Pêche gardée.*
PÉCHÉ n.m. (lat. *peccatum,* faute). **1.** RELIG. Transgression consciente et volontaire de la loi divine. **2.** Cour. *Péché mignon :* menu travers, penchant auquel on s'abandonne volontiers.
PÉCHER v.i. (lat. *peccare*) [18]. **1.** RELIG. Commettre un péché, des péchés. **2.** Commettre une erreur, faillir. *Pécher par excès d'optimisme.* **3.** Présenter un défaut. *Cet exposé pèche par sa longueur.*
1. PÊCHER n.m. Arbre originaire d'Asie, cultivé dans les régions tempérées, dont le fruit est la pêche. (Famille des rosacées.)

pêcher

2. PÊCHER v.t. (lat. *piscari*). **1.** Prendre ou chercher à prendre (du poisson, des animaux aquatiques). *Pêcher la truite, l'écrevisse.* ◇ Fig. *Pêcher en eau trouble :* chercher à tirer profit d'une situation confuse. **2.** Fam. Aller chercher, trouver (qqch d'inhabituel, d'étonnant). *Où a-t-il pêché cette nouvelle ?*
PECHÈRE ou **PEUCHÈRE** interj. Région. (Midi). [Pour exprimer l'attendrissement, la pitié, renchérir sur ce qui vient d'être dit, etc.]. *Peuchère ! Elle est gentille, cette petite !*
PÊCHERIE n.f. **1.** Lieu où l'on pêche. **2.** Lieu où le poisson pêché est traité (fumé, en particulier).
PÊCHETTE n.f. Filet rond pour pêcher les écrevisses.
PÉCHEUR, ERESSE n. (lat. *peccator*). Personne qui a commis ou commet des péchés. ◇ *Ne pas vouloir la mort du pécheur :* ne pas souhaiter se montrer trop sévère.
PÊCHEUR, EUSE n. (lat. *piscator*). Personne qui pratique la pêche par métier ou par plaisir. ◇ (En app.). *Marins pêcheurs.*
PÉCLOTER v.i. Suisse. Avoir une santé fragile, chancelante.
PECNOT n.m. → ***péquenot.***
PÉCOPTÉRIS [pekɔpteris] n.m. Fougère arborescente fossile des terrains houillers.
1. PÉCORE n.f. (it. *pecora,* brebis). Fam. Femme stupide, prétentieuse.
2. PÉCORE n. (de *péquenot*). Pop. et péj. Paysan, paysanne.
PECTEN [-ɛn] n.m. ZOOL. Peigne (mollusque).
PECTINE n.f. (gr. *pêktos,* coagulé). BIOCHIM. Substance gélifiante contenue dans de nombreux végétaux et utilisée comme épaississant dans les industries alimentaire (confitures) et pharmaceutique.
PECTINÉ, E adj. (lat. *pectinatus,* de *pectinare,* peigner). En forme de peigne. – ANAT. *Muscle pectiné* ou *pectiné,* n.m. : muscle adducteur de la cuisse.
PECTIQUE adj. *Matières pectiques,* contenues dans la pulpe et l'enveloppe des fruits charnus, dans la pectine.
1. PECTORAL, E, AUX adj. (lat. *pectus, -oris,* poitrine). **1.** De la poitrine. *Muscles pectoraux.* – LITURGIE. *Croix pectorale,* que les évêques et les chanoines portent sur la poitrine. ◇ *Nageoires pectorales :* nageoires paires antérieures des poissons. **2.** Se dit de médicaments destinés au traitement des affections broncho-pulmonaires. ◇ *Fleurs pectorales :* fleurs de mauve, de violette, de bouillon-blanc et de coquelicot, dont on fait des tisanes. – *Pâte pectorale :* boule, pastille qui calme la toux.
2. PECTORAL n.m. Ornement ou protection couvrant le haut de la poitrine. **1.** Lourd pendentif trapézoïdal, attribut des pharaons. **2.** Pièce d'étoffe précieuse portée par le grand prêtre chez les Hébreux. **3.** Partie de l'armure romaine protégeant la poitrine.

exemple de **pectoral** égyptien en forme de pylône (Saqqarah, XIXe dynastie) [Louvre, Paris]

PECTORAUX n.m. pl. Muscles situés à la partie antérieure et latérale du thorax. *Gonfler les pectoraux.*
PÉCULAT n.m. DR., VX. Détournement des deniers publics.
PÉCULE [pekyl] n.m. (lat. *peculium,* de *pecunia,* argent). Petit capital économisé peu à peu. Spécialt. **1.** Somme remise à un détenu à sa sortie de prison, pour le rémunérer du travail effectué pendant son incarcération. **2.** Épargne constituée au profit d'un enfant mineur par son tuteur sur le produit de son travail. **3.** Somme

versée à un militaire qui quitte l'armée sans avoir servi assez longtemps pour avoir droit à une retraite.

PÉCUNE n.f. Vx ou par plais. Argent, ressources. *Avoir quelque pécune.*

PÉCUNIAIRE adj. **1.** Qui a rapport à l'argent. *Situation pécuniaire difficile.* **2.** Qui consiste en argent. *Soutien pécuniaire.*

PÉCUNIAIREMENT adv. Au point de vue pécuniaire, quant à l'argent.

PÉDAGOGIE n.f. (gr. *paidagôgia*). **1.** Théorie, science de l'éducation des enfants. **2.** Qualité du bon pédagogue ; sens pédagogique. *Avoir de la pédagogie.* **3.** Méthode d'enseignement. *Utiliser une pédagogie entièrement nouvelle.*

PÉDAGOGIQUE adj. **1.** De la pédagogie. **2.** Conforme aux exigences de la pédagogie.

PÉDAGOGIQUEMENT adv. Du point de vue pédagogique.

PÉDAGOGUE n. **1.** Enseignant, éducateur. **2.** Théoricien de la pédagogie. ◆ n. et adj. Personne qui a le sens, le don de l'enseignement.

PÉDALAGE n.m. Action de pédaler.

PÉDALE n.f. (it. *pedale,* lat. *pes, pedis,* pied). **1.** Organe d'un appareil, d'une machine, d'un véhicule, que l'on actionne avec le pied. ◇ Fam. *Perdre les pédales :* ne plus savoir ce que l'on dit ou ce que l'on fait. **2.** Levier, touche d'un instrument de musique qui s'actionne avec le pied (et jouant un rôle différent selon l'instrument). *Pédales d'un piano* (commandant l'intensité et la tenue du son), *d'un orgue* (jeu des notes basses), *d'une harpe* (changement de tonalité). *Pédale d'un clavecin* (registration), *d'une timbale* (accord). *Clavier de pédales de l'orgue.* **3.** MUS. Son tenu ou répété, souvent employé à la basse, et appartenant ou non aux accords qui se succèdent pendant sa durée. **4.** Vulg. et injur. Pédéraste.

PÉDALER v.i. **1.** Actionner une ou des pédales (notamm. celles d'une bicyclette). **2.** Rouler à bicyclette. ◇ Fam. *Pédaler dans la choucroute* (ou : *dans la semoule, dans le yoghourt,* etc.) : se démener, agir de manière confuse et inefficace.

PÉDALEUR, EUSE n. Fam. Cycliste.

PÉDALIER n.m. **1.** Ensemble mécanique comprenant les pédales, les manivelles et le ou les plateaux d'une bicyclette. **2.** Clavier actionné par les pieds de l'organiste. ◇ Système de pédales du piano.

PÉDALO n.m. (nom déposé). Embarcation reposant sur des flotteurs, mue par de petites roues à aubes actionnées par les pieds.

PÉDANT, E adj. et n. (it. *pedante*). Qui fait prétentieusement étalage de son savoir ; cuistre.

PÉDANTERIE n.f. ou **PÉDANTISME** n.m. Affectation de savoir, d'érudition du pédant ; caractère de ce qui est pédant.

PÉDANTESQUE adj. Litt. Propre au pédant.

PÉDÉ n.m. Vulg. et injur. Homosexuel.

PÉDÉRASTE n.m. (gr. *paiderastês,* de *pais, paidos,* enfant, et *erastês,* amoureux). Celui qui s'adonne à la pédérastie.

PÉDÉRASTIE n.f. **1.** Attirance sexuelle d'un homme adulte pour les jeunes garçons ; relation physique fondée sur cette attirance. **2.** Plus cour. Homosexualité masculine.

PÉDÉRASTIQUE adj. De la pédérastie.

PÉDESTRE adj. (lat. *pedestris*). **1.** Qui se fait à pied. *Randonnée pédestre.* **2.** Qui représente un personnage à pied (par opp. à *équestre*).

PÉDESTREMENT adv. Rare. À pied.

PÉDIATRE n. (gr. *pais, paidos,* enfant, et *iatros,* médecin). Médecin spécialiste de pédiatrie.

PÉDIATRIE n.f. Branche de la médecine consacrée à l'enfance et à ses maladies.

PÉDIATRIQUE adj. De la pédiatrie.

PEDIBUS [pedibys] adv. (mot lat.). Fam. À pied. *Il a fallu y aller pedibus.*

PÉDICELLAIRE n.m. ZOOL. Minuscule organe de défense de la peau des échinodermes (oursins, étoiles de mer), en forme de pince à trois mors.

PÉDICELLE n.m. (lat. *pedicellus,* dimin. de *pes, pedis,* pied). SC. DE LA V. Petit pédoncule.

PÉDICELLÉ, E adj. SC. DE LA V. Porté par un pédicelle.

1. PÉDICULAIRE adj. (lat. *pediculus,* pou). MÉD. Des poux ; causé par les poux.

2. PÉDICULAIRE n.f. Plante herbacée dont une espèce, la *pédiculaire des marais,* est appelée aussi *herbe aux poux.* (Famille des scrofulariacées.)

PÉDICULE n.m. (lat. *pediculus,* de *pes, pedis,* pied). SC. DE LA V. Structure anatomique, de forme allongée et étroite, servant de support ou d'attache, ou reliant un ensemble fonctionnel au reste de l'organisme. *Pédicule d'un champignon. Pédicule de l'abdomen d'une guêpe. Pédicule hépatique.*

PÉDICULÉ, E adj. Qui a un pédicule.

PÉDICULOSE n.f. MÉD. Contamination par les poux ; ensemble des lésions cutanées qu'ils provoquent.

PÉDICURE n. (lat. *pes, pedis,* pied, et *cura,* soin). Spécialiste qui traite les affections de la peau et des ongles du pied (en France, auxiliaire médical titulaire d'un diplôme d'État).

PÉDICURIE n.f. Métier de pédicure ; ensemble des soins assurés par le pédicure.

PÉDIEUX, EUSE adj. ANAT. Du pied.

PEDIGREE [pedigre] ou, moins cour., [pedigri] n.m. (mot angl.). Généalogie d'un animal de race ; document qui l'atteste.

PÉDILUVE n.m. (lat. médiév. *pediluvium,* bain de pieds). Bassin peu profond que doivent traverser les baigneurs pour gagner les plages et les bassins d'une piscine publique.

PÉDIMANE n.m. ZOOL. Animal dont le pouce du pied de derrière est opposable.

PÉDIMENT n.m. (angl. *pediment,* fronton). GÉOMORPH. Glacis d'érosion développé dans une roche dure au pied d'un relief, dans les régions arides ou semi-arides.

PÉDIPALPE n.m. ZOOL. Appendice pair propre aux arachnides, situé en arrière des chélicères et développé en pince chez les scorpions.

PÉDIPLAINE n.f. GÉOMORPH. Étendue presque plane des régions arides, due à l'extension des pédiments et au recul des inselbergs.

PÉDODONTIE [pedodɔ̃si] n.f. (gr. *pais, paidos,* enfant, et *odous, odontos,* dent). Partie de la chirurgie dentaire consacrée aux soins des enfants.

PÉDOGENÈSE n.f. (gr. *pedon,* sol). PÉDOL. Processus de formation et d'évolution des sols.

PÉDOLOGIE n.f. (gr. *pedon,* sol, et *logos,* science). Étude des sols, de leurs caractères chimiques, physiques et biologiques, de leur évolution.

PÉDOLOGUE n. Spécialiste de pédologie.

PÉDONCULAIRE adj. Relatif à un pédoncule.

PÉDONCULE n.m. (lat. *pedunculus,* petit pied). SC. DE LA V. Structure anatomique allongée portant un organisme vivant ou reliant un organe (en partic., un organe terminal) à l'ensemble du corps. ◇ BOT. Queue d'une fleur ou d'un fruit.

PÉDONCULÉ, E adj. Porté par un pédoncule.

PÉDOPHILE adj. et n. (gr. *pais, paidos,* enfant, et *philos,* ami). Qui manifeste de la pédophilie.

PÉDOPHILIE n.f. Attirance sexuelle d'un adulte pour les enfants.

PÉDOPSYCHIATRE n. Psychiatre spécialisé en pédopsychiatrie.

PÉDOPSYCHIATRIE n.f. Psychiatrie de l'enfant et de l'adolescent.

PEDUM [pedɔm] n.m. (mot lat., *houlette*). ANTIQ. ROM. Bâton en forme de crosse, attribut de certaines divinités champêtres.

PEELING [piliŋ] n.m. (mot angl.). Intervention dermatologique qui consiste à faire desquamer la peau du visage pour en atténuer les cicatrices, les lésions d'acné, etc.

PÉGASE n.m. (de *Pégase,* n. myth.). Poisson de l'océan Indien, qui tire son nom de ses nageoires pectorales très développées, en forme d'ailes. (Long. 15 cm env.)

P. E. G. C. n.m. (sigle). Professeur d'enseignement général de collège.

PEGMATITE n.f. (gr. *pêgma,* concrétion). Roche magmatique à très grands cristaux, souvent associée aux granites et contenant en abondance des éléments ordinairement rares tels que le lithium, le bore, l'uranium.

PÈGRE n.f. (it. dial. *pegro,* lâche). Milieu des voleurs, des escrocs, etc.

PEHLVI n.m. → ***pahlavi.***

PEIGNAGE n.m. TECHN. Opération consistant à peigner les fibres textiles avant la filature.

PEIGNE n.m. (lat. *pecten, pectinis*). **I. 1.** Instrument à dents fines et serrées qui sert à démêler et à coiffer les cheveux. *Peigne en matière plastique, en écaille.* ◇ *Passer au peigne fin :* examiner en détail (notamm., en cherchant, en explorant, en fouillant). **2.** Instrument analogue, de forme généralement incurvée, pour retenir les cheveux. **II.** Outil ou partie d'outil à dents, évoquant un peigne. **1.** Instrument pour peigner, carder les fibres textiles. **2.** Cadre monté sur le battant d'un métier à tisser, comportant un grand nombre de lames ou de tiges équidistantes entre lesquelles passent les fils de chaîne. **III. 1.** Mollusque bivalve dont le genre comporte plusieurs espèces comestibles, parmi lesquelles la coquille Saint-Jacques. SYN. : *pecten.* **2.** Rangée de poils à l'extrémité de certains articles des pattes d'arthropode (araignée, abeille).

PEIGNÉ n.m. TEXT. **1.** Tissu réalisé avec des fibres peignées. **2.** Ruban composé de longues fibres textiles parallèles.

PEIGNE-CUL n.m. (pl. *peigne-culs* ou inv.). Très fam. et péj. **1.** Individu méprisable. **2.** Vieilli. Individu lourd et ennuyeux.

PEIGNÉE n.f. Fam. Volée de coups, correction.

PEIGNER v.t. **1.** Démêler (les cheveux, la barbe) avec un peigne ; coiffer avec un peigne. **2.** TEXT. Apprêter des fibres textiles, les démêler, les épurer et les trier au peigne ou à la peigneuse.

PEIGNEUR, EUSE n. Personne qui travaille au peignage des matières textiles.

PEIGNEUSE n.f. Machine à peigner les matières textiles.

PEIGNIER n.m. Artisan, ouvrier qui fabrique des peignes.

PEIGNOIR n.m. **1.** Vêtement ample, en tissu éponge, pour la sortie du bain. **2.** Vêtement féminin d'intérieur, en tissu léger. **3.** Blouse légère destinée à protéger les vêtements, dans un salon de coiffure, un institut de beauté.

PEIGNURES n.f. pl. Cheveux qui tombent de la tête quand on se coiffe.

PEILLE n.f. (lat. *pilleus,* feutre). TECHN. (Surtout au pl.). Chiffon utilisé pour faire le papier.

PEINARD, E adj. Fam. Tranquille, à l'abri des risques et des tracas.

PEINARDEMENT adv. Fam. Tranquillement.

PEINDRE v.t. (lat. *pingere*) [81]. **1.** Enduire, couvrir de peinture. *Peindre un mur.* **2.** Représenter par l'art de la peinture. *Peindre un paysage.* **3.** Figurer, dessiner avec de la peinture. *Peindre des numéros.* **4.** Décrire, représenter par la parole, l'écriture, etc. *Il a peint la scène avec beaucoup d'humour.* ◆ **se peindre** v.pr. Être apparent, se manifester. *La joie s'est peinte sur son visage.*

PEINE n.f. (lat. *poena*). **I. 1.** Ce qui affecte péniblement l'esprit, le cœur ; affliction, douleur morale. *Laisser qqn dans la peine.* **2.** Tristesse, chagrin. *Faire de la peine à qqn.* **3.** Inquiétude, souci. ◇ *Se mettre en peine :* s'inquiéter. – *Être bien en peine de :* éprouver du souci au sujet de ; être fort embarrassé pour. **II. 1.** Punition, sanction appliquée à qqn pour une infraction à la loi. – DR. *Peine afflictive et infamante :* peine criminelle qui ôte au condamné à la fois la liberté (ou la vie, naguère) et l'honneur. ◇ *Sous peine de :* sous la menace de telle peine ; fig., pour éviter le risque de tel évènement fâcheux. **2.** Châtiment infligé par Dieu au pécheur. – *Peines éternelles :* souffrances de l'enfer. ◇ *Être comme une âme en peine :* se sentir triste et désemparé. **III. 1.** Travail, effort pour venir à bout d'une difficulté ; fatigue. – *Homme, femme de peine,* sans qualification déterminée, qui fait les travaux pénibles. – *Mourir à la peine,* en travaillant. – *Perdre sa peine :* faire des efforts inutiles. ◇ *Avoir de la peine à :* parvenir difficilement à. – *Ce n'est pas la peine :* cela ne sert à rien, c'est inutile. – *Ça vaut la peine :* c'est assez important pour justifier la peine que l'on se donne. **2.** (Dans une formule de politesse). *Donnez-vous la peine de :* veuillez. ◆ loc. adv. *À peine.* **a.** Depuis très peu de temps. *À peine était-il parti.* **b.** Presque pas, tout juste. *Savoir à peine lire.*

■ DR. On distingue : 1° les *peines criminelles* qui sanctionnent les *crimes :* la réclusion ou la détention criminelle à temps ou à perpétuité, le bannissement, la dégradation civique ; 2° les *peines correctionnelles* qui sanctionnent les *délits :* emprisonnement à partir de 2 mois et un jour, amende. Dans certains cas le législateur a prévu des *peines de substitution* (travail d'intérêt général, interdictions...) ; 3° les *peines de police* qui sanctionnent les *contraventions* : emprisonnement jusqu'à 2 mois, amende.

Les peines *accessoires* (ex. : incapacité professionnelle) découlent automatiquement des peines *principales.* Les peines *complémentaires* (ex. : interdiction de séjour) s'ajoutent ou peuvent s'ajouter aux peines principales. On distingue également les *peines de droit commun* des *peines politiques* (détention criminelle, bannissement, dégradation civique).

PEINER v.t. Faire de la peine à ; attrister, désoler. ◆ v.i. Éprouver de la fatigue, de la difficulté. *Peiner pour réussir.*

PEINTRE n.m. (lat. *pictor,* de *pingere,* peindre). **1.** Personne, artiste qui exerce l'art de peindre, à titre professionnel ou en amateur. *Artiste peintre.* **2.** Ouvrier ou artisan dont le métier consiste à appliquer de la peinture sur des matériaux, des surfaces, à poser des papiers peints. *Peintre en bâtiment.*

PEINTRE-GRAVEUR n.m. (pl. *peintres-graveurs*). Artiste qui fait de la gravure originale (par opp. aux graveurs d'interprétation).

PEINTURE n.f. **I. 1.** Matière colorante liquide propre à recouvrir une surface, constituée de pigments de couleur dispersés dans un liant fluide ou pâteux destiné à sécher. **2.** Action de recouvrir une surface, un support avec cette matière. **II. 1.** Art et technique de la représentation, au moyen de peinture, de sujets réels ou imaginaires, ou de la combinaison non figurative de formes et de couleurs. **2.** Œuvre d'un artiste peintre ; tableau. ◇ Fam. *Ne pas pouvoir voir qqn en peinture,* ne pas pouvoir le supporter. **3.** Ensemble des œuvres d'un peintre, d'un pays, d'une époque. *La peinture hollandaise du XVIIᵉ s.* **4.** Description, évocation. *La peinture des mœurs.*

PEINTURE-ÉMULSION n.f. (pl. *peintures-émulsions*). Peinture dont le liant est constitué par une émulsion.

PEINTURER v.t. Barbouiller de peinture.

PEINTURLURER v.t. Fam. Peindre grossièrement ou avec des couleurs criardes.

PÉJORATIF, IVE adj. et n.m. (lat. *pejus,* plus mauvais). Qui comporte un sens défavorable, une nuance dépréciative. *« -âtre », « -ard », « -ailler » sont des suffixes péjoratifs.*

PÉJORATION n.f. Valeur péjorative ajoutée ou attachée à un mot.

PÉJORATIVEMENT adv. D'une manière péjorative.

PÉKAN n.m. (angl. *pekan*). Martre du Canada, à la fourrure très estimée ; cette fourrure.

PÉKIN ou **PÉQUIN** n.m. Arg. mil. Civil.

PÉKINÉ, E adj. et n.m. (de *Pékin,* n. pr.). TEXT. Se dit d'un tissu présentant des rayures alternativement brillantes et mates, obtenues en juxtaposant des armures différentes qui réfléchissent diversement la lumière.

1. PÉKINOIS, E adj. et n. De Pékin. ◆ n.m. Forme du mandarin parlée dans le nord de la Chine, et constituant la base de la langue officielle.

2. PÉKINOIS n.m. Petit chien à poil long et à tête massive, au museau comme écrasé.

PELADE n.f. (de *peler*). Maladie qui fait tomber par plaques les cheveux et les poils.

PELAGE n.m. (lat. *pilus,* poil). **1.** Ensemble des poils d'un animal ; fourrure, robe, toison. **2.** TECHN. Action de peler les peaux.

PÉLAGIANISME n.m. Doctrine du moine Pélage, qui minimisait le rôle de la grâce et exaltait la primauté et l'efficacité de l'effort personnel dans la pratique de la vertu. (Le pélagianisme fut condamné notamm. par le concile d'Éphèse, en 431.)

PÉLAGIEN, ENNE n. et adj. Partisan du pélagianisme ; relatif à cette doctrine.

PÉLAGIQUE adj. (gr. *pelagos,* mer). De la haute mer. ◇ *Dépôts pélagiques* : dépôts des fonds marins.

PELAGOS n.m. SC. DE LA V. Ensemble des organismes pélagiques.

PÉLAMIDE ou **PÉLAMYDE** n.f. (gr. *pêlamus, pêlamudos*). Poisson méditerranéen voisin du thon, appelé aussi *bonite.*

PELARD adj.m. et n.m. Se dit d'un bois dont on a ôté l'écorce pour faire du tan.

PÉLARGONIUM [pelargɔnjɔm] n.m. (du gr. *pelargos,* cigogne). BOT. Plante cultivée pour ses fleurs ornementales sous le nom de *géranium.* (Famille des géraniacées.)

PÉLASGIEN, ENNE [pelaʒjɛ̃, ɛn] ou **PÉLASGIQUE** [pelaʒik] adj. Des Pélasges.

PELÉ, E adj. **1.** Dont les poils, les cheveux sont tombés. **2.** Dont la végétation est rare ou desséchée. *Collines pelées.* ◆ n.m. Fam. *Quatre pelés et un tondu* : très peu de personnes.

PÉLÉCANIFORME n.m. ZOOL. *Pélécaniformes* : ordre d'oiseaux à quatre doigts unis par une palmure, tels que le pélican, le cormoran, le fou, la frégate. SYN. : *stéganopode.*

PÉLÉEN, ENNE ou **PELÉEN, ENNE** adj. (de la montagne *Pelée*). Qui présente la même structure volcanique que la montagne Pelée. ◇ *Éruption péléenne,* caractérisée par l'émission de laves très visqueuses se solidifiant rapidement en dômes ou en aiguilles et par des explosions très violentes provoquant la formation de nuées ardentes.

1. PÊLE-MÊLE adv. (anc. fr. *mesle-mesle*). Confusément, en désordre, en vrac. *Jeter quelques vêtements pêle-mêle dans un sac.*

2. PÊLE-MÊLE n.m. inv. Cadre, sous-verre destiné à recevoir plusieurs photographies, plusieurs images, etc.

PELER v.t. (bas lat. *pilare,* enlever le poil) [25]. **1.** Ôter la peau d'un fruit, d'un légume, l'écorce d'un arbre. *Peler un oignon.* **2.** TECHN. Ôter le poil de (une peau). ◆ v.i. **1.** Perdre sa peau par lamelles, par plaques. **2.** Fam. *Peler de froid* : avoir très froid.

PÈLERIN n.m. (lat. *peregrinus*). **I. 1.** Personne qui fait un pèlerinage. **2.** Fam. Individu quelconque, type. *Qui c'est, ce pèlerin ?* **II. 1.** Criquet migrateur dont l'aire d'extension s'étend depuis l'Inde jusqu'au Maroc et dont les nuées ravagent la végétation, les cultures. **2.** Très grand requin (jusqu'à 15 m de long et 8 t) qui se nourrit de plancton, inoffensif pour l'homme. **3.** Faucon du sud de la France, le plus employé des oiseaux de fauconnerie.

PÈLERINAGE n.m. **1.** Voyage fait vers un lieu de dévotion dans un esprit de piété ; ce lieu. **2.** Visite faite pour honorer la mémoire de qqn en un lieu où il a vécu.

PÈLERINE n.f. Manteau sans manches, couvrant les épaules.

PÉLIADE n.f. (du gr. *pelios,* noirâtre). Vipère à museau arrondi, vivant dans la moitié nord de la France et dans les montagnes.

PÉLICAN n.m. (lat. *pelicanus,* du gr.). Oiseau palmipède au long bec pourvu d'une poche extensible où sont emmagasinés les poissons destinés à la nourriture des jeunes.

pélicans

PELISSE n.f. (du lat. *pellis,* peau). Manteau garni intérieurement de fourrure.

PELLAGRE n.f. (lat. *pellis,* peau, et gr. *agra,* prise [de chasse]). Maladie due à une carence en vitamine PP et se manifestant par des lésions cutanées, des troubles digestifs et nerveux.

PELLAGREUX, EUSE adj. et n. Relatif à la pellagre ; atteint de la pellagre.

PELLE n.f. (lat. *pala*). **1.** Outil formé d'une plaque, souvent incurvée et arrondie, ajustée à un manche et servant notamment à creuser la terre, à déplacer des matériaux pulvérulents. ◇ Fam. *À la pelle* : en grande quantité. – Fam. *Ramasser une pelle* : faire une chute ; échouer. **2.** *Pelle mécanique* : engin automoteur pour l'exécution des terrassements, agissant par un godet situé à l'extrémité d'un bras articulé. SYN. : *pelleteuse.* **3.** Extrémité plate et large d'un aviron.

pelle mécanique

PELLE-BÊCHE n.f. (pl. *pelles-bêches*). Petite pelle carrée à manche court.

PELLE-PIOCHE n.f. (pl. *pelles-pioches*). **1.** Outil portatif, avec un fer en forme de pioche d'un côté et de houe de l'autre. **2.** Petite pelle à manche articulé, qui peut être utilisée soit comme une pelle, soit comme une pioche.

PELLER v.t. Suisse. Pelleter. *Peller la neige.*

PELLET n.m. (mot angl., *boule*). **1.** MÉTALL. Boulette de minerai, notamm. de minerai de fer, réduit en poudre et humidifié pour faciliter sa réduction en haut-fourneau. **2.** PHARM. Comprimé médicamenteux utilisé comme implant.

PELLETAGE n.m. Action de pelleter.

PELLETÉE n.f. **1.** Ce que l'on enlève en une fois avec une pelle. *Une pelletée de terre.* **2.** Fig., fam. Grande quantité. *Pelletée d'injures.*

PELLETER v.t. [27]. Remuer à la pelle.

PELLETERIE [pɛltri] n.f. (du lat. *pellis,* peau). **1.** Travail et commerce des fourrures. ◇ Corps professionnel des pelletiers. **2.** Peaux, fourrures travaillées par le pelletier.

PELLETEUR, EUSE n. (de *pelleter*). Personne qui manie la pelle, qui travaille avec une pelle.

PELLETEUSE n.f. Pelle* mécanique.

PELLETIER, ÈRE n. Personne qui prépare, travaille ou vend des fourrures.

PELLETIÉRINE n.f. (de *Pelletier,* n. pr.). CHIM. Alcaloïde extrait de la racine du grenadier, utilisé comme vermifuge.

PELLETISATION n.f. Bouletage.

PELLICULAGE n.m. **1.** Application d'une pellicule transparente sur un support généralement imprimé, destinée à protéger celui-ci, à en améliorer l'aspect. **2.** PHOT. Opération consistant à transférer une couche sensible de son support à un autre support.

PELLICULAIRE adj. Qui forme une pellicule, une fine membrane.

PELLICULE n.f. (lat. *pellicula,* petite peau). **1.** Feuille de matière souple recouverte d'une couche sensible, destinée à la photographie, au cinéma. **2.** Petite lamelle épidermique qui se détache du cuir chevelu. **3.** Mince feuille d'un matériau souple. **4.** Peau, membrane mince. *Pellicule des grains de raisin.* **5.** Matière solidifiée ou déposée en couche mince à la surface de qqch. *Pellicule de givre sur une vitre.*

PELLICULER v.t. Procéder au pelliculage de.

PELLICULEUX, EUSE adj. Qui a des pellicules. *Cheveux pelliculeux.*

PELLUCIDE adj. (lat. *pellucidus,* de *per,* à travers, et *lucidus,* luisant). Transparent ou translucide.

PÉLOBATE n.m. (du gr. *pêlos,* boue, et *bainein,* marcher). Crapaud qui s'enfouit dans les sols meubles. (Long. env. 9 cm.)

PÉLODYTE n.m. (gr. *pêlos,* boue, et *dutês,* plongeur). Crapaud fouisseur.

PÉLOPONNÉSIEN, ENNE adj. et n. Du Péloponnèse.

PELOTAGE n.m. Fam. Action de peloter.

PELOTARI n.m. (mot basque). Joueur de pelote.

PELOTE n.f. (lat. *pila,* balle). **1.** Boule formée de fils, de cordes, de rubans, etc., roulés sur eux-mêmes. ◇ Fig., fam. *Avoir les nerfs en pelote :* être énervé. – Fam. *Faire sa pelote :* amasser petit à petit des profits, des économies. **2.** Balle du jeu de pelote basque, du jeu de paume. **3.** *Pelote basque* ou *pelote :* sport traditionnel du Pays basque, dans lequel le joueur *(pelotari)* lance la balle *(pelote)* contre un fronton, à main nue ou avec une raquette de bois *(pala),* ou encore avec un étroit panier recourbé *(chistera).* **4.** Petit coussinet pour piquer des aiguilles, des épingles.

pelote basque : jeu au grand chistera

PELOTER v.t. Fam. Caresser, toucher sensuellement en palpant.

PELOTEUR, EUSE adj. et n. Fam. Qui pelote.

PELOTON n.m. **1.** Petite pelote. **2.** Groupe de personnes. **a.** SPORTS. Groupe compact de concurrents dans une course. **b.** *Peloton d'exécution :* groupe de soldats chargé de fusiller un condamné. **c.** MIL. Petite unité élémentaire constitutive de l'escadron, dans la cavalerie, l'arme blindée, la gendarmerie ou le train. **d.** MIL. *Peloton d'instruction* ou *peloton :* groupe de militaires qui reçoivent une formation particulière pour devenir gradés, spécialistes.

PELOTONNEMENT n.m. Action de pelotonner, de se pelotonner.

PELOTONNER v.t. Mettre (du fil, etc.) en pelote, en peloton. ◆ **se pelotonner** v.pr. Se blottir en repliant bras et jambes près du tronc.

PELOUSE n.f. (anc. fr. *peleus,* lat. *pilosus,* poilu). **1.** Terrain planté d'une herbe courte et dense. **2.** Partie gazonnée d'un stade, d'un champ de courses. ◇ Spécialt. L'une des trois enceintes d'un champ de courses, délimitée par la ou les pistes, par opp. au *pavillon* et au *pesage.*

PELTA ou **PELTE** n.f. (mot lat. ; du gr.). ANTIQ. GR. Petit bouclier d'osier ou de bois recouvert de cuir, en forme de croissant à une ou à deux échancrures.

PELTASTE n.m. ANTIQ. GR. Fantassin léger armé de la pelta.

PELTÉ, E adj. BOT. Se dit d'une feuille dont le pétiole est fixé au milieu du limbe.

PELUCHE n.f. (de l'anc. fr. *peluchier,* éplucher). **1.** Étoffe analogue au velours, présentant d'un côté des poils très longs, couchés, soyeux et brillants. **2.** Animal, jouet en peluche.

PELUCHÉ, E ou, vx, **PLUCHÉ, E** adj. Velu, en parlant des étoffes, de certaines plantes.

PELUCHER ou, vx, **PLUCHER** v.i. Prendre un aspect qui rappelle la peluche, en parlant d'un tissu dont l'usure relève ou détache les fibres, les poils.

PELUCHEUX, EUSE ou, vx, **PLUCHEUX, EUSE** adj. Qui peluche ; qui a l'aspect de la peluche.

PELURE n.f. (de *peler*). **1.** Peau ôtée d'un fruit, d'un légume. **2.** Fam. Vêtement. ◇ Spécialt. Vêtement de dessus (manteau, imperméable, etc.). **3.** *Papier pelure :* papier à écrire très mince, légèrement translucide. **4.** *Pelure d'oignon.* **a.** Chacune des pellicules interposées entre les diverses couches qui composent le bulbe de l'oignon. **b.** Vin, et en partic. vin rosé, dont la robe, d'une teinte orangée à fauve, évoque la pelure des oignons.

PÉLUSIAQUE adj. (de *Péluse*). Relatif au bras le plus oriental du Nil, proche de Péluse.

PELVIEN, ENNE adj. (lat. *pelvis,* bassin). ANAT. Du pelvis, du bassin. ◇ *Ceinture pelvienne,* formée, chez les mammifères, des deux os iliaques et du sacrum. ◇ ZOOL. *Nageoires pelviennes :* nageoires abdominales paires des poissons, insérées selon l'espèce à l'avant ou à l'arrière de la face ventrale.

PELVIGRAPHIE n.f. MÉD. Radiographie du petit bassin, après injection d'une substance de contraste.

PELVIS [pɛlvis] n.m. (mot lat.). ANAT. Bassin.

PEMMICAN [pɛmikɑ̃] n.m. (mot angl.). Préparation de viande (notamm. de viande de bison) séchée, réduite en poudre et pressée.

PEMPHIGUS [pɑ̃figys] n.m. (gr. *pemphix, -igos,* bulle). MÉD. Maladie grave de la peau caractérisée par de grosses bulles liquides décollant l'épiderme.

PÉNAL, E, AUX adj. (lat. *poena,* châtiment). Relatif aux infractions et aux peines qui peuvent frapper leurs auteurs. ◇ *Code pénal :* recueil de lois et de règlements concernant les infractions (contraventions, délits, crimes), et déterminant les peines qui leur sont applicables. – *Droit pénal* → ***droit.*** ◆ n.m. **1.** Voie pénale (par opp. à *civil*). **2.** Juridiction pénale.

PÉNALEMENT adv. Du point de vue pénal.

PÉNALISANT, E adj. Qui pénalise, désavantage, constitue un handicap. *Réglementations douanières pénalisantes pour nos exportations.*

PÉNALISATION n.f. **1.** SPORTS. Désavantage infligé à un concurrent, à une équipe qui a commis une faute au cours d'une épreuve, d'un match. **2.** Fait d'être pénalisé, désavantagé.

PÉNALISER v.t. **1.** Frapper d'une pénalité ; infliger une pénalisation à. **2.** Être la cause d'une infériorité, constituer un handicap pour. *Dispositions fiscales qui pénalisent certaines entreprises.*

PÉNALISTE n. DR. Spécialiste de droit pénal.

PÉNALITÉ n.f. **1.** Peine, sanction. ◇ Spécialt. Sanction qui frappe un délit d'ordre fiscal. **2.** SPORTS. Sanction pour un manquement aux règles. *Coup de pied de pénalité, au rugby.*

PENALTY [penalti] n.m. (mot angl.) [pl. *penaltys* ou *penalties*]. SPORTS. Sanction prise contre une équipe pour une faute grave commise par un de ses joueurs dans sa surface de réparation, au football. *Siffler, tirer un penalty.* – *Point de penalty,* situé à 11 m du but, et où le ballon est placé pour l'exécution d'un penalty.

tir d'un **penalty** (le gardien de but est pris à contre-pied)

PÉNATES n.m. pl. (lat. *penates*). **1.** MYTH. ROM. Divinités du foyer ; statues, effigies de ces divinités. **2.** Fam. Maison, foyer. *Regagner ses pénates.*

PENAUD, E adj. (de *peine*). Confus, embarrassé, honteux après avoir commis une maladresse, subi une mésaventure.

PENCE [pɛns] n.m. pl. (mot angl.) → ***penny.***

PENCHANT n.m. **1.** Tendance qui incline à un certain comportement, vers un certain but. **2.** Attirance, sympathie que l'on éprouve pour qqn. *Penchant amoureux.*

PENCHER [pɑ̃ʃe] v.t. (lat. pop. *pendicare,* de *pendere,* pendre). Incliner vers le bas ou de côté. *Pencher la tête.* ◆ v.i. **1.** Ne pas être d'aplomb, être incliné. *Le mur penche.* **2.** *Pencher pour, vers :* être porté à, avoir tendance à, préférer. *Il penche pour la seconde solution.* ◆ **se pencher** v.pr. **1.** S'incliner, se baisser. **2.** *Se pencher sur :* examiner ; s'occuper de, s'intéresser à. *Se pencher sur un problème, une question.*

PENDABLE adj. Vx. Passible de la pendaison. ◇ Mod. *Un tour pendable :* une méchante plaisanterie, une mauvaise farce.

PENDAGE n.m. GÉOL. Pente d'une couche sédimentaire, d'un filon.

PENDAISON n.f. **1.** Action de pendre qqn, de se pendre. *Condamné à la pendaison.* **2.** Action de pendre qqch. *Pendaison de crémaillère.*

1. PENDANT, E adj. **1.** Qui pend. *Langue pendante.* **2.** DR. En instance, non résolu. **3.** ARCHIT. *Clef pendante :* clef de voûte sur croisée d'ogives qui présente un élément décoratif en forte saillie sous les nervures.

2. PENDANT n.m. (de *pendre*). **1.** Chacune des deux pièces de mobilier ou de décoration, des deux œuvres d'art, etc., qui constituent une paire destinée à former symétrie. **2.** Personne, chose semblable, égale, complémentaire. *Il est le pendant de sa sœur.* **3.** *Pendants d'oreilles :* boucles d'oreilles à pendeloques.

3. PENDANT prép. Durant. *Pendant l'été, le voyage, la semaine.* ◆ loc. conj. *Pendant que :* dans le temps que, tandis que. *Tais-toi pendant qu'elle parle.* ◇ Puisque. *Pendant que j'y pense...*

PENDARD, E n. Vieilli, fam. Vaurien, fripon.

PENDELOQUE n.f. (anc. fr. *pendeler,* pendiller). **1.** Ornement suspendu à une boucle d'oreille. **2.** Ornement (morceau de cristal taillé à facettes, en partic.) suspendu à un lustre.

PENDENTIF n.m. (lat. *pendens,* qui pend). **1.** Bijou suspendu à une chaînette de cou, à un collier. **2.** Chacun des triangles sphériques concaves ménagés entre les grands arcs supportant une coupole et qui permettent de passer du plan carré au plan circulaire.

PENDERIE n.f. Placard ou petite pièce où l'on suspend des vêtements.

PENDILLER v.i. Être suspendu en oscillant légèrement en l'air.

PENDILLON n.m. Pièce qui reçoit la tige du balancier d'une pendule et la relie à l'échappement. SYN. : *fourchette.*

PENDOIR n.m. Corde ou crochet pour suspendre les viandes de boucherie.

PENDOUILLER v.i. Fam. Pendre mollement, de manière ridicule, disgracieuse, etc.

PENDRE v.t. (lat. *pendere*) [73]. **1.** Attacher (qqch) par le haut de façon que la partie inférieure tombe librement vers le sol. *Pendre un lustre, des rideaux.* **2.** Mettre à mort en suspendant par le cou. ◇ *Dire pis que pendre de qqn,* en dire le plus grand mal. ◆ v.i. **1.** Être suspendu. *Les fruits pendent aux arbres.* ◇ *Pendre au nez de qqn,* risquer fort de lui arriver, en parlant d'une chose fâcheuse. **2.** Tomber trop bas. *Cette robe pend d'un côté.* ◆ **se pendre** v.pr. **1.** Se suspendre, s'accrocher. **2.** Se suicider par pendaison.

PENDU, E adj. Suspendu, accroché. ◇ Fig. *Être pendu au téléphone,* l'utiliser longtemps, souvent. – *Être pendu aux lèvres, aux paroles de qqn,* l'écouter avec une attention passionnée. ◆ adj. et n. Mort par pendaison.

PENDULAIRE adj. **1.** Du pendule. *Mouvement pendulaire.* **2.** Fig. *Migration pendulaire :* déplacement quotidien du domicile au lieu de travail et du lieu de travail au domicile.

1. PENDULE n.m. (lat. *pendulus,* qui est suspendu). **1.** Corps solide suspendu à un point fixe et oscillant sous l'action de la pesanteur.

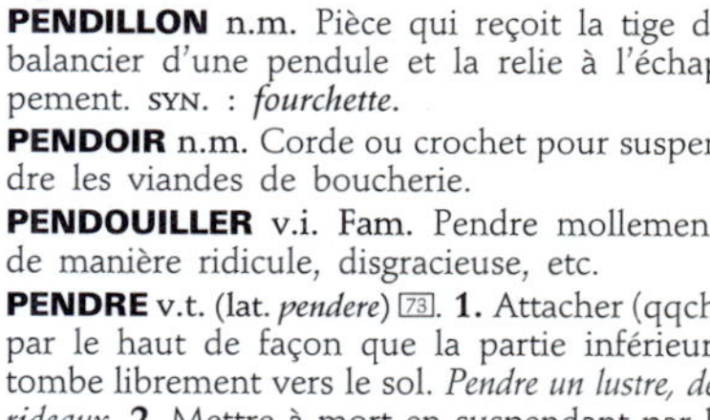

Le moment du couple de rappel qui s'exerce sur le solide suspendu au fil de torsion est proportionnel à l'angle θ.

principe du **pendule** de torsion

◇ PHYS. Tout système matériel animé, sous l'action d'une force tendant à le ramener à sa position d'équilibre, d'un mouvement oscillatoire autour d'un point ou d'un axe. *Pendule élastique, magnétique, de torsion.* **2.** Instrument de radiesthésie consistant en une petite masse, souvent sphérique, d'un corps pesant, oscillant au bout d'un fil ou d'une chaînette dont l'opérateur tient l'extrémité entre les doigts.

2. PENDULE n.f. **1.** Petite horloge destinée à être posée horizontalement ou à être fixée en applique sur un mur. **2.** TECHN. Horloge dont le balancier est un pendule. **3.** Fam. *En faire une pendule :* exagérer l'importance de qqch qui n'en vaut pas la peine.

PENDULER v.i. ALP. Effectuer au bout d'une corde un mouvement pendulaire.

PENDULETTE n.f. Petite pendule, souvent portative.

PENDULIER, ÈRE n. Ouvrier, ouvrière spécialisé(e) dans la fabrication et le montage des mouvements d'horlogerie de grande taille.

PÊNE n.m. (lat. *pessulus,* verrou). Pièce mobile d'une serrure, qui, actionnée par une clef, ferme la porte en s'engageant dans la gâche. ◇ *Pêne demi-tour,* dont l'extrémité, taillée en biseau, fonctionne sans clef.

PÉNÉPLAINE n.f. (lat. *paene,* presque, et *plaine*). GÉOMORPH. Relief caractérisé par des pentes faibles, des vallées évasées et des dépôts superficiels, stade final du cycle d'érosion.

PÉNÉTRABILITÉ n.f. Qualité de ce qui est pénétrable, de ce qui se laisse pénétrer.

PÉNÉTRABLE adj. **1.** Que l'on peut pénétrer, où l'on peut pénétrer. **2.** Compréhensible, intelligible. CONTR. : *impénétrable.*

PÉNÉTRANT, E adj. **1.** Qui pénètre. *Une pluie pénétrante.* **2.** Fig. Perspicace, doué de pénétration. *Un esprit pénétrant.*

PÉNÉTRANTE n.f. Voie de communication allant de la périphérie vers le centre d'une ville, des confins au cœur d'une région.

PÉNÉTRATION n.f. **1.** Action de pénétrer. **2.** Faculté de comprendre des sujets difficiles ; perspicacité, sagacité.

PÉNÉTRÉ, E adj. Rempli (d'un sentiment, d'une opinion) ; convaincu. *Homme pénétré de son importance.* ◇ *Ton, air pénétré,* convaincu ou, par plais., d'une gravité affectée.

PÉNÉTRER v.t. (lat. *penetrare*) [18]. **1.** Passer à travers, entrer dans. *La pluie a pénétré mon imperméable.* **2.** Parvenir à deviner, à découvrir (les sentiments, les idées de qqn). *Pénétrer les intentions d'autrui.* **3.** Toucher profondément, intimement. *Émotion qui vous pénètre le cœur, l'âme.* ◆ v.i. Entrer, s'introduire dans. *Pénétrer dans une maison.* ◆ **se pénétrer** v.pr. *(de).* S'imprégner profondément de (une idée, un sentiment, etc.). *Se pénétrer d'une vérité.*

PÉNÉTROMÈTRE n.m. TECHN. Instrument permettant de mesurer, par pénétration, la résistance, la dureté d'un corps, d'une surface (d'un revêtement de chaussée, en particulier).

PÉNIBILITÉ n.f. Caractère de ce qui est pénible. *La pénibilité d'une tâche.*

PÉNIBLE adj. **1.** Qui se fait avec peine, fatigue, souffrance. *Un travail pénible.* **2.** Qui cause une peine morale, qui afflige. *Une pénible nouvelle.* **3.** Fam. Désagréable, difficile à supporter, en parlant d'une personne.

PÉNIBLEMENT adv. Avec peine.

PÉNICHE n.f. (esp. *pinaza,* de *pino,* pin). Long bateau à fond plat pour le transport fluvial des marchandises.

PÉNICILLÉ, E adj. (du lat. *penicillum,* pinceau). SC. DE LA V. Qui a la forme d'un pinceau.

PÉNICILLINASE n.f. Enzyme présente chez certaines bactéries, qui détruit la pénicilline.

PÉNICILLINE n.f. (angl. *penicillin*). Antibiotique isolé à partir de *Penicillium notatum,* dont les propriétés antibactériennes furent découvertes en 1928 par Alexander Fleming.

PÉNICILLINORÉSISTANT, E adj. MÉD. Qui résiste à l'action de la pénicilline. *Germe pénicillinorésistant.*

PÉNICILLIUM [penisiljɔm] n.m. Champignon ascomycète qui se développe sous la forme d'une moisissure verte dans certains fromages (roquefort, bleu...), sur les fruits (agrumes) et les confitures, et dont une espèce, *Penicillium notatum,* fournit la pénicilline.

PÉNIEN, ENNE adj. Du pénis.

PÉNIL n.m. (lat. pop. *pectiniculum*). ANAT. Éminence large et arrondie située au-devant du pubis chez la femme, et qui se couvre de poils à l'époque de la puberté. SYN. : *mont de Vénus.*

PÉNINSULAIRE adj. Relatif à une péninsule, à ses habitants.

PÉNINSULE n.f. (lat. *paeninsula,* de *paene,* presque, et *insula,* île). Grande presqu'île.

PÉNIS [penis] n.m. ANAT. Organe mâle de la copulation et de la miction. SYN. : *verge.*

PÉNITENCE n.f. (lat. *paenitentia*). **1.** RELIG. **a.** Repentir, regret d'avoir offensé Dieu, accompagné de la ferme intention de ne plus recommencer. *Faire pénitence.* **b.** Un des sept sacrements de l'Église catholique, par lequel le prêtre absout les péchés. **2.** RELIG. Peine imposée au pénitent par le confesseur. ◇ Mortification que l'on s'impose pour expier ses péchés.

PÉNITENCERIE n.f. RELIG. **1.** Fonction, dignité de pénitencier. **2.** *Sacrée Pénitencerie apostolique :* tribunal près le Saint-Siège chargé des cas réservés et de la concession des indulgences.

PÉNITENCIER n.m. **1.** Anc. Établissement où étaient subies les longues peines privatives de liberté. **2.** RELIG. Prêtre désigné par l'évêque avec pouvoir d'absoudre certains cas réservés.

PÉNITENT, E n. RELIG. Personne qui confesse ses péchés au prêtre. ◆ n.m. Membre de certaines confréries qui, par esprit de pénitence, s'imposent des pratiques de piété et de charité, et qui portent un costume à cagoule lors des solennités religieuses.

PÉNITENTIAIRE adj. Relatif aux prisons, à l'incarcération, aux détenus. *Régime pénitentiaire.*

PÉNITENTIAUX adj.m. pl. RELIG. *Psaumes pénitentiaux :* groupe de sept psaumes qui ont pour thème la pénitence.

PÉNITENTIEL, ELLE adj. RELIG. Relatif à la pénitence. *Liturgie pénitentielle.*

PENNAGE n.m. (de *penne*). FAUC. Plumage des oiseaux de proie, qui se renouvelle à la mue.

PENNE n.f. (lat. *penna*). **1.** Longue plume de l'aile (rémige) ou de la queue (rectrice) des oiseaux. **2.** Chacun des éléments en plume de l'empennage d'une flèche. **3.** MAR. Extrémité supérieure d'une antenne.

PENNÉ, E adj. (lat. *pennatus*). BOT. Dont les nervures sont disposées de part et d'autre d'un pétiole commun, comme les barbes d'une plume. *Feuilles, folioles pennées.*

PENNIFORME adj. Qui a la forme d'une plume.

PENNON n.m. (de *penne*). **1.** Flamme que portait tout gentilhomme partant en guerre avec ses vassaux pour servir un banneret. **2.** MAR. → ***penon.***

PENNSYLVANIEN, ENNE [pɛn-] adj. et n. De Pennsylvanie.

PENNY [pɛni] n.m. (mot angl.). **1.** (Pl. *pence* [pɛns]). Unité monétaire divisionnaire anglaise et irlandaise qui valait, jusqu'en 1971, le douzième du shilling, et qui vaut aujourd'hui le centième de la livre. **2.** (Pl. *pennies* [peniz]). Pièce de cette valeur.

PÉNOLOGIE n.f. Étude des peines qui sanctionnent les infractions pénales, et de leurs modalités d'application.

PÉNOMBRE n.f. (lat. *paene,* presque, et *ombre*). **1.** Lumière faible, demi-jour. ◇ Fig. *Rester dans la pénombre,* dans une situation obscure, sans gloire. **2.** PHYS. État d'une surface incomplètement éclairée par un corps lumineux dont un corps opaque intercepte en partie les rayons.

PENON ou **PENNON** n.m. (de *penne*). MAR. Ruban, brin de laine ou d'étamine, fil garni de plumes, etc., indiquant la direction du vent.

PENSABLE adj. (Surtout en emploi négatif). Que l'on peut imaginer, concevoir. *Ce n'est pas pensable.*

PENSANT, E adj. Qui pense, qui est capable de penser.

PENSE-BÊTE n.m. (pl. *pense-bêtes*). Fam. Liste, indication quelconque destinée à rappeler une tâche à accomplir.

1. PENSÉE n.f. **I. 1.** Faculté de penser, activité de l'esprit. **2.** Esprit. *Chasser une idée de sa pensée.* ◇ *En pensée, par la pensée :* dans l'esprit, par l'imagination. **3.** Façon de penser ; opinion, point de vue. *Parler sans déguiser sa pensée.* **4.** Ensemble des idées, des doctrines (d'un individu, d'un groupe). *La pensée d'un philosophe.* **5.** Manière dont l'activité de l'esprit s'exprime. *Avoir une pensée claire, ordonnée.* **II. 1.** Acte particulier de l'esprit qui se porte sur un objet. *Pensée ingénieuse.* **2.** Sentence, maxime. *Une pensée de La Rochefoucauld.*

2. PENSÉE n.f. Plante ornementale aux fleurs veloutées roses, jaunes ou violettes, dont les pétales latéraux sont rapprochés des supérieurs. (Famille des violacées.)

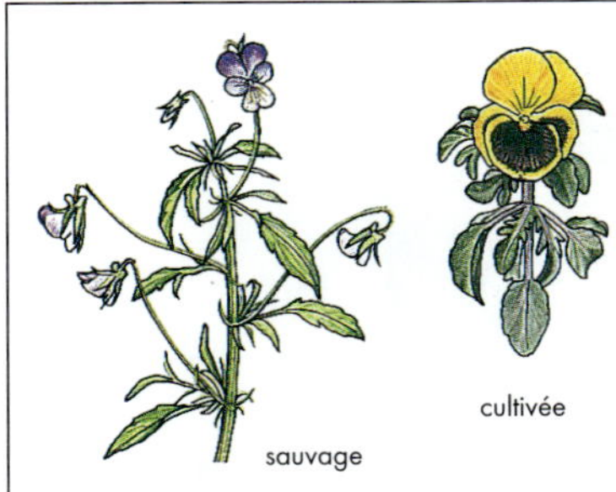

pensées

PENSER v.i. (bas lat. *pensare,* peser). **1.** Former des idées dans son esprit ; concevoir des notions, des opinions, par l'activité de l'intelligence, par la réflexion. **2.** Avoir une certaine opinion. *Je pense comme vous.* ◆ v.t. **1.** Avoir dans l'esprit, avoir pour opinion. *Il dit ce qu'il pense.* **2.** Croire, avoir la conviction de, que. *Je pense qu'elle a raison.* **3.** Avoir l'intention de. *Nous pensons partir bientôt.* **4.** Concevoir, imaginer en fonction d'une fin déterminée. *Penser un projet dans ses moindres détails.* ◆ v.t. ind. *(à).* **1.** Diriger sa pensée vers, appliquer son attention à ; avoir en tête. *Il pense à autre chose.* ◇ *Faire penser à :* évoquer par une ressemblance. – *Sans penser à mal :* sans mauvaise intention. **2.** Se souvenir de, ne pas oublier. *As-tu pensé à son anniversaire ?* **3.** Prendre en considération, envisager. *Penser aux conséquences de ses actes.*

PENSEUR, EUSE n. **1.** Personne qui s'applique à penser, à réfléchir, à méditer. **2.** Personne dont la pensée personnelle exerce une influence notable par sa qualité, sa profondeur.

PENSIF, IVE adj. Absorbé dans ses pensées, songeur.

PENSION n.f. (lat. *pensio,* paiement). **1.** Somme d'argent versée par un organisme social, par l'État, à qqn, pour subvenir à ses besoins, rétribuer d'anciens services, l'indemniser, etc. *Pension de retraite. Pension de guerre.* **2. a.** Somme que l'on verse pour être logé, nourri. **b.** Fait d'être logé, nourri moyennant rétribution. *Prendre pension chez l'habitant.* **3.** Établissement où l'on prend pension. **a.** Établissement d'enseignement privé où les élèves peuvent être internes. **b.** *Pension de famille,* où des hôtes payants sont logés dans des conditions rappelant la vie familiale (repas pris en commun, etc.). **4.** BANQUE. *Pension d'effets :* opération consistant en une cession d'effets au comptant, associée à un engagement de rachat à terme à une date convenue.

PENSIONNAIRE n. **1.** Personne qui est logée et nourrie moyennant pension (dans un hôtel, chez un particulier, etc.). **2.** Élève interne, dans un établissement scolaire. **3.** Acteur, actrice qui reçoit un traitement fixe (en particulier, à la Comédie-Française). *Pensionnaires et sociétaires.* **4.** Étudiant, jeune artiste dont le séjour d'études est payé par une fondation, par l'État. *Pensionnaire à la Villa Médicis.* **5.** HIST. *Grand pensionnaire :* chef du pouvoir exécutif, dans les Provinces-Unies (XVIe-XVIIIe s.), qui était en même temps gouverneur (pensionnaire) de la province de Hollande.

PENSIONNAT n.m. Établissement d'enseignement privé qui reçoit des internes ; ensemble des élèves de cet établissement.

PENSIONNÉ, E adj. et n. **1.** Qui reçoit une pension. *Pensionné de guerre.* **2.** Belgique. Retraité.

PENSIONNER v.t. Allouer une pension à.

PENSIVEMENT adv. De manière pensive.

PENSUM [pɛ̃sɔm] n.m. (mot lat., *tâche*). **1.** Devoir supplémentaire imposé à un élève pour le punir. **2.** Travail ou besogne intellectuelle ennuyeux, pénibles. *Ce rapport, quel pensum !*

PENTACLE [pɛ̃takl] n.m. (du gr. *pente,* cinq). Talisman en forme d'étoile à cinq branches.

PENTACORDE n.m. ANTIQ. Lyre à cinq cordes.

PENTACRINE n.m. (gr. *pente,* cinq, et *krinon,* lys). Échinoderme vivant fixé aux fonds marins, appelé *lys de mer,* à cause de ses formes végétales.

PENTADACTYLE [pɛ̃-] adj. Qui a cinq doigts.

PENTADÉCAGONE [pɛ̃-] n.m. → ***pentédécagone.***

PENTAÈDRE [pɛ̃-] n.m. et adj. (gr. *pente,* cinq, et *hedra,* base). GÉOM. Polyèdre à cinq faces.

PENTAGONAL, E, AUX [pɛ̃-] adj. Qui a pour forme, pour base un pentagone ; relatif à un pentagone.

PENTAGONE [pɛ̃-] n.m. (gr. *pente,* cinq, et *gônia,* angle). GÉOM. Polygone qui a cinq sommets et, par suite, cinq côtés.

PENTAMÈRE [pɛ̃-] adj. et n.m. (gr. *pente,* cinq, et *meros,* partie). SC. DE LA V. **1.** Qui présente une symétrie rayonnée de base cinq. *L'étoile de mer est pentamère.* **2.** Dont le tarse est divisé en cinq parties, en parlant d'un insecte.

PENTAMÈTRE [pɛ̃-] n.m. Vers de cinq pieds, dans la poésie grecque et latine.

PENTANE [pɛ̃-] n.m. CHIM. Hydrocarbure saturé C_5H_{12}.

PENTAPOLE [pɛ̃-] n.f. (gr. *pente,* cinq, et *polis,* ville). HIST. Union politique ou alliance de cinq cités.

PENTARCHIE [pɛ̃-] n.f. (gr. *pente,* cinq, et *arkhê,* commandement). **1.** ANTIQ. Gouvernement de cinq chefs. **2.** Ensemble de cinq nations exerçant une suprématie de fait.

PENTATHLON [pɛ̃-] n.m. (du gr.). **1.** ANTIQ. GR. Ensemble des cinq exercices des athlètes (lutte, course, saut, disque et javelot). **2.** *Pentathlon moderne* ou *pentathlon :* discipline olympique comportant cinq épreuves (cross, équitation, natation, escrime, tir).

PENTATOME [pɛ̃-] n.f. Punaise commune en France sur les feuilles des arbres et des arbustes, appelée aussi *punaise des bois.*

PENTATONIQUE [pɛ̃-] adj. MUS. Constitué de cinq sons. *Gamme pentatonique.*

PENTE n.f. (lat. *pendita,* de *pendere,* pendre). **1.** Déclivité, inclinaison (d'un terrain, d'une surface). *Une forte pente.* – *Rupture de pente :* changement brusque de l'inclinaison d'une pente. ◇ Cette inclinaison, considérée dans son expression arithmétique ou algébrique, sa figuration géométrique. *Une pente de 3 p. 100 représente une différence de niveau de 3 m sur une distance horizontale de 100 m.* – *Pente d'une droite :* tangente de l'angle que fait cette droite avec l'axe des abscisses. – *Ligne de pente d'un plan par rapport à un autre :* perpendiculaire quelconque menée dans l'un de ces plans à la droite de leur intersection. – *Ligne de plus grande pente* ou *ligne de pente d'un plan :* droite qui, de toutes les droites de ce plan, fait le plus grand angle avec un plan horizontal. – *Ligne de plus grande pente* ou *ligne de pente d'une surface,* coupant à angle droit les courbes de niveau. – *Échelle de pente d'une droite :* projection horizontale de cette droite, avec cotes de deux points lui appartenant, en géométrie cotée. – GÉOMORPH. *Pente limite :* valeur de l'inclinaison au-dessous de laquelle cessent d'agir les processus de façonnement des versants. **2.** Terrain, chemin incliné par rapport à l'horizontale. *Pentes enneigées.* ◇ Fig. *Remonter la pente :* être dans une situation qui s'améliore, après une période de difficultés. **3.** Inclination, penchant (en partic., penchant fâcheux). *Sa pente naturelle le porte à boire.* ◇ *Être sur une pente glissante, savonneuse, dangereuse :* aller vers les pires difficultés. – *Être sur la mauvaise pente :* se laisser aller à ses mauvais penchants.

PENTECÔTE n.f. (gr. *pentêkostê* [*hêmera*], cinquantième [jour]). **1.** Fête juive célébrée sept semaines après le second jour de la Pâque, en souvenir de la remise des tables de la Loi à Moïse. **2.** Fête chrétienne célébrée le septième dimanche après Pâques, en mémoire de la descente de l'Esprit-Saint sur les apôtres.

PENTECÔTISME n.m. Mouvement, doctrine des pentecôtistes.

1. PENTECÔTISTE n.m. Membre de l'un des mouvements religieux protestants qui affirment que les dons visibles de l'Esprit-Saint opèrent toujours à l'âge moderne, comme dans l'Église primitive.

2. PENTECÔTISTE adj. Du pentecôtisme.

PENTÉDÉCAGONE ou **PENTADÉCAGONE** n.m. Polygone qui a quinze sommets et quinze côtés.

PENTHIOBARBITAL [pɛ̃-] n.m. (pl. *penthiobarbitals*). Barbiturique hypnotique employé par voie intraveineuse pour l'anesthésie générale de courte durée et la narco-analyse. SYN. : *thiopental.*

PENTODE ou **PENTHODE** [pɛ̃-] n.f. Tube électronique à cinq électrodes.

PENTOSE [pɛ̃-] n.m. CHIM. Ose à cinq atomes de carbone (nom générique).

PENTRITE [pɛ̃-] n.f. Explosif constitué par un ester nitrique cristallisé, très puissant et très sensible.

PENTU, E adj. En pente, incliné.

PENTURE n.f. (lat. pop. *penditura*). Bande métallique ou ferrure qui soutient sur ses gonds une porte, un volet.

PENTY [pɛnti] n.m. En Bretagne, petite maison située à l'écart d'un village, caractérisée par son toit pentu recouvert d'ardoises.

PÉNULTIÈME adj. (lat. *paene,* presque, et *ultimus,* dernier). Avant-dernier. ◆ adj. et n.f. Se dit de l'avant-dernière syllabe (d'un mot, d'un vers).

PÉNURIE n.f. (lat. *penuria*). Manque de ce qui est nécessaire. *Pénurie d'énergie, de main-d'œuvre.*

PÉON [peɔn] n.m. (esp. *peón*) [pl. *péones*]. Paysan, ouvrier agricole, en Amérique du Sud.

PÉOTTE n.f. Grande gondole de l'Adriatique.

PEP [pɛp] n.m. (de l'angl. *pepper,* poivre). Fam. et vieilli. Dynamisme, vitalité.

PÉPÉ n.m. Fam. **1.** Grand-père, dans le langage enfantin. **2.** Homme d'un certain âge.

PÉPÉE n.f. Pop. Jeune femme, jeune fille jolie et bien faite.

1. PÉPÈRE n.m. Pop. **1.** Grand-père, dans le langage enfantin. **2.** Gros homme, gros garçon d'allure paisible.

2. PÉPÈRE adj. Fam. Tranquille, paisible, confortable. *Une petite vie pépère.*

PÉPÉRIN n.m. GÉOL. Tuf volcanique commun dans la région de Rome, très utilisé dans l'Antiquité comme matériau de construction.

PÉPETTES ou **PÉPÈTES** n.f. pl. Pop. Argent.

PÉPIE n.f. (lat. *pituita,* pituite). Pellicule qui se forme sur la langue des oiseaux atteints d'affections respiratoires, et qui les empêche de manger mais non de boire. ◇ Fig. *Avoir la pépie :* avoir très soif.

PÉPIEMENT n.m. Cri des jeunes oiseaux.

PÉPIER v.i. (onomat.). Crier, en parlant des petits oiseaux, des poussins.

1. PÉPIN n.m. **1.** Graine de certains fruits (baies, agrumes, pépons). *Fruits à pépins et fruits à noyau.* **2.** Fam. Accident ; ennui, désagrément.

2. PÉPIN n.m. (du n. d'un personnage de vaudeville). Fam. Parapluie.

PÉPINIÈRE n.f. **1.** Lieu où l'on cultive des jeunes végétaux destinés à être transplantés. ◇ Ensemble de ces jeunes plants. **2.** Lieu, établissement d'où sortent en grand nombre des personnes propres à une profession, une activité. *Une pépinière de jeunes talents.*

PÉPINIÉRISTE n. et adj. Personne qui cultive une pépinière.

PÉPITE n.f. (esp. *pepita,* pépin). Petite masse de métal natif, notamment d'or.

PÉPLUM [peplɔm] n.m. (mot lat., gr. *peplos*). **1.** ANTIQ. Tunique de femme sans manches, s'agrafant sur l'épaule. **2.** Fam. Film d'aventures s'inspirant de l'histoire ou de la mythologie antiques.

PÉPON ou **PÉPONIDE** n.m. Fruit des cucurbitacées.

PEPPERMINT [pepərmint] n.m. (mot angl., de *pepper,* poivre, et *mint,* menthe). Anglic. Liqueur de menthe.

PEPSINE n.f. (du gr. *pepsis,* digestion). Une des enzymes du suc gastrique, qui commence la digestion des protéines.

PEPTIDE n.m. Molécule constituée par l'union d'un petit nombre de molécules d'acides aminés.

PEPTIQUE adj. Relatif à la pepsine.

PEPTONE n.f. Substance protidique soluble résultant de l'action de la pepsine sur les protéines (notamm. sur la viande).

PÉQUENOT ou **PECNOT** n.m., **PÉQUENAUD, E** n. Fam. et péj. Paysan.

PÉQUIN n.m. → ***pékin.***

PÉQUISTE n. et adj. Canada. Partisan du P. Q. (parti québécois) ; du parti québécois.

PÉRAMÈLE n.m. Mammifère marsupial d'Australie, de la taille d'un lapin.

PERBORATE n.m. Sel de l'acide borique, oxydant, utilisé comme détergent.

PERÇAGE n.m. Action de percer.

PERCALE n.f. (persan *pergāla,* toile très fine). Tissu de coton ras et très serré.

PERCALINE n.f. Toile de coton légère et lustrée, utilisée pour les doublures.

PERÇANT, E adj. **1.** Très vif, pénétrant. *Froid perçant.* **2.** Aigu et puissant, en parlant d'un son. *Voix perçante.* **3.** D'une grande acuité. *Vue perçante.*

PERCE n.f. **1.** *Mettre (un tonneau) en perce,* y faire un trou pour en tirer le contenu. **2.** Outil servant à percer. **3.** MUS. Canal axial d'un instrument à vent.

PERCÉE n.f. **1.** Ouverture, trouée ménageant un chemin, ou dégageant une perspective. **2. a.** MIL. Action de rompre et de traverser une position défensive adverse. **b.** Franchissement de la défense adverse, dans les sports collectifs (football, rugby, etc.). **3.** Progrès rapide et spectaculaire. *Une percée technologique.*

PERCEMENT n.m. Action de percer, de pratiquer une ouverture, un passage.

PERCE-MURAILLE n.f. (pl. *perce-murailles*). Pariétaire (plante).

PERCE-NEIGE n.m. ou f. inv. Plante des prés et des bois, dont les fleurs blanches s'épanouissent à la fin de l'hiver, quand le sol est encore recouvert de neige. (Haut. 25 cm ; famille des amaryllidacées, genre galanthus.)

perce-neige

PERCE-OREILLE n.m. (pl. *perce-oreilles*). Forficule (insecte).

PERCE-PIERRE n.f. (pl. *perce-pierres*). Plante des murs, des rochers (nom commun à plusieurs espèces, parmi lesquelles la saxifrage et la criste-marine).

PERCEPT n.m. (mot angl.). PHILOS. Objet de la perception, par opp. à *concept.*

PERCEPTEUR n.m. (du lat. *perceptus,* recueilli). Fonctionnaire du Trésor, chargé essentiellement de recouvrer les impôts directs.

PERCEPTIBILITÉ n.f. Qualité, caractère de ce qui est perceptible.

PERCEPTIBLE adj. **1.** Qui peut être saisi, perçu par les sens. *Objet perceptible à la vue.* **2.** Qui peut être compris, perçu par l'esprit. *Intention, ironie perceptible.*

PERCEPTIBLEMENT adv. De façon perceptible.

PERCEPTIF, IVE adj. PSYCHOL. Relatif à la perception.

PERCEPTION n.f. (lat. *perceptio*). **I. 1.** Recouvrement des impôts par le percepteur. **2.** Fonction, emploi de percepteur. ◇ Bureau du percepteur. **II. 1.** Action, fait de percevoir par les sens, par l'esprit. *La perception des couleurs, des odeurs. La perception d'une situation.* **2.** PSYCHOL. Représentation consciente à partir des sensations ; conscience d'une, des sensations.

PERCER v.t. (du lat. *pertusus,* troué) [16]. **1.** Faire un trou de part en part dans ; perforer. *Percer une planche.* ◇ *Percer qqn de coups,* le blesser, le tuer en lui portant des coups avec une arme pointue. – **Fig.,** litt. *Percer le cœur :* faire une grande peine à, affliger. **2.** Pratiquer (une ouverture), ouvrir (un passage). *Percer une fenêtre, une rue.* **3.** Passer au travers de, traverser. *Vent, pluie qui perce les vêtements.* ◇ *Son qui perce les oreilles, les tympans,* qui fait mal aux oreilles tant il est aigu et puissant. **4.** Découvrir, comprendre (ce qui était caché, secret). *Percer un mystère. Percer qqn à jour.* ◆ v.i. **1.** Apparaître, poindre en se frayant un passage à travers qqch. *Le soleil perce à travers les nuages.* ◇ *L'abcès a percé,* a crevé. **2.** Se montrer, se manifester. *Rien n'a percé des délibérations.* **3.** Acquérir de la notoriété. *Cette chanteuse est en train de percer.*

PERCERETTE n.f. Petite vrille, petit foret.

PERCEUR, EUSE n. et adj. Celui, celle qui perce.

PERCEUSE n.f. Machine, outil servant à percer.

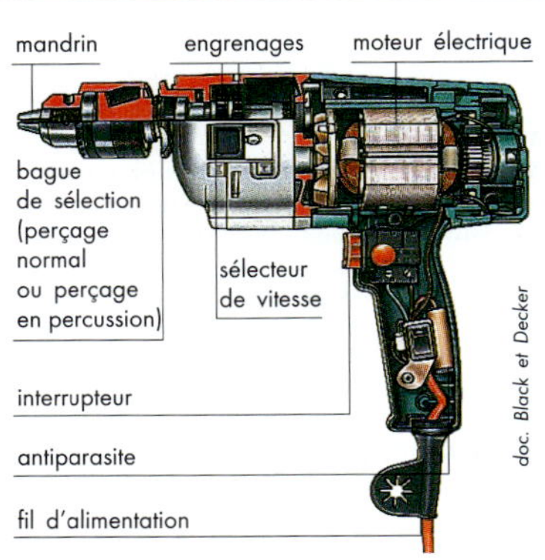

perceuse électrique portative

PERCEVABLE adj. Qui peut être perçu.

PERCEVOIR [pɛrsəvwar] v.t. (lat. *percipere*) [52]. **1.** Saisir par les sens ou par l'esprit. *Percevoir un son. Percevoir les nuances d'une pensée.* **2.** Recevoir, recueillir (de l'argent). *Percevoir des impôts.*

1. PERCHAGE n.m. Fait de percher, de se percher, pour les oiseaux.

2. PERCHAGE n.m. MÉTALL. Opération d'affinage du cuivre, du zinc ou de l'étain impurs par introduction de perches de bois dans le bain de métal en fusion.

1. PERCHE n.f. (lat. *perca*). Poisson des lacs et des cours d'eau lents, à deux nageoires dorsales, vorace, à chair estimée. (Long. jusqu'à 50 cm.) – *Perche arc-en-ciel,* aux belles couleurs, originaire des États-Unis. – *Perche goujonnière :* grémille. – *Perche grimpeuse :* anabas.

perche

2. PERCHE n.f. (lat. *pertica*). **I. 1.** Pièce longue et mince et de section ronde d'une matière dure (bois, en partic.). *Perche d'échafaudage.* ◇ **Fig.** *Tendre la perche à qqn,* lui offrir l'occasion de mettre fin à une situation difficile, l'aider à se tirer d'embarras. **2.** SPORTS. **a.** En athlétisme, longue tige de fibre de verre (naguère de bois, de métal léger) dont on se sert pour franchir une barre horizontale dans l'épreuve dite du *saut à la perche.* **b.** Spécialité sportive du saut à la perche. *La hauteur, la longueur et la perche.* **3.** CIN., TÉLÉV. Long support mobile au bout duquel est suspendu le micro et qui permet de placer celui-ci au-dessus des comédiens, en dehors du champ de la caméra. **4.** Tige métallique permettant aux tramways, aux trolleybus de capter le courant des fils aériens. **5.** Pièce longue et rigide du téléski que le skieur saisit pour être tiré. **6.** VÉN. Bois d'un cervidé lorsqu'il a plusieurs andouillers. **7. Fig., fam.** *Une grande perche :* une personne grande et maigre. **II.** Ancienne mesure agraire qui valait 34,18 m² à Paris.

saut à la **perche**

PERCHÉE n.f. Petite tranchée entre deux billons, où l'on plante les ceps de vigne.

PERCHER v.i. **1.** Se poser sur une branche, un perchoir, etc., en parlant d'un oiseau. **2. Fam.** Loger, demeurer (en partic., en un lieu élevé). *Percher au dernier étage.* ◆ v.t. Placer en un endroit élevé. *Percher un livre sur la plus haute étagère d'une bibliothèque.* ◆ **se percher** v.pr. **1.** Percher (oiseaux). **2.** Monter, se tenir en un endroit élevé, en parlant de qqn ; se jucher. *Il s'est perché sur un lampadaire pour voir le défilé.*

PERCHERON, ONNE adj. et n. Du Perche. ◇ Se dit d'une race de chevaux de trait du Perche, grands et puissants.

percheron

PERCHEUR, EUSE adj. Qui a l'habitude de percher, en parlant d'un oiseau.

PERCHIS [pɛrʃi] n.m. Très jeune futaie dont les arbres ont entre 10 et 20 cm de diamètre.

PERCHISTE n. **1.** Sauteur à la perche. **2.** CIN., TÉLÉV. Technicien chargé du maniement de la perche. **3.** Employé d'un téléski qui tend les perches aux skieurs, qui veille à leur bon défilement dans la mécanique.

PERCHLORATE [pɛrklɔrat] n.m. Sel de l'acide perchlorique.

PERCHLORIQUE adj.m. *Acide perchlorique :* le plus oxygéné des acides du chlore, $HClO_4$.

PERCHMAN [pɛrʃman] n.m. (de *perche,* et angl. *man*). CIN., TÉLÉV. (Faux anglic. déconseillé). Perchiste.

PERCHOIR n.m. **1.** Lieu où perchent les volatiles, les oiseaux domestiques ; bâton qui leur sert d'appui. **2. Fam.** Lieu où qqn se perche. ◇ **Spécialt.** *Le perchoir :* le siège du président, à l'Assemblée nationale, en France.

PERCIFORME n.m. *Perciformes :* ordre de poissons osseux acanthoptérygiens, comprenant notamm. la perche, le maquereau, le thon et la rascasse.

PERCLUS, E adj. (lat. *perclusus,* obstrué). Privé, complètement ou en partie, de la faculté de se mouvoir. *Être perclus de rhumatismes.*

PERCNOPTÈRE n.m. (gr. *perknos,* noirâtre, et *pteron,* aile). Petit vautour des régions méditerranéennes. (Long. jusqu'à 70 cm.)

PERÇOIR n.m. Outil pour percer.

PERCOLATEUR n.m. (du lat. *percolare,* filtrer). Appareil servant à faire du café à la vapeur en grande quantité.

PERCOLATION n.f. GÉOGR. Pénétration lente des eaux de pluie dans le sol.

PERCOMORPHE n.m. *Percomorphes :* vaste groupe de poissons osseux acanthoptérygiens, rassemblant onze ordres, dont celui des perciformes.

PERCUSSION n.f. (lat. *percussio*). **1.** Didact. Choc résultant de l'action brusque d'un corps sur un autre. ◇ **Spécialt.** Choc du percuteur d'une arme à feu contre l'amorce, provoquant la détonation. **2.** MUS. *Instruments à percussion,* dont on tire le son en les frappant avec les mains, des baguettes, des mailloches, etc. **3.** MÉD. Méthode d'examen clinique consistant à frapper avec les doigts certaines régions du corps (thorax, abdomen), et permettant de déceler par le son les limites d'un organe et son état de réplétion ou de vacuité.

PERCUSSIONNISTE n. Musicien qui joue d'un instrument à percussion ou de plusieurs.

PERCUTANÉ, E adj. MÉD. Qui se fait à travers la peau, par absorption à travers la peau.

PERCUTANT, E adj. **1.** Qui produit un choc, une percussion. ◇ ARM. *Projectile percutant,* dont la fusée-détonateur n'éclate qu'en percutant l'objectif, un obstacle. – *Tir percutant,* qui utilise de tels projectiles. **2.** Qui atteint son but avec force, sûreté ; frappant, saisissant. *Un argument percutant.*

PERCUTER v.t. (lat. *percutere,* frapper). **1.** Heurter, frapper. *Les marteaux du piano percutent les cordes.* **2.** MÉD. Explorer, examiner par la percussion. ◆ v.i. Exploser au choc, en parlant d'un projectile percutant. *Obus qui retombe sans avoir percuté.* ◆ v.t. et i. Heurter avec une grande violence. *La voiture a percuté (contre) un mur.*

PERCUTEUR n.m. **1.** Pièce métallique dont la pointe frappe l'amorce et la fait détoner, dans une arme à feu. **2.** PRÉHIST. Outil destiné à frapper sur les roches cassantes pour en tirer des éclats.

PERDABLE adj. Qui peut se perdre.

PERDANT, E adj. et n. Qui perd. *L'équipe perdante.* ◇ *Partir perdant :* entreprendre qqch sans croire à la réussite.

PERDITANCE n.f. PHYS. Conductance équivalente, représentant les pertes, dans une installation électrique.

PERDITION n.f. (lat. *perditio*). **1.** *En perdition :* en danger de faire naufrage, de se perdre, en parlant d'un navire ; menacé d'être ruiné, anéanti, en parlant d'une entreprise, d'un groupe. **2.** THÉOL. État de péché menant à la ruine de l'âme. ◇ Ruine morale. *Lieu de perdition.*

PERDRE v.t. (lat. *perdere*) [77]. **1.** Cesser de posséder, d'avoir à sa disposition (un bien, un avantage). *Perdre son emploi.* **2. a.** Cesser d'avoir (une partie de soi, un caractère essentiel), être privé de (une faculté). *Perdre ses cheveux. Perdre son éclat. Perdre la vue.* ◇ **Fig.** *Perdre la raison, la tête :* ne plus avoir tout son bon sens ; devenir fou. **b.** Abandonner (un comportement) ; ne plus éprouver (un sentiment). *Perdre une habitude. Perdre courage.* **3. a.** Égarer ; ne plus pouvoir trouver. *J'ai perdu mes clefs.* **b.** Ne plus suivre, ne plus contrôler. *Perdre la trace de qqn.* – *Perdre de vue :* cesser d'être en relation avec (qqn), de s'occuper de (qqch). **4. a.** Être séparé de qqn par la mort. *Perdre un proche.* **b.** Être quitté par (qqn). *L'entreprise a perdu en un an le tiers de son effectif.* **5.** Ne pas remporter, avoir le dessous dans (une lutte, une compétition). *Perdre un procès, une bataille.* – *Perdre du terrain :* aller moins vite que son adversaire, reculer. **6.** Faire un mauvais emploi de. *Perdre son temps.* ◇ Ne pas profiter de ; laisser passer, échapper. *Perdre une occasion.* – *Vous ne perdez rien pour attendre :* vous n'échapperez pas à une punition ou une revanche. **7.** Faire subir un grave préjudice matériel ou moral à ; causer la ruine ou la mort de. *Le jeu le perdra.* ◆ v.i. **1.** Avoir le dessous ; être vaincu, battu. *Elle déteste perdre.* **2.** Faire une perte d'argent. *Perdre sur une marchandise. Perdre gros.* **3.** Ne pas bénéficier d'un avantage. *Tu n'as pas pu venir ? Tu as perdu !* ◆ **se perdre** v.pr. **1.** Ne plus trouver son chemin, s'égarer. *Se perdre dans un bois.* ◇ **Fig.** *Se perdre dans les détails,* s'y attarder trop longuement. – *Je m'y perds :* je n'y comprends plus rien. **2.** Disparaître. *Se perdre dans la foule.* **3.** Rester inutilisé, s'avarier. *Avec la chaleur, les marchandises se sont perdues.* ◇ Cesser d'être en usage. *Cette coutume s'est perdue.*

PERDREAU n.m. Perdrix de l'année, qui constitue un gibier estimé.

PERDRIGON n.m. Prune d'une variété à pulpe molle et à peau rouge violacé.

PERDRIX n.f. (lat. *perdix, perdicis*). **1.** Oiseau gallinacé au corps épais, qui niche dans un creux du sol. (Long. 30 cm.) – *La perdrix cacabe,* pousse son cri. (La *perdrix grise,* commune dans le nord et le centre de la France, et la *perdrix rouge,* au sud de la Loire, sont très recherchées comme gibier.) **2.** *Perdrix de mer* : glaréole.

perdrix

PERDU, E adj. **1.** Dont on est définitivement privé, en parlant d'un avantage, d'un bien. *Fortune perdue.* – *À fonds perdu(s)* : sans espoir de récupérer le capital. **2.** Que l'on ne retrouve plus, égaré. *Objets perdus.* **3.** Qui échappe à toute direction, à tout contrôle. – *Balle perdue,* qui a manqué son but et peut aller se loger n'importe où. **4.** Qui a été mal employé ou employé sans profit ; devenu inutile ou inutilisable. *Temps perdu. Peine perdue.* ◇ *À mes (tes, ses, etc.) moments perdus* : à mes moments de loisirs, quand je n'ai rien d'autre à faire. **5.** Ruiné. *Un homme perdu.* ◇ Litt. *Perdu de* : dont la prospérité est très menacée du fait de. *Être perdu de dettes.* **6.** Qui est menacé dans sa vie ; dont la situation, le cas est désespéré. *Un malade perdu.* **7.** Situé à l'écart, isolé. *Pays perdu.* **8.** *Être perdu dans ses réflexions, ses pensées,* y être plongé au point de n'être sensible à rien d'autre. ◆ n. *Comme un (une) perdu(e)* : de toutes ses forces, avec toute son énergie.

PERDURER v.i. Litt. **1.** Durer éternellement. **2.** Continuer d'être, se perpétuer.

PÈRE n.m. (lat. *pater*). **I. 1.** Celui qui a un ou plusieurs enfants. *Père de famille.* ◇ *Placement de père de famille,* sûr, mais de revenu modeste. – *De père en fils* : par transmission successive du père aux enfants. ◇ (En parlant d'un animal). *Ce poulain a pour père un étalon fameux.* **2.** Celui qui agit en père, qui manifeste des sentiments paternels. *Il a été pour moi plus qu'un ami, un père.* – *Père spirituel,* celui qui dirige la conscience de qqn, guide spirituel ; par ext., celui qui joue un rôle prépondérant dans l'évolution personnelle de qqn, dans sa formation intellectuelle, etc. ◇ Afrique. Tout homme âgé que l'on respecte. **3.** THÉÂTRE. *Rôle de père noble* : rôle grave et digne de père âgé. **4.** Afrique. Oncle paternel. (On dit aussi *père cadet* ou *petit père,* par opp. à *vrai père.*) **II. 1.** (Avec une majuscule). Dieu, en tant que Créateur et première personne de la Trinité. *Dieu le Père. Le Père éternel.* **2.** *Le père de* : l'initiateur, le créateur, le fondateur de. *Le père du positivisme* (Auguste Comte). **III. 1.** *Le saint-père* (ou, appellatif, *Saint-Père*) : le pape. **2.** *Les Pères de l'Église* : les écrivains de l'Antiquité chrétienne (IIe-VIIe s.) dont les œuvres font autorité en matière de foi. **3.** Titre donné aux prêtres réguliers et séculiers. ◇ Afrique. Prêtre de race blanche (par opp. à *abbé*). **4.** Fam. (Suivi du nom propre, pour désigner un homme d'un certain âge ou s'adresser à lui, avec une nuance de bonhomie ou de condescendance). *Le père Mathurin.* ◆ pl. (Avec un possessif). Litt. *Nos (vos,* etc.) *pères* : nos ancêtres.

PÉRÉGRIN n.m. (lat. *peregrinus,* étranger). DR. ROM. Homme libre qui n'était ni citoyen romain ni latin.

PÉRÉGRINATION n.f. (du lat. *peregrinari,* voyager). [Surtout au pl.]. Allées et venues incessantes, déplacements en de nombreux endroits.

PÉREMPTION n.f. (du lat. *perimere,* détruire). **1.** DR. Prescription qui anéantit les actes de procédure lorsqu'un certain délai s'est écoulé sans qu'un nouvel acte intervienne. **2.** *Date de péremption,* au-delà de laquelle un produit ne doit plus être utilisé, consommé.

PÉREMPTOIRE [perɑ̃ptwar] adj. (lat. *peremptus,* détruit). **1.** À quoi l'on ne peut rien répliquer ; catégorique. **2.** DR. Qui a force obligatoire.

PÉREMPTOIREMENT adv. Litt. De façon péremptoire.

PÉRENNANT, E adj. BOT. Qui peut vivre, subsister plusieurs années. *Organes pérennants* (rhizomes, bulbes, etc.).

PÉRENNE adj. (lat. *perennis,* durable). GÉOGR. *Rivière, source pérenne,* dont l'écoulement est permanent.

PÉRENNISATION n.f. Action de pérenniser.

PÉRENNISER v.t. **1.** Rendre durable, perpétuel. **2.** Titulariser dans sa fonction.

PÉRENNITÉ n.f. (lat. *perennitas*). Caractère de ce qui dure toujours ou très longtemps.

PÉRÉQUATION n.f. (du lat. *paraequare,* égaliser). **1.** Répartition des charges, des impôts, etc., tendant à une égalité. ◇ ÉCON. *Système de péréquation,* tendant à placer dans une situation d'égalité les diverses entreprises d'une même branche, ou à financer une aide à l'importation ou à l'exportation. **2.** Rajustement du montant des traitements, des pensions.

PERESTROÏKA n.f. (mot russe, *reconstruction, restructuration*). HIST. En U. R. S. S., politique de restructuration économique mise en œuvre par M. Gorbatchev à partir de 1985 et s'appuyant notamm. sur la pratique de la glasnost*.

PERFECTIBILITÉ n.f. Litt. Caractère de ce qui est perfectible.

PERFECTIBLE adj. Susceptible d'être perfectionné ou de se perfectionner.

PERFECTIF, IVE adj. et n.m. LING. Accompli.

PERFECTION n.f. (lat. *perfectio,* achèvement). **1.** Qualité, état de ce qui est parfait, qui n'est pas susceptible d'amélioration. – *À la perfection* : d'une manière parfaite. **2.** Personne, chose parfaite en son genre.

PERFECTIONNEMENT n.m. Action de perfectionner, de se perfectionner ; amélioration.

PERFECTIONNER v.t. Rendre plus proche de la perfection, améliorer. ◆ **se perfectionner** v.pr. **1.** Devenir meilleur. **2.** Améliorer ses connaissances, progresser.

PERFECTIONNISME n.m. Recherche excessive de la perfection en toute chose.

PERFECTIONNISTE adj. et n. Qui fait preuve de perfectionnisme, qui le dénote.

PERFIDE adj. et n. (lat. *perfidus,* trompeur). Litt. Déloyal, qui cherche à nuire sournoisement.

PERFIDEMENT adv. Litt. Avec perfidie.

PERFIDIE n.f. Litt. **1.** Caractère d'une personne perfide, de sa conduite. **2.** Acte ou parole perfide. *Dire des perfidies.*

PERFOLIÉ, E adj. BOT. *Feuille perfoliée,* dont la base enveloppe complètement la tige qui la porte.

PERFORAGE n.m. Action de perforer.

PERFORANT, E adj. **1.** Qui perfore. ◇ *Projectile perforant,* doté d'un noyau de métal dur qui le rend capable de percer les blindages. **2.** ANAT. Se dit de certains nerfs et de certaines artères qui traversent de part en part une structure anatomique.

1. PERFORATEUR, TRICE adj. Qui perfore, sert à perforer.

2. PERFORATEUR, TRICE n. Personne chargée de transcrire des informations codées sur un support mécanographique (cartes, bandes perforées).

PERFORATION n.f. **1.** Action de perforer ; trou qui en résulte. **2.** MÉD. Ouverture accidentelle ou pathologique dans la paroi d'un organe.

PERFORATRICE n.f. **1.** Machine servant à établir des cartes, des bandes perforées. **2.** Outil rotatif pour creuser des trous de mine.

PERFORER v.t. Pratiquer un trou dans, percer.

PERFORMANCE n.f. (mot angl. ; de l'anc. fr. *parformer,* accomplir). **1.** Résultat obtenu par un athlète (un cheval de course, etc.) dans une épreuve ; chiffre qui mesure ce résultat. **2.** Réussite remarquable, exploit. *Faire si vite un tel travail, c'est une performance.* **3.** Résultat obtenu dans l'exécution d'une tâche. ◇ PSYCHOL. *Test de performance* : épreuve non verbale destinée à mesurer certaines aptitudes intellectuelles. **4.** Ensemble des indications chiffrées caractérisant les possibilités optimales d'un matériel ; ces possibilités. – *Performances d'une voiture* : accélération, vitesse, consommation, etc. **5.** LING. Mise en œuvre par les locuteurs de la compétence linguistique dans la production et la réception d'énoncés concrets. **6.** ART CONTEMP. Mode d'expression artistique qui consiste à produire des gestes, des actes, un évènement dont le déroulement temporel constitue l'œuvre. SYN. : *action.*

PERFORMANT, E adj. Capable de bonnes ou de très bonnes performances ; compétitif. *Produit, appareil performant. Entreprise performante.* ◇ *Ski performant* ou *performant,* n.m. : ski de vitesse, de grande longueur (1,75 m à 2 m).

PERFORMATIF, IVE adj. et n.m. LING. Qui constitue simultanément l'action qu'il exprime, en parlant d'un verbe, d'un énoncé. *Énoncés performatifs* (ex. : je promets, je jure).

PERFRINGENS [pɛrfrɛ̃ʒɛs] adj. et n.m. (du lat. *perfringere,* rompre). Bactérie anaérobie que l'on rencontre associée à d'autres dans le pus de la gangrène gazeuse.

PERFUSER v.t. Pratiquer une perfusion sur.

PERFUSION n.f. (lat. *perfusio,* de *perfundere,* verser sur). Introduction lente et continue d'une substance médicamenteuse ou de sang dans un organisme. *Perfusion intraveineuse, rectale.*

PERGÉLISOL n.m. PÉDOL. Permagel.

PERGOLA n.f. (mot it.). Petite construction de jardin composée de poutres horizontales reposant sur des piliers légers et destinée à servir de support à des plantes grimpantes.

1. PÉRI n.f. (persan *perî,* ailé). Sorcière ou fée, dans la tradition arabo-persane.

2. PÉRI, E adj. HÉRALD. *Pièce périe,* très étroite et alésée, disposée en bande ou en barre.

PÉRIANTHAIRE adj. BOT. Du périanthe.

PÉRIANTHE n.m. (gr. *peri,* autour, et *anthos,* fleur). BOT. Ensemble des enveloppes florales (calice et corolle) qui entourent les étamines et le pistil.

PÉRIARTHRITE n.f. Inflammation des tissus qui entourent une articulation.

PÉRIASTRE n.m. ASTRON. Point de l'orbite d'un astre où celui-ci est le plus près de l'astre autour duquel il gravite. CONTR. : *apoastre.*

PÉRIBOLE n.m. (gr. *peribolos*). ANTIQ. Enceinte monumentale autour d'un temple grec ; espace planté d'arbres délimité par cette enceinte.

PÉRICARDE n.m. (gr. *peri,* autour, et *kardia,* cœur). ANAT. Membrane formée de deux feuillets, l'un séreux, l'autre fibreux, qui enveloppe le cœur.

PÉRICARDIQUE adj. Du péricarde.

PÉRICARDITE n.f. MÉD. Inflammation du péricarde.

PÉRICARPE n.m. (gr. *peri,* autour, et *karpos,* fruit). BOT. Partie du fruit qui entoure et protège la graine. *L'épicarpe, le mésocarpe et l'endocarpe constituent le péricarpe.*

PÉRICHONDRE [-kɔ̃-] n.m. (gr. *peri,* autour, et *khondros,* cartilage). ANAT. Membrane qui revêt les cartilages non articulaires.

PÉRICLITER v.i. (lat. *periclitari,* de *periculum,* péril). Aller à la ruine, décliner. *Affaire qui périclite.*

PÉRICRÂNE n.m. ANAT. Périoste de la surface extérieure du crâne.

PÉRICYCLE n.m. BOT. Zone la plus externe du cylindre central de la tige et de la racine.

PÉRIDINIEN n.m. Protiste marin et d'eau douce à deux flagelles, contenant des pigments jaunes ou bruns.

PÉRIDOT [perido] n.m. MINÉR. Silicate naturel de magnésium et de fer présent dans les roches basiques et ultrabasiques, dont la variété la plus courante est l'olivine.

PÉRIDOTITE n.f. GÉOL. Roche ultrabasique constituée principalement d'olivine et pouvant contenir des pyroxènes, du grenat, etc.

PÉRIDURAL, E, AUX adj. MÉD. Qui est situé, qui se fait autour de la dure-mère. – *Anesthésie péridurale* ou *péridurale,* n.f. : anesthésie régionale du bassin par une injection dans l'espace épidural de la région sacrée, pratiquée surtout en obstétrique.

PÉRIF ou **PÉRIPH** n.m. (abrév.) Fam. Boulevard périphérique*.

PÉRIGÉE n.m. (gr. *peri,* autour, et *gê,* terre). ASTRON. Point de l'orbite d'un astre ou d'un satellite artificiel le plus rapproché de la Terre. CONTR. : *apogée.*

PÉRIGLACIAIRE adj. GÉOL. Se dit des régions proches des glaciers, où l'alternance du gel et du dégel joue un rôle prépondérant dans les phénomènes d'érosion, ainsi que de ces phénomènes eux-mêmes. *Érosion périglaciaire.*

PÉRIGORDIEN n.m. Faciès industriel du début du paléolithique supérieur connu dans sa phase ancienne sous le nom de *châtelperronien* et dans sa phase récente sous celui de *gravettien.*

PÉRIGOURDIN, E adj. et n. Du Périgord ; de Périgueux.

PÉRIGUEUX n.m. (de *Périgueux,* n.pr.). TECHN. Pierre noire servant à polir, employée par les verriers, les émailleurs.

PÉRIHÉLIE n.m. (gr. *peri,* autour, et *hêlios,* soleil). ASTRON. Point de l'orbite d'une planète le plus proche du Soleil. CONTR. : *aphélie.*

PÉRI-INFORMATIQUE n.f. (pl. *péri-informatiques*). Ensemble des activités concernant les composants périphériques d'un système informatique (terminaux, liaisons, imprimantes, etc.) ; ensemble de ces composants eux-mêmes.

PÉRIL n.m. (lat. *periculum*). Litt. **1.** Situation, état où un danger menace l'existence de qqn ou de qqch. *Être, mettre en péril.* **2.** Danger, risque. *Courir de graves périls.* – *Au péril de :* au risque de perdre.

PÉRILLEUSEMENT adv. Litt. D'une façon périlleuse ; dangereusement.

PÉRILLEUX, EUSE [perijø, øz] adj. (de *péril,* d'apr. le lat. *periculosus*). Où il y a du péril ; dangereux.

PÉRIMÉ, E adj. **1.** Qui n'est plus valable, valide. *Carte d'identité périmée.* **2.** Désuet, dépassé. *Idées, conceptions périmées.*

PÉRIMER (SE) v.pr. (lat. *perimere,* détruire). Perdre sa valeur, sa validité après un certain délai.

PÉRIMÈTRE n.m. (gr. *perimetros*). **1.** GÉOM. Longueur d'une courbe fermée. **2.** Contour d'un espace quelconque. *Périmètre d'un champ.* ◇ Étendue, surface. *Dans un vaste périmètre.*

PÉRINATAL, E, ALS ou **AUX** adj. MÉD. De la périnatalité. *Médecine périnatale.*

PÉRINATALITÉ n.f. MÉD. Période qui précède et qui suit immédiatement la naissance.

PÉRINATALOGIE n.f. Partie de la médecine qui traite de la périnatalité.

PÉRINÉAL, E, AUX adj. Du périnée.

PÉRINÉE n.m. (gr. *perineos*). ANAT. Région du corps comprise entre l'anus et les parties génitales.

PÉRINÉORRAPHIE n.f. MÉD. Reconstitution chirurgicale du périnée chez la femme, en cas de prolapsus utérin ou de lésions dues à un accouchement.

PÉRIODE n.f. (lat. *periodus,* du gr.). **I. 1.** Espace de temps. *Les travaux s'étendront sur une période assez longue.* **2.** Espace de temps caractérisé par certains évènements ; époque. *Traverser une période difficile.* **Spécialt. a.** MÉD. Phase d'une maladie. *Période d'incubation.* **b.** MIL. Temps d'instruction militaire de durée limitée, destiné à préparer le réserviste à son emploi de mobilisation. **c.** GÉOL. Chacune des grandes divisions des ères géologiques. **d.** ÉTHOL. *Période critique* ou *sensible :* moment privilégié de l'ontogenèse où s'effectue soit l'acquisition, soit le développement de certains schémas moteurs. **3.** PHYS. **a.** Intervalle de temps constant séparant deux passages successifs de certaines grandeurs variables (dites *périodiques*) par la même valeur, avec même sens de la variation ; inverse de la fréquence d'un phénomène périodique. **b.** *Période d'un radioélément :* temps au bout duquel la moitié de la masse de ce radioélément s'est désintégrée. **4.** ASTRON. *Période de révolution :* intervalle de temps entre deux passages consécutifs d'un astre en un point quelconque de son orbite. **II. 1.** MATH. **a.** Tranche de chiffres qui, dans le développement décimal de certaines fractions (dites *périodiques*), se répètent indéfiniment, soit à partir de la virgule, soit à partir d'une décimale donnée. **b.** Plus petit nombre fixe que l'on peut ajouter à la variable de certaines fonctions pour que celles-ci reprennent la même valeur. **2.** CHIM. Ensemble des éléments figurant sur une même ligne dans le tableau de la classification périodique des éléments. **III.** RHÉT. Phrase de prose assez longue et de structure complexe, dont les constituants sont organisés de manière à donner une impression d'équilibre et d'unité. ◆ pl. Vx. *Périodes menstruelles* ou *périodes :* règles.

PÉRIODICITÉ n.f. Caractère de ce qui est périodique ; fréquence.

PERIODIQUE [pɛr-] adj. (de *iode*). CHIM. Se dit de l'acide HIO_4.

1. PÉRIODIQUE adj. (lat. *periodicus,* du gr.). **1.** Qui revient, qui se reproduit à intervalles fixes. *Une publication périodique.* ◇ MÉD. *Maladie périodique,* caractérisée par des accès fébriles durant 2 ou 3 jours, observée chez des sujets originaires du bassin méditerranéen. – PSYCHIATRIE. *Psychose périodique :* psychose maniaco-dépressive. – *Serviette, garniture, tampon périodiques :* bande absorbante ou petit rouleau comprimé d'ouate de cellulose qui constituent une protection externe ou interne pour les femmes pendant leurs règles. **2.** CHIM. *Classification périodique des éléments :* tableau des éléments d'après l'ordre croissant de leurs numéros atomiques, qui groupe par colonnes les éléments présentant des propriétés réactionnelles voisines. **3.** MATH. **a.** *Fonction périodique,* qui reprend la même valeur lorsque la variable subit un accroissement égal à un multiple quelconque d'une quantité fixe (dite *période*). **b.** *Fraction périodique,* dont le développement décimal comporte une période, une tranche de chiffres qui se répètent indéfiniment.

2. PÉRIODIQUE n.m. Publication (journal, revue) qui paraît à intervalles réguliers.

PÉRIODIQUEMENT adv. De façon périodique ; par périodes.

PÉRIOSTE n.m. (gr. *peri,* autour, et *osteon,* os). ANAT. Membrane conjonctive qui entoure les os et assure leur croissance en épaisseur.

PÉRIOSTITE n.f. MÉD. Inflammation du périoste.

PÉRIPATE n.m. *Péripates :* classe d'arthropodes des régions chaudes et humides du globe, de mœurs nocturnes, évoquant la limace par leur aspect. (Long. de 2 à 15 cm ; près de 80 espèces.) SYN. : *onychophore.*

PÉRIPATÉTICIEN, ENNE adj. et n. (gr. *peripatêtikos,* de *peripatein,* se promener [parce qu'Aristote enseignait en marchant]). Qui suit la doctrine d'Aristote.

PÉRIPATÉTICIENNE n.f. Litt., par plais. Prostituée qui racole dans la rue.

PÉRIPATÉTISME n.m. Philosophie d'Aristote et de ses disciples.

PÉRIPÉTIE [peripesi] n.f. (gr. *peripeteia,* évènement imprévu). **1.** Changement imprévu ; incident. *Les péripéties d'un voyage.* **2.** LITTÉR. Revirement subit dans une situation, une intrigue, menant au dénouement (théâtre, roman).

PÉRIPH n.m. → ***périf.***

PÉRIPHÉRIE n.f. (gr. *periphereia,* circonférence). **1.** Ce qui s'étend sur le pourtour de qqch. *La périphérie d'une région.* **2.** Ensemble des quartiers éloignés du centre d'une ville. *Périphérie très peuplée.* **3.** ÉCON. Ensemble des pays en développement, de leurs économies (par opp. au *centre* que constituent les pays industrialisés avancés).

PÉRIPHÉRIQUE adj. **1.** De la périphérie ; situé à la périphérie. ◇ *Boulevard périphérique :* voie sans croisements à niveau, facilitant la circulation rapide autour d'une ville. – *Radio, poste, station périphérique,* dont les émetteurs sont situés hors du territoire national, dans un pays limitrophe. **2.** INFORM. Qui n'appartient ni à l'unité de traitement ni à la mémoire centrale, en parlant d'un système informatique. ◆ n.m. **1.** Boulevard périphérique (d'une grande ville : Paris, etc.). Abrév. (fam.) : *périf* ou *périph.* **2.** INFORM. Élément périphérique d'un système (mémoire auxiliaire, imprimante, console, etc.).

PÉRIPHLÉBITE n.f. MÉD. Inflammation du tissu entourant une veine (distincte de la *phlébite*).

PÉRIPHRASE n.f. (gr. *periphrasis*). **1.** Expression formée de plusieurs mots, que l'on substitue à un mot unique. (Ex. : *la messagère du printemps* pour *l'hirondelle.*) **2.** Détour de langage ; circonlocution. *Parler par périphrases.*

PÉRIPHRASTIQUE adj. Qui forme une périphrase.

PÉRIPLE n.m. (gr. *periploos,* navigation autour). **1.** Voyage de découverte, d'exploration par voie maritime, autour du globe, d'un continent, d'une mer. **2.** Abusif et cour. Voyage par voie de terre ; randonnée.

PÉRIPTÈRE adj. et n.m. (gr. *peri,* autour, et *pteron,* aile). ARCHIT. Qui est entouré de tous côtés par une colonnade formant portique le long des murs, en parlant d'un édifice.

PÉRIR v.i. (lat. *perire*) [auxil. *avoir*]. Litt. **1.** Mourir. *Périr noyé. Périr d'ennui.* **2.** Disparaître ; tomber en ruine, dans l'oubli, etc.

PÉRISCOLAIRE adj. Qui complète l'enseignement scolaire. *Activités périscolaires.*

PÉRISCOPE n.m. (gr. *peri,* autour, et *skopein,* examiner). Instrument d'optique formé de lentilles et de prismes à réflexion totale, permettant de voir par-dessus un obstacle. – *Périscope d'un sous-marin,* permettant l'observation en surface lors des plongées à faible profondeur.

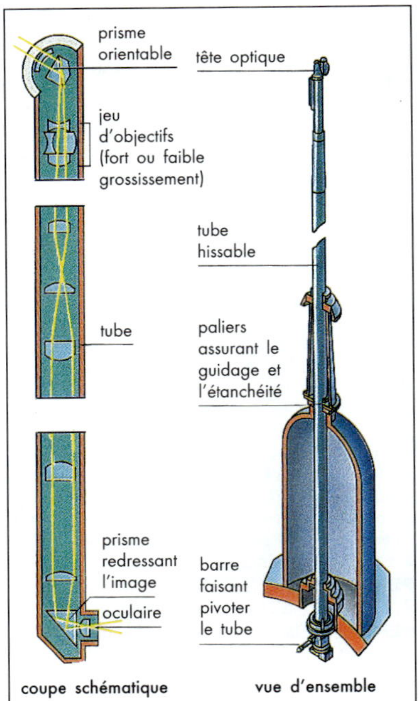

périscope de sous-marin

PÉRISCOPIQUE adj. **1.** À grand champ, en parlant d'un dispositif optique. *Objectif, verres périscopiques.* **2.** Qui permet l'observation au périscope. *Plongée périscopique d'un sous-marin.*

PÉRISÉLÈNE n.m. (gr. *peri,* autour, et *selênê,* lune). Point de l'orbite d'un corps gravitant autour de la Lune le plus proche de celle-ci. CONTR. : *aposélène.*

PÉRISPERME n.m. BOT. Tissu de réserve de certaines graines (nénuphar, poivre).

PÉRISSABLE adj. **1.** Susceptible de s'altérer. *Denrées périssables.* **2.** Litt. Qui est sujet à périr, à disparaître. *L'homme est un être périssable.*

PÉRISSODACTYLE n.m. et adj. (gr. *perissos,* superflu, et *daktulos,* doigt). *Périssodactyles :* sous-ordre de mammifères ongulés tels que le rhinocéros, le tapir, le cheval, etc., dont le pied présente un doigt prédominant et repose sur le sol par un nombre impair de doigts. SYN. : *imparidigité, mésaxonien.*

PÉRISSOIRE n.f. (de *périr*). Embarcation longue et étroite, mue le plus souvent au moyen d'une pagaie double.

PÉRISSOLOGIE n.f. (gr. *perissologia,* de *perissos,* superflu). GRAMM. Répétition dans l'expression de la pensée (pléonasme fautif ou procédé d'insistance).

PÉRISTALTIQUE adj. (du gr. *peristellein,* envelopper). *Mouvements, contractions péristaltiques,* qui se produisent dans les organes tubulaires (notamm. ceux du tube digestif) et provoquent le déplacement du contenu de l'organe (aliments, etc.).

PÉRISTALTISME n.m. MÉD. Activité péristaltique (de l'œsophage, de l'intestin, etc.).

PÉRISTOME n.m. (gr. *peri,* autour, et *stoma,* ouverture). **1.** BOT. Bord de l'ouverture de l'urne des mousses, garni de dents qui, par temps sec, s'écartent et laissent échapper les spores. **2.** ZOOL. **a.** Bord de l'ouverture de la coquille des mollusques gastropodes. **b.** Sillon à la surface de certains protozoaires ciliés (paramécie), au fond duquel se trouve l'ouverture buccale.

PÉRISTYLE n.m. (lat. *peristylum*, du gr. *peri*, autour, et *stulos*, colonne). Colonnade formant portique autour d'un édifice ou de la cour intérieure d'un édifice. ◇ Colonnade formant porche devant un édifice.

PÉRITEL (PRISE) [nom déposé]. Prise normalisée permettant l'introduction directe dans un téléviseur d'images provenant d'un magnétoscope, d'un jeu vidéo, d'un micro-ordinateur...

PÉRITÉLÉPHONIE n.f. Ensemble des services et des appareils associés à un poste téléphonique (répondeur, compteur de taxes individuelles, etc.).

PÉRITÉLÉVISION n.f. Ensemble des appareils pouvant être raccordés à un téléviseur (magnétoscope, jeu vidéo, etc.).

PÉRITHÈCE n.m. (gr. *peri*, autour, et *thêkê*, étui). BOT. Enveloppe de la fructification (asque) de certains champignons (truffe, pezize).

PÉRITOINE n.m. (gr. *peritonaion*, ce qui est tendu autour). ANAT. Membrane séreuse qui revêt la plus grande partie de la cavité abdominale *(péritoine pariétal)* et les organes qui y sont logés *(péritoine viscéral)*.

PÉRITONÉAL, E, AUX adj. Du péritoine.

PÉRITONITE n.f. Inflammation du péritoine.

PÉRITYPHLITE n.f. MÉD. Inflammation du péritoine qui entoure le cæcum.

PÉRIURBAIN, E adj. Situé au voisinage immédiat d'une ville.

PERLANT, E adj. Se dit d'un vin qui laisse échapper quelques bulles de gaz carbonique lorsqu'on le verse dans le verre.

PERLE n.f. (it. *perla*). **I. 1.** Concrétion globuleuse, brillante et dure, formée de nacre qui s'est agglomérée en couches concentriques autour d'un corps étranger entre le manteau et la coquille de certains mollusques, en partic. des huîtres, et qui est utilisée en joaillerie. **2.** Petite boule percée d'un trou pour l'enfilage. ◇ Fig., fam. *Enfiler des perles* : s'occuper de futilités ; rester inactif. **3.** Goutte de liquide ronde et brillante. *Perle de rosée, de sang.* **4.** ARCHIT., ARTS DÉC. Petite boule figurée en demi-relief, dont la multiplication, le long d'une moulure, constitue un ornement. **II. 1.** Personne, chose remarquable, sans défaut. ◇ Spécialt. Employée de maison irréprochable. **2.** Fam. Erreur grossière, ridicule (notamm. dans une copie d'élève). **III.** Insecte proche de l'éphémère, vivant près de l'eau, où se développe sa larve.

■ Les huîtres perlières pêchées près des rives de l'océan Indien et du Pacifique furent longtemps la source des *perles fines*. Les *perles de culture*, provenant des élevages d'huîtres perlières du Japon et d'Australie, sont obtenues par l'insertion d'une boule de nacre taillée, autour de laquelle l'huître sécrète des couches perlières constituées de cristaux de carbonate de calcium reliés par une matière organique.

PERLÉ, E adj. **1.** Orné de perles. *Tissu perlé.* **2.** Qui rappelle la forme, l'éclat, la disposition des perles. ◇ *Coton perlé* : fil retors mercerisé. – *Grève perlée* → **grève.**

PERLÈCHE ou **POURLÈCHE** n.f. PATHOL. Fissure et inflammation de la commissure des lèvres.

PERLER v.t. Vieilli. Accomplir à la perfection, avec beaucoup de soin ; peaufiner. *Perler un ouvrage.* ◆ v.i. Se former en gouttelettes. *La sueur lui perle au front.*

PERLIER, ÈRE adj. **1.** De la perle. *Industrie perlière.* **2.** Qui renferme, qui produit des perles.

PERLIMPINPIN n.m. *Poudre de perlimpinpin* : poudre vendue comme remède par les charlatans.

PERLINGUAL, E, AUX [-gwal] adj. MÉD. Qui se fait par la langue et la muqueuse buccale. – *Voie perlinguale* : mode d'administration des médicaments qui consiste à les laisser fondre sous la langue sans déglutir.

PERLITE n.f. (de *perle*). TECHN. **1.** Rhyolite, roche volcanique utilisée comme isolant dans l'industrie du froid. **2.** Constituant microscopique des alliages ferreux, formé de lamelles alternées de ferrite et de cémentite.

PERLON n.m. (de *perle*). **1.** Poisson téléostéen de l'Atlantique et de la Méditerranée, aux pectorales de grande taille et bordées de bleu. **2.** Requin primitif à sept paires de fentes branchiales, rare en Méditerranée et dans le golfe de Gascogne.

PERLOT [pɛrlo] n.m. Petite huître des côtes de la Manche.

PERLOUSE ou **PERLOUZE** n.f. Arg. Perle.

PERMAFROST [pɛrmafrɔst] n.m. (mot angl.). Permagel.

PERMAGEL n.m. Sol minéral brut des régions froides, gelé en permanence à une certaine profondeur. SYN. : *pergélisol, permafrost.*

PERMALLOY [pɛrmelɔj] ou [pɛrmalwa] n.m. (mot angl.). TECHN. Ferronickel à 78,5 p. 100 de nickel, trempé à l'air et se caractérisant par une perméabilité magnétique initiale très élevée.

PERMANENCE n.f. **1.** Caractère de ce qui est permanent. – *En permanence* : sans interruption, continûment. **2.** Service chargé d'assurer le fonctionnement d'une administration, d'un organisme, etc., de manière continue ; lieu où se tient ce service. **3.** Salle d'un collège, d'un lycée, où les élèves travaillent sous surveillance en dehors des heures de cours.

PERMANENCIER, ÈRE n. Personne qui assure une permanence.

1. PERMANENT, E adj. (lat. *permanens*, qui dure). **1.** Qui dure sans discontinuer ni changer. *Un souci permanent.* **2.** Qui ne cesse pas ; qui exerce une activité continuelle. *Envoyé permanent d'un journal.* – *Cinéma permanent*, dont les séances se succèdent au cours de la journée.

2. PERMANENT, E n. Membre rémunéré par une organisation politique, syndicale, etc., pour assurer des tâches administratives, etc.

PERMANENTE n.f. Traitement que l'on fait subir aux cheveux pour les onduler de façon durable. SYN. (vieilli) : *indéfrisable.*

PERMANGANATE n.m. CHIM. Sel de l'acide permanganique.

PERMANGANIQUE adj. CHIM. Se dit de l'anhydride Mn_2O_7 et de l'acide correspondant $HMnO_4$.

PERMÉABILITÉ n.f. **1.** Propriété des corps perméables. ◇ *Perméabilité sélective* : propriété des membranes biologiques de ne laisser passer que certaines substances. **2.** *Perméabilité magnétique (absolue)* : capacité d'une substance à se laisser traverser par un flux magnétique, exprimée par le rapport de l'induction magnétique créée dans cette substance au champ magnétique inducteur.

PERMÉABLE adj. (du lat. *permeare*, passer au travers). **1.** Qui se laisse traverser par des liquides (et notamm. par l'eau), par des gaz. *Un terrain perméable.* **2.** Qui est ouvert aux influences extérieures. *Une personne perméable à certaines idées.*

PERMETTRE v.t. (lat. *permittere*) [84]. **1.** Donner la liberté, le pouvoir de faire, de dire. *Ses parents lui ont permis de sortir dimanche.* **2.** Accepter qu'une chose soit ; autoriser, tolérer. *Le règlement ne permet pas de stationner ici.* **3.** Donner le moyen, l'occasion de ; rendre possible. *Venez si vos occupations vous le permettent.* ◆ **se permettre** v.pr. Prendre la liberté de, s'autoriser à. *Elle s'est permis de le lui dire.*

PERMIEN n.m. (de *Perm*, n. d'une ville russe). Période de l'ère primaire, qui a succédé au carbonifère, d'une durée approximative de 40 millions d'années. ◆ **permien, enne** adj. Du permien.

PERMIS n.m. Autorisation officielle, document écrit requis pour exercer certaines activités, effectuer certains actes. *Permis de chasse. Permis de construire, de conduire, d'inhumer.*

PERMISSIF, IVE adj. Caractérisé par une tendance générale à permettre, à tolérer, plutôt qu'à interdire et à punir. *Société permissive.*

PERMISSION n.f. (du lat. *permissus*, permis). **1.** Action de permettre ; autorisation. *Demander, donner la permission de...* **2.** Congé de courte durée accordé à un militaire.

PERMISSIONNAIRE n. Militaire titulaire d'une permission.

PERMISSIVITÉ n.f. Fait d'être permissif.

PERMITTIVITÉ n.f. (angl. *permittivity*). ÉLECTR. Grandeur caractéristique d'un diélectrique, rapport de l'induction électrique au champ électrique. SYN. : *constante diélectrique.*

PERMSÉLECTIF, IVE adj. CHIM. Se dit de membranes dont la perméabilité s'exerce de façon sélective vis-à-vis des anions ou des cations.

PERMUTABILITÉ n.f. Caractère de ce qui est permutable.

PERMUTABLE adj. Qui peut être permuté.

PERMUTANT, E n. Personne qui échange son poste, son emploi avec une autre.

PERMUTATION n.f. **1.** Action, fait de permuter ; son résultat. ◇ Échange d'un poste, d'un emploi contre un autre. **2.** MATH. Bijection d'un ensemble sur lui-même. *Le nombre de permutations d'un ensemble de* m *objets est* m ! (factorielle *m*).

PERMUTER v.t. (lat. *permutare*). Intervertir deux choses, les substituer l'une à l'autre, les changer réciproquement de place. ◆ v.i. Échanger un poste, un emploi, un horaire avec qqn. *Il a permuté avec un collègue.*

PERNICIEUSEMENT adv. De manière pernicieuse.

PERNICIEUX, EUSE adj. (du lat. *pernicies*, ruine). **1.** Dangereux, nuisible à la santé. *Excès pernicieux.* **2.** MÉD. Se dit de certaines affections particulièrement graves (difficilement curables, à évolution très rapide, etc.). *Accès pernicieux de paludisme.* – Vieilli. *Anémie pernicieuse* : anémie due à une absence d'absorption de la vitamine B12 apportée par l'alimentation, auj. appelée *anémie de Biermer.* **3.** Dangereux, nuisible d'un point de vue moral, social. *Doctrines pernicieuses.*

PÉRONÉ n.m. (gr. *peronê*, cheville). Os long et grêle de la partie externe de la jambe, parallèle au tibia.

PÉRONIER, ÈRE adj. ANAT. Du péroné. *Artère péronière.* ◆ n.m. Chacun des trois muscles qui s'insèrent en haut sur le péroné et en bas sur les métatarsiens.

PÉRONISME n.m. Pratique politique, doctrine appliquée en Argentine par le président Perón.

PÉRONISTE adj. et n. Relatif au péronisme ; partisan de Perón.

PÉRONNELLE n.f. (n. d'un personnage de chanson). Fam. Fille, femme sotte et bavarde.

PÉRONOSPORALE n.f. *Péronosporales* : ordre de champignons inférieurs comprenant de nombreuses espèces parasites des plantes, notamment les agents des mildious. (Classe des siphomycètes ; principaux genres : phytophthora, plasmopara.)

PÉRORAISON n.f. (lat. *peroratio*, d'apr. *oraison*). **1.** RHÉT. Conclusion d'un discours. **2.** Péj. Discours ennuyeux, pédant, de qqn qui pérore.

PÉRORER v.i. (lat. *perorare*, plaider). Péj. Discourir longuement et avec emphase.

PÉROREUR, EUSE n. Personne qui pérore.

PER OS [pɛrɔs] loc. adv. (mots lat.). Par la bouche. *Administration per os d'un médicament.*

PÉROT n.m. (dimin. de *père*). SYLVIC. Baliveau qui a deux fois l'âge de la coupe.

PEROXYDASE n.f. BIOL. Enzyme qui catalyse les réactions d'oxydation.

PEROXYDE n.m. CHIM. Oxyde qui contient plus d'oxygène que l'oxyde normal.

PEROXYDER v.t. Transformer en peroxyde.

1. PERPENDICULAIRE adj. (du lat. *perpendiculum*, fil à plomb). **1.** Qui forme un angle de 90° avec une droite, un plan. – *Droite perpendiculaire à un plan*, qui est perpendiculaire à toutes les droites du plan qu'elle rencontre. – *Plans perpendiculaires*, tels qu'une droite de l'un est perpendiculaire à l'autre. **2.** ARCHIT. *Style perpendiculaire* : style de la dernière phase du gothique anglais, apparu dans la seconde moitié du XIVe s., caractérisé par de grands fenestrages à subdivisions rectilignes et par des voûtes en éventail.

2. PERPENDICULAIRE n.f. Droite perpendiculaire (à une autre, à un plan).

PERPENDICULAIREMENT adv. Selon une perpendiculaire.

PERPÉTRATION n.f. DR. Fait de perpétrer.

PERPÉTRER [pɛrpetre] v.t. (lat. *perpetrare*, accomplir) [18]. Commettre, exécuter (un acte criminel).

PERPETTE (À) ou **PERPÈTE (À)** [apɛrpɛt] loc. adv. Fam. À perpétuité ; très longtemps.

PERPÉTUATION n.f. Litt. Fait de perpétuer, de se perpétuer.

PERPÉTUEL, ELLE adj. (lat. *perpetualis*). **1.** Qui dure indéfiniment ; qui n'a pas de cesse, de fin. *Mouvement perpétuel.* **2.** Continuel, incessant. *C'est un perpétuel souci.* ◇ Très fréquent, habituel. *Ce sont de perpétuelles jérémiades.* **3.** Qui dure toute la vie. *Rente perpétuelle.* ◇ Qui est tel pour la vie. *Secrétaire perpétuel.*

PERPÉTUELLEMENT adv. D'une manière perpétuelle ; continuellement, toujours.

PERPÉTUER v.t. (lat. *perpetuare*). Litt. Rendre perpétuel ; faire durer toujours ou longtemps. ◆ **se perpétuer** v.pr. Litt. Continuer, durer.

PERPÉTUITÉ n.f. Litt. Durée perpétuelle ou très longue ; caractère de ce qui est perpétuel. – *À perpétuité :* pour toujours ; pour toute la vie.

PERPIGNANAIS, E adj. et n. De Perpignan.

PERPLEXE adj. (lat. *perplexus,* équivoque). Indécis, embarrassé face à une situation ; qui ne sait quelle décision prendre.

PERPLEXITÉ n.f. Embarras d'une personne perplexe ; indécision, irrésolution.

PERQUISITION n.f. (du lat. *perquisitus,* recherché). DR. PÉN. Acte d'enquête ou d'instruction consistant en une inspection minutieuse effectuée par un juge ou un officier de police sur les lieux où peuvent se trouver des éléments de preuve d'une infraction (souvent, le domicile d'un prévenu).

PERQUISITIONNER v.i. Faire une perquisition. ◆ v.t. Fouiller au cours d'une perquisition.

PERRÉ n.m. (de *pierre*). Mur, revêtement en pierres sèches ou en maçonnerie qui protège et renforce un ouvrage, les parois d'une tranchée.

PERRIÈRE n.f. (de *pierre*). ARM. Machine de guerre à contrepoids pour lancer des projectiles (en usage jusqu'au XVe s.).

PERRON n.m. (de *pierre*). Escalier extérieur de quelques marches se terminant par une plate-forme sur laquelle donne une porte d'entrée.

PERROQUET n.m. (de *Pierre,* employé comme terme d'affection). **1.** Oiseau exotique grimpeur, de grande taille (à la différence de la *perruche*), au plumage coloré, capable d'imiter des sons articulés. (Famille des psittacidés.) *Le perroquet jase,* pousse son cri. – Fig. *Parler, répéter comme un perroquet,* sans comprendre ce que l'on dit. **2.** Boisson composée de pastis et de sirop de menthe (parfois de café), dont la couleur évoque celle du plumage du perroquet. **3.** MAR. Voile haute, carrée, s'établissant au-dessus des huniers.

perroquet

PERRUCHE n.f. (anc. fr. *perrique,* de l'esp. *perico*). **1.** Oiseau exotique, grimpeur, de petite taille, à longue queue et au plumage coloré, qui siffle et chante. (Famille des psittacidés.) **2.** MAR. Voile haute du mât d'artimon.

PERRUQUE n.f. (it. *parrucca,* chevelure). **1.** Coiffure postiche de cheveux naturels ou artificiels. **2.** Fam. Travail effectué par qqn pour son propre profit (notamment, pendant les heures payées par l'employeur ou en utilisant les installations, les matériaux, etc., appartenant à celui-ci).

PERRUQUIER n.m. Personne qui fabrique, qui vend des perruques, des postiches.

PERS, E [pɛr, pɛrs] adj. (bas lat. *persus*). D'une couleur intermédiaire entre le bleu et le vert.

1. PERSAN, E adj. et n. De Perse (depuis la conquête par les Arabes Omeyyades, au VIIe s.). *La littérature persane. Un, une Persan(e).* ◆ n.m. Langue du groupe iranien parlée en Iran, en Afghānistān et au Tadjikistan.

2. PERSAN n.m. et adj.m. Chat à poil long et soyeux.

chat **persan** roux

PERSE adj. et n. De la Perse (avant la conquête arabe). *L'Empire perse. Un, une Perse. Les Perses furent battus par l'armée grecque à Marathon.* ◆ n.m. *Vieux perse* ou *perse :* langue indo-européenne parlée dans l'Empire achéménide et qui est l'ancêtre du pahlavi (moyen perse) et du persan (iranien moderne).

PERSÉCUTÉ, E n. et adj. Personne en butte ou qui se croit en butte à une persécution.

PERSÉCUTER v.t. (lat. *persequi,* poursuivre). **1.** Opprimer par des mesures tyranniques et cruelles. **2.** Importuner sans cesse ; harceler qqn, s'acharner sur lui.

PERSÉCUTEUR, TRICE adj. et n. Qui persécute.

PERSÉCUTION n.f. **1.** Action de persécuter. **2.** Traitement répressif arbitraire de l'autorité constituée, contre un groupe religieux, politique, ethnique, etc. **3.** PSYCHOPATH. *Délire de persécution,* dans lequel le malade est convaincu d'être persécuté.

PERSÉIDES n.f. pl. (de *Persée,* n. d'une constellation). ASTRON. Météores qui paraissent irradier de la constellation de Persée, en partic. vers le 12 août.

PERSEL n.m. CHIM. Sel dérivant d'un peroxyde qui, au contact de l'eau, donne de l'eau oxygénée.

PERSÉVÉRANCE n.f. Qualité ou action de qqn qui persévère ; constance, ténacité.

PERSÉVÉRANT, E adj. et n. Qui persévère.

PERSÉVÉRATION n.f. MÉD. Comportement pathologique consistant à reproduire de façon inappropriée les mêmes réponses verbales ou gestuelles, sans tenir compte d'un changement des questions ou de la situation.

PERSÉVÉRER v.i. (lat. *perseverare*) [18]. Persister, demeurer ferme et constant dans une décision, une action entreprise.

PERSICAIRE n.f. (du lat. *persicus,* pêcher). Plante des lieux humides, du genre renouée. (Famille des polygonacées.)

PERSICOT n.m. Liqueur faite d'alcool blanc, de sucre et d'amandes de noyaux de pêche écrasées.

PERSIENNE n.f. (anc. fr. *persien,* de Perse). Contrevent fermant une baie, en une seule pièce ou composé de plusieurs vantaux, et comportant (à la différence du *volet,* plein) un assemblage à claire-voie de lamelles inclinées qui arrêtent les rayons directs du soleil tout en laissant l'air circuler.

PERSIFLAGE n.m. Action de persifler ; raillerie.

PERSIFLER v.t. (de *siffler*). Litt. Ridiculiser par des propos ironiques, se moquer en raillant.

PERSIFLEUR, EUSE adj. et n. Qui persifle.

PERSIL [pɛrsi] n.m. (lat. *petroselinum,* du gr.). Plante potagère aromatique, utilisée en garniture et en assaisonnement de préparations culinaires. (Famille des ombellifères.)

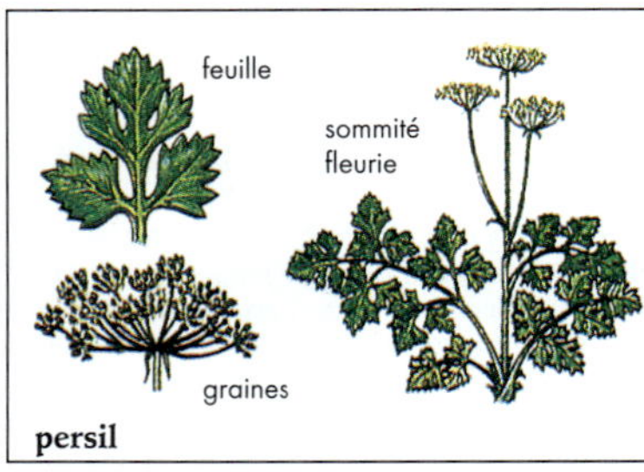

persil

PERSILLADE n.f. **1.** Persil haché, souvent additionné d'ail, que l'on ajoute, en fin de cuisson, à certains plats. **2.** Plat de tranches de bœuf froid accommodées avec du persil, de l'huile et du vinaigre.

PERSILLÉ, E adj. **1.** *Fromage persillé,* qui développe dans sa pâte des moisissures verdâtres (roquefort, bleu d'Auvergne). **2.** *Viande persillée,* parsemée de petits filaments de graisse. **3.** Accompagné de persil haché. *Du jambon persillé.*

PERSILLÈRE n.f. Pot rempli de terre et percé de trous, dans lequel on fait pousser du persil en toutes saisons.

PERSIQUE adj. De l'ancienne Perse.

PERSISTANCE n.f. **1.** Action de persister ; opiniâtreté, obstination. *Il nie avec persistance.* **2.** Fait de persister ; caractère de ce qui persiste. *La persistance du mauvais temps.*

PERSISTANT, E adj. **1.** Qui persiste, qui ne disparaît pas ; continu, durable. *Une odeur, une fièvre persistante.* **2.** BOT. Qui reste vert en toutes saisons (par opp. à *caduc*). *Feuillage persistant.*

PERSISTER v.i. (lat. *persistere*). **1.** Demeurer ferme, constant dans ses décisions, ses actions, etc. ; s'obstiner, persévérer. *Persister dans sa résolution.* ◇ DR. *Persiste et signe :* formule conclusive des déclarations faites à la police, à l'autorité judiciaire, dans un procès-verbal. **2.** Durer, continuer d'exister. *Un symptôme qui persiste.*

PERSONA GRATA loc. adj. inv. (mots lat., *personne bienvenue*). **1.** Agréé dans ses fonctions de représentant d'un État par la puissance étrangère auprès de laquelle il est accrédité, en parlant d'un membre du personnel diplomatique (par opp. à *persona non grata*). **2.** En faveur, bien considéré, en parlant de qqn.

PERSONALE n.f. *Personales :* ordre de plantes à fleurs personées, qui comprend notamment la gueule-de-loup.

PERSONÉ, E adj. (lat. *persona,* masque). BOT. *Fleur personée,* close par une saillie interne, lui donnant l'aspect d'un masque de théâtre ou d'un mufle d'animal.

PERSONNAGE n.m. (du lat. *persona,* rôle). **1.** Personne imaginaire représentée dans une œuvre de fiction ; rôle joué par un acteur. **2.** Manière de se comporter dans la vie courante, comparée à un rôle. *Il prend un air distant, ça fait partie de son personnage.* **3.** Personne en vue, influente. *Un personnage important.* **4.** Personne considérée du point de vue de son comportement, de son aspect extérieur. *Un triste, un odieux personnage.*

PERSONNALISATION n.f. Action de personnaliser.

PERSONNALISER v.t. **1.** Donner (à qqch qui existe à de très nombreux exemplaires, à un objet de série) un caractère singulier, personnel (en partic. en le décorant). **2.** Adapter à chaque cas particulier, à chaque personne. *Personnaliser la peine. Personnaliser le crédit.*

PERSONNALISME n.m. Philosophie qui fait de la personne humaine, du sujet individuel, la valeur essentielle, la fin principale.

PERSONNALISTE adj. et n. PHILOS. Relatif au personnalisme ; qui en est partisan.

PERSONNALITÉ n.f. (lat. *personalitas*). **1.** Ensemble des comportements, des aptitudes, des motivations, etc., dont l'unité et la permanence constituent l'individualité, la singularité de chacun. ◇ PSYCHOL. *Test de personnalité :* test projectif*. – ANTHROP. *Personnalité de base :* ensemble des comportements liés à l'éducation spécifique d'une société, d'un groupe social. **2.** DR. *Personnalité morale, juridique :* capacité à être sujet de droit. **3.** Force, énergie avec laquelle s'exprime le caractère, l'originalité de qqn. *Avoir de la personnalité.* **4.** Personne connue en raison de son rôle social, de son influence. *De hautes personnalités.* **5.** Caractère de ce qui est personnel, de ce qui s'applique à une personne en tant que telle. *Personnalité de l'impôt.*

1. PERSONNE n.f. (lat. *persona*). **1.** Être humain, individu. *Qui sont ces personnes ? Un groupe d'une dizaine de personnes.* ◇ Spécialt. Jeune fille, femme. *Une charmante personne.* ◇ *Grande personne :* personne adulte, considérée dans ses rapports avec les enfants. *Laisse parler les grandes* *personnes.* **2.** Individu considéré en lui-même. *Je conteste ses idées mais je respecte sa personne.* ◇ (Envisagé sous le rapport de l'apparence ou de la présence physique.) *Être bien fait de sa personne.* – *En personne :* soi-même. – *Par personne interposée :* par l'intermédiaire de qqn. **3.** DR. Individu en tant que sujet de droits et de devoirs. *L'éminente dignité de la personne humaine.* ◇ DR. *Personne morale :* groupement d'individus auquel la loi reconnaît une personnalité juridique distincte de celle de ses membres (par opp. à la *personne physique,* l'individu). **4.** RELIG. CATH. *Les trois personnes divines :* le Père, le Fils et le Saint-Esprit (la Trinité). **5.** GRAMM. Forme de la conjugaison et du pronom permettant de distinguer le ou les locuteurs *(première personne),* le ou les auditeurs *(deuxième personne),* celui, ceux ou ce dont on parle *(troisième personne).*

2. PERSONNE pron. indéf. masc. sing. **1.** Nul, aucun (avec la négation *ne*). *Personne n'est venu.* **2.** Quelqu'un. *Je suis parti sans que personne s'en aperçoive.*

1. PERSONNEL, ELLE adj. **1.** Propre à qqn, à une personne. *Fortune personnelle.* **2.** Qui porte la marque d'une individualité singulière ; original, particulier. *Des idées très personnelles.* **3.** Égoïste, qui ne pense qu'à soi. *Il est trop personnel.* **4.** GRAMM. *Mode personnel :* mode de la conjugaison dont les terminaisons marquent le changement de personne (indicatif, conditionnel, impératif et subjonctif). ◇ *Pronom personnel* ou *personnel,* n.m. : pronom qui désigne un être ou une chose et qui sert à marquer la personne grammaticale (*je, tu, il,* etc.).

2. PERSONNEL n.m. Ensemble des personnes employées par un service public, une entreprise, un particulier, etc., ou exerçant le même métier.

PERSONNELLEMENT adv. **1.** En personne. *L'avez-vous vu personnellement ?* **2.** Quant à soi, pour sa part. *Personnellement, je ne le crois pas.*

PERSONNE-RESSOURCE n.f. (pl. *personnes-ressources*). Canada. Expert choisi pour ses connaissances dans tel domaine particulier.

PERSONNIFICATION n.f. Action de personnifier ; incarnation, type.

PERSONNIFIER v.t. **1.** Représenter (une chose inanimée, une idée abstraite) sous l'apparence d'une personne ; constituer une telle représentation. *Vieillard chenu tenant un sablier et personnifiant le temps.* **2.** Réaliser dans sa personne (une qualité, un état, etc.) de manière exemplaire.

PERSPECTIF, IVE adj. Qui donne une représentation en perspective. *Vue perspective.*

PERSPECTIVE n.f. (lat. médiév. *perspectiva,* de *perspicere,* voir à travers). **1.** Art, technique de la représentation en deux dimensions, sur une surface plane, des objets en trois dimensions tels qu'ils apparaissent vus à une certaine distance et dans une position donnée. ◇ *Perspective cavalière,* établie d'un point de vue rejeté à l'infini, selon un système qui conserve le parallélisme des lignes. – *Perspective aérienne,* celle qui est exprimée, en peinture, par la dégradation des valeurs et des teintes. **2.** Aspect que présentent, du lieu où on les regarde, divers objets vus de loin ou considérés comme un tout. *Une vaste, une belle perspective.* ◇ ARCHIT. *Ouvrage en perspective* ou *en perspective accélérée,* conçu de manière à produire l'effet d'un espace en profondeur plus vaste qu'il ne l'est en réalité. **3.** Vaste dégagement, grande voie en ligne droite que la vue peut embrasser dans sa totalité. **4.** Attente d'évènements considérés comme probables. *Il a la perspective d'une belle situation.* – *En perspective :* dans l'avenir ; en vue. **5.** Manière de voir ; point de vue. *Perspective historique.*

PERSPICACE adj. (lat. *perspicax*). Qui a de la pénétration ; qui comprend, juge avec clairvoyance et sagacité.

PERSPICACITÉ n.f. Qualité d'une personne, d'un esprit perspicace ; clairvoyance, sagacité.

PERSPIRATION n.f. PHYSIOL. **1.** Ensemble des échanges respiratoires qui se font à travers la peau, les téguments. **2.** Évaporation de l'eau à la surface de la peau, transpiration insensible.

PERSUADER v.t. (lat. *persuadere*). Amener (qqn) à croire, à faire, à vouloir qqch ; convaincre. *Elle l'a persuadé de revenir.* ◇ *Être persuadé (de) :* être sûr, certain de. ◆ **se persuader** v.pr. **1.** Parvenir à se convaincre de qqch. *Persuadez-vous bien de mon estime.* **2.** S'imaginer à tort, se figurer. *Ils se sont persuadés* (ou *persuadé :* l'accord est facultatif) *qu'on les trompait.*

PERSUASIF, IVE adj. Qui a le pouvoir, le talent de persuader ; convaincant.

PERSUASION n.f. (lat. *persuasio*). **1.** Action de persuader. *Recourir à la persuasion plutôt qu'à la force.* **2.** Fait d'être persuadé ; conviction.

PERSULFATE n.m. CHIM. Persel obtenu par électrolyse d'un sulfate.

PERSULFURE n.m. CHIM. Composé qui contient plus de soufre que le sulfure normal.

PERTE n.f. (lat. pop. *perdita,* de *perditus,* perdu). **I. 1.** Fait d'avoir perdu qqch, de ne plus le retrouver. *La perte d'un document.* **2.** Fait d'être privé de ce que l'on possédait, de ce dont on pouvait disposer (bien matériel ou moral ; faculté physique ou intellectuelle ; avantage, etc.). *La perte d'une fortune. La perte d'un membre.* ◇ *À perte de vue :* aussi loin que s'étend la vue ; très loin. **3.** Fait de perdre une somme d'argent ; somme perdue, dommage financier. – *À perte :* en perdant de l'argent. **4.** Fait d'être privé de la présence d'un proche par la mort ou la séparation ; dommage éprouvé du fait de cette disparition, de cette absence. *La perte d'un être cher.* **5.** Issue malheureuse ; échec, insuccès. *Perte d'un procès.* **II. 1.** Mauvais emploi, gaspillage. *Perte de temps.* **2.** Disparition, destruction (d'un bien matériel). *Perte corps et biens d'un navire.* **3.** Ruine matérielle ou morale. *Aller à sa perte.* ◇ *Avec perte(s) et fracas :* sans ménagement et avec éclat. **III. 1.** *Avion en perte de vitesse,* dont la vitesse est devenue insuffisante pour le soutenir dans l'air. ◇ Fig. *Être en perte de vitesse :* perdre de sa popularité, de son prestige, de son dynamisme, etc. **2.** *Pertes (de puissance) :* différence entre la puissance absorbée et la puissance utile d'un dispositif. ◇ *Perte de charge :* diminution de la pression d'un fluide circulant dans une tuyauterie. **3.** GÉOGR. Disparition totale ou partielle d'un cours d'eau qui devient souterrain et réapparaît plus loin en formant une résurgence (infiltration en région calcaire). ◆ pl. **1.** Militaires perdus par une armée à la suite d'une bataille, d'un conflit (tués, blessés, prisonniers, disparus et malades). **2.** *Pertes blanches :* leucorrhée. ◇ *Pertes rouges :* métrorragie.

PERTINEMMENT [-namɑ̃] adv. **1.** *Savoir pertinemment qqch,* le savoir parfaitement. **2.** (Moins cour.). De façon pertinente. *Parler pertinemment.*

PERTINENCE n.f. **1.** Caractère de ce qui est pertinent. **2.** DR. Qualité des moyens de droit, des preuves, des articles invoqués, qui sont parfaitement adaptés au fond de la cause.

PERTINENT, E adj. (lat. *pertinens,* concernant). **1.** Approprié ; qui se rapporte exactement à ce dont il est question. *Une remarque tout à fait pertinente.* **2.** LING. Qui joue un rôle distinctif dans la structure d'une langue. *Trait pertinent.*

PERTUIS [pɛrtɥi] n.m. (anc. fr. *pertucer,* percer). **1.** GÉOGR. Détroit entre deux îles, entre une île et le continent. **2.** Vx. Ouverture, trou.

PERTUISANE n.f. (it. *partigiana*). Hallebarde légère à long fer triangulaire (XVe-XVIIe s.).

PERTURBATEUR, TRICE adj. et n. Qui cause du trouble, du désordre.

PERTURBATION n.f. (lat. *perturbatio*). **1.** Trouble, dérangement, désordre. **2.** MÉTÉOR. Modification de l'état de l'atmosphère, caractérisée par des vents violents et des précipitations. **3.** ASTRON. Effet, sur le mouvement d'un corps céleste autour d'un autre, de toute force s'ajoutant à l'attraction du corps principal.

PERTURBER v.t. (lat. *perturbare*). Empêcher le déroulement, le fonctionnement normal de ; déranger, troubler.

PÉRUVIEN, ENNE adj. et n. Du Pérou.

PERVENCHE n.f. (lat. *pervinca*). **1.** Plante herbacée des lieux ombragés, aux fleurs bleu clair ou mauves, aux pétales incurvés. (Famille des apocynacées.) **2.** Fam. Contractuelle de la police parisienne, vêtue d'un uniforme bleu pervenche. ◆ adj. inv. De la couleur bleu clair ou bleu-mauve de la pervenche. *Des yeux pervenche.*

PERVERS, E adj. et n. (lat. *perversus,* renversé). **1.** Qui accomplit par plaisir des actes immoraux ou cruels. **2.** PSYCHIATRIE. Atteint de perversion. ◇ Spécialt. Atteint de perversion sexuelle. ◆ adj. **1.** Fait par perversité, qui dénote la perversité. *Acte pervers.* **2.** *Effet pervers :* conséquence indirecte, incidence détournée d'une action concertée, qui n'est pas conforme ou qui est contraire au résultat espéré, recherché.

PERVERSION n.f. (lat. *perversio,* renversement). **1.** Action de pervertir ; fait d'être perverti. **2.** Déviation pathologique des tendances, des instincts, se traduisant par des troubles du comportement. ◇ Spécialt. Recherche plus ou moins exclusive du plaisir sexuel en dehors du coït avec un partenaire d'âge comparable et de sexe opposé. **3.** Altération, corruption. *La perversion des institutions politiques.* ◇ MÉD. Altération (d'une fonction). *Perversion de l'odorat, du goût.*

PERVERSITÉ n.f. **1.** Tendance à vouloir faire le mal, souvent avec un certain plaisir ; méchanceté systématique. **2.** Action perverse.

PERVERTIR v.t. (lat. *pervertere,* renverser). **1.** Transformer, changer en mal ; corrompre. *Pervertir la jeunesse.* **2.** Altérer, dénaturer. *Pervertir le goût.* ◆ **se pervertir** v.pr. Devenir mauvais ; se corrompre.

PERVERTISSEMENT n.m. Litt. Action de pervertir ; état de ce qui est perverti, corruption.

PERVIBRAGE n.m. ou **PERVIBRATION** n.f. TECHN. Traitement du béton au pervibrateur.

PERVIBRATEUR n.m. Appareil vibrant qui, introduit dans la masse d'un béton frais, augmente sa fluidité et facilite sa mise en coffrage.

PERVIBRER v.t. TECHN. Soumettre (le béton) à la pervibration.

PESADE [pazad] n.f. (it. *posata,* action de se poser). ÉQUIT. Mouvement du cheval qui se dresse sur les pieds de derrière.

PESAGE n.m. **1.** Action de peser ; mesure des poids. **2.** Action de peser les jockeys avant une course. – Lieu réservé à cette opération ; enceinte qui l'entoure (par opp. au *pavillon* et à la *pelouse*).

PESAMMENT adv. **1.** Lourdement ; avec un grand poids. *Être pesamment chargé.* **2.** Avec lourdeur ; sans grâce. *Danser pesamment.*

1. PESANT, E adj. **1.** Qui pèse, lourd à porter. *Une malle pesante.* ◇ Fig. Pénible à supporter moralement. *Atmosphère très pesante.* **2.** Lent, sans vivacité. *Gestes pesants.* ◇ Fig. Sans finesse ; qui manque de grâce. *Style pesant.*

2. PESANT n.m. *Valoir son pesant d'or :* avoir une très grande valeur.

PESANTEUR n.f. **1.** Résultante des accélérations exercées sur les diverses parties d'un corps au repos à la surface de la Terre ; force d'attraction qui en résulte. *Les lois de la pesanteur.* **2.** Sensation de gêne, de lourdeur dans un organe, une partie du corps. *Pesanteur d'estomac.* **3.** Fig. Manque de finesse, de légèreté ; lourdeur, lenteur. *Pesanteur d'esprit.* **4.** (Surtout au pl.). Force d'inertie, résistance au changement (en partic. dans le domaine social). *Les pesanteurs administratives, sociologiques.*

■ La pesanteur se traduit par l'existence d'une force verticale, le *poids* du corps, appliquée au centre de gravité. Cette force est proportionnelle à la masse du corps, et leur quotient est dit *intensité de la pesanteur.* Cette grandeur, représentée par le symbole g, dépend de l'altitude et de la latitude ; sa valeur à Paris est environ 9,81 m/s^2. Elle coïncide avec l'accélération de chute libre, qui figure dans la formule donnant l'espace h parcouru pendant le temps t par un corps quelconque tombant dans le vide :
$$h = 1/2\ gt^2.$$

PÈSE-ACIDE n.m. (pl. *pèse-acides* ou inv.). Aréomètre pour mesurer la concentration des solutions acides.

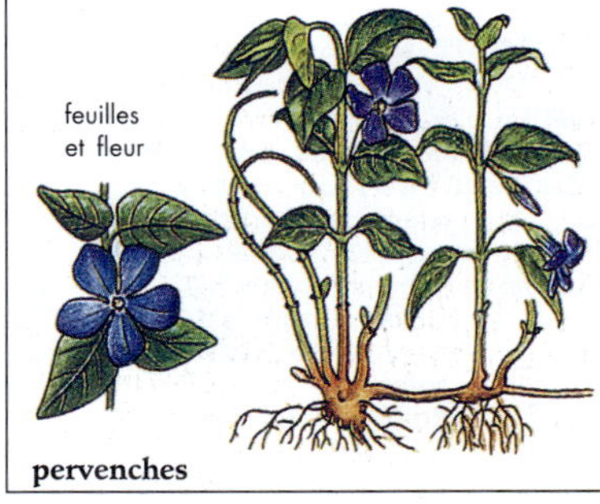

pervenches

PÈSE-ALCOOL n.m. inv. Alcoomètre, appareil servant à mesurer, dans les vins et les liqueurs, la proportion d'alcool ou degré alcoolique.

PÈSE-BÉBÉ n.m. (pl. *pèse-bébés* ou inv.). Balance spécialement conçue pour peser les nourrissons.

PESÉE n.f. **1.** Action de peser. *La pesée d'une marchandise.* **2.** Ce qui est pesé en une fois. **3.** Effort fait en pesant, en appuyant ; pression exercée sur un objet.

PÈSE-ESPRIT n.m. (pl. *pèse-esprits* ou inv.). Vx. Pèse-alcool, aréomètre.

PÈSE-LAIT n.m. inv. Instrument pour mesurer la densité du lait. SYN. : *lactodensimètre, lactomètre.*

PÈSE-LETTRE n.m. (pl. *pèse-lettres* ou inv.). Petite balance ou peson pour peser les lettres.

PÈSE-LIQUEUR n.m. (pl. *pèse-liqueurs* ou inv.). Aréomètre.

PÈSE-MOÛT n.m. (pl. *pèse-moûts* ou inv.). Glucomètre.

PÈSE-PERSONNE n.m. (pl. *pèse-personnes* ou inv.). Petite balance plate à cadran gradué, sur laquelle on monte pour se peser.

PESER v.t. (lat. *pensare*) [19]. **1.** Déterminer, par comparaison avec l'unité de masse, la masse de ; mesurer le poids de. **2.** Examiner attentivement, évaluer avec soin. *Peser le pour et le contre.* ◇ *Peser ses paroles, ses mots,* les choisir soigneusement, en en mesurant toute la portée. ◆ v.i. **1.** Avoir un certain poids. *Le platine pèse plus lourd que l'or.* ◇ Absolt. Être lourd. *Ce qu'elle peut peser, cette valise !* **2.** Avoir telle importance, représenter telle valeur. *Peser un milliard en Bourse.* **3.** *Peser sur :* appuyer, exercer une pression sur. *Peser sur un levier.* ◇ Fig. *Vos conseils ont pesé sur ma décision,* l'ont influencée. – *Peser sur l'estomac :* être de digestion difficile. **4.** *Peser à :* être pénible à supporter pour ; importuner, fatiguer. *Sa présence me pèse.*

PÈSE-SEL n.m. (pl. *pèse-sels* ou inv.). Appareil pour mesurer la concentration des solutions salines.

PÈSE-SIROP n.m. (pl. *pèse-sirops* ou inv.). Appareil pour mesurer la teneur en sucre des sirops.

PESETA [peseta] ou [pezeta] n.f. (mot esp.). Unité monétaire principale de l'Espagne. (→ *monnaie.*)

PESETTE n.f. Petite balance de précision pour les monnaies, les bijoux, etc.

PESEUR, EUSE n. Personne dont le travail consiste à vérifier des pesées.

PÈSE-VIN n.m. inv. Alcoomètre pour le vin.

PESO [peso] n.m. (mot esp.). Unité monétaire principale de plusieurs pays d'Amérique latine et des Philippines. (→ *monnaie.*)

PESON n.m. **1.** Instrument pour la mesure des poids, constitué essentiellement d'un ressort muni d'un index se déplaçant le long d'une échelle graduée. **2.** Balance à poids constant, à contrepoids et à levier.

PESSAH, nom hébreu de la Pâque juive.

PESSAIRE n.m. (gr. *pessos,* tampon). **1.** MÉD. Anneau qui maintient en place l'utérus en cas de prolapsus. **2.** Diaphragme anticonceptionnel.

PESSE n.f. (lat. *picea,* de *pix,* poix). Herbe aquatique à rhizome rampant, à tiges creuses, poussant dans les eaux peu profondes. (Famille des hippuridacées.)

PESSIMISME n.m. (lat. *pessimus,* très mauvais). Tournure d'esprit qui porte à n'envisager les choses, les évènements que sous leur plus mauvais aspect, à estimer que tout va mal. CONTR. : *optimisme.*

PESSIMISTE adj. et n. Qui fait preuve de pessimisme ; porté au pessimisme.

PESTE n.f. (lat. *pestis*). **I. 1.** Maladie infectieuse et épidémique, due au bacille de Yersin et transmise du rat à l'homme par l'intermédiaire des puces, pratiquement disparue en Occident. ◇ Litt. *Peste soit de.., peste du... :* maudit soit... **2. a.** Personne ou chose nuisible, néfaste, dangereuse. **b.** Enfant espiègle, turbulent. *Petite peste !* **II.** VÉTÉR. Maladie virale qui atteint les animaux de basse-cour, les bovins, les porcins (nom commun à plusieurs affections).

■ La peste est la maladie qui a causé le plus de morts dans l'histoire de l'humanité. De nos jours, les grandes épidémies ont disparu, mais il subsiste encore quelques foyers endémiques dans certaines régions du monde.
La *peste bubonique* est transmise par les puces du rat pesteux et se manifeste par des bubons (gros ganglions indurés) à l'aine, au cou, dans les aisselles.
La *peste pulmonaire* est transmise directement d'homme malade à homme sain par l'expectoration sanglante qui fourmille de bacilles. Les deux formes s'accompagnent d'un syndrome infectieux sévère avec délire et, en l'absence de traitement, évoluent rapidement vers la mort. La streptomycine en assure la guérison dans l'immense majorité des cas.

PESTER v.i. Manifester en paroles de la mauvaise humeur, de l'irritation contre qqn, contre des évènements contraires.

PESTEUX, EUSE adj. **1.** De la peste. *Bacille pesteux.* **2.** Qui a la peste. *Rat pesteux.*

PESTICIDE adj. et n.m. (mot angl.). Se dit d'un produit chimique destiné à lutter contre les parasites animaux et végétaux nuisibles aux cultures.

PESTIFÉRÉ, E adj. et n. (du lat. *pestifer,* pestilentiel). Atteint de la peste.

PESTILENCE n.f. Odeur infecte, putride.

PESTILENTIEL, ELLE adj. Qui dégage une odeur infecte. *Air pestilentiel.*

PET [pɛ] n.m. (lat. *peditum*). Fam. Gaz intestinal qui sort de l'anus avec bruit.

PETA-, préfixe (symb. P) qui, placé devant une unité, la multiplie par 10^{15}.

PÉTALE n.m. (gr. *petalon,* feuille). Chacun des éléments qui composent la corolle d'une fleur, formés d'un limbe coloré et d'un onglet qui les rattache au calice.

PÉTALISME n.m. ANTIQ. GR. Procédure de bannissement en vigueur à Syracuse, homologue de l'ostracisme athénien, et dans laquelle les suffrages étaient exprimés au moyen de feuilles d'olivier.

PÉTALOÏDE adj. BOT. Qui ressemble à un pétale.

PÉTANQUE n.f. (mot prov.). Jeu de boules originaire du midi de la France, dans lequel le but est une boule plus petite en bois, dite *cochonnet,* et qui se joue sur un terrain non préparé.

PÉTANT, E adj. Fam. Sonnant, exact, précis (se dit d'une heure). *Midi pétant. Huit heures pétantes* (ou *pétant*).

PÉTARADANT, E adj. Qui pétarade.

PÉTARADE n.f. **1.** Suite de détonations. **2.** Suite de pets que font certains animaux en ruant.

PÉTARADER v.i. Faire entendre une pétarade.

PÉTARD n.m. (de *pet*). **1.a.** Petite pièce d'artifice qui détone avec un bruit sec et fort, utilisée pour la signalisation acoustique (chemins de fer) ou, traditionnellement, dans les réjouissances publiques. ◇ Fam. *Lancer un pétard,* une nouvelle à sensation. **b.** Charge d'explosif entourée d'une enveloppe légère, génér. destinée à produire un effet de rupture, de destruction. **2.** Fam. Bruit, tapage, scandale. ◇ *Être en pétard,* en colère. **3.** Fam. Cigarette de marijuana ou de haschisch. **4.** Pop. Pistolet. **5.** Pop. Derrière.

PÉTASE n.m. (lat. *petasus ;* mot gr.). ANTIQ. GR. Chapeau à larges bords.

PÉTAUDIÈRE n.f. (de la loc. *la cour du roi Pétaud*). Fam. Lieu, groupe, etc., où règnent la confusion et le désordre, où chacun agit à sa guise.

PÉTAURISTE n.m. (gr. *petauristêr*). **1.** ANTIQ. GR. Acrobate, danseur de corde. **2.** Grand écureuil des forêts d'Asie centrale et méridionale, qui peut effectuer de longs sauts planés grâce à la membrane (patagium) qui unit ses membres antérieurs et postérieurs.

PET-DE-NONNE n.m. (pl. *pets-de-nonne*). Beignet soufflé très léger.

PÉTÉCHIAL, E, AUX [-ʃial, o] adj. PATHOL. Relatif aux pétéchies.

PÉTÉCHIE [peteʃi] n.f. (it. *petecchia,* peste). PATHOL. Petite tache rougeâtre sous la peau, due à une infiltration de sang, caractéristique du purpura.

PÉTER v.i. [18]. **1.** Vulg. Faire un, des pets. **2.** Fam. Faire entendre un bruit sec et bref, une ou des détonations. *Le bois vert pète dans le feu.* **3.** Fam. Se rompre, se casser. *Le câble a pété net.* ◆ v.t. Fam. **1.** Casser, briser. *Péter une lampe.* **2.** *Péter le (du) feu, les (des) flammes :* déborder d'énergie, de dynamisme. – *Péter les plombs, les boulons :* perdre la tête. **3.** Belgique. Recaler à un examen.

PÈTE-SEC n. inv. et adj. inv. Fam. Personne autoritaire, au ton sec et cassant.

PÉTEUR, EUSE n. Rare. Personne qui pète, à qui il échappe des vents.

PÉTEUX, EUSE n. et adj. Fam. **1.** Personne peureuse, poltronne. *Se sauver comme un péteux.* **2.** Personne (et en partic. personne jeune) aux manières prétentieuses, qui prend des airs d'autorité. *Quel petit péteux !* ◆ adj. Fam. Honteux d'une maladresse, d'une faute commise ; penaud, déconfit. *Se sentir péteux, tout péteux.*

PÉTILLANT, E adj. Qui pétille. *Vin pétillant.*

PÉTILLEMENT n.m. **1.** Bruit léger produit par ce qui pétille. **2.** Éclat, scintillement.

PÉTILLER v.i. **1.** Éclater en produisant de petits bruits secs et rapprochés. *Bois qui pétille en brûlant.* **2.** Dégager des bulles de gaz, mousser légèrement. *Le champagne pétille.* **3.** Briller d'un vif éclat. *Des yeux qui pétillent.* ◇ *Pétiller de :* briller par ; manifester avec éclat. *Elle pétille d'intelligence.*

PÉTIOLE [pesjɔl] n.m. (lat. *petiolus,* petit pied). BOT. Partie rétrécie reliant le limbe d'une feuille à la tige.

PÉTIOLÉ, E adj. BOT. Porté par un pétiole.

PETIOT, E adj. et n. Fam. Tout petit.

1. PETIT, E adj. (bas lat. *pittitus*). **I. 1.** Dont les dimensions, la superficie, le volume sont inférieurs à la mesure normale ou ordinaire. *Petit paquet. Petit jardin.* **2.** De taille peu élevée ; de faible hauteur. *Un petit homme. Un petit arbre.* ◇ *Se faire tout petit :* s'efforcer de ne pas se faire remarquer, de passer inaperçu. **3.** Qui n'a pas encore atteint le terme de sa croissance ; jeune ou très jeune. *Un petit enfant.* **II. 1.** Dont la valeur est faible ; qui n'est pas élevé en nombre, en quantité. *Petite somme.* **2.** Qui est peu considérable par son intensité ou sa durée. *Petite pluie.* **3.** Qui n'a pas beaucoup d'importance, d'intérêt. *Petite affaire.* **4.** Médiocre, mesquin, sans élévation ni portée. *Un petit esprit.* **III. 1.** Qui occupe un rang modeste dans la société, dans une activité professionnelle. *Un petit commerçant. Un petit emploi.* – *Des petites gens :* des personnes qui n'ont que de faibles ressources. **2. a.** (Employé comme terme d'amitié, d'affection). *Mon petit ami, mon petit gars.* **b.** (Employé comme terme de mépris). *Mon petit monsieur.* ◆ adv. **1.** De façon étriquée, mesquinement. *Voir petit.* **2.** *En petit :* sur une petite échelle. **3.** *Petit à petit :* peu à peu, progressivement.

2. PETIT, E n. **1.** Personne de petite taille. *Mettre les petits devant.* **2.** Garçon ou fille jeune. *La cour des petits.* **3.** Enfant de qqn. *Le petit Untel.* ◆ n.m. **I. 1.** Jeune animal. *La chatte et ses petits.* ◇ *Faire des petits :* mettre bas ; fam., s'agrandir, en parlant de qqch, d'un bien. **2.** Personne, groupe, entreprise qui, par rapport à d'autres, se situe au bas de l'échelle. **3.** Aux tarots, atout le plus faible. **II.** Ce qui est petit. *L'infiniment petit.*

PETIT-BEURRE n.m. (pl. *petits-beurre*). Petit gâteau sec rectangulaire au beurre.

PETIT-BOIS n.m. (pl. *petits-bois*). Chacun des éléments de faible section qui divisent un vantail de fenêtre et maintiennent les vitres.

PETIT-BOURGEOIS, PETITE-BOURGEOISE n. et adj. (pl. *petits-bourgeois, petites-bourgeoises*). **1.** Personne qui appartient à la petite bourgeoisie. **2.** Péj. Qui manifeste le conformisme, les conceptions étriquées jugées caractéristiques de la petite bourgeoisie. *Préjugés petits-bourgeois.*

PETIT DÉJEUNER n.m. (pl. *petits déjeuners*). Premier repas pris le matin.

PETIT-DÉJEUNER v.i. Fam. Prendre le petit déjeuner, le repas du matin. *Nous petit-déjeunons vers 8 heures.*

PETITE-FILLE n.f. (pl. *petites-filles*). Fille du fils ou de la fille, par rapport à un grand-père, à une grand-mère.

PETITEMENT adv. **1.** À l'étroit. *Être petitement logé.* **2.** Modestement, chichement. *Manger, vivre petitement.* **3.** Mesquinement. *Juger petitement.*

PETITESSE n.f. **1.** État, caractère de ce qui est petit, de faible dimension. *Petitesse de la taille, d'un revenu.* **2.** Caractère mesquin, absence de générosité. *Petitesse d'esprit.* **3.** Acte mesquin. *Commettre des petitesses.*

PETIT-FILS n.m. (pl. *petits-fils*). Fils du fils ou de la fille, par rapport à un grand-père, à une grand-mère.

PETIT-FOUR n.m. (pl. *petits-fours*). Menue pâtisserie de la taille d'une bouchée, faite d'une pâte sèche ou fourrée de crème et glacée au fondant, ou constituée d'un fruit déguisé ou de pâte d'amandes, que l'on sert en assortiment.

PETIT-GRIS n.m. (pl. *petits-gris*). **1.** Écureuil de Russie ou de Sibérie au pelage d'hiver gris argenté. **2.** Fourrure de cet animal. **3.** Petit escargot comestible à coquille grisâtre finement rayée de brun.

PÉTITION [petisjɔ̃] n.f. (lat. *petitio,* de *petere,* demander). **1.** Écrit adressé par une ou plusieurs personnes à une autorité pour exprimer une opinion, une plainte, présenter une requête. **2.** DR. *Pétition d'hérédité :* action en justice permettant à un héritier de faire reconnaître son titre. **3.** *Pétition de principe :* raisonnement vicieux consistant à tenir pour vrai ce qui fait l'objet même de la démonstration.

PÉTITIONNAIRE n. Personne qui présente ou signe une pétition.

PÉTITIONNER v.i. Rare. Présenter une pétition ; protester par pétition.

PETIT-LAIT n.m. (pl. *petits-laits*). Liquide résiduel de l'écrémage du lait (lait écrémé), de la fabrication du beurre (babeurre), de la fabrication du fromage (lactosérum). ◇ Fam. *Ça se boit comme du petit-lait,* facilement, en grande quantité tant c'est agréable.

PETIT-MAÎTRE n.m., **PETITE-MAÎTRESSE** n.f. (pl. *petits-maîtres, petites-maîtresses*). Vieilli. Jeune élégant, jeune élégante aux manières affectées et prétentieuses.

PETIT-NÈGRE n.m. sing. Fam. Français rudimentaire et incorrect, dans lequel les éléments grammaticaux tels que déterminants et désinences sont omis ou mal employés.

PETIT-NEVEU n.m., **PETITE-NIÈCE** n.f. (pl. *petits-neveux, petites-nièces*). Fils, fille du neveu ou de la nièce. SYN. : *arrière-neveu, arrière-nièce.*

PÉTITOIRE adj. (bas lat. *petitorius*). DR. *Action pétitoire* ou *pétitoire,* n.m. : action judiciaire relative à l'exercice d'un droit immobilier.

PETIT POIS n.m. (pl. *petits pois*). Pois écossé vert.

PETITS-ENFANTS n.m. pl. Enfants du fils ou de la fille.

PETIT-SUISSE n.m. (pl. *petits-suisses*). Fromage frais moulé en forme de petit cylindre.

PÉTOCHE n.f. Fam. Peur.

PÉTOIRE n.f. **1.** Vx. Jouet d'enfant, sorte de seringue pour lancer de menus projectiles, souvent confectionnée dans une branche de sureau évidée. **2.** Fam. Mauvais fusil, vieux fusil. ◇ Vieille arme à feu.

PETON n.m. Fam. Petit pied, pied menu.

PÉTONCLE n.m. (lat. *pectunculus,* petit peigne). Mollusque bivalve comestible, vivant sur les fonds sableux des côtes d'Europe occidentale. (Diamètre 6 cm env.)

PÉTOUILLER v.i. Suisse. Traîner, tarder.

PÉTRARQUISME n.m. Manière poétique de Pétrarque, lyrisme hyperbolique sur le thème de l'amour idéalisé ; imitation de Pétrarque.

PÉTRÉ, E adj. (du lat. *petra,* pierre). Vx. Rocheux, couvert de pierres. *L'Arabie pétrée.*

PÉTREL n.m. (mot angl.). Oiseau palmipède vivant au large, dans les mers froides, et ne venant à terre que pour nicher. (Long. 20 cm env.)

PÉTREUX, EUSE adj. (lat. *petrosus,* de *petra,* pierre). ANAT. Du rocher de l'os temporal.

PÉTRIFIANT, E adj. **1.** Se dit d'une eau qui pétrifie, qui incruste de calcaire. **2.** Litt. Qui stupéfie, paralyse. *Peur pétrifiante.*

PÉTRIFICATION n.f. **1.** Transformation de la substance d'un corps organique en une matière pierreuse. **2.** Incrustation d'un corps qui, plongé dans certaines eaux calcaires, se couvre d'une couche pierreuse ; ce corps pétrifié.

PÉTRIFIER v.t. (lat. *petra,* pierre, et *facere,* faire). **1.** Changer en pierre. ◇ Transformer (la substance d'un corps organique) en une matière pierreuse. **2.** Couvrir, incruster d'une couche pierreuse. **3.** Frapper de stupeur ; paralyser par l'émotion, la peur, etc.

PÉTRIN n.m. (lat. *pistrinum,* meule). **1.** Coffre, appareil dans lequel on pétrit la pâte à pain. **2.** Fam. Situation difficile, pénible dont on ne voit pas l'issue. *Être dans le pétrin.*

PÉTRIR v.t. (bas lat. *pistrire*). **1.** Presser de nombreuses fois, malaxer, travailler (une pâte, et, notamment, la pâte à pain). **2.** Presser, malaxer dans sa main. **3.** Fig., litt. Imprimer sa marque à, former, façonner (qqn, un esprit, etc.). ◇ *Être pétri d'orgueil, de contradictions, etc.,* plein d'orgueil, de contradictions, etc.

PÉTRISSAGE n.m. Action de pétrir. ◇ Manipulation du massage consistant à presser fortement les tissus, les masses musculaires entre doigts et paume.

PÉTRISSEUR, EUSE adj. et n. Qui pétrit la pâte (notamment, la pâte à pain).

PÉTROCHIMIE n.f. TECHN. Chimie des dérivés du pétrole ; ensemble de ses développements scientifiques, techniques, industriels.

PÉTROCHIMIQUE adj. De la pétrochimie.

PÉTROCHIMISTE n. Spécialiste de pétrochimie.

PÉTRODOLLAR n.m. Dollar provenant d'un pays exportateur de pétrole, placé (le plus souvent à court terme) par l'entremise du système bancaire international.

PÉTROGALE n.m. Petit kangourou des régions rocheuses d'Australie.

PÉTROGENÈSE n.f. GÉOL. Processus de formation des roches.

PÉTROGRAPHE n. Spécialiste de pétrographie.

PÉTROGRAPHIE n.f. Branche de la géologie qui a pour objet la description et la systématique des roches. SYN. (vieilli) : *lithologie.*

PÉTROGRAPHIQUE adj. Relatif à la pétrographie.

PÉTROLE n.m. (lat. médiév. *petroleum,* huile de pierre). Huile minérale naturelle combustible formée principalement d'hydrocarbures, de couleur très foncée et à l'odeur caractéristique plus ou moins prononcée, d'une densité variant de 0,8 à 0,95. ◇ *Équivalent pétrole :* quantité d'énergie produite par une source donnée (charbon, énergie hydroélectrique, nucléaire, etc.), égale à celle que fournirait une masse de pétrole prise comme référence. *Production d'une centrale nucléaire exprimée en tonnes d'équivalent pétrole.*

■ Le pétrole est le résultat de la lente dégradation bactériologique d'organismes aquatiques végétaux et animaux qui, il y a des dizaines, voire des centaines de millions d'années, ont proliféré dans les mers et se sont accumulés en couches sédimentaires. L'ensemble des produits issus de cette dégradation, hydrocarbures et composés volatils, mêlé aux sédiments et aux résidus organiques est contenu dans la *roche mère ;* c'est de celle-ci que le pétrole, expulsé sous l'effet du compactage provoqué par la sédimentation, a migré pour imprégner des sables ou des roches plus poreuses et plus perméables, telles que grès ou calcaires. Les gisements se localisent toujours en un point singulier ou dans une anomalie naturelle de ces roches, que l'on appelle *roches-réservoirs* ou *roches-magasins.* Une couche imperméable, marne ou argile par exemple, formant piège permet l'accumulation des hydrocarbures et les empêche ainsi de s'échapper. Le pétrole se présente le plus souvent surmonté d'une couche d'hydrocarbures gazeux et se situe généralement au-dessus d'une couche d'eau salée plus dense que lui. L'épaisseur d'un gisement varie entre quelques mètres et plusieurs centaines de mètres. Sa longueur peut atteindre plusieurs dizaines de kilomètres au Moyen-Orient.
Outre les quatre types fondamentaux d'hydrocarbures (paraffines, oléfines, naphténiques et aromatiques) qui se trouvent en proportions très variables d'un gisement à l'autre, le pétrole contient diverses substances, telles que soufre, eau salée, traces de métaux qui le rendent pratiquement inutilisable à l'état brut. Le raffinage est l'ensemble des opérations et procédés industriels mis en œuvre pour traiter et transformer, au moindre coût, le pétrole brut en carburants, essences spéciales, combustibles et produits divers. Le pétrole demeure la principale source mondiale d'énergie. *(V. illustration p. 772.)*

PÉTROLETTE n.f. Fam., vieilli. Motocyclette de petite cylindrée.

PÉTROLEUSE n.f. **1.** HIST. Femme du peuple qui, selon les journaux de Versailles, aurait utilisé, pendant la Commune (1871), du pétrole pour allumer des incendies. **2.** Femme qui affirme avec véhémence des opinions politiques résolument progressistes. **3.** (Sans référence aux opinions politiques). Femme volontaire, parfois violente.

1. PÉTROLIER, ÈRE adj. Relatif au pétrole. *Industrie pétrolière. Produits pétroliers.*

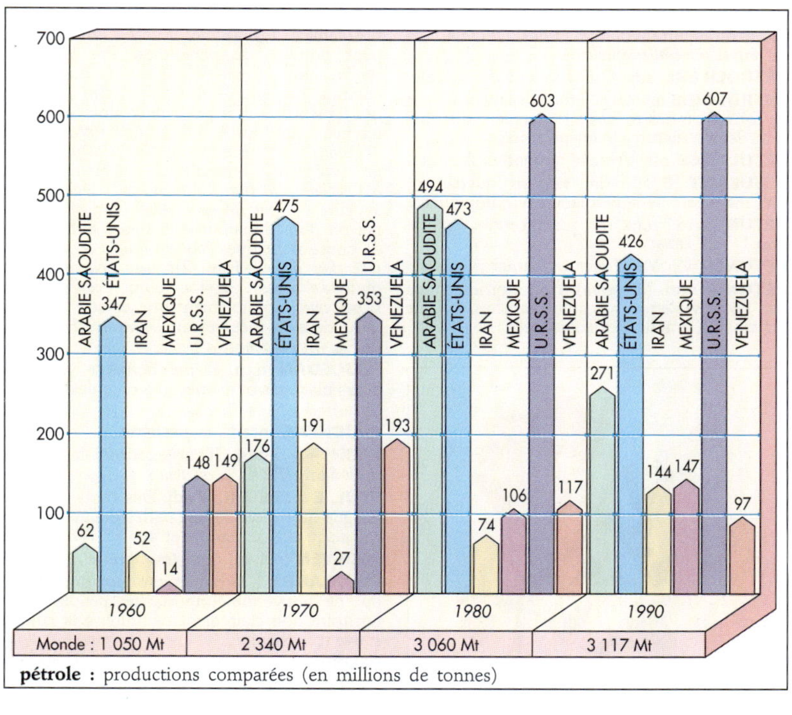

pétrole : productions comparées (en millions de tonnes)

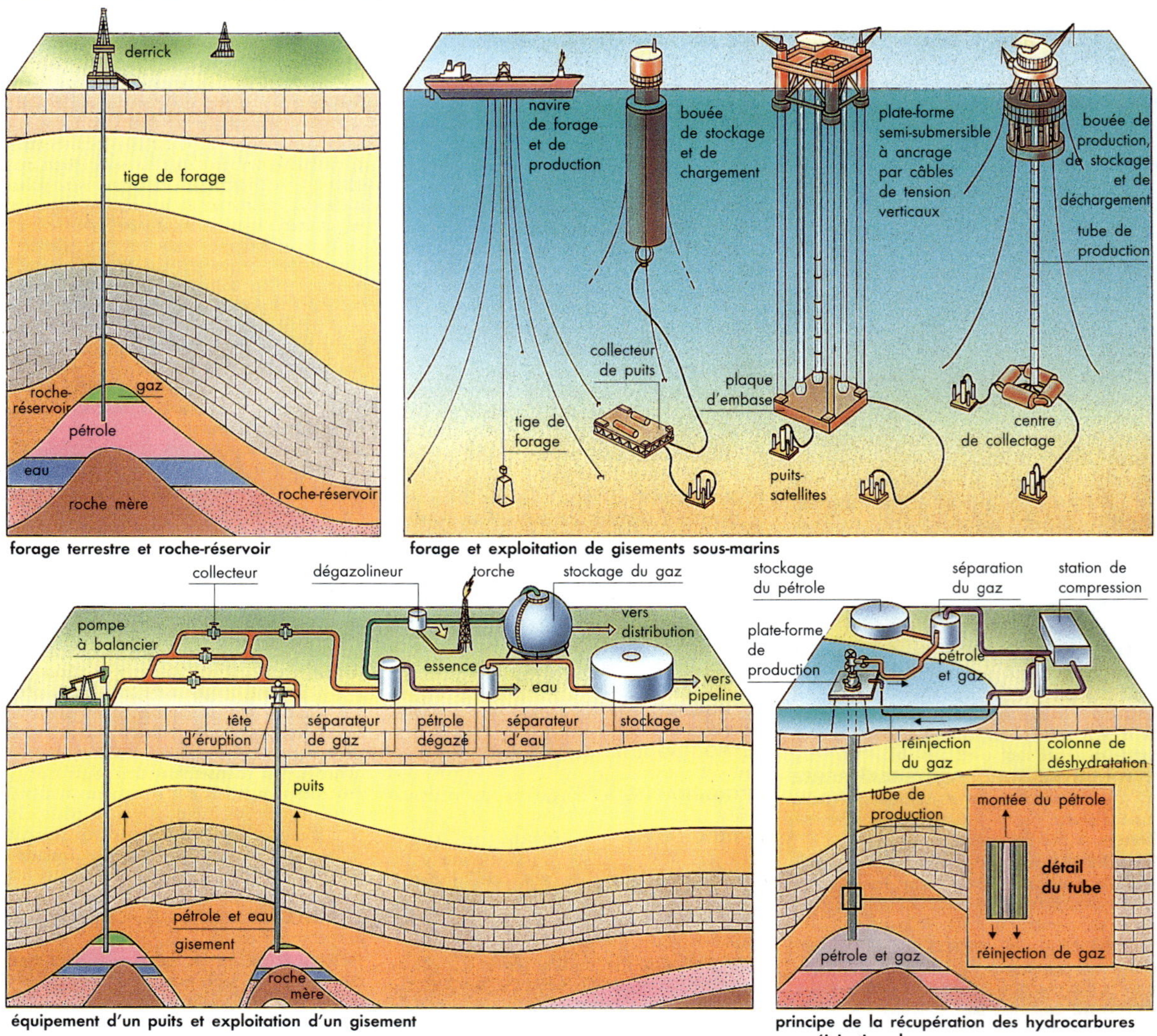

pétrole : forage (terrestre ou sous-marin) et exploitation

2. PÉTROLIER n.m. **1.** Navire-citerne pour le transport en vrac du pétrole. **2.** Technicien, industriel du pétrole.

PÉTROLIER-MINÉRALIER n.m. (pl. *pétroliers-minéraliers*). Navire conçu pour transporter indifféremment du pétrole et des minerais. (On dit aussi *minéralier-pétrolier.*)

PÉTROLIFÈRE adj. Qui contient du pétrole.

PÉTROLOGIE n.f. GÉOL. Étude des mécanismes de formation des roches à travers leur distribution, leur structure, leurs propriétés.

PÉTULANCE n.f. Vivacité, ardeur exubérante.

PÉTULANT, E adj. (lat. *petulans,* querelleur). Qui manifeste de la pétulance ; vif, impétueux.

PÉTUN [petœ̃] n.m. (du guarani *petyma,* par le port.). Vx. Tabac.

PÉTUNER v.i. Vx. Priser ou fumer du tabac.

PÉTUNIA n.m. (de *pétun*). Plante ornementale aux fleurs violettes, roses ou blanches, voisine du tabac. (Famille des solanacées.)

pétunias

PEU adv. (lat. *paucum*). **1.** Faiblement, rarement ; à peine. *Il travaille peu. Nous l'avons peu vue.* **2. a.** En petite quantité. *Boire peu.* **b.** *Un peu de :* une petite quantité de. *Un peu de café.* **3.** (Emploi nominal). **a.** Une quantité faible, négligeable. *Peu lui suffit.* **b.** Un petit nombre de personnes. *Peu le savent.* ◆ loc. adv. *À peu près, à peu de chose près :* environ, presque. – *Avant peu, dans peu, sous peu :* bientôt. – *De peu :* avec une faible différence ; tout juste. *Vous l'avez ratée de peu.* – *Depuis peu :* récemment. – *Peu à peu :* progressivement, lentement ; insensiblement. – *Quelque peu, (un) tant soit peu :* légèrement, à peine. – *Pour un peu* (suivi d'un conditionnel ou d'un imparfait) : il aurait suffi de peu de chose pour que. *Pour un peu, il se serait installé chez moi.* – Fam. *Très peu pour moi* (formule de refus). ◆ loc. conj. *Pour peu que, si peu que :* si faiblement que ce soit ; pourvu que ; dans la mesure où. *Il travaille bien, pour peu qu'il s'en donne la peine.*

PEUCÉDAN n.m. Plante herbacée vivace, à fleurs blanches ou jaunes. (Famille des ombellifères.)

PEUCHÈRE interj. → ***pechère.***

PEUH [pø] interj. (Pour exprimer le mépris, le dédain). *Peuh ! C'est tout ?*

PEUL, E ou **PEUHL, E** adj. Des Peuls. ◆ n.m. Langue nigéro-congolaise parlée depuis le Sénégal jusqu'au Cameroun et au lac Tchad.

PEULVEN [pœlvɛn] n.m. (mot breton). Menhir.

PEUPLADE n.f. Groupement humain de faible ou de moyenne importance peuplant un territoire non clairement délimité, à la culture souvent archaïque.

PEUPLE n.m. (lat. *populus*). **1.** Ensemble d'hommes habitant ou non sur un même territoire et constituant une communauté sociale ou culturelle. *Les peuples hispanophones.* **2.** Ensemble d'hommes habitant sur un même territoire, régis par les mêmes lois, et formant une nation. *Le peuple français.* **3.** Ensemble des citoyens en tant qu'ils exercent des droits politiques. *Un élu du peuple.* **4.** *Le peuple :* la masse de ceux qui ne jouissent d'aucun privilège et ne vivent que de leur travail, par opp. aux classes possédantes, à la bourgeoisie, etc. **5.** Vieilli. Foule, multitude. ◇ Mod., fam. *Du peuple :* beaucoup de gens ; du monde. *Il y en a, du peuple !*

PEUPLÉ, E adj. Où il y a des habitants, où vit une population plus ou moins importante.

PEUPLEMENT n.m. **1.** Action de peupler. **2.** État d'un territoire, d'une région peuplée. *Peuplement fort, faible.*

PEUPLER v.t. **1.** Établir, installer (un groupement humain, une espèce animale ou végétale) dans une région, sur un territoire. *Peupler un étang d'alevins.* **2.** Vivre dans un endroit en assez grand nombre ; occuper. *Les premiers hommes qui ont peuplé ce désert.* ◆ **se peupler** v.pr. Se remplir de monde, d'habitants.

PEUPLERAIE n.f. Lieu planté de peupliers.

PEUPLIER n.m. (lat. *populus,* peuplier). Arbre des régions tempérées et humides, dont le tronc étroit peut s'élever à une grande hauteur et dont le bois est recherché en menuiserie et en papeterie. (Famille des salicacées.) – *Peuplier tremble,* aux feuilles tremblantes, qui pousse dans les forêts. – *Peuplier blanc,* qui pousse près des eaux. – *Peuplier pyramidal,* au port fastigié, planté le long des routes.

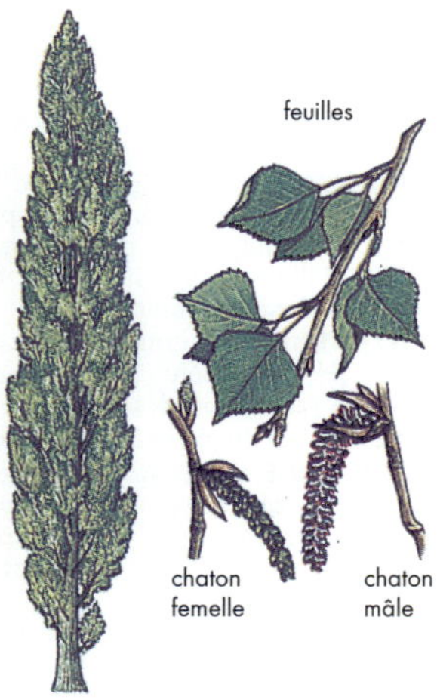

peuplier

PEUR n.f. (lat. *pavor*). **1.** Sentiment de forte inquiétude, d'alarme, en présence ou à la pensée d'un danger, d'une menace. *Avoir peur. Prendre peur. Faire peur à qqn.* ◇ *En être quitte pour la peur :* n'avoir éprouvé que de la frayeur et aucun autre dommage. – *Avoir plus de peur que de mal :* éprouver surtout de la frayeur, et seulement des dommages légers, des atteintes physiques sans gravité. **2.** État de crainte, de frayeur dans une situation précise. – *Une peur bleue :* une peur très vive. ◇ HIST. *La Grande Peur :* v. partie n.pr. ◆ loc. prép. et conj. *De peur de, que :* par crainte de, dans la crainte que. *De peur d'une méprise. De peur qu'on ne se méprenne.*

PEUREUSEMENT adv. De façon peureuse.

PEUREUX, EUSE adj. et n. Qui a peur ; craintif face à un danger.

PEUT-ÊTRE adv. (Indique le doute, la possibilité). *Elle viendra peut-être. Peut-être neigera-t-il demain.*

PEYOTL [pejɔtl] n.m. (du nahuatl). Plante cactacée du Mexique, dont un alcaloïde, la mescaline, provoque des hallucinations visuelles. (Genre échinocactus.)

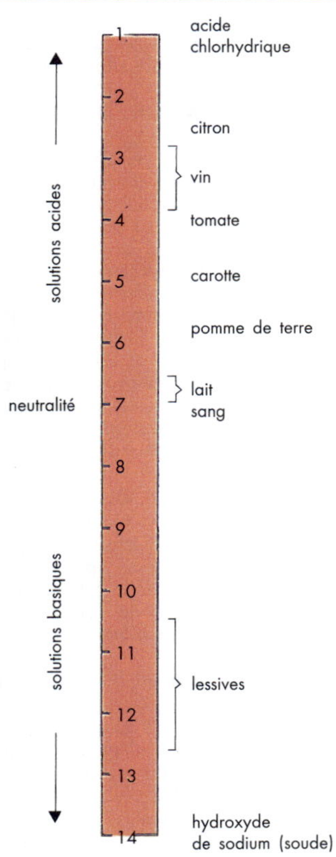

échelle de **pH** de quelques corps

PÈZE n.m. Arg. Argent.

PEZIZE [pəziz] n.f. (gr. *pezis*). Champignon comestible des bois, formant des coupes brunes ou orangées. (Groupe des discomycètes.)

PFENNIG [pfɛnig] n.m. (mot all.). Unité monétaire divisionnaire allemande, égale à 1/100 de Mark. Pluriel savant : *pfennige.* (→ ***monnaie.***)

PFF, PFFT ou **PFUT** [pfyt] interj. (Exprimant le dédain, l'indifférence). *Pfut... ! Ça m'est égal !*

P. G. C. D. n.m. (sigle). MATH. Plus grand commun diviseur*.

pH n.m. (abrév. de *potentiel hydrogène*). CHIM. Coefficient caractérisant l'acidité ou la basicité d'un milieu. (Une solution est acide si son pH est inférieur à 7, basique s'il est supérieur à 7.)

PHACOCHÈRE [fakɔʃɛr] n.m. (gr. *phakos,* lentille, et *khoîros,* cochon). Mammifère ongulé voisin du sanglier, aux défenses incurvées, abondant dans les savanes d'Afrique. (Hauteur au garrot 80 cm env. ; famille des suidés.)

phacochère

PHACOMÈTRE n.m. OPT. Vx. Focomètre.

PHAÉTON n.m. (de *Phaéton,* n.pr.). **1.** Voiture hippomobile haute, à quatre roues, légère et découverte, à deux sièges parallèles tournés vers l'avant. **2.** Oiseau palmipède des mers tropicales, appelé aussi *paille-en-queue.*

PHAGE [faʒ] n.m. (abrév.). Bactériophage.

PHAGÉDÉNISME n.m. MÉD. Extension considérable d'un ulcère, d'un chancre, etc., qui semble ronger les tissus.

PHAGOCYTAIRE adj. Relatif à la phagocytose, aux phagocytes.

PHAGOCYTE n.m. (gr. *phagein,* manger, et *kutos,* cavité). PHYSIOL. Cellule de l'organisme capable d'effectuer la phagocytose (leucocyte, cellule du tissu réticulo-endothélial, etc.).

PHAGOCYTER v.t. **1.** MÉD. Détruire par phagocytose. **2.** Fig. Absorber et neutraliser à la façon des phagocytes. *Grand parti qui phagocyte un groupuscule politique.*

PHAGOCYTOSE n.f. Processus par lequel certaines cellules (amibes, phagocytes) englobent des particules ou d'autres cellules par leurs pseudopodes, les absorbent puis les digèrent.

PHALANGE n.f. (gr. *phalagx,* gros bâton). **1. a.** Chacun des segments articulés qui composent les doigts et les orteils. **b.** Le premier de ces segments à partir de la base du doigt (par opp. à *phalangine* et à *phalangette*). **2.** Chacun des petits os qui constituent le squelette de ces segments. **3.** ANTIQ. GR. **a.** Formation de combat des hoplites disposés en une masse profonde de plusieurs rangs, à l'époque classique. **b.** Formation des fantassins macédoniens en une masse compacte protégée par des boucliers et hérissée de longues lances (sarisses), à l'époque hellénistique. **4.** HIST. Groupement politique et paramilitaire, d'inspiration souvent fasciste.

PHALANGER n.m. Mammifère marsupial d'Australie dont certaines espèces peuvent planer grâce à une membrane (patagium) tendue le long des flancs et des pattes. (Une espèce est recherchée pour sa fourrure.)

PHALANGÈRE n.f. Plante d'ornement d'origine tropicale, à feuilles rubanées vertes ou panachées de blanc. SYN. : *chlorophytum.*

PHALANGETTE n.f. Dernière phalange des doigts (celle qui porte l'ongle, la griffe ou le sabot).

PHALANGIEN, ENNE adj. ANAT. Relatif aux phalanges.

PHALANGINE n.f. Deuxième phalange des doigts, lorsqu'ils en comportent trois (main de l'homme, pouce excepté, par ex.).

PHALANGISTE n. et adj. Membre d'une phalange, groupement politique et paramilitaire ; qui appartient à une phalange.

PHALANSTÈRE n.m. (de *phalange*). Vaste association de production au sein de laquelle les travailleurs vivent en communauté, dans le système de Fourier.

PHALANSTÉRIEN, ENNE adj. et n. Qui appartient à un phalanstère fouriériste.

PHALAROPE n.m. Oiseau marin des rivages arctiques, ressemblant à une petite mouette.

PHALÈNE n.f. (gr. *phalaina*). Papillon géomètre dont plusieurs espèces sont nuisibles aux cultures ou aux arbres forestiers. (Famille des géométridés.)

PHALÈRE n.f. (gr. *phalêros,* tacheté de blanc). Papillon nocturne dont la chenille vit sur divers arbres (saule, chêne, etc.).

PHALLINE n.f. Principe toxique de l'amanite phalloïde et d'autres champignons vénéneux.

PHALLIQUE adj. Relatif au phallus, à sa forme, au culte du phallus. – PSYCHAN. Relatif au phallus en tant que s'y rapportent le désir et la fonction symbolique. *La fonction phallique.* ◇ *Stade* (ou *phase*) *phallique :* phase du développement de la sexualité infantile durant laquelle les pulsions s'organisent, pour les deux sexes, autour de la fonction symbolique du phallus.

PHALLOCENTRIQUE adj. Relatif au phallocentrisme ; qui le manifeste.

PHALLOCENTRISME n.m. Système de pensée dans lequel le phallus constitue la valeur significative fondamentale.

PHALLOCRATE adj. et n. Qui traduit son adhésion à la phallocratie par ses paroles, son comportement.

PHALLOCRATIE [falɔkrasi] n.f. Attitude tendant à assurer et à justifier la domination des hommes sur les femmes.

PHALLOCRATIQUE adj. Relatif à la phallocratie.

PHALLOÏDE adj. **1.** En forme de phallus. **2.** *Amanite phalloïde :* amanite d'une espèce mortellement toxique, très commune, à chapeau jaunâtre ou verdâtre, apparaissant en été et en automne.

PHALLUS [falys] n.m. (gr. *phallos*). **1.** ANTIQ. Représentation du membre viril en érection, symbole de la fécondité de la nature. **2.** PSYCHAN. Membre viril en tant que symbole de la différence des sexes. **3.** Champignon de forme phallique et à l'odeur repoussante. (Famille des basidiomycètes.)

PHANATRON n.m. (du gr. *phanos,* lumineux). Redresseur de courant formé d'un tube électronique à vapeur de mercure.

PHANÈRE n.m. (gr. *phaneros,* apparent). ANAT. Production protectrice apparente de l'épiderme des vertébrés (poils, plumes, ongles, griffes, sabots, etc.).

PHANÉROGAME adj. et n.m. ou f. (gr. *phaneros,* visible, et *gamos,* mariage). BOT. *Phanérogames :* embranchement comprenant les plantes se reproduisant par fleurs et graines, telles que les angiospermes et les gymnospermes. SYN. : *spermatophyte.*

PHANIE n.f. PHYS. Caractéristique de l'intensité lumineuse perçue (par rapport à l'intensité lumineuse objective).

PHANTASME n.m. → ***fantasme.***

PHARAON n.m. **1.** Souverain de l'Égypte ancienne. **2.** Ancien jeu de hasard analogue au baccara et au chemin de fer modernes.

PHARAONIQUE ou **PHARAONIEN, ENNE** adj. **1.** Relatif aux pharaons, à leur époque. *L'Égypte pharaonique.* **2.** Fig. Qui évoque les pharaons par son gigantisme.

1. PHARE n.m. (de *Pharos,* n. d'une île grecque située près d'Alexandrie). **1.** Tour élevée portant au sommet un foyer plus ou moins puissant destiné à guider les navires durant la nuit. ◇ Dispositif analogue pour la navigation aérienne. *Phare d'un terrain d'aviation.* **2.** Projecteur de lumière placé à l'avant d'un véhicule. ◇ Feu de route, position où ce dispositif éclaire le plus (par opp. à *code, feu de croisement*). *Un appel de phares. (V. illustration p. 774.)* **3.** Litt. Personne ou chose qui sert de guide ou de modèle. – (En app., avec ou sans trait d'union). *Une pensée phare. Des produits-phares.*

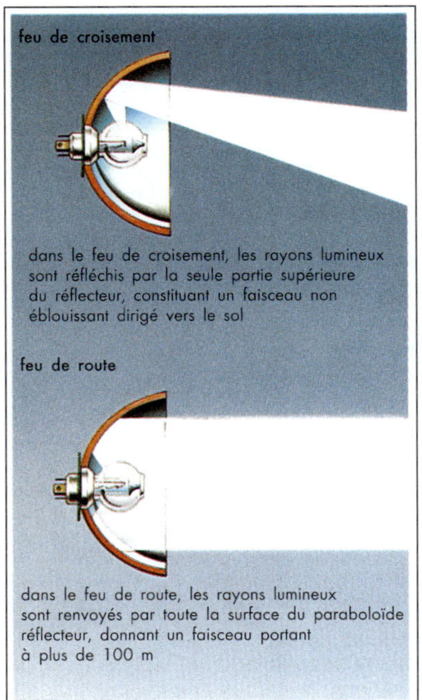

phare : principe de fonctionnement

2. PHARE n.m. (de *fard,* avec infl. de 1. *phare*). Vx. Mât d'un navire, gréé de ses vergues et de ses voiles. *Le phare d'artimon.* – Mod. *Gréement à phares carrés,* dans lequel tous les mâts sont gréés de voiles carrées.

PHARILLON n.m. Réchaud suspendu à l'avant d'un bateau de pêche et dont le feu est destiné à attirer les poissons. *Pêche au pharillon.*

PHARISAÏQUE adj. Des pharisiens ; du pharisaïsme.

PHARISAÏSME n.m. **1.** Attachement exagéré aux détails de la pratique religieuse ; ritualisme, formalisme. **2.** Manifestation ostentatoire et hypocrite de vertu ou de piété.

PHARISIEN, ENNE [farizjɛ̃, ɛn] n. et adj. (gr. *pharisaios,* de l'araméen). **1.** Membre d'une secte juive apparue au IIe s. av. J.-C. qui prétendait observer rigoureusement et strictement la loi de Moïse mais qui, dans l'Évangile, est accusée de formalisme et d'hypocrisie. **2.** Vieilli. Personne dont la piété, la vertu sont purement extérieures. ◇ Mod. Personne qui affecte un respect minutieux d'une morale toute formelle et qui s'en autorise pour juger avec sévérité les actions d'autrui.

PHARMACEUTIQUE adj. Qui relève de la pharmacie. *Spécialité pharmaceutique.*

PHARMACIE n.f. (gr. *pharmakeia,* de *pharmakon,* remède). **1.** Science des médicaments, de leur composition et de leur préparation. **2.** Magasin, local où l'on prépare, où l'on vend des médicaments. *Pharmacie de garde. Pharmacie d'un hôpital.* **3.** Petite armoire ou petite trousse portative où l'on range les médicaments.

PHARMACIEN, ENNE n. Titulaire d'un diplôme de docteur en pharmacie, qui exerce la pharmacie.

PHARMACOCINÉTIQUE n.f. Étude de ce que deviennent les médicaments dans l'organisme (absorption, fixation, transformation, élimination).

PHARMACODÉPENDANCE n.f. **1.** Dépendance toxicomaniaque à un médicament. **2.** MÉD. Toxicomanie.

PHARMACODYNAMIE n.f. Étude des effets des médicaments sur l'organisme.

PHARMACODYNAMIQUE adj. Qui concerne l'action des médicaments sur l'organisme.

PHARMACOLOGIE n.f. Étude scientifique des médicaments et de leur emploi.

PHARMACOLOGIQUE adj. De la pharmacologie.

PHARMACOLOGUE ou **PHARMACOLOGISTE** n. Spécialiste de pharmacologie.

PHARMACOMANIE n.f. Toxicomanie consistant en l'usage abusif de médicaments.

PHARMACOPÉE n.f. **1.** (Avec une majuscule). Recueil officiel contenant la nomenclature des médicaments, leur composition, leurs effets, etc. (naguère appelé *Codex* en France). **2.** (Avec une minuscule). Ensemble de remèdes. *La pharmacopée des médecines extrême-orientales.*

PHARMACOVIGILANCE n.f. Centralisation, contrôle et diffusion des informations sur les effets nocifs ou imprévus des médicaments.

PHARYNGAL, E, AUX adj. et n.f. Se dit d'une consonne articulée en rapprochant la racine de la langue et la paroi arrière du pharynx.

PHARYNGÉ, E ou **PHARYNGIEN, ENNE** adj. Du pharynx.

PHARYNGITE n.f. Inflammation du pharynx.

PHARYNX [farɛ̃ks] n.m. (gr. *pharugx,* gorge). Conduit musculo-membraneux entre la bouche et l'œsophage, où se croisent les voies digestives et les voies respiratoires.

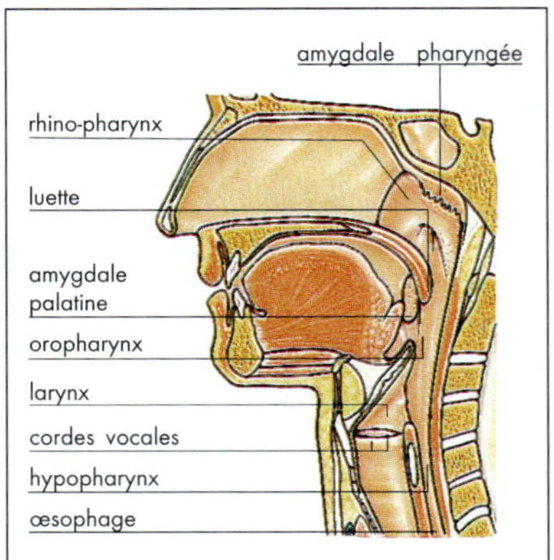

pharynx (vu en coupe)

PHASCOLOMIDÉ n.m. ZOOL. Vx. Wombatidé.

PHASE n.f. (gr. *phasis*). **1.** Chacun des changements, des aspects successifs d'un phénomène en évolution ; chacun des intervalles de temps marqués par ces changements. **2.** Chacun des aspects différents que présentent la Lune et quelques planètes selon leur position par rapport à la Terre et au Soleil. **3.** CHIM. Partie homogène d'un système. *L'eau et la glace sont deux phases d'un même corps pur.* **4.** PHYS. **a.** Constante angulaire d'un mouvement vibratoire. **b.** Quantité $\omega t + \varphi$ (ω étant la pulsation, t le temps et φ la phase à l'origine) dont le cosinus représente la variation d'une grandeur sinusoïdale. – *Phénomènes périodiques en phase :* phénomènes périodiques de même fréquence qui varient de la même façon et qui présentent des maximums et des minimums simultanés. ◇ Fig. *Être en phase avec qqn, qqch :* être en accord, en harmonie avec eux.

PHASEMÈTRE n.m. ÉLECTR. Appareil qui sert à mesurer la différence de phase entre deux courants alternatifs de même fréquence.

PHASIANIDÉ n.m. (gr. *phasianos,* faisan). *Phasianidés :* famille d'oiseaux galliformes qui comprend notamment la perdrix, la caille, le faisan, le paon, la poule, la pintade, le dindon.

PHASME n.m. (gr. *phasma,* apparition). Insecte sans ailes dont le corps allongé ressemble aux brindilles ou aux branches sur lesquelles il vit. (Quelques espèces, appelées *bacilles,* vivent dans le midi de la France.)

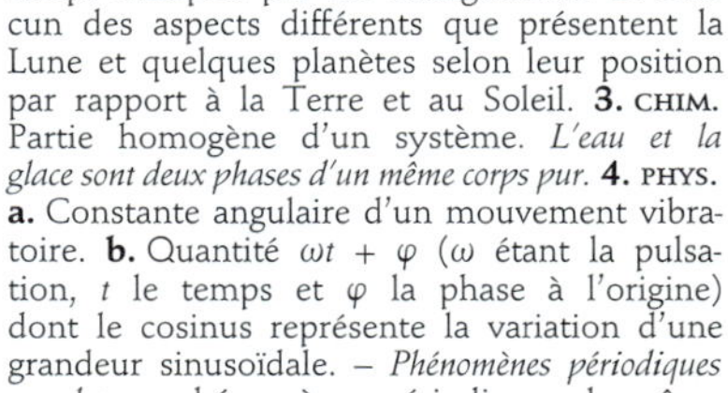
phasme

PHASMIDÉ n.m. *Phasmidés :* famille d'insectes au corps très allongé, vivant surtout dans les régions chaudes du globe et dont le type est le phasme.

PHELLODERME n.m. (gr. *phellos,* liège). BOT. Tissu engendré intérieurement par l'assise génératrice de l'écorce, qui produit extérieurement le liège.

PHELLOGÈNE adj. BOT. Qui produit le liège, en parlant d'un tissu végétal.

PHÉNAKISTISCOPE n.m. (gr. *phenax, -akos,* trompeur, et *skopein,* examiner). Ancien appareil ou jouet scientifique conçu pour illustrer le phénomène d'illusion du mouvement par persistance des images rétiniennes.

PHÉNANTHRÈNE n.m. CHIM. Hydrocarbure cyclique $C_{14}H_{10}$, isomère de l'anthracène, utilisé dans la fabrication des colorants.

PHÉNATE n.m. Sel du phénol. SYN. : *phénolate.*

PHÉNICIEN, ENNE adj. et n. De la Phénicie. ◆ n.m. Langue sémitique ancienne appartenant au groupe cananéen, et dont l'alphabet est considéré comme l'ancêtre de toutes les écritures alphabétiques.

PHÉNIQUE adj. Vieilli. *Acide phénique :* phénol.

PHÉNIQUÉ, E adj. CHIM. Additionné d'acide phénique. *Eau phéniquée.*

PHÉNIX n.m. (mot gr., *pourpre*). **1.** Oiseau fabuleux de la mythologie antique, unique de son espèce, qui se brûlait lui-même sur un bûcher pour renaître de ses cendres. **2.** Litt. Personne exceptionnelle, unique en son genre. **3.** BOT. → ***phœnix.***

PHÉNOBARBITAL n.m. (pl. *phénobarbitals*). Médicament barbiturique, sédatif et hypnotique.

PHÉNOCRISTAL n.m. (pl. *phénocristaux*). GÉOL. Cristal de grande dimension dans une roche volcanique.

PHÉNOL n.m. (du gr. *phainein,* briller). CHIM. **1.** Dérivé oxygéné du benzène, présent dans le goudron de houille, de formule C_6H_5OH, utilisé comme désinfectant et dans l'industrie des colorants, des matières plastiques, des médicaments, des explosifs, etc. **2.** Tout composé analogue au phénol au sens précédent, dérivant des hydrocarbures benzéniques.

PHÉNOLATE n.m. CHIM. Phénate.

PHÉNOLIQUE adj. CHIM. Qui dérive du phénol, d'un phénol.

PHÉNOLOGIE n.f. Étude de l'influence des climats sur les phénomènes biologiques saisonniers végétaux (feuillaison, floraison, etc.) et animaux (migration, hibernation, etc.).

PHÉNOMÉNAL, E, AUX adj. **1.** Qui tient du phénomène ; étonnant, extraordinaire, prodigieux. *Des sommes phénoménales.* **2.** PHILOS. Qui concerne les apparences des choses (opposé à *nouménal*).

PHÉNOMÉNALEMENT adv. De façon étonnante, extraordinaire.

PHÉNOMÈNE n.m. (gr. *phainomenon,* ce qui apparaît). **1.** Fait observable, évènement. *Chercher les causes d'un phénomène.* ◇ PHILOS. Pour Kant, ce qui est perçu par les sens, ce qui apparaît et se manifeste à la conscience (par opp. à *noumène*). **2.** Fait, évènement qui frappe par sa nouveauté ou son caractère exceptionnel. **3.** Être humain ou animal exhibé en public pour quelque particularité rare. *Phénomène de cirque, de foire.* **4.** Fam. Individu original, excentrique.

PHÉNOMÉNISME n.m. PHILOS. Conception selon laquelle il n'existe que des phénomènes, des évènements ou des faits apparaissant dans le temps ou dans l'espace et qui sont des objets possibles d'expérience.

PHÉNOMÉNISTE adj. et n. Qui appartient au phénoménisme ; qui en est partisan.

PHÉNOMÉNOLOGIE n.f. PHILOS. Méthode philosophique qui vise à saisir, par un retour aux données immédiates de la conscience, les structures transcendantes de celle-ci et les essences des êtres. *La phénoménologie de Husserl, de Merleau-Ponty.*

PHÉNOMÉNOLOGIQUE adj. De la phénoménologie.

PHÉNOMÉNOLOGUE n. Philosophe qui utilise la méthode phénoménologique.

PHÉNOPLASTE n.m. Résine artificielle obtenue par condensation du phénol ou de ses dérivés avec des aldéhydes.

PHÉNOTHIAZINE n.f. Dérivé soufré et aminé du phénol, base de nombreux antihistaminiques et neuroleptiques.

PHÉNOTYPE n.m. (gr. *phainein,* montrer, et *tupos,* marque). BIOL. Ensemble des caractères somatiques apparents d'un individu, qui expriment l'interaction du génotype et du milieu.

PHÉNOTYPIQUE adj. Du phénotype.

PHÉNYLALANINE n.f. BIOCHIM. Acide aminé présent dans de nombreuses protéines, précurseur de l'adrénaline et de la thyroxine.

PHÉNYLBUTAZONE n.f. Médicament anti-inflammatoire et analgésique.

PHÉNYLCÉTONURIE n.f. MÉD. Maladie héréditaire due au déficit d'une enzyme et qui, non traitée, entraîne une déficience intellectuelle sévère et des troubles neurologiques.

PHÉNYLE n.m. CHIM. Radical C_6H_5 univalent, dérivé du benzène.

PHÉNYLIQUE adj. CHIM. Se dit des composés contenant le radical phényle.

PHÉOCHROMOCYTOME n.m. MÉD. Tumeur de la médullosurrénale, provoquant des accès d'hypertension.

PHÉOPHYCÉE n.f. BOT. *Phéophycées :* classe d'algues marines appelées aussi *algues brunes,* qui renferment un pigment brun masquant la chlorophylle, et auquel appartiennent notamment la laminaire et le fucus.

PHÉROMONE ou **PHÉRORMONE** n.f. BIOL. Substance chimique qui, émise à dose infime par un animal dans le milieu extérieur, provoque chez ses congénères des comportements spécifiques.

PHI n.m. inv. Vingt et unième lettre de l'alphabet grec (φ, Φ), correspondant à *ph.*

PHILANTHE n.m. (gr. *philos,* ami, et *anthos,* fleur). Insecte hyménoptère à abdomen rayé noir et jaune, qui chasse les abeilles. (Long. 15 mm.)

PHILANTHROPE n. (gr. *philos,* ami, et *anthrôpos,* homme). **1.** Personne qui aime tous les hommes ; ami du genre humain. **2.** Personne qui cherche à améliorer le sort de ses semblables par des dons en argent, la fondation ou le soutien d'œuvres, etc. **3.** Personne qui agit de manière désintéressée, sans rechercher le profit.

PHILANTHROPIE n.f. Fait d'être philanthrope, de se conduire en philanthrope.

PHILANTHROPIQUE adj. De la philanthropie ; inspiré par la philanthropie.

PHILATÉLIE n.f. (gr. *philos,* ami, et *ateleia,* affranchissement [de l'impôt]). **1.** Étude, collection des timbres-poste et des objets connexes tels que les marques d'affranchissement. **2.** Commerce des timbres de collection.

PHILATÉLIQUE adj. Relatif à la philatélie.

PHILATÉLISTE n. **1.** Collectionneur de timbres-poste. **2.** Marchand de timbres de collection.

PHILHARMONIE n.f. Association musicale formée d'amateurs ou de professionnels, qui donne des concerts publics.

PHILHARMONIQUE adj. Se dit de certaines associations musicales (groupe de musiciens amateurs ; grands orchestres symphoniques).

PHILIBEG ou **FILIBEG** n.m. (du gaélique). Jupon court des montagnards écossais.

PHILIPPIN, E adj. et n. Des Philippines.

PHILIPPINE n.f. (all. *Vielliebchen,* bien-aimé). Jeu qui consiste à se partager deux amandes jumelles, le gagnant étant celui qui, le lendemain, dit le premier à l'autre « Bonjour Philippine ».

PHILIPPIQUE n.f. (des discours de Démosthène). Litt. Discours violent dirigé contre qqn.

PHILISTIN n.m. (arg. des étudiants all.). Litt. Personne à l'esprit vulgaire, fermée aux lettres, aux arts, aux nouveautés.

PHILISTINISME n.m. Litt. Nature, caractère du philistin.

PHILO n.f. (abrév.). Fam. Philosophie.

PHILODENDRON [-dɛ̃-] n.m. (gr. *philos,* ami, et *dendron,* arbre). **1.** Plante d'ornement originaire d'Amérique centrale, aux feuilles digitées, aux fleurs très odorantes. (Famille des aracées.) **2.** En horticulture, forme jeune de monstera.

PHILOLOGIE n.f. **1.** Étude d'une langue ou d'une famille de langues, fondée sur l'analyse critique des textes. **2.** Établissement ou étude critique de textes par la comparaison systématique des manuscrits ou des éditions, par l'histoire.

PHILOLOGIQUE adj. Relatif à la philologie.

PHILOLOGUE n. Spécialiste de philologie.

PHILOSOPHALE adj.f. *Pierre philosophale :* pierre qui, selon les alchimistes, pouvait opérer la transmutation des métaux en or. ◇ Fig. *Chercher la pierre philosophale,* qqch d'impossible à trouver.

PHILOSOPHE n. (gr. *philosophos,* ami de la sagesse). **1.** Spécialiste de philosophie. **2.** Penseur qui élabore une doctrine, un système philosophique. **3.** HIST. Partisan des idées nouvelles, des « Lumières », au XVIIIe s. ◆ adj. et n. Se dit de qqn qui supporte les épreuves avec constance et résignation, qui prend la vie du bon côté.

PHILOSOPHER v.i. **1.** Tenir une réflexion sur des problèmes philosophiques. **2.** Argumenter, raisonner sur un sujet quel qu'il soit. ◇ Péj. Raisonner abstraitement et de manière oiseuse.

PHILOSOPHIE n.f. **1.** Domaine d'activité de la pensée qui s'assigne pour fin une réflexion sur les êtres, les causes et les valeurs envisagées au niveau le plus général ; ensemble des recherches et des réflexions menées dans ce domaine. *Les grands problèmes de la philosophie* (le rôle de l'homme dans l'univers, la divinité, les valeurs morales, le sens de l'histoire, etc.). **2.** Matière d'enseignement des établissements secondaires et supérieurs, étude de la philosophie au sens précédent. ◇ Ancienne classe terminale de l'enseignement secondaire français, aujourd'hui remplacée par la terminale lettres. **3.** Étude des principes fondamentaux d'une activité, d'une pratique, et réflexion sur leur sens et leur légitimité. *Philosophie des sciences, de l'art, du droit.* **4.** Doctrine, système philosophique d'un auteur, d'une école, d'une époque, etc. *La philosophie de Platon.* **5.** Sagesse acquise avec l'expérience des difficultés ; constance, fermeté d'âme. *Subir un revers avec philosophie.* **6.** Conception de qqch fondée sur un ensemble de principes ; ces principes. *Une nouvelle philosophie de l'entreprise.*

■ La philosophie a d'abord été une réflexion scientifique sur la nature et les causes qui font qu'existent l'univers, l'homme, la société. La pensée occidentale se manifeste dans ce sens dès le VIIe s. av. J.-C. en Grèce où Platon et Aristote (IVe s. av. J.-C.) constituent les grandes figures de cet effort de réflexion. Avec le christianisme, la philosophie se sépare peu à peu de la théologie. Le Moyen Âge (Bacon), la Renaissance (Machiavel) posent la problématique de l'homme dans le monde et dans la cité. Les XVIe et XVIIe s. avec Copernic et Descartes commencent à distinguer la philosophie des problèmes physiques : la science conquiert alors son autonomie. La réflexion sur l'homme, sa morale et sa liberté, se précise avec les systèmes de Leibniz, Spinoza, puis Kant. Ce dernier marque l'autonomie de la philosophie par rapport à la métaphysique, considérée comme une spéculation sur ce qui dépasse l'expérience. Hegel invente une nouvelle manière d'approcher l'histoire, Marx se propose non plus d'interpréter le monde, mais de le transformer. Nietzsche fait de la philosophie un moyen d'échapper à toutes les servitudes de l'esprit. Les sciences de l'homme se constituent et se dégagent de la philosophie : la psychologie, la sociologie acquièrent leur autonomie, cependant qu'avec Freud naît la psychanalyse ; la logique se constitue en discipline indépendante avec Frege. Husserl pose les fondements de la phénoménologie et Heidegger fait porter sa réflexion sur l'ontologie.

philodendron

PHILOSOPHIQUE adj. **1.** Relatif à la philosophie. **2.** Empreint de philosophie, de sagesse.

PHILOSOPHIQUEMENT adv. **1.** Du point de vue philosophique. **2.** Avec sagesse, sérénité ; en philosophe.

PHILTRE n.m. (lat. *philtrum*). Breuvage magique propre à inspirer l'amour.

PHIMOSIS [fimozis] n.m. (mot gr.). Étroitesse du prépuce, qui empêche de découvrir le gland.

PHLÉBITE n.f. (gr. *phlebs, phlebos,* veine). Inflammation d'une veine, affectant généralement les membres inférieurs, et pouvant provoquer la formation d'un caillot.

PHLÉBOGRAPHIE n.f. MÉD. Radiographie des veines.

PHLÉBOLOGIE n.f. Spécialité médicale qui s'occupe des maladies des veines.

PHLÉBOLOGUE n. Spécialiste en phlébologie.

PHLÉBORRAGIE n.f. MÉD. Hémorragie veineuse.

PHLÉBOTOME n.m. Insecte diptère des régions méditerranéennes et tropicales, qui peut transmettre la leishmaniose.

PHLÉBOTOMIE n.f. MÉD. Incision d'une veine.

PHLEGMON [flɛgmɔ̃] ou, VX, **FLEGMON** n.m. (gr. *phlegmonê,* de *phlegein,* brûler). MÉD. Inflammation suppurée diffuse intéressant généralement le tissu conjonctif, évoluant ou non vers la formation d'un abcès.

PHLEGMONEUX, EUSE adj. MÉD. Qui est de la nature du phlegmon.

PHLÉOLE n.f. → ***fléole.***

PHLOGISTIQUE n.m. (gr. *phlox, phlogos,* flamme). Vx. Fluide imaginé par les anciens chimistes pour expliquer la combustion.

PHLOX [flɔks] n.m. (mot gr., *flamme*). Plante d'Amérique du Nord, cultivée pour ses fleurs aux couleurs vives. (Famille des polémoniacées.)

PHLYCTÈNE [fliktɛn] n.f. (gr. *phluktaina,* pustule). PATHOL. Bulle ou vésicule remplie de sérosité transparente, dans ou sous l'épiderme.

pH-MÈTRE [peaʃmɛtr] n.m. (pl. *pH-mètres*). Appareil de mesure du pH.

PHOBIE n.f. (gr. *phobos,* effroi). **1.** Aversion très vive ; peur instinctive. **2.** PSYCHIATRIE. Crainte déraisonnable à l'égard d'objets, de situations ou de personnes, dont le sujet reconnaît le caractère injustifié, mais qu'il ne peut surmonter.

PHOBIQUE adj. Qui a les caractères de la phobie. ◆ adj. et n. Atteint de phobie.

PHOCÉEN, ENNE adj. et n. **1.** De Phocée. **2.** De Marseille.

PHOCIDIEN, ENNE adj. et n. De la Phocide.

PHOCOMÈLE adj. et n. Atteint de phocomélie.

PHOCOMÉLIE n.f. Malformation congénitale caractérisée par l'insertion immédiate des pieds ou des mains sur le tronc.

PHŒNIX ou **PHÉNIX** n.m. (mot lat.). Palmier d'un genre représenté par une quinzaine d'espèces (dont le dattier, cultivé pour ses baies charnues, et plusieurs espèces ornementales).

PHOLADE n.f. (gr. *phôlas, -ados*). Mollusque bivalve à coquille blanche, qui creuse des trous dans les rochers. (Long. 10 cm env.)

PHOLCODINE n.f. Médicament apparenté à la codéine, qui calme la toux.

PHOLIDOTE n.m. ZOOL. *Pholidotes :* ordre de mammifères édentés dont le type est le pangolin.

PHOLIOTE n.f. Champignon à lamelles jaunes ou brunes, croissant en touffes à la base des vieux arbres. (Famille des agaricacées.)

PHONATEUR, TRICE ou **PHONATOIRE** adj. Relatif à la production des sons vocaux.

PHONATION n.f. (du gr. *phônê,* voix). Ensemble des facteurs qui concourent à la production de la voix.

PHONE n.m. PHYS. Unité servant à comparer la puissance des sons de fréquences différentes du point de vue de l'impression physiologique causée.

PHONÉMATIQUE ou **PHONÉMIQUE** adj. LING. Relatif aux phonèmes. ◆ n.f. Partie de la phonologie qui étudie les phonèmes et leurs traits distinctifs.

PHONÈME n.m. (gr. *phônêma*). LING. Son d'une langue, défini par les propriétés distinctives (traits pertinents) qui l'opposent aux autres sons de cette langue.

PHONÉMIQUE adj. et n.f. → ***phonématique.***

PHONÉTICIEN, ENNE n. Spécialiste de phonétique.

1. PHONÉTIQUE [fɔnetik] adj. Relatif aux sons du langage. – *Écriture phonétique,* celle où chaque signe graphique correspond à un son du langage et réciproquement.

2. PHONÉTIQUE n.f. **1.** Étude scientifique des sons du langage et des processus de la communication parlée. **2.** Représentation par des signes conventionnels de la prononciation des mots d'une langue.

PHONÉTIQUEMENT adv. **1.** Du point de vue de la phonétique. **2.** En écriture phonétique.

PHONÉTISME n.m. LING. Ensemble des particularités phonétiques d'une langue.

PHONIATRE n. Médecin spécialiste de phoniatrie.

PHONIATRIE n.f. Partie de la médecine qui étudie les troubles de la phonation.

PHONIE n.f. (abrév.). Téléphonie, radiotéléphonie. ◇ *Message en phonie,* émis avec la voix (par opp. à *en graphie,* en utilisant le morse).

PHONIQUE adj. Relatif aux sons ou à la voix.

PHONO n.m. (abrév.). Vieilli. Phonographe.

PHONOCAPTEUR, TRICE adj. Qui permet de lire la gravure d'un enregistrement phonographique, en parlant d'un dispositif, d'un appareil.

PHONOCARDIOGRAPHIE n.f. MÉD. Méthode d'enregistrement graphique des bruits cardiaques.

PHONOGÉNIE n.f. Aptitude, qualité phonogénique.

PHONOGÉNIQUE adj. Dont la voix, le son se prête à de bons enregistrements, de bonnes reproductions.

PHONOGRAMME n.m. LING. Signe graphique représentant un son ou une suite de sons (par opp. à *idéogramme*).

PHONOGRAPHE n.m. (gr. *phônê,* voix, et *graphein,* écrire). Ancien appareil de reproduction du son par des procédés mécaniques, remplacé aujourd'hui par l'électrophone.

PHONOGRAPHIQUE adj. **1.** Relatif à l'enregistrement par gravure des sons. ◇ *Enregistrement phonographique,* sur tous disques, par opp. aux enregistrements sur bandes magnétiques. **2.** Relatif aux droits des œuvres sonores enregistrées. *Droits de reproduction phonographique.*

PHONOLITE n.f. Roche volcanique acide, contenant un feldspathoïde et qui se débite en dalles sonores à la percussion.

PHONOLITIQUE adj. Formé de phonolite.

PHONOLOGIE n.f. Étude des phonèmes, du point de vue de leur fonction dans une langue donnée et des relations d'opposition et de contraste qu'ils ont dans le système des sons de cette langue *(système phonologique).*

PHONOLOGIQUE adj. De la phonologie.

PHONOLOGUE n. Spécialiste de phonologie.

PHONOMÉTRIE n.f. Mesure de l'intensité des sons.

PHONON [fɔnɔ̃] n.m. Quantum d'énergie acoustique, analogue acoustique du photon.

PHONOTHÈQUE n.f. Lieu où sont rassemblés des documents sonores constituant des archives de la parole.

PHOQUE n.m. (lat. *phoca ;* mot gr.). **1.** Mammifère de l'ordre des pinnipèdes, à cou court et aux oreilles sans pavillon (long. 1,50 m à 2 m), vivant près des côtes arctiques, dans des mers plus chaudes (phoque moine de la Méditerranée) ou dans l'hémisphère austral (éléphant de mer des Kerguelen). **2.** Fourrure de cet animal.

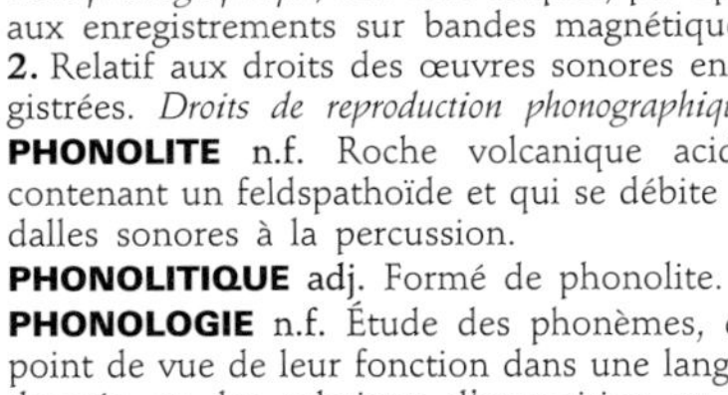

phoque

PHORMIUM [fɔrmjɔm] ou **PHORMION** n.m. Plante appelée aussi *lin de la Nouvelle-Zélande,* dont les feuilles fournissent des fibres textiles. (Famille des liliacées.)

PHOSGÈNE n.m. (du gr. *phôs,* lumière, et *gennân,* engendrer). Combinaison de chlore et d'oxyde de carbone ($COCl_2$), gaz toxique utilisé autrefois comme gaz de combat.

PHOSPHATAGE n.m. Fertilisation d'un terrain cultivé par des engrais phosphatés.

PHOSPHATASE n.f. Enzyme libérant de l'acide phosphorique à partir de ses esters.

PHOSPHATATION n.f. Procédé thermochimique de protection des alliages ferreux par formation superficielle d'une couche de phosphates métalliques complexes.

PHOSPHATE n.m. (du gr. *phôs,* lumière). **1.** Sel de l'acide phosphorique. **2.** AGRIC. Engrais phosphaté.

PHOSPHATÉ, E adj. Qui contient du phosphate. *Engrais phosphaté.*

PHOSPHATER v.t. Procéder au phosphatage de (un terrain cultivé).

PHOSPHÈNE n.m. Sensation lumineuse due à un agent autre que la lumière (pression sur le globe oculaire, stimulation électrique, etc.).

PHOSPHINE n.f. Composé organique dérivant de l'hydrogène phosphoré (nom générique).

PHOSPHITE n.m. CHIM. Sel de l'acide phosphoreux.

PHOSPHOCALCIQUE adj. Qui a trait au phosphate et au calcium, et en partic. à leur équilibre dans l'organisme.

PHOSPHOGLYCÉRIQUE adj. *Acide phosphoglycérique :* produit immédiat de la photosynthèse, à partir duquel s'élaborent les aliments organiques de la plante (glucides, lipides, protides).

PHOSPHOLIPIDE n.m. Lipide contenant du phosphore.

PHOSPHOPROTÉINE n.f. Protéine complexe renfermant du phosphore sous forme d'acide phosphorique.

PHOSPHORE n.m. (gr. *phôs,* lumière, et *phoros,* qui porte). Corps simple représenté par plusieurs formes allotropiques, dont les deux plus répandues sont le phosphore blanc, légèrement ambré, très inflammable, lumineux dans l'obscurité, hautement toxique, et le phosphore rouge, non toxique ; élément (P) de numéro atomique 15, de masse atomique 30,97.

■ Le phosphore existe dans la nature à l'état de phosphate ; on en trouve également dans les os, le système nerveux, l'urine, et dans la laitance des poissons. Il fond à 44 °C et bout à 290 °C. Soluble dans le sulfure de carbone, le *phosphore blanc* est un poison violent qui se transforme, abandonné à la lumière, en *phosphore rouge,* plus stable.

PHOSPHORÉ, E adj. Qui contient du phosphore.

PHOSPHORER v.i. Fam. Déployer une activité intellectuelle intense ; réfléchir beaucoup.

PHOSPHORESCENCE n.f. **1.** Propriété que présentent quelques corps (notamment les sulfures de zinc et de cadmium) d'émettre de la lumière de façon durable après avoir été excités. **2.** Émission de lumière par certains êtres vivants. *La phosphorescence du lampyre.* **3.** Cour. (Impropre en sc.). Luminescence du phosphore. ◇ Luminescence, quelle qu'elle soit.

PHOSPHORESCENT, E adj. Doué de phosphorescence.

PHOSPHOREUX, EUSE adj. Qui contient du phosphore. *Alliage phosphoreux.* – *Anhydride phosphoreux :* composé (P_2O_3) formé par la combustion lente du phosphore. – *Acide phosphoreux :* acide (H_3PO_3) correspondant.

PHOSPHORIQUE adj. *Anhydride phosphorique :* combinaison (P_2O_5) de phosphore et d'oxygène, formé par combustion vive. – *Acide phosphorique,* correspondant à cet anhydride ; spécialt, l'acide H_3PO_4.

PHOSPHORISME n.m. Intoxication par le phosphore.

PHOSPHORITE n.f. Phosphate naturel de calcium.

PHOSPHORYLATION n.f. BIOCHIM. Réaction au cours de laquelle un radical phosphoryle se fixe sur un composé organique.

PHOSPHORYLE n.m. CHIM. Radical de valence 3 formé d'un atome de phosphore et d'un atome d'oxygène.

PHOSPHURE n.m. CHIM. Corps résultant de la combinaison du phosphore et d'un autre élément.

PHOT [fɔt] n.m. Ancienne unité d'éclairement équivalant à 1 lumen par cm^2, soit 10 000 lux (symb. ph). [Cette unité n'est plus légale en France.]

PHOTO n.f. (abrév.). **1.** Photographie. *Faire de la photo.* **2.** Image photographique. *Une jolie photo.* ◆ adj. inv. Photographique. *Appareil photo.*

PHOTOBIOLOGIE ou **PHOTOLOGIE** n.f. Étude des effets de la lumière, des rayonnements, sur les êtres vivants.

PHOTOCATHODE n.f. Cathode d'une cellule photoélectrique.

PHOTOCHIMIE n.f. Branche de la chimie qui étudie les effets de la lumière, des rayonnements sur les réactions chimiques.

PHOTOCHIMIQUE adj. Qui concerne la photochimie ou les effets chimiques de la lumière.

PHOTOCOMPOSER v.t. IMPR. Composer (un texte) par photocomposition.

PHOTOCOMPOSEUSE n.f. Machine de photocomposition.

PHOTOCOMPOSITEUR ou **PHOTOCOMPOSEUR** n.m. Industriel spécialisé dans la photocomposition.

PHOTOCOMPOSITION n.f. IMPR. Procédé de composition fournissant directement des textes sur films photographiques.

PHOTOCONDUCTEUR, TRICE adj. Qui présente ou utilise le phénomène de photoconduction. SYN. : *photorésistant.*

PHOTOCONDUCTION n.f. Propriété de certaines substances dont la conduction électrique varie sous l'effet d'un rayonnement lumineux.

PHOTOCOPIE n.f. Procédé de reproduction rapide des documents par photographie ou Xérographie ; reproduction ainsi obtenue.

PHOTOCOPIER v.t. Faire la photocopie de.

PHOTOCOPIEUR n.m. ou **PHOTOCOPIEUSE** n.f. Appareil de photocopie.

PHOTOCOPILLAGE n.m. (de *photocopie* et *pillage*). DR. Action de reproduire un ouvrage, partiellement ou en totalité.

PHOTODIODE n.f. Diode à semi-conducteur dans laquelle un rayonnement lumineux incident détermine une variation du courant électrique.

PHOTODISSOCIATION n.f. Dissociation d'une molécule par l'action de la lumière, d'un rayonnement.

PHOTOÉLASTICIMÉTRIE n.f. Méthode d'analyse optique des contraintes ou des déformations subies par les solides, fondée sur la photoélasticité.

PHOTOÉLASTICITÉ n.f. Propriété que présentent certaines substances transparentes isotropes de devenir biréfringentes sous l'influence de déformations élastiques.

PHOTOÉLECTRICITÉ n.f. Production d'électricité par l'action de la lumière ; électricité ainsi produite.

PHOTOÉLECTRIQUE adj. Qui a trait à la photoélectricité. ◇ *Effet photoélectrique :* propriété qu'ont certains métaux d'émettre des électrons sous l'effet de radiations lumineuses dont la fréquence est supérieure à un seuil caractéristique du métal *(seuil photoélectrique).* ◇ *Cellule photoélectrique :* dispositif utilisant l'effet photoélectrique et, spécialt, instrument de mesure de l'intensité du rayonnement lumineux, utilisé notamment en photographie pour le calcul des temps de pose, des ouvertures du diaphragme.

PHOTOÉMETTEUR, TRICE adj. Susceptible d'effet photoélectrique.

PHOTO-FINISH [fɔtofiniʃ] n.f. (pl. *photos-finish*). Appareil photographique enregistrant automatiquement l'ordre des concurrents à l'arrivée d'une course ; photographie ainsi obtenue.

PHOTOGÈNE adj. BIOL. Qui produit de la lumière. *Organe photogène.*

PHOTOGENÈSE n.f. BIOL. Production de lumière par des organes photogènes.

PHOTOGÉNIQUE adj. **1.** Cour. Dont l'image photographique ou cinématographique produit un bel effet. *Visage photogénique.* ◇ Qui paraît plus beau en photographie ou au cinéma qu'au naturel. *Elle n'est pas très jolie, mais elle est extrêmement photogénique.* **2.** SC. Relatif aux effets chimiques de la lumière sur certains corps.

PHOTOGÉOLOGIE n.f. Technique de l'établissement de cartes géologiques à partir de photographies aériennes et de levés sur le terrain en nombre limité.

PHOTOGRAMMÉTRIE n.f. Application de la stéréophotographie aux levés topographiques, aux relevés des formes et des dimensions des objets, des reliefs, etc.

PHOTOGRAPHE n. **1.** Personne qui prend des photos, en amateur ou à titre professionnel. **2.** Commerçant, artisan qui développe, tire des clichés et accessoirement vend du matériel photographique.

PHOTOGRAPHIE n.f. (du gr. *phôs, phôtos,* lumière, et *graphein,* tracer). **1.** Technique permettant de fixer l'image des objets sur une surface rendue sensible à la lumière par des procédés chimiques. ◇ Cette technique employée comme moyen d'expression artistique ; art du photographe. – CIN. *Directeur de la photographie :* technicien responsable de la prise de vues. SYN. : *chef opérateur.* **2.** Image obtenue par cette technique. *Album de photographies.* **3.** Description, reproduction précise et fidèle de qqch. *Ce sondage donne une photographie de l'opinion.*

PHOTOGRAPHIER v.t. **1.** Obtenir par la photographie l'image de. **2.** Imprimer fortement dans sa mémoire l'image de (qqn, qqch). **3.** Décrire, représenter avec une grande fidélité et une grande précision.

PHOTOGRAPHIQUE adj. **1.** Relatif à la photographie. **2.** Qui a la fidélité, la précision de la photographie.

PHOTOGRAPHIQUEMENT adv. Par la photographie.

PHOTOGRAVEUR n.m. Professionnel spécialiste de la photogravure.

PHOTOGRAVURE n.f. Technique de la gravure des clichés d'impression par des procédés photographiques et chimiques (morsure à l'acide des planches insolées).

PHOTO-INTERPRÉTATION n.f. (pl. *photos-interprétations*). Interprétation (repérage, identification et analyse des éléments figurés) des photographies aériennes ou spatiales.

PHOTOLITHOGRAPHIE n.f. Procédé de reproduction d'images photographiques au moyen de formes d'impression lithographiques sensibilisées.

PHOTOLOGIE n.f. → *photobiologie.*

PHOTOLUMINESCENCE n.f. Luminescence provoquée par un rayonnement visible, ultraviolet ou infrarouge.

PHOTOLYSE n.f. CHIM. Décomposition chimique par la lumière.

PHOTOMACROGRAPHIE n.f. Macrophotographie.

PHOTOMATON n.m. (nom déposé). Appareil qui prend et développe automatiquement des photographies d'identité.

PHOTOMÉCANIQUE adj. IMPR. Se dit de tout procédé de reproduction et d'impression dans lequel on fait usage d'un cliché photographique.

PHOTOMÈTRE n.m. OPT. Instrument de mesure de l'intensité d'une source lumineuse.

PHOTOMÉTRIE n.f. Partie de la physique qui traite de la mesure des grandeurs relatives aux rayonnements lumineux ; cette mesure.

PHOTOMÉTRIQUE adj. Relatif à la photométrie.

PHOTOMICROGRAPHIE n.f. Photographie d'images fournies par un microscope ; cliché ainsi obtenu.

PHOTOMONTAGE n.m. Montage ou collage réalisé à partir de plusieurs images photographiques.

PHOTOMULTIPLICATEUR, TRICE adj. *Cellule photomultiplicatrice* ou *photomultiplicateur,* n.m. : cellule photoélectrique à multiplication d'électrons.

PHOTON [fɔtɔ̃] n.m. PHYS. Quanton spécifique de la lumière, véhicule des interactions électromagnétiques.

PHOTONIQUE adj. Relatif aux photons.

PHOTOPÉRIODE n.f. Durée du jour, considérée du point de vue de ses effets biologiques.

PHOTOPÉRIODIQUE adj. Du photopériodisme ; qui est lié au photopériodisme.

PHOTOPÉRIODISME n.m. Réaction des êtres vivants, et notamm. des plantes, à une succession définie de périodes de lumière et d'obscurité.

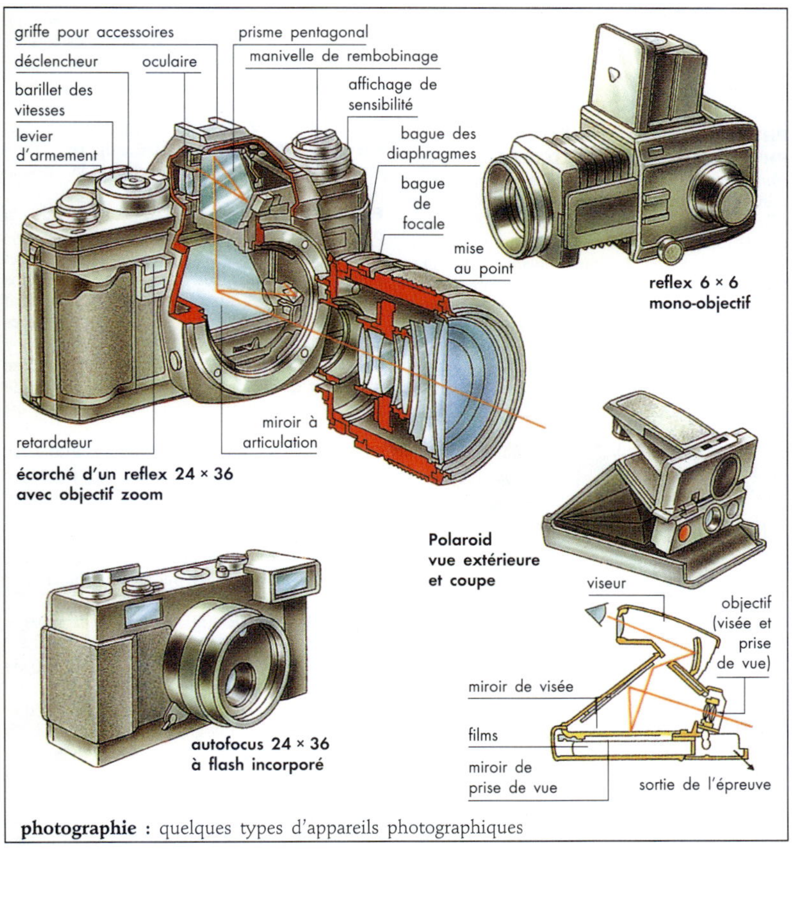

photographie : quelques types d'appareils photographiques

PHOTOPHOBIE n.f. **1.** Phobie de la lumière. **2.** Sensation pénible produite par la lumière, dans certaines maladies.

1. PHOTOPHORE n.m. (gr. *phôtophoros,* lumineux). **1.** Lampe portative à manchon incandescent ou à réflecteur. **2.** Coupe décorative en verre le plus souvent teinté, destinée à abriter une bougie ou une veilleuse.

2. PHOTOPHORE adj. BIOL. *Organe photophore,* luminescent, chez certains animaux comme le ver luisant.

PHOTOPILE n.f. Dispositif transformant un rayonnement électromagnétique en courant électrique. SYN. : *cellule photovoltaïque, cellule* ou *pile solaire.*

PHOTOPOLYMÈRE adj. *Plastique photopolymère,* sensibilisé dans la masse et utilisé pour la confection de clichés et de formes d'impression typographiques.

PHOTORÉCEPTEUR n.m. Cellule réceptrice visuelle (cône ou bâtonnet de la rétine).

PHOTOREPORTAGE n.m. Reportage constitué essentiellement de documents photographiques.

PHOTORÉSISTANT, E adj. Photoconducteur.

PHOTO-ROBOT n.f. (pl. *photos-robots*). Portrait reconstitué d'après des témoignages, pour les enquêtes de police.

PHOTO-ROMAN n.m. (pl. *photos-romans*). Roman-photo.

PHOTOSENSIBILISATION n.f. MÉD. Sensibilisation, allergie de la peau à la lumière (surtout solaire).

PHOTOSENSIBILITÉ n.f. Sensibilité aux radiations lumineuses.

PHOTOSENSIBLE adj. Sensible aux rayonnements lumineux. *Émulsion, plaque photosensible.*

PHOTOSPHÈRE n.f. Couche superficielle lumineuse d'une étoile, spécialt du Soleil, qui constitue la partie habituellement visible de l'astre.

PHOTOSTAT n.m. Rare. Document obtenu par photocopie.

PHOTOSTOPPEUR, EUSE n. Personne qui photographie les passants et leur propose la vente de leur portrait.

PHOTOSTYLE n.m. INFORM. Dispositif en forme de crayon comportant un élément photosensible, et qui permet l'utilisation interactive d'un ordinateur grâce à ses déplacements sur un écran de visualisation. SYN. : *crayon optique.*

PHOTOSYNTHÈSE n.f. Chez les végétaux et certaines bactéries, processus de fabrication de matière organique utilisant la lumière solaire comme source d'énergie. SYN. (VX) : *assimilation chlorophyllienne.*

PHOTOSYNTHÉTIQUE adj. Relatif à la photosynthèse.

PHOTOTACTISME n.m. BIOL. **1.** Réaction des êtres unicellulaires à une variation d'intensité lumineuse. **2.** Phototropisme.

PHOTOTAXIE n.f. Réaction d'orientation par rapport à la lumière d'organismes se déplaçant librement.

PHOTOTHÈQUE n.f. **1.** Collection d'archives photographiques. **2.** Lieu où une telle collection est conservée.

PHOTOTHÉRAPIE n.f. MÉD. Traitement par la lumière (naturelle ou artificielle).

PHOTOTRANSISTOR n.m. Transistor utilisant l'effet photoélectrique.

PHOTOTROPISME n.m. Orientation de croissance par rapport à la lumière des organismes fixés, particulièrement des végétaux.

PHOTOTYPE n.m. Image négative ou positive réalisée sur un support photographique opaque ou transparent.

PHOTOTYPIE n.f. Procédé d'impression à l'encre grasse au moyen de plaques de verre garnies de gélatine bichromatée.

PHOTOVOLTAÏQUE adj. Qui a trait à la conversion de l'énergie lumineuse en énergie électrique. – *Cellule photovoltaïque :* photopile.

PHRAGMITE n.m. (du gr. *phragma,* clôture). **1.** Roseau commun à grandes tiges, à feuilles aiguës, utilisé en vannerie. **2.** Fauvette des joncs.

PHRASE n.f. (gr. *phrasis,* de *phrazein,* expliquer). **1.** Unité du discours, partie d'un énoncé généralement formée de plusieurs mots ou groupes de mots *(propositions)* dont la construction présente un sens complet. ◇ *Faire des phrases :* tenir un discours creux, conventionnel. – *Sans phrases :*

sans commentaire, sans détour. – *Phrase toute faite :* formule conventionnelle, cliché. – *Petite phrase :* élément d'un discours, en partic. politique, repris par les médias pour son impact potentiel sur l'opinion. **2.** MUS. Suite de notes formant une unité mélodique expressive.

PHRASÉ n.m. MUS. Art d'interpréter une pièce musicale en respectant la dynamique expressive de ses phrases (accents mélodiques, pauses, rythme...) ; l'interprétation elle-même.

PHRASÉOLOGIE n.f. **1.** Ensemble des constructions et expressions propres à une langue, un milieu, une spécialité, une époque. *Phraséologie judiciaire.* **2.** Péj. Assemblage de formules pompeuses, de termes compliqués ou vides de sens.

PHRASÉOLOGIQUE adj. Qui se rapporte à la phraséologie d'une langue, d'un milieu...

PHRASER v.t. MUS. Jouer (une phrase musicale, un air) en mettant en évidence, par des respirations et des accents convenablement placés, le développement de la ligne mélodique.

PHRASEUR, EUSE n. Personne qui s'exprime avec affectation et grandiloquence.

PHRASTIQUE adj. LING. Relatif à la phrase.

PHRATRIE n.f. (gr. *phratia*). **1.** ANTIQ. GR. Groupement de familles, subdivision de la tribu, constitué sur une base religieuse, sociale et politique. **2.** ANTHROP. Groupe de plusieurs clans, souvent exogamique.

PHRÉATIQUE adj. (du gr. *phrear, -atos,* puits). GÉOGR. *Nappe phréatique :* nappe d'eau souterraine, formée par l'infiltration des eaux de pluie et alimentant des puits et des sources.

PHRÉNIQUE adj. (du gr. *phrên,* diaphragme). ANAT. Du diaphragme. – *Nerf phrénique,* qui commande les contractions du diaphragme.

PHRÉNOLOGIE n.f. (du gr. *phrên,* pensée, et *logos,* science). Anc. Étude du caractère et des fonctions intellectuelles de l'homme d'après la conformation externe du crâne. (Fondée par F. J. Gall, la phrénologie, aujourd'hui complètement abandonnée, a constitué une étape importante dans l'étude du cerveau et de ses fonctions.)

PHRYGANE n.f. (gr. *phruganon,* bois mort). Insecte trichoptère dont la larve, aquatique, construit autour d'elle, à l'aide de végétaux, de sable, etc., des fourreaux de formes diverses qui inspirent les nombreuses appellations que lui donnent les pêcheurs : *porte-faix, traîne-bûches,* etc.

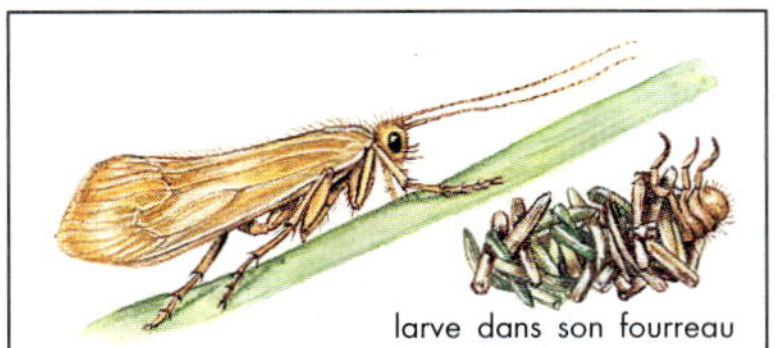

phrygane

PHRYGIEN, ENNE adj. et n. **1.** De la Phrygie. ◇ *Bonnet phrygien :* coiffure semblable au bonnet d'affranchi de la Rome antique et qui devint pendant la Révolution, sous le nom de *bonnet rouge,* l'emblème de la liberté, de la république. **2.** MUS. *Mode phrygien :* mode de *mi,* en musique d'Église (et auj., dans le jazz).

« Des patriotes exaltés arrachent la couronne du buste de Voltaire pour lui substituer le bonnet **phrygien.** » Détail d'une gouache des frères Lesueur. (Musée Carnavalet, Paris.)

PHTALÉINE n.f. Réactif utilisé en chimie, incolore en milieu acide ou neutre, rouge pourpre en milieu basique.

PHTALIQUE adj. *Acide phtalique :* dérivé du naphtalène et utilisé dans la fabrication de colorants, de résines synthétiques.

PHTIRIASE n.f. (du gr. *phtheir,* pou). Pédiculose du pubis.

PHTIRIUS n.m. (mot lat.). SC. Pou du pubis. SYN. (pop.) : *morpion.*

PHTISIE n.f. (gr. *phthisis,* dépérissement). Vx. Tuberculose pulmonaire ; consomption.

PHTISIOLOGIE n.f. Partie de la médecine qui étudie la tuberculose.

PHTISIOLOGUE n. Médecin spécialisé dans le traitement de la tuberculose.

PHTISIQUE adj. et n. Vx. Atteint de phtisie.

PHYCOÉRYTHRINE n.f. Pigment propre aux algues rouges, qui leur permet de capter les radiations lumineuses en eau profonde.

PHYCOMYCÈTE n.m. (gr. *phûkos,* algue, et *mukês,* champignon). BOT. Siphomycète.

PHYLACTÈRE n.m. (du gr. *phullatein,* protéger). **1.** Chacun des deux petits étuis renfermant un morceau de parchemin où sont inscrits des versets de la Torah et que les juifs pieux portent attachés au front et au bras gauche lors de certaines prières. SYN. : *tefillin.* **2.** Banderole où les artistes du Moyen Âge inscrivaient les paroles prononcées par les personnages d'un tableau, d'un vitrail, etc. **3.** Bulle, dans une bande dessinée.

PHYLARQUE n.m. (gr. *phularkhos*). ANTIQ. GR. Magistrat qui présidait les assemblées de chacune des dix tribus, à Athènes ; commandant d'un escadron de cavalerie fourni par une tribu.

PHYLÉTIQUE adj. Relatif à un phylum.

PHYLLADE n.m. (gr. *phullas,* feuillage). Roche schisteuse à laquelle de très fines paillettes de mica donnent un aspect soyeux.

PHYLLIE n.f. (du gr. *phullon,* feuille). Insecte orthoptère de Malaisie, ressemblant à une feuille verte.

phyllie

PHYLLOTAXIE n.f. BOT. Foliation.

PHYLLOXÉRA ou **PHYLLOXERA** n.m. (gr. *phullon,* feuille, et *xêros,* sec). **1.** ZOOL. *Phylloxéras :* groupe de pucerons parasites dont le type *(Phylloxera coccinea)* vit sur les feuilles du chêne et une espèce *(Phylloxera vastatrix)* s'attaque aux racines de la vigne. **2.** Cour. Maladie de la vigne causée par *Phylloxera vastatrix.* (Le phylloxéra fut introduit accidentellement en France avec des plants américains vers 1865 et détruisit plus de la moitié du vignoble ; celui-ci fut reconstitué depuis par des greffes sur plants américains résistant au parasite.)

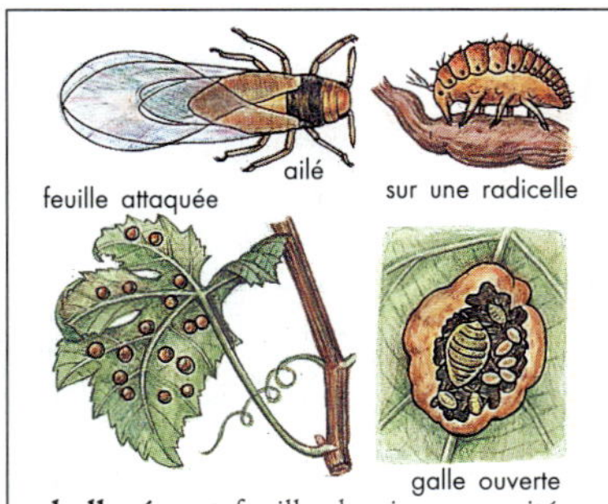

phylloxéra et feuille de vigne parasitée

PHYLLOXÉRÉ, E adj. Qui est atteint du phylloxéra.

PHYLLOXÉRIEN, ENNE ou **PHYLLOXÉRIQUE** adj. Propre au phylloxéra.

PHYLOGENÈSE ou **PHYLOGÉNIE** n.f. (gr. *phûlon,* tribu, et *genesis,* origine). BIOL. Étude de la formation et de l'évolution des espèces animales et végétales, en vue d'établir leur parenté.

PHYLOGÉNÉTIQUE ou **PHYLOGÉNIQUE** adj. Relatif à la phylogenèse.

PHYLUM [filɔm] n.m. BIOL. Série évolutive de formes animales ou végétales. SYN. : *lignée.*

PHYSALIE n.f. (gr. *phusalis,* vessie). Grande méduse des mers tempérées et chaudes, formée d'une vésicule flottante soutenant des polypes reproducteurs, nourriciers, et des filaments urticants longs de plusieurs mètres. (Embranchement des cnidaires ; ordre des siphonophores.)

PHYSALIS [fizalis] n.m. (mot gr.). Plante ornementale, d'origine américaine, dont le calice, après floraison, s'accroît en une sorte de cage membraneuse, orangée, entourant une grosse baie. SYN. : *alkékenge, coqueret, amour-en-cage.*

physalis

PHYSE n.f. Mollusque gastropode d'eau douce, à coquille longue de 1 cm environ.

PHYSICALISME n.m. PHILOS. Théorie qui affirme que le langage de la physique peut constituer un langage universel convenant à toutes les sciences. (Le physicalisme a été élaboré par certains représentants du cercle de Vienne.)

PHYSICIEN, ENNE n. Spécialiste de la physique.

PHYSICO-CHIMIE n.f. (pl. *physico-chimies*). Branche de la chimie qui applique les lois de la physique à l'étude des systèmes chimiques.

PHYSICO-CHIMIQUE adj. (pl. *physico-chimiques*). **1.** Qui relève à la fois de la physique et de la chimie. **2.** Relatif à la physico-chimie.

PHYSICO-MATHÉMATIQUE adj. (pl. *physico-mathématiques*). Qui concerne à la fois la physique et les mathématiques.

PHYSIOCRATE adj. et n. Partisan de la physiocratie.

PHYSIOCRATIE n.f. (gr. *phusis,* nature, et *kratos,* pouvoir). Au XVIIIe s., doctrine de certains économistes qui, avec Quesnay, considéraient la terre et l'agriculture comme les sources essentielles de la richesse.

PHYSIOGNOMONIE n.f. Anc. Science qui se proposait de connaître les hommes par l'étude de leur physionomie. *La physiognomonie de Lavater.*

PHYSIOLOGIE n.f. **1.** Science qui étudie les fonctions organiques par lesquelles la vie se manifeste et se maintient sous sa forme individuelle. ◇ *Physiologie pathologique :* physiopathologie. **2.** LITTÉR. Au début du XIXe s., ouvrage traitant de manière « objective » une réalité humaine. *La « Physiologie du mariage », de Balzac.*

PHYSIOLOGIQUE adj. Relatif à la physiologie.

PHYSIOLOGIQUEMENT adv. Du point de vue physiologique.

PHYSIOLOGISTE n. Chercheur scientifique spécialisé en physiologie.

PHYSIONOMIE n.f. (du gr. *phusis,* nature, et *gnômôn,* qui connaît). **1.** Ensemble des traits du visage ayant un caractère particulier et exprimant l'humeur, le tempérament, le caractère. *Physionomie ouverte.* **2.** Caractère, aspect qu'une chose possède en propre, qui la singularise. *Physionomie d'un quartier. Physionomie d'un scrutin.*

PHYSIONOMISTE adj. et n. Qui est capable de reconnaître immédiatement une personne déjà rencontrée.

PHYSIOPATHOLOGIE n.f. Étude des troubles qui perturbent les fonctions physiologiques et sont responsables des signes pathologiques. SYN. : *physiologie pathologique.*

PHYSIOPATHOLOGIQUE adj. Relatif à la physiopathologie.

PHYSIOTHÉRAPIE n.f. Traitement médical au moyen d'agents physiques (lumière, chaleur, froid, électricité, irradiations, etc.).

1. PHYSIQUE n.f. (gr. *phusikê,* de *phusis,* nature). Science qui étudie les propriétés générales de la matière, de l'espace, du temps, et établit les lois qui rendent compte des phénomènes naturels. ◇ *Physique du globe :* géophysique.

2. PHYSIQUE adj. **1.** Qui appartient à la nature, s'y rapporte. *Géographie physique.* **2.** Qui concerne le corps humain. *Exercices physiques. Culture, éducation physique.* **3.** Relatif à la physique. *Propriétés physiques d'un corps.* ◇ *Sciences physiques :* la physique et la chimie.

3. PHYSIQUE n.m. **1.** Aspect extérieur, général d'une personne. – *Avoir le physique de l'emploi,* un physique conforme au rôle interprété, ou, par ext., au métier exercé. **2.** Constitution du corps ; état de santé. *Le physique influe sur le moral.*

PHYSIQUEMENT adv. **1.** Du point de vue de la physique. *Phénomène physiquement inexplicable.* **2.** Au physique, en ce qui concerne l'aspect physique. *Elle n'est pas mal physiquement.* **3.** Sexuellement. *Ils ne s'entendent pas physiquement.*

PHYSISORPTION n.f. CHIM. Phénomène d'adsorption dont le mécanisme est dû à des actions physiques.

PHYSOSTIGMA n.m. Plante volubile de Guinée dont les graines, appelées *fèves de Calabar,* sont très toxiques. (Famille des papilionacées.)

PHYSOSTOME n.m. *Physostomes :* ancien ordre de poissons téléostéens, dont la vessie natatoire est reliée à l'œsophage.

PHYTÉLÉPHAS [fitelefas] n.m. (gr. *phuton,* plante, et *elephas,* éléphant). Arbre de l'Amérique tropicale, dont une espèce produit des graines qui fournissent le corozo.

PHYTOBIOLOGIE n.f. Biologie végétale.

PHYTOCIDE adj. et n.m. Se dit d'un produit susceptible de tuer les végétaux.

PHYTOFLAGELLÉ n.m. BOT. Protiste flagellé contenant de la chlorophylle (euglène, chlamydomonas, etc.).

PHYTOGÉOGRAPHIE n.f. Étude de la distribution des plantes sur la Terre.

PHYTOHORMONE n.f. Hormone végétale.

PHYTOPATHOLOGIE n.f. Étude des maladies des plantes.

PHYTOPHAGE adj. et n.m. Se dit d'un animal (insecte, en partic.) qui se nourrit de matières végétales.

PHYTOPHARMACIE n.f. Étude et préparation des produits destinés au traitement des maladies des plantes.

PHYTOPHTHORA n.m. Champignon parasite du châtaignier, de la pomme de terre. (Classe des siphomycètes ; ordre des péronosporales.)

PHYTOPLANCTON n.m. Plancton végétal.

PHYTOSANITAIRE adj. Relatif aux soins à donner aux végétaux.

PHYTOSOCIOLOGIE n.f. Étude des associations végétales.

PHYTOTHÉRAPEUTE n. Personne qui traite les maladies par phytothérapie.

PHYTOTHÉRAPIE n.f. Traitement des maladies par les plantes.

PHYTOTRON n.m. Laboratoire équipé pour l'étude des conditions physiques et chimiques nécessaires au développement des plantes.

PHYTOZOAIRE n.m. Zoophyte.

PI n.m. inv. **1.** Seizième lettre de l'alphabet grec (Π, π), correspondant au *p* français. **2.** MATH. Symbole représentant le rapport constant de la circonférence d'un cercle à son diamètre, soit approximativement 3,141 6. ◆ n.m. PHYS. Pion.

PIACULAIRE adj. (lat. *piacularis,* expiatoire). Didact. Expiatoire.

PIAF n.m. Fam. Moineau.

PIAFFANT, E adj. Qui piaffe.

PIAFFEMENT n.m. Action de piaffer.

1. PIAFFER v.i. (onomat.). **1.** En parlant du cheval, frapper la terre des pieds de devant. **2.** Par ext. S'agiter, trépigner. *Piaffer d'impatience.*

2. PIAFFER n.m. ÉQUIT. Figure de haute école dans laquelle le cheval lève et abaisse alternativement ses pieds, sans avancer ni reculer.

PIAFFEUR, EUSE adj. Qui piaffe (cheval).

PIAILLARD, E ou **PIAILLEUR, EUSE** adj. et n. Qui piaille, crie sans cesse.

PIAILLEMENT n.m. Action de piailler ; bruit d'oiseaux, de personnes qui piaillent.

PIAILLER v.i. (onomat.). **1.** En parlant des oiseaux, pousser des cris aigus et répétés. **2.** Fam. Crier sans cesse ; criailler.

PIAILLERIE n.f. Fam. Criaillerie.

PIAN [pjɑ̃] n.m. (mot tupi). Maladie tropicale infectieuse et contagieuse, due à un tréponème et provoquant des lésions cutanées.

1. PIANISSIMO adv. (mot it.). MUS. Avec une très faible intensité de son. Abrév. : *PP.*

2. PIANISSIMO n.m. (pl. *pianissimos* ou *pianissimi*). MUS. Passage joué pianissimo.

PIANISTE n. Personne qui fait profession de jouer du piano, ou qui en joue habituellement.

PIANISTIQUE adj. MUS. Relatif au piano. *Technique pianistique.*

1. PIANO n.m. (de *pianoforte*). **1.** Instrument de musique à cordes frappées par de petits marteaux et à clavier. ◇ *Piano droit,* dont les cordes et la table d'harmonie sont verticales. – *Piano à queue,* dont les cordes et la table d'harmonie sont horizontales. – *Piano préparé,* dont les cordes sont munies d'objets (clous, morceaux de bois, de métal, de caoutchouc...) servant à en transformer le son. **2.** Pop. *Piano à bretelles :* accordéon. **3.** TECHN. Grand fourneau occupant le milieu de la cuisine, dans un restaurant, un hôtel.

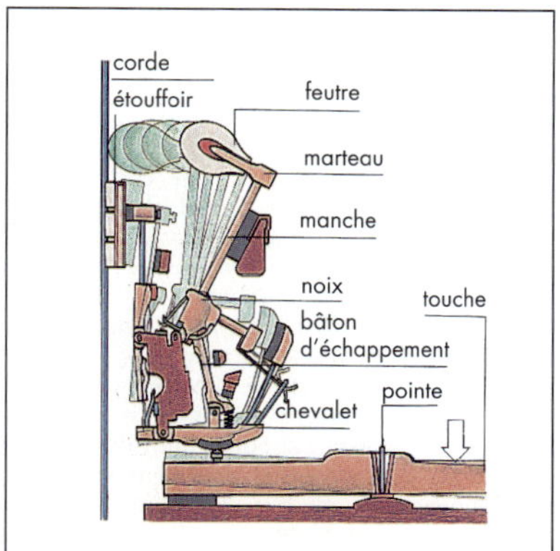

piano droit : mécanisme de percussion

piano électronique

2. PIANO adv. (mot it.). MUS. Avec une faible intensité de son. Abrév. : *P.* ◇ Fig., fam. *Aller, y aller piano,* doucement.

PIANO-BAR n.m. (pl. *pianos-bars*). Bar dans lequel un pianiste entretient une ambiance musicale.

PIANOFORTE [pjanofɔrte] n.m. inv. (mot it.). MUS. Instrument à cordes frappées et à clavier, inventé au XVIIIe s., dont l'évolution a donné naissance au piano moderne.

PIANOTAGE n.m. Action de pianoter.

PIANOTER v.i. **1.** Jouer du piano maladroitement. **2.** Tapoter sur qqch avec les doigts. **3.** Fam. Taper sur les touches d'un clavier de matériel informatique, de Minitel.

PIASSAVA n.m. Fibre produite par des palmiers d'Amérique et utilisée en brosserie.

PIASTRE n.f. (it. *piastra,* lame de métal). **1.** Dans de nombreux pays, unité monétaire principale ou divisionnaire. (→ ***monnaie.***) **2.** Canada. Fam. Dollar. **3.** ARCHIT. Piécette.

PIAULE [pjol] n.f. Fam. Chambre.

PIAULEMENT n.m. Cri aigu, piaillement.

PIAULER v.i. (onomat.). **1.** Pousser des cris aigus, en parlant des poulets, de certains oiseaux. **2.** Crier en pleurant, en parlant des enfants.

PIAZZA [pjadza] n.f. (mot it., *place*). Espace libre piétonnier, dans un ensemble architectural urbain.

P. I. B. n.m. (sigle). Produit* intérieur brut.

PIBALE n.f. Civelle.

PIBLE (À) loc. adv. (anc. fr. *pible,* peuplier). MAR. *Mât à pible,* d'une seule pièce.

PIBROCK n.m. (du gaélique). Rare. Cornemuse écossaise.

1. PIC n.m. (lat. *picus*). Oiseau grimpeur, qui frappe avec le bec sur l'écorce des arbres pour en faire sortir les larves.

pic (pivert mâle)

2. PIC n.m. (du précéd.). Instrument composé d'un fer pointu, souvent légèrement courbé, ajusté à un manche, pour démolir, creuser la terre, ébaucher ou dresser une pièce, etc.

3. PIC n.m. (anc. prov. *pic,* sommet). **1.** Montagne isolée, dont le sommet dessine une pointe. *Le pic du Midi de Bigorre.* **2.** Fig. Maximum d'intensité atteint par un phénomène. *Pic d'audience, de pollution.* **3.** MAR. Corne, et, spécialt, corne d'artimon.

PIC (À) loc. adv. (de *piquer*). **1.** Verticalement, perpendiculairement. ◇ *Couler à pic,* directement au fond de l'eau. **2.** Fig., fam. Au bon moment, à point nommé. *Vous arrivez à pic.*

1. PICA n.m. (mot lat., *pie*). MÉD. Appétit morbide pour des substances non comestibles.

2. PICA n.m. Unité de mesure typographique correspondant à 4,217 mm. ◇ (En app.). *Point pica :* douzième partie du pica.

PICADOR n.m. (mot esp.). Cavalier qui, dans une corrida, fatigue le taureau avec une pique.

PICAGE n.m. VÉTÉR. Habitude, due généralement à une carence alimentaire, qui conduit certains jeunes oiseaux d'élevage à se becqueter et s'arracher les plumes entre eux.

PICAILLONS n.m. pl. (mot savoyard, de l'anc. prov. *piquar,* sonner). Pop. Argent.

PICARD, E adj. et n. De Picardie. ◆ n.m. Dialecte de langue d'oïl de la Picardie et de l'Artois.

PICARDAN n.m. Cépage du bas Languedoc ; vin blanc liquoreux *(muscat)* qui en provient.

PICAREL n.m. Poisson osseux des mers chaudes et tempérées. (Long. 20 cm env.)

PICARESQUE adj. (de l'esp. *picaro,* vaurien). LITTÉR. Se dit des romans, des pièces de théâtre dont le héros est un aventurier issu du peuple et volontiers vagabond, voleur ou mendiant. *La « Vie de Lazarillo de Tormes » (1554) est le premier roman picaresque.*

PICCOLO n.m. (mot it., *petit*). Petite flûte traversière accordée à l'octave supérieure de la grande flûte. SYN. (rare) : *octavin.*

PICHENETTE n.f. Fam. Petit coup appliqué avec le doigt replié et brusquement détendu ; chiquenaude.

PICHET [piʃɛ] n.m. (anc. fr. *pichier*). Petite cruche à anse et à bec pour les boissons.

PICHOLINE [pikɔlin] n.f. (prov. *pichoulino*). Petite olive verte à bout pointu, que l'on consomme généralement marinée, en hors-d'œuvre.

PICKLES [pikœls] n.m. pl. (mot angl.). Petits légumes, fruits confits dans du vinaigre aromatisé et utilisés comme condiment.

PICKPOCKET [pikpɔkɛt] n.m. (mot angl. ; de *to pick,* enlever, et *pocket,* poche). Voleur à la tire.

PICK-UP [pikœp] n.m. inv. (angl. *to pick up,* recueillir). **1.** Vieilli. Lecteur de disques ; appareil qui transforme en impulsions électriques les vibrations mécaniques enregistrées sur un disque. ◇ Vieilli. Électrophone. **2.** AGRIC. Organe de ramassage placé à l'avant des moissonneuses-batteuses ou des ramasseuses-presses. **3.** AUTOM. Véhicule utilitaire léger comportant un plateau non recouvert, avec ridelles.

PICO-, élément (symb. p) qui, placé devant une unité, la divise par 10^{12}.

PICOLER v.i. et t. Fam. Boire (de l'alcool).

PICORER v.t. (de *piquer,* voler). **1.** Saisir de la nourriture avec le bec, en parlant des oiseaux. – Absolt. *Les poules picorent.* **2.** Prendre çà et là des aliments ; grignoter. – Absolt. *Elle ne mange rien, elle picore.*

PICOT n.m. (de *pic*). **1.** Petite pointe d'un morceau de bois qui n'a pas été coupé net. **2.** Outil pour dégrader les joints de maçonnerie. **3.** Marteau pointu des carriers. **4.** Petite dent au bord d'un passement, d'une dentelle, etc. **5.** Filet pour prendre les poissons plats.

PICOTAGE n.m. Action de picoter.

PICOTE n.f. Vx. Variole.

PICOTÉ, E adj. Marqué d'un grand nombre de petits points.

PICOTEMENT n.m. Sensation de piqûre légère et répétée.

PICOTER v.t. (de *piquer*). **1.** Causer un, des picotements. *La fumée picote les yeux.* **2.** Becqueter. *L'oiseau picote les fruits.*

PICOTIN n.m. (de *picoter*). Anc. Mesure d'avoine pour un cheval (à Paris, 2,50 l).

PICPOUL n.m. Cépage blanc cultivé dans le Midi et le Sud-Ouest ; vin obtenu avec ce cépage.

PICRATE n.m. (gr. *pikros,* amer). **1.** CHIM. Sel de l'acide picrique. **2.** Pop. Vin de mauvaise qualité.

PICRIDIUM n.m. BOT. Plante à suc amer. (Famille des composées.)

PICRIQUE adj. *Acide picrique,* obtenu par l'action de l'acide nitrique sur le phénol.

PICRIS n.m. BOT. Plante herbacée à fleurs jaunes, commune dans les prés et les chemins. (Famille des composées.)

PICTOGRAMME n.m. Dessin, signe d'une écriture pictographique. ◇ Spécialt. Dessin schématique normalisé destiné à signifier, notamm. dans les lieux publics, certaines indications simples (telles que direction de la sortie, interdiction de fumer, emplacement des toilettes, etc.).

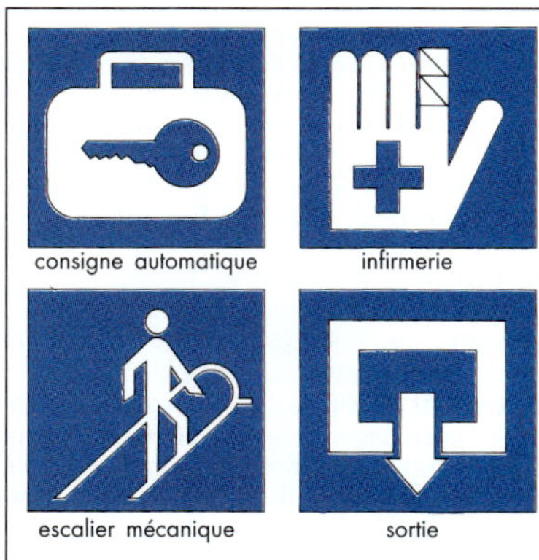

exemples de **pictogrammes**

PICTOGRAPHIE n.f. **1.** Écriture formée de pictogrammes. **2.** Utilisation de pictogrammes pour la communication de messages.

PICTOGRAPHIQUE adj. Se dit d'une écriture dans laquelle les concepts sont représentés par des scènes figurées ou par des symboles complexes.

PICTORIALISME n.m. BX-A. Courant qui s'épanouit dans la pratique de la photographie, de la fin du XIXᵉ s. aux alentours des années 1920 et qui s'efforçait de rendre l'image photographique unique, à l'égal de l'œuvre peinte.

PICTURAL, E, AUX adj. (lat. *pictura*). De la peinture, relatif à la peinture en tant qu'art.

PIC-VERT n.m. (pl. *pics-verts*) → ***pivert.***

PIDGIN [pidʒin] n.m. (prononciation chin. de l'angl. *business*). Parler rudimentaire né de la simplification de langues en contact et ne servant qu'à des besoins limités (commerciaux, notamment), sans être la langue maternelle de personne. (Le *pidgin english* est un mélange d'anglais et de chinois.)

1. PIE n.f. (lat. *pica*). **1.** Passereau à plumage noir bleuté et blanc et à longue queue, commun en France. – *La pie jacasse, jase,* pousse son cri. ◇ *Trouver la pie au nid* : faire une découverte intéressante, trouver qqch de rare. – *Fromage à la pie* : fromage frais mélangé de fines herbes. **2.** Fam. Personne bavarde.

pie

2. PIE adj. inv. **1.** *Cheval, jument, vache pie,* à robe composée de larges taches blanches et d'une autre couleur. *Race pie rouge de l'Est.* **2.** *Voiture pie* : voiture de police à carrosserie noir et blanc.

3. PIE adj.f. (lat. *pia,* pieuse). Litt. *Œuvre pie* : œuvre pieuse.

PIÈCE n.f. (bas lat. *petia ;* du gaul.). **1.** Chacun des espaces habitables délimités par des murs ou des cloisons et dont l'ensemble constitue un logement. **2.** Morceau de métal plat, généralement façonné en disque, et servant de valeur d'échange, de monnaie. *Une pièce de un franc.* ◇ *Donner la pièce à qqn,* un pourboire. **3. a.** Ouvrage dramatique. *Une pièce en trois actes.* ◇ Fig., litt. *Faire pièce à qqn,* le contrecarrer, le mettre en échec. **b.** Composition littéraire, musicale. *Une pièce de vers, une pièce pour hautbois.* **4.** Document écrit servant à apporter une information, à établir un fait, etc. *Les pièces d'un dossier. Pièces justificatives.* ◇ *Pièce d'identité,* permettant de s'assurer de l'identité de qqn. – *Pièce à conviction,* destinée à servir d'élément de preuve dans un litige, un procès-verbal, etc. – Fig. *Juger sur pièces, avec pièces à l'appui* : se faire une opinion d'après des faits que l'on a soi-même constatés. **5.** HÉRALD. Meuble. **6.** Partie constitutive d'un tout ; morceau, fragment. *La pièce de résistance d'un repas.* ◇ Élément d'un ensemble, d'une collection. *Les pièces d'un service de table.* **a.** *Un vêtement une (deux,* etc.) *pièce(s),* composé de un ou plusieurs éléments. **b.** Partie constitutive d'un ensemble mécanique. *Les pièces d'un moteur.* – *Pièce détachée, de rechange,* que l'on peut acquérir isolément pour remplacer un élément usagé, détérioré. – *En pièces détachées* : démonté, dont les parties sont disjointes. **c.** Figure ou pion du jeu d'échecs. **d.** MÉD. *Pièce anatomique* : partie d'un cadavre préparée pour l'étude, la dissection. **e.** *(Fait) de pièces et de morceaux* : composé de parties disparates. – *Mettre, tailler en pièces* : détruire ; mettre en déroute. – *De toutes pièces* : entièrement, sans utiliser aucun élément existant préalablement. *Forger une histoire de toutes pièces.* – *Tout d'une pièce* : d'un seul morceau, d'un seul bloc ; fig., en parlant de qqn, d'un caractère : entier, sans souplesse. **7.** Objet considéré en soi, constituant à lui seul un tout envisagé sous le rapport de son utilité, de sa fonction. **a.** *Pièce de charpente* : morceau de bois travaillé, prêt à être utilisé pour la charpente. – *Pièce d'eau* : petit étang, bassin dans un parc, etc. – *Pièce de vin* : tonneau de vin. – *Pièce de drap, de coton,* etc. : rouleau de drap, de coton, etc. – *Pièce de terre* : espace de terre cultivable. – *Pièce de bétail* : tête de bétail. – *Pièce d'artillerie* : bouche à feu, canon ; ensemble de ses servants. **b.** Morceau de tissu pour le raccommodage d'un vêtement, etc. *Mettre une pièce à un pantalon.* ◇ CHIR. Recomm. off. pour *patch.* **c.** *Une belle pièce* : une grosse prise faite par un chasseur, un pêcheur. ◇ *Une pièce de collection, de musée* : un objet rare, digne d'appartenir à une collection, de figurer dans un musée. **d.** *Pièce montée* : grande pâtisserie architecturée, d'effet décoratif, souvent formée de petits choux disposés en pyramide. **e.** *À la pièce, aux pièces* : en proportion du travail réalisé. *Être payé aux pièces.* – Fam. *On n'est pas aux pièces* : on a tout le temps, on n'est pas pressé. – *(Cent francs) pièce, la pièce,* l'unité. – *Pièce à pièce* : un objet après l'autre. *Acquérir du mobilier pièce à pièce.*

PIÉCETTE n.f. **1.** Petite pièce de monnaie. **2.** ARCHIT. et ARTS DÉC. Petit disque vu de trois quarts dont la répétition en chapelet constitue un ornement. SYN. : *piastre, pirouette.*

PIED n.m. (lat. *pes, pedis*). **I. 1.** Partie de l'extrémité de la jambe qui sert à l'homme à se soutenir et à marcher. *Le squelette du pied comporte le tarse* (astragale, calcanéum, scaphoïde, cuboïde, cunéiformes), *le métatarse* (métatarsiens) *et les phalanges* (orteils). – *Pied plat* : pied trop large et trop aplati par affaissement de la voûte plantaire. ◇ *À pied* : en marchant ; sans être transporté par un véhicule ou une monture. – *Mettre à pied un salarié,* suspendre son activité pendant un certain temps, sans salaire (par mesure disciplinaire, notamment). – *Mettre les pieds quelque part,* y aller, y passer. – Vieilli. *Lever le pied* : s'en aller subrepticement, déguerpir ; mod., en parlant d'un automobiliste, atténuer la pression sur la pédale d'accélérateur, ralentir. – Fam. *Ça lui fera les pieds* : ça lui servira de leçon ; ça lui apprendra. – *Faire du pied à qqn,* lui toucher le pied avec le sien (pour attirer son attention, en signe de connivence ou dans une intention galante). ◇ *Le pied d'un lit* : l'extrémité du lit où se trouvent les pieds du dormeur, par opp. au *chevet.* **2.** (Le *pied* en tant qu'appui dans une station verticale et la marche). *Être sur pied* : être debout, rétabli après une maladie. ◇ *Prendre pied* : s'établir solidement, fermement. – *Avoir pied* : trouver dans l'eau le sol ferme sous ses pieds de telle sorte que la tête reste au-dessus de la surface. – *Perdre pied* : perdre son appui sur le fond ; fig., perdre contenance ou ne plus pouvoir suivre ce qui se dit, se fait. ◇ *Portrait*

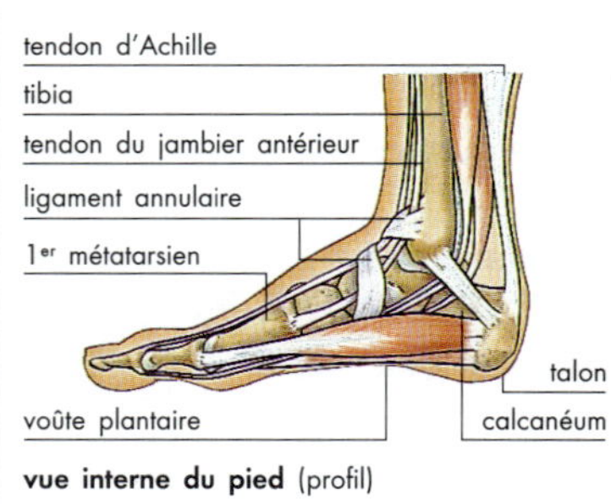

vue interne du pied (profil)

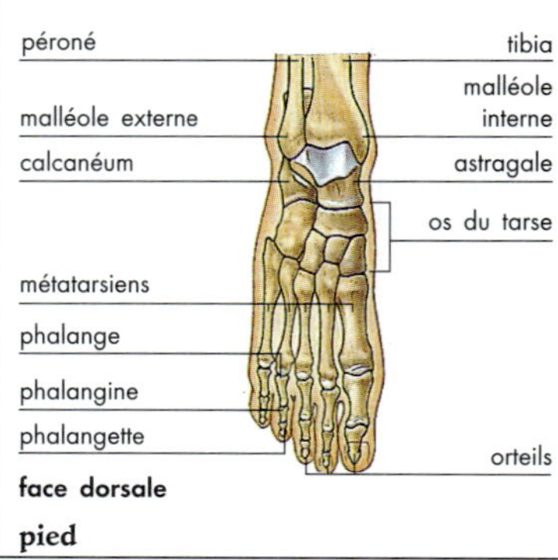

face dorsale

pied

en pied, représentant la totalité du corps d'une personne debout. ◇ *Mettre qqch sur pied,* l'organiser, le mettre en état de fonctionner. **3.** (Le *pied* dans la manière de marcher, d'agir). *Pied à pied :* pas à pas ; **fig.**, graduellement, insensiblement. – *De pied ferme :* sans reculer ; **fig.**, avec la ferme résolution de ne pas céder. **II. 1.** Partie terminale de la patte des mammifères et des oiseaux. **2.** Organe musculeux des mollusques, qui leur sert au déplacement. **III. 1.** Partie inférieure (d'une chose élevée). *Le pied d'un mur.* ◇ **Fig.** *Mettre qqn au pied du mur,* le mettre en demeure de prendre parti, de répondre. **2.** MATH. *Pied d'une perpendiculaire :* point de rencontre de cette perpendiculaire avec la droite ou le plan sur lequel elle est abaissée. **3.** Partie d'un objet (meuble, ustensile, etc.) servant de support. *Les pieds d'une table.* ◇ Assise. – *Donner du pied à une échelle,* l'éloigner de son appui par en bas pour qu'elle soit plus stable. **4.** Partie du tronc ou de la tige d'un végétal qui est le plus près du sol. **5.** Arbre, plante, en tant qu'unité. *Un pied de vigne, de laitue.* ◇ *Sur pied :* avant que le végétal ne soit moissonné, cueilli. *Vendre une récolte sur pied.* **IV. 1.** Ancienne mesure de longueur valant environ 33 cm. – Ancienne unité de mesure anglo-saxonne valant 12 pouces, soit 30,48 cm. ◇ *Sur un, sur le pied de :* en prenant pour mesure, pour base ; sur un plan de. *Discuter sur un pied d'égalité.* – *Sur un grand pied :* avec un grand train de vie. – *Au petit pied :* en petit, en raccourci ; sans grandeur. *Un tyran au petit pied.* – *Sur le pied de guerre* (plus rare : *de paix*), se dit d'une armée telle qu'elle est organisée en temps de guerre (de paix). **2.** *Pied à coulisse :* instrument de précision pour la mesure des épaisseurs et des diamètres. **3.** Pop. *Prendre son pied :* éprouver un vif plaisir (sexuel, notamment). – Fam. *C'est le pied ! :* c'est très agréable ; c'est parfaitement réussi. **V. 1.** Groupe de syllabes constituant la mesure élémentaire du vers, dans la métrique grecque et latine. **2.** (Emploi critiqué). Syllabe, dans un vers français.

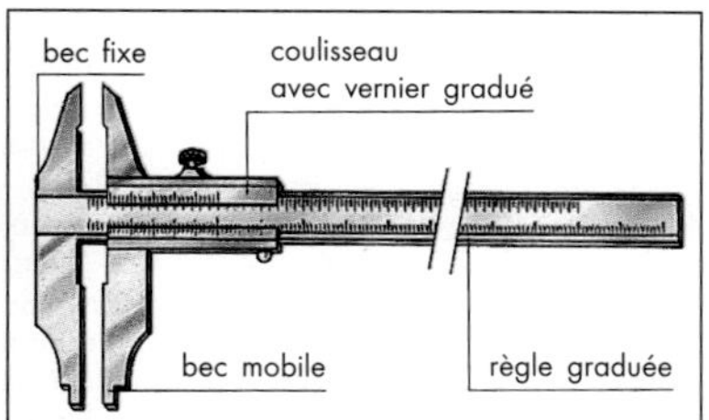

pied à coulisse

PIED-À-TERRE [pjetatɛr] n.m. inv. Logement que l'on n'occupe qu'occasionnellement, en passant.

PIED-BOT n.m. (pl. *pieds-bots*). Personne atteinte d'un pied bot*.

PIED-D'ALOUETTE n.m. (pl. *pieds-d'alouette*). Delphinium (plante).

PIED-DE-BICHE n.m. (pl. *pieds-de-biche*). **1.** Levier métallique dont la tête, en biais, est aplatie et fendue pour l'arrachage des clous. **2.** Pièce d'une machine à coudre qui maintient et guide l'étoffe et entre les branches de laquelle passe l'aiguille. **3.** Pied galbé des meubles de style Louis XV, se terminant par un sabot fourchu.

PIED-DE-CHEVAL n.m. (pl. *pieds-de-cheval*). Huître commune comestible, de grande taille.

PIED-DE-LION n.m. (pl. *pieds-de-lion*). Edelweiss.

PIED-DE-LOUP n.m. (pl. *pieds-de-loup*). Lycopode (plante).

PIED-DE-MOUTON n.m. (pl. *pieds-de-mouton*). **1.** Hydne (champignon). **2.** TECHN. Proéminence de la surface de certains rouleaux compresseurs, qui permet une bonne densification d'un revêtement ou d'un sol de fondation.

PIED-DE-POULE n.m. et adj. inv. (pl. *pieds-de-poule*). Tissu dont les fils de chaîne et de trame, de couleurs différentes, sont croisés de manière à former un dessin évoquant l'empreinte d'une patte de poule.

PIED-DE-ROI n.m. (pl. *pieds-de-roi*). Canada. Règle pliante.

PIED-DE-VEAU n.m. (pl. *pieds-de-veau*). Arum (plante).

PIED-D'OISEAU n.m. (pl. *pieds-d'oiseau*). Plante des terrains sablonneux, à fleurs roses ou jaunes. (Famille des papilionacées.)

PIED-DROIT n.m. → ***piédroit.***

PIÉDESTAL n.m. (it. *piedestallo*) [pl. *piédestaux*]. Socle d'une colonne, d'une statue, d'un vase décoratif, composé d'une base, d'un dé et d'une corniche. ◇ **Fig.** *Mettre qqn sur un piédestal,* lui témoigner une vive admiration ou l'idéaliser, le considérer comme supérieur aux autres. – *Descendre, tomber de son piédestal :* perdre tout son prestige.

PIED-FORT ou **PIÉFORT** n.m. (pl. *pieds-forts, piéforts*). Pièce de monnaie de flan épais, frappée pour servir de modèle.

PIEDMONT n.m. → ***piémont.***

PIED-NOIR n. (pl. *pieds-noirs*). Fam. Français d'origine européenne installé en Afrique du Nord, et plus partic. en Algérie, jusqu'à l'indépendance. ◆ adj. Relatif aux pieds-noirs. – REM. L'accord de l'adj. au fém., bien que rare, est attesté *(la foule pied-noire).*

PIÉDOUCHE n.m. (it. *pieduccio,* petit pied). Petit piédestal pour buste de section circulaire ou carrée.

PIED-PLAT n.m. (pl. *pieds-plats*). Vx. Personne grossière ou servile.

PIÉDROIT ou **PIED-DROIT** n.m. (pl. *piédroits, pieds-droits*). **1.** Chacune des parties latérales verticales qui supportent la naissance d'une voûte ou d'un arc. **2.** Chacun des montants latéraux d'une baie, d'un manteau de cheminée. SYN. : *jambage.*

PIÉFORT n.m. → ***pied-fort.***

PIÈGE n.m. (lat. *pedica,* de *pes, pedis,* pied). **1.** Engin, dispositif pour attirer et prendre des animaux. **2.** Fig. Moyen détourné dont on se sert contre une personne pour la tromper, la mettre dans une situation difficile. *Tomber dans un piège.* ◇ Difficulté cachée. *Dictée pleine de pièges.*

PIÉGEAGE n.m. Action de piéger.

PIÉGER v.t. [22]. **1.** Chasser au moyen de pièges. **2.** Fig. Prendre au piège, faire tomber dans un piège. **3.** *Piéger un lieu, un véhicule, etc.,* y disposer un engin, une charge qui explose lorsque l'on y pénètre. ◇ *Piéger un engin explosif,* le munir d'un dispositif qui provoque son explosion en cas de manipulation, de tentative de désamorçage. **4.** Parvenir à retenir, à fixer (un phénomène physique). *Piéger de l'énergie, des particules.*

PIÉGEUR, EUSE n. Personne qui chasse au moyen de pièges.

PIE-GRIÈCHE [pigrijɛʃ] n.f. (de *pie* et anc. fr. *griesche,* grecque) [pl. *pies-grièches*]. **1.** Passereau des bois et des haies, à bec crochu, surtout insectivore. **2.** Vx. Femme acariâtre, querelleuse.

PIE-MÈRE n.f. (pl. *pies-mères*). ANAT. Méninge interne, qui enveloppe immédiatement les centres nerveux.

PIÉMONT ou, plus rare, **PIEDMONT** n.m. (de *pied* et de *mont*). GÉOGR. Plaine alluviale étalée en un glacis continu, de pente assez forte, au pied d'un massif montagneux, et formée de cônes de déjection soudés les uns aux autres.

PIÉMONTAIS, E adj. et n. Du Piémont.

PIÉRIDE n.f. (gr. *Pieris,* Muse). Papillon à ailes blanches ou jaunâtres plus ou moins tachetées de noir ou de gris suivant les espèces, et dont la chenille se nourrit des feuilles du chou, de la rave, du navet, etc.

PIERRAILLE n.f. Amas de petites pierres. – Étendue parsemée de pierres.

PIERRE n.f. (lat. *petra*). **1.** Matière minérale dure et solide, élément essentiel de l'écorce terrestre, que l'on trouve à l'état naturel agglomérée en blocs ou en masses de taille inégale et dont il existe de nombreuses variétés. ◇ *Pierre à chaux :* carbonate de calcium naturel. – *Pierre à plâtre :* gypse. – *Pierre à fusil, à briquet :* silex blond très dur qui donne des étincelles au choc. – Vieilli. *Âge de la pierre taillée, de la pierre polie :* époques de la préhistoire caractérisées par la taille, le polissage des instruments en pierre (et dénommées aujourd'hui par les spécialistes, respectivement *paléolithique* et *néolithique*). ◇ Fig. *Un cœur de pierre :* une personne dure, insensible. **2.** Morceau, fragment de cette matière, façonné ou non. ◇ *Jeter la pierre à qqn :* l'accuser, le blâmer. **a.** Morceau de cette matière utilisé pour bâtir, paver, etc. ◇ *Pierre de taille :* bloc de roche (en partic. de calcaire) taillé et destiné à être utilisé sans enduit extérieur dans une construction. – *En pierres sèches :* en moellons posés les uns sur les autres, sans mortier ni liant quelconque. – Litt. *Ne pas laisser pierre sur pierre d'une construction,* la démolir, la détruire complètement. – *Pierres levées :* monuments composés de grands blocs de pierre dressés (dolmens, menhirs, cromlechs). – *Pierre d'autel :* pierre bénite enchâssée dans l'autel sur lequel le prêtre officie. ◇ *La pierre :* les constructions, l'immobilier. *Investir dans la pierre.* **b.** Fragment d'un minéral recherché pour sa couleur, son éclat, sa pureté et employé en joaillerie, en bijouterie, en ornementation ; gemme. – *Pierre précieuse,* utilisée en joaillerie (diamant, émeraude, rubis, saphir). – *Pierre fine,* utilisée en bijouterie (topaze, améthyste, chrysobéryl, etc.) ou pour la sculpture de petits objets d'art (pierre dure). – *Pierre de lune :* adulaire. **3.** Vx. Calcul dans les reins, la vessie, etc. – Formation de calculs, lithiase. **4.** Chacun des petits grains durs qui se forment dans la pulpe de certains fruits (poire, notamm.).

PIERRÉE n.f. TECHN. Conduit en pierres sèches, pour l'écoulement des eaux.

PIERRERIES n.f. pl. Pierres précieuses et pierres fines taillées, utilisées en bijouterie et en joaillerie.

PIERREUX, EUSE adj. **1.** Couvert de pierres. *Un chemin pierreux.* **2.** De la nature de la pierre, qui rappelle la pierre. *Une concrétion pierreuse.*

PIERRIER n.m. **1.** Lieu où le sol est couvert de pierres. **2.** AGRIC. Puits plein de pierres, destiné à recevoir les eaux d'infiltration. **3.** HIST. Machine de guerre, bouche à feu lançant des pierres, des boulets.

PIERROT n.m. (dimin. de *Pierre*). **1.** Homme déguisé en Pierrot, personnage de la comédie italienne. **2.** Fam. Moineau.

PIETÀ [pjeta] n.f. (mot it.). Tableau, sculpture représentant une *Vierge de pitié*.*

PIÉTAILLE n.f. (lat. pop. *peditalia,* de *pes, pedis,* pied). *La piétaille.* **1.** Vx. L'infanterie. ◇ Par plais. Les piétons. **2.** Péj. Les petits, les subalternes.

PIÉTÉ n.f. (lat. *pietas*). **1.** Dévotion, attachement respectueux et fervent à Dieu et à la religion. **2.** Affection, attachement tendre. *Piété filiale.*

PIÉTEMENT n.m. TECHN. Ensemble des pieds d'un meuble, d'un siège et des traverses qui les relient.

PIÉTER v.i. (de *pied*) [18]. CHASSE. Avancer en courant, en parlant d'un oiseau.

PIÉTIN n.m. **1.** Maladie du pied du mouton. **2.** Maladie cryptogamique des céréales, qui cause une cassure du chaume *(piétin verse)* ou la stérilité de l'épi *(piétin échaudage).*

PIÉTINANT, E adj. Qui piétine.

PIÉTINEMENT n.m. Action de piétiner.

PIÉTINER v.i. **1.** S'agiter en remuant vivement les pieds ; trépigner. *Piétiner d'impatience.* **2.** Effectuer les mouvements de la marche en avançant très peu ou pas du tout. *Le convoi piétinait.* **3.** Fig. Ne faire aucun progrès, ne pas avancer. *Cette affaire piétine.* ◆ v.t. **1.** Frapper avec les pieds, fouler aux pieds de manière vive et répétée. *Piétiner le sol.* **2.** Malmener, s'acharner contre.

PIÉTISME n.m. Mouvement religieux né dans l'Église luthérienne allemande du XVIIe s., mettant l'accent sur la nécessité de l'expérience religieuse individuelle.

PIÉTISTE adj. et n. (mot all. ; lat. *pietas,* piété). Qui concerne le piétisme ; qui le pratique.

1. PIÉTON, ONNE n. Personne qui va à pied.

2. PIÉTON, ONNE ou **PIÉTONNIER, ÈRE** adj. Réservé aux piétons ; des piétons.

PIÉTRAIN n.m. et adj.m. Porc d'une race belge, à robe blanche tachetée de noir.

PIÈTRE adj. (lat. *pedester, -tris,* qui va à pied). Litt. Qui est de peu de valeur ; très médiocre.

PIÈTREMENT adv. Litt. Médiocrement.

1. PIEU n.m. (lat. *palus*) [pl. *pieux*]. Pièce de bois, de métal, etc., pointue à une extrémité et destinée à être fichée dans le sol.

2. PIEU n.m. (pl. *pieux*). Fam. Lit.

PIEUSEMENT adv. De façon pieuse.

PIEUTER (SE) v.pr. Fam. Se mettre au lit.

PIEUVRE n.f. (lat. *polypus*). **1.** Mollusque céphalopode portant huit bras garnis de ventouses (tentacules), vivant dans les creux de rochers près des côtes et se nourrissant de crustacés, de mollusques. SYN. : *poulpe*. **2.** Fig., litt. Personne avide, insatiable, qui ne lâche pas sa proie.

pieuvre

PIEUX, EUSE adj. (lat. *pius*). Qui a de la piété ; qui manifeste la piété.

PIÈZE n.f. (gr. *piezein*, presser). PHYS. Unité de pression (symb. pz), équivalant à la pression uniforme que produit sur une surface plane de 1 mètre carré une force normale de 1 sthène. (Cette unité n'est plus légale en France.)

PIÉZO-ÉLECTRICITÉ n.f. (du gr. *piezein*, presser) [pl. *piézo-électricités*]. PHYS. Apparition de charges électriques à la surface de certains cristaux soumis à une contrainte (effet direct) ou, inversement, variation des dimensions de ces cristaux quand on leur applique une tension électrique (effet inverse).

PIÉZO-ÉLECTRIQUE adj. (pl. *piézo-électriques*). Relatif à la piézo-électricité.

PIÉZOGRAPHE n.m. PHYS. Appareil de mesure piézo-électrique des pressions ou des forces vibratoires.

PIÉZOMÈTRE n.m. Instrument pour mesurer la compressibilité des liquides.

1. PIF interj. (onomat.). [Exprime un bruit sec, un claquement, une détonation ; souvent répété ou suivi de *paf*]. *Pif ! paf ! Ça a claqué.*

2. PIF n.m. Fam. Nez. – *Au pif :* au pifomètre.

PIFER ou **PIFFER** v.t. Fam. (Le plus souvent en tournure négative). Sentir ; supporter. *Elle ne peut pas le pifer.*

PIFOMÈTRE n.m. Fam. Intuition, flair. ◇ *Au pifomètre :* à vue de nez, au hasard, en suivant son intuition.

1. PIGE n.f. **1.** Longueur arbitraire prise comme étalon ; objet matériel (baguette, règle, etc.) de longueur arbitraire servant d'unité de mesure. **2.** ARTS GRAPH. Quantité de travail exécutée par un typographe en un temps donné et qui sert de base à sa rémunération. **3.** Article écrit par un journaliste, un rédacteur et payé au nombre de lignes. *Travailler à la pige.*

2. PIGE n.f. Fam. *Faire la pige à qqn :* faire mieux que lui, le surpasser.

3. PIGE n.f. Pop. Année (surtout, année d'âge).

PIGEON n.m. (lat. *pipio*, pigeonneau). **1.** Oiseau de l'ordre des colombins, granivore, au plumage diversement coloré selon les espèces, au bec droit, aux ailes courtes et larges, de mœurs sociales et parfois migratrices. *Pigeon de roche*, ou *biset ; pigeon colombin ; pigeon ramier* (les trois espèces représentées en France). *Pigeon voyageur*, qui revient à son nid quel que soit le lieu où on le lâche, très utilisé autrefois pour le transport des messages. – *Le pigeon roucoule*, pousse son cri. ◇ *Pigeon vole*, jeu d'enfants qui consiste à répondre rapidement à la question : tel être, tel objet vole-t-il ? **2.** Fam. Homme naïf, facile à duper, à « plumer ». **3.** *Pigeon d'argile* : disque d'argile servant de cible au ball-trap et au skeet. SYN. : *plateau d'argile*. **4.** CONSTR. Poignée de plâtre gâché. **5.** PÊCHE. Chacune des demi-mailles par lesquelles on commence les filets.

pigeon de roche (biset)

PIGEONNANT, E adj. Se dit d'un soutien-gorge qui maintient la poitrine haute et ronde et de la poitrine ainsi maintenue.

PIGEONNE n.f. Femelle du pigeon.

PIGEONNEAU n.m. Jeune pigeon.

PIGEONNER v.t. Fam. Tromper, duper.

PIGEONNIER n.m. Petit bâtiment aménagé pour l'élevage des pigeons domestiques.

1. PIGER v.t. (lat. pop. *pedicus*, qui prend au piège) [17]. **1.** Fam. Comprendre, saisir. *Ne rien piger.* **2.** Canada. Tirer, piocher. *Piger un numéro.*

2. PIGER v.t. [17]. Mesurer avec une pige.

PIGISTE n. Personne payée à la pige.

PIGMENT n.m. (lat. *pigmentum*). **1.** Substance naturelle colorée produite par les organismes vivants, en partic. végétaux. **2.** Substance insoluble dans l'eau et dans la plupart des milieux de suspension usuels, douée d'un pouvoir colorant et opacifiant élevé, destinée à donner une coloration superficielle au support sur lequel on l'applique.

PIGMENTAIRE adj. Relatif à un pigment.

PIGMENTATION n.f. **1.** Formation, accumulation de pigments dans les tissus vivants, en partic. dans la peau. **2.** Coloration par un pigment.

PIGMENTER v.t. Colorer avec un pigment.

PIGNADE ou **PIGNADA** n.f. (occitan *pinada*). Lieu planté de pins maritimes.

PIGNE n.f. Pomme de pin.

PIGNOCHER v.i. (moyen fr. *espinocher*, s'occuper à des bagatelles). Vieilli. Manger sans appétit, par petits morceaux.

1. PIGNON n.m. (lat. *pinna*, créneau). Partie supérieure, en général triangulaire, d'un mur de bâtiment, parallèle aux fermes et portant les versants du toit. ◇ Fam. *Avoir pignon sur rue :* avoir une situation bien établie.

2. PIGNON n.m. (de *peigne*). La plus petite des roues dentées d'un engrenage cylindrique ou conique (par opp. à la *roue*). – *Pignon de renvoi*, servant à communiquer le mouvement entre deux parties d'un mécanisme éloignées l'une de l'autre. ◇ Roue dentée située sur l'axe de la roue arrière d'une bicyclette (par opp. au *plateau*).

3. PIGNON n.m. (anc. prov. *pinhon*, cône de pin). **1.** Pin d'une espèce à graine comestible, dit aussi *pin parasol ;* graine de ce pin. **2.** Donax (mollusque).

PIGNORATIF, IVE adj. (lat. *pignus, -oris*, gage). DR. Relatif au contrat de gage.

PIGNOUF n.m. Fam. Individu mal élevé, se conduisant avec mesquinerie ou sans-gêne.

PILAF n.m. (mot turc). Riz au gras fortement assaisonné et cuit ou servi avec de la viande, du poisson, etc. – (En app.). *Riz pilaf.*

PILAGE n.m. Action de piler.

PILAIRE adj. (lat. *pilus*, poil). Relatif aux poils.

PILASTRE n.m. (it. *pilastro*). ARCHIT. **1.** Membre vertical formé par une faible saillie d'un mur, en général muni d'une base et d'un chapiteau similaires à ceux de la colonne. **2.** Montant à jour placé entre les travées d'une grille pour la renforcer.

PILCHARD n.m. (mot angl.). Sardine de grande taille.

1. PILE n.f. (lat. *pila*, colonne). Côté d'une pièce de monnaie opposé à la *face* et portant généralement l'indication de la valeur de la pièce. ◇ *Pile ou face :* jeu de hasard qui consiste à parier sur le côté que présentera, en retombant au sol, une pièce de monnaie jetée en l'air.

2. PILE n.f. (lat. *pila*, colonne). **1.** Amas, tas d'objets placés les uns sur les autres. *Une pile de bois. Une pile de disques.* **2. a.** *Pile électrique* ou *pile :* appareil transformant directement l'énergie développée dans une réaction chimique en énergie électrique. **b.** *Pile à combustible :* appareil qui transforme en énergie électrique l'énergie chimique d'un couple combustible-comburant, stocké à l'extérieur. **c.** *Pile solaire :* photopile. **d.** Vieilli. *Pile atomique :* réacteur nucléaire. **3.** Massif de maçonnerie soutenant les arches d'un pont, la retombée de deux voûtes successives.

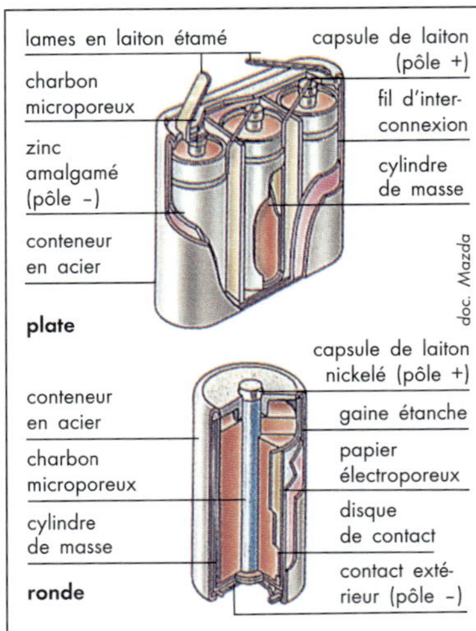

piles électriques

3. PILE n.f. (lat. *pila*, mortier). Bac utilisé pour le raffinage de la pâte à papier.

4. PILE n.f. Fam. Volée de coups ; défaite écrasante. *Flanquer la pile à qqn.*

5. PILE adv. (de 1. *pile*). Fam. Très exactement, de façon précise. *À 9 heures pile, je pars.* – *S'arrêter pile*, brusquement. ◇ Fam. *Tomber pile :* arriver, survenir au bon moment. – *Tomber pile sur :* trouver exactement (ce que l'on cherchait).

1. PILER v.t. (lat. *pilare*, enfoncer). **1.** Broyer, réduire en poudre ou en très petits morceaux. *Piler des amandes.* **2.** Fam. Battre, infliger une défaite écrasante à (qqn).

2. PILER v.i. (de 5. *pile*). Fam. Freiner brutalement.

PILET [pilɛ] n.m. Canard sauvage à queue pointue. (Long. 60 cm env.)

PILEUR, EUSE n. Personne qui pile. *Les pileuses de mil des campagnes sahéliennes.*

PILEUX, EUSE adj. (lat. *pilosus*). Relatif aux poils, aux cheveux. *Système pileux peu fourni.*

PILIER n.m. (de *pile*). **1.** Support, massif de maçonnerie isolé, élevé pour recevoir une charge. ◇ MIN. Masse verticale de minerai laissée au milieu d'une exploitation pour empêcher les éboulements. **2.** Fig. Personne, chose qui sert de support, de base à qqch, qui en assure la stabilité. **3.** Au rugby, chacun des deux avants de première ligne, qui encadrent le talonneur dans la mêlée. **4.** *Pilier de :* personne qui passe beaucoup de temps dans (tel lieu), qui n'en bouge guère. *Pilier de bar.*

PILIFÈRE adj. BOT. Qui porte des poils.

PILI-PILI n.m. inv. Afrique. Piment rouge à goût très fort ; condiment fabriqué avec ce piment.

PILIPINO n.m. Tagalog (langue des Philippines).

PILLAGE n.m. Action de piller ; dégâts qui en résultent.

PILLARD, E adj. et n. Qui pille.

PILLER v.t. (lat. *pilleum*, chiffon). **1.** Dépouiller un lieu des biens, des richesses qui s'y trouvent, en usant de violence, en causant des destructions. *Piller une ville.* **2.** Voler par des détournements frauduleux. *Piller les caisses de l'État.* **3.** Plagier (une œuvre, un auteur).

PILLEUR, EUSE n. Personne qui vole, qui pille.

PILLOW-LAVA [pilolava] n.f. (angl. *pillow*, coussin, et *lava*, lave) [pl. *pillow-lavas*]. GÉOL. Ellipsoïde de lave basaltique (grand axe environ 1 m) à surface vitreuse, résultant de l'émission de lave en fusion sous la mer.

PILOCARPE n.m. (gr. *pilos*, feutre, et *karpos*, fruit). Plante d'Amérique du Sud dont on extrait la pilocarpine. (Famille des rutacées.) SYN. : *jaborandi*.

PILOCARPINE n.f. CHIM. Alcaloïde extrait du jaborandi, utilisé surtout en collyre.

PILON n.m. (de 1. *piler*). **1. a.** Instrument pour piler ou tasser, fouler une substance à la main dans un mortier. **b.** Lourde masse mue mécaniquement, destinée à un usage analogue. *Pilon à papier.* ◇ *Mettre un livre au pilon,* en détruire l'édition, ou les exemplaires invendus. **2.** Partie inférieure d'une cuisse de volaille. **3.** Fam. Jambe de bois.

PILONNAGE n.m. Action de pilonner.

PILONNER v.t. **1.** Écraser, broyer au pilon. ◇ Mettre au pilon (un livre). **2.** Soumettre à un bombardement intensif. *Pilonner une position.*

PILORI n.m. (lat. *pila,* pilier). Tourelle à étage ou poteau où étaient exposés en signe d'infamie certains délinquants, sous l'Ancien Régime. ◇ Fig. *Mettre, clouer au pilori :* signaler à l'indignation publique.

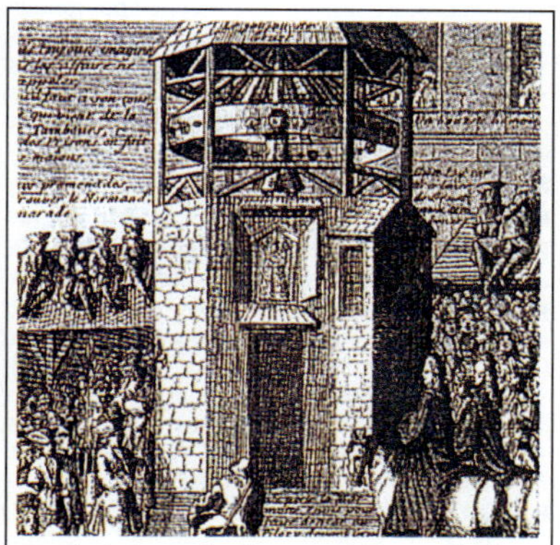

un huissier prévaricateur mis au **pilori** au XVIIIe s. (gravure d'époque) [B.N., Paris]

PILO-SÉBACÉ, E adj. (pl. *pilo-sébacés, es*). ANAT. Relatif au poil et à la glande sébacée qui lui est annexée.

PILOSELLE [pilozɛl] n.f. Épervière qui croît dans les lieux arides et montagneux d'Europe. (Famille des composées.)

PILOSISME n.m. MÉD. Rare. Développement anormal et localisé des poils.

PILOSITÉ n.f. PHYSIOL. Revêtement que forment les poils sur la peau.

PILOT n.m. Gros pieu de bois à pointe ferrée, utilisé pour construire un pilotis.

PILOTAGE n.m. Action, art de piloter. ◇ *Pilotage sans visibilité (P.S.V.) :* pilotage d'un avion sans vue directe du sol.

PILOTE n.m. (it. *pilota ;* gr. *pêdon,* gouvernail). **1.** Personne qui conduit un avion, une voiture de course, un engin blindé, etc. *Pilote de course.* – *Pilote d'essai :* professionnel chargé de vérifier en vol les performances et la résistance d'un nouvel avion. – *Pilote de ligne :* professionnel chargé de la conduite d'un avion sur une ligne commerciale. **2.** Professionnel qualifié qui guide les navires dans les passages difficiles, à l'entrée des ports. ◇ Litt. Personne qui sert de guide. **3.** *Pilote automatique :* dispositif, généralement gyroscopique, qui permet la conduite d'un avion sans intervention de l'équipage ; dispositif mécanique ou électronique qui assure à un bateau la conservation d'un cap fixé, sans intervention humaine. **4.** Petit poisson des mers chaudes et tempérées qui suit les navires et passait autrefois pour guider les requins. **5.** (En app., avec ou sans trait d'union). Qui sert d'exemple, de modèle, qui ouvre la voie. *Une classe-pilote. Des industries pilotes.* **6.** Prototype d'un journal, d'un magazine, d'une émission télévisée.

1. PILOTER v.t. (de *pilot*). Enfoncer des pilots.

2. PILOTER v.t. (de *pilote*). **1.** Conduire (un avion, une voiture, un navire, etc.) en tant que pilote. **2.** Guider (une ou plusieurs personnes) dans une ville, un musée, etc. **3.** Diriger, commander. *Piloter une entreprise, une équipe.*

PILOTIN n.m. Élève officier qui prépare ses diplômes de la marine marchande sur un navire de commerce.

PILOTIS n.m. Ensemble de pilots qu'on enfonce dans un sol peu consistant ou qui sont immergés pour soutenir une construction.

PILOU n.m. Tissu de coton pelucheux.

1. PILULAIRE adj. En forme de pilule. ◇ *Masse pilulaire :* mélange pour faire des pilules. ◆ n.m. VÉTÉR. Instrument que l'on emploie pour faire ingérer des pilules aux animaux.

2. PILULAIRE n.f. Fougère aquatique aux feuilles filiformes.

PILULE n.f. (lat. *pilula,* petite balle). **1.** Médicament de forme sphérique, destiné à être avalé. ◇ Fig., fam. *Avaler la pilule :* croire un mensonge ; supporter une chose pénible sans protester. – Pop. *Prendre une pilule :* subir un échec. – Fam. *Dorer la pilule à qqn :* tenter de lui faire croire qu'une chose désagréable ne l'est pas. **2.** Fam. *La pilule :* pilule contraceptive (contraceptif oral de nature hormonale).

PILULIER n.m. **1.** Instrument servant à faire les pilules. **2.** Petite boîte pour mettre des pilules.

PILUM [pilɔm] n.m. (mot lat.). ANTIQ. Javelot de l'infanterie romaine.

PIMBÊCHE n.f. Fam. Jeune fille ou femme prétentieuse, qui fait des manières.

PIMBINA n.m. Canada. Viorne à baies rouges ; ces baies elles-mêmes.

PIMENT n.m. (lat. *pigmentum*). **1.** Plante cultivée pour ses fruits, le *piment rouge* ou *brûlant* qui est utilisé comme épice, et le *piment doux* ou *poivron.* (Famille des solanacées.) **2.** Fig. Ce qui met, ajoute un élément piquant ou licencieux à qqch.

piments

PIMENTER v.t. **1.** Assaisonner de piment. *Pimenter une sauce.* **2.** Fig. Rendre excitant, plus intéressant. *Un récit pimenté.*

PIMPANT, E adj. (de l'anc. fr. *pimper,* enjôler). Qui a un air de fraîcheur et d'élégance ; coquet. *Une toilette pimpante.*

PIMPRENELLE n.f. (lat. *piper,* poivre). Plante herbacée à fleurs pourpres, appelée aussi *sanguisorbe.* (Famille des rosacées.)

PIN n.m. (lat. *pinus*). Arbre à feuillage persistant et à feuilles en aiguilles, insérées le plus souvent par deux, et dont le bois est très employé en menuiserie, en charpente, etc. (Ordre des conifères.) *Les pommes de pin.*

■ Le fruit du pin est un cône d'écailles lignifiées à maturité (pomme de pin) et portant deux graines chacune à la face supérieure. Le *pin sylvestre* est cultivé dans les terrains siliceux ; le *pin maritime,* qui fixe les dunes des Landes, fournit la térébenthine ; le *pin d'Autriche,* à croissance rapide, est recherché pour les reboisements. Le *pin cembro,* ou *arol,* croît dans les Alpes et en Sibérie et donne un bois facile à travailler. Le pin peut atteindre 50 m de hauteur.

pin sylvestre

PINACÉE n.f. *Pinacées :* famille d'arbres résineux à aiguilles portant des fruits en cône s'ouvrant à maturité et qui comprend la plupart des espèces de conifères (pin, sapin, épicéa, etc.). SYN. : *abiétacée, abiétinée.*

PINACLE n.m. (lat. *pinnaculum,* faîte). ARCHIT. Amortissement élancé se terminant en forme de cône ou de pyramide effilés et qui se place notamment au sommet d'une culée, dans l'architecture gothique. ◇ Fig. *Porter au pinacle :* placer très haut, faire un très grand éloge de.

PINACOTHÈQUE n.f. (gr. *pinax, -akos,* tableau, et *thêkê,* boîte). Musée de peinture.

PINAILLAGE n.m. Fam. Action de pinailler.

PINAILLER v.i. Fam. Critiquer, ergoter sur des questions de détail, sur des riens ; perdre du temps par souci de perfection.

PINAILLEUR, EUSE n. et adj. Fam. Personne qui pinaille.

PINARD n.m. (de *pinot*). Pop. Vin.

PINARDIER n.m. (de *pinard*). **1.** Navire-citerne aménagé pour le transport du vin en vrac. **2.** Pop. Marchand de vin en gros.

PINASSE n.f. (de *pin*). Bateau de pêche à fond plat.

PINASTRE n.m. Rare. Pin maritime.

PINÇAGE n.m. ARBOR. Pincement.

PINÇARD, E adj. et n. Se dit d'un cheval qui s'appuie sur la pince en marchant.

PINCE n.f. **1.** Outil à branches articulées dont les extrémités, plates ou rondes, servent à saisir, à tenir qqch. ◇ *Pince universelle :* pince réunissant plusieurs fonctions (pince plate, pince coupante, pince à tubes). **2.** Dispositif à deux branches pour pincer. *Pince à épiler. Pince à linge.* **3.** Barre de fer aplatie à un bout et servant de levier. **4.** Extrémité des grosses pattes de certains crustacés. *Pince de crabe.* **5.** Pop. Main. *Se serrer la pince.* **6.** Devant du sabot d'un cheval. **7.** Incisive médiane des mammifères herbivores. **8.** COUT. Pli cousu sur l'envers d'un vêtement pour l'ajuster plus près du corps.

PINCÉ, E adj. Qui exprime du dédain, de la froideur. *Prendre des airs pincés.* – *Avoir les lèvres pincées,* minces et serrées.

PINCEAU n.m. (lat. *peniculus,* petite queue). **1.** Instrument formé d'un assemblage serré de poils ou de fibres fixé à l'extrémité d'un manche, utilisé pour peindre, pour coller, etc. *Pinceau de soie.* **2.** Faisceau lumineux de faible ouverture. **3.** Pop. Pied, jambe. *S'emmêler les pinceaux.*

PINCÉE n.f. Petite quantité d'une matière poudreuse ou granulée, que l'on peut prendre entre deux ou trois doigts. *Une pincée de sel.*

PINCELIER n.m. Récipient à l'usage des peintres comportant deux godets destinés à contenir l'un de l'huile pour les couleurs, l'autre de l'essence pour le nettoyage des pinceaux.

PINCEMENT n.m. **1.** Action, fait de pincer. ◇ *Pincement au cœur :* sensation passagère de peur, d'anxiété ou de tristesse que l'on ressent notamm. à l'annonce d'une mauvaise nouvelle. **2.** ARBOR. Suppression des bourgeons ou de l'extrémité des rameaux pour faire refluer la sève sur d'autres parties du végétal. SYN. : *pinçage.* **3.** AUTOM. Très faible différence d'écartement existant à l'arrêt entre l'arrière et l'avant des roues directrices d'une automobile, et qui s'annule à la vitesse d'utilisation du véhicule, sous l'effet du couple dû à la chasse.

PINCE-MONSEIGNEUR n.f. (pl. *pinces-monseigneur*). Levier court aux extrémités aplaties, utilisé notamment par les cambrioleurs pour forcer les portes.

PINCE-NEZ n.m. inv. Anc. Lorgnon qui tient sur le nez grâce à un ressort.

PINCE-OREILLE ou **PINCE-OREILLES** n.m. (pl. *pince-oreilles*). Forficule.

PINCER v.t. (anc. fr. *pincier,* saisir) [16]. **1.** Presser, serrer plus ou moins fort qqch entre ses doigts. ◇ *Pincer les cordes d'un instrument de musique,* les faire vibrer en les tirant avec les doigts. – Fam.

En pincer pour qqn, en être amoureux. **2.** Donner une sensation de pincement. *Le froid leur pinçait les joues.* – **Absolt. Fam.** *Ça pince :* il fait très froid. **3.** ARBOR. Opérer le pincement de. *Pincer la vigne.* **4.** Serrer étroitement ; coincer. *La porte lui a pincé un doigt.* – *Pincer les lèvres,* les rapprocher en serrant. ◇ **Belgique.** *Pincer son français :* parler pointu. **5. Fam.** Prendre sur le fait, arrêter. *Pincer un voleur.*

PINCE-SANS-RIRE n. inv. Personne qui fait ou dit qqch de drôle, ou qui se moque de qqn, en arrivant à rester impassible.

PINCETTE n.f. **1.** (Surtout au pl.). Ustensile à deux branches pour attiser le feu. ◇ **Fam.** *N'être pas à prendre avec des pincettes :* être de très mauvaise humeur. **2.** Petite pince à deux branches pour les travaux minutieux. *Pincette de bijoutier.* **3. Suisse.** Pince à linge.

PINCHARD, E adj. et n. Gris de fer, en parlant de la robe d'un cheval, et de ce cheval lui-même.

PINÇON n.m. Marque que l'on garde sur la peau lorsqu'elle a été pincée.

PINÇURE n.f. Sensation d'être pincé.

PINDARIQUE adj. Qui évoque Pindare.

PINÉAL, E, AUX adj. (du lat. *pinea,* pomme de pin). **1.** Relatif à l'épiphyse. ◇ **Vx.** *Glande pinéale :* épiphyse. **2.** *Œil* (ou *organe*) *pinéal :* organe visuel rudimentaire des reptiles, dérivé de l'épiphyse.

PINEAU n.m. Vin de liqueur charentais, obtenu en ajoutant du cognac au jus de raisin.

PINÈDE, PINERAIE ou **PINIÈRE** n.f. Bois de pins.

PINÈNE n.m. CHIM. Hydrocarbure terpénique, composant essentiel de l'essence de térébenthine.

PINGOUIN n.m. (mot néerl.). Oiseau des mers arctiques, piscivore, à pieds palmés, qui niche sur les côtes de l'Europe occidentale. (Long. 40 cm env.)

pingouins

PING-PONG [piŋpɔ̃g] n.m. (pl. *ping-pongs*). Tennis de table.

PINGRE n. et adj. Personne qui n'aime pas dépenser son argent ; avare.

PINGRERIE n.f. Avarice sordide ; mesquinerie.

PINIÈRE n.f. → ***pinède.***

PINNE n.f. (lat. *pinna ;* mot gr.). Mollusque bivalve à coquille triangulaire, appelé couramment *jambonneau.* (Long. 60 cm env.)

PINNIPÈDE n.m. (lat. *pinna,* nageoire, et *pes, pedis,* pied). *Pinnipèdes :* ordre de mammifères carnivores adaptés à la vie marine, aux pattes transformées en nageoires et au corps fusiforme, tels que le phoque, le morse, l'otarie.

PINNOTHÈRE n.m. Petit crabe vivant dans les moules, les coques, etc.

PINNULE n.f. (lat. *pinnula,* petite aile). **1.** Plaque de métal percée d'un œilleton, placée à angle droit aux extrémités d'une alidade et servant à prendre des alignements sur le terrain. **2.** BOT. Foliole de fougère.

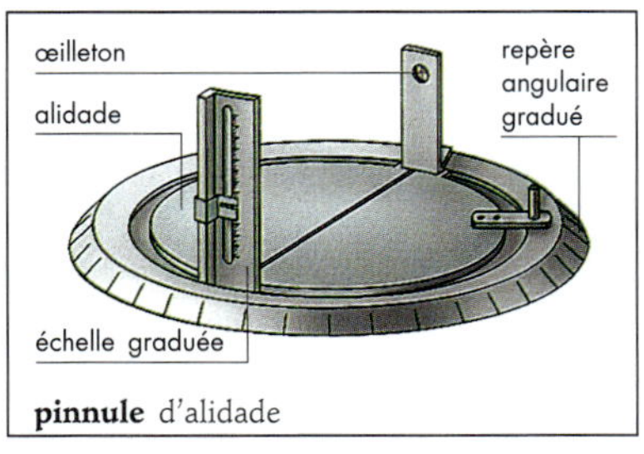

pinnule d'alidade

PINOCYTOSE n.f. BIOL. Inclusion, dans une cellule, d'une gouttelette de liquide du milieu ambiant, qui forme une vacuole.

PINOT n.m. (de *pin*). Cépage français renommé, cultivé notamment en Bourgogne.

PIN-PON interj. (Pour imiter le bruit de la sirène des pompiers). *Pin-pon ! Pin-pon !*

PIN'S [pins] n.m. inv. (angl. *pin,* punaise). Petit badge métallique muni d'une pointe de punaise, qui se fixe à un embout à travers un vêtement. Recomm. off. : *épinglette.*

PINSCHER [pinʃɛr] n.m. (mot all.). Chien d'agrément d'origine allemande, à la robe de couleur noir et feu ou acajou.

PINSON n.m. (lat. *pincio*). Oiseau passereau chanteur de l'Europe occidentale, à plumage bleu et verdâtre coupé de noir, à la gorge rouge. – *Le pinson ramage,* pousse son cri. ◇ *Gai comme un pinson :* très gai.

pinson

PINTADE n.f. (port. *pintada*). Oiseau gallinacé au plumage sombre, originaire d'Afrique, acclimaté dans le monde entier. – *La pintade criaille,* pousse son cri.

pintade domestique

PINTADEAU n.m. Jeune pintade.

PINTADINE n.f. Huître perlière. SYN. : *méléagrine.*

PINTE n.f. (lat. *pinctus,* pourvu d'une marque). **1.** Unité de mesure anglo-saxonne de capacité, valant 1,136 litre au Canada et 0,568 litre en Grande-Bretagne. **2. Anc.** Mesure française de capacité pour les liquides, qui valait 0,93 litre à Paris ; récipient de cette capacité ; son contenu. ◇ **Fam.** *Se faire, se payer une pinte de bon sang :* se réjouir beaucoup. **3. Suisse.** Débit de boissons.

PINTER v.i. et t. Pop. Boire beaucoup. ◆ **se pinter** v.pr. Pop. Boire pour s'enivrer.

PIN-UP [pinœp] n.f. inv. (de l'angl. *to pin up,* épingler). Jolie fille peu vêtue dont on épingle la photo au mur ; **par ext.**, toute jolie fille au charme sensuel.

PINYIN [pinjin] n.m. (mot chin.). Système de transcription phonétique des idéogrammes chinois, adopté en République populaire de Chine depuis 1958. (Le pinyin est fondé sur la prononciation du pékinois.)

PIOCHAGE n.m. Action de piocher.

PIOCHE n.f. (de 2. *pic*). Outil formé d'un fer, muni d'un manche, et servant à creuser la terre et à défoncer. ◇ **Fam.** *Tête de pioche :* personne très têtue.

PIOCHER v.t. **1.** Creuser, remuer la terre avec une pioche. **2. Fam.** Travailler avec ardeur. *Piocher un concours.* **3.** Fouiller dans un tas pour prendre qqch.

PIOCHEUR, EUSE n. et adj. **1.** Personne qui pioche. **2. Fam.** Personne qui travaille beaucoup.

PIOLET n.m. (piémontais *piola,* hache). Canne d'alpiniste ferrée à un bout et munie d'un petit fer de pioche à l'autre, utilisée surtout pour les courses de neige et de glace.

1. PION n.m. (bas lat. *pedo,* fantassin). **1.** Chacune des huit plus petites pièces du jeu d'échecs. ◇ **Fig.** *N'être qu'un pion sur l'échiquier :* jouer un rôle très mineur, avoir peu de liberté d'action. **2.** Chacune des pièces du jeu de dames.

2. PION, PIONNE n. Arg. scol. Surveillant.

3. PION ou **PI** n.m. (de *pi* et *électron*). PHYS. NUCL. Particule fondamentale (π) dont la masse est environ 273 fois celle de l'électron et qui est le vecteur essentiel des interactions fortes.

PIONCER v.i. 16. Pop. Dormir.

PIONNIER, ÈRE n. (de 1. *pion*). **1.** Personne qui fait les premières recherches dans un certain domaine, qui prépare la route à d'autres. *Les pionniers de la biologie. Les pionniers de l'espace.* **2.** Personne qui part défricher des contrées inhabitées, incultes. *Les pionniers de l'Ouest américain.* **3.** Enfant ou adolescent appartenant à une organisation éducative, en U. R. S. S. ◆ n.m. Soldat employé aux terrassements. ◆ adj. Qui est le premier en son genre, en parlant d'un projet, d'une réalisation ; d'avant-garde. *Une expérience pionnière.*

PIORNER v.i. **Suisse.** Pleurnicher, geindre.

PIOUPIOU n.m. **Fam.**, vieilli. Jeune soldat.

PIPA n.m. Gros crapaud d'Amérique tropicale, qui incube ses œufs sur son dos.

PIPE n.f. (de *piper*). **1.** Objet formé d'un fourneau et d'un tuyau, servant à fumer ; son contenu (tabac le plus souvent ; aussi : opium, etc.). ◇ **Pop.** *Par tête de pipe :* par personne. – **Fam.** *Nom d'une pipe,* juron de surprise ou d'indignation. – **Pop.** *Casser sa pipe :* mourir. **2.** Tuyau, conduit. *Pipe d'aération.* **3.** Grande futaille.

PIPEAU n.m. **1.** Petite flûte à six trous, en bois ou, le plus souvent, en matière plastique. **2.** CHASSE. Appeau. **3. Fam.** *C'est du pipeau :* ce n'est pas sérieux ; c'est inefficace. ◆ pl. CHASSE. Gluaux.

PIPÉE n.f. Chasse au pipeau.

PIPELET, ETTE n. (n. d'un personnage des *Mystères de Paris,* d'Eugène Sue). **Fam. 1.** Concierge. **2.** Personne bavarde, qui aime les potins. *Quel pipelet, celui-là !*

PIPELINE ou **PIPE-LINE** [piplin] ou [pajplajn] n.m. (mot angl.) [pl. *pipelines* ou *pipe-lines*]. Canalisation pour le transport à distance de liquides, notamment du pétrole (oléoduc), ou de gaz (gazoduc).

PIPER v.t. (lat. *pipare,* glousser). **1.** CHASSE. Pratiquer la pipée. **2. Fam.** *Ne pas piper mot, ne pas piper :* garder le silence. **3.** *Piper les dés, les cartes,* les truquer.

PIPÉRACÉE n.f. (du lat. *piper,* poivre). *Pipéracées :* famille de plantes dicotylédones apétales dont le poivrier est le type.

PIPERADE [piperad] n.f. (mot béarnais, de *piper,* poivron). Spécialité basque composée de poivrons cuits, de tomates et d'œufs battus en omelette.

PIPER-CUB [pipɛrkœb] n.m. (mot amér.) [pl. *piper-cubs*]. Avion léger d'observation (1939-1945).

PIPERIE n.f. Litt. Ruse, leurre.

PIPÉRINE n.f. ou **PIPÉRIN** n.m. Alcaloïde du poivrier.

PIPÉRONAL n.m. (pl. *pipéronals*). CHIM. Héliotropine.

PIPETTE n.f. **1.** Petit tube pour prélever un liquide. **2. Fam.** *Ne pas valoir pipette :* ne rien valoir.

PIPEUR, EUSE n. Vx. Tricheur, trompeur.

PIPI n.m. **Fam.** Urine. ◇ *Faire pipi :* uriner.

1. PIPIER, ÈRE adj. Qui concerne les pipes, leur fabrication.

2. PIPIER, ÈRE n. Personne qui fabrique des pipes.

PIPISTRELLE n.f. (it. *pipistrello*). Petite chauve-souris commune en France.

PIPIT [pipit] ou **PITPIT** [pitpit] n.m. Oiseau passereau qui vit dans les prairies et dont une espèce est la farlouse. (Famille des motacillidés.)

PIPO n. Arg. scol. Polytechnicien, polytechnicienne.

PIQUAGE n.m. Action de piquer (un tissu, un papier, etc.).

1. PIQUANT, E adj. **1.** Qui pique. *Barbe piquante.* ◇ *Sauce piquante,* avec des échalotes, des câpres, des cornichons, du vin blanc et du vinaigre. **2. Litt.** Qui provoque l'intérêt, excite la curiosité. *Détail piquant.*

2. PIQUANT n.m. **1.** Épine d'une plante. *Les piquants d'un cactus.* **2.** Litt. Ce qu'il y a de curieux, d'intéressant ou de cocasse dans qqch.

1. PIQUE n.f. (de 2. *pic*). Arme ancienne composée d'un fer plat et pointu placé au bout d'une hampe de bois. ◇ Fam. *Lancer des piques à qqn,* lui faire des réflexions blessantes ou méchantes.

2. PIQUE n.m. Couleur noire du jeu de cartes, dont le dessin évoque un fer de pique.

1. PIQUÉ, E adj. **1.** Cousu par un point de couture. *Ourlet mal piqué.* **2.** Marqué de petits trous, de petites taches. *Ce coffre est piqué par les vers.* ◇ Fam. *Ce n'est pas piqué des vers :* ce n'est vraiment pas banal, c'est très étonnant. **3.** Se dit d'une boisson devenue aigre au goût. **4.** Fam. Se dit d'une personne originale ou à l'esprit un peu dérangé. **5.** MUS. *Note piquée :* note surmontée d'un point, attaquée de manière incisive et détachée avec vivacité.

2. PIQUÉ n.m. **1.** Étoffe de coton formée de deux tissus appliqués l'un sur l'autre et unis par des points formant des dessins. **2.** MIL. *Bombardement en piqué,* effectué par un avion qui pique et opère aussitôt une brusque remontée. **3.** CHORÉGR. Mouvement qui consiste à faire passer le poids du corps d'un pied sur l'autre en étant sur la pointe ou la demi-pointe. **4.** PHOT. Qualité d'une image bien contrastée et qui restitue le maximum de détails.

PIQUE-ASSIETTE n. (pl. *pique-assiettes* ou inv.). Fam. Personne qui a l'habitude de se faire nourrir par les autres.

PIQUE-BŒUF n.m. (pl. *pique-bœufs* ou inv.). Garde-bœuf (oiseau).

PIQUE-FEU n.m. (pl. *pique-feux* ou inv.). Tisonnier.

PIQUE-FLEUR ou **PIQUE-FLEURS** n.m. (pl. *pique-fleurs*). Objet servant à maintenir en place les fleurs dans un vase, ou qui constitue lui-même un vase.

PIQUE-NIQUE n.m. (de *piquer,* picorer, et de l'anc. fr. *nique,* petite chose) [pl. *pique-niques*]. Repas pris en plein air, au cours d'une promenade.

PIQUE-NIQUER v.i. Faire un pique-nique.

PIQUE-NIQUEUR, EUSE n. (pl. *pique-niqueurs, euses*). Personne qui pique-nique.

PIQUE-NOTE ou **PIQUE-NOTES** n.m. (pl. *pique-notes*). Crochet courbe sur lequel on enfile des feuillets de notes.

PIQUER v.t. (lat. pop. *pikkare*). **I. 1.** Percer la peau avec qqch de pointu. *Piquer son doigt avec une épingle.* **2.** Enfoncer par la pointe. *Piquer une aiguille dans une pelote.* **3.** Introduire une aiguille dans un tissu. **4.** Injecter un produit par piqûre. *Piquer un chien contre la rage.* – Spécialt. Faire à un animal une piqûre entraînant la mort. *Ils ont fait piquer leur chien.* **5.** Enfoncer son dard, son aiguillon dans la peau, en parlant d'un insecte, d'un serpent. *Une guêpe m'a piqué.* **6.** Parsemer de petits trous, en parlant d'un insecte. *Les vers piquent le bois.* – Parsemer de taches d'humidité. **7.** Fixer avec une pointe. *Piquer un papillon sur une planche.* **8.** Prendre avec qqch de pointu. *Piquer une olive avec une fourchette.* **9.** Larder de la viande. *Piquer d'ail un gigot.* **10.** Coudre des étoffes ensemble à la main ou à la machine. **11. a.** MUS. *Piquer une note :* l'exécuter d'un coup sec et détaché. **b.** MAR. *Piquer l'heure :* frapper la cloche du nombre de coups doubles convenu pour régler la vie du bord. **II. 1.** Produire une sensation âpre au goût ou à l'odorat, ou aiguë sur la peau. *Cette moutarde pique la langue. Le froid pique la peau.* **2.** Litt. Exciter un sentiment. – *Piquer qqn au vif :* irriter son amour-propre. ◇ Fam. *Piquer une crise, une colère :* avoir une crise, une colère subite. – Fam. *Piquer un fard* → ***fard.*** ◆ v.i. **1.** En parlant d'une boisson, commencer à aigrir. *Ce vin pique.* **2.** AÉRON. Effectuer une descente suivant une trajectoire de très forte pente. **3.** *Piquer du nez :* pencher vers l'avant. **4.** *Piquer des deux :* donner vivement des éperons à un cheval. ◆ **se piquer** v.pr. **1.** Se blesser légèrement. *Se piquer avec une épine.* **2.** S'injecter de la drogue. **3.** Litt. Se fâcher. *Il se pique d'un rien.* **4.** Litt. **a.** Tirer vanité de qqch ou s'en vanter. *Elle se pique d'être belle.* **b.** Prétendre être connaisseur dans un certain domaine et en tirer vanité. *Se piquer de musique, de théâtre.* **5.** *Se piquer au jeu :* prendre intérêt à qqch que l'on avait entrepris sans ardeur.

1. PIQUET n.m. (de *piquer*). **1.** Petit pieu destiné à être enfoncé dans la terre. ◇ *Mettre un enfant au piquet,* le punir en l'envoyant au coin dans une classe. **2.** *Piquet de grève :* groupe de grévistes généralement placés à l'entrée du lieu de travail, qui assurent l'exécution des consignes de grève. **3.** *Piquet d'incendie :* détachement de soldats formé pour la lutte contre le feu.

2. PIQUET n.m. Jeu qui se joue à deux avec trente-deux cartes.

PIQUETAGE n.m. **1.** Action de piqueter. **2.** Canada. *Faire du piquetage :* manifester collectivement aux abords du lieu de travail, en parlant de grévistes.

PIQUETER v.t. [27]. **1.** Tacheter de petits points isolés. **2.** Faire le tracé d'une route, d'une construction, etc., au moyen de piquets. ◆ v.i. Canada. Faire du piquetage.

PIQUETEUR, EUSE n. Canada. Personne qui participe à un piquetage.

1. PIQUETTE n.f. (de *piquer*). **1.** Boisson que l'on obtient en jetant de l'eau sur du marc de raisin ou sur d'autres fruits sucrés et en laissant fermenter. **2.** Fam. Mauvais vin.

2. PIQUETTE n.f. (de 1. *pique*). Fam. Défaite cuisante, échec. *Quelle piquette il a prise !*

1. PIQUEUR, EUSE adj. Qui a des organes propres à piquer. *Insecte piqueur.*

2. PIQUEUR, EUSE n. **1.** Personne qui pique à la machine. **2.** Personne qui s'occupe des écuries dans un manège, etc. **3.** VÉN. Valet de chiens qui suit à cheval la bête poursuivie par la meute. SYN. : ***piqueux.***

3. PIQUEUR n.m. **1.** Ouvrier mineur. **2.** Ouvrier qui utilise un pic ou un marteau pneumatique.

PIQUEUX n.m. VÉN. Piqueur.

PIQUIER n.m. HIST. Soldat armé d'une pique.

PIQUOIR n.m. Aiguille dont on se sert pour piquer un dessin.

PIQÛRE n.f. **1.** Petite plaie produite par un instrument pointu ou faite par un insecte, un serpent, etc. **2.** Introduction dans l'organisme d'une aiguille creuse (injection, ponction) ou pleine (acupuncture) dans un but thérapeutique ou diagnostique. **3.** Trou laissé dans un matériau par un insecte. **4.** Tache d'humidité sur du papier. **5.** Sensation vive et qui provoque une forte démangeaison. *Piqûre d'ortie.* ◇ Fig. *Piqûre d'amour-propre :* vexation légère. **6.** COUT. Série de points serrés réunissant deux tissus.

PIRANHA [piraɲa] ou **PIRAYA** [piraja] n.m. (mot port. ; du tupi). Petit poisson carnassier très vorace qui vit en bande dans les eaux douces d'Amazonie.

piranha

PIRATAGE n.m. Action de pirater.

PIRATE n.m. (lat. *pirata*). **1.** Bandit qui parcourait les mers pour piller. **2.** *Pirate de l'air :* personne qui, sous la menace, détourne un avion en vol. **3.** Homme d'affaires cupide et sans scrupules. ◆ adj. Clandestin, illicite. *Une radio pirate.*

PIRATER v.t. **1.** Reproduire (une œuvre) sans payer les droits de reproduction ; imiter frauduleusement. **2.** INFORM. Accéder par effraction à un système informatique en vue d'en modifier ou d'en subtiliser des informations. **3.** Fam. Escroquer. ◆ v.i. Se livrer à la piraterie.

PIRATERIE n.f. **1.** Crime, actes de déprédation commis en mer contre un navire, son équipage ou sa cargaison. **2.** *Piraterie aérienne :* détournement illicite d'un avion par une ou plusieurs personnes se trouvant à bord. **3.** Vol effronté, escroquerie. ◇ *Piraterie commerciale :* imitation frauduleuse de produits de grande marque.

PIRAYA n.m. → ***piranha.***

PIRE adj. (lat. *pejor*). [Avec un déterminant]. Comparatif et superlatif de *mauvais.* Plus mauvais, plus nuisible. *Il est devenu pire qu'avant.* ◆ n.m. *Le pire :* ce qu'il y a de plus mauvais, de plus regrettable. ◇ *Pratiquer la politique du pire :* provoquer une situation plus mauvaise pour en tirer parti.

PIRIFORME adj. En forme de poire.

PIROGUE n.f. (esp. *piragua*). Embarcation légère d'Amérique, d'Afrique et d'Océanie, de forme allongée, propulsée à la voile ou à la pagaie.

PIROGUIER n.m. Conducteur de pirogue.

PIROJKI [pirɔʃki] n.m. pl. (mot russe). Petits pâtés farcis de viande, de poisson, etc.

PIROLE n.f. (lat. *pirus,* poirier). Plante des bois humides, à grandes fleurs blanches, proche des bruyères.

PIROPLASMOSE n.f. VÉTÉR. Affection parasitaire transmise à certains animaux (chiens, chevaux, ovins, bovins) par les tiques.

PIROUETTE n.f. (anc. fr. *pirouelle,* toupie). **1.** Tour complet qu'on fait sur la pointe ou le talon d'un seul pied, sans changer de place. ◇ CHORÉGR. Tour entier que les danseurs effectuent sur eux-mêmes en prenant leur jambe d'appui comme pivot. **2.** Fig. Changement brusque d'opinion. ◇ *S'en tirer, répondre par une pirouette :* éviter une question embarrassante en répondant à côté. **3.** ARCHIT. Piécette (ornement).

PIROUETTEMENT n.m. Succession de pirouettes.

PIROUETTER v.i. **1.** Tourner sur ses talons. **2.** CHORÉGR. Faire une ou plusieurs pirouettes.

1. PIS [pi] n.m. (lat. *pectus,* poitrine). Mamelle de la vache, de la brebis, etc.

2. PIS [pi] adv. et adj. (lat. *pejus*). Litt. Plus mauvais, plus mal, pire. *C'est encore pis, c'est bien pis que je ne pensais.* ◇ *De mal en pis :* de plus en plus mal. – *Au pis aller :* dans l'hypothèse la plus défavorable. – *Dire pis que pendre de qqn,* en dire beaucoup de mal.

PIS-ALLER [pizale] n.m. inv. Solution à laquelle il faut recourir, faute de mieux.

PISAN, E adj. et n. De Pise.

PISCICOLE [pisi-] adj. (du lat. *piscis,* poisson). Relatif à la pisciculture.

PISCICULTEUR, TRICE n. Personne qui élève des poissons.

PISCICULTURE n.f. Production des poissons, notamm. des poissons d'eau douce, par l'élevage.

PISCIFORME adj. En forme de poisson.

PISCINE n.f. (lat. *piscina,* vivier). **1.** Bassin artificiel pour la natation. **2.** *Piscine de désactivation :* réservoir, génér. rempli d'eau, dans lequel sont entreposés les combustibles nucléaires usés jusqu'à ce que leur activité ait décru au-dessous d'un niveau déterminé.

PISCIVORE adj. et n. Qui se nourrit de poissons. SYN. : *ichtyophage.*

PISÉ n.m. (du lat. *pinsare,* broyer). Matériau de construction constitué de terre argileuse moulée sur place à l'aide de banches.

PISIFORME n.m. (du lat. *pisum,* pois). ANAT. Os le plus interne de la première rangée du carpe.

PISOLITE ou **PISOLITHE** n.f. (gr. *pisos,* pois, et *lithos,* pierre). GÉOL. Concrétion de la grosseur d'un pois.

PISOLITIQUE ou **PISOLITHIQUE** adj. Qui contient des pisolites.

PISSALADIÈRE n.f. Tarte niçoise en pâte à pain, garnie d'oignons, de filets d'anchois et d'olives noires.

PISSAT n.m. Urine de certains animaux.

PISSE n.f. Vulg. Urine.

PISSE-FROID n.m. inv. Fam. Homme qui ne rit jamais, ennuyeux, morose.

PISSEMENT n.m. Action de pisser.

PISSENLIT [pisɑ̃li] n.m. (de *pisser,* à cause de ses vertus diurétiques). Plante composée, dite

pissenlit

aussi *dent-de-lion,* à feuilles dentelées, dont les petits fruits secs sont surmontés d'une aigrette qui facilite leur dissémination par le vent. *Une salade de pissenlits.* ◇ Fam. *Manger les pissenlits par la racine :* être mort et enterré.

PISSER v.t. et i. (lat. pop. *pissiare*). Très fam. **1.** Uriner. ◇ *Pisser du sang :* évacuer du sang avec l'urine ; laisser échapper un flot de sang, en parlant d'une plaie, d'un organe. **2.** Couler ou s'écouler fort. *La tuyauterie pisse de partout.* **3.** *Pisser de la copie :* rédiger abondamment et mal.

PISSETTE n.f. Appareil de laboratoire qui produit un jet de liquide.

PISSEUR, EUSE n. **1.** Très fam. Personne qui pisse. **2.** Fam. *Pisseur, pisseuse de copie :* journaliste, écrivain très médiocre.

PISSEUX, EUSE adj. **1.** Qui est imprégné d'urine. *Linge pisseux.* **2.** Fam. Jauni, terne, en parlant d'une couleur. *Un vert pisseux.*

PISSE-VINAIGRE n.m. inv. Fam. **1.** Personne très avare. **2.** Personne maussade ; pisse-froid.

PISSOIR n.m. Pop. Urinoir.

PISSOTIÈRE n.f. Fam. Urinoir public.

PISTACHE n.f. (lat. *pistacium*). Graine du pistachier, utilisée en confiserie et en cuisine. ◆ adj. inv. *Vert pistache :* vert clair.

PISTACHIER n.m. Arbre des régions chaudes qui produit les pistaches. (Famille des anacardiacées.) ◇ *Faux pistachier :* staphylier.

PISTAGE n.m. Action de pister.

PISTARD n.m. Coureur cycliste spécialisé dans les épreuves sur piste.

PISTE n.f. (it. *pista,* bas lat. *pistare,* piler). **I. 1.** Trace laissée par un animal. **2.** Ensemble d'indications, d'indices, de présomptions qui orientent les recherches de qqn lancé à la poursuite de qqn d'autre ; chemin, voie ainsi tracés. *Suivre, perdre une piste.* **II. 1. a.** Chemin rudimentaire, sentier. **b.** Chemin réservé aux cyclistes, aux cavaliers, etc. **c.** Pente balisée pour les descentes à ski. **2. a.** Terrain spécialement aménagé pour les épreuves d'athlétisme, les courses de chevaux, le sport automobile, etc. **b.** Emplacement, souvent circulaire, servant de scène dans un cirque, d'espace pour danser dans une boîte de nuit, etc. **3.** Bande de terrain aménagée pour le décollage et l'atterrissage des avions. **III.** ÉLECTRON. Élément linéaire d'un support mobile d'informations enregistrées (bande magnétique, disque). – *Piste sonore :* partie de la bande d'un film ou d'une bande magnétique servant à enregistrer et à reproduire les sons.

PISTER v.t. Suivre à la piste.

PISTEUR n.m. Personne qui entretient et surveille les pistes de ski.

PISTIL [pistil] n.m. (lat. *pistillus,* pilon). Ensemble des pièces femelles d'une fleur, résultant de la soudure de plusieurs carpelles, et comprenant l'ovaire, le style et le stigmate. SYN. : ***gynécée.***

PISTOLE n.f. (tchèque *pichtal,* arme à feu). **1.** Ancienne monnaie d'or espagnole. **2.** Ancienne monnaie de compte française, valant 10 livres.

PISTOLET n.m. (de *pistole*). **1.** Arme à feu individuelle, légère, au canon court, que l'on tient avec une seule main. *Pistolet d'alarme.* ◇ Fam. *Un drôle de pistolet :* une personne un peu bizarre. **2.** Dispositif manuel associé à une pompe et projetant un liquide. *Pistolet à essence.*

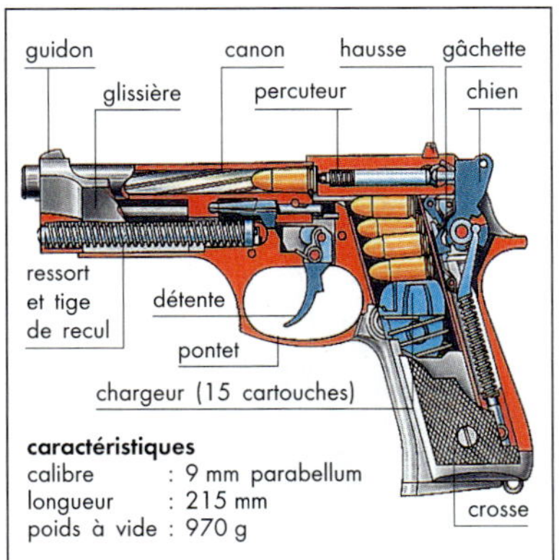

pistolet automatique Beretta

3. Planchette servant à tracer des courbes au tire-ligne. **4.** Fam. Urinal. **5.** Belgique. Petit sandwich rond.

PISTOLET-MITRAILLEUR n.m. (pl. *pistolets-mitrailleurs*). Arme automatique individuelle, tirant par rafales. SYN. : ***mitraillette.***

PISTOLEUR n.m. Peintre au pistolet.

PISTON n.m. (it. *pistone*). **I. 1.** Disque se déplaçant dans le corps d'une pompe ou dans le cylindre d'un moteur à explosion ou d'une machine à vapeur. ◇ *Piston rotatif :* organe moteur de certains moteurs à explosion, d'une forme spéciale, qui tourne autour d'un axe au lieu d'être animé d'un mouvement alternatif. **2.** Mécanisme de certains instruments de musique à vent, grâce auquel on peut avoir tous les degrés de l'échelle chromatique. *Cornet à pistons.* **II. 1.** Fam. Appui donné à qqn pour obtenir plus facilement une faveur, un avantage. *Arriver par piston.* **2.** Arg. scol. **a.** Candidat à l'École centrale ou élève de cette école. **b.** L'École centrale elle-même.

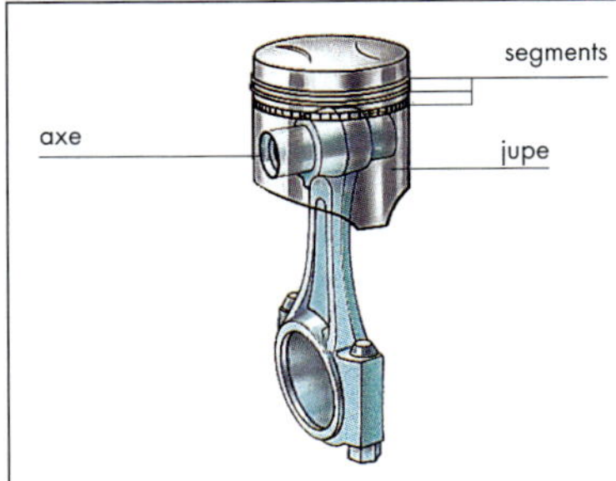

piston d'un moteur d'automobile

PISTONNER v.t. Fam. Recommander, appuyer pour une place, un avantage, etc.

PISTOU n.m. (de l'anc. prov. *pistar,* broyer). Soupe provençale de légumes, liée avec du basilic et de l'ail pilés au mortier.

PITA n.m. (mot gr.). Canada. Pain non levé que l'on fourre de viande, de fromage ou de légumes.

PITANCE n.f. (de *pitié*). Litt. Nourriture journalière. *Une maigre pitance.*

PITBULL ou **PIT-BULL** [pitbul] n.m. (angl. *pit,* arène, et *bull,* taureau) [pl. *pit-bulls*]. Chien issu de divers croisements, notamm. entre des terriers *(bull-terriers)* anglais ou américains, utilisé à l'origine dans des combats de chiens.

PITCH n.m. (angl. *to pitch,* enfoncer). Au golf, balle restant à l'endroit où elle est tombée.

PITCHPIN [pitʃpɛ̃] n.m. (mot angl.). Arbre résineux d'Amérique du Nord, dont on utilise le bois en ébénisterie. (Famille des pinacées.)

PITE [pit] n.f. (esp. *pita*). Matière textile fournie par les feuilles de l'agave du Mexique.

PITEUSEMENT adv. De manière piteuse.

PITEUX, EUSE adj. (de *pitié*). **1.** Propre à exciter une pitié où se mêle de la raillerie, du mépris ; minable, déplorable. *Être en piteux état.* **2.** Fam. *Faire piteuse mine :* avoir un air triste, confus.

PITHÉCANTHROPE n.m. (gr. *pithêkos,* singe, et *anthrôpos,* homme). ANTHROP. Archanthropien découvert à Java.

PITHIATIQUE adj. et n. Qui a rapport au pithiatisme ; atteint de pithiatisme.

PITHIATISME n.m. (gr. *peithein,* persuader, et *iatos,* guérissable). Ensemble de troubles dont une personne peut être atteinte et guérie par la suggestion.

PITHIVIERS n.m. Gâteau fourré à la pâte d'amandes.

PITIÉ n.f. (lat. *pietas,* piété). **1.** Sentiment qui rend sensible aux souffrances, au malheur d'autrui ; compassion. *Faire pitié. Avoir pitié.* – *Par pitié ! :* de grâce ! ◇ *Vierge de pitié,* représentée éplorée, avec le corps du Christ reposant sur ses genoux, après la descente de croix. **2.** Fam. *À faire pitié :* très mal. *Elle dessine à faire pitié.*

PITON n.m. **1.** Clou ou vis dont la tête est en forme d'anneau ou de crochet. **2.** Pointe d'une montagne élevée.

PITONNAGE n.m. Action de pitonner.

PITONNER v.t. Planter des pitons. ◆ v.i. Canada. Pratiquer le zapping.

PITOYABLE adj. **1.** Qui éveille un sentiment de pitié ; triste. *Aspect pitoyable.* **2.** Mauvais, sans valeur, lamentable. *Un spectacle pitoyable.*

PITOYABLEMENT adv. De façon pitoyable.

PITPIT n.m. → ***pipit.***

PITRE n.m. Personne qui fait des farces ; bouffon.

PITRERIE n.f. Plaisanterie, grimace de pitre.

PITTORESQUE adj. et n.m. (it. *pittoresco,* de *pittore,* peintre). **1.** Qui frappe la vue, l'attention par sa beauté, son originalité. *Site pittoresque.* **2.** Qui a du relief, de l'originalité, de la fantaisie ; vivant, coloré. *Un personnage, un récit pittoresque.*

PITTOSPORUM [pitɔspɔrɔm] n.m. (mot lat., du gr. *pitta,* poix). Arbuste d'Australie à feuilles vivaces et à fleurs odorantes.

PITUITAIRE adj. **1.** Relatif à l'hypophyse. **2.** Relatif à la muqueuse des fosses nasales. **3.** Relatif à la pituite.

PITUITE n.f. (lat. *pituita*). PATHOL. Vomissement glaireux du matin, survenant chez les sujets atteints de gastrite.

PITYRIASIS [pitirjazis] n.m. (gr. *pituriasis,* de *pituron,* son du blé). MÉD. Dermatose à desquamation en fines écailles.

PIU [pju] adv. (it. *più*). MUS. Plus. – *Piu mosso :* plus vite.

PIVE n.f. Suisse. Cône, fruit des conifères.

PIVERT ou **PIC-VERT** n.m. (de *pic,* oiseau) [pl. *pics-verts*]. Pic de grande taille, commun en France, à plumage vert et jaune sur le corps et à tête rouge.

PIVOINE n.f. (gr. *paiônia*). Plante à bulbe que l'on cultive pour ses grosses fleurs rouges, roses ou blanches. (Famille des renonculacées.)

pivoine

PIVOT n.m. **1.** Pièce cylindrique qui sert de support à une autre pièce et lui permet de tourner sur elle-même. **2.** Support d'une dent artificielle, enfoncé dans la racine. **3.** BOT. Racine qui s'enfonce verticalement dans la terre. **4.** Agent, élément principal de qqch. *Être le pivot d'une entreprise.* **5.** Joueur d'une équipe de basket-ball, chargé, à cause de sa très grande taille, de mettre les balles dans le panier.

PIVOTANT, E adj. **1.** Qui pivote. *Siège pivotant.* **2.** BOT. *Racine pivotante,* qui s'enfonce verticalement dans la terre.

PIVOTEMENT n.m. Mouvement que peuvent prendre, l'un par rapport à l'autre, deux corps reliés par un seul point.

PIVOTER v.i. **1.** Tourner sur un pivot, autour d'un axe ; tourner sur soi-même. **2.** BOT. S'enfoncer verticalement dans la terre.

PIXEL n.m. (contraction de l'angl. *picture element*). TECHN. Le plus petit élément de teinte homogène d'une image enregistrée (photographie, télévision, télécommunications).

PIZZA [pidza] n.f. (mot it.). Tarte salée garnie de tomates, d'anchois, d'olives, de fromage, etc. (Spécialité italienne.)

PIZZERIA [pidzerja] n.f. (mot it.). Restaurant où l'on sert surtout des pizzas ; magasin dans lequel on vend des pizzas à emporter.

PIZZICATO [pidzikato] n.m. (mot it.) [pl. *pizzicatos* ou *pizzicati*]. Pincement des cordes d'un instrument à archet.

pK n.m. Constante qui caractérise le degré de dissociation ionique d'un électrolyte à une température donnée.

PLACAGE n.m. (de *plaquer*). **1.** Feuille de bois de faible épaisseur obtenue par tranchage ou par déroulage. **2.** Revêtement d'une matière commune par une matière plus précieuse ou plus dure ; spécialt, revêtement en bois précieux que l'on met sur la surface de certains meubles. *Placage en acajou.* **3.** SPORTS. → ***plaquage.***

PLACARD n.m. (de *plaquer*). **1.** Armoire aménagée dans ou contre un mur. *Placard à balais.* ◇ Fam. *Mettre, ranger,* etc., *qqn, qqch au placard,* le mettre provisoirement de côté, à l'écart. **2.** Avis affiché publiquement. ◇ *Placard publicitaire :* annonce publicitaire occupant une surface importante, dans un journal, une revue. **3.** IMPR. Épreuve en colonnes, pour les corrections.

PLACARDER v.t. Afficher (un texte imprimé, une affiche) sur les murs.

PLACE n.f. (lat. *platea,* rue large). **I. 1.** Espace qu'occupe ou que peut occuper une personne, une chose. ◇ *Sur place :* à l'endroit même dont il est question. – *Demeurer en place :* ne pas bouger. – *Ne pas tenir en place :* s'agiter sans cesse. – *Être en place,* à l'endroit convenable pour fonctionner, entrer en action. – *Mise en place :* installation préliminaire à une action, à une activité donnée. – *Faire place à :* être remplacé par. – *Prendre la place de :* être substitué à. – *À la place de :* au lieu de. – *À votre place :* si j'étais dans votre cas. **2.** Rang obtenu dans un classement ; rang qu'une personne ou une chose doit occuper. *Rester à sa place.* ◇ *Remettre qqn à sa place,* le rappeler aux égards qu'il doit. – *Tenir sa place :* remplir convenablement sa fonction, son rôle. **3.** Rang dans une file d'attente. *Je te garde ta place.* **4.** Emplacement réservé à un voyageur dans un moyen de transport, à un spectateur dans une salle. **5.** Emplacement pour garer une voiture. ◇ ADMIN. ou vieilli. *Voiture de place :* voiture de louage. **6.** Charge, emploi. *Perdre sa place.* ◇ *Homme en place,* qui occupe une fonction qui lui donne de la considération. **7. Belgique.** Pièce d'habitation. *Un appartement de cinq places.* **II. 1.** Espace public découvert, dans une agglomération. ◇ Anc. *Place d'armes :* lieu où se rassemblaient les défenseurs d'une ville ; emplacement destiné aux prises d'armes et aux défilés. **2.** *Place forte* ou *place :* ville défendue par des fortifications ; toute ville de garnison. ◇ *Entrer dans la place :* s'introduire dans un milieu (en partic., dans un milieu fermé). – *Être maître de la place :* agir en maître. **3.** COMM. Ensemble des négociants, des banquiers d'une ville. ◇ *Chèque hors place,* dont le tireur et le bénéficiaire sont titulaires de comptes dans des banques ne relevant pas de la même chambre de compensation (par opp. à *chèque sur place*).

PLACEBO [plasebo] n.m. (mot lat., *je plairai*). MÉD. Substance inactive substituée à un médicament pour étudier l'efficacité réelle de celui-ci en éliminant toute participation psychologique du malade.

PLACEMENT n.m. **1.** Action de placer de l'argent ; capital ainsi placé, investissement. ◇ *Placements liquides* ou *à court terme,* rapidement mobilisables. **2.** Action de procurer un emploi à qqn. *Bureau de placement.* **3.** Action de mettre selon un certain ordre. **4.** *Placement d'office, placement volontaire :* modalités d'internement en hôpital psychiatrique, intervenant à la demande de l'autorité administrative *(placement d'office),* du malade ou de sa famille *(placement volontaire)* et ratifiées par un certificat médical. (On dit auj. *hospitalisation.*)

PLACENTA [plasɛ̃ta] n.m. (mot lat., *galette*). **1.** Organe reliant l'embryon à l'utérus maternel pendant la gestation. (Le placenta humain, pesant de 500 à 600 g, est expulsé après l'accouchement.) **2.** BOT. Région de l'ovaire où sont fixés les ovules.

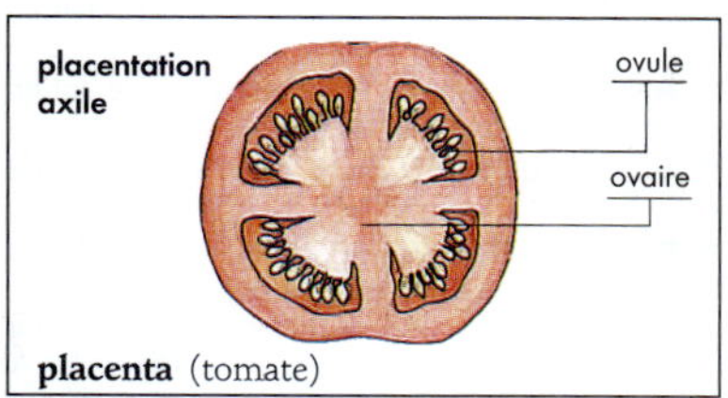

placenta (tomate)

1. PLACENTAIRE adj. Relatif au placenta.

2. PLACENTAIRE n.m. *Placentaires :* sous-classe de mammifères pourvus d'un placenta. SYN. : *euthérien.*

PLACENTATION n.f. **1.** Formation du placenta. **2.** BOT. Disposition des ovules dans l'ovaire.

1. PLACER v.t. [16]. **1.** Mettre à une certaine place, à un endroit déterminé. *Placer les invités à table. Placer des livres dans une bibliothèque.* ◇ SPORTS. *Placer la balle,* l'envoyer à l'endroit désiré. – MUS. *Placer sa voix,* lui donner le registre et le timbre qui convient le mieux à sa propre tessiture. – *Être bien, mal placé :* être dans une situation favorable, défavorable. **2.** Assigner une place, un rang à. *Placer son intérêt au-dessus de tout.* ◇ *Personne haut placée,* qui a une position sociale ou hiérarchique élevée, une fonction importante. **3.** Procurer un emploi à. *L'école place ses anciens élèves à la fin de leur cycle d'études.* **4.** Donner place à, loger. *Placer un bon mot dans une conversation.* ◇ Fam. *En placer une :* intervenir dans une conversation ; répliquer à un interlocuteur (souvent en tournure négative : *ne pas pouvoir en placer une*). **5.** Mettre (de l'argent, des fonds) dans une entreprise ; investir dans l'intention de faire fructifier. **6.** Réussir à vendre, à écouler. *Les grossistes ont du mal à placer leurs stocks.* ◆ **se placer** v.pr. **1.** Prendre un certain rang. *Se placer parmi les premiers.* **2.** Fam. Se mettre en bonne position pour réussir, se faire valoir avec une habileté quelque peu retorse. *Elle sait se placer.* **3.** En parlant d'un cheval, arriver à la deuxième ou à la troisième place dans une course (rapportant ainsi un gain aux parieurs).

2. PLACER [plasɛr] n.m. (mot esp.). Gîte détritique de minéraux lourds ou précieux (or, platine, diamant, gemmes, etc.).

PLACET [plasɛ] n.m. (mot lat., *il plaît*). **1.** DR. Copie de l'assignation contenant les prétentions du demandeur adressée au tribunal pour sa mise au rôle. **2.** Vx. Demande par écrit pour obtenir justice, solliciter une grâce, etc.

PLACETTE n.f. Petite place d'une ville.

PLACEUR, EUSE n. Personne qui place les spectateurs dans une salle de spectacle, qui indique à chacun son rang dans une cérémonie, etc.

PLACIDE adj. (lat. *placidus*). Qui garde son calme en toute circonstance ; paisible, serein.

PLACIDEMENT adv. Avec placidité.

PLACIDITÉ n.f. Caractère placide ; sérénité.

PLACIER n.m. **1.** Représentant de commerce qui propose ses articles à des particuliers. **2.** Personne qui loue les places d'un marché public aux commerçants et aux forains.

PLACODERME n.m. *Placodermes :* sous-classe de poissons cuirassés de l'ère primaire, voisins des requins actuels.

PLACOPLÂTRE n.m. (nom déposé). Matériau de construction constitué de panneaux standardisés de plâtre coulé entre deux feuilles de carton.

PLACOTAGE n.m. Canada. Fam. Bavardage.

PLACOTER v.i. (p.-ê. de *clapoter*). Canada. Fam. Bavarder.

PLAÇURE n.f. REL. Ensemble des opérations qui suivent la pliure et complètent les cahiers en y ajoutant des hors-texte et des gardes.

PLAFOND n.m. (de *plat fond*). **1.** Surface horizontale formant la partie supérieure d'une pièce, d'un lieu couvert, d'un véhicule, etc. ◇ CONSTR. *Faux plafond :* second plafond placé au-dessous d'un plafond, pour diminuer la hauteur de celui-ci. – *Plafond flottant,* indépendant de l'ossature du plancher. **2.** BX-A. Peinture décorant un plafond. **3.** Limite supérieure d'une vitesse, d'une valeur, etc. *Prix plafond.* – Fam. *Crever le plafond :* dépasser la limite normale. ◇ Spécialt. Limite de l'assiette des cotisations de Sécurité sociale ou d'un régime complémentaire. **4. a.** Altitude maximale que peut atteindre un aéronef. **b.** *Plafond nuageux :* hauteur moyenne de la base des nuages au-dessus du sol.

PLAFONNAGE n.m. Action de plafonner.

PLAFONNEMENT n.m. État de ce qui atteint sa limite supérieure. *Plafonnement des prix.*

PLAFONNER v.i. Atteindre sa vitesse, sa valeur, sa hauteur maximale. *Cette voiture plafonne à 200 km/h. Les salaires, les ventes plafonnent.* ◇ *Salaire plafonné :* fraction maximale d'un salaire soumise aux cotisations de Sécurité sociale. ◆ v.t. Exécuter le plafond d'une pièce.

PLAFONNEUR n.m. et adj.m. Plâtrier spécialisé dans la réalisation des plafonds.

PLAFONNIER n.m. Système d'éclairage fixé au plafond d'une pièce, d'un véhicule, etc.

PLAGAL, E, AUX adj. (gr. *plagios,* oblique). Se dit d'un mode musical médiéval commençant une quarte au-dessous du mode principal. – *Cadence plagale :* mouvement de la sous-dominante sur la tonique, portant l'une et l'autre l'accord parfait.

PLAGE n.f. (it. *piaggia*). **1.** Étendue presque plate couverte de sable ou de galets au bord de la mer (aussi : sur la rive d'un cours d'eau, d'un lac). **2.** Station balnéaire. *Les plages bretonnes.* **3.** Surface délimitée d'une chose, d'un lieu, etc. *Plage arrière d'un pont de navire.* ◇ *Plage arrière d'une voiture :* tablette située sous la lunette arrière. – *Plage d'un disque :* sillon ininterrompu d'une même face de disque, supportant un enregistrement. **4.** Laps de temps, durée limitée. *Des plages musicales dans un programme de radio.* **5.** Écart entre deux mesures, deux possibilités. *Une plage très étroite.*

PLAGIAIRE n. (lat. *plagiarius ;* du gr.). Personne qui plagie les œuvres des autres.

PLAGIAT n.m. Action du plagiaire ; copie.

PLAGIER v.t. Piller (les ouvrages d'autrui) en donnant pour siennes les parties copiées.

PLAGIOCLASE n.m. (gr. *plagios,* oblique, et *klasis,* brisure). MINÉR. Feldspath contenant du calcium et du sodium.

PLAGISTE n. Personne qui s'occupe de la location et de l'entretien des cabines, des parasols, des matelas, etc., sur une plage.

1. PLAID [plɛ] n.m. (lat. *placitum,* ce qui est conforme à la volonté). HIST. Assemblée judiciaire ou politique à l'époque franque ; sa décision, son jugement.

2. PLAID [plɛd] n.m. (mot angl.). **1.** Couverture de voyage à carreaux. **2.** Grande pièce de tissu de laine à carreaux, qui tient lieu de manteau dans le costume national écossais.

PLAIDABLE adj. Qui peut être plaidé.

PLAIDANT, E adj. Qui plaide.

PLAIDER v.t. (de 1. *plaid*). **1.** Défendre oralement en justice la cause d'une partie. – *Plaider coupable :* se défendre en admettant sa culpabilité. **2.** Exposer dans sa plaidoirie. *Plaider la légitime défense.* ◇ *Plaider le faux pour savoir le vrai :* dire qqch qu'on sait faux pour amener qqn à dire la vérité. ◆ v.i. **1.** Défendre une partie, une cause, un accusé devant une juridiction. *L'avocat plaide.* ◇ *Plaider contre qqn,* soutenir contre lui une action en justice. **2.** *Plaider pour, en faveur de qqn, qqch,* être à son avantage. *Son passé plaide en sa faveur.*

PLAIDEUR, EUSE n. Personne qui plaide à sa cause dans un procès, qui est en procès.

PLAIDOIRIE n.f. Exposé oral visant à défendre un accusé, à soutenir une cause.

PLAIDOYER n.m. (de 1. *plaid*). **1.** Discours prononcé devant un tribunal pour défendre une cause. **2.** Défense en faveur d'une opinion, d'une personne, etc.

PLAIE n.f. (lat. *plaga,* coup). **1.** Déchirure provoquée dans les chairs par une blessure, une brûlure, un abcès. *Une plaie au front.* **2.** Fig., litt. Cause de douleur, de chagrin. ◇ *Mettre le doigt sur la plaie :* trouver exactement où est le mal. – *Remuer, retourner, enfoncer le fer (le couteau) dans la plaie :* insister lourdement sur un sujet douloureux. **3.** Personne ou évènement désagréable. *Quelle plaie, cette pluie !*

PLAIGNANT, E n. et adj. Personne qui dépose une plainte contre une autre, ou qui fait un procès à qqn.

PLAIN, E adj. (lat. *planus*). HÉRALD. Se dit d'un écu d'un seul émail, sans meubles.

PLAIN-CHANT [plɛ̃ʃɑ̃] n.m. (pl. *plains-chants*). Chant d'Église médiéval à une voix, de rythme libre, récité, mélodique ou orné.

PLAINDRE v.t. (lat. *plangere*) [80]. Éprouver de la compassion pour qqn. *Je ne le plains pas, il l'a cherché ! – Être, n'être pas à plaindre :* mériter ou non la compassion des autres. ◇ *Ne pas plaindre sa peine, son temps :* se dépenser sans compter. ◆ **se plaindre** v.pr. **1.** Se lamenter, exprimer sa souffrance. **2.** Manifester son mécontentement. *Elle se plaint surtout du bruit.*

PLAINE n.f. (lat. *planus,* uni). **1.** Étendue plate, aux vallées peu enfoncées dans le sol. *La plaine d'Alsace.* **2.** HIST. *La Plaine :* le Marais.

PLAIN-PIED (DE) loc. adv. **1.** Au même niveau. *Deux pièces de plain-pied.* **2.** Sur un pied d'égalité. *Se sentir de plain-pied avec qqn.*

PLAINTE n.f. **1.** Parole, cri, gémissement provoqués par une douleur physique ou morale. **2.** Mécontentement que l'on exprime ; récrimination. **3.** Dénonciation en justice d'une infraction par la personne qui en a été la victime. *Porter plainte. Déposer une plainte contre qqn.*

PLAINTIF, IVE adj. Qui a l'accent d'une plainte. *Voix, ton plaintifs.*

PLAINTIVEMENT adv. D'une voix plaintive.

PLAIRE v.t. ind. *(à)* et i. (lat. *placere*) [110]. Être agréable, exercer de l'attrait, un charme sur qqn ; provoquer de l'intérêt. *Cette peinture me plaît beaucoup. Elle fait tout pour plaire.* – *Comme il vous plaira* : selon vos désirs. ◇ Suisse. *À bien plaire* : à l'amiable. ◆ v. impers. *S'il te plaît, s'il vous plaît* : formule de politesse exprimant une demande, un ordre. – *Plaît-il ?* : formule de politesse pour faire répéter ce qu'on a mal entendu. ◇ *Plût, plaise au ciel que* : formules de souhait ou de regret. ◆ **se plaire** v.pr. **1.** Se convenir, s'aimer l'un l'autre. *Ils se plaisent beaucoup.* **2.** Prendre plaisir à faire qqch, à se trouver quelque part. **3.** Prospérer, en parlant des végétaux, des animaux. *Cette plante se plaît à l'ombre.*

PLAISAMMENT adv. De façon plaisante.

PLAISANCE n.f. **1.** *De plaisance* : que l'on utilise ou que l'on pratique pour l'agrément, pendant les loisirs. (Surtout dans : *bateau, navigation*, etc., *de plaisance*). **2.** *La plaisance* : la navigation de plaisance.

PLAISANCIER, ÈRE n. Personne qui pratique la navigation de plaisance.

1. PLAISANT, E adj. Agréable ; drôle.

2. PLAISANT n.m. Le côté amusant, curieux de qqch. ◇ *Mauvais plaisant* : personne qui aime jouer de mauvais tours, faire de mauvaises farces.

PLAISANTER v.i. **1.** Dire des choses drôles ; ne pas parler sérieusement. *Elle plaisante tout le temps. Cette fois, je ne plaisante pas !* **2.** Faire des choses avec l'intention de faire rire ou par jeu. ◇ *Ne pas plaisanter avec, sur qqch*, être très strict sur ce chapitre. ◆ v.t. Se moquer gentiment de qqn.

PLAISANTERIE n.f. **1.** Chose que l'on dit ou que l'on fait pour amuser. **2.** Chose ridicule ou très facile à faire. *Faire cela, c'est une plaisanterie pour elle !*

PLAISANTIN n.m. Fam. **1.** Personne qui aime à plaisanter, à faire rire. **2.** Péj. Personne peu sérieuse, en qui on ne peut avoir confiance.

PLAISIR n.m. (du lat. *placere*, plaire). **1.** État de contentement que crée chez qqn la satisfaction d'une tendance, d'un besoin, d'un désir ; bien-être. *J'ai lu ce roman avec plaisir. Le plaisir et la douleur.* ◇ *Faire plaisir à qqn*, lui être agréable. – *Avec plaisir* : volontiers. – *À plaisir* : par caprice. – *Avoir, mettre un malin plaisir à* : agir avec malveillance à l'égard de qqn et s'en réjouir. – *Au plaisir*, formule d'adieu. – *Faites-moi le plaisir de...*, formule pour demander ou ordonner qqch. – *Je vous souhaite bien du plaisir*, se dit ironiquement à qqn qui va faire qqch de difficile, de désagréable. – HIST. *Car tel est notre bon plaisir*, formule terminale des édits royaux pour dire : « telle est notre décision ». **2.** Ce qui plaît, ce qui procure à qqn ce sentiment de contentement. **3.** *Le plaisir* : le plaisir des sens ; **spécialt**, jouissance, satisfaction sexuelle. **4.** PSYCHAN. *Principe de plaisir* : principe qui régit le fonctionnement mental et tend à satisfaire les pulsions, quelles qu'en soient les conséquences ultérieures. *Le principe de plaisir s'oppose au principe de réalité.*

1. PLAN n.m. (lat. *planum*). **I. 1.** Représentation graphique d'un ensemble de constructions, d'un bâtiment, d'une machine, etc. *Dessiner les plans d'une maison.* – Représentation à différentes échelles d'une ville, etc. *Le plan de Marseille.* ◇ *Plan d'occupation des sols (P. O. S.)* : document d'urbanisme fixant les conditions d'affectation et d'utilisation des sols pour un territoire déterminé, généralement une commune. – *Plan d'alignement* : document qui fixe ou modifie les limites des voies publiques. **2.** Surface plane. – *Plan de travail* : surface horizontale formant table. – *Plan de cuisson* : plaque encastrable supportant des brûleurs à gaz ou des plaques électriques. **3.** *Plan d'eau* : étendue d'eau sur laquelle on peut, notamm., pratiquer les sports nautiques. **4.** MATH. Surface illimitée qui contient toute droite joignant deux de ses points. – Espace de dimension 2. **II. 1. a.** Projet élaboré avant une réalisation. *Faire le plan d'un voyage.* – *Dresser des plans* : faire des projets. ◇ **Belgique.** *Tirer son plan* : se débrouiller. **b.** Fam. Projet d'activité, de loisir, génér. concerté. *Un plan ciné.* **c.** Disposition générale d'un ouvrage. *Plan d'une tragédie.* ◇ *Laisser en plan* : laisser inachevé ; abandonner. **2.** AÉRON. *Plan de vol* : document écrit par le pilote d'un avion avec des indications sur l'itinéraire, l'altitude, etc. **3.** MIL. *Plan de feux* : document définissant l'ensemble des tirs prévus dans une opération. **4.** Ensemble des mesures gouvernementales prises en vue de planifier l'activité économique. *Plan quinquennal.* **5.** Extension d'un programme d'informatique. *Plan-calcul.* **6.** STAT. *Plan d'expérience* : programme d'expérimentation conçu en vue du traitement des informations. **7.** Programmation de la publicité selon le public auquel elle s'adresse. *Plan des supports.* **III. 1.** Éloignement relatif des objets dans la perception visuelle. *Au premier, au second plan.* **2.** CIN. **a.** Suite continue d'images enregistrées par la caméra au cours d'une même prise. – *Plan fixe* : plan enregistré par une caméra immobile. – *Plan-séquence* : plan, généralement long, obtenu en filmant toute une séquence sans arrêter la caméra. **b.** Façon de cadrer la scène filmée. – *Plan général* ou *d'ensemble*, qui montre tout le décor. – *Plan moyen*, qui montre un ou plusieurs personnages en pied. – *Plan américain*, où le personnage est cadré à mi-cuisse. – *Plan rapproché*, où le personnage est cadré à la hauteur de la taille ou de la poitrine. – *Gros plan*, qui montre un visage ou un objet. **IV. 1.** Aspect sous lequel on considère qqn, qqch. *Sur tous les plans.* **2.** Importance. ◇ *Sur le même plan* : au même niveau. – *Sur le plan, au plan de* : du point de vue de. *Sur le plan esthétique, spirituel, pratique.*

échelle des **plans :** différents cadrages possibles d'une scène de film (*Rio Lobo*, H. Hawks, 1970)

2. PLAN, E adj. (lat. *planus*). **1.** Plat, uni. *Miroir plan.* **2.** MATH. *Surface plane* : plan. – *Géométrie plane* : étude des figures planes. – *Figure plane*, dont tous les points sont dans un même plan.

PLANAGE n.m. Action de planer qqch.

PLANAIRE n.f. Ver plat non annelé, d'eau douce, à pouvoir de régénération très développé. (Classe des turbellariés.)

PLANANT, E adj. Arg. Qui fait planer, qui met dans un état de bien-être.

PLANCHE n.f. (bas lat. *planca*). **I. 1.** Pièce de bois sciée, nettement plus large qu'épaisse. *Assembler, raboter des planches.* ◇ *Planche à repasser* : planche recouverte de tissu, souvent montée sur pieds et dont une extrémité est arrondie, utilisée pour repasser. – *Planche à dessin* : plateau de bois parfaitement plan, sur lequel les dessinateurs fixent leur papier ; table de dessinateur dont l'élément essentiel est constitué par un tel plateau, le plus souvent inclinable. – *Planche à découper, planche à pain, à pâtisserie* : tablette de bois pour couper la viande, le pain, pétrir la pâte, etc. – **Fig.** *Faire la planche* : rester étendu à la surface de l'eau sur le dos et sans faire de mouvements. **2. a.** *Planche à roulettes* : planche montée sur quatre roues, sur laquelle on se déplace, on exécute des sauts, des figures, etc. ; sport ainsi pratiqué. SYN. (anglic.) : *skateboard.* **b.** *Planche à voile* : flotteur plat muni d'une voile fixée à un mât articulé, utilisé pour la voile de loisir ou de compétition ; sport ainsi pratiqué. **c.** *Planche de bord* : élément d'habillage placé dans l'habitacle d'une automobile, au-dessous du pare-brise, et qui supporte les organes de contrôle du fonctionnement et du déplacement du véhicule, ainsi que les appareils d'aide à la conduite. **3.** *Planche de salut* : dernier espoir, dernière ressource dans une situation désespérée. **4.** MAR. Passerelle jetée entre un navire et le quai. ◇ *Jours de planche* : délai accordé au capitaine d'un bâtiment pour charger ou décharger une cargaison. SYN. : *starie.* **II. 1.** Illustration ou ensemble d'illustrations relatives à un même sujet et occupant dans un livre la plus grande partie ou la totalité d'une page. **2.** Plaque de métal, de bois, etc., sur laquelle le graveur trace des dessins, des lettres. ◇ Estampe tirée à partir de cette planche. **3.** *Planche à billets* : plaque gravée sur laquelle on tire les billets de banque. ◇ **Fig., fam.** *Faire marcher la planche à billets* : créer des signes monétaires en excès, en parlant d'une banque centrale. **III.** Portion de jardin affectée à une culture. *Une planche de salades.* ◆ pl. *Les planches* : le théâtre, la scène.

planches à voile

PLANCHE-CONTACT n.f. (pl. *planches-contacts*). Tirage par contact de toutes les vues d'un film sur une même feuille de papier sensible.

PLANCHÉIAGE n.m. **1.** Revêtement de sol en planches. **2.** Garniture de planches.

PLANCHÉIER v.t. Garnir d'un plancher, de planches.

1. PLANCHER n.m. **1. a.** Élément de construction horizontal entre deux étages, dans une maison, un édifice, etc. **b.** Sol d'une pièce. *Couvrir le plancher avec de la moquette.* – Fam. *Débarrasser le plancher* : partir. – Fam. *Le plancher des vaches* : la terre ferme. **2.** Paroi inférieure d'un véhicule, etc. ◇ Fam. *Avoir le pied au plancher* : accélérer au maximum. **3.** (Souvent en app.). Niveau minimal, seuil inférieur. *Prix plancher.*

2. PLANCHER v.i. Arg. scol. Être interrogé à une leçon, un examen ; faire un exposé. ◆ v.t. ind. *(sur)*. Fam. Travailler intellectuellement, réfléchir. *Plancher sur un rapport.*

PLANCHETTE n.f. **1.** Petite planche. **2.** Petite table pour lever les plans.

PLANCHISTE n. Personne qui pratique la planche à voile ; véliplanchiste.

PLANÇON ou **PLANTARD** n.m. (de *planter*). SYLV. Branche d'osier, de saule ou de peuplier utilisée comme bouture.

PLAN-CONCAVE adj. (pl. *plan-concaves*). Dont une face est plane et l'autre concave.

PLAN-CONVEXE adj. (pl. *plan-convexes*). Dont une face est plane et l'autre convexe.

PLANCTON [plɑ̃ktɔ̃] n.m. (gr. *plagkton,* qui erre). Ensemble des êtres microscopiques en suspension dans la mer ou l'eau douce (par opp. à *benthos* et à *necton*).

PLANCTONIQUE adj. Relatif au plancton.

PLANCTONIVORE ou **PLANCTOPHAGE** adj. Qui se nourrit de plancton.

PLANE n.f. Outil à lame concave munie de deux poignées à ses extrémités, pour dégrossir les pièces de bois.

PLANÉ adj.m. Fam. *Faire un vol plané,* une chute par-dessus qqch.

PLANÉITÉ n.f. Caractère d'une surface plane.

PLANELLE n.f. Suisse. Carreau, brique de carrelage.

1. PLANER v.t. (bas lat. *planare,* unir). TECHN. **1.** Rendre plan, uni. **2.** Débarrasser (une peau) de ses poils.

2. PLANER v.i. (du lat. *planus,* qui est à niveau). **I.1.** Se soutenir en l'air, les ailes étendues, sans mouvement apparent, en parlant d'un oiseau. **2.** Évoluer sous la seule sollicitation de son poids et des forces aérodynamiques, en parlant d'un planeur (ou d'un avion dont le moteur n'est pas en marche). **3.** Flotter dans l'air. – Fig. Peser d'une manière plus ou moins menaçante. *Un mystère plane sur cette affaire.* **II.** Fam. **1.** Ne pas avoir le sens des réalités. **2.** Être dans un état de bien-être euphorique, en partic. du fait de l'absorption d'une drogue.

1. PLANÉTAIRE adj. **1.** Qui se rapporte aux planètes. *Mouvement planétaire.* – Qui a l'aspect d'une planète. *Nébuleuse planétaire.* ◇ *Système planétaire :* ensemble des planètes gravitant autour d'une étoile, en particulier du Soleil. **2.** Qui se comporte comme une planète. *Électron planétaire.* **3.** Qui se rapporte à la Terre ; mondial. *Un phénomène planétaire.*

2. PLANÉTAIRE n.m. **1.** Pignon monté directement sur les arbres à commander, dans un mécanisme différentiel. **2.** Modèle réduit du système solaire, qui reproduit le mouvement des planètes.

PLANÉTAIREMENT adv. Sur toute la planète.

PLANÉTARISATION n.f. Propagation dans le monde entier d'un phénomène humain local.

PLANÉTARIUM [planetarjɔm] n.m. Installation qui représente les mouvements des astres sur une voûte hémisphérique, grâce à des projections lumineuses.

PLANÈTE n.f. (gr. *planêtês,* vagabond). **1.** Corps céleste sans lumière propre, qui gravite autour d'une étoile, spécialement du Soleil. – *Petite planète :* astéroïde. – *Planète inférieure, supérieure :* planète plus proche ou plus éloignée du Soleil que la Terre. **2.** *La planète.* **a.** La Terre. **b.** Le petit monde, le domaine de. *La planète informatique.*

■ On connaît autour du Soleil neuf planètes principales, qui sont, de la plus proche du Soleil à la plus éloignée : Mercure, Vénus, la Terre, Mars, Jupiter, Saturne, Uranus, Neptune et Pluton. Elles se répartissent en deux familles : 1° près du Soleil, les planètes telluriques (Mercure, Vénus, la Terre, Mars), petites mais denses, dotées d'une croûte solide, et qui ont profondément évolué depuis leur formation ; 2° plus loin du Soleil, les planètes géantes (Jupiter, Saturne, Uranus et Neptune), nettement plus massives et plus volumineuses, mais peu denses et dont l'atmosphère, à base d'hydrogène et d'hélium, a gardé une composition très proche de celle de la nébuleuse dont elles sont issues. Pluton, encore mal connue, paraît s'apparenter aux planètes telluriques par ses dimensions et aux planètes géantes par sa densité. Le système solaire renferme aussi une multitude d'astéroïdes*. Un très grand nombre d'étoiles possèdent vraisemblablement des planètes.

PLANÉTOÏDE n.m. ASTRON. **1.** Rare. Astéroïde. **2.** Planète en cours de formation. SYN. : *protoplanète.*

PLANÉTOLOGIE n.f. Science qui a pour objet l'étude des planètes et, plus généralement, de tous les corps du système solaire, à l'exception du Soleil.

PLANEUR n.m. Aéronef sans moteur qui évolue dans les airs en utilisant les courants atmosphériques, pour la pratique du vol à voile.

PLANEUSE n.f. Machine à dresser mécaniquement les tôles.

PLANÈZE n.f. (mot auvergnat). Plateau basaltique peu incliné, qui résulte de l'érosion d'une coulée sur le flanc d'un volcan.

PLANIFIABLE adj. Qui peut être planifié.

PLANIFICATEUR, TRICE adj. et n. Qui s'occupe de planification.

PLANIFICATION n.f. **1.** Action de planifier. **2.** Encadrement du développement économique d'un pays par les pouvoirs publics.

PLANIFIER v.t. Organiser, régler selon un plan le développement de. *Planifier l'économie.*

PLANIMÈTRE n.m. Instrument qui sert à mesurer les aires des surfaces planes.

PLANIMÉTRIE n.f. **1.** Géométrie appliquée à la mesure des aires planes. **2.** Détermination de la projection, sur un plan horizontal, de chaque point d'un terrain dont on veut lever le plan.

PLANIMÉTRIQUE adj. Qui concerne la planimétrie.

PLANIPENNE n.m. *Planipennes :* ordre d'insectes aux ailes finement nervurées et ramenées par-dessus le corps au repos, tels que le fourmilion.

PLANISME n.m. Didact. Tendance à planifier l'activité économique, politique, etc.

PLANISPHÈRE n.m. Carte représentant les deux hémisphères terrestres ou célestes. ◇ Carte représentant les deux hémisphères d'un astre autre que la Terre. *Planisphère de la Lune, de Mars.*

PLANISTE adj. et n. Relatif au planisme ; partisan du planisme.

PLAN-MASSE n.m. (pl. *plans-masses*). ARCHIT. Plan de masse*.

PLANNING [planiŋ] n.m. (mot angl.). **1.** Programme de fabrication dans une entreprise. ◇ Plan de travail détaillé ; plan de production. **2.** *Planning familial :* ensemble des moyens mis en œuvre pour la régulation des naissances.

PLANOIR n.m. Ciselet à bout aplati.

PLANORBE n.f. Mollusque gastropode, dont la coquille est enroulée dans un plan et qui vit dans les eaux douces calmes. (Diamètre 3 cm env.)

planorbe

PLAN-PLAN adv. Fam. Sans se presser, très lentement.

PLANQUE n.f. Fam. **1.** Cachette. **2.** Situation où l'on est à l'abri, où l'on ne court pas de risque (en partic., en temps de guerre). **3.** Emploi bien rémunéré et où le travail est facile.

PLANQUÉ, E n. et adj. Fam. Personne qui a trouvé une planque.

PLANQUER v.t. Fam. Mettre à l'abri, cacher qqn, qqch. *Planquer ses économies.* ◆ **se planquer** v.pr. Fam. Se mettre à l'abri ; se cacher.

PLAN-RELIEF n.m. (pl. *plans-reliefs*). Maquette représentant en élévation et à échelle réduite une ville, une place forte.

PLANSICHTER [plɑ̃siʃtɛr] n.m. (all. *Plan,* plan, et *Sichter,* blutoir). Appareil servant à trier par tamisage, selon leur grosseur, les produits de la mouture des grains de blé.

PLANT n.m. (de *planter*). **1.** Jeune plante que l'on vient de planter ou que l'on doit repiquer. *Des plants de géraniums.* **2.** Ensemble des végétaux plantés dans un même terrain ; ce terrain lui-même. *Un plant d'asperges.*

PLANTAGE n.m. Fam. Fait de se planter. **a.** Erreur, faute. *Un plantage dans les calculs.* **b.** Échec total. *Un plantage aux élections.*

1. PLANTAIN n.m. (lat. *plantago*). **1.** Plante très commune dont la semence sert à la nourriture des petits oiseaux. (Famille des plantaginacées.) **2.** *Plantain d'eau :* plante des étangs, de la famille des alismacées. SYN. : *alisma, flûteau.*

plantain

2. PLANTAIN n.m. (esp. *plátano*). Bananier dont le fruit *(banane plantain)* est consommé cuit comme légume.

PLANTAIRE adj. De la plante du pied.

PLANTARD n.m. → ***plançon.***

PLANTATION n.f. **1.** Action de planter, manière de planter ou d'être planté. **2.** Ensemble de végétaux plantés en un endroit ; terrain planté. **3.** Grande exploitation agricole des pays tropicaux. *Une plantation de caféiers.*

1. PLANTE n.f. (lat. *planta*). **1.** Tout végétal vivant fixé en terre et dont la partie supérieure s'épanouit dans l'air ou dans l'eau douce. *Racines, tige, feuillage d'une plante.* **2.** Végétal de petite taille ou dont la partie principale ne se transforme pas en matière ligneuse (par opp. à *arbre*). **3.** Fig., fam. *Une belle plante :* une belle femme, d'allure saine et vigoureuse.

2. PLANTE n.f. Face inférieure du pied de l'homme et des animaux.

PLANTER v.t. **I. 1.** Mettre en terre une plante, un arbrisseau, un tubercule, une bouture pour qu'ils y croissent. **2.** Garnir (un lieu) d'arbres, de végétaux. *Avenue plantée d'arbres.* **II. 1.** Enfoncer dans une matière plus ou moins dure.

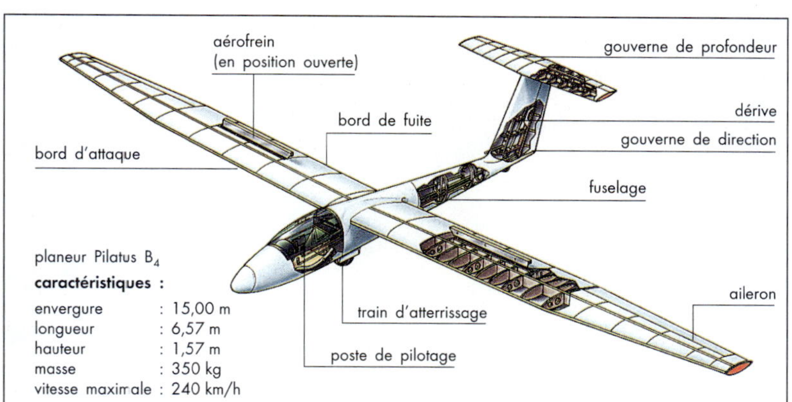

planeur : éléments constitutifs

Planter un piquet. **2.** Poser, placer debout, installer. *Planter une tente, un décor.* **3.** Fam. Abandonner, quitter brusquement. *Elle m'a planté là, au coin de la rue.* **4.** *Planter ses yeux, son regard sur qqn,* le fixer avec insistance. ◆ **se planter** v.pr. **1.** Se camper debout et immobile. *Il s'est planté devant moi.* **2.** Fam. **a.** Percuter accidentellement qqch ; avoir un accident de voiture, de moto, etc. **b.** Faire une erreur, se tromper. *Elle s'est plantée dans ses prévisions.* **c.** Subir un échec. *Il a essayé de monter sa propre affaire, mais il s'est planté.*

PLANTEUR n.m. **1.** Propriétaire d'une plantation dans les pays tropicaux. **2.** *Punch planteur* ou *planteur :* cocktail à base de rhum et de jus de fruits.

PLANTEUSE n.f. Machine agricole utilisée pour planter les pommes de terre.

PLANTIGRADE adj. et n.m. Qui marche sur toute la plante des pieds, et non sur les seuls doigts. *L'ours est un plantigrade.*

PLANTOIR n.m. Outil servant à faire des trous dans la terre pour y mettre des jeunes plants.

PLANTON n.m. **1.** Personne (soldat, en partic.) qui assure des liaisons entre différents services. ◇ Fam. *Faire le planton :* attendre debout assez longtemps. **2.** Afrique. Garçon de bureau. **3.** Suisse. Jeune plant destiné à être repiqué.

PLANTULE n.f. Embryon d'une plante contenu dans la graine ; germe.

PLANTUREUSEMENT adv. En abondance.

PLANTUREUX, EUSE adj. (anc. fr. *plentiveux,* lat. *plenus,* plein). **1.** Abondant, copieux. *Un dîner plantureux.* **2.** Bien en chair, épanoui. *Elle a des formes plantureuses.* **3.** Fertile. *Une vallée plantureuse.*

PLAQUAGE n.m. **1.** Action de plaquer une surface, de la recouvrir d'un placage. **2.** SPORTS. Au rugby, action de plaquer ; placage.

PLAQUE n.f. **I. 1.** Élément d'une matière quelconque, plein, relativement peu épais par rapport à sa surface, et rigide. *Plaque de marbre. Plaque d'égout en fonte.* – *Plaque de propreté :* plaque de matière plastique, de verre épais, de métal, etc., fixée sur une porte au-dessus et au-dessous de la serrure pour protéger la peinture, le bois. ◇ Fam. *Être, mettre à côté de la plaque :* se tromper, manquer le but. **2.** Pièce de métal portant une indication ; insigne de certaines professions, de certains grades. *Plaque d'immatriculation d'un véhicule. Plaque de garde-chasse.* **3.** Couche peu épaisse, plus ou moins étendue, de certaines matières. *Une plaque de verglas.* – *Plaque à vent :* croûte de neige agglomérée par le vent, surmontant la neige poudreuse et dont l'instabilité peut provoquer une avalanche. ◇ GÉOL. Unité structurale rigide, d'environ 100 km d'épaisseur, qui constitue avec d'autres unités semblables l'enveloppe externe de la Terre. **4.** PHOT. Lame de verre recouverte d'une émulsion sensible à la lumière. **5.** Foyer de cuisson, le plus souvent circulaire, d'un appareil de cuisson électrique. **6. a.** ÉLECTRON. Anode d'un tube électronique. **b.** *Plaque d'accumulateur :* chacune des électrodes d'un accumulateur, constituée par un cadre inerte supportant une pâte de matière active. **7.** REL. Pièce de métal gravée, fixée sur la presse à dorer pour décorer la couverture d'un livre relié. **8.** *Plaque tournante.* **a.** CH. DE F. Anc. Grand disque circulaire horizontal pivotant sur un axe, utilisé naguère pour diriger les véhicules ferroviaires vers une voie ayant une orientation différente de la voie d'arrivée. **b.** Fig., mod. Centre de multiples opérations ; chose ou personne occupant une position centrale, à partir de laquelle tout rayonne. **9.** Suisse. *Plaque à gâteau :* moule à tarte. **10.** GÉOL. *Plaque mince :* lame mince. **II. 1.** MÉD. Tache colorée qui se forme sur la peau ; surface couverte d'excoriations, de boutons. *Une plaque d'eczéma.* ◇ *Sclérose en plaques* → **sclérose. 2.** ANAT. *Plaque motrice :* jonction entre le nerf et le muscle, au niveau de laquelle l'influx nerveux libère un médiateur chimique qui commande la contraction du muscle. **3.** *Plaque dentaire :* enduit visqueux et collant, mélange complexe de constituants salivaires, de débris alimentaires et de bactéries, qui se forme à la surface des dents et qui joue un rôle notable dans la formation de la carie.

PLAQUÉ n.m. **1.** Métal commun recouvert d'or ou d'argent. *Une montre en plaqué or.* **2.** Bois recouvert d'une feuille de placage.

PLAQUEMINE n.f. Fruit comestible du plaqueminier, appelé aussi *kaki.*

PLAQUEMINIER n.m. (mot créole). Arbre au bois dur, noir et lourd, dont une espèce, originaire d'Asie, fournit la plaquemine. (Famille des ébénacées.)

PLAQUE-MODÈLE n.f. (pl. *plaques-modèles*). Plaque de fonderie constituant le modèle dans les machines à mouler.

PLAQUER v.t. (moyen néerl. *placken,* coller). **I. 1.** Appliquer fortement, étroitement contre qqch. *Le souffle de l'explosion l'a plaqué au mur.* **2.** Appliquer de manière à rendre plat et lisse. *Plaquer ses cheveux sur son front.* **3.** SPORTS. Au rugby, faire tomber un adversaire qui porte le ballon en le saisissant aux jambes. **4.** MUS. *Plaquer un accord,* en jouer simultanément toutes les notes, au piano (par opp. à *arpéger*). **II. 1.** Couvrir d'une feuille mince de métal précieux un autre métal plus commun. **2.** Appliquer des feuilles de bois précieux ou de belle qualité sur du bois ordinaire. **III.** Fam. Abandonner, quitter soudainement. *Elle l'a plaqué du jour au lendemain.*

PLAQUETTAIRE adj. MÉD. Relatif aux plaquettes de sang. *Antiagrégant plaquettaire.*

PLAQUETTE n.f. **1.** Petit livre peu épais. *Une plaquette de poèmes.* **2.** Petite plaque, de forme le plus souvent rectangulaire, de certaines substances, notamment alimentaires. *Plaquette de beurre, de chocolat.* **3.** PHARM. Conditionnement sous plastique, comportant un certain nombre d'alvéoles destinées à contenir chacune un comprimé, une gélule. *Plaquette de pilules.* **4.** AUTOM. Pièce qui supporte la garniture de frein dans un frein à disque. *Changer les plaquettes.* **5.** Petite plaque métallique frappée, comme une médaille, en l'honneur d'un personnage, en souvenir d'un évènement, etc. **6.** MÉD. Petit élément figuré du sang qui joue un rôle fondamental dans l'hémostase et la coagulation (normalement au nombre de 150 000 à 400 000 par mm^3). SYN. : *thrombocyte.*

PLAQUEUR, EUSE n. Ouvrier, artisan réalisant des travaux de plaquage.

PLASMA n.m. (mot gr., *ouvrage façonné*). **1.** BIOL. Liquide clair dans lequel les cellules du sang (globules rouges, globules blancs, plaquettes) sont en suspension. **2.** PHYS. Fluide composé de molécules gazeuses, d'ions et d'électrons. (On estime que 99 p. 100 de la matière de l'Univers est sous forme de plasma.)

PLASMAPHÉRÈSE n.f. Opération consistant à séparer le plasma des globules du sang.

PLASMATIQUE adj. BIOL. Qui se rapporte au plasma.

PLASMIDE n.m. BIOL. Élément génétique des micro-organismes (bactéries, certaines levures), formé d'un fragment d'A. D. N. indépendant de l'A. D. N. chromosomique.

PLASMIFIER v.t. PHYS. Transformer (un gaz) en plasma.

PLASMIQUE adj. **1.** PHYS. Formé de plasma. **2.** BIOL. *Membrane plasmique :* membrane entourant la cellule vivante.

PLASMOCYTAIRE adj. Du plasmocyte.

PLASMOCYTE n.m. BIOL. Cellule libre des tissus, à noyau excentrique et à cytoplasme basophile, intervenant dans l'immunité humorale.

PLASMODE n.m. BIOL. Cellule à plusieurs noyaux.

PLASMODIUM [plasmɔdjɔm] n.m. BIOL. Hématozoaire responsable du paludisme.

PLASMOLYSE n.f. Réaction (diminution de volume, etc.) d'une cellule vivante plongée dans une solution hypertonique.

PLASMOPARA n.m. Champignon parasite de la vigne, agent du mildiou. (Classe des siphomycètes ; ordre des péronosporales.)

PLASTE n.m. (gr. *plastos,* façonné). BOT. Organite des cellules végétales chargé notamm. d'amidon *(amyloplaste)* ou de chlorophylle *(chloroplaste).*

plaque : les principales plaques lithosphériques et leurs directions de déplacement

PLASTIC n.m. (mot angl.). Explosif plastique*.

PLASTICAGE n.m. → ***plastiquage.***

PLASTICIEN, ENNE n. **1.** Artiste qui se consacre aux arts plastiques. **2.** Spécialiste de chirurgie plastique. **3.** Personne travaillant dans l'industrie de la matière plastique.

PLASTICITÉ n.f. **1.** Caractéristique d'une matière très malléable. ◇ BX-A. Qualité sculpturale. **2.** Possibilité pour qqn de s'adapter avec souplesse à une situation nouvelle. **3.** PHYSIOL. Aptitude d'un tissu lésé à se reconstituer.

PLASTICULTURE n.f. Culture qui recourt aux protections en matière plastique (abris, tunnels, serres, paillages artificiels, etc.) pour les plantations et les semis.

PLASTIE n.f. Intervention chirurgicale destinée à rétablir des formes anatomiques ou des fonctions physiologiques normales.

PLASTIFIANT n.m. TECHN. Produit ajouté à une matière pour en accroître la plasticité.

PLASTIFICATION n.f. Action de plastifier.

PLASTIFIER v.t. **1.** Recouvrir d'une pellicule de matière plastique transparente. *Plastifier une carte d'identité.* **2.** Ajouter un plastifiant à.

PLASTIGEL n.m. Plastisol se présentant sous forme de gel.

PLASTIQUAGE ou **PLASTICAGE** n.m. Action de plastiquer.

1. PLASTIQUE adj. (lat. *plasticus*, gr. *plastikos*, qui concerne le modelage). **I. 1.** Qui peut être façonné par modelage ; malléable. *L'argile est plastique.* **2.** *Matière plastique* ou *plastique*, n.m. : matière synthétique constituée essentiellement de macromolécules et susceptible d'être modelée ou moulée, en général à chaud et sous pression. **3.** *Explosif plastique* ou *plastique*, n.m. : explosif à base de pentrite ou d'hexogène et d'un plastifiant, d'une consistance proche de celle du mastic de vitrier, et qui ne détone que sous l'influence d'un dispositif d'amorçage. – REM. On écrit aussi *plastic.* **II. 1.** Qui vise à donner des corps, des objets une représentation, une impression esthétiques. *La beauté plastique d'une mise en scène.* **2.** *Arts plastiques*, ceux qui sont producteurs ou reproducteurs de volumes, de formes (principalement : la sculpture et la peinture). **3.** *Chirurgie plastique :* spécialité chirurgicale qui vise à restaurer les formes normales en cas d'accident, de malformation, etc. **III.** BIOL. Se dit des substances qui prennent part à l'édification et à la croissance des différentes parties des organismes vivants (carbone, hydrogène, oxygène, azote et, dans une moindre mesure, soufre et phosphore).

2. PLASTIQUE n.f. **1.** Art de sculpter. *La plastique grecque.* **2.** Type de beauté. *La belle plastique d'un danseur.*

3. PLASTIQUE n.m. **1.** Matière plastique. **2.** Plastic.

PLASTIQUER v.t. Faire sauter, endommager avec du plastic.

PLASTIQUEUR, EUSE n. Auteur d'un attentat au plastic.

PLASTISOL n.m. Pâte obtenue par dispersion d'une résine poudreuse dans un plastifiant liquide.

PLASTRON n.m. (it. *piastrone*, haubert). **1.** Empiècement cousu sur le devant d'un corsage ou d'une chemise d'homme. **2. a.** Vx. Pièce de devant de la cuirasse. **b.** Pièce de cuir ou de toile rembourrée avec laquelle les escrimeurs se couvrent la poitrine pour se protéger. **3.** Détachement militaire figurant l'ennemi dans un exercice.

PLASTRONNER v.i. Fam. Prendre devant qqn une attitude fière, assurée.

PLASTURGIE n.f. Ensemble des procédés et des techniques de transformation des matières plastiques ; industrie qui met en œuvre ces procédés, ces techniques.

PLASTURGISTE n. Industriel ou travailleur spécialisé dans la plasturgie.

1. PLAT, E adj. (lat. pop. *plattus ;* gr. *platus*). **1.** Dont la surface est unie, qui a peu de relief. *Sol plat, front plat.* **2.** *Mer plate :* mer sans vagues. ◇ *Calme plat :* absence de vent sur la mer ; fig., état, situation où rien de notable ne se produit. **3.** Qui a peu de creux. *Assiette plate.* ◇ *Wagon plat :* wagon constitué seulement par un plancher. SYN. : ***plateau, plate-forme.*** **4.** Dont la surface est plane et proche de l'horizontale. *Maison à toit plat.* ◇ GÉOM. *Angle plat :* angle de 180° dont les côtés sont deux demi-droites opposées. **5.** Qui a peu d'épaisseur. *Chaussures à talons plats.* ◇ *Nœud plat :* nœud formé de deux bouts qui reviennent sur eux-mêmes après s'être croisés. **6.** Dépourvu de force, de saveur. *Un vin plat.* ◇ *Eau plate :* eau de boisson non gazeuse. **7.** PEINT. *Teinte plate :* peinte d'une seule venue, sans dégradé. **8.** LITTÉR. *Rimes plates,* qui se suivent deux à deux (deux masculines, deux féminines). **9.** Qui montre de la bassesse, de la servilité. *Il est trop plat devant ses supérieurs.* ◇ *Faire de plates excuses :* présenter des excuses avec un excès d'humilité qui marque la bassesse. **10.** ZOOL. *Vers plats :* plathelminthes. **11.** *À plat :* sur la surface la plus large. *Poser un livre à plat.* – *Être à plat :* être dégonflé, en parlant d'un pneu, ou déchargé, en parlant d'un accumulateur ; fam., être fourbu, manquer de courage, d'énergie. – *Tomber à plat :* être un échec. – *Labour à plat :* labour caractérisé par le renversement des bandes de terre du même côté. – *Mettre, remettre qqch à plat,* en reconsidérer un à un tous les éléments, procéder à une révision d'ensemble susceptible de conduire à de nouvelles décisions.

2. PLAT n.m. **1.** Partie plate de qqch. *Le plat de la main.* **2.** Produit sidérurgique en forme de lame mince, utilisé en construction métallique. **3.** REL. Chacun des deux côtés de la couverture d'un livre. **4.** *Plat de côtes* (ou *plates côtes*) : partie du bœuf comprenant les côtes prises dans le milieu de leur longueur et les muscles correspondants. **5.** Fam. *Faire du plat à qqn,* le flatter ou le courtiser. **6.** *Course de plat,* sur une piste sans obstacles.

3. PLAT n.m. **1.** Pièce de vaisselle de table plus grande que l'assiette, pouvant affecter des formes diverses ; son contenu. ◇ Fam. *Mettre les petits plats dans les grands :* préparer un repas très soigné. – Fam. *Mettre les pieds dans le plat :* intervenir de façon maladroite ou brutale. **2.** Chacun des éléments d'un repas. *Préparer un plat.* – *Plat du jour :* plat principal, différent chaque jour, inscrit au menu dans un restaurant. ◇ Fam. *Faire tout un plat de qqch,* lui donner une importance exagérée.

PLATANE n.m. (lat. *platanus*, du gr.). **1.** Arbre commun en France, planté le long des avenues ou des routes, et dont l'écorce se détache par plaques. **2.** *Faux platane :* érable sycomore.

platane

PLAT-BORD n.m. (pl. *plats-bords*). MAR. Latte de bois entourant le pont d'un navire.

PLATE n.f. **1.** Canot à fond plat, utilisé notamment pour calfater ou nettoyer les navires. **2.** Huître plate à chair blanche. **3.** Vx.

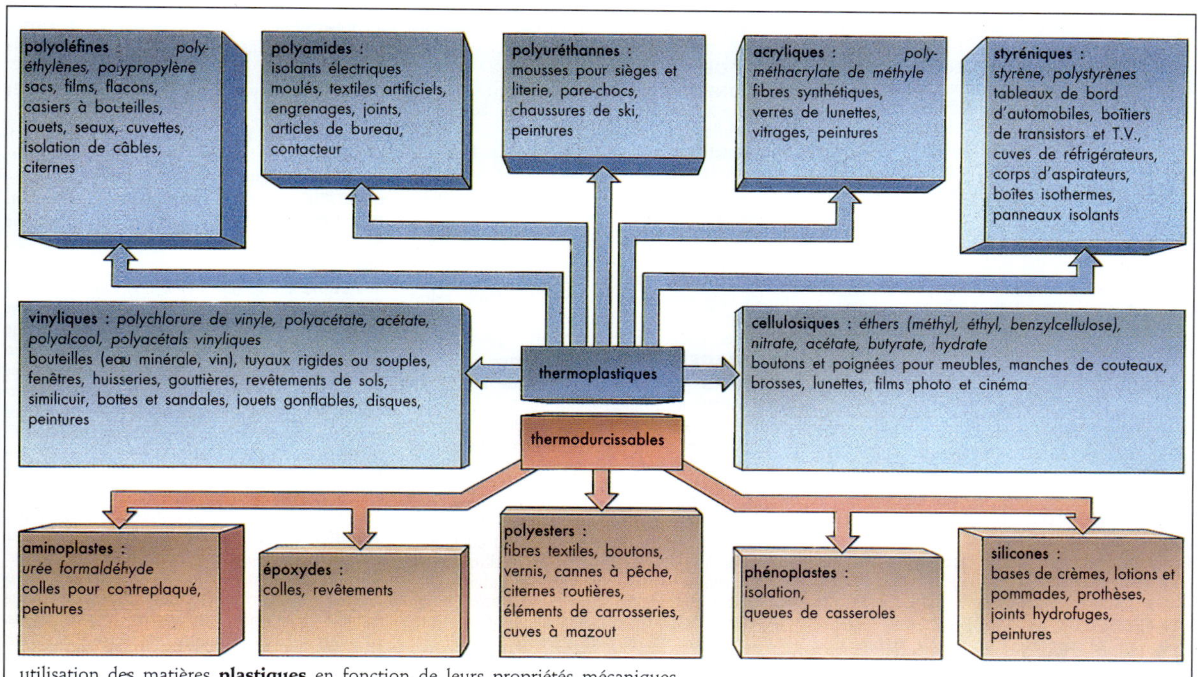

utilisation des matières **plastiques** en fonction de leurs propriétés mécaniques

Chacune des plaques dont l'armure de fer plein était formée.

PLATEAU n.m. (de *plat*). **I. 1.** Support plat et rigide qui sert à transporter, à présenter des objets divers (notamm., de la vaisselle, des aliments). **2.** Partie d'une balance recevant les poids ou les matières à peser. **3.** *Plateau de chargement :* dispositif mobile dont le plancher supporte une certaine quantité de marchandises constituant une unité de charge. **II. 1.** Étendue de terrain relativement plane, pouvant être située à des altitudes variées, mais toujours entaillée de vallées encaissées (à la différence de la plaine). **2.** *Plateau continental :* prolongement du continent sous la mer, limité par le talus continental et s'étendant à des profondeurs généralement inférieures à 200 m. SYN. : *plate-forme continentale* (ou *littorale*). **3.** Partie haute d'une courbe, d'un graphique, qui est à peu près horizontale ; niveau stationnaire d'un phénomène susceptible de variations. **III.** Scène d'un théâtre ; lieu où sont plantés les décors et où évoluent les acteurs dans un studio de cinéma ou de télévision. ◇ **Spécialt. Fam.** *Le plateau :* le siège du président du Sénat, en France. **IV.** *Plateau technique :* ensemble des équipements dont dispose un service hospitalier, une clinique. **V. 1.** Pièce circulaire où l'on place les disques, sur un tourne-disque. **2.** Roue dentée servant à mouvoir, par l'intermédiaire d'une chaîne, la roue arrière d'une bicyclette (par opp. au *pignon*). *Plateau à cinq vitesses. – Plateau d'embrayage :* pièce circulaire sur laquelle s'appuie le disque d'embrayage. **3.** Pièce de bois brut de sciage ne présentant que deux faces sciées parallèles et d'une épaisseur en principe supérieure à 22 mm. **4.** *Plateau d'argile :* pigeon* d'argile. **VI.** BIOL. Bordure striée des cellules de l'épithélium intestinal.

PLATEAU-REPAS n.m. (pl. *plateaux-repas*). Plateau compartimenté où l'on peut mettre tous les éléments d'un repas servi dans un self-service, en avion, etc.

PLATE-BANDE n.f. (pl. *plates-bandes*). **1.** Espace de terre plus ou moins large qui entoure un carré de jardin, où l'on plante des fleurs, des arbustes, etc. ◇ Fig., fam. *Marcher sur les plates-bandes de qqn,* empiéter sur ses attributions, ses prérogatives. **2.** CONSTR. Linteau constitué de blocs appareillés.

1. PLATÉE n.f. Contenu d'un plat.

2. PLATÉE n.f. (lat. *platea*). CONSTR. Massif de fondation comprenant toute l'étendue d'un bâtiment.

PLATE-FORME n.f. (pl. *plates-formes*). **I. 1.** Étendue de terrain relativement plane, naturelle ou artificielle, située en hauteur par rapport au terrain environnant. **2.** CH. DE F. Surface supérieure d'un remblai, supportant le ballast. **II. 1.** Support plat, de dimensions très variables, souvent surélevé, destiné à recevoir certains matériels, certains équipements, etc. **2.** Partie arrière de certains véhicules urbains de transport en commun, dépourvue de siège, et où les voyageurs se tiennent debout. **3.** Structure utilisée pour le forage ou l'exploitation des puits de pétrole sous-marins. **4.** MIL. Emplacement aménagé pour la mise en batterie d'une arme lourde. **5.** CH. DE F. Wagon plat. **6.** *Plate-forme élévatrice :* appareil de manutention formé d'un élément horizontal dont on peut faire varier la hauteur. **III.** GÉOGR. **1.** Structure d'un type caractérisé par des gauchissements des couches à grand rayon de courbure (donc à faible pendage). ◇ *Plate-forme structurale :* surface correspondant au dégagement, par l'érosion, d'une couche géologique dure. **2.** *Plate-forme continentale* ou *littorale :* plateau continental. **IV.** (Calque de l'angl. *platform*). Ensemble d'idées constituant la base d'un programme politique ou revendicatif. *Plate-forme électorale.*

PLATELAGE n.m. Plancher de charpente.

PLATE-LONGE n.f. (pl. *plates-longes*). Longe pour maintenir les chevaux difficiles.

PLATEMENT adv. **1.** De façon plate, banale. *S'exprimer platement.* **2.** De façon basse, servile. *Il s'est excusé platement.*

PLATERESQUE adj. (de l'esp. *plata,* argent). BX-A. Qui se rapporte à un style d'architecture espagnol au décor très chargé, rappelant l'orfèvrerie (début du XVIe s.).

PLATEURE n.f. MIN. Couche de faible pente.

PLATHELMINTHE n.m. (gr. *platus,* large, et *helmins,* ver). *Plathelminthes :* embranchement de vers à corps aplati, divisé en trois classes, les turbellariés *(planaire),* les trématodes *(douve)* et les cestodes *(ténia).* SYN. : *platode, ver plat.*

PLATIÈRE n.f. Région. **1.** Champ à surface plane au pied d'une colline. **2.** Petit cours d'eau traversant un talus.

PLATINAGE n.m. Application d'une mince couche de platine sur un métal.

1. PLATINE n.f. (de *plat*). **I. 1.** Dans un appareil de lecture de disque, ensemble comprenant un châssis, un plateau avec son système d'entraînement et une tête de lecture. **2.** Dans un magnétophone, ensemble comprenant le dispositif d'entraînement de la bande magnétique, les commandes associées et les têtes magnétiques. **II. 1.** Plaque soutenant les pièces du mouvement d'une montre. **2.** Plaque de métal percée pour faire passer l'aiguille d'une machine à coudre ou la clef d'une serrure. **3.** Plate-forme qui sert de support dans un microscope et où l'on place l'objet à étudier. **4.** Plaque des anciennes armes à feu, reliant toutes les pièces utiles au départ du coup.

2. PLATINE n.m. (anc. esp. *platina*). Métal précieux blanc-gris ; élément (Pt) de numéro atomique 78, de masse atomique 195,09. – *Mousse de platine :* platine spongieux doué de propriétés catalytiques. ◆ adj. inv. *Blond platine* ou *platine :* blond presque blanc.

■ Le platine, que l'on trouve allié à d'autres métaux dans des sables produits par la désagrégation de roches anciennes, est un métal assez dur, ductile, malléable, très tenace, de densité 21,5, et fondant à 1 772 °C. Il ne s'oxyde à aucune température et résiste à l'action de nombreux acides. Il est employé pour la fabrication de vases (creusets, capsules) dans lesquels on peut effectuer des réactions à température élevée ou en présence de certains acides. On l'emploie aussi en chimie comme catalyseur, pour la construction de nombreux appareils de précision, ainsi qu'en joaillerie.

PLATINÉ, E adj. **1.** D'un blond très pâle. *Cheveux platinés.* **2.** *Vis platinée :* pastille au tungstène qui permet l'allumage d'un moteur d'automobile, de motocycle, etc.

PLATINER v.t. **1.** Recouvrir de platine. **2.** Teinter en blond très pâle.

PLATINIFÈRE adj. Qui contient du platine.

PLATINITE n.f. Alliage de fer et de nickel, ayant même coefficient de dilatation que le platine.

PLATINOÏDE n.m. CHIM. Chacun des métaux de la mine* du platine.

PLATITUDE n.f. **1.** Manque d'originalité, banalité. *Un roman d'une rare platitude.* **2.** Parole banale, poncif, lieu commun. *Il ne dit que des platitudes.* **3.** Litt. Acte empreint de bassesse, de servilité, d'obséquiosité.

PLATODE n.m. Plathelminthe.

PLATONICIEN, ENNE adj. et n. Qui se rapporte à la philosophie de Platon ; adepte de cette philosophie.

PLATONIQUE adj. (de *Platon,* n.pr.). **1.** Imaginaire, idéal, sans réalisation. *Vivre un amour platonique.* **2.** Litt. Sans effet, sans aboutissement. *Des protestations toutes platoniques.*

PLATONIQUEMENT adv. De façon platonique.

PLATONISME n.m. **1.** Philosophie de Platon et de ses disciples. **2.** LOG. Doctrine selon laquelle les entités mathématiques ont une existence en soi, hors du monde perceptible.

PLÂTRAGE n.m. Action de plâtrer.

PLÂTRAS [plɑtrɑ] n.m. Débris de matériaux de construction.

PLÂTRE n.m. (gr. *emplastron,* modelé). **1.** Matériau résultant de la cuisson modérée du gypse, employé sous forme de poudre blanche qui, mélangée à l'eau, fait prise en formant une masse à la fois solide et tendre. *Boucher un trou avec du plâtre.* **2.** Ouvrage moulé en plâtre ; sculpture (modèle ou reproduction) en plâtre. **3.** CHIR. Appareil de contention et d'immobilisation moulé directement sur le patient avec du plâtre à modeler et de la tarlatane. ◆ pl. Ouvrages de bâtiments (ravalement, enduits, etc.). *Tous les plâtres sont à refaire.*

PLÂTRER v.t. **1.** Couvrir de plâtre. *Plâtrer un mur.* **2.** Amender (une terre) avec du plâtre. **3.** Immobiliser (un membre, une articulation) par un plâtre. *Plâtrer un poignet.*

PLÂTRERIE n.f. **1.** Usine dans laquelle est produit le plâtre. **2.** Partie des travaux de construction faite par le plâtrier.

PLÂTREUX, EUSE adj. Qui contient du plâtre ou qui en a l'aspect.

PLÂTRIER n.m. et adj.m. Personne dont le métier consiste à préparer et à travailler le plâtre. ◇ **Spécialt.** Ouvrier qui construit des cloisons en plâtre, qui enduit au plâtre les murs et les plafonds.

PLÂTRIÈRE n.f. **1.** Carrière de pierre à plâtre. **2.** Endroit où est cuit le plâtre ; plâtrerie.

PLATYRHINIEN n.m. (gr. *platus,* large, et *rhis, rhinos,* nez). *Platyrhiniens :* groupe du sous-ordre des simiens, comprenant des singes d'Amérique à narines écartées et à 36 dents, comme le ouistiti et l'atèle.

PLAUSIBILITÉ n.f. Litt. Caractère de ce qui est plausible, de ce qui peut être admis.

PLAUSIBLE adj. (du lat. *plaudere,* applaudir). **1.** Qui peut être considéré comme vrai. *Alibi plausible.* **2.** Que l'on peut admettre comme valable. *Hypothèse plausible.*

PLAY-BACK [plɛbak] n.m. inv. (mot angl.). Interprétation mimée accompagnant la diffusion, la reproduction d'un enregistrement sonore effectué préalablement. *Chanter en play-back.* Recomm. off. : ***présonorisation.***

PLAY-BOY [plɛbɔj] n.m. (mot angl., *viveur*) [pl. *play-boys*]. Jeune homme élégant et fortuné, à la mode, qui recherche les succès féminins et les plaisirs de la vie facile.

PLAYON ou **PLEYON** n.m. (de *plier*). AGRIC. Instrument spécialement conçu pour la coupe des céréales, généralement adapté au manche de la faux.

PLÉBAN ou **PLÉBAIN** n.m. Vx. Chanoine chargé du ministère paroissial dans une cathédrale qui est aussi une paroisse.

PLÈBE n.f. (lat. *plebs*). **1.** ANTIQ. ROM. Classe populaire de la société romaine, par opp. au patriciat. **2.** Litt. et péj. Peuple, bas peuple ; populace.

PLÉBÉIEN, ENNE adj. **1.** ANTIQ. De la plèbe (par opp. à *patricien*). **2.** Péj. Sans éducation, peu raffiné. *Avoir des goûts plébéiens.*

PLÉBISCITAIRE adj. Qui se rapporte à un plébiscite.

PLÉBISCITE n.m. (lat. *plebiscitum*). **1.** Scrutin par lequel un homme ayant accédé au pouvoir demande à l'ensemble des citoyens de lui manifester leur confiance en se prononçant par oui ou par non sur un texte donné. **2.** Suisse. Référendum. **3.** Consultation au cours de laquelle la population d'un territoire est appelée à choisir l'État dont elle veut relever. **4.** ANTIQ. Loi votée par l'assemblée de la plèbe, dans la Rome antique.

PLÉBISCITER v.t. Élire, approuver à une très forte majorité.

PLÉCOPTÈRE n.m. *Plécoptères :* ordre d'insectes au corps allongé, aux longues antennes, à larve aquatique, tels que la perle.

PLECTRE n.m. (gr. *plêktron*). MUS. Médiator.

PLÉIADE n.f. (gr. *Pleias,* n. d'un groupe d'étoiles). Litt. Groupe important (de personnes, en partic.).

1. PLEIN, E adj. (lat. *plenus*). **1.** Qui est tout à fait rempli de. *Un verre plein d'eau. Une salle pleine de monde.* – Fam. *Plein comme un œuf :* qui ne peut contenir plus. **2.** Qui contient qqch en grande quantité ; bourré ; couvert. *Lettre pleine de fautes.* **3. a.** Total, complet. *Donner pleine satisfaction.* ◇ *À pleines voiles :* avec toutes les voiles. – *Pleins pouvoirs :* délégation du pouvoir législatif accordée temporairement par un Parlement à un gouvernement ; autorisation de traiter au nom de la puissance ou de la personne que l'on représente. **b.** Entier. *La pleine lune. Travailler à temps plein.* **c.** Dont toute la masse est occupée par une matière. *Porte pleine.* **4.** Rond, épanoui ; gros. *Un visage plein.* ◇ *Voix pleine :* voix forte, sonore. **5.** Se dit d'une femelle qui porte des petits. *Chatte pleine.* **6.** Infatué. *Elle est vraiment trop pleine d'elle-même.* **7.** Entièrement occupé, préoccupé. *Un romancier plein de son sujet.* **8.** Pop. *Être plein :* être ivre.

9. *En plein :* dans le milieu ; complètement. *En plein dans le mille. Donner en plein dans un piège.* ◇ *En plein air :* à l'air libre. – *En plein jour :* au milieu de la journée. – *En pleine rue :* dans la rue. – *En plein vent :* exposé au vent. – *En pleine terre :* dans le sol même.

2. PLEIN n.m. **1.** Espace complètement occupé par la matière. *Il y a des pleins et des vides.* **2.** Contenu total d'un réservoir. *Faire le plein d'essence.* ◇ *Faire le plein d'une salle, des voix, etc. :* remplir la salle au maximum, obtenir le maximum de voix, etc. **3.** Partie forte et large d'une lettre calligraphiée. *Des pleins et des déliés.* **4.** Marée haute. ◇ *Battre son plein :* être haute, en parlant de la mer ; **fig.**, en être au moment où il y a le plus de monde, d'animation, en parlant d'une réunion, d'une fête, etc.

3. PLEIN prép. Fam. (Indiquant une grande quantité). *Il y a plein de monde sur les routes. Être plein de soucis.* ◇ Fam. *En mettre plein la vue à qqn,* l'impressionner, le séduire. – Fam. *En avoir plein le dos, plein les bottes (de) :* être fatigué ou dégoûté (par). ◆ adv. Fam. Beaucoup, en grande quantité. *Tu en veux ? J'en ai plein.* ◇ *Tout plein :* très, beaucoup. *Il est mignon tout plein, ce petit.*

PLEINEMENT adv. Entièrement, tout à fait, sans réserve. *Il est parti pleinement rassuré.*

PLEIN-EMPLOI ou **PLEIN EMPLOI** n.m. sing. Emploi de toute la main-d'œuvre disponible dans un pays.

PLEIN-TEMPS n.m. et adj. inv. (pl. *pleins-temps*). Activité professionnelle absorbant la totalité du temps de travail.

PLEIN-VENT n.m. (pl. *pleins-vents*). Arbre planté loin des murs et des clôtures, appelé aussi *arbre de plein vent.*

PLÉISTOCÈNE n.m. et adj. (gr. *pleistos,* nombreux, et *kainos,* nouveau). Période la plus ancienne du quaternaire.

PLÉNIER, ÈRE adj. (de *plein*). Se dit d'une assemblée, d'une réunion, etc., où tous les membres sont convoqués.

PLÉNIPOTENTIAIRE n. (lat. *plenus,* plein, et *potentia,* puissance). Agent diplomatique muni des pleins pouvoirs. ◆ adj. *Ministre plénipotentiaire,* grade le plus élevé de la carrière diplomatique.

PLÉNITUDE n.f. (lat. *plenitudo*). Litt. Totalité, intégralité. *Garder la plénitude de ses facultés.*

PLÉNUM [plenɔm] n.m. (lat. *plenum,* plein). Réunion plénière d'une assemblée.

PLÉONASME n.m. (gr. *pleonasmos,* surabondance). Répétition de mots dont le sens est identique. « *Monter en haut* » *est un pléonasme.*

PLÉONASTIQUE adj. Qui constitue un pléonasme.

PLÉSIOSAURE n.m. (gr. *plêsios,* voisin, et *saura,* lézard). Reptile marin fossile du secondaire, pouvant atteindre 5 m de long.

PLÉTHORE n.f. (gr. *plêthôrê,* surabondance d'humeurs). **1.** Abondance excessive d'une production quelconque, de personnes, etc. **2.** MÉD. **a.** Vx. Abondance excessive du sang, des humeurs, dans la médecine ancienne. **b.** Mod. Obésité.

PLÉTHORIQUE adj. **1.** En nombre excessif, surabondant. **2.** MÉD. **a.** Vx. Qui est affecté de pléthore. **b.** Mod. Obèse.

PLEUR n.m. **1.** Litt. (Surtout au pl.). Larme. *Verser, répandre des pleurs.* **2.** *Pleurs de la vigne :* sève qui s'écoule après la taille.

PLEURAGE n.m. ACOUST. Variation parasite de la hauteur des sons, sur un disque ou une bande magnétique.

PLEURAL, E, AUX adj. (gr. *pleura,* côté). Qui se rapporte à la plèvre. *Épanchement pleural.*

PLEURANT n.m. BX-A. Sculpture funéraire représentant un personnage affligé, dont le visage est souvent caché par un capuchon.

PLEURARD, E adj. et n. Fam. Qui pleure souvent. ◆ adj. Plaintif. *Une voix pleurarde.*

PLEURER v.i. (lat. *plorare*). **1.** Verser des larmes. *Pleurer de rage, de rire.* – *Pleurer à chaudes larmes,* abondamment. ◇ *Pleurer sur :* déplorer. **2.** Être affecté de pleurage. **3.** Laisser échapper la sève, en parlant des arbres et de la vigne fraîchement taillés. ◆ v.t. **1.** Déplorer la disparition, la mort de qqn ou la perte de qqch. *Pleurer un proche.* **2.** Fam. *Ne pas pleurer sa peine, son argent,* etc., ne pas les épargner.

PLEURÉSIE n.f. (gr. *pleura,* côté). PATHOL. Inflammation de la plèvre avec épanchement de liquide dans la cavité pleurale.

■ Suivant la nature du liquide épanché, on distingue des pleurésies *séro-fibrineuses* (liquide clair, d'origine tuberculeuse ou virale, cardio-vasculaire ou tumorale), *hémorragiques* (secondaires à une tumeur maligne du poumon ou de la plèvre), *purulentes* (dues à une infection bactérienne). Les pleurésies se manifestent par une douleur thoracique, une difficulté à respirer et, dans les formes aiguës, par des frissons et de la fièvre.

PLEURÉTIQUE adj. et n. Causé par la pleurésie ; atteint de pleurésie.

PLEUREUR, EUSE adj. Se dit de certains arbres dont les branches retombent vers le sol. *Saule pleureur.*

PLEUREUSE n.f. Femme appelée spécialement pour pleurer les morts, dans certaines régions de l'Europe du Sud.

PLEURITE n.f. Inflammation de la plèvre sans épanchement.

PLEURNICHEMENT n.m. ou, fam., **PLEURNICHERIE** n.f. **1.** Habitude, fait de pleurnicher. **2.** Douleur feinte, peu sincère.

PLEURNICHER v.i. Fam. **1.** Pleurer souvent et sans raison. *Cet enfant pleurniche pour des riens.* **2.** Se lamenter d'un ton larmoyant.

PLEURNICHEUR, EUSE ou **PLEURNICHARD, E** adj. et n. Fam. Qui pleurniche.

PLEURODYNIE n.f. (gr. *pleura,* côté, et *odunê,* douleur). MÉD. Vive douleur thoracique observée dans les affections de la plèvre.

PLEURONECTE ou **PLEURONECTIDÉ** n.m. *Pleuronectes, pleuronectidés :* superfamille de poissons osseux, à corps aplati latéralement, vivant couchés sur un côté et dont l'autre côté porte les deux yeux, tels que la sole, le turbot, la plie, la limande.

PLEUROTE n.m. Champignon basidiomycète comestible, qui vit sur le tronc des arbres.

PLEUROTOMIE n.f. CHIR. Ouverture de la plèvre.

PLEUTRE n.m. et adj. (du flamand). Litt. Homme sans courage ; lâche, veule, couard.

PLEUTRERIE n.f. Litt. Lâcheté.

PLEUVASSER, PLEUVINER, PLEUVOTER ou **PLUVINER** v. impers. Fam. Pleuvoir légèrement, bruiner.

PLEUVOIR v. impers. (lat. *pluere*) 68. Tomber, en parlant de la pluie. ◆ v.i. Tomber en abondance. *Les bombes pleuvaient sur la ville. Les critiques, les injures pleuvent.*

PLÈVRE n.f. (gr. *pleura,* côté). Membrane séreuse qui tapisse le thorax et enveloppe les poumons.

PLEXIGLAS [plɛksiglas] n.m. (nom déposé). Matière plastique (polyméthacrylate de méthyle) dure, transparente, déformable à chaud, employée en partic. comme verre de sécurité.

PLEXUS [plɛksys] n.m. (mot lat., *entrelacement*). ANAT. Amas de filets nerveux enchevêtrés.

1. PLEYON n.m. → ***playon.***

2. PLEYON ou **PLION** n.m. (anc. fr. *ploion,* branche flexible). AGRIC. Brin d'osier servant à faire des liens.

1. PLI n.m. **I. 1.** Partie repliée en double, ou pincée, d'une matière souple (étoffe, papier, cuir, etc.). *Les plis d'un rideau, d'un soufflet d'accordéon.* **2.** Marque qui résulte d'une pliure. – *Faux pli* ou *pli :* pliure faite à une étoffe là où il ne devrait pas y en avoir. ◇ Fig., fam. *Ça ne fait pas un pli :* cela ne présente aucune difficulté ; cela se produit infailliblement. **3.** *Pli de la peau :* ride, bourrelet. *Plis du front, du menton.* **4.** Enveloppe de lettre ; lettre. *Un pli chargé.* **II.** Ondulation, sinuosité. *Plis d'une toge, d'un drapé.* ◇ GÉOL. Ondulation des couches de terrain, qui peut être soit convexe *(anticlinal),* soit concave *(synclinal).* – *Axe d'un pli :* direction du pli. **III.** Forme particulière, spécifique, sous laquelle se présente une chose souple. *Le pli d'une robe, d'une chevelure.* ◇ **Fig.** *Prendre le pli de,* l'habitude de. – *Un mauvais pli :* une mauvaise habitude. **IV.** Levée, aux cartes.

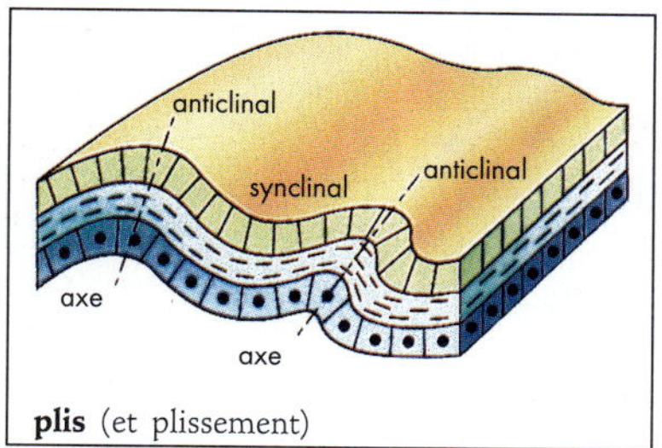

plis (et plissement)

2. PLI n.m. (angl. *ply,* couche). TECHN. Chacune des couches de bois constituant un panneau de contreplaqué.

PLIABLE adj. Flexible ; facile à plier.

PLIAGE n.m. Action de plier.

1. PLIANT, E adj. Articulé de manière à pouvoir être replié sur soi. *Lit pliant. Mètre pliant.*

2. PLIANT n.m. Siège qui se plie, généralement sans bras ni dossier.

PLIE n.f. (bas lat. *platessa*). Poisson plat à chair estimée, commun dans la Manche et l'Atlantique, remontant parfois les estuaires. (Long. 40 cm env. ; famille des pleuronectes.) SYN. : *carrelet.*

PLIÉ n.m. CHORÉGR. Exercice d'assouplissement consistant à fléchir les genoux. *Faire des pliés.*

PLIEMENT n.m. Action de plier ; fait de se plier ou de plier.

PLIER v.t. (lat. *plicare*). **1.** Mettre en double une ou plusieurs fois en rabattant sur elle-même une chose souple. *Plier une nappe, un drap.* **2.** Rabattre les unes sur les autres les parties articulées d'un objet. *Plier une tente, un éventail.* **3.** Courber (qqch de flexible). *Plier de l'osier.* **4.** Faire céder ; assujettir. *Plier qqn à sa volonté.* ◆ v.i. **1.** S'affaisser, se courber. *Les branches plient sous le poids des fruits.* **2.** Céder, reculer, se soumettre. *Plier devant l'autorité.* ◆ **se plier** v.pr. ***(à).*** Se soumettre à qqn, qqch.

PLIEUR, EUSE n. Personne qui plie.

PLIEUSE n.f. Machine à plier (le papier, notamm.).

PLINTHE n.f. (gr. *plinthos,* brique). CONSTR. Bande, saillie au bas d'un mur, à la base d'une colonne, etc.

PLIOCÈNE n.m. (gr. *pleiôn,* plus, et *kainos,* nouveau). Dernière période de l'ère tertiaire, succédant au miocène. ◆ adj. Du pliocène. *Terrain pliocène.*

PLIOIR [plijwar] n.m. **1.** Couteau à tranchants émoussés pour plier et couper du papier. **2.** Petite planchette sur laquelle on enroule une ligne de pêche.

PLION n.m. → ***2. pleyon.***

PLIQUE n.f. Vieilli. Trichoma.

PLISSAGE n.m. Action de plisser.

PLISSÉ, E adj. Qui présente des plis. *Jupe plissée.* ◆ n.m. Tissu plissé ; ensemble de plis. *Le plissé d'une chemise.*

PLISSEMENT n.m. **1.** Action de plisser. **2. a.** Déformation des couches géologiques liée à l'orogenèse. **b.** Ensemble de plis.

PLISSER v.t. (de *plier*). Marquer de plis. *Plisser une jupe.* ◆ v.i. Faire des plis, présenter des faux plis. *Cette étoffe plisse.*

PLISSEUR, EUSE n. Personne qui confectionne les plissés.

PLISSEUSE n.f. Machine à plisser les étoffes.

PLISSURE n.f. Rare. Plissé.

PLIURE n.f. **1.** Marque formée par un pli. **2.** IMPR. Action de plier les feuilles d'un livre. ◇ Atelier où s'exécute ce travail.

PLOC interj. (onomat.). Évoque le bruit de la chute d'un objet dans l'eau ou à plat sur le sol.

PLOCÉIDÉ n.m. (gr. *plokê,* action de tresser). *Plocéidés :* famille d'oiseaux passereaux de l'Ancien Monde, au chant médiocre, comme le moineau, le tisserin.

PLOIEMENT n.m. Litt. Action, fait de ployer.

PLOMB [plɔ̃] n.m. (lat. *plumbum*). **1.** Métal dense, d'un gris bleuâtre ; élément (Pb) de numéro atomique 82, de masse atomique 207,21. ◇ Fig. *N'avoir pas de plomb dans la tête :* être étourdi, irréfléchi. – *Soleil de plomb,* accablant, écrasant. **2.** Coupe-circuit à fil de plomb. **3.** Petite masse de plomb ou d'un autre métal, servant à lester un fil* à plomb. ◇ *À plomb :* verticalement. **4.** Balle, grain de plomb dont on charge une arme à feu. ◇ Fig. *Avoir du plomb dans l'aile :* être atteint dans sa santé, sa fortune, sa réputation. **5.** Composition typographique formée de caractères en alliage à base de plomb. *Corriger sur le plomb.* **6.** MAR. Morceau de métal (plomb, fonte, etc.) fixé à une ligne de sonde, à une ligne de pêche, à un filet pour les lester. **7.** Sceau des douanes certifiant qu'un colis a acquitté certains droits. **8.** Baguette de plomb présentant une section en H et servant à maintenir les verres découpés d'un vitrail. ■ De densité 11,3, le plomb fond à 327 °C et bout à 1 740 °C. On le trouve dans la nature surtout à l'état de sulfure *(galène).* Il se présente souvent allié à l'argent *(plomb argentifère).* Le plomb est utilisé : en feuilles pour revêtir les toits, les gouttières, les parois des *chambres de plomb* dans la fabrication de l'acide sulfurique, etc. ; en fils pour les plombs de sûreté, ou *fusibles,* intercalés en raccords sur les câbles ou les fils électriques ; en tuyaux pour les conduites d'eau et de gaz, etc. Allié à l'arsenic, il fournit le métal à balles ou à grenaille ; allié à l'étain, il constitue le métal à vaisselle ; il entre aussi dans la composition d'alliages à bas point de fusion et d'alliages antifriction. Les additifs à base de plomb permettent d'améliorer l'indice d'octane des essences. Le nitrate et l'acétate, ses principaux sels solubles, sont très toxiques.

PLOMBAGE n.m. **1.** Action de plomber. **2.** Amalgame dont on obture une dent. *Se faire refaire un plombage.*

PLOMBAGINACÉE n.f. *Plombaginacées :* famille de plantes comprenant des herbes vivaces telles que la dentelaire, le statice.

PLOMBAGINE n.f. (du lat. *plumbago,* mine de plomb). Graphite naturel appelé aussi *mine de plomb.*

PLOMBE n.f. Arg. Heure.

PLOMBÉ, E adj. **1.** Garni de plomb. *Canne plombée.* **2.** Scellé par un plomb, par des plombs. *Wagon plombé.* **3.** *Dent plombée,* obturée. **4.** Couleur de plomb ; livide. *Teint plombé.*

PLOMBÉE n.f. **1.** Charge de plomb d'une ligne à pêche. **2.** Anc. Massue, fléau d'armes garnis de plomb. SYN. : *plommée.*

PLOMBÉMIE n.f. PATHOL. Présence de plomb dans le sang ; taux qui la mesure.

PLOMBER v.t. **1.** Garnir de plomb. **2.** Sceller (un colis, un wagon, etc.) d'un sceau de plomb. **3.** TECHN. Vérifier, à l'aide d'un fil à plomb, la verticalité de. **4.** MÉTALL. Appliquer du plomb sur une pièce métallique, pour la protéger. **5.** *Plomber une dent,* l'obturer avec un alliage, un amalgame.

PLOMBERIE n.f. **1.** Métier, ouvrage, atelier du plombier. **2.** Ensemble d'installations et de canalisations domestiques ou industrielles d'eau et de gaz.

PLOMBEUR n.m. AGRIC. Gros rouleau servant à tasser la terre.

PLOMBIER n.m. Entrepreneur, ouvrier qui installe, entretient et répare les canalisations et les appareils de distribution d'eau et de gaz.

PLOMBIÈRES n.f. (de *Plombières,* n. de ville). Glace aux fruits confits.

PLOMBIFÈRE adj. Qui contient du plomb.

PLOMBURE n.f. Ensemble des plombs d'un vitrail.

PLOMMÉE n.f. Plombée.

PLONGE n.f. *Faire la plonge :* laver la vaisselle (dans un café, un restaurant).

PLONGEANT, E adj. Dirigé vers le bas. – *Tir plongeant,* exécuté avec un angle au niveau inférieur à 45°.

PLONGÉE n.f. **I. 1.** Action de plonger, de s'enfoncer dans l'eau ; séjour plus ou moins prolongé en immersion complète. ◇ *Sous-marin en plongée,* naviguant au-dessous de la surface de la mer. – *Plongée sous-marine :* activité consistant à descendre sous la surface de l'eau, muni d'appareils divers (tuba, scaphandre, palmes, etc.), soit à titre sportif, soit à des fins scientifiques ou militaires. **2.** Mouvement de descente plus ou moins rapide. *L'avion fit une plongée.* **3.** Point de vue de haut en bas ; vue plongeante. *Avoir une plongée sur la mer. La caméra effectua une plongée.* **II.** Talus supérieur d'un ouvrage fortifié.

PLONGEMENT n.m. Action de plonger qqch dans un liquide.

PLONGEOIR n.m. Plate-forme, tremplin d'où l'on plonge dans l'eau.

1. PLONGEON n.m. Oiseau palmipède à long bec droit, plongeant à la recherche des poissons, que l'on rencontre l'hiver sur les côtes. (Famille des colymbidés ; long. 70 cm.)

2. PLONGEON n.m. **1.** Action de se lancer dans l'eau d'une hauteur plus ou moins grande. ◇ Fig., fam. *Faire le plongeon :* essuyer un échec dans une opération financière ou faire faillite. **2.** Chute de qqn, de qqch qui tombe en avant ou de très haut. *La voiture a fait un plongeon dans le ravin.* **3.** SPORTS. Au football, détente horizontale, bras en avant, du gardien de but en direction du ballon ou du possesseur du ballon.

PLONGER v.t. (lat. pop. *plumbicare,* de *plumbum,* plomb) [17]. **1.** Faire entrer (qqch) entièrement ou en partie dans un liquide. *Plonger un bâton dans l'eau.* **2.** Enfoncer vivement, introduire. *Plonger la main dans un sac.* **3.** *Plonger son regard, ses yeux sur qqn, qqch, dans qqch,* les regarder de haut en bas ou de façon insistante. **4.** Fig. Mettre brusquement ou complètement dans un certain état physique ou moral. *Ma réponse la plongea dans l'embarras.* ◆ v.i. **1.** S'enfoncer entièrement dans l'eau. *Sous-marin qui plonge.* **2.** Sauter dans l'eau, la tête et les bras en avant. ◇ Au football, effectuer un plongeon. **3.** Aller du haut vers le bas ; descendre brusquement vers qqch, piquer dessus. *Rapace qui plonge sur sa proie.* **4.** Être enfoncé profondément dans qqch. *Racines qui plongent dans le sol.* ◆ **se plonger** v.pr. Se livrer entièrement à une activité, s'y absorber. *Se plonger dans la lecture.*

1. PLONGEUR, EUSE n. **1.** Personne qui plonge, qui est habile à plonger. *Ce plongeur a un très bon style.* **2.** Personne qui pratique la plongée sous-marine. ◇ **Spécialt.** Spécialiste chargé d'intervenir sous l'eau. *Plongeur sauveteur. Plongeur démineur.* **3.** Personne chargée de laver la vaisselle dans un café, un restaurant.

2. PLONGEUR n.m. Oiseau aquatique plongeant sous l'eau pour se nourrir.

PLOT [plo] n.m. **1.** ÉLECTR. Pièce métallique faisant contact. **2.** Bille de bois de sciage. **3.** Dans une piscine, cube numéroté pour le départ des compétitions. **4. Suisse.** Billot.

PLOUC ou **PLOUK** n. et adj. inv. en genre. Fam. et péj. Paysan ; personne fruste.

PLOUF interj. (Pour indiquer le bruit que fait un objet en tombant dans un liquide). *Plouf, dans l'eau !*

PLOUTOCRATE n. Didact. ou péj. Personnage influent, puissant par sa richesse.

PLOUTOCRATIE n.f. (du gr. *ploutos,* richesse, et *kratos,* pouvoir). **1.** Gouvernement où le pouvoir appartient aux riches. **2.** Pays, régime politique où prévaut un tel gouvernement.

PLOUTOCRATIQUE adj. De la ploutocratie.

PLOYABLE adj. Litt. Qui peut être ployé.

PLOYER v.t. (lat. *plicare*) [13]. Litt. **1.** Tordre en fléchissant ou en courbant. *Le vent ploie la cime des arbres.* **2.** Fig. Faire céder, faire fléchir, briser la résistance de (qqn). ◆ v.i. Litt. **1.** Plier, fléchir. *Charpente qui ploie.* **2.** Fig. Céder devant qqch, en être accablé. *Ployer sous le joug.*

PLUCHÉ, E adj. → ***peluché.***

PLUCHER v.i. → ***pelucher.***

PLUCHES n.f. pl. Fam. Épluchures de légumes, en partic. de pommes de terre. – *Corvée de pluches,* d'épluchage.

PLUCHEUX, EUSE adj. → ***pelucheux.***

PLUIE n.f. (lat. *pluvia*). **1.** Précipitation d'eau atmosphérique sous forme de gouttes. ◇ ÉCOL. *Pluies acides,* chargées d'ions acides (sulfuriques et nitriques surtout) d'origine industrielle, très nuisibles à la végétation, en partic. aux forêts. – *Faire la pluie et le beau temps :* être très influent. – *Parler de la pluie et du beau temps :* parler de choses banales. ◇ Afrique. *Pluie des mangues :* pluie de courte durée survenant pendant la saison sèche. **2.** Chute d'objets serrés, en grand nombre. *Une pluie de cendres.* ◇ Fig. Ce qui est dispensé, distribué en abondance. ■ La pluie résulte de l'ascendance de l'air, entraînant un refroidissement de cet air qui provoque à son tour la condensation en gouttelettes de la vapeur d'eau qu'il contient. C'est alors la formation d'un nuage, qui ne donne des pluies qu'avec l'accroissement de la taille et du poids des gouttelettes, qui ne peuvent plus demeurer en suspension.

PLUMAGE n.m. Ensemble des plumes recouvrant un oiseau.

PLUMAISON n.f. Rare. Action de plumer un oiseau.

PLUMARD ou **PLUME** n.m. Fam. Lit.

PLUMASSERIE n.f. Métier, travail et commerce du plumassier.

PLUMASSIER, ÈRE n. Personne qui prépare et vend des plumes en vue de leur emploi dans la mode et l'ornementation.

PLUM-CAKE [plumkɛk] n.m. (pl. *plum-cakes*). Vx. Cake.

1. PLUME n.f. (lat. *pluma,* duvet). **1.** Organe produit par l'épiderme des oiseaux, formé d'une tige souple portant des barbes, et servant au vol, à la protection du corps et au maintien de la constance de la température. ◇ Fam. *Voler dans les plumes (à qqn) :* attaquer (qqn) brusquement. **2.** Tuyau des grosses plumes de

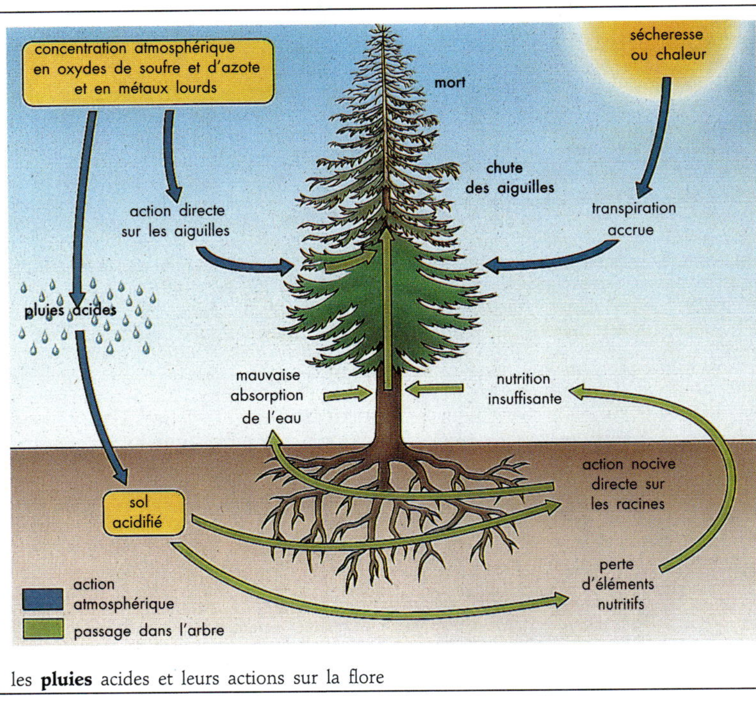

les **pluies** acides et leurs actions sur la flore

l'oie, etc., taillé en pointe, dont on se servait pour écrire. ◇ Morceau de métal en forme de bec et qui, fixé à un porte-plume, un stylo, sert à écrire. *Plume en or.* – *La plume à la main :* en écrivant. – *Prendre la plume :* écrire. – *Vivre de sa plume :* faire profession d'écrivain. **3.** SPORTS. En boxe, catégorie de boxeurs (54-57 kg chez les amateurs).

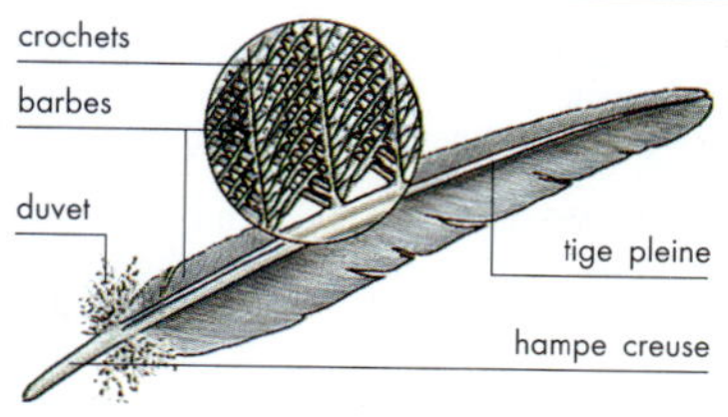

détail d'une **plume** (penne d'oie)

2. PLUME n.m. → ***plumard.***

PLUMEAU n.m. Ustensile de ménage fait de plumes assemblées autour d'un manche et servant à épousseter.

PLUMER v.t. **1.** Arracher les plumes d'une volaille, d'un oiseau. **2.** Fam. Dépouiller qqn de son argent, l'escroquer.

PLUMET n.m. Bouquet de plumes ornant une coiffure. *Plumet de casque, de shako.*

PLUMETÉ, E adj. HÉRALD. Se dit d'un écu, d'une figure portant un plumeté. ◆ n.m. HÉRALD. Champ semé de plumes.

PLUMETIS [plymti] n.m. (de *plumet*). **1.** Point de broderie exécuté sur un fort bourrage. **2.** Étoffe légère en broché mécanique, imitant cette broderie.

PLUMEUR, EUSE n. Personne qui plume des volailles.

PLUMEUX, EUSE adj. Qui ressemble à des plumes.

PLUMIER n.m. Boîte oblongue dans laquelle un écolier range ses stylos, ses crayons, etc.

PLUMITIF n.m. **1.** Fam. Écrivain médiocre ou, plus rarement, employé aux écritures. **2.** Registre sur lequel le greffier résume les principaux faits d'une audience. SYN. : ***registre d'audience.***

PLUM-PUDDING [plumpudiŋ] n.m. (pl. *plum-puddings*). Pudding d'une variété caractérisée par l'emploi de graisse de bœuf. (Spécialité britannique préparée pour Noël [Christmas pudding].)

PLUMULE n.f. (lat. *plumula*). ZOOL. Chacune des petites plumes dont la réunion forme le duvet.

PLUPART (LA) n.f. (de *la plus part*). Le plus grand nombre (de). *La plupart sont de votre avis. La plupart des spectateurs ont aimé ce film.* ◇ *La plupart du temps :* le plus souvent. – *Pour la plupart :* quant au plus grand nombre.

PLURAL, E, AUX adj. (lat. *pluralis*). Qui contient plusieurs unités. ◇ *Vote plural :* système de vote qui attribue plusieurs voix à certains électeurs.

PLURALISME n.m. **1.** Conception qui admet la pluralité des opinions et des tendances en matière politique, sociale, économique, syndicale, etc. **2.** PHILOS. Système selon lequel il n'existe que des êtres individuels sans lien entre eux (par opp. à *monisme,* à *dualisme*).

PLURALISTE adj. et n. Du pluralisme ; partisan du pluralisme.

PLURALITÉ n.f. Fait d'être plusieurs. *La pluralité des partis.*

PLURIANNUEL, ELLE adj. Qui dure plusieurs années.

PLURICAUSAL, E, ALS ou **AUX** adj. Qui a plusieurs causes.

PLURICELLULAIRE adj. Multicellulaire.

PLURIDIMENSIONNEL, ELLE adj. Qui a plusieurs dimensions.

PLURIDISCIPLINAIRE adj. Qui concerne simultanément plusieurs disciplines. SYN. : ***multidisciplinaire.***

PLURIDISCIPLINARITÉ n.f. Caractère de ce qui est pluridisciplinaire (enseignement, méthode de recherche, etc.).

1. PLURIEL, ELLE adj. (lat. *pluralis*). Qui marque la pluralité, le pluriel.

2. PLURIEL n.m. GRAMM. Forme particulière d'un mot indiquant un nombre supérieur à l'unité. *En français, « s » et « x » sont les marques écrites du pluriel des noms et des adjectifs.*

PLURIETHNIQUE adj. Constitué de plusieurs ethnies. *État pluriethnique.* SYN. : ***multiethnique.***

PLURILATÉRAL, E, AUX adj. Qui concerne plus de deux parties. *Un accord plurilatéral.*

PLURILINGUE adj. Multilingue.

PLURILINGUISME n.m. Multilinguisme.

PLURIPARTISME n.m. Système politique admettant l'existence de plusieurs partis.

PLURISÉCULAIRE adj. Qui s'étend sur plusieurs siècles.

PLURIVALENT, E adj. **1.** CHIM. Qui peut avoir plusieurs valences. **2.** Qui peut prendre plusieurs valeurs, plusieurs formes. **3.** *Logique plurivalente :* logique qui admet plus de deux valeurs de vérité (par opp. à *logique bivalente*).

PLURIVOQUE adj. Qui a plusieurs valeurs, plusieurs sens.

1. PLUS [ply, plys ; plyz devant une voyelle ou un *h* muet] adv. (lat. *plus*). **I.** (Indique une addition, une quantité). *Une table plus six chaises. Ils furent plus de mille à venir.* ◇ *(Tout) au plus :* au maximum. – *Bien plus, de plus, qui plus est :* en outre. – *D'autant plus, raison de plus :* à plus forte raison. – *Sans plus :* sans rien ajouter. – *Tant et plus :* beaucoup. – *Ni plus ni moins :* tout autant. – *Plus ou moins :* à peu près. – *Plus d'un :* un certain nombre. *Plus d'un village a été détruit.* **II.** (Indique un degré : comparatif, superlatif de supériorité). *Il est plus intelligent que vous ne croyez. Elle est la plus adroite.* ◇ *De plus en plus :* en augmentation constante. – *Des plus* (+ adj.) : parmi les plus. *Un travail des plus faciles.* **III.** (Marque la cessation d'une action, d'un état). *Il ne travaille plus, il n'est plus fatigué. Plus un arbre à l'horizon.*

2. PLUS [plys] n.m. **1.** MATH. Signe de l'addition (+). **2.** *Un plus :* qqch de mieux, un progrès, une amélioration.

PLUSIEURS adj. et pron. indéf. pl. des deux genres (lat. *plures,* plus nombreux). Plus d'un, un certain nombre. *Faire plusieurs voyages. Plusieurs l'ont dit.*

PLUS-QUE-PARFAIT [plyskəparfɛ] n.m. GRAMM. Temps du verbe qui exprime une action passée antérieure à une autre action passée. (Ex. : *J'AVAIS FINI quand vous êtes arrivé.*)

PLUS-VALUE n.f. (pl. *plus-values*). **1.** Accroissement de la valeur d'une ressource, d'un avoir. **2.** Augmentation du prix de travaux par suite de difficultés imprévues. **3.** Excédent de recettes entre le produit d'un impôt et son évaluation budgétaire. CONTR. : ***moins-value.*** **4.** Dans le marxisme, différence entre la valeur tirée d'une quantité de travail et ce qui est payé au travailleur pour entretenir sa force de travail.

PLUTON n.m. (de *Pluton,* n.pr.). GÉOL. Masse de magma profond qui s'est solidifié lentement.

PLUTONIEN, ENNE adj. Relatif au dieu Pluton.

PLUTONIQUE adj. (de *pluton*). GÉOL. Se dit des roches éruptives qui se sont mises en place en profondeur et qui présentent une structure grenue (granite, gabbro, etc.).

PLUTONISME n.m. GÉOL. **1.** Théorie attribuant la genèse des roches plutoniques à la chaleur et à des processus de fusion (par opp. à *neptunisme*). **2.** Mise en place en profondeur du magma.

PLUTONIUM [plytɔnjɔm] n.m. Métal obtenu par irradiation de l'uranium avec des neutrons, utilisé dans les surgénérateurs et pour la fabrication des armes nucléaires ; élément (Pu) de numéro atomique 94.

PLUTÔT adv. (de *plus* et *tôt*). **1.** De préférence (à). *Lisez plutôt ce livre (que celui-là).* ◇ *Plutôt que de :* au lieu de. *Plutôt que de parler, vous feriez mieux d'écouter.* **2.** *Ou plutôt :* en réalité, pour mieux dire. *Elle est partie, ou plutôt s'est enfuie.* **3.** Assez, passablement. *Son discours est plutôt ennuyeux.*

PLUVIAL, E, AUX adj. (du lat. *pluvia,* pluie). Qui provient de la pluie. *Eaux pluviales.* ◇ *Régime pluvial :* régime des cours d'eau où domine l'alimentation par les pluies.

PLUVIAN n.m. Oiseau échassier de la vallée du Nil, qui se nourrit de parasites et d'insectes qu'il trouve dans la gueule des crocodiles. (Famille des glaréolidés.)

PLUVIER n.m. (du lat. *pluere,* pleuvoir). Oiseau échassier vivant au bord des eaux et hivernant dans les régions chaudes, chassé en France lors de ses passages. (Famille des charadriidés.)

PLUVIEUX, EUSE adj. Caractérisé par la pluie. *Une région pluvieuse.*

PLUVINER v. impers. → ***pleuvasser.***

PLUVIOMÈTRE n.m. Appareil servant à mesurer la pluviosité d'un lieu.

PLUVIOMÉTRIE n.f. Étude de la répartition des pluies dans l'espace et dans le temps ; cette répartition.

PLUVIOMÉTRIQUE adj. Relatif à la pluviométrie.

PLUVIÔSE n.m. (lat. *pluviosus,* pluvieux). HIST. Cinquième mois du calendrier républicain (du 20, 21 ou 22 janvier au 18, 19 ou 20 février).

PLUVIOSITÉ n.f. Quantité moyenne de pluie tombée en un lieu pendant un temps donné.

P. L. V. n.f. (sigle de ***publicité sur le lieu de vente***). Promotion publicitaire au moyen d'affichettes, de présentoirs, de factices, etc., installés chez le détaillant ; ce matériel.

Pm, symbole chimique du prométhéum.

P. M. U. n.m. (sigle). Pari* mutuel urbain.

P. N. B. n.m. (sigle). Produit* national brut.

PNEU n.m. (abrév. de *pneumatique*) [pl. *pneus*]. **1.** Bandage déformable et élastique que l'on fixe à la jante des roues de certains véhicules et qui, le plus souvent, protège, en l'enveloppant, une chambre à air. **2.** Fam. Carte pneumatique.

PNEUMALLERGÈNE n.m. Allergène provoquant une allergie respiratoire.

1. PNEUMATIQUE adj. (gr. *pneumatikos,* de *pneuma,* souffle). **1.** Rare. Relatif à l'air ou aux gaz. ◇ *Machine pneumatique :* machine servant à faire le vide. **2.** Qui fonctionne à l'aide d'air comprimé. *Marteau pneumatique.* **3.** Qui prend sa forme utilisable quand on le gonfle d'air. *Matelas pneumatique.* **4.** Relatif aux os creux des oiseaux dont la cavité est remplie d'air provenant des sacs aériens. **5.** *Carte pneumatique* ou *pneumatique,* n.m. : correspondance sur imprimé spécial expédiée naguère dans certaines villes, d'un bureau postal à un autre, par des tubes à air comprimé. Abrév. (fam.) : *pneu.*

2. PNEUMATIQUE n.m. **1.** Pneu. **2.** Carte pneumatique.

PNEUMATOPHORE n.m. Organe respiratoire des racines de divers arbres croissant dans l'eau et les régions marécageuses (cyprès chauve, palétuvier, etc.).

PNEUMO n.m. (abrév.). Fam. Pneumothorax artificiel.

PNEUMOCONIOSE n.f. Maladie pulmonaire due à l'inhalation de poussières et de particules solides.

PNEUMOCOQUE n.m. Bactérie se présentant sous forme de diplocoque, agent de diverses infections (pneumonie, notamm.).

PNEUMOCYSTOSE n.f. Pneumopathie sévère, survenant chez des sujets immunodéprimés, et qui est une complication fréquente du sida.

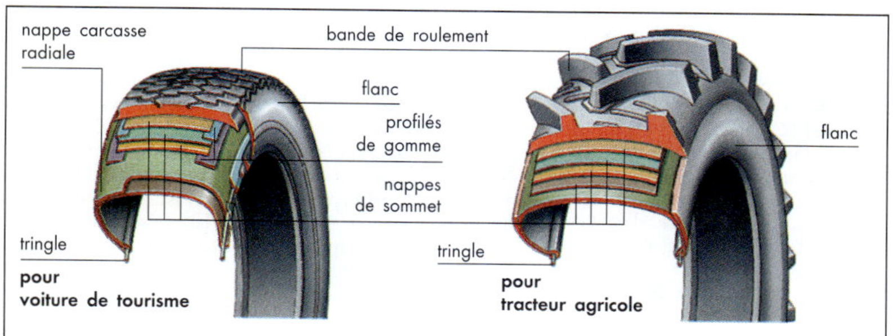

pneus : constitution et profils de pneus à carcasse radiale sans chambre à air (tubeless)

PNEUMOGASTRIQUE n.m. et adj.m. Nerf crânien partant du bulbe et innervant les bronches, le cœur, l'appareil digestif, les reins. SYN. : *nerf vague.*

PNEUMOLOGIE n.f. Spécialité médicale qui traite du poumon et de ses maladies.

PNEUMOLOGUE n. Médecin spécialiste en pneumologie.

PNEUMONECTOMIE n.f. CHIR. Ablation d'un poumon.

PNEUMONIE n.f. (gr. *pneumôn,* poumon). Infection aiguë d'un lobe entier de poumon due, le plus souvent, au pneumocoque. (La *pneumonie caséeuse* est due au bacille tuberculeux.)

PNEUMONIQUE adj. et n. Relatif à la pneumonie ; atteint de pneumonie.

PNEUMOPATHIE n.f. Toute affection du poumon.

PNEUMOPÉRITOINE n.m. Épanchement de gaz dans le péritoine.

PNEUMO-PHTISIOLOGIE n.f. Partie de la médecine qui réunit la pneumologie et la phtisiologie.

PNEUMO-PHTISIOLOGUE n. (pl. *pneumo-phtisiologues*). Médecin spécialiste en pneumo-phtisiologie.

PNEUMOTHORAX n.m. **1.** Épanchement de gaz dans la cavité pleurale, soit accidentel (plaie du poumon), soit thérapeutique. **2.** *Pneumothorax artificiel :* insufflation de gaz dans la cavité pleurale à des fins thérapeutiques. Abrév. (fam.) : *pneumo.*

Po, symbole chimique du polonium.

POCHADE n.f. (de *pochoir*). **1.** Peinture exécutée rapidement, en quelques coups de pinceau. **2.** Œuvre littéraire sans prétention, écrite rapidement.

POCHARD, E n. et adj. Fam. Ivrogne.

POCHARDER (SE) v.pr. Fam. Se saouler.

1. POCHE n.f. (francique *pokka*). **1.** Partie d'un vêtement en forme de petit sac où l'on peut mettre de menus objets. *Poche coupée, appliquée ou plaquée.* ◇ *De poche,* se dit d'un objet de petites dimensions, que l'on peut porter sur soi. *Lampe de poche.* – Se dit de livres édités dans un format réduit, tirés à un relativement grand nombre d'exemplaires. ◇ *Argent de poche :* somme destinée aux petites dépenses personnelles. – *Se remplir les poches, s'en mettre plein les poches :* s'enrichir (souvent malhonnêtement). – *(Payer) de sa poche :* avec son argent. – *En être de sa poche :* essuyer une perte d'argent. – Fam. *C'est dans la poche :* c'est réussi, c'est une affaire réglée. – *Ne pas avoir, ne pas garder sa langue, ses yeux dans sa poche :* parler avec facilité, être observateur. **2. a.** Sac, contenant (de toutes dimensions, quelle que soit la matière). *Poche en papier, en plastique.* **b.** Partie, compartiment d'un sac, d'un cartable, etc. **c.** *Poche à douille :* petit sac, souvent en forme d'entonnoir, utilisé pour remplir ou décorer la pâtisserie de crème, etc. **3.** Filet pour chasser le petit gibier. **4.** Cavité de l'organisme, normale ou pathologique. **5.** Fluide contenu dans une cavité souterraine. *Poche de gaz.* **6.** Déformation, faux pli d'un tissu, d'un vêtement. **7.** *Poche de coulée :* récipient qui reçoit un métal en fusion et le transporte du four jusqu'au moule de coulage.

2. POCHE n.f. (lat. *poppia,* cuiller en bois). Suisse. Louche, cuiller à pot.

3. POCHE n.m. Livre de poche.

POCHER v.t. **1.** Esquisser rapidement (un tableau). **2.** *Pocher l'œil, un œil à qqn,* le frapper en provoquant une tuméfaction. **3.** *Pocher des œufs,* les faire cuire sans leur coquille dans un liquide bouillant.

POCHETÉE n.f. Pop. Personne niaise, stupide.

POCHETTE n.f. **1.** Enveloppe, sachet en papier, en tissu, etc., servant à contenir un, des objets. *Mettre des photos dans leur pochette.* **2.** Étui plat qui protège certains objets (disques, notamm.). **3. a.** Trousse d'écolier très plate. **b.** Sac à main plat et sans poignée. **4.** Mouchoir de fantaisie destiné à agrémenter la poche supérieure d'une veste. **5.** Anc. Violon de très petite taille. *Pochette de maître à danser.*

POCHETTE-SURPRISE n.f. (pl. *pochettes-surprises*). Cornet de papier contenant des objets dont la nature n'est pas connue au moment de l'achat.

POCHEUSE n.f. Ustensile de cuisine pour pocher les œufs.

POCHOIR n.m. Feuille, plaque de carton, de métal découpée permettant de peindre facilement la forme évidée.

POCHOIRISTE n. Personne qui fait des dessins au pochoir.

POCHON n.m. **1.** Petite poche que l'on attache à sa ceinture. **2.** Suisse. Louche.

POCHOTHÈQUE n.f. Librairie ou rayon de librairie où l'on vend des livres de poche.

POCHOUSE ou **PAUCHOUSE** n.f. Matelote de poissons de rivière au vin blanc.

POCO A POCO loc. adv. (mots it.). MUS. Peu à peu, progressivement.

PODAGRE adj. et n. (gr. *pous, podos,* pied, et *agra,* prise). Vx. Qui souffre de la goutte.

PODAIRE n.f. MATH. Ensemble des pieds des perpendiculaires menées d'un point fixe aux tangentes à une courbe donnée.

PODESTAT [pɔdɛsta] n.m. (it. *podestà ;* lat. *potestas,* puissance). Premier magistrat de certaines villes d'Italie aux XIIIe et XIVe s.

PODION [pɔdjɔn] n.m. (mot gr., *petit pied*). ZOOL. Ventouse ambulacraire des échinodermes. Pluriel savant : *podia.*

PODIUM [pɔdjɔm] n.m. (du gr. *podion,* petit pied). **1.** Plate-forme installée pour accueillir les vainqueurs d'une épreuve sportive, les participants à un jeu, à un récital, etc. ; estrade. **2.** ANTIQ. Mur épais dressé autour de l'arène d'un amphithéâtre, où se trouvaient les places d'honneur. **3.** ARCHIT. Soubassement avec un ou plusieurs degrés d'accès.

PODOLITHE n.m. (gr. *pous, podos,* pied, et *lithos,* pierre). Pierre érodée par le piétinement des hommes, des animaux.

PODOLOGIE n.f. (gr. *pous, podos,* pied). MÉD. Étude du pied et de ses maladies.

PODOLOGUE n. Spécialiste en podologie.

PODOMÈTRE n.m. (gr. *pous, podos,* pied). Appareil qui compte le nombre de pas faits par un piéton et indique ainsi, approximativement, la distance parcourue. (→ ***odomètre.***)

PODZOL [pɔdzɔl] n.m. (mot russe, *cendreux*). Sol acide, à horizon intermédiaire cendreux, des régions froides et humides.

PODZOLIQUE adj. Relatif aux podzols.

PODZOLISATION n.f. Transformation d'un sol en podzol.

PŒCILE [pesil] n.m. (gr. *poikilê*). ARCHÉOL. Portique grec orné de peintures.

PŒCILOTHERME adj. et n.m. → ***poïkilotherme.***

1. POÊLE [pwal] n.m. (lat. *pallium,* manteau). Drap mortuaire dont le cercueil est couvert pendant les funérailles. *Tenir les cordons du poêle.*

2. POÊLE n.m. (lat. *pensilis,* suspendu). **1.** Appareil de chauffage à combustible. *Poêle à bois, à charbon.* **2.** Canada. Cuisinière. *Poêle électrique.*

3. POÊLE n.f. (lat. *patella*). Ustensile de cuisine à long manche, en métal, peu profond, pour frire, fricasser.

POÊLÉE [pwale] n.f. Contenu d'une poêle.

POÊLER [pwale] v.t. Cuire à la poêle.

POÊLIER [pwalje] n.m. Vx. Celui qui fabrique, vend ou installe les poêles et appareils de chauffage.

POÊLON [pwalɔ̃] n.m. Casserole en terre ou en métal épais, à manche creux.

POÈME n.m. (gr. *poiêma,* de *poieîn,* faire). **1.** Texte en vers ou en prose ayant les caractères de la poésie. *Poème épique, élégiaque.* – *Poème à forme fixe,* dont la structure (nombre des vers et des strophes, nature des rimes) est donnée d'avance. ◇ Fam. *C'est (tout) un poème, un vrai poème :* c'est inénarrable, incroyable. **2.** MUS. *Poème symphonique :* œuvre orchestrale construite sur un argument littéraire, philosophique, etc.

POÉSIE n.f. (gr. *poïêsis*). **1.** Art de combiner les sonorités, les rythmes, les mots d'une langue pour évoquer des images, suggérer des sensations, des émotions. **2.** (Qualifié). Genre poétique. *Poésie épique, lyrique.* **3.** Œuvre, poème en vers de peu d'étendue. *Réciter une poésie.* **4.** Caractère de ce qui touche la sensibilité, émeut. *La poésie d'un paysage.*

POÈTE n.m. (gr. *poiêtês*). **1.** Écrivain qui pratique la poésie. **2.** Fam. Personne sensible à ce qui est beau, émouvant. **3.** Rêveur, idéaliste.

POÉTEREAU n.m. Poète mineur, médiocre.

POÉTESSE n.f. Femme poète.

1. POÉTIQUE adj. **1.** Relatif à la poésie ; propre à la poésie. *Œuvre, style poétique.* **2.** Plein de poésie, qui touche, émeut. *Un sujet poétique.*

2. POÉTIQUE n.f. **1.** Étude critique du fonctionnement de l'écriture poétique. **2.** Système poétique propre à un écrivain, à une époque, etc. *La poétique de Mallarmé.*

POÉTIQUEMENT adv. De façon poétique.

POÉTISATION n.f. Action de poétiser.

POÉTISER v.t. Rendre poétique, idéaliser, embellir. *Poétiser des souvenirs.*

POGNE n.f. Pop. Main.

POGNON n.m. (anc. fr. *poigner,* saisir avec la main). Pop. Argent.

POGONOPHORE n.m. (gr. *pôgôn,* barbe). *Pogonophores :* sous-embranchement d'animaux procordés marins filamenteux, fixés, récemment découverts.

POGROM ou **POGROME** [pɔgrɔm] n.m. (russe *pogrom*). **1.** HIST. Émeute accompagnée de pillage et de meurtres, dirigée contre une communauté juive (d'abord dans l'Empire russe, partic. en Pologne, en Ukraine et en Bessarabie entre 1881 et 1921). **2.** Toute émeute dirigée contre une communauté ethnique ou religieuse.

POIDS n.m. (lat. *pensum,* ce qu'une chose pèse). **I. 1.** Force égale au produit de la masse d'un corps par l'accélération de la pesanteur. *Le poids de l'air.* ◇ PHYS. Vieilli. *Poids moléculaire :* masse moléculaire. – Vieilli. *Poids spécifique* ou *volumique :* masse spécifique. **2.** Mesure de cette force par rapport à une unité déterminée. *Le poids de ce sac est de deux kilos.* ◇ Fig. *Au poids de l'or :* très cher. **3.** Caractère, effet d'une chose pesante. *Un poids très lourd.* ◇ *Faire le poids :* être assez lourd pour équilibrer la balance ; pour un boxeur, un lutteur, un judoka, etc., avoir le poids correspondant à la catégorie dans laquelle il cherche à combattre ; fig., avoir l'autorité, les qualités requises. – *Poids mort :* masse d'une partie en mouvement d'une machine, sans utilité directe pour le bon fonctionnement de celle-ci ; fig., fardeau inutile. **4. a.** Morceau de métal de masse déterminée, servant à peser d'autres corps. ◇ Fig. *Avoir deux poids, deux mesures :* juger différemment selon la situation, la diversité des intérêts. **b.** Corps pesant suspendu aux chaînes d'une horloge, pour lui donner le mouvement. **c.** SPORTS. Sphère métallique pesant 7,257 kg pour les hommes, 4 kg pour les femmes, qu'on lance d'un seul bras le plus loin possible, dans les concours d'athlétisme. **5.** *Poids lourd.* **a.** Véhicule automobile destiné au transport des lourdes charges. **b.** Fig. Personne, groupe ou réalisation qui occupe une place prépondérante dans son domaine. *Un poids lourd de la distribution.* **II. 1. a.** Sensation physique de lourdeur, d'oppression. *Avoir un poids sur l'estomac.* **b.** Ce qui est pénible à supporter ; ce qui oppresse, accable, tourmente. *Le poids du remords.* **2.** Importance, influence. *Cela donne du poids à vos paroles.* ◇ *De poids :* important. *Un argument de poids.*

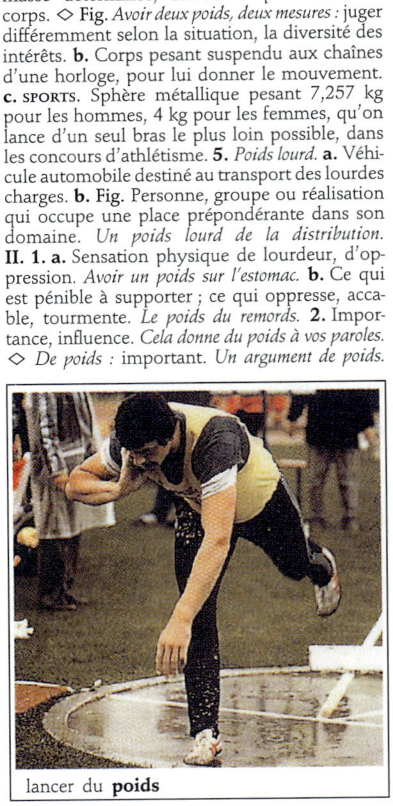

lancer du **poids**

POIGNANT, E adj. (anc. fr. *poindre,* piquer). Qui cause une vive douleur, une angoisse.

POIGNARD n.m. (lat. *pugnus,* poing). Arme formée d'un manche et d'une lame courte et pointue.

POIGNARDER v.t. Frapper avec un poignard. ◇ Fig. *Poignarder qqn dans le dos,* lui nuire traîtreusement.

POIGNE [pwaɲ] n.f. (de *poing*). **1.** Force de la main, du poignet. *Une poigne de fer.* **2.** Fam. Énergie dans l'exercice de l'autorité. *Un homme à poigne.*

POIGNÉE n.f. **1.** Quantité d'une matière que la main fermée contient. *Une poignée de sel.* ◇ Fig. Petit nombre de personnes. *Une poignée de lecteurs.– À poignée(s), par poignée(s) :* à pleine(s) main(s), en abondance. **2.** *Poignée de main :* geste par lequel on serre la main de qqn pour le saluer. **3.** Partie d'un objet par où on le saisit, l'empoigne. *Poignée d'une valise.*

POIGNET n.m. (de *poing*). **1.** Région du membre supérieur correspondant à l'articulation entre la main et l'avant-bras. ◇ *À la force du, des poignet(s) :* en se servant seulement de ses bras ; fig., uniquement par ses efforts personnels, par ses propres moyens. **2.** Extrémité de la manche d'un vêtement. *Poignet de chemise.*

POÏKILOTHERME [pɔjkilɔtɛrm] ou **PŒCILOTHERME** [pesilɔtɛrm] adj. et n.m. (gr. *poikilos,* variable, et *thermos,* chaleur). Se dit des animaux dont la température varie avec celle du milieu, comme les reptiles, les poissons, etc. SYN. : *hétérotherme.* CONTR. : *homéotherme.*

POIL n.m. (lat. *pilus*). **1.** Production filiforme de l'épiderme, couvrant la peau de certains animaux et, en divers endroits, le corps humain. (Chaque poil est pourvu, à sa racine, d'une glande sébacée.) ◇ Fig., fam. *Avoir un poil dans la main :* être paresseux. – Fam. *Un poil :* une très petite quantité. – Fam. *À un poil près :* à très peu de chose près, presque. – Pop. *Au poil :* parfait, pleinement satisfaisant ; parfaitement. – Fam. *Être de mauvais poil,* de mauvaise humeur. **2.** Pelage. *Le poil d'un cheval.* – *Monter un cheval à poil,* sans selle. ◇ Fam. *À poil :* tout nu. – Fig., fam. *Reprendre du poil de la bête :* reprendre des forces ou du courage. – *De tout poil :* de toute espèce. **3. a.** Partie velue des étoffes. *Tissu à long poil.* **b.** *Velours à trois, à six poils,* dont la trame est formée de trois, de six fils de soie ou de coton. ◇ Litt. *Brave à trois poils :* homme très courageux. **4.** BOT. Organe filamenteux et duveteux qui naît sur les diverses parties des plantes.

POILANT, E adj. Pop. Très drôle.

POIL-DE-CAROTTE adj. inv. Fam. D'un roux lumineux, éclatant, en parlant des cheveux.

POILER (SE) v.pr. Pop. Rire de bon cœur.

1. POILU, E adj. Velu, couvert de poils.

2. POILU n.m. Fam. Soldat français, pendant la Première Guerre mondiale.

POINÇON n.m. (lat. *punctum,* de *pungere,* piquer). **I. 1.** Tige de métal pointue servant à percer ou à graver. **2.** Morceau d'acier gravé en relief pour former les matrices, ou coins, des monnaies et des médailles. **3.** Marque appliquée aux pièces d'orfèvrerie, notamm. pour en garantir le titre. **4.** Emporte-pièce à compression servant à découper, former, etc. **II.** Pièce de charpente joignant verticalement le milieu de l'entrait d'une ferme à la rencontre des arbalétriers.

POINÇONNAGE ou **POINÇONNEMENT** n.m. Action de poinçonner.

POINÇONNER v.t. **1.** Marquer au poinçon. **2.** Percer, découper à la poinçonneuse. **3.** Perforer (des billets de train, de métro) pour attester un contrôle.

POINÇONNEUR, EUSE n. Personne qui poinçonne.

POINÇONNEUSE n.f. Machine pour poinçonner.

POINDRE v.i. (lat. *pungere,* piquer) [82]. Litt. **1.**Commencer à paraître, en parlant du jour. **2.** Commencer à sortir de terre, en parlant des plantes.

POING n.m. (lat. *pugnus*). Main fermée. *Un coup de poing.* ◇ *Faire le coup de poing :* se battre au cours d'une rixe. – *Dormir à poings fermés,* profondément. – *Pieds et poings liés :* totalement impuissant.

POINSETTIA [pwɛ̃sesja] n.m. Plante d'intérieur originaire du Mexique, aux fleurs entourées de larges bractées très colorées. (Famille des euphorbiacées.)

1. POINT n.m. (lat. *punctum*). **I. 1. a.** Signe de ponctuation. *Point final* (.), *point-virgule* (;), *deux-points* (:), *point d'interrogation* (?), *point d'exclamation* (!), *points de suspension* (...). ◇ *Un point, c'est tout :* il n'y a rien à ajouter. **b.** Petit signe supérieur du *i* et du *j.* **2.** MUS. **a.** Signe (.) placé à droite d'une note ou d'un silence pour augmenter sa durée de moitié. **b.** *Point d'orgue :* signe (.) placé au-dessus d'une note ou d'un silence pour en augmenter la durée à volonté ; fig., interruption dont la durée semble très longue, pesante. **3.** MATH. **a.** Signe (.) placé à droite d'une note ou d'un silence... parfois utilisé à la place de la virgule dans la numération décimale. **b.** Signe symbolisant un produit de deux facteurs. **II. 1.** Unité d'une échelle de notation d'un travail scolaire, d'une épreuve, etc. *Combien faut-il de points pour être reçu ?* **2.** Unité de compte dans un jeu, un match, avec ou sans spécification de valeur. *Jouer une partie en cent points.* ◇ *Marquer un point :* prendre un avantage ; fig., montrer sa force, sa supériorité. – *Rendre des points :* donner des points d'avance à un adversaire ; fig., accorder un avantage à qqn considéré comme plus faible que soi. **3.** Unité de compte dans un système de calcul (pourcentage, indice, cote, etc.). *Ce parti a perdu trois points aux élections.* **4.** Unité de calcul des avantages d'assurance vieillesse, dans certains régimes de retraite. **5.** IMPR. Unité de mesure usitée pour déterminer la force du corps des caractères. **6.** PHYS. *Point de fusion, d'ébullition, de liquéfaction :* température à laquelle un corps entre en fusion, en ébullition ou se liquéfie. **III. 1.** Suite de deux piqûres faites dans une étoffe au moyen d'une aiguille enfilée de fil, de coton, etc. *Coudre à petits points.* ◇ *Point devant (arrière) :* point fait en plantant toujours l'aiguille en avant (en arrière) du dernier point effectué. **2.** Manière particulière d'entrelacer le ou les fils dans le travail aux aiguilles, au crochet, aux fuseaux, etc. – *Point d'Alençon,* à motif floral assemblé sur réseau de tulle. **IV. 1.** Endroit précis et nettement délimité. *Point d'arrivée, de départ.* ◇ *Point d'attache,* où l'on retourne habituellement. – *Point d'eau,* où se trouve une source, un puits, dans une région aride. – *Point chaud :* endroit dangereux (souvent : du fait de contestations territoriales) ; fig., question litigieuse, sujet de discorde. **2.** *Points cardinaux :* le nord, le sud, l'est et l'ouest. **3.** MATH. Figure géométrique sans dimension ; intersection de deux lignes. ◇ *Point de contact* → **contact.** **4.** *Faire le point :* déterminer la position d'un navire, d'un aéronef ; fig., déterminer où l'on en est dans une affaire, un processus quelconque. **5.** *Point mort.* **a.** TECHN. Endroit de la course d'un organe mécanique où il ne reçoit plus d'impulsion de la part du moteur. – *Point mort bas, haut :* position d'un piston la plus rapprochée, la plus éloignée de l'axe du vilebrequin. **b.** État de qqch, d'une situation qui cesse d'évoluer avant de parvenir à son terme. **c.** Position de commande du dispositif de changement de vitesse d'un véhicule, telle qu'aucune vitesse n'est en prise. **d.** Chiffre d'affaires minimal qu'une entreprise doit réaliser pour couvrir la somme de ses coûts fixes et de ses coûts variables. **6.** *Point d'appui.* **a.** Ce qui sert de support, de base à qqn, à qqch. **b.** MIL. Zone, terrain organisés pour assurer la défense d'une place. **c.** MIL. Base navale. **7.** *Point sensible.* **a.** MIL. Lieu dont le sabotage ou la destruction par l'adversaire diminuerait gravement le potentiel de guerre. **b.** Sujet sur lequel une personne se montre susceptible. **8.** MIL. *Point initial :* lieu d'un itinéraire vers où convergent les éléments constitutifs d'une colonne à pied ou motorisée. **9.** *Point noir.* **a.** Amas de sébum qui bouche un pore de la peau ; comédon. **b.** Endroit où la circulation est difficile ou dangereuse ; fig., difficulté, obstacle. **10. a.** MÉD. *Points de chaud, de douleur, de froid, de tact :* points de la peau où sont localisés les récepteurs transmettant ces diverses sensations. **b.** *Point de côté :* douleur aiguë le plus souvent localisée dans la partie droite du thorax. **V. 1.** *Point du jour :* moment où le soleil commence à poindre, à paraître. **2.** *À point.* **a.** CUIS. Au degré de cuisson convenable (spécialt : entre « cuit » et « saignant », pour la viande). **b.** À propos, au bon moment. ◇ *À point nommé :* à propos, opportunément. **3. a.** *Sur le point de* (indiquant un futur immédiat) : près de. **b.** *Au point que, à tel point que* (marquant la conséquence) : tellement que. **VI. 1.** Question particulière, problème précis. *N'insistez pas sur ce point.* – *Point de :* question précise (dans tel domaine particulier). *Soulever un point de droit, de méthode.* **2.** État, situation. *Se trouver au même point.* ◇ *Point faible :* faiblesse, défaut de qqn. – *Être mal en point :* être dans un piteux état, être malade. **3.** *Au point :* parfaitement prêt. – *Au dernier point :* extrêmement. – *De point en point :* exactement. – *En tout point :* entièrement. – *Mise au point* → **mise.**

2. POINT adv. (lat. *punctum,* point). Litt. ou région. Pas (avec la négation *ne*). *Il n'a point d'argent.* ◇ *Point n'est besoin :* il n'y a pas besoin.

POINTAGE n.m. **1.** Action de pointer, de marquer d'un point, de contrôler. **2.** Action de pointer, de diriger (une arme, une lunette, etc.) sur un objectif.

POINTAL n.m. (pl. *pointaux*). TECHN. Étai de bois vertical.

POINT DE VUE n.m. (pl. *points de vue*). **1.** Place de l'observateur, endroit où l'on voit le mieux (un paysage, un édifice, etc.). **2.** Manière de considérer les choses, opinion particulière.

POINTE n.f. (bas lat. *puncta,* estocade). **I. 1.** Bout très aigu d'un objet servant à piquer, à percer. *Pointe d'aiguille, d'épingle.* ◇ *À la pointe de l'épée :* par la force des armes. **2.** Extrémité la plus fine d'une chose. *Pointe d'un clocher.* – *Pointe d'asperge :* bourgeon terminal comestible d'une asperge. **3.** HÉRALD. Partie inférieure de l'écu. **4.** *La pointe des pieds :* le bout des pieds, les orteils. **5.** Langue de terre qui s'avance dans la mer. *La pointe du Raz.* **6.** Élément le plus avancé d'un ensemble offensif. *Pointe d'une armée.* ◇ Fig. *À la pointe de :* à l'avant-garde de. – *De pointe :* d'avant-garde. **7.** *En pointe :* dont l'extrémité va en s'amincissant, se termine par un bout pointu. **II. 1.** Outil servant à tracer, à piquer, à percer, etc. **a.** Aiguille emmanchée, de types divers, qu'emploie le graveur à l'eau-forte pour entailler le vernis. **b.** *Pointe sèche :* aiguille ou stylet qu'utilise le graveur en taille-douce pour une taille directe du métal (sans vernis ni acide) ; estampe obtenue en utilisant cet outil. **c.** *Pointe à tracer :* tige très effilée, en acier très dur, pour tracer des repères sur une pièce à travailler. **2.** Clou avec ou sans tête, de même grosseur sur toute sa longueur. **3.** Fichu, morceau d'étoffe triangulaire. **4.** MÉD. *Pointe de feu :* stylet porté au rouge, utilisé notamm. pour certaines cautérisations cutanées. ◇ (Surtout au pl.). Ces cautérisations elles-mêmes. **III. 1.** Litt. *À la pointe du jour :* à la première clarté du jour. **2.** *Pousser, faire une pointe jusqu'à... :* poursuivre sa route, son chemin jusqu'à... **3.** Fig. Trait d'esprit, jeu de mots ou d'idées, allusion ironique, blessante. **IV.** Petite quantité de (qqch de piquant). *Une pointe d'ail, de piment.* ◇ Fig. *Une pointe d'ironie.* **V.** Moment où une activité, un phénomène connaissent leur intensité maximale. – *Heures de pointe* (en parlant de la consommation de gaz, d'électricité, de la circulation routière, etc.). ◆ pl. **1.** CHORÉGR. Attitude, pas de la danseuse (ou, plus rarement, du danseur) qui se tient sur la pointe du pied, sur l'extrémité du chausson. **2.** *Chaussons à pointes* ou *pointes :* chaussons à bout rigide pour *faire des pointes.* **3.** *Chaussures à pointes* ou *pointes :* chaussures utilisées pour la pratique de l'athlétisme.

1. POINTEAU n.m. (de *pointe*). **1.** Poinçon en acier servant à marquer la place d'un trou à percer. **2.** Tige métallique conique pour régler le débit d'un fluide à travers un orifice.

2. POINTEAU n.m. (de 1. *pointer*). Employé qui contrôle les entrées et les sorties des ouvriers, dans une usine.

1. POINTER v.t. (de *point*). **I. 1.** Marquer d'un point, d'un signe indiquant une vérification, un contrôle. *Pointer un mot.* ◇ **Spécialt.** Marquer les noms des personnes présentes ou absentes sur une liste. **2.** Contrôler les heures d'entrée et de sortie des ouvriers, des employés. *Machine à pointer.* **3.** MUS. *Pointer une note,* la marquer d'un point qui augmente de moitié sa valeur. **4.** TECHN. Amorcer des trous avec le pointeau.

II. 1. Diriger sur un point, dans une direction. *Pointer son doigt vers qqn. – Pointer une arme,* la diriger sur un objectif. **2. Fig.** Signaler, mettre en lumière ; dénoncer. *Pointer une difficulté.* ◆ v.i. **1.** Enregistrer son heure d'arrivée ou de départ sur une pointeuse. **2.** Au jeu de boules, à la pétanque, lancer sa boule aussi près que possible du but en la faisant rouler (par opp. à *tirer*). ◆ **se pointer** v.pr. Fam. Arriver, se présenter à un endroit.

2. POINTER v.t. (de *pointe*). Dresser en pointe. *Chien qui pointe les oreilles.* ◆ v.i. **1. Litt.** S'élever, se dresser verticalement. *Les arbres pointent au-dessus des toits.* **2.** Commencer à paraître. *Le jour pointe à l'horizon.*

3. POINTER [pwɛ̃tɛr] n.m. (mot angl.). Chien d'arrêt anglais.

POINTEUR, EUSE n. **1.** Personne qui fait un pointage pour vérification ou examen. **2.** Ouvrier qui travaille sur une pointeuse. **3.** Soldat chargé de pointer une arme. **4.** Joueur de boules ou de pétanque qui pointe.

POINTEUSE n.f. **1.** Machine servant à enregistrer l'heure d'arrivée et de départ d'un salarié. **2.** Machine-outil servant à usiner avec une très haute précision des trous cylindriques.

POINTIL n.m. → ***pontil.***

POINTILLAGE n.m. Action de pointiller.

POINTILLÉ n.m. **1.** Trait fait de points. **2. Fig.** *En pointillé* : d'une manière qui laisse deviner ce que sera telle ou telle chose.

POINTILLER v.i. et t. Faire des points avec le burin, le crayon, le pinceau.

POINTILLEUX, EUSE adj. (it. *puntiglioso*). Susceptible dans ses rapports avec les autres ; exigeant. *Examinateur pointilleux.*

POINTILLISME n.m. **1.** BX-A. Divisionnisme. **2.** Appréhension de la réalité par détails successifs.

POINTILLISTE adj. et n. Qui appartient au pointillisme.

1. POINTU, E adj. **1.** Terminé en pointe, aigu. **2.** *Voix pointue, ton pointu,* de timbre aigu, aigre. **3.** Qui présente un degré très élevé, très poussé de spécialisation. *Avoir une formation pointue.* ◆ adv. *Parler pointu,* de la manière sèche et affectée que les Méridionaux attribuent aux Parisiens.

2. POINTU n.m. Bateau de pêche à fond plat utilisé surtout dans le Midi.

POINTURE n.f. (bas lat. *punctura,* piqûre). **1.** Nombre qui indique la dimension des chaussures, des gants, des coiffures. **2. Fam.** *Une (grosse) pointure* : une personne d'une grande valeur dans son domaine.

POINT-VIRGULE n.m. (pl. *points-virgules*). Signe de ponctuation qui indique une pause intermédiaire entre la virgule et le point.

POIRE n.f. (lat. *pirum*). **1.** Fruit à pépins, charnu, de forme oblongue, du poirier. ◇ **Fam.** *Couper la poire en deux* : partager par moitié les avantages et les inconvénients ; composer, transiger. – Fam. *Garder une poire pour la soif* : se réserver qqch pour les besoins à venir. **2.** Objet en forme de poire. *Poire électrique.* ◇ *Poire d'angoisse* : instrument de torture qui servait de bâillon. **3. Pop.** Face, figure. ◇ **Belgique. Fam.** *Faire de sa poire* : faire le prétentieux. ◆ n.f. et adj. Fam. Personne qui se laisse facilement duper. *Comment peut-on être aussi poire ?*

POIRÉ n.m. Boisson provenant de la fermentation du jus de poires fraîches.

POIREAU n.m. (lat. *porrum*). **1.** Plante potagère comestible aux longues feuilles vertes engainantes, formant à leur base un cylindre blanc, qui

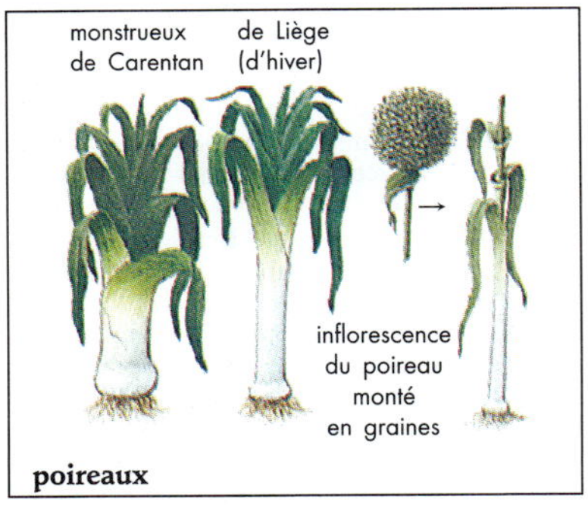

poireaux

en constitue la partie la plus appréciée. (Famille des liliacées.) **2. Fam.** *Faire le poireau* : attendre.

POIREAUTER ou **POIROTER** v.i. Fam. Faire le poireau, attendre.

POIRÉE n.f. Bette d'une variété dite *bette à carde,* voisine de la betterave, dont on consomme les feuilles, les côtes et les pétioles.

POIRIER n.m. **1.** Arbre fruitier des régions tempérées qui produit la poire. (Famille des rosacées.) ◇ Bois de cet arbre, rouge et dur, utilisé en ébénisterie. **2. Fig.** *Faire le poirier* : se tenir en équilibre à la verticale, la tête et les mains appuyées sur le sol.

poirier

POIS n.m. (lat. *pisum*). **1.** Plante annuelle cultivée dans les régions tempérées pour ses graines, destinées à l'alimentation humaine (petits pois) ou animale. (Famille des papilionacées.) ◇ *Pois mange-tout,* dont on consomme la cosse et les graines. **2.** Graine de cette plante. ◇ *Pois cassés* : pois secs décortiqués divisés en deux, consommés surtout en purée. **3.** *Pois chiche* : plante voisine du pois, dont la gousse contient deux graines ; graine jaune pâle de cette plante, consommée notamment en Inde et dans le bassin méditerranéen. **4.** *Pois de senteur* : plante grimpante ornementale *(Lathyrus odoratus).* SYN. : *gesse odorante.* **5.** Petit disque de couleur différente de celle du fond, disposé, avec d'autres, de manière à former un motif ornemental (sur une étoffe, un papier, un objet, etc.). *Cravate à pois.*

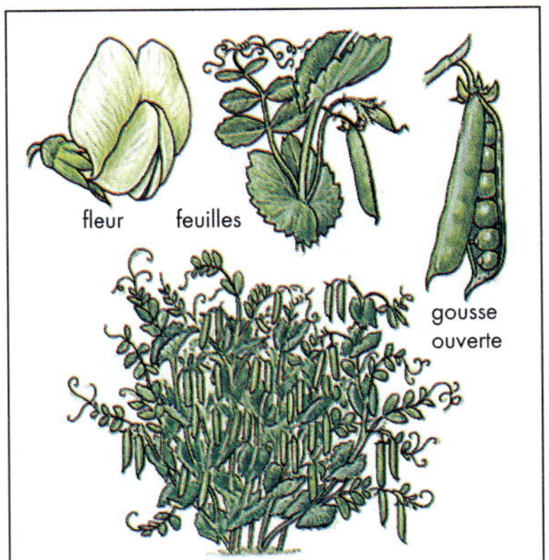

pois

POISE n.m. (de *Poiseuille,* n.pr.). PHYS. Unité de viscosité dynamique valant 10^{-1} pascal-seconde.

POISON n.m. (lat. *potio, potionis,* breuvage). **1.** Toute substance qui détruit ou altère les fonctions vitales. *L'arsenic est un poison.* **2. Fig.** Ce qui exerce une influence dangereuse, pernicieuse. *Cette doctrine est un poison.* **3. Fam. a.** Personne méchante, acariâtre. **b.** Enfant insupportable, capricieux.

POISSARD, E adj. Vieilli. Qui imite le langage, les mœurs du bas peuple.

POISSARDE n.f. Vieilli. **1.** Marchande de la halle, au langage grossier. **2.** Femme grossière.

POISSE n.f. Fam. Malchance.

POISSER v.t. **1.** Enduire de poix ou d'une substance analogue. *Poisser du fil.* **2.** Salir en rendant collant, gluant. *La confiture poisse les doigts.* **3. Pop.** Arrêter, prendre (qqn en train de commettre une faute). *Il s'est fait poisser.*

POISSEUX, EUSE adj. Qui poisse ; gluant, collant.

POISSON n.m. (lat. *piscis*). **1.** Vertébré aquatique généralement ovipare, à respiration branchiale, muni de nageoires paires (pectorales et pelviennes) et impaires (dorsales, caudale et anales), à la peau recouverte d'écailles. – *Poisson volant* : exocet. – *Poissons plats* : pleuronectes. – *Poisson rouge* : carassin doré. ◇ **Fig.** *Être comme un poisson dans l'eau* : être parfaitement à l'aise dans la situation où l'on se trouve. **2.** *(Petit) poisson d'argent* : lépisme. ◆ n.m. pl. *Les Poissons* : constellation et signe du zodiaque (v. partie n.pr.). ◇ *Un poissons* : une personne née sous ce signe.

■ Dans la classe des poissons (20 000 espèces), on distingue : les *sélaciens,* à squelette cartilagineux (requin, raie) ; les *téléostéens,* à squelette osseux (carpe, anguille, saumon, perche) ; et divers groupes ne comptant que peu d'espèces : *chondrostéens* (esturgeon), *holostéens* (lépisostée), *crossoptérygiens* (cœlacanthe), *dipneustes* (cératode).

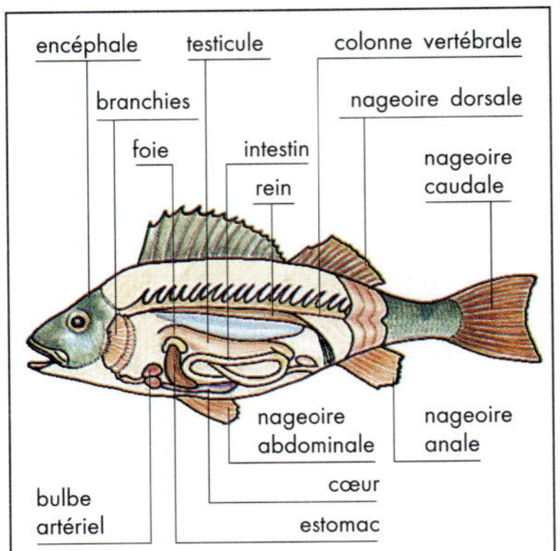

poisson : anatomie de la perche

POISSON-CHAT n.m. (pl. *poissons-chats*). Poisson d'eau douce à longs barbillons, importé d'Amérique. SYN. : *silure.*

POISSON-ÉPÉE n.m. (pl. *poissons-épées*). Espadon.

POISSON-GLOBE n.m. (pl. *poissons-globes*). Tétrodon.

POISSON-LUNE n.m. (pl. *poissons-lunes*). Môle.

POISSONNERIE n.f. Marché, magasin où l'on vend du poisson, des fruits de mer, des crustacés.

POISSONNEUX, EUSE adj. Qui abonde en poissons. *Eaux poissonneuses.*

POISSONNIER, ÈRE n. Personne qui vend du poisson, des fruits de mer, des crustacés.

POISSONNIÈRE n.f. Récipient de cuisine de forme oblongue pour la cuisson du poisson au court-bouillon.

POISSON-PERROQUET n.m. (pl. *poissons-perroquets*). Scare.

POISSON-SCIE n.m. (pl. *poissons-scies*). Poisson sélacien des mers chaudes et tempérées, au long rostre bordé de dents. (Long. jusqu'à 9 m.)

POITEVIN, E adj. et n. De Poitiers, du Poitou.

POITRAIL n.m. (lat. *pectorale,* de *pectus,* poitrine). **1.** Devant du corps du cheval et des quadrupèdes domestiques, situé en dessous de l'encolure, entre les épaules. **2. Fam.** Buste, torse de qqn. **3.** Partie du harnais placée sur le poitrail du cheval. **4.** CONSTR. Grosse poutre formant linteau au-dessus d'une grande baie en rez-de-chaussée.

POITRINAIRE adj. et n. Vx. Tuberculeux.

POITRINE n.f. (lat. pop. *pectorina,* de *pectus,* poitrine). **1.** Partie du tronc, entre le cou et l'abdomen, qui contient le cœur et les poumons ; thorax. **2.** Seins de la femme ; gorge. **3.** Vx. Organes contenus dans la cavité thoracique, spécialement les poumons. *Mourir de la poitrine.* **4.** Région antérieure du corps de certains animaux, entre le cou et le ventre. **5.** BOUCH. Partie inférieure de la cage thoracique (les côtes avec leur chair). *Poitrine de veau.*

POIVRADE n.f. **1.** Sauce chaude additionnée de poivre en grains écrasés. **2.** Sauce vinaigrette au poivre.

POIVRE n.m. (lat. *piper*). **1.** Condiment à saveur piquante formé par les fruits (appelés *grains*) séchés (*poivre noir*) ou par les graines (*poivre blanc*), habituellement pulvérisés, du poivrier. – *Poivre vert,* dont les grains ont macéré dans du vinaigre. ◇ Fig. *Cheveux, barbe poivre et sel,* grisonnants. **2.** (Dans le nom d'autres plantes dont les grains sont utilisés comme épice). *Poivre de Cayenne :* condiment tiré d'une espèce de piment. – *Poivre sauvage, petit poivre :* gattilier.

POIVRÉ, E adj. **1.** Assaisonné de poivre. **2.** Fam. Licencieux ou grossier. *Plaisanterie poivrée.*

POIVRER v.t. Assaisonner de poivre. ◆ **se poivrer** v.pr. Fam. S'enivrer.

POIVRIER n.m. **1.** Arbuste grimpant des régions tropicales produisant le poivre. (Famille des pipéracées.) **2.** Poivrière.

POIVRIÈRE n.f. **1.** Plantation de poivriers. **2.** Petit ustensile de table où l'on met le poivre. SYN. : *poivrier.* **3.** Échauguette cylindrique à toit conique.

POIVRON n.m. (de *poivre*). **1.** Piment doux à gros fruits verts, jaunes ou rouges. **2.** Fruit de cette plante, utilisé en cuisine comme légume.

POIVROT, E n. Fam. Ivrogne.

POIX n.f. (lat. *pix, picis*). Mélange mou et agglutinant, à base de résines et de goudrons végétaux.

POKER [pɔkɛr] n.m. (mot angl.). **1.** Jeu de cartes d'origine américaine opposant de 3 à 7 joueurs. ◇ Fig. *Coup de poker :* tentative hasardeuse. – *Partie de poker :* opération, en partic. politique ou commerciale, dans laquelle on recourt au bluff pour l'emporter. **2.** Réunion de quatre cartes de même valeur, à ce jeu. **3.** (Angl. *poker dice*). *Poker d'as :* jeu qui se joue avec des dés dont les faces représentent des cartes, et dont les combinaisons sont identiques à celles du poker.

POLACRE n.f. MAR. Ancien navire de la Méditerranée gréant une misaine latine, sans foc.

1. POLAIRE adj. **1. a.** D'un pôle, des pôles. – ASTRONAUT. *Orbite polaire :* orbite d'un satellite située dans un plan qui contient les pôles de la planète autour de laquelle gravite ce satellite. **b.** Du voisinage d'un pôle terrestre. *Région polaire.* – *Cercle polaire :* cercle parallèle à l'équateur et situé à 66°34' de latitude nord ou sud, qui marque la limite des zones polaires, où, lors des solstices, il fait jour ou nuit pendant vingt-quatre heures. **c.** Qui évoque les régions du pôle. *Paysage polaire.* ◇ Fig. Glacial. *Température, froid, vent polaire.* **2.** ÉLECTR. Des pôles d'un aimant ou d'un électroaimant. **3.** CHIM. En parlant d'une molécule, assimilable à un pôle électrique. **4.** TEXT. Se dit de fibres et de textiles émerisés, à base de polyester, utilisés pour la confection de vêtements chauds, isolants, coupe-vent, notamm. pour les sports d'hiver.

2. POLAIRE n.f. **1.** AÉRON. Courbe représentant les variations du coefficient de portance en fonction du coefficient de traînée d'une aile ou d'un avion, lorsque l'angle d'attaque varie. **2.** MATH. *Polaire d'un point O par rapport à une conique :* droite dont tous les points M sont tels que OM et les extrémités de la corde définie par OM forment une division harmonique.

POLAQUE n.m. Cavalier polonais au service de la France, aux XVIIe et XVIIIe s.

POLAR n.m. Fam. Roman, film policier.

POLARD, E adj. et n. (de *polarisé*). Fam. Préoccupé, obsédé par un seul sujet, une seule question. ◇ Arg. scol. Préoccupé uniquement par ses études, studieux à l'excès.

POLARIMÈTRE n.m. OPT. Instrument servant à mesurer la rotation du plan de polarisation de la lumière.

POLARIMÉTRIE n.f. OPT. Mesure de la rotation du plan de polarisation de la lumière, utilisée en particulier en analyse pour déterminer la concentration d'une solution en substance optiquement active.

POLARISATION n.f. **1.** Propriété des ondes électromagnétiques (et plus spécialement de la lumière) de présenter une répartition privilégiée de l'orientation des vibrations qui les composent. **2.** Propriété des particules élémentaires, des noyaux de présenter une orientation privilégiée de leur spin. **3.** Tension continue appliquée à un tube électronique ou à un transistor et destinée à régler sa zone de fonctionnement. **4.** *Polarisation diélectrique :* création, par un champ électrique, de dipôles dans un diélectrique. **5.** Production, dans un électrolyseur, une pile, un accumulateur parcourus par un courant, d'une force électromotrice de sens opposé à celle qui engendre le courant. **6.** Fig. Concentration de l'attention, des activités, des influences sur un même sujet. *La polarisation de l'opinion.*

POLARISÉ, E adj. **1.** Qui a subi une polarisation. *Lumière polarisée.* **2.** ÉLECTR. Qui présente deux pôles de signes opposés.

POLARISER v.t. (de *polaire*). **1.** Faire subir la polarisation (optique, électrochimique, etc.) à. **2.** Concentrer, réunir en un point ou sur deux points opposés. **3.** Fig. Attirer l'attention, faire converger sur soi. *Orateur qui polarise l'attention de son auditoire.* ◆ **se polariser** v.pr. *(sur).* Concentrer, orienter toute son attention sur (qqn, qqch). *L'opinion s'est polarisée sur ce scandale.* ◇ *Être polarisé,* intéressé, préoccupé par un seul sujet, une seule question.

POLARISEUR n.m. et adj.m. Appareil servant à polariser la lumière.

POLARITÉ n.f. État caractéristique d'un système, d'un corps, d'une structure vivante, où l'on peut distinguer deux pôles.

POLAROGRAPHIE n.f. Méthode d'analyse des métaux dans des solutions salines qui repose sur la mesure de la tension de polarisation dans l'électrolyse.

POLAROID [-rɔid] n.m. (nom déposé). **1.** Appareil photographique à développement instantané. *(V. illustration p. 777.)* **2.** Feuille transparente polarisant la lumière qui la traverse.

POLATOUCHE n.m. (mot polon.). Mammifère rongeur pouvant planer grâce à une membrane tendue latéralement entre ses pattes (long. max. : 30 cm). SYN. : *écureuil volant.*

POLDER [pɔldɛr] n.m. (mot néerl.). Terre gagnée sur la mer (plus rarement, sur des eaux intérieures : lacs, marais, etc.), endiguée, drainée et mise en valeur.

POLDÉRISATION n.f. Transformation d'une région en polder.

PÔLE n.m. (lat. *polus ;* mot gr.). **I. 1.** Chacun des deux points de la sphère céleste formant les extrémités de l'axe autour duquel elle semble tourner en 23 h 56 min. **2.** Chacun des deux points de la surface d'un astre situés à l'intersection de l'axe de rotation de cet astre. **3.** MATH. **a.** Point unique qui reste invariant dans une homothétie, une similitude, une rotation. **b.** Chacune des extrémités du diamètre d'une sphère, perpendiculaire au plan d'un cercle tracé sur cette sphère. **c.** Point unique dont la polaire par rapport à une conique est une droite donnée. **4.** ANAT. Partie extrême d'un organe qui comporte deux extrémités. **5.** Chose qui est en opposition avec une autre. **II. 1.** *Pôle magnétique :* chacun des deux points d'intersection de l'axe magnétique d'un astre avec sa surface. **2.** *Pôles d'un aimant :* extrémités de l'aimant, où la force d'attraction est à son maximum. **3.** Fig. Entité jouant un rôle central, attractif. *Un pôle d'insertion.* ◇ *Pôle d'attraction :* ce qui attire l'attention, l'intérêt. **4. a.** *Pôle de développement :* région industrielle ou secteur d'activité exerçant un rôle d'entraînement sur le développement de l'économie. **b.** *Pôle de conversion :* zone bénéficiant de subventions pour des créations d'entreprises, le reclassement de salariés, des équipements publics, etc. **5.** ÉLECTR. Borne.

POLÉMARQUE n.m. (gr. *polemos,* guerre, et *arkhos,* commandant). ANTIQ. GR. Magistrat exerçant de hautes fonctions militaires et parfois politiques, dans certaines cités.

POLÉMIQUE n.f. (gr. *polemikos,* relatif à la guerre). Vive controverse publique, menée le plus souvent par écrit. ◆ adj. Qui appartient à la polémique.

POLÉMIQUER v.i. Faire de la polémique.

POLÉMISTE n. Personne qui polémique.

POLÉMOLOGIE n.f. Étude de la guerre considérée comme phénomène d'ordre social et psychologique.

POLÉMOLOGUE n. Spécialiste de la polémologie.

POLÉMONIACÉE n.f. *Polémoniacées :* famille de plantes herbacées d'Amérique au fruit en capsule, comme le phlox.

POLENTA [pɔlɛnta] n.f. (mot it.). Bouillie, galette de farine de maïs (en Italie) ou de châtaignes (en Corse).

POLE POSITION n.f. (mot angl., *position en flèche*) [pl. *pole positions*]. **1.** Position en première ligne et à la corde, au départ d'une course automobile. **2.** Fig. Meilleure place, place de tête détenue par qqn.

1. POLI, E adj. Dont la surface est assez lisse pour refléter la lumière. *Du marbre poli.*

2. POLI, E adj. Qui observe les usages, les règles de la politesse ; affable, courtois.

3. POLI n.m. Qualité, aspect d'une surface polie. ◇ GÉOGR. *Poli désertique, glaciaire,* produit sur les roches par l'érosion due au vent, aux glaciers.

1. POLICE n.f. (gr. *politeia,* organisation politique). **1.** Ensemble des mesures ayant pour but de garantir l'ordre public. *Pouvoir de police.* ◇ *Police administrative,* celle qui a pour but d'assurer la tranquillité et la sécurité publiques par des mesures préventives. – *Police judiciaire (P. J.),* celle qui a pour but de rechercher et de livrer à la justice les auteurs d'infractions. **2. a.** Administration, force publique qui veille au maintien de la sécurité publique. ◇ *Faire la police :* surveiller, maintenir l'ordre. **b.** Ensemble des agents de cette administration. ◇ *Police secours :* service affecté aux secours d'urgence. – *Tribunal de police :* tribunal qui ne connaît que des contraventions. **3.** MIL. Vx. *Salle de police :* local disciplinaire où les soldats punis étaient consignés.

2. POLICE n.f. (anc. prov. *polissia,* quittance ; gr. *apodeixis,* preuve). **1.** Document écrit qui consigne les clauses d'un contrat d'assurance. **2.** IMPR. *Police (de caractères) :* liste de tous les signes et lettres composant un assortiment de caractères ; cet assortiment. SYN. : *fonte.*

POLICÉ, E adj. Litt. Qui a atteint un certain degré de civilité, de raffinement.

POLICEMAN [pɔlisman] n.m. (mot angl.) [pl. *policemans* ou *policemen*]. Agent de police, dans les pays de langue anglaise.

POLICER v.t. [16]. Litt. Civiliser, adoucir les mœurs de.

POLICHINELLE n.m. (napolitain *Polecenella*). **1.** (Avec une majuscule). Personnage grotesque, bossu et pansu, du théâtre de marionnettes, issu de la comédie italienne. ◇ *Secret de Polichinelle :* prétendu secret, chose connue de tous. **2.** Jouet (marionnette, pantin, poupée) en forme de Polichinelle. **3.** Personne ridicule, en qui l'on ne peut placer sa confiance ; pantin, fantoche.

1. POLICIER, ÈRE adj. **1.** De la police, relatif à la police. *Une enquête policière.* **2.** Qui s'appuie sur la police. *Régime, État policier.* **3.** *Film, roman policier,* dont l'intrigue repose sur une enquête criminelle.

2. POLICIER, ÈRE n. Membre de la police. (Le fém. est rare.)

POLICLINIQUE n.f. (gr. *polis,* ville, et *clinique*). Établissement où l'on traite les malades sans les hospitaliser. – REM. À distinguer de *polyclinique.*

POLICOLOGIE n.f. Étude de l'organisation de la police, de son fonctionnement.

POLIMENT adv. De façon polie.

POLIO n. (abrév.). Poliomyélitique. ◆ n.f. Poliomyélite.

POLIOMYÉLITE n.f. (gr. *polios,* gris, et *muelos,* moelle). Maladie infectieuse due à un virus qui se fixe sur les centres nerveux, en partic. la moelle épinière, et pouvant provoquer des paralysies graves.

POLIOMYÉLITIQUE adj. et n. Relatif à la poliomyélite ; qui en est atteint.

POLIORCÉTIQUE adj. et n.f. (du gr. *poliorkheîn,* assiéger). Relatif à l'art d'assiéger les villes.

POLIR v.t. (lat. *polire*). **1.** Rendre poli, donner un aspect uni et luisant à. *Polir un métal.* **2.** Litt. Parachever avec soin ; parfaire. *Polir ses phrases.*

POLISSABLE adj. Qui peut être poli.
POLISSAGE n.m. Action de polir.
POLISSEUR, EUSE n. Personne spécialisée dans le polissage (des glaces, des métaux, etc.).
POLISSEUSE n.f. Machine à polir.
POLISSOIR n.m. Instrument pour polir.
POLISSON, ONNE n. (mot d'arg.). Enfant espiègle, désobéissant ; galopin. ◆ adj. et n. Licencieux, grivois. *Une chanson polissonne.*
POLISSONNER v.i. Vieilli. Se comporter en polisson.
POLISSONNERIE n.f. Action, propos de polisson.
POLISTE n.m. (gr. *polistês,* bâtisseur de villes). Guêpe européenne fabriquant à l'air libre des nids composés seulement de quelques alvéoles.
POLITESSE n.f. (it. *pulitezza*). **1.** Ensemble des règles de savoir-vivre, de courtoisie en usage dans une société ; respect de ces règles. **2.** Action, parole conforme à ces règles.
POLITICAILLERIE n.f. Fam., péj. Politique basse, mesquine.
POLITICARD, E n. et adj. Péj. Politicien sans envergure qui se complaît en intrigues.
POLITICIEN, ENNE n. (angl. *politician*). Personne qui fait de la politique, qui exerce des responsabilités politiques. ◆ adj. Qui relève d'une politique intrigante et intéressée. *La politique politicienne.*
POLITICOLOGIE n.f. → ***politologie.***
POLITICOLOGUE n. → ***politologue.***
1. POLITIQUE adj. (gr. *politikos,* de *polis,* ville). **1.** Relatif à l'organisation du pouvoir dans l'État, à son exercice. *Institutions politiques.* – *Homme politique,* qui s'occupe des affaires publiques. ◇ *Philosophie politique :* étude comparative des formes de pouvoir pratiquées dans les États et des autres formes possibles. – *Science politique :* analyse des formes de pouvoir exercées dans les États et des institutions. – *Droits politiques :* droits en vertu desquels un citoyen peut participer à l'exercice du pouvoir, directement ou par son vote. – *Prisonnier politique :* personne emprisonnée pour des motifs politiques (par opp. à *prisonnier de droit commun*). **2.** Litt. Habile, intéressé. *Invitation toute politique.*
2. POLITIQUE n.f. **1.** Ensemble des pratiques, faits, institutions et déterminations du gouvernement d'un État ou d'une société. *Politique extérieure.* **2.** Manière d'exercer l'autorité dans un État ou une société. *Politique libérale.* **3.** Manière concertée d'agir, de conduire une affaire ; stratégie. *Avoir une politique des prix.*
3. POLITIQUE n. **1.** Personne qui s'occupe des affaires publiques, qui fait de la politique. **2.** Prisonnier politique.
4. POLITIQUE n.m. Ce qui est politique. *Le politique et le social.*
POLITIQUE-FICTION n.f. (pl. *politiques-fictions*). Fiction fondée sur l'évolution, imaginée dans le futur, d'une situation politique présente ; ce type de fiction en tant que genre (littéraire, cinématographique, etc.).
POLITIQUEMENT adv. **1.** D'un point de vue politique. **2.** Litt. Avec habileté, à-propos.
POLITISATION n.f. Action de politiser ; fait d'être politisé.
POLITISER v.t. **1.** Donner un caractère politique à. *Politiser un débat.* **2.** Donner une formation, une conscience politique à.
POLITOLOGIE ou **POLITICOLOGIE** n.f. Étude des faits politiques dans l'État et dans la société.
POLITOLOGUE ou **POLITICOLOGUE** n. Spécialiste de politologie.
POLJÉ [pɔlje] n.m. (mot slave). GÉOGR. Vaste dépression fermée dans les régions karstiques.
1. POLKA n.f. (mot polon.). **1.** Danse assez vive, à deux temps, importée de Pologne en France v. 1830. **2.** Air, musique sur lesquels on la danse.
2. POLKA adj. inv. *Pain polka :* pain plat, à croûte striée en losanges ou en carrés.
POLLAKIURIE n.f. (gr. *pollakis,* souvent, et *ouron,* urine). MÉD. Trouble de l'évacuation de l'urine caractérisé par des mictions très fréquentes et peu abondantes.

POLLEN [pɔlɛn] n.m. (mot lat., *farine*). Poudre que forment les grains microscopiques produits par les étamines des plantes à fleurs, et dont chacun constitue un élément reproducteur mâle.

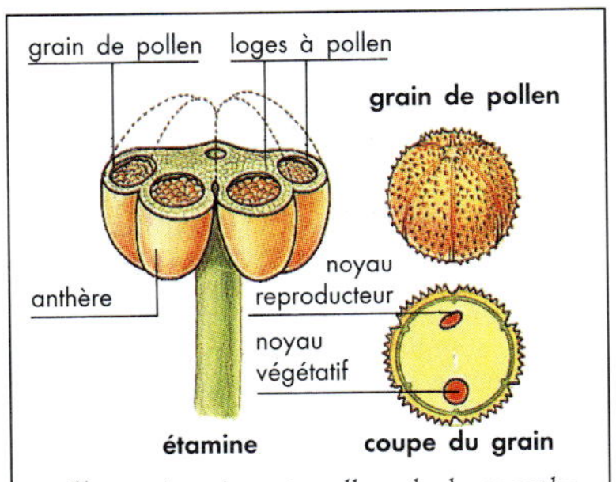

pollen : étamine et pollen de la menthe

POLLICITATION n.f. (lat. *pollicitatio,* de *polliceri,* promettre). DR. Offre de conclure une convention.
POLLINIE n.f. Masse de grains de pollen agglomérés (chez les orchidacées, les asclépiadacées).
POLLINIQUE adj. Relatif au pollen. – *Analyse pollinique :* analyse des pollens, en particulier analyse des pollens fossilisés dans les sédiments, permettant de reconstituer l'évolution de la flore des époques géologiques. (Elle constitue le fondement de la palynologie*.)
POLLINISATION n.f. Transport du pollen des étamines jusqu'au stigmate d'une fleur de la même espèce, permettant la fécondation.
POLLINOSE n.f. MÉD. Allergie aux pollens.
POLLUANT, E adj. et n.m. Se dit d'un produit, d'un agent responsable d'une pollution.
POLLUER v.t. (lat. *polluere*). **1.** Souiller, dégrader, rendre malsain ou dangereux par pollution. **2.** Vieilli. Salir, souiller.
POLLUEUR, EUSE adj. et n. Qui pollue, accroît la pollution.
POLLUTION n.f. **1.** Dégradation d'un milieu naturel par des substances chimiques, des déchets industriels. ◇ Dégradation de l'environnement humain par une, des nuisances. *Pollution sonore.* **2.** MÉD. *Pollution nocturne :* éjaculation survenant pendant le sommeil.
POLO n.m. (mot angl. ; du tibétain). **1.** Sport qui oppose deux équipes de quatre cavaliers munis chacun d'un long maillet au moyen duquel ils doivent envoyer une balle de bois dans les buts adverses. **2.** Chemise de sport en tricot, à col rabattu, généralement en jersey.

phase d'un match de **polo**

POLOCHON n.m. Fam. Traversin.
POLONAIS, E adj. et n. **1.** De Pologne. **2.** MATH. *Notation polonaise :* notation des opérations logiques ou logico-mathématiques dans laquelle les opérateurs précèdent *(notation préfixée)* ou suivent *(notation postfixée)* les opérandes sur lesquels ils portent. ◆ n.m. Langue slave parlée en Pologne.
POLONAISE n.f. **1.** Danse nationale polonaise. **2.** Composition musicale dans le tempo et le caractère de cette danse.
POLONIUM [pɔlɔnjɔm] n.m. Métal radioactif souvent associé au radium dans ses minerais ; élément (Po) de numéro atomique 84.
POLTRON, ONNE adj. et n. (it. *poltrone*). Qui manque de courage ; peureux, couard.
POLTRONNERIE n.f. Lâcheté, couardise.

POLY n.m. (abrév.) [pl. *polys*]. Fam. Cours polycopié.
POLYACIDE n.m. et adj. CHIM. Corps possédant plusieurs fonctions acide.
POLYADDITION n.f. CHIM. Réaction de formation de polymère sans élimination de molécule.
POLYAKÈNE n.m. BOT. Fruit composé de plusieurs akènes, comme chez la clématite.
POLYALCOOL n.m. Corps possédant plusieurs fonctions alcool. SYN. : *polyol.*
POLYAMIDE n.m. Copolymère résultant de la polycondensation soit d'un diacide et d'une diamine, soit d'un aminoacide sur lui-même, utilisé dans la fabrication des fibres textiles.
POLYAMINE n.f. CHIM. Composé renfermant plusieurs fonctions amine.
POLYANDRE adj. **1.** SOCIOL. Qui pratique la polyandrie. **2.** BOT. Qui a plusieurs étamines.
POLYANDRIE n.f. **1.** SOCIOL. Fait, pour une femme, d'avoir plusieurs maris. **2.** BOT. Caractère d'une plante polyandre.
POLYARCHIE [-ʃi] n.f. Système politique caractérisé par une pluralité de centres de décision et de pouvoir.
POLYARTHRITE n.f. Rhumatisme atteignant simultanément plusieurs articulations.
POLYBUTADIÈNE n.m. CHIM. Polymère du butadiène, utilisé dans la fabrication des caoutchoucs synthétiques.
POLYCARBONATE n.m. Matière plastique transparente et très résistante aux chocs, dont la chaîne est formée par la répétition régulière de fonctions carbonate organique.
POLYCARPIQUE adj. BOT. Dont la fleur possède plusieurs carpelles. ◆ n.f. BOT. Ranale.
POLYCENTRIQUE adj. Qui a plusieurs centres de direction, de décision.
POLYCENTRISME n.m. Existence de plusieurs centres de direction, de décision, dans une organisation, un système.
POLYCHÈTE [pɔlikɛt] n.m. (gr. *polus,* beaucoup, et *khaitê,* crinière). ZOOL. *Polychètes :* classe d'annélides marines à nombreuses soies latérales, telles que la néréide et l'arénicole.
POLYCHLOROBIPHÉNYLE n.m. → ***PCB.***
POLYCHLORURE n.m. *Polychlorure de vinyle :* polymère du chlorure de vinyle, importante classe de matières plastiques. Abrév. (cour.) : *PVC.*
POLYCHROÏSME [pɔlikrɔism] n.m. Propriété d'un corps transparent de présenter des couleurs différentes selon l'incidence de la lumière.
POLYCHROME [pɔlikrom] adj. De plusieurs couleurs.
POLYCHROMIE [pɔlikrɔmi] n.f. Caractère de ce qui est polychrome.
POLYCLINIQUE n.f. Clinique où l'on soigne des maladies diverses. – REM. À distinguer de *policlinique.*
POLYCONDENSAT n.m. Résultat d'une polycondensation.
POLYCONDENSATION n.f. CHIM. Réaction de formation de macromolécules mettant en jeu des espèces chimiques renfermant plusieurs monomères différents.
POLYCOPIE n.f. Procédé de duplication par stencil ou par report de l'écriture manuscrite sur une couche de gélatine.
POLYCOPIÉ n.m. Texte reproduit par polycopie. ◇ Spécialt. Cours d'université polycopié. Abrév. (fam.) : *poly.*
POLYCOPIER v.t. Reproduire par polycopie.
POLYCULTURE n.f. Culture d'espèces végétales différentes (dans une même exploitation agricole, une même région, etc.).
POLYCYCLIQUE adj. CHIM. Qui présente plusieurs chaînes carbonées fermées *(cycles),* en parlant d'un composé organique.
POLYDACTYLE adj. et n. Qui présente une polydactylie.
POLYDACTYLIE n.f. Malformation caractérisée par la présence de doigts surnuméraires.
POLYDIPSIE n.f. MÉD. Besoin exagéré de boire, fréquemment constaté dans le diabète.
1. POLYÈDRE adj. (gr. *polus,* nombreux, et *hedra,* base). *Angle* (ou *secteur*) *polyèdre :* portion illimitée d'espace dont la frontière est une suite fermée d'angles plans de même sommet, appelés *faces.*
2. POLYÈDRE n.m. Solide ayant pour frontière des polygones plans appelés *faces* ou *facettes,* dont les côtés communs sont les arêtes ;

frontière de ce solide. – *Polyèdre convexe,* situé tout entier du même côté du plan de l'une quelconque de ses faces.

POLYÉDRIQUE adj. Relatif à un polyèdre ; qui en a la forme.

POLYEMBRYONIE n.f. BIOL. Formation de plusieurs embryons à partir d'un seul œuf, divisé après la fécondation.

POLYESTER [pɔliɛstɛr] n.m. CHIM. Copolymère résultant de la condensation de polyacides avec des alcools non saturés ou avec des glycols.

POLYÉTHYLÈNE n.m. Matière plastique résultant de la polymérisation de l'éthylène.

POLYGALA ou **POLYGALE** n.m. (gr. *polugalos,* au lait abondant). Plante herbacée ou ligneuse selon les espèces, à fleurs zygomorphes diversement colorées, type de la famille des *polygalacées.*

POLYGAME adj. et n.m. (gr. *polus,* nombreux, et *gamos,* mariage). Se dit d'un homme qui pratique la polygamie. ◆ adj. BOT. Qui présente des fleurs hermaphrodites et des fleurs unisexuées, mâles et femelles, sur le même pied.

POLYGAMIE n.f. **1. a.** Cour. Fait, pour un homme, d'être marié simultanément à plusieurs femmes. **b.** SOCIOL. Fait d'être marié à plusieurs conjoints, soit pour un homme *(polygynie),* soit pour une femme *(polyandrie).* **2.** BOT. Caractère d'une plante polygame.

POLYGÉNIQUE adj. **1.** Relatif au polygénisme. **2.** GÉOL. Qui a été façonné dans des conditions successives différentes, en parlant d'un relief.

POLYGÉNISME n.m. ANTHROP. Théorie selon laquelle les différentes races humaines tireraient leurs origines de plusieurs souches différentes (par opp. à *monogénisme*).

POLYGLOBULIE n.f. PATHOL. Affection caractérisée par une augmentation du nombre des globules rouges du sang.

POLYGLOTTE adj. et n. (gr. *polus,* nombreux, et *glôtta,* langue). Qui parle plusieurs langues.

POLYGONACÉE n.f. *Polygonacées :* famille de plantes à fleurs sans pétales dont le fruit affecte la forme d'un trièdre aux arêtes parfois ailées, et qui comprend notamment l'oseille, la renouée, la rhubarbe et le sarrasin.

POLYGONAL, E, AUX adj. **1.** Qui a plusieurs angles. **2.** Dont la base est un polygone, en parlant d'un solide.

POLYGONATION n.f. TOPOGR. Opération préliminaire au lever d'un terrain, établissement d'un réseau de lignes brisées dont les points d'intersection forment un canevas*.

POLYGONE n.m. (gr. *polus,* nombreux, et *gônia,* angle). **1.** MATH. Figure formée par une suite ordonnée de segments *(côtés),* dont chacun a une extrémité commune *(sommet)* avec le précédent et le suivant. – *Polygone convexe* (ou *concave*), situé (ou non) tout entier du même côté de toute droite portant l'un de ses côtés. **2.** MIL. Champ de tir et de manœuvre où sont notamment effectués les essais de projectiles et d'explosifs.

POLYGONISATION n.f. MÉTALL. Apparition, au cours du chauffage d'un métal, d'un réseau de domaines à cristallisation parfaite formant des polygones.

POLYGRAPHE n. (Souvent péj.). Auteur qui écrit sur des sujets variés.

POLYGYNIE n.f. SOCIOL. Fait, pour un homme, d'être marié à plusieurs femmes (cas particulier de la polygamie*).

POLYHOLOSIDE n.m. Glucide formé d'un très grand nombre d'oses, comme l'amidon, la cellulose, le glycogène. SYN. : *polyoside, polysaccharide.*

POLYLOBÉ, E adj. Didact. Qui a plusieurs lobes.

POLYMÈRE adj. et n.m. CHIM. Se dit d'un corps formé par polymérisation.

POLYMÉRIE n.f. CHIM. Isomérie particulière entre 2 polymères dont l'un a un poids moléculaire égal ou 2, 3, *n* fois supérieur à celui de l'autre.

POLYMÉRISABLE adj. Qui peut être polymérisé.

POLYMÉRISATION n.f. CHIM. Réaction qui, à partir de molécules de faible masse moléculaire (monomères), forme, par les liaisons de celles-ci, des composés de masse moléculaire élevée (macromolécules).

POLYMÉRISER v.t. CHIM. Produire la polymérisation de.

POLYMORPHE adj. **1.** Didact. Qui se présente sous diverses formes. **2.** SC. Qui présente un polymorphisme.

POLYMORPHISME n.m. **1.** Propriété de ce qui est polymorphe. **2.** CHIM. Propriété que possèdent certaines substances d'affecter plusieurs formes cristallines différentes. **3.** BIOL. Caractère des espèces dont les individus de même sexe présentent des formes diverses d'un individu à l'autre.

POLYNÉSIEN, ENNE adj. et n. De Polynésie. ◆ n.m. Groupe de langues parlées en Polynésie, branche de la famille austronésienne.

POLYNÉVRITE n.f. Atteinte simultanée de plusieurs nerfs par une intoxication *(polynévrite alcoolique)* ou une infection *(polynévrite virale).*

POLYNÔME n.m. (gr. *polus,* nombreux, et *nomos,* division). MATH. Somme algébrique de monômes.

POLYNOMIAL, E, AUX adj. Relatif aux polynômes.

1. POLYNUCLÉAIRE adj. BIOL. Se dit d'une cellule dont le noyau, segmenté ou irrégulier, paraît multiple.

2. POLYNUCLÉAIRE n.m. BIOL. Granulocyte (globule blanc polynucléaire).

POLYOL n.m. Polyalcool.

POLYOLÉFINE n.f. *Polyoléfines :* classe de fibres synthétiques obtenues à partir de polymères hydrocarbonés tels que l'éthylène et le propylène.

POLYOSIDE n.m. Polyholoside.

POLYPE n.m. (gr. *polus,* nombreux, et *pous,* pied). **1.** Forme fixée des cnidaires (par opp. à la forme libre, ou *méduse*), comportant un corps cylindrique à paroi double et une cavité digestive en cul-de-sac ; individu affectant cette forme. **2.** PATHOL. Tumeur bénigne, molle, généralement pédiculée, qui se développe sur une muqueuse.

POLYPEPTIDE n.m. CHIM. Substance dont la molécule est formée par la combinaison en chaîne d'un nombre important (de 10 à 100) de molécules d'acides aminés.

POLYPEPTIDIQUE adj. Des polypeptides.

POLYPEUX, EUSE adj. MÉD. Qui est de la nature du polype.

POLYPHASÉ, E adj. ÉLECTR. Qui comporte plusieurs grandeurs sinusoïdales de même fréquence et déphasées l'une par rapport à l'autre d'un angle constant. *Tension polyphasée.* ◇ *Circuit polyphasé,* alimenté en courant polyphasé.

POLYPHONIE n.f. (gr. *polus,* nombreux, et *phônê,* voix). **1.** Art, technique de l'écriture musicale à plusieurs parties (en partic. à plusieurs parties vocales superposées en contrepoint). **2.** Pièce chantée à plusieurs voix.

■ Aux XIIe et XIIIe s., les œuvres des compositeurs de l'école de Notre-Dame de Paris (Léonin, Pérotin) sont les premières manifestations d'écriture à plusieurs voix, mais il faut attendre le XIVe s. pour sentir l'affirmation d'un sentiment harmonique, appuyé sur une basse dont le rôle deviendra déterminant. Josquin Des Prés, G. Dufay, Palestrina, Lassus sont les maîtres de cet art qui, après 1600, sera également transposé dans le domaine instrumental (fugue). Au XVIIIe s., J. S. Bach en sera le plus illustre représentant.

POLYPHONIQUE adj. Qui comporte plusieurs voix, qui constitue une polyphonie.

POLYPHONISTE n. Compositeur, musicien qui pratique la polyphonie.

POLYPIER n.m. Squelette sécrété par les polypes, solitaires ou coloniaux, d'un grand nombre de cnidaires (en partic. de ceux qui participent à la constitution des récifs coralliens).

POLYPLACOPHORE n.m. *Polyplacophores :* classe de mollusques marins à plusieurs plaques dorsales, tels que les chitons. SYN. (anc.) : *amphineure.*

POLYPLOÏDE adj. et n. BIOL. Qui comporte une ou plusieurs séries surnuméraires de chromosomes (nombre de chromosomes égal à 3 *n,* 4 *n,* etc.). *Noyau, cellule polyploïde.* – *Organisme polyploïde,* dont les cellules sont polyploïdes.

POLYPLOÏDIE n.f. BIOL. État d'un noyau, d'une cellule, d'un organisme polyploïde.

POLYPNÉE n.f. (du gr. *pnein,* respirer). MÉD. Accélération du rythme respiratoire.

POLYPODE n.m. BOT. Fougère des rochers et des murs humides, à feuilles profondément lobées, type de la famille des *polypodiacées,* qui comprend presque toutes les fougères de France.

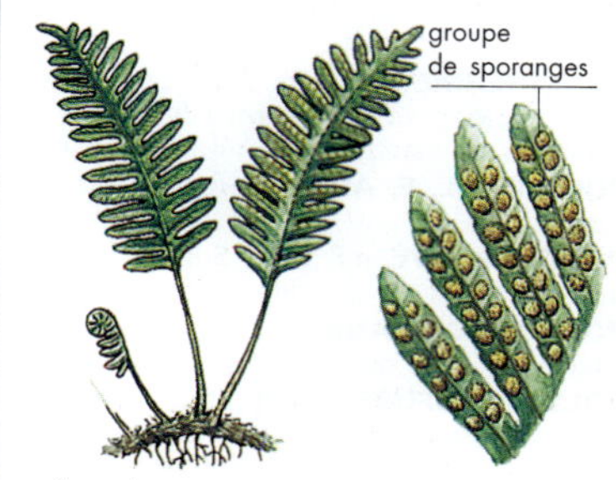

polypode

POLYPORE n.m. Champignon coriace sans pied, dont de nombreuses espèces poussent sur les troncs des arbres.

POLYPROPYLÈNE ou **POLYPROPÈNE** n.m. Matière plastique obtenue par polymérisation du propylène, très utilisée notamm. en corderie.

POLYPTÈRE n.m. Poisson osseux des eaux douces d'Afrique. (Long. 1,20 m.)

POLYPTYQUE n.m. (gr. *ptux, ptukhos,* pli). Ensemble de panneaux peints ou sculptés liés entre eux et comprenant en général des volets qui peuvent se replier sur une partie centrale.

polyptyque de la Résurrection
(école siennoise, XIVe s.)
[pinacothèque de Sansepolcro]

POLYRADICULONÉVRITE n.f. Atteinte inflammatoire de plusieurs racines de nerfs rachidiens.

POLYSACCHARIDE [pɔlisakarid] n.m. Polyholoside.

POLYSÉMIE n.f. Propriété d'un mot qui présente plusieurs sens.

POLYSÉMIQUE adj. Qui présente plusieurs sens ; qui relève de la polysémie. CONTR. : *monosémique.*

POLYSOC adj. Qui a plusieurs socs, en parlant d'une charrue.

POLYSTYLE adj. ARCHIT. Qui a beaucoup de colonnes. *Un temple polystyle.*

POLYSTYRÈNE n.m. Matière thermoplastique obtenue par polymérisation du styrène.

POLYSULFURE n.m. Composé sulfuré contenant plus de soufre que le sulfure normal. (On utilise les polysulfures de calcium, de baryum ou de sodium contre les champignons parasites.)

POLYSYLLABE ou **POLYSYLLABIQUE** adj. et n.m. Qui a plusieurs syllabes.

POLYSYNODIE n.f. HIST. Système de gouvernement dans lequel chaque ministre est remplacé par un conseil. (Elle fut appliquée en France de 1715 à 1723.)

POLYSYNTHÉTIQUE adj. LING. Se dit d'une langue dans laquelle les diverses parties de la phrase se soudent en une sorte de long mot composé.

POLYTECHNICIEN, ENNE n. Élève ou ancien élève de l'École polytechnique.

POLYTECHNIQUE adj. (gr. *tekhnê,* art). **1.** Vx. Qui concerne plusieurs techniques, plusieurs sciences. **2.** Mod. *École polytechnique,* v. partie n.pr., *polytechnique (École).*

POLYTHÉISME n.m. Religion qui admet l'existence de plusieurs dieux.

POLYTHÉISTE adj. et n. Du polythéisme ; adepte du polythéisme.

POLYTHÈNE n.m. Nom déposé d'un polyéthylène.

POLYTHERME adj. et n.m. Se dit d'un navire de charge conçu pour le transport à différentes températures de marchandises réfrigérées variées.

POLYTONAL, E, AUX adj. Relatif à la polytonalité.

POLYTONALITÉ n.f. MUS. Superposition de mélodies dans des tonalités différentes.

POLYTOXICOMANIE n.f. Usage simultané ou alterné de deux ou plusieurs drogues.

POLYTRANSFUSÉ, E adj. et n. Qui a reçu des transfusions répétées ou massives (provenant d'un ou de plusieurs donneurs).

POLYTRAUMATISÉ, E adj. et n. MÉD. Se dit d'un blessé qui présente simultanément plusieurs lésions traumatiques.

POLYTRIC n.m. Mousse des bois, pouvant atteindre 10 cm de haut.

POLYTROPIQUE adj. PHYS. Se dit d'une transformation thermodynamique au cours de laquelle l'entropie change. CONTR. : ***isentropique.***

POLYURÉTHANNE ou **POLYURÉTHANE** n.m. CHIM. Matière plastique employée dans l'industrie des peintures, des vernis ou pour faire des mousses et des élastomères.

POLYURIE n.f. MÉD. Émission d'une quantité d'urine supérieure à la normale.

POLYURIQUE adj. et n. Qui se rapporte à la polyurie ; atteint de polyurie.

POLYVALENCE n.f. Caractère de ce qui est polyvalent.

POLYVALENT, E adj. **1.** Qui est efficace dans plusieurs cas différents. *Vaccin polyvalent.* **2.** Qui offre plusieurs usages possibles. *Salle polyvalente.* **3.** Qui possède des aptitudes, des capacités variées. *Une secrétaire polyvalente.* **4.** CHIM. Dont la valence est supérieure à 1. **5.** *Inspecteur polyvalent* ou *polyvalent,* n.m. : fonctionnaire pouvant vérifier l'exactitude des déclarations fiscales dans les entreprises, chez les commerçants, etc.

POLYVALENTE n.f. Canada. École secondaire où sont dispensés à la fois un enseignement général et un enseignement professionnel.

POLYVINYLE n.m. Polymère obtenu à partir de monomères dérivés du vinyle et qui a de très nombreuses applications.

POLYVINYLIQUE adj. Se dit de résines obtenues par polymérisation de monomères dérivés du vinyle.

POMELO n.m. (mot amér., du lat. *pomum,* fruit). **1.** Arbre du groupe des agrumes. **2.** Fruit de cet arbre, semblable à un gros pamplemousse à peau et à pulpe jaunes ou rouge rosé, de saveur légèrement amère. SYN. : ***grape-fruit.***

POMERIUM n.m. → ***pomœrium.***

POMEROL n.m. Vin de Bordeaux rouge.

POMICULTEUR, TRICE n. Personne qui cultive les arbres produisant des fruits à pépins.

POMMADE n.f. (it. *pomata*). **1.** Composition molle, formée d'un excipient et de médicaments, que l'on applique sur la peau ou les muqueuses. **2.** Vieilli. Préparation cosmétique parfumée, utilisée pour les cheveux ou la peau. **3.** Fam. *Passer de la pommade à qqn,* le flatter pour en obtenir qqch.

POMMADER v.t. Enduire de pommade.

POMMARD n.m. Vin de Bourgogne rouge.

1. POMME n.f. (lat. *pomum,* fruit). **I. 1.** Fruit du pommier, que l'on consomme frais ou en compotes, en gelées, en beignets, et dont le jus fermenté fournit le cidre. ◇ Fam. *Tomber dans les pommes :* s'évanouir. – Pop. *Aux pommes :* très bien, très réussi. **2.** Cœur du chou, de la laitue. **3.** *Pomme de pin :* fruit du pin. **4.** *Pomme d'amour :* tomate. **II.** Objet dont la forme évoque une pomme. *La pomme d'une canne.* – *Pomme de mât :* petite pièce de bois en forme de boule, ou d'une forme voisine, au bout d'un mât. ◇ *Pomme d'arrosoir :* pièce tronconique, percée de petits trous, qui s'adapte au tuyau d'un arrosoir. **III.** *Pomme d'Adam :* saillie placée à la partie antérieure du cou, formée par le cartilage thyroïde. **IV. 1.** Pop. Tête, crâne. **2.** Arg. Individu crédule ou niais. **3.** Pop. *Ma pomme, ta pomme,* etc. : moi, toi, etc. *Ça, c'est pour ma pomme.*

2. POMME n.f. Pomme de terre. *Bifteck aux pommes.*

POMMÉ, E adj. Arrondi comme une pomme. *Chou pommé.*

POMMEAU n.m. (anc. fr. *pom*). **1.** Extrémité renflée de la poignée d'une canne, d'un parapluie, d'une épée, etc. **2.** Boule en caoutchouc terminant la canne à pêche à lancer. **3.** Partie antérieure de l'arçon d'une selle.

POMME DE TERRE n.f. (pl. *pommes de terre*). **1.** Plante originaire d'Amérique du Sud, cultivée pour ses tubercules riches en amidon, de la famille des solanacées. (La pomme de terre fut introduite en Europe en 1534, mais son usage ne devint général en France qu'au XVIIIe s., sous l'influence de Parmentier.) **2.** Tubercule comestible de cette plante.

pommes de terre

POMMELÉ, E adj. **1.** Marqué de taches rondes mêlées de gris et de blanc. *Un cheval pommelé.* **2.** Couvert de petits nuages blancs ou grisâtres, de forme arrondie. *Ciel pommelé.*

POMMELER (SE) v.pr. [24]. Se couvrir de petits nuages, en parlant du ciel.

POMMELLE n.f. Plaque métallique perforée et placée à l'entrée d'une conduite pour arrêter les déchets solides.

POMMER v.i. Se former en pomme, en parlant des choux, des laitues, etc.

POMMERAIE n.f. Lieu planté de pommiers.

POMMETÉ, E adj. HÉRALD. Dont les extrémités se terminent par des boules, en parlant d'une figure héraldique.

POMMETTE n.f. Partie la plus saillante de la joue, sous l'angle externe de l'œil.

POMMIER n.m. Arbre à feuilles ovales et dentées, à fleurs blanches ou roses, et dont le fruit, ou *pomme,* est une drupe à pépins comestible, ronde et charnue. (Famille des rosacées.)

POMŒRIUM ou **POMERIUM** [pɔmerjɔm] n.m. (mot lat.). ANTIQ. Limite sacrée autour de la ville de Rome, où il était interdit d'enterrer les morts, de bâtir, de labourer et de porter les armes.

POMOLOGIE n.f. Partie de l'arboriculture qui traite des fruits à pépins.

POMOLOGUE ou **POMOLOGISTE** n. Spécialiste de pomologie.

POMPADOUR adj. inv. et n.m. inv. Se dit d'un style de mobilier (1750-1774) intermédiaire entre le Louis XV et le Louis XVI, des meubles construits dans ce style.

POMPAGE n.m. **1.** Action de pomper. ◇ *Station de pompage :* installation sur le trajet d'un pipeline pour pomper le fluide transporté (huile brute, etc.). **2.** PHYS. *Pompage hertzien, optique :* technique consistant à soumettre un corps à une irradiation hertzienne ou lumineuse pour modifier la répartition des atomes dans leurs divers niveaux d'énergie.

pommier

1. POMPE n.f. (lat. *pompa*). Litt. Cérémonial somptueux, déploiement de faste. *La pompe d'un couronnement.* ◇ *En grande pompe :* avec beaucoup d'éclat. ◆ pl. **1.** *Service des pompes funèbres :* service public ou privé chargé de l'organisation des funérailles. **2.** RELIG. Vieilli. Vanités du monde, faux plaisirs mondains.

2. POMPE n.f. (mot néerl.). **I. 1.** Appareil pour aspirer, refouler ou comprimer les fluides. – *Pompe aspirante,* où le liquide monte dans le corps de la pompe par l'effet de la pression atmosphérique, lorsque le piston s'élève. –*Pompe aspirante et foulante,* dans laquelle le liquide, d'abord aspiré dans le corps de pompe par l'ascension du piston, est ensuite refoulé par celui-ci dans un tuyau latéral. – *Pompe à incendie :* pompe pour éteindre le feu au moyen d'un jet d'eau continu très puissant. – *Pompe à vélo :* petite pompe à air pour gonfler les chambres à air des pneus de bicyclettes. – *Pompe d'injection :* pompe qui introduit directement le combustible sous pression dans les cylindres, dans un moteur à combustion interne. **2.** Appareil utilisé pour la distribution et la vente au détail des carburants. *Pompe à essence.* **3.** *Pompe à chaleur :* appareil prélevant de la chaleur à un milieu à basse température pour en fournir à un milieu à température plus élevée. **II. 1.** Fam. Chaussure. ◇ Fam. *Marcher, être à côté de ses pompes :* ne pas avoir les idées nettes ; être indécis, désorienté, très distrait, etc. **2.** Fam. Mouvement de gymnastique qui consiste à soulever le corps, à plat ventre sur le sol, en poussant sur les bras. **3.** Fam. *À toute(s) pompe(s) :* très vite. **4.** *Serrure à pompe :* serrure de sûreté dans laquelle la clef doit pousser un ou plusieurs ressorts pour pouvoir ouvrir.

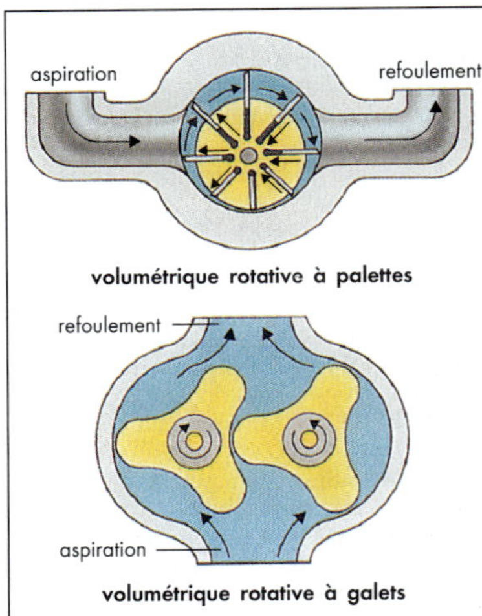

deux **pompes** aspirantes et foulantes

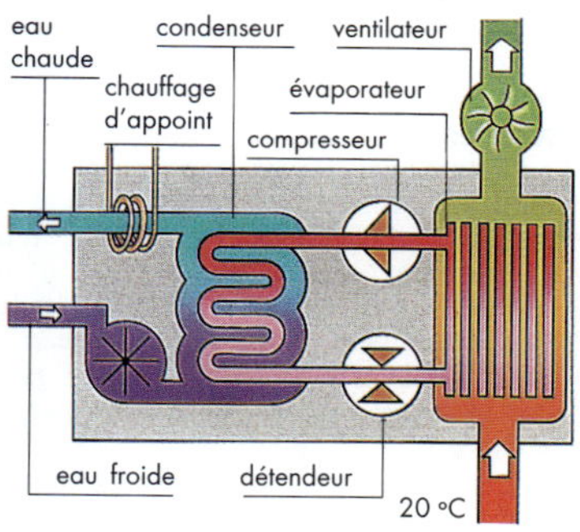

L'air extrait à 20 °C passe sur l'évaporateur d'un circuit frigorifique en lui abandonnant ses calories, puis est rejeté à 0 °C. Les calories récupérées, augmentées de celles qui proviennent du fonctionnement du compresseur, sont apportées à 50 °C au circuit d'eau.

pompe à chaleur

POMPÉIEN, ENNE adj. et n. **1.** Qui se rapporte à Pompéi ; inspiré du style antique de Pompéi. *Décor pompéien.* **2.** Qui se rapporte à Pompée.

POMPER v.t. **1.** Puiser, aspirer (un fluide) au moyen d'une pompe. ◇ Fam. *Pomper l'air à qqn,* l'ennuyer. **2.** Absorber (un liquide). *L'éponge a pompé toute l'eau.* **3.** Aspirer (un liquide), en parlant d'un être vivant. **4.** Pop. Boire beaucoup (de vin, d'alcool). **5.** Fam. Fatiguer, épuiser. *Ce travail l'a complètement pompé.* **6.** Arg. scol. Copier, tricher en copiant.

POMPETTE adj. Fam. Un peu ivre.

POMPEUR, EUSE n. Spécialiste des travaux de pompage, dans l'industrie du pétrole.

POMPEUSEMENT adv. Avec emphase.

POMPEUX, EUSE adj. Qui est empreint d'une solennité excessive ou déplacée. *Discours pompeux.*

1. POMPIER n.m. Homme faisant partie d'un corps organisé pour combattre les incendies et intervenir en cas de sinistres. (Les pompiers de Paris, créés en 1716, font partie de l'armée depuis 1811 et forment aujourd'hui une brigade du génie.) SYN. : *sapeur-pompier.* ◇ Fam. *Fumer comme un pompier :* fumer beaucoup.

pompiers : lutte contre un incendie (utilisation de la grande échelle et d'une lance à eau)

pompiers : mise à l'eau d'un canot pneumatique pour une opération de recherche

2. POMPIER, ÈRE adj. D'un académisme emphatique, en parlant d'un style, d'un art ou de qqn qui le pratique. ◆ n.m. **1.** Art, style, genre pompier. **2.** Artiste pompier.

3. POMPIER, ÈRE n. Personne chargée de faire les retouches, chez un tailleur.

POMPIÉRISME n.m. Art pompier.

POMPILE n.m. (lat. *pompilus*). Insecte à l'abdomen rouge et noir, porteur d'un aiguillon. (Ordre des hyménoptères.)

POMPISTE n. Personne préposée au fonctionnement d'un appareil de distribution de carburant.

POMPON n.m. **1.** Touffe serrée de fibres textiles formant une houppe arrondie qui sert d'ornement dans le costume et l'ameublement. ◇ Fam. (souvent iron.). *Avoir, tenir le pompon,* l'emporter sur les autres. – Fam. *C'est le pompon ! :* c'est le comble ! **2.** *Rose, chrysanthème, dahlia pompon,* appartenant à des variétés à fleurs petites et aux pétales nombreux.

POMPONNER v.t. Arranger avec beaucoup d'attention, de soin la toilette de ; parer. ◆ **se pomponner** v.pr. Apprêter sa toilette avec beaucoup de coquetterie, de soin.

PONANT n.m. (lat. pop. *sol ponens,* soleil couchant). **1.** Vx., litt. Océan ; occident. *Le ponant et le levant.* **2.** Vent d'ouest, dans le Midi.

PONANTAIS, E adj. et n. Vx. **1.** Du ponant. **2.** Marin des côtes françaises de l'Atlantique.

PONÇAGE n.m. Action de poncer.

PONCE n.f. et adj. (lat. *pomex*). *Pierre ponce* ou *ponce :* roche volcanique poreuse, légère, très dure, dont on se sert pour polir.

1. PONCEAU n.m. Petit pont à une seule arche, une seule travée.

2. PONCEAU n.m. (de *paon*). Pavot sauvage, coquelicot. ◆ adj. inv. De la couleur rouge vif du coquelicot.

PONCELET n.m. Ancienne unité de puissance équivalant à cent kilogrammes par mètre par seconde.

PONCER v.t. [16]. **1.** Polir, décaper avec un abrasif (ponce, émeri, etc.), à la main ou à la machine. **2.** Reproduire (un dessin) par le procédé du poncif.

PONCEUR, EUSE n. Personne chargée d'exécuter un ponçage.

PONCEUSE n.f. Machine à poncer.

PONCEUX, EUSE adj. De la nature de la ponce. *Tuf ponceux.*

PONCHO [pɔ̃ʃo] ou [pɔntʃo] n.m. (mot esp.). **1.** Manteau fait d'une pièce de laine rectangulaire avec une ouverture pour passer la tête, en usage en Amérique latine. **2.** Chausson d'intérieur dont le dessus en tricot forme socquette ou chaussette.

PONCIF n.m. (de *ponce*). **1.** Dessin dont les lignes et contours, piqués de trous, peuvent être reproduits sur du papier ou du tissu au moyen d'une poudre colorante (autrefois à base de ponce) ; motif souvent reproduit. **2.** Lieu commun, idée sans originalité ; travail conventionnel, où il n'y a aucune recherche de nouveauté.

PONCTION n.f. (lat. *punctio,* piqûre). **1.** CHIR. Introduction d'une aiguille, d'un trocart, etc., dans un organe ou une cavité pour faire une exploration ou un prélèvement. *Ponction lombaire.* **2.** Action de prélever une partie importante de qqch (somme d'argent, en partic.).

PONCTIONNER v.t. **1.** CHIR. Prélever ou vider par une ponction. **2.** Prendre de l'argent à ; prélever (de l'argent) sur le compte de.

PONCTUALITÉ n.f. Qualité d'une personne ponctuelle, qui arrive à l'heure ; exactitude, régularité.

PONCTUATION n.f. Action, manière de ponctuer. ◇ *Signes de ponctuation :* signes graphiques tels que le point, la virgule, les tirets, etc., marquant les pauses entre phrases ou éléments de phrases ainsi que les rapports syntaxiques.

PONCTUEL, ELLE adj. (lat. *punctum,* point). **1.** Qui arrive à l'heure ; exact, régulier. *Elle est toujours très ponctuelle.* **2.** Qui porte sur un détail ; qui vise un objectif isolé ou limité. *Opération ponctuelle.* **3.** OPT. Constitué par un point. *Image ponctuelle.* **4.** MATH. Dont les éléments sont des points.

PONCTUELLEMENT adv. De manière ponctuelle.

PONCTUER v.t. **1.** Marquer (un texte) de signes de ponctuation. **2.** Renforcer certains mots par des gestes ou des exclamations. **3.** MUS. Marquer les repos en composant ou en exécutant une partition.

PONDAISON n.f. ZOOL. Époque de la ponte chez les oiseaux.

PONDÉRABLE adj. (de *pondérer*). Qui peut être pesé ; qui a une masse mesurable.

PONDÉRAL, E, AUX adj. Relatif au poids.

PONDÉRATEUR, TRICE adj. Litt. Qui pondère, qui maintient l'équilibre.

PONDÉRATION n.f. **1.** Caractère d'une personne pondérée. **2.** Juste équilibre de tendances contraires dans le domaine politique ou social. **3.** STAT. Attribution à chacun des éléments servant à élaborer une note, un indice, etc., d'une place proportionnelle à son importance réelle.

PONDÉRÉ, E adj. **1.** Qui sait se contrôler ; calme, modéré dans ses manières, ses prises de position, etc. **2.** STAT. Dont la valeur a été calculée par une méthode de pondération.

PONDÉRER v.t. (lat. *ponderare,* de *pondus, ponderis,* poids) [18]. **1.** Équilibrer qqch par qqch d'autre qui l'atténue. *Pondérer les pouvoirs de l'exécutif par l'indépendance du législatif.* **2.** Amener qqn à une certaine pondération, le calmer. **3.** STAT. Procéder à la pondération des variables en calculant un indice, etc.

PONDÉREUX, EUSE adj. Se dit de matières de densité élevée utilisées dans l'industrie (et qui souvent sont justiciables de transport de masse à vitesse commerciale assez faible). ◆ n.m. Matériau pondéreux.

PONDEUR, EUSE adj. **1.** Qui pond ; qui pond souvent. **2.** *Poule pondeuse* ou *pondeuse,* n.f. : poule élevée pour la production d'œufs de consommation.

PONDOIR n.m. Endroit (caisse, panier, etc.) spécialement aménagé pour la ponte des poules.

PONDRE v.t. (lat. *ponere,* poser) [75]. **1.** Produire, déposer un, des œufs, en parlant de la femelle d'un ovipare. **2.** Fam. Écrire, rédiger. *Pondre un rapport.*

PONETTE n.f. Jument poney.

PONEY [pɔnɛ] n.m. (angl. *pony*). Cheval de petite taille, à crinière épaisse.

poney (pottock)

PONGÉ ou **PONGÉE** n.m. (angl. *pongee*). Taffetas léger et souple, fait de laine et de bourre de soie.

PONGIDÉ n.m. *Pongidés :* famille de singes anthropoïdes comprenant le chimpanzé, l'orang-outan et le gorille.

PONGISTE n. (de *ping-pong*). Joueur, joueuse de tennis de table.

PONT n.m. (lat. *pons, pontis*). **I. 1.** Ouvrage, construction permettant de franchir une dépression du sol, un obstacle (notamm. un cours d'eau, un bras de mer, une voie ferrée, une route). – *Pont basculant :* pont dont le tablier est mobile autour d'un axe de rotation horizontal. – *Pont levant :* pont dont le tablier subit une translation verticale, tout en restant horizontal. – *Pont mobile :* pont dont le tablier, mobile en partie ou en totalité, permet d'interrompre le passage. – *Pont suspendu :* pont dont le tablier est supporté par des câbles métalliques. – *Pont tournant :* pont dont le tablier pivote autour d'un axe vertical. – *Pont de bateaux :* pont fait de bateaux reliés entre eux. ◇ *Ponts et chaussées :* administration (corps national interministériel) qui, en France, est chargée des travaux de génie civil (ponts, routes, voies navigables, ports, etc.). ◇ Fig. *Couper les ponts :* rompre les relations avec qqn. – *Faire un pont d'or à qqn,* lui offrir beaucoup d'argent pour le décider à faire qqch. **2. a.** *Pont élévateur :* appareil de

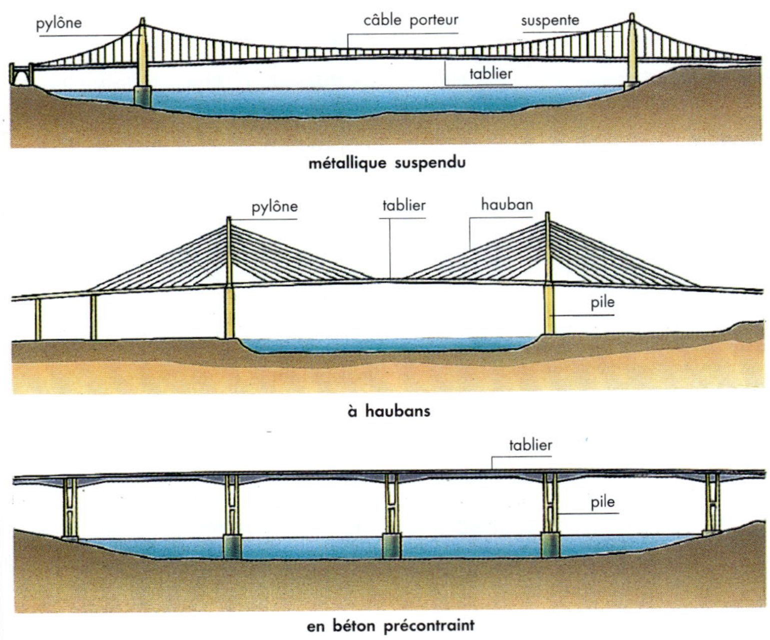

quelques types de **ponts**

levage pour entretenir et réparer un véhicule à hauteur d'homme. **b.** *Pont roulant :* appareil de levage à champ d'action parallélépipédique. **3.** *Pont aérien :* liaison aérienne entre deux points séparés par une zone où les autres communications sont impossibles ou trop lentes. **4.** *Pont aux ânes :* démonstration graphique du théorème sur le carré de l'hypoténuse ; **fig.**, difficulté qui n'arrête que les ignorants. **5.** Ce qui évoque un pont par sa forme, sa disposition, sa fonction. **a.** Figure d'acrobatie au sol dans laquelle le corps, arqué en arrière, repose sur les pieds et sur les mains. **b.** ÉLECTR. Dispositif formé de quatre branches placées en quadrilatère comportant des éléments tels que résistances, condensateurs, etc., et de deux branches diagonales, l'une portant la source de courant, l'autre un appareil de mesure, et qui sert à produire des déphasages, etc. **c.** *Pont arrière d'une automobile :* ensemble formé par l'essieu arrière et certains organes de transmission, différentiel en partic. **d.** *Pantalon à pont :* pantalon comportant par-devant un pan d'étoffe qui se rabat. **II.** Ensemble des planches ou des tôles, disposées de manière à former une surface d'un seul tenant, qui couvrent le creux d'une coque de navire ou le divisent horizontalement en compartiments (dits *entreponts*). *Le pont supérieur* (ou, absolt, *le pont*) *et les ponts inférieurs.* – *Pont de cloisonnement :* pont jusqu'où s'élèvent les cloisons étanches transversales. – *Pont d'envol :* piste de décollage et d'atterrissage d'un porte-avions. **III. 1. Fig.** Ce qui réunit, forme une jonction ou une transition. *Pont jeté entre le passé et l'avenir.* **2.** Jour ouvrable mais qui, situé entre deux jours fériés ou chômés, est aussi chômé. **3.** MUS. **a.** Transition entre le premier et le deuxième thème dans un allégro de sonate. **b.** Deuxième partie du thème, en jazz (symbolisée par B dans une suite de mesures de forme AABA).

PONTAGE n.m. **1.** CHIR. Opération qui consiste à rétablir la circulation en aval de la partie obstruée d'une artère par une greffe vasculaire ou un tube plastique. (Le pontage est très utilisé en chirurgie cardiaque.) **2.** CHIM. Création de liaisons transversales entre les atomes de chaînes adjacentes de macromolécules.

PONT-BASCULE n.m. (pl. *ponts-bascules*). Dispositif de pesage, du type bascule, pour les charges très lourdes (camions, wagons, etc.).

PONT-CANAL n.m. (pl. *ponts-canaux*). Pont permettant le passage d'un canal au-dessus d'une voie, d'un cours d'eau.

1. PONTE n.m. **1.** Celui des joueurs qui joue contre le banquier. **2. Fam.** Personne ayant un grand pouvoir, une grande autorité dans un domaine quelconque.

2. PONTE n.f. **1.** Action de pondre ; saison pendant laquelle les animaux pondent. **2.** Quantité d'œufs pondus. **3.** *Ponte ovulaire :* ovulation.

PONTÉ, E adj. Se dit d'une embarcation dont le creux est couvert par un pont. *Canot ponté.*

PONTÉE n.f. Ensemble des marchandises embarquées sur le pont d'un navire.

1. PONTER v.i. Miser contre le banquier, aux jeux de hasard.

2. PONTER v.t. **1.** Établir un pont sur un navire. **2.** CHIR. Réunir par pontage (des vaisseaux).

PONTET n.m. Pièce métallique protégeant la détente d'une arme à feu portative.

PONTIER n.m. **1.** Conducteur d'un pont roulant. **2.** Personne chargée de la manœuvre d'un pont mobile.

PONTIFE n.m. (lat. *pontifex*). **1.** Titre donné aux évêques et, en partic., au pape, évêque de Rome et chef suprême de la chrétienté, appelé *souverain pontife.* **2. Fam.** Homme gonflé de son importance, prétentieux. **3.** ANTIQ. Membre du plus important collège sacerdotal, à Rome. – *Grand pontife :* chef du collège des pontifes.

PONTIFIANT, E adj. Fam. Qui pontifie.

1. PONTIFICAL, E, AUX adj. **1.** Qui se rapporte au pape et aux évêques. *Insignes pontificaux.* **2.** ANTIQ. Qui se rapporte aux pontifes.

2. PONTIFICAL n.m. (pl. *pontificaux*). Rituel des cérémonies propres au pape et aux évêques.

PONTIFICAT n.m. (lat. *pontificatus*). **1.** Dignité, fonction de pape ; durée de cette fonction. **2.** ANTIQ. Dignité de pontife ou de grand pontife.

PONTIFIER v.i. **1.** Fam. Prendre des airs d'importance, parler avec emphase, avec prétention. **2.** Célébrer un office pontifical.

PONTIL [pɔ̃til] ou **POINTIL** [pwɛ̃til] n.m. Masse de verre à l'état de demi-fusion qui permet de fixer un objet de verre en fabrication au bout d'une barre de fer ; cette barre.

PONT-L'ÉVÊQUE n.m. inv. Fromage de vache à pâte molle, carré, fabriqué en Normandie.

PONT-LEVIS [pɔ̃ləvi] n.m. (pl. *ponts-levis*). Pont dont le tablier se relève en pivotant à l'une de ses extrémités autour d'un axe de rotation horizontal, utilisé en partic. pour le franchissement du fossé d'un ouvrage fortifié.

PONTON n.m. (lat. *ponto, pontonis,* bac). **1. a.** Appontement utilisé comme débarcadère. **b.** Plate-forme flottante. *Ponton de ski nautique.* **2.** Vieux navire désarmé servant de dépôt de matériel, de navire-école, de prison, etc. **3.** Construction flottante et plate pour le transport de matériel dans les ports.

PONTON-GRUE n.m. (pl. *pontons-grues*). Ponton supportant une grue, pour embarquer ou débarquer des charges lourdes dans un port.

ponton-grue

PONTONNIER n.m. Militaire du génie spécialisé dans la construction des ponts.

PONT-PROMENADE n.m. (pl. *ponts-promenade[s]*). Pont réservé à la promenade des passagers, sur un paquebot.

PONT-RAIL n.m. (pl. *ponts-rails*). Pont ferroviaire.

PONT-ROUTE n.m. (pl. *ponts-routes*). Pont routier.

PONTUSEAU n.m. TECHN. **1.** Tige de métal qui traverse les vergeures de la forme, dans la fabrication du papier à la main. ◇ Trace laissée par cette tige sur le papier vergé.

Deux Hamburgers (1962), par Claes Oldenburg. Plâtre peint. (Museum of Modern Art, New York.) L'objet est fortement grossi, et cet agrandissement d'une réalité triviale est promu acte artistique. Ce type d'œuvre se voulait aussi réponse ironique à la peinture gestuelle (Pollock, Kline, etc.) des années 50 : une sorte de réalisme expressionniste opposé à l'expressionnisme abstrait.

Deux Garçons dans une piscine (1965), par David Hockney. (Felicity Samuel Gallery, Londres.) Froideur impersonnelle et schématisme caractérisent l'image, mais aussi goût de l'anecdote et recherche décorative : de là à revenir aux traditions de la peinture figurative, il n'y a qu'un pas, que Hockney franchit dès cette époque dans d'autres œuvres.

pop art

2. Rouleau qui, sur les machines à papier modernes, supporte la toile et contribue à l'égouttage de la feuille.

POOL [pul] n.m. (mot angl.). **1.** Groupement de producteurs, d'entreprises similaires, qui s'entendent momentanément pour contingenter la production, unifier les conditions d'exploitation. ◇ *Pool bancaire :* ensemble de banques qui s'associent temporairement pour une opération de crédit. **2.** Ensemble de personnes effectuant le même travail dans une entreprise.

POP [pɔp] n.m. ou f. ou **POP MUSIC** [pɔpmyzik] ou [-mjuzik] n.f. (pl. *pop musics*). Musique populaire d'origine anglo-saxonne, issue principalement du rock and roll et enrichie d'influences diverses (jazz, folk-song, musique classique, électronique, etc.). ◆ adj. inv. Relatif à cette musique. *Des groupes pop.*

POP ART [pɔpart] n.m. (mot angl., abrév. de *popular art*) [pl. *pop arts*]. Courant contemporain des arts plastiques, qui utilise, pour ses compositions, des objets ou débris d'objets de la vie quotidienne et des images empruntées à la publicité, aux magazines, etc. (Né à Londres au milieu des années cinquante, le pop art s'est imposé aux États-Unis avec, notamm., Oldenburg, Warhol, Lichtenstein, Rosenquist.)

POP-CORN [pɔpkɔrn] n.m. inv. (mot amér.). Grains de maïs éclatés à la chaleur, sucrés ou salés.

POPE n.m. (russe *pop*). Prêtre de l'Église orthodoxe slave.

POPELINE n.f. (angl. *poplin*). **1.** Étoffe légère à chaîne de soie et trame de laine. **2.** Tissu d'armure dérivé de la toile, très serré, comprenant beaucoup moins de fils en trame qu'en chaîne. *Chemise en popeline de coton.*

POPLITÉ, E adj. (lat. *poples, -itis,* jarret). ANAT. De la partie postérieure du genou. *Muscle poplité.*

1. POPOTE n.f. Fam. **1.** Cuisine. *Faire la popote.* **2.** Table, lieu où plusieurs personnes (spécialt des militaires) prennent leurs repas en commun ; association que forment ces personnes pour leurs dépenses communes.

2. POPOTE adj. inv. Fam. Très préoccupé par les détails, les soins du ménage ; pantouflard et prosaïque.

POPOTIN n.m. (par redoublement de *pot*). Très fam. Derrière, fesses. ◇ Fig. *Se manier le popotin :* se dépêcher.

POPULACE n.f. (it. *popolaccio,* de *popolo,* peuple). Péj. Bas peuple, classe défavorisée de la population à laquelle on prête des goûts et des mœurs vulgaires.

POPULACIER, ÈRE adj. Péj. Propre à la populace ; vulgaire.

POPULAGE n.m. (lat. *populus,* peuplier). Herbe vivace toxique à belles fleurs jaunes, qui croît dans les lieux humides. (Famille des renonculacées.) SYN. : *souci d'eau, souci des marais.*

POPULAIRE adj. (lat. *popularis,* de *populus,* peuple). **1.** Qui appartient au peuple ; qui concerne le peuple ; issu du peuple. *Expression populaire. Art populaire. Gouvernement populaire.* **2.** Qui s'adresse au peuple, au public le plus nombreux ; qui est jugé conforme aux goûts de la population la moins cultivée. *Roman populaire.* **3.** Connu et aimé de tous, du plus grand nombre. *Chanteur très populaire.* **4.** LING. Se dit d'un mot ou d'une expression courants dans la langue parlée, mais qui seraient considérés comme choquants ou vulgaires dans un écrit ou une communication orale plus formelle. *Tournure populaire.*

POPULAIREMENT adv. D'une manière populaire ; dans le langage populaire.

POPULARISATION n.f. Action de populariser, fait d'être popularisé.

POPULARISER v.t. **1.** Rendre populaire. **2.** Faire connaître par le plus grand nombre.

POPULARITÉ n.f. Fait d'être connu, aimé du plus grand nombre. – *Soigner sa popularité :* se comporter de façon à conserver la faveur du public.

POPULATION n.f. (du bas lat. *populatio,* par l'angl.). **1.** Ensemble des habitants d'un espace déterminé (continent, pays, etc.). **2.** Ensemble des personnes constituant, dans un espace donné, une catégorie particulière. *La population rurale.* **3. a.** Ensemble des animaux ou végétaux de même espèce vivant sur un territoire déterminé. **b.** ASTRON. *Population stellaire :* ensemble des étoiles d'une galaxie qui possèdent certaines propriétés intrinsèques communes (âge, composition chimique, etc.). **4.** STAT. Ensemble d'éléments soumis à une étude statistique. *(V. graphique p. 806.)*

POPULATIONNISTE adj. et n. Favorable à un accroissement de la population.

POPULÉUM [pɔpyleɔm] n.m. (lat. *populus,* peuplier). PHARM. Pommade calmante et décongestionnante à base de bourgeons de peupliers.

POPULEUX, EUSE adj. Très peuplé.

POPULISME n.m. **1.** Attitude politique qui vise à satisfaire les revendications immédiates du peuple, sans objectif à long terme. **2.** Idéologie et mouvement politiques des années 1870, en Russie, préconisant une voie spécifique vers le socialisme. **3.** Idéologie de certains mouvements de libération nationale, notamm. en Amérique latine. **4.** LITTÉR. Mouvement littéraire qui s'attachait à la description de la vie et des sentiments des milieux populaires.

POPULISTE adj. et n. Relatif au populisme ; partisan du populisme.

POPULO n.m. Pop. **1.** Peuple, populace. **2.** Foule, grand nombre de personnes.

POQUER v.i. (flamand *pokken,* frapper). Au jeu de boules, jeter sa boule en l'air de manière qu'elle retombe sans rouler.

POQUET n.m. (de *poquer*). Trou dans lequel on sème plusieurs graines. *Semis en poquet.*

PORC [pɔr] n.m. (lat. *porcus*). **1.** Mammifère omnivore très répandu dans le monde, au museau terminé par un groin. *Porc domestique* (ou *cochon*), élevé pour sa chair et son cuir. *Porc sauvage* (ou *sanglier*). *Porc mâle* (ou *verrat*), *femelle* (ou *truie*). *Petits du porc (porcelets, cochonnets* ou *gorets).* **2.** Viande de cet animal. **3.** Peau tannée de cet animal. **4.** Fig., fam. Homme sale, débauché ou glouton.

porc

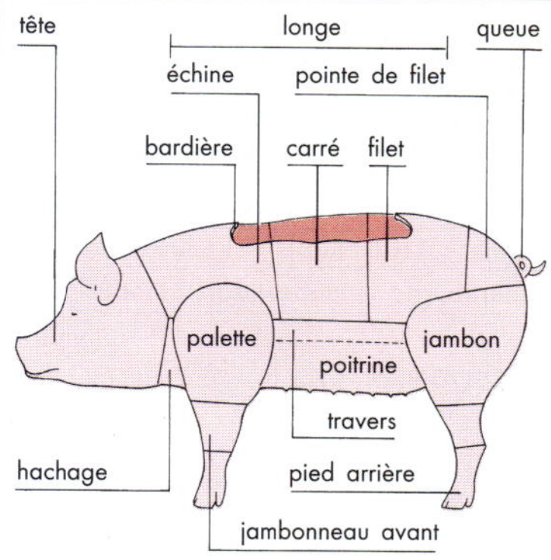

porc :
désignation des morceaux de boucherie

Épi de faîtage, du XVIIIe s., en terre vernissée. (Musée des Arts et Traditions populaires, Paris.) Couronnement de la toiture des maisons traditionnelles, ces épis de faîtage en céramique étaient particulièrement usuels en Normandie.

Les marionnettes ou les silhouettes découpées du théâtre d'ombres constituent une expression culturelle originale dans de nombreux pays. Le théâtre turc Karagöz – du nom de son héros principal – consiste en la projection, sur écran, d'images translucides en couleurs de personnages typiques divers.

Ex-voto, daté de 1892, provenant du midi de la France. (Coll. priv.) Ce tableautin (huile sur bois) évoque, avec une certaine naïveté dans le trait, l'évènement survenu et la grâce obtenue : deux femmes faisant sa toilette à un bébé le laissent par malheur tomber dans un chaudron d'eau bouillante ; il sera « miraculeusement » sauvé...

art populaire

PORCELAINE n.f. (it. *porcellana*). **1.** Mollusque gastropode à coquille vernissée et émaillée de couleurs vives, assez commun dans les mers chaudes. (Long. env. 15 cm.) **2.** Produit céramique à pâte fine, translucide, vitrifiée, recouvert d'une glaçure incolore. *Vase, vaisselle de porcelaine.* **3.** Objet de porcelaine.

■ La porcelaine véritable, ou *dure,* de fabrication très ancienne en Extrême-Orient, est faite d'un mélange de kaolin, de feldspath et de quartz. Un début de cuisson est opéré (800 °C-1 050 °C), on obtient ainsi le dégourdi ; puis une couverte feldspathique est appliquée et cuite à haute température (1 250 °C-1 450 °C) afin de lui conférer sa dureté qui la rend inrayable à l'acier. En Europe, sa fabrication commence à Meissen v. 1710, à Sèvres v. 1770. Auparavant ont été mises au point des imitations suppléant au manque de kaolin : ce sont les *porcelaines tendres.* Après une première cuisson à 1 200 °C, le biscuit ainsi obtenu est revêtu d'une glaçure plombeuse cuite entre 900 et 1 000 °C. À ce type appartiennent les réalisations de Saint-Cloud, Chantilly, Vincennes, Strasbourg, etc. *(V. illustration p. 806.)*

Grand vase chinois. (Musée Guimet, Paris.) C'est au milieu du XIVe s., sous la dynastie Yuan, que la blancheur de la porcelaine est mise en valeur par un décor en réserve – ici, un dragon – sur un fond monochrome bleu de cobalt.

Petit joueur de biniou, statuette en porcelaine de Meissen du milieu du XVIIIe s. (Musée Cognacq-Jay, Paris.) Souvent appelée porcelaine de Saxe, la production de Meissen connut un très grand succès, notamment avec ces petites figurines typiques du style rocaille en vogue à l'époque.

Gobelet à lait et sa soucoupe, porcelaine tendre produite à Vincennes en 1755. (Musée des Arts décoratifs, Paris.) Inspirée à la fois par la Chine et par Meissen, la manufacture de Vincennes emploie aussi le fond de couleur, dont la subtile disposition, agrémentée de rehauts d'or, engendre grâce et dynamisme.

l'art de la porcelaine

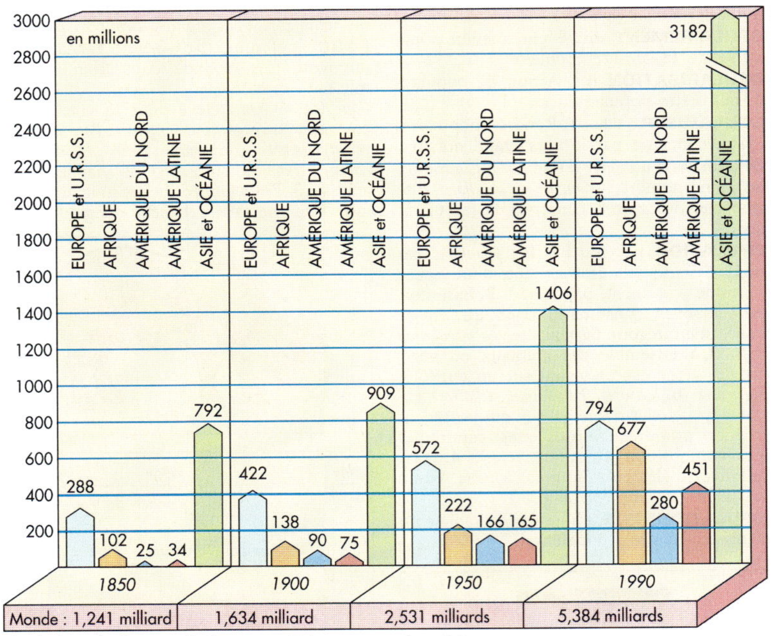

évolution de la **population** mondiale par grandes régions

PORCELAINIER, ÈRE n. Fabricant, marchand de porcelaine ; ouvrier qui travaille dans une fabrique de porcelaine. ◆ adj. Relatif à la porcelaine.

PORCELET n.m. Jeune porc.

PORC-ÉPIC [pɔrkepik] n.m. (it. *porcospino*) [pl. *porcs-épics*]. **1.** Mammifère rongeur à longs piquants dorsaux, qui vit dans le sud de l'Europe, en Asie et en Afrique. (Il est inoffensif, nocturne et se nourrit de racines et de fruits ; long. 60 cm env.) **2.** Fig. Personne revêche, irritable.

porc-épic

PORCHAISON n.f. VÉN. Saison (automne) où le sanglier, très gras, est bon à chasser.

PORCHE n.m. (lat. *porticus*). **1.** Vestibule, entrée où s'ouvre la grande porte d'un immeuble. **2.** Espace couvert, hors œuvre ou dans œuvre, en avant d'une ou de plusieurs portes d'entrée d'un édifice.

PORCHER, ÈRE n. (lat. *porcus*, porc). Personne qui garde, qui soigne les porcs.

PORCHERIE n.f. **1.** Bâtiment où l'on élève des porcs. **2.** Fig. Lieu extrêmement sale, désordonné.

1. PORCIN, E adj. **1.** Du porc. **2.** Qui évoque un porc. *Des petits yeux porcins.*

2. PORCIN n.m. *Porcins* : groupe d'ongulés à quatre doigts complets par patte, comprenant les porcs sauvages et le cochon domestique.

PORE n.m. (lat. *porus* ; gr. *poros*, trou). **1.** Très petit orifice à la surface de la peau par où s'écoulent la sueur, le sébum. ◇ Fig. *Suer la vanité, la peur,* etc., *par tous ses pores,* les manifester dans tout son être. **2.** Très petit orifice des tubes des champignons, des parties aériennes des plantes (feuilles, etc.). **3.** Trou, interstice minuscule dans la texture de certaines matières.

POREUX, EUSE adj. Qui présente des pores ; dont la texture comporte de très nombreux petits trous.

PORION n.m. Contremaître dans une exploitation minière.

PORNO adj. (abrév.). Fam. Pornographique. *Un film porno.* ◆ n.m. Fam. **1.** Genre pornographique. **2.** Film, livre pornographique.

PORNOGRAPHE n. Auteur spécialisé dans la pornographie.

PORNOGRAPHIE n.f. (gr. *pornê*, prostituée, et *graphein*, décrire). Représentation complaisante de sujets, de détails obscènes, dans une œuvre littéraire, artistique ou cinématographique.

PORNOGRAPHIQUE adj. Relatif à la pornographie.

POROPHORE n.m. Composé chimique utilisé pour la fabrication de matériaux cellulaires et spongieux.

POROSITÉ n.f. **1.** État de ce qui est poreux. **2.** TECHN. Rapport du volume des vides d'un matériau, d'un produit, au volume total.

PORPHYRE n.m. (gr. *porphura*, pourpre). **1.** Roche magmatique à grands cristaux de feldspath. – *Porphyre antique*, à pâte colorée (rouge, verte, bleue, noire), utilisée en décoration. **2.** Ensemble constitué par un pilon et un mortier en porphyre, utilisé pour broyer finement certaines substances.

PORPHYRIE n.f. MÉD. Trouble du métabolisme aboutissant à la formation de quantités massives de porphyrines dans l'organisme et à leur élimination dans les urines ou les fèces.

PORPHYRINE n.f. BIOL. Corps formé de quatre noyaux pyrrole et entrant dans la composition de l'hémoglobine et de la chlorophylle.

PORPHYRIQUE adj. Qui tient du porphyre ; qui en contient.

PORPHYROGÉNÈTE [pɔrfiroʒenɛt] adj. et n. (gr. *porphurogennêtos*, né dans la pourpre). Né pendant le règne de son père, en parlant d'un fils d'empereur byzantin.

PORPHYROÏDE adj. Se dit d'une variété de granite qui contient de gros cristaux de feldspath.

PORQUE n.f. (anc. prov. *porca*). Pièce de renfort d'une coque de navire, ayant la forme d'un couple, mais ne montant pas jusqu'au pont supérieur.

PORREAU n.m. Région. Poireau.

PORRIDGE [pɔridʒ] n.m. (mot angl.). Bouillie de flocons d'avoine.

1. PORT n.m. (lat. *portus*). **1.** Abri naturel ou artificiel pour les navires, aménagé pour l'embarquement et le débarquement du fret et des passagers. *Port maritime, fluvial.* – *Port autonome* : grand port maritime de commerce administré par un établissement public national. – *Port franc*, où les marchandises peuvent transiter sans payer de droits de douane. ◇ Fig. *Arriver à bon port*, sans accident. – *Faire naufrage en arrivant au port* : échouer au moment de réussir. **2.** Ville bâtie auprès, autour d'un port. *Habiter un port de mer.* **3.** Litt. Lieu de repos ; abri, refuge. *S'assurer un port dans la tempête.*

2. PORT n.m. (mot occitan). Col, dans les Pyrénées.

3. PORT n.m. **I.** Action de porter. **1.** Fait d'avoir sur soi. **2.** Action de porter, de soulever. ◇ MIL. *Port d'armes* : attitude du soldat qui présente les armes. **3.** Action, fait de transporter. – MAR. *Port en lourd* : masse totale que peut charger un navire (cargaison, soutes, avitaillement, etc.), exprimée en tonnes métriques. *Pétrolier de 10 000 t de port en lourd*, ou *de 10 000 t* (par convention, c'est toujours le port en lourd qui est cité quand on parle d'un navire de charge). ◇ Prix du transport. *Port dû* (par le destinataire). *Franco de port.* **II. 1.** Manière dont une personne marche, se présente ; maintien. *Un port de reine.* **2.** Disposition des branches et des feuilles d'un végétal, caractérisant sa silhouette. *Le port élancé du peuplier pyramidal.*

PORTABILITÉ n.f. Caractère d'un appareil, d'un matériel ou d'un programme portable.

PORTABLE adj. **1.** Que l'on peut transporter manuellement. **2.** INFORM. Se dit d'un programme capable de fonctionner, sans grande modification, sur des ordinateurs de types différents. **3.** DR. Qui doit être payé, remis chez le créancier, le destinataire. *Dette portable et dette quérable.* ◆ n.m. Appareil (notamm. poste de télévision, magnétoscope, micro-ordinateur) portable.

PORTAGE n.m. **1.** Transport d'une charge à dos d'homme. **2.** Distribution d'un journal à domicile. **3.** Canada. **a.** Transport par voie de terre d'une embarcation, pour éviter un obstacle sur un cours d'eau. *Portage le long d'un rapide.* **b.** Sentier utilisé pour cette opération.

PORTAIL n.m. **1.** Porte principale de grande largeur, parfois de caractère monumental. **2.** Composition architecturale comportant une ou plusieurs portes, sur une façade d'édifice (d'église, en partic.).

PORTAL, E, AUX adj. ANAT. Relatif à la veine porte.

PORTANCE n.f. **1.** PHYS. Force perpendiculaire à la direction de la vitesse et dirigée vers le haut, résultant du mouvement d'un corps dans un fluide. (La sustentation d'un avion est assurée par la portance qu'engendre le mouvement de l'air autour des ailes.) **2.** TR. PUBL. Aptitude d'un sol, d'un élément de soutènement, à supporter des charges, des poussées.

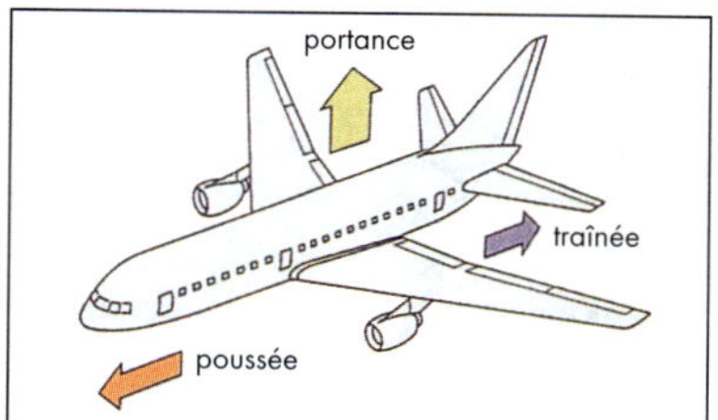

portance, poussée et traînée d'un avion

1. PORTANT n.m. **1.** Montant qui soutient les décors d'un théâtre. **2.** Tringle à vêtements soutenue par des montants, à laquelle on accroche des cintres. **3.** SPORTS. Armature métallique portant le point d'appui des avirons à l'extérieur des bordages, sur certaines embarcations. SYN. (vieilli) : *outrigger.*

2. PORTANT, E adj. *Être bien, mal portant :* être en bonne, en mauvaise santé.

3. PORTANT, E adj. **1.** TECHN. Qui porte, soutient. *Mur portant.* **2.** MAR. *Allures portantes :* allures d'un voilier comprises entre le vent arrière et le vent de travers.

PORTATIF, IVE adj. Se dit d'un objet de taille et de poids réduits, conçu pour être facilement porté avec soi. *Téléphone portatif.*

1. PORTE n.f. (lat. *porta*). **I. 1.** Ouverture, baie permettant d'accéder à un lieu fermé ou enclos et d'en sortir. *Ouvrir, fermer la porte.* – *De porte en porte :* de maison en maison ; d'appartement en appartement. ◇ *Opération* (ou *journée,* etc.) *porte(s) ouverte(s),* pendant laquelle la possibilité de visiter librement une entreprise, un service public, etc., est offerte au public. – *Prendre, gagner la porte :* sortir. – *Mettre à la porte :* chasser, renvoyer. – *Refuser à qqn sa porte,* lui interdire l'entrée de sa maison. – **Vieilli** (resté courant en **Belgique**). *Trouver porte de bois,* porte close. – **Belgique.** *À la porte :* à l'extérieur. **2.** Panneau mobile, vantail qui permet de fermer une baie de porte. *Porte en bois, vitrée, blindée.* ◇ Battant, vantail (fermant autre chose qu'une baie). *Porte d'un buffet.* **3. Fig.,** litt. Moyen d'accès ; introduction. *La porte des honneurs, des dignités.* ◇ Fig. *Entrer par la grande porte (par la petite porte) :* accéder d'emblée à un poste important dans une filière, une carrière (ou, au contraire, commencer par un emploi modeste). – *Frapper à la bonne porte :* s'adresser à qui convient. – *Laisser la porte ouverte à (qqch),* lui donner la possibilité de se produire. *C'est la porte ouverte à bien des excès.* – *Ouvrir, fermer la porte à (qqch),* le permettre ; le refuser, l'exclure. **II. 1.** Anc. Ouverture, accès ménagé dans l'enceinte fortifiée d'une ville. **2.** Emplacement d'une ancienne porte de ville ; quartier qui l'environne. *Habiter (à la) porte de Versailles, à Paris.* **III. 1.** En ski, espace compris entre deux piquets surmontés de fanions, et dont le franchissement est obligatoire dans les épreuves de slalom. **2.** ÉLECTRON. Circuit logique élémentaire possédant une sortie et plusieurs entrées, conçu de manière à fournir un signal de sortie quand un certain nombre de conditions sont remplies.

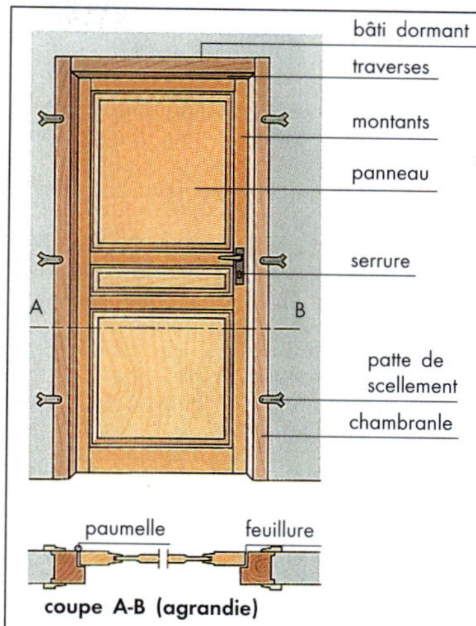

porte : éléments constitutifs

2. PORTE adj. (de 1. *porte*). ANAT. *Veine porte,* qui conduit le sang depuis l'intestin grêle, le pancréas, la rate et l'estomac, jusqu'au foie.

1. PORTÉ, E adj. **1.** *Être porté à :* être enclin à. ◇ *Être porté sur :* éprouver un goût très vif pour. **2.** PEINT. *Ombre portée,* projetée.

2. PORTÉ ou **PORTER** n.m. CHORÉGR. Mouvement exécuté dans un pas de deux, au cours duquel le danseur soulève sa partenaire.

PORTE-AÉRONEFS n.m. inv. Bâtiment de guerre spécialement aménagé pour le transport, le décollage et l'appontage des aéronefs (→ ***porte-avions, porte-hélicoptères***).

PORTE-À-FAUX n.m. inv. Partie d'un ouvrage, d'une construction, etc., qui n'est pas à l'aplomb de son point d'appui. ◇ *En porte(-)à(-)faux :* qui porte à faux ; fig., dont la situation est ambiguë, mal assurée.

PORTE-AFFICHE ou **PORTE-AFFICHES** n.m. (pl. *porte-affiches*). Cadre, souvent grillagé, où l'on placarde les affiches.

PORTE-AIGUILLE n.m. (pl. *porte-aiguilles* ou inv.). **1.** CHIR. Pince d'acier servant à tenir l'aiguille à sutures. **2.** TECHN. Pièce, dans une machine, où se fixe l'aiguille. *Porte-aiguille d'une machine à coudre.* **3.** Étui, trousse pour les aiguilles à coudre.

PORTE-AMARRE n.m. (pl. *porte-amarres* ou inv.). MAR. Appareil servant à lancer une amarre.

PORTE-À-PORTE n.m. inv. Technique de prospection ou de vente dans laquelle un démarcheur visite systématiquement les particuliers à leur domicile.

PORTE-AUTOS n.m. inv. Véhicule routier ou ferroviaire pour le transport des automobiles, généralement à deux plates-formes superposées.

PORTE-AVIONS n.m. inv. Bâtiment de guerre spécialement aménagé pour le transport, le décollage et l'appontage des avions.

PORTE-BAGAGES n.m. inv. **1.** Dispositif accessoire d'un véhicule (bicyclette, motocyclette ; voiture de sport) pour arrimer les bagages. **2.** Filet, treillis, casier, etc., destiné à recevoir les bagages à main, dans un véhicule de transports en commun.

PORTE-BALAI n.m. (pl. *porte-balais* ou inv.). TECHN. Gaine qui maintient dans une position convenable les balais d'une machine électrique tournante (moteur, générateur).

PORTE-BANNIÈRE n. (pl. *porte-bannières* ou inv.). Personne qui porte une bannière.

PORTE-BARGE n.m. (pl. *porte-barges* ou inv.). Navire de charge transportant sa cargaison dans des barges embarquées.

PORTE-BÉBÉ n.m. (pl. *porte-bébés* ou inv.). **1.** Nacelle ou petit siège munis de poignées servant à transporter un bébé. **2.** Sac ou harnais en tissu fort permettant de transporter un bébé contre soi, sur le ventre ou dans le dos.

PORTE-BILLET ou **PORTE-BILLETS** n.m. (pl. *porte-billets*). Petit portefeuille destiné à contenir des billets de banque.

PORTE-BONHEUR n.m. inv. Objet, bijou, etc., qui est censé porter chance.

PORTE-BOUQUET n.m. (pl. *porte-bouquets* ou inv.). Petit vase à fleurs destiné à être accroché.

PORTE-BOUTEILLE ou **PORTE-BOUTEILLES** n.m. (pl. *porte-bouteilles*). **1.** Casier pour ranger les bouteilles couchées. **2.** Panier, généralement divisé en cases, pour transporter les bouteilles debout.

PORTE-BRANCARD n.m. (pl. *porte-brancards* ou inv.). Pièce du harnais (sangle ou boucle métallique) qui maintient un brancard de voiture hippomobile.

PORTE-CARTE ou **PORTE-CARTES** n.m. (pl. *porte-cartes*). **1.** Petit portefeuille à loges transparentes pour les pièces d'identité, les cartes de visite, etc. **2.** Étui pliant pour les cartes routières.

PORTE-CIGARE ou **PORTE-CIGARES** n.m. (pl. *porte-cigares*). Étui à cigares.

PORTE-CIGARETTE ou **PORTE-CIGARETTES** n.m. (pl. *porte-cigarettes*). Étui à cigarettes.

PORTE-CLEFS ou **PORTE-CLÉS** n.m. inv. **1.** Anneau ou étui pour porter les clefs. **2.** Vx. Celui qui porte les clefs (d'une prison, etc.).

PORTE-CONTENEURS n.m. inv. Navire spécialement aménagé pour le transport des conteneurs.

PORTE-COPIE n.m. (pl. *porte-copies* ou inv.). Support, pupitre destiné à recevoir les documents que l'on copie à la machine.

PORTE-COUTEAU n.m. (pl. *porte-couteaux* ou inv.). Ustensile de table sur lequel on pose l'extrémité du couteau, pour ne pas salir la nappe.

PORTE-CRAYON n.m. (pl. *porte-crayons* ou inv.). Tube de métal dans lequel on met un crayon.

PORTE-CROIX n.m. inv. Celui qui porte la croix dans une cérémonie religieuse.

PORTE-DOCUMENT ou **PORTE-DOCUMENTS** n.m. (pl. *porte-documents*). Serviette plate ne comportant qu'une seule poche.

PORTE-DRAPEAU n.m. (pl. *porte-drapeaux* ou inv.). **1.** Celui qui porte le drapeau d'un régiment ou le fanion, la bannière d'une association. **2.** Chef actif et reconnu.

PORTÉE n.f. **I. 1.** Distance la plus grande à laquelle une arme peut lancer un projectile. – *Portée pratique :* distance maximale d'emploi pratique d'une arme au combat. – *Portée utile* ou *efficace :* distance jusqu'à laquelle le tir reste assez précis pour être efficace. **2.** *À portée de :* qui peut être atteint, touché par. *Être à portée de vue, de voix, de main.* – *Être à la portée de qqn,* lui être accessible. **3.** Capacité intellectuelle. *Un esprit d'une grande portée.* – *Cela est hors de sa portée :* cela dépasse ses facultés de compréhension. **4.** Capacité que présente une chose à produire un effet ; efficacité, force. *Évènement*

porte-avions lourd à propulsion nucléaire américain *Theodore Roosevelt* (mise en service : 1987 ; déplacement : 97 000 t ; longueur : 333 m ; largeur : 79 m ; 85 avions et hélicoptères) *d'une portée considérable.* **II. 1.** Distance séparant deux points d'appui consécutifs d'une construction, d'un élément long. *Portée d'un pont, d'une poutre.* **2.** MÉCAN. Partie d'une pièce qui sert d'appui ou de butée. **3.** MUS. Série de cinq lignes horizontales, équidistantes et parallèles, utilisée pour noter la musique. **III.** Ensemble des petits qu'une femelle porte et met bas en une fois.

PORTE-ÉPÉE n.m. (pl. *porte-épées* ou inv.). Pièce de cuir ou d'étoffe fixée à la ceinture pour soutenir le fourreau de l'épée.

PORTE-ÉTENDARD n.m. (pl. *porte-étendards* ou inv.). Officier qui porte l'étendard d'un corps de cavalerie.

PORTE-ÉTRIVIÈRE n.m. (pl. *porte-étrivières* ou inv.). Chacun des supports métalliques fixés de chaque côté de la selle et dans lesquels passent les étrivières.

PORTEFAIX [pɔrtəfɛ] n.m. Anc. Homme dont le métier est de porter des fardeaux.

PORTE-FANION n.m. (pl. *porte-fanions* ou inv.). Gradé qui porte le fanion d'un général.

PORTE-FENÊTRE n.f. (pl. *portes-fenêtres*). Porte vitrée, souvent à deux battants, qui ouvre sur une terrasse, un balcon, etc.

PORTEFEUILLE n.m. **1.** Étui, muni de compartiments, que l'on porte sur soi et dans lequel on met ses billets de banque, ses papiers d'identité, etc. **2.** Vieilli. Enveloppe de carton, de cuir, etc., dans laquelle on met des papiers, des dessins, etc. **3.** Titre, fonction de ministre ; département ministériel. **4.** Ensemble des effets de commerce, des valeurs mobilières appartenant à une personne ou à une entreprise.

PORTE-FORT n.m. inv. DR. Engagement garantissant l'acceptation d'un tiers ; personne qui prend cet engagement.

PORTE-GLAIVE n.m. (pl. *porte-glaives* ou inv.). **1.** Rare. Celui qui porte un glaive. **2.** Xiphophore (poisson).

PORTE-GREFFE n.m. (pl. *porte-greffes* ou inv.). ARBOR. Sujet sur lequel on fixe le ou les greffons.

PORTE-HAUBAN n.m. (pl. *porte-haubans*). MAR. Plate-forme horizontale en saillie sur la muraille des grands navires à voiles, à laquelle sont fixés les haubans et qui permet de donner à ceux-ci un écartement suffisant.

PORTE-HÉLICOPTÈRES n.m. inv. Navire de guerre spécialement équipé pour le transport, le décollage et l'appontage des hélicoptères.

PORTE-JARRETELLES n.m. inv. Pièce de lingerie féminine, ceinture à laquelle sont fixées les jarretelles.

PORTE-LAME n.m. (pl. *porte-lames* ou inv.). Support de la lame d'une faucheuse, d'une moissonneuse ou d'une machine-outil.

PORTELONE n.m. (it. *portellone*). MAR. Porte de chargement de grande dimension pratiquée dans la muraille d'un navire.

PORTE-MALHEUR n.m. inv. Être, objet censé porter malheur.

PORTEMANTEAU n.m. **1.** Support mural ou sur pied pour suspendre les manteaux, les vêtements. **2.** Potence qui permet de hisser une embarcation le long de la muraille d'un navire.

PORTEMENT n.m. *Portement de croix* : représentation de Jésus portant sa croix.

PORTE-MENU n.m. (pl. *porte-menus* ou inv.). **1.** Support permettant de présenter le menu sur la table devant chaque convive. **2.** Cadre qui reçoit le menu, à la porte d'un restaurant.

PORTEMINE n.m. Instrument pour écrire constitué essentiellement d'un tube destiné à recevoir une mine de graphite.

PORTE-MONNAIE n.m. inv. Étui, pochette en matière souple (cuir, plastique, etc.) pour mettre les pièces de monnaie, l'argent de poche.

PORTE-MONTRE n.m. (pl. *porte-montres* ou inv.). Support, de table ou mural, où l'on peut placer, accrocher une montre (parfois plusieurs).

PORTE-OBJET n.m. (pl. *porte-objets* ou inv.). **1.** Lame sur laquelle on place l'objet à examiner au microscope. **2.** Platine sur laquelle on place cette lame.

PORTE-OUTIL n.m. (pl. *porte-outils* ou inv.). Organe d'une machine-outil qui reçoit l'outil.

PORTE-PAPIER n.m. (pl. *porte-papiers* ou inv.). Dispositif (boîte, support de rouleau) destiné à recevoir du papier hygiénique.

PORTE-PAQUET n.m. (pl. *porte-paquets*). Belgique. Porte-bagages d'une bicyclette.

PORTE-PARAPLUIE n.m. (pl. *porte-parapluies* ou inv.). Ustensile dans lequel on dépose les parapluies.

PORTE-PAROLE n. inv. Personne qui parle au nom d'autres personnes, d'un groupe. ◆ n.m. inv. Journal qui se fait l'interprète de qqn, d'un groupe.

PORTE-PLUME n.m. (pl. *porte-plumes* ou inv.). Petit instrument servant de manche pour les plumes à écrire ou à dessiner.

PORTE-QUEUE n.m. (pl. *porte-queues* ou inv.). Machaon (papillon).

1. PORTER v.t. (lat. *portare*). **I. 1.** Soutenir (un poids, une charge) ; être chargé de. *Porter un sac sur ses épaules.* **2. a.** Avoir dans son corps pendant la grossesse ou la gestation. *Femelle qui porte des petits.* **b.** Produire, en parlant d'un végétal. *Un arbre qui porte de beaux fruits.* ◇ Fig. *Porter ses fruits* : donner un bon résultat, avoir des conséquences heureuses. **II. 1.** Avoir sur soi comme vêtement, comme ornement, comme marque distinctive, etc. *Porter un veston, des lunettes.* ◇ Litt. *Porter les armes* : être militaire. **2.** Tenir (une partie du corps) de telle ou telle manière. *Porter la tête haute.* **3. a.** Laisser paraître sur soi, présenter. *Porter un air de gaieté sur le visage.* – *Porter bien son âge* : paraître vigoureux, alerte, en dépit de l'âge. **b.** Présenter (telle marque, tel signe). *Ce document porte la date d'hier.* **4.** Être désigné par tel nom, tel surnom, tel titre. *Elle porte son nom de jeune fille.* **III. 1. a.** Faire aller, déplacer d'un endroit à un autre. *Porter de l'argent à la banque.* – Fig. *Porter le débat devant l'opinion publique.* ◇ *Porter un coup à qqn, la main sur qqn,* le frapper. – Fig. *Ce deuil lui a porté un coup très dur.* – *Porter tort à qqn,* lui causer un préjudice, un dommage moral. ◇ *Porter une œuvre à la scène, à l'écran,* l'adapter pour le théâtre, le cinéma. **b.** Diriger, mouvoir vers. *Porter un verre à ses lèvres. Porter ses regards sur l'horizon.* ◇ Litt. *Porter ses pas en un lieu,* s'y transporter. **2.** Écrire, inscrire. *Porter une mention sur un document.* **3.** Inciter, pousser qqn à qqch, à faire qqch. *Son tempérament la porte à l'indulgence.* **4.** *Porter (tel sentiment) à qqn,* l'éprouver à son égard. *Il lui porte une haine tenace.* ◆ v.i. **1.** *Porter sur.* **a.** Reposer sur, être soutenu par. *Le poids de la voûte porte sur quatre colonnes.* – Fig. *Porter sur les nerfs de qqn,* l'agacer, l'irriter. **b.** Avoir pour objet ; se rapporter à. *Leur divergence porte sur un détail.* **c.** *Porter à faux* : n'être pas à l'aplomb de son point d'appui, en parlant d'une charge, d'une pièce. **2. a.** Toucher le but. *Le coup a porté.* – Fig. *Cette critique a porté.* **b.** Avoir telle portée. *Carabine qui porte à 500 m.* **3.** *Porter contre* : toucher, heurter. *Sa tête a porté contre le mur.* ◇ *Porter à la tête* : enivrer, étourdir. *Boissons, vapeurs d'alcool qui portent à la tête.* **4.** MAR. **a.** *Porter à* : avoir telle direction, en parlant du vent ou du courant. *Le courant porte au large.* **b.** *Laisser porter* : prendre une allure moins près du vent. ◆ **se porter** v.pr. **1.** Avoir tel état de santé. *Se porter bien, mal.* **2.** Se présenter en tant que. *Se porter candidat aux élections.* **3.** Aller, se diriger vers. *Elle s'est portée à la rencontre des nouveaux arrivants.* **4.** Se laisser aller à, en venir jusqu'à. *Il s'est porté à des voies de fait.*

2. PORTER n.m. → **2. *porté.***

3. PORTER [pɔrtɛr] n.m. (mot angl.). Bière anglaise, brune et amère.

PORTERIE n.f. Loge du portier, dans une communauté religieuse.

PORTE-SAVON n.m. (pl. *porte-savons* ou inv.). Support ou récipient disposé près d'un évier, d'une baignoire, etc., pour recevoir le savon.

PORTE-SERVIETTE n.m. (pl. *porte-serviettes*). Support pour suspendre les serviettes de toilette.

1. PORTEUR, EUSE adj. **1.** Qui porte ou supporte qqch. *Mur, essieu porteur.* **2.** *Mère porteuse* : femme qui porte dans son utérus l'ovule, fécondé in vitro, d'une autre femme pour mener la grossesse à son terme. **3.** Qui est promis à un développement certain, qui est riche de possibilités (surtout commerciales, techniques). *Marché porteur. Créneau porteur.*

2. PORTEUR, EUSE n. **1.** Personne dont le métier est de porter des bagages, des colis, notamment dans une gare. **2.** Vieilli. Celui qui est chargé de remettre une lettre, un télégramme. **3.** Personne au profit de laquelle un effet de commerce a été souscrit ou endossé. – *Au porteur* : mention inscrite sur un effet de commerce ou sur un chèque dont le bénéficiaire n'est pas désigné nominativement. **4.** Détenteur d'un titre dit *titre au porteur,* c'est-à-dire d'une valeur mobilière transmissible de la main à la main et dont le possesseur est considéré comme le propriétaire (par opp. au *titre nominatif*). **5.** Personne qui porte sur soi, qui est en possession de qqch. *Porteur d'une arme.* **6.** *Porteur de germes* : sujet apparemment sain qui porte les germes d'une infection.

PORTE-VENT n.m. inv. Tuyau, conduit d'alimentation en air sous pression (dans un orgue, un haut-fourneau).

PORTE-VOIX n.m. inv. Instrument destiné à diriger et à amplifier le son de la voix, formé d'un pavillon évasé (souvent associé aujourd'hui à un haut-parleur) ; mégaphone.

PORTFOLIO [pɔrtfoljo] n.m. Ensemble d'estampes ou de photographies, à tirage limité, réunies sous emboîtage.

1. PORTIER, ÈRE n. **1.** Employé qui se tient à l'entrée de certains établissements publics (hôtels et cabarets, notamm.) pour accueillir et guider les clients. **2.** Personne qui garde la porte d'un couvent, d'un monastère. **3.** Anc. Clerc qui avait reçu le premier des quatre ordres mineurs (supprimé en 1972). **4.** Vx. Concierge.

2. PORTIER n.m. *Portier électronique* : dispositif composé d'un clavier à touches et d'un bouton d'ouverture, placé à l'entrée des immeubles pour en permettre l'accès grâce à un code de fonctionnement.

1. PORTIÈRE n.f. **1.** Porte d'une voiture automobile ou de chemin de fer. **2.** Tenture, tapisserie destinée à masquer une porte.

2. PORTIÈRE n.f. (de *porter*). MIL. Élément d'un pont de bateaux, le plus souvent automoteur, utilisé aussi comme moyen de franchissement autonome.

3. PORTIÈRE adj.f. AGRIC. Se dit d'une femelle en âge d'avoir des petits. *Brebis portière.*

PORTILLON n.m. Porte à battant généralement assez bas.

PORTION [pɔrsjɔ̃] n.f. (lat. *portio*). **1.** Partie d'un tout divisé. **2.** Quantité d'aliments servie à une personne ; part de nourriture.

PORTIQUE n.m. (lat. *porticus*). **1.** Galerie couverte, devant une façade ou sur une cour intérieure, dont la voûte est soutenue par des colonnes ou des arcades. **2.** Dispositif, appareil constitué d'un élément horizontal haut soutenu à chacune de ses extrémités par un ou plusieurs éléments verticaux ou obliques. **a.** Poutre horizontale soutenue par des poteaux, et à laquelle on accroche les agrès de gymnastique. **b.** Appareil de levage et de manutention à champ d'action parallélépipédique. **c.** *Portique à signaux,* enjambant plusieurs voies ferrées et sur lequel sont groupés des dispositifs de signalisation. **d.** *Portique électronique* ou *de sécurité* : dispositif de détection des métaux permettant, dans les aéroports notamm., de déceler si les passagers sont porteurs d'armes.

PORTLAND [pɔrtlɑ̃d] n.m. (mot angl.). Ciment obtenu par le broyage, avec addition de gypse, des clinkers résultant de la cuisson vers 1 500 °C d'un mélange de calcaire et d'argile.

PORTO n.m. Vin de liqueur produit sur les rives du Douro (Portugal).

PORTOR [pɔrtɔr] n.m. (it. *portoro,* porte or). Marbre noir veiné de jaune.

PORTORICAIN, E adj. et n. De Porto Rico.

PORTRAIT n.m. (de l'anc. fr. *pourtraire,* dessiner). **1.** Image donnée d'une personne par la peinture, le dessin, la sculpture ou la photographie. – Spécialt. Image de son visage. ◇ *Être le portrait de qqn,* lui ressembler de manière frappante. *Cet enfant est le portrait de sa mère.* **2.** Fam. Face, visage. *Abîmer, esquinter,* etc., *le portrait à qqn,* lui casser la figure, le rosser. **3.** Représentation, description (de qqn ; d'une réalité complexe) par la parole, l'écriture, le cinéma, etc. *Brosser le portrait d'une société.*

PORTRAITISTE n. Artiste (surtout : peintre) qui fait des portraits.

PORTRAIT-ROBOT n.m. (pl. *portraits-robots*). Dessin ou photomontage du visage d'un individu (en général, d'un individu recherché par la police), exécuté d'après la description de divers témoins.

PORTRAITURER v.t. Faire le portrait de.

PORT-SALUT n.m. inv. (nom déposé). Fromage au lait de vache, à caillé pressé et croûte lavée, fabriqué en Mayenne.

PORTUAIRE adj. Relatif à un port, aux ports.

PORTUGAIS, E adj. et n. Du Portugal. ◆ n.m. Langue romane parlée principalement au Portugal et au Brésil.

PORTUGAISE n.f. **1.** Huître d'une variété à valves inégales, naguère abondante sur les côtes portugaises, espagnoles et françaises. **2.** Pop. *Avoir les portugaises ensablées :* entendre mal, être dur d'oreille.

PORTULAN [pɔrtylɑ̃] n.m. (it. *portolano,* pilote). Carte marine de la fin du Moyen Âge et de la Renaissance, indiquant la position des ports et le contour des côtes.

PORTUNE n.m. (de *Portunus,* n.pr.). Crabe caractérisé par les deux articles terminaux, aplatis en palettes, de sa dernière paire de pattes thoraciques (type de la famille des portunidés).

P. O. S. n.m. (sigle). Plan* d'occupation des sols.

POSADA n.f. (mot esp.). Vx. Auberge, en Espagne.

POSE n.f. **1.** Action de poser, de mettre en place, d'installer qqch. *La pose d'un tapis, d'une serrure.* **2. a.** Manière de se tenir, attitude du corps. *Une pose gracieuse.* **b.** Spécialt. Attitude dans laquelle un modèle se tient pour un artiste, pour un photographe. *Garder, tenir la pose.* **3.** Fig. Affectation, manque de naturel. **4.** PHOT. *Temps de pose :* durée nécessaire pour l'exposition correcte d'une couche sensible. **5.** Afrique. Toute photographie.

POSÉ, E adj. Calme et mesuré dans ses gestes et ses paroles ; pondéré, sérieux.

POSÉMENT adv. Calmement, sans se presser.

POSEMÈTRE n.m. PHOT. Appareil servant à déterminer les temps de pose ; cellule photoélectrique.

POSER v.t. (lat. *pausare,* s'arrêter). **I. 1.** Cesser de porter, de tenir ; mettre sur ou contre qqch servant d'appui, de support. *Poser des livres sur une table, une échelle contre un mur.* ◇ *Poser les armes :* cesser un combat armé, faire la paix. **2.** Mettre en place, installer. *Poser des rideaux, une moquette.* **3.** Écrire conformément aux règles de l'arithmétique, de l'algèbre. *Poser une opération, une retenue.* **II. 1.** Établir en ses termes, formuler (ce qui appelle une réponse). *Poser une question, une devinette.* ◇ *Poser sa candidature,* la présenter sous les formes requises. **2.** Admettre ou avancer (une vérité établie ; une hypothèse). *Poser en principe que...* **3.** Contribuer à asseoir la réputation, la renommée de. *Ces succès l'ont posé dans le monde.* **4.** Belgique, Canada. Accomplir (un geste, un acte, etc.). ◆ v.i. **I. 1.** *Poser sur :* prendre appui sur ; être soutenu par. *Les solives posent sur ce mur.* **2.** Garder une certaine attitude (la *pose*) pour être peint, photographié, etc. ◇ Fam. *Faire poser qqn,* le faire attendre. (On écrit aussi *faire pauser**.) **3.** Fig. Se tenir, se comporter de façon artificielle, affectée. *Poser pour la galerie.* ◇ *Poser à :* chercher à se faire passer pour. *Poser au redresseur de torts.* **II.** Observer un temps de pose en photographiant. ◆ **se poser** v.pr. **I. 1.** Cesser de voler ; atterrir. *Oiseau, avion qui se pose.* **2.** S'appuyer, s'appliquer sur (en parlant d'une partie du corps). *Sa main s'est posée sur la mienne.* **3.** S'arrêter, rester fixé, en parlant du regard. *Tous les yeux s'étaient posés sur lui.* **4.** *Se poser en, comme :* se donner pour, se définir comme. *Se poser en justicier, en victime.* **5.** Fam. *Se poser là :* être notable, remarquable dans son genre. *Comme gaffe, ça se pose là.* **II. 1.** Être ou pouvoir être mis en place, installé. *Ce papier peint se pose très facilement.* **2.** Être d'actualité, intervenir, exister, en parlant d'une question, d'un problème. *Cette difficulté se pose.*

POSEUR, EUSE n. et adj. **1.** Personne qui procède à la pose de certains objets. *Poseur de parquets.* **2.** Fig. Personne qui met de l'affectation dans ses attitudes, ses gestes.

POSIDONIE n.f. Plante croissant dans l'eau de mer, notamm. près des côtes méditerranéennes et australiennes, où elle constitue de vastes herbiers.

1. POSITIF, IVE adj. **1.** Qui affirme, accepte. *Une réponse positive.* **2.** Qui relève de l'expérience concrète ; qui a un caractère de réalité objective. *Un fait positif.* **3.** Qui montre la présence de l'élément ou de l'effet recherché. *Test positif.* **4.** Qui fait preuve de réalisme, qui a le sens pratique. *Un esprit positif.* **5.** Bon, heureux, bénéfique. *Un résultat positif.* **6.** *Épreuve positive* ou *positif,* n.m. : image photographique ou électronique dont les tons sont identiques à ceux du sujet. **7.** PHILOS. *État positif :* la dernière des trois étapes de l'esprit humain dans la philosophie d'Auguste Comte. (→ ***positivisme***.) **8.** *Charge électrique positive,* de même nature que celle que l'on développe sur un morceau de verre frotté avec de la laine. **9.** MATH. *Nombre positif,* supérieur ou égal à 0.

2. POSITIF n.m. **1.** Ce qui est incontestable, qui affirme. *Le positif et le négatif.* **2.** Ce qui est vraiment utile ; ce qui repose sur des faits, sur l'expérience (par opp. à l'imaginaire, au spéculatif). *Cette information, voilà du positif.* **3.** Anc. Petit orgue de chambre ou d'église qui peut être posé soit à terre, soit sur un meuble. **4.** PHOT. Épreuve positive. **5.** LING. Degré de l'adjectif qualificatif et de l'adverbe employés sans idée de comparaison (par opp. au comparatif et au superlatif).

POSITION n.f. (lat. *positio,* de *ponere,* placer). **I. 1.** Situation dans l'espace ; place occupée par rapport à ce qui est autour. *La position d'un navire.* **2.** MIL. Emplacement occupé par une formation militaire en opérations. **3. a.** Situation sociale ; place, emploi. *Une position brillante.* **b.** Situation administrative d'un fonctionnaire, d'un militaire. **c.** Fig. Circonstances particulières dans lesquelles qqn se trouve placé. *Une position difficile, critique.* **4.** Situation d'un compte, en particulier d'un compte en banque, résultat du calcul du solde. **5.** MUS. Place relative des sons qui constituent un accord. **II. 1.** Attitude, posture du corps ou d'une partie du corps. *Une position inconfortable.* ◇ CHORÉGR. Chacune des différentes manières de poser les pieds au sol et de placer les bras. **2.** Fig. Opinion professée, parti adopté par qqn sur un sujet donné, dans une discussion, etc. *Avoir une position claire, nette. Prendre position sur qqch. – Rester sur ses positions :* ne pas changer d'avis.

POSITIONNEMENT n.m. Action de positionner, de se positionner.

POSITIONNER v.t. **1.** Mettre en position avec une précision imposée. *Positionner le tiroir d'une vanne de commande.* **2.** Déterminer la situation d'un produit sur un marché, compte tenu, notamment, de la concurrence des autres produits. **3.** Indiquer ou déterminer les coordonnées géographiques, l'emplacement exact de. ◆ **se positionner** v.pr. Se placer en un lieu, à un rang précis, déterminé.

POSITIONNEUR n.m. MÉCAN. Appareil, dispositif permettant de placer, de maintenir en position (des pièces, des organes, etc.).

POSITIVEMENT adv. **1.** Avec certitude, précision. *Être positivement sûr de qqch.* ◇ Vraiment, tout à fait. *C'est positivement gênant.* **2.** D'une façon heureuse, bénéfique. *Situation qui évolue positivement.* **3.** Par de l'électricité positive. *Corps électrisé positivement.*

POSITIVISME n.m. **1.** Système philosophique d'Auguste Comte. **2.** Tout système philosophique qui, récusant les a priori métaphysiques, voit dans l'observation des faits positifs, dans l'expérience, l'unique fondement de la connaissance. ◇ *Positivisme logique :* mouvement philosophique contemporain qui, déniant toute signification aux énoncés métaphysiques, s'est efforcé de donner une forme logique et axiomatisée aux propositions empiriques sur lesquelles se fondent les sciences de la matière. SYN. : *empirisme logique, néopositivisme.* **3.** *Positivisme juridique :* doctrine selon laquelle les normes du droit positif (opposé au *droit naturel*) sont les seules à avoir une force juridique.

■ Le positivisme considère que l'humanité passe par trois étapes : théologique, métaphysique et positive. Dans l'*état positif,* l'esprit humain trouve l'explication ultime des phénomènes en élaborant les lois de leur enchaînement. Au travers du positivisme, Auguste Comte projette de fonder une nouvelle discipline, la *physique sociale* (qu'on appellera plus tard la sociologie*), dont l'objet est l'étude des phénomènes sociaux. Cette nouvelle discipline a pour mission, selon Comte, d'achever l'ensemble du système des sciences, d'inaugurer ainsi le règne de la philosophie positive, et d'atteindre du même coup le bonheur de l'humanité.

POSITIVISTE adj. et n. Qui relève du positivisme ; partisan du positivisme.

POSITIVITÉ n.f. Caractère de ce qui est positif.

POSITRON ou **POSITON** n.m. Antiparticule de l'électron possédant même masse et une charge égale et de signe contraire, c'est-à-dire positive.

POSITRONIUM ou **POSITONIUM** [-njɔm] n.m. PHYS. Édifice instable formé d'un électron et d'un positon, et qui présente une certaine analogie avec l'atome d'hydrogène.

POSOLOGIE n.f. **1.** Quantité et rythme d'administration d'un médicament prescrit. **2.** Étude du dosage et des modalités d'administration des médicaments.

POSSÉDANT, E adj. et n. Qui possède des biens, de la fortune.

POSSÉDÉ, E adj. et n. En proie à une possession démoniaque, occulte.

POSSÉDER v.t. (lat. *possidere*) [18]. **1.** Avoir à soi, disposer de. *Posséder une maison.* **2. a.** Avoir en soi, contenir. *Cette région possède des réserves d'eau.* **b.** Avoir en soi une caractéristique, une qualité, etc. *Posséder de bons réflexes, une bonne mémoire.* **3.** Connaître parfaitement. *Posséder l'anglais.* **4.** *Posséder une femme,* avoir des rapports sexuels avec elle. **5.** Fam. Duper, tromper (qqn). *Tu l'as bien possédé !* ◆ **se posséder** v.pr. Litt. Se maîtriser, se contrôler.

POSSESSEUR n.m. Personne qui a qqch en sa possession.

1. POSSESSIF, IVE adj. et n.m. GRAMM. Se dit des adjectifs déterminatifs et des pronoms qui expriment la possession, l'appartenance, la référence personnelle. (Ex. : *C'est* mon *crayon et non* le tien.)

2. POSSESSIF, IVE adj. Qui éprouve un besoin de possession, de domination à l'égard de qqn. *Mère possessive.*

POSSESSION [pɔsesjɔ̃] n.f. (lat. *possessio*). **I. 1.** Fait de posséder un bien. *La possession d'une grande fortune. – Avoir en sa possession, être en possession de :* posséder. *– Prendre possession de qqch. Rentrer en possession de :* recouvrer, pouvoir de nouveau disposer de. **2.** DR. Utilisation ou jouissance d'une chose, n'impliquant pas nécessairement la propriété de celle-ci. ◇ DR. CIV. *Possession d'état :* exercice des prérogatives et des charges attachées à un état (nom, renommée, manière dont on est traité, etc.). **3.** État

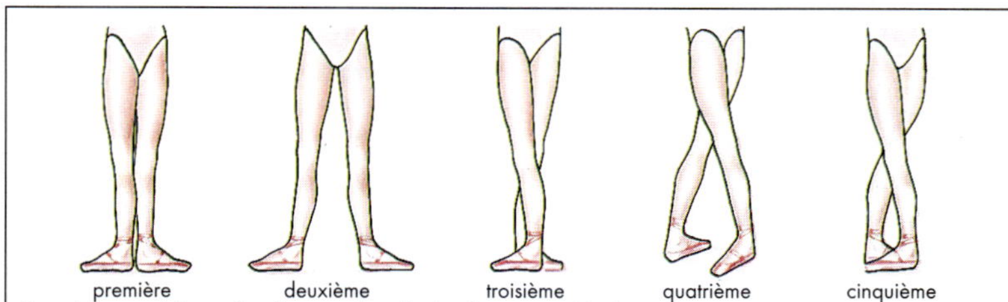

les cinq **positions** fondamentales de la danse académique

d'une personne possédée par une force démoniaque, occulte. – PSYCHIATRIE. *Délire de possession,* dans lequel le malade se croit en proie à des forces surnaturelles. **II.** Ce qui est possédé ; bien. ◇ **Spécialt.** Territoire possédé par un État ; colonie.

POSSESSIONNEL, ELLE adj. DR. Qui marque la possession.

POSSESSIVITÉ n.f. PSYCHOL. Fait de se montrer possessif, dominateur.

POSSESSOIRE adj. DR. Relatif à la possession.

POSSIBILITÉ n.f. **1.** Caractère de ce qui est possible. **2.** Moyen de faire qqch ; occasion, loisir. *En avez-vous la possibilité ?* **3.** Ce qui est possible. *C'est une possibilité.*

1. POSSIBLE adj. (lat. *possibilis,* de *posse,* pouvoir). **1.** Qui peut exister, se produire. *Un retard est toujours possible.* ◇ *C'est possible :* peut-être. – **Ellipt.** *Possible !* **2. Inv.** (Pour renforcer un superlatif relatif). *Faites le moins de fautes possible.* **3. Fam.** (En tournure négative). Acceptable, supportable. *Il n'est pas possible, ce gosse !*

2. POSSIBLE n.m. **1.** Ce qui est réalisable, qui peut être. *Le possible et l'impossible.* **2.** *Faire son possible, tout son possible :* faire ce qu'on peut, agir au mieux de ses moyens. **3.** *Au possible :* extrêmement. *Il est avare au possible.*

POSSIBLEMENT adv. **Litt.** Peut-être ; vraisemblablement.

POSTAGE n.m. Action de préparer pour la poste, de mettre à la poste.

POSTAL, E, AUX adj. De la poste.

POSTCLASSIQUE adj. Postérieur à une période classique.

POSTCOMBUSTION n.f. **1.** Deuxième combustion provoquée par l'injection de carburant dans le gaz d'échappement d'un turboréacteur, et qui permet d'augmenter la poussée de celui-ci. **2.** Dispositif assurant cette combustion supplémentaire.

POSTCOMMUNION n.f. LITURGIE CATH. Oraison prononcée par le prêtre après la communion.

POSTCOMMUNISME n.m. Situation résultant de l'abandon de l'idéologie communiste, dans certains pays.

POSTCOMMUNISTE adj. Relatif au postcommunisme.

POSTCURE n.f. MÉD. Période de repos et de réadaptation progressive à l'activité après une longue maladie, une opération, une cure de désintoxication, etc.

POSTDATE n.f. Date inscrite, postérieure à la date réelle.

POSTDATER v.t. Apposer une postdate sur.

1. POSTE n.f. (it. *posta*). **1.** Entreprise publique chargée de la collecte, de l'acheminement et de la distribution du courrier et de certains colis, et assurant des services financiers. *Le cachet de la poste fera foi.* **2.** Bureau, local où s'effectuent les opérations postales. *Aller à la poste.* **3. Anc. a.** Relais de chevaux établis le long d'un trajet afin de remplacer les attelages. **b.** Distance (génér. de deux lieues) entre deux relais.

2. POSTE n.m. (it. *posto*). **I. 1.** Local, lieu affecté à une destination particulière, où qqn, un groupe remplit une fonction déterminée. ◇ *Poste d'équipage :* partie d'un navire où loge l'équipage. – *Poste de secours,* où se tiennent des médecins, des infirmiers, pour porter secours aux blessés. – *Poste de police* ou *poste :* locaux d'un commissariat de police ou antenne d'un commissariat. **2.** Emploi professionnel ; lieu où s'exerce cette activité. *Occuper un poste important.* **II. 1.** Installation distributrice ; emplacement aménagé pour recevoir certaines installations techniques. *Poste d'eau, d'essence, de ravitaillement.* ◇ *Poste d'incendie :* installation hydraulique pour lutter contre l'incendie. – CH. DE F. *Poste d'aiguillage :* cabine de commande et de contrôle des signaux et des aiguilles d'une gare. – *Poste de travail :* emplacement où s'effectue une phase dans l'exécution d'un travail ; centre d'activité comprenant tout ce qui est nécessaire (machine, outillage, etc.) à l'exécution d'un travail défini. **2.** Appareil récepteur de radio ou de télévision. **3.** Chacun des différents appareils d'une installation téléphonique intérieure. **III.** Endroit fixé à un militaire ou à une petite unité pour assurer une mission de surveillance ou de combat ; ensemble des militaires chargés de cette mission. – *Poste de commandement (P. C.) :* emplacement où s'établit un chef pour exercer son commandement. ◇ *Être fidèle au poste :* rester fidèlement là où l'on a été placé ; **fig.**, ne pas manquer à ses obligations. **IV.** Article de budget, chapitre d'un compte.

POSTÉ, E adj. Se dit d'un travail organisé suivant un système d'équipes successives.

1. POSTER v.t. Mettre à la poste. *Poster son courrier.*

2. POSTER v.t. Placer à un poste, dans un endroit déterminé pour guetter, surveiller, etc. *Poster des sentinelles.* ◆ **se poster** v.pr. Se placer quelque part pour une action déterminée.

3. POSTER [pɔstɛr] n.m. (mot angl., *affiche*). Affiche illustrée ou photo tirée au format d'une affiche, sur papier souple, destinée à la décoration.

1. POSTÉRIEUR, E adj. (lat. *posterior*). **1.** Qui vient après dans le temps. *Date postérieure.* **2.** Qui est placé derrière. *Partie postérieure de la tête.* **3.** PHON. Dont l'articulation se situe dans la partie arrière de la bouche.

2. POSTÉRIEUR n.m. **Fam.** Fesses.

POSTÉRIEUREMENT adv. Après, dans un temps postérieur.

POSTERIORI (A) loc. adv. → ***a posteriori.***

POSTÉRIORITÉ n.f. État d'une chose postérieure à une autre.

POSTÉRITÉ n.f. (lat. *posteritas*). **1. Litt.** Suite de ceux qui descendent d'une même souche. **2.** Ensemble des générations futures. *Transmettre son nom à la postérité. La postérité jugera.*

POSTES n.f. pl. ARTS DÉC. Ornement fait d'une suite d'enroulements qui rappellent des vagues déferlantes.

POSTFACE n.f. Commentaire, explication placés à la fin d'un livre.

POSTGLACIAIRE adj. GÉOL. Qui suit une période glaciaire (en partic. la dernière glaciation quaternaire).

POSTHITE n.f. (gr. *posthê,* prépuce). MÉD. Inflammation du prépuce.

POSTHUME adj. (lat. *postumus,* dernier). **1.** Qui se produit, existe après la mort. *Gloire posthume.* **2.** Publié après le décès de l'auteur. *Ouvrage posthume.* **3.** Né après la mort de son père. *Fils posthume.*

POSTHYPOPHYSE n.f. ANAT. Lobe postérieur de l'hypophyse.

1. POSTICHE adj. **1.** Fait et ajouté après coup. *Ornement postiche.* **2.** Mis à la place de qqch qui n'existe plus ; artificiel. *Barbe postiche.*

2. POSTICHE n.m. **1.** Faux cheveux. **2.** Fausse barbe, fausse moustache.

POSTIER, ÈRE n. Employé de la poste.

POSTILLON n.m. **1. Anc.** Conducteur de la poste aux chevaux ; celui qui monte sur l'un des chevaux de devant d'un attelage. **2. Fam.** Goutte de salive projetée en parlant.

POSTILLONNER v.i. **Fam.** Projeter des postillons en parlant.

POSTIMPRESSIONNISME n.m. Ensemble des courants artistiques qui, durant la période allant approximativement de 1885 à 1905, divergent de l'impressionnisme ou s'opposent à lui (néo-impressionnisme, synthétisme, symbolisme, nabis...).

POSTIMPRESSIONNISTE adj. et n. Qui appartient au postimpressionnisme.

POSTINDUSTRIEL, ELLE adj. Qui succède à l'ère industrielle.

POSTMODERNE adj. et n. Qui appartient au postmodernisme.

POSTMODERNISME n.m. Orientation du goût propre au dernier quart du XXe s., caractérisée par une certaine liberté formelle, de l'éclectisme, de la fantaisie, rompant ainsi avec la rigueur sévère du style moderne.

POST MORTEM [pɔstmɔrtɛm] loc. adv. et adj. (mots lat.). Après la mort ; posthume.

POSTNATAL, E, ALS ou **AUX** adj. Qui suit immédiatement la naissance.

POSTOPÉRATOIRE adj. MÉD. Qui se produit, se fait à la suite d'une opération.

POST-PARTUM [pɔstpartɔm] n.m. inv. (mots lat.). MÉD. Période qui suit un accouchement.

POSTPOSER v.t. **1.** LING. Placer après. **2. Belgique.** Différer, remettre à plus tard.

POSTPOSITION n.f. LING. **1.** Place d'un mot à la suite d'un autre avec lequel il forme groupe. **2.** Mot ainsi placé qui joue, dans certaines langues, un rôle comparable à celui des prépositions en français.

POSTPRANDIAL, E, AUX adj. MÉD. Qui suit un repas, qui se produit après le repas.

POSTPRODUCTION n.f. Ensemble des opérations techniques intervenant après le tournage d'un film.

POSTROMANTIQUE adj. Qui succède à la période romantique.

POSTSCOLAIRE adj. Se dit d'activités destinées à compléter la formation des adolescents après leur scolarisation.

POST-SCRIPTUM [pɔstskriptɔm] n.m. inv. (mots lat., *écrit après*). Ajout fait à une lettre après la signature. Abrév. : *P.-S.*

POSTSYNCHRONISATION n.f. CIN. Enregistrement des dialogues d'un film en synchronisme avec les images, postérieurement au tournage.

POSTSYNCHRONISER v.t. CIN. Effectuer la postsynchronisation de.

POSTULANT, E n. **1.** Personne qui postule une place, un emploi. **2.** Personne qui se prépare à entrer dans un noviciat religieux.

POSTULAT n.m. **1.** Principe premier, indémontrable ou indémontré. **2.** RELIG. Temps qui précède le noviciat. **3. Suisse.** Vœu qu'un parlementaire transmet au pouvoir exécutif.

POSTULATION n.f. DR. Action de postuler.

POSTULER v.t. (lat. *postulare*). **1.** Demander, solliciter (un poste, un emploi). **2.** Poser comme postulat au départ d'une démonstration. ◆ v.i. **1.** Être candidat à un emploi, à une fonction. *Postuler à, pour le poste de directeur.* **2.** Accomplir les actes de procédure qu'implique un procès, en parlant d'un avocat ou d'un avoué.

POSTURAL, E, AUX adj. Relatif à la posture, à la position du corps dans l'espace.

POSTURE n.f. (it. *postura*). **1.** Position particulière du corps ; attitude, maintien. *Posture naturelle.* ◇ *Être en bonne, mauvaise posture :* être dans une situation favorable, défavorable. **2. Belgique.** Statuette.

POT n.m. (bas lat. *potus*). **I. 1.** Récipient de terre, de métal, etc., de formes et d'usages divers. *Pot de yaourt. Pot à eau.* – *Poule au pot :* poule bouillie. ◇ **Fig., fam.** *Payer les pots cassés :* payer le dommage causé. – *À la fortune du pot :* sans cérémonie. – *Le pot aux roses :* le secret d'une affaire. – *Tourner autour du pot :* user de détours inutiles, ne pas aller droit au but. – MAR. *Pot au noir :* zone des calmes équatoriaux (en particulier, celle de l'Atlantique), où d'épais nuages s'accompagnent de fortes pluies et où les navires restaient longuement encalminés, au temps de la navigation à voile. – *Pot de chambre :* petit récipient destiné aux besoins naturels. – ARCHIT. *Pot à feu :* vase décoratif surmonté d'une flamme. **2. Fam. a.** Verre d'une boisson quelconque ; rafraîchissement, consommation. *Prendre un pot dans un café.* **b.** Réunion où l'on boit, cocktail. *Être invité à un pot.* **3.** AUTOM. *Pot d'échappement :* appareil cylindrique où se

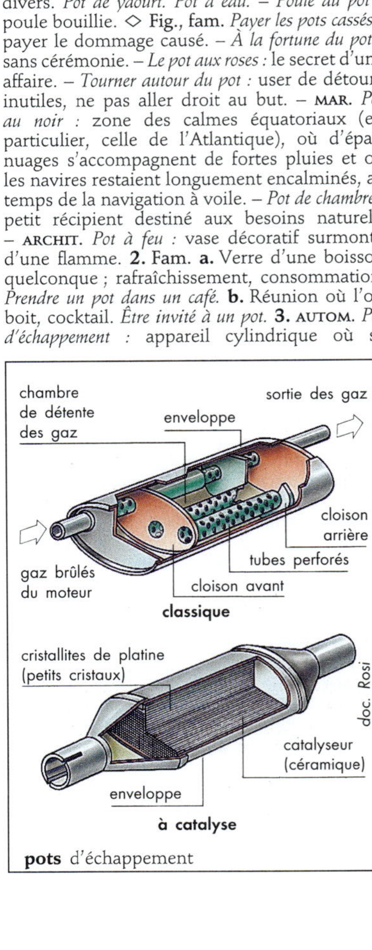

pots d'échappement

détendent les gaz brûlés à leur sortie d'un moteur à explosion. – *Pot catalytique :* pot d'échappement antipollution utilisant la catalyse. **II.** Fam. Chance. *Avoir du pot.* **III.** JEUX. Montant des enjeux. **IV.** Format de papier aux dimensions de 31 × 40 cm.

POTABLE adj. (du lat. *potare,* boire). **1.** Qui peut être bu sans danger. **2.** Fam. Qui convient à peu près ; dont on peut se contenter ; passable. *Travail tout juste potable.*

POTACHE n.m. Fam. Collégien, lycéen.

POTAGE n.m. (de *pot*). Bouillon préparé à partir de viandes, de légumes, de farineux, etc.

POTAGER, ÈRE adj. **1.** Se dit des plantes dont on fait une utilisation culinaire (légumes). **2.** *Jardin potager* ou *potager,* n.m., où l'on cultive des plantes potagères.

POTAMOCHÈRE [pɔtamɔʃɛr] n.m. Porc sauvage d'Afrique, à pelage acajou. (Haut. au garrot 65 cm.)

POTAMOLOGIE n.f. (du gr. *potamos,* fleuve). Didact. Hydrologie fluviale.

POTAMOT [pɔtamo] n.m. Plante monocotylédone, dont les feuilles flottent à la surface des eaux douces calmes.

POTARD n.m. Fam., vx. Pharmacien ; préparateur en pharmacie.

POTASSE n.f. (néerl. *potasch*). **1.** *Potasse caustique* ou *potasse :* hydroxyde de potassium (KOH), solide blanc, basique, très soluble dans l'eau. **2.** Dérivé potassique utilisé comme engrais, tel que la *potasse d'Alsace* (chlorure de potassium).

POTASSER v.t. Fam. Étudier avec application.

POTASSIQUE adj. Qui dérive du potassium, de la potasse.

POTASSIUM [pɔtasjɔm] n.m. Métal alcalin extrait de la potasse, léger, mou et très oxydable ; élément (K) de numéro atomique 19, de masse atomique 39,1. SYN. (vx) : ***kalium.***

1. POT-AU-FEU [pɔtofø] n.m. inv. **1.** Plat composé de viande de bœuf bouillie avec carottes, poireaux, navets, etc. **2.** Morceaux du bœuf servant à confectionner ce plat. **3.** Marmite où on le fait cuire.

2. POT-AU-FEU adj. inv. Fam. Attaché trop exclusivement aux choses domestiques (ménage, cuisine, etc.).

POT-DE-VIN n.m. (pl. *pots-de-vin*). Somme payée en dehors du prix convenu pour obtenir, conclure un marché.

POTE n.m. (de *poteau,* II). Fam. Camarade, copain.

POTEAU n.m. (lat. *postis,* jambage de porte). **I. 1.** Toute pièce de charpente dressée verticalement sur un sol. *Poteau de bois, de métal, de ciment.* **2.** Pièce de charpente servant à supporter ou à maintenir. – *Poteau télégraphique,* supportant des isolateurs auxquels s'appuient les fils télégraphiques, téléphoniques. – *Poteau indicateur,* portant un écriteau indiquant une route, un chemin, etc. **3. a.** SPORTS. *Poteau (de départ, d'arrivée),* marquant le départ, l'arrivée d'une course. **b.** Chacun des éléments verticaux d'un but. *Placer la balle entre les poteaux.* **4.** *Poteau d'exécution,* où l'on attache ceux que l'on va fusiller. **II.** Pop. Camarade, copain. (→ ***pote.***)

POTÉE n.f. **I.** Plat composé de viandes diverses et de légumes variés (notamm. de choux, de pommes de terre) cuits à l'étouffée. **II. 1.** Composition servant à faire les moules de fonderie. **2.** Préparation de consistance semi-liquide ou pâteuse, le plus souvent à base d'abrasif en poudre, utilisée dans différents corps de métier pour le rodage, le polissage, le ponçage, etc. *Potée d'émeri.*

POTELÉ, E adj. (anc. fr. *main pote,* main enflée). Qui a les formes rondes et pleines. *Enfant potelé.*

POTENCE n.f. (lat. *potentia,* puissance). **1.** Assemblage de pièces de bois ou de métal formant équerre, pour soutenir ou pour suspendre qqch. **2.** Instrument servant au supplice de la pendaison ; le supplice même. *Condamné à la potence.*

POTENCÉ, E adj. HÉRALD. Terminé en double potence, en forme de T. *Croix potencée.*

POTENTAT n.m. (du lat. *potens, potentis,* puissant). **1.** Souverain absolu d'un État puissant. **2.** Homme qui use de son pouvoir de façon despotique ; tyran.

POTENTIALISER v.t. (angl. *to potentialize*). Augmenter, renforcer les effets sur l'organisme d'une substance active, notamm. d'un médicament, en parlant d'une autre substance.

POTENTIALITÉ n.f. État de ce qui existe en puissance.

1. POTENTIEL, ELLE adj. (lat. *potens, potentis,* puissant). **1.** Qui existe virtuellement, en puissance, mais non réellement. **2.** LING. Qui exprime la possibilité. *La phrase « Il viendrait si on l'en priait » est une tournure potentielle.* **3.** PHYS. *Énergie potentielle :* énergie d'un système physique due à la position d'une partie du système par rapport à l'autre.

2. POTENTIEL n.m. **1.** Ensemble des ressources de tous ordres que possède en puissance un pays, un groupe humain, une personne, un être vivant. *Le potentiel militaire d'une nation.* **2.** ÉLECTR. Grandeur définie à une constante près, caractérisant les corps électrisés et les régions de l'espace où règne un champ électrique, et liée au travail produit par le champ électrique (on mesure des *différences de potentiel* [d. d. p.], ou *tensions*). **3.** LING. Forme verbale qui exprime l'action qui se réaliserait dans l'avenir si telle condition était réalisée (ex. : *Si on me remplaçait, je viendrais*).

POTENTIELLEMENT adv. De façon potentielle, virtuellement.

POTENTILLE [pɔtɑ̃tij] n.f. (lat. *potentia,* puissance). Herbe rampante des endroits incultes, des rochers de montagne. (Famille des rosacées.) SYN. : ***ansérine.***

potentille

POTENTIOMÈTRE n.m. ÉLECTR. **1.** Appareil pour la mesure des différences de potentiel ou des forces électromotrices. **2.** Rhéostat à trois bornes permettant d'obtenir une tension variable à partir d'une source de courant à tension constante.

POTERIE n.f. **1.** Fabrication de récipients en terre cuite, en grès, façonnés par modelage, moulage ou tournage dans une pâte argileuse. **2.** Objet obtenu selon les procédés de cette fabrication. *Les poteries étrusques.* ◇ Spécialt. Tuyau de terre cuite pour canalisation. **3.** Vaisselle métallique. *Poterie d'étain, de cuivre.*

POTERNE n.f. (bas lat. *posterula*). FORTIF. Porte dérobée percée dans la muraille d'une fortification et donnant souvent sur le fossé.

POTESTATIF, IVE adj. (du lat. *potestas,* pouvoir). DR. Qui dépend de la volonté d'une des parties contractantes.

POTICHE n.f. **1.** Grand vase décoratif en porcelaine, souvent à couvercle. **2.** Fam. Personne qui a un rôle de représentation, sans pouvoir réel.

POTIER, ÈRE n. Personne qui fabrique ou vend de la poterie.

POTIMARRON n.m. Courge originaire de Chine, dont le goût rappelle celui de la châtaigne. (Famille des cucurbitacées.)

POTIN n.m. Fam. **1.** (Surtout pl.). Petit commérage ; cancan. **2.** Tapage, vacarme.

POTINER v.i. Fam. Faire des potins, des cancans.

POTINIER, ÈRE adj. et n. Fam., vieilli. Qui potine.

POTION [posjɔ̃] n.f. (lat. *potio,* boisson). Préparation médicamenteuse liquide, aqueuse et sucrée destinée à être bue.

POTIQUET n.m. Belgique. Petit pot, récipient.

POTIRON n.m. Plante potagère voisine de la courge, dont on consomme les énormes fruits à chair orangée, pouvant peser jusqu'à 100 kg.

potiron

POTLATCH [pɔtlatʃ] n.m. (mot amérindien). ANTHROP. Ensemble de cérémonies marquées par des dons, que se font entre eux des groupes sociaux distincts, et qui témoignent d'une rivalité symbolique entre ces groupes ; système d'échange dans lequel existent de telles cérémonies.

POTOMANIE n.f. (du gr. *potos,* boisson). Besoin permanent de boire de grandes quantités de liquides de toutes sortes.

POTOMÈTRE n.m. Appareil servant à mesurer la quantité d'eau absorbée par une plante.

POTO-POTO n.m. inv. (du nom d'un quartier de Brazzaville). Afrique. **1.** Boue, vase, sol boueux. **2.** Boue séchée servant à construire des murs.

POTOROU n.m. (angl. *potoroo,* d'une langue australienne). Rat-kangourou du sud de l'Australie et de la Tasmanie, à oreilles rondes et petites, à queue prenante, se déplaçant par sauts.

POT-POURRI n.m. (pl. *pots-pourris*). **1.** Vx. Ragoût composé de plusieurs sortes de viandes. **2.** Mélange de plusieurs airs, de plusieurs couplets ou refrains de chansons diverses. **3.** Mélange hétéroclite de choses diverses, en partic. production littéraire formée de divers morceaux. **4. a.** Mélange de fleurs et de plantes odorantes destiné à parfumer l'air d'une maison, le linge, etc. **b.** Vase au couvercle percé de trous, destiné à contenir un tel mélange.

pot-pourri en porcelaine, avec imitation de décor chinois, provenant de la manufacture de Chantilly (XVIIIe s.)
[musée Condé, Chantilly]

POTRON-JACQUET ou **POTRON-MINET** n.m. Vx. *Dès potron-jacquet, dès potron-minet :* dès la pointe du jour. – REM. Le sens rend improbable l'usage du pluriel.

POTT [pɔt] **(MAL DE) :** tuberculose des vertèbres.

POTTO n.m. Lémurien d'Afrique, nocturne et arboricole.

POTTOCK n.m. (mot basque). Poney du Pays basque, très résistant.

POU n.m. (lat. *pediculus*) [pl. *poux*]. **1.** Insecte sans ailes, parasite externe des mammifères et de l'homme, dont il suce le sang. (Long. 2 mm.) ◇ *Pou des oiseaux :* mallophage. ◇ *Chercher*

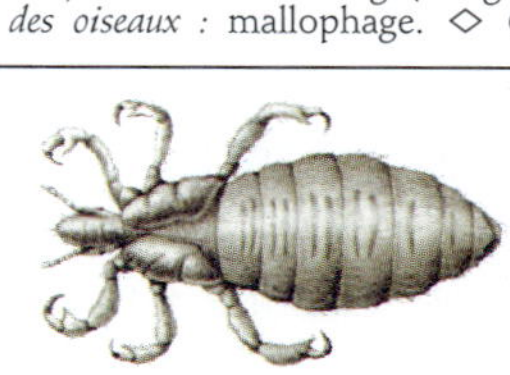
pou de la tête

des poux à qqn, lui chercher querelle à tout propos. **2.** *Herbe aux poux :* staphisaigre, pédiculaire. **3.** *Pou de San José :* cochenille très nuisible aux vergers.

POUACRE n. et adj. (lat. *podager, -gri,* goutteux). Fam., vx. **1.** Personne sale, malpropre sur soi. **2.** Avare.

POUAH interj. (Exprimant le dégoût). *Pouah ! c'est trop salé !*

POUBELLE n.f. (du n. du préfet de la Seine qui en imposa l'usage). Récipient destiné à recevoir les ordures ménagères.

POUCE n.m. (lat. *pollex, pollicis*). **1.** Le plus gros et le plus court des doigts de la main, opposable aux autres doigts chez l'homme et les primates. ◇ Fig. *Manger sur le pouce,* à la hâte et sans s'asseoir. – *Mettre les pouces :* céder après une résistance plus ou moins longue. – *Se tourner les pouces :* être inoccupé, oisif. ◇ Canada. *Faire du pouce,* de l'auto-stop. **2.** *Le pouce du pied :* le gros orteil. **3.** Anc. Unité de mesure de longueur qui valait 27,07 mm. (Ce mot sert parfois, en partic. au Canada, pour la traduction du mot anglais *inch.* Une entente industrielle des pays anglo-saxons lui a attribué la valeur commune de 25,4 mm.) **4.** Très petite quantité. *Ne pas céder un pouce de territoire.* ◆ interj. (Dans le langage enfantin, pour arrêter momentanément un jeu). *Pouce ! je ne joue plus !*

POUCE-PIED n.m. (pl. *pouces-pieds*). Crustacé voisin de l'anatife, dont le pédoncule est comestible.

POUCETTES n.f. pl. Anc. Paire d'anneaux ou chaînette pour attacher les pouces d'un prisonnier.

POUCIER n.m. Doigtier pour le pouce.

POU-DE-SOIE n.m. → ***pout-de-soie.***

POUDING n.m. → ***pudding.***

POUDINGUE [pudɛ̃g] n.m. (angl. *pudding*). Roche sédimentaire détritique, conglomérat formé de cailloux arrondis.

POUDRAGE n.m. **1.** Action de poudrer. **2.** TECHN. Réalisation d'un revêtement protecteur ou décoratif par application de résine sous forme de poudre, puis par cuisson du dépôt pour obtenir un revêtement dense et continu.

POUDRE n.f. (lat. *pulvis, pulveris,* poussière). **1.** Substance solide broyée, divisée en grains très fins et homogènes. *Sucre en poudre.* **2.** Préparation destinée à unifier le teint et à parfaire le maquillage. **3.** Substance pulvérulente explosive non détonante utilisée notamm. pour le lancement des projectiles d'armes à feu et pour la propulsion d'engins. – *Poudre sans fumée,* à base de nitrocellulose. – *Poudre noire, poudre à canon :* mélange de salpêtre, de soufre et de charbon de bois. – *Société nationale des poudres et explosifs* (remplaçant le *Service des poudres* depuis 1971) : organisme coordinateur de la fabrication et de la commercialisation des poudres et explosifs. ◇ *Mettre le feu aux poudres :* déclencher, faire éclater un conflit jusqu'alors larvé. – *Se répandre comme une traînée de poudre,* très rapidement. – Fam. *N'avoir pas inventé la poudre :* être peu intelligent. **4.** Vx. Poussière. ◇ Mod. *Jeter de la poudre aux yeux :* chercher à faire illusion.

POUDRER v.t. Couvrir de poudre.

POUDRERIE n.f. **1.** Fabrique de poudre, d'explosifs. **2.** Canada. Neige fraîche que le vent fait tourbillonner.

POUDRETTE n.f. Engrais composé de vidanges desséchées et réduites en poudre.

POUDREUSE n.f. **1.** Machine agricole utilisée pour répandre sur les cultures des poudres insecticides, fongicides, etc. **2.** Neige poudreuse.

POUDREUX, EUSE adj. Qui a la consistance d'une poudre. *Neige poudreuse.*

POUDRIER n.m. **1.** Boîte à poudre pour maquillage. **2.** Fabricant de poudre, d'explosifs.

POUDRIÈRE n.f. **1.** Anc. Dépôt de poudre, de munitions. **2.** Endroit, région où règnent des tensions susceptibles de dégénérer à tout instant en un conflit généralisé. *La poudrière du Proche-Orient.*

POUDRIN n.m. MAR. Embruns. ◇ Neige ou pluie très fine, à Terre-Neuve.

POUDROIEMENT n.m. Litt. Aspect de ce qui poudroie.

POUDROYER v.i. [13]. Litt. **1.** S'élever en poussière. *Des tourbillons de sable poudroyaient.* **2.** Être couvert de poussière brillante. *La route poudroie.* **3.** Faire scintiller les grains de poussières en suspension dans l'air, en parlant du soleil.

1. POUF n.m. Coussin très épais servant de siège.

2. POUF interj. (Imitant un bruit de chute sourd). *Pouf ! par terre !*

POUFFER v.i. *Pouffer, pouffer de rire :* éclater d'un rire involontaire, qu'on essaie de réprimer ou de cacher.

POUILLARD n.m. CHASSE. Jeune perdreau ; jeune faisan.

POUILLÉ n.m. (lat. *polyptychum*). HIST. Inventaire, état des bénéfices ecclésiastiques d'une cure, d'une abbaye, d'un diocèse, d'une province, etc.

POUILLERIE n.f. Fam., vieilli. **1.** Extrême pauvreté. **2.** Aspect misérable, sordide.

POUILLES n.f. pl. (de l'anc. fr. *pouiller,* dire des injures). Litt. *Chanter pouilles à qqn,* l'accabler de récriminations, de reproches, d'injures.

POUILLEUX, EUSE adj. et n. **1.** Couvert de poux. **2.** Qui est dans la misère. ◆ adj. Misérable, sordide. *Quartier pouilleux.*

POUILLOT n.m. (anc. fr. *poil,* coq). Oiseau, passereau voisin de la fauvette, au dos verdâtre et au ventre jaune.

POUILLY n.m. **1.** Vin blanc sec de Pouilly-sur-Loire. **2.** *Pouilly* ou *pouilly-fuissé :* vin blanc de certaines communes de Saône-et-Loire, dans le Mâconnais.

POUJADISME n.m. **1.** Doctrine politique de l'Union de défense des commerçants et artisans (U. D. C. A.), mouvement fondé en 1953 par Pierre Poujade. (Le poujadisme, antiparlementaire, antieuropéen, nationaliste, constitua de 1956 à 1958 le groupe parlementaire Union et Fraternité françaises.) **2.** Péj. Attitude politique revendicative, étroitement catégorielle et corporatiste.

POUJADISTE adj. et n. Relatif au poujadisme ; partisan du poujadisme.

POULAILLER n.m. **1.** Abri, enclos pour les poules, les volailles. **2.** Fam. Galerie la plus élevée d'un théâtre, où les places sont les moins chères.

POULAIN n.m. (lat. *pullus*). **I. 1.** Jeune cheval âgé de moins de 3 ans. **2.** Peau de cet animal. **3.** Débutant à la carrière prometteuse, appuyé par une personnalité. *Le poulain d'un entraîneur de boxe.* **II.** Appareil de manutention formé de deux madriers réunis par des entretoises courbes, pour charger les tonneaux, les fûts.

POULAINE n.f. (d'un anc. adj. *polain,* polonais). **1.** *Soulier à la poulaine* ou *poulaine :* chaussure à longue pointe relevée, à la mode aux XIVe et XVe s. **2.** MAR. Plate-forme d'étrave des anciens navires en bois, servant de latrines à l'équipage.

POULARDE n.f. Jeune poule engraissée pour la table.

POULBOT n.m. (du n. de *Poulbot,* dessinateur qui créa ce type). Enfant des rues de Montmartre.

1. POULE n.f. (lat. *pulla*). **I. 1.** Volaille, femelle du coq, élevée pour sa chair et pour ses œufs. (Ordre des gallinacés.) *La poule glousse, caquette,* pousse son cri. – *Petits de la poule :* poussins, poulets. ◇ *Avoir la chair de poule,* des frissons de froid ou de peur. – *Poule mouillée :* personne lâche, irrésolue. – *Tuer la poule aux œufs d'or :* détruire une source durable de revenus en cédant à l'appât d'un gain immédiat. – *Mère poule :* mère qui entoure ses enfants d'attentions excessives. **2.** Femelle de divers gallinacés. *Poule faisane :* faisan femelle. **3.** Oiseau, volatile appartenant à plusieurs espèces (notamm. d'échassiers). – *Poule d'eau :* échassier des roseaux (long. 35 cm env.). – *Poule des bois :* gelinotte. – *Poule des sables :* glaréole. **II. 1.** Fam. (Terme d'affection). *Ma poule.* **2.** Pop. Épouse ; maîtresse. **3.** Pop., vieilli. Femme légère.

poule de la race New Hampshire

poule d'eau

2. POULE n.f. (angl. *pool*). SPORTS. Épreuve dans laquelle chaque concurrent, chaque équipe rencontre successivement chacun de ses adversaires. ◇ Groupe de concurrents, d'équipes concurrentes, destiné(e)s à se rencontrer à un niveau donné, dans une telle épreuve.

POULET n.m. **1.** Petit de la poule. *Le poulet piaule,* pousse son cri. **2.** Poule ou coq non encore adulte, élevé(e) pour sa chair. *Poulet de grain.* **3.** Viande de poulet. **4.** (Terme d'affection). *Mon poulet.* **5.** Pop. Policier. **6.** Vx. Billet galant. *Écrire un poulet.*

POULETTE n.f. **1.** Jeune poule. **2.** (Employé comme terme d'affection). *Bonjour, ma poulette !* ◆ adj. *Sauce poulette :* sauce préparée avec du beurre et un jaune d'œuf auxquels on ajoute un petit filet de vinaigre.

POULICHE n.f. (mot picard). Jument non adulte.

POULIE n.f. (gr. *polos,* pivot). Roue portée par un axe et dont la jante est conçue pour recevoir un lien flexible (câble, chaîne, courroie, etc.) destiné à transmettre un effort de levage, de traction, etc.

POULIETHÉRAPIE n.f. Méthode de kinésithérapie utilisant un système de poids reliés par des poulies.

POULINER v.i. Mettre bas, en parlant d'une jument.

POULINIÈRE adj.f. et n.f. Se dit d'une jument destinée à la reproduction.

POULIOT n.m. (lat. *puleium*). **1.** Menthe forte utilisée comme stimulant. **2.** Petit treuil, à l'arrière d'une charrette, destiné à raidir à bloc la corde qui maintient le chargement.

POULOT, OTTE n. Fam. Terme d'affection (adressé à un enfant). *Mon poulot !*

POULPE n.m. (lat. *polypus*). Pieuvre.

POULS [pu] n.m. (lat. *pulsus*). Battement des artères dû aux contractions cardiaques. ◇ *Prendre, tâter le pouls de qqn :* compter le nombre des pulsations par minute ; fig., sonder ses dispositions, ses intentions. – Fig. *Prendre, tâter le pouls de qqch :* chercher à connaître la façon dont qqch se présente, en observer l'état ou la tendance.

POULT-DE-SOIE n.m. → ***pout-de-soie.***

POUMON n.m. (lat. *pulmo, pulmonis*). **1.** Organe pair de la respiration, situé dans le thorax, entouré de la plèvre, et qui est le principal organe de l'appareil respiratoire. ◇ *Respirer à pleins poumons,* avec d'amples mouvements thoraciques, en aspirant et en expirant à fond. **2.** *Avoir du poumon,* une voix forte. **3.** MÉD. *Poumon d'acier* ou *poumon artificiel :* appareil d'assistance respiratoire dans lequel on faisait rentrer le malade jusqu'au cou (de plus en plus remplacé par les respirateurs).

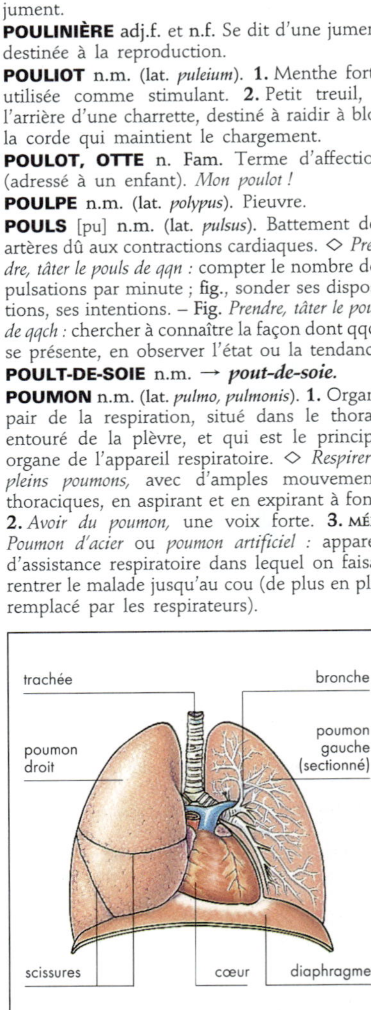

les **poumons** de l'homme

■ Chaque poumon est divisé en lobes (deux à gauche, trois à droite), puis en lobules. L'air lui arrive par une bronche souche, et le sang chargé de gaz carbonique par l'artère pulmonaire. Ce sang s'enrichit en oxygène au niveau des alvéoles, où aboutissent les bronchioles, ramifications finales des bronches. Il y a plus de 700 millions d'alvéoles qui représentent, pour les deux poumons, une surface respiratoire de 200 m². Le sang ainsi oxygéné ressort du poumon par les veines pulmonaires. La transformation du sang veineux en sang artériel est le phénomène de l'hématose.

POUPARD, E n. Petit enfant gras et joufflu.

POUPART n.m. Région. ZOOL. Tourteau.

POUPE n.f. (lat. *puppis*). MAR. Arrière d'un navire (par opp. à la *proue*). ◇ *Avoir le vent en poupe :* être dans une période favorable.

POUPÉE n.f. (lat. *pupa*). **I. 1.** Jouet (traditionnellement, jouet des petites filles) représentant un personnage souvent féminin ou d'enfant ; figurine costumée. ◇ *De poupée :* très petit. *Maison de poupée.* **2. a.** Jeune fille, jeune femme fraîche et jolie, au physique un peu frêle. **b.** Péj. Femme jolie, coquettement mise mais futile et un peu sotte. **3.** Mannequin des modistes et des tailleurs. **4.** Fam. Pansement entourant un doigt. **II. 1.** MÉCAN. Pièce d'un tour qui supporte l'objet à travailler, lui transmet son mouvement de rotation. *Poupée fixe et poupée mobile.* **2.** MAR. Tambour de treuil. *Poupée de guindeau, d'un winch.*

POUPIN, E adj. Qui a les traits rebondis, le visage rond. *Figure poupine.*

POUPON n.m. **1.** Bébé encore au berceau. **2.** Poupée représentant un bébé.

POUPONNER v.i. Fam. S'occuper assidûment d'un bébé, de bébés.

POUPONNIÈRE n.f. Établissement public accueillant de jour et de nuit des enfants de moins de trois ans qui ne peuvent rester au sein de leur famille.

1. POUR prép. (lat. *pro*). Indique. **1.** L'équivalence, la substitution. *Employer un mot pour un autre.* ◇ *En être pour ses frais, sa peine :* ne rien obtenir en échange de son argent, de ses efforts. **2.** La relation, le rapport. *Grand pour son âge.* **3.** La cause. *Puni pour sa paresse.* **4.** L'intérêt, le point de vue. *Plaider pour un accusé. Pour lui, c'est grave.* ◇ *Être pour qqn, qqch,* en être partisan. **5.** La destination, le but. *Partir pour la campagne. Pour le plaisir.* **6.** La conséquence. *Pour son malheur.* – *N'être pas pour* (+ inf.). : ne pas être de nature à. *Cela n'est pas pour me déplaire.* **7.** Le temps, la durée. *Pour trois ans.* **8.** La circonstance, le moment. *Pour cette fois.* – *Pour lors :* alors. – Litt. *Être pour* (+ inf.), sur le point de. *Il était pour partir.* ◆ loc. conj. *Pour que* (+ subj.) : afin que. – Litt. *Pour... que,* indique la concession. *Pour insensible qu'elle soit.* – *Pour peu que :* si peu que.

2. POUR n.m. inv. *Le pour :* le bon côté, les éléments favorables à une solution, à une thèse, à une décision, etc.

POURBOIRE n.m. Somme d'argent donnée par un client à titre de gratification, en sus du prix d'un service.

POURCEAU n.m. (lat. *porcellus*). Litt. Porc.

POUR-CENT n.m. inv. **1.** Taux d'intérêt de l'argent calculé sur un capital de cent francs. **2.** Commission calculée au pourcentage.

POURCENTAGE n.m. (de *pour cent*). **1.** Établissement, chiffre du taux de l'argent (tant pour cent). **2.** Proportion d'une quantité, d'une grandeur par rapport à une autre, évaluée sur la centaine. **3.** Spécialt. Commission calculée au pourcentage.

POURCHASSER v.t. Poursuivre, rechercher sans répit.

POURFENDEUR, EUSE n. Litt. (Souvent par plais.). Celui, celle qui pourfend.

POURFENDRE v.t. [73]. Litt. Fendre de haut en bas avec une arme tranchante. ◇ Fig. Critiquer, attaquer vigoureusement.

POURIM, fête juive commémorant la libération des Juifs de leur captivité dans l'Empire perse, grâce à Esther.

POURLÈCHE n.f. → *perlèche.*

POURLÉCHER (SE) v.pr. [18]. Fam. Passer sa langue sur ses lèvres en signe de gourmandise, de satisfaction. *Se pourlécher les babines.*

POURPARLERS n.m. pl. Conversations, entretiens préalables à la conclusion d'une entente.

POURPIER n.m. (lat. *pulli pes,* pied de poule). Plante à petites feuilles charnues, dont une espèce est cultivée comme légume et une autre, originaire de l'Amérique du Sud, pour ses fleurs à coloris variés. (Type de la famille des portulacacées.)

pourpier cultivé

POURPOINT n.m. (anc. fr. *porpoindre,* piquer). Vêtement ajusté d'homme, en usage du XIIe au XVIIe s., qui couvrait le corps du cou à la ceinture.

1. POURPRE n.f. (lat. *purpura*). **1.** Matière colorante d'un rouge foncé, tirée autrefois d'un coquillage. **2.** Étoffe teinte en pourpre. ◇ Litt. Dignité impériale, dont la pourpre était autrefois la marque. ◇ *La pourpre romaine :* la dignité de cardinal.

2. POURPRE n.m. **1.** Couleur d'un beau rouge violacé. **2.** ZOOL. Mollusque gastropode des côtes de l'Europe occidentale, qui se nourrit de moules. (Long. 2 cm env.) **3.** ANAT. *Pourpre rétinien :* substance photosensible des bâtonnets de la rétine des vertébrés intervenant dans la vision crépusculaire. SYN. : *rhodopsine.* ◆ adj. D'un rouge violacé.

POURPRÉ, E adj. **1.** Litt. De couleur pourpre. **2.** Vx. *Fièvre pourprée :* urticaire.

POURPRIN, E adj. Pourpré.

1. POURQUOI adv. Pour quelle raison. *On se fâche sans savoir pourquoi. Pourquoi partez-vous ?* ◇ *C'est pourquoi :* c'est la raison pour laquelle.

2. POURQUOI n.m.inv. **1.** Cause, raison. *Le pourquoi de toutes choses.* **2.** Question. *Comment répondre à tous les pourquoi ?*

1. POURRI, E adj. **1.** Gâté, avarié. *Fruit pourri.* **2. a.** Corrompu moralement. *Un monde pourri.* – *Enfant pourri,* mal élevé, trop gâté. **b.** Fam. *Être pourri de qqch,* en avoir beaucoup trop. **3.** *Temps pourri,* humide, pluvieux.

2. POURRI n.m. Partie pourrie de qqch.

POURRIDIÉ n.m. (mot prov.). Maladie cryptogamique de la vigne, des arbres fruitiers, qui provoque leur pourriture.

POURRIR v.i. (lat. pop. *putrire*). **1.** Entrer en putréfaction par l'action des bactéries. ◇ Fig. Se dégrader, se détériorer. *Situation qui pourrit.* **2.** Rester longtemps, trop longtemps. *Pourrir en prison.* ◆ v.t. **1.** Gâter, corrompre par décomposition. *L'eau pourrit le bois.* **2.** Fig. Corrompre moralement. *La fortune l'avait pourri.*

POURRISSAGE n.m. TECHN. Conservation des pâtes céramiques dans une humidité favorable à leur plasticité et à leur homogénéité.

POURRISSANT, E adj. Qui pourrit.

POURRISSEMENT n.m. **1.** Décomposition, putréfaction. **2.** Fig. Dégradation, détérioration. *Le pourrissement d'un conflit.*

POURRISSOIR n.m. Lieu où qqn, qqch pourrit, se dégrade.

POURRITURE n.f. **1.** État d'un corps en décomposition. **2.** Fig. Corruption morale de qqn, d'un milieu. **3.** AGRIC. Maladie cryptogamique des végétaux. *Pourriture grise, grasse.*

POUR-SOI n.m. inv. PHILOS. Chez Sartre, « région singulière de l'être » caractérisant l'être comme étant à distance de lui-même, comme réflexif et libre (opposé à *en-soi*).

POURSUITE n.f. **1.** Action de poursuivre. ◇ SPORTS. Course cycliste sur piste dans laquelle deux coureurs ou deux équipes, placés à des points diamétralement opposés, cherchent à se rejoindre. **2.** DR. Procédure mise en œuvre par un plaideur en vue de se faire rendre justice, ou par le ministère public en vue de faire punir l'auteur d'une infraction pénale. **3.** ASTRONAUT. Détermination à distance, instantanée et continue, des caractéristiques du mouvement d'un engin spatial.

POURSUITEUR, EUSE n. Cycliste spécialiste des courses de poursuite.

POURSUIVANT, E n. Personne qui poursuit.

POURSUIVRE v.t. [89]. **1.** Courir après pour atteindre. *Le chien poursuit le gibier.* **2.** Chercher à obtenir, à réaliser. *Poursuivre un rêve, une vengeance.* **3.** Continuer sans relâche, persévérer. *Poursuivre l'œuvre entreprise.* **4.** Harceler, obséder. *Souci, image qui poursuit sans cesse.* **5.** DR. Agir en justice contre qqn.

POURTANT conj. (Indiquant une opposition). Cependant, toutefois. *Cette surprenante aventure est pourtant véridique.*

POURTOUR n.m. (anc. fr. *portorner,* se tourner). **1.** Ligne qui fait le tour d'un lieu, d'un objet ; surface qui borde cette ligne. *Le pourtour d'une place.* **2.** ARCHIT. *Pourtour du chœur :* déambulatoire, dans une église.

POURVOI n.m. (de *pourvoir*). DR. Recours porté devant la plus haute juridiction compétente (Cour de cassation ou Conseil d'État) en vue de faire annuler une décision rendue en dernier ressort.

POURVOIR v.t. ind. *(à)* [64]. Donner, fournir à qqn ce qui est nécessaire. *Ses parents pourvoient à ses besoins.* ◆ v.t. **1.** Mettre en possession de ce qui est nécessaire, utile ; munir, doter, garnir. *Pourvoir sa maison de toutes les commodités. Elle est pourvue de grandes qualités.* **2.** Vx. Établir par mariage ou par emploi. ◆ **se pourvoir** v.pr. **1.** Se munir. *Se pourvoir d'argent.* **2.** DR. Former un pourvoi. *Se pourvoir en cassation.*

1. POURVOYEUR, EUSE n. Personne qui fournit qqch, approvisionne.

2. POURVOYEUR n.m. Vx. Servant d'une arme à feu collective, chargé de la ravitailler en munitions.

POURVU QUE loc. conj. (Avec le subj.). **1.** (Indiquant une condition). À condition que, du moment que. *Nous irons faire du ski pourvu qu'il y ait de la neige.* **2.** (Introduisant un souhait, une crainte). *Pourvu qu'il vienne !*

POUSSAGE n.m. Transport fluvial par convoi de barges métalliques amarrées rigidement entre elles et à un pousseur.

POUSSAH n.m. (chin. *pu sa,* idole bouddhique). **1.** Magot monté sur une demi-boule lestée qui le fait toujours revenir à la verticale. **2.** Homme corpulent et de petite taille.

POUSSE n.f. **1. a.** Croissance, développement d'un végétal ou d'une de ses parties. **b.** Bourgeon, plante à son premier état de développement. **2.** Croissance de certaines parties d'un corps vivant. *La pousse des dents, des cheveux.* **3.** Maladie des chevaux, caractérisée par l'essoufflement et le battement des flancs. **4.** Altération du vin, qui le rend trouble.

POUSSÉ, E adj. **1.** Achevé avec beaucoup de soin, de minutie. *Un travail très poussé.* **2.** Se dit d'un moteur dont les performances sont améliorées après sa construction.

POUSSE-CAFÉ n.m. inv. Fam. Petit verre d'alcool que l'on boit après le café.

POUSSÉE n.f. **I. 1.** Action de pousser, fait d'être poussé, pression. **2. a.** Pression exercée par le poids d'un corps contre un obstacle ou un autre corps. *La poussée des terres contre un mur de soutènement.* **b.** Force horizontale qui s'exerce sur les éléments qui supportent une voûte et qui tend à les renverser. **3.** PHYS. *Poussée d'Archimède :* force verticale dirigée de bas en haut, à laquelle est soumis tout corps plongé dans un fluide. **4.** AÉRON. et ASTRONAUT. Force de propulsion développée par un moteur à réaction. – *Centre de poussée :* point d'application de la résultante des forces de poussée. (V. ill. à *portance.*) **II. 1.** Manifestation soudaine et violente d'un trouble organique. *Une poussée de fièvre.* **2.** Développement, progression nets et soudains d'un mouvement, d'une force, d'un phénomène. *La poussée de tel parti aux élections.*

POUSSE-PIED n.m. inv. Petit bateau assez léger pour qu'on puisse le faire glisser sur la vase en le poussant du pied.

POUSSE-POUSSE n.m. inv. **1.** Voiture légère tirée par un homme, pour le transport des personnes, en Extrême-Orient. **2. Suisse.** Poussette, voiture d'enfant.

POUSSER v.t. (lat. *pulsare*). **1.** Exercer une pression, avec ou sans effort, sur qqch pour le déplacer, l'écarter sans le soulever. *Pousser un sac, une voiture.* **2.** Faire avancer, écarter qqn en imprimant une pression sur lui. *Pousser son voisin.* **3.** Faire aller, diriger devant soi. *Pousser un troupeau vers l'étable.* **4. a.** Faire fonctionner plus vite, avec davantage de puissance, activer. *Pousser un moteur, le feu.* **b.** Engager vivement, exhorter, inciter (qqn) à. *Pousser un écolier à travailler.* **c.** Porter une situation, un comportement jusqu'à ses extrémités. *Pousser la gentillesse jusqu'à...* **5.** Émettre, proférer. *Pousser un cri, un soupir.* ◆ v.i. **1.** Croître, se développer, grandir. *Ses cheveux ont poussé.* **2.** Prolonger, poursuivre sa marche, son voyage. *Nous avons poussé jusqu'à Dublin.* – **Fam.** *Il ne faut pas pousser :* il ne faut pas exagérer. ◆ **se pousser** v.pr. **1.** Se déplacer pour faire place. **2. Fig.** Se hisser à une place sociale plus élevée.

POUSSE-TOC n.m. (pl. *pousse-tocs* ou inv.). TECHN. Organe amovible d'un tour, tournant avec la broche, et qui transmet le couple de rotation au toc fixé sur la pièce à tourner.

POUSSETTE n.f. **I. 1.** Petite voiture d'enfant, généralement pliable, formée d'un siège inclinable suspendu à un châssis sur roulettes, et que l'on pousse devant soi. **2.** Armature d'acier légère montée sur roues et munie d'une poignée, destinée à soutenir un sac à provisions. **II. 1.** Tricherie commise en poussant une mise sur le tableau gagnant quand le résultat est déjà connu. **2.** Pression exercée sur un coureur cycliste pour le lancer ou accélérer son allure.

POUSSETTE-CANNE n.f. (pl. *poussettes-cannes*). Poussette d'enfant repliable constituée essentiellement d'une toile tendue entre deux montants parallèles en forme de canne.

POUSSEUR n.m. **1.** Bateau à moteur assurant le poussage. **2.** ASTRONAUT. Recomm. off. pour *booster.*

POUSSIER n.m. Débris pulvérulents d'une matière quelconque, notamment de charbon.

POUSSIÈRE n.f. (lat. *pulvis, pulveris*). **1.** Poudre très fine et très légère en suspension dans l'air et provenant de matières diverses (terre sèche notamment) par choc ou frottement. *Essuyer la poussière.* – *Coup de poussière :* explosion provoquée dans une mine par l'inflammation violente de fines particules de charbon en suspension dans l'air. ◇ *Une poussière de :* une grande quantité de choses de petites dimensions ou de peu d'importance. *Une poussière de détails.* – **Fam.** *... et des poussières :* et un peu plus, et encore un peu. **2.** Très petite particule de matière. *Avoir une poussière dans l'œil.*

POUSSIÉREUX, EUSE adj. Couvert, rempli de poussière.

POUSSIF, IVE adj. (de *pousser*). **1. Fam.** Qui s'essouffle, respire avec peine. **2.** Se dit d'un cheval atteint de la pousse. **3.** Qui fonctionne avec peine. *Un véhicule poussif.* **4. Fig.** Laborieux, sans inspiration. *Un style poussif.*

POUSSIN n.m. (bas lat. *pullicenus*). **1.** Poulet ou jeune oiseau nouvellement éclos. *Le poussin piaule,* pousse son cri. **2.** Catégorie de jeunes sportifs de moins de 11 ans. **3. Arg. mil.** Élève officier de première année, à l'École de l'air.

POUSSINE n.f. Suisse. Poulette.

POUSSINIÈRE n.f. Cage dans laquelle on élève des poussins.

POUSSIVEMENT adv. De façon poussive.

POUSSOIR n.m. Bouton qu'on pousse pour déclencher le fonctionnement d'un mécanisme.

POUTARGUE ou **BOUTARGUE** n.f. (prov. *boutargo,* de l'ar. *baṭārikh*). Œufs de poisson, salés et pressés en forme de saucisse plate.

POUT-DE-SOIE, POU-DE-SOIE ou **POULT-DE-SOIE** n.m. (pl. *pouts-, poux-* ou *poults-de-soie*). Taffetas souple et épais, présentant des côtes perpendiculaires à la lisière, formées par une trame brillante et assez grosse.

POUTRAGE n.m. ou **POUTRAISON** n.f. CONSTR. Assemblage de poutres.

POUTRE n.f. (lat. pop. *pullitra,* jument). **1.** Pièce de forme allongée en bois, en métal, en béton armé, etc., servant de support de plancher, d'élément de charpente, dans la construction. **2.** Agrès de gymnastique féminine, constitué d'une poutre de bois située à 1,20 m du sol.

POUTRELLE n.f. Petite poutre.

POUTSER v.t. (all. *putzen*). Suisse. Fam. Nettoyer.

POUTURE n.f. AGRIC. Anc. Mélange de céréales et de farineux destiné à l'engraissement des bœufs.

1. POUVOIR v.t. (lat. *posse*) [58]. **1.** Être capable de ; avoir la faculté, la possibilité de. *Comment pouvez-vous travailler dans un endroit aussi bruyant ?* ◇ *N'en plus pouvoir :* être épuisé par la fatigue, accablé par le chagrin ; être complètement rassasié ; être très usé. – *Ne rien pouvoir à qqch :* ne pas être capable de l'empêcher ni de le modifier. *Nous n'y pouvons rien.* ◇ **Belgique.** *Ne pouvoir mal :* ne courir aucun danger. – *N'en pouvoir rien :* n'y être pour rien. **2.** Avoir le droit, l'autorisation de. *Les élèves peuvent sortir pendant l'interclasse.* **3.** (Indiquant l'éventualité, la probabilité). *Il peut pleuvoir demain.* ◆ **se pouvoir** v.pr. impers. *Il se peut que :* il est possible que (suivi du subj.).

2. POUVOIR n.m. **I. 1.** Capacité, possibilité de faire qqch, d'accomplir une action, de produire un effet. *Il n'est pas en mon pouvoir de vous aider.* **2.** Autorité, puissance, de droit ou de fait, détenue sur qqn, sur qqch. *Abuser de son pouvoir. Le pouvoir de l'éloquence.* **3. a.** Mandat, procuration ; aptitude à agir pour le compte de qqn. *Donner un pouvoir par-devant notaire.* **b.** Document constatant cette délégation. **II. 1.** Autorité constituée, gouvernement d'un pays. *Parvenir au pouvoir.* – *Pouvoir temporel :* gouvernement civil d'un État. ◇ Fonction juridique consistant à édicter les règles d'organisation politique et administrative d'un État, ainsi qu'à en assurer le respect. **2.** Fonction de l'État, correspondant à un domaine distinct et exercée par un organe particulier. ◇ *Pouvoir constituant,* chargé d'élaborer, de réviser la Constitution. – *Pouvoir législatif,* chargé d'élaborer les lois. – *Pouvoir exécutif* ou *gouvernemental,* chargé de l'administration de l'État et de veiller à l'exécution des lois. – *Pouvoir judiciaire,* chargé de rendre la justice. – *Pouvoir réglementaire :* pouvoir reconnu à certaines autorités gouvernementales ou administratives (préfet, maire, etc.) d'édicter des règlements (décrets ou arrêtés). **3.** Toute autorité constituée. ◇ *Pouvoir spirituel :* autorité de l'Église en matière religieuse. – *Pouvoir disciplinaire,* celui qui s'exerce au moyen de sanctions, notamment dans l'Administration, les entreprises, etc. – *Pouvoir central,* celui qui siège aux organes principaux. **4.** *Le quatrième pouvoir :* la presse. **III.** Propriété, qualité particulière de qqch ; grandeur la caractérisant. ◇ *Pouvoir calorifique :* quantité de chaleur dégagée lors de la combustion, dans des conditions normalisées, d'une quantité donnée (kilogramme, litre, mètre cube) d'un corps, d'une substance. – *Pouvoir d'achat :* quantité de biens et de services que permet d'obtenir, pour une unité de base donnée (individu, famille, etc.), une somme d'argent déterminée. ◆ pl. *Pouvoirs publics :* ensemble des autorités qui détiennent la conduite de l'État. – *Séparation des pouvoirs :* principe de droit public selon lequel les domaines exécutif, législatif et judiciaire sont indépendants les uns des autres.

POUZZOLANE [pu(d)zɔlan] n.f. (de *Pouzzoles,* n.pr.). Roche volcanique à structure alvéolaire, recherchée en construction pour ses qualités d'isolation thermique et phonique.

P. P. C. M. n.m. (sigle). MATH. Plus petit commun multiple*.

Pr, symbole chimique du praséodyme.

PRACTICE [praktis] n.m. (mot angl.). Au golf, terrain ou ensemble d'installations en salle destinés à l'entraînement.

PRAESIDIUM [prezidjɔm] ou **PRÉSIDIUM** n.m. (mot lat.). Organe du Soviet suprême de l'U. R. S. S., qui a exercé jusqu'en 1990 la présidence collégiale de l'État.

1. PRAGMATIQUE adj. **1.** Fondé sur l'action, la pratique, cautionné par la réussite. *Une politique pragmatique.* **2.** Fondé sur l'étude des faits. *Histoire pragmatique.* **3.** HIST. *Pragmatique sanction :* édit d'un souverain statuant en principe définitivement en une matière fondamentale : succession, rapports de l'Église et de l'État, etc. (V. partie n.pr.)

2. PRAGMATIQUE n.f. Partie de la linguistique qui étudie les rapports entre la langue et l'usage qu'en font des locuteurs en situation de communication (étude des présuppositions, des sous-entendus, des conventions du discours, etc.).

PRAGMATISME n.m. (gr. *pragma, pragmatos,* fait). **1.** PHILOS. Doctrine qui prend pour critère de la vérité la valeur pratique. (Pour le pragmatisme, est vrai ce qui réussit, et il n'y a pas de vérité absolue.) **2. Cour.** Attitude de qqn qui s'adapte à toutes les situations, qui est orienté vers l'action pratique.

PRAGMATISTE adj. et n. PHILOS. Du pragmatisme ; qui en est partisan.

PRAGOIS, E ou **PRAGUOIS, E** adj. et n. De Prague.

PRAIRE n.f. (mot prov.). Mollusque bivalve comestible, fouisseur, qui vit dans le sable. (Long. 5 cm ; nom sc. *vénus.*)

PRAIRIAL n.m. (de *prairie*) [pl. *prairials*]. HIST. Neuvième mois du calendrier républicain, commençant le 20 ou le 21 mai et finissant le 18 ou le 19 juin.

PRAIRIE n.f. (de *pré*). Terrain couvert d'herbe destinée à l'alimentation du bétail, par pâture ou après fenaison. ◇ *Prairie naturelle* ou *permanente :* terrain en herbe qui n'a été ni labouré ni ensemencé. – *Prairie artificielle :* terre semée de légumineuses pures ou en mélange, d'une durée de production de un à trois ans. – *Prairie temporaire :* terre semée de graminées et de légumineuses, d'une durée de production variable selon les espèces.

PRAKRIT [prakri] n.m. Chacune des langues communes issues du sanskrit, en usage dans l'Inde ancienne et ayant donné naissance aux langues indo-aryennes modernes. Graphie savante : *prākrit.*

PRALIN n.m. **1.** Préparation à base d'amandes, de sucre et de vanille, utilisée en pâtisserie et en confiserie pour recouvrir les gâteaux, fourrer les bonbons, etc. **2.** AGRIC. Mélange boueux de terre et de bouse de vache dans lequel on trempe les racines des arbres avant de les planter, ou les graines avant de les semer.

PRALINAGE n.m. Action de praliner.

PRALINE n.f. (de *du Plessis-Praslin,* dont le cuisinier inventa cette confiserie). **1.** Amande ou noisette grillée enrobée de sucre cuit et glacé. **2. Belgique.** Bonbon au chocolat, généralement fourré.

PRALINÉ n.m. Mélange de chocolat et de pralines écrasées.

PRALINER v.t. **1. a.** Décorer, fourrer, parfumer au pralin. **b.** Préparer à la manière des pralines. **2.** AGRIC. Enrober des racines d'arbres ou des graines de pralin.

PRAME [pram] n.f. (néerl. *praam.*). Petite embarcation servant d'annexe à un bateau.

PRANDIAL, E, AUX adj. (lat. *prandium,* repas). MÉD. Relatif aux repas.

PRAO n.m. **1.** Bateau de Malaisie à balancier unique, à avant et à arrière symétriques, gréé de façon à pouvoir naviguer dans les deux sens. **2.** Voilier multicoque dont la construction est inspirée du prao malais.

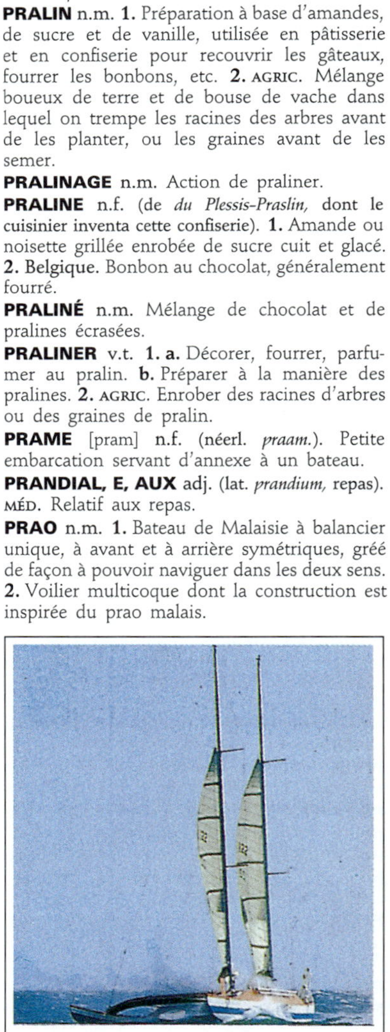

prao

PRASÉODYME n.m. Métal du groupe des terres rares ; élément (Pr) de numéro atomique 59, de masse atomique 140,90.

1. PRATICABLE adj. **1.** Où l'on peut circuler, passer. *Route, itinéraire praticable.* **2.** Qui peut être mis en pratique, en application ; réalisable.

2. PRATICABLE n.m. **1.** CIN. Plate-forme amovible servant à déplacer la caméra, les projecteurs, etc. **2.** Accessoire, élément d'un décor de théâtre qui n'est pas seulement peint, figuré, mais qui peut être utilisé réellement par les acteurs dans leur jeu, dans leurs déplacements. **3.** SPORTS. En gymnastique, carré de 12 m de côté pour les exercices au sol.

PRATICIEN, ENNE n. **1.** Personne qui pratique une activité, un métier (par opp. au théoricien, au chercheur). **2.** Médecin, dentiste, vétérinaire ou auxiliaire médical qui exerce sa profession en donnant des soins (par opp. notamm. aux chercheurs). **3.** BX-A. Personne qui, d'après un modèle, ébauche dans un bloc de pierre, de marbre, etc., l'ouvrage qu'achèvera le sculpteur.

PRATIQUANT, E adj. et n. **1.** Qui observe les pratiques de sa religion. **2.** Qui pratique habituellement un sport, une activité.

1. PRATIQUE adj. **1.** Qui s'attache aux faits, à l'action (par opp. à *théorique*). *Avoir le sens pratique.* – *Travaux pratiques :* exercices d'application de cours théoriques, magistraux. **2.** Commode, d'application ou d'utilisation facile, efficace. *Instrument, horaire pratique.* **3.** PHILOS. Qui concerne l'action morale, les règles de conduite.

2. PRATIQUE n.f. (gr. *praktikê*). **1. a.** Fait d'avoir, d'exercer une activité concrète. *La pratique de la navigation.* ◇ *Mettre en pratique :* appliquer les règles, les principes (d'une activité). – *En pratique, dans la pratique :* en réalité, en fait. **b.** Expérience, habitude approfondie. *Avoir la pratique des affaires.* **2.** (Souvent au pl.). Comportement habituel, façon d'agir. *Des pratiques curieuses.* **3.** Observation des prescriptions d'une religion. **4.** PHILOS. Activité concrète, historiquement déterminée, des hommes. **5.** MAR. *Libre pratique :* permission de communiquer donnée à un navire après la visite du service de santé. ◆ pl. Actes, exercices de piété. *Les pratiques et la foi.*

PRATIQUEMENT adv. **1.** Dans la pratique, en fait. *Pratiquement, il ne faut pas compter sur lui.* **2.** (Emploi critiqué mais très cour.). À peu près, quasiment, pour ainsi dire. *Des résultats pratiquement nuls.*

PRATIQUER v.t. **1.** Faire, exécuter. *Pratiquer un trou dans un mur.* **2.** Se livrer à une activité, à un sport. *Pratiquer la médecine, le tennis.* **3.** *Pratiquer une religion,* en observer les prescriptions. ◆ **se pratiquer** v.pr. Être en usage. *Le ski d'été se pratique de plus en plus.*

PRAXIE n.f. PSYCHOL. Fonction de coordination et d'adaptation des mouvements volontaires à une fin.

PRAXIS [praksis] n.f. (mot gr., *action*). PHILOS. Action et, notamment, action ordonnée vers une certaine fin (par opp. à *connaissance,* à *théorie*).

PRÉ n.m. (lat. *pratum*). **1.** Prairie permanente. **2.** *Pré carré :* domaine réservé de qqn, d'un groupe.

PRÉACCORD n.m. Document juridique liant deux ou plusieurs parties préalablement à un accord définitif.

PRÉADAPTATION n.f. BIOL. Prédisposition anatomique et physiologique d'un être vivant à s'adapter dans un milieu différent de celui où il vit.

PRÉADOLESCENT, E n. Jeune garçon, fillette qui va entrer dans l'adolescence.

1. PRÉALABLE adj. **1.** Qui doit normalement être fait, dit, examiné d'abord. *Consentement préalable.* **2.** *Question préalable.* **a.** DR. Question soumise à un tribunal, et dont la solution doit intervenir avant l'examen de la question principale (par opp. à *question préjudicielle*). **b.** Question posée par un parlementaire pour faire décider par l'assemblée qu'il n'y a pas lieu de délibérer sur le texte, le sujet à l'ordre du jour.

2. PRÉALABLE n.m. **1.** Condition fixée par une des parties en présence avant le début d'une négociation, etc. *Les préalables d'un traité.* ◇ *Au préalable :* auparavant. **2.** Canada. Cours qui doit en précéder un autre dans le programme d'études d'un élève.

PRÉALABLEMENT adv. Au préalable.

PRÉALPIN, E adj. Des Préalpes.

PRÉAMBULE n.m. (lat. *prae,* avant, et *ambulare,* marcher). **1.** Introduction à un discours, à un exposé ; avant-propos. **2.** Partie préliminaire d'une constitution, d'un traité, énonçant des principes fondamentaux. **3.** Ce qui précède, annonce qqch. *Cet incident était le préambule d'une crise grave.*

PRÉAMPLIFICATEUR n.m. ÉLECTRON. Amplificateur de tension du signal de sortie d'un détecteur ou d'une tête de lecture, avant entrée dans un amplificateur de puissance.

PRÉANNONCE n.f. CH. DE F. Signal, feu vert clignotant commandant au mécanicien d'un train circulant à plus de 160 km/h de ne pas dépasser cette vitesse au franchissement du signal suivant.

PRÉAPPRENTISSAGE n.m. Période de formation effectuée dans une entreprise au cours des dernières années de la scolarité, dans l'enseignement professionnel.

PRÉAU n.m. (de *pré*). **1.** Galerie couverte, dans une cour d'école. **2.** Grande salle d'une école, en partic. d'une école primaire, destinée aux activités collectives. **3.** Cour intérieure d'un cloître, d'une prison.

PRÉAVIS n.m. Avertissement préalable avant la dénonciation, la rupture d'un contrat, d'une convention, etc. ; délai qui s'écoule entre cet avertissement et le moment où il prend effet. *Préavis de licenciement.* – *Préavis de grève :* délai légal à observer avant d'entreprendre une grève.

PRÉAVISER v.t. Donner un préavis à.

PRÉBENDE n.f. (lat. *praebendus,* qui doit être fourni). **1.** Litt. Revenu attaché à une situation lucrative. **2.** RELIG. CATH. Revenu attaché à un titre ecclésiastique, à un canonicat ; ce titre lui-même.

PRÉBENDÉ adj.m. et n.m. RELIG. CATH. Qui jouit d'une prébende.

PRÉBENDIER n.m. RELIG. CATH. Titulaire d'une prébende.

PRÉCAIRE adj. (lat. *precarius,* obtenu par prière). **1.** Qui n'a rien de stable, d'assuré ; incertain, provisoire, fragile. *Santé précaire. Travail précaire.* **2.** DR. Qui existe par autorisation révocable.

PRÉCAIREMENT adv. Avec précarité.

PRÉCAMBRIEN n.m. Première ère de l'histoire de la Terre, dont on évalue la durée à 4 milliards d'années. (Les roches datant du précambrien, plissées et métamorphisées, n'ont livré que des vestiges rares et fragmentaires d'êtres vivants.) SYN. (vieilli) : *antécambrien.* ◆ **précambrien, enne** adj. Du précambrien.

PRÉCANCÉREUX, EUSE adj. Se dit de lésions qui précèdent certains cancers.

PRÉCARISATION n.f. Action de précariser.

PRÉCARISER v.t. Rendre précaire, peu stable, peu durable.

PRÉCARITÉ n.f. **1.** Caractère, état de ce qui est précaire. **2.** Situation d'une personne qui ne bénéficie d'aucune stabilité d'emploi, de logement, de revenus.

PRÉCAUTION n.f. (bas lat. *praecautio*). **1.** Disposition prise par prévoyance pour éviter un mal ou pour en limiter les conséquences. *Prendre ses précautions.* – *Précautions oratoires :* moyens adroits pour se ménager la bienveillance de l'auditeur. **2.** Circonspection, ménagement, prudence. *Marcher avec précaution.*

PRÉCAUTIONNER (SE) v.pr. Litt. Prendre des précautions.

PRÉCAUTIONNEUSEMENT adv. Litt. Avec précaution.

PRÉCAUTIONNEUX, EUSE adj. Litt. Qui prend des précautions ; qui dénote la précaution. *Gestes précautionneux.*

PRÉCÉDEMMENT adv. Auparavant.

1. PRÉCÉDENT, E adj. Qui est immédiatement avant, qui précède. *Le jour précédent. La page précédente.*

2. PRÉCÉDENT n.m. Fait, exemple antérieur invoqué comme référence ou comme justification pour qqch d'analogue. *Créer un précédent.* ◇ *Sans précédent :* unique.

PRÉCÉDER v.t. (lat. *praecedere*) [18]. **1.** Marcher devant. *L'avant-garde précède l'armée.* **2.** Être situé avant, dans l'espace ou dans le temps. *L'article précède le nom. Le jour qui précéda son départ.* **3.** Devancer qqn ; arriver, se trouver en un lieu avant lui. *Il m'a précédé au bureau de quelques minutes. Les locataires qui nous ont précédés.*

PRÉCEINTE n.f. MAR. Bordage situé au-dessus de la ligne de flottaison.

PRÉCELLENCE n.f. Litt. Supériorité marquée, échappant à toute hiérarchie commune. SYN. : *préexcellence.*

PRÉCEPTE n.m. (lat. *praeceptum*). Règle, enseignement dans un domaine particulier. *Les préceptes de la morale.*

PRÉCEPTEUR, TRICE n. Personne chargée de l'éducation d'un enfant à domicile.

PRÉCEPTORAT n.m. Fonction de précepteur.

PRÉCESSION n.f. (du lat. *praecedere,* précéder). MÉCAN. Mouvement conique décrit autour d'une position moyenne par l'axe d'un corps animé d'un mouvement gyroscopique. ◇ ASTRON. Mouvement conique très lent effectué par l'axe de rotation terrestre autour d'une position moyenne correspondant à une direction normale au plan de l'écliptique.

PRÉCHAMBRE n.f. Chambre auxiliaire d'un moteur à combustion, entre l'injecteur de combustible et le cylindre, dans laquelle la turbulence du gaz facilite l'allumage.

PRÉCHAUFFAGE n.m. Chauffage préliminaire. *Préchauffage d'un four. Préchauffage de pièces à souder.*

PRÉCHAUFFER v.t. Procéder au préchauffage de.

PRÊCHE n.m. **1.** Sermon, notamm. d'un ministre protestant. **2.** Fam. Discours moralisateur et ennuyeux.

PRÊCHER v.t. (lat. *praedicare*). **1.** Annoncer, enseigner (la parole de Dieu). *Prêcher l'Évangile.* **2.** Recommander avec insistance. *Prêcher la modération.* ◆ v.i. Prononcer un, des sermons.

PRÊCHEUR, EUSE adj. et n. **1.** Fam. Qui aime sermonner, faire la morale. **2.** *Frères prêcheurs :* dominicains, religieux voués à la prédication.

PRÊCHI-PRÊCHA n.m. inv. Fam. Discours moralisateur et ennuyeux.

PRÉCIEUSE n.f. LITTÉR. Au XVIIe s., femme du monde qui cherchait à se distinguer par l'élégance de ses manières et de son langage.

PRÉCIEUSEMENT adv. Avec grand soin. *Garder précieusement des lettres.*

PRÉCIEUX, EUSE [presjø, øz] adj. (lat. *pretiosus*). **1.** Qui a une grande valeur marchande. *Bijoux précieux.* **2.** Dont on fait grand cas ou qui rend de grands services ; très utile. *De précieux conseils. Un collaborateur précieux.* **3.** LITTÉR. Relatif à la préciosité. ◆ adj. et n. Affecté dans son langage, ses manières.

PRÉCIOSITÉ n.f. **1.** LITTÉR. Tendance au raffinement des sentiments, des manières et de l'expression littéraire qui se manifesta en France, dans certains salons, au début du XVIIe s. **2.** Affectation dans les manières, le langage, le style.

PRÉCIPICE n.m. (lat. *praecipitium*). **1.** Lieu très profond et escarpé ; abîme, gouffre. **2.** Fig. Situation catastrophique, désastre, ruine.

PRÉCIPITAMMENT adv. Avec précipitation.

PRÉCIPITATION n.f. **1.** Grande hâte ; vivacité excessive excluant la réflexion. *Parler, s'enfuir avec précipitation.* **2.** CHIM. Phénomène par lequel un corps insoluble se forme dans un liquide et se dépose au fond du récipient. ◆ pl. Formes variées sous lesquelles l'eau solide ou liquide contenue dans l'atmosphère se dépose à la surface du globe (pluie, brouillard, neige, grêle, rosée).

1. PRÉCIPITÉ, E adj. Accompli à la hâte. *Départ précipité.*

2. PRÉCIPITÉ n.m. CHIM. Dépôt formé dans un liquide par une précipitation.

PRÉCIPITER v.t. (lat. *praecipitare,* de *praeceps,* qui tombe la tête en avant). **1.** Faire tomber d'un lieu élevé dans un lieu beaucoup plus bas. *L'avalanche a précipité de gros rochers dans la vallée.* **2.** Pousser, faire tomber, jeter dans. *Précipiter un pays dans la guerre.* **3.** Hâter, accélérer le rythme de. *Précipiter le mouvement, les évènements.* **4.** Accomplir avec trop de hâte. *Précipiter son départ.* **5.** CHIM. Provoquer la précipitation de. ◆ v.i. CHIM. Former un précipité. ◆ **se précipiter** v.pr. **1.** Se jeter de haut en bas. **2.** S'élancer vivement, accourir en hâte. *Se précipiter vers un blessé.* **3.** Agir avec trop de hâte. *Ne nous précipitons pas !* **4.** Prendre un rythme accéléré. *Les évènements se précipitent.*

PRÉCIPUT [presipyt] n.m. (lat. *praecipuum*). DR. Droit reconnu à certaines personnes appelées à un partage de prélever, avant celui-ci, une somme d'argent ou certains biens de la masse à partager.

PRÉCIPUTAIRE adj. DR. Relatif au préciput.

1. PRÉCIS, E adj. (lat. *praecisus*, abrégé). **1.** Qui ne laisse aucune incertitude ; juste, exact. *Mesure, idée précise.* **2.** Fixé, déterminé rigoureusement. *Heure précise.* **3.** Qui agit avec exactitude, rigueur. *Soyez précis, venez à 10 heures.* **4.** Qui est exécuté d'une façon nette. *Un dessin précis.* **5.** MIL. *Tir précis,* dont les impacts sont groupés, même loin du point visé.

2. PRÉCIS n.m. Ouvrage qui expose brièvement l'essentiel d'une matière.

PRÉCISÉMENT adv. Justement, exactement.

PRÉCISER v.t. **1.** Déterminer, fixer avec précision. *Préciser la date d'un examen.* **2.** Apporter des précisions ; rendre plus précis, plus exact. *Préciser sa pensée.* ◆ **se préciser** v.pr. Prendre forme, devenir distinct.

PRÉCISION n.f. **1.** Caractère de ce qui est précis, exact. ◇ **Spécialt.** Qualité globale d'un instrument de mesure lui permettant de donner des indications qui coïncident, à une haute approximation près, avec la valeur vraie de la grandeur à mesurer. **2.** Exactitude dans l'action. *Manœuvre exécutée avec précision.* **3.** Netteté rigoureuse dans la pensée, l'expression. *La précision du style.* **4.** Détail précis qui apporte une plus grande information. *Donnez-moi des précisions.*

PRÉCISIONNISME n.m. Tendance de la peinture figurative américaine des années 1920 et 1930, caractérisée par un style schématique et précis (Charles Demuth, Charles Sheeler, etc.).

PRÉCITÉ, E adj. Cité précédemment.

PRÉCLASSIQUE adj. Antérieur à une période classique.

PRÉCOCE adj. (lat. *praecox, praecocis*). **1.** Mûr avant le temps normal ou habituel. *Fruit précoce.* **2.** Dont le développement physique ou intellectuel correspond à un âge supérieur. *Enfant précoce.* **3.** Qui survient plus tôt que d'ordinaire. *Printemps précoce.*

PRÉCOCEMENT adv. De façon précoce.

PRÉCOCITÉ n.f. Caractère d'une personne, d'une chose précoce.

PRÉCOLOMBIEN, ENNE adj. Antérieur à la venue de Christophe Colomb, en Amérique. SYN. : *préhispanique.*

PRÉCOMBUSTION n.f. Phase du fonctionnement d'un moteur Diesel précédant l'inflammation du combustible.

PRÉCOMPTE n.m. **1.** Retenue des cotisations sociales opérée par l'employeur sur le salaire et versée aux organismes correspondants. SYN. : *retenue.* **2.** *Précompte mobilier :* retenue de contribution fiscale exigée des sociétés non soumises à l'impôt sur les sociétés.

PRÉCOMPTER v.t. Opérer le précompte de.

PRÉCONCEPTION n.f. Rare. Idée que l'on se forme d'avance.

PRÉCONÇU, E adj. Imaginé par avance, sans examen critique. *Idée préconçue.*

PRÉCONISATION n.f. **1.** Action de préconiser. **2.** RELIG. CATH. Acte solennel par lequel le pape donne l'institution canonique à un évêque nommé par l'autorité civile.

PRÉCONISER v.t. (du lat. *praeco, -onis,* crieur public). **1.** Recommander vivement. *Préconiser un remède.* **2.** RELIG. CATH. Instituer par la préconisation.

1. PRÉCONSCIENT, E adj. PSYCHAN. Qui se rapporte au préconscient.

2. PRÉCONSCIENT n.m. PSYCHAN. Dans l'appareil psychique décrit par Freud, lieu des processus mentaux qui, temporairement inconscients, ne sont pas refoulés et peuvent redevenir conscients.

PRÉCONTRAINT, E adj. Soumis à la précontrainte. *Béton précontraint.*

PRÉCONTRAINTE n.f. Technique de mise en œuvre du béton consistant à le soumettre à des compressions permanentes destinées à augmenter sa résistance.

PRÉCORDIAL, E, AUX adj. (du lat. *praecordia,* diaphragme). MÉD. Relatif à la région du thorax située en avant du cœur.

PRÉCORDIALGIE n.f. MÉD. Douleur dans la région précordiale.

PRÉCUIT, E adj. Se dit d'un aliment soumis à une cuisson préalable avant d'être conditionné et qui ne nécessite qu'un temps réduit de cuisson. *Riz précuit.*

1. PRÉCURSEUR n.m. (lat. *praecursor*). **1.** Personne qui, par son action, ouvre la voie à qqn, à une doctrine, à un mouvement. *Les poètes qui furent les précurseurs du romantisme.* **2.** BIOCHIM. Composé qui en précède un autre dans une séquence métabolique.

2. PRÉCURSEUR adj.m. **1.** Qui vient avant et annonce qqch ; avant-coureur, annonciateur. *Signes précurseurs.* **2.** MIL. *Détachement précurseur,* chargé de préparer le cantonnement d'une unité.

PRÉDATEUR, TRICE adj. et n.m. **1.** Qui vit de proies animales ou végétales. *Espèces prédatrices.* ◇ *Prédateur naturel d'une espèce :* animal qui fait ordinairement sa proie de cette espèce. **2.** ANTHROP., PRÉHIST. Se dit de l'homme qui vit de la chasse et de la cueillette. ◆ n.m. Personne, groupe qui établit son pouvoir, sa puissance en profitant de la faiblesse de ses concurrents.

PRÉDATION n.f. **1.** Mode de nutrition des animaux prédateurs. **2.** Mode de subsistance des populations prédatrices.

PRÉDÉCESSEUR n.m. (lat. *prae,* en avant, et *decessor,* qui précède). Personne qui a précédé qqn dans une fonction, un emploi, etc.

PRÉDÉCOUPÉ, E adj. Découpé à l'avance ou présenté en éléments facilement séparables.

PRÉDÉLINQUANT, E n. Mineur en danger moral du fait de la déficience de son milieu éducatif, et susceptible de devenir délinquant.

PRÉDELLE n.f. (it. *predella,* gradin). BX-A. Partie inférieure d'un retable, d'un polyptyque, en général subdivisée en petits panneaux.

PRÉDESTINATION n.f. **1.** Détermination fatale et immuable des évènements futurs. **2.** THÉOL. Décret éternel de Dieu concernant la fin dernière (salut éternel ou damnation) de la créature humaine.

PRÉDESTINÉ, E adj. et n. Dont le destin, heureux ou malheureux, est fixé à l'avance.

PRÉDESTINER v.t. (lat. *praedestinare,* réserver d'avance). **1.** Vouer, réserver d'avance à un destin, un rôle particulier. **2.** THÉOL. Destiner de toute éternité au salut ou à la damnation.

PRÉDÉTERMINATION n.f. Action de déterminer à l'avance.

PRÉDÉTERMINER v.t. Déterminer à l'avance.

PRÉDICABLE adj. (lat. *praedicabilis*). LOG. Qui peut être appliqué à un sujet. *Le terme « animal » est prédicable à l'homme et à la bête.*

PRÉDICANT n.m. (lat. *praedicans,* prêchant). **1.** Vx. Prédicateur protestant. **2.** Péj. Prêcheur de morale.

PRÉDICAT [predika] n.m. (lat. *praedicatum,* chose énoncée). **1.** LOG. Attribut affirmé ou nié d'un sujet. – *Calcul des prédicats :* partie de la logique qui traite des propriétés générales des propositions analysées en prédicats. **2.** LING. Ce qu'on affirme ou nie à propos de ce dont on parle (sujet ou thème). [En français, adjectif attribut séparé du sujet par la copule *être ;* syntagme verbal par rapport au syntagme nominal sujet.] **3.** MATH. Expression contenant une ou plusieurs variables et qui est susceptible de devenir une proposition vraie ou fausse selon les valeurs attribuées à ces variables. SYN. : *fonction propositionnelle.*

PRÉDICATEUR, TRICE n. Personne qui prêche.

PRÉDICATIF, IVE adj. LOG., LING. Du prédicat. ◇ *Phrase prédicative,* réduite au seul prédicat. (Ex. : *Tout beau ! Moi, protester !*)

PRÉDICATION n.f. Action de prêcher ; sermon.

PRÉDICTIBILITÉ n.f. Didact. Caractère d'un phénomène prédictible.

PRÉDICTIBLE adj. Didact. Se dit d'un phénomène obéissant à des lois qui permettent d'en prévoir l'évolution.

PRÉDICTIF, IVE adj. *Médecine prédictive :* partie de la médecine préventive axée sur le diagnostic in utero des maladies et malformations de l'enfant.

PRÉDICTION n.f. (lat. *praedictio*). **1.** Action de prédire. **2.** Ce qui est prédit. *Les faits ont démenti tes prédictions.*

PRÉDIGÉRÉ, E adj. *Aliment prédigéré,* qui a subi une digestion chimique préalable et qui permet de diminuer le travail digestif chez certains malades.

PRÉDILECTION n.f. (lat. *dilectio,* amour). Préférence marquée pour qqn, pour qqch. *Avoir une prédilection pour l'un de ses enfants.* ◇ *De prédilection :* favori. *Proust est son auteur de prédilection.*

PRÉDIQUER v.t. LING. Donner un prédicat à (un syntagme nominal).

PRÉDIRE v.t. (lat. *praedicere*) [103]. Annoncer d'avance ce qui doit se produire soit par intuition ou divination, soit par des règles certaines, soit par conjecture ou raisonnement. *Prédire l'avenir, une éclipse, une crise économique.*

PRÉDISPOSER v.t. Mettre par avance dans certaines dispositions. *Sa constitution la prédispose à la maladie.*

PRÉDISPOSITION n.f. Disposition, tendance, aptitude naturelle à qqch.

PRÉDOMINANCE n.f. Caractère prédominant, prépondérance.

PRÉDOMINANT, E adj. Qui prédomine.

PRÉDOMINER v.i. Être en plus grande quantité, être le plus important. *Le maïs prédomine dans cette région.*

PRÉÉLECTORAL, E, AUX adj. Qui précède des élections.

PRÉÉLÉMENTAIRE adj. *Enseignement préélémentaire,* donné dans les écoles maternelles ou les classes enfantines.

PRÉEMBALLÉ, E adj. Se dit d'une marchandise vendue sous emballage.

PRÉÉMINENCE n.f. Supériorité absolue sur les autres, suprématie. *Se disputer la prééminence économique.*

PRÉÉMINENT, E adj. (lat. *praeeminens*). Litt. Qui a la prééminence, supérieur.

PREEMPTION n.f. (lat. *prae,* avant, et *emptio,* achat). Faculté que détient une personne ou une administration, de préférence à toute autre, d'acquérir un bien qui a été mis en vente.

PRÉENCOLLÉ, E adj. Se dit d'un matériau enduit sur son envers d'un produit permettant de le coller.

PRÉENREGISTRÉ, E adj. **1.** Enregistré à l'avance (par opp. à *en direct*). *Émission préenregistrée.* **2.** Qui contient déjà un enregistrement (par opp. à *vierge*). *Cassette préenregistrée.*

PRÉÉTABLI, E adj. Établi d'avance. ◇ *Harmonie préétablie,* qui, dans la philosophie de Leibniz, explique l'accord entre l'âme et le corps.

PRÉÉTABLIR v.t. Établir à l'avance.

PRÉEXCELLENCE n.f. Litt. Précellence.

PRÉEXISTANT, E adj. Qui préexiste.

PRÉEXISTENCE n.f. Existence antérieure.

PRÉEXISTER v.i. Exister avant.

PRÉFABRICATION n.f. Système de construction au moyen d'éléments préfabriqués.

1. PRÉFABRIQUÉ, E adj. **1.** Se dit d'un élément ou d'un ensemble d'éléments standardisés, fabriqués à l'avance et destinés à être assemblés sur place. **2.** Composé exclusivement par un assemblage d'éléments préfabriqués. *Maison préfabriquée.* **3.** Préparé à l'avance ; fabriqué, faux. *Accusation préfabriquée.*

2. PRÉFABRIQUÉ n.m. **1.** Élément ou ensemble d'éléments préfabriqués. **2.** Bâtiment construit avec de tels éléments.

PRÉFACE n.f. (lat. *praefatio,* préambule). **1.** Texte de présentation placé en tête d'un livre. **2.** LITURGIE. Partie de la messe qui précède la prière eucharistique.

PRÉFACER v.t. [16]. Écrire la préface de. *Préfacer un livre.*

PRÉFACIER n.m. Auteur d'une préface.

PRÉFECTORAL, E, AUX adj. Du préfet. *Arrêté préfectoral.*

PRÉFECTURE n.f. **1. a.** En France, circonscription administrative d'un préfet, correspondant à un département. **b.** Ville (chef-lieu de département) où siège cette administration. **c.** Ensemble des services de l'administration préfectorale ; édifice où ils sont installés. **d.** Fonction de préfet ; sa durée. **2.** *Préfecture de police :* administration chargée de la police à Paris ; siège de cette administration. **3.** *Préfecture maritime :* port de guerre, chef-lieu d'une région maritime, en France. **4.** ANTIQ. ROM. Charge de préfet ; territoire sur lequel s'étendait son autorité.

PRÉFÉRABLE adj. Qui mérite d'être préféré ; qui convient mieux.

PRÉFÉRABLEMENT adv. Litt. De préférence.

PRÉFÉRÉ, E adj. et n. Que l'on préfère. *Enfant préféré. C'est son préféré.*

PRÉFÉRENCE n.f. **1.** Fait de préférer ; prédilection. ◇ *De préférence :* plutôt. **2.** Ce que l'on préfère. *Quelle est votre préférence ?* **3.** Réglementation douanière particulièrement favorable accordée par un État à un autre État.

PRÉFÉRENTIEL, ELLE adj. **1.** Qui établit une préférence à l'avantage de qqn. *Tarif préférentiel.* **2.** *Vote préférentiel :* système électoral dans lequel l'électeur peut modifier l'ordre des candidats d'une liste.

PRÉFÉRENTIELLEMENT adv. De façon préférentielle.

PRÉFÉRER v.t. (lat. *praeferre,* porter en avant) [18]. **1.** Considérer une personne, une chose avec plus de faveur qu'une autre, la choisir plutôt que qqn ou qqch d'autre ; aimer mieux, estimer davantage. *Il préfère partir plutôt que rester* (ou : *que de rester*). **2.** Se développer plus particulièrement dans certains lieux, certaines conditions. *Le bouleau préfère les terrains humides.*

PRÉFET n.m. (lat. *praefectus*). **1.** En France, grade de la fonction publique qui donne vocation à occuper l'emploi de représentant de l'État dans le département et la Région. **2.** *Préfet de police :* haut fonctionnaire chargé de la police à Paris. **3.** *Préfet maritime :* amiral chargé du commandement d'une région maritime, en France. **4.** *Préfet des études.* **a.** Maître chargé de la surveillance des études dans un collège religieux. **b.** Belgique. Directeur d'un athénée ou d'un lycée. **5.** *Préfet apostolique :* prélat non évêque, à la tête d'une circonscription territoriale en pays de mission. **6.** ANTIQ. ROM. Haut fonctionnaire exerçant une charge dans l'armée ou dans l'administration.

PRÉFÈTE n.f. **1.** Femme d'un préfet. **2.** Cour. Femme préfet. – REM. La langue administrative garde la forme du masculin pour désigner les fonctionnaires de l'un et l'autre sexe. *Mme X, préfet.* **3.** Belgique. Directrice d'un lycée.

PRÉFIGURATION n.f. Fait de préfigurer qqch ; ce qui préfigure, annonce.

PRÉFIGURER v.t. Présenter les caractères d'une chose future, annoncer par avance.

PRÉFINANCEMENT n.m. Crédit à court terme accordé à une entreprise pour lui permettre de réaliser une production (notamm. destinée à l'exportation), sans attendre le mode de financement normal.

PRÉFIX, E [prefiks] adj. DR. *Délai préfix,* déterminé d'avance.

PRÉFIXAL, E, AUX adj. Relatif aux préfixes, à la préfixation.

PRÉFIXATION n.f. LING. Formation d'une unité lexicale nouvelle par adjonction d'un préfixe à une unité préexistante.

PRÉFIXE n.m. (lat. *praefixus,* fixé devant). LING. Élément qui se place à l'initiale d'un mot et qui en modifie le sens (par ex. *re-* dans *refaire*).

PRÉFIXÉ, E adj. LING. Pourvu d'un préfixe.

PRÉFIXER v.t. **1.** LING. Pourvoir d'un préfixe. **2.** DR. Fixer d'avance.

PRÉFIXION n.f. DR. Fait de préfixer un délai ; délai ainsi fixé.

PRÉFLORAISON n.f. BOT. Disposition des pièces florales dans le bouton.

PRÉFOLIATION ou **PRÉFOLIAISON** n.f. BOT. Disposition de feuilles dans le bourgeon. SYN. : *vernation.*

PRÉFORMAGE n.m. Procédé de mise en forme des tissus synthétiques par moulage à chaud.

PRÉFORMATION n.f. Formation préalable. *Ancienne théorie biologique de la préformation, dans le germe, des êtres vivants.*

PRÉFORMER v.t. Créer d'avance dans ses éléments essentiels.

PRÉGÉNITAL, E, AUX adj. PSYCHAN. Qui précède le stade génital.

PRÉGLACIAIRE adj. GÉOL. Antérieur à une période glaciaire (spécialt, aux glaciations du quaternaire).

PRÉGNANCE [preɲɑ̃s] n.f. (du lat. *premere,* presser). **1.** Litt. Caractère de ce qui s'impose à l'esprit, qui produit une forte impression. **2.** PSYCHOL. Forme et stabilité d'une perception, dans la théorie de la forme.

PRÉGNANT, E adj. **1.** Litt. Qui s'impose à l'esprit, qui produit une forte impression. **2.** PSYCHOL. Se dit d'une forme qui a plus de prégnance qu'une autre.

PRÉHELLÉNIQUE adj. HIST. Antérieur à l'invasion dorienne en Méditerranée orientale (XIIe s. av. J.-C.). *Les civilisations préhelléniques.*

PRÉHENSEUR adj.m. Didact. Qui sert à la préhension.

PRÉHENSILE adj. Didact. Qui peut servir à la préhension. *Singe à queue préhensile.*

PRÉHENSION n.f. (lat. *prehensio*). Didact. Action de prendre, de saisir matériellement. *La trompe est l'organe de préhension de l'éléphant.*

PRÉHISPANIQUE adj. Précolombien.

PRÉHISTOIRE n.f. **1.** Période chronologique de la vie de l'humanité depuis l'apparition de l'homme jusqu'à celle de l'écriture. **2.** Ensemble des disciplines scientifiques s'attachant à retracer l'évolution du comportement humain au cours de cette période.

PRÉHISTORIEN, ENNE n. Archéologue spécialisé dans la préhistoire.

PRÉHISTORIQUE adj. **1.** De la préhistoire ; relatif à la préhistoire. *Homme préhistorique.* **2.** Fam., par plais. Démodé, dépassé, antédiluvien. *Une guimbarde préhistorique.*

PRÉHOMINIEN n.m. Hominien fossile, intermédiaire entre le singe et l'homme, mais plus proche de ce dernier.

PRÉINDUSTRIEL, ELLE adj. Antérieur à la révolution industrielle de la fin du XVIIIe s.

PRÉINSCRIPTION n.f. Inscription provisoire dans un établissement d'enseignement supérieur, avant de remplir les conditions requises pour une inscription définitive.

PRÉISLAMIQUE adj. Antéislamique.

PRÉJUDICE n.m. (lat. *praejudicium,* opinion préconçue). **1.** Atteinte aux droits, aux intérêts de qqn ; tort, dommage. *Causer un préjudice, porter préjudice à qqn.* **2.** *Au préjudice de :* contre les intérêts de ; au mépris de. ◇ *Sans préjudice de :* sans porter atteinte à ; sans compter, sans parler de.

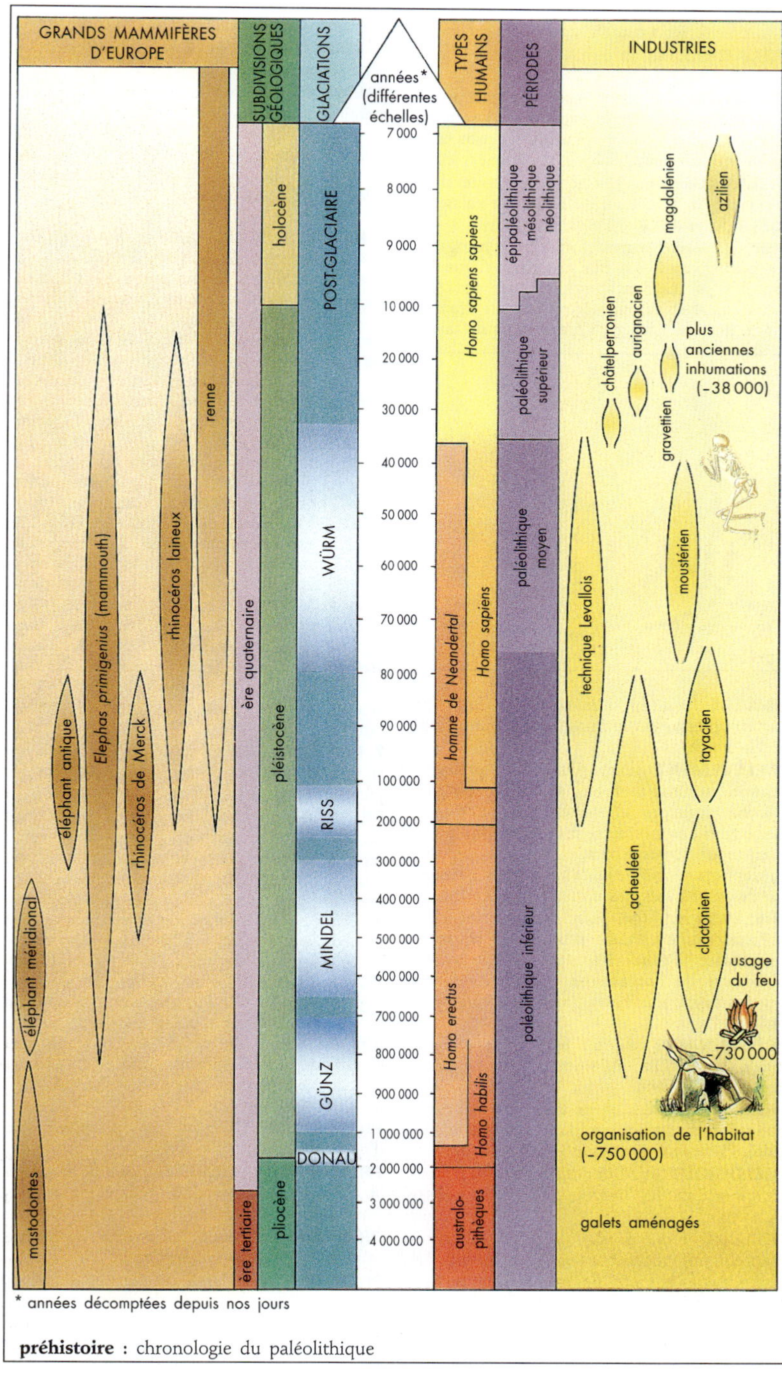

préhistoire : chronologie du paléolithique

PRÉJUDICIABLE adj. Qui porte ou qui est susceptible de porter préjudice. *Erreur préjudiciable.*

PRÉJUDICIEL, ELLE adj. DR. *Question préjudicielle :* question qu'un tribunal répressif n'a pas compétence pour trancher et qui doit être jugée, avant l'action principale, par une autre juridiction.

PRÉJUGÉ n.m. **1.** Jugement provisoire formé par avance à partir d'indices qu'on interprète. **2.** Péj. Opinion adoptée sans examen par généralisation hâtive d'une expérience personnelle ou imposée par le milieu, l'éducation.

PRÉJUGER v.t. (lat. *praejudicare*) [17]. Litt. Juger, décider d'avance avant d'avoir tous les éléments d'information nécessaires. *Je ne peux préjuger la conduite à tenir.* ◆ v.t. ind. *(de).* Prévoir par conjecture, porter un jugement prématuré sur. *Son attitude ne laisse rien préjuger de sa décision.*

PRÉLART n.m. Grosse bâche imperméabilisée destinée à recouvrir les marchandises chargées sur un navire, un véhicule découvert.

PRÉLASSER (SE) v.pr. S'abandonner avec nonchalance. *Se prélasser dans un fauteuil.*

PRÉLAT n.m. (lat. *praelatus,* porté en avant). Dignitaire ecclésiastique ayant reçu la prélature.

PRÉLATIN, E adj. et n.m. Antérieur à la civilisation et à la langue latines.

PRÉLATURE n.f. RELIG. CATH. Dignité ecclésiastique conférée par le pape, le plus souvent honorifique, ou comportant une juridiction territoriale ou personnelle (évêché, abbaye, etc.).

PRÉLAVAGE n.m. Lavage préliminaire dans le cycle d'un lave-linge ou d'un lave-vaisselle.

PRÊLE ou **PRÈLE** (selon l'Acad.) n.f. (pour *aprêle ;* lat. *asper,* rugueux). Plante cryptogame des lieux humides, à tige creuse et rugueuse, dont les spores sont produites par des épis terminaux de sporanges disposés en écailles. (Haut. jusqu'à 1,50 m ; ordre des équisétales.)

prêle

PRÉLEGS [prelɛ(g)] n.m. DR. Rare. Legs qui doit être prélevé sur la masse avant tout partage de l'héritage.

PRÉLÈVEMENT n.m. Action de prélever ; quantité, somme prélevée. ◇ *Prélèvement automatique :* règlement d'une somme, d'une redevance retenues directement et selon une périodicité régulière sur le compte bancaire ou postal du débiteur. – *Prélèvements obligatoires* : ensemble des impôts et des cotisations sociales.

PRÉLEVER v.t. (lat. *prae,* avant, et *lever*) [19]. **1.** Prendre une certaine portion sur un total, une masse. *Prélever une taxe sur une recette.* **2.** Extraire de l'organisme (notamm. en vue d'une analyse médicale). *Prélever du sang à un malade.*

PRÉLIMINAIRE adj. (lat. *prae,* avant, et *limen, liminis,* seuil). Qui précède et prépare qqch. *Réunion préliminaire.*

PRÉLIMINAIRES n.m. pl. Ensemble des négociations, des actes qui préparent un accord, un traité. *Préliminaires de paix.*

PRÉLOGIQUE adj. Qui n'utilise pas ou n'a pas encore acquis les instruments de la pensée logique.

PRÉLUDE n.m. **1.** MUS. **a.** Suite de notes chantées ou jouées pour essayer la voix ou l'instrument. **b.** Pièce de forme libre servant d'introduction à une œuvre vocale ou instrumentale ou se suffisant à elle-même. **2.** Ce qui annonce, précède, fait présager qqch. *Ces incidents sont le prélude d'un conflit plus grave.*

PRÉLUDER v.i. (lat *praeludere,* se préparer à jouer). MUS. **1.** Essayer sa voix, son instrument avant d'interpréter une œuvre. **2.** Improviser un prélude. ◆ v.t. ind. *(à).* Préparer, annoncer, marquer le début de qqch de plus important. *Ces incidents préludaient à une crise plus grave.*

PRÉMATURÉ, E adj. et n. (lat. *praematurus*). Né avant terme (avant la 37e semaine, c'est-à-dire avant le 259e jour de la grossesse), mais viable. ◆ adj. **1.** Fait avant le temps convenable. *Une démarche prématurée.* **2.** Qui se produit, se manifeste avant le temps normal. *Naissance prématurée.*

PRÉMATURÉMENT adv. Avant le temps normal ; trop tôt.

PRÉMATURITÉ n.f. MÉD. État d'un enfant prématuré.

PRÉMÉDICATION n.f. MÉD. Ensemble des soins préparant un patient à un acte chirurgical.

PRÉMÉDITATION n.f. Dessein réfléchi qui a précédé l'exécution d'un acte (spécialt, d'un délit ou d'une mauvaise action). *La préméditation transforme le meurtre en assassinat.*

PRÉMÉDITER v.t. (lat. *praemeditari*). Préparer avec soin et calcul (un projet, et, spécialt, un acte coupable ou délictueux).

PRÉMENSTRUEL, ELLE adj. MÉD. Relatif à la période qui précède les règles.

PRÉMICES n.f. pl. (lat. *primitiae,* de *primus,* premier). **1.** ANTIQ. Premiers fruits de la terre et du bétail, offerts à la divinité. **2.** Litt. Commencement, premières manifestations. *Les prémices de l'amitié.* ◇ CATH. *Messe de prémices :* première messe célébrée par un nouveau prêtre.

1. PREMIER, ÈRE adj. (lat. *primarius,* de *primus*). **I. 1.** Qui précède les autres dans le temps. *Le premier jour du mois.* **2.** Qui est à l'origine, initial ou dans l'état de son origine, originel. *Examiner un manuscrit dans son état premier.* ◇ *Matière première* → ***matière.*** **3.** Qui précède tout le reste dans une explication rationnelle, qui ne dépend de rien. ◇ PHILOS. *Cause première :* cause qui serait à l'origine de l'enchaînement des causes et des effets, c'est-à-dire de tout l'univers. **4.** MATH. *Nombre premier,* qui n'admet pas d'autre diviseur que lui-même et l'unité. – *Nombres premiers entre eux :* nombres entiers ayant pour seul diviseur commun l'unité. **5.** LOG. *Proposition première :* axiome. **II. 1.** Qui précède les autres dans l'espace. *Le premier rang.* **2.** Qui marque le début d'une série. *A est la première lettre de l'alphabet.* **III. 1.** Qui est classé avant les autres pour son importance, sa valeur. **2.** *Premier ministre :* chef du gouvernement, dans certains régimes parlementaires. **3.** *Côtelette première* ou *côtelette de noix :* chacune des quatre côtelettes qui se trouvent le plus près de la selle. **IV.** *En premier :* d'abord ; au premier rang, en tête.

2. PREMIER, ÈRE n. *Jeune premier, jeune première :* comédien, comédienne qui joue les premiers rôles d'amoureux.

PREMIÈRE n.f. **1.** Classe la plus chère dans un moyen de transport public. **2.** Première représentation d'une pièce, première projection d'un film. **3.** En montagne, première ascension, premier parcours d'un itinéraire nouveau. **4.** Classe de l'enseignement secondaire qui précède la terminale. **5.** Vitesse la plus démultipliée d'une automobile, d'une moto. **6.** Employée principale d'un atelier de couture. **7.** CHORÉGR. La première des cinq positions de la danse classique (pieds ouverts, pointes formant un angle de 180°). **8.** Dans une chaussure, semelle de cuir mince, en contact avec le pied. **9.** Fam. *De première :* de première qualité ; excellent.

PREMIÈREMENT adv. En premier lieu, d'abord.

PREMIER-NÉ, PREMIÈRE-NÉE adj. et n. (pl. *premiers-nés, premières-nées*). Enfant né le premier dans une famille.

PRÉMILITAIRE adj. Qui précède le service militaire. *Formation prémilitaire.*

PRÉMISSE n.f. (lat. *prae,* avant, et *missus,* envoyé). **1.** LOG. Chacune des deux premières propositions d'un syllogisme (la majeure et la mineure). **2.** Fait, proposition d'où découle une conséquence.

PRÉMOLAIRE n.f. Dent située entre la canine et les molaires. (Il existe deux prémolaires par demi-mâchoire chez l'homme.)

PRÉMONITION n.f. (lat. *prae,* avant, et *monitio,* avertissement). Intuition qu'un évènement va se produire ; pressentiment.

PRÉMONITOIRE adj. **1.** Relatif à la prémonition. *Rêve prémonitoire.* **2.** *Signe prémonitoire :* signe avant-coureur qui annonce, laisse présager tel évènement à venir. ◇ Spécialt. Signe qui précède l'apparition d'une maladie infectieuse.

PRÉMONTRÉ, E n. Religieux, religieuse d'un ordre régulier fondé en 1120 par saint Norbert à Prémontré, près de Laon.

PRÉMUNIR v.t. (lat. *praemunire,* protéger). Litt. Garantir, protéger par certaines précautions ; mettre en garde contre qqch. *Organisme prémuni grâce à la vaccination. Prémunir qqn contre un danger.* ◆ **se prémunir** v.pr. *(contre).* S'armer, se garantir contre qqch.

PRENABLE adj. Qui peut être pris, en parlant d'une ville, d'une place forte.

PRENANT, E adj. **1.** Qui captive, qui intéresse profondément. *Livre prenant.* **2.** Qui occupe beaucoup. *Un travail très prenant.* **3.** Préhensile. *Queue prenante de certains singes.* **4.** *Partie prenante.* **a.** DR. Personne qui reçoit de l'argent, une fourniture. **b.** Cour. Personne, organisation, entreprise, etc., qui est directement concernée par une affaire, un processus quelconque ou qui y est impliquée.

PRÉNATAL, E, ALS ou **AUX** adj. Qui précède la naissance.

PRENDRE v.t. (lat. *prehendere*) [79]. **I.** Saisir, attraper. *Prendre un livre. Prendre qqn par le bras.* **II. 1.** Emporter qqch, s'en munir. *Prendre un manteau.* **2.** Se rendre acquéreur de, acheter. *Prendre du pain. Prendre un studio.* **3.** Choisir. *Je prends ce livre-ci.* ◇ *C'est à prendre ou à laisser :* il n'y a pas d'autre choix qu'accepter ou refuser. – *Il y a à prendre et à laisser :* il y a du bon et du mauvais. **4.** Emmener avec soi. *Je vous prendrai à 8 heures.* **III. 1.** Utiliser (un moyen de transport). *Prendre le train.* **2.** Emprunter (une voie de communication, une direction). *Prendre un raccourci. Prendre la première rue à droite.* **3.** Absorber (de la nourriture, une boisson), ingérer. *Prendre un repas, de l'aspirine.* **4.** Se procurer, recueillir des informations. *Prendre des nouvelles de qqn.* **5.** Employer (tel moyen). *Prendre des mesures, des précautions.* **6.** Louer, réserver. *Prendre une chambre à l'hôtel.* **7.** Engager. *Prendre une secrétaire.* **8.** *Prendre son temps :* ne pas se presser. **IV. 1.** S'emparer de qqch, l'ôter à qqn. *Le voleur a pris les bijoux.* **2.** S'emparer militairement de. *Prendre une ville.* **3.** Demander (une somme d'argent). *Prendre 100 F de l'heure.* **4.** Arrêter, capturer (qqn). *La police a pris le voleur.* **5.** Absorber toute l'activité, tout le temps de. *Ce travail m'a pris une semaine.* **6.** Fam. *Ça me prend la tête :* cela m'énerve, m'exaspère. **V. 1.** Se charger de qqch pour qqn. *Prendre une lettre.* **2.** Accepter de recevoir ; accueillir. *Lycée qui prend des internes.* **3.** *Prendre sur soi.* **a.** Accepter la responsabilité de. **b.** Se retenir, se contraindre. **VI. 1.** Recevoir en cadeau. *Prenez ce qu'on vous donne.* **2.** Recevoir, se faire donner. *Prendre des leçons, des ordres.* **3.** Acquérir (tel aspect, telle caractéristique). *Le projet prend tournure. Prendre de l'âge, du poids.* **4.** Contracter une maladie ; attraper. *Prendre un rhume.* **5.** Fam. Recevoir malgré soi, subir, écoper. *Prendre des coups.* ◇ Absolt. *C'est encore moi qui vais prendre.* **6.** Laisser pénétrer en soi, absorber. *Bottes qui prennent l'eau.* **VII. 1.** Aborder qqn, entrer en contact avec lui, selon une certaine direction. *Prendre l'ennemi de flanc.* **2.** Neutraliser qqn, gagner sa faveur. *Prendre un enfant par la douceur.* **3.** Aborder (une question) de telle manière. *Vous prenez mal le problème.* ◇ *À tout prendre :* en fin de compte. **4.** Interpréter un propos, un évènement. *Il a mal pris ma réflexion.* **5.** *Prendre (qqn, qqch) en...,* se mettre à éprouver tel sentiment à son égard. *Prendre qqn en pitié, qqch en horreur.* **6.** *Prendre (qqn, qqch) pour,* les regarder à tort comme étant tels. *Je l'ai pris pour son frère.* – REM. *Prendre* forme avec un n. de nombreuses locutions équivalant à un verbe. *Prendre la fuite :* s'enfuir. *Prendre un bain :* se baigner. *Prendre une photo :* photographier. *Prendre les armes :* s'armer pour se défendre ou attaquer. *Prendre la mer :*

s'embarquer pour un voyage maritime. – MAR. *Prendre le vent :* présenter les voiles au vent. ◆ v.i. **1.** Épaissir, se figer. *La mayonnaise a pris.* **2.** Croître, s'enraciner. *Bouture qui prend.* **3.** Commencer la combustion, en parlant d'un feu. **4.** Produire l'effet recherché, réussir. *Le vaccin a pris.* **5.** Suivre une direction. *Prendre à gauche.* **6.** Être cru, accepté. *La blague n'a pas pris.* ◆ **se prendre** v.pr. **1.** Litt. *Se prendre à :* se mettre à. *Il se prit à rire.* **2.** S'accrocher. *Sa robe s'est prise à un clou.* **3.** *Se prendre de :* commencer à avoir. *Se prendre d'amitié.* **4.** *Se prendre pour :* se considérer comme. **5.** *S'en prendre à :* s'attaquer à, incriminer. **6.** *S'y prendre :* agir d'une certaine manière en vue d'un résultat.

PRENEUR, EUSE n. **1.** DR. Personne qui prend à bail (par opp. à *bailleur*). **2.** Personne qui offre d'acheter à un certain prix. *Il n'a pas trouvé preneur pour sa voiture.* ◆ adj. Qui sert à prendre. *Une benne preneuse.* ◆ n.m. *Preneur de son :* opérateur chargé de la prise de son.

PRÉNOM n.m. (lat. *praenomen*). Nom particulier joint au patronyme et qui distingue chacun des membres d'une même famille.

PRÉNOMMÉ, E adj. et n. Qui a pour prénom.

PRÉNOMMER v.t. Donner tel prénom à.

PRÉNOTION n.f. Idée innée, chez les philosophes innéistes.

PRÉNUPTIAL, E, AUX adj. Qui précède le mariage. *Examen prénuptial.*

PRÉOCCUPANT, E adj. Qui préoccupe. *Une situation préoccupante.*

PRÉOCCUPATION n.f. Inquiétude, souci.

PRÉOCCUPÉ, E adj. Inquiet. *Vous avez l'air préoccupé.*

PRÉOCCUPER v.t. (lat. *praeoccupare,* prendre d'avance). Causer du souci à, inquiéter, tourmenter. *Cette affaire le préoccupe.* ◆ **se préoccuper** v.pr. *(de).* S'inquiéter. *Il se préoccupe de sa santé.*

PRÉŒDIPIEN, ENNE adj. PSYCHAN. Qui précède l'apparition du complexe d'Œdipe. *Période préœdipienne.*

PRÉOLYMPIQUE adj. Qui a lieu avant les jeux Olympiques ou en vue de ceux-ci. *Sélection préolympique.*

PRÉOPÉRATOIRE adj. **1.** MÉD. Qui précède une opération chirurgicale. *Des examens préopératoires.* **2.** PSYCHOL. *Pensée préopératoire :* selon Piaget, type de pensée des enfants entre 3 et 7 ans, en général, caractérisée par l'apparition de la représentation mentale d'un objet ou d'un évènement non actuel mais encore indépendante de tout processus d'action.

PRÉORAL, E, AUX adj. ZOOL. Qui est situé en avant de la bouche.

PRÉPA n.f. (abrév.). Fam. Classe préparatoire.

PRÉPARATEUR, TRICE n. **1.** Collaborateur d'un chercheur, d'un professeur de sciences, qui aide celui-ci à préparer ses expériences. **2.** *Préparateur (-trice) en pharmacie :* employé(e) [en France, titulaire d'un brevet professionnel] qui exerce sa profession dans une pharmacie d'officine ou hospitalière sous le contrôle des pharmaciens.

PRÉPARATIF n.m. (Surtout au pl.). Arrangement pris en vue de qqch. *Les préparatifs d'un voyage.*

PRÉPARATION n.f. **1.** Action de préparer, de se préparer. *Préparation d'un remède. Plaider sans préparation.* **2.** Chose préparée. *Préparation culinaire.* **3.** *Préparation militaire (P. M.) :* instruction militaire donnée à certains jeunes gens volontaires (spécialistes ou futurs cadres) avant leur service militaire. **4.** MIL. *Tirs de préparation :* tirs visant à la dislocation du dispositif de défense ennemi avant l'attaque. **5.** IND. *Préparation du travail :* élaboration de toutes les instructions relatives à un travail donné (méthode à suivre, outillage à employer, matières à utiliser, etc.).

PRÉPARATOIRE adj. Qui prépare. *Classe préparatoire aux grandes écoles.* Abrév. (fam.) : *prépa.* – *Cours préparatoire (C. P.) :* première année de l'enseignement primaire.

PRÉPARER v.t. (lat. *praeparare*). **I. 1. a.** Rendre propre à un usage, une action. *Préparer une chambre, sa monnaie, des bagages.* **b.** Accommoder. *Préparer le dîner, un plat.* **2.** Créer, organiser (ce qui n'existait pas). *Préparer une surprise, un voyage.* **3.** Réserver pour l'avenir, annoncer. *Le mauvais temps nous prépare un retour difficile.* **4.** Rendre capable de faire qqch ; entraîner, former. *Préparer un élève à un examen.* **II. 1.** Rendre psychologiquement prêt à accepter qqch. *Préparer qqn à une mauvaise nouvelle.* **2.** CHIM. Fabriquer, isoler. ◆ **se préparer** v.pr. **1.** *Se préparer à qqch, à faire qqch :* se disposer à, se mettre en état de faire, de subir qqch. *Se préparer à une mauvaise nouvelle, à partir.* **2.** Être imminent.

PRÉPAYER v.t. [11]. Payer par avance.

PRÉPONDÉRANCE n.f. Qualité de ce qui est prépondérant.

PRÉPONDÉRANT, E adj. (lat. *praeponderans,* qui a le dessus, de *pondus,* poids). Qui a plus d'importance, d'autorité ; capital, primordial. – *Voix prépondérante :* qui l'emporte en cas de partage des voix.

PRÉPOSÉ, E n. **1.** Personne chargée d'une fonction spéciale, en général subalterne. *Les préposés de la douane.* **2.** ADMIN. (Désignation officielle). Facteur, factrice des postes. **3.** DR. Personne accomplissant une tâche pour un commettant.

PRÉPOSER v.t. (lat. *prae,* avant, et *poser*). Placer qqn à la garde, à la surveillance de qqch. *Préposer qqn à la garde d'un immeuble.*

PRÉPOSITIF, IVE ou **PRÉPOSITIONNEL, ELLE** adj. GRAMM. Relatif à la préposition. ◇ *Locution prépositive,* qui équivaut à une préposition (par ex. *à cause de*).

PRÉPOSITION n.f. (lat. *prae,* avant, et *positio,* place). GRAMM. Mot invariable qui, placé devant un complément, explicite le rapport entre celui-ci et l'élément complété. *« De », « à », « avant » sont des prépositions.*

PRÉPOSITIONNEL, ELLE adj. → ***prépositif.***

PRÉPOSITIVEMENT adv. GRAMM. En fonction de préposition.

PRÉPRESSE n.m. IMPR. Ensemble des opérations nécessaires pour la préparation et la fabrication des formes imprimantes, comportant notamm. la saisie, le traitement de texte et la mise en page.

PRÉPROGRAMMÉ, E adj. INFORM. Se dit d'un ordinateur disposant de mémoires mortes où des programmes sont stockés en permanence.

PRÉPSYCHOSE n.f. PSYCHIATRIE. Organisation pathologique de la personnalité pouvant évoluer vers une psychose avérée.

PRÉPSYCHOTIQUE [prepsikɔtik] adj. Relatif à la prépsychose. ◆ adj. et n. Qui présente des symptômes de prépsychose.

PRÉPUCE n.m. (lat. *praeputium*). Repli de la peau qui recouvre le gland de la verge.

PRÉRAPHAÉLISME n.m. Doctrine et manière des préraphaélites.

PRÉRAPHAÉLITE adj. et n. Se dit d'un groupe de peintres anglais de l'ère victorienne, qui, sous l'influence de Ruskin, se donnèrent comme modèles idéals les œuvres des prédécesseurs de Raphaël. (Une inspiration littéraire et symbolique, biblique ou historique caractérise les principaux membres de la « confrérie préraphaélite » : Rossetti, Hunt, Millais, Burne-Jones.)

Confrérie **préraphaélite :** *la Roue de la fortune,* peinture de Edward Burne-Jones. (Musée d'Orsay, Paris.)

PRÉRÉGLAGE n.m. TECHN. Action de prérégler qqch ; fait d'être préréglé. SYN. : *présélection.*

PRÉRÉGLER v.t. [18]. TECHN. Effectuer la présélection (d'un appareil, d'un circuit, etc.).

PRÉRENTRÉE n.f. Rentrée des personnels enseignants et administratifs dans les établissements scolaires, précédant de quelques jours la rentrée des élèves, et destinée à préparer celle-ci.

PRÉRETRAITE n.f. Retraite anticipée ; prestation sociale versée, sous certaines conditions, à un travailleur sans emploi ou qui cesse son emploi avant l'âge légal de la retraite.

PRÉRETRAITÉ, E n. Personne qui bénéficie d'une préretraite.

PRÉROGATIVE n.f. (lat. *praerogativus,* qui vote le premier). Avantage particulier, privilège attaché à certaines fonctions, certains titres.

PRÉROMAN, E adj. Qui précède, prépare la période romane. *Art préroman.*

PRÉROMANTIQUE adj. Qui annonce, prépare le romantisme.

PRÉROMANTISME n.m. Période de l'histoire littéraire et artistique qui a précédé le romantisme.

PRÈS adv. (lat. *presse,* de *pressus,* serré). **1.** À petite distance, non loin (dans l'espace, le temps). *Demeurer tout près.* **2.** *De près.* **a.** À une faible distance ; à peu de temps d'intervalle. *Suivi de près par qqn.* **b.** Avec attention, vigilance. *Surveiller qqn de près.* **c.** À ras. *Être rasé de près.* **3.** *À ... près :* sauf, à la différence de, à l'exception de. *C'est vrai à quelques détails près, à beaucoup près.* ◇ *À peu près :* environ, presque. – *À cela près :* cela mis à part. – *Au franc près :* avec une marge d'erreur de un franc. **4.** MAR. *Au plus près :* dans la direction la plus rapprochée de celle d'où vient le vent. ◆ **loc. prép.** *Près de.* **1.** Dans le voisinage de. *Près du pôle.* ◇ *Être près de ses sous :* être avare. **2.** Sur le point de. *Être près de partir.* **3.** Presque. *Près de 8 000 F.* ◆ **prép.** DR. Auprès de. *Expert près les tribunaux.*

PRÉSAGE [prezaʒ] n.m. (lat. *praesagium*). **1.** Signe par lequel on pense pouvoir juger de l'avenir. *Cet évènement est regardé comme un heureux présage.* **2.** Conjecture tirée d'un tel signe. *Tirer un présage d'un évènement.*

PRÉSAGER v.t. [17]. Litt. **1.** Annoncer par quelque signe. *L'horizon rouge, le soir, présage le vent.* **2.** Prévoir ce qui va arriver, conjecturer. *Cela ne laisse rien présager de bon.*

PRÉSALAIRE n.m. Allocation (demandée notamm. par certaines organisations syndicales ou politiques) qui serait versée aux étudiants pour compenser le revenu professionnel qu'ils ne peuvent acquérir du fait de leurs études.

PRÉ-SALÉ n.m. (pl. *prés-salés*). Mouton engraissé dans les pâturages proches de la mer, dont la chair acquiert de ce fait une saveur particulière ; viande de ce mouton.

PRESBYOPHRÉNIE n.f. (du gr. *presbus,* vieux). Démence sénile dans laquelle dominent les troubles de la mémoire, sans perturbation du comportement social.

PRESBYTE adj. et n. (gr. *presbutês,* vieillard). Atteint de presbytie.

PRESBYTÉRAL, E, AUX adj. Du prêtre. *Ministère presbytéral.*

PRESBYTÈRE n.m. (gr. *presbuterion,* conseil des anciens). Habitation du curé, dans une paroisse.

PRESBYTÉRIANISME n.m. **1.** Système préconisé par Calvin, dans lequel le gouvernement de l'Église est confié, à tous les niveaux (paroissial, régional, national), à un corps mixte, le *presbyterium,* formé de laïcs et de pasteurs. **2.** Ensemble des Églises réformées ayant adopté ce système. ◇ **Spécialt.** Ensemble des Églises calvinistes de langue anglaise.

PRESBYTÉRIEN, ENNE adj. et n. Qui appartient au presbytérianisme.

PRESBYTIE [prɛsbisi] n.f. Diminution du pouvoir d'accommodation du cristallin, empêchant de voir les objets proches. *Correction de la presbytie par des verres convexes.*

PRESCIENCE n.f. (lat. *prae,* avant, et *scientia,* science). Connaissance de l'avenir ; pressentiment, intuition.

PRESCIENT, E adj. Rare. Doué de prescience.

PRÉSCOLAIRE adj. Relatif à la période qui précède la scolarité obligatoire. *Enfants d'âge préscolaire.*

PRESCRIPTEUR n.m. Personne qui, par ses prescriptions ou ses conseils, exerce une influence sur le choix, l'achat d'un produit.

PRESCRIPTIBLE adj. DR. Sujet à la prescription.

PRESCRIPTION n.f. **1.** Ordre formel et détaillé. ◇ *Les prescriptions de la loi, de la morale :* les lois, les maximes qu'il faut observer. **2.** Recommandation précise, éventuellement consignée sur ordonnance, en matière de traitement médical. **3.** DR. **a.** Délai au terme duquel une situation de fait prolongée devient source de droit. – *Prescription acquisitive,* créant un droit de propriété (par une possession continue). – *Prescription extinctive :* perte d'un droit non exercé. **b.** Délai au terme duquel l'action publique s'éteint en matière de poursuites ou de sanctions pénales.

PRESCRIRE v.t. (lat. *praescribere*) ⊞. **1.** Donner un ordre formel et précis ; ordonner. ◇ Préconiser un traitement médical, un régime. **2.** DR. Acquérir ou libérer par prescription. ◆ **se prescrire** v.pr. DR. S'acquérir ou se perdre par prescription.

PRÉSÉANCE n.f. (lat. *prae,* avant, et *sedere,* s'asseoir). Droit consacré par l'usage ou fixé par l'étiquette d'être placé avant les autres, de les précéder dans l'ordre honorifique.

PRÉSÉLECTEUR n.m. Dispositif de présélection.

PRÉSÉLECTION n.f. **1.** Sélection, choix préalable. *Présélection des candidats, des concurrents.* **2.** TECHN. Réglage préliminaire permettant la sélection automatique du mode de fonctionnement choisi pour un appareil, une machine (vitesse, rapport de démultiplication, longueur d'onde, etc.). SYN. : *préréglage.* **3.** AUTOM. Manœuvre qui consiste à placer le véhicule automobile que l'on conduit dans la file de circulation située du côté de la chaussée vers lequel on souhaite prochainement tourner.

PRÉSÉLECTIONNER v.t. Choisir par présélection.

PRÉSENCE n.f. (lat. *praesentia*). **1.** Fait de se trouver présent. – *Faire acte de présence :* se montrer brièvement (par respect des convenances, etc.). ◇ *En présence de qqn :* celui-ci étant présent. – *Adversaires en présence,* face à face. **2.** THÉOL. CATH. *Présence réelle :* existence réelle du corps et du sang du Christ dans l'eucharistie, sous les apparences du pain et du vin. **3.** Qualité d'une personne qui s'impose au public par son talent, sa personnalité. *Avoir de la présence sur scène.*

PRÉSÉNESCENCE [presenesɑ̃s] n.f. MÉD. Période d'involution physiologique dont les limites, fixées généralement entre 45 et 65 ans, varient beaucoup selon les individus.

PRÉSÉNILE adj. *Démence présénile :* état démentiel survenant avant l'âge de 70 ans.

1. PRÉSENT, E adj. et n. (lat. *praesens*). Qui est ici, dans le lieu dont on parle. *Les personnes présentes. Les présents et les absents.* ◆ adj. **1.** Qui est, qui existe maintenant, dans le temps où l'on parle ; actuel. *L'état, le moment présent.* **2.** *La présente lettre* ou *la présente,* n.f. : la lettre en question, que l'on a sous les yeux.

2. PRÉSENT n.m. **1.** Partie du temps qui est actuelle, qui correspond au moment où l'on parle ; la réalité, les évènements présents. *Ne songer qu'au présent.* ◇ *À présent :* maintenant. – *Pour le présent :* pour le moment. **2.** LING. Temps qui indique que l'action marquée par le verbe se passe actuellement, ou qu'elle est valable tout le temps.

3. PRÉSENT n.m. (de *présenter*). Litt. Cadeau, don.

PRÉSENTABLE adj. **1.** Que l'on peut montrer sans arrière-pensée, sans réticence ; convenable. **2.** Qui peut paraître dans une société, en public ; décent, bien élevé.

PRÉSENTATEUR, TRICE n. **1.** Personne qui présente au public un programme, un spectacle, une émission de radio ou de télévision. **2.** Journaliste chargé d'effectuer le compte rendu de l'actualité au journal télévisé.

PRÉSENTATION n.f. **1.** Action, manière de présenter qqch à qqn, de le faire connaître, en partic. pour le vendre, le promouvoir. ◇ Réunion au cours de laquelle on présente un produit, une œuvre. *Présentation d'un film.* **2.** Action de présenter une personne à une autre, à d'autres. *Faire les présentations.* – *Droit de présentation :* droit des officiers ministériels de présenter leur successeur à l'agrément des pouvoirs publics. ◇ RELIG. CATH. *Présentation de l'Enfant Jésus au Temple* (commémorée le 2 février – Chandeleur –, en même temps que la Purification de la Vierge). – *Présentation de la Vierge (au Temple),* commémorée le 21 novembre. **3.** MÉD. Manière dont se présente l'enfant lors de l'accouchement. *Présentation de l'épaule, du siège.*

PRÉSENTEMENT adv. Maintenant, à présent.

PRÉSENTER v.t. (lat. *praesentare,* offrir). **I.** Offrir qqch aux regards, à l'attention. **1.** Faire connaître, mettre en valeur. *Présenter une collection.* **2. a.** Exposer. *Présenter un projet.* **b.** *Présenter une émission,* en être le présentateur, l'animateur. **c.** *Présenter ses vœux, ses excuses, etc.,* les exprimer. **3.** Laisser apparaître, comporter. *Présenter des inconvénients.* **4.** Exposer (une partie de son corps) dans un geste. *Présenter le bras* (par courtoisie, galanterie). ◇ MIL. *Présenter les armes :* rendre les honneurs par un maniement d'armes. **II.** Mettre en présence, introduire une personne auprès d'une autre. ◆ v.i. Fam. *Présenter bien, mal :* faire bonne, mauvaise impression par sa tenue, ses manières. ◆ **se présenter** v.pr. **1.** Apparaître, survenir. *Une difficulté se présente.* ◇ Avoir ou prendre telle tournure. *Cela se présente bien.* **2.** Paraître en un lieu. *Se présenter à 9 heures.* **3.** Paraître devant qqn et se faire connaître. *Se présenter à ses nouveaux collègues.* **4.** Se mettre sur les rangs, être candidat. *Se présenter pour un emploi, à un concours.*

PRÉSENTOIR n.m. Petit meuble ou élément de vitrine servant à présenter des objets à vendre.

PRÉSÉRIE [preseri] n.f. Fabrication industrielle d'une petite quantité d'un objet, précédant la production en série.

PRÉSERVATEUR, TRICE adj. Qui préserve, permet de préserver.

1. PRÉSERVATIF, IVE adj. Litt. Qui préserve, propre à préserver. *Ces mesures préservatives visent à sauvegarder vos biens.*

2. PRÉSERVATIF n.m. Dispositif en matière souple (caoutchouc, matière plastique, etc.) utilisé comme contraceptif à action mécanique. – *Préservatif masculin,* également utilisé comme protection contre les contaminations vénériennes. SYN. : *condom ;* fam. : *capote anglaise, capote.* – *Préservatif féminin :* diaphragme.

PRÉSERVATION n.f. Action de préserver.

PRÉSERVER v.t. (lat. *prae,* avant, et *servare,* garder). Garantir d'un mal, mettre à l'abri, protéger. *Préserver du froid, de la contagion.*

PRÉSIDE n.m. (esp. *presidio ;* lat. *praesidium,* garnison). HIST. Poste fortifié établi par les Espagnols sur une côte étrangère.

PRÉSIDENCE n.f. **1.** Fonction de président ; temps pendant lequel elle est exercée. **2.** Résidence, bureaux d'un président.

PRÉSIDENT n.m. (lat. *praesidens*). **1.** Personne qui dirige les délibérations d'une assemblée, d'une réunion, d'un tribunal. **2.** Personne qui représente, dirige une collectivité, une société. ◇ *Président-directeur général (P.-D. G.) :* président du conseil d'administration d'une société anonyme assumant également les fonctions de directeur général. **3.** *Président de la République :* chef de l'État, dans une république, notamm. en France. **4.** Suisse. *Président de commune :* maire. – REM. L'usage reste hésitant quant au genre, pour désigner une femme exerçant l'une des fonctions définies ci-dessus. On dira volontiers *la présidente* en parlant d'elle, mais l'appellatif formel reste en principe *M*[me] *le Président.*

PRÉSIDENTE n.f. **1.** Femme exerçant des fonctions de président (v. ci-dessus, REM.). **2.** Vx. Épouse d'un président.

PRÉSIDENTIABLE adj. et n. Susceptible de devenir président de la République.

PRÉSIDENTIALISME n.m. Système, régime présidentiel.

PRÉSIDENTIEL, ELLE adj. Qui concerne le président, la présidence. ◇ Spécialt. Du président de la République. – *Régime présidentiel :* régime fondé sur la séparation des pouvoirs exécutif et législatif et dans lequel le président, chef de l'État et chef du gouvernement, jouit de prérogatives importantes.

PRÉSIDENTIELLE n.f. Élection à la présidence de la République. – REM. On emploie aussi le pl. *présidentielles,* critiqué par certains puristes qui considèrent que l'élection du président de la République donne lieu à un scrutin national unique (à la différence des élections législatives, cantonales, communales, etc.) et jugent ce pluriel abusif.

PRÉSIDER v.t. (lat. *praesidere*). Diriger (une assemblée, ses débats) ; être le président de. ◆ v.t. ind. *(à).* Veiller à l'exécution de, diriger. *Présider aux préparatifs d'une fête.*

PRÉSIDIAL n.m. (pl. *présidiaux*). HIST. Tribunal créé en 1552 par Henri II, intermédiaire entre les bailliages et les parlements, homologue de notre moderne tribunal de grande instance, et supprimé en 1791.

PRÉSIDIALITÉ n.f. Juridiction d'un présidial.

PRÉSIDIUM n.m. → ***praesidium.***

PRÉSOCRATIQUE adj. et n. Se dit des philosophes grecs qui ont précédé Socrate. (On range parmi les présocratiques Thalès, Anaxagore, Héraclite, Parménide.)

PRÉSOMPTIF, IVE adj. (lat. *praesumptus,* pris d'avance). *Héritier présomptif,* celui qui est appelé à hériter. – *Héritier présomptif de la couronne :* prince destiné à régner.

PRÉSOMPTION n.f. (lat. *praesumptio,* conjecture). **1.** Opinion par laquelle on tient pour vrai, pour très vraisemblable, ce qui n'est que probable ; supposition, jugement non fondé sur des preuves mais sur des indices. **2.** Opinion trop avantageuse de soi-même ; suffisance, prétention.

PRÉSOMPTUEUX, EUSE adj. et n. Qui a une trop haute opinion de soi.

PRÉSONORISATION n.f. CIN., TÉLÉV. Recomm. off. pour *play-back.*

PRESQUE adv. À peu près, pas tout à fait. *Il est presque sourd.*

PRESQU'ÎLE n.f. Portion de terre reliée au continent par un isthme étroit.

PRESSAGE n.m. Action de presser.

PRESSANT, E adj. **1.** Urgent, qui ne souffre pas d'être différé. *Affaires pressantes.* **2.** Qui se fait insistant, qui exerce une vive pression pour arriver à ses fins. *Créancier pressant.*

PRESS-BOOK [presbuk] n.m. (mot angl.) [pl. *press-books*]. **1.** Reliure réunissant une série de pochettes transparentes destinées à la présentation de photos, de documents. **2.** Ensemble des documents (photos, coupures de presse, etc.), réunis le plus souvent dans une telle reliure, qu'un mannequin, un artiste de cinéma, etc., constitue sur sa carrière et utilise pour ses contacts professionnels. Abrév. : *book.*

PRESSE n.f. (de *presser*). **1.** Machine équipée d'un dispositif permettant de comprimer, d'emboutir ou de fermer ce qu'on y introduit. *Presse à emboutir.* ◇ *Presse à fourrage :* machine agricole servant à comprimer le foin, la paille en ballots réguliers. **2.** Machine à imprimer. *Presse typographique, offset.* ◇ *Sous presse :* en cours d'impression. **3.** Ensemble des journaux ; activité, monde du journalisme. – *Liberté de la presse :* liberté de créer un journal, de publier ses opinions dans un journal ou un livre. ◇ *Avoir bonne, mauvaise presse :* avoir bonne, mauvaise réputation. **4.** Vieilli. Foule, bousculade. *C'était une distribution gratuite, il y avait de la presse.* **5.** Hâte, nécessité de se hâter. *Moment de presse.* **6.** HIST. Enrôlement forcé des matelots. (La presse a été remplacée en 1668 par les classes, devenues en 1795 l'Inscription maritime.)

PRESSÉ, E adj. **1.** Qui a été pressé. ◇ *Citron pressé :* jus de citron. **2.** Qui a hâte, qui se hâte. *Pressé de partir. Je suis pressé.* **3.** Urgent. *Travail pressé.* ◇ *N'avoir rien de plus pressé que :* se dépêcher de.

PRESSE-AGRUME ou **PRESSE-AGRUMES** n.m. (pl. *presse-agrumes*). Instrument servant à extraire le jus des agrumes.

PRESSE-BOUTON adj. inv. Entièrement automatisé, qui se commande simplement en pressant un, des boutons. *Usine presse-bouton.*

PRESSE-CITRON n.m. (pl. *presse-citrons* ou inv.). Ustensile servant à extraire le jus des citrons, des agrumes.

PRESSÉE n.f. Masse de fruits soumise à l'action du pressoir.

PRESSE-ÉTOUPE n.m. (pl. *presse-étoupes* ou inv.). Appareil adapté à une tige ou à un axe opérant dans un circuit d'eau ou de vapeur et s'opposant aux fuites du fluide. *Presse-étoupe d'un robinet.*

PRESSENTIMENT n.m. Sentiment vague, instinctif, qui fait prévoir ce qui doit arriver.

PRESSENTIR v.t. (lat. *praesentire*) 37. **1.** Prévoir confusément, se douter de, deviner. *Pressentir un malheur.* **2.** Sonder les dispositions de qqn avant de l'appeler à certaines fonctions. *Pressentir qqn comme ministre.*

PRESSE-PAPIERS n.m. inv. Objet lourd pour maintenir des papiers sur une table, un bureau.

PRESSE-PURÉE n.m. inv. Ustensile de cuisine pour réduire les légumes en purée.

PRESSER v.t. (lat. *pressare,* de *premere*). **I. 1.** Comprimer de manière à extraire un liquide. *Presser un citron.* **2.** Soumettre à l'action d'une presse ou d'un pressoir ; fabriquer à la presse. *Presser du raisin. Presser des disques.* **3.** Exercer une pression, appuyer sur. *Presser un bouton.* **II. 1.** Hâter, précipiter. *Presser son départ.* – *Presser le pas :* marcher plus vite. **2.** Obliger à se hâter. *Presser qqn de terminer un travail.* ◆ v.i. Être urgent. *L'affaire presse.* ◇ *Le temps presse,* oblige à aller vite. ◆ **se presser** v.pr. **1.** Se hâter. *Pourquoi se presser ?* **2.** Venir en grand nombre, se tasser. *La foule se pressait au stade.*

PRESSE-RAQUETTE n.m. (pl. *presse-raquettes* ou inv.). Dispositif que l'on assujettit au cadre d'une raquette de tennis en dehors des périodes d'utilisation, pour empêcher celui-ci de se déformer sous la traction des cordes.

PRESSEUR, EUSE adj. Destiné à exercer une pression. *Cylindre presseur.*

PRESSE-VIANDE n.m. inv. Ustensile servant à extraire le jus d'une viande peu cuite ou crue.

PRESSIER n.m. Ouvrier qui travaille à une presse.

PRESSING [prɛsiŋ] n.m. (mot angl.). **1.** Magasin où l'on nettoie les vêtements, le linge et où on les repasse à la vapeur. **2.** SPORTS. Attaque massive et continue.

PRESSION n.f. (lat. *pressio*). **1.** Action de presser ou de pousser avec effort. *Une pression de la main.* **2.** PHYS. Force exercée sur une surface ; mesure de cette force, appliquée normalement à la surface, exprimée par le quotient de son intensité par l'aire de la surface. – *Pression artérielle,* produite par le sang sur la paroi des artères. SYN. : *tension.* – *Pression atmosphérique :* pression exercée par l'air en un lieu donné, et mesurée à l'aide d'un baromètre. (La pression atmosphérique, qui diminue avec l'altitude, est en moyenne de 1 013 hectopascals au niveau de la mer.) – *Sous pression,* dont la pression est supérieure à celle de l'atmosphère. ◇ *Être sous pression :* être agité, énervé, tendu. **3.** Contrainte, influence exercée sur qqn. *Faire pression sur qqn.* ◇ *Groupe de pression :* groupe de personnes ayant des intérêts communs et agissant sur l'opinion publique, l'État. SYN. : *lobby.* ◇ *Pression fiscale :* charge d'impôts supportée par les contribuables. **4.** Bouton-pression. *Poser des pressions sur un chemisier.*

PRESSOIR n.m. (du lat. *pressus,* pressé). **1.** Machine servant à presser certains fruits (notamm., le raisin) pour en extraire le jus. **2.** Lieu, salle où se trouve cette machine.

PRESSOSTAT n.m. Dispositif automatique permettant de maintenir une pression constante dans une enceinte fermée.

PRESSPAHN n.m. (mot all.). Matériau à base de cellulose imprégnée d'huile ou de vernis, utilisé comme isolant en électrotechnique.

PRESSURAGE n.m. Action de pressurer.

PRESSURER v.t. **1.** Soumettre à l'action du pressoir. **2.** Serrer trop fort ; comprimer. **3.** Écraser, accabler en obligeant à payer (notamm. des impôts, des charges). ◆ **se pressurer** v.pr. Fam. *Se pressurer le cerveau :* faire un effort intellectuel intense.

PRESSUREUR n.m. **1.** Celui qui manœuvre un pressoir. **2.** Fig. Celui qui pressure les gens ; exploiteur.

PRESSURISATION n.f. Action de pressuriser.

PRESSURISER v.t. Maintenir sous une pression atmosphérique normale (une enceinte fermée, en partic. un avion volant à haute altitude, un vaisseau spatial).

PRESTANCE n.f. (lat. *praestantia,* supériorité). Maintien fier et élégant.

PRESTANT n.m. Jeu d'orgue de quatre pieds, dont les tuyaux les plus graves peuvent être placés en façade, et qui sert de fondement à l'accord de l'instrument.

PRESTATAIRE n. **1.** Bénéficiaire d'une prestation. **2.** Personne qui fournit une prestation. – *Prestataire de services :* personne, collectivité qui vend des services à une clientèle.

PRESTATION n.f. (du lat. *praestare,* fournir). **I. 1.** Fourniture ; service fourni. *Prestations en nature, en deniers. Prestations de service.* **2.** (Emploi critiqué). Fait, pour un acteur, un chanteur, un danseur, un orateur, un sportif, etc., de se produire en public. **II. 1.** Action de prêter. *Prestation de capitaux.* **2.** Objet d'une obligation. **3.** (Le plus souvent au pl.). Sommes versées au titre d'une législation sociale. *Prestations familiales, sociales.* **III.** *Prestation de serment :* action de prononcer un serment.

PRESTE adj. (it. *presto*). Agile, leste ; vif dans ses mouvements.

PRESTEMENT adv. De façon rapide ; vivement ; lestement.

PRESTER v.t. Belgique, Zaïre. Fournir (un service).

PRESTESSE n.f. Litt. Rapidité, vivacité, agilité.

PRESTIDIGITATEUR, TRICE n. Personne qui fait de la prestidigitation ; illusionniste.

PRESTIDIGITATION n.f. (de *preste,* et lat. *digitus,* doigt). Art de produire l'illusion d'opérations de magie par des manipulations, des artifices, des trucages ; illusionnisme.

PRESTIGE n.m. (lat. *praestigium,* illusion). Attrait, éclat pouvant séduire et impressionner ; influence, ascendant qu'exerce une chose ou une personne. *Le prestige d'un grand nom.*

PRESTIGIEUX, EUSE adj. Qui a du prestige, de l'éclat.

PRESTISSIMO adv. (mot it.). MUS. Très vite.

PRESTO adv. (mot it.). MUS. Vite.

PRÉSTRATÉGIQUE adj. MIL. Se dit des armements nucléaires tactiques.

PRÉSUMABLE adj. Que l'on peut présumer.

PRÉSUMÉ, E adj. Estimé tel par supposition, en présumant. *Le présumé coupable.*

PRÉSUMER [prezyme] v.t. (lat. *praesumere,* prendre d'avance). Croire d'après certains indices ; conjecturer, supposer. ◆ v.t. ind. *(de).* Avoir une trop bonne opinion de. *Présumer de son talent.*

PRÉSUPPOSÉ n.m. Ce qui est supposé vrai, préalablement à une action, une énonciation, une démonstration.

PRÉSUPPOSER v.t. **1.** Admettre préalablement. **2.** Nécessiter l'hypothèse de.

PRÉSUPPOSITION n.f. Supposition préalable ; présupposé.

PRÉSURE [prezyr] n.f. (lat. pop. *prensura,* ce qui fait prendre). Sécrétion (enzyme) de l'estomac des jeunes ruminants non sevrés (veau, agneau) utilisée dans l'industrie fromagère pour faire cailler le lait. (C'est l'homologue du labferment chez l'homme.)

PRÉSURER v.t. Cailler avec de la présure.

1. PRÊT n.m. (de *prêter*). **I. 1.** Action de prêter. **2.** Chose ou somme prêtée. *Rendre, rembourser un prêt.* **3.** Contrat par lequel une chose, une somme sont prêtées sous certaines conditions. *Prêt à intérêt.* **II.** Prestation en argent à laquelle ont droit les soldats et sous-officiers accomplissant leur service militaire légal.

2. PRÊT, E adj. (lat. *praesto,* à portée de main). **1.** Disposé, décidé à ; en état de. *Prêt à partir.* **2.** Dont la préparation est terminée ; disponible. *Le repas est prêt.*

PRÊT-À-COUDRE n.m. (pl. *prêts-à-coudre*). Vêtement vendu coupé, prêt à l'assemblage.

PRÊT-À-MONTER n.m. (pl. *prêts-à-monter*). Recomm. off. pour *kit.*

PRÉTANTAINE ou **PRÉTENTAINE** n.f. Vieilli. *Courir la prétantaine :* vagabonder au hasard ; chercher des aventures galantes.

PRÊT-À-PORTER n.m. (pl. *prêts-à-porter*). Ensemble des vêtements exécutés selon des mesures normalisées, par opp. aux vêtements sur mesure. SYN. : *confection.*

PRÊTÉ n.m. *C'est un prêté pour un rendu :* c'est une juste revanche.

1. PRÉTENDANT, E n. Personne qui revendique un trône auquel elle prétend avoir droit.

2. PRÉTENDANT n.m. Vieilli ou par plais. Celui qui veut épouser une femme.

PRÉTENDRE v.t. (lat. *praetendere,* présenter) 73. **1.** Affirmer, soutenir (une opinion). **2.** Avoir la prétention de, se flatter de. *Je ne prétends pas vous convaincre.* ◆ v.t. ind. *(à).* Litt. Aspirer à. *Prétendre aux honneurs.*

PRÉTENDU, E adj. Qui n'est pas ce qu'il paraît être ; supposé.

PRÉTENDUMENT adv. Faussement.

PRÊTE-NOM n.m. (pl. *prête-noms*). Personne qui prête son nom, dont le nom apparaît dans un acte où le véritable contractant ne peut pas ou ne veut pas laisser figurer le sien.

PRÉTENTAINE n.f. → ***prétantaine.***

PRÉTENTIEUSEMENT adv. De façon prétentieuse.

PRÉTENTIEUX, EUSE adj. et n. Qui cherche à en imposer, à se mettre en valeur pour des qualités qu'il n'a pas. ◆ adj. Empreint de prétention, de suffisance. *Un air, un style prétentieux.*

PRÉTENTION n.f. (lat. *praetentum,* de *praetendere,* mettre en avant). **1.** Complaisance vaniteuse envers soi-même. ◇ *Sans prétention.* **a.** Simple, sans affectation. **b.** (Souvent par antiphrase). Avec modestie. *Sans prétention de ma part...* **2.** Exigence, revendication. ◆ pl. Salaire, rétribution demandés pour un travail déterminé.

PRÉTENTIONNEUR n.m. AUTOM. Dispositif à très faible inertie qui, en cas de choc, tend immédiatement une ceinture de sécurité, augmentant ainsi son efficacité.

PRÊTER v.t. (lat. *praestare,* fournir). **1.** Céder pour un temps, à charge de restitution. *Prêter de l'argent.* **2.** Accorder, offrir spontanément. – *Prêter attention :* être attentif. – *Prêter l'oreille à :* écouter attentivement. – *Prêter serment :* prononcer un serment. ◇ Fig. *Prêter le flanc à :* donner prise à. *Prêter le flanc à la critique.* **3.** Attribuer une parole, un acte, etc., à qqn qui n'en est pas l'auteur. ◆ v.t. ind. *(à).* Fournir matière. *Prêter à la critique. Prêter à rire.* ◆ **se prêter** v.pr. *(à).* **1.** Se plier à, consentir à. *Se prêter à un arrangement.* **2.** Être propre à, convenir à.

PRÉTÉRIT [preterit] n.m. (lat. *praeteritum [tempus],* [temps] passé). LING. Forme verbale exprimant le passé, dans les langues qui ne font pas de distinction entre l'imparfait, l'aoriste et le parfait.

PRÉTÉRITER v.t. (lat. *praeterire,* négliger). Suisse. Léser, désavantager.

PRÉTÉRITION n.f. (lat. *praeteritum,* supin de *praeterire,* omettre). Figure de rhétorique par laquelle on déclare ne pas vouloir parler d'une chose dont on parle néanmoins par ce moyen. (Ex. : *Je n'ai pas besoin de vous dire que...*)

PRÉTEUR n.m. (lat. *praetor*). ANTIQ. ROM. Magistrat qui rendait la justice à Rome ou qui gouvernait une province.

PRÊTEUR, EUSE adj. et n. Qui prête.

1. PRÉTEXTE n.m. Raison apparente qu'on met en avant pour cacher le véritable motif d'une manière d'agir. ◇ *Sous prétexte de, que :* en prenant pour prétexte.

2. PRÉTEXTE n.f. et adj.f. (lat. *praetexta,* vêtement brodé). Toge bordée de pourpre que portaient à Rome les magistrats et les adolescents patriciens (de la puberté à l'âge de seize ans).

PRÉTEXTER v.t. (lat. *praetexere*). Alléguer comme prétexte. *Prétexter un voyage.*

PRETIUM DOLORIS [presjɔmdɔlɔris] n.m. inv. (loc. lat., *prix de la douleur*). DR. Ensemble des dommages et intérêts alloués à titre de réparation morale d'un évènement dommageable et des souffrances qui en découlent.

PRÉTOIRE n.m. (lat. *praetorium*). **1.** Salle d'audience d'un tribunal. **2.** ANTIQ. ROM. **a.** Emplacement du camp où se trouvait la tente du général. **b.** Palais du gouverneur, dans les provinces.

PRÉTORIAL, E, AUX adj. ANTIQ. ROM. Relatif au prétoire, au préteur.

1. PRÉTORIEN, ENNE adj. ANTIQ. ROM. Du préteur. ◇ *Garde prétorienne :* troupe commise à la garde du préteur et, plus tard, de l'empereur ; auj., garde personnelle d'un dictateur, d'un chef d'État, dans un régime autoritaire.

2. PRÉTORIEN n.m. ANTIQ. ROM. Soldat de la garde personnelle de l'empereur.

PRÊTRAILLE n.f. Péj., vieilli. *La prêtraille :* le clergé, les prêtres.

PRÉTRAITÉ, E adj. Qui a subi un traitement préalable. *Riz prétraité.*

PRÊTRE n.m. (lat. *presbyter*). **1.** Ministre d'un culte religieux. *Les prêtres de Cybèle, à Rome.* **2.** Celui qui a reçu le sacrement de l'ordre dans l'Église catholique et les Églises orientales.

PRÊTRE-OUVRIER n.m. (pl. *prêtres-ouvriers*). Prêtre qui partage complètement la vie des ouvriers.

PRÊTRESSE n.f. Femme, jeune fille consacrée au culte d'une divinité. *Les prêtresses de Diane.*

PRÊTRISE n.f. **1.** Fonction et dignité de prêtre. **2.** Degré du sacrement de l'ordre qui donne le pouvoir de célébrer la messe, de confesser, de donner le sacrement des malades et de bénir les mariages, dans l'Église catholique.

PRÉTURE n.f. (lat. *praetura*). Charge, fonction de préteur ; durée de son exercice.

PREUVE n.f. (de *prouver*). **1.** Ce qui démontre, établit la vérité de qqch. ◇ Fam. *À preuve que :* la preuve en est que. **2.** MATH. Procédé permettant de vérifier l'exactitude d'un calcul ou la justesse de la solution d'un problème. *Preuve par neuf.* **3.** Marque, témoignage, signe. *Donner une preuve de bonne volonté.* ◇ *Faire preuve de :* montrer, manifester. – *Faire ses preuves :* manifester sa valeur, ses capacités, etc.

PREUX adj.m. et n.m. (bas lat. *prodis*). Litt. Brave, vaillant.

PRÉVALENCE n.f. (angl. *prevalence*). MÉD. Rapport du nombre de cas d'une maladie (ou d'un type d'accidents, etc.) à l'effectif d'une population donnée, sans distinction entre les cas nouveaux et les cas anciens.

PRÉVALOIR v.i. (lat. *praevalere*) [61]. Litt. Avoir l'avantage, l'emporter. *Son opinion a prévalu.* ◆ **se prévaloir** v.pr. *(de).* Tirer avantage. *Elle s'est prévalue de sa fortune.*

PRÉVARICATEUR, TRICE adj. et n. Qui prévarique.

PRÉVARICATION n.f. Action de celui qui manque aux devoirs de sa charge. ◇ Spécialt. Concussion, détournement de fonds publics.

PRÉVARIQUER v.i. (lat. *praevaricari,* entrer en collusion avec la partie adverse). Rare. Manquer, par intérêt ou par mauvaise foi, aux devoirs de sa charge, de son mandat.

PRÉVENANCE n.f. Manière obligeante d'aller au-devant de ce qui peut plaire à qqn.

PRÉVENANT, E adj. Plein de sollicitude, d'attention à l'égard de qqn.

PRÉVENIR v.t. (lat. *praevenire,* devancer) [40]. **1.** Informer par avance ; avertir. *Prévenir qqn de ce qui se passe.* **2.** Aller au-devant de qqch, l'empêcher de se produire en prenant les précautions, les mesures nécessaires. *Prévenir un malheur.* **3.** Satisfaire par avance. *Prévenir les désirs de qqn.* ◇ *Prévenir qqn contre* ou *en faveur de,* lui faire adopter par avance une opinion défavorable ou favorable à l'égard de.

PRÉVENTIF, IVE adj. Qui a pour effet d'empêcher un mal prévisible. *Médecine préventive.* ◇ *Détention préventive* ou *préventive,* n.f. : détention subie avant un jugement, dite depuis 1970 *détention provisoire.*

PRÉVENTION n.f. (lat. *praeventio,* action de devancer). **1.** Ensemble des mesures prises pour prévenir un danger, un risque, un mal, pour l'empêcher de survenir. *Prévention des accidents de la route.* ◇ *Prévention routière,* visant à réduire le nombre et la gravité des accidents de la route. **2.** Opinion défavorable formée sans examen ; partialité. **3.** DR. État d'un individu contre lequel il existe une présomption de délit ou de crime ; détention d'un prévenu.

PRÉVENTIVEMENT adv. De façon préventive.

PRÉVENTOLOGIE n.f. Discipline qui se préoccupe de la prévention de tous les risques d'accidents et maladies.

PRÉVENTORIUM [prevɑ̃tɔrjɔm] n.m. (de *préventif,* sur *sanatorium*) [pl. *préventoriums*]. Établissement de cure où l'on soigne les malades atteints de formes initiales de tuberculose non contagieuse.

PRÉVENU, E n. Personne poursuivie pour une infraction et qui n'a pas encore été jugée.

PRÉVERBE n.m. LING. Préfixe qui se place avant le verbe.

PRÉVISIBILITÉ n.f. Caractère de ce qui est prévisible.

PRÉVISIBLE adj. Qui peut être prévu.

PRÉVISION n.f. Action de prévoir ; conjecture, hypothèse.

PRÉVISIONNEL, ELLE adj. Qui comporte des calculs de prévision, se fonde sur des prévisions.

PRÉVISIONNISTE n. Spécialiste de la prévision économique.

PRÉVOIR v.t. (lat. *praevidere*) [63]. **1.** Se représenter à l'avance (ce qui doit arriver, ce qui est prévisible). *Prévoir un malheur.* **2.** Organiser à l'avance, envisager. *Tout prévoir pour un voyage.*

PRÉVÔT n.m. (lat. *praepositus,* préposé). **1.** Agent royal ou seigneurial aux attributions diverses (judiciaires, administratives, militaires) au Moyen Âge et sous l'Ancien Régime. *Prévôt de Paris. Prévôt des marchands.* **2.** Officier de gendarmerie exerçant un commandement dans une prévôté.

PRÉVÔTAL, E, AUX adj. Qui concerne le prévôt ou la prévôté. ◇ *Cour prévôtale :* tribunal exceptionnel établi en France de 1815 à 1830 et jugeant sans appel certains délits.

PRÉVÔTÉ n.f. **1.** HIST. Titre, fonction de prévôt ; juridiction, résidence d'un prévôt. **2.** MIL. Détachement de gendarmerie affecté, en opérations, à une grande unité ou à une base, et chargé des missions de police générale et judiciaire.

PRÉVOYANCE n.f. Qualité de qqn qui sait prévoir.

PRÉVOYANT, E adj. Qui fait preuve de prévoyance.

PRIANT n.m. ARCHÉOL. Statue funéraire figurant un personnage agenouillé (→ ***orant***).

PRIAPÉE n.f. ANTIQ. Chant, fête en l'honneur de Priape, à caractère généralement licencieux. ◇ Vieilli. Poésie, peinture, spectacle obscènes.

PRIAPISME n.m. (de *Priape*). PATHOL. Érection prolongée, douloureuse, non liée à une stimulation érotique, symptomatique de diverses affections.

PRIE-DIEU n.m. inv. Meuble bas, muni d'un accoudoir, sur lequel on s'agenouille pour prier.

PRIER v.t. (lat. *precari*). **1.** S'adresser par la prière à Dieu, à une divinité. **2.** Demander avec instance (aussi : avec déférence ou humilité) à qqn de faire qqch. *Je vous prie de me rendre ce service.* ◇ *Je vous prie, je vous en prie* (formules de politesse accompagnant une demande : *Suivez-moi, je vous prie,* ou une injonction, parfois menaçante : *Cessez, je vous prie*). – Spécialt. *Je vous en prie* (pour répondre à un remerciement, à des excuses). – *Se faire prier :* n'accepter de faire qqch qu'après avoir été longuement sollicité. ◆ v.i. Intercéder auprès de Dieu, des saints. *Prier pour les morts.*

PRIÈRE n.f. (lat. *precarius,* qui s'obtient en priant). **1.** Acte par lequel on s'adresse à Dieu, à une divinité pour exprimer l'adoration ou la vénération, une demande, une action de grâces. **2.** Ensemble de phrases, de formules souvent rituelles par lesquelles on s'adresse à Dieu, à une divinité. **3.** Demande instante. *Écoutez ma prière.* ◇ *Prière de :* il est demandé de.

PRIEUR, E n. et adj. (lat. *prior,* premier). Supérieur(e) de certaines communautés religieuses.

PRIEURÉ n.m. **1.** Communauté religieuse placée sous l'autorité d'un prieur, d'une prieure. **2.** Église, maison d'une telle communauté. **3.** Rare. Dignité de prieur.

PRIMA DONNA n.f. (mots it., *première dame*). [pl. *prime donne* (primedɔne)]. Première chanteuse dans un opéra.

PRIMAGE n.m. (de l'angl. *to prime,* amorcer). TECHN. Entraînement d'eau par la vapeur dans une chaudière.

1. PRIMAIRE adj. (lat. *primarius,* du premier rang). Qui est premier. **I.** Qui est premier dans le temps. **1.** BOT. **a.** *Forêt primaire,* originelle. **b.** *Structure primaire :* structure acquise par les plantes vivaces dès la première année de leur vie. **2.** MÉD. Se dit des symptômes d'une maladie qui apparaissent les premiers ou de la première phase d'une maladie cyclique. **3.** GÉOL. *Ère primaire* ou *primaire,* n.m. : deuxième division des temps géologiques, succédant au précambrien et d'une durée d'environ 350 millions d'années, elle-même divisée en six périodes (cambrien, ordovicien, silurien, dévonien, carbonifère, permien). SYN. : *paléozoïque.* **4.** *Élection primaire* ou *primaire,* n.f. : désignation par les électeurs de chacun des deux grands partis des candidats aux élections locales ou nationales, en partic. aux États-Unis. **II.** Qui occupe le premier degré ; fondamental. **1.** *Couleurs primaires* ou *fondamentales :* le rouge, le jaune et le bleu. **2.** Qui appartient à l'enseignement du premier degré (de l'école maternelle à l'entrée au collège). *École primaire. Enseignement primaire.* **3.** Péj. Simpliste et borné. *Esprit primaire. Un raisonnement primaire.* **4.** ÉCON. *Secteur primaire* ou *primaire,* n.m. : ensemble des activités économiques productrices de matières premières, notamm. l'agriculture et les industries extractrices. **III.** PSYCHOL. Se dit, en caractérologie, de qqn chez qui prédominent les réactions immédiates (par opp. à *secondaire*).

2. PRIMAIRE n.m. **I. 1.** Enseignement primaire. **2.** ÉCON. Secteur primaire. **3.** GÉOL. Ère primaire. **II.** ÉLECTR. Enroulement, alimenté par le réseau, d'un transformateur ou d'une machine asynchrone.

3. PRIMAIRE n.f. Élection primaire.

PRIMAL, E, AUX adj. PSYCHAN. *Cri primal, thérapie primale :* technique thérapeutique qui se propose de faire revivre au malade, notamm. au moyen de cris, la souffrance à l'origine de sa névrose.

PRIMARITÉ n.f. Caractère de ce qui est primaire ou premier.

PRIMAT n.m. (lat. *primas,* qui est au premier rang). **1.** Titre honorifique attaché à un siège épiscopal en vertu d'une tradition fondée sur l'importance historique de ce siège. **2.** PHILOS. Dominance, primauté, antériorité logique.

PRIMATE n.m. (du lat. *primas,* qui est au premier rang). **1.** *Primates :* ordre de mammifères aux mains préhensiles, aux ongles plats, possédant une denture complète et un cerveau très développé, tels que les lémuriens, les singes et l'homme. **2.** Fam. Homme grossier, inculte.

PRIMATIAL, E, AUX [primasjal, sjo] adj. Du primat. – *Église primatiale* ou *primatiale,* n.f. : église, siège d'un primat.

PRIMATIE [primasi] n.f. RELIG. Dignité de primat ; étendue, siège de sa juridiction.

PRIMATOLOGIE n.f. Étude scientifique des primates.

PRIMAUTÉ n.f. (du lat. *primus,* premier). Prééminence, premier rang ; supériorité. ◇ *Primauté du pape :* autorité suprême du pape, niée par les Églises protestantes, reconnue par les Églises orientales à titre purement honorifique.

1. PRIME n.f. (lat. *praemium,* récompense). **1.** Somme que l'assuré doit à l'assureur. **2.** Somme versée à un salarié en plus de son salaire à titre de gratification ou pour l'indemniser de certains frais. *Prime de transport.* **3.** Somme d'argent ou don accordés à titre de récompense ou d'encouragement. *Prime de match d'un footballeur.* **4.** Ce qu'on donne en plus ; cadeau offert à un client pour l'attirer ou le retenir. *Offrir un stylo en prime.* **5.** BOURSE. Dédit payé par l'acheteur en cas de résiliation d'une transaction (dans les opérations dites *à prime*). *Marché à prime.* ◇ *Prime d'émission :* somme qu'un souscripteur d'action doit verser en sus de la valeur nominale de celle-ci. **6.** *Faire prime :* être le meilleur, l'emporter ; primer. *Cet article fait prime sur le marché.*

2. PRIME adj. (lat. *primus,* premier). **1.** Litt. Premier (seult dans quelques expressions). *Prime jeunesse. De prime abord.* **2.** MATH. Se dit d'une lettre affectée d'un seul accent. *b' s'énonce « b prime ».*

3. PRIME n.f. Partie de l'office divin qui se récitait au lever du jour.

PRIMÉ, E adj. Qui a reçu un prix. *Film primé.*

1. PRIMER v.t. ou v.t. ind. *(sur).* L'emporter sur qqn, qqch. *Chez lui, la mémoire prime l'intelligence. Cette raison prime sur toutes les autres.*

2. PRIMER v.t. Accorder une récompense, un prix à. *Primer un animal dans un concours.*

PRIMEROSE n.f. Rose trémière.

PRIMESAUTIER, ÈRE adj. (anc. fr. *prime,* premier, et *saut*). Litt. Qui décide, parle, agit avec spontanéité.

PRIME TIME [prajmtajm] n.m. (mot angl., *meilleur temps*) [pl. *prime times*]. TÉLÉV. (Anglic. déconseillé). Tranche horaire correspondant au début de soirée, la plus appréciée par les annonceurs publicitaires. Recomm. off. : *heure de grande écoute.*

PRIMEUR n.f. **1.** Caractère de ce qui est nouveau. ◇ *Avoir la primeur de qqch :* être le premier ou parmi les premiers à le connaître, à en jouir. **2.** *Vin de primeur* ou *vin primeur :* vin de l'année mis sur le marché le troisième jeudi de novembre avec la mention *primeur* ou *nouveau.* ◆ pl. Fruits ou légumes commercialisés avant la saison normale, provenant d'une culture forcée ou d'une région plus chaude. ◇ *Marchand de primeurs :* marchand de fruits et légumes en général.

PRIMEURISTE n. Horticulteur qui produit des primeurs.

PRIMEVÈRE n.f. (du lat. *primo vere,* au début du printemps). Plante des prés et des bois, à fleurs jaunes, blanches ou mauves, qui fleurit au printemps. (La primevère officinale est appelée usuellement *coucou ;* famille des primulacées.)

primevères

PRIMIDI n.m. Premier jour de la décade, dans le calendrier républicain.

PRIMIPARE adj. et n.f. (du lat. *primus,* premier, et *parere,* accoucher). Qui accouche ou qui met bas pour la première fois.

PRIMIPILAIRE ou **PRIMIPILE** n.m. (du lat. *primus,* premier, et *pilum,* javelot). ANTIQ. Centurion le plus élevé en grade dans l'armée romaine.

1. PRIMITIF, IVE adj. (lat. *primitivus,* qui naît le premier). **1.** Qui appartient au premier état d'une chose ; premier, initial, originel. *Forme primitive d'un continent.* ◇ *Église primitive,* des deux premiers siècles du christianisme. **2.** Qui constitue l'élément premier, fondamental. *Couleurs primitives.* ◇ MATH. *Fonction primitive* ou *primitive,* n.f., *d'une autre fonction,* dont cette dernière est la dérivée. **3.** Simple, fruste, rudimentaire. *Mœurs primitives.* ◆ adj. et n. Vieilli. Se dit des sociétés humaines restées à l'écart de la civilisation mécanique et industrielle, et qui ont conservé leurs structures socio-économiques propres, ainsi que de ceux qui les composent. (On dit plutôt auj. *archaïque.*)

2. PRIMITIF n.m. BX-A. Peintre, sculpteur de la période antérieure à la Renaissance.

PRIMITIVEMENT adv. À l'origine.

PRIMITIVISME n.m. BX-A. Affinité avec un art ou des arts primitifs.

PRIMO adv. (mot lat.). Premièrement, en premier lieu.

PRIMOGÉNITURE n.f. (du lat. *primogenitus,* premier-né). DR. Antériorité de naissance pouvant entraîner certains droits.

PRIMO-INFECTION n.f. (pl. *primo-infections*). MÉD. Première atteinte de l'organisme par un germe. – *Primo-infection tuberculeuse,* caractérisée par le virage de la cuti-réaction.

PRIMORDIAL, E, AUX adj. (du lat. *primordium,* principe). **1.** Qui existe depuis l'origine, qui est le plus ancien. **2.** D'une grande importance ; principal, fondamental, capital. *Rôle primordial.*

PRIMULACÉE n.f. (lat. *primula,* primevère). *Primulacées :* famille de plantes gamopétales à corolle régulière comprenant notamm. la primevère, le cyclamen, le mouron rouge.

PRINCE n.m. (lat. *princeps,* premier). **1.** Celui qui possède une souveraineté ou qui appartient à une famille souveraine. ◇ *Fait du prince :* acte arbitraire d'un gouvernement. **2.** Titre de noblesse le plus élevé. – Fam. *Être bon prince :* se montrer accommodant. **3.** Le premier selon un ordre hiérarchique. ◇ *Les princes de l'Église :* les cardinaux et les évêques. ◇ Litt. Le premier par son talent, son mérite. *Le prince des poètes.*

PRINCE-DE-GALLES n.m. inv. et adj. inv. Tissu présentant des motifs à lignes croisées en plusieurs tons d'une même couleur.

PRINCEPS [prɛ̃sɛps] adj. (mot lat., *premier*). **1.** *Édition princeps :* la première de toutes les éditions d'un ouvrage. **2.** *Observation princeps :* première description scientifique d'un phénomène.

PRINCESSE n.f. **1.** Fille ou femme d'un prince ; fille d'un souverain ou d'une souveraine. ◇ Fam. *Faire la princesse :* prendre de grands airs. **2.** Souveraine d'un pays. ◇ Fam. *Aux frais de la princesse :* aux frais de l'État ou d'une collectivité, sans payer de sa poche.

PRINCIER, ÈRE adj. **1.** De prince. *Famille princière.* **2.** Somptueux, digne d'un prince.

PRINCIÈREMENT adv. D'une façon princière, somptueuse.

1. PRINCIPAL, E, AUX adj. (lat. *principalis,* originaire). Qui est le plus important. *Personnage principal. Bâtiment principal.* ◇ GRAMM. *Proposition principale* ou *principale,* n.f. : proposition dont les autres dépendent et qui ne dépend d'aucune autre (par opp. à *subordonnée*).

2. PRINCIPAL n.m. **I. 1.** Ce qu'il y a de plus important ; l'essentiel. *Vous oubliez le principal.* **2. a.** Capital d'une dette. *Le principal et les intérêts.* **b.** DR. Montant d'une demande en justice (capital, fruits et intérêts, par opp. aux accessoires [dépens, etc.]). **3.** Montant primitif d'un impôt, avant le calcul des centimes ou décimes supplémentaires. **II. 1.** Directeur d'un collège. **2.** Premier clerc d'une étude.

PRINCIPALEMENT adv. Avant tout, par-dessus tout.

PRINCIPAT n.m. **1.** Dignité de prince. **2.** Régime politique des deux premiers siècles de l'Empire romain, monarchie de fait ayant conservé le cadre des institutions républicaines.

PRINCIPAUTÉ n.f. État indépendant dont le souverain a le titre de prince. *Principauté de Monaco.* ◇ Terre à laquelle est attaché le titre de prince. ◆ pl. THÉOL. *Les principautés :* le troisième chœur des anges.

PRINCIPE n.m. (lat. *principium*). **I. 1.** Origine, source, cause première. *Remonter jusqu'au principe de toutes choses.* **2.** Proposition admise comme base d'un raisonnement. *Je pars du principe que...* **3.** Loi générale régissant un ensemble de phénomènes et vérifiée par l'exactitude de ses conséquences. *Principe d'Archimède.* **4.** Connaissance, règle élémentaire d'une science, d'un art, d'une technique, etc. **5.** Élément constitutif d'une chose ; élément actif. *Fruit riche en principes nutritifs.* **II.** Règle générale théorique qui guide la conduite. *Être fidèle à ses principes.* **III.** *De principe :* qui porte sur l'essentiel mais demande confirmation. *Accord de principe.* ◇ *En principe :* théoriquement ; selon les prévisions. *En principe, il devrait être là.*

PRINTANIER, ÈRE adj. Du printemps.

PRINTANISATION n.f. AGRIC. Vernalisation.

PRINTEMPS n.m. (anc. fr. *prin,* premier, et *temps*). **1.** La première des quatre saisons, qui s'étend du 20 ou 21 mars au 21 ou 22 juin, dans l'hémisphère boréal. **2.** Fig. et litt. Année d'âge (surtout en parlant d'une personne jeune ou, par plais., d'une personne âgée). *Jeune fille de seize printemps.* **3.** Litt. Jeunesse, jeune âge. *Le printemps de la vie.*

PRIODONTE n.m. ZOOL. Tatou géant d'Amérique du Sud. (Long. 1 m env.)

PRION n.m. (mot angl.). BIOL. Particule protéinique infectieuse qui semble capable de se répliquer en l'absence de toute information génétique. (Il serait l'agent de la tremblante du mouton et de la maladie dite des « vaches folles ».)

PRIORAT n.m. RELIG. Fonction de prieur ; durée de cette fonction.

PRIORI (A) loc. adv. → ***a priori.***

PRIORITAIRE adj. et n. Qui a la priorité.

PRIORITAIREMENT adv. En priorité.

PRIORITÉ n.f. (du lat. *prior,* premier). **1. a.** Fait de venir le premier, de passer avant les autres (en raison de son importance). – *En priorité, par priorité :* avant toute autre chose. **b.** Spécialt. Droit, établi par un règlement, de passer avant les autres. *Laisser la priorité aux véhicules venant de droite.* **2.** Antériorité dans le temps. *Établir la priorité d'un fait par rapport à un autre.*

PRIS, E adj. **1.** Accaparé par une occupation. **2.** Atteint par une maladie. **3.** *Taille bien prise,* qui a de justes proportions, mince.

PRISCILLIANISME n.m. Doctrine de l'évêque Priscillien. (V. partie n.pr.)

PRISE n.f. (de *pris,* p. passé de *prendre*). **1.a.** Action de saisir, de tenir serré. *Maintenir la prise.* ◇ *Lâcher prise :* cesser de serrer, de tenir ce que l'on avait en main ; fig., abandonner une tâche, une entreprise. **b.** Action, manière de saisir l'adversaire, dans une lutte, un corps à corps. *Prise de judo.* ◇ *Être aux prises avec :* lutter contre ; être tourmenté par. **c.** Ce qui permet de saisir ; aspérité, saillie. *Alpiniste qui cherche une prise.* ◇ Fig. *Avoir prise sur :* avoir des moyens d'exercer une action sur. – *Donner, laisser prise à :* fournir la matière ou l'occasion de s'exercer à. *Donner prise au jugement, à la critique.* **d.** MÉCAN. *Prise directe :* combinaison d'un changement de vitesse dans laquelle l'arbre primaire transmet directement le mouvement à l'arbre secondaire ; fig., contact immédiat, étroit. *Être en prise directe avec les réalités du terrain.* **2.a.** Action de s'emparer de qqch, de faire ou de retenir prisonnier qqn. *Prise de la Bastille. Prise d'otages.* **b.** Ce qui est pris. *Prise de guerre.* **3.a.** Action de recueillir, de capter qqch. *Prise de sang.* ◇ *Prise de son :* ensemble des opérations permettant d'enregistrer une situation sonore quelconque. – *Prise de vues :* enregistrement des images d'un film. (En photographie, on écrit *prise de vue.*) **b.** Dispositif servant à capter ; bifurcation au moyen de laquelle on détourne une partie de la masse d'un fluide. *Prise d'eau.* – *Prise de courant* ou *prise :* dispositif de branchement électrique relié à une ligne d'alimentation. – *Prise de terre :* conducteur ou ensemble de conducteurs servant à établir une liaison avec la terre. **4.** Action d'absorber (notamm. un médicament) ; quantité administrée en une fois. *La dose sera répartie en plusieurs prises.* ◇ Pincée de tabac en poudre aspirée par le nez. **5.** Action de se mettre à avoir, d'adopter (une attitude). *Prise de position.* ◇ *Prise de contact :* première rencontre. – *Prise de conscience :* fait de devenir conscient de qqch (notamm. de son rôle, de sa situation, etc.). – *Prise de possession :* acte par lequel on entre en possession d'un bien, d'une fonction, d'un territoire, etc. – *Prise à partie :* action d'attaquer qqn ; DR., voie de recours qui était exercée contre un juge qui avait abusé de son autorité. **6.** Fait de se figer, de se durcir. *Ciment à prise rapide.*

PRISÉE n.f. DR. Estimation du prix d'un objet compris dans un inventaire ou vendu aux enchères.

1. PRISER v.t. (du lat. *pretium,* prix). Litt. Faire cas de, estimer, apprécier. *Priser l'élégance par-dessus tout.*

2. PRISER v.t. (de *prise*). Aspirer par le nez (du tabac ; moins cour., une autre substance : cocaïne, etc.).

PRISEUR, EUSE n. Personne qui prise du tabac.

PRISMATIQUE adj. **1.** Du prisme, qui a la forme d'un prisme. ◇ PHYS. *Couleurs prismatiques :* couleurs du spectre obtenues par dispersion de la lumière blanche à travers un prisme. – MATH. *Surface prismatique :* ensemble des droites de direction fixe qui s'appuient sur un polygone. **2.** Qui contient un ou plusieurs prismes. *Jumelle prismatique.*

PRISME n.m. (gr. *prisma,* de *prizein,* scier). **1.** GÉOM. Solide limité par une surface prismatique et deux plans parallèles coupant celle-ci selon deux polygones *(bases).* **2.** PHYS. Prisme (au sens précédent) à base triangulaire, en matériau transparent, qui dévie et décompose les rayons lumineux. *(V. illustration p. 824.)* **3.** Fig., litt. Ce qui déforme la réalité. *Voir à travers le prisme de ses préjugés.*

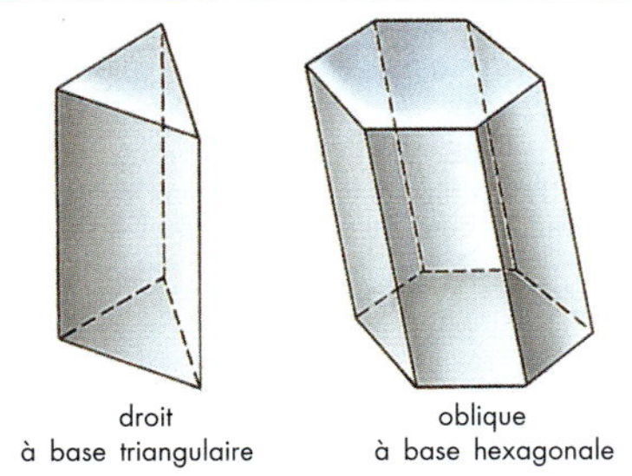

prismes (géométrie)

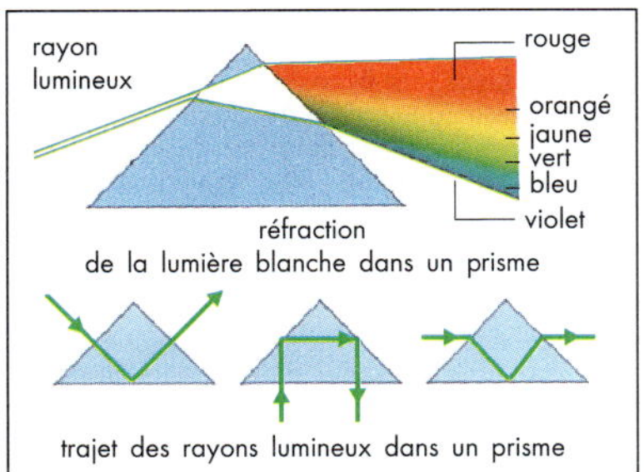

prisme (physique)

PRISON n.f. (lat. *prehensio,* action de prendre). **1.** Établissement pénitentiaire où sont détenues les personnes condamnées à une peine privative de liberté ou en instance de jugement. **2.** Peine d'emprisonnement. *Mériter la prison.* **3.** Lieu ou situation où qqn est ou se sent enfermé, séquestré, isolé.

1. PRISONNIER, ÈRE n. et adj. **1.** Personne détenue en prison ; détenu. **2.** Personne privée de liberté. *Prisonnier de guerre.* ◆ adj. *Prisonnier de :* dont l'indépendance de jugement ou la liberté morale est entravée par. *Être prisonnier de ses préjugés.*

2. PRISONNIER n.m. Organe d'assemblage fixé d'une manière indémontable.

PRIVATDOZENT ou **PRIVATDOCENT** [privadɔsɛt] n.m. (lat. *privatim docens,* qui enseigne à titre privé). Professeur libre, dans les universités allemandes ou suisses.

PRIVATIF, IVE adj. **1.** Qui prive. *Peine privative de liberté.* ◇ LING. Qui marque la privation, l'absence, le manque. *Préfixe privatif.* (Ex. : *in-* dans *insuccès.*) **2.** Dont l'usage est réservé exclusivement à une personne déterminée ; privé. *Jardin privatif.*

PRIVATION n.f. Action de priver, de se priver de qqch ; état de qqn qui est privé. ◆ pl. Manque volontaire, ou imposé par les circonstances, des choses nécessaires et, notamm., de nourriture. *Affaibli par les privations.*

PRIVATIQUE n.f. Utilisation de moyens de traitement de l'information privés, décentralisés, capables de fonctionner en dehors d'un réseau de télécommunications.

PRIVATISABLE adj. et n.f. Se dit d'une entreprise du secteur public qui peut faire l'objet d'une privatisation.

PRIVATISATION n.f. Action de transférer au domaine de l'entreprise privée ce qui était du ressort de l'État. *Privatisation d'un service public.*

PRIVATISÉE n.f. Société privatisée. *Les noyaux durs des privatisées.*

PRIVATISER v.t. Procéder à la privatisation de.

PRIVATISTE n. Juriste spécialiste du droit privé.

PRIVAUTÉ n.f. Familiarité malséante à l'égard de qqn dont on ne partage pas l'intimité. ◆ pl. Familiarités, libertés qu'un homme se permet avec une femme (et, le plus souvent, jugées déplacées).

1. PRIVÉ, E adj. (lat. *privatus*). **1.** Qui est strictement personnel ; intime. *Vie privée.* **2.** Qui n'est pas ouvert à tout public. *Club privé. Séance privée.* **3.** Qui appartient en propre à un ou à plusieurs individus. *Propriété privée.* **4.** Qui ne dépend pas directement de l'État. *École privée. Secteur privé.*

2. PRIVÉ n.m. **1.** Vie intime, familière. ◇ *En privé, dans le privé :* dans l'intimité, hors de la présence de témoins inconnus. **2.** Secteur privé. *Le public et le privé.*

PRIVER v.t. Ôter ou refuser à qqn la possession, la jouissance de qqch. *Priver un enfant de dessert.* ◆ **se priver** v.pr. **1.** S'ôter la jouissance de ; s'abstenir de. *Se priver de vin.* **2.** S'imposer des privations. *Se priver pour partir en vacances.*

PRIVILÈGE n.m. (lat. *privilegium*). **1.** Droit, avantage particulier attaché à qqn ou possédé par qqn et que les autres n'ont pas. **2.** DR. Avantage qu'ont certaines créances d'être payées avant les autres.

PRIVILÉGIÉ, E adj. et n. Qui jouit d'un privilège, de privilèges. *Les classes privilégiées.*

PRIVILÉGIER v.t. Avantager, favoriser.

PRIX n.m. (lat. *pretium*). **1.** Valeur d'une chose, exprimée en monnaie. *Prix d'une marchandise.* ◇ *Objet de prix,* de grande valeur. – *Hors de prix :* très cher. – *Prix fixe,* qu'il n'y a pas à débattre. – *Prix garanti,* au-dessous duquel un bien ne peut être payé au producteur, en vertu d'une décision des pouvoirs publics. **2.** Valeur, importance attachée à qqch ; ce qu'il en coûte pour obtenir qqch. *Le prix de la liberté.* – *À aucun prix :* en aucun cas. – *À tout prix :* coûte que coûte. **3.** Récompense décernée à qqn pour son mérite ou son excellence dans une discipline intellectuelle, un art, une technique, etc. *Distribution des prix.*

PRO n. et adj. (abrév.). Fam. Professionnel. *Il est passé pro. C'est une vraie pro.*

PROBABILISME n.m. PHILOS. Doctrine selon laquelle l'homme ne peut atteindre à la vérité, et doit se contenter d'opinions fondées sur des probabilités.

PROBABILISTE adj. et n. Qui appartient au probabilisme.

PROBABILITÉ n.f. **1.** Caractère de ce qui est probable ; opinion, évènement probable ; vraisemblance. **2.** MATH. **a.** Rapport du nombre des cas favorables à la réalisation d'un évènement aléatoire au nombre total des cas possibles. *Calcul des probabilités.* **b.** Nombre, compris entre zéro et un, associé à un évènement aléatoire par une loi de probabilité. ◇ *Loi de probabilité* ou *probabilité :* application associant à chaque partie d'un ensemble A, appelé *univers des possibles,* un nombre positif de manière que la probabilité de A soit 1 et que la probabilité de la réunion de deux parties disjointes soit égale à la somme de leurs probabilités respectives.

PROBABLE adj. (lat. *probabilis,* de *probare,* approuver). Qui a beaucoup de chances de se produire, vraisemblable. *Succès probable.*

PROBABLEMENT adv. Vraisemblablement.

PROBANT, E adj. (lat. *probans*). Qui emporte l'approbation, qui convainc.

PROBATION n.f. **1.** RELIG. Temps d'épreuve qui précède le noviciat. **2.** DR. Suspension provisoire et conditionnelle de la peine d'un condamné, assortie d'une mise à l'épreuve et de mesures d'assistance et de contrôle.

PROBATIONNAIRE n. DR. Condamné soumis à la probation.

PROBATOIRE adj. Qui permet de vérifier que qqn a bien les capacités, les qualités, les connaissances requises. *Examen probatoire.*

PROBE adj. (lat. *probus*). Litt. D'une honnêteté stricte, scrupuleuse.

PROBITÉ n.f. Caractère d'une personne probe ; observation rigoureuse des principes de la justice et de la morale.

1. PROBLÉMATIQUE adj. Dont l'issue, la réalisation, l'action, la réalité est douteuse, aléatoire, hasardeuse.

2. PROBLÉMATIQUE n.f. Didact. Ensemble de questions qu'une science ou une philosophie se pose relativement à un domaine particulier.

PROBLÉMATIQUEMENT adv. De façon problématique.

PROBLÈME n.m. (lat. *problema ;* du gr.). **1.** Question à résoudre par des méthodes logiques, rationnelles, dans le domaine scientifique. **2.** Exercice scolaire consistant à trouver les réponses à une question posée à partir de données connues. *Problème de géométrie, de physique.* **3.** Difficulté d'ordre spéculatif, à laquelle on cherche une solution satisfaisante pour l'esprit. *Problème philosophique.* **4.** Difficulté souvent complexe, à laquelle on est confronté. *Problème technique, psychologique. J'ai un problème !*

PROBOSCIDIEN n.m. (du lat. *proboscis,* trompe ; du gr.). *Proboscidiens :* ordre de mammifères ongulés munis d'une trompe préhensile et comprenant les éléphants actuels et les mastodontes, mammouths, dinothériums fossiles.

PROCAÏNE n.f. Anesthésique local de synthèse.

PROCARYOTE adj. et n.m. Être vivant génér. unicellulaire ne possédant pas de véritable noyau, ni d'organites dans son cytoplasme (par opp. à *eucaryote*). [Les procaryotes regroupent toutes les bactéries.]

PROCÉDÉ n.m. **I. 1.** Moyen, méthode pratique pour faire qqch, pour obtenir un résultat. *Procédé de fabrication.* **2.** Manière d'agir, de se comporter. *Un procédé inqualifiable.* **3.** Péj. Technique, moyen utilisés de manière trop systématique et qui lassent (en partic. en art). **II.** Rondelle de cuir garnissant le bout des queues de billard.

PROCÉDER v.i. (lat. *procedere,* sortir) [18]. Agir d'une certaine façon. *Procéder méthodiquement.* ◆ v.t. ind. *(à).* Accomplir une tâche, une opération dans ses différentes phases. *Procéder à l'élection d'une commission.* ◆ v.t. ind. *(de).* Litt. Tirer son origine de ; résulter, découler de.

PROCÉDURAL, E, AUX adj. DR. Qui concerne la procédure.

PROCÉDURE n.f. (de *procéder*). **I.** Manière de procéder ; méthode, marche à suivre pour obtenir un résultat. **II.** DR. **1.** Ensemble des règles et des formes qu'il convient d'observer pour agir en justice, avant, pendant un procès et jusqu'à son terme, ainsi que pour accomplir les actes d'exécution forcée. **2.** Ensemble des règles à suivre pour l'établissement de certains droits ou de certaines situations juridiques.

PROCÉDURIER, ÈRE adj. et n. Péj. Qui aime la procédure, la chicane.

PROCELLARIIFORME n.m. *Procellariiformes :* ordre d'oiseaux marins au bec formé de plusieurs plaques juxtaposées, comprenant notamm. l'albatros et le pétrel.

PROCÈS [prɔsɛ] n.m. (lat. *processus,* progrès). **1.** Instance en justice. ◇ Fig. *Faire le procès de :* accuser, condamner. – *Sans autre forme de procès :* sans autre formalité. **2.** LING. Action ou état exprimé par le verbe. **3.** ANAT. Prolongement d'un organe. *Procès ciliaires.*

PROCESSEUR n.m. INFORM. Organe capable d'assurer le traitement complet d'une série d'informations.

PROCESSIF, IVE adj. Vx. Chicanier, procédurier. ◆ adj. et n. PSYCHIATRIE. Quérulent.

PROCESSION n.f. (lat. *processio,* de *procedere,* avancer). **1.** Cérémonie de caractère religieux consistant en un cortège solennel, accompagné de chants et de prières. **2.** Longue suite de personnes, de véhicules ; défilé, cortège.

PROCESSIONNAIRE adj. et n.f. *Chenilles processionnaires,* qui se déplacent l'une derrière l'autre en files nombreuses, très nuisibles.

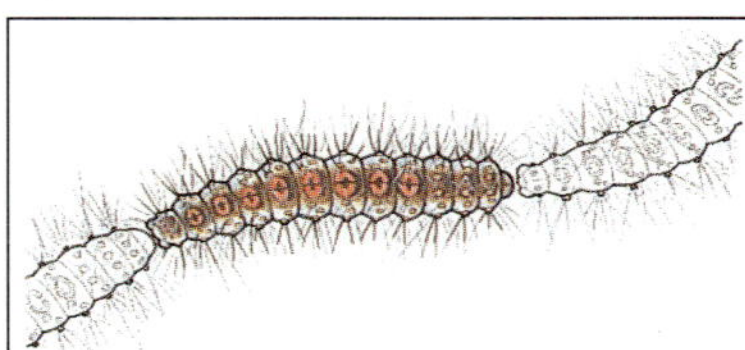
chenilles **processionnaires**

PROCESSUS [prɔsesys] n.m. (mot lat., *progression*). **1.** Enchaînement ordonné de faits ou de phénomènes, répondant à un certain schéma et aboutissant à un résultat déterminé ; marche, développement. *Le processus inflationniste.* **2.** Suite continue d'opérations constituant la manière de fabriquer, de faire qqch ; procédé technique. *Processus de fabrication.*

PROCÈS-VERBAL n.m. (pl. *procès-verbaux*). **1.** Acte établi par un magistrat, un officier ou un agent de police administrative ou judiciaire, ou par un officier public, qui rend compte de ce qu'il a fait, entendu ou constaté dans l'exercice de ses fonctions. **2.** Compte-rendu écrit des débats et des travaux d'une réunion, d'une assemblée, etc.

1. PROCHAIN, E adj. (lat. pop. *propeanus,* proche, de *prope,* près de). **1.** Qui suit immédiatement, qui est le plus rapproché. *Vendredi prochain. Le prochain arrêt du train.* **2.** Qui va survenir, arriver (sans précision dans le temps). *Nous en parlerons une prochaine fois.*

2. PROCHAIN n.m. Tout homme, ou l'ensemble des hommes, par rapport à l'un d'entre eux. *Aimer son prochain.*

PROCHAINE n.f. Fam. **1.** *La prochaine :* la station suivante. *Descendez-vous à la prochaine ?* **2.** *À la prochaine :* à une autre fois, à bientôt.

PROCHAINEMENT adv. Bientôt.

1. PROCHE adj. (de *prochain*). **1.** Qui n'est pas éloigné, dans l'espace ou dans le temps. *Une maison proche de la mer. L'heure du départ est proche.* **2.** Qui a d'étroites relations de parenté, d'amitié. *Des amis très proches.* **3.** Peu différent, approchant. *Prévisions proches de la vérité.*

2. PROCHE n. **1.** Proche parent, ami intime. *C'est une proche de la famille.* **2.** Personne qui partage une communauté d'idées avec qqn, un groupe ou entretient d'étroites relations avec lui. *Un proche du pouvoir.* ◆ n.m. *De proche en proche :* progressivement, par degrés.

PROCHE-ORIENTAL, E, AUX adj. Qui se rapporte au Proche-Orient.

PROCHINOIS, E adj. et n. Partisan, en politique, de la Chine populaire.

PROCHORDÉ n.m. → ***procordé.***

PROCIDENCE n.f. ANAT. Issue, à l'extérieur, d'un organe ou d'une partie anatomique mobile.

PROCLAMATION n.f. **1.** Action de proclamer. **2.** Ce qui est proclamé ; appel, manifeste.

PROCLAMER v.t. (lat. *proclamare*). **1.** Reconnaître, révéler publiquement et solennellement. *Proclamer la vérité.* **2.** Faire connaître publiquement. *Proclamer un verdict, les résultats d'un concours.*

PROCLITIQUE n.m. et adj. LING. Mot privé d'accent tonique, qui fait corps avec le mot suivant. *En français, l'article est proclitique.*

PROCLIVE adj. (lat. *proclivis,* qui penche). ANAT. Qui est incliné vers l'avant (notamm. en parlant des incisives). *Incisives proclives du mouton.*

PROCONSUL n.m. (mot lat.). ANTIQ. ROM. Consul sorti de charge et prorogé dans ses pouvoirs pour gouverner une province ou pour mener à son terme une campagne entreprise.

PROCONSULAIRE adj. Du proconsul ; qui relève de l'autorité du proconsul.

PROCONSULAT n.m. Dignité, fonction de proconsul ; durée de cette fonction.

PROCORDÉ, PROCHORDÉ ou **PROTOCORDÉ** n.m. *Procordés :* embranchement d'animaux proches des vertébrés inférieurs, à corde dorsale peu différenciée, tels que l'amphioxus, les ascidies.

PROCRÉATEUR, TRICE adj. et n. Litt. Qui procrée.

PROCRÉATION n.f. Action de procréer. ◇ *Procréation médicalement assistée (P. M. A.) :* ensemble des méthodes (insémination artificielle, fécondation in vitro, etc.) permettant la procréation, lorsque celle-ci ne peut se réaliser dans les conditions naturelles.

PROCRÉATIQUE n.f. Domaine d'étude relatif à la procréation artificielle.

PROCRÉER v.t. (lat. *procreare*) 15. Litt. Engendrer, donner la vie, en parlant de la femme et de l'homme.

PROCTALGIE n.f. (gr. *prôktos,* anus, et *algos,* douleur). PATHOL. Douleur anale.

PROCTITE n.f. PATHOL. Rectite.

PROCTOLOGIE n.f. Spécialité médicale qui traite des maladies de l'anus et du rectum.

PROCTOLOGUE n. Spécialiste en proctologie.

PROCURATEUR n.m. (lat. *procurator,* mandataire). ANTIQ. ROM. Fonctionnaire de l'ordre équestre placé par l'empereur à la tête d'un service important ou d'une province impériale. – HIST. Haut magistrat des Républiques de Venise et de Gênes.

PROCURATIE [prɔkyrasi] n.f. (it. *procuratia*). Charge et juridiction des procurateurs de Venise.

PROCURATION n.f. (lat. *procuratio,* commission). Pouvoir qu'une personne donne à une autre d'agir en son nom ; acte authentique conférant ce pouvoir. ◇ *Par procuration :* en vertu d'une procuration ; fig., en s'en remettant à un autre pour agir.

PROCURE n.f. Office de procureur dans une communauté religieuse ; bureaux du procureur.

PROCURER v.t. (lat. *procurare*). **1.** Obtenir pour qqn. *Procurer un emploi à qqn.* **2.** Apporter, occasionner à qqn. *Cela nous a procuré bien des ennuis.*

PROCUREUR n.m. **1.** *Procureur général :* magistrat qui exerce les fonctions du ministère public auprès de la Cour de cassation, la Cour des comptes et les cours d'appel. – *Procureur de la République :* magistrat qui exerce les fonctions du ministère public auprès du tribunal de grande instance. **2.** Religieux chargé des intérêts temporels d'une communauté. **3.** Vx. Celui qui agit en vertu d'une procuration.

PRODIGALITÉ n.f. **1.** Qualité d'une personne prodigue. **2.** (Surtout pl.). Action, fait d'une personne prodigue ; dépense, largesse. *Ses prodigalités la ruinent.*

PRODIGE n.m. (lat. *prodigium*). **1.** Fait, évènement extraordinaire, qui semble de caractère magique ou surnaturel. – *Tenir du prodige :* être prodigieux, incroyable. **2.** Ce qui surprend, émerveille. *Les prodiges de la science.* **3.** Personne d'un talent ou d'une intelligence rare, remarquable. ◇ *Enfant prodige,* exceptionnellement précoce et doué.

PRODIGIEUSEMENT adv. De façon prodigieuse.

PRODIGIEUX, EUSE adj. Qui surprend, qui est extraordinaire par ses qualités, sa rareté, etc.

PRODIGUE adj. et n. (lat. *prodigus*). **1.** Qui dépense à l'excès, de façon inconsidérée. **2.** Qui donne sans compter. *Prodigue de ses compliments, de son temps.* **3.** *Enfant, fils prodigue,* qui revient au domicile paternel après avoir dissipé son bien (par allusion à la parabole évangélique de l'*Enfant prodigue*).

PRODIGUER v.t. Litt. **1.** Dépenser sans compter, dilapider, gaspiller. **2.** Donner généreusement. *Prodiguer des conseils.*

PRO DOMO loc. adj. inv. (mots lat., *pour sa maison*). Se dit du plaidoyer d'une personne qui se fait l'avocat de sa propre cause.

PRODROME n.m. (lat. *prodromus,* précurseur ; mot gr.). **1.** Symptôme de début d'une maladie. **2.** Litt. Fait qui présage quelque évènement, signe avant-coureur. *Les prodromes d'une révolution.*

PRODROMIQUE adj. D'un prodrome.

PRODUCTEUR, TRICE n. et adj. **1.** Personne, pays, activité, etc., qui produit des biens, des services (par opp. à *consommateur*). *Les pays producteurs de pétrole.* **2.** CIN. Personne ou entreprise qui rassemble les éléments nécessaires à la réalisation d'un film (moyens financiers, recrutement du personnel, etc.). ◇ RADIO. et TÉLÉV. Personne qui conçoit une émission et éventuellement la réalise.

PRODUCTIBILITÉ n.f. TECHN. Quantité maximale d'énergie que peut fournir une centrale hydroélectrique dans les conditions les plus favorables.

PRODUCTIBLE adj. Qui peut être produit.

PRODUCTIF, IVE adj. **1.** Qui produit, fournit qqch. *Un sol peu productif.* **2.** Qui rapporte de l'argent, qui est rentable. *Un capital productif.* ◇ *Travail productif :* travail qui, selon Marx, produit à la fois des biens matériels et une plus-value.

PRODUCTION n.f. **I. 1.** Action de produire, de faire exister ; fait de se produire, de se former. *La production d'un son strident. La production de gaz carbonique au cours d'une réaction chimique.* **2. a.** Action de produire, de créer, ou d'assurer les conditions de création des richesses économiques (biens, services, etc.) ; ce stade (par opp. à la distribution, etc.). *La production du tabac. Le coût à la production.* ◇ (Dans le vocabulaire du marxisme). *Mode de production,* constitué par les forces productives et les rapports sociaux de production. – *Moyens de production,* formés par les matières premières, les instruments de travail et les conditions de production. – *Rapports de production :* relations que les hommes entretiennent entre eux dans un mode de production donné. **b.** Résultat de cette action, bien produit ; quantité produite. *La production d'une entreprise.* **3.** CIN. **a.** Activité de producteur ; branche de l'industrie cinématographique qui exerce cette activité. **b.** Film, envisagé en tant que résultat de cette activité, notamm. du point de vue économique. **4.** PÉTR. Ensemble des techniques relatives à l'exploitation d'un gisement de pétrole. **II.** Action de montrer, de présenter à l'appui de ses dires, de ses prétentions. *La production d'un acte de naissance.*

PRODUCTIQUE n.f. Ensemble des techniques informatiques et automatiques visant à obtenir des gains de productivité.

PRODUCTIVISME n.m. Tendance à rechercher systématiquement l'amélioration ou l'accroissement de la productivité.

PRODUCTIVISTE adj. Relatif au productivisme.

PRODUCTIVITÉ n.f. **1.** Fait d'être productif. – Rapport mesurable entre une quantité produite (de biens, etc.) et les moyens (machines, matières premières, etc.) mis en œuvre pour y parvenir. **2.** BIOL. Quantité de richesses (naturelles, vivantes) que peut fournir une surface ou un volume donné d'un milieu naturel par unité de temps.

PRODUIRE v.t. (lat. *producere*) 98. **I. 1.** Assurer la production de richesses économiques, créer (des biens, des services, etc.). *Cette région produit du blé, du charbon.* **2.** Rapporter, procurer comme profit. *Charge qui produit tant par an.* **3. a.** Créer, élaborer, concevoir. *Produire un roman, des vers.* **b.** Financer un film, assurer les moyens de sa réalisation. **4.** Provoquer, causer ; permettre d'obtenir. *Cette méthode produit de bons résultats.* **II.** Montrer, présenter à l'appui de ses dires, de sa cause. *Produire des témoins.* ◆ **se produire** v.pr. **1.** Arriver, survenir. *Un grave accident s'est produit.* **2. a.** Se faire connaître, se montrer. *Se produire dans les salons.* **b.** Donner un récital, interpréter un rôle, etc. *Se produire sur scène, à l'écran.*

PRODUIT n.m. **1.** Ce qui naît d'une activité quelconque de la nature ; fruit. *Les produits de la terre.* **2.** Ce qui est obtenu par une activité. *Produit du travail.* **3.** Bénéfices, fonds, sommes obtenues. *Le produit de l'impôt, d'une collecte.* ◇ *Produit intérieur brut (P. I. B.) :* somme des valeurs ajoutées réalisées annuellement par les entreprises d'un pays, quelle que soit leur nationalité. – *Produit national brut (P. N. B.) :* somme totale du P. I. B. et du solde des revenus des facteurs de production transférés par l'étranger ou à l'étranger, souvent retenue pour caractériser la puissance économique d'un pays. – *Produit financier :* recette dégagée par des activités financières (intérêts, agios, etc.). **4.** Personne ou chose considérée comme résultant d'une situation, d'une activité quelconque. *C'est le produit de votre imagination. Un pur produit de l'université.* **5.** Chacun des articles, objets, biens, services proposés sur le marché par une entreprise. *Consultez la liste de nos produits.* ◇ *Produits blancs :* appareils électroménagers tels que réfrigérateur, cuisinière, machine à laver, etc. – *Produits bruns :* matériel audiovisuel tel que chaîne hi-fi, téléviseur, magnétoscope, etc. **6.** Substance que l'on utilise pour l'entretien, les soins ou un usage particulier. *Produit pour la vaisselle.* **7.** MATH. **a.** Résultat de la multiplication de deux nombres ; élément résultant de la composition de deux éléments d'un ensemble muni d'une opération notée multiplicativement. **b.** *Produit direct de deux ensembles :* produit cartésien* de ces ensembles. **8.** LOG. *Produit logique :* conjonction. – *Produit logique de deux relations :* intersection. **9.** Résultat d'une réaction chimique.

PROÉMINENCE n.f. Caractère de ce qui est proéminent ; ce qui est proéminent, saillie.

PROÉMINENT, E adj. (lat. *proeminens*). En relief par rapport à ce qui est autour ; saillant. *Mâchoire proéminente.*

PROF n. (abrév.). Fam. Professeur.

PROFANATEUR, TRICE adj. et n. Litt. Qui profane.

PROFANATION n.f. Action de profaner.

1. PROFANE adj. (lat. *pro,* en avant, et *fanum,* temple). Qui ne fait pas partie des choses sacrées ; qui ne relève pas de la religion. ◆ n.m.

Ensemble des choses profanes. *Le profane et le sacré.*

2. PROFANE n. et adj. **1.** Personne étrangère à une religion, non initiée à un culte. **2.** Personne étrangère à une association, à un groupement, etc. ; personne qui ignore les usages, les règles d'une activité, etc.

PROFANER v.t. **1.** Violer le caractère sacré d'un lieu, d'un objet de culte, etc. **2.** Litt. Avilir, dégrader. *Profaner son talent.*

PROFECTIF, IVE adj. Rare. Qui vient des ascendants. *Biens profectifs.*

PROFÉRER v.t. (lat. *proferre,* porter en avant) [18]. Prononcer, articuler à haute voix. *Proférer des injures.*

PROFÈS, ESSE adj. et n. (lat. *professus,* qui déclare). Religieux(se) qui a fait profession.

PROFESSER v.t. (lat. *profiteri,* déclarer). **1.** Déclarer, reconnaître publiquement. *Professer une opinion.* **2.** Vieilli. Enseigner.

PROFESSEUR n.m. (lat. *professor*). **1.** Personne qui enseigne une matière, une discipline précise. *Professeur de golf, de piano.* **2.** Membre de l'enseignement secondaire ou supérieur. ◇ *Professeur des écoles :* enseignant du premier degré formé par un I.U.F.M.

PROFESSION n.f. (lat. *professio,* déclaration). **1.** Activité régulière exercée pour gagner sa vie, métier. ◇ *De profession :* de métier ; fig., par habitude, qui est habituellement tel. *Paresseux de profession.* **2.** Ensemble des personnes qui exercent le même métier, réunion de leurs intérêts communs. **3. a.** *Faire profession de :* déclarer, reconnaître ouvertement. **b.** *Profession de foi :* affirmation faite publiquement par qqn concernant sa foi religieuse et, par ext., ses opinions, ses idées, etc. ◇ Spécialt. RELIG. CATH. Engagement d'un enfant baptisé quant à sa foi, marqué par une cérémonie solennelle. SYN. (anc.) : *communion solennelle.* **4.** RELIG. Acte par lequel un religieux ou une religieuse prononce ses vœux, après le noviciat.

PROFESSIONNALISATION n.f. **1.** Tendance que présente un secteur d'activité à être exercé uniquement par des gens de métier, spécialistes de ce domaine. **2.** Fait pour une personne de se professionnaliser.

PROFESSIONNALISER v.t. **1.** Assimiler (une activité) à une profession. *Professionnaliser un sport.* **2.** Faire devenir professionnel. ◆ **se professionnaliser** v.pr. Devenir professionnel. *Un sportif qui se professionnalise.*

PROFESSIONNALISME n.m. **1.** Fait, pour une personne, d'exercer une activité de façon professionnelle. **2.** Qualité de qqn qui exerce une profession avec une grande compétence.

1. PROFESSIONNEL, ELLE adj. **1.** Relatif à une profession ; propre à une profession. *Secret professionnel. – Maladie professionnelle,* provoquée par l'exercice d'une activité professionnelle et qui fait l'objet d'une protection légale. ◇ *École professionnelle :* établissement d'enseignement technique préparant à divers métiers. – *Cours professionnel :* cours de formation générale et technique suivi par des apprentis en complément de leur travail. **2.** Se dit d'un sport pratiqué comme une profession. *Le cyclisme professionnel.*

2. PROFESSIONNEL, ELLE n. et adj. **1.** Personne qui exerce régulièrement une profession, un métier (par opp. à *amateur*). *Un professionnel de l'informatique.* **2.** Spécialt. Se dit d'un sportif de profession, rétribué pour la pratique d'un sport (par opp. à *amateur*). *Un joueur de tennis professionnel.* **3.** Personne qui a une expérience particulière dans un métier, une activité. *Du travail de professionnel.*

PROFESSIONNELLEMENT adv. Du point de vue professionnel.

PROFESSORAL, E, AUX adj. Relatif à un professeur, au professorat.

PROFESSORAT n.m. Fonction de professeur.

PROFIL n.m. (it. *profilo*). **1. a.** Contour, aspect d'un visage vu de côté. – BX-A. *Profil perdu* ou *fuyant :* représentation d'une tête de profil qui montre davantage la nuque et moins la face. **b.** Aspect, contour général extérieur de qqch vu de côté ; silhouette. *Profil d'une voiture.* ◇ *De profil :* vu de côté (par opp. à *de face, de trois quarts*). **2. a.** Ensemble des traits qui caractérisent qqn par rapport à son aptitude pour un emploi, une fonction. *Il a le profil d'un diplomate.* – *Profil psychologique :* courte représentation obtenue en notant les résultats des divers tests passés par un même sujet. **b.** Configuration générale d'une situation, d'une évolution, à un moment donné. *Le profil des ventes en mars.* ◇ *Prendre, choisir un* (ou *le*) *profil bas :* adopter une attitude de mesure, de modération dans ses paroles, ses projets, ses actions, généralement pour des raisons d'opportunité. **3.** Section d'un objet par un plan perpendiculaire à une direction donnée. *Profil d'une aile d'avion.* **4.** *Droite ou plan de profil :* droite ou plan orthogonal à la ligne de terre, en géométrie descriptive. **5.** GÉOMORPH. *Profil d'équilibre :* profil longitudinal idéal d'une rivière dont le débit ne s'appauvrit pas vers l'aval. – *Profil longitudinal :* courbe représentant sur un plan vertical le tracé d'un cours d'eau entre la source et l'embouchure. – *Profil transversal :* coupe du lit d'un cours d'eau perpendiculaire à l'écoulement.

PROFILAGE n.m. TECHN. Opération par laquelle on donne un profil déterminé à une pièce, une carrosserie, etc.

PROFILÉ n.m. Produit métallurgique de grande longueur, ayant une section constante et de forme déterminée.

PROFILER v.t. **1.** Représenter en profil. *Profiler un édifice.* **2.** Donner un profil déterminé, spécial, à (un objet concret). ◆ **se profiler** v.pr. **1.** Se présenter, se détacher de profil, en silhouette. *Nuages qui se profilent à l'horizon.* **2.** S'ébaucher, apparaître. *Une solution se profilait enfin.*

PROFILOGRAPHE n.m. Appareil permettant d'obtenir le dessin, à échelle réduite, des irrégularités du profil d'une chaussée.

PROFIT n.m. (lat. *profectus,* de *proficere,* donner du profit). **1.** Avantage matériel ou moral que l'on retire de qqch. ◇ *Au profit de :* au bénéfice de. – *Faire son profit, tirer profit de (qqch),* en retirer un bénéfice, un avantage. – *Mettre à profit :* employer utilement. **2.** ÉCON. Gain réalisé par une entreprise, correspondant à la différence entre les dépenses nécessitées par la production de biens ou de services et les recettes correspondant à leur commercialisation sur le marché. ◇ *Taux de profit :* rapport, selon Marx, entre la plus-value et le capital total (capital constant et capital variable).

PROFITABILITÉ n.f. Fait d'être profitable, de pouvoir rapporter un profit économique.

PROFITABLE adj. Qui procure un avantage.

PROFITANT, E adj. Fam. Rare. Qui fait du profit, qui est d'un usage avantageux.

PROFITER v.t. ind. *(de).* Tirer un avantage matériel ou moral de. *Profiter du beau temps.* ◆ v.t. ind. *(à).* Être utile, procurer un avantage à. *Vos conseils lui ont profité.* ◆ v.i. Fam. **1.** Se fortifier, grandir. *Cet enfant profite bien.* **2.** Être avantageux en permettant un long usage, en fournissant beaucoup. *Vêtement, plat qui profite.*

PROFITEROLE n.f. (de *profit*). Petit chou fourré de glace ou de crème pâtissière, arrosé d'une crème au chocolat servie chaude.

PROFITEUR, EUSE n. Personne qui cherche à tirer un profit abusif de toute chose, notamm. du travail d'autrui.

PROFOND, E adj. (lat. *profundus*). **I. 1. a.** Dont le fond est éloigné de la surface, du bord. *Puits profond. Placard profond.* **b.** Qui est, qui existe à un degré élevé ; intense. *Joie, douleur profonde.* **2. a.** Qui est d'une grande ampleur, qui semble venir du fond du corps. *Un profond soupir, une voix profonde.* **b.** Qui se révèle soudainement et avec force, en parlant d'une faculté, d'une tendance, etc. *Un profond instinct.* **c.** Qui reflète les tendances sous-jacentes, la mentalité quotidienne, en parlant d'un peuple, d'un pays. *La France profonde.* **3.** PSYCHIATRIE. *Arriéré profond :* sujet atteint d'une grave déficience mentale. **II. 1.** Qui pénètre loin, à une grande distance. *De profondes racines. Une blessure profonde.* **2.** Qui est d'une grande pénétration, d'une grande portée. *Une œuvre profonde.* ◆ adv. À une grande profondeur. *Creuser profond.*

PROFONDÉMENT adv. **1.** De manière profonde. *Creuser profondément.* **2.** À un haut degré. *Profondément triste. Souhaiter profondément qqch.*

PROFONDEUR n.f. **1.** Caractère de ce qui est profond. **2. a.** Dimension de certaines choses, prise de l'entrée, de l'orifice, de la partie antérieure à l'extrémité opposée. **b.** Distance du fond à la surface, à l'ouverture. *Profondeur d'une rivière, d'une grotte.* **3. a.** Grand savoir, grande pénétration d'esprit. *La profondeur de ses idées.* **b.** Impénétrabilité. *Profondeur des mystères.* – Vieilli. *Psychologie des profondeurs :* psychanalyse.

PRO FORMA loc. adj. inv. → *facture.*

PROFUS, E adj. Litt. Abondant.

PROFUSION n.f. (lat. *profusio*). Grande abondance, surabondance. *Une profusion de lumière, de couleurs.* – *À profusion :* abondamment.

PROGÉNITURE n.f. (lat. *progenies,* race, lignée). Litt. ou par plais. Les enfants, par rapport aux parents ; la descendance.

PROGESTATIF, IVE adj. et n.m. MÉD. Se dit d'une substance qui favorise la nidation de l'œuf dans la muqueuse utérine et la gestation.

PROGESTÉRONE n.f. Hormone progestative sécrétée par le corps jaune de l'ovaire pendant la deuxième partie du cycle menstruel et pendant la grossesse. SYN. (anc.) : *lutéine.*

PROGICIEL n.m. (de *produit* et *logiciel*). INFORM. Programme conçu pour être fourni à plusieurs utilisateurs en vue d'une même application ou d'une même fonction.

PROGLOTTIS [prɔglɔtis] n.m. (gr. *pro,* devant, et *glôttis,* languette). ZOOL. Chacun des anneaux d'un ver cestode (ténia, etc.).

PROGNATHE [prɔgnat] adj. et n. (gr. *pro,* en avant, et *gnathos,* mâchoire). Caractérisé par le prognathisme.

PROGNATHISME [-gna-] n.m. Saillie en avant des os maxillaires.

PROGRAMMABLE adj. Que l'on peut programmer.

1. PROGRAMMATEUR, TRICE n. Personne qui établit un programme de cinéma, de radio, etc.

2. PROGRAMMATEUR n.m. Dispositif dont les signaux de sortie commandent l'exécution d'une suite d'opérations correspondant à un programme. ◇ Spécialt. Dispositif intégré à certains appareils ménagers, qui commande automatiquement l'exécution des différentes opérations à effectuer. *Programmateur d'une cuisinière, d'un lave-vaisselle.*

PROGRAMMATION n.f. **1.** Établissement d'un programme. **2.** Action de programmer.

PROGRAMMATIQUE adj. Qui relève d'un programme ; qui constitue un programme.

PROGRAMME n.m. (gr. *programma,* affiche). **1.** Énoncé des thèmes d'une discipline dont l'étude est prévue dans une classe ou sur lesquels doit porter un examen. **2. a.** Imprimé, livret indiquant le titre d'un spectacle, le nom des interprètes, etc., ou le thème et le déroulement prévu d'une fête, etc. **b.** Liste des émissions de radio, de télévision, indiquant, pour une période donnée, les horaires, les sujets, etc. – *Industries de programmes :* ensemble des activités relatives à la production de programmes audiovisuels. **3.** Exposé, déclaration des intentions, des projets d'une personne, d'un groupe, etc. (notamm. en politique). **4.** Énoncé des caractéristiques fonctionnelles auxquelles devra répondre un projet d'architecture. **5.** INFORM. Séquence d'instructions et de données enregistrée sur un support et susceptible d'être traitée par un ordinateur.

PROGRAMMÉ, E adj. Inscrit à un programme ; commandé par un programme. – *Enseignement programmé,* dans lequel la matière enseignée est divisée en éléments courts, facilement assimilables, dont l'élève détermine lui-même le rythme et l'ordre d'acquisition.

PROGRAMMER v.t. **1.** Établir à l'avance (une suite d'opérations, les phases d'un projet, etc.). **2.** Prévoir, inscrire (une œuvre, une émission) au programme d'un cinéma, d'une chaîne de radio, etc. **3.** INFORM. Fournir à un ordinateur les données et les instructions concernant un problème à résoudre, une tâche à exécuter, etc.

PROGRAMMEUR, EUSE n. Spécialiste chargé de la mise au point de programmes d'ordinateur.

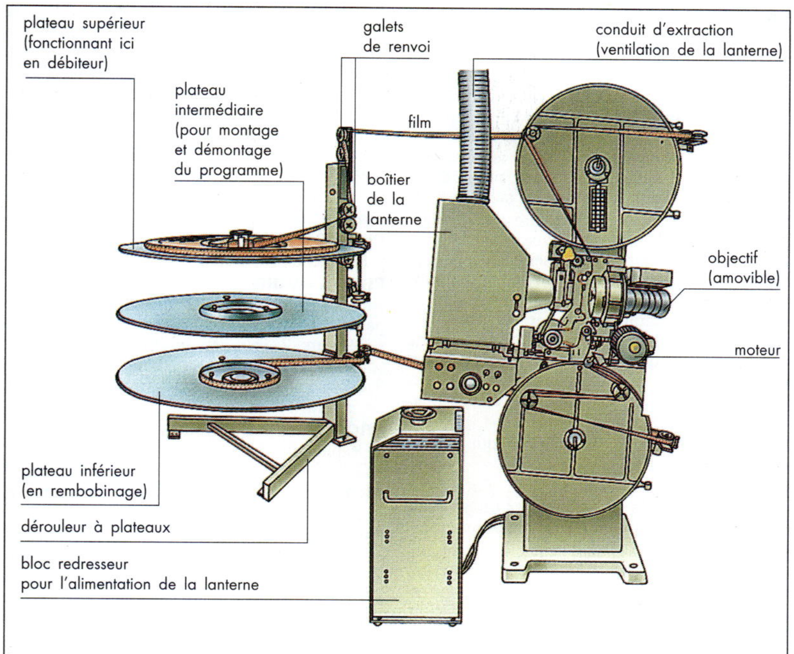

projecteur de cabine de cinéma

PROGRÈS n.m. (lat. *progressus,* de *progredi,* avancer). **1.** Amélioration, développement des connaissances, des capacités de qqn. *Faire des progrès en musique.* **2.** Changement graduel de qqch, d'une situation, etc., par amélioration ou aggravation. *Les progrès d'une inondation.* **3.** Développement de la civilisation. *Croire au progrès.*

PROGRESSER v.i. **1.** Avancer, se développer, se propager. *Les troupes progressent. Une maladie qui progresse.* **2.** Faire des progrès. *Élève qui progresse.*

PROGRESSIF, IVE adj. Qui avance par degrés ; qui se développe régulièrement, selon une progression. – *Forme progressive* ou *progressif,* n.m., en grammaire anglaise, forme verbale indiquant qu'une action est en train de s'accomplir. (Ex. : *I am swimming,* je suis en train de nager, je nage.)

PROGRESSION n.f. (lat. *progressio, -onis,* progrès). **1.** Mouvement en avant, marche. *La progression d'une troupe.* **2.** Développement, accroissement, propagation. *La progression d'une idée, d'une doctrine.* **3.** MATH. *Progression arithmétique :* suite de nombres réels tels que chaque terme est la somme du précédent et d'un nombre constant, appelé *raison.* (Ex. de progression croissante de raison + 3 : 1, 4, 7, 10, ... ; de progression décroissante de raison – 4 : 9, 5, 1, – 3, ...) – *Progression géométrique :* suite de nombres réels tels que chaque terme est le produit du précédent par un nombre constant appelé *raison.* (Ex. de progression géométrique de raison 2 : 5, 10, 20, 40, ...)

PROGRESSISME n.m. Doctrine progressiste.

PROGRESSISTE adj. et n. Qui a des idées politiques, sociales avancées (par opp. à *conservateur*).

PROGRESSIVEMENT adv. D'une manière progressive, graduellement.

PROGRESSIVITÉ n.f. **1.** Caractère de ce qui est progressif. **2.** Caractère du taux d'un impôt ou d'une taxe qui s'élève en même temps que le montant de la matière imposable.

PROHIBÉ, E adj. **1.** Défendu par la loi. *Port d'armes prohibé.* **2.** DR. *Temps prohibé :* temps pendant lequel certains actes sont interdits par la loi. *Chasse en temps prohibé.*

PROHIBER v.t. (lat. *prohibere,* écarter). Interdire légalement.

PROHIBITIF, IVE adj. **1.** Qui interdit. *Une loi prohibitive.* **2.** Qui est d'un montant si élevé qu'il interdit en fait l'achat. *Prix, tarifs prohibitifs.*

PROHIBITION n.f. (lat. *prohibitio*). Défense, interdiction légale. ◇ **Spécialt.** Interdiction de la consommation des boissons alcooliques aux États-Unis, entre 1919 et 1933.

PROHIBITIONNISME n.m. Système économique des prohibitionnistes.

PROHIBITIONNISTE adj. et n. Favorable à la prohibition de certains produits, notamm. de l'alcool.

PROIE n.f. (lat. *praeda*). **1.** Être vivant capturé et dévoré par un animal (le *prédateur*). ◇ *Oiseau de proie :* oiseau qui se nourrit de proies, d'autres animaux ; rapace. **2.** Fig. **a.** Victime, personne qu'on tourmente ou qu'on peut manœuvrer facilement. *Voilà une proie toute désignée pour les escrocs.* **b.** Ce dont on s'empare avec rapacité, par la violence. *Ce petit pays était une proie facile pour les envahisseurs.* **3.** *Être en proie à :* être livré à, tourmenté par. *Être en proie à la jalousie.* ◇ *Être la proie de :* être détruit, ravagé par. *Ce vieil immeuble a été la proie des flammes.*

PROJECTEUR n.m. (de *projection*). **1.** Appareil qui renvoie au loin la lumière d'un foyer en un ou plusieurs faisceaux d'une grande intensité. ◇ Fig. Ce qui alerte, attire l'attention, met en avant, notamm. dans l'opinion publique. *L'actualité a braqué les projecteurs sur ce problème de société.* **2.** Appareil qui sert à projeter sur un écran des vues fixes ou animées. *Projecteur de diapositives.*

PROJECTIF, IVE adj. **1.** MATH. *Géométrie projective :* géométrie étudiant les propriétés invariantes par projection. **2.** PSYCHOL. *Test projectif,* qui fait appel aux mécanismes de la projection et dans lequel le sujet est amené, à partir d'un matériel dépourvu de signification (taches d'encre, par ex.), à exprimer les éléments fantasmatiques et affectifs constitutifs de sa personnalité. SYN. : *test de personnalité.*

PROJECTILE n.m. (lat. *projectus,* jeté en avant). Corps lancé avec force vers un but, une cible. ◇ **Spécialt.** Corps lancé par une arme de jet ou une arme à feu (flèche, balle, obus, etc.).

PROJECTION n.f. (lat. *projectio,* de *projicere,* projeter). **I. 1.** Action de projeter, de lancer qqch dans l'espace. *Projection de vapeur, de gravillons.* **2.** Ce qui est projeté, matière projetée. *Projections volcaniques.* **3.** PSYCHOL. Fait de situer dans le monde extérieur des pensées, des affects, des désirs, etc., sans les identifier comme tels, et de leur prêter une existence objective. **4.** PSYCHAN. Mécanisme de défense qui consiste à attribuer à autrui un sentiment éprouvé par soi-même mais que l'on refuse. **II. 1. a.** Action de projeter un film. *La projection commence.* **b.** Image projetée. *La projection est floue.* **2.** MATH. Application qui dans un plan fait correspondre à un point l'intersection d'une droite donnée avec la droite de direction donnée passant par ce point. – Image d'un point, d'une figure par cette application. – *Plans de projection :* plan horizontal et plan frontal sur lesquels on projette orthogonalement les figures de l'espace. ◇ *Projection cartographique* ou *projection,* permettant de représenter sur une surface plane un modèle du globe terrestre (sphère ou ellipsoïde). *Projection de Mercator*.* (V. partie n.pr.)

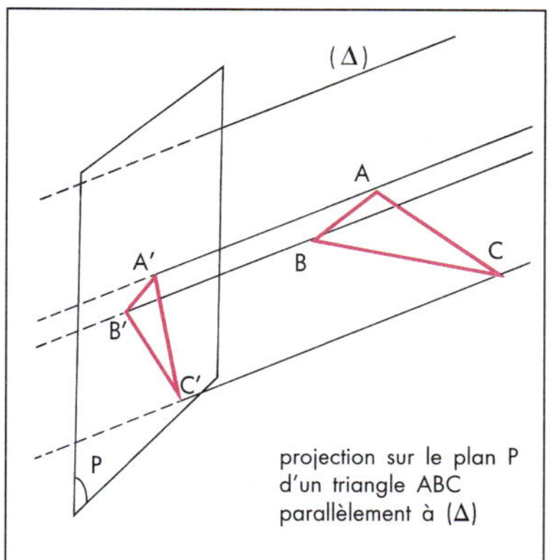

projection (mathématiques)

PROJECTIONNISTE n. Professionnel chargé de la projection des films.

PROJET n.m. **1.** Ce que l'on a l'intention de faire. **2.** Première rédaction d'un texte. ◇ *Projet de loi :* texte de loi élaboré par le gouvernement et soumis au vote du Parlement. **3.** Étude d'une construction avec dessins et devis.

PROJETER v.t. (lat. *pro,* en avant, et *jeter*) [27]. **I. 1.** Jeter, lancer avec force en l'air, au loin, etc. *Projeter du sable.* **2.** CIN. Faire passer un film, des diapositives dans un appareil qui en envoie les images sur un écran. **3.** Déterminer l'image d'un point, d'une figure par une projection. **II.** Avoir en projet. *Il projette de repartir bientôt.*

PROJETEUR n.m. Technicien qui établit les projets dans une entreprise.

PROLACTINE n.f. Hormone hypophysaire qui favorise la lactation.

PROLAMINE n.f. Holoprotéine végétale, riche en acide glutamique.

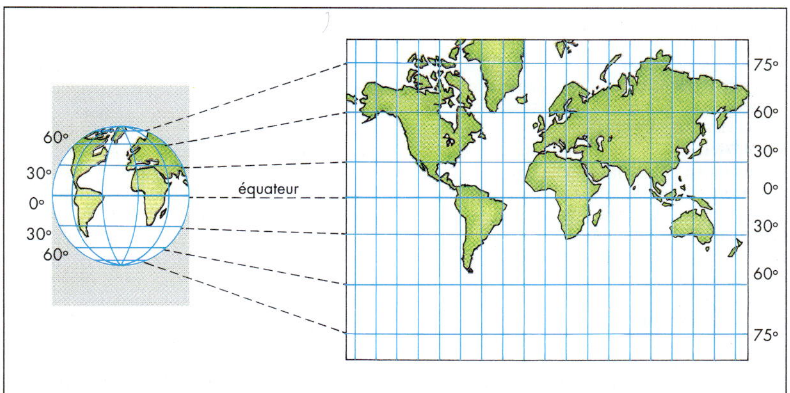

projection cartographique : principe du système de projection de Mercator

PROLAN n.m. Vieilli. Hormone gonadotrope sécrétée par le placenta, abondante dans le sang et l'urine de la femme enceinte.

PROLAPSUS [prɔlapsys] n.m. (du lat. *prolabi,* glisser en avant). PATHOL. Chute d'un organe ou d'une portion d'organe.

PROLÉGOMÈNES n.m. pl. (gr. *prolegomena,* choses dites avant). **1.** Longue introduction en tête d'un ouvrage. **2.** Ensemble des notions préliminaires à une science.

PROLEPSE n.f. (gr. *prolêpsis,* anticipation). Procédé de style par lequel on prévient une objection que l'on réfute d'avance.

PROLÉTAIRE n. (lat. *proletarius*). **1.** Personne exerçant un métier manuel et ne disposant pour vivre que de la rémunération, généralement peu élevée, que lui alloue celui à qui il vend sa force de travail. **2.** ANTIQ. ROM. Citoyen de la dernière classe, exempt d'impôts et qui n'était considéré comme utile que par les enfants qu'il engendrait. ◆ adj. Relatif au prolétaire ; qui appartient au prolétariat.

PROLÉTARIAT n.m. **1.** Ensemble, classe des prolétaires. **2.** Condition de prolétaire.

PROLÉTARIEN, ENNE adj. Du prolétariat.

PROLÉTARISATION n.f. Fait d'être prolétarisé, de se prolétariser.

PROLÉTARISER v.t. Donner un caractère de prolétaire à. ◆ **se prolétariser** v.pr. Tendre à devenir prolétaire, passer à la condition de prolétaire.

PROLIFÉRATION n.f. **1.** Multiplication rapide ; foisonnement, pullulement. **2.** BIOL. Accroissement du nombre de cellules par division, sans différenciation. **3.** BOT. Apparition d'un bouton à fleur ou à feuilles sur une partie d'une plante qui n'en porte pas habituellement. **4.** *Prolifération nucléaire :* augmentation du nombre des nations accédant à une capacité nucléaire militaire indépendante.

PROLIFÈRE adj. (lat. *proles,* descendance, et *ferre,* porter). BOT. Qui se multiplie.

PROLIFÉRER v.i. [18]. **1.** Se reproduire en grand nombre et rapidement, en parlant d'organismes vivants. **2.** Fig. Se multiplier, foisonner.

PROLIFIQUE adj. (du lat. *proles,* descendance). **1.** Qui se multiplie rapidement, fécond. *Les lapins sont très prolifiques.* **2.** Qui produit beaucoup, en parlant d'un artiste, d'un écrivain.

PROLIGÈRE adj. SC. DE LA V. Qui porte un germe.

PROLIXE adj. (lat. *prolixus,* qui se répand abondamment). Diffus, trop long ; bavard. *Discours, orateur prolixe.*

PROLIXITÉ n.f. Litt. Défaut d'une personne prolixe, de son discours.

PROLO n. (abrév.). Fam. Prolétaire.

PROLOG n.m. (abrév. de *programmation en logique*). INFORM. Langage de programmation symbolique spécialisé pour l'intelligence artificielle.

PROLOGUE n.m. (lat. *prologus ;* du gr. *pro,* avant, et *logos,* discours). **1.** Première partie d'une œuvre littéraire ou artistique relatant des évènements antérieurs à ceux qui se déroulent dans l'œuvre elle-même. **2.** Ce qui annonce, prépare qqch ; introduction. *Cette réception a servi de prologue à la conférence.* **3.** MUS. **a.** Tableau qui suit l'ouverture dans un opéra, avant le premier acte. **b.** Morceau qui ouvre une partition. **4.** ANTIQ. Partie de la pièce précédant l'entrée du chœur et exposant le sujet. **5.** SPORTS. Brève épreuve précédant le départ réel d'une compétition importante (cyclisme, rallye automobile).

PROLONGATEUR n.m. Rallonge électrique.

PROLONGATION n.f. (bas lat. *prolongatio*). **1.** Action de prolonger. **2.** Temps ajouté à la durée normale de qqch.

PROLONGE n.f. **1.** Longue corde munie d'un crochet pour l'arrimage des marchandises. **2.** Anc. Chariot, fardier, dans le train, l'artillerie, le génie.

PROLONGEMENT n.m. **1.** Action d'accroître qqch en longueur. *Travaux de prolongement d'une route.* **2.** Ce qui prolonge. *Cette impasse est le prolongement de la rue.* ◆ pl. Conséquences, suites d'un évènement. *Cette affaire aura des prolongements.*

PROLONGER v.t. (lat. *pro,* en avant, et *longus,* long) [17]. **1.** Augmenter la durée de. *Prolonger l'attente.* **2.** Accroître la longueur de. *Prolonger une route.*

PROMENADE n.f. **1.** Action de se promener. *Faire une promenade.* **2.** Lieu, voie aménagés pour se promener. **3.** CHORÉGR. Dans un pas de deux, parcours effectué par le danseur en marchant autour de la danseuse, montée sur pointes, et qu'il maintient pour la faire tourner.

PROMENER v.t. [19]. **1.** Conduire à l'extérieur pour donner de l'air, de l'exercice, pour divertir. *Promener ses enfants.* **2.** Laisser aller, laisser traîner çà et là. *Promener son regard d'une table à l'autre.* ◆ v.i. Fam. *Envoyer promener qqn,* le renvoyer, l'éconduire vivement. ◇ Fam. *Envoyer promener qqch,* le rejeter loin de soi, dans un mouvement de colère, d'énervement. ◆ **se promener** v.pr. Aller d'un endroit à un autre, avec ou sans but, pour se distraire ou se détendre. *Se promener sur la plage.*

PROMENEUR, EUSE n. Personne qui se promène.

PROMENOIR n.m. **1.** Anc. Partie d'une salle de spectacle où l'on peut circuler ou se tenir debout. **2.** Lieu couvert destiné à la promenade.

PROMESSE n.f. (lat. *promissa,* choses promises). **1.** Action de promettre, fait de s'engager à faire, à dire ou à fournir qqch. *Tu as ma promesse.* **2.** BOURSE. *Promesse d'action :* certificat remis au souscripteur d'une action au moment de la constitution d'une société ou d'une augmentation de son capital.

PROMÉTHAZINE n.f. Antihistaminique dérivé de la phénothiazine et légèrement hypnotique.

PROMÉTHÉEN, ENNE adj. **1.** Relatif au mythe de Prométhée. **2.** Litt. Caractérisé par un idéal d'action et de foi en l'homme tel qu'il est symbolisé par le mythe de Prométhée.

PROMÉTHÉUM [prɔmeteɔm] n.m. Métal du groupe des terres rares ; élément (Pm) de numéro atomique 61, de masse atomique 147.

PROMETTEUR, EUSE adj. Plein de promesses.

PROMETTRE v.t. (lat. *promittere*) [84]. S'engager verbalement ou par écrit à faire, à dire, à donner qqch. *Promettre une récompense.* ◆ v.i. Laisser espérer pour l'avenir. *La vigne promet beaucoup.* – Iron., fam. *Ça promet ! :* l'affaire s'engage mal. ◆ **se promettre** v.pr. **1.** Prendre la ferme résolution de faire qqch, d'agir d'une certaine manière. **2.** Être fermement décidé à avoir, bien compter obtenir. *Se promettre du bon temps.*

1. PROMIS, E adj. (lat. *promissus*). Dont on a fait la promesse. *Une chose promise.* ◇ *La Terre promise :* la terre de Canaan, promise par Dieu aux Hébreux ; fig., litt., lieu ou situation dont on rêve, dans lesquels la vie est heureuse et facile.

2. PROMIS, E n. Vx ou région. Fiancé, fiancée.

PROMISCUE [-ky] adj.f. DR. Qui a le caractère de la promiscuité ou de la communauté.

PROMISCUITÉ n.f. (lat. *promiscuus,* commun). Situation de voisinage, de proximité, désagréable ou choquante.

PROMO n.f. (abrév.). Fam. Promotion. *Elles sont de la même promo.*

PROMONTOIRE n.m. (lat. *promuntorium*). Cap élevé s'avançant dans la mer.

1. PROMOTEUR, TRICE n. **1.** Personne qui s'engage envers une autre (dite *maître de l'ouvrage*) à faire procéder à la construction d'un immeuble autrement que comme vendeur, architecte ou entrepreneur ; personne qui exerce habituellement cette activité. **2.** Litt. Personne qui donne la première impulsion à qqch ; initiateur, précurseur. *Le promoteur d'une réforme.*

2. PROMOTEUR n.m. CHIM. Substance qui rend un catalyseur plus actif.

PROMOTION n.f. (bas lat. *promotio,* élévation). **I. 1.** Nomination, accession d'une ou de plusieurs personnes à un grade ou à une dignité plus élevés, à une fonction ou à une position hiérarchique plus importantes. *Cette promotion est assortie d'une augmentation.* ◇ Ensemble des personnes bénéficiant simultanément d'une telle nomination. **2.** Accession à un niveau de vie plus élevé de personnes appartenant aux groupes sociaux les moins favorisés. *Promotion sociale.* **3.** Ensemble des personnes entrées la même année comme élèves dans une école (en partic. dans une grande école). Abrév. (fam.) : *promo.* **II. 1.** *Promotion des ventes* ou *promotion :* développement des ventes par des actions appropriées du réseau de distribution (publicité, expositions, démonstrations, rabais, etc.). – *Article en promotion,* vendu à un prix moins élevé pendant une campagne de promotion. **2.** *Promotion immobilière :* activité du promoteur.

PROMOTIONNEL, ELLE adj. Qui se rapporte à la promotion d'un produit.

PROMOUVOIR v.t. (lat. *promovere*) [56]. (Usité surtout à l'infinitif, aux temps composés et au passif). **1.** Élever à une dignité ou à un grade supérieurs. **2.** Favoriser le développement, l'essor de. *Promouvoir une politique de progrès.* **3.** Mettre en œuvre la promotion de (un article, un produit).

PROMPT, E [prɔ̃, prɔ̃t] adj. (lat. *promptus*). Litt. **1.** Rapide, vif. *Un esprit prompt.* **2.** Qui ne tarde pas. *Une prompte repartie.*

PROMPTEMENT [prɔ̃tmɑ̃] adv. Litt. De façon prompte ; vivement.

PROMPTEUR n.m. (angl. *prompter*). Appareil sur lequel défilent des textes qui sont lus par le présentateur face à une caméra. SYN. : *téléprompteur.* Recomm. off. : *télésouffleur.*

PROMPTITUDE [prɔ̃tityd] n.f. Litt. **1.** Qualité d'une personne prompte. **2.** Rapidité, vitesse. *La promptitude de l'éclair.*

PROMU, E n. et adj. Personne qui a reçu une promotion.

PROMULGATION n.f. Acte par lequel le chef de l'État constate qu'une loi a été régulièrement adoptée par le Parlement et la rend applicable.

PROMULGUER v.t. (lat. *promulgare*). Procéder à la promulgation d'une loi.

PROMYÉLOCYTE n.m. Cellule de la moelle osseuse qui, dans la lignée des polynucléaires, fait suite au myéloblaste et précède le myélocyte.

PRONAOS [prɔnaɔs] n.m. (mot gr.). Vestibule d'un temple antique, donnant accès au naos.

PRONATEUR, TRICE adj. et n.m. ANAT. Se dit d'un muscle qui sert aux mouvements de pronation.

PRONATION n.f. (du lat. *pronare,* pencher en avant). **1.** Mouvement de l'avant-bras qui fait exécuter à la main une rotation du dehors en dedans (par opp. à *supination*). **2.** Position de la main résultant de ce mouvement, le dos au-dessus.

PRÔNE n.m. (lat. pop. *protinum,* vestibule). RELIG. CATH. Ensemble des annonces que le prêtre fait à la fin de la messe paroissiale (messes de la semaine suivante, mariages, etc.).

PRÔNER v.t. Vanter, recommander vivement, avec insistance.

PRÔNEUR, EUSE n. Litt. Personne qui prône.

PRONOM n.m. (lat. *pronomen*). GRAMM. Mot représentant un nom, un adjectif, une phrase et dont les fonctions syntaxiques sont identiques à celles du nom. *Pronoms personnels, possessifs, démonstratifs, interrogatifs, relatifs, indéfinis.*

PRONOMINAL, E, AUX adj. Du pronom ou qui s'y rapporte ; qui est en fonction de pronom. – *Verbe pronominal* ou *pronominal,* n.m. : verbe se conjuguant avec deux pronoms de la même personne (ex. : *elle se flatte ; nous nous avançons*).

PRONOMINALEMENT adv. En fonction de pronom ou de verbe pronominal.

PRONONÇABLE adj. Qui peut être prononcé.

1. PRONONCÉ, E adj. Fortement marqué, accentué, accusé. *Des traits prononcés.*

2. PRONONCÉ n.m. DR. Lecture d'une décision du tribunal à l'audience. SYN. : *prononciation.*

PRONONCER v.t. (lat. *pronuntiare,* proclamer) [16]. **1.** Articuler d'une certaine manière. *Prononcer les lettres, les mots.* **2.** Dire, débiter. *Prononcer un discours.* **3.** Déclarer avec autorité. *Prononcer un arrêt.* ◆ v.i. Rendre un arrêt, un jugement ; statuer. *Le tribunal a prononcé.* ◆ **se prononcer** v.pr. **1.** Exprimer nettement une opinion sur qqch. *Le médecin ne s'est pas encore prononcé.* **2.** Choisir tel parti, se décider. *Se prononcer pour, en faveur d'une mesure fiscale.*

PRONONCIATION n.f. **1.** Manière de prononcer les sons du langage, les mots. **2.** DR. Lecture d'un arrêt, d'un jugement ; prononcé.

PRONOSTIC [prɔnɔstik] n.m. (gr. *prognôstikein,* connaître d'avance). **1.** Prévision, supposition sur ce qui doit arriver. **2.** MÉD. Jugement porté à l'avance sur l'évolution d'une maladie.

PRONOSTIQUE adj. MÉD. Qui concerne un pronostic.

PRONOSTIQUER v.t. Prédire, prévoir. *Pronostiquer le temps.*

PRONOSTIQUEUR, EUSE n. Personne qui fait des pronostics (notamm. des pronostics hippiques, sportifs).

PRONUNCIAMIENTO [prɔnunsjamjɛnto] n.m. (mot esp.). Coup d'État militaire.

PRO-OCCIDENTAL, E, AUX adj. et n. **1.** Favorable à l'Occident, à ses valeurs. **2.** Favorable au système d'alliances politico-militaires qui unit les États-Unis, les États d'Europe de l'Ouest et certains autres États du monde (Japon, notamm.).

PROPADIÈNE n.m. CHIM. Allène.

PROPAGANDE n.f. (lat. *congregatio de propaganda fide,* congrégation pour la propagation de la foi). Action systématique exercée sur l'opinion pour faire accepter certaines idées ou doctrines, notamm. dans le domaine politique, social, etc.

PROPAGANDISME n.m. Tendance marquée à la propagande.

PROPAGANDISTE n. et adj. Personne qui fait de la propagande.

PROPAGATEUR, TRICE n. et adj. Personne qui propage.

PROPAGATION n.f. **1.** Fait de s'étendre de proche en proche. *La propagation d'une épidémie.* ◇ PHYS. Déplacement progressif d'énergie dans un milieu déterminé. *La propagation des ondes sonores, hertziennes.* **2.** Action de propager, de répandre une idée, une nouvelle, etc. **3.** Multiplication des êtres vivants par voie de reproduction. ◇ Extension de l'aire occupée par une espèce.

PROPAGER [prɔpaʒe] v.t. (lat. *propagare*) [17]. **1.** Diffuser, répandre dans le public. *Propager une nouvelle.* **2.** Litt. Multiplier par voie de reproduction. *Propager les espèces utiles.* ◆ **se propager** v.pr. S'étendre, progresser. *L'incendie se propage.*

PROPAGULE n.f. BOT. Massif de cellules assurant la multiplication végétative des mousses.

PROPANE n.m. Hydrocarbure saturé gazeux (C_3H_8), employé comme combustible.

PROPANIER n.m. Navire pour le transport du propane liquéfié.

PROPAROXYTON adj.m. et n.m. PHON. Se dit d'un mot accentué sur l'antépénultième.

PROPÉDEUTIQUE n.f. (gr. *pro,* avant, et *paideuein,* enseigner). Première année d'études dans les facultés des lettres et des sciences, de 1948 à 1966.

PROPÈNE n.m. CHIM. Propylène.

PROPENSION [prɔpɑ̃sjɔ̃] n.f. (lat. *propensio*). Penchant, inclination à faire qqch. *Propension au mensonge.*

PROPERGOL n.m. Substance ou mélange de substances (ergols) susceptible de libérer une grande quantité d'énergie et un fort volume de gaz chauds dans une réaction chimique où n'intervient pas l'oxygène de l'air et que l'on utilise pour alimenter les moteurs-fusées.

PROPFAN [-fan] n.m. (mot angl., de *propeller,* hélice, et *fan,* ventilateur). Hélice à pales en forme de cimeterre, capable de fonctionner avec un bon rendement à des vitesses transsoniques.

PROPHARMACIEN, ENNE n. Médecin autorisé à posséder un dépôt de médicaments et à les délivrer à ses malades lorsque la localité où il exerce est dépourvue de pharmacien.

PROPHASE n.f. BIOL. Première phase de la mitose cellulaire, pendant laquelle les chromosomes s'individualisent en filaments fissurés longitudinalement.

PROPHÈTE n.m. (gr. *prophêtês*). **1.** Dans la Bible, homme qui, inspiré par Dieu, parle en son nom pour faire connaître son message. **2.** *Le Prophète :* Mahomet, pour les musulmans. **3.** Personne qui annonce un évènement futur.

PROPHÉTESSE n.f. Femme inspirée interprète de la divinité.

PROPHÉTIE [-si] n.f. **1.** Oracle d'un prophète. **2.** Prédiction d'un évènement futur.

PROPHÉTIQUE adj. **1.** Qui se rapporte à un prophète, aux prophètes. **2.** Qui tient de la prophétie.

PROPHÉTIQUEMENT adv. De manière prophétique ; en prophète.

PROPHÉTISER v.t. **1.** Annoncer, par inspiration surnaturelle, les desseins de Dieu. **2.** Prévoir, prédire par divination, pressentiment ou conjecture.

PROPHÉTISME n.m. Ensemble des faits relatifs aux prophètes.

PROPHYLACTIQUE adj. (gr. *prophulattein,* veiller sur). Qui se rapporte à la prophylaxie.

PROPHYLAXIE n.f. Ensemble des mesures prises pour prévenir l'apparition ou la propagation d'une maladie, des maladies.

PROPICE adj. (lat. *propitius*). **1.** Qui convient bien, opportun. *Le moment propice.* **2.** Favorable. *Les dieux nous sont propices. Circonstances propices.*

PROPITIATION [-sjasjɔ̃] n.f. (lat. *propitius,* propice). RELIG. Action qui rend la divinité propice aux humains, clémente.

PROPITIATOIRE [prɔpisjatwar] adj. RELIG. Qui a pour but de rendre propice. *Sacrifice propitiatoire.*

PROPOLIS [prɔpɔlis] n.f. (gr. *pro,* en avant, et *polis,* ville). Substance résineuse récoltée sur les bourgeons par les abeilles pour obturer les fissures de leur ruche.

PROPORTION n.f. (lat. *proportio*). **1.** Rapport de grandeur entre deux quantités. ◇ *À proportion :* proportionnellement. – *Hors de proportion :* beaucoup trop grand. **2.** MATH. Égalité de deux rapports, de forme $\frac{a}{c} = \frac{b}{d}$. (Dans une proportion, le produit des extrêmes $a \cdot d$ est égal au produit des moyens $b \cdot c$.) **3.** Rapport harmonieux de parties entre elles et avec l'ensemble. ◇ *En proportion de :* par rapport à. **4.** (Souvent au pl.). Importance matérielle ou morale de qqch. *L'incident a pris des proportions considérables.* ◆ pl. Dimensions considérées par référence à une mesure, à une échelle. ◇ *Toutes proportions gardées :* en ne comparant que ce qui est comparable, en tenant compte de la différence d'importance ou de grandeur entre les éléments comparés.

PROPORTIONNALITÉ n.f. Relation dans laquelle se trouvent des quantités proportionnelles entre elles. ◇ *Proportionnalité de l'impôt,* dans laquelle le taux de prélèvement est constant quel que soit le montant de la matière imposable (par opp. à *progressivité,* à *dégressivité*).

PROPORTIONNÉ, E adj. *Bien (mal) proportionné,* dont les proportions sont harmonieuses, équilibrées (ou, au contraire, inharmonieuses, sans grâce).

PROPORTIONNEL, ELLE adj. **1.** Se dit d'une quantité qui est dans un rapport de proportion avec une autre ou avec d'autres du même genre, de quantités qui sont dans un rapport de proportion. **2.** *Représentation proportionnelle* ou *proportionnelle,* n.f. : système électoral accordant aux diverses listes un nombre de représentants proportionnel au nombre des suffrages obtenus, associé en France à un mode de scrutin à un tour. **3.** MATH. *Moyenne proportionnelle de deux nombres,* moyenne géométrique de ces nombres. – *Nombres proportionnels :* suites de nombres tels que le rapport de deux nombres de même rang est constant. – *Nombres inversement proportionnels :* suites de nombres tels que les nombres de l'une sont proportionnels aux inverses des nombres de l'autre.

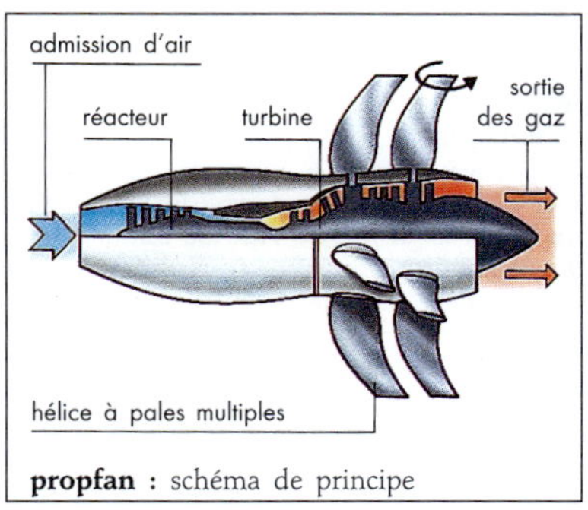

propfan : schéma de principe

PROPORTIONNELLEMENT adv. À proportion, comparativement.

PROPORTIONNER v.t. Mettre en exacte proportion. *Proportionner ses dépenses à ses ressources.*

PROPOS n.m. (de *proposer*). **I. 1.** (Souvent au pl.). Parole dite, mot échangé dans une conversation. *Tenir de joyeux propos.* **2. a.** *À propos :* de façon opportune, au bon moment. – *Hors de propos, mal à propos :* à contretemps, au mauvais moment. – *À tout propos :* sans cesse, en n'importe quelle occasion. **b.** (Marquant une liaison avec l'idée, la réplique précédentes). *À propos :* au fait. *À propos, vous a-t-elle téléphoné ?* – *À propos de :* au sujet de. **II.** Ce qu'on se propose, intention, résolution formée. ◇ *Avoir le ferme propos de* (+ inf.) : avoir l'intention arrêtée de. – *Tel n'est (était) pas mon propos,* mon intention.

PROPOSABLE adj. Qui peut être proposé.

PROPOSER v.t. (lat. *propositus,* placé devant). **1.** Offrir au choix, à l'appréciation de qqn ; soumettre. *Proposer un sujet, une date.* **2.** Offrir comme prix. *Proposer mille francs d'un objet.* **3.** *Proposer qqn à, pour :* présenter qqn comme postulant, candidat à un poste, un emploi, etc. ◆ **se proposer** v.pr. **1.** Avoir l'intention de. *Il se propose de vous écrire.* **2.** Offrir ses services. *Il se propose comme chauffeur.*

PROPOSITION n.f. (lat. *propositio*). **I. 1.** Action de proposer ; chose proposée pour qu'on en délibère. *Faire une proposition à une assemblée.* ◇ *Sur la proposition de :* à l'initiative de. – *Faire des propositions à qqn,* lui proposer une aventure, lui faire des avances amoureuses. – *Proposition de loi :* texte de loi soumis par un parlementaire au vote du Parlement. **2.** Condition qu'on propose pour arriver à un arrangement. *Faire des propositions de paix.* **II. 1.** GRAMM. Unité syntaxique élémentaire de la phrase, généralement construite autour d'un verbe. *Proposition indépendante. Proposition principale et propositions subordonnées (relatives, complétives, circonstancielles).* **2.** LOG. Énoncé susceptible d'être vrai ou faux. ◇ *Calcul des propositions :* partie de la logique qui étudie les propriétés générales des propositions et des opérateurs propositionnels, sans référence au sens de ces propositions, dont on ne considère que la vérité ou la fausseté. **3.** MATH. Énoncé d'une propriété concernant un ensemble défini par des axiomes.

PROPOSITIONNEL, ELLE adj. LOG. Qui concerne les propositions. ◇ *Fonction propositionnelle :* prédicat.

1. PROPRE adj. (lat. *proprius*). **1.** Qui n'est pas taché ni souillé. *Des vêtements, des mains propres.* ◇ Fig., iron. *Nous voilà propres ! :* nous sommes désormais dans une situation fâcheuse, désagréable. **2.** Spécialt. Qui a été lavé, nettoyé. *Mettre une chemise propre.* **3.** Qui est bien entretenu, régulièrement nettoyé. *Un restaurant propre.* **4.a.** Qui soigne sa mise, ses vêtements. *Il est toujours propre.* **b.** Se dit d'un enfant, d'un animal domestique qui contrôle ses sphincters. **5.** Qui ne pollue pas, respecte l'environnement. *Usine, voiture propre.* **6.** Fig. Honnête, moral. *Son passé n'est pas très propre.*

2. PROPRE n.m. *Mettre au propre :* mettre sous forme définitive ce qui n'était qu'un brouillon.

3. PROPRE adj. (lat. *proprius*). **1.** Qui appartient spécialement à qqn, à qqch, qui le qualifie et le distingue de façon spécifique. *Chaque être a ses caractères propres.* **2.** Qui appartient à la personne même dont il est question, ou qui émane d'elle ; qui est exactement conforme à ce qu'elle a dit ou fait. *C'est écrit de sa propre main. Ce sont ses propres paroles.* ◇ *Remettre qqch en main(s) propre(s),* à la personne même, et non à un intermédiaire. **3.** Juste, qui convient exactement, en parlant d'un mot, d'une expression. *C'est le terme propre.* ◇ *Sens propre :* sens premier d'un mot, d'une expression, le plus proche du sens étymologique (par opp. à *sens figuré*). **4.** GRAMM. *Nom propre,* qui désigne un être ou un objet considérés comme uniques (par opp. à *nom commun*). **5.** ASTRON. *Mouvement propre d'une étoile,* son déplacement angulaire annuel dans le ciel, résultant de son mouvement dans l'espace. **6.** *Capitaux propres,* ceux qui, figurant au passif d'un bilan, ne proviennent pas de l'endettement (le capital social et les réserves essentiellement). **7.** DR. *Bien propre :* bien qui fait partie du patrimoine personnel de l'un des époux, par opp. à *acquêt.* **8.** *Propre à.* **a.** Spécifique à, qui appartient tout spécialement à. *L'enthousiasme propre à la jeunesse.* **b.** Apte à, qui convient pour. *Du bois propre à la construction.*

4. PROPRE n.m. **1.** *Le propre de :* la qualité particulière, spécifique de qqn, de qqch. *Le rire est le propre de l'homme.* **2.** LITURGIE. Partie de l'office qui varie selon le jour de l'année liturgique. **3.** *En propre :* en propriété particulière. *Posséder une maison en propre.* ◆ pl. DR. Biens propres.

PROPRE-À-RIEN n. (pl. *propres-à-rien*). Fam. Personne sans aucune capacité.

PROPREMENT adv. **1.** D'une façon propre, avec propreté. *Manger proprement.* **2.** Honnêtement. *Se conduire proprement.* **3.** Exactement, précisément. *Voilà proprement ce qu'il a dit.* **4.** Au sens propre. ◇ *Proprement dit :* au sens exact, restreint. *La ville proprement dite.* – *À proprement parler :* pour parler en termes exacts.

PROPRET, ETTE adj. Propre et joli, pimpant.

PROPRETÉ n.f. **1.** Qualité de ce qui est propre, exempt de saleté. **2.** Qualité de qqn qui est propre. **3.** Fait, pour un enfant, un animal domestique, d'être propre.

PROPRÉTEUR n.m. (lat. *propraetor*). ANTIQ. ROM. Préteur sortant de charge, délégué au gouvernement d'une province.

PROPRÉTURE n.f. ANTIQ. ROM. Dignité, fonction de propréteur ; durée de cette fonction.

PROPRIÉTAIRE n. **1.** Personne qui possède qqch en propriété. **2.** Bailleur d'un immeuble, d'une maison (par opp. à *locataire*).

PROPRIÉTÉ n.f. **1.** Droit d'user, de jouir et de disposer de qqch de façon exclusive et absolue sous les seules restrictions établies par la loi. ◇ *Propriété artistique et littéraire :* droit moral et pécuniaire exclusif d'un auteur (et de ses ayants droit) sur son œuvre. – *Propriété commerciale :* droit d'un locataire commerçant au renouvellement du bail. – *Propriété industrielle :* monopole concédé au titulaire d'un brevet d'invention. **2.** Grande maison, entourée de terres, de dépendances, etc., généralement à la campagne. **3.** Ce qui est le propre, la qualité particulière de qqch. *Les propriétés de l'oxygène.* **4.** Adéquation d'un mot, d'une expression à l'idée, à la situation, etc.

PROPRIO n. (abrév.). Fam. Propriétaire.

PROPRIOCEPTEUR n.m. Récepteur de la proprioception.

PROPRIOCEPTIF, IVE adj. **1.** Propre à la proprioception. **2.** *Sensibilité proprioceptive :* proprioception.

PROPRIOCEPTION n.f. Sensibilité propre aux os, aux muscles, aux tendons et aux articulations et qui renseigne sur la statique, l'équilibration, le déplacement du corps dans l'espace, etc.

PROPULSER v.t. **1.** Envoyer au loin, projeter au moyen d'un propulseur. **2.** Fam. Projeter, pousser qqn, qqch. ◆ **se propulser** v.pr. Fam. Se rendre quelque part, se déplacer.

PROPULSEUR n.m. **1.** Engin servant à accélérer ou à augmenter la vitesse de frappe des sagaies. **2.** Organe, machine ou moteur destinés à imprimer un mouvement de propulsion à un navire, à une fusée. **3.** Spécialt. ASTRONAUT. **a.** Moteur-fusée. **b.** *Propulseur auxiliaire,* recomm. off. pour *booster.*

PROPULSIF, IVE adj. **1.** Relatif à la propulsion, au mouvement de propulsion. **2.** Se dit d'une poudre apte à lancer un projectile à partir du tube d'une arme à feu (par opp. à une *poudre brisante*).

PROPULSION n.f. Action de propulser ; fait d'être propulsé.

PROPYLÉE n.m. (gr. *pro,* devant, et *pulê,* porte). Entrée monumentale d'un palais, d'un sanctuaire grecs, constituée essentiellement d'une façade à colonnade doublée d'un vestibule. ◇ Spécialt. *Les Propylées,* ceux de l'Acropole d'Athènes.

PROPYLÈNE n.m. Hydrocarbure éthylénique C_3H_6. SYN. : *propène.*

PRORATA n.m. inv. (lat. *pro rata parte,* selon la part déterminée). *Au prorata de :* en proportion de. *Percevoir des bénéfices au prorata de sa mise de fonds.*

PROROGATIF, IVE adj. Qui proroge.

PROROGATION n.f. Action de proroger.

PROROGER v.t. (lat. *prorogare*) [17]. **1.** Reporter à une date ultérieure, prolonger la durée de. *Proroger une échéance, un contrat.* **2.** DR. CONSTIT. Prolonger les fonctions d'une assemblée délibérante au-delà de la date légale ; suspendre et fixer à une date ultérieure les séances d'une assemblée. **3.** PROCÉD. Étendre la compétence d'une juridiction.

PROSAÏQUE adj. (bas lat. *prosaicus,* écrit en prose). Qui manque de noblesse, d'idéal ; banal, commun, terre à terre, vulgaire.

PROSAÏQUEMENT adv. De façon prosaïque.

PROSAÏSME n.m. Caractère de ce qui est prosaïque.

PROSATEUR n.m. Auteur qui écrit en prose.

PROSCENIUM [prɔsenjɔm] n.m. (mot lat.). **1.** Devant de la scène d'un théâtre antique. 2. Auj., avant-scène.

PROSCRIPTEUR n.m. Celui qui proscrit.

PROSCRIPTION n.f. (lat. *proscriptio*). **1.** ANTIQ. ROM. À la fin de la République, condamnation arbitraire annoncée par voie d'affiches, et qui donnait licence à quiconque de tuer ceux dont les noms étaient affichés. **2.** Anc. Condamnation au bannissement. **3.** Action de proscrire ; prohibition, interdiction.

PROSCRIRE v.t. (lat. *proscribere*) [99]. **1.** ANTIQ. ROM. Mettre hors la loi par proscription. **2.** Anc. Condamner au bannissement. **3.** Interdire, prohiber, rejeter l'usage de. *Proscrire le recours à la violence.*

PROSCRIT, E adj. et n. Frappé de proscription.

PROSE n.f. (lat. *prosa*). **1.** Forme ordinaire du discours parlé ou écrit, qui n'est pas assujettie aux règles de rythme et de musicalité propres à la poésie. **2.** LITURGIE. Chant versifié en latin, souvent rimé.

PROSECTEUR [prɔsɛktœr] n.m. (lat. *prosector*). Docteur en médecine qui prépare les dissections pour un cours d'anatomie. (La fonction a été supprimée en 1968.)

PROSÉLYTE [prɔzelit] n. (gr. *prosêlutos,* étranger domicilié). **1.** HIST. Païen converti au judaïsme. **2.** Nouveau converti à une foi religieuse. **3.** Personne gagnée à une cause, une doctrine, etc., et qui concourt à sa propagation.

PROSÉLYTISME n.m. Zèle ardent pour recruter des adeptes, pour tenter d'imposer ses idées.

PROSIMIEN [-si-] n.m. Lémurien (mammifère).

PROSOBRANCHE n.m. *Prosobranches :* importante sous-classe de mollusques gastropodes à branchies situées vers l'avant, tels que le murex, le bigorneau, la patelle.

PROSODIE n.f. (gr. *prosôdia,* accent tonique). **1.** LITTÉR. Ensemble des règles relatives à la quantité des voyelles qui régissent la composition des vers (notamm. dans les poésies grecque et latine). **2.** LING. Partie de la phonétique qui étudie l'intonation, l'accentuation, les tons, le rythme, les pauses, la durée des phonèmes. **3.** MUS. Étude des règles de concordance des accents d'un texte et de ceux, forts ou faibles, de la musique qui l'accompagne.

PROSODIQUE adj. Relatif à la prosodie.

PROSOPOPÉE n.f. (gr. *prosôpon,* personne, et *poieîn,* faire). RHÉT. Procédé par lequel l'orateur ou l'écrivain prête la parole à des êtres inanimés, à des morts ou à des absents.

1. PROSPECT [prɔspɛ] n.m. (lat. *prospectus,* perspective). Distance minimale imposée par l'Administration entre deux bâtiments, entre un bâtiment et le périmètre du terrain.

2. PROSPECT [prɔspɛ] ou [prɔspɛkt] n.m. (mot angl.). Client potentiel d'une entreprise.

PROSPECTER v.t. (angl. *to prospect*). **1.** Étudier un terrain afin d'en découvrir les gîtes minéraux. **2.** Parcourir méthodiquement un lieu, une région pour y découvrir qqch. **3.** Rechercher une clientèle par divers moyens de prospection.

PROSPECTEUR, TRICE n. et adj. Personne qui prospecte.

PROSPECTEUR-PLACIER n.m. (pl. *prospecteurs-placiers*). Fonctionnaire chargé de recenser les emplois disponibles et de les proposer aux demandeurs d'emploi.

PROSPECTIF, IVE adj. Orienté vers l'avenir. *Étude prospective du marché.*

PROSPECTION n.f. **1.** Action de prospecter un terrain. **2.** Exploration méthodique d'un lieu pour y trouver qqn ou qqch. **3.** Recherche systématique de la clientèle (notamm. par des envois de circulaires, des visites de représentants, etc.).

PROSPECTIVE n.f. Science ayant pour objet l'étude des causes techniques, scientifiques, économiques et sociales qui accélèrent l'évolution du monde moderne, et la prévision des situations qui pourraient découler de leurs influences conjuguées.

PROSPECTIVISTE adj. et n. Relatif à la prospective ; spécialiste de prospective.

PROSPECTUS [prɔspɛktys] n.m. (mot lat., *aspect*). Imprimé diffusé gratuitement à des fins d'information ou de publicité.

PROSPÈRE adj. (lat. *prosperus*). Qui est dans un état heureux de succès, de réussite. *Santé prospère. Affaires prospères.*

PROSPÉRER v.i. (lat. *prosperare*) [18]. Avoir du succès, réussir, se développer.

PROSPÉRITÉ n.f. État de ce qui est prospère.

PROSTAGLANDINE n.f. Hormone présente dans de nombreux tissus et organes et dont les différentes sortes exercent des actions biochimiques diverses. (Elles jouent en particulier un rôle dans la plupart des processus de reproduction.)

PROSTATE n.f. (gr. *prostatês,* qui se tient en avant). Glande de l'appareil génital masculin, qui entoure la partie initiale de l'urètre jusqu'au col de la vessie et sécrète un des composants du sperme.

PROSTATECTOMIE n.f. Ablation chirurgicale de la prostate.

PROSTATIQUE adj. et n.m. Relatif à la prostate ; atteint d'une maladie de la prostate.

PROSTATITE n.f. Inflammation de la prostate.

PROSTERNATION n.f. ou **PROSTERNEMENT** n.m. Action de se prosterner ; attitude d'une personne prosternée.

PROSTERNER (SE) v. pr. (lat. *prosternere*). Se courber jusqu'à terre en signe d'adoration, de respect. *Se prosterner devant un autel.*

PROSTHÈSE n.f. (gr. *prosthesis,* addition). LING. Addition d'un élément non étymologique à l'initiale d'un mot, comme le *é* de *étoile* (lat. *stella*).

PROSTHÉTIQUE adj. **1.** LING. Qui résulte d'une prosthèse. **2.** BIOL. *Groupement prosthétique :* fraction non protéique contenue dans la molécule des hétéroprotéines et libérée par hydrolyse.

PROSTITUÉ, E n. Personne qui se prostitue.

PROSTITUER v.t. (lat. *prostituere,* déshonorer). **1.** Livrer à la prostitution. **2.** Avilir, dégrader en utilisant pour des tâches indignes ou à des fins vénales. *Prostituer son talent.* ◆ **se prostituer** v.pr. Se livrer à la prostitution.

PROSTITUTION n.f. **1.** Acte par lequel une personne consent à des rapports sexuels contre de l'argent. **2.** Litt. Avilissement.

PROSTRATION n.f. État de profond abattement.

PROSTRÉ, E adj. (lat. *prostratus,* de *prosternere,* renverser). En état de prostration.

PROSTYLE adj. et n.m. (gr. *pro,* en avant, et *stulos,* colonne). ARCHIT. Se dit d'un édifice présentant un portique à colonnes sur sa seule façade antérieure.

PROTACTINIUM [prɔtaktinjɔm] n.m. Élément radioactif (Pa), de numéro atomique 91.

PROTAGONISTE n. (gr. *prôtagonistês,* de *prôtos,* premier, et *agôn,* combat). **1.** Personne qui joue le rôle principal ou l'un des rôles principaux dans une affaire. **2.** LITTÉR. Acteur qui a le rôle principal.

PROTAMINE n.f. Polypeptide utilisé pour la fabrication de certaines insulines retard, et comme antidote de l'héparine.

PROTANDRIE n.f. → ***protérandrie.***

PROTASE n.f. (gr. *protasis*). **1.** Partie d'une pièce de théâtre qui contient l'exposition du sujet. **2.** LING. Subordonnée conditionnelle placée en tête de phrase, qui prépare la conséquence ou la conclusion exprimée dans la principale (ou *apodose*).

PROTE n.m. (gr. *prôtos,* premier). Chef d'un atelier de composition typographique.

PROTÉAGINEUX, EUSE adj. et n.m. Se dit de plantes (soja, pois, etc.) cultivées pour leur richesse en protéines et en amidon.

PROTÉASE n.f. Enzyme hydrolysant les protides.

1. PROTECTEUR, TRICE adj. et n. Qui protège. ◆ adj. Qui marque une attitude de protection condescendante. *Air, ton protecteur.*

2. PROTECTEUR n.m. HIST. Titre de régent en Angleterre et en Écosse, du XVe au XVIIe s. (Ce titre fut donné à O. Cromwell en 1653.)

PROTECTION n.f. (bas lat. *protectio*). **1.** Action de protéger. ◇ *Par protection :* par faveur. **2.** Personne qui protège. *Avoir de hautes protections.* **3.** Ce qui protège, assure contre un risque, un danger, un mal. *C'est une protection contre le froid.* **4.** Ensemble de mesures destinées à protéger certaines personnes ; organisme chargé de l'application de telles mesures. ◇ *Protection civile :* sécurité* civile. – *Protection rapprochée :* moyens mis en œuvre pour empêcher toute action menée à courte distance contre une personnalité. – *Protection judiciaire :* ensemble des mesures que peut prendre le juge des enfants à l'égard d'un mineur ou d'un majeur de 18 à 21 ans en danger moral. – *Protection maternelle et infantile (P.M.I.) :* organisme départemental chargé de la protection sanitaire et sociale des femmes enceintes ainsi que des enfants de la naissance à 6 ans. – *Protection sociale :* ensemble des régimes qui assurent ou complètent une couverture sociale ainsi que diverses prestations à caractère familial ou social.

PROTECTIONNISME n.m. Politique de protection de la production nationale contre la concurrence étrangère, notamm. par des mesures douanières (par opp. à *libre-échange*).

PROTECTIONNISTE adj. et n. Propre au protectionnisme ; partisan du protectionnisme.

PROTECTORAT n.m. **1.** Régime juridique caractérisé par la protection qu'un État fort assure à un État faible en vertu d'une convention ou d'un acte unilatéral. **2.** En Angleterre et en Écosse, régime dirigé par Oliver Cromwell puis par son fils Richard (1653-1659).

PROTÉE n.m. (lat. *Proteus,* n. d'un dieu marin). **1.** Litt. Personne qui change continuellement de rôle, d'opinions, etc. ; chose qui se présente sous des formes diverses. **2.** Amphibien des eaux souterraines, à peau blanche et à branchies externes, persistant chez l'adulte. (Long. 20 à 30 cm env. ; sous-classe des urodèles.)

PROTÉGÉ, E n. Personne qui bénéficie de la protection de qqn.

PROTÈGE-BAS n.m. inv. Sous-bas.

PROTÈGE-CAHIER n.m. (pl. *protège-cahiers*). Couverture souple servant à protéger un cahier.

PROTÈGE-DENTS n.m. inv. Appareil de protection des dents placé à l'intérieur de la bouche, dans certains sports de combat (boxe, karaté, etc.).

PROTÉGER v.t. (lat. *protegere*) [22]. **1.** Mettre à l'abri de dangers, d'incidents ; garantir, préserver, défendre. **2.** Appuyer, recommander, favoriser, soutenir. *Protéger une candidate.* **3.** Favoriser par une aide le développement de. *Protéger les lettres, les arts.*

PROTÈGE-SLIP n.m. (pl. *protège-slips*). Bande absorbante adhésive qui se fixe à l'intérieur d'un slip de femme.

PROTÈGE-TIBIA n.m. (pl. *protège-tibias*). Pièce de protection des tibias, au football notamment.

PROTÉIDE n.m. Vieilli. Protéine.

PROTÉIFORME adj. Susceptible de prendre diverses formes, d'en changer fréquemment.

PROTÉINE n.f. (gr. *prôtos,* premier). **1.** Macromolécule constituée par l'association d'acides aminés reliés par des liaisons peptiques. SYN. : *holoprotéine.* **2.** Spécialt. Hétéroprotéine.

PROTÉINIQUE ou **PROTÉIQUE** adj. Relatif aux protéines.

PROTÉINURIE n.f. Albuminurie.

PROTÉIQUE adj. → ***protéinique.***

PROTÈLE n.m. Mammifère carnivore, voisin de l'hyène, propre à l'Afrique du Sud.

PROTÉOLYSE n.f. Lyse (désorganisation, destruction) des substances protéiniques complexes.

PROTÉOLYTIQUE adj. De la protéolyse.

PROTÉRANDRIE ou **PROTANDRIE** n.f. BOT. État d'une fleur dont les étamines sont mûres avant le pistil.

PROTÉROGYNIE n.f. → ***protogynie.***

PROTÉROZOÏQUE n.m. et adj. Subdivision la plus récente du précambrien, d'une durée voisine de 2 milliards d'années. SYN. : *algonkien.*

PROTESTABLE adj. DR. Qui peut être protesté, en parlant d'un effet de commerce.

PROTESTANT, E adj. et n. Qui appartient au protestantisme ; qui le pratique, le professe.

PROTESTANTISME n.m. Ensemble des Églises et des communautés chrétiennes issues de la Réforme ; leur doctrine.

■ Le protestantisme réunit des Églises diverses (luthériennes, réformées, anglicanes, etc.), que rassemblent trois affirmations fondamentales : 1° l'autorité souveraine de la Bible en matière de foi (tout ce qui n'est que tradition humaine est écarté) ; 2° le salut par la foi qui est don de Dieu (les œuvres bonnes n'étant pas la cause du salut mais la conséquence) ; 3° la force du témoignage intérieur de l'Esprit-Saint, par lequel le croyant saisit la parole de Dieu exprimée dans les livres saints. Le protestantisme se veut non pas un ensemble doctrinal mais une attitude commune de pensée et de vie, qui est fidélité à l'Évangile.

PROTESTATAIRE adj. et n. Qui proteste contre qqn, qqch ; contestataire.

PROTESTATION n.f. Action de protester.

PROTESTER v.i. (lat. *protestari,* déclarer publiquement). Déclarer avec force son opposition, s'élever contre qqch, s'y opposer. *Protester contre une mesure. J'ai eu beau protester, rien n'y a fait.* ◆ v.t. DR. Faire dresser un protêt. ◆ v.t. ind. *(de).* Litt. Donner l'assurance formelle de. *Protester de son innocence.*

PROTÊT [prɔtɛ] n.m. (de *protester*). DR. Acte dressé par un huissier de justice, constatant le non-paiement ou le refus d'acceptation d'un effet de commerce et permettant des poursuites immédiates contre le débiteur.

PROTHALLE n.m. (gr. *thallos,* branche). BOT. Petite lame verte résultant de la germination des spores de fougères ou de plantes voisines et portant les gamètes mâles ou femelles (ou à la fois les uns et les autres).

PROTHÈSE n.f. (gr. *prothesis,* addition). **1.** Technique ayant pour objet le remplacement partiel ou total d'un organe ou d'un membre. **2.** Pièce ou appareil de remplacement de l'organe, du membre (par opp. à *orthèse*).

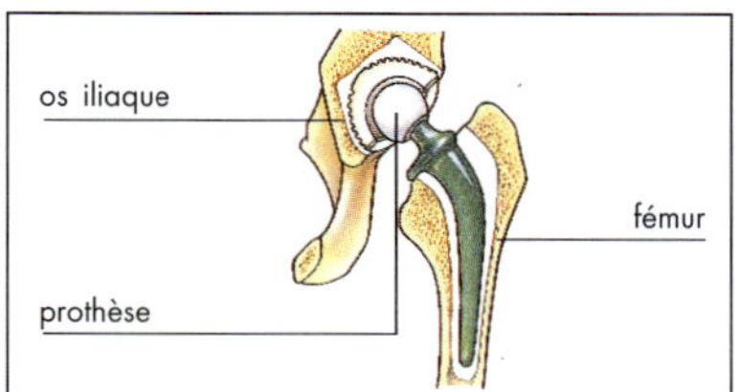

exemple de **prothèse** interne : remplacement de la tête du fémur

PROTHÉSISTE n. Fabricant de prothèses et, notamm., de prothèses dentaires.

PROTHÉTIQUE adj. Relatif à une prothèse.

PROTHORAX n.m. Premier anneau du thorax des insectes, parfois appelé *corselet,* et ne portant jamais d'ailes.

PROTHROMBINE n.f. Substance contenue dans le sang et qui participe à sa coagulation. (Le taux de prothrombine, normalement de 100 p. 100, est abaissé entre 20 et 40 p. 100 au cours des traitements anticoagulants.)

PROTIDE n.m. Vieilli. Protéine.

PROTIDIQUE adj. Des protides.

PROTISTE n.m. *Protistes :* groupe rassemblant toutes les espèces vivantes unicellulaires à noyau distinct. (On y distingue les *protophytes,* espèces chlorophylliennes d'affinités végétales, et les *protozoaires* [amibe, paramécie...], sans chlorophylle, d'affinités animales.)

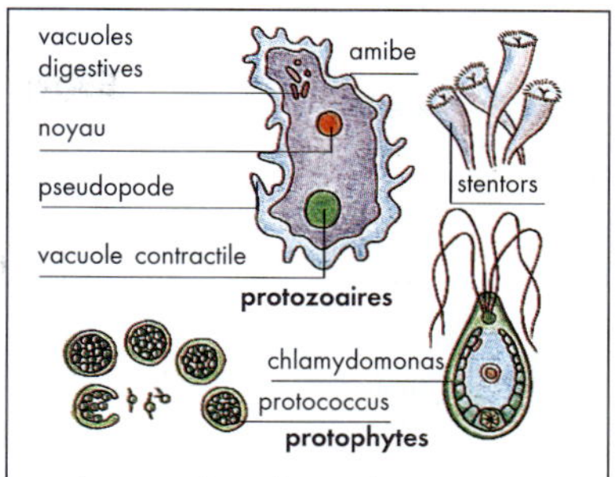

quelques espèces de **protistes**

PROTOCOCCALE n.f. *Protococcales :* ordre, parfois rangé dans la classe des chlorophycées, d'algues vertes unicellulaires vivant en petites colonies, telles que le protococcus.

PROTOCOCCUS [prɔtɔkɔkys] n.m. Algue unicellulaire abondante dans les taches vertes des écorces d'arbres, en petits groupes.

PROTOCOLAIRE adj. Conforme au protocole.

PROTOCOLE n.m. (gr. *prôtokollon,* de *prôtos,* premier, et *kolla,* colle). **1.** Ensemble des règles établies en matière d'étiquette, d'honneur et de préséances dans les cérémonies officielles. **2.** Procès-verbal consignant les résolutions d'une assemblée, d'une conférence ; ces résolutions. *Signer un protocole d'accord.* **3.** SC. Énoncé des conditions, des règles, etc., de déroulement d'une expérience. **4.** Formulaire pour la rédaction des actes publics, des lettres officielles, etc. **5.** MÉD. Ensemble des règles à respecter et des gestes à effectuer au cours de certains traitements et lors des essais thérapeutiques.

PROTOCORDÉ n.m. → ***procordé.***

PROTOÉTOILE n.f. Masse de matière interstellaire en cours de condensation, qui précède la formation d'une étoile.

PROTOGALAXIE n.f. Galaxie en cours de formation.

PROTOGINE n.f. Granite vert métamorphisé qu'on rencontre notamm. dans le massif du Mont-Blanc.

PROTOGYNIE ou **PROTÉROGYNIE** n.f. BOT. État d'une fleur dont le pistil est mûr avant les étamines.

PROTOHISTOIRE n.f. Période chronologique, intermédiaire entre la préhistoire et l'histoire, correspondant à l'existence de documents écrits rares ou indirects sur l'histoire des sociétés.

PROTOHISTORIEN, ENNE n. Spécialiste de protohistoire.

PROTOHISTORIQUE adj. De la protohistoire.

PROTO-INDUSTRIALISATION n.f. (pl. *proto-industrialisations*). Activité de fabrication rurale, domestique et saisonnière pour des marchés extérieurs à la région de production, qui a précédé en Europe la révolution industrielle.

PROTOMÉ n.m. (gr. *protomê,* buste). ARCHÉOL. Élément décoratif constitué par un buste d'homme ou d'animal.

PROTON n.m. (mot angl.). Particule fondamentale chargée d'électricité positive, entrant avec le neutron dans la composition des noyaux atomiques.

■ Dans un atome, le nombre de protons est égal au nombre d'électrons. Le proton est probablement constitué de trois quarks, et sa stabilité, mise en question par certaines théories, est actuellement étudiée.

PROTONÉMA n.m. BOT. Organe filamenteux rampant, ramifié, provenant d'une spore de mousse, et d'où naissent les tiges.

PROTONIQUE adj. Qui concerne le proton.

PROTONOTAIRE n.m. (lat. *protonotarius*). RELIG. Dignitaire le plus élevé parmi les prélats de la cour romaine qui ne sont pas évêques.

PROTOPHYTE n.m. BOT. Végétal unicellulaire.

PROTOPLANÈTE n.f. ASTRON. Planétoïde.

PROTOPLASME ou **PROTOPLASMA** n.m. BIOL. Vx. Cytoplasme.

PROTOPLASMIQUE adj. Relatif au protoplasme.

PROTOPTÈRE n.m. Poisson des marais de l'Afrique tropicale, respirant par des branchies et des poumons, et passant la saison sèche dans la vase à l'intérieur d'un cocon de mucus séché. (Long. 60 cm env. ; sous-classe des dipneustes.)

PROTOSTOMIEN n.m. Hyponeurien.

PROTOTHÉRIEN n.m. Monotrème.

PROTOTYPE n.m. (gr. *prototupos,* de création primitive). **1.** Premier exemplaire, modèle original. **2.** Premier exemplaire construit d'un ensemble mécanique, d'un appareil, d'une machine, destiné à en expérimenter les qualités en vue de la construction en série.

PROTOURE n.m. *Protoures :* ordre de petits insectes très primitifs sans ailes, sans yeux et sans antennes, vivant dans le sol.

PROTOXYDE n.m. CHIM. Oxyde le moins oxygéné d'un élément. *Protoxyde d'azote* N_2O.

PROTOZOAIRE n.m. (gr. *prôtos,* premier, et *zôon,* animal). Être vivant unicellulaire, dépourvu de chlorophylle et se multipliant par mitose ou par reproduction sexuée. (L'embranchement des protozoaires comprend les ciliés, les flagellés, les rhizopodes [amibes, foraminifères, radiolaires] et l'hématozoaire du paludisme.)

PROTRACTILE adj. Qui peut être étiré vers l'avant. *Langue protractile du caméléon.*

PROTUBÉRANCE n.f. (du lat. *pro,* en avant, et *tuber,* tumeur). **1.** Saillie en forme de bosse à la surface d'un corps, excroissance ; proéminence. ◇ ANAT. *Protubérance cérébrale* ou *annulaire :* large ruban en saillie réunissant le cerveau, le bulbe rachidien et le cervelet. **2.** ASTRON. Éjection de matière souvent observée autour du disque solaire.

PROTUBÉRANT, E adj. Qui forme une protubérance ; proéminent.

PROTUBÉRANTIEL, ELLE adj. Relatif aux protubérances.

PROTUTEUR, TRICE n. DR. Anc. Personne qui, sans avoir été nommée tuteur ou tutrice, était fondée à gérer les affaires d'un mineur, notamment ses biens hors du pays où il était domicilié.

PROU adv. (anc. fr. *proud,* avantage). Litt. *Peu ou prou :* peu ou beaucoup.

PROUDHONIEN, ENNE adj. et n. Relatif à Proudhon, à son système.

PROUE n.f. (lat. *prora*). Partie avant d'un navire (par opp. à la *poupe*).

PROUESSE n.f. (de *preux*). **1.** Exploit, action d'éclat, performance. *Prouesses sportives.* **2.** Litt. Acte de courage, d'héroïsme.

PROUSTIEN, ENNE adj. Qui évoque le style, l'atmosphère des romans de Marcel Proust.

PROUVABLE adj. Qui peut être prouvé.

PROUVER v.t. (lat. *probare,* approuver). **1.** Établir par des raisonnements, des témoignages incontestables la vérité de. **2.** Marquer, dénoter, faire apparaître la réalité de. *Prouver son amour.*

PROVENANCE n.f. Origine. *Marchandises de provenance étrangère.*

PROVENÇAL, E, AUX adj. et n. De Provence. ◇ CUIS. *À la provençale :* épicé avec de l'ail. ◆ n.m. Groupe de dialectes occitans parlés principalement dans la basse vallée du Rhône et à l'est de celle-ci. ◇ Par ext. La langue d'oc tout entière, ou *occitan.*

PROVENDE n.f. (lat. *praebenda,* choses devant être fournies). **1.** Vx ou litt. Provision de vivres. **2.** AGRIC. Anc. Mélange de farines et de graines de légumineuses données au bétail à l'engrais.

PROVENIR v.i. (lat. *provenire*) [40] [auxil. *être*]. Tirer son origine, venir de.

PROVERBE n.m. (lat. *proverbium*). **1.** Court énoncé exprimant un conseil populaire, une vérité de bon sens ou d'expérience, et qui sont devenus d'usage commun. – Litt. *Passer en proverbe :* devenir un exemple, un modèle. **2.** LITTÉR. Petite comédie dont l'action illustre un proverbe.

PROVERBIAL, E, AUX adj. **1.** Qui tient du proverbe. *Expression proverbiale.* **2.** Qui est comme passé en proverbe, qui est connu de tous. *Sa maladresse est proverbiale.*

PROVERBIALEMENT adv. De façon proverbiale.

PROVIDENCE n.f. (lat. *providentia,* de *providere,* prévoir). **1.** Suprême sagesse qu'on attribue à Dieu et par laquelle il gouvernerait toutes choses. **2.** (Avec une majuscule). Dieu en tant qu'il gouverne le monde. **3.** Personne, évènement, etc., qui arrive à point nommé pour sauver une situation, ou qui constitue une chance, un secours exceptionnels. *C'est une providence que vous soyez ici précisément maintenant.* **4.** Personne qui veille, aide, protège. *Il est la providence des sans-logis.*

PROVIDENTIEL, ELLE adj. **1.** Relatif à la Providence ; réglé, voulu, provoqué par elle. **2.** Qui arrive par un heureux hasard, d'une manière opportune et inattendue.

PROVIDENTIELLEMENT adv. De façon providentielle.

PROVIGNAGE ou **PROVIGNEMENT** n.m. AGRIC. Marcottage de la vigne.

PROVIGNER v.t. (de *provin*). VITIC. Marcotter (la vigne), multiplier par provins. ◆ v.i. **1.** Se multiplier par provins. **2.** Fig., vieilli. Se répandre largement, en parlant d'une idée, d'un sentiment, etc.

PROVIN n.m. (lat. *propago*). VITIC. Sarment ou cep de vigne que l'on couche en terre pour en obtenir une nouvelle souche.

PROVINCE n.f. (lat. *provincia*). **1.** Division territoriale d'un État placée sous l'autorité d'un délégué du pouvoir central ; habitants de ce territoire. **2.** Ensemble de toutes les régions de France à l'exception de Paris et sa banlieue. *Arriver de province à Paris.* **3.** ANTIQ. ROM. Pays, territoire conquis hors de l'Italie, assujetti à Rome et administré par un magistrat romain. **4.** RELIG. **a.** *Province ecclésiastique :* ensemble de diocèses dépendant d'un même archevêché ou d'une même métropole. **b.** *Province religieuse :* ensemble de maisons religieuses placées sous l'autorité d'un même supérieur.

1. PROVINCIAL, E, AUX adj. **1.** D'une province. *Administration provinciale.* **2.** De la province, par opp. à la capitale. **3.** Péj. Qui n'a pas l'aisance que l'on prête habituellement aux habitants de la capitale. *Air provincial.*

2. PROVINCIAL, E, AUX n. Personne qui habite la province.

3. PROVINCIAL n.m. RELIG. Supérieur placé à la tête d'une province religieuse.

PROVINCIALAT n.m. RELIG. Charge de provincial.

PROVINCIALISME n.m. **1.** Mot, tournure propre à une province. **2.** Péj. Gaucherie que l'on prête parfois aux gens de la province.

PROVISEUR n.m. (lat. *provisor,* qui pourvoit à). **1.** Fonctionnaire chargé de la direction d'un lycée. **2.** Belgique. Fonctionnaire diplômé de l'université chargé de seconder le préfet des études et de s'occuper de la discipline, dans les athénées et les lycées importants.

PROVISION n.f. (lat. *provisio,* prévoyance). **I.** Accumulation de choses nécessaires en vue d'un usage ultérieur ; stock, réserve. *Provision de bois.* ◇ (Abstrait). *Provision de courage.* **II. 1.** Somme déposée en banque destinée à couvrir des paiements ultérieurs. *Chèque sans provision.* **2.** FIN. Somme inscrite au passif d'un bilan pour parer à une perte probable. *Provision pour créance douteuse.* **3.** Somme versée à titre d'acompte à un avocat, un notaire, etc. **4.** Somme qu'un tribunal attribue provisoirement avant un jugement définitif. ◆ pl. Produits alimentaires ou d'entretien nécessaires à l'usage quotidien. *Panier à provisions.* – *Faire ses provisions, aller aux provisions :* se ravitailler en produits nécessaires à la vie courante.

PROVISIONNEL, ELLE adj. Qui se fait par provision, en attendant le règlement définitif. *Acompte provisionnel.*

PROVISIONNER v.t. BANQUE. Créditer un compte d'un montant suffisant pour assurer son fonctionnement.

1. PROVISOIRE adj. (lat. *provisus,* prévu). **1.** Qui a lieu, qui se fait, qui existe en attendant un état définitif ; transitoire. *Solution provisoire.* **2.** DR. Se dit d'une décision judiciaire qui statue sur un chef de demande urgent, sans trancher sur le fond du procès, et qui peut être modifiée ou rétractée.

2. PROVISOIRE n.m. Ce qui dure peu de temps, solution d'attente. *Sortir du provisoire.*

PROVISOIREMENT adv. Momentanément.

PROVISORAT n.m. Fonction de proviseur.

PROVITAMINE n.f. Substance inactive présente dans les aliments et que l'organisme transforme en vitamine active.

PROVO n. (mot néerlandais). Jeune contestataire, aux Pays-Bas, vers 1965-1970.

PROVOCANT, E adj. **1.** Qui cherche à produire des réactions violentes, qui est volontairement agressif. *Paroles provocantes.* **2.** Qui excite la sensualité, qui incite au désir. *Poses, allures provocantes.*

PROVOCATEUR, TRICE adj. et n. **1.** Qui provoque le désordre, la violence. **2.** Se dit d'une personne qui incite à des actes séditieux ou délictueux dans le but de justifier des représailles. *Agent provocateur.*

PROVOCATION n.f. **1.** Action de provoquer, défi ; incitation à commettre des actes répréhensibles, une infraction. **2.** Fait ou geste destiné à provoquer. Abrév. (fam.) : *provoc.*

PROVOQUER v.t. (lat. *provocare,* appeler). **1.** Exciter qqn par un comportement agressif, l'inciter à des réactions violentes ; défier. **2.** Inciter, pousser qqn à faire qqch. *Provoquer qqn à boire.* **3.** Exciter le désir érotique de. **4.** Produire, être la cause de ; occasionner. *Provoquer une catastrophe.*

PROXÉMIQUE n.f. (angl. *proxemics*). Étude de l'utilisation de l'espace par les êtres animés dans leurs relations, et des significations qui s'en dégagent.

PROXÈNE n.m. ANTIQ. GR. Personnage officiel d'une cité chargé de s'occuper des intérêts des étrangers.

PROXÉNÈTE n. (gr. *proxenêtês,* courtier). Personne qui se livre au proxénétisme.

PROXÉNÉTISME n.m. Activité illicite consistant à tirer profit de la prostitution d'autrui ou à la favoriser.

PROXIMAL, E, AUX adj. Se dit de la partie d'un membre, d'un segment de membre qui est la plus proche du tronc, du corps. CONTR. : *distal.*

PROXIMITÉ n.f. (lat. *proximus,* proche). Voisinage immédiat. – *À proximité de :* près de. ◇ *... de proximité :* situé dans le proche voisinage. *Commerce, emploi de proximité.* – Fig. Au contact des réalités locales, proche des préoccupations quotidiennes. *Média de proximité. Campagne de proximité.*

PROYER n.m. (anc. fr. *praiere*). Oiseau passereau du genre bruant, à chair estimée. (Famille des fringillidés.)

PRUCHE n.f. Canada. Conifère voisin du sapin.

PRUDE adj. et n.f. (de *preux*). D'une pudeur affectée, outrée ou hypocrite.

PRUDEMMENT [-da-] adv. Avec prudence.

PRUDENCE n.f. (lat. *prudentia*). Attitude qui consiste à peser à l'avance tous ses actes, à apercevoir les dangers qu'ils comportent et à agir de manière à éviter tout danger, toute erreur, tout risque inutile.

PRUDENT, E adj. et n. (lat. *prudens*). Qui agit avec prudence, qui dénote de la prudence ; sage, avisé.

PRUDERIE n.f. Affectation de vertu.

PRUD'HOMAL, E, AUX adj. Relatif aux conseils de prud'hommes. ◇ *Conseiller prud'homal :* prud'homme.

PRUD'HOMIE n.f. Ensemble de l'organisation prud'homale.

PRUD'HOMME [prydɔm] n.m. (de *preux* et *homme*). Membre d'un tribunal électif *(conseil de prud'hommes)* composé en nombre égal de représentants des salariés et des employeurs, et dont le rôle est de trancher les conflits individuels du travail.

PRUINE n.f. (lat. *pruina,* givre). Couche poudreuse qui recouvre certains fruits, les champignons, etc.

PRUNE n.f. (lat. *prunum*). Fruit du prunier, drupe comestible à la pulpe molle, juteuse et sucrée. ◇ Fam. *Pour des prunes :* pour rien. ◆ adj. inv. D'une couleur violet foncé.

■ Les principales variétés de prunes sont : la reine-claude, la mirabelle, la prune de Monsieur, la prune précoce de Tours, la prune d'Agen, la quetsche, etc. Avec ce fruit, on fait de la compote, des confitures et de l'eau-de-vie.

PRUNEAU n.m. **1.** Prune séchée au four ou au soleil en vue de sa conservation. ◇ **Suisse.** Quetsche. **2.** Pop. Balle d'une arme à feu.

PRUNELAIE n.f. Terrain planté de pruniers.

PRUNELÉE n.f. Confiture de prunes.

1. PRUNELLE n.f. **1.** Fruit du prunellier. **2.** Liqueur, eau-de-vie faite avec ce fruit.

2. PRUNELLE n.f. Pupille de l'œil. ◇ *Tenir à qqch comme à la prunelle de ses yeux,* y tenir par-dessus tout.

PRUNELLIER n.m. Prunier sauvage épineux qui croît surtout dans les haies.

PRUNIER n.m. Arbre aux fleurs blanches paraissant avant les feuilles, cultivé surtout pour son fruit comestible, la prune. (Famille des rosacées.)

prunier (et reines-claudes)

PRUNUS [prynys] n.m. Prunier ou prunellier cultivé comme arbre d'ornement.

PRURIGINEUX, EUSE adj. MÉD. Qui provoque un prurit, une démangeaison.

PRURIGO n.m. (mot lat., *démangeaison*). MÉD. Dermatose caractérisée par des papules surmontées d'une vésicule et par des démangeaisons intenses.

PRURIT [pryrit] n.m. (lat. *pruritus,* de *prurire,* démanger). MÉD. Vive démangeaison.

PRUSSIATE n.m. Anc. Cyanure.

PRUSSIEN, ENNE adj. et n. De la Prusse.

PRUSSIK n.m. ALP. Nœud autobloquant et amovible, servant à fixer une cordelette à une corde fixe. (On dit aussi *nœud de Prussik.*)

PRUSSIQUE adj.m. Anc. *Acide prussique :* acide cyanhydrique.

PRYTANE n.m. (gr. *prutanis*). ANTIQ. GR. **1.** Premier magistrat de la cité. **2.** Membre de la boulê, à Athènes.

PRYTANÉE n.m. (gr. *prutaneîon*). **1.** ANTIQ. GR. Édifice public où les prytanes et quelques hôtes prenaient leurs repas. **2.** Établissement militaire d'enseignement du second degré. *Prytanée militaire de La Flèche.*

PSALLETTE n.f. MUS. Maîtrise.

PSALLIOTE n.f. (gr. *psalis,* voûte). Champignon comestible à lames et à anneau. (La psalliote des champs est cultivée dans les souterrains sous le nom de *champignon de couche ;* classe des basidiomycètes, famille des agaricacées.)

psalliotes (comestibles)

PSALMISTE n.m. (bas lat. *psalmista*). Auteur de psaumes.

PSALMODIE n.f. (gr. *psalmos,* psaume, et *ôdê,* chant). **1.** Manière de chanter, de réciter les psaumes. **2.** Litt. Manière monotone de réciter, de chanter.

PSALMODIER v.t. et i. **1.** Réciter, chanter un, des psaumes sans inflexion de voix, avec des repos marqués. **2.** Dire, débiter d'une manière monotone.

PSALTÉRION [psaltɛrjɔ̃] n.m. (gr. *psaltêrion,* sorte de harpe). Ancien instrument de musique à cordes pincées, de forme trapézoïdale.

PSAUME n.m. (gr. *psalmos,* air joué sur le psaltérion). Chant liturgique de la religion d'Israël passé dans le culte chrétien et constitué d'une suite variable de versets.

PSAUTIER n.m. Recueil de psaumes.

PSCHENT [pskɛnt] n.m. (mot égyptien). Coiffure des pharaons, formée des couronnes de Haute- et de Basse-Égypte emboîtées, symbole de leur souveraineté sur les deux royaumes.

le pharaon Sésostris Ier coiffé du **pschent** (détail d'un bas-relief de Karnak ; Moyen Empire, XIIe dynastie)

PSEUDARTHROSE n.f. (gr. *pseudês,* faux, et *arthron,* articulation). CHIR. Absence complète et définitive de consolidation d'une fracture.

PSEUDOMEMBRANE n.f. PATHOL. Exsudat souvent fibrineux qui se produit à la surface des muqueuses ou, plus rarement, des séreuses.

PSEUDONYME n.m. (gr. *pseudês,* faux, et *onoma,* nom). Nom d'emprunt choisi par qqn pour dissimuler son identité, notamment dans le domaine littéraire ou artistique.

PSEUDOPODE n.m. BIOL. Expansion cytoplasmique de la cellule servant à la locomotion et à la phagocytose chez certains protozoaires.

PSEUDOSCIENCE n.f. ÉPISTÉMOL. Savoir organisé qui n'a pas la rigueur d'une science.

PSEUDOTUMEUR n.f. PATHOL. Formation pathologique qui ressemble à une tumeur mais qui n'a pas les caractères propres aux formations tumorales.

PSI n.m. inv. Vingt-troisième lettre de l'alphabet grec (ψ), notant le son [ps].

PSILOCYBE n.m. (gr. *psulos,* dénudé, et *kubos,* cube). Champignon hallucinogène d'Amérique centrale.

PSILOCYBINE n.f. Alcaloïde hallucinogène extrait du psilocybe.

PSILOPA n.m. Mouche dont la larve vit dans les flaques de pétrole proches des puits.

PSITT [psit] ou **PST** [pst] interj. Pour appeler, attirer l'attention. *Pst ! Par ici !*

PSITTACIDÉ [psitaside] n.m. (du lat. *psittacus,* perroquet). *Psittacidés :* famille d'oiseaux grimpeurs tels que le perroquet, la perruche.

PSITTACISME [psitasism] n.m. (du lat. *psittacus,* perroquet). Répétition mécanique de phrases, de formules par un sujet qui ne les comprend pas.

PSITTACOSE n.f. Maladie infectieuse des psittacidés, transmissible à l'homme.

PSOAS [psɔas] n.m. (gr. *psoa,* reins). Chacun des deux muscles pairs insérés sur les côtés des vertèbres lombaires et sur le petit trochanter du fémur et qui contribuent à la flexion de la cuisse sur le tronc.

PSOQUE n.m. (gr. *psôkhein,* émietter). Petit insecte vivant en sociétés nombreuses dans les bois.

PSORALÈNE n.m. Substance provoquant une photosensibilisation et employée dans le traitement de certaines dermatoses (vitiligo, psoriasis).

PSORIASIS [psɔrjazis] n.m. (mot gr.). Dermatose chronique caractérisée par des plaques rouges recouvertes d'épaisses squames blanches.

PSY n. (abrév.). Fam. Psychanalyste, psychiatre, psychologue.

PSYCHANALYSE [-ka-] n.f. (gr. *psukhê,* âme, et *analyse*). **1.** Méthode d'investigation psychologique visant à élucider la signification inconsciente des conduites et dont le fondement se trouve dans la théorie de la vie psychique formulée par Freud. **2.** Technique psychothérapique reposant sur cette investigation.

■ La psychanalyse est née à la fin du XIXe s. à la suite des travaux de S. Freud. Selon lui, la personnalité s'est formée à partir du refoulement dans l'inconscient de situations vécues dans l'enfance comme sources d'angoisse et de culpabilité. Le refoulement du souvenir de ces situations traumatisantes est dû au rôle déterminant que joue la figure du père dans le triangle père-mère-enfant et au moment où se constitue le *complexe d'Œdipe.* Freud a été amené à mettre en évidence l'importance des actes manqués, des rêves, où réapparaissent certains éléments refoulés. Il a élaboré deux modèles de l'appareil psychique *(topiques).* Le second décrit la personne humaine comme formée de trois instances : l'inconscient, c'est-à-dire les pulsions latentes (le *ça*), le conscient, ou *moi,* et le *surmoi,* modèle social, ensemble des règles morales.

La psychanalyse est surtout une thérapeutique : un symptôme présenté par le sujet est le substitut d'un refoulement ; la prise de conscience par le sujet de ce qui a été refoulé doit entraîner la disparition du symptôme. Dans la cure, la règle fondamentale est que le sujet doit se laisser aller à toutes les associations d'idées qui lui viennent à l'esprit. Cette règle structure la relation entre le sujet et l'analyste : elle permet l'émergence de la résistance et du transfert. Résistance (à l'inconscient), transfert (des sentiments d'amour et de haine sur l'analyste) conditionnent la reviviscence par le sujet de situations conflictuelles anciennes, refoulées, sources de névroses.

Les disciples de Freud, plus ou moins continuateurs de son œuvre (certains, comme Adler, Jung, Reich, s'en sont écartés), se regroupent dans l'*International Psychoanalytical Association.* En firent partie : K. Abraham, S. Ferenczi, Melanie Klein, D. V. Winnicott, J. Lacan.

PSYCHANALYSER v.t. Soumettre à un traitement psychanalytique.

PSYCHANALYSTE n. Praticien de la psychanalyse. SYN. : *analyste.*

PSYCHANALYTIQUE adj. Relatif à la psychanalyse.

PSYCHASTHÉNIE [psikasteni] n.f. État névrotique caractérisé par l'aboulie, l'asthénie, le doute, le scrupule et la méticulosité.

PSYCHASTHÉNIQUE adj. et n. Atteint de psychasthénie.

1. PSYCHÉ [psiʃe] n.f. (de *Psyché,* n. pr.). Grand miroir inclinable, pivotant sur un châssis reposant sur le sol et permettant de se voir en pied.

2. PSYCHÉ [psiʃe] n.f. (gr. *psukhê,* âme). PSYCHOL., PSYCHAN. Ensemble des composants relationnels et affectifs du moi.

PSYCHÉDÉLIQUE [psike-] adj. Relatif au psychédélisme ; qui s'inspire, qui traduit des effets, des visions propres au psychédélisme. *Musique psychédélique.*

PSYCHÉDÉLISME n.m. État de rêve éveillé provoqué par certains hallucinogènes, notamm. le L.S.D.

PSYCHIATRE [psikjatr] n. Médecin spécialiste de psychiatrie.

PSYCHIATRIE n.f. Discipline médicale dont l'objet est l'étude et le traitement des maladies mentales.

PSYCHIATRIQUE adj. Relatif à la psychiatrie.

PSYCHIATRISATION n.f. Action, fait de psychiatriser.

PSYCHIATRISÉ, E n. et adj. Péj. Personne soumise abusivement à un traitement psychiatrique.

PSYCHIATRISER v.t. **1.** Péj. Soumettre abusivement (qqn) à un traitement psychiatrique. **2.** Interpréter (un fait) en termes de psychiatrie.

PSYCHIQUE [psiʃik] adj. (du gr. *psukhê,* âme). Qui concerne la psyché, la vie mentale, les états de conscience.

PSYCHISME [psiʃism] n.m. Structure mentale, ensemble des caractères psychiques d'un individu.

PSYCHOAFFECTIF, IVE [-ko-] adj. Se dit d'un processus mental faisant intervenir l'affectivité, par opp. aux processus cognitifs.

PSYCHOANALEPTIQUE adj. et n.m. PHARM. Se dit d'une substance qui a une action stimulante ou excitante sur les fonctions psychiques. SYN. : *psychotonique.*

PSYCHOBIOLOGIE n.f. Discipline qui étudie le psychisme dans son articulation avec les fonctions biologiques.

PSYCHOCHIRURGIE n.f. Chirurgie pratiquée sur l'encéphale dans le dessein de faire disparaître certains symptômes de maladies mentales.

PSYCHOCRITIQUE n.f. Méthode d'étude des œuvres littéraires consistant à montrer dans les textes des faits et des relations issus de la personnalité inconsciente de l'écrivain. ◆ n. Critique utilisant cette méthode. ◆ adj. Relatif à la psychocritique.

PSYCHODRAMATIQUE adj. Du psychodrame.

PSYCHODRAME n.m. **1.** Jeu dramatique de scènes réelles ou imaginaires utilisé dans un dessein thérapeutique soit pour tenter de lever une situation traumatisante passée, soit pour aborder une situation difficile. **2.** **Fig.** Situation où s'expriment entre des personnes des rapports fortement marqués par l'affectivité (conflictuels le plus souvent) et évoquant le psychodrame par son caractère spectaculaire, théâtral.

PSYCHODYSLEPTIQUE adj. et n.m. PHARM. Se dit d'une substance qui provoque des troubles analogues à ceux des psychoses.

PSYCHOGÈNE adj. Qui est d'origine psychique. *Troubles psychogènes.*

PSYCHOGENÈSE n.f. Étude des causes psychiques susceptibles d'expliquer une névrose ou une psychose.

PSYCHOGÉNÉTIQUE n.f. Étude de l'acquisition par l'enfant des formes de la pensée.

PSYCHOKINÈSE ou **PSYCHOKINÉSIE** n.f. Action directe supposée de l'esprit sur la matière, en parapsychologie, qui donnerait lieu à des phénomènes tels que la lévitation ou la déformation d'objets à distance.

PSYCHOLEPTIQUE adj. et n.m. PHARM. Se dit d'une substance qui a une action modératrice ou calmante sur les fonctions psychiques.

PSYCHOLINGUISTE n. Spécialiste de psycholinguistique.

PSYCHOLINGUISTIQUE n.f. Étude scientifique des facteurs psychiques qui permettent la production et la compréhension du langage. ◆ adj. Relatif à la psycholinguistique.

PSYCHOLOGIE [-ko-] n.f. (gr. *psukhê,* âme, et *logos,* science). **1.** Étude scientifique des faits psychiques. **2.** Connaissance empirique ou intuitive des sentiments, des idées, des comportements d'autrui. *Manquer de psychologie.* **3.** Ensemble des manières de penser, de sentir, d'agir qui caractérisent une personne, un groupe, un personnage littéraire ; mentalité. *Une psychologie très fruste.*

■ La psychologie, branche de la philosophie jusqu'à la fin du XIXe s., s'est affirmée comme science spécifique en recourant à la méthode expérimentale, aux statistiques et aux modèles mathématiques. La psychologie expérimentale, dont le but est la découverte des lois qui règlent le comportement humain, s'est divisée en plusieurs domaines suivant l'objet étudié : l'étude des réactions physiologiques *(psychophysiologie),* celle du développement de l'enfant *(psychologie génétique),* l'étude des comportements individuels en relation avec le système nerveux, notamm. du langage *(psycholinguistique, neurolinguistique),* l'étude des performances individuelles comparées *(psychologie différentielle),* l'étude des comportements en groupe *(psychologie sociale).* Elle se distingue de la *psychologie clinique,* qui a pour objet l'investigation en profondeur de la personne considérée comme une singularité et dont le modèle théorique est la psychanalyse.

PSYCHOLOGIQUE adj. **1.** Relatif à la psychologie, aux faits psychiques. **2.** Qui agit sur le psychisme. *Action, guerre psychologique.* **3.** *Moment, instant psychologique :* moment opportun pour une action efficace.

PSYCHOLOGIQUEMENT adv. Au point de vue psychologique.

PSYCHOLOGISME n.m. Tendance à expliquer l'ensemble des comportements humains par des facteurs de nature psychologique, à adopter le point de vue du psychologue de préférence à tout autre.

PSYCHOLOGUE n. et adj. **1.** Spécialiste de psychologie ; professionnel de la psychologie appliquée. ◇ *Psychologue scolaire :* psychologue attaché à un ou plusieurs établissements d'enseignement pour faire passer des tests aux élèves et, le cas échéant, conseiller leur famille. **2.** Personne qui discerne, comprend intuitivement les sentiments, les mobiles d'autrui.

PSYCHOMÉTRICIEN, ENNE n. Spécialiste de psychométrie.

PSYCHOMÉTRIE n.f. Ensemble des méthodes de mesure des phénomènes psychologiques (tests, etc.).

PSYCHOMÉTRIQUE adj. Qui se rapporte à la psychométrie.

PSYCHOMOTEUR, TRICE adj. **1.** Qui concerne à la fois la motricité et l'activité psychique. – *Rééducation psychomotrice :* thérapeutique non verbale visant à améliorer les rapports entre un sujet et son corps (mauvaise latéralisation, etc.). **2.** Qui se rapporte aux troubles de la motricité sans support organique.

PSYCHOMOTRICITÉ n.f. Intégration des fonctions motrices et mentales sous l'effet de la maturation du système nerveux.

PSYCHOPATHE n. **1.** Malade mental. **2.** PSYCHIATRIE. Malade atteint de psychopathie.

PSYCHOPATHIE n.f. PSYCHIATRIE. Trouble de la personnalité se manifestant essentiellement par des comportements antisociaux (passages à l'acte) sans culpabilité apparente.

PSYCHOPATHOLOGIE n.f. Branche de la psychologie, étude comparée des processus normaux et pathologiques de la vie psychique.

PSYCHOPÉDAGOGIE n.f. Pédagogie fondée sur l'étude scientifique de la psychologie de l'enfant.

PSYCHOPÉDAGOGIQUE adj. Qui se rapporte à la psychopédagogie.

PSYCHOPHARMACOLOGIE n.f. Étude de l'effet des psychotropes sur le système nerveux et les fonctions psychiques.

PSYCHOPHYSIOLOGIE n.f. Étude scientifique des rapports entre les faits psychiques et les faits physiologiques.

PSYCHOPHYSIOLOGIQUE adj. Qui se rapporte à la psychophysiologie.

PSYCHOPHYSIQUE n.f. Rare. Psychophysiologie.

PSYCHOPLASTICITÉ n.f. Suggestibilité.

PSYCHOPOMPE adj. et n. Se dit des conducteurs ou des accompagnateurs des âmes des morts (Charon, Hermès, Orphée, dans la mythologie gréco-latine ; saint Michel, dans l'iconographie chrétienne).

PSYCHOPROPHYLACTIQUE adj. Relatif à l'accouchement dit « sans douleur », aux méthodes qui y préparent.

PSYCHORÉÉDUCATEUR, TRICE n. Spécialiste de la rééducation de la psychomotricité.

PSYCHORIGIDE adj. et n. Qui manifeste de la psychorigidité.

PSYCHORIGIDITÉ n.f. Trait de caractère se manifestant par une absence de souplesse des processus intellectuels et une incapacité à s'adapter aux situations nouvelles.

PSYCHOSE [-koz] n.f. **1.** Affection mentale caractérisée par une altération profonde de la personnalité et des fonctions intellectuelles, et le fait que le sujet n'a pas conscience de son état. **2.** État de panique collective provoqué par un évènement ou un fléau vécu comme une menace permanente.

■ Pour la psychiatrie, les psychoses comprennent la schizophrénie (qui fait partie des délires chroniques) et la psychose maniaco-dépressive. Pour les psychanalystes, le psychotique est victime d'une expérience vitale remontant à l'enfance au cours de laquelle il n'a pu vivre qu'une relation déstructurante avec le père ou l'image du père : l'enfant n'a pas reçu de ses parents l'assurance d'exister, et la conduite du psychotique est une tentative perpétuelle de se reconstituer un père (Lacan, Melanie Klein).

PSYCHOSENSORIEL, ELLE adj. Qui concerne à la fois les fonctions psychiques et les fonctions sensorielles. – *Phénomène psychosensoriel :* hallucination.

PSYCHOSOCIAL, E, AUX adj. Qui concerne à la fois la psychologie individuelle et la vie sociale.

PSYCHOSOCIOLOGIE n.f. Étude psychologique des faits sociaux ; psychologie sociale.

PSYCHOSOCIOLOGIQUE adj. Qui se rapporte à la psychosociologie.

PSYCHOSOCIOLOGUE n. Spécialiste de psychosociologie.

PSYCHOSOMATIQUE adj. (gr. *psukhê,* âme, et *sôma,* corps). **1.** Qui concerne à la fois le corps et l'esprit. ◇ **Spécialt.** Se dit de troubles organiques liés principalement à des facteurs d'ordre psychique (conflits, etc.) alors que les symptômes de maladie mentale font défaut. **2.** *Médecine psychosomatique :* branche de la médecine qui s'intéresse aux troubles psychosomatiques.

PSYCHOTECHNICIEN, ENNE n. Spécialiste de la psychotechnique.

PSYCHOTECHNIQUE adj. Se dit des tests permettant de mesurer les aptitudes d'un individu, utilisés pour l'orientation et la sélection professionnelles. ◆ n.f. Mise en œuvre de tels tests.

PSYCHOTHÉRAPEUTE n. Spécialiste de la psychothérapie.

PSYCHOTHÉRAPIE n.f. Thérapie par des moyens psychiques, fondée généralement sur la relation personnelle qu'entretiennent le thérapeute et le patient, et dans laquelle le transfert joue un rôle plus ou moins important.

PSYCHOTHÉRAPIQUE ou **PSYCHOTHÉRAPEUTIQUE** adj. Qui se rapporte à la psychothérapie.

PSYCHOTIQUE [-kɔ-] adj. et n. Relatif à la psychose ; atteint de psychose.

PSYCHOTONIQUE adj. et n.m. PHARM. Psychoanaleptique.

PSYCHOTROPE adj. et n.m. PHARM. Se dit d'une substance chimique naturelle ou artificielle dont l'effet essentiel s'exerce sur le psychisme.

PSYCHROMÈTRE [-krɔ-] n.m. Appareil servant à déterminer l'état hygrométrique de l'air.

PSYCHROMÉTRIE n.f. (gr. *psukhros,* froid). Détermination de l'état hygrométrique de l'air avec un psychromètre.

PSYCHROMÉTRIQUE adj. Relatif à la psychrométrie.

PSYLLE n.m. ou f. (gr. *psulla,* puce). Petite cigale très répandue en Europe occidentale.

PSYLLIUM [psiljɔm] n.m. (mot lat.). Graine de deux espèces de plantain, utilisée en médecine comme laxatif.

Pt, symbole chimique du platine.

PTÉRANODON n.m. (gr. *ptêron,* aile, et *anodous,* édenté). Reptile fossile volant, du secondaire. (Ordre des ptérosauriens.)

PTÉRIDOPHYTE n.m. (gr. *pteris, pteridos,* fougère, et *phuton,* plante). Cryptogame vasculaire. (Les ptéridophytes forment un embranchement.)

PTÉRIDOSPERMÉE n.f. *Ptéridospermées :* ordre de plantes du carbonifère, à feuilles de fougère, rangées parmi les gymnospermes du fait qu'elles se reproduisent par graines.

PTÉROBRANCHE n.m. *Ptérobranches :* classe d'animaux aquatiques qui vivent fixés et en colonies, voisins des ancêtres des vertébrés.

PTÉRODACTYLE n.m. Reptile volant fossile du jurassique supérieur d'Europe, à queue courte, à mâchoires recouvertes d'un bec corné. (Ordre des ptérosauriens.)

ptérodactyle (reconstitution probable)

PTÉROPODE n.m. *Ptéropodes :* ordre de petits gastropodes marins nageurs, à coquille très légère.

PTÉROSAURIEN n.m. *Ptérosauriens :* ordre de reptiles fossiles du secondaire, qui volaient grâce à une large membrane soutenue par le cinquième doigt de la main, très allongé.

PTÉRYGOÏDE adj. et n.f. ANAT. Se dit de deux apophyses osseuses de la face inférieure de l'os sphénoïde.

PTÉRYGOÏDIEN adj.m. et n.m. ANAT. *Muscles ptérygoïdiens :* muscles qui permettent les déplacements latéraux de la mâchoire inférieure.

PTÉRYGOTE n.m. *Ptérygotes :* sous-classe d'insectes dont la forme adulte porte des ailes ou des vestiges d'ailes. (Ce groupe comprend presque tous les insectes.)

PTÉRYGOTUS [pterigɔtys] n.m. Animal aquatique fossile du primaire, proche des crustacés, et qui pouvait atteindre 2 m de long.

PTOLÉMAÏQUE adj. Des Ptolémées.

PTOMAÏNE n.f. (gr. *ptôma,* cadavre). Substance aminée toxique qui provient de la décomposition des matières organiques.

PTÔSE n.f. (gr. *ptôsis,* chute). PATHOL. Descente, chute d'un organe, due au relâchement des muscles ou des ligaments qui le maintiennent.

PTÔSIS n.m. PATHOL. Chute de la paupière supérieure, due soit à une lésion de cet organe, soit à une paralysie du muscle releveur.

PTYALINE n.f. Enzyme de la salive, qui transforme l'amidon cuit en maltose.

PTYALISME n.m. (gr. *ptualon,* salive). MÉD. Salivation abondante.

Pu, symbole chimique du plutonium.

PUANT, E adj. **1.** Qui sent mauvais, qui exhale une odeur forte et fétide. – VÉN. *Bêtes puantes :* carnassiers de la famille des mustélidés (blaireaux, putois, fouines), qui dégagent une odeur forte et nauséabonde. **2.** Fam. Se dit d'une personne qui se rend odieuse à tout le monde par sa vanité, ses manières hautaines.

PUANTEUR n.f. Odeur forte et nauséabonde.

1. PUB [pœb] n.m. (mot angl.). **1.** Établissement où l'on sert des boissons alcoolisées, en Grande-Bretagne. **2.** Café décoré à la manière des pubs anglais, en France.

2. PUB [pyb] n.f. (abrév.). Fam. Publicité. *Travailler dans la pub. Regarder les pubs à la télé.*

PUBALGIE n.f. MÉD. Inflammation des tendons qui s'insèrent sur la symphyse pubienne. (Elle est observée surtout chez les sportifs.)

PUBÈRE adj. (lat. *puber*). Qui a atteint l'âge de la puberté.

PUBERTAIRE adj. Qui se rapporte à la puberté.

PUBERTÉ n.f. (lat. *pubertas*). **1.** Période de la vie d'un être humain, entre l'enfance et l'adolescence, marquée par le début de l'activité des glandes reproductrices et la manifestation des caractères sexuels secondaires (chez l'homme : pilosité, mue de la voix ; chez la femme : pilosité, développement des seins, menstruation). **2.** Ensemble des transformations physiologiques qui marquent cette période.

PUBESCENCE n.f. BOT. État des tiges, des feuilles pubescentes.

PUBESCENT, E adj. BOT. Qui est couvert de poils fins et courts, en parlant d'une feuille, d'une tige.

PUBIEN, ENNE adj. Du pubis.

PUBIS [pybis] n.m. (mot lat.). **1.** Partie antérieure de chacun des os iliaques. **2.** Partie inférieure et médiane de la région hypogastrique, de forme triangulaire, qui se couvre de poils au moment de la puberté.

PUBLIABLE adj. Qui peut être publié.

1. PUBLIC, IQUE adj. (lat. *publicus*). **1.** Qui concerne la collectivité dans son ensemble ou qui en émane (par opp. à *privé*). *Opinion publique.* **2.** Relatif au gouvernement, à l'administration d'un pays. *Affaires publiques. Autorité publique.* **3.** Qui relève de l'Administration ou des finances de l'État. *Secteur public. Trésor public.* **4.** Notoire, connu de tout le monde. *La rumeur publique.* **5.** Qui est à l'usage de tous, accessible à tous. *Jardin public.*

2. PUBLIC n.m. **1.** Tout le monde indistinctement ; la population. *Avis au public.* **2.** Ensemble de la clientèle visée ou atteinte par un média, à qui s'adresse un écrit, etc. *Ce journal s'adresse à un public de professionnels.* ◇ *Le grand public :* l'ensemble du public, par opp. aux initiés, aux connaisseurs ou à un public partic. défini. – loc. adj. inv. *Grand public :* qui s'adresse à tous indifféremment. *Film grand public.* **3.** Ensemble des personnes qui sont réunies dans une salle, qui voient un spectacle, etc. ◇ *En public :* en présence de beaucoup de personnes. *Parler en public.* – Fam. *Être bon public :* réagir d'emblée, apprécier vite et sans façon une histoire drôle, un spectacle, etc.

PUBLICAIN n.m. (lat. *publicanus*). ANTIQ. Adjudicataire d'un service public (travaux, douanes, etc.) et, en particulier, fermier des impôts.

PUBLICATION n.f. **1.** Action de faire paraître un écrit. *Publication d'un livre, d'un journal.* ◇ *Directeur de (la) publication :* personne responsable pénalement du contenu rédactionnel d'un journal. – IND. GRAPH. *Publication assistée par ordinateur (P. A. O.) :* ensemble des techniques utilisant la micro-informatique pour la saisie des textes, leur enrichissement typographique et leur mise en pages. SYN. : *édition électronique, microédition.* **2.** Ouvrage imprimé, écrit publié. **3.** Action de rendre public. *Publication du mariage, des bans. Publication d'une loi au « Journal officiel ».*

PUBLICISTE n. **1.** Vx. Journaliste. **2.** Juriste spécialiste du droit public. **3.** (Emploi critiqué). Publicitaire.

PUBLICITAIRE adj. et n. Qui s'occupe de publicité. *Un rédacteur publicitaire. Une publicitaire.* ◆ adj. Qui concerne la publicité. *Slogan publicitaire.*

PUBLICITÉ n.f. **I. 1.** Activité ayant pour objet de faire connaître une marque, d'inciter le public à acheter un produit, à utiliser un service, etc. ; ensemble des moyens et des techniques employés à cet effet. *Agence de publicité.* **2.** Annonce, encart, film, etc., conçus pour faire connaître et vanter un produit, un service, etc. *Passer une publicité à la télévision.* Abrév. (fam.) : *pub.* **II.** Caractère de ce qui est public. *Publicité des débats parlementaires.*

PUBLIER v.t. (lat. *publicare*). **1.** Faire paraître un ouvrage, le mettre en vente. *Publier un roman.* **2.** Faire connaître légalement. *Publier une loi.* **3.** Divulguer, répandre, notamm. par voie de presse. *Publier une nouvelle.*

PUBLI-INFORMATION n.f. (pl. *publi-informations*). Publicité rédactionnelle insérée dans un journal, une revue, et présentée sous forme d'article, de reportage.

PUBLIPHONE n.m. (nom déposé). Cabine téléphonique publique utilisable avec des cartes de paiement.

PUBLIPOSTAGE n.m. Prospection d'un marché et vente par voie postale. SYN. (anglic. déconseillé) : *mailing.*

PUBLIQUEMENT adv. En public.

PUCCINIE [pyksini] n.f. ou **PUCCINIA** n.m. Champignon microscopique parasite des végétaux. (Ordre des urédinales.) [→ ***rouille.***]

PUCE n.f. (lat. *pulex, -icis*). **I. 1.** Insecte pouvant atteindre 4 mm de long, sans ailes et à pattes postérieures sauteuses, parasite de l'homme et des mammifères dont il puise le sang par piqûre. (Type de la famille des pulicidés.) ◇ Fam. *Secouer les puces à qqn,* le réprimander. – Fam. *Avoir, mettre la puce à l'oreille :* être, mettre sur le qui-vive. **2.** *Marché aux puces* ou *les puces :* endroit où l'on vend des objets d'occasion. **3.** *Puce d'eau :* daphnie. **4.** *Puce de mer :* talitre. **II.** Petite surface de matériau semi-conducteur (silicium) qui supporte un ou plusieurs circuits intégrés, et notamment un microprocesseur. ◆ adj. inv. D'un rouge brun.

puce

PUCEAU n.m. et adj.m. Fam. Garçon qui est vierge.

PUCELAGE n.m. Fam. Virginité.

PUCELLE n.f. et adj.f. (du lat. *pullicella,* jeune d'un animal). Fam. Jeune fille vierge. – *La Pucelle, la Pucelle d'Orléans :* Jeanne d'Arc.

PUCERON n.m. Petit insecte qui vit souvent en colonies sur les végétaux dont il puise la sève. (Long. 1 mm env. ; ordre des homoptères.)

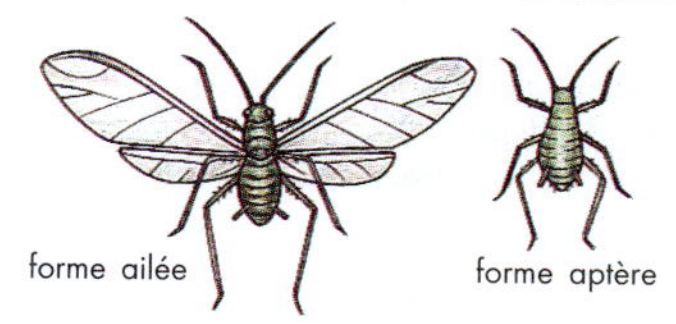

pucerons verts du pommier

PUCHE n.f. Région. Filet à manche pour pêcher sur le sable les crevettes et les petits poissons.

PUCHEUX n.m. Anc. Vase ou grande cuiller pour puiser les liquides.

PUCIER n.m. Pop. Lit.

PUDDING ou **POUDING** [pudiŋ] n.m. (angl. *pudding*). Entremets sucré à base de farine, de sucre et de beurre en proportions égales, et garni de fruits. (Le pudding à l'anglaise, ou *plum-pudding,* se caractérise par l'emploi de graisse de bœuf.)

PUDDLAGE [pœdlaʒ] n.m. Procédé métallurgique que l'on utilisait pour obtenir du fer ou un acier à basse teneur en carbone, par brassage d'une masse de fonte liquide avec une scorie oxydante dans un four à réverbère.

PUDDLER [pœdle] v.t. (angl. *to puddle,* troubler). Soumettre à l'opération du puddlage.

PUDDLEUR [pœdlœr] n.m. Ouvrier employé au puddlage.

PUDEUR n.f. (lat. *pudor*). **1.** Discrétion, retenue qui empêche de dire ou de faire ce qui peut blesser la décence, spécialement en ce qui concerne les questions sexuelles. **2.** Réserve de qqn qui évite de choquer le goût des autres, de les gêner moralement ; délicatesse.

PUDIBOND, E adj. (du lat. *pudere,* avoir honte). Qui manifeste une pudeur excessive.

PUDIBONDERIE n.f. Caractère pudibond.

PUDICITÉ n.f. Litt. Pudeur.

PUDIQUE adj. (lat. *pudicus*). **1.** Qui manifeste de la pudeur ; chaste. **2.** Qui ne manifeste pas facilement ses sentiments ; discret, réservé.

PUDIQUEMENT adv. D'une manière pudique.

PUER v.i. (lat. *putere*). Sentir très mauvais. *Ça pue dans cette pièce.* ◆ v.t. (p. passé inv.). **1.** Exhaler l'odeur désagréable de. *Il puait le tabac.* **2.** Porter l'empreinte évidente et désagréable de. *Ça pue l'ennui, ici.*

PUÉRICULTRICE n.f. Infirmière diplômée, spécialiste de puériculture. (On rencontre le masc. *puériculteur.*)

PUÉRICULTURE n.f. Ensemble des connaissances et des techniques mises en œuvre pour assurer aux tout-petits une croissance et un développement normaux.

PUÉRIL, E adj. (lat. *puerilis,* de *puer,* enfant). **1.** Qui appartient à l'enfance. *Âge puéril.* **2.** Qui est naïf, enfantin, et paraît déplacé de la part d'un adulte. *Un comportement puéril.*

PUÉRILEMENT adv. De façon puérile.

PUÉRILISME n.m. PSYCHOL. Comportement d'un adulte évoquant, par son manque de maturité, celui d'un enfant.

PUÉRILITÉ n.f. **1.** Caractère de ce qui est puéril, enfantin. **2.** Action ou chose peu sérieuse ; enfantillage.

PUERPÉRAL, E, AUX adj. (lat. *puerpera,* femme en couches). MÉD. Qui est propre aux femmes en couches, à l'accouchement. ◇ *Fièvre puerpérale :* maladie infectieuse, due habituellement à un streptocoque, qui peut se déclarer à la suite d'un accouchement.

PUFFIN n.m. (mot angl.). Oiseau palmipède de haute mer aux ailes longues et étroites, au plumage noirâtre ou cendré, plus clair sur le ventre. (Long. 45 cm ; ordre des procellariiformes.)

PUGILAT n.m. **1.** ANTIQ. Combat à coups de poing faisant partie des concours athlétiques, en Grèce. **2.** Combat, rixe à coups de poing.

PUGILISTE n.m. **1.** ANTIQ. Athlète qui pratiquait le pugilat. **2.** Litt. Boxeur.

PUGILISTIQUE adj. **1.** Qui se rapporte au pugilat antique. **2.** Qui se rapporte à la boxe.

PUGNACE [pygnas] adj. Litt. Combatif.

PUGNACITÉ [pygnasite] n.f. (lat. *pugnacitas,* de *pugnax,* combatif). Litt. Combativité, amour de la lutte, de la polémique.

PUÎNÉ, E adj. et n. (de *puis* et *né*). Vieilli. Né après un de ses frères ou une de ses sœurs.

PUIS adv. (lat. *post,* après). [Indique une succession dans le temps]. Ensuite, après. ◇ *Et puis :* d'ailleurs, au reste, de plus.

PUISAGE ou, rare, **PUISEMENT** n.m. Action de puiser.

PUISARD n.m. **1.** Égout vertical fermé destiné à absorber les eaux-vannes. **2.** Trou pratiqué dans la voûte d'un aqueduc pour le réparer ou le nettoyer.

PUISATIER n.m. et adj.m. Terrassier spécialisé dans le forage des puits de faible diamètre.

PUISEMENT n.m. → ***puisage.***

PUISER v.t. et i. (de *puits*). **1.** Prendre, prélever un liquide avec un récipient. **2.** Emprunter, se procurer dans une réserve. *Il est allé puiser des documents introuvables.* ◇ *Puiser aux sources :* consulter, utiliser les auteurs originaux.

PUISETTE n.f. Vx ou Afrique. Récipient en bois, en cuir ou en métal pour puiser de l'eau.

PUISQUE conj. (Marquant le motif, la cause, la raison connue ou évidente). Comme, attendu que, par la raison que. *Puisque vous le voulez...* – REM. La voyelle *e* de *puisque* ne s'élide que devant les mots *il(s), elle(s), on, en, un, une.*

PUISSAMMENT adv. D'une manière puissante ; avec force, intensité. *Il m'a puissamment aidé dans cette affaire.*

PUISSANCE n.f. **I. 1.** Pouvoir de commander, de dominer, d'imposer son autorité. *La puissance des lois. Volonté de puissance.* **2.** *Puissance publique :* ensemble des pouvoirs de l'État ; l'État lui-même. **II.** État souverain. *Les grandes puissances.* **III. 1.** Force pouvant produire un effet, énergie. *La puissance des éléments.* **2.** PHYS. Quotient du travail accompli par une machine par le temps qu'il lui a fallu pour l'accomplir. ◇ *Puissance nominale d'une machine :* puissance indiquée par le constructeur et correspondant au travail produit par la machine en une seconde, lorsque sa marche est normale. – *Puissance administrative* ou *fiscale :* puissance d'un moteur d'automobile ou de motocyclette, calculée pour servir de base à l'imposition fiscale. – *Puissance effective :* puissance d'un moteur mesurée au banc d'essai. – *Puissance au frein :* puissance mesurée à l'aide d'un frein. **3.** *Puissance d'une loupe, d'un microscope :* quotient de l'angle sous lequel on voit un objet à travers l'instrument par la longueur de cet objet. **4.** Pouvoir de transport et d'érosion d'un cours d'eau. **5.** MIN. Épaisseur d'une couche de minerai ou d'un filon. **IV. 1.** Action, influence exercée sur qqn. *La puissance de l'exemple.* **2.** PHILOS. Possibilité, virtualité. *La puissance et l'acte.* ◇ *En puissance :* virtuellement. **V.** MATH. **1.** Application qui à un nombre a fait correspondre le nombre noté a^n (se lit *a* puissance *n* ; *n* étant l'exposant) défini par le produit de *n* facteurs égaux à *a* quand *n* est entier positif, à $1/a^m$ quand $n = -m$ est entier négatif et à $\sqrt[p]{a}$ quand $n = 1/p$ est fractionnaire. **2.** *Puissance d'un point par rapport à un cercle, à une sphère :* produit des distances de ce point aux intersections de la circonférence ou de la sphère avec une sécante passant par ce point. **3.** *Puissance d'un ensemble :* cardinal de cet ensemble. ◆ pl. RELIG. Nom d'une hiérarchie des anges.

PUISSANT, E adj. (anc. p. présent de *pouvoir*). **I. 1.** Qui a beaucoup de pouvoir, d'autorité, d'influence. *Un syndicat très puissant.* **2.** Qui a un grand potentiel économique, militaire. *De puissants alliés.* **II. 1.** Qui agit avec force, qui produit une grande énergie dans un temps déterminé. *Un moteur extrêmement puissant.* **2.** Qui a de la force physique ; qui la manifeste. *Un puissant athlète. Une foulée puissante.*

PUISSANTS n.m. pl. Ceux qui détiennent le pouvoir, la richesse.

PUITS n.m. (lat. *puteus*). **1.** Trou vertical creusé dans le sol et souvent maçonné, pour atteindre la nappe aquifère souterraine. **2.** Fig. *Puits de science :* personne très érudite. **3.** Trou creusé dans le sol en vue d'extraire du charbon ou un minerai, ou destiné à toute autre fin industrielle. *Les puits d'une mine de charbon. Puits de pétrole.* **4.** MAR. *Puits aux chaînes :* compartiment d'un navire destiné à loger les chaînes des ancres.

PULICAIRE n.f. (lat. *pulex, -icis,* puce). Plante des lieux humides, à fleurs jaunes. (Famille des composées.) SYN. : *herbe aux poux.*

PULL n.m. → ***pull-over.***

PULLMAN [pulman] n.m. (du n. de l'inventeur). **1.** Autocar très confortable. **2.** Vieilli. Voiture de luxe dans certains trains.

PULLOROSE n.f. (du lat. *pullus,* poulet). Maladie infectieuse des volailles, souvent mortelle, atteignant surtout les jeunes poussins, appelée aussi *diarrhée blanche des poussins.*

PULL-OVER [pylɔvɛr] ou **PULL** [pyl] n.m. (angl. *to pull over,* tirer par-dessus [la tête]) [pl. *pull-overs ; pulls*]. Tricot avec ou sans manches, que l'on passe par-dessus la tête.

PULLULATION n.f. Fait de pulluler. ◇ Spécialt. SC. DE LA V. Augmentation très rapide du nombre des individus d'une même espèce, notamment par disparition de leur prédateur.

PULLULEMENT n.m. **1.** Multitude et multiplication d'êtres vivants. *Pullulement d'insectes.* **2.** Grande affluence. *Pullulement de touristes.* **3.** Profusion, surabondance. *Le pullulement des sectes.*

PULLULER v.i. (lat. *pullulare,* de *pullus,* jeune animal). **1.** Se reproduire vite en très grand nombre ; proliférer. *La chaleur a fait pulluler les insectes.* **2.** Se trouver, être en très grand nombre ; fourmiller, grouiller. *Le gibier pullule dans cette région.*

1. PULMONAIRE adj. (lat. *pulmo, pulmonis,* poumon). Du poumon, des poumons. ◇ Cour., vieilli en méd. *Congestion pulmonaire :* engorgement sanguin du poumon, résultant du froid, d'une infection, d'une insuffisance cardiaque.

2. PULMONAIRE n.f. Plante herbacée des bois, velue, à fleurs bleues, utilisée autrefois contre les maladies du poumon. (Famille des borraginacées.)

pulmonaire officinale

PULMONÉ n.m. *Pulmonés :* sous-classe de mollusques gastropodes terrestres ou d'eau douce respirant par un poumon, tels que l'escargot, la limace, la limnée.

PULPAIRE adj. De la pulpe des dents.

PULPE n.f. (lat. *pulpa*). **1.** Partie tendre et charnue des fruits, de certains légumes. **2.** Extrémité charnue des doigts. **3.** Tissu conjonctif de la cavité dentaire.

PULPEUX, EUSE adj. Qui contient de la pulpe, qui en a la consistance.

PULPITE n.f. Inflammation de la pulpe dentaire.

PULQUE [pulke] n.m. (mot indien de l'Amérique centrale). Boisson fermentée tirée de l'agave du Mexique.

PULSANT, E adj. Qui produit ou présente des pulsations.

PULSAR n.m. (mot angl., de *pulsating star,* étoile à pulsations). ASTRON. Source de rayonnement radioélectrique, lumineux, X ou gamma, dont les émissions sont très brèves (50 millisecondes env.) et se reproduisent à intervalles extrêmement réguliers (de quelques millisecondes à quelques secondes).

■ Les pulsars sont vraisemblablement des étoiles à neutrons en rotation rapide, dotées d'un champ magnétique dipolaire très intense. Leur rayonnement proviendrait de particules chargées, accélérées par le champ magnétique jusqu'à des vitesses relativistes. Confiné dans un faisceau étroit et entraîné par la rotation de l'étoile, il balaierait l'espace à la manière d'un gyrophare.

PULSATIF, IVE adj. MÉD. Relatif au pouls, aux pulsations du cœur, des artères.

PULSATION n.f. (lat. *pulsatio*). **1.** Battement du cœur, des artères. **2.** *Pulsation d'un phénomène sinusoïdal :* produit de la fréquence f de ce phénomène par le facteur 2π, soit $\omega = 2\pi f$.

PULSER v.t. (angl. *to pulse*). TECHN. Faire circuler par pression (un fluide). ◇ *Air pulsé,* soufflé par un mécanisme de ventilation mis en circulation par pression. *Chauffage à air pulsé.* ◆ v.i. En parlant d'une musique, donner une sensation de pulsation.

PULSION n.f. (lat. *pulsus,* poussé). **1.** Impulsion. **2.** PSYCHAN. Force à la limite du psychique et de l'organique, qui pousse le sujet à accomplir une action visant à réduire une tension.

PULSIONNEL, ELLE adj. PSYCHAN. Relatif aux pulsions.

PULSORÉACTEUR n.m. AÉRON. Moteur à réaction d'un type ancien, constitué par une tuyère au sein de laquelle la combustion s'opère de façon discontinue.

PULTACÉ, E adj. (du lat. *puls, pultis,* bouillie). MÉD. Qui a la consistance d'une bouillie.

PULTRUSION n.f. (de l'angl. *to pull,* tirer, et *extrusion*). TECHN. Formage dans lequel la matière est à la fois extrudée et tirée à la sortie de la filière.

PULVÉRIN n.m. (du lat. *pulvis, pulveris,* poussière). Poudre à canon très fine, employée autref. pour l'amorçage des armes portatives et auj. dans les mélanges pyrotechniques.

PULVÉRISABLE adj. Qui peut être pulvérisé.

PULVÉRISATEUR n.m. Instrument ou machine servant à projeter un liquide en gouttelettes très fines.

PULVÉRISATION n.f. **1.** Action de pulvériser ; son résultat. **2.** *Pulvérisation cathodique :* ionoplastie.

PULVÉRISER v.t. (du lat. *pulvis, pulveris,* poussière). **1.** Réduire en poudre, en fines parcelles, en petites parties. **2.** Détruire complètement. *Wagons pulvérisés dans un accident.* **3.** Fig. *Pulvériser un record,* le dépasser très largement. **4.** Projeter (un liquide) en fines gouttelettes.

PULVÉRISEUR n.m. Appareil agricole utilisé pour briser les mottes de terre.

PULVÉRULENCE n.f. État pulvérulent.

PULVÉRULENT, E adj. Qui est à l'état de poudre ; réduit en poudre.

PUMA n.m. (mot quechua). Mammifère carnivore d'Amérique, arboricole. (Long. 2,50 m env. ; famille des félidés.) SYN. : *cougouar.*

puma

PUNA n.f. (mot quechua, *dépeuplé*). GÉOGR. Haut plateau, alpage pierreux et semi-aride des Andes.

PUNAISE n.f. (du lat. *putere,* puer, et *nasus,* nez). **1.** Insecte à corps aplati dégageant une odeur âcre et repoussante. (Ordre des hétéroptères.) ◇ *Punaise des lits,* à ailes réduites qui se nourrit de sang. – *Punaise des bois,* qui se nourrit de sève. SYN. : *pentatome.* **2.** *Punaise d'eau :* ranatre. **3.** Petit clou à tête large, à pointe courte et très fine, qui s'enfonce par simple pression du pouce. ◇ *Punaise d'architecte,* dont la tête est constituée d'un anneau portant trois pointes très courtes à sa circonférence.

PUNAISER v.t. Fixer à l'aide de punaises.

1. PUNCH [pɔ̃ʃ] n.m. (mot angl. ; du hindi) [pl. *punchs*]. Boisson aromatisée, à base de rhum, de sirop de canne et de jus de fruits. *Punch coco.*

2. PUNCH [pœnʃ] n.m. inv. (mot angl.). **1.** Grande puissance de frappe, pour un boxeur. **2.** Fam. Efficacité, dynamisme. *Avoir du punch.*

PUNCHEUR [pœnʃœr] n.m. Boxeur dont le punch est la principale qualité.

PUNCHING-BALL [pœnʃiŋbol] n.m. (angl. *punching,* en frappant, et *ball,* ballon) [pl. *punching-balls*]. Ballon maintenu à hauteur d'homme par des liens élastiques et servant à s'entraîner à la boxe.

PUNCTUM [pɔ̃ktɔm] n.m. (mot lat., *point*). PHYSIOL. *Punctum proximum :* point en deçà duquel la vision est indistincte. (Le punctum proximum s'éloigne avec l'âge.) – *Punctum remotum :* point au-delà duquel la vision n'est plus distincte. (Le punctum remotum est situé à l'infini pour un œil normal.)

PUNI, E adj. et n. Qui subit une punition.

PUNIQUE adj. (lat. *punicus,* carthaginois). Relatif à Carthage, aux Carthaginois. ◇ *Guerres puniques,* qui opposèrent Rome à Carthage entre 264 et 146 av. J.-C.

PUNIR v.t. (lat. *punire*). **1.** Châtier pour un acte délictueux, pour une faute ; infliger une peine à. **2.** Frapper d'une sanction, réprimer (un délit, une faute, etc.). *Punir un crime.* **3.** Faire subir un mal, un désagrément à qqn pour sa conduite. *Une indigestion a puni sa gourmandise.*

PUNISSABLE adj. Qui mérite une punition.

PUNITIF, IVE adj. Qui a pour objet de punir. *Expédition punitive.*

PUNITION n.f. (lat. *punitio*). **1.** Action de punir. **2.** Châtiment infligé ; peine, pénalité, sanction.

PUNK [pœk] ou [pœnk] adj. inv. **1.** Se dit d'un mouvement musical et culturel apparu en Grande-Bretagne vers 1975, et dont les adeptes affichent une attitude de provocation et de dérision à l'égard d'une société qu'ils jugent incapable d'apporter à sa jeunesse un quelconque espoir (ce que résume le slogan *no future,* « pas d'avenir »). **2.** Qui a trait à ce mouvement, qui en relève. *Mode punk.* ◆ n. Adepte de ce mouvement.

PUNTARELLE [pɔ̃tarɛl] n.f. (anc. prov. *puncha,* pointe). Petit fragment de corail, dont on fait des bracelets et des colliers.

PUPAZZO [pupadzo] n.m. (mot it.) [pl. *pupazzos* ou *pupazzi*]. Marionnette italienne à gaine.

PUPE n.f. (lat. *pupa,* poupée). ZOOL. Nymphe des insectes diptères (mouches, par ex.) enfermée dans la dernière peau larvaire.

1. PUPILLAIRE adj. DR. Qui concerne un, une pupille.

2. PUPILLAIRE adj. ANAT. Qui concerne la pupille de l'œil.

PUPILLARITÉ n.f. DR. État de pupille ; durée de cet état.

1. PUPILLE [pypij] n. (lat. *pupillus,* mineur). Orphelin(e) mineur(e) ou incapable majeur(e) placé(e) en tutelle. ◇ *Pupille de l'État* (anc. de *l'Assistance publique*) : enfant, orphelin ou abandonné, élevé par l'Assistance publique ; incapable majeur dont la tutelle est déférée à l'État. – *Pupille de la Nation :* orphelin de guerre bénéficiant d'une tutelle particulière de l'État.

2. PUPILLE [pypij] n.f. (lat. *pupilla*). Orifice central de l'iris de l'œil. SYN. : *prunelle.*

PUPINISATION n.f. (de *Pupin,* n. pr.). Introduction, de distance en distance, dans les lignes téléphoniques, de bobines d'auto-induction pour améliorer la transmission de la parole.

PUPIPARE adj. Se dit de certains insectes diptères dont les larves se développent dans les voies génitales des femelles et éclosent prêtes à se transformer en pupes.

PUPITRE n.m. (lat. *pulpitum,* estrade). **1.** Petit meuble à plan incliné pour lire, écrire, à une hauteur commode. *Pupitre d'écolier. Pupitre d'orchestre.* **2.** CYBERN., INFORM. Tableau de commande et de contrôle d'une machine-outil, d'un ordinateur.

PUPITREUR, EUSE n. Technicien travaillant au pupitre d'un ordinateur.

1. PUR, E adj. (lat. *purus*). **1.** Qui est sans mélange. *Vin pur.* ◇ CHIM. *Corps pur :* composé chimique dans lequel aucun élément étranger ne peut être décelé expérimentalement. **2.** Qui n'est ni altéré, ni vicié, ni pollué. *Air pur. Eau pure.* **3.** Qui est sans corruption, sans défaut moral. *Conscience pure.* **4.** Qui est absolument, exclusivement tel. *Un pur génie.* ◇ *Pur et dur :* qui défend une théorie, un dogme, dans toute leur spécificité. – *Pur et simple :* qui n'est rien d'autre que cela ; sans aucune condition ni restriction. **5.** Qui se développe en vertu de ses seules exigences internes. *Poésie, recherche pure.* **6.** Qui présente une harmonie dépouillée et sans défaut. *Ligne pure.*

2. PUR, E n. **1.** Personne d'une grande rigueur morale, qui conforme rigoureusement son action à ses principes. **2.** Personne fidèle à l'orthodoxie d'un parti.

PUREAU n.m. Partie d'une tuile ou d'une ardoise qui n'est pas recouverte par la tuile ou l'ardoise supérieure.

PURÉE n.f. (anc. fr. *purer,* nettoyer). **1.** Préparation culinaire faite avec des légumes cuits à l'eau et écrasés. **2.** Fam. Grande gêne, misère. **3.** *Purée de pois :* brouillard épais.

PUREMENT adv. Exclusivement et totalement. ◇ *Purement et simplement :* sans réserve ni condition ; uniquement.

PURETÉ n.f. **1.** Qualité de ce qui est pur, sans mélange ni défaut. **2.** Qualité d'une personne moralement pure.

1. PURGATIF, IVE adj. Qui purge.

2. PURGATIF n.m. Remède qui purge.

PURGATION n.f. Vieilli. Action de purger.

PURGATOIRE n.m. **1.** RELIG. CATH. État ou lieu symbolique de purification temporaire pour les défunts morts en état de grâce, mais qui n'ont pas encore atteint la perfection qu'exige la vision béatifique. **2.** Fig. Période d'épreuve transitoire.

PURGE n.f. **1.** Action de purger. **2.** Médication provoquant l'évacuation du contenu intestinal. **3.** DR. Opération par laquelle un bien immeuble est libéré des hypothèques qui le grèvent.

PURGEOIR n.m. Bassin de filtrage des eaux de source.

PURGER v.t. (lat. *purgare*) [17]. **1.** Provoquer l'évacuation du contenu intestinal ; traiter par une purge. **2.** TECHN. **a.** Vidanger entièrement. *Purger un radiateur.* **b.** Éliminer d'un récipient ou d'une enceinte fermée les gaz, les liquides ou les résidus indésirables. **3.** Éliminer d'un pays, d'un groupe les éléments jugés indésirables ou dangereux. **4.** *Purger une peine de prison,* la subir, demeurer détenu pendant le temps de la peine. **5.** DR. *Purger les hypothèques :* effectuer les formalités nécessaires pour qu'un bien ne soit plus hypothéqué. ◆ **se purger** v.pr. Prendre un purgatif.

PURGEUR n.m. Appareil, dispositif pour purger une tuyauterie, une installation, etc.

PURIFIANT, E adj. Qui purifie. *Air purifiant. Crème purifiante.*

PURIFICATEUR, TRICE adj. et n.m. Qui sert à purifier. *Purificateur d'air.*

PURIFICATION n.f. **1.** Action de purifier. **2.** *Purification ethnique :* élimination, par une population dominante, des autres groupes ethniques vivant sur le même territoire, par l'exercice d'une violence physique ou psychologique. (On dit aussi *épuration ethnique* et *nettoyage ethnique.*) **3.** RELIG. CATH. Fête en l'honneur de la Sainte Vierge et de sa purification au Temple après la naissance de Jésus. (On la célèbre avec la Présentation de Jésus au Temple, le 2 février, jour de la Chandeleur.)

PURIFICATOIRE adj. Qui purifie, redonne une pureté religieuse. ◆ n.m. LITURGIE CATH. Linge avec lequel le prêtre essuie le calice, après la communion.

PURIFIER v.t. **1.** Débarrasser des impuretés. *Purifier l'eau, l'air.* **2.** Débarrasser des souillures. **3.** Rendre pur religieusement, moralement.

PURIN n.m. (anc. fr. *purer,* dégoutter). Fraction liquide, principalement constituée d'urines, qui s'écoule du fumier, utilisée comme engrais.

PURINE n.f. **1.** BIOCHIM. Composé hétérocyclique de formule $C_5H_4N_4$. **2.** Base purique.

PURIQUE adj. *Base purique :* base azotée dérivant de la purine, présente dans les acides nucléiques (A.D.N., A.R.N.).

PURISME n.m. **1.** Attitude selon laquelle l'utilisation de la langue doit se conformer à une norme idéale et s'opposer à l'évolution et notamment aux emprunts. **2.** Souci de la perfection, observation très ou trop stricte des règles dans la pratique d'un art, d'une discipline, d'un métier. **3.** Tendance picturale (1917-1925) issue du cubisme et promue par A. Ozenfant et Le Corbusier, où dominent la simplicité géométrique des contours, la recherche de formes épurées.

PURISTE adj. et n. Propre au purisme ; partisan du purisme. ◇ **Spécialt.** Personne qui se montre particulièrement soucieuse de la correction et de la pureté de la langue. – REM. C'est dans ce sens que le mot est employé dans le présent dictionnaire.

PURITAIN, E n. et adj. (angl. *puritan*). **1.** Membre d'une communauté de presbytériens hostiles à l'Église anglicane et rigoureusement attachés à la lettre des Écritures, que les Stuarts persécutèrent au XVIIe s. et dont beaucoup émigrèrent en Amérique. **2.** Personne qui montre ou affecte, affiche une grande rigidité de principes. ◆ adj. **1.** Du puritanisme, des puritains. **2.** Rigoriste, austère.

■ Persécutés, à partir de 1570, par les souverains anglais, les puritains émigrèrent en grand nombre en Hollande, puis en Amérique (les *Pilgrim Fathers,* qui franchirent l'Océan sur le *Mayflower* en 1620). Ceux qui restèrent en Angleterre constituèrent, face aux Stuarts, un groupe d'opposition qui, avec Cromwell, fut l'élément déterminant de la révolution de 1648.

PURITANISME n.m. **1.** Doctrine, attitude des puritains. **2.** Grande austérité de principes, rigorisme.

PURKINJE (CELLULE DE) : chacun des grands neurones de l'écorce du cervelet.

PUROT n.m. AGRIC. Fosse à purin.

PUROTIN n.m. Fam., vieilli. Celui qui est dans la purée, dans la misère.

PURPURA n.m. (mot lat., *pourpre*). MÉD. Éruption de taches rouges *(pétéchies)* à la surface de la peau, due à de petites hémorragies consécutives à la rupture de capillaires dans le derme.

PURPURIN, E adj. (du lat. *purpura,* pourpre). Litt. D'une couleur pourpre ou proche du pourpre.

PURPURINE n.f. Matière colorante contenue dans la garance.

PUR-SANG n.m. inv. Cheval de selle d'une race française élevée pour la course, dite autrefois *pur-sang anglais.*

PURULENCE n.f. État de ce qui est purulent.

PURULENT, E adj. (du lat. *pus, puris,* pus). Qui a l'aspect ou la nature du pus ; mêlé de pus ; qui produit du pus.

PUS [py] n.m. (lat. *pus*). Liquide le plus souvent jaunâtre, constitué surtout de polynucléaires altérés, de débris cellulaires et de microbes, et qui se forme à la suite d'une inflammation ou d'une infection.

PUSEYISME [pjuzeism] n.m. (de *Pusey,* n. pr.). Doctrine du théologien anglican Pusey* et de ses partisans.

PUSH-PULL [puʃpul] adj. inv. et n.m. inv. (mot angl., de *to push,* pousser, et de *to pull,* tirer). **1.** ÉLECTRON. Montage* symétrique. **2.** Avion muni de deux moteurs, l'un à l'avant, l'autre à l'arrière.

PUSILLANIME [pyzilanim] adj. et n. (lat. *pusillus animus,* esprit étroit). Litt. Qui manque d'audace, de courage ; qui a peur des responsabilités.

PUSILLANIMITÉ n.f. Litt. Caractère d'une personne pusillanime.

PUSTULE n.f. (lat. *pustula*). **1.** Petite bulle contenant du pus et apparaissant sur la peau dans certaines dermatoses et maladies éruptives. **2.** *Pustule maligne :* charbon humain. **3.** Petite tache ronde sur la peau des crapauds. **4.** Petite vésicule sur la feuille, la tige de certaines plantes.

PUSTULEUX, EUSE adj. **1.** Couvert de pustules ; accompagné de pustules. **2.** Qui a l'aspect clinique d'une pustule.

PUTAIN n.f. (anc. fr. *put,* vil, puant). **1.** Vulg. et injur. Prostituée ; femme débauchée. **2.** Fam. *Putain de... :* sale, fichu, maudit... ◇ *Putain !,* juron exprimant le dépit, l'étonnement, etc.

PUTASSIER, ÈRE adj. Vulg. Propre aux prostituées ou qui les évoque. *Manières putassières.*

PUTATIF, IVE adj. (lat. *putare,* croire). DR. Qu'on suppose légal, légitime, malgré l'absence d'un fondement juridique réel. – *Titre putatif :* titre invoqué par une personne qui croit à son existence alors qu'en réalité il n'existe pas. – *Mariage putatif :* mariage nul, mais dont les effets juridiques subsistent pour les enfants *(enfants putatifs),* par suite de la bonne foi de l'un au moins des époux contractants.

PUTE n.f. Vulg. et injur. Putain.

PUTIET ou **PUTIER** n.m. (anc. fr. *put,* puant). Merisier à grappes.

PUTOIS n.m. (anc. fr. *put,* puant). **1.** Mammifère carnivore des bois, s'attaquant aux animaux de basse-cour, et dont la fourrure, brun foncé, est recherchée. (Long. 40 cm env. ; famille des mustélidés ; le furet est un putois à fourrure blanche.) ◇ *Crier comme un putois :* crier très fort, protester. **2.** Fourrure de cet animal. **3.** Pinceau rond des peintres sur porcelaine.

putois

PUTONGHUA n.m. (mot chin.). Langue commune chinoise officielle, fondée sur le dialecte mandarin, prononcé à la manière de Pékin.

PUTRÉFACTION n.f. Décomposition bactérienne d'un cadavre, d'un organisme mort.

PUTRÉFIABLE adj. Susceptible de se putréfier.

PUTRÉFIER v.t. (du lat. *putris,* pourri). Provoquer la putréfaction de. ◆ **se putréfier** v.pr. Être en putréfaction.

PUTRESCENCE n.f. État de ce qui est putrescent, en putréfaction.

PUTRESCENT, E adj. Litt. Qui commence à se putréfier, est en voie de putréfaction.

PUTRESCIBILITÉ n.f. Caractère, nature de ce qui est putrescible.

PUTRESCIBLE adj. (du lat. *putris,* pourri). Susceptible de pourrir.

PUTRIDE adj. (lat. *putridus*). **1.** Litt. En état de putréfaction. **2.** Qui présente les phénomènes de la putréfaction. *Fermentation putride.* **3.** Qui se produit ou semble être produit par la putréfaction. *Odeur putride.*

PUTRIDITÉ n.f. Litt. État de ce qui est putride.

PUTSCH [putʃ] n.m. (mot all.). Coup d'État ou soulèvement organisé par un groupe armé en vue de s'emparer du pouvoir.

PUTSCHISTE adj. et n. Relatif à un putsch ; qui y participe.

PUTT [pœt] ou **PUTTING** [pœtiŋ] n.m. (mots angl., de *to put,* placer, mettre). Au golf, coup joué sur le green, pour faire rouler doucement la balle vers le trou.

1. PUTTER [pœtœr] n.m. (mot angl.). Club utilisé pour jouer un putt.

2. PUTTER [pœte] v.i. Jouer un putt.

PUTTO [puto] n.m. (mot it.) [pl. *puttos* ou *putti*]. BX-A. Bébé nu, petit amour, angelot.

PUVATHÉRAPIE n.f. Méthode de traitement de certaines dermatoses associant l'irradiation par des rayons ultraviolets de grande longueur d'onde avec l'absorption d'un psoralène.

PUY n.m. (lat. *podium,* tertre). Montagne volcanique, dans le Massif central.

PUZZLE [pœzl] n.m. (mot angl.). **1.** Jeu de patience fait de fragments découpés qu'il faut rassembler pour reconstituer une image. **2.** Fig. Problème très compliqué dont la résolution exige que soient rassemblés de nombreux éléments épars.

P.-V. [peve] n.m. (sigle de *procès-verbal*). Fam. Contravention.

PVC n.m. inv. (sigle de l'angl. *PolyVinylChloride*). Polychlorure de vinyle, matière plastique très répandue.

PYCNIQUE adj. et n. Se dit d'une personne dont la constitution est caractérisée par une stature moyenne, un visage large, un cou massif et un thorax fort (par opp. à *leptosome*).

PYCNOGONIDE n.m. Petit arthropode marin au tronc muni de longues pattes griffues, au court abdomen sans appendice.

PYCNOMÈTRE n.m. (gr. *puknos,* dense, et *metron,* mesure). Petit flacon servant à mesurer la densité d'un solide ou d'un liquide.

PYCNOSE n.f. (gr. *puknôsis,* condensation). BIOL. Dégénérescence du noyau cellulaire, caractérisée par une condensation de la chromatine.

PYÉLITE n.f. (du gr. *puelos,* cavité). PATHOL. Infection du bassinet du rein.

PYÉLONÉPHRITE n.f. PATHOL. Association d'une néphropathie microbienne, d'une pyélite et d'une infection urinaire.

PYGARGUE n.m. (gr. *pugê,* croupion, et *argos,* blanc). Aigle à queue blanche appelé aussi *orfraie* et *grand aigle de mer.* (Il atteint 2,50 m d'envergure.)

PYGMÉE adj. Relatif aux Pygmées, à leur ethnie. ◆ n. **1.** Vx. Personne de très petite taille. **2.** Litt. Personnage insignifiant.

PYJAMA n.m. (mot angl. ; du persan). Vêtement de nuit ou d'intérieur, ample et léger, composé d'une veste et d'un pantalon.

PYLÔNE n.m. (gr. *pulôn,* portail). **1.** Support (en charpente métallique, en béton, etc.) d'un pont suspendu, d'une ligne électrique aérienne, etc. **2.** ARCHÉOL. Massif quadrangulaire en pierre, construit de part et d'autre des portails successifs d'un temple égyptien.

PYLORE n.m. (gr. *pulôros,* qui garde la porte). ANAT. Orifice faisant communiquer l'estomac et le duodénum.

PYLORIQUE adj. Du pylore.

PYOCYANIQUE adj. et n.m. MÉD. *Bacille pyocyanique,* formant du pus bleu.

PYODERMITE n.f. PATHOL. Infection cutanée purulente.

PYOGÈNE adj. (gr. *puon,* pus, et *genosis,* origine). MÉD. Qui fait suppurer.

PYORRHÉE n.f. MÉD. Écoulement de pus.

PYRALE n.f. (gr. *purallis,* rouge-gorge). Papillon crépusculaire dont les chenilles sont souvent nuisibles aux cultures. *Pyrale de la vigne.* – *Pyrale des pommes :* carpocapse.

PYRALÈNE n.m. Composé organique liquide utilisé pour l'isolation et le refroidissement des transformateurs électriques et dont la décomposition accidentelle, sous l'effet de la chaleur, provoque des dégagements toxiques de dioxine.

PYRAMIDAL, E, AUX adj. **1.** Qui a la forme d'une pyramide. **2.** BOT. Dont le port évoque une pyramide. *Peuplier pyramidal.* **3.** ANAT. *Faisceau pyramidal :* faisceau de fibres nerveuses allant du cortex cérébral à la moelle épinière.

PYRAMIDE n.f. (lat. *pyramis, pyramidis*). **1. a.** Grand monument à base rectangulaire et à quatre faces triangulaires, sépulture royale de l'ancienne Égypte. **b.** Monument d'une forme comparable, mais comportant des degrés et dont le sommet tronqué porte une plate-forme servant de base à un temple, dans le Mexique précolombien. **2.** Polyèdre formé d'un polygone convexe plan (appelé *base*) et de tous les triangles ayant pour base les différents côtés du polygone et un sommet commun (*sommet de la pyramide*). ◇ *Pyramide régulière,* celle qui a pour base un polygone régulier et dont le sommet se projette orthogonalement au centre de cette base. (L'aire latérale d'une pyramide régulière a pour valeur le demi-produit du périmètre de sa base par son apothème. Le volume d'une pyramide quelconque est égal au tiers du produit de l'aire de la base par la hauteur.) **3.** Représentation graphique évoquant la forme d'une pyramide. ◇ *Pyramide des âges :* représentation graphique donnant, à une date déterminée, la répartition par âge et par sexe d'un groupe d'individus. – SC. DE LA V. *Pyramide alimentaire :* représentation graphique du rapport en nombre, en masse ou en énergie existant entre une proie, son prédateur, le prédateur de celui-ci, etc. (D'un étage à l'autre, le rapport dépasse rarement 10 p. 100.) **4.** Entassement d'objets, de corps, s'élevant en forme de pyramide. *Pyramide de fruits.* **5.** ANAT. *Pyramide de Malpighi :* élément triangulaire formant la substance médullaire du rein.

■ Évocation des rayons solaires pétrifiés, la pyramide égyptienne symbolisait l'escalier facilitant l'ascension du pharaon défunt vers le dieu

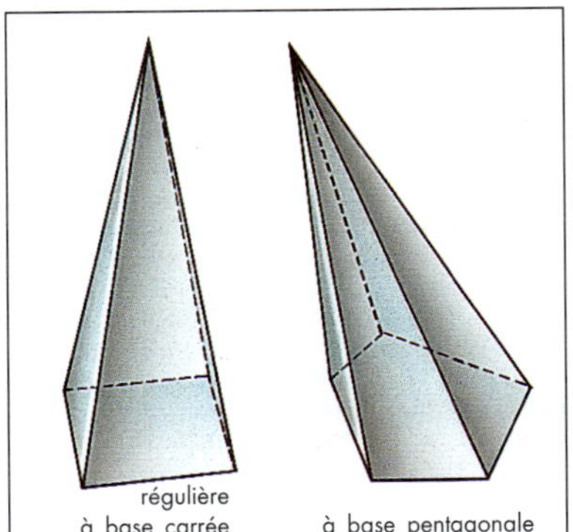

pyramides

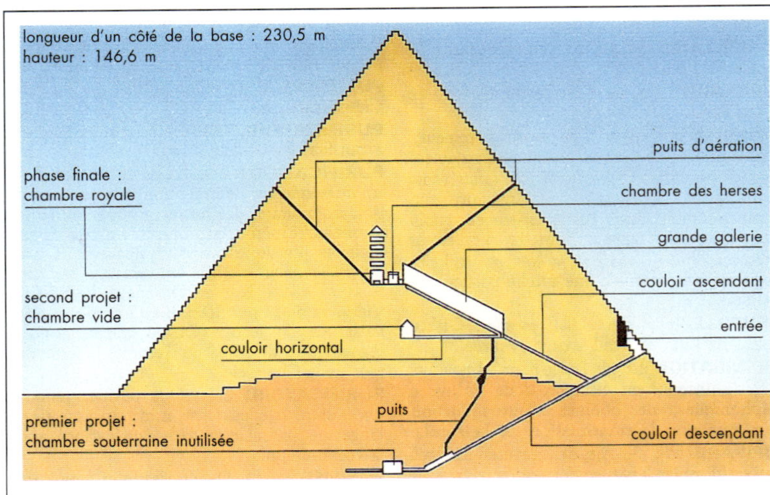

pyramide : vue en coupe de la pyramide de Kheops à Gizeh (Égypte)

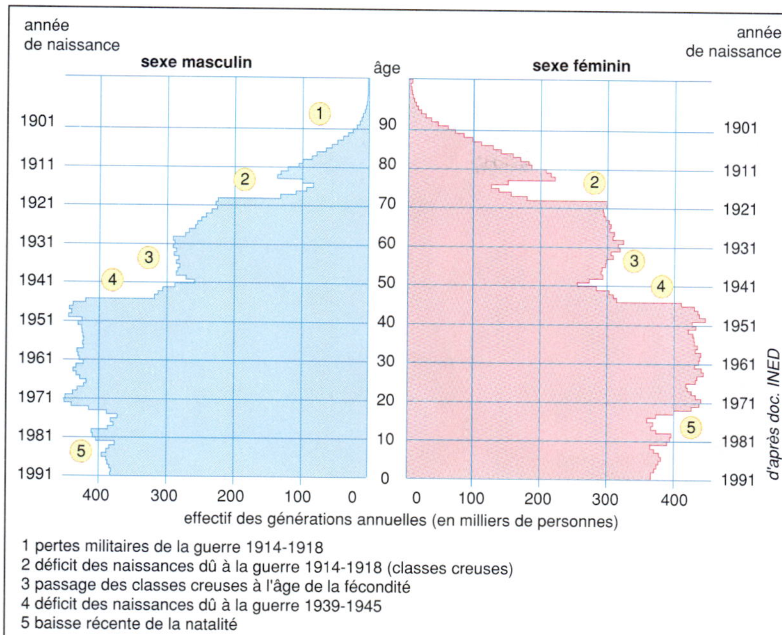

pyramide des âges en France au 1er janvier 1992

Rê. Elle était l'élément principal du complexe funéraire pharaonique. Les plus anciennes pyramides sont celles de l'Ancien Empire à Saqqarah et à Gizeh.

PYRAMIDÉ, E adj. Qui présente une forme de pyramide.

PYRAMIDION n.m. Petite pyramide quadrangulaire qui surmonte un obélisque.

PYRANNE n.m. Composé hétérocyclique de formule C_5H_6O.

PYRÈNE n.m. CHIM. Hydrocarbure polycyclique aromatique qui se rencontre dans les goudrons de houille.

PYRÉNÉEN, ENNE adj. et n. Des Pyrénées.

PYRÉNÉITE n.f. Grenat noir des Pyrénées.

PYRÈTHRE n.m. (gr. *purethron,* de *pûr,* feu). Chrysanthème sauvage fournissant un insecticide puissant, la *poudre de pyrèthre.*

PYRÉTHRINE n.f. Substance vermicide et insecticide entrant dans la composition de la poudre de pyrèthre.

PYREX n.m. (nom déposé). Verre peu fusible et très résistant.

PYREXIE n.f. MÉD. Fièvre, maladie fébrile.

PYRIDINE n.f. Composé hétérocyclique aromatique de formule C_5H_5N, présent dans le goudron de houille.

PYRIDOXINE n.f. Vitamine B6.

PYRIMIDINE n.f. Composé hétérocyclique de formule $C_4H_4N_2$, qui entre dans la constitution des bases pyrimidiques.

PYRIMIDIQUE adj. *Bases pyrimidiques :* bases azotées dérivant de la pyrimidine et entrant dans la composition des acides nucléiques.

PYRITE n.f. (gr. *purithês lithos,* pierre de feu). Sulfure naturel de fer (FeS_2), donnant des cristaux à reflets dorés.

PYROCLASTIQUE adj. Se dit d'une roche formée de projections volcaniques.

PYROCORISE n.m. Punaise des bois, rouge, tachetée de noir, usuellement appelée *gendarme, soldat,* abondante près des murs. (Ordre des hétéroptères.)

PYROÉLECTRICITÉ n.f. Polarisation électrique de certains cristaux sous l'action d'une variation de température.

PYROGALLIQUE adj.m. *Acide pyrogallique :* pyrogallol.

PYROGALLOL n.m. Phénol dérivé du benzène, employé comme révélateur photographique.

PYROGÉNATION n.f. Réaction chimique produite par l'action d'une forte chaleur.

PYROGÈNE adj. MÉD. Qui provoque la fièvre.

PYROGRAPHE n.m. Appareil électrique utilisé en pyrogravure.

PYROGRAVER v.t. Décorer par pyrogravure.

PYROGRAVURE n.f. Décoration du bois, du cuir, etc., au moyen d'une pointe métallique portée au rouge vif.

PYROLIGNEUX, EUSE adj. et n.m. CHIM. Se dit de la partie aqueuse des produits de la distillation du bois, qui contient surtout de l'acétone, du méthanol et de l'acide acétique.

PYROLUSITE n.f. MINÉR. Dioxyde naturel de manganèse MnO_2.

PYROLYSE n.f. Décomposition chimique obtenue par chauffage, sans catalyseur.

PYROMANE n. Personne atteinte de pyromanie ; incendiaire.

PYROMANIE n.f. Impulsion obsédante qui pousse certaines personnes à allumer des incendies.

PYROMÈTRE n.m. Instrument pour la mesure des hautes températures.

PYROMÉTRIE n.f. Mesure des hautes températures.

PYROMÉTRIQUE adj. Relatif à la pyrométrie.

PYROPHORE n.m. Substance qui s'enflamme spontanément à l'air.

PYROPHOSPHORIQUE adj.m. CHIM. *Acide pyrophosphorique :* acide $H_4P_2O_7$, obtenu par chauffage de l'acide phosphorique.

PYROPHYTE adj. et n.f. Se dit d'une plante qui résiste bien aux incendies ou qui en tire profit. (Le pin *queue-de-renard* est une pyrophyte.)

PYROSIS [pirɔzis] n.m. (gr. *pûrosis,* brûlure). Sensation de brûlure remontant le long de l'œsophage, depuis l'épigastre jusqu'au pharynx.

PYROSULFURIQUE adj.m. *Acide pyrosulfurique :* acide $H_2S_2O_7$, obtenu en chauffant l'acide sulfurique.

PYROTECHNICIEN, ENNE n. Spécialiste en pyrotechnie.

PYROTECHNIE n.f. **1.** Science des explosifs ; technique de la mise en œuvre des explosifs et des compositions pyrotechniques servant à produire les feux d'artifice. **2.** Établissement où l'on fabrique de telles compositions.

PYROTECHNIQUE adj. Qui concerne la pyrotechnie. ◇ *Compositions pyrotechniques :* mélanges servant à produire des feux d'artifice.

PYROXÈNE n.m. Silicate de fer, de magnésium, de calcium, parfois d'aluminium, présent dans les roches éruptives et métamorphiques.

PYROXYLE n.m. (gr. *pûr,* feu, et *xulon,* bois). Produit résultant de l'action de l'acide nitrique sur une matière cellulosique (bois, papier, etc.), et servant d'explosif.

PYROXYLÉ, E adj. Se dit des poudres à base de nitrocellulose.

PYRRHIQUE n.f. ANTIQ. GR. Danse guerrière exécutée par un ou plusieurs danseurs en armes.

PYRRHONIEN, ENNE adj. et n. Qui appartient au pyrrhonisme.

PYRRHONISME n.m. Doctrine du philosophe Pyrrhon ; scepticisme.

PYRRHOTITE n.f. MINÉR. Sulfure naturel de fer FeS, ferromagnétique.

PYRROLE ou **PYRROL** [pirɔl] n.m. Composé hétérocyclique C_4H_5N, à cycle pentagonal, extrait du goudron de houille.

PYRROLIQUE adj. Qui concerne les pyrroles.

PYTHAGORICIEN, ENNE adj. et n. Qui appartient au pythagorisme ; qui en est partisan.

PYTHAGORIQUE adj. **1.** Vx. Pythagoricien. **2.** ARITHM. *Nombres pythagoriques :* triplet d'entiers naturels (*a, b, c*), vérifiant la relation $a^2 = b^2 + c^2$, par laquelle s'exprime le théorème de Pythagore.

PYTHAGORISME n.m. Doctrine de Pythagore.

PYTHIE n.f. (gr. *puthia*). ANTIQ. GR. Prophétesse de l'oracle d'Apollon, à Delphes.

1. PYTHIEN, ENNE adj. Qui concerne la pythie.

2. PYTHIEN adj.m. *Apollon pythien :* Apollon vainqueur du serpent Python.

PYTHIQUES adj.m. pl. ANTIQ. GR. *Jeux Pythiques :* jeux panhelléniques, célébrés tous les quatre ans à Delphes, en l'honneur d'Apollon.

PYTHON n.m. (gr. *Puthôn*). Serpent d'Asie et d'Afrique, non venimeux, qui étouffe ses proies dans ses anneaux. (Le python réticulé, ou *molure,* de la péninsule Malaise, mesure de 7 à 10 m et atteint un poids de 100 kg ; c'est le plus grand serpent actuellement vivant.)

python réticulé (molure)

PYTHONISSE n.f. **1.** ANTIQ. GR. Femme douée du don de prophétie. **2.** Litt. Voyante, prophétesse.

PYURIE n.f. (gr. *puon,* pus, et *oûron,* urine). Présence de pus dans les urines.

PYXIDE n.f. (gr. *puxis,* boîte). **1.** ARCHÉOL. Boîte à couvercle de formes diverses. **2.** LITURGIE. Boîte servant à contenir les hosties. (→ ***custode.***) **3.** BOT. Capsule dont la partie supérieure se soulève à la manière d'un couvercle, comme chez le mouron, le plantain.

pz, symbole de la pièze.

Q

Q n.m. inv. **1.** Dix-septième lettre de l'alphabet et treizième consonne, notant la consonne [k] ou parfois [kw] *(quartz)* ou [kɥ] *(équilatéral).* [En français, *q* est toujours suivi de *u,* sauf en position finale.] **2.** MATH. **a.** ℚ, ensemble des nombres rationnels. **b.** ℚ*, ensemble des nombres rationnels privés du zéro. **3.** q, symbole du quintal.

QARAÏTE adj. et n. → ***karaïte.***

QASIDA [-si-] n.f. (de l'ar.). Poème arabe classique, d'au moins sept vers, à rime unique. (Précédée d'un prologue amoureux, elle a pour thème un récit de voyage, la satire, la louange.)

QAT ou **KHAT** [kɑt] n.m. **1.** Substance hallucinogène extraite des feuilles d'un arbuste d'Abyssinie et du Yémen. **2.** L'arbuste lui-même (famille des célastracées) ; ses feuilles, que l'on mâche pour s'enivrer. Graphie savante : *qât.*

QATARI, E adj. et n. Du Qatar.

Q.C.M. n.m. (sigle). Questionnaire* à choix multiple.

Q.G. n.m. (sigle). Quartier* général.

Q.H.S. n.m. (sigle). Quartier* de haute sécurité.

Q.I. n.m. (sigle). Quotient* intellectuel.

QIBLA n.f. (mot ar.). Direction de La Mecque, dans la religion islamique.

Q.S. ou **Q.S.P.,** sigle de *quantité suffisante,* de *quantité suffisante pour,* dans une formule pharmaceutique.

Q.S.R. n.m. (sigle). Quartier* de sécurité renforcée.

QUADRA [kadra] n. et adj. inv. Fam. Quadragénaire. *Les quadras de la politique. La mode quadra.*

QUADRAGÉNAIRE [kwa-] adj. et n. Qui a entre quarante et quarante-neuf ans. Abrév. (fam.) : *quadra.*

QUADRAGÉSIMAL, E, AUX [kwa-] adj. LITURGIE. Qui appartient au carême.

QUADRAGÉSIME [kwa-] n.f. (lat. *quadragesimus,* quarantième). RELIG. CATH. Anc. Premier dimanche du carême.

QUADRANGLE [kwa-] n.m. GÉOM. Figure plane formée par six droites joignant deux à deux quatre points du plan non alignés trois à trois.

QUADRANGULAIRE [kwa-] adj. (lat. *quadrangulus*). Qui a quatre angles ; dont la base a quatre angles.

QUADRANT [ka-] ou [kwa-] n.m. (du lat. *quadrare,* rendre carré). MATH. Région du plan limitée par deux demi-droites perpendiculaires de même origine.

QUADRATIQUE [kwa-] adj. (lat. *quadratus,* carré). **1.** MATH. Vx. *Équation quadratique :* équation du second degré. – *Moyenne quadratique de* n *nombres :* racine carrée de la moyenne des carrés des *n* nombres. **2.** MINÉR. *Prisme quadratique :* prisme droit à base carrée.

QUADRATURE [kwa-] n.f. (lat. *quadratus,* carré). **1.** ASTRON. **a.** Position de deux astres par rapport à la Terre quand leurs directions forment un angle droit. **b.** Phase du premier ou du dernier quartier de la Lune. **2.** GÉOM. Construction d'un carré ayant même aire que celle de l'intérieur d'un cercle donné. (Cette construction est impossible si on utilise seulement la règle et le compas.) ◇ Fig., cour. *La quadrature du cercle :* un problème impossible ou presque impossible à résoudre. **3.** MATH. Détermination d'une aire ; calcul d'une intégrale. **4.** *Grandeurs en quadrature :* grandeurs sinusoïdales de même période, entre lesquelles existe une différence de phase d'un quart de période.

QUADRETTE [ka-] n.f. Dans le jeu de boules, équipe de quatre joueurs.

QUADRICEPS [kwa-] n.m. (du bas lat.). Muscle antérieur de la cuisse, formé de quatre faisceaux se réunissant sur la rotule.

QUADRICHROMIE [kwa-] n.f. Impression en quatre couleurs (jaune, magenta, cyan et noir).

QUADRIENNAL, E, AUX [kwa-] adj. Qui dure quatre ans ; qui revient tous les quatre ans.

QUADRIFIDE [kwa-] adj. BOT. Qui a quatre divisions.

QUADRIGE [kwa-] ou [ka-] n.m. (lat. *quadrigae*). ANTIQ. Char de course et de parade à deux roues, attelé de quatre chevaux de front.

QUADRIJUMEAU [kwa-] adj.m. ANAT. *Tubercule quadrijumeau,* chacun des quatre mamelons situés sur la face dorsale du mésencéphale des mammifères, contenant des noyaux gris, relais des voies optiques et des voies auditives.

QUADRILATÉRAL, E, AUX ou **QUADRILATÈRE** [kwa-] ou [ka-] adj. Qui a quatre côtés.

QUADRILATÈRE [kwa-] ou [ka-] n.m. **1.** MATH. Polygone à quatre côtés ; surface intérieure d'un tel polygone s'il est non croisé. (Les quadrilatères ayant des propriétés particulières sont le trapèze, le parallélogramme, le rectangle, le losange et le carré.) **2.** MIL. Position stratégique appuyée sur quatre zones ou points fortifiés.

QUADRILLAGE [ka-] n.m. **1.** Disposition en carrés contigus ; ensemble des lignes qui divisent une surface en carrés. *Le quadrillage d'une étoffe.* **2.** Division en carrés, en secteurs (d'une ville, d'une région). **3.** Opération militaire ou policière ayant pour objet de s'assurer le contrôle d'une région en y implantant des unités.

QUADRILLE [ka-] n.m. (esp. *cuadrilla*). **1.** Troupe de cavaliers dans un carrousel. **2.** Danse de la fin du XVIIIᵉ s., qui était exécutée par quatre couples de danseurs ; groupe formé par ces quatre couples ; série de figures exécutées par ce groupe. **3.** CHORÉGR. *Second* et *premier quadrille :* échelons de la hiérarchie du corps de ballet de l'Opéra de Paris.

QUADRILLER [ka-] v.t. **1.** Diviser au moyen d'un quadrillage. *Quadriller du papier.* **2.** Procéder à un quadrillage militaire ou policier. *Quadriller un quartier.*

QUADRILOBE [kwa-] n.m. Motif ornemental voisin du quatre-feuilles.

QUADRIMOTEUR [ka-] ou [kwa-] n.m. et adj.m. Avion qui possède quatre moteurs.

QUADRIPARTITE [kwa-] adj. Composé de quatre parties ou éléments. *Une conférence quadripartite.*

QUADRIPHONIE [kwa-] n.f. Procédé d'enregistrement et de reproduction des sons faisant appel à quatre canaux.

QUADRIPLÉGIE [kwa-] n.f. Tétraplégie.

QUADRIPOLAIRE [kwa-] adj. **1.** Qui possède quatre pôles. **2.** Relatif au quadripôle.

QUADRIPÔLE [kwa-] n.m. Réseau électrique à deux paires de bornes.

QUADRIQUE [kwa-] n.f. MATH. Surface associée à une équation du second degré.

QUADRIRÉACTEUR [kwa-] ou [ka-] n.m. et adj.m. Avion muni de quatre réacteurs.

QUADRIRÈME [kwa-] n.f. (lat. *quadriremis*). ANTIQ. Navire à quatre rangs de rameurs ou à quatre rameurs par aviron.

QUADRISYLLABE [kwa-] n.m. Mot, vers de quatre syllabes.

QUADRISYLLABIQUE adj. Composé de quatre syllabes.

QUADRIVALENT, E [kwa-] adj. Qui a pour valence chimique 4.

QUADRUMANE [kwa-] ou [ka-] adj. et n.m. Qui a quatre mains. *Les singes sont quadrumanes.*

QUADRUPÈDE [kwa-] ou [ka-] adj. et n.m. Qui marche sur quatre pattes, en parlant d'un vertébré terrestre.

QUADRUPÉDIE n.f. Marche à quatre pattes.

QUADRUPLE [kwa-] ou [ka-] adj. et n.m. (lat. *quadruplex*). Qui vaut quatre fois autant.

QUADRUPLER v.t. Multiplier par quatre. ◆ v.i. Se multiplier par quatre. *Fortune qui a quadruplé.*

QUADRUPLÉS, ÉES n. pl. Groupe de quatre enfants nés d'une même grossesse.

QUADRUPLET n.m. MATH. Ensemble de quatre éléments pris dans un ordre déterminé.

QUADRUPLEX [kwa-] n.m. Système de transmission permettant d'acheminer simultanément quatre messages distincts.

QUAI n.m. (du gaul.). **1.** Terre-plein aménagé au bord de l'eau pour l'accostage et la circulation des véhicules. ◇ *Le Quai :* le ministère français des Affaires étrangères, situé quai d'Orsay, à Paris. **2.** Dans les gares, plate-forme ou trottoir qui s'étend le long des voies.

3. TECHN. En manutention, installation fixe ou mobile servant au transbordement à niveau.

QUAKER, ERESSE [kwekœr, kres] n. (angl. *to quake*, trembler). Membre d'un groupement religieux protestant fondé en 1652 par un jeune cordonnier anglais, George Fox, par réaction contre le ritualisme et le conformisme de l'Église anglicane, et répandu surtout aux États-Unis, où il s'implanta en 1681.

QUALIFIABLE adj. Qui peut être qualifié.

QUALIFIANT, E adj. Qui donne une qualification, une compétence.

1. QUALIFICATIF, IVE adj. **1.** GRAMM. Qui exprime la qualité, la manière d'être. *Adjectif qualificatif.* **2.** Qui permet de se qualifier pour une compétition. *Épreuve qualificative.*

2. QUALIFICATIF n.m. **1.** Terme indiquant la manière d'être. *Un qualificatif injurieux.* **2.** GRAMM. Adjectif qualificatif.

QUALIFICATION n.f. **1.** Attribution (d'une valeur, d'un titre). **2.** Appréciation, sur une grille hiérarchique, de la valeur professionnelle d'un travailleur, suivant sa formation, son expérience et ses responsabilités. **3.** Fait de satisfaire à un ensemble de conditions pour pouvoir participer à une épreuve, à la phase ultérieure d'une compétition. **4.** Certificat de fonctionnement d'un appareil ou d'un matériel, assurant son aptitude à remplir la fonction pour laquelle il a été conçu.

QUALIFIÉ, E adj. **1.** *Ouvrier qualifié :* ouvrier professionnel. **2.** *Vol qualifié :* vol commis avec circonstances aggravantes, comme l'effraction, l'abus de confiance, etc.

QUALIFIER v.t. (lat. *qualis*, quel, et *facere*, faire). **1.** Exprimer la qualité de, attribuer une qualité, un titre à. *La loi qualifie d'assassinat le meurtre avec préméditation.* **2.** Donner (à un concurrent, une équipe) le droit de participer à une autre épreuve. **3.** Donner (à qqn) la qualité, la compétence. *Ce travail ne vous qualifie pas pour tenir un tel poste.* ◇ *Être qualifié pour :* avoir la compétence pour. ◆ **se qualifier** v.pr. Obtenir sa qualification. *Équipe qui se qualifie pour participer à la finale.*

QUALITATIF, IVE adj. Relatif à la qualité, à la nature des objets (par opp. à *quantitatif*). *Analyse qualitative.*

QUALITATIVEMENT adv. Du point de vue de la qualité.

QUALITÉ n.f. (lat. *qualitas*, de *qualis*, quel). **1.** Manière d'être, bonne ou mauvaise, de qqch, état caractéristique. *La qualité d'une étoffe, d'une terre.* ◇ *Qualité de la vie,* tout ce qui contribue à créer des conditions de vie plus harmonieuses ; ces conditions elles-mêmes. **2.** Supériorité, excellence en qqch. *Préférer la qualité à la quantité.* **3.** Ce qui fait le mérite de qqn ; aptitude. *Il a toutes les qualités.* **4.** Condition sociale, civile, juridique, etc. *Qualité de citoyen, de maire, de légataire.* ◇ DR. *Ès qualités :* en tant qu'exerçant telle fonction. **5.** Vx. *Homme de qualité :* homme de naissance noble. ◆ loc. prép. *En qualité de :* comme, à titre de. *En qualité de parent.*

QUALITICIEN, ENNE n. Dans une entreprise, personne chargée de mettre en œuvre et de coordonner les actions nécessaires pour que la qualité des produits fabriqués ou des services fournis soit conforme aux objectifs fixés.

QUAND adv. (lat. *quando*). À quelle époque. *Quand vient-il ? Dites-moi quand vous viendrez.* ◆ conj. **1.** Au moment où. *Quand vous serez vieux.* **2.** (Pour exprimer l'opposition, la concession). *Quand même :* malgré tout.

QUANTA [kɑ̃-] ou [kwɑ̃-] n.m. pl. → ***quantum.***

QUANT À [kɑ̃ta] loc. prép. (lat. *quantum*, combien). À l'égard de, pour ce qui est de. *Quant à moi.*

QUANT-À-SOI n.m. inv. Réserve, attitude distante. *Il reste sur son quant-à-soi* (renvoyant à un sujet à la troisième personne).

QUANTEUR n.m. LOG. Quantificateur.

QUANTIÈME [kɑ̃tjɛm] n.m. *Quantième du mois :* numéro d'ordre du jour dans le mois.

QUANTIFIABLE adj. Qui peut être quantifié.

QUANTIFICATEUR n.m. MATH., LOG. Symbole indiquant qu'une propriété s'applique à tous les éléments d'un ensemble (*quantificateur universel* ∀), ou seulement à certains d'entre eux (*quantificateur existentiel* ∃).

QUANTIFICATION n.f. Action de quantifier.

QUANTIFIÉ, E adj. *Grandeur quantifiée,* qui ne peut varier que d'une façon discontinue par quantités distinctes et multiples d'une même valeur élémentaire.

QUANTIFIER v.t. **1.** Déterminer la quantité de. **2.** PHYS. Imposer à une grandeur une variation discontinue par quantités distinctes et multiples d'une même variation élémentaire. **3.** LOG. Donner une quantification à (une variable).

QUANTIQUE [kɑ̃-] ou [kwɑ̃-] adj. PHYS. Relatif aux quanta, à la théorie des quanta.

QUANTITATIF, IVE adj. Relatif à la quantité (par opp. à *qualitatif*). *Analyse quantitative.*

QUANTITATIVEMENT adv. Du point de vue de la quantité.

QUANTITÉ n.f. (lat. *quantitas*, de *quantus*, combien grand). **1.** Propriété de ce qui peut être mesuré, compté. **2.** Poids, volume, nombre déterminant une portion d'un tout, une collection de choses. *Mesurer une quantité.* ◇ PHON. Durée relative d'un phonème ou d'une syllabe. **3.** Un grand nombre. *Quantité de gens ignorent cela.* ◇ *En quantité :* en grand nombre.

QUANTON n.m. Objet dont traite la physique quantique, manifestant soit un comportement corpusculaire, soit un comportement ondulatoire.

QUANTUM [kwɑ̃tɔm] n.m. (mot lat.) [pl. *quanta*]. **1.** Quantité déterminée, proportion d'une grandeur dans une répartition, un ensemble. **2.** PHYS. Discontinuité élémentaire d'une grandeur quantifiée (en partic. de l'énergie). ■ La théorie des quanta ou *théorie quantique,* créée par Planck en 1900, affirme que l'énergie rayonnante a, comme la matière, une structure discontinue ; elle ne peut exister que sous forme de grains, ou quanta, de valeur $h\nu$, où h est une constante universelle, de valeur $6{,}626 \times 10^{-34}$ J·s, et ν la fréquence du rayonnement. Cette théorie est à la base de toute la physique moderne.

QUARANTAINE n.f. **1.** Nombre de quarante ou environ. *Une quarantaine de francs.* **2.** Âge d'à peu près quarante ans. *Avoir la quarantaine.* **3.** BOT. Herbe ornementale aux fleurs odorantes, voisine de la giroflée. (Famille des crucifères.) **4.** MAR. Isolement imposé à un navire portant des personnes, des animaux ou des marchandises en provenance d'un pays où règne une maladie contagieuse. ◇ Fig. *Mettre qqn en quarantaine,* l'exclure d'un groupe.

QUARANTE adj. num. et n.m. inv. (lat. *quadraginta*). **1.** Quatre fois dix. ◇ *Les Quarante :* les membres de l'Académie française. **2.** Quarantième. *Page quarante.* **3.** Au tennis, troisième point marqué dans le jeu.

QUARANTE-HUITARD, E adj. (pl. *quarante-huitards, es*). HIST. Qui concerne les révolutionnaires de 1848. ◆ n. Révolutionnaire de 1848.

QUARANTENAIRE adj. **1.** Qui dure quarante ans. **2.** Relatif à une quarantaine sanitaire.

QUARANTIÈME adj. num. ord. et n. **1.** Qui occupe un rang marqué par le numéro quarante. **2.** Qui se trouve quarante fois dans le tout.

QUARK [kwark] n.m. (mot angl., tiré de l'œuvre de James Joyce). PHYS. Particule fondamentale dont sont constitués les hadrons (protons et neutrons notamm.).

QUARRABLE adj. GÉOM. Se dit d'un ensemble de points du plan admettant une aire.

1. QUART n.m. (lat. *quartus*, quatrième). **1.** La quatrième partie d'une unité. *Trois est le quart de douze.* ◇ *Au quart de tour :* immédiatement, avec une grande précision. *Une voiture qui démarre au quart de tour.* – *Aux trois quarts :* en grande partie. – Fam. *Les trois quarts du temps :* la plupart du temps. – *De trois quarts,* se dit de qqn qui se tient de telle manière qu'on lui voit les trois quarts du visage. **2.** Bouteille d'un quart de litre. **3.** Petit gobelet métallique muni d'une anse et contenant un quart de litre. **4.** MAR. **a.** Service de veille de quatre heures, sur un bateau. ◇ *Officier de quart* ou *officier chef de quart :* officier responsable de la conduite d'un navire suivant les ordres de son commandant. **b.** Fraction de l'équipage qui est chargée de ce service. **5.** MAR. Anc. Unité d'angle correspondant à un rhumb, et valant 11°15′. **6.** *Quart d'heure :* quatrième partie d'une heure, soit quinze minutes ; bref espace de temps. ◇ Fam. *Passer un mauvais quart d'heure :* éprouver, dans un court espace de temps, quelque chose de fâcheux. – *Le quart d'heure de Rabelais :* le moment où il faut payer la note ; tout moment fâcheux, désagréable. **7.** MUS. *Quart de soupir :* signe de silence d'une durée égale à la double croche. **8.** *Quart de finale :* épreuve éliminatoire opposant deux à deux huit équipes ou concurrents. ◆ adj.m. Vx. Quatrième. ◇ Mod. *Quart monde* → ***quart-monde.***

2. QUART [kwart] n.m. Unité de mesure de capacité anglo-saxonne.

QUARTAGE n.m. MIN. Réduction de volume d'un échantillon de matière sans modification de sa teneur moyenne.

QUARTAGER v.t. [17]. Donner un quatrième labour à (la vigne).

QUARTANNIER ou **QUARTANIER** [kar-] n.m. VÉN. Sanglier de quatre ans.

QUARTAUT [kar-] n.m. Région. Petit fût de contenance variable (57 à 137 l).

QUART-DE-POUCE n.m. (pl. *quarts-de-pouce*). Compte-fils.

QUART-DE-ROND n.m. (pl. *quarts-de-rond*). Moulure pleine dont le profil est proche du quart de cercle et qui relie deux lignes décalées verticalement.

1. QUARTE adj.f. *Fièvre quarte* → ***fièvre.***

2. QUARTE n.f. (it. *quarta*). **1.** Anc. Mesure de capacité contenant deux pintes. **2.** JEUX. Série de quatre cartes qui se suivent dans une même couleur. **3.** MUS. Intervalle de quatre degrés.

QUARTÉ [karte] n.m. Concours de pronostics dans lequel il faut déterminer les quatre premiers arrivants d'une course hippique.

QUARTER v.t. MIN. Réduire (un échantillon de matière) par quartages successifs.

1. QUARTERON [kar-] n.m. (de *quartier*). **1.** Vx. Quart d'un cent, vingt-cinq. **2.** Péj. Petit nombre. *Un quarteron de mécontents.*

2. QUARTERON, ONNE [kar-] n. (esp. *cuarterón*, de *cuarto*, quart). Métis ayant un quart de sang de couleur et trois quarts de sang blanc.

QUARTETTE [kwa-] n.m. (angl. *quartet*). Formation de jazz composée de quatre musiciens.

QUARTIDI [kwa-] n.m. (lat. *quartus*, quatrième, et *dies*, jour). HIST. Quatrième jour de la décade, dans le calendrier républicain.

QUARTIER [kar-] n.m. (du lat. *quartus*, quart). **I. 1.** Portion de qqch divisé en quatre parties. *Un quartier de pomme.* **2.** Portion de qqch divisé en parties inégales. *Un quartier de fromage.* **3.** Division naturelle de certains fruits. *Un quartier d'orange.* **4.** Masse importante détachée d'un ensemble. *Un quartier de viande.* **5.** ASTRON. Phase de la Lune dans laquelle la moitié du disque lunaire est visible. **6.** Chacune des deux pièces de la tige de la chaussure qui entourent le pied, du cou-de-pied au talon. **7.** ÉQUIT. Chacune des parties d'une selle sur lesquelles portent les cuisses du cavalier. **8.** HÉRALD. L'une des quatre parties de l'écartelé. ◇ *Quartiers de noblesse :* ensemble des ascendants nobles d'un individu, pris à la même génération. **9.** *Ne pas faire de quartier :* massacrer tout le monde ; n'avoir aucune pitié. **II. 1.** Division administrative d'une ville. **2.** Partie d'une ville ayant certaines caractéristiques ou une certaine unité. *Quartier commerçant. Quartier bourgeois, ouvrier.* **3.** Environs immédiats, dans une ville, du lieu où on se trouve et, en partic., du lieu d'habitation. *Être connu dans son quartier.* **4.** MIL. Tout lieu occupé par une formation militaire, dans une garnison ; autref., zone d'action d'un bataillon sur une position de défense. ◇ *Avoir quartier libre :* être autorisé à sortir de la caserne ; par ext., être autorisé à sortir ou à faire ce qu'on veut. – *Quartier général (Q.G.) :* poste de commandement d'un officier général et de son état-major. – *Quartiers d'hiver :* lieux qu'occupent les troupes pendant la mauvaise saison, entre deux campagnes ; durée de leur séjour. **5.** DR. Partie d'une prison affectée à une catégorie particulière de détenus. ◇ *Quartier de haute sécurité (Q.H.S.), quartier de sécurité renforcée (Q.S.R.) :* quartiers dans l'enceinte d'une prison où étaient affectés les prisonniers jugés dangereux. (Ils ont été supprimés en 1982.) **6.** MAR. Circonscription territoriale de l'Inscription maritime. **7.** Belgique. Petit appartement.

QUARTIER-MAÎTRE n.m. (all. *Quartiermeister*) [pl. *quartiers-maîtres*]. Grade le moins élevé de la hiérarchie de la marine militaire, correspondant à celui de caporal ou de brigadier *(quartier-maître de 2ᵉ classe),* ou à celui de caporal-chef ou de brigadier-chef *(quartier-maître de 1ʳᵉ classe).*

QUARTILE n.m. Chacune des 3 valeurs qui divisent une distribution statistique en 4 parties d'effectifs égaux.

QUART-MONDE n.m. (pl. *quarts-mondes*). **1.** Ensemble formé par les pays du tiers-monde les plus défavorisés. **2.** Dans un pays développé, partie la plus défavorisée de la population, ensemble de ceux qui vivent dans la misère ; sous-prolétariat.

QUARTO [kwa-] adv. Quatrièmement.

QUARTZ [kwarts] n.m. (mot all.). Silice cristallisée que l'on trouve dans de nombreuses roches (granite, gneiss, grès). [Le quartz, habituellement incolore, peut être laiteux, teinté en violet (améthyste), en noir (quartz fumé), etc.]

QUARTZEUX, EUSE adj. Riche en grains de quartz.

QUARTZIFÈRE adj. Qui contient du quartz.

QUARTZITE n.m. Roche siliceuse compacte, très dure, d'origine sédimentaire ou métamorphique, principalement formée de quartz.

QUASAR [kwa-] ou [kazar] n.m. (amér. *quasi stellar [object]*). Astre d'apparence stellaire et de très grande luminosité, dont le spectre présente un fort décalage vers le rouge.

■ On considère généralement que les quasars sont les objets les plus lointains actuellement observés dans l'Univers. Ils semblent être des noyaux de galaxies dans un stade d'activité particulièrement intense. Leur luminosité est de l'ordre de cent à mille fois celle des galaxies, mais leur rayonnement est issu d'un volume très petit, de l'ordre du 1/100 du diamètre de celles-ci, et présente d'importantes fluctuations sur des durées, de l'ordre du mois.

1. QUASI [kazi] ou, fam., **QUASIMENT** [kazimɑ̃] adv. (lat. *quasi,* comme si). Litt. Presque, à peu près. *Il était quasi mort.* (*Quasi* peut accompagner un adj. ou un nom ; dans ce dernier cas, il se lie au nom par un trait d'union.)

2. QUASI [kazi] n.m. Morceau de la cuisse du veau correspondant à la région du bassin.

QUASI-CONTRAT n.m. (pl. *quasi-contrats*). DR. **1.** Fait indépendant d'une convention préalable d'où il résulte, de par la loi, des effets équivalents à ceux d'un contrat (par ex. la gestion d'affaires). **2.** Contrat conclu entre les pouvoirs publics et un producteur ou un groupe de producteurs en vue d'encourager une production donnée.

QUASI-DÉLIT n.m. (pl. *quasi-délits*). Faute qui, commise sans intention de nuire, cause néanmoins à autrui un dommage et ouvre droit à la réparation.

QUASIMENT adv. → ***1. quasi.***

QUASIMODO [kazi-] n.f. (des mots lat. *quasi* et *modo,* commençant l'introït de la messe de ce jour). Le premier dimanche après Pâques.

QUASI-MONNAIE n.f. (pl. *quasi-monnaies*). Épargne à court terme gérée par l'appareil bancaire et rapidement transformable en monnaie.

QUASSIA ou **QUASSIER** [kwa-] ou [ka-] n.m. Petit arbre d'Amérique tropicale dont l'extrait de bois, très amer, est employé comme tonique et apéritif. (Famille des simarubacées.)

QUASSINE n.f. Constituant du quassia.

QUATER [kwatɛr] adv. (mot lat.). **1.** Pour la quatrième fois. **2.** Quatrièmement.

QUATERNAIRE [kwa-] adj. (lat. *quaterni,* quatre à la fois). **1.** Se dit des composés chimiques contenant quatre éléments différents. **2.** Se dit d'un atome de carbone ou d'azote lié à quatre atomes de carbone. **3.** *Ère quaternaire* ou *quaternaire,* n.m. : subdivision supérieure de l'ère cénozoïque, dont le début remonte à 1,64 million d'années, caractérisée par de grandes glaciations.

QUATERNE [kwa-] n.m. (lat. *quaternus*). Au loto, série de quatre numéros placés sur la même rangée horizontale d'un carton.

QUATERNION [kwa-] n.m. MATH. **1.** Élément du corps des quaternions. **2.** *Corps des quaternions :* corps non commutatif incluant l'ensemble des réels et des complexes.

QUATORZE [katɔrz] adj. num. et n.m. inv. **1.** Treize plus un. **2.** Quatorzième. *Louis quatorze.* **3.** À la belote, le neuf d'atout.

QUATORZIÈME adj. num. ord. et n. **1.** Qui occupe un rang marqué par le numéro quatorze. **2.** Qui se trouve quatorze fois dans le tout.

QUATORZIÈMEMENT adv. En quatorzième lieu, dans une énumération.

QUATRAIN [ka-] n.m. Strophe de quatre vers.

QUATRE [katr] adj. num. et n.m. inv. (lat. *quatuor*). **1.** Trois plus un. ◇ *Comme quatre :* beaucoup (surtout dans *manger comme quatre*). – *Ne pas y aller par quatre chemins :* aller droit au but. – *Quatre à quatre :* en franchissant quatre (ou plusieurs) marches à la fois ; précipitamment. – Fam. *Se mettre en quatre, se couper en quatre :* s'employer de tout son pouvoir pour rendre service. – *Se tenir à quatre :* faire un grand effort sur soi-même, se maîtriser à grand-peine. **2.** Quatrième. *Henri quatre.*

QUATRE-CENT-VINGT-ET-UN n.m. inv. Jeu de dés dérivé du zanzibar, et où la combinaison la plus forte est le 4, le 2 et l'as.

QUATRE-DE-CHIFFRE n.m. inv. Piège consistant en une pierre plate destinée à tomber au moindre choc imprimé aux trois petits morceaux de bois, assemblés en forme de 4, qui la soutiennent.

QUATRE-ÉPICES n.m. inv. Plante des Antilles dont les fruits rappellent à la fois le poivre, la cannelle, la muscade et le girofle. (Famille des solanacées.)

QUATRE-FEUILLES n.m. inv. ARCHIT. Ornement formé de quatre lobes ou lancettes disposés autour d'un centre de symétrie.

QUATRE-MÂTS n.m. inv. Voilier à quatre mâts.

QUATRE-QUARTS n.m. inv. Gâteau dans lequel la farine, le beurre, le sucre, les œufs sont à poids égal.

1. QUATRE-QUATRE n.m. inv. MUS. Mesure à quatre temps ayant la noire pour unité de temps et la ronde pour unité de mesure.

2. QUATRE-QUATRE n.f. ou m. inv. Automobile à quatre roues motrices. (On écrit aussi 4 × 4.)

QUATRE-SAISONS n.f. inv. **1.** Variété d'une plante que l'on peut cultiver à différentes saisons (laitue, fraisier). **2.** *Marchand(e) de(s) quatre-saisons :* marchand(e) qui vend dans une voiture à bras, sur la voie publique, des fruits et des légumes.

QUATRE-TEMPS n.m. pl. LITURGIE. Période de trois jours de jeûne et d'abstinence prescrits autref. par l'Église catholique, les mercredi, vendredi et samedi de la première semaine de chaque saison.

QUATRE-VINGT-DIX adj. num. et n.m. inv. Quatre-vingts plus dix ; neuf fois dix.

QUATRE-VINGT-DIXIÈME adj. num. ord. et n. **1.** Qui occupe un rang marqué par le nombre quatre-vingt-dix. **2.** Qui se trouve quatre-vingt-dix fois dans le tout.

QUATRE-VINGTIÈME adj. num. ord. et n. **1.** Qui occupe un rang marqué par le numéro quatre-vingts. **2.** Qui se trouve quatre-vingts fois dans le tout.

QUATRE-VINGTS ou **QUATRE-VINGT** (quand ce mot est suivi d'un autre adj. num.) adj. num. et n.m. inv. **1.** Quatre fois vingt ; huit fois dix. *Quatre-vingts hommes. Quatre-vingt-dix francs.* **2.** Quatre-vingtième. *Page quatre-vingt* (toujours inv. en ce cas).

QUATRIÈME adj. num. ord. et n. **1.** Qui occupe un rang marqué par le numéro quatre. **2.** Qui se trouve quatre fois dans le tout. ◆ n.f. **1.** JEUX. Quarte. **2.** CHORÉGR. La quatrième des cinq positions fondamentales de la danse classique, caractérisée par l'écartement des pieds en avant et la stabilité de l'assise ainsi obtenue. **3.** Classe constituant la troisième année du premier cycle de l'enseignement secondaire.

QUATRIÈMEMENT adv. En quatrième lieu.

QUATRILLION [ka-] n.m. Un million de trillions, soit 10^{24}.

QUATTROCENTO [kwatrɔtʃento] n.m. (mot it., de *quattro,* quatre, et *cento,* cent). Le XVᵉ siècle italien.

QUATUOR [kwatɥɔr] n.m. (mot lat., *quatre*). **1.** Groupe de quatre personnes. **2.** MUS. Composition à quatre parties vocales ou instrumentales. ◇ *Quatuor à cordes :* composition pour deux violons, alto et violoncelle. **3.** Ensemble des interprètes d'un quatuor. ◇ *Quatuor vocal :* soprano, alto, ténor et basse.

QUAT'ZARTS n.m. pl. *Bal des quat'zarts :* bal autref. organisé, à la fin de chaque année scolaire, par les élèves des quatre sections de l'École nationale supérieure des beaux-arts (peinture, sculpture, gravure, architecture).

1. QUE pron. relat. (lat. *quem*). S'emploie en tête de subordonnée pour représenter une personne ou une chose désignée, dans la proposition complétée, par un nom ou un pronom appelé antécédent. *La leçon que j'étudie.*

2. QUE pron. interr. (lat. *quid,* quoi). Introduit : **1.** Une interrogation directe. *Que dites-vous ? Que devient ce projet ?* **2.** Une interrogative indirecte à l'infinitif (en concurrence avec *quoi*). *Je ne sais que penser de tout cela.*

3. QUE conj. (lat. *quia,* parce que). **1.** Sert à unir une proposition principale et une proposition subordonnée complétive sujet, attribut ou objet. *Je veux que vous veniez.* **2.** Marque, dans une proposition principale ou indépendante, le souhait, l'imprécation, le commandement, etc. *Qu'il parte à l'instant.* **3.** S'emploie, dans une phrase coordonnée, pour *si ce n'est, comme, quand, puisque, si. Puisque je l'affirme et que j'en donne les preuves, on peut me croire.* **4.** Sert de corrélatif aux mots *tel, quel, même,* et aux comparatifs. *Une femme telle que moi.* **5.** Sert à former des loc. conj. comme *avant que, afin que, encore que, bien que,* etc. ◇ *Ne... que :* seulement. ◆ adv. exclam. **1.** Indique une grande quantité ; combien. *Que de gens !* **2.** Fam. *Ce que :* combien. *Ce que tu peux être bête !*

QUÉBÉCISME [kebesism] n.m. Fait de langue propre au français parlé au Québec.

QUÉBÉCOIS, E adj. et n. De la province du Québec ou de la ville de Québec.

QUEBRACHO [kebratʃo] n.m. (mot esp.). Arbre d'Amérique tropicale dont le bois de cœur fournit un extrait tannant. (Famille des anacardiacées.)

QUECHUA [ketʃwa] ou **QUICHUA** n.m. Langue indienne du Pérou et de la Bolivie, et qui fut la langue de l'Empire inca.

QUEL, QUELLE adj. interr. et exclam. (lat. *qualis*). Indique la qualité de l'être ou de la chose sur lesquels porte la question, et s'emploie dans les phrases interrogatives : *quelle heure est-il ? ;* ou exclamatives : *quel malheur !*

QUELCONQUE adj. indéf. (lat. *qualiscumque*). N'importe quel. *Donner un prétexte quelconque.* ◆ adj. Fam. Médiocre, sans valeur. *C'est un homme bien quelconque.*

QUÉLÉA n.m. Petit passereau africain vivant en colonies très denses, très nuisible aux rizières.

QUEL QUE, QUELLE QUE adj. relat. (en deux mots). [Placé immédiatement devant le verbe *être,* exprime l'idée d'opposition]. *Quelles que soient vos conditions.*

1. QUELQUE adj. indéf. **1.** (Au sing.). Exprime une quantité, une durée, une valeur, un degré indéterminés, génér. faibles. *À quelque distance. Pendant quelque temps.* **2.** (Au pl.). Indique un petit nombre, une petite quantité. *Quelques personnes. Quelques heures.* ◇ *Et quelques* (après un nom de nombre) : et un peu plus, un peu plus de. *Elle a cinquante ans et quelques.* – REM. *Quelque* est adjectif et variable quand il est suivi d'un nom ou d'un adjectif accompagné d'un nom : *choisissons quelques amis, quelques bons amis.* L'*e* de *quelque* ne s'élide que devant *un* et *une.*

2. QUELQUE adv. **1.** Environ, à peu près. *Il y a quelque cinquante ans.* **2.** Litt. Devant un adjectif ou un adverbe suivi de *que,* exprime une concession avec indétermination. *Quelque habile qu'il soit, il échouera.* – REM. L'*e* de l'adverbe *quelque* ne s'élide pas.

QUELQUE CHOSE pron. indéf. masc. **1.** Désigne un nom de chose ou un groupe nominal indéterminé. *Dis quelque chose. Vous prendrez bien quelque chose.* **2.** Indique un évènement, une situation, une relation, etc., dont on n'ose pas dire ou dont on ignore la nature. *Il se passe quelque chose.*

QUELQUEFOIS adv. Parfois, en certaines occasions.

QUELQUE PART adv. **1.** (Pour indiquer un lieu quelconque). *Tu vas quelque part pour les vacances ?* **2.** (Pour indiquer un lieu, un point abstrait, qu'on a du mal à définir). *Il y a quelque part dans ce contrat un point obscur.* **3.** Fam. Par euphémisme, pour désigner : **a.** Les fesses. *Je vais lui flanquer mon pied quelque part.* **b.** Les toilettes. *Il s'est absenté, il est quelque part.*

QUELQUES-UNS, QUELQUES-UNES pron. indéf. pl. Indique : **1.** Un petit nombre indéterminé de personnes ou de choses dans un groupe. *Quelques-uns parmi eux souriaient.* **2.** Un nombre indéterminé de personnes ; certains. *J'ai écrit à tous mes amis ; quelques-uns n'ont pas répondu.*

QUELQU'UN, E pron. indéf. Litt. Indique une personne quelconque entre plusieurs. *Quelqu'un de vos parents.* ◆ pron. indéf. masc. **I.** Désigne : **1.** Une personne indéterminée. *Quelqu'un vous demande en bas.* **2.** La personne en question, une personne, un individu. *C'est quelqu'un de bien.* **II.** *Être, se croire quelqu'un,* une personne d'importance, de valeur.

QUÉMANDER v.t. et i. (de l'anc. fr. *caymant,* mendiant). Solliciter humblement et avec insistance.

QUÉMANDEUR, EUSE n. Litt. Personne qui quémande, qui sollicite.

QU'EN-DIRA-T-ON [kɑ̃diratɔ̃] n.m. inv. Fam. Ce que peuvent dire les autres sur la conduite de qqn ; l'opinion d'autrui. *Se moquer du qu'en-dira-t-on.*

QUENELLE n.f. (all. *Knödel,* boule de pâte). Rouleau de poisson ou de viande hachés, lié à l'œuf.

QUENOTTE n.f. (anc. fr. *cane,* dent). Fam. Dent de petit enfant.

QUENOUILLE n.f. (bas lat. *conocula*). **1.** Tige, généralement de bois ou d'osier, munie d'une tête renflée ou fourchue, souvent décorée, utilisée autref. pour maintenir le textile à filer. **2.** Chanvre, lin, soie, etc., dont une quenouille est chargée. **3.** IND. Obturateur pour boucher les ouvertures par lesquelles le métal fondu coule dans les moules. **4.** Arbre fruitier taillé en forme de quenouille. **5.** Canada. Roseau-massue. **6.** *Tomber en quenouille.* **a.** Vx. Passer par succession entre les mains d'une femme, en parlant d'un domaine. **b.** Mod. Être abandonné, échouer.

QUÉRABLE [ke-] adj. DR. Se dit des sommes qui doivent être réclamées au domicile du débiteur.

QUERCINOIS, E ou **QUERCYNOIS, E** adj. et n. Du Quercy.

QUERCITRIN n.m. ou **QUERCITRINE** n.f. Principe colorant du quercitron.

QUERCITRON n.m. (lat. *quercus,* chêne, et *citron*). Chêne vert de l'Amérique du Nord, dont l'écorce fournit une teinture jaune.

QUERELLE n.f. (lat. *querela,* plainte). Contestation amenant des échanges de mots violents ; conflit, dispute. ◇ *Chercher querelle à qqn,* le provoquer. – Litt. *Querelle d'Allemand :* querelle sans motif.

QUERELLER v.t. Litt. Faire des reproches à qqn. ◆ **se quereller** v.pr. Se disputer.

QUERELLEUR, EUSE adj. et n. Qui aime à se quereller.

QUÉRIR [kerir] v.t. (lat. *quaerere*). Litt. Chercher avec l'intention d'amener, d'apporter. *Envoyer quérir le médecin.* (Seult à l'inf., après les verbes *aller, venir, envoyer, faire.*)

QUÉRULENCE n.f. PSYCHIATRIE. Caractéristique psychique des sujets quérulents.

QUÉRULENT, E adj. et n. PSYCHIATRIE. Se dit d'un sujet dont l'activité est orientée par la réparation des injustices ou des dommages qu'il estime, de façon injustifiée, avoir subis. SYN. : *processif.*

QUESTEUR [kɛstœr] n.m. (lat. *quaestor*). **1.** Magistrat romain chargé surtout de fonctions financières. **2.** Membre élu du bureau d'une assemblée parlementaire, chargé de la gestion financière et de l'administration intérieure. (Il y a trois questeurs à l'Assemblée nationale et au Sénat, en France.)

QUESTION [kɛstjɔ̃] n.f. (lat. *quaestio,* recherche). **I.1.** Demande faite pour obtenir une information, vérifier des connaissances. *Presser qqn de questions. Poser une question embarrassante.* **2.** Sujet à examiner, à discuter. *Question de droit.* ◇ *En question :* dont il s'agit, dont on parle. – *Être question de :* s'agir de. – *Mettre en question :* soumettre à une discussion. ◇ Fam. *Question (de)* [et nom] : en ce qui concerne... *Question (d')argent, tout est réglé.* – *Question de principe :* question essentielle d'où dérive le reste ; règle à observer en toutes circonstances. **3.** Problème, difficulté. *Ils se sont disputés pour des questions d'argent.* ◇ *Être en question :* poser un problème. – *Faire question :* être douteux, discutable. **4.** Spécialt. Technique de contrôle parlementaire qui permet aux membres des assemblées d'obtenir du gouvernement des renseignements ou des explications. *Question écrite, orale, avec ou sans débat. Question hebdomadaire au gouvernement.* **5.** *Question de confiance :* procédure déclenchée sur l'initiative d'un chef de gouvernement parlementaire en vue de faire adopter par une assemblée législative un ordre du jour favorable à la politique gouvernementale ou à un projet de loi. **II.** HIST. Torture légale appliquée aux accusés et aux condamnés pour leur arracher des aveux. (La question a été définitivement abolie par la Révolution.)

QUESTIONNAIRE n.m. **1.** Série de questions auxquelles on doit répondre. *Remplir un questionnaire.* **2.** PSYCHOL., SOCIOL. Dans une enquête par sondage, série de questions écrites ou orales posées aux membres d'un échantillon représentatif pour connaître leur opinion sur les problèmes abordés par l'enquête. **3.** SC. ÉDUC. *Questionnaire à choix multiple (Q.C.M.) :* questionnaire utilisé pour certains examens scolaires et universitaires et dans lequel, à chaque question posée, sont associées plusieurs réponses entre lesquelles l'élève ou l'étudiant doit choisir.

QUESTIONNEMENT n.m. Fait de s'interroger sur un problème.

QUESTIONNER v.t. Poser des questions à. *La police l'a questionné sur ses relations.*

QUESTIONNEUR, EUSE n. et adj. Litt. Personne qui pose sans cesse des questions.

QUESTURE [kɛstyr] n.f. (lat. *quaestura*). **1.** Bureau des questeurs d'une assemblée délibérante. **2.** ANTIQ. ROM. Charge de questeur.

1. QUÊTE n.f. (lat. *quaesitus,* cherché). **1.** Litt. Action de chercher. ◇ *En quête de :* à la recherche de. **2.** Action de demander et de recueillir des dons en argent ou en nature pour des œuvres pieuses ou charitables ; somme recueillie. *Faire une quête à l'église.*

2. QUÊTE n.f. (anc. fr. *cheoite,* chute). MAR. **1.** Inclinaison sur l'arrière d'un mât de navire. **2.** *Quête d'étambot :* élancement arrière d'un navire.

QUÊTER v.t. Rechercher comme une faveur. *Quêter des louanges.* ◆ v.i. Recueillir des aumônes. *Quêter à domicile.*

QUÊTEUR, EUSE n. Personne qui quête.

QUETSCHE [kwɛtʃ] n.f. (mot alsacien ; de l'all. *Zwetschge*). **1.** Grosse prune oblongue, de couleur violette. **2.** Eau-de-vie faite avec cette prune.

1. QUETZAL [kɛtzal] n.m. (mot nahuatl) [pl. *quetzals*]. Oiseau des forêts du Mexique et d'Amérique centrale, au plumage vert mordoré, pourvu chez le mâle de longues plumes caudales et d'une huppe.

2. QUETZAL n.m. (pl. *quetzales* [kɛtzalɛs]). Unité monétaire principale du Guatemala. (→ ***monnaie.***)

1. QUEUE n.f. (lat. *cauda*). **I. 1.** Partie du corps de nombreux vertébrés, postérieure à l'anus, souvent allongée et flexible, dont l'axe squelettique est un prolongement de la colonne vertébrale. **2.** Extrémité du corps, plus ou moins effilée, opposée à la tête, chez diverses espèces animales. *Queue d'un scorpion.* ◇ Fig., fam. *Sans queue ni tête :* incohérent. – *Finir en queue de poisson :* se terminer brusquement, sans conclusion satisfaisante. – *Faire une queue de poisson :* se rabattre brusquement après avoir dépassé un véhicule. **II. 1.** Appendice en forme de queue. *Queue d'une note, d'une lettre.* **2.** Pétiole d'une feuille ; pédoncule des fleurs et des fruits. *Queue d'une fleur, d'une poire.* **3.** Partie d'un objet, de forme allongée, servant à le saisir. *Queue d'une casserole.* **4.** Partie d'un vêtement qui traîne par-derrière, à terre. *La queue d'une robe.* **5.** Bandelette de parchemin fixée au bas d'un acte et supportant le sceau. **6.** CONSTR. Partie arrière, noyée dans le mur, d'une pierre posée en boutisse (par opp. à *tête*). **7.** Tige de bois tronconique, garnie à son extrémité la plus petite d'une rondelle de cuir (le procédé), avec laquelle on pousse les billes, au billard. ◇ *Fausse queue :* au billard, glissement accidentel de la queue sur la bille. **8.** ASTRON. Traînée lumineuse, constituée de gaz ou de poussières, issue de la chevelure d'une comète et toujours dirigée à l'opposé du Soleil sous l'effet du vent solaire ou de la pression de rayonnement solaire. **III. 1.** Ce qui est à la fin, au bout de qqch. *La queue d'un orage.* **2.** Dernière partie, derniers rangs d'un groupe qui avance. *La queue d'un cortège.* **3.** File de personnes qui attendent leur tour. *Faire la queue.* ◇ *À la queue leu leu :* en file, les uns derrière les autres. **4.** Ensemble des dernières voitures d'un train, d'une rame de métro. – *En queue :* à l'arrière. **5.** Derniers rangs d'un classement. *Être à la queue de sa classe.* **6.** MATH. *Théorie des queues :* étude mathématique des trafics et des flux, appliquant le calcul des probabilités aux phénomènes où un certain nombre d'objets ou d'usagers doivent attendre pour recevoir un service déterminé.

2. QUEUE n.f. → ***2. queux.***

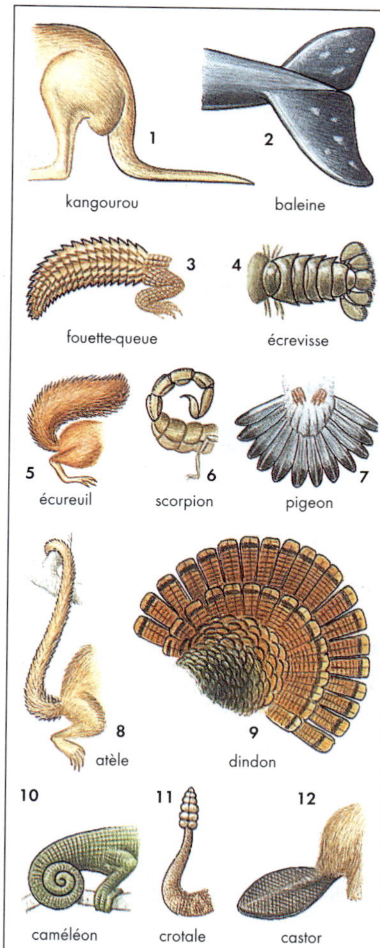

Quelques formes de **queues** et leur fonction : 1. Équilibration ; 2. Nage ; 3. Défense ; 4. Nage (recul) ; 5. Balancier ; 6. Défense ; 7. Sustentation ; 8. Préhension ; 9. Parade ; 10. Préhension ; 11. Défense (bruit) ; 12. Nage et défense (bruit).

QUEUE-D'ARONDE n.f. (pl. *queues-d'aronde*). Tenon en forme de queue d'hirondelle, pénétrant dans une entaille de même forme pour constituer un assemblage.

queue-d'aronde

QUEUE-DE-CHEVAL n.f. (pl. *queues-de-cheval*). **1.** Coiffure aux cheveux resserrés sur le sommet de la tête par un nœud ou une barrette, et flottant sur la nuque et les épaules. **2.** ANAT. Faisceau de cordons nerveux contenus dans le bas du canal rachidien, et formé de racines des nerfs lombaires, sacrés et coccygiens.

QUEUE-DE-COCHON n.f. (pl. *queues-de-cochon*). **1.** Tarière terminée en vrille. **2.** En ferronnerie, tige tordue en vrille.

QUEUE-DE-MORUE n.f. (pl. *queues-de-morue*). **1.** Large pinceau plat, à l'usage des peintres et des doreurs. **2.** Fam. Habit de cérémonie.

QUEUE-DE-PIE n.f. (pl. *queues-de-pie*). Fam. Habit de cérémonie aux basques en pointe.

QUEUE-DE-RAT n.f. (pl. *queues-de-rat*). Lime ronde et pointue pour limer dans les creux.

QUEUE-DE-RENARD n.f. (pl. *queues-de-renard*). **1.** Plante ornementale telle que l'amarante, le mélampyre, le vulpin, etc. **2.** Pin d'une espèce pyrophyte.

QUEUSOT [køzo] n.m. Tube de verre par lequel, dans une ampoule électrique, on pratique le vidage et, éventuellement, ensuite, le remplissage par un gaz déterminé.

QUEUTER v.i. (de *queue*). Au billard, garder la queue en contact avec la bille au moment où celle-ci rencontre la seconde bille ou une bande. (C'est une faute.)

1. QUEUX [kø] n.m. (lat. *coquus*). Litt. *Maître queux :* cuisinier.

2. QUEUX ou **QUEUE** n.f. (lat. *cos, cotis*). Pierre à aiguiser. *Queux à faux.*

QUI pron. relat. **1.** Sert à désigner qqn, qqch. *La personne à qui je parlais. Je fais ce qui me plaît.* **2.** Celui qui, quiconque. *Rira bien qui rira le dernier.* ◆ pron. interr. Désigne une personne. *Qui est là ?* ◆ **qui que** pron. relat. Quelle que soit la personne que. *Qui que vous soyez.*

QUIA (À) [akɥija] loc. adv. (lat. *quia,* parce que). Litt. *Être à quia, mettre à quia :* être réduit, réduire à ne pouvoir répondre.

QUICHE [kiʃ] n.f. (mot lorrain). Tarte salée en pâte brisée garnie de lardons et recouverte d'un mélange d'œufs battus et de crème. (Spécialité lorraine.)

QUICHENOTTE ou **KICHENOTTE** n.f. Anc. Coiffe traditionnelle des paysannes de Saintonge et de Vendée.

QUICHUA n.m. → ***quechua.***

QUICK [kwik] n.m. (mot angl., *rapide*). Matière synthétique dure, poreuse et légèrement granuleuse, utilisée comme revêtement de certains courts de tennis en plein air.

QUICONQUE pron. relat. indéf. (lat. *quicumque*). Toute personne qui. *La loi punit quiconque est coupable.* ◆ pron. indéf. N'importe qui. *Il est à la portée de quiconque de résoudre ce problème.*

QUID [kwid] adv. interr. (mot lat., *quoi*). Fam. *Quid de... :* qu'en est-il de... ? *Quid de ton déménagement ?*

QUIDAM [kidam] n.m. (mot lat., *un certain*). Fam. Homme dont on ignore ou dont on tait le nom.

QUIDDITÉ [kɥi-] n.f. (du lat. *quid,* quelle chose). PHILOS. Nature d'une chose telle qu'elle est exprimée par sa définition (terminologie scolastique).

QUIESCENCE [kɥiɛsɑ̃s] n.f. SC. DE LA V. Arrêt de développement des insectes en cas de conditions extérieures défavorables (température insuffisante ou sécheresse).

QUIESCENT, E [kɥiɛsɑ̃, ɑ̃t] adj. (lat. *quiescens, -entis,* de *quiescere,* se reposer). En état de quiescence.

QUIET, ÈTE [kjɛ, ɛt] adj. (lat. *quietus*). Litt. Tranquille, calme. *Existence quiète.*

QUIÉTISME [kjetism] n.m. (lat. *quietus,* tranquille). Doctrine mystique qui, s'appuyant sur les œuvres du prêtre espagnol Molinos († 1696), faisait consister la perfection chrétienne dans l'amour de Dieu et la quiétude passive et confiante de l'âme (Molinos fut condamné par Rome en 1687).

■ En France, le quiétisme fut défendu par Mme Guyon et par Fénelon, dont l'*Explication des maximes des saints* (1697) provoqua de vives polémiques. Il trouva en Bossuet et en Mme de Maintenon deux redoutables adversaires qui influencèrent Louis XIV au point que le roi obtint de Rome la condamnation de Fénelon (1699).

QUIÉTISTE adj. et n. Relatif au quiétisme ; qui en est partisan.

QUIÉTUDE [kjetyd] n.f. (du lat. *quies, -etis,* repos). Litt. Tranquillité, calme, repos.

QUIGNON [kiɲɔ̃] n.m. (de *coin*). Morceau de gros pain ou extrémité d'un pain long, contenant beaucoup de croûte.

1. QUILLE [kij] n.f. (anc. scand. *kilir*). MAR. Élément axial de la partie inférieure de la charpente d'un navire, prolongé à l'avant par l'étrave et à l'arrière par l'étambot, et sur lequel s'appuient les couples. ◇ *Quille de roulis :* tôle longitudinale fixée à la carène et destinée à amortir les mouvements de roulis.

2. QUILLE [kij] n.f. (anc. haut all. *kegil*). **1.** Chacune des pièces de bois tournées, posées verticalement sur le sol, qu'un joueur doit renverser en lançant une boule, dans le jeu dit *jeu de quilles.* **2.** Arg. *La quille :* la fin du service militaire. **3.** Pop. Jambe.

QUILLEUR, EUSE n. Canada. Joueur, joueuse de quilles.

QUILLIER n.m. (de 2. *quille*). Grosse tarière servant à ouvrir les moyeux d'une roue avant le passage du taraud.

QUILLON n.m. Chacun des bras de la croix, dans la garde d'une épée, d'une baïonnette.

QUIMBOISEUR n.m. Antilles. Sorcier, jeteur de sorts.

QUINAIRE adj. (lat. *quini,* cinq par cinq). Qui a pour base le nombre cinq.

QUINAUD, E adj. (moyen fr. *quin,* singe). Litt. et vx. Honteux, confus, penaud.

QUINCAILLERIE n.f. (de *kink-,* onomat.). **1.** Ensemble d'objets, d'ustensiles en métal servant au ménage, à l'outillage, etc. **2.** Industrie correspondante. **3.** Magasin où on vend ces objets. **4.** Fam. Bijoux faux, ou d'un luxe ostentatoire, tapageur.

QUINCAILLIER, ÈRE n. Marchand ou fabricant de quincaillerie.

QUINCKE (ŒDÈME DE) : œdème aigu de la face, de même nature que l'urticaire.

QUINCONCE [kɛ̃kɔ̃s] n.m. (lat. *quincunx,* pièce de monnaie valant cinq onces). **1.** *En quinconce :* selon une disposition par cinq (quatre objets aux quatre angles d'un carré, d'un losange ou d'un rectangle et le cinquième au milieu). **2.** Plantation disposée en quinconce.

QUINDÉCEMVIR [kɥɛ̃desɛmvir] n.m. (lat. *quindecim,* quinze, et *vir,* homme). ANTIQ. ROM. Chacun des quinze prêtres chargés de garder ou d'interpréter les livres sibyllins ainsi que de contrôler les cultes étrangers.

QUINE [kin] n.m. ou f. (lat. *quini,* cinq par cinq). Au loto, série de cinq numéros placés sur la même rangée horizontale d'un carton.

QUINÉ, E adj. BOT. Se dit de feuilles disposées cinq par cinq.

QUININE [ki-] n.f. (esp. *quina,* du quechua). Alcaloïde amer contenu dans l'écorce de quinquina, employé comme fébrifuge et pour son action sur l'hématozoaire du paludisme.

QUINOA [ki-] n.m. (mot quechua). Plante cultivée en Amérique centrale pour ses graines alimentaires. (Famille des chénopodiacées.)

QUINOLÉINE [ki-] n.f. Composé hétérocyclique $C_{10}H_7N$, comprenant un cycle benzénique accolé à un cycle de la pyridine, produit par synthèse et ayant des dérivés importants en pharmacie.

QUINONE [ki-] n.f. Composé benzénique possédant deux fonctions cétone. (Nom générique.)

QUINQUAGÉNAIRE [kɥɛ̃kwa-] ou [kɛ̃ka-] adj. et n. Qui a entre cinquante et cinquante-neuf ans.

QUINQUAGÉSIME [kɥɛ̃kwa-] ou [kɛ̃ka-] n.f. (lat. *quinquagesimus,* cinquantième). RELIG. CATH. Dimanche précédant le carême. (Cette appellation a été supprimée en 1969.)

QUINQUENNAL, E, AUX [kɛ̃kɛnal, o] adj. **1.** Qui se fait, se célèbre tous les cinq ans. *Élection quinquennale.* **2.** Qui s'étend sur cinq ans. *Plan quinquennal.*

QUINQUENNAT [kɛ̃kɛna] n.m. **1.** Durée d'un plan quinquennal. **2.** Durée d'un mandat de cinq ans.

QUINQUET [kɛ̃kɛ] n.m. (du n. du fabricant). **1.** Lampe à huile à double courant d'air, et dont le réservoir est plus haut que la mèche. **2.** Pop. Œil. *Ouvre tes quinquets !*

QUINQUINA [kɛ̃kina] n.m. (mot quechua). **1.** Arbre tropical cultivé pour son écorce, riche en quinine. (Famille des rubiacées.) **2.** Vin apéritif au quinquina.

QUINTAINE n.f. Anc. Mannequin monté sur un pivot, qui, lorsqu'on le frappait maladroitement avec la lance, tournait et assenait un coup sur le dos de celui qui l'avait frappé.

QUINTAL [kɛ̃tal] n.m. (de l'ar.) [pl. *quintaux*]. Unité de mesure de masse (symb. q), valant 10^2 kilogrammes.

QUINTE n.f. (du lat. *quintus,* cinquième). **1.** Série de cinq cartes qui se suivent. – *Quinte flush :* quinte dans une même couleur. **2.** Groupement de secousses de toux successives et répétées. **3.** MUS. Intervalle de cinq degrés dans l'échelle diatonique.

1. QUINTEFEUILLE n.f. **1.** BOT. Potentille rampante. **2.** HÉRALD. Fleur stylisée, à cinq pétales pointus.

2. QUINTEFEUILLE n.m. BX-A. Motif décoratif médiéval à cinq lobes.

QUINTESSENCE [kɛ̃tɛsɑ̃s] n.f. **1.** PHILOS. Substance éthérée et subtile tirée du corps qui la renfermait et dégagée des quatre éléments plus épais. **2.** Litt. Ce qu'il y a de principal, de meilleur, d'essentiel dans qqch. *La quintessence d'un livre.*

QUINTET [kɛ̃tɛt] n.m. (mot angl.). Quintette de jazz.

QUINTETTE [kɛ̃-] ou [kɥɛ̃tɛt] n.m. (it. *quintetto*). Morceau de musique à cinq parties. ◇ Ensemble de cinq instrumentistes ou de cinq chanteurs.

QUINTEUX, EUSE adj. **1.** MÉD. Qui se produit par quintes. *Toux quinteuse.* **2.** Litt. Sujet à des accès de mauvaise humeur.

QUINTIDI [kɛ̃-] ou [kɥɛ̃tidi] n.m. (du lat. *quintus,* cinquième, et *dies,* jour). Cinquième jour de la décade, dans le calendrier républicain.

QUINTILLION [kɥɛ̃tiljɔ̃] ou [kɛ̃-] n.m. Un million de quatrillions, soit 10^{30}.

QUINTO adv. Rare. Cinquièmement.

QUINTOLET n.m. (de *quinte,* d'après *triolet*). MUS. Groupe de cinq notes surmonté du chiffre 5, et valant quatre ou six notes de la même figure rythmique.

QUINTUPLE [kɛ̃-] adj. et n.m. Cinq fois aussi grand.

QUINTUPLER v.t. Multiplier par cinq. *Quintupler une somme.* ◆ v.i. Être multiplié par cinq. *Les prix ont quintuplé.*

QUINTUPLÉS, ÉES n. pl. Groupe de cinq enfants nés d'une même grossesse.

QUINZAINE n.f. **1.** Groupe de quinze unités ou environ. *Une quinzaine de francs.* **2.** Deux semaines.

QUINZE adj. num. et n.m. inv. (lat. *quindecim*). **1.** Quatorze plus un. **2.** Quinzième. *Louis quinze.* **3.** Au tennis, premier point que l'on peut marquer dans un jeu. **4.** Équipe de rugby. *Le quinze de France.*

QUINZIÈME adj. num. ord. et n. **1.** Qui occupe un rang marqué par le numéro quinze. **2.** Qui se trouve quinze fois dans le tout.

QUINZIÈMEMENT adv. En quinzième lieu.

QUINZISTE n.m. Joueur de rugby à quinze.

QUIPROQUO [kiprɔko] n.m. (lat. *quid pro quod,* une chose pour une autre) [pl. *quiproquos*]. Méprise, erreur qui fait prendre une chose, une personne pour une autre.

QUIPU, QUIPOU ou **QUIPO** [ki-] n.m. (mot quechua, *nœud*). Groupe de cordelettes en coton tressées et nouées, de couleurs variées, dont le nombre, le coloris et les nœuds servaient de système de comptabilité aux Incas.

QUIRAT [kira] n.m. (de l'ar.). DR. Part que l'on a dans la propriété d'un navire indivis.

QUIRATAIRE n. DR. Personne qui possède un quirat.

QUIRITE [kɥirit] n.m. (lat. *quiritus*). ANTIQ. **1.** À l'origine, citoyen romain de vieille souche. **2.** Citoyen résidant à Rome.

QUISCALE [kɥiskal] n.m. Passereau remarquable par sa livrée noire à reflets rouges, commun en Amérique centrale. (Famille des ictéridés.)

QUITTANCE [ki-] n.f. (de *quitter*). Attestation écrite par laquelle un créancier déclare un débiteur quitte envers lui.

QUITTANCER v.t. [16]. DR. Donner quittance de.

QUITTE [kit] adj. (lat. *quietus,* tranquille). Libéré d'une dette pécuniaire, d'une obligation, d'un devoir moral. *Être quitte d'une corvée, d'une visite.* ◇ *En être quitte pour :* n'avoir à subir que l'inconvénient de. – *Jouer quitte ou double :* risquer, hasarder tout. – *Quitte à :* au risque de. – *Tenir quitte :* dispenser.

QUITTER [kite] v.t. **1.** Laisser une personne, se séparer de celle-ci provisoirement ou définitivement. *Je vous quitte pour un moment. Elle a quitté son mari.* **2.** Abandonner un lieu, une activité. *Quitter Paris, ses fonctions, son travail.* ◇ *Ne quitte (quittez) pas :* reste (restez) en ligne, au téléphone. **3.** *Ne pas quitter des yeux :* avoir toujours les regards fixés sur. **4.** *Quitter ses vêtements :* se déshabiller. ◆ v.i. Afrique. Partir, s'en aller.

QUITUS [kitys] n.m. (mot lat.). Acte par lequel la gestion d'une personne est reconnue exacte et régulière. *Donner quitus à un caissier.*

1. QUI VIVE [kiviv] loc. interj. Cri poussé par les sentinelles pour reconnaître un isolé, une troupe.

2. QUI-VIVE n.m. inv. *Sur le qui-vive :* sur ses gardes dans l'attente d'une attaque.

QUIZ [kwiz] n.m. (mot angl.). Jeu, concours par questions et réponses.

QUÔC-NGU [kɔkngu] n.m. (mots vietnamiens). Système d'écriture du vietnamien, fondé sur l'alphabet latin.

1. QUOI pron. relat. (lat. *quid*). Renvoie à une phrase, une proposition (sans antécédent ou avec *rien, ce, cela* comme antécédents) comme : **1.** Complément d'objet indirect. *C'est à quoi je réfléchissais.* **2.** Complément de l'adjectif. *Il n'est rien à quoi je ne sois prêt.* ◇ Fam. *Avoir de quoi :* être riche. – *De quoi :* ce qui est suffisant pour. *Avoir de quoi vivre.* – *Quoi que :* quelle que soit la chose que. *Quoi que vous disiez, je m'en tiendrai à ma première idée.* – *Quoi qu'il en soit :* en tout état de cause. – *Sans quoi :* ou sinon.

2. QUOI pron. interr. Désigne sans précision qqch, dans l'interrogation directe. *À quoi pensez-vous ? ;* et dans l'interrogation indirecte. *Je devine à quoi vous pensez.*

QUOIQUE conj. Marque l'opposition, la concession ; encore que, bien que. *Quoique l'affaire parût réalisable, il hésitait.* – REM. Le *e* de *quoique* ne s'élide que devant *il(s), elle(s), on, un, une.*

QUOLIBET [kɔlibɛ] n.m. (lat. *quod libet,* ce qui plaît). Plaisanterie ironique ou injurieuse lancée à qqn ; raillerie malveillante.

QUORUM [kɔrɔm] ou [kwɔrɔm] n.m. (mot lat., *desquels*). **1.** Nombre de membres qu'une assemblée doit réunir pour pouvoir valablement délibérer. **2.** Nombre de votants nécessaire pour qu'une élection soit valable.

QUOTA [kɔta] ou [kwɔta] n.m. (mot lat.). **1.** Pourcentage, part, contingent. *Le gouvernement a réduit les quotas d'importation.* **2.** STAT. Modèle réduit d'une population donnée, permettant la désignation d'un échantillon représentatif.

QUOTE-PART [kɔtpar] n.f. (lat. *quota pars*) [pl. *quotes-parts*]. Part que chacun doit payer ou recevoir dans la répartition d'une somme ; contribution.

1. QUOTIDIEN, ENNE adj. (lat. *quotidianus*). Qui se fait ou revient chaque jour. *Le travail quotidien.*

2. QUOTIDIEN n.m. **1.** La vie quotidienne. *Améliorer le quotidien.* **2.** Journal qui paraît tous les jours.

QUOTIDIENNEMENT adv. Tous les jours.

QUOTIDIENNETÉ n.f. Caractère quotidien de qqch.

QUOTIENT [kɔsjã] n.m. (lat. *quoties,* combien de fois). MATH. Résultat de la division. (Le produit du diviseur par le quotient, augmenté du reste, doit reproduire le dividende.) ◇ *Quotient de deux entiers* ou *quotient euclidien :* quotient d'une division euclidienne. – *Ensemble quotient* → **ensemble.** ◇ *Quotient électoral :* résultat de la division du nombre des suffrages exprimés par le nombre de sièges à pourvoir entre les diverses listes, lorsque le système électoral est la représentation proportionnelle. (Chaque liste obtient autant de sièges que la moyenne des voix qu'elle a obtenues contient de fois le quotient ; le solde est réparti soit suivant le procédé de la *plus forte moyenne,* soit suivant le procédé du *plus fort reste.*) – *Quotient familial :* résultat de la division du revenu imposable d'une personne physique en un nombre de *parts* (lui-même fonction de l'importance de la famille), réalisant un allégement de l'impôt sur le revenu. ◇ PSYCHOL. *Quotient intellectuel (Q. I.) :* rapport entre l'âge mental, mesuré par des tests, et l'âge réel de l'enfant ou de l'adolescent, multiplié par 100. (La notion de Q. I. est parfois étendue aux adultes, notamm. en pathologie, où elle correspond à une mesure de l'efficience intellectuelle.) ◇ PHYSIOL. *Quotient respiratoire :* rapport du volume de gaz carbonique expiré au volume d'oxygène absorbé pendant le même temps.

QUOTITÉ [kɔtite] n.f. (du lat. *quot,* combien). **1.** Somme fixe à laquelle se monte chaque quote-part. ◇ *Impôt de quotité :* impôt dont le montant est établi en appliquant à la matière imposable un taux préalablement déterminé (par opp. à *impôt de répartition*). **2.** DR. *Quotité disponible :* portion de biens dont peut librement disposer par donation ou par testament une personne qui a des ascendants ou des descendants en ligne directe.

R

R n.m. inv. **1.** Dix-huitième lettre de l'alphabet et la quatorzième des consonnes notant une consonne constrictive ou vibrante sonore. **2.** $\mathbb{R}$, ensemble de tous les nombres réels. ◇ $\mathbb{R}^*$, ensemble de tous les nombres réels privés du zéro. **3.** R, symbole du röntgen.

Ra, symbole chimique du radium.

RA [ra] n.m. inv. (onomat.). Série de coups de baguettes donnés sur le tambour, de façon à former un roulement très bref.

RAB ou **RABE** n.m. Fam. Rabiot.

RABAB n.m. → ***rebab.***

RABÂCHAGE n.m. Fam. Défaut de celui qui rabâche ; ses propos.

RABÂCHER v.t. et i. Fam. Redire sans cesse et de manière lassante la même chose ; radoter.

RABÂCHEUR, EUSE adj. et n. Fam. Qui ne fait que rabâcher.

RABAIS n.m. Diminution faite sur le prix d'une marchandise, le montant d'une facture. ◇ *Travailler au rabais,* à bon marché.

RABAISSEMENT n.m. Action de rabaisser.

RABAISSER v.t. **1.** Mettre plus bas, ramener à un degré inférieur ; réduire l'autorité, l'influence de. **2.** Déprécier, amoindrir. *Rabaisser les mérites de qqn.* ◆ **se rabaisser** v.pr. S'avilir.

RABAN n.m. (moyen néerl. *rabant*). MAR. Bout de cordage, tresse, cordon.

RABANE n.f. (mot malgache). TEXT. Tissu de fibre de raphia.

RABAT n.m. **1.** Partie d'un objet conçue pour pouvoir se rabattre, se replier. **2.** Rabattage. **3.** Revers de col faisant office de cravate, porté par les magistrats et les avocats en robe, les professeurs d'université en toge et, autrefois, par les hommes d'Église.

RABAT-JOIE n.m. inv. et adj. inv. Personne qui trouble la joie des autres par son humeur chagrine.

RABATTAGE n.m. Action de rabattre le gibier. SYN. : *rabat.*

RABATTANT, E adj. MIN. Se dit d'une exploitation qui se rapproche de la galerie principale.

RABATTEMENT n.m. **1.** Action de rabattre. **2.** MATH. *Rabattement d'un plan :* rotation appliquant ce plan sur le plan horizontal, en géométrie descriptive. **3.** Opération qui consiste à abaisser le niveau d'une nappe d'eau par pompage.

1. RABATTEUR, EUSE n. **1.** CHASSE. Personne chargée de rabattre le gibier. **2.** Personne qui essaie d'amener la clientèle chez un commerçant, dans une entreprise ou de recruter des adhérents pour un parti.

2. RABATTEUR n.m. Élément d'une moissonneuse dont le mouvement rotatif rabat la récolte contre la lame.

RABATTOIR n.m. **1.** TECHN. Outil pour rabattre les bords de certains objets. **2.** Outil pour tailler l'ardoise.

RABATTRE v.t. [83]. **I. 1.** Ramener, appliquer sur ou contre (notamm. autour d'une charnière, d'une ligne de pliure, etc.). *Rabattre son col de chemise.* ◇ *Rabattre des mailles :* arrêter un tricot en faisant glisser chaque maille sur la suivante. **2.** Amener qqch, une partie de qqch dans une position plus basse. *Rabattre une balle.* **3.** MATH. Effectuer un rabattement. **4.** *Couleur, teinte rabattue,* à la fois foncée et lavée. **II. 1.** Retrancher du prix de qqch, consentir un rabais. *Rabattre 5 p. 100 sur le prix affiché.* **2.** *Rabattre un arbre,* le couper jusqu'à la naissance des branches. **III.** CHASSE. Rassembler, pousser le gibier vers les chasseurs ou vers des panneaux tendus. ◆ v.i. **1.** Quitter soudain une direction pour se diriger vers un endroit. **2.** *En rabattre :* réduire ses prétentions. ◆ **se rabattre** v.pr. Quitter brusquement une direction pour en prendre une autre. ◇ Fig. *Se rabattre sur qqch, qqn,* les choisir faute de mieux.

RABBI n.m. (mot araméen). Titre donné aux docteurs de la Loi juive.

RABBIN n.m. (araméen *rabbi,* mon maître). **1.** Chef religieux, guide spirituel et ministre du culte d'une communauté juive. **2.** *Grand rabbin :* chef d'un consistoire israélite.

RABBINAT [-na] n.m. Fonction de rabbin.

RABBINIQUE adj. Relatif aux rabbins ou au rabbinisme. ◇ *École rabbinique :* école, séminaire où se forment les rabbins.

RABBINISME n.m. Activité religieuse et littéraire du judaïsme, après la destruction du Temple en 70 et la dispersion du peuple juif. (Le XVIIIe s. clôt la période rabbinique.)

RABE n.m. → ***rab.***

RABELAISIEN, ENNE adj. Qui rappelle la verve truculente de Rabelais.

RABIBOCHER v.t. Fam. **1.** Raccommoder tant bien que mal. **2.** Réconcilier, remettre d'accord. ◆ **se rabibocher** v.pr. Fam. Se réconcilier.

RABIOT n.m. (mot gascon, *fretin*). Fam. **1.** Ce qui reste de vivres après la distribution. **2.** Temps de service supplémentaire imposé à des recrues. **3.** Supplément.

RABIOTER v.t. Pop. Prendre en supplément.

RABIQUE adj. (du lat. *rabies,* rage). Relatif à la rage.

1. RÂBLE n.m. (lat. *rutabulum*). Outil utilisé pour éliminer les impuretés superficielles du verre et des métaux fondus.

2. RÂBLE n.m. Partie du lièvre et du lapin, qui s'étend depuis le bas des épaules jusqu'à la queue.

RÂBLÉ, E adj. **1.** Qui a le râble épais. *Un lièvre bien râblé.* **2.** Se dit d'une personne plutôt petite et de forte carrure.

RÂBLER v.t. TECHN. Éliminer les impuretés d'un bain liquide de verre ou de métaux fondus, au moyen du râble.

RÂBLURE n.f. MAR. Chacune des deux rainures triangulaires pratiquées de chaque côté de la quille, de l'étrave et de l'étambot pour y loger le chant des premiers bordages.

RABONNIR v.i. Devenir meilleur.

RABOT n.m. **1.** Outil de menuisier servant à dresser et à aplanir le bois, et composé d'un fer, d'un contre-fer et d'un coin maintenus dans un fût. **2.** MIN. Engin d'abattage agissant à la façon d'un rabot de menuisier.

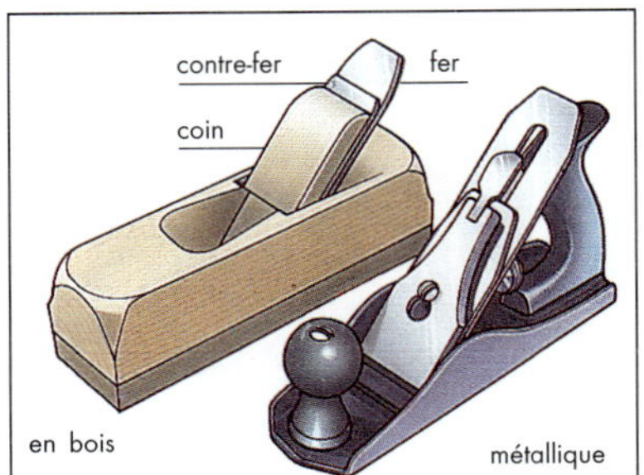

rabots

RABOTAGE n.m. Action de raboter.

RABOTER v.t. **1.** Aplanir avec un rabot. *Raboter une planche.* **2.** Fam. Frotter rudement, racler. *Raboter avec les pneus le bord d'un trottoir.*

RABOTEUR n.m. Ouvrier qui rabote. *Raboteur de parquets.*

RABOTEUSE n.f. **1.** Machine-outil de grandes dimensions servant à usiner des surfaces parallèles, et dans laquelle la coupe du métal est obtenue par le déplacement horizontal, rectiligne et alternatif de la pièce devant un outil fixe. **2.** *Raboteuse à bois :* machine servant à mettre à son épaisseur définitive une pièce de bois dégauchie sur une face.

RABOTEUX, EUSE adj. **1.** Inégal, couvert d'aspérités. *Bois, chemin raboteux.* **2.** Fig. Rude, sans harmonie. *Style raboteux.*

RABOUGRI, E adj. Qui n'a pas atteint son développement normal ; chétif.

RABOUGRIR v.t. (de *bougre,* faible). Retarder la croissance de. *Le froid rabougrit les arbres.* ◆ **se rabougrir** v.pr. Se recroqueviller sous l'effet de la sécheresse, de l'âge, etc.

RABOUILLÈRE n.f. Région. Terrier peu profond, où les lapins déposent leurs petits.

RABOUILLEUR, EUSE n. (de *rabouiller,* mot du Berry, de *bouille,* marais). Litt. Personne qui trouble l'eau avec une branche pour prendre du poisson.

RABOUTER v.t. Assembler bout à bout (des pièces de bois, de métal, de tissu, etc.).

RABROUER v.t. (anc. fr. *brouer,* gronder). Accueillir, traiter avec rudesse une personne envers laquelle on est mal disposé.

RACA interj. Litt. *Dire, crier raca à qqn,* l'injurier.

RACAGE n.m. (anc. fr. *raque*). MAR. Collier disposé autour d'un mât pour diminuer le frottement d'une vergue.

RACAHOUT [rakaut] n.m. Poudre à base de cacao, de glands doux et de riz, qui servait chez les Arabes et les Turcs à préparer des bouillies.

RACAILLE n.f. (de l'anc. fr. *rasquer ;* lat. *radere,* racler). Populace méprisable, rebut de la société.

RACCARD n.m. Suisse. Grange à blé, caractéristique du Valais.

RACCOMMODABLE adj. Qui peut être raccommodé.

RACCOMMODAGE n.m. Action de raccommoder, réparation.

RACCOMMODEMENT n.m. Fam. Réconciliation après une brouille.

RACCOMMODER v.t. **1.** Remettre en bon état, réparer. **2.** Fam. Réconcilier après une brouille. ◆ **se raccommoder** v.pr. Fam. Se réconcilier.

RACCOMMODEUR, EUSE n. Personne qui raccommode des objets, du linge, etc.

RACCOMPAGNER v.t. Reconduire qqn qui s'en va.

RACCORD n.m. **1.** Liaison destinée à assurer la continuité entre deux parties séparées ou différentes, ou à rétablir l'homogénéité des diverses parties d'un ensemble. **2.** TECHN. Pièce destinée à assurer l'assemblage, sans fuite, de deux éléments de tuyauterie, auxquels elle est fixée par des brides ou au moyen de filetages. ◇ Spécialt. CIN. Ajustement des éléments de l'image ou du son entre deux séquences, deux scènes, deux plans successifs, destiné à éviter les incohérences visuelles ou sonores ; plan tourné pour assurer cet ajustement.

RACCORDEMENT n.m. **1.** Action de raccorder, fait de se raccorder ; la jonction elle-même. *Le raccordement de deux conduites de gaz.* **2.** CH. DE F. Court tronçon de ligne servant à relier deux lignes distinctes.

RACCORDER v.t. **1.** Réunir, relier (deux choses distinctes, séparées) ; établir entre elles une liaison, une transition. *Raccorder deux canalisations.* **2.** Constituer une communication, une jonction entre. *Plusieurs ponts raccordent les deux rives.*

RACCOURCI n.m. **1.** Chemin plus court. *Prendre un raccourci.* **2.** Manière de s'exprimer en termes concis ; expression abrégée. *Un raccourci saisissant.* **3.** Réduction de certaines dimensions des objets et des figures sous l'effet de la perspective. **4.** CHORÉGR. Position dérivée dans laquelle la jambe en l'air est pliée. **5.** *En raccourci :* en abrégé, en petit.

RACCOURCIR v.t. **1.** Rendre plus court. *Raccourcir une robe, un texte.* **2.** Fig. *À bras raccourci(s) :* de toutes ses forces. ◆ v.i. Devenir plus court, diminuer. *Les jours raccourcissent en hiver.*

RACCOURCISSEMENT n.m. Action de raccourcir, de diminuer la longueur de qqch ; son résultat.

RACCROC n.m. *Par raccroc :* d'une manière heureuse et inattendue.

RACCROCHAGE n.m. Action de raccrocher.

RACCROCHER [rakrɔʃe] v.t. **1.** Accrocher de nouveau, remettre à sa place (ce qui avait été décroché). *Raccrocher un tableau.* **2.** Fam. Ressaisir, rattraper (ce qu'on croyait perdu ou très compromis). *Raccrocher une affaire.* ◆ v.i. **1.** Remettre sur le support le combiné du téléphone, ce qui interrompt la communication. **2.** Fam. Abandonner définitivement une activité. *Ce grand champion a raccroché l'année dernière.* ◆ **se raccrocher** v.pr. **1.** Se cramponner à qqch pour ne pas tomber. *Se raccrocher à une branche.* **2.** Trouver dans qqch ou auprès de qqn un réconfort, un soutien. *Il se raccroche à tout ce qui lui rappelle le passé.*

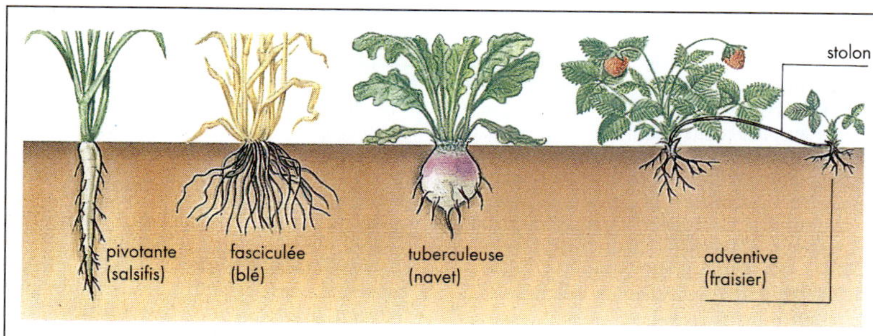

différents types de **racines**

RACCROCHEUR, EUSE adj. Qui raccroche, qui cherche à attirer l'attention. *Une publicité raccrocheuse.*

RACCUSER v.t. Belgique. Fam. Dénoncer, moucharder.

RACE n.f. (it. *razza*). **I. 1.** Chacune des trois grandes subdivisions de l'espèce humaine en Jaunes, Noirs et Blancs (v. encycl.). **2.** Subdivision d'une espèce animale. *Races canines.* ◇ *De race :* de bonne lignée, non métissé, en parlant d'un animal. **II. 1.** Litt. Ensemble des ascendants ou descendants d'une famille. **2.** Ensemble de personnes présentant des caractères communs et que l'on réunit dans une même catégorie. *La race des poètes.*

■ La diversité humaine a entraîné une classification raciale sur les critères les plus immédiatement apparents : leucodermes (Blancs), mélanodermes (Noirs), xanthodermes (Jaunes). Cette classification a prévalu, avec diverses tentatives de perfectionnement dues à l'influence des idées linnéennes, tout au long du XIXe s. Les progrès de la génétique conduisent aujourd'hui à rejeter toute tentative de classification raciale.

RACÉ, E adj. **1.** Se dit d'un animal possédant les qualités propres à une race. *Cheval racé.* **2.** Qui paraît représenter un type particulièrement fin et distingué, qui a de la classe, de l'élégance.

RACÉMIQUE adj.m. (lat. *racemus,* grappe). PHYS. Se dit d'un mélange de deux isomères optiques qui ne dévie pas le plan de polarisation de la lumière.

RACER [resœr] ou [rasɛr] n.m. (mot angl.). Canot automobile très rapide.

RACHAT n.m. **1.** Action de racheter qqch, d'acheter de nouveau. *Rachat d'une voiture.* **2.** Fig. Pardon d'une faute. *Le rachat d'un péché.* **3.** Délivrance au moyen d'une rançon. **4.** Extinction d'une obligation au moyen d'une indemnité. *Négocier le rachat d'une pension.*

RACHETABLE adj. Susceptible d'être racheté.

RACHETER v.t. [28]. **1.** Acheter (ce qu'on a vendu). *Racheter un tableau.* **2.** Acheter de nouveau. *Racheter chaque jour du pain.* **3.** Acheter d'occasion. *Racheter la voiture d'un ami.* **4.** *Racheter ses péchés,* en obtenir le pardon. **5.** Compenser. *Sa loyauté rachète son mauvais caractère.* **6.** *Racheter un candidat,* lui donner les points nécessaires pour qu'il soit admis à son examen. **7.** Délivrer en payant une rançon. *Racheter des prisonniers.* **8.** Se libérer à prix d'argent de. *Racheter une rente.* **9.** ARCHIT. Raccorder (deux plans différents). ◆ **se racheter** v.pr. Réparer ses fautes passées par une conduite méritoire.

RACHIALGIE [-ʃjal-] n.f. MÉD. Douleur au rachis.

RACHIANESTHÉSIE, RACHIANALGÉSIE ou, par abrév., **RACHI** n.f. Anesthésie des membres inférieurs et des organes du bassin par injection d'une substance anesthésiante dans le canal rachidien.

RACHIDIEN, ENNE adj. Relatif au rachis. *Bulbe rachidien.* ◇ *Canal rachidien :* canal formé par les vertèbres et qui contient la moelle épinière. – *Nerfs rachidiens :* nerfs qui naissent de la moelle épinière. (L'homme en possède 31 paires.)

RACHIS [raʃis] n.m. (gr. *rhakhis*). **1.** ANAT. Colonne vertébrale ou épine dorsale. **2.** BOT. Axe central de l'épi.

RACHITIQUE adj. et n. Atteint de rachitisme.

RACHITISME [raʃitism] n.m. Maladie de la croissance et de l'ossification, observée chez le nourrisson et le jeune enfant, caractérisée par une insuffisance de calcification des os et des cartilages, et due à une carence en vitamine D.

RACIAL, E, AUX adj. Relatif à la race. *Discrimination raciale.*

RACINAGE n.m. REL. Ornementation en camaïeu ou en couleurs rappelant l'aspect de racines.

RACINAL n.m. (pl. *racinaux*). TECHN. Grosse pièce de charpente qui supporte d'autres pièces.

RACINE n.f. (lat. *radix, radicis*). **I. 1.** Organe généralement souterrain des plantes vasculaires, qui les fixe au sol et qui assure leur ravitaillement en eau et en sels minéraux. ◇ Fig. *Prendre racine :* s'implanter quelque part, y demeurer longtemps. **2.** Partie par laquelle un organe est implanté dans un tissu. *Racine des cheveux, des dents.* **3.** Ce qui est à la base, à l'origine de qqch. *Découvrir la racine du mal.* **4.** Litt. Lien solide, attache profonde à un lieu, un milieu, un groupe. *Ce parti a de profondes racines dans le pays.* **II.** LING. Forme abstraite obtenue après élimination des affixes et des désinences, et qui est porteuse de la signification du mot. (Ainsi *chanter, chanteur, cantique, incantation* ont la même racine qui se réalise en français par deux radicaux : *chant-* et *cant-*.) **III.** MATH. *Racine carrée (d'un nombre réel) :* tout nombre réel dont le carré est égal au nombre initial. (Tout entier positif A a deux racines carrées opposées $\sqrt{A}$ et $-\sqrt{A}$.) ◇ *Racine* n^{ième} *(d'un nombre réel) :* tout nombre réel, noté $\sqrt[n]{A}$, dont la puissance $n^{ième}$ est égale au nombre initial A. – *Racine d'une équation :* solution de cette équation. – *Racine d'un polynôme* P(x) : racine de l'équation P(x) = 0.

■ Une racine principale verticale est dite *pivotante ;* des racines égales entre elles (poireau) sont dites *fasciculées ;* les racines *tuberculeuses* sont celles qui se chargent de réserves (carotte) ; les racines *adventives* sont celles qui naissent sur le côté de la tige (lierre) ou du rhizome (iris).

RACINER v.t. REL. Procéder au racinage de (une peau).

RACINIEN, ENNE adj. Propre à Jean Racine, à son art.

RACISME n.m. **1.** Idéologie fondée sur la croyance qu'il existe une hiérarchie entre les groupes humains, les « races » ; comportement inspiré par cette idéologie. **2.** Attitude d'hostilité systématique à l'égard d'une catégorie déterminée de personnes. *Racisme antijeunes.*

RACISTE adj. et n. Qui relève du racisme ; qui fait preuve de racisme.

RACK n.m. (mot angl.). Meuble de rangement pour appareils électroacoustiques, à dimensions normalisées.

RACKET [rakɛt] n.m. (mot amér.). Extorsion d'argent par intimidation et violence.

RACKETTER v.t. Soumettre à un racket.

RACKETTEUR [rakɛtœr] n.m. (mot amér.). Malfaiteur exerçant un racket.

RACLAGE ou **RACLEMENT** n.m. Action de racler ; bruit qui en résulte.

RACLE n.f. Mince lame d'acier qui essuie les formes d'impression en héliogravure, en ne laissant de l'encre que dans les alvéoles gravées.

RACLÉE n.f. Fam. **1.** Volée de coups. **2.** Défaite écrasante.

RACLER v.t. (lat. *rastrum,* râteau). **1.** Enlever les aspérités d'une surface en grattant pour nettoyer, égaliser ; frotter rudement. *Racler l'intérieur d'une casserole.* ◇ Fig. et fam. *Racler les fonds de tiroirs :* chercher le peu d'argent encore disponible.

– Fam. *Racler le gosier :* produire une sensation d'âpreté quand on l'avale, en parlant d'une boisson forte. **2.** *Racler du violon :* en jouer mal. ◆ **se racler** v.pr. *Se racler la gorge :* s'éclaircir la voix.

RACLETTE n.f. **1.** Mets d'origine valaisanne préparé en présentant à la flamme un fromage coupé en deux et dont on racle la partie ramollie pour la manger au fur et à mesure qu'elle fond ; fromage qui sert à cette préparation. **2.** TECHN. Outil pour gratter et lisser les surfaces planes. SYN. : *racloir.* **3.** Belgique. Instrument servant à racler les sols pour les nettoyer.

RACLEUR, EUSE n. Personne qui racle.

RACLOIR n.m. **1.** TECHN. Raclette. **2.** PRÉHIST. Outil de pierre obtenu par une retouche continue sur un ou deux bords.

RACLURE n.f. Petite partie qu'on enlève d'un corps en le raclant ; déchet.

RACOLAGE n.m. Action de racoler. (Le racolage en vue de la débauche est punissable de prison et d'amende.)

RACOLER v.t. (de *cou*). **1.** Attirer, recruter par des moyens publicitaires ou autres. *Racoler des clients.* **2.** Accoster, solliciter des passants, en parlant de qqn qui se livre à la prostitution. **3.** HIST. Recruter par surprise ou par force pour le service militaire.

RACOLEUR, EUSE adj. et n. Qui racole. *Publicité racoleuse.*

RACONTABLE adj. Qui peut être raconté.

RACONTAR n.m. Fam. Récit insignifiant, bavardage, cancan.

RACONTER v.t. (anc. fr. *aconter,* conter). **1.** Faire le récit de, rapporter. *Raconter une histoire.* **2.** Dire à la légère (des choses blâmables ou ridicules). *Ne crois pas tout ce qu'on te raconte.*

RACONTEUR, EUSE n. Litt. Personne qui raconte, aime raconter.

RACORNIR v.t. (de *corne*). Dessécher, rendre dur et coriace comme de la corne.

RACORNISSEMENT n.m. Fait de racornir.

RAD n.m. Ancienne unité de dose absorbée de rayonnements ionisants, qui vaut 1/100 de gray.

rad, symbole du radian. ◇ *rad/s,* symbole du radian par seconde. ◇ *rad/s²,* symbole du radian par seconde carrée.

RADAR n.m. (sigle de l'angl. *radio detection and ranging,* détection et télémétrie par radio). Appareil de radiorepérage qui permet de déterminer la position et la distance d'un obstacle, d'un aéronef, etc., par l'émission d'ondes radioélectriques et la détection des ondes réfléchies à sa surface.

■ Le principe du radar est fondé sur l'émission, par impulsions de courte durée, de faisceaux étroits d'ondes radioélectriques qui, après réflexion contre un obstacle, retournent vers un récepteur. La durée du trajet aller et retour des ondes, qui se propagent à la vitesse de la lumière, soit 300 000 km/s, permet de déterminer la distance de l'obstacle. L'orientation de l'antenne, qui sert d'abord à l'émission, puis à la réception, en indique la direction. Un radar se compose donc d'un *générateur d'impulsions,* d'une *antenne directrice,* d'un *récepteur,* employant la même antenne, et, enfin, d'un *indicateur,* servant à lire les résultats.

Depuis la bataille d'Angleterre (1940), le radar a supplanté tous les autres systèmes de guet aérien. En dehors de son rôle essentiel dans les trois armées dans le domaine de la défense aérienne, l'emploi militaire du radar s'est largement diversifié depuis 1945 : *radars de bord* des avions, *radars d'autoguidage* des missiles dans les aviations militaires, *radars de surveillance au sol* dans les forces terrestres et *radars de tir* dans les forces navales.

radar de surveillance au sol (centre de contrôle de défense aérienne américain)

RADARASTRONOMIE n.f. Technique du radar appliquée à l'étude des astres.

RADARISTE n. Spécialiste de la mise en œuvre et de l'entretien des radars.

RADE n.f. (moyen angl. *rad*). Grand bassin naturel ou artificiel ayant issue libre vers la mer et où les navires peuvent mouiller. ◇ Fam. *Rester, être en rade :* être en panne. – Fam. *Laisser en rade :* laisser tomber, abandonner.

RADEAU n.m. (anc. prov. *radel*). **1.** Petite construction flottante plate, en bois ou en métal, utilisée comme bâtiment de servitude ou de sauvetage. **2.** Train de bois sur une rivière.

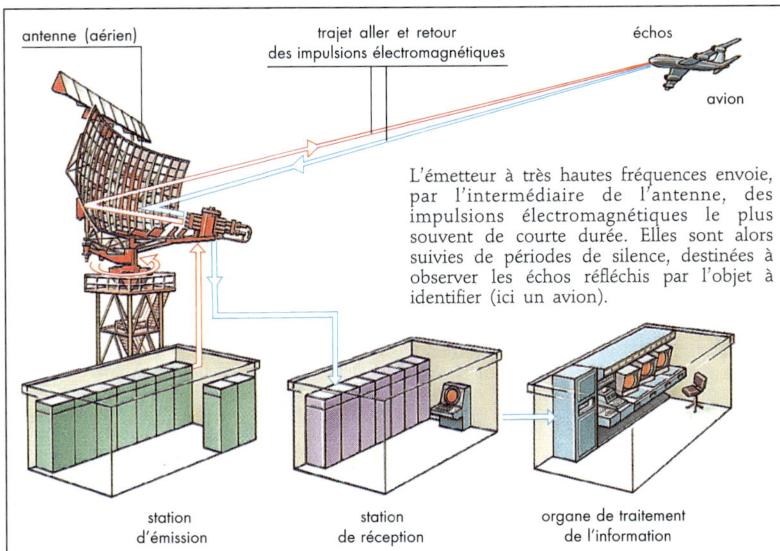

L'émetteur à très hautes fréquences envoie, par l'intermédiaire de l'antenne, des impulsions électromagnétiques le plus souvent de courte durée. Elles sont alors suivies de périodes de silence, destinées à observer les échos réfléchis par l'objet à identifier (ici un avion).

Les échos captés par l'antenne sont traités successivement par le récepteur et par les organes de traitement de l'information, afin de déterminer, à partir des instants de réception (par rapport aux instants d'émission), la distance et la direction de l'objet à identifier.

radar : principe de fonctionnement

RADER v.t. (lat. *radere,* raser). Vx. Mesurer ras à l'aide d'une règle qu'on passe sur les bords de la mesure.

RADEUSE n.f. Arg. et vx. Prostituée qui racole sur la voie publique.

RADIAIRE adj. Disposé en rayons autour d'un axe. *Symétrie radiaire.*

RADIAL, E, AUX adj. (lat. *radius,* rayon). **1.** Relatif au rayon, disposé suivant un rayon. **2.** ANAT. Relatif au radius. *Nerf radial.*

RADIALE n.f. Voie routière reliant un centre urbain à sa périphérie.

RADIAN n.m. Unité SI de mesure d'angle (symb. rad), équivalant à l'angle qui, ayant son sommet au centre d'un cercle, intercepte sur la circonférence de ce cercle un arc d'une longueur égale à celle du rayon du cercle. *1 radian est égal à 180/π degrés.* ◇ *Radian par seconde :* unité de mesure de vitesse angulaire (symb. rad/s), équivalant à la vitesse angulaire d'un corps qui, animé d'une rotation uniforme autour d'un axe fixe, tourne en 1 seconde de 1 radian. – *Radian par seconde carrée :* unité de mesure d'accélération angulaire (symb. rad/s²), équivalant à l'accélération angulaire d'un corps qui est animé d'une rotation uniformément variée autour d'un axe fixe et dont la vitesse angulaire varie en 1 seconde de 1 radian par seconde.

RADIANCE n.f. Vieilli. Rayonnement.

1. RADIANT, E adj. Qui se propage par radiations ; qui émet des radiations.

2. RADIANT n.m. ASTRON. Point du ciel d'où paraissent émaner les étoiles filantes d'un essaim.

RADIATEUR n.m. **1.** Dispositif augmentant la surface de rayonnement d'un appareil de chauffage ou de refroidissement. **2.** Élément du chauffage central assurant l'émission de la chaleur.

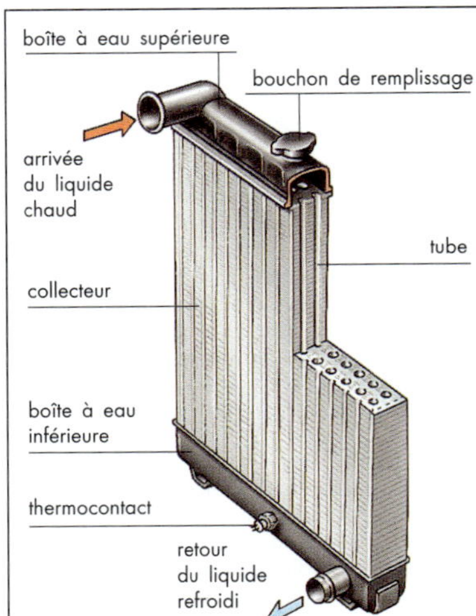

radiateur d'automobile

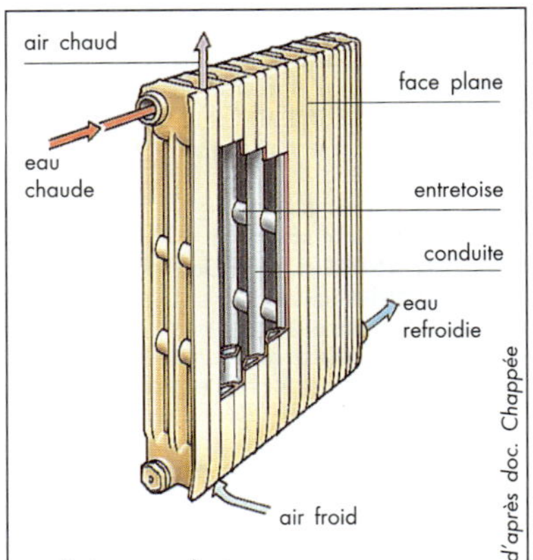

radiateur en fonte à circulation d'eau chaude

RADIATIF, IVE adj. PHYS. Qui concerne les radiations.

1. RADIATION n.f. (lat. *radiatio,* de *radiare,* irradier). **1.** PHYS. Émission de particules ou d'un rayonnement monochromatique ; ces particules ou ce rayonnement lui-même. ◇ *Pression de radiation :* pression de rayonnement. **2.** BIOL. *Radiation évolutive* ou *adaptative :* chacune des directions dans lesquelles s'est faite l'évolution d'un organe animal ou végétal le long des divers phylums, et qui a eu pour effet d'adapter l'espèce ou le groupe à un milieu ou à un mode de vie particuliers.

2. RADIATION n.f. **1.** Action de radier, de rayer d'une liste. **2.** Action de radier d'une liste de professionnels habilités, constituant une sanction. *Radiation de l'ordre des médecins.*

1. RADICAL, E, AUX adj. (lat. *radicalis,* de *radix,* racine). **I. 1.** Qui appartient à la nature profonde de qqn, de qqch ; qui vise à atteindre qqch dans ses causes profondes. *Vice radical d'une constitution. Changement radical.* **2.** Se dit d'un genre d'action ou de moyen très énergique, très efficace, dont on use pour combattre qqch. *Une action radicale contre la fraude.* **II.** BOT. Qui appartient à la racine d'une plante. **III.** LING. Qui appartient au radical ou à la racine d'un mot.

2. RADICAL, E, AUX adj. et n. (angl. *radical*). Qui est partisan du radicalisme, doctrine des républicains libéraux et laïques, dont le rôle politique a été prédominant sous la IIIe République. ◆ adj. **1.** Se dit d'une organisation, d'une attitude visant à des réformes profondes de la société. **2.** *Économie radicale :* doctrine économique américaine proche du marxisme, pour laquelle l'économie doit faire l'objet d'une « relecture », en termes totalement renouvelés.

3. RADICAL n.m. **1.** CHIM. Partie d'un composé moléculaire qui peut exister à l'état non combiné *(radical libre)* ou qui reste inchangée dans une réaction *(radical organique).* **2.** LING. Forme réelle prise par la racine d'un mot. **3.** MATH. Signe désignant une racine : $\sqrt{\ }$ pour la racine carrée, $\sqrt[n]{\ }$ pour la racine $n^{ième}$.
■ Les radicaux libres présents dans l'atmosphère altèrent la peau. C'est en outre par leur intermédiaire que les polluants atmosphériques exercent leur toxicité.

RADICALAIRE adj. Relatif à un radical chimique.

RADICALEMENT adv. De façon radicale ; entièrement, absolument.

RADICALISATION n.f. Action de radicaliser ; son résultat.

RADICALISER v.t. Rendre plus intransigeant, plus dur.

RADICALISME n.m. **1.** Attitude d'esprit et doctrine de ceux qui veulent une rupture complète avec le passé institutionnel et politique. **2.** Ensemble des positions du parti radical et radical-socialiste, en France. **3.** Attitude d'esprit d'une intransigeance absolue.

RADICALITÉ n.f. Caractère de ce qui est radical, catégorique, sans concession.

RADICAL-SOCIALISME n.m. Doctrine politique apparentée au socialisme, apparue en France dans les années 1880-1890.

RADICAL-SOCIALISTE adj. et n. (pl. *radicaux-socialistes*). Relatif au radical-socialisme ; membre du parti radical et radical-socialiste (v. partie n. pr.). Abrév. (fam.) : *radsoc.* – REM. On trouve parfois la forme *radicale-socialiste* (pl. *radicales-socialistes*) pour le fém.

RADICANT, E adj. BOT. Se dit des plantes dont les tiges émettent des racines sur différents points de leur longueur.

RADICELLE n.f. Racine secondaire, très petite.

RADICOTOMIE n.f. CHIR. Section d'une racine nerveuse rachidienne, en général sensitive, afin de supprimer une douleur.

RADICULAIRE adj. **1.** BOT. Relatif aux racines, aux radicules. ◇ *Poussée radiculaire :* pression exercée par les racines, qui entraîne l'ascension de la sève brute. **2.** MÉD. **a.** Relatif à la racine des nerfs crâniens ou rachidiens. **b.** Relatif à la racine d'une dent.

RADICULALGIE n.f. MÉD. Douleur liée à la souffrance de la racine postérieure d'un nerf rachidien.

RADICULE n.f. (lat. *radicula*). BOT. Partie de la plantule qui fournit la racine.

RADICULITE n.f. MÉD. Lésion d'une racine d'un nerf rachidien ou d'un nerf crânien.

RADIÉ, E adj. (lat. *radius,* rayon). Didact. Qui présente des lignes rayonnantes.

RADIÉE n.f. (lat. *radius,* rayon). *Radiées :* sous-famille de plantes au capitule constitué de fleurons et entouré de fleurs en languettes, telles que la marguerite et la pâquerette. (Famille des composées.)

1. RADIER n.m. (p.-ê. du lat. *ratis,* radeau). Dalle épaisse en maçonnerie ou en béton qui constitue la fondation d'un ouvrage, le plancher d'une fosse, d'un canal.

2. RADIER v.t. (bas lat. *radiare,* rayer). Rayer sur une liste, sur un registre. *Radier un candidat.*

RADIESTHÉSIE n.f. (lat. *radius,* rayon, et gr. *aisthêsis,* sensation). **1.** Sensibilité hypothétique à certaines radiations, connues ou inconnues. **2.** Méthode de détection fondée sur cette sensibilité.

RADIESTHÉSISTE n. Personne qui pratique la radiesthésie.

RADIEUX, EUSE adj. **1.** Brillant, lumineux. *Soleil radieux. Journée radieuse.* **2.** Qui rayonne de joie, de bonheur. *Visage radieux.*

RADIN, E adj. et n. Fam. Avare. – REM. Au fém., l'adj. peut rester inv. en genre.

RADINER v.i. ou **SE RADINER** v.pr. (anc. fr. *rade,* rapide). Pop. Arriver, venir.

RADINERIE n.f. Fam. Avarice.

1. RADIO n.f. (abrév.). **1. a.** Radiodiffusion. **b.** MÉD. Radiographie. **c.** Radiotéléphonie. **2.** Poste récepteur de radiodiffusion sonore. **3.** *Radio locale privée :* station de radiodiffusion privée dont les émissions sont captées localement. (La loi du 9 nov. 1981 a légalisé les radios locales privées, dites *radios libres.*)

2. RADIO n.m. (abrév.). **1.** Radiotélégraphiste. **2.** Radiotéléphoniste. **3.** Canada. Poste récepteur de radiodiffusion.

RADIOACTIF, IVE adj. Doué de radioactivité.

RADIOACTIVATION n.f. Formation d'un radioélément par irradiation d'un élément non radioactif.

RADIOACTIVITÉ n.f. Propriété de certains noyaux atomiques de perdre spontanément de leur masse en émettant des particules ou des rayonnements électromagnétiques.

RADIOALIGNEMENT n.m. AÉRON. et MAR. Dispositif permettant de guider un avion ou un navire le long d'un axe balisé par deux émissions radiophoniques.

RADIOALTIMÈTRE n.m. Altimètre utilisant le principe du radar.

RADIOAMATEUR n.m. Amateur pratiquant l'émission et la réception sur ondes courtes.

RADIOASTRONOME n. Spécialiste de radioastronomie.

RADIOASTRONOMIE n.f. Branche de l'astronomie qui a pour objet l'étude du rayonnement radioélectrique des astres.

RADIOBALISAGE n.m. Signalisation au moyen de radiobalises.

RADIOBALISE n.f. Émetteur de faible puissance modulé par un signal d'identification pour guider les navires en mer ou pour indiquer aux avions leur position.

RADIOBALISER v.t. Munir d'une signalisation par radiobalisage.

RADIOBIOLOGIE n.f. Étude de l'action biologique de l'ionisation produite par les rayons X, les corps radioactifs et les neutrons.

RADIOCARBONE n.m. Isotope radioactif, de masse 14, du carbone.

RADIOCASSETTE n.f. Appareil constitué d'un poste de radio associé à un lecteur de cassettes.

RADIOCOBALT n.m. Isotope radioactif, de masse 60, du cobalt. SYN. : *cobalt 60, cobalt radioactif.*

RADIOCOMMANDE n.f. Commande à distance, grâce à des ondes radioélectriques.

RADIOCOMMUNICATION n.f. TECHN. Télécommunication réalisée à l'aide d'ondes radioélectriques.

RADIOCOMPAS n.m. Radiogoniomètre qui permet à un avion ou à un navire de conserver sa direction grâce aux indications fournies par une station émettrice au sol.

RADIOCONCENTRIQUE adj. Se dit du plan d'une agglomération dont les artères, circulaires et concentriques, sont reliées entre elles par des voies qui rayonnent à partir du centre.

RADIOCONDUCTEUR n.m. Conducteur dont la résistance varie sous l'action des ondes électromagnétiques.

RADIOCRISTALLOGRAPHIE n.f. Étude de la structure des cristaux, fondée sur la diffraction des rayons X, des électrons, des neutrons, etc.

RADIODERMITE n.f. Dermite due aux rayons X ou à des substances radioactives.

RADIODIAGNOSTIC n.m. Application des rayons X au diagnostic médical. (Il s'appuie sur les résultats de la radiographie ou de la radioscopie.)

RADIODIFFUSER v.t. Diffuser par la radio.

RADIODIFFUSION n.f. **1.** Radiocommunication à usage public qui comporte des programmes sonores, des programmes de télévision, etc. **2.** Organisme spécialisé dans cette activité. *(V. illustration p. 850.)*

RADIOÉLECTRICIEN, ENNE n. Spécialiste de la radioélectricité.

RADIOÉLECTRICITÉ n.f. Technique permettant la transmission à distance de messages et de sons à l'aide des ondes électromagnétiques.

RADIOÉLECTRIQUE adj. **1.** Qui concerne la radioélectricité. SYN. : *hertzien.* **2.** Qui se rapporte au rayonnement électromagnétique de longueur d'onde supérieure au millimètre.

RADIOÉLÉMENT n.m. Élément chimique radioactif. SYN. : *radio-isotope.*

RADIOFRÉQUENCE n.f. Fréquence d'une onde hertzienne utilisée en radiocommunication.

RADIOGALAXIE n.f. Galaxie émettant un rayonnement radioélectrique intense.

RADIOGONIOMÈTRE n.m. RADIOTECHN. Appareil permettant de déterminer la direction d'un émetteur radioélectrique et qui, à bord des avions et des navires, sert à repérer direction et position.

RADIOGONIOMÉTRIE n.f. RADIOTECHN. Détermination de la direction et de la position d'un poste radioélectrique émetteur. SYN. : *goniométrie.*

RADIOGRAMME n.m. Message transmis par radiotélégraphie. SYN. : *radiotélégramme.*

RADIOGRAPHIE n.f. **1.** RADIOL. Prise de phototypes au moyen de rayons X ; phototype réalisé par exposition d'une surface sensible à ces rayons. **2.** Litt. Description objective et en profondeur de (un phénomène, une personnalité). *Une radiographie de l'électorat.*

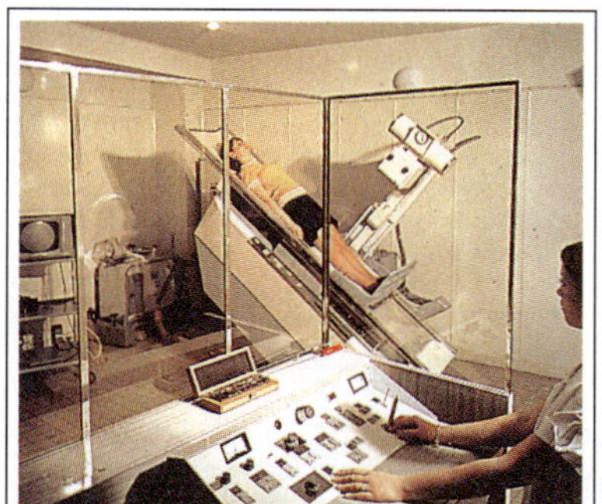

radiographie : installation de radiodiagnostic avec table télécommandée, console de commande à distance et écran de radioscopie télévisée

RADIOGRAPHIER v.t. **1.** RADIOL. Photographier à l'aide de rayons X. **2.** Litt. Analyser avec précision et objectivité.

RADIOGUIDAGE n.m. **1.** RADIOTECHN. Guidage d'un engin mobile (avion, bateau, par ex.) par ondes radioélectriques. **2.** Diffusion d'informations radiophoniques concernant le trafic routier.

RADIOGUIDER v.t. Procéder au radioguidage de.

RADIO-IMMUNOLOGIE n.f. Technique de dosage, à l'aide de marqueurs radioactifs, de grosses molécules biologiques (hormones).

RADIO-ISOTOPE n.m. (pl. *radio-isotopes*). Radioélément. SYN. : *isotope radioactif.*

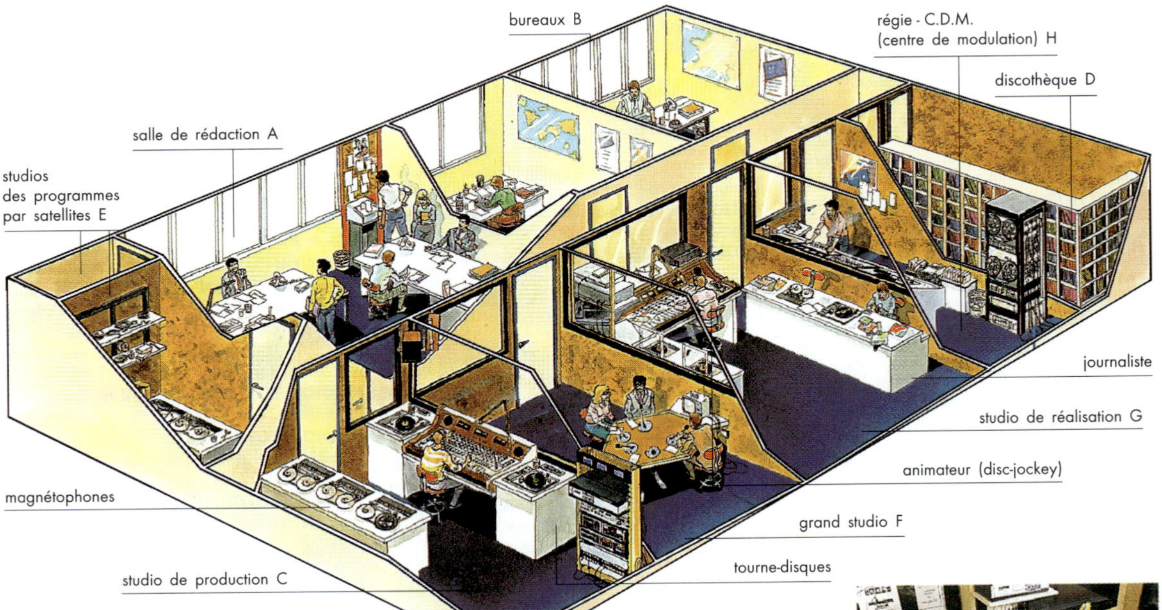

vue générale de la station

schéma de fonctionnement

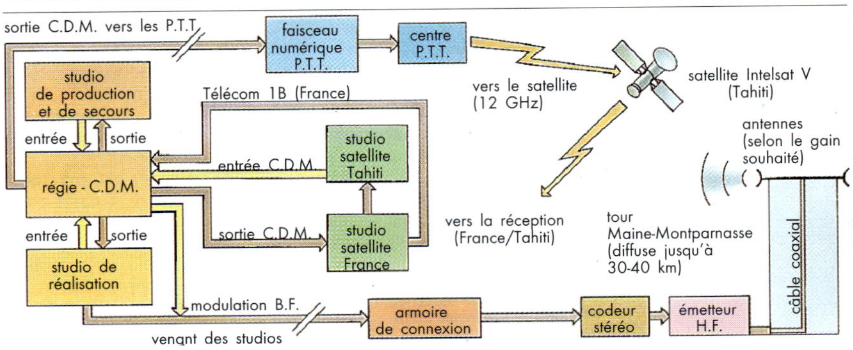

studio de réalisation

régie - C.D.M.

Cette station locale privée émet en modulation de fréquence (FM) et en stéréophonie 24 heures sur 24.
À l'intérieur de la salle de rédaction (A), les journalistes préparent la revue de presse, les bulletins d'informations et les flashes. Les bureaux (B) sont réservés aux administrateurs de la station. Dans le studio de production (C), un technicien à sa console prépare les bandes musicales et de publicité préenregistrées à l'aide de tourne-disques et de magnétophones. Il utilise pour ce travail la discothèque de la station (D). Dans 2 petits studios attenants (E), des installations sont chargées de la diffusion des programmes par satellites. Dans le grand studio (F), on enregistre un débat qui sera diffusé ultérieurement. Un animateur (disc-jockey), le casque sur les oreilles, dans le studio de réalisation (G), passe des bandes musicales, des bandes-annonces publicitaires, organise des jeux et donne la parole, à intervalles réguliers, à la journaliste chargée des flashes. À la régie-C.D.M. (H), un technicien s'assure que l'émission se déroule normalement et qu'elle est bien diffusée. Il peut lancer immédiatement un programme de secours en cas de panne ; le C.D.M. est relié par câble à l'émetteur se trouvant dans un local technique, lui-même connecté aux antennes disposées au sommet de la tour Maine-Montparnasse. Enfin, une liaison spéciale par le relais de satellites assure une diffusion sur l'ensemble de la France et sur Tahiti.

d'après doc. Kiss-FM

radiodiffusion sonore

RADIOLAIRE n.m. *Radiolaires :* classe de protozoaires des mers chaudes formés d'un squelette siliceux autour duquel rayonnent de fins pseudopodes. (Embranchement des rhizopodes.)

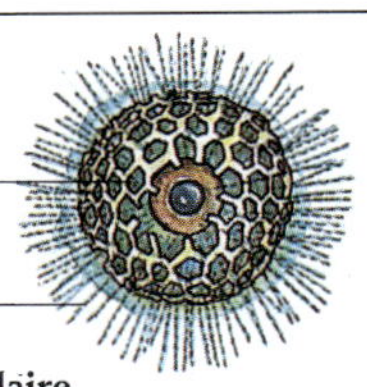

exemple de **radiolaire**

RADIOLARITE n.f. Roche sédimentaire siliceuse, d'origine marine, formée essentiellement de tests de radiolaires.

RADIOLÉSION n.f. MÉD. Affection provoquée par les rayons X et les corps radioactifs.

RADIOLOCALISATION n.f. Technique de positionnement maritime utilisant les ondes radioélectriques.

RADIOLOGIE n.f. MÉD. Partie de la médecine qui utilise les rayons X, les isotopes radioactifs et les radiations non ionisantes (ultrasons) à des fins diagnostiques ou thérapeutiques.

RADIOLOGIQUE adj. Relatif à la radiologie.

RADIOLOGUE ou **RADIOLOGISTE** n. Spécialiste de radiologie.

RADIOLYSE n.f. CHIM., PHYS. Décomposition de substances chimiques par action de rayonnements ionisants.

RADIOMESSAGERIE n.f. Service de radiocommunication destiné à la transmission de messages vers un terminal ou un groupe de terminaux mobiles. (On dit aussi *radiomessagerie unilatérale.*)

RADIOMÉTALLOGRAPHIE n.f. Radiographie appliquée à l'examen non destructif des métaux.

RADIOMÈTRE n.m. Appareil qui permet de mesurer le flux d'énergie transportée par les ondes électromagnétiques ou acoustiques. (C'est à l'aide de radiomètres sensibles à l'infrarouge que les sondes spatiales mesurent la température à la surface et dans l'atmosphère des planètes.)

RADIONAVIGANT n.m. Opérateur de radio faisant partie de l'équipage d'un navire ou d'un avion.

RADIONAVIGATION n.f. RADIOTECHN. Technique de navigation faisant appel à des procédés radioélectriques.

RADIONÉCROSE n.f. MÉD. Destruction tissulaire due à l'action des rayons X.

RADIOPHARE n.m. Station émettrice d'ondes radioélectriques, permettant à un navire ou à un avion de déterminer sa position et de suivre la route prévue.

RADIOPHONIE n.f. Système de transmission des sons utilisant les propriétés des ondes radioélectriques.

RADIOPHONIQUE adj. Relatif à la radiophonie, à la radiodiffusion.

RADIOPHOTOGRAPHIE n.f. RADIOL. Photographie de l'image obtenue sur un écran de radioscopie.

RADIOPROTECTION n.f. Ensemble des moyens utilisés pour se protéger contre les rayonnements ionisants.

RADIORÉCEPTEUR n.m. Poste récepteur de radiocommunication.

RADIOREPORTAGE n.m. Reportage diffusé par le moyen de la radiodiffusion.

RADIOREPORTER [radjɔrəpɔrtɛr] n. Journaliste spécialisé(e) dans les radioreportages.

RADIORÉSISTANCE n.f. BIOL. État des tissus, et spécialement des tumeurs, qui, spontanément ou à la suite de plusieurs irradiations, ont perdu leur sensibilité aux radiations ionisantes.

RADIORÉVEIL ou **RADIO-RÉVEIL** n.m. (pl. *radioréveils* ou *radios-réveils*). Appareil de radio associé à un réveil électronique.

RADIOSCOPIE n.f. Examen dynamique d'un objet ou d'un organe d'après leur image portée sur un écran fluorescent au moyen de rayons X. (L'examen se fait habituellement par l'intermédiaire d'une chaîne de télévision grâce à un amplificateur de brillance.)

RADIOSENSIBILITÉ n.f. BIOL. Sensibilité des tissus vivants à l'action des rayonnements ionisants.

RADIOSONDAGE n.m. Mesure météorologique effectuée au moyen d'un ballon-sonde équipé d'appareils radioélectriques émetteurs.

RADIOSONDE n.f. MÉTÉOR. Appareil qui transmet automatiquement à un opérateur au sol les renseignements recueillis par les éléments d'un équipement météorologique entraîné par un ballon-sonde au cours de son ascension.

RADIOSOURCE n.f. ASTROPHYS. Astre émetteur de rayonnement radioélectrique.

RADIO-TAXI n.m. (pl. *radio-taxis*). Taxi relié à sa compagnie par un équipement radiophonique.

RADIOTECHNIQUE n.f. Ensemble des techniques d'utilisation des rayonnements radioélectriques. ◆ adj. Relatif à la radiotechnique.

RADIOTÉLÉGRAMME n.m. Radiogramme.

RADIOTÉLÉGRAPHIE n.f. Télégraphie sans fil.

RADIOTÉLÉGRAPHISTE n. Spécialiste de radiotélégraphie.

RADIOTÉLÉPHONE n.m. Téléphone utilisant un réseau de radiotéléphonie.

RADIOTÉLÉPHONIE n.f. Téléphonie par voie radioélectrique avec des mobiles.

RADIOTÉLÉPHONISTE n. Spécialiste de radiotéléphonie.

RADIOTÉLESCOPE n.m. ASTRON. Instrument destiné à capter les ondes radioélectriques émises par les astres.

RADIOTÉLÉVISÉ, E adj. Transmis à la fois par la radiodiffusion et la télévision.

RADIOTÉLÉVISION n.f. Ensemble des installations, des services et des programmes de radio et de télévision.

RADIOTHÉRAPEUTE n. MÉD. Spécialiste de radiothérapie.

RADIOTHÉRAPIE n.f. MÉD. Traitement par les rayons X, les rayons γ et les radiations ionisantes.

RADIOTROTTOIR n.m. ou f. Afrique. Fam. Rumeur publique, nouvelles officieuses.

RADIS [radi] n.m. (it. *radice ;* lat. *radix, -icis,* racine). **1.** Plante potagère, à racine comestible, de la famille des crucifères ; cette racine. **2.** Pop. *N'avoir pas un radis :* ne pas avoir d'argent.

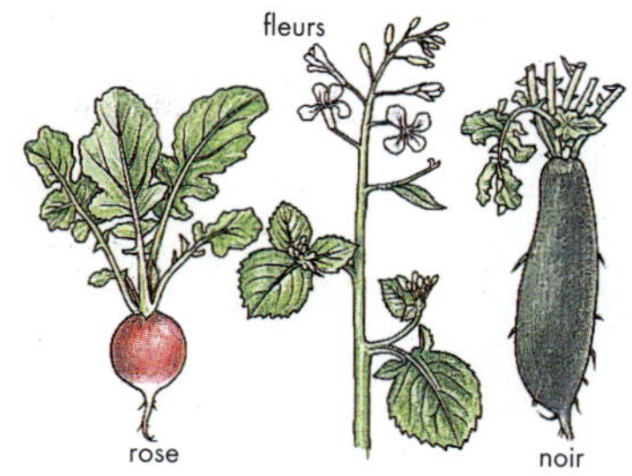

radis

RADIUM [radjɔm] n.m. Élément chimique (Ra), de numéro atomique 88 et de masse atomique 226,025, extrêmement radioactif. (Découvert en 1898 par P. et M. Curie, le radium est un métal alcalino-terreux analogue au baryum.)

RADIUS [radjys] n.m. (mot lat., *rayon*). Le plus externe des deux os de l'avant-bras. (Le radius tourne autour du cubitus, permettant les mouvements de pronation et de supination.)

RADJAH n.m. → ***raja.***

RADÔME n.m. (angl. *radome,* de *radar* et *dome,* dôme). TECHN. Dôme, coupole destinés à protéger une antenne de télécommunication contre les intempéries.

RADON n.m. Élément gazeux radioactif (Rn), de numéro atomique 86.

RADOTAGE n.m. Action de radoter ; propos de qqn qui radote.

RADOTER v.i. (du néerl. *doten,* être fou). Tenir des propos peu cohérents ou peu sensés. ◆ v.i. et t. Répéter de façon fastidieuse les mêmes propos.

RADOTEUR, EUSE n. Personne qui radote.

RADOUB [radu] n.m. MAR. Réparation, entretien de la coque d'un navire. ◇ *Bassin, cale de radoub :* cale sèche.

RADOUBER v.t. (de *adouber*). **1.** MAR. Réparer (un navire). **2.** Vieilli. Raccommoder, réparer (des vêtements).

RADOUCIR v.t. Rendre plus doux, plus conciliant. ◆ **se radoucir** v.pr. Devenir plus doux. *Le temps se radoucit.*

RADOUCISSEMENT n.m. Action de radoucir ; fait de se radoucir.

RADSOC [radsɔk] n. et adj. (abrév.). Fam. Radical-socialiste.

RADULA n.f. (mot lat., *racloir*). Langue râpeuse existant chez les mollusques (sauf chez les bivalves).

RAFALE n.f. (it. *raffica*). **1.** Coup de vent violent et momentané. **2.** Ensemble de coups tirés sans interruption par une arme automatique, une pièce ou une unité d'artillerie, avec les mêmes éléments de tir. **3.** Fig. Manifestation soudaine, violente. *Une rafale d'applaudissements.*

RAFFERMIR v.t. Rendre plus ferme, consolider. *Raffermir les gencives, la santé, le courage.* ◆ **se raffermir** v.pr. Devenir plus stable.

RAFFERMISSEMENT n.m. Action de raffermir ; fait de se raffermir.

RAFFINAGE n.m. **1.** Action de purifier le sucre, les métaux, l'alcool, le caoutchouc, etc. **2.** PÉTR. Ensemble des procédés de fabrication des produits pétroliers.

RAFFINAT n.m. PÉTR. Produit raffiné.

1. RAFFINÉ, E adj. **1.** Débarrassé de ses impuretés. **2.** Fin, délicat, d'une recherche subtile. *Goût raffiné. Nourriture raffinée.*

2. RAFFINÉ, E adj. et n. Se dit d'une personne de goût, d'esprit, de sentiments très délicats.

RAFFINEMENT n.m. **1.** Caractère d'une personne ou d'une chose raffinée, délicate. **2.** Degré extrême (d'un sentiment). *Un raffinement de cruauté.*

RAFFINER v.t. **1.** Soumettre (un produit industriel) au raffinage. **2.** Litt. Rendre plus subtil, plus délicat. *Raffiner ses manières, son langage.* ◆ v.t. ind. *(sur).* Pousser à l'extrême la recherche de la délicatesse, du détail subtil. *Raffiner sur sa toilette. Inutile de raffiner, il s'agit d'aller vite.*

RAFFINERIE n.f. Usine où l'on raffine certaines substances (sucre, pétrole, notamm.).

1. RAFFINEUR, EUSE n. Personne qui travaille dans une raffinerie, qui exploite une raffinerie.

2. RAFFINEUR n.m. PAPET. Appareil utilisé pour le raffinage de la pâte à papier.

RAFFLÉSIE n.f. ou **RAFFLESIA** n.m. (de *Raffles,* n. pr.). Plante de l'Insulinde, aux fleurs énormes, parasite de lianes. (Diamètre 1 m ; poids 7 kg.)

RAFFOLER v.t. ind. *(de).* Fam. Aimer à l'excès. *Elle raffole de danse.*

RAFFUT n.m. Fam. **1.** Bruit violent ; vacarme. **2.** Scandale. *La nouvelle a fait du raffut.*

RAFFÛTER v.t. Au rugby, pour le possesseur du ballon, écarter énergiquement un adversaire avec la main libre ouverte.

RAFIOT ou **RAFIAU** n.m. Fam. Mauvais ou vieux bateau.

RAFISTOLAGE n.m. Fam. Action de rafistoler ; son résultat.

RAFISTOLER v.t. Fam. Réparer grossièrement.

1. RAFLE n.f. (de l'all. *raffen,* emporter vivement). **1.** Action de rafler, de tout emporter. *Les cambrioleurs ont fait une rafle dans le musée.* **2.** Opération policière exécutée à l'improviste dans un lieu suspect ; arrestation massive de personnes. *Être pris dans une rafle.*

2. RAFLE n.f. BOT. Ensemble des pédoncules qui soutiennent les grains dans une grappe de fruits (raisin, groseille) ; partie centrale de l'épi de maïs, supportant les grains. SYN. : *râpe.*

RAFLER v.t. (de 1. *rafle*). **1.** Fam. S'emparer de choses recherchées. *Cette élève rafle tous les prix.* **2.** Saisir avec rapidité ; voler. *Rafler un livre, des bijoux.*

RAFRAÎCHIR v.t. **1.** Rendre frais ou plus frais. *Rafraîchir du vin.* **2.** Remettre en meilleur état, redonner de l'éclat à. *Rafraîchir un tableau, une peinture.* ◇ *Rafraîchir les cheveux,* les couper

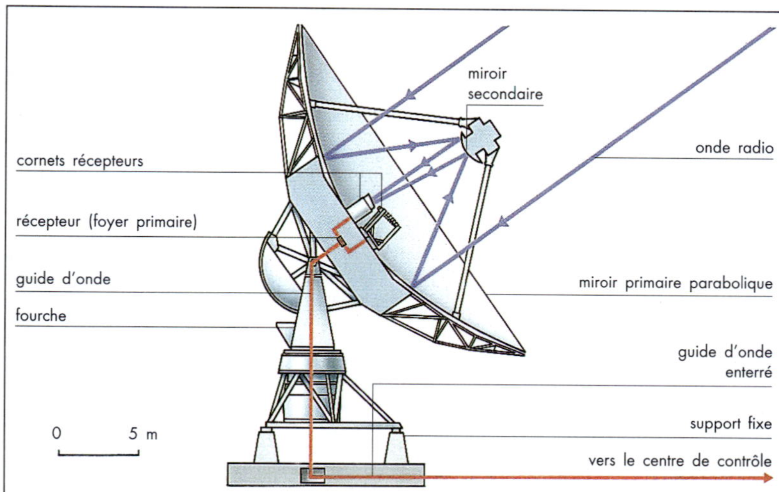

radiotélescope : une antenne du grand radio-interféromètre de Socorro (Nouveau-Mexique)

bassins de **radoub** (chantiers Lisnave, baie de Margueira, Lisbonne, Portugal)

légèrement. – Fam. *Rafraîchir la mémoire* : rappeler à qqn le souvenir d'une chose. ◆ v.i. Devenir frais. *On a mis le champagne à rafraîchir.* ◆ **se rafraîchir** v.pr. **1.** Devenir plus frais. *Le temps se rafraîchit. Leurs relations se sont rafraîchies.* **2.** Se désaltérer. *Venez vous rafraîchir au buffet.*

RAFRAÎCHISSANT, E adj. **1.** Qui donne de la fraîcheur. *Brise rafraîchissante.* **2.** Qui calme la soif. *Boisson rafraîchissante.*

RAFRAÎCHISSEMENT n.m. **1.** Action de rendre ou fait de devenir plus frais. *Le rafraîchissement de la température.* **2.** Action de réparer, de rajeunir. *Le rafraîchissement d'un mobilier.* **3.** Boisson fraîche que l'on sert dans une réunion, ou que l'on offre en dehors des repas.

RAFT ou **RAFTING** [raftiŋ] n.m. (angl. *raft,* radeau). Descente sportive, en radeau pneumatique, de cours d'eau coupés de rapides.

RAGA n.m. inv. Mode musical de la musique de l'Inde, correspondant à un climat émotionnel. Graphie savante : *rāga.*

RAGAILLARDIR v.t. Fam. Redonner de la gaieté, de la force à ; ranimer.

RAGE n.f. (lat. *rabies*). **1.** Maladie due à un virus, transmissible par morsure de certains animaux à l'homme, et caractérisée par des phénomènes d'excitation, puis de la paralysie et enfin la mort. *La vaccination contre la rage fut découverte par Pasteur.* **2.** Mouvement violent de dépit, de colère, de désir, etc. *Fou de rage. Trembler de rage.* **3.** *Faire rage* : se déchaîner, atteindre une grande violence. **4.** *Rage de dents* : mal de dents provoquant une violente douleur.

RAGEANT, E adj. Fam. Qui fait rager.

RAGER v.i. [17]. Fam. Être très irrité.

RAGEUR, EUSE adj. **1.** Fam. Sujet à des colères violentes. **2.** Qui dénote la mauvaise humeur. *Ton rageur. Geste rageur.*

RAGEUSEMENT adv. D'une manière rageuse ; avec hargne.

RAGLAN n.m. et adj. inv. (de lord *Raglan,* général angl.). Vêtement à manches droites, dont la partie supérieure remonte jusqu'à l'encolure par des coutures en biais. *Des manches raglan.*

RAGONDIN n.m. Mammifère rongeur originaire de l'Amérique du Sud, de mœurs aquatiques, à fourrure estimée. (Long. 50 cm.)

1. RAGOT n.m. (de *ragoter,* grogner comme un ragot). Fam. Bavardage malveillant, cancan.

2. RAGOT n.m. VÉN. Sanglier de deux à trois ans.

3. RAGOT, E adj. Litt. Se dit d'un animal court et gros. *Cheval ragot.*

RAGOUGNASSE n.f. Fam. Mauvais ragoût, nourriture infecte.

RAGOÛT n.m. Plat de viande, de légumes ou de poisson, coupés en morceaux et cuits dans une sauce.

RAGOÛTANT, E adj. (Seult dans des expressions négatives). Appétissant. *Mets peu ragoûtant. Une besogne qui n'est pas ragoûtante.*

RAGRÉER v.t. TECHN. Supprimer les irrégularités de surface de (un ouvrage de maçonnerie, de menuiserie, etc.).

RAGTIME [-tajm] n.m. (mot angl.). Style musical très syncopé en vogue vers la fin du XIXe s., issu à la fois du folklore négro-américain et des airs de danse blancs, et qui fut une des sources du jazz ; style pianistique et orchestral qui en découle.

RAGUER v.i. (angl. *to rag,* saccager). MAR. S'user, se détériorer par le frottement sur un objet dur, en parlant d'un cordage.

RAHAT-LOUKOUM [raatlukum] ou **RAHAT-LOKOUM** [-lɔkum] n.m. (de l'ar.) [pl. *rahat-loukoums* ou *rahat-lokoums*]. Loukoum.

RAI n.m. (lat. *radius*). Litt. et vx. Rayon. *Un rai de lumière.*

RAÏ n.m. inv. (mot ar., *opinion*). Genre littéraire et musical arabe, improvisation poétique chantée traditionnellement au Maghreb (et en particulier dans l'Ouest algérien), exprimant une vision du monde propre à son auteur. (Le raï contemporain est largement ouvert aux influences des styles musicaux américains : pop, funk, soul, reggae, etc.)

RAÏA n.m. → *raya.*

RAID [rɛd] n.m. (mot angl.). **1.** MIL. Opération rapide et de durée limitée menée en territoire inconnu ou ennemi par une formation très mobile en vue de démoraliser l'adversaire, de désorganiser ses arrières, de recueillir des renseignements, etc. **2.** AÉRON. Vol à longue distance, exécuté par un ou plusieurs appareils. **3.** SPORTS. Longue épreuve destinée à montrer l'endurance des hommes qui l'accomplissent et du matériel que ceux-ci utilisent. **4.** Opération boursière entreprise par un raider.

RAIDE adj. (lat. *rigidus*). **1.** Très tendu, difficile à plier. *Jambe raide.* **2.** Que la pente, l'inclinaison rend difficile à monter. *Escalier raide.* **3.** Sans souplesse, sans grâce. *Attitude raide.* **4.** Peu accommodant, opiniâtre, inflexible. *Caractère raide.* **5.** Fam. Étonnant, difficile à croire, à accepter. **6.** Fam. Se dit d'une boisson alcoolisée forte et âpre. **7.** Qui choque la bienséance, grivois, licencieux. ◆ adv. Tout d'un coup. *Tomber raide mort.*

RAI-DE-CŒUR n.m. (pl. *rais-de-cœur*). Ornement linéaire formé de feuilles en forme de cœur alternant avec des fers de lance.

RAIDER [rɛdɛr] n.m. (mot angl.). Personne ou entreprise qui se livre à des opérations d'achats systématiques de titres de sociétés pour en prendre le contrôle.

RAIDEUR n.f. État de ce qui est raide ou raidi. *Raideur du bras. Danser avec raideur.*

RAIDILLON n.m. Court chemin en pente rapide.

RAIDIR v.t. Rendre raide, tendre avec force. *Raidir le bras, une corde.* ◆ **se raidir** v.pr. **1.** Devenir raide. *Ses membres se raidissent.* **2.** Résister à (une menace, un danger) en rassemblant son courage, sa volonté.

RAIDISSEMENT n.m. Action de raidir ; fait de se raidir.

RAIDISSEUR n.m. TECHN. **1.** Élément de construction servant à renforcer en certains points un support soumis à une charge. **2.** Dispositif servant à tendre les fils de fer d'une clôture.

1. RAIE n.f. (du gaul.). **1.** Ligne tracée sur une surface avec une substance colorante ou un instrument. *Tirer une raie au crayon.* – Ligne ou bande étroite quelconque. *Étoffe à grandes raies.* **2.** AGRIC. Petite tranchée ouverte par la charrue entre la partie labourée et la partie non labourée d'un champ. **3.** Séparation des cheveux. **4.** PHYS. Ligne obscure *(raie d'absorption)* interrompant un spectre continu, ou ligne brillante *(raie d'émission)* formant avec d'autres un spectre d'émission.

raie bouclée (1 m environ)

2. RAIE n.f. (lat. *raia*). Poisson cartilagineux à corps aplati et nageoires pectorales triangulaires très développées et soudées à la tête, vivant en général près des fonds marins. (Sous-classe des sélaciens.)

RAIFORT [rɛfɔr] n.m. (anc. fr. *raiz* [du lat. *radix*], et *fort*). **1.** Plante cultivée pour sa racine charnue à saveur poivrée, utilisée comme condiment. (Famille des crucifères.) **2.** (Abusif). Gros radis noir d'hiver.

RAIL [raj] n.m. (mot angl., de l'anc. fr. *reille,* barre). **1.** Profilé d'acier laminé, constituant le chemin de roulement et de guidage des roues des véhicules ferroviaires. ◇ Fig. *Remettre sur les rails* : rétablir, donner de nouveau les moyens de fonctionner normalement. **2.** Voie ferrée, chemin de fer. *Transport par rail.*

RAILLER v.t. (lat. *ragere,* rugir). Tourner en ridicule ; se moquer, ridiculiser.

RAILLERIE n.f. Action de railler ; plaisanterie.

RAILLEUR, EUSE adj. et n. Qui raille.

RAIL-ROUTE adj. inv. *Transport rail-route* : moyen de transport des marchandises utilisant la route et le chemin de fer et destiné à éviter les transbordements. SYN. : *ferroutage.*

RAINER v.t. TECHN. Creuser d'une rainure, de rainures. *Rainer une planche.*

1. RAINETTE n.f. (du lat. *rana,* grenouille). Petite grenouille arboricole, à doigts adhésifs. (L'espèce française, normalement verte, modifie sa couleur selon le milieu ; long. 5 cm env.)

rainette

2. RAINETTE ou **RÉNETTE** n.f. (du gr. *rhukanê,* rabot). **1.** Outil tranchant pour tailler le sabot du cheval. **2.** Outil à pointe recourbée, pour tracer des lignes sur le bois, le cuir.

RAINURAGE n.m. Ensemble de rainures creusées sur certaines chaussées en béton pour les rendre moins glissantes aux véhicules à quatre roues.

RAINURE n.f. Entaille longue et étroite, dans une pièce de bois, de métal, etc. ◇ Spécialt. Entaille à la surface d'une chaussée en béton.

RAINURER v.t. Creuser de rainures.

RAIPONCE n.f. (it. *raponzo,* de *rapa,* rave). Campanule dont la racine et les feuilles se mangent en salade.

RAIRE [112] ou **RÉER** v.i. (bas lat. *ragere*). Bramer, crier, en parlant du cerf, du chevreuil.

RAÏS [rais] n.m. (ar. *ra'īs*). Dans les pays arabes (Égypte surtout), chef de l'État, président.

RAISIN n.m. (lat. *racemus,* grappe de raisin). **1.** Fruit de la vigne, ensemble de baies *(grains de raisin)* supportées par la rafle et formant une grappe. *Raisin rouge, blanc, noir.* ◇ *Raisins de Corinthe* : raisins secs, à petits grains, qui viennent des îles Ioniennes. **2.** ARTS GRAPH. Format de papier de dimensions 50 × 64 cm. **3.** *Raisin de mer* : grappe d'œufs de seiche. **4.** *Raisins d'ours* : busserole. – *Raisin de renard* : parisette.

grappes de **raisins**

RAISINÉ n.m. **1.** Confiture faite avec du jus de raisin et d'autres fruits. **2.** Arg. Sang.

RAISINET n.m. Suisse. Groseille rouge.

RAISON n.f. (lat. *ratio*). **I.1.** Faculté propre à l'homme par laquelle il peut penser ; facultés intellectuelles. ◇ *Perdre la raison* : devenir fou. **2.** Principes, manières de penser, de juger. – Litt. *Entendre raison* : acquiescer à ce qui est raisonnable. – *Mettre (qqn) à la raison,* le réduire par force ou par persuasion. – *Faire entendre raison à (qqn),* l'amener à une attitude plus raisonnable. – *Se faire une raison* : se résigner, accepter à contrecœur. – HIST. *Culte de la Raison* : culte organisé (1793-94) par les hébertistes à des fins de déchristianisation. – *Âge de raison* : âge auquel les enfants sont censés être conscients de leurs actes et des conséquences de ceux-ci. **3.** Ce qui s'oppose à l'intuition, au sentiment ; ce qui ramène à la réalité. ◇ *Mariage de raison,* fondé sur des considérations matérielles, par opp. à *mariage d'amour.* **4.** Ce qui est conforme à la justice, à l'équité. ◇ *Avoir raison* : être dans le vrai. – *Donner raison à (qqn),* l'approuver. – *Plus que de raison* : plus qu'il n'est convenable. – *Comme de raison* : comme il est juste. **II.1.** Ce qui explique, justifie un acte, un fait ; motif, argument. *S'ab-*

senter pour raison de santé. ◇ *À plus forte raison :* pour un motif d'autant plus fort. – *Avec raison :* en ayant une justification valable, fondée. – *Raison d'être, de vivre :* ce qui justifie l'existence. – *En raison de :* en considération de, à cause de. – *Raison d'État* → ***État.*** **2.** Satisfaction que l'on réclame, que l'on obtient. ◇ *Demander raison de (qqch) à (qqn),* lui demander réparation d'une offense. – *Avoir raison de :* vaincre la résistance de, venir à bout de. **3.a.** Rapport existant entre deux quantités. ◇ *À raison de :* sur la base de ; à proportion de. – *Raison inverse :* rapport entre deux quantités dont l'une diminue dans la proportion où l'autre augmente. – *Raison directe :* rapport entre deux quantités qui augmentent ou diminuent dans la même proportion. **b.** Spécialt. MATH. Différence entre deux termes consécutifs d'une suite arithmétique ; quotient de deux termes consécutifs d'une suite géométrique. **4.** DR. COMM. *Raison sociale :* dénomination de certaines sociétés, comportant le nom de tout ou partie des associés suivi de « et Cie ».

RAISONNABLE adj. **1.** Doué de raison ; qui agit conformément au bon sens, d'une manière réfléchie. **2.** Qui est conforme à la sagesse, à l'équité. *Prétention raisonnable.* **3.** Suffisant, convenable, sans excès. *Prix raisonnable.*

RAISONNABLEMENT adv. D'une manière raisonnable. *Agir, boire raisonnablement.*

RAISONNÉ, E adj. Fondé sur le raisonnement. *Analyse raisonnée.*

RAISONNEMENT n.m. **1.** Faculté, action ou manière de raisonner. *Faire appel au raisonnement.* **2.** Suite de propositions déduites les unes des autres ; argumentation. *Élaborer un raisonnement.*

RAISONNER v.i. **1.** Se servir de sa raison pour connaître, pour juger. **2.** Passer d'un jugement à un autre pour aboutir à une conclusion. **3.** Répliquer, alléguer des excuses, discuter. ◆ v.t. **1.** Chercher par des raisonnements à amener qqn à une attitude raisonnable. *Raisonner un enfant.* **2.** Discourir sur. *Raisonner politique.* **3.** Litt. Appliquer le raisonnement à ce qu'on fait. *Raisonner un problème.*

RAISONNEUR, EUSE adj. et n. Qui veut raisonner sur tout, qui fatigue par de longs raisonnements.

RAJA, RAJAH ou **RADJAH** [radʒa] n.m. (mot hindi). **1.** Roi, dans les pays hindous. **2.** Grand vassal de la Couronne, dans l'Inde britannique. Graphie savante : *rājā.*

RAJEUNIR v.t. **1.** Donner la vigueur, l'apparence de la jeunesse à ; faire paraître plus jeune. **2.** Attribuer un âge moindre qu'elle n'a à une personne. *Vous me rajeunissez !* **3.** Donner une apparence, une fraîcheur nouvelle à qqch. **4.** Abaisser l'âge moyen d'un groupe en y incluant des éléments jeunes. *Rajeunir les cadres.* ◆ v.i. Recouvrer la vigueur de la jeunesse. ◆ **se rajeunir** v.pr. Se dire plus jeune qu'on ne l'est.

RAJEUNISSANT, E adj. Qui rend plus jeune.

RAJEUNISSEMENT n.m. Fait de rajeunir.

RAJOUT n.m. Action de rajouter ; chose rajoutée. *Faire des rajouts sur un texte.*

RAJOUTER v.t. **1.** Ajouter de nouveau ; mettre en plus. **2.** Fam. *En rajouter :* forcer la vérité, la réalité, la dose ; exagérer.

RAJUSTEMENT ou **RÉAJUSTEMENT** n.m. Action de rajuster. *Rajustement des salaires.*

RAJUSTER ou **RÉAJUSTER** v.t. **1.** Ajuster de nouveau ; remettre en bonne place, en ordre. *Rajuster sa cravate.* **2.** Modifier, relever en fonction du coût de la vie. *Rajuster les salaires.*

RAKI n.m. (mot turc). Eau-de-vie de raisin ou de prune parfumée à l'anis, en Turquie.

RÂLANT, E adj. Fam. Fâcheux, contrariant. *C'est râlant !*

1. RÂLE n.m. (de *râler*). Oiseau échassier, très estimé comme gibier, et qui vit en plaine *(râle des genêts)* ou aux abords des marécages *(râle d'eau).* [Famille des rallidés.]

2. RÂLE n.m. **1.** Bruit anormal perçu à l'auscultation des poumons et naissant dans les alvéoles ou les bronches. **2.** Respiration des agonisants.

RÂLEMENT n.m. Litt. Bruit, son produit par une personne qui râle.

RALENTI n.m. **1.** Faible régime de rotation du moteur lorsqu'il ne transmet plus d'énergie au véhicule. **2.** *Au ralenti :* en diminuant la vitesse, l'énergie, le rythme. **3.** CIN. Effet spécial, réalisé le plus souvent à la prise de vues, donnant l'illusion de mouvements plus lents que dans la réalité.

RALENTIR v.t. (anc. fr. *alentir*). **1.** Rendre plus lent. *Ralentir sa marche.* **2.** Rendre moins intense. *Ralentir son effort.* ◆ v.i. Aller plus lentement. *Les voitures doivent ralentir aux carrefours.*

RALENTISSEMENT n.m. Diminution de mouvement, de vitesse, d'énergie. *Le ralentissement de l'expansion.*

RALENTISSEUR n.m. **1.** Dispositif monté sur la transmission d'un véhicule lourd, et ayant pour fonction de réduire sa vitesse. **2.** Dos-d'âne en travers d'une chaussée, destiné à contraindre les véhicules à ralentir. SYN. : *casse-vitesse.*

RÂLER v.i. **1.** Faire entendre des râles en respirant. **2.** Avoir la respiration bruyante et précipitée propre aux agonisants. **3.** Fam. Manifester son mécontentement, sa mauvaise humeur par des plaintes, des récriminations.

RÂLEUR, EUSE adj. et n. Fam. Qui râle habituellement ou à la moindre occasion.

RALINGUE n.f. (anc. scand. *rarlik*). MAR. Cordage auquel sont cousus les bords d'une voile pour les renforcer.

RALINGUER v.t. MAR. Coudre les ralingues d'une voile. ◆ v.i. Battre au vent, en parlant d'une voile.

RALLER v.i. Rare. Crier, en parlant du cerf.

RALLIDÉ n.m. *Rallidés :* famille d'oiseaux aquatiques tels que le râle et la poule d'eau.

RALLIÉ, E adj. et n. Qui a donné son adhésion à un parti, à une cause, après en avoir été l'adversaire.

RALLIEMENT n.m. **1.** Action de rallier, de se rallier. ◇ *Mot, signe de ralliement :* signe caractéristique qui permet aux membres d'un groupe de se reconnaître. **2.** HIST. Mouvement qui conduisit des catholiques militants, à l'appel du pape Léon XIII, à accepter la république en France.

RALLIER v.t. (de *allier*). **1.** Rassembler (des gens dispersés). *Rallier ses troupes.* **2.** Rejoindre, regagner. *Rallier son poste.* **3.** Constituer l'élément qui rassemble un groupe, qui fait son unité. *Solution qui rallie tous les suffrages.* ◆ **se rallier** v.pr. ***(à).*** Donner son adhésion. *Se rallier à un avis.*

RALLIFORME n.m. Vieilli. Gruiforme.

RALLONGE n.f. **1.** Pièce qu'on ajoute à un objet pour en augmenter la longueur. *Table à rallonges.* ◇ Fam. *À rallonge(s) :* se dit d'un nom de famille comportant plusieurs éléments réunis par des particules. **2.** Spécialt. Conducteur souple comportant à l'une de ses extrémités une fiche mâle et à l'autre une fiche femelle et permettant le raccordement d'un appareil électrique à une prise de courant trop éloignée. SYN. : *prolongateur.* **3.** Fam. Accroissement, augmentation d'un crédit, d'un salaire, de la durée de qqch ; supplément.

RALLONGEMENT n.m. Action de rallonger.

RALLONGER v.t. [17]. Rendre plus long en ajoutant qqch. ◆ v.i. Devenir plus long.

RALLUMER v.t. **1.** Allumer de nouveau. *Rallumer sa pipe.* **2.** Faire renaître ; redonner de la force, de l'intensité. *Rallumer la guerre.* ◆ **se rallumer** v.pr. Être allumé de nouveau.

RALLYE [rali] n.m. (mot angl.). **1.** Compétition dans laquelle les concurrents (autref. à cheval, auj. en général en voiture) doivent rallier un lieu après avoir satisfait à diverses épreuves (consistant notamm. à répondre à diverses questions qui les guident). **2.** Course automobile comportant des épreuves chronométrées sur routes fermées. *Le rallye de Monte-Carlo.* **3.** Suite de réunions dansantes organisées de façon à favoriser les rencontres entre les jeunes gens en vue d'éventuels mariages, dans les familles aisées.

RAMADAN n.m. (mot ar.). Neuvième mois du calendrier islamique, période de jeûne et de privations (abstention de nourriture, de boisson, de tabac et de relations sexuelles du lever au coucher du soleil). Graphie savante : *ramaḍān.*

RAMAGE n.m. (lat. *ramus,* rameau). Chant des oiseaux dans les arbres. ◆ **pl.** Dessins représentant des rameaux, des fleurs, etc., sur une étoffe.

RAMAGER v.t. [17]. Couvrir de ramages. *Ramager du velours.* ◆ v.i. Faire entendre son ramage, en parlant d'un oiseau.

RAMAS [rama] n.m. Vx, litt. Assemblage confus de divers objets, généralement sans valeur.

RAMASSAGE n.m. **1.** Action de ramasser. *Le ramassage des vieux papiers.* **2.** Organisation du transport par autocar des écoliers, des travailleurs, entre leur domicile et leur école ou leur lieu de travail.

RAMASSÉ, E adj. **1.** Concis. *Expression ramassée.* **2.** Trapu. *Cheval ramassé.*

RAMASSE-MIETTES n.m. inv. Ustensile qui sert à ramasser les miettes sur la table.

RAMASSER v.t. **1.** Rassembler des choses plus ou moins éparses. *Ramasser les feuilles mortes.* ◇ *Ramasser ses forces :* rassembler toute son énergie pour fournir un ultime effort. **2.** Prendre, relever (ce qui est à terre). *Ramasser ses gants.* **3.** Présenter sous une forme réduite, en éliminant le superflu. *Ramasser sa pensée en un raccourci saisissant.* **4.** Fam. Prendre, recevoir, attraper (qqch de fâcheux). *Ramasser une gifle.* ◇ Fam. *Ramasser une pelle, une bûche :* tomber, faire une chute. – Fam. *Se faire ramasser :* se faire réprimander brutalement ; subir une déconvenue, un échec. ◆ **se ramasser** v.pr. Se replier sur soi en bandant ses muscles.

RAMASSETTE n.f. Belgique. Petite pelle pour les balayures.

1. RAMASSEUR, EUSE n. Personne qui ramasse (qqch) par terre. *Ramasseur de balles au tennis.*

2. RAMASSEUR n.m. Organe de ramassage de nombreuses machines de récolte.

RAMASSEUSE-PRESSE n.f. (pl. *ramasseuses-presses*). Machine servant à mettre en bottes la paille ou le foin.

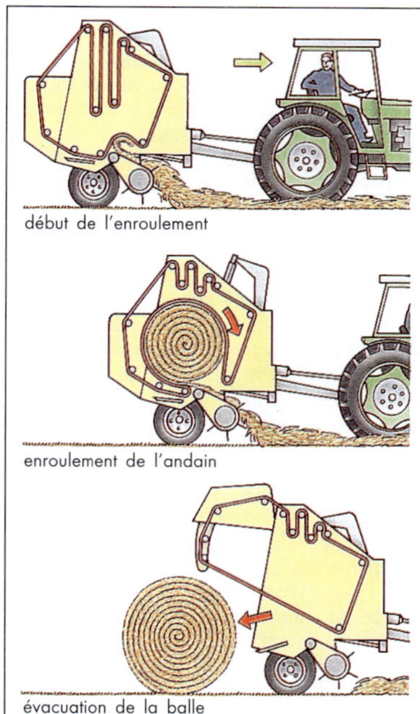

ramasseuse-presse :
principe de fonctionnement

RAMASSIS n.m. Ensemble, réunion de choses de peu de valeur, de personnes jugées peu estimables.

RAMASSOIRE n.f. Suisse. Petite pelle pour les balayures.

RAMBARDE n.f. (it. *rambata*). MAR. Garde-corps.

RAMBOUR n.m. Pomme d'une variété verte d'un côté et marbrée de rouge de l'autre.

RAMDAM [ramdam] n.m. (de *ramadan*). Pop. Vacarme, tapage.

1. RAME n.f. (fém. de l'anc. fr. *raim,* branche, lat. *ramus,* branche). Branche ou perche de bois servant de tuteur à certaines plantes grimpantes cultivées (pois, haricots).

2. RAME n.f. (de *ramer*). Longue pièce de bois élargie à une extrémité dont on se sert pour faire avancer une embarcation. SYN. : *aviron*.

3. RAME n.f. (catalan *raima*, d'un mot ar.). **1.** Réunion de 20 mains de 25 feuilles de papier. (La rame est l'unité adoptée pour la vente en gros du papier.) **2.** File de véhicules ferroviaires attelés ensemble. **3.** PÉTR. Assemblage de deux ou trois tiges de forage.

RAMEAU n.m. (lat. *ramus*). **1.a.** Petite branche, division d'une branche d'arbre. **b.** Ramification de la tige d'un végétal. **2.** Subdivision d'un ensemble (linguistique, généalogique, etc.) représenté sous forme d'arbre. **3.** Subdivision ou branche collatérale d'une artère, d'une veine, d'un nerf. ◆ pl. (Avec une majuscule). *Les Rameaux :* le dernier dimanche du carême, précédant la fête de Pâques. SYN. : *Pâques fleuries.*

RAMÉE n.f. (lat. *ramus*, rameau). Litt. et vx. Branches coupées avec leurs feuilles vertes ; assemblage de branches entrelacées.

RAMENDER v.t. **1.** Amender de nouveau. **2.** Réparer un filet, ou refaire les mailles qui manquent. **3.** Réparer les parties où la dorure d'un objet doré à la feuille est détériorée.

RAMENDEUR, EUSE n. Personne qui ramende les filets de pêche.

1. RAMENER v.t. [19]. **1.** Amener de nouveau dans un endroit. *Ramener ses enfants à l'école.* **2.** Faire revenir une personne dans le lieu d'où elle était partie ; reconduire. **3.** Remettre en place, mettre dans une certaine position. *Ramener un châle sur ses épaules.* **4.** Être cause de retour. *Quelle affaire vous ramène ?* **5.** Faire revenir à un certain état. *Ramener à la raison, au devoir.* **6.** Réduire. *Ramener les prix à un niveau plus bas.* **7.** Faire renaître. *Ramener la paix.* **8.** Pop. *La ramener :* faire l'important. ◆ **se ramener** v.pr. **1.** Être réductible à qqch. **2.** Fam. Revenir.

2. RAMENER n.m. ÉQUIT. Attitude du cheval dont l'encolure est fléchie près de la nuque et la tête sensiblement verticale.

RAMEQUIN [ramkɛ̃] n.m. (néerl. *rammeken*). **1.** Petit récipient en terre ou en porcelaine utilisé pour la cuisson au four. **2.** Tartelette garnie d'une crème au fromage.

1. RAMER v.t. HORTIC. Soutenir (des plantes grimpantes) avec des rames. *Ramer des pois.*

2. RAMER v.i. (lat. *remus*, rame). **1.** Manœuvrer une rame ; faire avancer un bateau à la rame. **2.** Fam. Avoir beaucoup de peine à faire qqch. *Il rame pour gagner sa vie.*

RAMESCENCE n.f. BOT. Disposition en rameaux.

RAMETTE n.f. Rame de papier à lettres.

RAMEUR, EUSE n. Personne qui rame.

RAMEUTER v.t. **1.** Rassembler, mobiliser pour une nouvelle action. *Parti qui rameute ses militants.* **2.** VÉN. Remettre les chiens en meute.

RAMEUX, EUSE adj. (lat. *ramosus*). Qui présente des ramifications, des rameaux nombreux.

RAMI n.m. Jeu de cartes qui se pratique généralement avec 52 cartes et un joker entre 2, 3, 4 ou 5 joueurs.

RAMIE n.f. (mot malais). Plante dont on tire en Extrême-Orient une fibre textile. (Famille des urticacées.)

RAMIER adj.m. et n.m. (anc. fr. *raim*, rameau). *Pigeon ramier* ou *ramier :* gros pigeon à tête et dos gris-bleu, aux côtés du cou et aux ailes barrés de blanc, très commun dans les villes d'Europe. (Long. 40 cm.) SYN. : *palombe.*

RAMIFICATION n.f. **1.** Division d'un végétal arborescent. **2.** Division d'une artère, d'un nerf, etc., en parties plus petites qui en sont comme les rameaux. **3.** Subdivision de ce qui va dans des directions différentes.

RAMIFIER v.t. Rare. Diviser en plusieurs rameaux. ◆ **se ramifier** v.pr. Se partager en plusieurs branches ; se diviser et se subdiviser.

RAMILLE n.f. (Surtout au pl.). Dernière division des rameaux.

RAMINGUE adj. (it. *ramingo*). ÉQUIT. Se dit d'un cheval qui se défend contre l'éperon.

RAMOLLI, E adj. et n. Fam. Qui manifeste un certain degré de détérioration intellectuelle.

RAMOLLIR v.t. Rendre mou. *Ramollir du cuir.* ◆ **se ramollir** v.pr. **1.** Devenir mou. **2.** Fam. Perdre peu à peu ses facultés mentales.

RAMOLLISSANT, E adj. Qui ramollit, relâche.

RAMOLLISSEMENT n.m. **1.** Fait de se ramollir, d'être ramolli ; état de ce qui est ramolli. **2.** MÉD. Diminution ou suppression de la cohésion des éléments d'un tissu. ◇ *Ramollissement cérébral :* nécrose du tissu cérébral secondaire à l'occlusion de l'artère qui irrigue le territoire affecté.

RAMOLLO adj. et n. Fam. **1.** Gâteux. **2.** Mou, avachi.

RAMONAGE n.m. Action de ramoner.

RAMONER v.t. (anc. fr. *ramon*, balai). **1.** Nettoyer un conduit, un appareil de la suie qui s'y est déposée. *Ramoner une cheminée.* **2.** ALP. Escalader une cheminée en prenant appui sur les deux parois à la fois.

RAMONEUR n.m. Personne dont le métier est de ramoner les cheminées.

1. RAMPANT, E adj. **1.** Qui rampe. *Animal rampant.* **2.** Fig. Humble, bassement soumis devant les supérieurs. **3.** Dont l'évolution est peu sensible. *Inflation rampante.* **4.** ARCHIT. Disposé selon une ligne oblique. ◇ *Arc rampant*, dont les deux naissances sont à des hauteurs différentes. **5.** BOT. Étalé sur le sol, horizontal. **6.** HÉRALD. Dressé sur ses pieds de derrière, par opp. à *passant.*

2. RAMPANT n.m. **1.** Fam. Membre du personnel non navigant de l'aviation. **2.** ARCHIT. Chacun des côtés obliques du triangle dessiné par un pignon, un fronton, un gâble.

RAMPE n.f. **I. 1.** Pente, ouvrage en pente ; partie inclinée d'une rue, d'une route, d'une voie de chemin de fer. ◇ *Rampe d'accès :* ouvrage en pente douce permettant à des véhicules de passer d'un niveau à un autre. **2.** *Rampe de lancement :* plan incliné pour le lancement des avions catapultés ou des projectiles autopropulsés. **3.** ANAT. *Rampe tympanique, vestibulaire :* chacune des deux parties du limaçon de l'oreille interne, séparées par la lame spirale et le labyrinthe membraneux. **II. 1.** Garde-corps portant une main courante et bordant un escalier du côté du vide. **2.** Rangée de lumières sur le devant de la scène d'un théâtre, dans la devanture d'un magasin, etc. ◇ *Passer la rampe :* être bien compris, bien perçu par le public, produire un effet (en parlant d'une réplique, d'un comédien, etc.). **3.** AÉRON. Alignement de projecteurs pour éclairer une piste. **4.** MÉCAN. *Rampe des culbuteurs :* ensemble des culbuteurs et de leur support muni de ses appuis, dans un moteur à explosion.

RAMPEAU n.m. Coup supplémentaire que l'on joue à certains jeux (principalement aux dés) lorsque les adversaires ont obtenu le même nombre de points.

RAMPEMENT n.m. Rare. Reptation.

RAMPER v.i. (du germ.). **1.** Progresser par des mouvements divers du corps qui prend appui par sa face ventrale ou inférieure, en parlant de certains animaux (reptiles, vers, gastropodes, etc.). **2.** Avancer lentement, le ventre au contact du sol et en s'aidant des quatre membres, en parlant de qqn. *Passer sous un barbelé en rampant.* **3.** BOT. S'étaler sur un support (tuteur, mur, etc.) en s'y accrochant au moyen de vrilles ou de crampons, ou se développer sur le sol, en parlant de certaines plantes. *Lierre qui rampe à terre.* **4.** Fig. Se montrer soumis, servile, devant qqn, une autorité.

RAMPON n.m. (lat. *rapum*, rave). Suisse. Mâche ou doucette.

RAMPONNEAU ou **RAMPONEAU** n.m. (d'un n. pr.). Pop. Coup violent ; bourrade.

RAMURE n.f. **1.** Ensemble des branches et des rameaux d'un arbre. **2.** Bois du cerf, du daim.

RANALE n.f. *Ranales :* ordre de plantes dicotylédones d'un type primitif, aux carpelles plus ou moins séparés, telles que le bouton d'or, le magnolia, le laurier, l'épine-vinette, le nénuphar, etc. (Les ranales rassemblent plus de 3 000 espèces et de nombreuses familles, dont les renonculacées sont la plus importante.) SYN. : *polycarpique.*

RANATRE n.f. (lat. *rana*, grenouille). Grande punaise carnassière, à l'abdomen terminé par un tube respiratoire et vivant dans la vase des marais. (Ordre des hétéroptères.)

RANCARD, RANCART ou **RENCARD** n.m. **1.** Arg. Renseignement. **2.** Fam. Rendez-vous.

RANCARDER ou **RENCARDER** v.t. **1.** Arg. Renseigner. **2.** Fam. Donner un rendez-vous à (qqn).

RANCART n.m. (normand *récarter*, éparpiller). Fam. *Mettre, jeter au rancart :* jeter de côté, au rebut ce dont on ne se sert plus.

RANCE adj. (lat. *rancidus*). Se dit d'un corps gras qui a contracté une odeur forte et une saveur âcre. *Lard rance.* ◆ n.m. Odeur ou saveur rance. *Sentir le rance.*

RANCH [rɑ̃ʃ] ou [rɑ̃tʃ] n.m. (mot amér. ; de l'esp.) [pl. *ranchs* ou *ranches*]. Grande ferme d'élevage extensif de la Prairie américaine. SYN. : *rancho.*

RANCHE n.f. (du francique). Chacun des échelons d'un échelier.

RANCHER [rɑ̃ʃe] n.m. Échelle comportant un seul montant central ; échelier.

RANCHO [rɑ̃ʃo] ou [rɑ̃tʃo] n.m. (mot esp.). Ranch.

RANCI n.m. Odeur, goût de rance.

RANCIO n.m. (mot esp. ; du lat. *rancidus*). **1.** Goût doucereux et persistant que prennent les vins doux naturels en vieillissant. **2.** Le vin vieilli lui-même.

RANCIR v.i. Devenir rance. *Lard qui rancit.* ◆ v.t. Rendre rance.

RANCISSEMENT n.m. Altération des aliments contenant des matières grasses, caractérisée par l'apparition de goût et d'odeur désagréables et parfois par une modification de la couleur.

RANCŒUR n.f. (bas lat. *rancor*, état de ce qui est rance). Amertume profonde que l'on garde à la suite d'une déception, d'une injustice.

RANÇON n.f. (lat. *redemptio*, rachat). **1.** Somme d'argent exigée pour la délivrance de qqn retenu prisonnier. **2.** Inconvénient, désagrément accompagnant inévitablement un avantage, un plaisir. *La rançon de la gloire.*

RANÇONNEMENT n.m. Action de rançonner qqn.

RANÇONNER v.t. **1.** Exiger de qqn, par la contrainte, la remise d'argent, d'objets de valeur, etc. *Voleurs qui rançonnent les passants.* **2.** Fam. Faire payer un prix excessif. *Hôtelier qui rançonne les touristes.*

RANÇONNEUR, EUSE n. Litt. Personne qui rançonne.

RANCUNE n.f. (bas lat. *rancor*, état de ce qui est rance, et *cura*, souci). Ressentiment qu'on garde d'une offense, d'une injustice. ◇ Fam. *Sans rancune*, formule de réconciliation après une brouille passagère.

RANCUNIER, ÈRE adj. et n. Sujet à la rancune ; qui garde facilement rancune.

RAND n.m. Unité monétaire principale de l'Afrique du Sud et de la Namibie. (→ ***monnaie.***)

RANDOMISATION n.f. STAT. Action de randomiser.

RANDOMISER v.t. (angl. *random*, fortuit). STAT. Introduire un élément aléatoire dans un calcul ou dans un raisonnement.

RANDONNÉE n.f. (anc. fr. *randir*, courir rapidement). **1.** Promenade de longue durée, à pied, à bicyclette, à cheval, à skis, etc. ◇ *Sentier de grande randonnée* (abrév. : *G. R.*) : sentier spécialement balisé qui permet des randonnées sur des itinéraires très longs. **2.** VÉN. Circuit que fait le cerf, le chevreuil après avoir été lancé.

RANDONNER v.i. Pratiquer la randonnée.

RANDONNEUR, EUSE n. Personne qui fait une randonnée ou qui pratique habituellement la randonnée de loisir.

RANG n.m. (du francique). **I. 1.** Suite de personnes ou de choses disposées les unes à côté des autres, sur une même ligne. *Un rang de fauteuils, de perles. Un rang d'écoliers.* ◇ *Serrer les rangs :* se rapprocher les uns des autres pour tenir moins de place, (fig.), pour s'entraider. – Fig. *Rentrer dans le rang :* renoncer à ses prérogatives ; abandonner ses ambitions ou ses velléités d'indépendance. – *Être, se mettre sur les rangs :* se mettre au nombre des personnes qui postulent ou sollicitent qqch. **2.** Spécialt. Série de mailles sur une même ligne, dans un ouvrage au tricot, au crochet. **3.** *Militaire du rang :*

militaire qui n'est ni officier ni sous-officier. (On disait autref. *homme de troupe, homme du rang.*) – MIL. *Rang serré :* ordre serré. – *Sortir du rang :* avoir conquis ses grades sans passer par une école militaire, en parlant d'un officier. **4.** Canada. Terroir allongé d'une exploitation agricole, perpendiculaire à une rivière ou à une route ; chemin desservant un ensemble d'exploitations agricoles. **II. 1.** Place, position dans un ensemble ordonné ou hiérarchisé. **2.** Degré d'importance, de valeur attribué à qqn ou à qqch. *Un écrivain de second rang.* ◇ *Au rang de :* parmi ; dans la catégorie de, des. – *Prendre rang (parmi, dans) :* figurer parmi, être au nombre de. **3.** MATH. *Rang d'une matrice :* ordre maximal des déterminants non nuls que l'on peut former avec les éléments de cette matrice en supprimant un certain nombre de lignes et de colonnes de celle-ci.

RANGÉ, E adj. **1.** Qui a de l'ordre, qui mène une vie régulière. *Homme rangé.* **2.** *Bataille rangée :* celle que se livrent deux armées régulièrement disposées l'une en face de l'autre ; par ext., rixe générale.

RANGÉE n.f. Suite de personnes ou d'objets disposés sur une même ligne. *Rangée d'arbres.*

RANGEMENT n.m. **1.** Action ou manière de ranger. **2.** Endroit (placard, etc.) où l'on peut ranger des objets.

1. RANGER v.t. 17. **1.** Mettre en rang. *Ranger des troupes en ordre de bataille.* **2.** Classer selon un ordre déterminé. *Ranger des dossiers par année.* **3.** Mettre de l'ordre dans (un lieu). *Ranger une chambre.* **4.** Mettre de côté (un véhicule) pour laisser la voie libre à la circulation. **5.** MAR. Longer, passer près de. **6.** Litt. Gagner (qqn, un groupe) à sa cause, à son opinion. *Ranger un auditoire à son avis.* **7.** Litt. Mettre au nombre de. *Ranger un auteur parmi les classiques.* ◆ **se ranger** v.pr. **1.** Se placer dans un certain ordre, se disposer. *Se ranger autour d'une table.* ◇ *Se ranger à l'avis de :* adopter le point de vue de. – *Se ranger du côté de :* s'engager dans le parti de. **2.** S'écarter pour faire de la place. **3.** Revenir à une conduite régulière, moins désordonnée.

2. RANGER [randʒœr] n.m. (mot amér.). **1.** Soldat d'une unité de choc de l'armée américaine. **2.** Routier, chez les scouts. **3.** Chaussure de marche ou de randonnée, généralement en cuir et pourvue d'une courte guêtre.

RANI n.f. (mot hindi). Femme d'un raja. Graphie savante : *rānī.*

RANIDÉ [ranide] n.m. (lat. *rana,* grenouille). *Ranidés :* famille des grenouilles.

RANIMER v.t. **1.** Faire revenir à soi, réanimer. **2.** Redonner de l'activité, de la vigueur, de la force à. *Ranimer le feu.* ◆ **se ranimer** v.pr. **1.** Revenir à soi, retrouver une activité normale. **2.** Reprendre une activité ou une intensité nouvelle. *Volcan qui se ranime.*

RANTANPLAN interj. → ***rataplan.***

RANZ [rɑ̃] ou [rɑ̃z] n.m. Suisse. *Ranz (des vaches) :* air populaire des bergers suisses.

RAOUT [raut] n.m. (angl. *rout,* désordre). Vx. Réunion, fête mondaine.

RAP n.m. (mot angl., *tape*). Style de musique soutenant un chant aux paroles, improvisées ou non, scandées sur un rythme très martelé.

1. RAPACE adj. (lat. *rapax, rapacis*). **1.** Litt. Avide d'argent, cupide. **2.** Se dit d'un oiseau qui poursuit ses proies avec voracité.

2. RAPACE n.m. *Rapaces :* oiseaux carnivores, à bec crochu et à griffes fortes et recourbées, chasseurs diurnes (aigle, vautour) ou nocturnes (chouette).

RAPACITÉ n.f. Caractère rapace, cupidité.

RÂPAGE n.m. Action de râper.

RAPATRIABLE adj. Qui peut être rapatrié. *Capitaux rapatriables.*

RAPATRIÉ, E n. **1.** Personne ramenée dans son pays d'origine par les soins des autorités officielles. **2.** Français d'Algérie installé en métropole après l'indépendance de ce pays (1962).

RAPATRIEMENT n.m. Action de rapatrier.

RAPATRIER v.t. Faire revenir des personnes, des biens, des capitaux dans leur pays d'origine.

RÂPE n.f. (de *râper*). **I. 1.** Ustensile de ménage pour réduire en poudre ou en petits morceaux certaines substances alimentaires. **2.** TECHN. Grosse lime plate ou demi-ronde, pour user la surface des matières tendres. **II.** BOT. Rafle. **III.** Suisse. Fam. Avare. *Quelle râpe !*

1. RÂPÉ, E adj. **1.** Réduit en poudre, en miettes, etc., avec une râpe. *Gruyère râpé.* **2.** Usagé au point que l'étoffe montre la trame. *Vêtement râpé.* **3.** Fam. Raté, fichu.

2. RÂPÉ n.m. **1.** Fromage râpé. **2.** Poudre de tabac à priser en cours de fabrication. **3.** Boisson obtenue en ajoutant de l'eau au marc de raisin du pressurage.

RÂPER v.t. (germ. *raspôn,* rafler). **1.** Réduire en poudre ou en petits morceaux avec une râpe. *Râper du fromage.* **2.** TECHN. User la surface d'un corps avec une râpe, pour la dresser ou l'arrondir. **3.** Donner une sensation d'âpreté, gratter. *Ce vin râpe le gosier.*

RAPERCHER v.t. Suisse. **1.** Dénicher. **2.** Récupérer. *Rapercher son argent.*

RÂPERIE n.f. Atelier où l'on râpe les betteraves destinées à la fabrication du sucre.

RAPETASSAGE n.m. Fam. Action de rapetasser.

RAPETASSER v.t. (anc. prov. *petasar,* rapiécer). Fam. Raccommoder grossièrement. *Rapetasser de vieux vêtements.*

RAPETISSEMENT n.m. Action ou fait de rapetisser.

RAPETISSER v.t. **1.** Rendre plus petit, faire paraître plus petit. *La distance rapetisse les objets.* **2.** Diminuer le mérite de. *Rapetisser les actions des autres.* ◆ v.i. Devenir plus petit, plus court. *Les jours rapetissent.*

RÂPEUX, EUSE adj. **1.** Rude au toucher. *Langue râpeuse.* **2.** Qui a une saveur âpre. *Vin râpeux.*

RAPHAÉLESQUE ou **RAPHAÉLIQUE** adj. Qui rappelle la manière, les types de Raphaël.

RAPHÉ n.m. ANAT. Ligne saillante de la peau ou des aponévroses qui ressemble à une couture.

RAPHIA n.m. (mot malgache). Palmier d'Afrique et d'Amérique, fournissant une fibre très solide, qui sert à faire des liens ; cette fibre.

RAPHIDE n.m. (gr. *raphis, -idos,* aiguille). BIOL. Faisceau de fines aiguilles cristallines, que l'on observe dans certaines cellules animales ou végétales.

RAPIAT, E adj. (lat. *rapere,* voler). Fam. Qui dépense avec parcimonie ; avare.

1. RAPIDE adj. (lat. *rapidus*). **1.** Qui parcourt beaucoup d'espace en peu de temps. **2.** Qui s'accomplit très vite. *Guérison rapide.* **3.** Où l'on circule rapidement. *Voie rapide.* **4.** Très incliné. *Pente rapide.* **5.** Qui agit vite, qui comprend facilement. *Rapide dans son travail. Intelligence rapide.* **6.** PHOT. Se dit d'un film de sensibilité élevée. **7.** *Acier rapide :* acier spécial utilisé pour l'usinage des métaux.

2. RAPIDE n.m. **1.** Section d'un cours d'eau où l'écoulement est accéléré en raison d'une augmentation brutale de la pente du lit. **2.** Train effectuant un parcours à vitesse élevée, et ne s'arrêtant qu'à des gares très importantes.

RAPIDEMENT adv. Avec rapidité ; vite.

RAPIDITÉ n.f. Caractère de ce qui est rapide. *La rapidité d'une fusée. La rapidité du temps.*

RAPIÈCEMENT ou **RAPIÉÇAGE** n.m. Action de rapiécer.

RAPIÉCER v.t. 20. Raccommoder, réparer un vêtement, un article en tissu usagé, en y posant une ou des pièces.

RAPIÈRE n.f. Épée à lame fine et longue, dont on se servait dans les duels (XVe-XVIIIe s.).

RAPIN n.m. (mot d'arg.). **1.** Vieilli. Apprenti dans un atelier d'artiste peintre ; élève peintre. **2.** Péj. Peintre bohème, au talent douteux.

RAPINE n.f. (lat. *rapina*). Litt. **1.** Action de prendre, de s'emparer de qqch par la violence. **2.** Vol, larcin. **3.** Ce qui est pris, volé par rapine.

RAPINER v.t. et i. Litt. Pratiquer la rapine.

RAPINERIE n.f. Litt. Acte de rapine.

RAPLAPLA adj. inv. Fam. Fatigué, sans énergie, déprimé.

RAPLATIR v.t. Rendre plat ou plus plat.

RAPOINTIR v.t. → ***rappointir.***

RAPOINTIS n.m. → ***rappointis.***

RAPPAREILLER v.t. Assortir de nouveau pour former un ensemble complet.

RAPPARIEMENT n.m. Action de rapparier.

RAPPARIER v.t. Réassortir deux choses qui vont par paire. *Rapparier des gants.*

RAPPEL n.m. (de *rappeler*). **I. 1.** Action par laquelle on rappelle, on fait revenir qqn. *Le rappel d'un ambassadeur.* ◇ *Battre le rappel :* rassembler, réunir les personnes, les choses nécessaires. **2.** MIL. Batterie de tambour, sonnerie de clairon pour rassembler une troupe. **3.** ALP. Procédé de descente d'une paroi verticale à l'aide d'une corde double, récupérable ensuite. **4.** MAR. Position prise par un équipier pour limiter la gîte d'un voilier. **5.** MATH. *Ligne de rappel :* droite définie, en géométrie descriptive, par les projections horizontale et frontale d'un point. **II. 1.** Action de rappeler, de faire se souvenir. ◇ *Rappel à l'ordre* → ***ordre.*** **2.** Paiement d'une portion d'appointements ou d'arrérages restée en suspens. **3.** Système de retour en arrière d'un mécanisme. **4.** *Injection de rappel* ou *rappel :* nouvelle injection d'un vaccin pratiquée systématiquement après un délai précis, ou occasionnellement en cas d'épidémie ou d'accident (vaccin antitétanique) pour consolider l'immunité conférée par le vaccin.

RAPPELABLE adj. Qui peut être rappelé.

RAPPELÉ, E adj. et n. Convoqué de nouveau sous les drapeaux.

RAPPELER v.t. 24. **I. 1.** Appeler de nouveau (spécialt, au téléphone). **2.** Faire revenir en appelant, faire revenir une personne absente. *Rappeler le médecin. Rappeler les acteurs.* ◇ *Rappeler qqn à la vie,* lui faire reprendre connaissance. **3.** Faire revenir qqn d'un pays étranger où il exerçait des fonctions. **II. 1.** Faire revenir à la mémoire. *Rappeler une promesse.* **2.** Présenter une ressemblance avec. *Fille qui rappelle son père.* ◆ **se rappeler** v.pr. *Se rappeler qqn, qqch* (ou, fam. et fautif, *de qqn, de qqch*), en garder le souvenir, s'en souvenir.

RAPPEUR, EUSE n. Personne qui chante, joue du rap.

RAPPLIQUER v.i. Fam. Arriver, venir ou revenir en un lieu.

RAPPOINTIR ou **RAPOINTIR** v.t. Refaire une pointe cassée ou émoussée.

RAPPOINTIS ou **RAPOINTIS** n.m. (de *pointe*). CONSTR. Pointe métallique enfoncée dans un bois pour retenir le plâtre.

RAPPORT n.m. **I. 1.** Profit tiré de l'exploitation d'un bien. *Des terres en plein rapport.* ◇ *De rapport :* dont la location procure des revenus au propriétaire. **2.** DR. Action par laquelle celui qui a reçu une somme, un bien les rapporte à la succession pour faire compte au partage. **II. 1.** Exposé dans lequel on relate ce qu'on a vu ou entendu ; compte rendu. *Rédiger un rapport.* **2.** Spécialt. Exposé, document sur les travaux précédant une proposition ou un projet de loi. **3.** MIL. Réunion au cours de laquelle un chef militaire expose ses intentions et donne ses ordres. **III. 1.** Lien ou relation entre deux ou plusieurs personnes ou choses. *L'italien a beaucoup de rapports avec le latin.* ◇ Pop. *Rapport à (qqch) :* à cause de. – *En rapport avec :* proportionné à. – *Par rapport à :* relativement à. *La Terre est petite par rapport au Soleil.* – *Mettre en rapport,* en communication. – *Sous le rapport de :* du point de vue de, eu égard à. **2.** *Rapport(s) sexuel(s)* ou, absolt, *rapport(s) :* coït. **3.** MATH. **a.** *Rapport de* a *à* (ou *sur*) b : quotient de *a* par *b.* **b.** *Rapport de projection orthogonale (de deux axes) :* quotient $\overline{A'B'}/\overline{AB}$, A et B étant deux points quelconques d'un axe et A′ et B′ leurs projections orthogonales sur l'autre axe. **4.** MÉCAN. Quotient de la vitesse de rotation de l'arbre de sortie par celle de l'arbre d'entrée, dans un train d'engrenage, une boîte de vitesses, etc. ◆ pl. Relations entre des personnes ou des groupes. *Avoir de bons rapports avec ses voisins.* ◇ *Sous tous (les) rapports :* à tous égards.

RAPPORTÉ, E adj. Qui a été ajouté pour compléter. – *Pièce rapportée :* élément constitutif d'un ensemble auquel il est assemblé après avoir été façonné à part ; fam., personne alliée à une famille.

RAPPORTER v.t. **I. 1.** Remettre une chose à l'endroit où elle était ; rendre à qqn. *Rapportez-moi le livre que je vous ai prêté.* **2.** Apporter avec soi en revenant d'un lieu. *Rapporter des cigares de La Havane.* **3.** Spécialt. Apporter un objet lancé, le gibier tué, en parlant d'un chien. **4.** DR. **a.** Restituer à la masse des biens à partager ceux qu'on détient et qui doivent faire l'objet d'un partage. **b.** Abroger ou annuler une décision administrative. **5.** COUT. Appliquer une pièce de tissu sur qqch ou joindre bout à bout. **6.** TOPOGR. Tracer sur le papier le dessin de mesures prises sur un terrain. *Rapporter des angles.* **7.** Procurer un gain, un bénéfice ; être profitable à. *Cette terre rapporte beaucoup de blé. Ce mensonge ne vous rapportera rien.* **II. 1.** Faire le récit de ce qu'on a vu et entendu. *Rapporter un fait comme il s'est passé.* **2.** Répéter qqch à qqn de façon indiscrète ou malicieuse. *On n'ose rien dire devant lui, il rapporte tout.* **3.** Faire un rapport relatif à un projet, à une proposition de loi, etc. **III.** Rattacher à une cause, à une fin ; attribuer. *Rapporter tout à soi.* ◆ **se rapporter** v.pr. ***(à)***. **1.** Avoir un rapport avec qqch, être relatif à qqn. *La réponse ne se rapporte pas à la question.* **2.** *S'en rapporter à qqn* : s'en remettre à lui, lui faire confiance.

1. RAPPORTEUR, EUSE adj. et n. Qui rapporte, par indiscrétion ou par malice, ce qu'il a vu ou entendu.

2. RAPPORTEUR n.m. **1.** Celui qui est chargé de faire l'exposé d'un procès, d'une affaire, de faire le rapport des conclusions que propose une commission parlementaire, etc. **2.** Instrument en forme de demi-cercle gradué, servant à mesurer ou à rapporter des angles sur un dessin.

RAPPRENDRE v.t. → ***réapprendre.***

RAPPRÊTER v.t. Donner un second apprêt à (une étoffe).

RAPPROCHAGE n.m. AGRIC. Taille d'une haie, d'une bordure devenue trop épaisse.

RAPPROCHEMENT n.m. **1.** Action de rapprocher, de se rapprocher. **2.** Réconciliation. *Le rapprochement de deux familles, de deux nations.* **3.** Action de mettre en parallèle des faits, des idées, pour les comparer ; cette comparaison.

RAPPROCHER v.t. **1.** Mettre, faire venir plus près. *Rapprocher deux planches disjointes.* **2.** Rendre plus proche dans l'espace ou le temps. **3.** Mettre en rapport. *Rapprocher des textes.* **4.** Réconcilier. *Rapprocher deux personnes.* ◆ **se rapprocher** v.pr. **1.** Venir plus près. **2.** Avoir des relations plus étroites. **3.** Avoir certaines ressemblances avec qqn, qqch.

RAPSODE n.m. → ***rhapsode.***

RAPSODIE n.f. → ***rhapsodie.***

RAPT [rapt] n.m. (lat. *raptus,* enlèvement). Enlèvement illégal d'une personne.

RAPTUS [raptys] n.m. (mot lat., *enlèvement*). PSYCHIATRIE. Comportement paroxystique à caractère de décharge brusque et irrésistible, susceptible d'avoir des conséquences dramatiques pour le sujet ou pour autrui.

RÂPURE n.f. Ce qu'on enlève en râpant.

RAQUER v.t. Pop. Payer.

RAQUETTE n.f. (de l'ar.). **1.** Instrument formé d'un cadre ovale garni d'un réseau de fils (boyaux ou fibres synthétiques) et terminé par un manche, pour jouer notamment au tennis. **2.** Lame de bois, recouverte généralement de caoutchouc et munie d'un manche, pour jouer au tennis de table. **3.** Large semelle pour marcher sur la neige molle. **4.** Pièce permettant d'ajuster la longueur active du spiral pour régler la marche des montres mécaniques. **5.** BOT. Tige aplatie du nopal, ou opuntia.

raquettes

RAQUETTEUR, EUSE n. Personne qui se déplace sur la neige avec des raquettes.

RARE adj. (lat. *rarus*). **1.** Qui n'est pas commun, qu'on ne voit pas souvent. *Un livre rare.* **2.** Peu fréquent. *De rares visites.* ◇ *Se faire rare* : espacer ses visites ; se trouver de moins en moins souvent. **3.** Qui existe en petit nombre. *Les commerçants sont rares dans ce quartier.* **4.** Surprenant. *C'est rare de vous voir à cette heure.* **5.** Peu dense. *Une herbe rare.*

RARÉFACTION n.f. Le fait de se raréfier.

RARÉFIABLE adj. Qui peut se raréfier.

RARÉFIER v.t. **1.** Rendre rare. **2.** PHYS. Diminuer la densité, la pression de. ◆ **se raréfier** v.pr. Devenir plus rare, moins dense, moins fréquent.

RAREMENT adv. Peu souvent.

RARESCENT, E adj. Litt. Qui se raréfie.

RARETÉ n.f. (lat. *raritas*). Caractère de ce qui est rare ; chose rare. *La rareté du diamant. La neige en mai est une rareté.*

RARISSIME adj. Très rare.

1. RAS [ra] n.m. (lat. *ratis,* radeau). MAR. Plate-forme flottante, servant aux réparations d'un navire, près de la flottaison.

2. RAS [ras] n.m. (mot ar.). Chef éthiopien.

3. RAS, E [ra, raz] adj. (lat. *rasus,* rasé). **1.** Coupé au niveau de la peau, en parlant des poils, des cheveux ; tondu. *Barbe rase.* **2.** Très court. *Chien à poil ras. Velours ras. Gazon ras.* **3.** Dont la surface est unie, dégagée, sans rien qui dépasse. ◇ *Rase campagne* : pays plat et découvert. – *Faire table rase* : mettre de côté, considérer comme nul ce qui a été dit ou fait antérieurement. – PHILOS. *Table rase* : l'esprit antérieurement à toute représentation (par anal. avec une tablette de cire où rien n'est encore écrit). **4.** Jusqu'au niveau du bord. *Mesure rase. Verre rempli à ras bord.* ◆ adv. De très près. *Ongles coupés ras.* ◆ n.m. *À ras* : très court. – *À ras de, au ras de* : au niveau de, au plus près de. *À ras de terre.* – *Ras du cou* : se dit d'un vêtement dont l'encolure s'arrête au niveau du cou.

RASADE n.f. (de 3. *ras*). Quantité de boisson représentant un verre rempli à ras bord.

RASAGE n.m. Action de raser ou de se raser.

RASANCE n.f. MIL. Rapport entre la hauteur à laquelle s'élève la trajectoire d'un projectile et la hauteur de l'objectif visé.

RASANT, E adj. **1.** Fam. Ennuyeux, fatigant. *Livre rasant.* **2.** MIL. Qui ne s'élève pas à une hauteur supérieure à celle de l'objectif. *Tir rasant.*

RASCASSE n.f. (prov. *rascasso*). Poisson à chair très estimée des eaux tropicales et tempérées chaudes, à la tête épineuse, aussi appelé *scorpène* ou *crapaud de mer.* (Plusieurs espèces des familles des scorpénidés et des trachinidés.) – *Rascasse blanche* : uranoscope.

rascasse

RASE-MOTTES n.m. inv. AÉRON. Vol effectué par un avion au plus près du sol.

RASER v.t. (lat. *radere,* tondre). **1.** Couper avec un rasoir et au ras de la peau les cheveux, la barbe. **2.** Abattre à ras de terre. *Raser un édifice.* **3.** Enlever les aspérités de la surface d'un corps. **4.** Passer tout près, effleurer. *Raser les murs.* **5.** Fam. Importuner, ennuyer. ◆ **se raser** v.pr. **1.** Se couper la barbe. **2.** Fam. S'ennuyer.

RASETTE n.f. Petit soc fixé sur la charrue en avant du coutre.

RASEUR, EUSE n. Fam. Personne ennuyeuse.

RASH [raʃ] n.m. (mot angl.) [pl. *rashs* ou *rashes*]. MÉD. Éruption érythémateuse de courte durée, qui s'observe dans diverses maladies ou intoxications.

RASIBUS [razibys] adv. Fam. Tout près ; au ras. *Passer rasibus.*

RASKOL [raskɔl] n.m. (mot russe, *schisme*). Dissidence religieuse russe née au XVIIe s. à la suite des réformes du patriarche Nikon et caractérisée par un attachement aux anciennes traditions. (→ ***vieux-croyant.***)

RAS-LE-BOL n.m. inv. Fam. Fait d'être excédé, exaspération. (V. aussi ***1. bol.***)

1. RASOIR n.m. Instrument à lame très effilée servant à raser, à se raser ou à trancher net certaines matières. *Coupe de cheveux au rasoir.* – *Rasoir électrique,* permettant le rasage à sec. – *Rasoir mécanique* ou *de sûreté,* à lame amovible, dont le type de montage évite les coupures graves.

2. RASOIR adj. Fam. Ennuyeux. *Film rasoir.*

RASPOUTITSA [rasputitsa] n.f. (mot russe). Période de dégel qui transforme la surface du sol en boue gluante.

RASSASIEMENT n.m. Litt. État d'une personne rassasiée.

RASSASIER v.t. (lat. *satiare*). **1.** Apaiser la faim de. **2.** Satisfaire pleinement les désirs, les passions de (qqn). *Il n'est jamais rassasié de la voir.*

RASSEMBLEMENT n.m. **1.** Action de rassembler. *Rassemblement de documents.* **2.** Grande réunion de personnes ; attroupement. *Disperser un rassemblement.* **3.** Union de groupements politiques ou parti qui prétend regrouper des adhérents d'origines politiques diverses. **4.** MIL. Sonnerie de clairon ou batterie de tambour pour rassembler une troupe.

RASSEMBLER v.t. **1.** Faire venir dans le même lieu, réunir. *Rassembler des moutons.* **2.** Mettre ensemble, accumuler. *Rassembler des matériaux.* **3.** Réunir, concentrer pour entreprendre qqch. *Rassembler ses forces, ses idées.* **4.** ÉQUIT. *Rassembler un cheval,* le tenir dans la main et dans les jambes, de façon à le préparer aux mouvements qu'on veut lui faire exécuter. ◆ **se rassembler** v.pr. Se réunir, se grouper.

RASSEMBLEUR, EUSE adj. et n. Qui rassemble, réunit.

RASSEOIR v.t. [65]. Asseoir de nouveau, replacer. ◆ **se rasseoir** v.pr. S'asseoir de nouveau, après s'être levé.

RASSÉRÉNER [raserene] v.t. [18]. Rendre la sérénité, le calme à. *Cette bonne nouvelle l'a rasséréné.* ◆ **se rasséréner** v.pr. Retrouver son calme.

RASSIR v.i. (auxil. *avoir* ou *être*). Devenir rassis.

RASSIS, E adj. (p. pass. de *rasseoir,* diminuer). **1.** *Esprit rassis,* calme, réfléchi. **2.** *Pain rassis,* qui n'est plus frais, mais qui n'est pas encore dur. – *Viande rassise* : viande d'animaux tués depuis plusieurs jours.

RASSISSEMENT n.m. Fait de rassir.

RASSORTIMENT n.m. → ***réassortiment.***

RASSORTIR v.t. → ***réassortir.***

RASSURANT, E adj. Propre à rassurer. *Nouvelle rassurante.*

RASSURER v.t. Rendre sa confiance, son assurance, sa tranquillité à (qqn), dissiper les craintes de. *Ce que vous me dites là me rassure.*

RASTA ou **RASTAFARI** adj. inv. et n. (de *ras Tafari,* nom porté par Hailé Sélassié). Se dit d'un mouvement mystique, politique et culturel propre aux Noirs de la Jamaïque et des Antilles anglophones. (La musique reggae en est, notamment, une manifestation.)

RASTAQUOUÈRE [rastakwɛr] ou **RASTA** n.m. (esp. *rastracuero,* traîne-cuir). Fam., péj. Étranger menant grand train et dont on ne connaît pas les moyens d'existence.

RASTEL n.m. Région. (Midi). Réunion de gens que l'on invite à boire.

RAT n.m. **1.** Mammifère rongeur, très nuisible, originaire d'Asie. (Famille des muridés.) [Le *rat noir* a envahi l'Europe au XIIIe s. et a été supplanté au XVIIIe s. par le *surmulot* ou *rat d'égout.*] – Fam. *Être fait comme un rat* : être pris, dupé. ◇ Fig. et fam. *Rat de bibliothèque* : personne qui passe son temps à consulter des livres dans les bibliothèques. – *Rat d'hôtel* : filou

rat d'égout (surmulot)

qui dévalise les hôtels. **2.** Jeune élève de la classe de danse, à l'Opéra. **3.** *Rat musqué :* ondatra. ◇ *Rat palmiste :* xérus. ◆ adj. et n.m. Fam. Avare, pingre.

RATA n.m. (abrév. de *ratatouille*). Pop. Mauvais ragoût ; pitance quelconque.

RATAFIA n.m. (mot créole). Liqueur préparée par macération de fruits, de fleurs, de tiges, etc., dans l'alcool ou par mélange de marc et de moût de raisin.

RATAGE n.m. Action de rater, échec.

RATAPLAN ou **RANTANPLAN** interj. (onomat.) [Pour évoquer le roulement du tambour]. *Rantanplan, plan, plan !*

RATATINÉ, E adj. **1.** Rapetissé et déformé ; rabougri, flétri. *Des pommes ratatinées.* **2.** Fam. Démoli. *Il a eu un accident, sa voiture est ratatinée.*

RATATINER v.t. (de l'anc. fr. *tatin,* petite quantité). **1.** Rapetisser en déformant. **2.** Fam. Endommager gravement, démolir. **3.** Pop. Battre à plate couture, écraser. *Notre équipe a ratatiné l'équipe adverse.* **4.** Pop. Tuer. *Se faire ratatiner.* ◆ **se ratatiner** v.pr. Se tasser, se recroqueviller ; se flétrir.

RATATOUILLE n.f. (de *touiller*). **1.** Fam. Ragoût grossier. **2.** *Ratatouille niçoise :* mélange d'aubergines, de courgettes, de poivrons, d'oignons et de tomates assaisonnés et cuits à l'huile d'olive.

RAT-DE-CAVE n.m. (pl. *rats-de-cave*). **1.** Longue mèche recouverte de cire servant à éclairer. **2.** Anc. Commis des contributions indirectes qui contrôlait les caves.

1. RATE n.f. Rat femelle.

2. RATE n.f. (moyen néerl. *rate,* rayon de miel). Organe lymphoïde situé dans l'hypocondre gauche, entre l'estomac et les fausses côtes. (La rate est un organe hématopoïétique qui produit des lymphocytes et tient en réserve ou détruit les hématies.) ◇ Fam. *Dilater la rate :* faire rire.

1. RATÉ n.m. **1.** Fonctionnement défectueux de qqch. **2.** Coup d'une arme à feu qui n'est pas parti. **3.** Bruit accidentel léger d'un moteur thermique, correspondant à une interruption momentanée du fonctionnement d'un ou de plusieurs cylindres.

2. RATÉ, E n. et adj. Fam. Personne qui, faute de talent ou de chance, n'a pas réussi.

RÂTEAU n.m. (lat. *rastellus*). **1.** Outil agricole et de jardinage formé d'une traverse portant des dents et munie d'un manche. **2.** Raclette à manche avec laquelle le croupier ramasse les mises et les jetons sur les tables de jeu.

RATEL n.m. Mammifère carnivore de l'Afrique et de l'Inde, à dessus blanc et argenté, et à dessous noir. (Long. 60 cm sans la queue ; famille des mustélidés.)

RÂTELAGE n.m. Action de râteler.

RÂTELÉE n.f. Ce qu'on peut amasser d'un seul coup de râteau.

RÂTELER v.t. [24]. Nettoyer, amasser avec un râteau ; ratisser.

RÂTELEUR, EUSE n. Personne qui râtelle les foins.

RÂTELIER n.m. **1.** Assemblage à claire-voie de barres de bois, pour mettre le foin et la paille qu'on donne aux animaux. ◇ Fig., fam. *Manger à deux, à plusieurs râteliers :* servir avec profit deux causes opposées, tirer avantage d'emplois différents. **2.** Tringle disposée le long d'un établi pour y placer les outils. ◇ *Râtelier d'armes :* support muni d'encoches où l'on range les fusils. **3.** Fam. Dentier.

RÂTELURES n.f. pl. Rare. Fragments (d'herbe, de foin, etc.) qu'on amasse avec un râteau.

RATER v.i. (de *rat*). **1.** Ne pas partir, en parlant du coup d'une arme à feu. **2.** Échouer. *Projet qui rate.* ◆ v.t. **1.** Manquer. *Rater un lièvre. Rater un examen.* ◇ Fam. *Ne pas rater qqn,* lui faire une réponse bien sentie ; le prendre sur le fait pour le punir. – Fam. *Ne pas en rater une :* commettre tous les impairs, toutes les bourdes possibles. **2.** Ne pas rencontrer (qqn). *Je l'ai ratée à deux minutes.*

RATIBOISER v.t. (de *ratisser*). Pop. **1.** Prendre, rafler. **2.** Ruiner, détruire. **3.** Couper ras les cheveux de qqn.

RATICIDE n.m. Produit qui détruit les rats.

RATIER n.m. Chien qui chasse les rats.

RATIÈRE n.f. **1.** Piège à rats. **2.** Mécanisme servant à faire évoluer les lames d'un métier à tisser.

RATIFICATION n.f. Action de ratifier, confirmation, approbation. **1.** Procédure par laquelle le Parlement confère force de loi aux ordonnances prises par le gouvernement dans le cadre d'une loi d'habilitation. **2.** Acte juridique par lequel une personne prend à son compte l'engagement pris en son nom par une autre qui n'était pas habilitée. **3.** DR. INTERN. Formalité par laquelle un État affirme sa volonté d'être engagé par un traité international préalablement signé.

RATIFIER v.t. (du lat. *ratus,* confirmé). **1.** Confirmer ce qui a été fait ou promis. *Ratifier un projet.* **2.** DR. Reconnaître la validité d'un engagement pris par un mandataire non habilité ; procéder à une ratification.

RATINAGE n.m. TEXT. Frisure que l'on fait subir à certaines étoffes.

RATINE n.f. Étoffe de laine croisée dont le poil est tiré en dehors et frisé.

RATINER v.t. TEXT. Passer (une étoffe, un drap) à la machine à friser.

RATINEUSE n.f. Machine à ratiner les étoffes.

RATING [ratiŋ] n.m. (mot angl., de *to rate,* évaluer). **1.** MAR. Nombre exprimé en dimensions linéaires (mètres ou pieds), représentatif des qualités d'un voilier et destiné au calcul de son handicap. **2.** BANQUE. (Anglic. déconseillé). Indice de classement des banques en fonction du crédit que l'on peut leur accorder. Recomm. off. : *notation.*

RATIO [rasjo] n.m. (mot lat.). ÉCON. Rapport, exprimé en pourcentage, entre deux grandeurs économiques ou financières.

RATIOCINATION [rasjo-] n.f. Litt. Abus du raisonnement ; raisonnement trop subtil.

RATIOCINER [rasjo-] v.i. (lat. *ratiocinari,* de *ratio,* raison). Litt. Raisonner d'une façon trop subtile.

RATION n.f. (lat. *ratio,* compte). **1.** Quantité d'un aliment attribuée à qqn ou à un animal pour une journée. *Ration de fourrage pour un cheval.* ◇ *Ration de combat :* ensemble des diverses denrées nécessaires à l'alimentation d'un ou de plusieurs combattants pendant une journée. **2.** Ce que qqn subit ; lot, part. *Elle a eu sa ration d'épreuves.*

RATIONAL n.m. (pl. *rationaux*). ANTIQ. Pièce d'étoffe ornée de pierreries portée sur la poitrine par le grand prêtre des Hébreux.

RATIONALISATION n.f. **1.** Action de rationaliser qqch. **2.** Perfectionnement d'une organisation technique en vue de son meilleur fonctionnement. **3.** Ensemble de moyens mis en œuvre dans le cadre d'un régime parlementaire pour assurer la stabilité et l'efficacité gouvernementales. **4.** *Rationalisation des choix budgétaires (R. C. B.) :* méthode cherchant à repérer les buts et les objectifs que se fixent les différents centres de décision publics, à définir les moyens permettant d'atteindre les uns et les autres et à choisir les plus efficaces d'entre eux. **5.** PSYCHOL. Justification logique et consciente d'une conduite qui relève de motivations inconscientes.

RATIONALISÉ, E adj. Se dit de formules d'électrostatique et d'électromagnétisme employées avec le système d'unités SI.

RATIONALISER v.t. **1.** Déterminer, organiser suivant des calculs ou des raisonnements. *Rationaliser l'alimentation.* **2.** Rendre plus efficace et moins coûteux un processus de production, normaliser. *Rationaliser une fabrication.* **3.** PSYCHOL. Justifier ce qui relève de motivations affectives, parfois inconscientes.

RATIONALISME n.m. **1.** Doctrine selon laquelle rien de ce qui existe ne trouve une explication qui soit étrangère à ce que la raison humaine peut accepter (par opp. à *irrationalisme,* à *fidéisme*). **2.** PHILOS. Système selon lequel les phénomènes de l'Univers relèvent d'un ensemble de causes et de lois accessibles à l'homme. **3.** Disposition d'esprit qui n'accorde de valeur qu'à la raison, au raisonnement. **4.** Tendance architecturale française donnant la primauté à la structure et à la fonction sur le traitement formel et décoratif (XIXᵉ s. : Labrouste, Viollet-le-Duc, etc.).

RATIONALISTE adj. et n. Qui relève du rationalisme ; qui en est partisan.

RATIONALITÉ n.f. Caractère de ce qui est rationnel. *La rationalité d'un fait scientifique.*

RATIONNAIRE adj. et n. DR. Qui a droit à une ration.

RATIONNEL, ELLE adj. (du lat. *ratio,* raison). **1.** Qui est fondé sur la raison. *Certitude rationnelle. Méthode rationnelle.* **2.** Qui est déduit par le raisonnement et n'a rien d'empirique. *Mécanique rationnelle.* **3.** Déterminé par des calculs ou par des raisonnements. *Alimentation rationnelle.* **4.** Conforme au bon sens. *Ce que vous dites n'est pas rationnel.* **5.** MATH. *Nombre rationnel :* élément de l'ensemble $\mathbb{Q}$ égal au quotient de deux entiers. ◇ *Fraction* ou *fonction rationnelle :* fonction numérique égale au quotient de deux polynômes.

RATIONNELLEMENT adv. De façon rationnelle.

RATIONNEMENT n.m. Action de rationner ; fait d'être rationné.

RATIONNER v.t. **1.** Réduire, par une répartition en quantités limitées, la consommation de. *Rationner l'essence.* **2.** Mettre à la ration, limiter dans sa consommation d'aliments (ou d'une denrée, d'un produit donnés). *On a rationné les troupes en prévision du siège de la ville.*

RATISSAGE n.m. Action de ratisser.

RATISSER v.t. (moyen fr. *rater,* racler). **1.** Nettoyer et unir avec un râteau. *Ratisser une allée.* **2.** Fouiller méthodiquement (une zone de terrain, un quartier) pour rechercher les éléments adverses, des malfaiteurs, une personne disparue, etc. **3.** Fam. *Ratisser qqn,* le ruiner. ◆ v.i. Fam. *Ratisser large :* tenter, sans trop se soucier des critères de sélection, de rassembler le plus grand nombre de personnes ou de choses.

RATITE n.m. *Ratites :* ordre d'oiseaux coureurs à ailes réduites et au sternum sans bréchet, tels que l'autruche, le nandou, l'émeu, l'aptéryx.

RATON n.m. **1.** Jeune rat. **2.** *Raton laveur :* mammifère carnivore d'Amérique, recherché pour sa fourrure de couleur gris fauve. (Omnivore, il trempe ses aliments dans l'eau avant de les manger.)

raton laveur

RATONNADE n.f. (d'un sens injurieux et raciste de *raton*). Fam. et péj. Expédition punitive ou brutalités exercées contre des Maghrébins et, par ext., contre d'autres personnes.

RATTACHEMENT n.m. Action de rattacher.

RATTACHER v.t. **1.** Attacher de nouveau. **2.** Faire dépendre qqch d'une chose principale ; établir un rapport entre des choses ou des personnes. *Rattacher une question à une autre.* ◆ **se rattacher** v.pr. *(à).* Être lié. *Se rattacher au classicisme.*

RATTACHISTE adj. et n. Belgique. Partisan du rattachement à la France de tout ou partie des régions francophones de Belgique.

RAT-TAUPE n.m. (pl. *rats-taupes*). Spalax.

RATTE n.f. Petite pomme de terre de forme allongée, à peau et à chair jaunes.

RATTRAPABLE adj. Qui peut être rattrapé.

RATTRAPAGE n.m. Action de rattraper ou de se rattraper.

RATTRAPER v.t. **1.** Attraper, saisir de nouveau. *Rattraper un prisonnier.* **2.** Saisir qqch, qqn afin de les empêcher de tomber ; retenir. **3.** Rejoindre qqn, qqch qui a de l'avance. *Allez devant, je vous rattraperai.* **4.** Atténuer un défaut, une erreur, corriger une inégalité. ◆ **se rattraper** v.pr. **1.** Se retenir. *Se rattraper à une branche.* **2.** Regagner l'argent ou le temps qu'on a perdu. **3.** Se remettre au courant. **4.** Atténuer une erreur qu'on était en train de commettre.

RATURAGE n.m. Action de raturer.

RATURE n.f. (du lat. *radere,* raser). Trait tracé sur ce qu'on a écrit pour l'annuler.

RATURER v.t. Annuler ce qui est écrit en biffant, en traçant un trait dessus.

RAUBASINE n.f. Alcaloïde vasodilatateur et hypotenseur extrait des racines du rauwolfia.

RAUCHAGE n.m. MIN. Remise à section d'une galerie écrasée.

RAUCHER v.t. MIN. Faire le rauchage de.

RAUCHEUR [roʃœr] n.m. Ouvrier mineur chargé du boisage des galeries.

RAUCITÉ n.f. Litt. Rudesse, âpreté de la voix.

RAUQUE adj. (lat. *raucus*). Se dit d'une voix rude et comme enrouée.

RAUQUER v.i. Feuler, en parlant du tigre.

RAUWOLFIA n.m. Arbuste de l'Inde *(Rauwolfia serpentina),* dont les racines sont employées pour leurs propriétés hypotensives.

RAVAGE n.m. (de *ravir*). **1.** Dommage ou dégât matériel important, causé de façon violente par l'action des hommes, par les agents naturels, par un cataclysme, etc. *Les ravages de la guerre.* **2.** Effet désastreux de qqch sur qqn, sur l'organisme, dans la société. *Les ravages de l'alcoolisme.* **3.** Fig. *Faire des ravages (dans les cœurs) :* susciter des passions amoureuses.

RAVAGER v.t. [17]. **1.** Causer des destructions, des dégâts matériels, des dommages considérables par l'effet d'une action violente. *Le séisme a ravagé cette région.* **2.** Litt. Causer à qqn de graves troubles physiques ou moraux, provoquer des désordres dans son existence. *Le chagrin l'a ravagé.* **3.** Fam. *Être ravagé,* fou, cinglé.

RAVAGEUR, EUSE adj. et n. Litt. Qui ravage ; dévastateur, destructeur.

RAVAL n.m. (pl. *ravals*). MIN. Approfondissement d'un puits.

RAVALEMENT n.m. **1.** Opération qui consiste à nettoyer une façade d'immeuble par grattage, lavage et, le cas échéant, application d'un enduit. **2.** Litt. Action de déprécier ; fait d'être déprécié. *Ravalement à une condition inférieure.*

RAVALER v.t. (de *val*). **I.** Procéder au ravalement de. *Ravaler un immeuble, une façade.* **II. 1.** Avaler de nouveau. *Ravaler sa salive.* **2.** Retenir, garder pour soi ce qu'on s'apprêtait à manifester. *Ravaler sa colère.* **3.** Fam. *Faire ravaler ses paroles à qqn,* l'empêcher de tenir certains propos, l'obliger à les rétracter. **III. 1.** Mettre, placer à un niveau inférieur. *Des instincts qui ravalent l'homme au niveau de la bête.* **2.** Approfondir (un puits de mine). ◆ **se ravaler** v.pr. Litt. S'abaisser ou s'avilir.

RAVALEUR n.m. Ouvrier (maçon, plâtrier, peintre, etc.) qui effectue un ravalement.

RAVAUDAGE n.m. Vieilli. Raccommodage de vêtements usés.

RAVAUDER v.t. (de l'anc. fr. *ravaut,* sottise, de *ravaler*). Vieilli. Raccommoder à l'aiguille ; repriser.

RAVAUDEUR, EUSE n. Vieilli. Personne qui raccommode les vêtements.

RAVE n.f. (anc. fr. *reve ;* lat. *rapa,* navet). Plante potagère à racine ronde et plate, voisine du navet. (Famille des crucifères.)

RAVELIN n.m. Ouvrage de fortification analogue aux demi-lunes.

RAVENALA [ravenala] n.m. (du malgache *ravinala*). Plante de Madagascar, appelée aussi *arbre du voyageur,* car la base de ses feuilles recueille l'eau de pluie. (Famille des musacées.)

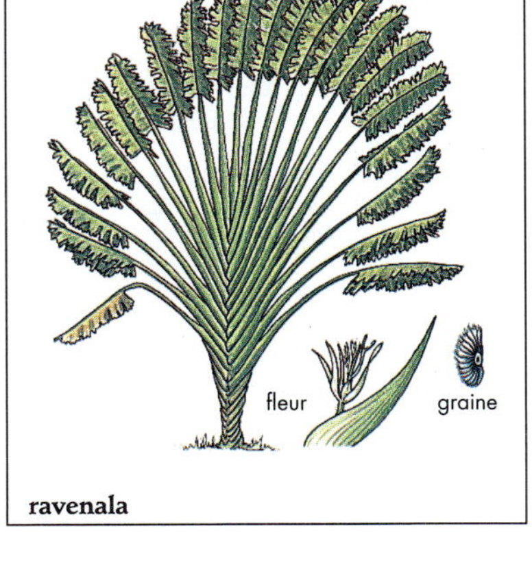

ravenala

RAVENELLE n.f. (anc. fr. *rafne ;* du lat. *raphanus,* raifort). **1.** Moutarde des champs. **2.** Radis sauvage.

RAVI, E adj. Très content, enchanté. – (Dans une formule de politesse). *Ravi de vous revoir.*

RAVIER n.m. (de *rave*). Petit plat oblong, dans lequel on sert des hors-d'œuvre.

RAVIÈRE n.f. Terrain semé de raves.

RAVIGOTANT, E adj. Fam. Qui ravigote, revigore. *Un petit vin ravigotant.*

RAVIGOTE n.f. Vinaigrette additionnée de fines herbes, de câpres et d'échalotes.

RAVIGOTER v.t. (altér. de *revigorer*). Fam. Redonner de la vigueur, de la force à (qqn).

RAVILIR v.t. Vx. Rendre vil et méprisable.

RAVIN n.m. **1.** Dépression allongée et profonde creusée par un torrent. **2.** Vallée sauvage et encaissée.

RAVINE n.f. **1.** Petit ravin. **2.** Amorce d'un ravinement.

RAVINEMENT n.m. Formation de sillons, de ravines par les eaux de pluie, notamment sur les pentes déboisées des reliefs.

RAVINER v.t. Creuser le sol de ravines. *L'orage a raviné les terres.*

RAVIOLE n.f. Petit carré de pâte alimentaire fourré de fromage. (Cuis. dauphinoise.)

RAVIOLI n.m. (mot it.) [pl. *raviolis* ou inv.]. Petit carré de pâte à nouille farci de viande, d'herbes hachées, etc., et poché.

RAVIR v.t. (lat. *rapere*). **1.** Plaire énormément à (qqn). *Cette musique me ravit.* ◇ *À ravir :* admirablement. *Cette robe lui va à ravir.* **2.** Litt. Enlever de force. *Ravir un enfant à ses parents.* **3.** Litt. Arracher (qqn) à l'affection de ses proches.

RAVISER (SE) v.pr. Changer d'avis, revenir sur une résolution.

RAVISSANT, E adj. Qui est extrêmement joli, charmant ; qui plaît beaucoup par sa beauté.

RAVISSEMENT n.m. **1.** État de l'esprit transporté de joie, d'admiration. **2.** RELIG. Extase mystique.

1. RAVISSEUR, EUSE n. Personne qui enlève qqn par la force ou la ruse.

2. RAVISSEUR, EUSE adj. ZOOL. *Patte ravisseuse :* patte antérieure de certains insectes, tels que la mante, qui se replie autour de la proie à la manière d'un couteau pliant.

RAVITAILLEMENT n.m. **1.** Action de ravitailler. **2.** Denrées nécessaires à la consommation.

RAVITAILLER v.t. (anc. fr. *avitailler,* de *vitaille,* victuaille). **1.** Fournir des vivres (à). *Ravitailler un village isolé.* **2.** Fournir du carburant à un véhicule, des munitions à une armée, etc.

1. RAVITAILLEUR, EUSE n. Personne préposée au ravitaillement.

2. RAVITAILLEUR n.m. Bâtiment, navire ou avion qui assure le ravitaillement au cours d'opérations.

RAVIVAGE n.m. Action de raviver.

RAVIVER v.t. **1.** Rendre plus vif. *Raviver le feu.* **2.** Redonner de l'éclat, de la fraîcheur à. **3.** Litt. Faire revivre, ranimer. *Raviver l'espérance.* **4.** TECHN. Aviver de nouveau une pièce pour améliorer son éclat ou ses arêtes tranchantes.

RAVOIR v.t. (Seult à l'inf.).- **1.** Avoir de nouveau. **2.** Fam. Redonner l'aspect du neuf à (qqch). ◆ **se ravoir** v. pr. Belgique. Reprendre haleine, retrouver ses esprits.

RAY [rɛ] n.m. (mot annamite). GÉOGR. Culture sur brûlis, en Asie du Sud-Est.

RAYA, RAYIA ou **RAÏA** [raja] n.m. HIST. Sujet non musulman de l'Empire ottoman.

RAYAGE [rɛjaʒ] n.m. Action de rayer.

RAYÉ, E adj. **1.** Qui a des raies ou des rainures. **2.** *Canon rayé :* canon d'une arme à feu dont l'intérieur porte des rayures. **3.** BOT. *Vaisseau rayé :* vaisseau du bois où les épaississements de lignine ont l'aspect de raies transversales.

RAYER v.t. [11]. **I. 1.** Faire des raies sur, détériorer une surface par des rayures. *Rayer une glace.* **2.** TECHN. Pratiquer des rayures dans le canon d'une arme à feu. **II. 1.** Annuler au moyen d'un trait, barrer. *Rayer un mot.* **2.** Exclure, radier, éliminer. *Rayer qqn de la liste des candidats.*

RAYÈRE [rɛjɛr] n.f. ARCHIT. Ouverture longue et étroite, pratiquée dans le mur d'une tour pour en éclairer l'intérieur.

RAY-GRASS [rɛgrɑ] ou [-gras] n.m. inv. (mot angl.). Graminée fourragère vivace, utilisée pour les prairies temporaires, les pelouses.

RAYIA n.m. → ***raya.***

RAYNAUD (SYNDROME DE) : trouble de la vasomotricité des extrémités des membres, qui sont d'abord blanches, puis cyanosées (bleues), lorsqu'elles sont soumises au froid.

1. RAYON n.m. (du francique *hrata*). **1.** Chaque tablette d'une bibliothèque, d'une armoire, etc. ◇ Fam. *En connaître un rayon :* être très compétent. **2.** Ensemble de certains comptoirs d'un magasin affectés à un même genre de marchandises. ◇ Fam. *C'est mon rayon :* cela me concerne. **3.** Gâteau de cire, comportant une juxtaposition d'alvéoles, que font les abeilles.

2. RAYON n.m. (lat. *radius*). **I. 1.** Trait, ligne qui part d'un centre lumineux. *Rayon lumineux.* – *Rayon vert :* bref éclat vert que l'on aperçoit, dans une atmosphère très pure, au point de l'horizon où le soleil commence à se lever ou vient de se coucher. **2.** Fig. Ce qui fait naître l'espoir, la joie, etc. *Rayon d'espérance.* **3.** *Rayon visuel :* ligne idéale allant de l'objet à l'œil de l'observateur. **II. 1.** MATH. Segment dont une extrémité est le centre d'un cercle, d'une sphère, l'autre étant un point du cercle, de la sphère ; longueur de ce segment. ◇ *Dans un rayon de 10 km :* à 10 km à la ronde. **2.** *Rayon d'action :* distance maximale que peut franchir à une vitesse donnée un navire, un avion, un char, etc., sans ravitaillement en combustible ; zone d'influence, d'activité. **3.** Pièce de bois ou de métal qui relie le moyeu à la jante d'une roue. **4.** ZOOL. Chacune des pièces squelettiques qui soutiennent les nageoires des poissons. ◆ pl. (Nom générique de certains rayonnements). *Rayons* α, β, γ, X → ***alpha, bêta, gamma, X.***

3. RAYON n.m. (de 1. *raie*). AGRIC. Sillon peu profond dans lequel on sème des graines.

1. RAYONNAGE n.m. Assemblage de planches, d'étagères constituant une bibliothèque, une vitrine, etc.

2. RAYONNAGE n.m. AGRIC. Action de rayonner.

RAYONNANT, E adj. **1.** Qui produit des rayonnements ou des radiations. – *Chaleur rayonnante,* qui se transmet par rayonnement à partir d'un corps chaud. **2.** Qui est disposé en forme de rayons traçant des lignes droites à partir d'un centre. *Motif rayonnant.* ◇ *Chapelles rayonnantes :* chapelles absidales ouvrant sur le déambulatoire semi-circulaire du chœur. – *Style gothique rayonnant :* style de l'architecture gothique en France, à partir de 1240 environ, caractérisé notamment par de grandes roses polylobées. **3.** Éclatant, radieux. *Une beauté rayonnante. Un visage rayonnant de joie, de bonheur, de santé.*

RAYONNE n.f. Fil textile continu réalisé en viscose ; étoffe tissée avec ce fil.

1. RAYONNÉ, E adj. **1.** Disposé en forme de rayons. **2.** Orné de rayons.

2. RAYONNÉ n.m. Représentant d'une ancienne division du règne animal qui comprenait les échinodermes et les cœlentérés.

RAYONNEMENT n.m. **1.** Fait de rayonner. **2.** Mode de propagation de l'énergie sous forme d'ondes ou de particules. **3.** Ensemble des radiations émises par un corps. *Rayonnement solaire.* **4.** Action qui se propage, influence. *Le rayonnement d'une œuvre, d'une civilisation.* **5.** Litt. Vive expression de bonheur, de satisfaction. *Rayonnement de joie.*

1. RAYONNER v.i. **I. 1.** Émettre des rayons. **2.** Émettre de l'énergie qui se transmet à travers l'espace. **3.** Faire sentir son action sur une certaine étendue. **4.** Porter l'expression du bonheur. *Visage qui rayonne.* **II. 1.** Être disposé comme les rayons d'un cercle. **2.** Se déplacer dans un certain rayon. *Rayonner autour de Paris.*

2. RAYONNER v.t. Garnir de rayonnages.

3. RAYONNER v.t. AGRIC. Tracer des rayons dans un champ, un jardin, pour y faire des semis.

RAYONNEUR n.m. AGRIC. Pièce d'un semoir mécanique traçant des rayons où viennent se déposer les semences.

RAYURE n.f. **1.** Trace laissée sur un objet par un corps pointu ou coupant. **2.** Chacune des bandes, des raies qui se détachent sur un fond. *Les rayures d'une étoffe.* **3.** Rainure hélicoïdale d'une arme à feu, pour imprimer au projectile un mouvement de rotation qui en augmente la précision.

RAZ [ra] n.m. (mot normand). **1.** Détroit parcouru par un courant de marée rapide. **2.** Le courant lui-même.

RAZ DE MARÉE ou **RAZ-DE-MARÉE** n.m. inv. **1.** Énorme vague qui peut atteindre 20 à 30 m de hauteur, provoquée par un tremblement de terre ou une éruption volcanique sous-marine. **2.** Phénomène brutal et massif qui bouleverse une situation donnée.

RAZZIA [-zja] ou [-dzja] n.f. (de l'ar.). Incursion faite en territoire ennemi afin d'enlever les troupeaux, de faire du butin, etc. ◇ Fig. *Faire une razzia sur qqch,* l'emporter par surprise ou par violence.

RAZZIER v.t. Exécuter une razzia sur ; piller.

Rb, symbole chimique du rubidium.

Re, symbole chimique du rhénium.

RÉ n.m. inv. Note de musique, deuxième degré de la gamme de *do.*

RÉA n.m. (de *rouat,* altér. de *rouet*). MAR. Roue, poulie dont le pourtour présente une gorge.

RÉABONNEMENT n.m. Nouvel abonnement.

RÉABONNER v.t. Abonner de nouveau.

RÉABSORBER v.t. Absorber de nouveau.

RÉABSORPTION n.f. Nouvelle absorption.

RÉAC adj. et n. (abrév.). Fam. Réactionnaire.

RÉACCOUTUMER v.t. Litt. Accoutumer de nouveau.

RÉACTANCE n.f. Partie imaginaire de l'impédance complexe d'un dipôle électrique.

RÉACTEUR n.m. **1.** Cour. (Impropr. en aéron., pour *turboréacteur*). Propulseur aérien utilisant l'air ambiant comme comburant, et fonctionnant par réaction directe sans entraîner d'hélice. **2.** Installation industrielle où s'effectue une réaction chimique en présence d'un catalyseur. **3.** *Réacteur nucléaire :* appareil dans lequel il est possible de produire et de diriger une réaction nucléaire de fission ou de fusion. (Au cours de la fission d'un noyau d'uranium ou de plutonium, une grande quantité d'énergie est libérée ; plusieurs neutrons sont émis en même temps, provoquant d'autres fissions. Pour éviter que les réactions en chaîne ne se fassent trop rapidement, le réacteur contient des éléments qui les contrôlent [barres contenant par ex. du carbure de bore].)

1. RÉACTIF, IVE adj. Qui réagit. *Force réactive.* ◇ ÉLECTR. *Courant réactif :* composante d'un courant sinusoïdal en quadrature avec la tension.

2. RÉACTIF n.m. CHIM. Substance qui peut réagir avec une ou plusieurs espèces chimiques. (Un réactif permet de classer les réactions dans lesquelles il intervient et de caractériser une espèce chimique particulière.)

RÉACTION n.f. **I. 1.** MÉCAN. Force qu'exerce en retour un corps soumis à l'action d'un autre corps. – *Avion à réaction :* avion propulsé par un moteur fonctionnant par éjection d'un flux gazeux sous pression et à grande vitesse *(moteur à réaction).* – AUTOM. *Barre de réaction :* dispositif empêchant la rotation, autour d'un essieu, d'un organe qui lui transmet un couple. **2.** CYBERN. Feed-back. **3.** *Amplificateur à réaction,* dans lequel une partie du signal de sortie est combinée avec le signal d'entrée. **II. 1.** CHIM. Transformation se produisant lorsque plusieurs corps chimiques sont mis en présence ou lorsqu'un corps reçoit un apport extérieur de nouvelles substances. – *Réaction nucléaire :* phénomène obtenu en bombardant le noyau d'un atome par une particule élémentaire, un autre noyau, etc., et qui donne naissance au noyau d'un nouvel élément. **2.** Manière dont une machine, un organe mécanique répond à certaines commandes. **3.** PSYCHOL. Tout comportement directement suscité par un évènement extérieur au système nerveux, appelé *stimulus.* SYN. : *réponse.* ◇ *Temps de réaction :* latence. **III. 1.** Manière dont qqn, un groupe réagit face à un évènement ou à l'action de qqn d'autre. **2.** Mouvement d'opinion opposé à un mouvement antérieur. *La Contre-Réforme, réaction de l'Église catholique contre la Réforme protestante.* **3.** POLIT. Tendance politique qui s'oppose au progrès social et s'efforce de rétablir un état de choses ancien ; hommes, partis qui s'en réclament.

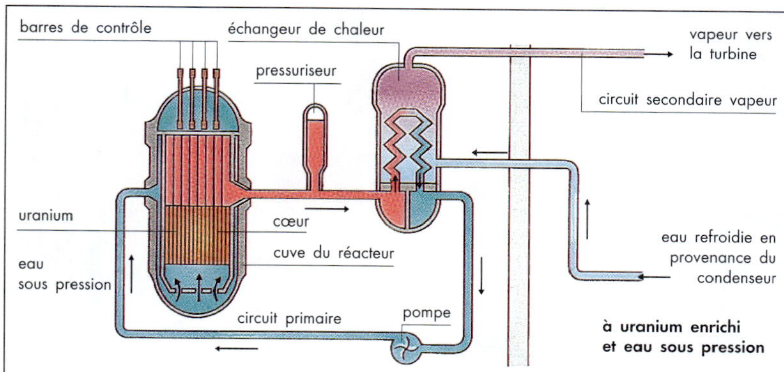

Les neutrons créés par la fission des noyaux d'uranium sont ralentis par les barres de contrôle, ce qui limite la chaleur dégagée dans le cœur du réacteur et permet son évacuation par de l'eau sous pression.

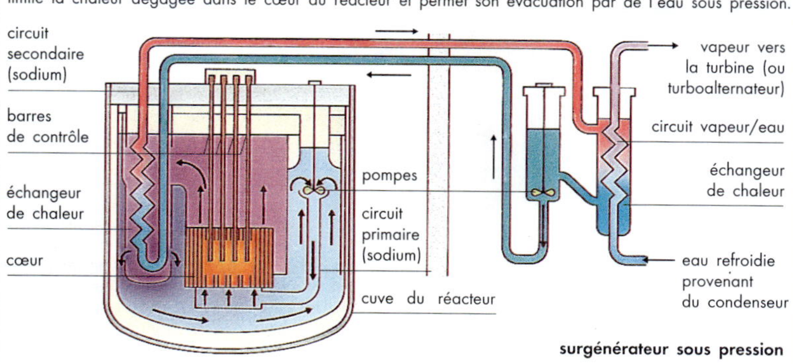

Les neutrons responsables de la réaction nucléaire n'étant pas ralentis, l'énergie produite est plus grande, et doit être évacuée par un circuit primaire contenant du sodium fondu.

réacteurs : deux types de réacteurs nucléaires

RÉACTIONNAIRE adj. et n. Qui appartient à la réaction (politique). *Gouvernement réactionnaire.* Abrév. (fam.) : *réac.*

RÉACTIONNEL, ELLE adj. **1.** Relatif à une réaction chimique, physiologique, etc. **2.** Se dit de tout trouble psychique se manifestant après un évènement traumatisant, qui en serait seul responsable.

RÉACTIVATION n.f. Action de réactiver.

RÉACTIVER v.t. **1.** Activer de nouveau (qqch). *Réactiver le feu.* **2.** Redonner (à qqch) une nouvelle vigueur. *Réactiver les pourparlers.* **3.** CHIM. Régénérer.

RÉACTIVITÉ n.f. Aptitude à réagir (notamm., d'un être vivant, d'une espèce chimique).

RÉACTOGÈNE adj. et n.m. MÉD. Se dit d'une substance déclenchant dans l'organisme une réaction d'hypersensibilité.

RÉACTUALISATION n.f. Action de réactualiser ; fait d'être réactualisé.

RÉACTUALISER v.t. Remettre à jour.

RÉADAPTATION n.f. **1.** Action de réadapter ; fait de se réadapter. **2.** Action de se réadapter à une activité interrompue pendant un certain temps.

RÉADAPTER v.t. **1.** Adapter de nouveau. **2.** Spécialt. Après un accident, rendre de nouveau fonctionnels les muscles, les membres.

RÉADMETTRE v.t. [84]. Admettre de nouveau.

RÉADMISSION n.f. Nouvelle admission.

READY-MADE [redimed] n.m. (mot angl., *tout fait*) [pl. inv. ou *ready-mades*]. BX-A. Objet manufacturé, modifié ou non, promu au rang d'objet d'art par le seul choix de l'artiste. (Notion élaborée par M. Duchamp en 1913.)

RÉAFFIRMER v.t. Affirmer de nouveau et de manière plus catégorique.

RÉAGIR v.i. **1.** Présenter une modification qui est un effet direct de l'action exercée par un agent extérieur. **2.** CHIM. Entrer en réaction. **3.** Répondre d'une certaine manière à une action, à un évènement. *Bien réagir à une critique.* **4.** S'opposer activement à l'action de qqch, résister. *Réagir contre la routine.* **5.** Avoir des répercussions sur qqch. *Trouble psychique qui réagit sur l'organisme.*

RÉAJUSTEMENT n.m. → ***rajustement.***

RÉAJUSTER v.t. → ***rajuster.***

REAL n.m. Unité monétaire principale du Brésil. (→ ***monnaie.***)

1. RÉAL, E, AUX adj. (mot esp.). HIST. *Galère réale* ou *réale,* n.f., à bord de laquelle embarquait le roi ou le général des galères.

2. RÉAL n.m. (mot esp.) [pl. *réaux*]. Ancienne monnaie d'Espagne, valant le quart de la peseta.

RÉALÉSAGE n.m. Action de réaléser.

RÉALÉSER v.t. [18]. Augmenter légèrement le diamètre d'un alésage pour faire disparaître l'ovalisation due à l'usure.

RÉALGAR n.m. (de l'ar.). Sulfure naturel d'arsenic AsS, de couleur rouge.

RÉALIGNEMENT n.m. Nouvelle définition du taux de change d'une monnaie par rapport à une autre ou à un ensemble d'autres. *Le réalignement du franc par rapport au Mark.*

RÉALIGNER v.t. Procéder au réalignement (d'une monnaie).

RÉALISABLE adj. **1.** Qui peut être réalisé. *Projet réalisable.* **2.** Qui peut être vendu ou escompté. *Valeurs réalisables.*

RÉALISATEUR, TRICE n. **1.** Personne qui réalise ce qu'elle a conçu. **2.** Personne responsable de la réalisation d'un film ou d'une émission de télévision, de radio.

RÉALISATION n.f. **1.** Action de réaliser. *La réalisation d'un projet, d'un film.* **2.** Ce qui a été réalisé. *Une remarquable réalisation.* **3.** Direction de la préparation et de l'exécution d'un film ou d'une émission de télévision ou de radio, fait d'assurer leur mise en scène ou en ondes ; le film ou l'émission ainsi réalisés. **4.** DR. Vente de biens en vue de leur transformation en argent. **5.** MUS. Notation ou exécution complète des accords d'une basse chiffrée.

RÉALISER v.t. (de *réel*). **I. 1.** Rendre réel et effectif, concrétiser, accomplir. **2.** Procéder à la réalisation d'un film, d'une émission de télévision ou de radio. **3.** MUS. Compléter, en les notant ou en les exécutant, les accords imposés par leur note de basse chiffrée. **II.** Convertir (un bien) en argent liquide ; vendre, liquider. **III.** (Par l'angl. *to realize*). Prendre une conscience nette de la réalité d'un fait, se le représenter clairement dans tous ses détails. *Réaliser la gravité de la situation.* ◆ **se réaliser** v.pr. **1.** Devenir réel. **2.** Rendre effectives les virtualités qui sont en soi.

RÉALISME n.m. **1.** Disposition à voir la réalité telle qu'elle est et à agir en conséquence. *Faire preuve de réalisme dans un cas difficile.* **2.** Caractère de ce qui est une description objective de la réalité, qui ne masque rien de ses aspects les plus crus. **3.** Tendance littéraire et artistique de la seconde moitié du XIXe s., qui privilégie la représentation exacte, non idéalisée, de la nature et des hommes. **4.** PHILOS. Doctrine qui affirme que la connaissance du réel constitue le réel lui-même, que cette connaissance soit la seule réalité ou qu'à côté d'elle figure une autre réalité, l'objet auquel elle s'applique. **5.** *Réalisme socialiste :* doctrine esthétique, proclamée en U. R. S. S., en 1934, sous l'influence déterminante de Jdanov, qui condamne les recherches formelles ainsi que l'attitude critique de l'écrivain à l'égard de la société.

■ Si on a pu parler de réalisme, en art, à propos notamment de courants qui se sont manifestés au XVIIe s. en réaction contre le maniérisme (le Caravage, les Carrache en Italie ; Zurbarán, Velázquez, Murillo, Ribera en Espagne ; Hals, Vermeer, certains peintres de genre et de paysages en Hollande ; les Le Nain et les « peintres de la réalité » en France, etc.), le terme désigne plus particulièrement une tendance apparue au milieu du XIXe s. en France. Manifestant une double réaction contre le classicisme académique et les aspirations romantiques, ce courant est marqué par diverses influences. Outre la peinture en plein air de l'école de Barbizon, les idées positivistes ainsi que le socialisme naissant incitent Courbet à privilégier la substance, même vulgaire, du vécu quotidien, Millet à se consacrer à la vie et au travail des paysans, Daumier à dépeindre le peuple de Paris et à fustiger juges et notables. Puis, dans le climat du naturalisme de Zola, Manet apporte sa marque au mouvement avant de rejoindre, tout comme Degas, une voie picturale divergente, celle de l'impressionnisme. En Europe, le courant réaliste touche divers pays, que ce soit avec les peintres de l'école de La Haye (Jozef Israëls, Jacob Maris), le Belge C. Meunier, les *macchiaioli** italiens, le Russe Repine, etc.

Au XXe s., courant de réaction contre les forces dominantes de la plastique pure et de l'abstraction, le réalisme prend souvent une nuance insolite de violence (*Nouvelle Objectivité* des Allemands Beckmann, Grosz, Dix) ou de précision photographique déroutante (*hyperréalisme* de la fin des années 60, préparé dès l'entre-deux-guerres par l'œuvre de peintres américains comme E. Hopper). Quant au *Nouveau Réalisme* européen (Y. Klein, Tinguely, Arman, César, Christo, Raysse, N. de Saint Phalle, Mimmo Rotella, Daniel Spoerri, etc.), contemporain du pop* art et visant à capter le monde actuel dans sa réalité sociologique surtout urbaine, il s'est exprimé notamment par un art de l'assemblage (Spoerri, Raysse) et de l'« accumulation » d'objets (Arman).

RÉALISTE adj. et n. **1.** Qui a le sens des réalités, qui a l'esprit pratique. **2.** En philosophie, en art, en littérature, qui appartient au réalisme.

La Rue Transnonain (v. 1834 ; détail), lithographie d'Honoré Daumier. (B.N., Paris.) En pleine époque romantique, l'actualité politique (répression sanglante de l'insurrection consécutive à l'arrestation des membres de la Société des droits de l'homme, en avril 1834) conduit le jeune artiste au constat d'une réalité dramatique, loin de toute recherche d'évasion.

La Baratteuse (v. 1866-1868), crayon et pastel de Jean-François Millet. (Louvre, Paris.) L'artiste reprend le sujet d'une eau-forte de 1855, en décrivant avec plus de précision naturaliste le cadre de la scène (une cuisine rurale à Barbizon), dont un jeu de lumière raffiné met en valeur la noble simplicité.

Les Demoiselles des bords de la Seine (1856), peinture de Gustave Courbet. (Musée du Petit Palais, Paris.) La vulgarité source de splendeur picturale, la modernité sociale élevée au niveau du grand art : le tableau fit scandale au Salon de 1857, la calme impudeur de ces demoiselles (celle du premier plan est « déshabillée » : en chemise, corset et ample jupon) choquant les bien-pensants.

Baluba (1961-62), de Jean Tinguely. Métal, objets en plastique, plumeau, moteur. (M.N.A.M., C.N.A.C. Georges-Pompidou, Paris.) Le Nouveau Réalisme dresse de l'environnement de l'homme d'aujourd'hui un inventaire tantôt froid, tantôt poétique jusque dans sa trivialité, tantôt ironique comme ici : à l'aide de déchets et d'objets divers dérisoires, Tinguely compose une sorte de parodie de la sculpture classique (socle, figure dressée, plumeau-couvre-chef) qui se met joyeusement en mouvement lorsque le spectateur agit sur la pédale de commande du moteur.

le réalisme dans l'art

RÉALITÉ n.f. **1.** Caractère de ce qui est réel, de ce qui existe effectivement. *Douter de la réalité d'un fait.* **2.** Ce qui est réel, ce qui existe en fait, par opp. à ce qui est imaginé, rêvé, fictif. *La réalité dépasse la fiction. Regarder la réalité en face.* ◇ *En réalité* : en fait, réellement. **3.** Chose réelle, fait réel. *Être confronté à de dures réalités.*

REALPOLITIK [realpɔlitik] n.f. (mot all.). Politique visant à l'efficacité, sans considération de doctrine ni de principes.

RÉAMÉNAGEMENT n.m. Action de réaménager.

RÉAMÉNAGER v.t. 17. **1.** Aménager de nouveau, sur de nouvelles bases. **2.** Transformer les caractéristiques d'une dette (notamm., en allégeant les taux ou en allongeant les délais de remboursement).

RÉAMORCER v.t. 16. Amorcer de nouveau.

RÉANIMATEUR, TRICE n. Spécialiste de réanimation.

RÉANIMATION n.f. MÉD. Ensemble des moyens propres à rétablir et à maintenir un équilibre des fonctions vitales normales (respiration, circulation, rythme cardiaque, etc.).

RÉANIMER v.t. Soumettre à la réanimation.

RÉAPPARAÎTRE v.i. 91 [auxil. *être* ou *avoir*]. Apparaître de nouveau.

RÉAPPARITION n.f. Fait de réapparaître.

RÉAPPRENDRE ou **RAPPRENDRE** v.t. 79. Apprendre de nouveau.

RÉAPPROVISIONNEMENT n.m. Action de réapprovisionner.

RÉAPPROVISIONNER v.t. Approvisionner de nouveau.

RÉARGENTER v.t. Argenter de nouveau (ce qui a été désargenté).

RÉARMEMENT n.m. Action de réarmer.

RÉARMER v.t. **1.** Armer de nouveau. *Réarmer un navire, un appareil photo.* **2.** Doter d'une armée. *Réarmer un pays vaincu.* ◆ v.i. Reconstituer ses forces armées, sa puissance militaire.

RÉARRANGEMENT n.m. **1.** Action d'arranger une nouvelle fois ; fait d'être réarrangé. **2.** CHIM. *Réarrangement moléculaire* : migration d'atomes ou de radicaux au sein d'une molécule. SYN. : *transposition.*

RÉARRANGER v.t. 17. Arranger de nouveau, remettre en ordre.

RÉASSIGNATION n.f. Nouvelle assignation devant une juridiction saisie d'un litige entre les mêmes parties.

RÉASSIGNER v.t. DR. Assigner de nouveau.

RÉASSORT n.m. COMM. Ensemble de marchandises destinées au réassortiment.

RÉASSORTIMENT ou **RASSORTIMENT** n.m. COMM. Action de réassortir ; réassort.

RÉASSORTIR ou **RASSORTIR** v.t. COMM. Fournir de nouveau des marchandises pour rétablir un assortiment.

RÉASSURANCE n.f. Opération par laquelle une compagnie d'assurances, après avoir assuré un client, se couvre de tout ou partie du risque, en se faisant assurer à son tour par une ou plusieurs autres compagnies.

RÉASSURER v.t. Garantir, assurer par une réassurance.

RÉASSUREUR n.m. Organisme qui réassure.

REBAB ou **RABAB** n.m. (de l'ar.). Instrument de musique arabe, à cordes frottées et à table de peau. Graphie savante : *rabāb.*

REBAISSER v.i. et t. Baisser de nouveau.

REBAPTISER v.t. Donner un autre nom à. *Rebaptiser une rue.*

RÉBARBATIF, IVE adj. (anc. fr. *rebarber*, faire face). **1.** Se dit d'une attitude rude et rebutante ; revêche. **2.** Qui manque d'attrait, ennuyeux. *Sujet rébarbatif.*

REBÂTIR v.t. Bâtir de nouveau (ce qui a été détruit).

REBATTEMENT n.m. HÉRALD. Répétition des mêmes pièces ou des mêmes partitions.

REBATTRE v.t. 83. **1.** Battre de nouveau. *Rebattre les cartes.* **2.** *Rebattre* (ou, fam. et fautif, *rabattre*) *les oreilles à qqn*, lui répéter à satiété.

REBATTU, E adj. Souvent répété, sans originalité. *Sujet rebattu.*

REBEC n.m. (de l'ar.). Instrument de musique médiéval à trois cordes et à archet, dont jouaient les ménestrels, les jongleurs.

REBELLE adj. et n. (lat. *rebellis*, de *bellum*, guerre). Qui est en révolte ouverte contre le gouvernement ou contre une autorité constituée. *Troupes rebelles.* ◆ adj. **1.** Qui est fortement opposé, hostile à qqch, qui refuse de s'y soumettre. *Un enfant rebelle à la discipline.* **2.** Qui manque de dispositions pour qqch. *Être rebelle à la musique.* **3.** Qui se prête difficilement à l'action à laquelle on le soumet. *Mèche rebelle.* **4.** Qui est difficile à guérir, qui ne cède pas aux remèdes.

REBELLER (SE) v.pr. **1.** Refuser de se soumettre à l'autorité légitime. **2.** Ne plus vouloir accepter la tutelle de ce qu'on estime être une contrainte insupportable. *Artistes qui se rebellent contre l'académisme.*

RÉBELLION n.f. **1.** Action de se rebeller, de se révolter. **2.** Ensemble des rebelles.

REBIFFER (SE) v.pr. Fam. Se refuser à qqch avec brusquerie.

REBIQUER v.i. Fam. Se dresser, se retrousser. *Cheveux qui rebiquent.*

REBLANCHIR v.t. Blanchir de nouveau.

REBLOCHON n.m. (mot savoyard, de *reblochi*, traire une nouvelle fois). Fromage au lait de vache, à pâte molle non cuite, fabriqué en Savoie.

REBOIRE v.t. et i. 108. Boire de nouveau.

REBOISEMENT n.m. Plantation d'arbres sur un terrain nu ou sur un sol anciennement boisé. SYN. : *reforestation.*

REBOISER v.t. Pratiquer le reboisement de.

REBOND n.m. Fait de rebondir, mouvement de qqch qui rebondit. *Les rebonds du ballon.*

REBONDI, E adj. Se dit d'une partie du corps bien ronde. *Un visage rebondi.*

REBONDIR v.i. **1.** Faire un ou plusieurs bonds après avoir touché un obstacle. **2.** Fig. Avoir des conséquences imprévues, des développements nouveaux. *Une affaire qui rebondit.* **3.** Fig. Rétablir sa position, après une période de difficultés.

REBONDISSEMENT n.m. **1.** Mouvement de ce qui rebondit. **2.** Développement nouveau et imprévu d'une affaire après un arrêt momentané.

REBORD n.m. (de *reborder*). **1.** Partie en saillie, qui forme le bord de qqch. *Rebord en pierre d'un bassin.* **2.** Bord naturel le long d'une excavation, d'une dénivellation. *Le rebord du fossé.*

REBORDER v.t. Border de nouveau.

REBOT n.m. Jeu de pelote basque.

REBOUCHAGE n.m. Action de reboucher.

REBOUCHER v.t. Boucher de nouveau.

REBOUILLEUR n.m. Échangeur de chaleur qui vaporise partiellement le liquide tombé du fond d'une colonne de distillation.

REBOURS (À) loc. adv. (lat. *reburrus*, qui a les cheveux rebroussés). À contre-pied, à contresens. *Aller à rebours.* – *À* (ou *au*) *rebours de* : au contraire de. – *Compte à rebours* : horaire des opérations de lancement qui précèdent la mise à feu d'un véhicule spatial.

REBOUTEUX, EUSE ou **REBOUTEUR, EUSE** n. Personne qui, n'ayant pas fait d'études médicales, guérit ou prétend guérir fractures, luxations, douleurs par des moyens empiriques.

REBOUTONNER v.t. Boutonner de nouveau.

REBRAS n.m. Pièce de lingerie placée en revers au bas d'une manche.

REBRODER v.t. Garnir une étoffe, un vêtement d'une broderie, après sa fabrication.

REBROUSSEMENT n.m. **1.** Action de rebrousser. **2.** Changement de sens sur une direction.

REBROUSSE-POIL (À) loc. adv. Dans le sens opposé à la direction des poils. ◇ *Prendre qqn à rebrousse-poil* : agir avec lui si maladroitement qu'il se met en colère ou se vexe.

REBROUSSER v.t. (de *rebours*). **1.** Relever en sens contraire du sens naturel (les cheveux, le poil). **2.** *Rebrousser chemin* : retourner en arrière.

REBRÛLER v.t. Réchauffer les bords d'un objet en verre pour les arrondir.

REBUFFADE n.f. (it. *rebuffo*). Mauvais accueil, refus accompagné de paroles dures. *Essuyer une rebuffade.*

RÉBUS [rebys] n.m. (lat. *de rebus quae geruntur*, des choses qui se passent). Jeu d'esprit qui consiste à exprimer des mots ou des phrases par des dessins ou des signes dont la lecture phonétique révèle ce que l'on veut faire entendre. (Par exemple : j'ai grand appétit [g grand, *a* petit].)

REBUT n.m. **1.** Ce qui est rejeté, laissé de côté, considéré comme sans valeur. ◇ *De rebut* : sans valeur. *Produit de rebut.* – *Jeter, mettre au rebut* : se débarrasser de choses sans valeur ou inutilisables. **2.** Litt. En parlant des personnes, ce qu'il y a de plus vil. *Rebut de l'humanité.*

REBUTANT, E adj. Qui rebute, répugne, ennuie. *Travail rebutant. Mine rebutante.*

REBUTER v.t. (de *buter*, repousser du but). **1.** Décourager, dégoûter, lasser. *Le moindre effort le rebute.* **2.** Inspirer de l'antipathie à, choquer, déplaire. *Ses manières me rebutent.*

RECACHETER v.t. 27. Cacheter de nouveau.

RECADRER v.t. **1.** Procéder à un nouveau cadrage. **2.** Redéfinir le cadre, le contexte d'une action, d'un projet. *Recadrer la politique industrielle.*

RECALAGE n.m. Fam. Fait de recaler ou d'être recalé à un examen.

RECALCIFICATION n.f. Augmentation de la fixation du calcium et de la calcémie dans l'organisme.

RECALCIFIER v.t. Enrichir en calcium.

RÉCALCITRANT, E adj. et n. (lat. *recalcitrans*, qui regimbe). Qui résiste avec opiniâtreté ; rétif, rebelle.

RECALCULER v.t. Calculer de nouveau.

RECALÉ, E adj. et n. Fam. Refusé à un examen.

RECALER v.t. Fam. Refuser à un examen.

RECAPITALISER v.t. Procéder à l'augmentation ou à la reconstitution de capital (d'une entreprise).

RÉCAPITULATIF, IVE adj. et n.m. Se dit d'un tableau, d'un résumé, etc., qui récapitule, qui contient une récapitulation.

RÉCAPITULATION n.f. Rappel, reprise sommaire de ce qu'on a déjà dit ou écrit.

RÉCAPITULER v.t. (du lat. *capitulum*, point principal). **1.** Résumer, redire sommairement. **2.** Rappeler en examinant de nouveau. *Récapituler les évènements de l'année passée.*

RECARDER v.t. Carder de nouveau.

RECARRELER v.t. 24. Carreler de nouveau.

RECASER v.t. Fam. Caser de nouveau (qqn qui a perdu sa place ; qqch qui a été déplacé).

RECAUSER v.t. ind. *(de)*. Parler de nouveau avec qqn de qqch.

RECÉDER v.t. 18. Céder à qqn (ce qu'on a acheté).

RECEL n.m. Infraction consistant à détenir sciemment des choses enlevées, détournées ou obtenues à l'aide d'un crime ou délit ou à soustraire qqn aux recherches de la justice.

RECELER v.t. (de l'anc. fr. *celer*, cacher) 25. **1.** Garder et cacher (une chose volée par un autre). *Receler des bijoux.* **2.** Soustraire aux recherches de la justice. *Receler un meurtrier.* **3.** Renfermer, contenir. *Que de beautés cet ouvrage recèle !*

RECELEUR, EUSE n. Personne qui recèle.

RÉCEMMENT adv. Depuis peu ; il y a peu de temps.

RÉCENCE n.f. Rare. Caractère d'une chose récente.

RECENSEMENT n.m. **1.** Opération administrative qui consiste à faire le dénombrement de la population d'un État, d'une ville, etc. **2.** Dénombrement, effectué par les mairies, des jeunes gens atteignant l'âge du service national l'année suivante. **3.** Inventaire des animaux, des voitures, etc., susceptibles d'être requis en temps de guerre.

RECENSER v.t. (lat. *recensere*, passer en revue). **1.** Faire le dénombrement officiel d'une population. **2.** Dénombrer, inventorier des personnes, des choses, en dresser un état. *Recenser les volontaires.*

RECENSEUR, EUSE n. et adj. Personne chargée d'un recensement.

RECENSION n.f. **1.** Analyse et compte rendu critique d'un ouvrage dans une revue. **2.** Vérification d'un texte d'après les manuscrits.

RÉCENT, E adj. (lat. *recens*, nouveau). Qui appartient à un passé proche ; qui existe depuis peu. *Un évènement récent. Immeuble récent.*

RECENTRAGE n.m. Action de recentrer ; fait d'être recentré.

RECENTRER v.t. **1.** Remettre dans l'axe (ce qui a été désaxé). **2.** Au football, envoyer de nouveau le ballon vers le centre, devant le but adverse. **3.** Déterminer une politique par rapport à un nouvel objectif.

RECEPAGE ou **RECÉPAGE** n.m. Action de receper.

RECEPER ou **RECÉPER** v.t. (de *cep*) [19] ou [18]. **1.** AGRIC. Couper près du sol (un arbre, des rejets) pour favoriser la végétation. **2.** TECHN. En parlant de pieux, de pilots, les couper à hauteur égale. **3.** *Receper un mur,* le réparer en remplaçant les anciennes fondations par de la maçonnerie nouvelle.

RÉCÉPISSÉ n.m. (lat. *recepisse,* avoir reçu). Écrit par lequel on reconnaît avoir reçu un colis, une somme, des marchandises, etc.

RÉCEPTACLE n.m. (lat. *receptaculum,* magasin, de *receptare,* recevoir). **1.** Lieu où se trouvent rassemblées des choses, des personnes venues de plusieurs endroits. **2.** BOT. Extrémité plus ou moins élargie du pédoncule d'une fleur, sur laquelle s'insèrent les pièces florales, et qui peut être bombée, plate ou creusée en coupe.

1. RÉCEPTEUR, TRICE adj. (lat. *receptor,* de *recipere,* recevoir). Qui reçoit (un courant, un signal, une onde, etc.). *Poste récepteur.*

2. RÉCEPTEUR n.m. **1.** Dispositif qui reçoit une énergie ou un signal et fournit une énergie ou un signal différents. **2.** Appareil recevant un signal de télécommunication et le transformant en sons, en images. *Récepteur téléphonique.* **3.** BIOCHIM. Molécule ou site de molécule sur lesquels vient se lier et agir une autre molécule. **4.** ÉLECTR. Dispositif dans lequel l'énergie électrique produit un effet énergétique (mécanique, chimique, etc.) autre que l'effet Joule, et qui se trouve, de ce fait, doué de force contre-électromotrice. **5.** LING. Personne qui reçoit et décode le message, par opp. à l'*émetteur.* **6.** PHYSIOL. Partie d'un organe sensoriel (rétine, oreille, peau, etc.) assurant la transduction entre la stimulation et le message nerveux.

RÉCEPTIF, IVE adj. **1.** Susceptible d'accueillir facilement telle impression ou suggestion. **2.** MÉD. Se dit d'un organisme particulièrement sensible à l'action de certains agents pathogènes.

RÉCEPTION n.f. (lat. *receptio*). **I. 1.** Action de recevoir. *La réception d'un colis.* **2.** *Réception des travaux :* acte par lequel celui qui a commandé des travaux reconnaît que leur exécution a été correcte et satisfaisante et à partir duquel court le délai de garantie. **3.** SPORTS. **a.** Manière de retomber au sol après un saut. **b.** Manière de recevoir un ballon, une balle. **II. 1.** Action, manière de recevoir qqn, de l'accueillir. *Une réception glaciale.* **2.** Réunion mondaine. **3.** Cérémonie qui marque l'entrée officielle de qqn dans un cercle, une société, etc. *Discours de réception à l'Académie.* **4.** Service d'une entreprise, d'un hôtel où l'on accueille les visiteurs ; personnel affecté à ce service.

RÉCEPTIONNAIRE n. **1.** Personne chargée de la réception de marchandises. **2.** Chef de la réception dans un hôtel.

RÉCEPTIONNER v.t. **1.** Prendre livraison de marchandises et vérifier leur état. **2.** Recevoir la balle, le ballon, dans un jeu.

RÉCEPTIONNISTE n. Personne chargée d'accueillir les visiteurs, les clients d'un hôtel, d'un magasin, etc.

RÉCEPTIVITÉ n.f. **1.** Aptitude à recevoir des impressions, des informations, à répondre à certaines stimulations. **2.** MÉD. Aptitude à contracter certaines maladies, notamm. les maladies infectieuses.

RECERCLER v.t. Cercler de nouveau.

RECÈS n.m. → ***recez.***

RÉCESSIF, IVE adj. (de *récession*). BIOL. Se dit d'un caractère héréditaire, ou d'un gène, qui ne se manifeste qu'en l'absence du gène contraire, dit *dominant.*

RÉCESSION n.f. (angl. *recession ;* du lat. *recessio*). **1.** Ralentissement ou fléchissement de l'activité économique. **2.** Mouvement de fuite des galaxies les unes par rapport aux autres, avec une vitesse proportionnelle à leur distance, dû à l'expansion de l'Univers.

RÉCESSIVITÉ n.f. BIOL. État d'un caractère héréditaire récessif.

RECETTE n.f. (lat. *recepta,* de *recipere,* recevoir). **I. 1.** Montant total des sommes reçues, gagnées, qui sont entrées en caisse à un moment donné. *Compter la recette de la journée.* ◇ *Garçon de recette :* employé chargé d'encaisser les effets de commerce dans une maison de commerce ou une banque. – *Faire recette :* rapporter beaucoup d'argent ; fig., avoir du succès. – *Recettes publiques :* ensemble des ressources financières de l'État ou des collectivités locales. **2. a.** Emploi de receveur des deniers publics. **b.** Bureau d'un receveur des impôts. *Apporter son argent à la recette.* **II. 1.** Description détaillée de la façon de préparer un mets. **2.** Méthode empirique pour atteindre un but, pour réussir dans telle circonstance. **III.** MIN. Ensemble des abords d'un puits qui servent au déchargement des berlines.

RECEVABILITÉ n.f. DR. Qualité de ce qui est recevable. *La recevabilité d'une demande en justice.*

RECEVABLE adj. **1.** Qui peut être reçu, admis. *Offre, excuse recevable.* **2.** DR. Se dit de qqn admis à poursuivre en justice. **3.** DR. Se dit d'une demande en justice à laquelle ne s'oppose aucune fin de non-recevoir.

RECEVEUR, EUSE n. **1.** Personne chargée de recevoir les deniers publics. *Receveur des contributions directes.* **2.** Employé qui perçoit la recette dans les transports publics. **3.** Chef d'établissement d'un bureau de poste. **4.** Malade à qui l'on injecte du sang ou un de ses composants par voie intraveineuse. – *Receveur universel :* individu appartenant au groupe sanguin AB, qui peut recevoir le sang de tous les groupes. **5.** Sujet sur lequel on a greffé un tissu ou transplanté un organe prélevé sur un donneur.

RECEVOIR v.t. (lat. *recipere*). [52]. **1.** Entrer en possession de ce qui est donné, offert, transmis, envoyé ; toucher ce qui est dû. *Recevoir une lettre. Recevoir sa pension.* **2.** Subir, éprouver. *Recevoir un bon accueil. Le projet a reçu des modifications.* **3.** Laisser entrer, recueillir. *Un bassin qui reçoit les eaux de pluie.* **4.** Inviter chez soi, accueillir. *Recevoir des amis.* **5.** Admettre à un examen, un concours. *Recevoir un candidat.* ◆ **se recevoir** v.pr. Reprendre contact avec le sol après un saut.

RECEZ [rəse] ou **RECÈS** [rəsɛ] n.m. (lat. *recessus,* action de se retirer). HIST. **1.** Procès-verbal des délibérations de l'ancienne Diète germanique. **2.** Ordonnances émanant de la Ligue hanséatique.

RÉCHAMPIR ou **RECHAMPIR** v.t. (de *champ*). ARTS DÉC. Faire ressortir une moulure, un ornement sur un fond, notamment par un contraste de couleurs.

RÉCHAMPIS n.m. Mince filet décoratif de peinture.

RÉCHAMPISSAGE ou **RECHAMPISSAGE** n.m. Action de réchampir ; surface réchampie.

RECHANGE n.m. **1.** Vx. Remplacement d'un objet par un autre similaire. **2.** *De rechange.* **a.** Qui sert à remplacer les objets momentanément ou définitivement hors d'usage. *Vêtements, pièces de rechange.* **b.** Qui peut se substituer à ce qui a échoué, à ce qui s'est révélé inadéquat. *Une solution de rechange.*

RECHANGER v.t. [17]. Changer de nouveau.

RECHANTER v.t. Chanter de nouveau.

RECHAPAGE n.m. Action de rechaper.

RECHAPER v.t. (de *chape*). Remplacer ou rénover la bande de roulement d'un pneu usagé.

RÉCHAPPER v.i. et t. ind. *(à, de)* [auxil. *avoir* ou *être*]. **1.** Échapper par chance à un danger. *Réchapper à un accident.* **2.** Se sortir vivant d'une maladie. *Réchapper d'un cancer.*

RECHARGE n.f. **1.** Remise en état de fonctionnement. *Recharge d'une batterie.* **2.** Ce qui permet de recharger ; partie d'un équipement qui peut remplacer un élément usé. *Une recharge de briquet.*

RECHARGEABLE adj. Que l'on peut recharger. *Stylo rechargeable.*

RECHARGEMENT n.m. Action de recharger.

RECHARGER v.t. [17]. **1.** Placer de nouveau une charge sur (un véhicule). **2.** Garnir de nouveau une arme de ce qui est nécessaire au tir. *Recharger un fusil.* **3.** Approvisionner de nouveau qqch pour le remettre en état de fonctionner. *Recharger un appareil photo.* **4.** Ajouter de la matière dans les parties usées d'une pièce, d'un outil. **5.** Empierrer une route, une voie ferrée pour en relever le niveau.

RECHASSER v.t. Chasser de nouveau.

RÉCHAUD n.m. Appareil de cuisson portatif.

RÉCHAUFFAGE n.m. Action de réchauffer.

RÉCHAUFFÉ n.m. **1.** Nourriture réchauffée. **2.** Fig., fam. Ce qui est vieux, trop connu, et que l'on donne comme neuf. *C'est du réchauffé !*

RÉCHAUFFEMENT n.m. Fait de se réchauffer. *Le réchauffement du climat.*

RÉCHAUFFER v.t. **1.** Chauffer, rendre chaud ou plus chaud ce qui s'est refroidi. *Réchauffer du potage.* **2.** Ranimer un sentiment, lui redonner de la force. *Réchauffer l'ardeur des soldats.* ◆ **se réchauffer** v.pr. **1.** Redonner de la chaleur à son corps. **2.** Devenir plus chaud. *La mer s'est réchauffée.*

RÉCHAUFFEUR n.m. Appareil dans lequel on élève ou on maintient la température d'un corps avant son utilisation immédiate.

RECHAUSSEMENT n.m. Action de rechausser (un arbre, un mur).

RECHAUSSER v.t. **1.** Chausser de nouveau. **2.** *Rechausser un mur,* en réparer le pied par une substitution de matériaux. **3.** *Rechausser un arbre,* remettre de la terre au pied.

RÊCHE adj. (francique *rubisk*). **1.** Qui est rude au toucher. *Drap rêche.* **2.** Qui est âpre au goût. *Vin rêche.* **3.** Litt. D'un abord désagréable. *Un homme rêche.*

RECHERCHE n.f. **1.** Action de rechercher. **2.** Ensemble des activités, des travaux scientifiques auxquels se livrent les chercheurs. *La recherche scientifique.* **3.** Souci de se distinguer du commun, raffinement extrême dans les manières, la toilette, etc. *S'habiller avec recherche.*

RECHERCHÉ, E adj. **1.** Auquel on attache du prix, difficile à trouver, rare. *Ouvrage très recherché.* **2.** Qui est raffiné, original, ou qui manque de naturel. *Décoration recherchée. Style trop recherché.*

RECHERCHE-ACTION n.f. (calque de l'angl. *action research*) [pl. *recherches-actions*]. Travail en psychosociologie dans lequel recherche théorique et intervention sur le milieu sont complémentaires et menées de manière concomitante. SYN. (anglic. déconseillé) : *action research.*

RECHERCHE-DÉVELOPPEMENT n.f. (pl. *recherches-développements*). ÉCON. Ensemble des procédures qui concernent la conception, la mise au point et la fabrication d'un nouveau produit.

RECHERCHER v.t. **1.** Chercher qqn, qqch, les reprendre à l'endroit où ils sont. **2.** Tâcher de retrouver avec soin, persévérance. *Rechercher un livre rare.* **3.** Chercher à connaître, à définir ce qui est peu ou mal connu. *Rechercher la cause d'un phénomène.* **4.** Tenter de retrouver par une enquête policière ou judiciaire. *Rechercher un criminel.* **5.** Tâcher d'obtenir. *Rechercher l'amitié de qqn.* **6.** Essayer d'établir des relations avec qqn. *Rechercher les gens influents.*

RECHIGNER v.i. et t. ind. [*à*] (francique *kinan*). Témoigner, par sa mauvaise humeur, de la mauvaise volonté à faire qqch. *Rechigner à un travail.*

RECHRISTIANISER [-kris-] v.t. Ramener à la foi chrétienne une population, un pays déchristianisés.

RECHUTE n.f. **1.** Reprise évolutive d'une maladie qui était en voie de guérison. (Elle se distingue de la récidive.) **2.** Action de retomber dans un mal, dans une mauvaise habitude.

RECHUTER v.i. Faire une rechute.

RÉCIDIVANT, E adj. MÉD. Qui récidive.

RÉCIDIVE n.f. (lat. *recidivus,* qui revient). **1.** DR. Action de commettre, dans des conditions précisées par la loi, une deuxième infraction après une première condamnation pénale définitive. **2.** MÉD. Réapparition d'une maladie, d'un mal dont un sujet déjà atteint avait complètement guéri.

RÉCIDIVER v.i. **1.** Commettre de nouveau la même infraction, la même faute ; retomber dans la même erreur. **2.** MÉD. En parlant d'une maladie, d'un mal, réapparaître après une guérison.

RÉCIDIVISME n.m. DR. Tendance à la récidive.

RÉCIDIVISTE n. et adj. DR. Personne qui est en état de récidive.

RÉCIF n.m. (esp. *arrecife,* de l'ar.). Rocher ou groupe de rochers à fleur d'eau, généralement au voisinage des côtes. – *Récif corallien :* récif formé par la croissance des polypiers constructeurs dans les mers tropicales. (On distingue le *récif(-)barrière,* bordant le rivage à une certaine distance de la côte, le *récif frangeant,* fixé au littoral, et l'*atoll.*)

RÉCIFAL, E, AUX adj. Relatif aux récifs.

RECINGLE, RESINGLE [rəsɛ̃gl] ou **RÉSINGLE** [resɛ̃gl] n.f. (de *cingler*). Outil d'orfèvre pour repousser la panse des pièces creuses et à goulot.

RÉCIPIENDAIRE n. (lat. *recipiendus,* qui doit être reçu). **1.** Personne que l'on reçoit dans une compagnie, dans un corps savant, avec un certain cérémonial. **2.** Personne qui reçoit un diplôme universitaire, une médaille, etc.

RÉCIPIENT n.m. (lat. *recipiens,* qui reçoit). Tout ustensile creux capable de contenir des substances liquides, solides ou gazeuses.

RÉCIPROCITÉ n.f. État, caractère de ce qui est réciproque.

1. RÉCIPROQUE adj. (lat. *reciprocus*). **1.** Qui marque un échange équivalent entre deux personnes, deux groupes, deux choses ; mutuel. *Amour réciproque.* **2.** GRAMM. Se dit d'un verbe pronominal qui exprime l'action exercée par deux ou plusieurs sujets les uns sur les autres (par ex. *ils se battent*). **3.** LOG. Se dit de deux propositions dont l'une implique nécessairement l'autre. **4.** MATH. *Bijection réciproque* (*d'une bijection* f *de* A *dans* B), bijection de B dans A, notée f^{-1}, qui à tout élément de B lui associe son antécédent dans A selon *f.* – *Relation réciproque* (*d'une relation* R *de* A *vers* B) : relation de B vers A, notée R^{-1}, qui à un élément de B associe, s'il en existe, ses antécédents dans A selon R. – *Proposition réciproque (de la proposition « A implique B »)* : la proposition « B implique A ».

2. RÉCIPROQUE n.f. **1.** La pareille, l'action inverse. *Rendre la réciproque.* **2.** LOG. Proposition réciproque.

RÉCIPROQUEMENT adv. De façon réciproque. ◇ *Et réciproquement* : et vice versa, et inversement.

RÉCIPROQUER v.i. et t. (lat. *reciprocare*). Belgique, Zaïre. Rendre la pareille, en parlant de vœux, de souhaits, etc.

RÉCIT n.m. **1.** Relation écrite ou orale de faits réels ou imaginaires. *Récit historique.* **2.** MUS. Troisième clavier de l'orgue. **3.** MUS. Vx. Récitatif.

RÉCITAL n.m. (angl. *recital*) [pl. *récitals*]. **1.** Concert où se fait entendre un seul exécutant. **2.** Séance artistique donnée par un seul interprète, ou consacrée à un seul genre.

RÉCITANT, E n. **1.** Personne qui récite un texte. **2.** MUS. Narrateur qui, dans un oratorio, une cantate ou une scène lyrique, déclame les textes parlés ou chantés.

RÉCITATIF n.m. MUS. Dans l'opéra, l'oratorio ou la cantate, fragment narratif dont la déclamation chantée se rapproche du langage parlé, et qui est soutenu par un accompagnement très léger. SYN. (VX) : *récit.*

RÉCITATION n.f. **1.** Action, manière de réciter. **2.** Texte littéraire que les élèves doivent apprendre par cœur et réciter de mémoire. *Apprendre sa récitation.*

RÉCITER v.t. (lat. *recitare*). Dire à haute voix (un texte que l'on a appris). *Réciter une leçon.*

RECKLINGHAUSEN (MALADIE DE) : neurofibromatose.

RÉCLAMANT, E n. DR. Personne qui présente une réclamation en justice.

RÉCLAMATION n.f. Action de réclamer, de revendiquer, ou de protester.

1. RÉCLAME n.m. (anc. fr. *reclaim,* appel). CHASSE. Cri et signe pour faire revenir l'oiseau, en partic. l'autour, au leurre ou sur le poing.

2. RÉCLAME n.f. (de *réclamer*). **1.** Vx. Petit article d'un journal faisant l'éloge d'un produit. **2.** Vieilli. Publicité. ◇ *Faire de la réclame* : attirer l'attention de manière publicitaire sur qqch ou sur qqn. – *En réclame,* se dit d'un produit vendu à prix réduit.

RÉCLAMER v.t. (lat. *reclamare,* protester). **1.** Demander avec instance. *Réclamer la parole.* **2.** Nécessiter, avoir besoin de. *La vigne réclame beaucoup de soins.* ◆ v.i. Faire une réclamation, protester. *Réclamer contre une injustice.* ◆ **se réclamer** v.pr. *(de).* Se prévaloir, invoquer la caution de. *Se réclamer d'appuis officiels.*

RECLASSEMENT n.m. **1.** Action de reclasser. **2.** Action de placer dans une activité nouvelle des personnes qui ont dû abandonner leur précédente activité. *Reclassement des chômeurs, des handicapés.*

RECLASSER v.t. **1.** Classer de nouveau. **2.** Rétablir les traitements, les salaires, par référence à ceux d'autres catégories. **3.** Procéder au reclassement de personnes. *Reclasser des ouvriers licenciés.*

RECLOUER v.t. Clouer de nouveau.

RECLUS, E adj. et n. (lat. *reclusus,* enfermé). Qui vit enfermé, isolé du monde.

RÉCLUSION n.f. (bas lat. *reclusio,* de *recludere,* enfermer). **1.** État de qqn qui vit solitaire, retiré du monde. **2.** DR. *Réclusion criminelle* : peine criminelle de droit commun consistant en une privation de liberté à temps ou à perpétuité avec assujettissement au travail. (Elle a remplacé la peine des travaux forcés. La réclusion criminelle à perpétuité s'est substituée à la peine de mort.)

RÉCLUSIONNAIRE n. DR. Condamné à la réclusion.

RÉCOGNITIF adj.m. (lat. *recognitus,* reconnu). DR. *Acte récognitif* : acte par lequel on reconnaît une obligation en rappelant le titre qui l'a créée.

RÉCOGNITION n.f. (lat. *recognitio*). Reconnaissance de l'état d'une personne, de la qualité d'une chose.

RECOIFFER v.t. Coiffer de nouveau ; réparer le désordre d'une coiffure.

RECOIN n.m. **1.** Coin caché, moins en vue. *Chercher qqch dans tous les recoins d'une maison.* **2.** Ce qu'il y a de plus caché, repli secret. *Les recoins du cœur.*

RÉCOLEMENT n.m. **1.** DR. Vérification des objets ayant été inventoriés lors d'une saisie-exécution. **2.** DR. Vérification de certaines constructions établies par décision administrative, permettant de contrôler le respect des prescriptions imposées. **3.** SYLV. Vérification d'une coupe de bois.

RÉCOLER v.t. (lat. *recolere,* repasser en revue). DR. Procéder au récolement de.

RECOLLAGE ou **RECOLLEMENT** n.m. Action de recoller.

RÉCOLLECTION n.f. (lat. *recollectio*). RELIG. Retraite spirituelle de courte durée.

RECOLLER v.t. Coller de nouveau (ce qui est décollé) ; raccommoder en collant. ◆ v.t. ind. *(à).* SPORTS. Rejoindre. *Recoller au peloton.*

RÉCOLLET n.m. (lat. ecclés. *recollectus*). Religieux réformé, dans les ordres de Saint-Augustin et de Saint-François.

RÉCOLTABLE adj. Que l'on peut récolter.

RÉCOLTANT, E adj. et n. Qui récolte, qui procède lui-même à la récolte. *Propriétaire récoltant.*

RÉCOLTE n.f. (it. *ricolta*). **1.** Action de recueillir les produits de la terre ; ces produits eux-mêmes. **2.** Ce qu'on recueille ou rassemble à la suite de recherches. *Récolte de documents.*

RÉCOLTER v.t. **1.** Faire la récolte de. *Récolter du blé.* **2.** Fam. Recueillir. *Récolter des ennuis.*

RÉCOLTEUR n.m. Ouvrier employé à une récolte (notamm. celle du caoutchouc).

RECOMBINAISON n.f. **1.** Formation d'une entité chimique (molécule, atome, etc.) à partir des fragments résultant d'une dissociation. **2.** *Recombinaison génétique* : processus par lequel se produit un brassage du matériel génétique parental donnant naissance à de nouvelles combinaisons à la génération suivante.

RECOMBINANT, E adj. **1.** Qui est le résultat d'une recombinaison génétique, en parlant d'un être vivant. **2.** Se dit d'un organisme, d'une cellule ou d'une molécule obtenus par génie génétique.

RECOMMANDABLE adj. Qui mérite d'être recommandé ; digne d'estime, de considération. *Une personne peu recommandable.*

RECOMMANDATAIRE n. DR. Besoin (personne).

RECOMMANDATION n.f. **1.** Action de recommander qqn. *Solliciter la recommandation d'un personnage influent.* **2.** Avis, conseil, exhortation. *Des recommandations minutieuses.* **3.** Opération par laquelle la poste assure la remise en main propre d'une lettre, d'un paquet, moyennant une taxe spéciale pour l'expéditeur.

RECOMMANDÉ, E adj. et n.m. Se dit d'un envoi ayant fait l'objet d'une recommandation postale.

RECOMMANDER v.t. **1.** Conseiller vivement qqch à qqn, lui demander qqch avec insistance. *Recommander la prudence. Je lui ai recommandé de se méfier.* **2.** Signaler à l'attention, à la bienveillance. *Je vous la recommande pour cette place.* **3.** Envoyer une lettre, un paquet sous recommandation. ◆ **se recommander** v.pr. **1.** Invoquer en sa faveur l'appui de qqn pour obtenir qqch, pour faciliter une démarche. *Vous pouvez vous recommander de moi.* **2.** Se signaler à l'attention, se distinguer par une qualité. *Ce livre se recommande par sa clarté.* **3.** Suisse. Insister pour obtenir qqch.

RECOMMENCEMENT n.m. Action de recommencer ; fait d'être recommencé.

RECOMMENCER v.t. [16]. **1.** Commencer de nouveau ; refaire depuis le début. *Recommencer un travail.* **2.** Reprendre une action interrompue. *Recommencer à travailler à 14 heures.* **3.** Faire une nouvelle fois. *Recommencer les mêmes erreurs.* ◆ v.i. Se produire de nouveau, reprendre après une interruption. *La pluie recommence.*

RECOMPARAÎTRE v.i. [91]. Comparaître de nouveau.

RÉCOMPENSE n.f. **1.** Don que l'on fait à qqn en reconnaissance d'un service rendu ou d'un mérite particulier. **2.** DR. Somme due, lors de la liquidation d'une communauté, par l'un ou l'autre des époux, à la communauté, ou par celle-ci à ceux-là pour compenser un enrichissement ou un appauvrissement injustifiés.

RÉCOMPENSER v.t. (bas lat. *recompensare,* compenser). Accorder une récompense à. *Récompenser une bonne élève, le talent de qqn.*

RECOMPOSABLE adj. Qui peut être recomposé.

RECOMPOSÉ, E adj. *Famille recomposée* : famille conjugale où les enfants de chaque conjoint sont issus d'une union antérieure.

RECOMPOSER v.t. Composer de nouveau.

RECOMPOSITION n.f. **1.** Action de recomposer. **2.** Restructuration sur des bases nouvelles. *La recomposition d'un parti.*

RECOMPTER v.t. Compter de nouveau.

RÉCONCILIATION n.f. **1.** Action de réconcilier des personnes brouillées ; fait de se réconcilier. **2.** RELIG. Cérémonie par laquelle un pécheur est pardonné et réadmis à la communion par l'Église ou qui a pour objet de purifier un lieu saint profané.

RÉCONCILIER v.t. (lat. *reconciliare*). **1.** Rétablir des relations amicales entre des personnes brouillées. **2.** Inspirer à qqn une opinion plus favorable de qqn, de qqch. **3.** RELIG. Effectuer une réconciliation. ◆ **se réconcilier** v.pr. Faire cesser le désaccord qui existait avec qqn.

RECONDAMNER v.t. Condamner de nouveau.

RECONDUCTIBLE adj. Qui peut être reconduit, renouvelé. *Mandat reconductible.*

RECONDUCTION n.f. **1.** Action de reconduire, continuation. *Reconduction de la politique actuelle.* **2.** DR. Renouvellement d'un bail, d'une location, d'un crédit. ◇ *Tacite reconduction* : renouvellement d'un bail, d'un contrat au-delà du terme prévu, sans qu'il soit besoin d'accomplir une formalité.

RECONDUIRE v.t. [98]. **1.** Accompagner une personne qui s'en va, ou la ramener chez elle. *Reconduire un visiteur.* ◇ *Reconduire qqn à la frontière* : accompagner à la frontière qqn que l'on expulse du territoire. **2.** Continuer selon les mêmes modalités. *Reconduire un budget, une politique.* **3.** DR. Renouveler par reconduction.

RECONDUITE n.f. *Reconduite à la frontière* : procédure d'expulsion d'un étranger à qui l'on a interdit le territoire français.

RÉCONFORT n.m. Soutien, secours, consolation.

RÉCONFORTANT, E adj. Qui réconforte, console.

RÉCONFORTER v.t. (anc. fr. *conforter,* du lat. *fortis,* fort). **1.** Redonner des forces physiques, de la vigueur à. **2.** Aider à supporter une épreuve ; redonner du courage, de l'espoir à.

RECONNAISSABLE adj. Facile à reconnaître.

RECONNAISSANCE n.f. **1.** Action de reconnaître comme sien, comme vrai, réel ou légitime. *Reconnaissance d'un droit.* ◇ PSYCHIATRIE. *Fausse reconnaissance* : identification erronée de personnes ou de lieux à d'autres antérieurement connus. **2.** Examen détaillé d'un lieu. *La reconnaissance d'un terrain.* **3.** Sentiment qui incite à se considérer comme redevable envers la personne de qui on a reçu un bienfait ; gratitude. *Témoigner sa reconnaissance à qqn.* ◇ Fam. (Souvent par plais.). *Avoir la reconnaissance du ventre* : manifester de la gratitude envers la personne qui vous nourrit ou qui vous a nourri. **4. a.** DR. Acte par lequel on admet l'existence d'une obligation. *Signer une reconnaissance de dettes.* **b.** Acte par lequel on reconnaît un gouvernement ou un nouvel État comme légal. **c.** *Reconnaissance d'enfant :* acte par lequel on reconnaît officiellement être le père (ou la mère) d'un enfant naturel. **d.** *Reconnaissance d'utilité publique :* acte administratif permettant à une association, une fondation, etc., d'avoir une capacité juridique élargie. **5.** MIL. Mission de recherche de renseignements sur le terrain ou sur l'ennemi ; formation (aéronefs, blindés, fantassins) chargée de cette mission. **6.** INFORM. *Reconnaissance automatique des formes, de la parole :* procédé mettant en œuvre des ordinateurs pour identifier des signes graphiques (caractères, dessins, etc.) ou sonores.

RECONNAISSANT, E adj. Qui a de la reconnaissance.

RECONNAÎTRE v.t. (lat. *recognoscere*) 91. **1.** Juger, déterminer comme déjà connu. *Reconnaître un ami d'enfance.* **2.** Identifier en fonction d'un caractère donné. *Reconnaître qqn à sa voix.* **3.** Admettre comme vrai, réel, légitime. *On a reconnu son innocence. Reconnaître un État.* ◇ *Reconnaître un gouvernement :* admettre comme légitime le nouveau gouvernement d'un État établi par des moyens extralégaux (coup d'État, révolution). – *Reconnaître un enfant :* se déclarer le père ou la mère d'un enfant naturel. **4.** Avouer, confesser. *Reconnaître ses torts.* **5.** Chercher à déterminer la situation (d'un lieu), explorer. *Reconnaître le terrain.* ◆ **se reconnaître** v.pr. **1.** Retrouver ses traits, ses manières dans une autre personne. *Se reconnaître dans ses enfants.* **2.** Localiser sa position et être capable de retrouver son chemin. *Se reconnaître dans un dédale de rues.* **3.** Comprendre clairement une situation ou explication complexe. *Laissez-moi le temps de me reconnaître, de m'y reconnaître.* **4.** S'avouer comme étant tel. *Se reconnaître coupable.*

RECONNU, E adj. **1.** Admis pour vrai, pour incontestable. **2.** Admis comme ayant une vraie valeur. *Un auteur reconnu.*

RECONQUÉRIR v.t. 39. Conquérir de nouveau, recouvrer par une lutte.

RECONQUÊTE n.f. Action de reconquérir.

RECONSIDÉRER v.t. 18. Reprendre l'examen d'une question en vue d'une nouvelle décision.

RECONSTITUANT, E adj. et n.m. Se dit d'un médicament qui ramène l'organisme fatigué à l'état normal.

RECONSTITUER v.t. **1.** Constituer, former de nouveau, rétablir dans sa forme primitive. **2.** Procéder à la reconstitution d'un crime, d'un délit.

RECONSTITUTION n.f. **1.** Action de reconstituer. **2.** *Reconstitution d'un crime, d'un délit :* transport du juge d'instruction sur les lieux de l'infraction afin d'élucider, en présence de l'inculpé, les conditions dans lesquelles elle a été commise.

RECONSTRUCTION n.f. Action de reconstruire.

RECONSTRUIRE v.t. 98. **1.** Rebâtir. **2.** Rétablir, reconstituer.

RECONVENTION n.f. DR. Demande reconventionnelle.

RECONVENTIONNEL, ELLE adj. DR. *Demande reconventionnelle,* opposée par le défendeur au demandeur pour obtenir un avantage autre que le simple rejet de la prétention de son adversaire.

RECONVENTIONNELLEMENT adv. DR. Par une demande reconventionnelle.

RECONVERSION n.f. Action de reconvertir, de se reconvertir.

RECONVERTIR v.t. **1.** Adapter (une activité économique) à de nouveaux besoins, à une production nouvelle. **2.** Affecter à un nouvel emploi, donner une nouvelle formation à (qqn). ◆ **se reconvertir** v.pr. Changer de profession, d'activité.

RECOPIER v.t. **1.** Copier un texte déjà écrit. **2.** Mettre au net, au propre. *Recopier un brouillon.*

RECORD n.m. (mot angl.). **1.** Performance sportive officiellement constatée et surpassant toute autre performance précédente dans la même épreuve ou discipline. **2.** Résultat, niveau supérieur à tous ceux obtenus antérieurement dans un domaine quelconque. *Record de production.* ◆ adj. inv. Qui constitue un maximum jamais atteint ou très exceptionnel. *Chiffres record.*

RECORDAGE n.m. Action de recorder.

RECORDER v.t. **1.** Attacher de nouveau avec une corde. **2.** Remettre des cordes à. *Recorder une raquette, un piano ancien.*

RECORDMAN [rəkɔrdman] n.m. (de *record,* et angl. *man,* homme) [pl. *recordmans* ou *recordmen*]. (Faux anglicisme). Détenteur d'un ou de plusieurs records. (Fém. : *recordwoman,* pl. *recordwomans* ou *recordwomen.*)

RECORRIGER v.t. 17. Corriger de nouveau.

RECORS [rekɔr] n.m. (anc. fr. *record,* rappel). DR., VX. Témoin d'un huissier, susceptible de lui prêter main-forte.

RECOUCHER v.t. Coucher de nouveau.

RECOUDRE v.t. 86. Coudre (ce qui est décousu, déchiré, disjoint).

RECOUPAGE n.m. Action de recouper.

RECOUPE n.f. **1.** Seconde coupe de fourrage. **2.** Remoulage. **3.** Spiritueux provenant d'un mélange d'alcool et d'eau.

RECOUPEMENT n.m. **1.** Vérification d'un fait au moyen de renseignements issus de sources différentes. **2.** CONSTR. Retrait fait à chaque assise de pierre pour donner de la solidité à un bâtiment. **3.** TOPOGR. Détermination de la position d'un point A situé sur une direction prise d'un point connu B en prenant du point A une ou deux directions sur deux autres points connus C et D.

RECOUPER v.t. **1.** Couper de nouveau. **2.** Donner une coupe différente à un vêtement, le retoucher. **3.** Coïncider avec, apporter une confirmation à. *Témoignage qui en recoupe un autre.* ◆ v.i. Faire une seconde coupe (aux cartes).

RECOURBEMENT n.m. Litt. Action de recourber ; fait d'être recourbé.

RECOURBER v.t. **1.** Courber de nouveau. **2.** Courber par le bout.

RECOURBURE n.f. État d'une chose recourbée.

RECOURIR v.t. et i. (lat. *recurrere*) 45. Courir de nouveau. ◆ v.t. ind. *(à).* **1.** S'adresser à qqn pour obtenir de l'aide. *Recourir au médecin.* **2.** Se servir de qqch dans une circonstance donnée. *Recourir à la force.*

RECOURS n.m. (lat. *recursus,* retour en arrière). **1.** Action de recourir à qqn ou qqch. *Le recours à des mesures d'urgence.* – *Avoir recours à :* faire appel à, user de. **2.** Personne ou chose à laquelle on recourt. **3.** DR. Procédure permettant d'obtenir un nouvel examen d'une décision judiciaire. ◇ *Recours en grâce :* demande adressée au chef de l'État en vue de la remise ou de la commutation d'une peine. **4.** DR. Action de déférer à une autorité ou à une juridiction administrative un acte ou une décision administrative en vue d'en obtenir le retrait, l'annulation, l'abrogation, la réformation ou l'interprétation.

RECOUVRABLE adj. Qui peut être recouvré.

RECOUVRAGE n.m. Action de recouvrir (un siège, un parapluie).

1. RECOUVREMENT n.m. **1.** Action de recouvrer ce qui était perdu. *Recouvrement de titres.* **2.** Perception de sommes dues.

2. RECOUVREMENT n.m. **1.** Action de recouvrir. **2.** CONSTR. Agencement dans lequel un élément en recouvre un autre. **3.** GÉOL. *Lambeaux de recouvrement :* restes fragmentés d'une nappe de charriage, reposant en discordance sur les terrains sous-jacents. **4.** MATH. *Recouvrement d'un ensemble* E : famille d'ensembles dont la réunion inclut E.

RECOUVRER v.t. (lat. *recuperare*). **1.** Rentrer en possession de (ce qu'on avait perdu). *Recouvrer la vue.* **2.** Opérer la perception de. *Recouvrer l'impôt.*

RECOUVRIR v.t. 34. **1.** Pourvoir d'une couverture, d'un élément protecteur. **2.** Refaire à neuf les parties en tissu ou en cuir d'un siège. **3.** Couvrir entièrement. *La neige recouvre la plaine.* **4.** Correspondre, se superposer, s'appliquer à. *Cette réalisation recouvre les deux projets.*

RECRACHER v.t. et i. Cracher (ce qu'on a pris dans la bouche).

RÉCRÉANCE n.f. (anc. fr. *recroire,* rendre). DR. *Lettres de récréance* ou *de rappel :* lettres envoyées à un ambassadeur pour qu'il les présente au chef de l'État d'auprès de qui on le rappelle.

RÉCRÉATIF, IVE adj. Qui divertit, récrée.

RECRÉATION n.f. Action de recréer.

RÉCRÉATION n.f. **1.** Ce qui interrompt le travail et délasse. *Prendre un peu de récréation.* **2.** Temps accordé aux enfants dans les écoles pour jouer, se détendre.

RECRÉER v.t. **1.** Reconstruire, refaire. **2.** Rendre l'aspect de (qqch qui a disparu). *Recréer l'atmosphère de la Belle Époque.*

RÉCRÉER v.t. (lat. *recreare*). Litt. Délasser, divertir par un amusement quelconque.

RÉCRÉMENT n.m. (lat. *recrementum*). PHYSIOL. Produit de sécrétion demeurant dans l'organisme.

RECRÉPIR v.t. Crépir de nouveau.

RECRÉPISSAGE n.m. Action de recrépir.

RECREUSER v.t. Creuser de nouveau ou plus profond.

RÉCRIER (SE) v.pr. **1.** Litt. Laisser échapper des exclamations exprimant des sentiments vifs et agréables (admiration, surprise, etc.). *Ils se sont récriés à la vue de ce tableau.* **2.** Manifester avec véhémence son désaccord, son indignation.

RÉCRIMINATEUR, TRICE adj. et n. Qui récrimine, qui est porté à récriminer.

RÉCRIMINATION n.f. Action de récriminer ; reproche, critique amère.

RÉCRIMINER v.i. (lat. *recriminari,* de *crimen,* accusation). Trouver à redire ; critiquer amèrement.

RÉCRIRE ou **RÉÉCRIRE** v.t. 99. Écrire ou rédiger de nouveau.

RECRISTALLISATION n.f. **1.** GÉOL. Modification des roches originelles par dissolution plus ou moins complète des minéraux primaires et formation de nouveaux minéraux. **2.** MÉTALL. Cristallisation nouvelle se développant dans un métal ou un alliage à l'état solide, au cours d'un chauffage de recuit.

RECRISTALLISER v.t. et i. Cristalliser de nouveau.

RECROÎTRE v.i. 94. Se remettre à croître, à grandir.

RECROQUEVILLÉ, E adj. Ramassé, replié sur soi.

RECROQUEVILLER (SE) v.pr. (de *croc* et de *vrille*). **1.** Se rétracter, se tordre sous l'action de la sécheresse, du froid. **2.** Se ramasser, se replier sur soi.

RECRU, E adj. (anc. fr. *se recroire,* se rendre à merci). Litt. Harassé. *Recru de fatigue.*

RECRÛ n.m. (p. passé de *recroître*). SYLV. Rejets qui se forment spontanément après l'exploitation d'une coupe de bois.

RECRUDESCENCE n.f. (lat. *recrudescere,* reprendre des forces). **1.** Exacerbation des manifestations d'une maladie, des ravages d'une épidémie, après une rémission temporaire. **2.** Brusque réapparition de qqch avec redoublement d'intensité. *Recrudescence du froid.*

RECRUDESCENT, E adj. Litt. Qui reprend de l'intensité.

RECRUE n.f. (de *croître*). **1.** Jeune militaire qui vient d'être appelé au service. **2.** Nouveau membre d'une société, d'un groupe.

RECRUTEMENT n.m. **1.** Action de recruter. **2.** Vieilli. *Service de recrutement :* Direction du Service* national.

RECRUTER v.t. **1.** Appeler des recrues, lever des troupes. **2.** Engager du personnel. **3.** Amener à faire partie d'une société, d'un parti. ◆ **se recruter** v.pr. **1.** Être recruté. **2.** Provenir de.

RECRUTEUR, EUSE n. **1.** Personne qui recrute des adhérents, des clients, du personnel. **2.** *Agent recruteur :* personne qui recrute pour le compte d'un parti, d'un groupe, etc.

RECTA adv. (mot lat., *en droite ligne*). Fam. Ponctuellement. *Payer recta.*

RECTAL, E, AUX adj. Du rectum.

RECTANGLE n.m. (lat. *rectangulus*). Quadrilatère plan dont les quatre angles sont droits. (Un parallélogramme est un rectangle s'il a un angle droit ou si ses diagonales sont de même longueur.) ◆ adj. **1.** *Parallélépipède rectangle,* dont deux faces non parallèles sont perpendiculaires. **2.** *Trapèze rectangle,* dont deux côtés consécutifs sont perpendiculaires. **3.** *Triangle rectangle,* dont deux côtés sont perpendiculaires.

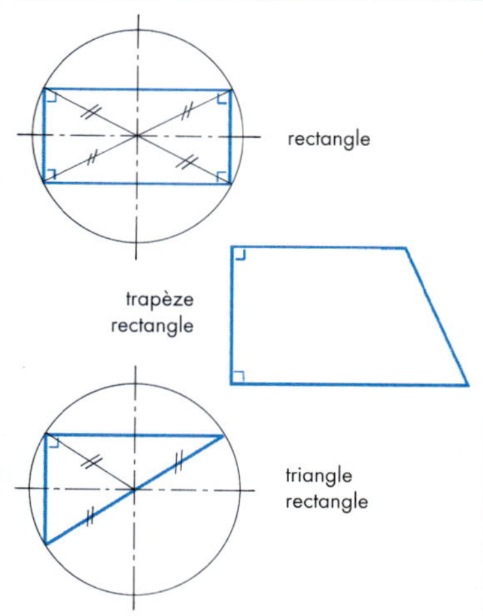

rectangles

RECTANGULAIRE adj. **1.** Qui a la forme d'un rectangle. **2.** Qui forme un angle droit.

1. RECTEUR, TRICE adj. Qui dirige.

2. RECTEUR n.m. (lat. *rector,* de *regere,* diriger). **1.** Haut fonctionnaire de l'Éducation nationale, placé à la tête d'une académie. **2.** Prêtre desservant une église non paroissiale. **3.** Supérieur d'un collège de jésuites. **4.** En Bretagne, curé de petite paroisse.

RECTIFIABLE adj. **1.** Qui peut être rectifié. **2.** MATH. Se dit d'un arc de courbe dont la longueur peut être définie comme la borne supérieure des longueurs de toutes les lignes polygonales pouvant y être inscrites.

RECTIFICATEUR n.m. Appareil de distillation dans lequel s'effectue la rectification.

1. RECTIFICATIF, IVE adj. Qui rectifie, qui sert à rectifier.

2. RECTIFICATIF n.m. Texte, propos rectifiant une information erronée ou inexacte.

RECTIFICATION n.f. **1.** Action de rectifier ; texte, paroles qui rectifient. **2.** MÉCAN. Opération ayant pour objet le parachèvement à la meule d'une surface usinée. **3.** MATH. *Rectification d'un arc de courbe :* calcul de sa longueur. **4.** CHIM. Distillation fractionnée d'un liquide volatil pour le purifier ou en séparer les constituants.

RECTIFIER v.t. (lat. *rectus,* droit, et *facere,* faire). **1.** Modifier pour rendre adéquat. **2.** Rendre exact en corrigeant. *Rectifier un calcul.* **3.** Pop. Tuer. **4.** MÉCAN. Parachever par meulage la surface d'une pièce usinée. **5.** GÉOM. Déterminer la longueur d'un arc de courbe. **6.** CHIM. Soumettre à la rectification.

RECTIFIEUR, EUSE n. Ouvrier, ouvrière travaillant sur une rectifieuse.

RECTIFIEUSE n.f. Machine-outil servant à rectifier.

1. RECTILIGNE adj. (lat. *rectus,* droit, et *linea,* ligne). **1.** Qui est ou qui se fait en ligne droite. **2.** GÉOM. Formé de droites ou de segments de droites. *Triangle rectiligne.*

2. RECTILIGNE n.m. MATH. *Rectiligne d'un dièdre :* angle plan obtenu en coupant ce dièdre par un plan perpendiculaire à l'arête.

RECTILINÉAIRE adj. PHOT. *Objectif rectilinéaire :* objectif qui ne déforme pas l'image.

RECTION n.f. LING. Propriété qu'ont un verbe, une préposition d'être accompagnés d'un complément dont le mode ou le cas est déterminé grammaticalement.

RECTITE n.f. MÉD. Inflammation du rectum. SYN. : *proctite.*

RECTITUDE n.f. (du lat. *rectus,* droit). **1.** Litt. Caractère de ce qui est droit. *La rectitude d'une ligne.* **2.** Conformité à la raison, à la justice, à la rigueur. *Rectitude de jugement.*

RECTO n.m. (lat. *recto folio,* à feuille droite) [pl. *rectos*]. Première page d'un feuillet, celle qui se trouve à droite lorsque le livre est ouvert (par opp. à *verso*).

RECTO-COLITE n.f. (pl. *recto-colites*). MÉD. Inflammation simultanée du rectum et du côlon.

RECTORAL, E, AUX adj. Du recteur.

RECTORAT n.m. **1.** Charge de recteur. **2.** Bureau de l'administration rectorale d'une académie.

RECTOSCOPE n.m. Endoscope pour l'examen du rectum.

RECTOSCOPIE n.f. Examen du rectum au moyen du rectoscope.

RECTRICE n.f. ZOOL. Plume de la queue des oiseaux. (Les rectrices dirigent le vol et soutiennent l'arrière du corps.)

RECTUM [rɛktɔm] n.m. (lat. *rectum intestinum,* intestin droit). Dernière partie du côlon, qui aboutit à l'anus.

1. REÇU, E n. (p. passé de *recevoir*). Personne admise à un examen, à un concours.

2. REÇU n.m. Écrit sous seing privé dans lequel on reconnaît avoir reçu une somme, un objet. – REM. *Reçu* est un p. passé inv. quand il est employé par ellipse devant l'énoncé d'une somme, pour en reconnaître le paiement. *Reçu mille francs de M. Un tel.*

RECUEIL [rəkœj] n.m. (de *recueillir*). Ouvrage où sont réunis des écrits, des documents, des gravures, etc. *Recueil de lois.*

RECUEILLEMENT n.m. Fait de se recueillir ; état d'une personne recueillie.

RECUEILLI, E adj. Qui est dans le recueillement.

RECUEILLIR v.t. (lat. *recolligere*) [41]. **1.** Réunir en collectant, en ramassant. *Recueillir des documents, des dons.* **2.** Obtenir. *Recueillir la moitié des suffrages.* **3.** Retirer un avantage. *Recueillir le fruit de son travail.* **4.** Recevoir par héritage. *Recueillir une succession.* **5.** Accueillir chez soi, donner l'hospitalité à. *Recueillir des sinistrés.* ◆ **se recueillir** v.pr. **1.** S'abstraire du monde extérieur pour se replier sur la vie intérieure ; réfléchir, méditer. **2.** Se plonger dans une méditation religieuse.

RECUIRE v.t. (lat. *recoquere*) [98]. **1.** Soumettre à une seconde cuisson. **2.** Améliorer les qualités d'un métal, d'un verre, par le recuit. ◆ v.i. Subir une nouvelle cuisson.

RECUIT n.m. **1.** Action de recuire, de soumettre de nouveau à l'action de la chaleur. **2.** Chauffage d'un produit métallurgique à une température suffisante pour assurer son équilibre physico-chimique et structural, et que l'on fait suivre d'un refroidissement lent. **3.** VERR. Chauffage d'un verre à la température permettant le relâchement des contraintes, que l'on fait suivre d'un refroidissement lent.

RECUL n.m. **1.** Mouvement en arrière. *Recul d'une armée, de la civilisation.* **2.** Mouvement vers l'arrière d'une arme à feu, au départ du coup. **3.** Espace libre pour reculer. **4.** Éloignement dans l'espace et le temps pour juger d'un évènement.

RECULADE n.f. **1.** Action de reculer. **2.** Adoption d'une position en retrait par rapport à une position antérieure trop avancée.

RECULÉ, E adj. **1.** Isolé. *Région reculée.* **2.** Éloigné dans le temps. *Époque reculée.*

RECULÉE n.f. GÉOGR. Vallée jurassienne profonde, aux parois verticales, terminée en cul-de-sac au pied d'un escarpement calcaire, le « bout du monde ».

RECULEMENT n.m. **1.** Pièce de harnais qui couvre l'arrière du cheval. SYN. : *avaloire.* **2.** DR. *Servitude de reculement :* servitude pesant sur un immeuble frappé d'alignement, aux termes de laquelle le propriétaire ne peut plus opérer que des travaux d'entretien.

RECULER v.t. (de *cul*). **1.** Déplacer vers l'arrière. *Reculer sa chaise.* **2.** Reporter plus loin. *Reculer une clôture.* **3.** Ajourner, retarder. *Reculer un paiement.* ◆ v.i. **1.** Aller en arrière. **2.** Perdre du terrain, rétrograder. *Faire reculer la criminalité.* **3.** Renoncer, céder devant une difficulté. ◇ *Reculer pour mieux sauter :* retarder une décision désagréable mais inévitable.

RECULONS (À) loc. adv. En reculant, en allant en arrière.

RECULOTTER v.t. Remettre sa culotte, son pantalon à. *Reculotter un petit enfant.*

RÉCUPÉRABLE adj. Qui peut être récupéré.

1. RÉCUPÉRATEUR, TRICE adj. **1.** Qui permet de récupérer. **2.** Qui favorise une récupération politique. ◆ adj. et n. Qui récupère des matériaux usagés.

2. RÉCUPÉRATEUR n.m. IND. Appareil destiné à la récupération de la chaleur ou de l'énergie.

RÉCUPÉRATION n.f. Action de récupérer ; son résultat. Fait d'être récupéré.

RÉCUPÉRER v.t. (lat. *recuperare*) [18]. **1.** Rentrer en possession de, retrouver, après avoir perdu. *Récupérer une somme que l'on avait prêtée.* **2.** Recueillir pour utiliser ce qui pourrait être perdu. *Récupérer de la ferraille.* **3.** Reprendre des idées, un mouvement (notamm. un mouvement social) en les détournant de leur but premier. **4.** Fournir un temps de travail en remplacement de celui qui a été perdu. ◆ v.i. Reprendre ses forces après un effort, recouvrer sa santé après une maladie.

RÉCURAGE n.m. Action de récurer.

RÉCURER v.t. Nettoyer en frottant.

RÉCURRENCE n.f. **1.** Caractère de ce qui est récurrent ; répétition d'un phénomène. **2.** PHILOS. Retour, à partir du présent d'une science, sur son histoire, tel qu'il en montre la formation progressive. **3.** LOG. *Raisonnement par récurrence,* par lequel on étend à une série de termes homogènes la vérité d'une propriété d'au moins deux de ces termes. SYN. : *induction.* ◇ Spécialt. MATH. Démonstration utilisant le principe selon lequel une propriété qui est vérifiée pour tout entier $n + 1$ dès qu'elle l'est pour n, est vérifiée pour tout entier dès qu'elle l'est pour 0.

RÉCURRENT, E adj. (lat. *recurrens,* courant en arrière). **1.** Qui revient, réapparaît, se reproduit. **2.** ANAT. Qui revient en arrière. *Nerf récurrent. Artère recurrente.* **3.** PATHOL. *Fièvre récurrente :* borréliose. **4.** *Image récurrente,* qui subsiste après que l'œil a reçu une vive impression lumineuse. **5.** MATH. *Série récurrente :* suite dont le terme général s'exprime à partir de termes le précédant.

RÉCURSIF, IVE adj. **1.** LING. Qui peut être répété de façon indéfinie. **2.** LOG. *Fonction récursive :* fonction d'entiers à valeurs entières effectivement calculable par un algorithme.

RÉCURSIVITÉ n.f. Propriété de ce qui est récursif.

RÉCURSOIRE adj. DR. *Action récursoire :* action que le défendeur intente à l'encontre d'un tiers pour obtenir le remboursement des sommes dont il est redevable par suite d'une condamnation.

RÉCUSABLE adj. Qui peut être récusé.

RÉCUSATION n.f. **1.** DR. Fait de refuser, par soupçon de partialité, un juge, un juré, un arbitre, un expert, dans les cas spécifiés par la loi. **2.** Litt. Action de récuser, de ne pas admettre.

RÉCUSER v.t. (lat. *recusare,* refuser). **1.** User de la faculté ou du droit de récusation à l'encontre de. **2.** Ne pas admettre l'autorité de qqn, la valeur de qqch dans une décision. ◆ **se récuser** v.pr. **1.** Se déclarer incompétent pour juger une cause, décider d'une question. **2.** Refuser une charge, une mission, un poste.

RECYCLABLE adj. Que l'on peut recycler. *Déchets recyclables.*

RECYCLAGE n.m. **1.** Formation complémentaire donnée à un professionnel pour lui permettre de s'adapter aux progrès industriels et scientifiques. **2.** Destination nouvelle donnée à des disponibilités monétaires. **3.** Action de récupérer la partie utile des déchets et de la réintroduire dans le cycle de production dont ils sont issus. *Recyclage du verre.* **4.** Action de réintroduire dans une partie d'un cycle de traitement un fluide ou des matières qui l'ont déjà parcourue, lorsque leur transformation est incomplète par un passage unique.

RECYCLER v.t. Soumettre à un recyclage. *Recycler du papier.* ◆ **se recycler** v.pr. Acquérir une formation nouvelle par recyclage.

RÉDACTEUR, TRICE n. (lat. *redactus,* p. passé de *redigere,* arranger). Personne qui rédige un texte, qui participe à la rédaction d'un journal, d'un livre.

RÉDACTION n.f. **1.** Action ou manière de rédiger un texte. **2.** Exercice scolaire destiné à apprendre aux élèves à rédiger. **3.** Ensemble des rédacteurs d'un journal, d'une publication, d'une maison d'édition ; locaux où ils travaillent.

1. RÉDACTIONNEL, ELLE adj. **1.** Relatif à la rédaction. **2.** *Publicité rédactionnelle,* qui se présente comme si elle émanait de la rédaction du journal où elle figure.

2. RÉDACTIONNEL n.m. Texte d'une publicité, par opp. au visuel (l'image, le graphisme, etc.).

REDAN ou **REDENT** [rədɑ̃] n.m. **1.** ARCHIT. Découpure en forme de dent, dont la répétition constitue un ornement. **2.** CONSTR. Ressaut, décrochement. **3.** FORTIF. Ouvrage de la fortification bastionnée, en angle saillant.

REDDITION n.f. **1.** Action de se rendre, de mettre bas les armes. **2.** *Reddition de comptes :* acte par lequel un mandataire, un comptable, etc., présente les comptes de sa gestion.

REDÉCOUVRIR v.t. [34]. Découvrir de nouveau.

REDÉFAIRE v.t. [109]. Défaire de nouveau.

REDÉFINIR v.t. Définir de nouveau ou autrement. *Redéfinir les responsabilités au sein d'une équipe.*

REDÉFINITION n.f. Action de redéfinir ; nouvelle définition.

REDEMANDER v.t. **1.** Demander de nouveau. **2.** Demander à qqn (ce qu'on lui a prêté).

REDÉMARRAGE n.m. Action de redémarrer.

REDÉMARRER v.i. Démarrer de nouveau.

RÉDEMPTEUR, TRICE adj. et n. Litt. Qui rachète, réhabilite. ◇ *Le Rédempteur* : Jésus-Christ, qui a racheté le genre humain du péché.

RÉDEMPTION n.f. (lat. *redemptio*). **1.** Litt. Action de ramener qqn au bien, de se racheter. **2.** THÉOL. *La Rédemption :* le salut apporté par Jésus-Christ à l'humanité pécheresse.

RÉDEMPTORISTE n.m. Religieux de la congrégation missionnaire du Très-Saint-Rédempteur, fondée à Scala, près de Naples, en 1732, par saint Alphonse-Marie de Liguori. (Cette congrégation comporte une branche féminine, les *rédemptoristines.*)

REDENT n.m. → ***redan.***

REDENTÉ, E adj. ARCHIT. Découpé en redans (ou redents).

REDÉPLOIEMENT n.m. **1.** ÉCON. Réorganisation d'une activité économique, notamm. par l'accroissement des échanges avec l'extérieur. **2.** MIL. Réorganisation d'un dispositif militaire.

REDÉPLOYER v.t. [13]. Procéder au redéploiement de.

REDESCENDRE v.i. [73]. Descendre de nouveau ou après s'être élevé. *Ballon qui redescend.* ◆ v.t. Porter de nouveau en bas.

REDEVABLE adj. **1.** Qui doit encore qqch après un paiement. **2.** Qui a une obligation envers (qqn). *Je vous suis redevable de la vie.* ◆ n. Personne tenue de verser une redevance.

REDEVANCE n.f. **1.** Dette, charge, taxe, rente qui doit être acquittée à termes fixes. **2.** Somme due au propriétaire d'un brevet, du sol où sont assurées certaines exploitations, etc. SYN. (anglic. déconseillé) : *royalties.*

REDEVENIR v.i. [40] [auxil. *être*]. Recommencer à être ce que l'on était auparavant. *Ils sont redevenus amis.*

REDEVOIR v.t. [53]. Devoir de l'argent, une dette comme reliquat.

RÉDHIBITION n.f. DR. Annulation d'une vente obtenue par l'acheteur, lorsque la chose achetée est entachée d'un vice dit *vice rédhibitoire.*

RÉDHIBITOIRE adj. (lat. *redhibere,* restituer). **1.** Qui constitue un obstacle radical. *Un prix rédhibitoire.* **2.** DR. Qui peut motiver l'annulation d'une vente. *Vice rédhibitoire.*

RÉDIE n.f. (de *Redi,* n.pr.). ZOOL. Forme larvaire des trématodes, vivant en parasite d'un mollusque d'eau douce.

REDIFFUSER v.t. Diffuser (une émission de radio, de télévision) une nouvelle fois.

REDIFFUSION n.f. **1.** Action, fait de rediffuser. **2.** Émission rediffusée.

RÉDIGER v.t. (lat. *redigere,* ramener, réduire) [17]. Exprimer par écrit, dans l'ordre voulu et selon une forme donnée. *Rédiger un article de journal.*

REDIMENSIONNER v.t. Suisse. Restructurer (une industrie, une entreprise).

RÉDIMER v.t. RELIG. Racheter, sauver.

REDINGOTE n.f. (angl. *riding-coat,* vêtement pour aller à cheval). **1.** Anc. Ample veste d'homme croisée, à longues basques. **2.** Manteau de femme ajusté à la taille.

RÉDINTÉGRATION n.f. (mot angl., du lat. *integrare,* renouveler). PSYCHOL. Processus par lequel un élément de la vie psychique, ayant fait partie d'un état de conscience antérieur, tend à rappeler celui-ci dans sa totalité.

REDIRE v.t. [102]. **1.** Répéter (ce qu'on a déjà dit ou ce qu'un autre a dit). *Il redit toujours les mêmes choses.* **2.** Répéter, rapporter par indiscrétion. *N'allez pas le lui redire.* **3.** *Avoir, trouver à redire à :* avoir, trouver à blâmer.

REDISCUTER v.t. Discuter de nouveau.

REDISTRIBUER v.t. Distribuer de nouveau.

REDISTRIBUTION n.f. **1.** Action de redistribuer. **2.** Correction dans la répartition des revenus grâce, notamment, à l'impôt et aux transferts sociaux.

REDITE n.f. Répétition inutile.

REDONDANCE n.f. **1. a.** Superfluité de mots, de paroles. **b.** Terme redondant, redite. **2.** LING. Caractère d'un énoncé qui réitère sous plusieurs formes différentes un même trait signifiant. **3.** INFORM., TÉLÉCOMM. Duplication d'informations afin de garantir leur sécurité en cas d'incident. **4.** TECHN. Duplication d'équipements chargés d'assurer une fonction donnée, afin que l'un d'eux puisse se substituer à l'autre en cas de défaillance.

REDONDANT, E adj. **1.** Qui est superflu dans un écrit, un discours. **2.** Qui présente des redondances. *Style redondant.*

REDONNER v.t. **1.** Donner de nouveau (la même chose). **2.** Rendre ce qui avait été perdu. *Redonner des forces. Redonner confiance.*

REDORER v.t. **1.** Dorer de nouveau. **2.** *Redorer son blason :* épouser une riche roturière, en parlant d'un noble ruiné ; par ext., recouvrer de son prestige, de son lustre ancien.

REDOUBLANT, E n. Élève qui redouble sa classe.

REDOUBLÉ, E adj. Qui est répété. ◇ *À coups redoublés,* violents et précipités.

REDOUBLEMENT n.m. **1.** Fait de redoubler, de croître en force, en intensité. *Redoublement de fureur.* **2.** Fait de redoubler une classe. **3.** LING. Répétition d'un ou de plusieurs éléments d'un mot (par ex. *fifille*).

REDOUBLER v.t. **1.** Rendre double. **2.** Augmenter sensiblement la force, l'intensité de. *Redoubler ses efforts.* **3.** Recommencer une année d'études dans la même classe. ◆ v.t. ind. ***(de).*** Faire preuve d'encore plus de. *Redoubler de prudence.* ◆ v.i. Augmenter en intensité. *La fièvre redouble.*

REDOUL [rədul] n.m. (mot prov.). Arbrisseau des régions méridionales, riche en tanin, appelé aussi *herbe aux tanneurs.*

REDOUTABLE adj. Fort à craindre, dangereux, terrible.

REDOUTABLEMENT adv. De façon redoutable ; terriblement.

REDOUTE n.f. (it. *ridotto,* réduit). Anc. Ouvrage de fortification isolé.

REDOUTER v.t. Craindre vivement.

REDOUX n.m. Hausse temporaire de la température au cours de la saison froide.

RÉDOWA [redɔva] n.f. Danse de Bohême à trois temps, rappelant la mazurka.

REDOX adj. CHIM. *Couple redox :* ensemble formé par un atome et un ion, ou par deux ions, dont l'un est réducteur et l'autre oxydant, et qui se transforment réversiblement l'un en l'autre avec échange d'électrons.

REDRESSAGE n.m. Rare. Action de redresser.

REDRESSE (À LA) loc. adj. Pop. Se dit de qqn qui sait se défendre, se faire respecter.

REDRESSEMENT n.m. **1.** Action de redresser ; fait de se redresser. *Redressement de la situation.* **2.** ÉLECTR. Transformation d'un courant alternatif en un courant unidirectionnel. **3. a.** DR. FISC. Correction conduisant à une majoration des sommes dues au titre de l'impôt. **b.** DR. COMM. *Redressement judiciaire :* procédure judiciaire destinée à permettre la sauvegarde de l'entreprise, le maintien de l'activité et de l'emploi et l'apurement du passif. (Institué en 1985 en remplacement du *règlement judiciaire.*) **4.** Anc. *Maison de redressement :* établissement chargé de la rééducation de jeunes délinquants.

REDRESSER v.t. **1.** Remettre à la verticale. *Redresser un poteau.* **2.** Remettre droit (ce qui est déformé, courbé, tordu). **3.** Rétablir dans son état primitif ; remettre en ordre. *Redresser la situation.* **4.** Litt. Réformer, rectifier. *Redresser le jugement.* **5.** ÉLECTR. Effectuer le redressement d'un courant alternatif. ◆ v.i. **1.** Remettre en ligne droite les roues d'un véhicule automobile (après un virage, dans une manœuvre, etc.). **2.** Faire reprendre de la hauteur à un avion après une perte de vitesse. ◆ **se redresser** v.pr. **1.** Se remettre droit ou vertical. **2. a.** Donner au corps une attitude droite. **b.** Manifester de la fierté par une telle attitude. **3.** Reprendre sa progression après un fléchissement. *L'économie se redresse.*

1. REDRESSEUR n.m. **1.** ÉLECTR. Convertisseur d'énergie qui transforme un système de courants alternatifs en un courant unidirectionnel. **2.** OPT. *Redresseur d'images :* dispositif optique qui redresse l'image renversée issue de l'objectif d'une lunette terrestre. **3.** *Redresseur de torts :* chevalier errant qui vengeait les victimes de l'injustice ; fam., personne qui prétend corriger les abus, réformer la société.

2. REDRESSEUR, EUSE adj. TECHN. Qui sert à redresser. *Valve redresseuse.*

RÉDUCTASE n.f. BIOCHIM. Enzyme provoquant des réactions d'oxydoréduction.

RÉDUCTEUR, TRICE adj. (lat. *reductus,* ramené). Qui réduit, qui diminue. *Analyse trop réductrice d'une situation.* ◆ adj. et n.m. **1.** CHIM. Se dit d'un corps qui a la propriété de réduire. *Le carbone est un réducteur.* **2.** MÉCAN. Qui diminue la vitesse de rotation d'un arbre.

RÉDUCTIBILITÉ n.f. Caractère de ce qui est réductible.

RÉDUCTIBLE adj. **1.** Qui peut être réduit, diminué. *Dépenses réductibles.* **2.** MATH. **a.** Se dit d'une équation dont le degré peut être abaissé. **b.** *Fraction réductible,* dont le numérateur et le dénominateur ne sont pas premiers entre eux. **3.** MÉD. Se dit d'un os luxé ou fracturé qui peut être remis en place.

RÉDUCTION n.f. **I. 1.** Action de réduire, de diminuer. *Réduction des dépenses.* **2.** Absolt. Diminution de prix ; rabais. *Consentir une réduction à un client.* **3.** Action de reproduire à une échelle plus petite ; copie ainsi exécutée. *Une réduction en plâtre de la Vénus de Milo.* **4.** MATH. Opération par laquelle on remplace une figure géométrique par une figure semblable, mais plus petite. **5.** DR. *Réduction de libéralité :* action par laquelle un héritier réservataire fait réintégrer à la succession un bien dont le défunt avait disposé en dépassement de la quotité disponible. **6.** BIOL. *Réduction chromatique :* diminution de moitié du nombre des chromosomes d'une cellule, qui se réalise au cours de la méiose. **7.** FIN. *Réduction de capital :* diminution du capital d'une société, notamm. pour tenir compte des pertes. **II. 1.** CHIM. Réaction dans laquelle une partie de son oxygène est enlevée à un corps ou, plus généralement, dans laquelle un atome ou un ion gagne des électrons. ◇ MÉTALL. *Réduction directe :* méthode de production de fer par réduction chimique de minerais de fer à l'état solide. **2.** PHILOS. [Dans la phénoménologie de Husserl]. **a.** *Réduction eidétique :* élimination de ce qui est perçu empiriquement d'un objet pour n'en retenir que l'essence. **b.** *Réduction phénoménologique :* suspension du jugement sur l'existence des choses. **3.** MATH. **a.** *Réduction d'une somme algébrique,* du nombre de ses termes. **b.** *Réduction de fractions au même dénominateur :* recherche d'un dénominateur commun à ces fractions. **4.** SC. Opération par laquelle on passe d'une mesure brute à un résultat affranchi de certains effets non essentiels (conditions physiques, facteurs instrumentaux, etc.). **5.** MUS. Arrangement d'une partition en vue de la faire exécuter par une formation instrumentale ou vocale restreinte ou par un seul instrument. **6.** *Réduction à l'état laïque :* retour accordé, ou imposé, par l'Église, à un clerc, qui le rétablit dans l'état qui était le sien avant la cléricature, sans toutefois que puissent lui être ôtés les pouvoirs conférés par l'ordination. **III.** MÉD. Action de remettre à sa place un os luxé ou fracturé.

RÉDUCTIONNISME n.m. PHILOS. Tendance qui consiste à réduire les phénomènes complexes à leurs composants plus simples et à considérer ces derniers comme plus fondamentaux que les phénomènes complexes observés.

RÉDUCTIONNISTE adj. et n. Relatif au réductionnisme ; qui en est partisan.

RÉDUIRE v.t. (lat. *reducere,* ramener) 98. **I. 1.** Ramener à une dimension, à une quantité moindres, diminuer la valeur, l'importance de. *Réduire les prix de 20 p. 100.* **2.** Reproduire en plus petit, avec les mêmes proportions. *Réduire une photo.* **II. 1.** Ramener à un état plus élémentaire par une transformation. *Réduire le grain en farine.* ◇ *Réduire en cendres, en miettes :* mettre en pièces, détruire. – *Réduire une sauce, un liquide,* les rendre plus concentrés par évaporation sur le feu. **2.** CHIM. Effectuer la réduction de. *Réduire un oxyde.* SYN. : *désoxyder.* **3.** Ramener à une forme équivalente plus simple. *Réduire une question à l'essentiel.* ◇ *Réduire une équation,* en abaisser le degré. **III.** MÉD. Remettre en place (un os fracturé, luxé). ◇ Par ext. *Réduire une fracture.* **IV. 1.** Amener à un état de dépendance, à une situation pénible. *Réduire au silence, à la mendicité.* **2.** Vaincre, désorganiser complètement. *Réduire les poches de résistance.* **3.** Suisse. Ranger qqch, le remettre à sa place. ◆ v.i. Diminuer en quantité, par évaporation, et devenir plus épais, plus concentré. *Ce sirop n'a pas assez réduit.* ◆ **se réduire** v.pr. **1.** Diminuer ses dépenses, son train de vie. **2.** Se ramener à. *Leur querelle se réduit à un simple malentendu.*

1. RÉDUIT, E adj. Qui a subi une réduction. *Prix, tarif réduits.*

2. RÉDUIT n.m. (du lat. *reductus,* qui est à l'écart). **1.** Petite pièce retirée ; recoin. **2.** Vx. Petit ouvrage fortifié à l'intérieur d'un autre et servant d'emplacement pour l'ultime défense. **3.** MAR. Compartiment cuirassé où était rassemblée l'artillerie des gros navires de guerre, vers 1870.

RÉDUPLICATION n.f. LING. Répétition consécutive d'un mot dans une phrase (par ex. *c'est très très petit*).

RÉDUVE n.m. (lat. *reduviae,* dépouilles). Grande punaise ailée insectivore. (Long. env. 15 mm.)

RÉÉCHELONNEMENT n.m. ÉCON. Allongement de la durée de remboursement d'une dette, notamment d'une dette internationale.

RÉÉCOUTER v.t. Écouter de nouveau.

RÉÉCRIRE v.t. → ***récrire.***

RÉÉCRITURE n.f. Action de réécrire un texte.

RÉÉDIFICATION n.f. Litt. Action de réédifier ; reconstruction.

RÉÉDIFIER v.t. Litt. Rebâtir.

RÉÉDITER v.t. **1.** Faire une nouvelle édition de. **2.** Recommencer, accomplir de nouveau. *Rééditer un exploit.*

RÉÉDITION n.f. **1.** Nouvelle édition. **2.** Répétition du même fait, du même comportement.

RÉÉDUCATION n.f. **1.** Action de rééduquer (un membre, une fonction) ; ensemble des moyens mis en œuvre pour rééduquer. *Rééducation motrice. Rééducation professionnelle d'un handicapé.* **2.** Ensemble des mesures d'assistance, de surveillance ou d'éducation ordonnées par le juge à l'égard de l'enfance délinquante ou des mineurs en danger.

RÉÉDUQUER v.t. **1.** Soumettre qqn à un traitement afin de rétablir chez lui l'usage d'un membre, d'une fonction. **2.** Réadapter socialement (un délinquant). **3.** Corriger, amender par une éducation nouvelle.

1. RÉEL, ELLE adj. (lat. *realis,* de *res,* chose). **1.** Qui existe ou a existé véritablement. *Besoins réels.* **2.** Qui est bien tel qu'on le dit ; authentique, véritable. *Son mérite est réel.* **3.** DR. Qui concerne une chose (par opp. à *personnel*). [L'hypothèque confère un *droit réel* sur l'immeuble hypothéqué ; le prêt d'une somme d'argent ne confère qu'un *droit personnel* sur l'emprunteur.] **4.** OPT. Se dit d'une image qui se forme à l'intersection de rayons convergents. CONTR. : *virtuel.* **5.** MATH. **a.** *Nombre réel :* élément du corps $\mathbb{R}$ qui peut être construit de façon axiomatique ou défini par extension du corps $\mathbb{Q}$ des rationnels, un nombre réel étant alors une limite de suites de nombres rationnels. (L'ensemble des nombres réels comprend les nombres entiers, rationnels et irrationnels.) **b.** *Fonction réelle :* fonction à valeurs réelles. **c.** *Partie réelle d'un nombre complexe,* réel x dans l'écriture $z = x + iy$.

2. RÉEL n.m. Ce qui existe effectivement, ce qui arrive en fait. *Le réel et l'imaginaire.*

RÉÉLECTION n.f. Action de réélire.

RÉÉLIGIBLE adj. Qui peut être réélu.

RÉÉLIRE v.t. 106. Élire de nouveau.

RÉELLEMENT adv. Effectivement, véritablement ; en vérité. *Il est réellement le meilleur.*

RÉEMBAUCHER ou **REMBAUCHER** v.t. Embaucher de nouveau.

RÉÉMETTEUR n.m. TÉLÉCOMM. Émetteur servant à retransmettre les signaux provenant d'un émetteur principal. SYN. : *relais.*

RÉEMPLOI n.m. → ***remploi.***

RÉEMPLOYER v.t. → ***remployer.***

RÉEMPRUNTER v.t. → ***remprunter.***

RÉENGAGEMENT n.m. → ***rengagement.***

RÉENGAGER v.t. → ***rengager.***

RÉENREGISTRER v.t. Enregistrer de nouveau.

RÉENSEMENCEMENT n.m. Action de réensemencer.

RÉENSEMENCER v.t. 16. Ensemencer de nouveau.

RÉÉQUILIBRAGE n.m. Action de rééquilibrer.

RÉÉQUILIBRER v.t. Rétablir l'équilibre de. *Rééquilibrer le budget.*

RÉER v.i. → ***raire.***

RÉESCOMPTE n.m. BANQUE. Opération qui consiste, pour une banque centrale, à acheter un effet avant son échéance à une banque ou à un organisme financier qui l'a déjà escompté.

RÉESCOMPTER v.t. Opérer le réescompte de.

RÉESSAYAGE ou **RESSAYAGE** n.m. Action de réessayer.

RÉESSAYER ou **RESSAYER** v.t. 11. Essayer de nouveau.

RÉÉTUDIER v.t. Étudier à nouveau ; reconsidérer. *Je réétudierai votre proposition.*

RÉÉVALUATION n.f. **1.** Action de réévaluer. **2.** Spécialt. Relèvement de la parité d'une monnaie. CONTR. : ***dévaluation.*** **3.** *Réévaluation des bilans :* correction de divers postes de bilans pour tenir compte de la dépréciation monétaire.

RÉÉVALUER v.t. **1.** Évaluer de nouveau. **2.** Effectuer la réévaluation de.

RÉEXAMEN n.m. Nouvel examen.

RÉEXAMINER v.t. Examiner de nouveau ou sur de nouvelles bases.

RÉEXPÉDIER v.t. Expédier de nouveau.

RÉEXPÉDITION n.f. Nouvelle expédition.

RÉEXPORTATION n.f. Action de réexporter.

RÉEXPORTER v.t. Transporter hors d'un pays (des marchandises qui y avaient été importées).

REFAÇONNER v.t. Façonner de nouveau.

RÉFACTION n.f. (de *refaire*). COMM. Réduction du prix de la marchandise au moment de la livraison, lorsqu'elle ne correspond pas aux conditions convenues.

REFAIRE v.t. 109. **1.** Faire de nouveau (ce qui a déjà été fait). *Refaire une addition.* ◇ *À refaire :* à recommencer. **2.** Remettre en état (ce qui a subi un dommage). *Refaire une toiture. Refaire sa santé.* **3.** Fam. Tromper, duper, escroquer. *Se laisser refaire de mille francs.* ◆ **se refaire** v.pr. Fam. Rétablir sa situation financière, en particulier après des pertes au jeu.

RÉFECTION n.f. (lat. *refectio,* de *reficere,* refaire). Action de refaire, de remettre à neuf. *Réfection d'une route.*

RÉFECTOIRE n.m. (du lat. *refectorius,* réconfortant). Salle où les membres d'une communauté, d'une collectivité prennent leurs repas.

REFEND n.m. **1.** CONSTR. *Ligne de refend* ou *refend :* canal taillé dans le parement d'un mur pour accuser ou simuler le tracé des joints de maçonnerie. – *Mur de refend :* mur porteur de séparation et de soutien dans un bâtiment. **2.** *Bois de refend :* bois scié en long.

REFENDRE v.t. 73. **1.** Fendre de nouveau. **2.** Fendre ou scier en long. *Refendre du bambou.*

RÉFÉRÉ n.m. DR. Procédure d'urgence qui permet d'obtenir du juge une mesure, une décision provisoire *(ordonnance de référé).*

RÉFÉRENCE n.f. **1.** Action de se référer à qqch. **2.** Autorité, texte auquel on renvoie. *Citer ses références.* ◇ *Ouvrage de référence,* qui est destiné à la consultation, et non à la lecture. **3.** Indication précise permettant de se reporter au passage d'un texte cité. **4.** Indication placée en tête d'une lettre, à rappeler dans la réponse. **5. a.** LING. Fonction par laquelle un signe linguistique renvoie à un objet du monde réel. **b.** LOG. Dénotation. ◆ pl. Attestations servant de recommandation. *Avoir de bonnes références.*

RÉFÉRENCER v.t. 16. Pourvoir d'une référence. *Référencer une lettre.*

1. RÉFÉRENDAIRE [-rɑ̃dɛr] adj. Relatif à un référendum.

2. RÉFÉRENDAIRE [-rɑ̃-] adj. (bas lat. *referendarius ;* de *referre,* rapporter). *Conseiller référendaire à la Cour des comptes :* magistrat chargé de vérifier les comptes des justiciables et d'instruire les affaires contentieuses.

RÉFÉRENDUM [-rɛ̃dɔm] n.m. (lat. *referendum,* pour rapporter). **1.** Procédure qui permet à tous les citoyens d'un pays de manifester par un vote l'approbation ou le rejet d'une mesure proposée par les pouvoirs publics. ◇ Spécialt. En Suisse, institution de droit public en vertu de laquelle les citoyens se prononcent sur une décision de chambres fédérales, à condition qu'un tel vote soit expressément demandé par un nombre déterminé de signatures. **2.** Consultation des membres d'un groupement, d'une collectivité.

RÉFÉRENT n.m. LING. Être ou objet, réel ou imaginaire, auquel renvoie un signe linguistique.

1. RÉFÉRENTIEL, ELLE adj. LING. Qui concerne la référence.

2. RÉFÉRENTIEL n.m. **1.** Didact. Ensemble d'éléments formant un système de référence ; ensemble des éléments liés à ce système. **2.** MATH. Ensemble dont on étudie les sous-ensembles. **3.** PHYS. Système de repérage permettant de situer un évènement dans l'espace et le temps. SYN. : *repère.*

RÉFÉRER v.t. ind. [*à*] (lat. *referre,* rapporter) 18. **1.** Faire référence à, se rapporter à. **2.** *En référer à :* en appeler à. *En référer aux autorités concernées.* **3.** LING. Avoir pour référent. ◆ **se référer** v.pr. ***(à).*** **1.** Se rapporter à. **2.** S'en rapporter, recourir à. *Je m'en réfère à votre avis.*

REFERMER v.t. Fermer de nouveau.

REFILER v.t. Fam. Donner, vendre, écouler (qqch dont on veut se débarrasser).

REFINANCEMENT n.m. BANQUE. Ensemble des procédures par lesquelles les banques peuvent se procurer des ressources auprès de la banque centrale ou grâce au marché monétaire.

RÉFLÉCHI, E adj. **1. a.** Qui est dit, pensé, fait avec réflexion. **b.** Qui agit avec réflexion. **2.** Se dit d'une onde, d'une particule, etc., qui est renvoyée par la surface qu'elle vient de frapper dans le milieu d'où elle provient. **3.** *Pronom réfléchi :* pronom personnel complément représentant la personne qui est le sujet du verbe. *(Je me suis promis de revenir. Il est content de lui.)* ◇ *Verbe pronominal réfléchi,* qui indique que le sujet exerce l'action sur lui-même. *(Pierre se lave.)*

RÉFLÉCHIR v.t. (lat. *reflectere,* faire tourner). En parlant d'une zone (généralement une surface) qui sépare deux milieux, renvoyer la lumière, le son, les rayonnements dans le milieu d'où ils proviennent. *Les miroirs réfléchissent la lumière.* ◆ v.i. et t. ind. ***(à, sur).*** Penser, examiner longuement. *Réfléchir avant d'agir. Réfléchir à, sur l'avenir.* ◆ **se réfléchir** v.pr. Donner une image par réflexion. *Les arbres se réfléchissent dans le lac.*

RÉFLÉCHISSANT, E adj. Qui réfléchit la lumière, les radiations, le son.

RÉFLECTEUR n.m. **1.** Dispositif servant à réfléchir la lumière, la chaleur, les ondes. **2.** Télescope (par opp. à *réfracteur*). ◆ adj.m. Qui renvoie par réflexion.

RÉFLECTIF, IVE adj. PHYSIOL. Qui concerne les réflexes.

RÉFLECTORISÉ, E adj. Se dit d'objets, de matériaux conçus pour réfléchir la lumière, et notamment la lumière des phares d'automobiles.

REFLET n.m. (it. *riflesso*). **1.** Image provenant de la réflexion de la lumière par la surface d'un corps. **2.** Nuance colorée variant selon l'éclairage. *Cheveux aux reflets roux.* **3.** Ce qui reproduit, comme par réflexion, les traits dominants, les caractéristiques de qqch. *L'art, reflet d'une époque.*

REFLÉTER v.t. [18]. **1.** Renvoyer la lumière, la couleur, sur un corps voisin. **2.** Reproduire, exprimer. *Visage qui reflète le bonheur.* ◆ **se refléter** v.pr. Transparaître. *Sa joie se reflète dans ses yeux.*

REFLEURIR v.i. et v.t. Fleurir de nouveau.

REFLEX [reflɛks] adj. inv. (mot angl.). Se dit d'un système de visée photographique caractérisé par le renvoi de l'image sur un verre dépoli au moyen d'un miroir incliné à 45°. ◆ n.m. inv. Appareil muni d'un système reflex.

RÉFLEXE n.m. (lat. *reflexus*, réfléchi). **1.** Réaction très rapide anticipant toute réflexion, en présence d'un évènement. ◇ *Avoir du réflexe, des réflexes :* réagir vite, avec à-propos. **2.** PHYSIOL. Réponse motrice inconsciente ou involontaire provoquée par une stimulation sensitive ou sensorielle. ◇ *Réflexe conditionnel* ou *conditionné* → **conditionnel.** – *Réflexe inconditionnel* → **inconditionnel.**

RÉFLEXIBLE adj. Qui peut être renvoyé par réflexion.

RÉFLEXIF, IVE adj. **1.** PHILOS. Se dit de la conscience qui se prend elle-même pour objet. **2.** MATH. *Relation réflexive :* relation binaire sur un ensemble telle que tout élément de cet ensemble soit en relation avec lui-même.

RÉFLEXION [reflɛksjɔ̃] n.f. (bas lat. *reflexio,* action de tourner en arrière). **I. 1.** Changement de direction d'un corps qui en a choqué un autre. **2.** Phénomène par lequel des ondes, particules ou vibrations se réfléchissent sur une surface. ◇ *Angle de réflexion :* angle formé par le rayon réfléchi avec la normale à la surface réfléchissante au point d'incidence. (L'angle de réflexion *i'* est égal à l'angle d'incidence *i.*) **II. 1.** Action de réfléchir, d'arrêter sa pensée sur qqch pour l'examiner en détail. ◇ *(Toute) réflexion faite :* après avoir bien réfléchi. **2.** Pensée, conclusion auxquelles conduit le fait de réfléchir. **3.** Observation critique adressée à qqn.

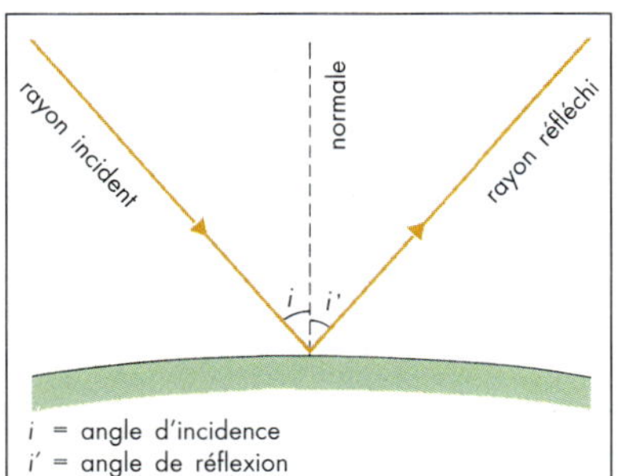

réflexion d'un rayon lumineux

RÉFLEXIVITÉ n.f. MATH. Propriété d'une relation réflexive.

RÉFLEXOGÈNE adj. Qui provoque un réflexe.

RÉFLEXOGRAMME n.m. Enregistrement graphique d'un réflexe.

RÉFLEXOLOGIE n.f. Étude scientifique des réflexes.

REFLUER v.i. (lat. *refluere,* couler en arrière). **1.** Retourner vers le lieu d'où il a coulé, en parlant d'un liquide. **2.** Revenir vers le lieu d'où elles sont parties, en parlant de personnes nombreuses, d'une foule.

REFLUX [rəfly] n.m. **1.** Mouvement de la mer descendante. SYN. : *jusant.* **2.** Mouvement de personnes qui reviennent en arrière. *Reflux des manifestants.* **3.** MÉD. Retour d'un liquide organique dans le sens opposé au sens physiologique.

REFONDER v.t. Reconstruire sur des bases, des valeurs nouvelles, notamm. dans le domaine politique.

REFONDRE v.t. [75]. **1.** Fondre de nouveau. *Refondre un métal.* **2.** Refaire entièrement. *Refondre un dictionnaire.*

REFONTE n.f. Action de refondre.

REFORESTATION n.f. Reboisement.

RÉFORMABLE adj. Qui peut être réformé.

REFORMAGE n.m. CHIM. Procédé de raffinage d'une essence qui en modifie la composition sous l'effet de la température et de la pression en présence d'un catalyseur.

RÉFORMATEUR, TRICE n. **1.** Personne qui propose, pratique une ou des réformes. **2.** Promoteur de la Réforme protestante du XVIe s. ◆ adj. Qui réforme, vise à réformer.

RÉFORMATION n.f. **1.** Litt. Action de réformer. **2.** DR. Modification d'une décision juridictionnelle par la juridiction supérieure. **3.** HIST. *La Réformation* : la Réforme.

RÉFORME n.f. **1.** Changement important, radical (apporté à qqch, en partic. à une institution) en vue d'une amélioration. *Réforme de la Constitution.* **2.** Retour à une observance stricte de la règle primitive, dans un ordre religieux. **3.** HIST. *La Réforme :* v. partie n. pr. **4.** MIL. Classement comme inapte au service dans les armées.

1. RÉFORMÉ, E adj. et n. **1.** Religieux d'un ordre réformé. **2.** Protestant de confession calviniste (par opp. à *luthérien* et à *anglican*). ◆ adj. Né de la Réforme. *Église réformée.* ◇ *Religion réformée :* protestantisme.

2. RÉFORMÉ n.m. Militaire qui a été mis à la réforme.

REFORMER v.t. **1.** Former de nouveau ; refaire (ce qui était défait), reconstituer. *Reformer les rangs.* **2.** CHIM. Soumettre au reformage. ◆ **se reformer** v.pr. Se reconstituer, se regrouper (après avoir été dispersé ou détruit).

RÉFORMER v.t. (lat. *reformare*). **1.** Changer en mieux ; corriger. *Réformer les lois.* **2.** DR. Modifier (une décision de justice d'une juridiction inférieure). **3.** Litt. Supprimer (ce qui est nuisible). *Réformer un abus.* **4.** MIL. Prononcer la réforme de.

RÉFORMETTE n.f. Fam., péj. Réforme de détail, sans grande portée.

REFORMEUR n.m. Installation de raffinage pour le traitement continu des essences par reformage.

RÉFORMISME n.m. **1.** Doctrine et comportement visant à la transformation et à l'amélioration, par des voies légales, des structures politiques, économiques et sociales. **2.** Dans les partis politiques (en partic. ceux qui se réclament du marxisme), courant préconisant une évolution de la doctrine.

RÉFORMISTE adj. et n. Relatif au réformisme ; partisan du réformisme.

REFORMULER v.t. Formuler de nouveau (et, souvent, de manière plus correcte, plus compréhensible).

REFOUILLER v.t. SCULPT. et ARTS DÉC. Creuser ou approfondir des creux pour dégager en relief des formes, des ornements.

1. REFOULÉ, E adj. et n. Qui empêche ses désirs, spécialement ses pulsions sexuelles, de se manifester, de se réaliser.

2. REFOULÉ n.m. PSYCHAN. Ce qui a subi le refoulement dans l'inconscient. *Retour du refoulé.*

REFOULEMENT n.m. **1.** Action de refouler, de repousser (qqn). *Refoulement d'un intrus.* **2. a.** Action, fait d'empêcher une réaction d'ordre affectif de s'extérioriser, de refuser d'accepter ou de satisfaire une tendance naturelle. **b.** Spécialt. PSYCHAN. Processus de défense du Moi par lequel le sujet cherche à maintenir dans l'inconscient un désir inconciliable avec la morale ou avec ses autres désirs. **3.** Manœuvre dans laquelle un engin moteur pousse un véhicule.

REFOULER v.t. **1.** Repousser, faire reculer. *Refouler l'ennemi, des manifestants.* **2.** Faire refluer un liquide en s'opposant à son écoulement. **3. a.** Empêcher (une réaction, un sentiment) de s'extérioriser ; réprimer. *Refouler ses larmes.* **b.** PSYCHAN. Soumettre au refoulement. SYN. : *censurer.* **4.** Faire reculer à l'aide d'un engin moteur (une rame, un wagon, un avion, etc.).

REFOULOIR n.m. Bâton garni d'un cylindre, qui servait jadis à pousser le projectile dans une bouche à feu.

1. RÉFRACTAIRE adj. (lat. *refractarius,* querelleur, de *refringere,* briser). **1.** Qui résiste, refuse de se soumettre. ◇ *Réfractaire à :* insensible à, inaccessible à. *Il est réfractaire à la musique.* **2.** Qui résiste à certaines influences physiques ou chimiques. ◇ Spécialt. Qui résiste à de très hautes températures. *Argile réfractaire.* – NEUROL. *Période réfractaire :* diminution ou disparition de l'excitabilité d'une fibre nerveuse après une période d'activité. **3.** MÉD. Qui résiste à une infection microbienne.

2. RÉFRACTAIRE adj. et n.m. HIST. **1.** *Prêtre réfractaire :* prêtre qui, sous la Révolution, avait refusé de prêter serment à la Constitution civile du clergé. SYN. : *insermenté.* **2.** Sous le Consulat et l'Empire, conscrit qui refusait d'accomplir le service militaire. (On dit auj. *insoumis.*) **3.** De 1942 à 1944, citoyen qui se dérobait au service du travail obligatoire en Allemagne.

RÉFRACTER v.t. Produire la réfraction de. *Le prisme réfracte la lumière.*

1. RÉFRACTEUR, TRICE adj. Qui réfracte.

2. RÉFRACTEUR n.m. Lunette astronomique (par opp. à *réflecteur,* télescope).

RÉFRACTION n.f. **1.** PHYS. Changement de direction d'une onde passant d'un milieu dans un autre. **2.** MÉD. Pouvoir réfringent de l'œil. ■ La réfraction d'un rayon d'un milieu A dans un milieu B obéit à deux lois : 1° Le rayon incident IO, le rayon réfracté OR et la normale NON' à la surface de séparation sont dans un même plan. 2° Le rapport entre le sinus de l'angle d'incidence *i* et le sinus de l'angle de réfraction *r* est constant ; c'est l'*indice de réfraction* du milieu B par rapport au milieu A.

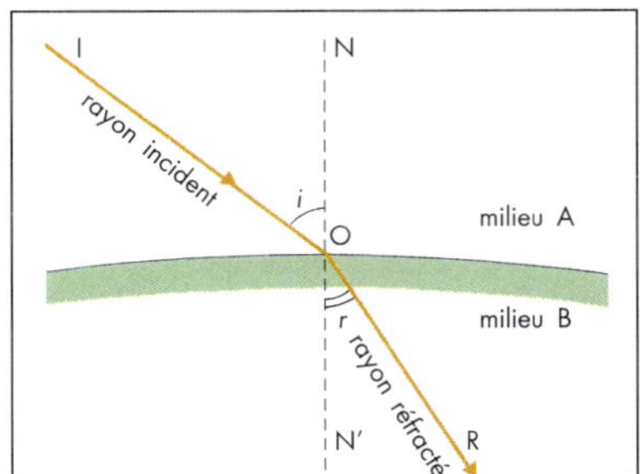

réfraction d'un rayon lumineux

RÉFRACTOMÈTRE n.m. **1.** PHYS. Instrument de mesure des indices de réfraction. **2.** MÉD. Appareil destiné à la mesure objective de l'état de réfraction de l'œil. SYN. : *optomètre.*

REFRAIN n.m. (de l'anc. fr. *refraindre,* moduler). **1.** Suite de mots ou de phrases identiques qui se répètent à la fin de chaque couplet d'une chanson ou d'un poème. **2.** Phrase musicale qui revient après chaque couplet d'une composition en strophe ou en rondeau. **3.** Fig. Paroles sans cesse répétées, rengaine. *Change de refrain !*

RÉFRANGIBILITÉ n.f. Propriété de ce qui est réfrangible.

RÉFRANGIBLE adj. Susceptible de réfraction.

REFRÈNEMENT ou **RÉFRÈNEMENT** n.m. Litt. Action de refréner.

REFRÉNER ou **RÉFRÉNER** v.t. (lat. *refrenare,* retenir par le frein) [18]. Mettre un frein à, retenir. *Refréner sa colère.*

1. RÉFRIGÉRANT, E adj. (lat. *refrigerans*). **1.** Propre à abaisser la température. **2.** Fig. Qui refroidit, coupe tout élan. *Un accueil réfrigérant.*

2. RÉFRIGÉRANT n.m. Appareil, installation pour refroidir. ◇ Spécialt. Échangeur de chaleur utilisé pour refroidir un liquide ou un gaz par un fluide plus froid. *Réfrigérant atmosphérique* (par vaporisation partielle d'eau dans l'air). SYN. : *refroidisseur.*

RÉFRIGÉRATEUR n.m. Appareil servant à réfrigérer. ◇ Spécialt. Appareil ménager, meuble calorifugé, muni d'une source de froid artificiel capable de réfrigérer et conserver les aliments et de produire de la glace.

RÉFRIGÉRATION n.f. Abaissement artificiel de la température, production de froid. ◇ Spécialt. Refroidissement d'un produit alimentaire à une température restant supérieure au point de congélation de celui-ci.

RÉFRIGÉRÉ, E adj. **1.** Qui a subi la réfrigération ; qui sert à réfrigérer. ◇ *Wagon réfrigéré,* utilisé pour le transport des denrées périssables. **2.** Fam. Qui a très froid.

RÉFRIGÉRER v.t. (lat. *refrigerare,* refroidir) [18]. **1.** Refroidir, soumettre à la réfrigération. **2.** Fig. Mettre mal à l'aise par la froideur manifestée dans les relations.

RÉFRINGENCE n.f. PHYS. Propriété de réfracter la lumière.

RÉFRINGENT, E adj. (lat. *refringens,* brisant). PHYS. Qui réfracte la lumière. *Milieu réfringent.*

REFROIDIR v.t. **1.** Rendre froid, abaisser la température de. **2.** Diminuer l'ardeur de, décourager. *Cet échec l'a refroidi.* **3.** Pop. Tuer, assassiner. ◆ v.i. **1.** Devenir froid, plus froid. **2.** Fig. Devenir moins vif.

REFROIDISSEMENT n.m. **1.** Abaissement de la température. **2.** Indisposition causée par un froid subit. **3.** Fig. Diminution de la chaleur d'un sentiment, d'un état affectif. **4.** Évacuation de l'excédent de chaleur produit dans un moteur, une machine. **5.** Action de calmer une économie en surchauffe.

REFROIDISSEUR n.m. TECHN. Réfrigérant.

REFUGE n.m. (lat. *refugium*). **1.** Lieu où l'on se retire pour échapper à un danger, se mettre à l'abri. *Les églises étaient jadis des lieux de refuge.* **2.** Abri de haute montagne. **3.** Emplacement aménagé au milieu d'une voie large et passante, ou sur le tablier d'un pont, permettant aux piétons et aux véhicules de se mettre à l'abri de la circulation. **4.** (En app.). ÉCON. *Valeurs refuges :* valeurs jugées particulièrement sûres, achetées en période de crise par les épargnants qui craignent une dépréciation de la monnaie (biens fonciers, métaux précieux, œuvres d'art, etc.).

RÉFUGIÉ, E adj. et n. Se dit d'une personne qui a quitté son pays ou a fui une région pour des raisons politiques, religieuses, raciales ou pour échapper à une catastrophe.

RÉFUGIER (SE) v.pr. Se retirer en un lieu pour y trouver la sécurité, la tranquillité.

REFUS n.m. **1.** Action de refuser. ◇ Fam. *Ce n'est pas de refus :* volontiers. **2.** ÉQUIT. Désobéissance d'un cheval qui s'arrête devant un obstacle.

REFUSABLE adj. Que l'on peut refuser.

REFUSÉ, E adj. et n. Qui n'a pas été admis à un examen, à un concours, etc.

REFUSER v.t. (lat. *refutare,* croisé avec *recusare*). **1.** Ne pas accepter (ce qui est proposé, présenté). *Refuser une invitation.* **2.** Ne pas accorder (ce qui est demandé), ne pas consentir. *Refuser sa signature.* **3.** Ne pas reconnaître. *Refuser une qualité à quelqu'un.* **4.** Ne pas laisser entrer en surnombre. *Ce théâtre refuse du monde tous les soirs.* **5.** Ne pas recevoir à un examen, ne pas retenir dans une sélection. *Refuser un candidat.* **6.** ÉQUIT. S'arrêter devant un obstacle, en parlant d'un cheval. ◆ v.i. MAR. En parlant du vent, tourner vers l'avant du navire, prendre une direction formant un angle plus fermé que précédemment avec l'axe longitudinal de celui-ci, et moins favorable à la marche. ◆ **se refuser** v.pr. **1.** Se priver volontairement de. *Elle se refuse tout plaisir.* **2.** *Se refuser à :* ne pas consentir à ; résister à.

RÉFUTABLE adj. Qui peut être réfuté.

RÉFUTATION n.f. Action de réfuter ; paroles, actions qui réfutent ; démenti.

RÉFUTER v.t. (lat. *refutare*). Démontrer la fausseté d'une affirmation par des preuves contraires. *Réfuter un argument.*

REFUZNIK [rəfyznik] n. (mot russe). Citoyen soviétique (notamm. juif) auquel les autorités refusaient le droit d'émigrer.

REG [rɛg] n.m. (de l'ar.). GÉOGR. Étendue désertique formée de cailloux provenant de la désagrégation physique d'un matériau et reposant fréquemment sur un matériau plus finement désagrégé.

REGAGNER v.t. **1.** Retrouver, reprendre, recouvrer (ce qu'on avait perdu). **2.** Rattraper, combler (le temps, le terrain perdu). **3.** Revenir vers, rejoindre (un lieu). *Regagner Paris.*

1. REGAIN n.m. (anc. fr. *gaïn,* pâturage ; du francique). Herbe qui repousse dans un pré après la fauche.

2. REGAIN n.m. (de *regagner,* avec influence de *gain*). Recrudescence, renouveau. *Regain de jeunesse, d'activité.*

RÉGAL n.m. (croisement de *rigoler* et de l'anc. fr. *gale,* réjouissance) [pl. *régals*]. **1.** Mets particulièrement apprécié. *Le chocolat est son régal.* **2.** Vif plaisir pris à qqch. *Cette musique est un régal pour les oreilles.*

RÉGALADE n.f. **1.** Vx ou litt. Action de régaler qqn, de se régaler d'un mets, d'une boisson. **2.** *Boire à la régalade,* en faisant couler la boisson dans la bouche sans que le récipient qui la contient touche les lèvres.

RÉGALAGE ou **RÉGALEMENT** n.m. TR. PUBL. Action de régaler.

1. RÉGALE n.f. (lat. médiév. *regalia,* droit du roi). HIST. Droit qu'avaient les rois de France de percevoir les revenus d'un siège épiscopal vacant *(régale temporelle)* et de nommer aux bénéfices et aux prébendes en dépendant *(régale spirituelle).*

2. RÉGALE n.f. (p.-ê. du lat. *regalis,* royal). **1.** Ancien instrument de musique à vent, à réservoir d'air et à anches battantes. **2.** Un des jeux de l'orgue.

3. RÉGALE adj.f. (lat. *regalis,* royale). CHIM. *Eau régale :* mélange d'acide nitrique et d'acide chlorhydrique qui dissout l'or et le platine.

RÉGALEMENT n.m. **1.** DR. Répartition proportionnelle, entre plusieurs personnes, d'une taxe dont le total est arrêté. **2.** TR. PUBL. → ***régalage.***

1. RÉGALER v.t. (de *régal*). **1.** Offrir des boissons, des mets savoureux à. **2.** Absolt. Offrir à boire et à manger. *Aujourd'hui, c'est moi qui régale !* ◆ **se régaler** v.pr. **1.** Prendre un vif plaisir à boire ou à manger qqch. **2.** Éprouver un grand plaisir.

2. RÉGALER v.t. (de *égal*). **1.** TR. PUBL. Aplanir un terrain de façon à lui donner une surface régulière. **2.** DR. Répartir (une taxe) entre les contribuables.

RÉGALIEN, ENNE adj. (lat. *regalis,* royal). HIST. Se dit d'un droit attaché à la royauté, ou qui manifeste une survivance des anciennes prérogatives royales (le droit de grâce du président de la République, en France, par exemple).

REGARD n.m. **I. 1.** Action, manière de regarder. *Attirer tous les regards.* ◇ *Au regard de :* par rapport à. – *En regard :* vis-à-vis, en face. *Traduction avec texte en regard.* **2.** Expression des yeux. *Un regard tendre.* **3.** *Droit de regard :* droit de surveillance que peut se réserver l'une des parties dans un contrat. **II. 1.** TECHN. Ouverture pour faciliter la visite d'un conduit. **2.** GÉOL. Direction vers laquelle est tourné le compartiment soulevé d'une faille.

REGARDANT, E adj. **1.** Fam. Qui regarde de trop près à la dépense. **2.** (Le plus souvent en tournure négative). Vigilant, minutieux. *Ils ne sont pas très regardants sur la propreté, ici !*

REGARDER v.t. (de *garder*). **1.** Porter la vue sur. *Regarder qqn en face.* **2.** Avoir en vue, considérer, envisager. *Regardez dans quelle situation nous sommes !* ◇ *Regarder d'un bon œil :* considérer avec bienveillance. – *Regarder de travers :* considérer avec mépris ou malveillance. – *Regarder comme :* tenir pour, juger. **3.** Concerner, intéresser. *Cette affaire me regarde.* ◆ v.t. ind. *(à).* Être très attentif à qqch. *Regardez bien à ce que vous faites !* ◇ *Regarder de près à qqch,* y prêter grande attention. – *Regarder à la dépense :* être excessivement économe. – *Y regarder à deux fois :* bien réfléchir (avant d'agir). ◆ v.i. **1.** Diriger son regard vers, observer. *J'ai regardé partout.* **2.** Être orienté dans telle direction. *Cette maison regarde vers la mer.* ◆ **se regarder** v.pr. Être face à face. *Murs qui se regardent.*

REGARDEUR, EUSE n. Rare. Personne qui regarde, aime à regarder.

REGARNIR v.t. Garnir de nouveau.

RÉGATE n.f. (vénitien *regata,* défi). **1.** Course de bateaux à voile. **2.** Cravate maintenue par un nœud simple dont les pans superposés flottent librement.

RÉGATER v.i. Participer à une régate.

RÉGATIER, ÈRE n. Personne participant à une régate.

REGEL n.m. Nouvelle gelée, après un dégel.

REGELER v.t. et impers. [25]. Geler de nouveau.

RÉGENCE n.f. (de *régent*). **1.** Dignité, fonction de celui qui gouverne un État en tant que régent ; durée de cette dignité. ◇ HIST. *La Régence :* v. partie n.pr. **2.** *Conseil de régence :* organe de direction de la Banque de France de 1800 à 1936. ◆ adj. inv. **1.** Qui rappelle les mœurs, le style de la Régence. **2.** *Style Régence :* style de transition entre le Louis XIV et le Louis XV.

REGENCY adj. inv. (mot angl., *régence*). *Style Regency :* style de la régence de George IV ou, plus largement, du premier tiers du XIXe s.

RÉGENDAT n.m. Belgique. Cycle d'études conduisant au diplôme de régent.

1. RÉGÉNÉRATEUR, TRICE adj. et n. Qui régénère.

2. RÉGÉNÉRATEUR n.m. **1.** Appareil pour régénérer le constituant d'un processus chimique (catalyseur, résine échangeuse d'ions, etc.). **2.** Empilage de briques réfractaires dans lequel on fait passer alternativement les fumées d'un four et les gaz froids qu'on veut réchauffer.

RÉGÉNÉRATION n.f. **1.** Action de régénérer. ◇ BIOL. Reconstitution naturelle d'un organe détruit ou supprimé. **2.** CHIM. Rétablissement de l'activité d'une substance (catalyseur, résine, etc.).

RÉGÉNÉRÉ, E adj. Se dit de produits industriels qu'on a débarrassés de leurs impuretés et ramenés à l'état de neuf. *Caoutchouc régénéré.*

RÉGÉNÉRER v.t. (lat. *regenerare*) [18]. **1.** Reconstituer (des tissus organiques) après destruction. **2.** Rendre à une substance ses propriétés initiales, altérées ou modifiées au cours d'un traitement. – CHIM. *Régénérer un catalyseur,* rétablir son activité, le réactiver. **3.** Litt. Réformer en ramenant à un état antérieur jugé meilleur.

RÉGENT, E n. (lat. *regens,* de *regere,* diriger). **1.** Chef du gouvernement pendant la minorité, l'absence ou la maladie du souverain. *Marie-Louise, impératrice régente.* ◇ HIST. *Le Régent :* Philippe II, duc d'Orléans, régent de France de 1715 à 1723. **2.** Belgique. Professeur diplômé qui exerce dans le premier cycle de l'enseignement secondaire. **3.** *Régent de la Banque de France :* membre du conseil de régence de cet établissement avant sa nationalisation (1800-1936).

RÉGENTER v.t. Diriger de manière trop autoritaire. *Elle veut régenter tout le monde.*

REGGAE [rege] n.m. (angl. de la Jamaïque). Musique populaire jamaïquaine caractérisée par un rythme binaire syncopé ; morceau de cette musique ; danse sur cette musique ◆ adj. inv. Relatif à cette musique.

1. RÉGICIDE n. (lat. *rex, regis,* roi, et *caedere,* tuer). **1.** Assassin d'un roi. **2.** HIST. Chacun de ceux qui avaient voté la condamnation à mort de Charles Ier d'Angleterre, de Louis XVI.

2. RÉGICIDE n.m. Meurtre d'un roi.

RÉGIE n.f. (de *régir*). **1.a.** Gestion d'un service public qu'assurent soit des agents nommés par l'autorité (État, Région, etc.) et appointés par elle *(régie directe),* soit une personne physique ou morale n'en supportant pas les risques mais intéressée au résultat de l'exploitation *(régie intéressée).* **b.** Établissement, entreprise ainsi gérés. **2.** Nom de certaines entreprises publiques. *La Régie autonome des transports parisiens.* **3.** Perception directe des impôts et revenus par l'État ou les collectivités locales ; administration chargée de cette perception. **4.** *Travaux en régie :* travaux d'un entrepreneur, d'un artisan, dont la facturation est fondée sur le nombre d'heures de main-d'œuvre passées et le remboursement du prix des matériaux utilisés. **5.** Organisation matérielle d'un spectacle (théâtre, cinéma, audiovisuel, etc.). **6.** Local attenant à un studio de radio ou de télévision où sont groupés les organes de commande et de contrôle permettant de réaliser une séquence de programme.

REGIMBER v.i. ou **SE REGIMBER** v.pr. (anc. fr. *regiber,* ruer). **1.** Résister en se cabrant, en ruant, en parlant d'un cheval, d'un âne. **2.** Résister, se montrer récalcitrant. *Regimber contre l'autorité.*

REGIMBEUR, EUSE n. Rare. Personne qui regimbe.

1. RÉGIME n.m. (lat. *regimen,* direction). **I. 1.** Mode de fonctionnement d'une organisation politique, sociale, économique, d'un État. *Régime parlementaire.* – *L'Ancien Régime :* v. partie n.pr. **2.** Ensemble des dispositions légales qui régissent un objet particulier. *Le régime des assurances sociales. Régime matrimonial.* ◇ *Régime pénitentiaire :* ensemble des règles qui régissent la vie en prison ; vie des détenus ainsi réglée. **3.** LING. Mot, groupe de mots régi par un autre (partic. un verbe ou une préposition). ◇ *Cas régime :* en ancien français, cas exprimant les fonctions grammaticales autres que celle de sujet. **II. 1.** Litt. Manière de vivre, règle de vie, de conduite. **2.** Ensemble de prescriptions concernant l'alimentation et destinées à maintenir ou rétablir la santé. *Régime lacté.* ◇ Absolt. *Suivre un régime, être au régime* (spécialt, pour maigrir). **III. 1.** PHYS. Caractère de l'écoulement d'un fluide. *Régime turbulent.* **2.** Ensemble des variations saisonnières, des températures, des précipitations, du débit d'un cours d'eau. **3.** Mode de fonctionnement d'une machine à l'état normal ; vitesse de rotation d'un moteur. ◇ *Régime de croisière :* régime d'une machine, d'un moteur tel qu'en même temps le rendement soit élevé, la consommation faible et l'usure acceptable.

2. RÉGIME n.m. (calque de l'esp. des Antilles *racimo,* raisin, avec influence de *1. régime*). Assemblage en grappe des fruits du bananier, du palmier dattier.

RÉGIMENT n.m. (bas lat. *regimentum,* direction). **1.** Unité militaire de l'armée de terre formant corps, commandée par un colonel et groupant plusieurs formations (bataillons, groupes, batteries, compagnies, escadrons). **2.** Fam. Service militaire. *Faire son régiment, être au régiment.* **3.** Fam. Grand nombre, multitude. *Il a tout un régiment de cousins.*

RÉGIMENTAIRE adj. Relatif au régiment.

RÉGION n.f. (lat. *regio*). **1.** Étendue de pays qui doit son unité à des causes naturelles (climat, végétation, relief) ou humaines (peuplement, économie, structures politiques ou administratives, etc.). **2.** (Avec une majuscule). En France, collectivité territoriale dont l'organe exécutif est le président du conseil régional (21 Régions en métropole et 4 Régions outre-mer). **3.** *Région militaire (R. M.) :* circonscription territoriale militaire correspondant à plusieurs départements et commandée par un officier général. – *Région aérienne, maritime,* homologue pour l'armée de l'air ou la marine de la région militaire pour l'armée de terre. **4.** Zone, partie déterminée du corps. *La région lombaire, pectorale.*

RÉGIONAL, E, AUX adj. Qui concerne une région. ◇ *Élections régionales* ou *régionales,* n.f. pl. : élections des conseillers régionaux.

RÉGIONALISATION n.f. Transfert aux Régions de compétences qui appartenaient au pouvoir central.

RÉGIONALISER v.t. Procéder à la régionalisation de.

RÉGIONALISME n.m. **1.** Mouvement ou doctrine affirmant l'existence d'entités régionales et revendiquant leur reconnaissance. **2.** LITTÉR. Esthétique littéraire, le plus souvent romanesque, qui privilégie l'évocation d'une région dans sa spécificité, ses aspects pittoresques. **3.** LING. Mot, tournure propres à une région.

RÉGIONALISTE adj. et n. Qui concerne le régionalisme ; partisan du régionalisme. *Revendication régionaliste. Écrivain régionaliste.*

RÉGIR v.t. (lat. *regere,* diriger). **1.** Déterminer l'organisation, le déroulement, la nature de. *Les lois qui régissent le mouvement des astres.* **2.** Commander, gouverner. *Régir l'esprit, les actes de quelqu'un.* **3.** LING. Déterminer telle catégorie grammaticale par le phénomène de la rection. SYN. : *gouverner.*

RÉGISSEUR n.m. **1.** Personne chargée d'administrer un domaine pour le compte d'un propriétaire. **2.** Personne responsable de l'organisation matérielle d'un spectacle (théâtre, cinéma, audiovisuel, etc.).

REGISTRAIRE n. Canada. Dans un établissement d'enseignement, personne chargée de l'inscription des élèves et de la tenue des dossiers.

REGISTRATION n.f. MUS. Art d'utiliser les jeux et de combiner les timbres, à l'orgue ou au clavecin.

REGISTRE n.m. (anc. fr. *regeste,* récit). **I. 1.** Livre, public ou particulier, sur lequel on inscrit les faits, les actes dont on veut garder le souvenir ou la trace. ◇ DR. *Registre du commerce et des sociétés :* livre tenu par le greffe du tribunal de commerce, où sont inscrits les commerçants et les sociétés, et qui centralise les informations les concernant. – *Registre d'audience :* plumitif. **2.** INFORM. Organe de base d'un ordinateur capable de stocker une information élémentaire pour la mettre en relation directe avec les organes de calcul. **II. 1.** MUS. **a.** Chacune des trois parties (le *grave,* le *médium,* l'*aigu*) qui composent l'échelle sonore ou la tessiture d'une voix ; étendue. **b.** Commande (bâtonnets à la console, réglettes de bois du sommier) de chacun des jeux de l'orgue. **2.** BX-A. Chacune des bandes superposées entre lesquelles est parfois divisée la surface d'une composition sculptée ou peinte, la panse d'un vase. **3.** Ton, caractère particulier d'une œuvre artistique, d'un discours. *Registre intimiste.* **4.** Domaine de compétence de qqn ; étendue des moyens dont on dispose dans un domaine. **5.** TECHN. Organe placé dans un conduit et muni de lames pivotantes permettant de régler le débit d'un fluide.

REGISTRER v.t. MUS. Faire la registration.

RÉGLABLE adj. Qui peut être réglé.

RÉGLAGE n.m. **1.** Action, manière de régler un mécanisme. ◇ MIL. *Réglage d'un tir :* opération consistant à amener au plus près de l'objectif les coups tirés par une bouche à feu. **2.** Action, manière de régler du papier.

RÈGLE n.f. (lat. *regula*). **I. 1.** Instrument long, à arêtes vives et rectilignes, pour tracer des lignes ou pour mesurer des longueurs. **2.** *Règle à calcul :* instrument utilisé pour les calculs rapides, constitué de deux règles coulissant l'une dans l'autre et portant une graduation logarithmique. **II. 1.** Prescription qui s'impose à qqn dans un cas donné ; principe de conduite, loi. *Les règles de la politesse.* ◇ *En bonne règle :* selon le bon usage, la bonne méthode. – *En règle, dans les règles :* conforme aux prescriptions légales. *Demande en règle.* – *Se mettre en règle :* régulariser sa situation. – *Être de règle :* s'imposer, être requis par l'usage. **2.** Principe qui dirige l'enseignement d'une science, d'une technique ; convention. *Règles de grammaire, de rugby. Les règles du jeu.* ◇ DR. *Règle proportionnelle :* clause, fréquemment introduite dans les contrats d'assurance, qui permet à l'assureur de n'indemniser que partiellement l'assuré lors d'un sinistre, lorsque la valeur réelle des biens assurés est supérieure à la valeur inscrite au contrat. – MATH. *Règle de trois :* calcul d'un nombre inconnu à partir de trois autres connus, dont deux varient soit en proportion directe, soit en proportion inverse. – PSYCHAN. *Règle fondamentale :* application systématique de la méthode de libre association lors d'un traitement. **3.** RELIG. Ensemble des statuts imposés par son fondateur à un ordre religieux. *La règle de saint Benoît.* **4.** Ce qui se produit ordinairement dans une situation donnée. *Fait qui n'échappe pas à la règle.* ◇ *En règle générale :* dans la plupart des cas.

RÉGLÉ, E adj. **1.** Rayé de lignes droites. *Papier réglé.* ◇ MATH. *Surface réglée,* engendrée par une droite mobile dépendant d'un paramètre. **2.** Litt. Soumis à une règle, à une discipline. *Jeune homme réglé.* **3.** Fixé définitivement. *Affaire réglée.*

RÉGLÉE adj.f. Se dit d'une fillette pubère, d'une femme qui a ses règles.

RÈGLEMENT n.m. **1.** Action de régler, de fixer, d'arrêter de manière définitive. *Règlement d'un conflit.* ◇ *Règlement judiciaire :* procédure appliquée à un commerçant, une entreprise en état de cessation de paiements, et remplacée en 1985 par la procédure du *redressement judiciaire.* **2.** Action de régler, d'acquitter (une somme due) ; paiement. *Règlement par chèque.* **3.** Action de déterminer des règles relatives à un domaine ; ensemble des prescriptions, des dispositions auxquelles on doit se conformer. ◇ *Règlement administratif :* acte de portée générale et impersonnelle édicté par le pouvoir exécutif et les autorités administratives, pour assurer l'exécution d'une loi ou pour réglementer des matières autres que celles réservées à la loi. – *Règlement intérieur :* écrit fixant les conditions du travail et de la discipline dans une entreprise ; ensemble des règles d'organisation et de fonctionnement d'une assemblée délibérante.

RÉGLEMENTAIRE adj. **1.** Qui concerne le règlement. ◇ *Pouvoir réglementaire* → ***pouvoir.*** **2.** Conforme au règlement. *Tenue réglementaire.*

RÉGLEMENTAIREMENT adv. En vertu des règlements.

RÉGLEMENTARISME n.m. Tendance à l'excès de réglementation.

RÉGLEMENTATION n.f. **1.** Action de réglementer. **2.** Ensemble des mesures légales et réglementaires régissant une question.

RÉGLEMENTER v.t. Soumettre à un règlement.

RÉGLER v.t. [18]. **I.** Tracer à la règle des lignes droites sur du papier. **II. 1.** Assujettir à certaines règles, conformer. *Régler sa dépense sur son revenu.* **2.** Soumettre à un certain ordre ; fixer, déterminer. *Régler l'emploi de son temps.* **3.** Donner une solution complète, définitive à ; mettre en ordre. *Régler une affaire, un différend.* ◇ *Régler son compte à qqn,* le punir, le tuer par vengeance. **4.** Acquitter, payer. *Régler une note.* **III. 1.** Rendre exact (un instrument de mesure). *Régler sa montre sur l'heure juste.* **2.** Mettre au point, faire fonctionner dans les conditions voulues (un mécanisme, une machine). *Régler le ralenti d'une voiture.* ◇ MIL. *Régler un tir :* procéder à son réglage.

RÈGLES n.f. pl. Écoulement sanguin qui se produit chaque mois, lors de la menstruation, chez la femme. SYN. (VX) : ***menstrues.***

RÉGLET n.m. **1.** Petite moulure pleine, de section rectangulaire. **2.** Lame d'acier graduée servant pour la mesure des longueurs.

RÉGLETTE n.f. **1.** Petite règle. **2.** TOPOGR. Instrument pour la mesure des angles.

RÉGLEUR, EUSE n. Spécialiste chargé du réglage de certains appareils ou de l'outillage de certaines machines.

RÉGLISSE n.f. (gr. *glukurrhiza,* racine douce). **1.** Papilionacée dont la racine est employée pour composer des pâtes à sucer et des boissons rafraîchissantes. **2.** Jus de cette plante, à saveur sucrée, et qui a des propriétés adoucissantes.

RÉGLO adj. Fam. Régulier, correct, loyal.

RÉGLOIR n.m. Instrument servant à régler le papier.

RÉGLURE n.f. Manière dont le papier est réglé.

RÉGNANT, E adj. **1.** Qui règne. *Prince régnant.* **2.** Dominant. *Mode régnante.*

RÈGNE n.m. (lat. *regnum*). **1.** Gouvernement d'un souverain ; durée, époque de ce gouvernement. **2.** Pouvoir absolu exercé par qqn, qqch ; influence prédominante. *Le règne de la mode.* **3.** SC. DE LA V. Chacune des grandes divisions du monde vivant. *Règne animal, végétal.* (Chaque règne se divise en embranchements ; l'expression *règne minéral* n'est plus usitée.)

RÉGNER v.i. (lat. *regnare*) [18]. **1.** Gouverner un État comme chef suprême, et spécialt comme roi. *Louis XIV régna de 1643 à 1715.* **2.** Dominer, être en vogue, prévaloir. *Telle mode règne en ce moment.* **3.** Se manifester, s'établir, être établi. *Le silence régnait dans la salle.*

RÉGNIÉ n.m. Vin d'un cru renommé du Beaujolais.

RÉGOLITE n.m. (de *reg*). GÉOL. Manteau de débris grossiers résultant de la fragmentation des roches sous-jacentes.

REGONFLEMENT ou **REGONFLAGE** n.m. Action de regonfler.

REGONFLER v.t. **1.** Gonfler de nouveau. *Regonfler un ballon.* **2.** Fam. Redonner du courage à, réconforter. ◆ v.i. Se gonfler de nouveau.

REGORGEMENT n.m. Litt. Fait de regorger, de refluer, en parlant d'un liquide.

REGORGER [rəgɔrʒe] v.i. [17]. **1.** Refluer d'un contenant trop plein, en parlant d'un liquide. **2.** *Regorger de :* avoir en très grande abondance. *Magasins qui regorgent de marchandises.*

REGRAT n.m. Vx. Vente au détail et de seconde main de menues denrées.

REGRATTAGE n.m. Action de regratter.

REGRATTER v.t. Nettoyer par grattage.

REGRATTIER, ÈRE n. HIST. Marchand qui vendait au regrat diverses denrées, dont le sel, sous l'Ancien Régime.

REGRÉER v.t. [15]. Gréer de nouveau, remplacer le gréement de.

REGREFFER v.t. Greffer pour la seconde fois.

RÉGRESSER v.i. Subir une régression ; reculer.

RÉGRESSIF, IVE adj. Qui revient sur soi-même ; qui constitue une régression. *Une phase régressive.* ◇ *Impôt régressif :* impôt dégressif. CONTR. : *progressif.*

RÉGRESSION n.f. (lat. *regressio*). **1.** Recul, diminution ; retour à un état antérieur. *Régression d'une épidémie.* ◇ *Régression marine :* baisse du niveau de la mer. **2.** BIOL. Perte ou atrophie, chez une espèce vivante, d'un organe qui était développé chez ses ancêtres. **3.** PSYCHAN. Retour du sujet à un état antérieur de sa vie libidinale par suite de frustrations. **4.** STAT. Méthode d'ajustement des données observables permettant de représenter par deux droites les relations entre deux caractères.

REGRET n.m. **1.** Chagrin causé par la perte, l'absence de qqch, ou par la mort de qqn ; contrariété causée par la non-réalisation d'un désir. ◇ *À regret :* à contrecœur, malgré soi. – *Être au regret de :* éprouver un déplaisir d'avoir fait ou d'avoir à faire qqch. **2.** Repentir. *Regret d'une faute.*

REGRETTABLE adj. Qui mérite d'être regretté ou qui doit être regretté.

REGRETTER v.t. (de l'anc. scand. *grāta,* gémir). **1.** Ressentir comme un manque douloureux l'absence de. *Regretter ses amis disparus, sa jeunesse.* **2.** Être mécontent de, se reprocher (ce qu'on a fait). *Regretter une faute, une décision.*

REGRIMPER v.i. et t. Grimper de nouveau.

REGROS [rəgro] n.m. Grosse écorce de chêne, dont on fait le tan.

REGROSSIR v.i. Grossir de nouveau.

REGROUPEMENT n.m. Action de regrouper.

REGROUPER v.t. Rassembler, mettre ensemble pour former un groupe ou un tout.

RÉGULAGE n.m. Dépôt de régule en couche mince sur un support métallique.

RÉGULARISATION n.f. **1.** Action de régulariser ; fait d'être régularisé. **2.** Action de donner à un cours d'eau un lit unique et bien délimité, ainsi qu'un régime plus régulier. **3.** GÉOGR. Diminution des irrégularités d'une forme de relief, d'un rivage.

RÉGULARISER v.t. (lat. *regula,* règle). **1.** Rendre conforme aux règlements, à la loi. *Faire régulariser un passeport.* **2.** Rendre régulier. *Régulariser un cours d'eau.*

RÉGULARITÉ n.f. **1.** Caractère de ce qui est conforme aux règles. *Régularité des élections.* **2.** Caractère de ce qui est proportionné, équilibré. *Régularité des traits du visage.* **3.** Caractère de ce qui se produit de manière ponctuelle. *Régularité des repas.*

1. RÉGULATEUR, TRICE adj. Qui règle, régularise.

2. RÉGULATEUR n.m. **1.** Grande horloge de précision. **2.** Appareil capable de maintenir ou de faire varier suivant une loi déterminée un élément de fonctionnement d'une machine (courant, tension, fréquence, pression, vitesse, puissance, débit, etc.). **3.** Mécanisme d'une charrue maintenant les dimensions choisies d'un labour. **4.** Agent chargé de la régulation des trains.

RÉGULATION n.f. **1.** Action de régler, d'assurer un bon fonctionnement, un rythme régulier. *Régulation du trafic ferroviaire.* ◇ CYBERN. *Système de régulation :* en automatique, mode de fonctionnement d'un système asservi dans lequel la grandeur réglée tend à se rapprocher d'une grandeur de référence. **2.** PHYSIOL. *Fonctions de régulation,* qui assurent la constance des caractères du milieu intérieur d'un animal en dépit des variations du milieu extérieur.

RÉGULE n.m. (lat. *regulus,* jeune roi). Alliage antifriction à base de plomb ou d'étain, utilisé pour le garnissage des coussinets.

1. RÉGULER v.t. (bas lat. *regulare,* régler). Assurer la régulation de.

2. RÉGULER v.t. (de *régule*). Effectuer le régulage de.

1. RÉGULIER, ÈRE adj. (lat. *regularis,* de *regula,* règle). **I. 1.** Qui est conforme aux dispositions légales, constitutionnelles. *Gouvernement régulier.* ◇ *Troupes régulières,* recrutées et organisées par les pouvoirs publics pour constituer les forces armées officielles d'un État (par opp. à *francs-tireurs*). **2.** Qui répond aux règles, aux conventions sociales. *Mener une vie régulière.* **3.** Qui respecte les usages ; correct, loyal. *Être régulier en affaires.* **4.** Qui suit la règle générale ; conforme à un modèle. *Poème de forme régulière.* ◇ *Verbes réguliers,* conformes aux types de conjugaison donnés comme modèle. **5.** *Clergé régulier,* appartenant à un ordre, et donc soumis à une règle (par opp. à *clergé séculier*). **II. 1.** Qui est soumis à un rythme constant ; continu, uniforme. *Travail régulier.* **2.** Qui se produit à moments fixes. *Visites régulières.* **3.** Qui a un caractère permanent ; habituel. *Service régulier d'autocars.* **4.** Qui est exact, ponctuel. *Employé régulier.* **5.** Dont la forme présente des proportions harmonieuses, équilibrées, égales. *Visage régulier.* **6.** BOT. Se dit d'une corolle, d'un calice dont les éléments sont égaux. **7.** MATH. *Polyèdre régulier,* dont les faces sont des polygones réguliers égaux. – *Polygone régulier,* dont les côtés ont la même longueur.

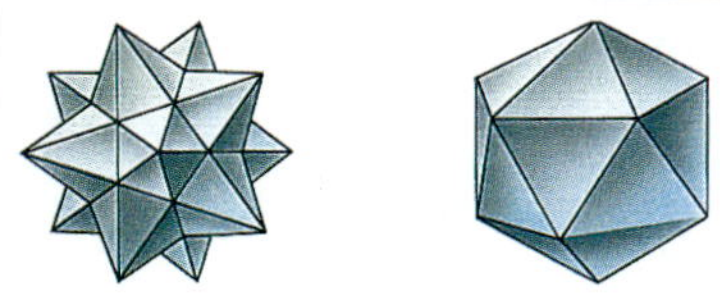

polyèdres **réguliers**

2. RÉGULIER n.m. **1.** Moine, religieux. **2.** Militaire appartenant à une armée régulière.

RÉGULIÈREMENT adv. De façon régulière ; exactement, uniformément.

REGUR [regyr] n.m. Sol noir de l'Inde.

RÉGURGITATION n.f. **1.** Retour dans la bouche, sans effort de vomissement, de matières contenues dans l'estomac ou l'œsophage. **2.** Chez certains oiseaux, rejet dans le bec des jeunes d'aliments prédigérés dans le jabot des parents.

RÉGURGITER v.t. (lat. *gurges,* gouffre). Rejeter involontairement (les aliments qui viennent d'être avalés).

RÉHABILITABLE adj. Qui peut être réhabilité.

RÉHABILITATION n.f. Action de réhabiliter.

RÉHABILITÉ, E adj. et n. Qui a obtenu sa réhabilitation.

RÉHABILITER v.t. **1.** Rétablir une personne dans des droits, une capacité, une situation juridique qu'elle avait perdus. *Réhabiliter un condamné.* **2.** Aider à la réinsertion sociale de. *Réhabiliter un toxicomane.* **3.** Faire recouvrer l'estime, la considération d'autrui à. **4.** Remettre en état, rénover (un immeuble, un quartier ancien).

RÉHABITUER v.t. Faire reprendre une habitude à.

REHAUSSAGE n.m. Action de rehausser une peinture, un dessin.

REHAUSSEMENT n.m. **1.** Action de rehausser. **2.** FIN. Correction en hausse d'un bénéfice fiscal ou d'un forfait fiscal.

REHAUSSER v.t. **1.** Placer plus haut, augmenter la hauteur de. *Rehausser un plancher.* **2.** Faire valoir, donner plus de valeur, de force à, en soulignant. *Rehausser le mérite d'une action.* **3.** BX-A. Accentuer, relever par des rehauts.

REHAUSSEUR adj.m. et n.m. AUTOM. Se dit d'un siège amovible destiné à rehausser un enfant assis dans un véhicule, afin qu'il soit correctement protégé par une ceinture de sécurité.

REHAUT n.m. BX-A. Dans un dessin, une peinture, retouche d'un ton clair, servant à faire ressortir la partie à laquelle elle s'applique.

RÉHOBOAM n.m. Bouteille de champagne d'une contenance de six bouteilles.

RÉHYDRATER v.t. Hydrater (ce qui a été desséché).

REICHSMARK [rajʃsmark] n.m. inv. Unité monétaire principale de l'Allemagne de 1924 à 1948, remplacée par le *Deutsche Mark.*

RÉIFICATION n.f. PHILOS. Transformation en chose.

RÉIFIER v.t. (lat. *res,* chose, et *facere,* faire). PHILOS. Opérer la réification de.

RÉIMPERMÉABILISER v.t. Imperméabiliser de nouveau.

RÉIMPLANTATION n.f. **1.** Nouvelle implantation d'un établissement, d'une activité, etc. **2.** CHIR. Intervention consistant à replacer une dent dans son alvéole.

RÉIMPLANTER v.t. Procéder à la réimplantation de.

RÉIMPORTATION n.f. Action de réimporter ce qui a été exporté.

RÉIMPORTER v.t. Importer de nouveau.

RÉIMPOSER v.t. **1.** FIN. Établir une nouvelle imposition. **2.** IMPR. Imposer de nouveau une forme d'imprimerie.

RÉIMPOSITION n.f. Action de réimposer.

RÉIMPRESSION n.f. Impression nouvelle d'un ouvrage.

RÉIMPRIMER v.t. Imprimer de nouveau.

REIN n.m. (lat. *ren*). **1.** Viscère pair qui sécrète l'urine, placé de chaque côté de la colonne vertébrale dans les fosses lombaires et chargé de filtrer certains déchets (urée, acide urique, etc.). ◇ *Rein artificiel :* appareillage permettant d'épurer le sang au cours des insuffisances rénales. **2.** ARCHIT. Partie inférieure ou centrale de la montée d'une voûte ou d'un arc, souvent chargée d'une masse de blocage pour éviter sa déformation. ◆ pl. Lombes, partie inférieure de l'épine dorsale. ◇ Fam. *Avoir les reins solides :* être assez riche et puissant pour faire face à une épreuve. – *Casser les reins à qqn :* le ruiner, briser sa carrière.

■ Les reins ont une couleur rouge foncé et la forme de haricots. Un rein humain est composé par la réunion d'environ un million de tubes excréteurs, ou *néphrons,* qui représentent chacun un rein en miniature et permettent l'élimination des déchets (urée, acide urique, etc.) dans l'urine. Celle-ci s'écoule des papilles dans les petits calices, puis dans les grands calices, le bassinet et l'uretère. Le rein possède aussi plusieurs fonctions endocrines (régulation de la pression artérielle, métabolisme phosphocalcique, érythropoïèse). L'ablation d'un rein n'entraîne aucun trouble car l'autre rein subit une hypertrophie compensatrice, ce qui permet le recours aux donneurs vivants pour la transplantation rénale.

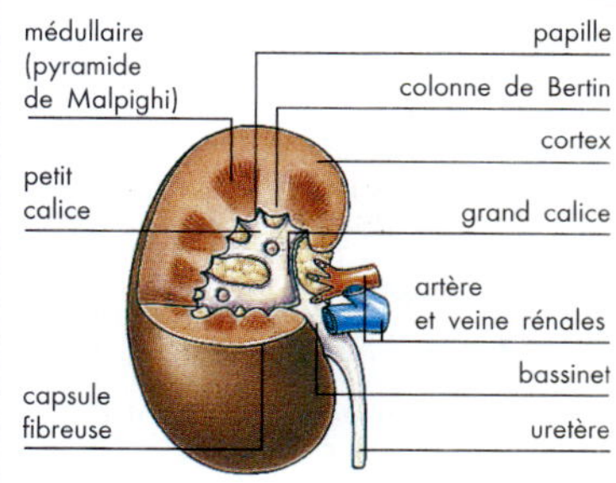

rein (coupe)

RÉINCARCÉRATION n.f. Nouvelle incarcération.

RÉINCARCÉRER v.t. [18]. Incarcérer de nouveau.

RÉINCARNATION n.f. **1.** Fait de se réincarner. **2.** Dans certaines religions, migration de l'âme dans un autre corps au moment de la mort.

RÉINCARNER (SE) v.pr. Revivre sous une nouvelle forme corporelle.

RÉINCORPORER v.t. Incorporer de nouveau.

REINE n.f. (lat. *regina*). **1.** Souveraine d'un royaume. **2.** Femme d'un roi. **3.** Femme qui domine, dirige, l'emporte (en qqch). *La reine de la soirée.* **4.** Ce qui domine, s'impose. *Ici l'ironie est reine.* ◇ Fam. *La petite reine :* la bicyclette. **5.** Femelle reproductrice, chez les insectes sociaux (abeilles, fourmis, termites). **6.** Dame, aux échecs, aux cartes.

REINE-CLAUDE n.f. (pl. *reines-claudes*). Prune de couleur dorée ou verte, dont il existe plusieurs variétés.

REINE-DES-PRÉS n.f. (pl. *reines-des-prés*). Spirée (plante).

REINE-MARGUERITE n.f. (pl. *reines-marguerites*). Plante voisine de la marguerite, originaire d'Asie, cultivée pour ses capitules à languettes blanches, rouges, bleues.

REINETTE n.f. Pomme de l'ouest de la France dont il existe plusieurs variétés. – *Reine des reinettes,* à chair parfumée, de couleur jaune striée de rouge (la plus cultivée des reinettes).

RÉINSCRIPTIBLE adj. Se dit d'un support d'enregistrement dont le contenu peut être modifié par l'utilisateur.

RÉINSCRIPTION n.f. Nouvelle inscription.

RÉINSCRIRE v.t. [99]. Inscrire de nouveau.

RÉINSÉRER v.t. [18]. Insérer de nouveau ; réintroduire, en partic. dans un groupe social.

RÉINSERTION n.f. Action de réinsérer.

RÉINSTALLATION n.f. Action de réinstaller.

RÉINSTALLER v.t. Installer de nouveau.

RÉINTÉGRABLE adj. Qui peut être réintégré.

RÉINTÉGRANDE n.f. DR. Action ouverte à celui à qui la possession ou la détention d'une chose a été retirée par une voie de fait.

RÉINTÉGRATION n.f. **1.** Action de réintégrer. **2.** BX-A. Restauration des accidents, des lacunes d'une peinture ancienne.

RÉINTÉGRER v.t. (lat. *reintegrare,* rétablir) [18]. **1.** Revenir dans un lieu qu'on avait quitté. *Réintégrer son domicile.* **2.** DR. Rendre la possession intégrale de ses droits à. *Réintégrer un salarié licencié.* ◇ DR. Rendre la nationalité française à.

RÉINTRODUCTION n.f. Nouvelle introduction.

RÉINTRODUIRE v.t. [98]. Introduire de nouveau.

RÉINVENTER v.t. Donner une nouvelle dimension à qqch qui existe déjà.

RÉINVESTIR v.t. et i. Investir de nouveau.

RÉINVITER v.t. Inviter de nouveau.

REIS [reis] n.m. (du turc). Titre décerné à certains dignitaires de l'Empire ottoman.

RÉITÉRATIF, IVE adj. Qui réitère.

RÉITÉRATION n.f. Litt. Répétition.

RÉITÉRER v.t. et i. (bas lat. *reiterare,* recommencer) [18]. Litt. Faire de nouveau, renouveler, répéter. *Réitérer une demande.*

REÎTRE [rɛtr] n.m. (all. *Reiter*). **1.** HIST. Du XVe au XVIIe s., cavalier allemand mercenaire au service de la France. **2.** Litt. Soudard.

REJAILLIR v.i. **1.** Jaillir avec force, en parlant des liquides. **2.** Atteindre en retour, retomber. *La honte rejaillit sur lui.*

REJAILLISSEMENT n.m. Acte de rejaillir ; mouvement de ce qui rejaillit.

REJET n.m. **1.** Action de rejeter, de ne pas agréer. *Rejet d'un projet de loi.* **2.** AGRIC. Pousse qui se développe à partir d'une tige, et provenant de bourgeons anormaux, ou à partir d'une souche d'arbre coupé (production de taillis). **3.** GÉOL. Ampleur du déplacement produit par une faille. **4.** MÉD. Réaction de défense caractérisée par l'apparition d'anticorps qui détruisent le greffon, après une greffe d'organe. **5.** MÉTR. Action de rejeter au début du vers suivant un ou plusieurs mots nécessaires au sens.

REJETABLE adj. Qui peut ou doit être rejeté.

REJETER v.t. [27]. **1.** Renvoyer en lançant ; repousser. *Rejeter une balle.* ◇ *Rejeter qqch sur qqn,* l'en rendre responsable. **2.** Renvoyer, jeter hors de soi. *Rejeter la nourriture.* **3.** Ne pas admettre, refuser. *Rejeter une offre, un projet de loi.* ◆ v.i. AGRIC. Donner des rejets. *Arbre qui rejette de souche.* ◆ **se rejeter** v.pr. **1.** Se porter vivement en arrière. **2.** Se reporter faute de mieux sur.

REJETON n.m. **1.** Pousse qui apparaît au pied de la tige d'une plante. **2.** Descendant, enfant. *Le dernier rejeton d'une famille.*

REJOINDRE v.t. [82]. **1.** Réunir (des parties séparées). *Rejoindre les lèvres d'une plaie.* **2.** Aller retrouver, rattraper. *Je vous rejoindrai d'ici peu.* **3.** Aboutir à un endroit. *Ce chemin rejoint la nationale.*

REJOINTOIEMENT n.m. Action de rejointoyer.

REJOINTOYER v.t. [13]. Refaire des joints de maçonnerie dégradés.

REJOUER v.t. et i. Jouer de nouveau.

RÉJOUI, E adj. Qui exprime la joie, la gaieté. *Air réjoui.*

RÉJOUIR v.t. (préf. *re-* et anc. fr. *esjouir*). Donner de la joie à. *Cette nouvelle réjouit tout le monde.* ◆ **se réjouir** v.pr. Éprouver de la joie, de la satisfaction. *Se réjouir d'un succès.*

RÉJOUISSANCE n.f. Joie collective. ◆ pl. Fêtes destinées à célébrer un évènement heureux. *On a ordonné des réjouissances.*

RÉJOUISSANT, E adj. Qui réjouit. *Une nouvelle qui n'est pas réjouissante.*

REJUGER v.t. [17]. Juger de nouveau.

1. RELÂCHE n.f. ou, vx, n.m. **1.** Litt. Interruption dans un travail, un exercice. *Donner un moment de relâche.* ◇ *Sans relâche :* sans interruption. **2.** Suspension momentanée des représentations d'un théâtre.

2. RELÂCHE n.f. MAR. Action de relâcher ; lieu où l'on relâche.

RELÂCHÉ, E adj. **1.** Qui est plus lâche, moins tendu. *Cordes relâchées.* **2.** Qui manque de fermeté, de rigueur ; négligé. *Style relâché. Mœurs relâchées.*

RELÂCHEMENT n.m. **1.** Diminution de tension. *Le relâchement des cordes d'un violon.* **2.** Ralentissement d'activité, d'ardeur, de sévérité, etc. *Relâchement dans le travail.*

RELÂCHER v.t. **1.** Diminuer la tension de, rendre plus lâche ; détendre. *Relâcher une corde.* **2.** Remettre en liberté. *Relâcher un prisonnier.* **3.** Rendre moins sévère, plus mou. *Relâcher la discipline.* ◆ v.i. MAR. S'arrêter, en parlant d'un navire. ◆ **se relâcher** v.pr. **1.** Devenir moins tendu. **2.** Perdre de son ardeur ; diminuer d'activité. *Cet écolier se relâche.* **3.** Devenir moins sévère. *La discipline se relâche.*

RELAIS n.m. (de *relayer*). **I. 1.** Anc. Chevaux de poste frais et placés de distance en distance sur une route pour remplacer les chevaux fatigués ; lieu où ces chevaux sont placés. **2.** VÉN. Troupe de chiens placée sur un parcours de chasse pour remplacer les chiens fatigués. **3.** Personne, chose qui sert d'intermédiaire, d'étape. ◇ *Prendre le relais de :* succéder à ; poursuivre l'action de. **4.** SPORTS. *Course de relais* ou *relais :* épreuve dans laquelle les membres d'une même équipe se succèdent à distances déterminées. **II. 1.** ÉLECTR. Appareil destiné à produire des modifications dans un circuit de sortie lorsque certaines conditions sont remplies dans le circuit d'entrée dont il subit l'action. **2.** TÉLÉCOMM. Réémetteur. **3.** ARM. Sachet de poudre adjoint à un obus de mortier pour augmenter sa charge et, donc, sa portée.

RELAISSER (SE) v.pr. VÉN. En parlant d'un animal qui a été longtemps couru, s'arrêter par lassitude.

RELANCE n.f. **1.** Action de donner un nouvel élan, un nouvel essor. *Relance de l'économie.* **2.** Action de relancer qqn, de le poursuivre de ses sollicitations. **3.** À certains jeux de cartes, action de surenchérir sur l'adversaire ; somme ainsi engagée.

RELANCER v.t. [16]. **1.** Lancer de nouveau ; renvoyer. *Relancer la balle.* **2.** Solliciter de nouveau pour tenter d'obtenir qqch. *Relancer un client.* **3.** Remettre en marche, donner un nouvel essor à. *Relancer la production.* **4.** VÉN. Lancer de nouveau (l'animal de chasse). ◆ v.i. Au jeu, faire une relance.

RELAPS, E [rəlaps] adj. et n. (lat. *relapsus,* retombé). Se disait d'un chrétien retombé dans l'hérésie.

RÉLARGIR v.t. Rare. Rendre plus large.

RELATER v.t. (lat. *relatus,* raconté). Raconter en détaillant les circonstances de.

1. RELATIF, IVE adj. (lat. *relatum,* de *referre,* rapporter). **1.** Qui se rapporte à. *Études relatives à l'histoire.* **2.** Qui n'a rien d'absolu, qui dépend d'autre chose. *Toute connaissance humaine est relative.* **3.** Incomplet, approximatif. *Un silence relatif.* **4.** GRAMM. Se dit des mots (les pronoms *qui, que, quoi, lequel, dont,* l'adj. *lequel,* l'adv. *où*) qui servent à établir une relation entre un nom ou un pronom qu'ils représentent (l'antécédent) et une proposition, dite *subordonnée relative.* **5.** MATH. *Entier relatif :* élément de l'ensemble ℤ. ◇ *Nombre relatif* ou *relatif,* n.m. : élément de l'ensemble ℤ ou de l'ensemble 𝔻.

2. RELATIF n.m. **1.** GRAMM. Mot relatif. **2.** MATH. Nombre relatif.

RELATION n.f. (lat. *relatio*). **I.** Action de relater ; récit, narration. *Relation de voyage.* **II. 1.** Lien existant entre des choses, des personnes ; rapport. *Relation de cause à effet. Relations amicales.* ◇ *Relations internationales :* relations entre États, constituant une branche du droit international public. – *Relations publiques :* activités professionnelles visant à informer l'opinion sur les réalisations d'une collectivité et à les promouvoir. **2.** Personne avec laquelle on est en rapport. *Relation d'affaires.* ◇ *Avoir des relations :* connaître des personnes influentes. **3.** LOG. Prédicat à plusieurs variables. *L'égalité* (=) *est une relation à deux variables* ou *relation binaire.* ◇ *Théorie des relations :* partie fondamentale de la logique moderne, comprenant le calcul des relations et l'étude des divers types de relations et de leurs propriétés générales. (On étudie notamm. les relations d'équivalence et d'ordre.) **4.** MATH. Propriété de certains couples d'éléments d'un ensemble. **5.** PHYSIOL. *Fonctions de relation :* fonctions qui assurent la relation avec le milieu extérieur, comme la motricité, la sensibilité (par opp. aux fonctions de nutrition et de reproduction).

RELATIONNEL, ELLE adj. PSYCHOL. Relatif aux relations entre les individus.

RELATIONNISTE n. Canada. Spécialiste des relations publiques.

RELATIVE n.f. GRAMM. Subordonnée relative.

RELATIVEMENT adv. **1.** Par comparaison. **2.** D'une manière relative.

RELATIVISATION n.f. Action de relativiser.

RELATIVISER v.t. Rendre relatif, faire perdre son caractère absolu à.

RELATIVISME n.m. **1.** PHILOS. Doctrine soutenant la relativité de la connaissance. **2.** Attitude de celui qui pense que les valeurs sont relatives.

RELATIVISTE adj. Qui concerne le relativisme ; qui relève de la théorie de la relativité. ◇ PHYS. *Vitesse relativiste,* proche de celle de la lumière. – *Particule relativiste,* animée d'une vitesse relativiste. ◆ n. et adj. Partisan du relativisme.

RELATIVITÉ n.f. **1.** Caractère de ce qui est relatif. *La relativité de deux propositions. Relativité de la connaissance.* **2.** PHYS. *Théories de la relativité :* ensemble de théories selon lesquelles, à partir de référentiels équivalents, les grandeurs relatives à l'un se déduisant des mêmes grandeurs relatives à un autre, on peut exprimer des lois physiques invariantes.

RELAVER v.t. **1.** Laver de nouveau. **2.** Suisse. Laver la vaisselle après le repas.

RELAX ou **RELAXE** adj. Fam. **1.** Reposant, calme. *Vacances relaxes.* **2.** À l'aise, détendu, insouciant. *Elle est très relax.*

RELAXANT, E adj. Qui relaxe ; reposant.

RELAXATION n.f. **1.** Action de se relaxer ; détente progressive. *Relaxation musculaire.* **2.** PHYS. Phénomène spontané de relâchement et de retour progressif à l'état d'équilibre d'un système dont l'équilibre a été rompu. **3.** PSYCHOL. Action psychothérapique utilisant le relâchement conscient et la maîtrise du tonus musculaire.

1. RELAXE n.f. DR. Décision d'un tribunal correctionnel ou de police déclarant un prévenu non coupable.

2. RELAXE adj. → ***relax.***

RELAXER v.t. (lat. *relaxare,* relâcher). **1.** Mettre en état de décontraction ; reposer. **2.** DR. Accorder la relaxe à (un prévenu). ◆ **se relaxer** v.pr. Fam. Détendre ses muscles, son esprit.

RELAYER v.t. (anc. fr. *laier,* laisser) [11]. **1.** Remplacer qqn dans un travail, une action pour éviter toute interruption. **2.** SPORTS. Succéder à un équipier dans une course de relais. **3.** Substituer à qqch qqch d'autre. *Relayer un appareil défaillant par un autre.* **4.** TÉLÉCOMM. Retransmettre (une émission, un programme) par émetteur, par satellite. ◆ **se relayer** v.pr. Se remplacer, alterner pour assurer la continuité d'une tâche.

RELAYEUR, EUSE n. SPORTS. Participant(e) d'une course de relais.

RELEASING FACTOR [rəliziŋfaktɔr] n.m. (mots angl.) [pl. *releasing factors*]. BIOCHIM. Polypeptide sécrété par l'hypothalamus, qui déclenche spécifiquement la sécrétion de l'une des hormones de l'antéhypophyse.

RELECTURE n.f. Nouvelle lecture.

RELÉGATION n.f. **1.** DR. Action de reléguer, d'exiler. ◇ DR. Peine qui frappait les récidivistes (éloignement du territoire métropolitain), supprimée en 1970. **2.** SPORTS. Descente d'une équipe dans une catégorie inférieure.

RELÉGUÉ, E n. et adj. Anc. Se disait d'un délinquant soumis à la relégation.

RELÉGUER v.t. (lat. *relegare,* bannir) [18]. **1.** Exiler dans un endroit déterminé. **2.** Éloigner, mettre à l'écart. *Reléguer un meuble au grenier.*

RELENT n.m. (lat. *lentus,* visqueux). **1.** Mauvaise odeur qui persiste. *Un relent d'égout.* **2.** Litt. Trace, reste. *Un relent de jansénisme.*

RELEVABLE adj. Qu'on peut relever.

RELEVAGE n.m. TECHN. Action de relever. ◇ *Système de relevage :* appareil plaçant automatiquement en position de repos des outils, des pièces, etc., qui viennent d'agir.

RELEVAILLES n.f. pl. RELIG. CATH. Anc. Bénédiction donnée à une femme relevant de couches.

RELÈVE n.f. Action de relever, de remplacer une équipe, une troupe, etc., par une autre ; équipe, troupe qui assure ce remplacement. ◇ *Prendre la relève :* relayer.

1. RELEVÉ, E adj. **1.** Épicé. *Sauce très relevée.* **2.** Litt. Noble, généreux. *Sentiments relevés.*

2. RELEVÉ n.m. **1.** Action de relever, de noter par écrit ; son résultat. *Faire le relevé des dépenses.* ◇ *Relevé d'identité bancaire (R.I.B.) :* pièce délivrée par une banque à ses clients et permettant d'identifier leur compte. **2.** Représentation en plan, coupe ou élévation, d'un bâtiment existant. **3.** Copie dessinée ou peinte d'une œuvre d'art (notamm. d'une peinture murale), d'une inscription, etc. **4.** CHORÉGR. Mouvement permettant au danseur de se dresser sur les pointes ou les demi-pointes et de revenir ensuite à sa position initiale. **5.** TECHN. *Relevé à bout :* remise à niveau des pavés d'une chaussée par infiltration et bourrage de sable.

RELÈVEMENT n.m. **1.** Action de relever. *Relèvement d'un mur, des impôts.* **2.** Redressement. *Le relèvement d'un pays.* **3.** DR. Action de relever un condamné. **4.** MAR. Détermination de l'angle que fait avec le nord la direction d'un point à terre, d'un bateau, d'un astre, etc. ; valeur de cet angle. **5.** GÉOM. Opération réciproque du rabattement. **6.** TOPOGR. Procédé de détermination de la position d'un point de station par visées sur des points de position connue.

RELEVER v.t. (lat. *relevare*) [19]. **I. 1.** Remettre debout ; remettre dans sa position naturelle. *Relever un enfant. Relever une chaise.* **2.** Ramasser, collecter. *Relever les copies.* ◇ COUT. *Relever une maille :* reprendre, dans un tricot, une maille mise en attente ou déjà tricotée dans un rang. **3.** Rendre la prospérité à. *Relever l'économie.* **4.** Mettre en valeur, en relief. *La parure relève la beauté.* **5.** Noter, constater ; remarquer ou faire remarquer. *Relever des traces. Relever une faute.* **6.** Consigner, noter par écrit ; conserver la trace de qqch par croquis, schéma, etc. *Relever le compteur. Relever une cote* ◇ TOPOGR. Procéder au relèvement de. **7.** Marquer que l'on entend, que l'on voit (qqch). *Ne pas relever une impertinence.* **II. 1.** Diriger vers le haut ; remettre plus haut. *Relever la tête. Relever la vitre.* **2.** Accroître le niveau, la valeur de. *Relever les prix.* **3.** Donner un goût plus prononcé à. *Relever une sauce.* **III. 1.** Remplacer dans un travail, une fonction ; procéder à la relève de. *Relever une troupe, une équipe.* **2.** Libérer, délier d'une obligation, d'un engagement. *Relever un religieux de ses vœux.* – DR. Dispenser un condamné des effets résultant de sa condamnation. **3.** Priver de sa charge, de son poste ; révoquer. *Relever un officier de son commandement.* ◆ v.t. ind. *(de).* **1.** Se remettre, se rétablir. *Relever d'une maladie, de couches.* **2.** Dépendre de l'autorité de ; être du ressort de. *Ne relever de personne.* **3.** Être le fait de. *Cela relève du miracle.* ◆ **se relever** v.pr. **1.** Se remettre debout ; sortir de nouveau de son lit. *Se relever la nuit.* **2.** Sortir d'une situation pénible ; se remettre. *Il ne s'en relèvera jamais.*

RELEVEUR, EUSE adj. et n. **1.** Qui relève, est destiné à relever. **2.** Se dit des muscles dont la fonction est de relever les parties auxquelles ils sont attachés. ◆ n.m. Employé d'une compagnie de distribution d'eau, de gaz, d'électricité, qui relève les compteurs.

RELIAGE n.m. Action de relier un tonneau.

RELIEF n.m. (de *relever*). **1.** Ce qui fait saillie sur une surface. *Le relief d'une médaille.* **2.** Ensemble des inégalités de la surface terrestre, de celle d'un pays, d'une région. *Le relief de la France.* **3.** Sculpture dans laquelle le motif se détache en saillie plus ou moins forte sur un fond. **4.** Éclat qui naît de l'opposition, du contraste. ◇ *Mettre en relief :* faire ressortir ; mettre en évidence. **5.** *Relief acoustique :* sensation auditive de l'espace, donnée par la perception simultanée des sons par les deux oreilles. ◆ pl. Litt. Restes d'un repas.

RELIER v.t. **1.** Lier ensemble ; réunir, joindre. *Relier les points d'une figure par un trait.* **2.** Unir, établir un lien entre. *Relier le présent au passé.* **3.** Faire communiquer ; raccorder, joindre. *Relier deux berges par un pont.* **4.** REL. Assembler et coudre ensemble les feuillets d'un livre, puis les couvrir d'un carton résistant doublé de peau ou de toile, ou imprimé. **5.** TECHN. Mettre des cercles à (un tonneau).

RELIEUR, EUSE n. et adj. **1.** Personne qui effectue la reliure des livres. **2.** Propriétaire d'une entreprise de reliure.

RELIGIEUSE n.f. Gâteau composé de deux choux superposés fourrés de crème pâtissière et glacés au fondant.

RELIGIEUSEMENT adv. **1.** D'une manière religieuse. *Être élevé religieusement.* **2.** Avec une exactitude scrupuleuse. *Observer religieusement un traité.*

1. RELIGIEUX, EUSE adj. **1.** Qui appartient à une religion ; qui se fait selon les rites d'une religion. *Chant religieux. Mariage religieux.* ◇ Qui a la religion pour fondement, pour principe. *Partis religieux.* **2.** Qui pratique sa religion avec piété. **3.** Qui est empreint de gravité et invite au recueillement. *Silence religieux.*

2. RELIGIEUX, EUSE n. Membre d'un ordre, d'une congrégation ou d'un institut religieux.

RELIGION n.f. (lat. *religio*). **1.** Ensemble de croyances et de dogmes définissant le rapport de l'homme avec le sacré. **2.** Ensemble de pratiques et de rites propres à chacune de ces croyances. *Religion catholique. Se convertir à une religion.* ◇ *Entrer en religion :* se consacrer à la religion au sein d'un monastère, d'un institut religieux. **3.** Adhésion à une doctrine religieuse ; foi. *Homme sans religion.* **4.** Vx. *Se faire une religion de qqch,* s'en faire une obligation absolue.

RELIGIONNAIRE n. HIST. Adepte de la religion réformée, protestant.

RELIGIOSITÉ n.f. **1.** Fait d'être religieux, de pratiquer sa religion avec piété. **2.** Effet de la sensibilité sur l'attitude religieuse, conduisant à une vague religion personnelle.

RELIQUAIRE n.m. Boîte, coffret, etc., souvent en orfèvrerie, destiné à contenir des reliques.

RELIQUAT [rəlika] n.m. (lat. *reliqua,* choses restantes). **1.** Ce qui reste. **2.** DR. Ce qui reste dû après un arrêté de comptes.

RELIQUE n.f. (lat. *reliquae,* restes). **1.** Ce qui reste du corps d'un martyr, d'un saint personnage, ou d'un objet relatif à son histoire, conservé dans un dessein de vénération. **2.** Fam. Vieil objet sans valeur. **3.** Espèce vivante ne subsistant plus que sur des sites très limités, après avoir connu une grande expansion.

RELIRE v.t. [106]. Lire de nouveau ce qu'on a déjà lu ou ce qu'on vient d'écrire. ◆ **se relire** v.pr. Lire ce qu'on a écrit pour se corriger.

RELIURE n.f. **1.** Activité industrielle ou artisanale consistant à relier les livres. **2.** Couverture cartonnée, recouverte de cuir, de toile, etc., dont on habille un livre pour le protéger ou le décorer.

RELOGEMENT n.m. Action de reloger.

RELOGER v.t. [17]. Trouver un logement de remplacement à (qqn).

RELOUER v.t. Louer de nouveau.

RÉLUCTANCE n.f. (angl. *reluctance ;* du lat. *luctari,* lutter). PHYS. Quotient de la force magnétomotrice d'un circuit magnétique par le flux d'induction qui le traverse.

RELUIRE v.i. (lat. *relucere*) [97]. Briller, luire en réfléchissant la lumière. ◇ Fam. *Passer, manier la brosse à reluire :* flatter qqn.

RELUISANT, E adj. Qui reluit. ◇ *Peu reluisant :* médiocre. *Situation peu reluisante.*

RELUQUER v.t. (néerl. *locken,* regarder). Fam. Lorgner avec curiosité ou convoitise.

REM [rɛm] n.m. (du sigle angl. de *Röntgen equivalent man*). Unité d'équivalent de dose* (1 rem = 0,01 Sv).

REMÂCHER v.t. **1.** Mâcher une seconde fois, en parlant des ruminants. **2.** Fig. Ressasser des sentiments d'amertume, de colère ; ruminer.

REMAILLAGE ou **REMMAILLAGE** n.m. Action ou manière de remailler.

REMAILLER [rəmaje] ou **REMMAILLER** [rɑ̃maje] v.t. Reconstituer les mailles d'un tricot, d'un filet.

REMAKE [rimɛk] n.m. (mot angl.). Anglic. Nouvelle version d'un film, d'une œuvre littéraire, théâtrale, etc.

RÉMANENCE n.f. (lat. *remanere,* rester). **1.** PHYS. Persistance de l'aimantation dans un barreau d'acier qui a été soumis à l'action d'un champ magnétique. **2.** PSYCHOL. Propriété d'une sensation, notamm. visuelle, de persister après la disparition du stimulus.

RÉMANENT, E adj. Qui subsiste. ◇ *Image rémanente :* image qui reste après la disparition du stimulus.

REMANGER v.t. et i. [17]. Manger de nouveau.

REMANIABLE adj. Qui peut être remanié.

REMANIEMENT n.m. Action de remanier ; changement, modification. *Un remaniement ministériel.*

REMANIER v.t. Changer complètement la composition de ; modifier. *Remanier un ouvrage.*

REMAQUILLER v.t. Maquiller de nouveau.

REMARCHER v.i. Fam. Fonctionner de nouveau.

REMARIAGE n.m. Nouveau mariage.

REMARIER (SE) v. pr. Se marier de nouveau.

REMARQUABLE adj. Digne d'être remarqué ; extraordinaire, insigne, éminent.

REMARQUABLEMENT adv. De façon remarquable.

REMARQUE n.f. **1.** Observation. *Remarque judicieuse.* **2.** Note, observation écrite. *Ouvrage plein de remarques.* **3.** Petit croquis gravé dans la marge d'une estampe.

REMARQUER v.t. **1.** Faire attention à, constater. *Tu ne remarques rien ?* **2.** Distinguer parmi d'autres. *Remarquer qqn dans la foule.* ◇ Péj. *Se faire remarquer :* se singulariser. **3.** Marquer de nouveau.

REMASTICAGE n.m. Action de remastiquer.

REMASTIQUER v.t. Mastiquer de nouveau.

REMBALLAGE n.m. Action de remballer.

REMBALLER v.t. Emballer de nouveau.

REMBARQUEMENT n.m. Action de rembarquer ou de se rembarquer.

REMBARQUER v.t. Embarquer de nouveau. ◆ v.i. ou **se rembarquer** v.pr. S'embarquer de nouveau.

REMBARRER v.t. Fam. Reprendre vivement qqn, le remettre à sa place.

REMBAUCHER v.t. → ***réembaucher.***

REMBLAI n.m. **1.** Action de remblayer ; son résultat. **2.** TR. PUBL. Masse de terre rapportée pour élever un terrain ou combler un creux.

REMBLAIEMENT n.m. Action de l'eau qui dépose tout ou partie des matériaux qu'elle transporte.

REMBLAVER v.t. AGRIC. Emblaver de nouveau.

REMBLAYAGE n.m. Action de remblayer.

REMBLAYER v.t. [11]. Remettre des matériaux pour hausser ou combler.

REMBLAYEUSE n.f. Machine pour effectuer le remblayage.

REMBOBINER v.t. Enrouler de nouveau (ce qui est débobiné) ; remettre sur la bobine.

REMBOÎTAGE ou **REMBOÎTEMENT** n.m. Action de remboîter.

REMBOÎTER v.t. Remettre en place (ce qui est déboîté).

REMBOUGER v.t. [17]. Verser un liquide dans un tonneau afin de le maintenir plein.

REMBOURRAGE n.m. **1.** Action de rembourrer. **2.** Matière avec laquelle on rembourre. SYN. : *rembourrure.*

REMBOURRER v.t. Garnir, remplir d'une matière plus ou moins compressible (crin, bourre, etc.).

REMBOURRURE n.f. Rembourrage, bourre.

REMBOURSABLE adj. Qui peut, qui doit être remboursé.

REMBOURSEMENT n.m. Action de rembourser ; paiement d'une somme due. ◇ *Envoi contre remboursement :* envoi d'une marchandise délivrable contre paiement de sa valeur et, éventuellement, des frais de port.

REMBOURSER v.t. (de *bourse*). **1.** Rendre à qqn l'argent emprunté. **2.** Rendre à qqn l'argent qu'il a déboursé.

REMBRANESQUE adj. Qui rappelle la manière de peindre de Rembrandt.

REMBRUNIR (SE) v.pr. Devenir sombre, triste. *À ce souvenir, il s'est rembruni.*

REMBUCHEMENT n.m. VÉN. Rentrée d'une bête sauvage dans une forêt.

REMBUCHER v.t. VÉN. Suivre la bête avec le limier jusqu'à la rentrée dans la forêt.

REMÈDE n.m. (lat. *remedium*). **1.** Vieilli. Tout ce qui peut servir à prévenir ou à combattre une maladie. **2.** Ce qui sert à prévenir ou à combattre une souffrance morale. *Comment porter remède à son angoisse ?* **3.** Moyen, mesure propre à diminuer un mal, un danger, à résoudre une difficulté. *Chercher un remède à l'inflation monétaire.*

REMÉDIABLE adj. À quoi l'on peut apporter remède.

REMÉDIER v.t. ind. **[à]** (lat. *remediare*). Apporter un remède à. *Remédier au mal de mer, à un inconvénient.*

REMEMBREMENT n.m. Aménagement foncier qui a pour but de substituer au morcellement excessif des terres des parcelles moins nombreuses, plus grandes et pourvues d'accès faciles.

REMEMBRER v.t. Effectuer le remembrement de.

REMÉMORATION n.f. Litt. Éveil d'un souvenir.

REMÉMORER v.t. (lat. *rememorari*). Litt. Remettre en mémoire, rappeler. *Remémorer un fait.* ◆ **se remémorer** v.pr. Se rappeler.

REMERCIEMENT n.m. Action de remercier ; paroles par lesquelles on remercie.

REMERCIER v.t. **1.** Exprimer sa gratitude à qqn pour qqch. *Je vous remercie de* ou *pour vos conseils.* ◇ *Je vous remercie !* (expression de refus poli). **2.** Congédier, renvoyer. *Remercier un employé.*

RÉMÉRÉ n.m. (du lat. *redimere,* racheter). DR. Clause par laquelle on se réserve le droit de racheter dans un certain délai la chose qu'on vend, en remboursant à l'acquéreur le prix de son acquisition et les frais. *Vente à réméré.*

REMETTANT n.m. BANQUE. Personne qui remet une valeur (lettre de change, chèque) au banquier chez lequel elle a un compte.

REMETTRE v.t. (lat. *remittere*) [84]. **I. 1.** Replacer une personne ou une chose à l'endroit où elle était, dans l'état ancien. *Remettre un livre à sa place. Remettre qqch en usage, en circulation.* ◇ *Remettre (qqn) au pas :* le contraindre à faire son devoir. – Fam. *Remettre (qqn) à sa place :* le rappeler aux convenances, le réprimander. **2.** Reconnaître, se ressouvenir. *Je vous remets très bien à présent.* **3.** Replacer, remboîter. *Remettre un bras.* **4.** Mettre de nouveau, notamm. un vêtement. *Remettre un manteau.* **II.** Rétablir la santé de qqn. *L'air de la campagne l'a remis.* **III.** Fam. *En remettre :* exagérer. ◇ Fam. *Remettre ça :* recommencer. **IV. 1.** Mettre entre les mains, dans la possession, le pouvoir de qqn. *Remettre une lettre. Remettre son sort entre les mains de qqn.* **2.** Belgique. Céder une entreprise, un commerce. **3.** Faire grâce de. *Remettre une peine.* **V.** Différer. *Remettre une affaire au lendemain.* ◆ v.t. ind. *(sur).* Belgique. Rendre la monnaie (d'une somme). ◆ **se remettre** v.pr. **1.** Se replacer. *Se remettre à table.* **2.** Se rappeler. *Je me remets votre visage.* **3.** Recommencer à. *Se remettre à jouer.* **4.** Revenir à un meilleur état de santé, de situation, de calme. *Se remettre après un accident.* **5.** *S'en remettre à qqn :* s'en rapporter à lui.

REMEUBLER v.t. Regarnir de meubles ou garnir de nouveaux meubles.

RÉMIGE n.f. (lat. *remex, remigis,* rameur). Chacune des grandes plumes de l'aile d'un oiseau.

REMILITARISATION n.f. Action de remilitariser.

REMILITARISER v.t. **1.** Redonner un caractère militaire à. **2.** Réinstaller un dispositif militaire dans (une région).

RÉMINISCENCE n.f. (du lat. *reminisci,* se souvenir). **1.** Retour d'un souvenir qui n'est pas reconnu comme tel. **2.** Chose, expression dont on se souvient inconsciemment ; souvenir imprécis. *Roman plein de réminiscences.*

REMISAGE n.m. Action de remiser.

REMISE n.f. (lat. *remissa,* chose remise). **I. 1.** Action de remettre dans un lieu. *La remise en place d'un meuble.* **2.** Action de remettre, de livrer. *La remise d'un paquet à son destinataire.* **3.** Réduction que l'on fait à un débiteur d'une partie de sa dette. **4.** Rabais consenti sur le prix fort de certaines marchandises. **5.** BOURSE. Ristourne sur les courtages consentie par une société de Bourse à ses remisiers. **6.** DR. *Remise de peine :* grâce que l'on accorde à un condamné de tout ou partie de sa peine. ◇ *Remise de cause :* renvoi d'un procès à une audience ultérieure. **II. 1.** Taillis servant de retraite au gibier. **2.** Local servant d'abri à des véhicules ou à du matériel.

REMISER v.t. **1.** Placer dans une remise. **2.** Mettre à sa place habituelle. ◆ **se remiser** v.pr. S'arrêter ou se poser après avoir couru ou volé, en parlant du gibier.

REMISIER n.m. Intermédiaire (autre qu'une banque) dont la profession est d'apporter des affaires aux sociétés de Bourse, en leur transmettant les ordres de Bourse reçus de ses propres clients.

RÉMISSIBLE adj. Digne de pardon.

RÉMISSION n.f. (lat. *remissio*). **1.** Pardon. *Rémission des péchés.* ◇ *Sans rémission :* sans indulgence, sans nouvelle faveur. **2.** MÉD. Atténuation momentanée d'un mal.

RÉMITTENCE n.f. MÉD. Caractère d'une affection rémittente.

RÉMITTENT, E adj. (lat. *remittere,* relâcher). MÉD. Qui diminue d'intensité par intervalles.

RÉMIZ n.m. (mot polon.). Oiseau passereau voisin des mésanges, qui construit un nid en forme de bourse suspendu à une branche. (Long. 12 cm env. ; famille des paridés.)

REMMAILLAGE [rɑ̃majaʒ] n.m. **1.** Action d'ajuster ensemble des mailles. **2.** Couture utilisée pour assembler deux éléments de tricot bord à bord. **3.** → ***remaillage.***

REMMAILLER v.t. → ***remailler.***

REMMAILLOTER v.t. Emmailloter de nouveau.

REMMANCHER v.t. Emmancher de nouveau.

REMMENER v.t. [19]. Emmener après avoir amené.

REMMOULAGE [rɑ̃mulaʒ] n.m. Opération d'assemblage des différentes parties d'un moule, en fonderie.

REMMOULER [rɑ̃-] v.t. Effectuer le remmoulage de.

REMNOGRAMME n.m. MÉD. Image obtenue par remnographie.

REMNOGRAPHIE n.f. (de *R.M.N.*). MÉD. Méthode de reconstitution des images anatomiques fondée sur la résonance* magnétique nucléaire. (V. illustration *imagerie médicale.*)

REMODELAGE n.m. **1.** Action de remodeler. **2.** Remaniement, rénovation effectués sur de nouvelles bases. *Remodelage des circonscriptions électorales.*

REMODELER v.t. [25]. **1.** Modifier la forme ou l'aspect de qqch pour le rendre conforme à un modèle ou améliorer son esthétique. *Remodeler un visage.* **2.** Donner à qqch une forme nouvelle adaptée aux besoins actuels, à une fonction spécifique. *Remodeler un quartier ancien.*

RÉMOIS, E adj. et n. De Reims.

REMONTAGE n.m. **1.** Action d'assembler de nouveau les diverses pièces d'une machine. **2.** Action de tendre le ressort d'un mécanisme.

1. REMONTANT, E adj. **1.** Qui va vers le haut. **2.** Se dit d'une plante qui refleurit à diverses époques.

2. REMONTANT n.m. Aliment, boisson ou médicament qui redonnent des forces.

REMONTE n.f. **1.** Action de remonter un cours d'eau. ◇ Par ext. Ensemble des poissons qui remontent un cours d'eau pour frayer. **2.** MIL. Vx. Action de pourvoir une unité en chevaux.

REMONTÉE n.f. **1.** Action de remonter. **2.** *Remontée mécanique :* toute installation utilisée par les skieurs pour remonter les pentes (télésièges, téléskis, télécabines).

REMONTE-PENTE n.m. (pl. *remonte-pentes*). Téléski.

REMONTER v.i. **1.** Monter de nouveau quelque part, regagner l'endroit d'où l'on est descendu. *Remonter à cheval. Remonter du fond d'une mine.* **2.** Atteindre un niveau supérieur après avoir baissé. *Monnaie européenne qui remonte.* **3.** Suivre une pente, une courbe ascendante. **4.** Aller vers la source d'un cours d'eau, retourner dans un endroit situé plus au nord. *Vacanciers qui remontent vers Paris.* ◇ MAR. *Remonter au vent, dans le vent :* naviguer au plus près du vent, louvoyer. – CHORÉGR. *En remontant :* en direction du fond de la scène (par opp. à *en descendant*). **5.** Se reporter à une époque ou à un fait antérieurs ; établir une relation de dépendance entre deux faits. *Remonter jusqu'à l'origine d'une rumeur.* ◆ v.t. **1.** Parcourir de bas en haut ce qu'on a descendu. *Remonter l'escalier en vitesse.* **2.** Rattraper un concurrent. **3.** Parcourir un cours d'eau ou le longer d'aval en amont. ◇ Par ext. Aller dans le sens inverse du mouvement général. – Fig. *Remonter le courant, la pente :* réagir, se sortir d'un mauvais pas, redresser une situation compromise. **4.** Mettre, placer qqch à un niveau plus élevé, en augmenter la hauteur. *Remonter un mur. Remonter le col de sa veste contre le froid.* **5.** Redonner à un ressort l'énergie nécessaire à son fonctionnement. *Remonter une montre.* **6.** Redonner à qqn de la vigueur, de l'énergie. ◇ Fig. *Remonter le moral :* redonner du courage. **7.** Fam. *Être remonté contre qqn,* être en colère contre lui, lui en vouloir. **8.** Réajuster les parties d'un objet démonté ; remettre en place un de ses éléments. *Remonter un moteur.* **9.** Pourvoir de nouveau qqch de ce qui lui a fait défaut, de ce qui lui est nécessaire. *Remonter sa garde-robe.* ◆ **se remonter** v.pr. Se redonner des forces, du dynamisme.

REMONTEUR, EUSE n. TECHN. Personne qui remonte.

REMONTOIR n.m. Organe au moyen duquel on peut remonter un mécanisme.

REMONTRANCE n.f. **1.** Avertissement, réprimande. **2.** HIST. Discours adressé au roi par le parlement et les autres cours souveraines, pour lui signaler les inconvénients d'un de ses actes législatifs.

REMONTRER v.t. **1.** Montrer de nouveau qqch (à qqn). **2.** *En remontrer à qqn :* lui prouver qu'on lui est supérieur, qu'on est plus savant que lui, lui faire la leçon.

RÉMORA n.m. (lat. *remora,* retard). Poisson marin (40 cm de long), possédant sur la tête

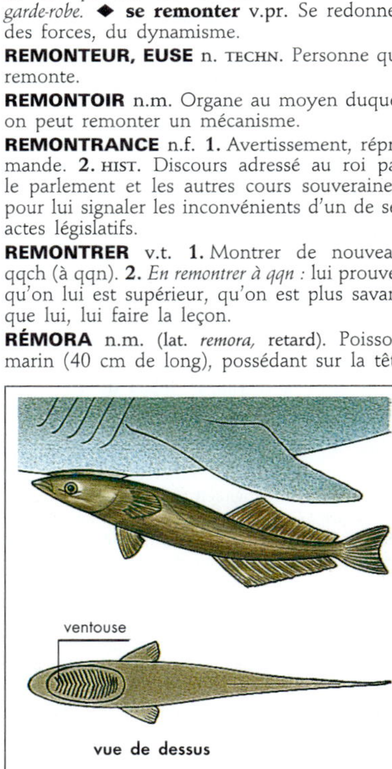

rémora

un disque formant ventouse, qui lui permet de se faire transporter par d'autres poissons, des cétacés, des bateaux parfois.

REMORDRE v.t. [76]. Mordre de nouveau.

REMORDS n.m. (de *remordre*). Douleur morale causée par la conscience d'avoir mal agi. *Être bourrelé de remords.*

REMORQUAGE n.m. Action de remorquer ; fait d'être remorqué.

REMORQUE n.f. **I. 1.** Traction exercée par un véhicule sur un autre véhicule. *Prendre un bateau en remorque.* **2.** Câble servant au remorquage. **3.** Fig. *Être à la remorque* : rester en arrière. – Fig. *Être à la remorque de qqn* : le suivre aveuglément. **II.** Véhicule sans moteur remorqué par un autre. ◇ Spécialt. Véhicule ferroviaire destiné à être incorporé dans un train automoteur.

REMORQUER [rəmɔrke] v.t. (it. *rimorchiare*). **1.** Tirer un véhicule, un bateau derrière soi. **2.** Fam. Emmener, traîner qqn derrière soi.

1. REMORQUEUR, EUSE adj. Qui remorque.

2. REMORQUEUR n.m. Bâtiment de navigation conçu pour déplacer d'un point à un autre d'autres bâtiments dans un port, sur un fleuve, une rivière ou en mer.

REMOUDRE v.t. [85]. Moudre de nouveau.

REMOUILLER v.t. Mouiller de nouveau.

RÉMOULADE n.f. (lat. *armoracia*, raifort). Mayonnaise additionnée de moutarde et de fines herbes. *Céleri rémoulade.*

REMOULAGE n.m. En meunerie, résidu laissé par la transformation de semoules en farine. SYN. : *recoupe*.

REMOULER v.t. Mouler de nouveau.

RÉMOULEUR n.m. (de l'anc. fr. *rémoudre*, aiguiser de nouveau). Personne qui aiguise les couteaux et les instruments tranchants.

REMOUS n.m. (du moyen fr. *remoudre*). **1.** Tourbillon d'eau qui se forme derrière un navire en marche. **2.** Tourbillon qui se forme après le passage de l'eau sur un obstacle. **3.** Contre-courant le long des rives d'un cours d'eau. **4.** Fig. Mouvement en sens divers, agitation. *Les remous de la foule.*

REMPAILLAGE n.m. Action de rempailler ; ouvrage du rempailleur.

REMPAILLER v.t. Regarnir de paille (le siège des chaises, des fauteuils, etc.).

REMPAILLEUR, EUSE n. Personne qui rempaille des sièges. SYN. : *empailleur*.

REMPAQUETER v.t. [27]. Empaqueter de nouveau.

REMPART n.m. (anc. fr. *emparer*, fortifier). **1.** Levée de terre ou forte muraille entourant une place de guerre ou un château fort. **2.** Litt. Ce qui sert de défense. *Faire à qqn un rempart de son corps.*

REMPIÉTEMENT n.m. Reprise en sous-œuvre des fondations d'un mur, d'un bâtiment.

REMPIÉTER v.t. [18]. Effectuer le rempiétement de.

REMPILER v.t. Empiler de nouveau. ◆ v.i. Arg. mil. Rengager.

REMPLAÇABLE adj. Qui peut être remplacé.

REMPLAÇANT, E n. Personne qui en remplace une autre.

REMPLACEMENT n.m. **1.** Action de remplacer une chose par une autre, ou une personne dans une fonction. **2.** HIST. Système légal permettant autrefois de se soustraire au service militaire en payant un remplaçant. *Le remplacement fut supprimé en 1872.*

REMPLACER v.t. [16]. **1.** Mettre à la place de. *Remplacer de vieux meubles par des neufs.* **2.** Prendre la place de qqn, de qqch d'autre d'une manière temporaire ou définitive, succéder à qqn, le relayer. *Remplacer un maire.*

REMPLAGE n.m. **1.** CONSTR. Blocage de petits matériaux et de mortier dont on remplit l'espace vide entre les deux parements d'un mur. **2.** ARCHIT. Armature de pierre des vitraux d'une fenêtre, notamm. gothique. SYN. : *réseau*.

REMPLIER v.t. **1.** TECHN. Replier sur lui-même, en le collant, le bord d'une pièce de la tige d'une chaussure. **2.** REL. Plier les bords de la matière de recouvrement d'une couverture de livre et les coller à l'envers des cartons.

REMPLIR v.t. **1.** Mettre qqch en assez grande quantité dans un contenant, le rendre plein. *Remplir une bouteille.* ◇ Fam. *Remplir ses poches* : gagner beaucoup d'argent, le plus souvent de façon malhonnête. **2.** Occuper entièrement un espace libre. *Ce fait divers remplit les journaux. Cet été, les citadins remplissent les plages.* **3.** Pénétrer qqn d'un sentiment, occuper son esprit. *Cette nouvelle me remplit de joie.* ◇ *Être rempli de soi-même* : avoir une très haute opinion de sa valeur, être imbu de soi. **4.** Accomplir, réaliser une fonction, un rôle, etc. *Remplir ses engagements, une promesse.* ◇ *Remplir l'attente, les espérances de qqn* : accomplir ce qu'il attendait, ne pas trahir sa confiance. **5.** Compléter un imprimé en portant les indications demandées dans les espaces prévus à cet effet. *Remplir un questionnaire.* ◆ **se remplir** v.pr. Recevoir qqch comme contenu. *La citerne se remplit d'eau.*

REMPLISSAGE n.m. **1.** Action de remplir. **2.** Développement inutile ou étranger au sujet. *Scènes de remplissage dans une pièce.* **3.** CONSTR. Blocage compris entre deux appareils de revêtement. ◇ *Poteau de remplissage* : pièce verticale secondaire d'un pan de bois et ayant sensiblement la hauteur d'un étage. **4.** MUS. Action d'écrire les notes intermédiaires d'un accord entre la basse et le dessus.

REMPLOI ou **RÉEMPLOI** n.m. **1.** ARCHIT. Mise en œuvre, dans une construction, d'éléments, de matériaux provenant d'une construction antérieure. **2.** DR. Achat d'un bien avec le produit de l'aliénation d'un bien propre ; placement nouveau d'un capital.

REMPLOYER ou **RÉEMPLOYER** v.t. [13]. Employer de nouveau.

REMPLUMER (SE) v.pr. **1.** Se recouvrir de nouveau de plumes, en parlant des oiseaux. **2.** Fam. Rétablir sa situation financière. *Joueur malchanceux qui se remplume peu à peu.* **3.** Fam. Reprendre des forces, du poids.

REMPOCHER v.t. Fam. Remettre dans sa poche.

REMPOISSONNEMENT n.m. Action de rempoissonner.

REMPOISSONNER v.t. Repeupler de poissons.

REMPORTER v.t. **1.** Reprendre, emporter ce qu'on avait apporté. **2.** Gagner, obtenir. *Remporter une victoire.*

REMPOTAGE n.m. Action de rempoter.

REMPOTER v.t. Transporter (une plante) dans un pot plus grand, ou qui contient de la terre nouvelle.

REMPRUNTER ou **RÉEMPRUNTER** v.t. Emprunter de nouveau.

REMUAGE n.m. **1.** Action de remuer qqch. *Le remuage du blé.* **2.** Oscillations données aux bouteilles pendant la période où elles sont placées le goulot en bas, dans la fabrication des vins de Champagne.

REMUANT, E adj. **1.** Qui est sans cesse en mouvement ; turbulent. **2.** Péj. Qui aime l'agitation ; entreprenant. *Esprit remuant.*

REMUE n.f. (de *remuer*). **1.** Migration saisonnière des troupeaux et des hommes entre les différents étages d'une exploitation agricole, dans les Alpes. **2.** Lieu de séjour temporaire du bétail dans un haut pâturage.

REMUE-MÉNAGE n.m. inv. **1.** Dérangement de meubles, d'objets qui sont changés de place. **2.** Agitation bruyante de gens qui vont en tous sens.

REMUE-MÉNINGES n.m. inv. Recomm. off. pour *brainstorming*.

REMUEMENT n.m. Litt. Action, mouvement de ce qui remue. *Le remuement des lèvres.*

REMUER v.t. (préf. *re-* et *muer*). **1.** Changer de place ; agiter. *Remuer un meuble. Remuer la tête.* **2.** Émouvoir profondément. *Remuer l'auditoire.* ◆ v.i. Changer de place, faire un ou des mouvements. *Cet enfant remue continuellement.* ◆ **se remuer** v.pr. **1.** Se mouvoir. **2.** Fig. Se donner de la peine pour réussir.

REMUEUR, EUSE n. Litt. *Remueur d'idées* : personne qui émet des idées nombreuses et diverses et aime à les développer devant une ou plusieurs personnes.

REMUGLE n.m. (anc. scand. *mygla*, moisi). Vx. Odeur particulière que prennent les objets longtemps enfermés ou exposés à l'air vicié.

RÉMUNÉRATEUR, TRICE adj. Qui est avantageux, qui procure des bénéfices.

RÉMUNÉRATION n.f. Prix d'un travail, d'un service rendu. *Demander la juste rémunération de son travail.*

RÉMUNÉRATOIRE adj. DR. Qui a un caractère de rémunération.

RÉMUNÉRER v.t. (lat. *remunerare*) [18]. Rétribuer, payer pour un travail, un service.

RENÂCLER v.i. (de *renifler* et moyen fr. *renaquer*, reculer). **1.** Faire du bruit en reniflant, en parlant d'un animal. **2.** Fam. Témoigner de la répugnance, refuser de faire. *Renâcler à la besogne.*

RENAISSANCE n.f. **1.** Action de renaître. **2.** Renouvellement, retour. *La renaissance des lettres, des arts.* **3.** HIST. *La Renaissance* : v. partie n. pr. ◇ *Renaissance carolingienne* : essor des arts, bref mais remarquable, qui marqua les règnes des premiers souverains carolingiens. ◆ adj. inv. (Avec une majuscule). Qui appartient à la Renaissance. *Un décor Renaissance.*

RENAISSANT, E adj. **1.** Qui renaît. *Des obstacles sans cesse renaissants.* **2.** De la Renaissance.

RENAÎTRE v.i. [92] [inusité aux temps composés]. **1.** Naître de nouveau, revenir à la vie. *Le phénix renaissait de ses cendres.* **2.** Croître, se développer de nouveau, en parlant des végétaux. *Les fleurs renaissent au printemps.* **3.** Reparaître, recommencer à exister ; recouvrer sa vigueur, sa vitalité. *L'espoir renaît.* ◆ v.t. ind. *(à)*. Litt. Retrouver un certain état, son aptitude à éprouver tel ou tel sentiment. *Renaître à l'espérance.*

RÉNAL, E, AUX adj. (lat. *ren, renis*, rein). Relatif aux reins.

RENARD [rənar] n.m. (francique *Reginhart*, n.pr.). **I. 1.** Mammifère carnivore à queue velue et à museau pointu, grand destructeur d'oiseaux et de petits mammifères. *Le renard glapit*, pousse son cri. (Famille des canidés.) ◇ Par ext. Fourrure de cet animal. *Renard roux, argenté.* **2.** Fig. Homme rusé. **II.** TECHN. Fissure dans un bassin, un barrage, par où se produit une fuite.

renard

RENARD (SÉRIE DE) : progression géométrique de raison particulière, due au colonel Renard et très utilisée en normalisation.

RENARDE n.f. Renard femelle.

RENARDEAU n.m. Jeune renard.

RENARDIÈRE n.f. **1.** Tanière du renard. **2.** Canada. Ferme d'élevage de renards.

RENAUDER v.i. Pop. et vx. Se plaindre.

RENCAISSAGE ou **RENCAISSEMENT** n.m. Action de rencaisser.

RENCAISSER v.t. Remettre en caisse.

RENCARD n.m. → *rancard*.

RENCARDER v.t. → *rancarder*.

RENCHÉRIR v.i. **1.** Devenir plus cher. *Les loyers renchérissent.* **2.** Faire une enchère supérieure. **3.** Dire ou faire plus qu'un autre. *Il renchérit sur tout ce qu'il entend raconter.*

RENCHÉRISSEMENT n.m. Augmentation de prix d'une marchandise.

RENCHÉRISSEUR, EUSE n. Personne qui renchérit.

RENCOGNER v.t. Fam. Pousser, serrer dans un coin. *Rencogner qqn dans une embrasure.*

1. RENCONTRE n.f. **1.** Fait de rencontrer fortuitement qqn ; fait pour des choses de se trouver en contact. *Faire une rencontre inattendue.* ◇ *... de rencontre* : de hasard. *Amour de rencontre.*

2. Entrevue, conversation concertée entre deux ou plusieurs personnes. *Une rencontre de chefs d'État.* ◇ *Aller à la rencontre de,* au-devant de. **3.** Compétition sportive. **4.** Combat imprévu de deux troupes adverses en mouvement. **5.** Duel.

2. RENCONTRE n.m. HÉRALD. Tête d'animal représentée seule et de face.

RENCONTRER v.t. **1.** Se trouver en présence de qqn sans l'avoir voulu ; faire la connaissance de qqn, entrer en relation avec lui. *Rencontrer un ami. Rencontrer des gens intéressants durant un voyage.* **2.** Affronter un adversaire, une équipe dans un match, une compétition. **3.** Belgique. Tenir compte (d'un argument, d'une objection). **4.** GÉOM. Avoir une intersection avec. ◆ **se rencontrer** v.pr. **1.** Se trouver en même temps au même endroit. **2.** Faire connaissance de. *Quand nous sommes-nous rencontrés ?* **3.** Litt. Être du même avis que qqn.

RENDEMENT n.m. **1.** Production évaluée par rapport à une norme, à une unité de mesure. *Le rendement d'une terre.* **2.** Rentabilité des capitaux employés, d'une somme placée ou investie. **3.** Efficacité de qqn dans le travail. **4.** Rapport de l'énergie ou d'une autre grandeur fournie par une machine à l'énergie ou à la grandeur correspondante consommée par cette machine. **5.** Pourcentage des molécules d'une espèce chimique soumises à une transformation qui a conduit à un produit donné, au cours d'une réaction chimique.

RENDEZ-VOUS n.m. **1.** Convention que font deux ou plusieurs personnes de se trouver à la même heure en un même lieu ; lieu où l'on doit se trouver. *Prendre des rendez-vous. Arriver le premier au rendez-vous.* ◇ *Rendez-vous spatial* (ou *orbital*) : rapprochement volontaire dans l'espace de deux ou plusieurs satellites, généralement en vue de leur amarrage mutuel. **2.** Lieu où l'on a l'habitude de se réunir.

RENDORMIR v.t. [36]. Endormir de nouveau.

RENDOSSER v.t. Endosser de nouveau.

RENDRE v.t. (lat. *reddere,* altéré par *prehendere,* saisir) [73]. **I. 1.** Restituer à qqn ce qui lui appartient ou ce qui lui revient de droit. *Rendre des livres empruntés.* **2.** Renvoyer, rapporter à qqn ce qu'on a reçu de lui et qu'on ne veut ou ne peut garder. *Rendre un cadeau.* **3.** Faire revenir qqn à un état antérieur, ramener qqch à sa destination première. *Cette cure lui a rendu la santé.* **4.** Donner en retour, en échange. *Rendre une invitation. Rendre la monnaie.* ◇ *Rendre les armes :* s'avouer vaincu. **5.** Prononcer, formuler un avis, un jugement, oralement ou par écrit. *Rendre un arrêt.* **6.** Fam. Expulser par la bouche ce qui est contenu dans l'estomac ; vomir. *Rendre son déjeuner.* **7.** Produire, émettre tel ou tel son. *Violon qui rend des sons harmonieux.* **8.** Produire, rapporter plus ou moins, en parlant d'une terre, d'une culture, d'une activité. *Cette année, le blé a bien rendu.* **II.** Faire passer qqn, qqch à un nouvel état, les faire devenir tels. *Votre arrivée l'a rendu heureux.* ◆ **se rendre** v.pr. **I. 1.** Aller quelque part. *Se rendre à Paris.* **2.** Cesser le combat, se soumettre, capituler. *Se rendre à l'ennemi, à la police.* ◇ Fig. *Se rendre à l'évidence :* admettre ce qui est incontestable. **II.** Agir de façon à être, à devenir, à apparaître tel. *Se rendre utile.* ◇ *Se rendre maître de :* s'emparer de.

1. RENDU, E adj. **1.** Vieilli. Fatigué, harassé. **2.** Arrivé à destination. *Enfin, nous voilà rendus.*

2. RENDU n.m. **1.** Qualité expressive de l'exécution dans une œuvre d'art. *Le rendu des chairs dans un tableau.* **2.** Objet qu'on vient d'acheter et qu'on retourne au commerçant.

RENDZINE [rẽdzin] n.f. (du polon.). GÉOGR. Sol peu lessivé développé sur roche mère calcaire et contenant des fragments rocheux dans une matrice argileuse rougeâtre.

RÊNE n.f. (lat. *retinere,* retenir). Courroie fixée au mors du cheval et que tient le cavalier pour guider sa monture. ◇ Fig., litt. *Tenir les rênes de qqch,* en avoir la direction.

RENÉGAT, E n. (it. *rinnegato*). **1.** Personne qui renie sa religion. **2.** Personne qui abjure ses opinions ou trahit sa patrie, son parti, etc.

RENÉGOCIATION n.f. Nouvelle négociation des termes d'un accord.

RENÉGOCIER v.t. Négocier à nouveau.

RENEIGER v. impers. Neiger de nouveau.

RÉNETTE n.f. → *2. rainette.*

RENFAÎTER v.t. Réparer le faîte d'un toit.

1. RENFERMÉ, E adj. Fam. Peu communicatif.

2. RENFERMÉ n.m. Mauvaise odeur qu'exhale une pièce qui a été longtemps fermée.

RENFERMEMENT n.m. Action de renfermer qqn.

RENFERMER v.t. **1.** Enfermer de nouveau. *Renfermer un prisonnier évadé.* **2.** Comprendre, contenir. *Ce livre renferme de grandes vérités.* ◆ **se renfermer** v.pr. Se concentrer, se dissimuler. *Se renfermer dans le silence.* ◇ *Se renfermer en, sur soi-même :* taire ses sentiments, se replier sur soi.

RENFILER v.t. Enfiler de nouveau.

RENFLÉ, E adj. Plus épais en une partie ; dont le diamètre est plus grand vers la partie médiane. ◇ *Colonne renflée :* colonne galbée, diminuée vers le bas comme vers le haut.

RENFLEMENT n.m. État de ce qui est renflé ; partie renflée.

RENFLER v.t. Donner une forme convexe à.

RENFLOUAGE ou **RENFLOUEMENT** n.m. Action de renflouer.

RENFLOUER v.t. (normand *flouée,* marée). **1.** MAR. Remettre à flot. *Renflouer un navire échoué.* **2.** Fournir les fonds nécessaires pour rétablir une situation financière.

RENFONCEMENT n.m. **1.** Ce qui est en creux, renfoncé ; partie de construction en retrait, recoin. **2.** IMPR. Action de faire commencer une ligne imprimée par un blanc de valeur fixe.

RENFONCER v.t. [16]. Enfoncer de nouveau ou plus avant.

RENFORÇATEUR n.m. et adj.m. **1.** PHOT. Bain de renforcement photographique. **2.** PSYCHOL. Agent de renforcement dans le conditionnement. **3.** Substance qui renforce le goût d'un produit alimentaire.

RENFORCEMENT n.m. **1.** Action de renforcer. **2.** PHOT. Accroissement de l'intensité des noirs dans un cliché photographique. **3.** PSYCHOL. Évènement qui rend plus forte la capacité pour un stimulus de susciter une réaction.

RENFORCER v.t. [16]. Rendre plus fort. *Renforcer une poutre. Renforcer une couleur.*

RENFORMIR v.t. Remplacer les pierres manquantes d'un vieux mur et le crépir.

RENFORMIS [rɑ̃fɔrmi] n.m. CONSTR. Crépissage plus épais qu'un enduit ordinaire.

RENFORT n.m. (de *renforcer*). **1.** Accroissement du nombre des personnes ou des moyens matériels d'un groupe, lui permettant une action plus efficace. *Attendre une équipe de renfort.* ◇ *À grand renfort de (qqch) :* en employant une grande quantité de, en recourant abondamment à tel moyen. **2.** Effectif ou matériel supplémentaire destinés à renforcer ceux qui existent (souvent au pl.). *Les renforts leur sont-ils parvenus ?* **3.** TECHN. Pièce qui en double une autre pour en augmenter la résistance ou pour remédier à l'usure. **4.** ARM. Partie postérieure la plus épaisse d'un canon.

RENFROGNER (SE) v.pr. (gaul. *frogna,* nez). Manifester son mécontentement, sa mauvaise humeur en contractant le visage.

RENGAGÉ n.m. Militaire qui, son temps achevé, reprend volontairement du service.

RENGAGEMENT ou **RÉENGAGEMENT** n.m. **1.** Action de se rengager ou de remettre en gage. **2.** Acte par lequel un militaire libérable contracte un nouvel engagement.

RENGAGER ou **RÉENGAGER** v.t. [17]. Engager de nouveau. ◆ v.i. ou **se rengager** v.pr. Contracter un nouvel engagement.

RENGAINE n.f. (de *rengainer*). Fam. **1.** Paroles répétées à satiété. **2.** Refrain populaire ou chanson à succès.

RENGAINER v.t. **1.** Remettre dans la gaine, dans le fourreau. **2.** Supprimer ou ne pas achever ce qu'on voulait dire. *Rengainer son discours.*

RENGORGER (SE) v.pr. [17]. **1.** Avancer, faire saillir la gorge en ramenant la tête en arrière, en parlant d'un oiseau. *Le paon se rengorge.* **2.** Fig. Faire l'important, se gonfler d'orgueil.

RENGRAISSER v.i. Redevenir gras.

RENGRÈNEMENT n.m. Action de rengréner.

1. RENGRÉNER [18] ou **RENGRENER** [19] v.t. Remplir (la trémie) de nouveau grain.

2. RENGRÉNER [18] ou **RENGRENER** [19] v.t. MÉCAN. Engager de nouveau entre les dents d'une roue dentée. *Rengréner un pignon.*

RENIEMENT n.m. Action de renier.

RENIER v.t. (de *nier*). **1.** Déclarer, contre la vérité, qu'on ne connaît pas qqn, qqch. **2.** Refuser de reconnaître comme sien. *Renier son fils.* **3.** Renoncer à, abjurer. *Renier ses idées.*

RENIFLARD n.m. Appareil qui sert à évacuer les eaux de condensation dans les conduits, ou les vapeurs d'huile de graissage d'un moteur.

RENIFLEMENT n.m. Action de renifler.

RENIFLER v.i. (anc. fr. *nifler*). Aspirer fortement par le nez en faisant du bruit. ◆ v.t. **1.** Aspirer par le nez. *Renifler du tabac.* **2.** Fam. Flairer. *Renifler une bonne affaire.*

RENIFLEUR, EUSE adj. et n. Qui renifle.

RÉNIFORME adj. BOT. En forme de rein.

RÉNINE n.f. Enzyme sécrétée par le rein en fonction de la pression artérielle locale et qui contrôle la formation d'angiotensine.

RÉNITENCE n.f. État de ce qui est rénitent.

RÉNITENT, E adj. (lat. *renitens,* qui résiste). MÉD. Qui offre une certaine résistance à la pression.

RENNAIS, E adj. et n. De Rennes.

RENNE n.m. (norvég. *ren*). Mammifère ruminant de la famille des cervidés, vivant en Sibérie, en Scandinavie, au Groenland et au Canada (où on l'appelle *caribou*).
■ Le renne atteint 1,50 m de haut. Ses bois ont des andouillers aplatis en palette, qui lui servent à découvrir sous la neige les lichens dont il se nourrit. Les Lapons et les Esquimaux l'emploient comme bête de trait. Son sang, sa chair, son lait, son cuir, ses bois sont pour eux de précieuses ressources.

renne

RENOM n.m. Opinion favorable, largement répandue dans le public. *Ce savant doit son renom à cette découverte.*

RENOMMÉ, E adj. Célèbre, réputé. *Vin renommé.*

RENOMMÉE n.f. **1.** Litt. Opinion publique ; réputation. *Avoir une bonne renommée.* **2.** Opinion favorable d'un large public sur qqn, qqch. *La renommée des vins de France.* **3.** DR. *Preuve par commune renommée :* mode de preuve qui consiste à faire déposer des témoins non sur des faits dont ils ont eu personnellement connaissance, mais sur une opinion répandue dans le voisinage.

RENOMMER v.t. Nommer, élire de nouveau.

RENON n.m. (anc. fr. *renonc,* réponse négative). Belgique. Résiliation d'un bail.

RENONCE n.f. Fait de ne pas fournir la couleur demandée, aux cartes.

RENONCEMENT n.m. **1.** Action de renoncer. **2.** Abnégation, sacrifice complet de soi-même.

RENONCER v.t. ind. [*à*] (lat. *renuntiare*) [16]. **1.** Se désister du droit qu'on a sur qqch, abandonner la possession de. *Renoncer à une succession, au pouvoir.* **2.** Cesser de s'attacher à qqch ; se résoudre à cesser toute relation avec qqn. *Renoncer à ses opinions. Renoncer à celle qu'on aime.* **3.** Cesser d'envisager, de considérer comme possible ; abandonner. *Renoncer à un voyage. Je renonce à vous convaincre.* ◆ v.t. Belgique. Résilier (un bail, un contrat), donner son congé à (qqn). ◆ v.i. Au jeu, mettre une carte d'une autre couleur que la couleur demandée.

RENONCIATAIRE n. DR. Personne en faveur de qui l'on fait une renonciation.

RENONCIATEUR, TRICE n. DR. Personne qui fait une renonciation.

RENONCIATION n.f. Acte par lequel on renonce à une chose, à un droit, à une charge, à une fonction.

RENONCULACÉE n.f. *Renonculacées :* vaste famille de plantes à pétales séparés, aux carpelles indépendants fixés sur un réceptacle bombé, telles que la renoncule, la clématite, l'anémone, l'ancolie, la pivoine, etc. (Ordre des ranales.)

RENONCULE n.f. (lat. *ranunculus,* petite grenouille [une des espèces, la *grenouillette,* est aquatique]). Herbe aux fleurs jaunes (bouton-d'or) ou blanches (bouton-d'argent), abondante dans les prairies au printemps. (Famille des renonculacées.)

renoncule (bouton-d'argent)

RENOUÉE n.f. Plante herbacée dont une espèce cultivée est le *sarrasin,* ou *blé noir,* et dont une espèce sauvage est utilisée comme astringent. (Famille des polygonacées.)

RENOUER v.t. **1.** Nouer une chose dénouée. *Renouer un ruban.* **2.** Reprendre après interruption. *Renouer la conversation.* ◆ v.t. ind. *(avec).* **1.** Nouer à nouveau une relation avec qqn. **2.** Fig. Retrouver une situation favorable. *Renouer avec le succès.*

RENOUVEAU n.m. **1.** Renouvellement, retour. *Mode qui connaît un renouveau de succès.* **2.** Litt. Retour du printemps.

RENOUVELABLE adj. Qui peut être renouvelé. ◇ *Énergie renouvelable,* dont la consommation n'aboutit pas à la diminution des ressources naturelles, parce qu'elle fait appel à des éléments qui se recréent naturellement (la biomasse, l'énergie solaire).

RENOUVELANT, E n. RELIG. CATH. Enfant qui renouvelait solennellement les vœux de son baptême, un an après sa profession de foi.

RENOUVELER v.t. [24]. **1.** Remplacer une personne ou une chose par une nouvelle ; changer. *Renouveler une équipe. Renouveler sa garde-robe.* **2.** Remplacer une chose altérée, endommagée, usée par qqch de neuf. *Renouveler l'air d'une pièce, l'eau d'une piscine.* **3.** Rendre nouveau en transformant. *Renouveler son style.* **4.** Recommencer, réitérer, faire, donner de nouveau. *Renouveler une promesse, sa confiance.* **5.** Conclure un nouveau contrat du même type que celui qui expire. *Renouveler un bail.* ◆ **se renouveler** v.pr. **1.** Changer, être remplacé. *Les générations se renouvellent.* **2.** Prendre une forme nouvelle ; apporter des éléments nouveaux. *Écrivain qui ne sait pas se renouveler.* **3.** Se produire à nouveau ; recommencer. *Que cet incident ne se renouvelle pas !*

RENOUVELLEMENT n.m. Action de renouveler ; fait de se renouveler.

RÉNOVATEUR, TRICE adj. et n. **1.** Qui rénove. **2.** Partisan d'une évolution au sein d'une organisation.

RÉNOVATION n.f. Changement en mieux, transformation, modernisation. *La rénovation des méthodes de travail, d'une maison.* ◇ *Rénovation urbaine :* reconstruction d'un îlot, d'un quartier après démolition des immeubles anciens.

RÉNOVER v.t. (lat. *renovare*). **1.** Remettre à neuf. *Rénover un appartement ancien.* **2.** Donner une nouvelle forme, une nouvelle existence. *Rénover les institutions politiques.*

RENSEIGNEMENT n.m. **1.** Indication, information, éclaircissement donnés sur qqn, qqch. *Demander, obtenir un renseignement. – Aller aux renseignements :* aller s'informer. **2.** (Souvent au pl.). Ensemble des connaissances de tous ordres sur un adversaire potentiel, utiles aux pouvoirs publics et au commandement militaire. ◆ pl. **1.** Bureau, service chargé d'informer le public (dans une administration, etc.). *S'adresser aux renseignements.* **2.** *Renseignements généraux* → *R. G.* (partie n.pr.). **3.** MIL. *Service de renseignements (S. R.) :* organisme chargé de la recherche des renseignements nécessaires à la Défense.

RENSEIGNER v.t. **1.** Donner des indications, des éclaircissements à qqn. *Renseigner un passant.* **2.** Belgique. Indiquer, signaler (qqch). ◆ **se renseigner** v.pr. S'informer, prendre des renseignements.

RENTABILISABLE adj. Que l'on peut rentabiliser.

RENTABILISATION n.f. Action de rentabiliser.

RENTABILISER v.t. Rendre rentable.

RENTABILITÉ n.f. Caractère de ce qui est rentable. ◇ ÉCON. *Taux de rentabilité :* rapport entre les bénéfices d'une entreprise et les capitaux engagés.

RENTABLE adj. Qui donne un bénéfice satisfaisant. *Une affaire rentable.*

RENTAMER v.t. Rare. Recommencer, reprendre.

RENTE n.f. (de *rendre*). **1.** Revenu annuel ; ce qui est dû tous les ans pour des fonds placés ou un bien mis à ferme. *Rente foncière.* **2.** Emprunt d'État à long ou à moyen terme. ◇ *Rente perpétuelle :* emprunt d'État, dont la date de remboursement est indéterminée (par opp. à la *rente amortissable*). **3.** Fam. Personne ou chose dont on tire un profit régulier. ◇ *Rente de situation :* avantage tiré du seul fait que l'on a une situation protégée ou bien placée.

RENTER v.t. Vx. Servir une rente à (qqn).

RENTIER, ÈRE n. Personne qui possède des rentes ou qui vit de revenus non professionnels.

RENTOILAGE n.m. Action de rentoiler.

RENTOILER v.t. Renforcer la toile usée d'un tableau en la collant sur une toile neuve.

RENTOILEUR, EUSE n. Ouvrier, ouvrière spécialisés dans le rentoilage des tableaux.

RENTRAGE n.m. Action de rentrer.

RENTRAITURE n.f. Couture faite en rentrayant.

RENTRANT, E adj. *Angle* ou *secteur angulaire rentrant :* angle dont la mesure est supérieure à celle d'un angle plat (180°).

RENTRAYER [11] ou **RENTRAIRE** [112] v.t. COUT. Réparer (une tapisserie) à l'aiguille.

1. RENTRÉ, E adj. **1.** Qui ne se manifeste pas extérieurement. *Colère rentrée.* **2.** Cave, creux. *Avoir les yeux rentrés.*

2. RENTRÉ n.m. COUT. Repli du tissu sur l'envers d'un vêtement.

RENTRÉE n.f. **1.** Action de rentrer qqch. *La rentrée des foins.* **2.** Action de revenir dans un lieu qu'on avait quitté, de reparaître dans son activité après une absence. *Député qui prépare sa rentrée politique.* **3.** ASTRONAUT. Retour d'un engin spatial dans l'atmosphère terrestre. **4.** Action de reprendre ses fonctions, ses activités après l'interruption des vacances ; période qui succède aux congés annuels, en début d'automne. *La rentrée des classes.* **5.** Recouvrement de fonds ; somme recouvrée. *Attendre une rentrée importante.* **6.** Cartes qu'on prend dans le talon à la place de celles qu'on a écartées.

RENTRER v.i. (auxil. *être*). **I. 1.** Entrer de nouveau quelque part, y pénétrer après être sorti. **2.** Revenir dans une situation, un état qu'on avait quittés. *Rentrer dans le droit chemin.* ◇ *Rentrer en grâce :* obtenir son pardon. **3.** Revenir chez soi ou à son lieu habituel. *Rentrer de voyage.* **4.** Reprendre ses activités, ses occupations après une interruption. *Les tribunaux sont rentrés.* **5.** Être reçu, perçu. *Fonds qui rentrent mal.* **6.** Recouvrer, récupérer. *Rentrer dans ses frais, dans ses droits.* **7.** Litt. *Rentrer en soi-même :* faire retour sur soi-même, sur son passé, réfléchir sur sa conduite. **II. 1.** Entrer, pénétrer. *L'eau rentre par les fissures.* **2.** S'emboîter. *Tubes qui rentrent les uns dans les autres.* **3.** Être compris, contenu, inclus. *Cela ne rentre pas dans mes attributions.* **4.** Se jeter violemment (sur qqch, qqn) ; percuter. *La voiture est rentrée dans un mur.* ◇ Pop. *Rentrer dans qqn, lui rentrer dedans, dans le chou, dans le lard,* se jeter sur lui pour le battre, le mettre à mal ; **fig.**, se livrer à une violente attaque verbale contre lui. ◆ v.t. (auxil. *avoir*). **1.** Mettre ou remettre à l'abri, à l'intérieur. *Rentrer les foins, des bestiaux.* **2.** Introduire, faire pénétrer. *Rentrer la clé dans la serrure.* **3.** Rétracter. *Chat qui rentre ses griffes.* **4.** Refouler, cacher. *Rentrer ses larmes.*

RENVERSANT, E adj. Fam. Qui étonne au plus haut point. *Une nouvelle renversante.*

RENVERSE n.f. **1.** Changement cap pour cap de la direction du vent, d'un courant, de la marée, etc. **2.** *À la renverse :* sur le dos, en arrière.

RENVERSÉ, E adj. **1.** Qui est ou paraît être dans une position contraire à la position normale. *Image renversée d'un objet. – C'est le monde renversé :* cela va contre la raison, contre le bon sens. **2.** Stupéfait, déconcerté. **3.** CUIS. *Crème renversée :* crème montée à base de lait et d'œufs battus cuite au bain-marie.

RENVERSEMENT n.m. **1.** Action de renverser, fait de se renverser. *Renversement de la situation.* **2.** MUS. État d'un accord dont la note fondamentale ne se trouve pas à la basse.

RENVERSER v.t. (de *envers*). **1.** Mettre à l'envers, sens dessus dessous. *Renverser un sablier.* ◇ *Renverser la vapeur :* mettre une machine à vapeur en marche arrière pour l'arrêter rapidement ; **fig.**, changer totalement sa façon d'agir. **2.** Pencher, incliner, rejeter en arrière (une partie du corps). *Renverser la tête pour regarder en l'air.* **3.** Faire tomber qqn, qqch ou lui faire quitter sa position d'équilibre. *Renverser son adversaire d'un croc-en-jambe.* **4.** Éliminer qqch, le réduire à néant. *Cet évènement risque de renverser nos projets.* **5.** Provoquer la chute de (un gouvernement, un dirigeant). **6.** Plonger dans l'étonnement, causer une émotion profonde. *Cette nouvelle nous a renversés.* ◆ v.i. MAR. Changer de sens, en parlant du courant de la marée. ◆ **se renverser** v.pr. **1.** Incliner le corps en arrière. **2.** Se retourner sens dessus dessous. *La voiture s'est renversée.* **3.** MAR. Renverser.

RENVIDAGE n.m. Action de renvider.

RENVIDER v.t. Enrouler sur les bobines le fil produit par le métier à filer.

RENVIDEUR n.m. Métier à filer sur lequel le fil produit est renvidé.

RENVOI n.m. **1.** Action de renvoyer. *Renvoi de marchandises, d'un élève.* **2.** Action d'ajourner ou de renvoyer devant une commission, une autre juridiction. *Renvoi d'une audience, de l'ordre du jour.* **3.** Indication par laquelle le lecteur d'un livre est invité à se reporter à un autre endroit du texte. **4.** Émission par la bouche de gaz provenant de l'estomac. **5.** MÉCAN. Mécanisme permettant dans une transmission de faire passer une courroie d'une poulie sur une autre, de changer la direction d'un mouvement. **6.** MUS. Signe qui indique une reprise.

RENVOYER v.t. [30]. **1.** Envoyer (qqn, qqch) une nouvelle fois, faire retourner. **2.** Retourner (ce qu'on a reçu) à celui qui l'a envoyé ; ne pas garder. *Renvoyer une lettre à l'expéditeur.* **3.** Lancer (qqch que l'on a reçu) en sens contraire ; envoyer en retour. *Renvoyer un compliment.* **4.** Réfléchir (la lumière, le son), en parlant d'une surface. *La vitre renvoie les rayons du soleil.* **5.** Ne plus admettre ; congédier, mettre à la porte. *Renvoyer un élève.* **6.** Inviter qqn à s'adresser à qqn d'autre, à se rendre à un autre endroit, à consulter tel texte. *Renvoyer à des notes en bas de page.* **7.** Reporter, remettre à plus tard, ajourner. *Renvoyer un débat.* **8.** DR. Ajourner une audience ou attribuer une affaire à une autre juridiction.

RÉOCCUPATION n.f. Nouvelle occupation.

RÉOCCUPER v.t. Occuper de nouveau.

RÉOPÉRER v.t. [18]. Opérer de nouveau.

RÉORCHESTRATION n.f. Nouvelle orchestration.

RÉORCHESTRER v.t. Orchestrer de nouveau. *Réorchestrer un opéra.*

RÉORDINATION n.f. RELIG. Seconde ordination faite dans le cas où une première ordination a été reconnue invalide ou d'une validité douteuse.

RÉORGANISATEUR, TRICE adj. et n. Qui réorganise.

RÉORGANISATION n.f. Action de réorganiser.

RÉORGANISER v.t. Organiser de nouveau, sur de nouvelles bases.

RÉORIENTATION n.f. Action de réorienter.

RÉORIENTER v.t. Orienter dans une nouvelle direction.

RÉOUVERTURE n.f. **1.** Action de rouvrir. *Réouverture d'un théâtre.* **2.** DR. Reprise des débats après clôture sur décision du tribunal.

REPAIRE n.m. **1.** Lieu de refuge des bêtes sauvages. **2.** Endroit qui sert de refuge à des malfaiteurs, à des individus dangereux.

REPAIRER v.i. (bas lat. *repatriare,* rentrer dans sa patrie). VÉN. Être au repaire, au gîte, en parlant d'un animal de chasse.

REPAÎTRE v.t. [91]. Litt. Nourrir, rassasier. ◆ **se repaître** v.pr. Litt. Assouvir sa faim, ses désirs. *Se repaître de sang, de carnage.*

RÉPANDRE v.t. [74]. **1.** Laisser tomber en dispersant. *Répandre du vin par terre.* **2.** Envoyer hors de soi, être la source de, verser. *Répandre des larmes. Répandre une odeur.* **3.** Propager, faire connaître. *Répandre une nouvelle.* **4.** Distribuer. *Répandre des bienfaits.* ◆ **se répandre** v.pr. **1.** S'écouler, se dégager. *La fumée se répand dans la pièce.* **2.** Se propager. *Cet usage se répand.* **3.** *Se répandre en invectives, en louanges, en compliments, etc.* : dire beaucoup d'injures, faire beaucoup de louanges, de compliments, etc.

RÉPANDU, E adj. Communément admis. *L'opinion la plus répandue.*

RÉPARABLE adj. Qui peut être réparé.

REPARAÎTRE v.i. [91] (auxil. *avoir* ou *être*). Paraître, se manifester de nouveau.

RÉPARATEUR, TRICE n. Personne qui répare, remet en état qqch, notamm. un appareil. ◆ adj. **1.** Qui rend les forces, la santé. *Sommeil réparateur.* **2.** *Chirurgie réparatrice* : chirurgie plastique*.

RÉPARATION n.f. **1.** Action de réparer qqch d'endommagé ; résultat de cette action. **2.** BIOL. Fait, pour un organisme, de se rétablir, de revenir à un état normal. **3.** Action de réparer une faute commise, un préjudice moral. *Demander la réparation d'une offense.* **4.** DR. Dédommagement d'un préjudice par la personne qui en est responsable ; peine frappant l'auteur d'une infraction. **5.** SPORTS. *Surface de réparation* : au football, zone délimitée devant le but à l'intérieur de laquelle toute faute commise peut donner lieu à un *coup de pied de réparation* (ou *penalty*). ◆ pl. **1.** Travaux effectués en vue de la conservation ou de l'entretien de locaux. **2.** Prestations dues par les États vaincus aux États vainqueurs, à la suite d'une guerre, et tendant à réparer les dommages dont les États sont considérés comme responsables. ◇ HIST. *Question des réparations* : ensemble des problèmes posés par le paiement des dommages de guerre imposé à l'Allemagne par le traité de Versailles en 1919.

RÉPARER v.t. (lat. *reparare*). **1.** Remettre en état ce qui a subi un dommage, une détérioration. *Réparer une montre.* **2.** Faire disparaître un mal ou en atténuer les conséquences. *Réparer des négligences.* **3.** Faire disparaître les traces du moule et les défauts sur un objet obtenu par fonte ou par moulage. **4.** *Réparer ses forces,* les restaurer, se rétablir.

REPARLER v.i. et v.t. ind. *(de, à).* Parler de nouveau.

REPARTAGER v.t. [17]. Partager de nouveau.

REPARTIE [rəparti] ou [reparti] n.f. Réponse vive et spirituelle.

1. REPARTIR [rə-] ou [re-] v.t. (de *partir,* se séparer de) [43] [auxil. *avoir*]. Litt. Répliquer promptement. *Il ne lui a reparti que des impertinences.*

2. REPARTIR [rə-] v.i. [43] [auxil. *être*]. Partir de nouveau, retourner.

RÉPARTIR v.t. (de *partir,* partager). Partager, distribuer d'après certaines règles.

RÉPARTITEUR, TRICE n. Personne qui fait une répartition.

RÉPARTITION n.f. **1.** Action de répartir, de distribuer, de partager ou de classer des choses ; partage. *Répartition des tâches.* ◇ *Impôt de répartition* : impôt fixé à l'avance puis décomposé en contingents mis à la charge des collectivités locales qui les répartissent entre les contribuables. **2.** Manière dont sont distribués, répartis des êtres ou des choses ; distribution. ◇ Recomm. off. pour *dispatching.* **3.** Partie de la science économique étudiant les mécanismes de la formation et de la redistribution des revenus. **4.** Technique de financement de régimes de retraite et de prévoyance.

REPARUTION n.f. Fait de reparaître.

REPAS n.m. (anc. fr. *past,* nourriture). Nourriture que l'on prend chaque jour à certaines heures.

REPASSAGE n.m. **1.** Action d'aiguiser un couteau, un canif, etc. **2.** Action de repasser du linge.

REPASSER v.i. Passer de nouveau, revenir. *Je repasserai ce soir.* ◆ v.t. **1.** Passer, franchir de nouveau (un lieu, un obstacle). **2.** Aiguiser. *Repasser un couteau.* **3.** Défriper au moyen d'un fer chaud. *Repasser du linge.* **4.** Relire, redire pour s'assurer que l'on sait ; se remettre en mémoire. *Repasser sa leçon.*

REPASSEUR n.m. Ouvrier qui aiguise les couteaux, les ciseaux, etc.

REPASSEUSE n.f. **1.** Femme dont le métier est de repasser le linge. **2.** Machine électrique qui repasse le linge entre deux tambours.

REPAVAGE n.m. Action de repaver.

REPAVER v.t. Paver de nouveau.

REPAYER v.t. [11]. Payer de nouveau.

REPÊCHAGE n.m. **1.** Action de repêcher, de ressortir de l'eau ce qui y était tombé. **2.** Épreuve supplémentaire réservée à des concurrents, des candidats éliminés, par laquelle ils peuvent obtenir leur qualification pour la suite d'une compétition, pour l'obtention d'un examen.

REPÊCHER v.t. **1.** Pêcher d'autres poissons, en pêcher une autre fois. **2.** Retirer de l'eau (ce qui y était tombé). *On a repêché le corps dans la Saône.* **3.** Fam. Recevoir (un candidat, un concurrent) après une épreuve de repêchage.

REPEINDRE v.t. [81]. Peindre de nouveau.

REPEINT n.m. Endroit d'un tableau qui a été repeint, par l'artiste ou par un restaurateur.

REPENDRE v.t. [73]. Pendre de nouveau.

REPENSER v.t. ind. *(à).* Penser de nouveau. ◆ v.t. Examiner d'un point de vue différent, concevoir autrement ; reconsidérer. *Repenser l'urbanisme.*

REPENTANT, E adj. Qui se repent.

1. REPENTI, E adj. et n. Qui s'est repenti.

2. REPENTI, E n. Ancien membre d'une organisation clandestine (notamm. d'une organisation terroriste) qui accepte de collaborer avec la police en échange d'une remise de peine.

1. REPENTIR n.m. **1.** Vif regret d'avoir fait ou de n'avoir pas fait qqch. **2.** BX-A. Trace d'un changement apporté à une œuvre durant son exécution.

2. REPENTIR (SE) v.pr. (lat. *poenitere*) [37]. Regretter. *Se repentir de ses fautes.*

REPÉRABLE adj. Qui peut être repéré. ◇ *Grandeur, quantité repérable,* telle que l'on peut définir l'égalité ou l'inégalité, mais non la somme ou le rapport de deux grandeurs de cette espèce (ex. : la température Celsius).

REPÉRAGE n.m. **1.** Action de repérer, de déterminer la place de qqch dans un espace. **2.** CIN. Recherche, effectuée pendant la préparation d'un film, des lieux où se déroulera le tournage. **3.** ARTS GRAPH. Indication par des repères de l'endroit où des dessins tracés sur des supports séparés doivent se superposer ; superposition de quatre films en quadrichromie.

REPERCER v.t. [16]. Percer de nouveau.

RÉPERCUSSION n.f. **1.** Action de répercuter ; fait de se répercuter. *Répercussion du son.* **2.** Conséquence, contrecoup. *Évènement qui aura de graves répercussions.*

RÉPERCUTER v.t. (lat. *repercutere,* repousser). **1.** Réfléchir, renvoyer. *Paroi qui répercute la voix.* **2.** Faire en sorte que qqch soit transmis. *Répercuter les consignes.* **3.** DR. FISC. Faire supporter par d'autres personnes la charge de (un impôt, une taxe). ◆ **se répercuter** v.pr. Avoir des conséquences directes.

REPERDRE v.t. [77]. Perdre de nouveau. *Reperdre tous ses avantages.*

REPÈRE n.m. (var. de *repaire*). **1.** Marque ou objet permettant de s'orienter dans l'espace, de localiser qqch, d'évaluer une distance, une mesure, une valeur, etc. ◇ *Point de repère* : toute marque employée pour reconnaître un lieu ou l'ordre dans lequel on doit assembler des pièces séparées ; point déterminé qui permet de s'orienter ; indice qui permet de situer un évènement dans le temps. **2.** Fig. Chacun des éléments stables à partir desquels s'organise un système de valeurs. *Une société qui perd ses repères.* **3. a.** TECHN. Marque faite à différentes pièces d'un assemblage pour les reconnaître et les ajuster. **b.** CONSTR. Marque servant à indiquer ou à retrouver un alignement, un niveau, une hauteur, etc. **c.** TOPOGR. Plaque scellée dans un mur, indiquant l'altitude d'un lieu. **4.** PHYS. Référentiel. **5.** MATH. Ensemble d'éléments de l'espace permettant de définir un système de coordonnées. *Repère affine, cartésien, orthonormé.*

REPÉRER v.t. [18]. **1.** Marquer de repères. *Repérer un alignement.* **2.** Déterminer la position exacte de, localiser. *Repérer un sous-marin.* **3.** Apercevoir, trouver parmi d'autres. *Repérer un ami dans la foule.*

RÉPERTOIRE n.m. (lat. *repertum,* trouvé). **I.** Table, carnet, recueil où les matières sont rangées dans un ordre qui les rend faciles à trouver. *Répertoire alphabétique. Répertoire des métiers.* **II. 1.** Ensemble des œuvres qui constituent le fonds d'un théâtre, d'une compagnie de ballet. **2.** Ensemble des œuvres interprétées habituellement par un artiste dramatique, un chanteur ou un instrumentiste. **3.** Ensemble de connaissances, d'anecdotes, etc. *Un vaste répertoire d'injures.* **4.** BX-A. Ensemble de motifs décoratifs, formels, iconographiques propres à un artiste, à une époque, à une civilisation. **5.** CHORÉGR. *Le répertoire* : les œuvres essentiellement classiques et romantiques.

RÉPERTORIER v.t. Inscrire dans un répertoire ; faire un répertoire de.

RÉPÉTER v.t. (lat. *repetere,* aller chercher de nouveau) [18]. **1.** Redire (ce qu'on a déjà dit ou ce qu'un autre a dit). *Répéter dix fois la même chose.* **2.** Refaire (ce qu'on a déjà fait), recommencer. *Répéter une expérience.* **3.** Reproduire plusieurs fois. *Répéter un ornement.* **4.** S'exercer à dire, à exécuter seul (ce qu'on devra faire en public). *Répéter un rôle.* **5.** DR. Réclamer (ce qu'on a prêté ou ce qu'on prétend avoir été pris sans droit). ◆ **se répéter** v.pr. Redire les mêmes choses sans nécessité.

RÉPÉTEUR n.m. Amplificateur utilisé sur les lignes téléphoniques à grandes distances.

RÉPÉTITEUR, TRICE n. Vx. Personne qui donne des leçons particulières à des élèves.

RÉPÉTITIF, IVE adj. Qui se reproduit de façon monotone, qui se répète sans cesse.

RÉPÉTITION n.f. **I. 1.** Redite, retour de la même idée, du même mot. **2.** Séance de travail au cours de laquelle des comédiens, des musiciens, des danseurs, etc., mettent au point ce qu'ils présenteront au public. **3.** Vx. Leçon particulière donnée à un ou à plusieurs élèves. **4.** Suisse. *Cours de répétition* : chacune des périodes annuelles de service militaire accomplies après l'école du soldat. **II. 1.** Réitération d'une même action. *La répétition d'un geste.* ◇ PSYCHAN. *Compulsion de répétition* : processus inconscient et irrésistible qui replace le sujet dans des situations désagréables, analogues à des expériences anciennes. **2.** *Arme à répétition* : arme à feu dont la cadence de tir est augmentée par le chargement automatique des munitions dans la chambre. SYN. : *arme semi-automatique.* **3.** GÉOM. *Répétition d'ordre* n : rotation d'un $n^{ième}$ de tour qui amène la figure en coïncidence avec sa position initiale. **III.** DR. *Répétition de l'indu* : action en restitution d'une somme reçue sans cause.

RÉPÉTITIVITÉ n.f. Caractère de ce qui est répétitif.

REPEUPLEMENT n.m. **1.** Action de repeupler un lieu ; fait de se repeupler, d'être repeuplé. *Repeuplement d'une région.* **2.** Reconstitution d'un massif forestier.

REPEUPLER v.t. **1.** Peupler (une région dépeuplée) ; s'installer dans (un lieu). *Des colons ont repeuplé cette région.* **2.** Regarnir (un lieu) d'espèces animales ou végétales. *Repeupler une forêt de nouvelles essences.*

REPIC n.m. Au piquet, cas où un joueur totalise 30 points et où son adversaire n'en compte aucun.

REPIQUAGE n.m. **1.** Action de repiquer. **2.** Transplantation d'une jeune plante venue de semis. **3.** Opération consistant à copier un disque, une bande magnétique par réenregistrement ; enregistrement obtenu. **4.** Impression d'un texte sur une feuille déjà imprimée.

REPIQUE n.f. PHOT. Élimination au pinceau ou au crayon de points noirs ou blancs apparaissant sur une photographie.

REPIQUER v.t. **1.** Piquer de nouveau. **2.** Copier (un enregistrement). **3.** AGRIC. Transplanter. **4.** IMPR. Faire l'impression d'un texte sur une feuille déjà imprimée. **5.** PHOT. Effectuer des opérations de repique sur. **6.** CONSTR. Faire des trous de faible dimension sur le parement d'une maçonnerie pour donner une meilleure prise à l'enduit qui doit le recouvrir. **7.** TR. PUBL. Remplacer des pavés cassés d'une chaussée par des pavés neufs ou retaillés. ◆ v.t. ind. ***(à).*** Pop. **1.** Recommencer. *Repiquer au truc.* **2.** Reprendre de. *Repiquer à un plat.*

RÉPIT n.m. (lat. *respectus*, regard en arrière). **1.** Arrêt momentané, suspension de qqch de pénible, d'une souffrance. *Ses crises ne lui laissent aucun répit.* ◇ *Sans répit :* sans arrêt, sans cesse. *Travailler sans répit.* **2.** Repos, interruption dans une occupation absorbante ou contraignante.

REPLACEMENT n.m. Action de replacer.

REPLACER v.t. [16]. **1.** Remettre (qqch) à sa place, dans la bonne position. *Replacer un livre dans la bibliothèque.* **2.** Placer, situer (qqch, qqn) dans telles circonstances. *Replacer un évènement dans son contexte.*

REPLANTATION n.f. Action de replanter.

REPLANTER v.t. Planter de nouveau.

REPLAT n.m. Sur un versant, adoucissement très prononcé de la pente.

REPLÂTRAGE n.m. **1.** Réparation en plâtre. **2.** Remaniement sommaire et imparfait. *Replâtrage ministériel.*

REPLÂTRER v.t. **1.** Recouvrir de plâtre. *Replâtrer un mur.* **2.** Réparer d'une manière superficielle et précaire. **3.** Tenter de recréer une certaine cohésion, une certaine unité au sein d'un groupe. *Replâtrer un ménage.*

REPLET, ÈTE adj. (lat. *repletus*, rempli). Qui a de l'embonpoint ; grassouillet.

RÉPLÉTIF, IVE adj. MÉD. Vx. Qui sert à remplir.

RÉPLÉTION n.f. MÉD. État d'un organe rempli. *Réplétion gastrique.*

REPLEUVOIR v. impers. [68]. Pleuvoir de nouveau.

REPLI n.m. **I.** Double pli. **II. 1.** Fait de revenir à une position, à une valeur qui marque un retrait, une régression. *Repli des valeurs boursières.* **2.** MIL. Retraite volontaire d'une troupe. ◆ pl. **1.** Sinuosités, ondulations. *Les replis d'un terrain.* **2.** Fig., litt. Ce qu'il y a de plus caché, de plus intime. *Les replis du cœur humain.*

REPLIABLE adj. Qui peut être replié.

RÉPLICATION n.f. BIOL. Duplication du matériel génétique.

REPLIEMENT n.m. Action de replier, de se replier.

REPLIER v.t. Plier (une chose qui avait été dépliée). ◆ **se replier** v.pr. **1.** Se plier, se courber une ou plusieurs fois. *Se replier en tous sens.* **2.** Faire un mouvement en arrière et en bon ordre. **3.** *Se replier sur soi-même :* s'isoler du monde extérieur, intérioriser ses émotions.

RÉPLIQUE n.f. **I. 1.** Réponse vive à ce qui a été dit ou écrit ; objection. **2.** Partie d'un dialogue théâtral dite par un acteur. ◇ *Donner la réplique :* servir de partenaire à l'acteur qui a le rôle principal. **II. 1.** Personne, action, œuvre qui semble être l'image d'une autre. **2.** Copie plus ou moins fidèle d'une œuvre d'art, exécutée ou non sous le contrôle de l'auteur, mais d'une époque ancienne. **3.** GÉOL. Secousse secondaire faisant suite à la secousse principale d'un séisme.

RÉPLIQUER v.t. et i. (lat. *replicare*). Répondre avec vivacité, en s'opposant. ◆ v.t. BIOL. Produire une réplication. ◆ **se répliquer** v.pr. BIOL. Subir une réplication.

REPLISSER v.t. Plisser de nouveau.

REPLOIEMENT n.m. Litt. Repliement.

REPLONGER v.t. et i. [17]. Plonger de nouveau. ◆ **se replonger** v.pr. S'enfoncer profondément de nouveau dans une occupation. *Se replonger dans sa lecture.*

REPLOYER v.t. [13]. Litt. Replier (qqch).

REPOLIR v.t. Polir de nouveau.

REPOLISSAGE n.m. Action de repolir.

RÉPONDANT, E n. **1.** Personne qui se porte caution, garant. *Être le répondant de qqn.* **2.** Anc. Personne qui répondait, dans la soutenance d'une thèse (par opp. à *argumentant*). ◆ n.m. Fam. *Avoir du répondant :* avoir des capitaux servant de garantie.

1. RÉPONDEUR, EUSE adj. Qui répond, qui réplique aux remontrances.

2. RÉPONDEUR n.m. **1.** Appareil relié à un poste téléphonique, permettant de délivrer un message enregistré aux correspondants. **2.** *Répondeur-enregistreur :* répondeur permettant aussi d'enregistrer les appels et les messages.

RÉPONDRE v.t. et i. (lat. *respondere*) [75]. **1.** Dire, énoncer qqch en retour à qqn qui a parlé, posé une question. *Répondre « présent » à l'appel de son nom.* **2.** Envoyer une lettre en retour d'une autre. ◆ v.t. ind. ***(à).*** **1.** Fournir la ou les réponses demandées. *Répondre à un questionnaire.* **2.** Être conforme à ce qui est demandé, attendu. *Cela répond à notre attente.* **3.** Envoyer une lettre à qqn faisant suite à celle qu'il a adressée. *Écrivez-moi, je vous répondrai.* **4.** Apporter des raisons contre. *Répondre à une objection.* **5.** Avoir le même sentiment que qqn en retour, rendre la même action. *Il a toujours répondu à ma gentillesse.* **6.** Réagir de façon normale à une action. *Les freins ne répondent plus.* ◆ v.t. ind. ***(de).*** Se porter garant pour qqn, cautionner ses actes. *Je réponds de son honnêteté.*

RÉPONS [repɔ̃] n.m. (lat. *responsum*). Chant alterné dans l'office liturgique romain.

RÉPONSE n.f. (fém. de *répons*). **1.** Parole ou écrit adressés pour répondre. *Réponse affirmative.* ◇ *Avoir réponse à tout :* n'être jamais à court d'arguments, écarter toutes les objections pour se donner raison. – DR. *Droit de réponse :* droit accordé à toute personne désignée ou mise en cause par un organe de presse, une émission de radio ou de télévision, d'exiger l'insertion gratuite d'une réponse ou de répondre à l'antenne. **2.** Solution, explication, éclaircissement apportés à une question, à un point obscur. **3.** PSYCHOL. Réaction (à un stimulus). **4.** Réaction d'un système, d'un appareil, etc., sous l'effet d'un agent extérieur, d'une excitation. *Réponse d'un composant électronique.*

REPOPULATION n.f. Augmentation de la population après un dépeuplement.

REPORT n.m. (de *reporter*). **I. 1.** Action de reporter un total d'une colonne ou d'une page sur une autre ; la somme ainsi reportée. ◇ COMPTAB. *Report à nouveau :* reliquat d'un résultat (bénéfice ou perte) repris dans le bilan suivant. **2.** FIN. Opération de Bourse traitée à la liquidation d'un marché à terme en vue de proroger la spéculation jusqu'à la liquidation suivante ; bénéfice réalisé par le détenteur de capitaux qui prête au spéculateur les fonds nécessaires pour cette prorogation. **3.** Gain dans une première course de chevaux, que l'on engage dans une autre course. **II.** Action de remettre à un autre moment. *Le report d'une question à une autre séance.* ◇ MIL. *Report d'incorporation :* délai accordé par la loi depuis 1970 à des jeunes gens en cours d'études et désirant retarder la date de leur incorporation. (Il a remplacé le sursis.) **III. 1.** IMPR. **a.** En lithographie, transport par décalque, sur pierre ou sur métal, d'un dessin, d'une gravure, d'un texte composé. **b.** En offset, opérations physicochimiques de préparation de la forme d'impression à partir du montage. **2.** ART CONTEMP. *Report photographique :* transfert d'une image photographique sur une toile ou une estampe.

REPORTAGE n.m. **1.** Article de journal écrit d'après l'enquête d'un reporter. **2.** Enquête radiodiffusée, filmée ou télévisée. **3.** Fonctions, service de reporter dans un journal.

1. REPORTER [rəpɔrtɛr] n.m. (mot angl.). Journaliste qui recueille des informations qui sont diffusées par la presse, la radio, la télévision.

2. REPORTER v.t. **1.** Porter une chose au lieu où elle était auparavant. *Reporter un livre dans la bibliothèque.* **2.** Placer à un autre endroit, réinscrire ailleurs. *Reporter une somme à une autre page.* **3.** Appliquer une chose à une autre destination. *Reporter les voix sur un autre candidat.* **4.** Remettre à un autre moment. *Reporter une fête.* **5.** Faire un report en Bourse. ◆ **se reporter** v.pr. ***(à).*** **1.** Se transporter en pensée. *Se reporter aux jours de son enfance.* **2.** Se référer à. *Se reporter à tel ou tel document.*

REPORTER-CAMERAMAN [-man] n. (pl. *reporters-cameramans* ou *reporters-cameramen* [-mɛn]). Journaliste chargé de recueillir, avec une caméra, des éléments d'information visuels. Recomm. off. : *reporteur* et, au fém., *reportrice d'images.*

REPORTEUR, TRICE n. **1.** Professionnel qui prépare par décalque les formes lithographiques ou par copie les plaques offset. **2.** *Reporteur, reportrice d'images :* reporter-cameraman.

REPOS n.m. **1.** Absence de mouvement, immobilité. – PHYS. État d'un corps immobile par rapport à un système de références particulier. **2.** Fait pour qqn de se reposer, de cesser son activité ; temps correspondant. *Prendre un peu de repos.* **3.** Litt. État de qqn qui se repose ou dort. *Être respectueux du repos des autres.* **4.** Période, jour pendant lesquels qqn cesse son travail. *Une heure de repos l'après-midi.* ◇ *Repos hebdomadaire :* repos légal minimal de 24 heures consécutives (en principe le dimanche) que tout employeur est tenu d'accorder à tout salarié. **5.** Litt. État de qqn qui est sans inquiétude ni préoccupation, dont rien ne trouble la tranquillité ; quiétude. *Ce grave problème lui ôte tout repos.* ◇ *De tout repos :* qui ne présente aucun risque, qui offre toute garantie. **6.** MIL. *Repos ! :* commandement indiquant l'abandon de la position du garde-à-vous pour celle du *repos,* le pied gauche légèrement en avant, la main gauche sur la boucle du ceinturon. **7.** Pause que l'on observe dans la lecture ou la diction d'un texte. **8.** CONSTR. Petit palier qui interrompt la suite des marches d'un escalier.

REPOSANT, E adj. Qui repose, apaisant.

REPOSE n.f. Action de remettre en place ce qui avait été enlevé ou déposé. *Facturer la dépose et la repose d'un appareil.*

REPOSÉ, E adj. Qui ne présente plus trace de fatigue. *Air, teint reposé.* ◇ *À tête reposée :* mûrement et avec réflexion.

REPOSÉE n.f. VÉN. Lieu où une bête se repose pendant le jour.

REPOSE-PIEDS n.m. inv. ou **REPOSE-PIED** n.m. (pl. *repose-pieds*). **1.** Appui pour les pieds, attenant à un fauteuil. **2.** Appui fixé au cadre d'une motocyclette, sur lequel on peut poser le pied.

1. REPOSER v.t. (de *poser*). **1.** Poser de nouveau (un objet qu'on a soulevé). *Reposer son livre sur la table.* **2.** Remettre en place (ce qui a été enlevé, déposé). *Reposer une serrure.*

2. REPOSER v.t. (bas lat. *pausare*, s'arrêter). Mettre qqn, son corps, son esprit dans des conditions propres à les délasser. *Une bonne nuit vous reposera. Reposer ses yeux.* ◆ v.i. **1.** Litt. En parlant d'un défunt, être étendu quelque part ou être enseveli en tel endroit. *Reposer sur son lit de mort. Ici repose X.* **2.** Rester au repos, afin que les éléments en suspension tombent au fond du récipient, afin que telle modification se produise. *Laisser reposer le mélange. Laisser reposer du vin. Laisser reposer une pâte.* ◇ *Laisser reposer une terre,* la laisser sans culture. ◆ v.t. ind. ***(sur).*** **1.** Être posé sur qqch qui sert de support. *Les chevrons reposent sur des poutres.* **2.** Être établi, fondé sur. *Ce raisonnement ne repose sur rien de certain.* ◆ **se reposer** v.pr. **1.** Cesser de travailler, d'agir pour éliminer la fatigue. ◇ *Se reposer sur ses lauriers :* vivre sur une gloire, un succès passés sans chercher à se renouveler. **2.** *Se reposer sur qqn,* lui faire confiance, s'en remettre à lui.

REPOSE-TÊTE n.m. inv. Appui-tête.

REPOSITIONNER v.t. Positionner de nouveau.

REPOSOIR n.m. **1.** RELIG. CATH. Autel provisoire dressé en certaines occasions dans l'église ou en plein air pour y déposer le saint sacrement. **2.** Dans un hôpital, salle où le corps du défunt est exposé avant les funérailles.

REPOURVOIR v.t. [64]. Suisse. Confier un poste, une charge à (qqn).

REPOUSSAGE n.m. Formage à froid de pièce métallique à paroi mince.

REPOUSSANT, E adj. Qui inspire du dégoût, de l'aversion.

REPOUSSE n.f. Action de repousser (cheveux, plantes).

REPOUSSÉ adj.m. et n.m. Se dit d'un travail exécuté au marteau et au ciselet sur une lame mince de métal ou de cuir, afin de leur donner un relief ornemental. (Ce travail s'effectue en attaquant le revers de la pièce à décorer, à la différence du défoncé.)

1. REPOUSSER v.t. **I. 1.** Pousser en arrière, faire reculer (qqch, qqn, un groupe). *Repousser les manifestants.* **2.** S'opposer avec succès à (qqn, son attaque). *Repousser l'ennemi.* **3.** Résister à. *Repousser une tentation.* **4.** Ne pas admettre, ne pas accepter. *Repousser une demande.* **II.** Réaliser une forme par repoussage.

2. REPOUSSER v.i. Pousser, croître de nouveau. *Laisser repousser sa barbe.*

REPOUSSOIR n.m. **I. 1.** Masse colorée des premiers plans d'un tableau, qui, par contraste, fait fuir les arrière-plans, crée un effet de profondeur. **2.** Fig., cour. Chose ou personne qui en fait valoir une autre par opposition, par contraste. *Ce comique sert de repoussoir au jeune premier. – C'est un repoussoir,* une personne très laide. **II.** Cheville pour chasser un clou ou une autre cheville enfoncée dans un trou.

RÉPRÉHENSIBLE adj. Digne de blâme.

REPRENDRE v.t. [79]. **I. 1.** Prendre de nouveau ; prendre une autre fois, en plus. *Reprendre sa place. Reprendre du pain.* **2.** Rentrer en possession de (ce qu'on a donné, déposé, consenti). *Reprendre ses bagages à la consigne.* **3.** Devenir le propriétaire ou le responsable de (qqch qui était possédé, détenu par autrui) ; racheter. *Reprendre une boutique, une entreprise.* **4.** Emmener, chercher. *Revenir reprendre qqn.* **5.** Prendre, arrêter de nouveau (qqn qui s'est enfui). ◇ *On ne m'y reprendra plus :* c'est la dernière fois que je fais cela. **6.** Récupérer une marchandise vendue en acceptant d'en annuler la vente. *Les soldes ne sont pas repris.* **7.** Retrouver (un état, une disposition, une faculté). *Convalescent qui reprend des forces.* **8.** En parlant d'une maladie, rendre de nouveau malade. *La grippe l'a repris.* **9.** Continuer (une chose interrompue), s'adonner de nouveau à (une activité). *Reprendre son travail.* **10.** Jouer, donner de nouveau (une pièce, un spectacle, un film). **11.** Énoncer de nouveau (des paroles, des idées). *Reprendre en chœur un refrain.* **12.** (Souvent en incise). Parler de nouveau, après un silence. *« Ce n'est qu'un fat », reprit-il en riant.* **13.** Apporter des corrections, faire subir des transformations à (qqch). *Il n'y a rien à reprendre à cet article.* ◇ Rétrécir (un vêtement) en refaisant les coutures ou les pinces. **II.** Réprimander, blâmer. *Reprendre un enfant sur sa conduite.* ◆ v.i. **1.** Se développer normalement après avoir été transplanté ; repousser. *Cet arbre reprend bien.* **2.** Se manifester de nouveau. *Le froid reprend.* **3.** En parlant du commerce, des affaires, redevenir actifs après une stagnation. ◆ **se reprendre** v.pr. **1.** Retrouver la maîtrise de soi, se ressaisir. *Il se reprend après une période de dépression.* **2.** Se corriger, rectifier un propos. *Commettre un lapsus et se reprendre.*

REPRENEUR n.m. ÉCON. Personne qui reprend une entreprise en difficulté.

REPRÉSAILLES n.f. pl. (de *reprendre*). Violences que l'on fait subir à un ennemi pour s'indemniser d'un dommage qu'il a causé, ou pour se venger.

REPRÉSENTABLE adj. Qui peut être représenté.

REPRÉSENTANT, E n. **1.** Personne qui représente une autre personne ou un groupe. ◇ *Représentant syndical :* représentant d'un syndicat au comité d'entreprise. – *Représentants du personnel :* membres des comités d'entreprise et délégués du personnel. – *Représentant du peuple :* parlementaire. – *Chambre des représentants :* première Chambre en Belgique et aux États-Unis. **2.** *Représentant (de commerce) :* intermédiaire chargé de prospecter une clientèle et de prendre des commandes pour une entreprise. **3.** MATH. Élément d'une classe d'équivalence.

REPRÉSENTATIF, IVE adj. **1.** Qui représente une collectivité et peut négocier, parler en son nom. *Syndicat représentatif.* **2.** Considéré comme le modèle, le type d'une catégorie. *Échantillon représentatif.* **3.** *Régime représentatif :* régime fondé sur le principe de la souveraineté nationale, dans lequel les citoyens donnent mandat à leurs élus de décider en leur nom.

REPRÉSENTATION n.f. **I. 1.** Action de rendre sensible qqch au moyen d'une figure, d'un symbole, d'un signe. *L'écriture est la représentation de la langue parlée.* **2.** Image, figure, symbole, signe qui représente un phénomène, une idée. ◇ MATH. *Représentation graphique (d'une fonction) :* ensemble des points du plan qui, relativement à un repère, ont pour abscisse un nombre quelconque et pour ordonnée l'image de ce nombre pour la fonction. **3. a.** PHILOS. Ce par quoi un objet est présent à l'esprit (image, concept, etc.). **b.** PSYCHOL. Perception, image mentale, etc., dont le contenu se rapporte à un objet, à une situation, à une scène, etc., du monde dans lequel vit le sujet. **4.** Action de représenter par le moyen de l'art ; œuvre artistique figurant qqch, qqn. **5.** Action de donner un spectacle devant un public, en partic. au théâtre ; ce spectacle lui-même. **6.** Vieilli. (Souvent au pl.). Action de faire observer ; remontrance faite avec égard. **II. 1.** DR. **a.** Procédé juridique en vertu duquel le *représentant* accomplit un acte au nom et pour le compte du *représenté.* **b.** Procédé juridique en vertu duquel des héritiers du défunt viennent à sa succession, à la place d'un de leurs ascendants prédécédé. **2.** Action de représenter qqn, une collectivité ; la, les personne(s) qui en sont chargées. *Représentation nationale.* **3.** Activité de qqn qui représente une entreprise commerciale dans un secteur déterminé. **III.** Rare. Action de mettre de nouveau sous les yeux. *Exiger la représentation d'une quittance.*

REPRÉSENTATIVITÉ n.f. **1.** Qualité de qqn, d'un parti, d'un groupement ou d'un syndicat dont l'audience dans la population fait qu'il peut s'exprimer valablement en son nom. **2.** Qualité d'un échantillon constitué de façon à correspondre à la population dont il est extrait.

REPRÉSENTER v.t. (lat. *repraesentare,* rendre présent). **I. 1.** Rendre perceptible, sensible par une figure, un symbole, un signe. **2.** Figurer, reproduire par un moyen artistique ou un autre procédé. *Le décor représente une place publique.* **3.** Décrire, évoquer (qqch) par le langage, l'écriture. *On le représente sous les traits d'un cynique.* **4.** Jouer ou faire jouer (un spectacle) devant un public. **5.** Litt. Faire observer à qqn, mettre en garde contre qqch. *Représenter à un ami les conséquences de sa décision.* **II. 1.** Avoir reçu mandat pour agir au nom de qqn, d'un groupe, défendre ses intérêts. *Représenter son pays à une conférence internationale.* **2.** Être le représentant d'une entreprise commerciale. **III. 1.** Être le symbole, l'incarnation, le type de qqch. *Ces personnes représentent la classe moyenne.* **2.** Correspondre à qqch, apparaître comme son équivalent. *Découverte qui représente une révolution.* **IV.** Présenter, remettre de nouveau (qqch) à (qqn). *Représenter une traite.* ◆ v.i. Litt. Avoir une certaine prestance. *Il représente bien.* ◆ **se représenter** v.pr. **1.** Se figurer, imaginer (qqch, qqn qui n'est pas actuellement présent). **2.** Se présenter de nouveau. *Se représenter à un examen.*

RÉPRESSEUR n.m. Molécule hypothétique qui, dans les cellules vivantes, empêche la production d'une enzyme lorsque celle-ci n'est pas utile. (L'inducteur neutralise le répresseur lorsque l'enzyme doit être produite en grande quantité.)

RÉPRESSIF, IVE adj. Qui réprime ; qui a pour but de réprimer. *Juridiction répressive.*

RÉPRESSION n.f. (lat. *repressum*). **1.** Action de réprimer, de punir. *La répression d'une insurrection.* **2.** Action d'exercer des contraintes graves, des violences sur qqn ou un groupe afin d'empêcher le développement d'un désordre. **3.** PSYCHAN. Rejet hors de la conscience d'un contenu représenté comme déplaisant ou inacceptable.

RÉPRIMANDE n.f. (lat. *reprimenda [culpa],* [faute] qui doit être réprimée). **1.** Reproche que l'on adresse à qqn pour une faute. **2.** MIL. Sanction disciplinaire infligée aux officiers et sous-officiers.

RÉPRIMANDER v.t. Faire une réprimande à.

RÉPRIMER v.t. (lat. *reprimere*). **1.** Arrêter la manifestation, le développement de (un sentiment, une parole, un geste). *Réprimer un mouvement de colère.* **2.** Empêcher par la contrainte le développement d'une action jugée dangereuse. *Réprimer une révolte.*

REPRINT [rəprint] n.m. (mot angl.). Réimpression sous forme de fac-similé d'un ouvrage épuisé.

REPRIS n.m. *Repris de justice :* personne qui a déjà subi une condamnation pénale.

REPRISAGE n.m. Action de repriser.

REPRISE n.f. (p. passé de *reprendre*). **I. 1.** Action de reprendre. *La reprise d'un drame, d'une affaire.* ◇ Nouvel essor. *La reprise économique.* ◇ Fait de jouer de nouveau une pièce, un film. ◇ *À plusieurs reprises :* plusieurs fois successivement. **2.** TECHN. Passage d'un bas régime de moteur à un régime supérieur sans utilisation du changement de vitesse. ◇ *Pompe de reprise :* petit piston situé dans le carburateur, qui enrichit en essence le mélange air-essence pour une accélération rapide. **3.** Continuation d'une chose interrompue. *Travail fait en plusieurs reprises.* **4.** MUS. Répétition d'une partie d'un morceau, indiquée par des *barres de reprise ;* toute partie d'un air, d'une chanson, qui doit être exécutée, chantée deux fois, bien qu'elle ne soit écrite qu'une fois. **5.** SPORTS. Chacune des parties d'un combat de boxe. SYN. : *round.* **6.** ÉQUIT. **a.** Leçon donnée au cavalier ou au cheval. **b.** Ensemble des cavaliers qui travaillent en même temps dans le même manège. **c.** Ensemble de figures exécutées par un ou plusieurs cavaliers, selon un ordre et un tracé déterminés. **II. 1.** Rachat d'un matériel, d'un objet usagé à celui à qui on vend un matériel neuf ; somme correspondante. **2.** Somme d'argent versée par un nouveau locataire à son prédécesseur pour entrer dans un local (pour le rachat du mobilier et des installations, à l'origine). **III. 1.** CONSTR. Réfection des parties d'une construction. **2.** Réparation faite à une étoffe déchirée. **IV.** TEXT. *Taux de reprise :* pourcentage d'humidité d'une matière textile, rapporté à son poids anhydre, admis dans les transactions commerciales. ◆ pl. DR. *Reprises des propres :* biens personnels que chacun des époux a le droit de séparer de la masse commune lors de la liquidation de la communauté.

REPRISER v.t. Raccommoder, en faisant des reprises.

RÉPROBATEUR, TRICE adj. Qui exprime la réprobation.

RÉPROBATION n.f. (lat. *reprobatio*). **1.** Jugement par lequel qqn blâme la conduite de qqn d'autre. *Encourir la réprobation de ses collègues.* **2.** THÉOL. Jugement par lequel Dieu exclut un pécheur du salut éternel.

REPROCHE n.m. Ce qu'on dit à qqn pour lui exprimer son mécontentement, sa désapprobation sur son comportement. *Vos reproches sont fondés.* ◇ *Sans reproche :* à qui l'on ne peut rien reprocher.

REPROCHER v.t. (lat. pop. *repropriare,* rapprocher). **1.** Adresser des reproches à qqn en le rendant responsable d'une faute, d'une chose fâcheuse. *Reprocher à qqn son ingratitude.* **2.** Trouver un défaut à, critiquer. *Qu'est-ce que tu reproches à cette voiture ?* **3.** Afrique. *Reprocher qqn :* le blâmer. ◆ **se reprocher** v.pr. Se considérer comme responsable de qqch. *Se reprocher d'avoir été si négligent.*

1. REPRODUCTEUR, TRICE adj. Qui sert à la reproduction des êtres vivants, qui concerne la reproduction.

2. REPRODUCTEUR n.m. TECHN. Gabarit en forme de la pièce à obtenir, utilisé sur les machines-outils à reproduire.

REPRODUCTIBILITÉ n.f. Caractère de ce qui est reproductible.

REPRODUCTIBLE adj. Qui peut être reproduit.

REPRODUCTIF, IVE adj. Relatif à la reproduction.

REPRODUCTION n.f. I. Fonction par laquelle les êtres vivants perpétuent leur espèce. II. 1. Image obtenue à partir d'un original. 2. Acte de reproduire un texte, une illustration, des sons ; imitation fidèle. ◇ *Droit de reproduction :* droit que possède l'auteur ou le propriétaire d'une œuvre littéraire ou artistique d'en autoriser la diffusion et d'en tirer un bénéfice. 3. ARTS GRAPH. Fixation matérielle d'une œuvre littéraire ou artistique par tous procédés permettant sa communication au public d'une manière indirecte. 4. SOCIOL. Processus par lequel une société se perpétue, notamm. dans sa division en classes sociales et dans ses valeurs culturelles et éthiques, du fait de l'éducation, de la formation qu'elle donne à ses jeunes.

REPRODUCTRICE n.f. Machine mécanographique effectuant la reproduction automatique d'un paquet de cartes perforées ou d'un ruban perforé.

REPRODUIRE v.t. 98. 1. Restituer (un phénomène) aussi fidèlement que possible. *Reproduire les sons avec un magnétophone.* 2. Faire paraître (un texte, une œuvre qui a déjà fait l'objet d'une publication). *Demander l'autorisation de reproduire une photographie.* 3. *Machine à reproduire :* machine-outil permettant d'exécuter une pièce similaire à un modèle donné en augmentant ou en réduisant éventuellement les dimensions. ◆ **se reproduire** v.pr. 1. Donner naissance à des individus de son espèce. *Se reproduire par parthénogenèse.* 2. Se produire de nouveau. *Cet incident ne se reproduira plus.*

REPROGRAMMER v.t. En génie génétique, pratiquer une manipulation permettant à une bactérie d'accomplir un programme précis (fabrication de vaccins, d'hormones, etc.).

REPROGRAPHIE n.f. Ensemble des techniques permettant de reproduire un document (diazocopie, photocopie, électrocopie, etc.).

REPROGRAPHIER v.t. Reproduire (un document original) par reprographie.

RÉPROUVÉ, E adj. et n. 1. Qui est rejeté par la société. 2. Damné. *Les justes et les réprouvés.*

RÉPROUVER v.t. (bas lat. *reprobare*). 1. Rejeter (un acte) en condamnant, en critiquant, en désapprouvant. *Des actes que la morale réprouve.* 2. THÉOL. En parlant de Dieu, exclure (un pécheur) du salut éternel.

REPS [rɛps] n.m. (mot angl.). Étoffe d'ameublement à côtes perpendiculaires aux lisières.

REPTATION n.f. (lat. *reptatio*, de *repere*, ramper). 1. Action de ramper. 2. Mode de locomotion animale dans lequel le corps progresse sans l'aide des membres, sur une surface solide ou dans le sol.

REPTILE n.m. (bas lat. *reptilis*, de *repere*, ramper). *Reptiles :* classe de vertébrés aériens, à température variable, respirant dès la naissance par des poumons, se déplaçant avec ou sans pattes, comme les serpents, les lézards, les tortues, etc. (Ils formaient au secondaire une classe beaucoup plus nombreuse et diverse que de nos jours.) ■ Les reptiles sont des animaux à sang froid, généralement ovipares, à respiration aérienne dès l'éclosion. Leur peau est renforcée par des plaques dermiques parfois très résistantes (carapace des tortues, des grands lacertiliens). Chez les serpents, ce revêtement se renouvelle à chaque mue. Les pattes peuvent manquer (serpents) ou permettre des mouvements rapides (lézards). Les reptiles sont répandus sur tout le globe. On a classé parmi eux de nombreuses formes fossiles, dont certaines ont mesuré jusqu'à 30 m de longueur. Parmi les reptiles actuels, on distingue quatre grands groupes : *lacertiliens* (lézards), *ophidiens* (serpents), *chéloniens* (tortues) et *crocodiliens.*

REPTILIEN, ENNE adj. Relatif aux reptiles.

REPU, E adj. (de *repaître*). Qui a satisfait sa faim ; rassasié.

1. RÉPUBLICAIN, E adj. Qui appartient à une république ou à la république. ◆ adj. et n. 1. Qui est partisan de la république. 2. *Parti républicain :* a. L'un des deux grands partis, aux États-Unis. b. En France, l'une des composantes de l'U.D.F. (v. partie n.pr.).

2. RÉPUBLICAIN n.m. Moineau d'Afrique australe, qui édifie un nid collectif où se reproduisent plusieurs dizaines de couples. (Famille des plocéidés.)

RÉPUBLICANISME n.m. Sentiments, opinions, doctrine des républicains.

RÉPUBLIQUE n.f. (lat. *res publica*, chose publique). 1. Forme d'organisation politique dans laquelle les détenteurs du pouvoir l'exercent en vertu d'un mandat conféré par le corps social. 2. (Avec une majuscule). État, pays ayant cette forme d'organisation. *La République française.* 3. *La république des lettres :* l'ensemble des gens de lettres.

RÉPUDIATION n.f. Action de répudier.

RÉPUDIER v.t. (lat. *repudiare*). 1. Dans les législations antiques et dans le droit musulman, renvoyer sa femme en vertu de dispositions légales par décision unilatérale du mari. 2. Par ext. Renoncer à qqch, rejeter.

RÉPUGNANCE n.f. Aversion pour qqn, qqch ; antipathie, dégoût, répulsion.

RÉPUGNANT, E adj. Qui inspire de la répugnance.

RÉPUGNER v.t. ind. [*à*] (lat. *repugnare*, s'opposer). 1. Inspirer de la répugnance, de l'aversion à ; dégoûter, écœurer. *Cette nourriture, cet homme me répugne.* 2. Éprouver de l'aversion à faire qqch. *Je répugne à l'accuser.*

RÉPULSIF, IVE adj. (lat. *repulsus*, repoussé). Qui repousse.

RÉPULSION n.f. (bas lat. *repulsio*, action de repousser). 1. Vive répugnance, aversion, dégoût. *Éprouver de la répulsion pour qqn.* 2. PHYS. Force en vertu de laquelle certains corps se repoussent mutuellement.

RÉPUTATION n.f. 1. Manière dont qqn, qqch est considéré. *Il a la réputation d'être honnête.* 2. Opinion favorable ou défavorable ; renommée. *Avoir bonne réputation.* – *De réputation :* seulement d'après ce qu'on en dit. *Je le connais de réputation.*

RÉPUTÉ, E adj. 1. Qui est considéré comme. *Homme réputé égoïste.* 2. Qui est bien connu ; qui jouit d'un grand renom. *Région réputée pour ses vins.*

RÉPUTER v.t. Litt. Estimer ; juger ; considérer comme.

REQUALIFICATION n.f. Nouvelle qualification donnée à un travailleur ou à un sportif.

REQUÉRANT, E adj. et n. DR. Qui requiert, qui demande en justice.

REQUÉRIR v.t. (lat. *requirere*, de *re* et *quaerere*, chercher) 39. 1. Réclamer, nécessiter. *Cette phrase requiert une explication.* 2. Demander en justice. *Requérir l'application d'une peine.* 3. DR. Effectuer une réquisition, en parlant de l'Administration. 4. Délivrer à une autorité militaire une réquisition de la force armée.

REQUÊTE n.f. (anc. fr. *requeste*, p. passé de *requerre*, requérir). 1. Demande instante, écrite ou verbale, supplique. *Présenter une requête.* 2. DR. a. Demande effectuée auprès d'une juridiction ou d'un juge, dans le dessein d'obtenir une décision provisoire. b. Spécialt. Saisine de la juridiction administrative par le demandeur. 3. *Maître des requêtes :* membre du Conseil d'État chargé d'établir un rapport sur les affaires qui lui sont distribuées.

REQUETÉ [rekete] n.m. (mot esp.). HIST. 1. En Espagne, au XIXe s., combattant carliste volontaire. 2. Pendant la guerre civile espagnole, soldat recruté par l'armée nationaliste.

REQUÊTER v.t. VÉN. Chercher de nouveau (un gibier), en parlant des chiens.

REQUIEM [rekɥijɛm] n.m. inv. (mot lat., *repos*). 1. Prière de l'Église catholique pour les morts. 2. Musique composée sur ce texte.

REQUIN n.m. 1. Poisson sélacien au corps fuselé terminé par un rostre pointu et aux fentes branchiales situées sur le côté du corps. (Les requins sont tous marins, et certains méritent leur réputation de férocité [requin bleu, requin blanc, requin taupe ou lamie] mais les plus grandes espèces [pèlerin : 15 m de long, 8 tonnes] sont en général inoffensives et se nourrissent de plancton.) 2. Fig. Homme d'affaires impitoyable, sans scrupule.

REQUIN-MARTEAU n.m. (pl. *requins-marteaux*). Requin des mers chaudes, à tête aplatie en deux lobes latéraux portant les yeux. SYN. : *marteau.*

REQUINQUER [rəkɛ̃ke] v.t. (mot picard). Fam. Redonner des forces, de l'entrain à. ◆ **se requinquer** v.pr. Fam. Se rétablir après une maladie.

1. REQUIS, E adj. (de *requérir*). Exigé, nécessaire. *Les conditions requises pour obtenir un avancement.*

2. REQUIS n.m. 1. Civil désigné par les pouvoirs publics pour exercer un emploi déterminé, qu'il ne peut refuser en temps de guerre. 2. Personne qui collabore à un service public à la suite d'une réquisition.

RÉQUISIT [rekizit] n.m. (angl. *requisit ;* du lat. *requirere*, rechercher). Didact. Hypothèse, présupposé. *Les réquisits d'une logique modale.*

RÉQUISITION n.f. 1. Procédure qui autorise l'Administration à contraindre un particulier à lui céder un bien ou à effectuer une prestation. 2. *Réquisition de la force armée :* acte écrit par lequel certaines autorités publiques confèrent à une autorité militaire une mission de maintien de l'ordre ou de police judiciaire. 3. PROCÉD. *Réquisition d'audience :* placet. ◆ pl. DR. PÉN. 1. Réquisitoire prononcé à l'audience. 2. Conclusions du ministère public dans les affaires qui lui sont communiquées.

RÉQUISITIONNER v.t. 1. Se procurer des biens, utiliser les services de qqn par acte de réquisition. *Réquisitionner du matériel, les troupes.* 2. Fam. Faire appel à qqn pour un service quelconque. *Réquisitionner des amis pour faire un déménagement.*

RÉQUISITOIRE n.m. (du lat. *requirere*, réclamer). 1. PROCÉD. Plaidoirie par laquelle le ministère public requiert l'application ou non de la loi pénale envers le prévenu ou l'accusé. 2. Discours dans lequel on accumule les accusations contre (qqn). *Dresser un réquisitoire contre le gouvernement.*

RÉQUISITORIAL, E, AUX adj. DR. Qui tient du réquisitoire.

REQUITTER v.t. Quitter de nouveau.

RESALER v.t. Saler de nouveau. *Resaler une soupe.*

RESALIR v.t. Salir de nouveau (ce qui a été nettoyé).

RESARCELÉ, E adj. HÉRALD. Qui est bordé d'un filet, en parlant d'une pièce, d'une croix.

quelques **requins** dangereux pour l'homme

RESCAPÉ, E adj. et n. (picard *reccaper,* réchapper). Sorti vivant d'un accident ou d'une catastrophe.

RESCINDABLE adj. DR. Qui peut être rescindé.

RESCINDANT, E ou **RESCISOIRE** adj. DR. Qui donne lieu à la rescision.

RESCINDER v.t. (lat. *rescindere*). DR. Annuler par rescision.

RESCISION n.f. (bas lat. *rescissio*). DR. Annulation judiciaire d'un acte pour cause de lésion.

1. RESCISOIRE adj. → ***rescindant.***

2. RESCISOIRE adj. DR. *Action rescisoire :* qui a pour objet la rescision.

RESCOUSSE n.f. (anc. fr. *escorre,* secouer). *À la rescousse :* en renfort, pour porter assistance. *Venir à la rescousse de qqn.*

RESCRIT n.m. (du lat. *rescribere,* récrire). **1.** DR. ROM. Réponse d'un empereur romain portant sur une question de droit. **2.** DR. CAN. Réponse du pape à une supplique, une consultation. **3.** Lettre d'ordres délivrée par certains souverains.

RÉSEAU n.m. (dimin. de *rets*). **1.** Fond de dentelle à mailles géométriques. **2.** Par anal. Ensemble de lignes entrecroisées. **a.** Entrelacement de vaisseaux sanguins. **b.** *Réseau hydrographique :* ensemble de fleuves et de leurs affluents drainant une région. **c.** BX-A. Dessin que forment des lignes entrecroisées, entrelacées (par ex., les nervures d'une voûte, les plombs d'un vitrail). **3.** PHYS. Surface striée d'un ensemble de traits fins, parallèles et très rapprochés qui diffractent la lumière. ◇ *Réseau cristallin :* disposition régulière des atomes au sein d'un cristal. **4.** Ensemble de voies ferrées, de lignes téléphoniques, de lignes électriques, de canalisations d'eau ou de gaz, de liaisons hertziennes, etc., reliant une même unité géographique. **5.** Répartition des éléments d'un ensemble en différents points ; ces points ainsi répartis. – *Réseau urbain :* ensemble des villes unies par des liens de nature variée (économique, politique, etc.). **6.** INFORM. Système d'ordinateurs géographiquement éloignés les uns des autres, interconnectés par des télécommunications, généralement permanentes. ◇ *Réseau numérique à intégration de services (R.N.I.S.) :* réseau de télécommunication permettant d'acheminer sous forme numérique tous les types d'information (sons, images, textes). **7.** Ensemble de personnes qui sont en liaison en vue d'une action clandestine.

RÉSECTION [resɛksjɔ̃] n.f. (lat. *resecare,* retrancher). CHIR. Action de couper, de retrancher une portion d'organe, en rétablissant la continuité de sa fonction.

RÉSÉDA [rezeda] n.m. (mot lat., de *resedare,* calmer). Plante herbacée dont on cultive une espèce originaire d'Afrique, pour ses fleurs odorantes. (La gaude est un réséda dont on extrait une teinture jaune.)

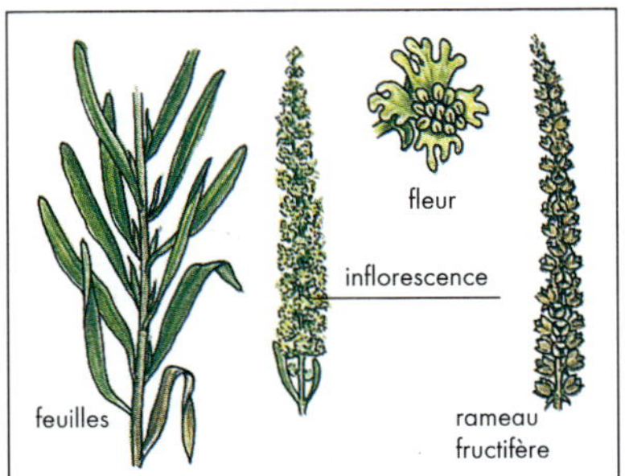

réséda

RÉSÉQUER [reseke] v.t. (lat. *resecare*) [18]. CHIR. Pratiquer la résection de.

RÉSERPINE n.f. PHARM. Alcaloïde du rauwolfia, utilisé pour ses propriétés hypotensives.

RÉSERVATAIRE adj. et n. DR. CIV. Se dit de l'héritier qui bénéficie légalement de tout ou partie de la réserve héréditaire.

RÉSERVATION n.f. Action de retenir une place dans un avion, un train, sur un bateau, une chambre dans un hôtel, etc.

RÉSERVE n.f. **I. 1.** Chose mise de côté pour un usage ultérieur, des occasions imprévues. ◇ *En réserve :* à part, de côté. *Mettre en réserve.* **2.** Par ext. Local où on entrepose les marchandises. **3.** ÉCON. Prélèvements effectués sur les bénéfices d'une société dans un but de prévoyance, et non incorporés au capital social. – *Réserve légale :* fonds que toute société de capitaux doit constituer à concurrence d'un certain montant, au moyen de prélèvements sur les bénéfices. **4.** DR. Fraction de la succession dont une personne ne peut disposer au détriment de certains héritiers. **5.** MIL. Période faisant suite au service actif et à la disponibilité ; ensemble des citoyens soumis à ces obligations ; formation maintenue à la disposition du commandement pour être employée en renfort. **II. 1.** Attitude de qqn qui agit avec prudence, qui évite tout excès ; dignité, discrétion. ◇ *Obligation de réserve :* obligation à la discrétion qui s'impose aux agents de l'Administration, dans l'expression de leurs opinions. **2.** *Sans réserve :* sans exception, sans restriction. – *Sous toute réserve,* en faisant la part d'une rectification possible ; sans garantie. **III. 1.** Ce qui est gardé, protégé. **2.** ANTHROP. *Réserve indienne :* aux États-Unis et au Canada, territoire réservé aux Indiens et soumis à un régime spécial. **3.** SYLV. Portion de bois qu'on réserve dans une coupe, qu'on laisse croître en haute futaie. **4.** CHASSE, PÊCHE. Canton réservé pour le repeuplement. – *Réserve naturelle :* territoire délimité et réglementé pour la sauvegarde de l'ensemble des espèces végétales qui y ont élu domicile *(réserve intégrale),* ou de certaines d'entre elles (*réserve botanique, ornithologique,* etc.). **5.** Dans les collections publiques, ensemble des tableaux, des livres, des pièces, des documents qui ne peuvent être ni exposés ni communiqués sans contrôle. **6.** BX-A. Dans une aquarelle, une gravure, partie non peinte, non attaquée par l'outil ou le mordant. **7.** TECHN. Toute surface soustraite momentanément, à l'aide d'un isolant ou autrement, à l'action d'un colorant, d'une encre, d'un acide, etc. ◆ pl. **1.** Protestation que l'on fait contre le sens d'un acte que l'on accomplit. ◇ *Faire, émettre des réserves :* ne pas donner son entière approbation. **2.** DR. Clauses restrictives. **3.** Quantités identifiées d'un minéral exploitable. *Réserves de pétrole.* **4.** BANQUE. *Réserves obligatoires :* procédure obligeant les établissements de crédit à conserver à la banque centrale un montant de liquidités proportionnel à certains éléments de leur passif ou, parfois, de leur actif. **5.** DR. *Réserves foncières :* ensemble de biens immobiliers, généralement non construits, acquis et conservés par l'État ou les collectivités publiques en vue d'assurer la maîtrise des sols dans les régions urbanisées. **6.** PHYSIOL. Substances entreposées dans un organe en vue de leur utilisation ultérieure (comme l'amidon dans le tubercule de la pomme de terre, les lipides dans la moelle jaune des os).

RÉSERVÉ, E adj. **1.** Discret, circonspect. **2.** Destiné exclusivement à une personne ou à certaines personnes, à son usage, ou à leur usage. *Chasse réservée. Places réservées.* **3.** *Quartier réservé :* quartier de certaines villes dans lequel la prostitution est tolérée. **4.** DR. CAN. *Cas réservé :* péché que le pape ou l'évêque peuvent seuls absoudre.

RÉSERVER v.t. (lat. *reservare*). **1.** Garder en vue d'un usage particulier. *Réserver une bonne bouteille pour des amis.* **2.** Destiner. *Nul ne sait ce que l'avenir nous réserve.* **3.** Faire la réservation de. *Réserver une chambre d'hôtel.* **4.** Affecter spécialement à une destination. *On réserve le local aux réunions.* **5.** BX-A. Ménager une réserve, une zone non travaillée dans un dessin, une peinture, etc. ◆ **se réserver** v.pr. **1.** S'accorder qqch à soi-même, le garder pour son usage propre. *Se réserver quelques jours de liberté.* **2.** *Se réserver à* ou *de faire qqch,* envisager la possibilité de le faire au moment convenable. *Je me réserve de lui donner un avis.*

RÉSERVISTE n.m. Celui qui appartient à la réserve des forces armées.

RÉSERVOIR n.m. **1.** Lieu aménagé pour accumuler et conserver certaines choses. ◇ Par ext. Lieu où sont amassées diverses réserves. *Réservoir de matières premières.* **2.** Récipient contenant des produits liquides ou gazeux.

RÉSIDANAT n.m. Fonction qu'assurent à l'hôpital les étudiants en médecine pour parfaire leur formation pratique. (Le résidanat est obligatoire pour les futurs généralistes qui ne sont pas internes.)

RÉSIDANT, E adj. et n. Se dit de qqn qui réside dans un lieu.

RÉSIDENCE n.f. **1.** Demeure habituelle dans un lieu déterminé. ◇ DR. *Résidence de la famille :* domicile choisi d'un commun accord par les époux. SYN. : *domicile conjugal.* – *Résidence secondaire :* lieu d'habitation s'ajoutant au logement habituel, et dans lequel, en général, on séjourne pendant les vacances et les week-ends. – *Résidence mobile :* recomm. off. pour *mobile home.* **2.** Groupe d'habitations d'un certain confort. **3.** Séjour effectif et obligatoire au lieu où l'on exerce une fonction. ◇ *Résidence surveillée :* résidence imposée à un individu jugé dangereux pour l'ordre public et que les autorités veulent pouvoir surveiller.

RÉSIDENT, E n. **1.** Personne qui réside dans un autre endroit que son pays d'origine. ◇ HIST. *Résident général :* haut fonctionnaire qui était placé par un pays protecteur auprès du souverain d'un pays sous protectorat. **2.** Personne de nationalité française ou étrangère résidant habituellement en France.

RÉSIDENTIEL, ELLE adj. **1.** Qui est réservé à l'habitation, en parlant d'une ville, d'un quartier. **2.** Qui offre un haut niveau de confort, de luxe. *Immeuble résidentiel.*

RÉSIDER v.i. **1.** Avoir sa résidence à tel endroit, y demeurer de façon habituelle. **2. Fig.** Être, consister en (qqch). *L'inconvénient de cet appareil réside en son prix.*

RÉSIDU n.m. (lat. *residuum*). **1.** Matière qui subsiste après une opération physique ou chimique, un traitement industriel, etc. **2.** ÉPISTÉMOL. *Méthode des résidus :* une des méthodes d'induction préconisées par J. Stuart Mill, et qui consiste à retrancher d'un phénomène la portion dont on connaît déjà les causes, afin de trouver par élimination les causes de la portion restante.

RÉSIDUAIRE adj. Qui forme un résidu.

RÉSIDUEL, ELLE adj. Qui est de la nature des résidus ; qui constitue un résidu. ◇ GÉOGR. *Relief résiduel :* dans une région de pénéplaine, relief qui a été préservé de l'érosion. ◇ GÉOL. *Roches résiduelles :* roches exogènes formées par concentration sélective de certains éléments d'une roche préexistante, les autres étant dissous.

RÉSIGNATION n.f. **1. a.** Fait de se résigner. **b.** Renoncement, fatalisme. **2.** Vx. Renonciation à (un droit, une charge).

RÉSIGNÉ, E adj. et n. Qui a renoncé à lutter ; qui s'est soumis au sort qui lui est réservé.

RÉSIGNER v.t. (lat. *resignare,* décacheter). Renoncer volontairement à (une charge, une fonction). ◆ **se résigner** v.pr. Se soumettre sans protestation à (qqch de pénible, de désagréable) ; accepter en dépit de ses répugnances. *Se résigner à une perte.*

RÉSILIABLE adj. Qui peut être résilié.

RÉSILIATION n.f. DR. Annulation d'un contrat par l'accord des parties ou la volonté de l'une d'entre elles.

RÉSILIENCE n.f. PHYS. Caractéristique mécanique qui définit la résistance aux chocs des matériaux.

RÉSILIENT, E adj. Qui présente une résistance au choc.

RÉSILIER v.t. (lat. *resilire,* se retirer). Mettre fin à (une convention, à un contrat).

RÉSILLE n.f. (de *réseau*). **1.** Filet à larges mailles qui retient la chevelure. **2.** *Bas résille :* bas formé d'un réseau de larges mailles.

RÉSINE n.f. (lat. *resina*). **1.** Produit solide ou semi-liquide, translucide et insoluble dans l'eau, que sécrètent certaines espèces végétales, notamment les conifères. **2.** Composé macromoléculaire naturel ou synthétique utilisé dans la fabrication des matières plastiques, peintures, etc. **3.** MINÉR. *Résine fossile :* carbure naturel d'hydrogène oxygéné.

RÉSINÉ adj.m. et n.m. *Vin résiné* ou *résiné :* vin légèrement additionné de résine.

RÉSINER v.t. **1.** Extraire la résine de. **2.** Enduire de résine.

1. RÉSINEUX, EUSE adj. Qui tient de la résine ; qui en produit.

2. RÉSINEUX n.m. Arbre forestier gymnosperme, riche en matières résineuses. (Les principaux résineux sont des conifères : pin, sapin, épicéa, mélèze, if, cyprès, cèdre, genévrier et thuya.)

RÉSINGLE n.f. → ***recingle.***

RÉSINIER, ÈRE n. Professionnel effectuant des saignées dans les pins et récoltant la résine qui s'en écoule ; gemmeur. ◆ adj. Qui a trait aux produits résineux.

RÉSINIFÈRE adj. Qui produit de la résine.

RÉSIPISCENCE [-pisɑ̃s] n.f. (du lat. *resipiscere,* revenir à la raison). Litt. *Venir, amener à résipiscence :* regretter, reconnaître sa faute avec la volonté de s'amender.

RÉSISTANCE n.f. **1.** Action de résister, de s'opposer à qqn, une autorité. *Se laisser arrêter sans résistance.* ◇ HIST. *La Résistance :* v. partie n.pr. **2.** Capacité à résister à une épreuve physique ou morale. *Avoir une bonne résistance à la fatigue.* **3.** PSYCHAN. Manifestation du refus du sujet de reconnaître des contenus inconscients. **4.** Propriété d'un corps de résister, de s'opposer aux effets d'un agent extérieur ; solidité. ◇ *Résistance des matériaux :* partie de la mécanique appliquée ayant pour objet l'évaluation des contraintes et des déformations subies par une structure sous l'action de forces extérieures données. – *Solide d'égale résistance :* forme sous laquelle un corps soumis à une action extérieure supporte des efforts égaux dans toutes ses parties. **5.** PHYS. Force qui s'oppose au mouvement d'un corps dans un fluide. **6.** ÉLECTR. **a.** Quotient de la tension U aux bornes d'une résistance idéale par le courant I qui la parcourt. ($R = U/I$, ce qui constitue l'expression de la loi d'Ohm.) **b.** Dipôle passif dans lequel toute l'énergie électrique mise en jeu est convertie en chaleur par effet Joule. **7.** *Plat de résistance :* plat principal d'un repas.

RÉSISTANT, E adj. **1.** Qui supporte bien les épreuves physiques ; robuste. *Homme résistant.* **2.** Qui résiste à une force extérieure. *Tissu résistant.* ◆ adj. et n. **1.** Qui s'oppose à une occupation ennemie. **2.** Membre de la Résistance pendant la Seconde Guerre mondiale.

RÉSISTER v.t. ind. [*à*] (lat. *resistere,* se tenir ferme). **1.** Ne pas céder sous l'action d'un choc, d'une force. *Le fer froid résiste au marteau.* **2.** Lutter contre ce qui attire, ce qui est dangereux. *Résister à un désir.* **3.** Tenir ferme, supporter sans faiblir. *Résister à la fatigue.*

RÉSISTIBLE adj. Litt. À qui ou à quoi on peut résister.

RÉSISTIVITÉ n.f. ÉLECTR. Caractéristique d'une substance conductrice, numériquement égale à la résistance d'un cylindre de cette substance de longueur et de section unités.

RESOCIALISATION n.f. Action de resocialiser.

RESOCIALISER v.t. Réinsérer dans la vie sociale. *Resocialiser un délinquant, un malade mental.*

RÉSOLU, E adj. (p. passé de *résoudre*). Ferme dans ses projets, hardi, déterminé. *Il se montre très résolu à ne pas céder. Une attitude résolue.*

RÉSOLUBLE adj. DR. Qui peut être annulé. *Un contrat résoluble.*

RÉSOLUMENT adv. De manière résolue, décidée ; sans hésitation.

RÉSOLUTIF, IVE adj. et n.m. **1.** MÉD. Se dit d'un médicament qui fait disparaître une inflammation, sans suppuration. **2.** Se dit d'une substance qui favorise le relâchement musculaire.

RÉSOLUTION n.f. (lat. *resolutio,* action de relâcher). **I.1.** Fait de se résoudre, de se réduire. *Résolution d'un nuage en pluie.* **2.** DR. Dissolution d'un contrat pour inexécution des engagements. **3.** MÉD. **a.** Retour à l'état normal, sans suppuration, d'un tissu enflammé. **b.** PHYSIOL. État de relâchement des muscles. **4.** MUS. *Résolution d'un accord :* manière satisfaisante à l'oreille d'enchaîner une dissonance à une consonance. **5.** MÉTROL. *Limite de résolution :* plus petit intervalle entre deux éléments, tel que ceux-ci puissent être séparés par un instrument d'observation. **6.** ARTS GRAPH. En photocomposition et en P. A. O., nombre de points formés par le balayage d'un faisceau laser, sur une hauteur de 25,4 mm (1 pouce anglais), pour assurer la restitution des textes et des images. **II.1.** Moyen par lequel on tranche un cas douteux, une question. *Résolution d'une difficulté, d'un problème.* **2.** Décision prise avec la volonté de s'y tenir. *Résolution inébranlable.* **3.** POLIT. Motion adoptée par une assemblée délibérante, qui constitue soit un simple vœu, soit une disposition du règlement intérieur. **4.** MATH. *Résolution d'une équation :* détermination de ses solutions. – *Résolution d'un triangle :* calcul, à partir de trois éléments qui déterminent un triangle, des autres éléments de ce triangle.

RÉSOLUTOIRE adj. DR. Qui entraîne la résolution d'un acte, d'un contrat.

RÉSOLVANTE n.f. MATH. *Résolvante d'une équation :* seconde équation dont la résolution facilite celle de la première.

RÉSONANCE n.f. **1.** Propriété d'accroître la durée ou l'intensité du son. *La résonance d'une salle.* **2.** Fig. Effet, écho produit dans l'esprit, le cœur. *Ce poème éveille des résonances profondes.* **3.** PHYS. Augmentation de l'amplitude d'une oscillation sous l'influence d'impulsions périodiques de fréquence voisine. ◇ *Résonance électrique :* phénomène de résonance qui se produit dans un circuit oscillant quand il est alimenté par une tension alternative de fréquence voisine de sa fréquence propre. **4.** CHIM. Particularité de certaines molécules organiques qui ne peuvent être représentées que par un ensemble de structures différant par la localisation des électrons. **5.** PHYS. Particule élémentaire instable de vie moyenne très courte. **6.** *Résonance magnétique :* méthode d'analyse spectroscopique fondée sur les transitions induites entre certains niveaux d'énergie d'un atome, d'un ion, d'une molécule, soumis à un champ magnétique. (Le moment magnétique nucléaire créé peut provenir soit des noyaux [*R. M. N., résonance magnétique nucléaire* ou *remnographie,* utilisée en imagerie* médicale], soit des électrons [*R. P. E., résonance paramagnétique électronique*].)

RÉSONANT, E ou **RÉSONNANT, E** adj. Susceptible d'entrer en résonance. ◇ *Cavité résonante :* enceinte fermée par des parois conductrices utilisée pour régler à la valeur voulue un signal de fréquence très élevée.

RÉSONATEUR n.m. PHYS. Appareil, système qui vibre par résonance.

RÉSONNER v.i. (lat. *resonare*). **1.** Renvoyer le son en augmentant sa durée ou son intensité, retentir. *Cette salle résonne trop.* **2.** Produire un son. *Cette cloche résonne faiblement.*

RÉSORBER v.t. (lat. *resorbere,* absorber). **1.** Faire disparaître peu à peu. *Résorber un déficit.* **2.** MÉD. Opérer la résorption de (une tumeur, un abcès, etc.).

RÉSORCINE n.f. ou **RÉSORCINOL** n.m. (de l'angl. *resorcin*). Diphénol utilisé dans la fabrication d'explosifs et de médicaments.

RÉSORPTION n.f. Disparition progressive, totale ou partielle, d'une anomalie (tumeur, excédent, déficit).

RÉSOUDRE v.t. (lat. *resolvere,* délier) [88]. **1.** Litt. Décomposer un corps en ses éléments constituants. *Le temps résout les corps en poussière.* **2.** MÉD. Faire disparaître peu à peu et sans suppuration. **3.** Prendre le parti, la détermination de faire qqch. *Il a résolu de partir à l'étranger.* **4.** Trouver une solution, une réponse à une question, un problème. **5.** MATH. *Résoudre une équation :* déterminer l'ensemble des solutions d'une équation, d'un système d'équations. **6.** DR. Priver d'effets (un contrat). **7.** ASTRON. Mettre en évidence des astres distincts au sein d'un objet céleste. *Résoudre une galaxie en étoiles.* ◆ **se résoudre** v.pr. **1.** Consentir finalement à. *Se résoudre à partir.* **2.** Se ramener, aboutir finalement à (tel résultat), consister en. *Un différend qui se résout à une querelle de personnes.*

RESPECT [rɛspɛ] n.m. (lat. *respectus,* égard). Sentiment qui porte à traiter (qqn, qqch) avec de grands égards, à ne pas porter atteinte à (qqch). *Respect filial. Respect des lois.* – *Sauf votre respect :* que cela ne vous offense pas. ◇ *Tenir qqn en respect,* le contenir, lui en imposer ; le menacer avec une arme. – *Respect humain :* crainte qu'on a du jugement des hommes. ◆ pl. Litt. Civilités, hommages. *Présenter ses respects.*

RESPECTABILISER v.t. Rendre respectable.

RESPECTABILITÉ n.f. (angl. *respectability*). Qualité d'une personne respectable.

RESPECTABLE adj. **1.** Digne de respect. **2.** D'une importance dont on doit tenir compte ; assez grand. *Un nombre respectable de spectateurs.*

RESPECTER v.t. **1.** Traiter, considérer avec respect. *Respecter les convictions de qqn.* **2.** Ne pas porter atteinte à (qqch) ; ne pas troubler. *Respecter les traditions. Respecter le sommeil de qqn.* ◆ **se respecter** v.pr. **1.** Se comporter avec la décence qui convient. **2.** *Qui se respecte :* qui a une haute idée de soi. *Auteur qui se respecte.*

RESPECTIF, IVE adj. (lat. *respectus,* égard). Qui concerne chaque personne, chaque chose, par rapport aux autres.

RESPECTIVEMENT adv. Chacun en ce qui le concerne. *Trois points désignés respectivement par* a, b *et* c.

RESPECTUEUSEMENT adv. Avec respect.

RESPECTUEUX, EUSE adj. Qui témoigne du respect ; qui marque du respect. *Présenter ses respectueuses salutations.*

RESPIRABLE adj. Que l'on peut aspirer. *Atmosphère respirable.*

RESPIRATEUR n.m. **1.** Masque qui filtre l'air. **2.** MÉD. Appareil destiné à assurer une ventilation pulmonaire artificielle.

RESPIRATION n.f. Le fait de respirer. *Respiration bruyante.* ◇ PHYSIOL., BOT. Ensemble des fonctions qui permettent l'absorption de l'oxygène et le rejet du gaz carbonique chez l'homme, l'animal et les espèces végétales. ◇ MÉD. *Respiration artificielle :* ensemble des manœuvres destinées à suppléer, à rétablir chez un asphyxié la respiration naturelle.

■ Suivant la manière dont les gaz sont échangés avec l'extérieur, on distingue quatre types de respiration chez les animaux : la *respiration cutanée* (lombric, grenouille), où les échanges se font par la peau ; la *respiration pulmonaire* (oiseaux, mammifères), où les poumons assurent l'échange entre l'air et le sang ; la *respiration branchiale* (poissons, crustacés), où les branchies assurent les échanges entre l'eau et le milieu intérieur ; la *respiration trachéenne* (insectes), où l'air est conduit à l'état gazeux, par des trachées, jusqu'aux organes utilisateurs. Chez l'homme, l'absorption (oxygène) et l'élimination (gaz carbonique) des gaz sont assurées par la *ventilation pulmonaire.* Celle-ci est réalisée par des phénomènes mécaniques d'expansion et de rétraction de la cage thoracique qui provoquent l'entrée (inspiration) et la sortie (expiration) d'air par la trachée. Les mouvements respiratoires sont obtenus par les contractions du diaphragme et des muscles costaux, le rythme respiratoire étant réglé par le centre respiratoire situé dans le bulbe rachidien (normalement, 16 inspirations par minute). Les *échanges gazeux* se font entre l'air alvéolaire et le sang des capillaires pulmonaires, l'oxygène diffusant vers le sang et le gaz carbonique vers l'alvéole.

RESPIRATOIRE adj. **1.** Qui sert à respirer. *Appareil respiratoire.* **2.** Relatif à la respiration. *Troubles respiratoires.*

RESPIRER v.i. (lat. *respirare*). **1.** Absorber l'air ambiant et le rejeter après qu'il a régénéré le sang. ◇ Absorber de l'oxygène dans l'air et rejeter du gaz carbonique, en parlant des êtres vivants. **2.** Fam. Avoir un moment de répit. *Laissez-moi respirer un moment.* ◆ v.t. Absorber en aspirant. *Respirer un bon air.* ◇ Fig. Marquer, manifester, exprimer. *Cet homme respire la santé. Cette maison respire le calme.*

RESPLENDIR v.i. (lat. *resplendere,* être éclatant). Litt. Briller avec grand éclat. *La lune resplendit. Son visage resplendit de joie.*

RESPLENDISSANT, E adj. Qui resplendit.

RESPLENDISSEMENT n.m. Litt. Éclat de ce qui resplendit.

RESPONSABILISATION n.f. Action de responsabiliser ; fait d'être responsabilisé.

RESPONSABILISER v.t. **1.** Rendre responsable. **2.** Rendre conscient de ses responsabilités.

RESPONSABILITÉ n.f. **1.** Capacité de prendre une décision sans en référer préalablement à une autorité supérieure. **2.** DR. Obligation de réparer une faute, de remplir une charge, un engagement. ◇ DR. CIV. *Responsabilité civile :* obligation de réparer le préjudice causé à autrui par l'inexécution d'un contrat ou toute action dommageable commise par soi-même, par une personne qui dépend de soi, ou par une chose qu'on a sous sa garde. – DR. PÉN. *Responsabilité collective :* fait de considérer tous les membres d'un groupe comme solidairement responsables de l'acte commis par un des membres de ce groupe. – *Responsabilité pénale :* obligation de supporter la peine prévue pour l'infraction qu'on a commise. ◇ DR. CONSTIT. *Responsabilité gouvernementale :* nécessité, pour un gouvernement, d'abandonner ses fonctions lorsque le Parlement lui refuse sa confiance.

RESPONSABLE adj. (lat. *responsum,* de *respondere,* se porter garant). **1.** Qui doit répondre de ses actes ou de ceux des personnes dont il a la charge. *Les parents sont responsables des dommages causés par leurs enfants mineurs.* **2.** Qui est l'auteur, le coupable de qqch. *Être responsable d'un accident.* **3.** Qui est réfléchi, qui pèse les conséquences de ses actes. *Agir en homme responsable.* ◆ adj. et n. **1.** Qui est à l'origine d'un mal, d'une erreur. *Le vrai responsable, c'est l'alcool.* **2.** Personne qui a la charge d'une fonction, qui a un pouvoir décisionnaire. *Une responsable syndicale.*

RESQUILLE n.f. ou **RESQUILLAGE** n.m. Fam. Action de resquiller.

RESQUILLER v.t. (prov. *resquilha,* glisser). Fam. Se procurer par quelque menue fraude un avantage auquel on n'a pas droit. ◆ v.i. Fam. Se faufiler dans une salle de spectacle, un moyen de transport sans attendre son tour, sans payer sa place.

RESQUILLEUR, EUSE n. Fam. Personne qui resquille.

RESSAC [rəsak] n.m. (esp. *resaca*). MAR. Retour violent des vagues sur elles-mêmes, lorsqu'elles se brisent contre un obstacle.

RESSAIGNER v.i. Saigner de nouveau.

RESSAISIR v.t. Saisir de nouveau ; reprendre possession. ◆ **se ressaisir** v.pr. Reprendre son calme, son sang-froid, redevenir maître de soi.

RESSAISISSEMENT n.m. Litt. Action de se ressaisir.

RESSASSER v.t. Répéter sans cesse. *Ressasser les mêmes plaisanteries.*

RESSAUT n.m. (it. *risalto*). **1.** CONSTR. Rupture d'alignement d'un mur, notamment liée à une avancée ou à un renfoncement du bâtiment. **2.** Saillie qui interrompt un plan horizontal.

RESSAUTER v.t. Sauter de nouveau. ◆ v.i. Faire ressaut.

RESSAYAGE n.m. → ***réessayage.***

RESSAYER v.t. → ***réessayer.***

RESSEMBLANCE n.f. Rapport entre des personnes présentant des traits physiques, psychologiques, etc., communs. ◇ Rapport entre les objets ayant certains éléments communs.

RESSEMBLANT, E adj. Qui a de la ressemblance avec un modèle. *Portrait ressemblant.*

RESSEMBLER v.t. ind. *(à).* Avoir de la ressemblance avec (qqn, qqch). ◆ **se ressembler** v.pr. Offrir une ressemblance mutuelle. *Elles se sont ressemblé un moment.*

RESSEMELAGE n.m. Action de ressemeler.

RESSEMELER v.t. [24]. Mettre une semelle neuve à (une chaussure).

RESSEMER v.t. [19]. Semer de nouveau.

RESSENTIMENT n.m. Souvenir d'une injure, d'une injustice, avec désir de s'en venger.

RESSENTIR v.t. [37]. **1.** Éprouver (une sensation, un sentiment) de façon agréable ou pénible. *Ressentir une douleur. Ressentir une joie profonde.* **2.** Être affecté par qqch, en subir les effets. *Économie qui ressent les contrecoups de la crise.* ◆ **se ressentir** v.pr. **1.** *(de).* Éprouver les suites, les conséquences fâcheuses de. **2.** Fam. *Ne pas s'en ressentir :* ne pas avoir le courage ou l'envie de faire qqch.

RESSERRE n.f. Endroit où l'on met qqch à l'abri ; réserve, remise.

RESSERRÉ, E adj. Contenu étroitement dans ses limites. *Défilé resserré.*

RESSERREMENT n.m. Action de resserrer ; fait d'être resserré.

RESSERRER v.t. **1.** Serrer de nouveau ou davantage. *Resserrer sa ceinture.* **2.** Renforcer, raffermir (des relations). *Resserrer des liens, une amitié.* ◆ **se resserrer** v.pr. **1.** Devenir plus étroit. *Rue qui se resserre.* **2.** Devenir plus intime, plus proche. *Nos relations se resserraient.*

RESSERVIR v.t. [38]. Servir (qqch) de nouveau ou en plus. ◆ v.i. Être encore utilisable. *Cela peut toujours resservir.*

1. RESSORT n.m. (de *sortir*). **1.** Organe élastique pouvant supporter d'importantes déformations et destiné à exercer une force en tendant à reprendre sa forme initiale après avoir été plié, tendu, comprimé ou tordu. ◇ *Faire ressort :* rebondir. **2.** Litt. Force occulte qui fait agir. *L'argent est le ressort de bien des conflits.* **3.** Force morale, énergie qui permet de faire face. *Manquer de ressort face à l'adversité.*

2. RESSORT n.m. (de 2. *ressortir*). DR. Limite de la compétence matérielle et territoriale d'une juridiction. *Le ressort d'un tribunal.* ◇ *Juger en premier, en dernier ressort :* juger une affaire susceptible, non susceptible d'appel.

1. RESSORTIR v.i. [43] [auxil. *être*]. **1.** Sortir une nouvelle fois ; sortir après être entré. **2.** Se détacher sur un fond, paraître par contraste. ◇ *Faire ressortir qqch,* le mettre en relief, en valeur. ◆ v.t. [auxil. *avoir*]. Sortir une nouvelle fois. *Ressortir le chien.* ◆ v. impers. Résulter. *Il ressort de là que...*

2. RESSORTIR v.t. ind. *(à)* [32] [auxil. *être*]. **1.** Être du ressort d'une juridiction, de sa compétence. **2.** Litt. Se rapporter à, concerner, dépendre de.

RESSORTISSANT, E n. Personne protégée par les représentants diplomatiques ou consulaires d'un pays donné, lorsqu'elle réside dans un autre pays.

RESSOUDER v.t. Souder de nouveau.

RESSOURCE n.f. (de l'anc. fr. *resurdre,* ressusciter). **1.** Ce qu'on emploie dans une situation fâcheuse pour se tirer d'embarras. *Ce sera ma dernière ressource.* ◇ *Personne de ressource(s) :* personne capable de fournir des solutions à qqch. – Vx. *Sans ressource :* sans remède. **2.** AÉRON. Manœuvre de redressement d'un avion à la suite d'un piqué. ◆ pl. **1.** Moyens d'existence d'une personne ; éléments de la richesse ou de la puissance d'une nation. ◇ *Ressources naturelles :* ensemble des potentialités qu'offre le milieu physique, notamm. dans les domaines énergétique, minier, forestier, etc. **2.** Moyens dont on dispose, possibilités d'action. **3.** *Ressources humaines :* ensemble du personnel d'une entreprise. *Directeur des ressources humaines.*

RESSOURCEMENT n.m. Fait de se ressourcer.

RESSOURCER (SE) v.pr. Revenir à ses sources, retrouver ses racines profondes.

RESSOUVENIR (SE) v.pr. [40]. Litt. Se souvenir de nouveau.

RESSUAGE [rəsɥaʒ] n.m. Séparation d'une phase liquide au cours du chauffage d'un alliage, le reste de la masse restant solide.

RESSUER v.i. Présenter le phénomène de ressuage.

RESSUI [rɛ-] n.m. (de *ressuyer*). VÉN. Lieu où le grand gibier se retire pour se sécher.

RESSURGIR v.i. → ***resurgir.***

RESSUSCITER v.i. (lat. *ressuscitare,* réveiller). **1.** Revenir de la mort à la vie, d'une grave maladie à la santé. **2.** Litt. Réapparaître, manifester une vie nouvelle. *Ces vieilles coutumes ont ressuscité.* ◆ v.t. **1.** Ramener de la mort à la vie, d'une grave maladie à la santé. **2.** Litt. Renouveler, faire réapparaître. *Ressusciter une mode.*

RESSUYAGE n.m. Action d'enlever de la terre laissée sur les légumes lors de l'arrachage.

RESSUYER v.t. [14]. Essuyer de nouveau ; faire sécher.

1. RESTANT, E adj. **1.** Qui reste. *Le seul héritier restant.* **2.** *Poste restante :* mention indiquant qu'une lettre doit rester au bureau de poste pendant un certain délai afin de permettre à son destinataire de venir la réclamer.

2. RESTANT n.m. Ce qui reste.

RESTAURANT n.m. Établissement public où l'on sert des repas moyennant paiement.

RESTAURATEUR, TRICE n. **1.** Personne qui répare une œuvre d'art. *Restaurateur de tableaux.* **2.** Personne qui tient un restaurant.

1. RESTAURATION n.f. (lat. *restauratio*). **1.** Réparation, réfection. *Restauration d'un monument.* **2.** Nouvelle vigueur, nouvelle existence donnée à qqch. *Restauration des arts.* **3.** Rétablissement d'une dynastie déchue. *Restauration des Bourbons.* ◇ *Style Restauration :* en France, style décoratif des années 1815-1830, époque de la restauration des Bourbons. **4.** Amélioration de certaines propriétés mécaniques des métaux et alliages écrouis soit au cours d'un réchauffage, soit au cours d'une irradiation. **5.** Opération ponctuelle qui consiste à sauvegarder et à mettre en valeur des immeubles à conserver.

2. RESTAURATION n.f. (de 1. *restauration,* d'après *restaurant*). **1.** Métier de restaurateur ; ensemble des restaurants et de leur administration. **2.** *Restauration rapide :* recomm. off. pour *fast-food.*

1. RESTAURER v.t. (lat. *restaurare*). **1.** Réparer, remettre en bon état. *Restaurer une statue.* **2.** Litt. Remettre en vigueur, en honneur. *Restaurer la liberté.* ◇ *Restaurer une dynastie,* la remettre sur le trône.

2. RESTAURER v.t. Litt. Faire manger (qqn). ◆ **se restaurer** v.pr. Reprendre des forces en mangeant.

RESTE n.m. **1.** Ce qui reste d'un ensemble dont on a retranché une ou plusieurs parties, ou dont on considère à part une ou plusieurs parties. *Elle occupe trois pièces et loue le reste de la maison. Le reste de la journée, de la vie.* ◇ *Au reste, du reste :* au surplus, d'ailleurs. – *Demeurer, être en reste avec qqn,* lui devoir encore qqch. ◇ *De reste :* plus qu'il ne faut. ◇ *Ne pas demander son reste :* se retirer promptement de crainte d'avoir à subir d'autres désagréments. ◇ *Un reste de :* une petite quantité demeurant de. **2.** Ce qui reste ou resterait à dire, à faire, etc. ; toute chose qui vient en plus. *Je terminerai le reste de mon travail ce soir.* **3.** MATH. *Reste d'une division :* différence entre le dividende et le produit du diviseur par le quotient. ◆ pl. **1.** Ce qui n'a pas été consommé au cours d'un repas. **2.** Cadavre, ossements, cendres d'un être humain. *Les restes d'un grand homme.* **3.** Fam. *Avoir de beaux restes :* avoir encore des vestiges certains de sa beauté (ou, par ext., de son intelligence) d'autrefois.

RESTER v.i. (lat. *restare,* s'arrêter) [auxil. *être*]. **1.** Subsister après disparition de qqch, de qqn, d'un groupe. *Voilà tout ce qui reste de sa fortune.* **2.** Continuer à séjourner dans un lieu ou auprès de qqn. *Rester à Paris tout l'été.* **3.** Afrique, Canada. Habiter, résider quelque part. *Il reste près du port.* **4.** Se maintenir, continuer à être dans la même position, le même état. *Elle est restée fidèle à ses camarades.* **5.** *En rester là :* ne pas poursuivre une action, une collaboration, des relations. ◇ *Il reste que, il n'en reste pas moins que :* on ne peut cependant nier que.

RESTITUABLE adj. Qui peut ou qui doit être restitué.

RESTITUER v.t. (lat. *restituere*). **1.** Rendre ce qui a été pris ou ce qui est possédé indûment. *Restituer le bien d'autrui.* **2.** Rétablir, remettre en son premier état. *Restituer un texte, le plan d'un édifice.* **3.** Reproduire un son enregistré. **4.** TOPOGR. Opérer une restitution.

RESTITUTION n.f. **1.** Action de restituer ; son résultat. **2.** TOPOGR. Reconstitution, en plan ou en élévation, d'un objet ou d'un terrain préalablement photographié en stéréoscopie.

RESTO n.m. Fam. Restaurant.

RESTOROUTE n.m. (nom déposé). Restaurant aménagé au bord d'une grande route, d'une autoroute.

RESTREINDRE v.t. (lat. *restringere*) [81]. Réduire à des limites plus étroites, limiter. *Restreindre les crédits.* ◆ **se restreindre** v.pr. Réduire ses dépenses.

RESTRICTIF, IVE adj. (lat. *restrictus,* serré). Qui restreint, qui limite. *Clause restrictive.*

RESTRICTION n.f. **1.** Condition, modification qui restreint. *Cette mesure a été adoptée sans restriction.* ◇ *Restriction mentale :* acte par lequel on émet une opinion contraire à sa conviction en utilisant des arguments dont la présentation formelle ne constitue pas un mensonge. **2.** Action de limiter, de réduire la quantité, l'importance de qqch. *Restriction des crédits.* **3.** MAR. *Série à restriction :* ensemble de yachts différents, mais possédant le même rating. **4.** MATH. *Restriction d'une application* f (*de* A *dans* B *au sous-ensemble* D *de* A) : application de D dans B qui, à tout élément de D, associe son image par *f*. ◆ pl. Mesures de rationnement édictées en temps de pénurie économique.

RESTRUCTURATION n.f. Action de réorganiser selon de nouveaux principes, avec de nouvelles structures, un ensemble devenu inadapté. *Restructuration d'une industrie.*

RESTRUCTURER v.t. Effectuer la restructuration de.

RESUCÉE n.f. Fam. Chose déjà faite, vue, entendue, goûtée plusieurs fois.

RÉSULTANT, E adj. Qui résulte de qqch.

RÉSULTANTE n.f. **1.** Résultat de l'action conjuguée de plusieurs facteurs. **2.** MATH. Vecteur unique (s'il existe) équivalant à un système de vecteurs glissants. (Des vecteurs concourants ont toujours une résultante : leur somme géométrique appliquée au point de concours de leurs supports.) ◇ *Résultante de transformations (d'opérations)* : transformation (opération) équivalant à l'ensemble de ces transformations (opérations) effectuées successivement.

RÉSULTAT n.m. **1.** Ce qui résulte d'une action, d'un fait, d'un principe, d'un calcul. *Le résultat d'une division, d'une négociation.* ◇ ÉCON. *Compte de résultat* → **compte.** **2.** Réussite ou échec à un examen ou à un concours. ◆ pl. **1.** Réalisations concrètes. *Obtenir des résultats.* **2.** ÉCON. Bénéfices ou pertes d'une entreprise au cours d'un exercice.

RÉSULTER v.i. et impers. (lat. *resultare,* rebondir, de *saltare,* sauter) [auxil. *être* ou *avoir*]. S'ensuivre, être la conséquence, l'effet de. *De la discussion, il résulte que...*

RÉSUMÉ n.m. Abrégé, sommaire. *Résumé d'un discours.* ◇ *En résumé* : en résumant, en récapitulant.

RÉSUMER v.t. (lat. *resumere,* recommencer). Rendre en moins de mots ce qui a été dit, écrit, représenté plus longuement. *Résumer un livre, un film.* ◆ **se résumer** v.pr. **1.** Reprendre sommairement ce qu'on a dit. **2.** *(à).* Consister essentiellement.

RESURCHAUFFE n.f. Action de resurchauffer.

RESURCHAUFFER v.t. Surchauffer de nouveau une vapeur qui, après avoir été déjà surchauffée, a subi une première détente.

RESURCHAUFFEUR n.m. Appareil servant à resurchauffer une vapeur.

RÉSURGENCE [rezyrʒɑ̃s] n.f. (lat. *resurgere,* renaître). **1.** Réapparition à l'air libre, sous forme de grosse source, d'eaux infiltrées dans un massif calcaire. **2.** Litt. Fait de réapparaître, de resurgir. *La résurgence des doctrines racistes.*

RÉSURGENT, E adj. HYDROL. Qui réapparaît à l'air libre après un trajet souterrain. *Rivière résurgente.*

RESURGIR ou **RESSURGIR** [rəsyrʒir] v.i. Surgir de nouveau.

RÉSURRECTION n.f. (lat. *resurgere,* se relever). **1.** Retour de la mort à la vie. *La résurrection du Christ.* **2.** Réapparition, nouvel essor d'un phénomène artistique, littéraire, etc. **3.** BX-A. (Avec une majuscule). Œuvre qui représente la résurrection du Christ.

RETABLE n.m. (de *table*). Dans une église, construction verticale portant un décor peint ou sculpté, placée sur un autel ou en retrait de celui-ci.

RÉTABLIR v.t. **1.** Remettre en son premier état, ou en meilleur état. *Rétablir ses affaires.* ◇ *Rétablir les faits, la vérité,* les présenter sous leur véritable jour. **2.** Ramener, faire exister de nouveau, remettre en vigueur. *Rétablir l'ordre.* **3.** Redonner des forces à, guérir. *Ce régime l'a rétabli.* ◆ **se rétablir** v.pr. Recouvrer la santé.

RÉTABLISSEMENT n.m. **1.** Action de rétablir. *Rétablissement de l'ordre.* **2.** Retour à la santé. **3.** Mouvement de gymnastique permettant de s'élever en prenant un point d'appui sur chaque poignet, après une traction sur les bras.

RETAILLE n.f. ORFÈVR. Opération qui consiste à moderniser la taille d'un diamant, ou à tailler de nouveau une pierre cassée.

RETAILLER v.t. Tailler de nouveau.

RÉTAMAGE n.m. Action de rétamer.

RÉTAMER v.t. **1.** Étamer de nouveau (une surface métallique). **2.** Pop. Fatiguer, épuiser. **3.** Pop. *Se faire rétamer.* **a.** Se faire battre au jeu. **b.** Échouer à un examen.

RÉTAMEUR n.m. Ouvrier qui procède au rétamage des objets métalliques.

RETAPAGE n.m. Fam. Action de retaper.

RETAPE n.f. Pop. **1.** Racolage. ◇ *Faire de la retape* : racoler. **2.** Publicité tapageuse.

1. RETAPER v.t. Fam. **1.** Remettre sommairement en état ; réparer, arranger. **2.** Remettre en forme, redonner des forces. *Les vacances l'ont retapé.* **3.** *Retaper un lit,* le refaire sommairement en tirant draps et couvertures. ◆ **se retaper** v.pr. Fam. Recouvrer la forme, la santé.

2. RETAPER v.t. Taper de nouveau un texte à la machine.

RETARD n.m. **1.** Action d'arriver, d'agir trop tard. *Apporter du retard à qqch.* ◇ *Sans retard* : sans délai. – *En retard* : plus tard que prévu, plus lentement que la normale. **2.** Différence entre l'heure marquée par une pendule, une horloge, etc., qui retarde et l'heure réelle. **3.** État de qqn, de qqch qui n'est pas aussi développé, avancé qu'il devrait l'être. **4.** MUS. Prolongation de l'une des notes d'un accord sur une harmonie qui lui est étrangère. ◆ adj. inv. PHARM. Se dit d'un médicament préparé de manière à libérer progressivement et avec un taux efficace et constant son principe dans l'organisme (*pénicilline retard,* par ex.) ; se dit de l'injection et de l'effet pharmacologique d'un tel médicament.

RETARDATAIRE adj. et n. Qui est en retard.

RETARDATEUR, TRICE adj. Qui ralentit un mouvement, une action chimique. ◇ MIL. *Action retardatrice* : forme du combat défensif menée sur des positions successives pour ralentir la progression de l'adversaire.

RETARDÉ, E adj. et n. Fam. Qui est en retard dans son développement intellectuel.

RETARDEMENT n.m. Action de retarder ; fait d'être retardé. ◇ *À retardement.* **a.** Quand il est trop tard. *Comprendre à retardement.* **b.** Se dit d'un engin muni d'un dispositif qui en retarde l'explosion jusqu'à un moment déterminé.

RETARDER v.t. (lat. *retardare*). **1.** Faire perdre un temps plus ou moins long sur la durée prévue, faire arriver ou se produire plus tard que prévu. *La pluie nous a retardés.* **2.** Remettre à un temps ultérieur. *Retarder son départ.* **3.** Ralentir un mouvement, un processus. ◇ MÉCAN. *Mouvement retardé* : mouvement dont la vitesse diminue. ◆ v.i. **1.** Indiquer une heure antérieure à l'heure légale, en parlant d'une montre, d'une pendule (ou de celui qui la possède). *Votre montre retarde. Je retarde de cinq minutes.* **2.** Fam. Ignorer une nouvelle que tout le monde connaît. **3.** Fam. Avoir des idées, des goûts dépassés, surannés.

RETASSURE n.f. (de *tasser*). MÉTALL. Défaut constitué par une cavité se formant dans la partie massive d'une pièce métallique coulée et due à la contraction du métal lors de sa solidification.

RETÂTER v.t. Tâter de nouveau. ◆ v.t. ind. *(de).* Essayer de nouveau.

RETEINDRE v.t. [81]. Teindre de nouveau.

RETENDOIR n.m. Outil servant à régler la tension des cordes de piano.

RETENDRE v.t. [73]. Tendre de nouveau (ce qui était détendu).

RETENIR v.t. (lat. *retinere*) [40]. **I. 1.** Garder par-devers soi ce qui est à un autre. *Retenir chez soi des livres empruntés.* **2.** Prélever une partie d'une somme. *Retenir tant sur un salaire.* **3.** MATH. Déterminer une retenue lors d'une opération arithmétique. **4.** Se faire réserver qqch pour pouvoir en disposer le moment voulu. *Retenir une place dans le train.* **5.** Considérer (une idée, une proposition, etc.) comme digne d'intérêt. *Retenir un projet.* **II. 1.** Empêcher de se mouvoir, de se déplacer, de tomber. **2.** Empêcher de partir, inviter à demeurer quelque part. *Retenir qqn à dîner.* **3.** Maintenir en place, contenir. *Retenir les eaux d'une rivière.* **4.** Empêcher (un sentiment, une réaction, etc.) de se manifester. *Retenir sa colère.* **5.** Fixer dans sa mémoire. *Retenir une adresse.* **6.** Fam. *Je te (vous, le, etc.) retiens,* se dit à qqn ou de qqn qui a mal agi, mal accompli une tâche. ◆ **se retenir** v.pr. **1.** Se rattraper à qqch pour éviter une chute, ralentir un mouvement vers le bas. **2.** Résister à une envie. *Se retenir de rire.* **3.** Fam. Différer de satisfaire un besoin naturel.

RETENTER v.t. Tenter de nouveau, après un échec.

RÉTENTEUR n.m. DR. CIV. Celui qui exerce un droit de rétention.

RÉTENTION n.f. (lat. *retentio*). **1.** GÉOGR. Phénomène par lequel l'eau des précipitations ne rejoint pas immédiatement les cours d'eau. *Rétention glaciaire, nivale, rétention des éboulis, des terrains perméables.* **2.** MÉD. Accumulation excessive dans l'organisme de produits qui doivent normalement être éliminés. **3.** PSYCHOL. Propriété de la mémoire qui consiste à conserver de l'information. **4.** DR. Droit pour un créancier de garder l'objet de son débiteur jusqu'au paiement de ce que celui-ci lui doit. **5.** DR. Fait pour le représentant d'une autorité de retenir qqn un certain temps près de lui (pour vérification d'identité, par ex.). – *Rétention administrative* : fait de placer dans un centre non pénitentiaire un étranger devant être expulsé ou reconduit à la frontière en cas de désaccord sur le pays d'accueil.

RETENTIR v.i. (lat. *tinnire,* résonner). **1.** Rendre, renvoyer un son éclatant, puissant, qui résonne. *La rue retentit du bruit d'un camion qui passe.* **2.** Avoir des effets, des répercussions sur qqch d'autre. *Cet évènement retentit loin des frontières.*

RETENTISSANT, E adj. **1.** Qui rend un son puissant. *Voix retentissante.* **2.** Qui attire l'attention du public. *Scandale retentissant.*

RETENTISSEMENT n.m. **1.** Répercussion, effet qui se propage dans le public. *Cette nouvelle a eu un grand retentissement.* **2.** Vx. Son renvoyé avec éclat.

RETENUE n.f. **1.** Action de garder. *Retenue des marchandises par la douane.* **2.** Somme qu'un employeur peut ou doit déduire du salaire ou traitement dû. ◇ Spécialt. Précompte. **3.** Privation de récréation ou de sortie, dans les établissements scolaires. **4.** Qualité d'une personne qui contient ses sentiments, garde une réserve discrète. **5.** Ralentissement de la circulation routière ; embouteillage, bouchon. *Une retenue de 12 km.* **6.** CONSTR. Assujettissement des extrémités d'une poutre dans un mur. **7.** MAR. Cordage servant à maintenir un objet que l'on hisse. **8.** MATH. Dans une opération mathématique élémentaire, chiffre reporté pour être ajouté au chiffre du rang suivant. **9.** TR. PUBL. Hauteur d'eau emmagasinée dans un réservoir, un bief. ◇ *Retenue d'eau* : eau emmagasinée derrière un barrage, dans un réservoir ou un bief. **10.** COMM. *Retenue de garantie* : fraction du montant d'un marché qui n'est pas réglée à l'entrepreneur ou au fournisseur à la réception provisoire, mais à la réception définitive.

RETERÇAGE n.m. Action de retercer.

RETERCER [16] ou **RETERSER** v.t. AGRIC. Donner un nouveau labour à la vigne.

RÉTIAIRE [resjɛr] n.m. (lat. *retiarius,* de *rete,* filet). Chez les Romains, gladiateur armé d'un trident et d'un filet, qui était généralement opposé à un mirmillon.

RÉTICENCE n.f. (lat. *reticere,* taire). **1.** Omission volontaire de qqch qu'on devrait ou qu'on pourrait dire. *Parler sans réticence.* **2.** Attitude de qqn qui hésite à dire sa pensée, à prendre une décision.

RÉTICENT, E adj. Qui manifeste de la réticence.

RÉTICULAIRE adj. **1.** Qui a la forme d'un réseau. **2.** Relatif à un réseau cristallin. **3.** ANAT. *Formation réticulaire* : formation réticulée.

RÉTICULATION n.f. CHIM. Formation de liaisons chimiques suivant les différentes directions de l'espace au cours d'une polymérisation, d'une polycondensation ou d'une polyaddition, et qui conduit à la formation d'un réseau.

RÉTICULE n.m. (lat. *reticulum,* petit filet). **1.** Petit sac à main. **2.** OPT. Disque percé d'une ouverture circulaire coupée par deux fils très fins se croisant à angle droit, et qui sert à faire des visées dans une lunette.

RÉTICULÉ, E adj. **1.** Marqué de nervures formant réseau. *Élytre réticulé.* **2.** Se dit d'un type de parement architectonique formé de petits moellons à face carrée disposés selon des lignes obliques. (C'est l'*opus reticulatum* des Romains.) **3.** ANAT. *Formation réticulée* ou *réticulée,* n.f. : groupement diffus de neurones du tronc cérébral, qui joue un rôle important dans la vigilance. (On dit aussi *formation réticulaire.*) **4.** *Porcelaine réticulée :* porcelaine à deux enveloppes, dont l'extérieure est découpée à jour.

RÉTICULER v.t. CHIM. Relier entre elles des chaînes de polymère pour en faire un réseau.

RÉTICULOCYTE n.m. BIOL. Hématie jeune, à structure granuleuse et filamenteuse.

RÉTICULO-ENDOTHÉLIAL, E, AUX adj. HISTOL. Se dit d'un tissu disséminé dans l'organisme, formé de cellules disposées en réseau, et qui aurait des fonctions hématopoïétiques et de défense immunitaire.

RÉTICULO-ENDOTHÉLIOSE ou **RÉTICULOSE** n.f. Maladie du tissu réticulo-endothélial. (Il en existe de nombreuses formes.)

RÉTICULUM [retikylɔm] n.m. **1.** ANAT. Réseau formé par les fibres de certains tissus ou les anastomoses des petits vaisseaux. **2.** CYTOL. *Réticulum endoplasmique :* ergastoplasme.

RÉTIF, IVE adj. (lat. *restare,* s'arrêter). **1.** Qui s'arrête ou recule au lieu d'avancer. *Cheval rétif.* **2.** Difficile à conduire, à persuader ; récalcitrant, indocile.

RÉTINE n.f. (lat. *rete,* filet). Membrane du fond de l'œil, formée de cellules nerveuses en rapport avec les fibres du nerf optique, et sensible à la lumière.

■ La rétine est formée par l'épanouissement du nerf optique et par les cellules sensorielles de la vue. Celles-ci comprennent les *bâtonnets,* sensibles à l'intensité et à la qualité des rayons lumineux (adaptation de l'œil à l'obscurité), et les *cônes,* sensibles aux couleurs. Le point d'entrée du nerf optique forme une saillie, insensible à la lumière (la *papille*). Dans l'axe antéropostérieur de l'œil se trouve une dépression, la *tache jaune,* qui est la partie la plus sensible de la rétine.

RÉTINIEN, ENNE adj. Relatif à la rétine.

RÉTINITE n.f. Inflammation de la rétine.

RÉTIQUE adj. → ***rhétique.***

RETIRABLE adj. Rare. Qui peut être retiré.

RETIRAGE n.m. Nouveau tirage (d'un livre, d'une photo).

RETIRATION n.f. Impression du verso d'une feuille déjà imprimée d'un côté. ◇ *Presse à retiration :* presse imprimant successivement le recto et le verso en un seul passage de la feuille.

RETIRÉ, E adj. **1.** Peu fréquenté. *Village retiré.* **2.** Se dit de qqn qui a cessé toute activité professionnelle.

RETIRER v.t. **1.** Tirer à soi, ramener en arrière. *Retirer la jambe.* **2.** Faire sortir qqn, qqch de l'endroit où ils étaient. *Retirer un enfant du lycée. Retirer une balle d'une plaie.* **3.** Reprendre, ôter. *Retirer à qqn sa place, sa confiance.* **4.** Renoncer à. *Retirer ses accusations, sa candidature.* **5.** Obtenir, recueillir. *Retirer tant d'un bien.* ◆ **se retirer** v.pr. **1.** S'en aller, s'éloigner. *Se retirer à la campagne.* **2.** Aller dans un lieu pour y trouver refuge. *Se retirer dans sa chambre.* **3.** Prendre sa retraite. **4.** Cesser de participer à qqch. *Se retirer de la compétition.* **5. a.** *La mer se retire :* elle descend. **b.** *La rivière se retire :* elle rentre dans son lit.

RETIRONS n.m. pl. (de *retirer*). Bourres de laine qui restent dans les peignes après le peignage.

RETISSAGE n.m. Action de retisser.

RETISSER v.t. Tisser de nouveau.

RÉTIVITÉ ou **RÉTIVETÉ** n.f. Rare. Caractère rétif, humeur rétive.

RETOMBANT, E adj. Qui retombe.

RETOMBÉ n.m. CHORÉGR. Chute naturelle du corps après un temps d'élévation.

RETOMBÉE n.f. **1.** Action de retomber après s'être élevé. *La retombée d'une fusée. Retombées radioactives.* ◇ Fig. (Surtout pl.). Conséquence, répercussion. *Les retombées politiques d'un scandale.* **2.** Litt. Action de retomber après une exaltation. *La retombée de l'enthousiasme populaire.* **3.** CONSTR. Partie intérieure de chacune des deux montées d'un arc, d'une voûte, au-dessus des piédroits.

RETOMBER v.i. (auxil. *être*). **1.** Tomber de nouveau ; tomber après s'être élevé ou après avoir été élevé ou lancé. *La vapeur retombe en pluie.* **2.** Se trouver une nouvelle fois dans un état (en partic. mauvais) ; avoir de nouveau tel type de comportement, d'action (en partic. négatif). *Retomber dans ses erreurs. Retomber malade.* **3.** Disparaître ou faiblir. *Sa colère est retombée.* **4.** Atteindre qqn par contrecoup, rejaillir sur lui. *La responsabilité en retombera sur lui.*

RETONDRE v.t. [75]. Tondre de nouveau.

RETORDAGE ou **RETORDEMENT** n.m. Action de retordre.

RETORDEUR, EUSE n. Dans une filature, personne qui conduit une machine à retordre les fils.

RETORDOIR ou **RETORSOIR** n.m. TEXT. Appareil servant à retordre les fils.

RETORDRE v.t. (lat. *retorquere*) [76]. **1.** Tordre de nouveau. *Retordre du linge.* **2.** TECHN. Tordre ensemble deux ou plusieurs fils textiles. ◇ *Donner du fil à retordre à qqn,* lui susciter maints embarras.

RÉTORQUER v.t. (lat. *retorquere,* renvoyer). Répondre vivement, répliquer.

RETORS, E adj. **1.** Qui a été tordu plusieurs fois. *Soie retorse.* **2.** Qui manie la ruse avec une finesse tortueuse. *Politicien retors.*

RÉTORSION n.f. (de *rétorquer,* avec l'infl. de *torsion*). **1.** Action de répliquer par des procédés, des mesures analogues à celles dont qqn s'est servi contre soi ; représailles. *Mesures de rétorsion.* **2.** DR. Procédé de coercition qui consiste, pour un État, à user à l'égard d'un autre État de mesures analogues à celles, préjudiciables, quoique licites, dont cet État s'est servi envers lui.

RETORSOIR n.m. → ***retordoir.***

RETOUCHE n.f. **1.** Action de retoucher ; correction. **2.** Rectification d'un vêtement en confection aux mesures d'un client. **3.** Correction sur un film photographique ou un cliché d'impression.

RETOUCHER v.t. et t. ind. ***(à)***. Apporter des modifications à, perfectionner, corriger. *Retoucher un ouvrage, une photo, un vêtement.*

RETOUCHEUR, EUSE n. **1.** Personne qui fait la retouche des photographies. **2.** Correcteur, correctrice chargé(e) de la vérification des corrections sur la première feuille imprimée. **3.** Personne qui effectue les retouches d'un vêtement.

RETOUR n.m. **I.** Action de se déplacer, de se mouvoir en sens inverse du mouvement précédent. **1.** Mouvement imprévu ou brutal en sens opposé. *Retour de manivelle.* ◇ *Retour de flamme :* poussée brusque et inattendue de flammes qui jaillissent hors du foyer ; fig., renouveau d'activité, de passion. – Fam. *Retour de manivelle, de bâton :* conséquence néfaste ou dangereuse ; choc en retour, contrecoup subi. **2.** Coude, angle que fait une ligne. *Retour d'une façade.* **3.** Partie destinée à être retournée, rabattue. *Un retour de drap.* **4.** Fig. Changement brusque dans une évolution. *Les retours de la fortune.* **5.** *Retour d'âge :* moment de l'existence où l'on commence à vieillir ; spécialt, ménopause. **II. 1.** Fait pour qqn, qqch, de repartir, de revenir vers l'endroit d'où il est venu ; déplacement, voyage ainsi accompli. ◇ *Être de retour :* être revenu. – *Sans retour :* pour toujours, à jamais. – *Être sur le retour :* être sur le point de partir pour regagner le lieu d'où l'on est venu ; commencer à vieillir, à décliner. **2.** Titre de transport permettant de faire à l'inverse le voyage fait à l'aller. **3.** Fait pour qqch d'être rendu, réexpédié. **a.** COMM. Renvoi à un éditeur des volumes invendus ; ces volumes eux-mêmes. **b.** DR. *Droit de retour :* réversion. **c.** BANQUE. *Retour sans frais, sans protêt :* clause aux termes de laquelle le porteur d'une lettre de change est dispensé de protester en cas de non-paiement. **III. 1.** Action ou fait de revenir à un état antérieur. *Retour au calme.* **2.** Fait d'évoquer, de revivre ce qui appartient au passé. ◇ *Retour en arrière :* vue rétrospective ; dans un récit (un scénario, etc.), évocation d'évènements passés (recomm. off. pour *flash-back*). – *Retour sur soi-même :* effort de sincérité dans l'examen de sa conduite et de sa vie passée. **3.** Fait de se répéter, de se reproduire. *Le retour de la fièvre.* ◇ *Retour de couches :* première menstruation après un accouchement. – PHILOS. *Éternel retour :* théorie d'une évolution cyclique où le monde passe éternellement par les mêmes phases. **IV.** Mouvement de va-et-vient, de réciprocité. *Un amour qui ne peut se passer de retour.* ◇ *Par retour du courrier :* dès la réception d'une correspondance, sans délai. – *En retour :* en échange.

RETOURNAGE n.m. Rare. Action de retourner un vêtement.

RETOURNE n.f. JEUX. Carte qu'on retourne pour déterminer l'atout.

RETOURNÉ n.m. SPORTS. Au football, coup de pied par lequel un joueur propulse la balle en arrière, en la faisant passer au-dessus de lui.

RETOURNEMENT n.m. **1.** Action de retourner, de se retourner. **2.** Fig. Changement brusque et complet de direction, d'orientation, d'opinion. *Le retournement de la situation.* **3.** MATH. *Retournement dans l'espace :* symétrie orthogonale par rapport à une droite de l'espace.

RETOURNER v.t. (auxil. *avoir*). **1.** Mettre qqch à l'envers, le tourner de façon à placer le dessus en dessous, le devant derrière, etc. *Retourner une carte, un vêtement.* **2.** Tourner (qqch) en tous sens. *Retourner la salade.* ◇ Fig. *Retourner des idées dans sa tête.* **3.** Renvoyer à l'expéditeur (son envoi), à un commerçant, un fabricant (une marchandise qui ne convient pas). *Retourner une lettre.* **4.** Fam. *Retourner à qqn une critique, une injure* ou, iron., *un compliment,* lui adresser en retour et du tac au tac une critique, une injure, etc., équivalentes. **5.** Fam. Faire changer (qqn, un groupe) d'opinion, de camp. **6.** Troubler qqn profondément, lui causer une violente émotion. *La vue de l'accident l'a retourné.* ◆ v.i. (auxil. *être*). **1.** Se rendre de nouveau dans un lieu où l'on est déjà allé. *Retourner chaque année à la mer.* **2.** Revenir à l'endroit d'où l'on est parti, regagner son domicile ou le lieu que l'on a quitté. *Retourner chez soi.* **3.** Revenir à une attitude, à un sentiment dont on s'était défait. *Retourner à ses premières amours.* **4.** Être restitué à qqn, à un groupe. *Maison qui retourne à son propriétaire.* ◆ **se retourner** v.pr. **1.** Se tourner dans un autre sens, sur un autre côté. **2.** Tourner la tête, le buste ou le corps tout entier. **3.** Se renverser. *Le véhicule s'est retourné dans le fossé.* **4.** Fam. Agir au mieux, prendre ses dispositions dans une circonstance donnée. *Laissez-lui donc le temps de se retourner.* **5.** *Se retourner contre qqn.* **a.** Nuire après avoir été utile. *L'argument s'est retourné contre lui.* **b.** DR. Reporter contre qqn les charges d'une faute ou d'un dommage dont on est considéré comme responsable. **6.** *S'en retourner (quelque part) :* partir pour regagner le lieu d'où l'on est venu. ◆ v. impers. *Savoir de quoi il retourne,* ce qui se passe, ce dont il s'agit.

RETRACER v.t. [16]. **1.** Tracer de nouveau ou autrement. **2.** Raconter, exposer, rappeler au souvenir. *Retracer des faits.*

RÉTRACTABILITÉ n.f. **1.** Qualité d'un matériau susceptible d'une rétraction. **2.** Aptitude du bois en œuvre à varier de dimensions et de volume en fonction de son humidité.

RÉTRACTABLE adj. Qui peut être rétracté, se rétracter.

RÉTRACTATION n.f. Action de se rétracter, de désavouer ce qu'on a fait ou dit.

1. RÉTRACTER v.t. (lat. *retractare,* retirer). Litt. Désavouer ce qu'on a dit, fait. ◆ **se rétracter** v.pr. Revenir sur ce qu'on a dit ; se dédire. *Se rétracter publiquement.*

2. RÉTRACTER v.t. (lat. *retrahere*). Faire se rétrécir, contracter. *L'escargot rétracte ses cornes.* ◆ **se rétracter** v.pr. Se contracter, subir une rétraction.

RÉTRACTIF, IVE adj. Qui produit une rétraction.

RÉTRACTILE adj. (lat. *retractum,* de *retrahere,* tirer en arrière). Qui a la possibilité de se rétracter. *Griffes rétractiles.*

RÉTRACTILITÉ n.f. Qualité de ce qui est rétractile.

RÉTRACTION n.f. **1.** MÉD. Raccourcissement, contraction de certains tissus ou organes. **2.** TECHN. Diminution de volume d'un matériau (plâtre, béton, etc.) durant sa prise.

RETRADUIRE v.t. [98]. Traduire de nouveau ou en partant d'une traduction.

RETRAIT n.m. (anc. fr. *retraire,* retirer). **1.** Action de retirer. *Retrait bancaire. Retrait du permis de conduire.* **2.** Action de se retirer. *Retrait des* *troupes.* **3.** DR. Mise à néant d'un acte administratif, sur décision de l'Administration. ◇ *Retrait successoral :* droit pour les cohéritiers d'écarter de la succession un étranger auquel l'un d'entre eux a cédé ses droits. **4.** TECHN. Diminution de volume d'un matériau due à une perte d'eau *(retrait hydraulique)* ou à une baisse de température *(retrait thermique).* ◇ Aptitude du bois à varier de dimensions et de volume en fonction de son humidité. **5.** *En retrait :* en arrière d'un alignement, d'une ligne déterminée, d'une opinion.

RETRAITANT, E n. Personne qui fait une retraite spirituelle.

RETRAITE n.f. (de l'anc. fr. *retraire,* retirer). **I. 1.** Action de se retirer de la vie active ; état de qqn qui a cessé ses activités professionnelles. *Prendre sa retraite.* **2.** Prestation sociale servie à qqn qui a pris sa retraite. ◇ *Caisse de retraite :* organisme qui gère un régime légal ou complémentaire de retraite. – *Point de retraite :* unité de calcul des avantages d'assurance vieillesse. **3.** Éloignement momentané de ses occupations habituelles, pour se recueillir, se préparer à un acte important ; lieu où l'on se retire. **II. 1.** Action de se retirer d'un lieu ; départ. **2.** Marche en arrière d'une armée après des combats malheureux. ◇ *Battre en retraite* → ***battre.*** **3.** Signal équivalant autref. au couvre-feu et marquant aujourd'hui la fin d'une manœuvre ou d'un tir. **III.** CONSTR. Ressaut portant le nu d'une partie haute en arrière de celui d'une partie basse.

RETRAITÉ, E n. et adj. Personne qui a pris sa retraite et qui perçoit une retraite.

RETRAITEMENT n.m. Traitement chimique permettant d'isoler et de récupérer les éléments utilisables contenus dans un produit déjà employé. ◇ *Retraitement nucléaire :* traitement du combustible nucléaire irradié, qui permet de récupérer les éléments fissiles et fertiles en les séparant des produits de fission fortement radioactifs.

1. RETRAITER v.t. Pratiquer le retraitement de.

2. RETRAITER v.t. Afrique. Mettre à la retraite ou renvoyer (un employé).

RETRANCHEMENT n.m. **1.** Vx. Suppression, diminution. **2.** Obstacle naturel ou artificiel, organisé pour défendre une position. ◇ Fig. *Attaquer qqn dans ses derniers retranchements,* d'une manière telle qu'il se trouve à bout d'arguments, de répliques.

RETRANCHER v.t. Ôter d'un tout. *Retrancher un passage d'un ouvrage.* ◆ **se retrancher** v.pr. Se mettre à l'abri derrière des défenses. ◇ *Se retrancher derrière qqch,* l'invoquer comme moyen de défense contre des demandes, des accusations, etc.

RETRANSCRIPTION n.f. Nouvelle transcription.

RETRANSCRIRE v.t. [99]. Transcrire de nouveau.

RETRANSMETTRE v.t. [84]. **1.** Transmettre de nouveau ou à d'autres. *Retransmettre un message.* **2.** Diffuser (une émission radiophonique ou télévisée).

RETRANSMISSION n.f. Action de retransmettre ; émission retransmise.

RETRAVAILLER v.t. et i. Travailler de nouveau.

RETRAVERSER v.t. Traverser de nouveau.

RETRAYANT, E n. et adj. DR. Personne qui exerce le retrait successoral.

RETRAYÉ, E n. et adj. DR. Personne contre laquelle s'exerce le retrait successoral.

RÉTRÉCIR v.t. (anc. fr. *étrécir ;* lat. *strictus,* étroit). Rendre plus étroit ; diminuer l'ampleur, la capacité. ◆ v.i. Devenir plus étroit. *Ce pull a rétréci au lavage.* ◆ **se rétrécir** v.pr. Devenir de plus en plus étroit.

RÉTRÉCISSEMENT n.m. **1.** Action de rétrécir. **2.** MÉD. Diminution du diamètre d'un orifice, d'un vaisseau, d'un canal. *Rétrécissement de l'aorte.*

RÉTREINDRE v.t. (de *étreindre*) [81]. TECHN. Diminuer le diamètre d'une pièce métallique par un martelage de la périphérie.

RÉTREINT n.m. ou **RETREINTE** n.f. Action de rétreindre.

RETREMPE n.f. MÉTALL. Nouvelle trempe.

RETREMPER v.t. **1.** Tremper de nouveau. *Retremper du linge dans l'eau.* **2.** MÉTALL. Donner une nouvelle trempe à. ◆ **se retremper** v.pr. Reprendre contact avec qqch, qqn.

RÉTRIBUER v.t. (lat. *retribuere*). Payer pour un travail. *Rétribuer un employé. Rétribuer un service.*

RÉTRIBUTION n.f. Somme d'argent donnée en échange d'un travail, d'un service.

RETRIEVER [retrivœr] n.m. (mot angl.). Chien de chasse dressé à rapporter le gibier.

1. RÉTRO adj. inv. et n.m. (de *rétrospectif*). Fam. Se dit d'une mode, d'un style, d'une œuvre (littéraire, artistique, cinématographique, etc.) inspirés par un passé récent (notamm. celui des années 1920 à 1960).

2. RÉTRO n.m. (de *rétrograde*). Au billard, effet donné à la bille, se traduisant par un recul.

3. RÉTRO n.m. (abrév.). Fam. Rétroviseur.

RÉTROACTES n.m. pl. Belgique. Antécédents d'une affaire.

RÉTROACTIF, IVE adj. Se dit de qqch, d'une mesure qui a des conséquences qui rejaillissent sur des faits survenus antérieurement. *Les lois, en principe, ne sont pas rétroactives.*

RÉTROACTION n.f. **1.** Effet rétroactif. **2.** CYBERN. Feed-back.

RÉTROACTIVEMENT adv. De façon rétroactive.

RÉTROACTIVITÉ n.f. Caractère rétroactif.

RÉTROAGIR v.t. ind. ***(sur).*** Litt. Agir rétroactivement sur qqch.

RÉTROCÉDER v.t. (lat. *retrocedere,* reculer) [18]. **1.** Céder ce qui nous a été cédé auparavant. **2.** Céder une chose achetée pour soi-même.

RÉTROCESSION n.f. DR. **1.** Acte par lequel on rétrocède un droit acquis. **2.** Transfert de la propriété d'un bien acquis à la personne qui l'avait antérieurement cédé. **3.** *Rétrocession d'honoraires :* fait de reverser à un tiers tout ou partie des honoraires perçus.

RÉTROCONTRÔLE n.m. PHYSIOL. Autorégulation automatique et permanente du système endocrinien. SYN. : ***feed-back.***

RÉTROFLEXE adj. et n.f. PHON. Se dit d'une consonne ou d'une voyelle articulée avec la pointe de la langue tournée vers l'arrière de la bouche.

RÉTROFUSÉE n.f. Moteur-fusée utilisé pour freiner un engin spatial.

RÉTROGRADATION n.f. **1.** Action de rétrograder. **2.** Mesure disciplinaire par laquelle un militaire est placé à un grade inférieur à son grade précédent.

RÉTROGRADE adj. **1.** Qui va, qui se fait en arrière. *Marche rétrograde.* **2.** Opposé au progrès. *Esprit rétrograde.* **3.** MÉCAN., ASTRON. Se dit du sens du mouvement des aiguilles d'une montre. **4.** *Amnésie rétrograde :* forme d'amnésie qui consiste dans l'oubli des souvenirs anciens.

RÉTROGRADER v.i. (lat. *retrogradi*). **1.** Revenir en arrière. **2.** Perdre ce que l'on avait acquis, régresser. **3.** Passer le rapport de boîte de vitesses inférieur à celui qui est utilisé présentement. ◆ v.t. Soumettre à la rétrogradation.

RÉTROGRESSION n.f. Mouvement en arrière.

RÉTROPÉDALAGE n.m. Pédalage en sens contraire du sens normal ; dispositif de freinage sur certaines bicyclettes.

RÉTROPROJECTEUR n.m. Appareil permettant de projeter, sans obscurcir la salle, des textes rédigés ou imprimés sur un support transparent.

RÉTROPROPULSION n.f. Freinage d'un véhicule spatial par fusée.

RÉTROSPECTIF, IVE adj. (du lat. *retro,* en arrière, et *spectare,* regarder). **1.** Qui concerne le passé, l'évolution antérieure de qqch. *Un examen rétrospectif de la situation.* **2.** Qui se manifeste après coup, à l'évocation d'un évènement. *Une peur rétrospective.*

RÉTROSPECTIVE n.f. **1.** Exposition présentant de façon récapitulative les œuvres d'un artiste, d'une école, d'une époque. **2.** Émission, film, récit, etc., qui présentent de façon récapitulative et chronologique des faits appartenant à un domaine précis. *Une rétrospective des évènements de l'année.*

RÉTROSPECTIVEMENT adv. De façon rétrospective ; après coup.

RETROUSSÉ, E adj. **1.** *Nez retroussé,* dont le bout est un peu relevé. **2.** CONSTR. *Entrait retroussé* → ***entrait.***

RETROUSSEMENT n.m. Action de retrousser ; fait d'être retroussé.

RETROUSSER v.t. Relever, replier vers le haut. *Retrousser ses manches.*

RETROUSSIS n.m. Partie du bord d'un chapeau, ou d'un vêtement, qui est relevée, repliée vers le haut.

RETROUVAILLES n.f. pl. Fait de retrouver des personnes dont on était séparé.

RETROUVER v.t. **I. 1.** Trouver qqch qui avait disparu, qui était égaré ou oublié. *Retrouver ses clefs.* **2.** Découvrir, reprendre qqn qui avait disparu, qui est en fuite. *Retrouver les auteurs d'un vol.* **3.** Recouvrer un état, une faculté. **II.** Rejoindre. *Je te retrouverai à midi au café.* ◆ **se retrouver** v.pr. **1.** Être de nouveau en un lieu, parmi des personnes, dans une situation qu'on avait quittés. **2.** Être soudainement ou finalement dans telle situation. *Se retrouver seul.* **3.** S'orienter dans un lieu, dans une question, dans une situation complexes. *Ne pas se retrouver dans un dédale de rues, dans un compte.* **4.** Fam. *S'y retrouver :* équilibrer les recettes et les dépenses ; faire un léger profit, tirer un avantage de qqch.

RÉTROVERSION n.f. MÉD. Position d'un organe (en particulier de l'utérus) basculé en arrière.

RÉTROVIRUS n.m. Virus à A.R.N. dont la famille comprend notamm. le virus V. I. H., retrouvé chez les malades atteints du sida.

RÉTROVISEUR n.m. Miroir disposé à l'intérieur ou à l'extérieur d'un véhicule pour permettre au conducteur de surveiller les véhicules qui suivent. SYN. (fam.) : *rétro.*

RETS [rɛ] n.m. (lat. *rete*). Litt. Filet pour prendre des oiseaux, des poissons.

RETSINA n.m. Vin grec résiné.

RETUBER v.t. Remplacer les tubes d'une chaudière.

RÉUNIFICATION n.f. Action de réunifier.

RÉUNIFIER v.t. Rétablir l'unité d'un pays, d'un parti, etc.

RÉUNION n.f. **I. 1.** Action de réunir des personnes, fait de se rassembler ; assemblée. *Réunion d'anciens élèves.* **2.** Compétition hippique. **II. 1.** Action de réunir des éléments épars. *La réunion des pièces d'un dossier.* **2.** Action de rattacher un territoire à un autre ou à un État. ◇ HIST. *Politique des réunions :* politique d'annexions territoriales pratiquée en pleine paix par Louis XIV, notamm. au détriment des princes allemands (1679-1684). **3.** MATH. *Réunion de deux ensembles* A *et* B : ensemble, noté $A \cup B$, des éléments appartenant à A, à B, ou aux deux.

RÉUNIONNAIS, E adj. et n. De la Réunion.

RÉUNIONNITE n.f. Fam. Manie de faire des réunions, souvent inutiles.

RÉUNION-TÉLÉPHONE n.f. (nom déposé). Service de télécommunication permettant à plusieurs personnes de converser par téléphone en appelant un numéro dont l'accès est préalablement réservé pour une durée et un nombre d'usagers déterminés.

RÉUNIR v.t. **1.** Rassembler, grouper. *Réunir des papiers. Réunir des amis chez soi.* **2.** Rapprocher, rejoindre (ce qui était séparé). *Réunir les extrémités d'un circuit électrique.* **3.** Faire communiquer. *Réunir plusieurs villes par une voie rapide.* ◆ **se réunir** v.pr. Se retrouver ensemble en un lieu, former une assemblée.

RÉUNISSAGE n.m. Action de réunir des fils dans les filatures.

RÉUSSI, E adj. **1.** Exécuté avec succès. *Une photographie tout à fait réussie.* **2.** Brillant, parfait en son genre. *Une soirée réussie.*

RÉUSSIR v.i. (it. *riuscire,* ressortir). **1.** Avoir un résultat heureux, se terminer par un succès. *Le lancement de la fusée a réussi.* **2.** Obtenir un succès, en particulier réaliser ses ambitions. *Elle réussit dans tout ce qu'elle entreprend.* **3.** S'acclimater, se développer favorablement. *La vigne réussit dans cette région.* ◆ v.t. ind. ***(à).*** **1.** Obtenir un succès ; parvenir à. *J'ai réussi à lui parler.* **2.** Être bénéfique à (qqn). *L'air de la mer lui réussit.* ◆ v.t. Faire avec succès. *Réussir un portrait, un plat.*

RÉUSSITE n.f. **1.** Succès, résultat favorable. *La réussite d'une entreprise.* **2.** Entreprise, action, œuvre qui connaît le succès. *Notre voyage n'a pas été une réussite.* **3.** Jeu de cartes au cours duquel un joueur solitaire s'efforce de placer ou d'employer toutes les cartes selon certaines règles, dans une combinaison déterminée par le hasard. SYN. : *patience.*

RÉUTILISABLE adj. Que l'on peut utiliser à nouveau.

RÉUTILISATION n.f. Fait de réutiliser ; nouvelle utilisation.

RÉUTILISER v.t. Utiliser à nouveau.

REVACCINATION n.f. Action de revacciner.

REVACCINER v.t. Vacciner de nouveau.

REVALOIR v.t. 60. *Je te revaudrai ça :* je te rendrai la pareille (en bien ou en mal).

REVALORISATION n.f. Action de revaloriser.

REVALORISER v.t. Rendre son ancienne valeur ou une valeur plus grande à. *Revaloriser une monnaie, les salaires.*

REVANCHARD, E adj. et n. Fam. Qui est dominé par le désir de revanche, en particulier militaire.

REVANCHE n.f. **1.** Action de rendre la pareille pour qqch, souvent pour un mal que l'on a reçu. *J'aurai ma revanche.* **2.** Seconde partie qu'on joue après avoir perdu la première. **3.** *En revanche :* en retour ; inversement, au contraire.

REVANCHER (SE) v.pr. Litt. Rendre la pareille, s'acquitter en retour, en bien ou en mal.

REVANCHISME n.m. Attitude politique agressive, inspirée par le désir de revanche.

REVASCULARISATION n.f. Intervention chirurgicale par laquelle on apporte de nouveaux vaisseaux sanguins à un organe insuffisamment vascularisé.

REVASCULARISER v.t. Opérer la revascularisation de.

RÊVASSER v.i. Se laisser aller à la rêverie.

RÊVASSERIE n.f. Litt. Fait de rêvasser ; pensée vague.

RÊVASSEUR, EUSE adj. et n. Qui rêvasse.

RÊVE n.m. (de *rêver*). **1.** Production psychique survenant pendant le sommeil, et pouvant être partiellement mémorisée. **2.** Représentation, plus ou moins idéale ou chimérique, de ce qu'on veut réaliser, de ce qu'on désire. *Accomplir un rêve de jeunesse.* ◇ *De rêve :* qui présente des qualités telles qu'on a peine à le croire réel ; irréel. *Une créature de rêve.*

RÊVÉ, E adj. Qui convient tout à fait ; idéal.

REVÊCHE adj. (du francique). Peu accommodant, rébarbatif, bourru.

1. RÉVEIL n.m. **1.** Passage de l'état de sommeil à l'état de veille. *Sauter du lit dès son réveil.* **2.** Sonnerie de clairon qui annonce aux soldats l'heure du lever. **3.** Litt. Retour à l'activité. *Le réveil de la nature.*

2. RÉVEIL n.m. ou, vieilli, **RÉVEILLE-MATIN** n.m. inv. Petite pendule à sonnerie, pour réveiller à une heure déterminée à l'avance.

RÉVEILLER v.t. **1.** Tirer du sommeil. *Réveiller un enfant.* **2.** Susciter de nouveau ; faire renaître. *Réveiller l'appétit, le courage.* ◆ **se réveiller** v.pr. **1.** Cesser de dormir. **2.** Se ranimer.

RÉVEILLON n.m. Repas fait au milieu de la nuit de Noël et du jour de l'an ; réjouissances qui l'accompagnent.

RÉVEILLONNER v.i. Prendre part à un réveillon.

1. RÉVÉLATEUR, TRICE adj. Qui indique, révèle. *Un indice révélateur.*

2. RÉVÉLATEUR n.m. **1.** Ce qui révèle, indique, manifeste. *Être le révélateur de la crise.* **2.** PHOT. Bain transformant l'image latente en image visible.

RÉVÉLATION n.f. **1.** Action de révéler, ce qui est révélé. *Révélation d'un secret. Faire des révélations.* **2.** Personne ou chose dont le public découvre brusquement les qualités exceptionnelles. **3.** RELIG. Manifestation d'un mystère ou dévoilement d'une vérité par Dieu ou par un homme inspiré de Dieu.

RÉVÉLÉ, E adj. Communiqué par révélation divine. *Dogme révélé. Religion révélée.*

RÉVÉLER v.t. (lat. *revelare*) 18. **1.** Faire connaître (ce qui était inconnu et secret), dévoiler, communiquer. *Révéler ses desseins.* **2.** Laisser voir, être l'indice, la marque de. *Ce roman révèle un grand talent.* **3.** RELIG. Faire connaître par révélation. ◆ **se révéler** v.pr. Se manifester, apparaître. *Son génie se révéla tout à coup.*

REVENANT n.m. **1.** Âme d'un mort qui se manifesterait à un vivant sous une forme physique (apparition, esprit, fantôme). **2.** Fam. Personne qu'on n'a pas vue depuis longtemps et qu'on ne s'attendait pas à revoir.

REVENDEUR, EUSE n. Personne qui achète pour revendre.

REVENDICATEUR, TRICE n. Personne qui exprime une revendication.

REVENDICATIF, IVE adj. Qui exprime ou comporte une revendication.

REVENDICATION n.f. **1.** Action de revendiquer ; son résultat. **2.** DR. Action en justice dont l'objet est de faire reconnaître un droit de propriété.

REVENDIQUER v.t. (lat. *vindicare,* réclamer). **1.** Réclamer (ce dont on est le possesseur et dont on est privé). *Revendiquer sa part d'héritage.* **2.** Réclamer l'exercice d'un droit politique ou social, une amélioration des conditions de vie ou de travail, en parlant d'une collectivité. **3.** Réclamer pour soi, assumer. *Revendiquer la responsabilité de ses actes.*

REVENDRE v.t. 73. **1.** Vendre ce qu'on a acheté. *Revendre sa voiture pour en acheter une autre.* **2.** Vendre de nouveau. *Revendre des voitures d'occasion.* **3.** Fam. *Avoir d'une chose à revendre,* en avoir en abondance.

REVENEZ-Y n.m. inv. **1.** Litt. Retour vers le passé ; chose sur laquelle on revient avec plaisir. **2.** Fam. *Un goût de revenez-y :* un goût agréable, qui incite à recommencer.

REVENIR v.i. (lat. *revenire*) 40 [auxil. *être*]. **I. 1.** Venir à nouveau, une autre fois quelque part. *Elle revient ici tous les ans.* **2.** Regagner le lieu où l'on était, où l'on est habituellement. ◇ *Revenir sur ses pas :* rebrousser chemin. **3.** Se livrer, s'adonner de nouveau à qqch. *Revenir au projet initial.* **4.** Passer de nouveau à un état physique ou moral antérieur, quitter un état. *Revenir à de meilleurs sentiments.* ◇ *Revenir à soi :* reprendre conscience après un évanouissement. – *Revenir de loin :* échapper à un grand danger, guérir d'une maladie grave. – Fam. *Ne pas en revenir* ou *n'en pas revenir :* être extrêmement surpris. **5.** Reconsidérer ce que l'on a dit ou fait, changer d'avis. *On ne reviendra pas sur cette décision.* ◇ *Revenir sur une promesse,* s'en dédire. – *Revenir sur une question,* l'examiner de nouveau. – *Revenir sur le compte de qqn,* changer d'opinion à son sujet. **6.** Abandonner une manière de sentir, de penser, la désavouer. *Revenir d'une illusion.* ◇ *Revenir de ses erreurs,* y renoncer, s'en corriger. – *En revenir, être revenu de tout :* être complètement désabusé, indifférent à tout. **7.** SPORTS. Rattraper un concurrent, une équipe, ou s'en rapprocher. *Revenir au score.* **8.** Belgique. *Ne pas revenir sur qqch :* ne pas s'en souvenir. **II. 1.** Se présenter, se manifester de nouveau. *Le froid est revenu.* **2.** Se présenter de nouveau à l'esprit, à la conscience de qqn. *Son nom ne me revient pas.* ◇ *Il m'est revenu que :* je me suis rappelé que. **3.** Être recouvré, récupéré par qqn. *L'appétit lui revient.* **4.** Échoir, appartenir. *Cela lui revient de droit.* **5.** S'élever au total, à la somme de, coûter tant à qqn. *L'entretien de cette voiture me revient cher.* **6.** Être équivalent à qqch d'autre, s'y ramener. *Cela revient au même.* **7.** Fam. Plaire, inspirer confiance. *Sa tête ne me revient pas.* **III.** *Faire revenir un aliment,* le faire colorer dans un corps gras chaud, en début de cuisson.

REVENTE n.f. **1.** Action de vendre ce qu'on a acheté. **2.** Vente faite par un intermédiaire sans aucune transformation apportée au bien revendu après son achat.

REVENU n.m. **1.** Somme annuelle perçue par une personne ou une collectivité soit à titre de rente, soit à titre de rémunération d'une activité ou d'un travail. ◇ *Impôt sur le revenu :* impôt calculé d'après le revenu annuel des contribuables, personnes physiques. – *Politique des revenus :* action des pouvoirs publics pour répartir équitablement entre les catégories sociales les revenus provenant de l'activité économique de la nation. – *Revenu minimum d'insertion (R. M. I.) :* revenu garanti par la loi aux personnes les plus démunies, et destiné à faciliter leur insertion sociale. – *Revenu national :* valeur nette des biens économiques produits par la nation. **2.** TECHN. Traitement thermique consistant à chauffer, à une température inférieure à la température de transformation, une pièce métallique ayant subi la trempe, et à la laisser refroidir, en vue de détruire l'état de faux équilibre dû à la trempe.

REVENUE n.f. SYLV. Pousse nouvelle des bois récemment coupés.

RÊVER v.i. (du lat. pop. *exvagus,* errant). **1.** Faire des rêves pendant son sommeil. *Se souvenir d'avoir rêvé.* **2.** Laisser aller sa pensée, son imagination, rêvasser. *Rester des heures à rêver.* **3.** Concevoir, exprimer des choses déraisonnables, chimériques. **4.** Canada. *Rêver en couleurs :* faire des projets chimériques. ◆ v.t. ind. *(à, de).* **1.** Voir en rêve pendant la nuit. *J'ai rêvé d'elle.* **2.** Désirer vivement, souhaiter. *Rêver d'une vie meilleure.* ◆ v.t. **1.** Voir en rêve. *J'ai rêvé que nous partions à l'étranger.* **2.** Imaginer. *Ce n'est pas vrai, tu l'as rêvé.* **3.** *Ne rêver que plaies et bosses :* être batailleur, querelleur.

RÉVERBÉRANT, E adj. Qui réverbère la lumière, la chaleur, le son.

RÉVERBÉRATION n.f. **1.** Renvoi, réflexion de la lumière par une surface qui la diffuse. **2.** Persistance d'un son dans un espace clos ou semi-clos après interruption de la source sonore.

RÉVERBÈRE n.m. **1.** Vieilli. Appareil comportant un dispositif à réflecteurs, pour l'éclairage des lieux publics. **2.** *Four à réverbère :* four dans lequel les matières à traiter sont chauffées par l'intermédiaire d'une voûte qui, portée à haute température, rayonne fortement sur la sole.

RÉVERBÉRER v.t. (lat. *reverberare,* repousser un coup) 18. Réfléchir, renvoyer (la lumière, la chaleur, le son).

REVERCHER v.t. (lat. *revertere,* retourner). TECHN. Boucher (les trous d'une pièce de poterie d'étain) avec le fer à souder.

REVERCHON n.m. Grosse cerise sucrée, pourpre foncé.

REVERDIR v.t. Rendre de nouveau vert. ◆ v.i. Redevenir vert. *Les arbres reverdissent.*

REVERDOIR n.m. Petit réservoir collecteur, d'où les moûts de brasserie s'écoulent vers la chaudière à bière.

RÉVÉRENCE n.f. (lat. *reverentia*). **1.** Litt. Respect profond, vénération. *Traiter qqn avec révérence.* ◇ Litt. *Révérence parler,* se dit pour excuser un propos jugé hardi, inconvenant. **2.** Mouvement du corps que l'on fait pour saluer, soit en s'inclinant, soit en pliant les genoux. ◇ *Tirer sa révérence :* saluer en s'en allant ; s'en aller.

RÉVÉRENCIEL, ELLE adj. Vx ou DR. Inspiré par la révérence. *Crainte révérencielle.*

RÉVÉRENCIEUX, EUSE adj. Litt. Qui marque la révérence, le respect.

RÉVÉREND, E adj. et n. (lat. *reverendus,* digne de vénération). **1.** Titre d'honneur donné aux religieux et aux religieuses. **2.** Titre donné aux membres du clergé anglican.

RÉVÉRENDISSIME adj. RELIG. Titre d'honneur donné aux prélats et aux supérieurs de congrégations ou d'ordres religieux.

RÉVÉRER v.t. (lat. *revereri*) 18. Honorer, traiter avec un profond respect.

RÊVERIE n.f. État de distraction pendant lequel l'activité mentale n'est plus dirigée par l'attention et s'abandonne à des souvenirs, à des images vagues ; objet qui occupe alors l'esprit. *Être perdu dans de continuelles rêveries.*

REVERNIR v.t. Vernir de nouveau.

REVERS [rəvɛr] n.m. (lat. *reversus,* retourné). **I. 1.** Côté d'une chose opposé au côté principal ou à celui qui se présente le premier ou le plus souvent à la vue. *Le revers d'une tapisserie.* – *Revers de la main :* dos de la main, surface opposée à la paume. **2.** Côté d'une médaille, d'une monnaie, opposé au *droit* ou *avers.* ◇ Fig. *Revers de la médaille :* mauvais côté d'une chose, inconvénient d'une situation. **3.** Envers, replié sur l'endroit, d'un col, d'un bas de manche ou de pantalon. **4.** Coup de raquette, au tennis et au tennis de table, effectué à gauche par un droitier et à droite par un gaucher (par opp. à *coup droit*). **5.** GÉOGR. Plateau doucement incliné qui forme l'une des deux pentes d'une côte, par opp. au talus. **6.** *À revers :* par-derrière. **II.** Évènement malheureux qui transforme une situation ; échec, défaite. *Éprouver des revers de fortune.*

REVERSAL, E, AUX adj. (lat. *reversus,* retourné). DR. S'est dit d'un acte d'assurance donné à l'appui d'un engagement précédent.

REVERSEMENT n.m. Transfert de fonds d'une caisse à une autre.

REVERSER v.t. **1.** Verser de nouveau. **2.** Transporter, reporter sur. *Reverser une somme d'un compte sur un autre.*

REVERSI ou **REVERSIS** [rəvɛrsi] n.m. (it. *rovescio,* à rebours). Jeu de cartes où celui qui fait le moins de levées et de points gagne la partie.

RÉVERSIBILITÉ n.f. Qualité de ce qui est réversible.

RÉVERSIBLE adj. (lat. *reversus,* retourné). **I. 1.** Qui peut revenir en arrière, qui peut se produire en sens inverse. *Mouvement réversible.* **2.** Se dit d'un phénomène dans lequel l'effet et la cause peuvent être intervertis. **3. a.** CHIM. Se dit d'une réaction chimique qui, dans les mêmes conditions de température et de pression, se produit simultanément dans les deux sens. **b.** PHYS. Se dit d'une transformation telle qu'il est possible de réaliser exactement la transformation inverse. **4.** CH. DE F. *Rame, train réversible :* ensemble de voitures et d'engin(s) moteur(s) comportant une cabine de conduite à chaque extrémité. **5.** AÉRON. *Hélice à pas réversible :* hélice dont on peut changer le sens de l'effort par une rotation des pales autour de leur axe. **II.** Se dit d'une étoffe, d'un vêtement qui peuvent être mis à l'envers comme à l'endroit. **III.** DR. Se dit d'un bien devant faire l'objet d'une réversion, ou d'une rente assurée à d'autres personnes après la mort du titulaire.

RÉVERSION n.f. (lat. *reversio*). DR. Droit en vertu duquel les biens dont une personne a disposé en faveur d'une autre lui reviennent quand celle-ci meurt sans enfants, ou si le donataire meurt avant le donateur. SYN. : *droit de retour.* – *Pension de réversion :* retraite versée au conjoint survivant d'une personne décédée qui avait acquis des droits à la retraite.

REVERSOIR n.m. Barrage par-dessus lequel l'eau s'écoule en nappe.

REVÊTEMENT n.m. **1.** Tout ce qui sert à recouvrir pour protéger, consolider. *Revêtement de sol.* **2.** Partie supérieure d'une chaussée. *Un revêtement antidérapant.* **3.** Placage en pierre, en bois, en plâtre, en ciment, etc., dont on recouvre le gros œuvre d'une construction. **4.** Dépôt effectué sur une pièce métallique pour lui conférer des propriétés particulières.

REVÊTIR v.t. [44]. **1.** Mettre sur soi un vêtement. *Revêtir un manteau.* **2.** Recouvrir, enduire, garnir d'un revêtement. *Revêtir un mur de papier peint.* **3.** Pourvoir un acte, un document de ce qui est nécessaire pour qu'il soit valide. **4.** Fig. Prendre tel ou tel aspect. *Cela revêt un caractère dangereux.*

RÊVEUR, EUSE adj. et n. Qui se laisse aller à la rêverie, qui se complaît dans des pensées vagues ou chimériques. ◆ adj. Qui indique la rêverie. *Un air rêveur.* ◇ *Cela laisse rêveur,* perplexe.

RÊVEUSEMENT adv. De manière rêveuse.

REVIENT n.m. *Prix* ou *coût de revient :* somme représentant le total des dépenses nécessaires pour élaborer et distribuer un produit ou un service.

REVIF n.m. MAR. Période de croissance du mouvement de la marée entre la morte-eau et la vive-eau.

REVIGORER v.t. (du lat. *vigor,* vigueur). Redonner des forces, de la vigueur à.

REVIREMENT n.m. Changement brusque et complet dans les opinions, les comportements.

RÉVISABLE adj. Qui peut être révisé.

RÉVISER v.t. (lat. *revisere*). **1.** Revoir, examiner de nouveau, pour modifier s'il y a lieu. *Réviser son jugement. Réviser une pension.* **2.** Examiner en vue de réparer ; remettre en bon état de marche, vérifier. *Réviser un moteur.* **3.** Étudier de nouveau (une matière) en vue d'un examen, d'un concours.

RÉVISEUR, EUSE n. **1.** Personne qui revoit après une autre. **2.** Correcteur chargé de vérifier les corrections sur la première feuille imprimée.

RÉVISION n.f. **1.** Action de réviser. *La révision des listes électorales, de la Constitution.* **2.** DR. Voie de recours extraordinaire destinée à faire rétracter une décision de justice passée en force de chose jugée, en raison de l'erreur qui l'entache.

RÉVISIONNEL, ELLE adj. Relatif à une révision.

RÉVISIONNISME n.m. **1.** Comportement, doctrine remettant en cause un dogme ou une théorie, notamm. celle d'un parti politique. **2.** Remise en cause d'une loi, d'une constitution ou d'un jugement (comme la condamnation d'Alfred Dreyfus). **3.** Position idéologique des marxistes partisans de la révision des thèses révolutionnaires en fonction de l'évolution politique, sociale ou économique. **4.** Remise en question de l'histoire de la Seconde Guerre mondiale, tendant à nier ou à minimiser le génocide des Juifs par les nazis.

RÉVISIONNISTE adj. et n. Qui relève du révisionnisme ; partisan du révisionnisme.

REVISITER v.t. **1.** Visiter de nouveau. **2.** Fig. Donner un éclairage nouveau à (une œuvre, un artiste). *Revisiter les classiques.*

REVISSER v.t. Visser à nouveau ce qui est dévissé.

REVITALISATION n.f. Action de revitaliser.

REVITALISER v.t. Donner une vitalité nouvelle à.

REVIVAL [rəvival] ou [rivajvœl] n.m. (mot angl., *retour à la vie*) [pl. *revivals*]. **1.** Mouvement du réveil protestant. **2.** Résurgence d'un mouvement, d'une mode, d'une coutume, d'un style, d'un état d'esprit anciens.

REVIVIFICATION n.f. Action de revivifier.

REVIVIFIER v.t. Litt. Vivifier de nouveau.

REVIVISCENCE n.f. (du lat. *reviviscere,* revenir à la vie). **1.** Propriété de certains animaux ou végétaux (protozoaires, vers, mousses, etc.), qui peuvent reprendre une vie active après une période de vie ralentie provoquée par une dessiccation. **2.** Litt. Réapparition d'états de conscience déjà éprouvés.

REVIVISCENT, E adj. Doué de reviviscence.

REVIVRE v.i. [90]. **1.** Revenir à la vie. ◇ Fig. *Faire revivre qqn,* le faire renaître par l'imagination, le récit, etc. **2.** Reprendre des forces, de l'énergie. **3.** Renaître, réapparaître. *L'espoir revit dans les cœurs.* – *Faire revivre une chose,* la renouveler, lui rendre son éclat. ◆ v.t. Vivre de nouveau (qqch).

RÉVOCABILITÉ n.f. État de celui ou de ce qui est révocable.

RÉVOCABLE adj. Qui peut être révoqué.

RÉVOCATION n.f. **1.** Action de révoquer. *Révocation d'un testament.* **2.** Sanction disciplinaire frappant un fonctionnaire et consistant en son éviction des cadres de l'Administration.

RÉVOCATOIRE adj. Qui révoque. ◇ DR. *Action révocatoire :* action paulienne*.

REVOICI prép. Voici de nouveau.

REVOILÀ prép. Voilà de nouveau.

1. REVOIR v.t. [62]. **I. 1.** Voir (qqn) de nouveau. *Je vous reverrai demain.* **2.** Revenir dans un lieu, s'y retrouver après un temps assez long. *Revoir sa maison natale.* **3.** Regarder de nouveau (ce à quoi on porte de l'intérêt) ; assister une nouvelle fois à un évènement. **II. 1.** Examiner qqch pour le corriger ou le vérifier. *Revoir un article avant publication.* **2.** Étudier de nouveau une matière d'enseignement, un texte, pour se le remettre en mémoire. ◆ **se revoir** v.pr. Être de nouveau en présence l'un de l'autre.

2. REVOIR n.m. *Au revoir,* formule de politesse pour prendre congé.

REVOLER v.i. Voler de nouveau.

RÉVOLTANT, E adj. Qui révolte, indigne. *Ce procédé est révoltant.*

RÉVOLTE n.f. **1.** Rébellion, soulèvement contre l'autorité établie. **2.** Refus d'obéissance, opposition à une autorité quelconque.

RÉVOLTÉ, E adj. et n. En état de révolte.

RÉVOLTER v.t. (it. *rivoltare,* retourner). Indigner, choquer vivement, écœurer. *Procédé qui révolte.* ◆ **se révolter** v.pr. **1.** Se soulever contre une autorité. **2.** S'indigner, s'irriter.

RÉVOLU, E adj. (lat. *revolutus*). **1.** Achevé, complet. *Avoir vingt ans révolus.* **2.** Qui est passé, qui n'existe plus. *Une époque révolue.*

RÉVOLUTION n.f. (lat. *revolutio,* de *revolvere,* retourner). **I. 1.** ASTRON. Mouvement orbital périodique d'un corps céleste, notamment d'une planète ou d'un satellite, autour d'un autre de masse supérieure ; période de ce mouvement, appelée aussi *période de révolution.* **2.** GÉOM. Mouvement périodique d'un objet autour d'un axe ou d'un point central. – *Surface de révolution :* surface engendrée par la rotation d'une courbe (la *génératrice*) autour d'une droite fixe appelée *axe de révolution.* **II. 1.** Changement brusque et violent dans la structure politique et sociale d'un État, qui se produit quand un groupe se révolte contre les autorités en place et prend le pouvoir. *La révolution de 1848.* – *La Révolution :* la Révolution française de 1789. – *Révolution de palais :* action qui porte au pouvoir de nouveaux responsables, à la suite d'intrigues dans les sphères gouvernementales ; changement soudain, mais limité, dans le personnel dirigeant d'une institution, d'une entreprise. **2.** Changement brusque, d'ordre économique, moral, culturel, qui se produit dans une société. *Une révolution dans la peinture.* ◇ *Révolution culturelle :* bouleversement profond des valeurs fondamentales d'une société. **3.** Fam. Agitation soudaine et passagère, provoquée par un fait inhabituel.

RÉVOLUTIONNAIRE adj. **1.** Relatif à des révolutions politiques ou à une révolution en particulier. *Période révolutionnaire.* **2.** Qui apporte de grands changements, qui est radicalement nouveau. *Une découverte révolutionnaire.* ◆ adj. et n. Partisan d'une transformation radicale des structures d'un pays.

RÉVOLUTIONNAIREMENT adv. Par des moyens révolutionnaires.

RÉVOLUTIONNARISATION n.f. Mise en œuvre d'une démarche révolutionnaire dans un processus politique, idéologique.

RÉVOLUTIONNARISME n.m. Tendance à considérer la révolution comme une fin en soi.

RÉVOLUTIONNARISTE adj. et n. Qui appartient au révolutionnarisme.

RÉVOLUTIONNER v.t. **1.** Apporter des innovations importantes dans (un domaine). *L'invention de la machine à vapeur a révolutionné l'industrie.* **2.** Fam. Troubler violemment (qqn, un groupe).

REVOLVER [revɔlvɛr] n.m. (mot angl., de *to revolve,* tourner). **1.** Arme à feu individuelle, à répétition, approvisionnée par un magasin cylindrique, ou *barillet,* contenant en général cinq ou six cartouches. **2.** *Poche revolver :* poche fendue ou plaquée située au dos d'un pantalon.

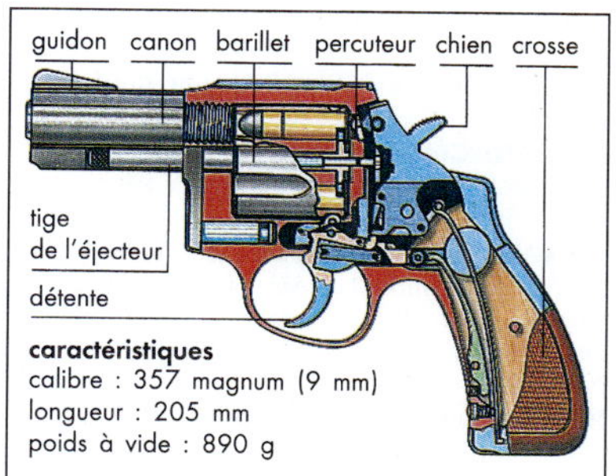

revolver MR 73

REVOLVING [revɔlviŋ] adj. inv. (mot. angl., *tournant*). *Crédit revolving :* crédit à moyen terme dont le taux est révisable périodiquement.

RÉVOQUER v.t. (lat. *revocare,* rappeler). **1.** Ôter à qqn les fonctions, le pouvoir qu'on lui avait donnés ; destituer. *Révoquer un fonctionnaire.* **2.** DR. Déclarer nul. *Révoquer un testament.*

REVOTER v.t. et i. Voter une nouvelle fois.

REVOULOIR v.t. [57]. Fam. Vouloir de nouveau.

REVOYURE [ravwajyr] n.f. Pop. *À la revoyure :* au revoir.

REVUE n.f. **I. 1.** Action d'examiner avec soin et de façon méthodique un ensemble d'éléments. *Faire la revue de ses vêtements.* – *Passer en revue :* examiner tour à tour ou successivement. **2.** *Revue de presse :* compte rendu comparatif des principaux articles de journaux sur le même sujet. **3.** Inspection détaillée des effectifs ou du matériel d'un corps de troupes. *Passer une revue de détail.* **4.** Défilé, parade militaire. *La revue du 14 juillet.* **II.** Publication périodique spécialisée dans un domaine donné. *Revue littéraire, scientifique.* **III. 1.** Spectacle de music-hall comportant une succession de tableaux fastueux, animés par des danseuses habillées de plumes ou bien dévêtues. *La revue des Folies-Bergère.* **2.** Pièce comique ou satirique évoquant des évènements de l'actualité, des personnages connus. *Une revue de chansonniers.*

REVUISTE n. Auteur dramatique qui écrit des revues.

RÉVULSÉ, E adj. Retourné, bouleversé. *Avoir les yeux révulsés.*

RÉVULSER v.t. **1.** Litt. Bouleverser le visage de. **2.** Fam. Provoquer chez qqn une vive réaction de dégoût, de rejet. **3.** MÉD. Produire une révulsion.

RÉVULSIF, IVE adj. et n.m. Se dit d'un médicament qui produit une révulsion.

RÉVULSION n.f. (lat. *revulsio,* action d'arracher). MÉD. Irritation locale provoquée pour faire cesser un état congestif ou inflammatoire.

1. REWRITER [rərajtœr] n.m. (mot angl.). Personne chargée par l'éditeur de réécrire, de remanier dans le style et la présentation voulus des textes destinés à la publication.

2. REWRITER [rərajte] v.t. Réécrire (un texte).

REWRITING [rərajtiŋ] n.m. (mot angl.). Action de rewriter.

REXISME n.m. Mouvement antiparlementaire, autoritaire et corporatif belge fondé en 1935 par L. Degrelle, et qui disparut en 1944-45.

REXISTE adj. et n. Qui relève du rexisme.

REZ-DE-CHAUSSÉE n.m. inv. Partie d'un bâtiment située au niveau du sol ; appartement occupant cette partie.

REZ-DE-JARDIN n.m. inv. Partie d'un bâtiment de plain-pied avec un jardin.

rH, indice analogue au pH, représentant quantitativement la valeur du pouvoir oxydant ou réducteur d'un milieu.

Rh, symbole chimique du rhodium.

Rh, abrév. de facteur Rhésus*.

RHABDOMANCIE n.f. (gr. *rhabdos,* baguette). Radiesthésie pratiquée avec une baguette.

RHABDOMANCIEN, ENNE n. Personne qui pratique la rhabdomancie.

RHABILLAGE n.m. **1.** Action de rhabiller, de se rhabiller. **2.** Action de remettre en état, de réparer. *Le rhabillage d'une montre.*

RHABILLER v.t. **1.** Habiller de nouveau. **2.** Remettre en état. ◆ **se rhabiller** v.pr. Remettre ses habits.

RHABILLEUR, EUSE n. Personne qui fait des rhabillages.

RHAMNACÉE n.f. (gr. *rhamnos,* nerprun). *Rhamnacées :* famille de plantes à fleurs telles que le jujubier, le nerprun.

RHAPSODE ou **RAPSODE** n.m. (gr. *rhapsôdos,* de *rhaptein,* coudre, et *ôdê,* chant). ANTIQ. GR. Chanteur qui allait de ville en ville en récitant des poèmes épiques, spécialement les poèmes homériques.

RHAPSODIE ou **RAPSODIE** n.f. **1.** ANTIQ. Chant ou morceau contenant un épisode épique. **2.** MUS. Composition musicale de caractère improvisé, de style brillant, écrite sur des thèmes populaires.

RHÉ n.m. (du gr. *rhein,* couler). Anc. Unité de fluidité dans le système C.G.S.

RHÉNAN, E adj. Relatif au Rhin, à la Rhénanie.

RHÉNIUM [renjɔm] n.m. (du lat. *Rhenus,* Rhin). Métal blanc présentant des analogies chimiques avec le manganèse ; élément (symb. Re) de numéro atomique 75, de masse atomique 186,2.

RHÉOBASE n.f. PHYSIOL. Intensité minimale d'un courant électrique qui, appliqué pendant une longue durée à un nerf ou à un muscle, en provoque l'excitation.

RHÉOLOGIE n.f. (gr. *rheîn,* couler). Science des lois de comportement des matériaux, qui lient, à un instant donné, les contraintes aux déformations (élasticité, plasticité, viscosité, etc.).

RHÉOLOGIQUE adj. Relatif à la rhéologie.

RHÉOLOGUE n. Spécialiste de rhéologie.

RHÉOMÈTRE n.m. Instrument de jaugeage pour les fluides.

RHÉOPHILE adj. BIOL. Se dit des espèces animales et végétales vivant dans les torrents.

RHÉOSTAT n.m. ÉLECTR. Résistance variable qui, placée dans un circuit, permet de modifier l'intensité du courant.

RHÉSUS [rezys] n.m. **1.** Macaque à queue courte de l'Asie du Sud-Est, dont le nom reste attaché à la découverte du facteur sanguin Rhésus. **2.** (Avec majuscule). Antigène du système Rhésus, dit *facteur Rhésus.*

■ Le système Rhésus est un ensemble de groupes sanguins érythrocytaires dont l'antigène principal (antigène D ou antigène Rh standard) est commun à l'homme et au singe *Macacus rhesus.* Les sujets porteurs de cet antigène sont dits Rhésus positif (Rh^+), fréquence en France : 85 p. 100 ; l'absence de l'antigène D caractérise les sujets Rh^-, fréquence en France : 15 p. 100. Cet antigène est très immunogène et il est impératif de ne transfuser les sujets Rh^- qu'avec du sang Rh^-. La maladie hémolytique du nouveau-né (engendrée par un père Rh^+) est due à l'apparition d'un anticorps anti-D chez une mère Rh^-.

RHÉTEUR n.m. (gr. *rhêtôr*). **1.** ANTIQ. Professeur d'art oratoire. **2.** Litt. Personne qui s'exprime d'une manière emphatique.

RHÉTIEN, ENNE [-tjɛ̃, -tjɛn] adj. et n.m. GÉOL. Se dit de l'étage supérieur du trias.

RHÉTIQUE ou **RÉTIQUE** adj. De Rhétie. ◆ adj. et n.m. Rhéto-roman.

RHÉTORICIEN, ENNE adj. et n. Qui use de la rhétorique. ◆ n. **1.** Spécialiste de rhétorique. **2.** Belgique. Élève de la classe de rhétorique.

RHÉTORIQUE n.f. (gr. *rhêtorikê*). **1.** Ensemble de procédés et de techniques permettant de s'exprimer correctement et avec éloquence. – *Figure de rhétorique :* tournure de style qui rend plus vive l'expression de la pensée. **2.** Belgique. Classe de terminale des lycées. **3.** Fam. Affectation, déploiement d'éloquence. *Ce n'est que de la rhétorique.* ◆ adj. Qui relève de la rhétorique. *Procédé, style rhétorique.*

■ On distingue, dans les *figures de rhétorique,* les *figures de mots,* qui consistent à détourner le sens des mots (ellipse, syllepse, inversion, hypallage, pléonasme, métaphore, allégorie, catachrèse, synecdoque, métonymie, euphémisme, antonomase, antiphrase, etc.), et les *figures de pensée,* qui consistent en certains tours de pensée indépendants de l'expression (antithèse, apostrophe, exclamation, interrogation, énumération, gradation, réticence, périphrase, hyperbole, litote, prosopopée, etc.).

RHÉTORIQUEUR n.m. LITTÉR. *Grands rhétoriqueurs :* groupe de poètes de cour français de la fin du XVe s., remarquables par leur virtuosité formelle, leur raffinement lexical, leur goût du bizarre.

RHÉTO-ROMAN, E ou **RHÉTIQUE** adj. et n.m. (pl. *rhéto-romans, es*). Se dit d'un groupe de dialectes romans parlés en Suisse orientale (anc. Rhétie) et dans le nord de l'Italie.

RHEXISTASIE n.f. (gr. *rhêksis,* action de rompre, et *stasis,* stabilité). GÉOMORPH. Phase de grande activité érosive provoquée par l'absence ou la rareté de la couverture végétale. CONTR. : *biostasie.*

RHINANTHE n.m. (gr. *rhis, rhinos,* nez, et *anthos,* fleur). Plante des prairies à fleurs jaunes, parasite des autres plantes par ses racines. (Famille des scrofulariacées.) SYN. (cour.) : *crête-de-coq.*

RHINENCÉPHALE n.m. Ensemble des formations nerveuses situées à la face interne et inférieure de chaque hémisphère cérébral. (En étroite connexion avec l'hypothalamus, le rhinencéphale intervient dans le contrôle de la vie végétative, dans l'olfaction et le goût.)

RHINGRAVE n.m. (all. *Rheingraf*). HIST. Titre de princes allemands de la région rhénane.

RHINITE n.f. Coryza.

RHINOCÉROS [-serɔs] n.m. (gr. *rhis, rhinos,* nez, et *keras,* corne). Grand mammifère périssodactyle des régions chaudes, caractérisé par la présence d'une ou deux cornes médianes sur le museau. – *Le rhinocéros barrit,* pousse son cri.

■ Les rhinocéros sont de puissants animaux sauvages, à peau très épaisse, qui atteignent 4 m de long et 2 m de haut. Ils vivent dans les régions marécageuses de l'Asie et de l'Afrique et causent de grands dégâts dans les plantations. Le rhinocéros d'Asie n'a généralement qu'une corne sur le nez ; celui d'Afrique en a deux.

rhinocéros

RHINOLOGIE n.f. Partie de la pathologie spécialisée dans les affections du nez et des fosses nasales.

RHINOLOPHE n.m. (gr. *rhis, rhinos,* nez, et *lophos,* crête). Chauve-souris dont le nez porte un appendice en forme de fer à cheval.

RHINO-PHARYNGIEN, ENNE ou **RHINO-PHARYNGÉ, E** adj. (pl. *rhino-pharyngiens, ennes, rhino-pharyngés, es*). Relatif au rhino-pharynx.

RHINO-PHARYNGITE n.f. (pl. *rhino-pharyngites*). Inflammation du rhino-pharynx, rhume. (Cette affection, fréquente, est bénigne, mais elle est le point de départ possible de complications : otites, sinusites, bronchites, etc.)

RHINO-PHARYNX n.m. inv. Partie du pharynx située en arrière des fosses nasales.

RHINOPLASTIE n.f. Opération chirurgicale consistant à refaire ou à remodeler le nez en cas de malformation ou d'accident.

RHINOSCOPIE n.f. Examen des fosses nasales avec un spéculum *(rhinoscopie antérieure)* ou avec un miroir derrière le voile du palais *(rhinoscopie postérieure).*

RHIZOBIUM [-bjɔm] n.m. Bactérie fixatrice d'azote atmosphérique vivant en symbiose sur les racines des légumineuses, où elle forme des nodosités.

RHIZOCARPÉ, E adj. BOT. Se dit d'une plante qui émet chaque année de nouvelles tiges herbacées fertiles à partir d'une souche vivace.

RHIZOCTONE n.m. (gr. *rhiza,* racine, et *kteinein,* tuer). Champignon microscopique, dont une espèce est parasite, en partic. de la pomme de terre.

RHIZOÏDE n.m. Poil unicellulaire, fixateur et absorbant, des végétaux non vasculaires (algues, lichens) et des prothalles de fougères.

RHIZOME n.m. (gr. *rhiza,* racine). Tige souterraine vivante, souvent horizontale, émettant chaque année des racines et des tiges aériennes.

rhizomes d'iris

RHIZOPHAGE adj. Qui se nourrit de racines.

RHIZOPHORE n.m. Manglier.

RHIZOPODE n.m. (gr. *rhiza,* racine, et *pous, podos,* pied). *Rhizopodes :* embranchement de protozoaires possédant des pseudopodes servant à la locomotion et à la préhension, comme les *amibes,* les *foraminifères,* les *radiolaires.*

RHIZOSTOME n.m. Grande méduse d'un blanc crémeux, à bras orangés et festonnés, commune dans les mers tempérées et tropicales. (Diamètre jusqu'à 60 cm ; classe des acalèphes.)

RHIZOTOME n.m. Instrument servant à couper les racines.

RHÔ [ro] n.m. inv. Dix-septième lettre de l'alphabet grec (Ρ, ρ), équivalant au *r* français.

RHODAMINE n.f. Matière colorante rouge, de constitution analogue à celle des fluorescéines. (Nom générique.)

RHODANIEN, ENNE adj. (du lat. *Rhodanus,* Rhône). Relatif au Rhône. ◆ adj. et n. Du département du Rhône.

RHODIA n.m. (abrév. de *Rhodiaceta,* nom déposé). Textile artificiel à base d'acétate de cellulose.

RHODIAGE n.m. Revêtement d'une surface métallique par une couche de rhodium.

RHODIÉ, E adj. Qui contient du rhodium.

RHODIEN, ENNE adj. et n. De Rhodes.

RHODINOL n.m. (lat. *rhodinus,* de rose). CHIM. Alcool présent dans l'essence de rose.

RHODITE n.m. Insecte hyménoptère dont une espèce pond sur les rosiers et y détermine une galle appelée *bédégar.* (Long. 2 mm.)

RHODIUM [rɔdjɔm] n.m. (gr. *rhodon,* rose, d'apr. la couleur de certains de ses sels). Métal blanc léger, dur et cassant, de densité 12,4, fusible vers 2 000 °C ; élément chimique (Rh) de numéro atomique 45, de masse atomique 102,90.

RHODODENDRON [-dɛ̃-] n.m. (gr. *rhodon,* rose, et *dendron,* arbre). Arbrisseau de montagne, dont certaines espèces sont cultivées pour leurs grandes fleurs ornementales. (Famille des éricacées.)

rhododendrons

RHODOÏD n.m. (nom déposé). Matière thermoplastique à base d'acétate de cellulose.

RHODOPHYCÉE n.f. (gr. *rhodon,* rose, et *phukos,* algue). *Rhodophycées :* classe d'algues chlorophylliennes colorées par un pigment rouge, généralement marines, caractérisées par un cycle reproductif complexe et parfois revêtues d'une croûte calcaire. SYN. : *algue rouge, floridée.*

RHODOPSINE n.f. PHYSIOL. Pourpre rétinien.

RHOMBE n.m. (gr. *rhombos,* losange). **1.** Vx. Losange. **2.** Instrument de musique rituel d'Océanie, d'Amérique du Sud et d'Afrique noire, constitué d'une planchette en bois attachée à une cordelette, que le joueur fait tournoyer au-dessus de la tête.

RHOMBENCÉPHALE n.m. ANAT. Structure nerveuse de l'embryon, située autour du quatrième ventricule, à partir de laquelle se différencient le métencéphale (protubérance annulaire et cervelet) et le myélencéphale (bulbe rachidien).

RHOMBIQUE adj. Qui a la forme d'un losange. *Cristal rhombique.*

RHOMBOÈDRE n.m. Cristal parallélépipédique dont les six faces sont des losanges égaux.

RHOMBOÉDRIQUE adj. Qui a la forme d'un rhomboèdre. *Cristal rhomboédrique.*

RHOMBOÏDAL, E, AUX adj. Se dit de certains polyèdres ou solides dont les faces sont des parallélogrammes. *Pyramide rhomboïdale.*

RHOMBOÏDE n.m. Quadrilatère, en forme de cerf-volant, qui admet pour axe de symétrie l'une de ses diagonales. ◆ adj.m. et n.m. ANAT. Se dit d'un muscle large et mince de la région dorsale, en forme de losange.

RHÔNALPIN, E adj. et n. De la Région Rhône-Alpes.

RHOTACISME n.m. (de *rhô,* d'apr. *iotacisme*). **1.** LING. Substitution de la consonne [r] à une autre consonne (généralement [z], [d] et [l]), que l'on observe notamment en latin ancien et dans des dialectes italiens. **2.** Difficulté ou impossibilité à prononcer les [r].

RHOVYL n.m. (nom déposé). Fibre synthétique obtenue par filage de polychlorure de vinyle.

RHUBARBE n.f. (bas lat. *rheubarbarum,* racine barbare). Plante vivace aux larges feuilles, dont les pétioles sont comestibles après cuisson. (Famille des polygonacées.)

rhubarbe

RHUM [rɔm] n.m. (angl. *rum*). Eau-de-vie obtenue par la fermentation et la distillation des jus de canne à sucre ou, le plus souvent, des mélasses.

RHUMATISANT, E adj. et n. Atteint de rhumatisme.

RHUMATISMAL, E, AUX adj. Qui relève du rhumatisme.

RHUMATISME n.m. (gr. *rheumatismos*). Nom générique d'affections d'origines très diverses, caractérisées par une atteinte inflammatoire ou dégénérative des os et des articulations et touchant parfois des muscles, des nerfs sensitifs ou moteurs. – *Rhumatisme articulaire aigu :* affection fébrile due à l'action des toxines du streptocoque, atteignant successivement les grosses articulations et parfois compliquée de lésions cardiaques. SYN. : *maladie de Bouillaud.* – *Rhumatisme infectieux :* affection due à l'action directe de germes divers sur les articulations.

RHUMATOÏDE adj. Se dit d'une douleur analogue à celle des rhumatismes. ◇ *Polyarthrite rhumatoïde :* inflammation chronique touchant plusieurs articulations, simultanément ou successivement, et aboutissant à des déformations ou à l'impotence. SYN. : *polyarthrite chronique évolutive.* – *Facteur rhumatoïde :* globuline anormale présente dans le sérum des sujets atteints de polyarthrite rhumatoïde.

RHUMATOLOGIE n.f. Partie de la médecine qui traite les affections rhumatismales et ostéo-articulaires.

RHUMATOLOGIQUE adj. Relatif à la rhumatologie.

RHUMATOLOGUE n. Spécialiste de rhumatologie.

RHUMB ou **RUMB** [rɔ̃b] n.m. (mot angl.). MAR. Quantité angulaire comprise entre deux des trente-deux aires de vent du compas et égale à $\frac{360^0}{32}$, soit $11^0\,15'$.

RHUME n.m. (gr. *rheûma,* écoulement). Toute affection qui produit la toux et, en partic., catarrhe de la muqueuse nasale. – *Rhume de cerveau :* coryza. – *Rhume des foins :* irritation de la muqueuse des yeux et du nez, d'origine allergique (pollen, poussière, etc.).

RHUMER [rɔme] v.t. Additionner de rhum.

RHUMERIE [rɔmri] n.f. Usine où l'on fabrique le rhum.

RHYNCHITE [rɛ̃kit] n.m. (gr. *rhugkhos,* groin). Charançon particulièrement nuisible aux arbres fruitiers.

RHYNCHONELLE [rɛ̃kɔ-] n.f. Brachiopode marin, fossile, très commun à l'ère secondaire.

RHYNCHOTE [rɛ̃kɔt] n.m. (gr. *rhugkhos,* groin). Vx. Hémiptéroïde.

RHYOLITE ou **RHYOLITHE** n.f. (gr. *rheîn,* couler, et *lithos,* pierre). Roche volcanique acide, composée essentiellement de quartz et de feldspath alcalin.

RHYTHM AND BLUES [ritmɛndbluz] n.m. inv. (loc. amér.). Musique populaire noire américaine, issue du blues, du jazz et du gospel.

RHYTIDOME n.m. (gr. *rhutidôma,* ride). BOT. Tissu mort qui s'exfolie sur les arbres, comme les plaques de l'écorce du platane.

RHYTINE n.f. (gr. *rhutis,* ride). Mammifère sirénien du Pacifique nord, exterminé au XIXe s.

RHYTON n.m. (gr. *rhuton, de rhein,* couler). ARCHÉOL. Vase à boire en forme de corne ou de tête d'animal.

rhyton à tête de lion ;
art achéménide
(Metropolitan Museum of Art, New York)

RIA n.f. (de l'esp.). GÉOGR. Partie aval d'une vallée encaissée, envahie par la mer. SYN. : *aber.*

RIAL n.m. (pl. *rials*). Unité monétaire principale de l'Iran, de la République du Yémen et du sultanat d'Oman. (→ **monnaie.**)

RIANT, E adj. **1.** Qui annonce la gaieté, la bonne humeur. *Visage riant.* **2.** Se dit d'un cadre naturel agréable à la vue. *Campagne riante.* **3.** Litt. Qui reflète la joie, le bonheur. *Images riantes.*

R.I.B. n.m. (sigle). Relevé* d'identité bancaire.

RIBAMBELLE n.f. (mot dial., de *riban,* ruban). Fam. Longue suite de personnes, grande quantité de choses.

RIBAT n.m. inv. (ar. *ribāt*). Couvent fortifié, notamm. au Maghreb.

RIBAUD, E adj. et n. (de l'anc. fr. *riber,* se livrer à la débauche). **1.** Au Moyen Âge, personne qui suivait une armée. **2.** Litt. Débauché(e).

RIBAUDEQUIN n.m. (du néerl.). Arme des XIVe et XVe s., formée de plusieurs piques ou bouches à feu montées sur un chariot.

RIBÉSIACÉE n.f. (ar. *ribas,* groseille). *Ribésiacées :* sous-famille de saxifragacées telles que le groseillier et le cassis.

RIBLAGE n.m. Vx. Action de ribler.

RIBLER v.t. Vx. Polir une meule neuve, en usant sa surface avec du sable et de l'eau, à l'aide d'une autre meule.

RIBLON n.m. (anc. fr. *riber,* du germ. *rîban,* frotter). Déchet de fonte ou d'acier.

RIBOFLAVINE n.f. Vitamine B2.

RIBONUCLÉASE n.f. Enzyme catalysant l'hydrolyse des acides ribonucléiques.

RIBONUCLÉIQUE adj. BIOCHIM. *Acide ribonucléique (A.R.N.) :* acide nucléique localisé dans le cytoplasme et le noyau cellulaire, qui joue un grand rôle dans le transport du message génétique et la synthèse des protéines. (Il existe trois variétés d'A.R.N. : l'*A.R.N. messager,* l'*A.R.N. de transfert* et l'*A.R.N. ribosomique.*)

RIBOSE n.m. Aldose $C_5H_{10}O_5$, constituant de nombreux nucléotides.

RIBOSOME n.m. Organite cytoplasmique de toutes les cellules vivantes, assurant la synthèse des protéines.

RIBOTE n.f. (de l'anc. fr. *ribauder,* faire le ribaud, de *riber,* frotter). Litt., vieilli. Excès de table et de boisson.

RIBOUIS n.m. Pop., vx. Soulier usagé.

RIBOULANT, E adj. Pop., dial. *Yeux riboulants,* ronds et mobiles (qui expriment la stupéfaction).

RIBOULDINGUE n.f. (de l'arg. *ribouler,* vagabonder, et *dinguer*). Fam., vieilli. Partie de plaisir. ◇ *Faire la ribouldingue :* faire la fête, la noce.

RIBOULER v.i. Pop., dial. *Ribouler des yeux :* rouler les yeux, les tourner de tous côtés, en signe d'ébahissement.

RIBOVIRUS n.m. Virus dont le patrimoine génétique est constitué par une molécule d'A.R.N. (par opp. à *adénovirus*).

RIBOZYME n.m. (de *ribosome* et *enzyme*). BIOL. Fragment d'A.R.N. du ribosome de bactéries, doué comme une enzyme de propriétés catalytiques.

RICAIN, E n. et adj. Pop. Américain (des États-Unis).

RICANANT, E adj. Qui ricane.

RICANEMENT n.m. Action de ricaner.

RICANER v.i. (anc. fr. *recaner,* braire). Rire d'une manière méprisante, sarcastique ou stupide.

RICANEUR, EUSE adj. et n. Qui ricane.

RICCIE [riksi] n.f. Hépatique (bryophyte) qui croît dans les mares et sur les terres humides.

RICERCARE [ritʃɛrkare] n.m. (mot it.) [pl. *ricercari*]. Forme musicale composée d'épisodes juxtaposés traités en imitation.

RICHARD, E n. Fam. Personne très riche.

RICHE adj. et n. (francique **riki,* puissant). Qui possède de l'argent, de la fortune, des biens importants. ◆ adj. **1.** Dont la situation financière ou économique est prospère, florissante. *Les pays riches.* **2.** Qui a des ressources abondantes et variées, qui produit beaucoup ; fertile, fécond. *Une terre riche. Langue riche.* ◇ *Rimes riches :* rimes qui comportent trois éléments communs (ex. : *vaillant, travaillant*). ◇ Fam. *Une riche nature :* une personne qui aime la vie, pleine de vitalité.

RICHELIEU n.m. (de *Richelieu,* n.pr.) [pl. *richelieus* ou inv.]. Soulier bas, à lacets.

RICHEMENT adv. De manière riche.

RICHERISME n.m. Doctrine d'Edmond Richer et de ses disciples.

RICHESSE n.f. **1.** Abondance de biens, fortune. **2.** Caractère de ce qui renferme ou produit qqch en abondance. *La richesse d'un sol.* **3.** Qualité de ce qui est précieux, magnificence. *Ameublement d'une grande richesse.* ◆ pl. **1.** Ressources naturelles d'un pays, d'une région, exploitées ou non. *Mettre en valeur les richesses du sol.* **2.** Produits de l'activité économique d'une collectivité. *Circulation des richesses.* **3.** Valeurs d'ordre intellectuel, spirituel. *Les richesses d'une œuvre musicale.*

RICHISSIME adj. Fam. Extrêmement riche.

RICHTER (ÉCHELLE DE) : échelle logarithmique numérotée de 1 à 9 et mesurant la magnitude des séismes.

RICIN n.m. (lat. *ricinus*). **1.** Herbe ou arbre aux grandes feuilles palmées, aux graines toxiques d'aspect bigarré. (Famille des euphorbiacées.) **2.** *Huile de ricin :* huile fournie par les graines de ricin et utilisée en pharmacie pour son action laxative et purgative ainsi que dans l'industrie comme lubrifiant.

ricin

RICINÉ, E adj. Qui contient de l'huile de ricin.

RICKETTSIE [rikɛtsi] n.f. (de *Ricketts,* n.pr.). Bactérie intracellulaire, agent de certaines maladies contagieuses comme le typhus.

RICKETTSIOSE [rikɛtsjoz] n.f. Toute maladie causée par des rickettsies (typhus exanthématique, typhus murin, fièvre pourprée des montagnes Rocheuses, fièvre boutonneuse méditerranéenne, fièvre Q, etc.).

RICKSHAW [rikʃo] n.m. (mot pidgin). En Asie du Sud-Est et en Chine, voiture légère tirée par un homme, destinée au transport des personnes.

RICOCHER v.i. Faire ricochet.

RICOCHET n.m. (p.-ê. de *coq ;* ou dial. *riquer,* donner un petit coup, et *hocher,* vaciller). Rebond que fait un objet plat lancé obliquement sur la surface de l'eau ou un projectile frappant obliquement un obstacle. ◇ *Par ricochet :* indirectement, par contrecoup.

RICOTTA n.f. Fromage d'origine italienne préparé à partir du sérum obtenu dans la fabrication d'autres fromages.

RIC-RAC adv. (onomat.). Fam. **1.** Avec une Exactitude rigoureuse. *Payer ric-rac.* **2.** De façon juste suffisante, de justesse. *Réussir ric-rac au bac.*

RICTUS [riktys] n.m. (lat. *rictus,* ouverture de la bouche). Contraction des muscles de la face, donnant au visage l'expression d'un rire crispé. *Rictus de colère.*

RIDAGE n.m. Action de rider un cordage.

RIDE n.f. (de *rider*). **1.** Pli de la peau, provoqué par l'âge, l'amaigrissement, etc. ◇ Fig. *Ne pas avoir (pris) une ride :* être toujours d'actualité, être d'une grande modernité, en parlant d'une œuvre, d'un artiste, etc. **2.** Légère ondulation à la surface de l'eau. *Le vent forme des rides sur l'étang.* **3.** Léger sillon sur une surface. *Une pomme couverte de rides.* **4.** GÉOL. *Ride océanique :* dorsale. **5.** MAR. Cordage servant à tendre les haubans par l'intermédiaire d'un palan.

RIDÉ, E adj. Couvert de rides.

RIDEAU n.m. (de *rider*). **1.** Voile ou pièce d'étoffe mobile que l'on peut tendre à volonté pour tamiser ou intercepter le jour, isoler du froid, du bruit, protéger des regards, etc. **2.** *Rideau de fer.* **a.** Fermeture métallique qui sert à protéger la devanture d'un magasin. **b.** Dispositif obligatoire qui sépare la scène de la salle d'un théâtre en cas d'incendie. ◇ Fig. Frontière qui séparait les États socialistes de l'Europe de l'Est des États d'Europe occidentale. (Il a été démantelé en 1989.) **3.** Grande toile peinte ou draperie qu'on lève ou qu'on abaisse devant la scène d'un théâtre. ◇ Fam. *Rideau ! :* c'est assez ! ça suffit ! **4.** Voile, écran qui masque la vue ou qui forme un obstacle ou une protection. *Rideau d'arbres.* **5.** AGRIC. Talus qui sépare deux champs étagés sur un versant et qui ralentit l'érosion. **6.** Fam. *En rideau :* en panne.

RIDÉE n.f. Filet pour prendre les alouettes.

RIDELLE n.f. (moyen haut all. *reidel,* rondin). Châssis léger, plein ou à claire-voie, composant chacun des côtés d'un chariot, d'une remorque, d'un camion découvert, pour maintenir la charge.

RIDEMENT n.m. Action de rider, de se rider.

RIDER v.t. (anc. haut all. *rîdan,* tordre). **1.** Marquer de rides. **2.** MAR. Tendre au moyen de ridoirs. *Rider un cordage.* ◆ **se rider** v.pr. Se couvrir de rides.

1. RIDICULE adj. (lat. *ridiculus*). **1.** Propre à exciter le rire, la moquerie. *Un chapeau ridicule.* **2.** Qui n'est pas sensé ; déraisonnable, absurde. *C'est ridicule de se fâcher pour si peu.* **3.** Qui est insignifiant, minime, dérisoire. *Une somme ridicule.*

2. RIDICULE n.m. Ce qui est ridicule ; côté ridicule de qqch. *Ne pas avoir peur du ridicule.* ◇ *Tourner en ridicule :* rendre ridicule par une attitude de dérision, se moquer, en soulignant les aspects qui prêtent à rire, de qqn ou de qqch.

RIDICULEMENT adv. De façon ridicule.

RIDICULISER v.t. Tourner en ridicule, rendre ridicule.

RIDOIR n.m. Dispositif, le plus souvent à vis, permettant de tendre un cordage, une chaîne.

RIDULE n.f. Petite ride.

RIEL n.m. Unité monétaire principale du Cambodge. (→ ***monnaie.***)

RIEMANNIEN, ENNE [ri-] adj. Relatif aux théories de Bernhard Riemann. ◇ *Géométrie riemannienne :* géométrie pour laquelle deux droites ne sont jamais parallèles.

1. RIEN pron. indéf. (lat. *rem,* de *res,* chose). **1.** Avec la particule négative *ne,* exprime la négation, l'absence de qqch ; aucune chose. *Je ne vois rien. Rien ne l'arrête.* **2.** Sans *ne,* a une valeur négative dans des réponses ou des phrases sans verbe. *À quoi penses-tu ? – À rien. Rien à l'horizon.* **3.** Sans *ne,* quelque chose. *Je ne crois pas qu'il ait rien à me reprocher. Est-il rien de plus stupide que cet accident ?* **4.** *Ça, ce n'est rien :* ce n'est pas grave, c'est sans importance. – Fam. *Ce n'est pas rien :* c'est très important. – *Cela ne fait rien :* cela importe peu. – Fam. *Cela ne me dit rien :* je n'en ai aucune envie. – *Comme si de rien n'était :* comme s'il ne s'était rien passé. – *Compter pour rien :* ne faire aucun cas de ; être considéré comme une quantité négligeable. – Fam. *De rien, de rien du tout :* sans importance, insignifiant. – *En rien :* en quoi que ce soit, nullement. – *En moins que rien :* en très peu de temps. – *Il n'en est rien :* c'est faux. – *N'avoir rien de :* ne pas être précisément. – *N'être rien à, pour qqn,* n'être nullement lié à lui par parenté ou amitié. – *Ne plus rien faire :* ne plus travailler. – *Pour rien :* sans utilité ; gratuitement ou pour très peu d'argent. *Se déplacer pour rien. Il a fait ce travail pour rien. Acheter une maison pour rien.* – *Rien que :* seulement.

2. RIEN n.m. Chose sans importance, bagatelle. *Un rien l'irrite. S'amuser à des riens.* – Fam. *Comme un rien :* très facilement. – *En un rien de temps :* en très peu de temps. – *Un rien de :* un petit peu de. – *Un(e) rien du tout, un(e) moins que rien :* une personne tout à fait méprisable.

RIESLING [rislin] n.m. (all. *Riesling*). **1.** Cépage blanc donnant de petits raisins, base des vignobles des bords du Rhin mais cultivé aussi dans d'autres régions du monde. **2.** Vin produit par ce cépage.

RIEUR, EUSE adj. et n. Qui rit volontiers, qui aime à rire, à railler, à plaisanter. ◇ *Avoir, mettre les rieurs de son côté :* faire rire aux dépens de son adversaire. ◆ adj. Qui exprime la joie, la gaieté. *Des yeux rieurs.*

RIEUSE n.f. Mouette à tête noire, hivernant en Afrique.

RIF, RIFFE ou **RIFFLE** n.m. (arg. it. *ruffo,* feu, du lat. *rufus,* rouge). Arg. **1.** Bagarre, combat. – *Aller au rif :* aller au combat. **2.** Revolver.

RIFAIN, E adj. et n. Du Rif.

RIFAMPICINE n.f. Antibiotique antituberculeux, actif par voie orale.

RIFF n.m. (mot angl.). En jazz, court fragment mélodique répété rythmiquement au long d'un morceau.

RIFIFI n.m. (de *rif*). Arg. Bagarre, échauffourée.

1. RIFLARD n.m. (de *rifler*). **1.** Grand rabot de menuisier pour dégrossir le bois. **2.** Ciseau à lame large employé par les maçons pour ébarber les ouvrages de plâtre, couper les arêtes, dégrossir les moulures, etc.

2. RIFLARD n.m. (d'un n. pr.). Pop. Parapluie.

RIFLE n.m. (mot angl.). Carabine à long canon. – *Carabine (de) 22 long rifle :* carabine d'un calibre de 22/100 de pouce, employée pour le sport et le tir du moyen gibier.

RIFLER v.t. (anc. haut all. *riffilôn,* frotter). Limer, égaliser avec un riflard ou un rifloir.

RIFLETTE n.f. Arg. Bagarre, rixe.

RIFLOIR n.m. Lime de formes variées servant pour des travaux délicats d'orfèvrerie, de gravure, de sculpture, etc.

RIFT n.m. (mot angl.). GÉOL. Système de fossés d'effondrement qui entaille la partie axiale d'un bombement de l'écorce terrestre.

RIGAUDON ou **RIGODON** n.m. Air et danse vive à deux temps, d'origine provençale, en vogue aux XVIIe et XVIIIe s.

RIGIDE adj. (lat. *rigidus*). **1.** Qui résiste aux efforts de torsion, raide. *Une barre de fer rigide.* **2.** D'une grande sévérité, austère, qui se refuse aux compromis.

RIGIDEMENT adv. Avec rigidité, sans souplesse.

RIGIDIFIER v.t. Rendre rigide.

RIGIDITÉ n.f. **1.** Résistance qu'oppose une substance solide aux efforts de torsion ou de cisaillement. *La rigidité d'un étui.* **2.** Rigueur intransigeante, austérité inflexible, manque de souplesse. *La rigidité des lois.* **3.** Manque d'adaptation d'un facteur économique à un changement de la conjoncture. **4.** *Rigidité diélectrique :* champ électrique capable de provoquer un claquage dans un matériau isolant.

RIGODON n.m. → ***rigaudon.***

RIGOLADE n.f. Fam. **1.** Action de rire, de se divertir sans contrainte. **2.** Chose dite pour faire rire. **3.** Chose faite sans effort, comme par jeu.

RIGOLAGE n.m. HORTIC. Action de creuser des rigoles pour y planter de jeunes sujets.

RIGOLARD, E adj. et n. Fam. Qui aime à rire. SYN. (vx) : *rigoleur.* ◆ adj. Fam. Qui exprime l'amusement. *Air rigolard.*

RIGOLE n.f. (moyen néerl. *regel,* ligne droite). **1.** Canal étroit et en pente pour l'écoulement des eaux. **2.** Sillon pour recevoir des semis ou de jeunes plants. **3.** Petite tranchée creusée pour recevoir les fondations d'un mur.

RIGOLER v.i. (de *rire,* et anc. fr. *galer,* s'amuser). Fam. **1.** Rire, s'amuser beaucoup. **2.** Ne pas parler sérieusement.

RIGOLEUR, EUSE adj. et n. Pop. et vx. Rigolard.

RIGOLLOT n.m. (nom déposé). Cataplasme en papier sinapisé.

RIGOLO, OTE adj. Fam. **1.** Plaisant, amusant. **2.** Qui est curieux, étrange, qui dit ou fait qqch d'étrange. ◆ n. Fam. **1.** Personne qui fait rire. **2.** Personne qu'on ne peut pas prendre au sérieux ; fumiste.

RIGORISME n.m. Attachement rigoureux aux règles morales ou religieuses.

RIGORISTE adj. et n. Qui manifeste du rigorisme.

RIGOTTE n.f. Petit fromage cylindrique, fait d'un mélange de lait de chèvre et de vache.

RIGOUREUSEMENT adv. **1.** Avec rigueur. *Sévir rigoureusement.* **2.** Absolument, totalement. *C'est rigoureusement vrai.*

RIGOUREUX, EUSE adj. **1.** Qui fait preuve ou est empreint de rigueur, de sévérité. *Une discipline rigoureuse.* **2.** Pénible, difficile à supporter ; rude, âpre. *Hiver rigoureux.* **3.** Précis, exact, strict, sans défaut. *Examen rigoureux des faits.*

RIGUEUR n.f. (lat. *rigor*). **1.** Caractère, manière d'agir de qqn qui se montre sévère, inflexible. ◇ *Tenir rigueur à qqn de qqch,* lui en garder du ressentiment. **2.** Dureté extrême d'une règle, d'une obligation, d'une action. ◇ *De rigueur :* imposé par les usages, les règlements, indispensable. *Tenue de rigueur.* – *À la rigueur :* au pis aller, en cas de nécessité absolue. **3.** Caractère de ce qui est dur à supporter, notamment des conditions atmosphériques. **4.** Grande exactitude, exigence intellectuelle. *La rigueur d'une analyse.*

RIKIKI adj. inv. → ***riquiqui.***

RILLETTES n.f. pl. (moyen fr. *rille,* bande de lard). Préparation réalisée par cuisson dans la graisse de viandes découpées de porc, de lapin, d'oie ou de volaille.

RILLONS n.m. pl. Dés de poitrine de porc entrelardés, rissolés et confits entiers dans leur graisse de cuisson.

RILSAN n.m. (nom déposé). Fibre textile synthétique de la famille des polyamides.

RIMAILLER v.t. et i. Fam., vieilli. Faire de mauvais vers.

RIMAILLEUR, EUSE n. Fam., vieilli. Personne qui fait de mauvais vers.

RIMAYE [rimaj] ou [-mɛ] n.f. (mot savoyard ; du lat. *rima,* fente). Crevasse profonde qui sépare parfois un glacier et ses parois rocheuses.

RIME n.f. (du francique). Retour du même son à la fin de deux ou plusieurs vers. ◇ *N'avoir ni rime ni raison :* n'avoir pas de sens.

RIMER v.i. **1.** Avoir les mêmes sons, en parlant des finales des mots. *« Étude » et « solitude » riment.* ◇ *Ne rimer à rien :* être dépourvu de sens. **2.** Litt. Faire des vers. *Aimer à rimer.* ◆ v.t. Mettre en vers.

RIMEUR, EUSE n. Poète sans inspiration.

RIMMEL n.m. (nom déposé). Fard pour les cils.

RINÇAGE n.m. Action de rincer ; passage à l'eau pure de ce qui a été lavé.

RINCEAU n.m. (bas lat. *ramusculus,* petit rameau). BX-A., ARTS DÉC. Ornement fait d'éléments végétaux disposés en enroulements successifs.

RINCE-BOUCHE n.m. inv. Anc. Gobelet d'eau tiède parfumée, que l'on utilisait pour se rincer la bouche après les repas.

RINCE-BOUTEILLE ou **RINCE-BOUTEILLES** n.m. (pl. *rince-bouteilles*). Appareil pour rincer les bouteilles. SYN. : *rinceuse.*

RINCE-DOIGTS n.m. inv. Bol contenant de l'eau tiède, généralement parfumée de citron, pour se rincer les doigts à table.

RINCÉE n.f. Pop. **1.** Pluie torrentielle, averse. **2.** Volée de coups.

RINCER v.t. (anc. fr. *recincier ;* lat. *recens,* frais) [16]. **1.** Nettoyer en lavant et en frottant. *Rincer un verre.* **2.** Passer dans une eau nouvelle après un nettoyage pour retirer toute trace des produits de lavage. *Rincer le linge.* ◆ **se rincer** v.pr. **1.** *Se rincer la bouche :* se laver la bouche avec un liquide que l'on recrache. **2.** Fam. *Se rincer l'œil :* regarder avec plaisir une personne attrayante, un spectacle érotique.

RINCETTE n.f. Fam. Petite quantité d'eau-de-vie qu'on verse dans son verre ou dans sa tasse à café après les avoir vidés.

RINCEUR, EUSE adj. Qui sert au rinçage.

RINCEUSE n.f. Rince-bouteille.

RINÇURE n.f. Eau qui a servi à rincer.

RINFORZANDO [rinfɔrsɑ̃do] adv. (mot it.). MUS. En renforçant, en passant du piano au forte. Abrév. : *rinf. ;* notation : <.

1. RING [riŋ] n.m. (mot angl., *cercle*). Estrade entourée de cordes pour des combats de boxe, de catch.

2. RING [riŋ] n.m. (mot all.). Belgique. Boulevard circulaire, rocade.

1. RINGARD n.m. (wallon *ringuèle,* levier). Grand tisonnier utilisé pour activer la combustion sur une grille ou pour remuer la matière en traitement dans certains fours.

2. RINGARD, E n. Fam. **1.** Acteur, comédien médiocre. **2.** Bon à rien. ◆ adj. Fam. Qui est médiocre, dépassé, démodé. *Une chanson ringarde.*

RINGARDAGE n.m. Action de ringarder.

RINGARDER v.t. Remuer avec un ringard un métal ou un alliage en fusion.

RINGARDISER v.t. Fam. Rendre ringard, démodé.

RINGGIT n.m. Unité monétaire principale de la Malaisie. (→ ***monnaie.***)

RINGUETTE n.f. Hockey sur glace adapté à la pratique féminine.

RIOJA [rjoxa] n.m. Vin espagnol, le plus souvent rouge, produit dans la Rioja.

RIOTER v.i. Vx. Rire un peu.

RIPAGE ou **RIPEMENT** n.m. **1.** Action de riper. **2.** Déplacement ou désarrimage des marchandises d'un navire du fait d'un roulis violent.

RIPAILLE n.f. (du moyen néerl. *rippen,* racler). Fam., vieilli. Excès de table. ◇ *Faire ripaille :* faire bombance.

RIPAILLER v.i. Fam., vieilli. Faire ripaille.

RIPAILLEUR, EUSE n. Fam., vieilli. Personne qui aime à faire ripaille.

RIPATON n.m. Pop. Pied (de qqn).

RIPE n.f. Outil de maçon et de sculpteur en forme de S allongé, à deux extrémités tranchantes, dont l'une est finement dentée.

RIPEMENT n.m. → ***ripage.***

RIPER v.t. (néerl. *rippen,* palper). **1.** Dresser à la ripe. **2.** Faire glisser, déplacer sans soulever, en laissant frotter contre le sol, le support, etc. ◆ v.i. Déraper.

RIPIENO n.m. (mot it.). Ensemble des instrumentistes accompagnateurs, dans un concerto grosso.

RIPOLIN n.m. (nom déposé). Peinture laquée très brillante.

RIPOLINER v.t. Peindre au Ripolin.

RIPOSTE n.f. (it. *risposta,* de *rispondere,* répondre). **1.** Réponse vive et immédiate à une attaque verbale. **2.** Action qui répond sur-le-champ à une attaque. ◇ *Riposte graduée :* riposte adaptée, selon la stratégie américaine (1961), aux moyens militaires exercés par l'adversaire. **3.** ESCR. Attaque suivant immédiatement la parade.

RIPOSTER v.t. ind. ***(à).*** Répondre vivement à. *Riposter à une raillerie, à une injure, à une attaque.* ◆ v.t. Répondre qqch à qqn avec vivacité. *Il m'a riposté qu'il n'était pas d'accord.* ◆ v.i. ESCR. Attaquer immédiatement après avoir paré.

RIPOU adj. et n. (de *pourri* en verlan) [pl. *ripoux* ou *ripous*]. Fam. Se dit d'un policier corrompu.

RIPPER [ripœr] n.m. (mot angl., de *to rip,* arracher). Défonceuse.

RIPPLE-MARK [ripœlmark] n.f. (mot angl.) [pl. *ripple-marks*]. GÉOGR. Petite ride ciselée dans le sable par l'eau (sur la plage) ou par le vent (dans les déserts).

RIPUAIRE adj. (du lat. *ripa,* rive). Qui appartient aux anciens peuples des bords du Rhin, et notamment aux Francs.

RIQUIQUI ou **RIKIKI** adj. inv. Fam. Petit et d'aspect mesquin, étriqué.

1. RIRE v.i. (lat. *ridere*) [95]. **1.** Manifester un sentiment de gaieté par un mouvement des lèvres, de la bouche, accompagné de sons rapidement égrenés. **2.** Prendre une expression de gaieté. *Des yeux qui rient.* **3.** S'amuser, prendre du bon temps. *Aimer à rire.* ◇ *Avoir le mot pour rire :* savoir dire des choses plaisantes. – *Prêter à rire :* donner sujet de rire, de railler. – *Rire au nez, à la barbe de qqn,* se moquer de lui en face. – *Rire sous cape :* éprouver une satisfaction maligne qu'on cherche à dissimuler. **4.** Agir, parler, faire qqch par jeu, sans intention sérieuse. *J'ai dit cela pour rire.* ◇ *Vous me faites rire :* ce que vous dites est absurde. – *Vous voulez rire :* vous ne parlez pas sérieusement. ◆ v.t. ind. ***(de).*** Se moquer. *Tous rient de sa sottise.* ◇ *Rire des menaces de qqn,* n'en pas tenir compte. ◆ **se rire** v.pr. ***(de).*** Se moquer, ne pas tenir compte de.

2. RIRE n.m. Action de rire ; hilarité.

1. RIS [ri] n.m. pl. (lat. *risus*). Litt. Plaisirs. *Aimer les jeux et les ris.*

2. RIS [ri] n.m. (anc. scand. *rif*). MAR. Partie d'une voile destinée à être serrée sur une vergue ou une bôme au moyen de garcettes, pour pouvoir être soustraite à l'action du vent. ◇ *Prendre des ris :* diminuer la surface d'une voile en nouant les garcettes de ris.

3. RIS [ri] n.m. Thymus du veau et de l'agneau, considéré comme un mets délicat.

RISBAN n.m. (du néerl.). FORTIF. Vx. Terre-plein fortifié défendant l'entrée d'un fort.

RISBERME n.f. (du néerl.). **1.** Dans un ouvrage fortifié, fascinage au pied d'un talus vertical. **2.** Dans un barrage en remblai, redan horizontal sur le parement amont ou aval.

1. RISÉE n.f. Moquerie collective. ◇ *Être la risée de :* être un objet de moquerie pour.

2. RISÉE n.f. MAR. Petite brise subite et passagère.

RISER [rizɛr] ou [rajzœr] n.m. (mot angl.). Dans un forage pétrolier en mer, canalisation reliant le fond du puits à l'engin de surface.

RISETTE n.f. (de 1. *ris*). Fam. Sourire d'un jeune enfant à l'adresse de qqn.

RISIBLE adj. Propre à faire rire ; ridicule, drôle. *Aventure risible.*

RISORIUS [rizɔrjys] n.m. et adj. (mot lat., de *risor,* rieur). Petit muscle peaucier qui s'attache aux commissures des lèvres et contribue à l'expression du rire.

RISOTTO [rizɔto] n.m. (mot it.). Plat italien composé de riz accompagné de tomate et de parmesan.

RISQUE n.m. (it. *risco*). **1.** Danger, inconvénient plus ou moins probable auquel on est exposé. *Courir le risque d'un échec.* ◇ *À risque(s) :* prédisposé à certains inconvénients ; exposé à un danger, une perte, un échec ; qui présente un danger. *Capitaux à risques. Grossesse à risque. Zone à risques.* – *À ses risques et périls :* en assumant toute la responsabilité de qqch, d'une entreprise. – *Au risque de :* en s'exposant au danger de. **2.** Préjudice, sinistre éventuel que les compagnies d'assurance garantissent moyennant le paiement d'une prime. ◇ *Risque social :* évènement dont les systèmes de sécurité sociale visent à réparer les conséquences (maladie, maternité, invalidité, chômage, etc.).

RISQUÉ, E adj. **1.** Qui comporte un risque ; dangereux, hasardeux. *Une entreprise risquée.* **2.** Osé, licencieux. *Des plaisanteries risquées.*

RISQUER v.t. **1.** Exposer à un risque, à un danger possible, à une éventualité fâcheuse. *Risquer de l'argent dans une affaire.* ◇ *Risquer le coup :* tenter une entreprise malgré son issue incertaine. **2.** S'exposer à faire ou à subir telle chose. *Vous risquez un accident grave.* ◆ v.t. ind. *(de).* Avoir une chance de. *Ce cadeau risque de lui plaire.* ◆ **se risquer** v.pr. **1.** Aller dans un lieu où l'on court un risque, un danger. **2.** S'engager dans une entreprise incertaine. **3.** Se hasarder à.

RISQUE-TOUT n. inv. Personne très audacieuse, imprudente.

RISS n.m. (d'un n.pr.). GÉOL. Troisième glaciation de l'ère quaternaire en Europe alpine.

1. RISSOLE n.f. (prov. *rissolo ;* lat. *retiolum,* petit filet). Filet à petites mailles, pour pêcher les sardines et les anchois en Méditerranée.

2. RISSOLE n.f. (lat. pop. *russeola,* de *russeus,* roux). Chausson de pâte feuilletée contenant un hachis de viande ou de poisson, frit et servi chaud.

RISSOLER v.t. et i. Rôtir de manière à faire prendre une couleur dorée.

RISTOURNE n.f. (it. *ristorno*). **1.** Avantage pécuniaire consenti à un client par un commerçant. **2.** Commission versée à un intermédiaire occasionnel. **3.** Part de bénéfices qu'une société coopérative verse à ses membres. **4.** Nullité ou résiliation d'une assurance maritime.

RISTOURNER v.t. Faire (à qqn) une ristourne de tant. *Il m'a ristourné cent francs.*

RISTRETTE ou **RISTRETTO** n.m. (it. *ristretto,* serré). Suisse. Café serré servi dans une petite tasse.

RITAL, E n. (pl. *ritals, es*). Pop., péj. Italien.

RITARDANDO adv. (mot it.). MUS. En retenant le mouvement. Abrév. : *rit.* ou *ritard.*

RITE n.m. (lat. *ritus*). **1.** Ensemble des règles et des cérémonies qui se pratiquent dans une Église, une communauté religieuse. *Le rite romain.* **2.** Ensemble des règles fixant le déroulement d'un cérémonial quelconque. *Les rites maçonniques.* **3.** Action accomplie conformément à des règles et faisant partie d'un cérémonial. *Rites de la remise d'une décoration.* **4.** Manière d'agir propre à qqn ou à un groupe social et revêtant un caractère invariable. *Le rite des vœux de nouvel an.* **5.** ANTHROP. Dans certaines sociétés, acte, cérémonie magique à caractère répétitif, destinés à orienter une force occulte vers une action déterminée.

RITOURNELLE n.f. (it. *ritornello*). **1.** Courte phrase musicale qui précède et termine un air ou en sépare les strophes. **2.** Fam. Propos que qqn répète continuellement.

RITUALISATION n.f. Action de ritualiser.

RITUALISER v.t. Régler, codifier qqch à la manière d'un rite.

RITUALISME n.m. **1.** Respect strict des rites, poussé jusqu'au formalisme. **2.** Mouvement né au XIXe s., et tendant à restaurer dans l'Église anglicane les cérémonies et les pratiques de l'Église romaine.

RITUALISTE adj. et n. Qui a trait au ritualisme.

1. RITUEL, ELLE adj. (lat. *ritualis*). **1.** Conforme aux rites, réglé par un rite. *Chant rituel.* **2.** Qui est comme réglé par une coutume immuable.

2. RITUEL n.m. **1.** Ensemble des rites d'une religion (gestes, symboles, prières). **2.** Dans l'Église latine, recueil liturgique des rites accomplis par le prêtre, notamm. lors de la célébration des sacrements. **3.** Ensemble de comportements codifiés, fondés sur la croyance en l'efficacité constamment accrue de leurs effets, grâce à leur répétition. **4.** Ensemble des règles et des habitudes fixées par la tradition. *Le rituel de la rentrée scolaire.* **5.** PSYCHIATRIE. Suite de gestes toujours semblables, accomplie de manière compulsive par le sujet dans telle ou telle circonstance, dans certaines névroses.

RITUELLEMENT adv. **1.** D'une manière rituelle, selon un cérémonial obligatoire. **2.** Habituellement, invariablement.

RIVAGE n.m. (de *rive*). Bande de terre qui borde une étendue d'eau marine.

RIVAL, E, AUX n. (lat. *rivalis*). Personne, groupe en compétition ouverte avec d'autres pour l'obtention d'un avantage ne pouvant revenir qu'à un seul. ◇ *Sans rival :* sans équivalent, inégalable. ◆ adj. Opposé à d'autres pour l'obtention d'un avantage.

RIVALISER v.i. Chercher à égaler ou à surpasser qqn ; lutter. *Rivaliser d'efforts avec qqn.*

RIVALITÉ n.f. Concurrence de personnes qui prétendent à la même chose ; antagonisme.

RIVE n.f. (lat. *ripa*). **1.** Vx. Bord, en général. **2. a.** Bande de terre qui borde une étendue d'eau. **b.** *Rive droite, rive gauche :* bord d'un cours d'eau qu'on a à sa droite, à sa gauche quand on regarde dans le sens du courant. ◇ Partie d'une ville qui borde un cours d'eau ou en est proche. *Habiter sur la rive gauche.* **3.** Chant d'une pièce de bois avivé. **4.** Limite d'un versant de toit couvrant les rampants d'un pignon. **5.** *Poutre de rive.* **a.** Chacune des deux poutres soutenant le tablier d'un pont les plus éloignées de son axe longitudinal. **b.** Poutre bordant l'un des côtés d'un plancher, plaquée contre un mur. **6.** Bord longitudinal d'un feuillard, d'une tôle.

RIVELAINE n.f. (mot picard). Anc. Pic de mineur à deux pointes.

RIVER v.t. (de *rive*). **1.** Assembler deux ou plusieurs éléments par écrasement d'une partie de l'un d'eux dans une partie adéquate de l'autre. **2.** Litt. Attacher étroitement qqn à. *Elle est rivée à son travail.* ◇ *River ses yeux, son regard sur :* fixer étroitement et longtemps. **3.** Assembler, assujettir, fixer à demeure au moyen de rivets. *River deux tôles ensemble.* SYN. : *riveter.* **4.** Rabattre et aplatir la pointe d'un clou, d'un rivet, etc., sur l'autre côté de l'objet qu'il traverse. ◇ Fam. *River son clou à qqn,* lui répondre vertement, le réduire au silence.

RIVERAIN, E adj. et n. **1.** Qui habite le long d'une rivière. **2.** Qui est situé ou qui habite le long d'une rue, à la lisière d'un bois, le long d'une voie de communication, près d'un aéroport. *Stationnement interdit sauf pour les riverains.*

RIVERAINETÉ n.f. **1.** Ensemble des droits conférés au riverain. **2.** Situation juridique d'immeubles qui en voisinent d'autres ou qui sont situés le long de voies.

RIVESALTES n.m. Vin blanc doux naturel du Roussillon.

RIVET n.m. Élément d'assemblage de pièces plates, non démontable, formé d'une tige cylindrique renflée à une extrémité, et dont on écrase l'autre extrémité après l'avoir enfilée dans un trou ménagé dans les pièces à assembler.

RIVETAGE n.m. **1.** Assemblage de deux pièces par écrasement de l'extrémité de l'une d'elles dans un logement de l'autre. **2.** Assemblage de divers éléments au moyen de rivets.

RIVETER v.t. [27]. TECHN. River.

RIVETEUSE n.f. Machine à poser les rivets.

RIVEUR, EUSE n. Ouvrier(ère) qui rive.

RIVIÈRE n.f. (lat. *riparius,* qui se trouve sur la rive). **1.** Cours d'eau de faible ou moyenne importance qui se jette dans un autre cours d'eau. **2.** ÉQUIT. Obstacle de steeple constitué d'une étendue d'eau peu profonde, généralement précédé d'une petite haie. **3.** *Rivière de diamants :* collier composé de diamants sertis dans une monture très discrète.

RIVOIR n.m. Marteau dont on se sert pour river.

RIVULAIRE n.f. Cyanobactérie filamenteuse.

RIVURE n.f. Action de river.

RIXDALE [riksdal] n.f. (du néerl.). Ancienne monnaie d'argent des Pays-Bas (fin du XVIe s.) et de divers pays du nord et du centre de l'Europe.

RIXE n.f. (lat. *rixa*). Querelle violente accompagnée de menaces et de coups.

RIYAL n.m. (pl. *riyals*). Unité monétaire principale de l'Arabie saoudite et du Qatar. (→ ***monnaie.***)

RIZ n.m. (it. *riso ;* lat. *oryza*). **1.** Céréale des régions chaudes, cultivée sur un sol humide ou submergé (rizière) et dont le grain est très utilisé dans l'alimentation humaine. (Genre *oryza ;* famille des graminées.) ◇ *Paille de riz :* paille fournie par la partie ligneuse du riz, utilisée pour la confection de chapeaux. **2.** Grain de cette plante. ◇ **a.** *Eau de riz :* boisson astringente obtenue en faisant cuire du riz dans de l'eau. **b.** *Poudre de riz :* fécule de riz réduite en poudre et parfumée pour le maquillage, les soins de beauté.

riz

RIZERIE n.f. Usine où l'on traite le paddy afin d'obtenir du riz décortiqué, blanchi ou glacé.

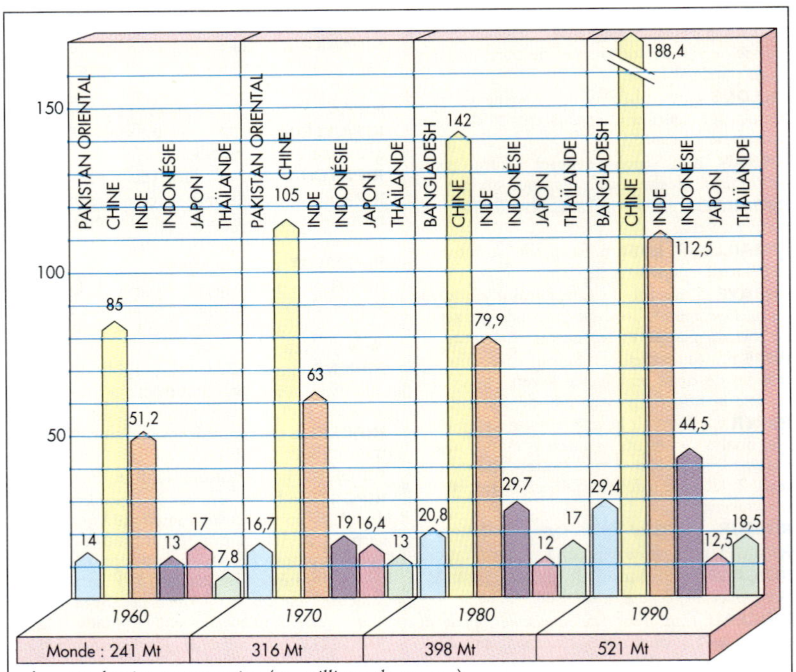

riz : productions comparées (en millions de tonnes)

RIZICOLE adj. Relatif à la riziculture.

RIZICULTEUR, TRICE n. Personne qui cultive le riz.

RIZICULTURE n.f. Culture du riz.

RIZIÈRE n.f. Terrain où l'on cultive le riz.

RIZ-PAIN-SEL n.m. inv. Arg. mil. Militaire de l'intendance.

R.M.I. n.m. (sigle). Revenu* minimum d'insertion.

R.M.N. n.f. (sigle). Résonance* magnétique nucléaire.

Rn, symbole chimique du radon.

R.N.I.S. n.m. (sigle). Réseau* numérique à intégration de services.

ROADSTER [rodstɛr] n.m. (mot angl.). AUTOM. Carrosserie ancienne comprenant deux places avant, que pouvait protéger une capote, et un spider aménagé en coffre ou en compartiment pour deux passagers.

ROAST-BEEF n.m. (pl. *roast-beefs*). Vx. Rosbif.

1. ROB n.m. (de l'ar.). Vx. Suc épuré d'un fruit cuit, épaissi jusqu'à consistance de miel.

2. ROB ou **ROBRE** n.m. (angl. *rubber,* partie liée). Au bridge et au whist, ensemble des deux manches gagnées par un camp.

ROBAGE ou **ROBELAGE** n.m. Action de rober.

ROBE n.f. (du germ.). **I. 1.** Vêtement féminin composé d'un corsage et d'une jupe d'un seul tenant. **2.** Vêtement long et ample, que portent les juges, les avocats, etc. ◇ Litt. Profession de la magistrature. – *Homme de robe :* magistrat. **3.** *Robe de chambre :* vêtement d'intérieur tombant jusqu'aux pieds. **II. 1.** Enveloppe. *Robe d'une fève, d'un oignon.* ◇ *Pommes de terre en robe des champs, en robe de chambre,* cuites dans leur peau. **2.** Feuille de tabac constituant l'enveloppe d'un cigare. SYN. : *cape.* **III. 1.** Pelage du cheval, des bovins, considéré du point de vue de sa couleur. *Robe isabelle.* **2.** Couleur d'un vin.

ROBER v.t. Entourer (les cigares) d'une feuille extérieure, dite *robe.*

ROBERT n.m. (de *Robert,* n. d'une marque de biberons). Pop. Sein de femme.

ROBIN n.m. (de *robe*). Litt. et péj. Magistrat.

ROBINET n.m. (de *Robin,* surnom donné au mouton). **1.** Appareil servant à interrompre ou à rétablir la circulation d'un fluide dans une canalisation, à l'aide d'un obturateur commandé de l'extérieur. **2.** Clé commandant cet obturateur. **3.** *Robinet d'incendie armé :* ensemble constitué par un robinet à ouverture rapide et par un tuyau d'incendie muni d'une lance raccordé en permanence.

ROBINETIER n.m. Fabricant ou marchand de robinets.

ROBINETTERIE n.f. **1.** Industrie, commerce des robinets. **2.** Usine de robinets. **3.** Ensemble des robinets d'un dispositif.

ROBINIER n.m. (de *Robin,* jardinier du roi [1550-1629]). Arbre épineux aux feuilles composées pennées à folioles arrondies, aux grappes de fleurs blanches et parfumées, souvent appelé *acacia.* (Famille des papilionacées.)

robinier (faux acacia)

ROBORATIF, IVE adj. Litt. Fortifiant.

ROBOT n.m. (du tchèque *robota,* corvée). **1.** Dans les œuvres de science-fiction, machine à l'aspect humain, capable de se mouvoir, d'exécuter des opérations, de parler. **2.** Appareil automatique capable de manipuler des objets ou d'exécuter des opérations selon un programme fixe ou modifiable. **3.** Bloc-moteur électrique combinable avec divers accessoires, destiné à différentes opérations culinaires. **4.** Fig. Personne qui agit de façon automatique.

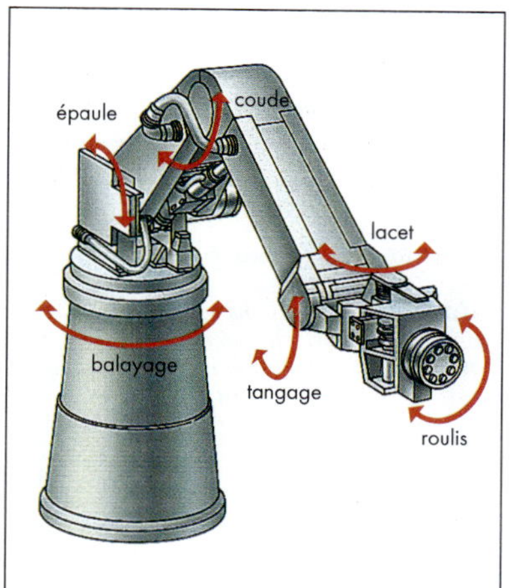

robot industriel à six axes (son déplacement résulte d'une combinaison de mouvements autour de six axes différents)

ROBOTIQUE n.f. Science et technique de la conception et de la construction des robots. ◆ adj. De la robotique.

ROBOTISATION n.f. Action de robotiser.

ROBOTISER v.t. **1.** Introduire l'emploi de robots industriels. **2.** Enlever à qqn toute initiative, réduire un travail à une tâche automatique, comparable à celle d'un robot.

ROBRE n.m. → ***2. rob.***

ROBURITE n.f. Mélange explosif formé de benzènes chloronitrés et d'azotate d'ammoniaque.

ROBUSTA n.m. **1.** Caféier de l'espèce *Coffea canephora.* **2.** Café qu'il produit.

ROBUSTE adj. (lat. *robustus,* de *robur,* force). Capable de supporter la fatigue, solidement constitué, fort, résistant.

ROBUSTESSE n.f. Caractère de qqn, de qqch de robuste ; force, vigueur.

ROC [rɔk] n.m. (de *roche*). Masse de pierre très dure et cohérente faisant corps avec le sous-sol. *Habitation creusée dans le roc.*

ROCADE n.f. **1.** Voie destinée à détourner la circulation d'une région ou qui relie deux voies principales. **2.** MIL. Voie de communication parallèle à la ligne de combat.

ROCAILLAGE n.m. Revêtement en rocaille.

ROCAILLE n.f. **1.** Amas de petites pierres sur le sol. **2.** Terrain rempli de cailloux. **3.** Ouvrage ornemental imitant les rochers et les pierres naturelles. **4.** Tendance des arts décoratifs en vogue en France d'environ 1710 à 1750. (Aspect particulier du style Louis XV, elle se caractérise par la fantaisie de compositions dissymétriques, où règnent les formes contournées, déchiquetées, évoquant concrétions minérales, coquillages, sinuosités végétales.) ◆ adj. inv. Relatif au genre rocaille.

ROCAILLEUR n.m. Cimentier spécialisé dans la confection de rocailles.

ROCAILLEUX, EUSE adj. **1.** Couvert de petites pierres, de cailloux. *Chemin rocailleux.* **2.** Dénué d'harmonie, de grâce, en parlant d'une expression littéraire. *Style rocailleux.* **3.** *Voix rocailleuse,* rauque, râpeuse.

ROCAMADOUR n.m. Minuscule fromage rond et plat fabriqué dans le Quercy, généralement avec du lait de brebis, parfois avec du lait de chèvre ou de vache.

ROCAMBOLE n.f. (all. *Rockenbolle*). Ail, dit aussi *ail d'Espagne,* qui porte des bulbilles au sommet de sa tige pouvant servir à sa multiplication.

ROCAMBOLESQUE adj. (de *Rocambole,* héros des romans-feuilletons de Ponson du Terrail). Rempli de péripéties invraisemblables, extraordinaires.

ROCCELLA [rɔksela] ou **ROCELLE** n.f. Orseille.

ROCHAGE n.m. Dégagement de gaz produisant des cloques irrégulières au cours de la solidification de certains métaux ou alliages.

ROCHASSIER n.m. Alpiniste spécialisé dans l'escalade en rochers.

ROCHE n.f. (bas lat. *rocca*). **1. a.** Matière constitutive de l'écorce terrestre, formée d'un agrégat de minéraux et présentant une homogénéité de composition, de structure et de mode de formation. ◇ Morceau de cette matière ; caillou, pierre, rocher, etc. **b.** *Eau de roche :* eau très limpide qui sourd d'une roche. ◇ Fig. *Clair comme de l'eau de roche :* limpide, évident. **2.** GÉOL., PÉDOL. *Roche mère :* roche à partir de laquelle se développe un sol et que l'on retrouve inaltérée à la base de ce dernier ; couche géologique dans laquelle se sont formés les hydrocarbures.

■ On divise les roches, d'après leur origine, en trois groupes principaux : les *roches sédimentaires* ou *exogènes* (formées à la surface, par diagenèse de sédiments) ; les *roches éruptives* ou *magmatiques,* qui cristallisent à partir d'un magma, en profondeur (roches *plutoniques*) ou en surface (roches *volcaniques*) ; les *roches métamorphiques,* qui résultent de la transformation de roches préexistantes par le métamorphisme. Les roches éruptives et métamorphiques, qui se forment ou ont leur origine en profondeur, sont parfois qualifiées de *roches endogènes.*

ROCHE-MAGASIN n.f. (pl. *roches-magasins*). Roche perméable imprégnée de pétrole ou de gaz naturel dont elle constitue le gisement, et toujours recouverte par un niveau imperméable empêchant la migration des hydrocarbures vers le haut. SYN. : *roche-réservoir.*

1. ROCHER n.m. **1.** Grande masse de pierre dure, éminence, généralement escarpée. – *Faire du rocher :* faire de l'escalade sur des parois de pierre. ◇ Roche dont est fait le rocher. **2.** ANAT. Partie massive de l'os temporal, qui renferme l'oreille moyenne et l'oreille interne. **3.** Gâteau ou bouchée au chocolat ayant la forme et l'aspect rugueux de certains rochers.

2. ROCHER v.i. **1.** Mousser, en parlant de la bière qui fermente. **2.** Présenter le phénomène de rochage, en parlant de l'argent qui refroidit.

ROCHE-RÉSERVOIR n.f. (pl. *roches-réservoirs*). Roche-magasin.

1. ROCHET n.m. (bas lat. *roccus,* du francique *rokk*). **1.** Surplis à manches étroites des évêques et de certains dignitaires ecclésiastiques. **2.** Mantelet de cérémonie des pairs d'Angleterre.

style **rocaille :** projet d'un grand surtout de table en argent avec deux terrines, dessiné par J.A. Meissonnier (gravure de G. Huquier) [B.N., Paris]

2. ROCHET n.m. (germ. *rukka*). **1.** TEXT. Grosse bobine pour la soie. **2.** MÉCAN. *Roue à rochet :* roue à dents taillées en biseau de façon à ne pouvoir soulever que dans un sens un cliquet qui l'immobilise dans l'autre sens.

ROCHEUX, EUSE adj. Couvert, formé de roches, de rochers.

ROCH HA-SHANA n.m. → ***Rosh ha-Shana.***

ROCHIER n.m. Poisson de roche (nom commun à différentes espèces).

1. ROCK [rɔk] n.m. (ar. *rukh*). Oiseau gigantesque et fabuleux des contes orientaux (en partic. dans *les Mille et Une Nuits*).

2. ROCK n.m. ou **ROCK AND ROLL** [rɔkɛndrɔl] n.m. inv. (mot angl., de *to rock,* balancer, et *to roll,* rouler). Musique de danse très populaire, à prédominance vocale, née aux États-Unis vers 1954, issue du jazz, du blues et du rhythm and blues noirs et empruntant des éléments au folklore rural, caractérisée par un rythme très appuyé sur le deuxième et le quatrième temps et une utilisation systématique de la guitare électrique et de la batterie. ◇ Morceau de cette musique, joué et chanté. ◇ Danse sur cette musique. ◆ **rock** adj. inv. De rock, de rock and roll. *Chanteur, concert rock.*

ROCKER [rɔkœr] n.m. ou **ROCKEUR, EUSE** n. **1.** Chanteur de rock. **2.** Fam. Adepte de la musique rock, qui dans son comportement imite les chanteurs de rock.

ROCKET n.f. → ***2. roquette.***

ROCKING-CHAIR [rɔkiŋ(t)ʃɛr] n.m. (mot angl., de *to rock,* balancer, et *chair,* siège) [pl. *rocking-chairs*]. Fauteuil à bascule.

ROCOCO n.m. (de *rocaille*). Style artistique en vogue au XVIIIe s. (en Allemagne, Autriche, Espagne, notamm.), inspiré à la fois du baroque* italien et du décor rocaille français. ◆ adj. inv. **1.** Qui appartient au rococo. **2.** Démodé, ridiculement compliqué, tarabiscoté.

ROCOU n.m. (du tupi *urucu*). Pigment rouge-orangé extrait du rocouyer, utilisé comme colorant alimentaire.

ROCOUER v.t. Colorer avec du rocou.

ROCOUYER n.m. Arbuste de l'Amérique tropicale dont la graine fournit le rocou. (Famille des bixacées.)

RODAGE n.m. **1.** MÉCAN. Opération ayant pour but d'obtenir une surface unie et polie, et, dans le cas de surfaces frottantes, une portée aussi parfaite que possible des pièces en contact. **2.** Action de mettre progressivement un moteur, un véhicule en état de fonctionner ; période correspondant à cette mise en route. **3.** Fonctionnement, temporairement limité au-dessous des performances nominales, d'une machine, d'un véhicule neufs. **4.** Fig. Action de roder ; période pendant laquelle on rode quelque chose.

RÔDAILLER v.i. Fam. Rôder en traînant çà et là.

RODÉO n.m. (esp. *rodeo,* encerclement du bétail). **1.** Dans la pampa argentine, rassemblement des troupeaux pour marquer les jeunes animaux. **2.** Jeu sportif, aux États-Unis et au Mexique, comportant plusieurs épreuves minutées de lutte avec des animaux qu'il faut maîtriser (chevaux, taureaux, veaux, etc.). **3.** Fam. Course bruyante de voitures, de motos.

RODER v.t. (lat. *rodere,* ronger). **1.** Utiliser (un appareil, un véhicule) dans les conditions voulues par le rodage. **2.** MÉCAN. Soumettre (une surface) au rodage. **3.** Mettre progressivement au point, rendre efficace, par des essais répétés. *Roder une équipe, une méthode de travail.*

RÔDER v.i. (lat. *rotare,* tourner). Errer, traîner çà et là (souvent avec de mauvaises intentions).

RÔDEUR, EUSE n. Personne qui rôde ; vagabond, individu louche aux intentions douteuses.

RODOIR n.m. MÉCAN. Bâton d'abrasifs agglomérés utilisé pour le rodage.

RODOMONT n.m. (du n. d'un personnage du *Roland furieux* de l'Arioste). Litt., vx. Fanfaron, bravache, vantard.

RODOMONTADE n.f. Litt. Fanfaronnade.

RŒNTGEN n.m. → ***röntgen.***

RŒSTI ou **RÖSTI** [røʃti] n.m. pl. Suisse. Mets fait de pommes de terre émincées dorées à la poêle comme une galette.

ROGATIONS n.f. pl. (lat. *rogatio,* demande). CATH. Procession de supplication instituée au Ve s., qui se déroule le jour de la Saint-Marc et les trois jours précédant l'Ascension, destinée à attirer la bénédiction divine sur les récoltes et les animaux.

ROGATOIRE adj. (lat. *rogatus,* interrogé). DR. Qui concerne une demande. – *Commission rogatoire :* acte par lequel un juge d'instruction charge un autre juge ou un officier de police judiciaire de procéder à certaines opérations de l'instruction. (Pour les opérations se déroulant à l'étranger, une *commission rogatoire internationale* est adressée aux autorités du pays concerné.)

ROGATON n.m. (lat. médiév. *rogatum,* demande). Fam., vx. Rebut, reste de peu de valeur. ◇ Fam. (Souvent pl.). Bribe d'aliment, reste d'un repas.

ROGNAGE n.m. Action de rogner ; son résultat.

ROGNE n.f. (de 2. *rogner*). Fam. Colère, mauvaise humeur. *Être, se mettre en rogne.*

1. ROGNER v.t. (lat. pop. *rotundiare,* couper en rond). **1.** Couper qqch sur son pourtour, sur les bords. *Rogner un livre.* **2.** Diminuer faiblement (ce qui doit revenir à qqn pour en tirer un petit profit). *Rogner les revenus de qqn.* – Fig. *Rogner les ailes à qqn,* limiter ses moyens d'action, l'empêcher d'agir. ◆ v.t. ind. ***(sur).*** Faire de petites économies, prélever sur qqch. *Rogner sur la nourriture, les loisirs.*

2. ROGNER v.i. (rad. *ron,* onomat.). Pop. Pester, être furieux, en rogne.

ROGNEUR, EUSE n. Ouvrier, ouvrière qui rogne (spécialt le papier pour la mise au format définitif d'un ouvrage).

ROGNOIR n.m. TECHN. Outil pour rogner le papier, le carton, les livres, etc.

ROGNON n.m. (lat. *ren,* rein). **1.** Rein de certains animaux, considéré pour son utilisation culinaire. **2.** *Table rognon,* dont le plateau est en forme de rognon ou de haricot. SYN. : *table haricot.* **3.** GÉOL. Masse minérale irrégulièrement arrondie contenue dans une roche de nature différente. *Rognon de silex dans la craie.*

ROGNONNADE n.f. CUIS. Longe de veau cuite avec le rognon légèrement dégraissé.

ROGNONNER v.i. (de 2. *rogner*). Fam. Ronchonner, bougonner.

ROGNURE n.f. **1.** Ce qui tombe, se détache de qqch qu'on rogne. *Rognures d'ongles.* **2.** Restes, débris. *Rognures de viande pour le chat.*

ROGOMME n.m. Pop., vx. Eau-de-vie. ◇ Fam., mod. *Voix de rogomme :* voix rauque, enrouée par l'abus de l'alcool.

1. ROGUE adj. (anc. scand. *hrôkr,* arrogant). Arrogant, avec une nuance de raideur et de rudesse. *Air, ton rogue.*

2. ROGUE n.f. (anc. scand. *rogn*). PÊCHE. Œufs de poissons salés utilisés comme appât pour pêcher la sardine.

ROGUÉ, E adj. PÊCHE. Se dit d'un poisson qui contient des œufs.

ROHART n.m. (anc. scand. *hrosshvalr,* morse). Ivoire de morse ou d'hippopotame.

ROI n.m. (lat. *rex, regis*). **1. a.** Homme qui, en vertu de l'élection ou, le plus souvent, de l'hérédité, exerce, d'ordinaire à vie, le pouvoir souverain dans une monarchie. *Couronner un roi.* ◇ Fig. *Travailler pour le roi de Prusse :* travailler pour rien. – *Un morceau de roi :* un mets exquis. **b.** (Toujours avec un déterminant). Titre de certains monarques particuliers. – *Le Grand Roi :* le roi des Perses chez les auteurs grecs. – *Roi des Romains,* titre que portait dans le Saint Empire romain germanique l'empereur avant son couronnement par le pape, puis à partir de 1508 le successeur désigné de l'empereur régnant. – *Le Roi Très Chrétien :* le roi de France. – *Les Rois Catholiques :* Isabelle Ire, reine de Castille, et Ferdinand II, roi d'Aragon. – *Le Roi des rois :* le souverain d'Éthiopie. – *Le Roi Catholique :* le roi d'Espagne. ◇ *Le jour des Rois :* l'Épiphanie. **2.** Personne, être, chose qui domine, supérieur, dans un domaine particulier. *Un des rois du tango.* ◇ *Le roi des :* le plus grand des. *C'est le roi des imbéciles.* – *Le roi des animaux :* le lion. **3. a.** Aux échecs, pièce la plus importante. **b.** Chacune des quatre figures d'un jeu de cartes, figurant un roi. *Le roi de cœur.*

ROIDE adj. Vx. Raide.

ROIDEUR n.f. Vx. Raideur.

ROIDIR v.t. Vx. Raidir.

ROILLER v. impers. (lat. *roticulare,* rouler). Suisse. Pleuvoir à verse.

ROITELET n.m. **1.** Roi d'un tout petit État. ◇ Péj. Roi peu puissant. **2.** Très petit oiseau passereau insectivore, dont le mâle porte une huppe orange ou jaune sur la tête.

roitelet femelle

RÔLAGE n.m. TECHN. Confection des rôles de tabac à mâcher.

ROLANDO (SCISSURE DE) : scissure située à la face externe des hémisphères cérébraux, séparant le lobe frontal du lobe pariétal et bordée par deux circonvolutions correspondant à la zone motrice (en avant) et à la zone sensitive (en arrière).

RÔLE n.m. (lat. *rota,* rouleau). **I. 1.** Ce que doit dire ou faire un acteur dans un film, une pièce de théâtre, un danseur dans un ballet, un chanteur dans une œuvre musicale ; le personnage ainsi représenté. *Apprendre, comprendre son rôle.* ◇ *Avoir le beau rôle :* agir, être dans une position où l'on paraît à son avantage. ◇ *Jeu de rôle :* jeu de stratégie où chaque joueur incarne un personnage qui devra réagir aux évènements du jeu. ◇ *À tour de rôle :* chacun à son tour, au rang qui est le sien. **2.** Emploi, fonction, influence exercés par qqn. *Le rôle du maire dans la commune. Quel est son rôle dans cette affaire ?* – *Jouer un rôle dans qqch,* y participer, y être impliqué. **3.** Fonction d'un élément (dans un ensemble). *Le rôle du verbe dans la phrase.* **4.** SOCIOL. Ensemble de normes et d'attentes qui régissent le comportement d'un individu du fait de son statut social ou de sa fonction dans un groupe. **II. 1.** Liste, catalogue. – MAR. *Rôle d'équipage :* liste de tous les gens de mer employés à bord d'un navire et des passagers. **2.** DR. Registre sur lequel sont inscrites dans l'ordre chronologique les affaires soumises à un tribunal. ◇ DR. Feuillet sur lequel est transcrit recto et verso un acte juridique (acte notarié, etc.). **3.** DR. FISC. *Rôle nominatif :* acte administratif portant le nom des contribuables et le montant de leur imposition. **III.** TECHN. Corde de tabac à mâcher obtenue par torsion de feuilles fermentées.

RÔLE-TITRE n.m. (pl. *rôles-titres*). Dans les arts du spectacle, rôle homonyme du titre de l'œuvre interprétée. *Jouer le rôle-titre dans « le Cid ».*

ROLLIER n.m. Oiseau de la taille d'un geai, à plumage bleuté, passant en été dans le sud de la France. (Long. 30 cm env. ; ordre des coraciadiformes.)

ROLLMOPS [rɔlmɔps] n.m. (mot all.). Hareng cru, fendu et maintenu roulé autour d'un cornichon par une brochette de bois, mariné dans du vinaigre aigre-doux avec des épices.

ROLL ON-ROLL OFF [rɔlɔnrɔlɔf] n.m. inv. (mots angl., *qui roule dedans, qui roule dehors*). MAR. Système de manutention par roulage. Recomm. off. : ***roulage.*** ◇ (En app.). *Navire roll on-roll off* ou, absolt, *roll on-roll off :* roulier (recomm. off.).

ROLLOT n.m. Fromage à pâte molle, rond ou en forme de cœur, fabriqué en Picardie avec du lait de vache.

ROM [rɔm] adj. inv. **1.** Anc. Qui appartient à l'un des trois groupes qui forment les Tsiganes, les Rom. (→ ***gitan, manouche.***) **2.** Auj. Qui appartient aux Rom, le peuple tsigane dans son ensemble. (C'est la dénomination que se sont choisie les Tsiganes [Romanichels, Bohémiens, Égyptiens, Manouches, etc.] à leur premier congrès fédérateur en 1971.) [→ ***romanichel.***]

L'église Santa Maria di Portonovo, près d'Ancône (Marches, Italie), ancienne abbatiale bénédictine de la première moitié du XIe s. Influencée par l'architecture de la Lombardie, cette basilique à coupole, ornée extérieurement de bandes lombardes et d'arcatures, appartient encore au premier art roman malgré son appareil soigné de pierres de taille.

Vue vers le narthex à étages (prise du collatéral) de l'abbatiale Saint-Philibert de Tournus (Saône-et-Loire) [XIe s.]. Cette grande église du sud de la Bourgogne marque, par son originalité de structure, une évolution savante du premier art roman.
D'abord couverte d'une charpente, la nef (début du XIe s.) a reçu son voûtement vers 1070 : compartiments de voûtes d'arêtes sur les collatéraux, série d'extraordinaires berceaux transversaux sur le vaisseau central.

L'entrée du Christ à Jérusalem. Peinture sur parchemin, en pleine page, du sacramentaire de la cathédrale de Limoges. Vers 1100. (B.N., Paris.) Le maître qui enlumina ce livre liturgique pour le chapitre de la cathédrale a probablement appris des artistes poitevins (peintures murales de Saint-Savin) le parti expressif qu'on peut tirer d'une ligne harmonieuse et bien rythmée. Mais les riches contrastes de sa palette font plutôt penser au vitrail et à l'émaillerie.

Façade occidentale de Notre-Dame-la-Grande, à Poitiers (première moitié du XIIe s.). Une des caractéristiques de l'art religieux poitevin et saintongeais du XIIe s. est la prolifération du décor sculpté, tant figuratif qu'ornemental, sur les façades. À Notre-Dame-la-Grande, les thèmes iconographiques ont trait aux prophètes, à l'Incarnation, aux rapports de l'Ancien et du Nouveau Testament, etc.

Panthéon des rois à l'église San Isidoro de León (Espagne du Nord-Ouest) [fin du XIe s. ou début du XIIe].
Ce portique monumental, à plusieurs travées couvertes de voûtes d'arêtes, fut conçu comme lieu de sépulture des rois de León en même temps que porche d'entrée de la collégiale San Isidoro. Ses chapiteaux se rattachent à l'art de la fin du XIe s. de Toulouse et de Compostelle.
Les remarquables fresques des voûtes, du XIIe s., semblent relever de modèles de la France de l'Ouest et, plus lointainement, carolingiens ; elles ont pour thèmes la vie de la Vierge et celle de Jésus, l'Apocalypse, le Christ en Gloire entouré des évangélistes, un calendrier avec les travaux des mois.

Figure du prophète Jérémie (détail) à la face droite du trumeau (autour de 1130 ?) du grand portail de l'abbatiale de Moissac (Tarn-et-Garonne). En position d'atlante encadré d'animaux (lionnes), la figure songeuse du prophète, toute en élégantes arabesques, témoigne de la maîtrise acquise au cours des premières décennies du XIIe s. par les ateliers romans de sculpture, ceux du Languedoc (Toulouse) et de la Gascogne en particulier (sans oublier la Bourgogne d'Autun et de Vézelay).

Nef (fin du XIe s.-premier tiers du XIIe s.) de la cathédrale d'Ely (Angleterre), ancienne abbatiale bénédictine. L'élévation à trois étages (grandes arcades, tribunes, fenêtres hautes devant lesquelles un évidement du mur ménage un passage) rappelle le type de l'abbaye aux Hommes de Caen. Transept et chœur (au fond de la perspective) ont été rebâtis à l'époque gothique. Pas de voûtement maçonné pour cette nef mais un plafond en bois peint, refait au XIXe s. (alors que la cathédrale, contemporaine, de Durham est couverte de voûtes d'ogives primitives, annonciatrices de l'art gothique).

ROMAIN, E adj. et n. (lat. *romanus*). **1.** Qui appartient à l'ancienne Rome, à l'Empire romain. ◇ *Un travail de Romain :* un travail long et pénible, nécessitant des efforts gigantesques. ◇ *Chiffres romains :* lettres I, V, X, L, C, D, M servant de symboles pour la numération romaine et représentant respectivement 1, 5, 10, 50, 100, 500 et 1 000. **2.** Qui appartient à la Rome moderne, actuelle ; qui y habite. ◇ Spécialt. Qui concerne l'Église catholique latine. *Rite romain.* ◆ adj.m. et n.m. IMPR. Se dit d'un caractère droit, dont le dessin est perpendiculaire à sa ligne de base (par opp. à *italique*). *Dans le présent dictionnaire, le texte des définitions est en romain, celui des exemples en italique.*

1. ROMAINE adj.f. et n.f. (ar. *rummāna,* grenade). *Balance romaine* ou *romaine :* balance à levier, formée d'un fléau à bras inégaux (sur le bras le plus long, qui est gradué, on fait glisser un poids pour équilibrer l'objet suspendu à l'autre bras).

2. ROMAINE n.f. Laitue d'une variété à feuilles allongées et croquantes.

ROMAÏQUE adj. et n.m. *Langue romaïque* ou *romaïque :* le grec moderne.

1. ROMAN, E adj. (anc. fr. *romanz ;* du lat. pop. *romanice,* à la façon des Romains). **1.** Se dit des langues dérivées du latin populaire (catalan, espagnol, français, italien, portugais, occitan, roumain). **2.** Se dit de l'art (architecture, sculpture, peinture...) qui s'est épanoui en Europe aux XIe et XIIe s.

■ Art symbolique qui, dans sa création majeure, celle des édifices religieux, tend avant tout à l'expression du sacré, l'art roman est d'une grande clarté fonctionnelle dans ses procédés : mise au point, pour échapper aux catastrophiques incendies de charpentes, de systèmes variés de voûtes de pierre (voûtes d'arêtes, berceaux) avec leurs contrebutements appropriés (tribunes ou hauts collatéraux de part et d'autre du vaisseau principal des églises) ; stricte localisation de la sculpture en des points vitaux (chapiteaux) ou privilégiés (tympans et ébrasements des portails) de l'édifice ; soumission des plans aux besoins liturgiques (circulation organisée des fidèles, par les collatéraux et le déambulatoire, dans les grandes églises de pèlerinage, telles que St-Martin de Tours au début du XIe s.).

Empruntant aux sources les plus variées (carolingienne, antique, de l'Orient chrétien, de l'islam, de l'Irlande), l'art roman brille en France dès la seconde moitié du Xe s. (abbatiale de Cluny II, auj. disparue) et à partir de l'an mille : narthex à étages de Tournus (qui rappelle, avec son petit appareil et ses « bandes lombardes », les œuvres de ce qu'on a appelé le *premier art roman,* petites églises répandues dans certaines régions montagneuses, de la Catalogne aux Grisons), rotonde de St-Bénigne de Dijon, tour Gauzlin de Saint-Benoît-sur-Loire (où s'affirme la renaissance de la sculpture monumentale). Le XIe s. est le temps de toutes les inventions et, déjà, d'une parfaite maîtrise, qui allie volontiers jaillissement et massivité (Payerne, Conques, Jumièges). L'œuvre de la fin du XIe s. et de la première moitié du XIIe, en France (St-Sernin de Toulouse, Cluny III, églises de Normandie, d'Auvergne, du Poitou, de Provence, de Bourgogne, églises à coupoles du Périgord) ou en Angleterre (Ely, Durham), n'en est que l'épanouissement, avec une remarquable amplification des programmes iconographiques, sculptés (cloître puis porche de Moissac, tympans bourguignons, etc.) ou peints (fresques ou peintures murales de S. Angelo in Formis près de Capoue, de Tavant, de Saint-Savin, de la Catalogne, etc.).

Des édifices d'une grande majesté s'élèvent dans les pays germaniques, de l'époque ottonienne (St-Michel d'Hildesheim, églises de Cologne) à la fin du XIIe s., et en Italie (cathédrale de Pise), ce dernier pays demeurant toutefois sous l'influence dominante des traditions paléochrétienne et byzantine ; ici et là, les problèmes de voûtement demeurent secondaires, les grands vaisseaux restant en général couverts en charpente.

On n'oubliera pas, enfin, la production de la période romane dans les domaines de l'enluminure des manuscrits (ateliers monastiques d'Allemagne, d'Angleterre, d'Espagne, de France), du vitrail, de la ferronnerie, ainsi que dans un ensemble de techniques où brille notamment la région mosane : travail de l'ivoire, émaillerie, orfèvrerie, bronze (cuve baptismale de St-Barthélemy de Liège). [*V. illustration p. 897.*]

2. ROMAN n.m. **1.** Langue dérivée du latin, parlée entre le Ve et le Xe s., et qui se différenciait, selon les régions, en *gallo-roman, hispano-roman, italo-roman,* etc. **2.** Art, style roman.

3. ROMAN n.m. (de 1. *roman*). **1.** Œuvre littéraire, récit en prose généralement assez long, dont l'intérêt est dans la narration d'aventures, l'étude de mœurs ou de caractères, l'analyse de sentiments ou de passions, la représentation, objective ou subjective, du réel. ◇ LITTÉR. *Nouveau roman :* tendance littéraire contemporaine qui refuse les conventions du roman traditionnel (rôle et psychologie des personnages, déroulement chronologique et relation prétendument objective des évènements, etc.) et met l'accent sur les techniques du récit. **2.** LITTÉR. Œuvre narrative, en prose ou en vers, écrite en langue romane. *Le Roman de la Rose. Le Roman de Renart.* **3.** Fig. Longue histoire compliquée, riche en épisodes imprévus. *Sa vie est un roman.* ◇ Fam. Récit mensonger ; aventure invraisemblable. *Ton histoire, c'est du roman !*

1. ROMANCE n.m. (esp. *romance,* petit poème). LITTÉR. ESP. Poème en vers octosyllabiques, dont les vers pairs sont assonancés, et les impairs libres.

2. ROMANCE n.f. (de 1. *romance*). **1.** Anc. Chanson populaire espagnole de caractère narratif. **2.** Mélodie accompagnée, d'un style simple et touchant. ◇ Pièce instrumentale inspirée de la mélodie du même nom (Schubert, Brahms). **3.** Chanson à couplets, dont les paroles, accompagnées d'une musique facile, ont un caractère tendre et sentimental.

ROMANCER v.t. [16]. Donner la forme ou le caractère d'un roman. *Romancer une biographie.*

ROMANCERO [rɔmɑ̃sero] n.m. (mot esp.) [pl. *romanceros*]. LITTÉR. ESP. Recueil de romances de la période préclassique contenant les plus anciennes légendes nationales ; ensemble de tous les romances.

ROMANCHE n.m. (lat. pop. *romanice,* en langue latine). Langue romane, parlée en Suisse, dans le canton des Grisons. (C'est, depuis 1937, la 4e langue officielle de la Suisse.) ◆ adj. Relatif au romanche.

ROMANCIER, ÈRE n. Auteur de romans.

ROMAND, E adj. et n. Se dit de la partie de la Suisse où l'on parle le français, de ses habitants.

ROMANÉE n.m. (de *Vosne-Romanée,* n.pr.). Vin rouge de Bourgogne très réputé.

ROMANESQUE adj. et n.m. **1.** Propre au genre du roman. **2.** Qui présente les caractères attribués traditionnellement au roman ; fabuleux, extraordinaire. *Aventure romanesque.* **3.** Rêveur, qui voit la vie comme un roman. *Esprit romanesque.*

ROMAN-FEUILLETON n.m. (pl. *romans-feuilletons*). Roman dont le récit, publié en épisodes dans un quotidien, un magazine, suscite l'intérêt du lecteur par les rebondissements répétés de l'action. SYN. : *feuilleton.* ◇ Fig. Histoire aux épisodes multiples et inattendus.

ROMAN-FLEUVE n.m. (pl. *romans-fleuves*). Roman très long mettant en scène de nombreux personnages. ◇ Fam. Récit très long, qui n'en finit pas.

ROMANI n.m. LING. Langue des Rom ; tsigane.

ROMANICHEL, ELLE n. **1.** Péj., anc. Personne qui appartient à l'un des groupes tsiganes. **2.** Péj., auj. Rom. **3.** Péj., cour. Individu sans domicile fixe.

ROMANISATION n.f. Action de romaniser.

ROMANISER v.t. (de *romain*). **1.** Imposer la civilisation des Romains, la langue latine à. **2.** Transcrire (une langue) grâce à l'alphabet latin. ◆ v.i. RELIG. Suivre les dogmes, le rite de l'Église romaine.

ROMANISME n.m. RELIG. Doctrine de l'Église romaine, pour les fidèles des autres confessions.

ROMANISTE n. **1.** Spécialiste des langues romanes. **2.** Spécialiste de droit romain. **3.** Peintre flamand, qui, au XVIe s., s'inspirait des maîtres de la seconde Renaissance italienne.

ROMANITÉ n.f. **1.** HIST. Civilisation romaine. **2.** Didact. Ensemble des pays romanisés.

ROMAN-PHOTO n.m. (pl. *romans-photos*). Récit romanesque présenté sous forme de photos accompagnées de textes intégrés aux images.

ROMANTICISME n.m. (italianisme). LITTÉR. Littérature moderne, opposée par Stendhal en 1823 aux traditions classiques.

ROMANTIQUE adj. **1.** Propre au romantisme ; relatif au romantisme. *Littérature romantique.* **2.** Qui touche la sensibilité, invite à l'émotion, à la rêverie. *Site romantique.* ◆ adj. et n. **1.** Se dit des écrivains et des artistes qui se réclament du romantisme, au XIXe s. *Les classiques et les romantiques.* **2.** Chez qui la sensibilité et l'imagination l'emportent sur la rationalité.

ROMANTISME n.m. **1.** Ensemble des mouvements intellectuels et artistiques qui, à partir de la fin du XVIIIe s., firent prévaloir le sentiment sur la raison et l'imagination sur l'analyse critique. **2.** Caractère, comportement d'une personne romantique, dominée par sa sensibilité.

■ LITTÉR. Le romantisme est un mouvement d'idées européen qui se manifeste dans les lettres dès la fin du XVIIIe s. en Angleterre et en Allemagne, puis au XIXe s. en France, en Italie et en Espagne. Il se caractérise par une réaction du sentiment contre la raison : cherchant l'évasion dans le rêve, dans l'exotisme ou le passé, il exalte le goût du mystère et du fantastique. Il réclame la libre expression de la sensibilité et, prônant le culte du moi, affirme son opposition à l'idéal classique. Le romantisme se dessine dès les romans de Richardson (*Clarisse Harlowe,* 1747) et les poèmes d'Ossian, et prend forme avec Goethe (*Werther,* 1774), Novalis et Hölderlin en Allemagne, Southey et Wordsworth (*Ballades lyriques,* 1798) en Grande-Bretagne. Plus tardif dans le reste de l'Europe, le romantisme triomphe en France avec Lamartine, Hugo, Vigny, Musset, qui prolongent un courant qui remonte à J.-J. Rousseau en passant par Mme de Staël et Chateaubriand. Entre la révolution de 1830 et celle de 1848, le romantisme s'impose comme « une nouvelle manière de sentir », notamment en Italie (Manzoni, Leopardi) et en Espagne (J. Zorrilla). Son influence dépasse les genres littéraires proprement dits ; c'est à lui qu'est dû le développement de l'histoire au XIXe siècle (A. Thierry, Michelet) et de la critique (Sainte-Beuve). À partir du milieu du XIXe s., le romantisme survit à travers la poésie de V. Hugo et les œuvres des écrivains scandinaves, tandis que les littératures occidentales voient l'apparition du réalisme.

– BX-A. Parallèlement au romantisme littéraire, le romantisme artistique fut en France une réaction contre le néoclassicisme de l'école de David, réaction animée par les peintres Gros et Géricault, Delacroix, E. Devéria, le sculpteur David d'Angers, etc. ; l'Angleterre, après W. Blake et Füssli, eut les paysagistes Constable et Bonington, l'Allemagne C. D. Friedrich et, romantiques par leur nostalgie sentimentale du passé, les nazaréens.

– MUS. L'esthétique romantique établit sa spécificité en proclamant la liberté de l'artiste, de l'expression de son moi, et en prônant éclatement de la forme et recherche du contraste. L'orchestre s'enrichit, se diversifie, les instruments étant recherchés pour leur timbre, leur couleur (*Songe d'une nuit de sabbat* de Berlioz).

Ce mouvement prend sa source dans le *Sturm und Drang* allemand, comme dans l'idéologie de la Révolution française. Il trouve sa terre d'élection dans les pays germaniques et son modèle dans les partitions majeures de Beethoven. Parmi les œuvres représentatives de cette période (et dans des genres différents), on peut citer la *Symphonie fantastique* de Berlioz, *les Amours du poète* de Schumann, *Rigoletto* de Verdi, *Faust-Symphonie* de Liszt, *Tristan et Isolde* de Wagner, les *Kindertotenlieder* de Mahler.

Femmes d'Alger dans leur appartement (1834), par Delacroix. (Louvre, Paris.) De même que la nostalgie du passé national commande le goût romantique pour le Moyen Âge, la nostalgie d'autres horizons, d'autres lumières suscite le courant, majeur au XIXe s., de *l'orientalisme.* Peinte après un voyage en Afrique du Nord, la scène chatoyante et animée de Delacroix (dont la palette et la technique picturale influenceront grandement les impressionnistes) s'oppose à l'Orient idéal des odalisques d'Ingres, où domine la pureté linéaire.

Course de chevaux libres à Rome (v. 1817), par Géricault. Peinture à l'huile sur papier entoilé. (Louvre, Paris.) Dans cette étude pour une grande composition qui ne devait pas voir le jour, le jeune peintre, hostile à l'esthétique néoclassique, renoue avec la fougue et le modelé puissant de Michel-Ange, sans perdre de vue le réel. La course de chevaux libres (non montés) était un épisode du carnaval romain ; Géricault nous montre, en une cohue farouche soigneusement cadencée, les palefreniers aux prises avec leurs bêtes, avant le départ.

L'Arbre aux corbeaux (1822), par Caspar David Friedrich. (Louvre, Paris.) Les peintres romantiques cherchent dans la nature un miroir de leurs états d'âme, de leurs sentiments intimes. Chez Friedrich, homme du Nord, domine la mélancolie, voire l'angoisse, qu'exprime la désolation solitaire de cette toile.

le romantisme dans l'art

ROMARIN n.m. (lat. *rosmarinus,* rosée de la mer). Arbuste aromatique du littoral méditerranéen, à feuilles persistantes et à fleurs bleues. (Famille des labiées.)

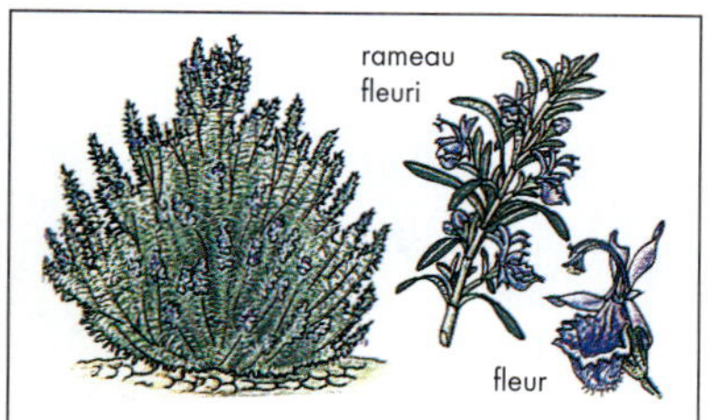

romarin

ROMBIÈRE n.f. Fam. Femme, généralement d'âge mûr, un peu ridicule et prétentieuse.

ROMPRE v.t. (lat. *rumpere*) [78]. **1.** Litt. Casser, briser. *Rompre une branche.* ◇ Fig. *Applaudir à tout rompre,* très fort, avec enthousiasme. **2.** Litt., fig. Briser physiquement, moralement. *La douleur l'a rompue.* – *Être rompu de fatigue :* être très fatigué. **3.** Enfoncer, faire céder sous l'effet d'une forte pression. *Le fleuve a rompu ses digues.* ◇ *Rompre les rangs :* se séparer à la fin d'une manœuvre d'ordre serré (au commandement : *rompez les rangs !*) ; se disperser. **4.** Faire cesser, mettre fin à. *Rompre un marché.* **5.** Litt. *Rompre qqn à qqch,* l'exercer, l'entraîner à. *Être rompu à la discussion.* ◆ v.i. **1.** Litt. Céder brusquement. *Les amarres ont rompu.* **2.** SPORTS. Reculer. ◆ v.t. ind. ***(avec).*** **1.** Mettre fin brutalement à des relations, spécialt des relations amoureuses. **2.** Renoncer à qqch. *Rompre avec une habitude.* **3.** Être très différent de qqch, s'y opposer. *Rompre avec la tradition.* ◆ **se rompre** v.pr. **1.** Litt. Se briser, se casser brusquement. **2.** *Se rompre le cou :* se tuer ou se blesser grièvement en faisant une chute.

1. ROMPU, E adj. BX-A. *Ton rompu :* ton, teinte résultant d'un mélange par lequel on a altéré la pureté d'une couleur.

2. ROMPU n.m. FIN. Quantité de droits ou de titres manquant pour participer à une opération financière.

ROMSTECK ou **RUMSTECK** [rɔmstɛk] n.m. (angl. *rumpsteak,* de *rump,* croupe, et *steak,* tranche de viande à griller). Partie tendre du bœuf correspondant à la croupe et fournissant des morceaux à rôtir ou griller.

RONCE n.f. (lat. *rumex*). **1.** Arbuste souvent épineux, très envahissant, aux baies noires *(mûrons* ou *mûres sauvages)* rafraîchissantes. (Le framboisier est une espèce cultivée de ronce ; famille des rosacées.) **2.** *Ronce artificielle :* barbelé. **3.** Partie du bois où les éléments, irrégulièrement enchevêtrés (bois *madré*), ont un effet décoratif. *Ronce de noyer.*

ronce

RONCERAIE n.f. Terrain envahi par les ronces.

RONCEUX, EUSE adj. **1.** Madré, en parlant du bois. **2.** Litt. Couvert de ronces.

RONCHON, ONNE adj. et n. Fam. Grincheux, grognon.

RONCHONNEMENT n.m. Fam. Action de ronchonner ; bruit, parole du ronchonneur.

RONCHONNER v.i. (anc. fr. *ronchier,* ronfler). Fam. Manifester son mécontentement, sa mauvaise humeur par des grognements, des murmures.

RONCHONNEUR, EUSE n. et adj. Fam. Personne qui ronchonne sans cesse.

RONCIER n.m. ou **RONCIÈRE** n.f. Buisson de ronces.

1. ROND, E adj. (lat. *rotondus*). **I. 1.** Qui a la forme d'un cercle, d'une sphère, d'un cylindre. *Un plat rond.* ◇ *Le ballon rond :* le football (par opp. au *ballon ovale,* le rugby). **2.** Dont la forme est arrondie ou présente une courbe. **3.** Fam. Court et assez corpulent. *Un petit homme rond.* **4.** Charnu et bien rempli. *Joues, mollets ronds.* **5.** Fam. Ivre. **II. 1.** Qui agit avec franchise, va droit au but. *Il est très rond en affaires.* **2.** Se dit d'un nombre entier ou, selon sa grandeur, d'un nombre sans dizaine ou centaine. ◆ adv. **1.** Fam. *Tourner rond :* tourner régulièrement sans ratés, en parlant d'un moteur. ◇ Fig., fam. *Il, ça ne tourne pas rond :* il, ça va mal. **2.** *Avaler tout rond,* sans mâcher.

2. ROND n.m. **1.** Figure, tracé en forme de circonférence. *Dessiner un rond.* ◇ *En rond :* en cercle. ◇ Fig. *Tourner en rond :* ne pas progresser, en revenir toujours au point de départ. **2.** CHORÉGR. *Rond de jambe :* mouvement de la jambe dans lequel le pied libre décrit un cercle ou un demi-cercle. ◇ Fig. *Faire des ronds de jambe :* faire des politesses exagérées. **3.** *Rond de sorcière :* anneau sur lequel poussent les champignons issus d'une même spore et marqué par un net verdissement de l'herbe. **4.** Fam. Sou ; argent. *Il n'a pas un rond, pas le rond.*

RONDACHE n.f. Bouclier rond, en usage de l'Antiquité à la fin du XVIe s.

RONDADE n.f. SPORTS. Prise d'élan en acrobatie au sol.

ROND-DE-CUIR n.m. (pl. *ronds-de-cuir*). Vieilli, péj. Employé de bureau (par allusion à la forme du coussin de cuir posé sur le siège).

1. RONDE n.f. **1.** Parcours et visite d'un lieu effectués par des officiers, policiers, gardiens ou toute personne chargée d'en assurer la surveillance, de veiller au bon ordre et au respect des consignes. ◇ *Chemin de ronde :* chemin sur la saillie de la muraille, derrière les créneaux. **2.** Groupe de personnes chargé de cette mission.

2. RONDE n.f. **1.** Danse où les danseurs se tiennent par la main et tournent en rond. ◇ Chanson, air sur lesquels s'exécute cette danse. **2.** Écriture à jambages courbes, à panses et boucles presque circulaires. **3.** MUS. Note valant deux blanches ou quatre noires. **4.** *À la ronde.* **a.** Dans l'espace qui s'étend tout autour d'un lieu. *Être connu à dix lieues à la ronde.* **b.** Chacun successivement. *Boire à la ronde.* ◆ pl. Suisse. Pommes de terre en robe des champs.

RONDEAU n.m. (de *rond*). **1.** Poème à forme fixe sur deux rimes et un refrain. SYN. (vx) : *rondel.* **2.** Petite poésie mise en musique, et dont les premiers vers se répètent à la fin. **3.** MUS. Rondo.

RONDE-BOSSE n.f. (pl. *rondes-bosses*). Ouvrage de sculpture (statue, groupe) pleinement développé dans les trois dimensions (par opp. aux reliefs). – REM. On écrit la locution *en ronde bosse* sans trait d'union.

RONDEL n.m. Vx. Rondeau.

RONDELET, ETTE adj. Fam. **1.** Qui présente un certain embonpoint, des rondeurs agréables. **2.** Fig. Se dit d'une somme d'argent assez importante.

RONDELLE n.f. **1.** Petit disque percé que l'on place entre une vis ou un écrou et la pièce à serrer pour transmettre et répartir l'effort de serrage sur la pièce. ◇ *Rondelle Grower :* rondelle d'acier trempé qui empêche l'écrou de se desserrer. **2.** Petite tranche ronde découpée dans un produit comestible. *Rondelle de saucisson.* **3.** Canada. Palet de hockey sur glace.

RONDEMENT adv. **1.** Avec décision, promptement. *Affaire rondement menée.* **2.** Vx. Loyalement, franchement. *Parler rondement.*

RONDEUR n.f. **1.** État de ce qui est rond, sphérique. *La rondeur d'une pomme.* **2.** État du corps, des parties du corps charnues, arrondies. *Sa taille a pris de la rondeur.* **3.** Franchise, loyauté. *La rondeur de son caractère.*

RONDIER n.m. → ***rônier.***

RONDIN n.m. **1.** Bois de chauffage rond et court. **2.** Bille de bois non équarrie, dans le commerce des bois tropicaux.

RONDO ou **RONDEAU** n.m. (it. *rondo*). MUS. Forme instrumentale ou vocale caractérisée par l'alternance d'un refrain et de couplets.

RONDOUILLARD, E adj. Fam. Qui a des formes plutôt rondes, de l'embonpoint ; grassouillet.

ROND-POINT n.m. (pl. *ronds-points*). **1.** Carrefour, place circulaire ou semi-circulaire. **2.** Partie en hémicycle, en général à arcades, du chœur d'une église.

RONÉO n.f. (nom déposé). Machine servant à reproduire des textes dactylographiés, des dessins faits au stencil.

RONÉOTER ou **RONÉOTYPER** v.t. Reproduire à la Ronéo (un texte, un dessin fait au stencil).

RÔNERAIE n.f. Afrique. Lieu planté de rôniers.

RONFLANT, E adj. **1.** Qui produit un son sourd et continu. *Poêle ronflant.* **2.** Déclamatoire ; emphatique et creux. *Style ronflant.* ◇ *Promesses ronflantes,* magnifiques, mais mensongères.

RONFLEMENT n.m. **1.** Bruit que fait un dormeur en ronflant. **2.** Sonorité sourde et prolongée.

RONFLER v.i. **1.** Produire, en respirant pendant le sommeil, un bruit sonore venant de la gorge et des narines. **2.** Produire un bruit sourd, régulier.

1. RONFLEUR, EUSE n. Personne qui ronfle.

2. RONFLEUR n.m. Appareil à lame vibrante produisant un ronflement de basse fréquence. *Le ronfleur d'un appareil téléphonique.*

RONGEMENT n.m. Action de ronger.

RONGER v.t. (lat. *rumigare*) [17]. **1.** Mordiller, entamer avec les dents. *Le chien ronge un os.* **2.** En parlant des vers, des insectes, attaquer, détruire. *Les chenilles rongent les feuilles.* **3.** Attaquer, user par une action lente, progressive. *La rouille ronge le fer.* **4.** Fig. Miner ; tourmenter. *Le chagrin la ronge.*

1. RONGEUR, EUSE adj. Qui ronge.

2. RONGEUR n.m. *Rongeurs :* ordre de mammifères, végétariens ou omnivores, souvent nuisibles aux cultures et aux réserves, possédant de longues incisives tranchantes et des molaires râpeuses, tels que le rat, l'écureuil et le porc-épic.

RÔNIER ou **RONDIER** n.m. Borassus (palmier).

RÔNIN n.m. (mot jap., *homme flottant*). Samouraï errant, en quête d'aventures.

RONRON n.m. **1.** Ronflement sourd par lequel le chat manifeste son contentement. **2.** Fam. Bruit sourd et continu. **3.** Fig. Monotonie, routine. *Le ronron de la vie quotidienne.*

RONRONNEMENT n.m. **1.** Action, fait de ronronner ; bruit de ce qui ronronne. **2.** Ronron (d'un chat).

RONRONNER v.i. **1.** Faire entendre des ronrons, en parlant du chat. **2.** Émettre, en fonctionnant, un bruit sourd et régulier. *Le moteur ronronne.* **3.** Fig. Se complaire dans une activité réduite et routinière.

RÖNTGEN ou **ROENTGEN** [rœntgɛn] n.m. (du n. du physicien all.). Unité d'exposition de rayonnement X ou γ (symb. R) équivalant à $2{,}58 \times 10^{-4}$ coulomb par kilogramme.

ROOF n.m. → ***rouf.***

ROOKERIE [rukri] ou **ROQUERIE** n.f. (angl. *rookery,* de *rook,* manchot). ZOOL. Rassemblement de manchots.

ROOTER [rutœr] n.m. (mot angl., de *to root,* arracher). TR. PUBL. Défonceuse.

ROQUE n.m. (de *roquer*). Aux échecs, mouvement comptant pour un seul coup consistant à placer l'une de ses tours auprès de son roi et à faire passer le roi de l'autre côté de la tour.

ROQUEFORT n.m. Fromage à moisissures internes, fabriqué avec du lait de brebis et affiné exclusivement dans les caves de Roquefort-sur-Soulzon, dans l'Aveyron.

ROQUENTIN n.m. Litt. ou vieilli. Vieillard ridicule qui veut faire le jeune homme.

ROQUER v.i. (de *roc,* anc. n. de la tour aux échecs). Aux échecs, faire un roque.

ROQUERIE n.f. → ***rookerie.***

ROQUET n.m. (de *roquer,* croquer, mot dial.). **1.** Petit chien hargneux qui aboie sans cesse. **2.** Fam., péj. Individu hargneux, mais peu redoutable.

ROQUETIN n.m. (de *roquet,* var. de 2. *rochet*). **1.** Gros fil pris dans la trame de tissage d'un galon, qu'il orne sur le bord ou en surface. **2.** TEXT. **a.** Petite bobine qui reçoit le fil de soie lors du moulinage. **b.** Rochet.

1. ROQUETTE ou **ROUQUETTE** n.f. (it. *rochetta*). Crucifère annuelle à tige velue dont les feuilles, riches en vitamines, ont une saveur piquante. SYN. : *sisymbre.*

2. ROQUETTE ou **ROCKET** n.f. (angl. *rocket*). **1.** Au XVIe s., fusée de guerre incendiaire. **2.** Mod. Projectile autopropulsé et non guidé employé à bord des avions et des navires, et à terre, dans les tirs d'artillerie et antichars.

RORQUAL [rɔrkwal] n.m. (anc. norvég. *raudhhwalr,* baleine rouge) [pl. *rorquals*]. Balénoptère.

RORSCHACH [rɔrʃa] **(TEST DE) :** test projectif consistant à interpréter une série de planches représentant des taches d'encre symétriques obtenues par pliage. (L'analyse des réponses du sujet permet de déceler certains aspects de sa personnalité.) [On dit aussi *rorschach,* n.m. inv.]

ROSACE n.f. ARCHIT. **1.** Ornement circulaire, fait d'éléments floraux disposés autour d'un centre. **2.** Rose.

ROSACÉ, E adj. De couleur rose.

ROSACÉE n.f. (lat. *rosaceus,* de *rosa,* rose). **1.** *Rosacées :* famille de plantes dialypétales à nombreuses étamines, souvent pourvues d'un double calice, et dont les types sont le rosier et la plupart des arbres fruitiers d'Europe (cerisier, pêcher, poirier, pommier, prunier, etc.). **2.** MÉD. Acné avec couperose.

ROSAGE n.m. Vx ou région. Plante à fleurs roses. (Notamm. azalée et rhododendron.)

ROSAIRE n.m. (lat. *rosarium,* guirlande de roses). Grand chapelet composé de quinze dizaines de petits grains, représentant les Ave, que séparent des grains plus gros, les Pater. ◇ Prière récitée en égrenant le rosaire.

ROSALBIN n.m. (lat. *rosa,* rose, et *albus,* blanc). Petit cacatoès d'Australie gris et rose, granivore.

ROSANILINE n.f. Base azotée dont les dérivés (*fuchsine, bleu de Lyon, violet de Paris,* etc.) sont des couleurs teignant directement la fibre animale.

ROSAT [roza] adj. inv. (lat. *rosatus,* rosé). Se dit des préparations où il entre des roses, et en partic. des roses rouges.

ROSÂTRE adj. Qui a une teinte rose sale.

ROSBIF [rɔsbif] n.m. (angl. *roast,* rôti, et *beef,* bœuf). Pièce de bœuf ou de cheval destinée à être rôtie.

1. ROSE n.f. (lat. *rosa*). **I. 1.** Fleur du rosier. – *Eau de rose :* eau de toilette préparée au cours de la distillation de l'essence de rose. ◇ Fig. et fam. *À l'eau de rose :* mièvre et sentimental. *Roman à l'eau de rose.* – Fam. *Envoyer qqn sur les roses,* le repousser avec rudesse, s'en débarrasser vivement. – *Être frais, fraîche comme une rose :* avoir le teint éclatant, l'air reposé. – Fam. *Ne pas sentir la rose :* sentir mauvais. **2.** *Rose de Jéricho :* plante des régions sèches d'Afrique du Nord et du Proche-Orient, qui se contracte en boule par temps sec et s'étale à l'humidité. (Famille des crucifères.) – *Rose de Noël :* hellébore noir. – *Rose trémière :* guimauve d'une espèce à très haute tige, cultivée pour ses grandes fleurs de couleurs variées, appelée aussi *primerose, passerose, althæa.* (Famille des malvacées.) **3.** *Bois de rose :* palissandre d'Amérique tropicale de couleur jaune-blanc veiné de rose, dont une espèce est utilisée en ébénisterie. **II. 1.** Grande baie circulaire d'église, à remplage décoratif garni de vitraux. SYN. : *rosace.* **2.** *Diamant en rose* ou *rose :* diamant taillé à facettes et dont la culasse est plate. **3.** *Rose des sables :* concrétion de gypse, jaune ou rose, qui se forme par évaporation dans les sebkhas des régions désertiques. **4.** *Rose des vents :* étoile à trente-deux branches, correspondant aux trente-deux aires de vent sur la boussole.

roses

2. ROSE adj. **1.** Qui a la couleur pourpre pâle de la rose commune. *Des corsages roses. Des étoffes rose clair.* ◇ *Rose bonbon :* rose vif. – *Rose thé :* d'un jaune rosé (comme la fleur du même nom). – *Vieux rose :* d'une couleur évoquant la rose fanée. **2.** Fig. *Ce n'est pas rose, ce n'est pas tout rose :* ce n'est pas agréable, pas gai. **3.** Dont les idées politiques sont socialistes ou progressistes, sans être révolutionnaires (par opp. à *rouge*). **4.** Qui a rapport au sexe, au commerce charnel (et, le cas échéant, au commerce charnel tarifé, vénal). *Messageries roses.*

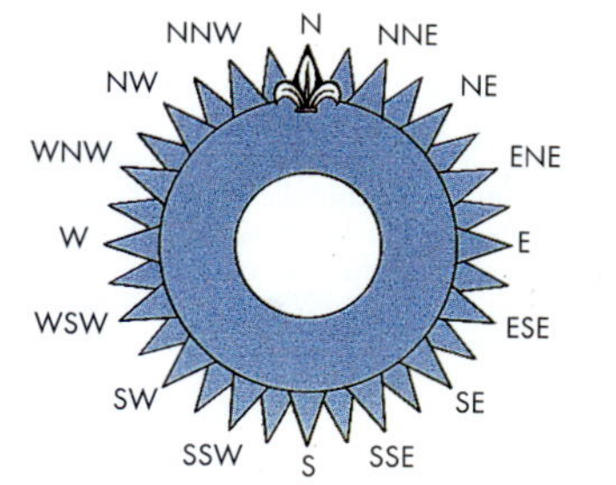

rose des vents

3. ROSE n.m. Couleur rose. ◇ *Voir tout en rose :* voir le bon côté des choses, être optimiste.

ROSÉ, E adj. Faiblement teinté de rouge. ◇ *Vin rosé* ou *rosé,* n.m. : vin de couleur rosée obtenu le plus souvent avec des raisins rouges ou, dans certains cas, avec un mélange de raisins rouges et de raisins blancs.

ROSEAU n.m. (mot germ.). Plante à rhizome du bord des étangs, à tige droite, lisse, creuse ou remplie de moelle et pourvue d'un épi de fleurs terminal, telle que le phragmite. (Classe des monocotylédones.) ◇ *Roseau-massue :* massette.

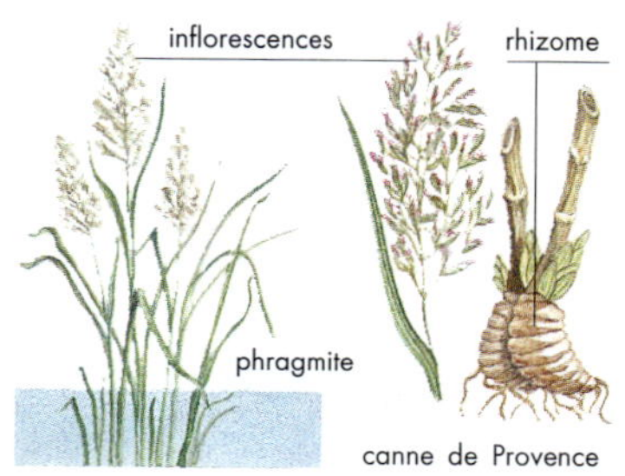

roseaux

ROSE-CROIX n.m. inv. **1.** Membre de la Rose-Croix. **2.** Grade de la franc-maçonnerie.

ROSÉ-DES-PRÉS n.m. (pl. *rosés-des-prés*). Psalliote comestible à lames rosées.

ROSÉE n.f. (lat. *ros, roris*). Vapeur d'eau qui se dépose, le matin ou le soir, en gouttelettes très fines sur les végétaux et d'autres corps à l'air libre. ◇ *Point de rosée :* température à laquelle la vapeur d'eau de l'air commence à se condenser.

ROSELET n.m. Fourrure d'été de l'hermine, d'un roux jaunâtre.

ROSELIER, ÈRE adj. Où poussent des roseaux.

ROSELIÈRE n.f. Lieu couvert de roseaux. (Abris de nombreux oiseaux, les roselières contribuent en outre à l'épuration des eaux qu'elles entourent.)

ROSÉOLE n.f. (de *rose*). MÉD. Éruption de taches rosées caractéristique de certaines maladies infectieuses ou manifestant une intolérance à certains médicaments.

ROSER v.t. Litt. Donner une teinte rose à ; rosir.

ROSERAIE n.f. Terrain planté de rosiers.

ROSETTE n.f. **1.** Nœud formé d'une ou deux boucles qu'on peut détacher en tirant les bouts. **2.** Ruban noué en forme de rose. **3.** Insigne de certains ordres civils ou militaires, qui se porte à la boutonnière. **4.** BOT. Ensemble de feuilles étalées en cercle au niveau du collet. **5.** Saucisson cru de Lyon.

ROSEUR n.f. Litt. Couleur rose, rosée.

ROSEVAL n.f. (pl. *rosevals*). Pomme de terre d'une variété à pulpe rose.

ROSH HA-SHANA ou **ROCH HA-SHANA** [rɔʃaʃana] n.m. (mot hébr.). Fête du nouvel an juif, au début de l'automne.

ROSICRUCIEN, ENNE adj. Relatif à la Rose-Croix, à sa doctrine.

ROSIER n.m. Arbuste épineux à tige dressée ou rampante, cultivé pour ses superbes fleurs odorantes. (Famille des rosacées.)

ROSIÈRE n.f. Jeune fille vertueuse à laquelle, dans certaines localités, on décernait solennellement une couronne de roses accompagnée d'une récompense.

ROSIÉRISTE n. Horticulteur spécialisé dans la culture des rosiers.

ROSIR v.t. Donner une teinte rose à. ◆ v.i. Devenir rose.

ROSSARD, E n. Fam. Personne malveillante, encline à faire de mauvais tours. ◆ adj. Fam. Malveillant, rosse. *Plaisanterie rossarde.*

ROSSE n.f. (all. *Ross,* cheval). **1.** Fam., vx. Mauvais cheval, sans vigueur. **2.** Fam. Personne méchante, dure. ◆ adj. Fam. **1.** D'une ironie mordante ; méchant. *Une caricature rosse.* **2.** Exigeant, sévère, dur. *Un professeur rosse.*

ROSSÉE n.f. Fam. Volée de coups.

ROSSER v.t. (bas lat. *rustiare,* de *rustia,* gaule). Fam. Battre (qqn) violemment, rouer de coups.

ROSSERIE n.f. Fam. Parole ou action rosse, méchante, qui vise à blesser ; vacherie.

ROSSIGNOL n.m. (lat. *luscinia*). **1.** Oiseau passereau brun clair, renommé pour son chant crépusculaire. (Famille des turdidés.) – *Le rossignol chante,* pousse son cri. – *Rossignol des murailles* : rouge-queue. **2.** Fam. Crochet dont se servent les serruriers et les cambrioleurs pour ouvrir les serrures. **3.** Fam. Marchandise défraîchie, objet démodé, sans valeur.

rossignol

ROSSINANTE n.f. (esp. *Rocinante,* n. du cheval de don Quichotte). Litt. Cheval maigre.

ROSSOLIS [rɔsɔli] n.m. (mot lat., *rosée du soleil*). Drosera (plante).

RÖSTI n.m. pl. → *rœsti.*

ROSTRAL, E, AUX adj. (de *rostre*). ANTIQ. ROM. *Colonne rostrale :* colonne ornée d'éperons de navires (rostres), élevée en souvenir d'une victoire navale.

ROSTRE n.m. (lat. *rostrum,* bec, éperon). **1.** ANTIQ. ROM. Éperon d'un navire. **2.** ZOOL. Ensemble des pièces buccales saillantes et piqueuses de certains insectes (punaises, pucerons) ; prolongement antérieur de la carapace de certains crustacés (crevettes). ◆ pl. ANTIQ. ROM. Tribune aux harangues, sur le Forum romain, ornée de rostres pris aux Volsques (338 av. J.-C.).

1. ROT [ro] n.m. (de *roter*). Émission par la bouche, et avec bruit, de gaz stomacaux ; éructation.

2. ROT [rɔt] n.m. (mot angl., *pourriture*). AGRIC. Maladie cryptogamique des plantes.

RÔT n.m. Vx. Rôti.

ROTACÉ, E adj. (lat. *rota,* roue). BOT. En forme de roue.

ROTANG [rɔtɑ̃g] n.m. (mot malais). Palmier d'Inde et de Malaisie à tige grêle, appelé aussi *jonc d'Inde,* et dont une espèce fournit le rotin.

ROTARY n.m. (mot angl., *rotatif*) [pl. *rotarys*]. **1.** TECHN. Dispositif de forage par rotation. **2.** Système d'autocommutateur téléphonique, basé sur des commutateurs rotatifs à positions multiples.

ROTATEUR, TRICE adj. (bas lat. *rotator*). Didact. Qui fait tourner. ◇ ANAT. *Muscle rotateur* ou *rotateur,* n.m., qui permet la rotation des parties auxquelles il est attaché.

ROTATIF, IVE adj. Qui agit en tournant ; qui est animé d'un mouvement de rotation.

ROTATION n.f. (lat. *rotatio,* de *rotare,* tourner). **I. 1.** Mouvement d'un corps autour d'un point, d'un axe fixe, matériel ou non. *La rotation de la Terre.* **2.** GÉOM. *Rotation plane* (*d'angle* a *autour d'un point* O) : transformation ponctuelle telle qu'un point et son image soient les extrémités d'un arc de cercle centré en O et ayant pour mesure celle de l'angle *a*. – *Rotation dans l'espace* (*d'angle* a *autour d'un axe* D) : transformation dont la restriction à tout plan perpendiculaire à l'axe est une rotation plane ayant pour angle *a* et pour centre l'intersection du plan et de l'axe D. **II. 1.** Emploi méthodique et successif de matériel, de procédés, etc. ; alternance périodique d'activités, de fonctions, de services. *Rotation des équipes.* ◇ *Temps de rotation des stocks :* délai nécessaire pour qu'un stock se transforme en chiffre d'affaires. – *Rotation du personnel :* pourcentage du personnel remplacé, pendant un an, dans une entreprise, par rapport à l'effectif moyen. **2.** AGRIC. Succession, au cours d'un nombre d'années donné, d'un certain nombre de cultures, selon un ordre déterminé, sur une même parcelle. **3.** Fréquence de voyages effectués par un moyen de transport affecté à une ligne régulière.

ROTATIVE n.f. Presse dont la forme imprimante est cylindrique et dont le mouvement rotatif continu permet une très grande vitesse d'impression. Abrév. (fam.) : *roto.*

ROTATIVISTE n. Ouvrier, technicien qui conduit une rotative.

ROTATOIRE adj. **1.** Relatif à une rotation, caractérisé par la rotation. *Mouvement rotatoire.* **2.** PHYS., CHIM. *Pouvoir rotatoire :* propriété que possèdent certaines substances de faire tourner le plan de polarisation de la lumière.

ROTE n.f. (lat. *rota,* roue). RELIG. CATH. Tribunal ordinaire du Saint-Siège, qui instruit principalement les causes matrimoniales.

ROTENGLE n.m. (all. *Roteugel,* œil rouge). Poisson osseux, appelé aussi *gardon rouge,* aux yeux et aux nageoires rouges. (Famille des cyprinidés.)

ROTÉNONE n.f. (mot angl. ; du jap. *roten*). Substance insecticide extraite de la racine de légumineuses d'Asie tropicale.

ROTER v.i. (bas lat. *ruptare*). Fam. Faire un, des rots ; éructer.

RÔTI n.m. Pièce de viande, de volaille ou de gibier, cuite à la broche ou au four.

RÔTIE n.f. Tranche de pain rôtie ou grillée.

ROTIFÈRE n.m. (lat. *rota,* roue, et *ferre,* porter). *Rotifères :* embranchement de minuscules invertébrés aquatiques portant deux couronnes de cils vibratiles autour de la bouche.

ROTIN n.m. (de *rotang*). Partie de la tige du rotang dont on fait des cannes, des sièges, etc.

RÔTIR v.t. (du francique). **1.** Faire cuire de la viande à la broche ou au four, à feu vif et sans sauce. **2.** Dessécher, brûler. *Le soleil rôtit les fleurs.* ◆ v.i. ou **se rôtir** v.pr. Fam. Être exposé à une chaleur, à un soleil très vifs. *Se rôtir au soleil.*

RÔTISSAGE n.m. Action de rôtir.

RÔTISSERIE n.f. **1.** Boutique du rôtisseur. **2.** Restaurant où l'on fait rôtir les viandes dans la salle des repas.

RÔTISSEUR, EUSE n. **1.** Commerçant qui vend des viandes rôties. **2.** Cuisinier qui traite tous les aliments rôtis, dans une brigade de cuisine.

RÔTISSOIRE n.f. **1.** Ustensile de cuisine qui sert à rôtir la viande. **2.** Appareil électrique comportant un tournebroche et un élément chauffant à feu vif.

ROTOGRAVURE n.f. Héliogravure tramée.

ROTONDE n.f. (it. *rotonda ;* lat. *rotundus,* rond). **1.** Bâtiment de plan circulaire, ou proche du cercle, souvent surmonté d'une coupole. **2.** Dans certains autobus, banquette en demi-cercle se trouvant à l'arrière.

ROTONDITÉ n.f. (lat. *rotunditas*). **1.** État de ce qui est rond. *La rotondité de la Terre.* **2.** Fam. Rondeur, embonpoint.

ROTOPLOT n.m. Pop. Sein d'une femme.

ROTOR n.m. (mot angl. ; bas lat. *rotator,* qui fait tourner). **1.** Ensemble constitué par le moyeu et les surfaces en rotation assurant la sustentation des giravions. **2.** ÉLECTR. Partie tournante d'une machine (par opp. à *stator*).

ROTROUENGE ou **ROTRUENGE** n.f. Poème médiéval (XIIe et XIIIe s.) à strophes monorimes souvent accompagnées d'un refrain.

ROTULE n.f. (lat. *rotula,* petite roue). **1.** Petit os circulaire et plat situé à la partie antérieure du genou. ◇ Fam. *Être sur les rotules :* être sur les genoux, être fourbu. **2.** MÉCAN. Pièce de forme sphérique, utilisée comme articulation dans des organes devant pouvoir s'orienter dans tous les sens.

ROTULIEN, ENNE adj. Qui concerne la rotule.

ROTURE n.f. (lat. *ruptura,* fracture). **1.** Condition de qqn ou d'un héritage qui n'est pas noble. **2.** Ensemble des roturiers.

ROTURIER, ÈRE adj. et n. Qui n'est pas noble.

ROUABLE n.m. (lat. *rutabulum*). TECHN. **1.** Perche terminée par un crochet utilisée par les boulangers pour rassembler la braise. **2.** Râteau pour ramasser le sel dans les salines.

ROUAGE n.m. **1.** Chacune des roues d'un mécanisme. **2.** Fig. Chaque élément d'un organisme, considéré dans sa participation au fonctionnement de l'ensemble. *Les rouages de l'Administration.*

ROUAN, ANNE adj. (esp. *roano*). Se dit d'un cheval, d'une vache dont la robe est composée d'un mélange de poils blancs, alezans et noirs. ◆ n.m. Cheval rouan.

ROUANNE n.f. (du gr. *rhukanê,* rabot). TECHN. **1.** Outil de charpentier pour marquer les pièces de bois. **2.** Compas de tonnelier servant à mettre une marque de fabricant.

ROUANNETTE n.f. Petite rouanne de tonnelier.

ROUBAISIEN, ENNE adj. et n. De Roubaix.

ROUBLARD, E adj. et n. (p.-ê. arg. anc. *roubliou,* feu). Fam. Habile, rusé, roué, capable d'user de moyens peu délicats.

ROUBLARDISE n.f. Fam. **1.** Caractère de qqn qui est roublard. **2.** Acte de roublard.

ROUBLE n.m. (mot russe). Unité monétaire principale de la C. E. I. (→ ***monnaie.***)

ROUCHI n.m. (mot picard). Parler picard du Hainaut français.

ROUCOULADE n.f. **1.** Bruit que font entendre les pigeons, les tourterelles. **2.** Litt. Échange de propos tendres entre amoureux.

ROUCOULANT, E adj. Qui roucoule.

ROUCOULEMENT n.m. Cri des pigeons et des tourterelles ; roucoulade.

ROUCOULER v.i. (onomat.). **1.** Émettre un chant tendre et monotone, en parlant du pigeon, de la tourterelle. **2.** Tenir des propos tendres et langoureux. ◆ v.t. Dire ou chanter langoureusement. *Roucouler une romance.*

ROUDOUDOU n.m. Fam. Caramel coloré coulé dans une boîte en bois ou dans une coquille.

ROUE n.f. (lat. *rota*). **I. 1.** Organe de forme circulaire, destiné à tourner autour d'un axe passant par son centre, et qui permet à un véhicule de rouler. ◇ *Pousser à la roue :* aider à la réussite d'une affaire. – *Roue motrice :* roue commandée par le moteur grâce à la transmission et qui assure le déplacement du véhicule. – *Roue de secours :* roue de rechange destinée à remplacer une roue dont le pneu est crevé ou endommagé. **2.** Organe de forme circulaire entrant dans la constitution d'une machine, et qui transmet le mouvement soit grâce aux dents dont son pourtour est garni, soit grâce à un lien flexible passant sur sa périphérie ; rouage. ◇ *Roue de friction,* qui assure l'entraînement par friction. – *Roue libre :* dispositif permettant à un organe moteur d'entraîner un mécanisme sans être entraîné par lui. – *Roue à aubes :* propulseur de navire, à aubes articulées ou fixes. – *Roue de gouvernail* ou *roue à barre :* roue garnie de rayons prolongés par des poignées que l'on fait tourner pour agir sur la barre du gouvernail. ◇ HYDROL. *Roue hydraulique* ou *roue à eau :* machine transformant l'énergie d'une petite chute d'eau en énergie mécanique. **II. 1.** Objet circulaire que l'on fait tourner. *Roue de loterie.* ◇ *Grande roue :* attraction foraine en forme de roue dressée. **2.** Fig. *La roue de la Fortune :* attribut de la déesse Fortune, allégorie des vicissitudes humaines. **3.** Supplice qui consistait à laisser mourir sur une roue un condamné dont on avait rompu les membres. **4.** *Faire la roue :* tourner latéralement sur soi-même en s'appuyant successivement sur les mains et sur les pieds ; déployer en éventail les plumes de sa queue, en parlant de certains volatiles comme le paon.

1. ROUÉ, E adj. et n. Habile, rusé, sans scrupule. ◆ adj. **1.** Excédé, rompu. *Être roué de fatigue, de coups.* **2.** HIPPOL. Se dit de l'encolure d'un cheval dont le bord supérieur est convexe.

2. ROUÉ n.m. HIST. *Les roués :* les compagnons de débauche du Régent.

ROUELLE n.f. (bas lat. *rotella,* petite roue). **1.** Tranche épaisse tirée du cuisseau de veau. **2.** Rondelle de légumes potagers (carottes, navets, oignons). **3.** HIST. Pièce ronde de tissu que les Juifs devaient porter au Moyen Âge, en Occident.

ROUENNAIS, E [rwa-] adj. et n. De Rouen.

ROUE-PELLE n.f. (pl. *roues-pelles*). Excavateur comportant une roue de grande dimension équipée de godets munis de dents, utilisé pour l'extraction de matériaux.

ROUER v.t. (de *roue*). **1.** HIST. Faire mourir par le supplice de la roue. **2.** *Rouer qqn de coups,* le frapper violemment, à coups répétés.

ROUERGAT, E adj. et n. Du Rouergue.

ROUERIE n.f. Litt. Ruse, fourberie.

ROUET n.m. (de *roue*). **1.** Anc. Instrument à roue mû par une pédale, servant à filer la laine, le chanvre et le lin. **2.** Anc. Rondelle d'acier dentée qui, en butant sur un silex, provoquait l'étincelle de mise à feu. *Rouet d'arquebuse. Platine, mousquet à rouet.* **3.** Garde d'une serrure.

ROUETTE n.f. Vx. Branche flexible pour attacher les fagots, les trains de bois flottants.

ROUF ou **ROOF** [ruf] n.m. (néerl. *roof*). MAR. Superstructure, pouvant être munie d'un capot à glissières, établie sur le pont d'un navire.

ROUFLAQUETTE n.f. Fam. **1.** Patte de cheveux descendant sur la joue. **2.** Accroche-cœur.

1. ROUGE adj. (lat. *rubeus*). **1.** De la couleur du sang, du coquelicot, etc. (placée à l'extrémité du spectre visible correspondant aux grandes longueurs d'onde). *Fruits rouges. Des tissus rouge foncé.* ◇ *Vin rouge,* obtenu à partir de cépages rouges après la fermentation alcoolique complète. **2.** Qui a le visage coloré par l'émotion, l'effort, le froid. *Être rouge de colère, de honte.* **3.** Se dit des cheveux, d'un pelage d'un roux ardent. **4.** Qui a été chauffé et porté à l'incandescence. *Braises encore rouges.* **5.** *Armée rouge des ouvriers et paysans,* nom des forces soviétiques de 1918 à 1946. – *La garde rouge :* ensemble des groupes armés formés pendant la révolution d'Octobre par les soviets locaux et qui constituèrent en 1918 les éléments de base de l'Armée rouge. – *Un garde rouge :* un membre de l'Armée rouge ; un membre d'un mouvement de jeunesse chinois qui défendit la Révolution culturelle en Chine (1966-1969). ◆ adj. et n. Se dit des partisans de l'action révolutionnaire et de groupements politiques de gauche. ◆ adv. *Se fâcher tout rouge :* manifester violemment sa colère. – *Voir rouge :* avoir un accès de fureur pouvant conduire à des actions excessives.

2. ROUGE n.m. **1.** Couleur rouge. **2.** Couleur que prend un métal porté à l'incandescence. **3.** Matière colorante rouge. **4.** Fard rouge. *Rouge à lèvres.* **5.** Couleur caractéristique des signaux d'arrêt ou de danger. ◇ *Être au rouge, être dans le rouge :* se trouver dans une situation présentant un caractère de difficulté ou de risque, et d'urgence. – Spécialt. Se trouver dans une situation déficitaire ; présenter un solde débiteur. *Compte en rouge à la banque.* **6.** Coloration vive de la peau du visage sous l'effet du froid, d'une émotion. **7.** Fam. Vin rouge. ◇ Fam. *Gros rouge :* vin rouge de qualité médiocre.

ROUGEÂTRE adj. Qui tire sur le rouge.

ROUGEAUD, E adj. et n. Qui a le visage rouge.

ROUGE-GORGE n.m. (pl. *rouges-gorges*). Oiseau passereau brun, à gorge et poitrine d'un rouge vif, appelé aussi *rubiette.* (Famille des turdidés.)

rouge-gorge

ROUGEOIEMENT n.m. Lueur, reflet rouge.

ROUGEOLE n.f. (lat. pop. *rubeola*). Maladie infectieuse contagieuse, due à un virus atteignant essentiellement les enfants, et caractérisée par une éruption de taches rouges sur la peau.

ROUGEOYANT, E adj. Qui rougeoie.

ROUGEOYER v.i. 13. Prendre une teinte rougeâtre.

ROUGE-QUEUE n.m. (pl. *rouges-queues*). Oiseau passereau à queue rouge, dit *rossignol des murailles.* (Famille des turdidés.)

1. ROUGET n.m. **1.** Poisson marin à chair recherchée, à barbillons mentonniers (d'où son nom de *rouget barbet*), dont on distingue deux variétés, le *rouget de roche* et le *rouget de vase.* **2.** *Rouget grondin :* grondin rouge. **3.** VÉTÉR. Maladie bactérienne du porc, transmissible à l'homme, caractérisée par des plaques rouges.

2. ROUGET, ETTE adj. Fam. Un peu rouge.

ROUGEUR n.f. **1.** Couleur rouge. **2.** Tache rouge sur la peau. **3.** Teinte rouge passagère qui apparaît sur la peau du visage et qui révèle une émotion.

ROUGH [rœf] n.m. (mot angl., *brut*) [pl. *roughs*]. **1.** Terrain non entretenu bordant le fairway d'un golf. **2.** Maquette plus ou moins élaborée d'une illustration, avant-projet d'une campagne publicitaire. Recomm. off. : *crayonné, esquisse.*

ROUGIR v.t. Rendre rouge. *Fer rougi au feu.* ◆ v.i. **1.** Devenir rouge. *Les arbres rougissent à l'automne.* **2.** Devenir rouge sous l'effet d'une émotion, en parlant du visage. *Rougir de plaisir, de honte.*

ROUGISSANT, E adj. **1.** Qui devient rouge. **2.** Qui rougit d'émotion.

ROUGISSEMENT n.m. **1.** Action de rendre rouge. **2.** Fait de devenir rouge.

ROUILLE n.f. (lat. *robigo, robiginis*). **1.** Oxyde ferrique hydraté, d'un brun roux, qui altère les métaux ferreux exposés à l'air humide. **2.** BOT.

roue-pelle au travail dans un gisement de lignite près de Cologne (R.F.A.)

Maladie cryptogamique provoquée par des urédinales, atteignant surtout les céréales et se manifestant par des taches brunes ou jaunes sur les tiges et les feuilles. **3.** CUIS. Aïoli relevé de piments rouges, accompagnant la soupe de poisson et la bouillabaisse. ◆ adj. inv. De la couleur de la rouille.

ROUILLER v.t. **1.** Produire de la rouille sur (un corps ferreux). *L'eau rouille le fer.* **2.** Faire perdre sa souplesse physique ou intellectuelle à (qqn). ◆ v.i. ou **se rouiller** v.pr. **1.** Se couvrir de rouille. **2.** Perdre de sa souplesse faute d'activité physique.

ROUILLURE n.f. **1.** État d'un objet rouillé. **2.** BOT. Effet de la rouille sur une plante. **3.** MIN. Coupure verticale faite dans une roche.

ROUIR v.t. (du francique). Dégrader et éliminer partiellement, par immersion dans l'eau ou par exposition à l'air, les ciments pectiques dans lesquels sont noyés les faisceaux de fibres de certaines plantes textiles (lin, chanvre, etc.).

ROUISSAGE n.m. Action de rouir.

ROUISSOIR n.m. Endroit où l'on rouit le chanvre, le lin.

ROULADE n.f. **1.** Roulé-boulé. **2.** MUS. Effet de voix qui alterne deux ou plusieurs notes sur un même son. **3.** CUIS. Tranche de viande ou abaisse de pâte roulée autour d'une farce. ◇ Spécialt. Charcuterie cuite cylindrique.

ROULAGE n.m. **1.** Action de rouler qqch. **2.** Vx. Transport de marchandises par voiture. ◇ MAR. Transport des marchandises entre la terre et le bord par engins roulants. – MIN. Transport du charbon ou du minerai dans la mine. **3.** AGRIC. Opération consistant à rouler un terrain. **4.** MÉTALL. Opération de mise en forme des métaux avec rotation ou passage de la pièce entre deux matrices ou entre des cylindres mobiles.

ROULANT, E adj. **1.** Qui peut être déplacé grâce à ses roues. *Table roulante.* ◇ *Cuisine roulante* ou *roulante,* n.f. : cuisine ambulante employée par les troupes en campagne. – *Escalier, trottoir roulant* : escalier ou plate-forme mobiles actionnés mécaniquement sur des galets ou des rouleaux, pour le déplacement des piétons ou des marchandises. **2.** *Personnel roulant* ou, fam., *roulant,* n.m. : personnel employé à bord de véhicules de transport en commun. **3.** *Feu roulant* : feu de mousqueterie continu ; fig., suite ininterrompue (de questions, de critiques, etc.). **4.** Fam. Très plaisant, comique.

ROULE n.m. TECHN. Cylindre de bois dur utilisé pour manœuvrer des charges très lourdes (pierres de taille, etc.).

1. ROULÉ, E adj. **1.** Enroulé, mis en rond. *Un pull à col roulé.* **2.** *Galets roulés,* arrondis par l'action de l'eau. **3.** BOUCH. *Épaule roulée,* désossée et parée sous forme de rouleau. **4.** Fam. *Bien roulé* : bien proportionné, surtout en parlant d'une femme. **5.** *« R » roulé,* réalisé par des battements de la pointe de la langue contre les alvéoles.

2. ROULÉ n.m. Gâteau dont la pâte, enduite de confiture, est roulée en bûche.

ROULEAU n.m. (dimin. de *rôle ;* du lat. *rota,* roue). **1.** Objet de forme cylindrique. *Rouleau de parchemin.* – *Rouleau à pâtisserie,* servant à étendre la pâte. ◇ Fam. *Être au bout du rouleau* : être sans ressources, à bout de forces ; être sur le point de mourir. **2. a.** AGRIC. Instrument composé de cylindres que l'on passe sur le sol pour briser les mottes, tasser un semis. **b.** PEINT. Manchon en peau de mouton ou en plastique pour étaler la peinture. **c.** Gros bigoudi. **d.** TR. PUBL. *Rouleau compresseur* : engin automoteur à déplacement lent pour le compactage des sols, composé de cylindres métalliques de grand diamètre et de poids élevé formant roues et montés sur un châssis. **3.** Vague déferlante dont la crête est enroulée. **4.** ARCHIT. Rangée de claveaux d'un arc. **5.** SPORTS. Saut en hauteur effectué en passant la barre sur le ventre.

ROULEAUTÉ, E adj. → ***roulotté.***

ROULÉ-BOULÉ n.m. (pl. *roulés-boulés*). Action de se rouler en boule au cours d'une chute, afin d'amortir le choc. SYN. : *roulade.*

ROULEMENT n.m. **1.** Action de rouler ; mouvement de ce qui roule. *Roulement d'une bille, des épaules.* **2.** MÉCAN. Organe destiné, dans un système en rotation, à substituer un frottement de roulement à un frottement de glissement entre les paliers et les arbres. *Roulement à billes, à rouleaux, à aiguilles.* **3.** Bruit, son sourd et continu évoquant un objet, un véhicule qui roule. *Roulement de tonnerre, de tambour.* ◇ MÉD. *Roulement diastolique* : bruit à tonalité grave perçu à l'auscultation lors d'un rétrécissement mitral. **4.** Circulation et utilisation de l'argent pour les paiements, les transactions. **5.** Succession de personnes, d'équipes, dans un travail.

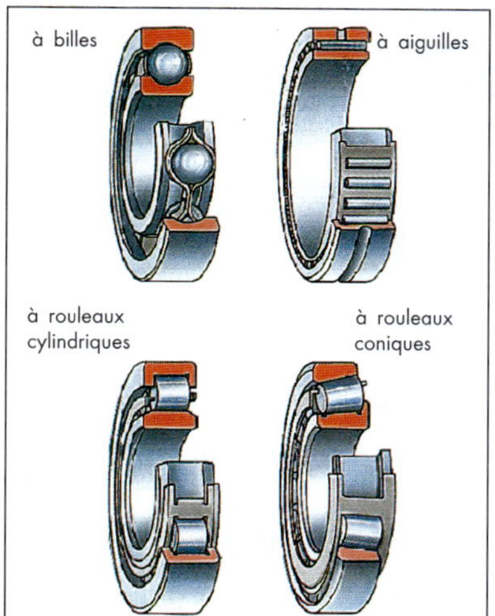

quelques types de **roulements** mécaniques

ROULER v.t. (de *rouelle,* roue). **1.** Déplacer qqch en le faisant tourner sur lui-même. *Rouler un fût.* **2.** Pousser qqch qui est muni de roues. *Rouler un chariot.* **3.** Mettre en rouleau. *Rouler un tapis, une cigarette.* **4.** Enrouler, envelopper. *Rouler qqn dans une couverture.* **5.** Imprimer un balancement à. *Rouler les épaules.* ◇ Pop. *Rouler les mécaniques, rouler sa caisse* : marcher en balançant les épaules, pour faire valoir sa carrure ; fig., faire le fanfaron, le fier-à-bras. – *Rouler les yeux,* les porter vivement de côté et d'autre par émotion, par surprise. **6.** Aplanir une surface à l'aide d'un rouleau. *Rouler le gazon.* ◇ *Machine à rouler,* servant, en chaudronnerie, à cintrer la tôle entre des cylindres d'acier. **7.** *Rouler les « r »,* les faire vibrer fortement. **8.** Litt. Tourner et retourner dans sa tête. **9.** Fam. Duper, tromper. *Rouler un acheteur.* ◆ v.i. **1.** Avancer, tomber en tournant sur soi-même. *Bille qui roule. Rouler dans l'escalier.* ◇ *Rouler sur l'or* : être fort riche. **2.** Se déplacer, en parlant d'un véhicule, de ses passagers. **3.** MAR. En parlant d'un navire, être affecté par le roulis. **4.** Faire entendre des roulements. *Coup de tonnerre qui roule dans la montagne.* **5.** *Rouler sur* : avoir pour objet principal ; dépendre de. *Conversation qui roule sur l'argent. Tout roule là-dessus.* **6.** Fam. *Ça roule* : tout va bien. ◆ **se rouler** v.pr. **1.** Se tourner, s'enrouler. *Se rouler sur le gazon, dans une couverture.* – *Se rouler en boule,* sur soi-même. – Fam. *Se rouler (par terre) de rire* : se tordre de rire. **2.** Fam. *Se rouler les pouces* ou *se les rouler* : ne rien faire.

ROULETTE n.f. (de *roue*). **1.** Petite roue tournant en tous sens, fixée sur un objet, sous le pied d'un meuble, etc. ◇ Fam. *Aller, marcher comme sur des roulettes* : ne rencontrer aucun obstacle. **2.** Fam. Fraise dentaire. **3.** Ustensile constitué d'une petite roue dentée montée sur un manche, servant à imprimer des marques sur une surface, en couture, en cuisine, etc. **4.** Jeu de casino où le gagnant est désigné par l'arrêt d'une bille sur l'un des numéros (de 0 à 36) d'un plateau tournant.

1. ROULEUR, EUSE adj. **1.** *Cric rouleur,* monté sur roues pour la manœuvre des véhicules dans un garage. **2.** *Pigeon rouleur oriental,* originaire de l'Inde et réputé pour ses acrobaties dans les airs.

2. ROULEUR n.m. **1.** Manœuvre qui pousse des chariots, des wagonnets, des brouettes. **2.** Cric rouleur. **3.** Coureur cycliste doué d'endurance sur le plat et surtout dans les courses contre la montre.

ROULIER n.m. **1.** HIST. Voiturier qui transportait des marchandises, au XIXe s. **2.** MAR. Navire de charge sur lequel les opérations de chargement et de déchargement s'effectuent par roulage. SYN. (anglic. déconseillé) : *roll on-roll off.*

ROULIS n.m. Mouvement d'oscillation d'un bord sur l'autre que prend un véhicule, en particulier un bateau, autour d'un axe longitudinal, sous l'influence d'une force perturbatrice. ◇ *Quille de roulis* : quille latérale destinée à atténuer le roulis d'un navire.

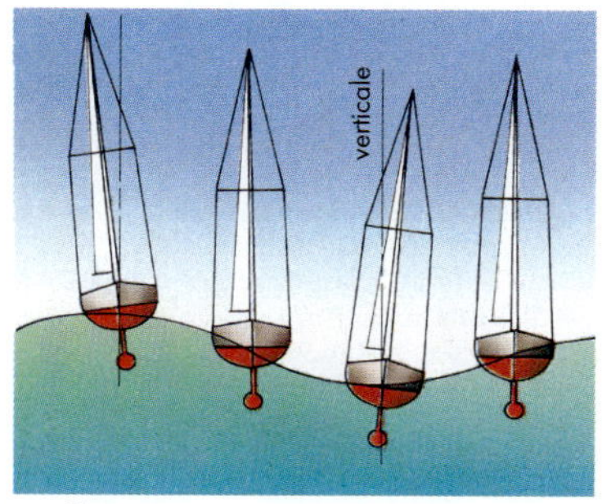

roulis

ROULOIR n.m. Vx. Outil qui servait à rouler les bougies et les cierges.

ROULOTTE n.f. **1.** Grande voiture où logent les forains, les bohémiens, etc. **2.** Voiture hippomobile de louage aménagée en caravane pour le tourisme itinérant. **3.** Fam. *Vol à la roulotte,* dans une voiture en stationnement.

ROULOTTÉ, E ou **ROULEAUTÉ, E** adj. COUT. Se dit d'un ourlet fait dans un tissu très fin, en roulant le bord du tissu. ◆ n.m. Cet ourlet.

ROULOTTER v.t. COUT. Ourler d'un roulotté.

ROULURE n.f. **1.** Pop. Femme dépravée, prostituée. **2.** AGRIC. Décollement des couches ligneuses du bois des arbres sous l'effet de la gelée.

ROUMAIN, E adj. et n. De Roumanie. ◆ n.m. Langue romane parlée en Roumanie.

ROUMI n.m. (ar. *rūm,* romain). Chrétien, pour les musulmans.

ROUND [rawnd] ou [rund] n.m. (mot angl., *tour*). Reprise, dans un combat de boxe.

1. ROUPIE n.f. **1.** Fam. et vx. Goutte sécrétée par les fosses nasales qui pend au nez. **2.** Fam. *De la roupie de sansonnet* : une chose insignifiante, sans valeur.

2. ROUPIE n.f. (du hindi). Unité monétaire principale de l'Inde, du Népal et du Pakistan. (→ ***monnaie.***)

ROUPILLER v.i. Pop. Dormir.

ROUPILLON n.m. Pop. Petit somme.

ROUQUETTE n.f. → ***1. roquette.***

1. ROUQUIN, E adj. et n. Fam. Qui a les cheveux roux.

2. ROUQUIN n.m. Pop. Vin rouge.

ROUSCAILLER v.i. Pop. Réclamer, protester.

ROUSPÉTANCE n.f. Fam. Action de rouspéter ; protestation de qqn qui rouspète.

ROUSPÉTER v.i. (anc. v. *rousser,* et *péter*) [18]. Fam. Manifester en paroles son opposition, son mécontentement.

ROUSPÉTEUR, EUSE adj. et n. Fam. Qui a l'habitude de rouspéter ; grincheux.

ROUSSÂTRE adj. Qui tire sur le roux.

ROUSSE n.f. Arg., vx. *La rousse* : la police.

ROUSSEAU n.m. Poisson vivant en bancs sur les côtes atlantiques, comestible. (Famille des sparidés.) SYN. : ***daurade rose.***

ROUSSELET n.m. Poire d'été à peau rougeâtre.

ROUSSEROLLE n.f. Passereau voisin des fauvettes et construisant près des eaux un nid suspendu. (Long. 20 cm ; famille des sylviidés.) ◇ Spécialt. Effarvatte.

ROUSSETTE n.f. **1.** Grande chauve-souris frugivore au pelage roux, d'Afrique et d'Asie. **2.** Petit requin inoffensif des eaux littorales, à robe claire parsemée de taches brunes. SYN. : *touille.* *(V. illustration p. 904.)*

ROUSSEUR n.f. **1.** Couleur rousse. **2.** *Tache de rousseur* : éphélide.

ROUSSI n.m. Odeur d'une chose que le feu a brûlée superficiellement. ◇ Fam. *Ça sent le roussi* : les choses prennent une mauvaise tournure.

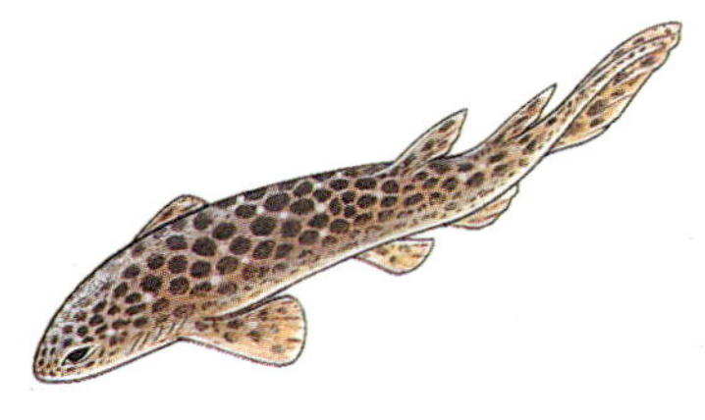

roussette

ROUSSILLONNAIS, E adj. et n. Du Roussillon.

1. ROUSSIN n.m. (anc. fr. *roncin,* cheval de charge). HIST. Cheval de forte taille, que l'on montait surtout à la guerre.

2. ROUSSIN n.m. Arg., vx. Policier.

ROUSSIR v.t. **1.** Rendre roux. *Le soleil a roussi cette étoffe.* **2.** Brûler superficiellement. *Roussir du linge.* ◆ v.i. Devenir roux.

ROUSSISSEMENT n.m. ou **ROUSSISSURE** n.f. Action de roussir ; état de ce qui est roussi.

ROUSTIR v.t. Vx ou dial. Rôtir, griller.

ROUTAGE n.m. **1.** Triage d'imprimés, de journaux, de prospectus, etc., à diffuser par lieux de destination, effectué par l'entreprise éditrice ou la messagerie. **2.** MAR. Action de router un navire.

ROUTARD, E n. Fam. Personne (jeune le plus souvent) qui voyage à pied ou en auto-stop à peu de frais.

ROUTE n.f. (lat. [*via*] *rupta,* [voie] frayée). **1.** Voie carrossable, aménagée hors agglomération. **2.** Moyen de communication utilisant ce genre de voie. *La concurrence du rail et de la route.* ◇ *Code de la route :* ensemble des réglementations concernant la circulation sur route. – *Faire route (vers) :* se diriger. – *Faire route (avec) :* se déplacer. – *Faire fausse route :* s'écarter de sa route, s'égarer ; fig., se tromper. – *Mettre en route :* mettre en marche, faire fonctionner. **3.** Espace à parcourir, itinéraire à suivre pour aller d'un endroit à un autre. *Prendre la route de Paris.* **4.** Ligne de conduite suivie par qqn ; direction de vie.

ROUTER v.t. **1.** Effectuer le routage de (journaux, imprimés, prospectus, etc.). **2.** MAR. Diriger (un navire) sur une route déterminée.

ROUTEUR n.m. **1.** Professionnel du routage. **2.** MAR. Personne qui effectue le routage d'un navire.

1. ROUTIER n.m. **1.** Chauffeur spécialisé dans la conduite de camions à longue distance. **2.** Fam. Restaurant simple situé en bordure des routes à grande circulation. **3.** Anc. Scout âgé de plus de seize ans. SYN. (mod.) : *ranger.* **4.** Cycliste spécialiste des courses sur route.

2. ROUTIER n.m. **1.** HIST. Soldat appartenant à l'une des bandes d'irréguliers et de pillards qui sévirent du XIIe au XVe s. **2.** Fam. *Vieux routier :* homme devenu habile, et parfois même retors, par une longue expérience.

3. ROUTIER, ÈRE adj. Relatif aux routes. *Réseau routier.* ◇ *Carte routière,* qui indique les routes.

ROUTIÈRE n.f. Automobile permettant de réaliser de longues étapes dans d'excellentes conditions.

1. ROUTINE n.f. (de *route*). Habitude prise de faire qqch toujours de la même manière.

2. ROUTINE n.f. (angl. *routin*). INFORM. Sous-programme.

ROUTINIER, ÈRE adj. et n. Qui se conforme à une routine ; qui agit par routine.

ROUVERIN ou **ROUVERAIN** adj.m. (anc. fr. *rouvel,* rougeâtre). *Fer rouverin,* que les impuretés incomplètement éliminées rendent cassant et difficilement soudable.

ROUVIEUX n.m. (du picard). Rare. Gale, sur l'encolure du cheval et le dos du chien.

ROUVRAIE n.f. Lieu planté de rouvres.

ROUVRE n.m. (lat. pop. *roborem*). Chêne des forêts plutôt sèches, à feuilles pétiolées et à glands sessiles.

ROUVRIR v.t. [34]. Ouvrir de nouveau. ◇ *Rouvrir une blessure, une plaie :* ranimer, raviver une peine, un chagrin. ◆ v.i. Être de nouveau ouvert.

1. ROUX, ROUSSE adj. (lat. *russus*). D'une couleur orangée tirant sur le marron ou sur le rouge. ◆ adj. et n. Qui a les cheveux roux.

2. ROUX n.m. **1.** Couleur rousse. **2.** Préparation faite avec de la farine roussie dans du beurre, et qui sert à lier les sauces.

ROWING [rɔwiŋ] n.m. (mot angl.). Vx. Sport de l'aviron.

ROYAL, E, AUX adj. (lat. *regalis,* de *rex, regis,* roi). **1.** Qui est propre au roi, à sa fonction. *Pouvoir royal.* **2.** Qui appartient, se rapporte à un roi. *Famille royale.* ◇ *Prince royal, princesse royale :* héritier, héritière présomptifs de la Couronne. **3.** Qui relève de l'autorité du roi. *Ordonnance royale.* **4.** Digne d'un roi ; souverain. *Cadeau royal. Mépris royal.* ◇ *Voie royale :* moyen le plus glorieux pour parvenir à qqch.

ROYALE n.f. **1.** Petite touffe de barbe qu'on laissait pousser sous la lèvre inférieure à l'époque de Louis XIII. **2.** Fam. *La Royale :* la Marine nationale, en France.

ROYALEMENT adv. De manière royale ; avec magnificence.

ROYALISME n.m. Attachement à la monarchie.

ROYALISTE adj. et n. Qui est partisan du roi, de la monarchie. ◇ *Être plus royaliste que le roi :* défendre qqn avec plus d'ardeur qu'il ne le fait lui-même.

ROYALTIES [rwajalti] n.f. pl. (mot angl.). Redevance due au propriétaire d'un brevet ou au propriétaire d'un sol dans lequel sont assurées certaines exploitations. Recomm. off. : *redevance.*

ROYAUME n.m. (lat. *regimen,* gouvernement [altéré par *royal*]). **1.** État à régime monarchique. **2.** *Le royaume des cieux :* le paradis. **3.** MYTH. *Le royaume des morts :* le séjour des morts.

ROYAUTÉ n.f. **1.** Dignité de roi. *Aspirer à la royauté.* **2.** Régime monarchique.

Ru, symbole chimique du ruthénium.

RU n.m. (lat. *rivus*). Litt. Petit ruisseau.

RUADE n.f. Action de ruer ; mouvement d'un animal qui rue.

RUBAN n.m. (moyen néerl. *ringhband*). **1.** Ornement de tissu plat et étroit. *Chapeau à rubans.* ◇ Spécialt. Marque de décoration portée à la boutonnière. – *Ruban bleu :* trophée symbolique accordé autrefois au paquebot qui traversait le plus rapidement l'Atlantique ; reconnaissance symbolique d'une réussite, d'un mérite. **2.** TEXT. Assemblage de fibres discontinues avant torsion. **3.** Bande mince et étroite de matière souple et flexible. *Ruban adhésif.* **4.** ARCHIT. Ornement figurant un ruban qui s'enroule autour d'une tige. **5.** Litt. Ce qui ressemble à un ruban. *Ruban d'une rivière.* **6.** *Ruban d'eau :* sparganier.

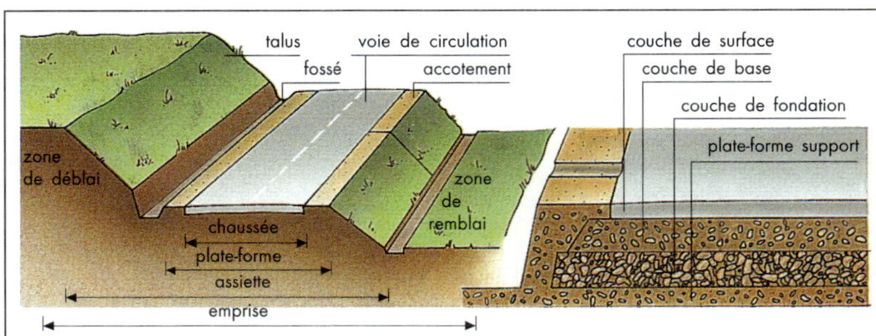

route : vue d'ensemble et détail de la chaussée

RUBANÉ, E adj. Qui présente des bandes semblables à des rubans. *Roche rubanée.*

RUBANER v.t. Vieilli. Garnir de rubans ; aplatir en forme de ruban.

RUBANERIE n.f. Industrie, commerce de rubans.

RUBANIER, ÈRE adj. Relatif à la fabrication, à la vente des rubans.

RUBATO [rubato] adv. (mot it.). MUS. Avec une grande liberté rythmique. *Mouvement exécuté rubato.*

RUBÉFACTION n.f. **1.** MÉD. Rougeur de la peau due à des substances irritantes. **2.** Dans les régions tropicales, coloration en rouge d'un sol, due aux oxydes ferriques libérés par l'altération des roches.

RUBÉFIANT, E adj. et n.m. Se dit d'un médicament qui provoque une rubéfaction.

RUBÉFIER v.t. (lat. *ruber,* rouge, et *facere,* faire). Produire la rubéfaction de.

RUBELLITE n.f. (lat. *rubellus,* qui tire sur le rouge). Tourmaline rouge.

RUBÉNIEN, ENNE adj. Qui rappelle la manière de Rubens.

RUBÉOLE n.f. (lat. *rubeus,* roux). Maladie virale éruptive, contagieuse et épidémique, ressemblant à la rougeole.

■ La rubéole se manifeste par un exanthème généralisé, d'aspect variable, accompagné d'une fièvre modérée et d'adénopathies diffuses. C'est une maladie bénigne, sauf chez la femme enceinte car elle peut être la cause de malformations graves chez l'embryon. La sérologie obligatoire au cours de l'examen prénuptial et la vaccination des jeunes filles sont des mesures préventives efficaces.

RUBÉOLEUX, EUSE adj. et n. Qui se rapporte à la rubéole ; qui en est atteint.

RUBESCENT, E adj. Litt. Qui devient rouge.

RUBIACÉE n.f. (lat. *rubia,* garance). *Rubiacées :* famille de plantes gamopétales telles que le gaillet, le caféier, le quinquina, la garance, le gardénia.

RUBICAN adj.m. (it. *rabicano,* de *rabo,* queue, et *cano,* blanc). *Cheval rubican :* cheval noir, bai ou alezan, à robe semée de poils blancs.

RUBICELLE n.f. MINÉR. Spinelle d'une variété jaune d'or.

RUBICOND, E adj. (lat. *rubicundus*). Rouge, en parlant du visage. *Face rubiconde.*

RUBIDIUM [rybidjɔm] n.m. Métal alcalin de densité 1,52, fusible à 39 °C, analogue au potassium, mais beaucoup plus rare ; élément (Rb), de numéro atomique 37, de masse atomique 85,46.

RUBIETTE n.f. Rare. Rouge-gorge.

RUBIGINEUX, EUSE adj. (lat. *rubiginosus,* rouillé). **1.** Couvert de rouille. **2.** Qui a la couleur de la rouille.

RUBIS [rybi] n.m. (lat. *rubeus,* rougeâtre). **1.** Pierre précieuse, variété de corindon, transparente et d'un rouge vif nuancé de rose ou de pourpre. ◇ *Payer rubis sur l'ongle :* payer immédiatement et complètement ce qu'on doit. **2.** Pierre dure servant de support à un pivot de rouage d'horlogerie.

RUBRIQUE n.f. (lat. *rubrica,* titre en rouge). **1.** Indication de la matière d'un article, d'un développement, dans un ouvrage. *Les rubriques d'une encyclopédie.* **2.** Catégorie d'articles sur un sujet déterminé paraissant chaque semaine, dans un journal. *Tenir la rubrique sportive.* **3.** Catégorie, dans un classement. *La rubrique « dépenses ».* **4.** RELIG. CATH. Dans les livres liturgiques, indication en lettres rouges concernant les rites à observer dans la célébration des actes.

RUBRIQUER v.t. Mettre en rubrique ; donner une rubrique à (un article).

RUCHE n.f. (du gaul.). **1. a.** Habitation d'une colonie d'abeilles. ◇ Spécialt. Habitation spécialement préparée constituée, le plus souvent, de compartiments verticaux juxtaposés (cadres) placés dans une caisse. **b.** Colonie qui la peuple. **2.** Endroit où s'activent de nombreuses personnes. **3.** Bande plissée de tulle, de dentelle ou de toile, servant d'ornement dans le corsage féminin.

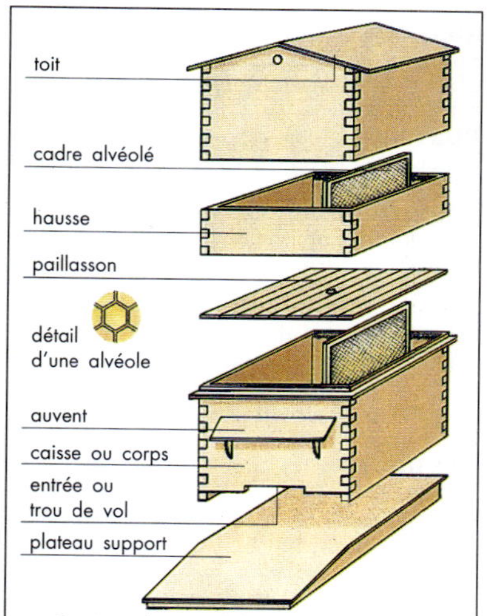

ruche à cadres mobiles

RUCHÉ n.m. COUT. Bande d'étoffe légère plissée en ruche.

RUCHÉE n.f. Population d'une ruche.

1. RUCHER n.m. **1.** Endroit où sont les ruches. **2.** Ensemble de ruches.

2. RUCHER v.t. COUT. Garnir d'un ruché.

RUDBECKIE [rydbɛki] n.f. ou **RUDBECKIA** n.m. (de *Rudbeck,* n.pr.). Plante originaire de l'Amérique du Nord, cultivée pour ses fleurs ornementales. (Famille des composées.)

RUDE adj. (lat. *rudis,* brut). **1.** Dur, rugueux au toucher. *Peau rude.* **2.** Rauque, désagréable, en parlant d'un son. *Voix rude.* **3.** Sévère et brutal. *Être rude avec qqn.* **4.** Qui a un caractère, des manières frustes, grossières. **5.** Difficile à supporter, à vaincre ; qui exige de la résistance, des efforts. *Hiver rude. C'est un rude adversaire.* **6.** Fam. Remarquable en son genre. *Un rude appétit.*

RUDEMENT adv. **1.** De façon rude, brutale ; cruellement. *Être rudement éprouvé.* **2.** Fam. Très. *Il fait rudement froid.*

RUDENTÉ, E adj. (lat. *rudens,* câble). Qui présente des rudentures.

RUDENTURE n.f. ARCHIT. Ornement en forme de baguette, soit unie, soit décorée, pouvant remplir jusqu'au tiers environ de la hauteur les cannelures d'une colonne ou d'un pilastre.

RUDÉRAL, E, AUX adj. (lat. *rudus, ruderis,* décombres). BOT. Qui croît dans les décombres. *Plante rudérale.*

RUDÉRATION n.f. Pavage en cailloux ou en petites pierres.

RUDESSE n.f. **1.** Caractère de ce qui est dur à supporter. *Rudesse du climat.* **2.** Caractère de ce qui manque de délicatesse. *Rudesse de langage.* **3.** Caractère de qqn, de son comportement qui est dur, insensible. *Traiter qqn avec rudesse.*

RUDIMENT n.m. (lat. *rudimentum,* apprentissage). **1.** Litt., vx. Élément encore grossier, ébauche de qqch. *Rudiment de technique.* **2.** Organe animal ou végétal inachevé, non fonctionnel. ◆ pl. Notions élémentaires d'une science, d'un art.

RUDIMENTAIRE adj. Élémentaire, peu développé. *Connaissances, organe rudimentaires.*

RUDISTE n.m. (de *rude*). Mollusque bivalve, fossile du secondaire, ayant constitué des récifs.

RUDOIEMENT n.m. Litt. Action de rudoyer.

RUDOYER v.t. [13]. Traiter rudement, sans ménagement ; brutaliser, maltraiter.

1. RUE n.f. (lat. *ruga,* ride). **1.** Voie publique aménagée dans une agglomération, entre les maisons ou les propriétés closes. ◇ *À tous les coins de rue :* partout. – *Être à la rue,* sans abri. **2.** Ensemble des habitants des maisons qui bordent une rue. **3.** *La rue :* les milieux populaires ; le peuple susceptible de s'insurger. *Céder à la pression de la rue.* ◇ *L'homme de la rue :* le citoyen moyen ; n'importe qui.

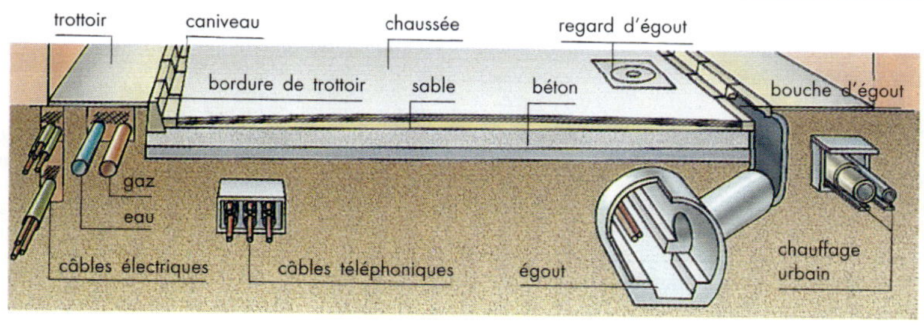

rue : coupe montrant les différentes canalisations, les câbles de distribution et le réseau d'égouts

2. RUE n.f. (lat. *ruta*). Plante vivace malodorante, à fleurs jaunes, vivant dans les endroits secs. (Famille des rutacées.)

RUÉE n.f. Action de se ruer quelque part, sur qqch, mouvement impétueux d'une foule.

RUELLE n.f. **1.** Petite rue étroite. **2.** Espace entre un côté du lit et le mur. **3.** LITTÉR. Au XVIe et au XVIIe s., partie de la chambre à coucher où se trouvait le lit et où les personnes de haut rang recevaient leurs invités.

RUER v.i. (lat. *ruere,* se précipiter). **1.** Jeter en l'air avec force les pieds de derrière, en parlant d'un cheval, d'un âne, etc. **2.** Fam. *Ruer dans les brancards :* manifester violemment son désaccord. ◆ **se ruer** v.pr. *(sur).* Se jeter avec violence, se précipiter en masse sur qqn, qqch.

RUFFIAN ou **RUFIAN** n.m. (it. *ruffiano*). **1.** Vx. Souteneur. **2.** Mod. Homme hardi et sans scrupule qui vit d'expédients ; aventurier.

RUGBY [rygbi] n.m. (de *Rugby,* n. d'une ville anglaise). Sport qui se joue à la main et au pied avec un ballon ovale, et opposant des équipes de 15 ou 13 joueurs. (Le jeu consiste à déposer ou plaquer le ballon derrière le but adverse [essai], ou à le faire passer, par un coup de pied, au-dessus de la barre transversale entre les poteaux de but.)

RUGBYMAN [rygbiman] n.m. (pl. *rugbymans* ou *rugbymen*). Joueur de rugby.

RUGINE n.f. (bas lat. *rugina,* rabot). Instrument de chirurgie servant à racler les os.

RUGIR v.i. (lat. *rugire*). **1.** Pousser des rugissements. *Le lion rugit.* **2.** Pousser des cris de fureur, de menace. *Rugir de colère.*

RUGISSANT, E adj. Qui rugit.

RUGISSEMENT n.m. **1.** Cri du lion et de certains animaux féroces. **2.** Cri, bruit violent. *Les rugissements de la tempête.*

RUGOSITÉ n.f. **1.** État d'une surface rugueuse. **2.** Aspérité, point dur et rêche au toucher, sur une surface, sur la peau.

1. RUGUEUX, EUSE adj. (lat. *rugosus,* de *ruga,* ride). Dont la surface présente des aspérités ; rude au toucher. *Peau rugueuse.*

2. RUGUEUX n.m. Petite pièce rugueuse sur laquelle peut venir frotter un élément sensible à la friction, dans un artifice pyrotechnique.

RUILER v.t. (anc. fr. *ruille,* règle). CONSTR. Remplir avec du plâtre (un joint) entre un toit et un mur.

RUINE n.f. (lat. *ruina,* chute). **1.** Dégradation, écroulement d'une construction pouvant aboutir à sa destruction. – *Tomber en ruine* (ou *en ruines*) : s'écrouler. **2.** Bâtiment délabré. *Acheter une ruine.* **3.** Destruction progressive de qqch, de qqn, qui aboutit à sa perte. *La ruine de ses espérances.* ◇ Spécialt. Perte de ses biens, de sa fortune. *Courir à la ruine.* **4.** Personne usée physiquement ou intellectuellement. ◆ pl. Restes, décombres de construction partiellement écroulée.

RUINE-DE-ROME n.f. (pl. *ruines-de-Rome*). BOT. Cymbalaire.

RUINER v.t. **1.** Causer la ruine, la perte de la fortune de (qqn). **2.** Infirmer, détruire. *Ruiner un raisonnement.* **3.** Litt. Ravager, endommager gravement. *La grêle a ruiné les vignes.* ◆ **se ruiner** v.pr. Causer sa propre ruine ; dépenser trop.

RUINEUX, EUSE adj. Qui provoque des dépenses excessives. *Un voyage ruineux.*

RUINIFORME adj. GÉOL. Se dit d'une roche (dolomie, grès) ou d'un relief auxquels l'érosion a donné un aspect de ruine.

RUINISTE n. Peintre spécialisé dans la représentation de ruines.

RUINURE n.f. CONSTR. Chacune des entailles faites sur un poteau ou une solive pour donner prise à une maçonnerie de remplissage.

RUISSEAU n.m. (lat. pop. *rivuscellus*). **1.** Petit cours d'eau peu profond ; son lit. **2.** Litt. Liquide coulant en abondance. *Un ruisseau de larmes.* **3.** Anc. Caniveau. **4.** Litt. Situation dégradante ; origine vile ou méprisable. *Tirer qqn du ruisseau.*

RUISSELANT, E adj. Qui ruisselle.

RUISSELER v.i. [24]. **1.** Couler, se répandre sans arrêt. *Son sang ruisselait.* **2.** Être couvert d'un liquide qui coule. *Ruisseler de sueur.*

RUISSELET n.m. Petit ruisseau.

RUISSELLEMENT n.m. **1.** Fait de ruisseler. **2.** GÉOGR. Écoulement instantané et temporaire des eaux sur un versant, à la suite d'une averse. *Ruissellement concentré, diffus.*

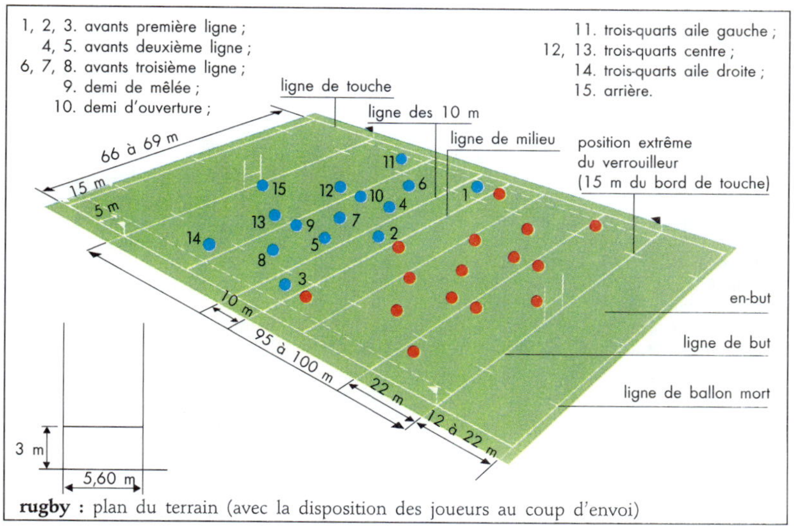

rugby : plan du terrain (avec la disposition des joueurs au coup d'envoi)

RUMB n.m. → ***rhumb.***

RUMBA [rumba] n.f. Danse cubaine caractérisée par un déhanchement latéral alterné.

RUMEN [rymɛn] n.m. (lat. *ruma,* œsophage). ZOOL. Panse.

RUMEUR n.f. (lat. *rumor*). **1.** Bruit confus de voix. **2.** Nouvelle qui se répand dans le public.

RUMEX [rymɛks] n.m. (mot lat., *pointe de dard*). BOT. Polygonacée telle que l'oseille et la patience.

1. RUMINANT, E adj. Qui rumine.

2. RUMINANT n.m. Mammifère ongulé muni d'un estomac à trois ou quatre poches et pratiquant la rumination. (Les ruminants forment un très important sous-ordre, comprenant les bovidés [bœuf, mouton, chèvre, gazelle, etc.], les giraffidés [girafe, okapi], les cervidés [cerf, daim, renne, etc.], et pour certains auteurs les camélidés [chameau, dromadaire, lama].)

RUMINATION n.f. **1.** Mode de digestion particulier aux ruminants, qui emmagasinent dans la panse l'herbe non mâchée, puis la ramènent par boulettes dans la bouche, où elle subit une trituration avant de redescendre dans le feuillet et la caillette, pour y subir la digestion gastrique. **2.** PSYCHOL. Méditation irrépressible et anxieuse de la même préoccupation.

RUMINER v.t. (lat. *ruminare*). **1.** Remâcher les aliments ramenés de la panse dans la bouche, en parlant des ruminants. **2.** Tourner et retourner (qqch) dans son esprit. *Ruminer un projet.*

RUMSTECK n.m. → ***romsteck.***

RUNABOUT [rœnabawt] n.m. (mot angl., *vagabond*). Petit canot de course ou de plaisance dont le moteur, de grande puissance, est logé à l'intérieur de la coque.

RUNE n.f. (mot norvég.). Caractère de l'ancien alphabet utilisé par les peuples germaniques et scandinaves.

RUNIQUE adj. Relatif aux runes ; formé de runes. *Inscription runique.*

pierre portant des inscriptions **runiques** (Uppsala, Suède)

RUOLZ [rɥɔls] n.m. (du n. de l'inventeur). Alliage utilisé en orfèvrerie, de couleur semblable à celle de l'argent, composé de cuivre, de nickel et d'argent.

RUPESTRE adj. (du lat. *rupes,* rocher). **1.** Qui croît dans les rochers. *Plante rupestre.* **2.** Réalisé sur des rochers, taillé dans la roche. *Peintures rupestres. Art rupestre.* (→ ***pariétal.***)

RUPIAH [rupja] n.f. Unité monétaire principale de l'Indonésie. (→ ***monnaie.***)

RUPICOLE n.m. ZOOL. Coq de roche.

RUPIN, E adj. et n. (anc. arg. *rupe,* dame). Pop. Riche, luxueux.

RUPINER v.i. Fam. et vx. Briller dans un examen, une matière.

RUPTEUR n.m. Dispositif servant à interrompre périodiquement le courant primaire d'une bobine d'induction. ◇ Spécialt. Sur une automobile, dispositif destiné à rompre le courant dans un système d'allumage électrique pour produire l'étincelle de la bougie.

RUPTURE n.f. (bas lat. *ruptura,* de *rumpere,* rompre). **1.** Fait de se rompre sous l'effet d'un choc. *Rupture de digue.* **2.** Fait de s'interrompre brutalement. *Rupture de négociations. Rupture de rythme.* ◇ *Rupture de charge :* interruption d'un transport due à un changement de véhicule ou de mode de transport. – *Rupture de stock :* niveau d'un stock de marchandises devenu insuffisant pour satisfaire la demande. **3.** Action de considérer comme nul un engagement. *Rupture de fiançailles.* **4.** Fait d'interrompre des relations ; séparation. *Scène de rupture.*

1. RURAL, E, AUX adj. (du lat. *rus, ruris,* campagne). Qui concerne les paysans, la campagne. *Vie rurale.* ◆ n. Habitant de la campagne.

2. RURAL n.m. Suisse. Bâtiment d'exploitation agricole.

RURALISME n.m. Tendance à idéaliser la vie à la campagne.

RURALITÉ n.f. Ensemble des caractéristiques, des valeurs du monde rural.

RURBAIN, E adj. (de *rural* et *urbain*). Relatif à la rurbanisation. ◆ n. Habitant d'une zone rurbaine.

RURBANISATION n.f. GÉOGR. Développement des villages proches des grandes villes dont ils constituent des banlieues.

RUSE n.f. **1.** Procédé habile et déloyal dont on se sert pour parvenir à ses fins. *Déjouer les ruses de qqn.* ◇ *Ruse de guerre :* procédé utilisé pour venir à bout d'un adversaire. **2.** Adresse de qqn à agir de façon trompeuse, déloyale.

RUSÉ, E adj. et n. Qui dénote la ruse ; qui agit avec ruse. *Rusé comme un renard.*

RUSER v.i. (lat. *recusare,* refuser, repousser). Se servir de ruses, agir avec ruse.

RUSH [rœʃ] n.m. (mot angl., *ruée*) [pl. *rushs* ou *rushes*]. **1.** Effort final impétueux ; assaut. **2.** Afflux d'une foule. *Le rush des vacanciers.*

RUSHES [rœʃ] n.m. pl. (mot angl.). CIN. Épreuves* de tournage.

RUSSE adj. et n. De la Russie. ◆ n.m. Langue slave parlée en Russie et qui a été la langue officielle de l'U. R. S. S. (Il s'écrit grâce à l'alphabet cyrillique.)

RUSSIFICATION n.f. Action de russifier ; fait d'être russifié.

RUSSIFIER ou **RUSSISER** v.t. Faire adopter les institutions ou la langue russe à.

RUSSOPHILE adj. et n. Favorable aux Russes, à la Russie.

RUSSOPHONE adj. et n. De langue russe.

RUSSULE n.f. (lat. *russulus,* rougeâtre). Champignon à lames, à chapeau jaune, vert, rouge ou brun violacé. (On trouve les russules en été et en automne dans les bois ; certaines sont comestibles [*russule charbonnière*], d'autres toxiques.)

russules

RUSTAUD, E adj. et n. (de *rustre*). Gauche ou grossier dans ses manières.

RUSTICAGE n.m. **1.** Action de rustiquer. **2.** Traitement rustique d'un ouvrage de maçonnerie.

RUSTICITÉ n.f. **1.** Caractère de ce qui est rustique. **2.** Manière rustique, fruste de se conduire. **3.** Caractère d'une plante ou d'un animal rustique.

RUSTINE n.f. (nom déposé). Petite rondelle de caoutchouc, servant à réparer une chambre à air de bicyclette.

1. RUSTIQUE adj. (lat. *rusticus*). **1.** Qui a le caractère, la simplicité de la campagne. *Travaux rustiques.* **2.** Façonné avec simplicité. *Outils rustiques.* ◇ ARCHIT. *Ordre rustique,* qui utilise des bossages bruts, d'aspect brut, ou vermiculés, des congélations, etc. **3.** AGRIC. Qui est apte à supporter des conditions de vie difficiles, en parlant d'une plante, d'un animal.

2. RUSTIQUE n.m. Hache de tailleur de pierre, à tranchant dentelé.

RUSTIQUER v.t. Tailler (une pierre) avec le rustique.

RUSTRE adj. et n. (lat. *rusticus*). Grossier, qui manque d'éducation.

RUT [ryt] n.m. (lat. *rugitus,* rugissement). Période d'activité sexuelle des mammifères mâles.

RUTABAGA n.m. (du suéd.). Plante de climat froid et humide, cultivée pour la partie de sa tige renflée au-dessus du sol, comestible, improprement appelée *racine.* (Famille des crucifères.) SYN. : *chou-navet.*

RUTACÉE n.f. *Rutacées :* famille de plantes dicotylédones, telles que le citronnier, l'oranger, le pamplemoussier. SYN. (vx) : *aurantiacée.*

RUTHÈNE adj. et n. De Ruthénie. ◇ *Église catholique ruthène :* Église uniate, créée en 1596 et dépendant de l'ancienne métropole de Kiev.

RUTHÉNIUM [rytenjɔm] n.m. Métal du groupe du platine de densité 12,3, fondant vers 2 500 °C ; élément (Ru), de numéro atomique 44, de masse atomique 101,07.

RUTHÉNOIS, E adj. et n. De Rodez.

RUTILANCE n.f. ou **RUTILEMENT** n.m. Litt. Caractère de ce qui est rutilant.

RUTILANT, E adj. **1.** Litt. D'un rouge vif, éclatant. **2.** Qui brille d'un vif éclat.

RUTILE n.m. Oxyde naturel de titane, TiO_2.

RUTILER v.i. (lat. *rutilare*). Litt. **1.** Briller d'un rouge éclatant. **2.** Briller d'un vif éclat.

RUTINE n.f. ou **RUTOSIDE** n.m. Glucoside extrait de nombreux végétaux (rue, tomate), et doué d'une activité vitaminique P.

RUZ [ry] n.m. (mot jurassien, *ruisseau*). Vallée creusée sur le flanc d'un anticlinal, dans le Jura ou dans un relief jurassien.

RWANDAIS, E [rwɑ̃dɛ, ɛz] adj. et n. Du Rwanda.

RYE [raj] n.m. (mot amér.). Whisky canadien à base de seigle.

RYTHME n.m. (lat. *rhythmus ;* du gr.). **I. 1.** En prosodie, cadence régulière imprimée par la distribution d'éléments linguistiques (temps forts et temps faibles, accents, etc.) à un vers, une phrase musicale, etc. ; mouvement général qui en résulte. *Rythme lent, saccadé.* **2.** MUS. Combinaison des valeurs des notes, des durées. **3.** Succession de temps forts et de temps faibles imprimant un mouvement général, dans une composition artistique. *Film au rythme trépidant.* **II. 1.** Retour, à intervalles réguliers dans le temps, d'un fait, d'un phénomène. *Rythme des saisons, des habitudes. Rythme cardiaque.* **2.** Cadence, allure à laquelle s'effectue une action. *Rythme de production.*

RYTHMER v.t. Donner du rythme à, régler selon un rythme, une cadence.

RYTHMICITÉ n.f. Rare. Caractère d'un phénomène rythmique.

RYTHMIQUE adj. Qui appartient au rythme ; qui a du rythme. *Lecture rythmique. Musique rythmique.* ◇ *Gymnastique rythmique* ou *rythmique,* n.f. → ***gymnastique.***

S

S n.m. inv. **1.** Dix-neuvième lettre de l'alphabet français notant une consonne constrictive, qui peut être sourde [s] comme dans *sel* ou sonore [z] comme dans *rose.* **2.** Succession de deux courbes de sens contraire. *Virage en S.* **3.** s, symbole de la seconde. **4.** S, symbole chimique du soufre. **5.** ÉLECTR. S, symbole du siemens. **6.** S., abrév. de *sud.*

SA adj. poss. fém. → ***son.***

SABAYON [sabajɔ̃] n.m. (it. *zabaione*). Crème liquide à base de vin ou de liqueur, d'œufs et de sucre.

SABBAT [saba] n.m. (hébr. *shabbāt,* repos). **1.** Jour de repos hebdomadaire (du vendredi soir au samedi soir) consacré à Dieu, dont la loi mosaïque fait à tout juif une stricte obligation. SYN. : *shabbat.* **2.** Assemblée nocturne de sorciers et de sorcières qui, suivant la tradition populaire, se tenait le samedi à minuit sous la présidence de Satan.

SABBATIQUE adj. **1.** Qui appartient au sabbat. *Repos sabbatique.* **2.** *Année sabbatique.* **a.** Chaque septième année, durant laquelle, conformément à la loi mosaïque, les terres étaient laissées en jachère et leurs produits naturels abandonnés aux pauvres. **b.** Année de congé accordée à certains employés ou cadres dans les entreprises, à des professeurs d'université de certains pays.

1. SABÉEN, ENNE adj. et n. Du pays de Saba.

2. SABÉEN n.m. Membre de plusieurs sectes religieuses des premiers temps de l'islam.

SABÉISME n.m. Religion des sabéens.

SABELLE n.f. (lat. *sabulum,* sable). Ver marin vivant dans un tube enfoncé dans la vase, et portant deux lobes de branchies filamenteuses. (Long. max. 25 cm ; classe des annélides polychètes.)

SABELLIANISME n.m. Doctrine de Sabellius.

SABINE n.f. (lat. *sabina herba,* herbe des Sabins). Genévrier de l'Europe méridionale, dont les feuilles ont des propriétés médicinales.

SABIR n.m. (esp. *saber,* savoir). **1.** Système linguistique réduit à quelques règles de combinaison et au vocabulaire d'un champ lexical déterminé (commerce, par ex.). **2.** Langage difficilement compréhensible ; charabia, jargon.

SABLAGE n.m. Action de sabler ; son résultat.

1. SABLE n.m. (lat. *sabulum,* sable). Roche sédimentaire meuble, formée de grains, souvent quartzeux, dont la taille varie de 0,02 à 2 mm. ◇ *Bâtir sur le sable :* fonder une entreprise sur qqch de peu solide. – Fam. *Être sur le sable,* sans argent, sans travail. ◆ pl. *Sables mouvants :* sables où l'on peut s'enliser. ◆ adj. inv. D'une couleur beige clair.

2. SABLE n.m. (polon. *sabol,* zibeline). HÉRALD. La couleur noire.

1. SABLÉ, E adj. **1.** Couvert de sable. *Allée sablée.* **2.** CUIS. *Pâte sablée :* pâte friable comportant une forte proportion de jaunes d'œufs et de sucre. **3.** Canada. *Papier sablé :* papier de verre, papier d'émeri.

2. SABLÉ n.m. Petite galette en pâte sablée.

SABLER v.t. **1.** Couvrir de sable. *Sabler une allée.* **2.** Nettoyer, décaper par projection d'un jet de sable ou de tout autre abrasif. **3.** *Sabler le champagne :* boire du champagne à l'occasion d'une réjouissance.

SABLERIE n.f. Partie d'une fonderie où l'on prépare les sables de moulage par différents traitements.

SABLEUR n.m. **1.** Ouvrier qui pratique le sablage. **2.** Ouvrier chargé de la préparation des sables de moulage.

SABLEUSE n.f. **1.** Appareil tracté pour le sablage des chaussées. **2.** Machine à l'aide de laquelle on projette avec force un jet de sable fin pour décaper, dépolir.

SABLEUX, EUSE adj. Mêlé de sable.

1. SABLIER, ÈRE adj. Relatif à l'extraction, au commerce du sable.

2. SABLIER n.m. Appareil pour mesurer le temps, constitué de deux récipients superposés en verre, communiquant par un étroit conduit où s'écoule du sable fin.

SABLIÈRE n.f. **1.** Carrière de sable. **2.** CH. DE F. Réservoir contenant du sable destiné à empêcher le patinage des roues sur les rails. **3.** CONSTR. Grosse pièce de charpente posée horizontalement sur l'épaisseur d'un mur dans le même plan que celui-ci et recevant le bas des chevrons de la couverture.

SABLON n.m. Sable à grains fins.

SABLONNER v.t. Couvrir (une surface) de sable.

SABLONNEUX, EUSE adj. Où il y a beaucoup de sable.

SABLONNIÈRE n.f. Lieu d'où l'on tire le sablon.

SABORD n.m. (de *bord* et d'un élément obscur). Ouverture quadrangulaire pratiquée dans la muraille d'un navire, munie d'un dispositif de fermeture étanche et servant soit de passage à la volée des pièces, soit de prise d'air pour les chambres et les batteries.

SABORDAGE ou **SABORDEMENT** n.m. Action de saborder.

SABORDER v.t. **1.** Couler volontairement un navire pour éteindre un incendie, ou pour l'empêcher de tomber entre les mains de l'ennemi. **2.** Ruiner, détruire volontairement une entreprise, un projet.

SABOT n.m. (anc. picard *çabot,* p.-ê. d'un fr. dial. *bot,* chaussure grossière). **1. a.** Chaussure faite d'une pièce de bois creusée ou simplement à semelle de bois. **b.** Par ext. Chaussure utilitaire du même type, faite en caoutchouc moulé d'une seule pièce. ◇ Fam. *Voir venir (qqn) avec ses gros sabots,* sans qu'il puisse cacher ses intentions. **2.** Ongle développé entourant l'extrémité des doigts des mammifères ongulés (cheval, bœuf, porc, etc.) et sur lequel ils marchent. **3.** Garniture de métal aux pieds de certains meubles. **4.** Garniture protégeant l'extrémité d'un poteau, d'une pièce de charpente, etc. **5.** *Sabot de frein :* pièce dont l'intérieur, à concavité circulaire, vient s'appliquer contre le bandage de la roue d'un véhicule ou la périphérie d'une poulie, pour en arrêter ou en modérer le mouvement. **6.** *Sabot de Denver :* dispositif utilisé par la police afin d'immobiliser les voitures en stationnement illicite par le blocage d'une roue. **7.** Baignoire de longueur réduite conçue pour être utilisée en position assise. (On dit aussi *baignoire sabot.*) **8.** Fam., vieilli. Instrument, outil, chose qui ne vaut rien.

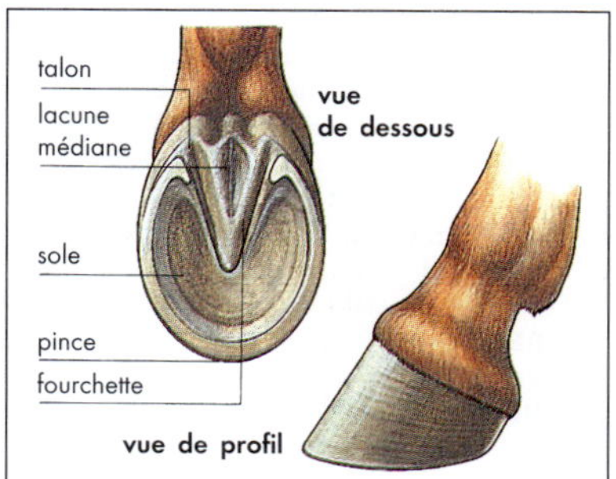

sabot de cheval

1. SABOTAGE n.m. **1.** Action de fabriquer des sabots ; métier du sabotier. **2.** Opération consistant à entailler les traverses de chemin de fer pour y fixer les pièces métalliques constituant les éléments de la voie (rails, coussinets, etc.).

2. SABOTAGE n.m. **1.** Action de saboter un travail. **2.** Acte qui a pour but de détériorer ou de détruire intentionnellement du matériel, des installations.

SABOT-DE-VÉNUS n.m. (pl. *sabots-de-Vénus*). Plante des montagnes, aux fleurs en forme de sabot, devenue très rare en France. (Famille des orchidacées.)

1. SABOTER v.t. **1.** Fabriquer des sabots. **2.** Procéder au sabotage de traverses de chemin de fer. **3.** Munir d'un sabot le pied d'un poteau, l'extrémité d'une pièce de charpente.

2. SABOTER v.t. **1.** Mal exécuter un travail, le faire sans soin. **2.** Détériorer ou détruire volontairement qqch. **3.** Afrique. Mépriser, dédaigner (qqn).
SABOTERIE n.f. Fabrique de sabots.
1. SABOTEUR n.m. Ouvrier qui exécute le sabotage des traverses de chemin de fer.
2. SABOTEUR, EUSE n. Personne qui exécute mal un travail, détériore une machine, du matériel, entrave la bonne exécution d'une tâche, d'une entreprise.
SABOTIER, ÈRE n. Artisan qui fabrique et vend des sabots.
SABOULER v.t. Litt., vx. Malmener, bousculer.
SABRA n. et adj. (mot hébr., *cactus*). Juif, juive né(e) en Israël.
SABRAGE n.m. Opération consistant à débarrasser les peaux de mouton brutes en cours de nettoyage des impuretés contenues dans la laine.
SABRE n.m. (all. *Säbel*). **1.** Arme blanche, droite ou recourbée, qui ne tranche que d'un côté ; art du maniement de cette arme. ◇ *Sabre d'abattis :* sabre assez court, à large lame, utilisé pour se frayer un chemin à travers la brousse. **2.** En escrime, arme légère (500 g) présentant une coquille prolongée pour protéger le dessus de la main ; discipline utilisant cette arme. **3.** Fam. *Le sabre et le goupillon :* l'armée et l'Église. **4.** Fam., vieilli. Rasoir à manche et à longue lame.

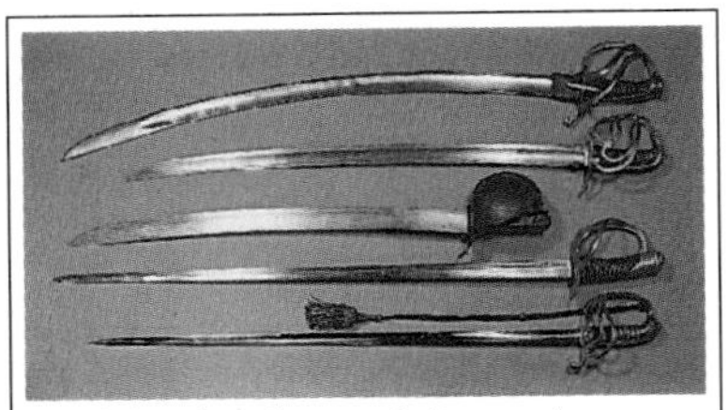

Modèles de **sabres :** *de haut en bas,* de lancier (1814), de grenadier (époque Louis XV), d'abordage (1815), de garde à cheval (1882), d'officier d'infanterie (1882). [Musée de l'Armée, Paris.]

SABRE-BAÏONNETTE n.m. (pl. *sabres-baïonnettes*). Anc. Sabre court qu'on pouvait fixer à l'extrémité d'un fusil.
SABRER v.t. **1.** Frapper à coups de sabre. **2.** *Sabrer le champagne :* ouvrir une bouteille de champagne en cassant le goulot d'un coup de sabre, de grand couteau, etc. **3.** Faire de larges coupures dans (un texte). **4.** Fam. Bâcler (un travail). **5.** Fam. Éliminer, licencier, renvoyer.
SABRETACHE n.f. (all. *Säbeltasche*). Sacoche plate portée au ceinturon par les officiers et les cavaliers aux XVIIIe et XIXe s.
SABREUR n.m. **1.** Personne qui se bat au sabre ou qui donne des coups de sabre. **2.** Escrimeur spécialiste du sabre.
SABREUSE n.f. Machine utilisée pour le sabrage des peaux de mouton.
SABURRAL, E, AUX adj. (du lat. *saburra,* lest). MÉD. Vx. *Langue saburrale,* recouverte de saburre. SYN. (cour.) : *langue chargée.*
SABURRE n.f. MÉD. Vx. Matière d'un blanc jaunâtre qui recouvre la langue, dans la plupart des affections digestives.
1. SAC n.m. (lat. *saccus*). **1.** Contenant fait de matières diverses, indépendant, ouvert seulement par le haut. *Sac de plage. Sac à pommes de terre.* ◇ *Sac (à main) :* accessoire féminin ou masculin à usage utilitaire (rangement de petits objets personnels) et esthétique. – *Sac à dos :* sac de toile muni de sangles et d'une armature, utilisé par les campeurs, les alpinistes, etc. – Fam. *Avoir plus d'un tour dans son sac :* être rusé, habile. – Fam. *Sac d'embrouilles, de nœuds :* affaire très compliquée. – Fam. *L'affaire est dans le sac,* elle est pratiquement réglée, le succès est assuré. – Fam. *Prendre qqn la main dans le sac,* sur le fait, en flagrant délit. **2.** Contenu d'un sac. *Sac de blé, de riz.* **3.** Enveloppe en forme de sac. *Sac de couchage.* ◇ *Sac à viande :* enveloppe de tissu fin isolant le campeur de son sac de couchage. **4.** Fam. Somme de dix francs. **5.** Vx. *Homme de sac et de corde :* scélérat. ◇ Fam. *Mettre dans le même sac :* confondre dans le même mépris, la même réprobation. **6.** ANAT. Cavité de l'organisme tapissée d'une membrane. *Sac lacrymal.* ◇ ZOOL. *Sac aérien :* cavité pleine d'air, en relation avec l'appareil respiratoire des oiseaux et avec leurs os pneumatiques. – BOT. *Sac embryonnaire :* masse centrale de l'ovule, contenant l'oosphère, chez les angiospermes. **7.** Fig., fam. *Vider son sac :* dire tout ce qu'on a sur le cœur. ◇ Pop. *Sac à vin :* ivrogne.
2. SAC n.m. (it. *sacco*). Litt. Pillage d'une ville ; massacre de ses habitants. ◇ *Mettre à sac :* piller, dévaster.
SACCADE n.f. (de l'anc. fr. *saquer,* tirer). Mouvement brusque et irrégulier. ◇ *Par saccades :* par à-coups. *Avancer par saccades.*
SACCADÉ, E adj. Qui se fait par saccades ; brusque, irrégulier. *Mouvements saccadés.*
SACCADER v.t. Rendre irrégulier, haché.
SACCAGE n.m. Action de saccager.
SACCAGER v.t. (it. *saccheggiare,* de *sacco,* sac) [17]. **1.** Mettre à sac, livrer au pillage. *Saccager une ville.* **2.** Mettre en désordre, dévaster. *Les voleurs ont saccagé l'appartement.*
SACCAGEUR, EUSE n. Personne qui saccage.
SACCHARASE [-ka-] n.f. Invertase.
SACCHARATE [-ka-] n.m. Combinaison du saccharose avec un oxyde métallique. SYN. : *sucrate.*
SACCHARIDE [-ka-] n.m. Vx. Glucide.
SACCHARIFÈRE [-ka-] adj. Qui produit, contient du sucre.
SACCHARIFICATION [-ka-] n.f. Conversion en sucre.
SACCHARIFIER [-ka-] v.t. Convertir en sucre.
SACCHARIMÈTRE [-ka-] n.m. IND. Instrument de saccharimétrie.
SACCHARIMÉTRIE [-ka-] n.f. IND. Ensemble des procédés servant à mesurer la quantité de sucre en dissolution dans un liquide.
SACCHARIMÉTRIQUE [-ka-] adj. Relatif à la saccharimétrie.
SACCHARIN, E [-ka-] adj. Qui est de la nature du sucre.
SACCHARINE [-ka-] n.f. (lat. *saccharum,* sucre ; mot gr.). Substance blanche, dérivée du toluène, donc chimiquement sans rapport avec les vrais sucres et sans valeur nutritive, donnant cependant une saveur sucrée, utilisée comme succédané du sucre.
SACCHARINÉ, E [-ka-] adj. Additionné de saccharine.
SACCHAROÏDE [-ka-] adj. Qui a l'apparence du sucre. *Gypse saccharoïde.*
SACCHAROMYCES [sakarɔmisɛs] n.m. Levure produisant la fermentation alcoolique de jus sucrés, intervenant dans la fabrication du vin, de la bière, du cidre, etc.
SACCHAROSE [-ka-] n.m. Glucide du groupe des osides, fournissant par hydrolyse du glucose et du fructose, constituant des sucres de canne et de betterave.
SACCHARURE [-ka-] n.m. PHARM. Granulé.
SACCULE n.m. (lat. *sacculus,* petit sac). ANAT. Petite cavité de l'oreille interne, contenant des récepteurs sensibles à la pesanteur.
SACCULINE n.f. Crustacé cirripède, parasite des crabes, qui, à l'état adulte, se réduit à un sac à œufs muni de rameaux filamenteux qui envahissent tout le crabe.
SACERDOCE n.m. (lat. *sacerdotium*). **1.** Dignité et fonctions du prêtre, dans diverses religions. **2.** Fonction qui présente un caractère respectable en raison du dévouement qu'elle exige.
SACERDOTAL, E, AUX adj. Relatif aux prêtres, au sacerdoce.
SACHÉE n.f. Rare. Ce que peut contenir un sac.
SACHEM [saʃɛm] n.m. (mot algonkin). Chef de tribu chez les Indiens d'Amérique, et notamment chez les Algonquins.
SACHERIE n.f. Industrie des sacs d'emballage.
SACHET n.m. Petit sac. *Thé en sachets.*
SACOCHE n.f. (it. *saccoccia*). **1.** Sac de toile ou de cuir de formes diverses. **2.** Belgique, Canada. Sac à main.
SACOLÈVE n.f. ou **SACOLÉVA** n.m. (moyen gr. *sagoleipha,* voile). Navire caboteur du Levant, courbé et relevé de l'arrière.
SACOME n.m. ARCHIT. Vx. Moulure en saillie ; profil de cette moulure.
SAC-POUBELLE n.m. (pl. *sacs-poubelle*). Sac de plastique destiné aux ordures ménagères.
SACQUER ou **SAQUER** v.t. (de 2. *sac*). Fam. Chasser, renvoyer ; punir sévèrement. ◇ Fam. *Ne pas pouvoir sacquer qqn,* le détester.
SACRAL, E, AUX adj. (lat. médiév. *sacralis*). Relatif au sacré ; qui a un caractère sacré.
1. SACRALISATION n.f. Action d'attribuer un caractère sacré à ; fait d'être sacralisé.
2. SACRALISATION n.f. MÉD. Anomalie de la cinquième vertèbre lombaire, qui est soudée au sacrum.
SACRALISER v.t. Donner un caractère religieux à (une chose profane).
SACRAMENTAIRE n.m. **1.** Au Moyen Âge, livre contenant les prières liturgiques, à l'usage de ceux qui célébraient la messe. **2.** HIST. RELIG. Réformé qui ne voyait dans le sacrement de l'eucharistie qu'un symbole (par opp. aux luthériens qui y voyaient la présence réelle du corps du Christ).
SACRAMENTAL n.m. (pl. *sacramentaux*). RELIG. CATH. Rite de sanctification (bénédiction, procession, etc.) institué par l'Église pour obtenir un effet d'ordre spirituel.
SACRAMENTEL, ELLE adj. Qui concerne un sacrement. *Formules sacramentelles.*
1. SACRE n.m. (de *sacrer*). **1.** Cérémonie religieuse pour le couronnement d'un souverain. **2.** Ordination d'un évêque conférant la plénitude du sacrement de l'ordre. (On dit auj. *ordination épiscopale.*) **3.** Canada. Fam. Juron ou formule de juron souvent formés par la déformation de noms d'objets liturgiques.
2. SACRE n.m. (ar. *ṣaqr*). Grand faucon de l'Europe méridionale et de l'Asie.
1. SACRÉ, E adj. **1.** Qui a rapport au religieux, au divin (par opp. à *profane*). ◇ *Livres sacrés :* la Bible. – *Sacré Collège :* collège des cardinaux formant le sénat de l'Église romaine et le conseil du pape. – BX-A. *Art sacré :* art religieux au service du culte, notamm. au XXe s. – Fig. *Feu sacré :* passion pour qqch de noble ; ardeur au travail. **2.** À qui ou à quoi l'on doit un respect absolu ; qui s'impose par sa haute valeur. *Les lois sacrées de l'hospitalité.* **3.** Fam. Renforce un terme injurieux ou admiratif. *C'est un sacré menteur.*
2. SACRÉ, E adj. Qui appartient au sacrum.
3. SACRÉ n.m. Dans l'interprétation des phénomènes religieux, caractère de ce qui transcende l'humain (par opp. à *profane*).
SACRÉ-CŒUR n.m. sing. Cœur de Jésus proposé à l'adoration des catholiques en sa qualité de symbole de l'amour divin.
SACREDIEU ou **SACREBLEU** interj. Juron familier.
SACREMENT n.m. (lat. *sacramentum,* serment, obligation). Acte rituel ayant pour but la sanctification de celui qui en est l'objet. (L'Église catholique et les Églises orientales reconnaissent sept sacrements : le *baptême,* la *confirmation,* l'*eucharistie,* la *pénitence,* le *sacrement des malades* [*extrême-onction*], l'*ordre* et le *mariage.* Les Églises protestantes n'en retiennent que deux : le *baptême* et l'*eucharistie* ou *Sainte Cène.*) ◇ *Les derniers sacrements :* la pénitence, l'onction des malades et la communion en viatique. – *Le saint sacrement :* l'eucharistie.
SACRÉMENT adv. Fam. Extrêmement.
SACRER v.t. (lat. *sacrare,* de *sacer,* saint). Conférer un caractère sacré (notamm. par la cérémonie du sacre) à. *Charlemagne fut sacré empereur par le pape Léon III.* ◆ v.i. Vx ou Canada. Proférer des jurons, blasphémer.
SACRET n.m. Mâle du faucon sacre.
SACRIFICATEUR, TRICE n. ANTIQ. Prêtre ou prêtresse qui offrait les sacrifices.
SACRIFICE n.m. (lat. *sacrificium*). **1.** Offrande à une divinité et, en partic., immolation de

victimes. ◇ *Sacrifice humain :* immolation d'une personne offerte comme victime à la divinité. – *Le Saint Sacrifice :* la messe. **2.** Renoncement volontaire à qqch. *Faire le sacrifice de sa vie.* ◆ pl. Perte qu'on accepte, privation, en partic. sur le plan financier. *Faire des sacrifices pour ses enfants.*

SACRIFICIEL, ELLE adj. Propre à un sacrifice religieux. *Rite sacrificiel.*

SACRIFIÉ, E adj. et n. Se dit de qqn qui est sacrifié ou qui se sacrifie. ◆ adj. *Prix sacrifiés :* prix très bas de marchandises que l'on veut absolument écouler.

SACRIFIER v.t. **1.** Offrir comme victime en sacrifice. **2.** Renoncer volontairement à qqch, s'en défaire. *Sacrifier des marchandises.* **3.** Abandonner, négliger volontairement qqn, qqch au profit d'un autre. *Sacrifier ses amis à ses intérêts.* ◆ v.t. ind. ***(à).*** Litt. Se conformer à qqch par faiblesse ou conformisme. *Sacrifier à la mode.* ◆ **se sacrifier** v.pr. Faire le sacrifice de sa vie, de ses intérêts.

1. SACRILÈGE n.m. (lat. *sacrilegium*). **1.** Profanation de personnes, de lieux ou de choses sacrés. **2.** Action qui porte atteinte à qqn ou à qqch de respectable, de vénérable.

2. SACRILÈGE adj. et n. (lat. *sacrilegus,* impie). Qui se rend coupable d'un sacrilège. ◆ adj. Qui a le caractère d'un sacrilège. *Intention sacrilège.*

SACRIPANT n.m. (de *Sacripante,* personnage de Boiardo et de l'Arioste). Vaurien, mauvais sujet capable de toutes les violences.

SACRISTAIN n.m. Employé chargé de l'entretien de l'église et des objets du culte.

SACRISTI ou **SAPRISTI** interj. Juron familier.

SACRISTIE n.f. (lat. *sacristia*). Annexe d'une église où l'on conserve les vases sacrés, les ornements d'église et où les prêtres se préparent pour célébrer le service divin.

SACRISTINE n.f. Femme, religieuse ou laïque, à qui est confié le soin de l'église et de la sacristie.

SACRO-ILIAQUE adj. (pl. *sacro-iliaques*). Relatif au sacrum et à l'os iliaque.

SACRO-SAINT, E adj. (pl. *sacro-saints, es*). Par plais., fam. Qui est l'objet d'un respect quasi religieux.

SACRUM [sakrɔm] n.m. (lat. *os sacrum,* os offert aux dieux en sacrifice). Os formé par la soudure des cinq vertèbres sacrées, et s'articulant avec les os iliaques pour former le bassin.

SADDUCÉEN, ENNE ou **SADUCÉEN, ENNE** n. et adj. Membre d'une secte juive rivale des pharisiens.

SADIQUE adj. **1.** PATHOL. Relatif au sadisme. **2.** Qui témoigne d'une méchanceté systématique. ◆ adj. et n. **1.** PATHOL. Qui fait preuve de sadisme. **2.** Qui manifeste une méchanceté gratuite.

SADIQUE-ANAL, E adj. (pl. *sadiques-anaux, sadiques-anales*). PSYCHAN. *Stade sadique-anal* ou *stade anal :* deuxième stade du développement libidinal (entre deux et quatre ans), s'organisant autour de la zone anale, qui devient la zone érogène dominante.

SADIQUEMENT adv. De façon sadique.

SADISME n.m. **1.** Plaisir à voir souffrir les autres, cruauté. **2.** PSYCHAN. Perversion dans laquelle la satisfaction sexuelle ne peut être obtenue qu'en infligeant des souffrances physiques, morales au partenaire. (Pour S. Freud, le sadisme est le détournement sur un objet extérieur de la pulsion de mort.)

SADOMASOCHISME [-ʃism] n.m. PSYCHAN. Perversion sexuelle qui associe des pulsions sadiques et masochistes.

SADOMASOCHISTE adj. et n. Qui relève du sadomasochisme.

SADUCÉEN, ENNE n. et adj. → ***sadducéen.***

S.A.E. (CLASSIFICATION) : classification en grades, d'après leur viscosité, des huiles pour moteurs établie par la *Society of Automotive Engineers.*

SAFARI n.m. (mot swahili ; de l'ar.). Expédition de chasse aux gros animaux sauvages, en Afrique noire.

SAFARI-PHOTO n.m. (pl. *safaris-photos*). Excursion dans une réserve naturelle, destinée à photographier ou à filmer des animaux sauvages et non à les chasser.

1. SAFRAN n.m. (ar. *za'farān*). Crocus cultivé pour ses fleurs, dont le stigmate fournit une teinture jaune et une poudre servant d'assaisonnement ; cette teinture ; cette poudre. ◇ *Safran des prés :* colchique. ◆ adj. inv. et n.m. Jaune-orangé.

2. SAFRAN n.m. (ar. *za'frān*). MAR. Pièce plate qui constitue la partie essentielle du gouvernail sur laquelle agissent les filets d'eau.

SAFRANER v.t. **1.** Colorer en jaune avec du safran. **2.** Aromatiser au safran.

SAFRANIÈRE n.f. Plantation de safran.

SAFRE n.m. (de *saphir*). Oxyde de cobalt, de couleur bleue. ◇ Verre coloré en bleu par cet oxyde.

SAGA n.f. (mot scand.). **1.** Ensemble de récits et de légendes en prose, caractéristiques des littératures scandinaves (Norvège, Islande) du XIIe au XIVe s. **2.** Épopée familiale quasi légendaire se déroulant sur plusieurs générations. ◇ Œuvre romanesque relatant cette épopée.

SAGACE adj. (lat. *sagax,* qui a l'odorat subtil). Doué de sagacité, fin. *Critique sagace.*

SAGACITÉ n.f. Perspicacité, pénétration, finesse d'esprit.

SAGAIE n.f. (du berbère). Javelot utilisé comme arme par certains peuples.

SAGARD n.m. (all. *Säger,* scieur). Ouvrier d'une scierie qui débite le bois en planches, dans les Vosges.

1. SAGE adj. et n. Qui fait preuve de sûreté dans ses jugements et sa conduite. *Agir en sage.* ◆ adj. **1.** Qui n'est pas turbulent ; qui se comporte avec calme, docilité. *Enfant sage.* **2.** Qui montre de la réserve dans ses rapports avec l'autre sexe. ◇ Conforme à cette réserve, à cette pudeur.

2. SAGE n.m. **1.** Personne qui est parvenue à la maîtrise de soi et tend à réaliser un modèle idéal de vie. **2.** Personne compétente et indépendante, chargée par les pouvoirs publics d'étudier une question délicate.

SAGE-FEMME n.f. (pl. *sages-femmes*). Praticienne exerçant une profession médicale à compétence limitée au diagnostic et à la surveillance de la grossesse et à la pratique de l'accouchement eutocique. (Depuis 1982, la profession est ouverte aux hommes [*hommes sages-femmes*].)

SAGEMENT adv. De façon sage.

SAGESSE n.f. **1.** Qualité de qqn qui fait preuve d'un jugement droit, sûr, averti dans ses décisions, ses actions. *Agir avec sagesse.* **2.** Comportement d'un enfant tranquille, obéissant. **3.** Caractère de ce qui demeure traditionnel, classique, éloigné des audaces ou des outrances. **4.** Idéal supérieur de vie proposé par une doctrine morale ou philosophique ; comportement de qqn qui s'y conforme. *La sagesse orientale.*

SAGETTE n.f. Sagittaire (plante).

SAGINE n.f. Plante herbacée naine, gazonnante, à fleurs blanches. (Famille des caryophyllacées.)

1. SAGITTAIRE n.m. (lat. *sagitta,* flèche). **1.** ANTIQ. ROM. Archer. **2.** *Le Sagittaire :* constellation et signe du zodiaque (v. partie n. pr.). ◇ *Un sagittaire :* une personne née sous ce signe.

2. SAGITTAIRE n.f. Plante des eaux douces calmes, à feuilles aériennes en forme de fer de flèche. (Famille des alismacées.) SYN. : ***flèche d'eau, sagette.***

SAGITTAL, E, AUX adj. **1.** En forme de flèche. ◇ MATH. *Diagramme sagittal (d'une relation) :* schéma d'une relation d'un ensemble fini vers un ensemble fini où les flèches joignent les éléments associés par cette relation. **2.** Suivant le plan de symétrie. *Coupe sagittale.* **3.** ANAT. *Suture sagittale :* suture qui unit les deux pariétaux.

SAGITTÉ, E adj. (lat. *sagitta,* flèche). BOT. Qui a la forme d'un fer de flèche.

SAGOU n.m. (du malais). Fécule qu'on retire de la moelle des sagoutiers.

SAGOUIN n.m. (esp. *sagoy ;* du tupi). **1.** Petit singe d'Amérique du Sud. **2.** Fam. Homme, enfant malpropre, grossier. (Fém. : *sagouine.*)

SAGOUTIER n.m. Palmier de l'Asie du Sud-Est, dont la moelle fournit le sagou.

SAGUM [sagɔm] n.m. (mot lat.). Saie.

SAHARIEN, ENNE adj. et n. Du Sahara.

SAHARIENNE n.f. Veste de toile ceinturée, aux nombreuses poches, inspirée de l'uniforme militaire.

SAHÉLIEN, ENNE adj. Relatif au Sahel.

SAHIB [saib] n.m. Monsieur, en Inde (titre honorifique).

SAHRAOUI, E adj. et n. Du Sahara, en particulier du Sahara occidental.

SAÏ [sai] n.m. Petit singe américain du genre sajou. SYN. : *capucin.*

1. SAIE [sɛ] n.f. (lat. *sagum*). Manteau court en laine, vêtement militaire des Romains et des Gaulois, que l'on attachait sur les épaules au moyen d'une fibule. SYN. : ***sagum.***

2. SAIE [sɛ] n.f. (de *soie*). Petite brosse en soies de porc à l'usage des orfèvres.

SAIETTER [sɛjete] v.t. Nettoyer avec la saie.

SAÏGA n.m. (mot russe). Antilope des steppes entre la Caspienne et l'Oural.

SAIGNANT, E adj. **1.** Qui saigne, dégoutte de sang. *Blessure saignante.* ◇ *Viande saignante,* cuite de manière à laisser perler le sang à la surface, mais pas davantage (entre « bleue » et « à point »). **2.** *Plaie encore saignante :* injure, douleur toute récente.

SAIGNÉE n.f. **I. 1.** Anc. Ouverture d'une veine pour tirer du sang à des fins thérapeutiques ; quantité de sang ainsi évacuée. **2.** Pli formé par le bras et l'avant-bras. **3.** Litt. Pertes humaines importantes au cours d'une guerre. **II. 1.** Prélèvement d'argent qui affecte sensiblement un budget. **2.** Entaille faite dans le fût d'un arbre sur pied pour en extraire un liquide (résine, latex, etc.). **3.** Rigole creusée dans un terrain pour faciliter l'écoulement des eaux. **4.** Rainure réalisée au tour dans une pièce cylindrique, jusqu'à son axe, pour la découper.

SAIGNEMENT n.m. Écoulement de sang. ◇ *Temps de saignement :* temps nécessaire pour obtenir l'arrêt du saignement d'une blessure standard faite par scarification du lobule de l'oreille. (Il est normalement de 2 à 4 min.)

SAIGNER v.t. (lat. *sanguinare,* de *sanguis,* sang). **1.** Faire une saignée à (qqn). **2.** Tuer un animal en le vidant de son sang. *Saigner un poulet.* **3.** Soutirer de l'argent à (qqn) ; rançonner. *Saigner les contribuables.* **4.** TECHN. Réaliser une saignée dans. ◆ v.i. **1.** Laisser du sang s'échapper, perdre du sang. *Saigner du nez.* **2.** Litt. Ressentir une grande douleur morale. ◆ **se saigner** v.pr. S'imposer de lourdes dépenses. ◇ Fam. *Se saigner aux quatre veines :* se priver de tout au profit de qqn.

SAIGNEUR n.m. Personne chargée de tuer les porcs en les saignant.

SAIGNEUX, EUSE adj. Rare. Qui saigne.

SAIGNOIR n.m. Couteau servant à saigner les bêtes de boucherie.

1. SAILLANT, E adj. (lat. *salire,* sauter). **1.** Qui avance, dépasse. *Transept saillant.* **2.** Qui attire l'attention, remarquable, frappant. *Trait saillant.* **3.** *Angle* (ou *secteur angulaire*) *saillant :* angle (ou secteur) dont la mesure est inférieure à celle d'un angle plat (180^{0}). CONTR. : ***rentrant.***

sagittaire

2. SAILLANT n.m. **1.** Partie qui fait saillie. **2.** Spécialt. FORTIF. Partie de fortification qui fait saillie.

1. SAILLIE n.f. **1.** Éminence à la surface de certains objets, partie qui avance. *Toit en saillie.* **2.** Litt. Trait d'esprit brillant et imprévu.

2. SAILLIE n.f. Accouplement des animaux domestiques.

1. SAILLIR v.t. (lat. *salire,* couvrir une femelle) [32]. [ne s'emploie guère qu'à l'inf., aux 3es pers. des temps simples et au p. présent]. Couvrir, s'accoupler à. *Étalon qui saillit une jument.*

2. SAILLIR v.i. (lat. *salire,* sauter) [50]. S'avancer en dehors, déborder, dépasser. *Balcon qui saille trop. Ses côtes saillaient.*

SAÏMIRI n.m. (mot tupi). Sapajou (singe).

SAIN, E adj. (lat. *sanus*). **I. 1.** Qui ne présente aucune atteinte pathologique ou anomalie (par opp. à *malade*). *Des dents saines.* ◇ *Sain et sauf :* qui est sorti indemne d'un péril, d'un danger. **2.** Qui est doué d'un bon équilibre psychique. **3.** Qui ne présente aucune anomalie, où tout est régulier, normal. *Une économie saine.* **II. 1.** Qui est favorable à la santé des individus. *Un air sain.* **2.** MAR. Qui ne présente aucun danger, où il n'y a pas d'écueils. *Une côte saine.* **3.** Conforme à la raison, à la pondération, ou ne s'écartant pas de ce qui est jugé normal. *Avoir de saines lectures.*

SAINBOIS n.m. Garou (arbrisseau).

SAINDOUX n.m. (lat. *sagina,* graisse, et *doux*). Graisse de porc fondue.

SAINEMENT adv. D'une manière saine.

SAINFOIN n.m. (de *sain* et *foin*). Plante fourragère vivace utilisée dans les prairies artificielles. (Famille des papilionacées.)

SAINT, E adj. (lat. *sanctus*). **I. 1.** Se dit de Dieu en tant qu'il est souverainement pur, parfait. **2.** Se dit de qqn qui, selon l'Église, a mené une vie exemplaire, a pratiqué les vertus évangéliques et a été canonisé. *La Sainte Vierge. L'Évangile selon saint Jean.* – *La Saint(e)-X :* la fête de saint(e) X. **3.** Qui mène une vie exemplaire sur le plan moral ou religieux. *Un saint homme.* **II. 1.** Qui appartient à la religion, qui a un caractère sacré. *Temple saint.* **2.** Se dit de chacun des jours de la semaine qui précèdent le dimanche de Pâques. *Vendredi saint.* ◇ *Année sainte :* année jubilaire de l'Église catholique, célébrée ordinairement tous les 25 ans. – Fam. *Toute la sainte journée :* la journée tout entière. **3.** Qui a un caractère vénérable, conforme à la loi morale. *Une vie sainte.* **4.** Profond, extrême. *Avoir une sainte horreur du mensonge.* ◆ n. **1.** Chrétien béatifié ou canonisé dont la vie est proposée en exemple par l'Église et auquel est rendu un culte public. ◇ *Saints de glace :* saint Mamert, saint Pancrace et saint Servais, dont les fêtes (autrefois 11, 12 et 13 mai) passent pour être souvent accompagnées de gelées tardives. – *Le saint des saints :* la partie la plus secrète du Temple de Jérusalem ; fig., la partie la plus secrète de qqch. – Fam. *Prêcher pour son saint :* louer, vanter qqch pour en tirer profit personnellement. **2.** Homme, femme d'une piété et d'une vie exemplaires.

SAINT-AMOUR n.m. inv. Vin d'un cru renommé du Beaujolais.

SAINT-BERNARD n.m. inv. Chien de très forte taille à la robe blanche et fauve, dressé pour le sauvetage en montagne.

saint-bernard

SAINT-CRÉPIN n.m. inv. (du n. du patron des cordonniers). Vx. Ensemble des outils et des fournitures, cuirs non compris, nécessaires à un cordonnier.

SAINT-CYRIEN, ENNE n. (pl. *saint-cyriens, ennes*). Élève ou ancien élève de l'École spéciale militaire de Saint-Cyr.

SAINTE-BARBE n.f. (pl. *saintes-barbes*). Entrepôt du matériel d'artillerie et des poudres, sur les anciens navires de guerre.

SAINTE-MAURE n.m. inv. Fromage de chèvre en forme de cylindre allongé, fabriqué en Touraine.

SAINTEMENT adv. D'une manière sainte ; comme un saint.

SAINT-ÉMILION n.m. inv. Bordeaux rouge récolté dans la région de Saint-Émilion.

SAINTE-NITOUCHE n.f. (pl. *saintes-nitouches*). Personne qui se donne une apparence de sagesse, qui affecte l'innocence, et, en particulier, femme qui affecte la pruderie.

SAINT-ESPRIT n.m. sing. THÉOL. Troisième personne de la Trinité, nommée après le Père et le Fils.

SAINTETÉ n.f. Qualité de celui ou de ce qui est saint. ◇ *Sa Sainteté :* le pape.

SAINT-FLORENTIN n.m. inv. Fromage à pâte molle lavée, fabriquée avec du lait de vache.

SAINT-FRUSQUIN n.m. inv. Pop. Ensemble d'affaires personnelles et de vêtements sans grande valeur que possède qqn. ◇ Pop. *Et tout le saint-frusquin :* et tout le reste.

SAINT-GLINGLIN (À LA) loc. adv. Fam. À une date indéterminée, à un moment qui n'arrivera jamais.

SAINT-GUY (DANSE DE) : fam., chorée.

SAINT-HONORÉ n.m. inv. Gâteau en pâte brisée ou feuilletée, bordé d'une couronne de petits choux à la crème, et garni au centre de crème Chantilly.

SAINT-MARCELLIN n.m. inv. Petit fromage rond à pâte molle et à croûte moisie, fabriqué dans le Dauphiné avec du lait de vache.

SAINT-NECTAIRE n.m. inv. Fromage à pâte pressée et à croûte moisie, fabriqué en Auvergne avec du lait de vache.

SAINT-OFFICE n.m. sing. V. partie n.pr.

SAINTONGEAIS, E adj. et n. De la Saintonge.

SAINTPAULIA n.m. Herbe sans tige, à feuilles velues, vert foncé, aux fleurs bleu-violet ou roses, ornementales.

SAINT-PAULIN n.m. inv. Fromage à pâte pressée et à croûte lavée, fabriqué avec du lait de vache.

SAINT-PÈRE n.m. (pl. *saints-pères*). Nom par lequel on désigne le pape.

SAINT-PIERRE n.m. inv. Poisson à corps haut et comprimé, comestible, commun dans toutes les mers tempérées. (Long. 30 à 50 cm.) SYN. : *dorée, zée.*

SAINT-SIÈGE n.m. sing. Ensemble des organismes (curie romaine) qui secondent le pape dans l'exercice de ses fonctions de gouvernement.

SAINT-SIMONIEN, ENNE adj. et n. (pl. *saint-simoniens, ennes*). Qui appartient au saint-simonisme.

SAINT-SIMONISME n.m. Doctrine du comte de Saint-Simon et de ses disciples, notamment Enfantin et Bazard.

SAINT-SYNODE n.m. (pl. *saints-synodes*). Conseil suprême de l'Église russe de 1721 à 1917, institué en remplacement du patriarcat supprimé par Pierre le Grand.

SAISI, E n. DR. Personne dont on saisit un bien. ◆ adj. Se dit du bien ayant fait l'objet d'une saisie. ◇ *Tiers saisi :* personne entre les mains de qui est saisie une somme due ou un bien mobilier appartenant à autrui.

SAISIE n.f. **1.** DR. Prise de possession, par l'administration fiscale ou la justice, des produits d'une infraction ou des moyens ayant servi à la commettre ou des objets utiles à la preuve en matière pénale ; voie d'exécution forcée par laquelle un créancier s'assure des biens de son débiteur en vue de garantir le paiement d'une dette. ◇ *Saisie conservatoire :* mesure accordée au créancier qui peut faire mettre les biens meubles de son débiteur sous main de justice, pour éviter que celui-ci ne les fasse disparaître ou ne les aliène. **2.** INFORM. Enregistrement d'une information en vue de son traitement ou de sa mémorisation dans un système informatique. (La saisie s'effectue généralement par frappe sur un clavier alphanumérique connecté à un écran de visualisation et de contrôle.)

SAISIE-ARRÊT n.f. (pl. *saisies-arrêts*). DR. Saisie par laquelle un créancier *(saisissant)* immobilise entre les mains d'un tiers *(tiers saisi)* des sommes dues ou des objets mobiliers appartenant au débiteur du saisissant *(saisi).*

SAISIE-BRANDON n.f. (pl. *saisies-brandons*). DR. ANC. Saisie des fruits non encore récoltés.

SAISIE-EXÉCUTION n.f. (pl. *saisies-exécutions*). DR. Saisie des meubles corporels du débiteur, exigeant un titre exécutoire, dans le dessin d'en opérer la vente aux enchères au profit des créanciers opposants.

SAISIE-GAGERIE n.f. (pl. *saisies-gageries*). DR. Saisie conservatoire pratiquée par le bailleur sur les meubles d'un locataire qui ne paie pas son loyer.

SAISIE-REVENDICATION n.f. (pl. *saisies-revendications*). DR. Saisie conservatoire autorisée en justice en faveur du propriétaire, de l'usufruitier ou du créancier gagiste, qui prétend avoir un droit réel détenu par un tiers.

SAISINE n.f. (de *saisir*). **1.** Fait de saisir une juridiction. **2.** DR. *Saisine héréditaire :* droit pour un héritier à la prise de possession des biens d'un défunt à l'instant même du décès et sans autorisation préalable de justice. **3.** MAR. Cordage servant à maintenir ou à soulever certains objets.

SAISIR v.t. (bas lat. *sacire,* assigner, du francique *satjan*). **I. 1.** Prendre qqn avec la ou les mains, d'un mouvement rapide, pour le tenir ou s'y retenir fermement. *Saisir qqn aux épaules.* **2.** Prendre qqch en main ou avec un instrument, de façon à pouvoir le porter, le déplacer, en faire usage. *Saisir un outil par le manche.* **3.** Mettre à profit un évènement au moment où il se présente. *Saisir l'occasion.* **4.** DR. Opérer une saisie ; porter un litige devant une juridiction, faire une saisine. **5.** INFORM. Effectuer une saisie. **II. 1.** Comprendre qqch, en percevoir le sens. *Saisir les conséquences d'un acte.* **2.** S'emparer brusquement de qqn, en parlant du froid, d'une sensation. *Froid qui saisit. Le désespoir l'a saisi.* ◇ Absolt. *Être saisi :* être affecté de façon forte et soudaine par une sensation ou un sentiment. **3.** Exposer un aliment à un feu vif. *Saisir une viande.* ◆ **se saisir** v.pr. *(de).* S'emparer de (qqch, qqn).

SAISISSABLE adj. **1.** Qui peut être saisi, compris. **2.** DR. Qui peut faire l'objet d'une saisie.

1. SAISISSANT, E adj. **1.** Qui surprend tout d'un coup. *Froid saisissant.* **2.** Qui émeut vivement. *Spectacle saisissant.*

2. SAISISSANT n.m. DR. Celui qui pratique une saisie afin d'obtenir d'un débiteur l'acquittement de son obligation.

SAISISSEMENT n.m. Impression subite et violente causée par le froid, une émotion forte et soudaine. *Être muet de saisissement.*

SAISON n.f. (lat. *satio, -onis*). **1.** Chacune des quatre parties en lesquelles l'année se trouve divisée par les équinoxes et les solstices. **2.** Climat, conditions atmosphériques, activité de la nature qui correspondent à chacune de ces parties de l'année. *La saison des pluies.* **3.** Époque de l'année correspondant à la récolte de certains produits ou à des travaux agricoles. *La saison des vendanges.* **4.** Époque de l'année correspondant au maximum d'activité d'un secteur donné. *La saison théâtrale.* ◇ *Être de saison,* opportun, approprié. – *Hors de saison :* fait ou dit mal à propos, déplacé, incongru. **5.** Période de l'année où, dans certains lieux touristiques, affluent les vacanciers. *En saison. Hors saison.* ◇ *Haute saison :* période correspondant au maximum d'affluence dans une région touristique (par opp. à *basse saison*). **6.** Cure que l'on fait dans une station balnéaire, thermale, etc. *Faire une saison à Vittel.*

■ La division de l'année en quatre saisons résulte du mouvement de la Terre autour du Soleil. Le *printemps* commence à l'équinoxe de printemps et se termine au solstice d'été ;

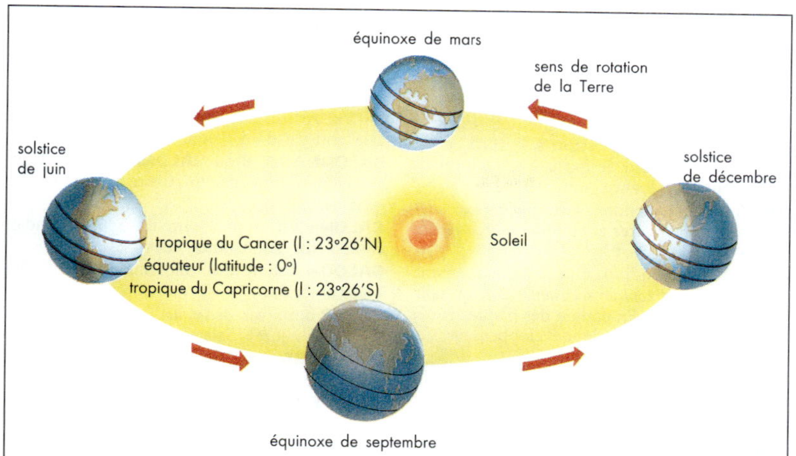

La division de l'année en saisons résulte de l'inclinaison (23° 26′) de l'axe de rotation de la Terre par rapport à son plan de translation autour du Soleil. Comme l'axe des pôles garde au cours de l'année une direction fixe dans l'espace, c'est tantôt le pôle Nord, tantôt le pôle Sud qui est éclairé par le Soleil, et la durée du jour aux différents points du globe varie. Au solstice de juin, le Soleil passe au zénith du tropique du Cancer et l'hémisphère Nord connaît les jours les plus longs ; au solstice de décembre, il passe au zénith du tropique du Capricorne et c'est l'hémisphère Sud qui connaît les jours les plus longs. Aux équinoxes (mars et septembre), le Soleil se trouve exactement dans le plan de l'équateur, de sorte qu'en tout point du globe la durée du jour est égale à celle de la nuit.

les **saisons**

viennent ensuite *l'été, l'automne* et *l'hiver*, qui se terminent respectivement à l'équinoxe d'automne, au solstice d'hiver et à l'équinoxe de printemps. La Terre ne se déplaçant pas à une vitesse constante sur son orbite, parce que celle-ci est elliptique, il en résulte une inégalité dans la durée des saisons. Actuellement, le printemps, l'été, l'automne, l'hiver ont respectivement pour durées moyennes, dans l'hémisphère Nord, 92 j 19 h ; 93 j 23 h ; 89 j 13 h ; 89 j. Ces durées subissent des variations séculaires. Les saisons, dans l'hémisphère Sud, sont inversées par rapport à celles de l'hémisphère Nord. Les saisons constituent un phénomène commun à toutes les planètes dont l'axe de rotation n'est pas perpendiculaire au plan de l'orbite.

SAISONNALITÉ n.f. Caractère saisonnier. *La saisonnalité des ventes.*

1. SAISONNIER, ÈRE adj. **1.** Propre à une saison. *Température saisonnière.* **2.** Qui ne s'exerce, qui n'est actif que pendant une certaine période de l'année. *Travail saisonnier.* **3.** DR. *Propriété saisonnière :* multipropriété.

2. SAISONNIER, ÈRE n. Ouvrier qui loue ses services pour des travaux saisonniers (moisson, vendanges, etc.).

SAÏTE adj. Relatif à Saïs, ville de l'Égypte ancienne, et à son épanouissement.

SAJOU n.m. (mot tupi). Sapajou (singe). SYN. : ***saïmiri.***

sajou

SAKÉ n.m. (jap. *sake*). Boisson japonaise alcoolisée, à base de riz fermenté.

SAKI n.m. (mot tupi). Singe de l'Amérique du Sud, à épaisse fourrure.

SAKIEH [sakje] n.f. (ar. *sāqiyya*). En Égypte, noria actionnée par des bœufs.

SAKTISME n.m. Doctrine religieuse de l'Inde, propre à certains courants (vishnouisme, shivaïsme, tantrisme), qui donne à l'énergie créatrice féminine, appelée *sakti,* un rôle important. Graphie savante : *śaktisme.*

SAL n.m. (pl. *sals*). Grand arbre de l'Inde, au bois précieux. Graphie savante : *sāl.*

SALACE adj. (lat. *salax*). Litt. Porté aux plaisirs sexuels ; lubrique.

SALACITÉ n.f. Litt. Caractère salace.

1. SALADE n.f. (prov. *salada,* mets salé). **1.** Plante potagère feuillue telle que la *laitue,* la *chicorée,* le *cresson,* etc. **2.** Plat composé de feuilles de ces plantes, crues et assaisonnées. **3.** Mets composé de légumes crus ou cuits, de viande ou de poisson, etc., assaisonnés avec une vinaigrette. ◇ *Salade de fruits :* assortiment de fruits coupés, accommodés avec du sucre et, souvent, de l'alcool. ◇ *Salade russe :* macédoine de légumes coupés en petits morceaux et assaisonnés de mayonnaise. **4.** Fam. Mélange confus, hétéroclite. ◇ Fam. *Vendre sa salade :* essayer de convaincre. ◆ pl. Fam. Mensonges ; histoires. *Raconter des salades.*

2. SALADE n.f. (it. *celata,* pourvue d'une voûte). Casque en usage du XVe au XVIIe s.

SALADERO [saladero] n.m. (mot esp.). Cuir salé de bœuf, venant de l'Amérique du Sud.

SALADIER n.m. Récipient où l'on prépare et sert la salade ; contenu de ce récipient.

SALAGE n.m. Action de saler ; son résultat.

SALAIRE n.m. (lat. *salarium,* solde pour acheter du sel). **1.** Rémunération du travail effectué par une personne pour le compte d'une autre, en vertu d'un contrat de travail. ◇ *Contrat de travail à salaire différé (*ou *salaire différé) :* rémunération fictive des enfants travaillant sur l'exploitation agricole familiale, et qu'ils peuvent faire valoir au moment de la succession. – *Salaire de base :* salaire mensuel fixé suivant un coefficient ou des points, et qui correspond à une fonction. – *Salaire brut* ou *salaire réel :* salaire avant retenue des cotisations sociales, par opp. au *salaire net.* – *Salaire indirect :* ensemble des charges sociales payées par l'employeur pour le travailleur, et dont le coût s'ajoute au salaire proprement dit versé à celui-ci. – *Salaire minimum interprofessionnel de croissance (S. M. I. C.) :* salaire minimum au-dessous duquel, depuis 1970, aucun salarié ne peut, en principe, être rémunéré. (Le S. M. I. C. est fixé en fonction de l'évolution des prix à la consommation et, en cas de hausse, relevé obligatoirement le 1er juillet de chaque année.) **2.** Récompense. *Toute peine mérite salaire.*

■ Le salaire constitue la contrepartie des prestations de travail fournies par le travailleur. Il est versé à des intervalles réguliers, de façon mensuelle pour la plupart des salariés, ouvriers ou employés liés à un employeur par un contrat de travail. Son montant est calculé soit forfaitairement *(salaire au temps),* soit en fonction de la quantité de travail fournie *(travail aux pièces),* soit en intégrant au salaire forfaitaire des éléments *(primes)* qui le font varier en fonction du rendement général de l'entreprise, d'indices économiques propres à la profession, etc.

SALAISON n.f. **1.** Opération consistant à saler une denrée alimentaire pour faciliter sa conservation. **2.** (Souvent pl.). Produit de charcuterie traité au sel.

SALAISONNERIE n.f. Industrie de la salaison.

SALAMALECS n.m. pl. (ar. *salām 'alayk,* paix sur toi [formule de politesse]). Fam. Révérences, politesse exagérée.

SALAMANDRE n.f. (lat. *salamandra ;* du gr.). **1.** Amphibien urodèle de l'Europe, ayant la forme d'un lézard. **2.** (Nom déposé). Poêle à combustion lente.

salamandre

SALAMI n.m. (pl. de l'it. *salame*). Gros saucisson sec à viande finement hachée.

SALANGANE n.f. (malais *sarang,* nid). Oiseau passereau de l'Asie et de l'Océanie, dont on consomme, sous le nom de « nids d'hirondelle », les nids faits de gélose.

1. SALANT adj.m. Qui produit ou qui contient du sel. *Puits salant. Marais salants.*

2. SALANT n.m. Dans le Sud-Ouest, étendue de sol proche de la mer où apparaissent de légères efflorescences salines.

SALARIAL, E, AUX adj. Relatif au salaire. ◇ *Masse salariale :* somme des rémunérations, directes ou indirectes, perçues par l'ensemble des salariés d'un pays, d'une entreprise.

SALARIAT n.m. **1.** État, condition de salarié ; mode de rémunération du travail par le salaire. **2.** Ensemble des salariés (par opp. au *patronat*).

SALARIÉ, E n. et adj. Personne liée à une autre par un contrat de travail, qui prévoit la rémunération, par un salaire, du travail qu'elle lui fournit.

SALARIER v.t. **1.** Donner un salaire à. **2.** Conférer le statut de salarié à.

SALAT [salat] n.f. (ar. *ṣalāt*). Prière musulmane, dite à cinq moments de la journée : aube, midi, après-midi, coucher du soleil, soir.

SALAUD n.m. Vulg. (Terme d'injure). Homme méprisable, qui agit de manière déloyale. (Au fém., on emploie la forme *salope.*) ◆ adj.m. Très fam. Méprisable, ignoble, moralement répugnant.

SALBANDE n.f. (all. *Salband,* lisière du drap). Mince couche argileuse située à la séparation d'un filon ou d'une faille avec ses épontes.

SALE adj. (francique *salo,* trouble). **1.** Couvert de crasse, de poussière, de taches ; malpropre. *Du linge sale.* **2.** Qui néglige les soins de propreté élémentaire. ◇ Qui manque de soin dans ce qu'il fait. **3.** Susceptible de salir. *Faire un travail sale.* **4.** Se dit d'une couleur qui manque d'éclat. *Un blanc sale.* **5.** Qui blesse la pudeur ; ordurier, obscène. *Histoires sales.* **6.** (Avant le nom). Fam. Très désagréable, détestable. *Un sale temps. Un sale coup.* ◇ Méprisable. *Un sale type.*

1. SALÉ, E adj. **1.** Qui contient du sel, qui en a le goût. *Beurre salé.* **2.** Conservé dans du sel, de la saumure. *Viande, poisson salés.* **3.** Fam. Très libre, grivois. *Un conte salé.* **4.** Fam. Exagéré, excessif. *L'addition est salée !*

2. SALÉ n.m. Chair de porc salée. ◇ *Petit salé :* chair de porc conservée par salaison, qui se consomme cuite à l'eau.

SALEMENT adv. **1.** De façon sale. **2.** Pop. Beaucoup, très. *Il est salement malade.*

SALEP [salɛp] n.m. (ar. *saḥlāb*). Substance alimentaire tirée des tubercules desséchés de certaines orchidées.

SALER v.t. (du lat. *sal,* sel). **1.** Assaisonner avec du sel. *Saler la soupe.* **2.** Imprégner une denrée de sel, la plonger dans la saumure pour la conserver. *Saler du porc, du poisson.* **3.** Répandre du sel pour faire fondre la neige, le verglas. *Saler les routes.* **4.** Fam. Faire payer un prix excessif. *Saler la note.* **5.** Fam. Imposer à qqn une sanction trop sévère. *Les juges l'ont salé.*

SALERON n.m. Petite salière en forme de godet.

SALERS [salɛrs] n.m. Cantal (fromage) fabriqué dans la région de Salers selon des méthodes traditionnelles.

SALÉSIEN, ENNE adj. et n. Se dit des membres de la congrégation de religieux (société des Prêtres de Saint-François-de-Sales) fondée en 1859 par saint Jean Bosco à Turin, et de la congrégation de religieuses (Filles de Marie-Auxiliatrice) fondée par lui à Turin en 1872. (Ces congrégations se vouent à l'éducation de la jeunesse, plus particulièrement dans des écoles professionnelles.)

SALETÉ n.f. **1.** État de ce qui est sale. *Être d'une saleté repoussante.* **2.** Chose malpropre, ordure. **3.** Fam. Chose sans valeur. *Vendre des saletés.* **4.** Action vile, procédé peu délicat. *Il m'a fait une saleté.* **5.** Parole obscène. *Dire des saletés.*

SALEUR, EUSE n. Personne qui prépare des salaisons.

SALICACÉE n.f. *Salicacées :* famille d'arbres aux fleurs sans pétales tels que les saules et les peupliers.

SALICAIRE n.f. (lat. *salix, -icis,* saule). Plante herbacée dont diverses espèces croissent dans les lieux humides. (Famille des lythracées.)

SALICINE n.f. Salicoside.

SALICOLE adj. Relatif à la saliculture.

SALICOQUE n.f. (mot normand). Crevette rose, bouquet.

SALICORNE n.f. Plante des rivages et des lieux salés, à tige charnue sans feuilles, dont on extrayait la soude. (Famille des chénopodiacées.)

SALICOSIDE n.m. Hétéroside extrait des écorces de saule et de peuplier, aux propriétés analgésiques. SYN. : *salicine.*

SALICULTURE n.f. Exploitation du sel dans un marais salant, une saline.

SALICYLATE n.m. Sel ou ester de l'acide salicylique.

SALICYLÉ, E adj. Relatif à l'acide salicylique ou à ses sels.

SALICYLIQUE adj. Se dit d'un acide doué de propriétés antiseptiques et dont les dérivés (tels que l'aspirine et le salicylate de soude) ont une action anti-inflammatoire.

SALIDIURÉTIQUE adj. et n.m. Se dit d'un diurétique dont l'action sur le rein aboutit à une augmentation de l'élimination de l'eau et du sodium.

SALIEN, ENNE adj. HIST. Des Francs Saliens.

SALIÈRE n.f. **1.** Petit récipient pour présenter le sel sur la table. **2.** Enfoncement au-dessus des yeux des vieux chevaux. **3.** Fam. Creux en arrière des clavicules, chez les personnes maigres.

SALIFÈRE adj. Qui renferme du sel.

SALIFIABLE adj. CHIM. Se dit d'un composé susceptible d'être transformé en sel.

SALIFICATION n.f. CHIM. Formation d'un sel.

SALIFIER v.t. CHIM. Transformer en sel.

SALIGAUD, E n. (bas all. *salik,* sale). Très fam. Personne qui agit d'une façon ignoble ou méprisable. (Le fém. *saligaude* est rare.)

SALIGNON n.m. Pain de sel extrait des eaux d'une fontaine salée.

1. SALIN, E adj. (de *sel*). **1.** Qui contient du sel. ◇ *Roches salines :* roches sédimentaires solubles dans l'eau, et provenant de l'évaporation de l'eau de mer dans des lagunes (gypse [sulfate de calcium hydraté], sel gemme [chlorure de sodium], etc.). **2.** CHIM. Qui a les caractères d'un sel.

2. SALIN n.m. Marais salant.

SALINAGE n.m. **1.** Concentration d'une saumure jusqu'à obtention d'un dépôt de sel. **2.** Lieu où l'on recueille le sel.

SALINE n.f. Établissement industriel dans lequel on produit du sel en extrayant le sel gemme ou en faisant évaporer des eaux saturées extraites du sous-sol.

SALINIER n.m. Producteur de sel.

SALINITÉ n.f. Teneur en sel.

SALIQUE adj. HIST. Relatif aux Francs Saliens. ◇ *Loi salique :* monument de la législation franque, qui est surtout un code civil et pénal. (Une disposition de cette loi, excluant les femmes de la succession à la terre, a été interprétée plus tard de façon à les évincer de la couronne de France.)

SALIR v.t. **1.** Rendre sale. *Salir son pull.* **2.** Déshonorer, porter atteinte à. *Salir la réputation de qqn.*

SALISSANT, E adj. **1.** Qui se salit aisément. *Le blanc est une couleur salissante.* **2.** Qui salit. *Travail salissant.* **3.** En parlant des plantes et des cultures, qui favorise le développement des mauvaises herbes.

SALISSON n.f. Fam. et région. Petite fille malpropre.

SALISSURE n.f. Ordure, souillure, tache.

SALIVAIRE adj. Relatif à la salive. ◇ ANAT. *Glandes salivaires :* glandes qui sécrètent la salive. (On en compte trois paires chez l'homme : les *parotides,* les *sous-maxillaires* et les *sublinguales.*)

SALIVANT, E adj. Qui provoque la salivation.

SALIVATION n.f. Sécrétion de la salive.

SALIVE n.f. (lat. *saliva*). Liquide clair et filant produit par la sécrétion des glandes salivaires. (Elle contient une amylase, la ptyaline, qui hydrolyse l'amidon en maltose.) ◇ Fam. *Dépenser beaucoup de salive :* parler beaucoup (et, souvent, en vain).

SALIVER v.i. Sécréter de la salive.

SALLE n.f. (du francique). **1.** Pièce d'une habitation destinée à un usage particulier. – *Salle à manger,* dans laquelle on prend ses repas. – *Salle de bains :* cabinet de toilette avec baignoire. – *Salle d'eau :* local comportant douche et lavabo. **2.** Autref., vaste pièce de réception dans une grande demeure. *Salle basse. Salle haute.* **3.** Lieu vaste et couvert, destiné à un service public. *Salle de spectacle.* ◇ *Salle obscure :* salle de cinéma. – *Salle des pas perdus :* grande salle, hall d'un palais de justice qui dessert les services ou les chambres d'un tribunal ; grand hall qui donne accès aux différents services d'une gare. **4.** Public qui remplit une salle. *Toute la salle applaudit.* **5.** Dortoir dans un hôpital. *Salle commune.* **6.** *Salle d'armes :* lieu où les maîtres d'armes donnent leurs leçons d'escrime. **7.** *Salle de marché :* lieu où, dans les banques, sont regroupés les spécialistes réalisant des opérations sur les devises, les titres et les produits financiers.

SALMANAZAR n.m. Grosse bouteille de champagne d'une capacité équivalant à celle de douze bouteilles champenoises.

SALMIGONDIS [salmigɔ̃di] n.m. (de *sel,* et anc. fr. *condir,* assaisonner). Fam. Mélange confus et disparate.

SALMIS [salmi] n.m. Ragoût de pièces de gibier ou de volailles déjà cuites à la broche.

SALMONELLE n.f. (de *Salmon,* n.pr.). Bactérie responsable des salmonelloses.

SALMONELLOSE n.f. MÉD. Infection due à des salmonelles (fièvres typhoïde et paratyphoïdes ; gastro-entérites).

SALMONICULTURE n.f. (lat. *salmo,* saumon). Élevage du saumon.

SALMONIDÉ n.m. *Salmonidés :* famille de poissons osseux à deux nageoires dorsales, dont la seconde est adipeuse, aimant les eaux fraîches et oxygénées, tels que le saumon et la truite.

SALOIR n.m. Récipient dans lequel on place les viandes, les poissons, etc., à saler.

SALOL n.m. PHARM. Salicylate de phényle, antiseptique.

SALON n.m. (it. *salone,* de *sala,* salle). **I. 1.** Pièce d'un appartement, d'une maison, destinée à recevoir les visiteurs. ◇ Mobilier propre à cette pièce. **2.** Litt. Société mondaine. *Conversation de salon.* **3.** LITTÉR. Réunion de personnalités des lettres, des arts et de la politique qui, particulièrement aux XVIIe et XVIIIe s., se tenait chez une femme distinguée. (Les salons eurent une influence capitale, au XVIIe s., sur l'évolution des manières et du goût littéraire ; au XVIIIe s., sur la diffusion des idées philosophiques.) **4.** Salle de certains établissements commerciaux. *Salon de thé, de coiffure.* **II.** (Avec une majuscule). **1.** Manifestation commerciale permettant périodiquement aux entreprises de présenter leurs nouveautés. *Le Salon de l'automobile.* **2.** Exposition collective périodique d'artistes vivants. ◇ Vx. Article de journal, de revue, consacré à la critique d'un Salon.

SALONNARD, E ou **SALONARD, E** n. Fam. et péj. Personne qui fréquente les salons, les gens du monde.

SALONNIER n.m. Journaliste qui rendait compte du Salon officiel des beaux-arts.

SALOON [salun] n.m. (mot amér.). Bar du Far West américain.

SALOP n.m. (var. de *salaud,* d'apr. *salope*). Vulg. (Terme d'injure). Salaud.

SALOPARD n.m. Vulg. Individu sans scrupule qui agit envers autrui d'une façon ignoble.

SALOPE n.f. Vulg. (Terme d'injure). Femme dévergondée, de mauvaise vie, garce.

SALOPER v.t. Fam. **1.** Exécuter (un travail) très mal, sans soin. **2.** Salir, couvrir de taches. *Il a salopé son pantalon neuf.*

SALOPERIE n.f. Fam. **1.** Saleté, grande malpropreté. **2.** Chose de très mauvaise qualité. **3.** Action, propos bas et vils.

SALOPETTE n.f. Vêtement constitué d'un pantalon prolongé par une bavette à bretelles.

SALOPIAUD, SALOPIAU ou **SALOPIOT** n.m. Fam. Salaud (sens atténué).

SALPE n.f. (lat. *salpa ;* du gr.). *Salpes :* sous-classe de tuniciers nageurs en forme de cylindre creux et transparent, dont la reproduction est très complexe.

SALPÊTRAGE n.m. Formation de salpêtre.

SALPÊTRE n.m. (lat. *sal,* sel, et *petrae,* de pierre). Nitrate et, partic., nitrate de potassium. ◇ *Salpêtre du Chili :* nitrate de sodium.

SALPÊTRER v.t. **1.** Couvrir de salpêtre. *L'humidité salpêtre les murs.* **2.** Mêler de salpêtre.

SALPICON n.m. (mot esp.). CUIS. Préparation utilisée pour garnir des bouchées, des tourtes, etc.

SALPINGITE n.f. (gr. *salpigx,* trompe). MÉD. Inflammation d'une trompe utérine.

SALSA n.f. (mot esp.). Musique de danse afro-cubaine, particulièrement en vogue dans les Caraïbes, l'Amérique centrale et les colonies latines des grandes villes américaines.

SALSE n.f. Volcan constitué par des émissions de boue dues à la pression de gaz souterrains sur des formations d'argile et de marnes.

SALSEPAREILLE n.f. (port. *salsaparilla*). Plante volubile croissant surtout au Mexique et en Asie centrale, naguère d'usage médicinal. (Famille des liliacées.)

SALSIFIS n.m. (it. *salsefica*). **1.** Plante *(Tragopogon porrifolius)* cultivée pour sa longue racine charnue comestible à la saveur mucilagineuse et sucrée. (Famille des composées.) **2.** *Salsifis noir* ou *d'Espagne :* scorsonère.

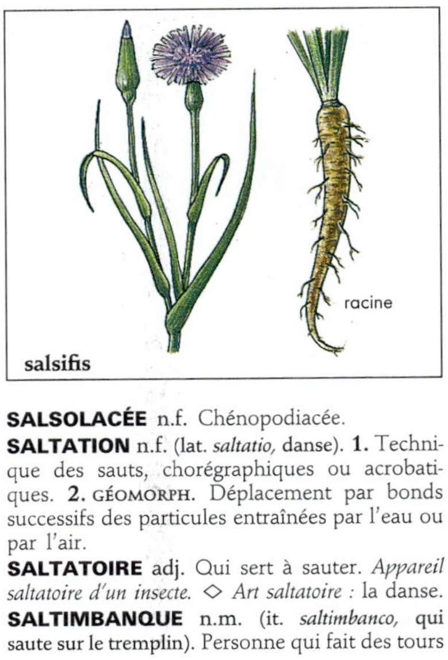

salsifis

SALSOLACÉE n.f. Chénopodiacée.

SALTATION n.f. (lat. *saltatio,* danse). **1.** Technique des sauts, chorégraphiques ou acrobatiques. **2.** GÉOMORPH. Déplacement par bonds successifs des particules entraînées par l'eau ou par l'air.

SALTATOIRE adj. Qui sert à sauter. *Appareil saltatoire d'un insecte.* ◇ *Art saltatoire :* la danse.

SALTIMBANQUE n.m. (it. *saltimbanco,* qui saute sur le tremplin). Personne qui fait des tours d'adresse, des acrobaties sur les places publiques, dans les foires.

SALTO n.m. (mot it., *saut*). SPORTS. Saut périlleux.

SALUBRE adj. (lat. *salubris*, de *salus*, santé). Sain, qui contribue à la santé. *Air, appartement salubre.*

SALUBRITÉ n.f. Caractère de ce qui est salubre. ◇ *Salubrité publique* : ensemble des mesures édictées par l'Administration en matière d'hygiène des personnes, des animaux et des choses.

SALUER v.t. (lat. *salutare*). **1.** Donner (à qqn) une marque d'attention, de civilité, de respect. *Saluer une amie.* **2.** Honorer du salut militaire ou d'une marque de respect précisée par un règlement. *Saluer un supérieur, le drapeau.* **3.** Accueillir par des manifestations d'approbation ou d'hostilité. *Saluer par des sifflets.* **4.** Rendre hommage ; reconnaître en tant que tel. *Saluer le courage des sauveteurs. On l'a salué comme le chef de file.*

SALURE n.f. Caractère de ce qui est salé ; teneur en sel.

1. SALUT n.m. (lat. *salus, salutis*). **I. 1.** Fait d'échapper à un danger, à un malheur. *Ne devoir son salut qu'à la fuite. Comité de salut public.* **2.** RELIG. Fait d'être sauvé de l'état de péché et d'accéder à la vie éternelle. **II. 1.** Action ou manière de saluer ; marque de civilité donnée à qqn qu'on rencontre ou qu'on quitte. *Adresser un salut de la main.* **2.** Acte réglementaire par lequel on exprime son respect à qqn, qqch ou son appartenance à un corps. *Salut scout. Salut militaire. Salut au drapeau.* **3.** LITURGIE CATH. Court office du soir comprenant une exposition du saint sacrement, accompagnée de prières et de chants et terminée par une bénédiction solennelle.

2. SALUT interj. Fam. (Pour aborder des amis ou les quitter). Bonjour ; au revoir. *Salut, ça va ? Salut, je m'en vais.*

SALUTAIRE adj. **1.** Qui est propre à conserver ou à rétablir la santé physique ou morale. **2.** Qui peut avoir un effet bienfaisant sur la conduite de qqn.

SALUTATION n.f. **1.** Action de saluer. **2.** *Salutation angélique* : **a.** RELIG. CATH. Ave Maria (prière). **b.** Annonciation, en iconographie. **3.** Salut. *Faire de grandes salutations.*

SALUTISTE adj. et n. De l'Armée du salut.

SALVADORIEN, ENNE adj. et n. Du Salvador.

SALVAGNIN n.m. Suisse. Vin rouge du canton de Vaud.

SALVATEUR, TRICE adj. Litt. Qui sauve. *Des mesures salvatrices.*

SALVE n.f. (lat. *salve*, salut). Décharge simultanée d'armes à feu, au combat, en l'honneur de qqn ou en signe de réjouissance. ◇ *Salve d'applaudissements* : applaudissements qui éclatent tous en même temps.

SAMARA n.m. (mot persan). Afrique. Sandale constituée d'une semelle plate et d'une lanière qui se glisse entre les deux premiers orteils.

SAMARE n.f. (lat. *samara*, graine d'orme). BOT. Graine akène ailée. *Samares de l'orme, de l'érable, du frêne.*

1. SAMARITAIN, E adj. et n. De la ville ou de la région de Samarie.

2. SAMARITAIN, E n. Suisse. Secouriste.

SAMARIUM [-rjɔm] n.m. Métal blanc-gris du groupe des lanthanides, fondant vers 1 077 °C, utilisé notamm. dans les verres absorbant l'infrarouge ; élément (Sm), de numéro atomique 62 et de masse atomique 150,43.

SAMBA [sɑ̃ba] ou [sɑ̃mba] n.f. (mot port. du Brésil). Danse de salon, d'origine brésilienne, de rythme scandé ; air sur lequel elle se danse.

SAMBUQUE n.f. (gr. *sambukê*). Pont volant utilisé au Moyen Âge pour l'attaque des châteaux forts.

SAMEDI n.m. (lat. *sabbati dies*, jour du sabbat). Sixième jour de la semaine.

SAMIT [sami] n.m. (gr. *hexamitos*, à six fils). ARCHÉOL. Riche tissu à trame de soie et chaîne de fil.

SAMIZDAT [samizdat] n.m. (mot russe, *auto-édition*). Ensemble des moyens utilisés en U. R. S. S. et dans les pays de l'Est pour diffuser clandestinement les ouvrages interdits par la censure ; ouvrage ainsi diffusé.

SAMMY n.m. (de *oncle Sam*) [pl. *sammies*]. Fam. Soldat américain débarqué en France, en 1917.

SAMOAN, E adj. et n. Des îles Samoa.

SAMOLE n.m. Plante herbacée à fleurs blanches des régions marécageuses et salées. (Famille des primulacées.)

SAMOURAÏ [samuraj] n.m. (mot jap.). Membre de la classe des guerriers, dans l'organisation shogunale du Japon avant 1868. Graphie savante inv. : *samurai.*

samouraï (école japonaise du XVIe s.)
[coll. priv., Tōkyō]

SAMOVAR n.m. (mot russe). Bouilloire à robinet destinée à fournir l'eau chaude pour le thé, en Russie.

SAMOYÈDE n.m. Langue parlée par les Samoyèdes.

SAMPAN ou **SAMPANG** n.m. (chin. *sanpan*, trois planches). Embarcation asiatique à fond plat, marchant à la godille ou à l'aviron et qui comporte, au centre, un dôme en bambou tressé pour abriter les passagers.

SAMPI [sɑ̃pi] n.m. inv. Caractère grec figurant à la fois un *san* (nom dorien du σ) et un pi (π), conservé seulement comme lettre numérale, servant à noter le nombre 900 ou 900 000, selon la place de l'accent.

SAMPLER [sɑ̃plœr] n.m. (mot angl.). Appareil électronique utilisé dans les musiques de variété pour découper des extraits d'œuvres et les insérer dans une nouvelle production. (On dit aussi *échantillonneur.*)

SAMPOT n.m. Pièce d'étoffe drapée pour former une culotte, en Thaïlande, au Laos, au Cambodge.

S.A.M.U. [samy] n.m. (sigle de *Service d'aide médicale d'urgence*). Service hospitalier disposant d'unités mobiles, équipé pour assurer les premiers soins aux victimes d'accidents, leur transport vers un centre hospitalier ou toute réanimation urgente.

SANA n.m. (abrév.). Sanatorium.

SANATORIAL, E, AUX adj. Relatif au sanatorium.

SANATORIUM [-rjɔm] n.m. (mot angl. ; du lat. *sanator*, celui qui guérit) [pl. *sanatoriums*]. Établissement de cure destiné au traitement des différentes formes de tuberculose ou de certaines maladies chroniques.

SAN-BENITO [sɑ̃benito] n.m. (mot esp., *saint Benoît* [parce que ce vêtement rappelait l'habit des bénédictins]) [pl. *san-benitos*]. Casaque jaune dont étaient revêtus ceux que l'Inquisition avait condamnés au bûcher.

SANCERRE n.m. Vin blanc récolté dans le Sancerrois.

SANCTIFIANT, E adj. Qui sanctifie. *Grâce sanctifiante.*

SANCTIFICATEUR, TRICE adj. et n. Qui sanctifie.

SANCTIFICATION n.f. **1.** Action de sanctifier ; effet de ce qui sanctifie. *La sanctification des âmes.* **2.** Célébration selon la loi religieuse.

SANCTIFIER v.t. (lat. *sanctus*, saint, et *facere*, faire). **1.** Rendre saint. *La grâce nous sanctifie.* **2.** Révérer comme saint. *Que son nom soit sanctifié.* **3.** Célébrer suivant la loi religieuse.

SANCTION n.f. (lat. *sanctio*, de *sancire*, rendre irrévocable). **I. 1.** DR. CONSTIT. *Sanction (des lois)* : acte par lequel le chef de l'État rend exécutoire une loi votée par le Parlement. **2.** Consécration, confirmation considérée comme nécessaire. *Mot qui a reçu la sanction de l'usage.* **II. 1.** Mesure répressive infligée par une autorité pour l'inexécution d'un ordre, l'inobservation d'un règlement, d'une loi. *Prendre des sanctions contre les grévistes.* – DR. PÉN. Peine prévue par la loi et appliquée aux personnes ayant commis une infraction. **2.** Conséquence, bonne ou mauvaise, d'un acte. *L'échec a été la sanction de son imprudence.*

SANCTIONNER v.t. **1.** Apporter une consécration officielle ou quasi officielle à. *Sanctionner les propositions d'un médiateur.* **2.** Réprimer, punir. *La loi sanctionne ce genre d'infractions.*

SANCTUAIRE n.m. (lat. *sanctuarium* ; de *sanctus*, saint). **I. 1.** Partie de l'église, située autour de l'autel, où s'accomplissent les cérémonies liturgiques. **2.** Édifice religieux, lieu saint en général. **II.** Fig. **1.** Asile, espace inviolable. **2.** DÉF. Territoire national qu'un adversaire éventuel doit considérer comme inviolable ; territoire couvert par la dissuasion nucléaire.

SANCTUARISER v.t. DÉF. Donner à (un territoire) le caractère d'un sanctuaire.

SANCTUS [sɑ̃ktys] n.m. (mot lat., *saint*). Chant de louange à Dieu commençant par ce mot et qui se place à la messe après la préface.

SANDALE n.f. (lat. *sandalium* ; du gr.). Chaussure formée d'une simple semelle retenue au pied par des cordons, des lanières.

SANDALETTE n.f. Sandale légère faite d'une tige cousue directement sur le semelage et fermée par une boucle.

SANDARAQUE n.f. (gr. *sandarakê*). Résine extraite d'une espèce de thuya et employée pour la préparation des vernis, le glaçage du papier, etc.

SANDERLING [sɑ̃dɛrlɛ̃] n.m. (mot angl., de *sand*, sable). Petit oiseau échassier vivant sur les côtes. (Long. 15 cm ; famille des charadriidés.)

SANDINISME n.m. Ensemble des idées, nationalistes et anti-impérialistes, dont le modèle réside dans l'action d'Auguste César Sandino.

SANDINISTE adj. et n. Au Nicaragua, qui appartient au parti se référant aux idées nationalistes et révolutionnaires de Sandino.

SANDIX ou **SANDYX** [sɑ̃diks] n.m. ARCHÉOL. Colorant minéral rouge dont se servaient les Anciens pour la teinture des étoffes.

SANDJAK [sɑ̃dʒak] n.m. Subdivision de province, dans l'Empire ottoman.

SANDOW [sɑ̃do] ou [sɑ̃dɔv] n.m. (nom déposé). Câble en caoutchouc, utilisé notamm. dans les extenseurs et pour le lancement des planeurs, ou pour fixer des objets sur un porte-bagages, une galerie de voiture, etc.

SANDRE n.m. ou f. (all. *Zander*). Poisson osseux voisin de la perche, à chair estimée. (Long. jusqu'à 1 m.)

SANDWICH [sɑ̃dwitʃ] n.m. (du n. de lord *Sandwich*, qui se faisait servir ce mets à sa table de jeu) [pl. *sandwichs* ou *sandwiches*]. Tranches de pain entre lesquelles on met une tranche de jambon, de fromage, etc. ◇ Fam. *Prendre qqn en sandwich*, le coincer ou l'attaquer de deux côtés à la fois. ◆ adj. et n.m. Se dit de tout matériau dont la structure évoque un sandwich (une couche entre deux couches d'un matériau plus noble, par ex.), ou de cette structure elle-même.

SANDYX n.m. → ***sandix.***

SANFORISAGE n.m. (nom déposé). Traitement qui donne au tissu de coton une stabilité évitant le retrait au lavage.

SANG [sɑ̃] n.m. (lat. *sanguis, sanguinis*). **1.** Liquide rouge qui circule dans les veines, les artères, le cœur et les capillaires, et qui irrigue tous les tissus de l'organisme, auxquels il apporte éléments nutritifs et oxygène et dont il recueille les déchets pour les conduire vers les organes qui les éliminent (reins, poumons, peau). – *Sang laqué* : solution d'hémoglobine libérée par lyse des globules rouges. ◇ *Un être de chair et de sang* : un être bien vivant, avec ses passions, ses appétits. – Fam. *Avoir du sang dans les veines* : être énergique, audacieux. – *Avoir le sang chaud* : être impétueux, ardent, irascible. – Fam. *Avoir qqch dans le sang*, y être porté instinctivement, en être passionné. – *Avoir le sang qui monte à la tête* : être frappé d'une émotion violente, être sur le point d'éclater de colère. – Fam. *Se faire du mauvais sang, un sang d'encre ; se ronger, se manger les sangs :* se tourmenter à l'extrême, être très inquiet. – *Le sang a coulé :* il y a eu des blessés ou des morts. – *Mettre un pays à feu et à sang,* le saccager. – *Apport de sang frais :* arrivée d'éléments nouveaux, plus jeunes ; apport de capitaux. **2.** **Fig.** Vie, existence. *Payer de son sang.* – *Donner son sang :* sacrifier sa vie. **3.** **Litt.** Race, famille, extraction. ◇ *Liens du sang :* relation de parenté ; liens affectifs entre personnes de la même famille. – *Prince du sang,* issu de la famille royale par les mâles. – *La voix du sang :* l'esprit de famille.

■ Le sang oxygéné est rouge dans les artères, qui le portent dans toutes les parties de l'organisme ; il est rouge foncé, chargé en gaz carbonique, dans les veines le ramenant au cœur, qui l'envoie dans les poumons, où il perd son gaz carbonique et se charge de nouveau en oxygène. Il se compose de deux parties. Une partie liquide, le *plasma,* qui renferme de l'eau, des sels minéraux, des vitamines, enzymes et hormones, des glucides, lipides et protides, produits de la digestion et des déchets des métabolismes ; et, en suspension, des cellules, ou *éléments figurés :* globules rouges (transporteurs d'oxygène et de gaz carbonique), globules blancs (détruisant par phagocytose les micro-organismes et jouant un rôle essentiel dans les réactions de défense de l'organisme) et plaquettes (intervenant dans la coagulation). Dans le sang coagulé, le plasma, qui a perdu son fibrinogène, devient *sérum.* Le volume des éléments figurés *(hématocrite)* représente 45 p. 100 du volume du sang total. La masse sanguine totale est de 4,7 litres chez l'homme, 3,7 litres chez la femme. La détermination des groupes sanguins (antigènes portés par les globules rouges et autres éléments figurés) permet de pratiquer sans danger des transfusions entre des individus sains et des malades ou des blessés. Les maladies du sang sont les *hémopathies.*

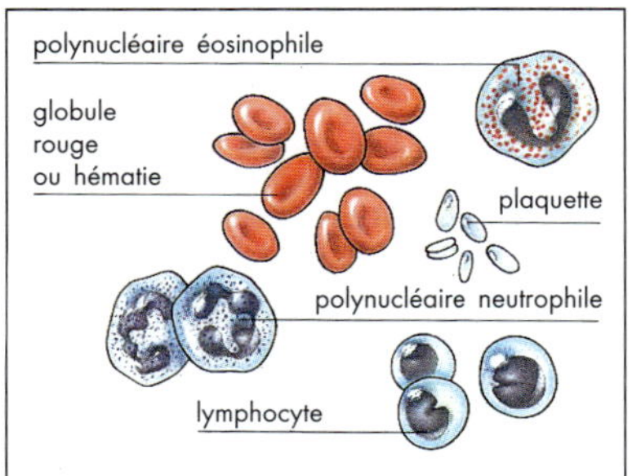

sang : éléments figurés du sang humain

SANG-DRAGON ou **SANG-DE-DRAGON** n.m. inv. Résine rouge extraite du fruit d'une espèce de palmier du genre rotang et utilisée comme hémostatique.

SANG-FROID n.m. inv. Tranquillité, maîtrise de soi. *Garder son sang-froid dans une occasion grave.* ◇ *De sang-froid :* de façon délibérée ; calmement, sans emportement.

SANGLANT, E adj. (lat. *sanguilentus*). **1.** Taché de sang. *Mains sanglantes.* **2.** Qui contribue à répandre le sang ou s'accompagne d'une grande effusion de sang ; meurtrier. *Des combats sanglants.* ◇ *Mort sanglante :* mort violente avec effusion de sang. **3.** **Litt.** Qui a la couleur rouge du sang. **4.** **Fig.** Dur, blessant. *S'exposer à de sanglants reproches.*

SANGLE n.f. (lat. *cingula,* de *cingere,* ceindre). **1.** Bande de cuir ou de toile large et plate, qui sert à entourer, à serrer, etc. ◇ *Lit de sangle :* lit composé de deux châssis croisés en X sur lesquels sont tendues des sangles ou une toile. **2.** *Sangle abdominale :* ensemble des muscles qui assurent le soutien des viscères de l'abdomen et la fermeté de la paroi du ventre.

SANGLER v.t. **1.** Serrer avec une sangle. **2.** Serrer fortement la taille.

SANGLIER n.m. (lat. *singularis porcus,* porc solitaire). **1.** Porc sauvage des forêts, à énorme tête triangulaire (hure) et à poil raide, qui peut causer des dégâts dans les champs. (La femelle est la *laie,* et les petits sont les *marcassins.*) [Famille des suidés.] – *Le sanglier grogne, grommelle,* pousse son cri. **2.** Chair de cet animal.

SANGLON n.m. (de *sangle*). Courroie de harnais. ◇ **Spécialt.** Chacune des petites courroies servant à fixer à la selle la sangle qui passe sous le ventre du cheval.

SANGLOT n.m. (altér. du lat. *singultus,* sanglot, d'après *gluttire,* avaler). [Souvent au pl.]. Contraction spasmodique du diaphragme sous l'effet de la douleur ou de la peine, accompagnée de larmes, suivie de l'émission brusque et bruyante de l'air contenu dans la poitrine. *Éclater en sanglots.*

SANGLOTEMENT n.m. **Litt.** Action de sangloter.

SANGLOTER v.i. Pousser des sanglots ; pleurer en sanglotant.

SANG-MÊLÉ n. inv. **Vx.** Métis, métisse.

SANGRIA [sɑ̃grija] n.f. (mot esp., de *sangre,* sang). Boisson d'origine espagnole faite de vin sucré où macèrent des morceaux de fruits.

SANGSUE [sɑ̃sy] n.f. (lat. *sanguisuga*). **1.** Ver marin ou d'eau douce dont le corps est terminé par une ventouse à chaque extrémité. (Embranchement des annélides ; classe des hirudinées.) **2.** **Litt.** Personne avide, qui tire de l'argent par tous les moyens. **3.** **Fam.** Personne importune, dont on ne peut se défaire.

■ Les sangsues absorbent le sang des vertébrés après avoir pratiqué une incision dans la peau grâce à trois mâchoires entourant leur bouche ; elles conservent ce sang liquide dans un tube digestif dilatable. On les a longtemps utilisées pour les saignées.

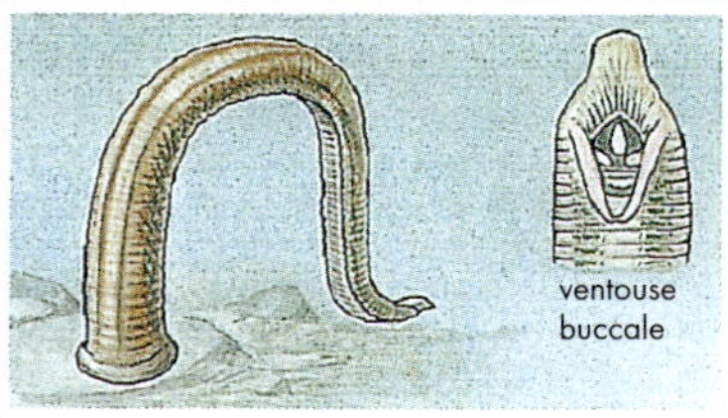

sangsue

SANGUIN, E adj. (lat. *sanguineus*). Relatif au sang. *Écoulement sanguin.* ◇ *Tempérament sanguin* ou *sanguin,* n.m. : personne qui a un tempérament impulsif. – *Vaisseaux sanguins :* conduits organiques où circule le sang.

1. SANGUINAIRE adj. **1.** Qui n'hésite pas à répandre le sang. *Peuples sanguinaires.* **2.** **Litt.** Qui est marqué par des effusions de sang. *Luttes sanguinaires.* **3.** **Litt.** Cruel ; qui incite à la cruauté. *Lois sanguinaires.*

2. SANGUINAIRE n.f. Herbe vivace, à rhizome épais et court, qui contient un latex rouge sang âcre et toxique, dont se servaient les Indiens de l'Amérique du Nord pour se teindre le corps en rouge. (Famille des papavéracées.)

SANGUINE n.f. **1.** Minerai d'hématite rouge, à base d'oxyde de fer. **2.** Crayon fait avec ce minerai ; dessin, de couleur rouge, fait avec ce crayon. **3.** Orange à chair plus ou moins rouge, très estimée.

SANGUINOLENT, E adj. Teinté ou mêlé de sang ; couleur de sang.

sanglier, laie et marcassins

SANGUISORBE n.f. Pimprenelle.

SANHÉDRIN [sanedrɛ̃] n.m. (mot araméen). Ancien conseil suprême du judaïsme, siégeant à Jérusalem et présidé par le grand prêtre. (Créé à la fin du IIIe s. av. J.-C., il cessa d'exister en fait à la disparition de l'État juif, en 70 apr. J.-C.)

SANICLE ou **SANICULE** n.f. (bas lat. *sanicula,* de *sanus,* sain). Plante vivace poussant dans les endroits frais. (Famille des ombellifères.)

SANIE n.f. (lat. *sanies*). Matière purulente fétide, mélangée de sang.

SANIEUX, EUSE adj. Qui contient de la sanie.

SANISETTE n.f. (nom déposé). Édicule abritant des toilettes publiques, dont l'accès et le nettoyage sont automatisés.

SANITAIRE adj. (lat. *sanitas,* santé). **1.** Relatif à la conservation de la santé publique. *Règlement sanitaire.* **2.** Relatif aux installations et appareils destinés aux soins de propreté, d'hygiène. *Équipement sanitaire.*

SANITAIRES n.m. pl. Ensemble des installations de propreté (lavabos, water-closets, etc.) d'un lieu.

SANS [sɑ̃] prép. (lat. *sine*). Marque : **1.** La privation, l'absence, l'exclusion. *Sans argent. Sans effort.* **2.** La condition négative. *Sans vous, j'aurais gagné mon procès.* ◇ *Non sans :* avec. *Je l'ai trouvé non sans peine.* – *Sans quoi :* sinon, autrement. *Partez, sans quoi vous serez en retard.* ◆ loc. conj. *Sans que* (+ subj.), indique une circonstance non réalisée. *Il est parti sans que je m'aperçoive de rien.*

SANS-ABRI n. inv. Personne qui n'a pas de logement ; sans-logis.

SANS-CŒUR adj. inv. et n. inv. **Fam.** Qui est sans pitié, sans sensibilité.

SANSCRIT, E adj. et n.m. → ***sanskrit.***

SANS-CULOTTE n.m. (pl. *sans-culottes*). Révolutionnaire qui appartenait aux couches les plus populaires et qui portait le pantalon de bure à rayures, sous la Convention.

sans-culotte parisien
(aquarelle d'époque) [musée Carnavalet, Paris]

SANS-EMPLOI n. inv. Chômeur.

SANSEVIÈRE n.f. Amaryllidacée voisine de l'agave et dont la feuille fournit une fibre textile.

SANS-FAÇON n.m. inv. **Litt.** Mépris volontaire des convenances.

SANS-FAUTE n.m. inv. Parcours ou prestation sans faute, parfaite.

SANS-FIL n.m. inv. Poste téléphonique utilisable sans fil à proximité d'un émetteur radio relié au réseau.

SANS-GÊNE n.m. inv. Manière d'agir sans tenir compte des formes habituelles de politesse, indélicatesse. ◆ n. inv. Personne qui agit de cette manière.

SANS-GRADE n. inv. **Fam.** Subalterne, subordonné sans pouvoir de décision.

SANSKRIT ou **SANSCRIT** [sɑ̃skri] n.m. (sanskr. *samskrita,* parfait). Langue indo-aryenne qui fut la langue sacrée et la langue littéraire de l'Inde ancienne. ◆ **sanskrit, e** ou **sanscrit, e** adj. Relatif au sanskrit. *Textes sanskrits.*

SANSKRITISTE n. Spécialiste du sanskrit.

SANS-LE-SOU n. inv. Fam. Personne qui n'a pas d'argent.

SANS-LOGIS n. Litt. Sans-abri.

SANSONNET [sɑ̃sɔnɛ] n.m. (dimin. de *Samson*). Étourneau.

SANS-PAPIERS n. Personne qui ne possède pas les documents qui lui permettent de justifier de son identité et, si elle est étrangère, de la régularité de sa situation en France (pièce d'identité, carte de séjour, permis de travail, etc.).

SANS-PARTI n. inv. Personne qui n'est inscrite à aucun parti politique.

SANS-SOUCI n. inv. Litt. Personne insouciante.

SANTAL n.m. (gr. *santalon ;* de l'ar.) [pl. *santals*]. **1.** Arbuste d'Asie dont le bois est utilisé en parfumerie, en petite ébénisterie, etc. (Type de la famille des santalacées.) **2.** Bois de cet arbre. **3.** Essence qui en est extraite.

SANTALINE n.f. Colorant extrait du bois de santal.

SANTÉ n.f. (lat. *sanitas*). **1.** État de qqn dont l'organisme fonctionne bien. *Être plein de santé.* ◇ *Boire à la santé de qqn :* former des vœux relatifs à sa santé, considérée comme condition de son bonheur. – (Formule de vœux exprimée lorsqu'on lève son verre en l'honneur de qqn). *À votre santé !* **2.** État de l'organisme, bon ou mauvais. *Être en mauvaise santé.* **3.** Équilibre de la personnalité, maîtrise de ses moyens intellectuels. *Santé mentale.* ◇ *Maison de santé :* établissement privé où l'on traite spécialement les maladies mentales. **4.** État sanitaire des membres d'une collectivité. *Constater une amélioration de la santé du pays.* ◇ *Santé publique :* ensemble des actions et prescriptions prises par l'Administration et relatives à la protection de la santé des citoyens. – MIL. *Service de santé (des armées),* chargé d'assurer le soutien sanitaire des armées et des organismes dépendant du ministre de la Défense en matière d'hygiène, de prévention, de soins, d'expertises, d'enseignement et de recherches.

SANTIAG n.f. Botte à bout effilé et à talon oblique.

SANTOLINE n.f. (du lat. *santonica herba,* herbe des Santons). Arbrisseau odorant originaire de la région méditerranéenne, voisin de l'armoise. (Ses akènes ont des propriétés vermifuges.) [Famille des composées.]

SANTON n.m. (prov. *santoun,* petit saint). Petite figurine en terre cuite peinte servant, en Provence, à décorer les crèches de Noël.

SANTONINE n.f. (occitan *santonino*). Médicament vermifuge extrait du semen-contra, aujourd'hui abandonné en raison de sa toxicité.

SANVE n.f. (lat. *sinapi,* moutarde). Moutarde des champs.

SANZA n.f. Afrique. Instrument de musique constitué d'une caisse sur laquelle sont fixées des languettes que l'on pince avec les doigts.

SAOUDIEN, ENNE adj. et n. De l'Arabie saoudite.

SAOUDITE adj. Relatif à l'Arabie saoudite, à la dynastie régnant sur ce pays.

SAOUL, E [su, sul] adj. → ***soûl.***

SAOULER [sule] v.t. → ***soûler.***

SAPAJOU n.m. (tupi *sapaiou*). **1.** Petit singe de l'Amérique centrale et de l'Amérique du Sud, à longue queue prenante, appelé aussi *sajou, saïmiri.* **2.** Petit homme laid et ridicule.

1. SAPE n.f. (de 1. *saper*). **1.** Tranchée creusée sous un mur, un ouvrage, etc., pour le renverser. ◇ *Travail de sape :* menées plus ou moins secrètes pour détruire qqn, qqch. **2.** MIL. Dans la guerre de siège, communication enterrée ou souterraine.

2. SAPE n.f. (de 2. *saper*). Pop. (Surtout pl.). Vêtement, habit.

SAPEMENT n.m. **1.** Action de saper. **2.** Destruction d'un relief par la base, sous la forme d'une mise en porte à faux généralement due à l'action d'un cours d'eau.

SAPÈQUE n.f. (malais *sapek*). Pièce de monnaie de faible valeur, autref. en usage en Extrême-Orient.

1. SAPER v.t. (de l'it. *zappa,* boyau). **1.** Creuser une sape sous les fondements d'une construction pour provoquer son écroulement. *Saper un mur.* **2.** En parlant des eaux, entamer une formation à sa partie inférieure et y causer des éboulements. *La mer sape les falaises.* **3.** Chercher à détruire qqch à la base par une action progressive et secrète. *Saper le moral de la population.*

2. SAPER v.t. Pop. Habiller (qqn). ◆ **se saper** v.pr. Pop. S'habiller, se vêtir.

SAPERDE n.f. (gr. *saperdês*). Insecte coléoptère grisâtre, jaune ou verdâtre dont la larve vit dans le tronc de divers arbres. (Long. 15 à 30 mm ; famille des longicornes.)

SAPERLIPOPETTE interj. Juron plaisant ou vieilli exprimant un dépit, soulignant une injonction, etc.

1. SAPEUR n.m. (de 1. *saper*). Soldat de l'arme du génie.

2. SAPEUR n.m. (de *se saper,* s'habiller, avec jeu de mots sur 1. *sapeur*). Afrique. Homme qui s'habille avec élégance, dandy.

SAPEUR-POMPIER n.m. (pl. *sapeurs-pompiers*). Pompier.

SAPHÈNE adj. et n.f. (ar. *sâfin,* vaisseau). ANAT. Se dit des deux veines qui collectent le sang des veines superficielles du membre inférieur.

SAPHIQUE adj. Relatif à Sappho, au saphisme. ◇ *Vers saphique :* vers grec ou latin de onze syllabes, dont on attribuait l'invention à Sappho.

SAPHIR n.m. (gr. *sappheiros*). **1.** Pierre précieuse transparente, le plus souvent bleue, variété de corindon. **2.** Petite pointe qui fait partie de la tête de lecture d'un électrophone, d'un tourne-disque. ◆ adj. inv. D'un bleu lumineux.

SAPHISME n.m. (de *Sappho*). Litt. Homosexualité féminine. SYN. : ***lesbianisme ;*** (vx) ***tribadisme.***

SAPIDE adj. (lat. *sapidus,* de *sapor,* saveur). Qui a de la saveur. CONTR. : ***insipide.***

SAPIDITÉ n.f. Caractère de ce qui est sapide.

SAPIENCE n.f. (lat. *sapientia*). Vx. Sagesse.

SAPIENTIAUX [sapjɛ̃sjo] adj.m. pl. (du lat. *sapientia,* sagesse). Se dit d'un groupe de cinq livres bibliques (Proverbes, Job, Ecclésiaste, Ecclésiastique et Sagesse), recueils de maximes, sentences et poèmes moraux de la sagesse orientale. (On y joint parfois les Psaumes et le Cantique des cantiques.) [V. tableau Bible, partie n.pr.]

SAPIENTIEL, ELLE adj. Qui concerne les écrits sapientiaux.

SAPIN n.m. (du gaul.). Arbre résineux au tronc grisâtre commun dans les montagnes d'Europe occidentale entre 500 et 1 500 m et dont les feuilles, persistantes, portent deux lignes blanches en dessous (ce qui les distingue de celles de l'épicéa). [Ordre des conifères.] ◇ Fam. *Sentir le sapin :* n'avoir plus longtemps à vivre. ◇ Canada. Fam. *Passer un sapin à qqn,* le berner, le duper.

■ Le sapin, qu'il ne faut pas confondre avec l'épicéa, atteint 40 m de haut ; son bois est utilisé en charpente, en menuiserie, parquetage et pour la fabrication de la pâte à papier.

sapin pectiné

SAPINDACÉE n.f. (lat. sc. *sapindus,* savon indien). *Sapindacées :* famille de plantes dicotylédones tropicales telles que le savonnier, le litchi.

SAPINE n.f. (de *sapin*). **1.** Grue fixe ou mobile de faible puissance. **2.** Planche, solive de sapin. **3.** Baquet en bois de sapin.

SAPINETTE n.f. **1.** Épicéa de l'Amérique du Nord (nom commun à plusieurs espèces ornementales). **2.** Région. (Midi). Cèdre.

SAPINIÈRE n.f. Terrain planté de sapins.

SAPITEUR n.m. (du lat. *sapere,* savoir). Expert chargé, en cas d'avarie d'un navire, d'estimer la valeur des marchandises.

SAPONACÉ, E adj. Qui a les caractères du savon, peut être employé aux mêmes usages que le savon.

SAPONAIRE n.f. (du lat. *sapo, saponis,* savon). Plante à fleurs roses, préférant les lieux humides, dont la tige et les racines contiennent de la saponine et font mousser l'eau comme du savon. (Haut. 50 cm ; famille des caryophyllacées.)

saponaire

SAPONASE n.f. Lipase (enzyme).

SAPONÉ n.m. PHARM. Préparation médicamenteuse obtenue par mélange dans une solution alcoolique de savon.

SAPONIFIABLE adj. Que l'on peut saponifier.

SAPONIFICATION n.f. **1.** Transformation des matières grasses en savon à la suite de leur décomposition par une base en sel d'acide gras et glycérine. **2.** CHIM. Action de saponifier.

SAPONIFIER v.t. (du lat. *sapo, -onis,* savon). **1.** Transformer en savon. *Saponifier des huiles.* **2.** CHIM. Décomposer (un ester) par une base.

SAPONINE n.f. Glucoside de la saponaire, du bois de Panamá, etc., dont la solution aqueuse mousse comme du savon.

SAPONITE n.f. Silicate hydraté naturel de magnésium et d'aluminium, blanchâtre et onctueux.

SAPOTACÉE n.f. *Sapotacées :* famille de plantes dicotylédones gamopétales, surtout tropicales, telles que le balata et la gutta-percha.

SAPOTE ou **SAPOTILLE** n.f. Fruit du sapotier, grosse baie charnue et très sucrée.

SAPOTIER ou **SAPOTILLIER** n.m. (esp. *zapote,* de l'aztèque). Arbre des Antilles dont le fruit est comestible. (Famille des sapotacées.)

SAPRISTI interj. → ***sacristi.***

SAPROPÈLE ou **SAPROPEL** n.m. (gr. *sapros,* pourri, et *pêlos,* boue). GÉOL. Vase riche en substances organiques et constituant une roche mère potentielle pour les hydrocarbures.

SAPROPHAGE adj. et n.m. (gr. *sapros,* pourri, et *phagein,* manger). ZOOL. Qui se nourrit de matières organiques en décomposition.

SAPROPHYTE n.m. et adj. **1.** Végétal qui tire sa nourriture de substances organiques en décomposition. (Divers champignons sont saprophytes : amanites, bolets, etc.) **2.** *Micro-organisme saprophyte :* germe qui vit sur un hôte sans y provoquer de maladie (par opp. à *pathogène*).

SAPROPHYTISME n.m. Mode de vie des saprophytes.

SAQUER v.t. → *sacquer.*

SAR n.m. (mot prov.). Poisson comestible, commun en Méditerranée. (Famille des sparidés.)

SARABANDE n.f. (esp. *zarabanda*). **1.** Danse noble à trois temps, en vogue aux XVIIe et XVIIIe s. **2.** Composition musicale dans le tempo et le caractère de cette danse. **3.** Fam. Jeux bruyants, vacarme.

SARBACANE n.f. (ar. *sabaṭāna ;* du malais). Long tuyau qui sert à lancer, en soufflant, de petits projectiles.

SARCASME n.m. (gr. *sarkasmos,* de *sarkazein,* mordre la chair). Raillerie insultante, ironie mordante.

SARCASTIQUE adj. Moqueur et méchant. *Rire sarcastique. Écrivain sarcastique.*

SARCASTIQUEMENT adv. De façon sarcastique.

SARCELLE n.f. (lat. pop. *cercedula*). Canard sauvage de petite taille, qui niche souvent en France. (Long. jusqu'à 40 cm.)

SARCINE n.f. (lat. *sarcina,* ballot). Bactérie se divisant en trois plans perpendiculaires et donnant des éléments groupés en masses cubiques.

SARCLAGE n.m. Action de sarcler.

SARCLER v.t. (du lat. *sarculum,* houe). Débarrasser une culture de ses mauvaises herbes, manuellement ou à l'aide d'un outil.

SARCLETTE n.f. Petit sarcloir.

SARCLEUR, EUSE n. Personne employée au sarclage.

SARCLOIR n.m. Outil voisin de la houe, utilisé pour sarcler.

SARCLURE n.f. Ensemble des mauvaises herbes qu'on arrache en sarclant.

SARCOÏDE n.f. MÉD. Lésion cutanée de la sarcoïdose ayant généralement l'aspect d'un nodule.

SARCOÏDOSE n.f. Affection d'origine inconnue caractérisée par l'existence d'une lésion spécifique, le granulome tuberculoïde, pouvant se retrouver dans un grand nombre d'organes ou de tissus (ganglions, poumons, peau).

SARCOMATEUX, EUSE adj. Relatif au sarcome.

SARCOME n.m. (gr. *sarkôma,* excroissance de chair). Tumeur conjonctive maligne.

SARCOPHAGE n.m. (gr. *sarkophagos,* qui mange de la chair). **1.** Cercueil de pierre de l'Antiquité et du haut Moyen Âge. **2.** Sac de couchage à capuchon.

SARCOPTE n.m. (gr. *sarx, sarkos,* chair, et *koptein,* couper). Acarien parasite de l'homme et de certains vertébrés. (La femelle provoque la gale en creusant dans l'épiderme des galeries, où elle dépose ses œufs.) [Long. 0,3 mm.]

SARDANE n.f. (catalan *sardana*). Air et ronde dansée, populaires en Catalogne.

SARDE adj. et n. De la Sardaigne. ◆ n.m. Langue romane parlée en Sardaigne.

SARDINE n.f. (lat. *sardina,* de Sardaigne). **1.** Poisson voisin du hareng, au dos bleu-vert, au ventre argenté, commun dans la Méditerranée et l'Atlantique. (Pendant la belle saison, les sardines se déplacent par bancs en surface ; on les pêche alors pour les consommer fraîches ou conservées dans l'huile.) [Long. 20 cm ; famille des clupéidés.] **2.** Fam. Galon de sous-officier.

sardine

SARDINELLE n.f. Petite sardine de la Méditerranée et de l'Atlantique tropical, appelée aussi *allache.*

SARDINERIE n.f. Endroit où l'on prépare des conserves de sardines.

1. SARDINIER, ÈRE n. **1.** Pêcheur, pêcheuse de sardines. **2.** Ouvrier, ouvrière travaillant à la mise en conserve de la sardine.

2. SARDINIER n.m. Bateau pour la pêche de la sardine.

SARDOINE n.f. (lat. *sardonux ;* mot gr.). Calcédoine d'une variété brune ou rouge.

SARDONIQUE adj. (lat. *sardonia herba,* herbe de Sardaigne [qui provoquait un rire de fou]). Qui exprime une moquerie méchante. *Un rire sardonique.*

SARDONIQUEMENT adv. De façon sardonique.

SARDONYX [-niks] n.f. Agate d'une variété blanche et rouge-orangé.

SARGASSE n.f. (port. *sargaço*). Algue brune flottante, dont l'accumulation forme, au large des côtes de Floride *(mer des Sargasses),* une véritable prairie où pondent les anguilles.

SARI n.m. (mot hindi). En Inde, costume féminin composé d'une pièce de coton ou de soie, drapée et ajustée sans coutures ni épingles. Graphie savante : *sārī.*

SARIGUE n.f. (du tupi). Mammifère d'Amérique du groupe des marsupiaux, dont la femelle possède une longue queue préhensile à laquelle s'accrochent les jeunes montés sur son dos. (Il existe plusieurs espèces de sarigues, parmi lesquelles l'opossum.)

SARISSE n.f. (gr. *sarisa*). ANTIQ. GR. Longue lance de la phalange macédonienne.

S. A. R. L. n.f. (sigle). Société* à responsabilité limitée.

SARMENT n.m. (lat. *sarmentum*). **1.** Jeune rameau de vigne. **2.** BOT. Tige ou branche ligneuse grimpante.

SARMENTER v.t. Ramasser les sarments qui proviennent de la taille de la vigne.

SARMENTEUX, EUSE adj. **1.** Qui produit beaucoup de sarments. *Vigne sarmenteuse.* **2.** BOT. Se dit d'une plante dont la tige est longue, flexible et grimpante comme le sarment.

SARODE n.m. Instrument de musique de l'Inde, proche du sitar.

SARONG [sarɔ̃g] n.m. (mot malais). Long pagne traditionnel en étoffe, porté par les deux sexes dans certaines régions de l'Asie du Sud-Est.

SAROS [sarɔs] n.m. (mot gr.). Période de 18 ans et 11 jours, qui comporte 233 lunaisons et qui règle approximativement le retour des éclipses. (Durant cette période, on compte en moyenne 84 éclipses, dont 42 de Soleil et 42 de Lune.)

SAROUAL ou **SAROUEL** n.m. (ar. *sirwāl*) [pl. *sarouals* ou *sarouels*]. Pantalon traditionnel d'Afrique du Nord, à jambes bouffantes et à entrejambe bas.

SARRACENIA n.m. (de *Sarrasin,* n.pr.). Plante d'Amérique à feuilles enroulées en cornet et qui forment des pièges à insectes.

SARRANCOLIN n.m. (n. d'un village des Pyrénées). Marbre des Pyrénées à fond gris avec des veines rosées et jaunes irrégulières.

1. SARRASIN, E adj. et n. (lat. *Sarracenus*). Musulman, pour les Occidentaux du Moyen Âge.

2. SARRASIN n.m. (de 1. *sarrasin*). Plante herbacée annuelle, très rustique, cultivée pour ses graines riches en amidon *(blé noir).* [Le sarrasin, qui est une céréale, n'est pratiquement plus cultivé en France.]

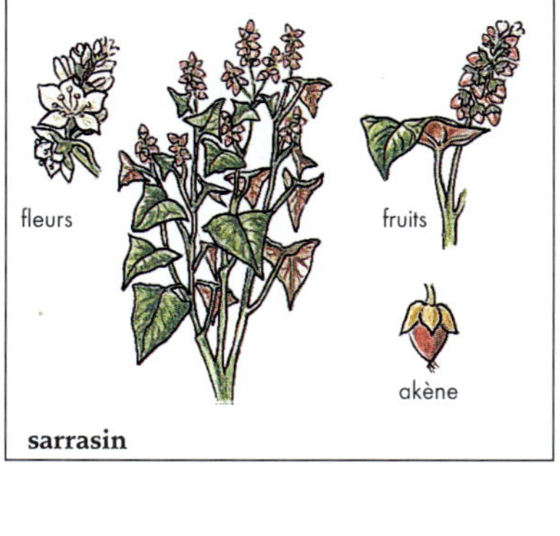

sarrasin

SARRASINE n.f. Herse placée entre le pont-levis et la porte d'un château fort.

SARRAU n.m. (moyen haut all. *sarrok*) [pl. *sarraus*]. **1.** Tablier d'enfant boutonné derrière. **2.** Blouse de travail ample.

SARRETTE, SARRÈTE ou **SERRETTE** n.f. (lat. *serra,* scie). Serratule (plante).

SARRIETTE n.f. (lat. *satureia*). Plante aromatique utilisée dans les assaisonnements. (Famille des labiées.)

SARROIS, E adj. et n. De la Sarre.

SARTHOIS, E adj. et n. De la Sarthe.

SAS [sa] ou [sas] n.m. (lat. *seta,* poil rude). **1.** Partie d'un canal comprise entre les deux portes d'une écluse. **2.** Petite chambre munie de deux portes étanches, permettant de mettre en communication deux milieux dans lesquels les pressions sont différentes. **3.** Tamis de crin, de soie, etc., entouré d'un cercle de bois, pour passer les matières pulvérulentes ou liquides.

SASSAFRAS [sasafra] n.m. (esp. *sasafras ;* mot amérindien). Lauracée d'Amérique, dont les feuilles sont employées comme condiment.

SASSAGE n.m. Polissage, par frottement, des objets de métal précieux agités ensemble dans du sable.

SASSANIDE adj. Relatif à la dynastie des Sassanides.

SASSEMENT n.m. Action de sasser.

SASSENAGE n.m. (de *Sassenage,* n.pr.). Fromage à pâte ferme et à moisissures internes fabriqué dans l'Isère.

SASSER v.t. **1.** Passer au sas. *Sasser de la farine.* **2.** MAR. Faire passer par le sas.

SASSEUR, EUSE n. Personne qui passe une matière au sas.

SATANÉ, E adj. (de *Satan,* n.pr.). Fam. (Avant le nom). Abominable, sacré. *Satané farceur.*

SATANIQUE adj. **1.** Propre à Satan, au satanisme. *Culte satanique.* **2.** Qui est ou semble inspiré par Satan ; diabolique. *Ruse satanique.*

SATANISME n.m. **1.** Caractère de ce qui est satanique. **2.** Culte voué à Satan et au mal.

SATELLISABLE adj. Qui peut être satellisé.

SATELLISATION n.f. Action de satelliser ; son résultat.

SATELLISER v.t. **1.** Placer (un engin) en orbite autour d'un astre. **2.** Fig. Réduire un pays à la condition de satellite d'un autre pays, le rendre dépendant économiquement, administrativement.

SATELLITAIRE adj. Relatif aux satellites artificiels.

SATELLITE n.m. (lat. *satelles, satellitis,* escorte). **1.** ASTRON. **a.** Corps qui gravite autour d'une planète. ◇ ASTRONAUT. *Satellite artificiel :* engin placé par un système de transport spatial (fusée, navette) en orbite autour de la Terre ou d'un astre quelconque. **b.** Astre qui gravite autour d'un autre, de masse plus importante. **2.** MÉCAN. Pignon d'engrenage dont l'axe n'est pas fixe et tourne avec la roue qui l'entraîne. **3.** Bâtiment annexe d'une aérogare, à proximité immédiate de l'aire de stationnement des avions, relié, en général, au bâtiment principal par un couloir souterrain. ◆ adj. et n.m. Qui dépend d'un autre sur le plan politique ou économique. *Pays satellite.*

SATI n.m. inv. Coutume hindoue selon laquelle une veuve devait se faire brûler sur le bûcher funéraire de son mari. ◆ n.f. inv. Veuve qui suivait cette coutume. Graphie savante : *satī.*

SATIATION n.f. PSYCHOL. Satisfaction complète d'un besoin, d'une motivation.

SATIÉTÉ [sasjete] n.f. (lat. *satietas*). État d'une personne complètement rassasiée. ◇ *À satiété.* **1.** Jusqu'à être rassasié. *Manger à satiété.* **2.** Jusqu'à la lassitude. *Répéter à satiété.*

SATIN n.m. (ar. *zaytūnī ;* de *Zaytūn,* n. ar. d'une ville chinoise). Étoffe d'une armure particulière, en soie, en laine, en coton ou en fibre synthétique, fine, moelleuse et brillante. ◇ *Peau de satin,* très douce.

SATINAGE n.m. Action de satiner.

1. SATINÉ, E adj. Qui a un aspect intermédiaire entre la matité et le brillant. ◇ *Peau satinée :* peau douce comme du satin.

2. SATINÉ n.m. Aspect demi-brillant, doux et lisse.

SATINER v.t. Donner (à une étoffe, du papier, un métal, etc.) un caractère satiné.

SATINETTE n.f. Étoffe de coton et de soie, ou de coton seul, offrant l'aspect du satin.

SATINEUR, EUSE adj. et n. Qui satine des étoffes, du papier.

SATIRE n.f. (lat. *satira,* var. de *satura,* farce). LITTÉR. Pièce de vers dans laquelle l'auteur attaque les vices et les ridicules de son temps. – Par ext. Pamphlet, discours, écrit, dessin qui s'attaque aux mœurs publiques ou privées, ou qui tourne qqn ou qqch en ridicule. *Ce livre est une satire du monde politique.*

SATIRIQUE adj. **1.** Enclin à la médisance, à la raillerie, qui tient de la satire. *Esprit satirique. Chanson, dessin satirique.* **2.** LITTÉR. Qui appartient à la satire.

SATIRIQUEMENT adv. De façon satirique.

SATIRISER v.t. Litt. Exercer la satire sur (qqn, qqch) ; railler.

SATIRISTE n. Auteur de satires, de dessins satiriques.

SATISFACTION n.f. **1.** Action de satisfaire (une réclamation, un besoin, un désir). **2.** Contentement, plaisir qui résulte de l'accomplissement de ce qu'on attend, de ce qu'on désire. **3.** Litt. Acte par lequel on obtient la réparation d'une offense, en particulier par les armes. *Réclamer satisfaction.*

SATISFAIRE v.t. (du lat. *satis,* assez, et *facere,* faire) 109. **1.** Contenter qqn, répondre à sa demande. *Commerçant qui satisfait sa clientèle.* **2.** Agir de façon à contenter un désir, à assouvir un besoin. *Satisfaire son besoin d'évasion.* ◆ v.t. ind. *(à).* Répondre à ce qui est exigé, remplir les conditions requises. *Satisfaire à ses obligations. Jouet qui satisfait aux normes de sécurité.* ◆ **se satisfaire** v.pr. *(de).* Considérer qqch comme acceptable, s'en contenter.

SATISFAISANT, E adj. Qui contente, satisfait. *Réponse satisfaisante.*

SATISFAIT, E adj. **1.** Content de ce qui est, ou de ce qui a été fait ou dit. *Je suis satisfait de vos progrès.* **2.** Assouvi. *Curiosité, désir satisfaits.*

SATISFECIT [-fesit] n.m. inv. (mot lat., *il a satisfait*). **1.** Litt. Témoignage d'approbation. **2.** Vx. Billet attestant le bon travail d'un élève.

SATISFIABILITÉ n.f. LOG. Caractère de ce qui est satisfiable.

SATISFIABLE adj. LOG. Se dit d'une fonction propositionnelle si elle est vraie sous certaines conditions.

SATORI n.m. inv. (mot jap.). Éveil spirituel que le disciple recherche, notamm. par la méditation, dans le bouddhisme zen.

SATRAPE n.m. (gr. *satrapês*). **1.** Gouverneur d'une satrapie, chez les anciens Perses. **2.** Litt. Personnage qui mène une vie fastueuse et qui exerce une autorité despotique.

SATRAPIE n.f. (gr. *satrapeia*). Province de l'Empire perse gouvernée par un satrape.

SATURABILITÉ n.f. CHIM. Qualité de ce qui peut être saturé.

SATURABLE adj. CHIM. Qui peut être saturé.

SATURANT, E adj. Qui sature, qui a la propriété de saturer. ◇ PHYS. *Vapeur saturante :* vapeur d'un corps en équilibre avec la phase liquide de ce corps.

SATURATEUR n.m. **1.** Récipient plein d'eau adapté aux radiateurs d'appartement et qui humidifie l'air par évaporation. **2.** Appareil qui sature divers liquides de certains gaz.

SATURATION n.f. **1.** Action de saturer ; état d'un liquide saturé. **2.** Satiété, encombrement. *Saturation du marché.* **3.** CHIM. Transformation en liaisons simples des liaisons multiples d'un composé organique. **4.** LOG. Caractère d'un système axiomatique où l'on ne peut adjoindre un nouvel axiome sans qu'il en résulte une théorie contradictoire. (C'est une notion de métalogique.)

SATURÉ, E adj. **1.** Qui est rempli, imprégné à l'excès de (qqch). *Sol saturé de sel.* **2.** Se dit d'une solution qui ne peut dissoudre une quantité supplémentaire de la substance dissoute. **3.** CHIM. Se dit d'un composé organique ne possédant pas de liaisons multiples. **4.** GÉOL. Se dit d'une roche magmatique ne contenant plus de feldspathoïde. **5.** LOG. Se dit d'un système axiomatique caractérisé par une saturation. **6.** OPT. *Couleur saturée :* couleur pure, intense (par opp. à *couleur lavée*). **7.** Encombré à l'excès. *Marché saturé. Autoroute saturée.* **8.** Qui a atteint le degré au-delà duquel qqch n'est plus supportable. *Être saturé de publicité.*

SATURER v.t. (lat. *saturare,* rassasier). **1.** Rassasier ; remplir à l'excès. *Le marché est saturé de gadgets.* **2.** Amener une solution à contenir la plus grande quantité possible de corps dissous. **3.** CHIM. Transformer les liaisons multiples d'un composé en liaisons simples.

SATURNALES n.f. pl. (lat. *saturnalia*). Fêtes de la Rome antique célébrées au solstice d'hiver en l'honneur de Saturne, durant lesquelles régnait la plus grande licence.

SATURNE n.m. Vx ou ALCH. Plomb.

SATURNIE n.f. ZOOL. Paon de nuit (papillon).

SATURNIEN, ENNE adj. Relatif à Saturne. ◇ MÉTR. ANC. *Vers saturnien :* vers latin, de sept pieds et demi, dédié à Saturne.

SATURNIN, E adj. (de *saturne*). CHIM. Relatif au plomb ; produit par le plomb.

SATURNISME n.m. MÉD. Intoxication chronique par les sels de plomb. (Le saturnisme est considéré comme une maladie professionnelle.)

SATYRE n.m. (lat. *satyrus ;* du gr.). **1.** MYTH. GR. Demi-dieu rustique à jambes de bouc, avec de longues oreilles pointues, des cornes et une queue, et au corps couvert de poils. SYN. : *silène.* **2.** Exhibitionniste. **3.** ZOOL. Papillon de jour aux grandes ailes variées de brun, de roux, de gris et de jaune.

SATYRIASIS [satirjazis] n.m. (mot lat. ; du gr.). PSYCHOL. État permanent d'excitation sexuelle chez l'homme.

SATYRIQUE adj. **1.** MYTH. Relatif aux satyres. **2.** LITTÉR. GR. *Drame satyrique :* l'une des quatre pièces de la tétralogie, mettant en scène des satyres.

SAUCE n.f. (lat. *salsus,* salé). **1.** Préparation plus ou moins liquide servie avec certains aliments. ◇ *En sauce,* se dit d'un mets accompagné d'une sauce. – Fam. *Mettre qqn, qqch à toutes les sauces,* le traiter de toutes sortes de façons. **2.** Afrique. Ragoût (viande, poisson ou légumes) qui accompagne les féculents. **3.** Fam. Ce qui est accessoire ; accompagnement souvent inutile. *Allonger la sauce.* **4.** Crayon noir très friable, pour dessiner à l'estompe.

SAUCÉ, E adj. NUMISM. Se dit d'une pièce de monnaie antique de métal commun, recouverte d'une fine couche d'argent.

SAUCÉE n.f. Pop. Averse.

SAUCER v.t. 16. **1.** Tremper dans la sauce. *Saucer du pain.* **2.** Débarrasser de la sauce avec un morceau de pain. *Saucer son assiette.* **3.** Fam. *Être saucé, se faire saucer :* être mouillé par une pluie abondante.

SAUCIER n.m. **1.** Cuisinier chargé des sauces. **2.** Appareil électroménager pour faire les sauces.

SAUCIÈRE n.f. Récipient dans lequel on sert une sauce sur la table.

SAUCISSE n.f. (lat. *salsicius,* salé). **1.** Produit de charcuterie, boyau rempli de chair (de porc, de bœuf, etc.) hachée et assaisonnée. ◇ Fam. *Ne pas attacher son chien avec des saucisses :* être avare. **2.** Fam., vx. Ballon captif, d'observation ou de protection antiaérienne.

SAUCISSON n.m. (it. *salsiccione*). **1.** Grosse saucisse que l'on consomme crue ou cuite. **2.** Charge de poudre ayant la forme d'un long rouleau.

SAUCISSONNAGE n.m. Fam. **1.** Action de saucissonner, de diviser en menues portions, en menues parcelles. **2.** Action de ficeler comme un saucisson.

SAUCISSONNER v.i. Fam. Prendre un repas froid sur le pouce. ◆ v.t. Fam. **1.** Diviser en tranches, tronçonner. **2.** Ficeler, attacher comme un saucisson.

1. SAUF, SAUVE adj. (lat. *salvus*). **1.** Sauvé, tiré d'un péril de mort. *Avoir la vie sauve.* **2.** Qui n'est point atteint. *L'honneur est sauf.*

2. SAUF prép. (lat. *salvus,* intact). **1.** À la réserve de, à l'exclusion de. *Sauf erreur. Sauf avis contraire.* **2.** Hormis, excepté. *Vendre tout, sauf la maison.* ◇ *Sauf que :* excepté que. **3.** Litt. Sans blesser, sans porter atteinte à. *Sauf votre respect.*

SAUF-CONDUIT n.m. (pl. *sauf-conduits*). Permission donnée par une autorité d'aller en quelque endroit, d'y séjourner un certain temps et de s'en retourner librement, sans crainte d'être arrêté. *Solliciter un sauf-conduit.*

SAUGE n.f. (lat. *salvia,* de *salvus,* sauf). Plante à fleurs, ligneuse ou herbacée, dont diverses variétés sont cultivées pour leurs propriétés toniques ou comme plantes ornementales. (La *sauge officinale* est utilisée en cuisine et en pharmacie.) [Famille des labiées.]

SAUGRENU, E adj. (lat. *sal,* sel, et *grain*). Absurde, d'une bizarrerie ridicule. *Question saugrenue.*

SAULAIE ou **SAUSSAIE** n.f. Lieu planté de saules.

SAULE n.m. (du francique). Arbre ou arbrisseau à feuilles lancéolées, vivant près de l'eau. (Les osiers et les marsaults sont des saules ; le *saule pleureur* a des rameaux retombants.) [Famille des salicacées.]

saule pleureur

SAULÉE n.f. Rangée de saules.

SAUMÂTRE adj. **1.** Qui a un goût salé ; qui est mélangé d'eau de mer. *Eaux saumâtres.* **2.** Fam. Qui est amer, désagréable. *Une plaisanterie saumâtre.* ◇ Fam. *La trouver saumâtre :* trouver (qqch) très désagréable, de mauvais goût.

SAUMON n.m. (lat. *salmo, salmonis*). **1.** Poisson voisin de la truite, à chair estimée d'une couleur rose-orangé, atteignant jusqu'à 1,50 m de long. (Famille des salmonidés.) ◇ *Saumon blanc :* nom commercial du merlu (colin). **2.** MÉTALL. Masse de métal à la sortie du moule de fonderie. ◆ adj. inv. D'une teinte rose-orangé qui rappelle la chair du saumon.

■ Les jeunes saumons, ou *tacons,* vivent deux ans dans les cours d'eau, puis, poursuivant leur croissance en mer pendant plusieurs années, ils remontent enfin les fleuves pour se reproduire et pondent près de leurs sources natales.

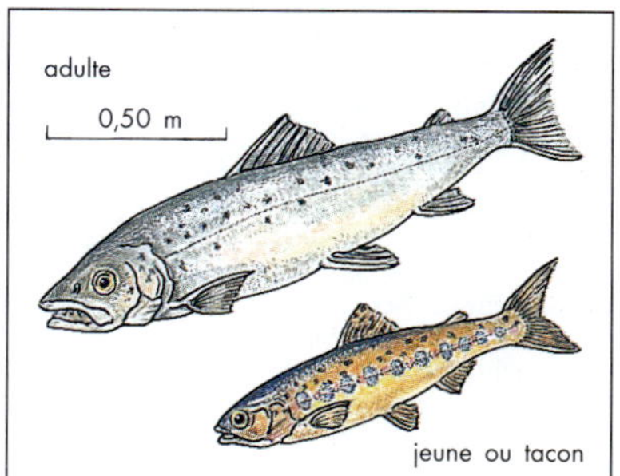

saumons

SAUMONÉ, E adj. Se dit des poissons à la chair rose-orangé, comme celle du saumon. *Truite saumonée.*

SAUMONEAU n.m. Jeune saumon.

SAUMONETTE n.f. Nom commercial de l'aiguillat et de la roussette.

SAUMURAGE n.m. Action de saumurer.

SAUMURE n.f. (lat. *sal,* sel, et *muria,* saumure). **1.** Solution aqueuse de sel, dans laquelle on conserve des viandes, des poissons ou des légumes. **2.** Eau salée concentrée qu'on évapore pour en retirer le sel.

SAUMURER v.t. Conserver dans la saumure.

SAUNA n.m. (mot finnois). **1.** Bain de vapeur sèche, d'origine finlandaise. **2.** Appareil permettant de prendre ce bain. **3.** Établissement où l'on prend ce bain.

SAUNAGE n.m. ou **SAUNAISON** n.f. **1.** Fabrication et vente du sel. **2.** Époque à laquelle on récolte le sel dans les marais salants.

SAUNER v.i. (lat. pop. *salinare ;* de *sal,* sel). **1.** Extraire le sel. **2.** Produire du sel, en parlant des bassins des marais salants.

SAUNIER n.m. **1.** Personne qui travaille à la production du sel. **2.** Celui qui le vend. ◇ HIST. *Faux saunier,* celui qui se livrait à la contrebande du sel.

SAUNIÈRE n.f. Vx. Coffre, récipient contenant la provision de sel du ménage.

SAUPIQUET n.m. (de *sau,* var. de *sel,* et *piquer*). **1.** Sauce relevée au vinaigre et aux échalotes. **2.** Jambon poêlé servi avec cette sauce.

SAUPOUDRAGE n.m. Action de saupoudrer.

SAUPOUDRER v.t. (lat. *sal,* sel, et *poudrer*). **1.** Poudrer de (sel, farine, sucre, etc.). *Saupoudrer un gâteau de sucre.* **2.** Parsemer, orner çà et là. *Saupoudrer son discours de citations.* **3.** Fig. Disperser des crédits minimes entre une multitude de bénéficiaires.

SAUPOUDREUSE n.f. Flacon à bouchon percé de trous, servant à saupoudrer.

SAUR [sɔr] adj.m. (moyen néerl. *soor,* séché). *Hareng saur,* salé, puis séché à la fumée.

SAURAGE n.m. Saurissage.

SAURER v.t. Assurer la conservation par fumage, avec de la saumure et de l'huile.

SAURET adj.m. Vx. Saur.

SAURIEN n.m. (gr. *saura,* lézard). Lacertilien.

SAURIN n.m. Hareng nouvellement sauré.

SAURIS [sɔri] n.m. Saumure qui a servi à saler des harengs dans les caques.

SAURISSAGE n.m. Action de saurer ; son résultat. SYN. : *saurage.*

SAURISSERIE n.f. Établissement où l'on saure les harengs.

SAURISSEUR, EUSE n. Personne spécialisée dans le saurage des harengs.

SAUROPHIDIEN n.m. *Saurophidiens :* super-ordre de reptiles au corps couvert de replis écailleux, comme les lézards et les serpents. SYN. : *squamate.*

SAUROPSIDÉ n.m. *Sauropsidés :* groupe de vertébrés actuels et fossiles (reptiles et oiseaux) présentant certains traits anatomiques reptiliens.

SAUSSAIE n.f. → ***saulaie.***

SAUT n.m. (lat. *saltus*). **1.** Mouvement brusque avec détente musculaire, par lequel le corps s'enlève du sol et se projette en l'air. ◇ Exercice physique qui consiste à sauter de telle ou telle manière. *Saut à la corde.* – SPORTS. *Saut en hauteur, en longueur, à la perche* → ***hauteur, longueur, perche.*** – *Triple saut :* saut en longueur que l'athlète exécute en trois appels successifs. – *Saut périlleux :* saut acrobatique sans appui consistant en une rotation du corps dans l'espace. SYN. : *salto.* ◇ Mode de déplacement de certains animaux (sauterelle, lapin, grenouille, etc.). ◇ Fig. *Au saut du lit,* dès le lever. – Fam. *Faire un saut quelque part,* y passer rapidement. **2.** Action de sauter d'un lieu élevé à un lieu plus bas. – Spécialt. Action de sauter en parachute à partir d'un aéronef. **3.** INFORM. Instruction provoquant une modification de la séquence normale des instructions d'un programme d'ordinateur. **4.** GÉOGR. Cascade. **5.** Fig. Passage sans transition à une situation, à un état, à un degré différents. *Saut dans l'inconnu.* ◇ *Faire le saut :* se décider à faire qqch qui posait problème ; franchir le pas. ◆ pl. CHORÉGR. Ensemble de tous les temps d'élévation, simples ou battus, avec ou sans parcours.

SAUTAGE n.m. MIN. Dislocation d'une mine, d'une carrière, etc., sous l'action d'un explosif.

SAUT-DE-LIT n.m. (pl. *sauts-de-lit*). Peignoir léger porté par les femmes au sortir du lit.

SAUT-DE-LOUP n.m. (pl. *sauts-de-loup*). Fossé profond et court placé devant une ouverture pratiquée dans un mur de clôture, pour en défendre l'entrée.

SAUT-DE-MOUTON n.m. (pl. *sauts-de-mouton*). Passage d'une voie par-dessus une autre voie de même nature (route, chemin de fer, canal) pour éviter les traversées à niveau dans un croisement.

SAUTE n.f. Changement brusque (dans la direction du vent, dans la température atmosphérique, dans l'humeur d'une personne).

SAUTÉ n.m. Aliment en morceaux cuit à feu vif avec un corps gras dans une sauteuse ou une poêle.

SAUTELLE n.f. VITIC. Marcotte faite avec un seul sarment. ◇ Sarment recourbé augmentant ainsi la production de grappes.

SAUTE-MOUTON n.m. inv. Jeu dans lequel un joueur saute par-dessus un autre joueur qui se tient courbé.

SAUTER v.i. (lat. *saltare,* danser). **1.** S'élever de terre avec effort, ou s'élancer d'un lieu dans un autre. *Sauter haut.* ◇ Fam. *Sauter aux nues, au plafond :* se mettre en colère ; être fort surpris. **2.** Spécialt. S'élancer d'un lieu élevé vers le bas. *Sauter par la fenêtre.* **3.** S'élancer et saisir avec vivacité. *Sauter au collet, à la gorge de qqn.* **4.** Passer d'une chose à une autre sans transition. *Sauter d'un sujet à l'autre. Sauter de troisième en première.* **5.** Être projeté ou déplacé soudainement. *Le bouchon de la bouteille a sauté.* ◇ Fam. *Faire sauter qqn,* lui faire perdre sa place. – Fam. *Et que ça saute !* il faut se dépêcher ! – *Faire sauter une serrure,* la forcer. **6.** *Faire sauter (un aliment),* le faire revenir à feu vif, avec un corps gras, en le remuant de temps en temps pour l'empêcher d'attacher. *Faire sauter un poulet. Pommes de terre sautées.* **7.** Être détruit par une explosion, voler en éclats. *La poudrière a sauté.* ◇ *Se faire sauter la cervelle :* se tuer d'un coup de pistolet à la tête. **8.** Être affecté de brusques variations. *L'image de télévision saute.* **9.** Fondre, en parlant de fusibles. *Les plombs ont sauté.* **10.** Être oublié, effacé, annulé. *Un mot a sauté dans la phrase. Faire sauter une contravention.* ◆ v.t. **1.** Franchir en faisant un saut. *Sauter un fossé.* **2.** Omettre. *Sauter un repas.* **3.** Passer qqch pour aller directement à ce qui suit. *Sauter son tour. Sauter une classe.* **4.** Fam. *La sauter :* se passer de manger ; avoir faim.

SAUTEREAU n.m. Dans le clavecin, tige de bois porteuse d'une languette armée d'un bec qui pince les cordes.

SAUTERELLE n.f. (de *sauter*). **1.** Insecte sauteur de couleur jaune ou verte, aux longues pattes postérieures et à tarière chez la femelle. (On appelle abusivement *sauterelle* le *criquet,* et en particulier le *criquet pèlerin :* tous deux appartiennent à l'ordre des orthoptères, mais le criquet est plutôt gris ou brun et n'a jamais de tarière.) **2.** Fam. Personne maigre. **3.** TECHN. Fausse équerre formée d'une tige et d'une lame, permettant de relever et de reporter un angle quelconque, de tracer des parallèles obliques par rapport au bord de la pièce. **4.** TECHN. Appareil de manutention mobile, constitué par un châssis monté sur roues et équipé d'une bande transporteuse sans fin. **5.** TECHN. Mode d'attache des chaînes, cordes, bat-flanc d'écurie, etc., qui peut se défaire automatiquement.

sauterelle verte

SAUTERIE n.f. Fam. Petite réunion dansante.

SAUTERNES n.m. Vin blanc liquoreux du pays de Sauternes (Gironde).

SAUTE-RUISSEAU n.m. inv. Fam., vx. Jeune clerc d'avoué, de notaire, qui fait des courses.

SAUTEUR, EUSE n. et adj. **1.** SPORTS. Athlète spécialisé dans les épreuves de saut. *Sauteur en hauteur.* **2.** Cheval dressé pour le saut d'obstacles. **3.** ZOOL. Insecte orthoptère qui a les pattes postérieures propres au saut. **4.** Fam., vx. Personne à l'esprit changeant, sur qui l'on ne peut compter. ◆ adj. *Scie sauteuse* ou *sauteuse,* n.f. : scie à lame très étroite utilisée pour le découpage de planches de bois de faible épaisseur.

SAUTEUSE n.f. **1.** Casserole à bords bas, pour faire sauter les aliments. SYN. : *sautoir.* **2.** Scie sauteuse.

SAUTIER n.m. Suisse. Secrétaire administratif du Parlement du canton de Genève.

SAUTILLANT, E adj. Qui sautille.

SAUTILLEMENT n.m. Action de sautiller.

SAUTILLER v.i. **1.** Avancer par petits sauts, comme les oiseaux. **2.** S'exprimer de façon décousue, en petites phrases.

SAUTOIR n.m. **1.** Collier féminin très long. ◇ *Porter qqch en sautoir,* autour du cou en forme de collier tombant en pointe sur la poitrine. **2.** SPORTS. Aire sur laquelle un sauteur prend son élan et se reçoit. **3.** Disposition de deux objets mis l'un sur l'autre de manière à former une espèce d'x ou de croix de Saint-André. *Deux épées en sautoir sur un cercueil.* ◇ HÉRALD. Pièce honorable, formée par une barre et une bande réunies. **4.** Sauteuse (casserole).

SAUVAGE adj. (lat. *silvaticus,* de *silva,* forêt). **1.** Qui n'est pas apprivoisé. *Animaux sauvages.* **2.** Qui pousse naturellement, sans culture. *Chicorée sauvage.* **3.** Désert, inculte. *Site sauvage.* **4.** Qui a quelque chose de féroce, de cruel, de violent, de grossier. *Haine sauvage.* **5.** Qui s'organise spontanément, en dehors des lois, des règlements. *Crèche, grève, vente sauvage.* ◆ adj. et n. **1.** Qui n'est pas civilisé, qui vit en dehors de la civilisation. *Peuplade sauvage.* **2.** Qui fuit la société des hommes, qui vit seul.

SAUVAGEMENT adv. Avec sauvagerie.

1. SAUVAGEON n.m. AGRIC. Jeune arbre poussé sans avoir été cultivé.

2. SAUVAGEON, ONNE n. Enfant farouche, sauvage.

SAUVAGERIE n.f. **1.** Caractère de celui qui fuit la société, les contacts humains. **2.** Caractère, comportement de celui qui agit avec violence, haine, cruauté. *Crime d'une extrême sauvagerie.*

SAUVAGIN, E adj. et n.m. CHASSE. Se dit du goût, de l'odeur particulière de certains oiseaux de mer, d'étang, de marais.

SAUVAGINE n.f. **1.** Ensemble des oiseaux sauvages au goût sauvagin, à l'odeur sauvagine. **2.** Peaux de petits animaux à fourrure (renards, fouines, blaireaux, etc.), servant à faire des fourrures communes.

SAUVEGARDE n.f. (de 1. *sauf* et *garde*). **1.** Garantie, protection accordées par une autorité ou assurées par une institution. *Les lois sont la sauvegarde de la liberté.* ◇ DR. *Sauvegarde de justice :* régime de protection des incapables majeurs, tendant à les assister pour les actes de la vie civile. **2.** Protection, défense. *Servir de sauvegarde.* ◇ INFORM. Copie de sécurité destinée à éviter l'effacement de données, de résultats. **3.** MAR. Corde, chaîne qui empêche le gouvernail ou tout autre objet de tomber à la mer.

SAUVEGARDER v.t. **1.** Protéger, défendre. *Sauvegarder sa liberté, l'indépendance d'un pays.* **2.** INFORM. Effectuer une sauvegarde par copie périodique des informations. SYN. : *sauver.*

SAUVE-QUI-PEUT n.m. inv. Fuite désordonnée, débandade générale due à une panique.

SAUVER v.t. (bas lat. *salvare*). **1.** Tirer (qqn) du danger, de la mort, du malheur. **2.** Préserver de la perte, de la destruction. *Sauver la vie. Sauver un vieux quartier.* ◇ Fam. *Sauver les meubles :* réussir à tirer d'un désastre ce qui permet de survivre. **3.** Pallier, masquer ce qui est défectueux. *La forme de ce livre sauve le fond.* **4.** RELIG. Procurer le salut éternel. **5.** INFORM. Sauvegarder. ◆ **se sauver** v.pr. **1.** Fuir, s'échapper. *Se sauver à toutes jambes.* **2.** Fam. S'en aller vivement ; prendre congé rapidement. *Je me sauve, il est tard.* **3.** RELIG. Assurer son salut éternel.

SAUVETAGE n.m. **1.** Action de soustraire qqn, qqch à ce qui le menace. *Sauvetage d'une sculpture.* **2.** Action de tirer (qqn, qqch) d'une situation critique. *Sauvetage d'une entreprise en difficulté.* **3.** MAR. Secours porté à un navire ou à un engin flottant par un autre navire. ◇ *Bateau, canot de sauvetage :* embarcation insubmersible qui porte secours aux naufragés.

– *Ceinture, brassière* ou *gilet de sauvetage :* accessoire gonflable ou constitué d'un matériau insubmersible et qui permet à une personne de se maintenir à la surface de l'eau.

SAUVETÉ n.f. (de 1. *sauf*). **1.** HIST. Bourgade rurale créée dans le midi de la France à l'époque des grands défrichements (XIe-XIIe s.). **2.** APIC. *Cellule de sauveté :* alvéole agrandie par les ouvrières pour l'élevage d'une reine de sauveté. ◇ *Reine de sauveté :* abeille élevée spécialement par les ouvrières à partir d'une larve naissante, et destinée à remplacer une reine morte.

SAUVETERRIEN n.m. (de *Sauveterre-la-Lémance,* en Lot-et-Garonne). Faciès culturel épipaléolithique contemporain de l'azilien final (VIIIe millénaire). ◆ **sauveterrien, enne** adj. Relatif au sauveterrien.

SAUVETEUR n.m. Personne qui prend part au sauvetage d'un navire.

SAUVETTE (À LA) loc. adv. Avec hâte, avec le sentiment d'être soupçonné. ◇ *Vente à la sauvette :* vente sur la voie publique sans autorisation.

SAUVEUR n.m. et adj.m. (lat. *salvator*). Celui qui sauve, qui apporte le salut. (→ **salvateur.**) ◇ *Le Sauveur :* Jésus-Christ.

SAUVIGNON n.m. Cépage blanc produisant des vins de qualité ; vin issu de ce cépage.

SAVAMMENT adv. **1.** De façon savante. *Disserter savamment d'une question.* **2.** Avec habileté, adroitement. *Intrigue savamment concertée.*

SAVANE n.f. (esp. *sabana*). **1.** Formation végétale à hautes herbes caractéristique des régions chaudes à longue saison sèche. **2.** Canada. Terrain marécageux. **3.** Antilles. Place principale d'une ville.

1. SAVANT, E adj. et n. (de *savoir*). Qui a des connaissances étendues dans divers domaines ou dans une discipline particulière. ◆ adj. **1.** Qui porte la marque de connaissances approfondies. *Un savant exposé.* ◇ *Société savante :* association dont les membres rendent compte de leurs travaux et recherches, se réunissent pour en discuter. **2.** Qui dénote du savoir-faire, de l'habileté. *Manœuvre savante.* ◇ Se dit d'un animal dressé à exécuter certains tours ou exercices. *Chien savant.* **3.** Se dit d'une revue, d'une publication scientifique.

2. SAVANT n.m. Personne qui a une compétence exceptionnelle dans une discipline scientifique. *Marie Curie a été un grand savant.*

SAVARIN n.m. (de *Brillat-Savarin,* n.pr.). Gâteau en pâte levée, ayant la forme d'une couronne, imbibé de rhum ou de kirsch, et souvent garni de crème.

SAVART n.m. (de *Savart,* n.pr.). MUS., ACOUST. Unité de différence de hauteur des sons musicaux.

SAVATE n.f. (p.-ê. de l'ar. *sabbāṭ*). **1.** Pantoufle, chaussure vieille et usée. ◇ Fam. *Traîner la savate :* être dans l'indigence ; ne rien faire. **2.** Fam. Personne maladroite. **3.** Sport de combat codifié, dans lequel on peut frapper avec les pieds et les poings, proche de la boxe française. **4.** MAR. Pièce de bois sur laquelle repose un navire lors de son lancement.

SAVETIER n.m. Vx. Cordonnier.

SAVEUR n.f. (lat. *sapor*). **1.** Sensation produite par certains corps sur l'organe du goût. *Saveur piquante.* **2.** Fig. Ce qui stimule le goût en littérature, en art ; charme, piquant. *Poésie pleine de saveur.*

1. SAVOIR v.t. (lat. *sapere*) [59]. **1.** Être instruit dans (qqch), posséder un métier, être capable d'une activité dont on a la pratique. *Savoir nager. Savoir l'anglais.* ◇ *Qui sait ? :* ce n'est pas impossible ; peut-être. ◇ *Que je sache,* autant que je peux en juger. **2.** Avoir le pouvoir, le talent, le moyen. *Savoir se défendre.* **3.** Avoir dans la mémoire, de manière à pouvoir répéter. *Savoir sa leçon.* **4.** Être informé de. *Savoir un secret.* ◇ *En savoir long :* être bien renseigné. ◇ *Faire savoir :* informer. **5.** Prévoir. *Nous ne pouvons savoir ce qui nous attend.* **6.** *À savoir, savoir,* marquent une énumération. *Il y a trois solutions, à savoir...* **7.** Belgique. Pouvoir. *Je ne saurai pas venir.* ◆ loc. conj. *À savoir que,* introduit une explication.

2. SAVOIR n.m. Ensemble des connaissances acquises par l'étude.

SAVOIR-FAIRE n.m. inv. Habileté à réussir ce qu'on entreprend ; compétence professionnelle.

SAVOIR-VIVRE n.m. inv. Connaissance et pratique des usages du monde.

SAVON n.m. (lat. *sapo, -onis*). **1.** Produit obtenu par l'action d'une base sur un corps gras, et servant au nettoyage ainsi qu'au blanchissage ; morceau moulé de ce produit. ◇ *Bulle de savon :* bulle transparente, irisée, que l'on produit en soufflant dans de l'eau chargée de savon. **2.** Fam. Verte réprimande. *Passer un savon à qqn.*

SAVONNAGE n.m. Lavage au savon.

SAVONNÉE n.f. Belgique. Eau savonneuse.

SAVONNER v.t. **1.** Laver au savon. **2.** Fam. Réprimander.

1. SAVONNERIE n.f. Établissement industriel où l'on fabrique le savon.

2. SAVONNERIE n.f. Tapis de la manufacture de la Savonnerie.

SAVONNETTE n.f. **1.** Petit savon parfumé pour la toilette. **2.** *Montre à savonnette :* montre dont le cadran est recouvert d'un couvercle muni d'un ressort.

SAVONNEUX, EUSE adj. **1.** Qui contient du savon. *Eau savonneuse.* **2.** Mou et onctueux comme le savon. *Argile savonneuse.*

1. SAVONNIER, ÈRE adj. Relatif au savon, à sa fabrication, à son commerce.

2. SAVONNIER n.m. **1.** Fabricant de savon ; personne qui travaille dans une savonnerie. **2.** Arbre des régions chaudes d'Asie et d'Amérique dont l'écorce et les graines sont riches en saponine. (Famille des sapindacées.)

SAVOURER v.t. (de *saveur*). **1.** Goûter lentement avec attention et plaisir. *Savourer une tasse de café.* **2.** Fig. Jouir avec délices, se délecter de. *Savourer sa vengeance.*

SAVOUREUSEMENT adv. Litt. De manière savoureuse.

SAVOUREUX, EUSE adj. **1.** Qui a une saveur agréable, délicieuse. *Mets très savoureux.* **2.** Fig. Que l'on goûte avec grand plaisir, qui a du piquant. *Plaisanterie savoureuse.*

SAVOYARD, E adj. et n. De la Savoie.

SAXATILE adj. BOT. Saxicole.

SAXE n.m. Porcelaine de Saxe.

SAXHORN [saksɔrn] n.m. (de *Sax,* nom de l'inventeur, et de l'all. *Horn,* cor). Instrument de musique à vent, en cuivre, à embouchure et à pistons. – *Famille des saxhorns,* comprenant les bugles et le tuba. (Le tuba est utilisé dans l'orchestre comme basse des trombones.)

SAXICOLE adj. (lat. *saxum,* rocher, et *colere,* habiter). BOT. Qui vit sur les rochers, dans les terrains pierreux. SYN. : *saxatile.*

SAXIFRAGACÉE n.f. (lat. *saxum,* rocher, et *frangere,* briser). *Saxifragacées :* famille de plantes à fleurs dialypétales et dicotylédones, telles que les saxifrages, les hortensias, les seringas, les groseilliers.

SAXIFRAGE n.f. Plante herbacée qui pousse au milieu des pierres, et dont on cultive certaines espèces ornementales.

SAXO n.m. (abrév.). Saxophone. ◆ n. Saxophoniste.

SAXON, ONNE adj. et n. De Saxe ou du peuple germanique des Saxons.

SAXOPHONE n.m. (de *Sax,* nom de l'inventeur, et gr. *phônê,* voix). Instrument de musique à vent

saxophone ténor

à anche simple, muni d'un bec semblable à celui de la clarinette et de clés. (Quatre modèles sont surtout utilisés : le soprano, l'alto, le ténor, le baryton ; les saxophones sopranino, basse et contrebasse sont rares.) Abrév. : *saxo.*

SAXOPHONISTE n. Musicien qui joue du saxophone. Abrév. : *saxo.*

SAYNÈTE [sɛnɛt] n.f. (esp. *sainete*). **1.** LITTÉR. Petite pièce comique du théâtre espagnol. **2.** Vieilli. Sketch.

SAYON [sɛjɔ̃] n.m. (esp. *saya,* manteau). Casaque de guerre des Romains, des Gaulois et des soldats du Moyen Âge.

Sb, symbole chimique de l'antimoine (en lat. *stibium*).

SBIRE n.m. (it. *sbirro*). Individu chargé d'exécuter certaines basses besognes, homme de main.

SBRINZ n.m. Fromage suisse, au lait de vache, très longuement affiné.

Sc, symbole chimique du scandium.

SCABIEUSE n.f. (lat. *scabiosus,* galeux). Plante à fleurs blanches, bleues ou lilas, qu'on utilisait autref. contre les maladies de peau. (Famille des dipsacacées.)

SCABIEUX, EUSE adj. (lat. *scabies,* gale). MÉD. Qui se rapporte à la gale. *Lésion scabieuse.*

SCABINAL, E, AUX adj. Belgique. Relatif à l'échevin.

SCABREUX, EUSE adj. (lat. *scaber,* rude). **1.** Litt. Dangereux, difficile. *Entreprise scabreuse.* **2.** De nature à choquer la décence ; inconvenant, osé, licencieux. *Sujet scabreux.*

SCAFERLATI n.m. Tabac coupé en lanières fines pour la pipe ou les cigarettes roulées à la main.

1. SCALAIRE adj. (lat. *scala,* échelle). MATH. Se dit d'une grandeur entièrement définie par sa mesure (par opp. à *vectoriel* ou *tensoriel*). ◇ *Produit scalaire de deux vecteurs :* somme des produits de leurs composantes de même rang relativement à une base orthonormée. ◆ n.m. Élément du corps des réels ou des complexes sur lequel est défini un espace vectoriel.

2. SCALAIRE n.m. Poisson à corps aplati verticalement, originaire de l'Amérique du Sud, souvent élevé en aquarium. (Long. 15 cm env.)

SCALDE n.m. (scand. *skald,* poète). LITTÉR. Poète ancien scandinave, auteur de poésies retransmises d'abord oralement, puis recueillies dans les sagas.

SCALDIEN, ENNE adj. De la région de l'Escaut.

SCALÈNE adj. et n.m. (gr. *skalênos,* oblique). ANAT. Se dit des muscles inspirateurs tendus entre les vertèbres cervicales et les deux premières paires de côtes. ◆ adj. MATH. Se dit d'un triangle dont les trois côtés sont de longueur inégale.

SCALP [skalp] n.m. (mot angl., *cuir chevelu*). Chevelure détachée du crâne avec la peau, et que certains Indiens d'Amérique conservaient comme trophée.

SCALPEL n.m. (lat. *scalpellum,* de *scalpere,* inciser). Instrument en forme de petit couteau à manche étroit et à lame, qui sert pour inciser et disséquer.

SCALPER v.t. (de *scalp*). **1.** Détacher la peau du crâne avec un instrument tranchant. **2.** Arracher violemment et accidentellement la peau du crâne.

SCAMPI n.m. pl. (mot it., *langoustines*). Langoustines ou grosses crevettes frites. (Plat italien.)

SCANDALE n.m. (gr. *skandalon,* piège, obstacle). **1.** Effet fâcheux, indignation produits dans l'opinion publique par un fait, un acte estimé contraire à la morale, aux usages. *Agir sans craindre le scandale.* **2.** Affaire malhonnête qui émeut l'opinion publique. *Un scandale financier.* **3.** Querelle bruyante ; tapage. *Faire du scandale.* **4.** Fait qui heurte la conscience, le bon sens, la morale, suscite l'émotion, la révolte. *Le scandale de la faim dans le monde.* **5.** RELIG. Parole ou acte répréhensibles qui sont pour autrui une occasion de péché ou de dommage spirituel.

SCANDALEUSEMENT adv. De façon scandaleuse.

SCANDALEUX, EUSE adj. (bas lat. *scandalosus*). **1.** Qui cause ou est capable de causer du scandale. *Vie scandaleuse.* **2.** Qui choque par son excès ; honteux, révoltant. *Prix scandaleux.*

SCANDALISER v.t. **1.** Soulever l'indignation de, choquer très vivement. *Sa conduite scandalise tout le monde.* **2.** RELIG. Mettre en danger de chute, de péché. ◆ **se scandaliser** v.pr. ***(de).*** Ressentir de l'indignation.

SCANDER v.t. (lat. *scandere,* monter). **1.** MÉTR. Prononcer un vers grec ou latin en le rythmant, en marquant l'alternance des longues et des brèves en insistant sur les temps forts. **2.** Prononcer une phrase, des mots en détachant les groupes de mots, de syllabes. *Manifestants qui scandent des slogans.*

SCANDINAVE adj. et n. De la Scandinavie. ◇ *Langues scandinaves,* nordiques.

SCANDIUM [skɑ̃djɔm] n.m. Corps simple métallique très léger, aux propriétés semblables à celles des lanthanides ; élément (Sc), de numéro atomique 21 et de masse atomique 44,956.

1. SCANNER [skanɛr] n.m. (mot angl.). **1.** TECHN. Appareil de télédétection capable de capter, grâce à un dispositif opérant par balayage, les radiations électromagnétiques émises par des surfaces étendues. **Recomm. off.** : *scanneur.* **2.** IMPR. Appareil servant à réaliser, par balayage électronique d'un document original en couleurs, les sélections nécessaires à sa reproduction. (Il peut être relié à un micro-ordinateur en vue de l'affichage sur un visuel des images analysées ou de leur impression ultérieure.) **3.** MÉD. Appareil de radiodiagnostic composé d'un système de tomographie et d'un ordinateur qui effectue des analyses de densité radiologique pour reconstituer des images des diverses parties de l'organisme en coupes fines. SYN. : ***tomodensitomètre.*** Recomm. off. : *scanographe.*

2. SCANNER [skane] v.t. IMPR. Numériser (un document) à l'aide d'un scanner.

SCANNEUR n.m. TECHN. Recomm. off. pour *scanner.*

SCANOGRAPHE n.m. MÉD. Recomm. off. pour *scanner.*

SCANOGRAPHIE n.f. MÉD. **1.** Procédé de radiodiagnostic utilisant le scanner. SYN. : ***tomodensitométrie.*** (V. *illustration **Imagerie médicale.***) **2.** Image obtenue par ce procédé.

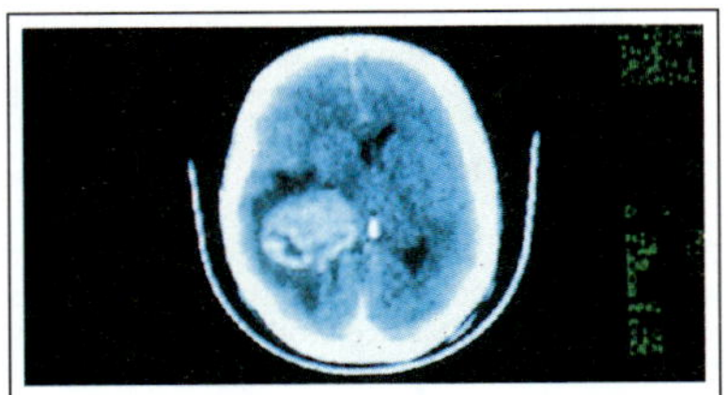

scanographie d'un cerveau avec tumeur (visible en bas à gauche)

SCANSION n.f. MÉTR. Action ou façon de scander.

SCAPHANDRE n.m. (gr. *skaphê,* barque, et *anêr, andros,* homme). **1.** Équipement hermétiquement clos, dans lequel est assurée une circulation d'air au moyen d'une pompe, et dont se revêtent les plongeurs pour travailler sous l'eau. **2.** *Scaphandre autonome* : appareil respiratoire individuel, permettant à un plongeur d'évoluer sous les eaux sans lien avec la surface.

scaphandre : plongeurs équipés de scaphandres autonomes

SCAPHANDRIER n.m. Plongeur utilisant un scaphandre lourd.

SCAPHITE n.m. GÉOL. Ammonite du crétacé, à coquille d'abord spiralée, puis prolongée par une crosse.

SCAPHOÏDE adj. et n.m. (gr. *skaphê,* barque, et *eidos,* forme). ANAT. Se dit d'un des os du carpe et du tarse.

SCAPHOPODE n.m. *Scaphopodes* : classe de mollusques à la coquille en forme de tube, tels que le dentale.

1. SCAPULAIRE adj. (lat. *scapula,* épaule). ANAT. Relatif à l'épaule. ◇ *Ceinture scapulaire* : squelette de l'épaule, formé de trois os : la clavicule, l'omoplate et l'os coracoïde. (Chez les mammifères, ce dernier est réduit et se soude à l'omoplate.)

2. SCAPULAIRE n.m. (lat. *scapula,* épaule). RELIG. CATH. Pièce du costume monastique consistant en un capuchon et deux pans d'étoffe rectangulaires couvrant les épaules et retombant sur le dos et sur la poitrine jusqu'aux pieds. (Il existe des scapulaires à dimensions réduites qui sont portés par les fidèles sous leurs vêtements.)

SCAPULO-HUMÉRAL, E, AUX adj. ANAT. Qui appartient à l'omoplate et à l'humérus.

SCARABÉE n.m. (lat. *scarabeus,* du gr. *karabos*). Insecte coléoptère lamellicorne dont il existe de nombreuses espèces. (Famille des scarabéidés.)

scarabée sacré

SCARABÉIDÉ n.m. *Scarabéidés* : famille d'insectes coléoptères à antennes en lamelles, comme le hanneton, la cétoine.

SCARE n.m. (lat. *scarus ;* du gr.). Poisson des récifs coralliens, à couleurs variées et brillantes, d'où son nom usuel de *poisson-perroquet.* (Long. 20 à 30 cm.)

SCARIEUX, EUSE adj. (du lat. *scaria,* bouton). BOT. Se dit d'un organe végétal membraneux, sec, mince et translucide.

SCARIFIAGE n.m. AGRIC. Travail du sol avec des outils à dents.

SCARIFICATEUR n.m. **1.** AGRIC. Instrument agricole équipé de dents métalliques, servant à ameublir la terre sans la retourner. **2.** CHIR. Instrument pour faire de petites incisions sur la peau.

SCARIFICATION n.f. **1.** Petite incision superficielle de la peau (notamm., incision faite avec un vaccinostyle pour les cuti-réactions ou certaines vaccinations). **2.** Spécialt. Afrique. (Souvent au pl.). Incision superficielle de la peau pratiquée de manière à laisser une cicatrice, dans un dessein symbolique ou rituel ; cicatrice laissée par une telle incision. **3.** TR. PUBL. Démolition d'un revêtement de chaussée.

SCARIFIER v.t. (bas lat. *scarificare,* inciser légèrement). Faire des incisions sur. *Scarifier la peau.*

SCARLATINE n.f. (lat. *scarlatum,* écarlate). Maladie fébrile contagieuse, caractérisée par l'existence de plaques écarlates sur la peau et les muqueuses.

■ La scarlatine est due à un streptocoque hémolytique. Elle atteint surtout les enfants de 6 à 14 ans. Après une incubation de 3 à 5 jours, elle débute par une angine rouge très fébrile. Une éruption généralisée formée de plaques rouge écarlate apparaît 24 heures plus tard, accompagnée d'un énanthème avec aspect framboisé de la langue. La desquamation se fait par grands lambeaux vers le 8e-10e jour. Le traitement antibiotique précoce permet d'éviter les complications graves que sont les atteintes rénales, cardiaques et le rhumatisme articulaire aigu. La scarlatine est une maladie à déclaration obligatoire. L'éviction scolaire est de 15 jours.

SCAROLE n.f. (lat. *escariola,* endive). Chicorée à larges feuilles, mangée en salade.

SCAT [skat] n.m. (mot amér.). Style d'improvisation vocale dans lequel les paroles sont remplacées par des onomatopées et qui fut rendu populaire par certains grands jazzmen (Louis Armstrong, Ella Fitzgerald, etc.).

SCATOLE ou **SCATOL** n.m. CHIM. Composé, à odeur de matière fécale, qui prend naissance dans la putréfaction des protéines.

SCATOLOGIE n.f. (gr. *skôr, skatos,* excrément, et *logos,* discours). Propos ou écrits grossiers où il est question d'excréments.

SCATOLOGIQUE adj. Relatif à la scatologie.

SCATOPHILE adj. (gr. *skôr, skatos,* excrément, et *philos,* ami). SC. DE LA V. Qui vit ou croît sur les excréments.

SCEAU n.m. (lat. ***sigillum,*** de ***signum,*** marque). **1.** Cachet qui authentifie un acte. *Le sceau de l'État.* **2.** L'empreinte même de ce cachet ; morceau de cire, de plomb portant cette empreinte. **3.** Litt. Caractère distinctif, marque. *Cet ouvrage porte le sceau du génie.* **4.** *Sous le sceau du secret* : à la condition que le secret sera bien gardé.

SCEAU-DE-SALOMON n.m. (pl. *sceaux-de-Salomon*). Plante des bois à petites fleurs blanchâtres et à rhizome formé de renflements portant chacun une cicatrice rappelant un sceau. (Famille des liliacées.)

SCÉLÉRAT, E adj. et n. (lat. *scelus, sceleris,* crime). Litt. Qui a commis ou qui est capable de commettre des crimes. ◆ **adj.** Litt. Qui manifeste des intentions ou des sentiments criminels ou perfides. *Conduite scélérate.*

SCÉLÉRATESSE n.f. Litt. **1.** Caractère, manière d'agir d'un scélérat. **2.** Action scélérate.

SCELLAGE n.m. Action de sceller.

SCELLEMENT n.m. **1.** Action de fixer une pièce dans un trou (en général de maçonnerie) à l'aide d'un liant qui s'y durcit. **2.** Partie d'une pièce de serrurerie disposée pour être scellée.

SCELLER [sɛle] v.t. (lat. *sigillare*). **1.** Appliquer un sceau sur. *Sceller un acte à la cire rouge.* **2.** Apposer les scellés sur. *Sceller la porte d'un logement.* **3.** Fermer hermétiquement. **4.** *Sceller une lettre,* la cacheter. **5.** Fixer par scellement. *Sceller un crochet.* **6.** *Sceller une promesse,* la confirmer.

SCELLÉS n.m. pl. Ensemble de la bande de papier ou d'étoffe et des cachets de cire revêtus d'un sceau officiel, apposé par autorité de justice pour empêcher l'ouverture d'un meuble, d'un local.

SCÉNARIMAGE n.m. Recomm. off. pour *story-board.*

SCÉNARIO n.m. (mot it. ; du lat. *scena,* scène). **1.** Canevas d'une pièce, d'un roman. **2.** CIN. Document écrit décrivant scène par scène ce qui sera tourné ; script. **3.** Dans une bande dessinée, le récit, par opp. au graphisme. **4.** Fig. Déroulement programmé ou prévu d'une action. *Le scénario d'un hold-up.* Graphie savante : *scenario* (pl. *scenarii*).

SCÉNARISER v.t. Donner la forme d'un scénario à. *Scénariser un fait divers, une biographie.*

SCÉNARISTE n. Auteur de scénarios pour le cinéma, la télévision, la bande dessinée, etc.

SCÈNE n.f. (lat. *scaena ;* gr. *skênê*). **I. 1.** Partie du théâtre où jouent les acteurs. ◇ *Mettre, porter sur la scène (un évènement, un personnage, etc.)* : en faire le sujet d'une pièce. – *Mettre en scène* : assurer la réalisation de (une œuvre théâtrale, cinématographique). – *Quitter la scène* : en parlant d'un acteur, abandonner le théâtre ; **fig.,** sortir de l'actualité. – *Occuper le devant de la scène* : être connu du public, être en pleine actualité. **2.** Lieu où se passe l'action théâtrale. *La scène représente une forêt.* **3.** Lieu où se passe une action quelconque. *La scène du crime.* **4.** Le théâtre, l'art dramatique. *Vedettes de la scène et de l'écran.* **II. 1.** Subdivision d'un acte d'une pièce de théâtre. **2.** Action dans une pièce de théâtre. *La scène se passe en 1789.* **3.** Toute action partielle ayant une unité (dans une œuvre littéraire, cinématographique, etc.). **4.** Spectacle, action à laquelle on assiste en simple spectateur. *Une scène attendrissante.* ◇ PSYCHAN. *Scène primitive* : image fantasmatique, rarement réelle, au cours de laquelle l'enfant est témoin du coït de ses parents. **5.** Emportement auquel on se livre ; querelle violente. *Faire une scène à qqn.*

SCÉNIQUE adj. Relatif à la scène, au théâtre. *Indication scénique.* ◇ *Jeux scéniques* : spectacles organisés hors du cadre traditionnel des salles de théâtre, le plus souvent en plein air.

SCÉNIQUEMENT adv. Du point de vue scénique.

SCÉNOGRAPHE n. Spécialiste de la scénographie.

SCÉNOGRAPHIE n.f. **1.** Art de l'organisation de la scène et de l'espace théâtral. **2.** Décor théâtral.

SCÉNOGRAPHIQUE adj. Relatif à la scénographie.

SCÉNOLOGIE n.f. Science de la mise en scène théâtrale ; théorie de la pratique scénique.

SCEPTICISME n.m. **1.** État d'esprit de toute personne qui refuse son adhésion à des croyances ou à des affirmations génér. admises. **2.** PHILOS. Doctrine qui soutient que la vérité absolue n'existe pas et qu'en conséquence il faut suspendre son jugement.

SCEPTIQUE [sɛptik] adj. et n. (gr. *skeptikos,* qui observe). **1.** Qui manifeste du scepticisme, incrédule. **2.** PHILOS. Qui appartient au scepticisme.

SCEPTRE n.m. (lat. *sceptrum ;* du gr. *skêptron,* bâton). **1.** Bâton de commandement, qui est un des insignes du pouvoir suprême (royauté, empire). **2.** Symbole littéraire du pouvoir monarchique, de la royauté, de l'autorité suprême.

SCHABRAQUE n.f. → ***chabraque.***

SCHAH n.m. → ***chah.***

SCHAKO n.m. → ***shako.***

SCHAPPE [ʃap] n.f. (du germ.). TEXT. Bourre de soie.

SCHAPSKA n.m. → ***chapska.***

SCHEIDAGE [ʃɛdaʒ] n.m. MIN. Triage manuel ou mécanique grossier des morceaux de minerai.

SCHEIDER v.t. (all. *scheiden,* séparer). MIN. Effectuer le scheidage d'un minerai.

SCHEIK n.m. → ***cheikh.***

SCHELEM n.m. → ***chelem.***

SCHELLING n.m. Vx. Schilling.

SCHÉMA n.m. (lat. *schema,* du gr. *skhêma,* figure). **1.** Dessin, tracé figurant les éléments essentiels d'un objet, d'un ensemble complexe, d'un phénomène, d'un processus, et destinés à faire comprendre sa conformation et/ou son fonctionnement ; plan. **2.** Grandes lignes, points principaux qui permettent de comprendre un projet, un ouvrage, etc. ◇ *Schéma directeur,* déterminant les grandes orientations de l'évolution de l'urbanisme pour le territoire auquel il s'applique. **3.** PSYCHOL. *Schéma corporel :* image que chacun se fait de son corps.

SCHÉMATIQUE adj. **1.** Qui a le caractère d'un schéma ; simplifié. *Coupe schématique de l'oreille.* **2.** Qui schématise à l'excès. *Esprit schématique. Interprétation schématique.*

SCHÉMATIQUEMENT adv. De façon schématique.

SCHÉMATISATION n.f. Action de schématiser.

SCHÉMATISER v.t. **1.** Représenter au moyen d'un schéma. **2.** Simplifier à l'excès.

SCHÉMATISME n.m. **1.** Caractère schématique, simplificateur de qqch. **2.** PHILOS. Théorie de l'application des catégories aux phénomènes dans la philosophie transcendantale de Kant.

SCHÈME n.m. (gr. *skhêma,* figure). Structure d'ensemble d'un processus. ◇ PSYCHOL. *Schème moteur :* ensemble d'images ou de sensations kinesthésiques. ◇ PHILOS. *Schème transcendantal :* représentation intermédiaire entre le concept et les données de la perception.

SCHÉOL ou **SHÉOL** [ʃeɔl] n.m. (mot hébr.). Séjour des morts, dans la Bible et dans la littérature juive.

1. SCHERZO [skɛrtzo] ou **SCHERZANDO** [-tzando] adv. (mot it.). MUS. Vivement et gaiement.

2. SCHERZO n.m. MUS. Morceau de mesure ternaire, d'un style léger et brillant, qui peut remplacer le menuet dans la sonate et la symphonie, ou constituer une pièce isolée.

SCHIEDAM [skidam] n.m. (du n. de la ville). Eau-de-vie parfumée au genièvre, spécialité de la Belgique et des Pays-Bas.

SCHILLING [ʃiliŋ] n.m. (mot all.). Unité monétaire principale de l'Autriche. (→ ***monnaie.***) SYN. (vx) : *schelling.*

SCHISMATIQUE adj. et n. Qui provoque un schisme ; qui adhère à un schisme.

SCHISME [ʃism] n.m. (gr. *skhisma,* séparation). **1.** Rupture de l'union dans l'Église chrétienne. **2.** Division dans un parti, un groupement.

SCHISTE [ʃist] n.m. (gr. *skhistos,* fendu). Toute roche susceptible de se débiter en feuilles, et en partic. roche à grain fin et à structure foliacée. (Les schistes peuvent être sédimentaires ou métamorphiques.) ◇ *Schiste bitumineux :* schiste à forte concentration en matière organique (kérogène), dont on peut extraire, par traitement thermique, une huile semblable au pétrole.

SCHISTEUX, EUSE adj. De la nature du schiste.

SCHISTOSITÉ n.f. État d'une roche divisible en feuilles minces.

SCHISTOSOMIASE [ski-] n.f. Bilharziose.

SCHIZOGAMIE [ski-] n.f. BIOL. Mode de reproduction de certaines annélides par division de l'organisme.

SCHIZOGONIE [ski-] n.f. BIOL. Mode de multiplication des sporozoaires, comportant un cloisonnement tardif des cellules.

SCHIZOÏDE [skizɔid] adj. Se dit d'une constitution mentale caractérisée par le repli sur soi.

SCHIZOPHASIE [ski-] n.f. PSYCHIATRIE. Trouble du langage parlé caractérisé par le détournement du sens habituel des mots et l'abus de néologismes, l'incompréhensibilité du discours.

SCHIZOPHRÈNE [ski-] n. et adj. Malade atteint de schizophrénie.

SCHIZOPHRÉNIE [skizɔfreni] n.f. (gr. *skhizein,* fendre, et *phrên, phrenos,* pensée). Psychose délirante chronique caractérisée par une discordance de la pensée, de la vie émotionnelle et du rapport au monde extérieur.

■ Appelée naguère *démence précoce,* la schizophrénie est une affection de l'adulte jeune. Elle se manifeste d'abord par une rupture entre une vie intellectuelle brillante et une désorganisation des relations affectives, l'humeur étant le plus souvent dépressive ou paradoxale. Ensuite apparaissent des troubles du comportement qui devient étrange et autistique avec une bizarrerie des conduites, des hallucinations diverses, notamment auditives, des idées délirantes. L'atteinte du langage traduit l'altération de la pensée devenue hermétique et chaotique. Des recherches neurochimiques ont tenté de mettre en évidence un trouble de l'activité de certains neurotransmetteurs.

SCHIZOPHRÉNIQUE [ski-] adj. Relatif à la schizophrénie.

SCHIZOSE n.f. PSYCHIATRIE. Schizophrénie peu évolutive marquée par des crises d'excitation.

SCHIZOTHYMIE [ski-] n.f. Tempérament caractérisé par l'introversion.

SCHIZOTHYMIQUE ou **SCHIZOTHYME** adj. et n. Relatif à la schizothymie ; qui en est atteint.

SCHLAGUE [ʃlag] n.f. (all. *Schlag,* coup). **1.** Punition militaire longtemps en usage en Allemagne, consistant dans l'application de coups de baguette. **2.** Fam. Manière brutale de se faire obéir. *Employer la schlague.*

SCHLAMM [ʃlam] n.m. (mot all.). Produit très fin provenant du concassage des minerais.

SCHLASS [ʃlas] adj. (mot all.). Pop. Qui est dans un état d'ébriété avancé.

SCHLEU, E adj. et n. → ***chleuh.***

SCHLICH [ʃlik] n.m. (mot all.). **1.** Minerai en grains. **2.** Minerai écrasé, lavé pour la fusion.

SCHLINGUER v.i. → ***chlinguer.***

SCHLITTAGE n.m. Transport du bois au moyen de la schlitte.

SCHLITTE [ʃlit] n.f. (all. *Schlitten,* traîneau). Anc. Traîneau servant à descendre le bois des montagnes, notamm. dans les Vosges, et glissant sur une voie faite de troncs d'arbres.

SCHLITTER v.t. Transporter (du bois) à l'aide de schlittes.

SCHLITTEUR n.m. et adj.m. Ouvrier qui transportait le bois avec la schlitte.

SCHNAPS [ʃnaps] n.m. (mot all.). Fam. Dans les pays germaniques, eau-de-vie.

SCHNAUZER [ʃnawzœr] n.m. (mot suisse all.). Chien à poil dur, aux sourcils broussailleux, à la moustache abondante et à la barbe raide, originaire du Wurtemberg.

SCHNOCK, SCHNOQUE ou **CHNOQUE** [ʃnɔk] n.m. Pop. **1.** *Un vieux schnock :* un vieil imbécile. **2.** *Du schnock :* appellatif méprisant pour qqn dont on ignore le nom. ◆ adj. Pop. Fou.

SCHNORCHEL [ʃnɔrkɛl] ou **SCHNORKEL** n.m. (mot all.). Dispositif permettant à un sous-marin doté de moteurs Diesel de naviguer longtemps en plongée grâce à un long tube rétractable, affleurant à la surface, qui assure l'arrivée d'air frais et l'évacuation des gaz usés.

SCHNOUFF, SCHNOUF ou **CHNOUF** [ʃnuf] n.f. Arg. Drogue.

SCHOFAR [ʃɔfar] n.m. (mot hébr.). HIST. Instrument à vent utilisé par les Hébreux dans leur rituel.

SCHOLIASTE n.m. → ***scoliaste.***

SCHOLIE n.f. → ***scolie.***

SCHOONER [ʃuncer] n.m. (mot angl.). MAR. Goélette.

SCHORRE [ʃɔr] n.m. (mot flamand). GÉOGR. Partie haute des vasières littorales, souvent recouverte de prairies (prés salés).

SCHPROUM [ʃprum] n.m. Pop. Bruit d'une protestation, d'une dispute violente. *Ça va faire du schproum.*

SCHUPO [ʃupo] n.m. (abrév. de l'all. *Schutzpolizist,* policier de protection). Agent de police en Allemagne.

SCHUSS [ʃus] n.m. (all. *Schuss,* élan). Descente directe à skis suivant la ligne de la plus grande pente et sans ralentissement. ◆ adv. Fam. *Tout schuss :* très vite, à tombeau ouvert.

SCIABLE adj. Qui peut être scié.

SCIAGE n.m. **1.** Action de scier ; travail de celui qui scie le bois, la pierre. **2.** Bois de construction ou de menuiserie, provenant de troncs sciés dans leur longueur.

SCIALYTIQUE [sjalitik] n.m. (nom déposé ; du gr. *skia,* ombre, et *luein,* dissoudre). Dispositif d'éclairage qui ne projette pas d'ombre, utilisé en chirurgie.

SCIANT, E adj. (de *scier*). Fam. **1.** Vx. Ennuyeux, insupportable. **2.** Très étonnant, qui provoque la surprise.

1. SCIATIQUE [sjatik] adj. (gr. *iskhion,* hanche). Qui a rapport à la hanche ou à l'ischion. ◇ *Nerf sciatique* ou *sciatique,* n.m. : nerf qui innerve les muscles de la cuisse et de la jambe.

2. SCIATIQUE n.f. Affection très douloureuse du nerf sciatique, due le plus souvent à la compression de ses racines, à leur émergence du canal rachidien, par une hernie d'un disque intervertébral.

SCIE n.f. (de *scier*). **1.** Lame, ruban, disque ou chaîne d'acier portant sur un côté une suite de dents tranchantes, et servant à débiter le bois, la pierre, les métaux, etc. **2.** Fam. Personne ou chose ennuyeuse. ◇ Rengaine, répétition fastidieuse. **3.** MUS. *Scie musicale :* instrument constitué par une lame d'acier qui, frottée par un archet, vibre plus ou moins selon sa tension.

SCIEMMENT [sjamɑ̃] adv. (du lat. *sciens,* qui sait). En pleine connaissance de cause.

SCIENCE n.f. (lat. *scientia,* de *scire,* savoir). **1.** Ensemble cohérent de connaissances relatives à certaines catégories de faits, d'objets ou de phénomènes obéissant à des lois et vérifiées par les méthodes expérimentales. *Les progrès de la science.* ◇ *Science pure :* recherche fondamen-

science-fiction : scène de *2001 : l'Odyssée de l'espace* (1968), de Stanley Kubrick

tale (par opp. à *science appliquée*). **2.** Manière habile de mettre en œuvre des connaissances acquises dans une technique. *La science des couleurs.* ◆ pl. **1.** Discipline ayant pour objet l'étude des faits, des relations vérifiables. **2.** Disciplines scolaires et universitaires comprenant la physique, la chimie, les mathématiques, la biologie, les sciences de la Terre, par opp. aux *lettres* et aux *sciences humaines. Étudiant en sciences.* **3.** *Sciences humaines :* disciplines ayant pour objet l'homme et ses comportements individuels et collectifs, passés et présents.

SCIENCE-FICTION n.f. (pl. *sciences-fictions).* Genre littéraire et cinématographique dont la fiction se fonde sur l'évolution de l'humanité et, en partic., sur les conséquences de ses progrès scientifiques. *(V. illustration p. 921.)*

SCIÈNE [sjɛn] n.f. (gr. *skiaina*). Poisson osseux de l'Atlantique, dont la chair est très estimée. (Long. jusqu'à 2 m.) SYN. : *maigre.*

SCIÉNIDÉ [sjenide] n.m. *Sciénidés :* famille de poissons osseux, tels que la sciène.

SCIENTIFICITÉ n.f. Caractère de ce qui est scientifique.

SCIENTIFIQUE adj. **1.** Relatif à la science, à une science. *La recherche scientifique.* **2.** Qui, dans le domaine de la connaissance, présente les caractères de rigueur, d'exigence, d'objectivité caractéristiques des sciences. *Une enquête vraiment scientifique.* ◆ adj. et n. Spécialiste d'une science, des sciences.

SCIENTIFIQUEMENT adv. D'une manière, d'un point de vue scientifique.

SCIENTISME n.m. Opinion philosophique de la fin du XIXᵉ s., qui affirme que la science nous fait connaître la totalité des choses qui existent et que cette connaissance suffit à satisfaire toutes les aspirations humaines. (C'est une forme de positivisme.)

SCIENTISTE adj. et n. Qui relève du scientisme.

SCIER v.t. (lat. *secare*). **1.** Couper, diviser avec une scie. *Scier du bois, du marbre.* **2.** Fam. Étonner vivement.

SCIERIE [siri] n.f. Usine où le bois est débité en sciages à l'aide de scies mécaniques.

SCIEUR n.m. Ouvrier qui exécute un travail de sciage. ◇ *Scieur de long :* ouvrier qui procédait au sciage à la main de grandes pièces de bois, dans le sens du fil.

SCIEUSE n.f. Scie mécanique.

SCILLE [sil] n.f. (gr. *skilla*). Plante bulbeuse, dont une espèce du Midi est employée comme diurétique. (Famille des liliacées.)

SCINCIDÉ ou **SCINCOÏDE** n.m. *Scincidés :* famille de reptiles lacertiliens des régions arides de l'Ancien Monde, dont le type est le scinque.

SCINDER [sɛ̃de] v.t. (lat. *scindere,* fendre). Diviser, fractionner. *Scinder une question.* ◆ **se scinder** v.pr. Se diviser. *Parti politique qui s'est scindé en deux groupes.*

SCINQUE [sɛ̃k] n.m. (lat. *scincus ;* du gr.). Reptile voisin des lézards.

SCINTIGRAPHIE n.f. Procédé d'étude ou d'analyse de la structure des corps opaques au moyen de rayons gamma, utilisé notamm. en médecine. SYN. : *gammagraphie.*

SCINTILLANT, E adj. Qui scintille.

SCINTILLATEUR n.m. PHYS. Appareil permettant de détecter des particules grâce aux scintillations qu'elles produisent sur un écran fluorescent.

SCINTILLATION n.f. **1.** Fluctuation rapide de l'éclat lumineux. *Scintillation d'une étoile.* **2.** PHYS. Fluctuation rapide de l'intensité, de la vitesse, de la fréquence ou d'une autre caractéristique d'un phénomène physique ou d'un appareil.

SCINTILLEMENT n.m. **1.** Action de scintiller. **2.** En télévision, sensation de discontinuité de la perception des images lumineuses, due à l'intervalle de temps séparant les images successives.

SCINTILLER v.i. (lat. *scintillare*). **1.** Présenter le phénomène de la scintillation. *Les étoiles scintillent.* **2.** Briller en jetant des éclats par intermittence. *Joyau qui scintille.*

SCION [sjɔ̃] n.m. (du francique). **1.** Pousse de l'année. **2.** Jeune branche destinée à être greffée. **3.** Brin terminal très fin d'une canne à pêche.

SCIOTTE [sjɔt] n.f. Scie à main des marbriers et tailleurs de pierre.

SCIRPE [sirp] n.m. (lat. *scirpus,* jonc). Plante vivant au bord des eaux, à feuilles plates (ce qui la fait distinguer des joncs à feuilles et tiges cylindriques). [Famille des cypéracées.]

SCISSILE adj. GÉOL., VX. Qui se divise facilement en feuillets, en lames.

SCISSION [sisjɔ̃] n.f. (lat. *scissio*). Division dans une assemblée, un parti politique, un syndicat, une association, une entreprise.

SCISSIONNISTE adj. et n. Qui tend à provoquer une division ; dissident.

SCISSIPARE adj. Se dit des êtres qui se multiplient par scissiparité.

SCISSIPARITÉ n.f. **1.** Mode de division des êtres unicellulaires consistant à doubler de longueur, puis à se partager en deux cellules identiques qui peuvent se séparer. **2.** Mode de multiplication asexuée de certains animaux pluricellulaires (hydres, actinies, planaires, annélides), par séparation en deux ou plusieurs segments tous capables de régénérer les parties qui leur manquent.

SCISSURE n.f. (lat. *scissura,* de *scindere,* fendre). ANAT. Fente naturelle à la surface de certains organes (poumon, foie, cerveau).

SCITAMINALE n.f. *Scitaminales :* ordre de plantes monocotylédones, à ovaire infère, présentant des étamines de deux types, dont un est stérile, et comprenant le bananier, le canna.

SCIURE [sjyr] n.f. Déchet en poussière qui tombe d'une matière qu'on scie, en partic. du bois.

SCIURIDÉ [sjyride] n.m. *Sciuridés :* famille de mammifères rongeurs de petite taille, tels que l'écureuil.

SCLÉRAL, E, AUX adj. De la sclérotique. ◇ *Verre scléral :* verre de contact qui s'adapte sur la face antérieure du globe oculaire.

SCLÉRANTHE n.m. Petite herbe à fleurs verdâtres, poussant dans les lieux rocailleux. (Famille des caryophyllacées.)

SCLÉRENCHYME [sklerɑ̃ʃim] n.m. (gr. *sklêros,* dur, et *egkhuma,* effusion). BOT. Tissu végétal de soutien lignifié.

SCLÉREUX, EUSE adj. MÉD. Épaissi, fibreux.

SCLÉRODERMIE n.f. Maladie des fibres collagènes du derme, qui durcit la peau et réduit sa souplesse et sa mobilité.

SCLÉROGÈNE adj. MÉD. Qui engendre la formation de tissu scléreux.

SCLÉROMÈTRE n.m. Instrument servant à mesurer la dureté des solides, d'après l'effort nécessaire pour les rayer.

SCLÉROPHYLLE adj. BOT. Qui a des feuilles dures, à cuticule épaisse et, de ce fait, bien adaptées à la sécheresse.

SCLÉROPROTÉINE n.f. Protéine insoluble dans l'eau, tels la kératine, le collagène et l'élastine.

SCLÉROSANT, E adj. Qui sclérose.

SCLÉROSE n.f. (gr. *sklêrôsis*). **1.** MÉD. Induration pathologique d'un organe ou d'un tissu, due à une augmentation du tissu conjonctif qu'il contient. ◇ *Sclérose en plaques :* affection de la substance blanche du système nerveux, se manifestant par de multiples foyers de sclérose de celle-ci, et entraînant des troubles nerveux variés et régressifs, du moins au début de l'évolution de la maladie. **2.** Incapacité à évoluer, à s'adapter à une nouvelle situation par manque de dynamisme, par vieillissement.

SCLÉROSÉ, E adj. et n. Atteint de sclérose.

SCLÉROSER v.t. **1.** MÉD. Provoquer la sclérose de (un organe, un tissu). **2.** Fig. Empêcher d'évoluer, figer. ◆ **se scléroser** v.pr. **1.** MÉD. S'altérer, se durcir sous l'effet de la sclérose. **2.** Perdre toute capacité de réagir à des situations nouvelles. *Se scléroser dans ses habitudes.*

SCLÉROTE n.m. Tubercule souterrain formé par certains champignons et qui résiste bien au gel.

SCLÉROTIQUE n.f. (gr. *sklêrotês,* dureté). Membrane externe du globe oculaire, résistante, de nature conjonctive, formant le blanc de l'œil.

1. SCOLAIRE adj. (lat. *schola,* école). **1.** Qui a rapport à l'école, à l'enseignement. *Programme scolaire.* ◇ *Âge scolaire :* période de la vie durant laquelle la loi fait une obligation d'aller à l'école. **2.** Péj. De caractère livresque, sans originalité. *Une critique théâtrale très scolaire.*

2. SCOLAIRE n.m. Enfant d'âge scolaire.

SCOLARISABLE adj. Susceptible d'être scolarisé.

SCOLARISATION n.f. Action de scolariser.

SCOLARISER v.t. **1.** Doter (un pays, une région) des établissements nécessaires à l'enseignement de toute une population. **2.** Admettre (un enfant, un groupe) à suivre l'enseignement d'un établissement scolaire. *Scolariser les jeunes jusqu'à l'âge de seize ans.*

SCOLARITÉ n.f. **1.** Durée des études. *Prolonger la scolarité.* **2.** Études scolaires. *Faire sa scolarité.*

SCOLASTICAT [skɔlastika] n.m. Maison où les jeunes religieux, après leur noviciat, font leurs études de philosophie et de théologie.

1. SCOLASTIQUE [skɔlastik] adj. (gr. *skholastikos,* relatif à l'école). **1.** Relatif à la scolastique. **2.** Se dit de toute doctrine considérée comme dogmatique et sclérosée.

2. SCOLASTIQUE n.f. Enseignement philosophique et théologique propre au Moyen Âge, fondé sur la tradition aristotélicienne interprétée par les théologiens.

3. SCOLASTIQUE n.m. **1.** Philosophe ou théologien scolastique. **2.** Jeune religieux qui fait ses études dans un scolasticat.

SCOLEX [skɔlɛks] n.m. (mot gr., *ver*). Extrémité antérieure du ténia, portant des ventouses.

SCOLIASTE ou **SCHOLIASTE** [skɔljast] n.m. Auteur de scolies.

SCOLIE ou **SCHOLIE** [skɔli] n.f. (gr. *skholion,* explication). Remarque grammaticale, critique ou historique faite dans l'Antiquité sur un texte.

SCOLIOSE [skɔljoz] n.f. (gr. *skoliôsis,* de *skolios,* tortueux). Déviation latérale de la colonne vertébrale.

SCOLIOTIQUE adj. et n. Relatif à la scoliose ; qui en est atteint.

SCOLOPENDRE n.f. (lat. *scolopendra ;* du gr.). **1.** Fougère à feuilles en fer de lance atteignant 50 cm de long. **2.** Mille-pattes venimeux du midi de la France et des régions chaudes, à morsure douloureuse pour l'homme. (Long. max. 30 cm.)

scolopendre

SCOLYTE n.m. (lat. *scolytus*). Insecte coléoptère qui creuse des galeries dans les arbres des forêts et se rend ainsi très nuisible. (Long. 5 mm.)

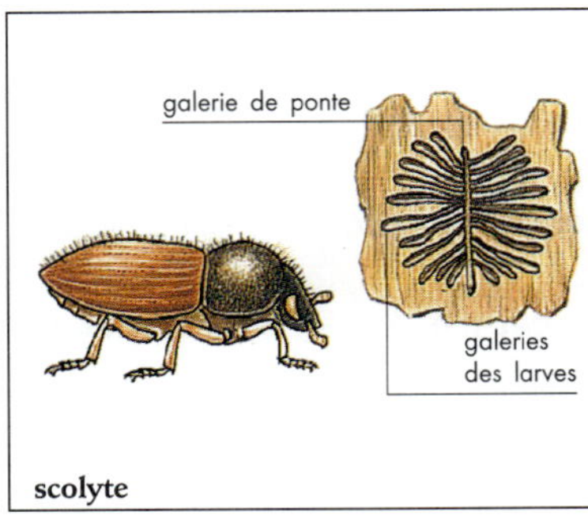

scolyte

SCOMBRIDÉ n.m. (lat. *scomber*). *Scombridés :* famille de poissons osseux de haute mer, tels que le maquereau ou le thon.

SCONSE, SKONS, SKUNS ou **SKUNKS** [skɔ̃s] n.m. (angl. *skunk ;* d'un mot algonquin). **1.** ZOOL. Moufette. **2.** Fourrure provenant des carnassiers du genre moufette.

SCOOP [skup] n.m. (mot angl.). Information importante ou sensationnelle donnée en exclusivité par une agence de presse ou par un journaliste. Recomm. off. : *exclusivité, primeur.*

SCOOTER [skutœr] ou [-tɛr] n.m. (mot angl.). Véhicule à moteur, à deux roues, génér. petites, à cadre ouvert et plus ou moins caréné, où le conducteur n'est pas assis à califourchon.

SCOOTÉRISTE n. Personne qui conduit un scooter.

SCOPIE n.f. MÉD. Fam. Radioscopie.

SCOPOLAMINE n.f. (de *Scopoli,* n.pr.). Alcaloïde extrait de la jusquiame et de la stramoine, voisin de l'atropine et ayant les mêmes effets qu'elle.

SCORBUT [skɔrbyt] n.m. (lat. médiév. *scorbutus,* du moyen néerl.). **1.** Maladie générale, avitaminose C, caractérisée par des hémorragies multiples, par une cachexie progressive, dont le traitement consiste dans une alimentation à base de légumes et de fruits frais et dans l'administration de vitamine C. **2.** *Scorbut infantile :* scorbut qui affecte les enfants nourris de lait stérilisé, dit aussi *maladie de Barlow.*

SCORBUTIQUE adj. et n. Relatif au scorbut ; atteint de scorbut.

SCORE n.m. (mot angl.). **1.** Nombre de points acquis par chaque équipe ou par chaque adversaire dans un match. SYN. : *marque.* **2.** Nombre de points à un test ; nombre de voix à une élection.

SCORIACÉ, E adj. De la nature des scories.

SCORIE n.f. (gr. *skôria*). **1.** Sous-produit d'opération d'élaboration métallurgique, ayant une composition à base de silicates. ◇ *Scorie de déphosphoration :* résidu de la déphosphoration du minerai de fer, utilisé comme engrais. **2.** GÉOL. Lave bulleuse, rude au toucher, légère.

SCORPÈNE n.f. (lat. *scorpaena ;* du gr.). ZOOL. Rascasse.

SCORPION n.m. (lat. *scorpio ;* du gr.). **1.** Arthropode des régions chaudes portant en avant une paire de pinces et dont l'abdomen mobile se termine par un aiguillon venimeux. (Classe des arachnides ; long. entre 3 et 20 cm.) **2.** *Le Scorpion :* constellation et signe du zodiaque (v. partie n.pr.). ◇ *Un scorpion :* une personne née sous ce signe.

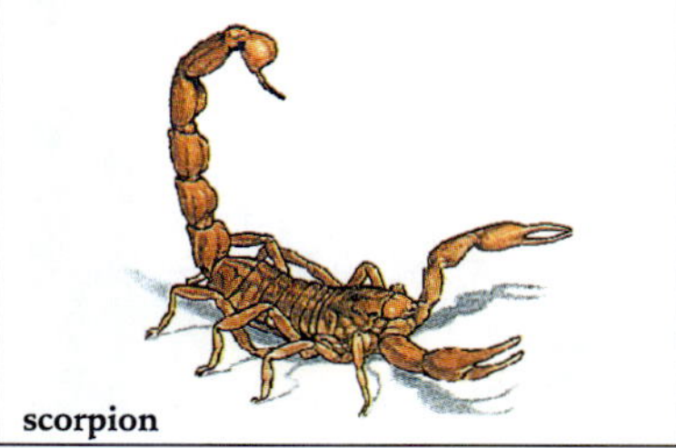

scorpion

SCORSONÈRE n.f. (it. *scorzonera,* de *scorzone,* vipère noire). Plante vivace cultivée pour sa racine noire, allongée et charnue, très semblable à celle du salsifis et vendue sous ce nom. (Famille des composées.)

1. SCOTCH [skɔtʃ] n.m. (mot angl., *écossais*). Whisky écossais.

2. SCOTCH n.m. (nom déposé). Ruban adhésif transparent.

SCOTCHER v.t. Coller avec du Scotch.

SCOTIE [skɔti] n.f. (lat. *scotia*). ARCHIT. Gorge à profil semi-ovale séparant deux tores sur la base d'une colonne.

SCOTISME n.m. Ensemble des opinions du philosophe Duns Scot.

SCOTISTE adj. et n. Relatif au scotisme ; partisan du scotisme.

SCOTOME n.m. (bas lat. *scotoma,* vertige, d'un mot gr.). Perte ou altération de la vision dans une zone limitée du champ visuel.

SCOTOMISATION n.f. Action de scotomiser.

SCOTOMISER v.t. PSYCHOL. Mettre à l'écart du champ de conscience (une partie importante et souvent méconnue de la réalité psychologique individuelle).

SCOTTISH [skɔtiʃ] n.f. (mot angl.). Danse de salon d'origine écossaise.

SCOTTISH-TERRIER [skɔtiʃtɛrje] n.m. (angl. *scottish,* écossais) [pl. *scottish-terriers*]. Chien terrier à poil dur, d'origine écossaise.

SCOUMOUNE n.f. Arg. Malchance, poisse.

SCOURED [skawrɛd] n.m. (mot angl.). Laine lavée directement sur le dos du mouton, avant la tonte.

SCOUT, E [skut] n. (mot angl.). Jeune garçon, ou, plus rarement, jeune fille faisant partie d'une association de scoutisme. ◆ adj. **1.** Relatif aux scouts, au scoutisme. *Camp scout.* **2.** Qui rappelle les règles et les comportements des scouts. *Avoir un petit côté scout.*

SCOUT-CAR n.m. (mot angl., *voiture de reconnaissance*) [pl. *scout-cars*]. MIL. Véhicule de reconnaissance ou de liaison rapide, légèrement armé et blindé.

SCOUTISME n.m. Organisation créée en 1908 par Baden-Powell, ayant pour but de rassembler des jeunes garçons et des jeunes filles en groupes hiérarchisés, afin de développer chez eux des qualités morales et sportives.

SCRABBLE [skrabəl] ou [skrabl] n.m. (nom déposé). Jeu d'origine américaine consistant à former des mots et à les placer sur une grille spéciale. (Les points marqués dépendent des lettres utilisées et de l'emplacement choisi.)

SCRABBLER v.i. Jouer au Scrabble.

SCRABBLEUR, EUSE n. Joueur, joueuse de Scrabble.

SCRAPER [skrapœr] n.m. (mot angl.). [Anglic. déconseillé]. Décapeuse.

SCRATCH [skratʃ] adj. inv. (mot angl.). **1.** Se dit d'un joueur qui, au golf, ne bénéficie d'aucun point dans la compétition à handicap. **2.** *Course scratch* ou *scratch,* n.m. : épreuve dans laquelle tous les concurrents partent de la même ligne ou sans avantage ni handicap.

SCRATCHER v.t. SPORTS. Éliminer pour absence, retard, etc. (un concurrent).

SCRIBANNE n.f. ou **SCRIBAN** n.m. (néerl. *schrijbank*). Secrétaire formant pupitre et surmonté d'un corps d'armoire.

SCRIBE n.m. (lat. *scriba,* de *scribere,* écrire). **1.** Dans l'Égypte ancienne, fonctionnaire chargé de la rédaction des actes administratifs, religieux ou juridiques. **2.** Péj. Employé de bureau chargé des écritures, des copies. **3.** Docteur juif, interprète officiel des Saintes Écritures, dans les écrits du Nouveau Testament.

SCRIBOUILLARD n.m. Fam. et péj. Employé aux écritures.

SCRIBOUILLEUR, EUSE n. Fam. Écrivain médiocre.

SCRIPOPHILIE n.f. Recherche, collection des actions et obligations qui ne sont plus cotées en Bourse.

SCRIPT [skript] n.m. (angl. *script,* du lat. *scriptum*). **1.** CIN. Scénario. **2.** Type d'écriture manuscrite simplifiée dans lequel les lettres se rapprochent des capitales d'imprimerie. **3.** FIN. Document représentant la fraction des intérêts ou du capital remboursable dus à un obligataire que la collectivité emprunteuse ne peut payer à échéance.

SCRIPTE n. Auxiliaire du réalisateur d'un film ou d'une émission de télévision chargé de noter tous les détails techniques et artistiques relatifs à chaque prise de vues. SYN. : *secrétaire de plateau.*

SCRIPTEUR n.m. (lat. *scriptor*). LING. Auteur d'un message écrit, par opp. à *locuteur.*

SCRIPT-GIRL n.f. (pl. *script-girls*). Scripte (n.f.).

SCRIPTURAIRE adj. (lat. *scriptura,* texte). Relatif à l'Écriture sainte.

SCRIPTURAL, E, AUX adj. **1.** Relatif à l'écriture, par opp. à *oral.* **2.** *Monnaie scripturale :* ensemble de moyens de paiement autres que les billets de banque et les pièces de monnaie, qui circulent par des jeux d'écritures.

SCROFULAIRE n.f. (bas lat. *scrofulae,* écrouelles). Plante herbacée vivace, souvent fétide, à tige parfois ailée. SYN. : *herbe aux écrouelles.*

SCROFULARIACÉE n.f. *Scrofulariacées :* famille de plantes gamopétales, telles que la scrofulaire, la digitale, le muflier, le paulownia.

SCROFULE n.f. (bas lat. *scrofulae*). Maladie des écrouelles.

SCROFULEUX, EUSE adj. et n. Relatif à la scrofule ; qui en est atteint.

SCROTAL, E, AUX adj. Relatif au scrotum.

SCROTUM [skrɔtɔm] n.m. (mot lat.). Enveloppe cutanée des testicules ; bourses.

SCRUB [skrœb] n.m. (mot angl.). Brousse épaisse d'Australie, formée de buissons toujours verts, de familles diverses, notamm. des acacias.

SCRUBBER [skrœbœr] n.m. (mot angl.). Tour où se fait l'épuration d'un gaz à l'aide d'un jet d'eau finement pulvérisée qui entraîne les poussières en suspension.

1. SCRUPULE n.m. (lat. *scrupulum,* petit caillou). Inquiétude de conscience, hésitation inspirées par une grande délicatesse morale. *N'avoir aucun scrupule. – Se faire un scrupule de qqch,* ne pas vouloir le faire par sentiment du devoir.

2. SCRUPULE n.m. (lat. *scrupulus*). Ancienne unité de poids valant la 24ᵉ partie de l'once.

SCRUPULEUSEMENT adv. De façon scrupuleuse.

SCRUPULEUX, EUSE adj. **1.** D'une grande exigence quant à l'honnêteté. *Être scrupuleux dans le remboursement de ses dettes.* **2.** Qui met un soin minutieux à exécuter ce qu'il a à faire ; rigoureux, méticuleux. *Un employé scrupuleux.*

1. SCRUTATEUR, TRICE adj. Litt. Qui vise à découvrir qqch en observant attentivement. *Un coup d'œil scrutateur.*

2. SCRUTATEUR, TRICE n. Personne qui concourt au bon déroulement et au dépouillement d'un scrutin.

SCRUTER v.t. (lat. *scrutari*). **1.** Chercher à pénétrer à fond. *Scruter les intentions de qqn.* **2.** Examiner attentivement en parcourant du regard. *Scruter l'horizon.*

SCRUTIN n.m. (lat. *scrutinium,* examen). Ensemble des opérations qui constituent un vote ou une élection.

■ DR. Le scrutin peut être public ou secret. Dans les assemblées, diverses procédures peuvent intervenir : vote à main levée ; vote par assis et levés ; vote électronique *(scrutin public ordinaire)* ou encore *scrutin public à la tribune :* chaque parlementaire sur appel nominal émet publiquement une opinion et passe à la tribune pour déposer son bulletin dans l'urne.

En matière d'élections, on distingue divers modes de scrutin : le *scrutin uninominal* (un siège à pourvoir) ou le scrutin *plurinominal* (plusieurs sièges à pourvoir), et, suivant la technique de représentation adoptée, le scrutin *majoritaire* ou la *proportionnelle.* Le *scrutin d'arrondissement* était l'appellation du scrutin uninominal majoritaire lorsque la circonscription de vote était l'arrondissement.

SCULL [skœl] n.m. (mot angl.). En aviron, nage en couple (un aviron dans chaque main).

SCULPTER [skylte] v.t. (lat. *sculpere*). **1.** Tailler (la pierre, le bois, etc.) avec divers outils en vue de dégager des formes, des volumes d'un effet artistique. **2.** Créer une œuvre d'art à trois dimensions par tout procédé, y compris le modelage. *Sculpter un bas-relief.* ◆ v.i. Pratiquer la sculpture.

SCULPTEUR [skyltœr] n.m. Artiste qui sculpte. (On dit aussi au fém. *sculptrice.*)

SCULPTURAL, E, AUX adj. **1.** Relatif à la sculpture, qui évoque la sculpture. **2.** Qui évoque la beauté formelle d'une sculpture classique. *Un corps sculptural.*

SCULPTURE [skyltyr] n.f. (lat. *sculptura*). **1.** Art de sculpter. **2.** Ensemble d'œuvres sculptées. *La sculpture romane.* **3.** Œuvre du sculpteur. *Une sculpture en ronde bosse.* *(V. illustration p. 924.)*

SCUTELLAIRE n.f. (lat. *scutella,* petite coupe). Plante des lieux humides. (Famille des labiées.)

SCUTUM [-tɔm] n.m. (mot lat.). ANTIQ. Bouclier romain de forme rectangulaire.

SCYPHOZOAIRE [sifɔzɔɛr] n.m. (gr. *skuphos,* coupe, et *zôon,* animal). Acalèphe.

SCYTHE ou **SCYTHIQUE** adj. Relatif aux Scythes.

S. D. F. n. (sigle). Sans domicile* fixe.

SE pron. pers. de la 3ᵉ pers. des deux genres et des deux nombres, qui peut être complément d'objet direct *(il se regarde dans la glace ; ils se sont combattus),* complément d'objet indirect *(ils se nuisent)* ou complément d'attribution *(ils se sont donné quelques jours pour réfléchir).*

Constantin Brancusi : *Princesse X* (1916). Bronze poli. (M.N.A.M., C.N.A.C. Georges-Pompidou, Paris.)

César : *Auto compressée* (1962). [M.N.A.M., C.N.A.C. Georges-Pompidou, Paris.]

Barry Flanagan : *le Lièvre et la Cloche* (1981). Bronze. (Coll. priv.)

Julio González : *Femme se coiffant* (v. 1931). Fer. (M.N.A.M., C.N.A.C. Georges-Pompidou, Paris.)

Après quelque huit siècles d'un art figuratif de grande virtuosité (des portails romans à Rodin), la sculpture occidentale, sans renoncer tout à fait à la représentation des modèles de la nature (Maillol ou Despiau en France, Barlach ou Lehmbruck en Allemagne, A. Martini, Giacomo Manzu ou Marino Marini en Italie...), s'en est écartée de plus en plus, notamment sous l'influence du cubisme et de l'expressionnisme* (Archipenko, Laurens, Lipchitz, Zadkine...), du futurisme* (Boccioni, Duchamp-Villon*), de l'abstraction.
Au processus cubiste d'analyse et de recomposition de la forme se rattache la technique nouvelle du fer soudé, que pratiquent Picasso, González, Calder, D. Smith, etc. L'épuration formelle de Brancusi, d'essence archaïque et symbolique, inspire de nombreux sculpteurs, dont H. Moore*. Les tenants du constructivisme*, à la suite de Pevsner et de Gabo, sont en moins grand nombre, mais ils se trouvent relayés dans les années 60 par la stricte discipline de l'art minimal américain ; en revanche, l'expressionnisme, contenu chez certains par la référence figurative (Giacometti*, G. Richier...), devient projection impétueuse, dramatique ou lyrique, pour d'innombrables sculpteurs qui ont rejeté cette référence (années 50 et 60, notamment). Pop* art (Oldenburg), Nouveau Réalisme* (Tinguely, César, Arman) et art pauvre* marquent, avec leurs assemblages* d'objets de rebut et leurs matériaux communs, le retour à une réalité bien différente des thèmes « nobles » d'autrefois. Cela n'exclut ni raffinements de la matière ni subtilité de la pensée chez des artistes tels que, par exemple, le Français Pagès ou le Britannique Flanagan.

Bernard Pagès : assemblages bois-ciment-briques (1975). [Coll. priv.]

la sculpture du XXe siècle

Se, symbole chimique du sélénium.

SEA-LINE [silajn] n.m. (mot angl.) [pl. *sea-lines*]. Canalisation immergée permettant le chargement ou le déchargement en mer ou sur rade d'un produit pétrolier.

SÉANCE n.f. (de *seoir*). **1.** Réunion d'une assemblée constituée ; durée de cette réunion. *Ouvrir, suspendre, lever la séance.* **2.** Temps consacré à une occupation ininterrompue, à un travail avec d'autres personnes. *Faire un portrait en trois séances.* **3.** Temps où l'on donne un spectacle, un concert, une conférence, etc. ◇ Spécialt. Chacune des projections du programme d'un cinéma. *Aller à la séance de 14 heures.*

1. SÉANT n.m. Litt. *Se mettre, être sur son séant,* sur son derrière.

2. SÉANT, E adj. (de *seoir*). Litt. Décent, convenable. *Il n'est pas séant de vous habiller ainsi.*

SEAU n.m. (lat. *sitella*). **1.** Récipient cylindrique en bois, en métal, en plastique, etc., pour puiser et transporter de l'eau, etc. ◇ Fam. *Il pleut à seaux :* il pleut très fort. **2.** Récipient de même forme, servant à divers usages ; son contenu. *Un seau à glace, à charbon.*

SÉBACÉ, E adj. (du lat. *sebum,* suif). Relatif au sébum. – *Glande sébacée :* glande cutanée annexée à un poil et sécrétant du sébum, qui lubrifie le poil à la surface de la peau. – *Kyste sébacé :* loupe.

SÉBASTE n.m. Poisson voisin de la rascasse, commun dans le golfe de Gascogne et en Méditerranée. (Long. 20 à 30 cm.)

SÉBILE n.f. Litt. Récipient en forme de coupe peu profonde où les mendiants recueillaient les aumônes.

SEBKHA [sɛpka] n.f. (ar. *sabkha*). Marécage salé, parfois temporairement asséché, qui occupe le fond d'une dépression, dans les régions désertiques.

SÉBORRHÉE n.f. Hypersécrétion de sébum.

SÉBUM [sebɔm] n.m. (lat. *sebum,* suif). Sécrétion grasse produite par les glandes sébacées.

1. SEC, SÈCHE adj. (lat. *siccus*). **A. I. 1. a.** Qui ne renferme pas d'eau, qui n'est pas ou plus mouillé, qui a perdu son élément liquide. *Du sable sec. Des vêtements secs. Peinture sèche.* **b.** Sans humidité atmosphérique ; qui reçoit peu de pluies. *Air, climat sec. Saison sèche.* – Sans humidité ambiante. *Un endroit frais et sec.* **c.** Qui n'est pas additionné d'eau. *Un whisky sec.* – Fam. *Régime sec,* sans alcool. **d.** PHYS. *Vapeur sèche :* vapeur non saturante. **2. a.** Qui a perdu son humidité naturelle, sa fraîcheur. *Bois sec. Noix sèche.* **b.** Se dit d'aliments qu'on a laissés se déshydrater ou qu'on a soumis à un traitement spécial pour être conservés. *Légumes secs. Saucisson sec.* **3.** Se dit d'un son rapide, sans ampleur ou résonance, ou de qqch qui provoque sur les sens une impression vive mais sans prolongement. *Un claquement, un bruit sec.* ◇ *Coup sec :* coup donné vivement. **4.** Qui n'est pas accompagné d'autre chose, qui se présente ou existe seul. *Être au pain sec et à l'eau.* ◇ *Licenciement sec,* sans mesure sociale d'accompagnement. – *Perte sèche,* qui n'est atténuée par aucune compensation. – *Guitare sèche :* guitare acoustique traditionnelle dont le son n'est pas amplifié électriquement. – *En cinq sec :* rapidement. **5.** *Vin sec,* peu sucré et dont la saveur est plus ou moins acide. **II.** Qui manque de douceur, d'ampleur et d'ornements. *Un style sec.* **B. I. 1.** Se dit d'une partie de l'organisme qui manque des sécrétions appropriées. *Avoir la bouche, la peau sèche.* – *À pied sec :* sans se mouiller les pieds. – *Toux sèche :* sans expectorations (par opp. à *toux grasse*). – Fig. *Regarder d'un œil sec,* sans être ému, sans ressentir de pitié. **2.** Qui est maigre, décharné. *Une femme grande et sèche.* **II. 1.** Qui est dépourvu de chaleur, de générosité, de sensibilité. *Un cœur sec.* **2.** Se dit d'une manière de parler brusque, rude. *Un ton sec et tranchant.* – *Tout sec :* tout seul, sans rien de plus. *Un merci tout sec. Un refus tout sec.* ◆ adv. **1.** D'une manière rude, brusque. *Démarrer sec.* ◇ Pop. *Aussi sec :* immédiatement et sans la moindre hésitation. **2.** *Boire sec :* boire abondamment des boissons alcoolisées. **3.** Fam. *Rester sec :* être incapable de répondre à une question. **4.** Fam. *L'avoir sec :* être déçu, contrarié.

2. SEC n.m. **1.** Ce qui n'est pas humide. ◇ *À sec :* sans eau ; fam., sans argent, à court d'idées. **2.** MAR. **a.** *À sec de toile,* se dit d'un bateau qui navigue sans se servir de ses voiles, poussé par un fort vent arrière. **b.** *Se mettre au sec :* s'échouer.

SÉCABLE adj. Qui peut être coupé.

SECAM [sekam] adj. inv. (sigle de *séquentiel à mémoire*). *Système Secam :* système de télévision en couleurs breveté en 1956 par Henri de France et adopté en France et dans divers pays.

SÉCANT, E adj. MATH. Se dit de deux courbes ou surfaces ayant un ou plusieurs points communs sans être tangentes.

SÉCANTE n.f. (du lat. *secare,* couper). MATH. Droite sécante (relativement à une courbe, à une surface).

SÉCATEUR n.m. **1.** Outil en forme de gros ciseaux pour tailler les rameaux, les branches. **2.** Instrument analogue pour découper les volailles.

SECCO n.m. (du port.). Afrique. Panneau fait de tiges entrelacées constituant une palissade ; la palissade elle-même ; l'enclos ainsi délimité.

SÉCESSION n.f. (lat. *secessio,* de *secedere,* se retirer). Action menée par une fraction de la population d'un État en vue de se séparer de la collectivité nationale pour former un État distinct ou se réunir à un autre.

SÉCESSIONNISTE adj. et n. Qui fait sécession.

SÉCHAGE n.m. **1.** Action de sécher ou de faire sécher. *Le séchage des cheveux.* **2.** Traitement qui a pour but d'éliminer d'un corps, en totalité ou en partie, l'eau qui s'y trouve incorporée. **3.** Passage de la couche de peinture de l'état liquide à l'état solide.

SÈCHE n.f. Fam. Cigarette.

SÈCHE-CHEVEUX n.m. inv. Appareil électrique qui sèche les cheveux grâce à un courant d'air chaud. SYN. : *séchoir.*

SÈCHE-LINGE n.m. inv. Appareil électroménager permettant de sécher le linge grâce à un courant d'air chaud. SYN. : *séchoir.*

SÈCHE-MAINS n.m. inv. Dispositif à air chaud pulsé qui permet de se sécher les mains.

SÈCHEMENT adv. **1.** D'une façon dure, forte, brusque. *Démarrer sèchement.* **2.** D'une façon brève et brutale. *Répliquer sèchement.*

SÉCHER v.t. (lat. *siccare*) [18]. **1.** Rendre sec, débarrasser de son humidité. *Sécher ses vêtements devant le feu.* **2.** Fam. Manquer volontairement (un cours, une réunion, etc.). *Sécher le lycée.* ◆ v.i. **1.** Devenir sec. *Ces fleurs ont séché.* **2.** Fam. Ne pouvoir répondre à une question. *Là, je sèche.* **3.** Litt. Languir, dépérir. *Sécher d'ennui.*

SÉCHERESSE n.f. **1.** État de ce qui est sec. *La sécheresse du sol.* **2.** Absence de pluie. *Il y eut une grande sécheresse cette année-là.* **3.** Froideur, brusquerie. *Répondre avec sécheresse.* **4.** Absence de charme, dureté d'exécution. *Sécheresse d'un dessin.*

SÉCHERIE n.f. Établissement industriel spécialisé dans le séchage de certaines marchandises, en vue de leur conservation.

SÉCHEUR n.m. ou **SÉCHEUSE** n.f. Dispositif, appareil de séchage.

SÉCHOIR n.m. **1.** Appareil ou support pour faire sécher le linge. **2.** Sèche-cheveux. **3.** Local servant au séchage de diverses matières.

1. SECOND, E [səgɔ̃, ɔ̃d] adj. (lat. *secundus*). **1.** Qui vient immédiatement après le premier. *La seconde place. Monter au second étage.* ◇ *De seconde main :* indirectement. **2.** Qui s'ajoute à qqch de nature identique. *Une seconde jeunesse.* – *État second :* état anormal, où l'on cesse d'avoir la pleine conscience de ses actes. **3.** Qui vient après le premier dans un ordre de valeur, de rang, etc. *Voyager en seconde classe. Un second rôle.* **4.** MATH. *Seconde,* se dit d'un symbole littéral affecté de deux accents. *A″ se lit « A seconde ».*

2. SECOND [səgɔ̃] n.m. **1.** Personne qui en aide une autre dans une affaire, dans un emploi. **2.** Second capitaine. ◇ Officier qui vient après le commandant d'un navire de guerre et qui est chargé de le suppléer. **3.** Vieilli. Témoin dans un duel. **4.** *En second :* au second rang ; sous les ordres d'un autre.

1. SECONDAIRE [səgɔ̃dɛr] adj. **I.** Qui n'occupe pas le premier rang dans un domaine donné, qui n'a qu'une importance de second ordre, accessoire. *Une ville secondaire. Une question tout à fait secondaire.* **II.** Qui vient en second dans le temps. **1.** Qui appartient à l'enseignement du second degré (de la sixième à la terminale). *Enseignement secondaire.* **2.** GÉOL. *Ère secondaire* ou *secondaire,* n.m. : troisième division des temps géologiques, succédant au primaire, d'une durée de 165 millions d'années environ, caractérisée par le développement des gymnospermes, l'abondance des bélemnites et des ammonites, la prépondérance et la variété des reptiles, l'apparition des oiseaux et des mammifères. SYN. : *mésozoïque.* **III. 1.** ÉCON. *Secteur secondaire* ou *secondaire,* n.m. : ensemble des activités économiques correspondant à la transformation des matières premières en biens productifs ou en biens de consommation. **2.** MÉD. Se dit de toute manifestation pathologique consécutive à une autre. **3.** PSYCHOL. Se dit en caractérologie d'une personne dont les réactions aux évènements sont lentes, durables et profondes. **4.** GÉOGR. Se dit d'une formation végétale non originelle, liée à l'action de l'homme. **5.** CHIM. Se dit d'un atome de carbone lié à deux autres atomes de carbone. **6.** BOT. Se dit de la structure présentée par une racine ou une tige âgées quand fonctionnent les assises génératrices, ou *cambiums,* qui assurent la croissance en épaisseur et des formations (bois, liber, liège) qui en résultent.

2. SECONDAIRE [səgɔ̃dɛr] n.m. **1.** Enseignement secondaire. **2.** Ère secondaire. **3.** ÉCON. Secteur secondaire. **4.** ÉLECTR. Enroulement relié au circuit d'utilisation dans un transformateur, ou enroulement non connecté au réseau dans une machine asynchrone.

SECONDAIREMENT [səgɔ̃dɛrmɑ̃] adv. De façon secondaire, accessoire.

SECONDE [səgɔ̃d] n.f. **1.** Unité SI de mesure de temps (symb. s), équivalant à la durée de 9 192 631 770 périodes de la radiation correspondant à la transition entre les deux niveaux hyperfins de l'état fondamental de l'atome de caesium 133 ; soixantième partie de la minute. **2.** Temps très court, moment. *Attendez une seconde.* **3.** Classe qui constitue la cinquième année de l'enseignement secondaire. **4.** CHORÉGR. Deuxième position en danse classique. **5.** MUS. Intervalle de deux degrés conjoints. **6.** *Seconde d'angle :* unité de mesure d'angle plan (symb. ″) valant 1/60 de minute, soit π/648 000 radian.

SECONDER [səgɔ̃de] v.t. **1.** Servir d'aide (à qqn) dans un travail ; venir en aide, aider, assister. **2.** Litt. Favoriser. *Seconder les désirs de qqn.*

SECOUEMENT n.m. Litt. Action de secouer.

SECOUER v.t. (lat. *succutere*). **1.** Agiter fortement et à plusieurs reprises. *Secouer un arbre.* **2.** Agiter vivement la tête, la main, les épaules, etc., de manière répétée en signe de dénégation. **3.** Se débarrasser de qqch par des mouvements brusques. *Secouer la poussière de ses chaussures.* **4.** Ne pas ménager (qqn), réprimander, inciter à l'effort. **5.** Causer un choc physique ou moral, ébranler. *Cette maladie l'a secoué.* ◆ **se secouer** v.pr. Fam. Réagir contre le découragement, l'inertie.

SECOUEUR n.m. Crible incliné, oscillant à l'arrière de la moissonneuse-batteuse, qui extrait les derniers grains entraînés avec la paille sortant du batteur.

SECOURABLE adj. Qui porte secours, obligeant.

SECOUREUR, EUSE adj. et n. Rare. Qui secourt, aime à secourir.

SECOURIR v.t. (lat. *succurrere*) [45]. Venir en aide, porter assistance à ; assister, défendre.

SECOURISME n.m. Ensemble des moyens pratiques et thérapeutiques simples mis en œuvre pour porter secours aux personnes en danger et leur donner les premiers soins.

SECOURISTE n. **1.** Membre d'une organisation de secours pour les victimes d'un accident, d'une catastrophe. **2.** Personne capable de pratiquer les gestes ou les méthodes du secourisme.

SECOURS n.m. **1.** Aide, assistance à qqn qui est en danger. *Demander, prêter secours. Appeler une amie à son secours.* **2.** Aide financière, matérielle. *Distribuer des secours.* – DR. *Devoir de secours :* obligation alimentaire entre époux. **3.** Moyens pour porter assistance à qqn en danger. *Secours aux blessés. Secours en mer.* **4.** Ce qui est utile ; aide. *Sans le secours d'une carte, je n'aurais jamais retrouvé mon chemin.* **5.** Renfort en hommes, en matériel. **6.** *De secours :* destiné à servir en cas de nécessité, en remplacement de qqch. *Roue de secours. Sortie de secours.* ◆ pl. Choses qui servent à secourir. *Des secours en espèces.*

SECOUSSE n.f. (lat. *succusus,* secoué). **1.** Mouvement brusque qui agite un corps, ébranlement. *Donner une secousse.* **2.** Chacune des oscillations du sol, dans un tremblement de terre. **3.** Choc psychologique. *Cette maladie a été pour lui une secousse.*

1. SECRET, ÈTE adj. (lat. *secretus*). **1.** Peu connu, que l'on tient caché. *Négociation secrète.* **2.** Qui est placé de façon à être dissimulé. *Escalier secret.* **3.** Qui n'est pas apparent ; intime, mystérieux. *Vie secrète.* **4.** Litt. Qui ne fait pas de confidences, renfermé.

2. SECRET n.m. (lat. *secretum,* chose secrète). **1.** Ce qui doit être tenu caché. *Confier un secret à un ami.* ◇ *Ne pas avoir de secret pour qqn,* ne rien lui cacher ; être connu parfaitement de lui. – *Secret d'État :* chose dont la divulgation nuirait aux intérêts de la nation. **2.** Discrétion, silence qui entoure qqch. *Promettre le secret absolu sur une affaire.* ◇ *Être, mettre dans le secret,* dans la confidence. – *En secret :* secrètement, sans témoins. – *Secret professionnel :* silence, discrétion auxquels sont tenues certaines professions sur l'état ou la vie privée de leurs clients. **3.** Ce qu'il y a de plus caché, de plus intime. – *Dans le secret de son cœur :* dans son for intérieur. **4.** Moyen caché, peu connu ou difficile à acquérir pour réussir qqch. *Le secret du bonheur.* **5.** *Mettre qqn au secret,* l'emprisonner en le privant de toute communication avec l'extérieur. **6.** Mécanisme caché, combinaison dont la connaissance est nécessaire pour faire fonctionner qqch. *Une serrure à secret.*

SECRÉTAGE n.m. TECHN. Opération dans laquelle on traite les poils des peaux de lapin avant rasage avec une solution de nitrate mercureux.

1. SECRÉTAIRE n. (de *secret*). **1.** Personne chargée de rédiger le courrier de qqn, de classer ses documents, de préparer des dossiers, etc. *Secrétaire comptable. Secrétaire de direction.* **2.** *Secrétaire de rédaction :* rédacteur chargé, dans un journal, une maison d'édition, de coordonner les activités rédactionnelles. **3.** Personne qui met par écrit les délibérations d'une assemblée, qui est chargée de son organisation, de son fonctionnement. *Secrétaire de séance.* – *Secrétaire de mairie :* personne qui assure, dans une mairie et sous l'autorité du maire, certaines tâches administratives. – *Secrétaire d'État :* membre du gouvernement, en France, généralement placé sous l'autorité d'un ministre ou du Premier ministre et qui agit sur délégation ; ministre des Affaires étrangères, aux États-Unis ; titulaire de certains postes ministériels, en Grande-Bretagne ; cardinal remplissant auprès du pape le rôle de Premier ministre. – *Secrétaire général :* dirigeant de certains partis politiques (*premier secrétaire* dans d'autres partis) ou de syndicats. – *Secrétaire général du gouvernement :* responsable du secrétariat général du gouvernement. – *Secrétaire général de la présidence de la République :* responsable du secrétariat général de la présidence de la République, nommé par le chef de l'État. – *Secrétaire du comité d'entreprise :* membre du comité d'entreprise, élu par ce dernier, qui établit l'ordre du jour et rédige le procès-verbal de réunion avec le président du comité. – *Secrétaire général de l'O.N.U. :* directeur du Secrétariat général de l'O.N.U., nommé par l'Assemblée générale. **4.** CIN., TÉLÉV. *Secrétaire de plateau :* scripte.

2. SECRÉTAIRE n.m. **1.** Meuble à tiroirs et à casiers comportant une surface pour écrire, escamotable ou non. **2.** ZOOL. Serpentaire.

SECRÉTAIRE-GREFFIER n.m. (pl. *secrétaires-greffiers*). Fonctionnaire assistant le secrétaire-greffier en chef, qui dirige le secrétariat-greffe d'un tribunal administratif.

SECRÉTAIRERIE n.f. *Secrétairerie d'État :* organisme administratif suprême de la curie romaine, que dirige le cardinal secrétaire d'État, au Vatican.

SECRÉTARIAT n.m. **1.** Emploi, fonction de secrétaire. **2.** Métier de secrétaire. *Apprendre le secrétariat.* **3.** Bureau où un ou plusieurs secrétaires travaillent à des écritures, des expéditions, des enregistrements, des classements. **4.** Ensemble des tâches concernant la gestion, l'organisation de qqch. **5.** *Secrétariat d'État :* ensemble des services dirigés par un secrétaire d'État. – *Secrétariat général du gouvernement :* organe chargé de la préparation des conseils ministériels et de la coordination de l'action gouvernementale. – *Secrétariat général de la présidence de la République :* organe chargé, avec le secrétariat général du gouvernement, de la préparation des conseils ministériels et de la liaison entre la présidence de la République et l'ensemble des pouvoirs publics. – *Secrétariat général de l'O. N. U. :* organe administratif des Nations unies dirigé par le secrétaire général.

SECRÉTARIAT-GREFFE n.m. (pl. *secrétariats-greffes*). Ensemble des services administratifs d'une juridiction judiciaire (à l'exception du tribunal de commerce) chargés notamm. de la conservation des minutes, de la délivrance des expéditions de jugement, etc. ; ensemble des services administratifs d'un tribunal administratif.

SECRÈTE n.f. LITURGIE CATH. Oraison qui terminait l'offertoire de la messe.

SECRÈTEMENT adv. En secret.

SECRÉTER v.t. [18]. Soumettre à l'opération de secrétage.

SÉCRÉTER v.t. [18]. Opérer la sécrétion de. *Le foie sécrète la bile.* – Fig. *Sécréter l'ennui :* être très ennuyeux.

SÉCRÉTEUR, EUSE ou **TRICE** adj. PHYSIOL. Qui sécrète.

SÉCRÉTINE n.f. Hormone sécrétée par la muqueuse duodénale à l'arrivée du chyme, et qui déclenche la sécrétion du suc pancréatique et du suc intestinal.

SÉCRÉTION n.f. (lat. *secretio,* dissolution). PHYSIOL. **1.** Opération par laquelle les cellules, spécialement les éléments des épithéliums glandulaires, élaborent des matériaux qui sont évacués par un canal excréteur vers un autre organe ou vers l'extérieur *(sécrétion externe* ou *exocrine),* ou déversés directement dans le sang *(sécrétion interne* ou *endocrine).* **2.** Substance ainsi élaborée.

SÉCRÉTOIRE adj. Relatif à la sécrétion.

SECTAIRE adj. et n. Se dit de qqn qui, par intolérance ou étroitesse d'esprit, se refuse à admettre les opinions différentes de celles qu'il professe. ◆ adj. Relatif aux sectes religieuses. ◆ n. Vx. Adepte d'une doctrine religieuse ou philosophique et, notamm., membre d'une secte, d'une fraction dissidente d'une religion.

SECTARISME n.m. Caractère d'une personne sectaire.

SECTATEUR, TRICE n. **1.** Litt., vx. Partisan déclaré de la doctrine, des opinions de qqn. *Les sectateurs de Platon.* **2.** Membre d'une secte.

SECTE n.f. (lat. *secta,* de *sequi,* suivre). **1.** Ensemble de personnes professant une même doctrine (philosophique, religieuse, etc.). *La secte d'Épicure.* **2.** Groupement religieux clos sur lui-même et créé en opposition à des idées et à des pratiques religieuses dominantes. **3.** Clan constitué par des personnes ayant la même idéologie. *Ce petit groupe constitue une secte à l'intérieur du parti.*

SECTEUR n.m. (lat. *sector,* de *secare,* couper). **I. 1.** Domaine défini d'activité économique, sociale dans un État, une organisation, une institution. *Le secteur économique. Un secteur de pointe. Un secteur clé de l'industrie. Secteur primaire, secondaire, tertiaire.* **2.** Division de l'activité économique nationale sur la base de la propriété des entreprises. *Secteur privé, public, semi-public.* **3.** Fam. Endroit quelconque. *Qu'est-ce que tu fais dans le secteur ?* **4.** Subdivision d'une zone d'urbanisme soumise à un régime particulier. *Secteur sauvegardé.* **5.** MIL. Zone d'action ou territoire confiés à une grande unité. – *Secteur postal (S. P.) :* circonscription du service de la poste aux armées. **6.** Subdivision d'un réseau de distribution électrique. *Une panne de secteur.* **7.** MÉTÉOR. *Secteur chaud, secteur froid :* chacune des parties d'une dépression cyclonique, déterminée selon la position des fronts. **8.** Subdivision statistique employée par la comptabilité nationale. **II.** MATH. *Secteur angulaire :* partie de plan limitée par deux demi-droites de même sommet. – *Secteur circulaire :* partie d'un disque limitée par deux rayons.

SECTION n.f. (lat. *sectio,* division). **I. 1.** Action de couper ; fait d'être coupé. *La section des tendons. Section accidentelle de la moelle épinière.* – *Section mouillée :* coupe en travers d'un cours d'eau. **2.** MATH. *Section droite (d'un cylindre* ou *d'un prisme) :* intersection de la surface avec un plan perpendiculaire aux génératrices. – *Section plane d'un volume :* intersection du volume avec un plan. **3.** TECHN. Dessin en coupe mettant en évidence certaines particularités d'une construction, d'une machine, etc. **4.** PHYS. *Section efficace :* grandeur permettant de calculer la probabilité des interactions d'un type donné entre particules ou noyaux. **II. 1.** Partie d'une voie de communication. *Section d'autoroute en réparation.* **2.** Division du parcours d'une ligne d'autobus, servant de base au calcul du prix d'un trajet. **3. a.** Division administrative d'une ville. *Section électorale.* – *Section de commune :* division administrative d'une commune érigée en personne morale. **b.** Subdivision d'une chambre d'une juridiction. – *Section du Conseil d'État :* formation administrative ou juridictionnelle du Conseil d'État. **4.** Groupe local d'adhérents d'un parti, d'un syndicat, constituant une subdivision de celui-ci. *Réunion de section.* – *Section syndicale d'entreprise :* ensemble des membres du personnel affiliés à un même syndicat au sein d'une entreprise. **5.** MIL. Petite unité élémentaire constitutive de la batterie dans l'artillerie, de la compagnie dans l'armée de l'air, l'infanterie, le génie, les transmissions et la plupart des services. **6.** ÉLECTR. Bobine élémentaire d'un enroulement de machine. **7.** *Section homogène :* partie d'une entreprise, d'une usine ou d'un atelier, constituée de machines ou de moyens de production semblables, dont les coûts horaires de fonctionnement sont très proches.

SECTIONNEMENT n.m. **1.** Action de sectionner ; fait d'être sectionné. **2.** CH. DE F. Zone séparant la caténaire ou le rail conducteur des lignes électriques en deux tronçons alimentés séparément.

SECTIONNER v.t. **1.** Diviser par sections. *Sectionner une administration.* **2.** Couper net, trancher. *La balle avait sectionné l'artère.*

SECTIONNEUR n.m. Appareil permettant de rompre la continuité d'un circuit électrique, spécialement pour des questions de sécurité.

SECTORIEL, ELLE adj. Relatif à un secteur, à une catégorie professionnelle. *L'application sectorielle d'un projet.*

SECTORISATION n.f. Répartition en plusieurs secteurs géographiques.

SECTORISER v.t. Procéder à la sectorisation de.

SÉCULAIRE adj. (lat. *saecularis,* de *saeculum,* siècle). **1.** Qui a lieu tous les cent ans. *Cérémonie séculaire.* – *Année séculaire,* qui termine le siècle. **2.** Qui existe depuis plusieurs siècles. *Un chêne séculaire.*

SÉCULARISATION n.f. Action de séculariser.

SÉCULARISER v.t. (du lat. *saeculum,* siècle). Rendre (des clercs) à la vie laïque ; laïciser (des biens d'Église).

1. SÉCULIER, ÈRE adj. (du lat. *saeculum,* siècle). **1.** Se dit d'un prêtre qui n'appartient à aucun ordre ou institut religieux (par opp. à *régulier*). **2.** Se disait de la justice laïque, temporelle (par opp. à *ecclésiastique*). – *Bras séculier :* puissance de la justice laïque temporelle.

2. SÉCULIER n.m. Laïque ou prêtre séculier.

SECUNDO [sekɔ̃do] ou [səgɔ̃do] adv. (mot lat.). En second lieu. (S'écrit 2°.)

SÉCURISANT, E adj. Qui sécurise.

SÉCURISATION n.f. Action de sécuriser.

SÉCURISER v.t. **1.** Donner un sentiment de sécurité à ; enlever la crainte, l'anxiété. **2.** Rendre plus sûr (qqch) ; fiabiliser.

SECURIT n.m. (nom déposé). Verre de sécurité obtenu par trempe.

SÉCURITAIRE adj. Relatif à la sécurité publique.

SÉCURITÉ n.f. (lat. *securitas,* de *securus,* sûr). **1.** Situation dans laquelle qqn, qqch n'est exposé à aucun danger, à aucun risque d'agression physique, d'accident, de vol, de détérioration. *Cette installation présente une sécurité totale. Sécurité matérielle. Sécurité de l'emploi.* – *Sécurité publique :* ensemble des conditions que l'État doit assurer pour permettre à ses citoyens de vivre en paix. – *Sécurité sociale :* ensemble des mesures législatives et administratives qui ont pour objet de garantir les individus et les familles contre certains risques, appelés risques sociaux ; ensemble des organismes administratifs chargés d'appliquer ces mesures. Abrév. (fam.) : *sécu.* – *Sécurité routière :* ensemble des règles et des services visant à la protection des usagers de la route. – *Sécurité civile :* ensemble des mesures de prévention et de secours que requiert, en toutes circonstances, la sauvegarde des populations. SYN. : *protection civile.* – *Sécurité militaire :* service créé en 1945, chargé d'assurer la protection des personnels, des documents, des matériels et des établissements contre les menées subversives de tous ordres. **2.** Situation de qqn qui se sent à l'abri du danger, qui est rassuré. **3.** ARM. Dispositif du mécanisme d'une arme à feu interdisant tout départ intempestif du coup. **4.** *De sécurité :* destiné à prévenir un accident ou un évènement dommageable ou à en limiter les effets. *Ceinture de sécurité. Marge de sécurité.*

■ DR. Le système français de sécurité sociale est issu d'une ordonnance du 4 octobre 1945 instituant un régime de protection sociale commun à toute la population et géré par un service public unique. Il regroupe les *risques sociaux* en quatre branches :

– l'assurance maladie, maternité, invalidité, décès ;
– l'assurance accidents du travail ;
– l'assurance vieillesse et l'assurance veuvage ;
– les prestations familiales.

Il y a plusieurs catégories de régimes correspondant à une population déterminée (agriculteurs, professions libérales...). Le plus important est le *régime général,* qui regroupe les salariés et assimilés : la gestion des branches d'assurance relève de diverses caisses, coiffées par la *Caisse nationale d'assurance maladie,* la *Caisse nationale d'assurance vieillesse* et la *Caisse nationale d'allocations familiales.* Les cotisations sont assises soit sur le salaire, et réparties entre l'employeur et le salarié, soit sur le revenu. Le recouvrement des cotisations est de la compétence de chaque U. R. S. S. A. F. (Union de recouvrement des cotisations de sécurité sociale et d'allocations familiales).

SEDAN n.m. Drap fin et uni, généralement noir, fabriqué à Sedan.

SÉDATIF, IVE adj. et n.m. (du lat. *sedare,* calmer). MÉD. Se dit de toute substance qui agit contre la douleur, l'anxiété, l'insomnie ou qui modère l'activité d'un organe.

SÉDATION n.f. MÉD. Atténuation ou disparition des manifestations pathologiques.

SÉDENTAIRE adj. et n. (lat. *sedentarius,* de *sedere,* être assis). **1.** Qui sort peu, qui reste ordinairement chez soi ; casanier. **2.** ANTHROP. Qui reste dans une région déterminée (par opp. à *nomade*). ◆ adj. Qui ne comporte ou n'exige pas de déplacements. *Emploi sédentaire.*

SÉDENTARISATION n.f. ANTHROP. Passage de l'état de nomade à l'état sédentaire.

SÉDENTARISER v.t. Rendre sédentaire.

SÉDENTARITÉ n.f. Fait d'être sédentaire.

SEDIA GESTATORIA [sedjaʒɛstatɔrja] n.f. (mots it., *chaise à porteurs*). Fauteuil monté sur un brancard à quatre bras, sur lequel était porté le souverain pontife en des circonstances solennelles.

SÉDIMENT n.m. (lat. *sedimentum,* affaissement). **1.** Dépôt meuble laissé par les eaux, le vent et les autres agents d'érosion, et qui, d'après son origine, peut être marin, fluviatile, lacustre, glaciaire, etc. **2.** Dépôt qui se forme dans un liquide où des substances sont en suspension.

SÉDIMENTAIRE adj. Qui a le caractère d'un sédiment, qui résulte d'une sédimentation. – *Roche sédimentaire :* roche formée par le dépôt plus ou moins continu de matériaux prélevés sur les continents après altération des roches préexistantes et transport par des agents mécaniques externes (eau ou vent).

SÉDIMENTATION n.f. **1.** Ensemble des phénomènes qui conduisent à la formation et au dépôt d'un sédiment. **2.** *Vitesse de sédimentation (globulaire) :* examen du sang qui consiste à mesurer la vitesse de chute des hématies dans une colonne de sang rendu incoagulable, et qui permet de connaître l'importance d'un processus infectieux ou inflammatoire, quelle qu'en soit la nature.

SÉDIMENTER v.i. ou **SE SÉDIMENTER** v.pr. Se déposer par sédimentation.

SÉDIMENTOLOGIE n.f. GÉOL. Étude des sédiments et des roches sédimentaires.

SÉDITIEUX, EUSE adj. et n. (lat. *seditiosus*). Litt. Qui prend part à une sédition, qui fomente une sédition. ◆ adj. Litt. Qui révèle une sédition, qui porte à la sédition. *Des écrits séditieux.*

SÉDITION n.f. (lat. *seditio*). Litt. Soulèvement concerté et préparé contre l'autorité établie.

SÉDUCTEUR, TRICE adj. et n. Qui séduit, qui fait des conquêtes amoureuses. *C'est une grande séductrice.*

SÉDUCTION n.f. **1.** Action, fait de séduire, d'attirer par un charme irrésistible. *Le pouvoir de séduction de l'argent.* **2.** Moyen, pouvoir de séduire. *Une femme pleine de séduction.*

SÉDUIRE v.t. (lat. *seducere,* tirer à l'écart) [98]. **1.** Attirer fortement, s'imposer (à qqn) par telle qualité, charmer. **2.** Obtenir les faveurs de.

SÉDUISANT, E adj. **1.** Qui exerce un vif attrait sur autrui par son charme, ses qualités. **2.** Tentant, alléchant. *Des propositions séduisantes.*

SEDUM [sedɔm] n.m. BOT. Orpin.

SEERSUCKER [sirsœkœr] n.m. (mot angl., *crépon de coton*). Tissu de coton gaufré.

SÉFARADE n. et adj. (hébr. *Sefarad,* Espagne). Juif des pays méditerranéens (par opp. à *ashkénaze*). [On emploie aussi le terme hébreu *sefardi* (pl. *sefardim*).]

SÉGALA n.m. (mot prov., de *seigle*). Terre à seigle, dans le Massif central.

SEGHIA n.f. → ***seguia.***

SEGMENT n.m. (lat. *segmentum,* morceau coupé). **1.** Portion bien délimitée, détachée d'un ensemble. **2.** ÉCON. *Segment (de marché) :* sous-ensemble d'un marché présentant des caractéristiques communes ; créneau. *Un segment porteur.* **3.** MATH. *Segment de droite :* portion de droite limitée par deux points. (Le *segment de droite orienté* est doté d'un sens.) – *Segment circulaire :* portion de plan limitée par un arc de cercle et la corde qui le sous-tend. – *Segment de* ℝ : intervalle fermé de ℝ. **4.** ZOOL. Anneau du corps des annélides et des arthropodes. SYN. : ***métamère.*** **5.** MÉCAN. *Segment de piston :* anneau élastique assurant l'étanchéité du piston dans le cylindre d'un moteur. ◇ AUTOM. *Segment de frein :* pièce en forme de croissant portant une garniture de friction, et qui s'applique contre le tambour de frein sous l'effet d'une pression.

SEGMENTAIRE adj. **1.** Qui concerne un segment. **2.** Qui est divisé en segments.

SEGMENTAL, E, AUX adj. LING. Relatif à un segment de la chaîne parlée.

SEGMENTATION n.f. **1.** Division en segments. **2.** BIOL. Ensemble des premières divisions de l'œuf après la fécondation.

SEGMENTER v.t. Partager en segments, diviser, couper.

SÉGRAIRIE n.f. (de *ségrais*). **1.** Possession d'un bois par indivis. **2.** Ce bois lui-même.

SÉGRAIS n.m. (lat. *secretum,* mis à part). Bois isolé de la forêt, et qu'on exploite à part.

SÉGRÉGABILITÉ n.f. TECHN. Tendance que possèdent les grains les plus gros d'un mélange, en partic. d'un béton, à se séparer sous l'action de la pesanteur.

SÉGRÉGATIF, IVE adj. Qui relève de la ségrégation, qui la pratique ou la favorise.

SÉGRÉGATION n.f. **1.** Action de séparer les personnes d'origines, de mœurs ou de religions différentes, à l'intérieur d'un même pays, d'une collectivité. *Ségrégation raciale. Ségrégation sociale.* **2.** MÉTALL. Séparation partielle de diverses parties homogènes d'un alliage pendant sa liquéfaction.

SÉGRÉGATIONNISME n.m. Politique de ségrégation raciale.

SÉGRÉGATIONNISTE adj. et n. Du ségrégationnisme ; partisan de la ségrégation raciale.

SÉGRÉGUÉ, E ou **SÉGRÉGÉ, E** [-ʒe] adj. Soumis à une ségrégation, à la ségrégation raciale.

SÉGUEDILLE ou **SEGUIDILLA** [segidija] n.f. (esp. *seguidilla,* de *seguida,* suite). Chanson et danse populaires espagnoles rapides, à trois temps, d'origine andalouse.

SEGUIA ou **SEGHIA** [segja] n.f. (de l'ar.). GÉOGR. Rigole d'irrigation, au Sahara.

1. SEICHE n.f. (lat. *sepia*). Mollusque marin voisin du calmar, à flotteur interne *(os),* dont la tête porte des bras courts munis de ventouses et deux grands tentacules, et qui projette un liquide noir *(sépia)* lorsqu'il est attaqué. (Long. env. 30 cm ; classe des céphalopodes.)

seiche

2. SEICHE n.f. (de *sec*). GÉOGR. Oscillation libre de l'eau dans une baie, un bassin, un lac, sous l'effet du vent, de longues houles ou de la pression atmosphérique.

SÉIDE [seid] n.m. (ar. *Zayd,* n. d'un affranchi de Mahomet). Litt. Homme d'un dévouement aveugle et fanatique.

SEIGLE n.m. (lat. *secale*). Céréale cultivée sur les terres pauvres et froides pour son grain et comme fourrage. (Famille des graminées.)

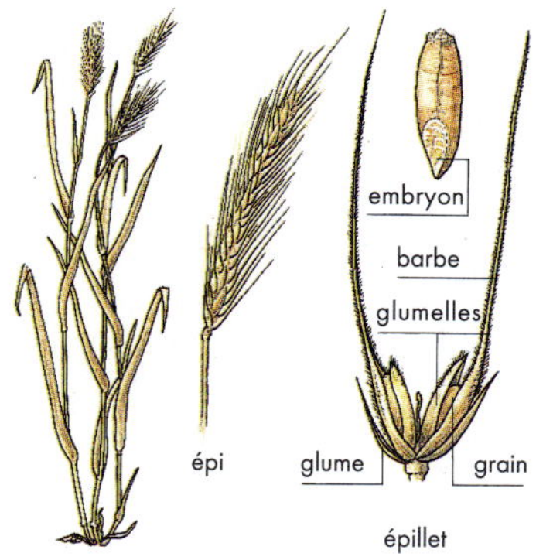

seigle

SEIGNEUR n.m. (lat. *senior,* plus âgé). **1.** Propriétaire féodal. **2.** Personne noble de haut rang, sous l'Ancien Régime. **3.** Fig. Maître, prince. ◇ *En grand seigneur :* avec luxe, magnificence, ou avec noblesse. – *Être grand seigneur :* dépenser sans compter et de manière ostentatoire. **4.** *Le Seigneur :* Dieu.

SEIGNEURIAGE n.m. **1.** Droit d'un seigneur féodal. **2.** Droit prélevé par un seigneur, un souverain sur la frappe des monnaies.

SEIGNEURIAL, E, AUX adj. **1.** Qui dépendait d'un seigneur, qui appartenait à un seigneur. **2.** Litt. Digne d'un seigneur. *Demeure seigneuriale.*

SEIGNEURIE n.f. **1.** Droit, puissance, autorité d'un seigneur sur les personnes et les biens relevant de ses domaines. **2.** Terre sur laquelle s'exerce une puissance seigneuriale ; domaine. *La seigneurie comprenait la réserve seigneuriale, la vaine pâture et les tenures.* **3.** *Votre Seigneurie :* titre d'honneur des anciens pairs de France et des membres actuels de la Chambre des lords, en Angleterre.

SEILLE n.f. (lat. *situla*). Vx. Récipient en bois ou en toile, en forme de seau.

SEILLON n.m. Vx. Baquet peu profond pour le transport du lait ou le soutirage du vin.

SEIME n.f. (anc. fr. *semer ;* du lat. *semis,* moitié). VÉTÉR. Fente verticale qui se forme au sabot du cheval.

SEIN n.m. (lat. *sinus,* pli, courbe). **1. a.** Chacune des mamelles de la femme. ◇ *Donner le sein à un enfant,* l'allaiter. **b.** Le même organe, atrophié et rudimentaire, chez l'homme. **2.** Litt. Partie antérieure du thorax ; buste. *Presser qqn contre son sein.* **3.** Litt. Siège de la conception ; entrailles. *Dans le sein de sa mère.* **4.** Refuge que constituent l'écoute, la tendresse de qqn ; cœur. *S'épancher dans le sein d'un ami.* **5.** Litt. Partie interne que renferme qqch. *Le sein de la terre, de l'océan.* ◇ *Au sein de :* au milieu de, dans le cadre de.

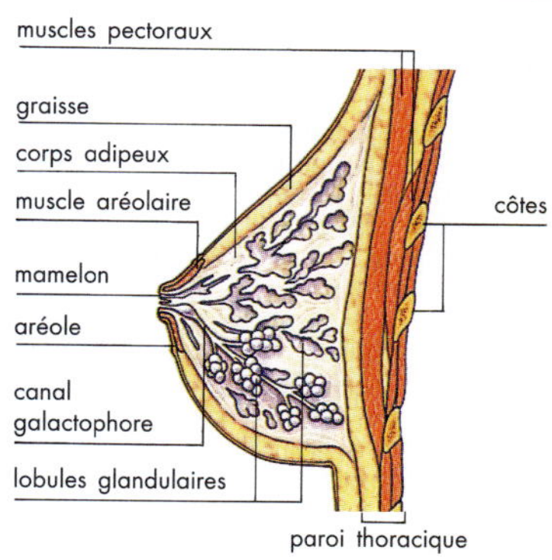

sein (vue en coupe)

SEINE n.f. → ***senne.***

SEING [sɛ̃] n.m. (lat. *signum,* signe). DR. Signature d'une personne sur un acte, pour en attester l'authenticité. ◇ *Sous seing privé,* se dit d'un acte non établi devant un officier public.

SÉISMAL, E, AUX adj. → ***sismal.***

SÉISME n.m. (gr. *seismos,* tremblement de terre). **1.** Mouvement brusque de l'écorce terrestre, produit à une certaine profondeur, à partir d'un épicentre. SYN. : *secousse sismique* ou *tellurique, tremblement de terre.* **2.** Fig. Bouleversement. *Un séisme électoral.*

SÉISMICITÉ n.f., **SÉISMIQUE** adj., **SÉISMOGRAPHE** n.m., **SÉISMOLOGIE** n.f. → ***sismicité, sismique, sismographe, sismologie.***

SEIZE adj. num. et n.m. inv. (lat. *sedecim*). **1.** Quinze plus un. **2.** Seizième. *Page seize.*

SEIZIÈME adj. num. ord. et n. **1.** Qui occupe le rang marqué par le nombre seize. **2.** Qui se trouve seize fois dans le tout.

SEIZIÈMEMENT adv. En seizième lieu.

SÉJOUR n.m. **1.** Fait de séjourner dans un lieu, dans un pays, pendant un certain temps ; durée pendant laquelle on séjourne. **2.** Litt. Lieu où l'on séjourne. *Ce village est un agréable séjour d'été.* **3.** *Salle de séjour* ou *séjour :* pièce d'un appartement où l'on se tient habituellement. SYN. : *living, living-room.*

SÉJOURNER v.i. (lat. pop. *subdiurnare,* durer un certain temps). Demeurer, résider quelque temps en un lieu. *Séjourner à Lille.*

SEL n.m. (lat. *sal*). **1.** Substance cristallisée, friable, soluble dans l'eau, composée pour l'essentiel de chlorure de sodium, employée pour l'assaisonnement ou la conservation des aliments. *Sel fin ou sel de table.* ◇ *Sel marin,* extrait de l'eau de mer. ◇ *Sel gemme* → ***gemme.*** – *Gros sel :* sel marin en gros cristaux. **2.** Fig. Ce qu'il y a de piquant, de savoureux dans un propos, un écrit, une situation, ou ce qui augmente vivement leur intérêt. *Plaisanterie pleine de sel.* ◇ Litt. *Le sel de la terre :* l'élément actif, généreux, les meilleurs d'un groupe. – Fam. *Mettre son grain de sel :* s'immiscer mal à propos dans une conversation, dans une affaire. **3.** CHIM. Corps de structure ionique résultant de l'action d'un acide sur une base ou d'un acide ou d'une base sur un métal. ◇ *Sel d'Angleterre, de Sedlitz* ou *d'Epsom,* ou *sel de magnésie :* sulfate de magnésium. – *Sel de Glauber :* sulfate de sodium. – *Sel de Vichy :* bicarbonate de sodium. ◆ pl. **1.** Mélanges acides ou alcalins qui servaient à ranimer par inhalation les personnes défaillantes. **2.** *Sels de bain :* mélange parfumé de sels minéraux ajoutés à l'eau du bain, pour la parfumer et l'adoucir.

SÉLACIEN n.m. (gr. *selakhos*). *Sélaciens :* sous-classe de poissons marins à squelette cartilagineux, à la peau recouverte de denticules, comprenant les raies et les torpilles, les roussettes et les requins.

SÉLAGINELLE n.f. (lat. *selago*). Plante rampante à feuilles minuscules, voisine des fougères. (Ordre des lycopodiales.)

SÉLECT, E adj. (mot angl.). Fam. Distingué, élégant, chic. *Une réunion très sélecte. Des gens sélects.*

SÉLECTER v.t. (de l'angl. *to select*). TECHN. Effectuer une opération de sélection sur une machine.

SÉLECTEUR n.m. **1.** Commutateur ou dispositif permettant de choisir un organe, un parcours, une gamme ou un canal de fréquences, etc., parmi un certain nombre de possibilités. *Sélecteur de programmes.* **2.** Pédale actionnant le changement de vitesse sur une motocyclette ou certains vélomoteurs.

SÉLECTIF, IVE adj. **1.** Qui vise à opérer une sélection ou qui repose sur une sélection. *Méthode sélective. Recrutement sélectif.* **2.** TECHN. Apte à effectuer une bonne séparation. ◇ Spécialt. Se dit d'un poste récepteur de radiodiffusion qui opère une bonne séparation des ondes de fréquences voisines.

SÉLECTION n.f. (lat. *selectio,* tri). **1. a.** Action de sélectionner, de choisir les personnes ou les choses qui conviennent le mieux. *Faire une sélection parmi des candidats.* ◇ *Sélection professionnelle :* choix des candidats à une profession, selon les qualités requises. – MIL. Opération préliminaire à l'appel du contingent, à l'engagement. SYN. (anc.) : *révision.* **b.** TECHN. Sur un matériel, un appareil, choix de ce qui correspond à une demande ponctuelle. *Bouton de sélection des programmes, sur un lave-linge.* **c.** Ensemble des éléments choisis. *Présenter une sélection de modèles de haute couture.* **2.** Choix, dans une espèce animale ou végétale, des individus reproducteurs dont les qualités ou les caractéristiques permettront d'améliorer l'espèce ou de la modifier dans un sens déterminé. ◇ BIOL. *Sélection naturelle :* survivance des variétés animales ou végétales les mieux adaptées aux dépens des moins aptes. – IMPR. *Sélection des couleurs :* procédé photographique ou électronique permettant d'isoler les trois couleurs primaires pour établir, à partir d'un original en couleurs, les clichés d'impression. – Par ext. Les films résultant de cette analyse.

SÉLECTIONNÉ, E adj. et n. Choisi parmi d'autres, en vue d'une épreuve, d'un concours. ◆ adj. Qui a fait l'objet d'une sélection. *Des vins sélectionnés.*

SÉLECTIONNER v.t. Choisir, dans un ensemble, les éléments qui répondent le mieux à un critère donné.

SÉLECTIONNEUR, EUSE n. Personne (dirigeant sportif, technicien) qui procède à une sélection.

SÉLECTIVEMENT adv. De façon sélective.

SÉLECTIVITÉ n.f. **1.** TECHN. Caractère de ce qui sépare bien. **2.** Spécialt. Qualité d'un récepteur de radiodiffusion sélectif.

SÉLÈNE adj. Didact. De la Lune.

SÉLÉNHYDRIQUE adj.m. *Acide sélénhydrique :* acide H_2Se, appelé aussi *hydrogène sélénié.*

SÉLÉNIATE ou **SÉLÉNATE** n.m. Sel de l'acide sélénique.

SÉLÉNIEUX adj.m. Se dit de l'anhydride SeO_2 et de l'acide correspondant H_2SeO_3.

SÉLÉNIQUE adj.m. Se dit de l'anhydride SeO_3 et de l'acide correspondant H_2SeO_4.

1. SÉLÉNITE n.m. Sel de l'acide sélénieux.

2. SÉLÉNITE n. (gr. *Selênê,* Lune). Habitant imaginaire de la Lune.

SÉLÉNITEUX, EUSE adj. CHIM. Qui contient du sulfate de calcium. *Sable séléniteux.*

SÉLÉNIUM [-njɔm] n.m. (gr. *Selênê,* Lune [par anal. avec le *tellure*]). Non-métal solide, analogue au soufre, de densité 4,8, fusible à 216 °C, dont la conductivité électrique augmente avec la lumière qu'il reçoit ; élément (Se), de numéro atomique 34 et de masse atomique 78,96.

SÉLÉNIURE n.m. Combinaison du sélénium avec un corps simple.

SÉLÉNOGRAPHIE n.f. Description de la Lune.

SÉLÉNOGRAPHIQUE adj. Relatif à la sélénographie.

SÉLÉNOLOGIE n.f. Étude de la Lune.

1. SELF n.f. (abrév.). Self-inductance.

2. SELF n.m. (abrév.). Fam. Self-service.

3. SELF n.m. PSYCHAN. Sentiment diffus d'unité de la personnalité, distinct du moi, qu'éprouve le sujet et qui vient du vécu de la petite enfance.

SELF-CONTROL n.m. (mot angl.) [pl. *self-controls*]. Maîtrise, contrôle de soi.

SELF-GOVERNMENT [sɛlfgɔvɛrnmɛnt] n.m. (mot angl.) [pl. *self-governments*]. Système d'administration, d'origine britannique, dans lequel les citoyens sont libres de s'administrer à leur convenance, dans tous les domaines qui ne concernent pas la politique générale. (Ce système est encore appliqué, notamm. dans les îles Anglo-Normandes.)

SELF-INDUCTANCE n.f. (pl. *self-inductances*). PHYS. Quotient du flux d'induction magnétique à travers un circuit par le courant qui le parcourt. SYN. : ***auto-inductance, coefficient de self-induction.*** Abrév. : *self.*

SELF-INDUCTION n.f. (pl. *self-inductions*). PHYS. Auto-induction. – *Coefficient de self-induction :* self-inductance.

SELF-MADE-MAN [sɛlfmɛdman] n.m. (mot angl., ***homme qui s'est fait lui-même***) [pl. *self-made-mans* ou *self-made-men*]. Anglic. Personne qui est l'artisan de sa propre réussite.

SELF-SERVICE n.m. (mot angl.) [pl. *self-services*]. **1.** Technique de restauration dans laquelle le client se sert lui-même. **2.** Établissement fonctionnant selon cette technique. Abrév. (fam.) : *self.*

1. SELLE n.f. (lat. *sella,* siège). **1.** Siège incurvé en cuir que l'on place sur le dos d'une monture. ◇ *Cheval de selle,* propre à être monté. – *Être bien en selle,* bien affermi dans sa situation. – *Remettre qqn en selle, se remettre en selle,* l'aider à rétablir ses affaires, rétablir sa propre situation. **2.** Petit siège sur lequel s'assoit un cycliste, un motocycliste ou un tractoriste. **3.** Anc. Chaise percée. ◇ *Aller à la selle :* déféquer. **4.** Morceau de viande (agneau, mouton, chevreuil) correspondant à la région lombaire avec les muscles abdominaux. **5.** Support, le plus souvent à trois pieds, muni d'un plateau tournant sur lequel le sculpteur place le bloc de matière qu'il modèle. **6.** ZOOL. Groupe d'anneaux renflés, chez le lombric, produisant le mucus entourant la ponte. **7.** ANAT. *Selle turcique* → ***turcique.*** ◆ pl. Matières fécales.

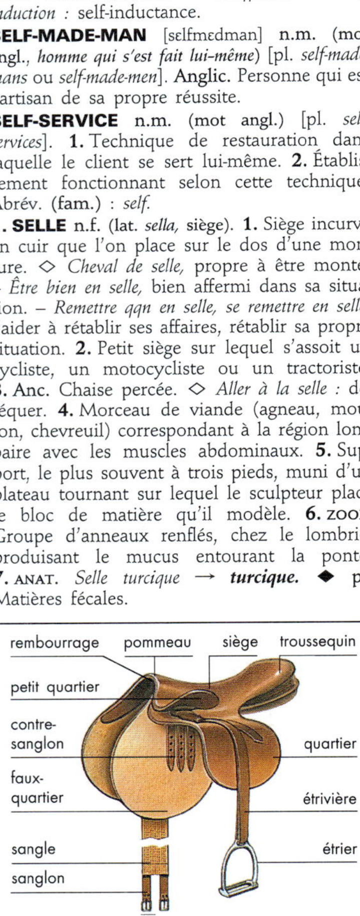

selle : éléments constitutifs

2. SELLE n.m. *Selle français :* race française de chevaux de selle, issue du croisement de pur-sang anglais et de juments autochtones, appréciée pour le saut d'obstacles et le concours complet.

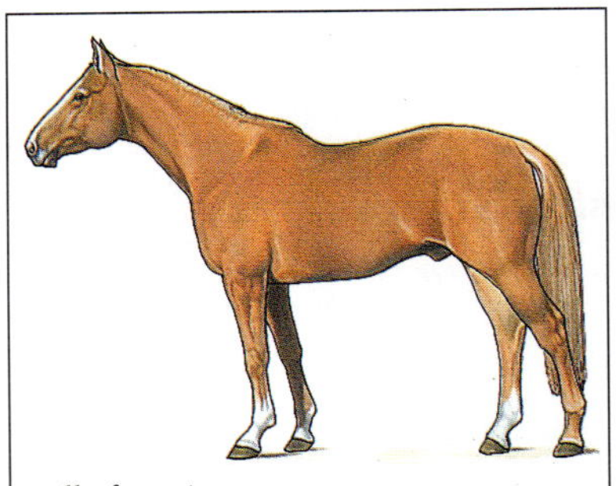

selle français

SELLER v.t. Munir d'une selle (un cheval, un mulet, un dromadaire, etc.).

SELLERIE [sɛlri] n.f. **1.** Ensemble des selles et des harnais des chevaux d'une écurie. **2.** Lieu où l'on range les selles et harnais des chevaux. **3.** Technique de fabrication des selles et harnais ; activité et commerce du sellier.

SELLERIE-BOURRELLERIE n.f. (pl. *selleries-bourrelleries*). Fabrication de pièces composant l'équipement du cheval.

SELLERIE-GARNISSAGE n.f. (pl. *selleries-garnissages*). Ensemble des opérations de confection et de montage de l'aménagement intérieur des véhicules.

SELLERIE-MAROQUINERIE n.f. (pl. *selleries-maroquineries*). Travail des cuirs et des peaux pour la confection d'articles variés et, principalement, d'articles de voyage.

SELLETTE n.f. **1.** Petit siège de bois sur lequel on faisait asseoir un accusé au tribunal. ◇ *Être sur la sellette :* être accusé, mis en cause. – *Mettre qqn sur la sellette,* le presser de questions, chercher à le faire parler. **2.** Petite selle de sculpteur. **3.** Support de proportions élancées, en général à trois ou quatre pieds, pour porter une plante verte, un objet décoratif. **4.** Petit siège suspendu à une corde, à l'usage des ouvriers du bâtiment.

SELLIER n.m. Artisan, ouvrier qui fabrique, répare et vend des selles et des articles de harnachement.

SELON prép. **1.** Conformément à. *J'ai agi selon vos désirs.* **2.** À proportion de, eu égard à. *Dépenser selon ses moyens.* **3.** Du point de vue de, d'après. *Selon vous, que faut-il faire ?* **4.** En fonction de, suivant. *Choisir tel itinéraire selon l'état des routes.* ◇ Fam. *C'est selon :* cela dépend des circonstances. ◆ loc. conj. *Selon que ... ou que :* suivant que. *Selon qu'il fera beau ou qu'il pleuvra.*

SELTZ (EAU DE) → ***eau.***

SELVE ou **SELVA** n.f. (port. *selva,* forêt ; du lat. *silva,* forêt). GÉOGR. Forêt vierge équatoriale et, plus partic., forêt amazonienne.

SEMAILLES n.f. pl. **1.** Action de semer. **2.** Ensemble des travaux agricoles comprenant les semis ; époque où l'on sème.

SEMAINE n.f. (lat. *septimana,* espace de sept jours). **1.** Période de sept jours consécutifs du lundi au dimanche inclus. – Cette période, consacrée aux activités professionnelles ; ensemble des jours ouvrables. *Semaine de cinq jours. Semaine de 39 heures.* ◇ *(Être) de semaine :* (être) de service pendant la semaine en cours. – Canada. *Fin de semaine :* week-end. – *Semaine anglaise :* semaine de travail qui comporte le samedi et le dimanche comme jours de repos. – REM. Une recommandation internationale préconise de considérer le lundi comme premier jour de la semaine. **2.** Suite de sept jours consécutifs sans considération du jour de départ. *Louer une voiture à la semaine.* ◇ Fam. *À la petite semaine :* sans plan d'ensemble, au jour le jour. **3.** Salaire hebdomadaire. *Toucher sa semaine.* **4.** Période de sept jours consacrée à une activité ou marquée par un trait dominant. *La semaine du blanc.*

1. SEMAINIER, ÈRE n. Personne qui est de semaine dans certains établissements, dans une communauté, pour remplir une fonction.

2. SEMAINIER n.m. **1.** Calendrier, agenda de bureau qui indique les jours en les groupant par semaine. **2.** Chiffonnier à sept tiroirs. **3.** Bracelet à sept anneaux.

SÉMANTÈME n.m. LING. Élément qui regroupe tous les traits sémantiques spécifiques d'une unité lexicale. (Par ex., le sémantème du mot *chaise* comprend les traits spécifiques qui le distinguent des autres sièges.)

SÉMANTICIEN, ENNE n. Linguiste spécialiste de sémantique.

1. SÉMANTIQUE adj. (gr. *sêmantikos,* qui signifie). **1.** Relatif au sens, à la signification des unités linguistiques. ◇ *Trait sémantique :* sème. **2.** Qui concerne la sémantique. **3.** LOG. Qui se rapporte à l'interprétation, à la signification d'un système formel (par opp. à *syntaxique*).

2. SÉMANTIQUE n.f. **1.** Étude scientifique du sens des unités linguistiques et de leurs combinaisons. **2.** LOG. Étude de propositions d'une théorie déductive du point de vue de leur vérité ou de leur fausseté.

SÉMANTIQUEMENT adv. Du point de vue sémantique.

SÉMANTISME n.m. Contenu sémantique d'une unité linguistique.

SÉMAPHORE n.m. (gr. *sêma,* signe, et *phoros,* qui porte). **1.** Poste de signalisation établi sur une côte pour communiquer par signaux optiques avec les navires en vue. **2.** CH. DE F. Signal d'arrêt employé en signalisation de block, constitué par une aile rouge horizontale en signalisation mécanique (associée de nuit à un feu rouge) et par un feu rouge en signalisation lumineuse.

SÉMAPHORIQUE adj. Relatif au sémaphore.

SÉMASIOLOGIE n.f. (de l'all.). LING. Étude sémantique qui consiste à partir du signe linguistique pour aller vers la détermination du concept (par opp. à *onomasiologie*).

1. SEMBLABLE adj. **1.** Qui ressemble à qqn, à qqch d'autre, qui est de même nature, de même qualité ; pareil, similaire. **2.** De cette nature ; tel (souvent péj.). *Qui vous a raconté de semblables histoires ?* **3.** GÉOM. *Figures semblables :* figures du plan telles qu'il existe une similitude transformant l'une en l'autre.

2. SEMBLABLE n. (Avec un possessif). **1.** Être humain, personne semblable. *Toi et tes semblables.* **2.** Être animé, considéré par rapport à ceux de son espèce ; congénère. *Partager le sort de ses semblables.*

SEMBLABLEMENT adv. Litt. D'une manière semblable.

SEMBLANT n.m. **1.** *Un semblant de :* une apparence de. *Il y a un semblant de vérité dans ses propos.* **2.** *Faire semblant (de) :* feindre, simuler. *Faire semblant de chanter.* ◇ Fam. *Ne faire semblant de rien :* feindre l'indifférence, l'ignorance ou l'inattention.

SEMBLER v.i. (lat. *simulare*). **1.** Présenter l'apparence de, donner l'impression d'être, de faire qqch. *Ce vin semble trouble. Vous semblez préoccupé.* **2.** *Ce me semble, me semble-t-il, à ce qu'il me semble :* à mon avis, selon moi. ◇ *Il me semble que :* je crois que. – Litt. *Que vous en semble :* qu'en pensez-vous ? – *Si (comme, quand) bon me semble :* si (comme, quand) cela me plaît. ◆ v. impers. *Il semble que :* il y a fort à penser que, on dirait que. *Il semble que tu aies* ou *que tu as raison.*

SÈME n.m. LING. Unité minimale de signification entrant, comme composant, dans le sens d'une unité lexicale. SYN. : *trait sémantique.*

SÉMÉIOLOGIE ou **SÉMIOLOGIE** n.f. (gr. *sêmion,* signe, et *logos,* discours). Partie de la médecine qui traite des signes cliniques et des symptômes des maladies.

SÉMÉIOLOGIQUE ou **SÉMIOLOGIQUE** adj. Relatif à la séméiologie.

SEMELAGE n.m. Ensemble des pièces constituant le dessous de la chaussure.

SEMELLE n.f. (altér. du picard *lemelle ;* du lat. *lamella,* petite lame). **1. a.** Pièce de cuir, de corde, de caoutchouc, etc., qui forme le dessous de la chaussure et qui se trouve en contact avec le sol. ◇ *Battre la semelle :* frapper le sol de ses pieds, pour les réchauffer. – *Ne pas bouger, ne pas avancer d'une semelle :* ne faire aucun progrès. – *Ne pas quitter qqn d'une semelle,* l'accompagner, le suivre partout. – *Ne pas reculer d'une semelle :* rester sur ses positions. **b.** Fam. Viande coriace ; carne. *On nous a servi de la semelle.* **c.** Pièce de garniture que l'on place à l'intérieur d'une chaussure. **d.** Pièce plate servant d'appui. *Semelle d'un fer à repasser. Semelle de béton d'un édifice.* ◇ Spécialt. Dessous du ski, en contact avec la neige. **2. a.** CONSTR. Pièce de bois horizontale servant d'assise, destinée à soutenir une charge ou à répartir un effort. SYN. : *sole.* ◇ Tôle placée perpendiculairement à l'âme d'un élément de construction métallique. **b.** CH. DE F. *Semelle de frein :* organe venant s'appliquer sur la roue lors de la mise en action du frein.

SÉMÈME n.m. LING. Ensemble des sèmes constituant le sens d'un mot.

SEMENCE n.f. (lat. *sementia*). **1.** Graine ou autre partie d'un végétal, apte à former une plante complète après semis ou enfouissement. **2.** Sperme. **3.** Pointe à tige courte et tête plate, amincie de la tête à la pointe, utilisée par les tapissiers. SYN. : *broquette.*

SEMENCIER, ÈRE adj. Qui se rapporte aux semences végétales. ◆ n.m. Personne ou entreprise qui produit et vend des semences de plantes cultivées.

SEMEN-CONTRA [semɛnkɔ̃tra] n.m. inv. (lat. *semen,* semence, et *contra,* contre). PHARM. Drogue officinale à base de capitules de plusieurs espèces d'armoise, employée comme vermifuge.

SEMER v.t. (lat. *seminare*) [19]. **1.** Mettre en terre (une graine destinée à germer). *Semer des céréales.* **2.** Répandre, jeter çà et là. **3.** Litt. Propager. *Semer la discorde.* **4.** Fam. Quitter adroitement, se débarrasser de. *Semer un importun.*

SEMESTRE n.m. (lat. *sex,* six, et *mensis,* mois). **1.** Espace de six mois consécutifs, à partir du début de l'année civile ou scolaire, chacune des deux moitiés de l'année. **2.** Rente, pension qui se paie tous les six mois.

SEMESTRIEL, ELLE adj. **1.** Qui a lieu tous les six mois. *Assemblée semestrielle.* **2.** Qui dure six mois. *Congé semestriel.*

SEMESTRIELLEMENT adv. Tous les six mois.

SEMEUR, EUSE n. Personne qui sème.

SEMI-ARIDE adj. (pl. *semi-arides*). Se dit d'une région dont l'alimentation en eau est insuffisante : steppe, toundra. SYN. : *subdésertique.*

SEMI-AUTOMATIQUE adj. (pl. *semi-automatiques*). **1.** Se dit d'un appareil, d'une installation dont le fonctionnement comprend des phases à déroulement automatique séparées par des interventions manuelles. **2.** *Arme semi-automatique :* arme à répétition.

SEMI-AUXILIAIRE adj. et n.m. (pl. *semi-auxiliaires*). Se dit des verbes qui s'emploient devant un infinitif avec un rôle d'auxiliaire (par ex. *Je vais partir, je viens d'arriver*).

SEMI-CHENILLÉ, E adj. et n.m. (pl. *semi-chenillés, es*). Se dit d'un véhicule automobile muni de roues directrices et de chenilles assurant le mouvement.

SEMI-CIRCULAIRE adj. (pl. *semi-circulaires*). **1.** En demi-cercle. **2.** *Canaux semi-circulaires :* organes de l'oreille interne donnant le sens des positions de la tête, base du mécanisme de l'équilibration.

SEMI-COKE n.m. (pl. *semi-cokes*). Produit de distillation de la houille, intermédiaire entre la houille et le coke.

SEMI-CONDUCTEUR, TRICE adj. et n.m. (pl. *semi-conducteurs, trices*). Se dit d'un corps non métallique qui conduit imparfaitement l'électricité, et dont la résistivité décroît lorsque la température augmente. (La résistivité de certains semi-conducteurs, à température normale, peut être réduite sous l'effet d'un champ électromagnétique ou par la présence d'impuretés.)

SEMI-CONSERVE n.f. (pl. *semi-conserves*). Conserve alimentaire dont la durée est limitée et qui doit être gardée au frais.

SEMI-CONSONNE n.f. → ***semi-voyelle.***

SEMI-CONVERGENTE adj.f. (pl. *semi-convergentes*). *Série semi-convergente :* série convergente qui devient divergente si l'on remplace ses termes par leurs valeurs absolues.

SEMI-DURABLE adj. (pl. *semi-durables*). Qui a une durée de vie moyenne, en parlant d'un bien.

SEMI-FINI adj.m. (pl. *semi-finis*). *Produit semi-fini :* produit de l'industrie, intermédiaire entre la matière première et le produit fini.

SEMI-GLOBALE adj.f. (pl. *semi-globales*). *Méthode semi-globale :* méthode d'apprentissage de la lecture intermédiaire entre la méthode analytique et la méthode globale.

SEMI-GROSSISTE n. (pl. *semi-grossistes*). Intermédiaire de la distribution situé entre le grossiste et le détaillant.

SEMI-LIBERTÉ n.f. (pl. *semi-libertés*). DR. PÉN. Régime permettant à un condamné de quitter l'établissement pénitentiaire pour le temps nécessaire à l'exercice d'une activité professionnelle ou à un traitement médical.

SÉMILLANT, E adj. (anc. fr. *semilleus,* rusé). Litt. Qui est d'une vivacité pétillante et gaie. *Jeune fille sémillante.*

SÉMILLON [semijɔ̃] n.m. (occitan *semihoun*). Cépage blanc du Bordelais, donnant un vin très sucré.

SEMI-LOGARITHMIQUE adj. (pl. *semi-logarithmiques*). Se dit d'une représentation graphique dans laquelle l'une des deux grandeurs est représentée avec une échelle arithmétique, l'autre avec une échelle logarithmique. Abrév. (fam.) : *semi-log.*

SEMI-LUNAIRE adj. (pl. *semi-lunaires*). *Os semi-lunaire :* os de la première rangée du carpe ayant la forme d'une demi-lune.

SÉMINAIRE n.m. (lat. *seminarium,* pépinière). **1.** Établissement religieux où l'on instruit les jeunes gens qui se destinent à l'état ecclésiastique. **2.** Petit nombre de personnes réunies pour étudier une ou certaines questions précises sous la direction d'un animateur. **3.** Groupe d'étudiants et de chercheurs travaillant sous la direction d'un enseignant.

SÉMINAL, E, AUX adj. **1.** De la semence. **2.** Fondamental. *Les notions séminales de la logique.*

SÉMINARISTE n.m. Élève d'un séminaire.

SEMI-NASAL, E, ALS ou **AUX** adj. *Consonne semi-nasale* ou *semi-nasale,* n.f., produite par l'émission presque simultanée d'une consonne nasale et d'une consonne orale au même point d'articulation.

SÉMINIFÈRE adj. ANAT. Qui conduit le sperme.

SEMI-NOMADE adj. et n. (pl. *semi-nomades*). Qui pratique le semi-nomadisme.

SEMI-NOMADISME n.m. (pl. *semi-nomadismes*). GÉOGR. Genre de vie combinant une agriculture occasionnelle et un élevage nomade, le plus souvent en bordure des déserts.

SÉMINOME n.m. MÉD. Tumeur maligne germinale du testicule.

SEMI-OFFICIEL, ELLE adj. (pl. *semi-officiels, elles*). **1.** Qui est inspiré par le gouvernement sans avoir un caractère entièrement officiel. **2.** Qui est presque sûr sans être encore officiellement annoncé.

SÉMIOLOGIE n.f. **1.** Sémiotique. **2.** Séméiologie.

SÉMIOLOGIQUE adj. **1.** De la sémiologie. **2.** Séméiologique. **3.** Sémiotique.

SÉMIOLOGUE n. Spécialiste de sémiologie.

SÉMIOTICIEN, ENNE n. Spécialiste de sémiotique.

SÉMIOTIQUE n.f. **1.** Science des modes de production, de fonctionnement et de réception des différents systèmes de signes de communication entre individus ou collectivités. SYN. : *sémiologie.* **2.** Cette science appliquée à un domaine particulier de la communication. ◆ adj. De la sémiotique.

SEMI-OUVERT, E adj. (pl. *semi-ouverts, es*). MATH. Se dit d'un intervalle de nombres qui ne contient pas l'une de ses extrémités.

SEMI-OUVRÉ, E adj. (pl. *semi-ouvrés, es*). TECHN. Partiellement élaboré, en parlant d'un produit.

SEMI-PEIGNÉ adj.m. (pl. *semi-peignés*). *Fil semi-peigné* ou *semi-peigné,* n.m. : fil voisin du fil peigné, mais n'ayant pas subi l'opération du peignage.

SEMI-PERMÉABLE adj. (pl. *semi-perméables*). Se dit d'une membrane ou d'une cloison qui, séparant deux solutions, laisse passer les molécules du solvant, mais arrête celles des corps dissous.

SEMI-POLAIRE adj. (pl. *semi-polaires*). *Liaison semi-polaire :* liaison covalente dans laquelle les deux électrons sont fournis par le même atome, dit donneur, à un autre, dit accepteur.

SEMI-PRÉSIDENTIEL, ELLE adj. (pl. *semi-présidentiels, elles*). En parlant d'un régime politique, caractérisé par un chef de l'État élu au suffrage universel et ayant des pouvoirs importants, et par un gouvernement responsable devant le Parlement, mais disposant du droit de dissoudre celui-ci.

SEMI-PRODUIT n.m. (pl. *semi-produits*). Demi-produit.

SEMI-PUBLIC, IQUE adj. (pl. *semi-publics, iques*). Se dit d'un organisme relevant du droit privé et du droit public, ou d'un secteur de l'économie régi par le droit privé mais contrôlé par une personne publique.

SÉMIQUE adj. LING. Du sème.

SEMI-REMORQUE n.f. (pl. *semi-remorques*). Véhicule de transport dont la partie avant, dépourvue d'essieu de roulement, s'articule sur l'arrière d'un tracteur routier. ◆ n.m. Ensemble formé par ce véhicule et son tracteur.

SEMI-RIGIDE adj. (pl. *semi-rigides*). Équipé d'une enveloppe souple comportant à sa base une quille rigide, en parlant d'un dirigeable.

SEMIS [səmi] n.m. (de *semer*). **1.** Mise en place des semences dans un terrain préparé à cet effet. **2.** Plant d'arbrisseau, de fleur, etc., qui a été semé en graine. **3.** Ensemble de choses menues, de petits motifs décoratifs parsemant une surface.

SEMI-SUBMERSIBLE adj. (pl. *semi-submersibles*). Se dit d'une plate-forme de forage en mer supportée par des caissons de stabilisation à immersion réglable.

SÉMITE adj. et n. (de *Sem*, fils de Noé). Qui appartient à un ensemble de peuples du Proche-Orient parlant ou ayant parlé dans l'Antiquité des langues sémitiques (Akkadiens [Assyro-Babyloniens], Amorrites, Araméens, Phéniciens, Arabes, Hébreux, Éthiopiens).

SÉMITIQUE adj. **1.** Des Sémites. **2.** *Langues sémitiques* ou *sémitique*, n. m. : groupe de langues chamito-sémitiques d'Asie occidentale et du nord de l'Afrique (arabe, hébreu, araméen, amharique, etc.).

SÉMITISANT, E n. Spécialiste d'études sémitiques.

SÉMITISME n.m. Ensemble de caractères propres aux Sémites, à leur civilisation.

SEMI-VOYELLE ou **SEMI-CONSONNE** n.f. (pl. *semi-voyelles, semi-consonnes*). Son du langage intermédiaire entre les voyelles et les consonnes, tel que [j], [w], [ɥ] dans *yeux, oui, huit.*

SEMNOPITHÈQUE n.m. (gr. *sêmnos*, vénérable, et *pithêkos*, singe). Grand singe des forêts d'Asie, vivant en bande. (Long. 75 cm sans la queue.)

SEMOIR n.m. **1.** Sac ou panier dans lequel le semeur portait les grains qu'il semait à la volée. **2.** Machine servant à semer les graines.

SEMONCE n.f. (de l'anc. fr. *semondre*, prier avec insistance). **1.** Avertissement mêlé de reproches. **2.** Ordre donné à un navire de montrer ses couleurs, de stopper. **3.** *Coup de semonce* : coup de canon à blanc ou réel, appuyant la semonce d'un navire ; fig., avertissement brutal donné en préalable à une action plus dure.

SEMONCER v.t. 16. **1.** Donner à un navire un ordre de semonce. **2.** Litt. Faire une semonce, une réprimande à (qqn).

SEMOULE n.f. (it. *semola* ; du lat. *simila*, fleur de farine). Fragments de grains de céréales (blé dur essentiellement, mais aussi maïs, riz), obtenus par mouture des grains humidifiés, suivie de séchage et de tamisage.

SEMOULERIE n.f. **1.** Usine où l'on fabrique des semoules de blé dur. **2.** Fabrication des semoules.

SEMOULIER n.m. Fabricant de semoule.

SEMPERVIRENT, E [sɛ̃pɛrvirɑ̃, ɑ̃t] adj. **1.** Se dit d'une forêt dont le feuillage ne se renouvelle pas selon un rythme saisonnier et qui apparaît toujours verte. **2.** Se dit d'une plante qui porte des feuilles vertes toute l'année. **3.** Se dit d'un feuillage persistant.

SEMPITERNEL, ELLE adj. (lat. *semper*, toujours, et *aeternus*, éternel). Qui est répété indéfiniment au point de fatiguer.

SEMPITERNELLEMENT adv. D'une manière sempiternelle ; sans arrêt, continuellement.

SEMPLE n.m. (de *simple*). Ensemble de cordes verticales formant une partie du métier à tisser Jacquard.

SEN [sɛn] n.m. inv. (mot jap.). Unité monétaire divisionnaire dans divers pays d'Extrême-Orient. (→ ***monnaie.***)

SÉNAIRE n.m. (lat. *senarius*). Vers latin de six pieds iambiques.

SÉNAT n.m. (lat. *senatus*, de *senex*, vieux). **1.** Nom donné à diverses assemblées politiques de l'Antiquité (à Rome, à Carthage, à Byzance). **2.** Seconde chambre ou chambre haute dans les régimes à caractère parlementaire. **3.** (Avec une majuscule). Assemblée, qui, avec l'Assemblée nationale, constitue le Parlement français. **4.** *Sénat conservateur* : assemblée contrôlant la constitutionnalité des lois sous le Consulat, le premier et le second Empire. **5.** Lieu, bâtiment où se réunissent les sénateurs.

SÉNATEUR n.m. Membre d'un sénat.

SÉNATORERIE n.f. HIST. Dotation accordée à un sénateur sous le premier Empire.

SÉNATORIAL, E, AUX adj. **1.** Du sénat, d'un sénateur. **2.** *Élections sénatoriales* ou *sénatoriales*, n.f. pl. : élection des sénateurs au suffrage universel indirect.

SÉNATUS-CONSULTE [senatyskɔ̃sylt] n.m. (lat. *senatus consultum*) [pl. *sénatus-consultes*]. **1.** ANTIQ. Texte formulant l'avis du sénat romain. **2.** HIST. Acte voté par le Sénat, pendant le Consulat, le premier et le second Empire, et ayant la valeur d'une loi.

SENAU n.m. (pl. *senaus*). Voilier marchand gréé en brick (XVIIIe et XIXe s.).

SÉNÉ n.m. (de l'ar.). **1.** Cassier, arbre ou arbuste dont le fruit en gousse contient un principe purgatif. (Famille des césalpiniacées.) **2.** Laxatif extrait de la gousse du cassier.

SÉNÉCHAL n.m. (francique *siniskalk*, serviteur le plus âgé) [pl. *sénéchaux*]. **1.** HIST. Grand officier du palais royal. (Cette fonction fut supprimée en 1191.) **2.** Dans l'Ouest et le Midi, officier royal de justice, à la tête d'une sénéchaussée et ayant les attributions d'un bailli.

SÉNÉCHAUSSÉE n.f. **1.** Étendue de la juridiction d'un sénéchal. **2.** Tribunal du sénéchal.

SÉNEÇON n.m. (lat. *senecio*, de *senex*, vieillard). Plante dont il existe de nombreuses espèces herbacées et arborescentes. (Famille des composées.)

SÉNÉGALAIS, E adj. et n. **1.** Du Sénégal. **2.** *Tirailleurs sénégalais* : militaires recrutés par la France au Sénégal puis dans les territoires français d'Afrique noire de 1857 à 1960.

SÉNESCENCE n.f. **1.** Vieillissement naturel des tissus et de l'organisme. **2.** Baisse des activités, des performances propres à la période de vie qui suit la maturité.

SÉNESCENT, E adj. Atteint par la sénescence.

SENESTRE ou **SÉNESTRE** adj. (lat. *sinister*, gauche). **1.** ZOOL. Qui s'enroule vers la gauche, du sommet à l'ouverture, en parlant d'une coquille spirale. (Les coquilles sénestres sont une exception.) **2.** HÉRALD. Qui est placé du côté gauche de l'écu (à droite pour l'observateur).

SENESTRÉ, E adj. HÉRALD. *Pièce senestrée*, accompagnée d'une pièce secondaire à senestre. CONTR. : *adextré.*

SENESTROCHÈRE [sənɛstrɔkɛr] n.m. HÉRALD. Bras gauche représenté sur un écu.

SÉNEVÉ [sɛnve] n.m. (lat. *sinapi*). Plante annuelle dont les graines donnent une variété de moutarde. SYN. : *moutarde noire.*

SÉNEVOL n.m. Substance soufrée, extraite de crucifères, à odeur et saveur piquantes, dont l'action est utilisée dans les sinapismes.

SÉNILE adj. (lat. *senilis*, de *senex*, vieillard). **1.** Qui est caractéristique de la vieillesse, propre à la vieillesse. **2.** Dont les facultés intellectuelles sont dégradées par l'âge.

SÉNILISME n.m. PATHOL. Vieillissement très précoce.

SÉNILITÉ n.f. Affaiblissement physique et surtout intellectuel produit par la vieillesse.

SENIOR adj. et n. (mot lat., *plus âgé*). SPORTS, JEUX. Se dit d'un concurrent qui a dépassé l'âge limite des juniors (génér. 20 ans) et qui n'est pas encore vétéran (génér. moins de 45 ans).

SÉNIORITÉ n.f. ETHNOL. Principe hiérarchique fondé sur l'ancienneté au sein du groupe.

SENNE ou **SEINE** n.f. (gr. *sagênê*). Filet qu'on traîne sur les fonds sableux, en eau douce ou dans la mer.

SENNEUR n.m. Chalutier équipé de sennes.

SÉNOLOGIE n.f. Spécialité médicale qui étudie les affections du sein.

SÉNOLOGUE n. Spécialiste de sénologie.

SÉNONAIS, E adj. et n. De Sens.

SEÑORITA [seɲɔrita] n.m. (mot esp., *demoiselle*). Petit cigare analogue aux ninas.

SENS n.m. (lat. *sensus*). **I. 1.** Fonction psychophysiologique par laquelle un organisme reçoit des informations sur certains éléments du milieu extérieur de nature physique (vue, audition, sensibilité à la pesanteur, toucher) ou chimique (goût, odorat). ◇ *Les cinq sens* : la vue, l'ouïe, l'odorat, le toucher, le goût. **2.** Connaissance immédiate. ◇ *Sixième sens* : intuition. **3.** Manière de comprendre, de juger ; opinion. *Avoir le sens des réalités. J'abonde dans votre sens.* ◇ *Le bon sens, le sens commun* : capacité de distinguer le vrai du faux, d'agir raisonnablement ; ensemble des opinions dominantes dans une société donnée. – *En dépit du bon sens* : contrairement à la simple raison. – *Tomber sous le sens* : être évident. **4.** Raison d'être, signification. *Donner un sens à son action.* **5.** Ensemble des représentations que suggère un mot, un énoncé ; signification. **II. 1.** Direction, orientation. *Aller en sens contraire.* ◇ *Sens unique* : voie sur laquelle la circulation, par décision administrative, ne s'effectue que dans une seule direction. – *Sens dessus dessous* : de façon que ce qui devait être dessus ou en haut se trouve dessous ou en bas ; dans un grand désordre, un grand trouble. – *Sens devant derrière* : de telle sorte que ce qui devait être devant se trouve derrière. **2.** MATH. **a.** *Sens direct, sens trigonométrique, sens positif* : sens de rotation fixé conventionnellement comme étant le sens contraire du mouvement des aiguilles d'une montre, qui est le *sens rétrograde.* **b.** *Sens direct* ou *positif (d'une base d'un espace vectoriel orienté)* : classe de toutes les bases qui conservent l'orientation d'une base choisie comme référence. **c.** *Sens rétrograde* ou *négatif* : classe de toutes les autres bases, lesquelles changent l'orientation de la base de référence. **3.** Côté d'un corps, d'une chose. *Couper un objet dans le sens de la longueur.* ◆ pl. Sensualité, besoins sexuels. *Troubler les sens.*

SENSASS, SENSAS ou **SENSA** adj. inv. (abrév.). Fam. Sensationnel.

SENSATION n.f. (lat. *sensatio*, de *sentire*, sentir). **1.** Phénomène qui traduit, de façon interne chez un individu, une stimulation des organes récepteurs. *Sensation visuelle.* **2.** État psychologique découlant des impressions reçues et à prédominance affective ou psychologique. *Sensation de bien-être.* ◇ *Avoir la sensation que* : avoir l'impression que. – *À sensation* : de nature à causer l'émotion, à attirer l'attention. – *Faire sensation* : produire une vive impression d'intérêt, de surprise, d'admiration, etc.

SENSATIONNALISME n.m. Goût, recherche systématique du sensationnel, notamment dans le domaine journalistique.

1. SENSATIONNEL, ELLE adj. **1.** Qui produit une impression de surprise, d'intérêt, d'admiration. **2.** Fam. Qui est remarquable, d'une valeur exceptionnelle. Abrév. (fam.) : *sensass.*

2. SENSATIONNEL n.m. Tout ce qui peut produire une forte impression de surprise, d'intérêt ou d'émotion. *Le goût du sensationnel.*

SENSÉ, E adj. Qui a du bon sens, raisonnable. *Personne sensée. Discours sensé.*

SENSÉMENT adv. Litt. De façon sensée.

SENSEUR n.m. (amér. *sensor*). **1.** Capteur. **2.** Système optoélectronique permettant à un engin spatial de déterminer, aux fins d'orientation, la direction d'un astre, de l'horizon terrestre ou d'un autre véhicule spatial.

SENSIBILISANT, E adj. **1.** Se dit d'une substance qui augmente la sensibilité d'un explosif à l'amorçage. **2.** Sensibilisateur. ◆ n.m. Substance sensibilisante.

SENSIBILISATEUR, TRICE adj. **1.** Qui rend sensible à l'action de la lumière ou de quelque autre agent. **2.** Qui sensibilise qqn, l'opinion à qqch ; sensibilisant. ◆ n.m. Produit servant à sensibiliser.

SENSIBILISATION n.f. **1.** Action de sensibiliser ; fait d'être sensibilisé. **2.** MÉD. État d'un organisme qui, après avoir été au contact de certaines substances étrangères (surtout protéines) agissant comme antigènes, acquiert à leur égard des propriétés de réaction, utiles (état de défense) ou nocives (état allergique), liées à la production d'anticorps. (→ ***allergie*** et ***anaphylaxie.***)

SENSIBILISATRICE n.f. Vx. En immunologie, anticorps.

SENSIBILISER v.t. **1.** Rendre sensible à une action physique, chimique ; en partic. en photographie, rendre impressionnable. **2.** MÉD. Provoquer une sensibilisation. **3.** Rendre qqn, un groupe sensible, réceptif à qqch. *Sensibiliser l'opinion à un problème.*

SENSIBILITÉ n.f. **1.** Aptitude à réagir à des excitations externes ou internes. **2.** Aptitude à s'émouvoir, à éprouver de la pitié, de la tendresse, un sentiment esthétique. *Une enfant d'une grande sensibilité.* **3.** Opinion, tendance, courant politique. **4.** MÉTROL. Aptitude d'un instrument de mesure à déceler de très petites variations. **5.** PHOT. Réponse d'une émulsion à l'action d'une certaine quantité de lumière, exprimée en valeur numérique.

SENSIBLE adj. (lat. *sensibilis,* de *sentire,* sentir). **1.** Perçu par les sens. *Le monde sensible.* **2.** Susceptible d'éprouver des perceptions, des sensations. *Avoir l'oreille sensible.* **3.** Facilement affecté par la moindre action ou agression extérieure. *Avoir la gorge sensible.* **4.** Qui est facilement ému, touché ; émotif. *Âme sensible.* ◇ *Point sensible (de qqn),* ce qui le touche partic. **5.** Partic. accessible, réceptif à. *Sensible aux compliments.* **6.** Se dit d'un endroit du corps que l'on ressent de manière plus ou moins douloureuse. *Zone, plaie sensible.* **7.** Très délicat, que l'on doit traiter avec une attention, une vigilance particulière. *Dossier, projet sensible. Vol sensible.* **8.** Qu'on remarque aisément. *Progrès sensibles.* **9.** Qui indique les plus légères variations. *Balance sensible.* **10.** PHOT. Se dit de la qualité d'une couche susceptible d'être impressionnée par la lumière. **11.** MUS. *Note sensible* ou *sensible, n.f.* : septième degré de la gamme, situé un demi-ton au-dessous de la tonique.

SENSIBLEMENT adv. **1.** D'une manière très perceptible. **2.** À peu de choses près, presque.

SENSIBLERIE n.f. Sensibilité affectée et outrée.

SENSILLE n.f. Poil ou cil du tégument, chez les insectes, sensible à divers types de vibrations.

SENSITIF, IVE adj. Qui conduit l'influx nerveux d'un organe sensoriel à un centre. *Nerf sensitif.* ◆ adj. et n. **1.** D'une sensibilité excessive. **2.** PSYCHIATRIE. Qui ressent vivement les réactions des autres à son égard.

SENSITIVE n.f. Mimosa.

SENSITOMÈTRE n.m. Appareil servant à réaliser des expositions échelonnées d'une surface sensible afin d'en étudier les propriétés.

SENSITOMÉTRIE n.f. PHOT. Étude des propriétés des surfaces sensibles.

SENSORIEL, ELLE adj. Relatif aux organes des sens.

SENSORIMÉTRIQUE adj. Destiné à mesurer la sensation.

SENSORI-MOTEUR, TRICE adj. (pl. *sensori-moteurs, trices*). Qui concerne à la fois les phénomènes sensoriels et l'activité motrice.

SENSUALISME n.m. (lat. *sensualis,* qui concerne les sens). PHILOS. Doctrine selon laquelle nos connaissances proviennent de nos sensations. *Le sensualisme de Condillac.*

SENSUALISTE adj. et n. **1.** Relatif au sensualisme. **2.** Partisan du sensualisme.

SENSUALITÉ n.f. **1.** Aptitude à goûter les plaisirs des sens, à être réceptif aux sensations physiques, en partic. sexuelles. **2.** Caractère de qqn, de qqch de sensuel.

SENSUEL, ELLE adj. et n. **1.** Qui est porté vers les plaisirs des sens (plaisirs érotiques, notamm.). **2.** Dont l'aspect, le comportement, l'œuvre évoquent les plaisirs des sens. *Un artiste sensuel.* ◆ adj. Qui évoque le goût des plaisirs des sens.

SENTE n.f. (lat. *semita*). Litt. Petit sentier.

SENTENCE n.f. (lat. *sententia*). **1.** Décision rendue par un arbitre, un juge, un tribunal ; en partic., décision des tribunaux d'instance et des conseils de prud'hommes. **2.** Courte phrase de portée générale, précepte de morale, maxime.

SENTENCIEUSEMENT adv. De façon sentencieuse.

SENTENCIEUX, EUSE adj. D'une gravité affectée ; solennel, pompeux.

SENTEUR n.f. Litt. Odeur agréable.

SENTI, E adj. *Bien senti* : exprimé avec force et sincérité.

SENTIER n.m. (de *sente*). **1.** Chemin étroit. **2.** Litt. Voie que l'on suit pour atteindre un but. *Les sentiers de la gloire.*

SENTIMENT n.m. (de *sentir*). **1.** Connaissance plus ou moins claire donnée d'une manière immédiate ; sensation, impression. **2.** État affectif complexe et durable lié à certaines émotions ou représentations. *Sentiment religieux.* **3.** Manifestation d'une tendance, d'un penchant. *Être animé de mauvais sentiments.* **4.** Disposition à être facilement ému, touché. *Agir plus par sentiment que par réflexion.* **5.** Litt. Manière de penser, d'apprécier. *Exprimer son sentiment.*

SENTIMENTAL, E, AUX adj. (mot angl., de *sentiment*). Relatif aux sentiments tendres, à l'amour. *Chanson sentimentale.* ◆ adj. et n. Qui a ou qui manifeste une sensibilité un peu romanesque, excessive.

SENTIMENTALEMENT adv. De façon sentimentale.

SENTIMENTALISME n.m. Attitude de qqn qui se laisse guider par une sensibilité exacerbée.

SENTIMENTALITÉ n.f. Caractère, inclination, attitude d'une personne sentimentale ; caractère de ce qui est sentimental. *Sentimentalité mièvre d'un roman.*

SENTINE n.f. (lat. *sentina*). MAR. ANC. Partie de la cale d'un navire où s'amassent les eaux.

SENTINELLE n.f. (it. *sentinella*). **1.** Soldat en armes placé en faction. **2.** Personne qui fait le guet.

SENTIR v.t. (lat. *sentire,* percevoir) [37]. **1.** Percevoir une impression physique. *Sentir le froid, la faim.* ◇ *Faire sentir* : faire éprouver ; faire reconnaître. – *Se faire sentir* : se manifester. **2.** Percevoir par l'odorat. *On sent l'odeur des bois.* ◇ Fam. *Ne pas pouvoir sentir qqn,* avoir pour lui de l'antipathie. **3.** Avoir conscience de, connaître par intuition. *Je sens que ce livre vous plaira.* **4.** Prévoir. *Je sens que ça va mal finir.* ◆ v.i. **1.** Exhaler, répandre une odeur. *Ce tabac sent bon, sent la violette.* ◇ Spécialt. Exhaler une mauvaise odeur. *Ce poisson sent.* **2.** Avoir telle saveur. *Ce vin sent son terroir.* **3.** Avoir l'apparence de ; avoir tel caractère. *Garçon qui sent sa province.* ◆ **se sentir** v.pr. **1.** Connaître, apprécier dans quelle disposition physique ou morale on se trouve. *Je ne me sens pas bien.* ◇ Fam. *Ne plus se sentir* : ne plus pouvoir se contrôler. **2.** Être perceptible, appréciable. *Ça se sent qu'il fait froid.*

SEOIR [swar] v.t. ind. (lat. *sedere,* être assis) [67] [seult 3e pers. et temps simples]. Litt. Aller bien, convenir à. *Cette robe vous sied à ravir.* ◆ v. impers. Litt. **1.** Convenir, être souhaitable. *Il sied de ne plus le voir, que vous ne le voyiez plus.* **2.** *Il sied (à qqn) de* : il (lui) appartient de. *Il vous siéra de prendre la décision finale.*

SEP [sɛp] n.m. (lat. *cippus,* pieu). Pièce de la charrue glissant sur le fond du sillon pendant le labour.

SÉPALE n.m. (lat. *sepalum*). BOT. Chacune des pièces du calice d'une fleur. (Les sépales sont généralement verts chez les dicotylédones à pétales colorés ; ils entourent le bouton floral et, sauf exception, évoluent peu par la suite.)

SÉPALOÏDE adj. BOT. En forme de sépale.

SÉPARABLE adj. Qui peut se séparer.

1. SÉPARATEUR, TRICE adj. Qui sépare. ◇ *Pouvoir séparateur* : qualité de l'œil, d'un instrument d'optique qui permet de distinguer deux points rapprochés.

2. SÉPARATEUR n.m. **1.** Appareil servant à opérer un choix. *Séparateur magnétique.* **2.** ÉLECTR. Cloison mince, isolante, placée entre les plaques d'un accumulateur. **3.** INFORM. Délimiteur.

SÉPARATION n.f. (lat. *separatio*). **1.** Action de séparer, d'isoler ; fait d'être séparé. ◇ CHIM. Opération d'extraction visant à isoler un ou plusieurs constituants d'un mélange homogène ou hétérogène. ◇ NUCL. *Séparation isotopique* : opération ayant pour objet de modifier la teneur relative des isotopes d'un élément donné. **2.** Fait de distinguer, de mettre à part. ◇ *Séparation des Églises et de l'État* : système législatif dans lequel les Églises sont considérées par l'État comme des personnes privées. (Elle remonte au 9 décembre 1905 en France.) **3. a.** Fait de se séparer, de rompre un lien, de se quitter. ◇ Fait d'être séparé, d'être éloigné. **b.** DR. *Séparation de corps* : suppression du devoir de cohabitation entre époux et substitution du régime de séparation de biens au régime matrimonial antérieur par jugement. – *Séparation de fait* : état de deux époux qui vivent séparés sans y avoir été autorisés par un jugement de séparation de corps ou de divorce. – *Séparation de biens* : régime matrimonial qui permet à chaque époux d'administrer tous ses biens présents ou futurs. – *Séparation des patrimoines* : privilège accordé aux créanciers d'une personne décédée de se faire payer par préférence aux créanciers personnels de l'héritier de la succession.

SÉPARATISME n.m. Mouvement, tendance des habitants d'un territoire désireux de le séparer de l'État dont il fait partie.

SÉPARATISTE adj. et n. Relatif au séparatisme ; partisan du séparatisme.

SÉPARÉ, E adj. **1.** Distinct ; isolé (d'un ensemble). *Envoi par pli séparé.* **2.** DR. Qui est sous un régime de séparation.

SÉPARÉMENT adv. À part l'un de l'autre ; isolément.

SÉPARER v.t. (lat. *separare,* disposer à part). **1.** Mettre à part, éloigner l'une de l'autre (les choses, les personnes qui étaient ensemble). *Séparer des adversaires.* **2.** Trier, ranger, classer à part. *Séparer les fruits et les légumes.* **3.** Diviser, partager (un espace, un lieu). *Séparer une pièce par une cloison.* **4.** Former une limite, une séparation entre. *La route nous sépare de la mer.* **5.** Fig. Être source d'éloignement, cause de désunion. *La politique les a séparés.* **6.** Considérer, examiner (chaque chose pour elle-même, en elle-même). *Séparer les questions, une question d'une autre.* ◆ **se séparer** v.pr. **1.** Cesser de vivre ensemble ; cesser de vivre avec. *Époux qui se séparent. Elle s'est séparée de son mari.* **2.** Se quitter ; cesser d'être en relations avec. *Associés qui se séparent. C'est l'heure de nous séparer.* **3.** Ne plus conserver avec soi. *Se séparer de ses poupées.* **4.** Se diviser en plusieurs éléments. *Le fleuve se sépare en plusieurs bras.*

SÉPIA n.f. (it. *seppia*). **1.** Liquide sécrété par la seiche. **2.** Matière colorante brune, autrefois faite avec la sépia de seiche, utilisée pour le dessin et le lavis. ◇ Dessin exécuté à la sépia. ◆ adj. inv. De la couleur de la sépia. *Encre sépia.*

SÉPIOLE n.f. (lat. *sepiola*). Petite seiche comestible, aux nageoires en ailes de papillon.

SÉPIOLITE n.f. Écume de mer.

SEPPUKU [sepuku] n.m. Suicide par incision du ventre, propre au Japon (→ ***hara-kiri***).

SEPS [sɛps] n.m. (gr. *sêps*). Lézard à pattes très courtes des pays méditerranéens. (Long. env. 20 cm.)

SEPT [sɛt] adj. num. et n.m. inv. (lat. *septem*). **1.** Nombre qui vient juste après le six dans la suite des entiers naturels. **2.** Septième. *Tome sept. Charles VII. Le 7 mai.*

SEPTAIN [sɛtɛ̃] n.m. Strophe de sept vers.

SEPTAL, E, AUX adj. Relatif à un septum.

SEPTANTAINE n.f. Belgique, Suisse, Zaïre. Ensemble de septante unités ou environ.

SEPTANTE [sɛptɑ̃t] adj. num. Belgique, Suisse, Zaïre. Soixante-dix.

SEPTANTIÈME adj. num. ord. et n. Belgique, Suisse, Zaïre. Soixante-dixième.

SEPTEMBRE n.m. (lat. *september*). Neuvième mois de l'année.

SEPTEMBRISEUR n.m. HIST. Personne qui prit part aux massacres des détenus politiques dans les prisons de Paris, du 2 au 6 septembre 1792.

SEPTEMVIR [sɛptɛmvir] n.m. (mot lat., de *septem,* sept, et *vir,* homme). ANTIQ. ROM. Magistrat romain qui faisait partie d'un collège de sept membres.

SEPTÉNAIRE n.m. Durée de sept jours, dans le déroulement d'une maladie.

SEPTENNAL, E, AUX adj. (lat. *septum,* sept, et *annus,* année). Qui arrive tous les sept ans ; qui dure sept ans.

SEPTENNALITÉ n.f. Didact. Qualité de ce qui est septennal.

SEPTENNAT n.m. Période de sept ans. ◇ Spécialt. En France, durée du mandat du président de la République. (C'est le 20 novembre 1873 que l'Assemblée nationale, face à l'échec de la restauration monarchique, disposa que le pouvoir exécutif serait confié pour sept ans au maréchal de Mac-Mahon, avec le titre de président de la République. La règle du septennat dans la présidence a été conservée dans les Constitutions de 1946 et de 1958.)

SEPTENTRION n.m. (lat. *septemtriones,* les sept étoiles de la Grande ou Petite Ourse). Litt. Nord.

SEPTENTRIONAL, E, AUX adj. Litt. ou didact. Situé au nord ; qui appartient aux régions du Nord.

SEPTICÉMIE n.f. (gr. *sêptikos,* septique, et *haima,* sang). Infection générale due à la pullulation dans le sang de bactéries pathogènes.

SEPTICÉMIQUE adj. Relatif à la septicémie.

SEPTICITÉ n.f. MÉD. Caractère de ce qui est septique.

SEPTICOPYOÉMIE n.f. (gr. *sêptikos,* septique, *puon,* pus, et *haima,* sang). Septicémie caractérisée par l'apparition d'un ou de plusieurs abcès, superficiels ou viscéraux.

SEPTIDI n.m. (lat. *septem,* sept, et *dies,* jour). Septième jour de la décade, dans le calendrier républicain.

SEPTIÈME [setjɛm] adj. num. ord. et n. (lat. *septimus*). **1. a.** Qui occupe un rang marqué par le nombre sept. **b.** ASTRON. *Septième ciel :* chez les Anciens, ciel délimité par l'orbite de Saturne, la plus éloignée des planètes alors connues. ◇ Cour. *Être au septième ciel :* être dans le ravissement le plus complet, atteindre les sommets du plaisir, du bonheur. ◇ *Le septième art :* le cinéma. **2.** Qui se trouve sept fois dans le tout. ◆ n.f. MUS. Intervalle de sept degrés.

SEPTIÈMEMENT adv. En septième lieu (dans une énumération).

SEPTIME n.f. ESCR. Position de la main du tireur, en supination, et la lame dirigée vers la ligne de dessous.

SEPTIMO adv. (mot lat.). Rare. Septièmement (dans une énumération commençant par *primo*).

SEPTIQUE adj. (gr. *sêptikos,* de *sêpein,* pourrir). **1.** Dû à une infection microbienne. **2.** Contaminé par des micro-organismes ou résultant de cette contamination (accident septique, par ex.). **3.** *Fosse septique :* fosse d'aisances où les matières fécales subissent, sous l'action des bactéries, une fermentation rapide, qui les liquéfie.

SEPTMONCEL [sɛmɔ̃sɛl] n.m. (de *Septmoncel* n.pr.). Fromage cylindrique au lait de vache, à moisissures internes, fabriqué dans le Jura.

SEPTUAGÉNAIRE adj. et n. (lat. *septuageni,* soixante-dix). Âgé de soixante-dix à soixante-dix-neuf ans.

SEPTUAGÉSIME n.f. (lat. *septuagesimus*). LITURGIE. Avant 1969, premier des trois dimanches préparant le carême ; période de soixante-dix jours avant Pâques ouverte par ce dimanche.

SEPTUM [sɛptɔm] n.m. (mot lat., *clôture*). SC. Cloison entre deux cavités d'un organisme animal ou végétal.

SEPTUOR n.m. (de *sept,* formé sur *quatuor*). **1.** Ensemble vocal ou instrumental de sept exécutants. **2.** Composition pour sept voix ou instruments.

SEPTUPLE adj. et n.m. (lat. *septuplus*). Qui vaut sept fois autant.

SEPTUPLER v.t. Multiplier par sept. ◆ v.i. Se multiplier par sept.

SÉPULCRAL, E, AUX adj. Litt. **1.** Qui se rapporte à un sépulcre. **2.** Qui évoque les sépulcres, les tombeaux. *Clarté sépulcrale.* ◇ *Voix sépulcrale :* voix sourde, caverneuse.

SÉPULCRE n.m. (lat. *sepulcrum*). Litt. Tombeau. ◇ *Le Saint-Sépulcre :* v. partie n.pr.

SÉPULTURE n.f. (lat. *sepultura*). **1.** Litt. Action de mettre un mort en terre ; fait d'être inhumé. **2.** Lieu où l'on inhume un corps. *Violation de sépulture.* ◇ *Sépulture en coffre :* ciste.

SÉQUELLE n.f. (lat. *sequela,* conséquence). **1.** Trouble qui persiste après la guérison d'une maladie ou après une blessure. **2.** (Surtout pl.). Conséquence plus ou moins lointaine qui est le contrecoup d'un évènement, d'une situation.

SÉQUENÇAGE n.m. BIOCHIM. Détermination de l'ordre dans lequel se succèdent les quatre bases (adénine, cytosine, guanine et thymine) de l'A. D. N. ◇ GÉNÉT. *Séquençage du génome humain :* programme de recherche ayant pour but de localiser tous les gènes humains sur leurs chromosomes et de déterminer la fonction exercée par chacun.

SÉQUENCE n.f. (lat. *sequens,* suivant). **1.** Suite ordonnée d'éléments, d'objets, d'opérations, de mots, etc. **2.** CIN. Suite de plans formant un tout du point de vue de la construction du film. **3.** JEUX. Série d'au moins trois cartes de même couleur qui se suivent. **4.** CYBERN. Succession des phases opératoires d'un programme d'automatisme séquentiel. **5.** LITURGIE CATH. Chant rythmé exécuté avant l'Évangile pendant la messe de certaines fêtes ou la messe des morts.

SÉQUENCEUR n.m. INFORM. Organe de commande d'un automatisme séquentiel à programme enregistré, notamment d'un ordinateur.

SÉQUENTIEL, ELLE adj. **1.** Qui appartient, se rapporte à une séquence, à une suite ordonnée d'opérations. ◇ *Brûleur séquentiel :* brûleur à gaz à fonctionnement intermittent. **2.** INFORM. *Traitement séquentiel :* traitement des données dans l'ordre où elles se présentent, sans sélection, regroupement ou tri préalable.

SÉQUESTRATION n.f. Action de séquestrer ; fait d'être séquestré. ◇ Infraction qui consiste à maintenir arbitrairement une personne enfermée.

SÉQUESTRE n.m. (lat. *sequester,* arbitre). **1.** CHIR. Fragment osseux retenu dans les tissus après fracture ou infection de l'os. **2.** DR. Dépôt provisoire entre les mains d'un tiers, d'un bien litigieux en vue de sa conservation ; dépositaire de ce bien.

SÉQUESTRER v.t. **1.** Maintenir arbitrairement, illégalement (qqn) enfermé. **2.** DR. Mettre sous séquestre.

SEQUIN [səkɛ̃] n.m. (it. *zecchino ;* de l'ar.). Ducat créé à Venise à la fin du XIIIe s., qui devint la monnaie du grand commerce méditerranéen et fut imité dans toute l'Europe.

SÉQUOIA [sekɔja] n.m. (du nom d'un Indien Cherokee). Conifère de Californie qui atteint 140 m de haut et peut vivre plus de 2 000 ans. SYN. : *wellingtonia.*

séquoia

SÉRAC [serak] n.m. (lat. *serum,* petit-lait). **1.** Amas chaotique de glaces aux endroits où la pente du lit glaciaire s'accentue et où l'adhérence du glacier diminue. **2.** Caillé obtenu par chauffage du sérum provenant de la fabrication des fromages à pâte cuite, tel le gruyère.

SÉRAIL n.m. (it. *serraglio ;* du persan). **1.** Dans l'Empire ottoman, palais (notamm. celui du sultan d'Istanbul). **2.** Harem de ce palais. **3.** Milieu restreint, entourage immédiat d'une personnalité où se nouent de nombreuses intrigues. *Être élevé dans le sérail.*

SÉRANÇAGE n.m. Action de sérancer (le chanvre ou le lin).

SÉRANCER v.t. (p.-ê. d'un radical gaul.) [16]. Diviser grossièrement (la filasse du lin ou du chanvre) après rouissage.

SERAPEUM [serapeɔm] n.m. (mot lat. ; du gr. *Serapeion*). **1.** Nécropole des taureaux Apis, en Égypte. **2.** Temple de Sérapis dans le monde gréco-romain.

1. SÉRAPHIN n.m. (hébreu *seraphim*). THÉOL. CHRÉT. Ange qui appartient au plus élevé en dignité des neuf chœurs, selon la Bible.

2. SÉRAPHIN, E adj. et n. Canada. Fam. Avare.

SÉRAPHIQUE adj. **1.** Qui appartient aux séraphins. **2.** Litt. Éthéré, digne des anges. *Amour séraphique.*

SERBE adj. et n. De Serbie.

SERBO-CROATE adj. (pl. *serbo-croates*). Qui relève à la fois de Serbie et de Croatie. ◆ n.m. Langue slave parlée en Yougoslavie. (Il s'écrit grâce à l'alphabet latin en Croatie et grâce à l'alphabet cyrillique en Serbie.)

SERDAB n.m. (persan *serdāb,* salle souterraine). ARCHÉOL. À l'intérieur d'un mastaba, réduit muré qui communique par une fente étroite avec la chapelle et contient les statues du défunt.

SERDEAU n.m. (pour *sert d'eau*). HIST. Officier de bouche, à la cour des rois de France.

SÉRÉ n.m. (lat. *serum,* petit-lait). Suisse. Fromage blanc.

SEREIN, E adj. (lat. *serenus,* de *serum,* soir). **1.** Qui marque le calme, la tranquillité d'esprit. *Visage serein.* **2.** Litt. Clair, pur et calme. *Ciel serein.*

SEREINEMENT adv. De façon sereine.

SÉRÉNADE n.f. (it. *serenata,* nuit sereine). **1.** Concert donné la nuit sous les fenêtres de qqn, pour lui rendre hommage. **2.** Fam. Vifs reproches faits en élevant la voix. **3.** Fam. Bruit ; cris confus ; tapage.

SÉRÉNISSIME adj. (it. *serenissimo*). **1.** Qualificatif donné à quelques princes ou hauts personnages. *Altesse sérénissime.* **2.** *La Sérénissime République :* la République de Venise aux XVe-XVIe s.

SÉRÉNITÉ n.f. (lat. *serenitas*). État de calme, de tranquillité ; état serein.

SÉREUSE n.f. ANAT. Membrane qui recouvre certains organes mobiles, formée de deux feuillets délimitant une cavité virtuelle qui peut se remplir de liquide ou de gaz.

SÉREUX, EUSE adj. (lat. *serum,* petit-lait). MÉD. Qui a les caractères de la sérosité.

SERF, SERVE [sɛr(f), sɛrv] adj. et n. (lat. *servus,* esclave). FÉOD. Personne attachée à une terre et dépendant d'un seigneur. ◆ adj. Relatif au servage. *Condition serve.*

SERFOUAGE n.m. → ***serfouissage.***

SERFOUETTE n.f. Outil de jardinage, houe légère dont le fer forme lame d'un côté et fourche à deux dents de l'autre.

SERFOUIR v.t. (lat. *circumfodere,* entourer d'un fossé). Sarcler, biner avec une serfouette.

SERFOUISSAGE ou **SERFOUAGE** n.m. Action de serfouir.

SERGE n.f. (lat. *serica,* étoffes de soie). Tissu léger de laine dérivant du sergé. ◇ Étoffe de soie travaillée comme la serge.

SERGÉ n.m. Armure utilisée pour le tissage d'étoffes présentant des côtes obliques.

SERGENT n.m. (lat. *serviens,* qui sert). **1.** Sous-officier titulaire du grade le moins élevé de la hiérarchie dans l'infanterie, le génie et l'armée de l'air. (→ ***grade.***) **2.** Anc. *Sergent de ville :* gardien de la paix.

SERGENT-CHEF n.m. (pl. *sergents-chefs*). Sous-officier des armées de terre et de l'air, dont le grade est compris entre ceux de sergent et d'adjudant. (→ ***grade.***)

SERGENT-MAJOR n.m. (pl. *sergents-majors*). Anc. Grade compris entre ceux de sergent-chef et d'adjudant. (Créé en 1776, il a été supprimé en 1972.)

SERGETTE n.f. Petite serge étroite de laine croisée, mince et légère.

SERIAL [serjal] n.m. (mot angl.) ([pl. *serials*]. Anglic. **1.** Film à épisodes. **2.** Feuilleton télévisé.

SÉRIALISME n.m. Caractère de la musique sérielle.

SÉRIALITÉ n.f. PHILOS. Selon J.-P. Sartre, situation de séparation entre les hommes, qui les maintient extérieurs les uns par rapport aux autres à l'intérieur d'un même ensemble.

SÉRIATION n.f. Action de sérier, de disposer en séries.

SÉRICICOLE adj. (lat. *sericus,* de soie, et *colere,* cultiver). Relatif à la sériciculture.

SÉRICICULTEUR, TRICE n. Éleveur, éleveuse de vers à soie.

SÉRICICULTURE n.f. Élevage des vers à soie et récolte des cocons qu'ils produisent.

sériciculture : cage d'élevage de vers à soie sur des feuilles de mûrier

SÉRICIGÈNE adj. Didact. Se dit des insectes, des organes qui produisent de la soie.

SÉRICINE n.f. Grès (de la soie).

SÉRIE n.f. (lat. *series*). **I. 1.** Suite, succession, ensemble de choses de même nature ou présentant des caractères communs. *Une série de questions. Une série de casseroles.* **2.** *Série noire :* suite d'accidents, de malheurs. **3.** *Série télévisée :* ensemble d'épisodes ayant chacun leur unité et diffusés à intervalles réguliers. **4.** *Série de prix :* barème établi par l'Administration ou une organisation professionnelle. **5.** ÉLECTR. *En série,* se dit du couplage de dispositifs parcourus par le même courant. CONTR. : *en parallèle, en dérivation.* **6.** CHORÉGR. Enchaînement d'exercices identiques ou voisins dont la répétition permet d'obtenir une parfaite maîtrise d'exécution. **7.** MUS. Succession, dans un ordre fixé par le compositeur, des douze sons de l'échelle chromatique. **8.** MATH. Somme infinie dont les termes sont les éléments d'une suite. (La *série géométrique* est la somme des termes $1 + \frac{1}{2} + \frac{1}{4} + ... + \frac{1}{2^n} + ...$). ◇ *Série entière :* polynôme à une somme infinie de termes, $a_1x + a_2x^2 + ... a_n x^n + ...$ ◇ *Développement d'une fonction en série entière :* formation d'une série entière qui, en chaque point d'un intervalle, converge vers la valeur de la fonction en ce point. **9.** MAR. Ensemble de yachts ayant des caractéristiques suffisamment voisines pour concourir. **II. 1.** Catégorie, classification. ◇ CIN. *Film de série B :* film à petit budget tourné rapidement. **2.** SPORTS. Catégorie ; éliminatoire. **3.** CHIM. Groupe de composés organiques présentant un rapport caractéristique entre le nombre d'atomes de carbone et le nombre d'atomes d'hydrogène. **4.** *Travail, fabrication en série :* travail exécuté sur un grand nombre de pièces avec des méthodes permettant d'abaisser le prix de revient. ◇ *Voiture de série :* voiture d'un type répété à de nombreux exemplaires et fabriquée à la chaîne (par opp. à *prototype*). – *Hors série :* qui n'est pas de fabrication courante ; fig., inhabituel, remarquable.

SÉRIEL, ELLE adj. **1.** Didact. Relatif à une série. **2.** *Musique sérielle :* musique qui applique les principes de la série dodécaphonique à d'autres paramètres que celui de la hauteur des sons (durées, tempos, nuances, timbres, etc.).

SÉRIER v.t. Classer par séries, par nature, par importance. *Sérier les questions.*

SÉRIEUSEMENT adv. D'une façon sérieuse.

1. SÉRIEUX, EUSE adj. (lat. *serius*). **1.** Qui agit avec réflexion, avec application ; qui inspire confiance. *Un élève sérieux. Une maison de commerce sérieuse.* **2.** Sur quoi on peut se fonder ; solide. *Argument sérieux.* **3.** Qui ne plaisante pas, grave. *Air sérieux. Film sérieux.* **4.** Qui ne fait pas d'écart de conduite ; sage, raisonnable. *Fille sérieuse.* **5.** Important ; qui peut avoir des conséquences. *Sérieux troubles de la vision.*

2. SÉRIEUX n.m. **1.** Air, expression grave. *Garder son sérieux.* **2.** Qualité de qqn de posé, de réfléchi. **3.** Caractère de ce qui mérite attention du fait de son importance, de sa gravité. *Le sérieux de la situation.* ◇ *Prendre au sérieux :* regarder comme réel, important, digne de considération. – *Se prendre au sérieux :* attacher à sa personne, à ses actions une considération exagérée. – PHILOS. *Esprit de sérieux,* pour Sartre, état d'esprit rassurant, qui ne pose pas la question du sens de l'action. **4.** Chope de bière d'un litre.

SÉRIGRAPHIE n.f. (lat. *sericus,* de soie, et gr. *graphein,* écrire). Procédé d'impression à travers un écran de tissu, dérivé du pochoir.

SERIN, E n. (gr. *seirên,* sirène). **1.** Petit oiseau des îles Canaries, à plumage ordinairement jaune. (Famille des fringillidés.) **2.** Fam. Niais, étourdi, naïf.

serin

SÉRINE n.f. (lat. *sericus,* de soie). BIOL. Acide aminé constitutif des protéines.

SERINER v.t. **1.** Instruire (un serin, un oiseau) avec la serinette. **2.** Fam. Répéter sans cesse qqch à qqn pour le lui apprendre. ◇ Importuner (qqn) à force de répéter.

SERINETTE n.f. Boîte à musique utilisée pour apprendre à chanter aux oiseaux.

SERINGA ou **SERINGAT** n.m. (lat. *syringa,* seringue). Arbuste souvent cultivé pour ses fleurs blanches odorantes. (Famille des saxifragacées.)

SERINGAGE n.m. Anc. Arrosage pratiqué en seringuant.

SERINGUE n.f. (lat. *syringa*). **1.** Petite pompe portative pour repousser l'air ou les liquides. **2.** MÉD. Instrument qui permet d'injecter ou de prélever un liquide dans les tissus ou les cavités naturelles, formé d'un piston et d'un corps de pompe muni d'un embout où l'on adapte une aiguille.

SERINGUER v.t. Anc. Arroser une plante à l'aide d'une seringue de façon que le liquide tombe en pluie fine.

SÉRIQUE adj. MÉD. Qui se rapporte ou qui est dû à un sérum. *Accidents sériques.*

SERMENT n.m. (lat. *sacramentum,* de *sacrare,* rendre sacré). **1.** Affirmation solennelle, en vue d'attester la vérité d'un fait, la sincérité d'une promesse, l'engagement de bien remplir les devoirs de sa profession (officiers ministériels, avocats, médecins) ou de sa fonction (garde-chasse). **2.** Promesse solennelle. ◇ Fam. *Serment d'ivrogne,* sur lequel il ne faut pas compter.

SERMON n.m. (lat. *sermo,* discours). **1.** Prédication faite au cours de la messe. **2.** Remontrance importune, discours moralisateur et ennuyeux.

SERMONNAIRE n.m. **1.** Auteur de sermons. **2.** Recueil de sermons.

SERMONNER v.t. Faire des remontrances à, admonester.

SERMONNEUR, EUSE n. Personne qui aime à sermonner. ◆ adj. Ennuyeux et moralisateur comme un sermon. *Ton sermonneur.*

SÉROCONVERSION n.f. Apparition d'une séropositivité après pénétration dans l'organisme d'un agent infectieux. (Au cours d'une période critique [env. 3 mois pour le virus du sida, 6 mois pour celui de l'hépatite C], l'agent, non décelable par sérodiagnostic, est cependant transmissible.)

SÉRODIAGNOSTIC n.m. Diagnostic des maladies infectieuses fondé sur la recherche d'anticorps spécifiques de l'agent infectieux responsable dans le sérum des malades.

SÉROLOGIE n.f. Étude des sérums, de leurs propriétés, de leurs applications.

SÉROLOGIQUE adj. Relatif à la sérologie.

SÉROLOGISTE n. Spécialiste de sérologie.

SÉRONÉGATIF, IVE adj. et n. Qui présente un sérodiagnostic négatif.

SÉROPOSITIF, IVE adj. et n. Qui présente un sérodiagnostic positif, en partic. pour le virus du sida.

SÉROPOSITIVITÉ n.f. MÉD. Caractère séropositif.

SÉROSITÉ n.f. (lat. *serum,* petit-lait). Liquide, analogue à la lymphe, contenu et sécrété dans les séreuses ou constituant certains épanchements (œdèmes).

SÉROTHÉRAPIE n.f. Méthode de traitement de certaines maladies infectieuses par les sérums.

SÉROTONINE n.f. Substance du groupe des catécholamines, qui joue un rôle dans l'hypertension artérielle et les manifestations allergiques.

SÉROVACCINATION n.f. Vaccination à laquelle on associe un sérum spécifique.

SERPE n.f. (du lat. *sarpere,* tailler). Outil tranchant à manche court, à fer plat et large, servant à couper les branches. ◇ *Fait, taillé à la serpe, à coups de serpe,* grossièrement. – *Visage taillé à coups de serpe,* aux traits accusés.

SERPENT n.m. (lat. *serpens,* de *serpere,* ramper). **1. a.** Reptile sans membres, se déplaçant par reptation. – *Le serpent siffle,* fait entendre le son, le cri caractéristique de son espèce. (On connaît plus de 2 000 espèces de serpents, formant l'ordre [ou sous-ordre] des ophidiens, et vivant surtout dans les régions chaudes : naja ou serpent à lunettes, crotale ou serpent à sonnette, vipère ; parmi les autres se trouvent la couleuvre, le boa, l'anaconda.) – *Serpent de verre :* orvet. **b.** *Serpent de mer :* très grand animal marin d'existence hypothétique, qui aurait été observé dans l'océan Indien et le Pacifique ; fam., sujet qui revient régulièrement dans l'actualité aux moments où celle-ci est peu fournie ; histoire qui redevient périodiquement un sujet de conversation. **c.** ÉCON. *Serpent monétaire européen :* système monétaire instauré en 1972, dans lequel les fluctuations que pouvaient subir les monnaies étaient limitées, et dont la représentation évoquait la forme d'un serpent. (Il a été remplacé en 1979 par le *Système monétaire européen* [*S. M. E.*].) **2.** Personne perfide et méchante. ◇ *Langue de serpent :* personne très médisante. **3.** MUS. Anc. Instrument à vent, en bois recouvert de cuir, percé de neuf trous, de forme sinueuse.

SERPENTAIRE n.m. Grand oiseau des savanes africaines, à la tête huppée, qui se nourrit surtout de serpents et de petits vertébrés. (Famille des falconidés.) SYN. : *secrétaire.*

serpentaire

SERPENTE n.f. Anc. Papier très fin, au filigrane du serpent, employé aux XVIIe et XVIIIe s.

SERPENTEAU n.m. **1.** Jeune serpent. **2.** Pièce d'artifice qui, après allumage, s'échappe avec un mouvement sinueux.

SERPENTEMENT n.m. Litt. État de ce qui serpente.

SERPENTER v.i. Décrire des sinuosités. *La rivière serpente à travers les prés.*

SERPENTIN n.m. **1.** Accessoire de cotillon, longue et étroite bande de papier coloré enroulée sur elle-même et qui se déroule quand on la lance. **2.** TECHN. Tube d'un appareil thermique (échangeur de chaleur), placé sur une paroi, dans une enceinte, enroulé en hélice ou en spirale de manière à être le plus long possible.

SERPENTINE n.f. **1.** Minéral constitué de silicate de magnésium hydraté. ◇ Roche vert sombre résultant du métamorphisme de roches ultrabasiques et constituée essentiellement de ce minéral. **2.** Anc. Petite pièce d'artillerie de rempart, de faible calibre (XVIe et XVIIe s.).

SERPETTE n.f. Petite serpe.

SERPIGINEUX, EUSE adj. (du lat. pop. *serpigo,* dartre). MÉD. Se dit des affections cutanées à contours sinueux.

SERPILLIÈRE [sɛrpijɛr] n.f. (lat. *scirpiculus,* de jonc). Carré de tissage gaufré, utilisé pour laver les sols. SYN. : *wassingue.*

SERPOLET n.m. (moyen fr. *serpol,* du lat. *serpullum*). Plante aromatique du genre du thym, utilisée comme condiment. (Famille des labiées.)

SERPULE n.f. (lat. *serpula,* petit serpent). Ver marin construisant un tube calcaire sur les rochers côtiers. (Long. 5 cm env. ; embranchement des annélides ; classe des polychètes.)

SERRA n.f. (mot port.). Sierra, dans les pays de langue portugaise.

SERRAGE n.m. Action de serrer.

SERRAN n.m. (lat. *serra,* scie). Poisson des côtes rocheuses, voisin du mérou. (Long. max. 30 cm.)

SERRANIDÉ n.m. *Serranidés :* famille de poissons marins côtiers à opercules épineux tels que le serran ou le mérou.

SERRATULE n.f. (lat. *serratula*). Plante à fleurs pourpres donnant une teinture jaune. (Famille des composées.) Nom usuel : *sarrette.*

SERRATUS ou **SERRATE** adj. (pl. *serrati, serrates*). NUMISM. Se dit des monnaies antiques à bord dentelé.

1. SERRE n.f. (de *serrer*). **1.** (Surtout au pl.). Griffe des oiseaux de proie. **2.** Action de soumettre des fruits à une pression pour en extraire le jus.

2. SERRE n.f. (de *serrer*). **1.** Construction à parois translucides permettant de créer pour les plantes des conditions de végétation meilleures que dans la nature. **2.** Fig. Milieu clos et protecteur, rassurant. **3.** *Effet de serre :* phénomène de réchauffement de l'atmosphère induit par des gaz (notamm. le dioxyde de carbone) qui la rendent opaque au rayonnement infrarouge émis par la Terre.

3. SERRE n.m. (lat. *serra,* scie). Crête étroite et allongée entre deux vallées, dans le sud de la France.

SERRÉ, E adj. **1.** Ajusté, collé au corps. *Jupe serrée.* **2. a.** Constitué d'éléments très rapprochés. *Tissu serré.* **b.** *Cheval serré du devant, du derrière,* dont les membres antérieurs ou postérieurs sont trop rapprochés. **c.** *Café serré :* café express très fort, tassé. **3.** Rigoureux, précis. *Argumentation serrée.* **4.** Qui offre peu de latitude, de choix, de possibilités. *Emploi du temps serré.* ◇ *Être serré :* manquer d'argent. ◆ adv. Avec prudence et application. *Jouer serré.*

SERRE-FILE n.m. (pl. *serre-files*). **1.** Gradé placé derrière une troupe en marche pour s'assurer que chacun suit à sa place. **2.** Dernier navire d'une ligne de marche ou de combat.

SERRE-FILS [-fil] n.m. inv. ÉLECTR. Pièce reliant, par serrage, deux ou plusieurs conducteurs.

SERRE-FREIN n.m. (pl. *serre-freins*). Vx. Employé qui serre les freins, dans un train.

SERRE-JOINT n.m. (pl. *serre-joints*). TECHN. Instrument pour maintenir serrées des pièces de bois l'une contre l'autre.

SERRE-LIVRES n.m. inv. Objet, souvent décoratif, servant à maintenir des livres serrés debout, les uns contre les autres.

SERREMENT n.m. **1.** *Serrement de main :* action de serrer la main de qqn ; poignée de main. **2.** *Serrement de cœur :* oppression causée par une émotion douloureuse. **3.** MIN. Barrage étanche résistant à la pression de l'eau qui ferme une galerie.

SERRER v.t. (lat. pop. *serrare,* fermer avec une barre). **1.** Exercer une double pression sur qqch pour le tenir, l'empêcher de s'échapper, le maintenir en place. *Serrer une pièce de métal dans un étau.* **2.** Maintenir fermement, étreindre ; presser. *Serrer un objet dans sa main. Serrer un enfant dans ses bras.* **3.** Comprimer le corps, une partie du corps, en parlant d'un vêtement. ◇ *Serrer le cœur, la gorge :* causer de l'angoisse, de l'émotion. **4.** Rapprocher les uns des autres (les éléments d'un tout, les membres d'un groupe). *Serrer les bagages dans le coffre. Serrer les rangs.* ◇ *Serrer les dents :* rapprocher fortement ses mâchoires, notamm. pour lutter contre la douleur, l'émotion. **5.** Tirer sur les extrémités d'un lien et le tendre. *Serrer une corde.* ◇ MAR. *Serrer une voile,* l'amarrer, pliée, sur une vergue ou un mât. **6.** Agir sur un dispositif de fixation, de commande mécanique, de fermeture, de façon à assujettir plus solidement ou à bloquer. *Serrer une vis.* **7.** Approcher au plus près de (qqch, qqn). *Ne serrez pas tant le mur !* ◇ *Serrer qqn de près,* être sur le point de l'atteindre. – *Serrer qqch de près,* l'analyser avec attention, l'exprimer avec précision. ◇ MAR. *Serrer le vent :* s'approcher de la direction du vent. **8.** Pousser qqn contre un obstacle pour l'empêcher de se dégager. *Serrer son adversaire contre un mur.* **9.** Litt. ou Canada. Enfermer, ranger en lieu sûr. *Serrer ses économies dans un coffre.*

SERRE-TÊTE n.m. inv. Bandeau, demi-cercle qui maintient la chevelure en place.

SERRETTE n.f. → ***sarrette.***

SERRICULTURE n.f. AGRIC. Culture sous serre.

SERRISTE n. AGRIC. Exploitant de serres.

SERRURE n.f. Appareil de fermeture se manœuvrant soit à la main au moyen d'un accessoire généralement amovible (clef, béquille, etc.), soit à distance par un dispositif technique particulier.

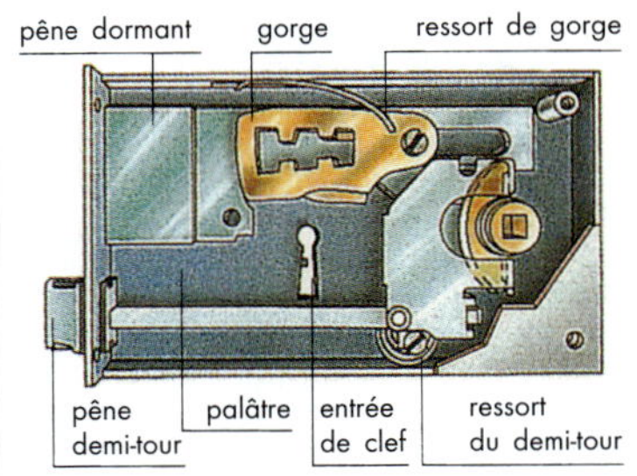

serrure horizontale apparente

SERRURERIE n.f. **1.** Branche de la construction qui s'occupe de la fabrication de tous les dispositifs de fermeture et des objets en métal ouvré. (Ce terme tend à être remplacé, dans l'usage des professionnels, par celui, plus large, de *métallerie.*) **2.** Métier, ouvrage de serrurier.

SERRURIER n.m. Ouvrier, artisan qui fabrique, vend, pose ou répare les clefs, les serrures, grilles, ouvrages en fer forgé, etc. (Ce terme tend à être remplacé, dans l'usage des professionnels, par celui, plus large, de *métallier.*)

SERTÃO [sɛrtɑ̃] ou [sɛrtao] n.m. (mot port.). GÉOGR. Zone peu peuplée semi-aride du Nordeste brésilien, dominée par l'élevage extensif.

SERTE n.f. ou **SERTI** n.m. (de *sertir*). Sertissage.

SERTIR v.t. (anc. fr. *sartir,* lat. *sarcire,* réparer). **1.** En joaillerie, enchâsser (une pierre) dans une monture. **2.** TECHN. Fixer une ou des pièces de métal mince, des tôles en en rabattant les bords.

SERTISSAGE n.m. **1.** Action de sertir. **2.** Spécialt. En joaillerie, procédé qui consiste à sertir une pierre dans le métal. SYN. : *serte, serti.*

1. SERTISSEUR n.m. Appareil destiné à fermer hermétiquement les boîtes de conserves après leur remplissage.

2. SERTISSEUR, EUSE n. et adj. Personne qui sertit.

SERTISSURE n.f. Manière dont une pierre est sertie ; partie du chaton qui la sertit.

SÉRUM [-rɔm] n.m. (lat. *serum,* petit-lait). **1.** Liquide se séparant du caillot après coagulation du sang, de même composition que le plasma, mais sans fibrinogène. **2.** *Sérum physiologique :* solution de chlorure de sodium de composition déterminée et isotonique au plasma sanguin. **3.** PHARM. *Sérum thérapeutique :* sérum riche en antitoxines extrait du sang d'un animal, principalement du cheval, vacciné contre une maladie microbienne ou contre une toxine, permettant une lutte rapide contre l'affection correspondante déclarée chez l'homme (sérothérapie). [Les principaux sérums sont les sérums antidiphtérique, antitétanique, antirabique et antivenimeux.] **4.** Lactosérum.

SÉRUMALBUMINE [serɔm-] n.f. Albumine du sérum sanguin.

SERVAGE n.m. (de *serf*). **1.** État de serf. (En Occident, c'est au cours des XIe-XIIe s. que la condition du serf se confondit peu à peu avec celle des hommes libres. En Russie, le servage fut aboli, *de jure,* en 1861.) **2.** État de dépendance ; servitude.

SERVAL n.m. (port. *cerval,* cervier) [pl. *servals*]. Grand chat sauvage d'Afrique, haut sur pattes.

serval

SERVANT n.m. Militaire affecté au service d'une arme. *Servant de canon, de mitrailleuse.* ◆ adj. m. **1.** *Cavalier, chevalier servant :* homme qui rend des hommages assidus à une femme. **2.** DR. *Fonds servant :* fonds grevé d'une servitude, par opp. à *fonds dominant.* **3.** *Frère servant :* convers employé aux travaux manuels d'un monastère.

SERVANTE n.f. **1.** Vx. Femme ou fille à gages employée aux travaux domestiques. **2.** Support mobile, fournissant un point d'appui à la partie en porte à faux des pièces longues travaillées à l'établi ou à la machine.

SERVENTOIS n.m. → ***sirventès.***

1. SERVEUR, EUSE n. **1.** Personne employée dans un café, un restaurant, pour servir la clientèle. **2.** Aux cartes, joueur qui donne les cartes. **3.** SPORTS. Joueur qui met la balle en jeu au tennis, au tennis de table, au volley-ball, etc.

2. SERVEUR n.m. INFORM. **1.** Système informatique permettant à un demandeur distant la consultation et l'utilisation directes d'une ou plusieurs banques de données. *Serveur vidéotex.* **2.** Dans un réseau, ordinateur abritant la mémoire ou le fichier interrogés, et qui fournit la réponse.

SERVIABILITÉ n.f. Caractère d'une personne serviable.

SERVIABLE adj. Qui rend volontiers service.

SERVICE n.m. (lat. *servitium*). **I. 1.** Action de servir ; ensemble des obligations qu'ont les citoyens envers l'État, une communauté ; travail déterminé effectué pour leur compte. *Le service de l'État. Service de surveillance.* ◇ *Service national :* ensemble des obligations militaires *(service militaire)* ou civiles imposées à tout citoyen français pour répondre aux besoins de la défense et à divers impératifs de solidarité. – *Service de recrutement :* administration relevant du ministère de la Défense, chargée de concevoir et de mettre en application la réglementation relative aux obligations du service national, auj. appelée *Direction du Service national.* **2.** Célébration de l'office divin. ◇ *Service funèbre :* cérémonie, prières pour un mort. **II. 1.** Action ou manière de servir un maître, un client, etc. *Service rapide.* ◇ *Porte, escalier de service,* réservés au personnel de la maison, aux fournisseurs, etc. **2.** Pourcentage de la note d'hôtel, de restaurant affecté au personnel. *Le service est compris.* **3.** Vieilli. Ensemble des plats servis à table dans un ordre donné. **4.** Ensemble des repas servis à des heures échelonnées dans une cantine, un wagon-restaurant. *Premier service à 12 heures.* **5.** Assortiment de vaisselle ou de lingerie pour la table. *Service à thé.* **6.** Dans divers sports (tennis, tennis de table, volley-ball, etc.), mise en jeu de la balle. **III. 1.** Vieilli. Usage que l'on peut faire de qqch. *Outil qui rend de grands services.* **2.** Fonctionnement d'une machine, d'un appareil, d'un moyen de transport. *Mettre en service une nouvelle ligne de métro.* ◇ *Hors service :* hors d'usage. *Cabine téléphonique hors service.* **IV.** Ce que l'on fait pour être utile à qqn. *Demander un service à qqn.* ◇ *Rendre service à qqn,* l'aider. **V. 1.** Organisme qui fait partie d'un ensemble administratif ou économique ; organe d'une entreprise chargé d'une fonction précise ; ensemble des bureaux, des personnes assurant cette fonction. *Le service des transports. Le service du personnel.* **a.** *Service public :* activité d'intérêt général, assurée par un organisme public ou privé ; organisme assurant une activité de ce genre. **b.** *Service voté :* minimum de dotation que le gouvernement juge indispensable à l'exécution des services publics. **2.** Activité professionnelle exercée dans une entreprise, une administration. – *Prendre son service :* commencer à travailler, à exercer ses fonctions, au début de son temps de travail (journée, demi-journée, etc.). ◇ **Afrique.** Lieu de travail, en partic. bureau. **3.** Expédition, distribution d'une publication. *Faire le service d'une revue. Le service des dépêches.* **4.** *Service de presse.* **a.** Service qui envoie les ouvrages d'une maison d'édition aux journalistes. **b.** Ouvrage envoyé par un tel service. *Recevoir un service de presse.* **c.** Service d'un organisme, d'une entreprise chargé des relations avec la presse, le public. **5.** Ensemble des places gratuites réservées par un théâtre à certains invités (artistes, presse). ◆ pl. **1.** Travaux effectués pour qqn. *On ne peut se passer de ses services.* **2.** *Louage de services :* ancienne dénomination du *contrat de travail.* **3.** Avantages ou satisfactions fournis par les entreprises ou l'État au public à titre gratuit ou onéreux (transport, recherche, travail ménager, consultation médicale ou juridique, etc.), par opp. aux biens. ◇ *Société de services :* entreprise fournissant à titre onéreux un travail, des prestations, du personnel, etc. – *Les services :* le secteur économique constitué par les sociétés de services. **4.** *Services spéciaux :* services nationaux de recherche et d'exploitation des renseignements. **5. Suisse.** Couverts (cuillères, fourchettes, couteaux).

SERVIETTE n.f. (de *servir*). **1.** Pièce de tissu en éponge, en coton ou en lin, utilisée pour s'essuyer la peau. *Serviette de toilette, de bain.* **2.** Pièce de linge de table servant à s'essuyer la bouche, à protéger les vêtements pendant le repas. **3.** Sac rectangulaire à compartiments, qui sert à porter des documents, des livres, etc. **4.** *Serviette hygiénique :* bande absorbante de coton ou de cellulose, utilisée comme protection externe au moment des règles.

SERVIETTE-ÉPONGE n.f. (pl. *serviettes-éponges*). Serviette de toilette en tissu-éponge.

SERVILE adj. (lat. *servilis,* de *servus,* esclave). **1.** Relatif à l'état de serf, au servage. **2.** Qui fait preuve d'une soumission excessive ; obséquieux. *Un homme servile. Obéissance servile.* **3.** Qui suit trop étroitement le modèle. *Imitation servile.*

SERVILEMENT adv. De façon servile.

SERVILITÉ n.f. **1.** Esprit de servitude, de basse soumission. **2.** Exactitude trop étroite dans l'imitation.

SERVIR v.t. (lat. *servire,* être esclave) [38]. **I. 1.** S'acquitter de certains devoirs, de certaines fonctions envers qqn, une collectivité. *Servir sa patrie.* ◇ *Servir Dieu,* lui rendre le culte qui lui est dû. – *Servir l'État :* exercer un emploi public, être militaire. **2.** Présenter les plats à, donner d'un mets, d'une boisson. *Servir les convives.* **3.** Vendre, fournir des marchandises à. *Ce commerçant me sert depuis longtemps.* **4. Vieilli.** Apporter son aide, son appui à. *Servir ses amis.* **5.** Favoriser, être utile à. *Les circonstances l'ont bien servi.* **II. 1.** Placer sur la table qqch à consommer. *Servir le dîner.* **2.** Payer, verser à date fixe. *Servir une rente, des intérêts.* **3.** Vendre, fournir une marchandise. *Servir deux kilos de poires.* **4.** Raconter, débiter. *Il nous sert toujours les mêmes arguments.* **5.** Donner ses soins à qqch, s'y consacrer. *Servir les intérêts de qqn.* ◇ *Servir la messe :* assister le prêtre pendant sa célébration. **6.** VÉN. Donner la mort à (un animal qui a été forcé). *Servir le cerf.* **7. Suisse.** Employer, utiliser. *C'est une robe que je ne sers plus.* ◆ v.t. ind. *(à, de).* **1.** Être utile, profitable à (qqn). *Sa connaissance des langues lui a servi.* **2.** Être bon, propre à qqch. *Cet instrument sert à tel usage.* **3.** Être utilisé en tant que, tenir lieu de. *Servir de guide. Servir de secrétaire.* ◆ v.i. **1.** Être militaire. *Servir dans l'infanterie.* **2.** Dans certains sports, mettre la balle, le ballon en jeu. ◆ **se servir** v.pr. *(de).* **1.** Prendre d'un mets. *Se servir de pain, de viande.* **2.** Se fournir en marchandises. *Se servir chez tel fournisseur.* **3.** Utiliser, faire usage de. *Se servir du compas. Se servir de ses relations.*

SERVITE n.m. Membre d'un ordre religieux, assimilé aux mendiants *(servites de Marie),* fondé en 1233 près de Florence, par sept riches marchands.

SERVITEUR n.m. **1. Litt.** Celui qui est au service de qqn, d'une collectivité. **2. Vieilli.** Domestique.

SERVITUDE n.f. (lat. *servitudo*). **1.** État de qqn, d'un pays privé de son indépendance. **2.** Contrainte, assujettissement, obligation. ◇ DR. Charge qui grève un bien immeuble *(fonds servant)* au profit d'un autre bien immeuble *(fonds dominant)* appartenant à un propriétaire différent (servitude de vue, de passage, d'écoulement des eaux, de voirie, etc.). ◇ *Servitudes militaires :* mesures interdisant ou limitant la construction dans certaines zones. **3.** *Navire de servitude :* bâtiment ou engin flottant destiné au service des rades et des ports (remorqueur, drague, ponton-grue, dock flottant, etc.).

SERVOCOMMANDE n.f. CYBERN. Mécanisme auxiliaire destiné à suppléer la force musculaire de l'homme en assurant automatiquement, par amplification, la force nécessaire au fonctionnement d'un ensemble.

SERVOFREIN n.m. Servocommande assurant une assistance pour le fonctionnement des freins.

SERVOMÉCANISME n.m. CYBERN. Mécanisme conçu pour réaliser seul un certain programme d'action grâce à une comparaison permanente entre les consignes qui lui sont données et le travail qu'il exécute.

SERVOMOTEUR n.m. CYBERN. Moteur électrique, hydraulique ou pneumatique jouant le rôle d'actionneur dans un asservissement ou un système à régulation.

SES adj. poss. Pl. de *son, sa.*

1. SÉSAME n.m. (gr. *sêsamon*). Plante annuelle gamopétale, très anciennement cultivée en Asie tropicale pour ses graines, qui fournissent jusqu'à 50 p. 100 d'huile.

2. SÉSAME n.m. (du précéd. ; allusion au conte d'Ali Baba, dans le recueil arabe des *Mille et Une Nuits*). Moyen infaillible pour accéder à qqch, pour se faire ouvrir toutes les portes.

SÉSAMOÏDE adj. et n.m. *Os sésamoïde* ou *sésamoïde,* n.m. : chacun des petits os du métacarpe ou du métatarse.

SESBANIE n.f. ou **SESBANIA** [sɛsbanja] n.m. (lat. *sesbanus*). Arbuste des régions tropicales, cultivé en Inde pour la filasse qu'on extrait des tiges et dont on fait du papier à cigarettes. (Famille des papilionacées.)

SESQUI- [sɛskɥi], préfixe, du lat. *sesqui,* signifiant « une fois et demie ». *Un sesquioxyde de fer,* Fe_2O_3.

SESSILE adj. (lat. *sessilis,* de *sedere,* être assis). **1.** BOT. Inséré directement sur l'axe, sans pédoncule. *Fleur sessile.* **2.** ZOOL. *Faune sessile,* celle des animaux aquatiques vivant fixés au sol (par opp. à *faune vagile*).

SESSION n.f. (angl. *session ;* du lat. *sessio,* séance). **1.** Période de l'année pendant laquelle une assemblée, un tribunal est en droit et a le devoir de siéger. **2.** Période pendant laquelle des examens ont lieu.

SESTERCE n.m. (lat. *sestertius*). ANTIQ. Monnaie romaine d'argent, puis de laiton.

SET [sɛt] n.m. (mot angl.). **1.** Ensemble de napperons qui remplace la nappe ; chacun de ces napperons. (On dit aussi *set de table.*) **2.** Manche d'un match de tennis, de tennis de table, de volley-ball.

SÉTACÉ, E adj. (lat. *seta,* soie). SC. Qui est en forme de soie de porc.

SETIER n.m. (lat. *sextarius,* sixième). Ancienne mesure de capacité qui variait suivant le pays et la matière mesurée.

SÉTON n.m. (anc. prov. *sedon ;* du lat. *seta,* soie). **1.** Vx. Fine bande de soie qu'on passait sous un pont de peau pour drainer une plaie suppurante. **2.** *Plaie en séton :* plaie faite par une arme blanche ou par un projectile qui entre et ressort en passant sous la peau.

SETTER [setɛr] n.m. (mot angl.). Chien d'arrêt d'une race à poil long, doux et ondulé.

setter

SEUIL n.m. (lat. *solum,* base). **1.** Dalle de pierre, pièce de bois en travers et en bas de l'ouverture d'une porte. **2. a.** Entrée d'une maison, d'une pièce. **b.** Point d'accès à un lieu, commencement de ce lieu. *Le seuil du désert.* ◇ *Au seuil de :* au commencement de. *Au seuil de la vie.* **3.** GÉOGR. Lieu d'altitude intermédiaire entre des reliefs contrastés, servant de passage et de ligne de partage des eaux. **4. a.** Longue élévation du fond de la mer entre deux bassins. **b.** Partie en saillie du lit d'un cours d'eau, entre deux zones creusées (mouilles). **5.** Limite au-delà de laquelle des conditions sont changées. *Franchir un seuil.* ◇ *Seuil de rentabilité :* volume du chiffre d'affaires d'une entreprise à partir duquel est réalisé un profit. **6.** PSYCHOL. et PHYSIOL. Limite à partir de laquelle est perçue une sensation *(seuil absolu)* ou une variation dans la sensation *(seuil différentiel).* ◇ *Seuil d'excitation :* intensité minimale nécessaire pour qu'un excitant provoque une réaction. **7.** *Substances à seuil :* substances comme le chlorure de sodium, le glucose, qui doivent atteindre une certaine concentration dans le sang pour être éliminées par les reins.

SEUL, E adj. (lat. *solus*). **1.** Qui est sans compagnie ; isolé. *Vivre seul.* ◇ *Tout seul :* sans aide. – *Seul à seul :* en tête à tête. **2.** Unique, excluant toute autre personne ou chose. *Nous l'avons vu une seule fois. C'est le seul exemplaire qui reste.* **3.** À l'exclusion des autres. *Moi seul je le connais bien.*

SEULEMENT adv. **1.** Sans rien ou personne de plus. *Être deux seulement.* **2.** Uniquement. *Dites-lui seulement.* ◇ *Non seulement,* introduit le premier de deux groupes dont le second (après *mais* ou *mais encore*) marque une insistance, une addition, etc. – *Pas seulement :* pas même. **3.** Toutefois, cependant. *Il consent, seulement il demande des garanties.* ◇ *Si seulement :* si au moins. **4.** Pas plus tôt que. *Il arrive seulement ce soir.*

SEULET, ETTE adj. Litt. ou fam. Seul.

SÈVE n.f. (lat. *sapa,* vin cuit). **1.** Liquide circulant dans les diverses parties des végétaux. (On distingue la *sève brute,* qui monte des racines vers les feuilles, et la *sève élaborée,* produite par les feuilles à partir de la sève brute et qui contient les aliments organiques.) **2. Litt.** Ce qui donne la force, la vigueur.

SÉVÈRE adj. (lat. *severus,* grave). **1.** Qui manque d'indulgence, qui punit lourdement ; dur. *Parents sévères. Verdict sévère.* **2.** Strict et rigoureux. *Règlement sévère.* **3.** Dépourvu d'ornements, de fantaisie ; austère, dépouillé. *Architecture sévère.* **4.** Grave, lourd à supporter. *Maladie sévère. Défaite sévère.*

SÉVÈREMENT adv. Avec sévérité.

SÉVÉRITÉ n.f. **1.** Manière d'agir d'une personne sévère. **2.** Caractère de ce qui est sévère, sans ornement.

SÉVICES n.m. pl. (lat. *saevitia,* violence). Mauvais traitements exercés sur qqn qu'on a sous sa responsabilité ou son autorité.

SÉVILLAN, E adj. et n. De Séville.

SÉVIR v.i. (lat. *saevire,* être furieux). **1.** Punir avec rigueur. *Sévir contre un coupable.* **2.** Se faire sentir vivement, exercer des ravages. *Le froid sévit encore.*

SEVRAGE n.m. **1.** Action de sevrer un enfant, un animal ; son résultat. **2.** Privation progressive d'alcool ou de drogue lors d'une cure de désintoxication.

SEVRER v.t. (lat. *separare,* séparer) [19]. **1.** Cesser l'allaitement d'un enfant ou d'un petit animal pour lui donner une alimentation plus solide. **2.** Priver, désaccoutumer qqn de qqch, spécialt d'alcool, d'une drogue. **3.** AGRIC. *Sevrer une marcotte,* la séparer du pied mère après qu'elle a pris racine.

SÈVRES n.m. Porcelaine fabriquée à la manufacture de Sèvres.

SÉVRIENNE n.f. Élève de l'École normale supérieure de jeunes filles, autref. à Sèvres, auj. à Paris.

SEXAGE n.m. Détermination du sexe des animaux (notamm. des poussins) dès leur naissance.

SEXAGÉNAIRE adj. et n. (lat. *sexaginta,* soixante). Qui a entre soixante et soixante-neuf ans.

SEXAGÉSIMAL, E, AUX adj. Se dit d'une numération à base soixante. ◇ *Fraction sexagésimale,* ayant pour dénominateur une puissance de soixante.

SEXAGÉSIME n.f. (lat. *sexagesimus,* soixantième). RELIG. CATH. Deuxième dimanche avant le carême. (Cette appellation a été supprimée en 1969.)

SEX-APPEAL [sɛksapil] n.m. (mot amér.) [pl. *sex-appeals*]. Charme sensuel qui émane de qqn (se dit surtout à propos d'une femme).

SEXE n.m. (lat. *sexus*). **1.** Ensemble des caractères qui permettent de distinguer chez la plupart des êtres vivants le genre mâle et le genre femelle. **2.** Organe de la génération et du plaisir ; organes génitaux externes de l'homme et de la femme. **3.** Ensemble des individus de même sexe. ◇ Fam. *Le beau sexe, le sexe faible :* les femmes (par opp. au *sexe fort :* les hommes). **4.** Fam. Sexualité. *L'obsession du sexe.*

SEXISME n.m. Attitude discriminatoire fondée sur le sexe.

SEXISTE adj. et n. Relatif au sexisme ; qui en est partisan.

SEXOLOGIE n.f. Étude de la sexualité, de ses troubles.

SEXOLOGUE n. Spécialiste de sexologie.

SEXONOMIE n.f. Rare. Étude des lois qui déterminent le sexe des individus.

SEXPARTITE adj. ARCHIT. Se dit d'une voûte gothique à six voûtains, reposant sur quatre piles maîtresses entre lesquelles s'élèvent deux piles intermédiaires.

SEX-RATIO [-rasjo] n.f. (pl. *sex-ratios*). Rapport numérique des sexes à la naissance. *La sex-ratio est d'environ 105 garçons pour 100 filles.*

SEX-SHOP [sɛksʃɔp] n.m. (mot angl.) [pl. *sex-shops*]. Magasin spécialisé dans la vente de revues, de livres, de films, d'objets érotiques ou pornographiques, d'aphrodisiaques, etc.

SEX-SYMBOL [sɛkssɛ̃bɔl] n.m. (pl. *sex-symbols*). Vedette symbolisant l'idéal masculin ou féminin sur le plan de la sensualité et de la sexualité.

SEXTANT n.m. (lat. *sextans,* sixième partie). Instrument à réflexion, dont le limbe gradué s'étend sur 60°, et qui permet de mesurer des hauteurs d'astres à partir d'un navire ou d'un aéronef. (En mesurant avec un sextant la hauteur du Soleil au méridien, on détermine la latitude.)

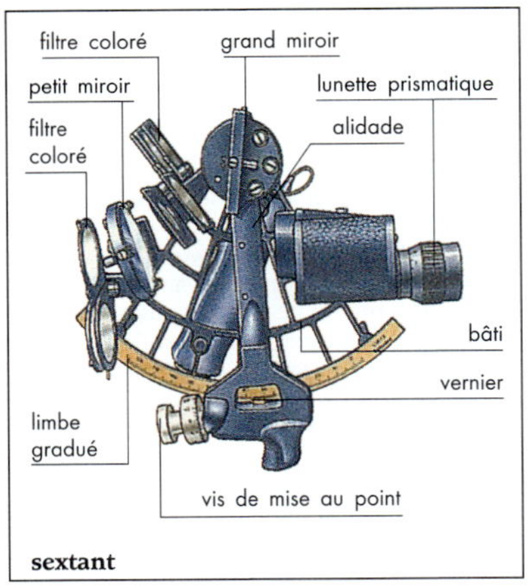

sextant

SEXTE n.f. (lat. *sexta hora,* sixième heure). Partie de l'office divin célébrée à la sixième heure du jour (midi).

SEXTIDI n.m. (lat. *sextus,* sixième, et *dies,* jour). Sixième jour de la décade, dans le calendrier républicain.

SEXTILLION n.m. Un million de quintillions (10^{36}).

SEXTINE n.f. (du lat. *sextus,* sixième). LITTÉR. Poème à forme fixe, comprenant six strophes de six vers et un tercet, où les mêmes mots reviennent à la rime dans un ordre différent.

SEXTO adv. (mot lat.). Sixièmement.

SEXTOLET n.m. MUS. Groupe de six notes, d'égale valeur, surmontées du chiffre 6, à exécuter dans le même temps que quatre notes de même figure.

SEXTUOR n.m. (lat. *sex,* six ; d'après *quatuor*). MUS. Composition à six parties vocales ou instrumentales.

SEXTUPLE adj. et n.m. Qui vaut six fois autant.

SEXTUPLER v.t. Multiplier par six. ◆ v.i. Devenir sextuple. *Revenu qui a sextuplé.*

SEXTUPLÉS, ÉES n. pl. Groupe de six enfants issus d'une même grossesse.

SEXUALISATION n.f. **1.** Action de sexualiser ; son résultat. **2.** Différenciation sexuelle de l'embryon.

SEXUALISER v.t. Introduire la sexualité dans (un domaine quelconque) ; donner un caractère sexuel à.

SEXUALITÉ n.f. (lat. *sexus,* sexe). **1.** BIOL. Ensemble des phénomènes sexuels ou liés au sexe, observables chez les êtres vivants. **2.** Ensemble des diverses modalités de la satisfaction instinctuelle liée à la reproduction de l'espèce.

SEXUÉ, E adj. Qui possède un sexe. *Animaux sexués et animaux hermaphrodites.* ◇ *Reproduction sexuée,* nécessitant le concours de deux individus de sexe opposé.

SEXUEL, ELLE adj. **1.** Qui caractérise le sexe des êtres vivants. ◇ *Caractères sexuels :* ensemble des manifestations anatomiques et physiologiques déterminées par le sexe. (On distingue des caractères *sexuels primaires* [organes génitaux] et des caractères *sexuels secondaires* [pilosité, adiposité, voix], spéciaux à chaque sexe.) – *Chromosome sexuel :* hétérochromosome. **2.** Relatif à la sexualité. *Éducation sexuelle.* ◇ *Acte sexuel :* copulation, coït.

SEXUELLEMENT adv. En ce qui concerne le sexe ou la sexualité ; du point de vue de la sexualité. ◇ *Maladie sexuellement transmissible (M.S.T.),* pouvant être transmise au cours d'un rapport sexuel.

SEXY [sɛksi] adj. inv. (mot angl.). Fam. Qui a un charme attirant et aguichant ; qui a du sex-appeal.

SEYANT, E adj. Qui sied, qui va bien.

SEYCHELLOIS, E adj. et n. Des Seychelles.

SÉZIGUE ou **SÉZIG** pron. pers. Pop. Soi, lui.

SFORZANDO [sfɔrzɑ̃do] adv. (mot it.). MUS. En renforçant progressivement l'intensité du son. (Nuance moins prolongée que *crescendo.*)

SFUMATO [sfumato] n.m. (mot it.). PEINT. Ambiance vaporeuse qui baigne les formes.

S. G. B. D. n.m. (sigle). Système de gestion* de base de données.

SGRAFFITE [sgrafit] n.m. (it. *sgraffito,* égratigné). Décoration murale obtenue par application, sur un fond de couleur, d'un enduit de mortier blanc qui est ensuite gratté et incisé pour faire apparaître le dessin voulu.

SHABBAT [ʃabat] n.m. (mot hébreu). RELIG. Sabbat.

SHABOUOT, fête juive de la Pentecôte ou des Semaines, commémorant la promulgation de la Torah sur le mont Sinaï.

SHAH n.m. → ***chah.***

SHAKER [ʃɛkœr] n.m. (mot angl., de *to shake,* secouer). Double gobelet fermé dans lequel on agite, avec de la glace, les éléments d'un cocktail pour le servir frappé.

SHAKESPEARIEN, ENNE [ʃɛkspirjɛ̃, ɛn] adj. Propre à Shakespeare.

SHAKO ou **SCHAKO** [ʃako] n.m. (du hongr.). Coiffure militaire tronconique, portée notamm. par les gardes républicains et les saint-cyriens.

SHAMA n.m. (du hindi). Passereau chanteur, noir, roux et blanc, d'Inde et d'Indonésie. (Famille des turdidés.)

SHAMISEN [ʃamizɛn] n.m. Luth japonais à cordes en soie, accompagnant les spectacles de marionnettes et le théâtre kabuki.

SHAMPOOING ou **SHAMPOING** [ʃɑ̃pwɛ̃] n.m. (mot angl. ; du hindi). **1.** Produit servant à traiter ou à laver les cheveux. **2.** Lavage des cheveux avec ce produit. **3.** Nom donné à des produits liquides et moussants destinés au nettoyage, au lavage. *Shampooing pour moquettes. Shampooing pour le corps.*

SHAMPOUINER v.t. Laver au moyen d'un shampooing.

1. SHAMPOUINEUR, EUSE n. Employé(e) d'un salon de coiffure chargé(e) du shampooing.

2. SHAMPOUINEUR n.m. ou **SHAMPOUINEUSE** n.f. Appareil servant à nettoyer à l'aide d'un détergent les tapis et moquettes.

SHANTUNG, SHANTOUNG ou **CHANTOUNG** n.m. (du n. d'une prov. chin.). Étoffe de soie présentant un grain très prononcé.

SHED [ʃɛd] n.m. (mot angl., *hangar*). CONSTR. Toiture de bâtiment présentant un profil en dents de scie (redans) et comportant des versants vitrés de pente rapide exposés au nord.

SHEKEL [ʃekɛl] n.m. Unité monétaire principale d'Israël. (→ ***monnaie.***)

SHÉOL n.m. → ***schéol.***

SHÉRARDISATION n.f. (du n. de l'inventeur). MÉTALL. Cémentation par le zinc de pièces d'acier ou de fonte.

SHÉRIF [ʃerif] n.m. (angl. *sheriff*). **1.** Officier d'administration qui représente la Couronne dans chaque comté d'Angleterre. **2.** Aux États-Unis, officier d'administration élu, ayant un pouvoir judiciaire limité.

SHERPA n.m. (du n. d'un peuple montagnard du Népal). Guide ou porteur des expéditions d'alpinisme dans l'Himālaya.

SHERRY [ʃɛri] n.m. (mot angl.) [pl. *sherrys* ou *sherries*]. Nom donné au vin de Jerez, en Angleterre.

SHETLAND [ʃɛtlɑ̃d] n.m. (du n. des îles *Shetland*). **1.** Tissu fabriqué avec la laine des moutons des îles Shetland. **2.** Race de poneys. **3.** Pull-over de laine moelleuse.

SHIATSU [-tsu] n.m. (du chin.). Méthode thérapeutique consistant à appliquer les doigts par pression sur certains points du corps.

SHILLING [ʃiliŋ] n.m. (mot angl.). **1.** Anc. unité monétaire divisionnaire anglaise (symb. s), qui valait 1/20 de livre. **2.** Unité monétaire principale du Kenya, de la Somalie et de la Tanzanie. (→ ***monnaie.***)

SHILOM n.m. → ***chilom.***

SHIMMY [ʃimi] n.m. (mot amér.). Mouvement d'oscillations latérales, dû à un phénomène de résonance, qui affectait les roues directrices des voitures à essieu avant rigide.

SHINGLE [ʃingœl] n.m. (mot angl., *bardeau*). Élément de couverture en matériau imprégné de bitume simulant le bardeau ou l'ardoise.

SHINTO [ʃinto] ou **SHINTOÏSME** n.m. Religion propre au Japon, antérieure au bouddhisme (introduit au VIe s.), qui honore des divinités, personnifications des forces de la nature, les ancêtres et l'empereur. Graphie savante : *shintō.*

■ Alors que le shinto ancien consistait en un ensemble de croyances et de rites animistes, depuis le XIVe s., le shinto s'est transformé en un mouvement nationaliste. Séparé officiellement de l'État en 1946, le shinto demeure très influent au Japon.

SHINTOÏSTE adj. et n. Relatif au shinto ; adepte du shinto.

SHIPCHANDLER [ʃipʃɑ̃dlœr] n.m. (mot angl.). Marchand d'articles de marine.

SHIRTING [ʃœrtiŋ] n.m. (mot angl.). Tissu de coton fabriqué en armure toile, utilisé pour la lingerie et la chemiserie.

SHIVAÏSME n.m., **SHIVAÏTE** adj. et n. → ***sivaïsme, sivaïte.***

SHOCKING [ʃɔkiŋ] adj. inv. (angl. *to shock,* choquer). Vieilli. Choquant.

SHOGUN ou **SHOGOUN** [ʃɔgun] n.m. (jap. *shōgun,* général). Chef militaire et civil du Japon, de 1192 à 1867, qui exerçait, parallèlement aux dynasties impériales, le véritable pouvoir. Graphie savante : *shōgun.*

SHOGUNAL, E, AUX ou **SHOGOUNAL, E, AUX** adj. Relatif aux shoguns. Graphie savante : *shōgunal.*

SHOOT [ʃut] n.m. (angl. *to shoot,* tirer). Vx. Au football, tir.

1. SHOOTER [ʃute] v.i. Tirer, au football.

2. SHOOTER (SE) v.pr. Arg. Se droguer par injection.

SHOPPING [ʃɔpiŋ] n.m. (mot angl.). Action d'aller dans les magasins pour regarder les vitrines, les étalages, et faire des achats. (Au Canada, on dit *magasinage.*)

SHORT [ʃɔrt] n.m. (angl. *shorts*). Culotte très courte portée en vacances, pour le sport, etc.

SHORTHORN [ʃɔrtɔrn] n. et adj. (angl. *shorthorn,* courte corne). Bovin de boucherie d'une race anglaise à cornes courtes. SYN. : ***durham.***

SHORT TON [ʃɔrttɔn] n.m. (pl. *short tons*). Unité de mesure de masse américaine (symb. sh tn) égale à 2 000 pounds, soit 907,185 kg, appelée aussi *ton* ou *tonne américaine.*

SHORT-TRACK [ʃɔrttrak] n.m. (pl. *short-tracks*). Patinage de vitesse, sur une piste courte de 111 m.
SHOW [ʃo] n.m. (mot angl.). **1.** Spectacle de variétés centré sur une vedette. **2.** Prestation d'un homme politique, d'un chef d'État, etc. *Show télévisé.*
SHOW-BUSINESS [ʃobiznɛs] ou, fam., **SHOW-BIZ** n.m. inv. (mot angl.). Industrie, métier du spectacle.
SHOWROOM [ʃorum] n.m. (mot angl.). Local où un industriel, un commerçant, etc., expose ses nouveaux produits.
SHRAPNELL ou **SHRAPNEL** [ʃrapnɛl] n.m. (du n. de l'inventeur). Obus chargé de balles.
SHUNT [ʃœt] n.m. (angl. *to shunt,* dériver). **1.** ÉLECTR. Dispositif conducteur connecté en parallèle avec une partie d'un circuit électrique pour dériver une fraction du courant qui la traverse. **2.** MÉD. Dérivation, provoquée en néphrologie, mettant en communication le circuit artériel et le circuit veineux.
SHUNTER v.t. Munir (un circuit) d'un shunt.
1. SI conj. (lat. *si*). **1.** Introduit une subordonnée indiquant une hypothèse, la condition d'un acte ou d'un état. *S'il vient, je serai content. Si elle venait, je serais contente. Si j'avais de l'argent, je vous en prêterais.* ◇ *Si ce n'est :* sinon, sauf. – *Si ce n'est que :* excepté que. – *Si... ne :* à moins que... *Les voilà, si je ne me trompe.* – *Si tant est que :* s'il est vrai que. **2.** Dans une phrase exclamative, exprime le souhait ou le regret. *Si nous allions nous promener ! Si j'avais su !* ◆ n.m. inv. Hypothèse, supposition.
2. SI adv. interr. Introduit une proposition interrogative indirecte. *Je me demande s'il viendra.*
3. SI adv. (lat. *sic,* ainsi). **1.** Tellement. *Le vent est si fort que... Ne courez pas si vite. Si petit qu'il soit.* **2.** Oui, en réponse à une phrase interro-négative. *Vous ne l'avez pas vue ? – Si.* ◆ loc. conj. **1.** *Si bien que :* de sorte que. **2.** *Si peu que :* pour peu que ; quelque peu que.
4. SI n.m. inv. (initiales du lat. *Sanctus Iohannes,* saint Jean). Note de musique, septième degré de la gamme de *do ;* signe qui la représente.
SI, sigle de *Système International* (d'unités).
Si, symbole chimique du silicium.
SIAL n.m. (de *silicium* et *aluminium*) [pl. *sials*]. GÉOL. Vieilli. Zone externe du globe terrestre, composée essentiellement de silicates d'aluminium. (Elle correspond à la croûte continentale des théories modernes.)
SIALAGOGUE adj. et n.m. (gr. *sialon,* salive, et *agogos,* qui attire). MÉD. Se dit d'une substance qui augmente la production de la salive.
SIALIQUE adj. Relatif au sial.
SIALIS [sjalis] n.m. (mot lat.). Insecte abondant près des eaux et à larve aquatique. (Long. 2 cm ; ordre des mégaloptères.)
SIALORRHÉE n.f. (gr. *sialon,* salive, et *rheîn,* couler). Sécrétion excessive de salive.
SIAMANG n.m. (du malais). Gibbon noir des montagnes d'Indonésie, de grande taille.
SIAMOIS, E adj. et n. **1.** Du Siam. **2.** *Chat siamois* ou *siamois,* n.m. : chat d'une race d'Extrême-Orient, à la face brun foncé, à la robe crème, aux yeux bleus. **3.** *Frères, sœurs siamois(es) :* jumeaux rattachés l'un à l'autre par deux parties homologues de leurs corps. ◆ n.m. LING. Thaï.

chat **siamois**

SIBÉRIEN, ENNE adj. et n. De Sibérie.
SIBILANT, E adj. (du lat. *sibilare,* siffler). MÉD. Qui a le caractère d'un sifflement. *Râle sibilant.*
SIBYLLE n.f. (lat. *sibylla*). ANTIQ. Femme inspirée, qui transmettait les oracles des dieux.
SIBYLLIN, E adj. **1.** Relatif aux sibylles. *Oracles sibyllins.* **2.** Litt. Obscur ; dont le sens est difficile à saisir. *Un langage sibyllin.*
SIC [sik] adv. (mot lat., *ainsi*). Se met entre parenthèses après un mot, une expression, pour indiquer que l'on cite textuellement, si bizarre ou incorrect que cela paraisse.
SICAIRE n.m. (lat. *sicarius,* de *sica,* poignard). Litt. Tueur à gages.
SICAV [sikav] n.f. inv. (sigle de *société d'investissement à capital variable*). Société dont le capital fluctue librement au gré des entrées et des sorties des souscripteurs, et dont le rôle est de gérer un portefeuille de valeurs dont chaque porteur de titre détient une fraction ; cette fraction. *Acheter des sicav.* – REM. On écrit aussi *S. I. C. A. V.*
SICCATIF, IVE adj. et n.m. (du lat. *siccare,* sécher). Se dit d'une matière qui accélère le séchage des peintures, des vernis, des encres.
SICCATIVITÉ n.f. Aptitude d'une peinture à sécher rapidement.
SICCITÉ [siksite] n.f. (du lat. *siccus,* sec). Qualité de ce qui est sec.
SICILIEN, ENNE adj. et n. De la Sicile.
SICILIENNE n.f. MUS. Composition vocale ou instrumentale, à caractère expressif et au rythme balancé.
SICLE n.m. (hébr. *chequel,* monnaie). Poids et monnaie pesant de 6 à 12 g, usités dans l'Orient ancien.
SIDA n.m. (sigle de *syndrome immunodéficitaire acquis*). MÉD. Affection grave, transmissible par voie sexuelle ou sanguine et caractérisée par l'effondrement ou la disparition des réactions immunitaires de l'organisme.
■ L'agent du sida est le rétrovirus V.I.H. L'affection est caractérisée par un effondrement d'une certaine classe de globules blancs, les lymphocytes T_4, supports de l'immunité cellulaire, et se traduit par une disparition des réactions de défense de l'organisme. Les complications, qui font toute la gravité de la maladie, sont dues à la prolifération massive de germes (bactéries, virus, protozoaires, champignons) dits « opportunistes » qui se développent sur un organisme incapable de réagir, et aux lésions cancéreuses telles que le sarcome de Kaposi (cancer généralisé à départ cutané) et les lymphomes (cancer des ganglions lymphatiques). Depuis 1985, la recherche des anticorps anti-V.I.H. est obligatoire en France chez les donneurs de sang.
SIDE-CAR [sidkar] n.m. (mot angl.) [pl. *side-cars*]. Véhicule à une seule roue, accouplé latéralement à une motocyclette.
SIDÉEN, ENNE adj. et n. Atteint du sida.
SIDÉRAL, E, AUX adj. (lat. *sidus, sideris,* astre). Qui concerne les astres.
SIDÉRANT, E adj. Qui frappe de stupeur.
SIDÉRATION n.f. PATHOL. Effondrement subit d'une ou plusieurs fonctions vitales.
SIDÉRER v.t. (lat. *siderari,* subir l'influence néfaste des astres) [18]. **1.** Frapper de stupeur ; stupéfier. **2.** PATHOL. Provoquer la sidération de.
SIDÉRITE n.f. **1.** Météorite constituée principalement de fer et de nickel. **2.** Sidérose.
SIDÉROGRAPHIE n.f. TECHN. Rare. Gravure sur le fer ou l'acier.
SIDÉROLITHE ou **SIDÉROLITE** n.f. Météorite constituée de métaux (fer, nickel) et de silicates, en proportions comparables.
SIDÉROLITHIQUE ou **SIDÉROLITIQUE** adj. et n.m. GÉOL. Se dit de formations argileuses tertiaires riches en minerais de fer, en placages ou en poches dans les calcaires.
SIDÉROSE n.f. **1.** Carbonate naturel de fer. SYN. : *sidérite.* **2.** MÉD. Infiltration des tissus par des particules ferrugineuses d'origine endogène *(hémosidérose)* ou exogène (sidérose pulmonaire due à l'inhalation de poussières d'oxyde de fer).
SIDÉROSTAT n.m. Instrument muni d'un miroir mobile qui permet de réfléchir l'image d'un astre dans une direction fixe.
SIDÉROXYLON n.m. Arbre des pays chauds, fournissant un bois dur et incorruptible, dit *bois de fer.* (Famille des sapotacées.)
SIDÉRURGIE n.f. (gr. *sidêros,* fer, et *ergon,* travail). Ensemble des techniques permettant d'élaborer et de mettre en forme le fer, la fonte et l'acier.
SIDÉRURGIQUE adj. Relatif à la sidérurgie.
SIDÉRURGISTE n. Ouvrier, industriel de la sidérurgie.
SIDOLOGUE n. Médecin, biologiste, etc., spécialiste du sida.
SIÈCLE n.m. (lat. *saeculum*). **1.** Durée de cent années. **2.** Période de cent années numérotées de 1 à 100, de 101 à 200, etc., comptée à partir d'une origine chronologique appelée *ère. Le vingtième siècle après Jésus-Christ* ou *le vingtième siècle.* **3.** Temps, époque où l'on vit. *Être de son siècle, d'un autre siècle.* **4.** Époque marquée par un grand homme, une découverte, etc. *Le siècle de Périclès, de l'atome.* ◇ *Le Grand Siècle :* l'époque de Louis XIV, en France. **5.** Fam. Temps qu'on trouve trop long. *Il y a un siècle qu'on ne vous a vue.* **6.** RELIG. Société humaine, vie profane, par opp. à la vie religieuse. *Renoncer au siècle.*
SIED (IL) → *seoir.*
SIÈGE n.m. (lat. pop. *sedicum,* de *sedere,* s'asseoir). **I. 1.** Meuble ou autre objet fait pour s'asseoir ; partie horizontale de ce meuble, de cet objet, sur laquelle on s'assied. **2.** Postérieur, fesses. *Bain de siège.* ◇ *Accouchement par le siège,* ou *siège,* au cours duquel c'est le bassin ou les membres inférieurs de l'enfant qui sortent d'abord. **3.** Place, mandat d'un membre d'une assemblée délibérante. *Perdre des sièges aux élections législatives.* ◇ DR. *Magistrat du siège :* juge de l'ordre judiciaire inamovible qui rend la justice (par opp. à *magistrat du parquet*). **4.** TECHN. Surface sur laquelle repose une pièce mécanique, notamm. en robinetterie. **II. 1.** Endroit où réside une autorité, où se réunit une assemblée, où est installée la direction d'une entreprise, etc. *Siège d'un tribunal, d'une cour.* ◇ *Siège social :* lieu où siège la direction d'une société, domicile d'une société. – *Siège épiscopal :* ville où réside un évêque. **2.** Point où naît, se développe qqch. *Siège d'une douleur, d'une rébellion.* **3.** Litt. *Mon siège est fait :* mon parti est pris. **III.** MIL. Opération menée contre un ouvrage, une place forte, en vue de l'affaiblir et de s'en emparer. ◇ *État de siège :* régime d'exception confiant notamm. à l'autorité militaire le maintien de l'ordre public.
SIÉGER v.i. [22]. **1.** Faire partie d'une assemblée, d'un tribunal. *Siéger au Sénat.* **2.** Résider, tenir ses séances. *La Cour de cassation siège à Paris.* **3.** Être, se trouver. *L'endroit où siège le mal.*
SIEMENS [si-] ou [zimɛns] n.m. (du n. de l'ingénieur all.). Unité de mesure de conductance électrique (symb. S), équivalant à la conductance électrique d'un conducteur ayant une résistance électrique de 1 ohm.
1. SIEN, ENNE pron. poss. (lat. *suum*) [précédé de *le, la, les*]. Ce qui est à lui, à elle. ◆ adj. poss. Litt. Qui est à lui, à elle.
2. SIEN, ENNE n. Ce qui lui appartient. *À chacun le sien.* ◇ *Y mettre du sien :* contribuer personnellement à qqch. ◆ pl. *Les siens :* ses parents, ses amis, ses compatriotes. ◇ Fam. *Faire des siennes :* faire des bêtises.
SIERRA [sjɛra] n.f. (mot esp., *scie*). Chaîne de montagnes, dans les pays de langue espagnole.
SIESTE n.f. (esp. *siesta ;* du lat. *sexta,* sixième heure). Repos, temps de sommeil pris après le repas du milieu du jour.
SIEUR n.m. (lat. *senior,* plus vieux). Qualification dont on fait précéder un nom propre d'homme, en style juridique. ◇ *Le sieur Un tel :* terme péj. pour désigner qqn.
SIEVERT [sivœrt] n.m. (de *Sievert,* n.pr.). Unité SI de mesure d'équivalent de dose* de rayonnement ionisant (symb. Sv).
SIFFLAGE n.m. VÉTÉR. Cornage, chez l'animal.
SIFFLANT, E adj. Qui produit un sifflement. *Prononciation sifflante.* ◇ *Consonne sifflante* ou *sifflante,* n.f. : consonne caractérisée par un sifflement (s, z).
SIFFLEMENT n.m. Bruit, son fait en sifflant ou produit par le vent, un projectile, etc.

SIFFLER v.i. (lat. *sibilare*). **1.** Produire un son aigu soit avec la bouche, soit avec un instrument. **2.** Produire un son aigu, en parlant de l'air, d'un corps en mouvement, etc. *Entendre siffler les balles.* ◆ v.t. **1.** Reproduire en sifflant. *Siffler un air.* **2.** Appeler en sifflant. *Siffler un chien.* **3.** Signaler en soufflant dans un sifflet. *Faute sifflée par l'arbitre.* **4.** Huer en sifflant. *Siffler un acteur.* **5.** Fam. Avaler rapidement. *Siffler un verre.*

SIFFLET n.m. **1.** Petit instrument avec lequel on siffle. ◇ Pop. *Couper le sifflet à qqn :* le mettre hors d'état de répondre. **2.** Appareil de signalisation sonore actionné par la vapeur ou l'air comprimé. **3.** TECHN. *En sifflet :* en biseau. ◇ *Joint en sifflet :* assemblage de pièces de bois par coupes obliques. ◆ pl. Sifflements marquant la désapprobation. *Les sifflets du public.*

SIFFLEUR, EUSE adj. et n. Qui siffle.

SIFFLEUX n.m. Canada. Marmotte.

SIFFLOTEMENT n.m. Action de siffloter ; son produit par qqn qui sifflote.

SIFFLOTER v.i. et t. Siffler doucement, négligemment.

SIFILET n.m. (de *six* et *filet*). Paradisier de la Nouvelle-Guinée, dont la tête est ornée de six pennes fines.

sifilet

1. SIGILLAIRE adj. Relatif aux sceaux.

2. SIGILLAIRE n.f. Arbre fossile du carbonifère, qui atteignait 30 m de haut et qu'on trouve dans les terrains houillers.

SIGILLÉ, E adj. (du lat. *sigillum*, sceau). Marquée d'un sceau ou d'une empreinte semblable à celle d'un sceau, en parlant d'une céramique romaine et gallo-romaine rouge, vernie et ornée d'un décor en relief.

SIGILLOGRAPHIE n.f. Science auxiliaire de l'histoire qui a pour objet l'étude des sceaux.

SIGILLOGRAPHIQUE adj. Relatif à la sigillographie.

SIGISBÉE n.m. (it. *cicisbeo*). Litt. ou par plais. Chevalier servant d'une dame.

SIGLAISON n.f. Formation d'un sigle, de sigles.

SIGLE n.m. (lat. *siglum*). Lettre initiale ou groupe de lettres initiales constituant l'abréviation de mots fréquemment employés.

SIGLÉ, E adj. Se dit d'un objet, notamm. d'un vêtement ou d'un sac, portant un sigle, des initiales en ornement.

SIGMA n.m. inv. Dix-huitième lettre de l'alphabet grec (σ, ς, Σ), correspondant au *s* français.

SIGMOÏDE adj. (de *sigma*). ANAT. **1.** *Anse ou côlon sigmoïde :* dernière portion du côlon, qui décrit un S avant le rectum. **2.** *Cavité sigmoïde :* cavité articulaire de certains os (radius, cubitus). **3.** *Valvules sigmoïdes,* situées à l'origine de l'aorte et de l'artère pulmonaire.

SIGMOÏDITE n.f. MÉD. Inflammation chronique du côlon sigmoïde.

SIGNAL n.m. (lat. *signalis*, de *signum*, signe). **1.** Signe convenu pour avertir, donner un ordre, etc. **2.** Appareil, panneau disposé sur le bord d'une voie de communication pour régler la marche des véhicules. ◇ *Code international des signaux :* code dont les signaux sont transmis au moyen de pavillons et de flammes, adopté en 1965 par l'Organisation intergouvernementale consultative de la navigation maritime (O.M.C.I.). **3.** Fait, évènement qui annonce ou marque le début de qqch. *La prise de la Bastille a été le signal de la Révolution.* ◇ *Donner le signal de :* annoncer ; être le premier à faire. **4.** CYBERN., INFORM. et TÉLÉCOMM. Variation d'une grandeur physique de nature quelconque porteuse d'information.

SIGNALÉ, E adj. Litt. Remarquable, important. *Rendre un signalé service.*

SIGNALEMENT n.m. Description physique de qqn, destinée à le faire reconnaître.

SIGNALER v.t. **1.** Annoncer, indiquer par un signal. *Signaler un danger.* **2.** Appeler l'attention sur. *Signaler qqn à la police.* ◆ **se signaler** v.pr. Se distinguer, se faire remarquer.

1. SIGNALÉTIQUE adj. Qui donne le signalement de qqn, la description de qqch. *Fiche signalétique.*

2. SIGNALÉTIQUE n.f. **1.** Activité sémiotique concernant les signaux, la signalisation. **2.** Ensemble des moyens de signalisation d'un lieu, d'un réseau de transport.

SIGNALEUR n.m. Soldat, marin, etc., chargé du service des signaux.

SIGNALISATION n.f. **1.** Emploi de signaux pour donner des renseignements à distance. **2.** Installation de signaux sur une route, une voie ferrée, etc. ; ensemble de ces signaux.

SIGNALISER v.t. Munir d'une signalisation. *Route mal signalisée.*

SIGNATAIRE adj. et n. Qui a signé un acte, une pièce quelconque.

SIGNATURE n.f. (de *signer*). **1.** Action de signer (un texte, un document, etc.). *La signature d'un contrat.* **2.** Nom ou marque personnelle qu'on appose en bas d'une œuvre, d'un texte, d'un document, etc., pour attester qu'on en est l'auteur, qu'on s'engage à un acte, etc. *La signature du peintre sur son tableau.* ◇ *Signature sociale,* qui engage une société. – *Avoir la signature :* posséder une délégation de pouvoir, en partic. pour recevoir ou allouer des fonds. – *Signature apostolique :* tribunal suprême institué par Pie X en 1909 et jouant, par rapport à la rote, le rôle de cour de cassation. **3.** IMPR. Lettre ou chiffre imprimé au-dessous de la dernière ligne en bas de la première page de chaque cahier d'un livre, pour indiquer l'emplacement de ce cahier dans le livre. **4.** PHYS. *Signature spectrale d'un corps :* figure montrant la longueur d'onde et l'intensité respectives des diverses radiations électromagnétiques émises par ce corps.

SIGNE n.m. (lat. *signum*). **1.** Ce qui permet de connaître, de deviner, de prévoir ; indice, marque. *Signe de pluie.* ◇ *C'est bon signe :* cela annonce du bon. – *Ne pas donner signe de vie :* ne pas donner de ses nouvelles ; sembler mort. **2.** Mot, geste, mimique, etc., permettant de faire connaître, de communiquer. *Se parler par signes. Donner des signes d'impatience. Signes cabalistiques.* ◇ *Signe de (la) croix :* geste de la liturgie ou de la piété chrétienne figurant la croix de Jésus-Christ. **3.** Unité linguistique constituée de l'association d'un signifiant et d'un signifié. **4.** Marque matérielle distinctive. *Marquer ses livres d'un signe.* **5.** Représentation matérielle de qqch, ayant un caractère conventionnel. *Signes musicaux, de ponctuation.* **6.** Tout caractère d'imprimerie. **7.** MATH. Symbole indiquant une relation ou une opération. – Symbole noté + ou – servant à noter respectivement les nombres positifs ou négatifs. *Signe d'égalité, d'appartenance.* **8.** MÉD. Manifestation élémentaire d'une maladie. *Signes physiques* (observés par le médecin), *signes fonctionnels ou symptômes* (qui ne sont perceptibles que par le malade) *et signes généraux.* ◆ pl. *Signes extérieurs de richesse :* manifestations extérieures de la richesse d'un contribuable qui entrent dans le cadre des éléments du train de vie.

SIGNER v.t. (lat. *signare*). **1.** Marquer, revêtir de sa signature. *Signer une pétition.* ◇ *Signer (de) son nom :* apposer sa signature. **2.** Attester par sa signature qu'on est l'auteur de. *Signer un tableau.* ◇ *Être signé :* pouvoir être attribuée à coup sûr à qqn, en parlant d'une action. ◆ **se signer** v.pr. Faire le signe de la croix.

SIGNET n.m. Ruban fixé en haut du dos d'un volume relié et s'insérant entre les pages.

SIGNIFIANT n.m. LING. Forme concrète (image acoustique, symbole graphique) du signe linguistique (par opp. au *signifié*).

SIGNIFICATIF, IVE adj. Qui exprime de manière manifeste une pensée, une intention.

SIGNIFICATION n.f. **1.** Ce qui signifie, représente un signe, un geste, un fait, etc. **2.** Sens et valeur d'un mot. **3.** Notification d'un acte, d'un jugement, faite par un huissier de justice.

SIGNIFICATIVEMENT adv. De façon significative.

SIGNIFIÉ n.m. LING. Contenu sémantique du signe linguistique, concept (par opp. au *signifiant*).

SIGNIFIER v.t. (lat. *significare*). **1.** Vouloir dire, avoir le sens de. *Le mot latin « murus » signifie « mur ».* **2.** Faire connaître d'une manière expresse. *Signifier ses intentions.* **3.** DR. Notifier par huissier.

SIKH n.m. (sanskr. *śiṣya*, disciple). Adepte du sikhisme. ◆ adj. Relatif au sikhisme.

SIKHARA [ʃikara] n.m. inv. (mot sanskr., *cime*). Dans l'Inde médiévale, haute tour à la silhouette curviligne surmontant un sanctuaire. Graphie savante : *śikhara.*

SIKHISME n.m. L'une des quatre grandes religions de l'Inde, fondée à la fin du XVe s. au Pendjab par Nānak (1469-1538). [Il affirme l'existence d'un unique Dieu créateur et rejette le système des castes hindoues.]

SIL n.m. (mot lat.). Argile rouge ou jaune.

SILANE n.m. Composé hydrogéné du silicium, analogue à un alcane. (Nom générique.)

SILENCE n.m. (lat. *silentium*). **1.** Absence de bruit. *Le silence de la nuit.* **2.** Action, fait de se taire. *Garder le silence. Silence ! taisez-vous !* ◇ *Passer sous silence :* ne pas parler de, omettre volontairement. **3.** Absence de mention de qqch dans un écrit. *Le silence de la loi en pareil cas.* **4.** MUS. Interruption plus ou moins longue du son ; signe qui sert à l'indiquer.

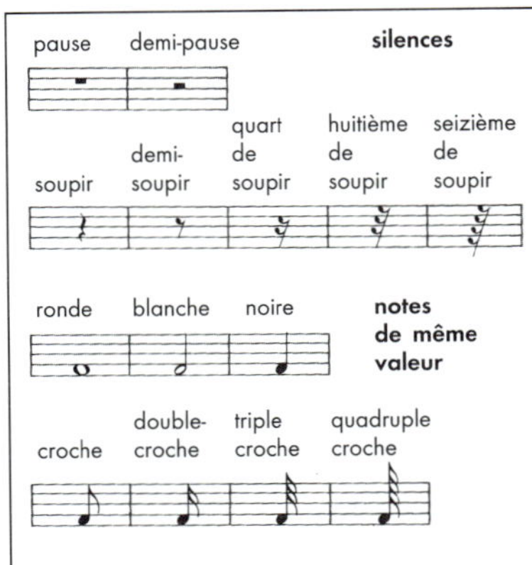

différentes figures de **silence** en musique

SILENCIEUSEMENT adv. En silence.

1. SILENCIEUX, EUSE adj. **1.** Qui garde le silence, s'abstient de parler ; qui est peu communicatif. *Demeurer silencieux.* **2.** Qui a lieu, qui se fait sans bruit. *Pas silencieux.* **3.** Où l'on n'entend aucun bruit. *Bois silencieux.*

2. SILENCIEUX n.m. **1.** Appareil fixé sur la bouche du canon d'une arme à feu pour amortir le bruit de la détonation. **2.** Dispositif servant à amortir, dans un moteur, les bruits dus à l'expulsion des gaz.

SILÈNE n.m. (de *Silène*, n. pr.). **1.** Herbe des bois d'Europe occidentale, au calice en forme d'outre. (Famille des caryophyllacées.) **2.** MYTH. GR. Satyre.

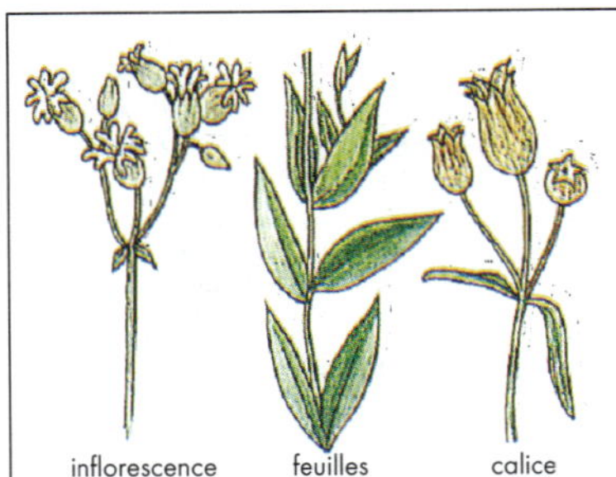

silène

SILENTBLOC [si-] ou [saj-] n.m. (nom déposé). Bloc élastique en caoutchouc spécial, comprimé et interposé entre des pièces pour absorber les vibrations et les bruits.

SILÉSIEN, ENNE adj. et n. De la Silésie.

SILEX [silɛks] n.m. (mot lat.). Roche siliceuse très dure, constituée de calcédoine, de quartz et d'opale, se présentant en rognons dans les roches carbonatées. (Le silex, à cassure conchoïdale, fut utilisé comme arme et comme outil par les hommes préhistoriques.)

SILHOUETTE n.f. (de *Silhouette,* contrôleur général des finances). **1.** Contour, lignes générales du corps. *Avoir une silhouette élégante.* **2.** Forme générale, dessin d'un être, d'un objet, dont les contours se profilent sur un fond. **3.** Forme générale, aux contours vagues, de qqn, qqch. *Distinguer au loin des silhouettes.*

SILHOUETTER v.t. Litt. Dessiner en silhouette. ◆ **se silhouetter** v.pr. Litt. Apparaître en silhouette.

SILICATE n.m. **1.** Minéral formé d'éléments tétraédriques (SiO_4) comportant un atome de silicium au centre et des atomes d'oxygène aux quatre sommets, constituant essentiel des roches magmatiques et métamorphiques, et utilisé dans les industries du bâtiment, de la verrerie, etc. **2.** Sel ou ester d'un acide silicique.

SILICE n.f. (lat. *silex, silicis,* silice). Oxyde de silicium SiO_2. (Il en existe plusieurs variétés naturelles : le quartz cristallisé, la calcédoine à structure fibreuse, l'opale amorphe.) ◇ *Silice fondue* ou *verre de silice :* forme vitreuse de la silice, qui peut supporter d'importants et brusques changements de température.

SILICEUX, EUSE adj. Qui contient beaucoup de silice. ◇ *Roches siliceuses :* famille de roches sédimentaires dures, riches en silice, comme le sable, le grès, le silex, la meulière.

SILICICOLE adj. BOT. *Plante silicicole :* qui prospère sur les sols siliceux, comme le châtaignier, la bruyère, la digitale.

SILICIQUE adj. Se dit de l'anhydride SiO_2 (silice) et d'acides non isolés en dérivant.

SILICIUM [-sjɔm] n.m. Non-métal de densité 2,35, d'une couleur brune à l'état amorphe, d'un gris de plomb à l'état cristallisé, fusible vers 2 000 °C et se volatilisant au four électrique ; élément (Si), de numéro atomique 14, de masse atomique 28,086.

■ Présent dans la nature sous forme de silice ou de silicates, le silicium représente environ 28 p. 100 de l'écorce terrestre.
Dopé avec des impuretés comme le bore ou l'arsenic, le silicium très pur (99,999 p. 100) est le matériau de base de l'électronique. Ses propriétés semi-conductrices le font employer dans les circuits intégrés (effet transistor) ou dans les photopiles (effet photovoltaïque).

SILICIURE n.m. Composé formé de silicium et d'un autre élément, le plus souvent un métal.

SILICONE n.f. Substance analogue aux composés organiques, dans laquelle le silicium remplace le carbone. (Nom générique.)

SILICOSE n.f. Maladie, en général professionnelle, due à l'inhalation de poussière de silice et qui se marque par une transformation fibreuse du poumon.

SILICOSÉ, E adj. et n. Atteint de silicose.

SILICOTIQUE adj. Relatif à la silicose.

SILICULE n.f. Fruit voisin de la silique mais moins étroit.

SILIONNE n.f. (de *silice* et *rayonne ;* nom déposé). Fil de verre formé de fibres élémentaires continues, d'un diamètre inférieur à 6 μm.

SILIQUE n.f. (lat. *siliqua*). BOT. Fruit sec qui diffère d'une gousse par l'existence d'une lamelle centrale portant les graines, comme chez la giroflée et les autres crucifères.

SILLAGE n.m. (de *sillon*). Zone de perturbations que laisse derrière lui un corps en mouvement dans un fluide. ◇ *Marcher dans le sillage de qqn,* suivre ses traces, son exemple.

SILLET [sijɛ] n.m. (it. *ciglietto,* de *ciglio,* bord). **1.** Fine baguette de bois, d'ivoire ou d'os, placée entre le chevillier et le manche des instruments de musique à cordes. **2.** Jonc métallique placé sur le cadre des instruments à cordes munis d'un clavier.

SILLON n.m. (du gaul.). **1.** Trace laissée à la surface du champ par un instrument de labour. **2.** Piste gravée à la surface d'un disque phonographique et contenant l'enregistrement. **3.** Trace longitudinale. *Sillon de feu tracé par une fusée.*

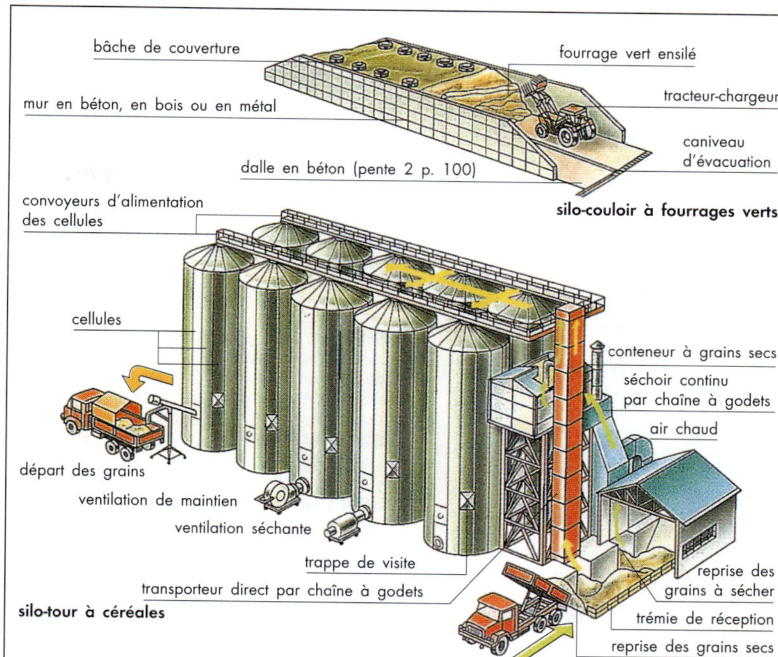

silos de stockage

SILLONNER v.t. Parcourir un lieu, le traverser en tous sens. *Avions qui sillonnent le ciel.*

SILO n.m. (mot esp. ; du gr. *siros,* fosse à blé). **1.** Fosse pratiquée dans la terre pour y conserver les végétaux. **2.** Réservoir de grande capacité pour stocker les récoltes ; fosse ou réservoir pour stocker les fourrages verts sous forme d'ensilage. **3.** ARM. *Silo lance-missile :* cavité bétonnée creusée dans le sol pour stocker et lancer un missile stratégique.

SILOTAGE n.m. Action d'ensiler.

SILPHE n.m. (gr. *silphê*). Insecte coléoptère, dont une espèce est nuisible aux betteraves. (Long. 1 cm env.)

SILT [silt] n.m. (mot angl.). Sable très fin ; limon.

SILURE n.m. (lat. *silurus ;* du gr.). **1.** Poisson-chat. **2.** ZOOL. Poisson à barbillons, à peau sans écailles, dont la plupart des espèces vivent en eau douce. (Les silures constituent un sous-ordre représenté notamm. par l'espèce *grand silure.*)

silure (poisson-chat)

SILURIDÉ n.m. *Siluridés :* famille de poissons d'eau douce à barbillons, tels que le loricaire.

SILURIEN, ENNE adj. et n.m. GÉOL. Se dit de la troisième période de l'ère primaire, située entre l'ordovicien et le dévonien.

SILVES n.f. pl. (lat. *silva,* forêt). LITTÉR. LAT. Recueil de pièces poétiques sur des sujets variés.

SIMA n.m. (de *silicium* et *magnésium*). GÉOL., VX. Zone du globe terrestre composée essentiellement de silicates de fer et de magnésium. (Dans les théories modernes, il correspond approximativement au manteau.)

SIMAGRÉE n.f. (Surtout au pl.). Minauderie ridicule, manière affectée ; mine, singerie. *Faire des simagrées.*

SIMARRE n.f. (it. *zimarra*). **1.** Anc. Vêtement ample. **2.** Soutane à camail.

SIMARUBA [simaruba] n.m. (mot caraïbe). Arbre de l'Amérique tropicale, dont l'écorce a des propriétés apéritives.

SIMARUBACÉE n.f. *Simarubacées :* famille de plantes dicotylédones des régions tropicales, comme le simaruba, l'ailante.

SIMBLEAU n.m. (lat. *cingula,* ceinture). Cordeau avec lequel les charpentiers tracent de grandes circonférences.

1. SIMIEN, ENNE adj. (lat. *simius,* singe). Relatif au singe.

2. SIMIEN n.m. *Simiens :* sous-ordre de primates comprenant tous les singes.

SIMIESQUE adj. (lat. *simius,* singe). Qui rappelle le singe.

SIMILAIRE adj. (lat. *similis,* semblable). Se dit de choses qui peuvent, d'une certaine façon, être assimilées les unes aux autres.

SIMILARITÉ n.f. Didact. Caractère de ce qui est similaire ; ressemblance.

1. SIMILI n.m. (lat. *similis,* semblable). **1.** Cliché de photogravure obtenu par une trame et permettant de reproduire, en typographie, un document original en demi-teintes. **2.** Fam. Toute matière qui est une imitation d'une autre. *Bijoux en simili.*

2. SIMILI n.f. (abrév.). Similigravure.

SIMILICUIR n.m. Toile enduite imitant le cuir.

SIMILIGRAVURE n.f. Procédé photomécanique d'obtention de clichés typographiques tramés à partir d'originaux en demi-teintes. Abrév. : *simili.*

SIMILISAGE n.m. IND. Traitement mécanique destiné à donner aux articles de coton un brillant qui rappelle celui acquis lors du mercerisage.

SIMILISER v.t. Soumettre au similisage.

SIMILISTE n.m. Spécialiste en similigravure.

SIMILITUDE n.f. (lat. *similitudo*). **1.** Ressemblance plus ou moins parfaite, analogie. *Similitude de caractère.* **2.** MATH. Propriété que possèdent deux figures semblables. ◇ Transformation ponctuelle d'un plan, conservant les angles, composée d'une rotation et d'une homothétie de même centre. **3.** MÉCAN. *Loi de similitude :* ensemble des conditions imposées aux maquettes (avions, navires, machines, etc.) pour que les résultats obtenus au cours des essais soient transposables aux réalisations en grandeur nature.

SIMILOR n.m. (de 1. *simili* et *or*). Laiton additionné de 12 à 15 p. 100 de zinc, utilisé dans la fabrication des bijoux fantaisie.

SIMONIAQUE adj. et n. Coupable de simonie.

SIMONIE n.f. (du n. de *Simon* le Magicien). RELIG. Trafic d'objets sacrés, de biens spirituels ou de charges ecclésiastiques.

SIMOUN n.m. (de l'ar.). Vent chaud et violent du désert.

1. SIMPLE adj. (lat. *simplex*). **A.** (Choses). **I. 1.** Qui n'est formé que d'un seul élément, par opp. à *composé.* **a.** CHIM. Qui est formé d'atomes d'un seul élément. *L'or, l'oxygène sont des corps simples.* ◇ *Simple liaison :* liaison entre deux atomes assurée par une paire d'électrons. *La liaison C—H est une simple liaison.* **b.** GRAMM. *Temps simple :* forme verbale sans auxiliaire de conjugaison. **2.** Qui n'est formé que d'un seul élément, par opp. à *double, triple,* etc. *Feuille de copie simple. En partant, donnez un simple tour de clé.* ◇ BOT. Se dit d'une feuille formée par un limbe unique entier plus ou moins divisé. **3.** Qui suffit à soi seul, qui n'a besoin de rien d'autre pour produire l'effet attendu. *Croire qqn sur sa simple parole.* **II. 1.** Qui est facile à comprendre, à suivre, à exécuter, à appliquer, par opp. à *compliqué. Fournir des explications simples.* ◇ Fam. *Simple comme bonjour :* qui ne présente aucune difficulté. **2.** Qui est constitué d'un petit nombre d'éléments qui s'organisent de manière claire, par opp. à *complexe. Un appareil très simple à manipuler.* **3.** Sans recherche ni apprêt. *Une robe, un repas simple.* **B.** (Personnes). **I.** Qui est seulement ce que son nom indique. *Un simple soldat.* ◇ *Simple particulier :* personne qui n'exerce aucune fonction officielle, qui ne représente qu'elle-même. **II. 1.** Qui se comporte avec franchise et naturel, sans prétention. *Des gens simples.* **2.** Qui manque de finesse, qui est par trop naïf. *Il est gentil mais un peu simple.*

2. SIMPLE n.m. **1.** Ce qui est simple. *Passer du simple au composé.* **2.** Partie de tennis ou de tennis de table entre deux joueurs seulement. **3.** *Simple d'esprit :* débile mental. ◆ pl. Plantes à usage médicinal.

SIMPLEMENT adv. De façon simple. ◇ *Purement et simplement :* sans réserve et sans condition.

SIMPLET, ETTE adj. Un peu simple, crédule.

SIMPLEX n.m. En télégraphie et transmission de données, mode de transmission permettant le transfert d'informations dans un seul sens (par opp. à *duplex*).

SIMPLEXE n.m. MATH. Ensemble constitué par les parties d'un ensemble donné.

SIMPLICITÉ n.f. Qualité de celui ou de ce qui est simple.

SIMPLIFIABLE adj. Qui peut être simplifié.

SIMPLIFICATEUR, TRICE adj. et n. Qui simplifie.

SIMPLIFICATION n.f. Action de simplifier.

SIMPLIFIER v.t. **1.** Rendre plus simple, moins compliqué. *Simplifier un problème.* **2.** MATH. *Simplifier une fraction :* trouver, si elle existe, la fraction irréductible équivalente.

SIMPLISME n.m. Tendance à simplifier d'une manière excessive.

SIMPLISTE adj. et n. D'une simplicité exagérée, qui ne considère qu'un aspect des choses.

SIMULACRE n.m. (lat. *simulacrum,* représentation figurée). Ce qui n'a que l'apparence de ce qu'il prétend être. *Un simulacre de réconciliation.*

1. SIMULATEUR, TRICE n. Personne qui simule un trouble, un symptôme, une maladie.

2. SIMULATEUR n.m. Dispositif capable de reproduire le comportement d'un appareil dont on désire soit étudier le fonctionnement, soit enseigner l'utilisation, ou d'un corps dont on veut suivre l'évolution.

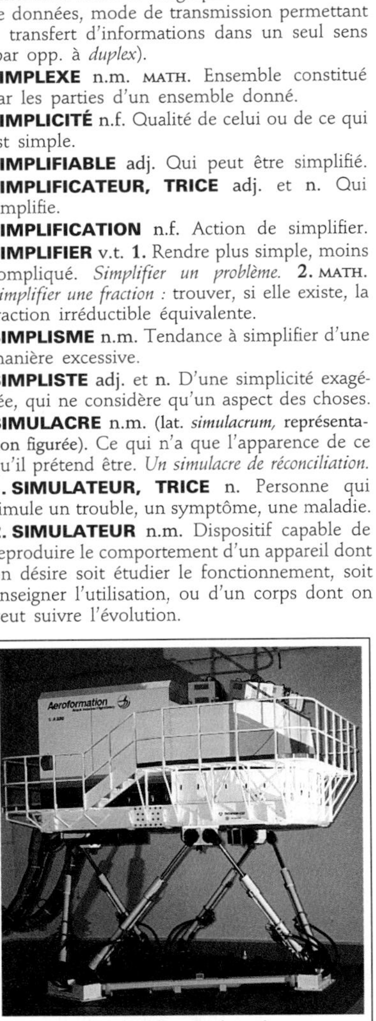

exemple de **simulateur** de vol (ici, celui de l'Airbus A 320)

SIMULATION n.f. (lat. *simulatio*). **1.** Action de simuler et, spécialt, de faire croire que l'on est atteint d'une maladie pour en tirer un avantage. **2.** TECHN. Méthode de mesure et d'étude consistant à remplacer un phénomène, un système à étudier par un modèle plus simple mais ayant un comportement analogue. **3.** DR. Dissimulation d'un acte par les parties sous le couvert d'un acte apparent.

SIMULÉ, E adj. Feint, qui n'est pas réel. *Fuite simulée.*

SIMULER v.t. (lat. *simulare,* feindre). **1.** Faire paraître comme réelle une chose qui ne l'est pas ; feindre. *Simuler une maladie.* **2.** Offrir l'apparence de. *Simuler un combat.* **3.** DR. Déguiser un acte sous l'apparence d'un autre.

SIMULIE n.f. Moustique piqueur dont les larves vivent dans les eaux courantes, fixées à des supports variés et dont les adultes peuvent, dans les pays tropicaux, transmettre certaines maladies graves, parasitaires notamm.

SIMULTANÉ, E adj. (lat. *simul,* en même temps). Qui se produit, existe en même temps ; concomitant. *Des mouvements simultanés.*

SIMULTANÉE n.f. Épreuve au cours de laquelle un joueur d'échecs affronte plusieurs adversaires en même temps.

SIMULTANÉISME n.m. LITTÉR. Procédé de narration qui consiste à présenter sans transition des évènements qui se déroulent au même moment en divers lieux.

SIMULTANÉITÉ n.f. Existence de plusieurs actions dans le même instant ; coïncidence.

SIMULTANÉMENT adv. En même temps.

SINANTHROPE [sinɑ̃trɔp] n.m. (lat. *Sina,* Chine, et gr. *anthrôpos,* homme). Archanthropien d'un type reconnu près de Pékin (Chine). [Il remonterait à 500 000 ans env. ; on le classe parmi les *Homo erectus.*]

SINAPISÉ, E adj. MÉD. Additionné de farine de moutarde noire.

SINAPISME n.m. (lat. *sinapi,* moutarde). Cataplasme à base de farine de moutarde noire.

SINCÈRE adj. (lat. *sincerus,* pur). **1.** Qui s'exprime sans déguiser sa pensée ; franc, loyal. *Femme sincère.* **2.** Qui est éprouvé, dit ou fait d'une manière franche ; authentique, vrai. *Regrets sincères.*

SINCÈREMENT adv. De façon sincère.

SINCÉRITÉ n.f. Qualité de ce qui est sincère, franchise, loyauté. *Je doute de la sincérité de sa réponse.*

SINCIPITAL, E, AUX adj. Du sinciput.

SINCIPUT [sɛ̃sipyt] n.m. (lat. *semi,* demi, et *caput,* tête). ANAT. Partie supérieure, sommet de la tête.

SINÉCURE n.f. (lat. *sine,* sans, et *cura,* souci). Emploi où l'on est payé beaucoup pour très peu de travail. ◇ Fam. *Ce n'est pas une sinécure :* ce n'est pas de tout repos.

SINE DIE [sinedje] loc. adv. (mots lat.). DR. Sans fixer de jour. *Réunion ajournée sine die.*

SINE QUA NON [sinekwanɔn] loc. adj. inv. (mots lat., *[condition] sans laquelle il n'y a rien à faire*). Indispensable pour que qqch existe, se fasse. *Condition sine qua non.*

SINGALETTE n.f. (de *Saint-Gall,* n. d'une ville suisse). Toile de coton à texture très claire utilisée pour la préparation de la gaze hydrophile et de la gaze apprêtée.

SINGAPOURIEN, ENNE adj. et n. De Singapour.

SINGE n.m. (lat. *simius*). **1.** Mammifère primate arboricole à face nue, à mains et pieds préhensiles et terminés par des ongles. (Les singes forment le sous-ordre des simiens.) – *Singe-araignée :* atèle. – *Singe laineux :* lagotriche. ◇ Fam. *Payer en monnaie de singe,* en belles paroles, en promesses vaines. **2.** Fam. Personne laide, au visage grimaçant, simiesque. **3.** Personne qui contrefait, imite les autres, leurs actions. **4.** Pop. Patron, chef d'atelier. **5.** Arg. Corned-beef.

SINGER v.t. [17]. Imiter qqn, son comportement de façon grotesque pour le tourner en dérision. *Singer un camarade.*

SINGERIE n.f. **1.** Imitation, grimace, geste comique. **2.** Ménagerie de singes. ◆ pl. Fam. Manières affectées, hypocrites.

SINGLE [singəl] n.m. (mot angl.). **1.** Compartiment de voiture-lit à une seule place. **2.** Chambre individuelle dans un hôtel. **3.** Disque de variétés ne comportant que deux morceaux.

SINGLET n.m. Belgique, Zaïre. Maillot de corps.

SINGLETON [sɛ̃glətɔ̃] n.m. (mot angl. ; de *single,* seul). **1.** Carte qui est seule de sa couleur dans la main d'un joueur après la donne. **2.** MATH. Ensemble constitué d'un seul élément.

SINGSPIEL [siŋʃpil] n.m. (mot all.). LITTÉR. Pièce de théâtre allemande, le plus souvent de caractère léger et populaire, dans laquelle alternent les dialogues parlés ou chantés et les airs.

SINGULARISER v.t. Distinguer des autres par qqch d'inusité. *Votre conduite vous singularise.* ◆ **se singulariser** v.pr. Se faire remarquer par qqch d'étrange.

SINGULARITÉ n.f. **1.** Caractère original ou étrange, insolite de qqch ; étrangeté, bizarrerie. *La singularité d'une tenue.* **2.** Manière extraordinaire, bizarre de parler, d'agir ; excentricité. *Ses singularités n'étonnent plus personne.* **3.** MATH. Particularité survenant en un point singulier d'une courbe ou d'une surface.

1. SINGULIER, ÈRE adj. Qui se distingue par qqch d'inusité, d'extraordinaire ; bizarre, étrange. ◇ *Combat singulier :* combat d'homme à homme.

2. SINGULIER n.m. et adj.m. GRAMM. Forme d'un mot exprimant un nombre égal à l'unité (par opp. à *pluriel*) ou l'absence d'opposition de nombre dans les noms non comptables *(du beurre).*

SINGULIÈREMENT adv. **1.** Beaucoup, fortement. *Être singulièrement affecté.* **2.** Principalement, notamment. *Tout le monde a souffert de la crise et singulièrement les salariés.* **3.** D'une manière bizarre. *S'habiller singulièrement.*

SINISANT, E n. **1.** Sinologue. **2.** Personne qui a appris le chinois, qui le lit ou le parle.

SINISATION n.f. Action de siniser ; fait d'être sinisé.

SINISER v.t. Marquer des caractères de la civilisation chinoise.

SINISTRALITÉ n.f. DR. Taux de sinistres. *Une hausse de la sinistralité.*

1. SINISTRE adj. (lat. *sinister,* gauche). **1.** De mauvais augure, qui présage le malheur. *Bruit sinistre.* **2.** Qui fait naître l'effroi, sombre, inquiétant. *Regard sinistre.* **3.** Triste et ennuyeux. *Réunion sinistre.*

2. SINISTRE n.m. **1.** Évènement catastrophique qui entraîne de grandes pertes matérielles et humaines. **2.** DR. Fait dommageable pour soi-même ou pour autrui, de nature à mettre en jeu la garantie d'un assureur.

SINISTRÉ, E adj. et n. Victime d'un sinistre. ◆ adj. Qui subit une crise grave, de grandes difficultés. *Un secteur d'activité sinistré.*

SINISTREMENT adv. De façon sinistre.

SINISTROSE n.f. **1.** État mental pathologique résidant dans une idée délirante de préjudice corporel qui s'enracine dans l'esprit de certains accidentés. **2.** Fam. Pessimisme systématique.

SINITÉ n.f. Caractère de ce qui est propre à la civilisation chinoise.

SINN-FEINER [sinfɛjnœr] n. (pl. *sinn-feiners*). Partisan du Sinn Féin (v. partie n. pr.).

SINOC adj. et n. → ***sinoque.***

SINOLOGIE n.f. Étude de l'histoire, de la langue et de la civilisation chinoises.

SINOLOGUE n. (lat. *Sina,* Chine, et gr. *logos,* science). Spécialiste de sinologie. SYN. : *sinisant.*

SINON conj. (lat. *si non,* si ne... pas). **1.** Autrement, sans quoi. *Obéissez, sinon gare !* **2.** Excepté, sauf. *Que faire sinon attendre ?* **3.** Peut-être même. *Elle est une des rares, sinon la seule...* ◆ loc. conj. *Sinon que :* si ce n'est que. *Je ne sais rien, sinon qu'il est venu.*

SINOPLE n.m. (lat. *sinopis,* terre de Sinope, de couleur rouge). HÉRALD. Couleur verte.

SINOQUE ou **SINOC** adj. et n. Pop. Fou. (On écrit aussi *cinoque.*)

SINO-TIBÉTAIN, E adj. et n.m. (pl. *sino-tibétains, es*). Se dit d'une famille de langues réunissant le chinois et le tibéto-birman.

SINTER [sɛtɛr] n.m. Mâchefer de minerai obtenu à haute température.

SINTÉRISATION n.f. Action de sintériser.

SINTÉRISER v.t. TECHN. Réaliser des objets solides par frittage de poudres de matières plastiques infusibles.

SINUER v.i. Litt. Faire, décrire des sinuosités.

SINUEUX, EUSE adj. (lat. *sinuosus,* de *sinus,* pli). **1.** Qui fait des replis, des détours. *Le cours sinueux de la Seine.* **2.** Fig. Qui ne va pas droit au but, tortueux. *Pensée sinueuse.*

SINUOSITÉ n.f. Détour que fait qqch de sinueux.

SINUS [sinys] n.m. (mot lat., *pli*). **1.** ANAT. *Sinus osseux :* cavité dans certains os de la tête (frontal, maxillaire supérieur). ◇ *Sinus crânien :* canal veineux compris dans l'épaisseur de la dure-mère crânienne (sinus caverneux, sinus droit). ◇ *Sinus du cœur :* première portion du tube cardiaque de l'embryon, qui formera les oreillettes, et point de départ de l'influx nerveux qui commande la contraction cardiaque. **2.** MATH. Fonction associant à un arc de cercle $\overset{\frown}{AM}$ ou à l'angle au centre $\widehat{AOM}$ correspondant le quotient des mesures algébriques de OQ et de OB, où Q est la projection orthogonale de M sur le diamètre OB perpendiculaire à OA (symb. sin).

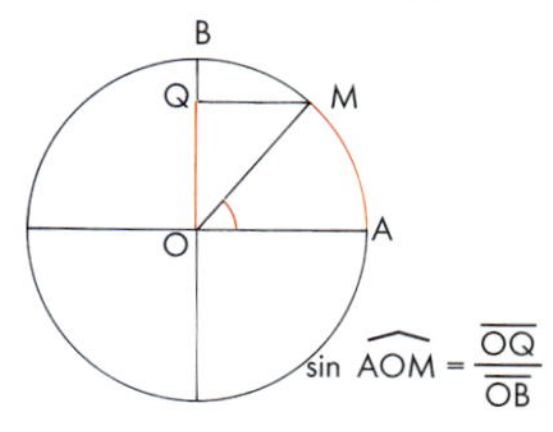

sinus

SINUSAL, E, AUX adj. Relatif au sinus du cœur. – *Rythme sinusal :* rythme cardiaque normal.

SINUSIEN, ENNE adj. ANAT. Relatif à un sinus.

SINUSITE n.f. Inflammation des sinus osseux de la face.

SINUSOÏDAL, E, AUX adj. **1.** MATH. Se dit d'un mouvement ou d'une courbe dont le support est une sinusoïde ou qui présente des arches semblables à celles de la sinusoïde. **2.** MATH. Se dit d'une fonction ayant pour graphe une sinusoïde. **3.** Se dit d'un phénomène périodique dont la grandeur caractéristique est représentée par une fonction sinusoïdale du temps.

SINUSOÏDE n.f. MATH. Courbe plane représentant graphiquement les variations du sinus ou du cosinus d'un angle.

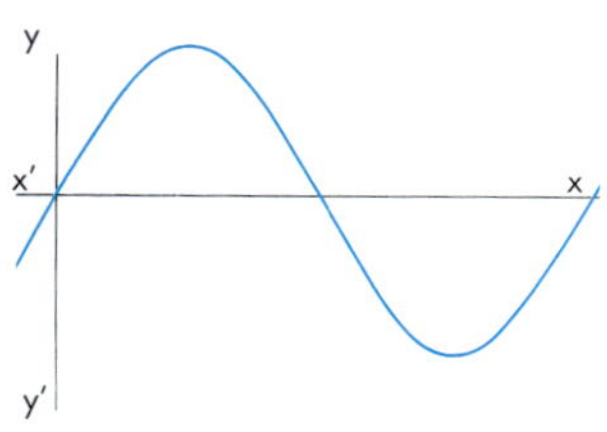

sinusoïde

SIONISME n.m. (de *Sion,* montagne de Jérusalem). Mouvement dont l'objet fut la constitution, en Palestine, d'un État juif.
■ Le sionisme, qui s'était exprimé longtemps sous la forme d'un courant mystique, fut abordé, au XIXe s., dans la perspective d'une politique de nationalité. Il reçut alors sa consécration doctrinale avec Theodor Herzl et son livre, *l'État juif* (1896). En 1901 fut créé le Fonds national juif pour le rachat de terres en Palestine. L'immigration juive s'accrut après la déclaration Balfour (1917), favorable à la création en Palestine d'un foyer national juif, mais elle fut limitée dans l'entre-deux-guerres par la Grande-Bretagne, soucieuse de ménager les susceptibilités arabes. Après la Seconde Guerre mondiale, et l'holocauste des juifs européens, le sionisme déboucha sur la création, en 1948, de l'État d'Israël.

SIONISTE adj. et n. Qui relève du sionisme ; partisan du sionisme.

SIOUX adj. inv. **1.** [sju] Relatif aux Sioux. **2.** [sju] ou [sjuks] Fam. Rusé, astucieux, retors.

SIPHOÏDE adj. En forme de siphon.

SIPHOMYCÈTE n.m. *Siphomycètes :* classe de champignons inférieurs caractérisés par leur mycélium formé de filaments continus, sans cloisons cellulaires, comprenant des moisissures saprophytes *(mucor)* ou parasites *(phytophthora).* SYN. : *phycomycète.*

SIPHON n.m. (lat. *sipho ;* du gr.). **1.** Tube, tuyau recourbé en forme d'U renversé dont on se sert pour faire passer un liquide d'un niveau à un autre plus bas, en l'élevant d'abord au-dessus du niveau le plus haut. **2.** Appareil pour le lavage ou l'évacuation de certaines cavités naturelles de l'organisme. **3.** Tube recourbé deux fois et servant à évacuer les eaux usées tout en empêchant le dégagement des mauvaises odeurs. **4.** En spéléologie, conduit naturel envahi par l'eau. **5.** Carafe en verre épais, fermée par une soupape commandée par un levier, pour obtenir l'écoulement d'un liquide sous pression. **6.** Tube servant à la circulation de l'eau chez les mollusques marins. **7.** Ouvrage hydraulique enterré, destiné à permettre la traversée d'un obstacle (vallée, voie de communication, etc.).

SIPHONAPTÈRE n.m. *Siphonaptères :* ordre d'insectes sans ailes, voisins des diptères, tels que la puce.

SIPHONNÉ, E adj. Pop. Fou.

SIPHONNER v.t. **1.** Transvaser (un liquide) à l'aide d'un siphon. **2.** Vider un réservoir de son contenu à l'aide d'un siphon.

SIPHONOGAMIE n.f. Mode normal de fécondation des plantes supérieures, à l'aide d'un tube pollinique.

SIPHONOPHORE n.m. *Siphonophores :* sous-classe de cnidaires coloniaux nageurs à individus spécialisés, comme la physalie.

SIPO n.m. Très grand arbre de la forêt dense africaine, dont le bois est très utilisé en menuiserie extérieure, en ébénisterie, pour le contreplaqué. (Famille des méliacées.)

SIR [sœr] n.m. Titre d'honneur chez les Anglais, précédant le prénom et le nom de famille.

SIRDAR n.m. (persan *sardār*). HIST. Titre honorifique donné au Moyen-Orient au généralissime qui se met en campagne. Graphie savante : *sirdār.*

SIRE n.m. (lat. *senior,* plus vieux). Titre porté par les seigneurs à partir du XIIIe s. puis donné aux empereurs et aux rois, en leur parlant ou en leur écrivant. ◇ Fam. *Triste sire :* individu peu recommandable.

SIRÈNE n.f. (bas lat. *sirena ;* du gr.). **1.** MYTH. Démon marin femelle représenté sous forme d'oiseau ou de poisson avec tête et poitrine de femme et dont les chants séducteurs provoquaient des naufrages. **2.** Appareil dans lequel un jet de vapeur ou d'air, périodiquement interrompu et rétabli, produit un son puissant servant de signal ou d'alerte.

SIRÉNIEN n.m. *Siréniens :* ordre de mammifères herbivores marins et fluviaux à nageoires tels que le lamantin, le dugong.

SIREX n.m. Insecte hyménoptère dont la larve vit dans le bois des conifères.

SIRLI n.m. (onomat.). Alouette d'Afrique du Nord à plumage brun rayé.

SIROCCO ou **SIROCO** n.m. (it. *scirocco ;* de l'ar.). Vent très sec et très chaud qui souffle du Sahara vers le littoral lorsque des basses pressions règnent sur la Méditerranée.

SIROP n.m. (lat. médiév. *sirupus ;* de l'ar.). **1.** Liquide formé de sucre en solution concentrée et de substances aromatiques ou médicamenteuses. **2.** Belgique. Mélasse obtenue par cuisson du jus de pomme ou de poire.

SIROPERIE n.f. Belgique. Fabrique de sirop.

SIROTER v.t. et i. Fam. Boire à petits coups, en dégustant.

SIRTAKI n.m. (mot gr.). Danse d'origine grecque, en vogue en France vers 1965.

SIRUPEUX, EUSE adj. Qui est de la nature, de la consistance du sirop ; visqueux.

SIRVENTÈS [sirvɑ̃tɛs], **SIRVENTE** [sirvɑ̃t] ou **SERVENTOIS** n.m. (mot prov.). Genre poétique provençal qui traitait de l'actualité, spécialement politique, sur le mode polémique et satirique.

SIS, E [si, siz] adj. (p. passé de *seoir*). DR. Situé. *Maison sise à Paris.*

SISAL n.m. (de *Sisal,* port du Yucatán) [pl. *sisals*]. Agave du Mexique dont les feuilles ont des fibres qu'on utilise pour faire des sacs, des cordes.

SISMAL, E, AUX ou **SÉISMAL, E, AUX** adj. Se dit de la ligne qui suit l'ordre d'ébranlement, dans un séisme.

SISMICITÉ ou **SÉISMICITÉ** n.f. Localisation et fréquence des tremblements de terre, qui sont en rapport avec les grandes lignes de fracture de l'écorce terrestre.

SISMIQUE ou **SÉISMIQUE** adj. **1.** Relatif aux tremblements de terre. **2.** *Prospection sismique* ou *sismique,* n.f. : méthode de prospection fondée sur la propriété qu'ont les ondes sonores provoquées par une explosion au voisinage de la surface du sol de subir des réfractions *(sismique-réfraction)* et des réflexions *(sismique-réflexion)* aux surfaces de contact de couches ayant des vitesses de transmission différentes, suivant des lois analogues à celles de l'optique.

SISMOGRAMME n.m. Tracé d'un sismographe.

SISMOGRAPHE ou **SÉISMOGRAPHE** n.m. Appareil destiné à enregistrer l'heure, la durée et l'amplitude des tremblements de terre.

SISMOLOGIE ou **SÉISMOLOGIE** n.f. Science des tremblements de terre.

SISMOLOGIQUE adj. De la sismologie.

SISMOLOGUE n. Spécialiste de sismologie.

SISMOMÉTRIE n.f. Ensemble des techniques d'enregistrement des ondes sismiques.

SISMOTHÉRAPIE n.f. PSYCHIATRIE. Électrochoc.

SISSONNE ou **SISSONE** n.m. ou f. CHORÉGR. Saut effectué après un plié et un appel des deux pieds, suivi d'une retombée sur un seul.

SISTER-SHIP [sistœrʃip] n.m. (mot angl.) [pl. *sister-ships*]. Anglic. Navire-jumeau.

SISTRE n.m. (lat. *sistrum ;* mot gr.). Instrument de musique constitué d'un cadre sur lequel sont enfilées des coques de fruits, des coquilles ou des rondelles métalliques qui s'entrechoquent.

SISYMBRE n.m. (gr. *sisumbrion*). Plante herbacée, appelée aussi *roquette, vélar,* et dont une espèce est l'*herbe aux chantres.* (Famille des crucifères.)

SITAR n.m. (mot hindi). Instrument de musique indien, à cordes pincées.

SITARISTE n. Joueur de sitar.

SITCOM n.m. ou f. (abrév. de l'angl. *situation comedy*). Comédie destinée à la télévision, et dont l'intérêt dramatique est essentiellement fondé sur les situations.

SITE n.m. (it. *sito ;* lat. *situs,* situation). **1.** Paysage considéré du point de vue de l'harmonie ou du pittoresque. **2.** Lieu géographique considéré du point de vue d'une ou de plusieurs activités. *Site industriel.* **3.** GÉOGR. Configuration propre du lieu occupé par un établissement humain et qui lui fournit les éléments locaux de vie matérielle et les possibilités d'extension (ravitaillement en eau, nature du sol, matériaux de construction). ◇ *Site propre :* chaussée, voie réservée aux véhicules de transport collectif. **4.** MIL. *Angle de site* ou *site :* angle formé par la ligne de site avec le plan horizontal. (→ ***tir.***) ◇ *Ligne de site :* ligne droite joignant une arme à son objectif au moment du tir.

SIT-IN [sitin] n.m. inv. (mot angl., de *to sit,* s'asseoir). Manifestation non violente consistant, pour les participants, à s'asseoir sur la voie publique ou en un lieu public.

SITIOMANIE n.f. (gr. *sition,* aliment). PSYCHIATRIE. Impulsion incoercible à manger d'une manière excessive ; boulimie.

SITOGONIOMÈTRE n.m. Appareil de mesure des angles de site, des écarts angulaires, etc.

SITOLOGUE n. Spécialiste de l'étude et de la conservation des sites naturels.

SITOSTÉROL n.m. (gr. *sitos,* blé). Stérol le plus répandu dans le règne végétal (blé, soja, etc.).

SITÔT adv. Litt. Aussitôt. *Sitôt dit, sitôt fait.* ◇ *De sitôt :* prochainement. *Elle ne reviendra pas de sitôt.* ◆ loc. conj. *Sitôt que :* dès que.

SITTELLE ou **SITTÈLE** n.f. (gr. *sittê,* pivert). Passereau des forêts d'Europe occidentale, qui grimpe avec agilité sur les troncs. (Long. 15 cm env. ; famille des picidés.)

SITUATION n.f. **I.** Manière dont qqch, un lieu est placé par rapport à d'autres choses, d'autres lieux ; position, emplacement, localisation. ◇ GÉOGR. Localisation d'une ville par rapport à sa région. **II. 1.** État, fonction de qqn, de qqch dans un groupe ; place, rang. *Situation de la France au sein de la C.E.E.* **2.** Place, emploi rémunéré et stable. *Avoir une belle situation.* **3.** État de qqch, d'un groupe, d'une nation, par rapport à une conjoncture donnée, dans un domaine déterminé. *Situation économique d'un pays. La situation est critique.* **4.** *En situation :* dans des conditions aussi proches que possible de la réalité. – *En situation de :* en mesure de, à même de. **5.** LITTÉR. État caractéristique issu d'une action ou d'un évènement et que traduisent un ou plusieurs personnages d'un récit, d'une pièce. *Situation comique.*

SITUATIONNISME n.m. Mouvement contestataire des années 60, surtout développé dans le milieu universitaire.

SITUATIONNISTE adj. et n. Qui relève du situationnisme ; qui en est partisan.

SITUÉ, E adj. Se dit d'une ville, d'un édifice, etc., par rapport aux environs, à l'exposition. *Maison bien située.*

SITUER v.t. (du lat. *situs,* situation). **1.** Déterminer la place, la situation dans l'espace ou le temps de. *Situer une ville sur une carte.* **2.** Évaluer, déterminer la place qu'occupe qqn, qqch au sein d'un ensemble. *Situer un peintre parmi les impressionnistes.* ◆ **se situer** v.pr. Avoir sa place, être. *Pays qui se situe au deuxième rang de la production laitière.*

SIUM [sjɔm] n.m. (mot lat.). Ombellifère aquatique dont une espèce est le chervis.

SIVAÏSME, SHIVAÏSME ou **ÇIVAÏSME** [ʃivaism] n.m. Courant religieux, issu de l'hindouisme, qui fait de Śiva un dieu plus important que Viṣṇu et Brahmā et qui est à l'origine de plusieurs sectes. Graphie savante : *śivaïsme.*

SIVAÏTE, SHIVAÏTE ou **ÇIVAÏTE** [ʃivait] adj. et n. Relatif au sivaïsme ; adepte du sivaïsme. Graphie savante : *śivaïte.*

SIX [si] devant une consonne ou un *h* aspiré ; [siz] devant une voyelle ou un *h* muet ; [sis] en fin de phrase ; adj. num. et n.m. (lat. *sex*). **1.** Nombre qui suit cinq dans la série naturelle des entiers. **2.** Sixième. *Charles six.*

SIXAIN n.m. → ***sizain.***

SIX-HUIT [sisɥit] n.m. inv. MUS. Mesure à deux temps qui a la noire pointée (ou trois croches) pour unité de temps.

SIXIÈME [sizjɛm] adj. num. ord. et n. **1.** Qui occupe un rang marqué par le numéro six. **2.** Qui se trouve six fois dans le tout. ◆ n.f. Première classe de l'enseignement secondaire.

SIXIÈMEMENT adv. En sixième lieu, dans une énumération.

SIX-QUATRE-DEUX (À LA) loc. adv. Fam. Négligemment, très vite.

SIXTE n.f. MUS. Intervalle de six degrés.

SIXTUS n.m. Suisse. Épingle à cheveux formant ressort.

SIZAIN ou **SIXAIN** [sizɛ̃] n.m. **1.** Strophe de six vers. **2.** Poème de six vers présentant de nombreuses combinaisons de rimes. **3.** Paquet de six jeux de cartes.

SIZERIN n.m. (flamand *sisje*). Petite linotte commune dans les forêts des régions froides.

SKA n.m. Type de musique jamaïcaine, né au début des années 60.

SKAÏ [skaj] n.m. (nom déposé). Matériau synthétique imitant le cuir.

SKATEBOARD [sketbord] ou **SKATE** n.m. (angl. *to skate,* patiner, et *board,* planche). Planche* à roulettes.

SKATING [sketiŋ] n.m. (mot angl.). Vx. Patinage à roulettes.

SKEET [skit] n.m. (mot angl.). Sport qui consiste à tirer au fusil des plateaux d'argile projetés en l'air.

SKETCH [skɛtʃ] n.m. (mot angl., *esquisse*) [pl. *sketchs* ou *sketches*]. Œuvre dialoguée de courte durée, généralement comique, représentée au théâtre, au music-hall, à la télévision ou au cinéma.

SKI n.m. (mot norvég.). **1.** Chacun des deux longs patins utilisés pour glisser sur la neige ou sur l'eau. **2.** Sport pratiqué sur la neige sur ces patins. *Une station de ski.* ◇ *Ski alpin* ou *ski de piste :* ski pratiqué sur des pentes généralement accentuées. – *Ski de fond :* ski pratiqué sur des parcours de faible dénivellation. – *Ski nordique :* discipline sportive englobant les courses de ski de fond, le saut à partir d'un tremplin et le biathlon. – *Ski de randonnée :* ski pratiqué généralement en moyenne montagne et hors des pistes balisées. – *Ski artistique :* ski juxtaposant figures et acrobaties sautées, parfois sur un champ de neige bosselé ou à partir d'un tremplin. **3.** Sports d'hiver. *Aller au ski.* **4.** *Ski nautique :* sport dans lequel le pratiquant, relié par une corde à un bateau à moteur qui le tracte, glisse sur l'eau en se maintenant sur un ou deux skis.

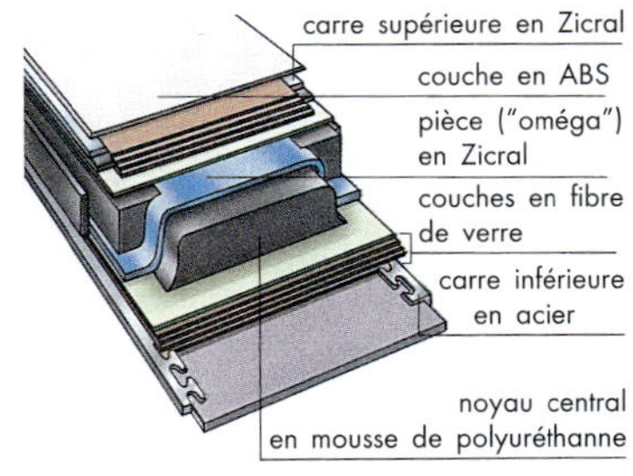

ski : structure d'un ski de piste

figure de **ski** nautique

SKIABLE adj. Où l'on peut skier.

SKIASCOPIE n.f. (gr. *skia,* ombre, et *skopein,* examiner). Méthode permettant de déterminer d'une façon objective les caractéristiques optiques de l'œil et fondée sur l'étude de l'ombre que porte la pupille sur la rétine.

SKI-BOB n.m. (pl. *ski-bobs*). Engin en forme de bicyclette dont les roues sont remplacées par de petits skis. SYN. : ***véloski.***

SKIER v.i. Pratiquer le ski.

SKIEUR, EUSE n. Personne qui pratique le ski. ◇ MIL. *Éclaireur skieur :* fantassin d'une unité spécialisée dans les reconnaissances et le combat en haute montagne.

SKIFF ou **SKIF** n.m. (angl. *skiff ;* fr. *esquif*). Bateau de sport très étroit et très long, à un seul rameur.

SKINHEAD [skinɛd] ou **SKIN** [skin] n. (mot angl., *tondu ;* de *skin,* peau, et *head,* tête). Jeune marginal adoptant un comportement de groupe agressif, volontiers xénophobe et raciste, et manifestant son adhésion aux idéologies guerrières par un crâne rasé de près (cherchant à évoquer la coupe réglementaire des corps d'élite).

SKIP n.m. (mot angl.). Appareil élévateur constitué par une benne de grande capacité, mue par un treuil et dont la vidange s'opère par basculement ou par ouverture du fond, utilisé pour l'alimentation des fours verticaux et pour l'extraction dans les puits de mine.

SKIPPER [skipœr] n.m. (mot angl.). **1.** Commandant de bord d'un yacht. **2.** Barreur d'un bateau à voile de régate.

SKONS n.m. → ***sconse.***

SKUA n.m. Grand stercoraire de l'Arctique, très agressif.

SKUNKS ou **SKUNS** n.m. → ***sconse.***

SKYE-TERRIER [skajtɛrje] n.m. (mot angl.) [pl. *skye-terriers*]. Terrier de l'île de Skye.

SLALOM [slalɔm] n.m. (mot norvég.). **1.** Descente à skis sur un parcours sinueux jalonné de portes à franchir, marqué par des piquets surmontés de fanions. (Les portes sont plus nombreuses, plus étroites et plus rapprochées dans le *slalom spécial* que dans le *slalom géant,* qui constitue en fait une épreuve intermédiaire entre la descente et le véritable slalom, enchaînement rapide de virages.) **2.** Parcours très sinueux, comprenant de nombreux virages.

épreuve de **slalom** spécial

SLALOMER v.i. Effectuer un parcours en slalom.

SLALOMEUR, EUSE n. Spécialiste du slalom.

SLANG [slɑ̃g] n.m. (mot angl.). Argot anglais.

SLAVE adj. et n. Du groupe qui comprend les Russes, les Biélorusses, les Ukrainiens, les Polonais, les Serbes, les Croates, les Tchèques, les Slovaques, etc. ◆ n.m. Groupe de langues indo-européennes parlées par les Slaves.

SLAVISANT, E ou **SLAVISTE** n. Spécialiste des langues slaves.

SLAVISER v.t. Donner le caractère slave à.

SLAVISME n.m. Rare. Panslavisme.

SLAVISTIQUE n.f. Étude des langues slaves.

SLAVON n.m. Langue liturgique des Slaves orthodoxes, issue de la traduction des Évangiles par Cyrille et Méthode.

SLAVOPHILE adj. et n. HIST. Se disait à partir des années 1840 de ceux qui prônaient les valeurs spirituelles traditionnelles propres à la Russie (par opp. à *occidentaliste*).

SLBM n.m. inv. (sigle des mots angl. *submarine launched ballistic missile*). Missile balistique stratégique lancé d'un sous-marin.

SLEEPING-CAR ou **SLEEPING** [slipiŋ] n.m. (angl. *to sleep,* dormir) [pl. *sleeping-cars ; sleepings*]. CH. DE F. Vx. Voiture-lit.

SLICE [slajs] n.m. (mot angl.). Effet latéral donné à une balle, au tennis, au golf.

SLICER [slajse] v.t. (angl. *to slice,* couper en tranches) 16. Frapper latéralement une balle de tennis ou de golf pour donner un effet.

SLIKKE [slik] n.f. (mot flamand). GÉOGR. Partie basse des vasières littorales, recouverte à chaque marée.

1. SLIP n.m. (mot angl., de *to slip,* glisser). Culotte moulante à taille basse servant de sous-vêtement ou de culotte de bain.

2. SLIP n.m. MAR. Plan incliné pour haler à sec les navires.

SLOGAN n.m. (mot angl.). **1.** Formule brève et frappante lancée pour propager une opinion, soutenir une action. *Slogan politique.* **2.** Phrase publicitaire concise et originale, conçue en vue de bien inscrire dans l'esprit du public le nom d'un produit, d'une firme.

SLOOP [slup] n.m. (néerl. *sloep*). Navire à voiles à un mât, n'ayant qu'un seul foc à l'avant.

SLOUGHI [slugi] n.m. (ar. *sluqi*). Lévrier arabe à poil ras, à la robe de couleur sable.

SLOVAQUE adj. et n. De Slovaquie. ◆ n.m. Langue slave parlée en Slovaquie.

SLOVÈNE adj. et n. De Slovénie. ◆ n.m. Langue slave parlée en Slovénie.

SLOW [slo] n.m. (mot angl., *lent*). **1.** Fox-trot lent, dansé dans les années 1920. **2.** Danse lente sur des musiques de blues, de chansons sentimentales, etc., où les partenaires se tiennent étroitement enlacés ; cette musique.

Sm, symbole chimique du samarium.

SMALA ou **SMALAH** n.f. (ar. *zamala*). **1.** Ensemble de la maison d'un chef arabe, avec ses tentes, ses serviteurs, ses troupeaux et ses équipages. **2.** Fam. Famille nombreuse et encombrante. *Il arrive avec toute sa smala.*

SMALT n.m. (it. *smalto,* émail). Silicate de potassium et de cobalt, se présentant sous forme d'une masse vitreuse bleue, utilisé en céramique.

SMALTITE ou **SMALTINE** n.f. MINÉR. Arséniure naturel de cobalt.

SMARAGDIN, E adj. Litt. Vert émeraude.

SMARAGDITE n.f. (lat. *smaragdus,* émeraude). Minéral d'un beau vert d'émeraude, du genre amphibole.

SMART [smart] adj. inv. (mot angl.). Fam., vieilli. Élégant.

SMASH [smaʃ] n.m. (mot angl.) [pl. *smashs* ou *smashes*]. SPORTS. Au tennis, au tennis de table, au volley-ball, coup consistant à rabattre violemment une balle haute sur la surface de jeu.

SMASHER [smaʃe] v.i. et t. Faire un smash.

SMECTIQUE adj. (gr. *smêktikos,* de *smêkhein,* nettoyer). **1.** Se dit d'une substance servant à dégraisser la laine. **2.** PHYS. Se dit d'un état mésomorphe dans lequel les centres des molécules sont situés dans des plans parallèles.

SMEGMA n.m. (mot gr.). Matière blanchâtre qui se dépose dans les replis des organes génitaux externes.

S.M.I.C. [smik] n.m. (sigle). Salaire* minimum interprofessionnel de croissance, appelé aujourd'hui *salaire minimum de croissance.*

SMICARD, E n. Fam. Personne dont le salaire est égal au S.M.I.C.

SMILAX n.m. (mot lat.). BOT. Salsepareille.

SMILLAGE n.m. Dégrossissage des moellons bruts à l'aide de la smille.

SMILLE n.f. (gr. *smilê*). Marteau à deux pointes des tailleurs de pierre.

SMILLER v.t. Tailler la pierre avec une smille.

SMITHSONITE [smitsɔnit] n.f. Carbonate naturel de zinc.

SMOCKS [smɔk] n.m. pl. (mot angl.). COUT. Fronces rebrodées sur l'endroit, servant de garniture à certains vêtements.

SMOG n.m. (mot angl.). Mélange de fumée et de brouillard, sévissant parfois au-dessus des concentrations urbaines et surtout industrielles.

SMOKING [smɔkiŋ] n.m. (angl. *smoking-jacket*). Costume habillé d'homme, à revers de soie.

SMOLT n.m. (mot angl.). Jeune saumon ayant atteint l'âge de sa descente passive vers la mer.

SMORZANDO [smɔrtsɑ̃do] adv. (mot it.). MUS. En affaiblissant le son.

SMURF [smœrf] n.m. (nom amér. du *Schtroumpf,* personnage de Peyo). Danse caractérisée par des mouvements saccadés à la manière d'un robot, et par des figures acrobatiques au sol.

Sn, symbole chimique de l'étain (en lat. *stannum*).

SNACK-BAR ou **SNACK** n.m. (angl. *snack,* portion) [pl. *snack-bars, snacks*]. Café-restaurant servant des plats standardisés.

SNIFF ou **SNIF** interj. Évoque un bruit de reniflement.

SNIFFER v.t. Arg. Absorber une drogue en la prisant.

SNOB adj. et n. (mot angl.). Qui fait preuve de snobisme.

SNOBER v.t. Traiter qqn, qqch de haut, avec mépris, en l'évinçant, en le rejetant ou en l'évitant d'un air supérieur.

SNOBINARD, E adj. et n. Fam. Un peu snob.

SNOBISME n.m. Admiration pour tout ce qui est en vogue dans les milieux tenus pour distingués.

SNOW-BOOT [snobut] n.m. (mot angl.) [pl. *snow-boots*]. Vieilli. Chaussure de caoutchouc mince qu'on peut mettre par-dessus les chaussures ordinaires.

SOAP OPERA [sɔpɔpera] n.m. (mots angl., littéralement *opéra pour le savon,* ces œuvres ayant été à l'origine produites par les grandes firmes américaines de détergents, qui en entrecoupaient la diffusion d'annonces pour leurs produits) [pl. *soap operas*]. Anglic. Feuilleton télévisé à épisodes multiples, mettant généralement en scène des personnages à la psychologie stéréotypée dans des intrigues fondées essentiellement sur les situations et l'action.

SOBRE adj. (lat. *sobrius*). **1.** Qui mange ou boit avec modération et, en particulier, qui boit peu de boissons alcoolisées. **2.** Se dit d'un animal qui mange peu et qui peut rester longtemps sans boire. *Le chameau est sobre.* **3.** Qui montre de la mesure, de la réserve. *Être sobre dans ses déclarations.* **4.** Qui n'a pas recours aux surcharges, aux ornements inutiles. *Une architecture sobre.*

SOBREMENT adv. D'une manière sobre.

SOBRIÉTÉ n.f. **1.** Comportement d'une personne, d'un animal sobre. **2.** Litt. Qualité de qqn qui se comporte avec retenue. **3.** Qualité de ce qui se caractérise par une absence d'ornements superflus. *Sobriété du style.*

SOBRIQUET n.m. Surnom familier, donné par dérision, moquerie, ou affectueusement.

SOC n.m. (du gaul.). Partie de la charrue qui s'enfonce dans la terre et la découpe en bande.

SOCCER [sɔkœr] n.m. (mot anglo-amér.). Canada. Football (par opp. à *football américain*).

SOCIABILISER v.t. Rendre sociable, intégrer dans la vie sociale.

SOCIABILITÉ n.f. **1.** Qualité d'une personne sociable. **2.** SOCIOL. Caractère des relations entre personnes.

SOCIABLE adj. (lat. *sociabilis,* de *sociare,* associer). **1.** Qui recherche la compagnie de ses semblables. **2.** Avec qui il est facile de vivre. *Caractère sociable et généreux.*

1. SOCIAL, E, AUX adj. **I. 1.** Relatif à une société, à une collectivité humaine. *Organisation sociale. Phénomènes sociaux.* ◇ *Sciences sociales :* ensemble des sciences (sociologie, économie, etc.) qui étudient les groupes humains, leur comportement, leur évolution, etc. **2.** Qui concerne les rapports entre un individu et les autres membres de la collectivité. *Vie sociale. Rapports sociaux.* – *Psychologie sociale,* qui étudie les interactions entre l'individu et les groupes auxquels il appartient. ◇ Qui vit en société. *Être, animal social.* **3.** Qui concerne les rapports entre les divers groupes ou classes qui constituent la société. *Inégalités sociales. Climat social.* **4.** Qui concerne les membres de la société, leurs conditions économiques, psychologiques. ◇ *Droit social :* ensemble des textes législatifs et réglementaires concernant le droit du travail ou de la sécurité sociale. – *Service social :* service, au sein d'une entreprise, dirigé en principe par un(e) assistant(e) social(e) et ayant pour but de veiller au bien-être du personnel. – *Travailleurs sociaux :* personnes dont le statut consiste à venir en aide aux membres d'une collectivité, d'un établissement. (Ce sont notamm. les aides maternelles, les travailleuses familiales, les assistantes sociales, les éducateurs spécialisés, les animateurs culturels.) **5.** Qui vise à l'amélioration des conditions de vie, et en particulier des conditions matérielles des membres de la société. *Une politique sociale. Logements sociaux.* **II.** Relatif aux sociétés civiles et commerciales. *Raison sociale. Capital social.*

2. SOCIAL n.m. sing. *Le social :* l'ensemble des questions relevant du droit social, des actions concernant l'amélioration de vie et de travail des membres de la société.

SOCIAL-CHRÉTIEN, SOCIALE-CHRÉTIENNE adj. et n. (pl. *sociaux-chrétiens, sociales-chrétiennes*). Se dit du parti démocrate-chrétien en Belgique (P.S.C.) et de ses membres.

SOCIAL-DÉMOCRATE, SOCIALE-DÉMOCRATE adj. et n. (pl. *sociaux-démocrates, sociales-démocrates*). Se dit d'un partisan de la social-démocratie.

SOCIAL-DÉMOCRATIE n.f. (pl. *social-démocraties*). **1.** Courant d'idées issues du marxisme et auquel se réfèraient les partis politiques de langue allemande et les pays scandinaves au sein de la IIe Internationale. **2.** Ensemble des organisations et des hommes politiques qui se rattachent au socialisme parlementaire et réformiste.

SOCIALEMENT adv. Dans l'ordre social ; relativement à la société.

SOCIAL-IMPÉRIALISME n.m. sing. Politique impérialiste pratiquée au nom du socialisme.

SOCIALISANT, E adj. et n. **1.** Qui sympathise avec le socialisme, qui s'en approche sans y adhérer. **2.** Qui met au premier plan les préoccupations de justice et d'égalité sociale.

SOCIALISATION n.f. **1.** Collectivisation des moyens de production et d'échange, des sources d'énergie, du crédit, etc. **2.** Transformation en un pays socialiste (d'un pays à régime différent). **3.** Processus par lequel l'enfant intériorise les divers éléments de la culture environnante (valeurs, normes, codes symboliques et règles de conduite) et s'intègre dans la vie sociale.

SOCIALISER v.t. **1.** Déposséder par rachat, expropriation ou réquisition les personnes propriétaires de certains moyens de production ou d'échange, au bénéfice d'une collectivité. **2.** Adapter (un individu) aux exigences de la vie sociale.

SOCIALISME n.m. Dénomination de diverses doctrines économiques, sociales et politiques, reliées par une commune condamnation de la propriété privée des moyens de production et d'échange.

■ À la base du socialisme, on trouve la dénonciation des inégalités sociales, dénonciation qui, de Platon à Gracchus Babeuf, n'a qu'un fondement moral. Ensuite viendront les explications techniques de ces inégalités, puis des propositions de palliatifs (Sismondi, Saint-Simon) ; c'est ainsi qu'apparaissent à la fin du XIXe s. le *socialisme d'État* (Rodbertus, Lassalle) ou *socialisme de la chaire,* puis, au XXe s., l'interventionnisme.
Le socialisme véritable met en cause les institutions, et non plus seulement leur fonctionnement. Les saint-simoniens (Enfantin, Bazard) et les associationnistes (Fourier et Louis Blanc en France, Owen en Grande-Bretagne) préconisent la substitution au régime de la propriété privée soit d'une socialisation étatique, soit d'un fédéralisme d'associations de producteurs, qui s'est, depuis, partiellement concrétisé dans le mouvement coopératif (dont la branche « coopératives de consommation » a connu une certaine réussite, alors que la branche « coopératives de production », davantage dans la ligne de pensée des associationnistes, a végété). Avec Marx et Engels apparaît le *socialisme scientifique* ou *marxisme**, qui ne se borne pas à imaginer une transformation de structures, mais déclare que cette transformation est inéluctable, qu'elle est la conséquence logique des contradictions internes du régime capitaliste. Le marxisme constitue le fondement théorique de plusieurs partis socialistes. Prolongé par Lénine, il est la base de l'activité doctrinale et pratique de divers partis communistes.

SOCIALISTE adj. et n. Relatif au socialisme ou à ses partisans ; partisan du socialisme ; membre d'un parti qui se réclame du socialisme. ◇ *Parti socialiste :* v. partie n.pr. *P. S.*

SOCIALITÉ n.f. Instinct social.

SOCIAL-RÉVOLUTIONNAIRE, SOCIALE-RÉVOLUTIONNAIRE adj. et n. (pl. *sociaux-révolutionnaires, sociales-révolutionnaires*). Qui appartient au parti social-révolutionnaire (S.-R.). [V. partie n.pr.]

SOCIATRIE n.f. Étude du comportement social dans une perspective psychothérapique.

SOCIÉTAIRE adj. et n. Qui fait partie de certaines sociétés, d'une mutuelle, etc. ◇ *Sociétaire de la Comédie-Française :* acteur qui possède un certain nombre de parts dans la distribution des bénéfices du théâtre (par opp. au *pensionnaire,* qui touche un traitement fixe). ◆ adj. Relatif à une société, à son régime juridique.

SOCIÉTAL, E, AUX adj. Qui se rapporte aux divers aspects de la vie sociale des individus.

SOCIÉTARIAT n.m. Qualité de sociétaire.

SOCIÉTÉ n.f. (lat. *societas,* de *socius,* compagnon). **I. 1.** Mode de vie propre à l'homme et à certains animaux, caractérisé par une association organisée d'individus en vue de l'intérêt général. *Vivre en société.* **2.** Ensemble d'individus vivant en groupe organisé ; milieu humain dans lequel qqn vit, caractérisé par ses institutions, ses lois, ses règles. *Les conflits entre l'individu et la société. Sociétés primitives, féodales, capitalistes.* – *La société civile :* le corps social, par opp. à la classe politique. ◇ *Société animale :* groupement d'individus d'une espèce animale présentant une structure sociale caractéristique. **3.** Groupe social formé de personnes qui se fréquentent, se réunissent, entretiennent des relations mondaines. *Une société choisie. Briller en société.* – *La haute société :* l'ensemble des personnes les plus en vue par leur position sociale, leur fortune, etc. – *Jeu de société :* jeu propre à divertir dans les réunions familiales, amicales. **4.** Fam. Ensemble des personnes réunies dans un même lieu ; assistance. *Saluer la société.* **5.** Litt. Fait d'avoir des relations suivies, des contacts avec d'autres individus ; fréquentation, compagnie des autres. *Rechercher* *la société des femmes. Fuir la société par misanthropie.* **II.1.** Association de personnes réunies pour une activité ou des intérêts communs et soumise à des règlements. *Société littéraire. Société de bienfaisance.* **2.** DR. Contrat par lequel deux ou plusieurs personnes mettent en commun soit des biens, soit leur activité, en vue de réaliser des bénéfices qui seront ensuite partagés entre elles ou pour profiter d'une économie ; personne morale née de ce contrat. – *Impôt sur les sociétés :* impôt sur les bénéfices des sociétés, institué en 1948. – *Société de Bourse :* société anonyme ayant le monopole de négociation des valeurs mobilières. (Elles ont remplacé les agents de change en 1988.) – *Société civile :* société ayant pour objet une activité civile, mais qui peut adopter une forme commerciale. – *Société civile immobilière (S.C.I.) :* société civile qui a pour objet la construction, la vente, la gestion d'immeubles. – *Société civile professionnelle (S.C.P.) :* société regroupant des personnes exerçant une profession libérale ou des officiers ministériels. – *Société commerciale :* société de personnes ou société de capitaux, dont l'objet principal est l'exécution d'actes de commerce. – *Société de personnes :* société commerciale (société en nom collectif, société en commandite) dans laquelle chaque associé est tenu des dettes de la société sur la totalité de ses biens. – *Société de capitaux :* société commerciale (société anonyme, société à responsabilité limitée) dont les actionnaires ne supportent les pertes qu'à concurrence de leurs apports. – *Société anonyme (S.A.) :* société de capitaux, dont le capital est divisé en actions négociables. – *Société à responsabilité limitée (S.A.R.L.) :* société de capitaux dont les parts sociales ne peuvent être cédées librement à des personnes étrangères à la société.

SOCINIANISME n.m. Doctrine du réformateur italien Socin. (V. partie n.pr.)

SOCINIEN, ENNE adj. et n. Adepte du socinianisme.

SOCIOBIOLOGIE n.f. Doctrine qui fonde l'étude des sociétés animales et humaines sur les modèles théoriques de la biologie.

SOCIOCENTRISME n.m. Tendance à concentrer l'attention sur la seule dimension sociale des évènements historiques, passés ou actuels.

SOCIOCRITIQUE n.f. Discipline qui cherche à dévoiler l'idéologie à l'œuvre dans le texte littéraire.

SOCIOCULTUREL, ELLE adj. Relatif aux structures sociales et à la culture qui contribue à les caractériser.

SOCIODRAMATIQUE adj. Du sociodrame.

SOCIODRAME n.m. Psychodrame s'adressant à un groupe et qui vise une catharsis collective.

SOCIO-ÉCONOMIQUE adj. (pl. *socio-économiques*). Relatif aux problèmes sociaux dans leur relation avec les problèmes économiques.

SOCIO-ÉDUCATIF, IVE adj. (pl. *socio-éducatifs, ives*). Relatif aux phénomènes sociaux dans leur relation avec l'éducation, l'enseignement.

SOCIOGENÈSE n.f. PSYCHOL. Fait, pour les troubles psychiques, de dépendre de facteurs sociaux généraux.

SOCIOGRAMME n.m. PSYCHOL. Figure représentant les relations interindividuelles entre les membres d'un groupe restreint.

SOCIOLINGUISTIQUE n.f. Discipline qui étudie les relations entre la langue et les facteurs sociaux. ◆ adj. Qui concerne la sociolinguistique.

SOCIOLOGIE n.f. Étude scientifique des sociétés humaines et des faits sociaux.

■ Auguste Comte est regardé comme le fondateur de la sociologie en tant qu'étude de la formation et du fonctionnement de la société ; il l'appelle « science positive » (*Opuscule de philosophie sociale,* 1819-1826). Karl Marx, sans être théoricien de la sociologie, apporte une description de l'économie de son temps qui se révélera féconde pour les sociologues qui le suivront. Durkheim est le premier qui, contre Marx d'ailleurs, ouvre la voie à l'étude concrète et méthodique des faits sociaux (*Règles de la méthode sociologique,* 1894). Après lui, Max Weber (1864-1920), Paul Felix Lazarsfeld (1901-1976), Talcott Parsons (1902-1979) contribuent à préciser les méthodes et les objets de la sociologie. En France, la sociologie du travail connaît un essor tout particulier avec les travaux de Georges Friedmann (1902-1977), de Pierre Naville et d'Alain Touraine ; la sociologie de l'éducation naît avec Pierre Bourdieu.

SOCIOLOGIQUE adj. Relatif à la sociologie, aux faits qu'elle étudie.

SOCIOLOGIQUEMENT adv. D'un point de vue sociologique.

SOCIOLOGISME n.m. Doctrine affirmant la primauté épistémologique des faits sociaux et celle de la sociologie, qui les étudie.

SOCIOLOGISTE adj. et n. Qui fait preuve de sociologisme.

SOCIOLOGUE n. Spécialiste de sociologie.

SOCIOMÉTRIE n.f. Étude des relations interindividuelles des membres d'un même groupe, recourant à des méthodes permettant de mesurer leurs rapports à l'aide d'indices numériques.

SOCIOMÉTRIQUE adj. Relatif à la sociométrie.

SOCIOPROFESSIONNEL, ELLE adj. Qui concerne un groupe social délimité par la profession de ses membres. ◆ adj. et n. Se dit de qqn qui exerce un rôle dans les organisations sociales ou professionnelles.

SOCIOTHÉRAPIE n.f. Ensemble des techniques visant à améliorer les communications entre un sujet et son entourage à partir de situations de groupe qui se rattachent à celles de la dynamique de groupe ou résultent d'activités sociales menées en commun.

SOCLE n.m. (it. *zoccolo,* sabot). **1.** Massif surélevant une statue, un support (colonne, pilier), etc. **2.** GÉOL. Ensemble de terrains anciens, essentiellement plutoniques et métamorphiques, aplanis par l'érosion, recouverts ou non par des sédiments plus récents.

SOCQUE n.m. (lat. *soccus,* sandale). **1.** Dans l'Antiquité, chaussure basse des acteurs comiques. **2.** Chaussure à semelle de bois.

SOCQUETTE n.f. Chaussette basse s'arrêtant à la cheville.

SOCRATIQUE adj. Relatif à Socrate et à sa philosophie.

SODA n.m. (angl. *soda water,* eau de soude). Boisson gazeuse faite d'eau chargée de gaz carbonique, additionnée de sirop de fruit.

SODÉ, E adj. Qui contient de la soude.

SODIQUE adj. Qui contient du sodium.

SODIUM [sɔdjɔm] n.m. (de *soude*). Métal alcalin blanc et mou très répandu dans la nature à l'état de chlorure (sel marin et sel gemme) et de nitrate, fondant à 98 °C, de densité 0,97 ; élément (Na), de numéro atomique 11, de masse atomique 22,98. (Le sodium s'altère rapidement à l'air humide, en donnant naissance à de la soude caustique. Comme il réagit violemment sur l'eau, on le conserve dans du pétrole.)

SODOKU [-ku] n.m. (mot jap.). Maladie infectieuse due à un spirille, transmise par morsure de rat, qui sévit en Extrême-Orient et qui se manifeste par des accès fébriles et par une éruption cutanée.

SODOMIE n.f. (de *Sodome*). Pratique du coït anal.

SODOMISER v.t. Pratiquer la sodomie sur.

SODOMITE n.m. Celui qui pratique la sodomie.

SŒUR n.f. (lat. *soror*). **1.** Fille née du même père et de la même mère qu'une autre personne. *J'ai un frère et une sœur.* ◇ *Les Neuf Sœurs :* les Muses. **2.** Litt. Celle avec qui on partage le même sort. *Sœur d'infortune.* **3.** Femme appartenant à une congrégation religieuse ; titre qu'on lui donne. *Les sœurs de la Charité. Ma sœur.* ◇ Fam. *Bonne sœur :* religieuse. ◆ adj. et n.f. Se dit de choses qui sont apparentées. *L'envie et la calomnie sont sœurs.* – *Âme sœur :* personne que ses sentiments, ses inclinations rapprochent d'une autre.

SŒURETTE n.f. Fam. Petite sœur.

SOFA n.m. (ar. *suffa*). Canapé rembourré, à joues et dossier sans bois apparent.

SOFFITE n.m. (it. *soffitto,* du lat. *suffixus,* suspendu). ARCHIT. Face inférieure dégagée d'un linteau, d'une plate-bande, d'un larmier ; plafond à caissons.

SOFT adj. inv. (mot angl., *doux*). **1.** Fam. Qui est relativement édulcoré, qui ne peut choquer. *Un débat soft.* **2.** Se dit d'un film érotique où les relations sexuelles sont simulées. ◆ n.m. inv. **1.** Cinéma érotique. **2.** INFORM. Abrév. de *software.*

SOFT-DRINK n.m. (angl. *soft,* doux, et *drink,* boisson) [pl. *soft-drinks*]. Anglic. Boisson aromatisée et non alcoolisée.

SOFTWARE [sɔftwɛr] n.m. (mot amér., de *soft,* mou, et *ware,* marchandise, d'apr. *hardware*). INFORM. Logiciel.

SOI pron. pers. réfléchi de la 3e pers. et des deux genres (lat. *se*). **1.** Forme accentuée de *se,* se rapportant ordinairement à un sujet indéterminé ou non exprimé. *Que chacun travaille pour soi. Avoir de l'argent sur soi.* – Fam. *À part soi :* dans son for intérieur. **2.** *Cela va de soi :* c'est évident, naturel. ◇ *En soi :* par lui-même, de nature.

SOI-DISANT adj. inv. **1.** Qui prétend être tel. *Untel, soi-disant héritier.* **2.** (Emploi critiqué). Qu'on prétend tel ; prétendu. *Cette soi-disant liberté d'expression.* ◆ adv. À ce que prétend Untel, à ce qu'on prétend. *Elle est venue soi-disant pour te parler.*

SOIE n.f. (lat. *saeta,* poil rude). **I. 1.** Substance à base de fibroïne et de séricine, sécrétée sous forme de fil fin et brillant par divers arthropodes (certaines chenilles, diverses araignées). **2.** Étoffe faite avec la soie produite par la chenille du bombyx du mûrier, ou *ver à soie.* ◇ Fig. Ce qui est fin, brillant, doux comme les fils de soie. *La soie de ses cheveux.* – *Papier de soie :* papier très fin et translucide. **3.** Poil dur et raide du porc, du sanglier et de certains invertébrés (lombric, polychètes). **4.** *Soie végétale :* poils soyeux qui entourent les graines de certaines plantes. **II.** Partie du fer d'une arme blanche, d'un couteau, qui pénètre dans le manche, dans la poignée.

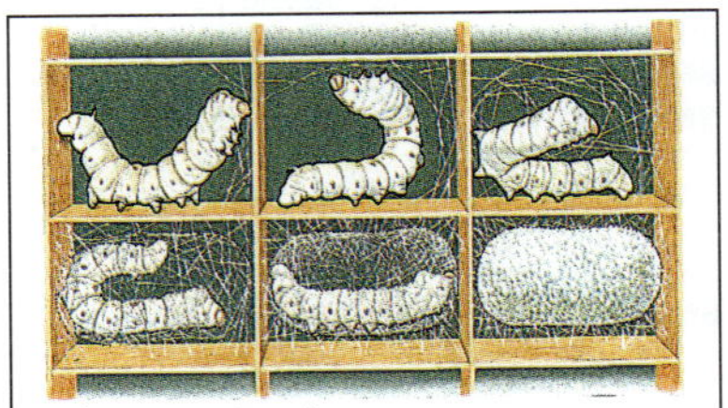

soie : sécrétion du cocon par des vers à soie placés sur des claies

SOIERIE n.f. **1.** Tissu de soie. **2.** Fabrication, commerce de la soie.

SOIF n.f. (lat. *sitis*). **1.** Besoin de boire et sensation que produit ce besoin. *Étancher sa soif. Avoir soif.* ◇ Fig., fam. *Jusqu'à plus soif :* sans fin, à satiété, d'une façon excessive. **2.** Désir ardent, impatient, passionné (de qqch). *La soif de l'or. La soif de connaître.*

SOIFFARD, E n. Fam. Personne qui aime à boire, qui boit trop de boissons alcoolisées.

SOIGNANT, E adj. et n. Qui donne des soins.

SOIGNÉ, E adj. **1.** Qui prend soin de sa personne ; élégant. **2.** Exécuté avec soin. *Travail soigné.* **3.** Fam. Fort, important. *Un rhume soigné.*

SOIGNER v.t. (mot francique). **1.** Avoir soin de qqn, qqch, s'en occuper. *Soigner ses invités. Soigner sa santé.* **2.** Procurer les soins nécessaires à la guérison de (qqn). *Soigner une malade.* **3.** Apporter de l'application à (qqch). *Soigner son style.*

SOIGNEUR n.m. Celui qui prend soin de l'état physique d'un athlète, d'un boxeur.

SOIGNEUSEMENT adv. Avec soin.

SOIGNEUX, EUSE adj. **1.** Qui apporte du soin, de l'application à ce qu'il fait. **2.** Qui prend soin des objets, veille à leur état, ne les abîme pas. ◇ *Soigneux de :* qui prend soin de, veille à préserver (telle chose). *Être soigneux de sa réputation.* **3.** Litt. Qui est fait, exécuté de façon sérieuse, méthodique. *De soigneuses recherches ont conduit à cette conclusion.*

SOIN n.m. (du francique). **1.** Attention, application à qqch. *Objet travaillé avec soin.* ◇ *Avoir, prendre soin de :* être attentif à, veiller sur. **2.** Charge, devoir de veiller à qqch. *Confier à qqn le soin de ses affaires.* ◇ *Aux bons soins de,* formule inscrite sur une lettre pour demander au destinataire de la faire parvenir à une seconde personne. ◆ pl. **1.** Moyens par lesquels on s'efforce de rendre la santé à un malade. **2.** *Être aux petits soins pour qqn,* avoir pour lui des attentions délicates.

SOIR n.m. (lat. *sero,* tard). Moment du déclin, de la fin du jour. *Le soir tombe.* ◆ adv. En soirée. *Tous les dimanches soir.*

SOIRÉE n.f. **1.** Espace de temps depuis le déclin du jour jusqu'au moment où l'on se couche. **2.** Fête, réunion dans la soirée, pour causer, jouer, etc. *Une soirée dansante.* **3.** Séance de théâtre, de cinéma, etc., spectacle donné dans la soirée (par opp. à *matinée*).

1. SOIT [swa ; swat (devant une voyelle ou un mot pris adverbialement)] conj. (lat. *sit*). **1.** (Exposant les données d'un problème). Étant donné. *Soit* ou *soient deux parallèles.* **2.** (Introduisant une explication, une précision). C'est-à-dire. *Il a perdu une forte somme, soit un million.* **3.** *Soit..., soit...,* marque une alternative. *Soit l'une, soit l'autre.* **4.** *(Un) tant soit peu :* peu, très peu. ◆ loc. conj. *Soit que* (+ subj.), indique une alternative. *Soit que vous restiez, soit que vous partiez.*

2. SOIT [swat] adv. (Marquant l'approbation). D'accord ; admettons. *Soit, j'accepte. Il est un peu maladroit, soit.*

SOIT-COMMUNIQUÉ n.m. inv. DR. *Ordonnance de soit-communiqué,* par laquelle un juge d'instruction communique le dossier de sa procédure au procureur de la République, pour que celui-ci donne ses réquisitions.

SOIXANTAINE n.f. **1.** Groupe de soixante unités ou environ. **2.** Âge d'à peu près soixante ans.

SOIXANTE [swasɑ̃t] adj. num. et n.m. inv. (lat. *sexaginta*). **1.** Six fois dix. **2.** Soixantième. *Page soixante.*

SOIXANTE-DIX adj. num. et n.m. inv. Soixante plus dix.

SOIXANTE-DIXIÈME adj. num. ord. et n. **1.** Qui occupe le rang marqué par le nombre soixante-dix. **2.** Qui est contenu soixante-dix fois dans le tout.

SOIXANTE-HUITARD, E adj. et n. (pl. *soixante-huitards, es*). Fam. Qui a participé aux évènements de mai 1968 ou qui a adhéré à certaines idées contestataires de cette époque ; qui manifeste ces idées.

SOIXANTIÈME adj. num. ord. et n. **1.** Qui occupe un rang marqué par le nombre soixante. **2.** Qui se trouve soixante fois dans le tout.

SOJA n.m. (mot mandchou). **1.** Plante oléagineuse grimpante, voisine du haricot, cultivée pour ses graines qui fournissent une huile alimentaire et un tourteau très utilisé dans l'alimentation animale. **2.** *Germe de soja :* germe d'une plante voisine, originaire d'Asie tropicale et que l'on consomme fraîche ou germée.

soja

1. SOL n.m. (lat. *solum,* base). **1.** Terre considérée quant à sa nature ou à ses qualités productives. *Sol calcaire. Sol fertile.* ◇ PÉDOL. Partie superficielle, meuble, de l'écorce terrestre, résultant de la transformation, au contact de l'atmosphère, de la couche *(roche mère)* sous-jacente, et soumise à l'érosion et à l'action de l'homme. **2.** Surface de la terre, aménagée ou non. *L'avion s'est écrasé au sol.* **3.** Terrain sur lequel on bâtit, on marche. ◇ *Coefficient d'occupation des sols (C.O.S.) :* coefficient qui détermine pour chaque nature de construction, dans le cadre d'un P.O.S., la densité de construction autorisée. – *Plan d'occupation des sols (P.O.S.) :* document d'urbanisme qui fixe les conditions et les servitudes relatives à l'utilisation des sols. ◇ TR. PUBL. *Mécanique des sols :* branche de la mécanique générale étudiant tous les problèmes de fondations dans les travaux publics et le génie civil. **4.** Surface formant le plancher d'une habitation, d'une pièce, etc. *Sol d'une cave. Sol carrelé.*

2. SOL n.m. (de *solution*). Dispersion colloïdale de particules dans un gaz (aérosol) ou dans un liquide.

3. SOL n.m. inv. MUS. Note de musique ; cinquième degré de la gamme de *do ;* signe qui le représente. – *Clé de sol :* clé indiquant l'emplacement de cette note (sur la deuxième ligne de la portée).

4. SOL n.m. Unité monétaire principale du Pérou. (→ ***monnaie.***)

1. SOLAIRE adj. **1.** Relatif au Soleil. *Rayonnement solaire. Année solaire.* – *Vent solaire :* flux de particules chargées émis en permanence par le Soleil. ◇ ASTRON. *Système solaire :* ensemble du Soleil et des astres qui gravitent autour de lui. **2.** Relatif à l'énergie fournie par le Soleil. *Capteur solaire.* ◇ *Maison solaire,* conçue de façon que son chauffage soit assuré, en tout ou partie, par captage de l'énergie solaire. – *Centrale solaire :* centrale de production d'énergie électrique à partir de l'énergie solaire. ◇ PHYS. *Constante solaire :* flux d'énergie solaire reçu par unité de surface, perpendiculairement au rayonnement incident, à l'entrée de l'atmosphère, à la distance moyenne de la Terre au Soleil. **3.** Qui protège du soleil. *Crème solaire.* **4.** ANAT. *Plexus solaire :* centre du système sympathique, formé de plusieurs ganglions nerveux, situé dans l'abdomen, entre l'estomac et la colonne vertébrale. **5.** MAR. *Brise solaire :* petite brise se levant et se couchant avec le soleil.

2. SOLAIRE n.m. Ensemble des techniques, des industries qui mettent en œuvre l'énergie solaire.

SOLANACÉE n.f. (lat. *solanum,* morelle). *Solanacées :* famille de plantes gamopétales telles que la pomme de terre, la tomate, la belladone, le tabac, le pétunia.

SOLARIGRAPHE n.m. Appareil pour mesurer le rayonnement solaire.

SOLARISATION n.f. Utilisation de l'énergie solaire pour chauffer un local.

SOLARIUM [sɔlarjɔm] n.m. (mot lat.) [pl. *solariums*]. **1.** Établissement où l'on traite certaines affections par la lumière solaire. **2.** Emplacement aménagé pour les bains de soleil.

SOLDANELLE n.f. (anc. prov. *soltz,* viande à la vinaigrette). Plante à fleurs violettes des régions alpines. (Famille des primulacées.)

SOLDAT n.m. (it. *soldato,* de *soldare,* prendre à sa solde). **I. 1.** Homme équipé et instruit par l'État pour la défense du pays. ◇ Fam. *Jouer au petit soldat :* adopter une attitude téméraire. **2.** *Soldat, simple soldat :* premier grade de la hiérarchie des militaires du rang dans les armées de terre et de l'air. ◇ *Soldat de 1re classe :* soldat titulaire d'une distinction en raison de sa conduite. **3.** Tout homme qui sert ou qui a servi dans les armées. **II.** ZOOL. **1.** Dans les sociétés de fourmis et de termites, individu adulte, à tête très développée, qui paraît préposé à la défense de la communauté. **2.** Pyrocorise.

SOLDATE n.f. Fam. Femme soldat.

SOLDATESQUE adj. Qui a la rudesse du soldat. *Manières soldatesques.* ◆ n.f. *La soldatesque :* les soldats en général, considérés comme indisciplinés, brutaux.

1. SOLDE n.f. (it. *soldo,* pièce de monnaie). Traitement des militaires et de certains fonctionnaires assimilés. ◇ Afrique. Salaire, paie. ◇ Péj. *Être à la solde de qqn :* être payé pour défendre ses intérêts.

2. SOLDE n.m. (de *solder*). **1.** Différence entre le débit et le crédit d'un compte. **2.** Reliquat d'une somme à payer. **3.** (Souvent pl.). Marchandise vendue au rabais. **4.** *Pour solde de tout compte,* formule marquant qu'un paiement solde un compte, et destinée à prévenir toute contestation ultérieure. **5.** *Solde migratoire :* bilan entre les mouvements d'immigration et d'émigration dans une région, un État. – *Solde naturel :* bilan entre les naissances et les décès dans une région, un État.

SOLDER v.t. (it. *saldare*). **1.** Acquitter (une dette), régler (un compte). *Solder un mémoire.* **2.** Vendre (des marchandises) au rabais. **3.** Afrique. Donner un salaire à. ◆ **se solder** v.pr. ***(par).*** Avoir pour résultat. *Se solder par un échec.*

SOLDERIE n.f. Magasin spécialisé dans la vente de marchandises soldées.

SOLDEUR, EUSE n. Personne qui achète des marchandises dépréciées pour les revendre.

1. SOLE n.f. (anc. prov. *sola,* du lat. *solea,* sandale). Poisson marin plat couché sur le flanc gauche, présent dans toutes les mers sur fonds sableux peu profonds.

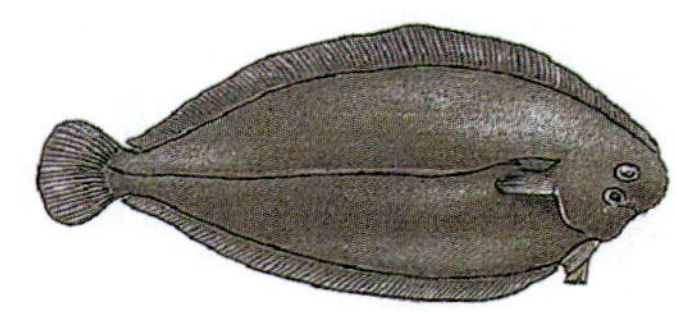
sole

2. SOLE n.f. (lat. *solea,* sandale, avec influence de *solum,* base). **I.** Partie des terres labourables d'une exploitation, affectée à l'une des cultures de l'assolement. **II.** Plaque cornée formant le dessous du sabot d'un animal. **III. 1.** Pièce horizontale de la charpente soutenant le bâti d'une machine. SYN. : *semelle.* **2.** Fond d'un bateau plat. **3.** Partie d'un four sur laquelle on place les produits à traiter. **4.** MIN. Partie inférieure d'une galerie ; terrain qui est sous la galerie.

SOLEÁ n.f. (mot esp.) [pl. *soleares*]. Chant et danse populaires andalous, graves et mélancoliques.

SOLÉAIRE adj. et n.m. (de 2. *sole*). ANAT. Se dit d'un muscle de la face postérieure de la jambe.

SOLÉCISME n.m. (de *Soloi,* v. de Cilicie où l'on parlait un grec incorrect). Construction syntaxique s'écartant de la forme grammaticale admise. (Ex. : *quoiqu'il est tard* pour *quoiqu'il soit tard.*)

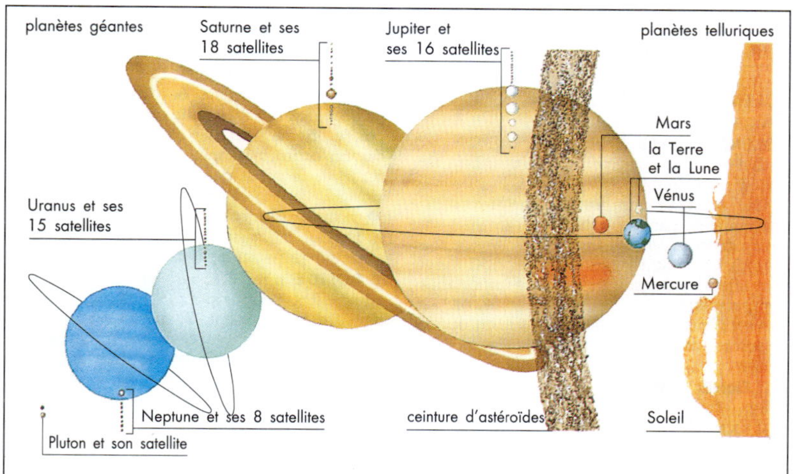

système **solaire :** dimensions comparées des différentes planètes

SOLEIL n.m. (lat. *sol, solis*). **I. 1.** (Avec une majuscule). Étoile autour de laquelle gravite la Terre. ◇ *Empire du Soleil levant :* le Japon. **2.** Étoile quelconque. *Il y a des milliards de soleils dans chaque galaxie.* **3.** Lumière, chaleur, rayonnement du Soleil ; temps ensoleillé. ◇ *Avoir du bien (des biens) au soleil :* avoir une (des) propriété(s) immobilière(s), du terrain. – *Sous le soleil :* sur la terre, dans notre monde. *Rien de nouveau sous le soleil.* **II.** Litt. Symbole de ce qui brille, de la bienfaisance ou du pouvoir éclatant, de l'influence rayonnante de. – HIST. *Le Roi-Soleil :* Louis XIV. **III. 1.** BOT. Tournesol. **2.** Tour complet exécuté en arrière autour d'une barre fixe, en gymnastique. **3.** Pièce d'artifice tournante, qui jette des feux évoquant les rayons du Soleil.

■ Le Soleil est une étoile dont l'énergie provient des réactions thermonucléaires de fusion de l'hydrogène en hélium. Sa température superficielle moyenne est estimée à 5 800 K. La surface lumineuse habituellement visible, ou *photosphère,* présente l'aspect d'un réseau à mailles irrégulières, formé par une multitude de cellules convectives, appelées *granules,* en perpétuelle évolution. Cette couche, d'environ 100 km d'épaisseur, est le siège de *taches* sombres d'une très grande diversité de forme et d'étendue, qui correspondent à des zones plus froides. On y observe également des *facules* brillantes qui sont les traces sur la photosphère de structures situées dans une couche plus élevée, la *chromosphère,* siège des *protubérances.* Au-delà de la chromosphère, épaisse d'environ 5 000 km, l'atmosphère solaire se prolonge par la *couronne,* qui s'étend dans l'espace jusqu'à des millions de kilomètres. Le globe solaire limité par la photosphère a un rayon égal à 696 000 km, soit environ 109 fois le rayon équatorial de la Terre. Sa densité moyenne n'est que de 1,41, de sorte que sa masse est seulement 333 000 fois celle de la Terre, pour un volume 1 300 000 fois plus important. La distance moyenne de la Terre au Soleil est voisine de 150 millions de km : le rayonnement solaire met environ 8 min pour nous parvenir.

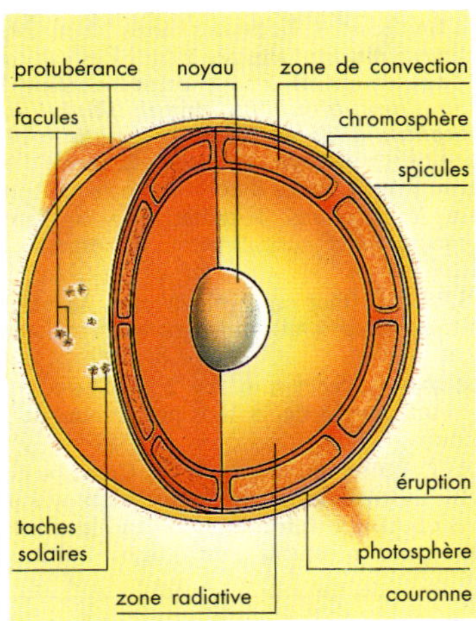

structure du **Soleil**

SOLEN [sɔlɛn] n.m. (gr. *sôlên,* canal). ZOOL. Couteau (mollusque).

SOLENNEL, ELLE [sɔlanɛl] adj. (lat. *solemnis*). **1.** Qui est célébré avec éclat, revêt un caractère majestueux, public. *Des obsèques solennelles.* **2.** Qui présente une gravité, une importance particulières par sa nature ou du fait des circonstances ; officiel. *Faire une déclaration solennelle.* **3.** Qui est empreint d'une gravité souvent affectée, qui prend des airs d'importance ; pompeux, sentencieux. *Ton solennel.* **4.** DR. *Acte solennel :* acte dont la validité est subordonnée à l'accomplissement de formalités légales déterminées.

SOLENNELLEMENT [-la-] adv. De façon solennelle.

SOLENNISER [-la-] v.t. Célébrer publiquement et avec pompe.

SOLENNITÉ [-la-] n.f. (bas lat. *solemnitas*). **1.** Caractère de ce qui est solennel. *La solennité d'une réception.* **2.** Fête solennelle ; cérémonie de caractère officiel. *La solennité de Pâques.* **3.** Litt. Caractère de ce qui est empreint d'une gravité majestueuse. *Parler avec solennité.* **4.** DR. Formalité qui accompagne les actes solennels.

SOLÉNOÏDAL, E, AUX adj. Relatif au solénoïde.

SOLÉNOÏDE n.m. (gr. *sôlên,* canal, et *eidos,* forme). ÉLECTR. Fil métallique enroulé en hélice sur un cylindre, et qui, parcouru par un courant, crée un champ magnétique comparable à celui d'un aimant droit.

SOLERET n.m. (anc. fr. *soler,* soulier). Partie de l'armure qui protégeait le pied.

SOLEX n.m. (nom déposé). Cyclomoteur de la marque de ce nom.

SOLFATARE n.f. (it. *solfatara,* soufrière). Lieu de dégagement d'une fumerolle avec dépôt de soufre.

SOLFÈGE n.m. (it. *solfeggio*). **1.** Discipline qui permet d'apprendre les signes de la notation musicale et de reconnaître les sons qu'ils représentent. **2.** Recueil d'exercices musicaux dans lequel les difficultés du déchiffrage sont graduées.

SOLFIER v.t. Chanter (un morceau de musique) en nommant les notes.

SOLICITOR n.m. (mot angl.). Homme de loi anglais dont les fonctions s'apparentent à celles de l'avoué et du notaire français.

SOLIDAGO n.m. ou **SOLIDAGE** n.f. Plante d'origine américaine, dont une espèce à fleurs jaunes, la verge d'or, est cultivée comme ornementale. (Famille des composées.)

SOLIDAIRE adj. (lat. *in solidum,* pour le tout). **1.** Qui est ou s'estime lié à qqn d'autre ou à un groupe par une responsabilité commune, des intérêts communs. *L'un des accusés dit n'être pas solidaire de ses camarades.* ◇ DR. Se dit des personnes qui répondent juridiquement les unes des autres. – DR. Se dit des débiteurs ou créanciers unis par les liens de la solidarité ou d'une obligation affectée de cette modalité. *Caution solidaire.* **2.** Se dit de choses qui dépendent l'une de l'autre. *Ces deux questions sont solidaires.*

SOLIDAIREMENT adv. Avec solidarité.

SOLIDARISER v.t. **1.** Constituer la réunion, la jonction entre (des pièces, des parties de mécanisme). **2.** Rendre solidaires. *Solidariser une équipe.* ◆ **se solidariser** v.pr. *(avec).* Se déclarer solidaire (de).

SOLIDARITÉ n.f. **1.** Dépendance mutuelle entre les hommes. ◇ *Solidarité ministérielle :* principe voulant que chacun des ministres soit responsable des décisions collégialement prises par le gouvernement dont il fait partie. **2.** Sentiment qui pousse les hommes à s'accorder une aide mutuelle. **3.** DR. Modalité d'une obligation faisant obstacle à sa division.

1. SOLIDE adj. (lat. *solidus,* compact). **I. 1.** Qui présente une consistance relativement ferme (par opp. à *fluide, liquide*). *La lave devient solide en se refroidissant. Nourriture solide.* ◇ PHYS. Se dit d'un état de la matière dans lequel les atomes oscillent autour de positions fixes ayant une distribution soit arbitraire *(solides amorphes),* soit ordonnée (cristaux). **2.** Ferme, capable de durer, de résister ; résistant. *Un tissu solide.* **3.** Indestructible, stable. *De solides liens d'amitié.* **4.** Qui est bien établi, sûr, sérieux, sur lequel on peut se fonder. *De solides raisons.* **5.** Fam. Substantiel. *Un solide coup de fourchette.* **6.** GÉOM. *Angle solide :* volume délimité par toutes les demi-droites de même origine (sommet de l'angle) s'appuyant sur un contour donné. **II.** Qui est vigoureux, qui a de la résistance, robuste. *C'est un solide gaillard. Avoir l'esprit solide, les nerfs solides.* ◆ n.m. **1.** Aliments solides. *Manger du solide.* **2.** Fam. *C'est du solide :* il s'agit d'une chose sérieuse, importante, digne de considération.

2. SOLIDE n.m. **1.** Objet tel que la distance entre deux points quelconques ne varie pas dans un déplacement. **2.** PHYS. Corps parfaitement rigide, dont les distances mutuelles des éléments qui le constituent ne changent pas au cours du temps.

SOLIDEMENT adv. De façon solide.

SOLIDIFICATION n.f. Passage d'un corps de l'état liquide ou gazeux à l'état solide.

SOLIDIFIER v.t. Faire passer à l'état solide. ◆ **se solidifier** v.pr. Devenir solide.

SOLIDITÉ n.f. Qualité de ce qui est solide.

SOLIFLORE n.m. Vase destiné à ne contenir qu'une seule fleur.

SOLIFLUXION n.f. GÉOGR. Glissement en masse, sur un versant, de la partie superficielle du sol gorgée d'eau, qui se produit surtout dans les régions froides lors du dégel.

SOLILOQUE n.m. (lat. *solus,* seul, et *loqui,* parler). **1.** Discours de qqn qui se parle à lui-même. **2.** Discours de qqn qui, en compagnie, est seul à parler.

SOLILOQUER v.i. Se parler à soi-même.

SOLIN n.m. (de 2. *sole*). CONSTR. Couvre-joint formé de mortier, de tuiles, d'ardoises, etc., à la jonction d'un versant de toit et du mur contre lequel ce versant s'appuie, ou autour des souches de cheminées, pour assurer l'étanchéité.

SOLIPÈDE adj. (lat. *solidus,* massif, et *pes, pedis,* pied). ZOOL. Dont le pied ne présente qu'un doigt terminé par un sabot. ◆ n.m. ZOOL. Vx. Équidé.

SOLIPSISME n.m. (lat. *solus,* seul, et *ipse,* soi-même). PHILOS. Doctrine, conception selon laquelle le moi, avec ses sensations et ses sentiments, constitue la seule réalité existante.

SOLISTE n. **1.** Artiste qui exécute un solo. **2.** Étoile, dans une troupe de danse moderne.

1. SOLITAIRE adj. et n. (lat. *solitarius,* de *solus,* seul). Qui est seul, qui vit, agit seul. *Navigateur solitaire.* ◆ adj. **1.** Qui est placé dans un lieu écarté ; désert. *Hameau solitaire.* **2.** Qui se fait, qui se passe dans la solitude.

2. SOLITAIRE n.m. **1.** Vieux sanglier qui s'est séparé des compagnies et vit solitaire. **2.** Diamant taillé en brillant monté seul, le plus souvent sur une bague. **3.** Jeu de combinaisons, à un seul joueur, composé d'une tablette percée de 37 trous dans lesquels se logent des fiches.

SOLITAIREMENT adv. De façon solitaire.

SOLITUDE n.f. (lat. *solitudo,* de *solus,* seul). État d'une personne seule, retirée du monde ; isolement.

SOLIVE n.f. (de 2. *sole*). Pièce de charpente horizontale supportant un plancher et reposant sur des poutres, ou appuyée sur des saillies dans le mur.

SOLIVEAU n.m. Petite solive.

SOLLICITATION n.f. (Surtout pl.). Prière, démarche instante en faveur de qqn.

SOLLICITER v.t. (lat. *sollicitare,* agiter). **1.** Demander avec déférence. *Solliciter une audience.* **2.** Faire appel à qqn. *On m'a sollicitée pour cette œuvre de charité.* **3.** Attirer, provoquer. *Solliciter l'attention des spectateurs.* **4.** Faire fonctionner un appareil, un organe, etc., lui demander d'agir. **5.** *Solliciter un cheval,* l'exciter, l'animer.

SOLLICITEUR, EUSE n. Personne qui sollicite une place, une grâce, une faveur.

SOLLICITUDE n.f. (lat. *sollicitudo*). Soins attentifs, affectueux.

SOLO n.m. (mot it., *seul*) [pl. *solos* ou *soli*]. **1.** MUS. Morceau joué ou chanté par un seul artiste, que les autres accompagnent. **2.** CHORÉGR. Partie d'un ballet dansée par un seul artiste. **3.** *En solo :* exécuté par une personne seule. *Escalade en solo.* ◆ adj. Qui joue seul. *Violon solo.*

SOLOGNOT, E adj. et n. De la Sologne.

SOLSTICE n.m. (lat. *solstitium,* de *sol,* soleil, et *stare,* s'arrêter). **1.** Époque de l'année où le Soleil, dans son mouvement apparent sur l'écliptique, atteint sa plus forte déclinaison boréale ou australe et qui correspond à une durée du jour maximale, ou minimale (le 21 ou le 22 juin, début de l'été ; et le 21 ou le 22 décembre, début de l'hiver [dans l'hémisphère Nord]). **2.** Point correspondant de la trajectoire apparente du Soleil sur l'écliptique.

SOLSTICIAL, E, AUX adj. Relatif aux solstices.

SOLUBILISATION n.f. Action de solubiliser.

SOLUBILISER v.t. Rendre soluble. *Café solubilisé.*

SOLUBILITÉ n.f. Qualité de ce qui est soluble.

SOLUBLE adj. (lat. *solubilis,* de *solvere,* dissoudre). **1.** Qui peut se dissoudre dans un solvant. *Le sucre est soluble dans l'eau.* **2.** Qui peut être résolu. *Problème soluble.*

SOLUTÉ n.m. **1.** Solution d'une substance médicamenteuse. **2.** CHIM. Corps dissous.

SOLUTION n.f. I. 1. Dénouement d'une difficulté, réponse à une question, à un problème. *La solution d'un rébus.* ◇ MATH. *Solution d'une équation :* élément qui, substitué à l'inconnue, rend vraie l'égalité proposée. 2. Conclusion, action de se terminer. *Affaire qui demande une prompte solution.* 3. HIST. *Solution finale :* plan d'extermination des Juifs et des Tsiganes, dans la terminologie nazie. II. Mélange homogène, présentant une seule phase, de deux ou plusieurs corps et, particulièrement, liquide contenant un corps dissous. *Une solution sucrée.* ◇ *Solution solide :* mélange homogène de plusieurs solides, particulièrement de métaux.

SOLUTIONNER v.t. (Néologisme critiqué). Donner une solution à, résoudre. *Solutionner un problème.*

SOLUTRÉEN n.m. (de *Solutré-Pouilly,* en Saône-et-Loire). Faciès culturel du paléolithique supérieur, caractérisé par une retouche plate en écaille sur les deux faces de l'outil (feuille de laurier). [Centré sur le sud-ouest de la France, le solutréen, qui apparaît v. 18000 av. J.-C., précède le magdalénien ; l'industrie osseuse connaît une innovation avec l'aiguille à chas, et la production artistique est remarquable avec les bas-reliefs sculptés au Roc de Sers.] ◆ **solutréen, enne** adj. Du solutréen.

SOLVABILITÉ n.f. Fait d'être solvable.

SOLVABLE adj. (du lat. *solvere,* payer). Qui a les moyens de payer ses créanciers.

SOLVANT n.m. Substance capable de dissoudre un corps et qui sert généralement de diluant ou de dégraissant.

SOLVATATION n.f. Agrégation de molécules du solvant avec des ions du soluté.

SOLVATE n.m. Combinaison chimique d'un corps dissous avec son solvant.

SOMA n.m. (gr. *sôma,* corps). BIOL. Ensemble des cellules non reproductrices des êtres vivants (par opp. au *germen*).

1. SOMALI, E ou **SOMALIEN, ENNE** adj. et n. De Somalie.

2. SOMALI n.m. Langue couchitique parlée en Somalie, où elle est langue officielle.

SOMATION n.f. BIOL. Variation atteignant seulement le soma d'un organisme, par conséquent non transmissible par hérédité (par opp. à *mutation*).

SOMATIQUE adj. (du gr. *sôma, sômatos,* corps). 1. Qui concerne le corps (par opp. à *psychique*). 2. BIOL. Relatif au soma.

SOMATISATION n.f. PSYCHOL. Traduction d'un conflit psychique en affection somatique.

SOMATISER v.t. PSYCHOL. Opérer la somatisation de. *Somatiser son angoisse, un conflit.*

SOMATOTROPE adj. *Hormone somatotrope :* hormone de l'hypophyse, agissant sur la croissance. SYN. : *somatotrophine.*

SOMATOTROPHINE n.f. Hormone somatotrope.

SOMBRE adj. (du bas lat. *subumbrare*). I. 1. Peu éclairé. *Maison sombre.* 2. Foncé, mêlé de noir. *Couleur sombre.* II. 1. Mélancolique, taciturne, morne. *Caractère sombre.* 2. Qui ne laisse place à aucun espoir ; inquiétant. *Sombre avenir.*

SOMBRER v.i. 1. Couler, être englouti dans l'eau. *Navire qui sombre.* 2. S'anéantir, se perdre. *Sombrer dans la misère.*

SOMBRERO [sɔ̃brero] n.m. (mot esp.) [pl. *sombreros*]. Chapeau à larges bords, dans les pays hispaniques.

SOMESTHÉSIE n.f. (gr. *sôma,* corps, et *aisthêsis,* sensation). PHYSIOL. Ensemble des perceptions conscientes (princ. tactiles) qui prennent leur origine dans la peau ainsi que dans les viscères, les muscles et les articulations.

SOMITE n.m. ZOOL. Métamère.

SOMMABLE adj. 1. Dont on peut calculer la somme. 2. MATH. Se dit d'une famille d'éléments dont on peut effectuer la somme ou montrer qu'elle tend vers une limite lorsque le nombre de termes s'accroît indéfiniment.

1. SOMMAIRE adj. (lat. *summarium,* abrégé). 1. Exposé en peu de mots, succinct. *Analyse sommaire.* 2. Qui est réduit à la forme la plus simple. *Repas sommaire. Examen sommaire.* 3. *Exécution sommaire,* faite sans jugement préalable.

2. SOMMAIRE n.m. 1. Analyse abrégée d'un ouvrage. 2. Liste des chapitres d'un ouvrage.

SOMMAIREMENT adv. De façon sommaire ; brièvement, simplement.

1. SOMMATION n.f. 1. DR. Acte d'huissier mettant en demeure qqn de payer ou de faire qqch. 2. MIL. Appel lancé par une sentinelle, un représentant qualifié de la force publique, enjoignant à une ou plusieurs personnes de s'arrêter. *Sommations réglementaires* (« Halte ! », « Halte ou je fais feu ! »).

2. SOMMATION n.f. 1. MATH. a. *Sommation d'une série :* opération produisant la somme de cette série. b. *Symbole de sommation :* lettre grecque Σ, utilisée pour noter la somme, finie ou infinie, d'une suite de termes. 2. PHYSIOL. Succession efficace de plusieurs excitations semblables, qui, isolément, seraient inefficaces, sur un muscle ou sur un nerf.

1. SOMME n.f. (lat. *summa,* de *summus,* qui est au point le plus haut). 1. Résultat d'une addition. *Somme de deux nombres.* ◇ MATH. a. *Somme de deux éléments :* résultat d'une opération notée additivement. *Somme de deux vecteurs.* b. *Somme d'une série :* limite de la somme des n premiers termes de la suite associée, quand n tend vers l'infini. ◇ LOG. *Somme logique :* ensemble de l'extension de deux ou plusieurs concepts. 2. Ensemble de choses qui s'ajoutent. ◇ *Somme toute, en somme :* enfin, en résumé. 3. Quantité déterminée d'argent. 4. Œuvre, ouvrage important qui fait la synthèse des connaissances dans un domaine.

2. SOMME n.f. (lat. *sagma,* bât, charge). *Bête de somme :* animal employé à porter des fardeaux.

3. SOMME n.m. (lat. *somnus,* sommeil). Action de dormir pour un temps relativement court. *Faire un somme.*

SOMMEIL n.m. (lat. *somnus*). I. 1. État d'une personne dont la vigilance se trouve suspendue de façon immédiatement réversible. *Plongé dans un sommeil profond.* ◇ *Cure de sommeil :* traitement des états dépressifs aigus, ou de grande agitation, par des calmants provoquant un sommeil plus ou moins profond. ◇ *Maladie du sommeil :* maladie contagieuse produite par un flagellé, le trypanosome, transmis par un insecte piqueur, la glossine ou mouche tsé-tsé. (La maladie sévit en Afrique tropicale et équatoriale.) 2. Envie, besoin de dormir. *Avoir sommeil.* II. 1. État momentané d'inertie, d'inactivité. *Mettre qqch en sommeil.* 2. Litt. *Le sommeil éternel :* la mort.

SOMMEILLER v.i. 1. Dormir d'un sommeil léger. 2. Exister à l'état latent. *Passions qui sommeillent.*

SOMMELIER, ÈRE n. (anc. prov. *saumalier,* conducteur de bêtes de somme). Personne chargée du service des vins et liqueurs dans un restaurant.

SOMMELIÈRE n.f. Suisse. Serveuse dans un café, un restaurant.

SOMMELLERIE n.f. Fonction du sommelier.

1. SOMMER v.t. (lat. *summare*). 1. DR. Faire une sommation. 2. Signifier à qqn, dans les formes établies, qu'il a à faire qqch ; demander impérativement.

2. SOMMER v.t. MATH. Faire la somme de, effectuer une sommation.

3. SOMMER v.t. (de l'anc. fr. *som,* sommet). ARCHIT. Orner le sommet de, surmonter.

SOMMET n.m. (anc. fr. *som,* sommet ; du lat. *summum,* point le plus élevé). 1. Le haut, la partie la plus élevée. *Le sommet d'une montagne.* 2. Degré suprême d'une hiérarchie, point culminant. 3. *Conférence au sommet* ou *sommet :* conférence internationale réunissant les dirigeants de pays concernés par un problème particulier. 4. MATH. *Sommet d'un angle :* point commun aux deux côtés de l'angle. – *Sommet d'un angle solide, d'un cône :* point commun à toutes les génératrices de l'angle, du cône. – *Sommet d'un polyèdre :* point commun à trois faces au moins. – *Sommet d'un triangle, d'un polygone :* point commun à deux côtés consécutifs.

SOMMIER n.m. (bas lat. *sagma,* bât). I. 1. Châssis plus ou moins souple (par ex. à ressorts) qui, dans un lit, supporte le matelas. 2. CONSTR. Claveau qui se pose le premier dans la construction d'un arc ou d'une voûte, sur chacun des piédroits ; sablière formant linteau, poitrail. 3. Traverse métallique maintenant les barreaux d'une grille. 4. Caisse en bois contenant l'air sous pression, dans un orgue. II. 1. Registre utilisé par certains comptables ou économes. 2. Fichier centralisant le relevé de toutes les condamnations à une peine privative de liberté pour crime ou délit.

sommier

SOMMITAL, E, AUX adj. Relatif au sommet.

SOMMITÉ n.f. 1. Personne éminente dans un domaine quelconque. *Un congrès qui réunit les sommités de la médecine.* 2. Didact. *Sommité (fleurie) :* tige garnie de fleurs, petites et nombreuses, dont on utilise l'ensemble.

SOMNAMBULE adj. et n. (lat. *somnus,* sommeil, et *ambulare,* marcher). Qui est en proie au somnambulisme.

SOMNAMBULIQUE adj. Relatif au somnambulisme.

SOMNAMBULISME n.m. État d'automatisme moteur (mouvements, marche...) se produisant pendant un sommeil naturel ou provoqué et dont aucun souvenir ne reste au réveil.

SOMNIFÈRE adj. et n.m. (lat. *somnus,* sommeil, et *ferre,* porter). Se dit d'une substance qui provoque le sommeil.

SOMNILOQUIE [-ki] n.f. Émission de sons plus ou moins bien articulés durant le sommeil.

SOMNOLENCE n.f. (lat. *somnolentia*). 1. État de sommeil léger. 2. Manque d'activité, mollesse.

SOMNOLENT, E adj. Qui a rapport à la somnolence. *État somnolent.*

SOMNOLER v.i. Être en état de somnolence.

SOMPTUAIRE adj. (lat. *sumptuarius*). 1. HIST. *Loi somptuaire,* qui avait pour objet de restreindre et de réglementer les dépenses, particulièrement les dépenses de luxe, dans l'Antiquité romaine. 2. Se dit de dépenses excessives faites pour le superflu, le luxe, considérées particulièrement du point de vue de la fiscalité ou de la gestion des entreprises. 3. *Arts somptuaires :* arts décoratifs de luxe.

SOMPTUEUSEMENT adv. De façon somptueuse.

SOMPTUEUX, EUSE adj. (lat. *sumptuosus,* de *sumptus,* dépense). Dont la magnificence suppose une grande dépense. *Cadeau somptueux.*

SOMPTUOSITÉ n.f. Caractère de ce qui est somptueux ; magnificence.

1. SON, SA, SES adj. poss. (lat. *suus*). De lui, d'elle (indique la possession ou l'intérêt). *Son père. Sa sœur.* – REM. *Son* s'emploie pour *sa* devant un nom ou un adj. fém. commençant par une voyelle ou un *h* muet (ex. : *son âme*).

2. SON n.m. (du lat. *sonus*). 1. Sensation auditive engendrée par une onde acoustique. 2. Toute vibration acoustique considérée du point de vue des sensations auditives ainsi créées. *Son strident.* 3. Volume, intensité sonore d'un appareil. *Baisser le son.* 4. Ensemble des techniques d'enregistrement et de reproduction des sons, particulièrement au cinéma, à la radio, à la télévision. *Ingénieur du son.* 5. *Au(x) son(s) de qqch :* en suivant la musique, les rythmes de. – *Spectacle son et lumière :* spectacle nocturne, ayant pour cadre un édifice ancien, et qui se propose de retracer l'histoire de cet édifice à l'aide d'illuminations et d'évocations sonores, musicales.

■ Émis par les corps animés d'un mouvement vibratoire, le son se propage sous forme d'ondes mécaniques susceptibles de subir des réflexions (phénomène d'*écho*), des réfractions (transmission à travers une paroi) et des interférences (renforcement ou annulation de l'intensité sonore entre deux sources identiques émettant en phase et à la même fréquence).
La vitesse de propagation des sons audibles, d'une fréquence comprise entre 15 Hz (son grave) et 15 kHz (son aigu), est d'environ 340 m/s dans l'air, de 1 425 m/s dans l'eau et de 5 000 m/s dans l'acier. Un son est

essentiellement caractérisé par sa *hauteur* (liée à sa fréquence), son *intensité* (liée à l'amplitude des vibrations sonores) et son *timbre,* qui dépend des intensités relatives des différents sons harmoniques qui le composent.

3. SON n.m. (lat. *secundus,* qui suit). **1.** Fragments d'enveloppes de grains de céréales qui résultent de la mouture. **2.** *Tache de son :* tache de rousseur.

SONAGRAMME n.m. Graphique représentant les composantes acoustiques (durée, fréquence, intensité) de la voix.

SONAGRAPHE n.m. Appareil permettant d'obtenir des sonagrammes.

SONAL n.m. (pl. *sonals*). Recomm. off. pour *jingle.*

SONAR n.m. (sigle de l'angl. *sound navigation ranging*). Appareil de détection sous-marine, utilisant les ondes sonores et permettant le repérage, la localisation et l'identification des objets immergés.

SONATE n.f. (it. *sonata*). **1.** Composition musicale en un ou plusieurs mouvements, pour soliste ou ensemble instrumental. **2.** MUS. *Forme sonate :* plan du premier mouvement de la sonate classique, constitué par l'exposition, le développement et la réexposition de deux thèmes.

SONATINE n.f. (it. *sonatina*). Œuvre instrumentale de même forme que la sonate, mais plus courte et d'exécution plus facile.

SONDAGE n.m. **1.** Action de sonder un milieu quelconque, une cavité, une eau, un sol. ◇ Spécialt. **a.** Creusement d'un trou pour prélever un échantillon de roche ou effectuer une mesure. **b.** MÉTÉOR. Exploration verticale de l'atmosphère, soit in situ (radiosondes, ballons, fusées), soit à distance (radar, radiomètre, etc.). **c.** MÉD. Introduction dans un conduit naturel d'une sonde destinée à évacuer le contenu de la cavité où elle aboutit *(sondage vésical),* à étudier le calibre, la profondeur de l'organe exploré, ou à y introduire un médicament. **2.** *Sondage d'opinion* ou *sondage :* procédure d'enquête sur certaines caractéristiques d'une population, à partir d'observations sur un échantillon limité, considéré comme représentatif de cette population. (L'enquête par sondage sert notamment à étudier un marché potentiel pour le lancement d'un produit, à prévoir le comportement politique avant une élection, etc.) ◇ Par ext. Interrogation rapide de quelques personnes pour se faire une opinion. **3.** Rapide contrôle à partir duquel on extrapole une conclusion valable pour un ensemble.

SONDE n.f. (anglo-saxon *sund,* mer). **1.** MAR. Appareil servant à déterminer la profondeur de l'eau et la nature du fond. **2.** ASTRON. *Sonde spatiale,* engin non habité lancé hors de l'atmosphère terrestre et destiné à étudier un astre du système solaire ou l'espace interplanétaire. **3.** MÉD. Instrument cylindrique plein ou creux, que l'on introduit dans un trajet ou un conduit afin de pratiquer un sondage. **4.** PÉTR., MIN. Appareil de forage.

SONDÉ, E n. Personne interrogée lors d'un sondage d'opinion.

SONDER v.t. **1.** MAR. Mesurer, au moyen d'une sonde ou d'un sondeur, la profondeur de la mer, d'une cavité, etc. **2.** Explorer en profondeur un sol pour en déterminer la nature ou pour y déceler un minerai, de l'eau, etc. **3.** MÉD. Procéder au sondage de (une plaie, un conduit, etc.). **4.** Fig. Interroger qqn de manière insidieuse pour connaître sa pensée. ◇ Soumettre (un ensemble de personnes) à un sondage d'opinion.

1. SONDEUR, EUSE n. Personne qui sonde, fait des sondages.

2. SONDEUR n.m. Appareil de sondage.

SONDEUSE n.f. Machine automotrice ou remorquée utilisée pour le forage des puits à faible profondeur.

SONE n.m. Unité de mesure de la sonie. (Cette unité n'est pas légale en France.)

SONGE n.m. (lat. *somnium*). Litt. Rêve.

SONGE-CREUX n.m. inv. Homme qui nourrit sans cesse son esprit de chimères.

SONGER v.t. ind. *(à)* [17]. **1.** Avoir présent à l'esprit, avoir l'intention de. *Songer à se marier.* **2.** Penser à qqn, qqch qui mérite attention. *Songez à ce que vous faites.* ◇ *Songer à mal :* avoir des mauvaises intentions. ◆ v.i. Litt. S'abandonner à des rêveries.

SONGERIE n.f. Pensée vague, rêverie.

SONGEUR, EUSE adj. Qui est perdu dans une rêverie, absorbé dans une réflexion, une préoccupation ; préoccupé, pensif. *Air songeur.*

SONIE n.f. Intensité de la sensation sonore, en relation avec la pression acoustique.

SONIQUE adj. **1.** Qui concerne la vitesse du son. **2.** Qui possède une vitesse égale à celle du son.

SONNAILLE n.f. **1.** Clochette attachée au cou des bestiaux. **2.** Son produit par des clochettes.

1. SONNAILLER n.m. Animal qui, dans un troupeau, marche le premier avec la sonnaille.

2. SONNAILLER v.i. Faire sonner la sonnaille.

SONNANT, E adj. **1.** Qui sonne. **2.** Précis, en parlant de l'heure. *À midi sonnant. À 8 heures sonnantes.*

SONNÉ, E adj. **1.** Annoncé par une cloche, une sonnerie. *Il est midi sonné.* **2.** Fam. Révolu, accompli. *Il a cinquante ans sonnés.* **3.** Fam. Qui a perdu la raison. **4.** Fam. Qui vient de recevoir un coup violent. *Boxeur sonné.*

SONNER v.i. (lat. *sonare*). **1.** Produire un son. *Le réveil a sonné.* **2.** Faire fonctionner une sonnerie, une sonnette. *Sonner à la porte.* **3.** Être annoncé par une sonnerie. *Midi vient de sonner.* **4.** Tirer des sons de. *Sonner du cor.* **5.** *Sonner creux :* être vide, résonner comme une chose vide. **6.** Fig. *Sonner bien (mal) :* être agréable (désagréable) à entendre, en parlant d'un mot, d'une expression. ◇ *Sonner faux (juste) :* donner une impression de fausseté (de vérité). **7.** Fam. *Se faire sonner les cloches :* se faire réprimander vivement. **8.** *Faire sonner une lettre,* la faire sentir, appuyer dessus en prononçant. ◆ v.t. **1.** Faire résonner. *Sonner les cloches.* ◇ Annoncer par une sonnerie. *Sonner la retraite.* **2.** Appeler par le son d'une sonnette. *Sonner l'infirmière.* **3.** Fam. Assommer, étourdir ; fig., causer un violent ébranlement moral à (qqn). **4.** TECHN. Vérifier le bon état d'une installation électrique.

SONNERIE n.f. **1.** Son de cloches, d'un réveil, d'un téléphone, etc. **2.** Ensemble des cloches d'une église. **3.** Mécanisme servant à faire sonner une pendule, un appareil d'alarme ou de contrôle, etc. ◇ *Sonnerie électrique :* dispositif d'appel acoustique, actionné par un électroaimant. **4.** Air sonné par un clairon, ou une trompette, par un ou plusieurs cors de chasse. ◇ *Sonnerie militaire :* air réglementaire servant à marquer un emploi du temps (réveil...), un commandement (cessez-le-feu...) ou à rendre les honneurs (au drapeau...).

SONNET n.m. (it. *sonetto*). Pièce de poésie de quatorze vers, composée de deux quatrains et de deux tercets, et soumise à des règles fixes pour la disposition des rimes.

SONNETTE n.f. **1.** Clochette ou timbre pour appeler ou pour avertir. **2.** TR. PUBL. Charpente en forme de pyramide pour le guidage du mouton dans le battage des pieux. **3.** TR. PUBL. Petit appareil de sondage muni d'un treuil qui relève l'outil de forage périodiquement lâché pour perforer la roche. **4.** *Serpent à sonnette :* crotale.

SONNEUR n.m. Celui qui sonne les cloches, qui joue du cor, etc.

SONO n.f. (abrév.). Fam. Sonorisation.

SONOMÈTRE n.m. (lat. *sonus,* son, et gr. *metron,* mesure). Instrument destiné à mesurer les niveaux d'intensité sonore.

SONORE adj. (lat. *sonorus*). **1.** Propre à rendre des sons. *Corps sonore.* **2.** Qui a un son éclatant, retentissant. *Voix sonore.* **3.** Qui renvoie bien le son. *Amphithéâtre sonore.* **4.** Qui concerne les sons. *Ondes sonores.* ◇ PHON. *Consonne sonore* ou *sonore,* n.f. : consonne voisée (par opp. à *sourd*).

SONORISATION n.f. **1.** Action de sonoriser ; son résultat. **2.** Ensemble des équipements permettant une amplification électrique des sons émis en un lieu donné. Abrév. (fam.) : *sono.* **3.** PHON. Passage d'une consonne sourde à la voisée correspondante.

SONORISER v.t. **1.** Adjoindre le son, une bande sonore, à un film cinématographique. **2.** Équiper d'une installation de sonorisation. *Sonoriser une salle.* **3.** PHON. Rendre sonore (une consonne voisée).

SONORITÉ n.f. **1.** Qualité de ce qui est sonore. **2.** Qualité de ce qui rend un son agréable. *Sonorité d'un violon.* **3.** PHON. Voisement.

SONOTHÈQUE n.f. Archives où l'on conserve les enregistrements de bruits, d'effets sonores.

SOPHISME n.m. (gr. *sophisma*). Raisonnement qui n'est logiquement correct qu'en apparence, et qui est conçu avec l'intention d'induire en erreur.

SOPHISTE n.m. (gr. *sophistês*). Chez les anciens Grecs, philosophe rhéteur. ◆ n. Personne qui use de sophismes.

SOPHISTICATION n.f. **1.** Action de sophistiquer, de raffiner à l'extrême. **2.** Caractère sophistiqué, artificiel. **3.** Complexité technique.

1. SOPHISTIQUE adj. De la nature du sophisme.

2. SOPHISTIQUE n.f. Mouvement de pensée qui, dans les cités grecques et particulièrement à Athènes, a été représenté par les sophistes.

SOPHISTIQUÉ, E adj. **1.** Très raffiné, étudié. *Une tenue sophistiquée.* **2.** D'une complication, d'une subtilité extrêmes. *Une argumentation sophistiquée.* **3.** (Calque de l'angl. *sophisticated*). Très perfectionné. *Matériel sophistiqué.*

SOPHISTIQUER v.t. Perfectionner à l'extrême un appareil, une étude, etc.

SOPHORA n.m. (de l'ar.). Arbre ornemental, originaire d'Extrême-Orient. (Haut. 15 à 30 m ; famille des papilionacées.)

SOPHROLOGIE n.f. (gr. *sôphrôn,* sage). Méthode visant à dominer les sensations douloureuses et de malaise psychique par des techniques de relaxation proches de l'hypnose.

SOPHROLOGIQUE ou **SOPHRONIQUE** adj. Relatif à la sophrologie.

SOPHROLOGUE n. Praticien de la sophrologie.

SOPORIFIQUE adj. et n.m. (lat. *sopor,* sommeil, et *facere,* faire). Se dit d'une substance qui provoque le sommeil. ◆ adj. Fig. Très ennuyeux. *Livre soporifique.*

SOPRANISTE n.m. Chanteur adulte qui a conservé une voix de soprano.

SOPRANO n.m. (mot it.). Voix de femme ou de jeune garçon, la plus élevée des voix. ◆ n. Personne qui a cette voix. Pluriel savant : *soprani.*

SORBE n.f. (lat. *sorbum*). Fruit comestible du sorbier.

SORBET n.m. (du turc). Glace légère, sans crème, à base de jus de fruits, parfois parfumée d'une liqueur.

SORBETIÈRE n.f. Appareil pour préparer les glaces et les sorbets.

SORBIER n.m. Arbre de la famille des rosacées, dont certaines espèces (alisier, cormier) produisent des fruits comestibles. (Haut. jusqu'à 15 ou 20 m.)

sorbier

SORBITOL n.m. Polyalcool dérivé du glucose et du fructose, qu'on trouve dans les baies de sorbier. (C'est un cholérétique et un laxatif.)

SORBONNARD, E n. Fam. Étudiant, professeur en Sorbonne.

SORCELLERIE n.f. **1.** Opérations magiques du sorcier. **2.** Fam. Manifestation, évènement extraordinaires d'origine mystérieuse, qui semblent relever de pratiques magiques, de forces surnaturelles. **3.** ANTHROP. Capacité de guérir ou de nuire, propre à un individu au sein d'une société, d'un groupe donné, par des procédés et des rituels magiques.

SORCIER, ÈRE n. (de *sort*). **1.** Personne qu'on croit en liaison avec le diable et qui peut opérer des maléfices. ◇ Fig., fam. *Il ne faut pas être (grand) sorcier pour* : il n'est pas nécessaire d'avoir des dons spéciaux pour (comprendre, deviner, etc.). ◇ Fam. *Vieille sorcière* : vieille femme laide et médisante. **2.** ANTHROP. Personne qui pratique la sorcellerie. **3.** *Chasse aux sorcières* : poursuite et élimination systématique, par le pouvoir en place, des opposants politiques. ◆ adj. Fam. *Ce n'est pas sorcier* : ce n'est pas difficile (à comprendre, à résoudre, à exécuter, etc.).

SORDIDE adj. (lat. *sordidus*, crasseux). **1.** Misérable, d'une saleté repoussante. *Habitations sordides des bidonvilles.* **2.** Qui fait preuve de bassesse morale ; ignoble. *Égoïsme sordide.* **3.** Marqué par l'âpreté au gain ; répugnant, mesquin. *Avarice sordide.*

SORDIDEMENT adv. De façon sordide.

SORDIDITÉ n.f. Litt. Caractère de ce qui est sordide.

SORE n.m. (gr. *sôros*, tas). BOT. Groupe de sporanges chez les fougères.

SORGHO n.m. (it. *sorgo*). Graminée tropicale et méditerranéenne, alimentaire et fourragère, appelée aussi *gros mil.*

sorgho

SORITE n.m. (gr. *sôreitês*, de *sôros*, monceau). LOG. Argument composé d'une suite de propositions liées entre elles de manière que l'attribut de chacune d'elles devienne le sujet de la suivante, et ainsi de suite, jusqu'à la conclusion, qui a pour sujet le sujet de la première et pour attribut l'attribut de la dernière proposition avant la conclusion.

SORNETTE n.f. (moyen fr. *sorne*, morgue). [Surtout au pl.]. Propos frivole, baliverne. *Dire des sornettes.*

SORORAL, E, AUX adj. Litt. Qui concerne la sœur, les sœurs.

SORORAT n.m. ANTHROP. Système en vertu duquel un homme remplace l'épouse morte par la sœur cadette de celle-ci.

SORT n.m. (lat. *sors, sortis*). **1.** Décision par le hasard. *Tirer au sort.* ◇ *Le sort en est jeté* : le parti en est pris ; advienne que pourra. **2.** Effet malfaisant, attribué à des pratiques de sorcellerie. *Jeter un sort.* **3.** Litt. Puissance surnaturelle qui semble gouverner la vie humaine ; destin. *Le sort en a ainsi décidé.* **4.** Condition, situation matérielle de (qqn). *Se plaindre de son sort.* **5.** *Faire un sort à.* **a.** Mettre en valeur, faire valoir. *Faites un sort à ce point dans votre rapport.* **b.** Fam. En finir radicalement avec. *Faire un sort à de vieux papiers.* ◇ Spécialt. Consommer entièrement. *On a fait un sort au gigot.*

SORTABLE adj. Fam. (Surtout en tournure négative). Que l'on peut montrer en public ; convenable, correct. *Tu ris trop fort, tu n'es pas sortable !*

SORTANT, E adj. Qui sort. *Numéro sortant.* ◆ adj. et n.m. **1.** Personne qui sort. *Les entrants et les sortants.* **2.** Qui cesse, par extinction de son mandat, de faire partie d'une assemblée. *Députés sortants.*

SORTE n.f. (lat. *sors, sortis*). **1.** Espèce, genre, catégorie d'êtres ou de choses. *Toutes sortes de bêtes. Des difficultés de toute(s) sorte(s).* ◇ *Une sorte de* : une chose ou une personne qui ressemble à. **2.** *Faire en sorte de* ou *que* : tâcher d'arriver à ce que. ◆ loc. adv. *De la sorte* : de cette façon. – *En quelque sorte* : pour ainsi dire. ◆ loc. conj. *De sorte que, de telle sorte que, en sorte que* : si bien que, de manière que.

SORTIE n.f. **1.** Action de sortir, d'aller se promener. ◇ *Être de sortie* : être sorti ; avoir la permission de sortir. ◇ *À la sortie de* : au moment où l'on sort. *À la sortie du spectacle.* ◇ Au théâtre, action de quitter la scène. *Acteur qui fait une fausse sortie.* **2.** Fig. Manière d'échapper à une difficulté. *Se ménager une sortie.* **3.** Action de s'échapper, de s'écouler. *La sortie des gaz.* **4.** INFORM. Transfert d'une information traitée dans un ordinateur, de l'unité centrale vers l'extérieur. **5.** Endroit par où l'on sort ; issue. *Cette maison a deux sorties.* **6.** Mise en vente, présentation au public d'un produit nouveau. *Sortie d'un livre, d'un film.* **7.** COMPTAB. Somme dépensée. **8.** MIL. Opération menée par une troupe assiégée, ou par une force navale, pour rompre un blocus ; mission de combat accomplie par un aéronef militaire. ◇ Fam. Emportement soudain contre qqn ; invective. *Je ne m'attendais pas à cette sortie.*

SORTIE-DE-BAIN n.f. (pl. *sorties-de-bain*). Peignoir que l'on porte après le bain.

SORTIE-DE-BAL n.f. (pl. *sorties-de-bal*). Vx. Manteau porté sur une robe du soir.

SORTILÈGE n.m. (lat. *sors, sortis*, sort, et *legere*, choisir). **1.** Action de jeter un sort. **2.** Action qui semble magique.

1. SORTIR v.i. [43] [auxil. *être*]. **1.** Quitter un lieu pour aller dehors ou pour aller dans un autre lieu. *Sortir se dégourdir les jambes. Sortir de chez soi.* ◇ *Sortir de la mémoire, de l'esprit* : être oublié. **2.** Aller hors de chez soi pour faire qqch. *Sortir dîner en ville. Sortir peu.* ◇ Fam. *Sortir avec qqn*, le fréquenter, avoir une relation amoureuse avec lui. **3.** Commencer à paraître ; pousser au-dehors. *Les blés sortent de terre.* ◇ Fig. *Les yeux lui sortent de la tête* : il est animé par un sentiment violent. **4.** Être visible, saillant. *Pochette qui sort de la poche. Clou qui sort d'une planche.* **5.** Se répandre au-dehors. *Une odeur délicieuse sort de la cuisine.* **6.** Quitter une période, un état, etc., ne plus s'y trouver. *Sortir de l'hiver. Sortir de maladie, de l'enfance.* **7.** Fam. *En sortir, s'en sortir* : se tirer d'affaire ; guérir. **8.** S'éloigner, s'écarter de ; franchir une limite. *Sortir du sujet. Le ballon sort du terrain.* **9.** Être mis en vente ; être distribué. *Ce livre vient de sortir. Ce film sort prochainement.* **10.** Fig. Avoir comme résultat. *Que sortira-t-il de tout cela ?* **11.** Être issu, venir de. *Sortir du peuple.* ◇ *Sortir d'une école*, y avoir été élève. – *Cela sort des mains d'Un tel* : Un tel en est l'auteur. – Fig. *Ne pas sortir de là* : persister dans son opinion. ◇ Fam. *Sortir de* (+ inf.) : venir juste de. *Il sort de lui parler.* **12.** Être tiré au sort. *Le 3 est sorti. Sujet qui sort à un examen.* **13.** Être tel après une situation, une modification, etc. *Il est sorti indemne de l'accident, grandi de cette épreuve.* ◆ v.t. (auxil. *avoir*). **1.** Mener dehors, faire sortir. *Sortir un cheval de l'écurie.* ◇ Fig. Aider qqn à se dégager d'un état, d'une situation. *Sortir qqn d'embarras.* ◇ Emmener pour la promenade, pour une visite, etc. **2.** Mettre en vente un produit ; commercialiser, éditer. *Sortir un roman.* **3.** Fam. Tirer un numéro, une carte dans un jeu de hasard. **4.** Fam. Éliminer un concurrent, un adversaire. **5.** Fam. Dire. *Sortir des âneries.*

2. SORTIR n.m. Litt. *Au sortir de* : au moment où l'on sort de.

3. SORTIR v.t. (lat. *sortiri*) [32]. DR. Obtenir, avoir.

S. O. S. [ɛsoɛs] n.m. Signal de détresse radiotélégraphique, émis par les navires ou les avions en danger.

SOSIE n.m. (de *Sosie*, n.pr.). Personne qui ressemble parfaitement à une autre.

SOSTENUTO [sɔstenuto] adv. (mot it.). MUS. De façon soutenue.

SOT, SOTTE adj. et n. Litt. Dénué d'esprit, de jugement. ◆ adj. Qui dénote un manque d'intelligence.

SOTCH [sɔtʃ] n.m. (mot dial.). GÉOGR. Doline.

SOT-L'Y-LAISSE n.m. inv. Morceau délicat au creux des os iliaques, au-dessus du croupion d'une volaille.

SOTTEMENT adv. De façon sotte.

SOTTIE ou **SOTIE** n.f. (de *sot*). LITTÉR. Genre dramatique médiéval (XIVe-XVIe s.) qui relève de la satire sociale ou politique.

SOTTISE n.f. **1.** Manque de jugement, d'intelligence ; bêtise. **2.** Propos ou acte irréfléchi ; bêtise. *Faire une sottise. Dire des sottises.* ◇ Fam., vieilli. *Dire des sottises à qqn*, l'injurier.

SOTTISIER n.m. Recueil d'erreurs comiques, de phrases ridicules relevées dans la presse, les livres, etc. ; bêtisier.

SOU n.m. (lat. *solidus*, massif). **1.** Vx. Pièce de cuivre ou de bronze qui valait 1/20 de livre. **2.** Pièce de 5 centimes, à partir de 1793. ◇ *Propre, net comme un sou neuf* : très propre. ◇ Fam. *N'avoir pas le sou, être sans le sou* : être sans argent. – *Sou à sou* : par petites sommes. ◇ Fig., fam. *N'avoir pas un sou de, pas pour un sou de* : n'avoir pas de. *N'avoir pas pour un sou de bon sens.* ◆ pl. Argent. *Compter ses sous.* ◇ Fam. *Être près de ses sous* : être avare. – *De quatre sous* : sans importance, sans valeur. ◇ Fam. *Question de gros sous*, d'argent, d'intérêt. – Fam. *S'ennuyer à cent sous de l'heure* : s'ennuyer énormément.

SOUAGE n.m. → ***1. suage.***

SOUAHÉLI, E adj. et n.m. → ***swahili.***

SOUBASSEMENT n.m. (de *bas*). **1.** Partie inférieure, massive, d'une construction, qui surélève celle-ci au-dessus du sol. **2.** Fig. Base, fondements de (qqch). **3.** GÉOL. Socle sur lequel reposent des couches de terrain.

SOUBISE n.f. (de *Soubise*, n.pr.). MIL. Tresse plate qui bordait certains dolmans ou tenues militaires.

SOUBRESAUT n.m. (esp. *sobresalto*). **1.** Saut brusque et imprévu. *Le cheval fit un soubresaut.* **2.** Mouvement brusque et involontaire du corps. **3.** CHORÉGR. Saut bref au cours duquel le corps reste dans la position verticale, jambes serrées et pointes de pieds baissées.

SOUBRETTE n.f. (prov. *soubreto*, de *soubret*, affecté). **1.** Suivante, femme de chambre de comédie. **2.** Litt. Femme de chambre coquette et avenante.

SOUBREVESTE n.f. (it. *sopravveste*, veste de dessus). Casaque sans manches, portée autrefois par-dessus les armes (XVIIe-XIXe s.).

SOUCHE n.f. (du gaul.). **1.** Partie du tronc de l'arbre qui reste dans la terre après que l'arbre a été coupé. ◇ Fig. *Dormir comme une souche* : dormir très profondément. ◇ Fam. *Être, rester comme une souche* : être inactif. **2.** Personne, animal à l'origine d'une suite de descendants. ◇ *Faire souche* : donner naissance à une lignée de descendants. ◇ DR. *Partage par souche* : partage d'une succession par représentation*. **3.** BIOL. Ensemble des individus issus de repiquages successifs d'une colonie microbienne. **4.** Origine, source, principe. *Mot de souche indo-européenne.* ◇ *Mot souche* : mot à partir duquel se sont créés un ou des dérivés, une famille de mots. **5.** Partie reliée des feuilles d'un registre, dont l'autre partie se détache. *Carnet à souches.* SYN. : ***talon.*** **6.** *Souche de cheminée* : ouvrage de maçonnerie renfermant un ou plusieurs conduits de fumée et s'élevant au-dessus d'un toit.

SOUCHET n.m. **1.** Canard à bec large en forme de cuiller. (Long. 47 cm.) **2.** BOT. Plante du bord des eaux, dont une espèce a un rhizome alimentaire, et une autre est le papyrus. (Famille des cypéracées.)

SOUCHETAGE n.m. Inspection des souches après une coupe ; marquage des arbres à abattre dans une coupe.

SOUCHETTE n.f. Champignon basidiomycète, poussant sur les souches, à chapeau comestible.

SOU-CHONG [suʃɔ̃] ou [suʃɔ̃g] n.m. inv. (mot chin.). Thé noir de Chine, très estimé.

1. SOUCI n.m. (bas lat. *solsequia,* tournesol). **1.** Plante dont une espèce est cultivée pour ses fleurs jaunes ornementales. (Famille des composées.) **2.** *Souci des marais, souci d'eau :* populage.

2. SOUCI n.m. (de *se soucier*). **1.** Préoccupation qui trouble la tranquillité d'esprit ; inquiétude. *Se faire du souci.* **2.** Objet, motif de cette préoccupation. *Son fils est son seul souci.* **3.** *Avoir le souci de (qqch),* y attacher de l'importance.

SOUCIER (SE) v.pr. *[de]* (lat. *sollicitare,* inquiéter). S'inquiéter, se préoccuper de. *Se soucier de son avenir.* – Fam. *Se soucier de (qqch, qqn) comme de l'an quarante, comme de sa première chemise,* etc., s'en désintéresser, n'y attacher aucune importance.

SOUCIEUSEMENT adv. Litt. Avec souci.

SOUCIEUX, EUSE adj. **1.** Qui a du souci, inquiet, pensif. *Mère soucieuse.* **2.** Qui se préoccupe de qqch, attentif. *Soucieux de rendre service.*

SOUCOUPE n.f. **1.** Petite assiette qui se place sous une tasse. **2.** Vieilli. *Soucoupe volante :* objet mystérieux de forme souvent lenticulaire que certaines personnes prétendent avoir aperçu dans l'atmosphère ou au sol et que certains supposent habité par des êtres extraterrestres. (On dit plutôt *ovni* aujourd'hui.)

SOUDABILITÉ n.f. Propriété d'un matériau qui se prête à la construction par joints soudés.

SOUDABLE adj. Qui peut être soudé.

SOUDAGE n.m. Opération qui consiste à faire une soudure.

1. SOUDAIN, E adj. (lat. *subitaneus*). Qui se produit, arrive tout à coup ; brusque ; subit.

2. SOUDAIN adv. Dans le même instant ; aussitôt après. *Il apparut soudain.*

SOUDAINEMENT adv. Subitement.

SOUDAINETÉ n.f. Caractère de ce qui est soudain ; brusquerie, rapidité.

SOUDAN n.m. HIST. Sultan de Syrie et d'Égypte.

SOUDANAIS, E ou **SOUDANIEN, ENNE** adj. et n. Du Soudan.

SOUDANT, E adj. MÉTALL. *Température du fer soudant :* température à laquelle on porte le fer pour le souder.

SOUDARD n.m. (anc. fr. *soudoier,* homme d'armes). **1.** Vx. Soldat, mercenaire. **2.** Litt. Individu grossier et brutal.

SOUDE n.f. **1.** Carbonate de sodium Na_2CO_3, qu'on prépare aujourd'hui à partir du chlorure de sodium. **2.** *Soude caustique :* hydroxyde de sodium NaOH, solide blanc fondant à 320 °C, fortement basique. **3.** Plante des terrains salés du littoral, dont on tirait autrefois la soude. (Famille des chénopodiacées.)

SOUDER v.t. (lat. *solidare,* affermir). **1.** Effectuer une soudure. **2.** Fig. Unir, lier étroitement. *Ils étaient soudés autour de leur chef.* ◆ **se souder** v.pr. En parlant de deux parties distinctes, se réunir pour former un tout.

SOUDEUR, EUSE n. Personne qui soude.

SOUDIER, ÈRE adj. Relatif à la soude.

SOUDIÈRE n.f. Usine de soude.

SOUDOYER v.t. (de *sou*) [13]. Péj. S'assurer le concours de qqn à prix d'argent. *Soudoyer des assassins.*

SOUDURE n.f. **1.** Assemblage permanent de deux pièces métalliques ou de certains produits synthétiques exécuté par voie thermique. *Apprendre la soudure.* **2.** Endroit où deux pièces ont été soudées ; manière dont elles ont été soudées. *Soudure nette.* **3.** Alliage fusible à basse température, avec lequel on soude. **4.** Fig. *Faire la soudure :* satisfaire aux besoins des consommateurs à la fin d'une période comprise entre deux récoltes, deux livraisons ; assurer la transition. **5.** MÉD. Jonction de certains tissus, de certains os effectuée par adhésion.

SOUE n.f. (bas lat. *sutis*). Vx. Étable à porcs.

SOUFFLAGE n.m. **1.** Procédé traditionnel de fabrication de la verrerie creuse, aujourd'hui réservé à certaines productions de luxe. **2.** MAR. Renflement de la carène d'un navire au voisinage de la flottaison.

SOUFFLANT, E adj. **1.** Qui envoie de l'air chaud. *Brosse à cheveux soufflante.* **2.** Fam. Qui stupéfie.

SOUFFLANTE n.f. **1.** Ventilateur de grand débit. **2.** Pop. Violente réprimande.

SOUFFLARD n.m. GÉOGR. Jet intermittent de vapeur d'eau dans les régions volcaniques.

SOUFFLE n.m. **1.** Agitation de l'air, courant d'air. *Il n'y a pas un souffle de vent.* **2.** Air exhalé par la bouche en respirant ; bruit ainsi produit. *Retenir son souffle.* ◇ Fam. *Couper le souffle :* étonner vivement. – SPORTS. *Second souffle :* regain de vitalité après une défaillance momentanée ; fig., nouvelle période d'activité. – MÉD. Bruit anormal perçu à l'auscultation de certaines parties du corps. **3.** Capacité à emmagasiner de l'air dans ses poumons. ◇ *Avoir du souffle :* avoir une respiration telle qu'elle permette un effort physique ; fam., avoir de l'aplomb, du culot. – *Être à bout de souffle :* être épuisé ; fig., ne pas pouvoir poursuivre, continuer un effort, une entreprise. – *Manque de souffle :* essoufflement au cours d'un effort ; litt., manque d'inspiration, de force. **4.** Déplacement d'air extrêmement brutal, provoqué par une explosion. **5.** Bruit de fond continu émis par un haut-parleur.

SOUFFLÉ n.m. Préparation culinaire salée ou sucrée, servie chaude, comprenant des blancs d'œufs battus en neige qui provoquent, à la cuisson, une augmentation de volume.

SOUFFLEMENT n.m. Litt. Action de souffler.

SOUFFLER v.i. (lat. *sufflare*). **1.** Agiter, déplacer l'air. *Le mistral souffle.* **2.** Chasser de l'air par la bouche ou, parfois, par le nez. *Souffler sur ses doigts.* **3.** Respirer avec difficulté, en expirant l'air bruyamment. *Souffler comme un bœuf.* **4.** S'arrêter pour reprendre haleine, après un effort physique. *Laisser souffler son cheval.* **5.** Observer un temps d'arrêt au cours d'une action. *Laisser ses auditeurs souffler.* **6.** Crier, en parlant du buffle. ◆ v.t. **1.** Diriger un souffle d'air sur. *Souffler des bougies,* les éteindre par le souffle, par l'air exhalé des poumons par la bouche. **2.** TECHN. *Souffler le verre, l'émail,* en faire des ouvrages par soufflage à l'aide d'un tube. **3.** Déplacer qqch, le projeter au moyen du souffle, de l'air. *Souffler la fumée de cigarette au visage de qqn.* **4.** Détruire par un souffle violent. *La maison a été soufflée par une bombe.* **5.** Dire discrètement à qqn, rappeler tout bas. *Souffler son texte à un acteur.* ◇ *Ne pas souffler mot :* ne rien dire, se taire sur (qqch). **6.** Suggérer qqch à qqn. *Il m'a soufflé une bonne idée.* **7.** Fam. Causer à qqn une vive stupéfaction ; ahurir, époustoufler. **8.** Fam. Enlever (qqch, qqn) à qqn par ruse, de façon plus ou moins déloyale. ◇ *Souffler une dame, un pion,* au jeu de dames, l'enlever à son adversaire qui a omis de s'en servir pour prendre. – *Souffler n'est pas jouer :* au jeu de dames, se dit pour signifier que l'on peut jouer un coup après avoir soufflé un pion.

SOUFFLERIE n.f. **1.** Machine destinée à produire le vent nécessaire à la marche d'une installation métallurgique, à l'aération d'une mine, à un essai aérodynamique, etc. **2.** Ensemble des soufflets d'un orgue, d'une forge, etc.

SOUFFLET n.m. (de *souffler*). **1.** Instrument qui sert à souffler de l'air, à produire du vent pour ranimer le feu. **2.** Partie pliante d'une chambre photographique, d'un accordéon. **3.** Litt. Coup du plat ou du revers de la main. ◇ Par ext. Affront, outrage. **4.** ARCHIT. Dans le style gothique flamboyant, élément de remplage en forme de fer de lance ou de cœur. **5.** CH. DE F. Couloir flexible de communication entre deux voitures de voyageurs. **6.** COUT. Pièce triangulaire cousue sous une poche plaquée et le vêtement de façon à donner de l'ampleur.

SOUFFLETER v.t. [27]. Litt. Donner un soufflet, une gifle à (qqn).

1. SOUFFLEUR, EUSE n. Personne qui, au théâtre, est chargée de souffler leur texte aux acteurs en cas de défaillance.

2. SOUFFLEUR n.m. **1.** TECHN. Ouvrier façonnant le verre à chaud pour lui donner sa forme définitive. **2.** Cétacé du genre dauphin.

SOUFFLEUSE n.f. Canada. Chasse-neige muni d'un dispositif qui projette la neige à distance.

SOUFFLURE n.f. IND. Cavité remplie de gaz occlus, formée au cours de la solidification d'une masse en fusion.

SOUFFRANCE n.f. **1.** Le fait de souffrir, douleur morale ou physique. **2.** *Affaires en souffrance :* affaires en suspens. – *Colis en souffrance :* colis qui n'a pas été délivré ou réclamé. **3.** DR. *Jour de souffrance :* ouverture qui, pratiquée dans un mur mitoyen, est destinée à donner de la lumière sans permettre de voir chez le voisin.

SOUFFRANT, E adj. Qui est légèrement malade, indisposé.

SOUFFRE-DOULEUR n.m. inv. Personne, animal sur qui convergent les mauvais traitements, les railleries, les tracasseries.

SOUFFRETEUX, EUSE adj. (anc. fr. *suffraite,* disette). De santé débile ; chétif, malingre.

SOUFFRIR v.t. (lat. *sufferre*) [34]. **1.** Supporter (qqch de pénible), endurer, subir. *Souffrir la faim.* **2.** Litt. Permettre. *Souffrez que je vous parle.* **3.** Litt. Admettre, être susceptible de. *Cela ne souffre aucun retard.* **4.** *Ne pas pouvoir souffrir qqn, qqch :* éprouver de l'antipathie, de l'aversion pour. **5.** *Souffrir le martyre, mille morts :* éprouver de grandes douleurs. ◆ v.i. et v.t. ind. *(de).* **1.** Éprouver de la souffrance, avoir mal (à). *Souffrir des dents.* **2.** Être tourmenté par. *Souffrir de la faim.* **3.** Être endommagé par. *Les vignes ont souffert de la grêle.* ◆ **se souffrir** v.pr. Se supporter mutuellement.

SOUFI, E adj. et n. (de l'ar.). Du soufisme. Graphie savante : *ṣūfī.*

SOUFISME n.m. Courant mystique de l'islam, né au VIIIe s. (Opposé au légalisme, il met l'accent sur la religion intérieure. Ses principaux représentants sont al-Ḥallādj [858-922] et al-Ghazālī [1058-1111].) Graphie savante : *ṣūfisme.*

SOUFRAGE n.m. Action de soufrer ; son résultat.

SOUFRE n.m. (lat. *sulphur*). **1.** Corps non métallique inodore, insipide, d'une couleur jaune clair, qui fond vers 115 °C et bout à 444,6 °C, très répandu dans la nature ; élément (S), de numéro atomique 16 et de masse atomique 32,06. **2.** *Sentir le soufre :* présenter un caractère d'hérésie. ◆ adj. inv. De la couleur du soufre.

SOUFRER v.t. **1.** Enduire de soufre. **2.** Répandre du soufre en poudre sur certains végétaux pour lutter contre les maladies cryptogamiques. **3.** Traiter avec du soufre, de l'anhydride sulfureux. **4.** Faire brûler du soufre dans un tonneau pour détruire les micro-organismes.

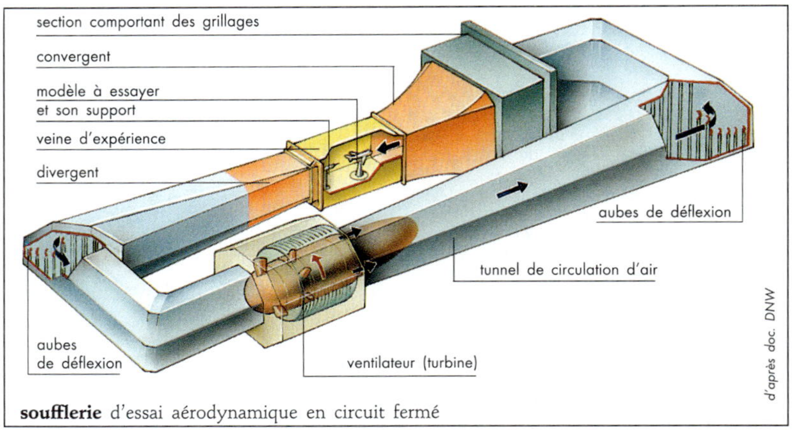

soufflerie d'essai aérodynamique en circuit fermé

SOUFREUR, EUSE n. Personne qui est chargée de soufrer.

SOUFREUSE n.f. Appareil pour répandre du soufre en poudre sur les végétaux.

SOUFRIÈRE n.f. Lieu d'où l'on extrait le soufre.

SOUFROIR n.m. TEXT. Étuve dans laquelle on soufre la laine pour la blanchir.

SOUHAIT n.m. (du francique). Vœu, désir que qqch s'accomplisse. ◇ Litt. *À souhait* : selon ses désirs. *Tout lui réussit à souhait.* ◇ *À vos souhaits !,* formule de politesse adressée à une personne qui éternue.

SOUHAITABLE adj. Que l'on peut souhaiter, désirable.

SOUHAITER v.t. **1.** Désirer pour soi ou pour autrui l'accomplissement de qqch. *Je souhaite qu'elle vienne.* **2.** Exprimer sous forme de vœu, de compliment. *Souhaiter la bonne année.*

SOUILLARD n.m. Trou percé dans l'épaisseur d'un mur ou dans un bandeau, pour laisser passer un tuyau de descente d'eaux pluviales.

SOUILLE n.f. (lat. *solium,* siège). **1.** CHASSE. Lieu bourbeux où se vautre le sanglier. **2.** MAR. Enfoncement formé dans la vase ou le sable par un navire échoué. **3.** MIL. Trace sur le sol d'un obus qui ricoche.

SOUILLER v.t. Litt. **1.** Salir, couvrir de boue, d'ordure. **2.** Déshonorer, avilir. *Souiller sa réputation.*

SOUILLON n. Fam. Personne malpropre.

SOUILLURE n.f. Litt. **1.** Ce qui souille, tache. **2.** Tache morale. *La souillure du péché.*

SOUIMANGA ou **SOUI-MANGA** [swimɑ̃ga] n.m. (mot malgache) [pl. *souimangas ; soui-mangas*]. Petit oiseau passereau d'Afrique, dont le mâle porte un plumage à couleurs éclatantes.

SOUK n.m. (de l'ar.). **1.** Marché couvert, dans les pays arabes. **2.** Fam. Désordre.

SOUKKOT, fête juive des Tabernacles, commémorant le séjour des Hébreux dans le désert après leur sortie d'Égypte.

SOUL n.f. → ***soul music.***

1. SOÛL, E ou **SAOUL, E** [su, sul] adj. (lat. *satullus,* de *satur,* rassasié). Qui est ivre. ◇ *Être soûl de qqch,* en être rassasié jusqu'au dégoût.

2. SOÛL [su] n.m. Fam. *En avoir tout son soûl,* autant qu'on peut en désirer.

SOULAGEMENT n.m. Diminution d'une charge, d'une douleur physique ou morale.

SOULAGER [sulaʒe] v.t. (lat. *subleviare*) [17]. **1.** Débarrasser qqn d'une partie d'un fardeau. **2.** Diminuer, adoucir une souffrance physique ou morale. *Soulager la douleur.* **3.** Aider, diminuer la peine ; secourir. *La machine a-t-elle soulagé l'ouvrier ?* **4.** TECHN. Diminuer l'effort subi par qqch. *Soulager une poutre qui fatigue en l'étayant.* ◆ **se soulager** v.pr. **1.** Se procurer du soulagement. **2.** Fam. Satisfaire un besoin naturel.

SOULANE n.f. (mot béarnais). GÉOGR. Adret.

SOÛLANT, E adj. Fam. Se dit de qqn qui fatigue, ennuie avec ses discours interminables.

SOÛLARD, E, SOÛLAUD, E ou **SOÛLOT, E** n. Fam. Ivrogne, ivrognesse.

SOÛLER ou **SAOULER** v.t. **1.** Fam. Faire trop boire qqn, enivrer. **2.** Griser. *Les succès l'ont soûlé.* ◆ **se soûler** v.pr. Fam. S'enivrer.

SOÛLERIE n.f. Ivresse, beuverie.

SOULÈVEMENT n.m. **1.** Fait de soulever, d'être soulevé. **2.** Mouvement de révolte collective, d'insurrection.

SOULEVER v.t. [19]. **1.** Lever à une faible hauteur. *Soulever un fardeau.* **2.** Susciter des sentiments, déclencher. *Soulever l'enthousiasme, les applaudissements.* **3.** Pousser à la révolte. *Soulever le peuple.* **4.** Provoquer la colère. *Il a soulevé tout le monde contre lui.* **5.** *Soulever le cœur* : causer du dégoût. ◇ *Soulever une question, un problème,* les faire naître, en provoquer la discussion. – *Soulever le voile, un coin du voile* : découvrir en partie. ◆ **se soulever** v.pr. **1.** Se lever légèrement. **2.** Se révolter.

SOULIER n.m. (du bas lat. *subtelare*). Chaussure à tige basse. ◇ Fam. *Être dans ses petits souliers* : être embarrassé.

SOULIGNAGE ou **SOULIGNEMENT** n.m. Action de souligner ; trait qui souligne.

SOULIGNER v.t. **1.** Tirer un trait, une ligne sous. *Souligner un mot.* **2.** Attirer l'attention sur qqch. *Souligner l'importance d'un fait.*

SOUL MUSIC [sɔlmjuzik] ou **SOUL** n.f. (angl. *soul,* âme) [pl. *soul musics ; souls* ou *soul*]. Style de musique populaire noire américaine, apparu dans les années 60 et issu du rhythm and blues. – REM. Le sens rend improbable l'usage du pluriel.

SOÛLOGRAPHE n. Fam. Ivrogne.

SOÛLOGRAPHIE n.f. Fam. Ivrognerie.

SOÛLON n.m. Suisse. Fam. Ivrogne.

SOÛLOT, E n. → ***soûlard.***

SOULTE n.f. (anc. fr. *solte ;* du lat. *solvere,* payer). DR. Somme d'argent qui, dans un partage ou un échange, compense l'inégalité de valeur des lots ou des biens échangés.

SOUMAINTRAIN n.m. Fromage à pâte molle fabriqué dans l'Yonne avec du lait de vache.

SOUMETTRE v.t. (lat. *submittere*) [84]. **1.** Ranger sous sa puissance, sous son autorité ; astreindre à une loi, un règlement. *Soumettre des rebelles. Revenu soumis à l'impôt.* **2.** Proposer au jugement, au contrôle, à l'approbation, à l'examen de qqn. *Je vous soumets ce projet.* **3.** Faire subir une opération à. *Soumettre un produit à une analyse.* ◆ **se soumettre** v.pr. Faire sa soumission, obéir. *Je me soumets à sa décision.*

SOUMIS, E adj. **1.** Disposé à l'obéissance ; docile. **2.** Qui annonce la soumission. *Air soumis.* **3.** Vx. *Fille soumise* : prostituée.

SOUMISSION n.f. (lat. *submissio,* action d'abaisser). **1.** Fait de se soumettre ; disposition à obéir. **2.** DR. Déclaration écrite par laquelle une entreprise s'engage à respecter le cahier des charges d'une adjudication au prix fixé par elle-même.

SOUMISSIONNAIRE n. DR. Personne qui fait une soumission pour une entreprise.

SOUMISSIONNER v.t. DR. Faire une soumission pour des fournitures ou des travaux.

SOUNDANAIS n.m. Langue indonésienne parlée dans la partie occidentale de Java.

SOUPAPE n.f. (anc. fr. *souspape,* coup sous le menton). **1.** Obturateur sous tension de ressort dont le soulèvement et l'abaissement alternatifs permettent de régler le mouvement d'un fluide. ◇ *Soupape d'admission,* entre collecteur et cylindre ; *soupape d'échappement,* entre cylindre et échappement. – *Soupape de sûreté* : appareil de robinetterie destiné à limiter la pression d'un fluide à une valeur prédéterminée et fonctionnant par ouverture d'un obturateur lorsque cette valeur prédéterminée est atteinte ; **fig.,** ce qui permet d'empêcher, d'éviter un bouleversement, ce qui sert d'exutoire. **2.** ÉLECTR. Organe de base des mutateurs comprenant un ou plusieurs transconducteurs unidirectionnels.

SOUPÇON n.m. (du lat. *suspicere,* regarder). **1.** Opinion défavorable à l'égard de qqn, de son comportement, fondée sur des indices, des impressions, des intuitions, mais sans preuves précises. *De graves soupçons pèsent sur lui.* **2.** Simple conjecture, idée vague. *J'ai quelque soupçon que c'est elle.* **3.** *Un soupçon de* : une très faible quantité de. *Un soupçon de lait.*

SOUPÇONNABLE adj. Qui peut être soupçonné.

SOUPÇONNER v.t. **1.** Avoir des soupçons sur (qqn), suspecter. *Soupçonner qqn de fraude.* **2.** Conjecturer l'existence ou la présence de, présumer. *Je soupçonne une ruse de sa part.*

SOUPÇONNEUSEMENT adv. Avec soupçon.

SOUPÇONNEUX, EUSE adj. Défiant, enclin à soupçonner.

SOUPE n.f. (mot francique). **1.** Potage ou bouillon épaissi avec des tranches de pain, des légumes. ◇ Pop. *Gros plein de soupe* : homme très gros. – Fam. *Soupe au lait,* se dit de qqn qui se met facilement en colère. – Fam. *Trempé comme une soupe* : très mouillé. **2.** Fam. Nourriture, repas. *Aller à la soupe.* ◇ *Soupe populaire* : institution de bienfaisance qui distribue des repas aux indigents. – Fam. *Servir la soupe* : agir dans l'intérêt de qqn, par complaisance ou maladresse. **3.** Fam. Neige fondante. **4.** BIOL. *Soupe primitive* : milieu liquide complexe au sein duquel la vie serait apparue sur la Terre il y a environ 3,5 milliards d'années.

SOUPENTE n.f. (du lat. *suspendere,* suspendre). Réduit pratiqué dans la partie haute d'une pièce coupée en deux par un plancher.

1. SOUPER n.m. **1.** Vx ou Canada, Belgique, Suisse, Zaïre. Repas du soir. SYN. : *dîner.* **2.** Repas qu'on fait dans la nuit à la sortie d'un spectacle, au cours d'une soirée.

2. SOUPER v.i. Prendre le souper. ◇ Fam. *En avoir soupé* : en avoir assez.

SOUPESER v.t. [19]. **1.** Lever qqch avec la main pour en estimer le poids. **2.** Évaluer. *Soupeser les inconvénients d'une affaire.*

SOUPEUR, EUSE n. Vx. Personne qui prend part à un souper.

SOUPIÈRE n.f. Récipient creux et large avec couvercle pour servir la soupe, le potage.

SOUPIR n.m. **1.** Respiration forte et profonde occasionnée par la douleur, une émotion, etc. ◇ Litt. *Rendre le dernier soupir* : mourir. **2.** MUS. Silence d'une durée égale à la noire ; signe qui l'indique.

SOUPIRAIL n.m. (de *soupirer,* au sens d'*exhaler*) [pl. *soupiraux*]. Ouverture donnant un peu d'air et de lumière à un sous-sol.

SOUPIRANT n.m. Iron. Celui qui fait la cour à une femme.

SOUPIRER v.i. (lat. *suspirare*). **1.** Pousser des soupirs exprimant la satisfaction ou le déplaisir, un état agréable ou pénible. *Soupirer de plaisir, d'ennui.* **2.** Litt. Être amoureux. *Soupirer pour une jeune beauté.* ◆ v.t. Dire (qqch) avec des soupirs, dans un soupir. *C'est impossible, soupira-t-elle.* ◆ v.t. ind. ***(après).*** Litt. Désirer vivement, attendre avec impatience.

SOUPLE adj. (lat. *supplex,* qui plie les genoux pour supplier). **1.** Qui se plie facilement, flexible. *Cuir souple.* **2.** Qui donne une impression de légèreté, d'élasticité. **3.** Qui a le corps flexible. *La gymnastique rend souple.* ◇ Litt. *Avoir l'échine souple, les reins souples* : être soumis, complaisant. **4.** Accommodant, complaisant, capable de s'adapter. *Avoir un caractère souple.*

SOUPLEMENT adv. De manière souple.

SOUPLESSE n.f. Qualité de celui ou de ce qui est souple.

SOUQUENILLE [suknij] n.f. (anc. all. *sukenie ;* mot slave). Vx. Longue blouse.

SOUQUER v.t. (prov. *souca,* serrer un nœud). MAR. Raidir, serrer fortement. ◆ v.i. Tirer sur les avirons.

SOURATE n.f. → ***surate.***

SOURCE n.f. (de *sours,* p. passé de *sourdre*). **1.** Point d'émergence à la surface du sol de l'eau emmagasinée à l'intérieur. (L'eau d'infiltration revient au jour sous forme de source lorsque la couche imperméable sur laquelle elle coule affleure à l'air libre, à flanc de coteau par ex.) **2.** Principe, cause, origine de qqch. ◇ *Remonter aux sources* : retrouver l'origine d'une affaire ; revenir aux débuts, jugés plus purs, d'une doctrine. **3.** Origine d'une information, d'un renseignement. *Ne pas révéler ses sources.* **4.** Ce qui produit qqch. *Une source importante de revenus.* **5.** DR. FISC. *Retenue à la source* : système dans lequel l'impôt est prélevé sur le revenu avant le paiement de celui-ci. **6.** Système qui peut fournir de façon permanente une énergie (chaleur, lumière, électricité, son), des particules. ◇ *Source chaude, source froide* : sources de chaleur à températures différentes entre lesquelles évolue un fluide (frigorigène ou produisant du travail) en échangeant chaleur et travail. ◇ ÉLECTRON. Une des électrodes d'un transistor à effet de champ, souvent reliée à une masse. **7.** MÉTALL. *Coulée en source* : coulée du métal dans un canal vertical alimentant le moule par la partie inférieure. **8.** *Langue source* : langue du texte que l'on traduit dans une autre langue (la langue cible).

SOURCIER n.m. Homme qui possède le don de découvrir les sources souterraines à l'aide d'une baguette, d'un pendule, etc.

SOURCIL [sursi] n.m. (lat. *supercilium*). Saillie arquée, revêtue de poils, qui s'étend au-dessus de l'orbite de l'œil. ◇ *Froncer les sourcils* : témoigner du mécontentement, de la mauvaise humeur.

SOURCILIER, ÈRE adj. Qui concerne les sourcils. *L'arcade sourcilière.*

SOURCILLER v.i. (de *sourcil*). Manifester par un mouvement des sourcils, du regard, sa perplexité ou son mécontentement. *Il a écouté sans sourciller.*

SOURCILLEUX, EUSE adj. Litt. Qui fait preuve d'une exactitude, d'une minutie extrêmes, d'une exigence pointilleuse. *Un magistrat sourcilleux.*

SOURD, E adj. et n. (lat. *surdus*). Qui est privé du sens de l'ouïe ou chez qui la perception des sons est perturbée. ◇ Fam. *Sourd comme un pot :* extrêmement sourd. – *Crier, frapper comme un sourd,* de toutes ses forces. ◆ adj. **1.** Insensible, inexorable. *Sourd à la pitié.* ◇ *Faire la sourde oreille :* faire semblant de ne pas entendre. **2.** Dont le son est étouffé, peu sonore. *Bruit sourd. Voix sourde.* ◇ PHON. *Consonne sourde* ou *sourde,* n.f. : consonne non voisée (par opp. à *sonore*). ◇ MAR. *Lame sourde :* lame qui se lève sans bruit. **3.** Qui ne se manifeste pas nettement. *Douleur, inquiétude sourde.* ◇ *Teinte sourde,* dépourvue d'éclat ; mate.

SOURDEMENT adv. Litt. **1.** Avec un bruit ou un son étouffé. *Le tonnerre gronde sourdement dans le lointain.* **2.** En secret. *Intriguer sourdement.*

SOURDINE n.f. (it. *sordina*). Dispositif permettant d'assourdir le son de certains instruments de musique. ◇ *En sourdine :* sans bruit ; secrètement, à la dérobée. – *Mettre une sourdine à :* atténuer, modérer.

SOURDINGUE adj. et n. Pop. Sourd.

SOURD-MUET, SOURDE-MUETTE n. (pl. *sourds-muets, sourdes-muettes*). Personne privée de l'ouïe et de la parole.

SOURDRE v.i. (lat. *surgere,* jaillir) [73] [seult à l'inf. et à la 3e pers. de l'ind. prés. et imp.]. Litt. Sortir de terre, en parlant de l'eau ; jaillir, en parlant d'un liquide quelconque, et, par ext., d'une lumière, d'un son.

SOURIANT, E adj. Qui sourit.

SOURICEAU n.m. Petit d'une souris.

SOURICIER n.m. et adj.m. Rare. Animal chasseur de souris.

SOURICIÈRE n.f. **1.** Piège pour prendre les souris. **2.** Piège tendu par la police en un lieu précis où des malfaiteurs ou des suspects doivent se rendre. *Tendre, dresser une souricière.*

1. SOURIRE v.i. (lat. *subridere*) [95]. Avoir un sourire, le sourire. ◆ v.t. ind. *(à).* **1.** Témoigner à qqn de la sympathie, de l'affection, de la gentillesse en lui adressant un sourire. *Sourire à son interlocuteur.* **2.** Être agréable à qqn, lui plaire, lui convenir. *Cette perspective ne me sourit guère.* **3.** Être favorable (à qqn). *La fortune sourit aux audacieux.*

2. SOURIRE n.m. Expression rieuse, marquée par de légers mouvements du visage et, en partic., des lèvres, qui indique le plaisir, la sympathie, l'affection, etc. ◇ *Avoir le sourire :* laisser paraître sa satisfaction, être content de qqch. – *Garder le sourire :* rester de bonne humeur en dépit d'une situation malheureuse.

SOURIS n.f. (lat. *sorex, soricis*). **1.** Petit mammifère rongeur dont l'espèce la plus commune, au pelage gris, cause des dégâts dans les maisons. (La souris peut avoir 4 à 6 portées annuelles, de 4 à 8 souriceaux chacune.) *La souris chicote,* pousse son cri. ◇ *Gris souris,* se dit d'une couleur d'un gris proche de celui du pelage d'une souris. **2.** Pop. Jeune femme. **3.** BOUCH. Partie du gigot de mouton constituée par les muscles de la jambe. **4.** INFORM. Dispositif dont le déplacement manuel permet de désigner une zone sur un écran de visualisation.

souris

SOURNOIS, E adj. et n. (anc. prov. *sorn,* sombre). Qui cache ce qu'il pense, qui agit en dessous ; dissimulé.

SOURNOISEMENT adv. De façon sournoise.

SOURNOISERIE n.f. Litt. Caractère ou action d'une personne sournoise.

SOUS prép. (lat. *subtus,* dessous). Marque la situation par rapport à ce qui est plus haut ou en contact ; le temps, le moyen, la cause, le point de vue, la dépendance. *Mettre un oreiller sous sa tête. Sous la IIIe République. Écraser un serpent sous ses pieds. Agir sous l'empire de la colère. Voir les choses sous un mauvais jour.* ◇ *Sous peu :* bientôt.

SOUS-ACQUÉREUR n.m. (pl. *sous-acquéreurs*). DR. Celui qui a acquis d'un précédent acquéreur.

SOUS-ADMINISTRÉ, E adj. (pl. *sous-administrés, es*). Insuffisamment administré.

SOUS-AFFRÈTEMENT n.m. (pl. *sous-affrètements*). DR. MAR. Contrat par lequel un affréteur sous-loue le navire affrété.

SOUS-ALIMENTATION n.f. (pl. *sous-alimentations*). **1.** Insuffisance quantitative de l'apport alimentaire assez prolongée pour provoquer des troubles organiques ou fonctionnels. **2.** État pathologique qui en résulte.

SOUS-ALIMENTÉ, E adj. Qui souffre de sous-alimentation. *Des populations sous-alimentées.*

SOUS-ALIMENTER v.t. Alimenter insuffisamment.

SOUS-AMENDEMENT n.m. (pl. *sous-amendements*). Modification à un amendement.

SOUS-ARACHNOÏDIEN, ENNE adj. (pl. *sous-arachnoïdiens, ennes*). ANAT. Situé au-dessous de l'arachnoïde.

SOUS-ARBRISSEAU n.m. (pl. *sous-arbrisseaux*). BOT. Plante de la taille d'une herbe, ligneuse au moins à sa base (bruyère, lavande).

SOUS-ASSURER v.t. DR. Assurer un bien pour une somme inférieure à sa valeur réelle.

SOUS-BARBE n.f. (pl. *sous-barbes*). **1.** Pièce du licol qu'on fixe sous l'auge et qui réunit les deux montants de ce licol. **2.** MAR. Cordage allant du beaupré à la guibre et servant à tenir cet espar contre les efforts provenant des étais.

SOUS-BAS n.m. Socquette basse emboîtant juste le tour du pied, portée entre la chaussure et le bas. SYN. : *protège-bas.*

SOUS-BOIS n.m. **1.** Végétation qui pousse sous les arbres d'une forêt. **2.** Espace recouvert par les arbres d'une forêt. **3.** Dessin, peinture représentant l'intérieur d'une forêt.

SOUS-BRIGADIER n.m. (pl. *sous-brigadiers*). Douanier ou gardien de la paix d'un rang analogue à celui de caporal.

SOUS-CALIBRÉ, E adj. (pl. *sous-calibrés, es*). Se dit d'un projectile de calibre inférieur à celui du canon qui le tire.

SOUS-CAVAGE n.m. (pl. *sous-cavages*). MIN. Excavation faite à la partie inférieure du front de taille.

SOUS-CHEF n.m. (pl. *sous-chefs*). Celui qui seconde le chef, qui dirige en son absence.

SOUS-CLASSE n.f. (pl. *sous-classes*). SC. DE LA V. Subdivision d'une classe.

SOUS-CLAVIER, ÈRE adj. (pl. *sous-claviers, ères*). ANAT. Qui est sous la clavicule.

SOUS-COMITÉ n.m. (pl. *sous-comités*). Subdivision d'un comité, chargée d'étudier une question particulière.

SOUS-COMMISSION n.f. (pl. *sous-commissions*). Réunion d'un petit nombre de personnes désignées parmi les membres d'une commission afin de préparer le travail.

SOUS-COMPTOIR n.m. (pl. *sous-comptoirs*). Succursale d'un comptoir.

SOUS-CONSOMMATION n.f. (pl. *sous-consommations*). Consommation inférieure à la normale.

SOUS-CONTINENT n.m. (pl. *sous-continents*). *Sous-continent indien :* partie de l'Asie continentale située au sud de l'Himalaya.

SOUS-CORTICAL, E, AUX adj. NEUROL. Relatif aux structures du cerveau situées sous le cortex cérébral.

SOUS-COUCHE n.f. (pl. *sous-couches*). Première couche de peinture sur une surface.

SOUSCRIPTEUR n.m. **1.** Celui qui souscrit un effet de commerce. **2.** Celui qui prend part à une souscription.

SOUSCRIPTION n.f. (lat. *subscriptio*). **1.** Engagement pris de s'associer à une entreprise, d'acheter un ouvrage en cours de publication, etc. ; somme qui doit être versée par le souscripteur. **2.** Indication sous la signature d'une lettre du nom et du titre de l'expéditeur. **3.** DR. Signature mise au bas d'un acte pour l'approuver. **4.** BOURSE. Participation à une augmentation de capital par appel au public, à une émission publique d'obligations. ◇ *Droit de souscription :* privilège accordé à un actionnaire de participer par priorité à une augmentation de capital.

SOUSCRIRE v.t. (lat. *subscribere*) [99]. **1.** DR. Revêtir un écrit de sa signature pour l'approuver. **2.** S'engager à verser une certaine somme en contrepartie de qqch. *Souscrire un abonnement à une revue.* ◆ v.t. ind. *(à).* Donner son adhésion, son approbation (à qqch). *Souscrire à un arrangement.* ◆ v.i. **1.** S'engager à contribuer financièrement à qqch, à prendre sa part d'une dépense commune. *Souscrire pour un monument.* **2.** Prendre l'engagement d'acheter, moyennant un prix convenu, un ouvrage qui doit être publié.

SOUS-CUTANÉ, E adj. (pl. *sous-cutanés, es*). **1.** Situé sous la peau. *Tumeur sous-cutanée.* **2.** Qui se fait sous la peau ; hypodermique. *Injection sous-cutanée.*

SOUS-DÉCLARER v.t. **1.** Ne pas déclarer la totalité de (ses revenus). **2.** Déclarer un bien au-dessous de sa valeur.

SOUS-DÉVELOPPÉ, E adj. et n. (pl. *sous-développés, es*). **1.** Qui se trouve en deçà d'un niveau normal de développement. **2.** Se dit d'un pays dont les habitants ont un faible niveau de vie moyen en raison, notamm., de l'insuffisance de la production agricole, du faible développement de l'industrie et, fréquemment, d'une croissance démographique plus rapide que la progression du revenu national. (On dit aussi *pays en développement.*)

SOUS-DÉVELOPPEMENT n.m. (pl. *sous-développements*). Ensemble des caractères d'un pays sous-développé.

SOUS-DIACONAT n.m. (pl. *sous-diaconats*). RELIG. CATH. Ordre sacré précédant le diaconat (supprimé par la réforme de 1972).

SOUS-DIACRE n.m. (pl. *sous-diacres*). Anc. Clerc ayant reçu le sous-diaconat.

SOUS-DIRECTEUR, TRICE n. (pl. *sous-directeurs, trices*). Personne qui dirige en second.

SOUS-DOMINANTE n.f. (pl. *sous-dominantes*). MUS. Quatrième degré de la gamme diatonique, au-dessous de la dominante.

SOUS-EFFECTIF n.m. (pl. *sous-effectifs*). Effectif inférieur à la normale.

SOUS-EMPLOI n.m. (pl. *sous-emplois*). Emploi d'une partie seulement de la main-d'œuvre disponible.

SOUS-EMPLOYER v.t. [13]. Employer de manière insuffisante.

SOUS-ENSEMBLE n.m. (pl. *sous-ensembles*). MATH. *Sous-ensemble (d'un ensemble) :* partie de cet ensemble.

SOUS-ENTENDRE v.t. [73]. Faire comprendre qqch sans le dire ; ne pas exprimer franchement sa pensée. ◇ *Être sous-entendu :* être implicite, ne pas être exprimé mais pouvoir être facilement supposé, rétabli.

SOUS-ENTENDU n.m. (pl. *sous-entendus*). Ce qu'on fait comprendre sans le dire. *Une lettre pleine de sous-entendus.*

SOUS-ENTREPRENEUR n.m. (pl. *sous-entrepreneurs*). Entrepreneur qui se substitue, pour l'exécution d'un travail, à l'entrepreneur qui en a reçu la commande.

SOUS-ÉQUIPÉ, E adj. (pl. *sous-équipés, es*). ÉCON. Dont l'équipement est insuffisant. *Région sous-équipée.*

SOUS-ÉQUIPEMENT n.m. (pl. *sous-équipements*). ÉCON. État d'une nation, d'une région sous-équipées.

SOUS-ESPACE n.m. (pl. *sous-espaces*). MATH. Sous-ensemble d'un espace possédant les mêmes propriétés ou la même structure que l'espace lui-même.

SOUS-ESPÈCE n.f. (pl. *sous-espèces*). SC. DE LA V. Niveau de la classification immédiatement inférieur à l'espèce et supérieur à la variété.

SOUS-ESTIMATION n.f. (pl. *sous-estimations*). Action de sous-estimer.

SOUS-ESTIMER v.t. Apprécier au-dessous de sa valeur réelle. *Sous-estimer un adversaire.*

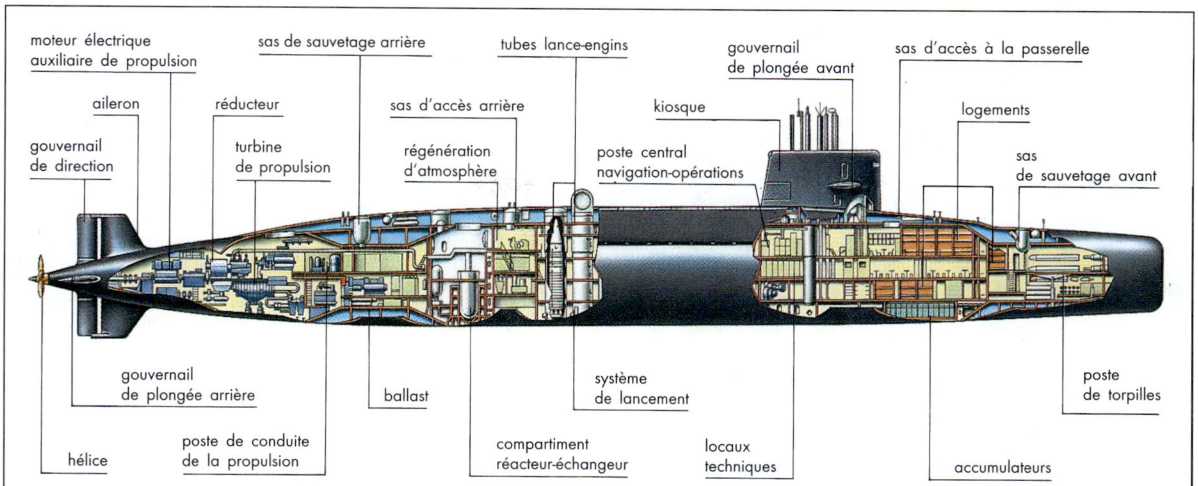

sous-marin nucléaire lanceur d'engins, type *le Redoutable*

SOUS-ÉVALUATION n.f. (pl. *sous-évaluations*). Action de sous-évaluer.

SOUS-ÉVALUER v.t. Évaluer (qqch) au-dessous de sa valeur. *Sous-évaluer un stock.*

SOUS-EXPLOITATION n.f. (pl. *sous-exploitations*). ÉCON. Exploitation insuffisante.

SOUS-EXPLOITER v.t. ÉCON. Exploiter insuffisamment.

SOUS-EXPOSER v.t. PHOT. Exposer insuffisamment (une émulsion photographique).

SOUS-EXPOSITION n.f. (pl. *sous-expositions*). PHOT. Exposition insuffisante.

SOUS-FAÎTE n.m. (pl. *sous-faîtes*). CONSTR. Pièce de charpente qui, placée horizontalement dans un comble au-dessous du faîte, contribue au contreventement de l'ensemble.

SOUS-FAMILLE n.f. (pl. *sous-familles*). SC. DE LA V. Niveau de la classification partageant directement la famille.

SOUS-FIFRE n.m. (pl. *sous-fifres*). Fam. Personne qui occupe un emploi secondaire.

SOUS-FILIALE n.f. (pl. *sous-filiales*). Filiale d'une filiale.

SOUS-GARDE n.f. (pl. *sous-gardes*). Pièce qui protège la détente d'une arme à feu.

SOUS-GENRE n.m. (pl. *sous-genres*). SC. DE LA V. Subdivision du genre.

SOUS-GLACIAIRE adj. (pl. *sous-glaciaires*). GÉOGR. Qui concerne la région où le glacier est en contact avec la roche.

SOUS-GORGE n.f. inv. Partie de la bride qui passe sous la gorge du cheval.

SOUS-GOUVERNEUR n.m. (pl. *sous-gouverneurs*). Fonctionnaire d'un rang inférieur à celui de gouverneur.

SOUS-GROUPE n.m. (pl. *sous-groupes*). Subdivision d'un groupe. ◇ MATH. Dans un groupe, sous-ensemble qui, pour la loi de composition du groupe, possède lui aussi la structure de groupe.

SOUS-HOMME n.m. (pl. *sous-hommes*). Homme considéré comme inférieur.

SOUS-HUMANITÉ n.f. (pl. *sous-humanités*). Condition de sous-homme ; ensemble des sous-hommes.

SOUS-JACENT, E adj. (de *sous* et lat. *jacens*, qui est étendu) [pl. *sous-jacents, es*]. **1.** Qui est placé dessous. *Muscles sous-jacents.* **2.** Caché. *Théories, idées sous-jacentes.*

SOUS-LIEUTENANT n.m. (pl. *sous-lieutenants*). Officier titulaire du premier grade de la hiérarchie dans les armées de terre et de l'air. (→ **grade.**)

SOUS-LOCATAIRE n. (pl. *sous-locataires*). Personne qui occupe un local en sous-location.

SOUS-LOCATION n.f. (pl. *sous-locations*). Action de sous-louer.

SOUS-LOUER v.t. **1.** Donner à loyer la totalité ou une partie d'une maison ou d'un appartement dont on est locataire principal. **2.** Prendre à loyer du locataire principal une portion de maison ou d'appartement.

SOUS-MAIN n.m. inv. **1.** Accessoire de bureau sur lequel on place la feuille de papier où l'on écrit pour qu'elle ne repose pas directement sur la table. **2.** *En sous-main* : en cachette, secrètement.

SOUS-MAÎTRE n.m. (pl. *sous-maîtres*). *Sous-maître de manège* : maréchal des logis-chef ou maréchal des logis appartenant au Cadre noir de Saumur.

SOUS-MAÎTRESSE n.f. (pl. *sous-maîtresses*). Vx. Surveillante de maison de tolérance.

1. SOUS-MARIN, E adj. (pl. *sous-marins, es*). **1.** Qui est sous la mer. *Volcan sous-marin.* **2.** Qui s'effectue sous la mer. *Navigation sous-marine.* ◇ *Chasse, pêche sous-marine* : sport qui consiste à s'approcher sous l'eau, à la nage, du poisson et à le tirer avec un fusil-harpon.

2. SOUS-MARIN n.m. (pl. *sous-marins*). **1.** Bâtiment de guerre conçu pour naviguer de façon prolongée et autonome sous l'eau et pour combattre en plongée. **2.** Tout bâtiment capable d'être immergé pour accomplir une mission de recherche ou de sauvetage. **3.** Fam. Personne qui s'introduit dans une organisation pour espionner. **4.** Canada. Morceau de pain long garni de charcuterie, de fromage, etc.

SOUS-MARINIER n.m. (pl. *sous-mariniers*). Membre de l'équipage d'un sous-marin.

SOUS-MARQUE n.f. (pl. *sous-marques*). Marque utilisée par un fabricant qui exploite par ailleurs une marque plus connue.

SOUS-MAXILLAIRE adj. (pl. *sous-maxillaires*). ANAT. Situé sous la mâchoire.

SOUS-MÉDICALISÉ, E adj. (pl. *sous-médicalisés, es*). Se dit d'un pays ou d'une région où la densité médicale trop faible ne permet pas de répondre correctement aux besoins de la population sur le plan de la santé.

SOUS-MINISTRE n.m. (pl. *sous-ministres*). Canada. Haut fonctionnaire qui seconde un ministre.

SOUS-MULTIPLE adj. et n.m. (pl. *sous-multiples*). **1.** MATH. Se dit d'un nombre contenu un nombre entier de fois dans un autre nombre. **2.** MÉTROL. Quotient d'une unité de mesure par une puissance entière, positive de 10. *Le centimètre est un sous-multiple du mètre.*

SOUS-NAPPE n.f. (pl. *sous-nappes*). Molleton qu'on place sous la nappe.

SOUS-NORMALE n.f. (pl. *sous-normales*). MATH. Projection sur un axe du segment de la normale en un point d'une courbe compris entre ce point et le point où la normale rencontre l'axe considéré.

SOUS-NUTRITION n.f. (pl. *sous-nutritions*). Nutrition insuffisante.

SOUS-ŒUVRE n.m. sing. *En sous-œuvre,* se dit d'un travail neuf ou en reprise effectué sous des parties portantes d'une construction, celles-ci étant dûment soutenues pendant l'opération.

SOUS-OFF n.m. (pl. *sous-offs*). Arg. mil. Sous-officier.

SOUS-OFFICIER n.m. (pl. *sous-officiers*). Militaire d'active ou de réserve situé dans la hiérarchie entre l'homme du rang et l'officier et dont le grade est compris entre ceux de sergent dans les armées de terre et de l'air ou de second maître dans la marine et celui de major dans les trois armées.

SOUS-ORBITAIRE adj. (pl. *sous-orbitaires*). ANAT. Situé sous l'orbite.

SOUS-ORBITAL, E, AUX adj. ASTRONAUT. Suborbital.

SOUS-ORDRE n.m. (pl. *sous-ordres*). **1.** Personne soumise aux ordres d'une autre ; subalterne. **2.** SC. DE LA V. Niveau de la classification partageant directement un ordre. **3.** *Créancier en sous-ordre* : créancier d'un créancier.

SOUS-PALAN (EN) loc. adv. Se dit d'une marchandise qui, extraite des cales du navire, est livrée au port à son destinataire.

SOUS-PAYER v.t. [11]. Payer au-dessous du taux légal ou insuffisamment. *Sous-payer ses employés.*

SOUS-PEUPLÉ, E adj. (pl. *sous-peuplés, es*). Peuplé insuffisamment.

SOUS-PEUPLEMENT n.m. (pl. *sous-peuplements*). Peuplement insuffisant eu égard aux ressources exploitées ou potentielles d'un pays.

SOUS-PIED n.m. (pl. *sous-pieds*). Bande de tissu extensible qui passe sous le pied et s'attache au bas du pantalon pour le maintenir tendu.

SOUS-PLAT n.m. (pl. *sous-plats*). Belgique. Dessous-de-plat.

SOUS-PRÉFECTORAL, E, AUX adj. Relatif à une sous-préfecture, à un sous-préfet.

SOUS-PRÉFECTURE n.f. (pl. *sous-préfectures*). **1.** Subdivision de département administrée par un sous-préfet. **2.** Ville où réside le sous-préfet. **3.** Ensemble des services de l'administration sous-préfectorale.

SOUS-PRÉFET n.m. (pl. *sous-préfets*). Fonctionnaire, représentant de l'État dans l'arrondissement. (Le grade de sous-préfet donne vocation à occuper des fonctions de secrétaire général de la préfecture ou de directeur du cabinet du préfet.)

SOUS-PRÉFÈTE n.f. (pl. *sous-préfètes*). **1.** Femme d'un sous-préfet. **2.** Femme sous-préfet.

SOUS-PRESSION n.f. (pl. *sous-pressions*). Pression dirigée du bas vers le haut. (La sous-pression de l'eau s'exerce sur le radier d'une construction.)

SOUS-PRODUCTION n.f. (pl. *sous-productions*). Production insuffisante.

SOUS-PRODUIT n.m. (pl. *sous-produits*). **1.** Produit dérivé d'un autre. **2.** Mauvaise imitation, produit de qualité médiocre. **3.** Corps obtenu accessoirement dans une préparation chimique industrielle ou comme résidu d'une extraction. **4.** Substance utile associée dans le minerai au produit recherché par l'exploitation.

SOUS-PROGRAMME n.m. (pl. *sous-programmes*). INFORM. Séquence d'instructions réalisant une fonction particulière, conçue pour être utilisée dans différents programmes.

SOUS-PROLÉTAIRE n. (pl. *sous-prolétaires*). Personne qui fait partie du sous-prolétariat.

SOUS-PROLÉTARIAT n.m. (pl. *sous-prolétariats*). Couche sociale de travailleurs surexploités, disposant génér. de conditions de vie et de logement très insuffisantes et souvent constituée d'immigrés.

SOUS-PULL n.m. (pl. *sous-pulls*). Pull-over à mailles très fines et à col roulé, destiné à être porté sous un autre plus épais.

SOUS-QUARTIER n.m. (pl. *sous-quartiers*). MIL. Zone d'action confiée à une unité militaire de l'importance d'une compagnie dans une mission défensive, de pacification ou de sécurité du territoire.

SOUS-REFROIDI, E adj. (pl. *sous-refroidis, es*). Se dit d'une solution liquide dans un état métastable à une température où le solvant devrait cristalliser.

SOUS-SATURÉ, E adj. (pl. *sous-saturés, es*). GÉOL. Se dit d'une roche magmatique déficitaire en silice.

SOUS-SCAPULAIRE adj. (pl. *sous-scapulaires*). ANAT. Qui est placé sous l'omoplate.

SOUS-SECRÉTAIRE n.m. (pl. *sous-secrétaires*). *Sous-secrétaire d'État :* membre du gouvernement subordonné à un secrétaire d'État ou à un ministre (notamm., en France, sous les IIIe et IVe Républiques).

SOUS-SECRÉTARIAT n.m. (pl. *sous-secrétariats*). *Sous-secrétariat d'État :* administration dirigée par un sous-secrétaire d'État.

SOUS-SECTEUR n.m. (pl. *sous-secteurs*). **1.** MIL. Zone d'un secteur correspondant à une unité de l'importance d'un régiment. **2.** Division d'un secteur quelconque.

SOUS-SECTION n.f. (pl. *sous-sections*). Organe d'instruction des affaires et du jugement des affaires simples au Conseil d'État. (Il y a 10 sous-sections.)

SOUS-SEING n.m. inv. DR. Acte sous seing* privé.

SOUSSIGNÉ, E adj. et n. Qui a mis son nom au bas d'un acte. *Le soussigné déclare...*

SOUS-SOL n.m. (pl. *sous-sols*). **1.** Couche immédiatement au-dessous de la terre végétale. *Un sous-sol sablonneux.* **2.** Partie ou ensemble des couches géologiques d'une région. *Les richesses du sous-sol.* **3.** Étage souterrain ou partiellement souterrain d'un bâtiment.

SOUS-SOLAGE n.m. (pl. *sous-solages*). Labour qui fragmente les parties profondes du sol sans les ramener à la surface.

SOUS-SOLEUSE n.f. (pl. *sous-soleuses*). Charrue conçue pour effectuer le sous-solage.

SOUS-STATION n.f. (pl. *sous-stations*). Ensemble des appareils de transformation ou de distribution groupés dans un bâtiment ou à l'air libre et destinés à l'alimentation d'un réseau électrique.

SOUS-SYSTÈME n.m. (pl. *sous-systèmes*). Système subordonné à un autre.

SOUS-TANGENTE n.f. (pl. *sous-tangentes*). MATH. Projection sur un axe du segment de la tangente en un point d'une courbe compris entre ce point et le point où la tangente rencontre l'axe considéré.

SOUS-TASSE ou **SOUTASSE** n.f. (pl. *sous-tasses*). Belgique. Soucoupe.

SOUS-TENDRE v.t. [73]. **1.** GÉOM. Être la corde d'un arc de courbe. **2.** Être à l'origine, à la base de (qqch). *Le principe de la lutte des classes sous-tend cette analyse.*

SOUS-TENSION n.f. (pl. *sous-tensions*). Tension électrique inférieure à la normale.

SOUS-TITRAGE n.m. (pl. *sous-titrages*). CIN. Action de sous-titrer.

SOUS-TITRE n.m. (pl. *sous-titres*). **1.** Titre placé après le titre principal d'un livre. **2.** CIN. Traduction des dialogues d'un film en version originale, qui paraît au bas de l'image sur l'écran.

SOUS-TITRER v.t. Mettre un sous-titre, des sous-titres à.

SOUSTRACTEUR n.m. Organe de calcul analogique ou numérique permettant d'effectuer la différence de deux nombres.

SOUSTRACTIF, IVE adj. MATH. Relatif à la soustraction.

SOUSTRACTION n.f. **1.** DR. Prise de possession d'une chose contre le gré et à l'insu de son détenteur légitime. (Elle est un des éléments du vol.) **2.** MATH. Opération notée – (moins), inverse de l'addition, qui, deux nombres a et b étant donnés, consiste à trouver un nombre c, nommé différence, tel que $a = b + c$.

SOUSTRAIRE v.t. (lat. *subtrahere,* retirer, avec l'infl. de *sous*) [112]. **1.** Retrancher une quantité d'une autre, en faire la soustraction. *Si l'on soustrait 50 de 120, on obtient 70.* **2.** Prendre qqch, l'enlever de qqch, génér. par des moyens irréguliers. *Soustraire un dossier des archives.* **3.** Litt. Dérober qqch à qqn. *L'escroc lui a soustrait une somme considérable.* **4.** Litt. Faire échapper qqn à qqch, lui permettre d'y échapper. *Rien ne peut vous soustraire à cette obligation.* **5.** Litt. *Soustraire qqn, qqch aux regards, à la vue,* les cacher, les placer pour qu'ils ne soient pas vus.

SOUS-TRAITANCE n.f. (pl. *sous-traitances*). Exécution, par un artisan ou un industriel, d'une fabrication ou d'un traitement de pièces pour le compte d'un autre industriel, le donneur d'ordres, conformément à des normes ou plans imposés par celui-ci.

SOUS-TRAITANT n.m. (pl. *sous-traitants*). Entrepreneur qui fait de la sous-traitance.

SOUS-TRAITER v.t. Confier à un sous-traitant tout ou partie d'un marché primitivement conclu par un autre.

SOUS-UTILISER v.t. Utiliser de façon insuffisante.

SOUS-VENTRIÈRE n.f. (pl. *sous-ventrières*). Courroie attachée aux deux limons d'une voiture ou d'une charrette et qui passe sous le ventre du cheval.

SOUS-VERGE n.m. inv. Cheval attelé, non monté, placé à la droite d'un autre lui aussi attelé et portant le cavalier.

SOUS-VERRE n.m. inv. Ensemble constitué d'une image (gravure, dessin, photographie) entre une plaque de verre et un carton, maintenu par une bande adhésive, une baguette, etc.

SOUS-VÊTEMENT n.m. (pl. *sous-vêtements*). Pièce de lingerie ou de bonneterie que l'on porte sous les vêtements.

SOUS-VIRER v.i. En parlant d'un véhicule automobile, avoir les roues avant qui, dans un virage, tendent à s'échapper en continuant tout droit vers l'extérieur de la courbe.

SOUS-VIREUR, EUSE adj. (pl. *sous-vireurs, euses*). Se dit d'un véhicule automobile qui sous-vire.

SOUTACHE n.f. (hongr. *sujtás*). Tresse de galon appliquée sur diverses parties du costume militaire (écussons) ou sur une étoffe dans un but décoratif.

SOUTACHER v.t. Garnir d'une soutache.

SOUTANE n.f. (it. *sottana*). Vêtement long en forme de robe, porté par les ecclésiastiques.

SOUTASSE n.f. Belgique. → ***sous-tasse.***

SOUTE n.f. (anc. prov. *sota*). **1.** Compartiment fermé de l'entrepont et des cales d'un navire, servant à contenir du matériel, du combustible, des munitions ou des vivres. **2.** Compartiment réservé au fret ou aux bagages, aménagé dans le fuselage d'un avion. ◆ pl. Combustibles liquides pour les navires.

SOUTENABLE adj. **1.** Qui peut être supporté, enduré. **2.** Qui peut se soutenir par de bonnes raisons. *Opinion soutenable.*

SOUTENANCE n.f. Action de soutenir une thèse, un mémoire.

SOUTENANT n.m. Personne qui soutient une thèse, un mémoire.

SOUTÈNEMENT n.m. **1.** Action de soutenir les parois d'une excavation ; dispositif de soutien ; épaulement, contrefort. **2.** *Mur de soutènement :* ouvrage résistant à la poussée des terres. – *Soutènement marchant,* composé de piles hydrauliques.

SOUTENEUR n.m. **1.** Litt. Personne qui soutient, qui défend une idée, une cause. **2.** Individu qui vit de la prostitution de filles qu'il prétend protéger ; proxénète.

SOUTENIR v.t. (lat. *sustinere*) [40]. **I. 1.** Maintenir dans une position grâce à un support, servir de support, d'appui à. *Soutenir de jeunes arbres avec des tuteurs.* **2.** Maintenir qqn debout, l'empêcher de tomber, de s'affaisser. *Deux personnes le soutenaient pour marcher.* **3.** Empêcher qqn, un organe de s'affaiblir, de défaillir ; remonter, stimuler. *Ce médicament est destiné à soutenir le cœur.* **4.** Fig. Empêcher de faiblir, procurer une aide, un réconfort, etc., à qqn. *Soutenir le moral de qqn.* **5.** Agir pour maintenir qqch à un certain niveau, empêcher de faiblir. *Soutenir le franc, l'économie. Soutenir l'intérêt de ses lecteurs. Soutenir son effort.* – *Soutenir son rang, sa réputation :* se comporter de façon conforme à son rang, à sa réputation. **6.** Appuyer, défendre. *Parti qui soutient le gouvernement.* ◇ Renforcer une enchère du partenaire, aux cartes. **7.** Affirmer (une opinion). *Je soutiens qu'il se trompe.* – *Soutenir une thèse, un mémoire,* les exposer, au cours d'une soutenance. **8.** CHORÉGR. Maintenir le plus longtemps possible (une attitude) ou poursuivre tout effort commencé. **II.** Résister sans faiblir à. *Soutenir les assauts de l'ennemi.* – *Soutenir le regard de qqn,* le regarder dans les yeux sans se laisser intimider. – *Soutenir la comparaison avec qqn, qqch,* ne pas leur être inférieur. ◆ **se soutenir** v.pr. **1.** Se maintenir en position d'équilibre dans l'air, dans l'eau. *Se soutenir dans l'eau grâce à une bouée.* **2.** Fig. Se maintenir au même degré, conserver son niveau. *Un film dont l'intérêt se soutient du début à la fin.* **3.** Être affirmé valablement. *Un point de vue qui peut se soutenir.* **4.** Se prêter une mutuelle assistance ; s'entraider.

SOUTENU, E adj. **1.** Qui ne se relâche pas. *Intérêt soutenu. Effort soutenu.* **2.** Qui présente une certaine intensité, en parlant d'une couleur. *Un bleu soutenu.* **3.** *Langue soutenue :* niveau de langue caractérisé par une certaine recherche dans le choix des mots et la syntaxe. **4.** *Style soutenu,* constamment noble, élevé, élégant.

1. SOUTERRAIN, E adj. **1.** Sous terre. *Abri souterrain. Travaux souterrains.* **2.** Qui se trame secrètement. *Menées souterraines.*

2. SOUTERRAIN n.m. Couloir, galerie qui s'enfonce sous terre ; ouvrage construit au-dessous du niveau du sol pour livrer passage à une voie de communication ou à une galerie d'amenée ou d'évacuation des eaux. (On dit aussi *tunnel.*)

SOUTIEN n.m. **1.** Action de soutenir qqn ; appui. *Nous vous apporterons notre soutien.* **2.** Action de soutenir qqch ; aide. *Mesures de soutien à l'économie.* **3.** Personne, groupe qui soutient un groupe, qqn ; appui, défenseur. *C'est un des plus sûrs soutiens du gouvernement.* – DR. *Soutien de famille :* personne qui assure, grâce à son activité, la subsistance matérielle de sa famille et qui, de ce fait, bénéficie d'un statut particulier dans le cadre du service national. **4.** Ce qui soutient qqch ; support. *Cette colonne est le soutien de la voûte.*

SOUTIEN-GORGE n.m. (pl. *soutiens-gorge*). Pièce de lingerie féminine servant à maintenir la poitrine.

SOUTIER n.m. Matelot qui était chargé d'alimenter en charbon les chaufferies d'un navire.

SOUTIRAGE n.m. Action de soutirer ; son résultat.

SOUTIRER v.t. (de *sous* et *tirer*). **1.** Transvaser doucement (du vin, un liquide ou un gaz) d'un récipient dans un autre. **2.** Obtenir par ruse ou par adresse. *Soutirer de l'argent à qqn.*

SOUTRA n.m. → ***sutra.***

SOUTRAGE n.m. (anc. gascon *sostratge,* litière). Enlèvement périodique de la végétation qui tapisse une forêt et qui en gêne l'exploitation.

SOUVENANCE n.f. Litt. **1.** *À ma souvenance :* autant que je me le rappelle. **2.** *Avoir souvenance de qqch,* en avoir le souvenir.

1. SOUVENIR n.m. **1.** Survivance, dans la mémoire, d'une sensation, d'une impression, d'une idée, d'un évènement passés. *Un souvenir agréable.* **2.** Objet qui rappelle la mémoire de qqn ou d'un évènement. *Acceptez ce bijou comme souvenir.* **3.** Petit objet vendu aux touristes sur les lieux particulièrement visités. **4.** *Rappeler au bon souvenir (de qqn),* formule de politesse par laquelle on prie son interlocuteur de transmettre à qqn l'expression de sa sympathie.

2. SOUVENIR (SE) v.pr. [40]. **1.** Avoir présent à l'esprit une image liée au passé. *Souvenez-vous de vos promesses.* **2.** *Je m'en souviendrai :* je me vengerai, il me le paiera. ◆ v. impers. Litt. Revenir à la mémoire. *Vous souvient-il que...*

SOUVENIR-ÉCRAN n.m. (pl. *souvenirs-écrans*). PSYCHAN. Souvenir d'enfance insignifiant évoqué par l'adulte à la place d'un souvenir chargé d'angoisse et refoulé.

SOUVENT adv. (lat. *subinde,* aussitôt). **1.** Fréquemment. **2.** D'ordinaire, dans de nombreux cas.

1. SOUVERAIN, E adj. (lat. *super,* au-dessus). **1.** Litt. Qui atteint le plus haut degré. *Un souverain mépris. Un bonheur souverain.* **2.** Qui exerce un pouvoir suprême, supérieur. *Le peuple est souverain.* **3.** Qui n'est susceptible d'aucun recours. *Jugement souverain.* **4.** *Remède souverain,* dont l'efficacité est certaine, infaillible.

2. SOUVERAIN, E n. et adj. Personne qui exerce le pouvoir suprême ; monarque, roi, empereur.

3. SOUVERAIN n.m. PHILOS. Instance qui détient en droit le pouvoir politique (un individu, une assemblée ou le peuple).

4. SOUVERAIN n.m. (angl. *sovereign*). Monnaie d'or d'Angleterre, qui valait une livre sterling ou 25 francs avant 1914.

SOUVERAINEMENT adv. **1.** Au plus haut point. *Livre souverainement ennuyeux.* **2.** Sans appel, avec un pouvoir souverain.

SOUVERAINETÉ n.f. **1.** Autorité suprême. *Souveraineté du peuple.* **2.** Pouvoir suprême reconnu à l'État, qui implique l'exclusivité de sa compétence sur le territoire national et son indépendance dans l'ordre international où il n'est limité que par ses propres engagements. – *Souveraineté nationale :* principe du droit public français selon lequel la souveraineté, jadis exercée par le roi, l'est aujourd'hui par l'ensemble des citoyens.

SOUVERAINISTE adj. et n. Canada. Partisan de l'accession d'une province au statut d'État souverain.

SOUVLAKI n.m. (mot gr.). Brochette de viande à la grecque.

SOVIET [sɔvjɛt] n.m. (mot russe, *conseil*). **1.** Assemblée des délégués élus, en Russie, puis en U. R. S. S. **2.** *Soviet suprême :* organe supérieur du pouvoir d'État en U. R. S. S., jusqu'en 1991 (à l'échelon fédéral et à l'échelon républicain) et dans certaines républiques devenues indépendantes depuis cette date.

SOVIÉTIQUE adj. Relatif aux soviets, à l'U. R. S. S. *L'économie soviétique.* ◆ adj. et n. Habitant de l'U. R. S. S.

SOVIÉTISATION n.f. Action de soviétiser.

SOVIÉTISER v.t. Soumettre au régime des soviets, à l'influence de l'Union soviétique.

SOVIÉTOLOGUE n. Spécialiste de l'Union soviétique.

SOVKHOZ ou **SOVKHOZE** [sɔvkoz] n.m. (mot russe). Grande exploitation agricole d'État, en U. R. S. S.

SOYER [swaje] n.m. Vx. Verre de champagne glacé qui se buvait avec une paille.

1. SOYEUX, EUSE [swajø, øz] adj. Fin et doux au toucher comme de la soie. *Laine soyeuse.*

2. SOYEUX [swajø] n.m. Industriel travaillant la soie ou négociant en soieries, à Lyon.

SPA (BARRES DE) : obstacle de jumping comportant plusieurs barres étagées en oblique.

SPACE OPERA [spesɔpera] n.m. (angl. *space,* espace, et *opera,* opéra) [pl. *space operas*]. Anglic. Ouvrage de science-fiction (roman, film, bande dessinée) qui évoque les voyages dans l'espace, les aventures et les combats entre héros et empires galactiques.

SPACIEUSEMENT adv. De façon spacieuse.

SPACIEUX, EUSE adj. (lat. *spatiosus*). Vaste, où l'on dispose de beaucoup d'espace. *Maison spacieuse.*

SPADASSIN n.m. (it. *spadaccino,* de *spada,* épée). **1.** Vx. Amateur de duels. **2.** Litt. Tueur à gages.

SPADICE n.m. (gr. *spadix*). BOT. Inflorescence constituée par un épi enveloppé dans une bractée appelée *spathe,* qu'on rencontre chez les palmiers et les arums.

SPADICIFLORE n.f. *Spadiciflores :* ordre de plantes monocotylédones ayant des spadices.

SPAGHETTI n.m. (mot it.) [pl. *spaghettis* ou inv.]. Pâte alimentaire de semoule de blé dur, déshydratée et présentée sous forme de longs bâtonnets pleins.

SPAHI n.m. (mot turc). Cavalier de l'armée française appartenant à un corps créé en 1834 en Algérie, avec un recrutement en principe autochtone.

SPALAX n.m. (mot gr., *taupe*). Rongeur de l'Europe centrale (long. 20 cm), qui creuse de profondes galeries où il vit en société. Nom usuel : *rat-taupe.*

SPALLATION n.f. (de l'angl. *to spall,* éclater). PHYS. Éclatement, en nombreuses particules, du noyau d'un atome sous l'effet d'un bombardement corpusculaire assez intense.

SPALTER [spaltɛr] n.m. (de l'all. *spalten,* fendre). TECHN. Brosse plate dont les peintres se servent pour faire les faux bois.

SPANANDRIE n.f. BIOL. État d'une espèce animale où les mâles sont très rares et où la parthénogenèse est de règle.

SPANIOMÉNORRHÉE n.f. (gr. *spanios,* rare). MÉD. Rareté et espacement excessif des menstruations.

SPARADRAP [-dra] n.m. (lat. médiév. *sparadrapum*). Bande de papier, de tissu ou de matière plastique, dont une face, destinée à être appliquée sur la peau, est enduite de substance adhésive, parfois additionnée de produits pharmaceutiques actifs.

SPARDECK n.m. (mot angl., de *spar,* barre, et *deck,* pont). MAR. Pont léger sur montants, qui s'étend sans interruption de l'avant jusqu'à l'arrière, sans dunette ni gaillards.

SPARGANIER n.m. Plante aquatique à feuilles rubanées, dite communément *ruban d'eau.*

SPARIDÉ n.m. *Sparidés :* famille de poissons à nageoires pelviennes insérées sous le thorax, à une seule dorsale ayant un rayon épineux, comme la daurade, le pagre, le pagel.

SPARRING-PARTNER [spariŋpartnɛr] n.m. (mot angl.) [pl. *sparring-partners*]. Partenaire d'entraînement dans les sports de combat, notamm. en boxe.

SPART ou **SPARTE** n.m. (gr. *sparton*). Graminée telle que l'alfa, dont les feuilles sont utilisées, après rouissage, en sparterie.

SPARTAKISME n.m. Mouvement socialiste, puis communiste, allemand (en all. *Spartakusbund*), dirigé par Karl Liebknecht et Rosa Luxemburg de 1914-1916 à 1919, qui réunit des éléments minoritaires de la social-démocratie, et qui fut finalement vaincu en janvier 1919 par les forces conservatrices.

SPARTAKISTE adj. et n. (all. *Spartakist,* de *Spartacus*). Qui appartient au spartakisme.

SPARTÉINE n.f. Alcaloïde extrait du genêt à balai, tonique du cœur et diurétique, utilisé princ. pour faciliter les accouchements.

SPARTERIE n.f. Ouvrage, tel que corde, natte, tapis, panier, etc., tressé en spart ; fabrication de ces objets.

1. SPARTIATE adj. et n. **1.** De Sparte. **2.** Qui rappelle la rigueur, l'austérité des coutumes de Sparte. ◇ *À la spartiate :* sévèrement.

2. SPARTIATE n.f. Sandale à lanières.

SPASME n.m. (gr. *spasmos,* contraction). Contraction pathologique des muscles et spécialement des muscles lisses.

SPASMODIQUE adj. Relatif au spasme ; qui a les caractères du spasme.

SPASMOLYTIQUE adj. et n.m. Antispasmodique.

SPASMOPHILE adj. et n. Atteint de spasmophilie.

SPASMOPHILIE n.f. Affection caractérisée par un état d'extrême excitabilité nerveuse et musculaire, se manifestant par des crampes, des fourmillements, des crises d'agitation et des malaises.

SPASMOPHILIQUE adj. Relatif à la spasmophilie.

SPATANGUE n.m. (gr. *spataggês*). Oursin en forme de cœur, qui vit dans les sables vaseux des côtes. (Long. 10 cm.)

SPATH n.m. (mot all.). MINÉR. Vx. Minéral à structure lamellaire et cristalline. – *Spath d'Islande :* variété pure de calcite cristallisée.

SPATHE n.f. (gr. *spathê*). BOT. Bractée entourant l'épi dans les spadices.

SPATHIQUE adj. De la nature du spath.

SPATIAL, E, AUX [spasjal, sjo] adj. **1.** Qui se rapporte à l'espace, à l'étendue. *La perception spatiale.* ◇ *Charge spatiale :* accumulation d'électrons entourant la cathode d'un tube électronique. **2.** TÉLÉCOMM. *Commutation spatiale :* commutation dans laquelle une communication en cours utilise seule une voie de transmission. **3.** Qui se rapporte à l'espace interplanétaire ou intersidéral. *Recherche spatiale.* – *Guerre spatiale :* conflit entre grandes puissances caractérisé par l'emploi, dans l'espace orbital, de moyens militaires offensifs ou défensifs.

SPATIALISATION n.f. Action de spatialiser.

SPATIALISER v.t. **1.** Adapter aux conditions de l'espace. **2.** PHYSIOL. Localiser une sensation auditive ou visuelle.

SPATIALITÉ n.f. (lat. *spatium,* espace). Caractère de ce qui est dans l'espace ou s'organise dans l'espace.

SPATIONAUTE n. Astronaute.

SPATIONEF n.m. Astronef.

SPATIO-TEMPOREL, ELLE adj. (pl. *spatio-temporels, elles*). Relatif à la fois à l'espace et au temps.

SPATULE n.f. (lat. *spatula*). **1.** Instrument de métal, de bois, etc., en forme de petite pelle. **2.** Partie antérieure et recourbée du ski. **3.** Oiseau échassier à bec élargi, qui niche sur les côtes ou dans les roseaux. (Long. 80 cm.)

SPATULÉ, E adj. En forme de spatule.

1. SPEAKER [spikœr] n.m. (mot angl., *celui qui parle*). **1.** Président de la Chambre des communes, en Grande-Bretagne. **2.** Président de la Chambre des représentants, aux États-Unis.

2. SPEAKER, SPEAKERINE [spikœr, spikrin] n. Annonceur, annonceuse (radio, télévision).

SPÉCIAL, E, AUX adj. (lat. *specialis,* de *species,* espèce). **1.** Particulier à une espèce de personnes ou de choses, approprié à un but. *Formation spéciale. Train spécial.* – *Mathématiques spéciales* ou *spéciale,* n.f. : classe d'enseignement supérieur qui suit la classe de mathématiques supérieures (2e année) et qui prépare aux concours des grandes écoles scientifiques. **2.** Qui constitue une exception. *Faveur spéciale.* **3.** Qui n'est pas commun, bizarre. *Une mentalité un peu spéciale.*

SPÉCIALE n.f. **1.** Huître plus grasse qu'une fine de claire, en raison d'un plus long séjour en claire (plusieurs mois). **2.** Dans un rallye automobile, épreuve sur parcours imposé.

SPÉCIALEMENT adv. De façon spéciale ; particulièrement.

SPÉCIALISATION n.f. Action de spécialiser, fait de se spécialiser.

SPÉCIALISER v.t. **1.** Rendre compétent dans un domaine déterminé, rendre apte à un métier, à un travail particulier. **2.** Restreindre le domaine d'action d'une activité, d'une entreprise tout en les rendant plus performantes dans la voie choisie. *Spécialiser les usines d'une région.* ◆ **se spécialiser** v.pr. Se consacrer à une branche déterminée, à un domaine particulier. *Se spécialiser en pédiatrie.*

SPÉCIALISTE n. et adj. **1.** Personne qui a des connaissances théoriques ou pratiques dans un domaine précis. **2.** Médecin qui se consacre à une discipline médicale ou aux maladies d'un système, d'un organe en particulier (par opp. à *généraliste*).

SPÉCIALITÉ n.f. **1.** Activité à laquelle on se consacre particulièrement ; ensemble des connaissances approfondies acquises dans une branche déterminée. – *Spécialité médicale :* branche particulière de la médecine exercée par un médecin spécialiste. **2.** Produit caractéristique d'une région, d'un restaurant, etc. *Le cassoulet est une spécialité toulousaine.* ◇ PHARM. Médicament préparé à l'avance, présenté sous un conditionnement particulier, caractérisé par une dénomination spéciale et enregistré au ministère de la Santé. **3.** Fam. Manie particulière de qqn, souvent agaçante. *Elle a la spécialité de ne jamais arriver à l'heure.* **4.** DR. Principe du droit budgétaire aux termes duquel les dépenses, lors du vote de la loi de finances, sont présentées au Parlement de façon détaillée. – *Spécialité administrative :* principe du droit public selon lequel le pouvoir de chaque autorité administrative est limité à sa sphère d'attributions.

SPÉCIATION n.f. BIOL. Apparition de différences entre deux populations d'une même espèce, entraînant leur séparation en deux espèces distinctes.

SPÉCIEUSEMENT adv. De façon spécieuse.

SPÉCIEUX, EUSE adj. (lat. *speciosus*, de *species*, aspect). Qui n'a qu'une apparence de vérité, sans valeur. *Raisonnement spécieux.*

SPÉCIFICATION n.f. **1.** Action de déterminer spécifiquement qqch. *Sans spécification d'heure ni de date.* **2.** Définition des caractéristiques essentielles (qualité, dimensions, etc.) que doit avoir une marchandise, une construction, un matériel, etc.

SPÉCIFICITÉ n.f. Qualité de ce qui est spécifique.

SPÉCIFIER v.t. Exprimer de manière précise, déterminer en détail. *La loi ne peut pas spécifier tous les cas de délit.*

SPÉCIFIQUE adj. **1.** Qui appartient en propre à une espèce, à une chose. ◇ SC. DE LA V. *Nom spécifique* : nom latin propre à une seule espèce à l'intérieur du genre. **2.** *Droits spécifiques* : droits de douane calculés sur les quantités physiques des produits qu'ils frappent.

SPÉCIFIQUEMENT adv. De façon spécifique.

SPÉCIMEN [specimɛn] n.m. (lat. *specimen*). **1.** Échantillon, modèle d'une catégorie. **2.** Exemplaire d'un livre, d'une revue offert gratuitement.

SPÉCIOSITÉ n.f. Caractère spécieux.

SPECTACLE n.m. (lat. *spectaculum*). **1.** Ce qui se présente au regard, à l'attention, et qui est capable d'éveiller un sentiment. *Contempler le spectacle d'un coucher de soleil.* **2.** Représentation théâtrale, projection cinématographique, etc. *La rubrique des spectacles dans un journal.* ◇ *À grand spectacle*, se dit d'un film, d'une pièce, d'une revue qui mettent en œuvre d'importants moyens et dont la mise en scène est luxueuse. – *Spectacle solo* : recomm. off. pour ***one-man-show***. **3.** Ensemble des activités du théâtre, du cinéma, du music-hall, etc. *L'industrie du spectacle.* **4.** *Se donner, s'offrir en spectacle* : s'afficher en public, attirer l'attention sur soi. **5.** (En app., avec ou sans trait d'union). Péj. Se dit de ce qui est organisé pour privilégier l'impact médiatique. *La politique spectacle.*

SPECTACULAIRE adj. Qui frappe l'imagination, qui fait sensation ; prodigieux. *Accident spectaculaire. Résultats spectaculaires.*

SPECTATEUR, TRICE n. (lat. *spectator*, qui regarde). **1.** Personne qui est témoin oculaire d'un évènement. **2.** Personne qui assiste à un spectacle artistique, à une manifestation sportive, etc.

SPECTRAL, E, AUX adj. **1.** Qui a le caractère d'un spectre, d'un fantôme. *Vision spectrale.* **2.** MATH. Qui se rapporte au spectre d'une matrice. **3.** PHYS. Qui concerne un spectre lumineux.

SPECTRE n.m. (lat. *spectrum*). **I. 1.** Apparition fantastique et effrayante d'un mort ; fantôme. **2.** Fam. Personne hâve et maigre. **3.** Représentation effrayante d'une idée, d'un évènement menaçants. *Le spectre de la guerre, de la famine.* **II. 1.** PHYS. Ensemble des radiations monochromatiques résultant de la décomposition d'une lumière complexe et, plus généralement, répartition de l'intensité d'une onde (acoustique, électromagnétique), d'un faisceau de particules, en fonction de la fréquence, de l'énergie. – *Spectre acoustique* : répartition de l'intensité acoustique en fonction de la fréquence. – *Spectre d'émission* : spectre du rayonnement électromagnétique émis par une source convenablement excitée (flamme, arc ou décharge électriques, étincelle). – *Spectre magnétique, électrique* : dessin des lignes de force d'un champ magnétique ou électrique, obtenu en répandant de la limaille de fer, des particules conductrices dans un plan où règne ce champ. – *Spectre d'absorption* : spectre obtenu en faisant traverser à un rayonnement continu en fréquence une substance qui absorbe certaines radiations caractéristiques de cette substance. – *Spectre atomique, moléculaire* : spectre du rayonnement émis par excitation des atomes *(spectre de raies)*, des molécules *(spectre de bandes)*. **2.** MÉD. Ensemble des bactéries sensibles à un antibiotique. **3.** MATH. *Spectre d'une matrice* : ensemble des valeurs propres de cette matrice.

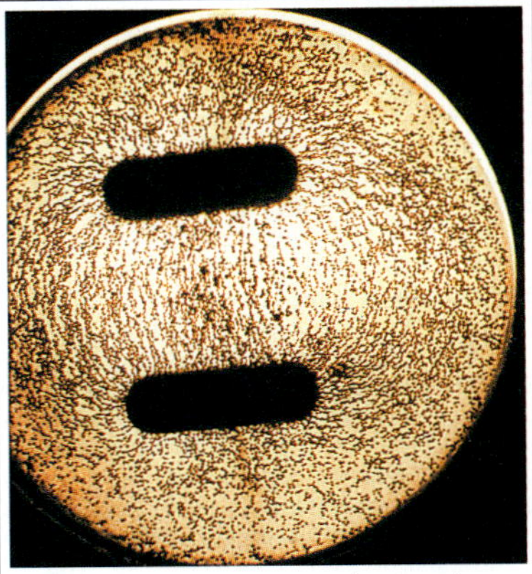

spectre électrique : matérialisation des lignes du champ électrique régnant entre deux électrodes (+ et –), placées dans un bac d'huile, par orientation de petits grains de semoule électrisés

spectre magnétique : matérialisation des lignes de champ d'un champ magnétique à l'aide de limaille de fer

SPECTROCHIMIQUE adj. *Analyse spectrochimique* : application des techniques spectroscopiques à l'analyse chimique.

SPECTROGRAMME n.m. Photographie d'un spectre lumineux.

SPECTROGRAPHE n.m. **1.** Appareil servant à enregistrer les spectres lumineux sur une plaque photographique. **2.** *Spectrographe de masse* : appareil servant à séparer les atomes d'un ou de plusieurs corps selon leurs masses.

SPECTROGRAPHIE n.f. Étude des spectres à l'aide de spectrographes.

SPECTROGRAPHIQUE adj. Relatif à la spectrographie.

SPECTROHÉLIOGRAPHE n.m. Instrument servant à photographier les détails de la surface solaire en utilisant la lumière provenant d'une radiation unique du spectre.

SPECTROMÈTRE n.m. Appareil enregistrant et mesurant les spectres élément par élément à l'aide d'un détecteur photoélectrique et d'un système de mesure.

SPECTROMÉTRIE n.f. Étude des spectres à l'aide de spectromètres.

SPECTROMÉTRIQUE adj. Relatif à la spectrométrie.

SPECTROPHOTOMÈTRE n.m. Appareil servant à mesurer, en fonction de la longueur d'onde, le rapport des valeurs d'une même grandeur photométrique relatives à deux faisceaux de rayonnement.

SPECTROPHOTOMÉTRIE n.f. Étude réalisée avec un spectrophotomètre.

SPECTROSCOPE n.m. Appareil destiné à observer les spectres lumineux.

SPECTROSCOPIE n.f. PHYS. Étude des spectres lumineux. – *Spectroscopie nucléaire* : étude de la répartition en énergie des rayonnements électromagnétiques et des particules émis par un noyau excité. – *Spectroscopie des radiofréquences* ou *spectroscopie hertzienne* : ensemble des études faites sur les phénomènes d'interaction résonnante (résonance magnétique notamm.) entre atomes, molécules et ondes hertziennes.

SPECTROSCOPIQUE adj. Relatif à la spectroscopie.

1. SPÉCULAIRE adj. (lat. *speculum*, miroir). **1.** Relatif au miroir. – *Hallucination spéculaire* : hallucination dans laquelle le sujet voit sa propre image comme dans un miroir. **2.** *Poli spéculaire* : poli parfait d'une pièce mécanique.

2. SPÉCULAIRE n.f. Plante herbacée à fleurs violettes. (Famille des campanulacées.)

SPÉCULATEUR, TRICE n. (lat. *speculator*, observateur). Personne qui fait des spéculations commerciales ou financières.

SPÉCULATIF, IVE adj. (lat. *speculari*, observer). **1.** Relatif à une spéculation commerciale ou financière. *Des manœuvres spéculatives.* **2.** PHILOS. Qui s'attache à la théorie sans se préoccuper de la pratique ni de l'expérience.

SPÉCULATION n.f. **1.** Opération sur des biens meubles ou immeubles, en vue d'obtenir un gain d'argent de leur exploitation ou, plus fréquemment, de leur revente. **2.** PHILOS. Recherche abstraite ; théorie, par opp. à *pratique*.

SPÉCULATIVEMENT adv. De façon spéculative.

SPÉCULER v.i. (lat. *speculari*, observer). **1.** Faire des opérations financières ou commerciales sur des choses négociables, afin de tirer profit des variations de leurs cours. *Spéculer sur le sucre.* **2.** Compter sur qqch pour en tirer un avantage, pour parvenir à ses fins. *Spéculer sur la cupidité des hommes.* **3.** Litt. Réfléchir sur une question, en faire un objet de réflexion, d'étude.

SPÉCULOS, SPÉCULOOS [-los] ou **SPÉCULAUS** n.m. Belgique. Biscuit sec très sucré.

SPÉCULUM [spekylɔm] n.m. (lat. *speculum*, miroir). MÉD. Instrument servant à élargir certaines cavités du corps (vagin, conduit auditif, fosses nasales) et à en faciliter l'examen.

SPEECH [spitʃ] n.m. (mot angl.) [pl. *speechs* ou *speeches*]. Fam. Petit discours de circonstance.

SPEEDER [spide] v.i. (de l'angl. *speed*, vitesse). Fam. Se dépêcher, foncer.

SPEISS [spɛs] n.m. (mot all.). MÉTALL. Minerai de nickel qui a subi un premier grillage.

SPÉLÉOLOGIE n.f. (gr. *spêlaion*, caverne, et *logos*, science). Science et sport qui ont pour objet l'étude ou l'exploration des cavités naturelles du sous-sol.

SPÉLÉOLOGIQUE adj. Relatif à la spéléologie.

SPÉLÉOLOGUE n. Spécialiste en spéléologie.

SPENCER [spɛ̃sɛr] ou [spɛnsər] n.m. (de *Spencer*, n.pr.). Habit sans basques ou veste tailleur courte.

SPÉOS [speɔs] n.m. (mot gr., *grotte souterraine*). ARCHÉOL. Temple ou tombeau rupestre égyptien.

SPERGULE n.f. (lat. médiév. *spergula*). Petite plante des champs et des bois, à feuilles en lanières. (Famille des caryophyllacées.)

SPERMACETI [spɛrmaseti] n.m. (gr. *sperma*, semence, et *kêtos*, cétacé). SC. Blanc de baleine.

SPERMAPHYTE n.m. → ***spermatophyte.***

SPERMATIDE n.m. BIOL. Gamète mâle immature destiné à se transformer en spermatozoïde.

SPERMATIE [-si] n.f. BOT. Spore à un seul noyau de certains champignons.

SPERMATIQUE adj. Relatif au sperme. – *Cordon spermatique* : ensemble du canal déférent et des veines et artères du testicule.

SPERMATOCYTE n.m. Cellule germinale mâle appelée à subir la première ou la seconde division de la méiose.

SPERMATOGENÈSE n.f. Formation des cellules reproductrices mâles.

SPERMATOGONIE n.f. ZOOL. Cellule sexuelle mâle immature et diploïde.

SPERMATOPHORE n.m. ZOOL. Organe contenant les spermatozoïdes chez divers invertébrés et dont ces animaux peuvent se séparer pour le présenter à la femelle.

SPERMATOPHYTE ou **SPERMAPHYTE** n.m. BOT. Phanérogame, plante à graines.

SPERMATOZOÏDE n.m. (gr. *sperma, -atos*, semence). BIOL. Gamète mâle des animaux et de certaines plantes, habituellement formé d'une tête, occupée par le noyau haploïde, et d'un flagelle, qui assure son déplacement.

SPERME n.m. (gr. *sperma,* semence). Liquide émis par les glandes reproductrices mâles, et contenant les spermatozoïdes.
SPERMICIDE adj. et n.m. Se dit d'une substance qui, placée dans les voies génitales féminines, agit comme anticonceptionnel en détruisant les spermatozoïdes.
SPERMOGRAMME n.m. Examen en laboratoire du sperme ; résultats de cet examen.
SPERMOPHILE n.m. Animal voisin de l'écureuil dont une espèce vit en Europe centrale, et qui se nourrit de grains.
SPHACÈLE n.m. (gr. *sphakelos*). MÉD. Tissu nécrosé en voie d'élimination.
SPHAGNALE n.f. *Sphagnales :* ordre de mousses des tourbières dont le type est la sphaigne.
SPHAIGNE [sfɛɲ] n.f. (gr. *sphagnos*). Mousse dont la décomposition concourt à la formation de la tourbe.
SPHÉNISCIDÉ n.m. (gr. *sphêniskos,* cheville). *Sphéniscidés :* famille d'oiseaux marins dont les seuls représentants sont les manchots.
SPHÉNODON n.m. Hattéria (reptile).
SPHÉNOÏDAL, E, AUX adj. Relatif au sphénoïde.
SPHÉNOÏDE adj. et n.m. (gr. *sphên,* coin, et *eidos,* aspect). *Os sphénoïde* ou *sphénoïde,* n.m. : un des os de la tête, à la base du crâne.
SPHÈRE n.f. (gr. *sphaira,* boule). **1.** Surface fermée dont tous les points sont à la même distance (rayon) d'un point intérieur appelé *centre ;* solide limité par la surface précédente. *Les sections planes d'une sphère sont des cercles.* – ASTRON. *Sphère céleste :* sphère imaginaire de rayon indéterminé, ayant pour centre l'œil de l'observateur et servant à définir la direction des astres indépendamment de leur distance. **2.** Domaine, milieu dans lequel s'exerce une activité, ou l'action, l'influence de qqn, de qqch. *Étendre la sphère des connaissances humaines. Les hautes sphères de la finance.* – *Sphère d'attributions :* ensemble des matières relevant de la compétence d'un agent, d'une autorité. – *Sphère d'influence :* région du globe sur laquelle une grande puissance s'est vu reconnaître, explicitement ou tacitement, par les autres des droits d'intervention particuliers.

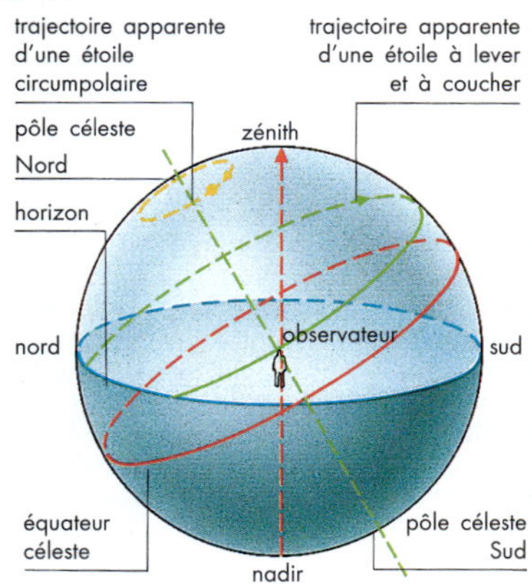

En un point donné, un observateur ne voit que la demi-sphère céleste, limitée par l'horizon et contenant le zénith.
représentation de la **sphère** céleste

SPHÉRICITÉ n.f. État de ce qui est sphérique.
SPHÉRIQUE adj. **1.** Qui a la forme d'une sphère. *Figure sphérique.* **2.** MATH. Relatif à la sphère. – *Anneau sphérique :* solide engendré par la rotation d'un segment de cercle autour d'un diamètre du cercle qui ne traverse pas le segment. – *Calotte sphérique* → ***calotte.*** – *Secteur sphérique :* solide engendré par un secteur circulaire tournant autour d'un diamètre du cercle qui ne traverse pas le secteur. – *Segment sphérique :* portion du volume de la sphère (solide) comprise entre deux parallèles. –*Triangle sphérique :* triangle tracé sur la sphère, et dont les côtés sont des arcs de grands cercles. – *Trigonométrie sphérique :* étude des relations entre les côtés et les angles d'un triangle sphérique. – *Zone sphérique :* portion de la surface d'une sphère limitée par deux plans parallèles qui la coupent.
SPHÉROÏDAL, E, AUX adj. Qui a la forme d'un sphéroïde.
SPHÉROÏDE n.m. Surface dont la forme approche celle de la sphère.
SPHÉROMÈTRE n.m. Instrument permettant de mesurer la courbure des surfaces sphériques.
SPHEX n.m. (gr. *sphêx,* guêpe). Insecte hyménoptère voisin des guêpes, qui paralyse des criquets, des grillons, etc., et les ramène à son terrier pour servir de nourriture aux larves. (Long. 2 cm.)
SPHINCTER [sfɛ̃ktɛr] n.m. (gr. *sphigtêr ;* de *sphiggein,* serrer). Muscle annulaire qui ferme ou resserre un orifice ou un canal naturel.
SPHINCTÉRIEN, ENNE adj. Relatif à un sphincter.
SPHINGE n.f. Sphinx femelle.
SPHINGIDÉ n.m. *Sphingidés :* famille de papillons à longue trompe, aux ailes antérieures longues et étroites, tels que le sphinx.
SPHINX [sfɛ̃ks] n.m. (mot lat. ; du gr.). **1.** Monstre mythique à corps de lion et à tête humaine, parfois pourvu d'ailes et préposé, dans l'Égypte pharaonique, à la garde des sanctuaires funéraires, sous forme de statue. (Le mythe du sphinx passa ensuite en Grèce, où il était surtout rattaché à la légende d'Œdipe.) **2.** Personne énigmatique. **3.** Papillon nocturne dont les nombreuses espèces sont inféodées à des plantes différentes (troène, liseron, etc.).

le **sphinx** de Gizeh (Égypte, Ancien Empire, IVe dynastie) [à l'arrière-plan, la pyramide de Kheops]

SPHYGMOMANOMÈTRE n.m. (gr. *sphugmos,* pouls). Appareil permettant la mesure de la pression artérielle. SYN. : *tensiomètre.*
SPHYRÈNE n.f. (gr. *sphuraina*). Poisson marin vorace, dont une espèce de la mer des Antilles est le *barracuda.*
SPI n.m. → ***spinnaker.***
SPIC n.m. → ***2. aspic.***
SPICA n.m. (mot lat., *épi*). CHIR. Bandage croisé appliqué au niveau de la racine d'un membre.
SPICILÈGE n.m. (lat. *spicilegium,* de *spica,* épi, et *legere,* choisir). Recueil de morceaux choisis, de documents variés, d'observations.
SPICULE n.m. (lat. *spicula,* petit épi). **1.** ZOOL. Aiguillon siliceux ou calcaire constitutif du squelette des éponges. **2.** ASTRON. Élément en forme d'épi observable dans la chromosphère solaire.
SPIDER [spidɛr] n.m. (mot angl., *araignée*). Partie arrière d'une automobile à une seule banquette, se terminant généralement par un volume fermé de forme arrondie.
SPIEGEL [ʃpigœl] n.m. (mot all.). Fonte au manganèse utilisée dans la fabrication de l'acier.
SPIN [spin] n.m. (mot angl.). PHYS. Moment cinétique propre d'une particule.
SPINA-BIFIDA n.m. inv. (mot lat., *épine dorsale fendue*). Malformation congénitale de la colonne vertébrale consistant en une hernie d'une partie du contenu du canal rachidien. ◆ n. inv. Sujet qui en est atteint.
SPINAL, E, AUX adj. (du lat. *spina,* épine). ANAT. Relatif à la moelle épinière. ◇ *Nerf spinal :* nerf crânien pair, moteur des muscles du cou, du larynx et du pharynx.
SPINALIEN, ENNE adj. et n. D'Épinal.
SPINELLE n.m. (lat. *spinella*). Aluminate naturel de magnésium, pouvant donner des pierres fines de couleurs variées.
SPINNAKER [spinekœr] ou **SPI** n.m. (mot angl.). Grande voile triangulaire, légère et creuse, envoyée dans la marche au vent arrière et aux allures portantes.

voiliers naviguant sous **spinnaker**

SPINOZISME n.m. Système de Spinoza.
SPINOZISTE adj. et n. Relatif au spinozisme ; qui en est partisan.
SPIRACLE n.m. (lat. *spiraculum,* ouverture). ZOOL. Orifice d'évacuation de l'eau qui a baigné les branchies internes des têtards anoures.
1. SPIRAL, E, AUX adj. Didact. Qui a la forme d'une spirale.
2. SPIRAL n.m. (pl. *spiraux*). Petit ressort en spirale qui fait osciller à une fréquence constante le balancier d'une montre.
SPIRALE n.f. **1.** MATH. Courbe plane décrivant des révolutions autour d'un point fixe en s'en éloignant. ◇ *En spirale :* en forme de spirale. **2.** Suite de circonvolutions. *Spirales de fumée.* **3.** Montée rapide et irrésistible de phénomènes interactifs. *La spirale des prix et des salaires.* **4.** Fil métallique hélicoïdal reliant les feuillets d'un cahier.

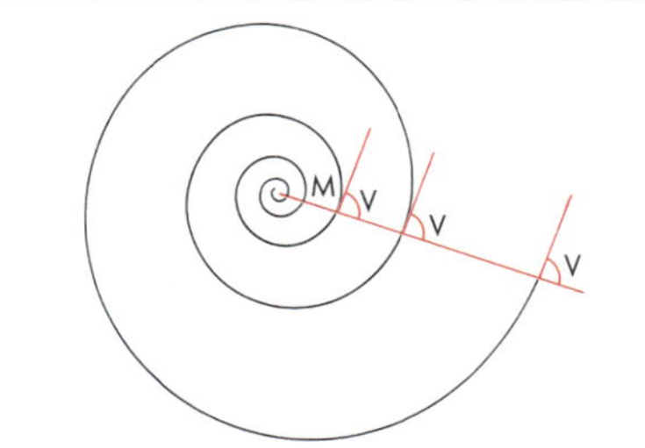

Exemple de spirale logarithmique. (Elle a pour équation polaire $\rho = e^{m\theta}$. Ses points d'intersection avec un même rayon vecteur sont répartis selon une progression géométrique. La tangente en ces points forme un angle constant V avec le rayon vecteur.)
spirale logarithmique

SPIRALÉ, E adj. Roulé en spirale.
SPIRANTE n.f. LING. Vx. Constrictive.
SPIRE n.f. (gr. *speira,* enroulement). **1.** Tour complet d'une spirale, d'une hélice. **2.** Partie élémentaire d'un enroulement électrique dont les extrémités sont, en général, très rapprochées l'une de l'autre. **3.** Ensemble des tours d'une coquille enroulée, comme celle des gastropodes ; chacun de ces tours.
SPIRÉE n.f. Plante de la famille des rosacées, dont certaines espèces sont cultivées pour leurs fleurs odorantes et dont une espèce sauvage des lieux humides est la *filipendule,* ou *reine-des-prés.*
SPIRIFER [-fɛr] n.m. Brachiopode fossile de l'ère primaire.

SPIRILLE n.m. BIOL. Bactérie en forme de filaments allongés et contournés en spirale. (Nom générique.)

SPIRILLOSE [-loz] n.f. Maladie provoquée par un spirille.

SPIRITAIN n.m. (lat. *spiritus,* esprit). Membre de la congrégation du Saint-Esprit, fondée en 1703 pour le service religieux des colonies françaises.

SPIRITE adj. et n. (angl. *spirit-rapper,* esprit frappeur). Relatif au spiritisme ; qui le pratique.

SPIRITISME n.m. Doctrine fondée sur l'existence et les manifestations des esprits, en partic. des esprits humains désincarnés ; pratique consistant à tenter d'entrer en communication avec ces esprits par le moyen de supports matériels inanimés (tables tournantes) ou de sujets en état de transe hypnotique (médiums).

SPIRITUAL [spiritwol] n.m. (mot angl., *chant religieux*) [pl. *spirituals*]. Negro spiritual.

SPIRITUALISATION n.f. **1.** Action de spiritualiser ; fait d'être spiritualisé. **2.** Interprétation d'un texte dans un sens spirituel.

SPIRITUALISER v.t. Donner un caractère spirituel à ; dégager de toute matérialité, de toute sensualité. *Spiritualiser un sentiment.*

SPIRITUALISME n.m. Philosophie qui considère l'esprit comme une réalité irréductible et première (par opp. à *matérialisme*).

SPIRITUALISTE adj. et n. Qui relève du spiritualisme ; qui en est partisan.

SPIRITUALITÉ n.f. **1.** Qualité de ce qui est esprit, de ce qui est dégagé de toute matérialité. *Spiritualité de l'âme.* **2.** Ce qui concerne le spiritualisme, la vie spirituelle.

1. SPIRITUEL, ELLE adj. (lat. *spiritualis,* de *spiritus,* esprit). **1.** Qui est de l'ordre de l'esprit, de l'âme. *Vie spirituelle.* **2.** Relatif au domaine de l'intelligence, de l'esprit, de la morale. *Valeurs spirituelles.* **3.** Relatif à la religion, à l'Église. *Pouvoir spirituel.* ◇ *Concert spirituel,* composé de morceaux de musique religieuse. **4.** Qui a de la vivacité d'esprit, de la finesse, de l'intelligence. *Réponse spirituelle.*

2. SPIRITUEL n.m. Membre d'un courant extrémiste de l'ordre des Franciscains qui, par fidélité à l'idéal d'absolue pauvreté, se sépara de l'ordre au XIIIe s. et s'opposa à la papauté.

SPIRITUELLEMENT adv. **1.** Par l'esprit. *Communier spirituellement avec le prêtre.* **2.** Avec esprit. *Répondre spirituellement.*

1. SPIRITUEUX, EUSE adj. (lat. *spiritus,* esprit [de vin]). Se dit d'une boisson qui contient un fort pourcentage d'alcool.

2. SPIRITUEUX n.m. Boisson spiritueuse.

SPIROCHÈTE [-kɛt] n.m. (lat. *spira,* spirale, et gr. *khaitê,* longue chevelure). Bactérie en forme de long filament spiralé. (Trois genres de spirochètes sont pathogènes : les agents de la borréliose, les leptospires et les tréponèmes.)

SPIROCHÉTOSE [-ke-] n.f. Maladie causée par un spirochète et, spécialt, la *leptospirose* (anc. *spirochétose ictéro-hémorragique*).

SPIROGRAPHE n.m. Ver marin construisant dans le sable vaseux un tube souple, d'où sort son panache branchial en hélice. (Long. 30 cm ; embranchement des annélides.)

SPIROGYRE n.f. Algue verte commune dans les eaux douces, dont les filaments portent un ruban spiralé de chlorophylle. (Sous-classe des conjuguées.)

spirographes

SPIROÏDAL, E, AUX adj. En forme de spirale.

SPIROMÈTRE n.m. Appareil servant à mesurer la capacité respiratoire des poumons.

SPIRORBE n.m. Petit ver marin très abondant sur les côtes, où il construit un tube calcaire blanc, spiralé, de 2 mm de diamètre. (Embranchement des annélides.)

SPIRULINE n.f. Cyanobactérie des eaux saumâtres d'Afrique, comestible, très riche en protéines et dont la croissance est rapide.

SPITANT, E adj. Belgique. **1.** Vif, enjoué ; bon vivant. **2.** *Eau spitante,* pétillante.

SPLANCHNIQUE [splɑ̃k-] adj. ANAT. Relatif aux viscères.

SPLEEN [splin] n.m. (mot angl., *rate*). Litt. Vague à l'âme, mélancolie.

SPLENDEUR n.f. (lat. *splendor*). **1.** Magnificence, éclat, luxe. *Splendeur d'un spectacle.* **2.** Chose splendide. **3.** Litt. Grand éclat de lumière. *La splendeur du Soleil.*

SPLENDIDE adj. (lat. *splendidus*). **1.** Magnifique, somptueux. *Paysage splendide.* **2.** D'un éclat lumineux. *Temps splendide.*

SPLENDIDEMENT adv. Avec splendeur.

SPLÉNECTOMIE n.f. CHIR. Ablation de la rate.

SPLÉNIQUE adj. (du gr. *splên,* rate). ANAT. Qui concerne la rate.

SPLÉNITE n.f. Rare. Inflammation de la rate.

SPLÉNIUS n.m. (lat. *splenius*). ANAT. Muscle situé à la partie postérieure du cou et supérieure du dos.

SPLÉNOMÉGALIE n.f. Augmentation du volume de la rate.

SPLÉNOMÉGALIQUE adj. Relatif à la splénomégalie.

SPOILER [spɔjlər] n.m. (mot angl., *aérofrein*). **1.** AUTOM. Élément de carrosserie fixé sous le pare-chocs avant d'une automobile pour améliorer l'aérodynamisme du véhicule. **2.** AVIAT. Volet escamotable placé sur l'extrados d'une aile, pour diminuer la portance.

SPOLIATEUR, TRICE adj. et n. Qui spolie.

SPOLIATION n.f. Action de spolier.

SPOLIER v.t. (lat. *spoliare*). Dépouiller (qqn de qqch) par force ou par ruse. *Spolier un orphelin de son héritage.*

SPONDAÏQUE adj. (lat. *spondaicus,* gr. *spondeiakos*). MÉTR. ANC. Se dit d'un hexamètre dactylique dont le cinquième pied est un spondée au lieu d'être un dactyle.

SPONDÉE n.m. (gr. *spondeios,* de *spondê,* libation). MÉTR. ANC. Pied composé de deux syllabes longues.

SPONDIAS [-djas] n.m. Arbre fruitier de Tahiti et d'Amérique, dont les fruits sont appelés *pommes de Cythère.* (Famille des anacardiacées.)

SPONDYLARTHRITE n.f. *Spondylarthrite ankylosante* : inflammation rhumatismale chronique du rachis, des articulations sacro-iliaques, évoluant par poussées.

SPONDYLE n.m. (gr. *spondulos,* vertèbre). Mollusque bivalve des mers chaudes, très coloré.

SPONDYLITE n.f. Inflammation des vertèbres.

SPONGIAIRE n.m. (lat. *spongia,* éponge). *Spongiaires* : embranchement du règne animal, appelé aussi *éponges,* constitué d'animaux aquatiques, presque toujours marins, très primitifs, vivant fixés et possédant des cellules à collerette qui créent un courant d'eau à travers leurs nombreux orifices.

SPONGIEUX, EUSE adj. (du lat. *spongia,* éponge). **1.** Qui s'imbibe de liquide comme une éponge. *Sol spongieux.* **2.** De la nature de l'éponge ; poreux. *Tissu spongieux.*

SPONGILLE n.f. Éponge d'eau douce.

SPONGIOSITÉ n.f. Caractère de ce qui est spongieux.

SPONSOR n.m. (mot angl.). [Anglic. déconseillé]. Personne ou entreprise qui parraine un athlète, une compétition sportive, une manifestation culturelle, etc. Recomm. off. : *parraineur.*

SPONSORING [-riŋ] ou **SPONSORAT** n.m. Activité d'un sponsor. Recomm. off. : *parrainage.*

SPONSORISER v.t. Financer, au moins partiellement, une entreprise quelconque dans un but publicitaire. Recomm. off. : *parrainer.*

SPONTANÉ, E adj. (lat. *sponte,* de son plein gré). **1.** Qui agit, qui se produit de soi-même, sans intervention extérieure. *Inflammation spontanée d'un combustible. Aveux spontanés.* **2.** Qui agit, qui se produit sans calcul, sans détour ; sincère. *Enfant, geste spontané.* **3.** BOT. Qui pousse naturellement, sans intervention de l'homme. ◇ *Génération spontanée* → ***génération.***

SPONTANÉISME n.m. Attitude ou doctrine qui privilégie la spontanéité des masses ou de l'individu, dans l'action politique ou sociale.

SPONTANÉISTE adj. et n. Relatif au spontanéisme ; qui en est partisan.

SPONTANÉITÉ n.f. Caractère de ce qui est spontané ; sincérité.

SPONTANÉMENT adv. De façon spontanée.

SPORADICITÉ n.f. Didact. Caractère de ce qui est sporadique.

SPORADIQUE adj. (gr. *sporadikos,* de *speirein,* semer). **1.** Qui existe çà et là, de temps à autre ; irrégulier. *Grèves sporadiques.* **2.** SC. DE LA V. *Espèces sporadiques,* dont les individus sont dispersés dans diverses régions. **3.** MÉD. *Maladie sporadique,* touchant des individus isolés (par opp. à *épidémique*).

SPORADIQUEMENT adv. De façon sporadique.

SPORANGE n.m. (de *spore* et gr. *aggos,* vase). BOT. Sac ou urne contenant les spores chez les fougères, les mousses, les moisissures, les algues, etc.

sporanges de fougère

SPORE n.f. (gr. *spora,* semence). Élément unicellulaire produit et disséminé par les végétaux et dont la germination donne soit un nouvel individu (bactéries), soit une forme préparatoire à la reproduction sexuée (mousse, prothalle de fougère, mycélium primaire de champignon, tube pollinique des plantes à fleurs). [La spore mâle des plantes à fleurs est le *grain de pollen.*]

SPOROGONE n.m. Sporophyte des mousses, implanté dans la tige femelle et formé d'une soie terminée par un sporange, ou urne.

SPOROPHYTE n.m. Individu végétal issu d'un œuf fécondé et qui, à maturité, porte les spores. (Le sporophyte est réduit à un *sporogone* chez les mousses ; chez les plantes supérieures, il constitue la plante presque entière.)

SPOROTRICHE [-triʃ] n.m. Champignon inférieur parasite agent de la sporotrichose.

SPOROTRICHOSE [-koz] n.f. MÉD. Mycose due à un sporotriche particulier, *sporotrichum schenkii.*

SPOROZOAIRE n.m. *Sporozoaires* : embranchement de protozoaires capables de former des spores, comprenant des parasites de l'homme comme le plasmodium du paludisme, la coccidie, qui parasite les cellules épithéliales de vertébrés et d'invertébrés, et les grégarines.

1. SPORT n.m. (mot angl. ; de l'anc. fr. *desport,* amusement). **1.** Ensemble des exercices physiques se présentant sous forme de jeux individuels ou collectifs, pouvant donner lieu à compétition et pratiqués en observant certaines règles ; chacune des formes particulières de ces exercices. ◇ *Sports de combat,* où l'élimination de l'adversaire est recherchée par des coups ou des prises (boxe, judo, karaté, lutte, etc.). – *Sports d'hiver* : sports de neige (ski, luge) ou de glace (patinage, hockey) ; vacances d'hiver en montagne, n'impliquant pas obligatoirement la pratique active de ces sports. **2.** Activité nécessitant de l'habileté et de l'attention. ◇ Fam. *C'est du sport* : c'est difficile.

– Fam. *Il va y avoir du sport* : l'affaire va être rude.

2. SPORT adj. inv. **1.** De sport. *Costume sport.* **2.** Loyal. *Se montrer très sport.*

1. SPORTIF, IVE adj. **1.** Qui concerne un sport, le sport. *Épreuve sportive.* **2.** Qui manifeste de la sportivité ; loyal.

2. SPORTIF, IVE n. Personne qui pratique un ou plusieurs sports.

SPORTIVEMENT adv. Loyalement.

SPORTIVITÉ n.f. Caractère sportif ; loyauté.

SPORTSMAN [spɔrtsman] n.m. (mot angl.) [pl. *sportsmans* ou *sportsmen*]. Vieilli. **1.** Personne qui s'occupe de sport. **2.** Amateur de courses de chevaux ; parieur.

SPORTSWEAR [spɔrtswɛr] n.m. (mot angl.). Ensemble des vêtements, des chaussures de style sport. *Le sportswear.*

SPORTULE n.f. (lat. *sportula*, de *sporta*, corbeille). ANTIQ. ROM. Don que les patrons faisaient distribuer à leurs clients.

SPORULATION n.f. BIOL. Reproduction par spores ; émission de spores.

SPORULER v.i. BIOL. Former des spores ou passer à l'état de spores lorsque les conditions de vie deviennent défavorables.

SPOT [spɔt] n.m. (mot angl., *tache*). **1.** Petit projecteur orientable assurant un éclairage localisé, en partic. d'un comédien, d'une partie de décor. **2.** Tache lumineuse formée par le pinceau d'électrons sur l'écran d'un tube cathodique. **3.** Image lumineuse formée sur l'échelle des instruments de mesure à miroir tournant, servant d'index. **4.** (Anglic. déconseillé). Message publicitaire.

SPRAT [sprat] n.m. (mot angl.). Poisson abondant dans la Manche et dans la mer du Nord, voisin du hareng, mais plus petit, et que l'on pêche pendant l'été. (Long. 15 cm env. ; famille des clupéidés.) SYN. : *harenguet.*

SPRAY [sprɛ] n.m. (mot angl., *brouillard*). Aérosol obtenu avec une bombe de liquide sous pression (médicament, laque, produit ménager, lubrifiant, etc.).

SPRINGBOK [spriŋbɔk] n.m. (mot néerl., *bouc sauteur*). Antilope commune en Afrique du Sud.

SPRINGER [spriŋœr] n.m. (mot angl.). Chien de chasse d'une race anglaise.

SPRINKLER [sprinklœr] n.m. Asperseur.

SPRINT [sprint] n.m. (mot angl.). **1.** Accélération d'un coureur à l'approche du but. **2.** Course disputée sur courte distance.

1. SPRINTER [sprintœr] n.m. Coureur de vitesse sur petites distances ou capable de pointes de vitesse en fin d'une longue course.

2. SPRINTER [sprinte] v.i. Augmenter sa vitesse en arrivant près du but.

SPRUE n.f. (mot angl., *scories*). Maladie chronique de l'intestin se manifestant par une diarrhée graisseuse et une malabsorption. (On distingue la *sprue tropicale*, d'origine inconnue, et la *sprue non tropicale* [*sprue nostras*], ou *maladie cœliaque*, due à une intolérance au gluten.)

SPUMESCENT, E adj. (lat. *spuma*, écume). Qui ressemble à de l'écume ; qui produit de l'écume.

SPUMEUX, EUSE adj. Couvert, rempli d'écume.

SPUMOSITÉ n.f. Caractère de ce qui est spumeux.

SQUALE [skwal] n.m. (lat. *squalus*). Requin tel que la roussette.

SQUAMATE n.m. Saurophidien.

SQUAME [skwam] n.f. (lat. *squama*, écaille). MÉD. Lamelle épidermique qui se détache de la peau, partic. dans les dermatoses (pityriasis, psoriasis, etc.).

SQUAMEUX, EUSE adj. MÉD. Couvert de squames ; caractérisé par des squames.

SQUAMIFÈRE adj. ZOOL. Revêtu d'écailles, comme la plupart des poissons.

SQUAMULE n.f. Petite écaille, telle que celle qui recouvre les ailes des papillons.

SQUARE [skwar] n.m. (mot angl., *place carrée*). Jardin public, généralement clôturé.

SQUASH [skwaʃ] n.m. (mot angl., de *to squash*, écraser). Sport pratiqué en salle opposant deux joueurs qui, placés côte à côte, se renvoient la balle avec une raquette, en la faisant rebondir sur les quatre murs.

match de **squash**

SQUAT [skwat] n.m. (mot angl.). Action de squatter un logement ; logement ainsi occupé.

SQUATINA n.m. ou **SQUATINE** n.f. Requin de l'Atlantique et de la Méditerranée, inoffensif, dit aussi *ange de mer.* (Long. 2 m.)

1. SQUATTER [skwatœr] n.m. (mot angl.). **1.** Personne sans abri qui occupe illégalement un logement vacant ou destiné à la destruction. **2.** Aux États-Unis, pionnier qui se fixait dans les États non encore occupés. **3.** En Australie, propriétaire de troupeaux de moutons qui paissent sur des terrains loués au gouvernement.

2. SQUATTER [skwate] ou **SQUATTÉRISER** [skwaterize] v.t. Occuper un logement vide sans droit ni titre.

SQUAW [skwo] n.f. Chez les Indiens d'Amérique du Nord, femme mariée.

SQUEEZE [skwiz] n.m. Action de squeezer, au bridge.

SQUEEZER [skwize] v.t. (angl. *to squeeze*, presser). **1.** Au bridge, obliger un adversaire à se défausser. **2.** Fig., fam. Coincer (qqn) entre des impératifs contradictoires.

SQUELETTE n.m. (gr. *skeleton*, momie). **1.** Charpente du corps, d'une partie du corps de l'homme et des animaux. *Squelette de la main. Squelette d'un mort.* (V. planche *anatomie.*) **2.** Charpente, ossature d'une construction. *Squelette d'un navire.* **3.** Fam. Personne très maigre. **4.** Charpente d'une œuvre, d'un discours réduits à l'essentiel.

SQUELETTIQUE adj. **1.** Relatif au squelette. **2.** D'une extrême maigreur. *Jambes squelettiques.* **3.** Très réduit, peu important.

SQUILLE n.f. (lat. *squilla*). Crustacé dont une espèce est appelée *squille-mante* en raison de ses pattes ravisseuses.

SQUIRE [skwajœr] n.m. (mot angl.). En Angleterre, titre nobiliaire le moins élevé ; esquire.

SQUIRRE ou **SQUIRRHE** [skir] n.m. MÉD. Tumeur maligne caractérisée par sa dureté, constituée par un épithélioma accompagné d'une forte réaction fibreuse.

SQUIRREUX, EUSE ou **SQUIRRHEUX, EUSE** adj. MÉD. De la nature du squirre.

sr, symbole du stéradian.

Sr, symbole chimique du strontium.

SRI LANKAIS, E adj. et n. Ceylanais.

S. S. B. S. n.m. (sigle de *sol sol balistique stratégique*). Missile stratégique français à charge nucléaire installé dans les silos du plateau d'Albion (portée 3 000 km).

st, symbole du stère.

St, symbole du stokes.

STABAT MATER [stabatmatɛr] n.m. inv. (mots lat., *la Mère était debout*). Chant de la liturgie catholique composé au XIVe s. sur les douleurs de la Vierge au pied de la croix de Jésus et dont le texte a inspiré de nombreuses compositions musicales.

STABILISANT, E adj. et n.m. Se dit d'une substance incorporée à une matière pour en améliorer la stabilité chimique.

1. STABILISATEUR, TRICE adj. Qui stabilise.

2. STABILISATEUR n.m. **1.** Mécanisme, dispositif destiné à éviter ou à amortir les oscillations. ◇ *Stabilisateur de roulis* : appareil permettant une réduction du roulis des navires au moyen d'ailerons sur chaque bord. **2.** Chacun des plans fixes formant l'empennage d'un avion, l'un horizontal, l'autre vertical.

STABILISATION n.f. Action de stabiliser ; son résultat.

STABILISER v.t. Rendre stable. *Stabiliser les prix.*

STABILITÉ n.f. **1.** Caractère de ce qui est stable, de ce qui tend à conserver son équilibre. *Vérifier la stabilité d'un pont.* ◇ MÉCAN. Propriété qu'a un système dynamique de revenir à son régime établi après en avoir été écarté par une perturbation. – PHYS. Propriété d'un système en équilibre stable. **2.** Caractère de ce qui se maintient durablement sans profondes variations. *Stabilité de la monnaie, du pouvoir.* ◇ *Contrats de stabilité* : accords passés entre les professions et les pouvoirs publics pour maintenir la stabilité des prix. **3.** Caractère d'une personne stable. *Manquer de stabilité.* **4.** MÉTÉOR. État de l'atmosphère caractérisé par la superposition de couches de densités décroissantes vers le haut.

STABLE adj. (lat. *stabilis*, de *stare*, être debout). **1.** Qui est dans un état, une situation ferme, solide, qui ne risque pas de tomber. *Édifice stable.* ◇ Spécialt. Qui a une bonne position d'équilibre. *Bateau, voiture stable.* **2.** Qui se maintient, reste dans le même état ; durable, permanent. *Situation stable.* **3.** Dont la conduite est marquée par la constance, la permanence ; équilibré. *Garçon stable. Humeur stable.* **4.** CHIM. *Composé stable*, qui résiste à la décomposition. **5.** MÉCAN. *Équilibre stable*, qui n'est pas détruit par une faible variation des conditions. **6.** MATH. *Partie stable d'un ensemble (muni d'une opération)*, telle que tout couple d'éléments de cette partie a son composé appartenant à cette même partie.

STABULATION n.f. (lat. *stabulum*, étable). Séjour des animaux dans l'étable. ◇ *Stabulation libre* : mode de logement du bétail, principalement bovin, dans lequel ce dernier n'est pas attaché.

STACCATO [stakato] adv. et n.m. (mot it., *détaché*) [pl. *staccatos*]. MUS. Terme indiquant qu'un passage doit être exécuté en détachant nettement les notes.

STADE n.m. (lat. *stadium* ; du gr.). **1.** Terrain aménagé pour la pratique du sport, pouvant accueillir des spectateurs. **2.** Période, degré d'un développement. *Stade décisif d'une crise.* **3.** Chez les Grecs, unité de longueur de 600 pieds, qui variait selon les régions entre 147 et 192 m (pour le *stade olympique*).

STADHOUDER n.m. → ***stathouder.***

STADIA n.f. TECHN. Mire graduée utilisée pour mesurer au tachéomètre la distance entre deux points.

1. STAFF [staf] n.m. (mot angl., *état-major*). Fam. **1.** Groupe formé par les dirigeants d'une entreprise, d'une organisation. **2.** Groupe de personnes travaillant ensemble ; équipe, service.

2. STAFF [staf] n.m. (de l'all. *staffieren*, orner). Matériau constitué de plâtre à mouler armé de fibres végétales.

STAFFER v.t. Construire en staff.

STAFFEUR n.m. Ouvrier procédant à la pose ou au moulage de staff.

STAGE n.m. (bas lat. *stagium*). **1.** Période d'études pratiques exigée des candidats à l'exercice de certaines professions. *Stage d'un avocat. Stage pédagogique.* **2.** Période pendant laquelle une personne exerce une activité temporaire dans une entreprise, en vue de sa formation.

STAGFLATION n.f. (de *stag*[*nation*] et [*in*]*flation*). ÉCON. Situation d'un pays qui souffre de l'inflation sans connaître un développement économique notable ni le plein-emploi.

STAGIAIRE adj. et n. Qui fait un stage.

STAGNANT, E adj. **1.** Qui ne coule pas. *Eaux stagnantes.* **2.** Qui ne fait aucun progrès. *L'état stagnant des affaires.*

STAGNATION [stagnasjɔ̃] n.f. **1.** État d'une eau stagnante. **2.** Absence de progrès, d'activité ; inertie. *Stagnation économique.*

STAGNER [stagne] v.i. (lat. *stagnare,* de *stagnum,* étang). **1.** Être stagnant, en parlant d'un fluide. **2.** Marcher, fonctionner au ralenti, en parlant d'une activité.

STAKHANOVISME n.m. (de *Stakhanov,* mineur russe). Dans les pays socialistes, méthode de rendement fondée sur les innovations techniques et l'émulation des travailleurs, qui fut appliquée de 1930 à 1950.

STAKHANOVISTE adj. et n. Qui concerne ou qui pratique le stakhanovisme.

STAKNING [staknin̩] n.m. (mot norvég.). En ski de fond, progression par glissement simultané des skis et par poussée simultanée sur les deux bâtons.

STALACTITE n.f. (gr. *stalaktos,* qui coule goutte à goutte). Colonne, formée par des concrétions calcaires, qui descend de la voûte d'une grotte.

stalactites et **stalagmites**

STALAG n.m. (abrév. de l'all. *Stammlager,* camp de base). Camp de sous-officiers et de soldats prisonniers en Allemagne pendant la Seconde Guerre mondiale.

STALAGMITE n.f. (gr. *stalagmos,* écoulement goutte à goutte). Colonne formée par des concrétions calcaires à partir du sol d'une grotte.

STALAGMOMÈTRE n.m. PHYS. Instrument pour mesurer la masse des gouttes.

STALAGMOMÉTRIE n.f. PHYS. Mesure de la tension superficielle par détermination de la masse ou du volume d'une goutte de liquide à l'extrémité d'un tube capillaire.

STALINIEN, ENNE adj. et n. Relatif à Staline, au stalinisme ; qui en est partisan.

STALINISME n.m. Doctrine, pratique de Staline et de ceux qui se rattachent à ses conceptions idéologiques et politiques et à ses méthodes.

STALLE n.f. (lat. médiév. *stallum*). **1.** Dans une écurie, une étable, emplacement occupé par un animal et délimité par des cloisons. **2.** Chacun des sièges de bois, à dossier haut, garnissant les deux côtés du chœur de certaines églises, réservés au clergé. **3.** Recomm. off. pour *box.*

STAMINAL, E, AUX adj. Relatif aux étamines.

STAMINÉ, E adj. (du lat. *stamen, -inis,* étamine). BOT. *Fleur staminée,* qui a des étamines mais pas de pistil.

STAMINIFÈRE adj. Qui porte des étamines.

STANCE n.f. (it. *stanza,* strophe). Groupe de vers offrant un sens complet et suivi d'un repos. ◆ pl. Poème lyrique, religieux ou élégiaque, formé de strophes de même structure.

STAND n.m. (de l'angl. *to stand,* se dresser). **1.** Endroit aménagé pour le tir de précision à la cible. **2.** Espace réservé aux participants d'une exposition. **3.** Poste de ravitaillement d'un véhicule sur piste (auto, moto).

1. STANDARD adj. (mot angl.). **1.** Conforme à une norme de fabrication, à un modèle, à un type ; normalisé. *Pneu standard.* ◇ *Prix standard :* prix d'un bien ou d'un service prévu pour une période donnée dans un budget d'entreprise. **2.** Qui correspond à un type courant, habituel, sans originalité. **3.** Se dit de la langue la plus couramment employée dans une communauté linguistique. *Français standard.* – REM. Certains auteurs font invariable cet adjectif, sur le modèle de l'anglais, mais son emploi courant en français le fait varier en nombre.

2. STANDARD n.m. **1.** Règle fixée à l'intérieur d'une entreprise pour caractériser un produit, une méthode de travail, une quantité à produire, etc. **2.** Appareil permettant la desserte de nombreux postes téléphoniques connectés à un groupe très restreint de lignes. **3.** TÉLÉV. Norme de codage d'un signal. **4.** TECHN. En informatique et dans l'audiovisuel, norme (de production, de fabrication). **5.** MUS. Thème classique de jazz, sur lequel on peut improviser. **6.** *Standard de vie :* niveau de vie.

STANDARDISATION n.f. Action de standardiser.

STANDARDISER v.t. Ramener à une norme, à un standard ; uniformiser, simplifier.

STANDARDISTE n. Personne affectée au service d'un standard téléphonique.

STAND-BY [stɑ̃dbaj] adj. inv. et n. inv. Se dit d'un passager qui n'a pas de réservation ferme sur un avion de ligne et qui n'y est admis que s'il y a des places disponibles.

STANDING [stɑ̃diŋ] n.m. (mot angl.). **1.** Position sociale, niveau de vie d'une personne. *Avoir un haut standing.* **2.** Niveau de confort d'un immeuble. *Appartement de grand standing.*

STANNEUX adj.m. CHIM. Se dit des composés de l'étain bivalent.

STANNIFÈRE adj. Qui contient de l'étain.

STANNIQUE adj. (du lat. *stannum,* étain). CHIM. Se dit des composés de l'étain quadrivalent.

STAPHISAIGRE n.f. (lat. *staphis agria,* raisin sauvage). Delphinium du Midi, appelé aussi *herbe aux poux,* car sa décoction est toxique pour ces parasites. (Famille des renonculacées.)

STAPHYLIER n.m. Arbuste de l'est de la France, appelé aussi *faux pistachier.*

1. STAPHYLIN, E adj. ANAT. Qui appartient à la luette.

2. STAPHYLIN n.m. (gr. *staphulê,* grain de raisin). Insecte coléoptère carnassier, à élytres courts et à abdomen mobile (22 000 espèces).

STAPHYLOCOCCIE [-kɔksi] n.f. Infection par le staphylocoque.

STAPHYLOCOQUE n.m. (gr. *staphulê,* grain de raisin, et *kokkos,* graine). Bactérie de forme arrondie, dont les individus sont groupés en forme de grappe, abondante dans la nature et vivant sur la peau et les muqueuses. (Une espèce, le *staphylocoque doré,* provoque des infections banales ou graves, telles que le furoncle, l'anthrax, l'ostéomyélite, une septicémie, etc.)

STAPHYLOME n.m. Tumeur de la cornée de l'œil.

STAR n.f. (mot angl., *étoile*). **1.** Vedette de cinéma. **2.** Vedette dans un domaine. *Une star du football.* **3.** Chose supérieure aux autres dans un domaine quelconque. *Cette voiture est la star du Salon.*

STARETS [starɛts] ou **STARIETS** [starjɛts] n.m. (russe *starets,* vieillard). Saint moine ou ermite, considéré par le peuple comme prophète ou thaumaturge, dans l'ancienne Russie.

STARIE [stari] n.f. (du néerl. *star,* immobile). MAR. Délai fixé pour charger ou décharger un navire. SYN. : *estarie, jours de planche.*

STARISATION n.f. Action de stariser.

STARISER ou **STARIFIER** v.t. Transformer en star.

STARKING n.f. Pomme rouge d'une variété originaire d'Amérique.

STARLETTE n.f. Jeune actrice de cinéma cherchant à devenir une star.

STAROSTE n.m. (du russe). HIST. Dans la Russie tsariste, représentant élu par une communauté rurale ou urbaine.

STAR-SYSTEM n.m. (mot angl.) [pl. *star-systems*]. Dans le monde du spectacle, système centré sur le prestige d'une vedette.

STARTER [startɛr] n.m. (de l'angl. *to start,* faire partir). **1.** Personne qui, dans les courses ou sur un terrain d'aviation militaire, donne le signal du départ. **2.** Dispositif auxiliaire du carburateur qui facilite le départ à froid d'un moteur à explosion en augmentant la richesse en carburant du mélange gazeux.

STARTING-BLOCK [startiŋblɔk] n.m. (mot angl.) [pl. *starting-blocks*]. Cale-pieds facilitant le départ des coureurs.

starting-block
(coureur en position de départ)

départ d'une course de chevaux dans la **starting-gate**

STARTING-GATE [startiŋgɛt] n.f. (mot angl.) [pl. *starting-gates*]. Équipement placé sur la piste et dont les portes s'ouvrent automatiquement et simultanément pour le départ d'une course de chevaux.

STASE n.f. (gr. *stasis,* arrêt). PATHOL. Arrêt ou ralentissement de la circulation d'un liquide organique.

STATÈRE n.m. (gr. *statêr*). Unité de poids et de monnaie de la Grèce antique.

STATHOUDER [statudɛr] ou **STADHOUDER** [-dudɛr] n.m. (mot néerl., *gouverneur*). HIST. Dans les Pays-Bas espagnols, gouverneur de province ; dans les Provinces-Unies, chef du pouvoir exécutif d'une province ou de l'ensemble de l'Union.

STATHOUDÉRAT n.m. HIST. Dignité, fonctions du stathouder.

STATICE n.m. (gr. *statikê*). Plante à fleurs roses ou mauves dont certaines variétés, telles l'immortelle bleue ou la lavande de mer, croissent sur les sables littoraux. (Famille des plombaginacées.)

STATIF n.m. (du lat. *stativus,* fixe). **1.** Partie mécanique (pied, corps et tube) du microscope. **2.** Socle massif, lourd et stable dans lequel sont fixées une ou plusieurs tiges servant de support à des accessoires.

STATION n.f. (lat. *statio,* de *stare,* se tenir debout). **I.** Façon de se tenir ; position. *Station verticale. Station debout.* **II.1.** Arrêt, de durée variable, au cours d'un déplacement. *Faire une longue station au café.* ◇ RELIG. Chacune des quatorze pauses du chemin de croix ; leur représentation en tableaux, sculptures, etc. ; suite de sermons prêchés durant un avent ou un carême. **2.** Lieu où s'arrêtent les véhicules de transport en commun pour prendre ou laisser des voyageurs. *Station d'autobus.* **3.** Point où l'on se place, en topographie ou en géodésie, pour faire un levé ou des mesures. **4.** Établissement de recherches scientifiques. *Station météorologique.* **5.** Installation, fixe ou mobile, remplissant une ou plusieurs missions déterminées. ◇ *Station d'émission :* poste émetteur de radio, de télévision. – INFORM. *Station de travail :* système connectable ou non, mis à la disposition d'un individu pour une tâche déterminée. – *Station orbitale* ou *spatiale :* véhicule spatial non récupérable, satellisé autour de la Terre, disposant d'équipements de recherche scientifique et technique pluridisciplinaires, capable d'abriter des astronautes pour des séjours de longue durée et auquel peuvent venir s'amarrer des vaisseaux spatiaux automatiques ou pilotés. **III.** Lieu de séjour temporaire permettant certains traitements ou certaines activités. *Station thermale. Station de sports d'hiver.*

■ Les stations orbitales comprennent des pièces d'amarrage pour les vaisseaux de transport et de ravitaillement, des sas pour le transfert des équipages et des équipements, des zones d'habitation et des zones de travail. Les premières stations orbitales ont été les Saliout soviétiques et le Skylab américain. La réalisation d'une station permanente, formée de modules satellisés séparément puis assemblés sur orbite, et dont les équipages se relaieront sans interruption, constitue l'un des principaux objectifs de la coopération spatiale internationale.

STATION-AVAL n.f. (pl. *stations-aval*). ASTRONAUT. Installation située à une certaine distance de la base de lancement d'engins spatiaux et assurant les liaisons avec les engins lancés quand ils ne sont plus en vue de la base.

1. STATIONNAIRE adj. **1.** Qui ne subit aucune évolution, reste dans le même état. *L'état du malade est stationnaire.* **2.** Qui conserve la même valeur ou les mêmes propriétés. **3.** MATH. *Suite stationnaire :* suite (a_n) telle qu'il existe un nombre naturel p tel que $a_n = a_p$ pour tout $n > p$. **4.** PHYS. *Ondes stationnaires,* dans lesquelles les phénomènes d'oscillation sont, en tout point, soit en concordance, soit en opposition de phase.

2. STATIONNAIRE n.m. Bâtiment de guerre affecté à la surveillance d'un port ou d'une zone maritime.

STATIONNEMENT n.m. **1.** Fait de stationner, de s'arrêter en un lieu. ◇ *Disque de stationnement :* dispositif placé derrière le pare-brise, indiquant l'heure d'arrivée de l'automobiliste dans certaines zones où le stationnement est réglementé. **2.** Canada. Parc de stationnement.

STATIONNER v.i. S'arrêter momentanément en un lieu. ◇ *Être stationné :* être en stationnement.

STATION-SERVICE n.f. (pl. *stations-service*). Poste d'essence offrant aux automobilistes et aux motocyclistes toutes les ressources nécessaires à la bonne marche de leur véhicule, y compris les dépannages d'urgence.

1. STATIQUE adj. (gr. *statikos*). **1.** Qui demeure au même point, qui est sans mouvement, par opp. à *dynamique.* **2.** PHYS. Qui a rapport à l'équilibre des forces.

2. STATIQUE n.f. Branche de la mécanique qui a pour objet l'équilibre des systèmes de forces. ◇ *Statique des gaz :* aérostatique.

STATIQUEMENT adv. De façon statique.

STATISME n.m. État de ce qui est statique.

STATISTICIEN, ENNE n. Spécialiste de la statistique.

1. STATISTIQUE n.f. (all. *Statistik ;* du lat. *status,* état). **1.** Ensemble de méthodes mathématiques qui, à partir du recueil et de l'analyse de données réelles, permettent l'élaboration de modèles probabilistes autorisant les prévisions. **2.** Tableau numérique d'un phénomène se prêtant à l'analyse statistique. *Statistique de la natalité.*

2. STATISTIQUE adj. Relatif à la statistique. *Méthode statistique.*

STATISTIQUEMENT adv. D'une manière statistique.

STATOCYSTE n.m. (gr. *statos,* stationnaire, et *kustis,* vessie). PHYSIOL. Organe creux contenant des grains pesants *(statolithes),* entouré d'une paroi sensible, qui renseigne de nombreux groupes d'animaux sur leur orientation dans le champ de la pesanteur.

STATOR [statɔr] n.m. TECHN. Partie fixe d'une machine tournante (par opp. à la partie mobile, ou *rotor*).

STATORÉACTEUR n.m. AÉRON. Propulseur à réaction sans organe mobile, constitué par une tuyère thermopropulsive, exigeant pour fonctionner des vitesses élevées.

STATTHALTER [statalтɛr] ou [ʃtataltɛr] n.m. (mot all., de *statt,* au lieu de, et *Halter,* tenant). HIST. Gouverneur en pays allemand, et plus particulièrement gouverneur de l'Alsace-Lorraine de 1879 à 1918.

1. STATUAIRE adj. Relatif aux statues.

2. STATUAIRE n. Sculpteur qui fait des statues.

3. STATUAIRE n.f. Art de faire des statues.

STATUE n.f. (lat. *statua,* de *statuere,* placer). Ouvrage de sculpture en ronde bosse, représen-

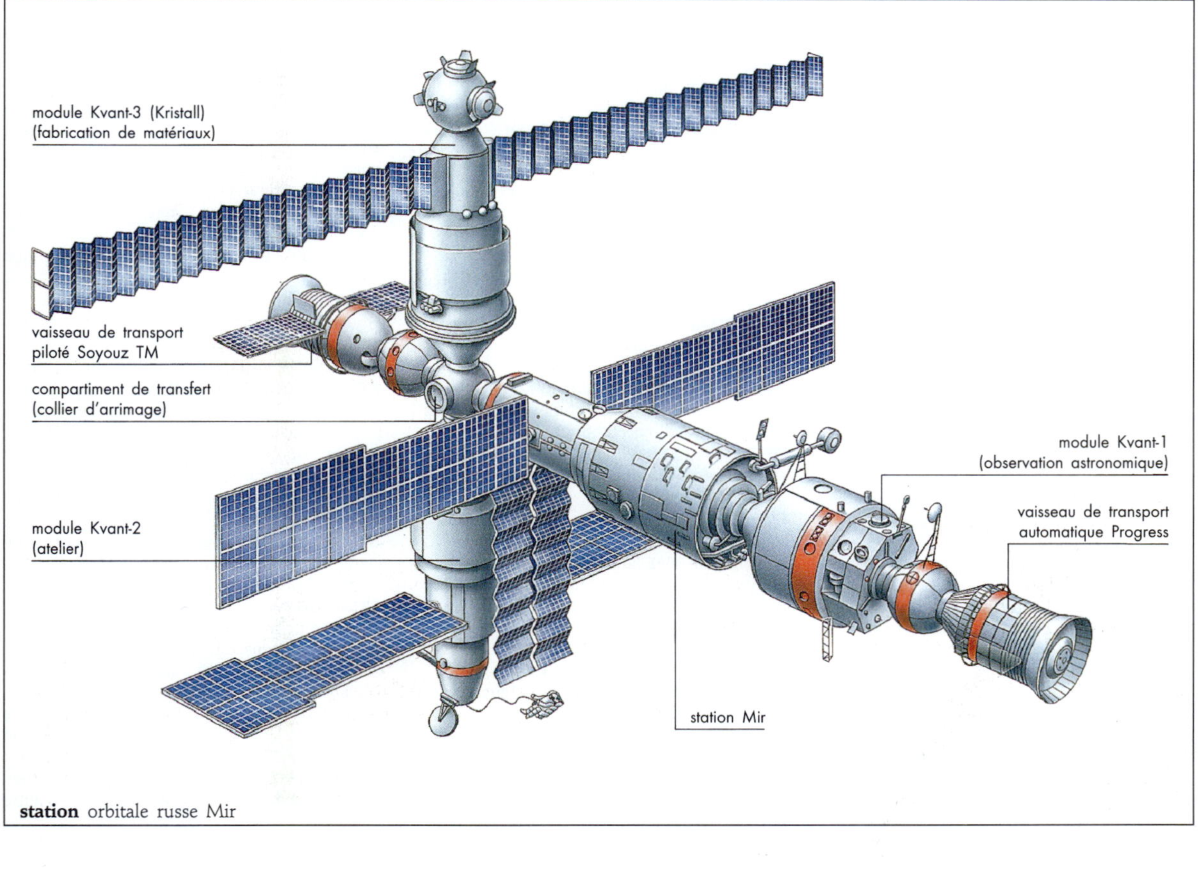

station orbitale russe Mir

tant un être animé entier et isolé. (L'usage des praticiens réserve la dénomination de *statue* aux figurations d'une dimension égale à la moitié au moins de la taille naturelle.) ◇ Litt. *Statue de sel :* personne figée dans une attitude (par allusion à la femme de Loth qui, selon la Bible, fut changée en statue de sel pour avoir désobéi à Dieu).

STATUE-COLONNE n.f. (pl. *statues-colonnes*). Statue adossée à une colonnette et taillée dans le même bloc que celle-ci, dans l'art gothique.

STATUER v.i. Régler avec autorité, décider. *Statuer sur un litige.*

STATUETTE n.f. Petite statue. (Entre 25 et 80 cm env. pour une figure humaine ; au-dessous, on parle de *figurine*.)

STATUFIER v.t. **1.** Élever une statue à qqn, le représenter en statue. **2.** Rendre semblable à une statue.

STATU QUO [statykwo] n.m. inv. (lat. *in statu quo ante,* dans l'état où se trouvaient les choses). État actuel des choses.

STATURE n.f. (lat. *statura*). Taille d'une personne.

STATURO-PONDÉRAL, E, AUX adj. Relatif à la taille et au poids.

STATUT n.m. (lat. *statuere,* établir). **1.** Texte ou ensemble de textes fixant les garanties fondamentales accordées à une collectivité, à un corps. **2.** Situation de fait, position, par rapport à la société. *Le statut de la femme.* ◆ pl. Acte constitutif d'une société ou d'une association, qui en fixe légalement les règles de fonctionnement.

STATUTAIRE adj. Conforme aux statuts ; désigné par les statuts.

STATUTAIREMENT adv. Conformément aux statuts.

STAWUG n.m. (mot norvég.). Pas de marche rapide, utilisé en ski de fond.

STAYER [stɛjœr] n.m. (mot angl., de *to stay,* rester). Coureur cycliste de demi-fond (derrière moto et sur piste).

STEAK [stɛk] n.m. (mot angl.). Bifteck.

STEAMER [stimœr] n.m. (mot angl., de *steam,* vapeur). Vx. Navire à vapeur.

STÉARATE n.m. Sel ou ester de l'acide stéarique.

STÉARINE n.f. (gr. *stear,* graisse). Corps gras, principal constituant des graisses animales.

STÉARINERIE n.f. Fabrique de stéarine.

STÉARINIER n.m. Fabricant de stéarine.

STÉARIQUE adj. Se dit d'un acide contenu dans les graisses animales et servant surtout à fabriquer des bougies.

STÉARYLE n.m. CHIM. Radical univalent résultant de la suppression de l'hydroxyle de l'acide stéarique. *Chlorure de stéaryle.*

STÉATITE n.f. Roche métamorphique faite de talc, mais compacte et non feuilletée.

STÉATOME n.m. (gr. *steatôma*). MÉD., VX. Tumeur graisseuse bénigne.

STÉATOPYGE adj. Caractérisé par la stéatopygie. *Vénus stéatopyge.*

STÉATOPYGIE n.f. (gr. *stear, -atos,* graisse, et *pugê,* fesse). Présence d'un matelas adipeux épais dans la région du sacrum et des fesses, reposant sur une ensellure lombo-sacrée très prononcée, et fréquente chez les Bochiman et les Hottentots.

STÉATOSE n.f. MÉD. Dégénérescence graisseuse d'un tissu.

STEEPLE-CHASE [stipəltʃɛz] ou **STEEPLE** [stipl] n.m. (mot angl., de *steeple,* clocher, et *chase,* chasse) [pl. *steeple-chases ; steeples*]. **1.** Course de chevaux qui comporte des haies ainsi que des obstacles de différentes natures. **2.** *3 000 m steeple :* course à pied de 3 000 m, sur piste, avec une série d'obstacles artificiels (28 haies et 7 sauts de rivière).

STÉGANOPODE n.m. Pélécaniforme.

STÉGOCÉPHALE n.m. *Stégocéphales :* sous-classe d'amphibiens fossiles du primaire et du trias, à crâne particulièrement bien ossifié.

STÉGOMYIE ou **STEGOMYA** n.f. (gr. *stegos,* abri, et *muia,* mouche). Moustique des pays chauds, qui propage la fièvre jaune par ses piqûres.

STÉGOSAURE n.m. (gr. *stegein,* couvrir, et *sauros,* reptile). Grand dinosaure (7 m) herbivore du crétacé d'Amérique, à la tête minuscule et au corps revêtu d'une cuirasse.

STEINBOCK n.m. (néerl. *steenbok,* bouquetin). Petite antilope d'Afrique du Sud, aux oreilles noires.

STÈLE n.f. (lat. *stela ;* du gr.). Monument monolithe vertical, le plus souvent funéraire, orné d'un décor épigraphique ou figuré.

STELLAGE n.m. BOURSE. Opération à terme dans laquelle l'intervenant se réserve de n'indiquer qu'au moment de la liquidation s'il est acheteur ou vendeur des titres, dont la quantité et les cours sont fixés d'avance.

1. STELLAIRE adj. (lat. *stella,* étoile). **1.** Relatif aux étoiles. *Magnitude stellaire.* **2.** Rayonné en étoile. *Disposition stellaire.* **3.** ANAT. *Ganglion stellaire :* ganglion cervical du système sympathique, aux ramifications étoilées.

2. STELLAIRE n.f. Plante aux pétales bifides, telle que le mouron des oiseaux. (Famille des caryophyllacées.)

STELLIONAT n.m. (lat. *stellio,* lézard [animal pris pour symbole de la fraude]). DR. Fait de vendre ou d'hypothéquer un immeuble dont on n'est pas propriétaire.

STELLITE n.m. (nom déposé). Alliage à base de cobalt, de chrome, de tungstène et de molybdène, utilisé pour sa résistance à l'usure et sa tenue à chaud.

STEM ou **STEMM** n.m. (mot norvég.). En ski, virage qui utilise le transfert du poids du corps d'un ski sur l'autre.

STEMMATE n.m. ZOOL. Œil simple des larves d'insectes supérieurs.

STENCIL [stɛnsil] ou [stɛ̃sil] n.m. (mot angl.). Matrice d'impression constituée par un papier paraffiné spécial rendu perméable à l'encre fluide par frappe dactylographique et se comportant comme un pochoir.

STENDHALIEN, ENNE adj. Propre à Stendhal ; dans la manière de Stendhal.

STÉNODACTYLO n. Dactylo qualifié pour l'enregistrement, par signes écrits, des éléments d'une dictée, d'une conversation, d'un discours.

STÉNODACTYLOGRAPHIE n.f. Emploi de la sténographie et de la dactylographie combinées.

STÉNOGRAMME n.m. Tracé en sténographie d'une syllabe ou d'un mot.

STÉNOGRAPHE ou **STÉNO** n. Personne capable de prendre en dictée, à la vitesse de conversation, un texte à l'aide de signes sténographiques.

STÉNOGRAPHIE ou **STÉNO** n.f. (gr. *stenos,* serré, et *graphein,* écrire). Procédé d'écriture formé de signes abréviatifs et conventionnels, qui sert à transcrire la parole aussi rapidement qu'elle est prononcée.

STÉNOGRAPHIER v.t. Prendre en dictée à l'aide de la sténographie.

STÉNOGRAPHIQUE adj. Relatif à la sténographie.

STÉNOHALIN, E adj. ZOOL. Se dit des animaux marins qui ne peuvent vivre que dans les eaux à salinité constante.

STÉNOPÉ n.m. (gr. *stenos,* étroit, et *opê,* trou). Petit trou dans la paroi d'une chambre noire, faisant office d'objectif photographique.

STÉNOSAGE [stenɔzaʒ] n.m. TECHN. Traitement des fibres cellulosiques pour les durcir.

STÉNOSE n.f. (gr. *stenos,* serré). MÉD. Rétrécissement d'un conduit ou d'un orifice.

STÉNOTHERME adj. ZOOL. Se dit des animaux marins qui exigent une température à peu près constante du milieu.

STÉNOTYPE n.f. Machine pour transcrire à la vitesse de la parole la plus rapide des textes sous une forme phonétique simplifiée.

STÉNOTYPIE n.f. Technique d'écriture de la parole à l'aide d'une sténotype.

STÉNOTYPISTE n. Employé capable de sténographier à l'aide d'une sténotype.

1. STENTOR [stɑ̃tɔr] n.m. (n. d'un héros troyen à la voix puissante). *Voix de stentor,* extrêmement puissante et sonore.

2. STENTOR [stɑ̃tɔr] n.m. (de 1. *stentor*). Protozoaire d'eau douce en forme de trompe ou de porte-voix. (Long. 1 mm env. ; embranchement des ciliés.)

STÉPHANOIS, E adj. et n. De Saint-Étienne.

STEPPAGE n.m. (de l'angl. *to step,* trotter). MÉD. Anomalie de la marche, due à une paralysie des muscles releveurs du pied et obligeant à relever le genou de façon exagérée.

STEPPE n.f. (russe *step*). **1.** Formation discontinue de végétaux xérophiles, souvent herbacés, des régions tropicales et des régions de climat continental semi-arides. **2.** *Art des steppes :* production artistique, à l'âge du bronze et du fer, des peuples nomades des steppes (Sibérie et nord de la mer Noire), qui atteint son apogée entre le VIIIe et le IIIe s. av. J.-C.

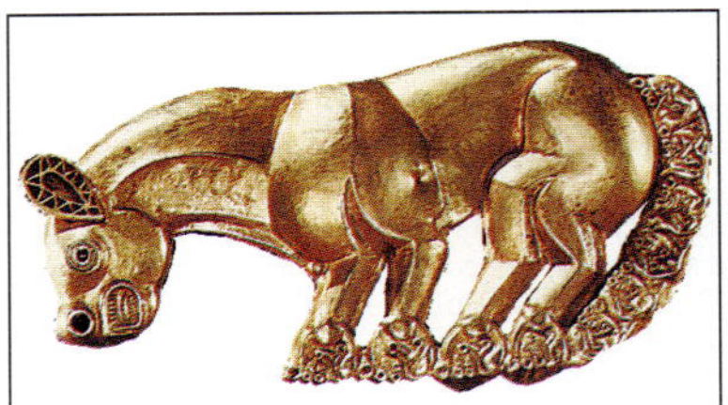

art des **steppes :** plaque de bouclier scythe en forme de panthère, en or avec incrustations d'émail et d'ambre ; fin du VIIe-début du VIe s. av. J.-C. (musée de l'Ermitage, Leningrad)

STEPPER [stɛpœr] ou **STEPPEUR** n.m. (angl. *to step,* trotter). Cheval qui trotte avec vivacité en levant haut ses membres antérieurs.

STEPPIQUE adj. Formé de steppes.

STÉRADIAN n.m. Unité de mesure d'angle solide (symb. sr), équivalant à l'angle solide qui, ayant son sommet au centre d'une sphère, découpe, sur la surface de cette sphère, une aire équivalant à celle d'un carré dont le côté est égal au rayon de la sphère.

STERCORAIRE n.m. (lat. *stercus, stercoris,* fumier). Oiseau palmipède (lariforme) à plumage brun et blanc, des mers arctiques, qui se nourrit de poissons dérobés à d'autres oiseaux. (On appelle souvent les stercoraires *mouettes ravisseuses.* Ils peuvent atteindre 60 cm de long. Les *skuas* sont des stercoraires.)

STERCORAL, E, AUX adj. Qui concerne les excréments.

STERCULIACÉE n.f. *Sterculiacées :* famille de plantes dialypétales, comme le cacaoyer et le kolatier.

STÈRE n.m. (gr. *stereos,* solide). Quantité de bois (rondins ou quartiers) correspondant à un volume extérieur de 1 m^3 (symb. st).

STÉRÉO n.f. (abrév.). Stéréophonie. ◆ adj. inv. Stéréophonique.

STÉRÉOBATE n.m. Vx. Soubassement non mouluré d'un édifice.

STÉRÉOCHIMIE n.f. Partie de la chimie qui étudie l'arrangement tridimensionnel des atomes dans les molécules.

STÉRÉOCHIMIQUE adj. De la stéréochimie.

STÉRÉOCOMPARATEUR n.m. Appareil utilisé dans les levés de plans par la photographie, pour effectuer des mesures de coordonnées de très grande précision et pour en déduire la position de points topographiques.

STÉRÉODUC n.m. TECHN. Convoyeur de produits solides.

STÉRÉOGNOSIE [stereognozi] n.f. PHYSIOL. Perception de la forme et des volumes des corps, utilisant les sensibilités tactile et musculaire.

STÉRÉOGRAMME n.m. Ensemble de deux clichés d'un même sujet destinés à la restitution du relief par stéréoscopie.

STÉRÉOGRAPHIQUE adj. *Projection stéréographique* (*de sommet* O) : transformation ponctuelle qui, à un point M d'une demi-sphère de sommet O, associe le point d'intersection de la droite (OM) et du plan équatorial.

STÉRÉO-ISOMÈRE n.m. et adj. (pl. *stéréo-isomères*). Composé isomère stérique d'un autre composé.

STÉRÉO-ISOMÉRIE n.f. (pl. *stéréo-isoméries*). CHIM. Isomérie de nature stérique.

STÉRÉOMÉTRIE n.f. Ensemble des méthodes géométriques utilisées dans la mesure des volumes.

STÉRÉOMÉTRIQUE adj. De la stéréométrie.

STÉRÉOPHONIE n.f. Technique de la reproduction des sons enregistrés ou transmis par radio, caractérisée par la reconstitution spatiale des sources sonores (par opp. à *monophonie*).

STÉRÉOPHONIQUE adj. Relatif à la stéréophonie.

STÉRÉOPHOTOGRAPHIE n.f. Photographie stéréoscopique.

STÉRÉOSCOPE n.m. Appareil permettant de voir une image en relief par examen d'un couple stéréoscopique.

STÉRÉOSCOPIE n.f. Procédé donnant l'impression du relief par examen de deux images d'un sujet prises avec un écartement comparable à celui des yeux.

STÉRÉOSCOPIQUE adj. Relatif à la stéréoscopie.

STÉRÉOSPÉCIFIQUE adj. CHIM. Se dit d'une réaction chimique qui peut conduire à plusieurs stéréo-isomères, mais qui n'en donne qu'un seul à cause du mécanisme.

STÉRÉOTAXIE n.f. Procédé de repérage rigoureux des structures cérébrales profondes, employé en neurochirurgie.

STÉRÉOTAXIQUE adj. Effectué grâce à la stéréotaxie.

STÉRÉOTOMIE n.f. Science traditionnelle de la coupe des matériaux employés dans la construction (taille des pierres ; art du trait en charpenterie).

STÉRÉOTOMIQUE adj. Relatif à la stéréotomie.

STÉRÉOTYPE n.m. **1.** Cliché typographique obtenu par coulage de plomb dans un flan ou une empreinte. (On dit aussi *cliché*.) **2.** Formule banale, opinion dépourvue d'originalité.

STÉRÉOTYPÉ, E adj. Qui se présente toujours sous la même forme ; figé. *Gestes stéréotypés. Formules stéréotypées.*

STÉRÉOTYPIE n.f. **1.** IMPR. Branche de la clicherie qui permet la reproduction de formes imprimantes au moyen de flans. **2.** PSYCHOL. Répétition immotivée, automatique et inadaptée à la situation, de mots, de mouvements ou d'attitudes.

STÉRÉOVISION n.f. OPT. Vision stéréoscopique du relief.

STÉRER v.t. [18]. **1.** Disposer du bois en stères. **2.** Évaluer le volume d'une quantité de bois.

STÉRIDE n.m. Liquide simple qui résulte de l'estérification d'un stérol par un acide gras.

1. STÉRILE adj. (lat. *sterilis*). **1.** Qui ne porte pas de fruits, qui ne produit pas. *Arbre stérile, terre stérile.* **2.** Qui est inapte à la génération. *Femelle stérile.* **3.** MÉD. Qui est exempt de tout germe microbien. **4.** Fig. Qui ne produit rien, sans imagination. *Esprit stérile.* **5.** Sans résultat, vain, inutile. *Discussions stériles.*

2. STÉRILE n.m. MIN. Roche ne contenant pas de minéraux exploitables.

STÉRILEMENT adv. De façon stérile.

STÉRILET n.m. Dispositif contraceptif en matière plastique ou en cuivre, placé dans la cavité utérine.

STÉRILISANT, E adj. Qui stérilise.

STÉRILISATEUR n.m. Appareil de stérilisation.

STÉRILISATION n.f. **1.** Action de détruire les toxines et les micro-organismes dans un local, dans une substance, sur un instrument chirurgical, etc., par des procédés physiques (chaleur, radiations ultraviolettes) ou chimiques (antiseptiques). **2.** Fig., litt. Action de stériliser les esprits, la créativité.

STÉRILISÉ, E adj. Soumis à la stérilisation. ◇ *Lait stérilisé* : lait qui a été porté à haute température, et qui peut être conservé plusieurs mois.

STÉRILISER v.t. **1.** Rendre stérile, rendre inapte à la génération, à la production, à l'invention. **2.** Opérer la stérilisation de.

STÉRILITÉ n.f. État de ce qui est stérile, de qqn de stérile.

STÉRIQUE adj. CHIM. Relatif à la configuration spatiale d'un composé chimique. ◇ *Effet stérique* : influence de l'encombrement des groupes et des atomes constituant une molécule sur les interactions qu'elle peut avoir avec d'autres.

STERLET n.m. (du russe). Esturgeon des cours d'eau d'Europe orientale et d'Asie occidentale dont les œufs servent à préparer le caviar.

STERLING [stɛrliŋ] n.m. inv. (mot angl.). Livre* sterling. ◆ adj. inv. *Zone sterling* : zone monétaire liée à la livre sterling (jusqu'en 1979).

STERNAL, E, AUX adj. Relatif au sternum.

STERNE n.f. (anc. angl. *stern*). Oiseau palmipède à tête noire et à dos gris, vivant sur les côtes. (Long. 40 cm env.) Nom usuel : *hirondelle de mer*.

sterne

STERNITE n.m. ZOOL. Partie ventrale de chacun des anneaux de chitine des arthropodes.

STERNO-CLÉIDO-MASTOÏDIEN adj.m. et n.m. ANAT. Se dit d'un muscle qui s'insère sur le sternum, la clavicule et l'apophyse mastoïde.

STERNUM [stɛrnɔm] n.m. (mot lat. ; du gr.). Os plat, situé en avant de la cage thoracique et auquel sont reliées les sept premières côtes chez l'homme. *Le sternum des oiseaux porte une lame osseuse ventrale, le bréchet.*

STERNUTATION n.f. (du lat. *sternutare*, éternuer). MÉD. Action d'éternuer.

STERNUTATOIRE adj. MÉD. Qui provoque l'éternuement.

STÉROÏDE adj. *Hormone stéroïde* ou *stéroïde*, n.m. : hormone dérivée des stérols et sécrétée par les glandes endocrines (corticosurrénales, glandes génitales, placenta).

STÉROÏDIEN, ENNE ou **STÉROÏDIQUE** adj. Relatif aux stéroïdes.

STÉROL n.m. CHIM. Alcool polycyclique dans le groupe duquel se trouvent le cholestérol, les vitamines D et les stéroïdes.

STERTOREUX, EUSE adj. (du lat. *stertere*, ronfler). PATHOL. Caractérisé par le ronflement, le râle.

STÉTHOSCOPE n.m. (gr. *stêthos*, poitrine, et *skopein*, examiner). Instrument inventé par Laennec, permettant l'auscultation du thorax.

STEWARD [stjuward] ou [stiwart] n.m. (mot angl.). Maître d'hôtel, garçon à bord des paquebots, des avions.

STHÈNE n.m. (gr. *sthenos*, force). Anc. Unité de mesure de force (symb. sn).

STHÉNIE n.f. (gr. *sthenos*, force). Rare. État de pleine activité de fonctionnement normal (d'un organisme notamm.) [par opp. à *asthénie*].

STIBIÉ, E adj. (lat. *stibium*, antimoine). PHARM. Où il entre de l'antimoine.

STIBINE n.f. Sulfure naturel d'antimoine Sb_2S_3, principal minerai de ce métal.

STICHOMYTHIE [stikɔmiti] n.f. (gr. *stikhos*, ligne, et *mutheîn*, parler). LITTÉR. Dialogue tragique où les interlocuteurs se répondent vers pour vers.

STICK [stik] n.m. (mot angl.). **1.** Canne flexible. **2.** Conditionnement d'un produit (rouge à lèvres, déodorant, colle, etc.) solidifié sous forme de bâtonnet. **3.** Équipe de parachutistes largués par le même avion.

STICKER [stikœr] n.m. Anglic. Autocollant.

STIGMA n.m. (mot gr., *piqûre*). BIOL. Point sensible à la lumière chez certains protistes (euglènes).

STIGMATE n.m. (lat. *stigma*, marque de flétrissure). **I. 1.** Marque durable que laisse une plaie, une maladie. *Les stigmates de la petite vérole.* **2.** Litt. Trace, marque qui révèle une dégradation. *Les stigmates du vice.* **II. 1.** BOT. Partie supérieure du pistil, qui reçoit le pollen. **2.** ZOOL. Orifice respiratoire des trachées chez les insectes, les arachnides. ◆ pl. Plaies qui reproduisent celles de Jésus crucifié, chez certains mystiques chrétiens.

STIGMATIQUE adj. Doué de stigmatisme.

STIGMATISATION n.f. Action de stigmatiser.

STIGMATISÉ, E adj. et n. Se dit des porteurs de stigmates.

STIGMATISER v.t. Flétrir, blâmer avec dureté et publiquement. *Stigmatiser les violations des droits de l'homme.*

STIGMATISME n.m. OPT. Qualité d'un système optique qui donne un point image d'un point objet.

STIGMOMÈTRE n.m. Dispositif de mise au point équipant certains viseurs d'appareils photographiques reflex.

STILLIGOUTTE n.m. MÉD. Compte-gouttes.

STILTON [stiltɔn] n.m. Fromage anglais à moisissures internes, fabriqué avec du lait de vache.

STIMUGÈNE adj. et n.m. MÉD. Propre à stimuler l'organisme, ses défenses naturelles.

STIMULANT, E adj. **1.** Propre à stimuler, à accroître l'activité physique, intellectuelle ; fortifiant, tonique. *Climat stimulant.* **2.** Fig. Qui augmente l'ardeur ; encourageant. *Succès stimulant.* ◆ n.m. **1.** Substance, médicament qui active les fonctions psychiques. *Le café est un stimulant.* **2.** Fig. Ce qui est de nature à redonner du courage à qqn.

STIMULATEUR n.m. *Stimulateur cardiaque* : appareil électrique provoquant la contraction cardiaque quand celle-ci ne s'effectue plus normalement. SYN. : *pacemaker*.

STIMULATION n.f. Action de stimuler.

STIMULER v.t. (lat. *stimulare*, de *stimulus*, aiguillon). **1.** Inciter, pousser à agir ; encourager. *Les premiers succès l'ont stimulé.* **2.** Accroître l'activité de (un sentiment, une activité, une fonction organique, etc.). *Stimuler l'industrie.*

STIMULINE n.f. Hormone sécrétée par l'hypophyse et stimulant l'activité d'une glande endocrine pour la sécrétion d'une autre hormone. (Nom générique.)

STIMULUS [stimylys] n.m. (mot lat.) [pl. inv. ou *stimuli*]. PHYSIOL. Élément de l'environnement susceptible d'activer certains récepteurs sensoriels d'un individu et d'avoir un effet sur son comportement.

STIPE n.m. (lat. *stipes*, souche). BOT. Tronc non ramifié, recouvert par les cicatrices des feuilles, comme chez les palmiers, l'aloès ; axe principal de certaines algues et champignons.

STIPENDIÉ, E adj. Litt. et péj. Qui est payé pour accomplir une action ; corrompu.

STIPENDIER v.t. (du lat. *stipendium*, solde militaire). Litt. et péj. Avoir à sa solde.

STIPITÉ, E adj. Se dit des organes végétaux portés par un stipe.

STIPULANT, E adj. et n. DR. Qui est partie à une convention, un contrat.

STIPULATION n.f. Clause, mention dans un contrat.

STIPULE n.f. (lat. *stipula*, paille). BOT. Petit appendice membraneux ou foliacé, qui se rencontre au point d'insertion des feuilles.

STIPULER v.t. (lat. *stipulari*). **1.** DR. Énoncer une clause, une condition dans un contrat. **2.** Faire savoir expressément.

1. STOCHASTIQUE [-kas-] adj. (gr. *stokhastikos*, de *stokhazein*, viser). Qui est de nature aléatoire. *Processus stochastique.*

2. STOCHASTIQUE [-kas-] n.f. Calcul des probabilités appliqué à l'analyse des données statistiques.

STOCK n.m. (mot angl.). **1.** Ensemble des marchandises disponibles sur un marché, dans un magasin, etc. **2.** Ensemble des marchandises, des matières premières, des produits semi-ouvrés, des produits finis, etc., qui sont la propriété d'une entreprise. **3.** Ensemble de choses possédées et gardées en réserve. *Avoir un stock de romans policiers.*

STOCKAGE n.m. Action de stocker.

STOCK-CAR n.m. (mot angl.) [pl. *stock-cars*]. Voiture automobile engagée dans une course où les obstructions et les carambolages sont de règle ; la course elle-même.

STOCKER v.t. **1.** Mettre en stock ; faire des réserves de qqch. **2.** Conserver un produit, une énergie en attente pour une utilisation ultérieure.

STOCKFISCH [stɔkfiʃ] n.m. (moyen néerl. *stocvisch,* poisson séché sur un bâton). **1.** Morue séchée à l'air libre. **2.** Poisson séché, en général.

STOCKISTE n. Commerçant ou artisan détenteur d'un stock de pièces détachées et d'organes destinés à la réparation d'un produit de marque déterminée.

STOCK-OUTIL n.m. (pl. *stocks-outils*). Ensemble des stocks élémentaires correspondant à l'approvisionnement normal d'une entreprise lui permettant d'éviter les ruptures.

STOCK-SHOT n.m. (mot amér., de *stock,* réserve, et *shot,* prise de vues) [pl. *stock-shots*]. (Anglic. déconseillé). CIN., TÉLÉV. Images d'actualité empruntées à des documents d'archives et insérées dans un film, un reportage. Recomm. off. : ***images d'archives, archives.***

STŒCHIOMÉTRIE [stekjɔmetri] n.f. (gr. *stoikheion,* élément). CHIM. Étude des proportions suivant lesquelles les corps se combinent entre eux.

STŒCHIOMÉTRIQUE [stekjɔ-] adj. Relatif à la stœchiométrie.

STOÏCIEN, ENNE adj. et n. (lat. *stoicus ;* gr. *stoa,* portique [parce que les philosophes stoïciens se rassemblaient sous le Portique, à Athènes]). **1.** Qui appartient au stoïcisme ; qui en est adepte. **2.** Qui témoigne d'une impassibilité courageuse devant le malheur, la douleur, etc.

STOÏCISME n.m. **1.** Doctrine philosophique de Zénon de Kition, puis de Chrysippe, Sénèque, Épictète et Marc Aurèle. (On l'a fréquemment opposé à l'*épicurisme.*) **2.** Par ext. Fermeté, austérité. *Supporter ses malheurs avec stoïcisme.*

STOÏQUE adj. Se dit de qqn qui supporte la douleur, le malheur avec courage.

STOÏQUEMENT adv. De façon stoïque.

STOKER [stɔkɛr] ou [-kœr] n.m. (mot angl.). Anc. Dispositif d'alimentation mécanique en charbon du foyer d'une locomotive à vapeur.

STOKES [stoks] n.m. (de *Stokes,* n.pr.). Unité de mesure de viscosité cinématique (symb. St), valant 10^{-4} mètre carré par seconde.

STOL n.m. inv. (sigle des mots angl. *short take-off and landing*). Avion à décollage et atterrissage courts. (En France, ces appareils sont désignés par le sigle A. D. A. C.)

STOLON n.m. (lat. *stolo,* rejeton). **1.** BOT. Tige aérienne rampante, terminée par un bourgeon qui, de place en place, produit des racines adventives, point de départ de nouveaux pieds (par ex. chez le fraisier). SYN. : *coulant.* **2.** ZOOL. Bourgeon assurant la multiplication asexuée de certains animaux marins.

STOLONIFÈRE adj. BOT. Qui émet des stolons.

STOMACAL, E, AUX adj. (lat. *stomachus,* estomac). Qui appartient à l'estomac. *Douleur stomacale.*

STOMACHIQUE adj. Relatif à l'estomac. ◆ adj. et n.m. Se dit de médicaments pour l'estomac.

STOMATE n.m. (gr. *stoma, -atos,* bouche). BOT. Appareil microscopique de l'épiderme des végétaux, percé d'un minuscule orifice *(ostiole)* et servant aux échanges gazeux.

STOMATITE n.f. Inflammation de la muqueuse buccale.

STOMATOLOGIE n.f. Spécialité médicale dont l'objet est l'étude et le traitement des affections de la bouche et du système dentaire.

STOMATOLOGISTE ou **STOMATOLOGUE** n. Médecin spécialisé en stomatologie.

STOMATOPLASTIE n.f. **1.** Restauration chirurgicale de la bouche. **2.** Élargissement chirurgical du col utérin.

STOMOCORDÉ n.m. ZOOL. *Stomocordés :* classe d'animaux marins primitifs, voisins des cordés (balanoglosses, ptérobranches, graptolites, pogonophores).

STOMOXE n.m. Mouche qui pique le bétail et peut transmettre des micro-organismes (streptocoques, bacille du charbon, etc.). SYN. : *mouche charbonneuse.*

1. STOP interj. (mot angl.). Exprimant l'ordre d'arrêter, de cesser toute manœuvre. *Stop ! n'avancez plus.*

2. STOP n.m. **1.** Panneau de signalisation routière exigeant impérativement un arrêt. **2.** Signal lumineux placé à l'arrière d'un véhicule et qui s'allume quand on freine. **3.** Fam. Auto-stop. **4.** Mot quelquefois employé dans les messages télégraphiés pour séparer les phrases.

STOP-AND-GO [stɔpɛndgo] n.m. inv. (mots angl.). ÉCON. Correction d'un dérèglement économique par un autre, en sens inverse, compensant le premier.

STOPPAGE n.m. Réfection de la trame et de la chaîne d'un tissu pour réparer une déchirure.

1. STOPPER v.t. Faire un stoppage à.

2. STOPPER v.t. **1.** Arrêter la marche de (un navire, une machine, etc.). **2.** Empêcher d'avancer, de progresser, arrêter définitivement. *Stopper une offensive.* ◆ v.i. S'arrêter.

1. STOPPEUR, EUSE n. et adj. Personne qui fait le stoppage.

2. STOPPEUR, EUSE n. Fam. Auto-stoppeur.

3. STOPPEUR n.m. Au football, joueur placé au centre de la défense, devant le libero.

STORAX n.m. → ***styrax.***

STORE n.m. (it. *stora,* natte). **1.** Rideau de tissu ou panneau en lattes de bois, de plastique, etc., qui se lève et se baisse devant une fenêtre, une devanture. **2.** Grand rideau intérieur de fenêtre, qui se tire latéralement.

STORISTE n. Personne qui fabrique ou vend des stores.

STORY-BOARD [stɔribɔrd] n.m. (mot angl.) [pl. *story-boards*]. CIN. (Anglic. déconseillé). Suite de dessins correspondant chacun à un plan et permettant, lors de la préparation d'un film, de visualiser le découpage. Recomm. off. : ***scénarimage.***

STOT [sto] n.m. (var. picarde de *estoc*). MIN. Volume de minerai laissé en place pour protéger une voie ou une installation du fond ou de la surface.

STOUPA n.m. → ***stupa.***

STOUT [stawt] n.m. (mot angl.). Bière anglaise brune, alcoolisée.

STRABIQUE adj. et n. Affecté de strabisme.

STRABISME n.m. (gr. *strabos,* louche). Défaut de parallélisme des axes optiques des yeux, entraînant un trouble de la vision binoculaire.

STRADIOT ou **ESTRADIOT** n.m. (gr. *stratiôtês,* soldat). Cavalier léger originaire de Grèce ou d'Albanie, employé dans les armées européennes comme éclaireur (XVe-XVIe s.).

STRADIVARIUS [-rjys] n.m. Violon, violoncelle ou alto fabriqué par Antonio Stradivari.

STRAMOINE n.f. (lat. médiév. *stramonium*). Plante vénéneuse du genre datura, à grandes fleurs blanches et à fruit épineux. (Famille des solanacées.)

STRANGULATION n.f. (lat. *strangulare,* étrangler). Action d'étrangler.

STRAPONTIN n.m. (it. *strapuntino*). **1.** Siège d'appoint fixe à abattant, dans une salle de spectacle, un véhicule, etc. **2.** Fig. Fonction, place de peu d'importance dans une assemblée, une organisation.

STRASBOURGEOIS, E adj. et n. De Strasbourg.

STRASS ou **STRAS** [stras] n.m. (de *Strass,* n. de l'inventeur). **1.** Verre coloré à l'aide d'oxydes métalliques, qui imite diverses gemmes. **2.** Ce qui brille d'un faux éclat.

STRASSE n.f. (it. *straccio,* chiffon). Bourre ou rebut de la soie, en sériciculture.

STRATAGÈME n.m. (gr. *stratêgêma*). Ruse habile.

STRATE n.f. (lat. *stratum,* chose étendue). **1.** Chacune des couches de matériaux qui constituent un terrain, en particulier un terrain sédimentaire ; par ext., chacun des niveaux, des plans constitutifs de qqch. **2.** Niveau atteint par le feuillage des végétaux. **3.** Chacun des sous-ensembles en lesquels on divise une population à échantillonner.

STRATÈGE n.m. (gr. *stratêgos*). **1.** Spécialiste ou praticien de la stratégie. **2.** HIST. Principal magistrat, à Athènes ; commandant d'armée.

STRATÉGIE n.f. **1.** Art de coordonner l'action de forces militaires, politiques, économiques et morales impliquées dans la conduite d'une guerre ou la préparation de la défense d'une nation ou d'une coalition. *La stratégie ressortit conjointement à la compétence du gouvernement et à celle du haut commandement des armées.* **2.** Art de coordonner des actions, de manœuvrer habilement pour atteindre un but. *La stratégie électorale.* **3.** MATH. Ensemble de décisions prises en fonction d'hypothèses de comportement des personnes intéressées dans une conjoncture déterminée, dans la théorie des jeux. ◇ *Jeu de stratégie :* jeu de simulation historique dont les règles suivent les principes de la stratégie ou de la tactique.

■ La stratégie tend à se rapprocher de plus en plus de la politique de défense des nations ou des alliances, elles-mêmes conditionnées par plusieurs facteurs inhérents à la situation du monde au début de l'âge atomique. Les percées technologiques en matière d'armements, l'importance des pressions économiques, la vulnérabilité des opinions publiques pèsent considérablement sur les choix stratégiques : les *représailles massives,* la *riposte graduée* de l'O. T. A. N., la doctrine de la *dissuasion mutuelle assurée* apparaissent comme autant de tentatives pour définir les seuils d'emploi de la force nucléaire.

STRATÉGIQUE adj. Qui intéresse la stratégie.

STRATÉGIQUEMENT adv. D'après les règles de la stratégie.

STRATIFICATION n.f. **1.** Disposition en couches superposées. **2.** GÉOL. Disposition des sédiments ou roches sédimentaires en strates superposées. **3.** PSYCHOL. Technique particulière d'enquête par sondage, dans laquelle la population à étudier est préalablement partagée en strates.

STRATIFIÉ, E adj. **1.** Qui se présente en couches superposées. **2.** Se dit de produits fabriqués à partir de supports divers (papier, toile, etc.) et imprégnés d'un vernis thermoplastique.

STRATIFIER v.t. **1.** Disposer par couches superposées. **2.** Disposer en strates.

STRATIGRAPHIE n.f. **1.** Partie de la géologie qui étudie les couches de l'écorce terrestre en vue d'établir l'ordre normal de superposition et l'âge relatif. **2.** Méthode de tomographie dans laquelle la source de rayons X reste fixe.

STRATIGRAPHIQUE adj. Relatif à la stratigraphie. ◇ *Échelle stratigraphique :* chronologie des évènements qui se sont succédé à la surface de la Terre, au cours des temps géologiques.

STRATIOME n.m. Mouche robuste, assez plate, généralement brune, marquée de jaune et de blanc, dite aussi *mouche armée.*

STRATO-CUMULUS [-lys] n.m. inv. Couche continue ou ensemble de bancs nuageux, généralement mince et d'épaisseur régulière.

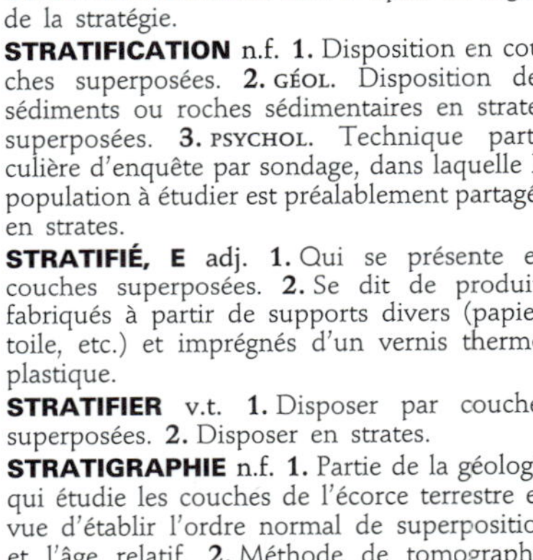

strato-cumulus

STRATOFORTERESSE n.f. Bombardier lourd B-52 ou B-58 américain.
STRATOPAUSE n.f. Limite entre la stratosphère et la mésosphère.
STRATOSPHÈRE n.f. Partie de l'atmosphère entre la troposphère et la mésosphère, qui est épaisse d'une trentaine de kilomètres et où la température s'accroît faiblement.
STRATOSPHÉRIQUE adj. Relatif à la stratosphère.
STRATUM [stratɔm] n.m. (mot lat., *couche*). ANAT. *Stratum granulosum* et *stratum lucidum* : couches de cellules de l'épiderme, entre le réseau muqueux de Malpighi et la couche cornée de l'épiderme.
STRATUS [stratys] n.m. (mot lat., *étendu*). Nuage bas qui se présente en couche uniforme grise, formant un voile continu.

stratus

STRELITZIA n.m. Plante d'ornement aux grandes fleurs élégantes et colorées, originaire d'Afrique australe. (Famille des musacées.)
STREPSIPTÈRE n.m. *Strepsiptères* : ordre d'insectes minuscules, parasites d'autres insectes.
STREPTOCOCCIE n.f. MÉD. Infection par le streptocoque.
STREPTOCOCCIQUE adj. Relatif au streptocoque.
STREPTOCOQUE n.m. (gr. *streptos,* arrondi, et *kokkos,* grain). Bactérie de forme sphérique dont les individus sont disposés en chaînettes et dont plusieurs espèces produisent des infections graves (érysipèle, impétigo, scarlatine, septicémies, méningites).
STREPTOMYCINE n.f. Antibiotique tiré d'une moisissure du sol, actif contre le bacille de la tuberculose et contre d'autres bactéries (bacilles du charbon, de la diphtérie, de la peste, de la lèpre ; méningocoque ; pneumocoque ; etc.).
STRESS [strɛs] n.m. (mot angl.). Ensemble de perturbations biologiques et psychiques provoquées par une agression quelconque sur un organisme.
STRESSANT, E adj. Qui stresse.
STRESSER v.t. Provoquer un stress.
STRETCH n.m. et adj. inv. (nom déposé ; de l'angl. *to stretch,* étendre). Procédé de traitement des tissus les rendant élastiques dans le sens de la largeur ; tissu ainsi traité. *Éponge, velours Stretch.*
STRETCHING [strɛtʃiŋ] n.m. SPORTS. Mise en condition physique fondée sur le principe de la contraction (tension) puis du relâchement (détente) du muscle, précédant son étirement.
STRETTE n.f. (it. *stretta,* du lat. *strictus,* étroit). MUS. Partie d'une fugue, précédant la conclusion, où les entrées du thème se multiplient et se chevauchent.
STRIATION n.f. Action de strier ; ensemble des stries.
STRICT, E adj. (lat. *strictus,* serré). **1.** Qui ne laisse aucune liberté ; rigoureux. *Stricte exécution de la consigne.* **2.** Qui ne tolère aucune négligence ; sévère. *Un professeur très strict.* **3.** Sobre, dépourvu d'ornements. *Costume strict.* **4.** Qui constitue un minimum, réduit à la plus petite valeur. *Le strict nécessaire.* ◇ MATH. *Inégalité stricte* : inégalité du type $a < b$ avec $a \neq b$.
STRICTEMENT adv. De façon stricte.
STRICTION n.f. (bas lat. *strictio,* de *stringere,* serrer). **1.** Rétrécissement transversal d'une éprouvette métallique soumise à l'essai de traction simple et localisé sur une partie de sa longueur. (La striction caractérise la ductilité du métal.) **2.** Constriction, resserrement pathologique d'un organe. **3.** *Effet de striction* : phénomène de contraction de la section d'un fluide ou d'un plasma sous l'action du courant électrique qui le traverse. SYN. : *effet de pincement.*
STRICTO SENSU [striktosɛ̃sy] loc. adv. (mots lat.). Au sens étroit, strict (par opp. à *lato sensu*).
STRIDENCE n.f. Litt. Caractère d'un son strident ; sonorité stridente.
STRIDENT, E adj. (du lat. *stridere,* grincer). Se dit d'un son aigu, perçant. *Bruit strident.*
STRIDOR n.m. (mot lat.). MÉD. Bruit aigu lors de l'inspiration.
STRIDULANT, E adj. Qui fait entendre un bruit aigu.
STRIDULATION n.f. (du lat. *stridulus,* sifflant). Crissement aigu que produisent certains insectes (criquets, grillons, cigales).
STRIDULER v.i. Émettre des signaux sonores par stridulation.
STRIDULEUX, EUSE adj. MÉD. Relatif au stridor.
STRIE n.f. (lat. *stria*). Chacun des sillons peu profonds parallèles entre eux qui marquent une surface.
STRIÉ, E adj. Dont la surface présente des stries. ◇ ANAT. *Corps striés* : masses de substance grise situées à la base du cerveau, et intervenant dans le tonus musculaire et dans l'accomplissement des mouvements automatiques. – *Muscle strié* : muscle à contraction rapide et volontaire, dont les fibres montrent au microscope une striation transversale, due à l'alternance de disques clairs et sombres dans les fibrilles, par opp. au *muscle lisse.*
STRIER v.t. Marquer de stries ou de raies plus ou moins parallèles.
STRIGE ou **STRYGE** n.f. (lat. *striga ;* du gr. *strigx,* oiseau de nuit). Esprit nocturne et malfaisant qui peut être la métamorphose d'un être humain vivant ou mort, dans les légendes orientales.
STRIGIDÉ n.m. (lat. *strix, strigis,* chouette). *Strigidés* : famille d'oiseaux rapaces nocturnes, tels que le hibou, la chouette.
STRIGILE n.m. (lat. *strigilis,* étrille). **1.** ANTIQ. Racloir recourbé en forme de faucille, qui, dans l'Antiquité, servait à nettoyer la peau après le bain de vapeur ou les exercices athlétiques. **2.** ARCHÉOL. Cannelure sinueuse utilisée comme motif décoratif de certains sarcophages antiques.
STRING [striŋ] n.m. (mot angl., *corde*). Maillot de bain réduit à un simple cache-sexe, qui laisse les fesses nues.
STRIOSCOPIE n.f. Étude, par la méthode photographique, du sillage produit dans l'air par un projectile ou par un profil d'aile dans une soufflerie aérodynamique.
STRIOSCOPIQUE adj. Relatif à la strioscopie.
STRIPAGE n.m. (angl. *stripping*). PHYS. Réaction nucléaire dans laquelle un nucléon est arraché d'un noyau projectile et est capté par le noyau cible.
STRIP-LINE [striplajn] n.m. (mot angl., *lignes en bande*) [pl. *strip-lines*]. ÉLECTRON. Dispositif à hyperfréquence réalisé selon une technique analogue à celle du circuit imprimé.
STRIPPER [stripœr] n.m. MÉD. Instrument servant au stripping. SYN. : *tire-veine.*
STRIPPING [stripiŋ] n.m. (mot angl.). **1.** PÉTR. Entraînement des fractions légères et volatiles d'un liquide. **2.** MÉD. Méthode d'ablation chirurgicale des varices. Recomm. off. : *éveinage.*
STRIP-POKER n.m. (de *strip-tease* et *poker*) [pl. *strip-pokers*]. Jeu de poker dans lequel on mise les vêtements que l'on porte sur soi.
STRIP-TEASE [striptiz] n.m. (mot angl., de *to strip,* déshabiller, et *to tease,* agacer) [pl. *strip-teases*]. Spectacle de cabaret au cours duquel une ou plusieurs personnes se déshabillent d'une façon lente et suggestive ; établissement spécialisé dans ce genre de spectacle.
STRIP-TEASEUSE n.f. (pl. *strip-teaseuses*). Femme exécutant un numéro de strip-tease. (On rencontre le masc. *strip-teaseur* [pl. *strip-teaseurs*].)
STRIURE n.f. État de ce qui est strié ; stries.
STRIX n.m. (mot lat., *vampire*). Rapace nocturne tel que la hulotte. (Famille des strigidés.)
STROBILE n.m. (gr. *strobilos,* toupie). **1.** BOT. Fruit en cône du houblon. **2.** ZOOL. Forme larvaire de certaines méduses.
STROBOSCOPE n.m. (du gr. *strobos,* tourbillon). Appareil servant à observer par stroboscopie.
STROBOSCOPIE n.f. Mode d'observation d'un mouvement périodique rapide, grâce à des éclairs réguliers dont la fréquence est voisine de celle du mouvement. (Grâce à la persistance des impressions lumineuses, on a l'illusion d'un mouvement fortement ralenti.)
STROBOSCOPIQUE adj. Relatif à la stroboscopie.
STROMA n.m. (mot gr.). ANAT. Tissu conjonctif formant la charpente d'un organe, d'une tumeur.
STROMBE n.m. Mollusque des mers chaudes, appelé *lambi* aux Antilles et dont la coquille sert à fabriquer des camées.
STROMBOLIEN, ENNE adj. (de *Stromboli,* n.pr.). Se dit d'un type d'éruption volcanique caractérisée par l'alternance d'explosions et d'émissions de laves.
STRONGLE ou **STRONGYLE** n.m. (gr. *strog-gulos,* rond). Ver parasite de l'intestin du cheval, de l'âne. (Long. max. 5 cm ; classe des nématodes.)
STRONGYLOSE n.f. VÉTÉR. Maladie provoquée chez certains animaux par des nématodes.
STRONTIANE n.f. Oxyde ou hydroxyde de strontium, employé dans les sucreries.
STRONTIUM [strɔ̃sjɔm] n.m. (de *Strontian,* n. d'un village d'Écosse). Métal alcalino-terreux jaune analogue au calcium ; élément (Sr), de numéro atomique 38 et de masse atomique 87,62. (On utilise le *nitrate de strontium* en pyrotechnie, pour colorer les flammes en rouge.)
STROPHANTINE n.f. Alcaloïde tiré du strophantus et utilisé comme tonicardiaque.
STROPHANTUS [strɔfɑ̃tys] n.m. (gr. *strophos,* cordon, et *anthos,* fleur). Arbre ou liane des régions tropicales d'Afrique ou d'Asie dont les fleurs ont des pétales prolongés en longues lanières, et dont le fruit fournit des hétérosides tonicardiaques. (Famille des apocynacées.)
STROPHE n.f. (lat. *stropha ;* du gr.). **1.** Groupe de vers formant une unité et s'ordonnant de manière à présenter une correspondance métrique avec un ou plusieurs groupes semblables. **2.** Première des trois parties lyriques chantées par le chœur de la tragédie grecque.
STRUCTURABLE adj. Qui peut être structuré.
STRUCTURAL, E, AUX adj. **1.** Relatif à la structure. ◇ PHILOS. *Causalité structurale* : production d'effets d'une structure sur les éléments qui la constituent, selon la place qu'ils y occupent. ◇ *Géologie structurale* : partie de la géologie qui étudie la structure de l'écorce terrestre. – *Surface structurale* : surface constituée par la partie supérieure d'une couche dure, dégagée par l'érosion d'une couche tendre. **2.** Didact. Relatif au structuralisme.
STRUCTURALISME n.m. **1.** Courant de pensée visant à privilégier d'une part la totalité par rapport à l'individu, d'autre part le caractère synchronique des faits plutôt que leur évolution, et enfin les relations qui unissent ces faits plutôt que les faits eux-mêmes dans leur caractère hétérogène et parcellaire. (Le structuralisme, qui a dominé la vie intellectuelle des années 1960, a été illustré notamm. par l'anthropologie culturelle de Lévi-Strauss.) **2.** LING. Démarche théorique qui consiste à envisager la langue comme une structure, c'est-à-dire un ensemble d'éléments entretenant des relations formelles. SYN. : *linguistique structurale.*
STRUCTURALISTE adj. et n. Relatif au structuralisme ; partisan du structuralisme.
STRUCTURANT, E adj. Qui permet la structuration, qui la favorise, la détermine.
STRUCTURATION n.f. Action de structurer ; fait d'être structuré.
STRUCTURE n.f. (lat. *structura,* de *struere,* assembler). **1.** Manière dont les parties d'un ensemble concret ou abstrait sont arrangées entre elles ; disposition. *Structure d'une plante, d'une roche.*

Structure d'un réseau routier. Structure d'un discours. ◇ GÉOL. Agencement des couches géologiques les unes par rapport aux autres. **2.** Organisation des parties d'un système, qui lui donne sa cohérence et en est la caractéristique permanente. *Structure d'un État, d'une entreprise.* ◇ ÉCON. Ensemble des caractères relativement stables d'un système économique à une période donnée (par opp. à *conjoncture*). **3.** Organisation, système complexe considéré dans ses éléments fondamentaux. *Les structures administratives.* **4.** ARCHIT. et TECHN. Constitution, disposition et assemblage des éléments qui forment l'ossature d'un bâtiment, d'une carrosserie, d'un fuselage, etc. **5.** PHILOS. Ensemble ordonné et autonome d'éléments interdépendants dont les rapports sont réglés par des lois. ◇ MATH. Ensemble muni d'une ou plusieurs lois de composition et d'une ou plusieurs relations. *Structures algébriques, topologiques.*

STRUCTURÉ, E adj. Se dit de ce qui a telle ou telle structure.

STRUCTUREL, ELLE adj. Relatif aux structures, à une structure. ◇ *Chômage structurel :* chômage des pays où les conditions économiques fondamentales ne permettent pas à une fraction importante de la population de trouver du travail.

STRUCTURELLEMENT adv. D'une manière structurelle.

STRUCTURER v.t. Doter d'une structure.

STRUDEL [strydɛl] ou [ʃtrudəl] n.m. (mot all.). Pâtisserie viennoise faite d'une fine pâte roulée, fourrée de pommes à la cannelle et de raisins secs, de griottes ou de fromage blanc.

STRUME n.f. (lat. *struma,* scrofules, écrouelles). MÉD., VX. **1.** Scrofule. **2.** Goitre.

STRYCHNINE [striknin] n.f. (gr. *strukhnos*). Alcaloïde très toxique extrait de la noix vomique utilisé comme stimulant à très faibles doses.

STRYCHNOS [striknos] n.m. ou **STRYCHNÉE** [strikne] n.f. (gr. *strychnos,* vomiquier). Arbre des régions tropicales, dont une espèce donne la noix vomique et d'autres fournissent le curare. (Famille des loganiacées.)

STRYGE n.f. → ***strige.***

STUC n.m. (it. *stucco*). Enduit imitant le marbre, composé ordinairement de plâtre fin, d'une colle et de poussière de marbre ou de craie. ◆ pl. Revêtement mural décoratif (sculpté, coloré, etc.) réalisé avec ce matériau.

STUCAGE n.m. Application de stuc ; revêtement de stuc.

STUCATEUR n.m. Ouvrier ou artiste travaillant le stuc.

STUD-BOOK [stœdbuk] n.m. (mot angl., *livre de haras*) [pl. *stud-books*]. Registre où sont inscrites la généalogie et les performances des chevaux de race.

STUDETTE n.f. Petit studio (appartement).

STUDIEUSEMENT adv. Avec application.

STUDIEUX, EUSE adj. (du lat. *studium,* zèle). **1.** Qui aime l'étude, appliqué. *Écolier studieux.* **2.** Consacré à l'étude. *Vacances studieuses.*

STUDIO n.m. (mot it., *atelier d'artiste*). **1.** Petit appartement comprenant une seule pièce principale. **2.** Local où opère un photographe. **3. a.** Local où se font les prises de vues ou de son pour le cinéma, la télévision, la radio, etc. **b.** Bâtiment ou groupe de bâtiments aménagés pour le tournage des films. **4.** Salle de répétition de danse.

Armoire à deux corps en noyer. Renaissance française, seconde moitié du XVIe s. (Coll. priv.) La révélation de l'art italien entraîne un changement complet dans la structure et la décoration du meuble.
Des types nouveaux apparaissent et, aux ornements gothiques, se substituent des motifs antiquisants (colonnettes, pilastres, médaillons avec buste, arabesques, grotesques). Parmi les créations les plus caractéristiques de la Renaissance française figure l'armoire à deux corps : le corps supérieur, en retrait par rapport à la base, est couronné d'une corniche moulurée ou, comme ici, d'un fronton brisé de part et d'autre d'une petite niche architecturée.

Chaise à bras Louis XIII à garniture de damas vert. Premier quart du XVIIe s. (Musée des Arts décoratifs, Paris.)
Des influences hispano-flamandes et italiennes commandent l'art du meuble français de la fin du XVIe s. à l'avènement de Louis XIV. Pour les sièges (chaises à bras, qui deviendront fauteuils ; chaises à dos ; tabourets), les menuisiers adoptent la garniture fixe, en cuir ou en tissu (tapisserie, velours, damas), recouvrant un rembourrage de crin, le piétement en H et le tournage en vis ou en chapelets de boules. Des petits motifs sculptés, têtes de lions ou bustes, ornent parfois l'extrémité des accotoirs.

Secrétaire « à la Bourgogne » Louis XV, exécuté par Jean-Pierre Latz, ébéniste privilégié du roi en 1741. Bois de placage marqueté, ornements de bronze ciselé et doré. (Waddesdon Manor, Aylesbury, Buckinghamshire, Grande-Bretagne.)
Avec l'aménagement, dès avant 1715, des hôtels particuliers en « petits appartements », tout un mobilier se crée, dirigé par le goût féminin. Les formes s'allègent, la marqueterie traite avec prédilection les thèmes floraux. À partir de 1760 se multiplient les « meubles à transformation », dont le secrétaire (ou table) « à la Bourgogne », ouvrages à mécanisme dissimulant casiers ou écritoires.

Commode, dite « Mazarine », exécutée en 1708 par André Charles Boulle pour la chambre de Louis XIV au Grand Trianon de Versailles. (Château de Versailles.)
Par l'impeccable architecture de ses productions – dont la commode, apparue vers 1690 –, par sa parfaite maîtrise de la marqueterie d'écaille et de cuivre (arabesques « à la Berain ») et par l'introduction du bronze ciselé et doré comme garniture, Boulle conféra au meuble de cour une richesse encore jamais atteinte, bien caractéristique de l'art décoratif versaillais.

styles français dans le mobilier

STUKA [ʃtuka] n.m. (abrév. de *Sturzkampfflugzeug*, avion de combat en piqué). Bombardier allemand d'attaque en piqué (Seconde Guerre mondiale).

STUPA [stupa] ou **STOUPA** n.m. (sanskrit *stūpa*). Monument funéraire ou commémoratif en forme de dôme plein, élevé sur des reliques du Bouddha ou de religieux éminents. Graphie savante : *stūpa.*

STUPÉFACTION n.f. Étonnement profond qui empêche toute réaction.

STUPÉFAIRE v.t. (lat. *stupefacere*, paralyser) [109] [seult 3e pers. sing. ind. prés. et aux temps composés]. Frapper de stupeur. *Elle a stupéfait tout le monde en réussissant.*

STUPÉFAIT, E adj. (lat. *stupefactus*). Interdit, immobile de surprise.

1. STUPÉFIANT, E adj. Qui stupéfie, qui frappe de stupeur. *Nouvelle stupéfiante.*

2. STUPÉFIANT n.m. Substance psychotrope qui provoque l'accoutumance et un état de besoin pouvant conduire à une toxicomanie. ◇ DR. *Brigade des stupéfiants et du proxénétisme*, chargée de la surveillance du trafic de drogue, ainsi que de certains lieux publics et des crimes et délits contre les mœurs. (Anc. dénomination : *brigade mondaine.*)

STUPÉFIER v.t. Causer une grande surprise à. *Cette nouvelle m'a stupéfié.*

STUPEUR n.f. (lat. *stupor*). **1.** Étonnement profond. **2.** PSYCHIATRIE. État d'inhibition motrice d'origine psychique.

STUPIDE adj. (lat. *stupidus*, frappé de stupeur). D'un esprit lourd et pesant, qui manque d'intelligence ; idiot.

STUPIDEMENT adv. De façon stupide.

STUPIDITÉ n.f. Caractère d'une personne stupide ; parole, action stupide.

STUPOREUX, EUSE adj. PSYCHIATRIE. Relatif à la stupeur.

STUPRE n.m. (lat. *stuprum*). Litt. Débauche honteuse, luxure.

STUQUER v.t. Revêtir de stuc.

STURNIDÉ n.m. (du lat. *sturnus*, étourneau). *Sturnidés :* famille d'oiseaux passereaux au gros bec, au plumage sombre, tels que l'étourneau.

STYLE n.m. (lat. *stilus*). **I. 1.** Manière particulière d'exprimer sa pensée, ses émotions, ses sentiments. *Avoir un style simple. Écrivain qui travaille le style. Exercice de style.* **2.** Forme de langue propre à une activité, à un milieu ou à un groupe social. *Style administratif. Style populaire.* **3.** Manière personnelle de pratiquer un art, un sport, etc., définie par un ensemble de caractères. *Le style de Watteau. Le style d'un nageur.* **4.** Manière particulière à un genre, à une époque, notamment en matière d'art, définie par un ensemble de caractères formels. *Style épique. Style gothique.* ◇ *De style*, se dit de meubles, d'objets fabriqués conformément à un style de décoration ancien. **5.** Ensemble des goûts, des manières d'être de qqn ; façon personnelle de s'habiller, de se comporter, etc. *Adopter un style sportif. Style de vie.* **6.** Qualité de qqch ou de qqn qui présente des caractéristiques esthétiques originales. *Maison qui a du style. Manquer de style.* ◇ *De grand style :* entrepris avec des moyens puissants. **II. 1.** ANTIQ. Poinçon de métal servant à écrire sur des tablettes enduites de cire. **2.** TECHN. Aiguille servant à tracer la courbe d'une variation sur un appareil enregistreur. **3.** Tige dont l'ombre marque l'heure sur un cadran solaire. *Le style est parallèle à l'axe des pôles de la Terre.* **4.** BOT. Colonne surmontant l'ovaire et portant les stigmates à son sommet.

STYLÉ, E adj. Qui exécute son service dans les règles, en parlant d'un employé de maison ou d'hôtel. *Un personnel stylé.*

STYLER v.t. Former à certaines habitudes, à certaines règles (le personnel domestique, en particulier).

STYLET n.m. (it. *stiletto*, de *stilo*, poignard). **1.** Petit poignard à lame très effilée. **2.** Petite tige métallique fine à pointe mousse utilisée en chirurgie pour explorer un trajet fistuleux, une plaie, etc. **3.** Organe fin et pointu, chez certains animaux.

STYLICIEN, ENNE n. Recomm. off. pour *designer.*

STYLIQUE n.f. Recomm. off. pour *design.*

STYLISATION n.f. Action de styliser.

STYLISER v.t. Représenter sous une forme simplifiée, synthétique, donnant un aspect décoratif ou un caractère particuliers.

STYLISME n.m. **1.** Tendance à apporter un soin extrême à son style. **2.** Activité, profession de styliste.

STYLISTE n. **1.** Écrivain qui brille surtout par le style. **2.** Personne dont le métier est de concevoir des formes nouvelles dans le domaine de l'habillement, de l'ameublement, de la carrosserie automobile, etc.

STYLISTICIEN, ENNE n. Spécialiste de stylistique.

STYLISTIQUE n.f. LING. Étude scientifique du style. ◆ adj. Relatif à la stylistique, au style.

STYLITE n.m. (gr. *stûlos*, colonne). Solitaire chrétien oriental qui avait placé sa cellule sur un portique ou une colonnade en ruine. *Siméon Stylite.*

STYLO n.m. (abrév. de *stylographe*). Instrument pour écrire, dessiner, tracer des traits, et dont le manche évidé contient une réserve d'encre. *Stylo (à) plume, (à) bille.*

STYLOBATE n.m. (gr. *stulobatês*). ARCHIT. Soubassement portant une colonnade.

STYLO-FEUTRE n.m. (pl. *stylos-feutres*). Feutre servant essentiellement à l'écriture, utilisant une encre à l'eau.

STYLOÏDE adj. ANAT. Se dit de certaines apophyses osseuses en forme de stylet.

STYLOMINE n.m. (nom déposé). Portemine.

STYPTIQUE adj. et n.m. (gr. *stuptikos*, astringent). MÉD. Se dit d'un astringent puissant (alun, sels de plomb, de fer, etc.).

STYRAX ou **STORAX** n.m. (lat. *styrax*). Arbrisseau exotique fournissant le benjoin et un baume ; ce baume. (Famille des styracacées.) Nom usuel : *aliboufier.*

STYRÈNE ou **STYROLÈNE** n.m. Hydrocarbure benzénique C_8H_8, servant de matière première pour de nombreuses matières plastiques.

SU n.m. *Au vu et au su* → **3. vu.**

1. SUAGE ou **SOUAGE** n.m. (anc. fr. *soue*, corde). Moulure en relief le long du bord ou du pied d'une pièce d'orfèvrerie, d'un étain.

Bureau à cylindre Louis XVI, en acajou moucheté et bronze ciselé et doré, réalisé par Claude Charles Saunier.
(Musée Nissim-de-Camondo, Paris.) Bien avant l'accession au trône de Louis XVI, un renouveau du goût se manifeste – lié aux découvertes, dès 1748, de Pompéi et d'Herculanum –, donnant naissance au style « à la grecque ». Le mobilier suit le mouvement, caractérisé désormais par la simplicité des lignes et la sobriété décorative. Les matériaux se diversifient (l'acajou, l'ébène sont très recherchés), mis en valeur par le déploiement de grandes surfaces nues délimitées par des moulures de bronze doré.

Table de toilette premier Empire, en loupe d'orme. (Château de Malmaison.) Avec Napoléon Ier, le retour à l'antique s'érige en doctrine officielle. La ligne droite, la composition géométrique, la symétrie sont de règle. Un répertoire sévère, gréco-romain ou égyptien, dicte l'ornementation, limitée à des appliques de bronze isolées sur fond nu. Les créations originales, parmi lesquelles figurent toilettes, psychés, athéniennes (guéridons), sont rares.

Fauteuil crapaud ; second Empire.
(Musée Condé, Chantilly.)
Mieux que tous les autres meubles, interprétations plus ou moins heureuses des styles du passé, les sièges expriment l'esprit de l'époque Napoléon III, car ils traduisent les aspirations au luxe et au confort de la bourgeoisie régnante. Le capiton s'impose, épaississant les formes ; le tapissier prend le pas sur l'ébéniste, son talent s'exerçant aussi bien sur des copies d'ancien (Louis XV notamment) que sur des nouveautés telles que poufs, crapauds, confidents, indiscrets, etc.

styles français dans le mobilier

2. SUAGE n.m. (de *suer*). Eau qui suinte d'une bûche exposée à la chaleur du feu.

SUAIRE n.m. (lat. *sudarium,* linge pour essuyer la sueur). **1.** ANTIQ. Voile dont on couvrait la tête et le visage des morts. **2.** Litt. Linceul. ◇ *Le saint suaire :* le linceul qui servit à ensevelir Jésus-Christ.

SUANT, E adj. Fam. et vieilli. Ennuyeux.

SUAVE adj. (lat. *suavis*). D'une douceur agréable, exquis. *Parfum, musique suave.*

SUAVEMENT adv. De façon suave.

SUAVITÉ n.f. Qualité de ce qui est suave.

SUBAÉRIEN, ENNE adj. **1.** Qui est placé au contact direct de la couche inférieure de l'atmosphère. **2.** Se dit d'un dépôt formé à l'air libre (dépôts éoliens, éboulis).

SUBAIGU, UË adj. MÉD. Se dit d'un état pathologique moins accusé que l'état aigu.

SUBALPIN, E adj. GÉOGR. Se dit des régions situées en bordure des Alpes.

SUBALTERNE adj. et n. (lat. *sub,* sous, et *alter,* autre). **1.** Qui est subordonné à qqn ; qui dépend d'un autre. **2.** Qui est hiérarchiquement inférieur, secondaire. *Emploi subalterne.*

SUBAQUATIQUE adj. Sous la mer, sous l'eau.

SUBATOMIQUE adj. Se dit de toute particule constitutive de l'atome.

1. SUBCONSCIENT, E adj. Se dit d'un état psychique dont le sujet n'a pas conscience, mais qui influe sur son comportement.

2. SUBCONSCIENT n.m. Ensemble des états psychiques subconscients.

SUBDÉLÉGUER v.t. [18]. Déléguer (qqn) dans une fonction ou une mission pour laquelle on a été soi-même délégué.

SUBDÉSERTIQUE adj. Relatif à une région dont les conditions climatiques et biologiques sont proches de celles des déserts.

SUBDIVISER v.t. Diviser en de nouvelles parties (ce qui a été déjà divisé).

SUBDIVISION n.f. Division d'une des parties d'un tout déjà divisé.

SUBDIVISIONNAIRE adj. Relatif à une subdivision.

SUBDUCTION n.f. (du lat. *subducere,* tirer de dessous). GÉOL. Enfoncement d'une plaque lithosphérique de nature océanique sous une plaque adjacente, généralement de nature continentale, le long d'un plan de Bénioff.

SUBÉQUATORIAL, E, AUX adj. Proche de l'équateur, du climat équatorial.

SUBER [sybɛr] n.m. (mot lat., *liège*). BOT. Tissu des plantes vivaces, qui élabore le liège.

SUBÉREUX, EUSE adj. Constitué de liège.

SUBÉRINE n.f. Substance organique qui entre dans la composition du liège.

SUBINTRANT, E adj. MÉD. Se dit d'un mal dont un accès nouveau commence avant la fin du précédent.

SUBIR v.t. (lat. *subire,* aller sous). **1.** Être soumis malgré soi à (ce qui est prescrit, ordonné, imposé) ; endurer. *Subir un interrogatoire, des tortures, une conversation ennuyeuse.* **2.** Supporter à contrecœur la présence de (qqn qui déplaît). **3.** Être soumis à ; être l'objet de. *Les prix ont subi une hausse.*

SUBIT, E adj. (lat. *subitus*). Qui arrive tout à coup ; soudain, brusque.

SUBITEMENT adv. Soudainement, tout à coup.

SUBITO adv. (mot lat.). Fam. Subitement.

SUBJACENT, E adj. **1.** Didact. Qui est placé au-dessous. *Couches subjacentes de l'écorce terrestre.* **2.** Litt. Sous-jacent.

SUBJECTIF, IVE adj. (lat. *subjectus,* placé dessous). **1.** Didact. Qui relève du sujet défini comme être pensant (par opp. à *objectif*). **2.** Se dit de ce qui est individuel et susceptible de varier en fonction de la personnalité de chacun. *Une interprétation subjective d'un texte.*

SUBJECTILE n.m. TECHN. Surface, matière qui reçoit une couche de peinture, d'émail, etc.

SUBJECTIVEMENT adv. De façon subjective.

SUBJECTIVISME n.m. **1.** PHILOS. Doctrine selon laquelle tout ce qui existe n'a de réalité qu'en fonction d'un sujet pensant, d'une conscience qui la lui donne. ◇ DR. *Subjectivisme juridique :* doctrine fondant l'obligation juridique sur la volonté du sujet. **2.** Attitude de qqn qui juge d'après ses seules opinions personnelles.

SUBJECTIVISTE adj. et n. Relatif au subjectivisme ; partisan du subjectivisme.

SUBJECTIVITÉ n.f. **1.** Caractère de ce qui est subjectif (par opp. à *objectivité*). **2.** Domaine de ce qui est subjectif.

1. SUBJONCTIF n.m. (bas lat. *subjunctivus,* subordonné). Mode personnel du verbe employé soit dans des propositions subordonnées, soit pour exprimer le doute, l'incertitude, la volonté, etc.

2. SUBJONCTIF, IVE adj. De la nature du subjonctif.

SUBJUGUER [sybʒyge] v.t. (lat. *sub,* sous, et *jugum,* joug). Exercer un puissant ascendant sur ; séduire. *Subjuguer les esprits.*

SUBKILOTONNIQUE adj. Se dit d'une charge nucléaire dont les effets sont comparables à ceux que produit l'explosion d'une charge de trinitrotoluène inférieure à 1 000 tonnes.

SUBLIMATION n.f. **1.** Passage d'un corps de l'état solide à l'état gazeux. **2.** PSYCHAN. Processus par lequel l'énergie d'une pulsion sexuelle ou agressive est déplacée sur des buts socialement valorisés.

1. SUBLIME adj. (lat. *sublimis,* haut). **1.** Qui est le plus élevé, en parlant de choses morales, intellectuelles ou artistiques. *Sublime abnégation.* **2.** Dont les sentiments et la conduite atteignent une grande élévation. *Il a été sublime dans cette circonstance.*

2. SUBLIME n.m. Ce qu'il y a de plus élevé dans le style, les sentiments, etc.

SUBLIMÉ n.m. CHIM. **1.** Produit d'une sublimation. **2.** *Sublimé corrosif* ou *sublimé :* chlorure mercurique $HgCl_2$ (substance caustique très toxique).

SUBLIMER v.t. (lat. *sublimare,* distiller les éléments volatils). **1.** CHIM. Faire passer directement de l'état solide à l'état gazeux. **2.** Litt. Orienter (une tendance, une passion) vers une valeur sociale positive ou vers un intérêt moral. ◆ v.i. PSYCHAN. Se livrer à une sublimation.

SUBLIMINAL, E, AUX ou **SUBLIMINAIRE** adj. (lat. *sub,* à l'entrée de, et *limen,* seuil). PSYCHOL. Infraliminaire. ◇ *Perception subliminale :* perception d'un objet à la limite de sa reconnaissance par le sujet, en raison de l'éloignement, de l'éclairement, etc.

SUBLIMITÉ n.f. Litt. Caractère de ce qui est sublime. *La sublimité du style.*

SUBLINGUAL, E, AUX adj. (lat. *sub,* sous, et *lingua,* langue). Qui se trouve sous la langue.

SUBLUNAIRE adj. ASTRON. Qui est entre la Terre et l'orbite de la Lune.

SUBMERGER v.t. (lat. *sub,* sous, et *mergere,* plonger) [17]. **1.** Recouvrir complètement d'eau, inonder. **2.** Déborder, envahir complètement. *Les manifestants ont submergé le service d'ordre. Être submergé de travail.*

1. SUBMERSIBLE adj. Qui peut être submergé. *Moteur submersible.*

2. SUBMERSIBLE n.m. **1.** Sous-marin à propulsion classique et à taux de flottabilité élevé. **2.** Véhicule autonome et habité, destiné à l'observation des fonds marins. (Il s'oppose, par sa maniabilité, sa légèreté et sa mobilité, au bathyscaphe.)

SUBMERSION n.f. Litt. Action de submerger.

SUBODORER v.t. (du lat. *odorari,* sentir). Fam. Pressentir, se douter de. *Je subodore une intrigue.*

SUBORBITAL, E, AUX adj. Se dit des caractéristiques du mouvement d'un engin spatial avant qu'il ait été placé en orbite stable autour de la Terre. SYN. : *sous-orbital.*

SUBORDINATION n.f. **1.** Ordre établi entre les personnes, et qui rend les unes dépendantes des autres. **2.** Dépendance d'une chose par rapport à une autre. **3.** LOG. Relation de l'espèce au genre.

SUBORDONNANT n.m. GRAMM. Mot ou locution qui institue un rapport de subordination (conjonctions de subordination, relatifs, interrogatifs).

SUBORDONNÉ, E adj. et n. Qui est soumis à un supérieur. ◆ adj. Qui dépend de qqn, de qqch. ◇ GRAMM. *Proposition subordonnée* ou *subordonnée,* n.f. : proposition qui complète le sens d'une autre, à laquelle elle est rattachée par un subordonnant.

SUBORDONNER v.t. (lat. *sub,* sous, et *ordinare,* mettre en ordre). **1.** Mettre sous l'autorité de qqn d'autre. *L'organisation militaire subordonne le lieutenant au capitaine.* **2.** Faire dépendre de. *Subordonner sa réponse à une nouvelle demande.*

SUBORNATION n.f. DR. *Subornation de témoins :* délit consistant à faire pression sur un témoin pour le déterminer à déposer en justice contrairement à la vérité.

SUBORNER v.t. (lat. *subornare,* équiper). **1.** DR. Inciter (un, des témoins) à faire de faux témoignages. **2.** Litt. Séduire (une femme).

SUBORNEUR, EUSE n. DR. Personne qui suborne un témoin. ◆ n.m. Litt. Homme qui séduit une femme, abuse de sa naïveté.

SUBRÉCARGUE n.m. (esp. *sobrecargo*). MAR. Sur un navire affrété, représentant des chargeurs, dont il défend les intérêts.

SUBREPTICE [sybrɛptis] adj. (lat. *subreptum,* de *subripere,* dérober). Litt. Se dit de qqch qui se fait furtivement, d'une façon déloyale, illicite.

SUBREPTICEMENT adv. Litt. D'une façon subreptice, furtive et discrète.

SUBROGATEUR adj.m. DR. Relatif à une subrogation.

SUBROGATIF, IVE adj. DR. Qui exprime, qui constitue une subrogation.

SUBROGATION n.f. DR. Substitution, dans un rapport juridique, d'une personne *(subrogation personnelle)* ou d'une chose *(subrogation réelle)* à une autre.

SUBROGATOIRE adj. DR. Qui subroge.

SUBROGÉ, E n. DR. **1.** Personne substituée à une autre pour succéder à ses droits ou pour agir à sa place. **2.** *Subrogé tuteur, subrogée tutrice :* personne choisie par le conseil de famille pour surveiller le tuteur ou le suppléer.

SUBROGER v.t. (lat. *subrogare,* faire venir à la place de) [17]. DR. Substituer (qqn ou qqch) par subrogation.

SUBSAHARIEN, ENNE adj. Relatif à l'Afrique située au sud du Sahara.

SUBSÉQUEMMENT adv. Litt. ou DR. En conséquence.

SUBSÉQUENT, E adj. (lat. *equens,* suivant de près). **1.** Litt. Qui vient à la suite dans l'ordre du temps, du rang. **2.** GÉOGR. Se dit des affluents de rivières responsables du déblaiement des dépressions au pied des fronts de cuesta.

SUBSIDE n.m. (lat. *subsidium,* réserve, soutien). Somme d'argent versée à titre de secours, de subvention. ◇ DR. *Action à fins de subsides :* action que peut intenter un enfant naturel dont la filiation n'est pas établie contre tout père présumé, afin de réclamer une pension alimentaire.

SUBSIDENCE n.f. (du lat. *subsidere,* tomber au fond). **1.** GÉOL. Lent mouvement d'affaissement d'une partie de l'écorce terrestre sous le poids des dépôts sédimentaires et sous l'action de déformations. **2.** MÉTÉOR. Mouvement généralisé d'affaissement qui affecte une masse d'air.

SUBSIDIAIRE adj. (lat. *subsidium,* réserve). **1.** Donné accessoirement pour venir à l'appui de qqch de principal. *Raison subsidiaire.* ◇ *Question subsidiaire,* complémentaire, qui sert à départager les concurrents. **2.** DR. Destiné à suppléer. *Caution subsidiaire. Conclusions subsidiaires.*

SUBSIDIARITÉ n.f. DR. ADM. *Principe de subsidiarité :* principe de délégation verticale des pouvoirs, notamm. dans les fédérations.

SUBSIDIER v.t. Belgique. Subventionner.

SUBSISTANCE n.f. Nourriture et entretien. *Contribuer à la subsistance de sa famille.* ◇ *Mise en subsistance :* rattachement administratif d'un militaire à une autre unité que la sienne. ◆ pl. Vx. Ensemble des vivres et des objets au moyen desquels on subsiste. ◇ *Service des subsistances :* service de l'armée de terre ayant pour mission de fournir ce qui est nécessaire à l'alimentation de la troupe.

SUBSISTANT, E n. **1.** Assuré social qui perçoit ses prestations de la caisse de sa résidence accidentelle. **2.** Militaire mis en subsistance.

SUBSISTER v.i. (lat. *subsistere,* durer). **1.** Exister encore, continuer d'être. *Rien ne subsiste de son entreprise.* **2.** Pourvoir à ses besoins, à son entretien. *Travailler pour subsister.*

SUBSONIQUE adj. Dont la vitesse est inférieure à celle du son. CONTR. : *supersonique.*
SUBSTANCE n.f. (lat. *substantia,* de *substare,* être dessous). **1.** Matière dont qqch est formé. *Substance dure, molle.* **2.** Ce qu'il y a d'essentiel dans un ouvrage, dans un acte, etc. *La substance d'un entretien.* ◇ *En substance :* en ne retenant que l'essentiel, en résumé. **3.** PHILOS. Ce qui est en soi et par soi ; ce qu'il y a de permanent dans les choses qui changent.
SUBSTANTIALISME n.m. Philosophie qui admet l'existence de la substance.
SUBSTANTIALISTE adj. et n. Relatif au substantialisme ; partisan du substantialisme.
SUBSTANTIALITÉ n.f. PHILOS. Qualité de ce qui est substantiel, et existe par soi.
SUBSTANTIEL, ELLE adj. **1.** Nourrissant. *Repas substantiel.* **2.** Important, considérable. *Obtenir une augmentation substantielle.* **3.** Essentiel, capital. *Extraire d'un livre ce qu'il y a de plus substantiel.* **4.** PHILOS. Relatif à la substance (par opp. à *accidentel*).
SUBSTANTIELLEMENT adv. De façon substantielle.
1. SUBSTANTIF, IVE adj. Se dit d'un colorant capable de teindre le coton sans mordançage.
2. SUBSTANTIF n.m. (lat. *substantivum*). GRAMM. Nom. *Les substantifs et les adjectifs.*
SUBSTANTIFIQUE adj. (mot créé par Rabelais). Litt. *La substantifique moelle :* ce qu'il y a d'essentiel dans un ouvrage de l'esprit.
SUBSTANTIVATION n.f. LING. Action de substantiver.
SUBSTANTIVEMENT adv. Avec la valeur d'un substantif, d'un nom.
SUBSTANTIVER v.t. LING. Donner à un mot la valeur, la fonction de substantif.
SUBSTITUABLE adj. Qui peut être substitué à autre chose.
SUBSTITUER v.t. (lat. *substituere,* placer sous). **1.** Mettre en lieu et place de qqn, de qqch d'autre. *Substituer un enfant à un autre.* **2.** DR. Désigner comme l'héritier d'un legs à défaut d'un premier héritier ou après la mort de celui-ci ; léguer par substitution. **3.** CHIM. Remplacer (un atome, une molécule d'un composé) par un autre atome, une autre molécule, sans modifier la structure globale. ◆ **se substituer** v.pr. Prendre la place d'un autre.
SUBSTITUT n.m. **1.** Ce qui peut remplacer qqch en jouant le même rôle. **2.** DR. Magistrat du parquet chargé d'assister le procureur général de la cour d'appel *(substitut général)* et le procureur de la République.
SUBSTITUTIF, IVE adj. Se dit de qqch qui sert de substitut à autre chose.
SUBSTITUTION n.f. Action de substituer ; fait de se substituer. **Spécialt. 1.** CHIM. Réaction chimique dans laquelle un atome d'un composé est remplacé par un autre atome ou groupe d'atomes. **2.** ÉCON. Introduction d'une dose accrue d'un facteur de production pour compenser ou remplacer l'emploi d'un autre (ex. substitution de capital au travail) ; introduction, dans les achats des consommateurs, de biens voisins en remplaçant d'autres. **3.** MATH. Permutation sur un ensemble fini. **4.** PSYCHAN. Remplacement d'un désir inconscient par un autre. **5.** DR. **a.** *Substitution vulgaire :* dispositif consistant à désigner la personne qui recevra un don ou un legs dans le cas où le légataire désigné en première ligne ne pourrait le recueillir. **b.** *Pouvoir de substitution :* possibilité, pour une autorité administrative de contrôle, d'agir à la place de l'autorité contrôlée. **c.** *Substitution d'enfant :* infraction consistant à mettre un autre enfant à la place de celui dont une femme a accouché. **d.** *Peine de substitution :* peine que le tribunal peut prononcer à la place d'une peine d'emprisonnement (confiscation, travail d'intérêt général, jours-amendes).
SUBSTRAT n.m. (lat. *substratum,* de *substernere,* subordonner). **1.** Ce qui sert de base, d'infrastructure à qqch. *Le substrat industriel de l'économie.* **2.** TECHN. Matériau sur lequel sont réalisés les éléments d'un circuit intégré. **3.** LING. Première langue connue ayant existé dans un espace géographique déterminé, repérable par les traces qu'elle a laissées dans la langue parlée actuellement dans cet espace.
SUBSTRATUM [-tɔm] n.m. (mot lat.). GÉOL. Roche en place plus ou moins masquée par des dépôts superficiels.
SUBSTRUCTION ou **SUBSTRUCTURE** n.f. CONSTR., ARCHÉOL. **1.** Partie basse d'un bâtiment détruit incluse ou non dans les fondations d'un nouveau bâtiment. **2.** Soubassement.
SUBSUMER v.t. (du lat. *sub,* sous, et *sumere,* prendre). PHILOS. Penser comme compris dans un ensemble. *Subsumer un individu dans une espèce, une espèce dans un genre.*
SUBTERFUGE n.m. (bas lat. *subterfugere,* fuir en cachette). Moyen détourné pour se tirer d'embarras ; échappatoire, ruse.
SUBTIL, E adj. (lat. *subtilis,* délié). **1.** Qui a de la finesse ; ingénieux, perspicace. **2.** Qui exige beaucoup de finesse, de sagacité. *Question subtile.*
SUBTILEMENT adv. De façon subtile.
SUBTILISATION n.f. Action de subtiliser.
SUBTILISER v.t. Dérober adroitement, sans se faire remarquer. *Subtiliser des documents.* ◆ v.i. Litt. Se livrer à de vaines subtilités.
SUBTILITÉ n.f. **1.** Caractère d'une personne, d'une chose subtile. **2.** Finesse, raffinement excessif de la pensée, de l'expression, etc. *Des subtilités de style.*
SUBTROPICAL, E, AUX adj. Qui est proche des tropiques. ◇ *Climat subtropical :* climat chaud, à longue saison sèche.
SUBULÉ, E adj. (lat. *subula,* alêne). SC. DE LA V. Terminé en pointe comme une alêne.
SUBURBAIN, E adj. (lat. *suburbanus*). Qui est à la périphérie immédiate d'une ville. *Population suburbaine.*
SUBURBICAIRE adj. Se dit des sept évêchés contigus au diocèse de Rome.
SUBVENIR v.t. ind. **[à]** (lat. *subvenire,* venir au secours de) [40] [auxil. *avoir*]. Procurer à qqn ce qui lui est nécessaire ; pourvoir. *Subvenir aux besoins de qqn.*
SUBVENTION n.f. (du lat. *subvenire,* secourir). Aide financière versée par l'État ou une personne publique à une personne privée, dans le but de favoriser l'activité d'intérêt général à laquelle elle se livre.
SUBVENTIONNER v.t. Accorder une subvention à (un organisme, une personne, etc.). *Subventionner un théâtre, une industrie.*
SUBVERSIF, IVE adj. (du lat. *subvertere,* renverser). Qui est de nature à troubler ou à renverser l'ordre social ou politique. *Propager des théories subversives.*
SUBVERSION n.f. Action visant à saper les valeurs et les institutions établies.
SUBVERTIR v.t. Litt. Renverser un ordre, bouleverser. *Subvertir l'État, les valeurs morales.*
SUC n.m. (lat. *sucus,* sève). **1.** Liquide organique susceptible d'être extrait des tissus animaux et végétaux. **2.** Litt. Le meilleur de la substance de qqch. **3.** BIOL. Sécrétion organique contenant des enzymes.
SUCCÉDANÉ [-ksе-] n.m. (du lat. *succedere,* remplacer). **1.** Produit de remplacement ; ersatz. *Un succédané de café.* **2.** Fig. Chose ou personne moins valables que celles dont elles assurent le rôle, la fonction. *Un succédané de film à grand spectacle.*
SUCCÉDER v.t. ind. **[à]** (lat. *succedere*) [18]. **1.** Venir après, prendre la place de. *La nuit succède au jour.* **2.** Parvenir après un autre à un emploi, à une dignité, à une charge. **3.** DR. Recueillir une succession. ◆ **se succéder** v.pr. Succéder l'un à l'autre, venir l'un après l'autre, former une série. *Les voitures se sont succédé toute la soirée sur l'autoroute.*
SUCCENTURIÉ, E adj. (lat. *succenturiatus,* qui remplace). ZOOL. *Ventricule succenturié :* première partie de l'estomac des oiseaux.
SUCCÈS n.m. (lat. *successus*). **1.** Résultat heureux, réussite. *Le succès d'une entreprise.* **2.** Approbation du public. *La pièce a eu du succès. Le succès d'une mode.* ◇ *Auteur à succès :* écrivain qui plaît au plus grand nombre.
SUCCESSEUR n.m. **1.** Personne qui prend la suite d'une autre dans un état, une profession, ou dans ses droits ou obligations. **2.** MATH. *Successeur d'un entier naturel* n : l'entier $n + 1$.
SUCCESSIBILITÉ n.f. DR. **1.** Droit de succéder. **2.** Ordre de succession ; manière dont a lieu la succession.
SUCCESSIBLE adj. DR. **1.** Qui est susceptible de succéder à qqn. **2.** Qui donne droit à succéder.
SUCCESSIF, IVE adj. **1.** Qui se succède. *Les générations successives.* **2.** DR. *Contrat successif :* contrat où l'une des parties au moins s'engage à des prestations périodiques.
SUCCESSION n.f. (lat. *successio*). **I.** Suite, série de personnes ou de choses qui se succèdent sans interruption ou à peu d'intervalle. *Succession de rois, d'idées.* **II. 1.** Transmission légale à des personnes vivantes des biens et obligations d'une personne décédée. ◇ *Droits de succession :* droits de mutation que les bénéficiaires d'une succession doivent verser à l'enregistrement. – *Ordre de succession :* manière dont la loi règle les successions *ab intestat* suivant le degré de parenté des héritiers. **2.** Biens qu'une personne laisse en mourant.
■ DR. Il y a succession *ab intestat* lorsque le défunt est décédé sans avoir testé ; ses biens vont alors à ses *héritiers,* qui sont classés en ordres appelés l'un après l'autre à la succession : 1° les descendants ; 2° les ascendants et collatéraux privilégiés (père et mère d'une part, frères et sœurs et leurs descendants d'autre part) ; 3° les ascendants ordinaires ; 4° le conjoint survivant ; 5° les collatéraux ordinaires. Il y a succession *testamentaire* lorsque le défunt a fait un testament valable (authentique, olographe ou mystique). Le testateur ne peut disposer que de la quotité* disponible, les héritiers réservataires ne pouvant être privés de succession. Les bénéficiaires sont des *légataires.* On appelle *succession vacante* celle que personne ne réclame, et *succession en déshérence* celle pour laquelle il n'existe ni légataire ni héritier à degré successible, et qui est alors dévolue à l'État.
SUCCESSIVEMENT adv. L'un après l'autre ; par degrés successifs ; tour à tour.
SUCCESSORAL, E, AUX adj. DR. Relatif aux successions.
SUCCIN [syksɛ̃] n.m. (lat. *succinum*). Ambre jaune.
SUCCINCT, E [syksɛ̃, ɛ̃t] adj. (lat. *succinctus,* court vêtu). **1.** Bref, concis, laconique. *Récit succinct. Être succinct dans ses réponses.* **2.** Peu abondant. *Repas succinct.*
SUCCINCTEMENT adv. Brièvement.
SUCCINIQUE adj. Se dit de l'acide butanedioïque découvert dans le succin.
SUCCION [sysjɔ̃] ou [syksjɔ̃] n.f. (lat. *suctus,* de *sugere,* sucer). Action de sucer, d'aspirer un liquide dans la bouche close.
SUCCOMBER v.i. (lat. *succumbere*). **1.** Mourir. *Le malade a succombé.* **2.** Perdre un combat, être vaincu. **3.** Litt. Être accablé sous un fardeau. ◆ v.t. ind. *(à).* Ne pas résister, céder à. *Succomber à la tentation.*
SUCCUBE [sykyb] n.m. Démon femelle qui, selon la tradition, séduit les hommes pendant leur sommeil (par opp. à *incube*). – REM. On trouve aussi le mot au féminin : *une succube.*
SUCCULENCE n.f. Litt. Qualité de ce qui est succulent. *La succulence d'un mets.*
SUCCULENT, E adj. (lat. *succulentus*). **1.** Qui a une saveur délicieuse ; savoureux. *Viande succulente.* **2.** BOT. Se dit d'une plante possédant des organes charnus et riches en eau.
SUCCURSALE n.f. (du lat. *succurrere,* secourir). Établissement commercial ou financier dépendant d'un autre, bien que jouissant d'une certaine autonomie.
SUCCURSALISME n.m. Forme de commerce concentré disposant d'un réseau composé d'un grand nombre de petits magasins.
SUCCURSALISTE adj. Du succursalisme.
SUCCUSSION [-ky-] n.f. (lat. *succussio,* secousse). MÉD. Exploration consistant à secouer le malade pour produire un bruit de flot thoracique ou stomacal.
SUCEMENT n.m. Action de sucer.
SUCEPIN n.m. Monotrope.

SUCER v.t. (lat. *sugere*) [16]. **1.** Aspirer à l'aide des lèvres (un liquide, une substance). *Sucer le jus d'un fruit.* ◇ Litt. *Avoir sucé (des idées, des principes) avec le lait,* y avoir été initié dès la plus tendre enfance. **2.** En parlant de certains animaux, aspirer avec un organe spécial (le suc d'une plante, un liquide, etc.). *Les sangsues sucent le sang.* **3.** Porter, garder un objet à la bouche et y exercer une succion. *Sucer son crayon.*

SUCETTE n.f. **1.** Bonbon en sucre cuit aromatisé, fixé à l'extrémité d'un bâtonnet. **2.** Petite tétine de caoutchouc que l'on donne à sucer aux jeunes enfants.

SUCEUR, EUSE adj. **1.** Qui suce. **2.** Qui fonctionne en aspirant un fluide. *Drague suceuse.*

SUÇOIR n.m. **1.** BOT. Organe fixant une plante parasite à son hôte et y prélevant la sève. **2.** ZOOL. Organe buccal de certains insectes, qui sert à sucer.

SUÇON n.m. Fam. Marque qu'on fait à la peau en la suçant fortement.

SUÇOTER v.t. Sucer négligemment, du bout des lèvres.

SUCRAGE n.m. Action de sucrer.

SUCRANT, E adj. Qui sucre. *Pouvoir sucrant.*

SUCRASE n.f. Invertase (enzyme).

SUCRATE n.m. CHIM. Saccharate.

1. SUCRE n.m. (it. *zucchero* ; de l'ar.). **1.** Aliment de saveur douce, cristallisé, extrait de la canne à sucre et de la betterave à sucre. *Sucre en poudre* ou *sucre semoule, sucre en morceaux.* (Nom sc. *saccharose.*) – *Sucre glace :* sucre en poudre extrêmement fin obtenu par un broyage très poussé, employé surtout en pâtisserie. ◇ *Sirop de sucre :* dissolution concentrée de sucre. ◇ Fam. *Casser du sucre sur le dos de qqn,* dire du mal de lui. **2.** Morceau de cet aliment. **3.** CHIM. Glucide. **4.** Fig., fam. *Pur sucre :* authentique, orthodoxe, ferme dans ses opinions. *Un libéral pur sucre.*

2. SUCRE n.m. Unité monétaire principale de l'Équateur. (→ ***monnaie.***)

SUCRÉ, E adj. Qui contient du sucre, qui a le goût du sucre. *Poire sucrée.* ◆ adj. et n. Se dit d'une personne qui affecte des manières doucereuses. *Elle fait sa sucrée. Un ton sucré.*

SUCRER v.t. **1.** Ajouter du sucre à (un liquide, un aliment), adoucir avec du sucre. *Sucrer son café.* **2.** Fam. Supprimer. ◆ **se sucrer** v.pr. Fam. Toucher, s'octroyer la plus large part.

SUCRERIE n.f. **1.** Usine où l'on fabrique le sucre. **2.** (Souvent pl.). Friandise préparée avec du sucre. **3.** Canada. Lieu où l'on fabrique le sirop d'érable et ses dérivés. **4.** Afrique. Boisson sucrée non alcoolisée.

SUCRETTE n.f. (nom déposé). Petit comprimé de sucre de synthèse.

1. SUCRIER, ÈRE adj. Relatif à la production du sucre.

2. SUCRIER n.m. **1.** Récipient où l'on met du sucre. **2. a.** Fabricant de sucre. **b.** Ouvrier qui travaille à la fabrication du sucre.

SUCRIN adj.m. et n.m. *Melon sucrin* ou *sucrin,* d'une variété très sucrée.

SUCRINE n.f. Laitue d'une variété proche de la romaine.

SUD n.m. inv. et adj. inv. (anc. angl. *suth*). **1.** Celui des quatre points cardinaux qui est opposé au nord. **2.** (Avec une majuscule). Pays ou partie d'un pays situés au sud. **3.** (Avec une majuscule). Ensemble des pays en développement, par opp. aux pays industrialisés, le Nord.

SUD-AFRICAIN, E adj. et n. (pl. *sud-africains, es*). De la République d'Afrique du Sud.

SUD-AMÉRICAIN, E adj. et n. (pl. *sud-américains, es*). De l'Amérique du Sud.

SUDATION n.f. (lat. *sudatio*). **1.** Production de sueur physiologique ou artificielle. **2.** BOT. Rejet d'eau sous forme liquide par les feuilles.

SUDATOIRE adj. Accompagné de sueur.

SUD-CORÉEN, ENNE adj. et n. (pl. *sud-coréens, ennes*). De la Corée du Sud.

SUD-EST [sydɛst] n.m. inv. et adj. inv. **1.** Point de l'horizon situé entre le sud et l'est. **2.** (Avec deux majuscules). Région située au sud-est.

SUDISTE n. et adj. Partisan des États du Sud, dans la guerre de Sécession des États-Unis (1861-1865).

SUDORAL, E, AUX adj. Relatif à la sueur.

SUDORIFIQUE adj. et n.m. Qui provoque la sudation.

SUDORIPARE ou **SUDORIFÈRE** adj. ANAT. Qui produit ou conduit la sueur.

SUD-OUEST n.m. inv. et adj. inv. **1.** Point de l'horizon situé entre le sud et l'ouest. **2.** (Avec deux majuscules). Région située au sud-ouest.

SUD-VIETNAMIEN, ENNE adj. et n. (pl. *sud-vietnamiens, ennes*). Du Viêt Nam du Sud, avant la réunification de ce pays, en 1975.

SUÈDE n.m. (de *Suède,* n. de pays). Peausserie ou cuir utilisés avec le côté chair à l'extérieur, d'aspect velouté.

SUÉDÉ, E adj. Se dit d'un tissu ayant été traité aux apprêts pour lui donner l'aspect du suède.

SUÉDINE n.f. Tissu de coton qui rappelle le suède.

SUÉDOIS, E adj. et n. De Suède. ◆ n.m. Langue nordique parlée principalement en Suède.

SUÉE n.f. Fam. Transpiration abondante à la suite d'un travail pénible, d'une émotion.

SUER v.i. (lat. *sudare*). **I. 1.** Sécréter la sueur par les pores de la peau. **2.** Suinter. *Les murs suent par les temps humides.* **3.** CUIS. *Faire suer :* faire rendre son jus à une viande ou à un légume, à feu doux dans un ustensile fermé. **II. 1.** Se donner beaucoup de peine, de fatigue. *Il a sué pour rédiger cet exposé.* **2.** Fam. *Faire suer qqn,* le fatiguer, l'exaspérer. **3.** Fam. *Se faire suer :* s'ennuyer. ◆ v.t. **1.** Litt. Exhaler. *Suer l'ennui.* **2.** Fig. *Suer sang et eau :* se donner une peine extrême.

SUET n.m. inv. MAR. Sud-est. *Vent de suet.*

SUETTE n.f. *Suette miliaire :* maladie caractérisée par une fièvre, des sueurs abondantes et une éruption cutanée, autref. fréquente en région rurale.

SUEUR n.f. (lat. *sudor*). **1.** Liquide incolore, salé et d'une odeur particulière, sécrété par les glandes sudoripares, qui suinte par les pores de la peau. (La sueur contient des sels minéraux [chlorure de sodium] et des matières organiques [urée].) **2.** Symbole d'un travail intense, pénible. *Vivre de la sueur du peuple.* ◇ *À la sueur de son front :* par un travail pénible et persévérant. **3.** *Sueurs froides :* vive inquiétude.

SUFFÈTE n.m. (lat. *suffes, -etis*). ANTIQ. Magistrat suprême de Carthage. (Ils étaient au nombre de deux, élus pour un an.)

SUFFIRE v.t. ind. **[*à*]** (lat. *sufficere,* fournir) [100]. **1.** Être capable de fournir le nécessaire, pouvoir satisfaire à. *Suffire à ses obligations.* **2.** Être en assez grande quantité pour. *Cette somme me suffira.* ◇ *Cela suffit ; il suffit ; suffit ! :* c'est assez ! – *Il suffit de, que :* il faut seulement, il est seulement nécessaire que. ◆ **se suffire** v.pr. N'avoir pas besoin du secours des autres.

SUFFISAMMENT adv. De manière suffisante.

SUFFISANCE n.f. Présomption dans les manières, dans le ton ; satisfaction de soi. *Un homme plein de suffisance.* ◇ Litt. *En suffisance :* suffisamment.

SUFFISANT, E adj. Qui est en quantité assez grande. *Somme suffisante.* ◆ adj. et n. Péj. Qui est excessivement satisfait de soi-même ; fat, vaniteux.

SUFFIXAL, E, AUX adj. Relatif aux suffixes.

SUFFIXATION n.f. LING. Dérivation par des suffixes.

SUFFIXE n.m. (lat. *suffixus,* fixé sous). LING. Élément qui s'ajoute à la racine d'un mot pour constituer un mot nouveau (le dérivé).

SUFFIXER v.t. Pourvoir (un mot) d'un suffixe.

SUFFOCANT, E adj. Qui produit une suffocation.

SUFFOCATION n.f. Fait de suffoquer.

SUFFOQUER v.t. (lat. *suffocare,* étouffer). **1.** Étouffer, faire perdre la respiration (à). **2.** Causer à qqn une émotion ou une surprise très vive ; stupéfier. *La colère la suffoquait.* ◆ v.i. **1.** Avoir du mal à respirer, étouffer. **2.** Avoir le souffle coupé sous l'effet d'une violente émotion. *Suffoquer de colère.*

SUFFRAGANT adj.m. et n.m. (du lat. *suffragari,* voter pour). Se dit d'un évêque diocésain dépendant d'un siège métropolitain.

SUFFRAGE n.m. (lat. *suffragium*). **1.** Vote, voix donnés en matière d'élection. *Refuser son suffrage.* ◇ *Suffrage exprimé,* qui exprime un choix (par opp. à *suffrage blanc*), conformément aux prescriptions de la loi électorale (par opp. à *suffrage nul*). **2.** Litt. Approbation. *Enlever tous les suffrages du public.* **3. a.** *Suffrage direct :* système dans lequel l'électeur vote lui-même pour le candidat à élire. **b.** *Suffrage indirect :* système dans lequel le candidat qu'il faut élire est élu par les membres de corps élus ou par des délégués élus par le corps électoral. **c.** *Suffrage universel :* système dans lequel le corps électoral est constitué par tous les citoyens qui ont la capacité électorale. **d.** *Suffrage censitaire* → ***censitaire.***

SUFFRAGETTE n.f. (mot angl.). HIST. Militante qui réclamait pour les femmes le droit de voter, en Grande-Bretagne. (Le mouvement des suffragettes, né en 1865, prit une forme militante entre 1903 et 1917.)

SUFFUSION n.f. MÉD. Épanchement d'un liquide organique hors du vaisseau le contenant.

SUGGÉRER [sygʒere] v.t. (lat. *suggerere,* procurer) [18]. **1.** Proposer, conseiller (une idée) à (qqn). *Je te suggère de prendre l'autoroute.* **2.** Évoquer, susciter (une pensée, une idée, une image, etc.). *Énoncé qui suggère une interprétation différente.*

SUGGESTIBILITÉ [sygʒɛs-] n.f. Caractère de qqn qui est suggestible.

SUGGESTIBLE adj. PSYCHOL. Se dit d'un sujet qui se soumet facilement aux suggestions.

SUGGESTIF, IVE adj. (angl. *suggestive*). **1.** Qui produit une suggestion ; évocateur. **2.** Qui inspire des idées érotiques.

SUGGESTION [sygʒɛstjɔ̃] n.f. **1.** Action de suggérer ; conseil. *Faire une suggestion.* **2.** PSYCHOL. Phénomène subconscient dans lequel un sujet devient le siège d'un état mental ou affectif ou l'auteur d'un acte en vertu de l'influence exercée par quelqu'un.

SUGGESTIONNER [sygʒɛstjɔne] v.t. Faire penser ou agir (qqn) par suggestion.

SUGGESTIVITÉ n.f. Caractère de ce qui est suggestif.

SUICIDAIRE adj. et n. Qui tend vers le suicide, l'échec ; qui semble prédisposé au suicide. *Comportement suicidaire.*

SUICIDANT, E adj. et n. Se dit d'une personne qui vient de faire une tentative de suicide.

SUICIDE n.m. (lat. *sui,* de soi, et *caedere,* tuer). **1.** Action de se donner soi-même la mort. **2.** Action de se détruire ou de se nuire gravement. ◆ adj. Qui comporte des risques mortels. *Opération suicide.*

SUICIDÉ, E adj. et n. Qui s'est donné la mort.

SUICIDER (SE) v.pr. **1.** Se donner volontairement la mort. **2.** Détruire soi-même son influence, son autorité. *Parti politique qui se suicide.*

SUIDÉ n.m. (lat. *sus,* porc). ZOOL. *Suidés :* famille de mammifères ongulés non ruminants, au museau tronqué en groin, à fortes canines allongées en défenses, tels que le sanglier, le phacochère, le porc, le pécari.

SUIE n.f. (du gaul.). Matière carbonée noire et épaisse résultant d'une combustion incomplète, que la fumée dépose.

SUIF n.m. (lat. *sebum*). Graisse de ruminants.

SUIFFER v.t. Enduire de suif.

SUIFFEUX, EUSE adj. De la nature du suif.

SUI GENERIS [sɥiʒeneris] loc. adj. inv. (mots lat., *de son espèce*). Qui appartient en propre à l'être ou à la chose dont il est question. *Une odeur sui generis.*

SUINT [sɥɛ̃] n.m. (de *suer*). Graisse qui imprègne la toison des moutons.

SUINTANT, E adj. Qui suinte.

SUINTEMENT n.m. Fait de suinter.

SUINTER v.i. **1.** S'écouler, sortir presque insensiblement (en parlant des liquides). *L'eau suinte à travers les roches.* ◇ Fig. Transparaître, se dégager. *L'ennui suinte dans ce bureau.* **2.** Laisser s'écouler un liquide. *Ce mur suinte.*

SUINTINE n.f. TECHN. Produit préparé à partir des graisses obtenues lors du lavage des toisons des moutons.

1. SUISSE adj. et n. De la Suisse. (Le fém. du n. est parfois *Suissesse.*) ◇ HIST. *Troupes suisses :* unités de l'armée française composées de Suisses. (C'est à Louis XI, renouvelant en 1474 l'accord passé en 1453 par Charles VII, que l'on doit le recrutement des soldats suisses, qui a duré jusqu'en 1830.)

2. SUISSE n.m. **1.** Vx. Portier, concierge d'une grande maison, d'un hôtel particulier, portant un habit chamarré. ◇ Fam. *Manger, boire en suisse,* tout seul, sans inviter personne. **2.** Anc. Employé d'église en uniforme qui ouvrait les cortèges, veillait au bon ordre des offices, etc. **3.** Canada. Tamia.

SUITE n.f. (lat. *secutus,* ayant suivi). **I. 1.** Action de suivre, de poursuivre. **2.** DR. *Droit de suite.* **a.** Droit d'un créancier hypothécaire de saisir l'immeuble hypothéqué même s'il n'appartient plus à son débiteur. **b.** Droit pour un auteur (et ses héritiers après sa mort pendant 50 ans) d'œuvres graphiques ou plastiques de percevoir une partie du prix de toute vente de ces œuvres. **3.** DR. INTERN. Droit que s'arroge un belligérant de poursuivre un navire et de le capturer jusqu'au port de sa destination. **II. 1.** Succession, enchaînement de faits qui se suivent. **2.** Ordre, liaison logique entre des choses, des actes. *Raisonnement sans suite.* ◇ *Avoir de la suite dans les idées :* être persévérant, opiniâtre. – *Esprit de suite :* disposition d'esprit qui pousse à persévérer dans ses entreprises. – *Sans suite :* incohérent. **3.** *Tout de suite :* immédiatement, sans délai. ◇ *Par la suite :* plus tard. ◇ *De suite.* **a.** Sans interruption. *Faire dix kilomètres de suite.* **b.** Fam. Tout de suite. **III. 1.** Ce qui vient après une chose déjà connue. *Pour comprendre ce passage, il faut lire la suite.* ◇ *À la suite (de) :* après, derrière. – *Et ainsi de suite :* et de même en continuant. – *Donner suite à qqch,* le continuer. – *Sans suite,* se dit d'un article dont l'approvisionnement n'est plus renouvelé. **2.** Ce qui résulte de qqch, conséquence. *Cette affaire aura des suites graves.* **3.** Continuation d'une œuvre écrite. *La suite d'un roman.* **IV. 1.** Ensemble de personnes qui accompagnent un haut personnage. **2.** Appartement dans un hôtel de luxe. **3.** MUS. Série de pièces instrumentales écrites dans le même ton et relevant de la danse. ◇ Réunion de fragments musicaux extraits d'une œuvre théâtrale, chorégraphique, lyrique. **4.** Série de choses rangées les unes à côté des autres. *Suite de mots.* **5.** Ensemble d'objets de même nature. *Suite d'estampes.* **6.** MATH. Famille d'éléments indexée par l'ensemble des entiers naturels.

SUITÉE adj.f. Se dit d'une femelle, particulièrement d'une jument, suivie de son (ou de ses) petit(s).

1. SUIVANT, E adj. Qui est après. *Au chapitre suivant.* ◆ n. Celui ou celle qui accompagne, escorte, notamment dans les pièces de théâtre.

2. SUIVANT prép. **1.** Selon une ligne donnée. *Marcher suivant un axe.* **2.** À proportion de ; en fonction de ; conformément à. *Suivant sa force. Suivant les cas. Suivant son habitude.* ◆ loc. conj. *Suivant que :* selon que. *Suivant qu'on a ajouté ou non un élément...*

1. SUIVEUR, EUSE adj. *Voiture suiveuse,* qui accompagne une course cycliste sur route.

2. SUIVEUR n.m. (de *suivre*). **1.** Celui qui suit une course cycliste. **2.** Celui qui suit au lieu de diriger, d'innover. **3.** TECHN. Dispositif composé d'un détecteur et d'un appareil permettant de commander l'orientation d'un autre appareil ou de l'engin spatial sur lequel il est placé.

1. SUIVI, E adj. **1.** Qui a lieu de manière continue. *Relations suivies.* **2.** Où il y a de la liaison ; cohérent. *Raisonnement bien suivi.* **3.** Fréquenté. *Cours suivi.* **4.** COMM. Se dit d'un objet qui continue à être vendu.

2. SUIVI n.m. **1.** Contrôle permanent sur une période prolongée. *Suivi médical.* **2.** Ensemble d'opérations consistant à suivre et à surveiller un processus. *Suivi d'une affaire.*

SUIVISME n.m. **1.** Tendance à suivre les évènements sans les critiquer. **2.** Attitude de qqn qui adopte globalement les idées d'un parti politique, d'un syndicat, etc., sans les examiner, sans esprit critique.

SUIVISTE adj. et n. Qui fait preuve de suivisme. *Attitude suiviste.*

SUIVRE v.t. (lat. *sequi*) [89]. **1.** Aller, venir, être après ; accompagner. *Suivre qqn pas à pas.* **2.** Marcher derrière pour surveiller ; épier. *Suivre un malfaiteur.* **3.** Venir après (dans le temps). *Les bagages suivront.* ◇ *Faire suivre,* formule mise sur les lettres pour indiquer qu'elles doivent être réexpédiées à la nouvelle adresse du destinataire. **4.** Aller dans une direction déterminée. *Suivre la lisière du bois.* ◇ Fig. Se conformer à, imiter. *Suivre la mode. Un exemple à suivre.* **5.** *Suivre une méthode, un traitement,* s'y soumettre avec régularité, assiduité. **6.** Être attentif, s'intéresser à. *Suivre l'actualité, un match à la télévision. Suivre un élève, un malade.* ◇ *Suivre un cours,* y assister assidûment. **7.** *Suivre une affaire,* en prendre connaissance au fur et à mesure de son déroulement. ◇ *À suivre,* formule indiquant que le récit n'est pas terminé. **8.** Comprendre. *Suivre un discours.* ◇ *Suivre un raisonnement,* le comprendre. **9.** *Suivre ses goûts,* s'y abandonner. **10.** Approuver, soutenir qqn ; agir dans le même sens. *Tous vous suivront.* ◆ v. impers. Litt. Résulter. *Il suit de là que...* ◆ v.i. Au poker, miser afin de pouvoir rester dans le jeu. ◆ **se suivre** v.pr. **1.** Être placé l'un après l'autre dans un ordre régulier. *Numéros qui se suivent.* **2.** Se succéder. *Les jours se suivent.* **3.** S'enchaîner. *Ces raisonnements se suivent.*

1. SUJET n.m. (lat. *subjectum,* ce qui est subordonné). **1.** Matière sur laquelle on parle, on écrit, on compose. *Le sujet d'une conversation, d'un film. Sujet d'examen.* ◇ *Être plein de son sujet,* en être pénétré. **2.** Cause, motif d'une action, d'un sentiment. *Quel est le sujet de votre dispute ?* ◇ *Au sujet de :* à propos de, relativement à. ◇ *Avoir sujet de :* avoir un motif légitime de. *Avoir sujet de se plaindre.* **3.** MUS. Thème principal d'une fugue. **4. a.** GRAMM. Fonction grammaticale exercée par un groupe nominal, un pronom, un verbe à l'infinitif, etc., et qui confère au verbe ses catégories de personne et de nombre. **b.** LOG. Dans une proposition, ce à quoi se rapportent les propriétés. **5.** Être humain que l'on soumet à des observations. ◇ *Bon sujet :* personne digne d'éloges. – *Mauvais sujet :* personne dont on désapprouve la conduite. **6.** CHORÉGR. Danseur, danseuse de ballet, selon la hiérarchie du corps de ballet de l'Opéra de Paris. **7.** DR. *Sujet de droit :* personne titulaire de droits et d'obligations. **8.** PHILOS. **a.** Être pour lequel le monde extérieur, le contenu de sa pensée constituent un objet. **b.** Conscience libre donatrice de sens, fonctionnant comme principe explicatif de tout fait humain. **c.** Individu qui est le support d'une expérience, d'une action, d'un droit, d'une connaissance. **9.** LING. Actant, agent.

2. SUJET, ETTE adj. (lat. *subjectus,* soumis). **1.** Exposé à éprouver certaines maladies, certains inconvénients. *Sujet à la migraine.* **2.** Porté à, enclin à, susceptible de. *Sujet à s'enivrer.* **3.** *Sujet à caution,* à qui ou à quoi l'on ne peut se fier.

3. SUJET, ETTE n. Personne qui est soumise à l'autorité d'un souverain.

SUJÉTION n.f. **1.** Dépendance, état de celui qui est soumis à un pouvoir, à une domination. *Vivre dans la sujétion.* **2.** Contrainte, assujettissement à une nécessité. *Certaines habitudes deviennent des sujétions.*

SULCATURE n.f. (lat. *sulcus,* sillon). AGRIC. Trace en forme de sillon.

SULCIFORME adj. Didact. En forme de sillon.

SULFACIDE n.m. Composé dérivant d'un oxacide par substitution du soufre à l'oxygène. SYN. : *thioacide.*

SULFAMIDE [sylfamid] n.m. Nom générique de composés organiques azotés et soufrés, bases de plusieurs groupes de médicaments anti-infectieux, antidiabétiques et diurétiques.

SULFATAGE n.m. AGRIC. Épandage sur les végétaux d'une solution de sulfate de cuivre ou de sulfate de fer pour combattre les maladies cryptogamiques.

SULFATATION n.f. TECHN. Formation d'une couche de sulfate de plomb sur les bornes d'un accumulateur.

SULFATE n.m. Sel de l'acide sulfurique.

SULFATÉ, E adj. Qui renferme un sulfate.

SULFATER v.t. Opérer le sulfatage de.

SULFATEUR, EUSE n. Personne qui procède au sulfatage de la vigne.

SULFATEUSE n.f. **1.** AGRIC. Machine servant à sulfater. **2.** Pop. Mitraillette.

SULFHYDRIQUE adj.m. (lat. *sulfur,* soufre, et gr. *hudôr,* eau). Se dit de l'acide H_2S, gaz incolore, très toxique, à odeur d'œuf pourri, produit par la décomposition des matières organiques. SYN. : *hydrogène sulfuré.*

SULFHYDRYLE n.m. Radical —SH.

SULFINISATION n.f. Cémentation au soufre.

SULFITAGE n.m. Emploi de l'anhydride sulfureux (comme désinfectant, décolorant, producteur de froid, etc.), fréquent en vinification.

SULFITE n.m. CHIM. Sel de l'acide sulfureux.

SULFONATION n.f. CHIM. Réaction de substitution d'un ou plusieurs groupements SO_3H à un ou plusieurs atomes d'hydrogène d'un composé organique.

SULFONE n.f. CHIM. ORG. Composé organique de formule générale R—SO_2—R'. (Nom générique.)

SULFONÉ, E adj. Se dit de composés benzéniques (appelés aussi acides sulfoniques) contenant le radical SO_3H fixé à un atome de carbone.

SULFOSEL n.m. CHIM. Sel complexe contenant du soufre.

SULFOVINIQUE adj. CHIM. Se dit d'un acide obtenu par l'action de l'acide sulfurique sur l'alcool.

SULFURAGE n.m. Action de sulfurer.

SULFURE n.m. (lat. *sulfur,* soufre). **1.** CHIM. Combinaison du soufre et d'un élément. **2.** CHIM. Sel de l'acide sulfhydrique. **3.** VERR. Camée de céramique noyé dans du cristal.

SULFURÉ, E adj. À l'état de sulfure. ◇ *Hydrogène sulfuré :* acide sulfhydrique.

SULFURER v.t. **1.** CHIM. Combiner avec le soufre. **2.** AGRIC. Introduire dans le sol du sulfure de carbone pour détruire les insectes.

SULFUREUX, EUSE adj. **1.** CHIM. Qui a la nature du soufre, qui contient une combinaison du soufre. ◇ *Acide sulfureux :* composé H_2SO_3 non isolé, mais existant en solution. ◇ *Anhydride sulfureux :* composé oxygéné SO_2 dérivé du soufre. (C'est un gaz incolore, suffocant, employé comme décolorant et désinfectant.) **2.** Fig. Qui sent le soufre, l'hérésie. *Discours sulfureux.*

SULFURIQUE adj. *Acide sulfurique :* acide oxygéné H_2SO_4 dérivé du soufre, corrosif violent. (Il sert à la fabrication de nombreux acides, des sulfates et aluns, des superphosphates, du glucose, d'explosifs et de colorants, etc.)

SULFURISÉ, E adj. Se dit du papier imperméable traité par l'acide sulfurique.

SULKY [sylki] n.m. (mot angl.). Voiture très légère, sans caisse, à deux roues, utilisée dans les courses de trot attelé.

sulkys

SULPICIEN, ENNE adj. et n.m. Qui appartient à la Compagnie des prêtres de Saint-Sulpice. ◆ adj. Se dit des objets d'art religieux d'aspect conventionnel et fade vendus dans le quartier Saint-Sulpice à Paris.

SULTAN n.m. (ar. *sulṭān*). HIST. Titre des souverains de divers États musulmans.

SULTANAT n.m. Dignité, règne d'un sultan ; État placé sous l'autorité d'un sultan.

SULTANE n.f. **1.** Épouse, favorite d'un sultan ottoman. **2.** Lit de repos à deux ou trois dossiers droits.

SULVINITE n.f. (de *sulfate*). Gaz de combat employé pendant la Première Guerre mondiale.

SUMAC [symak] n.m. (ar. *summāq*). Arbre des régions chaudes, fournissant des vernis, des laques, des tanins. (Le *fustet* est un sumac cultivé comme ornemental ; famille des anacardiacées.) SYN. : *corroyère*.

SUMÉRIEN, ENNE adj. Relatif à Sumer, aux Sumériens. ◆ n.m. La plus ancienne langue écrite (en caractères cunéiformes), qui fut parlée dans le sud de la Mésopotamie pendant le IIIe millénaire av. J.-C.

SUMMUM [sɔmmɔm] n.m. (mot lat.). Plus haut degré. *Être au summum de la célébrité.*

SUMO [sumo] n.m. (jap. *sumō*). Lutte traditionnelle, liée au culte shinto, pratiquée au Japon. Graphie savante : *sumō*.

SUNLIGHT [sœnlajt] n.m. (mot angl., *lumière du soleil*). Puissant projecteur pour prises de vues cinématographiques.

SUNNA [suna] n.f. (mot ar., *coutume, précepte*). Ensemble des paroles et actions de Mahomet et de la tradition *(hadith)* qui les rapporte.

SUNNISME n.m. Courant majoritaire de l'islam, qui s'appuie sur la sunna et le consensus communautaire qu'elle suscite.

SUNNITE adj. et n. Qui appartient au sunnisme ; qui le pratique, le professe.

1. SUPER adj. inv. Fam. Supérieur, formidable.

2. SUPER n.m. (abrév.). Supercarburant.

SUPERALLIAGE n.m. Alliage de composition complexe, ayant une bonne tenue à haute température et utilisé pour la fabrication de pièces mécaniques réfractaires.

SUPERAMAS n.m. ASTRON. Amas d'amas de galaxies.

1. SUPERBE adj. (lat. *superbus*, orgueilleux). D'une beauté éclatante.

2. SUPERBE n.f. Litt. Orgueil.

SUPERBEMENT adv. Magnifiquement.

SUPERBÉNÉFICE n.m. Bénéfice net d'un exercice, après qu'a été attribué l'intérêt statutaire au capital social.

SUPERBOMBE n.f. Bombe de très grande puissance.

SUPERCALCULATEUR n.m. Ordinateur de grande puissance, partic. adapté aux calculs scientifiques.

SUPERCARBURANT n.m. Essence de qualité supérieure, dont l'indice d'octane avoisine et parfois dépasse 100. SYN. : *super*.

SUPERCHAMPION, ONNE n. Champion extrêmement brillant, qui a remporté de nombreuses victoires.

SUPERCHERIE n.f. (it. *soperchieria*, excès). Tromperie calculée, fraude.

SUPERCRITIQUE adj. AÉRON. Se dit d'un profil d'aile d'avion permettant de voler, sans augmentation importante de traînée, à des vitesses proches de la vitesse du son.

SUPÈRE adj. BOT. Se dit d'un ovaire situé au-dessus du point d'insertion des sépales, pétales et étamines, comme chez la tulipe, le coquelicot. CONTR. : *infère*.

SUPÉRETTE n.f. (amér. *superette*). Magasin d'alimentation en libre-service d'une superficie comprise entre 120 et 400 m^2.

SUPERFAMILLE n.f. SC. DE LA V. Niveau de la classification inférieur au sous-ordre.

SUPERFÉTATOIRE adj. (du lat. *superfetare*, s'ajouter). Litt. Qui s'ajoute inutilement.

SUPERFICIE n.f. (lat. *superficies*, surface). **1.** Mesure de l'étendue, de la surface d'un corps, d'un terrain déterminé. **2.** Litt. Aspect superficiel, apparent. *Ne voir que la superficie des choses.* **3.** DR. *Droit de superficie :* droit réel exercé, durant la durée du bail, par le locataire sur les constructions qu'il a édifiées sur le terrain du bailleur.

SUPERFICIEL, ELLE adj. **1.** Qui est limité à la surface, à la partie extérieure de (qqch). *Humidité superficielle. Plaie superficielle.* ◇ PHYS. Relatif à la surface d'un solide ou d'un liquide. *Tension superficielle.* **2.** Qui ne va pas au fond des choses ; incomplet, non approfondi. *Esprit superficiel. Connaissances superficielles.* **3.** MÉCAN. *Densité superficielle :* densité d'une plaque infiniment mince.

SUPERFICIELLEMENT adv. De façon superficielle.

SUPERFIN, E adj. Surfin.

SUPERFINITION n.f. MÉCAN. Opération qui consiste, sur une surface métallique, à faire disparaître la couche superficielle de métal amorphe décarburé, due à l'action de l'outil.

SUPERFLU, E adj. et n.m. (du lat. *superfluere*, déborder). Qui est de trop ; inutile. *Ornement superflu. Regrets superflus. Se passer du superflu.*

SUPERFLUIDE adj. Doué de superfluidité.

SUPERFLUIDITÉ n.f. Abaissement considérable de la viscosité de l'hélium liquide à très basse température.

SUPERFLUITÉ n.f. Litt. **1.** Caractère de ce qui est superflu ; futilité. **2.** Chose superflue, inutile.

SUPERFORME n.f. Fam. Excellente condition physique, morale.

SUPERFORTERESSE n.f. MIL. Bombardier lourd américain de type B-29 ou B-36.

SUPERGRAND n.m. Fam. Superpuissance.

SUPER-HUIT adj. inv. et n.m. inv. CIN. Format de film amateur, supérieur au modèle courant de huit millimètres. (On écrit aussi *super-8*.)

1. SUPÉRIEUR, E adj. (lat. *superior*). **1.** Qui est situé au-dessus, par opp. à *inférieur*. *Étage supérieur.* **2.** Plus grand que, qui atteint un degré plus élevé. *Température supérieure à la normale.* **3.** Qui surpasse les autres en mérite, en force, en rang, en qualité, etc. **4.** Qui témoigne d'un sentiment de supériorité. *Air supérieur.* **5.** Se dit de la partie d'un fleuve la plus rapprochée de la source. **6.** SC. DE LA V. Plus avancé dans l'évolution.

2. SUPÉRIEUR, E n. **1.** Personne qui commande à d'autres en vertu d'une hiérarchie. **2.** Personne qui dirige une communauté religieuse.

SUPÉRIEUREMENT adv. De façon supérieure. *Être supérieurement doué.*

SUPERINTENDANT n.m. Anc. Surintendant.

SUPÉRIORITÉ n.f. **1.** Caractère de ce qui est supérieur (en qualité, en valeur). *Supériorité d'un article.* **2.** Situation avantageuse, dominante ; suprématie. *Supériorité militaire.* **3.** Attitude de qqn qui se croit supérieur aux autres ; arrogance. *Air de supériorité.*

SUPERLATIF n.m. (lat. *superlatum*, ce qui est porté au-dessus). GRAMM. Degré de comparaison de l'adjectif ou de l'adverbe qui exprime une qualité portée à un très haut degré *(superlatif absolu)*, à un plus haut degré *(superlatif relatif de supériorité)* ou à un moins haut degré *(superlatif relatif d'infériorité)*. [Ex. : *très grand ; le plus grand ; le moins grand.*]

SUPERMAN [sypɛrman] n.m. (n. angl. d'un héros de bande dessinée) [pl. *supermans* ou *supermen*]. Iron. Homme doté de pouvoirs extraordinaires.

SUPERMARCHÉ n.m. Magasin de grande surface (400 à 2 500 m^2) offrant des produits vendus en libre-service.

SUPERNOVA [sypɛrnɔva] n.f. (pl. *supernovae*). ASTRON. Étoile massive qui se manifeste lors de son explosion en devenant momentanément très lumineuse. (L'explosion d'une supernova se distingue de celle d'une nova par son ampleur bien plus importante : c'est l'étoile tout entière, et non plus seulement son enveloppe, qui est affectée. Ce phénomène est caractéristique des étoiles massives ayant atteint un stade d'évolution avancé.)

SUPERORDRE n.m. SC. DE LA V. Niveau de classification des êtres vivants, qui se situe entre la classe et l'ordre.

SUPEROVARIÉ, E adj. BOT. Se dit d'une plante dont l'ovaire est supère.

SUPERPHOSPHATE n.m. Produit obtenu par traitement du phosphate tricalcique par l'acide sulfurique, et utilisé comme engrais.

SUPERPLASTICITÉ n.f. Propriété que possèdent certains matériaux, dans des conditions particulières, de subir des déformations importantes (200 à 2 000 p. 100) sans rupture.

SUPERPLASTIQUE adj. Qui possède la propriété de superplasticité.

SUPERPOSABLE adj. Qui peut être superposé.

SUPERPOSER v.t. Poser l'un au-dessus de l'autre. ◆ **se superposer** v.pr. *(à)*. S'ajouter.

SUPERPOSITION n.f. Action de superposer, de se superposer ; ensemble de choses superposées.

SUPERPRODUCTION n.f. Film réalisé avec des moyens financiers et matériels particulièrement importants.

SUPERPROFIT n.m. Profit particulièrement important.

SUPERPUISSANCE n.f. Grande puissance mondiale (États-Unis, U. R. S. S. jusqu'en 1991). SYN. (fam.) : *supergrand*.

SUPERSONIQUE adj. Dont la vitesse est supérieure à celle du son. CONTR. : *subsonique*. ◆ n.m. Avion supersonique.

SUPERSTAR n.f. Vedette très célèbre.

SUPERSTITIEUSEMENT adv. De façon superstitieuse.

SUPERSTITIEUX, EUSE adj. et n. Qui croit à des influences occultes, surnaturelles et en redoute les effets. ◆ adj. Entaché de superstition. *Craintes superstitieuses.*

SUPERSTITION n.f. (lat. *superstitio*, croyance). **1.** Vx. Déviation du sentiment religieux, fondée sur la crainte ou l'ignorance, et qui prête un caractère sacré à certaines pratiques, obligations, etc. **2.** Croyance à divers présages tirés d'événements fortuits (comme d'une salière renversée, du nombre treize, etc.). **3.** Attachement excessif. *Avoir la superstition du passé.*

SUPERSTRUCTURE n.f. **1.** CONSTR. Construction élevée sur une autre. ◇ MAR. Construction placée sur le pont supérieur, faisant corps avec la coque et s'étendant sur toute la largeur d'un navire. ◇ Par ext. Tout ce qui se superpose à qqch qui lui sert de base. **2.** CH. DE F. Ensemble des installations à caractère spécifiquement ferroviaire. **3.** PHILOS. Dans l'analyse marxiste, ensemble formé par le système politique (appareil d'État) et le système idéologique (juridique, scolaire, culturel, religieux), qui repose sur une base économique donnée, ou *infrastructure*.

SUPERTANKER n.m. Navire-citerne de port en lourd égal ou supérieur à 100 000 t.

SUPERVISER v.t. Contrôler et réviser un travail fait, sans entrer dans le détail.

SUPERVISEUR n.m. **1.** Personne qui supervise. **2.** INFORM. Programme chargé, dans un système d'exploitation, de contrôler l'enchaînement et la gestion des processus.

SUPERVISION n.f. Contrôle exercé par un superviseur.

SUPIN n.m. (lat. *supinus*, tourné en arrière). GRAMM. Forme nominale du verbe latin.

SUPINATEUR adj.m. et n.m. (lat. *supinus*, renversé sur le dos). ANAT. Se dit des muscles déterminant la supination.

SUPINATION n.f. PHYSIOL. Mouvement de rotation de l'avant-bras plaçant la paume de la main en avant et le pouce à l'extérieur ; position de la main après ce mouvement (par opp. à *pronation*).

SUPION n.m. (lat. *sepia*, seiche). CUIS. Petite seiche.

SUPPLANTER v.t. (lat. *supplantare*, renverser par un croc-en-jambe). **1.** Écarter qqn de la place qu'il occupe pour se substituer à lui ; évincer. *Supplanter une rivale.* **2.** Remplacer, éliminer qqch. *L'automobile n'a pas supplanté le train.*

SUPPLÉANCE n.f. Fait d'être suppléant.

SUPPLÉANT, E adj. et n. Qui supplée qqn dans ses fonctions sans être titulaire.

SUPPLÉER v.t. (lat. *supplere*, remplir) [15]. **1.** Litt. Ajouter ce qui manque ; compléter. **2.** Remplacer dans ses fonctions. *Suppléer un professeur.* ◆ v.t. ind. *(à)*. Remédier au manque de qqch. *La valeur supplée au nombre.*

SUPPLÉMENT n.m. (lat. *supplementum*). **1.** Ce qui s'ajoute à qqch pour le compléter, l'améliorer, etc. ◇ *En supplément :* en plus, en sus de ce qui est normal, prescrit, indiqué. **2.** Somme payée en plus pour obtenir qqch qui n'était pas compris dans le prix initial. **3.** MATH. *Supplément d'un angle :* angle ayant pour mesure celle d'un angle plat diminuée de celle de l'angle donné.

SUPPLÉMENTAIRE adj. **1.** Qui sert de supplément, qui constitue un supplément, fait en supplément. *Heures supplémentaires.* ◇ CH. DE F. *Train supplémentaire :* train doublant un train régulier ou facultatif sur tout ou partie de son parcours. **2.** MATH. *Angles supplémentaires :* angles dont la somme des mesures est celle d'un angle plat. **3.** MUS. *Lignes supplémentaires :* petites lignes tracées au-dessus ou au-dessous de la portée, sur ou entre lesquelles viennent se placer les notes.

SUPPLÉTIF, IVE adj. et n.m. (du lat. *supplere,* remplir). Se dit de militaires autochtones engagés temporairement en complément de troupes régulières. ◆ adj. Qui complète, supplée.

SUPPLÉTOIRE adj. DR. Se dit d'un serment déféré par le juge à une des parties, pour suppléer à l'insuffisance des preuves.

SUPPLIANT, E adj. et n. Qui supplie, implore.

SUPPLICATION n.f. Prière faite avec instance et soumission.

SUPPLICE n.m. (lat. *supplicium*). **1.** DR. ANC. Peine corporelle ordonnée par arrêt de justice. ◇ Litt. *Le dernier supplice* : la peine de mort. **2.** Sévices corporels, tortures. **3.** Cour. Douleur physique violente et insupportable. *Ce mal de dents est un vrai supplice.* ◇ *Être au supplice* : souffrir terriblement. ◇ *Supplice de Tantale* : souffrance qu'éprouve qqn qui ne peut satisfaire un désir dont l'objet reste cependant à sa portée. **4.** Ce qui est extrêmement pénible à supporter. *Ce discours est un supplice.*

SUPPLICIÉ, E n. Personne qui subit ou qui a subi un supplice.

SUPPLICIER v.t. Litt. **1.** Livrer qqn au supplice ou l'exécuter. **2.** Faire subir une souffrance morale. *Le remords le suppliciait.*

SUPPLIER v.t. (lat. *supplicare*). Demander avec insistance et humilité, de manière pressante. *Je vous supplie de me croire. Laissez-moi partir, je vous en supplie.*

SUPPLIQUE n.f. (it. *supplica*). Requête écrite pour demander une grâce, une faveur.

SUPPORT n.m. **1.** Ce qui supporte ; appui ou soutien de qqch. ◇ *Support publicitaire* : média quelconque (presse, télévision, affichage, etc.) considéré dans son utilisation pour la publicité. **2.** INFORM. Tout milieu matériel susceptible de recevoir une information, de la véhiculer ou de la conserver, puis de la restituer à la demande (carte perforée, disque, bande magnétique, disque optique, etc.). **3.** HÉRALD. Figure d'animal placée à côté de l'écu et qui semble le supporter. **4.** TECHN. Subjectile. **5.** MATH. *Support d'un vecteur glissant,* la droite associée à ce vecteur glissant.

SUPPORTABLE adj. Que l'on peut endurer, tolérer, excuser.

1. SUPPORTER [sypɔrtœr] ou [-tɛr] n.m. ou **SUPPORTEUR, TRICE** n. Partisan d'un concurrent ou d'une équipe qu'il encourage exclusivement.

2. SUPPORTER v.t. (lat. *supportare,* porter). **1.** Soutenir, porter par-dessous pour empêcher de tomber. *Piliers qui supportent une voûte.* **2.** Endurer avec patience, courage (ce qui est pénible). *Supporter un malheur.* **3.** Tolérer la présence, l'attitude de (qqn). **4.** Prendre en charge. *Supporter les frais d'un procès.* **5.** Résister à (une épreuve, une action physique). *Ce livre ne supporte pas l'examen. Supporter la chaleur.* **6.** SPORTS. (Emploi critiqué). Soutenir, encourager (un concurrent, une équipe). **7.** Afrique. Subvenir aux besoins de qqn, l'avoir à sa charge. ◆ **se supporter** v.pr. Se tolérer mutuellement.

SUPPOSABLE adj. Qu'on peut supposer.

SUPPOSÉ, E adj. **1.** Qui est donné pour authentique, quoique faux. *Testament, nom supposé.* **2.** Admis, posé comme hypothèse. *Cette circonstance supposée.* ◆ loc. conj. *Supposé que* : dans l'hypothèse où.

SUPPOSER v.t. (lat. *supponere,* mettre sous). **1.** Poser par hypothèse une chose comme établie. *Supposons que cela soit vrai.* **2.** Exiger logiquement, nécessairement l'existence de. *Les droits supposent les devoirs.* **3.** Croire, juger probable, vraisemblable que. *Je suppose que tout va bien.*

SUPPOSITION n.f. **1.** Action d'admettre par hypothèse ; l'hypothèse elle-même. ◇ Fam. *Une supposition (que)* : admettons, comme exemple, que... **2.** DR. *Supposition d'enfant* : infraction consistant à attribuer un enfant à une femme qui n'est pas sa mère.

SUPPOSITOIRE n.m. (lat. *suppositorius,* placé dessous). Médicament solide, généralement de forme conique ou ovoïde, qu'on introduit dans le rectum.

SUPPÔT n.m. (lat. *suppositus,* placé dessous). Litt. Complice des mauvais desseins de qqn. ◇ *Suppôt de Satan* : démon, personne malfaisante.

SUPPRESSION n.f. Action de supprimer. ◇ DR. *Suppression d'enfant* : infraction qui consiste à faire disparaître la preuve de l'existence d'un enfant, sans nécessairement attenter à sa vie. – DR. *Suppression d'état* : crime consistant à rendre impossible la preuve de l'état civil d'une personne.

SUPPRIMER v.t. (lat. *supprimere*). **1.** Mettre un terme à l'existence de. *Supprimer un journal. Supprimer des emplois inutiles.* **2.** Enlever qqch à qqn. *Supprimer à un chauffard son permis de conduire.* **3.** Se débarrasser de qqn en le tuant. ◆ **se supprimer** v.pr. Se donner la mort.

SUPPURANT, E adj. Qui suppure.

SUPPURATION n.f. Production de pus.

SUPPURER v.i. (lat. *suppurare*). Produire du pus.

SUPPUTATION n.f. Litt. Évaluation, appréciation, supposition.

SUPPUTER v.t. (lat. *supputare,* calculer). Litt. Évaluer indirectement une quantité par le calcul de certaines données ; calculer, apprécier.

SUPRA adv. (mot lat.). Plus haut, ci-dessus. CONTR. : *infra.*

SUPRACONDUCTEUR, TRICE adj. et n.m. Qui présente le phénomène de supraconduction.

SUPRACONDUCTION ou **SUPRACONDUCTIVITÉ** n.f. PHYS. Phénomène présenté par certains métaux, alliages ou céramiques dont la résistivité électrique devient pratiquement nulle au-dessous d'une certaine température.

SUPRANATIONAL, E, AUX adj. Placé au-dessus des institutions de chaque nation.

SUPRANATIONALITÉ n.f. Caractère de ce qui est supranational.

SUPRASEGMENTAL, E, AUX adj. PHON. Se dit des éléments prosodiques comme l'accent, l'intonation et le rythme, qui affectent des unités plus longues que le phonème.

SUPRASENSIBLE adj. Au-dessus des sens ; qui ne peut être senti.

SUPRATERRESTRE adj. Relatif à l'au-delà.

SUPRÉMATIE n.f. (angl. *supremacy* ; du fr. *suprême*). **1.** Situation dominante conférant une autorité incontestée. *Avoir la suprématie militaire.* **2.** Supériorité, prééminence de qqn, de qqch sur les autres. *Exercer une suprématie intellectuelle.*

SUPRÉMATISME n.m. BX-A. Théorie et pratique du peintre Malevitch (à partir de 1913) et de ses disciples, tels Lissitzky, Ivan Klioune, Olga Rozanova.

1. SUPRÊME adj. (lat. *supremus*). **1.** Qui est au-dessus de tout, qui ne saurait être dépassé. *Dignité suprême.* ◇ *Cour suprême* : juridiction qui tranche en dernier ressort. ◇ *Pouvoir suprême* : la souveraineté. **2.** Qui vient en dernier. *Un suprême effort.* ◇ Litt. *Moment, heure suprême* : le moment, l'heure de la mort. – *Volontés suprêmes* : dernières dispositions d'un mourant. **3.** CUIS. *Sauce suprême* : velouté de volaille ou de veau, réduit et additionné de crème.

2. SUPRÊME n.m. Filets de poisson ou de volaille, servis avec une sauce suprême.

SUPRÊMEMENT adv. Extrêmement.

1. SUR prép. (lat. *super*). Marque : **1.** La position supérieure, avec ou sans contact ; la situation à la surface de qqch. *Monter sur le toit.* **2.** Le point d'application ou de destination ; la localisation. *Mettre un chapeau sur sa tête.* **3.** La direction. *Revenir sur Paris. Elle va sur ses dix ans.* **4.** Le point considéré, la question examinée. *Écrire sur l'histoire.* **5.** *Sur ce* : cela dit ou fait. *Sur ce, je vous quitte.*

2. SUR, E adj. (du francique). D'un goût acide et aigre.

SÛR, E adj. (lat. *securus*). **1.** En qui l'on peut avoir confiance. *Ami sûr.* **2.** Qui n'offre aucun danger. *Route sûre.* **3.** Dont on ne peut douter, qui est vrai, exact. *Le fait est sûr.* **4.** Qui sait d'une manière certaine. *J'en suis sûr.* **5.** *À coup sûr* ou, fam., *pour sûr* : infailliblement, certainement. – *Avoir le coup d'œil sûr* : bien juger à la simple vue. – *Avoir le goût sûr* : bien juger de qqch. – *Avoir la main sûre* : avoir la main ferme, qui ne tremble pas. – *Bien sûr* : c'est évident. – *En lieu sûr* : dans un lieu où il n'y a rien à craindre, ou bien d'où on ne peut s'échapper. – *Le temps n'est pas sûr,* il peut devenir mauvais.

SURABONDAMMENT adv. De façon surabondante, bien au-delà du nécessaire.

SURABONDANCE n.f. Grande abondance.

SURABONDANT, E adj. Abondant jusqu'à l'excès. *Récolte surabondante. Détails surabondants.*

SURABONDER v.i. Exister en quantité très ou trop abondante.

SURACCUMULATION n.f. ÉCON. Accumulation excessive de capital, facteur de crises.

SURACTIVÉ, E adj. Dont l'activité est accrue par un traitement approprié.

SURACTIVITÉ n.f. Activité intense au-delà de la normale.

SURAH n.m. (de *Sūrat,* n. d'un port de l'Inde). Étoffe de soie croisée, originaire de l'Inde.

SURAIGU, UË adj. Très aigu.

SURAJOUTER v.t. Ajouter par surcroît.

SURAL, E, AUX adj. (du lat. *sura,* mollet). ANAT. Du mollet.

SURALCOOLISATION n.f. Processus d'enrichissement des vins au-delà du taux normal d'alcool.

SURALIMENTATION n.f. **1.** Ingestion régulière d'une quantité de nourriture supérieure à la ration d'entretien. **2.** Alimentation d'un moteur à combustion interne avec de l'air à une pression supérieure à la pression atmosphérique.

SURALIMENTÉ, E adj. Qui se nourrit trop.

SURALIMENTER v.t. Soumettre à une suralimentation.

SURAMPLIFICATEUR n.m. Recomm. off. pour *booster.*

SURANNÉ, E adj. (de *sur* et *an*). Litt. Qui n'est plus en usage ; démodé, périmé.

SURARBITRE n.m. DR. Arbitre désigné, pour les départager, par des arbitres déjà nommés par les parties en présence, en cas d'arbitrage international.

SURARMEMENT n.m. Armement excédant les besoins de la défense d'un État.

SURATE ou **SOURATE** n.f. (ar. *sūrat,* chapitre). Chacun des chapitres du Coran.

SURBAISSÉ, E adj. **1.** Qui est notablement abaissé. *Voiture à carrosserie surbaissée.* **2.** ARCHIT. Se dit d'un arc ou d'une voûte dont la flèche est inférieure à la moitié de la portée. CONTR. : *surhaussé.*

SURBAISSEMENT n.m. ARCHIT. Quantité dont un arc ou une voûte sont surbaissés.

SURBAISSER v.t. Réduire au minimum la hauteur de (qqch).

SURBAU n.m. (pl. *surbaux*). MAR. Élément de la structure d'un navire, encadrant un panneau, le pied d'un rouf ou d'une construction quelconque sur un pont, et s'élevant au-dessus des barrots.

SURBOUM n.f. Fam., vieilli. Surprise-partie.

SURCAPACITÉ n.f. ÉCON. Capacité de production supérieure aux besoins.

SURCAPITALISATION n.f. Action d'attribuer à une entreprise une valeur de capital supérieure à sa valeur réelle ; différence entre ces deux valeurs.

SURCHARGE n.f. **1.** Excès de charge, poids supplémentaire excessif. ◇ MÉD. *Surcharge pondérale* : excès de poids corporel. SYN. : *surpoids.* **2.** Poids de bagages excédant celui qui est alloué à chaque voyageur. **3.** PEINT. Surcroît d'épaisseur donné à un enduit. **4.** TECHN. Contrainte supplémentaire que peut avoir à supporter une construction, une pièce ou une machine dans des conditions exceptionnelles et qu'il faut envisager pour la détermination de ses éléments. **5.** Surcroît de peine, de dépense, excès. *Surcharge des programmes scolaires.* **6.** Mot écrit sur un autre mot. *En comptabilité, les surcharges sont interdites.* **7.** Surplus de poids imposé à certains chevaux de course. **8.** Impression typographique faite sur un timbre-poste.

SURCHARGER v.t. [17]. **1.** Imposer une charge excessive à, accabler. *Surcharger un cheval. Surcharger d'impôts.* **2.** Faire une surcharge sur un texte, un timbre, etc.

SURCHAUFFE n.f. **1.** État métastable d'un liquide dont la température est supérieure à son point d'ébullition. **2.** Élévation de température d'une vapeur saturante pour la rendre sèche.

3. Chauffage exagéré d'un métal ou d'un alliage, mais sans fusion, même partielle. 4. État d'une économie en expansion menacée d'inflation.

SURCHAUFFER v.t. 1. Chauffer de manière excessive. *Surchauffer un appartement.* 2. Provoquer un phénomène de surchauffe.

SURCHAUFFEUR n.m. Appareil servant pour la surchauffe de la vapeur.

SURCHOIX n.m. Premier choix, première qualité d'une marchandise.

SURCLASSER v.t. Montrer une indiscutable supériorité sur (qqn, qqch d'autre). *Elle a surclassé tous ses concurrents.*

SURCOMPENSATION n.f. 1. FIN. Reversement du surplus de caisses publiques excédentaires à des caisses déficitaires. 2. PSYCHOL. Réaction à un sentiment d'infériorité, constituée par la recherche d'une revanche à prendre dans le domaine même où l'infériorité est ressentie.

SURCOMPOSÉ, E adj. GRAMM. Se dit d'un temps composé où l'auxiliaire est lui-même à un temps composé. (Ex. : *Je suis parti quand j'ai eu fini.*)

SURCOMPRESSION n.f. 1. Augmentation de la compression d'un corps soit par réduction de volume, soit par élévation de la pression à laquelle on le soumet. 2. Méthode consistant à réaliser, sur un moteur d'avion, une compression variable avec l'altitude.

SURCOMPRIMÉ, E adj. Relatif à la surcompression. ◇ *Moteur surcomprimé :* moteur dans lequel le taux de compression du mélange détonant est porté au maximum.

SURCOMPRIMER v.t. Soumettre à la surcompression.

SURCONSOMMATION n.f. ÉCON. Consommation excessive.

SURCONTRE n.m. JEUX. Action de surcontrer.

SURCONTRER v.t. JEUX. À certains jeux de cartes, confirmer une annonce contrée par un adversaire.

SURCOSTAL, E, AUX adj. ANAT. Se dit d'un petit muscle du groupe des muscles intercostaux.

SURCOT [syrko] n.m. (de *cotte*). Robe de dessus portée au Moyen Âge par les deux sexes.

SURCOUPE n.f. JEUX. Action de surcouper.

SURCOUPER v.t. JEUX. Aux cartes, couper avec un atout supérieur à celui qui vient d'être jeté.

SURCOÛT n.m. Coût supplémentaire.

SURCREUSEMENT n.m. GÉOGR. Phénomène se caractérisant par l'approfondissement de certaines parties des lits glaciaires.

SURCROÎT n.m. Ce qui s'ajoute à ce que l'on a ; augmentation, accroissement. *Surcroît de travail.* ◇ *Par surcroît, de surcroît :* en plus.

SURCUIT n.m. Dans la fabrication du ciment, élément calcaire ayant subi un excès de cuisson.

SURDENT n.f. 1. Chez l'homme, dent surnuméraire ou dent irrégulière, qui chevauche les dents voisines. 2. Chez le cheval, dent plus longue que les autres.

SURDÉTERMINANT, E adj. Qui produit la surdétermination.

SURDÉTERMINATION n.f. 1. PHILOS. Processus de détermination multiple selon un certain nombre de facteurs ayant entre eux des liens structurels. 2. PSYCHAN. Aspect de toute formation de l'inconscient qui est d'avoir une multiplicité de causes diverses.

SURDÉTERMINER v.t. Opérer la surdétermination de.

SURDÉVELOPPÉ, E adj. Dont le développement économique est extrême ou excessif.

SURDIMENSIONNÉ, E adj. Doté de capacités supérieures aux besoins réels. *Usine, autoroute surdimensionnées.*

SURDI-MUTITÉ n.f. (pl. *surdi-mutités*). État du sourd-muet.

SURDITÉ n.f. (du lat. *surdus,* sourd). Perte ou grande diminution du sens de l'ouïe. ◇ *Surdité verbale :* troubles des aphasiques qui entendent les sons et les bruits mais ne comprennent plus le sens du langage.

SURDORER v.t. ORFÈVR., REL. Dorer un objet en le revêtant d'une double couche d'or.

SURDOS [syrdo] n.m. Bande de cuir placée sur le dos du cheval, pour soutenir les traits.

SURDOSAGE n.m. Dosage excessif.

SURDOSE n.f. Dose excessive d'un stupéfiant ou d'un médicament psychotrope, susceptible d'entraîner la mort. SYN. : *overdose.*

SURDOUÉ, E adj. et n. Se dit d'un enfant dont l'efficience intellectuelle évaluée par les tests est supérieure à celle qui est obtenue par la majorité des enfants du même âge.

SUREAU n.m. (lat. *sambucus*). Arbuste à fleurs blanches et à fruits acides rouges ou noirs. (Haut. env. 10 m ; longévité jusqu'à 100 ans ; famille des caprifoliacées.)

sureau

SUREFFECTIF n.m. Effectif considéré comme trop important.

SURÉLÉVATION n.f. Action de surélever ; augmentation de la hauteur de qqch.

SURÉLEVER v.t. [19]. Donner un surcroît de hauteur à. *Surélever un bâtiment.*

SURELLE n.f. Région. Plante de goût acide (notamm. oseille, oxalide).

SÛREMENT adv. Certainement, à coup sûr. *Il sera déjà sûrement arrivé.*

SURÉMINENT, E adj. Litt. Éminent au suprême degré.

SURÉMISSION n.f. Émission excessive de billets de banque.

SUREMPLOI n.m. ÉCON. Situation du marché du travail caractérisée par une pénurie de main-d'œuvre.

SURENCHÈRE n.f. 1. DR. Acte par lequel une personne forme une nouvelle enchère dans les dix jours suivant la première adjudication. 2. Action d'aller encore plus loin que ce que l'on a fait auparavant. *Surenchère électorale.*

SURENCHÉRIR v.i. [32]. 1. Effectuer une surenchère. 2. Promettre, faire plus qu'un rival.

SURENCHÉRISSEMENT n.m. Nouveau renchérissement.

SURENCHÉRISSEUR, EUSE n. Personne qui fait une surenchère.

SURENDETTEMENT n.m. État de qqn, d'un pays qui a contracté des dettes excessives.

SURENTRAÎNEMENT n.m. SPORTS. Entraînement excessif qui fait perdre la forme.

SURENTRAÎNER v.t. SPORTS. Entraîner de façon excessive et nuisible à la forme.

SURÉQUIPEMENT n.m. Action de suréquiper ; fait d'être suréquipé ; équipement excessif.

SURÉQUIPER v.t. Équiper au-delà des possibilités de consommation, de production.

SURESTARIE [syrɛstari] n.f. (préf. *sur-* et *estarie* ou *starie*). MAR. 1. Temps pendant lequel le chargement ou le déchargement d'un navire sont poursuivis au-delà du délai normal, moyennant le paiement d'une indemnité. 2. Somme payée à l'armateur en cas de retard dans le chargement ou le déchargement. (→ ***starie.***)

SURESTIMATION n.f. Estimation exagérée.

SURESTIMER v.t. Estimer au-delà de sa valeur, de son importance réelle ; surévaluer.

SURET, ETTE adj. Un peu acide.

SÛRETÉ n.f. (lat. *securitas,* sécurité). I. 1. Qualité d'un objet ou situation qui offre des garanties, ménage une protection. ◇ *De sûreté,* se dit d'objets, de dispositifs conçus pour assurer la meilleure protection possible. *Une allumette, une épingle de sûreté.* ◇ *En sûreté :* à l'abri de toute atteinte, de tout péril ; dans un endroit d'où l'on ne peut s'échapper. ◇ *Sûreté nucléaire :* protection des personnes et de l'environnement contre les risques présentés par les rayonnements ionisants du fait des installations nucléaires. 2. DR. Garantie fournie pour l'exécution d'une obligation par l'engagement d'une caution *(sûreté personnelle)* ou par un bien du débiteur *(sûreté réelle).* ◇ *Mesure de sûreté :* mesure individuelle coercitive imposée à un individu dangereux pour l'ordre social (rééducation, probation...). – *Période de sûreté :* période pendant laquelle certains condamnés ne peuvent bénéficier de la suspension ou du fractionnement de la peine, du placement à l'extérieur, des permissions de sortie, de la semi-liberté et de la libération conditionnelle. 3. Situation d'un individu, d'une collectivité garantis contre les risques de tout genre qui pourraient les menacer. ◇ *Sûreté individuelle :* garantie que la loi accorde à tout citoyen contre les arrestations et les pénalités arbitraires. ◇ *Atteintes à la sûreté de l'État :* crimes et délits mettant en péril la sécurité intérieure ou extérieure de l'État (trahison, espionnage...). 4. Anc. (Avec une majuscule). *Sûreté nationale,* ou *la Sûreté :* direction générale du ministère de l'Intérieur chargée de la police, devenue, en 1966, *Police nationale.* 5. MIL. Ensemble des mesures actives et passives permettant à une force militaire d'éviter la surprise. II. Caractère précis, efficace de qqn ou de qqch, sur lequel on peut compter d'une façon certaine. *Sûreté de coup d'œil. Sûreté d'une amitié.*

SURÉVALUATION n.f. Surestimation.

SURÉVALUER v.t. Surestimer.

SUREXCITABLE adj. Sujet à la surexcitation.

SUREXCITANT, E adj. Qui surexcite.

SUREXCITATION n.f. 1. Très vive excitation. 2. Animation passionnée.

SUREXCITER v.t. Exciter au-delà des limites ordinaires ; exalter.

SUREXPLOITATION n.f. Action de surexploiter ; son résultat.

SUREXPLOITER v.t. Exploiter de façon excessive qqn ou qqch.

SUREXPOSER v.t. PHOT. Soumettre (une émulsion) à une exposition trop longue à la lumière.

SUREXPOSITION n.f. PHOT. Exposition trop prolongée d'une surface sensible à la lumière.

SURF [sœrf] n.m. (abrév. de l'angl. *surf-riding,* de *surf,* ressac, et *to ride,* chevaucher). 1. Sport consistant à se maintenir en équilibre sur une planche portée par une vague déferlante. 2. *Surf des neiges :* descente d'une pente enneigée sur une planche spéciale. 3. Planche permettant de pratiquer ces sports.

pratique du **surf**

SURFAÇAGE n.m. Action de surfacer.

SURFACE n.f. (de *sur* et *face*). I. 1. Partie, face extérieure d'un corps, d'un liquide. ◇ *Faire surface :* émerger, en parlant d'un sous-marin ; remonter à l'air libre pour respirer. – Fig. *Refaire surface :* connaître de nouveau la renommée après une période d'effacement, d'obscurité ; recouvrer ses forces, sa santé ou sa fortune après une période de faiblesse, de maladie ou de gêne. **2.** Toute étendue, plane ou non, d'une certaine importance. ◇ *Grande surface :* magasin exploité en libre-service et présentant une superficie consacrée à la vente supérieure à 400 m². **3.** MATH. Ensemble des points de l'espace dont les coordonnées varient continûment en fonction de deux paramètres. ◇ *Surface algébrique :* ensemble de points de l'espace dont les coordonnées sont solutions d'une équation algébrique. **4.** Étendue plane ; mesure de cette étendue. SYN. : *aire. Aires des principales surfaces géométriques* → ***aire.*** ◇ DR. *Surface corrigée :* élément de calcul des loyers des locaux d'habitation soumis à la loi de 1948, tenant compte de la situation et du confort d'un logement (par rapport à sa surface réelle). **II. 1.** Extérieur, apparence des choses. **2.** Fam. Position sociale reconnue ; crédit. *Avoir de la surface.*

SURFACER v.t. et i. [16]. TECHN. Assurer la réalisation de surfaces régulières par l'emploi de machines ou d'appareils spéciaux.

SURFACEUSE n.f. Machine-outil spécialement conçue pour améliorer la planéité et l'état de surface d'un corps.

SURFACIQUE adj. MATH. Se dit d'une grandeur rapportée à la superficie correspondante. *Charge, masse surfacique.*

SURFACTURATION n.f. Facturation d'un bien ou d'un service plus élevée que son coût réel, génér. effectuée dans une intention frauduleuse.

SURFAIRE v.t. [109]. Litt. Accorder une valeur, une importance imméritée à ; surestimer.

SURFAIT, E adj. **1.** Qui n'a pas toutes les qualités qu'on lui prête. *Réputation surfaite.* **2.** Estimé au-dessus de sa valeur.

SURFAIX [syrfɛ] n.m. Bande servant à attacher une couverture sur le dos d'un cheval ou utilisée dans le travail à la longe.

SURFER [sœrfe] v.i. Pratiquer le surf. ◆ v.t. ind. ***(sur)***. Se laisser porter par une conjoncture favorable ; adapter son comportement aux circonstances. *Surfer sur les sondages, sur la mode.*

SURFEUR, EUSE [sœrfœr, øz] n. Personne qui pratique le surf.

SURFIL n.m. COUT. Surjet lâche, exécuté sur le bord d'un tissu pour éviter qu'il ne s'effiloche.

SURFILAGE n.m. **1.** COUT. Action de surfiler. **2.** TEXT. Fil plus fin que la grosseur des fibres ne le permet normalement.

SURFILER v.t. **1.** COUT. Exécuter un surfil. **2.** TEXT. Filer plus fin que la grosseur des fibres ne le permet normalement.

SURFIN, E adj. De qualité supérieure. *Des chocolats surfins.*

SURFONDU, E adj. En état de surfusion.

SURFUSION n.f. État métastable d'un corps qui reste liquide à une température inférieure à sa température de congélation.

SURGÉLATEUR n.m. Appareil de surgélation.

SURGÉLATION n.f. Opération consistant à congeler rapidement à très basse température un produit alimentaire.

SURGELÉ, E adj. et n.m. Se dit d'une substance alimentaire conservée par surgélation.

SURGELER v.t. [25]. Pratiquer la surgélation.

SURGÉNÉRATEUR, TRICE ou **SURRÉGÉNÉRATEUR, TRICE** adj. et n.m. Se dit d'un réacteur nucléaire dans lequel se produit la surgénération.

SURGÉNÉRATION ou **SURRÉGÉNÉRATION** n.f. PHYS. Production, à partir de matière nucléaire fertile, d'une quantité de matière fissile supérieure à celle qui est consommée.

SURGEON n.m. (de *surgir*). Rejeton qui sort au pied d'un arbre.

SURGIR v.i. (lat. *surgere,* s'élever). **1.** Apparaître brusquement, en s'élançant, en sortant, en s'élevant. *Une voiture surgit à droite.* **2.** Se manifester brusquement. *De nouvelles difficultés surgissent.*

SURGISSEMENT n.m. Litt. Fait de surgir.

SURHAUSSÉ, E adj. ARCHIT. Se dit d'un arc ou d'une voûte dont la flèche est plus grande que la moitié de la portée. CONTR. : *surbaissé.*

SURHAUSSEMENT n.m. **1.** Action de surhausser. **2.** Quantité dont un arc, une voûte sont surhaussés.

SURHAUSSER v.t. Augmenter la hauteur de, rendre surhaussé. *Surhausser un mur.*

SURHOMME n.m. **1.** Être humain pourvu de dons intellectuels ou physiques exceptionnels. **2.** Selon Nietzsche, type humain supérieur dont l'avènement est inscrit dans les possibilités de l'humanité.

SURHUMAIN, E adj. Qui est au-dessus des forces ou des qualités de l'homme.

SURICATE ou **SURIKATE** n.m. Petite mangouste omnivore des zones semi-arides d'Afrique australe.

SURIMI n.m. (mot jap.). Pâte de chair de poisson aromatisée au crabe et vendue en général sous forme de petits bâtonnets.

SURIMPOSER v.t. Frapper d'un surcroît d'impôt ou d'un impôt trop lourd.

SURIMPOSITION n.f. **1.** Surcroît d'imposition. **2.** GÉOGR. Phénomène qui amène un cours d'eau à entailler, du fait de son enfoncement, des structures géologiques différentes de celles sur lesquelles il s'est installé.

SURIMPRESSION n.f. **1.** Impression de deux ou plusieurs images sur la même surface sensible. **2.** Passage d'une nouvelle impression sur une feuille imprimée, par exemple pour y déposer un vernis.

1. SURIN [syrɛ̃] n.m. (de *sur,* acide). AGRIC. Jeune pommier non encore greffé.

2. SURIN n.m. (tsigane *chouri,* couteau). Arg. Couteau.

SURINER ou **CHOURINER** v.t. Arg. Donner un coup de couteau.

SURINFECTION n.f. Infection survenant chez un sujet déjà atteint d'une maladie.

SURINFORMATION n.f. Action de surinformer ; fait d'être surinformé.

SURINFORMER v.t. Donner trop d'informations (à qqn, au public).

SURINTENDANCE n.f. Charge de surintendant.

1. SURINTENDANT, E n. Assistant(e) social(e) spécialisé(e) chargé(e) d'une fonction de service social dans certaines entreprises (usines notamm.).

2. SURINTENDANT n.m. **1.** Anc. Celui qui dirigeait en chef un service, un secteur. SYN. : *superintendant.* **2.** Dans les Églises de la confession d'Augsbourg, pasteur qui, dans une circonscription ecclésiastique, exerce une autorité présidentielle. **3.** HIST. **a.** *Surintendant général des bâtiments du roi :* administrateur en chef des résidences royales en France de 1529 à la fin de l'Ancien Régime. **b.** *Surintendant général des Finances :* chef de l'administration financière en France du XVe s. à 1661. (Les plus connus sont Sully et Fouquet. La charge disparut à la suite de la disgrâce de Fouquet.)

SURINTENDANTE n.f. **1.** Épouse du surintendant. **2.** Dame qui avait la première charge dans la maison de la reine. **3.** Titre porté par la directrice des maisons d'éducation établies pour les filles des membres de la Légion d'honneur.

SURINTENSITÉ n.f. ÉLECTR. Courant supérieur au courant assigné.

SURINVESTISSEMENT n.m. **1.** Investissement exagéré dépassant les besoins réels. **2.** PSYCHAN. Investissement supplémentaire d'une perception ou d'une représentation, rendant compte de l'attention consciente.

SURIR v.i. Devenir sur, aigre.

SURJALÉE adj.f. MAR. Se dit d'une ancre dont la chaîne fait un tour sur le jas.

SURJALER v.i. MAR. Être surjalée, en parlant d'une ancre ou de sa chaîne.

SURJECTIF, IVE adj. MATH. *Application surjective :* application de E dans F telle que tout élément de F a au moins un antécédent dans E.

SURJECTION n.f. MATH. Application surjective.

SURJET n.m. **1.** COUT. Point exécuté à cheval en lisière de deux tissus à assembler bord à bord. **2.** CHIR. Suture par fil unique.

SURJETER v.t. [27]. Coudre en surjet.

SUR-LE-CHAMP adv. Sans délai, immédiatement.

SURLENDEMAIN n.m. Jour qui suit le lendemain.

SURLIGNER v.t. Recouvrir (un mot, une phrase, etc.) à l'aide d'un surligneur.

SURLIGNEUR n.m. Feutre servant à mettre en valeur une partie d'un texte à l'aide d'une encre très lumineuse.

SURLIURE n.f. MAR. Petite ligature à l'extrémité d'un cordage, empêchant les torons de se séparer.

SURLONGE n.f. Morceau de bœuf situé au niveau des trois premières vertèbres dorsales.

SURLOUER v.t. Prendre ou donner en location au-dessus de la valeur réelle.

SURLOYER n.m. Somme venant en plus du montant fixé par le contrat de location.

SURMÉDICALISATION n.f. Action de surmédicaliser.

SURMÉDICALISER v.t. Faire un usage excessif des techniques médicales.

SURMENAGE n.m. État résultant d'une fatigue excessive.

SURMENER v.t. [19]. **1.** Fatiguer à l'excès (un cheval, une bête de somme en les menant trop vite ou trop longtemps). **2.** Imposer (à qqn, à son organisme) un effort physique ou intellectuel excessif.

SURMOI n.m. inv. PSYCHAN. L'une des trois instances de l'appareil psychique décrites par S. Freud, formation inconsciente qui se constitue à partir du moi par identification de l'enfant au parent représentant de l'autorité. (Elle joue le rôle de juge vis-à-vis du moi ; du conflit éventuel entre moi et surmoi naissent les sentiments inconscients de culpabilité.)

SURMONTABLE adj. Que l'on peut surmonter.

SURMONTER v.t. **1.** Être placé au-dessus de qqch. *Statue qui surmonte une colonne.* **2.** Avoir le dessus, vaincre. *Surmonter les obstacles, sa colère.*

SURMONTOIR n.m. Élément de publicité placé au-dessus d'un produit pour le mettre en vedette.

SURMORTALITÉ n.f. Excès d'un taux de mortalité par rapport à un autre, pris comme terme de comparaison.

SURMOULAGE n.m. Moulage pris sur un autre moulage ou sur une pièce de fonderie.

SURMOULE n.m. Moule confectionné à partir d'un objet moulé.

SURMOULER v.t. Mouler une figure dans un moule pris sur un objet moulé.

SURMULET n.m. Poisson marin côtier, appelé aussi *rouget barbet.*

SURMULOT n.m. Rat commun, appelé aussi *rat d'égout.* (Long. env. 25 cm sans la queue.)

SURMULTIPLICATION n.f. Dispositif permettant d'obtenir une vitesse surmultipliée.

SURMULTIPLIÉ, E adj. AUTOM. Se dit du rapport d'une boîte de vitesses tel que la vitesse de rotation de l'arbre de transmission est supérieure à celle de l'arbre moteur. ◇ *Vitesse surmultipliée,* obtenue avec ce rapport.

SURMULTIPLIÉE n.f. Vitesse surmultipliée. ◇ Fig., fam. *Passer la surmultipliée :* redoubler d'efforts, d'ardeur, etc.

SURNAGER v.i. [17]. **1.** Flotter, se maintenir à la surface d'un liquide. **2.** Subsister au milieu de choses qui tombent dans l'oubli ; se maintenir, survivre. *De toute son œuvre, un seul livre surnage.*

SURNATALITÉ n.f. Taux de natalité excessif, dépassant l'accroissement de la production des biens de consommation.

1. SURNATUREL, ELLE adj. **1.** Qu'on juge ne pas appartenir au monde naturel, qui semble en dehors du domaine de l'expérience et échapper aux lois de la nature. *Croire aux phénomènes surnaturels.* **2.** Qui est révélé, produit, accordé par la grâce de Dieu. *La vie surnaturelle.* **3.** Litt. Qui est trop extraordinaire pour être simplement naturel. *Une beauté surnaturelle.*

2. SURNATUREL n.m. Domaine de ce qui est surnaturel, de ce qui ne relève pas de l'ordre naturel des choses.

SURNOM n.m. Nom ajouté ou substitué au nom propre d'une personne ou d'une famille.

SURNOMBRE n.m. **1.** Nombre supérieur au nombre prévu et permis. **2.** *En surnombre :* en excédent, en trop.

SURNOMMER v.t. Donner un surnom à.

SURNUMÉRAIRE adj. et n. (du lat. *numerus,* nombre). Qui est en surnombre. *Employé surnuméraire.*

SUROFFRE n.f. ÉCON. **1.** Offre plus avantageuse qu'une offre déjà faite. **2.** Offre dépassant les capacités de la demande.

SUROÎT [syrwa] n.m. (forme normande de *sud-ouest*). MAR. **1.** Vent soufflant du sud-ouest. **2.** Chapeau de marin imperméable, dont le bord se prolonge derrière la tête pour protéger le cou.

SUROS [syro] n.m. VÉTÉR. Exostose qui se forme sur le canon du membre antérieur du cheval.

SUROXYDER v.t. CHIM. Transformer (un oxyde) en peroxyde.

SUROXYGÉNÉ, E adj. Qui contient un excès d'oxygène.

SURPASSEMENT n.m. Action de surpasser, de se surpasser.

SURPASSER v.t. **1.** Faire mieux que qqn. *Surpasser ses concurrents.* **2.** Litt. Excéder les forces, les ressources de. *Cela surpasse ses moyens.* ◆ **se surpasser** v.pr. Faire encore mieux qu'à l'ordinaire.

SURPATTE n.f. Fam., vieilli. Surprise-partie.

SURPÂTURAGE n.m. Exploitation excessive des pâturages par le bétail, entraînant la dégradation de la végétation et des sols.

SURPAYE n.f. Action de surpayer.

SURPAYER v.t. [11]. Payer au-delà de ce qui est habituel, en plus ; acheter trop cher.

SURPÊCHE n.f. Pêche excessive, tendant à épuiser les fonds.

SURPEUPLÉ, E adj. Peuplé à l'excès.

SURPEUPLEMENT n.m. Peuplement excessif par rapport au niveau de développement ou d'équipement d'un pays ou d'une ville.

SURPIQUER v.t. Faire une surpiqûre à (un vêtement).

SURPIQÛRE n.f. Piqûre apparente faite sur un vêtement.

SURPLACE n.m. *Faire du surplace :* dans une épreuve de vitesse cycliste, rester en équilibre, immobile, pour démarrer dans la meilleure position ; par ext., ne pas avancer (propre et fig.).

SURPLIS [syrpli] n.m. (lat. *superpellicium,* qui est sur la pelisse). RELIG. CATH. Vêtement liturgique de toile fine, blanche, à manches larges, qui descend jusqu'aux genoux et se porte par-dessus la soutane.

SURPLOMB [syrplɔ̃] n.m. État d'une partie qui est en saillie par rapport aux parties qui sont au-dessous. ◇ *En surplomb :* en avant de l'aplomb.

SURPLOMBANT, E adj. Qui surplombe.

SURPLOMBEMENT n.m. Fait de surplomber.

SURPLOMBER v.t. et i. Faire saillie au-dessus de qqch, dominer. *Les rochers surplombent le ravin.*

SURPLUS [syrply] n.m. **1.** Ce qui est en plus, excédent. *Vendre le surplus de sa récolte.* ◇ *Au surplus :* au reste, d'ailleurs. **2.** Magasin qui, à l'origine, vendait des surplus militaires, et qui, auj., vend des vêtements d'importation américaine. **3.** ÉCON. Concept employé par les économistes d'entreprise, destiné à mesurer les performances de celle-ci *(comptes de surplus).* ◆ pl. Matériel militaire, de toute nature, en excédent après une guerre.

SURPOIDS n.m. Surcharge pondérale.

SURPOPULATION n.f. Population en excès dans un pays par rapport aux moyens de subsistance et à l'espace disponible.

SURPRENANT, E adj. Qui cause de la surprise, étonnant.

SURPRENDRE v.t. [79]. **1.** Prendre sur le fait. *Surprendre un voleur.* **2.** Prendre à l'improviste, au dépourvu, par surprise. *La pluie nous a surpris.* **3.** Déconcerter, étonner. *Cette nouvelle m'a surpris.* **4.** Litt. Tromper, abuser. *Surprendre la confiance de qqn.* **5.** *Surprendre un secret,* le découvrir.

SURPRESSION n.f. Pression excessive.

SURPRIME n.f. Prime supplémentaire demandée par un assureur pour couvrir un risque exceptionnel.

SURPRISE n.f. (p. passé de *surprendre*). **1.** État de qqn qui est frappé par qqch d'inattendu ; étonnement. *Causer une grande surprise.* **2.** Évènement inattendu. *Tout s'est déroulé sans surprise.* – (En app., avec ou sans trait d'union). *Grève surprise.* **3.** Cadeau ou plaisir inattendu fait à qqn. **4.** Engagement inopiné d'une troupe *(surprise tactique)* ou d'une armée entière *(surprise stratégique).* ◇ *Par surprise :* à l'improviste, en prenant au dépourvu.

SURPRISE-PARTIE n.f. (angl. *surprise party*) [pl. *surprises-parties*]. Réunion où l'on danse, surtout chez les adolescents.

SURPRODUCTEUR, TRICE adj. Qui produit en excès.

SURPRODUCTION n.f. Production excessive d'un produit ou d'une série de produits par rapport aux besoins.

SURPRODUIRE v.t. [98]. Produire au-delà des possibilités de la demande.

SURPROTECTION n.f. Action de surprotéger.

SURPROTÉGER v.t. [22]. Protéger (qqn) à l'excès (sur le plan psychologique).

SURRÉALISME n.m. Mouvement littéraire et artistique né en France au lendemain de la Première Guerre mondiale, qui se dresse contre toutes les formes d'ordre et de conventions logiques, morales, sociales et qui leur oppose les valeurs du rêve, de l'instinct, du désir et de la révolte, dans l'expression du « fonctionnement réel de la pensée ».

■ Le surréalisme, annoncé par Apollinaire (*l'Esprit nouveau,* 1917) et défini par André Breton (*Manifeste du surréalisme,* 1924), prolonge le mouvement dada*. Il voit des précurseurs en Lautréamont, Rimbaud, Jarry (sans oublier, en art, les symbolistes, H. Rousseau, De Chirico, etc.), et se réclame de la psychanalyse et d'un philosophe comme Hegel. Son influence a été considérable avant et après la Seconde Guerre mondiale.

Les plus connus des artistes surréalistes, qui se sont exprimés par l'*automatisme* et par une sorte de fantastique onirique (traduits dans des images minutieusement figuratives, dans des collages, dans des assemblages dits « objets surréalistes », etc.), sont Ernst, Masson, Miró, Tanguy, Magritte, Dalí, Giacometti, Brauner, Oscar Dominguez (1906-1957), Wolfgang Paalen (1907-1959), Bellmer, Matta.

SURRÉALISTE adj. et n. Qui appartient au surréalisme. ◆ adj. Qui, par son étrangeté, évoque les œuvres surréalistes. *Une bureaucratie surréaliste.*

SURRECTION n.f. GÉOL. Soulèvement d'une portion de l'écorce terrestre.

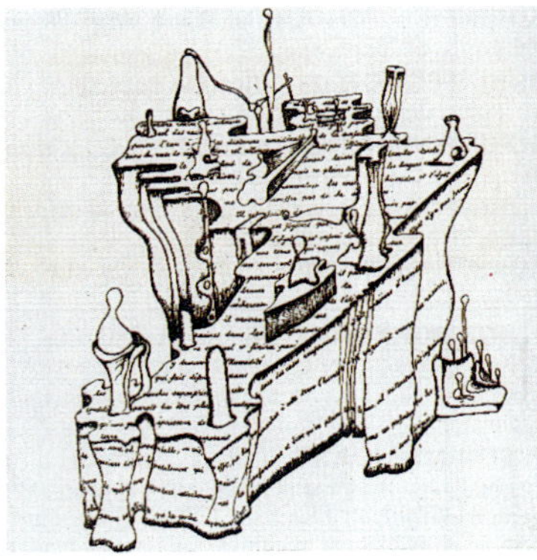

Vie de l'objet. Dessin d'Yves Tanguy paru en mai 1933 dans le numéro 6 de la revue *le Surréalisme au service de la Révolution.* (B.N., Paris.)
D'une structure tellurique en forme de butte témoin semblent se dégager par érosion progressive des « objets-squelettes » imaginaires. Sur la butte court un texte manuscrit, discours pseudo-scientifique à la Raymond Roussel, expliquant par le menu selon quelles modalités ces « objets » puisent l'eau dans les différentes couches du sol grâce à leurs racines.

L'Œuf de l'église (1933). Photomontage d'André Breton. (Coll. priv.) Poète, essayiste et théoricien, Breton fit également œuvre de plasticien, avec des « objets à fonctionnement symbolique » ainsi qu'avec des collages et des photomontages comme celui-ci, parent de certaines productions dadaïstes.

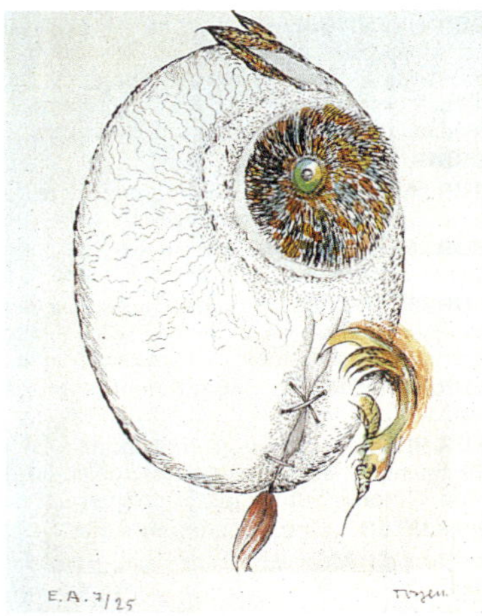

Débris de rêves (1967), par Toyen (Marie Čermínová, dite). Pointe sèche rehaussée de couleurs. (Coll. priv.)
Métamorphose onirique de l'œuf, de l'œil, du sexe, du plumage, chez l'un des représentants tchèques du surréalisme, auquel l'artiste adhéra en 1934.

Vénus de Milo aux tiroirs. Sculpture-objet (1936) de Salvador Dalí. Plâtre et fourrure. (Coll. priv.) Cet objet surréaliste donne forme à un fantasme de déconstruction du corps humain en même temps qu'il s'attaque aux certitudes confortables de l'art classique. D'autres figures à tiroirs, tourmentées et pathétiques, ont été dessinées ou peintes par Dalí en 1936-37.

le surréalisme dans l'art

SURRÉEL n.m. LITTÉR. Ce qui dépasse le réel, dans le vocabulaire surréaliste.

SURRÉGÉNÉRATEUR, TRICE adj. et n.m. → *surgénérateur.*

SURRÉGÉNÉRATION n.f. → *surgénération.*

SURREMISE n.f. Pourcentage qu'un éditeur consent aux libraires en plus de la remise habituelle, lors d'un achat en quantités importantes d'exemplaires d'un même titre.

SURRÉNAL, E, AUX adj. et n.f. *Glande* ou *capsule surrénale,* ou *surrénale :* chacune des deux glandes endocrines situées au-dessus des reins. ■ Chaque glande surrénale pèse de 5 à 7 g. Elle se compose de deux parties : une substance périphérique ou *corticosurrénale,* qui sécrète les hormones stéroïdes dites corticoïdes (telles que la cortisone) et dont la destruction provoque la maladie d'Addison, et une substance centrale ou *médullosurrénale,* qui sécrète l'adrénaline et qui agit sur la pression artérielle.

SURRÉSERVATION n.f. Fait, pour une agence de voyages, d'accepter plusieurs réservations pour une même place (moyen de transport, séjour hôtelier, etc.).

SURSALAIRE n.m. Supplément s'ajoutant au salaire normal.

SURSATURATION n.f. **1.** Action de sursaturer. **2.** État d'une solution sursaturée.

SURSATURÉ, E adj. GÉOL. Se dit d'une roche magmatique contenant du quartz en abondance.

SURSATURER v.t. **1.** Rassasier jusqu'au dégoût. *Nous sommes sursaturés de récits de crimes.* **2.** Donner à une solution une concentration plus forte que celle de la solution saturée.

SURSAUT n.m. **1.** Mouvement brusque, occasionné par quelque sensation subite ou violente. ◇ *En sursaut :* subitement, brusquement. *Se réveiller en sursaut.* **2.** Action de se ressaisir, de reprendre brusquement courage. *Sursaut d'énergie.* **3.** ASTRON. Accroissement brusque, et en général de faible durée, de l'intensité du rayonnement d'un astre sur certaines fréquences.

SURSAUTER v.i. Avoir un sursaut.

SURSEMER v.t. [19]. AGRIC. Semer de nouveau (une terre déjà ensemencée).

SURSEOIR v.t. ind. *(à)* [66]. Litt. ou DR. Interrompre, différer. *Surseoir à des poursuites. Surseoir à statuer.*

SURSIMULATION n.f. PSYCHOL. Exagération volontaire d'une affection réelle.

SURSIS n.m. (p. passé de *surseoir*). **1.** Remise de qqch à une date ultérieure, délai d'exécution. *Avoir un sursis pour payer ses dettes.* **2.** Dispense d'exécution de tout ou partie d'une peine. (On distingue le *sursis simple* et le *sursis avec mise à l'épreuve.*) **3.** MIL. *Sursis d'incorporation :* anc. appellation du *report* d'incorporation.* **4.** DR. *Sursis à statuer :* décision par laquelle un tribunal remet à une date ultérieure l'examen et le jugement d'une affaire.

SURSITAIRE n. Personne qui bénéficie d'un sursis, en particulier d'un sursis d'incorporation.

SURTAUX n.m. Taux excessif.

SURTAXE n.f. Taxe supplémentaire. ◇ *Surtaxe postale :* taxation supplémentaire infligée au destinataire d'un envoi insuffisamment affranchi ; taxe supplémentaire exigée pour un acheminement plus rapide.

SURTAXER v.t. Faire payer une surtaxe.

SURTENSION n.f. Tension électrique supérieure à la tension assignée. (On dit aussi, à tort, *survoltage.*)

SURTITRE n.m. Titre complémentaire placé au-dessus du titre principal d'un article de journal.

SURTITRER v.t. Afficher la traduction simultanée des paroles, à l'opéra, au théâtre.

1. SURTOUT adv. Principalement, par-dessus tout. ◇ Fam. *Surtout que :* d'autant plus que. *Prêtez-moi votre livre, surtout que ce ne sera pas pour longtemps.*

2. SURTOUT n.m. **1.** Anc. Vêtement ample porté par-dessus les autres vêtements. **2.** Grande pièce ou ensemble de pièces de vaisselle, ordinairement en métal, qu'on place au milieu de la table, comme ornement, pour de grands repas.

SURTRAVAIL n.m. (pl. *surtravaux*). Dans la théorie marxiste, ensemble des heures de travail que fournit l'ouvrier après avoir produit pour l'entreprise la valeur de sa force de travail. (Ce surtravail, non payé, serait à la base de la plus-value.)

SURVEILLANCE n.f. Action de surveiller. *Exercer une surveillance active.* ◇ *Sous la surveillance de :* surveillé par. *Être sous la surveillance de la police.*

SURVEILLANT, E n. **1.** Personne chargée de la surveillance d'un lieu, d'un service, d'un groupe de personnes. **2.** Personne chargée de la discipline dans un établissement d'enseignement.

SURVEILLER v.t. **1.** Observer attentivement pour contrôler. **2.** Être attentif à, prendre soin de. *Surveiller sa santé.*

SURVENANCE n.f. DR. Fait de venir après coup.

SURVENDRE v.t. [73]. Vendre au-dessus du prix normal.

SURVENIR v.i. [40] [auxil. *être*]. Arriver inopinément ou accidentellement.

SURVENTE n.f. **1.** Vente en quantité excessive, tendant à faire baisser les prix. **2.** Vieilli. Vente à un prix très élevé, trop élevé.

SURVENUE n.f. Litt. Venue inopinée.

SURVÊTEMENT n.m. Vêtement chaud et souple que les sportifs mettent par-dessus leur tenue entre les épreuves ou au cours de séances d'entraînement. Abrév. (fam.) : *survêt.*

SURVIE n.f. **1.** Prolongement de l'existence au-delà d'un certain terme. – *Tables de survie :* statistiques indiquant, pour chaque année d'âge, la proportion de vivants sur 100 personnes nées la même année. **2.** Prolongement de l'existence au-delà de la mort. **3.** BIOL. Maintien artificiel de la vie végétative après l'abolition de la vie de relation. **4.** DR. *Gains* ou *droits de survie :* avantage que, dans un acte, les contractants stipulent au profit du survivant.

SURVIRAGE n.m. Fait de survirer.

SURVIRER v.i. En parlant d'un véhicule automobile, avoir le train arrière qui, dans un virage, tend à glisser latéralement vers l'extérieur de la courbe.

SURVIREUR, EUSE adj. Se dit d'un véhicule automobile qui survire.

SURVITESSE n.f. Vitesse supérieure à la vitesse normale.

SURVITRAGE n.m. Vitrage supplémentaire qui se pose sur le châssis d'une fenêtre à des fins d'isolation.

SURVIVANCE n.f. **1.** Ce qui subsiste d'un ancien état, d'une chose disparue. *Survivance d'une coutume.* **2.** Péj. Opinion, coutume qui continue d'exister après la disparition de ce qui l'avait suscitée.

SURVIVANT, E adj. et n. **1.** Qui survit à qqn. *L'héritage va au conjoint survivant.* **2.** Qui est resté en vie après un évènement ayant fait des victimes. **3.** Qui survit à une époque révolue.

SURVIVRE v.i. et t. ind. *(à)* [90]. **1.** Demeurer en vie après un autre ; réchapper à une catastrophe. **2.** Continuer à exister. *Mode qui survit.*

SURVOL n.m. **1.** Action de survoler. **2.** Examen rapide et superficiel.

SURVOLER v.t. **1.** Voler au-dessus de. **2.** Lire, examiner très rapidement, de manière superficielle.

SURVOLTAGE n.m. **1.** Fait d'être survolté. **2.** ÉLECTR. (Abusif). Surtension.

SURVOLTER v.t. **1.** ÉLECTR. Augmenter la tension électrique au-delà de la valeur assignée. **2.** Mettre au paroxysme de l'excitation.

SURVOLTEUR n.m. ÉLECTR. Machine ou transformateur dont la tension s'ajoute à la tension fournie par une autre source.

SURVOLTEUR-DÉVOLTEUR n.m. (pl. *survolteurs-dévolteurs*). ÉLECTR. Machine ou transformateur pouvant fonctionner soit en survolteur, soit en dévolteur.

SUS [sys] ou [sy] adv. (lat. *sursum,* en haut). Litt. *Courir sus à qqn,* le poursuivre avec des intentions hostiles. ◇ *En sus (de) :* en plus (de).

SUSCEPTIBILITÉ n.f. **1.** Disposition à se vexer trop aisément. **2.** *Susceptibilité magnétique :* rapport de l'aimantation produite dans une substance au champ magnétique qui la produit.

SUSCEPTIBLE adj. (bas lat. *susceptibilis,* de *suscipere,* soulever). **1.** Capable de recevoir certaines qualités, de subir certaines modifications, de produire un effet, d'accomplir un acte. *Enfant susceptible de faire des progrès.* **2.** Qui se vexe, s'offense aisément ; irascible.

SUSCITER v.t. (lat. *suscitare,* exciter). Faire naître, provoquer l'apparition de. *Susciter un obstacle, l'admiration.*

SUSCRIPTION n.f. **1.** Inscription de l'adresse sur l'enveloppe qui contient une lettre. **2.** *Acte de suscription :* ensemble des mentions portées par un notaire sur un testament mystique ou son enveloppe (nom, adresse, date, etc.).

SUS-DÉNOMMÉ, E adj. et n. (pl. *sus-dénommés, es*). DR. Nommé précédemment ou plus haut dans le texte.

SUSDIT, E adj. et n. Nommé ci-dessus.

SUS-DOMINANTE n.f. (pl. *sus-dominantes*). MUS. Sixième degré de la gamme diatonique, au-dessus de la dominante.

SUS-HÉPATIQUE adj. ANAT. *Veines sus-hépatiques,* celles qui, situées au-dessus du foie, ramènent le sang du foie à la veine cave inférieure.

SUSHI [suʃi] n.m. Boulette de riz couronnée de lamelles de poisson cru ou enroulée dans une feuille d'algue. (Cuis. japonaise.)

SUS-JACENT, E adj. (pl. *sus-jacents, es*). GÉOL. Placé au-dessus.

SUS-MAXILLAIRE adj. (pl. *sus-maxillaires*). ANAT. Situé à la mâchoire supérieure.

SUSMENTIONNÉ, E adj. Mentionné précédemment ou plus haut.

SUSNOMMÉ, E adj. et n. Nommé précédemment ou plus haut.

SUSPECT, E adj. (lat. *suspectus*). **1.** Qui inspire de la défiance. *Un témoignage suspect.* ◇ *Suspect de :* qui est soupçonné, qui mérite d'être soupçonné de. **2.** Dont la qualité est douteuse. *Un vin suspect.* ◆ adj. et n. Que la police considère comme l'auteur possible d'une infraction. *Interroger un suspect.*

SUSPECTER v.t. Soupçonner, tenir pour suspect. *Suspecter l'honnêteté de qqn.*

SUSPENDRE v.t. (lat. *suspendere*) [73]. **1.** Fixer en haut et laisser pendre. *Suspendre un lustre, un vêtement.* **2.** Interrompre pour quelque temps, différer. *Suspendre sa marche.* ◇ *Suspendre son jugement :* rester sur l'expectative. **3.** Interdire pour un temps. *Suspendre un journal.* **4.** Retirer temporairement ses fonctions à (qqn). *Suspendre un fonctionnaire.*

SUSPENDU, E adj. **1.** Maintenu par le haut, la partie basse restant libre. *Lampe suspendue au plafond.* ◇ GÉOGR. *Vallée suspendue :* vallée secondaire dont la confluence avec la vallée principale est marquée par une très forte accentuation de la pente. **2.** Qui est en suspens. **3.** Se dit d'une voiture dont le corps ne porte pas directement sur les essieux, mais sur un système élastique (ressorts ou autres) interposé.

SUSPENS [syspɑ̃] adj.m. et n.m. (lat. *suspensus,* suspendu). **1.** DR. CAN. Se dit d'un clerc frappé de suspense. **2.** *En suspens :* non résolu, non terminé. *Laisser une affaire en suspens.*

1. SUSPENSE [syspɑ̃s] n.f. DR. CAN. Peine interdisant à un clerc l'exercice de ses fonctions.

2. SUSPENSE [syspɛns] ou [sœspɛns] n.m. (mot angl.). Moment d'un film, d'une œuvre littéraire, où l'action tient le spectateur, l'auditeur ou le lecteur dans l'attente angoissée de ce qui va se produire.

1. SUSPENSEUR adj.m. ANAT. Qui soutient.

2. SUSPENSEUR n.m. BOT. Organe de la graine en formation, qui enfonce l'embryon dans les tissus nutritifs.

SUSPENSIF, IVE adj. DR. Qui suspend l'exécution d'un jugement, d'un contrat.

SUSPENSION n.f. **I.1.** Action de suspendre, d'attacher, de fixer en haut et de laisser pendre. **2.** Ensemble des organes qui assurent la liaison entre un véhicule et ses roues, transmettent aux essieux le poids du véhicule et servent à amortir les chocs dus aux inégalités de la surface de roulement. *(V. illustration p. 978.)* **3.** Luminaire suspendu au plafond. **4.** PHYS. État d'un solide très divisé, mêlé à la masse d'un liquide sans être dissous par lui. **5.** GÉOGR. Mode de transport du matériel détritique par un fluide (air, eau), dans lequel il se maintient sous l'influence de forces ascensionnelles. **II.1.** Cessation momentanée, arrêt. *Suspension de séance. Suspension du travail.* ◇ MIL. *Suspension d'armes :*

cessation concertée et momentanée des combats. **2.** *Points de suspension :* signe de ponctuation (...) indiquant que l'énoncé est interrompu pour une raison quelconque (convenance, émotion, réticence, etc.). **III.** Interdiction temporaire, par mesure disciplinaire, d'exercer une activité ou une profession.

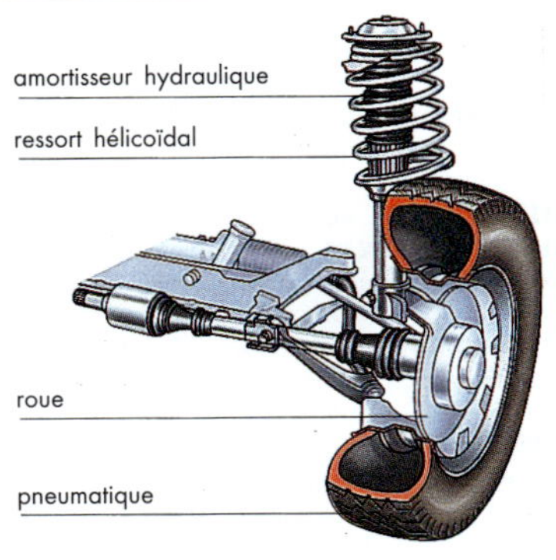

suspension : système avec ressort en hélice et amortisseur hydraulique

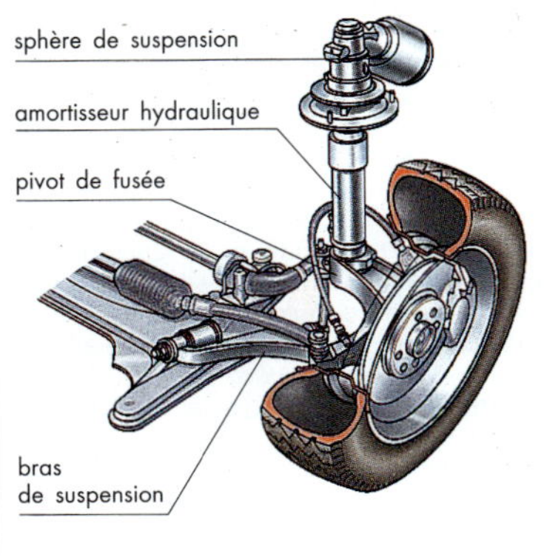

suspension : système oléopneumatique

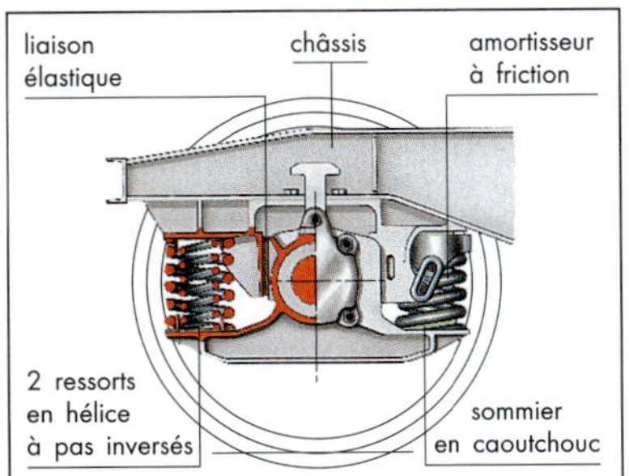

suspension d'un wagon (bogie)

SUSPENSOIR n.m. Bandage destiné à soutenir un organe, en partic. les bourses.

SUSPENTE n.f. **1.** MAR. Chaîne, cordage amarrés à un mât et qui soutiennent une vergue en son milieu. **2.** Chacun des câbles qui relient le harnais d'un parachute à la voilure. **3.** Chacune des cordes rattachant la nacelle au filet d'un ballon.

SUSPICIEUX, EUSE adj. (lat. *suspiciosus*). Litt. Qui manifeste de la suspicion.

SUSPICION n.f. (lat. *suspicio,* soupçon). **1.** Fait de tenir qqn pour suspect ; défiance, soupçon. **2.** DR. *Suspicion légitime :* crainte qu'un plaideur peut éprouver de voir son procès jugé avec partialité par un tribunal, et qui, si elle est reconnue fondée, peut aboutir à un renvoi devant un autre tribunal.

SUSTENTATION n.f. **1.** État d'équilibre d'un aéronef. – *Plan de sustentation :* aile d'un avion. **2.** *Polygone de sustentation :* courbe fermée, convexe, contenant tous les points par lesquels un corps solide repose sur un plan horizontal. **3.** *Sustentation magnétique :* état d'un corps maintenu à faible distance au-dessus d'une surface et sans contact avec elle, grâce à un champ magnétique.

SUSTENTER v.t. (lat. *sustentare,* alimenter). Vieilli. Nourrir, entretenir les forces par des aliments. ◆ **se sustenter** v.pr. Vieilli ou par plais. Se nourrir.

SUS-TONIQUE n.f. (pl. *sus-toniques*). MUS. Deuxième degré de la gamme diatonique, au-dessus de la tonique.

SUSURRANT, E adj. Qui susurre.

SUSURREMENT n.m. Murmure.

SUSURRER v.i. et t. (lat. *susurrare,* bourdonner). Murmurer doucement.

SUSVISÉ, E adj. DR. Indiqué ci-dessus.

SUTRA [sutra] ou **SOUTRA** n.m. (mot sanskr.). Chacun des textes qui, dans le brahmanisme et le bouddhisme, réunissent, parfois sous forme de courts aphorismes, les règles du rituel, de la morale, de la vie quotidienne. Graphie savante : *sūtra.*

SUTURAL, E, AUX adj. Relatif à une suture, aux sutures.

SUTURE n.f. (lat. *sutura,* de *suere,* coudre). **I.** CHIR. Opération consistant à coudre les lèvres d'une plaie. **II. 1.** ANAT. Articulation dentelée de deux os. **2.** BOT. Ligne de soudure entre les carpelles d'un pistil. **3.** ZOOL. Ligne d'insertion des cloisons transversales sur les parois de la coquille des nautiles, des ammonites.

SUTURER v.t. CHIR. Faire une suture.

SUZERAIN, E n. et adj. (de *sus,* d'après *souverain*). FÉOD. Seigneur qui avait concédé un fief à un vassal. ◆ adj. Qui appartenait au suzerain.

SUZERAINETÉ n.f. **1.** FÉOD. Droit du suzerain. **2.** Droit d'un État sur un État qui possède un gouvernement distinct, mais qui ne jouit pas de toute son autonomie.

SVASTIKA ou **SWASTIKA** [svastika] n.m. (mot sanskr.). Symbole religieux hindou en forme de croix aux branches coudées orientées vers la gauche ou vers la droite (croix gammée).

SVELTE adj. (it. *svelto,* vif). D'une forme légère et élancée.

SVELTESSE n.f. Litt. Qualité de qqn qui est svelte.

SWAHILI, E ou **SOUAHÉLI, E** n.m. et adj. Langue bantoue parlée dans l'est de l'Afrique. (C'est la langue officielle du Kenya et de la Tanzanie.) ◆ adj. Du swahili, des peuples qui le parlent.

SWAP [swap] n.m. (angl. *to swap,* troquer). ÉCON. Crédit* croisé.

SWEATER [swɛtœr] n.m. (mot angl., de *to sweat,* suer). Gilet en maille, à manches longues, boutonné devant.

SWEATING-SYSTEM [swɛtiŋsistɛm] n.m. (mot angl., *système qui fait suer*) [pl. *sweating-systems*]. Exploitation des ouvriers par leurs employeurs qui se manifestait par une durée de travail excessive, de bas salaires, des ateliers insalubres, etc. – REM. Le sens rend improbable l'usage du pluriel.

SWEAT-SHIRT [swɛtʃərt] n.m. (mots angl.) [pl. *sweat-shirts*]. Pull-over ou polo en coton molletonné ou en tissu-éponge.

SWEEPSTAKE [swipstɛk] n.m. (mot angl., de *to sweep,* enlever, et *stake,* enjeu). Loterie consistant à tirer au sort les chevaux engagés dans une course dont le résultat fixe les gagnants.

SWING [swiŋ] n.m. (mot angl.). **1.** En boxe, coup porté latéralement en balançant le bras. **2.** Manière d'exécuter le jazz, consistant en une distribution typique des accents, donnant un balancement rythmique vivant et souple.

SWINGUER [swinge] v.i. Chanter ou jouer avec swing, avoir le swing.

SYBARITE n. et adj. (de *Sybaris,* n.pr.). Personne qui mène une vie facile et voluptueuse.

SYBARITIQUE adj. Propre aux sybarites.

SYBARITISME n.m. Vie, mœurs des sybarites.

SYCOMORE n.m. (gr. *sukomoros*). Érable d'une variété appelée aussi *faux platane.*

SYCOPHANTE n.m. (gr. *sukophantês*). **1.** Dénonciateur professionnel, à Athènes et dans quelques autres cités. **2.** Litt. Calomniateur, délateur, mouchard.

SYCOSIS [sikozis] n.m. (gr. *sukôsis,* tumeur, de *sûkon,* figue). Infection de la peau se manifestant à la base des poils, et due au staphylocoque ou au trichophyton.

SYÉNITE n.f. (de *Syène,* en Égypte). Roche plutonique, sans quartz, constituée principalement de feldspath alcalin et d'amphibole.

SYLLABAIRE n.m. **1.** Livre élémentaire pour apprendre à lire aux enfants. **2.** LING. Système d'écriture dans lequel chaque signe représente une syllabe.

SYLLABATION n.f. LING. Décomposition en syllabes d'une séquence de la chaîne parlée.

SYLLABE n.f. (lat. *syllaba ;* gr. *sullabê,* réunion). Unité phonétique groupant des consonnes et des voyelles qui se prononcent d'une seule émission de voix. *« Paris » a deux syllabes.*

SYLLABIQUE adj. **1.** Relatif aux syllabes. **2.** *Écriture syllabique,* où chaque syllabe est représentée par un caractère. **3.** *Vers syllabique :* vers où la mesure est déterminée par le nombre et non par la valeur des syllabes.

SYLLABUS [silabys] n.m. (mot lat., *sommaire*). **1.** RELIG. Formulaire des questions tranchées par l'autorité ecclésiastique. **2.** Belgique. Texte photocopié ou imprimé reprenant l'essentiel d'un cours d'université (→ ***poly***).

SYLLEPSE n.f. (gr. *sullêpsis,* compréhension). LING. Accord des mots dans la phrase selon le sens, et non selon les règles grammaticales. (Ex. : *Une personne me disait qu'un jour il avait eu une grande joie.*)

SYLLOGISME n.m. (gr. *sullogismos,* de *sun,* avec, et *logos,* discours). LOG. Raisonnement qui contient trois propositions (la majeure, la mineure et la conclusion), et tel que la conclusion est déduite de la majeure par l'intermédiaire de la mineure. (Ex. : *Si tous les hommes sont mortels* [majeure] ; *si tous les Grecs sont des hommes* [mineure] ; *donc tous les Grecs sont mortels* [conclusion].)

SYLLOGISTIQUE n.f. Science des syllogismes. ◆ adj. Qui appartient au syllogisme.

SYLPHE n.m. (lat. *sylphus,* génie). Génie de l'air des mythologies celte et germanique.

SYLPHIDE n.f. **1.** Sylphe femelle. **2.** Litt. Femme gracieuse et légère.

SYLVAIN n.m. (lat. *sylva,* forêt). MYTH. ROM. Génie protecteur des bois.

SYLVANER [-nɛr] n.m. **1.** Cépage blanc cultivé dans l'est de la France ainsi qu'en Allemagne, en Suisse et en Autriche. **2.** Vin produit par ce cépage.

SYLVE n.f. (lat. *sylva,* forêt). GÉOGR. Forêt équatoriale dense.

SYLVESTRE adj. (du lat. *sylva,* forêt). Litt. Relatif aux forêts.

SYLVICOLE adj. Relatif à la sylviculture.

SYLVICULTEUR, TRICE n. Personne pratiquant la sylviculture.

SYLVICULTURE n.f. Entretien et exploitation des forêts.

SYLVIIDÉ n.m. *Sylviidés :* famille de petits passereaux des prairies et des bois, insectivores, bon chanteurs, tels que la fauvette, la rousserolle.

SYLVINITE n.f. (d'un n. pr.). Roche où sont mélangés du sel gemme et du chlorure de potassium.

SYMBIOSE n.f. (gr. *sun,* avec, et *bios,* vie). **1.** BIOL. Association de deux ou plusieurs organismes différents, qui leur permet de vivre avec des avantages pour chacun. (On dit aussi *symbionte.*) **2.** Fig. Union étroite entre des personnes, des choses.

SYMBIOTE n.m. BIOL. Chacun des êtres associés en symbiose.

SYMBIOTIQUE adj. Relatif à la symbiose.

SYMBOLE n.m. (gr. *sumbolon,* signe). **I. 1.** Signe figuratif, être animé ou chose, qui représente un concept, qui en est l'image, l'attribut, l'emblème. *Le drapeau, symbole de la patrie. La balance, symbole de la justice.* **2.** Tout signe conventionnel abréviatif. **3.** CHIM. Lettre ou groupe de lettres servant à désigner les éléments. **4.** MATH. Signe graphique figurant un objet mathématique ou une opération logique. **II.** THÉOL. (Avec une majuscule). Formulaire abrégé de la foi chrétienne. *Le Symbole des Apôtres.*

1. SYMBOLIQUE adj. **1.** Qui a le caractère d'un symbole, qui recourt à des symboles. *Figure symbolique.* **2.** Qui n'a pas de valeur en soi, mais qui est significatif d'une intention.

SYNDICAL, E, AUX adj. **1.** Relatif à un syndicat. *Conseil syndical.* **2.** Relatif au syndicalisme. *Revendications syndicales.*

SYNDICALISATION n.f. Action de syndicaliser ; fait d'être syndicalisé.

SYNDICALISER v.t. **1.** Faire entrer dans une organisation syndicale. **2.** Organiser les syndicats dans un secteur économique.

SYNDICALISME n.m. **1.** Mouvement ayant pour objet de grouper les personnes exerçant une même profession, en vue de la défense de leurs intérêts. **2.** Activité exercée dans un syndicat.

SYNDICALISTE adj. Relatif au syndicalisme, aux syndicats. ◆ n. Personne qui milite dans un syndicat.

SYNDICAT n.m. **1.** Groupement constitué pour la défense d'intérêts professionnels communs. *Syndicat ouvrier. Syndicat patronal.* **2.** *Syndicat d'initiative :* organisme dont le but est de favoriser le tourisme dans une localité ou une région. **3.** DR. *Syndicat de communes :* établissement public créé par deux ou plusieurs communes en vue d'exercer un service intercommunal. – *Syndicat de copropriétaires :* organisme regroupant tous les copropriétaires d'un immeuble et qui a pour objet la conservation de l'immeuble et l'administration des parties communes. **4.** *Syndicat financier :* groupement temporaire de personnes physiques ou morales, ayant pour objet l'étude ou la réalisation d'une opération financière.

■ Les syndicats ouvriers se sont organisés avant les syndicats d'employeurs. Tous sont d'abord interdits par la législation issue de la Révolution (loi Le Chapelier, juin 1791), au nom même de la liberté. Face au capitalisme naissant, des grèves surgissent dès la Restauration et certaines « coalitions » se manifestent ouvertement. L'échec sanglant de la révolte des canuts (1831) marque un temps d'arrêt ; une série de grèves chez des ouvriers hautement qualifiés (notamment typographes) entraîne la loi de 1864, qui autorise l'action commune de professionnels, sans autoriser d'association. L'échec de la Commune (1871) marque un nouvel arrêt et il faut attendre la loi Waldeck-Rousseau (mars 1884) pour que soient autorisés et réglementés les syndicats professionnels. Les Bourses du travail se forment dès ce moment et la Confédération générale du travail, née en 1895, vient coordonner leur action. La participation des socialistes dans le mouvement syndical, apparue avant la Première Guerre mondiale, entraîne une lutte entre deux tendances, dont l'une vise à maintenir le mouvement syndical dans le cadre professionnel, et l'autre à relier l'action syndicale à l'action politique (thèse soutenue par les socialistes, notamment marxistes). Tout en changeant de forme, cette lutte continue après la révolution d'Octobre et la guerre froide issue de la Seconde Guerre mondiale. En 1948, la C.G.T.-F.O. se forme au sein même de la C.G.T., jugée trop politisée, et qui reste cependant, de loin, le syndicat le plus important. Une autre centrale syndicale, d'origine chrétienne, regroupe principalement des employés à partir de 1919 : la C.F.T.C., qui donne naissance à la C.F.D.T. en 1964. En 1944 apparaît la Confédération générale des cadres. Ce n'est qu'en 1968 que naît officiellement la section syndicale d'entreprise.

SYNDICATAIRE n. et adj. Personne qui fait partie d'un syndicat de propriétaires ou d'un syndicat financier.

SYNDICATION n.f. Regroupement de banques pour la réalisation d'une ou plusieurs opérations financières.

SYNDIQUÉ, E n. et adj. Membre d'un syndicat.

SYNDIQUER v.t. Organiser en syndicat. *Syndiquer une profession.* ◆ **se syndiquer** v.pr. S'affilier, adhérer à un syndicat.

SYNDROME n.m. (gr. *sundromê,* concours). **1.** MÉD. Ensemble des signes et des symptômes qui caractérisent une maladie, une affection. **2.** Fig. Ensemble de comportements particuliers à un groupe humain ayant subi une même situation traumatisante. *Le syndrome du Viêt Nam. Le syndrome de la ville.*

SYNECDOQUE n.f. (gr. *sunekdokhê,* compréhension simultanée). Procédé de style qui consiste à prendre la partie pour le tout *(payer tant par tête),* le tout pour la partie *(acheter un vison),* le genre pour l'espèce, l'espèce pour le genre, etc.

SYNÉCHIE [sineʃi] n.f. (du gr. *sunekhein,* être avec). MÉD. Accolement pathologique, cicatriciel, de deux surfaces.

SYNECTIQUE n.f. PSYCHOL. Méthode de stimulation des différentes étapes de la création intellectuelle, individuelle ou encore en groupe.

SYNÉRÈSE n.f. (gr. *sunairesis,* rapprochement). **1.** CHIM. Séparation du liquide d'un gel. **2.** PHON. Fusion de deux voyelles contiguës en une seule syllabe (par ex. *souhait* [swɛ] prononcé [swɛ]). CONTR. : *diérèse.*

SYNERGIDE n.f. Cellule végétale voisine de l'oosphère, et qui peut très exceptionnellement être fécondée. (Il y a toujours deux synergides.)

SYNERGIE n.f. (gr. *sunergia,* coopération). **1.** PHYSIOL. Association de plusieurs organes pour l'accomplissement d'une fonction. **2.** Mise en commun de plusieurs actions concourant à un effet unique avec une économie de moyens.

SYNERGIQUE adj. Relatif à la synergie ; qui résulte d'une synergie.

SYNERGISTE adj. Se dit d'un muscle qui s'associe avec un autre pour l'exécution d'un mouvement.

SYNESTHÉSIE n.f. (gr. *sunaisthêsis,* sensation simultanée). PSYCHOL. Association spontanée par correspondance de sensations appartenant à des domaines différents.

SYNGNATHE n.m. (gr. *sun,* ensemble, et *gnathos,* mâchoire). Poisson marin à corps et museau très allongés. (Famille des syngnathidés.)

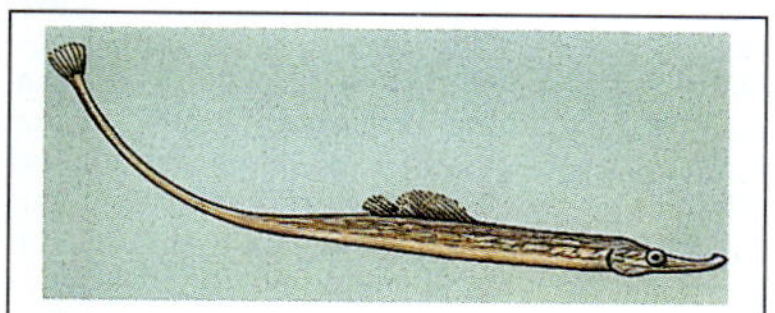

syngnathe

SYNGNATHIDÉ n.m. *Syngnathidés :* famille de poissons marins au corps allongé et filiforme (syngnathes) ou en forme de « cheval marin » (hippocampes).

SYNODAL, E, AUX adj. Relatif à un synode.

SYNODE n.m. (gr. *sunodos,* réunion). **1.** Dans l'Église catholique, assemblée d'ecclésiastiques ou d'évêques, convoquée par un évêque ou par le pape, pour délibérer des affaires d'un diocèse ou des problèmes généraux de l'Église catholique. *Synode diocésain, épiscopal.* **2.** Dans l'Église réformée, assemblée des délégués (pasteurs et laïcs) des conseils paroissiaux ou régionaux.

SYNODIQUE adj. (gr. *sunodikos*). *Révolution synodique :* intervalle de temps compris entre deux retours d'une planète à la même position par rapport au Soleil et à la Terre.

SYNŒCISME [sinesism] n.m. (gr. *sunoikismos,* cohabitation). ANTIQ. GR. Réunion de plusieurs villages en une cité.

SYNONYME adj. et n.m. (gr. *sunônumos,* de *sun,* avec, et *onoma,* nom). Se dit de deux ou plusieurs mots de même fonction grammaticale, qui ont un sens analogue ou très voisin. *Les verbes « briser », « casser » et « rompre » sont synonymes.* CONTR. : *antonyme.*

SYNONYMIE n.f. Relation entre des termes synonymes.

SYNONYMIQUE adj. Qui concerne la synonymie.

SYNOPSE n.f. (gr. *sunopsis,* vue d'ensemble). Ouvrage disposant en colonnes parallèles le texte original grec des trois premiers Évangiles.

SYNOPSIE n.f. MÉD. Forme de synesthésie, au cours de laquelle la perception d'un son produit chez le sujet des phénomènes de vision colorée.

SYNOPSIS [-sis] n.m. (gr. *sunopsis,* vue d'ensemble). Bref exposé écrit d'un sujet de film, constituant l'ébauche d'un scénario.

SYNOPTIQUE adj. (gr. *sunoptikos*). Qui offre une vue générale d'un ensemble. *Tableau synoptique.* – *Carte synoptique :* carte météorologique représentant simultanément les isobares, les fronts et les masses d'air. ◇ *Évangiles synoptiques* ou *synoptiques,* n.m. pl. : les trois premiers Évangiles, de saint Matthieu, saint Marc et saint Luc, qui présentent de grandes ressemblances.

SYNOSTOSE n.f. (gr. *sun,* avec, et *osteon,* os). ANAT. Soudure totale de deux os voisins, souvent observée entre certains os du crâne.

SYNOVECTOMIE n.f. CHIR. Ablation de la membrane synoviale d'une articulation.

SYNOVIAL, E, AUX adj. Relatif à la synovie. ◇ *Membrane synoviale* ou *synoviale,* n.f. : tissu mince, transparent, qui tapisse toute la cavité articulaire, sauf les surfaces articulaires elles-mêmes, et sécrète la synovie.

SYNOVIE n.f. (lat. sc. *synovia*). Liquide incolore, visqueux, d'aspect filant, qui lubrifie les articulations.

SYNOVIORTHÈSE n.f. MÉD. Traitement de certaines affections articulaires fondé sur la destruction de la synoviale pathologique.

SYNOVITE n.f. Inflammation d'une membrane synoviale.

SYNTACTICIEN, ENNE n. Linguiste spécialisé dans l'étude de la syntaxe.

SYNTACTIQUE adj. Rare. Syntaxique.

SYNTAGMATIQUE adj. **1.** Relatif à un syntagme. **2.** Se dit des relations existant entre des unités linguistiques qui apparaissent effectivement dans la chaîne parlée (par opp. à *paradigmatique*).

SYNTAGME n.m. (gr. *suntagma,* constitution). LING. Groupe d'éléments formant une unité dans une organisation hiérarchisée. *Syntagme nominal, verbal, prépositionnel, adjectival.*

SYNTAXE n.f. (gr. *syntaksis,* ordre). **1.** LING. Partie de la grammaire qui décrit les règles par lesquelles les unités linguistiques se combinent en phrases. ◇ Ensemble de ces règles, caractéristiques de telle ou telle langue. **2.** Fig. Ensemble de règles qui régissent un moyen d'expression donné (musique, cinéma, etc.). **3.** LOG. Étude des relations entre les expressions d'un langage formel. **4.** INFORM. Ensemble des règles d'écriture d'un programme permises dans un langage de programmation et formant la grammaire de ce langage.

SYNTAXIQUE adj. **1.** Relatif à la syntaxe, aux relations entre les unités linguistiques. **2.** LOG. Qui se rapporte à l'aspect formel d'un langage, d'un système (par opp. à *sémantique*). **3.** INFORM. Relatif à la syntaxe d'un programme ou d'un langage de programmation.

SYNTHÉ n.m. Fam. Synthétiseur.

SYNTHÈSE n.f. (gr. *sunthesis,* réunion). **1.** Opération intellectuelle par laquelle on réunit en un tout cohérent, structuré et homogène divers éléments de connaissance concernant un domaine particulier. *La synthèse est l'opération inverse de l'analyse.* **2.** Exposé d'ensemble, aperçu global. *Synthèse historique.* **3.** CHIM. Préparation d'un corps composé à partir des éléments constitutifs. ◇ *Images, sons de synthèse :* images, sons artificiels produits par des moyens optiques, électroniques ou informatiques. – *Synthèse additive, synthèse soustractive :* procédés de trichromie qui permettent de tirer des photographies en couleurs soit par addition des trois couleurs fondamentales, soit par soustraction du blanc des trois couleurs complémentaires.

SYNTHÉTIQUE adj. (gr. *sunthetikos*). **1.** Qui se rapporte à la synthèse, qui en résulte. *Raisonnement synthétique.* **2.** Qui présente une synthèse, considère les choses dans leur ensemble, leur totalité. *Une vue synthétique de la situation.* **3.** CHIM. Obtenu par synthèse. *Caoutchouc synthétique.*

SYNTHÉTIQUEMENT adv. D'une manière synthétique.

SYNTHÉTISABLE adj. Qui peut être synthétisé.

SYNTHÉTISER v.t. **1.** Réunir par synthèse ; présenter sous forme synthétique. **2.** CHIM. Préparer par synthèse.

SYNTHÉTISEUR n.m. **1.** Appareil électronique actionné par un clavier ou des potentiomètres, et capable de produire un son à partir de signaux électriques numériques. Abrév. (fam.) : *synthé.* **2.** *Synthétiseur d'images :* générateur électronique d'images de télévision, muni d'une mémoire et d'un programme de traitement.

SYNTHÉTISME n.m. Technique et esthétique picturale française de la fin des années 1880, fondée sur l'usage de grands aplats de couleur aux contours vigoureusement cernés. SYN. : *cloisonnisme*. (Opposé à la dissolution des formes de l'impressionnisme, le synthétisme, élaboré à Pont-Aven par É. Bernard et Gauguin, influença en particulier les nabis et certains artistes symbolistes.)

SYNTONE adj. PSYCHOL. Se dit d'un sujet qui vibre en harmonie avec le milieu dans lequel il se trouve.

SYNTONIE n.f. **1.** PSYCHOL. Caractéristique d'un sujet syntone. **2.** PHYS. Accord en résonance de plusieurs circuits électriques oscillant sur une même fréquence.

SYNTONISATION n.f. PHYS. Méthode de réglage des récepteurs de radiodiffusion, utilisant la syntonie.

SYNTONISEUR n.m. Recomm. off. pour *tuner*.

SYPHILIDE n.f. MÉD. Lésion cutanée ou muqueuse de la syphilis, se manifestant par des taches, des plaques, des ulcérations, etc.

SYPHILIS [-lis] n.f. (mot lat.). Maladie infectieuse et contagieuse, vénérienne, due au tréponème pâle et se manifestant par un chancre initial et par des atteintes viscérales et nerveuses tardives.

■ La syphilis évolue en trois stades : la *période primaire* est celle du chancre (survenant environ un mois après le contact infectant) ; la *période secondaire,* qui dure de un à deux ans, témoigne de la généralisation de l'infection et se manifeste par diverses lésions cutanées et muqueuses. C'est au cours de la *période tertiaire,* une dizaine d'années après le début de l'infection, que peuvent survenir les accidents nerveux, sensoriels et cardio-vasculaires qui font toute la gravité de la maladie. Ces accidents sont devenus très rares depuis l'emploi de la pénicilline.

SYPHILITIQUE adj. et n. Relatif à la syphilis ; atteint de syphilis.

SYRAH n.f. Cépage rouge cultivé surtout pour le côtes-du-rhône.

SYRIAQUE n.m. Langue sémitique dérivée de l'araméen, restée comme langue littéraire et liturgique de nombreuses communautés chrétiennes du Moyen-Orient.

SYRIEN, ENNE adj. et n. De la Syrie.

SYRINGE n.f. ARCHÉOL. Sépulture souterraine de l'Égypte pharaonique.

SYRINGOMYÉLIE n.f. (gr. *surigx,* tuyau, et *muelos,* moelle). Maladie du système nerveux central dans laquelle la destruction de la substance grise de la moelle épinière entraîne la perte de la sensibilité à la douleur et à la température.

SYRINX [sirɛ̃ks] n.f. (gr. *surigx,* tuyau). Organe du chant, chez les oiseaux, situé à la bifurcation de la trachée ou sur la trachée.

SYRPHE n.m. (lat. sc. *syrphus*). Mouche à abdomen jaune et noir, commune sur les fleurs.

SYRPHIDÉ n.m. *Syrphidés :* famille d'insectes diptères tels que la volucelle, l'éristale et le syrphe.

SYRRHAPTE n.m. (du gr. *surrhaptein,* coudre ensemble). Oiseau des steppes asiatiques, aux pattes emplumées, aux ailes longues et fines, émigrant parfois en Europe.

SYRTES n.f. pl. (lat. *syrtes*). Vx. Sables mouvants.

SYSTÉMATICIEN, ENNE n. Biologiste spécialiste de systématique.

1. SYSTÉMATIQUE adj. **1.** Relatif à un système ; combiné d'après un système. *Raisonnement systématique.* **2.** Qui est fait avec méthode, selon un ordre déterminé à l'avance. *Classement systématique.* **3.** Qui pense et agit d'une manière rigide, péremptoire, sans tenir compte des circonstances ; qui manifeste ce comportement. *Opposition, refus systématique.*

2. SYSTÉMATIQUE n.f. **1.** Ensemble de données, de méthodes érigé en système ou relevant d'un système. **2.** BIOL. Classification hiérarchisée des êtres vivants.

SYSTÉMATIQUEMENT adv. De façon systématique.

SYSTÉMATISATION n.f. Action de systématiser ; fait d'être systématisé.

SYSTÉMATISÉ, E adj. PSYCHIATRIE. *Délire systématisé :* délire dans lequel les idées délirantes sont organisées progressivement et donnent une impression de cohérence et de logique.

SYSTÉMATISER v.t. **1.** Réduire en système, organiser en un système défini. *Systématiser des recherches.* **2.** (Sans compl.). Juger à partir d'idées préconçues, de partis pris.

SYSTÈME n.m. (gr. *sustêma,* ensemble). **I.** Ensemble ordonné d'idées scientifiques ou philosophiques. *Système newtonien. Système philosophique.* ◇ *Esprit de système :* tendance à tout réduire en système, à agir, penser en partant d'idées préconçues. – *Par système :* de parti pris. **II.1.** Combinaison d'éléments réunis de manière à former un ensemble. *Système solaire, moléculaire.* ◇ *Système nuageux :* ensemble des différents types de nuages qui accompagnent une perturbation complète. **2.** Ensemble d'organes ou de tissus de même nature et destinés à des fonctions analogues. *Système pileux. Système nerveux.* ◇ Fam. *Courir sur le système :* exaspérer, énerver. **3.** Ensemble de termes définis par les relations qu'ils entretiennent entre eux. *Système linguistique, phonologique.* ◇ *Système d'équations :* ensemble de plusieurs équations liant simultanément plusieurs variables. – *Système de référence :* ensemble de corps, considérés eux-mêmes comme fixes, par rapport auxquels on définit le mouvement d'un autre corps. – *Théorie des systèmes :* théorie générale et interdisciplinaire qui étudie les systèmes en tant qu'ensembles d'éléments, matériels ou non, en relation les uns avec les autres et formant un tout. **4.** *Système international d'unités (SI) :* système de mesures métrique décimal à sept unités de base (mètre, kilogramme, seconde, ampère, kelvin, mole, candela). – ÉCON. *Système monétaire européen (S.M.E.) :* système d'harmonisation des changes des différentes monnaies européennes. **5.** Mode d'organisation, structure. *Système alphabétique. Système de parenté.* **6.** PSYCHAN. Instance. **7.** Méthode de classification dans laquelle on s'efforce de discerner les parentés entre les espèces. *Le système de Linné.* **III.1.** Ensemble de méthodes, de procédés destinés à assurer une fonction définie ou à produire un résultat. *Système d'éducation. Système de défense.* **2.** Moyen habile pour obtenir, réussir qqch. *Un système pour faire fortune.* **3.** Mode de gouvernement, d'administration, d'organisation sociale. *Système capitaliste. Système électoral, pénitentiaire.* **4.** Appareil ou dispositif formé d'éléments agencés et assurant une fonction déterminée. *Système d'éclairage, de fermeture.* ◇ *Système d'arme :* ensemble d'équipements organisé autour d'une arme pour en assurer la mise en œuvre. – *Système de construction :* ensemble d'éléments déterminés pour réaliser une construction, notamment industrielle. – INFORM. *Système d'exploitation :* logiciel gérant un ordinateur, indépendant des programmes d'application mais indispensable à leur mise en œuvre. – *Système expert :* programme élaboré pour résoudre des problèmes spécifiques en exploitant les connaissances accumulées dans un domaine spécialisé et en canalisant la recherche des solutions. **5.** SPORTS. Pièce métallique montée sur pivot, dans laquelle se pose l'aviron.

■ Le système monétaire européen a été créé à la suite des conseils européens de Brême (7 juill. 1978) et de Bruxelles (5 déc. 1978) et est entré officiellement en vigueur le 13 mars 1979. Il prend la suite du serpent monétaire européen qui avait été instauré par l'accord de Bâle du 21 avril 1972. Le système tend à créer une zone de monnaies stables dans un univers monétaire très agité. Contrairement au serpent, qui s'appuyait sur le dollar, le système est adossé à une unité monétaire – l'écu – qui en constitue l'élément central. Unité de compte européenne (mais non pas monnaie de règlement), l'écu est basé sur un « panier » de monnaies des pays de la Communauté économique européenne. Le système se fonde sur le principe de taux de change stables entre les différentes monnaies des pays ayant figuré aux accords. Chaque monnaie dispose d'une parité fixe vis-à-vis de l'écu, dite taux pivot ; chaque taux pivot, confronté avec les taux pivots des autres monnaies, donne la parité d'une monnaie du système par rapport à chacune des autres. Ces parités sont fixes, mais une marge de fluctuation est prévue, les monnaies pouvant évoluer l'une par rapport à l'autre dans la limite de 15 p. 100 depuis août 1993 (contre 2,25 p. 100 précédemment), les banques centrales des pays des monnaies concernées devant intervenir pour que les écarts ne dépassent pas ces taux. Des changements de cours pivot peuvent intervenir entre deux ou plusieurs monnaies, à condition qu'un accord de tous les pays faisant partie du système les autorise.

SYSTÉMIQUE adj. **1.** Didact. Relatif à un système pris dans son ensemble. ◇ *Analyse systémique* ou *systémique,* n.f., qui envisage les éléments d'une conformation complexe, les faits (notamm. les faits économiques), non pas isolément mais globalement, en tant que parties intégrantes d'un ensemble dont les différents composants sont dans une relation de dépendance réciproque. **2.** AGRIC. Se dit de produits phytosanitaires véhiculés par la sève et qui agissent au niveau de tous les organes de la plante. *Insecticide systémique.*

SYSTOLE n.f. (gr. *sustolê*). Période de contraction du cœur et des artères. CONTR. : *diastole.*

SYSTOLIQUE adj. Relatif à la systole.

SYSTYLE n.m. (gr. *sustulos*). ARCHIT. Système d'entrecolonnement dans lequel l'intervalle qui sépare deux colonnes est de deux diamètres, soit quatre modules.

SYZYGIE [siziʒi] n.f. (gr. *suzugia,* union). ASTRON. Conjonction ou opposition de la Lune avec le Soleil (nouvelle ou pleine lune).

T

T n.m. inv. **1.** Vingtième lettre de l'alphabet français, et la seizième des consonnes. (La consonne *t* est une occlusive dentale sourde.) ◇ *En T :* en forme de T. **2.** T, symbole de téra. **3.** T, symbole du tesla. **4.** t, symbole de la tonne.

TA adj. poss. fém. → ***ton.***

Ta, symbole chimique du tantale.

T. A. B. (sigle). Vaccin contre la typhoïde et les paratyphoïdes A et B.

1. TABAC [taba] n.m. (esp. *tabaco ;* du haïtien). **1.** Plante annuelle ou vivace, dont l'espèce principale est cultivée pour ses feuilles riches en nicotine. (Famille des solanacées.) *Plantation de tabac.* **2.** Feuilles de tabac séchées et préparées qui se fument, se prisent ou se mâchent. *Tabac à priser. Tabac brun, blond.* ◇ Fam. *Le même tabac :* la même chose. **3.** Débit de tabac. ◆ adj. inv. De couleur brun-roux rappelant celle du tabac séché.

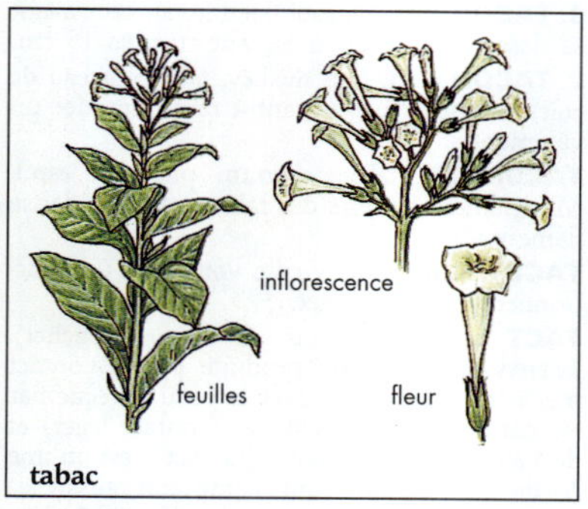

2. TABAC [taba] n.m. (rad. onomat. *tabb-* évoquant des coups violents, avec infl. de *tabac*). **1.** *Coup de tabac :* tempête violente mais brève. **2.** Fam. *Faire un tabac :* avoir un grand succès. **3.** Fam. *Passer à tabac :* frapper, rouer de coups.

TABAGIE n.f. **1.** Endroit où l'on a beaucoup fumé, qui est rempli de fumée ou qui conserve l'odeur du tabac. **2.** Canada. Bureau de tabac.

TABAGIQUE adj. Relatif au tabagisme.

TABAGISME n.m. Intoxication chronique par le tabac.

TABARD ou **TABAR** n.m. Manteau porté sur l'armure, au Moyen Âge.

TABASKI n.f. Afrique. Aïd-el-Kébir (fête).

TABASSÉE n.f. Fam. Volée de coups, raclée.

TABASSER v.t. (de *2. tabac*). Fam. Rouer de coups, passer à tabac.

TABATIÈRE n.f. **1.** Petite boîte pour le tabac à priser. ◇ *Tabatière anatomique :* fossette formée par les tendons du long et du court extenseur du pouce, quand ces muscles se contractent. (On y dosait le tabac à priser.) **2.** *Fenêtre à tabatière* ou *tabatière :* fenêtre en comble comprenant un châssis ayant la même inclinaison que le versant du toit sur lequel il est adapté, et fermée par un abattant vitré.

T. A. B. D. T. (sigle). Vaccin contre la typhoïde, les paratyphoïdes A et B, la diphtérie et le tétanos.

TABELLAIRE adj. (du lat. *tabella,* tableau). Se dit de l'impression que l'on faisait avec des planches gravées sur bois de fil, avant l'invention des caractères mobiles.

TABELLE n.f. Suisse. Tableau, liste.

TABELLION n.m. (lat. *tabellio*). Anc. **1.** Fonctionnaire chargé de mettre en grosse les actes dont les minutes étaient dressées par les notaires. **2.** Officier public jouant le rôle de notaire dans les juridictions subalternes.

TABERNACLE n.m. (lat. *tabernaculum,* tente). **1.** RELIG. HÉBRAÏQUE. Sanctuaire itinérant contenant l'arche d'alliance où étaient déposées les Tables de la Loi jusqu'à la construction du Temple de Salomon (xe s. av. J.-C.). – *Fête des Tabernacles* ou *de Soukkot :* fête liturgique juive célébrée en automne. **2.** RELIG. CATH. Petite armoire placée sur l'autel ou encastrée dans le mur du chœur d'une église, destinée à conserver l'eucharistie.

TABÈS [tabɛs] n.m. (lat. *tabes,* consomption). Affection d'origine syphilitique atteignant la moelle épinière, et caractérisée par une incoordination motrice et de violentes douleurs.

TABÉTIQUE adj. et n. Relatif au tabès ; atteint de tabès.

TABLA n.m. (hindi *tablā*). Instrument de musique à percussion de l'Inde, composé d'un tambour à une peau et d'une petite timbale.

TABLAR ou **TABLARD** n.m. (lat. *tabula,* planche). Suisse. Étagère.

TABLATURE n.f. Notation musicale dont le principe repose sur l'utilisation de chiffres et de lettres indiquant l'emplacement des doigts sur l'instrument.

TABLE n.f. (lat. *tabula*). **I. 1. a.** Meuble composé d'un plateau horizontal posé sur un ou plusieurs pieds. *Table basse. Table en marbre.* – *Table roulante :* petite table à plusieurs plateaux, montée sur roulettes. ◇ *Table ronde :* réunion tenue par plusieurs personnes pour discuter, sur un pied d'égalité, des questions d'intérêt commun. ◇ *Sainte table :* clôture basse séparant le chœur de la nef et devant laquelle les fidèles se présentaient pour communier ; l'autel lui-même. **b.** Plateau sur pieds ou sur tréteaux, destiné à des activités, à des techniques particulières. *Table d'architecte. Table de ping-pong.* – *Table traçante :* périphérique d'ordinateur donnant directement le tracé graphique que calcule celui-ci. SYN. : *traceur (de courbes).* **c.** Meuble sur pieds offrant une surface plane destiné à un usage particulier. *Table à langer, à repasser.* – *Table de nuit, de chevet :* petit meuble à compartiments comprenant parfois un ou plusieurs tiroirs, qui se place à côté du lit. – *Table d'opération :* table articulée sur laquelle on place le patient pour les interventions chirurgicales. – *Table d'orientation :* table circulaire sur laquelle sont indiqués les détails d'un point de vue. **2. a.** Meuble sur pieds sur lequel on dépose les mets et les objets nécessaires au repas. *Desservir la table.* – *Mettre, dresser la table :* placer sur la table ce qui est nécessaire pour les repas. – *Se mettre à table :* s'asseoir autour d'une table pour prendre un repas ; pop., avouer, dénoncer. **b.** Table dressée pour le repas. *Retenir une table de 8 couverts.* – *Table d'hôte :* table où l'on sert à heure et prix fixes des repas pris en commun. **c.** Ensemble de personnes qui prennent leur repas ensemble ; tablée. *Présider la table.* **d.** Repas, nourriture servis à une table. *Aimer la table. Les plaisirs de la table.* **II.** Plateau, plaque en matière quelconque et de forme plane. – *Table de cuisson :* plaque chauffante, au gaz ou à l'électricité. – *Table d'harmonie :* surface en bois ou en peau, sur laquelle passent les cordes des instruments. – *Table de lancement :* dispositif assurant le support d'un véhicule spatial en position verticale jusqu'à son décollage. – *Table de lecture :* platine (d'un électrophone). – *Table de rotation :* plateau circulaire qui entraîne le train des tiges de forage dans sa rotation. **III. 1.** Ensemble de données numériques présentées de façon à pouvoir être facilement consultées. *Table de logarithmes, de multiplication.* **2.** Inventaire présenté sous forme de liste ou de tableau et récapitulant un ensemble de renseignements. *Table généalogique. Table des matières.* ◇ LOG. *Table de vérité :* tableau indiquant en abscisses des propositions élémentaires (par ex., p et q) et l'opérateur choisi pour former la proposition composée (par ex., la conjonction $p \wedge q$), et en ordonnées les valeurs vraies *(V)* ou fausses *(F)* des propositions. (À chaque valeur de p et de q correspond une valeur de la conjonction $p \wedge q$.) **3.** En athlétisme, mode de cotation des performances, utilisé dans le décathlon et l'heptathlon. **IV.** *Tables de la Loi :* tables de pierre que Dieu, selon la Bible, remit à Moïse et sur lesquelles était gravé le Décalogue.

TABLEAU n.m. (de *table*). **I.1.** Panneau mural revêtu d'un enduit noir ou vert, sur lequel on écrit à la craie, en particulier dans les écoles. *Aller au tableau.* **2.** Support mural plan destiné à recevoir des objets. *Mettre ses clés au tableau.* **3.** Panneau plan destiné à recevoir des renseignements, des annonces, des inscriptions, etc. *Tableau d'affichage.* – *Tableau de bord :* ensemble des appareils de contrôle placés devant le pilote ou le conducteur, lui permettant de surveiller la marche de son véhicule ; ensemble des renseignements, statistiques et graphiques, permettant dans une entreprise de vérifier la bonne marche des différents services. – *Tableau de baie* ou *d'embrasure :* côté vertical d'une embrasure, entre l'éventuel dispositif de fermeture et le nu extérieur du mur. **4.** Ensemble comprenant l'appareillage de commande des dispositifs électriques. – *Tableau de contrôle :* ensemble des appareils de commande, de mesure, de réglage et de sécurité d'une machine ou d'une installation complète. **5.** MAR. Partie plane et quasi verticale de l'arrière d'un voilier ou d'un canot. **6.** À certains jeux d'argent, emplacement où les joueurs misent. ◇ *Jouer, miser sur les deux tableaux :* se ménager des avantages de deux parties adverses, quel que soit le vainqueur. **II. 1.** Œuvre picturale exécutée sur un support indépendant (panneau de bois, toile tendue sur un châssis), généralement présentée dans un cadre. – *Tableau d'autel :* peinture encadrée placée au-dessus et en arrière d'un autel, dans une église. – *Tableau de chevalet,* de petites dimensions. – *Tableau vivant :* groupe de personnes immobiles représentant une scène évoquant une peinture ou une sculpture. **2.** Ce qui s'offre à la vue et provoque une certaine impression ; spectacle. *Un tableau émouvant.* ◇ *Tableau de chasse :* exposition des animaux abattus groupés par espèces ; ensemble des avions ennemis abattus ; fam., ensemble des conquêtes amoureuses de qqn. **3.** Description orale ou écrite évoquant une situation. *Un tableau fidèle des évènements.* **4.** THÉÂTRE. Subdivision d'un acte, marquée par un changement de décor. **III. 1.** Liste contenant des informations, des données, des renseignements disposés de façon claire, systématique ou méthodique. *Tableau chronologique, synoptique. Tableau des conjugaisons. Tableau horaire.* – PHARM. *Tableau A, B, C :* listes où étaient naguère réparties les différentes substances pharmaceutiques vénéneuses employées en thérapeutique humaine et vétérinaire (A : toxique ; B : stupéfiant ; C : dangereux). ◇ *Tableau d'avancement :* liste, dressée périodiquement, du personnel civil ou militaire d'une administration ou d'un corps, jugé digne d'avancement. – *Tableau d'honneur :* liste des meilleurs élèves d'une classe. – *Tableau économique d'ensemble :* tableau synthétique des comptes de la nation, qui figure l'ensemble des opérations effectuées par les différents agents. – *Tableau des opérations financières :* dans la comptabilité nationale, tableau présentant les voies et moyens par lesquels sont mises en œuvre les sources de financement nécessaires. **2.** Liste des membres d'un ordre professionnel. *Tableau des avocats.*

TABLEAUTIN n.m. Petit tableau (peinture).

TABLÉE n.f. Ensemble des personnes prenant un repas à la même table.

TABLER v.t. ind. *(sur).* Fonder ses calculs sur, compter sur.

TABLETIER, ÈRE n. **1.** Fabricant de tabletterie. **2.** Ouvrier, ouvrière en tabletterie.

TABLETTE n.f. **1.** Planche disposée pour recevoir des papiers, des livres, etc. **2.** Pierre plate qui surmonte les murs d'appui ou d'autres parties de construction. *Tablette de cheminée.* **3.** Préparation moulée, de forme plate. *Tablette de chocolat.* ◆ pl. Dans l'Antiquité, plaquettes d'argile, ou plaquettes de bois ou d'ivoire enduites de cire, sur lesquelles on écrivait avec un poinçon. ◇ *Mettre sur ses tablettes :* prendre bonne note de. – *Rayer de ses tablettes :* ne plus compter sur.

TABLETTERIE [tablɛtri] n.f. **1.** Fabrication de petits objets soignés, en bois, ivoire, os, nacre, plastique, par découpage, assemblage, moulage, marqueterie, incrustation, sculpture, etc. **2.** Objets ainsi fabriqués (échiquiers, damiers, dés, jeux, coffrets, étuis, etc.). **3.** Métier, commerce du tabletier.

TABLEUR n.m. INFORM. Programme de création et de manipulation interactives de tableaux numériques visualisés.

TABLIER n.m. (de *table*). **I. 1.** Vêtement de protection que l'on attache devant soi pour préserver ses vêtements. ◇ Fig., fam. *Rendre son tablier :* se démettre de ses fonctions. **2.** Blouse. **II. 1.** Dans un pont, plate-forme horizontale supportant la chaussée ou la voie ferrée. **2.** Cloison pare-feu. **3.** Afrique. Petit commerçant, vendant de menus objets à l'éventaire.

TABLOÏD ou **TABLOÏDE** adj. et n.m. Dont le format est la moitié du format habituel des journaux, en parlant d'une publication.

TABOR n.m. (de l'ar.). Corps de troupes marocain équivalant à un bataillon d'infanterie.

TABORITE n. *Taborites :* hussites intransigeants qui se groupèrent autour de Jan Žižka à Tabor, ville tchèque, et qui furent vaincus en 1434 par les catholiques et les hussites modérés.

1. TABOU n.m. (polynésien *tabu*). **1.** ANTHROP. Interdit de caractère religieux qui frappe un être, un objet ou un acte en raison du caractère sacré ou impur qu'on leur attribue. **2.** Interdit de caractère social et moral. *Le tabou de l'inceste.*

2. TABOU, E adj. **1.** Qui est l'objet d'un tabou, d'une interdiction religieuse. *Un mot tabou.* **2.** Qu'il serait malséant d'évoquer, en vertu des convenances sociales ou morales. **3.** Que l'on ne peut critiquer, mettre en cause. *Une institution taboue.*

TABOUISER ou, rare, **TABOUER** v.t. Donner un caractère de tabou à.

TABOULÉ n.m. (ar. *tabbūla,* mélange). Mélange de blé concassé et d'un fin hachis de tomates, de persil, d'oignons et de feuilles de menthe, arrosé d'huile d'olive et de jus de citron. (Cuisine libanaise.)

TABOURET n.m. (anc. fr. *tabour*). Siège à piètement, sans dossier ni bras.

TABULAIRE adj. (du lat. *tabula,* table). En forme de table ; plat.

TABULATEUR n.m. Dispositif d'une machine à écrire, permettant de retrouver automatiquement les mêmes zones d'arrêt à chaque ligne.

TABULATRICE n.f. Machine servant à exploiter les cartes perforées.

TABULÉ n.m. (lat. *tabula,* table). Cnidaire constructeur, fossile dans les terrains primaires.

TAC n.m. (onomat.). *Répondre du tac au tac :* rendre vivement la pareille.

TACAUD n.m. (breton *takohed*). Poisson voisin de la morue, à dos brunâtre. (Long. 30 cm ; famille des gadidés.)

TACCA n.m. (du malais). Plante monocotylédone des pays tropicaux, dont le tubercule fournit une fécule alimentaire (*arrow-root* de Tahiti).

TACET [tasɛt] n.m. (mot lat., *il se tait*). MUS. Silence d'une partie.

TACHE n.f. (lat. pop. *tacca,* gotique *ta[i]kko,* signe). **1. a.** Marque naturelle sur la peau de l'homme ou le poil des animaux. *Taches de rousseur.* **b.** ANAT. *Tache auditive :* zone de l'utricule et du saccule de l'oreille interne, sensible à la pesanteur et aux accélérations. **c.** ANAT. *Tache jaune :* macula. **2.** Marque de couleur, de lumière, d'ombre. **3.** ASTRON. Structure temporaire sombre sur le disque du Soleil. **4.** Marque qui salit. *Tache de graisse.* ◇ *Faire tache :* causer un contraste choquant, une impression fâcheuse. **5.** Litt. Tout ce qui atteint l'honneur, la réputation.

TÂCHE n.f. (du lat. *taxare,* taxer). **1.** Travail à faire dans un temps fixé et sous certaines conditions. ◇ *À la tâche :* en étant payé selon l'ouvrage exécuté. **2.** Ce qu'on a à faire par devoir ou par nécessité.

TACHÉOMÈTRE [-ke-] n.m. (du gr. *takhus,* rapide). Théodolite destiné aux levés de plans et aux mesures d'altitude.

TACHÉOMÉTRIE [-ke-] n.f. Méthode de levé des plans avec le tachéomètre.

TACHER v.t. **1.** Salir en faisant une tache. **2.** Litt. Ternir, souiller. *Une réputation tachée.*

TÂCHER v.t. ind. *(de).* Faire des efforts pour venir à bout (de), essayer (de). *Tâchez de terminer ce travail.* ◆ v.t. *Tâcher que :* faire en sorte que.

TÂCHERON n.m. **1.** Petit entrepreneur, ouvrier qui travaille à la tâche. **2.** Péj. Personne qui exécute une tâche ingrate et sans éclat.

TACHETER v.t. [27]. Marquer de nombreuses petites taches. *Fourrure tachetée de noir.*

TACHETURE n.f. Petite tache sur une surface.

TACHINA [takina] n.m. ou **TACHINE** [takin] n.f. (gr. *takhinos,* rapide). Mouche noire, commune sur les fleurs, et dont les larves parasitent certaines chenilles. (Long. 1 cm.)

TACHISME [taʃism] n.m. Une des tendances de la peinture abstraite des années 1950, caractérisée par la projection de taches et de coulures (Wols, Mathieu, Degottex, etc.).

TACHISTE adj. Du tachisme. ◆ n. Peintre pratiquant le tachisme.

TACHISTOSCOPE [-kis-] n.m. (du gr. *takhistos,* très rapide). Appareil servant à présenter à un sujet des images lumineuses pendant un court instant afin d'expérimenter et de mesurer certaines modalités de la perception.

TACHISTOSCOPIQUE [-kis-] adj. Du tachistoscope.

TACHYARYTHMIE [-ki-] n.f. PATHOL. Arythmie accompagnée de tachycardie.

TACHYCARDIE [-ki-] n.f. (gr. *takhus,* rapide, et *kardia,* cœur). Accélération du rythme cardiaque.

TACHYGRAPHE [-ki-] n.m. Appareil enregistreur de vitesse.

TACHYMÈTRE [-ki-] n.m. Appareil indiquant en continu la vitesse angulaire de rotation d'une machine.

TACHYON [-kjɔ̃] n.m. PHYS. Particule hypothétique possédant une vitesse supérieure à la vitesse de la lumière dans le vide.

TACHYPHÉMIE [-ki-] n.f. Accélération pathologique du débit verbal.

TACHYPSYCHIE [takipsiʃi] n.f. PSYCHIATRIE. Enchaînement anormalement rapide des idées, caractéristique des états maniaques.

TACITE adj. (lat. *tacitus,* qui se tait). Qui n'est pas formellement exprimé, mais qui est sous-entendu ; implicite.

TACITEMENT adv. De façon tacite.

TACITURNE adj. (lat. *taciturnus,* de *tacere,* taire). Qui parle peu, silencieux.

TACLE n.m. (de l'angl. *to tackle,* empoigner). Au football, action de bloquer avec le pied l'action de l'adversaire et, plus spécialement, glissade *(tacle glissé),* un ou deux pieds en avant, destinée à le déposséder du ballon.

TACLER v.i. et t. Faire un tacle.

TACO n.m. (du nahuatl). Crêpe de farine de maïs génér. garnie de viande, de fromage et de sauce piquante. (Cuis. mexicaine.)

1. TACON n.m. (du gaul.). Jeune saumon, avant sa descente en mer, mesurant au plus 15 cm.

2. TACON n.m. (lat. médiév. *taco,* morceau de cuir). Suisse. Pièce servant à raccommoder un vêtement.

TACONEOS [takɔneɔs] n.m. pl. (mot esp.). Martèlement rythmé des talons, dans la danse flamenca.

TACOT n.m. Fam. Vieille voiture, d'un fonctionnement défectueux.

TACT n.m. (lat. *tactus,* de *tangere,* toucher). **1.** PHYSIOL. Sensation produite par le contact mécanique d'un objet avec la peau et reçue par les corpuscules de Meissner (contact léger) et de Vater-Pacini (pression). [Le tact n'est qu'une partie du toucher, qui comprend aussi les sensations thermiques et douloureuses.] **2.** Sentiment délicat de la mesure, des nuances, des convenances dans les relations avec autrui.

TACTICIEN, ENNE n. **1.** Spécialiste ou théoricien de la tactique militaire. **2.** Personne qui use de moyens habiles pour obtenir le résultat voulu.

TACTILE adj. (lat. *tactilis,* de *tactus,* tact). **1.** Du toucher. *Corpuscules tactiles.* **2.** Se dit d'un écran de visualisation qui réagit au simple contact du doigt.

1. TACTIQUE n.f. (gr. *taktikê,* art de ranger). **1. a.** Art de diriger une bataille, en combinant par la manœuvre l'action des différents moyens de combat et les effets des armes. **b.** Cette manière de combattre elle-même pendant la bataille. **2.** Ensemble de moyens habiles employés pour obtenir le résultat voulu.

2. TACTIQUE adj. Relatif à une tactique.

TACTIQUEMENT adv. Conformément à une tactique.

TACTISME n.m. ZOOL. Attraction ou répulsion provoquée par certains facteurs de l'environnement, entraînant une prise d'orientation et une réaction locomotrice chez les espèces animales. (Le tactisme comprend notamment le *phototactisme* et le *chimiotactisme*.)

TADJIK adj. et n. Du Tadjikistan. ◆ n.m. Forme du persan parlée au Tadjikistan, écrite au moyen de l'alphabet cyrillique.

TADORNE n.m. Canard à bec rouge et à plumage multicolore, passant sur les côtes d'Europe occidentale. (Long. 60 cm.)

TAEKWONDO n.m. (mot coréen, de *tae*, pied, *kwon*, poing, et *do*, voie). Sport de combat voisin du karaté, d'origine coréenne.

TAEL [taɛl] n.m. Ancienne monnaie chinoise.

TÆNIA n.m. → ***ténia.***

TAFFETAS [tafta] n.m. (it. *taffeta* ; du persan). Toile légère de soie ou de fibres synthétiques.

TAFIA n.m. (mot créole). Autref., toute eau-de-vie de canne à sucre produite dans les Antilles françaises, puis eau-de-vie obtenue des seules mélasses ; auj., eau-de-vie fraîchement distillée à partir du jus ou des mélasses de canne. (Le rhum est l'eau-de-vie vieillie.)

TAG n.m. (mot amér.). Graffiti tracé ou peint, caractérisé par un graphisme proche de l'écriture et constituant un signe de reconnaissance.

TAGALOG ou **TAGAL** n.m. (pl. *tagals*). Langue du groupe indonésien parlée aux Philippines, où elle est langue officielle. SYN. : *pilipino.*

TAGETES [taʒetɛs], **TAGÈTE** ou **TAGETTE** n.m. Composée ornementale à fleurs en capitules (jaunes, orange), à odeur forte, telle que la rose d'Inde, l'œillet d'Inde.

TAGINE ou **TAJINE** n.m. (de l'ar.). **1.** Plat fait de morceaux de viande (de mouton ou de volaille, en principe), ou de légumes cuits à l'étouffée avec oignons, poivrons, pruneaux, etc. (Cuisine marocaine, tunisienne.) **2.** Récipient en terre dans lequel est cuit le mets du même nom, formé d'un plat épais muni d'un couvercle conique.

TAGLIATELLE [taljatɛl] n.f. (mot it.) [pl. *tagliatelles* ou inv.]. Pâte alimentaire d'origine italienne, en forme de lanière.

TAGUEUR, EUSE n. Personne qui trace des tags.

TAHITIEN, ENNE adj. et n. De Tahiti. ◆ n.m. Langue polynésienne parlée dans toute la Polynésie française.

TAÏAUT ou **TAYAUT** [tajo] interj. (onomat.). Cri employé par les veneurs à la chasse du cerf, du chevreuil ou du daim, pour avertir qu'ils ont vu l'animal.

TAI-CHI-CHUAN [tajʃiʃwan] ou **TAI-CHI** n.m. (mot chin.). Gymnastique chinoise, constituée par un enchaînement lent de mouvements, selon des schémas précis.

TAIE n.f. (lat. *theca* ; gr. *thêkê*, boîte). **1.** Enveloppe de tissu dans laquelle on glisse un oreiller ou un traversin. **2.** Tache permanente de la cornée due à des traumatismes ou à des ulcérations.

TAÏGA n.f. (du turc). Forêt de conifères qui longe en une ceinture presque ininterrompue le nord de l'Eurasie et de l'Amérique, au sud de la toundra.

TAIJI ou **T'AI-KI** n.m. Symbole cosmogonique du néoconfucianisme chinois, représentant le principe originel de l'univers par l'union du yang et du yin.

symbole du **taiji** (à l'intérieur du yin subsiste toujours le yang et inversement)

TAILLABLE adj. **1.** HIST. Sujet à l'impôt de la taille. **2.** *Être taillable et corvéable à merci :* être soumis à des travaux pénibles et divers, à des taxations multiples.

TAILLADE n.f. **1.** Entaille dans les chairs provoquée par un instrument tranchant. **2.** Vx. Coupure en long dans une étoffe.

TAILLADER v.t. Faire des entailles dans, entailler.

TAILLAGE n.m. Opération d'usinage consistant à enlever de la matière au moyen d'un outil coupant. *Taillage des engrenages.*

TAILLANDERIE n.f. **1.** Fabrication, commerce des outils propres à tailler, couper, etc. (cisailles, sécateurs, etc.). **2.** Ces outils eux-mêmes.

TAILLANDIER n.m. (de *tailler*). Fabricant d'articles de taillanderie.

TAILLANT n.m. Tranchant d'une lame.

TAILLE n.f. (de *tailler*). **I. 1. a.** Action de tailler, de couper. *La taille de la vigne.* **b.** Manière de tailler, façon donnée à l'objet taillé. *La taille en rose d'un diamant.* **2.** CHIR. Vx. Cystotomie. **3.** MIN. Chantier allongé qui progresse simultanément sur toute sa longueur (par opp. à *chambre*). **4.** GRAV. Incision de la planche qui servira à tirer une estampe (→ ***épargne*** [*taille d'*] et ***taille-douce***). **5.** Tranchant d'une épée. **6.** HIST. Impôt direct levé sur les roturiers, en France, sous l'Ancien Régime. **7.** MUS. Vx. Ténor. **II. 1. a.** Hauteur du corps humain. *Un homme de grande taille.* ◇ *Être de taille à :* être capable de. **b.** Grandeur et grosseur d'un animal. *Un bœuf de belle taille.* **c.** Dimension, grandeur de qqch. ◇ *De taille :* d'importance. **2.** Dimension standard d'un vêtement, d'une paire de chaussures. **3.** Partie du corps située à la jonction du thorax et de l'abdomen. ◇ Partie ajustée du vêtement qui marque la taille de la personne. *Taille basse.*

TAILLÉ, E adj. Qui a telle taille, telle carrure, qui est bâti de telle façon. *Taillé en hercule.* ◇ *Être taillé pour :* être fait pour, apte à. ◆ adj. et n.m. HÉRALD. Se dit d'un écu divisé en deux parties égales par une diagonale, de l'angle senestre du chef à l'angle dextre de la pointe.

TAILLE-CRAYON n.m. (pl. *taille-crayons* ou inv.). Petit outil, garni d'une lame tranchante, servant à tailler les crayons.

TAILLE-DOUCE n.f. (pl. *tailles-douces*). **1.** Ensemble des procédés de gravure en creux sur métal (burin, eau-forte, pointe sèche, etc., par opp. à *taille en relief* ou *taille d'épargne*). **2.** Estampe obtenue par un de ces procédés.

TAILLE-HAIE n.m. (pl. *taille-haies*). Appareil électrique de jardinage pour tailler les arbres et les arbustes, notamm. ceux disposés en haie.

TAILLER v.t. (lat. pop. *taliare*, de *talea*, rejeton). **1.** Couper, retrancher qqch d'un objet pour lui donner une forme. *Tailler un arbre.* ◇ *Tailler en pièces une armée,* la défaire entièrement. **2.** Couper dans un tissu les pièces nécessaires à la confection d'un vêtement. **3.** *Tailler un engrenage :* usiner les dents d'un engrenage. ◇ *Machine à tailler :* machine-outil conçue pour usiner les dents des engrenages. **4.** Façonner la surface du verre au moyen de la meule. *Cristal taillé.* ◆ **se tailler** v.pr. **1.** S'attribuer qqch. *Se tailler un empire.* **2.** Pop. S'en aller, s'enfuir.

TAILLERIE n.f. **1.** Art de tailler les cristaux et les pierres fines. **2.** Atelier où s'exécute ce travail.

TAILLEUR n.m. **1.** Artisan qui fait des vêtements sur mesure. ◇ *S'asseoir en tailleur,* les jambes repliées et les genoux écartés. **2.** Ouvrier spécialisé dans la taille de certains matériaux. *Tailleur de pierre(s).* **3.** Tenue féminine composée d'une jupe et d'une veste assortie.

TAILLEUR-PANTALON n.m. (pl. *tailleurs-pantalons*). Costume féminin composé d'un pantalon et d'une veste assortie.

TAILLEUSE n.f. Vx. Couturière.

TAILLIS [taji] n.m. (de *tailler*). Bois que l'on coupe à des intervalles rapprochés, constitué d'arbres de petite dimension obtenus de rejets de souches.

TAILLOIR n.m. **1.** Plateau pour découper la viande. **2.** ARCHIT. Couronnement mouluré du corps de certains chapiteaux ; abaque.

TAILLOLE n.f. Région. Anc. Large et longue ceinture de laine portée par les hommes, en Provence.

TAIN n.m. (de *étain*). Amalgame d'étain, qui sert à l'étamage des glaces.

TAIRE v.t. (lat. *tacere*) [III]. Ne pas dire, passer sous silence. *Taire la vérité.* ◇ *Faire taire :* imposer silence à, empêcher de se manifester. *Faites taire votre imagination.* ◆ **se taire** v.pr. **1.** Garder le silence. **2.** Ne pas divulguer un secret. **3.** Ne pas faire de bruit.

TAISEUX, EUSE adj. et n. Belgique. Se dit de qqn qui parle peu ; taciturne.

TAÏWANAIS, E [tajwanɛ, ɛz] adj. et n. De Taïwan.

TAJINE n.m. → ***tagine.***

TAKE-OFF [tɛkɔf] n.m. inv. (mot amér.). ÉCON. Phase du développement à partir de laquelle on cesse de considérer qu'un pays appartient au monde sous-développé.

TALC n.m. (ar. *ṭalq*). **1.** Silicate naturel de magnésium, onctueux et tendre, qu'on rencontre dans les schistes cristallins. **2.** Poudre de cette substance.

TALÉ, E adj. Meurtri, en parlant d'un fruit.

TALED n.m. → ***talith.***

TALENT n.m. (lat. *talentum* ; gr. *talanton*). **I.** ANTIQ. Unité de poids et de monnaie. **II. 1.** Aptitude particulière à faire qqch. **2.** Capacité, don remarquable dans le domaine artistique, littéraire. *Un peintre de talent.* **3.** Personne douée en telle activité. *Encourager les jeunes talents.*

TALENTUEUX, EUSE adj. Qui a du talent.

TALER v.t. (du germ.). Faire des meurtrissures à des fruits.

TALETH n.m. → ***talith.***

TALIBÉ n.m. (ar. *ṭalib*). Afrique. **1.** Élève d'une école coranique. **2.** Disciple d'un marabout.

TALION n.m. (lat. *talio*). **1.** Punition identique à l'offense, qui inspira la législation hébraïque. **2.** *Loi du talion :* loi qui exige de punir l'offense par une peine du même ordre que celle-ci.

TALISMAN n.m. (ar. *ṭilasm*, du gr. *telesma*, rite). **1.** Objet, image préparés rituellement pour leur conférer une action magique ou protectrice. **2.** Litt. Ce qu'on croit doué d'un pouvoir magique, qui est censé porter bonheur.

TALISMANIQUE adj. D'un talisman.

TALITH, TALETH, TALLETH, TALLITH ou, vx, **TALED** n.m. (mot hébr.). Châle rituel dont se couvrent les juifs pour la prière.

TALITRE n.m. (lat. *talitrum*, chiquenaude). Petit crustacé sauteur, dit *puce de mer*, qui vit dans le sable des plages. (Long. 2 cm ; ordre des amphipodes.)

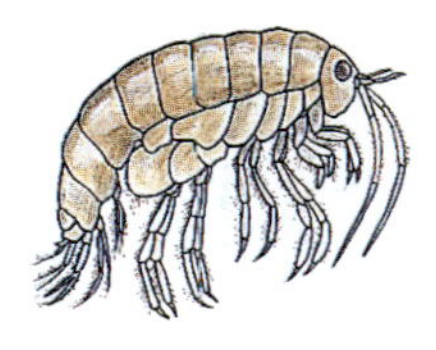
talitre

TALKIE-WALKIE [tokiwoki] n.m. (angl. *to talk*, parler, et *to walk*, marcher) [pl. *talkies-walkies*]. Petit appareil de radio émetteur et récepteur, de faible portée.

TALK-SHOW [tokʃo] n.m. (angl. *to talk*, parler, et *show*, spectacle) [pl. *talk-shows*]. TÉLÉV. Émission de télévision consistant en une conversation entre un animateur et un ou plusieurs invités sur un thème déterminé.

TALLAGE n.m. Fait de taller ; formation de talles par une plante.

TALLE n.f. (lat. *thallus*). AGRIC. Pousse caractéristique des graminées qui, après le développement de la tige principale, sort du collet des racines de la plante.

TALLER v.i. AGRIC. Donner naissance à une ou à plusieurs talles.

TALLETH ou **TALLITH** n.m. → ***talith.***

TALLIPOT n.m. (du sanskr.). Palmier de l'Inde du Sud, du Sri Lanka.

TALMOUSE n.f. Tartelette garnie d'une béchamel au fromage.

TALMUDIQUE adj. Du Talmud.

TALMUDISTE n. Savant juif versé dans l'étude du Talmud.

1. TALOCHE n.f. (de *taler*, meurtrir). Fam. Coup donné sur la tête ou la figure avec la main ouverte.

2. TALOCHE n.f. (anc. fr. *talevaz*, bouclier ; du gaul.). Planchette dont une face est munie d'une poignée, servant à étendre le plâtre ou le ciment sur un mur, un plafond.

TALOCHER v.t. Fam., vieilli. Donner une ou des taloches à qqn.

TALON [talɔ̃] n.m. (lat. *talus*). I. 1. Partie postérieure du pied de l'homme. ◇ *Marcher sur les talons de qqn,* immédiatement derrière lui. – *Montrer, tourner les talons :* s'enfuir. – *Talon d'Achille :* point faible, côté vulnérable de qqn. 2. Partie postérieure du pied du cheval. II. 1. Partie d'une chaussure, d'un bas, sur laquelle repose la partie postérieure de la plante du pied. 2. Extrémité arrière du ski. 3. Croûton d'un pain ; extrémité d'un jambon. 4. Partie non détachable d'une feuille de carnet à souches, d'un chéquier ; souche. 5. Ce qui reste des cartes après distribution à chaque joueur. 6. MAR. Partie inférieure de l'étambot, qui se raccorde à la quille. 7. ARCHIT. et ARTS DÉC. Moulure convexe en haut, concave en bas. 8. Saillie le plus souvent parallélépipédique, sur une surface destinée à servir d'appui ou de butée.

TALONNADE n.f. SPORTS. Coup de pied donné avec le talon.

TALONNAGE n.m. Action de talonner le ballon.

TALONNER v.t. 1. Presser du talon ou de l'éperon. *Talonner son cheval.* 2. Poursuivre de près ; pourchasser, presser vivement. *Être talonné par ses créanciers, par la faim.* 3. Au rugby, faire sortir le ballon de la mêlée, en le poussant vers son camp du talon ou de la face interne du pied. ◆ v.i. 1. En parlant d'un navire, toucher le fond, de l'extrémité arrière de la quille. 2. MÉCAN. En parlant de deux organes mécaniques, entrer en contact en des zones qui normalement ne devraient pas se toucher.

TALONNETTE n.f. 1. Partie de l'arrière de la tige de la chaussure entourant le talon du pied. 2. Garniture placée à l'intérieur de la chaussure, sous le talon du pied. 3. Morceau d'extrafort cousu intérieurement au bas d'un pantalon pour en éviter l'usure.

TALONNEUR n.m. Au rugby, joueur placé en mêlée entre les deux piliers et chargé de talonner le ballon.

TALONNIÈRE n.f. MYTH. Aile que Mercure, messager des dieux, portait aux talons.

TALPACK n.m. (du turc). Coiffure des janissaires (XVIe s.), puis des chasseurs à cheval français (second Empire).

TALQUER v.t. Saupoudrer, enduire de talc.

TALQUEUX, EUSE adj. Formé de talc ; de la nature du talc.

TALURE n.f. Meurtrissure sur un fruit.

1. TALUS n.m. (mot gaul., *pente*). 1. a. Terrain en pente. b. GÉOMORPH. *Talus continental :* pente limitant vers l'océan le plateau continental. ◇ *Tailler, couper en talus,* obliquement. 2. Face d'un mur ou d'une partie de mur ayant un fruit très accentué.

2. TALUS adj.m. (mot lat., *talon*). *Pied talus :* pied bot dont le talon porte seul à terre, le pied étant renversé vers la jambe.

TALUTÉ, E adj. CONSTR. Qui présente un fruit très accentué, en parlant d'un mur.

TALWEG ou, vx, **THALWEG** [talvɛg] n.m. (mot all., de *Tal,* vallée, et *Weg,* chemin). 1. GÉOGR. Ligne joignant les points les plus bas du fond d'une vallée. 2. MÉTÉOR. Creux barométrique entre deux zones de hautes pressions.

TAMANDUA n.m. (du tupi). Animal voisin du tamanoir mais plus petit. (Long. 50 cm.)

TAMANOIR n.m. (du tupi). Mammifère xénarthre de l'Amérique du Sud, qui se nourrit d'insectes capturés avec sa longue langue visqueuse, et appelé aussi *grand fourmilier.* (Long. 2,50 m env. avec la queue.)

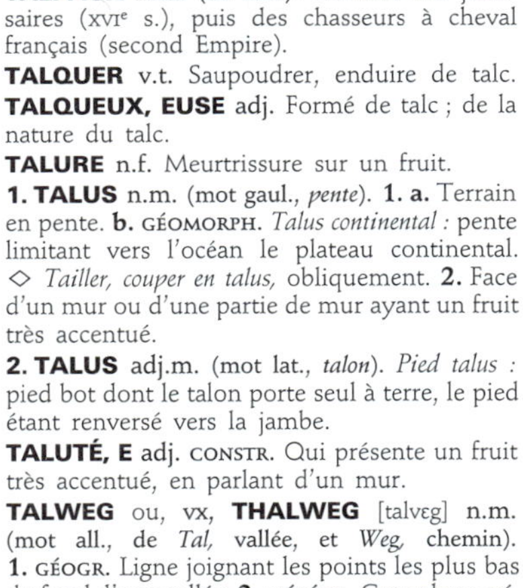

tamanoir

1. TAMARIN n.m. (de l'ar.). 1. Tamarinier. 2. Fruit laxatif de cet arbre.

2. TAMARIN n.m. Singe de l'Amérique du Sud, voisin du ouistiti.

TAMARINIER n.m. Arbre cultivé dans les régions tropicales pour son fruit. (Famille des césalpiniacées.)

TAMARIS [tamaris] ou **TAMARIX** n.m. (lat. *tamariscus*). Arbrisseau à très petites feuilles et à grappes de fleurs roses, souvent planté dans le Midi et près des littoraux.

TAMAZIGHT [tamazig] n.m. (mot berbère, *langue de l'homme libre*). Nom que les Berbères de Kabylie donnent à leur langue. SYN. : *kabyle.* (On dit aussi *tamazirt* [-zirt].)

TAMBOUILLE n.f. Pop. Ragoût, cuisine médiocre. ◇ Pop. *Faire la tambouille :* faire la cuisine.

TAMBOUR [tɑ̃bur] n.m. (persan *tabir*). I. 1. a. Caisse cylindrique dont les fonds sont formés de peaux tendues, dont l'une est frappée avec deux baguettes pour en tirer des sons. b. Celui qui bat du tambour. ◇ Fig. *Sans tambour ni trompette :* sans bruit, en secret. – Fam. *Tambour battant :* vivement, avec énergie. *Mener une affaire tambour battant.* 2. *Tambour de basque :* instrument plat composé d'une peau tendue sur un cadre muni de cymbales. SYN. : *tambourin à sonnailles.* II. 1. Cylindre sur lequel est tendue une étoffe que l'on veut broder à l'aiguille. 2. ARCHIT. Chacune des assises de pierre cylindriques composant le fût d'une colonne. 3. Cylindre, en bois ou en métal, sur lequel s'enroule le câble d'un treuil. 4. TECHN. *Tambour de frein :* pièce circulaire solidaire de la pièce à freiner, et sur laquelle s'exerce le frottement du segment de frein. 5. Cylindre portant à sa périphérie une graduation permettant de mesurer une grandeur par lecture, en face, d'un index. 6. INFORM. *Tambour magnétique :* support de mémoire de certains ordinateurs formé par un cylindre métallique dont la surface est recouverte d'une couche magnétique sur laquelle peuvent être enregistrées des informations. 7. Construction de plan circulaire, elliptique, polygonal, etc., exhaussant une coupole. 8. Ouvrage de menuiserie fermé formant enceinte, avec une ou plusieurs portes, placé à l'entrée principale de certains édifices pour empêcher le vent ou le froid d'y pénétrer.

TAMBOURIN n.m. 1. Tambour provençal à deux peaux, à fût long et étroit, que l'on bat avec une seule baguette. 2. *Tambourin à sonnailles* ou *tambourin :* tambour de basque. 3. Air de danse de rythme vif à deux temps dont on marque la mesure sur le tambourin ; cette danse. 4. Petit cercle de bois tendu d'une peau pour jouer à certains jeux de balle.

TAMBOURINAGE ou **TAMBOURINEMENT** n.m. Action de tambouriner ; bruit fait en tambourinant.

TAMBOURINAIRE n.m. 1. Joueur de tambourin, en Provence. 2. Tambour de ville. 3. Joueur de tambour, en Afrique noire.

TAMBOURINER v.i. 1. Vx. Battre du tambour ; jouer du tambourin. 2. Frapper à coups répétés (sur qqch). *Tambouriner sur, contre la porte.* ◆ v.t. 1. Jouer (un air) au tambour ou en imitant le bruit du tambour. 2. Annoncer au son du tambour. 3. Publier, répandre partout. *Tambouriner une nouvelle.*

TAMBOURINEUR, EUSE n. Joueur, joueuse de tambourin ou de tambour.

TAMBOUR-MAJOR n.m. (pl. *tambours-majors*). Sous-officier, chef des tambours ou de la clique dans une musique militaire.

TAMIA n.m. (lat. sc. *tamia*). Petit écureuil de l'Amérique du Nord à pelage jaune pâle rayé longitudinalement.

TAMIER n.m. (lat. *taminia* [*uva*], [raisin] sauvage). Plante grimpante commune dans les haies, appelée aussi *herbe aux femmes battues.* (Famille des dioscoréacées.)

TAMIL n.m. → ***tamoul.***

TAMIS [tami] n.m. (du gaul.). 1. Cadre sur lequel est tendu un réseau plus ou moins serré de métal, textile, crin ou vannerie, pour passer des matières en grain, liquides ou pulvérulentes. ◇ Fig. *Passer au tamis :* examiner sévèrement. 2. Surface de cordage d'une raquette de tennis. 3. CH. DE F. *Mouvement de tamis :* mouvement rapide d'un bogie autour de son axe vertical.

TAMISAGE n.m. Action de tamiser.

TAMISER v.t. 1. Passer une substance au tamis pour en séparer certains éléments. *Tamiser de la farine.* 2. Laisser passer la lumière en en diminuant l'intensité. *Lumière tamisée. Store qui tamise le jour.*

TAMISERIE n.f. Fabrique de tamis.

TAMISEUR, EUSE n. 1. Ouvrier, ouvrière qui tamise. 2. Appareil, machine à tamiser.

TAMISIER, ÈRE n. Fabricant de tamis.

1. TAMOUL, E adj. Des Tamouls.

2. TAMOUL ou **TAMIL** n.m. Langue dravidienne parlée principalement en Inde (État du Tamil Nadu) et au Sri Lanka.

TAMOURÉ n.m. (polynésien *tamuré*). Danse polynésienne à deux temps.

TAMPICO n.m. (de *Tampico,* n. d'un port mexicain). Fibre végétale tirée des feuilles d'un agave du Mexique, employée en literie et en brosserie.

TAMPON n.m. (anc. fr. *tapon,* du francique). I. 1. Gros bouchon de matière dure servant à obturer un orifice. 2. CONSTR. Plaque, en général en fonte, servant à obturer un regard. 3. Cheville de bois ou de métal, pour la fixation de vis ou de clous dans un mur. 4. Calibre cylindrique lisse ou fileté, utilisé pour la vérification des dimensions d'un trou à paroi lisse *(alésage)* ou filetée *(taraudage).* II. 1. Petite masse, généralement souple, faite de tissu, de coton roulé ou pressé, ou d'une autre matière utilisée pour frotter une surface, absorber, faire pénétrer ou étaler un liquide, etc. *Tampon à récurer. Tampon imbibé d'éther.* 2. Petite plaque de métal ou d'élastomère gravée que l'on encre (en l'appliquant sur un *tampon encreur*) pour imprimer le timbre d'une administration, d'une société, etc. ◇ Timbre ainsi imprimé. 3. CH. DE F. *Tampon* ou *tampon de choc :* dispositif constitué d'un plateau vertical muni de ressorts, placé à l'extrémité des voitures ou des wagons pour amortir les chocs. 4. Ce qui se trouve entre deux forces hostiles, deux personnes ou groupes et sert à atténuer les heurts, les chocs. *État tampon. Servir de tampon.* 5. CHIM. Substance, solution qui maintient la constance du pH (ex. : le mélange acide carbonique-carbonate dans le sang).

TAMPONNADE n.f. PATHOL. Accident aigu de compression du cœur, dû à un épanchement péricardique.

TAMPONNAGE n.m. CHIM. Action de tamponner ; son résultat.

TAMPONNEMENT n.m. 1. Action de tamponner. 2. Rencontre brutale de deux véhicules, de deux convois. 3. MÉD. Introduction d'une compresse, d'une mèche dans une cavité naturelle.

TAMPONNER v.t. 1. Frotter (une surface) à l'aide d'un tampon. 2. Essuyer (avec un tampon, une matière roulée en tampon). 3. Préparer un mur en le perçant et en y plaçant un tampon, une cheville. 4. Marquer (un document) d'un tampon, d'un cachet. 5. Heurter, rencontrer avec violence. 6. CHIM. Dissoudre dans un liquide les corps nécessaires pour en faire une solution tampon. ◆ **se tamponner** v.pr. 1. Se heurter. 2. Pop. *S'en tamponner (l'œil, le coquillard) :* s'en moquer complètement.

TAMPONNEUR, EUSE adj. *Autos tamponneuses :* petites voitures électriques à deux places qui s'entrechoquent sur une piste, dans les fêtes foraines.

TAMPONNOIR n.m. Pointe d'acier servant à faire, dans la maçonnerie, des trous destinés à recevoir des tampons, des chevilles.

TAM-TAM [tamtam] n.m. (mot créole ; onomat.) [pl. *tam-tams*]. 1. Tambour de bois africain ser-

tam-tam chinois

vant à la transmission des messages ou à l'accompagnement des danses. **2.** Gong chinois en bronze martelé, aux bords légèrement relevés. **3.** Fam. Publicité tapageuse. ◇ Bruit, tapage.

TAN [tɑ̃] n.m. (radical gaul. *tann-*, chêne). Écorce de chêne moulue, d'un brun-roux, servant au tannage des peaux.

TANAGRA n.m. ou f. (de *Tanagra,* village de Grèce). ARCHÉOL. Figurine polychrome de terre cuite, simple et gracieuse, produite à Tanagra. ◇ Jeune fille, jeune femme aux formes fines et gracieuses.

TANAISIE n.f. (lat. pop. *tanacita*). Plante du bord des chemins, des talus, dont les fleurs jaunes ont une action vermifuge. (Famille des composées.)

TANCER v.t. (lat. pop. *tentiare,* de *tendere,* tendre) 16. Réprimander, admonester. *Tancer vertement quelqu'un.*

TANCHE n.f. (bas lat. *tinca,* d'orig. gaul.). Poisson cyprinidé, trapu et ovale, qui se plaît dans les fonds vaseux des étangs. (Sa chair est estimée.)

tanche

TANDEM [tɑ̃dɛm] n.m. (mot angl., du lat. *tandem,* à la longue). **1.** Bicyclette conçue pour être actionnée par deux personnes placées l'une derrière l'autre. **2.** Association de deux personnes, deux groupes travaillant à une œuvre commune. **3.** Anc. Cabriolet découvert, attelé de deux chevaux.

TANDIS QUE [tɑ̃dikə] ou [tɑ̃diskə] loc. conj. (lat. *tamdiu,* aussi longtemps, et *que*). Marque : **1.** La simultanéité de deux actions (pendant que). *Parle tandis qu'il t'écoute !* **2.** Le contraste, l'opposition (alors que). *Elle aime l'opéra, tandis que lui préfère le jazz.*

TANDOORI [-du-] n.m. (mot hindi, de *tandoor,* four en terre). Morceaux de viande marinés, épicés et cuits dans un four en terre. (Cuis. indienne.)

TANGAGE n.m. **1.** Mouvement d'oscillation d'un navire dans le sens de sa longueur (par opp. au *roulis*). **2.** Mouvement d'oscillation d'un aéronef autour d'un axe parallèle à l'envergure des ailes et passant par le centre de gravité.

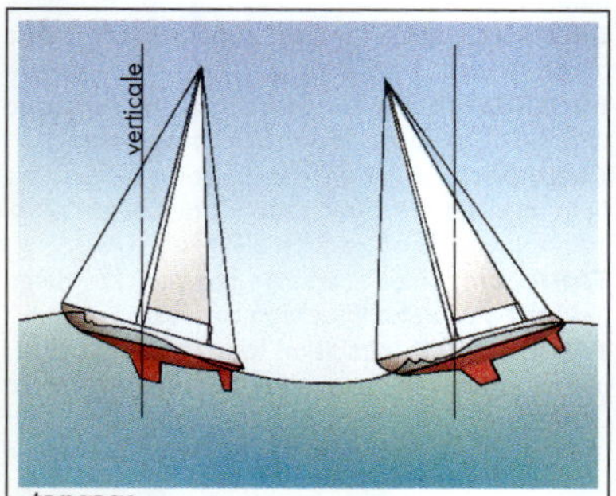

tangage

TANGARA n.m. (du tupi). Oiseau passereau d'Amérique, aux vives couleurs.

TANGENCE n.f. État ou propriété de ce qui est tangent.

TANGENT, E adj. (lat. *tangens, -entis,* touchant). **1.** GÉOM. Qui a un point commun avec une courbe ou une surface, sans la couper. *Droite tangente à un cercle.* – *Plan tangent à une surface en un point :* plan contenant les tangentes à toutes les courbes tracées sur la surface et passant par ce point. **2.** Fam. Qui est à la limite, très près du niveau nécessaire pour obtenir un résultat. *Il a réussi, mais c'était tangent.*

TANGENTE n.f. **1.** MATH. Position limite d'une droite passant par deux points d'une courbe, lorsqu'un des points d'intersection se rapproche indéfiniment de l'autre en restant sur cette courbe. – *Tangente à une surface :* tangente à une courbe quelconque tracée sur cette surface. – *Tangente d'un angle* ou *d'un arc :* quotient du sinus par le cosinus de cet angle ou de cet arc (symb. tan ou tg). **2.** Fam. *Prendre la tangente :* s'esquiver ; dégager habilement sa responsabilité.

TANGENTIEL, ELLE adj. MATH. Relatif à la tangence, à la tangente ; tangent. ◇ PHYS. *Accélération tangentielle :* projection du vecteur accélération sur la tangente à la trajectoire.

TANGENTIELLEMENT adv. De façon tangentielle.

TANGERINE n.f. (de *Tanger,* n.pr.). Mandarine d'une variété à peau rouge.

TANGIBILITÉ n.f. Caractère, état de ce qui est tangible.

TANGIBLE adj. (du lat. *tingere,* toucher). **1.** Que l'on peut percevoir par le toucher. **2.** Sensible, réel. *Signe tangible.*

TANGIBLEMENT adv. Litt. De façon tangible.

1. TANGO n.m. (mot hispano-amér.). Danse originaire d'Argentine, de rythme lent, proche de la habanera, et qui se danse en couple.

2. TANGO adj. inv. D'une couleur orangé-rouge.

3. TANGO n.m. Demi de bière additionné de grenadine.

TANGON n.m. (moyen néerl. *tange,* tenailles). MAR. Espar horizontal placé en dehors du bâtiment, perpendiculaire à la coque, servant à amarrer une embarcation, à amurer un spinnaker, à gréer des lignes, etc.

TANGUE n.f. (anc. scand. *tang*). Sable vaseux qui se dépose sur certains estrans, employé comme amendement calcaire.

TANGUER v.i. (de l'anc. scand. *tangi,* pointe). **1.** Être soumis au tangage, en parlant d'un navire, d'un aéronef. **2.** Fam. Tituber, osciller dans sa marche.

TANGUIÈRE n.f. Endroit où l'on recueille la tangue.

TANIÈRE n.f. (gaul. *taxo,* blaireau). **1.** Cavité souterraine servant de repaire aux bêtes sauvages. **2.** Litt. Habitation sombre et misérable. **3.** Habitation, lieu très retiré. *Rentrer dans sa tanière.*

TANIN ou **TANNIN** n.m. (de *tan*). Substance amorphe contenue dans de nombreux végétaux (écorce de chêne, de châtaignier, noix de galle, etc.), qui rend les peaux imputrescibles, employée dans la fabrication des cuirs. (Les tanins fournissent aussi des encres.)

TANISAGE ou **TANNISAGE** n.m. Action de taniser.

TANISER ou **TANNISER** v.t. **1.** Ajouter du tanin à (une poudre, un liquide). **2.** Ajouter du tanin à (un vin, un moût).

TANK n.m. (mot angl., *citerne*). **I.** Réservoir, citerne. *Tank à lait.* **II. 1.** MIL. Char de combat. **2.** Fam. Très grosse automobile.

TANKA n.m. inv. (tibétain *thang-ka,* objet plat). Peinture mobile, bannière de tissu constituant une image religieuse, au Népal et au Tibet.

TANKER [tɑ̃kœr] n.m. (mot angl.). Navire-citerne.

TANKISTE n. Servant d'un char de combat.

TANNAGE n.m. Action de tanner les peaux pour en faire des cuirs.

TANNANT, E adj. **1.** Propre au tannage. *Écorces tannantes.* **2.** Fam. Qui épuise, fatigue, importune.

TANNE n.f. Petit kyste sébacé noir qui se forme dans les pores de la peau, principalement au visage (ailes du nez, joues, front).

TANNÉ, E adj. **1.** Préparé par tannage. **2.** Qui a pris l'aspect, la couleur du cuir ; halé, basané. *Peau tannée par le soleil.*

TANNÉE n.f. **1.** Vieux tan dépourvu de son tanin, qui a servi à la préparation des cuirs. **2.** Pop. Correction, volée de coups. ◇ Défaite humiliante.

TANNER v.t. (de *tan*). **1.** Transformer en cuir (la peau naturelle brute des animaux) sous l'action chimique de tanins ou d'autres produits. ◇ Pop. *Tanner le cuir à qqn,* lui administrer une correction. **2.** Fam. Harceler de demandes importunes. *Il me tanne pour avoir des bonbons.*

TANNERIE n.f. **1.** Établissement où l'on tanne les peaux. **2.** Industrie du tannage.

TANNEUR, EUSE n. et adj. **1.** Ouvrier qui tanne les peaux. **2.** Artisan, industriel qui possède une tannerie et vend des cuirs.

TANNIN n.m. → ***tanin.***

TANNIQUE adj. Qui contient du tanin.

TANNISAGE n.m. → ***tanisage.***

TANNISER v.t. → ***taniser.***

TANREC ou **TENREC** [tɑ̃rɛk] n.m. (malgache *tandraka*). Mammifère insectivore de Madagascar au corps couvert de piquants. (Long. 35 cm env.)

TAN-SAD [tɑ̃sad] n.m. (angl. *tan[dem]* et *sad[dle],* selle) [pl. *tan-sads*]. Siège supplémentaire placé derrière la selle d'une motocyclette.

TANT adv. (lat. *tantum*). Indique : **1.** La grande quantité, le grand nombre, l'intensité. *Il l'aime tant ! Elle a tant d'amis que...* ◇ *Tant et plus :* beaucoup, énormément. – *Tant soit peu, un tant soit peu :* si peu que ce soit. – *Tant s'en faut :* loin de là. **2.** L'égalité (en phrase négative ou interr.). *Elle n'a pas eu tant de chance.* ◇ *Tant bien que mal :* péniblement, avec difficulté. **3.** Une quantité indéterminée, à titre d'exemple. *Gagner tant par mois.* **4.** *Tant mieux :* c'est très bien. – *Tant pis :* c'est dommage. – *Si tant est que :* à supposer que. ◆ conj. *Tant que.* **1. a.** Aussi longtemps que. *Tant que je vivrai.* **b.** Pendant que. *Baignons-nous tant qu'il fait beau.* **2.** *Tant qu'à* (+ inf.), annonce ce qui est, ou ce qui serait préférable. *Tant qu'à partir, partons !* ◇ Fam. *Tant qu'à faire :* au point où on en est ; puisqu'il faut le faire. **3.** *En tant que :* en qualité de, comme ; dans la mesure où.

1. TANTALE n.m. (lat. sc. *tantalum,* du gr. *Tantalos,* Tantale). Métal très dur et très dense (16,6), peu fusible, qui se présente habituellement sous forme de solide blanc d'argent ; élément (Ta), de numéro atomique 73, de masse atomique 180,947.

2. TANTALE n.m. Oiseau voisin de la cigogne, habitant l'Amérique, l'Afrique et l'Asie, à plumage blanc et rose taché de noir.

TANTE n.f. (de *ta,* et anc. fr. *ante,* du lat. *amita,* tante). **1. a.** Sœur du père ou de la mère ; femme de l'oncle. **b.** *Tante à la mode de Bretagne :* cousine germaine du père ou de la mère. **2.** Vulg. Homosexuel. **3.** Pop. ou par plais. *Ma tante :* le mont-de-piété (auj. Crédit municipal).

1. TANTIÈME adj. Qui représente une fraction donnée, mais non précisée, d'une grandeur.

2. TANTIÈME n.m. Part proportionnelle d'une quantité déterminée.

TANTINE n.f. Fam. (langage enfantin, surtout en appellatif). Tante.

TANTINET n.m. Fam. *Un tantinet :* un peu. *Il est un tantinet roublard.*

TANTÔT adv. (de *tant* et *tôt*). **1.** Cet après-midi. *Il est venu, il viendra tantôt.* **2.** *Tantôt..., tantôt...,* exprime l'alternance, la succession. *Des yeux tantôt bleus, tantôt verts. Tantôt elle pleure, tantôt elle rit.*

TANTRA n.m. pl. (sanskr. *tantra,* doctrine). Ensemble des textes et des cultes qui constituent le fondement du tantrisme.

TANTRIQUE adj. Relatif au tantrisme.

TANTRISME n.m. (de *tantra*). Ensemble de croyances et de rites issus des tantra et relevant de l'hindouisme, du jaïnisme et du bouddhisme tardif. (Le tantrisme se donne comme but le salut par la connaissance ésotérique des lois de la nature.)

TANZANIEN, ENNE adj. et n. De Tanzanie.

TAO ou **DAO** n.m. (chin. *tao,* la voie). Dans la pensée chinoise ancienne, principe suprême et impersonnel d'ordre et d'unité du cosmos.

TAOÏSME n.m. Religion populaire de la Chine, mélange du culte des esprits de la nature et des ancêtres, des doctrines de Laozi et de croyances diverses.

TAOÏSTE adj. et n. Relatif au taoïsme ; adepte du taoïsme.

TAON [tɑ̃] n.m. (lat. *tabanus*). Grosse mouche dont la femelle pique l'homme et le bétail, et leur suce le sang. (Long. 10 à 25 mm.)

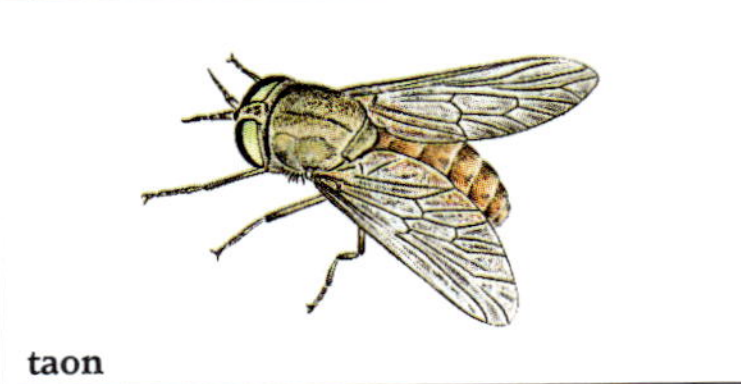
taon

TAPAGE n.m. **1.** Bruit confus accompagné généralement de cris, de querelles. **2.** Publicité énorme, grand bruit fait autour de qqch.

TAPAGER v.i. [17]. Vieilli. Faire du tapage.

TAPAGEUR, EUSE adj. **1.** Qui fait du tapage. **2.** Qui cherche à attirer l'attention ; outrancier. *Luxe tapageur.* **3.** Qui fait scandale, provoque des commentaires. *Une liaison tapageuse.*

TAPAGEUSEMENT adv. De façon tapageuse.

TAPANT, E adj. Fam. *À une, deux... heures tapantes* ou *tapant :* au moment où sonnent une, deux... heures.

TAPAS [tapas] n.f. pl. Assortiment de petites entrées variées, servies à l'apéritif. (Cuis. espagnole.)

1. TAPE n.f. (de *taper*). Coup donné avec la main.

2. TAPE n.f. (du moyen fr. *taper,* boucher). Panneau en tôle ou en bois qui, sur un bateau, sert à obturer une ouverture.

TAPÉ, E adj. **1.** Blet, taché par endroits. *Des pommes tapées.* **2.** Fam. Qui a l'esprit dérangé, qui est un peu fou. **3.** Fam. Se dit d'un visage marqué par l'âge. **4.** Fam. *Bien tapé :* exprimé vigoureusement et avec justesse. *Une réplique bien tapée.*

TAPE-À-L'ŒIL adj. inv. Fam. Très voyant, destiné à éblouir. ◆ n.m. inv. Fam. Apparence éblouissante mais trompeuse. *Ce décor, ce n'est que du tape-à-l'œil !*

TAPECUL [tapky] n.m. **1.** Fam. Voiture inconfortable, mal suspendue. **2.** Tilbury à deux places. **3.** Fam. Trot assis. **4.** MAR. Artimon dont la bôme déborde assez largement l'aplomb de l'étambot.

TAPÉE n.f. Fam. Grande quantité.

TAPEMENT n.m. Action de taper.

TAPENADE n.f. (prov. *tapeno,* câpre). Condiment provençal fait d'olives noires, de câpres et d'anchois dessalés écrasés avec de l'huile d'olive et des aromates.

TAPER v.t. et t. ind. (onomat.). **1.** Donner volontairement un coup à, frapper. *Taper un chien, sur un chien. Taper le sol avec ses pieds, du pied sur le sol. Taper dans ses mains.* ◇ Fam. *Taper dans l'œil de qqn,* lui plaire. **2.** Fam. *Taper dans qqch,* y puiser largement. *Taper dans ses réserves.* **3.** Fam. Chercher à obtenir (de qqn) de l'argent, un don. ◆ v.t. et i. Reproduire à la machine à écrire. *Dactylo qui tape un texte, qui tape vite.* ◆ v.i. **1.** Fam. *Le soleil tape (dur), ça tape :* le soleil est très chaud. **2.** Afrique. Aller à pied. ◆ **se taper** v.pr. **1.** Fam. S'offrir (qqch d'agréable, spécialt un bon repas). **2.** Fam. Faire malgré soi (une corvée) ; supporter qqn. **3.** Pop. *S'en taper :* se moquer complètement de qqch.

TAPETTE n.f. **I. 1.** Petite tape. **2.** Petit objet servant à taper (spécialt pour battre les tapis). **3.** Manière de jouer aux billes en les tapant contre un mur. **4.** Piège à souris, qui assomme l'animal par la détente d'un ressort. **5.** Tampon de graveur. **II. 1.** Fam. Langue (pour parler). *Il a une fière tapette.* **2.** Vulg. Homosexuel.

TAPEUR, EUSE n. Fam. Personne qui emprunte souvent de l'argent.

TAPIN n.m. Pop. *Faire le tapin :* se prostituer en racolant sur le trottoir.

TAPINER v.i. Pop. Faire le tapin.

TAPINOIS (EN) loc. adv. (anc. fr. *tapin,* qui se dissimule). Sournoisement, en cachette.

TAPIOCA n.m. (mot port. ; du tupi). Fécule tirée de la racine de manioc, dont on fait des potages, des bouillies, etc.

TAPIR n.m. (mot tupi). **1.** Mammifère d'Asie du Sud-Est et d'Amérique tropicale portant une courte trompe. (Long. 2 m. env. ; ordre des ongulés ; sous-ordre des périssodactyles.) **2.** Arg. Jeune élève à qui un normalien donne des leçons particulières.

tapir d'Amérique tropicale

TAPIR (SE) v.pr. (francique *tappjan,* fermer). **1.** Se cacher en se blottissant. **2.** Se retirer, s'enfermer pour échapper à la vue.

TAPIS n.m. (gr. *tapêtion*). **1. a.** Ouvrage textile, en général à face veloutée, dont on recouvre le sol. ◇ *Tapis mécanique :* carpette, moquette, etc., fabriquée mécaniquement par tissage ou d'autres procédés. – *Tapis à point noué,* exécuté à la main sur un métier. ◇ Fam., péj. *Marchand de tapis :* personne qui marchande mesquinement. **b.** Pièce de tissu, ou d'un autre matériau, posée sur le sol et amovible (par opp. à *moquette*). *Tapis de bains.* ◇ *Aller, envoyer au tapis :* en boxe, être envoyé, envoyer au sol. – *Dérouler le tapis rouge :* recevoir qqn avec tous les honneurs. ◇ *Tapis de sol :* toile qui isole l'intérieur d'une tente de l'humidité du sol. **2. a.** Pièce d'étoffe ou d'un autre matériau dont on recouvre un meuble. ◇ *Tapis vert* ou *tapis,* qui recouvre une table de jeu ; par ext., table de jeu. ◇ *Amuser le tapis :* jouer petit jeu en attendant la partie sérieuse ; fig., distraire l'assemblée. **b.** Pièce de tissu qui recouvre une table de travail, de négociations ; cette table. ◇ *Être, revenir sur le tapis :* être, être de nouveau le sujet de conversation. – *Mettre, jeter qqch sur le tapis,* le proposer à l'examen. **3. a.** Ce qui recouvre une surface (comme un tapis). *Tapis de gazon.* **b.** *Tapis roulant :* dispositif à mouvement continu qui transporte des personnes, des marchandises.

tapis à figures provenant de Kermān (Iran) ; laine et coton ; seconde moitié du XIXe s. (musée Condé, Chantilly)

TAPIS-BROSSE n.m. (pl. *tapis-brosses*). Tapis à poils durs et serrés destiné à s'essuyer les pieds lorsqu'on vient de l'extérieur (utilisé souvent comme paillasson).

TAPISSER v.t. **1.** Recouvrir de tenture, de papier peint. *Tapisser un mur, une chambre de toile écrue.* **2.** Revêtir (une surface) d'une couche continue, généralement épaisse et moelleuse ; recouvrir presque totalement. *Allée tapissée de feuilles mortes.*

TAPISSERIE n.f. **1.** Ouvrage textile décoratif, tendant un mur ou couvrant un meuble, tissé manuellement sur un métier de basse lisse ou de haute lisse, dont le décor est produit par les fils teintés de trame (laine, soie, etc.) tassés de manière à cacher les fils de chaîne. – Ouvrage d'aspect similaire, mais fabriqué selon une technique quelconque. ◇ *Faire tapisserie :* en parlant d'une femme, ne pas être invitée à danser (dans un bal notamm.). **2.** Ouvrage textile exécuté à l'aiguille sur un canevas, à points comptés, et suivant le tracé d'un dessin. **3.** Papier peint, tissu tendu sur les murs. **4.** Art, métier du tapissier.

TAPISSIER, ÈRE n. **1.** Personne qui vend ou pose les tapis et tissus d'ameublement. **2.** Personne qui exécute manuellement des tapisseries ou des tapis.

TAPON n.m. (du francique). Fam. Morceau d'étoffe, de linge, chiffonné, roulé en boule.

TAPOTEMENT n.m. Action de tapoter ; bruit fait en tapotant.

TAPOTER v.t. **1.** Donner de petites tapes légères. **2.** Frapper à petits coups répétés avec les doigts ou avec quelque objet.

TAPURE n.f. Fissure dans une pièce métallique provoquée par un refroidissement rapide.

TAPUSCRIT n.m. (de *taper* et *manuscrit*). Texte dactylographié. ◇ Spécialt. Document dactylographié remis au composeur (par opp. à *manuscrit*).

TAQUAGE n.m. IMPR. Action de constituer des piles de papier homogènes avant les opérations d'impression, de coupe ou de pliure.

TAQUE n.f. **1.** Plaque de fonte dressée formant table, fixée sur le sol et utilisée en association avec certaines machines-outils de grandes dimensions. **2.** Contrecœur (de cheminée).

TAQUER v.t. IMPR. **1.** Égaliser (la hauteur des lettres d'une forme typographique) à l'aide d'un taquoir. **2.** Procéder au taquage de feuilles de papier.

TAQUET n.m. (onomat.). **1.** Petit morceau de bois taillé servant à tenir provisoirement en place un objet ou à insérer une fixation définitive dans la maçonnerie. **2.** MAR. Pièce de bois ou de métal pour amarrer les cordages. **3.** TECHN. Pièce servant d'arrêt, de butée. ◇ Petite pièce mobile servant de butée, de verrou.

1. TAQUIN, E adj. et n. (anc. fr. *taquehain,* émeute). Qui aime à taquiner, à contrarier.

2. TAQUIN n.m. Jeu de patience consistant à ranger, dans un ordre déterminé, et par simples glissements, des plaques juxtaposées sur un plateau.

TAQUINER v.t. S'amuser, sans méchanceté, à faire enrager, à contrarier.

TAQUINERIE n.f. **1.** Caractère d'une personne taquine. **2.** Action de taquiner ; agacerie.

TAQUOIR n.m. IMPR. Petit morceau de bois pour égaliser les caractères d'une forme typographique.

TARA n.m. (mot africain). Afrique. Lit, siège bas, fait de branches entrecroisées.

TARABISCOT [tarabisko] n.m. (p.-ê. de *tarer,* percer, et prov. *bisco,* moulure). **1.** Rainure carrée ou arrondie, destinée, sur un profil, à dégager une moulure. **2.** Rabot servant à creuser cette rainure.

TARABISCOTÉ, E adj. **1.** Chargé de tarabiscots ; orné à l'excès. **2.** Embrouillé, compliqué. *Une histoire tarabiscotée.*

TARABUSTER v.t. (anc. prov. *tabustar,* faire du bruit). **1.** Malmener, houspiller. **2.** Préoccuper vivement.

TARAGE n.m. Action de tarer.

TARAMA n.m. (mot gr. ; du turc). Hors-d'œuvre, pâte onctueuse à base d'œufs de poisson salés, pilés avec de l'huile d'olive, de la mie de pain et du citron.

TARARAGE n.m. AGRIC. Action de nettoyer les grains avec un tarare.

TARARE n.m. AGRIC. Appareil servant à nettoyer les grains après le battage.

Bohémiens à la porte d'un château. Ateliers de Tournai ; laine et soie ; fin du XVe s. (Currier Gallery of Art, Manchester [États-Unis].) Un des moments les plus séduisants dans l'histoire de la tapisserie de lisse : compromis remarquable, caractéristique de la fin du Moyen Âge, entre la mise en perspective d'une fraction d'univers (vaste fond de paysage, avec une chasse au cerf dans un plan intermédiaire) et les exigences du décor mural (présence bien lisible de chaque élément dans l'espace à deux dimensions du tissage) ; charme d'un sujet pittoresque de la vie profane, saveur des détails, franchise du coloris (relativement bien conservé).

La Dorothée déguisée en berger, une des pièces de la tenture de l'*Histoire de Don Quichotte* de C.A. Coypel. Tapisserie des Gobelins ; laine et soie ; milieu du XVIIIe s. (Musée de Versailles.) À partir de la Renaissance (et des tissages trop respectueux effectués d'après Raphaël), la tapisserie, s'éloignant de ce qui semble être sa nature propre, tend à une imitation de toutes les subtilités de la peinture. Cet objectif domine la production des Gobelins au XVIIIe s., avec l'introduction d'une immense gamme de teintes des laines, sans doute superflues et qui se révéleront trop fragiles à la lumière. La tenture de *Don Quichotte* sur cartons de Coypel conserve un caractère décoratif, et pas seulement pictural, grâce aux *bordures* en trompe-l'œil et aux *alentours* qui encadrent le tableau narratif central.

Sempre tornarán (1978), de Josep Grau-Garriga. (Coll. priv.) Dans les années 1930 et 1940, Lurçat, admirateur de la tapisserie médiévale, a rajeuni le métier traditionnel en simplifiant les cartons, en utilisant des laines plus grosses et une gamme restreinte de coloris. Une mutation beaucoup plus radicale a été opérée ensuite par des artistes d'Europe centrale ou de Scandinavie, à la fois concepteurs et lissiers : ils ont valorisé des techniques et des matières d'origine populaire, paysanne, pour composer d'expressives tapisseries-sculptures souvent détachées du mur. Le peintre catalan Grau-Garriga, quant à lui, fait toujours appel à des lissiers professionnels, mais pour composer, par le choc de franges hirsutes, d'assemblages composites de fragments aux couleurs contrastées, des reliefs qui s'apparentent à l'expressionnisme abstrait.

tapisserie

TARASQUE n.f. (prov. *tarasco,* de *Tarascon*). Monstre légendaire dont sainte Marthe aurait délivré Tarascon, représenté dans le folklore des fêtes provençales.

TARATATA interj. Fam. (Marque le dédain, l'incrédulité, le doute). *Taratata ! tu ne m'auras pas !*

TARAUD n.m. (anc. fr. *tarel*). Outil à main ou à machine servant à effectuer des filetages à l'intérieur des trous de faible diamètre destinés à recevoir des vis.

TARAUDAGE n.m. **1.** Action de tarauder. **2.** Trou taraudé.

TARAUDER v.t. **1.** Exécuter le filetage d'un trou à l'aide d'un taraud. **2.** Litt. Tourmenter moralement.

TARAUDEUR, EUSE n. Personne qui exécute des taraudages.

TARAUDEUSE n.f. Machine-outil servant à tarauder.

TARAVELLE n.f. (bas lat. *terebellum,* du lat. class. *terebra,* vrille). Région. Plantoir utilisé par les viticulteurs du Bordelais et des Charentes.

TARBOUCH ou **TARBOUCHE** n.m. (ar. *tarbūch*). Bonnet rond tronconique orné d'un gland, porté dans les anciens pays ottomans.

TARD adv. (lat. *tarde,* lentement). **1.** Relativement longtemps après le temps normal, habituel, attendu. *Tu viens un peu tard.* ◇ *Tôt ou tard :* un jour ou l'autre. ◇ *Au plus tard :* dans l'hypothèse du temps la plus éloignée. **2.** À une heure très avancée de la journée, de la nuit. *Se coucher tard.* ◆ n.m. *Sur le tard :* à une heure avancée de la soirée ; à un âge relativement avancé. *Se marier sur le tard.*

TARDENOISIEN n.m. (de la région du *Tardenois*). PRÉHIST. Faciès culturel et industriel de la fin du paléolithique supérieur, caractérisé par une industrie de microlithes. ◆ **tardenoisien, enne** adj. Du tardenoisien.

TARDER v.i. (lat. *tardare*). Être lent à faire qqch. *Dans cette affaire, l'avocat a trop tardé.* ◇ *Sans tarder :* immédiatement. ◆ v.t. ind. *(à).* **1.** Être lent à (venir, se produire). *La réponse tardait à venir.* **2.** *Ne pas tarder à :* être sur le point de faire qqch ; être sur le point de se produire. *Je ne vais pas tarder à partir.* ◆ v. impers. *Il me tarde de, le temps me tarde de :* je suis impatient de.

TARDIF, IVE adj. **1.** Qui vient tard, trop tard. *Regrets tardifs.* **2.** Qui a lieu tard dans la journée. *Heure tardive.* **3.** Se dit des variétés de végétaux qui fleurissent ou mûrissent plus tard, se développent plus lentement que les autres végétaux de la même espèce. *Roses, fraises tardives.*

TARDIGRADE n.m. (lat. *tardus,* lent, et *gradi,* marcher). *Tardigrades.* **a.** Famille d'animaux fossiles du quaternaire d'Amérique du Sud, tels que le mégathérium. **b.** Classe de très petits animaux articulés vivant dans les mousses.

TARDILLON, ONNE n. Fam., vieilli. Dernier-né tardivement venu dans une famille.

TARDIVEMENT adv. De façon tardive.

TARDIVETÉ n.f. AGRIC. Croissance tardive.

1. TARE n.f. (ar. *ṭarḥ,* déduction). **1.** Masse non marquée mise sur un plateau d'une balance pour équilibrer un objet pesant mis sur l'autre plateau, et dont la valeur est déduite dans le calcul de la masse de l'objet. **2.** Masse de l'emballage à vide d'une marchandise, déduite de la masse brute pour obtenir la masse nette.

2. TARE n.f. **1.** Défectuosité physique ou psychique, généralement héréditaire, chez l'être humain ou l'animal. **2.** Litt. Grave défaut nuisible à un groupe, à la société.

TARÉ, E adj. et n. (de *tare*). **1.** Atteint d'une tare physique ou psychique. **2.** Fig., pop. Imbécile.

TARENTE n.f. Région. Gecko, dans le midi de la France.

TARENTELLE n.f. (it. *tarantella*). Danse rapide, air à danser de l'Italie méridionale.

TARENTULE n.f. (it. *tarantola*). Grosse araignée du genre lycose, répandue dans l'Europe méridionale.

TARER v.t. Peser l'emballage d'une marchandise, dont le poids est à déduire de la masse brute pour obtenir la masse nette.

TARET n.m. Mollusque marin qui creuse des galeries dans le bois des bateaux, des pilotis. (Long. jusqu'à 30 cm, la coquille étant très réduite ; classe des bivalves.)

TARGE n.f. (du francique). Petit bouclier en usage au Moyen Âge.

TARGETTE n.f. Petit verrou plat, monté sur une plaque, commandé par un bouton pour fermer de l'intérieur une porte ou une fenêtre.

TARGUER (SE) v.pr. *[de]* (de *targe*). Litt. Se vanter, se glorifier, se prévaloir de.

TARGUI, E adj. et n. → ***touareg.***

TARGUM [-gum] n.m. (de l'hébr.). Paraphrase araméenne des livres bibliques, faite à l'usage des juifs pour les lectures à la synagogue, lorsque l'hébreu, dans la période qui suivit la captivité de Babylone (VIe s. av. J.-C.), fut supplanté par l'araméen.

TARIÈRE n.f. (du gaul.). **1.** Grande vrille de charpentier, de charron, manuelle ou mécanique, pour faire des trous dans le bois. **2.** Organe allongé, situé à l'extrémité de l'abdomen des femelles de certains insectes et permettant le dépôt des œufs dans le sol, dans les végétaux, etc. SYN. : *ovipositeur, oviscapte.*

TARIF n.m. (it. *tariffa* ; de l'ar.). **1.** Tableau indiquant le coût des marchandises, le montant des droits de douane, etc. **2.** Montant du prix d'un service, d'un travail.

TARIFAIRE adj. Relatif au tarif.

TARIFER v.t. Établir le tarif de.

TARIFICATION n.f. Action de tarifer ; fait d'être tarifé.

1. TARIN n.m. Oiseau passereau vivant l'hiver dans les bois de l'Europe occidentale, à plumage jaune verdâtre rayé de noir. (Long. 12 cm ; famille des fringillidés.)

2. TARIN n.m. Pop. Nez.

TARIR v.t. (du francique). Mettre à sec. *La sécheresse tarit les puits.* ◆ v.i. ou **se tarir** v.pr. Être mis à sec ; cesser de couler. *La source a tari tout à coup.* ◆ v.i. *Ne pas tarir sur :* ne pas cesser de dire, de parler sur. *Ne pas tarir d'éloges sur qqn.*

TARISSABLE adj. Qui peut se tarir.

TARISSEMENT n.m. Fait de tarir ; état de ce qui s'est tari.

TARLATANE n.f. (port. *tarlatana*). Mousseline de coton transparente et très apprêtée.

TARMAC n.m. (de *tarmacadam*). Partie d'un aérodrome réservée à la circulation et au stationnement des avions.

TARMACADAM [-dam] n.m. (angl. *tar,* goudron, et *macadam*). Vx. Matériau de revêtement des chaussées, constitué par des pierres cassées enrobées dans une émulsion de goudron.

TARNAIS, E adj. et n. Du Tarn.

TARO n.m. (du polynésien). Plante cultivée dans les régions tropicales pour ses tubercules comestibles. (Famille des aracées.)

TAROT n.m. ou **TAROTS** n.m. pl. (it. *tarocco*). Ensemble de soixante-dix-huit cartes, plus longues et comportant plus de figures que les cartes ordinaires, servant au jeu et à la divination ; jeu qu'on joue avec ces cartes.

TAROTÉ, E adj. *Cartes tarotées,* dont le dos, ou revers, est orné de grisaille en compartiments, comme les tarots.

TARPAN n.m. (du kirghiz). Cheval domestique retourné à l'état sauvage, en Asie occidentale.

TARPON n.m. (mot angl.). Poisson des régions chaudes de l'Atlantique (Floride), objet d'une pêche sportive. (Long. 2 m.)

TARSE n.m. (gr. *tarsos*). **1.** Région postérieure du squelette du pied, formée, chez l'homme, de sept os, dits *os tarsiens.* **2.** Lame fibreuse maintenant tendue la paupière. **3.** Dernière partie de la patte des insectes, formée de deux à cinq petits articles.

1. TARSIEN, ENNE adj. Du tarse.

2. TARSIEN n.m. *Tarsiens :* sous-ordre de mammifères primates.

TARSIER n.m. Mammifère de Malaisie, nocturne, à grands yeux. (Long. 15 cm sans la queue ; sous-ordre des tarsiens.)

tarsier

1. TARTAN n.m. (mot angl.). **1.** Étoffe de laine, à larges carreaux de diverses couleurs, fabriquée en Écosse. **2.** Vêtement, châle de cette étoffe.

2. TARTAN n.m. (nom déposé). Aggloméré d'amiante, de matières plastiques et de caoutchouc utilisé comme revêtement des pistes d'athlétisme.

TARTANE n.f. (anc. prov. *tartana*). MAR. Petit bâtiment de la Méditerranée portant un grand mât avec voile sur antenne et un beaupré.

TARTARE adj. (ar. *tatar*). **1.** *Sauce tartare :* mayonnaise fortement relevée de moutarde, d'épices et d'herbes hachées. **2.** *Steak tartare* ou *tartare,* n.m. : viande hachée que l'on mange crue, mélangée avec un jaune d'œuf, des câpres et fortement assaisonnée.

TARTARIN n.m. (de *Tartarin,* n.pr.). Fam. Fanfaron, vantard.

TARTE n.f. (var. de *tourte*). **1.** Préparation faite d'une pâte amincie au rouleau et garnie de crème, de fruits, de légumes, etc. ◇ Fig., fam. *C'est de la tarte, c'est pas de la tarte :* c'est facile, c'est difficile. – Fam. *Tarte à la crème :* idée toute faite, point de vue d'une grande banalité. **2.** Pop. Gifle, coup de poing. ◆ adj. Fam. Stupide, ridicule, insignifiant. *Garçon tarte. Film tarte.*

TARTELETTE n.f. Petite tarte.

TARTEMPION n.m. Fam. et péj. Monsieur Untel.

TARTINE n.f. (de *tarte*). **1.** Tranche de pain recouverte de beurre, de confiture, etc. **2.** Fam. Long développement oral ou écrit ; laïus.

TARTINER v.t. **1.** Mettre du beurre, de la confiture, etc., sur (une tranche de pain). **2.** Fam. Faire de longs développements.

TARTIR v.i. Pop. *Faire tartir, se faire tartir :* ennuyer, s'ennuyer.

TARTRATE n.m. Sel de l'acide tartrique.

TARTRE n.m. (bas lat. *tartarum*). **1.** Dépôt salin que laisse le vin sur les parois des tonneaux, des cuves. **2.** Sédiment jaunâtre qui se dépose autour des dents. **3.** Croûte calcaire, dure et insoluble, qui se dépose sur les parois des chaudières, des canalisations d'eau ou de vapeur, etc.

TARTRÉ, E adj. Additionné de tartre.

TARTREUX, EUSE adj. De la nature du tartre.

TARTRIQUE adj. *Acide tartrique :* acide-alcool $CO_2H{-}CHOH{-}CHOH{-}CO_2H$, présent dans la lie du vin.

TARTUFE ou **TARTUFFE** n.m. **1.** Vx. Faux dévot. **2.** Personne fourbe, hypocrite.

TARTUFERIE ou **TARTUFFERIE** n.f. Caractère, manière d'agir du tartufe.

TARZAN n.m. Fam. et par plais. Homme athlétique, musclé.

TAS n.m. (du francique). **1.** Accumulation, amoncellement de choses en hauteur. *Tas de sable.* **2.** Fam. *Un tas, des tas de :* une grande quantité, beaucoup de. *Un tas de gens.* **3.** ARCHIT. Ouvrage en cours d'exécution ; chantier. – *Tas de charge :* ensemble de pierres disposées horizontalement en surplomb, en encorbellement l'une sur l'autre. ◇ Fam. *Sur le tas :* sur le lieu même du travail. *Apprendre sur le tas.* **4.** TECHN. Petite masse métallique, en général parallélépipédique, servant d'enclume aux bijoutiers, aux orfèvres, etc. ◇ *Tas à boule :* petite enclume portative que le chaudronnier applique derrière la tôle qu'il façonne par martelage. **5.** Fam. *Tas de boue :* voiture en mauvais état.

TASSAGE n.m. SPORTS. Action de tasser un adversaire.

TASSE n.f. (de l'ar.). Petit récipient à anse dont on se sert pour boire ; son contenu. *Tasse à café. Boire une tasse de thé.* ◇ Fam. *Boire la tasse :* avaler involontairement de l'eau en se baignant. ◇ (Calque de l'angl. *that's not my cup of tea*). Fam. *Ce n'est pas ma tasse de thé :* ce n'est pas du tout à mon goût, ça n'est vraiment pas mon genre.

TASSEAU n.m. (lat. *taxillus,* petit dé à jouer). **1.** Pièce de bois de petite section, servant à soutenir, à fixer, à caler une autre pièce. **2.** MENUIS. Liteau.

TASSEMENT n.m. **1.** Action de tasser, de se tasser. *Tassement de vertèbres. Tassement d'une construction.* **2.** Baisse lente, perte de vitesse. *Tassement des cours de la Bourse.*

TASSER v.t. **1.** Réduire de volume par pression. *Tasser du foin.* **2.** Resserrer dans un petit espace. *Tasser les bagages dans le coffre.* ◇ SPORTS. Dans une course, gêner un concurrent de manière irrégulière en lui fermant le passage. ◆ **se tasser** v. pr. **1.** S'affaisser sur soi-même par son propre poids. *Le mur se tasse.* **2.** Se voûter. *Se tasser avec l'âge.* **3.** Diminuer de puissance, d'intensité, en parlant d'une progression, d'une crise. **4.** Pop. *Se tasser qqch,* le manger, l'absorber.

TASSETTE n.f. Pièce de l'armure qui protégeait le devant des cuisses.

TASSILI n.m. (mot berbère, *plateau*). Plateau de grès, au Sahara.

TASTE-VIN n.m. inv. → ***tâte-vin.***

T. A. T. n.m. (sigle de l'angl. *thematic apperception test*). Test projectif, consistant à faire raconter au sujet une histoire à partir d'une série d'images représentant des situations ambiguës.

TATA n.f. Langage enfantin. Tante.

TATAMI n.m. (mot jap.). Tapis en paille de riz servant, en partic., à la pratique des arts martiaux (judo, karaté, etc.).

TATANE n.f. Pop. Soulier.

TATAR, E adj. Relatif aux Tatars, en partic. à ceux de la Volga. ◆ n.m. Langue du groupe turc parlée par les Tatars.

TÂTER v.t. (lat. *taxare,* toucher). **1.** Toucher, explorer de la main. *Tâter une étoffe.* **2.** Sonder qqn pour connaître ses intentions. **3.** Fam. *Tâter le terrain :* s'informer par avance de l'état des choses, des esprits. ◆ v.t. ind. *(de, à).* Essayer, faire l'épreuve de. *Tâter de tous les métiers.* ◆ **se tâter** v.pr. Fam. S'interroger sur ses propres sentiments ; hésiter.

TÂTEUR adj.m. et n.m. Se dit d'un organe de contrôle d'une machine à planter les pommes de terre, à décolleter les betteraves, etc.

TÂTE-VIN [tɑtvɛ̃] ou **TASTE-VIN** [tastəvɛ̃] n.m. inv. **1.** Tube pour aspirer, par la bonde, le vin qu'on veut goûter. **2.** Petite tasse plate de métal dans laquelle on examine le vin qu'on va goûter.

TATILLON, ONNE adj. et n. Fam. Trop minutieux, attaché aux petits détails.

TÂTONNANT, E adj. Qui tâtonne, hésite.

TÂTONNEMENT n.m. **1.** Fait de tâtonner. **2.** Fig. Mode de recherche empirique, par essais renouvelés ; ces essais.

TÂTONNER v.i. **1.** Avancer, chercher à trouver qqch, sans voir et en tâtant pour reconnaître l'environnement. *Tâtonner dans le noir.* **2.** Fig. Chercher en procédant par tâtonnement.

TÂTONS (À) loc. adv. **1.** En tâtonnant. *Avancer à tâtons dans l'obscurité.* **2.** Sans vraie méthode ; de manière empirique.

TATOU n.m. (du tupi). Mammifère d'Amérique tropicale, couvert de plaques cornées et pouvant se rouler en boule. (Long. 30 cm sans la queue ; ordre des édentés xénarthres.)

tatous

TATOUAGE n.m. Dessin indélébile pratiqué sur la peau à l'aide de piqûres, de colorants.
TATOUER v.t. (du polynésien). Imprimer un tatouage sur (le corps).
TATOUEUR n.m. Personne dont le métier est de tatouer.
TAU n.m. inv. **1.** Dix-neuvième lettre de l'alphabet grec (Τ, τ) correspondant à notre *t*. **2.** HÉRALD. Figure en forme de T, toujours alésée.
TAUD n.m. ou **TAUDE** n.f. (anc. scand. *tjald*). Tente de toile destinée à protéger des intempéries tout ou partie d'un navire.
TAUDIS n.m. (de l'anc. fr. *se tauder*, s'abriter). Logement misérable et malpropre.
TAULARD, E n. → ***tôlard.***
TAULE n.f. → ***tôle.***
TAULIER, ÈRE n. → ***tôlier.***
TAUPE n.f. (lat. *talpa*). **1.** Mammifère presque aveugle, aux pattes antérieures larges et robustes avec lesquelles il creuse des galeries dans le sol, où il chasse insectes et vers. (Long. 15 cm ; ordre des insectivores.) **2.** Peau, fourrure de cet animal. **3.** Lamie (requin). **4.** Engin de génie civil servant à creuser des tunnels, travaillant de manière continue et à pleine section. **5.** Fam. Agent secret, espion placé dans un organisme pour acquérir des renseignements confidentiels. **6.** Arg. scol. Classe de mathématiques spéciales préparant aux grandes écoles scientifiques.

taupe

TAUPÉ, E adj. et n.m. Se dit d'un feutre utilisant des poils de lièvre légèrement brillants.
TAUPE-GRILLON n.m. (pl. *taupes-grillons*). Courtilière (insecte).
TAUPIER n.m. Personne chargée de détruire les taupes.
TAUPIÈRE n.f. Piège à taupes.
TAUPIN n.m. **1.** Élatéridé (insecte coléoptère sauteur). **2.** Arg. scol. Élève de taupe.
TAUPINIÈRE ou **TAUPINÉE** n.f. Monticule de terre qu'une taupe élève en fouillant.
TAURE n.f. (lat. *taura*). Région. Génisse.
TAUREAU n.m. (lat. *taurus*). **1.** Mâle reproducteur de l'espèce bovine. (→ ***bœuf.***) – *Le taureau mugit,* pousse son cri. ◇ *Cou de taureau,* très fort, puissant. – *Prendre le taureau par les cornes :* affronter résolument une difficulté. **2.** *Le Taureau :* constellation et signe du zodiaque (v. partie n.pr.). ◇ *Un taureau :* une personne née sous ce signe.

taureau de race frisonne

TAURIDES n.m. pl. Essaim de météores observable en novembre dans la constellation du Taureau.
TAURILLON n.m. Jeune taureau.
TAURIN, E adj. Relatif aux taureaux ou aux courses de taureaux.
TAUROBOLE n.m. (gr. *tauros,* taureau, et *ballein,* frapper). ANTIQ. Sacrifice dans lequel le fidèle ou le prêtre était arrosé du sang du taureau immolé, dans le culte de Cybèle ou de Mithra.
TAUROMACHIE [-maʃi] n.f. (gr. *tauros,* taureau, et *makhê,* combat). Art de combattre les taureaux dans l'arène.
TAUROMACHIQUE adj. Relatif à la tauromachie.
TAUTOCHRONE [-kron] adj. PHYS. Qui a lieu dans des temps égaux.
TAUTOLOGIE n.f. (gr. *tautos,* le même, et *logos,* discours). **1.** Répétition d'une même idée en termes différents dans certaines formules. **2.** LOG. Proposition vraie quelle que soit la valeur de vérité de ses composants. SYN. : *proposition valide.*
TAUTOLOGIQUE adj. De la tautologie.
TAUTOMÈRE adj. CHIM. *Substance tautomère,* qui existe sous plusieurs formes en équilibre.

intervention du picador

mise à mort (estocade)

tauromachie

TAUTOMÉRIE n.f. CHIM. Propriété des substances tautomères.
TAUX n.m. (de *taxer*). **1.** Prix fixé par une convention, par la loi ou l'usage ; montant. *Taux de change. Taux des loyers.* **2.** Grandeur exprimée en pourcentage ; proportion. *Taux d'invalidité. Taux d'urée dans le sang.* ◇ *Taux de compression :* dans les moteurs à combustion interne, rapport entre les volumes maximal et minimal de la chambre de combustion. ◇ *Taux d'intérêt :* pourcentage du capital d'une somme prêtée, qui en détermine le revenu annuel. – *Taux de base bancaire,* déterminant les conditions appliquées aux emprunteurs par les banques. – *Taux d'escompte :* taux auquel une banque, et en partic. une banque centrale, accepte d'escompter les effets qui lui sont présentés.
TAUZIN n.m. Chêne à feuilles cotonneuses, de l'ouest et du sud-ouest de la France.
TAVAÏOLLE n.f. (it. *tovagliola*). LITURGIE CATH. Linge fin garni de dentelle, utilisé au cours d'un office religieux.
TAVEL n.m. Vin rosé récolté aux environs de Tavel (Gard).
TAVELER v.t. (du lat. *tabella,* tablette) [24]. Marquer (une surface) de taches, de crevasses.
TAVELURE n.f. **1.** Bigarrure d'une peau tavelée. **2.** Maladie cryptogamique des arbres fruitiers, dont les fruits se crevassent.
TAVERNE n.f. (lat. *taberna*). **1.** Anc. Lieu où l'on servait à boire ; cabaret. **2.** Petit restaurant, café, dans certains pays d'Europe. **3.** Restaurant de style rustique.
TAVERNIER, ÈRE n. Anc. Personne qui tenait une taverne.
TAVILLON n.m. Suisse. Planche mince, en forme de tuile, revêtant la façade ou le toit d'un bâtiment.
TAXABLE adj. Qui peut être taxé.
TAXACÉE n.f. *Taxacées :* famille de plantes gymnospermes, telles que l'if. (Ordre des conifères.)
TAXATEUR, TRICE n. Personne qui fixe une taxe. – DR. *Juge taxateur,* qui taxe les dépens.
TAXATION n.f. Action de taxer ; fait d'être taxé.
TAXAUDIER n.m. → ***taxodium.***
TAXE n.f. **1.** Prélèvement fiscal, impôt perçu par l'État. *Taxe sur le tabac, sur le chiffre d'affaires.* – *Prix hors taxes,* sans les taxes. ◇ *Taxes parafiscales,* perçues par des services administratifs, des établissements publics, etc. – *Taxe professionnelle :* impôt local dû par les commerçants, les industriels et les personnes exerçant certaines professions libérales. – *Taxe sur la valeur ajoutée (T. V. A.) :* taxe calculée et payée, à chaque stade de production et de distribution, sur la valeur apportée au bien ou au service vendu par la personne morale ou physique assujettie. **2.** DR. Fixation, décidée par autorité de justice, des frais judiciaires et des honoraires dus aux officiers ministériels.
TAXER v.t. (lat. *taxare,* évaluer). **1.** Soumettre à une taxe, un impôt. **2.** Pop. **a.** Extorquer qqch à qqn par l'intimidation ou la violence. *Il l'a taxé de cent balles.* **b.** Soutirer. *Elle m'a taxé d'une cigarette.* **3.** DR. Évaluer les frais d'un procès. **4.** Accuser. *Taxer qqn d'incompétence.*
TAXI n.m. (abrév. de *taximètre*). **1.** Automobile de location munie d'un taximètre. **2.** Fam. Chauffeur de taxi.
TAXIARQUE n.m. (gr. *taxiarkhos*). ANTIQ. GR. Commandant d'un des dix bataillons formant l'infanterie athénienne.
TAXI-BROUSSE n.m. (pl. *taxis-brousse*). Afrique. Taxi collectif sans compteur qui s'arrête à la demande et peut prendre jusqu'à dix passagers.
TAXIDERMIE n.f. (gr. *taxis,* arrangement, et *derma,* peau). Art de préparer, d'empailler et de monter les animaux vertébrés, en leur conservant l'apparence de la vie.
TAXIDERMISTE n. Personne dont le métier est la taxidermie. SYN. : *empailleur, naturaliste.*
TAXIE n.f. (gr. *taxis,* arrangement). BIOL. Mouvement ou réaction d'orientation des organismes se déplaçant librement dans l'espace.
TAXI-GIRL [taksigœrl] n.f. (mot amér.) [pl. *taxi-girls*]. Entraîneuse de cabaret.

TAXIMAN [-man] n.m. (de *taxi,* et angl. *man,* homme) [pl. *taximans* ou *taximen*]. Belgique, Afrique. Chauffeur de taxi.

TAXIMÈTRE n.m. **1.** Compteur qui établit le prix d'une course en voiture, en fonction du temps et de la distance parcourue. **2.** MAR. Appareil gradué de 0 à 360° et muni d'une alidade, pour la prise des relèvements.

TAXINOMIE ou, rare, **TAXONOMIE** n.f. Science des lois de la classification ; classification d'éléments concernant un domaine, une science.

TAXINOMIQUE adj. Relatif à la taxinomie.

TAXINOMISTE n. Spécialiste de taxinomie.

TAXIPHONE n.m. (nom déposé). Téléphone public dans lequel il faut introduire des pièces ou des jetons pour obtenir la communication.

TAXIWAY [taksiwɛ] n.m. (mot angl.). Chemin de roulement, dans un aéroport.

TAXODIUM [-djɔm], **TAXODIER** ou **TAXAUDIER** n.m. (du lat. *taxus,* if). Conifère des marécages d'Amérique, muni de racines émergées jouant un rôle respiratoire, tel le cyprès chauve de Virginie. (Nom générique.)

TAXON ou **TAXUM** [taksɔm] n.m. (pl. *taxa*). SC. Unité systématique, dans une classification.

TAXONOMIE n.f. → ***taxinomie.***

TAYAUT interj. → ***taïaut.***

TAYLORISATION n.f. Action de tayloriser ; application du taylorisme.

TAYLORISER v.t. Organiser par le taylorisme.

TAYLORISME n.m. Système d'organisation du travail, de contrôle des temps d'exécution et de rémunération de l'ouvrier, établi par Frederick Winslow Taylor.

Tb, symbole chimique du terbium.

Tc, symbole chimique du technétium.

TCHADIEN, ENNE adj. et n. Du Tchad. ◇ *Langues tchadiennes* ou *tchadien,* n.m. : groupe de langues de la famille chamito-sémitique parlées au Nigeria, au Tchad, au Cameroun. (La principale est le haoussa.)

TCHADOR n.m. (du persan). Voile couvrant la tête et l'ensemble du corps des femmes musulmanes, en partic. en Iran.

TCHAO interj. → ***ciao.***

TCHAPALO n.m. Afrique. Bière de petit mil ou de sorgho.

TCHARCHAF n.m. (turc *çarşaf*). Voile noir avec lequel les femmes turques se cachaient le visage.

TCHATCHE n.f. (de l'esp. *chacharear,* bavarder). Fam. Bagou volubile.

TCHATCHER v.i. Fam. Parler d'abondance ; bavarder.

TCHÉCOSLOVAQUE adj. et n. De Tchécoslovaquie.

TCHÈQUE adj. et n. De la République tchèque. ◆ n.m. Langue slave parlée en République tchèque.

TCHÉRÉMISSE n.m. Langue finno-ougrienne de la région de la Volga.

TCHERNOZEM ou **TCHERNOZIOM** [-zjɔm] n.m. (du russe). En Ukraine et en Russie (d'Europe) méridionale, terre noire très fertile.

TCHIN-TCHIN [tʃintʃin] ou **TCHIN** interj. Fam. (Pour trinquer, porter un toast). *Tchin-tchin ! À votre santé !*

TCHITOLA n.m. Arbre de l'Afrique tropicale, au bois brun-rouge, utilisé en menuiserie, ébénisterie, etc. (Famille des césalpiniacées.)

TE pron. pers. → ***tu.***

Te, symbole chimique du tellure.

TÉ n.m. TECHN. **1.** Toute pièce ayant la forme d'un T. **2.** Règle de dessinateur, composée de deux branches dont l'extrémité de la plus grande s'assemble au milieu de l'autre à angle droit. **3.** Ferrure en forme de T, employée pour consolider les assemblages de menuiserie dans les croisées. ◇ *Fer en té, à double té :* fer en cornière employé en construction et présentant comme section un T, un double T.

TEAM [tim] n.m. (mot angl.). Vx. Équipe.

TEASER [tizœr] n.m. (mot angl., *problème, colle*). [Anglic. déconseillé]. Aguiche.

tec, symbole de tonne* d'équivalent charbon.

TECHNÈME n.m. Élément technique minimal, dans une structure de production sociale.

TECHNÉTIUM [-sjɔm] n.m. (gr. *tekhnêtos,* artificiel). Élément artificiel (Tc), de numéro atomique 43 et de masse atomique 98,90.

1. TECHNICIEN, ENNE n. **1.** Personne qui connaît et pratique une technique. **2.** Professionnel qualifié d'une technique. **3.** ADMIN. *Technicien de surface :* employé d'une entreprise de nettoyage chargé du ménage dans des bureaux, des lieux publics.

2. TECHNICIEN, ENNE ou **TECHNICISTE** adj. Qui relève de la technique, de la technicité.

TECHNICISER ou **TECHNISER** v.t. Donner un caractère technique à.

TECHNICITÉ n.f. Caractère de ce qui est technique.

TECHNICO-COMMERCIAL, E, AUX adj. et n. Se dit d'un agent de service de vente qui possède des connaissances techniques sur ce qu'il vend.

TECHNICOLOR n.m. (nom déposé). Procédé de films en couleurs.

1. TECHNIQUE [tɛknik] adj. (gr. *tekhnê,* art). **1.** Qui a trait à la pratique, au savoir-faire dans une activité, une discipline. *Ouvrage technique.* ◇ *Enseignement technique* ou *technique,* n.m. : celui qui donne une formation professionnelle destinée aux métiers de l'industrie et du commerce. **2.** Relatif au fonctionnement d'une machine. *Incident technique.* **3.** Qui concerne les applications de la connaissance scientifique. *Les progrès techniques.*

2. TECHNIQUE n.f. Ensemble des procédés et des méthodes d'un art, d'un métier, d'une industrie.

TECHNIQUEMENT adv. De façon technique.

TECHNISER v.t. → ***techniciser.***

TECHNO adj. et n.f. Se dit d'un style de musique et d'un mouvement socioculturel apparus aux États-Unis dans les années 1980 et utilisant les nouvelles technologies pour créer des morceaux au son saturé, au tempo très rapide et au rythme répétitif.

TECHNOBUREAUCRATIQUE adj. Qui a en même temps des caractères techniques et bureaucratiques.

TECHNOCRATE n. Homme d'État ou haut fonctionnaire qui fait prévaloir les considérations techniques ou économiques sur les facteurs humains.

TECHNOCRATIE n.f. Souvent péj. Système politique dans lequel les responsables politiques sont supplantés par les techniciens et fonctionnaires dans la prise des décisions.

TECHNOCRATIQUE adj. Relatif à la technocratie.

TECHNOCRATISATION n.f. Action de technocratiser.

TECHNOCRATISER v.t. Donner un caractère technocratique à.

TECHNOCRATISME n.m. Comportement technocratique.

TECHNOLOGIE n.f. **1.** Étude des outils, machines, techniques utilisés dans l'industrie. **2.** Ensemble de savoirs et de pratiques, fondé sur des principes scientifiques, dans un domaine technique. **3.** Théorie générale des techniques.

TECHNOLOGIQUE adj. Relatif à la technologie. ◇ ART CONTEMP. *Art technologique,* qui prend pour matériaux des dispositifs empruntés aux sciences appliquées et aux techniques modernes.

TECHNOLOGUE ou **TECHNOLOGISTE** n. Spécialiste de technologie.

TECHNOPOLE n.f. Grand centre urbain disposant d'un fort potentiel d'enseignement et de recherche, favorable au développement d'industries de pointe.

TECHNOPÔLE n.m. Site spécialement aménagé pour accueillir les entreprises de haute technologie ou en favoriser la création.

TECHNOSCIENCE n.f. Ensemble constitué par la technologie et la science, ainsi que par leurs rapports réciproques.

TECHNOSTRUCTURE n.f. Groupe de techniciens qui exercent le pouvoir dans les grandes administrations, les grandes firmes, dans la société moderne.

TECK ou **TEK** n.m. (port. *teca*). Arbre de l'Asie tropicale, fournissant un bois dur, de densité moyenne, imputrescible. (Famille des verbénacées.)

TECKEL n.m. (mot all.). Basset à poil ras, dur, ou à poil long.

teckel à poil long

TECTIBRANCHE n.m. *Tectibranches :* ordre de mollusques gastropodes marins possédant une seule branchie latérale protégée par un manteau.

TECTITE n.f. (gr. *têktos,* fondu). Fragment de roche vitreuse en forme de goutte, résultant vraisemblablement de la fusion de roches terrestres projetées dans l'atmosphère sous l'impact d'une météorite puis retombées à une grande distance.

TECTONIQUE n.f. (all. *Tektonik ;* du gr. *tektôn,* artisan). Partie de la géologie qui étudie les déformations des terrains, sous l'effet des forces internes, postérieurement à leur mise en place ; ensemble de ces déformations. *Tectonique des plaques.* ◇ *Tectonique globale :* géotectonique. ◆ adj. Relatif à la tectonique.

TECTONOPHYSIQUE n.f. Science qui étudie les structures tectoniques avec les méthodes de la physique.

TECTRICE adj.f. et n.f. (lat. *tectus,* couvert). ZOOL. Se dit de la plume de contour qui couvre les ailes des oiseaux. SYN. : *plume de couverture, couverture.*

TEDDY-BEAR n.m. (mot angl.) [pl. *teddy-bears*]. Peluche de laine ou de fibres synthétiques imitant la fourrure.

TE DEUM [tedeɔm] n.m. inv. Hymne de louange et d'action de grâces de l'Église catholique, commençant par les mots *Te Deum laudamus,* « Seigneur, nous te louons ». (Le *Te Deum* servit de support à de grandes fresques musicales [Lully, Charpentier, Delalande, Händel, Berlioz, Bruckner].)

TEE [ti] n.m. (mot angl.). Au golf, cheville fixée en terre et servant à surélever la balle au départ d'un trou.

TEEN-AGER [tinedʒœr] n. (anglo-amér. *-teen,* suffixe employé dans les chiffres de 13 à 19, et *age,* âge) [pl. *teen-agers*]. Fam. Adolescent.

TEE-SHIRT ou **T-SHIRT** [tiʃœrt] n.m. (mot angl.) [pl. *tee-shirts, T-shirts*]. Maillot en coton, à manches courtes, en forme de T.

TEFILLIN ou **TEPHILLIN** [tefilin] n.m. pl. (mot hébr.). Phylactère.

TÉFLON n.m. (nom déposé). Matière plastique fluorée, résistant à la chaleur et à la corrosion.

TÉFLONISÉ, E adj. Recouvert de Téflon.

TÉGÉNAIRE n.f. (du lat. *teges, -etis,* couverture). Araignée des maisons, qui tisse une toile irrégulière dans les angles des murs, derrière les meubles.

tégénaire

TÉGUMENT n.m. (lat. *tegumentum,* de *tegere,* couvrir). **1.** Ensemble des tissus qui couvrent le corps des animaux. ◇ (Surtout pl.). Peau de l'homme. **2.** BOT. Enveloppe de la graine.

TÉGUMENTAIRE adj. Du tégument.

TEIGNE n.f. (lat. *tinea*). **1.** Petit papillon, appelé aussi *mite,* dont les chenilles vivent sur des plantes cultivées (pomme de terre, betterave, lilas), sur des denrées (farine, grains) ou sur des vêtements, des fourrures, des tapis. ◇ *Fausse*

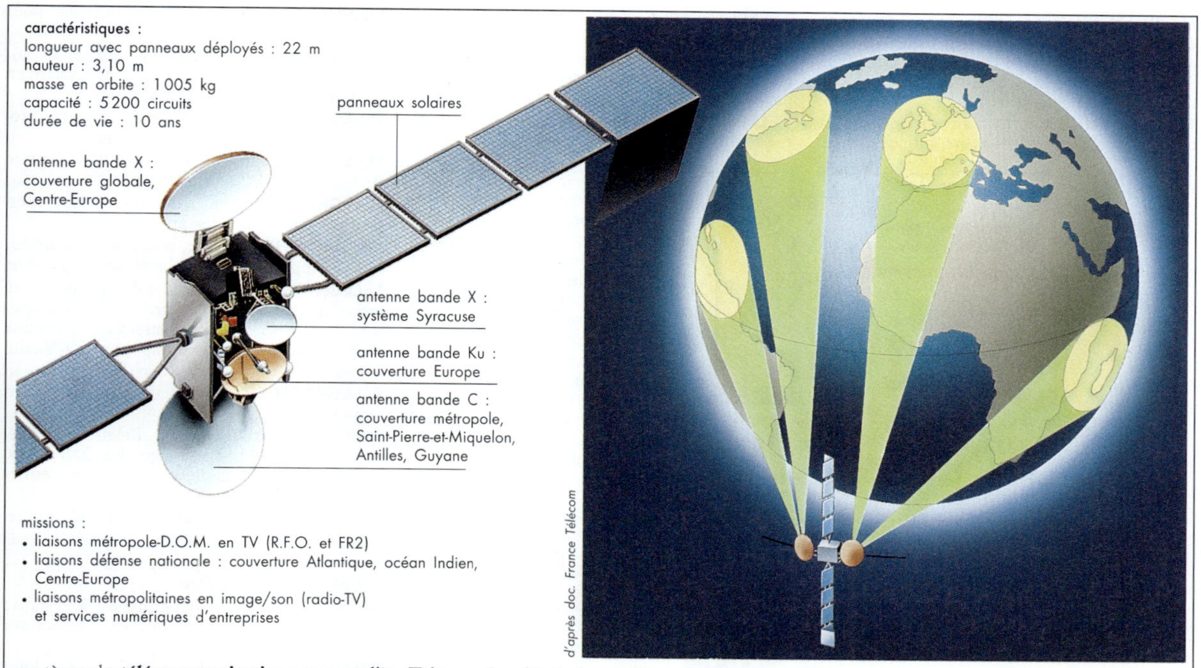

système de **télécommunications** par satellite Télécom 2 : détail du satellite et zones de couverture

teigne : gallérie. **2.** PATHOL. Infestation du cuir chevelu et des poils par des champignons microscopiques. **3.** Fam. Personne méchante.

TEIGNEUX, EUSE adj. et n. **1.** PATHOL. Atteint de la teigne. **2.** Fam. Hargneux et tenace.

TEILLAGE ou **TILLAGE** n.m. Action ou manière de teiller.

TEILLE ou **TILLE** n.f. (lat. *tilia,* chanvre). **1.** Écorce de la tige du chanvre. **2.** Liber du tilleul.

TEILLER ou **TILLER** v.t. Battre ou broyer une plante textile, sa tige pour en briser les parties ligneuses.

TEILLEUR, EUSE ou **TILLEUR, EUSE** n. Personne qui teille.

TEILLEUSE ou **TILLEUSE** n.f. Machine qui opère le teillage des plantes.

TEINDRE v.t. (lat. *tingere*) [81]. Imprégner, imbiber d'une substance colorante ; colorer. *Teindre des étoffes.* ◆ **se teindre** v.pr. Donner à ses cheveux une couleur artificielle.

1. TEINT n.m. (lat. *tinctus*). **1.** Coloris du visage. *Teint bronzé.* **2.** Couleur donnée à une étoffe par la teinture. *Teint solide.* ◇ *Bon teint, grand teint :* teinte garantie au lavage et à la lumière. ◇ *Bon teint,* se dit d'une personne ferme dans ses opinions. *Républicain bon teint.*

2. TEINT, E adj. Qui a reçu une teinture. *Une belle étoffe teinte.*

TEINTANT, E adj. Qui teinte.

TEINTE n.f. **1.** Couleur nuancée obtenue par mélange. **2.** Apparence légère ; petite dose. *Ajouter une légère teinte d'humour.*

TEINTER v.t. **1.** Donner une teinte artificielle à. *Teinter du bois blanc.* **2.** Donner une coloration plus ou moins nuancée à. *Indifférence teintée d'ironie.*

TEINTURE n.f. (lat. *tinctura*). **1.** Action de teindre. **2.** Liquide contenant une matière colorante en dissolution, dont on imprègne les tissus ou les cheveux. **3.** PHARM. Alcool ou éther chargé des principes actifs d'une substance. **4.** Fig. Connaissance superficielle. *Avoir une teinture d'histoire.*

TEINTURERIE n.f. **1.** Industrie de la teinture. **2.** Établissement ou boutique qui reçoit les vêtements, les tissus à nettoyer ou à teindre.

TEINTURIER, ÈRE n. **1.** Personne qui tient une teinturerie. **2.** Industriel de la teinturerie.

TEK n.m. → ***teck.***

TEL, TELLE adj. (lat. *talis*). **1. a.** (Marque la similitude). Semblable, pareil. *On ne voit plus de tels hommes.* ◇ *Tel..., tel... :* comme ..., ainsi... *Tel père, tel fils.* **b.** (Marque la comparaison

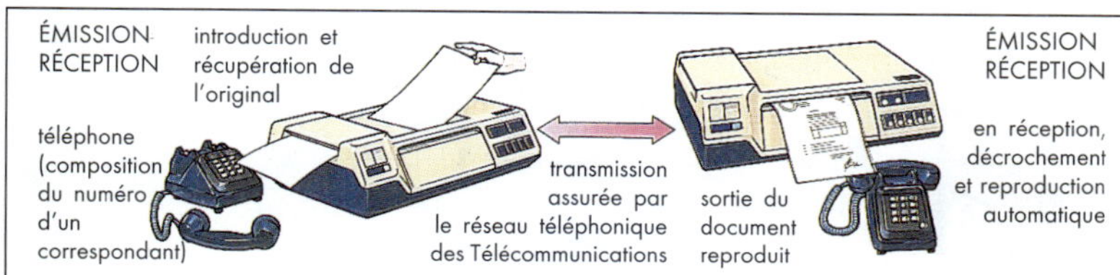

Émission : après introduction du document à reproduire dans le télécopieur raccordé au réseau téléphonique, on compose le numéro de téléphone du correspondant et on appuie sur la touche d'envoi.

Réception : le télécopieur décroche, reproduit le document émis, puis libère la ligne téléphonique.

d'après doc. France Télécom

principe de la **télécopie**

[accord avec le terme de comparaison]). *Elle a filé tel l'éclair. Il s'occupe de lui telle une mère.* – *Tel que :* comme. *Voir les hommes tels qu'ils sont. Des langues telles que l'anglais, l'allemand.* **c.** (Marque la conséquence). *Vacarme tel qu'on ne s'entend plus.* – *Tel quel :* sans changement. *Je vous rends votre texte tel quel.* **2.** Renvoie à ce qui précède ou suit. *Tel est mon avis.* **3.** (Marque l'intensité). Si grand, si important, etc. *Une telle peur !* **4.** Un certain. *Telle page est griffonnée, telle autre tachée d'encre.* ◆ pron. indéf. Quelqu'un, quelque chose. *Tel est pris qui croyait prendre.* ◇ *Un tel, Une telle,* remplace un nom propre d'une façon vague. ◆ pron. et adj. dém. Ce, cet, cela, celui-ci, etc. *Tel fut le résultat de ses efforts.*

TÉLAMON n.m. (gr. *telamôn*). Atlante.

TÉLANGIECTASIE n.f. (gr. *têle,* loin, *angîon,* vaisseau, et *ektasis,* dilatation). Dilatation des vaisseaux capillaires formant de petites lignes rouges sur la peau.

TÉLÉ n.f. (abrév.). Fam. Télévision.

TÉLÉACHAT n.m. Achat d'articles proposés en télévente*.

TÉLÉACHETEUR, EUSE n. Téléspectateur, téléspectatrice qui effectue un, des téléachats.

TÉLÉAFFICHAGE n.m. Affichage, commandé à distance, d'informations d'actualité immédiate.

TÉLÉALARME n.f. Service permettant, par l'addition d'un équipement particulier à un poste téléphonique, de lancer rapidement un appel de détresse vers un centre de secours.

TÉLÉCABINE ou **TÉLÉBENNE** n.f. Téléphérique monocâble aménagé pour le transport de personnes par petites cabines accrochées au câble à intervalles réguliers.

TÉLÉCARTE n.f. (nom déposé). Carte à mémoire utilisable dans les Publiphones.

TÉLÉCHARGEMENT n.m. Chargement à distance de données ou de programmes informatiques, via un réseau de télécommunication.

TÉLÉCHARGER v.t. INFORM. Effectuer un téléchargement. SYN. : *charger.*

TÉLÉCINÉMA n.m. Appareil permettant de transformer en signaux de télévision les images et les sons d'un film.

TÉLÉCOMMANDE n.f. Action de réaliser à distance une manœuvre quelconque ; mécanisme assurant cette transmission.

TÉLÉCOMMANDER v.t. **1.** Commander ou conduire à distance à l'aide d'une télécommande. **2.** Ordonner et diriger de loin, sans se manifester.

TÉLÉCOMMUNICATION n.f. Tout moyen de communication à distance.

TÉLÉCOMS n.f. pl. (abrév.). Cour. Télécommunications.

TÉLÉCONFÉRENCE n.f. Conférence dans laquelle plus de deux des interlocuteurs sont répartis dans deux lieux ou plus reliés entre eux par des moyens de télécommunication.

TÉLÉCOPIE n.f. Procédé de télécommunication, associant la téléphonie et la numérisation d'image, qui permet de transmettre un document graphique en fac-similé. SYN. : *fax.*

TÉLÉCOPIEUR n.m. Appareil de télécopie.

TÉLÉCRAN n.m. Écran de télévision, spécialement pour une grande salle.

TÉLÉDÉTECTION n.f. Technique d'étude de la surface terrestre par analyse d'images provenant d'avions ou de satellites.

TÉLÉDIAGNOSTIC n.m. Diagnostic effectué à distance grâce à la transmission par télécommunication de paramètres quantifiables.

TÉLÉDIFFUSER v.t. Diffuser par télévision.

TÉLÉDIFFUSION n.f. Diffusion par télévision.

TÉLÉDISTRIBUTION n.f. Diffusion de programmes de télévision à des abonnés dont l'appareil est relié par câble à la tête de réseau. SYN. : *télévision par câble(s).*

TÉLÉÉCRITURE n.f. Système permettant la transmission d'informations graphiques au fur et à mesure de leur tracé manuscrit, et la reproduction de ce tracé sur un écran ou un autre support.

TÉLÉ-ENSEIGNEMENT n.m. (pl. *télé-enseignements*). Enseignement à distance (par correspondance, radio, télévision, Minitel, etc.).

TÉLÉFAX n.m. Nom déposé d'un système de télécopie.

TÉLÉFILM n.m. Film réalisé spécialement pour la télévision.

TÉLÉGA ou **TÉLÈGUE** n.f. (russe *telega*). Voiture hippomobile à quatre roues, utilisée en Russie.

TÉLÉGÉNIQUE adj. Qui passe bien, qui produit un effet agréable à la télévision.

TÉLÉGESTION n.f. Gestion à distance, grâce au télétraitement.

TÉLÉGRAMME n.m. Communication, message transmis par télégraphie.

TÉLÉGRAPHE n.m. (gr. *têle,* loin, et *graphein,* écrire). Appareil ou organisme de télégraphie.

TÉLÉGRAPHIE n.f. Système de télécommunication dans lequel les informations transmises sont destinées à être enregistrées à la réception sous forme de document graphique. ◇ **Vieilli.** *Télégraphie sans fil (T. S. F.)* : radio.

TÉLÉGRAPHIER v.t. et i. Transmettre au moyen du télégraphe.

TÉLÉGRAPHIQUE adj. **1.** Relatif au télégraphe ; expédié par le télégraphe. **2.** *Style télégraphique,* réduit à l'essentiel, sans termes grammaticaux.

TÉLÉGRAPHIQUEMENT adv. Par télégraphe.

TÉLÉGRAPHISTE n. et adj. Porteur de dépêches télégraphiques.

TÉLÈGUE n.f. → ***téléga.***

TÉLÉGUIDAGE n.m. Commande à distance des mouvements d'un engin doté d'autonomie cinétique.

TÉLÉGUIDER v.t. **1.** Conduire ou piloter (un engin) à distance. **2.** Inspirer, conduire (qqn, son action) par une influence occulte, lointaine.

TÉLÉIMPRESSION n.f. Impression à distance de messages transmis sous forme numérisée par des systèmes télématiques.

TÉLÉIMPRIMEUR n.m. Appareil émetteur et récepteur de télégraphie, comportant un clavier alphanumérique pour l'émission et assurant à la réception l'impression de caractères.

TÉLÉINFORMATIQUE n.f. Informatique faisant appel aux moyens des télécommunications.

TÉLÉKINÉSIE n.f. En parapsychologie, mouvement spontané d'objets sans intervention d'une force ou énergie observable.

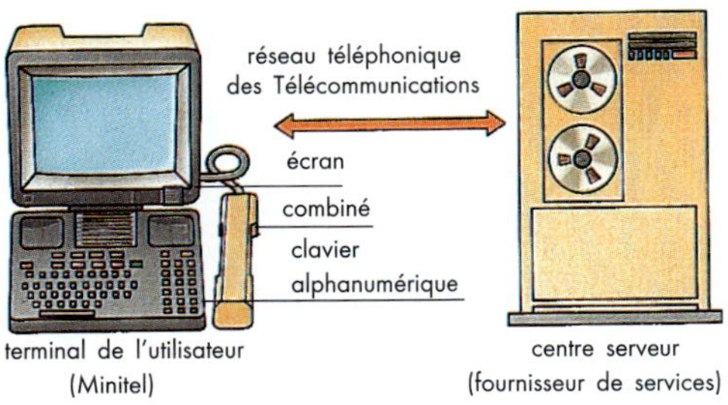

Des ordinateurs, appelés serveurs, sont connectés aux réseaux des Télécommunications. Ces serveurs mettent à la disposition des utilisateurs des banques de données spécialisées ou des programmes informatiques (messageries, jeux, programmes professionnels...). L'accès à ces réseaux est réalisé par l'intermédiaire de terminaux : écrans et claviers alphanumériques (Minitel ou récepteurs T.V.).

télématique : fonctionnement du système Télétel

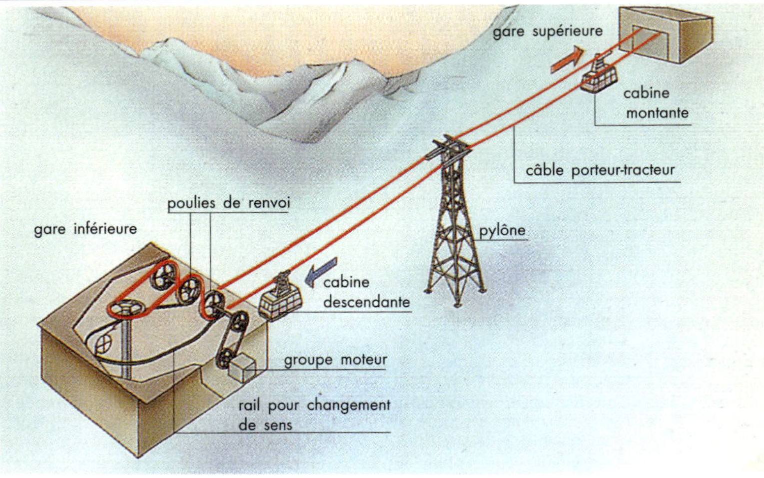

téléphérique monocâble en circuit fermé

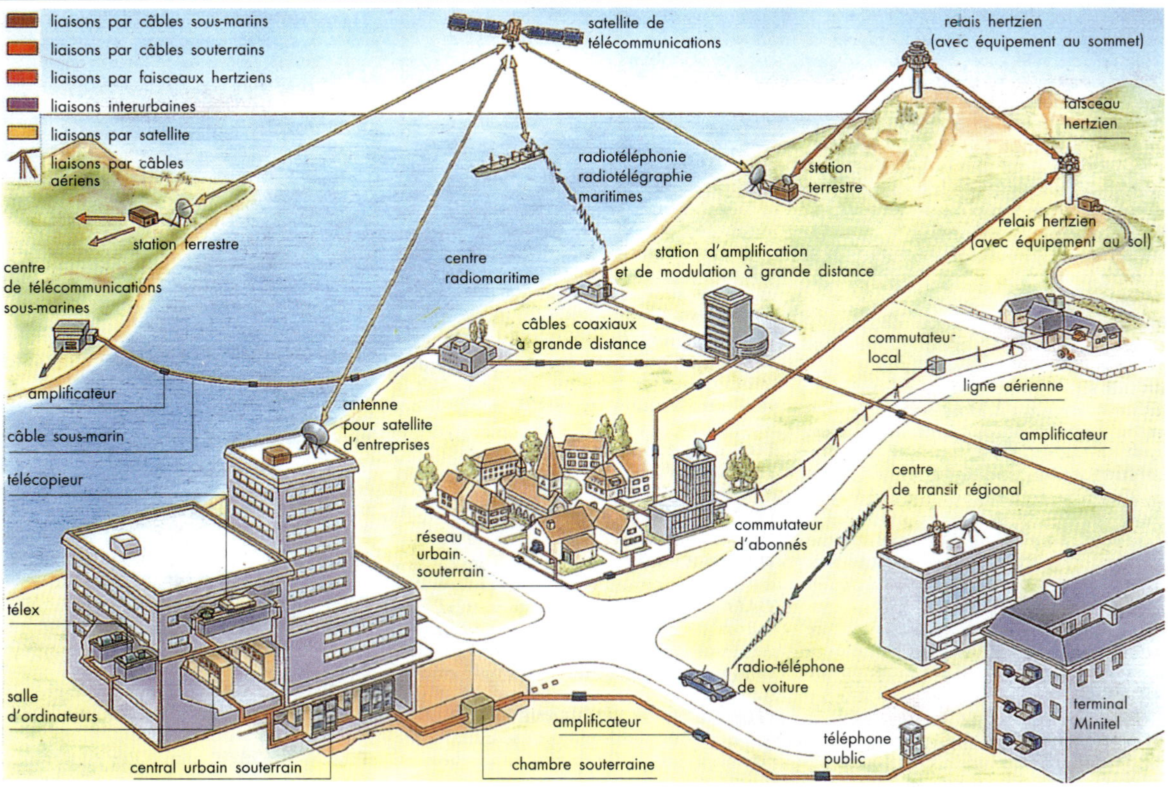

téléphone : représentation schématique d'un réseau

TÉLÉMAINTENANCE n.f. Maintenance à distance d'un véhicule spatial au moyen de liaisons de télémesure ou de télécommande.

TÉLÉMANIPULATEUR n.m. Appareil de manipulation à distance.

TÉLÉMARKETING n.m. Utilisation des moyens de télécommunication au service du marketing. Recomm. off. : *télémercatique.*

TÉLÉMATIQUE n.f. Ensemble des services informatiques fournis à travers un réseau de télécommunication. ◆ adj. De la télématique.

TÉLÉMATISATION n.f. Action de télématiser.

TÉLÉMATISER v.t. Doter de moyens télématiques.

TÉLÉMÉCANICIEN n.m. Vx. Spécialiste des télécommunications de l'armée de l'air.

TÉLÉMESSAGERIE n.f. Messagerie électronique.

TÉLÉMESURE n.f. Transmission à distance d'un signal porteur d'un résultat de mesure.

TÉLÉMÈTRE n.m. Appareil de télémétrie.

TÉLÉMÉTRIE n.f. Mesure des distances par des procédés acoustiques, optiques, radioélectriques, ou par réflexion d'un faisceau laser.

TÉLENCÉPHALE n.m. Structure nerveuse de l'embryon, à partir de laquelle se différencient les hémisphères cérébraux.

TÉLÉNOMIE n.f. → ***téléonomie.***

TÉLÉOBJECTIF n.m. Objectif photographique de distance focale longue, ayant un tirage court qui le rend compact, utilisé pour la photo éloignée ou pour le portrait.

TÉLÉOLOGIE n.f. (gr. *telos,* fin, et *logos,* étude). PHILOS. **1.** Étude des fins, de la finalité. **2.** Doctrine reposant sur l'idée de finalité.

TÉLÉOLOGIQUE adj. PHILOS. Qui concerne la téléologie. SYN. : *finaliste.*

TÉLÉONOMIE ou **TÉLÉNOMIE** n.f. PHILOS. Caractère de la matière vivante en tant qu'elle matérialise un projet, une finalité.

TÉLÉOSTÉEN n.m. *Téléostéens :* superordre de poissons osseux à bouche terminale, aux branchies recouvertes par des opercules, à écailles plates, à nageoire caudale à deux lobes égaux ou sans lobes, comme le sont presque tous les poissons actuels (carpe, brochet, truite, sardine, thon, morue, maquereau, anguille, etc.).

TÉLÉPAIEMENT n.m. Paiement à distance, notamm. par l'intermédiaire d'un Minitel.

TÉLÉPATHE adj. et n. Qui pratique la télépathie.

TÉLÉPATHIE n.f. (gr. *têle,* loin, et *pathos,* affection). Transmission de pensée d'une personne à une autre sans communication par les voies sensorielles connues.

TÉLÉPATHIQUE adj. Relatif à la télépathie.

TÉLÉPÉAGE n.m. Système de péage autoroutier automatique par repérage à distance d'un badge électronique.

TÉLÉPHÉRIQUE n.m. Moyen de transport de personnes ou de marchandises, constitué par un ou plusieurs câbles porteurs sur lesquels se déplace le chariot supportant la cabine des voyageurs ou la benne de matériaux.

TÉLÉPHONE n.m. (gr. *têle,* loin, et *phônê,* voix). **1.** Installation de téléphonie ; réseau téléphonique. ◇ Fam. *Téléphone arabe :* transmission rapide d'une information de bouche à oreille. **2.** Cour. Téléphonie.

TÉLÉPHONÉ, E adj. SPORTS. Se dit d'un coup, d'une passe trop prévisibles ou exécutés trop lentement pour surprendre l'adversaire. ◇ Fam. *C'est téléphoné,* se dit de ce qui était tellement prévisible qu'il ne crée pas l'effet attendu.

TÉLÉPHONER v.i. et t. Communiquer, transmettre par le téléphone.

TÉLÉPHONIE n.f. Système de télécommunication établi en vue de la transmission de la parole. ◇ *Téléphonie sans fil :* radiotéléphonie.

TÉLÉPHONIQUE adj. Qui appartient, se rapporte au téléphone ; qui se fait par téléphone. *Réseau, appel téléphonique.*

TÉLÉPHONIQUEMENT adv. Par téléphone.

TÉLÉPHONISTE n. Personne chargée du service d'un téléphone public ou privé.

TÉLÉPHOTOGRAPHIE n.f. Technique de la photographie des sujets éloignés.

TÉLÉPOINTAGE n.m. Dispositif permettant le pointage à distance des canons d'un navire de guerre à partir d'un poste central de tir.

TÉLÉPORT n.m. Ensemble structuré d'équipements en télécommunication mis à la disposition des entreprises qui viennent s'installer sur un site.

TÉLÉPROMPTEUR n.m. Prompteur.

TÉLÉRADAR n.m. Emploi combiné du radar et de la télévision, laquelle sert alors à émettre ou à recevoir une image radar.

TÉLÉRADIOGRAPHIE ou **TÉLÉRADIO** n.f. Radiographie pratiquée en plaçant l'ampoule à rayons X loin du sujet (de 2 à 3 m), ce qui supprime la déformation conique de l'image.

TÉLÉREPORTAGE n.m. Reportage télévisé.

TÉLÉREPORTER [telerəpɔrtɛr] n. Reporter de télévision.

TÉLÉROMAN n.m. Canada. Feuilleton télévisé.

TÉLESCOPAGE n.m. Action de télescoper.

TÉLESCOPE n.m. Instrument d'observation astronomique dont l'objectif est un miroir concave. *(V. illustration p. 996.)*

TÉLESCOPER v.t. (de *télescope*). Heurter avec violence en défonçant. ◆ **se télescoper** v.pr. **1.** S'emboutir par collision. **2.** Fig. S'interpénétrer.

TÉLESCOPIQUE adj. **1.** Fait à l'aide du télescope. **2.** Se dit d'un objet dont les éléments s'emboîtent et coulissent les uns dans les autres.

TÉLÉSCRIPTEUR n.m. Appareil permettant d'écrire à distance par un procédé quelconque.

TÉLÉSIÈGE n.m. Téléphérique à câble unique sans fin, le long duquel sont répartis des sièges accrochés par des suspentes.

TÉLÉSIGNALISATION n.f. Signalisation à distance.

TÉLÉSKI n.m. Appareil à câble permettant de tracter des skieurs glissant sur leurs propres skis, pour remonter une pente. SYN. : *remonte-pente.*

TÉLÉSOUFFLEUR n.m. Recomm. off. pour *prompteur.*

TÉLÉSPECTATEUR, TRICE n. Personne qui regarde la télévision.

TÉLÉSURVEILLANCE n.f. Surveillance à distance par un procédé de télécommunication.

TÉLÉTEL n.m. (nom déposé). Système français de vidéotex.

TÉLÉTEXTE n.m. Procédé de télécommunication qui permet l'affichage de textes ou de graphismes sur l'écran d'un téléviseur à partir d'un signal de télévision ou d'une ligne téléphonique. SYN. : *vidéographie diffusée.*

TÉLÉTRAITEMENT n.m. Mode de traitement informatique dans lequel les données sont émises ou reçues par des terminaux éloignés de l'ordinateur.

TÉLÉTRANSMISSION n.f. Action de transmettre à distance une information.

TÉLÉTRAVAIL n.m. (pl. *télétravaux*). Organisation décentralisée des tâches, le travailleur les accomplissant à distance, grâce à l'utilisation de la télématique.

TÉLÉTYPE n.m. (nom déposé). Téléimprimeur de la marque de ce nom.

TÉLEUTOSPORE n.f. (gr. *teleutê,* fin, et *spore*). L'une des formes de spores de la rouille du blé.

TÉLÉVENDEUR, EUSE n. Professionnel de la télévente.

Les plus grands télescopes du monde

observatoire	*altitude (m)*	*diamètre utile du miroir primaire (m)*	*année de mise en service*	*nom du télescope (et appartenance lorsqu'elle diffère du pays d'implantation)*
Observatoire du Mauna Kea (Hawaii, É.-U.)	4 150	10,00	1993	Keck Telescope I
Observatoire Fred Whipple (mont Hopkins, Arizona, É.-U.)	2 600	6,50	1994	Multiple Mirror Telescope
Observatoire astrophysique spécial de l'Académie des sciences de Russie (Zelentchouk, Caucase, Russie)	2 070	6,00	1976	Bolchoï Teleskop Azimoutalnyï
Observatoire du mont Palomar (Californie, É.-U.)	1 706	5,08	1948	Hale
Observatoire Roque de los Muchachos (La Palma, Canaries, Espagne)	2 300	4,20	1987	W. Herschel (télescope britannique)
Observatoire interaméricain de Cerro Tololo (Chili)	2 400	4,00	1976	
Observatoire anglo-australien (Siding Spring, Nouvelle-Galles du Sud, Australie)	1 164	3,89	1975	(télescope anglo-australien)
Observatoire national de Kitt Peak (Kitt Peak, Arizona, É.-U.)	2 064	3,81	1973	Mayall
Observatoire du Mauna Kea (Hawaii, É.-U.)	4 194	3,80	1979	United Kingdom Infra Red Telescope (télescope infrarouge britannique)
Observatoire du Mauna Kea (Hawaii, É.-U.)	4 200	3,60	1979	C.F.H. (Canada-France-Hawaii) [télescope franco-canadien-hawaiien]
Observatoire européen austral (La Silla, Chili)	2 400	3,57	1976	(télescope européen)
Observatoire européen austral (La Silla, Chili)	2 400	3,50	1988	NTT (New Technology Telescope) [télescope européen]
Observatoire de Calar Alto (Espagne)	2 160	3,50	1983	(télescope allemand)
Observatoire Lick (mont Hamilton, Californie, É.-U.)	1 277	3,05	1959	Shane
Observatoire du Mauna Kea (Hawaii, É.-U.)	4 208	3,00	1979	Infra Red Telescope Facility (télescope infrarouge de la NASA)

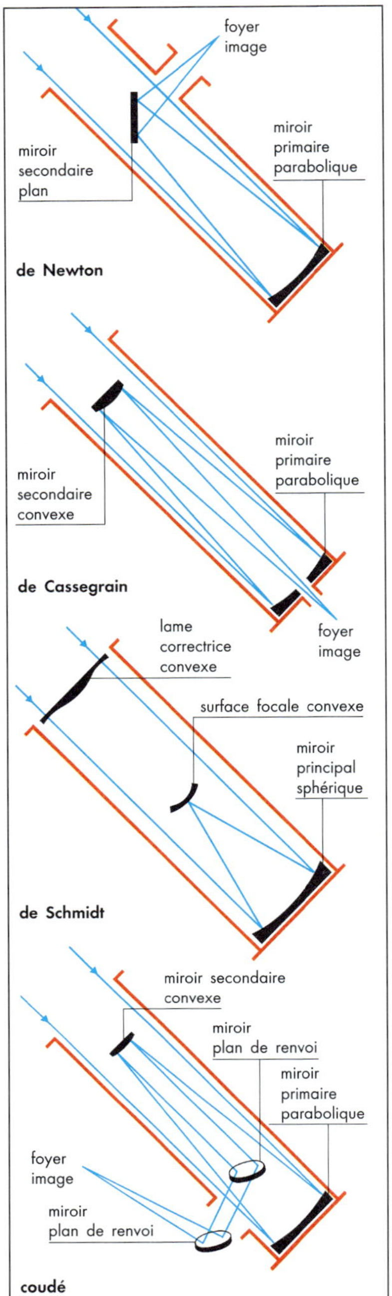

télescope : constitution schématique des quatre principaux types de télescope

TÉLÉVENTE n.f. Vente, sur commande passée par téléphone ou par Minitel, d'articles présentés pendant une émission de télévision.

TÉLÉVISER v.t. Transmettre par télévision.

TÉLÉVISEUR n.m. Récepteur de télévision.

TÉLÉVISION n.f. **1.** Transmission, par câble ou par ondes radioélectriques, d'images pouvant être reproduites sur un écran au fur et à mesure de leur réception, ou éventuellement enregistrées en vue d'une reproduction ultérieure. **2.** Ensemble des services assurant la transmission d'émissions, de reportages par télévision. (*V. illustration p. 997.*) **3.** Fam. Téléviseur. **4.** *Télévision par câble* : télédistribution.

■ Pour transmettre une image de télévision, on la convertit à l'émission en signaux électriques proportionnels à la brillance de chacun de ses points. À la réception, on opère la conversion inverse. Les signaux transmis, après amplification et modulation, traduisent non seulement la variation de brillance de chaque point en fonction du temps (signal vidéo) mais aussi la position de chacun d'eux dans le plan de l'image (synchronisation). Les points sont rangés en lignes successives pour former l'image grâce aux

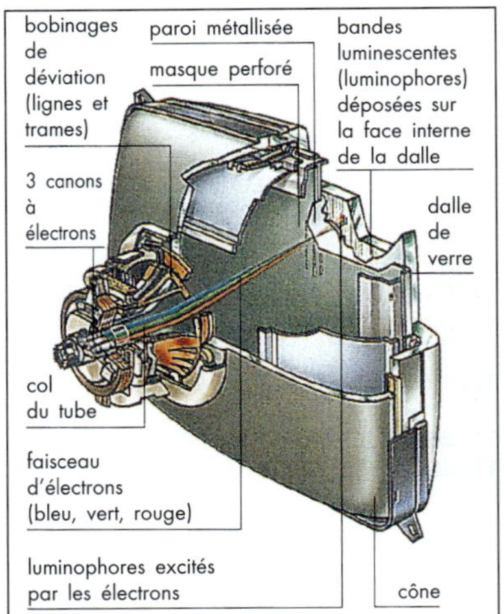

téléviseur : fonctionnement d'un tube image couleurs

signaux de synchronisation. Pour obtenir le mouvement, on transmet 25 ou 30 images par seconde. Pour éviter le papillotement, chaque image résulte de l'entrelacement de deux trames, l'une correspondant au balayage des lignes paires, l'autre au balayage des lignes impaires. Le son correspondant module un émetteur séparé de celui qui assure la transmission des images. Le nombre de points d'une ligne détermine la *définition horizontale* ; le nombre de lignes d'une image (525 ou 625 selon les pays) donne la *définition verticale*. Dans la télévision en couleurs, on transmet, pour chaque élément d'image, trois signaux correspondant aux couleurs fondamentales (bleu, rouge et vert). Les recherches actuelles visent à améliorer la qualité des images par l'accroissement de la définition (télévision à haute définition).

TÉLÉVISUEL, ELLE adj. Relatif à la télévision comme moyen d'expression.

TÉLEX n.m. Service télégraphique, permettant à ses abonnés d'échanger des messages écrits au moyen de téléimprimeurs.

TÉLEXER v.t. Transmettre par télex.

TÉLEXISTE n. Personne chargée d'assurer les liaisons par télex.

TELL n.m. (ar. *tall,* colline). ARCHÉOL. Colline artificielle formée par les ruines superposées d'une ville ancienne, au Proche-Orient.

TELLEMENT adv. **1.** (Marquant l'intensité). Très, beaucoup. *Il est tellement gentil. L'âge l'a tellement changé.* ◇ *Pas tellement* : assez peu, modérément. *Je n'aime pas tellement cela.* **2.** (Marquant la conséquence). *Tellement ... que* : au point que. *Il a tellement mangé qu'il s'est rendu malade.*

TELLIÈRE n.m. et adj. (du n. du chancelier *Le Tellier*). Format de papier aux dimensions de 34 × 44 cm.

TELLURATE n.m. CHIM. Sel de l'acide tellurique.

TELLURE n.m. (lat. *tellus, -uris,* terre). Nonmétal d'un blanc bleuâtre, lamelleux et fragile, de densité 6,2, fusible à 452 °C ; élément (Te), de numéro atomique 52, de masse atomique 127,60.

TELLUREUX adj.m. Se dit de l'anhydride TeO_2 et de l'acide correspondant.

TELLURHYDRIQUE adj.m. Se dit de l'acide H_2Te, gaz toxique incolore.

1. TELLURIQUE ou **TELLURIEN, ENNE** adj. (lat. *tellus, -uris,* terre). Qui concerne la Terre. *Secousse tellurique.* ◇ *Planète tellurique* : planète dense, de taille moyenne et dotée d'un sol, dont la Terre est le prototype (Mercure, Vénus, la Terre, Mars).

2. TELLURIQUE adj. (de *tellure*). CHIM. Se dit de l'anhydride TeO_3 et de l'acide correspondant.

TELLUROMÈTRE n.m. Appareil mesurant la valeur des résistances des prises de terre.

TELLURURE n.m. CHIM. Combinaison du tellure avec un autre élément.

TÉLOLÉCITHE adj. BIOL. Se dit de l'œuf caractérisé par un volume de vitellus considérable (céphalopodes, poissons, reptiles, oiseaux).

TÉLOPHASE n.f. BIOL. Dernière phase de la mitose cellulaire, pendant laquelle se constituent les noyaux des cellules filles et se forme une nouvelle membrane.

TÉLOUGOU ou **TELUGU** n.m. Langue dravidienne parlée dans l'État d'Andhra Pradesh.

TELSON [tɛlsɔ̃] n.m. (mot gr.). ZOOL. Dernier anneau de l'abdomen des arthropodes.

TEMENOS [temenɔs] n.m. ANTIQ. Aire sacrée d'un sanctuaire, délimitée par le péribole.

TÉMÉRAIRE adj. et n. (lat. *temerarius,* inconsidéré). **1.** Qui est hardi au point d'accomplir des actions dangereuses. **2.** Qui est inspiré par une audace extrême. ◇ *Jugement téméraire,* porté à la légère et sans preuves suffisantes.

TÉMÉRITÉ n.f. Hardiesse imprudente et présomptueuse.

TÉMOIGNAGE n.m. **1.** Action de témoigner ; relation faite par une personne de ce qu'elle a vu ou entendu. *Recueillir des témoignages.* ◇ *Porter témoignage* : témoigner de. **2.** DR. Déclaration, déposition d'un témoin en justice. **3.** Marque extérieure, preuve de. *Témoignage d'amitié, de satisfaction.* ◇ *Rendre témoignage à qqch,* le reconnaître. – *Rendre témoignage à qqn* : témoigner publiquement en sa faveur.

TÉMOIGNER v.t. **1.** Faire paraître par ses paroles ou ses actions. *Témoigner de la joie.* **2.** Être le signe, la preuve de. *Gestes qui témoignent une vive surprise.* ◆ v.i. Révéler, rapporter ce qu'on sait ; faire une déposition en justice. ◆ v.t. ind. *(de). Témoigner de qqch* : servir de preuve à qqch.

TÉMOIN n.m. (lat. *testimonium*). **1.** Personne qui a vu ou entendu qqch, et peut éventuellement le certifier, le rapporter. *Être le témoin d'un accident.* ◇ *Prendre qqn à témoin* : invoquer son témoignage. **2.** Personne appelée à témoigner sous serment en justice pour rapporter ce qu'elle a entendu, vu, ou ce qu'elle sait. *Témoin à charge, à décharge.* **3.** Personne qui assiste à l'accomplissement d'un acte officiel pour attester son exactitude. *Les deux témoins d'un mariage.* **4.** Personne chargée de régler les conditions d'un duel. **5.** *Témoin de Jéhovah* : membre d'un mouvement religieux d'origine adventiste fondé aux États-Unis en 1872. *La doctrine des Témoins de Jéhovah est centrée sur la venue prochaine du Christ en ce monde.* **6.** Œuvre ou artiste exprimant tel ou tel trait caractéristique de son époque. *Les cathédrales, témoins de l'art médiéval.* **7.** Personne, animal, chose, pris comme référence pour apprécier les effets d'un traitement, d'une action appliquée à d'autres. **8.** SPORTS. Petit bâton que se passent les coureurs d'une même équipe dans une course de relais. **9.** CONSTR.

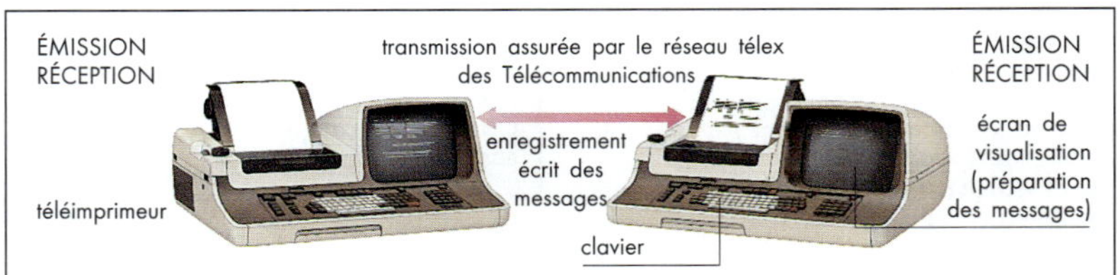

Le message préparé à l'aide du clavier s'affiche sur l'écran ; une fois terminé et relu, il est expédié au correspondant par le réseau télex. Si le correspondant est présent au moment de la transmission, il pourra répondre directement aux questions, s'il est absent, le message s'inscrira sur la bande de papier.

d'après doc. France-Télécom

principe du **télex**

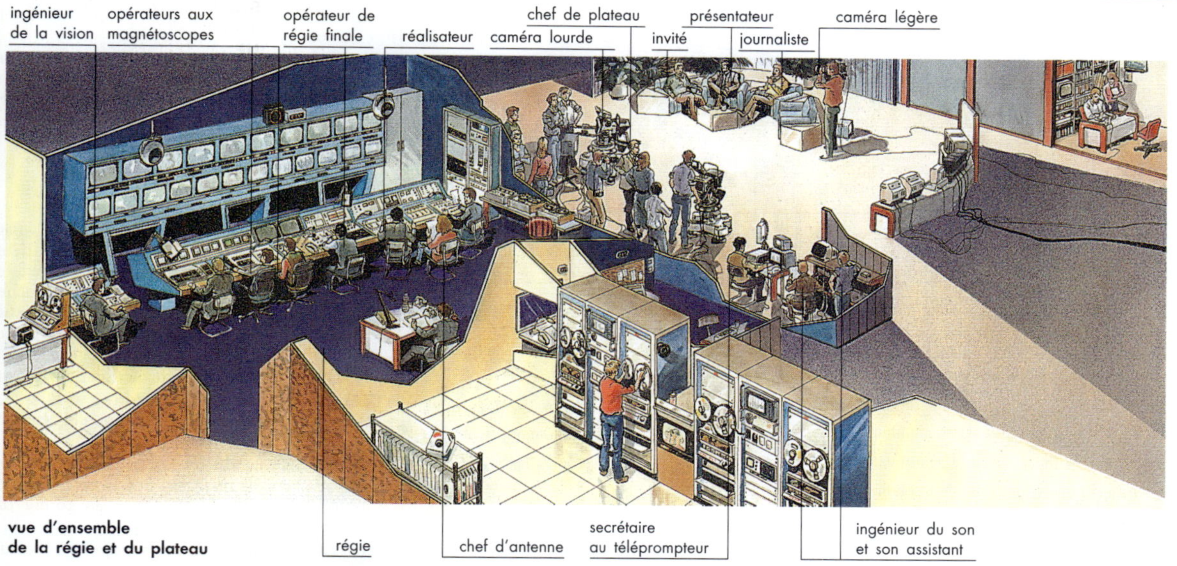

vue d'ensemble de la régie et du plateau

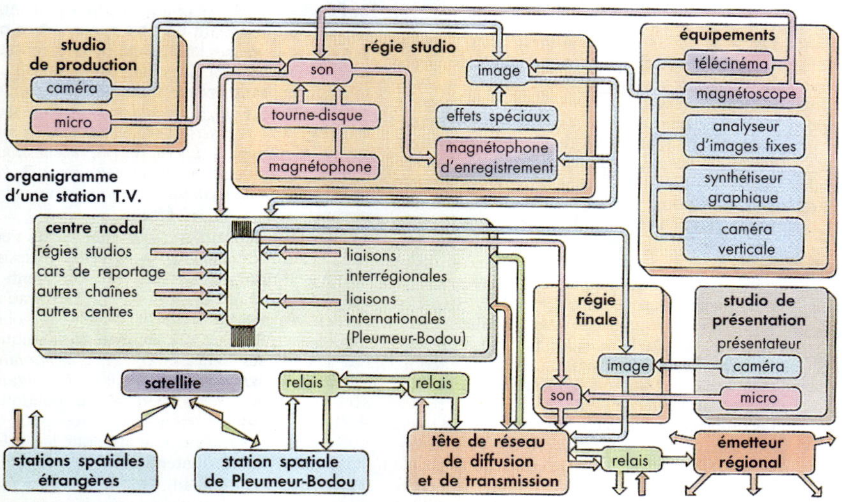

organigramme d'une station T.V.

plateau et caméra lourde

régie

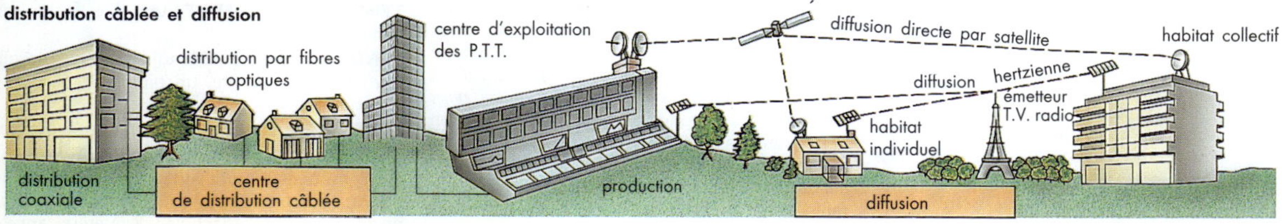

distribution câblée et diffusion

télévision

Petite tablette, génér. en plâtre, que l'on place en travers d'une fissure pour en surveiller l'évolution. **10.** TR. PUBL. Butte laissée dans un terrain déblayé afin d'évaluer la quantité de matériaux enlevés. ◆ adj. Se dit de qqch qui sert de repère, de référence. *Lampe témoin. Appartements témoins.*

1. TEMPE n.f. (lat. pop. *tempula,* de *tempora,* tempes). Partie latérale de la tête, comprise entre l'œil, le front, l'oreille et la joue.

2. TEMPE n.f. (lat. *templum,* traverse). Morceau de bois qui sert au boucher pour tenir écartés les deux côtés du ventre d'un animal abattu et ouvert.

TEMPERA [tɑ̃pera] n.f. (mot it.). BX-A. Détrempe dont le liant est une émulsion, spécialt à base d'œuf. *Peindre a tempera,* ou *à la tempera.*

TEMPÉRAMENT n.m. (lat. *temperamentum,* juste proportion). **1.** Ensemble des dispositions physiques innées d'un individu et qui détermineraient son caractère. *Tempérament violent.* ◇ Fam. *Avoir du tempérament :* avoir une forte personnalité ; être porté aux plaisirs sexuels. **2.** MUS. *Tempérament égal :* système musical qui divise l'octave en douze demi-tons égaux ; dans le *tempérament inégal,* les demi-tons n'ont pas tous la même valeur. **3.** *Vente à tempérament :* vente où l'acheteur s'acquitte par versements échelonnés.

TEMPÉRANCE n.f. (lat. *temperantia,* de *temperare,* tempérer). **1.** Une des quatre vertus morales, dites vertus cardinales, qui discipline les désirs et les passions humaines. **2.** Sobriété dans l'usage des aliments, des boissons alcoolisées. ◇ *Société de tempérance :* association pour combattre l'usage de l'alcool.

TEMPÉRANT, E adj. et n. Qui fait preuve de tempérance ; sobre.

TEMPÉRATURE n.f. **1.** Grandeur physique qui caractérise de façon objective la sensation subjective de chaleur ou de froid laissée par le contact d'un corps. – *Température absolue :* grandeur définie par des considérations théoriques de thermodynamique ou de mécanique statistique, pratiquement égale à la température centésimale majorée de 273,15 degrés. **2.** État atmosphérique de l'air du point de vue de son action sur nos organes ; degré de froid ou de chaleur. **3.** Fièvre. *Avoir de la température.*

TEMPÉRÉ, E adj. **1.** Ni trop chaud ni trop froid. *Climat tempéré.* **2.** MUS. *Gamme tempérée,* dans laquelle tous les demi-tons sont d'égale grandeur.

TEMPÉRER v.t. (lat. *temperare,* adoucir) [18]. Diminuer, atténuer l'excès de qqch. *Tempérer son enthousiasme.*

TEMPÊTE n.f. (lat. pop. *tempesta*). **1.** Violente perturbation atmosphérique, sur terre ou sur mer. **2.** Explosion subite et violente de qqch. *Une tempête d'injures.* **3.** Violente agitation dans un groupe, un pays. *Tempête politique.*

TEMPÊTER v.i. Manifester bruyamment son mécontentement ; fulminer.

TEMPÉTUEUX, EUSE adj. Litt. Agité par la tempête. *Mer tempétueuse.*

TEMPLE n.m. (lat. *templum*). **1.** Édifice consacré au culte d'une divinité. *Les temples grecs.* *(V. illustration p. 998.)* ◇ Spécialt. *Le Temple :* édifice cultuel élevé à Jérusalem et consacré à Yahvé, dieu d'Israël. (Le Temple construit par Salomon fut détruit en 587 av. J.-C., reconstruit au début du VIe s. av. J.-C. et démoli en 70 apr. J.-C.) **2.** Édifice dans lequel les protestants célèbrent leur culte.

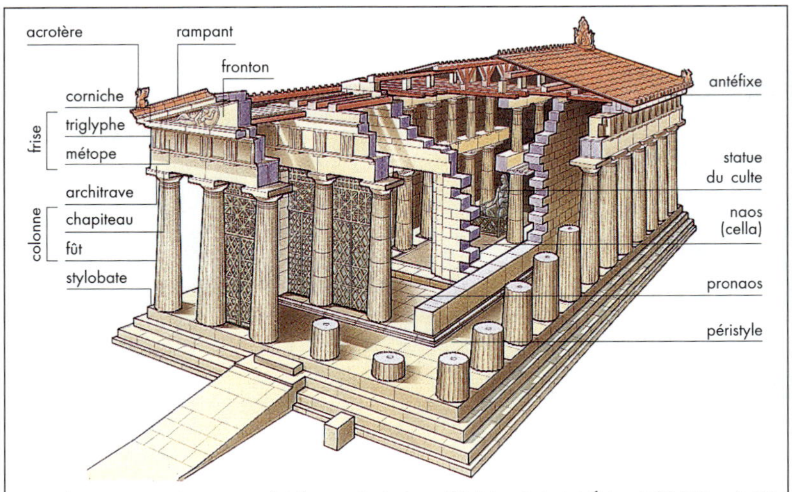

temple : reconstitution en écorché du temple dorique d'Athéna Aphaia à Égine (500-490 av. J.-C.)

TEMPLIER n.m. Chevalier de l'ordre du Temple.

TEMPO [tɛ̃po] ou [tɛmpo] n.m. (mot it., *temps*). **1.** MUS. Notation des différents mouvements dans lesquels est écrit ou exécuté un morceau. ◇ *A tempo :* indication musicale qui invite à reprendre le mouvement initial après un ralenti ou une accélération. **2.** MUS. Vitesse d'exécution d'une œuvre. **3.** Litt. Rythme de déroulement d'une action.

TEMPORAIRE adj. (lat. *temporarius*). **1.** Momentané, provisoire, qui ne dure que peu de temps. **2.** Intérimaire. *Entreprise de travail temporaire.*

TEMPORAIREMENT adv. Pour un temps.

1. TEMPORAL, E, AUX adj. Relatif aux tempes. ◇ ANAT. *Lobe temporal du cerveau :* partie moyenne et inférieure de chacun des deux hémisphères cérébraux, qui joue un rôle important dans l'intégration des sensations auditives et dans le langage.

2. TEMPORAL n.m. Os du crâne situé dans la région de la tempe.

TEMPORALITÉ n.f. Caractère de ce qui existe dans le temps.

1. TEMPOREL, ELLE adj. (lat. *temporalis,* de *tempus, -oris,* temps). **1.** Qui a lieu dans le temps (par opp. à *éternel*). **2.** Qui concerne les choses matérielles (par opp. à *spirituel*). *Les biens temporels.* ◇ *Pouvoir temporel :* pouvoir des papes en tant que souverains de leur territoire. **3.** Qui concerne ou indique le temps. *Subordonnée temporelle.* **4.** TÉLÉCOMM. *Commutation temporelle :* commutation automatique de nature informatique, sans établissement de contacts physiques.

2. TEMPOREL n.m. DR. CAN. Ensemble des biens appartenant à une église ou à une communauté religieuse.

1. TEMPORISATEUR, TRICE adj. et n. Qui temporise.

2. TEMPORISATEUR n.m. Appareil introduisant intentionnellement un intervalle de temps entre le début et la fin du fonctionnement d'un dispositif électrique.

TEMPORISATION n.f. Fait de temporiser ; retard volontairement apporté à une décision, une action.

TEMPORISER v.i. (du lat. *tempus, -oris,* temps). Différer une action avec espoir d'une meilleure occasion, retarder qqch, surseoir à qqch.

TEMPS [tɑ̃] n.m. (lat. *tempus*). **I. 1.** Notion fondamentale conçue comme un milieu infini dans lequel se succèdent les évènements et considérée souvent comme une force agissant sur le monde, les êtres. *Le temps et l'espace. La fuite du temps.* **2.** Spécialt. PHYS. Ce milieu, conçu comme une dimension de l'Univers susceptible de repérages et de mesures. – *Temps atomique international (TAI) :* échelle de temps établie par le Bureau international de l'heure sur la base des données fournies par un ensemble d'horloges atomiques. ◇ ASTRON. *Temps sidéral (en un lieu donné) :* échelle de temps fondée sur l'angle horaire du point vernal. – *Temps solaire vrai (en un lieu donné) :* échelle de temps fondée sur l'angle horaire du centre du Soleil. – *Temps solaire moyen :* temps solaire vrai, sans ses inégalités séculaires et périodiques. *Le temps moyen se compte de 0 à 24 heures à partir de midi.* – *Temps civil :* temps solaire moyen augmenté de douze heures. *Le temps civil se compte de 0 à 24 heures à partir de minuit, avec changement de quantième à minuit.* – *Temps universel* (abréviation internationale : *UT*) : temps civil de Greenwich (Angleterre). – *Temps universel coordonné* (abréviation internationale : *UTC*) : échelle de temps diffusée par les signaux horaires. **3.** *Temps légal :* heure légale. **II. 1.** Durée considérée comme une quantité mesurable. *De combien de temps disposons-nous encore ?* ◇ *Avoir le temps de :* disposer du délai nécessaire pour faire qqch. ◇ *Gagner du temps :* temporiser, retarder la suite des évènements. – *Perdre du (son) temps,* le gaspiller inutilement, en partic. à ne rien faire. **2.** Chacune des phases successives d'une opération, d'une action. **3.** CHORÉGR. Moment d'élévation ; une des phases de la décomposition d'un pas ; pas se décomposant en plusieurs mouvements. **4.** MUS. Division de la mesure. *Mesure à 2, 3, 4 ou 5 temps.* **5.** INFORM. *Temps d'accès :* temps qui s'écoule entre le lancement d'une opération de recherche et l'obtention de la première information cherchée. – *Temps partagé* ou *partage de temps :* technique d'utilisation simultanée d'un ordinateur à partir de nombreux terminaux, une tranche de temps étant en général accordée à chaque utilisateur. SYN. : ***time-sharing***. – *Temps réel :* mode de traitement qui permet l'admission des données à un instant quelconque et l'élaboration immédiate des résultats. **6.** PRESSE. *Temps d'antenne :* durée déterminée d'émissions de radio ou de télévision diffusées dans le cadre de la programmation. **7.** SOCIOL. *Temps choisi :* travail à horaire variable (temps partiel, horaires à la carte, etc.). ◇ *Temps partiel :* temps de travail inférieur à la durée légale hebdomadaire. **8.** SPORTS. Durée chronométrée d'une course, d'un match, etc. **III. 1.** Moment, époque occupant une place déterminée dans la suite des évènements ou caractérisée par qqch. ◇ *Dans le temps :* autrefois. – Litt. *Il y a beau temps :* il y a longtemps. – *Passer le (son) temps à,* l'employer à. – *N'avoir qu'un temps :* être de courte durée. – *Avoir fait son temps :* être dépassé, périmé. – *Être de son temps :* penser, vivre, agir en conformité avec les idées couramment admises de son époque. **2.** Spécialt. *Faire son temps,* son service militaire. **3.** Moment favorable à telle ou telle action. **4.** LING. Catégorie grammaticale de la localisation dans le temps (présent, passé, futur), s'exprimant en partic. par la modification des formes verbales ; chacune des séries verbales personnelles de la conjugaison. **IV.** État de l'atmosphère, en un lieu et un moment donnés. ◇ *Gros temps :* tempête. **V.** *À temps :* au moment approprié, pas trop tard. – *Avant le temps :* prématurément. – *En même temps :* dans le même instant, simultanément ; à la fois. – *De temps en temps :* par intervalles, quelquefois. – *De tout temps :* toujours.

TENABLE adj. (Surtout en tournure négative ou restrictive). Qu'on peut tenir, supporter. *Cette situation n'est plus tenable.*

TENACE adj. (lat. *tenax,* de *tenere,* tenir). **1.** Qui adhère fortement. *La poix est tenace.* **2.** TECHN. Qui résiste à la rupture. *Métal tenace.* **3.** Fig. Fortement attaché à ses idées, à ses décisions. *Personne tenace.* **4.** Fig. Difficile à extirper, à détruire. *Les préjugés sont tenaces.*

TENACEMENT adv. Avec ténacité.

TÉNACITÉ n.f. Caractère tenace.

TENAILLE n.f. ou **TENAILLES** n.f. pl. (lat. *tenaculum,* attache). **1.** Outil composé de deux pièces croisées, mobiles autour d'un axe et terminées par des mors qu'on peut rapprocher pour saisir ou serrer certains objets. **2.** MIL. Élément extérieur de la fortification bastionnée, couvrant la courtine.

TENAILLEMENT n.m. Litt. Action de tenailler.

TENAILLER v.t. **1.** Faire souffrir, torturer. *La faim le tenaillait.* **2.** Litt. Tourmenter moralement. *Être tenaillé par le remords.*

TENANCIER, ÈRE n. **1.** Personne qui dirige une maison de jeu, un hôtel, etc. **2.** FÉOD. Personne qui tenait une terre en roture dépendant d'un fief.

1. TENANT, E adj. *Séance tenante :* dans le cours même de la séance, immédiatement.

2. TENANT, E n. *Tenant(e) du titre :* personne ou équipe qui détient un titre sportif. ◆ n.m. **1.** Celui qui se fait le champion, le défenseur d'une opinion. **2.** Chevalier qui, dans un tournoi, appelait en lice quiconque voulait se mesurer avec lui. **3.** *D'un seul tenant :* d'un seul morceau. *Une propriété de vingt hectares d'un seul tenant.* ◆ n.m. pl. **1.** *Les tenants et les aboutissants d'une terre :* les lieux contigus à cette terre. **2.** *Les tenants et les aboutissants d'une affaire :* toutes les circonstances, tous les détails.

TENDANCE n.f. **1.** Force qui oriente qqn vers certaines fins ; penchant. ◇ PSYCHOL. Disposition à répondre par certains comportements à certaines situations déterminées. **2.** Orientation particulière de qqch, d'un mouvement politique, artistique, d'un phénomène économique, etc. *Les grandes tendances de l'art contemporain. Tendance des prix à la baisse.* **3.** Fraction organisée d'un mouvement syndical ou politique. **4.** *Procès de tendance :* procès fait non pour ce qui est dit expressément, mais pour les idées suggérées ; procès d'intention.

TENDANCIEL, ELLE adj. Qui indique une tendance. *Baisse tendancielle du taux de profit.*

TENDANCIEUSEMENT adv. De façon tendancieuse.

TENDANCIEUX, EUSE adj. Péj. Qui marque une intention secrète, un parti pris d'imposer une opinion.

TENDELLE n.f. Collet pour prendre les grives.

TENDER [tɑ̃dɛr] n.m. (mot angl.). **1.** Véhicule placé immédiatement après une locomotive à vapeur, et contenant l'eau et le combustible nécessaires à la machine. **2.** Navire annexe d'une plate-forme de forage en mer.

TENDERIE n.f. CHASSE. Ensemble de pièges fixes ou mobiles pour capturer les oiseaux de passage.

1. TENDEUR, EUSE n. Personne qui tend qqch.

2. TENDEUR n.m. **1.** Courroie élastique servant à maintenir qqch en place. **2.** Appareil servant à tendre une courroie, une corde, un fil métallique, un fil textile, etc.

TENDINEUX, EUSE adj. De la nature des tendons. ◇ *Viande tendineuse,* qui contient des fibres dures, coriaces (aponévroses et tendons).

TENDINITE n.f. MÉD. Inflammation d'un tendon.

TENDOIR n.m. TEXT. Longue perche sur laquelle on étendait les étoffes à faire sécher.

TENDON n.m. Partie amincie, constituée de fibres conjonctives, par laquelle un muscle s'insère sur un os.

1. TENDRE adj. (lat. *tener*). **1.** Qui peut être facilement coupé, divisé, entamé, mâché. *Pierre tendre. De la viande tendre.* ◇ *Couleur tendre,* claire et délicate. **2.** Affectueux ; qui manifeste de l'amour, de l'amitié. *Une mère tendre. De tendres paroles.* ◇ *Ne pas être tendre pour qqn :*

être sévère. **3.** *Âge tendre, tendre enfance :* première jeunesse, petite enfance. ◆ n. Personne affectueuse, facile à émouvoir.

2. TENDRE v.t. (lat. *tendere*) [73]. **1.** Tirer et tenir dans un état d'allongement. *Tendre une corde.* **2.** Avancer, porter en avant. *Tendre la main.* ◇ *Tendre le dos :* se préparer à être battu. – *Tendre son esprit :* l'appliquer avec effort. **3.** Élever, dresser. *Tendre une tente.* – *Tendre un piège,* le disposer pour prendre du gibier ; chercher à tromper qqn. **4.** Couvrir d'une tapisserie, d'une étoffe. ◆ v.t. ind. ***(à, vers).*** **1.** Avoir pour but, évoluer, se diriger vers. *À quoi tendent vos démarches ? Tendre à la perfection.* **2.** MATH. Avoir pour limite.

3. TENDRE n.m. LITTÉR. *Carte du Tendre :* carte d'un pays allégorique, le pays du Tendre, où les divers chemins de l'amour avaient été imaginés par Mlle de Scudéry et les écrivains de son entourage.

TENDREMENT adv. Avec tendresse.

TENDRESSE n.f. Sentiment tendre, d'amitié, d'amour qui se manifeste par des paroles, des gestes doux et des attentions délicates. ◆ pl. Témoignages d'affection.

TENDRETÉ n.f. Qualité d'une viande tendre.

TENDRON n.m. **1.** BOUCH. Partie du bœuf et du veau comprenant les cartilages qui prolongent les côtes flottantes. **2.** Fam. Très jeune fille.

TENDU, E adj. **1.** MIL. *Tir tendu :* tir plongeant dans lequel on utilise la portion initiale de la trajectoire, voisine de la droite. **2.** *Esprit tendu,* fortement appliqué. – *Situation tendue,* critique. – *Rapports tendus,* rendus difficiles par suite d'un état de tension. **3.** *Style tendu,* qui trahit l'application, l'effort.

TÉNÈBRES n.f. pl. (lat. *tenebrae*). **1.** Litt. Obscurité profonde. *Marcher dans les ténèbres.* **2.** *L'ange, le prince, l'esprit des ténèbres :* le démon. – *L'empire des ténèbres :* l'enfer. ◇ Litt. Ignorance, incertitude.

TÉNÉBREUX, EUSE adj. **1.** Litt. Plongé dans les ténèbres. *Forêt ténébreuse.* ◇ Par plais. *Beau ténébreux :* bel homme, à l'expression sombre et romantique. **2.** Litt. Obscur, malaisé à comprendre.

TÉNÉBRION n.m. (bas lat. *tenebrio*). Insecte coléoptère brun foncé, vivant dans les boulangeries. (Long. 15 mm env. Sa larve est appelée *ver de farine.*)

TÈNEMENT n.m. FÉOD. Terre tenue par un tenancier moyennant redevance.

TÉNESME n.m. (gr. *tênesmos*). Tension douloureuse et brûlure produites par l'irritation et la contraction du sphincter anal ou vésical.

1. TENEUR n.f. **1.** Contenu exact d'un acte, d'un arrêt, d'un écrit quelconque. **2.** Ce qu'un mélange contient d'un corps particulier. *Teneur en alcool.* ◇ *Teneur isotopique :* pourcentage du nombre des atomes d'un isotope donné d'un élément par rapport au nombre total des atomes de cet élément contenus dans une matière. – *Teneur d'un minerai :* proportion de substance utile contenue dans un minerai.

2. TENEUR, EUSE n. Celui, celle qui tient. ◇ *Teneur de livres :* personne qui tient la comptabilité.

TÉNIA ou **TÆNIA** n.m. (lat. *taenia,* ruban ; du gr.). MÉD. Ver plat et segmenté, parasite de l'intestin grêle des mammifères, appartenant à la classe des cestodes. SYN. (cour.) : *ver solitaire.* ■ Atteignant plusieurs mètres de long, le ténia est un parasite de l'intestin grêle de l'homme. Celui-ci est contaminé par l'absorption de viande crue ou insuffisamment cuite. Le ténia inerme (ou *saginata*) est transmis par la viande de bœuf ; le ténia armé (ou *solium*), plus rare, est transmis par la viande de porc. Les troubles digestifs provoqués sont variables.

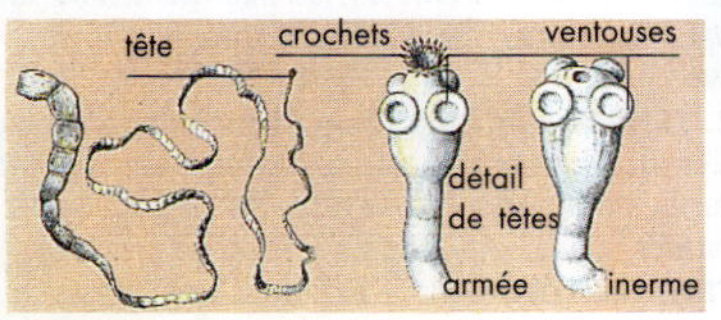

ténia

TÉNICIDE adj. et n.m. Se dit d'un médicament qui provoque la destruction des ténias.

TÉNIFUGE adj. et n.m. Se dit d'un médicament qui provoque l'expulsion des ténias.

TENIR [tənir] v.t. (lat. *tenere*) [40]. **I. 1.** Avoir à la main, avec soi. *Tenir un livre. Tenir des outils.* **2.** Garder qqn, un animal près de soi, le maintenir. *Tenir un enfant par la main. Tenir un chien en laisse.* **3.** Se saisir de qqn, d'un animal, s'en rendre maître, le retenir. *La police tient les coupables.* **4.** Garder, maintenir dans un certain état, conserver. *Tenir une lettre en lieu sûr. Tenir un plat au chaud.* **5.** Avoir la charge de (un rôle, un poste, une fonction, etc.). *Tenir un hôtel, un restaurant. Tenir la place de qqn.* ◇ *Tenir la caisse, les livres, etc. :* avoir la charge de la caisse, de la comptabilité, etc. – *Tenir son rang :* occuper sa place avec dignité. – *Tenir conseil :* se réunir afin de délibérer. – *Tenir des propos, des discours :* parler, discourir. **6.** Diriger, maîtriser (qqn, un groupe). *Orateur qui tient son auditoire.* **7.** Observer fidèlement, respecter. *Tenir une promesse, un engagement.* ◇ *Être tenu à,* obligé de. **8.** *Tenir pour :* regarder, considérer (qqch) comme (suivi d'un attribut). *Il tient l'incident pour clos.* **9.** Fig. *Tenir qqch de qqn,* l'avoir reçu ou obtenu de lui. **II. 1.** Contenir, avoir une certaine capacité. *Cette carafe tient un litre.* **2.** Avoir prise sur qqn, en parlant d'un sentiment, d'un mal. *Quand la colère le tient, il devient dangereux.* ◇ *Tenir la route :* bien adhérer au sol, ne pas se déporter dans les virages ou à grande vitesse, en parlant d'un véhicule automobile. – *Tenir la mer :* montrer des qualités de navigabilité par gros temps, en parlant d'un navire. ◆ v.i. **I. 1.** Se maintenir, rester dans une position donnée. *Il ne tient pas debout.* ◇ Fam. *En tenir pour :* être amoureux de. – *Tenir bon, ferme :* résister à une situation difficile, la supporter sans faiblir. **2.** Pouvoir être contenu dans un certain espace. *Le texte tient en une page. On tient à huit à cette table.* **3.** (Marquant l'étonnement ou l'ironie). *Tiens ! Tenez ! :* ça par exemple, voyez-vous cela ! **II. 1.** Être solide et ne pas céder, ne pas se rompre ou ne pas se défaire. *La corde tient au mur.* **2.** Résister à tout effet, à toute agression, au temps. *La mode des cheveux longs a tenu longtemps.* ◆ v.t. ind. ***(de, à).*** **I.** *Tenir à.* **1.** Adhérer à, être attaché à. *Tenir à ses amis. Tenir à sa réputation.* **2.** Provenir de qqch, en être le résultat, l'avoir pour cause. *Son départ tient à plusieurs facteurs.* **3.** Avoir la ferme volonté de faire qqch, que qqch soit fait. *Elle tient à revoir son frère.* **II.** *Tenir de.* Avoir des points communs avec qqn, qqch. *Il tient de son oncle. Un tel résultat tient du miracle.* ◆ v. impers. **1.** *Qu'à cela ne tienne :* cela n'a pas d'importance, que cela ne soit pas un empêchement. **2.** *Il ne tient qu'à qqn de,* il dépend uniquement de lui de. ◆ **se tenir** v.pr. **1.** Être, se trouver à telle place, avoir lieu à tel endroit, à tel moment. *Tenez-vous près de la porte. La réunion se tiendra à 8 heures.* **2.** Prendre et garder telle position, telle attitude du corps. *Se tenir droit.* **3.** *S'en tenir à qqch :* ne rien faire de plus, ne pas aller au-delà.

TENNIS n.m. (mot angl.). **1.** Sport qui consiste, pour deux ou quatre joueurs munis de raquettes, à envoyer une balle par-dessus un filet dans les limites du terrain *(court)* ; le terrain lui-même. ◇ *Tennis de table :* sport voisin du tennis où le court est remplacé par une table de dimensions standardisées. SYN. : *ping-pong.* **2.** Flanelle à rayures fines. ◆ pl. Chaussures de sport, en toile et à semelles de caoutchouc.

TENNIS-ELBOW [tenisɛlbo] n.m. (mot angl.) [pl. *tennis-elbows*]. Épicondylite, fréquente chez les joueurs de tennis.

TENNISMAN [tenisman] n.m. (faux anglic. ; de *tennis,* et angl. *man,* homme) [pl. *tennismans* ou *tennismen*]. Joueur de tennis.

TENNISTIQUE adj. Relatif au tennis.

TENON n.m. (de *tenir*). Extrémité d'une pièce qu'on a façonnée pour la faire entrer dans un trou, la *mortaise,* pratiqué dans une pièce destinée à être assemblée à la première.

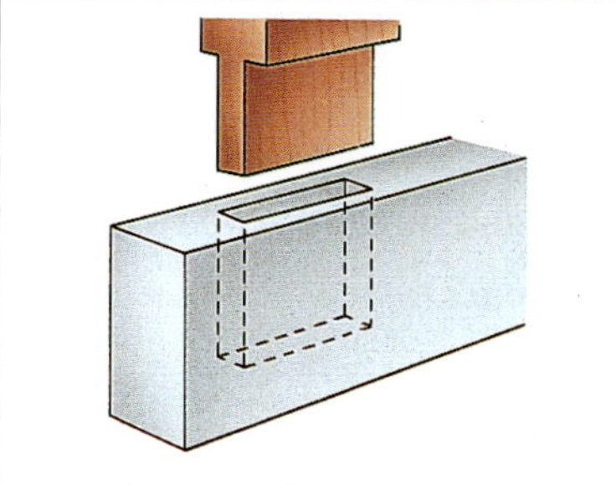

tenon (et mortaise)

TENONNER v.t. Pratiquer des tenons dans (une pièce de bois).

TENONNEUSE n.f. Machine-outil exécutant des tenons.

TÉNOR n.m. (it. *tenore*). **1.** MUS. Voix d'homme élevée ; chanteur qui possède ce genre de voix. **2.** Fam. Celui qui tient un rôle de vedette dans l'activité qu'il exerce. *Les ténors de la politique.*

TÉNORINO n.m. (it. *tenorino*). Ténor très léger, chantant en fausset.

TÉNORISER v.i. MUS. Chanter à la manière d'un ténor, dans le registre du ténor.

TÉNORITE n.f. MINÉR. Oxyde de cuivre.

TÉNOTOMIE n.f. (gr. *tenôn,* tendon, et *tomê,* section). Section chirurgicale d'un tendon.

TENREC n.m. → ***tanrec.***

1. TENSEUR adj.m. et n.m. Se dit de chacun des muscles destinés à produire une tension.

2. TENSEUR n.m. Grandeur mathématique à plusieurs composantes ayant des propriétés d'invariance formelle par changement de base.

TENSIOACTIF, IVE adj. CHIM. Se dit d'une substance qui modifie la tension superficielle du liquide dans lequel elle est dissoute.

TENSIOMÈTRE n.m. **1.** Appareil servant à mesurer la tension des fils, des câbles, la tension superficielle. **2.** Sphygmomanomètre.

TENSION n.f. (lat. *tensio,* de *tendere,* tendre). **I. 1.** Traction exercée sur une substance souple ou élastique ; état qui en résulte. *La tension d'un ressort.* ◇ Fig. *Tension d'esprit :* effort intense et soutenu de l'esprit. **2.** TECHN. État des contraintes dans un corps sollicité et, plus particulièrement, composante normale de celles-ci. **3.** État musculaire de préparation à une action, dans lequel un certain nombre de muscles spécifiques sont légèrement contractés. **4.** État de qqn qui est tendu, contracté, nerveux.

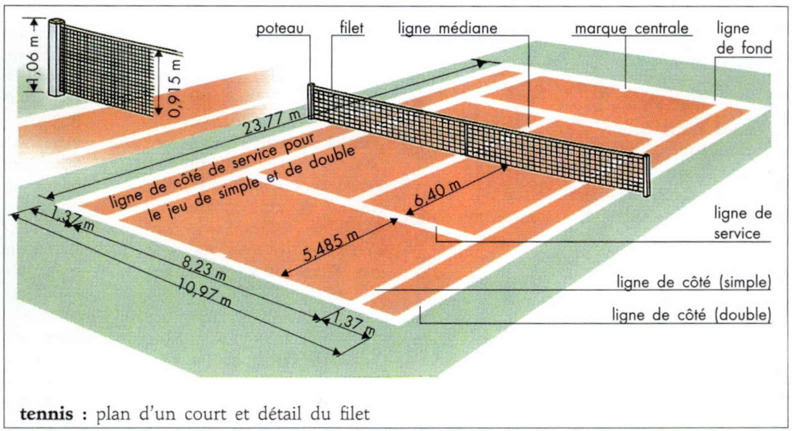

tennis : plan d'un court et détail du filet

5. Situation tendue entre deux groupes, deux personnes, deux États. 6. BX-A. Dynamisme contenu. II.1. *Tension superficielle :* grandeur égale au rapport de l'énergie nécessaire pour augmenter la surface libre d'un liquide à l'augmentation de l'aire de cette surface. 2. *Tension de vapeur :* pression de vapeur saturante. 3. MÉD. *Tension, tension artérielle* ou *vasculaire :* ensemble des forces de contraintes internes auxquelles sont soumises les parois des artères et des vaisseaux sous l'influence de la pression des liquides qu'ils contiennent. SYN. : *pression.* ◇ Fam. *Avoir, faire de la tension :* être hypertendu. III. ÉLECTR. Différence de potentiel.

TENSON n.f. (bas lat. *tentio,* dispute, querelle). LITTÉR. Dialogue où s'échangent les invectives, dans la poésie du Moyen Âge.

TENSORIEL, ELLE adj. MATH. Relatif à un tenseur ou à l'ensemble des tenseurs. *Calcul tensoriel.*

TENTACULAIRE adj. 1. Relatif aux tentacules. 2. Qui tend à se développer. *Ville tentaculaire.*

TENTACULE n.m. (lat. *tentaculum*). Appendice mobile dont beaucoup d'animaux (mollusques, actinies) sont pourvus, et qui leur sert d'organe du tact ou de la préhension. (S'il n'y a qu'un seul tentacule, celui-ci est plutôt appelé *trompe.*)

TENTANT, E adj. Qui fait naître un désir, une envie.

TENTATEUR, TRICE adj. et n. Qui tente, cherche à séduire.

TENTATION n.f. 1. Attrait vers qqch de défendu par une loi morale ou religieuse ; incitation au péché ou à la révolte contre les lois divines. 2. Tout ce qui tente, attire, incite à qqch, crée le désir, l'envie. *Résister à la tentation de fumer.*

TENTATIVE n.f. 1. Action par laquelle on s'efforce d'obtenir un certain résultat ; essai. ◇ *Faire une tentative :* essayer. 2. DR. Commencement d'exécution d'une infraction.

TENTE n.f. (de *tendre*). 1. Abri portatif démontable, en toile serrée, que l'on dresse en plein air. ◇ *Se retirer sous sa tente :* abandonner par dépit un parti, une cause (par allusion à la colère d'Achille). 2. CHIR. *Tente à oxygène :* parois plastiques transparentes destinées à isoler le sujet de l'atmosphère pour le soumettre à l'action de l'oxygène pur.

TENTE-ABRI n.f. (pl. *tentes-abris*). Tente très légère.

TENTER v.t. (lat. *tentare*). 1. Entreprendre, avec l'intention de la mener à bien, une action dont l'issue est incertaine. *Tenter une expérience. Tenter de résister.* 2. Se proposer de faire qqch de hardi ou de difficile. *Tenter une expédition de secours.* ◇ Litt. *Tenter Dieu :* entreprendre qqch au-dessus des forces humaines. 3. Inciter qqn à faire le mal, en éveillant son envie, son désir. 4. Exciter le désir de qqn, son intérêt, lui plaire extrêmement. *Ce fruit vous tente-t-il ?*

TENTHRÈDE n.f. (gr. *tenthrêdôn,* mouche à scie). Insecte hyménoptère (appelé usuellement *mouche à scie*), dont la larve vit dans le bois. (Long. 10 à 15 mm.)

TENTURE n.f. 1. Ensemble de pièces de tissu décorant un appartement (murs, fenêtres, etc.). 2. Ensemble de tapisseries de lisse illustrant différents aspects d'un même thème, différents épisodes d'un cycle, et tissées par le même atelier. 3. Étoffe noire dont on tend une maison, une église, pour une cérémonie funèbre.

1. TENU, E adj. 1. Soigné, maintenu dans un certain état. *Maison bien tenue.* 2. BOURSE. Ferme dans les prix. *Valeurs tenues.*

2. TENU n.m. Action d'un joueur qui tient trop longtemps le ballon dans certains sports d'équipe.

TÉNU, E adj. (lat. *tenuis*). Très fin, très mince.

TENUE n.f. (de *tenir*). 1. Action de tenir une assemblée ; fait de se réunir, de siéger. *La tenue des assises.* 2. Action, manière de diriger, d'administrer une maison, une collectivité. *Tenue d'une maison.* ◇ *Tenue de livres :* action de tenir la comptabilité d'une entreprise. 3. Manière dont on se tient physiquement, dont qqn se présente, est habillé. *Bonne, mauvaise tenue.* ◇ *En petite tenue, en tenue légère :* peu vêtu. 4. Ensemble de vêtements propres à une profession, à une activité, à une circonstance. *Tenue de soirée.* ◇ *En tenue :* en uniforme. – Vieilli. *Grande tenue :* uniforme, habit de parade. (On dit auj. *tenue de cérémonie.*) 5. Qualité de ce qui obéit à un souci de rigueur dans le domaine intellectuel, esthétique, moral. *Roman d'une haute tenue.* 6. BOURSE. Fermeté dans la valeur des titres. 7. MUS. Prolongation, d'une durée variable, de la valeur de notes ou d'accords semblables. 8. *Tenue de route :* qualité d'un véhicule automobile qui possède une stabilité de trajectoire dans toutes les conditions de circulation.

TÉNUIROSTRE adj. (lat. *tenuis,* grêle, et *rostrum,* bec). Qui a le bec fin et pointu, en parlant d'un passereau.

TÉNUITÉ n.f. Litt. État d'une chose ténue.

TENURE n.f. FÉOD. Terre que concédait un seigneur, tout en en conservant la propriété.

TENUTO [tenuto] adv. (mot it., *tenu*). MUS. Expression qu'on place au-dessus de certains passages pour indiquer que les sons doivent être tenus pendant toute leur durée, et non détachés. Abrév. : *ten.*

TEOCALLI ou **TEOCALI** [teɔkali] n.m. (mot nahuatl, *maison de Dieu*). ARCHÉOL. Temple, centre cérémoniel, généralement élevé sur une éminence artificielle, en forme de pyramide tronquée, chez les Aztèques.

TÉORBE ou **THÉORBE** n.m. (it. *tiorba*). Grand luth, en usage du XVIe au XVIIIe s.

tep, symbole de tonne* d'équivalent pétrole.

TÉPALE n.m. BOT. Pièce périanthaire des fleurs de monocotylédones, à la fois pétale et sépale.

TEPHILLIN n.m. pl. → ***tefillin.***

TÉPHRITE n.f. (gr. *tephra,* cendre). Roche volcanique caractérisée par l'association du plagioclase et d'un feldspathoïde.

TÉPHROSIE ou **TEPHROSIA** n.f. Plante légumineuse des régions tropicales, revêtue d'un duvet soyeux.

TEPIDARIUM [tepidarjɔm] n.m. (mot lat.). ANTIQ. Pièce des thermes romains où était maintenue une température tiède.

TEQUILA [tekila] n.f. (n. d'une localité du Mexique). Eau-de-vie obtenue par distillation du fruit de l'agave, fabriquée au Mexique.

TER adv. (mot lat.). 1. Trois fois. 2. Pour la troisième fois.

TÉRA-, préf. (symb. T) qui, placé devant une unité de mesure, la multiplie par 10^{12}.

TÉRASPIC n.m. BOT. Ibéris ornemental.

TÉRATOGÈNE adj. MÉD. Qui produit des malformations congénitales.

TÉRATOGENÈSE ou **TÉRATOGÉNIE** n.f. Étude de l'évolution embryologique des malformations congénitales.

TÉRATOLOGIE n.f. (gr. *teras, -atos,* monstre, et *logos,* science). Science qui traite des malformations congénitales.

TÉRATOLOGIQUE adj. Relatif à la tératologie.

TERBIUM [tɛrbjɔm] n.m. (de la v. d'*Ytterby,* en Suède). Métal du groupe des terres rares ; élément (Tb), de numéro atomique 65, de masse atomique 158,92.

TERCER v.t. → ***tiercer.***

TERCET n.m. (it. *terzetto,* de *terzo,* tiers). LITTÉR. Groupe de trois vers unis par le sens et par certaines combinaisons de rimes.

TÉRÉBELLE n.f. (lat. *terebra,* tarière). Ver marin vivant dans les fentes des rochers et portant des branchies rouges et des filaments orangés. (Long. 5 à 8 cm ; embranchement des annélides.)

TÉRÉBENTHINE [-bɑ̃-] n.f. (lat. *terebinthina*). Résine semi-liquide, tirée du térébinthe *(térébenthine de Chio),* du mélèze *(térébenthine de Venise),* du sapin *(térébenthine d'Alsace),* du pin maritime *(térébenthine de Bordeaux).* ◇ *Essence de térébenthine* ou *térébenthine :* essence fournie par la distillation des térébenthines, qu'on utilise pour dissoudre les corps gras, pour fabriquer les vernis, délayer les couleurs, etc.

TÉRÉBINTHACÉE n.f. Vx. Anacardiacée.

TÉRÉBINTHE n.m. (gr. *terebinthos*). Arbre des régions méditerranéennes, dont l'écorce fournit la térébenthine de Chio. (Famille des anacardiacées ; genre pistachier.)

TÉRÉBIQUE adj. CHIM. *Acide térébique :* acide résultant de l'oxydation de l'essence de térébenthine par l'acide nitrique.

TÉRÉBRANT, E adj. (lat. *terebrans*). 1. Se dit d'un animal qui creuse des trous, des galeries dans un corps dur, notamment d'un insecte muni d'une tarière. 2. Se dit d'une lésion (ulcère, cancer, notamm.) qui ronge les tissus, creuse en profondeur. 3. Se dit d'une douleur profonde donnant l'impression d'un clou qu'on enfonce dans les tissus.

TÉRÉBRATULE n.f. (du lat. *terebra,* tarière). Animal marin abondant à l'ère secondaire et encore représenté actuellement. (Sous-embranchement des brachiopodes.)

TÉRÉPHTALIQUE adj. Se dit d'un acide isomère de l'acide phtalique, qui sert à la préparation de fibres textiles.

TERFÈS, TERFESSE ou **TERFÈZE** n.f. Grosse truffe d'Afrique du Nord.

TERGAL n.m. (nom déposé). Fil ou fibre synthétique de polyester, de fabrication française.

TERGITE n.m. Pièce dorsale de chaque anneau des insectes.

TERGIVERSATION n.f. Action de tergiverser ; hésitation, flottement.

TERGIVERSER v.i. (lat. *tergiversari,* tourner le dos). Recourir à des détours, des faux-fuyants, pour éviter d'agir ou de conclure ; hésiter.

TERLENKA n.m. (nom déposé). Fibre ou fil synthétiques fabriqués aux Pays-Bas.

TERMAILLAGE n.m. ÉCON. Modification des termes de paiement des transactions internationales permettant de réaliser une opération avantageuse sur le marché des changes.

1. TERME n.m. (lat. *terminus,* borne). A. I. 1. Lieu, point où se termine un déplacement dans l'espace ; moment où prend fin dans le temps une action, un état ; fin. *Le terme de notre voyage sera une île du Pacifique. Arriver au terme de sa vie.* – *Mener à son terme :* achever. – *Mettre un terme à :* faire cesser. – *Toucher à son terme :* venir à expiration, finir. 2. Date présumée de la fin de la grossesse et à laquelle doit avoir lieu l'accouchement. *Enfant né à terme, avant terme.* II. 1. Limite fixée dans le temps ; délai limité. *Passé ce terme, vous devrez payer des intérêts.* – *À court, à long, à moyen terme :* dans la perspective d'une échéance rapprochée, éloignée, intermédiaire. – *À terme :* dans un délai plus ou moins long, mais à coup sûr. ◇ DR. Modalité ayant pour effet de retarder l'exécution d'une obligation *(terme suspensif)* ou d'en fixer l'extinction à une date déterminée *(terme extinctif).* 2. Date à laquelle doit être acquitté un loyer ; période à laquelle il correspond. *Payer à terme échu.* ◇ Montant de ce loyer. *Payer son terme.* 3. BOURSE. Date fixée pour la livraison des titres et le paiement du prix ; ensemble des opérations de Bourse qui doivent se dénouer à chacune des dates fixées, pour les liquidations, par les règlements de la place. *Vente à terme.* B. 1. Mot considéré dans sa valeur de désignation, en particulier dans un vocabulaire spécialisé. *Connaître le sens d'un terme. Terme technique.* 2. Élément entrant en relation avec d'autres. *Analyser les termes d'une proposition.* ◇ LOG. Sujet ou prédicat dans une prémisse d'un syllogisme. ◇ MATH. Chacun des éléments d'une suite, d'une série, d'une somme, d'un polynôme, d'un couple. ◇ ÉCON. *Termes de l'échange :* indicateur permettant d'apprécier la situation du commerce extérieur d'un pays par rapport à ses partenaires. ◆ pl. 1. Ensemble des mots employés pour exprimer sa pensée ; manière de s'exprimer. *Parler en termes choisis.* – *En d'autres termes :* autrement dit. 2. Sens exact, littéral d'un texte écrit. *Les termes de la loi sont indiscutables.* – *Aux termes de :* en se conformant strictement à. 3. *Être en bons, en mauvais termes avec qqn,* entretenir de bons, de mauvais rapports avec lui.

2. TERME n.m. (de *Terme,* dieu romain protecteur des bornes). SCULPT. Statue sans bras ni jambes dont le corps se termine en gaine. SYN. : *hermès.*

TERMINAISON n.f. 1. État d'une chose qui finit. *La terminaison d'un procès.* 2. LING. Partie finale d'un mot (par opp. au *radical*).

1. TERMINAL, E, AUX adj. **1.** Qui constitue l'extrémité, le dernier élément de qqch. *Bourgeon terminal.* ◇ *Classe terminale* ou *terminale,* n.f. : classe correspondant à la dernière année de l'enseignement secondaire, où l'on prépare le baccalauréat. **2.** MÉD. Qui précède de peu la mort. **3.** Qui marque la fin ; final. *Point terminal.*

2. TERMINAL n.m. **1.** Ensemble des installations de pompage et de stockage situées à l'extrémité d'un pipeline. **2.** Gare, aérogare urbaine servant de point de départ et d'arrivée des passagers. **3.** Équipement portuaire servant au chargement ou au débarquement des vraquiers, des pétroliers et des minéraliers. **4.** INFORM. Appareil permettant l'accès à distance à un système informatique.

TERMINATEUR n.m. ASTRON. Ligne de séparation des parties éclairée et obscure du disque de la Lune ou d'une planète.

TERMINER v.t. **1.** Mener à son terme, finir. *Terminer ses études.* ◇ *En terminer avec qqch,* l'achever. **2.** Passer la fin de. *Terminer la soirée avec des amis.* **3.** Faire qqch pour finir, placer à la fin. *Terminer le repas par des fromages.* ◆ **se terminer** v.pr. Arriver à sa fin ; finir de telle ou telle façon.

TERMINISME n.m. PHILOS. Nominalisme.

TERMINOLOGIE n.f. (de *terme,* et gr. *logos,* science). **1.** Ensemble des termes particuliers à une science, à un art, à un domaine. **2.** Étude des dénominations des concepts et des objets utilisés dans tel ou tel domaine du savoir.

TERMINOLOGIQUE adj. Relatif à la terminologie ou à une terminologie particulière.

TERMINOLOGUE n. Spécialiste de terminologie.

TERMINUS [tɛrminys] n.m. (mot angl. ; du lat.). Dernière station d'une ligne de transports en commun.

TERMITE n.m. (bas lat. *termes, termitis,* ver rongeur). Insecte xylophage, aux pièces buccales broyeuses, à deux paires d'ailes égales, vivant dans une société composée d'une femelle à énorme abdomen, d'un mâle, de nombreux ouvriers, qui assurent la construction et apportent la nourriture, et de nombreux soldats, chargés de la défense. (Quelques espèces habitent en France, mais les termites sont surtout abondants dans les régions chaudes, où ils édifient d'énormes termitières. Ils commettent des dégâts dans les constructions. Ordre des isoptères.)

TERMITIÈRE n.f. Construction en terre ou en carton de bois, que les termites fabriquent dans les pays tropicaux. (Elle peut atteindre plusieurs mètres de haut et se poursuit dans le sol par de nombreuses galeries.)

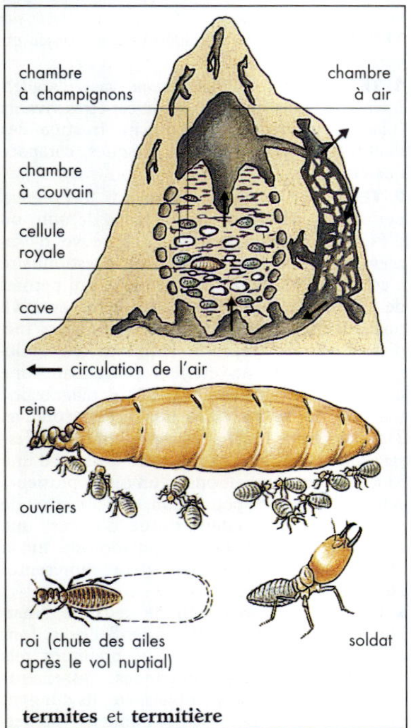

termites et **termitière**

TERNAIRE adj. (lat. *ternarius,* de *terni,* par trois). **1.** Composé de trois éléments. *Nombre ternaire.* ◇ MUS. *Mesure ternaire,* dont chaque temps est divisible par trois (par ex. mesure à 6/8). **2.** CHIM. Se dit de substances organiques, comme les glucides et les lipides, constituées de carbone, d'hydrogène et d'oxygène.

1. TERNE n.m. (lat. *ternas,* coup de trois). **1.** Aux dés, coup où l'on amène les deux trois. **2.** ÉLECTR. Ensemble des trois câbles de transport d'une ligne aérienne triphasée.

2. TERNE adj. (de *ternir*). **1.** Qui a peu ou pas d'éclat. *Couleur terne.* **2.** Qui manque de brillant, monotone, sans intérêt. *Style terne.*

TERNIR v.t. (du germ.). **1.** Ôter la fraîcheur, l'éclat, la couleur de. *Le soleil a terni l'étoffe.* **2.** Rendre moins pur, moins honorable, salir. *Ternir sa réputation.*

TERNISSEMENT n.m. Fait de ternir, de se ternir.

TERNISSURE n.f. Rare. État de ce qui est terni.

TERPÈNE n.m. (all. *Terpene*). Hydrocarbure d'origine végétale, de formule brute $(C_5H_8)_n$.

TERPÉNIQUE adj. Se dit des terpènes et de leurs dérivés.

TERPINE n.f. Hydrate de l'essence de térébenthine, qui sert à préparer le terpinéol (essence de muguet) et qui est employé comme expectorant.

TERPINÉOL ou **TERPINOL** n.m. Composé à odeur de muguet, que l'on tire de la terpine.

TERRAGE n.m. FÉOD. Droit, pour le seigneur, de prélever certains produits agricoles.

TERRAIN n.m. (lat. *terrenus,* formé à terre). **1.** Espace de terre considéré du point de vue de sa nature, de sa structure, de son relief. *Terrain argileux, fertile. Terrain accidenté.* ◇ *Tout terrain,* se dit d'un véhicule capable de rouler sur toutes sortes de terrains hors routes et pistes. **2.** Étendue de terre, considérée du point de vue de sa surface, de sa propriété et de son affectation. *Prix du terrain à bâtir.* ◇ Parcelle de terre. *Acheter un terrain.* **3.** Espace, emplacement aménagé en vue de certaines activités. *Terrain de sport.* – *Terrain d'aviation :* espace découvert réservé à l'atterrissage, au décollage et au stationnement des avions. **4.** Lieu où se déroulent un duel, des opérations militaires. ◇ *Aller sur le terrain :* se battre en duel. – *Céder du terrain :* reculer ; faire des concessions. – *Organisation du terrain,* son aménagement en vue du combat (surtout défensif). **5.** Domaine de la réalité en tant qu'objet d'étude. *Enquête sur le terrain.* – *Homme de terrain :* personne en contact direct avec les gens, les circonstances. **6.** Fig. Situation, état des choses et des esprits, ensemble des conditions, des circonstances pouvant présider à un comportement, à une action. *Sonder le terrain avant d'agir. Trouver un terrain d'entente.* – *Connaître le terrain :* connaître les gens auxquels on a affaire. – *Être sur son terrain,* dans un domaine que l'on connaît bien. – *Se placer sur un bon, un mauvais terrain :* soutenir une bonne, une mauvaise cause ; être dans une situation avantageuse, désavantageuse. **7.** MÉD. Ensemble des facteurs génétiques, physiologiques, etc., qui favorisent l'apparition de certaines maladies. *Terrain allergique.*

TERRAMARE n.f. PRÉHIST. Palafitte de l'Italie du Nord et du midi de la France.

TERRAQUÉ, E adj. Vx et litt. Composé de terre et d'eau. – *Notre globe terraqué :* la Terre.

TERRARIUM [tɛrarjɔm] n.m. (du lat. *terra,* terre, sur le modèle de *aquarium*). Emplacement préparé pour l'élevage et l'entretien de reptiles, batraciens, etc.

TERRASSE n.f. (de *terre*). **1.** Terre-plein d'une levée de terre mettant de niveau (horizontal) un terrain en pente, généralement maintenu par un mur de soutènement et bordé par un garde-corps. ◇ GÉOGR. Sur les versants d'une vallée, replat, souvent recouvert de dépôts fluviatiles, qui correspond à un ancien fond de vallée. ◇ *Cultures en terrasses :* cultures pratiquées sur des pentes découpées en paliers juxtaposés, limités par des murettes. **2.** Toute surface à l'air libre aménagée devant un local, au-dessus d'un local inférieur. ◇ *Toit en terrasse* ou *terrasse (de couverture) :* toiture-terrasse*, souvent accessible, d'une maison. **3.** Partie du trottoir longeant un café, un restaurant où sont disposées des tables pour les consommateurs. **4. a.** Socle plat de certaines pièces d'orfèvrerie. **b.** Partie supérieure de la base d'une statue.

TERRASSEMENT n.m. Action de creuser et de transporter des terres ; ensemble des travaux destinés à modifier la forme d'un terrain.

TERRASSER v.t. **1.** Jeter à terre avec violence au cours d'une lutte. *Terrasser un adversaire.* **2.** Vaincre complètement. *Terrasser l'ennemi.* **3.** Abattre physiquement ou moralement. *La fièvre l'a terrassé.*

TERRASSIER n.m. Ouvrier employé aux travaux de terrassement.

TERRE n.f. (lat. *terra*). **I. 1.** (Avec une majuscule). Planète du système solaire habitée par l'homme. ◇ *Sciences de la Terre :* sciences qui ont pour objet l'origine, la nature et l'évolution du globe terrestre (géochimie, géophysique, géologie, etc.). **2.** Surface de cette planète ; ensemble des lieux habités, le monde. *Parcourir la terre.* ◇ Ensemble des hommes, de l'humanité. *Être connu de la terre entière.* **3.** Séjour des vivants (par opp. à l'au-delà, à la mort). – *Être sur terre :* exister. – *Quitter cette terre :* mourir. **4.** Surface solide où l'homme marche, se déplace, vit, construit, etc. ; sol. *Tomber la face contre terre.* ◇ *S'asseoir par terre, à terre,* sur le sol. – Fig. *Revenir sur terre :* sortir d'une rêverie, revenir à la réalité. – Fam. *Avoir les (deux) pieds sur terre :* avoir le sens des réalités. ◇ ÉLECTR. Masse conductrice de la terre, ou conducteur relié à elle par une impédance négligeable. ◇ MATH. *Ligne de terre :* intersection du plan horizontal et du plan vertical de projection. **5.** Partie solide et émergée du globe (par opp. aux étendues d'eau, à l'air). *Être en vue de la terre. Armée de terre.* – *À terre :* au sol. (On dit

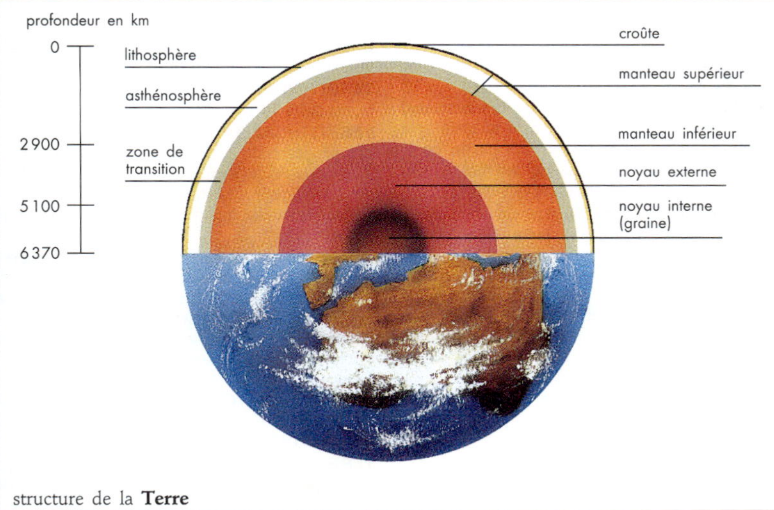

structure de la **Terre**

aussi *terre ferme.*) **6.** Étendue de pays considérée d'un point de vue géographique, national, régional, etc. ; pays. *Les terres arctiques. Mourir en terre étrangère.* – *Terre sainte :* les lieux où vécut le Christ. **7.** Étendue de terrain appartenant à qqn, à une commune, etc. *Acheter une terre. Remembrement des terres.* – *Fonds de terre :* propriété. ◇ (Souvent au pl.). Propriété, domaine rural souvent considérable. *Vivre sur ses terres.* **II. 1.** Matière constituant la couche supérieure du globe où croissent les végétaux. *Terre argileuse.* – *Terre végétale :* partie du sol mêlée d'humus et propre à la végétation. ◇ Cette matière considérée du point de vue de ses qualités agricoles ; sol cultivable. *Terre à blé.* – *Terre vierge,* non encore cultivée. **2.** Sol considéré comme l'élément de base de la vie et des activités rurales ; ces activités. *Produits de la terre.* **3.** Matière pulvérulente que l'on trouve dans le sol. ◇ *Terre à poterie,* contenant de l'argile. – *Terre de Sienne (naturelle* ou *brûlée) :* ocre brune utilisée en peinture. ◇ *Terre cuite :* argile façonnée et mise au four ; objet obtenu de cette façon. **4.** CHIM. *Terres rares :* oxydes métalliques et métaux correspondant aux éléments (lanthanides) ayant un numéro atomique compris entre 57 et 71.

■ La Terre est la troisième des planètes principales du système solaire dans l'ordre croissant des distances au Soleil. Elle s'intercale entre Vénus et Mars. Elle tourne sur elle-même, d'un mouvement quasi uniforme, autour d'un axe passant par son centre de gravité, tout en décrivant autour du Soleil une orbite elliptique. Le demi-grand axe de cette orbite mesure environ 149 600 000 km. La révolution de la Terre autour du Soleil détermine la durée de l'année, et sa rotation sur elle-même celle du jour. La Terre a la forme d'un ellipsoïde de révolution aplati. Son diamètre équatorial mesure 12 756 km env. et son diamètre polaire 12 713 km. Sa superficie est de 510 101 $\cdot 10^3$ km^2, son volume de 1 083 320 $\cdot 10^6$ km^3 et sa masse de $6 \cdot 10^{21}$ tonnes. Sa densité moyenne est de 5,52. Les méthodes de datation fondées sur la désintégration de radioéléments permettent d'évaluer son âge à 4,6 milliards d'années.

TERRE À TERRE loc. adj. inv. **1.** Qui est très proche des préoccupations de la vie courante ; matériel. *Un esprit terre à terre.* **2.** CHORÉGR. Se dit d'un style de danse où l'importance est donnée aux pas de virtuosité exécutés au ras du sol ou sur pointes.

TERREAU n.m. **1.** Terre mélangée à des matières animales ou végétales décomposées, utilisée en horticulture. **2.** Fig. Milieu favorable. *Le terreau de la délinquance.*

TERREAUTAGE n.m. Action de terreauter.

TERREAUTER v.t. AGRIC. Entourer (un plant) ou recouvrir (un semis) de terreau.

TERREFORT n.m. Dans le sud-ouest de la France, sol argileux formé sur la molasse.

TERRE-NEUVAS [tɛrnœva] n.m. inv. ou **TERRE-NEUVIER** n.m. (pl. *terre-neuviers*). **1.** Bateau équipé pour la pêche sur les bancs de Terre-Neuve. **2.** Marin pêcheur sur ce bateau.

TERRE-NEUVE n.m. inv. Chien de sauvetage de forte taille, au poil long, de couleur noir de jais.

TERRE-NEUVIEN, ENNE adj. et n. (pl. *terre-neuviens, ennes*). De Terre-Neuve.

TERRE-PLEIN n.m. (it. *terrapieno,* terrassement) [pl. *terre-pleins*]. Terrain rapporté soutenu par des murs. ◇ *Terre-plein central :* partie de la plate-forme séparant les deux chaussées sur une voie à deux sens de circulation séparés.

TERRER v.t. **1.** AGRIC. Mettre de la nouvelle terre au pied d'une plante ; couvrir de terre. **2.** *Être terré :* être caché sous terre ; fig., être isolé pour ne voir personne. ◆ **se terrer** v.pr. **1.** Se cacher sous terre, en parlant d'un animal. **2.** Éviter de se montrer en s'isolant.

TERRESTRE adj. **1.** Relatif à la Terre. *Le globe terrestre.* **2.** Qui vit sur la partie solide du globe. *Les animaux, les plantes terrestres.* **3.** Qui est, se déplace sur le sol. *Transport terrestre.* **4.** Qui concerne la vie matérielle. *Les joies terrestres.*

TERREUR n.f. (lat. *terror*). **1.** Peur violente qui paralyse ; effroi, frayeur. *Un mal qui répand la terreur.* **2.** Pratique systématique de violences, de répressions, en vue d'imposer un pouvoir. *Dictateur qui se maintient par la terreur.* ◇ HIST. *La Terreur,* v. partie n.pr. **3.** Personne ou chose qui inspire une grande peur, que l'on redoute.

TERREUX, EUSE adj. **1.** Propre à la terre. *Goût terreux.* **2.** Mêlé, sali de terre. *Avoir les mains terreuses.* **3.** Qui a la couleur de la terre, pâle, grisâtre. *Visage terreux.*

TERRI n.m. → ***terril.***

TERRIBLE adj. (lat. *terribilis,* de *terrere,* épouvanter). **1.** Qui cause, inspire de la terreur ; qui a des effets funestes, tragiques ; effroyable. *Une terrible catastrophe.* **2.** Très désagréable, affreux. *Il a un caractère terrible.* ◇ *Enfant terrible :* enfant turbulent, insupportable, mal élevé ; personne qui, au sein d'un groupe, se fait remarquer par ses incartades. **3.** Qui atteint une violence, une force considérable. *Un vent terrible.* **4.** Fam. (Indique un haut degré, une grande quantité). **a.** Extraordinaire. *Un terrible bavard. J'ai un travail terrible à faire.* **b.** Fantastique, formidable, remarquable. *Cette fille est terrible. Un disque terrible.*

TERRIBLEMENT adv. De façon terrible.

TERRICOLE adj. ZOOL. Qui vit dans la terre.

TERRIEN, ENNE adj. et n. **1.** Qui possède des terres. **2.** Qui habite la Terre (par opp. à *extraterrestre*). **3.** Qui habite la terre (par opp. à *marin*). **4.** Qui concerne la campagne (par opp. à *citadin*).

TERRIER n.m. **1.** Trou creusé dans la terre par certains animaux comme le lapin, le renard, etc. **2.** Chien du groupe des dogues, propre à chasser les animaux qui habitent des terriers. (On distingue le *fox-terrier,* le *bull-terrier,* le *skye-terrier,* l'*irish-terrier.*) **3.** HIST. Registre foncier d'une seigneurie.

TERRIFIANT, E adj. Qui terrifie.

TERRIFIER v.t. Frapper de terreur.

TERRIGÈNE adj. GÉOL. *Dépôt terrigène :* dépôt marin d'origine continentale.

TERRIL ou **TERRI** n.m. Entassement de déblais stériles au voisinage d'une mine.

TERRINE n.f. (anc. fr. *terrin,* de *terre*). **1.** Récipient de cuisine en terre vernissée, servant à cuire et à conserver les viandes. **2.** Apprêt de viande, de poisson, de légumes moulé et consommé froid.

TERRIR v.i. MAR., VX. Arriver près de la terre.

TERRITOIRE n.m. (lat. *territorium*). **1.** Étendue de terre dépendant d'un État, d'une ville, d'une juridiction, etc. ◇ *Territoire d'outre-mer (T. O. M.) :* collectivité territoriale de la République française, créée en 1946. (Les quatre T. O. M. sont : Wallis-et-Futuna, la Polynésie française, la Nouvelle-Calédonie, les Terres australes et antarctiques françaises.) **2.** ÉTHOL. Zone occupée par un animal, ou une famille d'animaux, délimitée d'une certaine manière et défendue contre l'accès des congénères. **3.** MÉD. Ensemble des parties anatomiques desservies par un vaisseau, un nerf.

1. TERRITORIAL, E, AUX adj. **1.** Propre au territoire, qui relève du territoire. – *Eaux territoriales, mer territoriale* → ***eau.*** **2.** Anc. (Jusqu'en 1914). *Armée territoriale,* ou *territoriale,* n.f. : fraction des réserves de l'armée de terre composée par les classes les plus anciennes.

2. TERRITORIAL n.m. (pl. *territoriaux*). Militaire de l'armée territoriale.

TERRITORIALEMENT adv. Du point de vue territorial.

TERRITORIALITÉ n.f. **1.** Caractère de ce qui fait proprement partie du territoire d'un État. **2.** DR. *Territorialité des lois :* fait, pour les lois, de s'appliquer à tous ceux qui sont sur le territoire, quelle que soit leur origine (par opp. à *personnalité*).

TERROIR n.m. (de *terre*). **1.** Terre considérée sous l'angle de la production ou d'une production agricole caractéristique. *Terroir fertile.* ◇ *Goût de terroir,* particulier à certains vins de petits crus, tenant à la nature du sol. **2.** Territoire exploité par un village, une communauté rurale. **3.** Province, campagne, considérées sous le rapport de certaines habitudes spécifiques. *Mots du terroir.*

TERRORISANT, E adj. Qui terrorise.

TERRORISER v.t. **1.** Frapper de terreur, d'épouvante. **2.** Tenir sous un régime de terreur.

TERRORISME n.m. **1.** Ensemble d'actes de violence commis par une organisation pour créer un climat d'insécurité ou renverser le gouvernement établi. **2.** HIST. Régime de violence institué par le gouvernement révolutionnaire, en 1793-94.

TERRORISTE adj. et n. Qui participe à un acte de terrorisme.

TERSER v.t. → ***tiercer.***

TERTIAIRE adj. (lat. *tertius,* troisième). **1.** CHIM. Se dit d'un atome de carbone lié à trois atomes de carbone. **2.** *Ère tertiaire* ou *tertiaire,* n.m. : ère géologique précédant l'ère quaternaire, d'une durée de 65 millions d'années et marquée par le plissement alpin et la diversification des mammifères. SYN. : ***cénozoïque.*** **3.** *Secteur tertiaire* ou *tertiaire,* n.m. : partie de la population active employée dans les services (Administration, commerce, banques, enseignement, armée, etc.). ◆ n. CATH. Membre d'un tiers ordre.

TERTIAIRISATION ou **TERTIARISATION** n.f. ÉCON. Développement du secteur tertiaire.

TERTIO [-sjo] adv. (mot lat., de *tertius,* troisième). Troisièmement, en troisième lieu.

TERTRE n.m. (lat. *termen, -inis,* borne). Élévation peu considérable de terre. ◇ *Tertre funéraire :* éminence de terre recouvrant une sépulture.

TÉRYLÈNE n.m. (nom déposé). Fil ou fibre synthétique de polyester, de fabrication anglaise.

TERZA RIMA n.f. (mots it.) [pl. inv. ou *terze rime*]. LITTÉR. Poème composé de tercets dont les rimes sont ordonnées par groupe de trois vers.

TERZETTO [tɛrdzɛto] n.m. (mot it.). MUS. Petite composition pour trois voix ou trois instruments.

TES adj. poss. Pl. de *ton, ta.*

TESLA n.m. (de *Tesla,* n. pr.). Unité de mesure d'induction magnétique (symb. T), équivalant à l'induction magnétique uniforme qui, répartie normalement sur une surface de 1 m^2, produit à travers cette surface un flux d'induction magnétique total de 1 weber.

TESSELLE n.f. (lat. *tessella*). Petit morceau de marbre, de pierre, de pâte de verre, de céramique, etc., élément de base d'une mosaïque murale ou d'un pavement. SYN. : ***abacule.***

TESSÈRE n.f. (lat. *tessera*). ANTIQ. ROM. Plaquette ou jeton d'ivoire, de métal, de terre cuite, etc., aux usages multiples dans l'Antiquité : entrée au spectacle, vote, marque de fabrique, etc.

TESSITURE n.f. (it. *tessitura,* de *tessere,* tisser). MUS. **1.** Ensemble, registre des sons qu'une voix peut produire sans difficulté. *Tessiture grave.* **2.** Ensemble des notes qui reviennent le plus souvent dans un morceau, constituant pour ainsi dire la texture, l'étendue moyenne dans laquelle il est écrit.

TESSON n.m. (de *têt*). Débris d'un objet en verre, en céramique.

1. TEST [tɛst] n.m. (lat. *testum,* vase d'argile). Enveloppe dure qui protège divers êtres vivants (plaques dermiques de l'oursin, frustule des diatomées, coquille des mollusques, carapace des crustacés).

2. TEST [tɛst] n.m. (mot angl.). **1.** Épreuve permettant d'évaluer les aptitudes de qqn, ou d'explorer sa personnalité. **2.** Épreuve d'examen présentée sous forme d'un questionnaire à compléter. **3.** Épreuve en général qui permet de juger qqch ou qqn. ◇ MÉD. Essai, épreuve pouvant mettre en œuvre des techniques médicales variées (réaction chimique ou biologique, prélèvement, etc.) et fournissant une indication déterminante pour le diagnostic ; matériel utilisé pour cet essai, cette épreuve. *Test de grossesse vendu en pharmacie.* **4.** STAT. *Test statistique :* méthode permettant, à partir d'une fonction des observations, d'un ou de plusieurs échantillons d'une population, d'accepter ou de rejeter, avec un certain risque d'erreur, une hypothèse portant sur la population ou sur la loi de probabilité choisie pour représenter l'échantillon.

■ Les *tests de niveau,* comme ceux de Binet-Simon, de Terman, de Wechsler-Bellevue, font intervenir des items verbaux ou pratiques, tels que raisonnements arithmétiques, classements d'images, assemblages d'objets, etc. Ils donnent des renseignements sur le quotient intellectuel. Les *tests projectifs* (Rorschach*, T. A. T.*, M. M. P. I.*) sont destinés, au premier chef, à explorer les aspects affectifs de la personnalité.

TESTABLE adj. Qui peut être testé.

TESTACÉ, E adj. ZOOL. De la nature du test, de la coquille ; qui possède un test.

TESTACELLE n.f. Mollusque à aspect de limace, à coquille très petite, vivant dans le sol. (Long. 7 cm.)

TESTAGE n.m. Contrôle de descendance, méthode de sélection des animaux domestiques appliquée aux reproducteurs mâles.

TESTAMENT n.m. (lat. *testamentum*). **1.** Acte juridique par lequel une personne déclare ses dernières volontés et dispose de ses biens pour le temps qui suivra sa mort. ◇ *Testament authentique* ou *public,* reçu par deux notaires ou par un notaire assisté de deux témoins. – *Testament mystique* ou *secret :* testament écrit par le testateur ou par un tiers, signé par le testateur et remis clos et scellé au notaire devant deux témoins. **2.** Message ultime qu'un écrivain, un homme politique, un savant, un artiste, dans une œuvre, tient à transmettre à la postérité. **3. a.** *Ancien Testament :* ensemble des livres de la Bible qui se rapportent à l'histoire de l'Alliance de Dieu avec le peuple juif. **b.** *Nouveau Testament :* recueil des écrits bibliques qui concernent la Nouvelle Alliance établie par Jésus-Christ.

TESTAMENTAIRE adj. Qui concerne le testament. ◇ *Exécuteur testamentaire :* personne chargée de l'exécution d'un testament.

TESTATEUR, TRICE n. Personne qui fait ou qui a fait son testament.

1. TESTER v.i. (lat. *testari*). Faire son testament.

2. TESTER v.t. Soumettre à un test.

TESTEUR n.m. **1.** Personne qui fait passer un test. **2.** Appareil servant à tester les composants électroniques, les microprocesseurs.

TESTICULAIRE adj. Relatif aux testicules.

TESTICULE n.m. (lat. *testiculus*). ANAT. Glande génitale mâle, élaborant les spermatozoïdes et sécrétant l'hormone mâle.

TESTIMONIAL, E, AUX adj. (du lat. *testimonium,* témoin). **1.** Qui résulte d'un témoignage. **2.** Qui sert de témoignage, d'attestation.

TEST-MATCH n.m. (mot angl., *match international*) [pl. *test-matchs* ou *-matches*]. Au rugby, match opposant deux équipes nationales, dont l'une effectue une tournée dans le pays de l'autre, où elle rencontre également des sélections régionales.

TESTON n.m. (it. *testone,* de *testa,* tête). Monnaie d'argent de la Renaissance à l'effigie d'un souverain (Italie, France).

TESTOSTÉRONE n.f. Hormone produite par les testicules, et agissant sur le développement des organes génitaux et des caractères sexuels secondaires mâles.

1. TÊT [tɛ] n.m. (lat. *testum,* vase en terre). CHIM. Récipient en terre réfractaire, utilisé dans les laboratoires pour la coupellation et la calcination des matières infusibles. ◇ *Têt à gaz :* capsule de terre sur laquelle on dépose une éprouvette pour recueillir un gaz dans la cuve à eau.

2. TÊT [tɛt] n.m. Premier jour de l'année du calendrier lunaire vietnamien, donnant lieu à des festivités *(fête du Têt)* [entre le 20 janvier et le 19 février].

TÉTANIE n.f. État pathologique caractérisé par des crises de contractions musculaires spasmodiques. (Les crises de tétanie surviennent chez les sujets atteints de spasmophilie.)

TÉTANIQUE adj. et n. Relatif au tétanos ou à la tétanie ; qui en est atteint.

TÉTANISATION n.f. Action de tétaniser ; fait d'être tétanisé.

TÉTANISER v.t. **1.** Provoquer des contractures tétaniques. **2.** Fig. Rendre (qqn, un groupe) abasourdi, figé, sous l'effet de l'étonnement, de l'indignation, etc.

TÉTANOS [tetanos] n.m. (mot gr., *rigidité*). **1.** Maladie infectieuse grave, caractérisée par des contractures douloureuses se généralisant à tous les muscles du corps. (Son agent est un bacille anaérobie se développant dans les plaies souillées [terre, débris végétaux, etc.] et agissant par une toxine qui atteint les centres nerveux. La prévention du tétanos repose sur un vaccin et un sérum.) **2.** PHYSIOL. *Tétanos musculaire* ou *physiologique :* contraction prolongée d'un muscle. (Le tétanos est *imparfait* quand les secousses élémentaires ne sont pas fusionnées [tremblement], *parfait* lorsqu'elles le sont.)

TÊTARD n.m. (de *tête*). **1.** Larve des amphibiens, aquatique, à tête fusionnée au tronc en une masse globuleuse, à respiration branchiale. **2.** ARBOR. Arbre taillé de manière à former une touffe au sommet du tronc.

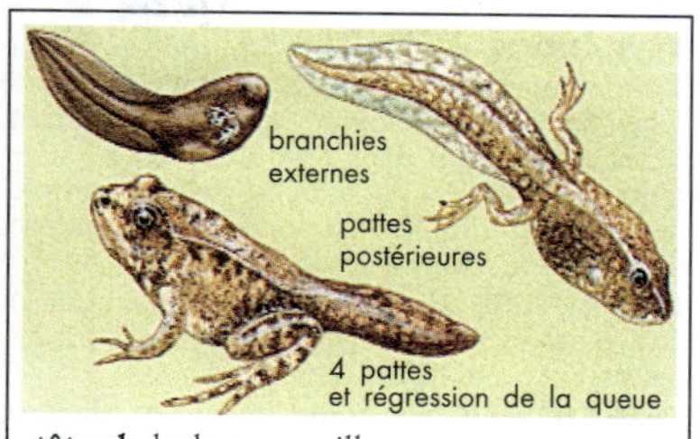

têtard de la grenouille

TÊTE n.f. (lat. *testa,* pot en terre cuite, carapace ; crâne, en bas lat.). **I. 1.** Extrémité supérieure du corps de l'homme et extrémité antérieure du corps de nombreux animaux, contenant la bouche, le cerveau et les principaux organes sensoriels. *Couper la tête.* ◇ *(En) tête à tête :* seul à seul. – *Sans queue ni tête :* dénué de sens. – *Tête baissée :* sans réfléchir, sans regarder le danger. – *Baisser la tête :* avoir honte. – *Voix de tête :* voix aiguë. SYN. : *voix de fausset.* ◇ Belgique. *Tête pressée :* fromage* de tête. **2.** Boîte crânienne de l'homme et, partic., cerveau, crâne. *Mal à la tête.* ◇ Fam. *Être tombé sur la tête :* avoir perdu la raison, avoir l'esprit dérangé. – *Tête de mort :* squelette d'une tête humaine ; emblème représentant un crâne humain. *Drapeau à tête de mort des pirates.* **3.** Partie supérieure du crâne où poussent les cheveux. *Sortir tête nue.* **4.** SPORTS. Au football, action de frapper une balle aérienne avec le front pour dévier sa trajectoire. **5.** Hauteur de la tête. *Elle a une tête de plus que lui.* – Longueur de tête. *Ce cheval a gagné d'une tête.* **II.** Visage dont les traits traduisent les sentiments, les tendances, l'état, etc. ; expression. – *Avoir une bonne tête :* inspirer confiance. – *Il en fait une tête ! :* son visage exprime un sentiment de malaise, de tristesse, etc. – *Faire la tête :* bouder, être de mauvaise humeur. **III. 1. a.** Esprit, ensemble des facultés mentales. *Des rêves plein la tête.* – *Se mettre dans la tête, en tête de :* prendre la résolution de faire qqch ; se persuader, se convaincre que. **b.** Lucidité, raison. *Avoir toute sa tête.* – *Monter à la tête :* étourdir, griser ; troubler la raison. **c.** Présence d'esprit, sang-froid. *Perdre la tête.* **d.** Fam. *En avoir par-dessus la tête :* être excédé. **e.** Mémoire, jugement. *Ne rien avoir dans la tête. Ne pas avoir de tête.* **f.** *De tête :* mentalement, sans avoir recours à l'écriture. **2.** Tempérament volontaire, obstiné. *Une femme de tête.* – *Tenir tête :* résister. ◇ Personne intelligente et volontaire. **3.** Personne ou groupe qui conçoit, inspire, dirige. *La tête pensante du mouvement.* ◇ *À la tête de :* au premier rang de ; à la direction de ; à la première place, comme leader, directeur, etc. *À la tête d'une entreprise.* **IV. 1.** Personne, individu. *Ça coûte 150 F par tête.* ◇ Fam. *Avoir ses têtes :* montrer du parti pris dans ses sympathies ou ses antipathies à l'égard des autres. – Fam. *Tête blonde :* enfant. **2.** Animal compté dans un troupeau. *Tête de bétail.* **3.** Vie de qqn. *Réclamer la tête d'un accusé.* ◇ *Sa tête est mise à prix :* on le recherche activement, en parlant d'un criminel. **V. 1.** Partie supérieure de qqch. *La tête d'un arbre.* **2.** Partie antérieure ou initiale de qqch, notamm. dans une chose orientée ou en mouvement. *Tête du train.* ◇ Commencement, début. *Mot placé en tête de phrase.* ◇ *Tête de ligne :* endroit d'où part une ligne de transport. ◇ SPORTS. *Tête de série :* concurrent (ou équipe) que ses performances antérieures désignent pour rencontrer un adversaire présumé plus faible lors des premières rencontres d'une épreuve éliminatoire. **3.** MIL. Élément le plus avancé d'une troupe. ◇ *Tête de pont.* **a.** Zone occupée par une force militaire en territoire ennemi, au-delà d'un fleuve ou de la mer, en vue d'un franchissement ou d'un débarquement ultérieur du gros des forces. **b.** Fig. Implantation à l'étranger d'une entreprise, d'une institution, en vue d'un développement ultérieur de son activité. **4.** TECHN. Partie supérieure, génér. renflée, d'une pièce ou d'un ensemble mécanique. ◇ *Tête chercheuse :* partie antérieure d'un projectile dotée d'un dispositif électronique permettant de diriger sa trajectoire sur l'objectif. **5.** *Tête de lecture :* cellule phonocaptrice. **6.** *Tête nucléaire :* ogive nucléaire. **7.** *Tête d'injection :* raccord fixé au sommet de la tige de forage. **8.** PÉTR. Fraction la plus légère, ou la plus volatile, d'un mélange d'hydrocarbures, obtenue par distillation fractionnée.

TÊTE-À-QUEUE n.m. inv. Pivotement brusque d'un véhicule sur lui-même, à la suite d'un fort coup de frein ou d'une rupture d'adhérence.

TÊTE-À-TÊTE n.m. inv. **1.** Situation ou entretien de deux personnes qui se trouvent seule à seule. **2.** Service à café, à petit déjeuner ou à thé pour deux personnes seulement.

TÊTEAU n.m. ARBOR. Rare. Extrémité d'une maîtresse branche.

TÊTE-BÊCHE adv. Se dit de la position de deux personnes ou de deux objets placés à côté l'un de l'autre en sens inverse.

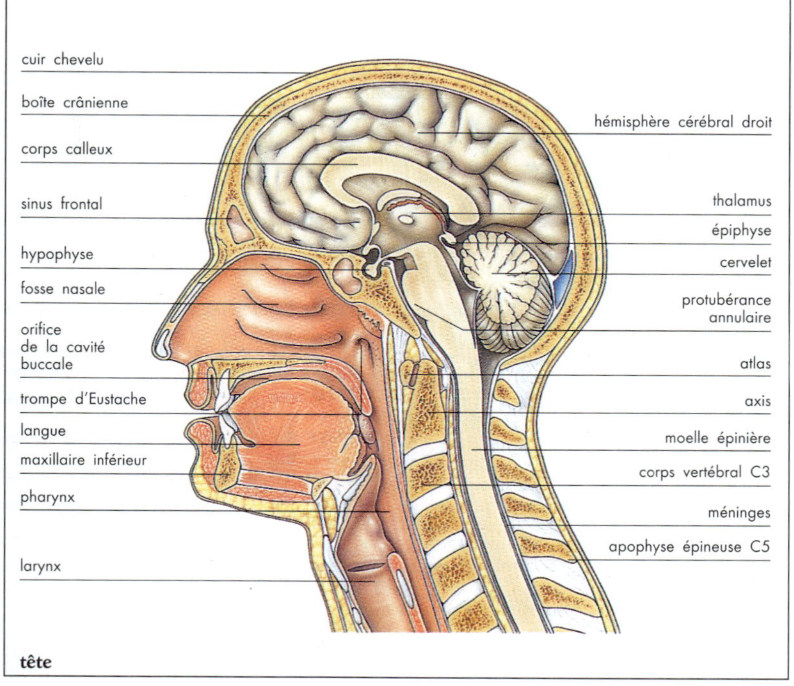

tête

TÊTE-DE-CLOU n.f. (pl. *têtes-de-clou*). Saillie en pointe de diamant constituant, par sa répétition, un motif décoratif dans l'architecture romane.

TÊTE-DE-LOUP n.f. (pl. *têtes-de-loup*). Balai à très long manche et à brosse ronde, permettant de nettoyer les plafonds.

TÊTE-DE-MAURE n.f. (pl. *têtes-de-Maure*). Fromage de Hollande, de forme sphérique, enrobé de paraffine brun foncé. ◆ adj. inv. D'une couleur brun foncé.

TÊTE-DE-NÈGRE n.m. inv. et adj. inv. Couleur brun foncé.

TÉTÉE n.f. **1.** Action de téter. **2.** Quantité de lait qu'un nouveau-né tète en une fois.

TÉTER v.t. et i. (de *tette,* bout de sein) 18. Sucer le lait de la mamelle de la femme ou de la femelle d'un animal, un biberon, etc.

TÉTERELLE n.f. Petit appareil en verre qui se place sur le bout du sein d'une nourrice, et avec lequel on aspire le lait.

TÊTIÈRE n.f. (de *tête*). **1.** Pièce du filet ou de la bride qui passe sur la nuque du cheval et supporte les montants. **2.** MAR. Partie renforcée au point de drisse d'une voile triangulaire.

TÉTIN n.m. Vx. Mamelon du sein.

TÉTINE n.f. **1.** Mamelle d'un mammifère. **2.** Embouchure en caoutchouc, percée de trous, que l'on adapte sur un biberon pour faire téter un nourrisson.

TÉTON n.m.**1.** Fam. Mamelle, sein. **2.** MÉCAN. Petite pièce en saillie maintenant une autre pièce.

TÉTRACHLORURE n.m. Composé contenant quatre atomes de chlore. – *Tétrachlorure de carbone :* liquide incolore (CCl_4), employé comme solvant ininflammable.

TÉTRACORDE n.m. MUS. Intervalle de quatre degrés, sur lequel est fondé le système musical de l'Antiquité grecque.

TÉTRACYCLINE n.f. Antibiotique fongique dont la molécule comprend quatre cycles, et qui est actif sur de nombreuses bactéries.

TÉTRADACTYLE adj. ZOOL. Qui a quatre doigts au pied.

TÉTRADE n.f. (gr. *tetras, -ados,* quatre). BOT. Ensemble formé par les quatre grains de pollen issus de la méiose de la même cellule mère.

TÉTRADYNAME adj. BOT. Se dit des étamines au nombre de 6 dont 4 sont plus longues, comme celles des crucifères.

TÉTRAÈDRE n.m. MATH. Polyèdre à quatre faces ; pyramide à base triangulaire. – *Tétraèdre régulier,* qui a pour faces 4 triangles équilatéraux égaux.

tétraèdre

TÉTRAÉDRIQUE adj. Relatif au tétraèdre ; en forme de tétraèdre.

TÉTRAGONE n.f. (bas lat. *tetragonus,* carré). BOT. Plante originaire d'Australie, et dont les feuilles peuvent remplacer celles de l'épinard.

TÉTRALINE n.f. Hydrocarbure obtenu par hydrogénation catalytique du naphtalène, employé comme solvant et comme carburant.

TÉTRALOGIE n.f. **1.** LITTÉR. GR. Ensemble de quatre pièces (trois tragédies et un drame satyrique) que les poètes tragiques présentaient aux concours dramatiques. **2.** Ensemble de quatre œuvres, littéraires ou musicales, liées par une même inspiration.

TÉTRAMÈRE adj. BIOL. Divisé en quatre parties.

TÉTRAMÈTRE n.m. (gr. *tetrametros*). LITTÉR. Vers composé de quatre mètres.

TÉTRAPLÉGIE n.f. MÉD. Paralysie des quatre membres. SYN. : *quadriplégie.*

TÉTRAPLÉGIQUE adj. et n. Atteint de tétraplégie.

TÉTRAPLOÏDE adj. et n.m. (gr. *tetraploos,* quadruple). BIOL. Se dit des individus mutants dont la garniture chromosomique est double de celle de leurs géniteurs.

TÉTRAPLOÏDIE n.f. État des tétraploïdes.

TÉTRAPODE n.m. et adj. *Tétrapodes :* groupe d'animaux vertébrés dont le squelette comporte deux paires de membres, apparents ou atrophiés, témoignant dans l'évolution d'une adaptation primitive à la marche, tels les amphibiens, les reptiles, les oiseaux et les mammifères terrestres ou marins.

TÉTRAPTÈRE adj. (gr. *tetrapteros,* à quatre ailes). Qui possède deux paires d'ailes, en parlant des insectes. (C'est le cas général.)

TÉTRARCHAT [-ka] n.m. Dignité et fonction de tétrarque.

TÉTRARCHIE [-ʃi] n.f. (gr. *tetra,* quatre, et *arkhein,* commander). **1.** Territoire gouverné par un tétrarque. **2.** Organisation de l'Empire romain, divisé par Dioclétien entre quatre empereurs.

TÉTRARQUE n.m. Souverain vassal, à l'époque gréco-romaine, dont le territoire était trop restreint pour justifier le titre de roi.

TÉTRAS [tetra] n.m. (lat. *tetrax ;* du gr.). Coq de bruyère.

TÉTRAS-LYRE n.m. (pl. *tétras-lyres*). Petit coq de bruyère.

tétras-lyres

TÉTRASTYLE adj. et n.m. À quatre colonnes.

TÉTRASYLLABE adj. et n.m. Se dit d'un vers qui a quatre syllabes.

TÉTRASYLLABIQUE adj. Relatif à un tétrasyllabe.

TÉTRATOMIQUE adj. CHIM. Se dit de corps dont la molécule est formée de quatre atomes.

TÉTRODE n.f. Tube électronique à quatre électrodes (anode, cathode, grille de contrôle, grille-écran).

TÉTRODON n.m. Poisson des mers chaudes, couvert d'écailles épineuses, et appelé *poisson-globe* pour sa faculté de devenir globuleux en se gonflant d'air.

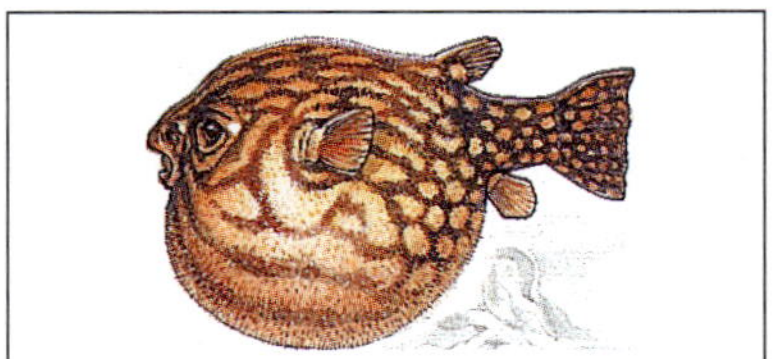

tétrodon (poisson-globe)

TETTE n.f. (du germ.). Rare. Bout de la mamelle des animaux.

1. TÊTU, E adj. et n. (de *tête*). Très attaché à ses idées ; insensible aux arguments, entêté, obstiné.

2. TÊTU n.m. Marteau de carrier, utilisé pour dégrossir les pierres.

TEUF-TEUF n.m. ou f. (pl. *teufs-teufs*). Fam. Vieille voiture.

TEUTON, ONNE adj. et n. **1.** De l'ancienne Germanie. **2.** Litt. et péj. Allemand.

TEUTONIQUE adj. Relatif aux Teutons.

TEX [tɛks] n.m. Unité de mesure de masse linéique (symb. tex), valant 1 gramme par kilomètre. (Le tex est employé dans le commerce des fibres textiles et des fils.)

TEXAN, E adj. et n. Du Texas.

TEXTE n.m. (lat. *textus,* de *texere,* tisser). **1.** Ensemble des termes, des phrases constituant un écrit, une œuvre. *Respecter scrupuleusement le texte d'un auteur.* **2.** Œuvre ou partie d'œuvre littéraire. *Choix de textes du XVIIe s.* **3.** Page ; partie de la page composée de caractères imprimés (par opp. aux marges, aux illustrations). **4.** Sujet d'un devoir. *Cahier de textes.* **5.** Teneur exacte d'une loi ; la loi elle-même. **6.** *Dans le texte :* dans la langue d'origine.

1. TEXTILE adj. (lat. *textilis,* tissé). **1.** Qui peut être divisé en fibres propres à faire un tissu, comme le chanvre, le lin, la laine, l'amiante, etc. **2.** Qui se rapporte à la fabrication des tissus. *Industrie textile.*

2. TEXTILE n.m. **1.** Matière propre à être tissée après avoir été filée ; étoffe. – *Textile artificiel :* fibre textile fabriquée à partir de produits naturels (ex. rayonne, Fibranne). – *Textile synthétique :* fibre textile fabriquée par synthèse à partir du charbon, du pétrole (ex. Nylon, Orlon). – *Textile chimique :* textile artificiel ou synthétique. **2.** Ensemble des industries textiles.

TEXTO adv. (abrév.). Fam. Textuellement.

TEXTUEL, ELLE adj. **1.** Qui concerne le texte écrit. *Analyse textuelle.* **2.** Qui est exactement conforme au texte ; mot à mot. *Traduction textuelle.* **3.** Qui est exactement conforme à ce qui a été dit. *Voici la réponse textuelle qui m'a été faite.*

TEXTUELLEMENT adv. De façon textuelle, mot pour mot.

TEXTURANT n.m. TECHN. Dans l'industrie alimentaire, produit destiné à donner une texture particulière à un aliment.

TEXTURATION n.f. Opération ayant pour but d'améliorer les propriétés physiques des textiles synthétiques.

TEXTURE n.f. (lat. *textura*). **I.** TEXT. **1.** Mode d'entrecroisement des fils de tissage. **2.** État d'une étoffe ou d'un matériau qui est tissé. **II. 1.** Constitution générale d'un matériau solide. ◇ GÉOL. Ensemble des caractères définissant l'agencement et les relations volumiques et spatiales des minéraux d'une roche. **2.** LITTÉR. Arrangement, disposition des parties d'un ouvrage.

TEXTURER v.t. TECHN. Opérer la texturation de (fils, fibres synthétiques).

TÉZIGUE ou **TÉZIG** pron. pers. Arg. Toi.

T. G. V. n.m. (sigle). Train* à grande vitesse.

Th, symbole chimique du thorium.

th, symbole de la thermie.

THAÏ, THAÏE [taj] adj. Relatif aux Thaïs. ◆ n.m. **1.** Famille de langues parlées en Asie du Sud-Est. **2.** La plus importante de ces langues, parlée en Thaïlande, où elle est langue officielle. SYN. : *siamois.*

THAÏLANDAIS, E adj. et n. De la Thaïlande.

THALAMIQUE adj. Relatif au thalamus.

THALAMUS [-mys] n.m. (mot lat.). ANAT. Partie de l'encéphale située à la base du cerveau, jouant un rôle essentiel dans la sensation. SYN. (vx) : *couches optiques.*

THALASSÉMIE n.f. MÉD. Hémoglobinopathie héréditaire, due à la persistance d'une hémoglobine de type fœtal et caractérisée par une anémie.

THALASSOCRATIE n.f. HIST. État dont la puissance résidait principalement dans la maîtrise des mers.

THALASSOTHÉRAPIE n.f. (gr. *thalassa,* mer). Ensemble de soins utilisant les propriétés de l'eau de mer, des boues et des algues marines, ainsi que l'action des climats maritimes.

THALER [talɛr] n.m. (all. *Taler*). Monnaie d'argent au poids de 29 g env., frappée d'abord en Bohême en 1525, unité monétaire des pays germaniques du XVIe au XIXe s.

THALIDOMIDE n.f. Tranquillisant actuellement abandonné en raison de ses effets tératogènes (phocomélies) et utilisé uniquement dans le traitement de la lèpre.

THALLE n.m. BOT. Appareil végétatif des végétaux inférieurs, où l'on ne peut distinguer ni racine, ni tige, ni feuilles.

THALLIUM [-ljɔm] n.m. (mot angl. ; du gr. *thallos,* jeune pousse). Métal blanc qui se trouve dans certaines pyrites ; élément (Tl), de numéro atomique 81, de masse atomique 204,37.

THALLOPHYTE n.f. Végétal pluricellulaire dont l'appareil végétatif est constitué par un thalle, comme c'est le cas chez les algues, les champignons, les lichens.

THALWEG n.m. → *talweg.*

THANATOLOGIE n.f. Étude des signes, des conditions, des causes et de la nature de la mort.

THANATOPRAXIE n.f. Ensemble des moyens techniques mis en œuvre pour la conservation des corps. (L'embaumement en est la forme historique.)

THANATOS [tanatɔs] n.m. (mot gr., *mort*). PSYCHAN. Pulsion de mort, chez Freud (par opp. à *éros*).

THANE n.m. Homme d'armes, donc homme libre supérieur, dans l'Angleterre anglo-saxonne.

THAUMATURGE n. (gr. *thauma, -atos,* prodige, et *ergon,* œuvre). Personne qui fait ou prétend faire des miracles.

THAUMATURGIE n.f. Pouvoir du thaumaturge.

THÉ n.m. (du chin.). **1.** Feuilles de théier torréfiées après la cueillette *(thé vert)* ou après avoir subi une légère fermentation *(thé noir).* **2.** Infusion que l'on en fait. **3. Suisse, Belgique.** Tisane. **4.** Repas léger où l'on sert du thé et des pâtisseries, l'après-midi. **5.** *Thé des jésuites :* maté (infusion).

THÉATIN n.m. (lat. *Teatinus,* habitant de *Teate*). Membre d'une congrégation de clercs réguliers fondée en 1524, à Rome, par Gaétan de Thiene et Gian Pietro Carafa, le futur Paul IV, évêque de Chieti (l'ancienne Teate), en vue de réformer les mœurs ecclésiastiques.

THÉÂTRAL, E, AUX adj. **1.** Qui concerne le théâtre. *Action théâtrale.* **2.** Qui vise à l'effet ; artificiel, forcé. *Attitude théâtrale.*

THÉÂTRALEMENT adv. Litt. De façon théâtrale, affectée.

THÉÂTRALISER v.t. Donner un caractère de théâtralité à.

THÉÂTRALISME n.m. Tendance à attirer l'attention sur soi et à vouloir séduire l'entourage par son comportement. ◇ **Spécialt.** PSYCHOL. Tendance pathologique aux manifestations émotives, spectaculaires et manquant de naturel. SYN. : *histrionisme.*

THÉÂTRALITÉ n.f. LITTÉR. Conformité d'une œuvre aux exigences scéniques du théâtre.

THÉÂTRE n.m. (lat. *theatrum,* du gr.). **I.1.** Édifice destiné à la représentation de pièces, de spectacles dramatiques ; le spectacle lui-même. ◇ *Coup de théâtre :* évènement inattendu qui modifie radicalement la situation, dans une pièce dramatique ou dans la vie ordinaire. **2.** Art dramatique, considéré comme un genre artistique et littéraire. *Faire du théâtre.* **3.** La littérature dramatique ; ensemble des pièces d'un auteur, d'un pays ou d'une époque. *Le théâtre grec. Le théâtre de Corneille.* **4.** *Théâtre musical :* genre artistique qui mêle des éléments musicaux, littéraires et gestuels. **5. Afrique.** Représentation théâtrale. **II.1.** Attitude artificielle, outrée. **2.** Lieu où se passent certains faits, le plus souvent dramatiques. **3.** MIL. **a.** *Théâtre d'opérations (T. O.) :* zone géographique nécessaire à l'accomplissement d'une mission stratégique donnée ; échelon correspondant dans l'organisation des forces. **b.** *Théâtre d'opérations extérieur (T. O. E.) :* théâtre d'opérations situé en dehors de la France. ◇ *Armes de théâtre :* armes nucléaires affectées à un théâtre d'opérations, partic. au théâtre européen.

THÉÂTREUX, EUSE n. Fam., péj. ou par plais. **1.** Personne qui fait du théâtre en amateur. **2.** Comédien, comédienne de théâtre sans talent.

THÉBAÏDE n.f. **1.** Lieu désert, en Égypte, où se retirèrent nombre d'ascètes chrétiens. **2. Litt.** Lieu isolé, propre à la méditation.

THÉBAIN, E adj. et n. **1.** De Thèbes, en Égypte. **2.** De Thèbes, en Béotie.

THÉBAÏNE n.f. Alcaloïde toxique qui se trouve dans l'opium.

THÉBAÏQUE adj. Vx. Qui contient de l'opium.

THÉBAÏSME n.m. PSYCHIATRIE, VX. Intoxication chronique par l'opium ou ses dérivés.

THÉIER n.m. Arbrisseau originaire de la Chine méridionale et cultivé dans toute l'Asie du

théier

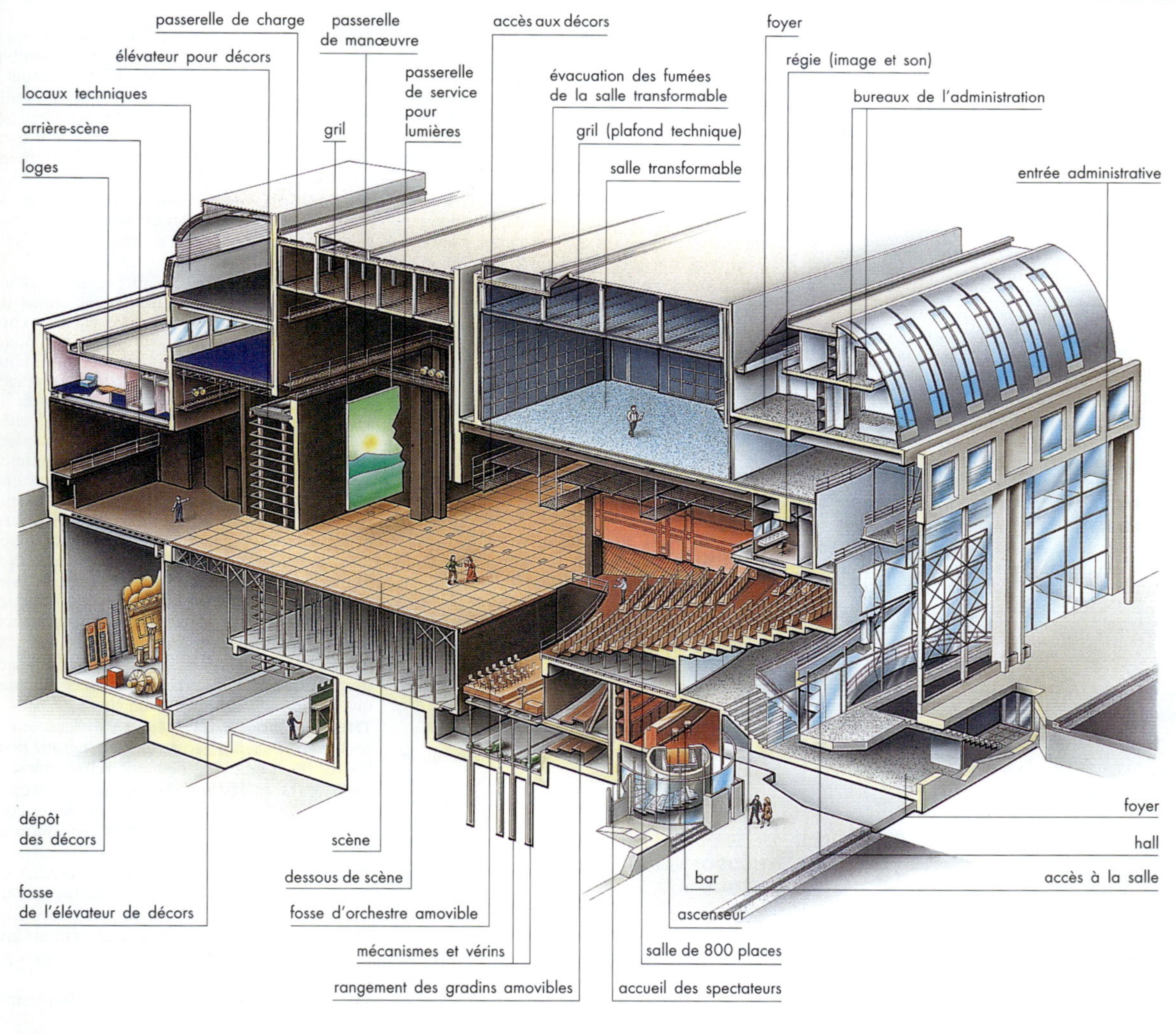

théâtre : vue en coupe du Théâtre national de la Colline, dans le XXe arrondissement de Paris, comportant deux salles modulables de 200 et 800 places (architectes : V. Fabre et J. Perrottet [avec A. Cattani, N. Napo et M. Raffaelli])

Sud-Est pour ses feuilles, qui donnent le thé. (Il peut atteindre 10 m, mais, en culture, on ne le laisse pas dépasser 3 m.)

THÉIÈRE n.f. Récipient pour l'infusion du thé.

THÉINE n.f. (de *thé*). Principal alcaloïde de la feuille de thé, identique à la caféine.

1. THÉISME n.m. Habitude de boire des quantités excessives de thé.

2. THÉISME n.m. (du gr. *theos,* dieu). Doctrine qui affirme l'existence personnelle et unique d'un Dieu, cause du monde.

THÉISTE adj. et n. Du théisme religieux.

1. THÉMATIQUE adj. **1.** Relatif à un thème ; qui s'organise autour de thèmes. *Encyclopédie thématique.* – *Critique thématique :* étude critique des thèmes constants d'une œuvre ou d'un écrivain. **2.** MUS. Relatif aux thèmes musicaux. **3.** LING. Relatif au thème des mots.

2. THÉMATIQUE n.f. Ensemble des thèmes développés par un écrivain, une école, etc.

THÈME n.m. (gr. *thema,* ce qui est proposé). **I. 1.** Sujet, idée sur lesquels portent une réflexion, un discours, une œuvre, autour desquels s'organise une action. *Le thème d'un débat.* **2.** LING. Terme de la phrase *(syntagme nominal)* désignant l'être ou la chose dont on dit qqch (par opp. à *prédicat*). **3.** MUS. Fragment mélodique ou rythmique sur lequel est construite une œuvre musicale. **4.** ASTROL. *Thème astral :* représentation symbolique de l'état du ciel *(aspect)* au moment de la naissance de qqn. **5.** MIL. *Thème tactique :* situation servant de cadre à une étude tactique. **II.** Exercice scolaire consistant à traduire un texte dans la langue qu'on étudie (par opp. à *version*) ; le texte ainsi traduit. *Thème latin.* ◇ *Fort en thème :* élève brillant ; élève à la culture livresque. **III.** LING. Partie du mot qui reste invariable et à laquelle s'ajoutent les désinences. (Le thème peut lui-même être décomposé en un radical et une voyelle thématique.)

THÉNAR adj. (mot gr.). ANAT. *Éminence thénar* ou *thénar,* n.m. : saillie du côté externe de la paume de la main.

THÉOBROMINE n.f. (du lat. *theobroma,* n. sc. du cacaoyer). PHARM. Alcaloïde contenu dans la fève du cacao et dans les feuilles du théier, utilisé pour son action diurétique.

THÉOCENTRISME n.m. Attitude consistant à placer Dieu et ceux qui sont investis de l'autorité religieuse au centre de toute vision du monde et de toute interprétation de l'histoire.

THÉOCRATIE n.f. (gr. *theos,* dieu, et *kratos,* puissance). Régime politique dans lequel le pouvoir est considéré comme venant directement de Dieu, et exercé par ceux qui sont investis de l'autorité religieuse.

THÉOCRATIQUE adj. Relatif à la théocratie.

THÉODICÉE n.f. (mot créé par Leibniz, du gr. *theos,* dieu, et *dikê,* justice). PHILOS. Métaphysique de la connaissance de Dieu et de ses attributs uniquement par la raison. SYN. : *théologie naturelle.*

THÉODOLITE n.m. Instrument de géodésie et de topographie servant à mesurer les angles réduits à l'horizon, les distances zénithales et les azimuts.

utilisation d'un **théodolite**

THÉOGONIE n.f. (gr. *theos,* dieu, et *gonos,* génération). RELIG. Doctrine relative à l'origine et à la généalogie des dieux ; ensemble des divinités d'une mythologie donnée.

THÉOGONIQUE adj. Relatif à la théogonie. *Poème théogonique.*

THÉOLOGAL, E, AUX adj. CATH. Qui a Dieu pour objet. – *Vertus théologales :* la foi, l'espérance et la charité.

THÉOLOGIE n.f. (gr. *theos,* dieu, et *logos,* science). **1.** Étude concernant la divinité et, plus génér., la religion. ◇ *Théologie naturelle :* théodicée. **2.** RELIG. CHRÉT. Étude portant sur Dieu et les choses divines à la lumière de la Révélation. ◇ *Théologie de la libération :* courant chrétien mettant en avant les valeurs de l'Évangile pour la libération politique, sociale, économique et culturelle des peuples du tiers-monde. **3.** Doctrine religieuse d'un auteur ou d'une école.

THÉOLOGIEN, ENNE n. Spécialiste de théologie.

THÉOLOGIQUE adj. Relatif à la théologie.

THÉOLOGIQUEMENT adv. Selon les principes théologiques.

THÉOPHILANTHROPE n. Membre de la théophilanthropie.

THÉOPHILANTHROPIE n.f. Sous le Directoire, secte déiste fondée sur la croyance en un Dieu puissant et bon.

THÉOPHYLLINE n.f. PHARM. Alcaloïde des feuilles de thé, utilisé comme antiasthmatique.

THÉORBE n.m. → ***téorbe.***

THÉORÉMATIQUE adj. Didact. Qui concerne des théorèmes, des hypothèses.

THÉORÈME n.m. (gr. *theôrêma,* objet d'étude). **1.** Proposition scientifique qui peut être démontrée. **2.** MATH. et LOG. Expression d'un système formel, démontrable à l'intérieur de ce système.

THÉORÉTIQUE adj. (all. *theoretisch,* spéculatif ; du gr.). Qui est envisagé du point de vue théorique ; spéculatif.

THÉORICIEN, ENNE n. **1.** Personne qui étudie la théorie, les idées, les concepts d'un domaine scientifique. **2.** Personne qui étudie, élabore et défend la théorie, les principes d'une doctrine. *Théoricien du libéralisme.*

1. THÉORIE n.f. (gr. *theôria,* action d'observer). **1.** Connaissance spéculative, idéale, indépendante des applications. ◇ *En théorie :* en spéculant, de manière abstraite. **2.** Ensemble de théorèmes et de lois systématiquement organisés, soumis à une vérification expérimentale, et qui vise à établir la vérité d'un système scientifique. **3.** LOG. *Théorie déductive :* ensemble de propositions démontrées de façon purement logique à partir d'axiomes, et qui énoncent les propriétés qui conviennent à un domaine d'objets. (Par exemple, la théorie des groupes.)

2. THÉORIE n.f. (gr. *theôria,* procession). **1.** ANTIQ. GR. Ambassade solennelle envoyée dans une ville. **2.** Litt. Long défilé de personnes, de véhicules. *Théorie de fidèles, de voitures.*

THÉORIQUE adj. **1.** Qui appartient à la théorie. **2.** Du domaine de la spéculation, sans rapport avec la réalité ou la pratique.

THÉORIQUEMENT adv. De façon théorique.

THÉORISATION n.f. Action de théoriser.

THÉORISER v.t. Interpréter (des données, des observations) en termes théoriques. ◆ v.i. Élaborer, énoncer des théories. *Il ne peut pas s'empêcher de théoriser sur tout.*

THÉOSOPHE n. Partisan de la théosophie.

THÉOSOPHIE n.f. Doctrine fondée sur la théorie de la sagesse divine, selon laquelle celle-ci est omniprésente dans l'univers et dans l'homme.

THÉOSOPHIQUE adj. De la théosophie.

THÈQUE n.f. BOT. Cellule à l'intérieur de laquelle se forment les spores ou les grains de pollen.

THÉRAPEUTE n. (du gr. *therapeuein,* soigner). **1.** Médecin spécialiste de thérapeutique. **2.** Litt. Médecin. **3.** Psychothérapeute.

1. THÉRAPEUTIQUE adj. Relatif au traitement des maladies.

2. THÉRAPEUTIQUE n.f. MÉD. **1.** Partie de la médecine qui se rapporte à la manière de traiter les maladies. **2.** Manière choisie de traiter une maladie ; traitement.

THÉRAPIE n.f. (gr. *therapeia,* soin). **1.** Thérapeutique. **2.** Traitement médical. **3.** Psychothérapie. ◇ *Thérapie familiale,* dans laquelle est impliqué l'ensemble de la cellule familiale, et non le ou les seuls de ses membres manifestant un trouble.

THÉRIAQUE n.f. Anc. Préparation pharmaceutique utilisée comme antidote des poisons les plus divers.

THÉRIDION ou **THERIDIUM** n.m. (gr. *thêridion*). Araignée aux couleurs vives, construisant des toiles irrégulières sur les buissons, les rochers.

THERMAL, E, AUX adj. Se dit des eaux de source chaudes et de toute eau de source utilisée comme moyen de traitement, ainsi que des installations permettant leur emploi. ◇ *Station thermale :* localité dotée d'un ou de plusieurs établissements spécialisés dans le traitement d'affections diverses par l'utilisation d'eaux de source aux caractéristiques minéralogiques déterminées et constantes.

THERMALISME n.m. Ensemble de moyens médicaux, hospitaliers, sociaux, etc., mis en œuvre pour l'utilisation thérapeutique des eaux de source.

THERMALITÉ n.f. Nature, qualité des eaux thermales.

THERMES n.m. pl. (du gr. *thermos,* chaud). **1.** Établissement où l'on prend des bains d'eaux médicinales. **2.** Bains publics dans l'Antiquité gréco-romaine.

THERMICIEN, ENNE n. Spécialiste de la thermique et de ses applications.

THERMICITÉ n.f. Action, pour un système de corps subissant une transformation physicochimique, d'échanger de la chaleur avec le milieu extérieur.

THERMIDOR n.m. (gr. *thermos,* chaud, et *dôron,* don). HIST. Onzième mois de l'année républicaine (du 19 ou 20 juillet au 17 ou 18 août).

THERMIDORIEN, ENNE adj. et n. HIST. Se dit des Conventionnels tels que Barras, Fouché, Tallien, qui renversèrent Robespierre le 9 thermidor an II. ◆ adj. Relatif aux journées révolutionnaires de thermidor.

THERMIE n.f. (du gr. *thermos,* chaud). Unité de mesure de quantité de chaleur (symb. th), valant 10^6 calories. (Cette unité n'est plus légale en France.)

1. THERMIQUE adj. Relatif à la chaleur. ◇ *Analyse thermique :* étude des variations de température des substances qui entraînent chez elles des modifications chimiques. – *Papier thermique :* papier couché, utilisé notamm. pour la télécopie, et portant sur une face un réactif qui devient bleu ou noir sous l'effet de la chaleur (entre 90 et 110 °C). – PHYS. *Agitation thermique :* mouvement désordonné des particules de la matière dont la vitesse augmente ou décroît selon la variation de température. – *Centrale thermique :* centrale dans laquelle l'énergie électrique est produite à partir d'énergie thermique de combustion. ◇ NUCL. *Neutron thermique :* neutron ayant une énergie cinétique de l'ordre de celle de l'agitation thermique et capable de provoquer la fission de l'uranium 235. ◇ MÉTÉOR. *Ascendance thermique :* ascension d'un courant d'air chaud dans l'atmosphère.

2. THERMIQUE n.f. Partie de la physique qui traite de la production, de la transmission ainsi que de l'utilisation de la chaleur.

THERMISTANCE n.f. Résistance électrique à coefficient de température élevé et négatif pour les températures normalement rencontrées.

THERMITE n.f. (du gr. *thermê,* chaleur). TECHN. Mélange d'oxydes métalliques et de poudre d'aluminium utilisé en soudage par aluminothermie.

THERMOCAUTÈRE n.m. MÉD. Cautère de platine, maintenu incandescent par un courant d'air carburé.

THERMOCHIMIE n.f. Partie de la chimie qui s'occupe des quantités de chaleur mises en jeu par les réactions chimiques.

THERMOCHIMIQUE adj. Relatif à la thermochimie.

THERMOCLASTIE n.f. GÉOMORPH. Éclatement des roches sous l'effet de variations brutales de température.

THERMOCLINE n.f. HYDROL. Couche d'eau maritime (ou lacustre), dont la température diminue rapidement avec la profondeur.

THERMOCOLLAGE n.m. TECHN. Procédé d'assemblage sous l'action de la chaleur.

THERMOCOLLANT, E adj. et n.m. TECHN. Se dit d'un tissu spécialement encollé, d'un matériau dont les propriétés adhésives se développent par chauffage, et que l'on peut faire adhérer à un autre par thermocollage.

THERMOCONVECTION n.f. Ensemble des mouvements verticaux dans l'atmosphère, déterminés par les gradients thermiques de l'air.

THERMOCOUPLE n.m. Circuit formé par deux métaux différents entre les soudures desquels on a établi une différence de température qui se traduit par l'apparition d'une force électromotrice. SYN. : *couple thermoélectrique.*

THERMODURCISSABLE adj. Qui possède la propriété de durcir au-dessus d'une température donnée et de ne pouvoir reprendre sa forme primitive de manière réversible.

THERMODYNAMICIEN, ENNE n. Spécialiste de thermodynamique.

THERMODYNAMIQUE n.f. Partie de la physique qui traite des relations entre les phénomènes mécaniques et calorifiques. ◆ adj. Relatif à la thermodynamique.

THERMOÉLECTRICITÉ n.f. **1.** Ensemble des phénomènes réversibles de transformation directe de l'énergie thermique en énergie électrique, et vice versa. **2.** Électricité produite par la combustion du charbon, du gaz ou du fioul lourd d'une part *(thermoélectricité classique),* ou de l'uranium ou du plutonium d'autre part *(thermoélectricité nucléaire).*

THERMOÉLECTRIQUE adj. Relatif à la thermoélectricité.

THERMOÉLECTRONIQUE adj. Se dit de l'émission d'électrons par un conducteur électrique porté à haute température. SYN. : *thermoïonique.*

THERMOFORMAGE n.m. Mise en forme, sous l'action de la chaleur et d'une contrainte mécanique, de feuilles ou de tubes en matière thermoplastique.

THERMOGÈNE adj. Qui produit de la chaleur.

THERMOGENÈSE n.f. PHYSIOL. Partie de la thermorégulation qui assure la production de chaleur chez l'animal.

THERMOGRAPHIE n.f. Technique d'enregistrement graphique des températures de divers points d'un corps par détection du rayonnement infrarouge qu'il émet. (Cette technique est utilisée notamm. en médecine pour le dépistage des tumeurs du sein.)

THERMOGRAVURE n.f. Procédé d'impression en relief par dépôt d'une encre contenant une résine que l'on solidifie par chauffage.

THERMOÏONIQUE adj. Thermoélectronique.

THERMOLUMINESCENCE n.f. PHYS. Émission de lumière par certains corps, provoquée par un échauffement bien inférieur à celui qui produirait l'incandescence.

THERMOLYSE n.f. Partie de la thermorégulation qui assure la perte de chaleur chez l'animal.

THERMOMÈTRE n.m. **1.** Instrument destiné à mesurer la température. – *Thermomètre centésimal :* thermomètre qui comprend 100 divisions entre la division 0, qui correspond à la température de la glace fondante, et la division 100, qui correspond à la température de l'eau en ébullition. (Chacune de ces divisions est appelée *degré Celsius.*) – *Thermomètre à maximum et à minimum :* thermomètre à alcool qui enregistre les températures maximale et minimale atteintes au cours d'une certaine période de temps. **2.** **Fig.** Ce qui permet d'évaluer qqch. *La Bourse, thermomètre de l'activité économique et financière.*

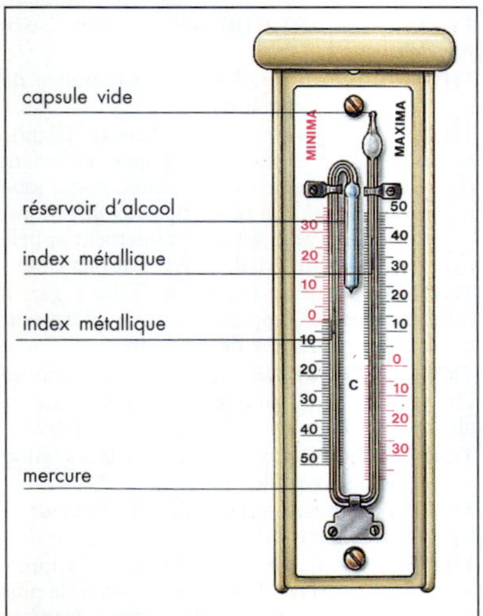

thermomètre à maximum et à minimum

THERMOMÉTRIE n.f. PHYS. Mesure de la température.

THERMOMÉTRIQUE adj. Relatif au thermomètre, à la thermométrie.

THERMONUCLÉAIRE adj. Se dit d'une réaction de fusion nucléaire entre éléments légers (et de l'énergie qu'elle produit), rendue possible par l'emploi de températures très élevées. ◇ *Arme (bombe) thermonucléaire* ou *à hydrogène* ou *H :* arme mettant en jeu, grâce à l'obtention de très hautes températures, la fusion de noyaux d'atomes légers avec un dégagement considérable d'énergie. (La puissance des armes thermonucléaires s'exprime en mégatonnes.) [→ ***nucléaire.***]

THERMOPLASTIQUE adj. Qui se ramollit sous l'action de la chaleur et se durcit en se refroidissant de manière réversible.

THERMOPOMPE n.f. Pompe à chaleur.

THERMOPROPULSÉ, E adj. Qui est propulsé d'après le principe de la thermopropulsion.

THERMOPROPULSIF, IVE adj. Qui assure la thermopropulsion.

THERMOPROPULSION n.f. Principe de propulsion fondé sur la seule mise en œuvre de l'énergie thermique.

THERMORÉCEPTEUR n.m. Organe animal périphérique sensible aux températures, dont il informe les centres nerveux.

THERMORÉGULATEUR, TRICE adj. Qui concerne la thermorégulation.

THERMORÉGULATION n.f. **1.** BIOL. Stabilisation de la température centrale chez les animaux homéothermes. **2.** Réglage automatique de la température d'une ambiance, d'un milieu.

THERMORÉSISTANT, E adj. Se dit d'une substance qui résiste à la chaleur.

THERMOS [-mos] n.f. (nom déposé). Bouteille isolante permettant à un liquide de conserver sa température pendant plusieurs heures.

THERMOSCOPE n.m. Thermomètre rudimentaire servant à indiquer une variation ou une différence de température sans la mesurer.

THERMOSIPHON n.m. TECHN. Phénomène de circulation d'eau dans les circuits de chauffage dû aux différences de température et de niveau.

THERMOSPHÈRE n.f. Couche de l'atmosphère située au-dessus de la mésosphère, au sein de laquelle la température croît régulièrement avec l'altitude. (V. illustration *atmosphère.*)

THERMOSTAT n.m. Appareil servant à maintenir la température constante.

THERMOSTATIQUE adj. Se dit d'un dispositif capable de maintenir la température constante.

THERMOTACTISME n.m. Sensibilité de certains organismes aux différences de température, qui détermine des réactions de déplacement.

THERMOVINIFICATION n.f. Vinification rapide obtenue en chauffant les raisins foulés vers 60-80 °C.

THÉROMORPHE n.m. (du gr. *thêr, thêros,* bête sauvage). *Théromorphes :* sous-classe de reptiles fossiles de l'ère secondaire présentant certains caractères communs avec les mammifères.

THÉSARD, E n. Fam. Personne qui prépare une thèse.

THÉSAURISATION n.f. Action de thésauriser, d'amasser des richesses. ◇ ÉCON. Mise en réserve d'un stock de monnaie conservé tel quel, sans faire l'objet d'un placement productif.

THÉSAURISER v.t. (du lat. *thesaurus,* trésor). Mettre de l'argent de côté sans le dépenser ni le faire fructifier.

THÉSAURISEUR, EUSE adj. et n. Personne qui thésaurise.

THESAURUS ou **THÉSAURUS** [tezorys] n.m. (gr. *thesauros,* trésor). Didact. **1.** Lexique de philologie, d'archéologie. **2.** Répertoire alphabétique de termes normalisés utilisés pour le classement documentaire.

THÈSE n.f. (gr. *thesis,* action de poser). **1.** Proposition théorique, opinion, position sur qqch dont on s'attache à démontrer la véracité. *Soutenir une thèse.* ◇ *Pièce, roman, film à thèse,* qui illustre une thèse politique, morale ou philosophique. **2.** Ensemble de travaux présentés, sous forme d'ouvrage, en vue de l'obtention du grade de docteur ; exposé public de cet ouvrage. **3.** PHILOS. Idée, proposition qui forme le premier terme d'une antinomie (dans les philosophies rationalistes de type kantien) ou d'une contradiction de type dialectique (dans les philosophies hégélienne et marxiste).

THESMOPHORIES n.f. pl. (gr. *thesmophoria,* de *thesmos,* loi, et *pherein,* porter). ANTIQ. GR. Fêtes en l'honneur de Déméter.

THESMOTHÈTE n.m. ANTIQ. GR. Magistrat chargé de codifier les lois et d'organiser la justice.

THESSALIEN, ENNE adj. et n. De Thessalie.

THÊTA n.m. inv. Huitième lettre de l'alphabet grec (Θ, θ), qui correspond à *th.*

THÈTE n.m. (gr. *thês, thêtos*). ANTIQ. GR. Citoyen appartenant au dernier groupe de la hiérarchie sociopolitique de la cité grecque. (Petits paysans, ouvriers ou manœuvres, les thètes servent, en temps de guerre, comme rameurs dans la flotte.)

THÉTIQUE adj. PHILOS. **1.** Qui se rapporte à une thèse. **2.** Dans le vocabulaire de la phénoménologie, se dit de ce qui pose l'existence de la conscience, de ce qui l'affirme comme telle.

THÉURGIE n.f. (gr. *theourgia,* de *theos,* dieu, et *ergon,* action). Pratique occultiste visant à communiquer avec les bons esprits, à utiliser leurs pouvoirs pour atteindre Dieu.

THIAMINE n.f. Vitamine B1. SYN. : *aneurine.*

THIAZOLE n.m. Composé hétérocyclique à cinq atomes, dont un de soufre et un d'azote, et dont le noyau joue un rôle important en biochimie.

THIBAUDE n.f. (de *Thibaud,* n. donné aux bergers). Tissu grossier servant à doubler les moquettes ou les tapis cloués au sol.

THIOACIDE n.m. Sulfacide.

THIOALCOOL ou **THIOL** n.m. Mercaptan.

THIOCARBONATE n.m. Composé M_2CS_3 résultant de la combinaison du sulfure de carbone CS_2 avec un sulfure métallique M_2S (où M représente un métal).

THIONATE n.m. CHIM. Sel d'un acide de la série thionique.

THIONINE n.f. CHIM. ORG. Matière colorante bleue présente dans le bleu de méthylène et dans le violet de Lauth.

THIONIQUE adj. (gr. *theîon,* soufre). *Série thionique :* série d'acides oxygénés du soufre, de formule générale $S_nO_6H_2$ (où n est compris entre 2 et 6).

THIOPENTAL [-pɛ̃-] n.m. (pl. *thiopentals*). Penthiobarbital.

THIOPHÈNE ou **THIOFÈNE** n.m. Hétérocycle à cinq atomes dont un de soufre.

THIOSULFATE n.m. Hyposulfite.

THIOSULFURIQUE adj. Hyposulfureux.

THIO-URÉE n.f. (pl. *thio-urées*). CHIM. Composé $H_2N—CS—NH_2$ dérivant de l'urée par substitution de soufre à l'oxygène.

THIXOTROPIE n.f. (du gr. *thixis,* action de toucher, et *tropos,* direction). CHIM. Phénomène par lequel certaines substances passent de l'état de gel à celui de liquide après une légère agitation.

THLASPI n.m. (mot gr.). Plante herbacée, du genre ibéris, aux fleurs en grappes. (Famille des crucifères.)

THOLOS n.f. (mot gr.). **1.** ARCHIT. Temple à cella circulaire, ayant généralement une toiture conique et un péristyle concentrique. **2.** ARCHÉOL. Tombe à coupole en tas de charge.

THOMAS n.m. Pop. et vx. Vase de nuit.

THOMISE n.m. (gr. *thômix,* corde). Araignée à abdomen très large, commune dans le midi de la France. (Long. 1 cm.)

THOMISME n.m. Ensemble de doctrines théologiques et philosophiques de saint Thomas d'Aquin et de ses épigones.

THOMISTE adj. et n. Qui appartient au thomisme.

THON n.m. (lat. *thunnus ;* du gr.). Poisson marin, excellent nageur, effectuant des migrations en Méditerranée et dans l'Atlantique. (On le pêche pour sa chair estimée. Le *thon blanc,* ou *germon,* atteint 1 m de long ; le *thon rouge,* 2 à 3 m. Famille des scombridés.)

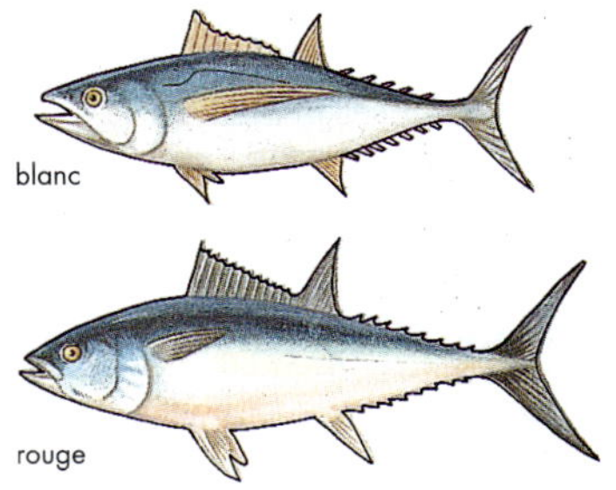

thons

THONAIRE n.m. Grand filet employé pour la pêche du thon.

THONIER n.m. Bateau pour la pêche du thon.

thonier senneur océanique (longueur : 67,50 m ; largeur : 12,30 m ; volume des cales : 1 200 m³)

THONINE n.f. Thon propre à la Méditerranée. (Long. max. 1 m.)

THORACENTÈSE [-sɛ̃tɛz] n.f. CHIR. Ponction de la cavité pleurale à travers la paroi thoracique. SYN. : *ponction pleurale.*

THORACIQUE adj. (du gr. *thôrax, thôrakos,* cuirasse). ANAT. **1.** Relatif à la poitrine. *Région thoracique.* **2.** *Canal thoracique :* principal tronc collecteur de la lymphe, longeant la colonne vertébrale et débouchant dans la veine sous-clavière gauche.

THORACOPLASTIE n.f. CHIR. Intervention qui consiste à réséquer un nombre plus ou moins grand de côtes pour affaisser une caverne tuberculeuse sous-jacente.

THORACOTOMIE n.f. CHIR. Ouverture chirurgicale du thorax.

THORAX n.m. (gr. *thôrax*). **1.** Partie du corps des vertébrés limitée par les vertèbres, les côtes, le sternum et le diaphragme et contenant les poumons, le cœur. **2.** ZOOL. Seconde partie du corps des insectes, formée de trois anneaux et sur laquelle sont fixées les pattes et les ailes.

THORIANITE n.f. MINÉR. Oxyde naturel d'uranium et de thorium, noir, cubique.

THORINE n.f. CHIM. Oxyde de thorium ThO_2.

THORITE n.f. MINÉR. Silicate hydraté de thorium $ThSiO_4$, quadratique.

THORIUM [tɔrjɔm] n.m. (de *Thor,* n. d'un dieu scand.). Métal radioactif blanc, cristallin, extrait de la thorite, de densité 12,1, fondant vers 1 700 °C ; élément (Th), de numéro atomique 90, de masse atomique 232,03.

THORON n.m. CHIM. Émanation du thorium, isotope du radon.

THRACE adj. et n. De la Thrace.

THRÈNE n.m. (gr. *thrênos*). ANTIQ. GR. Chant, lamentation funèbre.

THRÉONINE n.f. BIOCHIM. Acide aminé indispensable à l'homme.

THRIDACE n.f. (gr. *thridax, -akos,* laitue). Extrait de suc de laitue, possédant des propriétés calmantes et hypnotiques.

THRILLER [srilœr] ou [trilœr] n.m. (mot angl.). Film ou roman (policier ou d'épouvante) à suspense, qui procure des sensations fortes.

THRIPS n.m. (mot gr.). Insecte thysanoptère abondant sur les fleurs et attaquant les jeunes feuilles. (Long. 1 mm.)

THROMBINE n.f. Enzyme provoquant la coagulation du sang par transformation du fibrinogène en fibrine.

THROMBOCYTE n.m. Plaquette sanguine.

THROMBOÉLASTOGRAMME n.m. Enregistrement graphique des différentes phases de la coagulation sanguine.

THROMBOEMBOLIQUE adj. MÉD. Se dit d'un état pathologique caractérisé par la formation de caillots dans les vaisseaux (thrombus) qui, en se fragmentant et en migrant, provoquent des embolies.

THROMBOKINASE ou **THROMBOPLASTINE** n.f. BIOCHIM. Enzyme sécrétée par les plaquettes sanguines et qui intervient dans la coagulation du sang en transformant la prothrombine en thrombine.

THROMBOLYSE n.f. MÉD. **1.** Résorption spontanée d'un caillot. **2.** Thérapeutique ayant pour but la résorption d'un caillot dans un vaisseau sanguin.

THROMBOPÉNIE n.f. MÉD. Diminution pathologique du nombre des plaquettes sanguines.

THROMBOPHLÉBITE n.f. Inflammation d'une veine avec formation d'un caillot dans celle-ci.

THROMBOSE n.f. (gr. *thrombos,* caillot). MÉD. Formation de caillots dans un vaisseau sanguin, chez un être vivant.

THROMBOTIQUE adj. et n.m. Qui provoque la thrombose.

THROMBUS [trɔ̃bys] n.m. Caillot sanguin formé dans un vaisseau (artère ou veine) et provoquant la thrombose.

THUG [tyg] n.m. HIST. Membre d'une confrérie religieuse de l'Inde qui, en l'honneur de Kālī, se livrait au meurtre rituel par strangulation.

THULIUM [tyljɔm] n.m. Corps appartenant au groupe des lanthanides ; élément chimique (Tm), de numéro atomique 69, de masse atomique 168,93.

THUNE ou **TUNE** n.f. **1.** Arg., vx. Pièce d'argent de cinq francs. **2.** Pop., mod. *N'avoir pas une thune :* être démuni d'argent, être sans le sou. ◇ *De la thune :* de l'argent.

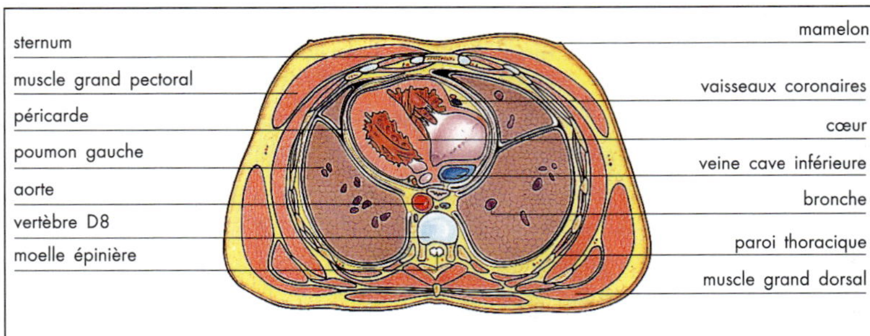

thorax humain (vu en coupe)

THURIFÉRAIRE n.m. (lat. *thus, thuris,* encens, et *ferre,* porter). **1.** Litt. Flatteur. *Les thuriféraires du pouvoir.* **2.** LITURGIE. Clerc chargé de porter l'encensoir.

THUYA n.m. (gr. *thuia*). Arbre originaire d'Asie ou d'Amérique, souvent cultivé dans les parcs. (Famille des cupressacées.)

thuya géant (Amérique)

THYIADE n.f. (gr. *thuias*). MYTH. Bacchante.

THYLACINE n.m. (gr. *thulakos,* sac). Marsupial carnassier de Tasmanie ayant l'aspect d'un loup. (Long. 90 cm sans la queue ; famille des dasyuridés.)

THYM [tɛ̃] n.m. Plante vivace ligneuse, rampante, à très petites feuilles odoriférantes et utilisée comme aromate. (Famille des labiées.)

thym

THYMIE n.f. (gr. *thumos,* siège des passions). PSYCHOL. Humeur.

THYMINE n.f. L'une des quatre bases azotées, constituants fondamentaux des acides nucléiques porteurs du code génétique.

THYMIQUE adj. **1.** MÉD. Qui appartient au thymus. **2.** PSYCHOL. Qui concerne l'humeur.

THYMOANALEPTIQUE adj. et n.m. MÉD. Antidépresseur.

THYMOL n.m. Phénol retiré de l'essence de thym, à odeur aromatique.

THYMUS [timys] n.m. (gr. *thumos*). Glande située devant la trachée, développée seulement chez l'enfant et les jeunes animaux, et qui joue un grand rôle dans la résistance aux infections. (Le thymus du veau est communément appelé *ris de veau.* C'est un lieu de réserves de protéines.)

THYRATRON n.m. ÉLECTRON. Tube à gaz, à cathode chaude, employé comme redresseur ou comme régulateur de courant.

THYRÉOSTIMULINE n.f. MÉD. Hormone de l'hypophyse qui stimule la sécrétion de la glande thyroïde. SYN. : *hormone thyréotrope.*

THYRÉOTROPE adj. Qui stimule la sécrétion de la glande thyroïde.

THYRISTOR n.m. ÉLECTRON. Redresseur à semi-conducteur.

THYROÏDE adj. (gr. *thuroeidês,* qui a la forme d'un bouclier). ANAT. **1.** *Cartilage thyroïde,* le plus développé des cartilages du larynx, formant chez l'homme la saillie appelée *pomme d'Adam.*

2. *Corps* ou *glande thyroïde* ou *thyroïde,* n.f. : glande endocrine située devant la trachée, sécrétant plusieurs hormones, dont la thyroxine et la calcitonine, et intervenant dans la croissance et le métabolisme général.

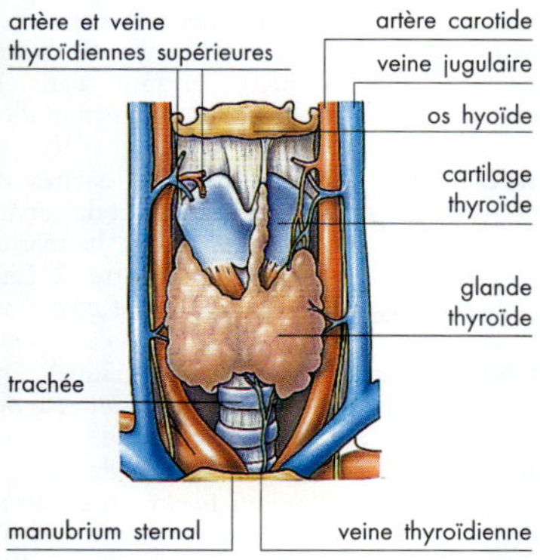

thyroïde

THYROÏDECTOMIE n.f. Ablation de la thyroïde.

THYROÏDIEN, ENNE adj. Relatif à la thyroïde.

THYROÏDITE n.f. Inflammation de la thyroïde.

THYROXINE n.f. BIOCHIM. Hormone sécrétée par la thyroïde.

THYRSE n.m. (gr. *thursos,* bâton de Dionysos). **1.** ANTIQ. GR. Emblème de Dionysos, consistant en un bâton entouré de feuilles de lierre ou de vigne et surmonté d'une pomme de pin. **2.** BOT. Grappe de fleurs de forme pyramidale (lilas, marronnier d'Inde).

THYSANOPTÈRE n.m. *Thysanoptères :* ordre d'insectes suceurs, minuscules, aux ailes étroites et ciliées, tels que le thrips.

THYSANOURE n.m. (gr. *thusanos,* frange, et *oura,* queue). *Thysanoures :* ordre d'insectes sans métamorphoses et sans ailes, vivant dans les endroits humides, tels que les lépismes.

Ti, symbole chimique du titane.

TIAFFE n.f. Suisse. Fam. **1.** Très forte chaleur. **2.** Neige fondante se transformant en boue.

TIAN [tjɑ̃] n.m. Région. (Provence). Grand plat en terre large et peu profond ; préparation à base de légumes et de poisson cuite dans ce plat.

TIARE n.f. (lat. *tiara ;* du persan). **1.** HIST. Coiffure d'apparat symbole de la souveraineté dans l'ancien Orient. **2.** Coiffure d'apparat à trois couronnes du pape, pour les cérémonies non liturgiques (elle n'est plus en usage actuellement) ; dignité papale.

TIARÉ n.m. (mot polynésien). Plante de Polynésie dont les grandes fleurs parfumées sont utilisées pour la fabrication du monoï. (Famille des malvacées.)

TIBÉTAIN, E adj. et n. Du Tibet. ◆ n.m. Langue parlée au Tibet, s'écrivant avec un alphabet d'origine indienne.

TIBIA n.m. (mot lat.). **1.** ANAT. Os long qui forme la partie interne de la jambe. (Le *péroné* en constitue la partie externe ; le tibia est le plus gros de ces deux os. Son extrémité inférieure [malléole interne] forme avec celle du péroné [malléole externe] une mortaise où s'articule l'astragale.) **2.** ZOOL. L'un des articles de la patte des insectes, avant le tarse.

TIBIAL, E, AUX adj. ANAT. Relatif au tibia.

TIC n.m. (onomat.). **1.** Contraction brusque et rapide de certains muscles, surtout de ceux du visage, involontaire et stéréotypée. **2.** Habitude inconsciente, manie dans le langage, les gestes.

TICHODROME [tikɔdrɔm] n.m. (gr. *teikhos,* muraille, et *dromos,* course). Passereau gris et rouge, au long bec fin, qui vit sur les rochers des hautes montagnes. SYN. : *échelette.*

1. TICKET [tikɛ] n.m. Billet donnant droit à l'admission dans un véhicule de transport public, dans un établissement, attestant un paiement, etc. *Ticket de métro. Ticket de caisse.*

2. TICKET [tikɛt] n.m. (mot amér.). Aux États-Unis, ensemble formé par les deux candidats du même parti à la présidence et à la vice-présidence.

TIC-TAC n.m. inv. Bruit sec et régulier d'un mouvement d'horlogerie.

TIE-BREAK [tajbrɛk] n.m. (mots angl., *rupture d'égalité*) [pl. *tie-breaks*]. Au tennis, jeu* décisif.

TIÉDASSE adj. D'une tiédeur désagréable.

1. TIÈDE adj. (lat. *tepidus*). D'une chaleur très atténuée. ◆ adj. et n. Fig. Qui manque d'ardeur, de zèle, de ferveur, mou. ◆ adv. *Boire tiède :* prendre des boissons tièdes.

2. TIÈDE n.f. Suisse. Forte chaleur.

TIÈDEMENT adv. Avec indifférence, sans passion, sans conviction.

TIÉDEUR n.f. **1.** Température tiède. *La tiédeur de l'eau.* **2.** Fig. Manque de ferveur, d'ardeur. *La tiédeur des sentiments.*

TIÉDIR v.i. Devenir tiède. ◆ v.t. Rendre tiède.

TIÉDISSEMENT n.m. Fait de tiédir.

1. TIEN, ENNE pron. poss. (précédé de *le, la, les*). Ce qui est à toi. *J'ai mes soucis et tu as les tiens.* ◇ Fam. *À la tienne ! :* à ta santé ! ◆ adj. poss. Litt. Qui t'appartient.

2. TIEN n.m. Ce qui t'appartient, ton bien. *Distinguer le mien et le tien.* ◆ pl. *Les tiens :* tes parents, tes amis.

TIENTO [tjɛnto] n.m. (mot esp.). Forme contrapuntique de la musique instrumentale espagnole du XVIe au XVIIIe s.

TIERCE n.f. (fém. de *tiers*). **1.** IMPR. Dernière épreuve de révision avant le tirage. **2.** MÉTROL. Soixantième partie d'une seconde d'angle, d'arc ou de temps. **3.** Série de trois cartes qui se suivent dans la même couleur. **4.** LITURGIE, anc. Partie de l'office monastique ou du bréviaire qui se disait à la troisième heure, soit à 9 heures du matin. **5.** MUS. Intervalle de trois degrés.

1. TIERCÉ, E adj. HÉRALD. Se dit d'un écu divisé en trois parties égales, d'émaux différents.

2. TIERCÉ adj.m. et n.m. *Pari tiercé* ou *tiercé :* pari dans lequel il faut désigner les trois premiers chevaux dans une course.

TIERCEFEUILLE n.f. HÉRALD. Meuble représentant une fleur à trois pétales.

TIERCELET n.m. Mâle de plusieurs oiseaux de proie (plus petit d'un tiers que la femelle).

TIERCER, TERCER ou **TERSER** v.t. (de *tiers*) [16]. AGRIC. Donner aux terres un troisième labour.

TIERCERON n.m. ARCHIT. Nervure qui relie une lierne au sommier d'un doubleau ou d'un formeret, c.-à-d. à l'un des angles de la voûte.

1. TIERS n.m. **1.** Chaque partie d'un tout divisé en trois parties égales. ◇ *Tiers provisionnel :* acompte versé en février et en mai par le contribuable, en France, et qui est en principe égal au tiers de l'imposition de l'année précédente. **2.** Troisième personne. ◇ Fam. *Se moquer du tiers comme du quart :* être indifférent à tout et à tous. **3.** Personne étrangère à un groupe. *Ne pas se disputer devant des tiers.* ◇ Spécialt. DR. Personne étrangère à une affaire, un acte juridique, à un jugement, etc. – *Assurance au tiers :* assurance tierce collision. **4.** *Tiers payant :* système qui permet à l'assuré social de ne pas faire l'avance des honoraires médicaux et des frais pharmaceutiques, de prothèse ou d'hospitalisation et de ne payer, le cas échéant, que le ticket modérateur. **5.** LOG. *Principe du tiers exclu :* principe selon lequel, d'une proposition et de sa négation, l'une au moins est vraie.

2. TIERS, TIERCE adj. (lat. *tertius,* troisième). Qui vient au troisième rang ; qui s'ajoute à deux autres. *Une tierce personne.* ◇ DR. *Tierce opposition :* voie de recours par laquelle un tiers s'oppose à l'exécution d'un jugement intervenu dans un procès où il n'a pas été partie. ◇ HIST. *Tiers état :* ensemble des personnes qui, sous l'Ancien Régime, n'appartenaient ni à la noblesse ni au clergé et formaient le troisième ordre du royaume. ◇ CATH. *Tiers ordre :* association de religieux *(tiers ordres réguliers)* ou de laïcs *(tiers ordres séculiers)* qui sont affiliés à un ordre religieux (franciscains, dominicains, carmes, bénédictins...). ◇ *Tiers temps pédagogique :* dans l'enseignement élémentaire et maternel, répartition de l'horaire hebdomadaire en trois parties : quinze heures de disciplines fondamentales, six heures d'activité d'éveil, six heures de sport. (La référence au tiers temps est abandonnée dans les textes officiels depuis avril 1985.) ◇ *Assurance tierce collision,* qui engage la responsabilité de l'assuré dont le véhicule cause un dommage à un autre véhicule. SYN. : *assurance au tiers.*

TIERS-MONDE n.m. (pl. *tiers-mondes*). Ensemble des pays peu développés économiquement, génér. issus de la décolonisation. (À l'époque de la guerre froide, ils n'ont rejoint ni le bloc socialiste ni le bloc capitaliste et ont cherché une troisième voie.)

TIERS-MONDISME n.m. (pl. *tiers-mondismes*). Tendance, opinion, doctrine des tiers-mondistes.

TIERS-MONDISTE adj. et n. (pl. *tiers-mondistes*). Relatif au tiers-monde ; qui est ou qui se proclame solidaire du tiers-monde.

TIERS-POINT n.m. (pl. *tiers-points*). **1.** TECHN. Lime de section triangulaire. **2.** ARCHIT. *Arc en tiers-point :* arc brisé dans lequel s'inscrit un triangle équilatéral, ou dont les centres des segments partagent la corde en trois parties égales.

TIF ou **TIFFE** n.m. Pop. Cheveu.

T. I. G. n.m. (sigle). Travail* d'intérêt général.

TIGE n.f. (lat. *tibia,* flûte). **1.** Axe d'une plante, qui porte des feuilles et se termine par un bourgeon. (Le chaume des graminées, le tronc des arbres sont des *tiges aériennes ;* les rhizomes [iris], les tubercules [pomme de terre], des *tiges souterraines.*) **2.** Partie mince et allongée de certains objets. **3.** Tube cylindrique de faible diamètre, permettant l'entraînement du trépan au fond d'un puits en forage. **4.** Partie supérieure de la chaussure, qui habille le dessus du pied et la cheville, éventuellement la jambe. **5.** MÉCAN. *Tige de culbuteur :* tringle rigide interposée entre le poussoir et les culbuteurs d'un moteur thermique, et commandant les soupapes placées en tête dans la culasse.

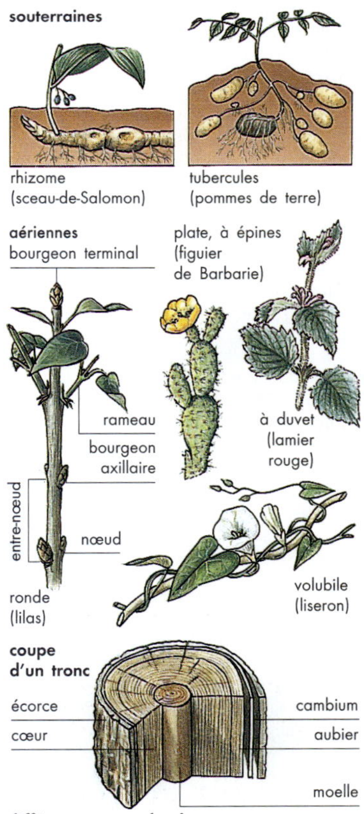

différents types de **tiges**

TIGELLE n.f. BOT. Partie de la plantule des graines qui fournit la tige de la plante.

TIGETTE n.f. ARCHIT. Tige ornée de feuilles en volutes, dans le chapiteau corinthien.

TIGLON n.m. → *tigron.*

TIGNASSE n.f. (de *teigne*). Fam. Chevelure abondante et mal peignée.

TIGRE n.m. (lat. *tigris*). **1.** Mammifère carnivore de l'Asie du Sud-Est, du genre chat, de mœurs nocturnes, au pelage d'un beau jaune orangé, blanchâtre au ventre et marqué de zébrures noires. (Long. 2 m ; poids 200 kg ; longévité 25 ans.) – *Le tigre feule, rauque ou râle,* pousse son cri. ◇ *Jaloux comme un tigre :* extrêmement jaloux. **2.** Litt. Homme très cruel, sanguinaire. **3.** *Tigre de papier :* adversaire dont la puissance apparente dissimule une faiblesse qui le fait juger en réalité peu dangereux. (D'abord dans la phraséologie maoïste.) **4.** *Tigre du poirier :* insecte hétéroptère qui vit sur les feuilles de cet arbre.

tigre

TIGRÉ, E adj. Marqué, rayé de bandes foncées, comme le pelage du tigre.

TIGRESSE n.f. **1.** Tigre femelle. **2.** Litt. Femme agressive, d'une extrême jalousie.

TIGRIDIE n.f. (gr. *tigris,* tigre, et *eidos,* forme). Plante bulbeuse originaire du Mexique, à belles fleurs. (Famille des iridacées.)

TIGRON ou **TIGLON** n.m. (de *tigre* et *lion*). Hybride stérile du tigre et de la lionne, ou du lion et de la tigresse.

TILBURY [tilbyri] n.m. (mot angl. ; du n. de l'inventeur). Cabriolet hippomobile léger et découvert, à deux places.

TILDE n.m. (mot esp. ; lat. *titulus,* titre). **1.** Accent qui se trouve sur la lettre *n* de l'alphabet espagnol (ñ), notant un son équivalant à *n* mouillé [ɲ] en français. **2.** PHON. Signe placé au-dessus d'un symbole phonétique pour indiquer la nasalisation.

TILIACÉE n.f. (du lat. *tilia,* tilleul). *Tiliacées :* famille d'arbres ayant pour type le tilleul.

TILLAC n.m. (anc. scand. *thilja,* planche). MAR. ANC. Pont supérieur d'un navire en bois.

TILLAGE n.m. → ***teillage.***

TILLANDSIA n.m. (de *Tillands,* n. d'un botaniste suéd.). Plante dont certaines espèces sont ornementales et dont d'autres vivent en épiphytes dans les forêts tropicales d'Amérique. (Famille des broméliacées.)

TILLE n.f., **TILLER** v.t. → ***teille, teiller.***

TILLEUL n.m. (lat. *tilia*). **1.** Arbre souvent planté dans les parcs et dans les avenues, fournissant un bois blanc, facile à travailler, et dont les fleurs odorantes donnent une infusion sudorifique et calmante. (Haut. 25 à 30 m ; famille des tiliacées.) **2.** Infusion de fleurs de tilleul.

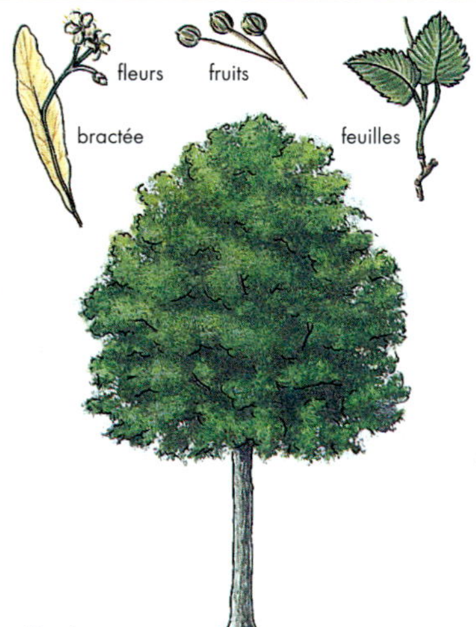

tilleul

TILLEUR, EUSE n. → ***teilleur.***

TILLEUSE n.f. → ***teilleuse.***

TILT [tilt] n.m. (mot angl., *coup*). **1.** Au billard électrique, déclic qui marque l'interruption d'une partie lorsqu'un joueur a manœuvré trop violemment l'appareil. **2.** Fam. *Faire tilt :* déclencher soudainement dans l'esprit les mécanismes de compréhension, de mémoire, d'inspiration.

TIMBALE n.f. (altér. de *tambale ;* esp. *atabal*). **1.** Gobelet en métal. **2.** Instrument de musique à percussion formé d'un bassin demi-sphérique en cuivre, recouvert d'une peau tendue que l'on frappe avec des mailloches. (On l'utilise généralement par paire.) **3.** CUIS. Moule rond et haut ; préparation cuite dans ce moule, enveloppée dans une croûte de pâte. **4.** Fam. *Décrocher la timbale :* remporter le prix, réussir.

TIMBALIER n.m. Musicien qui joue des timbales.

TIMBRAGE n.m. Impression obtenue à l'aide d'une plaque gravée en creux et d'une contrepartie en relief placée sous le papier.

1. TIMBRE n.m. (gr. *tumpanon,* sorte de tambour). **1.** MUS. Petite cloche métallique demi-sphérique frappée par un marteau. **2.** Qualité particulière du son, indépendante de sa hauteur ou de son intensité mais spécifique de l'instrument, de la voix qui l'émet. (Il est lié aux intensités relatives des harmoniques qui composent le son.) *Voix au timbre chaud.* **3.** Vignette vendue au profit d'une œuvre ou attestant le paiement d'une cotisation. **4.** Instrument qui sert à imprimer une marque, un cachet sur un document. **5.** Marque qui garantit l'authenticité d'un document. **6.** DR. FISC. Marque imprimée ou vignette apposée sur certains actes, et qui représente le paiement de la taxe perçue au profit du Trésor, soit d'après la dimension du papier *(timbre de dimension),* soit en fonction du montant des sommes énoncées dans l'acte *(timbre proportionnel),* ou encore en tant que *droit fixe.* **7.** MÉD. *Timbre tuberculinique :* pastille adhésive sur laquelle est placée une goutte de tuberculine et qui sert pour la recherche de l'allergie tuberculeuse. SYN. (anglic. déconseillé) : *patch.* **8.** Plaque indiquant la pression maximale admissible dans un appareil à vapeur ; pression limite indiquée par la plaque. **9. a.** Anc. Partie du casque d'armure qui recouvrait le crâne. **b.** HÉRALD. Casque, et par ext., ornement tel que couronne, mitre, etc., surmontant l'écu.

2. TIMBRE ou **TIMBRE-POSTE** n.m. (pl. *timbres-poste*). Vignette adhésive, de valeur conventionnelle, émise par une administration postale et destinée à affranchir les envois confiés à la poste.

TIMBRÉ, E adj. **1.** Fam. Un peu fou. **2.** *Papier timbré :* papier marqué d'une empreinte et d'un timbre à l'encre grasse, que vend l'État et qui doit être obligatoirement utilisé pour la rédaction de certains actes. **3.** *Voix timbrée :* voix qui résonne bien.

TIMBRE-AMENDE n.m. (pl. *timbres-amendes*). DR. Timbre destiné au paiement d'une amende forfaitaire pour contravention à la réglementation de la circulation.

TIMBRE-QUITTANCE n.m. (pl. *timbres-quittances*). Vignette ou marque apposée sur les quittances, les reçus et les décharges.

TIMBRER v.t. Marquer, affranchir avec un timbre ou un cachet.

TIME-SHARING [tajmʃɛriŋ] n.m. (pl. *time-sharings*). INFORM. (Anglic. déconseillé). Temps* partagé.

TIMIDE adj. et n. (lat. *timidus,* de *timere,* craindre). Qui manque de hardiesse, d'assurance ; timoré.

TIMIDEMENT adv. Avec timidité.

TIMIDITÉ n.f. **1.** Manque d'assurance, de hardiesse dans les rapports avec autrui. **2.** Manque d'audace dans une action, une réalisation.

TIMING [tajmiŋ] n.m. (mot angl.). Chronologie détaillée d'un processus quelconque.

TIMON n.m. (lat. *temo,* flèche). **1.** Longue pièce de bois de l'avant-train d'une voiture, d'une machine agricole, de chaque côté de laquelle on attelle une bête de trait. **2.** Vx. Barre de gouvernail ; gouvernail.

TIMONERIE n.f. **1.** Abri qui protège l'appareil à gouverner et l'homme de barre sur les bateaux de petit tonnage. (Sur les grands navires, on dit *passerelle.*) **2.** Ensemble des timoniers d'un navire ; service dont ils sont chargés. **3.** TECHN. Ensemble des éléments entrant dans la commande des freins ou dans la direction d'un véhicule.

TIMONIER n.m. **1.** À bord des navires de guerre, matelot chargé des signaux et du service de veille sur la passerelle ; dans la marine marchande, marin chargé de la barre. **2.** Chacun des chevaux attelés de chaque côté d'un timon.

TIMORÉ, E adj. et n. (lat. *timor,* crainte). Qui n'ose pas agir par crainte du risque ou des responsabilités ; craintif, pusillanime.

TIN n.m. MAR. Chacune des pièces de bois qui soutiennent la quille d'un navire en construction ou en radoub.

TINAMOU n.m. (caraïbe *tinamu*). Oiseau d'un type très primitif, de l'Amérique du Sud.

TINCAL n.m. (mot port. ; de l'ar.) [pl. *tincals*]. Borax.

TINCTORIAL, E, AUX adj. (lat. *tinctorius,* de *tingere,* teindre). **1.** Qui sert à teindre. *Plante tinctoriale.* **2.** Relatif à la teinture.

TINÉIDÉ n.m. *Tinéidés :* famille de papillons comprenant les teignes, ou mites.

TINETTE n.f. (lat. *tina,* carafe). Récipient servant au transport des matières fécales, qu'on emploie comme fosse d'aisances mobile.

TINTAMARRE n.m. (de *tinter*). Bruit assourdissant fait de sons discordants.

TINTEMENT n.m. **1.** Bruit que fait une cloche, une clochette qui tinte. **2.** Succession de sons légers et clairs. *Le tintement des verres qui s'entrechoquent.* **3.** *Tintement d'oreilles :* bourdonnement d'oreilles analogue à celui d'une cloche qui tinte.

TINTER v.t. (bas lat. *tinnitare,* sonner). Faire sonner lentement une cloche, de manière que le battant frappe d'un seul côté. ◆ v.i. **1.** Résonner lentement par coups espacés. *La cloche tinte.* **2.** Produire des sons aigus. **3.** *Les oreilles me tintent :* j'ai un bourdonnement d'oreilles.

TINTIN interj. Fam. *Tintin ! :* vous pouvez toujours attendre ! n'y comptez pas ! ◇ *Faire tintin :* être privé de qqch.

TINTINNABULER v.i. (du lat. *tintinnabulum,* clochette). Litt. Produire une série de sons aigus et légers.

TINTOUIN n.m. (de *tinter*). Fam. **1.** Inquiétude, embarras, souci. **2.** Vacarme.

TIPER ou **TIPPER** v.t. (all. *tippen*). Suisse. Taper sur le clavier d'une caisse enregistreuse.

TIPI n.m. (amér. *tepee,* d'un mot sioux). Habitation traditionnelle des Indiens des plaines d'Amérique du Nord.

TIPULE n.f. (lat. *tippula,* araignée d'eau). Grand moustique, inoffensif pour l'homme. (Ordre des diptères.)

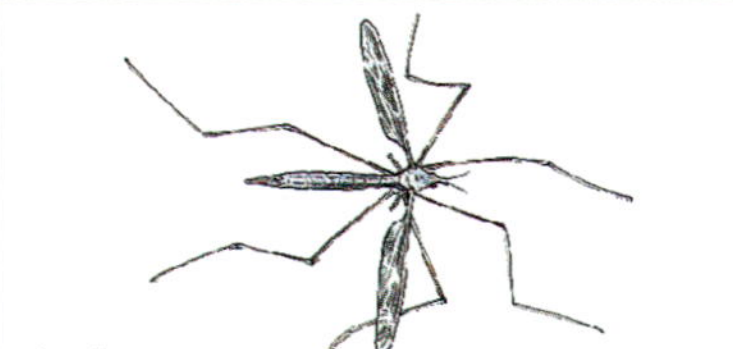

tipule

TIQUE n.f. (angl. *tick*). Acarien parasite vivant sur la peau des ruminants, du chien, parfois de l'homme, dont il puise le sang. SYN. : *ixode.*

TIQUER v.i. (de *tic*). Fam. Avoir l'attention arrêtée par un détail qui choque, déplaît, étonne.

TIQUETÉ, E adj. (du picard). Marqué de points colorés.

TIQUETURE n.f. État de ce qui est tiqueté.

TIQUEUR, EUSE adj. et n. Atteint d'un tic.

Grande-Bretagne, 1840 : le « one penny » noir, premier timbre émis dans le monde.

« Cap de Bonne-Espérance », 1861. Des erreurs de couleur (4 pence [à gauche] dans la couleur du 1 penny, 1 penny dans la couleur du 4 pence) font tout le prix de ces exemplaires rarissimes.

France, 1903 : « Semeuse » de 15 centimes.

150e anniversaire de la naissance de Pierre Larousse. Timbre à son effigie, avec oblitération « premier jour » (11 mai 1968).

« Année mondiale des communications ». France, 1983.

« XXVe anniversaire du traité sur la coopération franco-allemande ». Effigies de K. Adenauer et de Ch. de Gaulle. France, 1988.

exemples de **timbres-poste**

TIR n.m. **1.** Action, manière de lancer, à l'aide d'une arme, un projectile sur un but appelé objectif. – *Angle de tir :* angle formé par la ligne de tir et le plan horizontal. (On dit auj. *angle de niveau.*) – *Calculateur de tir :* appareil naguère électromécanique, aujourd'hui électronique, permettant de calculer les éléments d'un tir. – *Ligne de tir :* prolongement de l'axe de la bouche à feu ou de la rampe de lancement. – *Table de tir :* recueil de renseignements théoriques nécessaires à l'exécution des tirs. **2.** Ensemble de projectiles envoyés par une ou plusieurs armes. **3.** Local ou lieu spécialement aménagé pour l'exercice du tir. **4.** SPORTS. Action de lancer une balle, une flèche (vers le but) ou une boule. ◇ *Tirs au but :* au football, série de tirs (à partir du point de penalty) pouvant servir à départager deux équipes à égalité en fin de partie.

TIRADE n.f. (de *tirer*). **1.** Suite continue, ininterrompue de paroles, de phrases plus ou moins emphatiques. *Une longue tirade d'injures.* **2.** Ce qu'un personnage dit d'un trait sans être interrompu, au théâtre.

TIRAGE n.m. **I. 1.** Action de tirer, de mouvoir dans tel ou tel sens. *Le tirage d'un bateau.* ◇ *Tirage de la soie,* action de la dévider. ◇ *Cordon de tirage :* cordon destiné à faire coulisser un rideau le long d'une tringle. ◇ Fam. *Il y a du tirage,* des difficultés. **2.** Action de faire passer un métal précieux par la filière. **3.** Différence de pression entre l'entrée et la sortie du circuit des gaz, dans un appareil à combustion. **4.** MÉD. Dépression de la paroi thoracique, lors de l'inspiration, due à un obstacle mécanique à l'entrée de l'air dans les poumons. **II. 1.** Action de prélever au hasard un élément dans un ensemble (s'emploie surtout dans le domaine des jeux de hasard). *Tirage d'une loterie.* ◇ HIST. *Tirage au sort :* mode de recrutement qui servait autrefois à désigner les hommes d'un contingent astreints au service militaire. **2.** STAT. Constitution d'un échantillon en partant d'une population statistique. **3.** BANQUE. Action d'émettre une traite, un chèque. **4.** ÉCON. *Droits de tirage spéciaux (D. T. S.) :* devises octroyées à l'initiative du Fonds monétaire international (F. M. I.) et que le pays bénéficiaire peut employer en cas de difficultés dans sa balance des paiements. **III. 1.** IMPR. Passage des feuilles de papier sur les formes d'une presse pour les imprimer. **2.** Ensemble des exemplaires d'un ouvrage imprimés en une seule fois. **3.** BX-A. Impression d'une estampe, fonte d'une sculpture (en plusieurs exemplaires). **4.** PHOT. **a.** Opération permettant de réaliser une épreuve photographique ou une copie sur film. **b.** L'épreuve photographique. **c.** Distance qui, sur un appareil photo, sépare le film du centre optique de l'objectif.

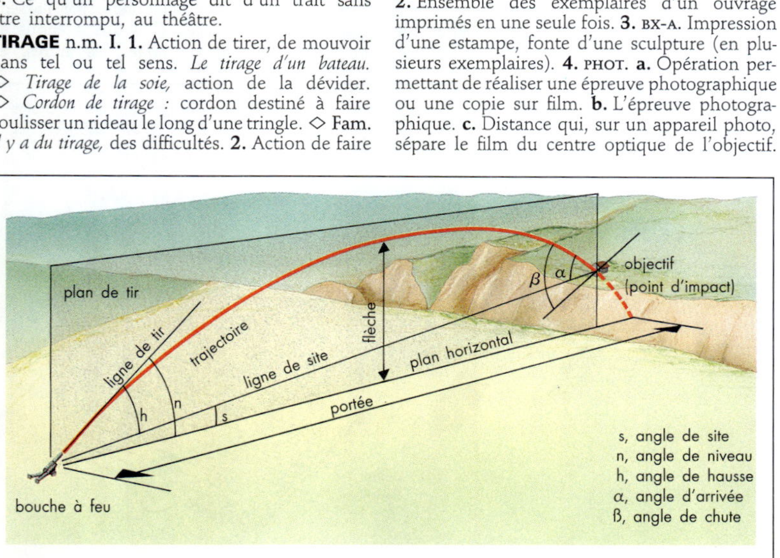

tir : trajectoire d'un projectile classique (obus)

TIRAILLEMENT n.m. **1.** Action de tirailler. **2.** Sensation de contraction douloureuse de certaines parties intérieures du corps. **3.** Déchirement moral, conflit, opposition. *Tiraillements dans un parti.*

TIRAILLER v.t. **1.** Tirer fréquemment et par petits coups, dans diverses directions. **2.** Solliciter de divers côtés d'une manière contradictoire. ◆ v.i. Tirer peu à la fois et souvent, avec une arme à feu.

TIRAILLEUR n.m. **1.** Soldat détaché en avant comme éclaireur. **2.** Autref. Fantassin recruté parmi les autochtones des anciens territoires français d'outre-mer. **3.** *Marcher en tirailleur :* progresser en ordre dispersé pour reconnaître un terrain.

TIRAMISU [-su] n.m. (mot it.). Pâtisserie constituée d'une génoise imbibée de café et additionnée de chantilly et de cacao.

TIRANT n.m. **1.** Cordon qui sert à fermer une bourse, un sac. **2.** Ganse fixée à la tige d'une chaussure ou d'une botte, destinée à faciliter l'introduction du pied. **3.** BOUCH. Tendon dans la viande de boucherie. **4.** CONSTR. **a.** Pièce de charpente neutralisant deux poussées divergentes en réunissant les parties auxquelles elles s'appliquent. **b.** *Tirant d'ouvrage :* câble métallique ancré dans le sol et destiné à assurer la stabilité d'une structure ou d'une paroi. **5.** MAR. **a.** *Tirant d'air :* hauteur totale des superstructures d'un navire utile à connaître pour le passage sous les ponts. **b.** *Tirant d'eau :* distance verticale entre la flottaison d'un navire et le dessous de la quille.

TIRASSE n.f. **1.** Filet pour prendre des cailles, des perdrix. **2.** MUS. Pédale que l'organiste abaisse afin d'accoupler les claviers entre eux, ou l'un des claviers manuels au pédalier.

TIRE n.f. (de *tirer*). **1.** Canada. *Tire d'érable :* friandise obtenue par évaporation de la sève d'érable. **2.** Arg. Automobile. **3.** *Vol à la tire :* vol qui consiste à tirer des poches les objets qu'on dérobe.

1. TIRÉ, E adj. **1.** Fatigué et amaigri. *Traits tirés.* **2.** *Tiré à quatre épingles :* vêtu avec recherche. **3.** Fam. *Tiré par les cheveux :* peu naturel ; mal amené.

2. TIRÉ n.m. **1.** Personne sur laquelle une lettre de change ou un chèque a été tiré et à qui un ordre est donné de payer. **2.** Gibier que l'on chasse au fusil. **3.** Taillis maintenu à hauteur d'homme, pour faciliter la chasse au fusil. **4.** *Tiré à part :* reproduction séparée d'un article de revue.

TIRE-AU-CUL ou **TIRE-AU-FLANC** n.m. inv. Pop. ou fam. Paresseux, personne qui s'arrange pour échapper aux corvées.

TIRE-BONDE n.m. (pl. *tire-bondes*). Outil utilisé pour enlever la bonde d'un tonneau.

TIRE-BOTTE n.m. (pl. *tire-bottes*). **1.** Crochet de fer que l'on passe dans le tirant d'une botte pour la mettre. **2.** Planchette dotée d'une entaille dans laquelle on coince une botte pour l'enlever.

TIRE-BOUCHON n.m. (pl. *tire-bouchons*). Instrument formé d'une vis en métal pourvue d'un manche, pour retirer le bouchon d'une bouteille. ◇ *En tire-bouchon :* en forme de spirale, d'hélice.

TIRE-BOUCHONNER v.t. Tortiller, rouler en tire-bouchon.

TIRE-BRAISE n.m. (pl. *tire-braises* ou inv.). Ringard à l'extrémité aplatie et recourbée, dont les boulangers se servent pour retirer la braise du four.

TIRE-CLOU n.m. (pl. *tire-clous*). Tige métallique, plate et dentée, qui sert à l'extraction des clous.

TIRE-D'AILE (À) loc. adv. En battant vigoureusement des ailes, en parlant d'un oiseau qui s'enfuit en volant.

TIRE-FESSES n.m. inv. Fam. Téléski.

TIRE-FOND n.m. inv. **1.** Longue vis à tête en forme d'anneau, pour suspendre les lustres. **2.** Grosse vis à bois à tête carrée ou polygonale. ◇ Spécialt. Grosse vis à tête carrée, utilisée pour fixer le rail sur la traverse, directement ou par l'intermédiaire d'un coussinet.

TIRE-LAINE n.m. inv. Litt. Voleur qui attaquait les gens dans les lieux isolés, pour voler les manteaux.

TIRE-LAIT n.m. inv. Appareil pour recueillir par aspiration le lait du sein de la mère.

TIRE-LARIGOT (À) loc. adv. (de *tire* et *larigot*, mot d'un anc. refrain de chanson). Fam. Beaucoup, en grande quantité. *Boire à tire-larigot.*

TIRE-LIGNE n.m. (pl. *tire-lignes*). Petit instrument de dessinateur permettant de tracer des lignes d'épaisseur variable.

TIRELIRE n.f. Boîte, objet creux muni d'une fente par laquelle on glisse l'argent qu'on veut économiser.

TIRE-NERF n.m. (pl. *tire-nerfs*). Broche barbelée utilisée par le chirurgien-dentiste pour extirper la pulpe radiculaire.

TIRER v.t. (abrév. de l'anc. fr. *martirier,* martyriser). **I.1.** Exercer une force, un effort sur qqch de manière à l'allonger, à augmenter sa surface. *Tirer une courroie.* **2.** Ramener, attirer vers soi ; déplacer en entraînant derrière soi. *Tirer la porte. Cheval qui tire une voiture.* **3.** MAR. Déplacer, en s'enfonçant, une certaine quantité d'eau. *Navire qui tire six mètres d'eau.* **4.** Pop. Passer un temps assez long. *Tirer un an de prison.* **II.1.** Lancer (un projectile) au moyen d'une arme, faire partir (le coup d'une arme à feu). *Tirer un coup de canon.* **2.** SPORTS. Disputer un assaut, en escrime et dans certains sports de combat. **III.1.** Retirer qqch, qqn de quelque part, le sortir de l'endroit où il est. *Tirer de l'argent de sa poche. Tirer la langue.* **2.** Faire sortir (qqn, qqch) d'un état, d'une situation. *Tirer qqn du sommeil.* **3.** Obtenir ; recueillir. *Tirer de l'argent de qqn. Tirer profit, tirer avantage (d'une chose, d'une situation).* ◇ *Tirer parti de qqch,* trouver moyen de l'utiliser. **4.** Spécialt. *Tirer des sons d'un instrument,* les produire, les rendre à l'aide de cet instrument. **5.** *Tirer satisfaction d'une injure,* en obtenir réparation. **6.** Déduire logiquement (qqch de qqch). *Tirer la leçon d'une expérience.* ◇ *Tirer une conséquence :* conclure. **7.** Prendre au hasard dans un ensemble (un billet, un numéro, etc.). ◇ *Tirer au sort :* choisir en s'en remettant au hasard. ◇ *Tirer une loterie :* faire sortir les numéros. ◇ *Tirer les rois :* distribuer aux convives les parts d'une galette dans laquelle se trouve une fève ou une figurine qui fait « roi » celui qui la trouve. ◇ *Tirer l'horoscope, les cartes :* prédire l'avenir selon la position des astres dans le ciel, la configuration des cartes tirées au hasard dans un jeu. **8.** *Tirer un chèque,* l'émettre. ◇ *Tirer une lettre de change sur qqn,* désigner cette personne comme devant la payer. **IV.1.** Exécuter l'impression de. *Tirer une estampe.* **2.** Réaliser une épreuve photographique. ◆ v.i. **I.1.** Exercer une traction. *Tirer sur une corde.* **2.** Aspirer. *Tirer sur sa pipe.* **3.** Avoir du tirage, en parlant d'un conduit de fumée. *Cheminée qui tire bien.* ◇ Belgique, Suisse. *Ça tire :* il y a du courant d'air. **4.** *Tirer à sa fin :* être près de finir. **5.** *Tirer sur* ou *vers :* avoir quelque ressemblance avec, en parlant d'une couleur, d'une teinte. *Tirer sur le bleu.* ◇ Belgique. *Tirer après* ou *sur qqn,* lui ressembler. **II.1.** Faire usage d'une arme de trait ou d'une arme à feu. *Tirer à l'arc. Tirer à blanc.* **2.** Lancer un projectile, en parlant d'une arme. *Fusil qui tire juste.* **3.** SPORTS. **a.** *Tirer (au but) :* effectuer un tir (au football, au basket-ball, etc.). **b.** Aux boules, lancer directement sa boule sur une autre pour la déplacer (par opp. à *pointer*). **4.** Fam. ou pop. *Tirer au flanc, au cul :* se soustraire à une corvée, un travail. **5.** Suisse. Infuser. *Le thé a assez tiré.* ◆ **se tirer** v.pr. **1.** Pop. S'en aller, partir. **2.** *Se tirer de, s'en tirer :* se sortir de (une situation délicate ou dangereuse). **3.** Fam. *Ça se tire :* c'est sur le point de prendre fin (en parlant d'une période).

TIRET n.m. Petit trait horizontal qui, dans un dialogue, indique le changement d'interlocuteur, ou qui sert de parenthèse dans un texte.

TIRETAINE n.f. (anc. fr. *tiret ;* du lat. *tyrius,* [étoffe] de Tyr). Étoffe ancienne en laine pure ou mélangée.

TIRETTE n.f. **1.** Vx. Cordon, lacet pour tirer ou suspendre qqch. **2.** Petite tablette à glissière pouvant sortir d'un meuble et y rentrer. **3.** Dispositif de commande par traction d'un appareil mécanique ou électrique. **4.** Belgique. Fermeture à glissière.

TIREUR, EUSE n. **1.** Personne qui tire avec une arme à feu. **2.** SPORTS. **a.** Sportif qui expédie le ballon vers le but adverse. **b.** Aux boules, à la pétanque, celui qui tire. **c.** En escrime, celui qui dispute un assaut. **3.** Personne qui étire en fils certains métaux. *Tireur d'or.* **4.** Personne qui, dans une lettre de change ou un chèque, donne ordre de payer une somme à qqn. **5.** *Tireur, tireuse de cartes :* personne qui prétend prédire l'avenir d'après certaines combinaisons de cartes à jouer.

TIREUSE n.f. **1.** Machine photographique assurant les tirages des positifs sur papier. **2.** Appareil de photogravure avec lequel on obtient des copies par contact.

TIRE-VEILLE n.m. inv. MAR. **1.** Filin servant à la manœuvre du gouvernail. **2.** Cordelette à nœuds utilisée en planche à voile pour tirer la voile hors de l'eau.

TIRE-VEINE n.m. (pl. *tire-veines*). CHIR. Recomm. off. pour *stripper.*

TIROIR n.m. (de *tirer*). **1.** Compartiment sans couvercle emboîté dans un meuble et qu'on peut tirer à volonté. ◇ Fam. *Fond de tiroir :* chose de peu de valeur qui n'a pas été utilisée ; (au pl.) dernières ressources disponibles. ◇ *À tiroirs,* se dit d'une histoire donnant lieu à des épisodes multiples ayant chacun une certaine autonomie à l'intérieur d'une intrigue lâche. *Pièce, roman à tiroirs.* **2.** TECHN. Organe mécanique animé d'un mouvement de translation et assurant la distribution d'un fluide suivant une loi déterminée.

TIROIR-CAISSE n.m. (pl. *tiroirs-caisses*). Tiroir contenant la caisse d'un commerçant.

TISANE n.f. (lat. *ptisana,* tisane d'orge). Liquide obtenu par action de l'eau sur des substances végétales et servant soit de véhicule à certains médicaments, soit de boisson.

TISANIÈRE n.f. Récipient servant à faire infuser une tisane.

TISON n.m. (lat. *titio*). Morceau de bois brûlé en partie et encore en ignition.

TISONNÉ, E adj. Se dit du poil d'un cheval parsemé de taches noires.

TISONNER v.t. Remuer les tisons d'un feu, d'un foyer.

TISONNIER n.m. Tige métallique, droite ou recourbée, pour attiser le feu. SYN. : *pique-feu.*

TISSAGE n.m. **1.** Ensemble d'opérations constituant la fabrication des tissus. **2.** Établissement industriel où l'on tisse.

TISSER v.t. (lat. *texere*). **1.** Entrelacer, suivant une armure donnée, les fils de chaîne (en longueur) et les fils de trame (en largeur), pour faire un tissu. **2.** Construire, disposer en réseau. *L'araignée tisse sa toile.*

TISSERAND, E n. Ouvrier, artisan qui fabrique des tissus à la main ou sur machine.

TISSERIN n.m. Oiseau passereau des régions chaudes, ainsi nommé pour son habileté à tisser un nid suspendu. (Famille des plocéidés.)

TISSEUR, EUSE n. Personne qui fait du tissage.

TISSU n.m. **1.** Matériau obtenu par l'assemblage de fils entrelacés. (Les uns, étendus en longueur, forment la *chaîne ;* les autres, en

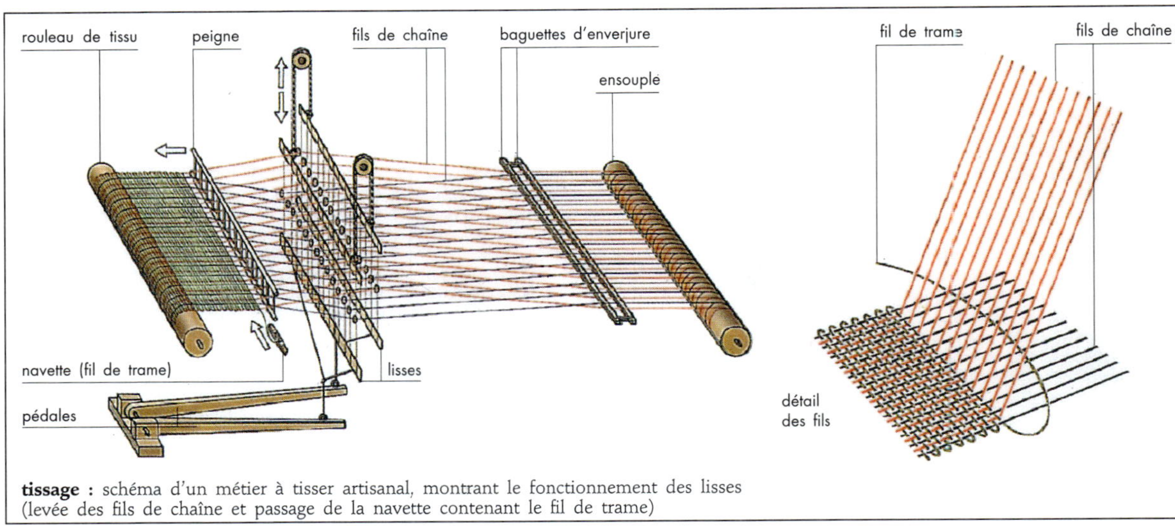

tissage : schéma d'un métier à tisser artisanal, montrant le fonctionnement des lisses (levée des fils de chaîne et passage de la navette contenant le fil de trame)

travers, constituent la *trame.*) **2.** Suite enchevêtrée de choses. *Tissu de mensonges.* **3.** Ensemble d'éléments constituant un tout homogène. *Tissu social.* ◇ *Tissu urbain :* disposition de l'habitat et des activités dans une ville ; répartition des villes sur un territoire donné. – *Tissu industriel :* ensemble d'activités industrielles, en rapport avec l'espace dans lequel il s'inscrit. **4.** HISTOL. Ensemble de cellules ayant même structure et même fonction. *Tissu osseux. Tissu nerveux.*

TISSU-ÉPONGE n.m. (pl. *tissus-éponges*). Tissu bouclé sur ses deux faces et spongieux.

TISSULAIRE adj. HISTOL. Relatif à un tissu.

TISSU-PAGNE n.m. (pl. *tissus-pagnes*). Afrique. Tissu de coton employé en partic. à la confection des pagnes.

TISSURE n.f. **1.** Entrecroisement de fils tissés. **2.** Liaison entre les fils de chaîne et les fils de trame résultant de l'opération du tissage.

TITAN n.m. (gr. *Titan,* n. myth.). Litt. Personne d'une puissance extraordinaire. ◇ *De titan :* gigantesque, titanesque. *Travail de titan.*

TITANE n.m. (gr. *titanos,* chaux). Métal blanc, dur, fondant à 1 800 °C, de densité 4,5, qui, par ses propriétés, se rapproche du silicium et de l'étain ; élément (Ti), de numéro atomique 22, de masse atomique 47,9.

TITANESQUE adj. Litt. Gigantesque.

TITANIQUE adj. Se dit de l'anhydride TiO_2 et des acides correspondants.

TITI n.m. Fam. Gamin de Paris, effronté et gouailleur ; gavroche.

TITILLATION n.f. Chatouillement léger, agréable.

TITILLER v.t. (lat. *titillare*). **1.** Chatouiller légèrement et agréablement. **2.** Exciter agréablement ou énerver.

TITISME n.m. HIST. Forme de socialisme pratiquée dans la Yougoslavie dirigée par Tito.

TITISTE adj. et n. Qui appartient au titisme.

TITRAGE n.m. **1.** Action de titrer un film, un article, un ouvrage. **2.** CHIM. Opération qui consiste à verser un volume ou une masse déterminés de réactif titré dans un volume connu de la solution à doser, correspondant à l'achèvement d'une réaction caractéristique. (Ex. : *titrage acido-basique, titrage d'oxydoréduction.*) **3.** Opération qui a pour objet d'indiquer la grosseur d'un fil en donnant sa masse pour une longueur donnée (unité : *tex*).

TITRE n.m. (lat. *titulus*). **I.1.** Mot, expression, phrase, etc., servant à désigner un écrit, une de ses parties, une œuvre littéraire ou artistique, une émission, etc. **2.** Dans la presse, texte en gros caractères qui coiffe un article et en annonce le sujet. **II.1.** Dénomination d'une dignité, d'une charge ou d'une fonction (souvent élevée). ◇ *En titre :* en tant que titulaire de la fonction exercée. ◇ *À titre de :* en qualité de. **2.** Qualification exprimant une relation sociale. *Le titre de père.* **3.** Qualité qui donne un droit moral, un motif légitime. *Avoir des titres à la reconnaissance.* ◇ *À ce titre :* pour cette raison. – *À juste titre :* avec raison. **4.** SPORTS. Qualité de vainqueur, de champion dans une compétition sportive. **III.1.** Écrit constatant un acte juridique. ◇ *Titre exécutoire :* pièce permettant à son bénéficiaire de procéder à l'exécution forcée (acte d'huissier, jugement, etc.). **2.** Subdivision du livre employée dans les recueils de lois, les ouvrages juridiques. **3.** Division du budget. **4.** Écrit, document établissant un droit. *Titre de propriété.* ◇ *Titre de transport :* toute pièce donnant droit à utiliser un moyen de transport régulier de voyageurs. **5.** Valeur mobilière. ◇ *Titres de participation :* actions ou parts sociales de sociétés possédées durablement par une entreprise, pour exercer dans celles-ci un contrôle ou une influence. – *Titres de placement :* actions ou obligations possédées par les entreprises pour réaliser un emploi des capitaux et sans but de contrôle. **6.** *Titre interbancaire de paiement (T.I.P.) :* ordre de prélèvement à un compte bancaire ou postal, signé par le débiteur, et susceptible de réduire l'usage du chèque. **IV.1.** Proportion de métal précieux contenu dans un alliage. **2.** CHIM. *Titre d'une solution :* rapport de la masse du corps dissous à la masse totale de la solution. **3.** TEXT. Valeur indiquant la grosseur d'un fil, d'un ruban ou d'une mèche. (On dit aussi *numéro.*)

TITRÉ, E adj. **1.** Qui possède un titre nobiliaire ou honorifique. **2.** CHIM. Se dit d'une solution dont le titre est connu.

TITRER v.t. **1.** Mettre pour titre dans un journal. **2.** CHIM. Déterminer le titre d'une solution, d'un alliage.

TITREUSE n.f. ARTS GRAPH. Petit appareil de photocomposition pour titres ou textes courts.

TITRIMÉTRIE n.f. Rare. Mesure du titre d'une solution.

TITRISATION n.f. BANQUE. Opération par laquelle les établissements bancaires cèdent leurs créances à des organismes, dits *fonds communs de créances,* qui émettent des titres négociables sur le marché ; transformation, par cette opération, des créances bancaires en titres.

TITUBANT, E adj. Chancelant.

TITUBER v.i. (lat. *titubare*). Chanceler, vaciller sur ses jambes.

TITULAIRE adj. et n. (du lat. *titulus,* titre). **1.** Qui occupe un poste pour lequel il a été choisi ou nommé. **2.** Qui possède juridiquement qqch.

TITULARISATION n.f. Action de titulariser.

TITULARISER v.t. Rendre titulaire d'un emploi, d'un poste, etc.

TITULATURE n.f. (lat. *titulus,* titre). Ensemble des titres que portaient les souverains, les dignitaires ou les villes de l'Antiquité romaine.

TJÄLE [tjɛl] n.m. (mot suéd., *sol gelé*). Merzlota.

Tl, symbole chimique du thallium.

Tm, symbole chimique du thulium.

TMÈSE n.f. (gr. *tmêsis,* action de couper). Séparation de deux éléments d'un mot par l'intercalation d'un ou de plusieurs autres mots. (Ex. : LORS *même* QUE *vous auriez raison.*)

T. N. T. n.m. (sigle). Trinitrotoluène.

TOARCIEN n.m. (de *thoarcium,* n. lat. de *Thouars*). GÉOL. Étage du jurassique. ◆ **toarcien, enne** adj. Du toarcien.

TOAST [tost] n.m. (mot angl.). **1.** Brève allocution invitant à boire à la santé de qqn, au succès d'une entreprise. **2.** Tranche de pain grillée.

TOASTEUR ou **TOASTER** [tostœr] n.m. Grille-pain.

1. TOBOGGAN [tɔbɔgɑ̃] n.m. (mot angl. ; de l'algonquin). **1.** Traîneau bas, glissant sur deux patins. **2.** Glissière en bois, rectiligne ou hélicoïdale, pour les marchandises. **3.** Piste glissante à pente plus ou moins forte, utilisée comme jeu.

2. TOBOGGAN n.m. (nom déposé). Viaduc routier, souvent provisoire, destiné à établir une circulation à deux niveaux, et situé en général à un carrefour.

TOC n.m. (onomat.). **1.** Fam. Imitation de métaux ou d'objets précieux. **2.** MÉCAN. Organe d'un tour qui sert à entraîner la pièce à usiner.

TOCADE n.f. → ***toquade.***

TOCANTE n.f. → ***toquante.***

1. TOCARD, E adj. (de *toc*). Pop. Laid, sans goût, sans valeur, mauvais.

2. TOCARD ou **TOQUARD** n.m. (normand *toquart,* têtu). **1.** Fam. Cheval de course médiocre. **2.** Pop. Personne incapable.

TOCCATA n.f. (mot it., *touche*). Pièce de musique instrumentale de caractère brillant, composée généralement pour instruments à clavier (piano, orgue, clavecin). Pluriel savant : *toccate.*

TOCOPHÉROL n.m. (gr. *tokos,* accouchement, et *pherein,* porter). BIOL. Substance vitaminique d'origine végétale (vitamine E).

TOCSIN n.m. (anc. prov. *tocassen,* de *tocar,* sonner, et *senh* [lat. *signum*], cloche). Sonnerie d'une cloche qu'on tinte à coups répétés pour donner l'alarme.

TOFU [tɔfu] n.m. (mot jap.). Pâte de suc de soja pochée ou grillée. (Cuis. japonaise.)

TOGE n.f. (lat. *toga*). **1.** Vêtement d'apparat des Romains, constitué d'une longue pièce de laine drapée, symbole de la citoyenneté. **2.** Robe de magistrat, d'avocat, de professeur.

TOGOLAIS, E adj. et n. Du Togo.

TOHU-BOHU n.m. inv. (mot hébr.). Fam. Confusion, grand désordre.

TOI pron. pers. → ***tu.***

TOILAGE n.m. Fond sur lequel se détache le dessin d'une dentelle.

TOILE n.f. (lat. *tela*). **1.** Tissu à armure croisée la plus simple. *Toile de coton.* **2.** Tissu sec et serré, valant par sa résistance, quels que soient son armure et son usage. ◇ *Toile de fond :* toile sur laquelle sont représentés les derniers plans d'un décor de théâtre ; fig., contexte, cadre dans lequel se détache qqch, se situent des évènements, etc. **3.** Toile tendue et préparée sur laquelle on peint ; tableau sur toile. *Une toile de Rubens.* **4.** Fam. Film (au cinéma). *Se payer une toile.* **5.** Voilure portée par un navire. **6.** *Toile d'araignée :* ensemble des fils constitués par la soie que sécrètent les araignées, souvent disposés avec régularité, et qui constituent des pièges pour les petits insectes. **7.** LITTÉR. *Chansons de toile :* chansons chantées par les femmes travaillant au métier à tisser, au Moyen Âge, dans le nord de la France.

TOILERIE n.f. Fabrique, commerce de toile.

TOILETTAGE n.m. Action de toiletter.

TOILETTE n.f. **1.** Action de se laver, de se coiffer, de s'habiller. **2.** Ensemble des soins de propreté du corps. *Faire sa toilette.* **3.** Meuble garni de divers objets destinés aux soins de propreté et de parure. **4.** Ensemble des vêtements et des accessoires utilisés par une femme pour s'habiller, pour se parer. ◇ *Faire la toilette de qqch,* le nettoyer. ◆ pl. Cabinets d'aisances.

TOILETTER v.t. **1.** Apporter les soins nécessaires à l'entretien du pelage d'un animal (chien, chat), tonte notamm. **2.** Fig., fam. Modifier légèrement qqch, lui apporter de petites retouches. *Toiletter un texte de loi.*

TOILEUSE n.f. Ouvrière qui pique des toiles à la machine.

TOILIER, ÈRE n. et adj. Vieilli. Personne qui fabrique ou vend de la toile. ◆ adj. Qui se rapporte à la toile, à sa fabrication. *Industrie toilière.*

TOISE n.f. (lat. *tensa,* étendue). **1.** Ancienne mesure française de longueur, valant 1,949 m. **2.** Règle verticale graduée, le long de laquelle glisse un curseur, pour mesurer la taille des personnes.

TOISER v.t. **1.** Regarder avec dédain ou avec défi. **2.** Vx. Mesurer avec la toise.

TOISON n.f. (lat. *tonsio,* action de tondre). **1.** Laine d'un mouton ; pelage abondant d'autres animaux. **2.** Chevelure abondante.

TOIT n.m. (lat. *tectum*). **1.** Couverture d'un bâtiment, présentant des versants et reposant sur une charpente ou l'extrados d'une voûte. ◇ *Crier sur les toits :* annoncer partout. ◇ *Le toit du monde :* l'Everest, l'Himalaya ou le Tibet. **2.** Surface en tôle emboutie d'une seule nappe constituant la partie supérieure d'une carrosserie fermée ou d'une cabine de camion. ◇ *Toit ouvrant :* partie mobile par coulissement, transparente ou non, d'un pavillon de voiture automobile fermée, réalisant une ouverture partielle. **3.** Maison, habitation. *Être sans toit.* **4.** MIN. Terrain au-dessus de l'exploitation.

TOITURE n.f. Ensemble des toits d'un édifice.

TOITURE-TERRASSE n.f. (pl. *toitures-terrasses*). Couverture d'un bâtiment, étanche et accessible, formée d'une dalle en béton horizontale ou proche de l'horizontale, avec évacuation des eaux.

TOKAJ ou **TOKAY** [tɔkaj] n.m. Vin de liqueur, jaune doré, produit en Hongrie.

TOKAMAK n.m. (mot russe). Machine à confinement magnétique stationnaire permettant de créer des plasmas à haute énergie et d'étudier la fusion thermonucléaire. *(V. illustration p. 1014.)*

TOKAY [tɔkɛ] n.m. Pinot gris d'Alsace.

TOKHARIEN n.m. Langue indo-européenne parlée en Asie centrale entre le Vᵉ et le Xᵉ s.

TOKYOÏTE adj. et n. De Tokyo.

TOLAR n.m. Unité monétaire principale de la Slovénie. (→ ***monnaie.***)

TÔLARD, E ou **TAULARD, E** n. Pop. Détenu.

TOLBUTAMIDE n.m. PHARM. Sulfamide antidiabétique actif par voie orale.

1. TÔLE n.f. (forme dial. de *table*). Produit sidérurgique plat, laminé soit à chaud, soit à froid, à surface généralement lisse ou présentant parfois des saillies.

2. TÔLE ou **TAULE** n.f. Pop. Prison.

TÔLÉE adj.f. *Neige tôlée :* neige fondue, puis reglacée, dangereuse pour les skieurs.

TOLÉRABLE adj. Qu'on peut tolérer.

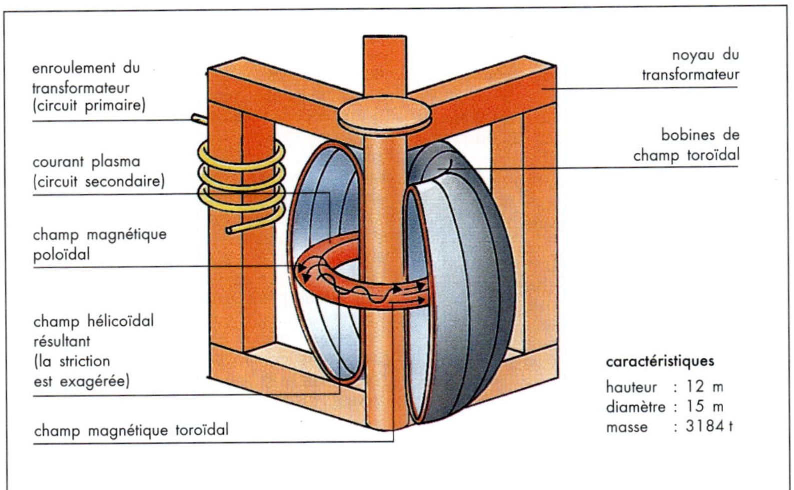

schéma de principe du **tokamak** JET (vue partielle) et configuration des champs magnétiques

TOLÉRANCE n.f. (du lat. *tolerare,* supporter). **1.** Respect de la liberté d'autrui, de ses manières de penser, d'agir, de ses opinions politiques et religieuses. **2.** Liberté limitée accordée à qqn en certaines circonstances. *Ce n'est pas un droit, c'est une tolérance.* ◇ *Maison de tolérance :* établissement de prostitution, autrefois toléré par la loi. **3.** MÉD. **a.** Propriété que possède l'organisme de supporter, sans manifester de signes d'intoxication, des doses d'une substance donnée. **b.** Absence de réaction immunitaire d'un organisme recevant une greffe. **4.** TECHN. Écart acceptable sur certaines grandeurs (dimensions, masse, fréquence, etc.) relatives à des fabrications mécaniques, à des composants électroniques, etc.

TOLÉRANT, E adj. Indulgent dans les relations sociales.

TOLÉRER v.t. (lat. *tolerare*) [18]. **1.** Admettre à contrecœur la présence de qqn, le supporter. **2.** Laisser subsister, ne pas empêcher, permettre. *Tolérer les abus.* **3.** MÉD. Supporter qqch sans réaction pathologique.

TÔLERIE n.f. Fabrication de la tôle ; atelier où l'on travaille la tôle ; objets faits en tôle.

TOLET n.m. (anc. scand. *thollr,* poutre). MAR. Tige fixée dans le plat-bord d'une barque, servant à recevoir l'erseau d'un aviron, et remplaçant une dame de nage.

TOLETIÈRE n.f. MAR. Pièce de bois fixée sur le plat-bord d'une barque, où l'on enfonce les tolets.

1. TÔLIER n.m. et adj.m. Ouvrier qui exécute tous travaux de tôlerie.

2. TÔLIER, ÈRE ou **TAULIER, ÈRE** n. Pop. **1.** Patron, patronne d'un hôtel peu recommandable. **2.** Patron, patronne d'une entreprise.

TOLITE n.f. Explosif formé par un dérivé nitré du toluène.

TOLLÉ n.m. (lat. *tolle,* enlève). Clameur d'indignation, vive protestation collective.

TOLU n.m. (de *Tolú,* v. de Colombie). Baume produit par un arbre de l'Amérique du Sud.

TOLUÈNE n.m. Hydrocarbure aromatique liquide C_7H_8, employé comme solvant et détachant, ainsi que dans la préparation de colorants, de médicaments et du T. N. T.

TOLUIDINE n.f. Aniline dérivée du toluène.

TOLUOL n.m. Toluène brut.

TOM n.m. ou, didact., **TOM-TOM** n.m. inv. MUS. Tambour à une seule peau, rendant un son plus ou moins grave, utilisé notamm. dans la batterie de jazz ou de rock.

TOMAHAWK [tɔmaok] n.m. (de l'algonquin). Hache de guerre des Indiens d'Amérique du Nord.

TOMAISON n.f. IMPR. Indication du numéro du tome d'un ouvrage composé de plusieurs volumes.

TOMAN n.m. Monnaie d'or frappée en Iran à partir du XVIe s.

TOMATE n.f. (mot esp. ; de l'aztèque). **1.** Plante herbacée annuelle dont la culture est très répandue et dont le fruit charnu est consommé sous des formes très variées. (Famille des solanacées.) **2.** Fruit de cette plante, de couleur rouge à jaune selon la variété. **3.** Fam. Pastis additionné de sirop de grenadine.

tomates

TOMBAC n.m. (du malais). Laiton contenant de 80 à 83 p. 100 de cuivre et de 17 à 20 p. 100 de zinc, couramment utilisé en bijouterie.

TOMBAL, E, ALS ou **AUX** adj. Relatif à la tombe. *Pierre tombale.*

TOMBANT, E adj. **1.** Qui pend. *Cheveux tombants.* **2.** *À la nuit tombante :* au crépuscule.

TOMBE n.f. (gr. *tumbos,* tumulus). Endroit où un mort est enterré ; fosse recouverte d'une dalle de pierre, de marbre, etc. ◇ Fig. *Avoir un pied dans la tombe :* être près de mourir. – Litt. *Descendre dans la tombe :* mourir. – *Se retourner dans sa tombe,* se dit d'un mort qu'on imagine bouleversé par ce qui vient d'être dit ou fait.

TOMBÉ n.m. **1.** Contact des épaules avec le sol, à la lutte. **2.** CHORÉGR. Pas, dit aussi *pas tombé,* qui s'achève sur l'une des deux jambes fléchie (chassé sauté).

TOMBEAU n.m. **1.** Monument élevé sur la tombe d'un mort. **2.** Litt. Lieu ou circonstance où qqn, qqch a péri, disparu. – *Mettre qqn au tombeau,* causer sa mort. – *Tirer du tombeau :* tirer de l'oubli ; rendre la vie. ◇ *À tombeau ouvert :* à toute allure, en risquant un accident.

TOMBÉE n.f. *À la tombée de la nuit, à la tombée du jour :* au moment où la nuit arrive.

TOMBELLE n.f. ARCHÉOL. Tombe recouverte d'une petite éminence de terre.

1. TOMBER v.i. (lat. pop. *tumbare*) [auxil. *être*]. **A.I.1.** Être entraîné, précipité par son propre poids, d'un lieu haut vers un lieu bas. *Un corps qui tombe en chute libre. Il a laissé tomber sa montre.* **2.** Se détacher de l'organe qui les porte, en parlant de feuilles, de cheveux, etc. *Toutes ses dents de lait sont tombées.* **3.** Descendre vers le sol, en parlant des précipitations atmosphériques. *Il est tombé des grêlons énormes.* **II.1.** S'abattre, crouler, s'écrouler. *Faire tomber une cloison.* – *Tomber en ruine :* s'écrouler lentement. **2.** Perdre de sa force, de son intensité. *Le vent est tombé.* **3.** Fig. Être sur le point de finir. *La conversation tombe.* **4.** Passer d'un état neutre ou valorisant à un état dévalorisant, affligeant, etc. *Une œuvre qui tombe dans l'oubli.* **5.** Ne pas avoir de succès. *Cette pièce tombera rapidement.* **III.** Fam. *Laisser tomber qqn, qqch,* ne plus s'en occuper, ne plus s'y intéresser. **IV.1.** Être attaché, fixé par une extrémité et pendre librement. *Une abondante chevelure tombe sur ses épaules.* **2.** CUIS. *Tomber à glace :* réduire une sauce jusqu'à ce qu'elle devienne sirupeuse. **B.I.1.** Perdre l'équilibre et faire une chute, s'affaisser au sol. *Tomber par terre. Se casser une jambe en tombant.* ◇ *Tomber aux pieds de qqn,* le supplier. **2.** Ne plus avoir la force de se tenir debout. *Tomber de fatigue, de sommeil.* – Fig. *Les bras m'en tombent :* j'en suis stupéfait. **3.** Être tué dans un combat, une guerre. *Ceux qui sont tombés au champ d'honneur.* **4.** Perdre le pouvoir, être renversé. *Le dictateur est enfin tombé.* **5.** Fam. Être arrêté, en parlant d'un malfaiteur. **II.1.** Devenir (suivi d'un attribut). *Tomber malade. Tomber amoureux.* **2.** Passer brusquement d'un état physique normal à un état déficient. *Tomber en syncope.* **3.** S'abaisser ou être très déprimé. *Il est tombé bien bas.* **C.1.** Arriver ; survenir à telle date. *Cette année, le 1er novembre tombe un lundi.* – *Tomber bien, mal :* arriver à propos, mal à propos. **2.** Être orienté, porter sur qqn, qqch. – *Le sort est tombé sur lui,* l'a désigné. **3.** *Tomber sur qqn,* le rencontrer à l'improviste ; se précipiter sur lui. ◆ v.t. (auxil. *avoir*). Fam. **1.** Jeter à terre. *Tomber un adversaire.* **2.** *Tomber une femme,* la séduire, faire sa conquête. **3.** *Tomber la veste,* la retirer.

2. TOMBER n.m. Litt. Tombée.

TOMBEREAU n.m. **1.** Caisse montée sur deux roues, servant à transporter des matériaux et qu'on décharge en la faisant basculer. **2.** TR. PUBL. Recomm. off. pour *dumper.* **3.** CH. DE F. Wagon à bords hauts, pour le transport des marchandises en vrac.

TOMBEUR n.m. Fam. **1.** Celui qui l'emporte sur un adversaire, lui fait perdre sa place, son titre. **2.** Séducteur, don Juan.

TOMBOLA n.f. (mot it., *culbute*). Loterie où chaque gagnant reçoit un lot en nature.

TOMBOLO n.m. (mot it.) [pl. *tombolos*]. Flèche littorale simple, double ou triple, formant un isthme à l'intérieur duquel subsistent des lagunes.

1. TOME n.m. (gr. *tomos,* portion). Division d'un ouvrage, qui correspond le plus souvent à un volume complet.

2. TOME n.f. → ***tomme.***

TOMENTEUX, EUSE adj. (du lat. *tomentum,* bourre). BOT. **1.** Qui a l'aspect du duvet. **2.** Villeux.

TOMER v.t. Diviser ou marquer par tomes.

TOMME ou **TOME** n.f. (anc. dauphinois *toma*). **1.** Caillé obtenu dans la fabrication du cantal, après avoir soutiré le sérum. **2.** *Tomme de Savoie :* fromage cylindrique à caillé découpé, brassé et pressé, à croûte moisie, qui est fabriqué en Savoie avec du lait de vache.

TOMMETTE ou **TOMETTE** n.f. Petit carreau de terre cuite, de teinte rouge vif, de forme souvent hexagonale, pour le dallage des sols.

TOMMY [tɔmi] n.m. (mot angl.) [pl. *tommys* ou *tommies*]. Fam. Soldat anglais.

TOMODENSITOMÈTRE n.m. MÉD. Scanner.

TOMODENSITOMÉTRIE n.f. MÉD. Scanographie.

TOMOGRAPHIE n.f. (gr. *tomê,* section, et *graphein,* décrire). **1.** Procédé de radiographie qui permet d'obtenir une image nette d'un seul plan de coupe d'organe, avec effacement des autres plans. **2.** GÉOPHYS. *Tomographie sismique :* technique d'imagerie qui permet d'obtenir une image tridimensionnelle des profondeurs de la Terre.

TOM-TOM n.m. inv. → ***tom.***

1. TON, TA, TES adj. poss. (lat. *tuus*). Qui est à toi. *Tes enfants.* (*Ton* s'emploie pour *ta* devant un nom fém. commençant par une voyelle ou un *h* muet. *Ton âme.*)

2. TON n.m. (gr. *tonos*). **I. 1.** Qualité sonore d'une voix liée à sa hauteur, à son timbre, à son intensité, etc. *Dire un texte sur un ton monocorde.* **2.** PHON. Niveau de hauteur ou variation mélodique propre à une syllabe, assumant dans certaines langues (chinois, vietnamien, etc.) une fonction distinctive analogue à celle du phonème. **3.** Manière de parler significative d'un état d'esprit, d'un sentiment ou adaptée à une situation. *Répliquer d'un ton sec. Sur le ton de la plaisanterie.* **4.** Manière particulière de s'exprimer par écrit ; style. *Le ton badin d'une lettre.* **5.** Manière de s'exprimer, de se tenir, de se comporter propre à un milieu, à un groupe social. *Un ton provincial.* ◇ *Donner le ton :* servir de modèle pour les manières, le langage, la façon de voir et de penser d'un groupe social. **II.** Couleur considérée du point de vue de son intensité lumineuse (valeur) et de son degré de saturation. *Différents tons de bleu, de vert.* ◇ *Ton local :* couleur propre d'un objet qu'un peintre représente. – *Ton rompu :* teinte. **III.** MUS. **1.** Tonalité. **2.** Rapport des hauteurs entre deux notes conjointes correspondant à l'intervalle de seconde majeure.

3. TON [tœn] n.f. (mot angl.). Unité anglo-saxonne (symb. t ou ton) de masse. (La ton anglaise, ou *long ton* aux États-Unis, équivaut à 1 016,05 kg. La ton américaine, ou *short ton,* vaut 907,18 kg.)

TONAL, E, ALS adj. Relatif à un ton, à une tonalité.

TONALITÉ n.f. **1.** MUS. Ensemble des relations entre les degrés hiérarchisés d'une échelle de sons ou d'une gamme, par rapport à la tonique. SYN. : *ton.* **2.** Impression d'ensemble qui se dégage de qqch, considérée sur le plan subjectif, affectif. *Le film a une tonalité tragique.* **3.** Couleur dominante, ambiance colorée d'une peinture, d'un tableau. **4.** Zone de fréquence, qui peut être renforcée ou diminuée par des réglages appropriés, sur les appareils qui reçoivent un signal électrique représentant un signal sonore. **5.** Signal audible transmis par un réseau téléphonique pour indiquer l'état des opérations de commutation.

TONDAGE n.m. Action de tondre (qqch, un animal).

TONDAISON n.f. Tonte.

TONDEUR, EUSE n. Personne qui tond.

TONDEUSE n.f. **1.** Appareil servant à la coupe mécanique du gazon. **2.** Appareil pour tondre les animaux. **3.** Instrument à main permettant de couper ras les cheveux. **4.** Machine pour tondre les étoffes de laine, et parfois les tissus de coton.

TONDRE v.t. (lat. *tondere*) [75]. **1.** Couper à ras (la laine ou le poil d'un animal, les poils d'une étoffe). *Tondre les moutons.* **2.** Couper (les cheveux de qqn) à ras avec une tondeuse. **3.** Fam. Dépouiller de son argent, exploiter (qqn). *Se faire tondre au poker.* **4.** Couper (l'herbe) très près du sol. *Tondre le gazon.*

TONDU, E adj. et n. **1.** Dont on a coupé le poil, les cheveux. – Fam. *Le Petit Tondu :* surnom donné par ses soldats à Napoléon Ier. **2.** *Pré tondu,* dont on a fauché l'herbe récemment.

TONÉTIQUE n.f. PHON. Étude des tons.

TONG [tɔ̃g] n.f. Chaussure de plage en plastique léger, composée d'une semelle et d'une bride en V.

TONICARDIAQUE adj. et n.m. Cardiotonique.

TONICITÉ n.f. Propriété qu'ont les muscles vivants de posséder un tonus.

TONIE n.f. Caractère de la sensation auditive, lié à la fréquence des sons.

TONIFIANT, E adj. Qui tonifie.

TONIFIER v.t. Donner de la vigueur physique ou morale à ; revigorer, affermir.

1. TONIQUE adj. (gr. *tonikos,* qui se tend). Qui reçoit le ton ou l'accent. *Syllabe tonique.* – *Accent tonique :* accent d'intensité qui tombe sur l'une des syllabes d'un mot.

2. TONIQUE adj. **1.** PHYSIOL. Relatif au tonus. ◇ Spécialt. Qui a du tonus, de l'énergie, de la vigueur. *Enfant très tonique.* **2.** Qui a un effet stimulant sur le moral. *Une lecture tonique.* ◆ adj. et n.m. **1.** Se dit d'un remède qui fortifie ou stimule l'activité de l'organisme. **2.** Lotion légèrement astringente destinée à raffermir les muscles du visage.

3. TONIQUE n.f. MUS. Première note de la gamme du ton dans lequel est composé un morceau.

TONITRUANT, E adj. Retentissant comme le tonnerre. *Une voix tonitruante.*

TONITRUER v.i. (du lat. *tonitrus,* tonnerre). S'exprimer d'une voix retentissante.

TONKA n.f. (mot guyanais). Graine aromatique, à odeur de vanille ou de foin coupé, utilisée en parfumerie.

TONKINOIS, E adj. et n. Du Tonkin.

TONLIEU n.m. (gr. *telônês,* percepteur d'impôts) [pl. *tonlieux*]. FÉOD. Impôt payé sur les marchandises transportées par terre ou par eau.

TONNAGE n.m. **1.** Quantité de marchandises exprimée en tonnes. **2.** MAR. Jauge.

TONNANT, E adj. Qui tonne. – *Voix tonnante,* éclatante.

TONNE n.f. (du gaul.). **I. 1.** Unité de mesure de masse (symb. t) valant 1 000 kilogrammes. – *Tonne kilométrique :* unité de calcul du prix des transports par voie ferrée, équivalant au prix du transport d'une tonne de marchandises sur un kilomètre. **2.** Fam. Énorme quantité. **3.** *Tonne d'équivalent charbon (tec), d'équivalent pétrole (tep) :* grandeurs utilisées pour exprimer et comparer des énergies de sources différentes et égales à l'énergie moyenne dégagée par la combustion d'une tonne de charbon ou de pétrole (1 tep = 1,5 tec). **II.** Tonneau de grandes dimensions.

TONNEAU n.m. (de *tonne*). **I. 1.** Récipient en bois formé de douelles assemblées retenues par des cercles, et ayant deux fonds plats ; son contenu. ◇ *Tonneau des Danaïdes :* dépense sans fin ; personne très dépensière ou travail long et désespérant parce qu'on n'en voit jamais la fin. – Fam. *Du même tonneau :* de même valeur, de même acabit. **2.** Accident d'une voiture qui fait un tour complet sur elle-même. **3.** AÉRON. Figure de voltige aérienne, au cours de laquelle l'avion tourne autour de son axe longitudinal. **II.** Anc. Unité internationale de volume pour le jaugeage des navires, équivalant à 2,83 m^3.

TONNELAGE n.m. *Marchandises de tonnelage :* marchandises qu'on met en tonneaux.

TONNELET n.m. Petit tonneau, petit fût.

TONNELIER n.m. Ouvrier qui fait ou répare les tonneaux.

TONNELLE n.f. Petite construction de treillage, berceau couvert de végétation et formant abri.

TONNELLERIE n.f. Métier, commerce, atelier du tonnelier ; ensemble des objets qu'il fabrique.

TONNER v. impers. (lat. *tonare*). Faire du bruit, en parlant du tonnerre. ◆ v.i. **1.** Produire un bruit semblable à celui du tonnerre. *Le canon tonne.* **2.** Parler avec véhémence contre qqn, qqch. *Tonner contre le désordre.*

TONNERRE n.m. (lat. *tonitrus*). **1.** Bruit de la foudre, c'est-à-dire de la décharge électrique dont l'éclair est la manifestation lumineuse. (Le temps séparant la vision de l'éclair de la perception du tonnerre indique la distance à laquelle s'est produite la décharge, le son se propageant à la vitesse de 340 m/s.) **2.** Litt. La foudre elle-même. **3.** Manifestation bruyante, grand bruit, grondement qui éclate d'un coup. *Un tonnerre d'applaudissements.* – Fig. *Coup de tonnerre :* évènement imprévu et brutal. ◇ *Voix de tonnerre :* voix forte et éclatante. **4.** Fam. *Du tonnerre :* formidable, extraordinaire. ◆ interj. *Tonnerre !, Tonnerre de Dieu ! :* jurons exprimant la fureur, la menace.

TONOGRAPHIE n.f. MÉD. Enregistrement des variations de la pression intraoculaire.

TONOMÉTRIE n.f. **1.** PHYS. Détermination de la masse moléculaire d'une substance par mesure de l'abaissement de la pression de vapeur d'une solution diluée de cette substance. **2.** MÉD. Mesure de la pression intraoculaire.

TONOMÉTRIQUE adj. Qui concerne la tonométrie.

TONSURE n.f. (lat. *tonsura,* tonte). **1.** Espace rasé circulaire au sommet du crâne, marquant (avant Vatican II) l'appartenance d'un homme à la cléricature. **2.** Cérémonie liturgique, qui marquait l'entrée d'un laïque dans la cléricature.

TONSURÉ adj.m. et n.m. Qui a reçu la tonsure.

TONSURER v.t. Conférer la tonsure à.

TONTE n.f. **1.** Action de tondre les moutons. **2.** Laine qu'on retire en tondant. **3.** Époque de la tonte. SYN. : *tondaison.*

TONTINE n.f. (de *Tonti,* n. d'un banquier it.). **1.** Association d'épargnants, à l'expiration de laquelle l'avoir est distribué entre les survivants ou entre les ayants droit des membres décédés. **2.** Association de personnes versant de l'argent à une caisse commune dont le montant est remis à tour de rôle à chaque membre ; montant de la caisse ainsi constituée. **3.** HORTIC. Paillon au moyen duquel on maintient une motte de terre autour des racines d'une plante que l'on doit transplanter.

TONTINER v.t. HORTIC. Garnir d'une tontine. *Tontiner des plants de rosiers.*

TONTISSE adj. et n.f. Se dit de la bourre qui provient de la tonture des draps.

TONTON n.m. Langage enfantin. Oncle.

1. TONTURE n.f. Action de tondre les draps de laine ; poil que l'on tond ainsi.

2. TONTURE n.f. MAR. Courbure longitudinale donnée aux ponts d'un navire, en relevant un peu les extrémités.

TONUS [tɔnys] n.m. (mot lat.). **1.** PHYSIOL. Contraction partielle et permanente de certains muscles, qui règle les attitudes du corps dans les différentes positions (debout, assis, couché, etc.). **2.** Dynamisme, vigueur, énergie, ressort. *Manquer de tonus.*

1. TOP n.m. (onomat.). **1.** Signal bref pour prévenir un auditeur de noter une indication à un instant précis. **2.** TÉLÉV. Courte impulsion électrique servant à la synchronisation.

2. TOP n.m. (mot angl., *haut*). **1.** Vêtement féminin, génér. court, servant de corsage ; haut. **2.** Fam. *Le top :* ce qui existe de meilleur dans un domaine. *Le top de l'élégance.*

TOPAZE n.f. (lat. *topazus ;* du gr.). **1.** Silicate fluoré d'aluminium, cristallisé, qui est une pierre fine, jaune ou mordorée, transparente. **2.** *Fausse topaze :* citrine.

TOPER v.i. Se taper mutuellement dans la main, en signe d'accord. – *Tope !* ou *tope là ! :* j'accepte.

TOPETTE n.f. (mot picard). Fiole généralement longue et étroite.

TOPHACÉ, E adj. Relatif au tophus.

TOPHUS [tɔfys] n.m. (mot lat., *tuf*). Dépôt d'urates de sodium et de calcium, qui se forme autour des articulations et sur le bord du pavillon de l'oreille chez les goutteux.

TOPIAIRE adj. et n.f. (lat. *topiarius,* jardinier). Se dit de l'art de tailler les arbres et les arbustes selon des formes variées.

TOPINAMBOUR n.m. (du n. d'une peuplade du Brésil). Plante originaire d'Amérique du Nord, cultivée sur sols pauvres pour ses tubercules alimentaires, qui rappellent les pommes de terre. (Famille des composées.) SYN. : *hélianthe tubéreux.*

topinambour

1. TOPIQUE adj. et n.m. (gr. *topikos,* de *topos,* lieu). PHARM. Se dit d'un médicament qui agit à l'endroit où il est appliqué.

2. TOPIQUE n.f. PSYCHAN. Modèle théorique de représentation du fonctionnement psychique. (La première topique proposée par Freud en 1905 distinguait trois instances : l'inconscient, le préconscient et le conscient ; la seconde, en 1920, comprenait le ça, le moi et le surmoi.)

TOPLESS adj. (mot amér., sans haut). Qui a les seins nus. ◆ n.m. Pour une femme, fait d'avoir le buste nu en public. *Faire du topless.*

TOP MODEL ou **TOP-MODÈLE** n.m. (pl. *top models, top-modèles*). Mannequin de haute couture de renommée internationale.

TOP NIVEAU n.m. (angl. *top,* le plus élevé, et *niveau*) [pl. *top niveaux*]. Fam. Niveau le plus élevé, sommet.

TOPO n.m. Fam. Discours, exposé. *Un long topo.*

TOPOGRAPHE n. Spécialiste de topographie.

TOPOGRAPHIE n.f. (gr. *topos,* lieu, et *graphein,* décrire). **1.** Technique de représentation sur un plan des formes du terrain avec les détails naturels ou artificiels qu'il porte. **2.** Disposition, relief d'un lieu.

TOPOGRAPHIQUE adj. Relatif à la topographie.

TOPO-GUIDE n.m. (pl. *topo-guides*). Guide topographique destiné aux randonneurs.

TOPOLOGIE n.f. **1.** Branche des mathématiques née de l'étude des propriétés géométriques se conservant par déformation continue, puis généralisée pour englober les notions de limite et de voisinage. **2.** Structure définie sur un ensemble E par la donnée de parties de E appelées « ouverts » et satisfaisant à certains axiomes.

TOPOLOGIQUE adj. Relatif à la topologie. – *Espace topologique* : espace muni d'une topologie.

TOPOMÉTRIE n.f. Ensemble des opérations effectuées sur le terrain pour la détermination métrique des éléments d'une carte.

TOPONYME n.m. LING. Nom de lieu.

TOPONYMIE n.f. (gr. *topos,* lieu, et *onuma,* nom). **1.** Étude linguistique des noms de lieux. **2.** Ensemble de noms de lieux (d'une région, d'une langue).

TOPONYMIQUE adj. Relatif à la toponymie.

TOP SECRET adj. inv. Absolument secret. *Des informations top secret.*

TOQUADE ou **TOCADE** n.f. Fam. Caprice, manie.

TOQUANTE ou **TOCANTE** n.f. Pop. Montre.

TOQUARD n.m. → ***tocard.***

TOQUE n.f. Coiffure sans bords, de forme cylindrique.

TOQUÉ, E adj. et n. Fam. Un peu fou.

TOQUER (SE) v.pr. *(de).* Fam. Avoir un engouement très vif et soudain pour.

TOQUET n.m. Vx. Petite toque d'homme ou de femme.

TORANA n.m. (mot sanskr.). Arc, portique décoré précédant le stupa. Graphie savante : *toraṇa.*

TORCHE n.f. (lat. *torques,* guirlande). **I. 1.** Flambeau formé d'une corde tordue enduite de cire ou de résine, ou d'un bâton résineux enduit de cire. **2.** *Torche électrique* : lampe de poche cylindrique, de forte puissance. **3.** Installation de brûlage, à l'atmosphère, de sous-produits gazeux, dans l'industrie du pétrole. SYN. : *torchère.* **II. 1.** Bouchon de paille tortillée qu'on place entre les pierres de taille pour en préserver les arêtes, lors de leur transport. **2.** *Parachute en torche* : parachute dont la voilure ne s'est pas déployée complètement et ne peut, de ce fait, ralentir la chute.

TORCHER v.t. **1.** Essuyer avec un linge, du papier, etc., pour nettoyer. **2.** Fam. Exécuter à la hâte et mal.

TORCHÈRE n.f. **1.** Vase métallique à jour, placé sur un pied et dans lequel on mettait des matières combustibles pour éclairer. **2.** Grand candélabre montant du sol (XVIIe s.). **3.** PÉTR. Torche.

TORCHIS n.m. Matériau de construction composé de terre grasse et de paille hachée, utilisé comme remplissage.

TORCHON n.m. (de *torche*). **1.** Rectangle de toile qu'on utilise pour essuyer la vaisselle. ◇ Fig., fam. *Coup de torchon* : bagarre ; épuration radicale, coup de balai. – *Le torchon brûle,* se dit lorsqu'un couple ou deux amis se disputent. **2.** Fam. Écrit, texte sans soin, mal présenté. **3.** Fam. Journal méprisable. **4.** Belgique. Serpillière.

TORCHONNER v.t. Fam. Exécuter rapidement et sans soin.

TORCOL ou, rare, **TORCOU** n.m. (de *tordre* et *cou*). Oiseau grimpeur à cou très souple, qu'on rencontre en France pendant l'été. (Long. 18 cm. ; famille des picidés.)

TORDAGE n.m. TECHN. Action de tordre en corde des fils textiles.

TORDANT, E adj. Fam. Drôle, amusant.

TORD-BOYAUX n.m. inv. Fam. Eau-de-vie très forte ou de mauvaise qualité.

1. TORDEUR, EUSE n. Personne qui tord la laine, la soie ou une autre matière textile.

2. TORDEUR n.m. Dispositif donnant une torsion au fil qui le traverse.

TORDEUSE n.f. Petit papillon dont la chenille roule les feuilles en cornet en les liant avec des fils de soie, pour y vivre et s'en nourrir. (Famille des tortricidés.)

TORD-NEZ n.m. inv. VÉTÉR. Instrument de contention composé d'un manche de bois terminé par une boucle de corde ou de cuir, utilisé pour pincer violemment le bout de nez d'un cheval que l'on soigne.

TORDOIR n.m. Bâton ou garrot pour tordre, serrer une corde.

TORDRE v.t. (lat. *torquere*) [76]. **I.** Déformer en pliant, en courbant, en tournant sur soi-même. *Tordre une barre de fer. Tordre du linge pour l'égoutter.* **II. 1.** Tourner plus ou moins violemment (un membre, une partie du corps). *Tordre le bras à son agresseur.* – Fam. *Tordre le cou* : tuer. **2.** Donner à qqn la sensation d'une crispation, d'une torsion au niveau d'un organe. *Des brûlures qui tordent l'estomac.* ◆ **se tordre** v.pr. **1.** Imprimer à son corps des mouvements de contorsion sous l'effet de la douleur. *Un malade qui se tord sur son lit.* **2.** Faire un faux mouvement qui plie violemment une articulation. *Se tordre la cheville.* **3.** Fam. *Se tordre (de rire)* : être en proie à un rire bruyant, irrépressible. *Un spectacle à se tordre.*

TORDU, E adj. et n. Fam. **1.** Extravagant, bizarre, un peu fou. **2.** *Coup tordu* : acte malveillant ; renseignement donné à deux ou plusieurs pays à la fois, dans le langage du contre-espionnage.

TORE n.m. (lat. *torus*). **1.** ARCHIT. Grosse moulure pleine de profil arrondi. **2.** MATH. Surface de révolution engendrée par un cercle tournant autour d'une droite située dans son plan et ne passant pas par son centre ; solide limité par cette surface.

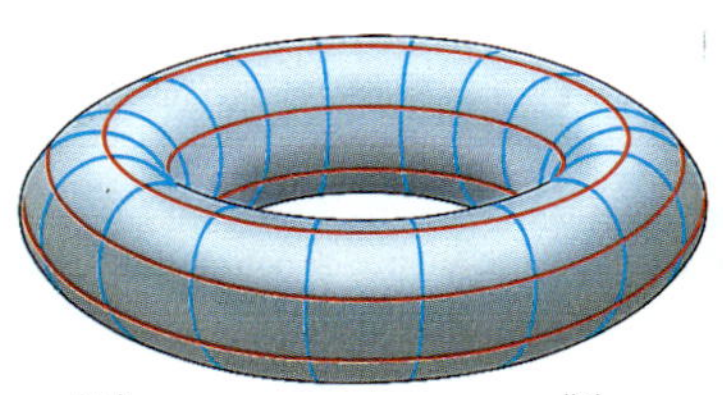

tore : représentation spatiale

TORÉADOR n.m. Vx. Torero.

TORÉER v.i. (esp. *torear*) [15]. Pratiquer la tauromachie, exercer le métier de torero.

TORERO [tɔrero] n.m. (mot esp.). **1.** Celui qui combat les taureaux dans l'arène. (En France, le nom de *toréador* a longtemps supplanté celui de *torero.*) **2.** Spécialt (abusif). Matador.

TOREUTIQUE n.f. (gr. *toreutikê*). Art du ciselage et de la sculpture en métal, ou de la sculpture chryséléphantine.

TORGNOLE n.f. Pop. Gifle, coup violent.

TORIES n.m. pl. → ***tory.***

TORII n.m. inv. (mot jap.). Portique précédant l'entrée des temples shintoïstes, au Japon.

TORIL [tɔril] n.m. (mot esp.). Local attenant à l'arène, où l'on tient les taureaux enfermés avant la course.

TORIQUE adj. Qui a la forme d'un tore.

TORNADE n.f. (esp. *tornado*). Coup de vent localisé, très violent et tourbillonnant.

TOROÏDAL, E, AUX adj. Relatif à un tore.

TORON n.m. (de *tore*). Assemblage de plusieurs gros fils tordus ensemble.

TORONNEUSE n.f. Machine pour tordre les torons d'un câble.

TORPÉDO n.f. (esp. *torpedo,* torpille). AUTOM. Anc. Carrosserie ouverte munie d'une capote en toile repliable et de rideaux de côté ; automobile ainsi conçue.

TORPEUR n.f. (lat. *torpor,* de *torpere,* être engourdi). **1.** État de qqn chez qui l'activité psychique et physique, la sensibilité sont réduites. *Tirer qqn de sa torpeur.* **2.** Fig. Ralentissement général des activités.

TORPIDE adj. **1.** Litt. Qui provoque la torpeur ou qui en a les caractères. **2.** MÉD. Se dit d'une lésion ou d'une affection n'ayant aucune tendance spontanée soit à s'aggraver, soit à s'améliorer.

TORPILLAGE n.m. Action de torpiller ; son résultat.

TORPILLE n.f. (lat. *torpedo,* engourdissement). **I.** Poisson marin voisin de la raie, qui peut atteindre 1 m de long, et qui possède de chaque côté de la tête un organe pouvant produire des décharges électriques. **II. 1.** Engin automoteur sous-marin chargé d'explosif, utilisé contre les objectifs maritimes par des navires, des sous-marins ou des avions. **2.** Bombe aérienne de forme analogue utilisée pendant la Première Guerre mondiale.

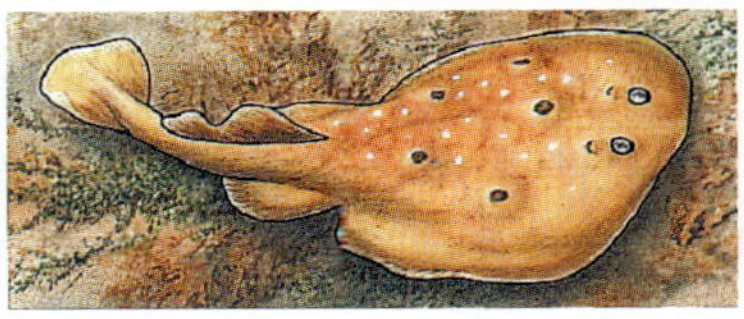

torpille

TORPILLER v.t. **1.** Attaquer, faire sauter, détruire à l'aide de torpilles. *Torpiller un navire.* **2.** Faire échouer par des manœuvres secrètes. *Torpiller un projet.*

TORPILLEUR n.m. **1.** Bâtiment de guerre rapide, de petit tonnage, dont l'arme principale était la torpille. **2.** Marin spécialisé dans le service des torpilles.

TORQUE n.m. (lat. *torques*). **1.** ARCHÉOL. Collier celtique métallique et rigide. **2.** Auj. Collier rigide de forme ronde, en métal.

TORR n.m. (de *Torricelli,* n. pr.). Unité de mesure de pression équivalant à la pression exercée par une colonne de mercure à 0 °C ayant une hauteur de 1 mm. (Cette unité de mesure n'est pas légale en France.)

TORRÉE n.f. (du lat. *torrere,* rôtir). Suisse. Feu en plein air où l'on fait cuire des saucisses et des pommes de terre.

TORRÉFACTEUR n.m. **1.** Appareil de torréfaction. **2.** Commerçant qui vend du café qu'il torréfie.

TORRÉFACTION n.f. Action de torréfier.

TORRÉFIER v.t. (lat. *torrefacere*). Griller, rôtir des grains, en particulier le café.

TORRENT n.m. (lat. *torrens, torrentis*). **1.** Cours d'eau de montagne, rapide et irrégulier, de faible longueur, plus ou moins à sec entre des crues violentes et brusques. **2.** Fig. Écoulement abondant. *Des torrents de larmes.* ◇ *À torrents* : en grande abondance, en parlant de la pluie.

TORRENTIEL, ELLE adj. **1.** Qui appartient aux torrents. *Des eaux torrentielles.* **2.** Qui tombe à torrents. *Pluie torrentielle.*

TORRENTIELLEMENT adv. De manière torrentielle.

TORRENTUEUX, EUSE adj. Litt. Qui a l'impétuosité d'un torrent.

TORRIDE adj. (lat. *torridus,* de *torrere,* brûler). Brûlant, excessivement chaud ; caniculaire.

1. TORS, E adj. (lat. *tortus,* tordu). **1.** Qui a été tordu. *Fils tors.* – ARCHIT. *Colonne torse,* à fût tourné en vis. **2.** Courbé, déformé. *Des jambes torses.*

2. TORS n.m. TEXT. Action de tordre les fils.

TORSADE n.f. **1.** Frange tordue en hélice, dont on orne des tentures, des draperies. **2.** Forme obtenue en tournant sur eux-mêmes, l'un autour de l'autre, deux ou plusieurs éléments. *Une torsade de cheveux.* **3.** Motif ornemental imitant un câble tordu.

TORSADER v.t. Disposer, mettre en torsade.

TORSE n.m. (it. *torso*). **1.** Partie du corps comprenant les épaules et la poitrine. **2.** SCULPT. Tronc, figure humaine sans tête ni membres.

TORSEUR n.m. MATH. Système de vecteurs glissants ; ensemble d'un vecteur $\vec{R}$ et d'un couple de moment $\vec{G}$ dirigé suivant la ligne d'action de $\vec{R}$. (Le support de $\vec{R}$ est l'*axe central* du torseur, et le rapport $\frac{\vec{G}}{\vec{R}}$ son *pas.*)

TORSION n.f. (du lat. *tortus,* tordu). **1.** Action de tordre qqch ; déformation produite en tordant. **2.** MÉCAN. Déformation subie par un corps sous l'action de deux couples opposés agissant dans des plans parallèles, chaque section du corps subissant une rotation par rapport à la section infiniment voisine. **3.** TEXT. Action de tordre un fil. *Torsion en S* (vers la droite), *en Z* (vers la gauche). **4.** MATH. Grandeur caractéristique des courbes gauches.

TORT n.m. (lat. *tortus,* tordu, contraire au droit). **1.** Action ou état contraire au droit, à la vérité, à la raison. *Tous les torts sont de son côté.* – *Avoir tort :* soutenir une chose fausse ; faire ce qui est injuste ou arbitraire. – *Donner tort à qqn,* déclarer qu'il se trompe, qu'il a mal agi ; prouver, confirmer qu'il n'avait pas raison. ◇ *Dans son tort :* dans la situation de qqn qui a commis une infraction, une faute, une erreur. **2.** Dommage, préjudice. – *Faire du tort à qqn,* lui causer un préjudice. **3.** *À tort :* injustement. – *À tort ou à raison :* avec ou sans motif valable. – *À tort et à travers :* sans discernement.

TORTICOLIS n.m. Affection du cou caractérisée par une douleur, la limitation des mouvements et, par suite, une inclinaison vicieuse de la tête. (Le torticolis peut être dû à une lésion de la colonne cervicale ou à une contracture des muscles du cou.)

TORTIL [tɔrtil] n.m. HÉRALD. Cercle d'or autour duquel est passé en spirale un collier de perles. (C'est la couronne des barons.)

TORTILLA [tɔrtilja] n.f. (mot esp.). Petite crêpe de farine de maïs salée. (Cuis. sud-américaine.)

TORTILLAGE n.m. Action de tortiller ; fait de se tortiller.

TORTILLARD n.m. Fam. Petit train lent, au trajet tortueux.

TORTILLE ou **TORTILLÈRE** n.f. Allée étroite et tortueuse dans un parc, un jardin.

TORTILLEMENT n.m. Action de tortiller ; fait de se tortiller.

TORTILLER v.t. (du lat. *tortus,* tordu). Tordre à plusieurs tours. *Tortiller son mouchoir.* ◆ v.i. **1.** Remuer en ondulant. *Tortiller des hanches.* **2.** Fam. *Il n'y a pas à tortiller :* il n'y a pas à chercher des détours, à tergiverser. ◆ **se tortiller** v.pr. Se tourner sur soi-même de différentes façons.

TORTILLON n.m. **1.** Bourrelet qu'on pose sur la tête pour porter un fardeau. **2.** Linge, papier tortillé. **3.** Estompe faite de papier enroulé.

TORTIONNAIRE n. (bas lat. *tortio,* torture). Personne qui torture qqn pour lui arracher des aveux ou par sadisme.

TORTIS n.m. Vx. Assemblage de brins tordus. *Un tortis de fils de chanvre.*

TORTORER v.t. Pop., vieilli. Manger.

TORTRICIDÉ n.m. (lat. sc. *tortrix*). *Tortricidés :* famille de petits papillons *(tordeuses).*

TORTU, E adj. (anc. fr. *tort,* tordu). Litt. **1.** Qui n'est pas droit ; difforme. *Des jambes tortues.* **2.** Qui est retors, sans franchise. *Esprit tortu.*

TORTUE n.f. (bas lat. *tartaruca,* bête infernale du Tartare). **1.** Reptile de forme ovale, entouré d'une double carapace osseuse et écailleuse, dont sortent une tête munie d'un bec corné, deux paires de courtes pattes (ou de nageoires chez les espèces aquatiques), une très courte queue. **2.** Fam. Personne très lente. ◇ *À pas de tortue :* très lentement. **3.** Vanesse (papillon) d'une espèce courante en France. **4.** Abri que formaient les soldats romains en joignant leurs boucliers au-dessus de leurs têtes pour se garantir des projectiles.

■ On distingue des tortues *marines,* parfois très grandes (1 m, 300 kg) et qui nagent rapidement à l'aide de fortes nageoires, des tortues *d'eau douce,* enfin des tortues *terrestres,* à pattes courtes et aux déplacements très lents.

tortue terrestre géante

TORTUEUSEMENT adv. D'une manière tortueuse.

TORTUEUX, EUSE adj. (lat. *tortuosus*). **1.** Qui fait plusieurs tours et détours, sinueux. **2.** Qui manque de loyauté, de franchise. *Conduite tortueuse.*

TORTURANT, E adj. Qui torture, tourmente.

TORTURE n.f. (bas lat. *tortura,* action de tordre). **1.** Supplice physique que l'on fait subir à qqn. **2.** Souffrance physique ou morale très vive. ◇ *Mettre qqn à la torture,* lui causer un embarras pénible ou une vive impatience. – *Se mettre l'esprit à la torture :* faire de très grands efforts de réflexion pour trouver une solution.

TORTURER v.t. **1.** Soumettre à des tortures. **2.** Faire souffrir moralement ou physiquement. **3.** Fig. Défigurer, déformer. *Torturer un texte.* ◆ **se torturer** v.pr. Se creuser l'esprit.

TORVE adj. (lat. *torvus*). Se dit d'un regard oblique et menaçant.

TORY [tɔri] n.m. (mot angl.) [pl. *torys* ou *tories*]. Membre du parti conservateur en Grande-Bretagne. (Après la réforme électorale de 1832, le terme « conservateur » se substitua à « tory » qui reste cependant en usage.) ◆ adj. Relatif à ce parti.

TORYSME n.m. Opinion, parti des tories.

TOSCAN, E adj. et n. **1.** De Toscane. **2.** *Ordre toscan :* ordre romain d'architecture inspiré du dorique grec (chapiteau). [Il s'en différencie surtout par l'entablement, très dépouillé, et par une colonne nue reposant sur une base.] ◆ n.m. Dialecte parlé en Toscane, base de l'italien moderne.

TOSSER v.i. MAR. Frapper, taper contre qqch sous l'effet de la houle (se dit en partic. d'un navire qui frappe contre le quai).

TÔT adv. (lat. *tostum,* chaudement). De bonne heure. *Se coucher tôt.* ◇ *Au plus tôt :* dans un délai très court ; pas avant. – *Tôt ou tard :* un jour ou l'autre.

1. TOTAL, E, AUX adj. (lat. *totus,* tout entier). **1.** À quoi il ne manque rien. **2.** MATH. *Ordre total (sur un ensemble) :* relation d'ordre sur E telle que deux éléments quelconques de E soient comparables.

2. TOTAL n.m. **1.** Assemblage de plusieurs parties formant un tout. **2.** Somme obtenue par l'addition. ◇ *Au total* ou, pop., *total :* tout considéré. *Au total, c'est une bonne affaire.*

TOTALE n.f. Fam. **1.** Hystérectomie avec ovariectomie. **2.** *La totale ! :* c'est le comble, le bouquet.

TOTALEMENT adv. Entièrement, tout à fait.

TOTALISANT, E adj. PHILOS. Qui synthétise le plus grand nombre d'éléments possible. *Conception totalisante.*

TOTALISATEUR ou **TOTALISEUR** n.m. **1.** Appareil qui donne le total d'une série d'opérations. **2.** Dans un ordinateur, registre de l'organe de calcul dans lequel une suite de nombres peuvent être cumulés.

TOTALISATION n.f. Action de totaliser.

TOTALISER v.t. **1.** Faire le total de qqch. *Totaliser les recettes du jour.* **2.** Atteindre le total de.

TOTALITAIRE adj. Se dit d'un régime politique non démocratique dans lequel les pouvoirs exécutif, législatif et judiciaire sont concentrés entre les mains d'un nombre restreint de dirigeants qui subordonnent les droits de la personne humaine à la raison d'État.

TOTALITARISME n.m. Système des régimes totalitaires.

TOTALITÉ n.f. Le total, l'ensemble. ◇ *En totalité :* complètement.

TOTEM [tɔtɛm] n.m. (mot algonquin). **1.** ANTHROP. Animal, ou plante, considéré comme ancêtre mythique, ou parent lointain, des individus appartenant à un groupe social donné, le clan le plus souvent. **2.** Représentation particulière de cet animal, de cette plante, symbolique de ce groupe.

TOTÉMIQUE adj. Du totem. ◇ *Clan totémique,* fondé sur le système du totem.

TOTÉMISME n.m. Organisation sociale fondée sur le totem.

TÔT-FAIT n.m. (pl. *tôt-faits*). Pâtisserie d'une préparation simple et rapide.

TOTIPOTENCE n.f. BIOL. Caractère des cellules totipotentes.

TOTIPOTENT, E adj. BIOL. Se dit d'une cellule embryonnaire apte à former les tissus les plus divers selon les actions morphogènes qu'elle subit.

TOTO n.m. (onomat.). Arg. Pou.

TOTON n.m. (lat. *totum,* tout [mot marqué sur une des faces des anciens totons]). Petite toupie que l'on fait tourner entre le pouce et l'index et dont le corps, généralement en forme de prisme octogonal, porte sur chacune de ses facettes un signe, une lettre, une indication.

TOUAGE n.m. MAR. Remorquage, à l'aide d'un toueur, de bâtiments sur les voies de navigation intérieure.

TOUAILLE n.f. (du francique). Vx. Essuie-mains continu, suspendu à un rouleau.

1. TOUAREG, ÈGUE ou **TARGUI, E** adj. et n. (du berbère). Se dit d'un peuple nomade du Sahara, de ce qui lui est propre. *Mœurs touarègues.* (On réserve parfois la forme *touareg* pour le pluriel, et *targui* pour le singulier.)

2. TOUAREG n.m. Langue berbère parlée par les Touareg.

TOUBAB n.m. Afrique. **1.** Européen, Blanc. **2.** Africain ayant adopté le mode de vie européen.

TOUBIB n.m. (de l'ar.). Fam. Médecin.

TOUCAN n.m. (du tupi). Oiseau grimpeur de l'Amérique tropicale, à bec gros et très long, vivement coloré. (Famille des ramphastidés.)

toucan

1. TOUCHANT prép. Litt. Concernant, au sujet de. *Touchant vos intérêts.*

2. TOUCHANT, E adj. Qui touche, émeut le cœur ; attendrissant.

TOUCHAU, TOUCHAUD ou **TOUCHEAU** n.m. ORFÈVR. Étoile d'or ou d'argent, dont chaque branche est à un titre déterminé et qui sert à la touche, à l'essai de ces métaux.

TOUCHE n.f. **I. 1.** ESCR. Fait d'atteindre son adversaire suivant les règles. **2.** ORFÈVR. Essai de l'or ou de l'argent au moyen de la pierre de touche et du touchau. ◇ *Pierre de touche :* variété de jaspe noir qui sert à éprouver l'or et l'argent. **3.** PÊCHE. Action du poisson dont la bouche entre en contact avec un appât. ◇ Fam. *Faire une touche :* plaire à qqn. **II. 1.** Manière personnelle qu'a un artiste peintre de poser la peinture sur le support avec le pinceau ; résultat du coup de pinceau. **2.** Litt. Manière personnelle d'un écrivain, d'un créa-

remise en **touche** au rugby

teur, d'un artiste. **3.** Fam. Allure, genre de qqn. *Il a une drôle de touche.* **III. 1.** MUS. **a.** Levier basculant sous la pression des doigts et actionnant la mécanique d'un instrument à clavier. **b.** Partie du manche des instruments à cordes où l'instrumentiste pose ses doigts. **2.** Organe d'une machine sur lequel on agit par pression ou par contact d'un seul doigt pour commander une action. **3.** Long bâton dont on se sert pour faire avancer les bœufs. **IV.** Dans divers sports d'équipe, chacune des deux lignes qui délimitent la largeur du terrain ; sortie du ballon au-delà de cette ligne, et sa remise en jeu. ◇ Fam. *Être sur la touche :* être tenu à l'écart d'une activité, d'une entreprise.

TOUCHE-À-TOUT n. inv. Fam. Personne qui touche à tout, qui se mêle de tout, ou qui se disperse en toutes sortes d'activités.

1. TOUCHER v.t. (lat. pop. *toccare,* faire toc). **1.** Mettre la main au contact de qqch, de qqn pour en apprécier l'état. *Touche ce tissu et vois comme il est doux.* **2.** Entrer, être en contact physique avec qqch, qqn. *Son visage touchait le mien.* **3.** Être contigu à, en contact avec. *Ma maison touche la sienne.* **4.** Atteindre, blesser, par un coup porté ou un projectile. *Toucher son adversaire.* **5.** Recevoir, percevoir. *Toucher son salaire.* **6.** Entrer en relation, communiquer avec. *Toucher qqn par téléphone.* **7.** Émouvoir, faire impression sur. *Votre geste m'a beaucoup touché.* **8.** Concerner. *Le chômage touche de nombreux jeunes.* **9.** Dire. *Je lui ai touché un mot de votre affaire.* ◆ v.t. ind. *(à).* **1.** Porter la main sur. *Ne touchez pas au plat, il est brûlant.* ◇ *N'avoir pas l'air d'y toucher :* dissimuler par un air innocent des intentions malveillantes ; cacher son jeu. **2.** Être en contact avec qqch. *Leur propriété touche à la forêt.* **3.** Aborder un lieu, y arriver. *Toucher au port.* **4.** Aborder un sujet, en venir à le traiter. *Vous touchez là à un point crucial.* **5.** Concerner, être relatif à. *Des secrets qui touchent à la défense nationale.* **6.** Apporter des modifications. *Ton dessin est parfait, n'y touche pas.* **7.** Consommer une petite quantité d'un aliment, d'une boisson. *Il a à peine touché à son repas.* ◆ **se toucher** v.pr. Être en contact ou très près l'un de l'autre. *Leurs immeubles se touchent.*

2. TOUCHER n.m. **1.** Celui des cinq sens à l'aide duquel on reconnaît, par le contact direct de certains organes, la forme et l'état extérieur des corps. (Il englobe cinq sensations : contact, pression, chaleur, froid, douleur ; les quatre premières sont perçues par des points précis de la peau.) **2.** Impression produite par un corps que l'on touche. **3.** MÉD. Examen d'une cavité naturelle par l'introduction d'un ou de plusieurs doigts revêtus d'un doigtier. *Toucher anal, vaginal.* **4.** MUS. Caractère du jeu d'un musicien.

TOUCHE-TOUCHE (À) loc. adv. Fam. Très près les uns des autres, en parlant de personnes, de véhicules.

TOUCHETTE n.f. MUS. Frette.

TOUCHEUR n.m. Vx. Conducteur de bœufs de boucherie.

TOUÉE n.f. (de *touer*). **1.** Longueur de la remorque d'un navire. **2.** Longueur de la chaîne filée pour mouiller une ancre.

TOUER v.t. (du francique). Remorquer un bâtiment de navigation à l'aide d'un toueur.

TOUEUR n.m. Remorqueur se déplaçant par traction sur une chaîne ou un câble qui repose sur le fond du chenal et s'enroule sur le tambour d'un treuil porté par le remorqueur.

TOUFFE n.f. (du germ.). Ensemble de brins, de petits végétaux, de poils, etc., naturellement disposés très près les uns des autres.

TOUFFEUR n.f. Litt. Atmosphère chaude, lourde, étouffante.

TOUFFU, E adj. **1.** Épais, dense, formé de nombreux végétaux, brins, poils, fils plus ou moins emmêlés. *Bois touffu. Barbe touffue.* **2.** Qui est chargé à l'excès de détails. *Récit touffu.*

TOUILLAGE n.m. Fam. Action de touiller.

TOUILLE n.f. Lamie, roussette (requins).

TOUILLER v.t. (lat. *tudiculare,* broyer). Fam. Mêler, agiter, remuer, brasser.

TOUJOURS adv. (de *tous les jours*). **1.** Sans cesse, sans fin ni interruption. ◇ *Depuis toujours :* depuis un temps très éloigné. – *Pour toujours :* sans retour, d'une façon définitive. **2.** En toute occasion. *Il est toujours prêt à rendre service.* **3.** Encore à présent. *Il l'aime toujours.* **4.** *Toujours est-il que :* néanmoins, en tout cas.

TOULADI n.m. Canada. Grande truite d'eau douce.

TOULONNAIS, E adj. et n. De Toulon.

TOULOUPE n.f. (du russe). Pelisse en peau de mouton que portent les paysans russes.

TOULOUSAIN, E adj. et n. De Toulouse.

TOUNDRA [tundra] n.f. (du russe). GÉOGR. Dans les régions de climat froid, formation végétale discontinue, qui comprend quelques graminées, des lichens et quelques arbres nains (bouleaux). SYN. : *barren grounds.*

TOUNGOUSE ou **TOUNGOUZE** [tunguz] adj. et n.m. Se dit d'un groupe de langues de la famille altaïque, parlées par les Toungouses. ◆ adj. Du toungouse ; des Toungouses.

TOUPET n.m. (du francique). **1.** Touffe de cheveux sur le sommet du front. **2.** Fam. Audace, effronterie.

TOUPIE n.f. (du francique). **1.** Jouet en forme de poire, qu'on fait tourner sur la pointe. **2.** Machine pour le travail du bois, avec laquelle on exécute les moulures, les entailles, les feuillures.

TOUPILLER v.t. Travailler (le bois) à l'aide de la toupie.

TOUPILLEUR n.m. Ouvrier du bois travaillant à la toupie.

TOUPILLEUSE n.f. Machine à toupiller. (On dit plutôt *toupie.*)

TOUPILLON n.m. **1.** Litt. Petite touffe de poils, de plumes, etc. **2.** Petit toupet.

TOUPINER v.i. Vx ou région. Tourner sur soi comme une toupie.

TOUQUE n.f. Récipient de fer-blanc, de moyenne contenance, permettant le transport de divers produits.

1. TOUR n.f. (lat. *turris*). **1.** Bâtiment ou corps de bâtiment de plan massé et nettement plus haut que large. ◇ *Tour d'ivoire :* isolement, retraite hautaine de qqn. *S'enfermer dans une tour d'ivoire.* **2.** Toute construction en hauteur. ◇ *Tour de contrôle :* bâtiment dominant l'aire d'un aérodrome et dont émanent les ordres d'envol, de vol et d'atterrissage. – *Tour hertzienne :* édifice servant de relais aux télécommunications par faisceaux hertziens. – *Tour de forage :* derrick. **3.** Pièce du jeu d'échecs dont la marche est parallèle aux bords de l'échiquier. **4.** IND. *Tour de fractionnement :* appareil de forme généralement cylindrique utilisé pour la séparation des différents corps contenus dans un mélange. **5.** Fam. Personne grande et corpulente.

2. TOUR n.m. (de *tourner*). **I. 1.** Dimension de la ligne fermée qui constitue la limite extérieure de qqch, notamment de certaines parties du corps. *Prendre le tour de taille d'une cliente.* **2.** Pourtour, bord de qqch, d'un lieu. *Le tour du lac est planté d'arbres.* **3.** MÉTROL. Unité d'angle (symb. tr) équivalant à 2 π radians. **4. a.** Action de parcourir entièrement le pourtour de ; parcours ainsi accompli. *Faire le tour du lac, de la ville.* ◇ *Faire le tour du propriétaire :* visiter sa propriété, sa maison. – Fig. *Faire le tour d'une question,* en examiner tous les points. **b.** Voyage, périple. *Faire le tour de l'Europe.* ◇ Anc. *Faire son tour de France,* la parcourir en approfondissant la connaissance de son métier. **c.** Promenade. *Faire un tour en ville.* **II. 1.** Mouvement de rotation d'un corps autour de son axe, qui le ramène à sa position première. *Tour de roue.* **2.** MÉTROL. *Tour par minute :* unité de vitesse angulaire (symb. tr/min) valant 2 π/60 radian par minute. – *Tour par seconde :* unité de vitesse angulaire (symb. tr/s) valant 2 π radians par seconde. **3.** Action de tourner un objet sur lui-même. *Donner deux tours de clé.* **4.** CHORÉGR. Pirouette. ◇ *Tour en l'air :* saut au cours duquel le danseur fait un, deux ou trois tours complets sur lui-même. **5.** *Tour de reins :* lumbago aigu. **III. 1.** Exercice qui exige de l'agilité, de la force, de l'adresse, de la subtilité. *Tour de cartes.* ◇ *Tour de main :* grande habileté manuelle due à l'habitude. – *En un tour de main :* en un instant. **2.** Action habile, plaisante ou perfide destinée à mystifier ou à tromper qqn. *Jouer un bon tour à qqn.* – *Cela vous jouera un tour :* cela vous fera du tort. **IV. 1.** Manière dont qqch évolue. *Cette affaire prend un mauvais tour.* **2.** *Tour d'esprit :* manière propre à qqn de comprendre, d'exprimer les choses. **3.** *Tour de phrase :* construction propre à un écrivain, un orateur. **4.** Suisse. *Donner le tour.* **a.** Évoluer favorablement, en parlant d'une maladie. **b.** Parvenir à achever un travail. **V. 1.** Rang successif. *Parler à son tour.* – *Tour à tour :* l'un après l'autre ; alternativement. **2.** *Faire un tour de table :* donner la parole successivement à tous ceux qui sont assis autour d'une table pour connaître leur avis. ◇ Spécialt. *Tour de table :* réunion d'actionnaires, d'investisseurs en vue de mener à bonne fin une opération financière. **3.** *Tour de chant :* interprétation sur scène, par un artiste, d'une suite de chansons. **4.** Chaque phase d'une opération qui en comporte plusieurs. *Tour de scrutin.*

3. TOUR n.m. (lat. *tornus,* tour de potier). **I. 1.** Dispositif actionné au pied, comportant un plateau rotatif horizontal sur lequel le potier dispose la motte d'argile à tourner. **2.** MÉCAN. Machine-outil utilisée pour usiner, par enlèvement de matière, une pièce généralement en rotation autour d'un axe, au moyen d'un outil coupant que l'on déplace dans un plan passant par cet axe. **3.** Appareil utilisé par les chirurgiens-dentistes, qui communique aux fraises un mouvement de rotation rapide. **II.** Anc. Dans les monastères et hôpitaux, armoire cylindrique et tournante, posée dans l'épaisseur d'un mur, pour recevoir ce qu'on y déposait du dehors.

TOURAILLAGE n.m. Opération consistant à sécher et à aromatiser par l'air chaud le malt vert provenant de la germination.

TOURAILLE n.f. Bâtiment où s'effectue le touraillage.

TOURAILLON n.m. Germe d'orge séché.

TOURANGEAU, ELLE adj. et n. De la Touraine ou de Tours.

TOURANIEN, ENNE adj. et n. D'un groupe de peuples de la Russie méridionale et du Turkestan, qui auraient précédé les Indo-Européens. ◆ n.m. Vx. Ouralo-altaïque.

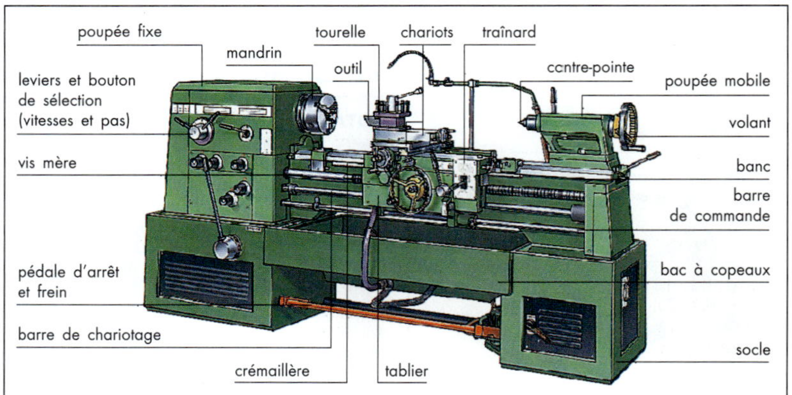

tour : constitution d'un tour parallèle (ou horizontal)

1. TOURBE n.f. (du francique). Matière combustible qui se forme dans les tourbières par décomposition partielle des végétaux (carex, sphaignes). [Contenant 60 p. 100 de carbone, la tourbe est un combustible médiocre, dégageant beaucoup de fumée.]

2. TOURBE n.f. (lat. *turba,* foule). Litt. Ensemble de personnes qui font nombre, mais que l'on juge sans intérêt, sans valeur ou méprisables.

TOURBER v.i. Extraire la tourbe.

TOURBEUX, EUSE adj. Qui contient de la tourbe.

TOURBIER, ÈRE adj. Relatif à la tourbe.

TOURBIÈRE n.f. Marécage acide à sphaignes, hypnes, droseras, etc., où se forme la tourbe.

TOURBILLON n.m. (lat. *turbo, turbinis*). **1.** Vent très fort qui souffle en tournoyant. **2.** Masse d'air, de gaz, etc., qui se déplace en tournoyant. *Tourbillon de fumée.* **3.** Masse d'eau qui tournoie rapidement en formant une sorte d'entonnoir. **4.** Mouvement rapide de personnes ou de choses. *Tourbillon de feuilles.*

TOURBILLONNAIRE adj. Qui présente les caractéristiques d'écoulement d'un tourbillon ou d'un assemblage de tourbillons.

TOURBILLONNANT, E adj. Qui tourbillonne.

TOURBILLONNEMENT n.m. Mouvement en tourbillon.

TOURBILLONNER v.i. Former un tourbillon.

TOURD n.m. (lat. *turdus,* grive). Poisson du genre labre, de la Méditerranée, à vives couleurs. (Long. 15 cm.)

TOURDE n.f. Vx. Grive.

TOURDILLE adj. (esp. *tordillo*). De couleur gris-jaune, en parlant d'un cheval.

TOURELLE n.f. **1.** Tour de faible section, attenante à un autre bâtiment, en surplomb ou montant du sol. **2.** Abri orientable, généralement blindé, dans lequel sont disposées certaines armes d'un avion, d'un engin blindé, etc. **3.** *Tourelle de machine-outil :* support d'outils de coupe comportant généralement plusieurs outils différents, régulièrement disposés autour de l'axe de révolution de ce support. **4.** CIN. Sur une caméra, dispositif rotatif permettant d'utiliser, sans démontage, plusieurs objectifs sur un plateau unique.

TOURET n.m. **1.** Machine-outil de petites dimensions, dont l'axe horizontal, commandé en rotation à sa partie centrale, porte à ses deux extrémités soit des meules, soit des disques en feutre, en coton, etc. **2.** Petit tour de graveur en pierres fines. **3.** MAR. Dévidoir sur lequel on enroule des lignes, des câbles, etc.

TOURIE n.f. Récipient de moyenne contenance, exclusivement fabriqué en grès.

TOURIER, ÈRE adj. et n. **1.** Autref., préposé au tour, dans un couvent. **2.** *Sœur tourière :* religieuse converse, chargée des relations avec l'extérieur.

TOURILLON n.m. **1.** Organe mécanique de révolution, utilisé comme guide de mouvement circulaire. ◇ **Spécialt.** Chacun des pivots fixés de part et d'autre du tube d'un canon, et grâce auxquels il repose sur l'affût et peut se déplacer sur un plan vertical. **2.** Cheville cylindrique servant à assembler des pièces de bois, des panneaux.

TOURILLONNER v.t. Assembler par des tourillons. ◆ v.i. Tourner autour d'un axe par l'intermédiaire de deux tourillons mobiles dans des paliers.

TOURIN n.m. (mot béarnais). Potage à l'ail lié aux jaunes d'œufs. (Spécialité du Sud-Ouest.)

TOURISME n.m. (angl. *tourism*). **1.** Action de voyager, de visiter un site pour son plaisir. **2.** Ensemble des activités, des techniques mises en œuvre pour les voyages et les séjours d'agrément. **3.** *Avion, voiture de tourisme :* avion, voiture à usage privé.

TOURISTE n. **1.** Personne qui pratique le tourisme. **2.** *Classe touriste :* classe à tarif réduit sur les services de transports aériens.

TOURISTIQUE adj. **1.** Du tourisme. **2.** Qui attire les touristes, en parlant d'un lieu.

TOURMALINE n.f. (du cinghalais). Borosilicate naturel d'aluminium, de coloration variée, cristallisant dans le système rhomboédrique. (La tourmaline fait partie des pierres fines.)

TOURMENT n.m. (lat. *tormentum*). Litt. Violente douleur physique ou morale.

TOURMENTE n.f. Litt. **1.** Violente tempête. **2.** Troubles sociaux ou politiques. *Tourmente révolutionnaire.*

TOURMENTÉ, E adj. **1.** Qui est en proie aux tourments, à l'angoisse. **2.** Qui a des irrégularités nombreuses et brusques. *Sol tourmenté.* ◇ *Mer tourmentée,* très agitée. **3.** LITTÉR. et BX-A. Qui dénote une recherche excessive ; qui manque de simplicité. *Style tourmenté.*

TOURMENTER v.t. Litt. **1.** Causer une souffrance morale ou physique à. *Le remords la tourmente.* **2.** Importuner, harceler, persécuter. ◆ **se tourmenter** v.pr. Litt. Se faire beaucoup de souci.

TOURMENTIN n.m. MAR. Petit foc très résistant, pour le mauvais temps.

TOURNAGE n.m. **1.** Action d'usiner au tour. **2.** CIN. Action de tourner un film. **3.** FIN. Prêt, entre établissements de crédit, de leurs excédents monétaires.

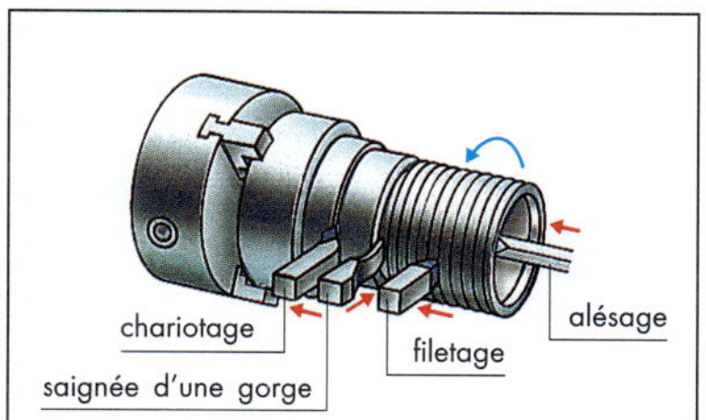

quelques opérations de **tournage**

TOURNAILLER v.i. Fam. Tourner sans but précis autour de qqn ou de qqch ; rôder.

1. TOURNANT, E adj. **1.** Conçu pour pivoter sur soi-même. *Pont tournant.* **2.** Qui contourne, prend à revers. *Une manœuvre tournante.* **3.** *Grève tournante :* grève qui paralyse successivement les divers secteurs d'une activité économique, les divers services d'une entreprise.

2. TOURNANT n.m. **1.** Endroit où une voie tourne, prend une autre direction. ◇ Fam. *Attendre, avoir, rattraper qqn au tournant,* prendre sur lui sa revanche dès que l'occasion se présente. **2.** Moment ou évènement qui marque une orientation nouvelle, un changement important.

TOURNE n.f. **1.** Altération du lait, du vin (qui tournent). **2.** Suite d'un article de journal renvoyé d'une page à une page suivante.

TOURNÉ, E adj. **1.** Aigri, altéré, fermenté. *Lait, vin tourné.* **2.** *Bien tourné :* bien fait, de justes proportions ; bien rédigé. **3.** *Esprit mal tourné,* disposé à mal interpréter les choses (et en partic. à les interpréter dans un sens licencieux, grivois).

TOURNE-À-GAUCHE n.m. inv. **1.** Porte-outil permettant d'assurer la rotation manuelle d'un outil de coupe tournant (alésoir, taraud). **2.** Outil manuel avec lequel on donne de la voie aux scies.

TOURNEBOULER v.t. (de l'anc. fr. *torneboele,* culbute). Fam. Affoler, bouleverser.

TOURNEBROCHE n.m. **1.** Appareil servant à faire tourner une broche à rôtir. **2.** Vx. Marmiton qui tourne une broche.

TOURNE-DISQUE n.m. (pl. *tourne-disques*). Appareil permettant la lecture de sons enregistrés sur disque de cire ou de vinyle ; platine.

TOURNEDOS n.m. Tranche ronde de filet de bœuf, assez épaisse.

TOURNÉE n.f. **1.** Voyage, déplacement à caractère professionnel effectué par un fonctionnaire, un commerçant, un représentant, etc., selon un itinéraire déterminé. *La tournée du facteur.* ◇ *Faire la tournée de :* visiter tour à tour. **2.** Voyage d'un chanteur, d'une troupe d'artistes, d'une équipe sportive qui se produisent dans diverses localités successives. **3.** Consommations offertes et payées par qqn. *C'est ma tournée.* **4.** Pop. Volée de coups, raclée.

TOURNEMAIN n.m. Litt. *En un tournemain :* en un instant, en un tour de main.

TOURNE-PIERRE n.m. (pl. *tourne-pierres*). Oiseau charadriiforme des côtes d'Europe occidentale, qui cherche sous les pierres les vers et mollusques dont il se nourrit. (Long. 30 cm.)

TOURNER v.t. (lat. *tornare,* façonner au tour). **I. 1.** Changer d'orientation par un déplacement circulaire. *Tourner son fauteuil vers la cheminée.* **2. a.** Mettre à l'envers, retourner. ◇ *Tourner le dos à qqn :* marcher en sens contraire ; **fig.,** le traiter avec mépris. – *Tourner les talons :* pivoter sur soi-même pour s'éloigner. **b.** Passer du recto au verso d'une page. ◇ *Tourner la page :* oublier le passé ; changer de sujet, d'occupation. **3.** Examiner une question, une idée sous tous les angles. *Tourner et retourner un problème.* **4.** Litt. *Tourner le sang, les sangs :* causer une vive émotion. – *Tourner la tête à qqn,* lui inspirer une passion violente ; l'enivrer. **5.** Faire apparaître qqch sous un aspect qui en modifie la nature, le caractère. *Tourner qqch au tragique.* **II. 1.** Imprimer à qqch un mouvement de rotation autour de son axe. *Tourner la clef dans la serrure.* **2. a.** Éviter un obstacle par un mouvement qui permet de le contourner, de le prendre à revers. *Tourner les positions adverses.* **b.** Éluder une difficulté, une loi. *Tourner un règlement.* **3.** CIN. Procéder aux prises de vues d'un film ; interpréter un rôle dans un film. **III. 1. a.** Façonner à la main, sur un tour, un vase, une poterie. **b.** Usiner au tour. *Tourner des pièces mécaniques.* **2.** Formuler un énoncé de telle façon. *Bien tourner ses phrases.* ◆ v.i. **I. 1.** Se déplacer circulairement autour de qqch, de qqn pris pour centre. *La Terre tourne autour du Soleil.* ◇ *Tourner autour de qqn,* avoir des intentions à son égard, lui manifester de l'intérêt, chercher à le séduire. – Fam. *Tourner autour du pot :* ne pas aller directement au fait. **2.** Être animé d'un mouvement de rotation ou exécuter un mouvement en rond sur soi-même. *La danseuse tournait sur elle-même.* ◇ *La tête lui tourne :* il a le vertige ; **fig.,** il perd tout bon sens, toute modestie. – Fam. *Tourner de l'œil :* s'évanouir. **3.** Marcher, être en fonctionnement, en activité. *Ce moteur tourne régulièrement, tourne rond.* ◇ *Ne pas tourner rond :* être en mauvaises conditions physiques ou psychiques. **II. 1.** Changer de direction, prendre une nouvelle orientation. *Tournez à gauche au prochain carrefour.* ◇ *Tourner du côté de qqn,* prendre son parti. – *La chance a tourné :* la chance en favorise d'autres. **2.** Évoluer vers tel état, de telle façon. *Le temps tourne à la pluie.* **3. a.** Cailler spontanément, en parlant du lait. **b.** Se décomposer, fermenter, en parlant d'un liquide, d'une sauce. ◆ **se tourner** v.pr. **1.** Changer de position pour se présenter face à qqn ou qqch. **2.** S'orienter vers telle position, en parlant des regards.

TOURNESOL n.m. (it. *tornasole*). Plante annuelle de grande taille, à grosse inflorescence jaune qui se tourne vers le soleil, et dont les graines fournissent de l'huile alimentaire et un tourteau utilisé dans l'alimentation du bétail. SYN. : *hélianthe annuel, grand soleil.*

tournesol

TOURNETTE n.f. **1.** Plateau tournant sur une scène de théâtre. **2.** VERR. Petit plateau tournant permettant de peindre des filets décoratifs sur un objet en verre.

TOURNEUR, EUSE n. Ouvrier(ère) qui travaille sur un tour. ◆ **adj.** *Derviche tourneur,* qui tourne sur lui-même en dansant.

TOURNE-VENT n.m. inv. Tuyau coudé mobile au sommet d'une cheminée, dont l'orifice est placé à l'opposé du vent pour éviter que la fumée ne soit refoulée.

TOURNEVIS [turnəvis] n.m. Outil emmanché en acier et dont l'extrémité est adaptée pour visser ou dévisser des vis.

TOURNICOTER v.i. Fam. Tourner dans tous les sens (quelque part, autour de qqn).

TOURNIOLE n.f. Panaris autour de l'ongle.

TOURNIQUER v.i. Fam. Tourner vaguement, aller et venir ; tournicoter.

TOURNIQUET n.m. (de *tourner*). **1.** Appareil pivotant qui ne laisse passer que les piétons ou qui ne laisse entrer qu'une personne à la fois. **2.** Dispositif d'arrosage pivotant en son centre. **3.** Lame métallique tournant autour d'un pivot scellé dans un mur, qui sert à maintenir ouvert un volet, une persienne. **4.** Petit présentoir rotatif à plusieurs faces, dans un magasin. **5.** CHIR. Instrument pour comprimer les artères et arrêter les hémorragies. **6.** Arg. mil. *Passer au tourniquet* : comparaître devant un tribunal militaire.

TOURNIS [-ni] n.m. (de *tourner*). Maladie des ruminants, notamm. des agneaux, due à la présence, dans l'encéphale, de larves de ténia cénure du chien et se manifestant par divers symptômes, dont le tournoiement. ◇ *Avoir, donner le tournis* : avoir, donner le vertige.

TOURNISSE n.f. CONSTR. Dans un pan de bois, poteau vertical assemblé entre une sablière et une décharge.

TOURNOI n.m. (de *tournoyer*). **1.** Compétition sportive. *Tournoi de tennis.* **2.** Compétition amicale et sans attribution d'un titre. *Tournoi de bridge.* **3.** HIST. Fête guerrière où les chevaliers s'affrontaient à cheval avec des armes émoussées (XIIe-XVIe s.).

TOURNOIEMENT n.m. Action de tournoyer ; mouvement de ce qui tournoie.

TOURNOIS adj. inv. Se dit de la monnaie frappée jusqu'au XIIIe s. à Tours, puis de la monnaie royale française frappée sur le même étalon. *Denier, sou, livre tournois.*

TOURNOYANT, E adj. Qui tournoie.

TOURNOYER v.i. [13]. Litt. Tourner irrégulièrement plusieurs fois sur soi-même ou en spirale.

TOURNURE n.f. **1.** Aspect que présente qqn, qqch. *Tournure gauche. Tournure dramatique d'un récit.* ◇ *Tournure d'esprit* : manière propre à qqn d'envisager les choses, d'y réagir. **2.** Orientation que prend une situation. *L'affaire prend une bonne tournure.* ◇ *Prendre tournure* : laisser entrevoir son état définitif. **3.** Manière dont les mots sont agencés dans une phrase ; expression. *Tournure idiomatique.* **4.** Jupon à armature métallique faisant bouffer la jupe vers l'arrière du corps, au XIXe s. **5.** Déchet métallique détaché d'une pièce pendant l'usinage.

TOURNUS [-nys] n.m. (mot all.). Suisse. Ordre de succession, roulement.

TOURON [turɔ̃] ou [turɔn] n.m. (esp. *turrón*). Friandise espagnole faite de pâte d'amandes parfumée et garnie de pistaches ou d'avelines.

TOUR-OPÉRATEUR n.m. (de l'angl. *tour operator,* organisateur de voyages) [pl. *tour-opérateurs*]. Voyagiste.

TOURTE n.f. (bas lat. *torta*). **1.** Pâté rond garni de fruits, de légumes, de viande, etc. **2.** Fam. Personne balourde, sotte.

1. TOURTEAU n.m. (de *tourte*). **1.** Résidu solide obtenu lors du traitement des grains et des fruits oléagineux en vue de l'extraction de l'huile. (Les tourteaux, riches en protides et pour la plupart comestibles, sont principalement utilisés pour l'alimentation des animaux.) **2.** Gros pain de forme ronde. **3.** HÉRALD. Meuble circulaire, toujours de couleur.

2. TOURTEAU n.m. (de l'anc. fr. *tort,* tordu). Gros crabe à large carapace elliptique (jusqu'à 25 cm de large) et dont les pinces ont l'extrémité noire, appelé aussi *crabe dormeur* ou *dormeur.*

TOURTEREAU n.m. Jeune tourterelle encore au nid. ◆ pl. Jeunes gens qui s'aiment tendrement.

TOURTERELLE n.f. (lat. *turturilla,* de *turtur,* tourterelle). Oiseau proche du pigeon dont on élève une espèce à plumage isabelle, originaire d'Égypte, la *tourterelle à collier.* – *La tourterelle gémit, roucoule,* pousse son cri.

TOURTIÈRE n.f. **1.** Ustensile pour faire cuire des tourtes ou des tartes. **2.** Canada. Tourte à la viande.

TOUSELLE n.f. (anc. prov. *tozella,* de *tos,* tondu). Blé dont l'épi est dépourvu de barbes.

TOUSSAINT n.f. (de *tous les saints*). RELIG. CATH. Fête du 1er novembre, en l'honneur de tous les saints.

TOUSSER v.i. (lat. *tussire,* de *tussis,* toux). Avoir un accès de toux ; se racler la gorge pour s'éclaircir la voix ou attirer l'attention.

TOUSSERIE n.f. Vx. Toux prolongée.

TOUSSEUR, EUSE adj. et n. Fam. Qui tousse fréquemment.

TOUSSOTEMENT n.m. Action de toussoter ; bruit produit en toussotant.

TOUSSOTER v.i. Tousser souvent et faiblement.

1. TOUT [tu] devant une consonne, [tut] devant une voyelle ou un *h* muet, **TOUTE ;** pl. masc., **TOUS** adj. qualificatif (lat. *totus,* tout entier). [Exprime la totalité]. Entier. *Veiller toute la nuit.* ◆ adj. indéf. Chaque, n'importe quel. *Toute peine mérite salaire. En toute occasion.* ◇ *Tout le monde* : l'ensemble des hommes ; n'importe qui. *Tout le monde est mortel. S'habiller comme tout le monde.* ◆ pron. indéf. **1.** (Pl.). Tout le monde. *Tous sont venus.* **2.** (Sing. masc.). Toute chose. *Tout est dit.* ◇ *Après tout* : en définitive. – *Avoir tout de* : ressembler strictement à. – *Comme tout* : extrêmement. *Il est gentil comme tout.* – *Tout compris* : sans dépense supplémentaire. – *Tout ou rien,* indique l'absence de compromis possible. **3.** Belgique. *Tout qui* : quiconque.

2. TOUT [tu ; tut] adv. **1.** (Marque l'intensité ou le degré absolu). Entièrement. – REM. *Tout* : 1. Varie devant un adj. fém. commençant par une consonne ou par un *h* aspiré. *Elle était toute surprise, toute honteuse,* mais il reste inv. au fém. devant une voyelle ou un *h* muet. *Elle est tout étonnée, tout heureuse.* 2. Varie lorsqu'il est suivi de *autre* et d'un nom qu'il détermine. *Je répondrai à toute autre question.* 3. Reste invariable s'il modifie *autre* et quand il est accompagné de *un, une. Ceci est tout autre chose. C'est une tout autre chose.* ◇ *En tout* : tout compris. – *Pour tout de bon* : sérieusement. – *Tout à fait* : entièrement. – Fam. *Tout plein* : tout à fait. *C'est joli tout plein.* – Fam. *Tout plein de* : beaucoup de. *Avoir tout plein de projets.* **2.** *Tout... que* : quelque... que, si... que. *Tout aimable qu'il est* (ou *qu'il soit*).

3. TOUT n.m. **1.** La totalité. *Le tout et la partie.* **2.** L'important, le principal, l'essentiel. *Le tout est de réussir.* **3.** *Le tout électrique,* se dit d'un système dans lequel tous les besoins énergétiques sont satisfaits grâce à l'énergie électrique. **4.** *Ce n'est pas le tout* : il y a, outre cela, autre chose à faire ou à dire. – *Du tout, pas du tout* : nullement. – *Du tout au tout* : complètement, entièrement. – *Rien du tout* : absolument rien. – *Risquer le tout pour le tout* : hasarder de tout perdre pour tout gagner.

TOUT-À-L'ÉGOUT n.m. inv. Système de canalisations permettant d'envoyer directement dans les égouts les eaux usées des habitations.

TOUTE-ÉPICE n.f. (pl. *toutes-épices*). Condiment constitué de graines moulues de nigelle, utilisé en Europe orientale.

TOUTEFOIS [tutfwa] adv. Néanmoins, cependant, pourtant.

TOUTE-PUISSANCE n.f. inv. **1.** Puissance sans bornes, autorité absolue. **2.** THÉOL. Puissance infinie de Dieu.

TOUTIM ou **TOUTIME** n.m. Arg. *Et le toutim, et tout le toutim* : et tout le reste.

TOUTOU n.m. (pl. *toutous*). Fam. (Dans le langage enfantin ou par plais.). Chien.

TOUT-PARIS n.m. sing. Ensemble des personnalités que leur notoriété appelle à figurer dans les manifestations mondaines de Paris.

TOUT-PETIT n.m. (pl. *tout-petits*). Très jeune enfant ; bébé.

TOUT-PUISSANT, TOUTE-PUISSANTE adj. et n. (pl. *tout-puissants, toutes-puissantes*). Qui a un pouvoir sans bornes ou très grand. ◇ *Le Tout-Puissant* : Dieu.

TOUT-VENANT n.m. inv. **1.** TECHN. Matériau extrait d'une mine ou d'une carrière, avant tout traitement. **2.** Ensemble de choses, de personnes banales, courantes.

TOUX [tu] n.f. (lat. *tussis*). Expiration brusque et sonore de l'air contenu dans les poumons, provoquée par l'irritation des voies respiratoires. (La *toux grasse* est suivie d'expectoration, la *toux sèche* ne l'est pas.) *Avoir une quinte de toux.*

TOWNSHIP [tawnʃip] n.f. (mot angl., *commune*). Ghetto noir des villes d'Afrique du Sud.

TOXÉMIE n.f. (gr. *toxikon,* poison, et *haima,* sang). Ensemble des accidents provoqués par l'accumulation dans l'organisme de poisons endogènes ou exogènes.

TOXICITÉ n.f. Caractère de ce qui est toxique. *Toxicité de l'arsenic.*

TOXICOLOGIE n.f. Science traitant des poisons, de leurs effets sur l'organisme et de leur identification.

TOXICOLOGIQUE adj. Relatif à la toxicologie.

TOXICOLOGUE n. Spécialiste de toxicologie.

TOXICOMANE adj. et n. Qui souffre de toxicomanie.

TOXICOMANIAQUE adj. Relatif à la toxicomanie.

TOXICOMANIE n.f. Habitude de consommer une ou plusieurs substances susceptibles d'engendrer un état de dépendance psychique ou physique. SYN. : *pharmacodépendance, addiction.*

TOXICOMANOGÈNE adj. Susceptible d'engendrer une toxicomanie.

TOXICOSE n.f. Syndrome grave du nourrisson, d'apparition brutale, aux causes multiples, caractérisé par les troubles digestifs et la déshydratation.

TOXIDERMIE n.f. Lésion cutanée consécutive à l'administration d'un médicament.

TOXI-INFECTIEUX, EUSE adj. (pl. *toxi-infectieux, euses*). Relatif à une toxi-infection.

TOXI-INFECTION n.f. (pl. *toxi-infections*). Infection due à des germes pathogènes agissant surtout par les toxines qu'ils sécrètent.

TOXINE n.f. **1.** Substance toxique élaborée par un organisme vivant (bactérie, champignon vénéneux, insecte ou serpent venimeux), auquel elle confère son pouvoir pathogène. **2.** Poison.

TOXIQUE adj. et n.m. (gr. *toxikon,* poison). Se dit d'une substance nocive pour les organismes vivants.

TOXOPLASME n.m. MÉD. Parasite intracellulaire, dont la forme *Toxoplasma gondii* provoque chez l'homme la toxoplasmose.

TOXOPLASMOSE n.f. Maladie provoquée par le toxoplasme, dangereuse pour le fœtus lorsqu'elle est contractée par une femme enceinte.

tr, symbole du tour, unité d'angle. ◇ tr/min, symbole du tour par minute. – tr/s, symbole du tour par seconde.

TRABE n.f. (lat. *trabs,* poutre). Hampe d'un drapeau.

TRABÉE n.f. (lat. *trabea*). ANTIQ. ROM. Toge de cérémonie blanche ornée de bandes pourpres.

TRABOULE n.f. Région. (Lyon). Passage étroit qui fait communiquer deux rues à travers un pâté de maisons.

TRABOULER v.i. Région. (Lyon). Traverser un pâté de maisons, en parlant d'une traboule.

TRAC n.m. (formation expressive). Fam. Peur, angoisse irraisonnée éprouvée au moment de paraître en public, de subir une épreuve, etc.

TRAC (TOUT À) loc. adv. Vieilli. Soudainement ; sans réfléchir.

TRAÇAGE n.m. Action de tracer. ◇ TECHN. Opération consistant à dessiner sur une pièce brute les axes, les contours permettant de l'usiner. SYN. : *tracement.*

TRAÇANT, E adj. **1.** Se dit d'un projectile (balle, obus) muni d'une composition combustible, qui laisse derrière lui un sillage lumineux. **2.** BOT. *Racine traçante,* qui s'étend horizontalement et très près du sol.

TRACAS [traka] n.m. (Surtout pl.). Souci, inquiétude momentanée, dus surtout à des ennuis matériels.

TRACASSER v.t. (de *traquer*). Causer du tracas à, inquiéter. *Sa santé le tracasse.*

TRACASSERIE n.f. Ennui causé à qqn pour des motifs futiles. *Tracasseries administratives.*

TRACASSIER, ÈRE adj. et n. Qui suscite des tracas, des difficultés pour des riens.

TRACASSIN n.m. Fam. Humeur inquiète et agitée.

TRACE n.f. (de *tracer*). **1.** Empreinte ou suite d'empreintes sur le sol marquant le passage d'un homme, d'un animal, d'un véhicule. *Suivre une biche à la trace.* ◇ *Marcher sur les traces de qqn :* suivre son exemple. **2.** Marque, reste, cicatrice laissés par un évènement, un coup, etc. *Trace de brûlure. Cette aventure a laissé des traces profondes en elle. Traces d'une civilisation ancienne.* **3.** Quantité minime. *Traces d'albumine dans les urines.* **4.** Antilles. Sentier en montagne. **5.** MATH. Intersection d'une droite ou d'un plan avec un des plans de projection, en géométrie descriptive.

TRACÉ n.m. **1.** Représentation par des lignes. *Tracé d'une épure.* **2.** Ligne continue formant un contour. *Tracé d'une côte.*

TRACEMENT n.m. Action de tracer. SYN. : *traçage.*

TRACER v.t. (du lat. *tractus,* trait) [16]. **1.** Représenter par des lignes et des points. *Tracer une circonférence. Tracer une inscription sur un mur.* ◇ TECHN. Marquer par des lignes (les coupes à faire sur un matériau). **2.** Marquer l'emplacement de. *Tracer une route.* **3.** Dépeindre, décrire. *Tracer un tableau sinistre.* **4.** Indiquer (une voie, une direction). *Tracer à qqn sa conduite.* ◆ v.i. **1.** Pop. Aller très vite. **2.** Suisse. Fam. *Tracer après :* poursuivre. **3.** BOT. S'étaler horizontalement, en parlant d'une plante, de ses racines, de sa tige.

TRACERET n.m. TECHN. Pointe à tracer. *Traceret de menuisier, d'ajusteur.* SYN. : *traçoir.*

1. TRACEUR, EUSE adj. Qui trace, qui laisse une trace. ◇ Se dit d'une substance colorée ou radioactive dont le cheminement peut être suivi par des détecteurs, à des fins médicales ou scientifiques. SYN. : *marqueur.* ◆ n. TECHN. Ouvrier(ère) qui trace.

2. TRACEUR n.m. **1.** Dispositif, appareil représentant sous forme de dessins des informations, des résultats de calcul. **2.** *Traceur de courbes :* table* traçante.

TRACHÉAL, E, AUX [trakeal, o] adj. ANAT. Relatif à la trachée.

TRACHÉE [traʃe] n.f. **1.** ANAT. Chez l'homme et certains vertébrés, canal, maintenu béant par des anneaux de cartilage, qui fait communiquer le larynx avec les bronches et sert au passage de l'air. SYN. : *trachée-artère.* **2.** ZOOL. Chez les insectes et les arachnides, tube ramifié conduisant l'air des stigmates aux organes. **3.** BOT. Vaisseau parfait des plantes vasculaires (par opp. à *trachéide,* ou *vaisseau imparfait*).

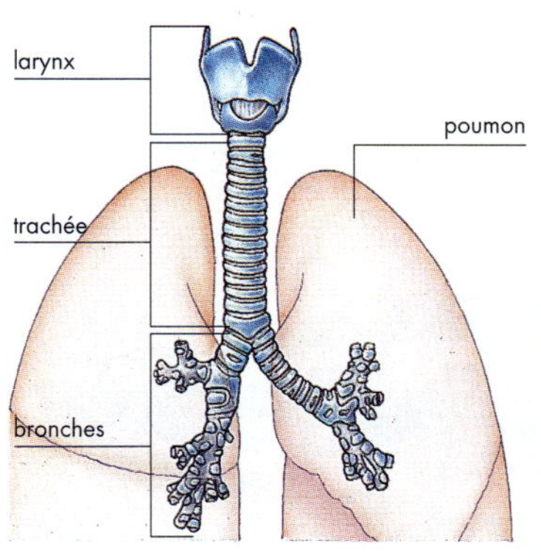

trachée de l'homme

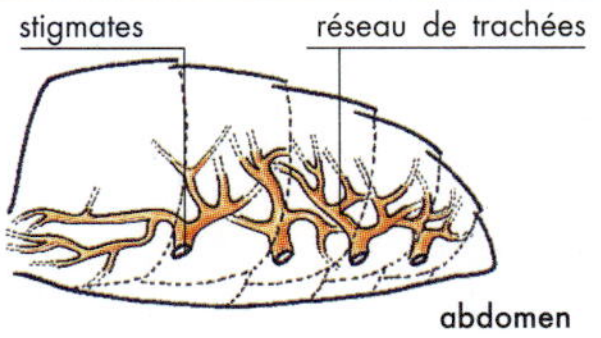

trachée d'insecte

TRACHÉE-ARTÈRE n.f. (gr. *trakheia artêria,* artère raboteuse) [pl. *trachées-artères*]. Trachée.

TRACHÉEN, ENNE [-keɛ̃, ɛn] adj. ZOOL. Relatif à la trachée.

TRACHÉIDE [-keid] n.f. BOT. Vaisseau imparfait de certaines plantes vasculaires comme les conifères, de type primitif, coupé par des cloisons intercellulaires et percé latéralement d'aréoles (par opp. à *trachée*).

TRACHÉITE [-keit] n.f. MÉD. Inflammation de la trachée.

TRACHÉO-BRONCHITE [trakeo-] n.f. (pl. *trachéo-bronchites*). Inflammation simultanée de la trachée et des bronches.

TRACHÉOPHYTE n.f. BOT. Plante vasculaire.

TRACHÉOTOMIE [trakeo-] n.f. CHIR. Ouverture de la trachée au niveau du cou pour la mettre en communication avec l'extérieur au moyen d'une canule lorsqu'il y a risque d'asphyxie.

TRACHOME [trakom] n.m. (gr. *trakhôma,* rudesse). Conjonctivite granuleuse contagieuse due à un germe du genre *chlamydia* et qui est endémique dans certains pays chauds.

TRACHYTE [-kit] n.m. (du gr. *trakhus,* rude). Roche volcanique constituée essentiellement de feldspath alcalin et d'un peu de biotite.

TRAÇOIR n.m. Traceret.

TRACT n.m. (abrév. de l'angl. *tractate,* traité). Feuille ou brochure distribuée à des fins de propagande.

TRACTABLE adj. Qui peut être tracté.

TRACTATION n.f. (lat. *tractatio,* traité). [Surtout pl.]. Négociation, marchandage plus ou moins secrets, souvent laborieux.

TRACTER v.t. Tirer au moyen d'un véhicule ou d'un procédé mécanique. *Tracter une remorque.*

1. TRACTEUR, TRICE adj. Capable de tracter.

2. TRACTEUR n.m. Véhicule motorisé destiné à tracter des remorques sans moteur. ◇ Spécialt. Engin automoteur tout terrain, à roues ou à chenilles, entraînant les machines agricoles et actionnant éventuellement les mécanismes de celles-ci.

TRACTIF, IVE adj. Qui exerce une traction.

TRACTION n.f. (lat. *tractio*). **1.** Action de tirer, de mouvoir quand la force motrice est placée en avant de la force résistante. *Traction d'un wagon.* ◇ *Traction avant* ou *traction :* automobile dont les roues avant sont motrices. **2.** CH. DE F. Service chargé des locomotives et du personnel de conduite. **3.** MÉCAN. Mode de travail d'un corps soumis à l'action d'une force qui tend à l'allonger. **4.** SPORTS. Mouvement de gymnastique consistant à soulever son corps, suspendu à une barre ou à des anneaux ou à plat ventre sur le sol, en tirant ou en poussant sur les bras.

TRACTORISTE n. Conducteur, conductrice d'un tracteur.

TRACTUS [traktys] n.m. (mot lat., *traînée*). ANAT. Ensemble de fibres ou d'organes qui se font suite et forment une unité fonctionnelle. *Tractus génital, gastro-intestinal.*

TRADESCANTIA [-dɛskɑ̃sja] n.m. Plante monocotylédone originaire d'Amérique, à feuillage coloré, à croissance rapide, cultivée en serre et en appartement, appelée couramment *misère.*

TRADE-UNION [trɛdjunjɔn] ou [trɛdynjɔn] n.f. (angl. *trade,* métier, et *union,* union) [pl. *trade-unions*]. Syndicat ouvrier, dans un pays anglo-saxon.

TRADITEUR n.m. (lat. *traditor,* traître). HIST. Chrétien qui, en Afrique, livrait aux autorités les livres et objets sacrés pour échapper aux persécutions.

TRADITION n.f. (lat. *traditio,* de *tradere,* livrer). **1.** Transmission de doctrines, de légendes, de coutumes pendant un long espace de temps ; ensemble de ces doctrines, légendes, etc. **2.** Manière d'agir ou de penser transmise de génération en génération. **3.** DR. Remise matérielle d'un bien meuble faisant l'objet d'un transfert de propriété. **4.** RELIG. Ensemble des vérités de foi qui ne sont pas contenues directement dans la révélation écrite mais sont fondées sur l'enseignement constant et les institutions d'une religion.

TRADITIONALISME n.m. Système de croyances fondé sur la tradition ; attachement aux traditions.

TRADITIONALISTE adj. et n. Relatif au traditionalisme ; qui en est partisan.

TRADITIONNEL, ELLE adj. **1.** Fondé sur la tradition, sur un long usage. **2.** Passé dans les habitudes, dans l'usage.

TRADITIONNELLEMENT adv. D'après la tradition ; conformément à la tradition.

1. TRADUCTEUR, TRICE n. Personne qui traduit ; auteur d'une traduction.

2. TRADUCTEUR n.m. INFORM. Programme qui traduit un programme écrit dans un langage en un programme écrit dans un autre langage.

TRADUCTION n.f. **1.** Action de traduire, de transposer dans une autre langue ; ouvrage traduit. ◇ *Traduction automatique, traduction assistée par ordinateur :* traduction de textes par des moyens informatiques. **2.** Litt. Manière d'exprimer, de manifester qqch par une transposition. **3.** CYTOL. Synthèse d'une protéine par la cellule, à partir de l'information codée sur une molécule d'A.R.N.

TRADUIRE v.t. (lat. *traducere,* faire passer) [98]. **1.** Faire passer (un texte) d'une langue dans une autre. *Traduire un texte anglais en français.* **2.** Exprimer, reproduire de façon transposée ; interpréter. *Sa voix traduit son inquiétude.* **3.** DR. *Traduire en justice :* citer, appeler devant un tribunal. ◆ **se traduire** v.pr. Être exprimé. *Sa douleur se traduisit par des cris.*

TRADUISIBLE adj. Qui peut être traduit.

1. TRAFIC n.m. (it. *traffico*). **1.** Commerce illégal et clandestin. *Trafic d'armes.* ◇ *Trafic d'influence :* infraction pénale commise par celui qui se fait rémunérer pour obtenir ou faire obtenir un avantage de l'autorité publique. **2.** Fam. Activité mystérieuse et compliquée.

2. TRAFIC n.m. (angl. *traffic*). Circulation et fréquence des trains, des voitures, des avions. *Trafic ferroviaire, routier.*

TRAFICOTER v.i. Fam. Se livrer à de petits trafics. ◆ v.t. Fam. Manigancer.

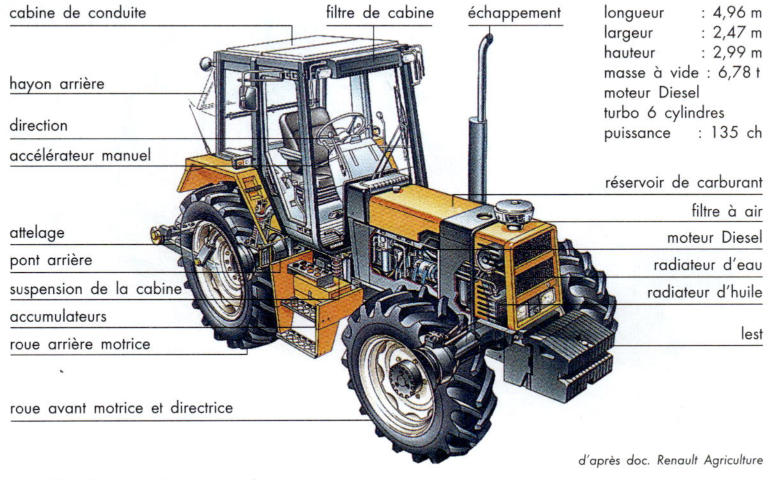

écorché d'un **tracteur** agricole

TRAFIQUANT, E n. Personne qui trafique, se livre à un commerce frauduleux.

TRAFIQUER v.i. Effectuer des opérations commerciales illégales et clandestines. ◆ v.t. **1.** Fam. Falsifier (un produit, une marchandise). **2.** Fam. Manigancer, fabriquer. ◆ v.t. ind. ***(de).*** Litt. Tirer profit de (qqch qui n'est pas vénal). *Trafiquer de son influence.*

TRAGÉDIE n.f. (lat. *tragoedia ;* du gr.). **1.** LITTÉR. Pièce de théâtre, dont le sujet est généralement emprunté à la légende ou à l'histoire, qui met en scène des personnages illustres et représente une action destinée à susciter la terreur ou la pitié par le spectacle des passions et des catastrophes qu'elles provoquent ; genre littéraire que constitue l'ensemble de ces pièces. **2.** Fig. Évènement terrible ; catastrophe.

TRAGÉDIEN, ENNE n. Acteur, actrice spécialisés dans les rôles de tragédie.

TRAGI-COMÉDIE n.f. (pl. *tragi-comédies*). **1.** LITTÉR. Pièce de théâtre dont le sujet est romanesque ou chevaleresque et dont le dénouement est heureux. **2.** Fig. Évènement à la fois grave et comique.

TRAGI-COMIQUE adj. (pl. *tragi-comiques*). **1.** Qui tient de la tragi-comédie. **2.** À la fois tragique et comique.

1. TRAGIQUE adj. **1.** Relatif à la tragédie. *Répertoire tragique.* **2.** Funeste, terrible ; qui provoque ou exprime l'angoisse. *Situation tragique. Voix tragique.*

2. TRAGIQUE n.m. **1.** *Le tragique :* le genre tragique, la tragédie. **2.** Auteur de tragédies. *Les tragiques grecs.* **3.** Caractère de ce qui est tragique, terrible. *Le tragique de la situation.*

TRAGIQUEMENT adv. De façon tragique.

TRAGUS [-gys] n.m. ANAT. Méplat triangulaire faisant saillie en avant et en dehors de l'orifice du conduit auditif externe.

TRAHIR v.t. (lat. *tradere,* livrer). **1.** Abandonner, cesser d'être fidèle à ; ne pas respecter (un engagement pris). *Trahir un ami, une cause.* – *Trahir les intérêts de qqn,* lui nuire. ◇ Absolt. Passer à l'ennemi. **2.** Abandonner brusquement, lâcher. *Ses forces l'ont trahi.* **3.** Révéler, volontairement ou non (ce qui devait rester caché). *Trahir un secret. Ses pleurs l'ont trahi.* **4.** Dénaturer, altérer. *Trahir la pensée de qqn.* ◆ **se trahir** v.pr. Laisser voir par des indices ce qu'on voulait cacher de soi, de ses sentiments, etc.

TRAHISON n.f. **1.** Action de trahir son pays, une cause, etc. **2.** Manquement à une promesse, à un engagement. **3.** Acte criminel contre la sécurité de l'État. **4.** DR. *Haute trahison :* crime commis par un président de la République manquant gravement aux devoirs de sa charge, jugé par la Haute Cour de justice.

TRAILLE n.f. (lat. *tragula*). **1.** Bac solidaire d'un câble tendu d'une rive à l'autre d'un cours d'eau et disposé pour se mouvoir sous l'action du courant. **2.** Chalut.

TRAIN n.m. (de *traîner*). **I.1.** Convoi ferroviaire constitué d'un ou de plusieurs véhicules remorqués par un engin moteur (locomotive, automotrice, etc.) et utilisé comme moyen de transport. *Train de voyageurs, de marchandises. Train mixte.* – *Train à grande vitesse (T. G. V.),* pouvant atteindre en service commercial des vitesses de 270 à 300 km/h. ◇ Fig. *Prendre le train en marche :* se joindre à une action déjà en cours. **2.** File de véhicules remorqués ou motorisés formant une unité de transport. *Train de péniches.* – *Train routier :* ensemble de véhicules routiers remorqués par un tracteur. ◇ MIL. Arme des transports et de la circulation par route dans l'armée de terre, créée en 1807 par Napoléon. SYN. (anc.) : ***train des équipages.*** – MIL. *Train de combat, train régimentaire,* transportant ce qui est nécessaire aux unités pour combattre et subsister. **3.** Suite, ensemble organisé de choses identiques en mouvement ou assurant un mouvement. *Train d'engrenages. Train de laminoirs. Train de pneus.* ◇ *Train d'atterrissage :* dispositif d'atterrissage d'un avion. – *Train avant, arrière :* ensemble des éléments remplaçant l'essieu classique à l'avant, à l'arrière d'une voiture. – *Train de bois :* assemblage de troncs d'arbres flottant sur un cours d'eau. – PHYS. *Train d'ondes :* groupe d'ondes successives. – MÉCAN. *Train de roulement :* ensemble des organes assurant la progression et la suspension des véhicules automobiles. – PÉTR. *Train de sonde :* ensemble des tiges de forage et du trépan. **4.** Ensemble de dispositions législatives ou administratives sur un même objet. *Train de mesures fiscales.* **II.1.** Manière de progresser, allure plus ou moins rapide d'une personne, d'un animal, d'un véhicule. *Train soutenu. Accélérer le train.* – *Train de sénateur :* allure lente et grave. ◇ *À fond de train :* à toute vitesse. – *Aller, mener bon train :* aller, mener rapidement. *Mener une affaire bon train.* – *Être en train :* être en forme ; être en voie d'exécution. – *Mener le train :* dans une course, être en tête du peloton. **2.** Manière de vivre. ◇ *Mener grand train :* vivre luxueusement. – *Train de vie :* manière de vivre relativement aux dépenses par rapport aux revenus. – *Train de maison :* ensemble du service domestique. **3.** Litt. Enchaînement, déroulement de faits. *Le train de la vie quotidienne.* (→ ***train-train.***) ◇ *Être en train de :* être occupé à ; être en voie de. – *Mettre en train :* commencer à exécuter. – *Mise en train :* action de mettre en train ; ARTS GRAPH., ensemble des opérations qui précèdent le tirage. **III.1.** *Train de devant, de derrière :* partie antérieure, postérieure du corps des quadrupèdes. **2.** Fam. Postérieur. *Botter le train à qqn.*

TRAÎNAGE n.m. **1.** Action de traîner. **2.** Transport au moyen de traîneaux.

TRAÎNAILLER v.i. Traînasser.

TRAÎNANT, E adj. **1.** Qui traîne à terre. *Robe traînante.* **2.** Monotone, sans vigueur, lent. *Voix traînante. Récit traînant.*

1. TRAÎNARD, E n. Fam. **1.** Personne qui reste en arrière d'un groupe en marche. **2.** Personne lente dans son travail.

2. TRAÎNARD n.m. MÉCAN. Sur un tour, ensemble mécanique coulissant sur la glissière du banc et portant les organes destinés à maintenir les outils et à commander leur avance.

TRAÎNASSER v.i. Fam. **1.** Se promener, errer paresseusement. **2.** Être à la traîne dans son travail. **3.** En parlant de la voix, avoir des inflexions lentes. SYN. : ***traînailler.***

TRAÎNE n.f. **1.** Partie d'un vêtement long qui se prolonge par-derrière et traîne à terre. **2.** MAR. Tout objet qu'on file à l'arrière d'un navire au bout d'un filin. **3.** PÊCHE. **a.** *Pêche à la traîne,* qui consiste à remorquer une ligne armée d'un leurre ou d'un ou de plusieurs hameçons portant une esche. **b.** Traîneau. **4.** Fam. *Être à la traîne,* en retard.

TRAÎNEAU n.m. (de *traîner*). **1.** Véhicule muni de patins et que l'on fait glisser sur la glace et la neige. **2.** Grand filet que l'on traîne dans les champs pour prendre des oiseaux ou dans les rivières pour pêcher. SYN. : ***traîne.***

TRAÎNÉE n.f. **1.** Trace laissée sur une surface ou dans l'espace par un corps en mouvement, par une substance répandue. *Traînée de sang.* **2.** MÉCAN. Force aérodynamique qui s'oppose à l'avancement d'un mobile dans l'air. (V. illustration *portance.*) **3.** PÊCHE. Ligne de fond. **4.** Fam. Femme de mauvaise vie.

TRAÎNEMENT n.m. Action de traîner qqch.

TRAÎNER v.t. (lat. *trahere,* tirer). **1.** Déplacer qqch en le tirant par terre derrière soi. ◇ *Traîner la jambe :* marcher avec difficulté. – *Traîner les pieds :* marcher sans les lever. **2.** Emporter, amener partout avec soi. *Traîner son parapluie. Il traîne avec lui toute sa famille.* **3.** Emmener de force. *Traîner qqn au cinéma.* **4.** Ne pas parvenir à se débarrasser de (qqch de pénible). *Traîner une maladie.* **5.** Faire durer. *Traîner une affaire en longueur.* ◆ v.i. **1.** Pendre à terre. *Sa robe traîne.* **2.** N'être pas à sa place, être en désordre. *Tout traîne dans cette maison.*

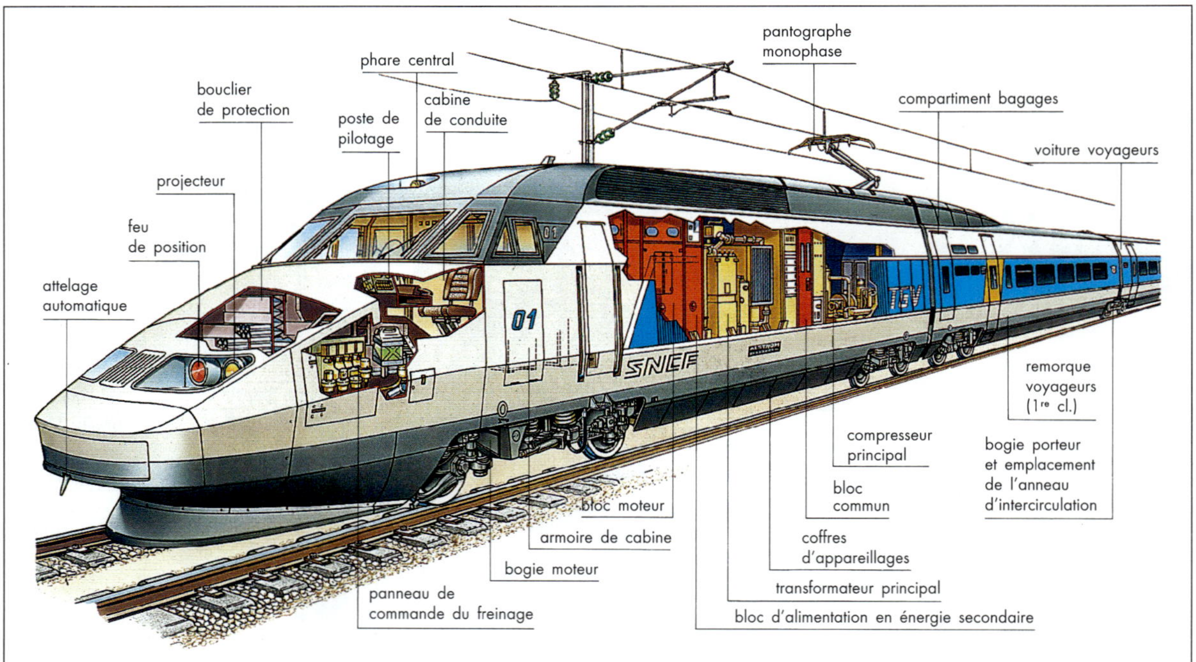

train à grande vitesse : écorché d'une rame de T.G.V. du réseau Atlantique

3. Se trouver partout, être rebattu. *Une histoire qui traîne dans tous les livres.* **4.** Flâner, aller sans but. *Traîner dans les rues.* **5.** S'attarder inutilement ; durer trop longtemps. *Traîner en chemin. Procès qui traîne.* **6.** Ne pas pouvoir se rétablir ; languir. *Il traîne depuis l'hiver.* ◆ **se traîner** v.pr. **1.** Se déplacer en rampant, avec lenteur ou avec difficulté. **2.** Se prolonger inutilement.

TRAÎNE-SAVATES n. inv. Fam. Personne qui passe son temps à traîner ; oisif.

TRAÎNEUR, EUSE n. **1.** Personne qui traîne, traînasse. **2.** Fam. et vx. *Traîneur de sabre :* militaire qui affecte des airs fanfarons ; militaire de carrière, officier.

TRAIN-FERRY n.m. (pl. *trains-ferrys* ou *trains-ferries*). MAR. Rare. Navire équipé pour transporter des trains de voyageurs. Recomm. off. : *transbordeur.*

TRAINGLOT ou **TRINGLOT** n.m. Fam. Militaire du train.

TRAINING [treniŋ] n.m. (mot angl., *entraînement*). **1.** Entraînement sportif. **2.** *Training autogène :* méthode de relaxation fondée sur la suggestion. **3.** Survêtement porté à l'entraînement. **4.** Chaussure de toile à semelle de caoutchouc.

TRAIN-TRAIN, TRAINTRAIN ou, vx, **TRANTRAN** n.m. inv. Fam. Répétition monotone des actes de la vie quotidienne.

TRAIRE v.t. (lat. *trahere*) [112]. Tirer le lait des mamelles de (la vache, la chèvre, etc.). ◇ *Machine à traire :* machine effectuant la traite par air comprimé. SYN. : *trayeuse.*

1. TRAIT, E adj. *Métal trait,* passé à la filière et transformé en fil ténu.

2. TRAIT n.m. (lat. *tractus*). **I. 1.** Ligne tracée sur une surface quelconque. *Trait de crayon.* ◇ *À grands traits :* rapidement. – *Tirer un trait sur (un projet),* y renoncer. – *Trait de scie :* coupe faite avec la scie. – *Trait pour trait :* exactement. **2.** BX-A. *Dessin au trait,* qui n'indique que le contour des formes, sans ombres ni modelés. **3.** IMPR. Cliché ne comportant que des noirs et des blancs purs, sans demi-teintes (par opp. à *similigravure*). **II. 1.** Marque caractéristique, distinctive. *C'est un trait de notre époque. Avoir des traits communs.* – *Trait d'esprit :* expression spirituelle. ◇ *Avoir trait à :* se rapporter à. **2.** LING. Propriété pertinente minimale distinguant deux unités. **3.** Indice, signe d'un caractère, d'un sentiment, etc. *Trait de générosité.* **4.** MUS. Passage d'une œuvre exigeant de la virtuosité. **III. 1.** Litt. Corde avec laquelle un animal attelé tire sa charge. ◇ *Bête, animal de trait,* qui est attelé à une voiture, à une machine agricole, etc. **2.** Gorgée de boisson absorbée. *Boire à longs traits.* ◇ *D'un trait :* d'un seul coup ; sans s'arrêter. **3.** Vx. Projectile lancé à la main, avec un arc, une arme de jet. ◇ *Partir comme un trait,* très vite. **4.** Litt. Propos blessant, raillerie. ◆ pl. Lignes caractéristiques du visage humain.

TRAITABLE adj. **1.** Qu'on peut traiter, développer. **2.** Litt. Qu'on peut influencer, manipuler ; accommodant.

TRAITANT, E adj. **1.** Qui traite, soigne. *Shampooing traitant.* ◇ *Médecin traitant,* qui suit régulièrement un malade. **2.** *Officier traitant* ou *traitant,* n.m. : agent d'un service de renseignements qui est en contact avec un espion.

TRAIT D'UNION n.m. (pl. *traits d'union*). **1.** Petit tiret que l'on met entre les éléments d'un mot composé ou entre le verbe et un pronom postposé. **2.** Fig. Ce qui sert de lien, d'intermédiaire.

TRAITE n.f. **1.** Action de traire. **2.** Litt. Étendue de chemin qu'on parcourt sans s'arrêter. *Longue traite.* ◇ *D'une (seule) traite :* sans s'arrêter ; sans s'interrompre. **3.** DR. Lettre de change* ; titre de créance au profit ou à l'encontre du Trésor. **4.** HIST. Forme élémentaire de commerce qui consistait à échanger des marchandises manufacturées de faible valeur contre des produits locaux. ◇ *Traite des Blanches :* délit consistant à entraîner ou à détourner une femme en vue de la prostitution. – *Traite des Noirs :* trafic des esclaves sur les côtes de l'Afrique, pratiqué par les Européens du XVIe au XIXe s. (Le congrès de Vienne la condamna en 1815, mais, en dépit de diverses conventions la prohibant, la traite ne disparut qu'à la fin du XIXe s.)

TRAITÉ n.m. **1.** Ouvrage qui traite d'une matière particulière. *Traité de mathématiques.* **2.** DR. INTERN. Convention écrite entre deux ou plusieurs États.

TRAITEMENT n.m. **1.** Manière d'agir envers qqn. ◇ *Mauvais traitements :* coups, voies de fait, sévices. **2.** Rémunération d'un fonctionnaire. **3.** Action et manière de soigner une maladie ; ensemble de mesures thérapeutiques. *Prescrire un traitement.* **4.** Action d'examiner et de régler une question, un problème. ◇ INFORM. *Traitement de l'information, des données :* ensemble des opérations relatives à la collecte, à l'enregistrement, à l'élaboration, à la modification, à l'édition, etc., de données. – *Traitement de texte(s) :* ensemble des techniques informatiques qui permettent la saisie, la mémorisation, la correction, l'actualisation, la mise en pages et la diffusion de textes. **5.** IND. Ensemble des opérations que l'on fait subir à des substances, des matières premières, etc., pour les transformer. *Traitement de surface d'une pièce métallique pour la protéger ou modifier ses propriétés. Traitement thermique d'un métal pour modifier sa structure.* **6.** CIN. Développement d'un synopsis.

TRAITER v.t. (lat. *tractare*). **1.** Agir de telle manière envers qqn. *Traiter qqn durement.* ◇ Spécialt. Recevoir à sa table. *Il nous a traités splendidement.* **2.** Soigner par une médication appropriée. *Traiter un malade par les antibiotiques.* **3.** Appliquer, donner un qualificatif péjoratif à. *Traiter qqn de voleur.* **4.** Exposer verbalement ou par écrit. *Le candidat n'a pas traité le sujet.* **5.** Régler les conditions d'un marché, d'une affaire. ◇ Spécialt. Représenter un sujet, dans une œuvre artistique. **6.** Soumettre une matière première, une substance, etc., à diverses opérations susceptibles de la transformer. *Traiter un minerai.* ◆ v.t. ind. *(de).* Prendre pour objet d'étude ; avoir pour sujet. *Traiter d'économie.* ◆ v.i. Négocier, conclure un accord. *Traiter avec les concurrents.*

TRAITEUR n.m. Professionnel qui prépare des plats à emporter ou les livre à domicile.

TRAÎTRE, ESSE adj. et n. (lat. *traditor*). Qui trahit. ◇ *En traître :* d'une manière perfide. ◆ adj. Qui trompe ; dangereux, sournois. *Un vin traître.* ◇ *Ne pas dire un traître mot :* garder un silence absolu.

TRAÎTREUSEMENT adv. Avec traîtrise.

TRAÎTRISE n.f. **1.** Comportement de traître. **2.** Acte de perfidie ; déloyauté.

TRAJECTOGRAPHIE n.f. Étude de la trajectoire d'un engin spatial ou d'un missile.

TRAJECTOIRE n.f. (lat. *trajectus,* traversé). **1.** Ligne décrite par un point matériel en mouvement, et notamm. par le centre de gravité d'un projectile. (En balistique extérieure, une trajectoire est définie par son origine, son angle d'inclinaison, sa flèche, son point d'impact, etc.) [→ *tir.*] **2.** Carrière professionnelle.

TRAJET n.m. (it. *trajetto,* traversée). **1.** Fait de parcourir l'espace pour aller d'un point à un autre. **2.** Chemin à parcourir entre deux points.

TRALALA n.m. (onomat.). Fam. Luxe voyant, affecté. *Se marier en grand tralala.*

TRÂLÉE n.f. (de l'anc. v. *trôler,* vagabonder). Canada. Grand nombre, multitude. *Une trâlée d'enfants.*

TRAM n.m. (abrév.). Tramway.

TRAMAGE n.m. TEXT. Action de tramer ; état de ce qui est tramé.

TRAMAIL ou **TRÉMAIL** n.m. (lat. *tres,* trois, et *macula,* maille). Filet de pêche formé de trois nappes superposées.

TRAME n.f. (lat. *trama,* chaîne d'un tissu). **I. 1.** TEXT. Ensemble des fils passant transversalement entre les fils de la chaîne tendus sur le métier à tisser. **2.** ARCHIT. Maillage, quadrillage d'un plan d'architecture ou d'urbanisme. **3.** IMPR. et PHOT. Écran constitué d'un support transparent quadrillé ou réticulé et interposé entre l'original et la couche sensible, dans les procédés de photogravure. **4.** TÉLÉV. Ensemble des lignes horizontales explorées au cours du balayage vertical de l'image de télévision. (Chaque image comprend deux trames, l'une pour les lignes paires, l'autre pour les lignes impaires, qui améliorent sa définition et sa stabilité.) **II.** Ce qui constitue le fond sur lequel se détachent les évènements marquants. *La trame d'un récit.*

TRAMER v.t. **1.** TEXT. Tisser en entrelaçant la trame avec la chaîne. **2.** Fig., litt. Machiner, préparer secrètement. *Tramer une conspiration.* **3.** IMPR., PHOT. Produire avec une trame. ◆ **se tramer** v.pr. Litt. Être préparé en secret, en parlant d'un complot, d'une machination.

TRAMINOT n.m. Employé de tramway.

TRAMONTANE n.f. (it. *tramontana,* étoile Polaire). Vent du nord-ouest soufflant sur le bas Languedoc et présentant les mêmes caractères que le mistral.

TRAMP n.m. (mot angl.). Navire de charge qui navigue au hasard des affrètements.

TRAMPING [-piŋ] n.m. (mot angl.). MAR. Navigation à la demande, sans itinéraire fixe.

TRAMPOLINE [trɑ̃pɔlin] n.m. (de l'it. *trampolino,* par l'angl.). Grande toile tendue sur des ressorts d'acier, sur laquelle on effectue des sauts ; sport ainsi pratiqué.

TRAMWAY [tramwɛ] n.m. (mot angl.) [pl. *tramways*]. Chemin de fer urbain, établi au moyen de rails posés, sans saillie, sur le profil de la rue ; voiture qui circule sur ces rails. Abrév. : *tram.*

tramway

TRANCHAGE n.m. **1.** Action de trancher. **2.** En ébénisterie, action de couper en tranches minces les bois de placage.

1. TRANCHANT, E adj. **1.** Qui coupe. *Instrument tranchant.* **2.** *Couleurs tranchantes,* contrastées, très vives. **3.** Qui décide de façon péremptoire, absolue. *Ton tranchant.*

2. TRANCHANT n.m. Côté effilé d'un instrument coupant. ◇ Fig. *À double tranchant :* qui peut avoir deux effets opposés.

TRANCHE n.f. **I. 1.** Morceau d'une matière comestible, coupé assez mince, avec un instrument tranchant. *Une tranche de pain, de jambon.* **2.** Bord mince d'un objet de faible épaisseur. **3.** REL. L'un des trois côtés rognés d'un livre relié ou broché (*tranche de tête* en haut du volume, *tranche de queue* en bas du volume, *tranche de gouttière,* plate ou concave, du côté opposé au dos du volume). **4.** ARM. Dans un canon, section perpendiculaire à l'axe d'un élément cylindrique. **5.** *Tranche grasse :* morceau de boucherie formé par les muscles cruraux antérieurs, débité en grillades ou en rôtis. **II. 1.** Chacune des parties successives d'une opération de longue durée. *La première tranche des travaux.* **2.** Chacune des parties successives d'une émission financière, d'une loterie. **3.** Subdivision d'un programme de radio ou de télévision. **4.** DR. FISC. Chacune des différentes strates du revenu des personnes physiques, soumises à des taux d'imposition différents, sur la base de la progressivité (tranches de 5 à 65 p. 100). **5.** Ensemble de chiffres consécutifs dans l'écriture d'un nombre. **6.** Unité de production d'énergie électrique. **7.** Fig. *Tranche de vie :* description réaliste de la vie quotidienne, à un moment donné. ◇ Pop. *S'en payer une tranche :* s'amuser beaucoup.

TRANCHÉ, E adj. **1.** Bien marqué, net et distinct. *Deux couleurs bien tranchées.* **2.** HÉRALD.

Se dit de l'écu partagé par une ligne oblique allant de l'angle dextre du chef à l'angle senestre de la pointe.

TRANCHÉE n.f. **1.** Excavation longitudinale pratiquée à ciel ouvert dans le sol. **2.** MIL. Fossé permettant au combat la circulation et le tir à couvert. ◇ *Guerre de tranchées :* guerre dans laquelle le front tenu par les deux adversaires est jalonné par une série de tranchées continues (de 1915 à 1918, par ex.). ◆ pl. MÉD. **1.** Coliques violentes dues à des contractions de la musculature intestinale. **2.** *Tranchées utérines :* contractions douloureuses, survenant sur l'utérus vide, après l'accouchement.

TRANCHEFILE n.f. ARTS GRAPH. Galon brodé de couleurs vives, collé au dos en haut et en bas du livre relié.

TRANCHER v.t. (lat. pop. *trinicare,* couper en trois). **1.** Séparer en coupant, diviser nettement, découper, sectionner. **2.** Résoudre en prenant une décision rapide. *Trancher une question, une difficulté.* ◆ v.i. Ressortir par opposition ; former un contraste. *Ces couleurs ne tranchent pas assez sur le fond.*

TRANCHET n.m. Lame d'acier affûtée, servant à couper ou à parer le cuir.

TRANCHEUR n.m. Ouvrier qui procède au débitage du bois à la trancheuse.

TRANCHEUSE n.f. **1.** Engin de terrassement servant à creuser des tranchées. **2.** Machine à couteau mobile, servant à obtenir de minces feuilles de bois (placage) d'une manière discontinue.

1. TRANCHOIR n.m. Poisson des récifs d'Indo-Malaisie, à corps plat prolongé par d'amples nageoires. (Long. 20 cm env.)

2. TRANCHOIR n.m. **1.** Couteau pour trancher. **2.** Planche à découper.

TRANQUILLE adj. (lat. *tranquillus*). **1.** Sans agitation, sans bruit ; paisible. *Eau tranquille. Rue tranquille.* **2.** Sans inquiétude, sans trouble. *Avoir la conscience tranquille.* ◇ *Laisser tranquille :* s'abstenir de taquiner, de troubler.

TRANQUILLEMENT adv. De façon tranquille ; calmement, paisiblement.

1. TRANQUILLISANT, E adj. Qui tranquillise.

2. TRANQUILLISANT n.m. Médicament psychotrope qui apaise l'angoisse, sans action hypnotique vraie.

TRANQUILLISER v.t. Calmer, délivrer d'un souci, rassurer. ◆ **se tranquilliser** v.pr. Cesser d'être inquiet, ne plus se troubler.

TRANQUILLITÉ n.f. **1.** État de ce qui est tranquille, sans agitation. **2.** État de qqn qui est sans inquiétude, qui n'est pas dérangé.

TRANSACTION n.f. (lat. *transactum,* de *transigere,* accommoder). **1.** Opération commerciale ou boursière. **2.** Contrat par lequel les parties mettent fin à une contestation, ou la préviennent, en renonçant à une partie de leurs prétentions réciproques. **3.** Accord conclu à partir de concessions, en transigeant. **4.** Acte par lequel une administration fiscale consent à ne pas exercer de poursuites contre le contrevenant, moyennant le paiement d'une somme forfaitaire.

TRANSACTIONNEL, ELLE adj. **1.** Qui a le caractère d'une transaction. **2.** *Analyse transactionnelle :* méthode psychothérapique fondée notamm. sur l'idée que les échanges interpersonnels sont fondés sur des relations comparables à des transactions.

TRANSAFRICAIN, E adj. Qui traverse l'Afrique.

TRANSALPIN, E adj. Qui est au-delà des Alpes. ◇ *Gaule transalpine* ou *la Transalpine,* n.f. : Gaule proprement dite, située, pour les Romains, au-delà des Alpes.

TRANSAMINASE n.f. Enzyme qui catalyse le transfert du groupement amine d'un acide aminé sur un acide cétonique. (Le taux sanguin de certaines transaminases s'élève considérablement en cas d'atteinte hépatique ou d'infarctus du myocarde.)

TRANSANDIN, E adj. Qui traverse les Andes.

1. TRANSAT [trɑ̃zat] n.m. Fam. Chaise longue pliante recouverte de toile.

2. TRANSAT [trɑ̃zat] n.f. (abrév.). Course transatlantique.

1. TRANSATLANTIQUE adj. Qui traverse l'océan Atlantique. ◇ *Course transatlantique* ou *transatlantique,* n.f. : course de voiliers traversant l'océan Atlantique.

2. TRANSATLANTIQUE n.m. Paquebot affecté à des traversées de l'océan Atlantique.

TRANS-AVANT-GARDE n.f. (pl. *trans-avant-gardes*). Mouvement artistique italien de la fin des années 1970, qui réhabilite la spontanéité et la liberté de l'acte de peindre tout en le nourrissant de références culturelles multiples (Sandro Chia, Francesco Clemente, Enzo Cucchi, etc.).

TRANSBAHUTER v.t. Fam. Transporter qqch, qqn d'un lieu dans un autre avec plus ou moins de délicatesse, de soins, de facilité.

TRANSBORDEMENT n.m. **1.** Action de transborder. **2.** Transfert de la cargaison d'un navire à un autre bâtiment.

TRANSBORDER v.t. Transférer (des marchandises ou des voyageurs) d'un bateau, d'un train, d'un véhicule dans un autre.

TRANSBORDEUR n.m. et adj.m. **1.** *Pont transbordeur :* pont à tablier élevé auquel est suspendue une plate-forme mobile, pour le franchissement d'un fleuve ou d'une baie. **2.** *Navire transbordeur* ou *transbordeur,* n.m. : recomm. off. pour *car-ferry, ferry-boat* et *train-ferry.*

TRANSCANADIEN, ENNE adj. Qui traverse le Canada de l'Atlantique au Pacifique.

TRANSCAUCASIEN, ENNE adj. Au-delà du Caucase.

TRANSCENDANCE n.f. **1.** Qualité, caractère de ce qui est transcendant. **2.** PHILOS. Caractère de ce qui se situe hors d'atteinte de l'expérience et de la pensée de l'homme, par opp. à *immanence.* ◇ En phénoménologie, processus par lequel la conscience, comme conscience de qqch, se dépasse vers un objet.

TRANSCENDANT, E adj. (lat. *transcendens,* qui franchit). **1.** Qui excelle en son genre ; supérieur. *Esprit transcendant.* **2.** PHILOS. Hors de portée de l'action ou de la connaissance (par opp. à *immanent*). **3.** MATH. *Nombre transcendant :* nombre réel qui n'est pas algébrique. *π est un nombre transcendant.* ◇ *Courbe transcendante :* courbe dont les points ne peuvent avoir pour coordonnées les solutions d'une équation algébrique à coefficients rationnels. *L'exponentielle, la fonction sinus, le logarithme sont des courbes transcendantes.*

TRANSCENDANTAL, E, AUX adj. PHILOS. Qui se rapporte aux conditions a priori de la connaissance, hors de toute détermination empirique.

TRANSCENDANTALISME n.m. **1.** École philosophique américaine, qui se caractérise par une forme de mysticisme moral et par la tendance à unir l'individuel et l'universel (Emerson). **2.** Ensemble des doctrines philosophiques qui se fondent sur la doctrine de la transcendance.

TRANSCENDER v.t. **1.** Dépasser le domaine de la connaissance rationnelle. **2.** Litt. Être supérieur à qqn, à qqch.

TRANSCODAGE n.m. **1.** Traduction dans un code différent. **2.** Traduction en code interne des instructions écrites par le programmeur, dans un ordinateur.

TRANSCODER v.t. Faire le transcodage de.

TRANSCONTENEUR n.m. Navire conçu pour le transport des conteneurs.

TRANSCONTINENTAL, E, AUX adj. Qui traverse un continent.

TRANSCRIPTEUR n.m. Personne, appareil qui transcrit.

TRANSCRIPTION n.f. **1.** Action de transcrire ; état de ce qui est transcrit. **2.** Copie officielle, à partir des registres de l'état civil, de certains actes ou de certains jugements relatifs à l'état des personnes. **3.** BIOL. Transfert de l'information génétique de l'A. D. N. à l'A. R. N. des cellules, et par là même du noyau au cytoplasme.

TRANSCRIRE v.t. (lat. *transcribere*) [99]. **1. a.** Copier, reproduire exactement par l'écriture. **b.** Reproduire (un texte) grâce à un système d'écriture différent. **2.** Jeter sur le papier ce qu'on a dans l'esprit. **3.** MUS. Adapter une œuvre pour la confier à des voix ou des instruments auxquels elle n'avait pas été primitivement destinée.

TRANSCULTUREL, ELLE adj. Qui concerne les relations entre plusieurs cultures.

TRANSCUTANÉ, E adj. Se dit d'une substance pouvant pénétrer la barrière cutanée. SYN. : *transdermique.*

TRANSDERMIQUE adj. Transcutané.

TRANSDUCTEUR n.m. Dispositif qui transforme une grandeur physique en une autre grandeur physique, fonction de la précédente.

TRANSDUCTION n.f. **1.** PHYS. Transformation d'une énergie en une énergie de nature différente. **2.** BIOL. Échange génétique d'une cellule à une autre, réalisé par l'intermédiaire d'un virus, d'un phage.

TRANSE n.f. (de *transir*). **1.** Inquiétude très vive, peur accompagnée d'angoisse à l'idée d'un danger proche. **2.** État d'exaltation de qqn qui est transporté hors de lui-même et du monde réel ; convulsions, manifestations extérieures marquant cet état. *Entrer en transe. Être pris de transes.* **3.** État modifié de conscience dans lequel entreraient les médiums quand ils communiquent avec les esprits.

TRANSEPT [trɑ̃sɛpt] n.m. (mot angl. ; du lat. *trans,* au-delà de, et *saeptum,* enclos). Vaisseau transversal qui sépare le chœur de la nef et forme les bras de la croix, dans une église en croix latine.

TRANSFÉRABLE adj. Qui peut être transféré.

TRANSFÉRASE n.f. Enzyme qui catalyse spécifiquement le transfert de radicaux ou de fonctions chimiques d'un donneur vers un accepteur.

TRANSFÈREMENT n.m. Rare. Action de transférer (qqn, un prévenu, un prisonnier...) d'un lieu dans un autre.

TRANSFÉRENTIEL, ELLE adj. PSYCHAN. Relatif au transfert.

TRANSFÉRER v.t. (lat. *transferre*) [18]. **1.** Faire passer d'un lieu dans un autre. *Transférer un prisonnier.* **2.** DR. Transmettre d'une personne à une autre en observant les formalités requises.

TRANSFERT n.m. **I. 1.** Action de transférer, de déplacer qqn ou qqch. *Transfert de technologie. Transfert de fonds.* ◇ Spécialt. Décalcomanie collée sur un vêtement. **2.** SPORTS. Changement de club d'un joueur professionnel. **3.** MÉCAN. Transport automatique des pièces en cours de fabrication ou de montage d'un poste de travail au suivant. ◇ *Chaîne de transfert :* installation d'atelier comprenant une succession de machines-transferts, dans laquelle les pièces à usiner sont déplacées automatiquement d'un poste à l'autre. **4.** *Transfert d'appel :* service de télécommunication permettant de renvoyer les appels téléphoniques parvenant à un poste d'abonné sur un autre poste. **5.** INFORM. Déplacement d'une information entre deux emplacements physiques de mémorisation. **II. 1.** DR. Acte par lequel une personne acquiert un droit d'une autre qui le lui transmet (transfert de propriété, par ex.). ◇ DR. *Transfert d'entreprise :* modification dans la situation juridique d'une entreprise (vente, fusion, etc.) qui laisse subsister les contrats de travail entre le nouvel employeur et le personnel de l'entreprise. **2.** ÉCON. *Dépenses de transfert :* dépenses traduisant l'intervention de l'État, dans un but économique ou social (par le biais de subventions, de crédits d'assistance ou de solidarité, de participations au financement des régimes sociaux, etc.). **III. 1.** PSYCHOL. Phénomène par lequel une activité intellectuelle ou manuelle modifie une autre activité qui la suit, soit en la rendant plus facile *(transfert positif),* soit en la troublant *(transfert négatif).* **2.** PSYCHAN. Substitution d'une personne à une autre, plus ancienne et plus fondamentale, dans le changement des attachements amoureux ou affectifs du sujet.

TRANSFIGURATION n.f. **1.** Changement de figure, d'apparence. **2.** RELIG. *La Transfiguration :* apparition du Christ dans la gloire de sa divinité à trois de ses apôtres (Pierre, Jacques et Jean) sur le mont Thabor ; fête qui célèbre cet évènement.

TRANSFIGURER v.t. (lat. *transfigurare,* transformer). **1.** Changer l'aspect, la nature de qqch, en lui donnant un caractère éclatant, magnifique. **2.** Donner au visage un éclat inaccoutumé. *La joie l'avait transfiguré.*

TRANSFILER v.t. MAR. Joindre deux morceaux de toile bord à bord ou une voile et un espar au moyen d'un filin.

TRANSFINI, E adj. MATH. *Nombre transfini :* cardinal d'un ensemble infini.

TRANSFO n.m. (abrév.). Fam. Transformateur.

TRANSFORMABLE adj. Qui peut être transformé.

TRANSFORMANTE adj.f. GÉOL. *Faille transformante :* plan vertical le long duquel deux plaques lithosphériques se déplacent latéralement l'une par rapport à l'autre.

1. TRANSFORMATEUR, TRICE adj. Qui transforme. *Industrie transformatrice.*

2. TRANSFORMATEUR n.m. Appareil statique à induction électromagnétique, qui transforme un système de tensions et de courants alternatifs en un ou plusieurs autres systèmes de tensions et courants de même fréquence, mais généralement de valeurs différentes. Abrév. (fam.) : *transfo.*

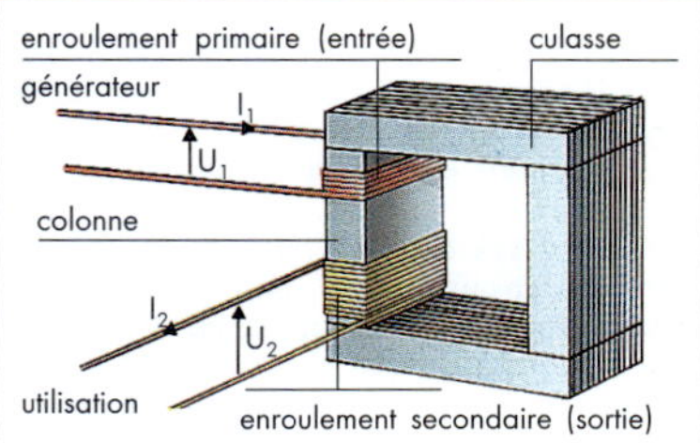

transformateur monophasé (le rapport de transformation U_2/U_1 est égal à I_1/I_2 et au rapport des nombres de spires des deux enroulements N_2/N_1)

TRANSFORMATION n.f. I. 1. Action de transformer. *Transformation des matières premières.* **2.** Passage d'une forme à une autre. *Transformation de la chrysalide en papillon.* **3.** Modification, changement. *Faire des transformations dans une maison.* **II. 1.** GÉOM. Application du plan ou de l'espace sur lui-même. **2.** *Transformation thermodynamique :* modification que subit un système du fait de ses échanges d'énergie avec le milieu extérieur. **3.** ÉLECTR. *Rapport de transformation :* rapport des nombres de spires des deux enroulements secondaire et primaire d'un transformateur. **4.** LING. En grammaire générative, opération formelle permettant de rendre compte de la structure de la phrase (par ex. la transformation passive : *Pierre aime Marie → Marie est aimée de Pierre*). **5.** FIN. Opération effectuée par les banques, consistant à affecter leurs ressources à court terme à des emplois à long et à moyen terme. **III.** SPORTS. Au rugby, après un essai, envoi du ballon d'un coup de pied au-dessus de la barre transversale et entre les poteaux de but (2 points de plus).

TRANSFORMATIONNEL, ELLE adj. LING. Qui concerne les transformations.

TRANSFORMÉ n.m. ou **TRANSFORMÉE** n.f. MATH. Image d'un élément par une transformation. *Transformée de Fourier.*

TRANSFORMER v.t. (lat. *trans,* au-delà de, et *formare,* former). **I. 1.** Rendre qqch différent, le faire changer de forme, modifier ses caractères généraux ; métamorphoser. *Transformer un appartement.* **2.** Modifier l'état physique, moral, psychologique de qqn. **3.** Améliorer la santé de, régénérer. *Ce séjour à la montagne l'a transformé.* **II. 1.** GÉOM. Opérer la transformation de. **2.** MATH. *Transformer une équation,* la changer en une autre équivalente, de forme différente. **III.** SPORTS. Au rugby, réussir la transformation d'un essai. ◆ **se transformer** v. pr. **1.** Changer de forme, d'aspect, de caractère. **2.** Changer de nature, passer à un nouvel état.

TRANSFORMISME n.m. Théorie explicative de la succession des faunes et des flores au cours des temps géologiques, fondée sur l'idée de transformation progressive des populations et des lignées, soit sous l'influence du milieu (Lamarck), soit par mutation suivie de sélection naturelle (Darwin, De Vries). [Dans ce dernier sens, on emploie aussi *évolutionnisme.*]

TRANSFORMISTE adj. et n. Relatif au transformisme ; partisan du transformisme.

TRANSFRONTALIER, ÈRE adj. Qui concerne le franchissement d'une frontière, les relations entre pays de part et d'autre d'une frontière. *Transports transfrontaliers.*

TRANSFUGE n. (lat. *transfuga*). **1.** Soldat qui déserte et passe à l'ennemi. **2.** Personne qui abandonne un parti, une doctrine, un groupe pour se rallier à un autre.

TRANSFUSÉ, E adj. et n. Qui a reçu une ou plusieurs transfusions.

TRANSFUSER v.t. Opérer la transfusion du sang.

TRANSFUSION n.f. Injection, dans une veine d'un malade, de sang préalablement prélevé sur un ou plusieurs donneurs.

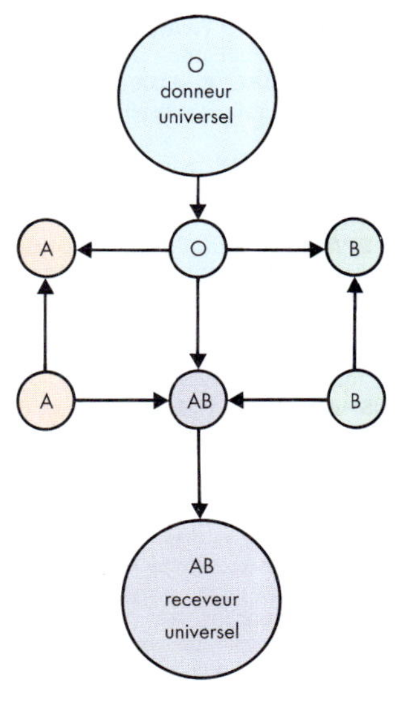

transfusion : compatibilité des groupes sanguins du système ABO

TRANSFUSIONNEL, ELLE adj. MÉD. Relatif à la transfusion sanguine.

TRANSGÉNIQUE adj. BIOL. Se dit d'un être vivant (bactérie, plante ou animal) chez lequel on a introduit du matériel génétique d'une autre espèce pour provoquer l'apparition de caractères nouveaux.

TRANSGRESSER v.t. (lat. *transgressus,* qui a traversé). Ne pas obéir à un ordre, à une loi, ne pas les respecter ; enfreindre, violer.

TRANSGRESSION n.f. **1.** Action de transgresser ; violation. **2.** Avancée lente et relative de la mer due à une remontée du niveau marin, à l'érosion rapide du rivage ou à un affaissement tectonique.

TRANSHORIZON adj. inv. Se dit d'un matériel radioélectrique (radar notamm.) dont la portée n'est pas limitée par l'horizon.

TRANSHUMANCE n.f. **1.** Déplacement saisonnier d'un troupeau en vue de rejoindre une zone où il pourra se nourrir, ou déplacement du même troupeau vers le lieu d'où il était parti. **2.** Déplacement des ruches d'un lieu à l'autre pour suivre la floraison.

TRANSHUMANT, E adj. Qui effectue une transhumance.

TRANSHUMER v.i. et t. (esp. *trashumar ;* du lat. *trans,* au-delà, et *humus,* terre). Effectuer la transhumance.

1. TRANSI, E [trɑ̃zi] adj. **1.** Pénétré, comme transpercé par une sensation de froid. **2.** Litt. Paralysé par un sentiment violent.

2. TRANSI n.m. Effigie d'un mort à l'état de cadavre nu et se décomposant, dans la sculpture du Moyen Âge et de la Renaissance.

TRANSIGER [trɑ̃ziʒe] v.i. (lat. *transigere,* mener à bonne fin) [17]. Conclure un arrangement par des concessions réciproques, composer. ◇ *Transiger sur qqch :* abandonner une partie de ses exigences relativement à qqch.

TRANSIR [trɑ̃zir] v.t. (lat. *transire,* aller au-delà). Litt. Pénétrer et engourdir de froid. *Le vent du nord nous transit.*

TRANSISTOR n.m. (mot angl., de *transfer resistor,* résistance de transfert). **1.** Dispositif à semi-conducteur, qui peut amplifier des courants électriques, engendrer des oscillations électriques et assumer les fonctions de modulation et de détection. **2.** Récepteur radiophonique portatif, équipé de transistors.

TRANSISTORISATION n.f. Action de transistoriser.

TRANSISTORISER v.t. TECHN. Équiper (un appareil) de transistors.

TRANSIT [trɑ̃zit] n.m. (it. *transito,* passage). **1.** Régime de franchise des droits de douane pour les marchandises qui traversent le territoire national à destination d'un pays étranger sans s'y arrêter. **2.** Situation d'un voyageur qui, lors d'une escale aérienne, demeure dans l'enceinte de l'aéroport. *Être en transit.* **3.** MÉD. *Transit intestinal :* déplacement du contenu du tube digestif depuis le pylore jusqu'au rectum, sous l'influence des contractions péristaltiques de l'intestin. **4.** *Cité de transit :* ensemble de logements destinés à des occupants de locaux insalubres, à rénover ou à détruire, en vue de les reloger dans des immeubles conformes aux normes d'habitation en vigueur.

1. TRANSITAIRE adj. Relatif au transit. *Commerce transitaire. Pays transitaire.*

2. TRANSITAIRE n.m. Commissionnaire en marchandises qui s'occupe de leur importation et de leur exportation.

TRANSITER v.t. Faire passer en transit. *Transiter des marchandises.* ◆ v.i. Être en transit dans un lieu. *Voyageurs qui transitent par la Suisse.*

TRANSITIF, IVE adj. (lat. *transire,* passer). **1.** GRAMM. Se dit d'un verbe suivi d'un complément d'objet direct (ex. : *j'aime mes parents*). – *Verbe transitif indirect,* dont le complément est précédé d'une préposition (par ex., *obéir à, user de*). **2.** MATH. *Relation transitive :* relation binaire dans un ensemble telle que la proposition « *a* est en relation avec *b* et *b* est en relation avec *c* » implique la proposition « *a* est en relation avec *c* », pour tout triplet (*a, b, c*) d'éléments de cet ensemble.

TRANSITION [trɑ̃zisjɔ̃] n.f. (lat. *transitio,* passage). **1.** Passage d'un état de choses à un autre. *Une brusque transition du chaud au froid.* **2.** Degré, stade intermédiaire. *Passer sans transition du rire aux larmes.* ◇ *... de transition :* qui constitue un état, une étape intermédiaire. **3.** Manière de passer d'un raisonnement à un autre, de lier les parties d'un discours. *Une habile transition.* **4.** CHIM. *Éléments de transition :* éléments métalliques, au nombre de 56, qui possèdent une sous-couche électronique de rang trois partiellement remplie. **5.** PHYS. Passage d'un atome, d'un noyau, d'une molécule, d'un niveau d'énergie à un autre.

TRANSITIONNEL, ELLE adj. **1.** Qui marque une transition. **2.** PSYCHAN. *Objet transitionnel :* objet particulier (couverture, ours en peluche) auquel le nourrisson est passionnément attaché et qui l'aide à supporter l'angoisse de séparation d'avec sa mère en gardant celle-ci symboliquement présente.

TRANSITIVEMENT adv. GRAMM. Comme un verbe transitif ; avec un complément d'objet.

TRANSITIVITÉ n.f. **1.** Caractère des verbes transitifs. **2.** Propriété d'une relation transitive.

TRANSITOIRE adj. **1.** Qui dure peu de temps, passager. *Loi transitoire.* **2.** Qui sert de transition, provisoire. *Solution transitoire.*

TRANSLATIF, IVE adj. DR. Qui opère le transfert d'une chose, d'un droit.

TRANSLATION n.f. (lat. *translatio,* transfert). **1.** Action de transférer d'un lieu dans un autre. *La translation des reliques d'un saint.* **2.** DR. Action de transférer. **3.** MATH. Transformation ponctuelle associant à tout point M un point M′ tel que le vecteur $\overrightarrow{MM'}$ soit constant.

TRANSLITTÉRATION [trɑ̃sliterasjɔ̃] n.f. LING. Transcription faite en transposant lettre par lettre les signes d'un alphabet et ceux d'un autre alphabet.

TRANSLOCATION n.f. (mot angl.). Aberration chromosomique par laquelle un segment de chromosome se détache et se fixe dans une autre position sur ce même chromosome ou se fixe sur un autre chromosome.

TRANSLUCIDE adj. (lat. *translucidus*). Qui laisse passer la lumière, sans permettre toutefois de distinguer nettement les contours des objets.

TRANSLUCIDITÉ n.f. État, qualité, caractère de ce qui est translucide.

TRANSLUMINAL, E, AUX adj. (du lat. *lumen, -inis,* lumière). MÉD. *Angioplastie transluminale* → ***angioplastie.***

TRANSMANCHE adj. inv. Qui traverse la Manche.

TRANSMETTEUR n.m. **1.** Rare. Appareil émetteur de signaux télégraphiques. **2.** BIOL. Substance qui assure la transmission d'une information d'un point à un autre de l'organisme.

TRANSMETTRE v.t. (lat. *transmittere*) [84]. **1.** Faire parvenir, communiquer ce qu'on a reçu. *Transmettre un ordre.* **2.** Permettre le passage, agir comme intermédiaire. *L'arbre moteur transmet le mouvement aux roues.* **3.** DR. Faire passer par mutation. ◆ **se transmettre** v.pr. Se propager, passer d'un endroit à un autre.

TRANSMIGRATION n.f. **1.** Litt. Action de transmigrer. **2.** Métempsycose et réincarnation. *Transmigration des âmes.*

TRANSMIGRER v.i. (lat. *transmigrare*). **1.** Abandonner un pays pour aller vivre dans un autre. **2.** Passer d'un corps dans un autre, en parlant d'une âme.

TRANSMISSIBILITÉ n.f. Qualité, caractère de ce qui est transmissible.

TRANSMISSIBLE adj. Qui peut être transmis.

TRANSMISSION n.f. (lat. *transmissio,* trajet). **I. 1.** Action de transmettre qqch à qqn. *La transmission d'un droit.* **2.** *Agent de transmission :* soldat porteur d'un ordre ou d'un renseignement. **3.** *Transmission des pouvoirs :* opération par laquelle les pouvoirs d'un chef d'État, d'un ministre, d'une assemblée, etc., sont transférés à son successeur. **4.** *Transmission de pensée :* télépathie. **II.** Communication du mouvement d'un organe à un autre ; organe servant à transmettre le mouvement. ◇ *Transmission automatique :* organe d'un véhicule automobile qui, interposé entre le moteur et les roues, sélectionne la démultiplication à adopter sans intervention du conducteur, grâce notamm. à un convertisseur de couple complété par une boîte à engrenages. ◆ **pl.** Service chargé de la mise en œuvre des moyens de liaison (téléphone, radio, faisceaux hertziens, imprimeurs...) à l'intérieur des forces armées. ◇ *Réseau intégré de transmissions automatiques (R. I. T. A.) :* système militaire de télécommunications fondé sur les propriétés de l'informatique et utilisant un maillage hertzien.

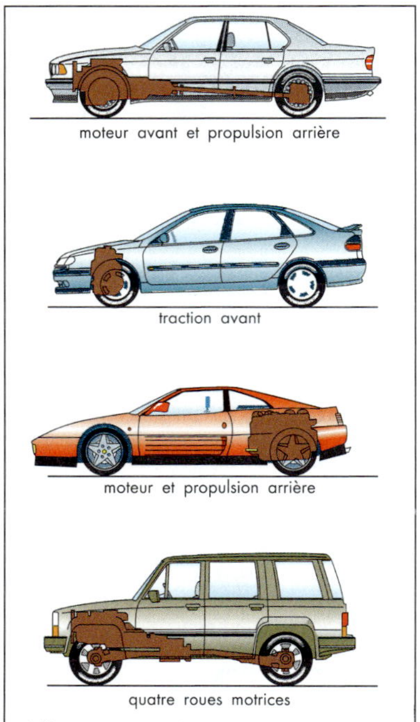

différents types de **transmissions**

TRANSMODULATION n.f. Déformation d'un signal radioélectrique, due à la superposition d'un autre signal dans un élément de liaison ou d'amplification non linéaire.

TRANSMUTABILITÉ n.f. Propriété de ce qui est transmutable.

TRANSMUTABLE ou **TRANSMUABLE** adj. Qui peut être transmuté.

TRANSMUTATION n.f. **1.** Changement des métaux vulgaires en métaux nobles par les procédés de l'alchimie. **2.** Transformation d'un noyau atomique en un autre. **3.** Litt. Transformation totale d'une chose en une autre.

TRANSMUTER ou **TRANSMUER** v.t. (lat. *transmutare*). Effectuer une transmutation.

TRANSNATIONAL, E, AUX adj. Qui appartient à, qui regroupe plusieurs nations. *Les firmes transnationales.*

TRANSOCÉANIQUE adj. **1.** Qui est situé au-delà de l'océan. **2.** Qui va d'un côté à l'autre de l'océan.

TRANSPALETTE n.m. Petit chariot de manutention, qu'on introduit sous une palette ou une charge pour les soulever légèrement et les déplacer sur de faibles distances.

TRANSPARAÎTRE v.i. [91] (auxil. *avoir*). Paraître, se montrer à travers qqch.

TRANSPARENCE n.f. **1.** Propriété de ce qui est transparent. **2.** CIN. Truquage où les personnages sont filmés, en studio, devant un écran en verre dépoli sur lequel le décor est projeté. **3.** Fig. Parfaite accessibilité de l'information dans les domaines qui regardent l'opinion publique. *Réclamer la transparence du financement des partis politiques.* **4.** *Transparence fiscale :* concept selon lequel certains associés sont considérés comme redevables directs des impôts dus à raison de l'activité sociale, sans que le fisc prenne en considération l'existence de la personne morale dont ils sont membres.

1. TRANSPARENT, E adj. (lat. *trans,* au-delà de, et *parens,* apparaissant). **1.** Qui, se laissant aisément traverser par la lumière, permet de distinguer nettement les objets à travers son épaisseur. **2.** Fig. **a.** Dont le sens se laisse deviner, saisir aisément. *Allusion transparente.* **b.** Qui a un fonctionnement clair pour quiconque, que l'on ne cherche pas à dissimuler à l'opinion. *Des affaires publiques transparentes.*

2. TRANSPARENT n.m. Document sur support transparent, destiné à la projection.

TRANSPERCER v.t. [16]. **1.** Percer de part en part. **2.** Passer au travers, traverser. *La pluie ne peut transpercer un vêtement imperméable.*

TRANSPHRASTIQUE adj. LING. Se dit du niveau d'analyse s'appliquant au texte (ensemble constitué d'une suite de phrases).

TRANSPIRANT, E adj. Qui transpire.

TRANSPIRATION n.f. **1.** Élimination de la sueur par les pores de la peau. **2.** BOT. Émission de vapeur d'eau, réalisée surtout au niveau des feuilles et assurant le renouvellement de l'eau de la plante et son alimentation minérale.

TRANSPIRER v.i. (lat. *transpirare,* exhaler). **1.** Exhaler de la sueur. *Transpirer à cause de la chaleur.* **2.** Fig. Être divulgué, commencer à être connu.

TRANSPLANT n.m. MÉD. Organe qui doit être transplanté.

TRANSPLANTABLE adj. Qui peut être transplanté.

TRANSPLANTATION n.f. **1.** Action de transplanter. **2.** MÉD. Greffe d'un organe.

TRANSPLANTER v.t. **1.** Planter en un autre endroit en enlevant de sa place. *Transplanter des arbres.* **2.** Faire passer d'un lieu à un autre ; transférer. *Transplanter une colonie.* **3.** MÉD. Greffer un organe dans un corps vivant en assurant le raccordement des vaisseaux sanguins et des conduits excréteurs.

TRANSPOLAIRE adj. Qui passe par le pôle.

TRANSPONDEUR n.m. Émetteur-récepteur répondant automatiquement à un signal extérieur en provenance d'un radar, d'un système de radionavigation, etc.

TRANSPORT n.m. **I. 1.** Action ou manière de transporter, de porter d'un lieu dans un autre. **2.** MIL. Navire propre à transporter des troupes ou du matériel. ◇ *Aviation de transport :* subdivision de l'armée de l'air chargée des transports de personnel et de matériel par avion ou par hélicoptère. **3.** DR. Acte par lequel se réalise la cession des biens incorporels (droit, créance). ◇ DR. *Transport sur les lieux :* déplacement du juge sur les lieux d'une infraction au cours d'une instruction ou pour effectuer une perquisition. **II.** Litt. (Souvent pl.). Émotion vive. *Des transports de joie.* ◆ **pl. 1.** Ensemble des divers modes d'acheminement des marchandises ou des personnes. **2.** HYDROL. Matériaux solides déplacés par un cours d'eau.

TRANSPORTABLE adj. Qui peut être transporté.

TRANSPORTATION n.f. Système pénal impliquant le transport des condamnés dans un lieu lointain. (En France, elle s'effectua en Nouvelle-Calédonie puis en Guyane, avant d'être abandonnée en 1942.)

TRANSPORTER v.t. (lat. *transportare*). **1.** Porter d'un lieu dans un autre. *Transporter des marchandises.* **2.** Faire passer d'un milieu à un autre. *Transporter sur la scène un fait divers.* **3.** Litt. Agiter violemment, mettre hors de soi. *La fureur le transporte.* **4.** DR. Céder (qqch) par un acte. ◆ **se transporter** v.pr. **1.** Se rendre en un lieu. **2.** Litt. Se porter par l'imagination.

1. TRANSPORTEUR, EUSE adj. Qui transporte. *Benne transporteuse.*

2. TRANSPORTEUR n.m. **1.** Personne qui s'engage à assurer le déplacement d'une personne ou d'une marchandise en vertu d'un contrat de transport terrestre, maritime ou aérien. **2.** Appareil assurant mécaniquement le transport d'objets ou de matériel d'un lieu dans un autre. **3.** *Transporteur de gaz :* navire de charge destiné au transport de gaz liquéfiés (butanier, méthanier, etc.).

TRANSPOSABLE adj. Qui peut être transposé.

TRANSPOSÉE adj.f. et n.f. MATH. *Matrice transposée (d'une matrice* A) ou *transposée,* n.f. : matrice obtenue en permutant les lignes et les colonnes de la matrice A.

TRANSPOSER v.t. **1.** Mettre une chose à une place autre que celle qu'elle occupe ou qu'elle doit occuper. *Transposer un mot, une lettre.* **2.** MUS. Écrire ou exécuter un morceau dans une tonalité différente de celle dans laquelle il est composé. **3.** Placer dans un autre décor, une autre époque, etc., un thème littéraire ou artistique.

TRANSPOSITEUR adj.m. *Instrument transpositeur :* instrument de musique (instrument à vent, le plus souvent) construit de telle sorte que sa note fondamentale n'est pas un *ut.*

TRANSPOSITION n.f. **1.** Action de transposer, d'intervertir les places. **2.** CHIM. Réarrangement. **3.** MATH. *Transposition (sur un ensemble fini* E) : permutation de E qui échange deux éléments de E et laisse invariants tous les autres. **4.** MUS. Transport des notes d'un morceau ou d'un fragment musical d'une hauteur à une autre, sans changer les intervalles entre les notes ni la valeur des notes.

TRANSPOSON n.m. BIOL. Élément génétique formé d'A. D. N., pouvant se déplacer à l'intérieur des chromosomes.

TRANSPYRÉNÉEN, ENNE adj. **1.** Situé au-delà des Pyrénées. **2.** Qui franchit les Pyrénées.

TRANSSAHARIEN, ENNE adj. Qui traverse le Sahara.

TRANSSEXUALISME n.m. Conviction qu'a un sujet d'appartenir à l'autre sexe, qui le conduit à tout mettre en œuvre pour que son anatomie et son mode de vie soient le plus possible conformes à sa conviction.

TRANSSEXUEL, ELLE adj. et n. Qui présente un transsexualisme.

TRANSSONIQUE adj. **1.** Se dit des vitesses voisines de celle du son dans l'air (de Mach 0,8 à Mach 1,2). **2.** Se dit des appareils et des installations servant à l'étude expérimentale de ces vitesses.

TRANSSTOCKEUR n.m. Portique roulant vertical, muni d'un chariot mobile et utilisé dans la manutention de charges isolées à l'intérieur de magasins comportant des rayonnages et des allées de circulation rectilignes.

TRANSSUBSTANTIATION [-sjasjɔ̃] n.f. THÉOL. CATH. Transformation de la substance du pain et du vin en celle du corps et du sang de Jésus-Christ dans l'eucharistie, par opp. à la *consubstantiation.* (Dogme défini en 1551 au concile de Trente.)

TRANSSUDAT n.m. MÉD. Liquide dont la composition est identique au plasma moins les protéines, et apparaissant au niveau d'une muqueuse ou d'une séreuse par suite d'un obstacle à la circulation de retour vers le cœur.

TRANSSUDATION n.f. Fait de transsuder.

TRANSSUDER v.i. (lat. *transsudare*). Passer à travers la paroi du récipient qui le contient, en parlant d'un liquide.

TRANSURANIEN adj.m. Se dit des éléments chimiques de numéro atomique supérieur à celui de l'uranium (92). [Les éléments transuraniens sont instables et n'existent pas sur la Terre à l'état naturel.]

TRANSVASEMENT n.m. Action de transvaser.

TRANSVASER v.t. (lat. *trans,* à travers, et *vas,* vase). Verser un liquide d'un récipient dans un autre.

TRANSVERSAL, E, AUX adj. (lat. *transversus,* de *trans,* à travers, et *versus,* tourné). **1.** Disposé en travers, qui coupe en travers. *Ligne transversale. Vallée transversale.* **2.** Fig. Qui recoupe plusieurs disciplines ou secteurs.

TRANSVERSALE n.f. **1.** Ligne, barre horizontale. **2.** Itinéraire routier ou voie ferrée qui joint directement deux villes, deux régions, sans passer par le centre du réseau. **3.** MATH. Droite coupant un polygone ou une courbe.

TRANSVERSALEMENT adv. Selon une direction transversale.

TRANSVERSALITÉ n.f. Caractère de ce qui est transversal.

TRANSVERSE adj. (lat. *transversus*). ANAT. Placé dans une direction transversale par rapport à l'axe du corps.

TRANSVESTISME n.m. → ***travestisme.***

TRANSVIDER v.t. Verser le contenu d'un récipient dans un autre.

TRANSYLVAIN, E ou **TRANSYLVANIEN, ENNE** adj. et n. De la Transylvanie.

TRANTRAN n.m. inv. → ***train-train.***

TRAPÈZE n.m. (gr. *trapezion,* petite table). **1.** Quadrilatère plan ayant deux côtés non consécutifs parallèles, appelés bases. (L'aire du trapèze est égale au produit de la demi-somme des bases par leur distance, appelée hauteur.) **2.** Appareil de gymnastique formé de deux cordes verticales, réunies à leur base par une barre cylindrique. **3.** MAR. Système de sangles permettant à un équipier de voilier de porter son poids à l'extérieur dans la position de rappel. **4.** ANAT. Muscle du dos, qui rapproche l'omoplate de la colonne vertébrale ; premier os de la deuxième rangée du carpe.

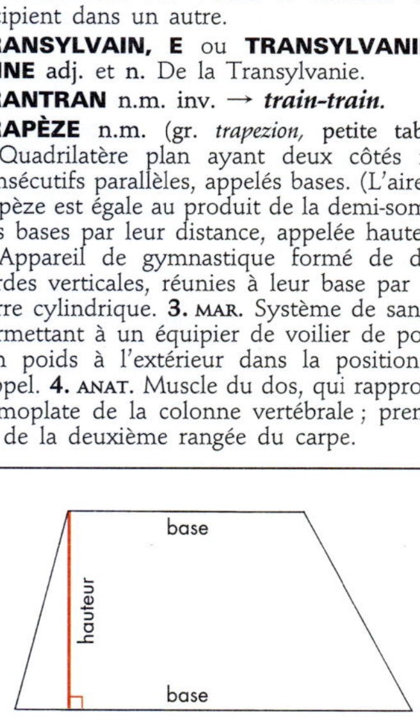

trapèze

TRAPÉZISTE n. Gymnaste qui fait du trapèze.

TRAPÉZOÏDAL, E, AUX adj. En forme de trapèze.

TRAPÉZOÏDE adj. et n.m. ANAT. Se dit de l'os de la deuxième rangée du carpe, situé entre le trapèze et le grand os.

TRAPILLON n.m. → ***trappillon.***

1. TRAPPE n.f. (du francique). **1.** Panneau qui ferme une ouverture pratiquée au niveau du sol ou d'un plancher et qui se lève ou se baisse à volonté ; l'ouverture elle-même. **2.** Piège qui fonctionne quand l'animal met le pied dessus.

2. TRAPPE n.f. (de la *Trappe,* n. pr.). **1.** Ordre des Trappistes. **2.** Maison de trappistes.

TRAPPER v.t. Canada. Chasser à la trappe.

TRAPPEUR n.m. (angl. *trapper*). Chasseur d'animaux à fourrure, en Amérique du Nord.

TRAPPILLON ou **TRAPILLON** n.m. THÉÂTRE. Ouverture dans le plancher de la scène donnant passage aux décors (les « fermes ») qui montent des dessous.

TRAPPISTE n.m. Religieux de l'ordre des Cisterciens réformés de la stricte observance, ou de la Trappe.

TRAPPISTINE n.f. **1.** Religieuse cistercienne de la stricte observance, ou de la Trappe. **2.** Liqueur fabriquée par les trappistes.

TRAPU, E adj. **1.** Qui est court et large et qui donne une impression de force. *Un petit homme trapu.* **2.** Fam. Qui a de solides connaissances. *Être trapu en latin.* **3.** Fam. Ardu, difficile. *Un problème de maths trapu.*

TRAQUE n.f. Fam. Action de traquer.

TRAQUENARD n.m. (mot gascon). **1.** Piège pour prendre les animaux nuisibles. **2.** Piège tendu à qqn pour l'arrêter, le faire échouer. *Tomber dans un traquenard.* **3.** ÉQUIT. Trot désuni.

TRAQUER v.t. (de l'anc. fr. *trac,* piste des bêtes). **1.** Pousser, rabattre le gibier vers la ou les lignes de tir. **2.** Poursuivre, serrer de près, harceler. *Traquer des voleurs. Journalistes qui traquent une vedette.*

TRAQUET n.m. Oiseau passereau à queue blanche à la base, insectivore. (Long. 15 à 20 cm ; famille des turdidés.)

TRAQUEUR, EUSE n. Personne qui traque.

TRATTORIA n.f. (mot it.). Petit restaurant, en Italie.

TRAUMA n.m. (mot gr.). MÉD. Traumatisme. ◇ Spécialt. Traumatisme psychique.

TRAUMATIQUE adj. (du gr. *trauma,* blessure). Relatif à un traumatisme. ◇ *Choc traumatique :* syndrome général d'abattement consécutif à un traumatisme.

TRAUMATISANT, E adj. Qui provoque un choc moral.

TRAUMATISER v.t. **1.** Provoquer un traumatisme physique ou psychique. **2.** Frapper (qqn) d'un choc émotionnel violent. *Cette nouvelle l'a traumatisée.*

TRAUMATISME n.m. **1.** Ensemble des lésions locales intéressant les tissus et les organes, provoquées par un agent extérieur ; troubles généraux qui en résultent. Abrév. : *trauma.* **2.** Évènement qui, pour un sujet, a une forte portée émotionnelle et qui entraîne chez lui des troubles psychiques ou somatiques par suite de son incapacité à y répondre adéquatement sur-le-champ.

TRAUMATOLOGIE n.f. Partie de la chirurgie et de la médecine consacrée au traitement des traumatismes.

TRAUMATOLOGIQUE adj. Relatif à la traumatologie.

TRAUMATOLOGISTE n. Spécialiste de traumatologie.

1. TRAVAIL n.m. (lat. *trepalium,* instrument de torture) [pl. *travaux*]. **I. 1.** Activité de l'homme appliquée à la production, à la création, à l'entretien de qqch. *Travail manuel, intellectuel.* ◇ PHILOS. Activité de transformation de la nature, propre aux hommes, qui les met en relation et qui est productrice de valeur. **2.** Effort que l'on doit soutenir pour faire qqch ; activité déployée pour accomplir une tâche, parvenir à un résultat. *Cette réparation demandera deux jours de travail.* ◇ Toute occupation, toute activité considérée comme une charge. *Être surchargé de travail.* ◇ *Camp de travail :* lieu de détention où les condamnés sont astreints à des travaux forcés. (En U. R. S. S., les camps de travail furent administrés par le Goulag à l'époque stalinienne.) **3.** Ouvrage réalisé ou qui est à faire ; tâche. *Distribuer le travail aux ouvriers. Entreprendre un travail de longue haleine.* **4.** Manière dont un ouvrage est exécuté. *Le fin travail d'une miniature.* **5.** Technique permettant de travailler une matière, d'utiliser un outil ou un instrument. *Apprendre le travail du bois.* **II. 1.** Activité professionnelle, régulière et rémunérée. *Vivre de son travail. Trouver un travail.* ◇ *Travail à domicile :* travail fourni par un donneur d'ouvrage à un salarié rémunéré forfaitairement qui l'effectue à son domicile. – *Travail différencié :* travail temporaire, à temps partiel ou contrat de travail à durée déterminée. – *Travail intermittent :* contrat à durée indéterminée concernant les emplois qui comportent par nature une alternance de périodes travaillées et non travaillées. **2.** Exercice d'une activité professionnelle ; lieu où elle s'exerce. *Le travail en usine. Se rendre à son travail.* ◇ *Psychologie du travail :* branche de la psychologie qui étudie les comportements de l'homme au travail et le retentissement des conditions de travail sur ces comportements. – DR. *Droit du travail :* ensemble des règles juridiques applicables aux relations individuelles et collectives entre les travailleurs salariés et leurs employeurs. – *Sociologie du travail :* étude systématique du travail industriel, sur le plan des exécutants et sur le plan de l'organisation. – *Inspection du travail :* corps de fonctionnaires qui a pour mission de veiller au respect et à l'application des dispositions législatives et réglementaires concernant le travail et l'emploi. – DR. *Travail d'intérêt général (T. I. G.) :* temps de travail non rémunéré imposé à un délinquant à titre de peine de substitution ou complémentaire, ou d'obligation assortissant un sursis. **3.** Activité laborieuse de l'homme considérée comme un facteur essentiel de la production et de l'activité économique. *Le capital et le travail.* **4.** Ensemble des travailleurs qui participent à la vie économique d'un pays ; population active. *Le monde du travail.* **III. 1.** Action progressive, continue, produite par un élément, un phénomène naturel ; ensemble des phénomènes qui se produisent dans une substance et en changent la nature, la forme ; modification qui en résulte. *Le travail de l'érosion. Le travail de la fermentation. Gauchissement d'une poutre dû au travail du bois.* **2.** Élaboration progressive, lente évolution. *Le travail du temps.* ◇ PSYCHAN. *Travail de deuil :* processus psychique faisant suite à la perte d'un objet d'amour et conduisant le sujet à s'en détacher. – *Travail du rêve :* transformation des matériaux du rêve (restes diurnes et pensées latentes) aboutissant au contenu manifeste du rêve. **3.** Effet, résultat produit par le fonctionnement, l'activité de qqch. *Évaluer le travail d'une machine. Le travail du cœur, des reins.* **4.** MÉCAN. Quantité d'énergie reçue par un système se déplaçant sous l'effet d'une force, égale au produit scalaire de la force par le vecteur déplacement. (L'unité SI de travail est le joule.) **5.** MÉD. Ensemble des phénomènes dynamiques et mécaniques qui conduisent à l'accouchement. ◆ pl. **1.** Ensemble d'opérations, de tâches propres à un domaine déterminé. *Les travaux agricoles.* – Fam. *Inspecteur des travaux finis,* se dit de qqn qui arrive quand le travail est fini. ◇ *Travaux d'utilité collective (T. U. C.) :* activité ouverte aux jeunes de 16 à 25 ans sans emploi, susceptible de contribuer à l'amélioration de la vie sociale, organisée par une collectivité territoriale, une association, un établissement public, etc., et rémunérée par l'État. (Ils ont été supprimés en 1991.) **2.** Ensemble des opérations de construction, d'aménagement ou de remise en état d'édifices, de voies, de terrains, etc. ◇ *Travaux publics :* œuvres de construction, de réparation, d'entretien d'utilité générale, faits pour le compte d'une personne morale administrative. **3.** Ensemble des recherches entreprises dans un domaine de la connaissance. *Publier ses travaux.* **4.** Ensemble de discussions, de débats d'une assemblée ou d'un groupe de personnes organisé. *L'Assemblée nationale a repris ses travaux.* **5.** *Travaux forcés :* ancienne peine afflictive et infamante, temporaire ou perpétuelle, qui était subie dans les bagnes de Guyane ou de Nouvelle-Calédonie jusqu'en 1938.

■ DR. Dates marquant les principales étapes de l'évolution du droit du travail en France :

– 1841 : première loi sociale ; elle concerne le travail des enfants.

– 1848 : les conseils de prud'hommes, dont l'origine remonte à 1806, deviennent paritaires (autant de juges salariés que de juges employeurs).

– 1864 : reconnaissance du droit de grève.

– 1874 : création de l'Inspection du travail.
– 1884 : liberté syndicale.
– 1936 : fixation de la durée hebdomadaire du travail à 40 heures et instauration des congés payés.
– 1945 : création de la Sécurité sociale ; création des comités d'entreprise.
– 1950 : création du *salaire minimum interprofessionnel garanti* (S. M. I. G.), devenu S. M. I. C. en 1970.
– 1959 : participation des salariés aux résultats financiers de l'entreprise.
– 1966-67 : organisation de la formation professionnelle.
– 1967 : indemnité minimale en cas de licenciement.
– 1968 : création des sections syndicales d'entreprise.
– 1970 : mensualisation des travailleurs horaires.
– 1973-75 : réglementation des licenciements.
– 1982 : fixation de la durée hebdomadaire du travail à 39 heures ; généralisation de la 5e semaine de congés payés ; lois Auroux relatives à l'expression des travailleurs.
– 1986 : suppression de l'autorisation administrative de licenciement.
– 1987 : aménagement du temps de travail.

2. TRAVAIL n.m. (bas lat. *trepalium,* machine faite de trois pieux) [pl. *travails*]. Appareil servant à maintenir les grands animaux domestiques pendant qu'on les ferre ou qu'on les soigne.

TRAVAILLÉ, E adj. Où l'on remarque le soin, le travail. *Style travaillé.*

TRAVAILLER v.i. **1.** Effectuer un travail ; soutenir un effort en vue d'obtenir un résultat. *Travailler sur un projet. Pour parvenir à ce niveau, il a beaucoup travaillé.* **2.** Exercer un métier, une activité professionnelle. *Travailler dans l'imprimerie.* **3.** Fonctionner activement. *Dans ce sport, tous les muscles travaillent. Son imagination travaille.* **4.** Agir de manière à produire un effet, un résultat. *Travailler à perdre qqn. Le temps travaille pour nous, contre nous.* **5.** Produire un revenu. *Faire travailler son argent.* **6.** Subir un effet qui entraîne certaines modifications. *Le vin nouveau travaille.* **7.** Se déformer, se disjoindre. *Poutre qui travaille.* ◆ v.t. **1.** Soumettre (qqch) à une action ; façonner. *Travailler le bois, le fer.* ◇ *Travailler une pâte,* la pétrir, la rouler. – SPORTS. *Travailler une balle,* lui donner beaucoup d'effet. **2.** Soigner, chercher à perfectionner. *Travailler son style, son anglais, son revers au tennis.* **3.** S'efforcer d'influencer (qqn). *Travailler des délégués pour les convaincre.* **4.** Préoccuper vivement ; faire souffrir. *Ce problème me travaille depuis longtemps.*

TRAVAILLEUR, EUSE adj. et n. **1.** Personne salariée, spécialement dans l'industrie. ◇ *Jeune travailleur :* travailleur âgé de 16 à 25 ans, dont le travail est soumis à une réglementation particulière. – *Travailleuse familiale :* aide familiale. – *Travailleur social* → ***social.*** **2.** Personne qui aime le travail ; actif.

TRAVAILLEUSE n.f. Petit meuble à compartiments pour ranger les accessoires de couture.

TRAVAILLISME n.m. Doctrine du parti travailliste.

TRAVAILLISTE adj. et n. Relatif au parti travailliste, membre du parti travailliste. ◇ *Parti travailliste* ou *Labour Party :* v. *travailliste,* partie n. pr.

TRAVAILLOTER v.i. Fam. Travailler peu, sans se fatiguer.

TRAVÉE n.f. (anc. fr. *trev,* poutre ; du lat. *trabs*). **1.** Rangée de bancs. *Les travées d'une assemblée.* **2.** Espace compris entre deux points d'appui principaux d'un ouvrage de construction ; partie verticale d'une élévation délimitée par des supports (colonnes, piliers) consécutifs.

TRAVELAGE n.m. CH. DE F. Ensemble des traverses d'une voie ferrée ; nombre de traverses placées sur un kilomètre de voie.

TRAVELLER'S CHEQUE ou **TRAVELLER'S CHECK** n.m. (mot angl. ou amér.) [pl. *traveller's cheques* ou *traveller's checks*]. Chèque de voyage.

TRAVELLING [travliŋ] n.m. (mot angl.). CIN. Déplacement de la caméra, généralement sur un chariot roulant sur des rails ; dispositif permettant ce mouvement. ◇ *Travelling optique :* effet de prise de vues obtenu avec une caméra fixe par la variation de la distance focale.

TRAVELO n.m. Pop. Travesti.

TRAVERS n.m. (lat. *transversus,* oblique). **I. 1.** Bizarrerie de l'esprit ou du caractère ; petit défaut. *Supporter les travers de qqn.* **2.** Étendue transversale, sens perpendiculaire à l'axe de qqch. ◇ MAR. Côté, flanc d'un navire. ◇ *Vent de travers,* qui souffle perpendiculairement à la route suivie. **3.** *Travers de porc :* extrémités des côtes du porc, détachées sur le bord de la longe. **II. 1.** *À travers, au travers de (qqch).* **a.** En traversant (qqch) dans son étendue ou son épaisseur. *Marcher à travers la campagne.* ◇ *Passer à travers qqch, au travers de qqch :* se frayer un passage entre des obstacles ; éviter de subir qqch de fâcheux, de pénible, y échapper. *Poissons qui passent à travers les mailles d'un filet. Passer au travers d'une corvée.* **b.** Par l'intermédiaire de. *Au travers de cette comparaison, l'idée apparaît mieux.* **2.** *De travers.* **a.** Obliquement, dans une position, une direction autre que la position, la direction normale, habituelle. *Clou planté de travers.* **b.** De manière fausse, inexacte ; dans de mauvaises dispositions, mal. *Raisonner de travers.* – *Prendre qqch de travers,* s'en irriter, s'en choquer. – *Regarder de travers,* avec antipathie, hostilité. **3.** *En travers (de qqch) :* suivant la largeur ; dans une position transversale, perpendiculaire à l'axe de qqch, à la direction d'un mouvement. – *Se mettre en travers de qqch, de la route de qqn,* s'y opposer, y faire obstacle.

TRAVERSABLE adj. Qui peut être traversé.

TRAVERS-BANC n.m. (pl. *travers-bancs*). **1.** Dans une mine, galerie horizontale dans le rocher, recoupant les divers bancs de terrain. **2.** Bowette.

TRAVERSE n.f. **1.** TECHN. Pièce perpendiculaire aux éléments principaux d'une construction et destinée à maintenir l'écartement de ces éléments ; élément horizontal, croisillon d'un remplage de fenêtre. **2.** **Spécialt.** Pièce d'appui posée sur le ballast perpendiculairement aux rails d'une voie ferrée, qu'elle supporte et dont elle maintient l'écartement. **3.** *Chemin de traverse* ou *traverse :* chemin étroit, plus direct que la route ; en ville, passage étroit reliant deux rues. **4.** **Canada.** Lieu de passage d'un cours d'eau, d'un lac, desservi par un traversier. ◆ **pl. Litt.** Obstacles, afflictions.

TRAVERSÉE n.f. **1.** Action de traverser (un espace, un lieu) de bout en bout. *Éviter la traversée de l'agglomération.* ◇ **Fig.** *Traversée du désert :* période de difficultés, de revers, d'éclipse de la renommée. **2.** Action de traverser la mer, un cours d'eau. *La traversée s'effectuera de nuit.* **3.** ALP. Course en montagne, combinant l'ascension d'un sommet par un itinéraire et la descente par un autre itinéraire. **4.** CH. DE F. Appareil de voie dans lequel une voie en croise une autre.

TRAVERSÉE-JONCTION n.f. (pl. *traverséesjonctions*). CH. DE F. Traversée oblique dans laquelle les deux voies qui se croisent sont, de plus, reliées entre elles.

TRAVERSER v.t. (lat. *transversare*). **1.** Passer d'un côté à l'autre. *Traverser la forêt, la rue.* **2.** Pénétrer de part en part. *La pluie a traversé mes vêtements.* **3.** Passer par ; vivre dans. *Traverser une crise de désespoir.* **4.** *Traverser l'esprit :* se présenter rapidement à la pensée.

1. TRAVERSIER, ÈRE adj. **1.** Qui constitue une traverse. *Route, rue traversière.* **2.** Se dit d'une barque qui fait le va-et-vient entre deux points éloignés. **3.** *Flûte traversière* → ***flûte.***

2. TRAVERSIER n.m. **Canada.** Bac, ferry-boat.

TRAVERSIN n.m. **1.** Coussin long et cylindrique qui occupe toute la largeur à la tête du lit. **2.** Fonçaille.

TRAVERSINE n.f. Traverse d'une clôture.

TRAVERTIN n.m. (it. *travertino*). Roche calcaire présentant des cavités garnies de cristaux, employée en construction.

TRAVESTI n.m. **1.** Vêtement qui permet de se déguiser en un personnage ; personne ainsi déguisée. **2.** Homosexuel travesti en femme. Abrév. (pop.) : *travelo.* **3.** Rôle d'un personnage du sexe opposé à celui de l'interprète. *Jouer, danser un travesti.*

TRAVESTIR v.t. (it. *travestire*). **1.** Déguiser avec les vêtements d'un autre sexe, d'une autre condition. **2.** Transformer, rendre méconnaissable, falsifier. *Travestir une pensée, la vérité.* **3.** *Bal travesti :* bal où les danseurs sont déguisés. ◆ **se travestir** v.pr. Revêtir un déguisement.

TRAVESTISME ou **TRANSVESTISME** n.m. Adoption par certains sujets des vêtements et des habitudes sociales du sexe opposé. SYN. : *éonisme.*

TRAVESTISSEMENT n.m. Action ou manière de travestir ou de se travestir ; déguisement.

TRAVIOLE (DE) loc. adv. Pop. De travers.

TRAX n.m. (abrév. de *traxcavator*). Suisse. Bulldozer.

TRAYEUR, EUSE [trɛjœr, øz] n. Personne qui trait les femelles d'animaux domestiques (vaches, chèvres, brebis).

TRAYEUSE n.f. Machine à traire.

TRAYON [trɛjɔ̃] n.m. (de *traire*). Extrémité du pis d'une vache, d'une chèvre, etc.

TRÉBUCHANT, E adj. **1.** Qui hésite, est irrégulier. *Une démarche trébuchante.* **2.** Se disait autrefois d'une monnaie ayant le bon poids. ◇ Mod. *Espèces sonnantes et trébuchantes :* argent liquide.

TRÉBUCHER v.i. (anc. fr. *tres,* au-delà, et *buc,* tronc du corps). **1.** Perdre l'équilibre en butant sur un objet ou en posant mal son pied. *Trébucher sur une pierre.* **2.** Être arrêté par une difficulté. *Trébucher sur un mot.* ◆ v.t. TECHN. Peser au trébuchet.

TRÉBUCHET n.m. **1.** Piège pour les petits oiseaux. **2.** Petite balance de précision pour peser de très faibles quantités de matière.

TRÉCHEUR n.m. → ***trescheur.***

TRÉFILAGE n.m. MÉTALL. Opération destinée à diminuer le diamètre d'un fil métallique par traction à travers une filière.

TRÉFILER v.t. (lat. *trans,* au-delà, et *fil*). MÉTALL. Réduire la section d'un fil par tréfilage.

TRÉFILERIE n.f. Établissement industriel, atelier dans lequel s'effectue le tréfilage.

TRÉFILEUR, EUSE n. Ouvrier(ère) qui tréfile ; industriel qui exploite une tréfilerie.

TRÈFLE n.m. (gr. *triphullon,* de *treîs,* trois, et *phullon,* feuille). **1.** Plante herbacée, à feuilles composées de trois folioles et à fleurs blanches, roses ou pourpres, dont plusieurs espèces cultivées constituent d'excellents fourrages, comme le trèfle incarnat, ou *farouch.* (Famille des papilionacées.) ◇ *Trèfle cornu :* lotier. – *Trèfle d'eau :* ményanthe. **2.** Objet, motif ayant la forme de la feuille de cette plante. *Un trèfle en or.* – *Carrefour en trèfle :* croisement de routes à des niveaux différents, affectant la forme d'un trèfle à quatre feuilles. ◇ ARCHIT. MÉDIÉV. Jour ou ornement composé de trois cercles sécants qui ont leurs centres respectifs à chacun des sommets d'un triangle équilatéral. **3.** Une des quatre couleurs du jeu de cartes, dont la marque est un trèfle noir. **4.** Arg., vieilli. Argent.

trèfles

TRÉFLÉ, E adj. **1.** Qui a la forme d'un trèfle. **2.** Se dit du plan du chœur d'une église présentant trois absides arrondies.

TRÉFLIÈRE n.f. Champ de trèfle.

TRÉFONCIER, ÈRE adj. DR. Relatif à la redevance due au propriétaire du sol par l'exploitant de la mine.

TRÉFONDS n.m. **1.** Litt. Ce qu'il y a de plus secret, de plus intime. *Ces mots retentirent* *jusqu'au tréfonds de son être.* **2.** DR. Ce qui est au-dessous du sol, d'un terrain.

TRÉGORROIS, E ou **TRÉGOROIS, E** adj. et n. De Tréguier et de sa région.

TRÉHALOSE n.m. BIOCHIM. Hydrate de carbone présent dans certains champignons et qui, par hydrolyse, se décompose en deux molécules de glucose.

TREILLAGE [trɛjaʒ] n.m. Assemblage de lattes en treillis ; clôture à claire-voie.

TREILLAGER v.t. [17]. Garnir de treillage.

TREILLAGEUR n.m. Personne qui fabrique ou vend des treillages ou des treillis.

TREILLE n.f. (lat. *trichila,* tonnelle). **1.** Ceps de vigne qui s'élèvent contre un mur, un treillage, un arbre. ◇ *Le jus de la treille :* le vin. **2.** Berceaux de treillage soutenant des plantes grimpantes, décorant des jardins.

1. TREILLIS [trɛji] n.m. (de *treille*). **1.** Ouvrage de métal, de bois, etc., imitant les mailles d'un filet et qui sert de clôture. **2.** Ouvrage de charpente en bois ou en métal, fait de barres, de poutrelles entrecroisées. **3.** MATH. Ensemble ordonné dans lequel tout couple d'éléments admet une borne supérieure et une borne inférieure.

2. TREILLIS [trɛji] n.m. (lat. pop. *trilicius,* de *trilix, -icis,* tissé de trois fils). **1.** Toile écrue, autrefois en chanvre, très grosse et très forte. *Pantalon de treillis.* **2.** Vêtement de travail ou d'exercice fait dans cette toile ; tenue de combat des militaires.

TREILLISSER v.t. Garnir de treillis.

TREIZE adj. num. et n.m. inv. (lat. *tredecim*). **1.** Douze plus un. ◇ *Treize à la douzaine :* treize objets donnés pour douze payés. **2.** Treizième. *Louis treize.*

TREIZIÈME adj. num. ord. et n. **1.** Qui occupe un rang marqué par le numéro treize. **2.** Qui se trouve treize fois dans le tout.

TREIZIÈMEMENT adv. En treizième lieu, dans une énumération.

TREIZISTE n.m. Joueur de rugby à treize.

TREKKING [trɛkiŋ] ou **TREK** n.m. (angl. *to trek,* cheminer). Randonnée pédestre en haute montagne.

TRÉMA n.m. (gr. *trêma,* point). Signe constitué de deux points juxtaposés, que l'on met sur les voyelles *e, i, u* pour indiquer que la voyelle qui précède doit être prononcée séparément (par ex. *ciguë, naïf*).

TRÉMAIL n.m. → ***tramail.***

TRÉMATAGE n.m. Action de trémater. ◇ *Droit de trématage :* droit que possèdent certaines catégories de bateaux de passer les premiers aux écluses.

TRÉMATER v.t. Dépasser un bateau, sur une voie d'eau navigable.

TRÉMATODE n.m. (gr. *trêmatôdês,* troué). *Trématodes :* classe de vers plats non annelés, parasites des vertébrés, à évolution larvaire complexe, tels que la douve du foie du mouton. (Embranchement des platodes ou plathelminthes.)

TREMBLAIE n.f. Lieu planté de trembles.

TREMBLANT, E adj. Qui tremble. *Voix tremblante.*

TREMBLANTE n.f. VÉTÉR. Maladie virale, mortelle, des moutons, caractérisée par un tremblement musculaire.

TREMBLE n.m. (lat. *tremulus,* tremblant). Peuplier de l'Europe occidentale, aux feuilles agitées par le moindre vent, dont le bois, blanc et tendre, est utilisé en menuiserie et peut fournir de la pâte à papier.

TREMBLÉ, E adj. *Écriture tremblée,* tracée par une main tremblante. – *Sons tremblés,* qui varient rapidement d'intensité.

TREMBLEMENT n.m. **1.** Agitation de ce qui tremble. *Tremblement de main.* **2.** *Tremblement de terre :* séisme. **3.** MUS. Trille. **4.** Fam. *Et tout le tremblement :* tout le reste.

TREMBLER v.i. (lat. pop. *tremulare,* de *tremere,* trembler). **1.** Bouger, être agité de mouvements répétés de faible amplitude. *Les feuilles des arbres tremblent.* **2.** Avoir le corps agité de petits mouvements musculaires vifs et involontaires. *Trembler de froid, de peur. Ses mains tremblent.* **3.** Être l'objet d'un séisme. *La terre a tremblé en Italie.* **4.** Éprouver une grande crainte, une vive émotion ; appréhender, redouter. *Il tremble d'apprendre la vérité.*

1. TREMBLEUR, EUSE adj. et n. Qui tremble ; personne craintive, timide à l'excès.

2. TREMBLEUR n.m. Appareil à lame flexible qui interrompt et rétablit le passage d'un courant électrique à de très courts intervalles.

TREMBLOTANT, E adj. Qui tremblote.

TREMBLOTE n.f. Fam. *Avoir la tremblote :* trembler de froid ou de peur.

TREMBLOTEMENT n.m. Fam. Léger tremblement.

TREMBLOTER v.i. Trembler un peu, vaciller.

TRÉMELLE n.f. (lat. *tremulus,* tremblant). Champignon gélatineux, doré ou orangé, apparaissant en hiver sur les branches mortes. (Classe des basidiomycètes.)

TRÉMIE n.f. (lat. *trimodia,* vase de la contenance de trois muids). **1.** Réservoir en forme de pyramide quadrangulaire tronquée et renversée faisant partie d'une machine de triage, de broyage, etc. **2.** Espace réservé dans un plancher pour l'âtre d'une cheminée ou pour une circulation verticale (gaine, cage d'escalier, etc.). **3.** Mangeoire pour la volaille. **4.** Pyramide creuse résultant de la cristallisation lente d'une saumure.

TRÉMIÈRE adj.f. (altér. de *rose d'outre-mer*). *Rose trémière* → ***rose.***

TRÉMOLITE n.f. MINÉR. Silicate naturel du genre amphibole.

TRÉMOLO n.m. (it. *tremolo,* tremblement de la voix). **1.** Répétition très rapide d'un même son avec un instrument à cordes frottées. **2.** Tremblement de la voix indiquant une forte émotion, souvent feinte ou exagérée.

TRÉMOUSSEMENT n.m. Action de se trémousser. *Trémoussement de hanches.*

TRÉMOUSSER (SE) v.pr. Bouger son corps en tous sens, balancer les hanches, les épaules. *Les couples dansaient en se trémoussant.*

TREMPABILITÉ n.f. MÉTALL. Aptitude d'un alliage à subir la trempe sur une épaisseur plus ou moins forte.

TREMPAGE n.m. Action de tremper qqch dans un liquide ; fait de tremper. *Le trempage des cuirs.* ◇ Spécialt. Opération qui consiste à laisser tremper le linge sale dans une eau savonneuse pour le décrasser avant le lavage.

TREMPE n.f. (de *tremper*). **1.** Traitement thermique qui permet d'obtenir à température ambiante, grâce au refroidissement rapide d'un produit métallurgique ou du verre, soit une structure stable à chaud, soit une structure dérivée de cette dernière. **2.** Fermeté morale, intellectuelle ; énergie en face des épreuves. **3.** Pop. Volée de coups, correction.

TREMPÉ, E adj. **1.** Abondamment mouillé, imbibé ou recouvert d'eau. ◇ *Trempé comme une soupe* ou *jusqu'aux os :* très mouillé. **2.** Se dit d'un métal, du verre qui a subi l'opération de la trempe. **3.** *Bien trempé,* se dit de qqn qui a de la trempe, de l'énergie.

TREMPER v.t. (lat. *temperare,* modérer). **1.** Plonger dans un liquide, imbiber de ce liquide. *Tremper sa plume dans l'encre.* ◇ *Tremper la soupe :* verser le bouillon sur le pain. – *Tremper son vin,* y mettre beaucoup d'eau. **2.** Soumettre à la trempe (un métal, le verre). ◆ v.i. **1.** Demeurer quelque temps dans un liquide. **2.** Être complice de ; participer à une action condamnable. *Tremper dans un crime.*

TREMPETTE n.f. Fam. *Faire trempette :* prendre un bain très court, ou dans une eau peu profonde.

TREMPEUR n.m. et adj.m. Ouvrier qui trempe.

TREMPLIN n.m. (it. *trampolino,* de *trampolo,* échasse). **1.** Planche élastique sur laquelle un sauteur ou un plongeur prend son appel. **2. a.** Plan incliné couvert de neige sur lequel un skieur prend son élan pour un saut. **b.** Plan incliné flottant destiné au même usage pour le ski nautique. **3.** Ce dont on se sert pour arriver à un résultat.

TRÉMULANT, E adj. Litt. Qui est agité d'un tremblement. ◆ adj. et n. Qui présente des trémulations.

TRÉMULATION n.f. (lat. *tremulare,* trembloter). MÉD. Tremblement.

TRÉMULER v.i. Litt. Être agité d'un tremblement.

TRÉNAIL n.m. (angl. *treenail,* de *tree,* arbre, et *nail,* clou) [pl. *trénails*]. Cheville qui sert à assujettir les tire-fond dans les traverses de chemin de fer.

TRENCH-COAT [trɛnʃkot] ou **TRENCH** n.m. (mot angl., de *trench,* tranchée, et *coat,* manteau) [pl. *trench-coats, trenchs*]. Imperméable croisé, ceinturé, avec col à revers et rabats extérieurs de dos et de poitrine.

TREND [trɛnd] n.m. (mot angl.). ÉCON. Mouvement économique de longue durée.

TRENTAIN n.m. *Trentain grégorien :* série de trente messes célébrées durant trente jours consécutifs pour un défunt.

TRENTAINE n.f. **1.** Nombre de trente ou environ. **2.** Âge approximatif de trente ans. *Avoir passé la trentaine.*

TRENTE adj. num. et n.m. inv. (lat. *triginta*). **1.** Trois fois dix. ◇ Fam. *Se mettre sur son trente et un :* être habillé de ses plus beaux vêtements. **2.** Au tennis, deuxième point que l'on peut marquer dans un jeu. **3.** Trentième. *La page trente.*

TRENTE-ET-QUARANTE n.m. inv. Jeu de casino dans lequel le banquier aligne des cartes dont le total des points doit se situer entre 30 et 40.

TRENTENAIRE adj. Qui dure trente ans ; qui existe depuis trente ans. ◆ adj. et n. Qui a entre trente et quarante ans.

TRENTE-SIX adj. num. et n.m. inv. Fam. **1.** (Indiquant une grande quantité). *Il fait trente-six choses à la fois.* **2.** *Tous les trente-six du mois :* très rarement ; jamais.

TRENTIÈME adj. num. ord. et n. **1.** Qui occupe un rang marqué par le numéro trente. **2.** Qui se trouve trente fois dans le tout.

TRÉPAN n.m. (gr. *trupanon,* tarière). **1.** TECHN. Outil qui, dans le sondage, attaque par percussion ou rotation le terrain sur tout le fond du trou. **2.** CHIR. Instrument avec lequel on perce les os, en partic. la boîte crânienne.

TRÉPANATION n.f. Opération chirurgicale consistant à pratiquer une ouverture dans un os, en partic. dans la boîte crânienne, à l'aide du trépan.

TRÉPANER v.t. Pratiquer la trépanation sur.

TRÉPANG n.m. → ***tripang.***

TRÉPAS n.m. Litt. Décès, mort. ◇ *Passer de vie à trépas :* mourir.

TRÉPASSÉ, E n. Litt. Personne décédée. ◇ *La fête des Trépassés :* le jour des Morts, le 2 novembre.

TRÉPASSER v.i. (anc. fr. *tres,* au-delà, et *passer*). Litt. Mourir.

TRÉPHONE n.f. BIOL. Substance nutritive extraite des embryons, utilisée dans la culture des tissus animaux.

TRÉPIDANT, E adj. **1.** Qui est agité de trépidations. *Une voiture trépidante.* **2.** Se dit d'un mouvement vif et saccadé. *Danse trépidante.* **3.** *Vie trépidante,* pleine d'agitation, d'occupations.

TRÉPIDATION n.f. (lat. *trepidatio,* désordre). **1.** Tremblement continu et saccadé. **2.** Vive agitation, forte animation. *La trépidation de la vie parisienne.*

TRÉPIDER v.i. (lat. *trepidare,* s'agiter). Être agité de petites secousses rapides.

TRÉPIED n.m. Support ou siège à trois pieds.

TRÉPIGNEMENT n.m. Action de trépigner.

TRÉPIGNER v.i. (anc. fr. *treper,* frapper du pied ; du germ.). Frapper vivement et nerveusement des pieds contre terre. *Trépigner de colère.*

TRÉPOINTE n.f. Bande de cuir souple servant de support ou de renfort, en cordonnerie et bourrellerie.

TRÉPONÉMATOSE n.f. Maladie causée par un tréponème.

TRÉPONÈME n.m. (gr. *trepein,* tourner, et *nêma,* fil). Bactérie spiralée de la classe des spirochètes, comprenant les agents de la syphilis *(tréponème pâle)* et du pian *(tréponème pertenue).*

TRÈS adv. (lat. *trans,* au-delà). Indique l'intensité absolue d'un adj., d'un adv., d'une loc. verbale, etc. *Il est très riche. Avoir très froid.*

TRÉSAILLE n.f. (de l'anc. fr. *teseiller,* tendre). Pièce de bois qui maintient les ridelles d'une charrette.

TRESCHEUR ou **TRÉCHEUR** n.m. (de *tresser*). HÉRALD. Pièce constituée par un orle double, orné de fleurs de lis dirigées alternativement vers les bords et vers le cœur de l'écu.

TRÉSOR n.m. (lat. *thesaurus*). **I. 1.** Amas d'or, d'argent, de choses précieuses mis en réserve. **2.** Lieu d'une église où l'on garde les reliques, les ornements et les objets précieux. **3.** Objet précieux, caché ou enfoui, découvert par hasard. (Le trésor découvert sur le fonds d'autrui appartient par moitié à l'inventeur et par moitié au propriétaire du fonds.) **4.** *Le Trésor public* ou *le Trésor :* l'État dans l'exercice de ses compétences financières ; la direction du ministère des Finances qui fait des avances au budget ou conserve la charge de certaines dépenses des services et qui a pour mission d'assurer l'exécution du budget. **5.** Titre de certains ouvrages d'érudition. **II. 1.** Tout ce qui est précieux, excellent ; personne ou chose extrêmement utile. **2.** *Un trésor de :* une abondance précieuse de.

TRÉSORERIE n.f. **I. 1.** Administration du Trésor public. **2.** Bureau, fonction d'un trésorier-payeur général. **3.** Mode de conservation et de mouvement des fonds qui appartiennent à l'État ou à une personne publique. **4.** Ministère des Finances, en Grande-Bretagne. **II. 1.** COMPTAB. Ensemble des actifs liquides d'une entreprise, d'une association. ◇ *Rapport de trésorerie :* proportion, dans le bilan d'une entreprise, entre les valeurs disponibles et réalisables et les dettes à court terme. **2.** Cour. Budget, somme d'argent dont qqn dispose par rapport à sa gestion. *Des difficultés de trésorerie.*

TRÉSORIER, ÈRE n. Personne qui détient, comptabilise et gère les fonds d'une collectivité, d'une entreprise.

TRÉSORIER-PAYEUR n.m. (pl. *trésoriers-payeurs*). *Trésorier-payeur général :* comptable supérieur chargé d'assurer, dans le ressort d'une Région ou d'un département, les services extérieurs du Trésor.

TRESSAGE n.m. Action de tresser ; manière dont un objet est tressé.

TRESSAILLEMENT n.m. Brusque secousse de tout le corps, génér. à la suite d'une émotion vive.

TRESSAILLIR v.i. [47]. Sursauter, avoir un brusque mouvement involontaire du corps, en partic. sous le coup d'une émotion.

TRESSAUTER v.i. Litt. **1.** Tressaillir vivement. **2.** Être agité de secousses.

TRESSE n.f. (gr. *thrix,* poil). **1.** Forme obtenue par entrelacement de brins, de fils, de rubans, etc. *Faire une tresse avec du fil plastique.* **2.** Longue mèche de cheveux divisée en trois et entrelacée. SYN. : *natte.* **3.** ARCHIT. et ARTS DÉC. Ornement figurant des rubans entrelacés. **4.** Cordage plat, tressé à la main. **5.** Galon placé sur le bandeau du képi pour indiquer le grade.

TRESSER v.t. **1.** Arranger en tresse. *Tresser de l'osier.* **2.** Confectionner en entrelaçant des brins. *Tresser un panier.*

TRESSEUR, EUSE n. Personne qui tresse, qui sait tresser. *Tresseur de rotin.*

TRÉTEAU n.m. (lat. *transtillum*). Support formé d'une barre horizontale portée à chaque extrémité par deux pieds obliques et servant, par paire ou davantage, à soutenir une table, un plancher, une estrade, etc. ◇ Vx. *Monter sur les tréteaux :* se faire comédien.

TREUIL n.m. (lat. *torculum,* pressoir). Appareil dont l'élément essentiel est un cylindre horizontal, mobile autour de son axe, sur lequel s'enroule une corde ou un câble et qui sert à élever des fardeaux.

TREUILLAGE n.m. TECHN. Utilisation d'un treuil pour soulever des charges, pour lancer un planeur.

TREUILLER v.t. Lever ou déplacer au moyen d'un treuil.

TRÊVE n.f. (du francique). **1.** Cessation temporaire de tout acte d'hostilité. ◇ *Trêve des confiseurs :* période de calme social et politique correspondant aux fêtes de fin d'année. – HIST. *Trêve de Dieu :* aux Xe et XIe s., suspension des guerres féodales prescrite par l'Église pendant certains jours de la semaine et certaines périodes de l'année. ◇ *Sans trêve :* sans s'arrêter ; sans arrêt. **2.** Suspension d'attaques quelconques. *Mettez une trêve à vos disputes.* **3.** Temps d'arrêt dans qqch de difficile, de pénible ; répit. *Ses affaires ne lui laissent aucune trêve.* **4.** *Trêve de :* assez de, cessons cela. *Trêve de plaisanteries, il est temps d'agir.*

TRÉVIRE n.f. (de *virer*). MAR. Cordage frappé en double au sommet d'un plan incliné, pour la manutention de charges cylindriques.

TRÉVIRER v.t. Déplacer à l'aide de trévires.

TRÉVISE n.f. (de *Trévise,* n. pr.). Chicorée rouge d'origine italienne, à feuilles allongées, consommée comme salade.

TRI n.m. (de *trier*). **1.** Action de trier ; triage. *Le tri des lettres.* **2.** INFORM. Mise en ordre des informations en vue de leur traitement.

TRIACIDE n.m. Corps chimique qui possède trois fonctions acide.

TRIADE n.f. **1.** Didact. Groupe de trois personnes ou choses étroitement associées. **2.** Didact. Groupe de trois divinités associées dans un même culte. – *La triade capitoline :* Jupiter, Junon et Minerve. **3.** (Souvent au pl.). Organisation mafieuse active en Chine et dans la diaspora chinoise.

TRIADIQUE adj. **1.** Qui appartient à une triade. **2.** MATH. Se dit de l'écriture des nombres dans le système à base trois.

TRIAGE n.m. **1.** Action de trier, de répartir en choisissant. **2.** *Gare de triage :* gare spécialisée dont le rôle est de recevoir les trains de marchandises de diverses provenances, d'en trier les wagons par destinations pour former de nouveaux trains et de les expédier.

TRIAIRE n.m. (lat. *triarius*). ANTIQ. Soldat de la légion romaine combattant en troisième ligne.

TRIAL [trijal] n.m. (mot angl.) [pl. *trials*]. Sport motocycliste sur tous terrains, faisant surtout appel à la maniabilité de la machine, aux qualités d'adresse et d'équilibre du pilote.

TRIALCOOL ou **TRIOL** n.m. CHIM. Composé renfermant trois fonctions alcool.

TRIALLE n.f. Donax (mollusque).

TRIAMCINOLONE n.f. Corticoïde de synthèse, doué de puissantes propriétés anti-inflammatoires.

TRIANDRIE n.f. BOT. Caractère d'une plante à trois étamines.

TRIANGLE n.m. (lat. *triangulum,* de *tres,* trois, et *angulum,* angle). **1.** Polygone à trois côtés. (L'aire d'un triangle est égale au demi-produit de la longueur d'un côté par celle de la hauteur correspondante.) **2.** MUS. Instrument à percussion formé d'une tige d'acier recourbée en triangle.

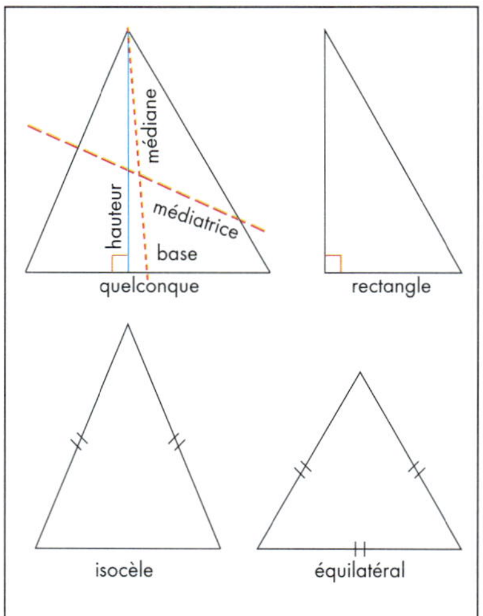

triangles

TRIANGULAIRE adj. **1.** En forme de triangle. **2.** Dont la base ou la section a la forme d'un triangle. *Pyramide, prisme triangulaire.* **3.** Qui se fait entre trois personnes, trois groupes ; qui met en jeu trois éléments. – *Élection triangulaire* ou *triangulaire,* n.f. : élection opposant trois candidats. **4.** HIST. *Commerce, trafic triangulaire :* aux XVIIe et XVIIIe s., forme particulière de la traite des Noirs, qui consistait à aller échanger sur les côtes africaines des produits européens (pacotille, notamm.) contre des esclaves, à transporter ceux-ci aux Antilles et à les y vendre, pour rapporter en Europe les produits antillais (sucre, cacao). [En France, Bordeaux et Nantes ont tiré une partie de leur richesse du trafic triangulaire.] **5.** ANAT. Se dit de divers muscles qui ont la forme d'un triangle.

TRIANGULATION n.f. **1.** Partage d'une surface terrestre en un réseau de triangles, pour mesurer une ligne géodésique ou pour dresser la carte d'une région. **2.** Composition artistique (architecture, peinture) fondée sur un système de triangles.

TRIANGULER v.t. Faire la triangulation de.

TRIAS [trijas] n.m. (gr. *trias,* groupe de trois). Première période de l'ère secondaire, d'une durée approximative de 35 millions d'années, marquée en Europe occidentale par le dépôt de trois faciès caractéristiques (grès bigarrés, calcaires coquilliers, marnes irisées), correspondant à trois phases sédimentaires.

TRIASIQUE adj. Relatif au trias.

TRIATHLÈTE n. Athlète spécialiste du triathlon, qui participe à un triathlon.

TRIATHLON n.m. SPORTS. Compétition enchaînant trois épreuves (natation, course cycliste sur route, course à pied).

TRIATOMIQUE adj. Se dit des corps dont la molécule est formée de trois atomes.

TRIBADE n.f. Litt. Femme homosexuelle.

TRIBADISME n.m. (du gr. *tribein,* frotter). Litt. Homosexualité féminine.

TRIBAL, E, AUX ou **ALS** adj. Relatif à la tribu.

TRIBALISME n.m. Organisation de type tribal.

TRIBALLE n.f. Tringlette de fer ou de bois, avec laquelle les fourreurs battent les peaux.

TRIBALLER v.t. Passer les peaux à la triballe.

TRIBART n.m. Entrave que l'on attache au cou des animaux pour réduire leur mobilité.

TRIBOÉLECTRICITÉ n.f. Électricité statique produite par frottement.

TRIBOÉLECTRIQUE adj. Relatif à la triboélectricité.

TRIBOLOGIE n.f. Science et technologie des frottements des surfaces en contact animées d'un mouvement relatif.

TRIBOLUMINESCENCE n.f. Luminescence provoquée par un choc, un frottement, une rupture.

TRIBOMÉTRIE n.f. (du gr. *tribein,* frotter). Mesure des forces de frottement.

TRIBORD n.m. (du moyen néerl.). MAR. Côté droit d'un navire, quand on regarde vers l'avant (par opp. à *bâbord*). *Le feu de tribord est vert.*

TRIBORDAIS n.m. MAR. Homme de l'équipage faisant partie du quart de tribord.

TRIBOULET n.m. Tige de forme tronconique et calibrée qui sert au bijoutier pour mesurer le diamètre des bagues.

TRIBU n.f. (lat. *tribus*). **1.** Groupement de familles de même origine, vivant dans la même région ou se déplaçant ensemble, et ayant une même organisation politique, les mêmes croyances religieuses et, le plus souvent, une même langue. **2.** ANTIQ. **a.** À Rome, ensemble de dix curies. **b.** En Grèce, groupe de plusieurs phratries. **c.** *Les douze tribus d'Israël,* issues, selon la tradition, des douze fils de Jacob. **2.** Fig. (Souvent iron.). Groupe nombreux ; grande famille unie par des règles, des traditions. **3.** SC. DE LA V. Niveau de classification intermédiaire entre la famille et le genre.

TRIBULATIONS n.f. pl. (bas lat. *tribulatio,* tourment). Suite d'aventures plus ou moins désagréables, de revers, d'obstacles surmontés.

TRIBUN n.m. (lat. *tribunus*). **1.** ANTIQ. ROM. **a.** Magistrat romain chargé, à l'origine, de l'administration d'une tribu. **b.** *Tribun de la plèbe :* magistrat romain, élu par les comices tributes et chargé de défendre les intérêts de la plèbe. **c.** *Tribun militaire* ou *des soldats :* l'un

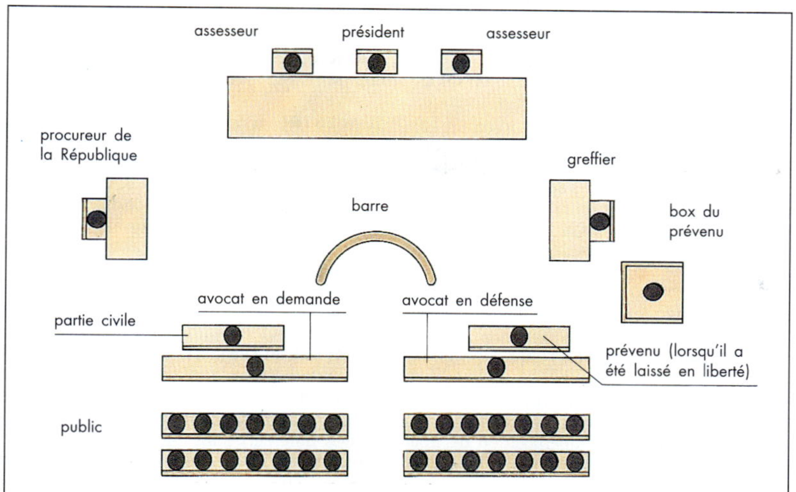

tribunal : configuration et composition d'un tribunal correctionnel

des six officiers supérieurs à la tête d'une légion romaine après la réforme de Marius. **2.** HIST. Membre du Tribunat, en France, sous le Consulat et l'Empire. **3.** Orateur populaire, à l'éloquence puissante et directe.

TRIBUNAL n.m. (mot lat., *tribune*) [pl. *tribunaux*]. **1.** Juridiction formée d'un ou de plusieurs magistrats qui jugent ensemble. **2.** Ensemble des magistrats qui composent une telle juridiction. **3.** Lieu où siègent les magistrats. **4.** Fig., litt. Ce que l'on considère comme jouant le rôle d'un juge. *Le tribunal de l'histoire.*

TRIBUNAT [-na] n.m. ANTIQ. ROM. Charge de tribun ; exercice de cette charge.

TRIBUNE n.f. (lat. médiév. *tribuna*). **1.** Emplacement surélevé, estrade d'où un orateur s'adresse à une assemblée. **2.** (Souvent pl.). Espace muni de gradins, le plus souvent couvert, d'où l'on regarde une course de chevaux, une manifestation sportive, etc. **3.** Galerie surélevée réservée à certaines personnes dans les grandes salles d'assemblée. **4.** Galerie ou plate-forme élevée, à usage varié, dans un lieu public, une grande salle, un édifice cultuel (au-dessus des collatéraux de la nef et du chœur, ou supportant le buffet d'orgues, dans une église). **5.** Émission, page de journal, etc., offerts par un média à qqn, à un groupe pour qu'il exprime publiquement ses idées, une doctrine, etc. *Ce journal lui a offert une tribune.* – *Tribune libre* : article émanant d'une personnalité extérieure à la rédaction d'un journal et qui n'engage pas l'opinion de ce dernier.

TRIBUT n.m. (lat. *tributum*, impôt). **1.** Ce qu'un peuple, un État était obligé de fournir à un autre dont il était dépendant. **2.** Litt. Dommage, sacrifice, perte subie du fait de qqch ou pour qqch. *Payer un lourd tribut à la guerre.*

TRIBUTAIRE adj. **1.** Dépendant de. *Être tributaire de l'étranger pour l'énergie.* **2.** GÉOGR. Se dit d'un cours d'eau qui se jette dans un autre, dans un lac ou dans la mer. **3.** HIST. Qui paie tribut.

TRIBUTE adj. (du lat. *tribus*, tribu). ANTIQ. ROM. *Comices tributes* : comices où les citoyens délibéraient, par tribus.

TRIC n.m. → ***trick.***

TRICALCIQUE adj. Qui renferme trois atomes de calcium. *Phosphate tricalcique* $[Ca_3 (PO_4)_2]$.

TRICENNAL, E, AUX adj. De trente ans.

TRICENTENAIRE n.m. Troisième centenaire. ◆ adj. Qui a trois cents ans.

TRICÉPHALE adj. (du gr. *kephalê*, tête). Qui a trois têtes. *Monstre tricéphale.*

TRICEPS [trisɛps] adj. et n.m. (lat. *triceps*, triple). Se dit d'un muscle dont l'une des insertions se fait par trois faisceaux, ou chefs. *Triceps brachial.*

TRICÉRATOPS [triseratɔps] n.m. (gr. *keras*, corne, et *ôps*, vue). Reptile fossile du crétacé des États-Unis, dont la tête était pourvue de trois cornes. (Long. 8 m.)

TRICHE n.f. Fam. Fait de tricher.

TRICHER v.i. (lat. *tricari*, chicaner). **1.** Enfreindre les règles d'un jeu, d'un sport, pour gagner. *Tricher aux cartes.* **2.** Enfreindre certaines règles, certaines conventions explicites ou d'usage en affectant de les respecter. *Tricher en affaires.* ◆ v.t. ind. ***(sur)***. **1.** Tromper, mentir sur la valeur, la quantité de qqch. *Tricher sur le poids. Tricher sur son âge.* **2.** Dissimuler un défaut par un artifice ou par un procédé de métier. *Tricher un peu sur les raccords.*

TRICHERIE n.f. **1.** Action de tricher. **2.** Tromperie, abus de confiance.

TRICHEUR, EUSE adj. et n. Qui triche.

TRICHINE [trikin] n.f. (gr. *thrix, thrikhos*, cheveu). Ver parasite vivant à l'état adulte dans l'intestin du rat et, à l'état larvaire, dans ses muscles. (L'homme et le porc peuvent aussi être infestés.) [Long. 2 à 4 mm ; classe des nématodes.]

TRICHINÉ, E [-ki-] adj. Envahi de trichines.

TRICHINEUX, EUSE [-ki-] adj. Se dit d'un individu ou d'un animal atteint de trichinose.

TRICHINOSE [-ki-] n.f. Maladie grave provoquée par les trichines.

TRICHITE [-kit] n.f. MINÉR. Groupe de fins cristaux, ressemblant à des paquets de fils.

TRICHLORÉTHYLÈNE [-klɔ-] n.m. Composé de formule $CHCl{=}CCl_2$, liquide ininflammable employé comme solvant.

TRICHOCÉPHALE [-kɔsefal] n.m. Ver nématode, parasite de l'intestin de l'homme et de quelques mammifères. (Long. 3 à 5 cm.)

TRICHOGRAMME [-kɔ-] n.m. Insecte hyménoptère qui parasite le ver de la pomme et protège ainsi les récoltes de ce fruit.

TRICHOLOME [-kɔlom] n.m. (gr. *thrix, thrikhos*, cheveu, et *lôma*, frange). Champignon à lames, qui pousse dans les bois ou les prés. (Le *tricholome de la Saint-Georges* est aussi appelé *mousseron*.)

tricholomes

TRICHOMA [-kɔ-] ou **TRICHOME** [-kom] n.m. (gr. *trikhôma*). MÉD. Feutrage des cheveux, produit par l'accumulation de poussière, de matière sébacée et de parasites. SYN. (vieilli) : *plique*.

TRICHOMONAS [-kɔmɔnas] n.m. (gr. *thrix, thrikhos*, cheveu, et *monas*, seul). Protozoaire flagellé, parasite vaginal et intestinal de l'espèce humaine et de divers animaux, agent de maladies sexuellement transmissibles.

TRICHOPHYTON [-kɔfitɔ̃] n.m. (gr. *thrix*, poil, et *phuton*, végétal). Champignon dermatophyte provoquant des mycoses de la peau et des teignes du cuir chevelu.

TRICHOPTÈRE [-kɔptɛr] n.m. *Trichoptères* : ordre d'insectes à métamorphoses complètes, dont la larve est aquatique et se fabrique un fourreau protecteur, tels que la phrygane.

TRICHROME [-krom] adj. Se dit d'une image obtenue par trichromie.

TRICHROMIE [-kro-] n.f. (du gr. *khrôma*, couleur). Ensemble des procédés photomécaniques de reproduction en couleurs, dans lesquels toutes les teintes sont obtenues à l'aide des trois couleurs primaires.

TRICK ou **TRIC** [trik] n.m. (angl. *trick*). Au bridge, tout pli au-delà du sixième.

TRICKSTER [trikstɛr] n.m. (mot angl., *filou*). Personnage mythologique qui joue le rôle de celui qui dérange l'ordre, qui plaisante sur les choses sacrées.

TRICLINIQUE adj. MINÉR. Se dit d'un système cristallin dans lequel la maille primitive est un parallélépipède à base losange.

TRICLINIUM [-njɔm] n.m. (gr. *treis*, trois, et *klinê*, lit). ANTIQ. ROM. **1.** Lit à trois places sur lequel les Romains s'étendaient pour manger. **2.** Salle à manger, généralement à trois lits, de la maison romaine.

TRICOISES n.f. pl. (altér. de *tenailles turcoises*, tenailles turques). **1.** Clé utilisée par les pompiers pour serrer ou desserrer les raccords des tuyaux, manœuvrer certains robinets, etc. **2.** Tenailles de maréchal-ferrant.

TRICOLORE adj. **1.** Qui a trois couleurs. **2.** Se dit des trois couleurs bleu, blanc et rouge, emblème de la nation française, d'une fonction officielle. *Écharpe tricolore.* (L'origine du drapeau tricolore remonte à juillet 1789, où l'on réunit d'abord sur une cocarde le blanc, couleur du roi, avec le bleu et le rouge, couleurs de Paris, symbole de l'union de la royauté et du peuple.) ◆ adj. et n. Qui porte les couleurs de la France. *Les tricolores ont gagné le match.*

TRICÔNE n.m. MIN. Trépan de sondage par rotation comportant trois molettes dentées.

TRICONTINENTAL, E, AUX adj. Qui concerne les trois continents (Afrique, Asie, Amérique latine) marqués par le sous-développement.

TRICORNE n.m. (lat. *tricornis*, à trois cornes). Chapeau à bords repliés en trois cornes.

TRICOT n.m. **1.** Étoffe à mailles tricotées. **2.** Article vestimentaire fait avec cette étoffe. **3.** Action de tricoter ; ouvrage ainsi réalisé. *Faire du tricot.*

TRICOTAGE n.m. Action de tricoter ; travail de qqn qui tricote.

TRICOTER v.t. (moyen fr. *tricoter*, sauter, de *tricot*, gourdin). **1.** Former et entrelacer des mailles de fil textile avec des aiguilles spéciales pour en faire un tissu, un ouvrage de couture. ◇ *Machine à tricoter* : machine permettant d'exécuter un tricot. SYN. : *tricoteuse*. **2.** Travailler un fil textile de cette façon. **3.** Former une maille en l'entrelaçant avec la précédente. ◆ v.i. Fam. Remuer vivement les jambes pour courir, danser, pédaler, etc.

TRICOTETS [-kɔtɛ] n.m. pl. Danse ancienne, gaie et rapide.

TRICOTEUR, EUSE n. Personne qui tricote.

TRICOTEUSE n.f. **1.** Machine à tricoter. **2.** HIST. *Les tricoteuses* : femmes du peuple qui, pendant la Révolution, assistaient en tricotant aux séances des assemblées populaires.

TRICOUNI n.m. (nom déposé). Anc. Lame métallique crénelée servant d'antidérapant et fixée sous les chaussures des alpinistes.

TRICOURANT adj. inv. Capable de fonctionner avec trois types de courant électrique.

TRICTRAC n.m. (onomat.). Jeu qui se joue avec des dames et des dés sur un tableau spécial à deux compartiments, ancêtre du jacquet.

TRICUSPIDE adj. (du lat. *cuspis*, pointe). ANAT. *Valvule tricuspide* : valvule composée de trois valves triangulaires, annexée à l'orifice auriculo-ventriculaire droit du cœur.

TRICYCLE n.m. **1.** Petit vélo d'enfant à trois roues, dont deux à l'arrière. **2.** Petit véhicule à moteur à trois roues.

TRIDACNE n.m. (gr. *tridaknos,* dont on ne peut faire moins de trois bouchées). Mollusque bivalve géant des mers chaudes, appelé aussi *bénitier.*

tridacne

TRIDACTYLE adj. Se dit d'un membre de vertébré terminé par trois doigts.

TRIDENT n.m. (lat. *tridens,* à trois dents). **1.** Fourche à trois pointes servant à harponner les poissons. (Ce fut l'attribut de nombreuses divinités marines et en particulier de Neptune.) **2.** Bêche ou fourche à trois dents.

TRIDENTÉ, E adj. Qui présente trois dents.

TRIDI n.m. Troisième jour de la décade du calendrier républicain.

TRIDIMENSIONNEL, ELLE adj. Qui s'étend dans les trois dimensions de l'espace.

TRIÈDRE adj. (du gr. *hedra,* base). MATH. Qui présente trois faces. ◆ n.m. Figure géométrique formée de trois demi-droites non coplanaires *(arêtes)* de même origine *(sommet).* [Chacun des trois angles définis par les arêtes est une face du trièdre.]

TRIENNAL, E, AUX adj. (bas lat. *triennalis,* de *annus,* année). Qui dure trois ans ; qui revient tous les trois ans.

TRIER v.t. (bas lat. *tritare*). **1.** Choisir parmi plusieurs certains éléments, en les séparant du reste ; sélectionner. **2.** Répartir (des objets) suivant certains critères. *Trier des lettres.*

TRIÉRARQUE n.m. (gr. *triêrês,* trière, et *arkhein,* commander). ANTIQ. GR. **1.** Commandant d'une trière. **2.** Riche citoyen tenu d'équiper à ses frais une trière, à Athènes.

TRIÈRE n.f. (gr. *triêrês*) ou **TRIRÈME** n.f. (lat. *triremis*). ANTIQ. GR. Navire de guerre à trois rangs de rameurs superposés.

TRIESTER [triɛstɛr] n.m. CHIM. Corps possédant trois fois la fonction ester.

1. TRIEUR, EUSE n. Personne qui trie.

2. TRIEUR n.m. TECHN. Appareil mécanique de triage.

TRIEUSE n.f. Machine de bureau permettant de classer à grande vitesse des cartes perforées.

TRIFIDE adj. (lat. *trifidus,* fendu en trois). Se dit des organes qui présentent trois lobes ou expansions.

TRIFOLIÉ, E adj. Se dit d'une feuille composée de trois folioles, comme celle du trèfle.

TRIFONCTIONNEL, ELLE adj. Relatif à la trilogie que formaient les dieux indo-européens.

TRIFORIUM [-fɔrjɔm] n.m. (mot angl. ; du lat.). ARCHIT. Dans une église, étroite galerie au-dessus des grandes arcades ou de la tribune, ouverte par une suite de baies sur la nef (vaisseau central en général) ou le chœur.

TRIFOUILLER v.i. Fam. Fouiller sans méthode, en bouleversant, en abîmant.

TRIGÉMELLAIRE adj. (lat. *gemellus,* jumeau). Se dit d'une grossesse à trois fœtus.

TRIGÉMINÉ, E adj. MINÉR. Se dit d'une forme cristalline qui comporte trois paires d'éléments, six éléments disposés deux à deux.

TRIGLE n.m. (gr. *triglê*). Grondin.

TRIGLYCÉRIDE n.m. Lipide formé par l'estérification du glycérol par trois acides gras. (Les triglycérides se trouvent dans le sang au taux de 0,50 à 1,80 par litre à l'état normal.)

TRIGLYPHE n.m. (gr. *trigluphos*). ARCHIT. Ornement de la frise dorique, composé de deux glyphes et de deux demi-glyphes. *Les triglyphes alternent avec les métopes.*

1. TRIGONE [-gon] adj. et n.m. (gr. *trigônos,* à trois angles). Didact. Qui présente trois angles.

2. TRIGONE n.m. ANAT. Lame de substance blanche placée au-dessous du corps calleux, au-dessus du troisième ventricule, dont elle constitue la voûte.

TRIGONELLE n.f. (lat. *trigonus,* triangulaire). Papilionacée, voisine des trèfles et dont l'espèce la plus connue est le fenugrec.

TRIGONOCÉPHALE n.m. Serpent voisin du crotale, très venimeux, d'Asie et d'Amérique, appelé aussi *mocassin d'eau.*

TRIGONOMÉTRIE n.f. (gr. *trigônon,* triangle). MATH. Étude des propriétés des fonctions circulaires des angles et des arcs (sinus, cosinus, tangente). [Elle permet de calculer les mesures des côtés d'un triangle ou de ses angles à partir de certaines d'entre elles, notamm. en astronomie.]

TRIGONOMÉTRIQUE adj. Relatif à la trigonométrie, aux fonctions circulaires. *Tables trigonométriques.*

TRIGONOMÉTRIQUEMENT adv. Suivant les procédés de la trigonométrie.

TRIGRAMME n.m. **1.** Mot de trois lettres. **2.** Sigle constitué de trois caractères réunis. **3.** Figure formée par la superposition de trois lignes, utilisée dans la divination chinoise.

TRIJUMEAU adj.m. et n.m. ANAT. Se dit du nerf crânien de la cinquième paire, qui se divise en trois branches, qui sont le nerf ophtalmique et les nerfs maxillaires supérieur et inférieur.

TRILATÉRAL, E, AUX adj. Qui a trois côtés.

TRILINGUE adj. et n. (lat. *lingua,* langue). Qui parle trois langues. ◆ adj. Écrit en trois langues.

TRILITÈRE adj. (du lat. *littera,* lettre). Se dit d'un mot composé de trois lettres.

TRILLE n.m. (it. *trillo,* tremblement). MUS. Ornement qui consiste dans le battement rapide et plus ou moins prolongé d'une note avec la note conjointe supérieure. SYN. : *tremblement.*

TRILLER v.i. Exécuter un trille.

TRILLION [triljɔ̃] n.m. Un million de billions, soit 10^{18}.

TRILOBÉ, E adj. Didact. À trois lobes, ou en forme de trèfle.

TRILOBITE n.m. (lat. *tres,* trois, et *lobus,* lobe). *Trilobites :* classe d'arthropodes marins fossiles de l'ère primaire, dont le corps était divisé en trois parties.

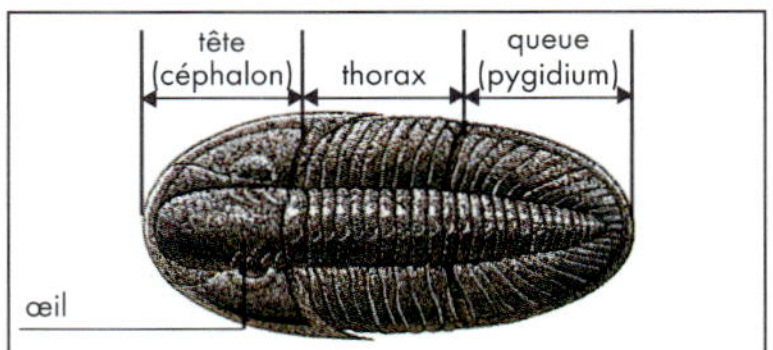

trilobite

TRILOCULAIRE adj. BOT. Divisé en trois loges.

TRILOGIE n.f. (du gr. *logos,* discours). **1.** Série de trois œuvres dont les sujets sont liés. **2.** LITTÉR. Chez les Grecs, ensemble des trois tragédies que devait présenter chacun des concurrents dans les concours dramatiques. (Ces trois pièces, portant sur un même thème, formaient d'abord un ensemble dont les trois moments étaient reliés logiquement et chronologiquement [*trilogie liée*] ; puis, à partir de Sophocle, chacune des pièces acquit son autonomie [*trilogie libre*].)

TRILOGIQUE adj. De la trilogie.

TRIMARAN n.m. (de *tri-,* trois, et de [*cata*]*maran*). Voilier comportant trois coques parallèles.

TRIMARD n.m. (de *trimer*). Pop. et vx. Route, chemin.

TRIMARDER v.i. (de *trimard*). Pop. et vx. Vagabonder, aller de région en région.

TRIMARDEUR n.m. Pop. et vx. Vagabond, et particulièrement ouvrier allant de ville en ville pour chercher du travail.

TRIMBALAGE, TRIMBALLAGE, TRIMBALEMENT ou **TRIMBALLEMENT** n.m. Fam. Action de trimbaler.

TRIMBALER ou **TRIMBALLER** v.t. (anc. fr. *tribaler,* remuer). Fam. Traîner partout avec soi. *Trimbaler ses valises.* ◇ Fam. *Qu'est-ce qu'il trimbale ! :* ce qu'il est stupide ! ◆ **se trimbaler** v.pr. Fam. Se déplacer, aller et venir.

TRIMER v.i. Fam. Travailler dur ; se donner beaucoup de peine.

TRIMÈRE adj. (de *tri-,* trois, et gr. *meros,* partie). BOT. Qui présente une symétrie axiale d'ordre 3.

TRIMESTRE n.m. (lat. *trimestris*). **1.** Espace de trois mois. *Être payé au trimestre.* **2.** Somme payée ou reçue à la fin de cette période. *Toucher son trimestre de pension.* **3.** Chacune des trois divisions de l'année scolaire française, de septembre à juillet, équivalant approximativement à trois mois et séparée par des vacances.

TRIMESTRIEL, ELLE adj. Qui revient, se produit tous les trois mois. ◆ n.m. Périodique qui paraît tous les trimestres.

TRIMESTRIELLEMENT adv. Par trimestre ; tous les trois mois.

TRIMÉTAL n.m. (pl. *trimétaux*). Ensemble métallique monobloc formé de trois métaux ou alliages différents adhérant l'un à l'autre.

TRIMÈTRE n.m. **1.** Vers grec ou latin composé de trois mètres. **2.** Vers français marqué de trois accents principaux.

TRIMMER [trimœr] ou [-mɛr] n.m. (mot angl.). **1.** Engin de pêche pour le brochet, constitué par un gros flotteur plat circulaire, sur la tranche duquel s'enroule la ligne. **2.** RADIOTECHN. Condensateur d'appoint ajustable servant à parfaire l'accord d'un circuit.

TRIMOTEUR adj.m. et n.m. Se dit d'un avion qui possède trois moteurs.

TRIN, E [trɛ̃, trin] adj. Qui est triple (en parlant de Dieu considéré dans le mystère de la Trinité).

TRINERVÉ, E adj. BOT. À trois nervures.

TRINGLE n.f. (moyen néerl. *tingel,* cale). **1.** Barre métallique servant à suspendre un rideau, une draperie, etc. **2.** Tige métallique de faible section cylindrique.

TRINGLER v.t. Marquer d'une ligne droite (une pièce de bois, un tissu) à l'aide d'une ficelle, d'un fil tendus et enduits de craie.

TRINGLOT n.m. → ***trainglot.***

TRINIDADIEN, ENNE adj. et n. De l'île de la Trinité (en angl. et en esp. *Trinidad*).

TRINITAIRE adj. RELIG. Relatif à la Trinité. ◆ n. Religieux de l'ordre de la Sainte-Trinité, fondé en 1198 par saint Jean de Matha et saint Félix de Valois pour racheter les chrétiens prisonniers des Barbaresques. (Les trinitaires sont actuellement voués aux missions [quatre congrégations féminines portent aussi ce nom].)

TRINITÉ n.f. (lat. *trinus,* triple). **1.** (Avec une majuscule). Dans la religion chrétienne, désignation de Dieu en trois personnes (Père, Fils et Saint-Esprit) distinctes, égales et consubstantielles en une seule et indivisible nature ; fête commémorant ce mystère, le premier dimanche après la Pentecôte. **2.** Litt. Réunion de trois éléments formant un tout.

TRINITRINE n.f. Solution à 1 p. 100 de nitroglycérine, employée dans le traitement de la crise d'angine de poitrine.

TRINITROTOLUÈNE n.m. Solide cristallisé produit par nitration du toluène, constituant un explosif particulièrement puissant, appelé *tolite.* Abrév. : *T. N. T.*

TRINÔME n.m. (de *tri-,* trois, et gr. *nomos,* division). Polynôme formé de trois termes.

TRINQUART n.m. (angl. *trinker-boat*). MAR. ANC. Petit bateau de formes lourdes, destiné à la pêche du hareng.

TRINQUEBALLE n.m. → ***triqueballe.***

TRINQUER v.i. (all. *trinken,* boire). **1.** Choquer légèrement son verre contre celui de qqn avant de boire. **2.** Fam. Subir un dommage, un désagrément.

1. TRINQUET n.m. (it. *trinchetto*). MAR. Mât de misaine, incliné un peu sur l'avant des bâtiments gréés en voiles latines.

2. TRINQUET n.m. SPORTS. Salle où l'on joue à la pelote basque ; sport ainsi pratiqué.

TRINQUETTE n.f. (it. *trinchetto*). MAR. Voile d'avant triangulaire qui se grée en arrière du foc.

TRINQUEUR, EUSE n. Vieilli. Personne qui aime à trinquer, à boire.

TRIO n.m. (mot it.). **I. 1.** Composition musicale écrite pour trois parties vocales ou instrumentales. **2.** Formation composée de trois musiciens. **3.** Deuxième partie d'une danse, écrite sur un thème différent de la première partie. **4.** Groupe de trois personnes. **II.** Laminoir non réversible à trois cylindres.

TRIODE n.f. ÉLECTRON. Tube électronique à trois électrodes (anode, grille de contrôle, cathode).

TRIOL n.m. → ***trialcool.***

TRIOLET n.m. **1.** Poème à forme fixe de huit vers, composé sur deux rimes et dont trois vers (le premier, le quatrième et le septième) sont identiques. **2.** MUS. Groupe de trois notes d'égale valeur, surmonté du chiffre 3, à exécuter dans le même temps que deux notes de même figure.

TRIOLISME n.m. Pratique sexuelle impliquant trois partenaires.

TRIOMPHAL, E, AUX adj. **1.** Qui constitue une réussite éclatante. *Succès triomphal.* **2.** Qui se fait avec éclat. *Accueil triomphal.* **3.** ANTIQ. ROM. Relatif au triomphe.

TRIOMPHALEMENT adv. **1.** Avec les honneurs, les acclamations qui marquent un triomphe. **2.** Sur un air triomphant. *Annoncer triomphalement un succès.*

TRIOMPHALISME n.m. Attitude de confiance absolue ou excessive en la réussite.

TRIOMPHALISTE adj. et n. Qui fait preuve de triomphalisme.

TRIOMPHANT, E adj. **1.** Qui triomphe. **2.** Qui marque la joie et la fierté. *Air triomphant.*

TRIOMPHATEUR, TRICE n. et adj. Personne qui triomphe, a triomphé.

TRIOMPHE n.m. (lat. *triumphus*). **1.** Grand succès, victoire éclatante. **2.** ANTIQ. ROM. Honneurs exceptionnels attribués à un général victorieux. ◇ *Porter qqn en triomphe,* le porter à bras d'hommes pour lui faire honneur. **3.** MIL. Cérémonie de baptême d'une promotion de saint-cyriens.

TRIOMPHER v.i. (lat. *triumphare*). **1.** Remporter une victoire, un succès. **2.** Manifester sa joie, sa fierté d'avoir obtenu un succès. *Le vainqueur triomphait.* **3.** ANTIQ. Recevoir les honneurs du triomphe. ◆ v.t. ind. ***(de).*** Remporter un avantage, l'emporter sur. *Triompher d'un adversaire.*

TRIONYX [trijɔniks] n.m. (gr. *onux,* ongle). Tortue carnivore des cours d'eau des régions chaudes (Gange, Congo, Sénégal, Nil), atteignant 70 cm de long, très féroce.

TRIP n.m. (mot amér., *voyage*). Dans le langage des toxicomanes, état hallucinatoire dû à la prise d'une drogue, en particulier de L. S. D.

TRIPAILLE n.f. Fam. Amas de tripes, d'intestins.

TRIPALE adj. Qui a trois pales. *Hélice tripale.*

TRIPANG ou **TRÉPANG** [-pɑ̃] n.m. (mot malais). Holothurie comestible, très appréciée en Extrême-Orient.

TRIPANT, E adj. Canada. Fam. Très excitant.

TRIPARTI, E ou **TRIPARTITE** (des deux genres) adj. **1.** Divisé en trois parties. *Feuille tripartite.* **2.** Constitué par l'association de trois partis. *Gouvernement tripartite.* **3.** Réalisé entre trois partenaires. *Accord tripartite.*

TRIPARTISME n.m. Coalition gouvernementale formée de trois partis politiques.

1. TRIPARTITE adj. → ***triparti.***

2. TRIPARTITE n.f. Belgique. Coalition gouvernementale formée de trois partis.

TRIPARTITION n.f. Action de diviser une quantité en trois parties égales.

TRIPATOUILLAGE n.m. Fam. Action de tripatouiller.

TRIPATOUILLER v.t. (de *tripoter* et *patouiller*). Fam. **1.** Manipuler, tripoter avec insistance ou maladresse ; patouiller. **2. a.** Altérer, modifier, dénaturer. **b.** Spécialt. Fausser dans une intention malhonnête, frauduleuse. *Tripatouiller une comptabilité.*

TRIPATOUILLEUR, EUSE n. Fam. Personne qui tripatouille.

TRIPE n.f. (it. *trippa*). **1.** Boyau d'un animal de boucherie. **2.** Partie intérieure d'un cigare. **3.** (Souvent au pl.). Fig., fam. Le plus profond, le plus intime de soi, dans le domaine du sentiment. *Chanter avec ses tripes.* ◆ pl. Mets constitué par l'estomac et les entrailles d'animaux de boucherie, diversement accommodés.

TRIPERIE n.f. **1.** Lieu où l'on vend des tripes, des abats. **2.** Commerce du marchand de tripes et d'abats. **3.** Abats, tripes vendus par le tripier.

TRIPETTE n.f. Fam. *Cela ne vaut pas tripette :* cela ne vaut rien.

TRIPHASÉ, E adj. ÉLECTR. Se dit d'un système de trois courants alternatifs monophasés décalés l'un par rapport à l'autre de 1/3 de période.

TRIPHÉNYLMÉTHANE n.m. Composé dérivant du méthane et qui a une grande importance dans la chimie des matières colorantes.

TRIPHTONGUE n.f. (de *tri-,* trois, sur *[di]phtongue*). Voyelle complexe dont le timbre se modifie deux fois au cours de son émission. (Par ex. l'anglais *fire.*)

TRIPIER, ÈRE n. Commerçant qui vend des tripes, des abats.

TRIPLACE adj. À trois places.

TRIPLAN n.m. Avion à trois plans de sustentation superposés.

TRIPLE adj. (lat. *triplus,* de *tres,* trois). **1.** Qui comporte trois éléments identiques ou analogues. **2.** Qui est multiplié par trois. **3.** Fam. Indique un degré élevé. *Triple idiot !* **4.** CHIM. **a.** *Point triple :* point qui, sur un diagramme de phases, représente l'équilibre des trois phases d'un même corps. **b.** *Triple liaison :* liaison chimique (notée ≡) entre deux atomes assurée par 3 paires d'électrons. ◆ adv. En quantité, en nombre triple. ◆ n.m. **1.** Valeur, quantité triple. *Neuf est le triple de trois.* **2.** SPORTS. *Le triple :* la spécialité du triple saut, épreuve d'athlétisme consistant en un enchaînement de trois sauts en longueur.

TRIPLÉ n.m. Triple succès (notamm. dans le domaine sportif). *Réussir le triplé.*

1. TRIPLEMENT adv. De trois manières ; à un triple titre.

2. TRIPLEMENT n.m. Action, fait de tripler ; augmentation jusqu'au triple.

TRIPLER v.t. Multiplier par trois. *Tripler un nombre.* ◆ v.i. Devenir triple.

TRIPLÉS, ÉES n. pl. Groupe de trois enfants nés d'une même grossesse.

TRIPLET n.m. **1.** Ensemble de trois éléments pris dans un ordre déterminé. **2.** ARCHIT. Ensemble de trois baies groupées. **3.** MATH. Système de trois éléments d'un ensemble pris dans un ordre déterminé.

TRIPLETTE n.f. **1.** Équipe de trois joueurs, à la pétanque. **2.** Bicyclette à trois selles, guidons et pédaliers pour trois cyclistes.

1. TRIPLEX n.m. (nom déposé). Verre feuilleté de sécurité.

2. TRIPLEX n.m. (mot lat., *triple*). Appartement sur trois niveaux.

TRIPLICATA n.m. (mot lat.) [pl. *triplicatas* ou inv.]. Troisième exemplaire d'un écrit.

TRIPLOBLASTIQUE adj. BIOL. Se dit des espèces animales dont l'embryon présente trois feuillets : ectoblaste, endoblaste et mésoblaste (par opp. aux espèces diploblastiques).

TRIPLOÏDE adj. et n. (du gr. *triploûs,* triple). BIOL. Se dit des organismes dont les cellules ont trois lots chromosomiques au lieu de deux, comme celles de l'albumen des graines.

TRIPLOÏDIE n.f. BIOL. Caractère des organismes triploïdes.

TRIPLURE n.f. COUT. Étoffe de coton très apprêtée, utilisée pour donner du maintien à d'autres tissus.

TRIPODE adj. (gr. *tripous, -podos,* à trois pieds). À trois pieds. ◇ MAR. *Mât tripode :* mâture métallique, en forme de trépied, de certains bâtiments modernes.

TRIPODIE n.f. (gr. *tripodia*). Vers grec ou latin composé de trois pieds.

TRIPOLI n.m. (de *Tripoli,* v. du Liban). Diatomite.

TRIPORTEUR n.m. Cycle à trois roues, dont deux à l'avant, muni d'une caisse pour porter des marchandises.

TRIPOT n.m. (de l'anc. fr. *triper,* sauter). Péj. Maison de jeu.

TRIPOTAGE n.m. Fam. **1.** Action de tripoter, de toucher sans cesse. **2.** Opération plus ou moins louche ou malhonnête. *Des tripotages politiques.*

TRIPOTÉE n.f. Pop. **1.** Volée de coups. **2.** Grande quantité. *Une tripotée d'enfants.*

TRIPOTER v.t. (de *tripot*). Fam. **1.** Toucher sans cesse, manipuler avec plus ou moins de soin, de précaution. *Tripoter un bouton, la radio.* **2.** Caresser indiscrètement, avec insistance, se livrer à des attouchements sur la personne de. ◆ v.i. Fam. Faire des opérations malhonnêtes.

TRIPOTEUR, EUSE n. Fam. Personne qui fait des tripotages.

TRIPOUS ou **TRIPOUX** n.m. pl. Plat auvergnat ou rouergat composé de tripes de mouton accompagnées de pieds de mouton.

TRIPTYQUE n.m. (gr. *triptukhos,* plié en trois). **1.** Au Moyen Âge surtout, œuvre peinte ou sculptée en trois panneaux, dont les deux extérieurs se replient sur celui du milieu. **2.** Œuvre littéraire, musicale, plastique composée de trois parties, de trois scènes.

TRIQUE n.f. Fam. Gros bâton.

TRIQUEBALLE ou **TRINQUEBALLE** n.m. Fardier utilisé pour le transport de fardeaux longs, comportant deux roues et un essieu, au-dessous duquel est suspendue la charge.

TRIQUE-MADAME n.f. (pl. *trique-madame* ou *trique-madames*). Orpin blanc (plante). [On dit parfois *tripe-madame.*]

TRIQUER v.t. Fam., vx. Battre à coups de trique.

TRIQUET n.m. (de *trique*). **1.** Battoir étroit dont on se sert pour jouer à la paume. **2.** Échelle double.

TRIRECTANGLE adj. Qui a trois angles droits. ◇ *Trièdre trirectangle :* trièdre dont les arêtes sont perpendiculaires deux à deux.

TRIRÈME n.f. → ***trière.***

TRISAÏEUL, E n. (pl. *trisaïeuls, trisaïeules*). Le père, la mère du bisaïeul ou de la bisaïeule.

TRISANNUEL, ELLE adj. Qui a lieu tous les trois ans ; qui dure trois ans.

TRISECTEUR, TRICE adj. Qui réalise la trisection.

TRISECTION [trisɛksjɔ̃] n.f. MATH. Division en trois parties égales. ◇ *Problème de la trisection de l'angle :* construction à la règle et au compas d'un angle ayant pour mesure le tiers de celle d'un angle donné. (Dans la généralité des cas, ce problème n'a pas de solution.)

TRISKÈLE n.f. (gr. *triskelês,* à trois jambes). Motif décoratif celtique fait de trois jambes ou branches recourbées qui suggèrent un mouvement giratoire autour d'un centre.

triskèles (détail d'un casque gaulois ; période de La Tène II)
[musée des Antiquités nationales, Saint-Germain-en-Laye]

TRISMUS [trismys] ou **TRISME** n.m. (gr. *trismos,* petit bruit aigu). MÉD. Constriction des mâchoires due à la contracture des muscles masticateurs. (C'est le premier signe du tétanos.)

TRISOC n.m. Charrue à trois socs.

TRISOMIE [trizɔmi] n.f. (gr. *sôma,* corps). BIOL. Anomalie caractérisée par la présence d'un chromosome en surnombre dans une paire. ◇ *Trisomie 21 :* mongolisme.

TRISOMIQUE adj. et n. Mongolien.

1. TRISSER v.t. (sur *bisser,* avec préf. *tri-,* trois). Faire répéter jusqu'à trois fois de suite.

2. TRISSER v.i. ou **SE TRISSER** v.pr. (all. *stritzen*). Pop. S'en aller rapidement.

3. TRISSER v.i. (bas lat. *trissare*). Pousser son cri, en parlant de l'hirondelle.

TRISTE adj. (lat. *tristis*). **1.** Qui éprouve du chagrin. *Il est triste de la mort de son ami.* **2.** (Avant le nom). Méprisable, vil. *C'est un triste personnage.* **3.** Qui marque, évoque le chagrin. *Un air triste.* **4.** Qui afflige, chagrine ; pénible. *Une triste nouvelle.* **5.** Obscur, sombre, sans éclat. *Chambre, couleurs tristes.* **6.** Dont la médiocrité, la mauvaise qualité a qqch d'affligeant, de méprisable. *Une triste réputation.* **7.** *Avoir triste mine, triste figure* : avoir mauvaise mine. **8.** *Faire triste mine, triste figure* : avoir l'air mécontent.

TRISTEMENT adv. De façon triste.

TRISTESSE n.f. État naturel ou accidentel de chagrin, de mélancolie ; caractère d'une chose triste.

TRISTOUNET, ETTE adj. Fam. Un peu triste.

TRISYLLABE adj. et n.m. Se dit d'un vers de trois syllabes.

TRISYLLABIQUE adj. Relatif à un trisyllabe.

TRITICALE n.m. (lat. *triticum*, blé, et *secale*, seigle). AGRIC. Hybride de blé et de seigle.

TRITIUM [tritjɔm] n.m. Isotope radioactif de l'hydrogène, de nombre de masse 3.

1. TRITON n.m. (lat. *Triton* ; du gr.). **1.** Amphibien à queue aplatie latéralement, vivant dans les mares et étangs, et mesurant de 10 à 20 cm suivant les espèces. (Sous-classe des urodèles.) **2.** Mollusque gastropode marin, dont la coquille, ou conque, peut atteindre 30 cm de long. **3.** MYTH. GR. Divinité marine descendant du dieu Triton, représentée avec un corps d'homme barbu, une queue de poisson, tirant le char des dieux de la Mer.

triton

2. TRITON n.m. (gr. *tritonon*). MUS. Intervalle mélodique ou harmonique de trois tons. SYN. : *quarte augmentée.*

3. TRITON n.m. PHYS. Noyau du tritium.

TRITURATEUR n.m. TECHN. Appareil, machine à triturer.

TRITURATION n.f. Action de triturer.

TRITURER v.t. (lat. *triturare*). **1.** Réduire qqch en parties très menues, broyer. *Les dents triturent les aliments.* **2.** Manier en tordant dans tous les sens. *Triturer son mouchoir.* **3.** Soumettre à des opérations complexes qui déforment, altèrent, dénaturent. *Triturer un texte.* ◆ **se triturer** v.pr. Fam. *Se triturer la cervelle, les méninges* : faire de gros efforts intellectuels.

TRIUMVIR [trijɔmvir] n.m. (mot lat., de *tres*, trois, et *vir*, homme). ANTIQ. ROM. Membre d'un collège de trois magistrats.

TRIUMVIRAL, E, AUX [trijɔm-] adj. Qui appartient aux triumvirs.

TRIUMVIRAT [trijɔmvira] n.m. **1.** Fonction de triumvir ; durée de cette fonction. **2.** Association de trois hommes qui exercent un pouvoir, une influence.

TRIVALENT, E adj. **1.** LOG. Se dit d'une logique qui utilise trois valeurs de vérité. (Outre le vrai et le faux, la troisième valeur de vérité peut être le probable, l'indéterminé, etc.) **2.** CHIM. Qui possède la valence 3.

TRIVALVE adj. Didact. Qui comporte trois valves.

TRIVIAL, E, AUX adj. (lat. *trivialis*, de *trivium*, carrefour). **1.** Vulgaire, grossier. *Expression triviale.* **2.** D'une évidence banale et sans intérêt. **3.** MATH. Évident. *Solutions triviales.*

TRIVIALEMENT adv. De façon triviale.

TRIVIALITÉ n.f. Caractère de ce qui est trivial ; pensée ou expression triviale.

TROC n.m. (de *troquer*). **1.** Échange direct d'un objet contre un autre. **2.** Système économique n'employant pas la monnaie.

TROCART n.m. (altér. de *trois-quarts*). CHIR. Instrument en forme de poinçon monté sur un manche et contenu dans une canule servant à faire des ponctions.

TROCHAÏQUE [trɔkaik] adj. et n.m. (lat. *trochaicus*). LITTÉR. Se dit du rythme ou du vers où le pied fondamental est le trochée.

TROCHANTER [trɔkɑ̃tɛr] n.m. (gr. *trokhantêr*, de *trokhân*, courir). Chacune des deux tubérosités arrondies que présente le fémur à l'union du col avec le corps, le *grand trochanter* et le *petit trochanter*, ou *trochantin*.

TROCHE n.f. → ***troque.***

1. TROCHÉE [trɔʃe] n.m. (gr. *trokhaîos*). LITTÉR. Pied de la métrique grecque ou latine, formé d'une syllabe longue et d'une brève.

2. TROCHÉE [trɔʃe] n.f. (gr. *trokhaîos*, coureur). Touffe de rameaux qui s'élève du tronc d'un arbre coupé un peu au-dessus de terre.

TROCHES n.f. pl. (lat. pop. *traduca*). VÉN. Excréments à demi formés des cerfs.

TROCHET n.m. BOT. Groupe de fleurs ou de fruits.

TROCHILIDÉ [-ki-] n.m. (gr. *trokhilos*, roitelet). *Trochilidés* : famille d'oiseaux tels que le colibri.

TROCHIN [trɔʃɛ̃] n.m. ANAT. Petite tubérosité de l'extrémité supérieure de l'humérus.

TROCHITER [trɔkitɛr] n.m. ANAT. Grosse tubérosité de l'extrémité supérieure de l'humérus.

TROCHLÉE [trɔkle] n.f. (lat. *trochlea*, poulie). ANAT. Surface articulaire en forme de poulie sur laquelle l'os adjacent peut pivoter dans un seul plan.

TROCHOPHORE [trɔko-] ou **TROCHOSPHÈRE** n.f. (du gr. *trokhos*, roue). Larve en forme de toupie, caractéristique des annélides et des mollusques.

TROCHURE [trɔʃyr] n.f. VÉN. Quatrième andouiller du cerf.

TROÈNE n.m. (du francique *trugil* et de *frêne*). Arbuste à fleurs blanches en grappes, odorantes, souvent cultivé dans les parcs et jardins pour former des haies. (Haut. 2 à 3 m ; famille des oléacées.)

troène

TROGLOBIE adj. BIOL. Qui vit exclusivement dans les grottes.

TROGLODYTE n.m. (lat. *troglodyta* ; du gr. *trôglê*, trou, et *dunein*, pénétrer). **1.** Personne qui habite une grotte ou une demeure creusée dans la roche. **2.** Passereau insectivore, nichant dans les trous des murs et des arbres, dans les buissons. (Long. 10 cm ; famille des paridés.)

TROGLODYTIQUE adj. Relatif aux troglodytes. *Habitation troglodytique.*

TROGNE n.f. (du gaul.). Fam. Visage rougeaud et épanoui de qqn qui a fait bonne chère, qui a bu.

1. TROGNON n.m. (anc. fr. *estroigner*, élaguer). Cœur d'un fruit ou d'un légume, dépouillé de la partie comestible. ◇ Fig., pop. *Jusqu'au trognon* : totalement.

2. TROGNON adj. inv. en genre. Fam. Petit et charmant, mignon. *Ce qu'elles sont trognons, ces petites !*

TROGONIDÉ n.m. ZOOL. *Trogonidés* : famille d'oiseaux passereaux comprenant notamm. le quetzal.

TROÏKA n.f. (mot russe). **1.** En Russie, groupe de trois chevaux attelés de front ; ensemble des trois chevaux et du véhicule (landau, traîneau, etc.). **2.** Groupe de trois personnalités.

TROIS adj. num. et n.m. (lat. *tres*). **1.** Deux plus un. ◇ Fam. *Trois francs six sous* : très peu d'argent ; presque rien. **2.** Troisième. *Henri trois.*

TROIS-ÉTOILES n.m. et adj. **1.** Ensemble de trois astérisques, employé pour désigner une personne qu'on ne veut pas nommer. *Monsieur ***.* (Se prononce : « Monsieur Trois-étoiles ».) **2.** *Hôtel, restaurant trois-étoiles* : hôtel, restaurant luxueux, de grande réputation.

TROIS-HUIT [trwaɥit] n.m. inv. *Faire les trois-huit* : travailler par rotation pendant chacune des trois périodes de huit heures qui constituent la journée.

1. TROISIÈME adj. num. ord. et n. Qui occupe un rang marqué par le numéro trois.

2. TROISIÈME n.f. **1.** Classe qui termine le premier cycle secondaire. **2.** CHORÉGR. La troisième des cinq positions fondamentales de la danse classique.

TROISIÈMEMENT adv. En troisième lieu.

TROIS-MÂTS n.m. Navire à voiles à trois mâts.

TROIS-PONTS n.m. Navire à trois ponts, dans l'ancienne marine de guerre.

TROIS-QUARTS n.m. **1.** Petit violon d'enfant. **2.** Manteau court arrivant à mi-cuisse. **3.** Au rugby, joueur de la ligne d'attaque.

TROIS-QUATRE n.m. inv. MUS. Mesure à trois temps qui a la noire pour unité de temps et la blanche pointée pour unité de mesure.

TROLL n.m. (mot suéd.). Lutin du folklore scandinave, habitant les montagnes ou les forêts.

TROLLE n.f. VÉN. Manière de chasser au hasard du lancer, quand on n'a pas détourné le cerf avec le limier.

TROLLEY [trɔlɛ] n.m. (mot angl., de *to troll*, rouler). **1.** Petit chariot roulant le long d'un câble. **2.** ÉLECTR. Dispositif qui assure, par un contact roulant ou glissant, la liaison électrique entre un conducteur aérien et un récepteur mobile.

TROLLEYBUS [trɔlɛbys] ou **TROLLEY** n.m. Véhicule de transport en commun, à traction électrique, monté sur pneus, avec prise de courant par trolley et caténaires aériens.

TROMBE n.f. (it. *tromba*). Colonne d'eau ou de nuages, mue en tourbillon par un vent violent. ◇ *Arriver, partir en trombe*, d'une manière rapide et imprévue. ◇ *Trombe d'eau* : pluie très violente et abondante.

TROMBIDION n.m. Petit acarien rouge, dont la larve, appelée *aoûtat*, pique l'homme et les vertébrés à sang chaud. (Long. 1 mm.)

TROMBIDIOSE n.f. MÉD. Phénomènes (rougeurs, démangeaisons, etc.) déterminés chez l'homme par le trombidion.

TROMBINE n.f. Pop. Visage.

TROMBINOSCOPE n.m. Fam. Document contenant le portrait des membres d'une assemblée, d'un comité.

TROMBLON n.m. (it. *trombone*, trompette). **1.** Fusil court à canon évasé, utilisé surtout au XVIIIe s. **2.** Cylindre creux qui s'adapte au bout du canon d'un fusil pour lancer des grenades ou des fusées.

TROMBONE n.m. (it. *trombone*). **1.** Instrument à vent à embouchure, de la catégorie des

joueur de **trombone** à coulisse

cuivres, dont on obtient les sons en allongeant le corps grâce à la coulisse ; musicien qui joue de cet instrument. ◇ *Trombone à pistons :* trombone dans lequel des pistons remplacent le jeu de la coulisse. **2.** Petite agrafe servant à réunir des papiers.

TROMBONISTE n. Personne qui joue du trombone. (On dit plutôt *trombone.*)

TROMMEL n.m. (mot all.). TECHN. Crible cylindrique ou conique, légèrement incliné sur l'horizontale, servant à classer par grosseur des matériaux en morceaux.

TROMPE n.f. (du francique). **1.** Vx. Instrument de musique à vent, en cuivre, à l'origine de la trompette et du cor de chasse. **2.** Appareil avertisseur des automobiles anciennes. **3.** Toute partie buccale ou nasale allongée en tube, comme chez l'éléphant, les moustiques, les papillons, les punaises, etc. **4.** ARCHIT. Petite voûte, en général construite dans un angle rentrant, formant support sous un pan de mur ou un ouvrage quelconque en surplomb, et permettant un changement de plan à ce niveau de la construction. **5.** *Trompe à eau, à mercure :* appareil servant à faire le vide. **6.** ANAT. *Trompe d'Eustache :* canal de communication pour l'air extérieur, entre le pharynx et l'oreille moyenne. ◇ *Trompe de Fallope :* conduit pair faisant communiquer les ovaires avec l'utérus chez la femme et les mammifères femelles.

TROMPE-LA-MORT n. inv. Personne qui a échappé à la mort comme par miracle.

TROMPE-L'ŒIL n.m. inv. **1.** Peinture qui donne à distance l'illusion de la réalité (et notamm. du relief). **2.** Apparence trompeuse.

Trompe-l'œil *au carnet de dessins,* peinture de C.N. Gysbrechts (école flamande, XVIIe s.) [musée des Beaux-Arts, Rouen]

TROMPER v.t. (de *trompe*). **1.** Abuser de la confiance de qqn en usant de mensonge, de dissimulation ; berner, mystifier, abuser. ◇ Spécialt. Être infidèle à qqn, avoir une aventure amoureuse, sexuelle avec un(e) autre. **2.** Échapper à qqn, à sa vigilance, à son attention. *Tromper la vigilance de ses gardiens.* **3.** Décevoir, ne pas répondre à un sentiment, à un espoir. *Tromper les espérances de sa famille.* **4.** Détourner par une diversion, un besoin, un état pénible. *Tromper la faim, l'ennui.* ◆ **se tromper** v.pr. Commettre une erreur. *Se tromper dans ses calculs.* – *Se tromper de :* prendre une chose, une personne pour une autre. *Se tromper de rue.*

TROMPERIE n.f. Action faite pour tromper.

TROMPETER v.i. [27]. **1.** Vx. Jouer de la trompette. **2.** Pousser son cri, en parlant de l'aigle, du cygne. ◆ v.t. Litt. Divulguer, répandre à grand bruit. *Trompeter une nouvelle.*

1. TROMPETTE n.f. **1.** Instrument de musique à air et à embouchure constitué par un tube de perce cylindrique replié sur lui-même, terminé par un pavillon et muni de pistons. *Trompette en « ré », en « si », d'harmonie.* – *Nez en trompette,* retroussé. – *Queue en trompette,* relevée. **2.** AUTOM. Chacune des parties évasées du pont arrière d'un véhicule à essieux rigides, situées de part et d'autre du différentiel et renfermant les arbres de roues. **3.** *Trompette de mer :* poisson des eaux marines chaudes, au rostre allongé.

joueur de **trompette**

2. TROMPETTE n.m. Trompettiste.

TROMPETTE-DES-MORTS ou **TROMPETTE-DE-LA-MORT** n.f. (pl. *trompettes-des-morts, trompettes-de-la-mort*). Craterelle (champignon).

TROMPETTISTE n. Personne qui joue de la trompette dans un orchestre.

TROMPEUR, EUSE adj. et n. Qui trompe, qui induit en erreur.

TROMPEUSEMENT adv. De façon trompeuse.

TRONC n.m. (lat. *truncus*). **1.** Partie d'un arbre depuis la naissance des racines jusqu'à celle des branches. **2.** Le corps humain ou animal considéré sans la tête ni les membres. **3.** Boîte fermée servant à recevoir des offrandes et des aumônes. **4.** Souche d'une famille. **5.** ANAT. Partie principale d'un nerf, d'un vaisseau. ◇ *Tronc cérébral :* partie de l'axe cérébro-spinal formée du bulbe rachidien, de la protubérance annulaire et du mésencéphale. **6.** *Tronc commun :* première année d'un cycle d'enseignement, où le programme est le même pour tous. **7.** GÉOM. *Tronc de cône* (ou *de pyramide*) : solide compris entre la base du cône (ou de la pyramide) et une section plane parallèle à la base. ◇ *Tronc de prisme :* solide délimité par une surface prismatique et deux plans non parallèles coupant toutes les génératrices.

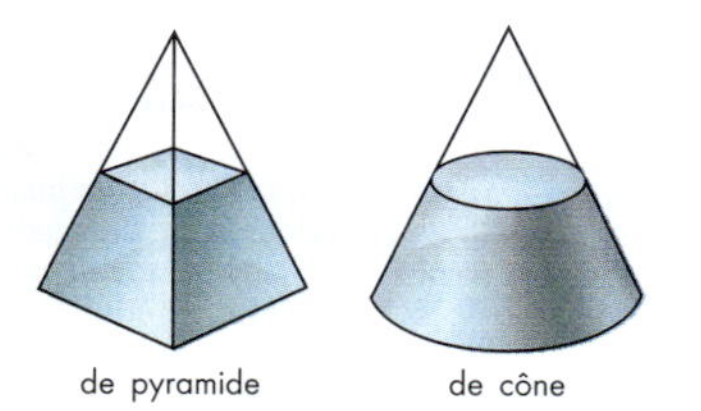

troncs

TRONCATION n.f. LING. Abrègement d'un mot par suppression d'une ou de plusieurs syllabes à l'initiale ou, plus souvent, à la finale.

TRONCATURE n.f. **1.** État de ce qui est tronqué. **2.** MINÉR. Remplacement d'un sommet ou d'une arête par une facette, dans un cristal.

TRONCHE n.f. (de *tronc*). **1.** Pop. Tête. **2.** SYLV. Pièce de bois dont les deux sections transversales sont parallèles.

TRONCHET n.m. Billot de bois du tonnelier, à trois pieds.

TRONÇON n.m. (anc. fr. *truns,* morceau ; du lat. *truncus,* coupé). **1.** Morceau coupé ou rompu d'un objet plus long que large. *Tronçon d'épée.* **2.** Partie d'un tout. *Tronçon de route.*

TRONCONIQUE adj. En forme de tronc de cône.

TRONÇONNAGE ou **TRONÇONNEMENT** n.m. Action de tronçonner ; son résultat.

TRONÇONNER v.t. Couper par tronçons.

TRONÇONNEUSE n.f. Scie circulaire servant à tronçonner ; scie à chaîne coupante, utilisée par le bûcheron, l'élagueur, etc.

TRONCULAIRE adj. MÉD. Relatif à un tronc nerveux ou vasculaire.

TRÔNE n.m. (lat. *thronus ;* du gr. *thronos,* siège). **1.** Siège de cérémonie des souverains et des dignitaires ecclésiastiques. **2.** Litt. Puissance souveraine. *Aspirer au trône.* **3.** Fam. Siège des cabinets. ◆ pl. RELIG. L'un des neuf chœurs des anges.

TRÔNER v.i. (de *trône*). **1.** Occuper la place d'honneur avec une certaine solennité. *Le maître de maison trônait dans son fauteuil.* **2.** Être particulièrement mis en valeur, attirer les regards. *Bouquet qui trône sur une cheminée.*

TRONQUER v.t. (lat. *truncare*). Retrancher une partie importante de. *Tronquer un texte.*

TROP adv. (francique *thorp,* troupeau). Indique une quantité excessive. *Trop manger. Venir trop rarement.* ◇ *C'en est trop,* marque l'impatience. ◇ *De trop :* excessif, superflu ; importun, déplacé. ◇ Fam. *En trop :* en excès. ◇ Litt. *Par trop :* réellement trop. ◇ *Trop peu :* pas assez.

TROPE n.m. (gr. *tropos,* tour, manière). RHÉT. Toute figure dans laquelle on emploie les mots avec un sens différent de leur sens habituel (métonymie, métaphore).

TROPHALLAXIE n.f. (gr. *trophê,* nourriture, et *allassein,* échanger). ZOOL. Échange de nourriture entre les membres d'une société d'insectes, assurant la cohésion de celle-ci, en particulier pour l'élevage des larves.

TROPHÉE n.m. (bas lat. *trophaeum ;* du gr. *tropaion,* monument de victoire). **1.** Objet, marque qui témoigne d'une victoire au cours d'une épreuve, surtout sportive. **2.** Partie d'un animal tué à la chasse ou, parfois, à la pêche (corne, défense, tête entière naturalisée, rostre, etc.). **3.** ANTIQ. Armure d'un ennemi vaincu que l'on dressait contre un tronc d'arbre ; monument commémoratif d'une victoire où figuraient les dépouilles de l'ennemi. **4.** BX-A. Motif de décoration formé d'armes groupées en panoplie autour d'une cuirasse et d'un casque.

TROPHIQUE adj. (gr. *trophê,* nourriture). BIOL. Qui est relatif à la nutrition d'un individu, d'un tissu vivant.

TROPHOBLASTE n.m. EMBRYOL. Couche périphérique à fonction nourricière entourant les blastomères, et constituant ultérieurement la couche superficielle du placenta.

TROPHOBLASTIQUE adj. Relatif au trophoblaste.

TROPICAL, E, AUX adj. Relatif aux régions avoisinant les tropiques. ◇ *Régions tropicales* ou *intertropicales :* régions situées entre les tropiques. (Ce sont des pays constamment chauds, où la différenciation saisonnière s'effectue en fonction des variations pluviométriques, opposant une période sèche [correspondant à notre hiver] et une période humide.)

TROPICALISATION n.f. **1.** TECHN. Préparation d'un matériau ou d'un matériel pour le rendre pratiquement insensible à l'action du climat tropical, et, en partic., des moisissures et de la corrosion. **2.** MÉTALL. Traitement de passivation pour pièces en acier préalablement zinguées ou cadmiées. **3.** ÉCOL. Évolution biologique des eaux courantes réchauffées par des rejets industriels d'eau chaude.

TROPICALISER v.t. Faire subir la tropicalisation à.

1. TROPIQUE adj. (gr. *tropikos,* qui tourne). *Année tropique :* temps qui sépare deux passages du Soleil au point vernal.

2. TROPIQUE n.m. Chacun des deux parallèles du globe terrestre, de latitude 23° 26′ N. et S., le long desquels le Soleil passe au zénith à chacun des solstices. (Celui de l'hémisphère Nord est le *tropique du Cancer ;* celui de l'hémisphère Sud, le *tropique du Capricorne ;* ils délimitent les régions du globe pour lesquelles le Soleil peut passer au zénith.) ◆ pl. La zone intertropicale.

TROPISME n.m. (gr. *tropos,* tour). **1.** BIOL. Croissance orientée dans l'espace, chez les végétaux et les animaux fixés, sous l'influence d'une excitation extérieure (phototropisme, géotropisme, etc.). **2.** Fig. Force obscure qui pousse un groupe, un phénomène, à prendre une certaine orientation.

TROPOPAUSE n.f. Surface de séparation de la troposphère et de la stratosphère.

TROPOSPHÈRE n.f. Couche de l'atmosphère la plus voisine de la Terre, dont l'épaisseur augmente du pôle (6 km) à l'équateur (17 km).

TROP-PERÇU n.m. (pl. *trop-perçus*). Somme perçue en trop. *Rembourser le trop-perçu.*

TROP-PLEIN n.m. (pl. *trop-pleins*). **1.** Ce qui excède la capacité d'un récipient. *Le trop-plein d'un réservoir.* **2.** Système de déversement du liquide d'un réservoir, pour l'empêcher de dépasser un certain niveau. **3.** Excès, surabondance. *Trop-plein de forces.*

TROQUE n.m. ou **TROCHE** n.f. (gr. *trokhos,* toupie). Mollusque à coquille conique, dont les exemplaires de grande taille de l'océan Indien sont utilisés pour leur nacre. (Classe des gastropodes.)

TROQUER v.t. (anc. fr. *trocher*). **1.** Donner un bien en échange, en paiement d'un ou de plusieurs autres. *Troquer des machines contre des produits alimentaires.* **2.** Échanger. *Je troquerais bien ma situation pour la sienne.*

TROQUET n.m. (abrév. de *mastroquet*). Fam. Café, bar.

TROQUEUR, EUSE n. Rare. Personne qui troque, qui aime faire du troc.

TROT n.m. **1.** Allure du cheval et de certains quadrupèdes, intermédiaire entre le pas et le galop. ◇ Fam. *Au trot :* vivement. **2.** *Course au* (ou *de*) *trot :* course hippique dans laquelle les chevaux doivent donner leur plus grande vitesse sans galoper.

TROTSKISME [trɔtskism] n.m. Doctrine des partisans de Trotski.

■ Le trotskisme est un courant idéologique marxiste, caractérisé par la théorie de la « révolution permanente ». Depuis l'exclusion du P. C. U. S. de Trotski (1927), il s'oppose à la politique de l'U. R. S. S. et des partis communistes qui ont fait triompher la bureaucratie. Affiliés ou non à la IVe Internationale, fondée en 1938, les divers groupes trotskistes ont connu un regain de vitalité après le XXe Congrès du P. C. U. S. (1956) et les évènements de 1968.

TROTSKISTE [trɔtskist] adj. et n. Relatif au trotskisme ; qui en est partisan.

TROTTE n.f. (de *trotter*). Fam. Distance assez longue à parcourir ou parcourue à pied.

TROTTE-MENU adj. inv. *« La gent trotte-menu »* (La Fontaine) : les souris.

TROTTER v.i. (francique *trottôn,* courir). **1.** Fam. Marcher vite et beaucoup. *Trotter toute une journée.* **2.** ÉQUIT. Aller au trot. **3.** *Trotter par* (ou *dans*) *la cervelle, la tête de qqn,* le préoccuper, l'obséder. ◆ **se trotter** v.pr. Fam. S'enfuir.

TROTTEUR, EUSE adj. Se dit d'une race de chevaux de selle spécialisés dans la course au trot. ◆ n.m. Cheval trotteur.

TROTTEUSE n.f. Aiguille des secondes dans une montre, dans une pendule.

TROTTIN n.m. Fam. et vx. Jeune employée chargée de faire les courses.

TROTTINEMENT n.m. Action de trottiner.

TROTTINER v.i. **1.** Marcher vite et à petits pas. **2.** ÉQUIT. Avoir le trot très court.

TROTTINETTE n.f. Jouet d'enfant, consistant en une planchette allongée montée sur deux roues placées l'une derrière l'autre, la roue avant étant orientable à l'aide d'un guidon. SYN. : *patinette.*

TROTTING [trɔtiŋ] n.m. (mot angl.). ÉQUIT. Exercice du cheval au trot.

TROTTOIR n.m. (de *trotter*). Partie latérale d'une rue, surélevée par rapport à la chaussée, réservée à la circulation des piétons. ◇ *Faire le trottoir :* racoler sur la voie publique, se livrer à la prostitution.

TROU n.m. (lat. *traucum*). **I. 1.** Enfoncement, dépression, cavité, creux dans une surface. *Tomber dans un trou. La route est pleine de trous.* – Fig. et fam. *Faire son trou :* se créer une situation sociale, réussir dans la vie. – AÉRON. (Express. impropre). *Trou d'air :* courant atmosphérique descendant, entraînant la perte d'altitude subite d'un aéronef. – MIL. *Trou individuel :* élément de tranchée pour un seul homme. – *Trou normand :* verre de calvados ou d'un autre alcool que l'on boit au milieu d'un repas copieux pour activer la digestion. **2.** Fam. Localité isolée des centres animés. *Un trou perdu de province.* **3.** Pop. Prison. *Mettre qqn au trou.* **4.** Au golf, petite cavité située sur le green et dans laquelle le joueur doit envoyer sa balle ; parcours entre deux trous. **II. 1.** Vide, perforation qui traverse qqch de part en part. *Le trou d'une aiguille. Percer un trou.* – *Trou d'homme :* petite ouverture fermée par un tampon étanche, ménagée dans le pont d'un navire, un réservoir, une chaudière, etc., pour permettre le passage d'un homme. **2.** Ouverture ou creux, cavité anatomique. *Trou de l'oreille.* – *Trou de conjugaison :* espace entre deux vertèbres, par lequel passe un nerf rachidien. **III. 1.** Élément qui manque dans un ensemble, une continuité. – *Avoir des trous de mémoire :* avoir de brusques défaillances de la mémoire, portant sur un point relativement précis. – *Avoir un trou dans son emploi du temps :* avoir un moment libre. **2.** Somme en moins ou qui manque. – *Boucher un trou :* payer une dette ; satisfaire l'appétit. **3.** ASTRON. *Trou noir :* région de l'espace dotée d'un champ gravitationnel si intense qu'aucun rayonnement n'en peut sortir. (Les trous noirs représenteraient l'ultime stade d'évolution des étoiles massives et pourraient être à l'origine de la fantastique énergie rayonnée par les quasars.) **4.** PHYS. Emplacement laissé vacant dans un réseau cristallin par un électron se déplaçant à l'intérieur du réseau.

TROUBADE n.m. (de *troubadour*). Pop. et vx. Soldat d'infanterie, homme de troupe.

TROUBADOUR n.m. (anc. prov. *trobador,* trouveur). Poète lyrique des XIIe et XIIIe s., qui composait ses œuvres dans une des langues d'oc (par opp. à *trouvère*). ◆ adj. Se dit d'une mode qui s'est manifestée dans les lettres et les arts en France, sous la Restauration, et qui se caractérise par une libre évocation du Moyen Âge et du style gothique.

TROUBLANT, E adj. **1.** Qui cause du trouble, qui rend perplexe. *Des faits troublants.* **2.** Qui suscite le désir. *Une femme troublante.*

1. TROUBLE adj. (lat. *turbidus*). **1.** Qui n'est pas limpide, pas transparent. *Eau trouble.* **2.** Qui n'est pas net. *Vue trouble.* **3.** Qui ne s'explique pas nettement ; suspect. *Tout cela reste trouble.* **4.** Qui n'est pas pur. *Joie trouble devant l'échec d'autrui.* ◆ adv. *Voir trouble,* d'une manière indistincte.

2. TROUBLE n.m. **1.** Agitation confuse, tumultueuse ; désarroi, perturbation. *Son arrivée causa du trouble dans l'assistance.* **2.** Altération des rapports entre les personnes ; désunion. *Mettre du trouble dans une famille.* **3.** État d'inquiétude, d'agitation, de confusion ou d'émotion dans lequel se trouve qqn ; désarroi, embarras. *Elle devint soudain très pâle et ne put cacher son trouble.* **4.** Anomalie de fonctionnement d'un organe, d'un système. *Troubles respiratoires, intestinaux. Troubles de l'équilibre.* **5.** État de non-limpidité, de non-transparence. *Le trouble de l'atmosphère est dû à la fumée.* **6.** DR. Action d'inquiéter un possesseur dans la jouissance d'un bien, par un acte matériel *(trouble de fait)* ou par la revendication juridique d'un droit *(trouble de droit).* ◆ pl. **1.** Agitation sociale grave, émeute. *Réprimer les troubles.* **2.** HYDROL. Matériaux fins transportés en suspension par un cours d'eau.

3. TROUBLE n.f. ou **TROUBLEAU** n.m. → ***truble.***

TROUBLE-FÊTE n. (pl. *trouble-fêtes* ou inv.). Personne qui vient troubler la joie d'une réunion par sa présence.

TROUBLER v.t. **1.** Altérer la limpidité, la transparence de. *Troubler l'eau en remuant la vase.* **2.** Altérer la clarté, la finesse de. *Troubler la vue.* **3.** Inquiéter, tourmenter, causer de l'agitation, du désordre dans. *Cette histoire me trouble un peu. Troubler l'ordre public.* **4.** Faire perdre sa lucidité, son sang-froid à ; émouvoir, perturber. *Troubler l'esprit, la raison.* **5.** Interrompre le cours de. *Troubler un bal, une réunion.* ◆ **se troubler** v.pr. **1.** Devenir trouble. **2.** S'embarrasser, perdre son assurance, ses moyens. *L'orateur se troubla.*

TROUÉE n.f. **1.** Large ouverture naturelle ou artificielle dans une haie, dans un bois, etc. **2.** MIL. Percée.

TROUER v.t. Faire un trou dans.

TROUFION n.m. Pop. Simple soldat.

TROUILLARD, E adj. et n. Fam. Peureux.

TROUILLE n.f. Fam. Peur.

TROU-MADAME n.m. (pl. *trous-madame*). Anc. Jeu consistant à faire passer de petites boules sous des arcades numérotées.

TROUPE n.f. (francique *throp,* troupeau). **1. a.** Groupement de militaires. **b.** Ensemble de tous les militaires qui ne sont ni officiers ni sous-officiers. – Anc. *Homme de troupe :* militaire du rang. **2.** Groupe de personnes, d'animaux. **3.** Groupe de comédiens, d'artistes qui jouent ensemble. **4.** Ensemble de plusieurs patrouilles de scouts.

TROUPEAU n.m. **1.** Ensemble d'animaux d'une même espèce domestique ou de ruminants sauvages vivant ensemble. **2.** Ensemble d'animaux d'une espèce domestique présent sur une exploitation agricole ou dont la garde est confiée à une ou à plusieurs personnes. **3.** Multitude, foule, considérée dans son comportement collectif, impersonnel, passif. **4.** Litt. Ensemble de personnes placées sous la direction d'un pasteur spirituel.

TROUPIALE n.m. (p.-ê. de *troupe*). Passereau d'Amérique, bon chanteur, vivant en bande dans les forêts. (Famille des ictéridés.)

TROUPIER n.m. Fam. Militaire. ◆ adj.m. *Comique troupier :* chanteur en costume de militaire, dont le répertoire était fondé sur la vie de caserne ; genre comique, souvent semé de sous-entendus grivois, de ce répertoire.

TROUSSAGE n.m. **1.** Action de trousser une volaille. **2.** TECHN. Exécution des moules ou des pièces de révolution en fonderie.

TROUSSE n.f. (de *trousser*). **1.** Étui à compartiments, dans lequel on réunit les instruments ou les outils dont on se sert fréquemment. *Trousse de chirurgien. Trousse de toilette.* **2.** MIN. Base du cuvelage. ◆ pl. Chausses bouffantes des pages. ◇ Fig. *Aux trousses de qqn :* à la poursuite de qqn. *Avoir la police à ses trousses.*

TROUSSEAU n.m. **1.** Linge, lingerie, vêtements qu'on donne à une fille qui se marie ou qui entre en religion. **2.** Ensemble des affaires qu'un enfant emporte en internat, en colonie de vacances, etc. **3.** *Trousseau de clefs :* ensemble de clefs réunies par un anneau. **4.** MÉTALL. Méthode utilisée en fonderie pour exécuter des moules ou des noyaux de pièces de révolution.

TROUSSE-PIED n.m. inv. Lanière qui tient replié le pied d'un animal que l'on ferre ou que l'on soigne.

TROUSSE-QUEUE n.m. inv. Morceau de cuir rond qui, dans le harnachement du cheval, passe sous le tronçon de la queue de l'animal.

TROUSSEQUIN n.m. (de *trousse* et suffixe picard). Partie postérieure d'une selle.

TROUSSER v.t. (anc. fr. *torser,* mettre en paquet). **1.** Replier, relever un vêtement pour l'empêcher de traîner. *Trousser ses manches.* – Pop. *Trousser une femme,* la posséder. – *Trousser une volaille,* la préparer en ficelant au corps les membres et le cou. **2.** Expédier rapidement. *Trousser une affaire, un compliment.* ◆ **se trousser** v.pr. Vx. Relever ses jupes.

TROUSSEUR n.m. Fam., vx. *Trousseur de jupons :* homme qui court les filles ; débauché.

TROU-TROU n.m. (pl. *trou-trous*). Ornement de lingerie composé d'une série à petits jours où l'on passe un ruban.

TROUVABLE adj. Qu'on peut trouver.

TROUVAILLE n.f. Découverte heureuse. *Faire une excellente trouvaille.*

TROUVÉ, E adj. **1.** *Bien trouvé :* qui est neuf, original, heureusement imaginé. *Voilà un mot bien trouvé.* **2.** *Enfant trouvé :* enfant abandonné, né de parents inconnus. **3.** *Tout trouvé :* qui s'offre naturellement à l'esprit. *Le moyen est tout trouvé.*

TROUVER v.t. (lat. pop. *tropare,* de *tropus,* figure de rhétorique). **I. 1.** Rencontrer, découvrir par hasard et prendre (qqch, qqn, un animal qui sont ou semblent perdus). *Il a trouvé cinq francs par terre. Trouver qqn sur son passage. Trouver un chien perdu.* **2.** Découvrir l'être ou la chose que l'on cherchait. *Elle a trouvé un emploi.* – *Aller trouver qqn,* se rendre auprès de lui pour lui parler. **3.** Fig. Éprouver. *Trouver du plaisir, de l'agrément à faire qqch.* **II. 1.** Voir (qqn, qqch) dans tel état en arrivant quelque part. *Trouver la maison vide en rentrant du travail. Trouver qqn en train de pleurer.* **2.** Penser, juger que qqch, qqn a telle caractéristique, lui attribuer telle qualité ou tel défaut. *Je lui trouve mauvaise mine. J'ai trouvé l'orateur très ennuyeux.* **3.** Penser, croire. *Je trouve que tu exagères.* – *Trouver le temps long :* s'ennuyer, s'impatienter, s'inquiéter. – Fam. *La trouver mauvaise :* juger désagréable la situation dans laquelle on est. – *Trouver bon, mauvais :* approuver, désapprouver. **III. 1.** Inventer, créer (qqch). *Trouver une musique pour un film.* **2.** *Trouver à dire, à redire :* découvrir ou inventer des raisons de critiquer, de blâmer. ◆ **se trouver** v.pr. **1.** Exister, être disponible quelque part, pouvoir être déniché, découvert. *Un appartement, cela se trouve.* **2.** Être à tel endroit. *L'Etna se trouve en Sicile.* **3.** Être en tel lieu, en tel état, en telle situation. *Se trouver fort embarrassé.* **4.** *Se trouver mal :* s'évanouir. ◆ v. impers. **1.** *Il se trouve que :* il s'avère que, il se fait que. *Il se trouve que j'avais lu ce livre.* **2.** Fam. *Si ça se trouve :* il est bien possible que.

TROUVÈRE n.m. (du bas lat. *trovare,* composer un poème). Poète lyrique de langue d'oïl aux XIIe et XIIIe s. (par opp. à *troubadour*).

TROUVEUR, EUSE n. Litt. Personne qui trouve. *Un trouveur de bons mots.*

TROYEN, ENNE adj. et n. **1.** De Troie (Troade) ou de Troyes (Champagne). **2.** *Astéroïde troyen* ou *planète troyenne :* petite planète de même période de révolution que Jupiter et formant avec lui et le Soleil un triangle sensiblement équilatéral. (Réparties en deux groupes symétriques par rapport à Jupiter, ces planètes portent des noms de héros de la guerre de Troie.)

1. TRUAND, E n. (du gaul.). Vx. Vagabond, mendiant.

2. TRUAND n.m. Malfaiteur qui fait partie du milieu (gangster, souteneur, etc.).

TRUANDER v.i. Fam. Tricher ; ne pas respecter les conventions établies, les règles. ◆ v.t. Fam. Voler, escroquer qqn ou abuser de sa confiance.

TRUANDERIE n.f. Vx. Ensemble des truands ; pègre.

TRUBLE, TROUBLE n.f. ou **TROUBLEAU** n.m. (lat. *trublium,* écuelle). PÊCHE. Petit filet, emmanché ou non, en forme de poche.

TRUBLION n.m. Individu qui sème le trouble, qui fait de l'agitation.

TRUC [tryk] n.m. (mot prov.). Fam. **1.** Savoir-faire, procédé, astuce. *Les trucs d'un métier.* **2.** Désigne qqch ou qqn dont on ne sait pas le nom ou dont le nom ne vient pas tout de suite à l'esprit. *Un truc pour ouvrir les boîtes. C'est Truc qui me l'a dit.*

TRUCAGE n.m. → ***truquage.***

TRUCHEMENT [tryʃmɑ̃] n.m. (de l'ar.). *Par le truchement de :* par l'intermédiaire de.

TRUCIDER v.t. (lat. *trucidare*). Fam. Faire périr de mort violente ; assassiner.

TRUCK [trœk] n.m. (mot angl.). Wagon en plate-forme pour le transport des objets encombrants et pesants.

TRUCMUCHE n. Fam. Truc, machin (désigne surtout qqn).

TRUCULENCE n.f. Caractère de ce qui est truculent.

TRUCULENT, E adj. (lat. *truculentus*). Qui exprime les choses avec crudité et réalisme ; pittoresque, haut en couleur.

TRUDGEON [trœdʒɔn] n.m. (de *Trudgeon,* n. pr.). Vx. Nage rapide, avec mouvement alternatif des bras, coup de ciseaux des jambes et oscillation du corps.

TRUELLE n.f. (lat. *trulla,* de *trua,* cuiller à pot). **1.** Outil de maçon pour étendre le mortier sur les joints ou pour faire les enduits de plâtre, constitué en général d'une lame d'acier large reliée à un manche par une partie coudée. **2.** Spatule de métal pour servir le poisson.

TRUELLÉE n.f. Quantité de mortier qui peut tenir sur une truelle.

TRUFFE n.f. (anc. prov. *trufa*). **1.** Champignon souterrain, comestible très recherché, dont les fructifications, brun sombre, mûrissent en hiver à la base des chênes (ascomycètes, discomycètes). **2.** Nez du chien et du chat. **3.** Fam. Nez gros et rond. **4.** Friandise à base de chocolat saupoudrée de poudre de cacao.

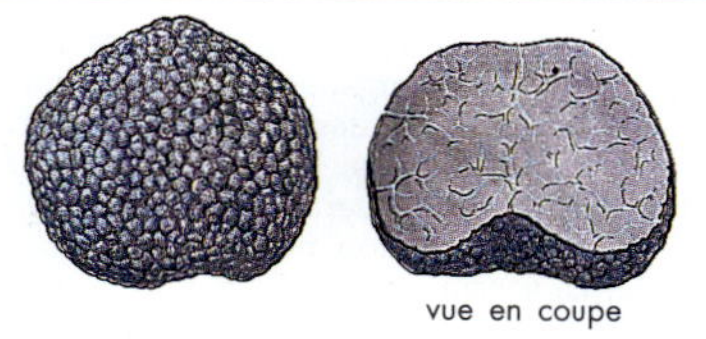

truffe

TRUFFER v.t. **1.** Garnir de truffes. *Truffer une volaille.* **2.** Fig. Remplir, bourrer. *Truffer un discours de citations.*

TRUFFICULTURE n.f. Production de truffes.

TRUFFIER, ÈRE adj. Relatif aux truffes. *Région truffière. Chêne truffier.*

TRUFFIÈRE n.f. Terrain où poussent des truffes.

TRUIE n.f. (bas lat. *troja*). Femelle reproductrice de l'espèce porcine.

TRUISME n.m. (angl. *truism,* de *true,* vrai). Vérité d'évidence, banale, sans portée.

TRUITE n.f. (bas lat. *tructa*). Poisson voisin du saumon, carnassier, à chair fine et estimée. (La truite de rivière préfère les eaux vives et aérées et atteint 50 cm de long ; la truite de lac peut atteindre 1 m ; sa chair se colore en rose, on la qualifie alors de *saumonée ;* la truite de mer, à chair rose, vit dans les fleuves côtiers et descend jusqu'à la mer pour s'y nourrir ; la truite arc-en-ciel vient d'Amérique.)

truites

TRUITÉ, E adj. **1.** Marqué de petites taches brunes ou noires. **2.** Se dit d'une céramique dont la glaçure ou la couverte est fendillée par un réseau de craquelures imitant les écailles de poisson.

TRULLO [trulo] n.m. (mot it.) [pl. *trullos* ou *trulli*]. Construction rurale ronde, à toit conique, typique de la Pouille.

TRUMEAU n.m. (du francique). **I. 1.** Pan de mur entre deux baies rapprochées. **2.** Panneau de glace ou de peinture occupant le dessus d'une cheminée, l'espace entre deux fenêtres, etc. **3.** Pilier central divisant en deux le portail d'une église. **II.** BOUCH. Jarret de bœuf.

TRUQUAGE ou **TRUCAGE** n.m. **1. a.** THÉÂTRE. Mécanisme ou procédé pour mouvoir certains décors, exécuter des changements à vue et, en général, produire des effets insolites de mise en scène. **b.** CIN. Effet spécial. **2.** Emploi de moyens adroits et peu délicats pour arriver à ses fins, en trompant. *Le truquage d'un vote.*

TRUQUER v.t. **1.** Modifier (qqch) habilement pour tricher à un jeu ou faire un tour d'illusionniste. *Truquer des dés.* **2.** Modifier de manière occulte et frauduleuse (certains éléments d'une opération). *Truquer des élections.*

TRUQUEUR, EUSE n. Personne qui use de procédés indélicats pour tromper.

TRUQUISTE n.m. CIN. Personne chargée des truquages optiques, sonores, etc.

TRUSQUIN n.m. (wallon *cruskin*). MÉCAN., MENUIS. Instrument servant à tracer des lignes parallèles à une surface dressée.

TRUSQUINER v.t. Tracer au trusquin des lignes parallèles.

TRUST [trœst] n.m. (mot angl., de *to trust,* avoir confiance). **1.** Groupement d'entreprises qui, quoique conservant leur autonomie juridique, sont contrôlées par une société mère. **2.** Entreprise très puissante exerçant son influence sur tout un secteur de l'économie.

TRUSTE [tryst] ou **TRUSTIS** [trystis] n.f. HIST. Compagnonnage guerrier d'hommes libres, chez les Francs. (Ils constituaient, sous le nom d'*antrustions,* une garde d'honneur des chefs.)

TRUSTEE [trœsti] n.m. (mot angl.). **1.** Mandataire qui, ayant reçu des instruments de paiement, doit les délivrer à leur bénéficiaire dans des conditions définies. **2.** Administrateur qui, au terme d'un accord entre créanciers et débiteurs, assure la gestion d'un emprunt.

TRUSTER [trœste] v.t. **1.** Accaparer par un trust. **2.** Fam. Accaparer, monopoliser.

TRUSTEUR [trœstœr] n.m. Personne qui truste.

TRUTTICULTURE n.f. Élevage de truites.

TRYPANOSOME n.m. (du gr. *trupanon,* tarière). Protozoaire flagellé, parasite du sang des vertébrés, et généralement transmis à ceux-ci par des insectes vecteurs. (Une espèce provoque chez l'homme la maladie du sommeil.)

TRYPANOSOMIASE n.f. Affection parasitaire due à un trypanosome.

TRYPSINE n.f. (gr. *tripsis,* friction). BIOCHIM. Enzyme du suc pancréatique, qui transforme les protéines en acides aminés.

TRYPSINOGÈNE n.m. BIOCHIM. Substance sécrétée par le pancréas et qui se transforme en trypsine sous l'action de l'entérokinase.

TRYPTOPHANE n.m. BIOCHIM. Acide aminé indispensable à l'organisme.

TSAR, TZAR ou **CZAR** [tsar] n.m. (mot russe ; du lat. *caesar*). Titre porté par les souverains de Russie (1547-1917) et de Bulgarie (919-1018 ; 1187-1393 ; 1908-1946).

TSARÉVITCH ou **TZARÉVITCH** [tsarevitʃ] n.m. Fils du tsar.

TSARINE ou **TZARINE** n.f. **1.** Femme d'un tsar. **2.** Impératrice de Russie.

TSARISME [tsarism] n.m. Régime politique de la Russie et de l'Empire russe jusqu'en 1917.

TSARISTE adj. et n. Propre au tsarisme ; qui en est partisan.

TSÉ-TSÉ n.f. inv. *Mouche tsé-tsé* ou *tsé-tsé :* mouche africaine, du genre glossine, dont certaines espèces propagent la maladie du sommeil.

T. S. F. n.f. (sigle de *télégraphie* ou *téléphonie sans fil*). Vieilli. Radio.

T-SHIRT n.m. → ***tee-shirt.***

TSIGANE ou **TZIGANE** [tsigan] adj. (mot hongr.). Qui appartient aux Tsiganes (→ ***rom***). – *Musique tsigane :* musique populaire de Bohême et de Hongrie, adaptée par les musiciens tsiganes. ◆ n.m. Langue indo-aryenne parlée par les Tsiganes.

TSUBA n.m. (mot jap.). Garde du sabre japonais, souvent ouvragée, et qui constitue un objet de collection très recherché.

TSUNAMI [tsynami] n.m. (mot jap.). Raz de marée provoqué par un tremblement de terre ou une éruption volcanique, dans le Pacifique occidental.

T. T. C. (sigle). Toutes taxes comprises.

TU, TOI, TE (lat. *tu, te*). Pron. pers. sing. de la 2e pers. – Fam. *Être à tu et à toi avec qqn,* être avec lui dans une grande familiarité.

TUABLE adj. Qui peut être tué.

TUAGE n.m. Action d'abattre les bestiaux.

TUANT, E adj. Fam. Pénible, fatigant.

TUB [tœb] n.m. (mot angl.). Large cuvette où peuvent se faire des ablutions à grande eau ; bain qu'on y prend.

TUBA n.m. (mot it. ; du lat.). **1.** Instrument de musique à vent, en métal et à pistons. **2.** Tube respiratoire des nageurs sous-marins.

TUBAGE n.m. **1.** MÉD. Introduction d'un tube dans le larynx pour empêcher l'asphyxie (dans les cas de *croup*), ou par l'œsophage dans l'estomac pour faire des analyses biologiques et bactériologiques. **2.** MIN. et PÉTR. Mise en place de tubes à l'intérieur d'un sondage, d'un puits de pétrole, pour en maintenir les parois. SYN. (PÉTR.) : *casing.*

TUBAIRE adj. MÉD. Relatif à la trompe d'Eustache ou à la trompe de Fallope.

TUBARD, E adj. et n. Pop. Tuberculeux.

TUBE n.m. (lat. *tubus*). **I. 1. a.** Tuyau ou appareil cylindrique. *Tube de verre, de plomb.* – *Tube à essai :* tube en verre pour faire des expériences de chimie sur de petites quantités. – *Tube de Pitot* ou *de Darcy :* instrument imaginé par Pitot, perfectionné par Darcy, pour mesurer le débit des fluides. – *Tube lance-torpille :* tube métallique servant à lancer une torpille dans la direction choisie. – *Tube d'un canon :* la bouche à feu proprement dite, par opposition à l'affût. – MÉCAN. *Tube à choc :* installation d'essais aérodynamiques pour vitesses hypersoniques. **b.** Cylindre creux en verre, rempli d'un gaz sous basse pression, pour l'éclairage par fluorescence. *Tube au néon.* – *Tube électronique :* composant électronique formé d'une ampoule contenant un vide suffisant *(tube à vide)* ou un gaz ionisé *(tube à gaz)* et deux ou plusieurs électrodes qui émettent, captent des faisceaux électroniques ou en modifient le mouvement. – *Tube à ondes progressives :* tube électronique permettant de contrôler et d'amplifier des ondes de fréquence très élevée. – *Tube cathodique* → **cathodique.** – *Tube de Crookes, de Coolidge :* appareils producteurs de rayons X. **2.** Emballage allongé, malléable, pour contenir une substance pâteuse que l'on fait sortir par pression des doigts. *Tube de colle, de peinture, de pâte dentifrice.* **3.** Conditionnement cylindrique, rigide, pour contenir des poudres ou des substances solides. *Tube de cachets d'aspirine.* **4.** ANAT. Canal ou conduit naturel. *Tube digestif.* – *Tubes de Malpighi :* principaux organes d'excrétion chez les insectes. **5.** BOT. Partie inférieure et tubuleuse des calices ou de corolles gamopétales. – *Tube criblé :* vaisseau où circule la sève élaborée. **6.** Fam. *À plein(s) tube(s) :* au plus fort de sa puissance sonore ; à toute vitesse. **II.** Fam. Chanson, musique qui connaît un grand succès.

TUBELESS [tyblɛs] adj. inv. (mot angl., *sans chambre à air*). *Pneu tubeless :* pneu dans lequel la chambre à air est remplacée par une couche synthétique étendue à l'intérieur de l'enveloppe.

TUBER v.t. PÉTR. et MIN. Revêtir, garnir de tubes (un puits de pétrole, un sondage).

TUBÉRACÉ, E adj. (du lat. *tuber,* excroissance). BOT. Qui a la forme, l'aspect de la truffe.

TUBÉRACÉE n.f. Champignon ascomycète entièrement souterrain, tel que la truffe.

TUBÉRALE n.f. *Tubérales :* ordre de champignons ascomycètes, tels que la truffe.

TUBERCULE n.m. (lat. *tuberculum,* petite bosse). **1.** Renflement des axes végétaux, surtout souterrains (racine, rhizome), riche en substances de réserve. **2.** ANAT. Surface arrondie des molaires broyeuses. – *Tubercules quadrijumeaux :* saillies de la face dorsale du mésencéphale. **3.** PATHOL. Lésion élémentaire de la tuberculose.

TUBERCULEUX, EUSE adj. **1.** BOT. Qui est de la nature du tubercule. *Racine tuberculeuse.* **2.** Relatif à la tuberculose. ◆ adj. et n. Atteint de tuberculose.

TUBERCULINATION ou **TUBERCULINISATION** n.f. Action d'injecter de la tuberculine diluée aux animaux (dépistage des sujets atteints de tuberculose latente).

TUBERCULINE n.f. Liquide préparé à partir de cultures de bacilles de Koch, et destiné au diagnostic de la tuberculose. (On l'emploie dans la cuti-réaction et l'intradermo-réaction.)

TUBERCULINIQUE adj. Relatif à la tuberculine. *Réaction tuberculinique.*

TUBERCULISATION n.f. MÉD. Envahissement d'un organisme par le bacille tuberculeux.

TUBERCULOÏDE adj. PATHOL. Qui ressemble à la tuberculose. *Lèpre tuberculoïde.*

TUBERCULOSE n.f. **1.** Maladie infectieuse et contagieuse, commune à l'homme et aux animaux, due au bacille de Koch. **2.** *Tuberculose miliaire :* granulie.

■ La tuberculose a été isolée des autres maladies pulmonaires par Laennec en 1819, et son bacille a été découvert par Koch en 1882. On retrouve ce bacille dans les différentes lésions et les exsudats (pus, crachats) de la maladie déclarée. Mais, le plus souvent, le seul signe biologique de la primo-infection tuberculeuse est la positivité des réactions tuberculiniques (en l'absence de vaccination par le B. C. G.) et l'infection s'arrête à ce stade. Parfois, elle évolue vers la formation de lésions pulmonaires (la tuberculose pulmonaire restant la plus fréquente), s'étend à d'autres organes, ou se généralise. Depuis la découverte des médications chimiothérapiques spécifiques, la maladie, grave autrefois, est devenue curable dans l'immense majorité des cas et son pronostic est très favorable. La vaccination par le B. C. G. est obligatoire depuis 1950.

TUBÉREUSE n.f. Plante originaire du Mexique, cultivée pour ses belles grappes de fleurs blanches à odeur suave et pénétrante. (Famille des liliacées.)

TUBÉREUX, EUSE adj. (lat. *tuberosus*). BOT. Qui forme ou constitue un ou plusieurs tubercules.

TUBÉRIFORME adj. Se dit d'une production animale ou végétale en forme de truffe.

TUBÉRISATION n.f. BOT. Transformation en tubercules ou en pseudo-bulbes de la partie inférieure de la tige ou des organes radiculaires de certains végétaux.

TUBÉRISÉ, E adj. BOT. Qui forme un tubercule.

TUBÉROSITÉ n.f. (de *tubéreux*). **1.** ANAT. Renflement que présentent certains os, donnant attache à des muscles ou à des ligaments. **2.** *Tubérosités de l'estomac :* portions renflées que présente l'estomac à ses deux extrémités (*grosse tubérosité* en haut, *petite tubérosité* en bas).

TUBICOLE adj. ZOOL. Se dit d'un animal qui vit dans un tube qu'il a édifié.

TUBIFEX n.m. Petite annélide oligochète tubicole des vases de rivière.

TUBIPORE n.m. Polypier des mers chaudes, usuellement appelé *orgue de mer.*

TUBISTE n. Musicien qui joue du tuba.

TUBITÈLE adj. Se dit d'une araignée qui construit une toile munie d'un tube.

TUBULAIRE adj. **1.** Qui a la forme d'un tube. **2.** Constitué de tubes. *Échafaudage tubulaire.* – *Pont tubulaire :* pont métallique formé d'éléments composant une poutre creuse de section rectangulaire. **3.** Se dit d'une chaudière ou d'un échangeur de chaleur dans lesquels la circulation du fluide chaud ou de l'eau s'effectue dans des tubes qui offrent une grande surface aux échanges de chaleur.

TUBULE n.m. Petit tube plusieurs fois replié qui fait suite au glomérule dans le néphron (constituant élémentaire du rein).

TUBULÉ, E adj. Muni d'une ou de plusieurs tubulures.

TUBULEUX, EUSE adj. En forme de tube.

TUBULIDENTÉ n.m. *Tubulidentés :* ordre de mammifères africains dont le seul représentant est l'oryctérope.

TUBULIFLORE adj. À fleurs tubuleuses.

TUBULURE n.f. (lat. *tubulus,* petit tube). **1.** Ouverture, sur une enceinte ou un récipient, en forme de court cylindre sur lequel on peut raccorder un conduit. **2.** Ensemble des tubes d'une installation ; chacun de ces tubes. **3.** Petit conduit naturel.

T. U. C. [tyk] n.m. pl. (sigle). Travaux d'utilité collective.

TUCARD n.m. ou **TUCISTE** [tykist] n. Personne employée à des T. U. C.

TUDESQUE adj. (francique *theudisk,* teuton). Vx. Qui se rapporte aux Allemands.

TUDIEU interj. (de *tue* et *Dieu*). Ancien juron familier.

TUÉ, E n. Personne tuée, décédée de mort violente.

TUE-CHIEN n.m. inv. **1.** Colchique d'automne. **2.** Morelle à baies noires toxiques.

TUE-DIABLE n.m. inv. Leurre pour poissons carnassiers de rivière.

TUE-MOUCHES adj. inv. **1.** *Amanite tue-mouches :* autre nom de la fausse oronge. **2.** *Papier tue-mouches :* papier imprégné d'une substance vénéneuse et de colle, dont on se sert pour attraper les mouches.

TUER v.t. (lat. *tutare,* protéger, étouffer). **1.** Causer la mort de qqn de manière violente. *Il l'a tué d'un coup de couteau.* ◇ Fam. *Être à tuer :* être assommant, insupportable. **2.** Faire mourir un animal volontairement, notamm. à la chasse. *Tuer un lièvre.* **3.** Détruire. *La gelée tue les plantes.* **4.** Fam. Épuiser physiquement ou moralement. *Ce travail trop dur la tue.* **5.** Faire cesser, faire disparaître (qqch), causer la ruine de. *L'égoïsme finit par tuer l'amour.* **6.** Fig. *Tuer le temps :* faire n'importe quoi pour éviter de s'ennuyer. ◆ **se tuer** v.pr. **1.** Se donner volontairement la mort ; trouver accidentellement la mort. *Se tuer en montagne.* **2.** S'épuiser de fatigue. *Se tuer au travail.* **3.** S'évertuer à. *Je me tue à vous le répéter.*

TUERIE n.f. Carnage, massacre.

TUE-TÊTE (À) loc. adv. De toute la puissance de la voix. *Crier à tue-tête.*

TUEUR, EUSE n. **1.** Personne qui tue, qui commet un meurtre. **2.** Homme de main chargé d'exécuter un crime pour le compte d'autrui. **3.** Personne qui tue les animaux de boucherie.

TUF [tyf] n.m. (it. *tufo*). Roche poreuse légère, formée de cendres volcaniques cimentées (cinérite) ou de concrétions calcaires déposées dans les sources ou dans les lacs.

TUFFEAU ou **TUFEAU** n.m. Roche calcaire renfermant des grains de quartz et de mica, et utilisée en construction malgré sa friabilité.

TUFIER, ÈRE adj. Qui est de la nature du tuf.

TUILE n.f. (lat. *tegula,* de *tegere,* couvrir). **1.** Plaquette de terre cuite, de forme variable, pour couvrir les maisons, les bâtiments. – *Tuile canal* ou *tuile romaine :* tuile en forme de gouttière tronconique. **2.** Fam. Évènement imprévu et fâcheux. **3.** Petit-four sec arrondi sur un rouleau à pâtisserie.

TUILEAU n.m. Élément mince (de l'épaisseur d'une tuile) dont la tranche est utilisée pour le revêtement d'un âtre.

TUILER v.t. Recouvrir de tuiles.

TUILERIE n.f. **1.** Industrie de la fabrication des tuiles. **2.** Établissement industriel où se fait cette fabrication.

TUILETTE n.f. Plaque de terre obturant, pendant la cuisson, le col du pot utilisé pour la fusion du cristal.

1. TUILIER, ÈRE adj. Relatif à la fabrication des tuiles.

2. TUILIER n.m. Ouvrier travaillant dans une tuilerie ; dirigeant d'une tuilerie.

TULARÉMIE n.f. (de *Tulare,* n. d'un comté de Californie). Maladie infectieuse et contagieuse due au bacille *Francisella tularensis,* épidémique chez le lièvre et transmissible à l'homme.

TULIPE n.f. (turc *tülbent,* turban). **1.** Liliacée bulbeuse à grande et belle fleur solitaire en forme de vase, cultivée industriellement. **2.** Objet ou ornement en forme de tulipe. **3.** Abat-jour en pâte de verre qui a la forme d'une tulipe, d'une fleur en cloche.

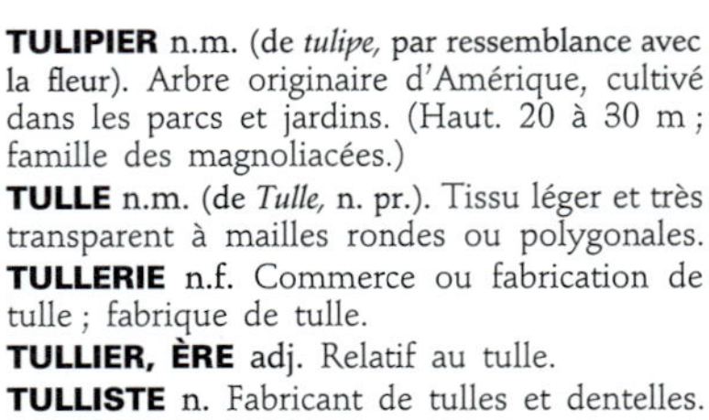

tulipes

TULIPIER n.m. (de *tulipe,* par ressemblance avec la fleur). Arbre originaire d'Amérique, cultivé dans les parcs et jardins. (Haut. 20 à 30 m ; famille des magnoliacées.)

TULLE n.m. (de *Tulle,* n. pr.). Tissu léger et très transparent à mailles rondes ou polygonales.

TULLERIE n.f. Commerce ou fabrication de tulle ; fabrique de tulle.

TULLIER, ÈRE adj. Relatif au tulle.

TULLISTE n. Fabricant de tulles et dentelles.

TUMÉFACTION n.f. (du lat. *tumefacere,* gonfler). MÉD. Augmentation de volume d'une partie du corps, quelle qu'en soit la nature.

TUMÉFIÉ, E adj. Qui porte des tuméfactions.

TUMÉFIER v.t. Causer la tuméfaction de.

TUMESCENCE n.f. PHYSIOL. **1.** Gonflement d'un organe. **2.** Turgescence des organes érectiles et spécialement de la verge.

TUMESCENT, E adj. (du lat. *tumescere,* s'enfler). Se dit d'un organe en état de tumescence.

TUMEUR n.f. (lat. *tumor*). PATHOL. Augmentation de volume d'une partie d'un tissu ou d'un organe, due à une prolifération cellulaire formant un nouveau tissu (néoplasie).

TUMORAL, E, AUX adj. Relatif à une tumeur.

TUMULAIRE adj. (du lat. *tumulus,* tombeau). Relatif aux tombeaux. *Pierre tumulaire.*

TUMULTE n.m. (lat. *tumultus*). **1.** Grand désordre accompagné de bruit. *Apaiser un tumulte.* **2.** Grande agitation désordonnée. *Le tumulte des affaires.*

TUMULTUEUSEMENT adv. Dans le tumulte.

TUMULTUEUX, EUSE adj. Plein de tumulte, agité.

TUMULUS [tymylys] n.m. (mot lat.) [pl. inv. ou *tumuli*]. ARCHÉOL. Grand amas artificiel de terre ou de pierres que l'on élevait au-dessus d'une sépulture.

TUNAGE n.m. ou **TUNE** n.f. (néerl. *tuin*). TR. PUBL. Couchis de fascines traversé de piquets et de clayons, et chargé d'un lit de gravier pour arrêter l'action des eaux.

TUNE n.f. → ***thune.***

TUNER [tynɛr] n.m. (de l'angl. *to tune,* accorder). Récepteur radio, généralement prévu pour les émissions à modulation de fréquence, ne comprenant ni amplificateur basse fréquence ni haut-parleur. Recomm. off. : *syntoniseur.*

TUNGAR [tœ̃gar] n.m. (de *tung*[*stène*] et *ar*[*gon*]). ÉLECTRON. Appareil redresseur de courants alternatifs, permettant le passage de grandes intensités.

TUNGSTATE n.m. CHIM. Sel d'un acide tungstique.

TUNGSTÈNE [tœ̃kstɛn] n.m. (suéd. *tungsten,* pierre lourde). Métal de couleur gris-noir, utilisé pour fabriquer des filaments pour lampes à incandescence, des résistances chauffantes et, en alliage avec l'acier, des outils ; élément (W), de numéro atomique 74, de masse atomique 183,35. SYN. (vx) : *wolfram.*

TUNGSTIQUE adj. Se dit d'un oxyde et d'un acide dérivant du tungstène.

TUNICELLE n.f. Vêtement liturgique naguère porté par le prélat, sous la chasuble.

TUNICIER n.m. (lat. *tunica,* tunique). *Tuniciers :* sous-embranchement d'animaux procordés marins au corps en forme de sac enveloppé d'une tunique et muni de deux fentes branchiales servant à l'alimentation et à la respiration, tels que les ascidies.

TUNIQUE n.f. (lat. *tunica*). **1.** ANTIQ. Vêtement de dessous, cousu, court ou mi-long, avec ou sans manches, généralement resserré à la taille. ◇ Auj. Vêtement droit plus ou moins long, porté sur une jupe ou un pantalon. **2.** Longue vareuse d'uniforme. **3.** ANAT. Membrane fibreuse qui enveloppe certains organes. **4.** BOT. Enveloppe foliaire des bulbes et des oignons.

TUNIQUÉ, E adj. BOT. Enveloppé d'une ou plusieurs tuniques.

TUNISIEN, ENNE adj. et n. De Tunisie.

TUNISOIS, E adj. et n. De Tunis.

TUNNEL n.m. (mot angl. ; du fr. *tonnelle*). **1.** TR. PUBL. Galerie souterraine de grande section, donnant passage à une voie de communication. *Tunnel ferroviaire.* **2.** Fig. Longue période difficile. *Voir le bout du tunnel.* **3.** PHYS. *Effet tunnel :* en mécanique quantique, probabilité non nulle pour une particule d'énergie E de traverser une région où règne un potentiel répulsif supérieur à E. **4.** *Tunnel aérodynamique :* dispositif expérimental permettant de faire circuler de l'air à grande vitesse autour d'une maquette, pour étudier son comportement dans l'écoulement. **5.** Abri en matière plastique ayant la forme d'un demi-cylindre, utilisé dans l'horticulture intensive.

TUNNELIER n.m. Puissant engin de travaux publics servant à forer des tunnels.

TUPAÏA ou **TUPAJA** n.m. (mot malais). Mammifère insectivore d'Asie.

TUPI n.m. Langue indienne parlée au Brésil.

TUPI-GUARANI n.m. inv. Famille de langues indiennes d'Amérique du Sud.

TUPINAMBIS n.m. Grand lézard carnassier de l'Amérique du Sud. (Long. 1,20 m.)

TUQUE n.f. Canada. Bonnet de laine.

TURBAN n.m. (turc *tülbent*). **1.** Coiffure orientale portée par les hommes, faite d'une longue pièce d'étoffe enroulée autour de la tête. **2.** Coiffure de femme rappelant le turban oriental.

TURBE n.f. (lat. *turba,* foule). DR. ANC. *Enquête par turbe(s) :* enquête faite auprès des habitants pour constater la coutume, l'usage sur une question de droit.

TÜRBE [tyrbe] ou **TURBEH** n.m. (mot turc). ARCHÉOL. Mausolée islamique, construction isolée en forme de haute tour couverte d'une toiture conique.

TURBELLARIÉ n.m. (lat. *turbella,* de *turba,* agitation). *Turbellariés :* classe de vers plats non parasites vivant dans la terre humide, les eaux douces ou salées, tels que les planaires.

TURBIDE adj. (lat. *turbidus*). Litt. En proie au trouble, agité.

TURBIDIMÈTRE n.m. Appareil permettant d'apprécier la turbidité d'un liquide.

TURBIDITÉ n.f. **1.** État d'un liquide trouble. ◇ HYDROL. Teneur en troubles, en boues, d'un cours d'eau. **2.** *Courant de turbidité :* violent courant du fond des océans, qui transporte une grande quantité de matériaux en suspension et à l'action duquel on attribue notamment le dépôt des flyschs.

TURBIN n.m. Pop. Travail rémunéré.

TURBINAGE n.m. TECHN. Action de turbiner.

TURBINE n.f. (lat. *turbo, turbinis,* roue). TECHN. **1.** Moteur composé d'une roue mobile sur laquelle est appliquée l'énergie d'un fluide moteur (eau, vapeur, gaz, etc.). [*V. illustration p. 1040.*] **2.** Essoreuse industrielle, dont le fonctionnement est fondé sur l'action de la force centrifuge.

TURBINÉ, E adj. SC. DE LA V. En forme de toupie. *Coquille turbinée.*

1. TURBINER v.i. Pop. Travailler dur, trimer.

2. TURBINER v.t. TECHN. Faire agir (un fluide) sur une turbine, passer à la turbine.

TURBITH n.m. (de l'ar.). PHARM. *Turbith blanc :* arbrisseau dont la feuille, en infusion, est purgative.

1. TURBO adj. inv. Se dit d'un moteur suralimenté par un turbocompresseur et d'un véhicule équipé d'un tel moteur. ◆ n.m. Turbocompresseur.

2. TURBO n.f. Voiture munie d'un moteur turbo.

tunnelier américain Robbins (diamètre du bouclier, 6,14 m ; 43 disques de coupe ; poids, 308 t ; puissance, 810 CV)

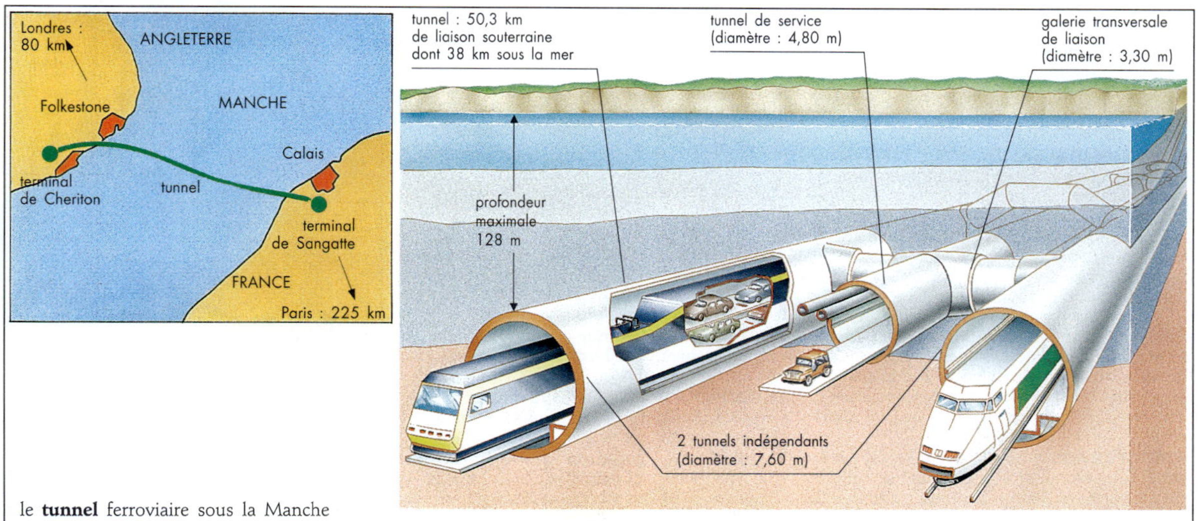

le **tunnel** ferroviaire sous la Manche

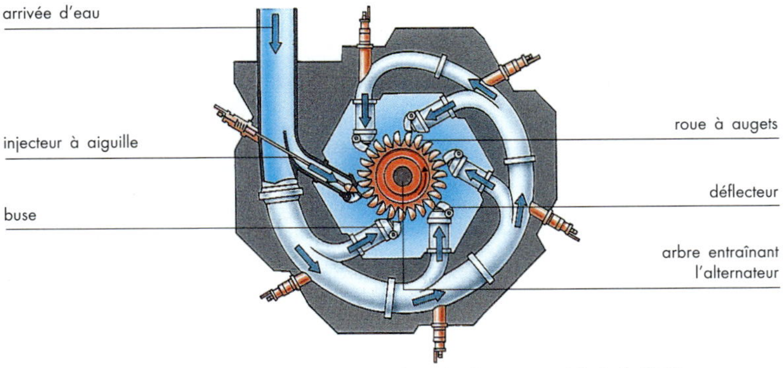

turbine hydraulique Pelton à axe vertical de la centrale hydroélectrique Middle Fork (É.-U.)

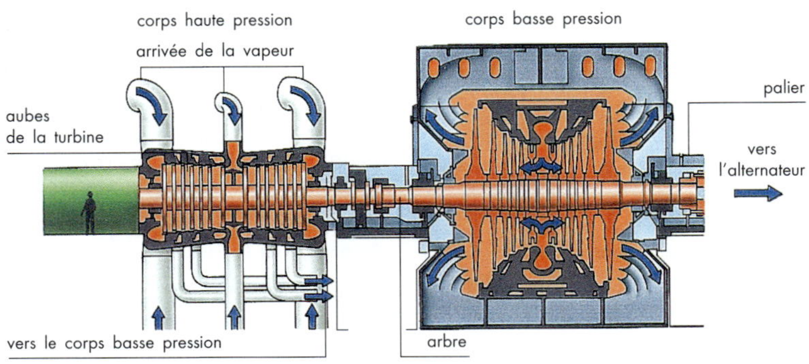

turbine à vapeur et à condensation de la centrale nucléaire de Fessenheim (France)

turbines

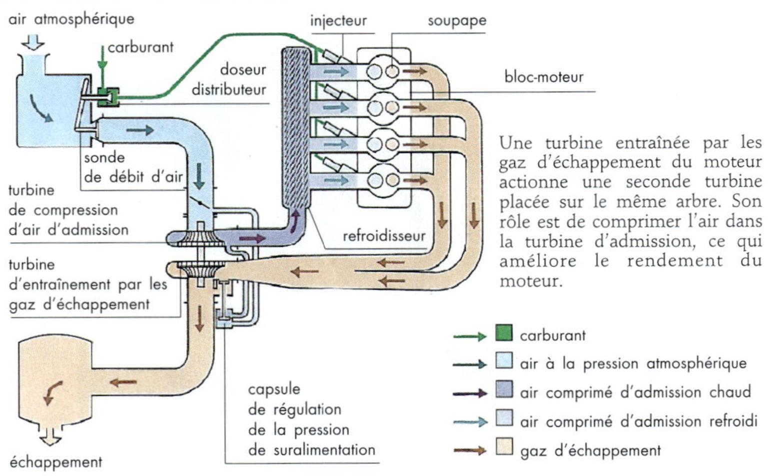

Une turbine entraînée par les gaz d'échappement du moteur actionne une seconde turbine placée sur le même arbre. Son rôle est de comprimer l'air dans la turbine d'admission, ce qui améliore le rendement du moteur.

turbocompresseur de suralimentation : principe de fonctionnement

TURBOALTERNATEUR n.m. ÉLECTR. Alternateur entraîné par une turbine à vapeur ou à gaz.

TURBOCOMPRESSÉ, E adj. Se dit d'un moteur équipé d'un turbocompresseur.

TURBOCOMPRESSEUR n.m. **1.** Turbomachine dans laquelle on communique au gaz, au moyen d'une roue, de l'énergie cinétique transformée ensuite en pression dans un ensemble de conduites fixes entourant cette roue. **2.** AUTOM. *Turbocompresseur de suralimentation :* organe annexe d'un moteur thermique, comportant une turbine entraînée par l'écoulement des gaz d'échappement et qui fait tourner une seconde turbine comprimant soit le mélange air-essence (moteur à essence), soit l'air (diesel) avant leur entrée dans le moteur. (On relève ainsi sensiblement la puissance du moteur sans trop grever son poids.) Abrév. : *turbo.*

TURBOFORAGE n.m. Procédé de forage dans lequel l'entraînement du trépan se fait par une turbine placée au-dessus de celui-ci et actionnée par la circulation des boues.

TURBOMACHINE n.f. Tout appareil générateur ou récepteur agissant dynamiquement sur un fluide à l'aide d'un rotor tournant autour d'un axe fixe (turboréacteur, turbomoteur).

TURBOMOTEUR n.m. Organe de propulsion dont l'élément essentiel est une turbine à gaz.

TURBOPOMPE n.f. **1.** Turbomachine hydraulique réceptrice servant à élever la pression du liquide qui la traverse. **2.** Pompe centrifuge accouplée à une turbine.

TURBOPROPULSEUR n.m. AÉRON. Propulseur composé d'une turbine à gaz, entraînant une ou plusieurs hélices par l'intermédiaire d'un réducteur.

TURBORÉACTEUR n.m. AÉRON. Turbine à gaz fonctionnant par réaction directe dans l'atmosphère.

TURBOSOUFFLANTE n.f. Soufflante à grande vitesse de rotation, conduite par turbine à vapeur ou par turbine à gaz.

TURBOT n.m. (anc. scand. *thornbutr*). Poisson plat répandu dans l'Atlantique et la Méditerranée, et très estimé pour sa chair. (Longueur jusqu'à 80 cm.)

TURBOTIÈRE n.f. Plat de forme allongée pour faire cuire les turbots.

TURBOTIN n.m. Jeune turbot.

TURBOTRAIN n.m. CH. DE F. Train dont l'énergie est fournie par une ou plusieurs turbines à gaz.

TURBULENCE n.f. **1.** Caractère, défaut d'une personne turbulente ; agitation bruyante. **2.** (Surtout au pl.). Troubles qui perturbent un secteur d'activité, un domaine. *Turbulences monétaires.* **3.** SC. Agitation désordonnée d'un fluide en écoulement turbulent.

TURBULENT, E adj. (lat. *turbulentus,* de *turbare,* troubler). **1.** Porté à faire du bruit, du trouble ; remuant. *Enfant turbulent.* **2.** MÉCAN. *Écoulement turbulent :* écoulement dans lequel les filets fluides se mélangent, au lieu de conserver leur individualité, comme dans l'écoulement laminaire.

1. TURC, TURQUE adj. et n. De Turquie. ◇ *Café turc,* très fort, préparé par décoction du marc. ◇ HIST. *Jeunes-Turcs :* v. partie n.pr. – Fig., fam. *Jeune turc :* partisan d'une politique dynamique dans un parti. – HIST. *Grand Turc :* sultan ottoman. – Fam. *Tête de Turc :* personne qui est sans cesse en butte aux critiques, aux railleries de qqn. – *Fort comme un Turc :* très fort. – *À la turque,* se dit de cabinets d'aisances sans siège. – *Langues turques :* groupe de langues de la famille altaïque parlées en Asie centrale (turkmène, ouzbek, kazakh, kirghiz), dans le Caucase (azéri) et en Turquie (turc).

2. TURC n.m. Principale langue du groupe turc, parlée en Turquie où elle est langue officielle.

TURCIQUE adj. (lat. *turcicus,* turc). ANAT. *Selle turcique,* cavité de l'os sphénoïde où est logée l'hypophyse.

TURCO n.m. (de *turc*). Vieilli et fam. Tirailleur algérien. (Sobriquet devenu courant après la campagne de Crimée, de 1854 à 1856.)

TURCOPHONE adj. et n. De langue turque.

TURDIDÉ n.m. (lat. *turdus,* grive). *Turdidés :* famille ou sous-famille d'oiseaux passereaux, tels que la grive, le rouge-gorge, le rossignol.

TURF [tœrf] ou [tyrf] n.m. (mot angl., *gazon*). **1. a.** Vx. Terrain sur lequel ont lieu les courses de chevaux. **b.** Mod. Ensemble des activités qui se rattachent aux courses de chevaux. **2.** Arg. Travail.

TURFISTE n. Personne qui aime les courses de chevaux, qui y assiste souvent et qui parie.

TURGESCENCE n.f. **1.** BOT. État normal de rigidité des tissus végétaux vivants, dû à la pression de leur contenu liquide. **2.** MÉD. Tumescence.

TURGESCENT, E adj. (du lat. *turgescere,* se gonfler). En état de turgescence.

TURGIDE adj. Litt. Enflé, boursouflé. *Paupières turgides.*

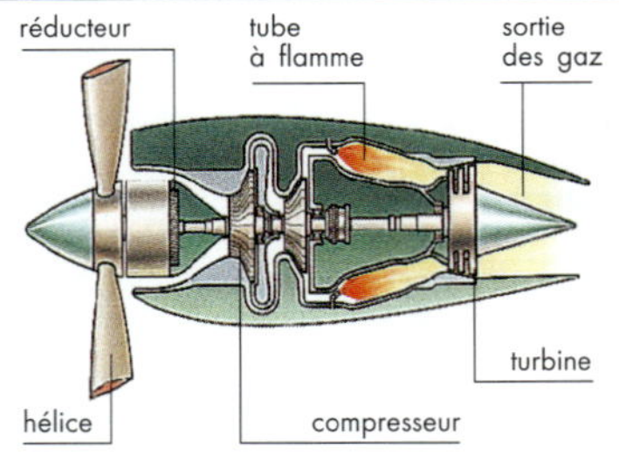

turbopropulseur

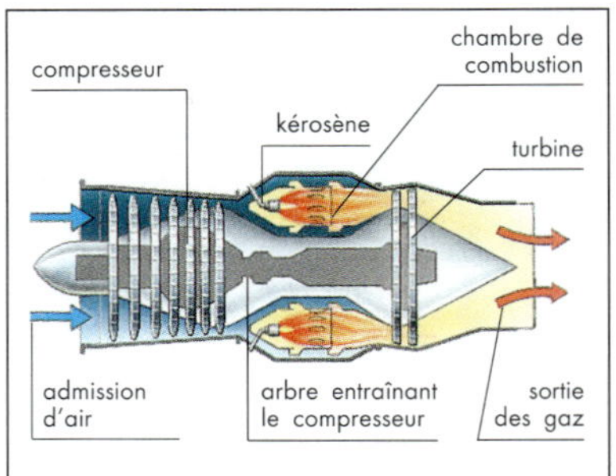

turboréacteur

TURINOIS, E adj. et n. De Turin.

TURION n.m. (lat. *turio,* bourgeon). BOT. Bourgeon ou jeune pousse de l'asperge.

TURISTA [turista] n.f. (mot esp.). Fam. Gastroentérite bénigne se traduisant par des diarrhées.

TURKMÈNE adj. et n. Du Turkménistan. ◆ n.m. Langue turque parlée au Turkménistan.

TURLUPINER v.t. Fam. Tracasser, tourmenter. *Cette idée me turlupine.*

TURLUTTE n.f. Ustensile de pêche en mer, formé d'un morceau de plomb entouré d'hameçons.

TURLUTUTU interj. (Indique un refus, une moquerie). *Turlututu, chapeau pointu !*

TURNE n.f. (de l'alsacien). Pop. Chambre.

TURNEP [tyrnɛp] ou **TURNEPS** [tyrnɛps] n.m. (angl. *turnip*). AGRIC. Navet fourrager.

TURNER (SYNDROME DE) : aberration chromosomique observée chez la femme, entraînant un nanisme, une agénésie ovarienne et des malformations diverses.

TURNOVER [tœrnɔvœr] n.m. (mot angl., *roulement*). [Anglic. déconseillé]. Rotation* du personnel.

TURONIEN n.m. (lat. *Turones,* habitants de la Touraine). GÉOL. Étage du système crétacé. ◆ **turonien, enne** adj. Du turonien.

TURPIDE adj. (lat. *turpis,* honteux). Litt. Qui fait preuve d'une certaine laideur morale. *Âme turpide.*

TURPITUDE n.f. (lat. *turpitudo*). Litt. Conduite ignominieuse d'une personne ; action honteuse.

TURQUERIE n.f. Œuvre artistique ou littéraire représentant des scènes turques, ou d'inspiration orientale.

TURQUETTE n.f. Plante des lieux sablonneux. (Famille des caryophyllacées.)

TURQUIN adj.m. (it. *turchino,* de Turquie). **1.** *Marbre turquin :* marbre bleu veiné de blanc, provenant d'Italie. **2.** Litt. *Bleu turquin,* bleu foncé.

TURQUOISE n.f. (de *turc*). Phosphate d'aluminium et de cuivre naturel, donnant des pierres fines opaques, de couleur bleu ciel à bleu-vert. ◆ adj. inv. et n.m. D'une couleur de turquoise.

TURRICULÉ, E adj. (du lat. *turricula,* petite tour). ZOOL. En forme de petite tour. *Coquille turriculée.*

TURRITELLE n.f. (du lat. *turritus,* garni de tours). Mollusque gastropode à coquille très pointue, vivant dans le sable. (On en connaît de nombreuses espèces fossiles.)

TUSSAH ou **TUSSAU** n.m. Tussor.

TUSSILAGE n.m. (lat. *tussis,* toux). Composée dont une espèce, appelée aussi *pas-d'âne,* plante envahissante et très commune, possède des propriétés pectorales.

TUSSOR ou, vx, **TUSSORE** n.m. (mot angl. ; de l'hindoustani *tasar*). **1.** Foulard fabriqué avec une soie fournie par le ver à soie sauvage. SYN. : *tussah, tussau.* **2.** Étoffe de soie légère, analogue au foulard.

TUTÉLAIRE adj. (bas lat. *tutelaris*). **1.** Litt. Qui tient sous sa protection. *Puissance tutélaire.* **2.** DR. Qui concerne la tutelle.

TUTELLE n.f. (lat. *tutela*). **1.** Surveillance, dépendance gênante. *Tenir sous sa tutelle.* **2.** DR. Ensemble des mesures légales destinées à protéger les biens des enfants mineurs et des incapables majeurs. ◇ *Tutelle d'État :* forme de tutelle s'appliquant à des personnes protégées dépourvues de famille. – *Tutelle en gérance :* forme de tutelle concernant certains incapables majeurs ne disposant pas de moyens financiers et que la famille ne peut normalement exercer. ◇ *Tutelle aux prestations familiales et sociales :* institution qui permet le versement de ces prestations à une personne physique ou morale autre que les parents. **3.** Litt. Protection, sauvegarde exercée en faveur de qqn. *La tutelle des lois.* **4.** *Autorité de tutelle :* administration qui exerce un contrôle. ◇ *Tutelle administrative :* contrôle exercé par l'autorité administrative sur les collectivités publiques décentralisées. **5.** DR. INTERN. *Territoire sous tutelle :* pays dont l'administration est assurée par un autre État, sous le contrôle de l'O.N.U. **6.** DR. PÉN. *Tutelle pénale :* peine complémentaire applicable aux récidivistes auteurs de crimes et délits, subie dans un établissement pénitentiaire ou sous le régime de la liberté conditionnelle. (Elle remplaça, en 1970, la relégation et fut supprimée en 1981.)

1. TUTEUR, TRICE n. (lat. *tutor,* de *tueri,* protéger). **1.** Personne chargée de surveiller les intérêts d'un mineur non émancipé ou d'un incapable majeur placé sous le régime de la tutelle. ◇ *Tuteur ad hoc :* personne chargée de représenter un incapable pour toute opération juridique dans laquelle les intérêts de ce dernier risquent d'être opposés à ceux du tuteur. **2.** *Tuteur d'entreprise :* membre du personnel d'une entreprise chargé de transmettre ses connaissances professionnelles à un stagiaire.

2. TUTEUR n.m. Perche, armature qui soutient une jeune plante.

TUTEURAGE n.m. Action de tuteurer.

TUTEURER v.t. AGRIC. Munir d'un tuteur.

TUTHIE ou **TUTIE** n.f. (ar. *tuthia*). CHIM. Oxyde de zinc qui se produit dans le travail de certains minerais de plomb.

TUTOIEMENT n.m. Action, habitude de tutoyer.

TUTORAT n.m. Fonction de tuteur.

TUTOYER v.t. [13]. **1.** User de la deuxième personne du singulier, en parlant à qqn. **2.** *Tutoyer l'obstacle,* en équitation, le frôler sans le faire tomber.

TUTOYEUR, EUSE adj. et n. Qui a l'habitude de tutoyer.

TUTTI [tuti] n.m. inv. (mot it., *tous*). MUS. Ensemble des instruments de l'orchestre (par opp. au soliste ou au groupe de solistes).

TUTTI FRUTTI [tutifruti] loc. adj. inv. (mots it.). Composé ou parfumé de toutes sortes de fruits. *Une glace tutti frutti.*

TUTTI QUANTI [tutikwɑ̃ti] loc. adv. (mots it., *tous tant qu'ils sont*). *Et tutti quanti :* et tous les gens, toutes les choses de même espèce (à la fin d'une énumération).

TUTU n.m. (de *cucu,* petit cul). Costume de scène de la danseuse académique, composé de plusieurs jupettes de tulle superposées.

TUYAU n.m. (francique *thûta,* cor). **1.** Élément à section constante d'un conduit, utilisé pour la circulation d'un fluide ou d'un produit pulvérulent. ◇ *Tuyau d'arrosage, d'incendie :* tuyau souple destiné à amener à la lance d'arrosage ou d'incendie l'eau prise à une canalisation ou à un réservoir. – Fam. *Dire qqch dans le tuyau de l'oreille :* dire qqch à voix basse et en secret. **2.** TECHN. *Tuyau à ailettes :* élément de machine constitué par un tube métallique sur lequel sont fixées des ailettes rectangulaires ou circulaires. ◇ *Tuyau sonore :* tube rendant un son lorsque la colonne d'air qu'il renferme entre en vibration. **3.** Fam. Renseignement confidentiel. **4.** ZOOL. Bout creux d'une plume d'oiseau. **5.** BOT. Tige creuse du blé et de certaines autres plantes. **6.** Pli cylindrique qu'on fait à du linge empesé.

TUYAUTAGE n.m. Action de tuyauter.

TUYAUTÉ n.m. Ensemble de tuyaux faits au fer à tuyauter. *Le tuyauté d'une collerette.*

TUYAUTER v.t. **1.** Placer des tuyaux afin d'assurer la circulation d'un fluide ou d'un produit pulvérulent. **2.** Plisser le linge en forme de tuyaux, en le repassant. **3.** Fam. Donner des tuyaux, renseigner secrètement.

TUYAUTERIE n.f. Ensemble de tuyaux, assurant la circulation d'un fluide ou d'un produit pulvérulent dans une installation.

TUYAUTEUR, EUSE n. Fam. Personne qui vend des tuyaux, aux courses.

TUYÈRE [tɥijɛr] n.f. (de *tuyau*). **1.** Élément de canalisation profilé, destiné à imposer à un fluide en écoulement une augmentation de vitesse. **2.** Conduit terminal d'une turbine à gaz, dans lequel se produit la détente fournissant l'énergie. **3.** Ouverture pratiquée à la partie inférieure d'un four métallurgique pour le passage de l'air soufflé ; buse qui passe par cette ouverture.

détail de la **tuyère** d'un moteur-fusée Viking 5 (équipant le premier étage de la fusée Ariane)

T. V. n.f. (abrév.). Télévision.

T. V. A. n.f. (sigle). Taxe* sur la valeur ajoutée.

T. V. H. D. n.f. (sigle). Télévision à haute définition.

TWEED [twid] n.m. (mot angl.). Tissu de laine cardée, d'armure toile ou sergé, généralement établi en deux couleurs et utilisé pour la confection des vêtements genre sport.

TWEETER [twitœr] n.m. (mot angl.). [Anglic. déconseillé]. Haut-parleur d'aigus.

TWIN-SET [twinsɛt] n.m. (mot angl.) [pl. *twin-sets*]. Ensemble composé d'un chandail et d'un cardigan de tricot assortis.

TWIST [twist] n.m. (de l'angl. *to twist,* tordre). Danse d'origine américaine, sur une musique très rythmée, caractérisée par une rotation des jambes et du bassin.

TWISTER [twiste] v.i. Danser le twist.

TYLENCHUS [tilɛ̃kys] n.m. (gr. *tulos,* bosse, et *egkhelus,* anguille). Ver nématode vivant dans les matières végétales en décomposition.

TYMPAN n.m. (gr. *tumpanon,* tambour). **1.** ANAT. *Caisse du tympan* ou *tympan :* cavité dans l'os temporal, où est logée l'oreille moyenne. **2.** ANAT. *Membrane du tympan* ou *tympan :* membrane qui limite l'oreille moyenne du conduit auditif externe et qui transmet aux osselets de l'oreille moyenne les vibrations de l'air. ◇ Par exagér. *Briser le tympan à qqn,* lui parler trop fort. **3.** ARCHIT. Surface comprise entre le linteau et les deux rampants ou l'arc d'un fronton ; paroi qui clôt l'arc des portails romans et gothiques. *(V. illustration p. 1042.)*

TYMPANAL n.m. (pl. *tympanaux*). ANAT. Os en forme d'anneau, sur lequel est tendue la membrane du tympan.

tutu long

tutu court

tympan du portail de l'église romane de Saint-Michel (Charente), du XIe s., orné d'un relief représentant saint Michel terrassant le dragon

TYMPANIQUE adj. Relatif au tympan.

TYMPANISME n.m. MÉD. Augmentation de la sonorité du thorax ou de l'abdomen décelée à la percussion, notamment en cas de pneumothorax ou d'occlusion intestinale.

TYMPANON n.m. (mot gr., *tambourin*). Cymbalum.

TYMPANOPLASTIE n.f. Réparation chirurgicale du tympan et de la chaîne des osselets dans le traitement de la surdité.

TYNDALL (EFFET) : diffusion de la lumière sur le trajet d'un rayon lumineux traversant une solution colloïdale.

TYNDALLISATION [tẽdalizasjɔ̃] n.f. (de *J. Tyndall,* n. de l'inventeur). Procédé de stérilisation par une série de chauffages à une température variant entre 60 et 80 °C, et de refroidissements successifs.

TYPE n.m. (gr. *tupos,* empreinte). **1.** Modèle abstrait réunissant à un haut degré les traits essentiels de tous les êtres ou de tous les objets de même nature. *Harpagon est le type de l'avare.* ◇ Ensemble de traits caractéristiques d'un groupe, d'une famille de choses. *Le type allemand. Les types d'architecture.* ◇ (En app., avec ou sans trait d'union). Qui est caractéristique, a valeur de modèle. *Un contrat type.* **2.** Fam. Individu quelconque. *Un grand type.* (Parfois fém. *typesse,* dans ce sens.) **3.** SC. DE LA V. Individu à partir duquel une espèce végétale ou animale a été décrite pour la première fois, et qui sert de référence. **4.** IMPR. Caractère d'imprimerie. **5.** TECHN. Empreinte servant à produire des empreintes semblables.

TYPÉ, E adj. Qui présente à un haut degré les caractères du type dans lequel on le range. *Personnage fortement typé.*

TYPER v.t. Donner les traits caractéristiques d'un type à. *Typer un personnage.*

TYPESSE n.f. Fam. (Sert parfois de fém. à *type*). Femme quelconque.

TYPHA n.m. (gr. *tuphê,* varech). Roseau-massue (nom générique).

TYPHACÉE n.f. (gr. *tuphê,* varech). *Typhacées :* famille de plantes monocotylédones, aquatiques ou poussant au bord des eaux, telles que le typha.

TYPHIQUE adj. et n. Atteint du typhus ou de la fièvre typhoïde. ◇ *Bacille typhique :* bacille d'Eberth, provoquant la fièvre typhoïde.

TYPHLITE n.f. (du gr. *tuphlos,* sans ouverture). PATHOL. Rare. Inflammation du cæcum.

TYPHOÏDE adj. et n.f. (gr. *tuphos,* stupeur). *Fièvre typhoïde* ou *typhoïde :* maladie infectieuse et contagieuse provoquée par des aliments contenant des bacilles d'Eberth, qui se multiplient dans l'intestin et agissent par des toxines.

TYPHOÏDIQUE adj. Relatif à la fièvre typhoïde.

TYPHON n.m. (gr. *tuphôn,* tourbillon). En Extrême-Orient, cyclone tropical très violent.

TYPHOSE n.f. Maladie microbienne, contagieuse, des volailles.

TYPHUS [tifys] n.m. (mot lat. ; du gr. *tuphos,* torpeur). Gastro-entérite attaquant plusieurs animaux, dont le chien et le chat. ◇ *Typhus exanthématique* ou *typhus :* maladie infectieuse due à une rickettsie que transmet le pou, caractérisée par une fièvre, des taches rouges sur la peau, ou exanthèmes, et par un état stuporeux. ◇ *Typhus murin :* maladie analogue, dont la rickettsie est transmise par la puce. (Endémiques dans certaines régions du monde, typhus exanthématique et typhus murin ont disparu en France.)

TYPICITÉ n.f. Ensemble des caractéristiques qui font la particularité d'un aliment. *Typicité d'un vin, d'un fromage.*

TYPIQUE adj. (bas lat. *typicus*). **1.** Qui caractérise précisément ; qui est un modèle, un exemple. *Un cas typique de frustration.* **2.** BIOL. Qui est propre à un seul groupe animal ou végétal. *Caractère, organe typique.* ◇ Qui s'identifie à un type, qui en présente les caractères spécifiques. **3.** (par l'esp. *típico*). *Musique typique,* de caractère sud-américain.

TYPIQUEMENT adv. De façon typique.

1. TYPO, OTE n. (abrév.). Fam. Typographe.

2. TYPO n.f. (abrév.). Typographie.

TYPOGRAPHE n. IMPR. Ouvrier qui compose, à l'aide de caractères mobiles, les textes destinés à l'impression typographique.

TYPOGRAPHIE n.f. (gr. *tupos,* caractère, et *graphein,* écrire). IMPR. **1.** Procédé de composition et d'impression sur des caractères et des clichés en relief. **2.** Présentation graphique d'un texte imprimé. *Une belle typographie.*

TYPOGRAPHIQUE adj. Relatif à la typographie.

TYPOLOGIE n.f. (gr. *tupos,* caractère, et *logos,* science). **1.** Étude des traits caractéristiques dans un ensemble de données, en vue d'y déterminer des types, des systèmes. **2.** Classification des individus humains selon des critères morphologiques ou psychologiques, fournissant notamm. les bases empiriques et souvent arbitraires de la morphopsychologie.

TYPOLOGIQUE adj. Relatif à une typologie.

TYPOMÈTRE n.m. IMPR. Règle divisée en points typographiques.

TYPON n.m. IMPR. Positif tramé, destiné à la confection de la plaque offset.

TYPTOLOGIE n.f. (gr. *tuptein,* frapper, et *logos,* discours). Dans le spiritisme, communication des esprits au moyen de coups frappés par les tables tournantes.

TYRAN n.m. (lat. *tyrannus ;* du gr. *turannos*). **I. 1.** Souverain despotique, injuste, cruel. **2.** Fig. Personne qui abuse de son autorité. *Tyran domestique, familial.* **3.** ANTIQ. GR. Chef populaire qui exerce un pouvoir personnel obtenu par un coup de force et sans fondement légal. **II.** Oiseau passereau, insectivore et bon chanteur, appelé aussi *gobe-mouches américain.*

TYRANNEAU n.m. Petit tyran.

1. TYRANNICIDE n. Personne qui tue un tyran.

2. TYRANNICIDE n.m. Assassinat d'un tyran.

TYRANNIE n.f. **1.** Gouvernement autoritaire qui ne respecte pas les libertés individuelles et sur lequel le peuple n'a aucun contrôle. ◇ ANTIQ. GR. Gouvernement d'un tyran. **2.** Litt. Pouvoir de certaines choses sur les hommes. *La tyrannie de l'usage, de la mode.*

TYRANNIQUE adj. Qui a le caractère de la tyrannie ; despotique. *Loi, pouvoir tyrannique. Passion tyrannique.*

TYRANNIQUEMENT adv. De façon tyrannique.

TYRANNISER v.t. Exercer une autorité excessive sur ; opprimer, persécuter. *Tyranniser sa famille. Tyranniser les consciences.*

TYRANNOSAURE n.m. Très grand reptile dinosaurien fossile, carnivore et bipède. (Long. 15 m.)

TYRIEN, ENNE adj. et n. De l'ancienne ville de Tyr. ◆ adj. *Rose tyrien,* un peu mauve.

TYROLIEN, ENNE adj. et n. Du Tyrol.

TYROLIENNE n.f. **1.** MUS. Air qui s'exécute en franchissant, à l'aide de certaines notes de poitrine et de tête qui se succèdent rapidement, d'assez grands intervalles mélodiques. **2.** Danse du Tyrol.

TYROSINASE n.f. Enzyme qui provoque l'oxydation de la tyrosine.

TYROSINE n.f. (du gr. *turos,* fromage). Acide aminé dont l'oxydation fournit un pigment noir, la mélanine.

TYROTHRICINE n.f. (gr. *turos,* fromage, et *thrix,* poil). Antibiotique d'usage externe extrait d'un champignon.

TZAR n.m., **TZARÉVITCH** n.m., **TZARINE** n.f. → ***tsar, tsarévitch, tsarine.***

TZIGANE adj. → ***tsigane.***

U

U n.m. inv. **1.** Vingt et unième lettre de l'alphabet et la cinquième des voyelles [y]. **2.** U, symbole chimique de l'uranium. **3.** u, symbole de l'unité de masse atomique.

UBAC n.m. (lat. *opacus,* sombre). GÉOGR. Dans la montagne, versant à l'ombre, par opp. à l'*adret.* SYN. : *envers, ombrée.*

UBIQUISTE [ybikɥist] adj. et n. (du lat. *ubique,* partout). **1.** Qui a le don d'ubiquité. **2.** Que l'on rencontre dans le monde entier. *Une espèce végétale ubiquiste.*

UBIQUITÉ [ybikɥite] n.f. (lat. *ubiquitas,* de *ubique,* partout). Faculté d'être présent en plusieurs lieux à la fois.

UBUESQUE adj. Digne du personnage de tyran grotesque, le *père Ubu,* créé par A. Jarry.

U. E. R. n.f. (sigle). Unité d'enseignement et de recherche, remplacée en 1985 par l'U. F. R.

UFOLOGIE n.f. (de *UFO,* sigle de *Unidentified Flying Object,* objet volant non identifié). Étude des ovnis.

U. F. R. n.f. (sigle). Unité* de formation et de recherche.

UHLAN [ylɑ̃] n.m. (mot all. ; du turc *oğlan,* garçon, valet, par le polon.). Lancier, dans les anciennes armées allemande, autrichienne, polonaise et russe.

U. H. T. (sigle de *ultra-haute température*). *Lait stérilisé U. H. T. :* lait porté à 140-150 °C et refroidi immédiatement sous vide.

UKASE n.m. → ***oukase.***

UKRAINIEN, ENNE adj. et n. De l'Ukraine. ◆ n.m. Langue slave parlée en Ukraine.

UKULÉLÉ [uku-] n.m. (mot polynésien). Guitare hawaiienne.

ULCÉRATIF, IVE adj. Qui produit une ulcération.

ULCÉRATION n.f. Formation d'ulcère ; l'ulcère lui-même.

ULCÈRE n.m. (lat. *ulcus, ulceris*). **1.** MÉD. Perte de substance d'un revêtement épithélial, cutané ou muqueux, s'accompagnant de lésions plus ou moins profondes des tissus sous-jacents, qui en rendent la cicatrisation difficile. **2.** AGRIC. Plaie sur un arbre.

ULCÉRER v.t. [18]. **1.** MÉD. Produire un ulcère. **2.** Causer un profond et durable ressentiment, blesser. *Vos critiques l'ont ulcérée.*

ULCÉREUX, EUSE adj. De la nature de l'ulcère ; couvert d'ulcères. ◆ adj. et n. Atteint d'un ulcère.

ULCÉROÏDE adj. PATHOL. Qui ressemble à un ulcère.

ULÉMA [ulema] ou **OULÉMA** n.m. (ar. *'ulamā',* plur. de *'ālim,* érudit). Docteur de la loi musulmane, juriste et théologien.

ULIGINEUX, EUSE adj. (lat. *uligo, uliginis,* humidité). BOT. Qui croît dans les lieux humides.

ULLUQUE n.m. (du quechua). Plante des Andes, à tubercules comestibles. (Famille des chénopodiacées.)

U. L. M. [yɛlɛm] n.m. (sigle de *ultraléger motorisé*). Petit avion de conception simplifiée, monoplace ou biplace, pesant à vide moins de 150 kg, et doté d'un moteur de quelques dizaines de chevaux.

ULMACÉE n.f. (lat. *ulmus,* orme). *Ulmacées :* famille d'arbres à fleurs sans pétales, aux feuilles caduques, tels que l'orme et le micocoulier.

ULMAIRE n.f. BOT. Reine-des-prés, ou spirée.

ULMISTE n. Pilote ou passager d'un U. L. M.

ULNAIRE adj. (du lat. *ulna,* avant-bras). ANAT. Qui a rapport à l'os cubital.

ULTÉRIEUR, E adj. (lat. *ulterior,* de *ultra,* au-delà). **1.** Qui arrive après, qui succède à une autre chose, postérieur (par opp. à *antérieur*). *Renseignement ultérieur.* **2.** GÉOGR. Qui est au-delà (par opp. à *citérieur*).

ULTÉRIEUREMENT adv. Plus tard.

ULTIMATUM [yltimatɔm] n.m. (mot lat., *dernière chose*). **1.** Conditions définitives imposées à un État par un autre, et dont la non-acceptation entraîne la guerre. **2.** Proposition précise qui n'admet aucune contestation.

ULTIME adj. (lat. *ultimus*). Dernier, final.

ULTIMO adv. (mot lat.). En dernier lieu, lorsqu'on a compté par *primo, secundo,* etc.

ULTRA [yltra] n. et adj. (mot lat., *au-delà*). **1.** Personne qui professe des opinions extrêmes. **2.** Ultraroyaliste.

ULTRABASIQUE adj. GÉOL. Se dit d'une roche éruptive contenant moins de 45 p. 100 de silice et constituée essentiellement de silicates ferromagnésiens qui lui donnent une teinte sombre.

ULTRACENTRIFUGATION n.f. Centrifugation par ultracentrifugeuse.

ULTRACENTRIFUGEUSE n.f. Centrifugeuse à régime de rotation extrêmement élevé (de l'ordre de 60 000 tr/min).

ULTRACOURT, E adj. PHYS. Se dit des ondes électromagnétiques dont la longueur est de l'ordre de quelques centimètres.

ULTRAFILTRATION n.f. Action de filtrer à travers un ultrafiltre.

ULTRAFILTRE n.m. Filtre dont le rendement est au moins de 99,9 p. 100 et capable d'arrêter des particules de 0,01 μm.

ULTRALÉGER, ÈRE adj. Extrêmement léger.

ULTRAMICROSCOPE n.m. Instrument permettant, grâce à son éclairement latéral, de déceler des objets invisibles au microscope ordinaire. (Avec l'ultramicroscope, les corps observés apparaissent comme des points brillants sur fond noir.)

ULTRAMODERNE adj. Très moderne.

ULTRAMONTAIN, E adj. et n. **1.** Vx. Qui est au-delà des monts, au-delà des Alpes, par rapport à la France. **2.** Partisan de l'ultramontanisme. ◆ adj. Qui défend le pouvoir absolu du pape (par opp. à *gallican*).

ULTRAMONTANISME n.m. Ensemble des doctrines ultramontaines.

U.L.M.

ULTRA-PETITA [yltrapetita] n.m. inv. (mots lat., *au-delà de ce qui a été demandé*). DR. Pour un juge, fait d'accorder plus qu'il n'a été demandé ou de statuer sur une chose qui ne lui a pas été demandée. (Les jugements entachés d'ultra-petita peuvent être rétractés par la voie de la requête civile.)

ULTRAPRESSION n.f. Pression très élevée, de l'ordre de 10^8 à 10^{10} pascals.

ULTRAROYALISTE n. et adj. Sous la Restauration, partisan intransigeant de l'Ancien Régime, adversaire de la Charte constitutionnelle de 1814. Abrév. : *ultra.*

ULTRASENSIBLE adj. Extrêmement sensible.

ULTRASON n.m. PHYS. Vibration de même nature que le son, mais de fréquence trop élevée (de 20 kHz à plusieurs centaines de mégahertz) pour qu'une oreille humaine puisse la percevoir. (Les ultrasons ont de nombreuses applications : sonar, écholocation, échographie médicale, métallurgie.)

ULTRASONORE ou **ULTRASONIQUE** adj. Relatif aux ultrasons.

ULTRAVIDE n.m. Vide particulièrement poussé (inférieur à 10^{-5} Pa).

ULTRAVIOLET, ETTE adj. et n.m. PHYS. Se dit des radiations invisibles à l'œil humain placées dans le spectre au-delà du violet, et dont la longueur d'onde est plus petite que celle du violet et plus grande que celle des rayons X mous. (Ces radiations sont utilisées en thérapeutique mais ne sont pas exemptes de dangers.)

ULTRAVIRUS [-virys] n.m. Vx. Virus.

ULULEMENT, HULULEMENT n.m. ou **ULULATION** n.f. Cri des oiseaux rapaces nocturnes.

ULULER ou **HULULER** v.i. (lat. *ululare*). Pousser son cri, en parlant d'un rapace nocturne.

ULVE n.f. (lat. *ulva*). Algue verte marine, à thalle mince et foliacé, appelée aussi *laitue de mer.*

1. UN, UNE adj. num. (lat. *unus*). **1.** Le premier des nombres entiers, pris comme base de tout calcul. *Un mètre de haut. Les travaux ont duré une semaine.* ◇ *Pas un :* aucun, nul. – *Un à un :* pas plus d'un à la fois ; une personne, une chose succédant à une autre. – *Ne faire qu'un avec :* être tout à fait semblable ou parfaitement uni à. **2.** Premier (dans une numérotation, l'expression d'un rang). *Article un. Page un* (ou *une*). ◇ Fam. *Ne faire ni une ni deux :* ne pas hésiter. ◆ adj. Qui ne peut être divisé. *La vérité est une.* ◇ *C'est tout un, ce n'est qu'un :* c'est la même chose. ◆ n.m. inv. **1.** Chiffre 1 (désigne aussi le numéro attribué à une chose : immeuble, chambre, etc.). *Le un est sorti au Loto.* **2.** PHILOS. *L'Un :* l'être comme principe d'unité en tant qu'il existe en soi et par soi.

2. UN, UNE art. indéf. (pl. *des*). Déterminant indéfini d'un groupe nominal dont il indique le genre et le nombre. *Donne-moi un livre.* ◆ pron. indéf. (pl. *uns, unes*). **1.** *(L')un de :* une personne, une chose parmi d'autres. *L'un des directeurs.* **2.** *L'un... l'autre, les uns... les autres* (exprimant la diversité). *Elles habitent les unes à la ville, les autres à la campagne.* **3.** *L'un l'autre, les uns les autres* (exprimant la réciprocité ou la succession). *Ils s'accusent les uns les autres.*

UNANIME adj. (lat. *unus,* un seul, et *animus,* âme). **1.** (Au pl.). Se dit de personnes qui sont du même avis. *Elles ont été unanimes à protester.* **2.** Qui exprime un avis commun à tous. *Vote unanime.*

UNANIMEMENT adv. À l'unanimité.

UNANIMISME n.m. **1.** LITTÉR. Doctrine littéraire conçue au début du XXe s. par J. Romains en France et Dos Passos aux États-Unis, et selon laquelle l'écrivain doit exprimer la vie unanime et collective, l'âme des groupes humains et ne peindre l'individu que pris dans ses rapports sociaux. **2.** Comportement unanime. *Un unanimisme de façade.*

UNANIMISTE adj. et n. De l'unanimisme ; partisan de l'unanimisme.

UNANIMITÉ n.f. Accord complet des opinions, des suffrages.

UNAU [yno] n.m. (mot tupi) [pl. *unaus*]. Mammifère d'Amérique tropicale, arboricole, à mouvements lents, appelé aussi *paresseux.* (Ordre des xénarthres.)

UNCIFORME [ɔ̃sifɔrm] adj. (du lat. *uncus,* crochet). ANAT. En forme de crochet.

UNCINÉ, E [ɔ̃sine] adj. (lat. *uncinatus,* crochu). **1.** BOT. Pourvu d'un crochet. **2.** PATHOL. *Crise uncinée :* accident paroxystique, associant des hallucinations gustatives et olfactives à des troubles de la conscience (sentiment d'étrangeté ou de déjà-vu, caractéristique des lésions du lobe temporal).

UNDERGROUND [œndœrgrawnd] adj. inv. et n.m. inv. (mot amér., *souterrain*). Se dit d'un spectacle, d'une œuvre littéraire, d'une revue d'avant-garde réalisés en dehors des circuits commerciaux ordinaires.

UNE n.f. (de *un*). Fam. *La une :* la première page d'un journal.

UNETELLE n.f. → ***untel.***

UNGUÉAL, E, AUX [ɔ̃geal, o] ou [ɔ̃gɥeal, o] adj. (du lat. *unguis,* ongle). De l'ongle.

UNGUIFÈRE [ɔ̃gɥi-] adj. Qui porte un ongle.

UNGUIS [ɔ̃gɥis] n.m. (mot lat., *ongle*). Petit os situé sur le côté interne de l'orbite.

1. UNI, E adj. **1.** Sans inégalités, sans aspérités. *Chemin uni.* **2.** D'une seule couleur. *Linge uni.* **3.** Litt. Sans variété, sans diversité. *Vie unie.*

2. UNI n.m. Étoffe unie, d'une seule couleur.

UNIATE [ynjat] adj. (russe *ouniyat* ; du lat. *unio,* union). Se dit des fractions des Églises orientales qui ont rétabli l'union avec l'Église catholique romaine. ◆ n. et adj. Chrétien appartenant à ces Églises.

UNIAXE [yniaks] adj. MINÉR. Se dit d'un cristal biréfringent possédant une direction dans laquelle un rayon lumineux se propage sans être dédoublé.

UNICAULE adj. BOT. Qui n'a qu'une tige.

UNICELLULAIRE adj. BIOL. Qui est constitué durant tout ou presque tout son cycle reproductif par une seule cellule, en parlant d'un organisme vivant (bactérie, protozoaire, diatomée, etc.).

UNICITÉ n.f. Caractère de ce qui est unique.

UNICOLORE adj. Qui est d'une seule couleur.

UNICORNE adj. Qui n'a qu'une seule corne.

UNIDIMENSIONNEL, ELLE adj. Qui a une seule dimension.

UNIDIRECTIONNEL, ELLE adj. Qui a une seule direction ; qui s'exerce dans une seule direction.

UNIÈME adj. ord. (de *un*). Indique, après un numéral, le rang correspondant à un nombre composé dont le chiffre des unités est un. *Le vingt et unième jour.*

UNIÈMEMENT adv. (Seulement en composition). En vingt, trente, etc., et unième position.

UNIFICATEUR, TRICE adj. et n. Qui unifie.

UNIFICATION n.f. Action d'unifier. ◇ SC. *Grande unification,* celle que s'efforcent de réaliser les théories physiques qui réunissent dans un même cadre conceptuel trois des quatre interactions fondamentales de la nature (interactions forte, faible et électromagnétique).

UNIFIER v.t. Amener ou ramener à l'unité. *Unifier un pays.* ◆ **s'unifier** v.pr. Être amené à l'unité, se fondre en un tout.

UNIFILAIRE adj. TECHN. Qui ne comprend qu'un seul fil électrique. *Circuit unifilaire.*

UNIFLORE adj. BOT. Qui ne porte qu'une fleur.

UNIFOLIÉ, E adj. BOT. Qui ne porte qu'une feuille.

unau

1. UNIFORME adj. **1.** Qui a la même forme, le même aspect ; pareil. *Des maisons uniformes.* **2.** Qui est semblable dans ses parties, qui ne présente aucune variété. *Couleur, style, vie uniforme.* **3.** *Mouvement uniforme :* mouvement à vitesse constante.

2. UNIFORME n.m. **1.** Vêtement de coupe et de couleur réglementaires porté par divers corps de l'État et diverses catégories de personnel (pilotes de ligne, gardes-chasse, etc.). **2.** Habit militaire. ◇ *Endosser l'uniforme :* devenir militaire. – *Quitter l'uniforme :* rentrer dans la vie civile.

UNIFORMÉMENT adv. De façon uniforme.

UNIFORMISATION n.f. Action d'uniformiser.

UNIFORMISER v.t. Rendre uniforme ; standardiser. *Uniformiser les droits de douane.*

UNIFORMITÉ n.f. État de ce qui est uniforme, monotone, semblable dans ses parties.

UNIJAMBISTE adj. et n. Qui a subi l'amputation d'une jambe.

UNILATÉRAL, E, AUX adj. **1.** Qui ne concerne qu'un seul côté. *Stationnement unilatéral.* **2.** Qui est pris par une seule des parties en présence, qui n'est pas réciproque. *Décision unilatérale.* **3.** Qui ne porte que sur un côté des choses ; partial. *Jugement unilatéral.*

UNILATÉRALEMENT adv. De façon unilatérale.

UNILINÉAIRE adj. ETHNOL. Se dit d'un mode de filiation qui ne tient compte que de l'une des ascendances, soit maternelle (matrilinéaire), soit paternelle (patrilinéaire).

UNILINGUE adj. Monolingue.

UNILOBÉ, E adj. SC. Rare. Qui n'a qu'un seul lobe.

UNILOCULAIRE adj. BOT. Qui n'a qu'une loge. *Ovaire uniloculaire.*

UNIMENT adv. De façon égale, uniforme. ◇ Litt. *Tout uniment :* simplement, sans façon.

UNINOMINAL, E, AUX adj. **1.** Qui ne contient qu'un nom. **2.** Où l'on n'indique qu'un seul nom. ◇ Spécialt. *Vote uninominal,* qui ne porte que sur un nom. – *Scrutin uninominal,* dans lequel on ne peut indiquer qu'un seul nom.

UNION n.f. (lat. *unio,* de *unus,* un). **1.** Association ou combinaison de différentes choses, de personnes. *L'union des efforts, de deux familles.* **2.** MATH. Symbole, noté ∪, de la réunion de deux ensembles. **3.** Mariage, lien conjugal. *Une union réussie.* ◇ *Union libre* ou *civile :* concubinage. **4.** Conformité des sentiments, des pensées ; entente, harmonie. *Vivre en parfaite union avec qqn.* ◇ HIST. *Union sacrée :* rassemblement de tous les Français lors de la déclaration de guerre, le 4 août 1914. (L'expression est due à R. Poincaré.) **5.** Association, parti, syndicat, formés par le groupement de plusieurs autres. **6.** Ensemble d'États qui se groupent sous un même gouvernement ou pour défendre des intérêts communs.

UNIONISME n.m. Position politique des unionistes.

UNIONISTE adj. et n. Partisan du maintien de l'union dans un État confédéré. ◆ adj. *Éclaireur unioniste :* scout protestant.

UNIOVULÉ, E adj. BOT. Se dit d'un carpelle à un seul ovule.

UNIPARE adj. **1.** En parlant d'un mammifère, dont la femelle n'a qu'un seul petit à chaque portée. **2.** BOT. *Cyme unipare,* dans laquelle un seul rameau floral prend naissance sur celui qui le précède.

UNIPERSONNEL, ELLE adj. *Entreprise unipersonnelle à responsabilité limitée (E.U.R.L.) :* société constituée par un seul associé. (Créée en France en 1985, elle permet de séparer le patrimoine personnel de son fondateur de celui qui est affecté à l'entreprise.)

UNIPOLAIRE adj. **1.** Qui n'a qu'un pôle. **2.** CYTOL. Se dit d'un neurone dont le corps cellulaire ne porte qu'un seul prolongement, comme les neurones en T des ganglions spinaux.

UNIQUE adj. (lat. *unicus*). **1.** Seul en son genre. *Fille unique.* **2.** Infiniment au-dessus des autres ; incomparable, exceptionnel. *Un talent unique.* **3.** Fam. Singulier, extravagant. *Ah ! vous êtes unique.* **4.** Qui est le même pour plusieurs choses. *C'est l'unique solution à tous ces problèmes.*

UNIQUEMENT adv. Exclusivement, seulement.

UNIR v.t. (lat. *unire*). **1.** Joindre l'un à l'autre, de manière à former un tout ou pour établir une communication. *Unir deux communes.* **2.** Établir un lien d'amitié, d'intérêt, de parenté entre. *Unir deux familles par un mariage.* ◆ **s'unir** v.pr. **1.** S'associer, faire cause commune avec. **2.** Se lier par les liens de l'amour, du mariage.

UNISEXE adj. Qui convient aussi bien aux hommes qu'aux femmes. *Coiffure, mode unisexe.*

UNISEXUÉ, E ou **UNISEXUEL, ELLE** adj. BOT. Dicline.

UNISSON n.m. (lat. *unus,* un, et *sonus,* son). MUS. Ensemble de voix ou d'instruments chantant ou jouant des sons de même hauteur ou à l'octave. ◇ Cour. *À l'unisson :* en parfaite conformité d'idées, de sentiments. *Vivre à l'unisson.*

UNITAIRE adj. **1.** De l'unité. **2.** Qui recherche ou manifeste l'unité sur le plan politique ou syndical. **3.** MATH. *Vecteur unitaire :* vecteur dont la norme est égale à l'unité. **4.** PHYS. *Théorie du champ unitaire :* partie de la théorie de la relativité visant à regrouper les forces de la gravitation et les forces électromagnétiques dans une même interprétation, comme conséquences des propriétés de l'espace.

UNITÉ n.f. (lat. *unitas*). **I.1.a.** Caractère de ce qui est un, unique (par opp. à *pluralité*). **b.** Caractère de ce qui forme un tout, dont les diverses parties constituent un ensemble indivisible. *L'unité du moi.* ◇ FIN. *Unité budgétaire :* principe impliquant la présentation au Parlement en un document unique de l'ensemble des ressources et des charges publiques prévues au budget de l'année à venir. **2.** Harmonie d'ensemble d'une œuvre artistique ou littéraire. *Ce roman manque d'unité.* ◇ LITTÉR. *Les trois unités :* dans le théâtre classique français, règle selon laquelle la pièce entière doit se développer en une seule action principale *(unité d'action),* dans un lieu unique *(unité de lieu)* et dans l'espace d'une journée *(unité de temps).* **3.** Accord, harmonie. *Il n'y a pas d'unité de vue entre eux.* **II.1.a.** Grandeur finie prise comme terme de comparaison avec des grandeurs de même espèce. (Les nombres qui résultent de ces comparaisons donnent les mesures de ces grandeurs.) [*V. tableau pp. 1046-1047.*] **b.** *Grandeur unité :* étalon de grandeur. **c.** *Système d'unités :* ensemble d'unités choisies de façon à simplifier certaines formules physiques reliant plusieurs grandeurs. **d.** *Unité astronomique :* unité de longueur (symb. ua) valant 149 597 870 km. (C'est l'une des constantes utilisées en astronomie, égale à très peu près au rayon moyen de l'orbite terrestre.) **e.** ÉCON. *Unité de compte :* étalon de valeur servant à établir la valeur des dettes ou des créances, en les soustrayant aux fluctuations des monnaies nationales. **f.** AGRIC. *Unité fourragère :* unité de mesure de l'apport énergétique des aliments pour animaux. (Elle correspond à l'énergie utile d'un kilogramme de grains d'orge.) **g.** *Unité de valeur (U. V.) :* dans une université, enseignement correspondant à une discipline et sanctionné par un contrôle des connaissances. **2.** Élément arithmétique dont la répétition engendre les nombres entiers. **III.** MIL. **1.** Formation constituée de façon permanente dans les armées de terre et de l'air. ◇ *Grande unité :* formation d'importance égale ou supérieure à la brigade. – *Unité élémentaire :* compagnie, escadron, batterie. **2.** Bâtiment de la marine de guerre. **IV.** Structure organisée au sein d'un ensemble plus vaste. *Unité de production.* ◇ *Unité de formation et de recherche (U. F. R.) :* cellule de base de l'enseignement universitaire en France. (Les U. F. R. ont remplacé en 1985 les *unités d'enseignement et de recherche* [*U. E. R.*] créées par la réforme de 1968.) **V.1.** Groupe d'appareils, dans une usine, capable de réaliser une opération industrielle indépendamment des autres installations de cette usine. **2.** INFORM. Partie d'un ordinateur effectuant une tâche donnée. ◇ *Unité centrale* ou *unité centrale de traitement,* destinée à exécuter le programme, par opp. à *unité périphérique.* (Elle comprend l'*unité arithmétique et logique* [ou *unité de traitement*] et l'*unité de contrôle* ou de *commande.* L'unité de traitement effectue sur les données reçues les opérations arithmétiques ou logiques commandées par l'unité de contrôle en fonction du programme.) – *Unité d'échange* ou *d'entrée-sortie,* destinée à gérer les échanges d'information avec l'extérieur.

UNITIF, IVE adj. RELIG. *Vie unitive :* vie de perpétuelle union avec Dieu.

UNIVALENT, E adj. CHIM. Qui a pour valence 1. SYN. : *monovalent.*

UNIVALVE adj. SC. DE LA V. Se dit d'un fruit capsulaire d'une seule pièce ou d'un mollusque qui n'a qu'une valve.

UNIVERS n.m. (lat. *universus*). **1.** Le monde entier, l'ensemble de ce qui existe. (Dans le sens astronomique, prend une majuscule.) **2.** Le monde habité ; l'ensemble des hommes. **3. a.** Milieu dans lequel on vit ; champ d'activité. *Sa famille est tout son univers.* **b.** Domaine psychologique de qqn. *L'univers irréel de son imagination.*

UNIVERSALISATION n.f. Action d'universaliser ; fait de devenir universel.

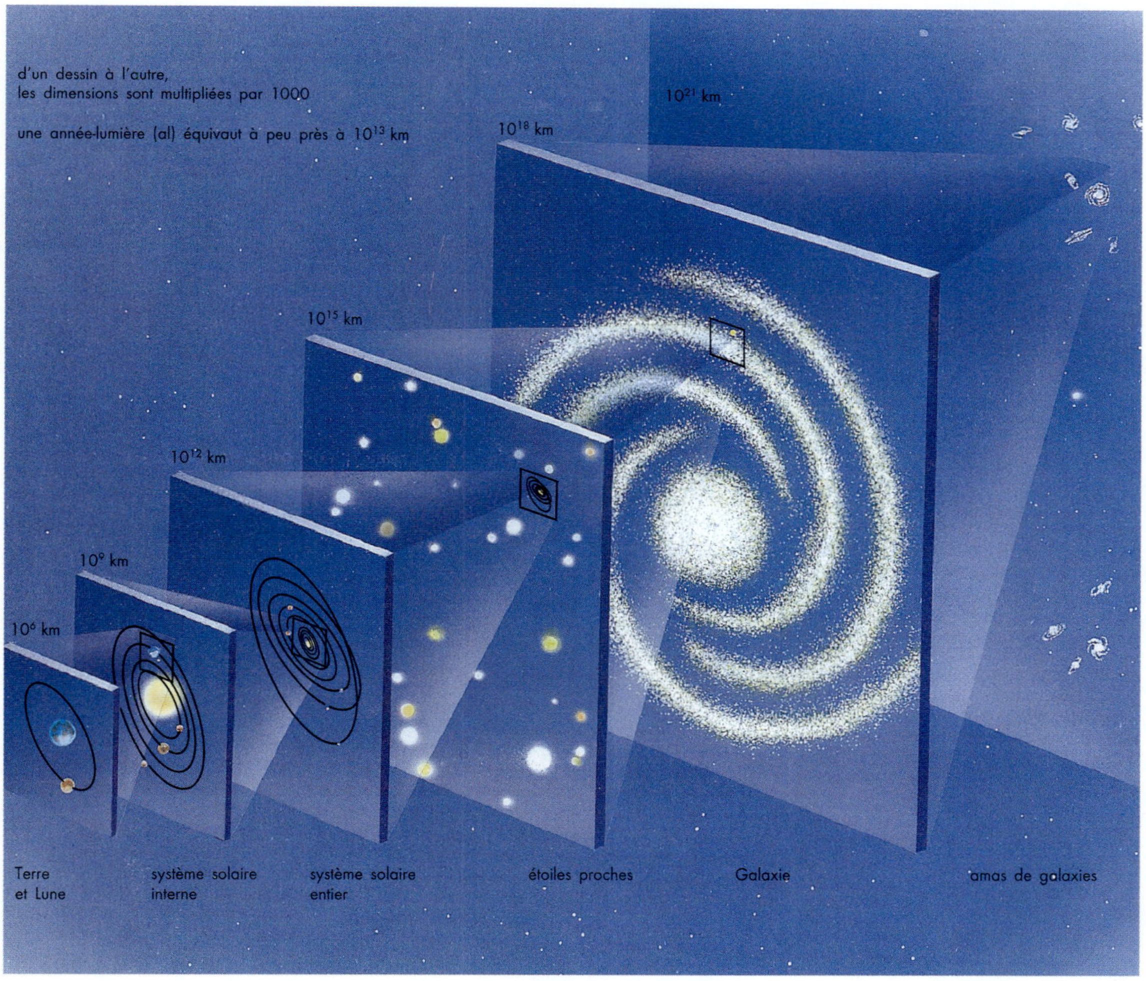

échelle des distances dans l'**Univers**

TABLEAU DES UNITÉS DE MESURE LÉGALES FRANÇAISES

(Décret du 3 mai 1961 modifié par les décrets du 5 janvier 1966, du 4 décembre 1975 et du 26 février 1982.)

Les unités de base du système SI sont écrites en **MAJUSCULES GRASSES.**
Les unités dérivées du système SI sont écrites en PETITES MAJUSCULES.
Les unités admises internationalement avec le système SI sont écrites en minuscules.
Les autres unités légales françaises sont écrites en *italique.*
Les unités marquées d'un astérisque ne sont plus légales depuis le 1er janvier 1986.

MULTIPLES ET SOUS-MULTIPLES DÉCIMAUX

exa	E	10^{18}	ou	1 000 000 000 000 000 000 d'unités	déci	d	10^{-1}	ou	0,1	unité
peta	P	10^{15}	ou	1 000 000 000 000 000 d'unités	centi	c	10^{-2}	ou	0,01	unité
téra	T	10^{12}	ou	1 000 000 000 000 d'unités	milli	m	10^{-3}	ou	0,001	unité
giga	G	10^{9}	ou	1 000 000 000 d'unités	micro	μ	10^{-6}	ou	0,000 001	unité
méga	M	10^{6}	ou	1 000 000 d'unités	nano	n	10^{-9}	ou	0,000 000 001	unité
kilo	k	10^{3}	ou	1 000 unités	pico	p	10^{-12}	ou	0,000 000 000 001	unité
hecto	h	10^{2}	ou	100 unités	femto	f	10^{-15}	ou	0,000 000 000 000 001	unité
déca	da	10^{1}	ou	10 unités	atto	a	10^{-18}	ou	0,000 000 000 000 000 001	unité

I. UNITÉS GÉOMÉTRIQUES

longueur		
MÈTRE	m	
mille		1 852 m
aire ou superficie		
MÈTRE CARRÉ	m^2	
are	a	100 m^2
hectare	ha	10 000 m^2
barn	b	10^{-28} m^2
volume		
MÈTRE CUBE	m^3	
litre	l (ou L)	0,001 m^3
angle plan		
RADIAN	rad	
tour	tr	2 π rad
grade (ou *gon*)	gon	$\pi/200$ rad
degré	^{0}	$\pi/180$ rad
minute	'	$\pi/10\,800$ rad
seconde	"	$\pi/648\,000$ rad
angle solide		
STÉRADIAN	sr	

II. UNITÉS DE MASSE

masse		
KILOGRAMME	kg	
(les préfixes s'associent au nom gramme)		
tonne	t	1 000 kg
GRAMME	g	0,001 kg
carat métrique		0,000 2 kg
unité de masse atomique	u	1,660 57·10^{-27} kg
masse linéique		
KILOGRAMME PAR MÈTRE	kg/m	
tex	tex	0,000 001 kg/m
masse surfacique		
KILOGRAMME PAR MÈTRE CARRÉ	kg/m^2	
masse volumique, concentration		
KILOGRAMME PAR MÈTRE CUBE	kg/m^3	
volume massique		
MÈTRE CUBE PAR KILOGRAMME	m^3/kg	

III. UNITÉS DE TEMPS

temps		
SECONDE	s	
minute	min	60 s
heure	h	3 600 s
jour	d (ou j)	86 400 s
fréquence		
HERTZ	Hz	

IV. UNITÉS MÉCANIQUES

vitesse		
MÈTRE PAR SECONDE	m/s	
nœud		1 852/3 600 m/s
kilomètre par heure	km/h	1/3,6 m/s
vitesse angulaire		
RADIAN PAR SECONDE	rad/s	
tour par minute	tr/min	2 π/60 rad/s
tour par seconde	tr/s	2 π rad/s
accélération		
MÈTRE PAR SECONDE CARRÉE	m/s^2	
gal	Gal	0,01 m/s^2
accélération angulaire		
RADIAN PAR SECONDE CARRÉE	rad/s^2	
force		
NEWTON	N	
moment d'une force		
NEWTON-MÈTRE	N-m	
tension capillaire		
NEWTON PAR MÈTRE	N/m	
énergie, travail quantité de chaleur		
JOULE	J	
wattheure	Wh	3 600 J
électronvolt	eV	1,602 19·10^{-19} J
puissance		
WATT	W	
pression, contrainte		
PASCAL	Pa	
bar	bar	100 000 Pa
millimètre de mercure *		133,322 Pa
viscosité dynamique		
PASCAL-SECONDE	Pa · s	
poise *	P	0,1 Pa · s
viscosité cinématique		
MÈTRE CARRÉ PAR SECONDE	m^2/s	
stokes *	St	0,000 1 m^2/s

V. UNITÉS ÉLECTRIQUES

intensité de courant électrique		
AMPÈRE	A	
force électromotrice, différence de potentiel (ou tension)		
VOLT	V	
puissance		
WATT	W	
puissance apparente		
WATT (ou *voltampère*)	W (ou VA)	
puissance réactive		
WATT (ou *var*)	W (ou *var*)	
résistance électrique		
OHM	Ω	
conductance électrique		
SIEMENS	S	
intensité de champ électrique		
VOLT PAR MÈTRE	V/m	
quantité d'électricité, charge électrique		
COULOMB	C	
ampère-heure	Ah	3 600 C
capacité électrique		
FARAD	F	
inductance électrique		
HENRY	H	
flux d'induction magnétique		
WEBER	Wb	

TABLEAU DES UNITÉS DE MESURE LÉGALES FRANÇAISES (suite)

induction magnétique		
TESLA	T	
intensité de champ magnétique		
AMPÈRE PAR MÈTRE	A/m	
force magnétomotrice		
AMPÈRE	A	
VI. UNITÉS THERMIQUES		
température		
KELVIN	K	
température Celsius		
DEGRÉ CELSIUS	°C	
quantité de chaleur voir unités mécaniques (énergie)		
flux thermique		
WATT	W	
capacité thermique, entropie		
JOULE PAR KELVIN	J/K	
capacité thermique massique, entropie massique		
JOULE PAR KILOGRAMME-KELVIN	J/(kg · K)	
conductivité thermique		
WATT PAR MÈTRE-KELVIN	W/(m · K)	
VII. UNITÉS OPTIQUES		
intensité lumineuse		
CANDELA	cd	
intensité énergétique		
WATT PAR STÉRADIAN	W/sr	
flux lumineux		
LUMEN	lm	
flux énergétique		
WATT	W	
éclairement lumineux		
LUX	lx	
éclairement énergétique		
WATT PAR MÈTRE CARRÉ	W/m^2	
luminance lumineuse		
CANDELA PAR MÈTRE CARRÉ	cd/m^2	
vergence des systèmes optiques		
1 PAR MÈTRE (ou *dioptrie*)	m^{-1} (ou δ)	
VIII. UNITÉS DE LA RADIOACTIVITÉ		
activité radionucléaire		
BECQUEREL	Bq	
curie *	Ci	$3{,}7 \cdot 10^{10}$ Bq
exposition de rayonnements X ou γ		
COULOMB PAR KILOGRAMME	C/kg	
röntgen *	R	$2{,}58 \cdot 10^{-4}$ C/kg
dose absorbée, kerma		
GRAY	Gy	
rad *	rd	0,01 Gy
équivalent de dose		
SIEVERT	Sv	
rem *	rem	0,01 Sv
IX. QUANTITÉ DE MATIÈRE		
MOLE	mol	
X. UNITÉ MONÉTAIRE		
franc	F	
centime		10^{-2} F

PRINCIPALES UNITÉS DE MESURE ANGLO-SAXONNES

nom anglais	*symbole*	*nom francisé*	*valeur*	*observations*
LONGUEUR				
inch	in (ou ")	pouce	25,4 mm	
foot	ft (ou ')	pied	0,304 8 m	vaut 12 in
YARD	yd	yard	0,914 4 m	vaut 3 ft
fathom	fm	brasse	1,828 8 m	vaut 2 yd
statute mile	m (ou mile)	mille terrestre	1,609 km	vaut 1 760 yd
nautical mile		mille marin britannique	1,853 km	vaut 6 080 ft
international nautical mile		mille marin international	1,852 km	
MASSE – AVOIRDUPOIS (COMMERCE)				
ounce	oz	once	28,349 g	
POUND	lb	livre	453,592 g	vaut 16 oz
CAPACITÉ				
US liquid pint	liq pt	pinte américaine	0,473 l	
pint	UK pt	pinte britannique	0,568 l	
US GALLON	US gal	gallon américain	3,785 l	vaut 8 liq pt
IMPERIAL GALLON	UK gal	gallon britannique	4,546 l	vaut 8 UK pt
US bushel	US bu	boisseau américain	35,239 l	
bushel	bu	boisseau britannique	36,369 l	vaut 8 UK gal
US barrel (petroleum)	US bbl	baril américain	158,987 l	vaut 42 US gal
FORCE				
poundal	pdl		0,138 2 N	
PUISSANCE				
horse power	hp	cheval-vapeur britannique	745,7 W	
TEMPÉRATURE				
FAHRENHEIT DEGREE	°F	degré Fahrenheit	une température de *t* degrés Fahrenheit correspond à $\frac{5}{9}(t - 32)$ degrés Celsius 212 °F correspond à 100 °C 32 °F correspond à 0 °C	
CHALEUR, ÉNERGIE, TRAVAIL				
British thermal unit	Btu		1 055,06 J	

UNIVERSALISER v.t. Rendre universel, commun à tous les hommes ; répandre, généraliser.

UNIVERSALISME n.m. Opinion qui ne reconnaît d'autre autorité que le consentement universel.

UNIVERSALISTE adj. Du monde tout entier ; qui s'adresse à tous les hommes. ◆ adj. et n. De l'universalisme ; qui en est partisan.

UNIVERSALITÉ n.f. **1.** Caractère de ce qui est universel. **2.** LOG. Qualité d'une proposition universelle. **3.** Vx. Totalité, ensemble d'êtres ou de choses. ◇ DR. Ensemble de biens, ou de droits et d'obligations, considéré comme formant une unité juridique. – FIN. Principe budgétaire impliquant la présentation intégrale de toutes les recettes et de toutes les dépenses publiques sans aucune compensation entre elles et interdisant l'affectation d'une recette à une dépense. **4.** Litt. Caractère d'un esprit universel.

UNIVERSAUX n.m. pl. **1.** PHILOS. Idées ou termes généraux permettant de classer les êtres et les idées, dans la terminologie scolastique. **2.** LING. Concepts ou éléments qui sont communs, hypothétiquement, à toutes les langues naturelles existantes.

UNIVERSEL, ELLE adj. (lat. *universus,* tout entier). **1.** Qui concerne l'Univers, le cosmos. *Gravitation universelle.* **2.** Qui s'étend sur toute la surface de la terre. **3.** Qui embrasse la totalité des êtres et des choses. ◇ DR. *Communauté universelle :* régime matrimonial où tous les biens des époux tombent en communauté. – *Légataire universel :* personne désignée dans un testament pour recueillir la totalité d'une succession. – *Légataire à titre universel :* personne désignée pour recueillir une quote-part des biens du testateur. ◇ LOG. Qui convient à tous les objets d'une classe sans exception. – *Proposition universelle,* dont le sujet est considéré dans toute son extension. **4.** Qui s'applique à tous les cas. *Remède universel.* **5.** Qui a des connaissances en tout. *Un esprit universel.* **6.** Se dit d'un instrument, d'un appareil à usages multiples. *Robot universel.*

UNIVERSELLEMENT adv. De façon universelle, de tout l'univers.

UNIVERSITAIRE adj. De l'université, de l'enseignement supérieur. *Titre universitaire.* ◆ n. **1.** Enseignant dans une université. **2.** Belgique. Personne pourvue d'un diplôme de fin d'études à l'université.

UNIVERSITÉ n.f. **1.** Au Moyen Âge, institution ecclésiastique jouissant de privilèges royaux et pontificaux et chargée de l'enseignement. **2.** Ensemble d'établissements scolaires relevant de l'enseignement supérieur regroupés dans une circonscription administrative. ◇ *Université du troisième âge :* ensemble de cours et de conférences que certains établissements d'enseignement supérieur proposent aux personnes retraitées ; service chargé de l'organisation de ces cours et de ces conférences, des inscriptions des auditeurs, etc. **3.** Ensemble des bâtiments d'une université. **4.** *Université d'été :* ensemble de réunions et de conférences qu'organisent certains partis politiques pendant les vacances d'été à l'intention de leurs militants, en partic. des plus jeunes d'entre eux, et destinées à compléter la formation de ceux-ci, à susciter des débats, à proposer des thèmes de réflexion, etc.

UNIVITELLIN, E adj. BIOL. Monozygote.

UNIVOCITÉ n.f. Caractère de ce qui est univoque.

UNIVOQUE adj. (lat. *univocus,* de *vox,* voix). **1.** Qui conserve le même sens dans des emplois différents (par opp. à *équivoque*). **2.** MATH. Se dit d'une correspondance entre deux ensembles qui, d'un élément du premier, conduit à un élément, et à un seul, du second.

UNTEL, UNETELLE [œ̃tɛl, yntɛl] n. (Désignant anonymement un individu). *M. Untel, Mme Unetelle :* quelqu'un ; quiconque (souvent avec une majuscule et, parfois, en deux mots).

UPAS [ypas] n.m. (mot malais). Arbre de Malaisie, dont le latex, toxique, est utilisé pour empoisonner les flèches. (Famille des moracées.)

UPÉRISATION n.f. Procédé de stérilisation du lait qui consiste à le porter pendant quelques secondes à une très haute température (140 °C).

UPÉRISER v.t. Soumettre à l'upérisation.

UPPERCUT [ypɛrkyt] n.m. (mot angl., de *upper,* supérieur, et *cut,* coup). En boxe, coup de poing porté bras fléchi et de bas en haut.

UPSILON [ypsilɔn] n.m. inv. (mot gr.). Vingtième lettre de l'alphabet grec (γ, υ), correspondant à notre *u* et devenue *y* dans les mots français tirés du grec.

UPWELLING [œpwɛliŋ] n.m. (mot angl.). OCÉANOGR. Remontée d'eaux froides profondes des océans le long de certains littoraux.

URACILE n.m. (de *urée, ac[étique]* et suff. chimique). CHIM. Base pyrimidique entrant dans la constitution des molécules d'acide ribonucléique.

URAÈTE n.m. (gr. *oura,* queue, et *aetos,* aigle). Aigle d'Australie.

URÆUS [yreys] n.m. Cobra femelle représenté dressé, motif ornemental évoquant l'œil de Rê, dans l'Égypte ancienne.

uræus ornant le masque funéraire de Toutankhamon (Nouvel Empire, XVIIIe dynastie) [musée du Caire]

URANATE n.m. Sel de l'acide uranique.

URANE n.m. (all. *Uran,* du n. de la planète *Uranus*). CHIM. Oxyde d'uranium UO_2.

URANEUX adj.m. Se dit des dérivés de l'uranium quadrivalent.

URANIE n.f. (gr. *ouranos,* ciel). Grand papillon de Madagascar, aux vives couleurs.

URANIFÈRE adj. Qui renferme de l'uranium.

URANINITE n.f. MINÉR. Oxyde d'uranium (UO_2), cubique, variété de pechblende.

URANIQUE adj. CHIM. **1.** Se dit de l'anhydride UO_3 et de l'acide correspondant. **2.** Relatif à l'uranium.

URANISME n.m. (de [Aphrodite] *Ourania*). Litt. Homosexualité masculine.

URANITE n.f. MINÉR. Phosphate hydraté naturel d'uranium, variété d'autunite.

URANIUM [yranjɔm] n.m. (de *urane*). Métal extrait de l'urane, de densité 18,7, faiblement radioactif, mélange de trois isotopes, dont l'uranium 235, fissile et l'uranium 238, fertile ; élément (U), de numéro atomique 92, de masse atomique 238,2.

URANOSCOPE n.m. Poisson osseux voisin de la vive, vivant enfoui dans le sable des côtes méditerranéennes, et dont seul dépasse le dessus de la tête portant des yeux saillants. (Long. 25 cm env. ; famille des trachinidés.) SYN. : *rascasse blanche.*

uranoscope

URANYLE n.m. Radical bivalent UO_2.

URATE n.m. Sel de l'acide urique. (Les urates peuvent précipiter dans l'organisme, soit dans les articulations [goutte], soit dans les voies urinaires [calculs].)

URBAIN, E adj. (lat. *urbanus,* de *urbs,* ville). **1.** De la ville. *Les populations urbaines.* ◇ GÉOGR. *Unité urbaine :* ensemble formé par une ville et ses banlieues, ou commune isolée comptant plus de 2 000 habitants. **2.** Litt. Qui fait preuve d'urbanité.

URBANISATION n.f. **1.** Action d'urbaniser ; son résultat. **2.** Concentration croissante de la population dans des agglomérations de type urbain.

URBANISER v.t. En parlant d'un site, l'aménager en vue de développer ou de créer une agglomération urbaine. ◆ **s'urbaniser** v.pr. Se transformer en zone urbaine ; comporter de plus en plus de zones urbaines.

URBANISME n.m. Science et technique de la construction et de l'aménagement des agglomérations, villes et villages.

1. URBANISTE n. Spécialiste de la conception, de l'établissement et de l'application des plans d'urbanisme et d'aménagement des territoires.

2. URBANISTE ou **URBANISTIQUE** adj. Relatif à l'urbanisme.

URBANITÉ n.f. (lat. *urbanitas*). Litt. Politesse raffinée.

URBI ET ORBI [yrbiɛtɔrbi] loc. adv. (mots lat., *à la ville* [Rome] *et à l'univers*). **1.** Se dit des bénédictions solennelles adressées par le souverain pontife à Rome et au monde entier. **2.** Litt. *Clamer urbi et orbi,* partout, à tout le monde.

URCÉOLÉ, E adj. (du lat. *urceus,* cruche). BOT. Renflé vers le milieu et rétréci à la partie supérieure, en parlant d'un organe végétal.

URDU [urdu] n.m. → ***ourdou.***

URE n.m. → ***urus.***

URÉDINALE n.f. *Urédinales :* ordre de champignons basidiomycètes, parasites des végétaux, sur lesquels ils produisent les rouilles.

URÉDOSPORE n.f. (du lat. *uredo,* nielle). Spore produite par la rouille du blé, et qui propage cette maladie.

URÉE n.f. (de *urine*). **1.** Substance atoxique de formule $H_2N—CO—NH_2$, déchet des matières azotées de l'organisme, que celui-ci fabrique à partir d'acides aminés et de sels ammoniacaux, et que le rein extrait du sang et concentre dans l'urine. (Le plasma humain contient environ 0,30 g d'urée par litre, l'urine 20 g par litre, la sueur 1 g par litre.) **2.** AGRIC. Engrais azoté d'origine industrielle. **3.** *Urée-formol :* matière plastique thermodurcissable obtenue à partir de l'urée et du formaldéhyde.

URÉIDE n.m. Corps obtenu à partir de l'urée, par substitution d'un ou de deux radicaux acides à un ou deux atomes d'hydrogène.

URÉMIE n.f. MÉD. **1.** Augmentation pathologique du taux d'urée dans le sang. **2.** Ensemble des manifestations cliniques et biologiques liées à une insuffisance rénale sévère.

URÉMIQUE adj. et n. Relatif à l'urémie ; atteint d'urémie.

URÉTÉRAL, E, AUX adj. Relatif aux uretères.

URETÈRE n.m. (gr. *ourêtêr*). Chacun des deux canaux qui conduisent l'urine du rein à la vessie.

URÉTÉRITE n.f. Inflammation de l'uretère.

URÉTÉROSTOMIE n.f. CHIR. Abouchement de l'uretère à la peau.

URÉTHANNE ou **URÉTHANE** n.m. Composé NH_2COOR (R représentant un radical carboné), ester de l'acide carbamique. (Nom générique.)

URÉTRAL, E, AUX adj. Relatif à l'urètre.

URÈTRE n.m. (gr. *ourêthra,* de *oûron,* urine). Canal allant de la vessie au méat urinaire, servant à l'écoulement de l'urine et, chez l'homme, au passage du sperme.

URÉTRITE n.f. Inflammation de l'urètre.

URGEMMENT [-ʒa-] adv. D'urgence, immédiatement.

URGENCE n.f. **1.** Caractère de ce qui est urgent. **2.** Nécessité d'agir vite. ◇ *D'urgence, de toute urgence :* immédiatement, sans délai. ◇ *État d'urgence :* régime exceptionnel qui, en cas de troubles graves ou de calamité publique, renforce les pouvoirs de police des autorités civiles. **3.** Cas urgent, nécessitant une intervention médicale ou chirurgicale rapide. ◇ *Service des urgences :* service d'un hôpital où sont dirigés les blessés et les malades dont l'état nécessite un traitement immédiat.

URGENT, E adj. (lat. *urgens,* pressant). Qui ne peut être différé ; qui doit être fait, décidé, etc., sans délai.

URGER v. impers. [17]. Fam. Presser, être urgent. *Ça urge !*

URICÉMIE n.f. MÉD. Taux d'acide urique dans le sang (normalement inférieur à 0,060 g/l).

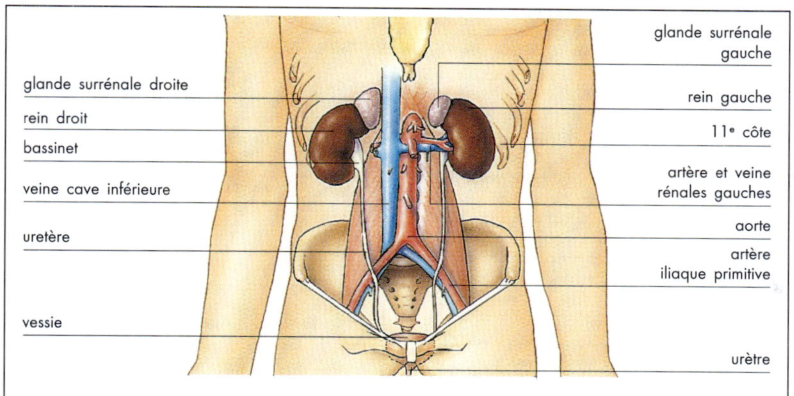

l'appareil **urinaire**

URINAIRE adj. Relatif à l'urine. – *Appareil urinaire :* ensemble des reins et des voies urinaires (uretères, vessie, urètre).

URINAL n.m. (pl. *urinaux*). Vase à col incliné, permettant de faire uriner les hommes alités. SYN. (fam.) : *pistolet.*

URINE n.f. (lat. *urina*). Liquide extrait du sang par les reins et collecté dans la vessie avant son évacuation au-dehors par la miction.

URINER v.i. Évacuer son urine. ◆ v.t. Évacuer dans son urine. *Uriner du sang.*

URINEUX, EUSE adj. MÉD. Relatif à l'urine.

URINIFÈRE adj. Qui porte, conduit l'urine.

URINOIR n.m. Édicule ou installation sanitaire aménagés pour permettre aux hommes d'uriner.

URIQUE adj. (de *urée*). *Acide urique :* acide organique azoté, présent à faible dose dans le sang, à dose moins faible dans l'urine (0,5 g/l), et provenant de la dégradation dans l'organisme des bases puriques.

URNE n.f. (lat. *urna*). **1.** Vase servant à conserver les cendres des morts. **2.** Vase à flancs arrondis. **3.** Boîte servant à recueillir les bulletins de vote. ◇ *Aller aux urnes :* voter. **4.** BOT. Sporange des mousses, recouvert d'un opercule et d'une coiffe.

UROBILINE n.f. Pigment biliaire constituant l'une des matières colorantes de l'urine.

UROBILINURIE n.f. Taux d'urobiline dans l'urine, qui augmente en cas d'insuffisance hépatique.

UROCHROME [-krom] n.m. Principal pigment urinaire responsable de la couleur jaune de l'urine.

URODÈLE n.m. (gr. *oura,* queue, et *dêlos,* visible). *Urodèles :* sous-classe d'amphibiens conservant leur queue à la métamorphose, tels que le triton, la salamandre.

URO-GÉNITAL, E, AUX adj. Génito-urinaire.

UROGRAPHIE n.f. Exploration radiographique des voies urinaires après injection intraveineuse d'une substance opaque aux rayons X, qui, en s'éliminant, donne une image contrastée des cavités rénales, des uretères et de la vessie.

UROKINASE n.f. BIOCHIM. Enzyme extraite de l'urine humaine, utilisée pour dissoudre les caillots sanguins.

UROLAGNIE n.f. (gr. *oûron,* urine, et *lagneia,* libertinage). SEXOL. Ondinisme.

UROLOGIE n.f. Étude des maladies des voies urinaires des deux sexes, et de l'appareil génito-urinaire mâle.

UROLOGUE n. Spécialiste d'urologie.

UROMÈTRE n.m. Aréomètre servant à mesurer la densité des urines.

UROPODE n.m. ZOOL. Dernier appendice abdominal des crustacés, souvent aplati et servant de nageoire. SYN. : *patte-nageoire.*

UROPYGIAL, E, AUX adj. (gr. *oura,* queue, et *pugê,* fesse). Qui appartient au croupion des oiseaux.

UROPYGIEN, ENNE adj. ZOOL. Qui concerne le croupion des oiseaux. – *Glande uropygienne :* glande graisseuse à la base du croupion, dont la sécrétion sert à graisser les plumes.

URSIDÉ n.m. (lat. *ursus,* ours). *Ursidés :* famille de mammifères carnivores plantigrades et souvent omnivores, tels que les ours.

URSULINE n.f. Religieuse de l'ordre de Sainte-Ursule, fondé en 1535 par sainte Angèle Merici.

URTICACÉE n.f. (lat. *urtica,* ortie). *Urticacées :* famille de plantes dicotylédones sans pétales, telles que l'ortie, la ramie, la pariétaire.

URTICAIRE n.f. (lat. *urtica,* ortie). Éruption cutanée passagère, ressemblant à des piqûres d'ortie, souvent due à une réaction allergique en particulier à certains aliments (fraises, crustacés, etc.).

URTICALE n.f. *Urticales :* ordre de plantes dicotylédones aux fleurs sans pétales, comprenant quatre familles principales : cannabinacées, moracées, ulmacées, urticacées.

URTICANT, E adj. Se dit des animaux ou des végétaux dont le contact produit une piqûre analogue à celle de l'ortie.

URTICATION n.f. MÉD. Réaction inflammatoire de la peau, accompagnée d'une sensation de brûlure.

URUBU n.m. (mot tupi). Petit vautour d'Amérique tropicale, au plumage noir.

URUGUAYEN, ENNE [yrygwɛjɛ̃, ɛn] adj. et n. De l'Uruguay.

URUS [yrys] ou **URE** n.m. (lat. *urus*). Rare. Aurochs.

US [ys] n.m. pl. (lat. *usus,* usage). Litt. *Les us et coutumes :* les usages, les traditions d'un pays, d'un peuple, d'un milieu.

USAGE n.m. (de *us*). **1.** Action, fait de se servir de qqch ; utilisation, emploi. *L'usage d'un ordinateur. Perdre l'usage de la parole.* ◇ *À l'usage :* par l'expérience que l'on a de l'emploi de qqch. – *Faire usage de :* employer, utiliser. – *Faire de l'usage :* durer longtemps, en parlant d'une chose dont on se sert habituellement. – DR. *Usage de faux :* infraction constituée par l'utilisation, avec intention de nuire, d'une pièce fausse ou falsifiée, pouvant éventuellement causer un préjudice. **2.** Fonction, destination de qqch, emploi que l'on peut en faire. *Un couteau à plusieurs usages.* ◇ *À l'usage de :* destiné à servir à. – *Valeur d'usage :* propriété, pour les biens et les services, de satisfaire les besoins. (Elle se distingue de la valeur d'échange*.) **3.** Pratique habituellement observée dans un groupe, une société ; coutume. *Aller contre l'usage établi.* **4.** Ensemble des règles et des interdits qui caractérisent la langue utilisée par le plus grand nombre à un moment donné et dans un milieu social donné. *Usage populaire, littéraire.* ◇ *Orthographe d'usage :* orthographe des mots eux-mêmes, indépendamment des règles d'accord et de la fonction.

USAGÉ, E adj. Qui a déjà servi, et a perdu l'aspect du neuf. *Des chaussures usagées.*

USAGER n.m. **1.** Personne qui utilise un service, en particulier un service ou un domaine publics. *Les usagers du métro.* **2.** Personne utilisant une langue. *Les usagers du français.* **3.** DR. Titulaire d'un droit d'usage.

USANCE n.f. BANQUE. Délai le plus long imposé par la Banque de France aux effets de commerce.

USANT, E adj. Qui fatigue, use la santé, les forces physiques ou morales. *Travail usant. Cet enfant est usant.*

USÉ, E adj. **1.** Qui a subi une certaine détérioration due à l'usure, à un usage prolongé. *Vêtement usé.* ◇ *Eaux usées :* ensemble des eaux ménagères, des eaux-vannes, des eaux industrielles, des eaux du service public et des eaux de drainage. **2.** Affaibli par l'âge, les fatigues, les excès, etc. *Un homme usé.* **3.** Qui est devenu banal, commun pour avoir été trop employé ou répété ; éculé. *Plaisanterie usée.*

USER v.t. ind. **[*de*]** (lat. pop. *usare,* du lat. class. *uti,* se servir de). Litt. Faire usage de qqch ; se servir de, utiliser. *User de médicaments. User de son charme.* ◆ v.t. **1.** Détériorer par l'usage. *User ses vêtements.* **2.** Consommer, dépenser (une matière, un produit). *Ce stylo use trop d'encre. Voiture qui use peu d'essence.* **3.** Affaiblir, épuiser. *User sa santé.* ◆ **s'user** v.pr. **1.** Se détériorer par l'usage, par l'effet du temps. *Ces chaussures se sont usées très vite.* **2.** S'épuiser, perdre ses forces. *S'user au travail.*

USINABILITÉ n.f. Aptitude d'un matériau solide à se laisser usiner.

USINAGE n.m. Action d'usiner.

USINE n.f. (lat. *officina,* atelier). **1.** Établissement industriel où, à l'aide de machines, on transforme des matières premières ou semi-ouvrées en produits finis. **2.** Fam. Lieu qui est le siège d'une intense activité. **3.** Fam. *Usine à gaz.* **a.** Construction hétéroclite. **b.** Système trop complexe pour un usage ergonomique.

USINER v.t. **1.** Soumettre une pièce brute ou dégrossie à l'action d'une machine-outil. **2.** Rare. Fabriquer dans une usine. *Usiner des emballages métalliques.*

USINIER, ÈRE adj. Vx. Relatif à l'usine, à l'industrie.

USITÉ, E adj. (lat. *usitatus*). Se dit d'une forme de la langue qui est en usage, dont on se sert habituellement. *Mot très usité.*

USNÉE [ysne] n.f. (ar. *uchna,* mousse). Lichen filamenteux poussant sur les vieux arbres.

USTENSILE n.m. (lat. *ustensilia,* de *uti,* utiliser). Objet servant aux usages de la vie courante, en particulier à la cuisine.

USTILAGINALE n.f. (bas lat. *ustilago,* chardon sauvage). *Ustilaginales :* ordre de champignons basidiomycètes parasites des végétaux, sur lesquels ils produisent le charbon et la carie.

USUCAPION n.f. (lat. *usucapio*). DR. Prescription acquisitive.

1. USUEL, ELLE adj. (bas lat. *usualis*). **1.** Dont on se sert fréquemment ; courant. *Mots usuels.* **2.** SC. DE LA V. *Nom usuel :* nom vernaculaire d'une espèce animale ou végétale (par opp. à *nom scientifique*).

2. USUEL n.m. Ouvrage d'un usage courant qui, dans les bibliothèques, est à la libre disposition du public (dictionnaire, encyclopédie, guide bibliographique, etc.).

USUELLEMENT adv. De façon usuelle.

USUFRUCTUAIRE adj. DR. De l'usufruit.

USUFRUIT n.m. (lat. *usufructus,* de *usus,* usage, et *fructus,* jouissance). DR. Droit d'utiliser et de jouir des fruits d'un bien dont la nue-propriété appartient à un autre.

USUFRUITIER, ÈRE adj. Relatif à l'usufruit. ◆ n. Personne qui a l'usufruit d'un bien.

USURAIRE adj. (lat. *usurarius,* de *usura,* intérêt). Entaché d'usure. *Taux usuraire.*

1. USURE n.f. (lat. *usura,* intérêt de l'argent). **1.** Intérêt perçu au-delà du taux licite. ◇ Délit commis par celui qui prête de l'argent à un taux d'intérêt excessif. **2.** Fig., litt. *Avec usure :* au-delà de ce qu'on a reçu.

2. USURE n.f. (de *user*). **1.** Détérioration que produit l'usage, le frottement, etc. *L'usure des chaussures, des roches.* **2.** Affaiblissement, amoindrissement (des forces, de la santé). *Usure nerveuse.* ◇ *Guerre d'usure :* conflit dans lequel on cherche à épuiser les forces de l'adversaire.

USURIER, ÈRE n. (de 1. *usure*). Personne qui prête à usure.

USURPATEUR, TRICE n. Personne qui s'empare, par des moyens illégitimes, d'une souveraineté, d'un pouvoir, d'un bien, etc. ◆ adj. Qui usurpe. *Pouvoir usurpateur.*

USURPATION n.f. **1.** Action d'usurper ; fait d'être usurpé. **2.** DR. Fait d'exercer des fonctions, de porter des décorations, des titres honorifiques ou professionnels auxquels on n'a pas droit.

USURPATOIRE adj. Qui a le caractère d'une usurpation.

USURPER v.t. (lat. *usurpare,* faire usage de). S'approprier indûment, par violence ou par ruse, un droit, un bien qui appartient à autrui, le pouvoir, etc. *Usurper un titre.*

USUS [yzys] n.m. DR. Droit d'utiliser la chose dont on est propriétaire.

UT [yt] n.m. inv. (de *Ut queant laxis,* premiers vers de l'hymne latin de saint Jean-Baptiste). Note de musique, syn. de *do.* – *Clef d'ut :* clef indiquant l'emplacement de cette note.

UTÉRIN, E adj. Relatif à l'utérus. *Col utérin.* ◆ adj. et n. Se dit des frères et sœurs nés de la même mère, mais non du même père (par opp. à *consanguin*).

UTÉRUS [-rys] n.m. (lat. *uterus*). Organe de l'appareil génital de la femme et des mammifères femelles, compris entre les trompes de Fallope et le vagin, destiné à contenir l'œuf fécondé pendant son évolution et à l'expulser au terme de la grossesse. SYN. (litt. ou vieilli) : *matrice.*

UTILE adj. (lat. *utilis,* de *uti,* se servir de). **1.** Qui rend service, qui est profitable. ◇ *En temps utile :* en temps opportun. **2.** *Partie utile d'un dispositif, d'un outil, d'une machine, etc.,* celle qui réalise directement l'opération pour laquelle sont conçus ce dispositif, cet outil, cette machine. *Le tranchant est la partie utile d'une lame de couteau.*

UTILEMENT adv. De façon utile.

UTILISABLE adj. Qui peut être utilisé.

UTILISATEUR, TRICE n. Personne, groupe qui fait usage de qqch, qui utilise un appareil, un service.

UTILISATION n.f. Action, manière d'utiliser ; emploi, usage.

UTILISER v.t. **1.** Recourir pour un usage précis à. *Utiliser un dictionnaire.* **2.** Tirer profit ou parti de. *Savoir utiliser les compétences.*

UTILITAIRE adj. **1.** Qui a pour but, pour principe essentiel l'utilité. *Un objet purement utilitaire.* ◇ *Véhicule utilitaire* ou *utilitaire,* n.m. : voiture commerciale, camionnette ou camion destinés au transport des marchandises ou des personnes. **2.** Qui se propose un but intéressé. *Politique utilitaire.* ◆ n.m. INFORM. Programme appartenant au système d'exploitation d'un ordinateur et permettant d'accroître les possibilités de base de la machine.

UTILITARISME n.m. (d'apr. l'angl. *utilitarism*). Morale qui fait de l'utilité le principe et la norme de toute action.

UTILITARISTE adj. et n. Relatif à l'utilitarisme ; partisan de l'utilitarisme.

UTILITÉ n.f. (lat. *utilitas*). **1.** Fait de servir à qqch, d'être utile, utilisable. *L'utilité d'un dictionnaire pour une traduction.* **2.** Caractère, qualité de qqch ou de qqn qui sert à qqch. *Votre aide m'a été de peu d'utilité.* ◇ *Utilité publique :* intérêt général au nom duquel l'Administration confère un avantage (reconnaissance d'utilité publique) ou impose une sujétion (servitude d'utilité publique, expropriation pour cause d'utilité publique). **3.** ÉCON. Aptitude, réelle ou supposée, d'un bien à satisfaire un besoin ou à créer les conditions favorables à cette satisfaction. SYN. : *désidérabilité.* ◆ pl. *Jouer les utilités :* n'avoir qu'un rôle accessoire et subalterne, en particulier au théâtre.

UTM (sigle de l'angl. *universal transverse Mercator*), système de projection dérivé de celui de Mercator, mais dans lequel le cylindre est enroulé suivant un méridien. (Dans le système UTM, la Terre est divisée en 60 fuseaux de 6° de longitude chacun, 3° de part et d'autre de chaque méridien de référence constituant la limite au-delà de laquelle les déformations seraient trop considérables.)

UTOPIE n.f. (lat. mod. *Utopia,* titre d'une œuvre de Th. More, du gr. *ou,* non, et *topos,* lieu). **1.** PHILOS. Construction imaginaire et rigoureuse d'une société, qui constitue, par rapport à celui qui la réalise, un idéal total. *Les grands auteurs d'utopies* (Platon, Th. More, Saint-Simon, Fourier, Huxley, Orwell). **2.** Projet dont la réalisation est impossible ; conception imaginaire.

UTOPIQUE adj. Qui tient de l'utopie. *Projet utopique.* ◇ *Socialisme utopique :* doctrine socialiste (de Saint-Simon, Fourier, etc.) fondée sur un idéal sentimental et réformateur (par opp. à *socialisme scientifique,* dénomination que K. Marx et F. Engels donnèrent à leur propre doctrine).

UTOPISME n.m. Attitude de celui qui se berce d'utopies, de rêveries.

UTOPISTE n. Auteur d'un système utopique. ◆ adj. et n. Attaché à des vues utopiques ; rêveur.

UTRAQUISTE n.m. HIST. Hussite de la fraction modérée, opposé aux taborites.

UTRICULAIRE n.f. Plante aquatique vivace capturant des proies animales dans des utricules.

UTRICULE n.m. (bas lat. *utriculus,* petite outre). **1.** ANAT. Une des cavités du vestibule de l'oreille interne, dans laquelle débouchent les canaux semi-circulaires, et dont la paroi porte un organe sensoriel d'équilibration. **2.** BOT. Très petit organe en forme d'outre jouant le rôle de flotteur ou de piège pour capturer les proies.

utriculaire

1. U. V. n.m. (sigle). Ultraviolet.

2. U. V. n.f. (sigle). Unité* de valeur.

UVAL, E, AUX adj. (lat. *uva,* raisin). Relatif au raisin. – *Cure uvale :* cure de raisin préconisée contre certaines maladies métaboliques.

UVA-URSI n.m. inv. (lat. *uva ursi,* raisin d'ours). BOT. Busserole, dont les feuilles sont utilisées en pharmacie dans le traitement des maladies des voies urinaires.

UVÉE n.f. (lat. *uva,* raisin). ANAT. Tunique moyenne de l'œil, constituée en avant par l'iris et en arrière par la choroïde.

UVÉITE n.f. Inflammation de l'uvée.

UVULAIRE adj. ANAT. Qui a rapport à la luette. ◇ PHON. *Consonne uvulaire* ou *uvulaire,* n.f. : consonne dont le lieu d'articulation se situe à l'extrémité postérieure du palais mou, au niveau de la luette ([r], par ex.).

UVULE ou **UVULA** n.f. (lat. *uvula,* petite grappe). ANAT. Luette.

UXORILOCAL, E, AUX adj. (lat. *uxor, -oris,* épouse). ANTHROP. Matrilocal.

UZBEK adj. et n. → ***ouzbek.***

V

V n.m. inv. **1.** Vingt-deuxième lettre de l'alphabet, et la dix-septième des consonnes. (La consonne *v* est une constrictive sonore.) **2.** V, chiffre romain qui vaut cinq. **3.** V, symbole chimique du vanadium. **4.** ÉLECTR. V, symbole du volt. – V/m, symbole du volt par mètre.

V1, V2 n.m. (abrév. de l'all. *Vergeltungswaffen,* armes de représailles, et les chiffres *1* et *2*). Projectile autopropulsé, à long rayon d'action, utilisé par les Allemands en 1944 et 1945. (Le V2 est le précurseur des missiles balistiques modernes.)

VA, symbole du voltampère.

VA interj. (impér. du v. *aller*). [Exprimant l'affection, l'encouragement, la menace, le dédain, etc.]. *Courage, va ! Tout va s'arranger.* – Pop. *Va donc !,* précède une injure. ◇ Fam. *Va pour :* c'est d'accord pour. *Va pour cette fois-ci.*

VACANCE n.f. **1.** Situation d'une place, d'une charge, d'un poste momentanément dépourvus de titulaire. – *Vacance du pouvoir :* temps pendant lequel une autorité, publique ou privée, ne s'exerce plus. **2.** Temps pendant lequel un poste, une fonction est sans titulaire. ◆ pl. Période légale d'arrêt de travail des salariés ; période de congé dans les écoles, les universités. ◇ *Vacances parlementaires, judiciaires :* suspension légale annuelle des séances, des audiences.

VACANCIER, ÈRE n. Personne qui est en vacances dans un lieu de villégiature. ◆ adj. Qui rappelle les vacances. *Atmosphère vacancière.*

VACANT, E adj. (lat. *vacans,* qui est vide). **1.** Non occupé, libre. *Appartement vacant. Places vacantes.* **2.** Se dit d'une charge, d'un poste momentanément sans titulaire. *Cet emploi est vacant.* ◇ *Succession vacante :* succession ouverte et non réclamée.

VACARME n.m. (moyen néerl. *wacharme !,* pauvre de moi !). Bruit assourdissant, tapage.

VACATAIRE n. et adj. Personne employée pour un temps déterminé à une fonction précise.

VACATION n.f. (lat. *vacatio,* de *vacare,* être libre). **1.** Temps consacré à l'examen d'une affaire, ou à l'accomplissement d'une fonction déterminée par la personne qui en a été chargée. *Vacation d'un expert, d'un avocat.* **2.** Rémunération de ce temps.

VACCAIRE n.f. (du lat. *vacca,* vache). Plante herbacée annuelle, voisine des saponaires. (Haut. 30 à 60 cm ; famille des caryophyllacées.)

VACCIN [vaksɛ̃] n.m. (de *vaccine*). **1.** Substance d'origine microbienne (micro-organismes vivants atténués ou tués, substances solubles), que l'on inocule à une personne ou à un animal pour l'immuniser contre une maladie. **2.** Fig. Ce qui immunise contre un mal, un danger.

VACCINABLE [-ksi-] adj. Qui peut être vacciné.

VACCINAL, E, AUX [-ksi-] adj. Relatif au vaccin, à la vaccination, à la vaccine.

VACCINATEUR, TRICE [-ksi-] adj. et n. Qui vaccine.

VACCINATION [-ksi-] n.f. Action de vacciner. ■ La première vaccination a été la vaccination contre la variole, réalisée en 1796 par Jenner, qui a inoculé à l'homme l'exsudat d'une maladie voisine, mais bénigne, le cow-pox. Les vaccinations actuelles se font au moyen de vaccins ayant pour origine des micro-organismes vivants atténués ou tués (bactéries, virus, protozoaires) ou des substances solubles (toxine atténuée dite anatoxine, fraction antigénique). Il existe des vaccins polyvalents (associant plusieurs vaccins) immunisant contre plusieurs maladies. Les vaccins les plus efficaces sont les vaccins d'origine virale. Le vaccin contre le paludisme (dû à un protozoaire) a été récemment mis au point.

VACCINE [vaksin] n.f. (lat. sc. *variola vaccina,* variole de la vache). **1.** Maladie de la vache *(cow-pox)* ou du cheval *(horse-pox),* qui peut se transmettre à l'homme et lui assure l'immunité antivariolique. **2.** Ensemble des manifestations cliniques observées chez l'homme après une vaccination antivariolique.

VACCINER [-ksi-] v.t. **1.** Administrer un vaccin à. *Vacciner un enfant contre le tétanos.* **2.** Fig., fam. Mettre à l'abri d'un désagrément, immuniser, prémunir contre un mal quelconque. *Cette expérience l'a vaccinée contre le mariage.*

VACCINIDE [-ksi-] n.f. Réaction cutanée consécutive à une vaccination antivariolique.

VACCINIER [-ksi-] n.m. BOT. Rare. Airelle.

VACCINIFÈRE [-ksi-] adj. Se dit de la génisse ou d'un individu porteurs de pustules vaccinales, dont la lymphe sert à la vaccination.

VACCINOSTYLE [-ksi-] n.m. MÉD. Petite lancette de la taille d'une plume à écrire, servant à pratiquer les scarifications, en particulier les vaccinations et les cuti-réactions.

VACCINOTHÉRAPIE [-ksi-] n.f. Méthode thérapeutique fondée sur l'emploi de vaccins dans un but curatif.

VACHARD, E adj. Pop. Méchant, sévère. *Une réponse vacharde.*

1. VACHE n.f. (lat. *vacca*). **1.** Femelle reproductrice de l'espèce bovine. *Traire les vaches.* – *Vache laitière* ou *vache à lait :* vache élevée pour le lait qu'elle produit. – *Vache à viande,* élevée pour la viande qu'on tire de sa descendance. – *Montagne à vaches* → **montagne.** ◇ Fig., fam. *Vache à lait :* personne que l'on exploite, en particulier qui est considérée sous le seul point de vue de l'argent qu'elle donne ou prête. – *Vaches grasses, vaches maigres :* périodes de prospérité, de pénurie. – *Manger de la vache enragée :* mener une vie de misère, endurer des privations. **2.** Peau de bovin en général. *Un sac en vache.* **3.** Personne méchante, très sévère, sans pitié. (On dit aussi *peau de vache.*) ◇ *Coup en vache :* coup donné par traîtrise. – Pop. *La vache !,* expression de dépit ou d'admiration. **4.** Pop. et vx. Agent de police. *Mort aux vaches !* **5.** *Vache à eau :* récipient en toile ou en plastique utilisé par les campeurs pour mettre de l'eau.
■ Les méthodes modernes d'élevage ont conduit à la différenciation des races bovines : les vaches ont été sélectionnées en fonction de leur aptitude soit à donner beaucoup de lait, soit à produire des animaux recherchés par la boucherie ; dans certains cas, on s'efforce de maintenir un équilibre entre les deux productions (races mixtes). La production du lait par la vache est conditionnée par le vêlage, qui déclenche la lactation. C'est pourquoi on essaie d'obtenir un veau par an, la gestation durant 285 jours. Au cours d'une lactation (durée standard : 305 jours), la production de lait dépasse couramment 8 000 l chez les meilleures vaches.

2. VACHE adj. Fam. **1.** Très sévère, méchant. *Tu es vache avec lui.* **2.** Dur, pénible. *C'est vache ce qui lui arrive.* ◇ *Un(e) vache (de)... :* qqch de très difficile ou de sensationnel, de formidable.

VACHEMENT adv. Fam. Beaucoup, très ; drôlement.

VACHER, ÈRE n. Personne qui garde, qui soigne les vaches, les bovins.

VACHERIE n.f. **I. 1.** Ensemble des vaches d'une exploitation. **2.** Vieilli. Étable à vaches. **II.** Fam. **1.** Méchanceté, sévérité. *La vacherie des examinateurs.* **2.** Parole, action méchante. *Dire des vacheries.*

VACHERIN n.m. (de *vache*). **1.** Fromage fait avec du lait de vache, affiné, à pâte molle et onctueuse, fabriqué en Suisse et dans le Jura français. **2.** Gâteau meringué garni de glace et de crème Chantilly.

VACHETTE n.f. **1.** Petite vache ; jeune vache. **2.** Cuir léger provenant d'un jeune bovin.

VACILLANT, E adj. **1.** Qui tremble. *Jambes vacillantes.* **2.** Qui est incertain. *Santé vacillante.*

VACILLEMENT n.m. Fait de vaciller ; état de ce qui vacille.

VACILLER v.i. (lat. *vacillare*). **1.** Chanceler, n'être pas bien ferme, tituber. *Vaciller sur ses jambes.* **2.** Scintiller faiblement, trembler. *Flamme qui vacille.* **3.** Litt. Être incertain, manquer d'assurance ; s'affaiblir. *Sa raison vacille.*

VACIVE adj.f. et n.f. (du lat. *vacivus,* vide). Dial. Brebis de deux ans qui n'a pas encore porté.

VACUITÉ n.f. (lat. *vacuitas,* de *vacuus,* vide). **1.** Rare. État de ce qui est vide. **2.** Litt. Vide intellectuel, absence de valeur.

VACUOLAIRE adj. Relatif aux vacuoles.

VACUOLE n.f. (lat. *vacuus,* vide). **1.** BIOL. Cavité du cytoplasme des cellules, renfermant diverses substances en solution dans l'eau. **2.** GÉOL. Cavité à l'intérieur d'une roche.

VACUOME n.m. BIOL. Ensemble des vacuoles d'une cellule.

VACUUM [vakyɔm] n.m. (mot lat.). Didact. Vide.

VADE-MECUM [vademekɔm] n.m. inv. (mots lat., *va avec moi*). Litt. Guide, manuel que l'on garde avec soi pour le consulter.

1. VADROUILLE n.f. (de *vadrouiller*). Fam. **1.** Promenade sans but défini. *Partir en vadrouille.* **2.** Voyage, déplacement quelconque. *Être sans cesse en vadrouille.*

2. VADROUILLE n.f. (lyonnais *drouilles,* vieilles hardes). **1.** MAR. Tampon fait de déchets de laine ou de filasse et fixé à un manche pour le nettoyage des ponts. **2.** Canada. Balai en tissu frangé.

VADROUILLER v.i. Fam. Se promener sans but précis.

VADROUILLEUR, EUSE n. Fam. Personne qui aime vadrouiller.

VA-ET-VIENT [vaevjɛ̃] n.m. inv. **1.** Mouvement alternatif d'un point à un autre. *Va-et-vient d'un balancier.* **2.** Mouvement confus de personnes, de véhicules qui entrent et sortent. **3.** Charnière à ressort permettant l'ouverture d'une porte dans les deux sens. **4.** MAR. Cordage tendu pour établir une communication entre deux bateaux, deux points, en partic. pour des opérations de sauvetage. **5.** ÉLECTR. Montage qui permet d'allumer ou d'éteindre une lampe de deux ou plusieurs endroits différents.

1. VAGABOND, E adj. (lat. *vagari,* errer). **1.** Qui erre çà et là. *Chien vagabond.* **2.** Qui va à l'aventure ; désordonné, déréglé. *Imagination vagabonde.*

2. VAGABOND, E n. Personne qui n'a ni domicile, ni moyens de subsistance, ni profession.

VAGABONDAGE n.m. **1.** Fait de vagabonder. ◇ État de celui qui n'a ni domicile ni moyens de subsistance licites. *Délit de vagabondage.* **2.** Divagation de l'esprit ; rêverie.

VAGABONDER v.i. **1.** Errer çà et là. **2.** Passer d'une chose à une autre ; être mobile, instable, notamm. en parlant de l'esprit.

VAGAL, E, AUX adj. Relatif au nerf vague.

VAGIN n.m. (lat. *vagina,* gaine). Organe génital interne de la femme, composé d'un canal auquel aboutit le col de l'utérus, et qui s'ouvre dans la vulve.

VAGINAL, E, AUX adj. Relatif au vagin.

VAGINISME n.m. MÉD. Contraction douloureuse et spasmodique du muscle constricteur du vagin, d'origine psychique ou organique.

VAGINITE n.f. MÉD. Inflammation de la muqueuse du vagin.

VAGIR v.i. (lat. *vagire*). **1.** Crier, en parlant du nouveau-né. **2.** Pousser son cri, en parlant du lièvre ou du crocodile.

VAGISSANT, E adj. Qui vagit.

VAGISSEMENT n.m. **1.** Cri de l'enfant nouveau-né. **2.** Cri faible et plaintif du lièvre et du crocodile.

VAGOLYTIQUE adj. MÉD. Qui paralyse le nerf vague.

VAGOTOMIE n.f. CHIR. Section du nerf vague.

VAGOTONIE n.f. MÉD. État d'un organisme où le tonus vagal est prépondérant.

VAGOTONIQUE adj. Relatif au tonus vagal ou à la vagotonie.

1. VAGUE adj. (lat. *vagus,* errant). **1.** Qui est sans précision ; mal déterminé, indistinct. *Forme vague. Douleur vague.* **2.** Qui laisse place au doute ; obscur. *Vague promesse.* **3.** Se dit d'un vêtement qui a une certaine ampleur. **4.** ANAT. *Nerf vague :* nerf pneumogastrique.

2. VAGUE adj. (lat. *vacuus,* vide). *Terrain vague,* qui n'est ni cultivé ni construit, dans une agglomération ou à proximité de celle-ci.

3. VAGUE n.m. (de 1. *vague*). Ce qui est imprécis, mal défini. *Rester dans le vague.* ◇ *Vague à l'âme :* sentiment de tristesse sans cause apparente.

4. VAGUE n.f. (de l'anc. scand.). **1.** Ondulation produite à la surface de l'eau par l'effet du vent, d'un courant, etc. ; mouvement ascendant et descendant de l'eau qui en résulte. *Vagues déferlantes.* **2.** Phénomène subit qui apparaît en masse et se propage. *Vague de chaleur, de froid. Vague d'applaudissements.* ◇ Fig. *Faire des vagues :* susciter des remous, des réactions d'hostilité. **3.** Masse importante de personnes, de choses qui se déplacent ensemble. *Vague de touristes, de chars.* ◇ *La nouvelle vague :* la nouvelle génération d'avant-garde.

■ La dénomination *nouvelle vague* fut appliquée en 1957 par la critique à un certain nombre de jeunes cinéastes qui affirmaient la primauté du réalisateur sur le scénariste, et défendaient un cinéma d'« auteur », expression d'une esthétique et d'un regard singuliers. Ces réalisateurs (J.-L. Godard, F. Truffaut, C. Chabrol, É. Rohmer, J. Rivette, J. Demy, A. Varda, issus pour la plupart de la revue *les Cahiers du cinéma*) imposèrent un nouveau ton, un nouveau style, de nouvelles pratiques : petit budget, technique légère, tournage en décors réels, jeu plus naturel des comédiens. Phénomène mouvant et disparate, la nouvelle vague s'est rapidement dispersée, mais elle a ouvert la voie à toute une génération de cinéastes, tant en France qu'à l'étranger.

VAGUELETTE n.f. Petite vague.

VAGUEMENT adv. De façon vague.

VAGUEMESTRE [vagmɛstr] n.m. (all. *Wagenmeister,* maître des équipages). **1.** HIST. Sous l'Ancien Régime, officier chargé de la conduite des convois militaires. **2.** Mod. Sous-officier chargé du service postal d'une unité. **3.** Afrique. Garçon de bureau, planton.

VAGUER v.i. (lat. *vagari*). Litt. Errer çà et là au hasard. *Laisser vaguer son imagination.*

VAHINÉ [vaine] n.f. (mot tahitien). Femme de Tahiti.

VAIGRAGE n.m. Ensemble des vaigres.

VAIGRE n.f. (néerl. *weger*). Bordage qui couvre le côté intérieur des membrures d'un navire.

VAILLAMMENT adv. Litt. Avec vaillance.

VAILLANCE n.f. Litt. Qualité d'une personne brave dans la lutte ; bravoure, courage.

VAILLANT, E adj. (anc. p. prés. de *valoir*). **1.** Litt. Qui fait preuve de courage, d'énergie. **2.** Qui a une santé robuste. **3.** Litt. *N'avoir plus un sou vaillant :* n'avoir plus ni bien ni argent.

VAIN, E adj. (lat. *vanus*). **1.** Qui est sans fondement, sans valeur, sans effet. *De vains espoirs. Vains efforts.* ◇ *En vain :* sans résultat, inutilement. **2.** *Vaine pâture :* droit de faire paître son bétail sur des terrains non clos dont on n'est pas propriétaire, après la récolte.

VAINCRE v.t. (lat. *vincere*) [114]. **1.** Remporter une victoire à la guerre, dans une compétition. **2.** Venir à bout de, triompher de, surmonter. *Vaincre un obstacle. Vaincre sa peur.*

VAINCU, E n. Personne qui a subi une défaite.

VAINEMENT adv. Inutilement, en vain.

VAINQUEUR n.m. et adj.m. **1.** Qui a remporté la victoire dans un conflit, une compétition, un concours, etc. *Le vainqueur du championnat.* **2.** Qui marque la victoire. *Un air vainqueur.*

VAIR n.m. (lat. *varius,* varié). **1.** Vx. Fourrure du petit-gris. **2.** HÉRALD. L'une des fourrures de l'écu, faite de cloches d'azur et d'argent alternées, disposées en lignes horizontales.

VAIRÉ n.m. HÉRALD. Vair qui est d'autres émaux que d'argent et d'azur.

1. VAIRON adj.m. (de *vair*). *Yeux vairons,* qui sont de couleur différente.

2. VAIRON n.m. Petit poisson très commun dans les ruisseaux, et dont la chair est peu estimée. (Famille des cyprinidés.)

VAISSEAU n.m. (lat. *vasculum,* petit vase). **1.** Litt. Navire d'assez grandes dimensions ; bâtiment de guerre de fort tonnage. ◇ Litt. *Brûler ses vaisseaux :* se couper la retraite. ◇ Vx. *Officier de vaisseau :* officier de marine. – ASTRONAUT. *Vaisseau spatial :* astronef habité, destiné aux vols humains dans l'espace. **2.** ARCHIT. Espace intérieur, en général allongé, occupant la plus grande partie de la hauteur d'un bâtiment, ou, au moins, plusieurs étages. *Une nef d'église à trois vaisseaux.* **3.** ANAT. Canal servant à la circulation du sang ou de la lymphe. (On distingue quatre sortes de vaisseaux : les artères, les veines, les capillaires et les lymphatiques.) **4.** BOT. Tube servant à la conduction de la sève brute.

VAISSELIER n.m. Buffet dont la partie haute comporte des étagères sur lesquelles on dispose de la vaisselle.

vaisselier en chêne
provenant de la région de Nancy
(musée des Arts et Traditions populaires, Paris)

VAISSELLE n.f. (bas lat. *vascellum*). **1.** Ensemble des pièces et accessoires pour le service de la table. **2.** Action de laver les plats et ustensiles qui ont servi au repas. *Corvée de vaisselle.*

VAISSELLERIE n.f. Industrie fabriquant les seaux, écuelles, gamelles, etc. ; vaisselle ainsi fabriquée.

VAISYA [vɛsja] n.m. inv. (mot sanskr., *les gens du commun*). Troisième des quatre classes de la société hindoue, constituée par les professions productives (agriculture, commerce). Graphie savante : *vaiśya.*

VAL n.m. (lat. *vallis*) [pl. *vals* ou, plus rarement, *vaux*]. **1.** Vallée très large. ◇ *Aller par monts et par vaux,* de tous côtés. **2.** GÉOGR. Dans le Jura, vallée correspondant à un synclinal. ◇ *Val perché :* dans le relief jurassien, vallée synclinale qui, par suite de l'action de l'érosion, se trouve à une altitude supérieure à celle des combes voisines.

VALABLE adj. **1.** Qui a les conditions requises pour produire son effet. *Quittance valable.* **2.** Dont la valeur n'est pas contestée ; acceptable, admissible, fondé. *Excuse valable.* **3.** Qui a une certaine valeur, une certaine importance. *Œuvre valable.* **4.** Qui a les qualités requises pour qqch ; autorisé. *Interlocutrice valable.*

VALABLEMENT adv. De façon valable.

VALAISAN, ANNE adj. et n. Du Valais.

VALAQUE adj. et n. De la Valachie.

VALDÉISME ou **VALDISME** n.m. Doctrine des vaudois (partisans de Valdo).

VALDINGUER v.i. (de *valser* et *dinguer*). Pop. Tomber, s'étaler bruyamment. ◇ Pop. *Envoyer valdinguer qqn,* le faire tomber avec violence ; fig., l'éconduire.

VALDÔTAIN, E adj. et n. Du Val d'Aoste.

VALENÇAY n.m. Fromage de chèvre du Berry, en forme de pyramide tronquée.

1. VALENCE n.f. (du lat. *valere,* valoir). **1.** CHIM. Nombre possible des atomes d'une nature donnée qui peuvent se lier chimiquement à un atome déterminé. – *Électrons de valence :* électrons d'un atome responsables des liaisons de cet atome avec d'autres atomes. **2.** PSYCHOL. *Valence d'un objet, d'une situation :* attirance *(valence positive)* ou répulsion *(valence négative)* que le sujet éprouve à leur égard.

2. VALENCE ou **VALENCIA** n.f. Orange d'une variété à maturité tardive, très cultivée dans la région de Valence (Espagne).

VALENCE-GRAMME n.f. (pl. *valences-grammes*). Masse molaire atomique d'un élément divisée par sa valence.

VALENCIENNES n.f. Dentelle aux fuseaux à dessin floral sur fond de réseau à mailles régulières.

VALENCIENNOIS, E adj. et n. De Valenciennes.

VALENTINITE n.f. MINÉR. Oxyde naturel d'antimoine Sb_2O_3.

VALENTINOIS, E adj. et n. De Valence (Drôme).

VALÉRIANACÉE n.f. *Valérianacées :* famille d'herbes gamopétales telles que la valériane, la mâche.

VALÉRIANE n.f. (lat. médiév. *valeriana*). Plante des lieux humides à fleurs roses, blanches ou jaunâtres. (La valériane officinale, utilisée comme antispasmodique et sédatif, est aussi appelée *herbe-aux-chats,* parce que son odeur attire ces animaux.)

VALÉRIANELLE n.f. Plante telle que la mâche. (Famille des valérianacées.)

VALÉRIQUE adj. CHIM. *Acide valérique :* acide pentanoïque de formule CH_3—$(CH_2)_3$—CO_2H.

VALET n.m. (lat. pop. *vassellitus ;* du gaul. *vassus*). **1.** Serviteur à gages. *Valet de ferme.* ◇ *Valet de pied :* domestique de grande maison en livrée. **2.** Péj. Homme d'une complaisance servile et intéressée. **3.** Figure du jeu de cartes. **4.** TECHN. Outil coudé pour maintenir le bois sur l'établi. **5.** *Valet de nuit :* cintre monté sur pieds, où l'on dispose les différentes pièces d'un costume d'homme.

VALETAILLE n.f. Litt., péj. Ensemble des valets, de la domesticité.

VALÉTUDINAIRE adj. et n. (lat. *valetudo, -dinis,* mauvaise santé). Litt. Qui a une santé chancelante ; maladif.

VALEUR n.f. (lat. *valor*). **I. 1.** Prix selon lequel un objet peut être échangé, vendu, et, en partic., son prix en argent. *Terrain qui a doublé sa valeur.* ◇ ÉCON. *Analyse de la valeur :* analyse d'un produit mettant en relation ses fonctions et son coût pour déterminer sa valeur. – *Théorie de la valeur :* théorie cherchant à établir le fondement économique de l'usage et de l'échange des choses. (→ ***marxisme.***) – *Valeur ajoutée :* différence entre la valeur d'une production et celle des consommations ayant servi à la réaliser. – *Valeur mobilière :* titre négociable émis par des personnes publiques ou privées et représentant une fraction soit de leur capital social (action), soit d'un prêt à long terme qui leur est consenti (obligation). – *Valeur numérique d'une grandeur :* mesure de cette grandeur. **2.** Quantité approximative, équivalence. *Boire la valeur d'un verre de vin.* **3.** MATH. L'une des déterminations possibles d'un élément variable. **4.** MUS. Durée d'une note. **5.** PEINT. Degré de clarté d'un ton par rapport aux autres tons. **II. 1.** Ce par quoi on est digne d'estime sur le plan moral, intellectuel, physique, etc. *Fille de grande valeur.* **2.** Importance, prix attachés à qqch. *Tableau qui a une valeur sentimentale.* ◇ *Mettre en valeur :* donner de l'importance à, faire ressortir ; faire fructifier. **3.** Caractère de ce qui est valable, de ce qui produit l'effet voulu, a les qualités requises. *Valeur d'une signature. Texte sans valeur.* **4.** Canada. *C'est de valeur :* c'est regrettable, malheureux. **5.** LING. Sens que prend un mot dans un contexte déterminé. **6.** Ce qui est posé comme vrai, beau, bien, selon des critères personnels ou sociaux, et sert de référence, de principe moral. *Partager les mêmes valeurs.* ◇ *Échelle des valeurs :* hiérarchie établie entre les principes moraux. – *Jugement de valeur,* qui énonce une appréciation (par opp. à *jugement de réalité,* qui constate les faits). **7.** LOG. *Valeur de vérité :* propriété de toute proposition. *On distingue généralement deux valeurs de vérité, le vrai et le faux.*

VALEUREUSEMENT adv. Avec courage.

VALEUREUX, EUSE adj. (de *valeur*). Litt. Qui a de la vaillance, du courage ; hardi.

VALGUS [valgys], fém. **VALGA** adj. (mot lat., *bancal*) [inv. en nombre]. MÉD. Qui est dévié en dehors, en parlant du pied ou de la jambe (par opp. à *varus*). ◇ *Hallux valgus :* déviation pathologique du gros orteil en dehors.

VALIDATION n.f. Action de valider.

VALIDE adj. (lat. *validus*). **1.** En bonne santé, sain, vigoureux. *Homme valide.* **2.** DR. Qui n'est entaché d'aucune cause de nullité. **3.** LOG. *Proposition valide :* énoncé qui est vrai en vertu de sa seule forme. SYN. : ***tautologie.*** **4.** PSYCHOL. *Test valide,* qui mesure effectivement ce qu'il est censé mesurer.

VALIDEMENT adv. De façon valide.

VALIDER v.t. Rendre ou déclarer valide. *Valider une élection, un test psychologique.*

VALIDEUSE n.f. Appareil servant à enregistrer le jeu du Loto national.

VALIDITÉ n.f. Caractère, durée de ce qui est valide, valable. *Validité d'un passeport.*

VALINE n.f. Acide aminé dont la carence dans la nutrition entraîne des troubles sensitifs et moteurs.

VALISE n.f. (it. *valigia*). **1.** Bagage à main de forme rectangulaire. – *Faire sa valise, ses valises,* la, les remplir d'affaires à emporter ; partir. **2.** *Valise diplomatique :* privilège international dont bénéficie le transport du courrier par voie diplomatique ; le courrier lui-même. (Il est inviolable et dispensé de tout contrôle douanier.)

VALKYRIE n.f. → ***walkyrie.***

VALLÉE n.f. (de *val*). Dépression allongée, plus ou moins évasée, façonnée par un cours d'eau ou un glacier. ◇ *Vallée sèche* ou *morte,* qui n'est plus parcourue par un cours d'eau.

VALLEUSE n.f. (altér. du normand *avaleuse,* descente de falaise). GÉOGR. Petite vallée sèche suspendue au-dessus de la mer, en raison du recul rapide de la falaise qu'elle entaille.

VALLISNÉRIE n.f. Plante des eaux stagnantes, dont la fécondation a lieu à la surface de l'eau et la fructification dans l'eau. (Famille des hydrocharidacées.)

VALLON n.m. (it. *vallone*). Petite vallée.

VALLONNÉ, E adj. Qui présente l'aspect de vallons.

VALLONNEMENT n.m. État de ce qui est vallonné.

VALOCHE n.f. Pop. Valise.

VALOIR v.i. (lat. *valere*) [60]. **1.** Avoir tel prix. *Montre qui vaut cinq cents francs.* **2.** Avoir telle valeur, telle qualité, tel intérêt. *Cet argument ne vaut rien. Que vaut cet acteur ?* ◇ *À valoir :* à déduire. – *Ça ne vous vaut rien :* c'est nuisible à votre santé. – *Faire valoir :* rendre productif, faire fructifier ; mettre en valeur, vanter. – *Se faire valoir :* faire ressortir ses qualités, ses droits ; s'attribuer des qualités qu'on n'a pas. – *Ne rien faire qui vaille,* qui ait de la valeur. – *Vaille que vaille :* tant bien que mal. – *Valoir bien :* être digne de. *Cela vaut bien une récompense.* **3.** Être valable. *Ma remarque vaut pour tout le monde.* ◆ v.t. **1.** Équivaloir à. *En musique, une blanche vaut deux noires.* **2.** Justifier, légitimer. *Ce restaurant vaut le détour.* **3.** Être la cause de, procurer. *Cette erreur lui a valu des reproches.* ◆ v. impers. *Il vaut mieux :* il est préférable, plus avantageux de. ◇ *Autant vaudrait :* il serait aussi utile de. ◆ **se valoir** v.pr. Avoir la même valeur.

VALORISANT, E adj. Qui valorise, donne de la valeur, du prestige. *Situation valorisante.*

VALORISATION n.f. **1.** Action de donner de la valeur, plus de valeur à qqn, qqch. **2.** ÉCON. Hausse de la valeur marchande d'un produit ou d'un service par une mesure légale ou une action volontaire. **3.** PHILOS. Action de donner de la valeur à un objet ou à une représentation mentale. **4.** IND. Utilisation des déchets comme matière première.

VALORISER v.t. **1.** Donner une plus grande valeur à. *La piscine valorise la propriété.* **2.** Augmenter la valeur, le mérite. *Son succès l'a valorisée aux yeux de ses proches.*

VALPOLICELLA [valpɔlitʃɛla] n.m. Vin rouge fruité du nord de l'Italie.

VALSE n.f. (all. *Walzer*). **1.** Danse tournante à trois temps, dont le premier est accentué ; morceau musical composé sur ce rythme. **2.** Fam. Changement fréquent des membres d'un bureau, d'un service, etc. **3.** Fam. Modification, remplacement continuels de choses. *La valse des étiquettes, des prix.*

VALSE-HÉSITATION n.f. (pl. *valses-hésitations*). Comportement hésitant devant une décision à prendre.

VALSER v.i. Danser la valse. ◇ Fam. *Envoyer qqn, qqch valser,* le renvoyer ; le lancer loin de soi. – *Faire valser qqn,* le déplacer sans égards. – *Faire valser l'argent,* le dépenser sans compter. ◆ v.t. Exécuter en valsant. *Valser une mazurka.*

VALSEUR, EUSE n. Personne qui valse.

VALVAIRE adj. Relatif aux valves.

VALVE n.f. (lat. *valva,* battant de porte). **1.** Appareil destiné à régler le mouvement d'un fluide dans une canalisation suivant les nécessités des organes d'utilisation. **2.** Chacune des deux parties d'une coquille bivalve. **3.** ANAT. Élément des valvules cardiaques. **4.** BOT. Chacune des parties d'un fruit sec qui s'ouvre pour laisser échapper les graines. **5.** ÉLECTR. Dispositif thermoïonique ou à semi-conducteur, présentant une conductibilité unilatérale et pouvant, de ce fait, servir de détecteur ou de redresseur. ◆ pl. Belgique. Tableau d'affichage.

VALVÉ, E adj. BOT. Qui est composé de valves.

VALVULAIRE adj. Relatif aux valvules.

VALVULE n.f. (lat. *valvula*). **1.** ANAT. Repli membraneux des vaisseaux et conduits de l'organisme, qui dirige les liquides en les empêchant de refluer. **2.** BOT. Petite valve.

VAMP [vɑ̃p] n.f. (mot amér.). **1.** Actrice de cinéma qui jouait les rôles de femme fatale. **2.** Fam. Femme fatale.

VAMPER v.t. Fam. Essayer de séduire par des allures de vamp.

VAMPIRE n.m. (all. *Vampir ;* du slave). **1.** Mort qui, selon une superstition populaire, sortirait du tombeau pour sucer le sang des vivants. **2.** Personne qui s'enrichit du travail d'autrui. **3.** Chauve-souris d'Amérique tropicale, en général insectivore, mais pouvant mordre des mammifères endormis et absorber leur sang. (Envergure env. 20 cm.)

VAMPIRIQUE adj. Relatif aux vampires, au vampirisme.

VAMPIRISER v.t. Fam. Mettre sous sa totale dépendance.

VAMPIRISME n.m. **1.** Croyance aux vampires ; comportement supposé de ceux-ci. **2.** Avidité de ceux qui s'enrichissent du travail d'autrui.

1. VAN [vɑ̃] n.m. (lat. *vannus*). Grand panier plat en osier muni de deux anses, pour le vannage du grain.

2. VAN [vɑ̃] n.m. (abrév. de l'angl. *caravan*). **1.** Véhicule fermé, pour le transport des chevaux. **2.** Fourgon, minibus, pour le transport des personnes.

VANADINITE n.f. Oxyde de vanadium plombifère ; minerai de vanadium.

VANADIQUE adj. Se dit de l'anhydride V_2O_5 et des acides correspondants.

VANADIUM [-djɔm] n.m. (mot lat.). Métal blanc, fondant vers 1 750 °C, de densité 5,7 ; élément (V), de numéro atomique 23, de masse atomique 50,94.

VANDA n.f. (mot hindi). Orchidacée originaire de l'Inde et de l'Océanie, cultivée en serre chaude pour ses fleurs superbes.

VANDALE n. (de *Vandales,* n. de peuple). Personne qui commet des actes de vandalisme.

VANDALISER v.t. Fam. Se livrer à des actes de vandalisme sur.

VANDALISME n.m. Attitude d'une personne qui détruit ou mutile gratuitement des œuvres d'art, des édifices publics, etc.

VANDOISE n.f. (du gaul.). Poisson des eaux douces limpides, voisin du gardon, à dos brun verdâtre et ventre argenté. (Long. 15 à 30 cm ; famille des cyprinidés.)

VANESSE n.f. (lat. *vanessa*). Papillon diurne aux ailes vivement colorées et dont les principales espèces sont la belle-dame, le vulcain, le paon de jour, la tortue, le morio. (Famille des nymphalidés.)

VANILLE n.f. (esp. *vainilla*). Fruit du vanillier ; gousse ou extrait de ce fruit utilisés comme parfum en confiserie et en pâtisserie.

VANILLÉ, E adj. Parfumé à la vanille.

VANILLIER n.m. Orchidacée grimpante des régions tropicales, qui produit la vanille. (Le vanillier est une liane d'Amérique et d'Afrique. Son fruit, qui est une capsule ou gousse, atteint 0,25 m de long et la grosseur du petit doigt.)

VANILLINE n.f. Principe odorant de la vanille, utilisé en parfumerie et en pâtisserie, et que l'on prépare maintenant par synthèse.

VANILLON n.m. Vanille d'une variété qui exhale une forte odeur de coumarine.

VANISAGE n.m. Mode de tricotage par lequel deux fils différents sont tricotés l'un sur l'autre.

VANISÉ, E adj. *Fil vanisé,* qui est recouvert par un autre fil, selon le vanisage.

VANITÉ n.f. (lat. *vanitas*). **1.** Autosatisfaction, suffisance ; défaut de celui qui étale ce sentiment. ◇ *Tirer vanité de :* se glorifier, s'enorgueillir de. **2.** Litt. Caractère de ce qui est vain. **3.** BX-A. Composition (nature morte le plus souvent) évoquant la destinée mortelle de l'homme.

VANITEUSEMENT adv. Avec vanité.

VANITEUX, EUSE adj. et n. Qui a de la vanité ; prétentieux, suffisant.

VANITY-CASE [vanitikez] n.m. (angl. *case,* mallette, et *vanity,* chose futile) [pl. *vanity-cases*]. Mallette de voyage rigide destinée à contenir divers produits et accessoires de toilette.

1. VANNAGE n.m. TECHN. Système, ensemble de vannes ; lieu où sont établies des vannes.

2. VANNAGE n.m. AGRIC. Séparation des grains battus de leur balle et de leurs impuretés.

1. VANNE n.f. (bas lat. *venna,* treillage). Dispositif permettant à volonté d'intercepter ou de laisser libre le passage de l'eau d'un barrage, d'une écluse, etc., ou celui d'un fluide dans une conduite.

2. VANNE n.f. (de *van,* panier d'osier). Fam. Remarque, plaisanterie désobligeante.

VANNÉ, E adj. Fam. Extrêmement fatigué.

VANNEAU n.m. (de *van,* panier d'osier). Oiseau échassier, commun en Europe. (Le *vanneau huppé,* au dos vert cuivré et au ventre blanc, niche dans les plaines marécageuses ; sa chair est estimée ; long. 30 cm. Famille des charadriidés.)

VANNÉE n.f. → ***vannure.***

VANNELLE ou **VANTELLE** n.f. **1.** Petite vanne destinée à remplir ou à vider les sas des écluses, des canaux, ou les bassins des ports. **2.** Petite valve au moyen de laquelle on interrompt ou l'on rétablit l'écoulement de l'eau dans une conduite.

1. VANNER v.t. TECHN. Garnir de vannes.

2. VANNER v.t. **1.** AGRIC. Secouer le grain au moyen d'un van. **2.** Fam. Fatiguer excessivement.

VANNERIE n.f. **1.** Art, industrie du vannier. **2.** Objets en osier, rotin, jonc, etc.

VANNET n.m. (de *van*). HÉRALD. Coquille vue du côté creux.

VANNEUR, EUSE n. et adj. Personne qui vanne le grain.

VANNIER n.m. Ouvrier qui confectionne divers objets (paniers, corbeilles, sièges, etc.) au moyen de tiges ou de fibres végétales entrelacées.

VANNURE ou **VANNÉE** n.f. Poussières qui proviennent du vannage des grains.

VANTAIL n.m. (de *vent*) [pl. *vantaux*]. Panneau plein pivotant sur un de ses bords. SYN. : *battant.*

VANTARD, E adj. et n. Qui a l'habitude de se vanter ; fanfaron, hâbleur.

VANTARDISE n.f. Action de se vanter ; attitude, propos du vantard.

VANTELLE n.f. → ***vannelle.***

VANTER v.t. (bas lat. *vanitare,* de *vanus,* vide). Louer beaucoup. *Vanter un vin.* ◆ **se vanter** v.pr. **1.** S'attribuer des qualités, des mérites qu'on n'a pas. **2.** *Se vanter de :* tirer vanité de ; se déclarer capable de. *Se vanter de sa force. Il se vante de réussir.*

VA-NU-PIEDS n. inv. Fam. Gueux, misérable.

VAPES n.f. pl. (de *vapeur*). Pop. **1.** *Être dans les vapes :* être évanoui ; être un peu abruti, hébété. **2.** *Tomber dans les vapes :* s'évanouir.

1. VAPEUR n.f. (lat. *vapor*). **1.** Gaz résultant de la vaporisation d'un liquide ou de la sublimation d'un solide. *Vapeur d'eau.* – *À la vapeur,* se dit d'aliments cuits au-dessus de l'eau en ébullition. – *Vapeur surchauffée :* vapeur à une température supérieure à celle de l'ébullition normale. ◇ Fam. *Avoir des vapeurs,* des bouffées de chaleur. – Litt. *Les vapeurs du vin :* l'ivresse. **2.** Fines gouttelettes en suspension dans l'air. **3.** Vapeur d'eau employée comme force motrice. *Train à vapeur.* ◇ *À toute vapeur :* à toute vitesse.

2. VAPEUR n.m. MAR. ANC. Navire propulsé par une machine à vapeur.

VAPOCRAQUAGE n.m. IND. Craquage d'hydrocarbures en présence de vapeur d'eau.

VAPOCRAQUEUR n.m. IND. Installation où se réalise le vapocraquage.

VAPOREUX, EUSE adj. **1.** Qui a l'apparence de la vapeur ; léger et flou. *Tissu vaporeux.* **2.** Dont l'éclat est voilé comme par la vapeur. *Lumière vaporeuse.*

VAPORISAGE n.m. Action de soumettre à l'effet de la vapeur des fils, des tissus pour donner l'apprêt, fixer les couleurs, etc.

VAPORISATEUR n.m. **1.** Récipient dans lequel on opère la vaporisation. **2.** Instrument rechargeable employé pour projeter un liquide, un parfum, etc., sous forme de fines gouttelettes.

VAPORISATION n.f. Action de vaporiser.

VAPORISER v.t. **1.** Faire passer (un liquide) à l'état gazeux. **2.** Disperser, projeter en gouttelettes fines.

VAQUER v.i. (lat. *vacare,* être vide). Cesser pour un temps ses fonctions. *Les tribunaux vaquent.* ◆ v.t. ind. ***(à).*** S'appliquer à, s'occuper de. *Vaquer à ses affaires.*

VAR n.m. (de *Volt-Ampère-Réactif*). Watt utilisé pour la mesure de la puissance électrique réactive (symb. var).

VARA adj.f. → ***varus.***

VARAIGNE n.f. Ouverture par laquelle on introduit l'eau de mer dans les marais salants.

VARAN n.m. (de l'ar.). Reptile lacertilien, carnivore, habitant l'Afrique, l'Asie et l'Australie, et atteignant de 2 à 3 m de long.

varan géant d'Australie

VARANGUE n.f. (de l'anc. scand.). Sur un navire, pièce à deux branches formant la partie inférieure d'un couple.

VARAPPE n.f. (de *Varappe,* n. d'un couloir rocheux près de Genève). Escalade de parois rocheuses.

VARAPPER v.i. Faire de la varappe.

VARAPPEUR, EUSE n. Alpiniste spécialiste de la varappe.

VARECH [varɛk] n.m. (anc. scand. *vágrek,* épave). Ensemble des algues laissées par le retrait de la marée ou récoltées à marée basse sur les rivages. (Le varech, appelé *goémon* en Normandie et en Bretagne, sert à amender les terres sablonneuses, est utilisé comme litière, fournit de l'iode et de la soude.)

VAREUSE n.f. (de *varer,* forme dial. de *garer,* protéger). **1.** Veste assez ample. **2.** Blouse d'uniforme des quartiers-maîtres et matelots de la Marine nationale.

VARHEURE n.m. ÉLECTR. Unité d'énergie réactive correspondant à la mise en jeu d'une puissance réactive de 1 var pendant une heure.

VARIA n.m. pl. (mot lat., *choses diverses*). **1.** Collection, recueil de livres, d'articles variés. **2.** Article portant sur des sujets variés.

VARIABILITÉ n.f. Caractère de ce qui est variable.

1. VARIABLE adj. **1.** Qui varie, peut varier. *Humeur variable.* ◇ GRAMM. *Mot variable,* dont la forme varie selon le genre, le nombre, la fonction. **2.** Divers. *Résultats variables.*

2. VARIABLE n.f. **1.** MATH. Terme indéterminé dont l'ensemble des valeurs possibles est déterminé. *Variable réelle, complexe.* **2.** ASTRON. Étoile* variable.

VARIANCE n.f. **1.** SC. Nombre maximal de facteurs de l'équilibre dont on peut imposer simultanément la valeur dans un système en équilibre physico-chimique. **2.** STAT. Moyenne arithmétique des carrés des écarts à la moyenne.

VARIANTE n.f. **1.** Chose qui diffère légèrement d'une autre de la même espèce. **2.** Texte ou fragment de texte qui diffère de celui qui est communément admis, du fait de corrections volontaires de son auteur, ou d'altérations dues à la copie ou à l'édition. **3.** BX-A. Différence ou ensemble des différences que présente une réplique ou un projet nouveau par rapport à l'œuvre ou au projet premiers.

VARIATEUR n.m. **1.** Dispositif permettant de faire varier une intensité électrique, utilisé notamm. avec certains appareils d'éclairage (lampes à halogène). **2.** MÉCAN. *Variateur de vitesse :* appareil permettant de transmettre le mouvement d'un arbre à un autre arbre avec possibilité de modifier, de façon continue, la vitesse de rotation de ce dernier.

VARIATION n.f. **1.** État de ce qui varie ; modification, changement de la valeur d'une quantité ou d'une grandeur, d'un degré. **2.** BIOL. Modification d'un animal ou d'une plante par rapport au type habituel de son espèce. (On distingue les *somations,* purement individuelles, acquises au cours de la vie, intransmissibles, et les *mutations,* transmissibles.) **3.** CHORÉGR. Enchaînement figurant dans un grand pas de deux. **4.** MUS. Procédé de composition qui consiste à employer un même thème en le transformant, en l'ornant, tout en le laissant reconnaissable ; forme musicale qui use de ce procédé. ◆ pl. **1.** Transformations, changements. *Les variations d'une doctrine.* **2.** MATH. *Calcul des variations :* détermination des maximums et des minimums d'une fonction définie dans un espace fonctionnel.

VARICE n.f. (lat. *varix, varicis*). PATHOL. Dilatation permanente d'une veine, particulièrement fréquente aux jambes.

VARICELLE n.f. (de *variole*). Maladie infectieuse, contagieuse et épidémique, sans gravité, due au virus herpès, atteignant surtout les enfants et conférant l'immunité, caractérisée par une éruption de vésicules, qui disparaissent en une dizaine de jours.

VARICOCÈLE n.f. Dilatation variqueuse des veines du cordon spermatique et du scrotum.

VARIÉ, E adj. (lat. *varius*). **1.** Qui présente de la diversité. *Travail varié. Paysage varié.* – MUS. *Air, thème varié :* mélodie suivie d'un certain nombre de variations. **2.** (Au pl.). Se dit de choses très différentes entre elles. *Hors-d'œuvre variés.*

VARIER v.t. (lat. *variare,* de *varius,* varié). Présenter de diverses manières ; faire changer de nature ; diversifier. *Varier le style, la décoration. Varier l'alimentation.* ◆ v.i. **1.** Présenter des différences, des aspects divers. *Les opinions varient sur ce point. Les prix varient.* ◇ *Ne pas varier :* ne pas changer d'avis. **2.** MATH. Changer de valeur.

VARIÉTAL, E, AUX adj. AGRIC. Relatif à une variété de plante.

VARIÉTÉ n.f. (lat. *varietas*). **1.** Caractère de ce qui est varié, dont les éléments sont divers, différents ; diversité. *La variété de la végétation, du paysage, des occupations.* **2.** SC. DE LA V. Type, sorte, à l'intérieur d'un même ensemble ; unité plus petite que l'espèce, dont les individus présentent un trait commun qui les différencie des autres variétés de la même espèce. ◆ pl. Spectacle, émission présentant diverses attractions (chansons, danses, etc.).

VARIOLE n.f. (bas lat. *variola,* de *varius,* varié). Maladie infectieuse, immunisante, très contagieuse et épidémique, due à un virus, caractérisée par une éruption de taches rouges devenant des vésicules, puis des pustules. (Le pronostic de la variole est grave, mortel dans 15 p. 100 des cas environ ; en cas de guérison, les pustules se dessèchent en laissant des cicatrices indélébiles. En 1978, l'O. M. S. a déclaré que la variole était éradiquée dans le monde entier. Depuis 1979, la vaccination antivariolique n'est plus obligatoire en France.) SYN. : *petite vérole.*

VARIOLÉ, E adj. et n. Marqué de la variole.

VARIOLEUX, EUSE adj. et n. Atteint de la variole.

VARIOLIQUE adj. Relatif à la variole.

VARIOLISATION n.f. HIST. DE LA MÉD. Méthode employée avant la vaccination jennérienne, et qui consistait à inoculer une variole bénigne pour éviter une variole grave.

VARIOMÈTRE n.m. ÉLECTR. Appareil servant à la mesure des inductances.

VARIORUM [varjɔrɔm] n.m. inv. (mot lat., *de divers* [*écrivains*]). Vx. Ouvrage classique imprimé avec les notes de divers commentateurs.

VARIQUEUX, EUSE adj. Relatif aux varices.

VARISTANCE n.f. Céramique dont la résistance électrique diminue fortement quand la tension augmente, et qui sert à la régulation de cette dernière.

VARLET n.m. (forme anc. de *valet*). FÉOD. Jeune noble placé auprès d'un seigneur pour faire l'apprentissage de chevalier.

VARLOPE n.f. (du néerl.). Grand rabot muni d'une poignée, pour aplanir le bois.

VARLOPER v.t. Travailler à la varlope.

VAROIS, E adj. et n. Du Var.

VARROA n.m. Acarien parasite de l'abeille, causant d'importants dégâts en apiculture.

VARRON ou **VARON** n.m. (mot d'anc. prov. ; du lat. *varus,* pustule). Larve de l'hypoderme, parasite de la peau des bovins, qu'elle perfore, rendant le cuir inutilisable.

VARSOVIEN, ENNE adj. et n. De Varsovie.

VARUS [varys], fém. **VARA** adj. (mot lat., *cagneux*) [inv. en nombre]. MÉD. Tourné vers l'intérieur par rapport à l'axe du corps (par opp. à *valgus*). *Pied-bot varus.*

VARVE n.f. (suéd. *varvig,* rayé). GÉOL. Sédiment fait de dépôts alternativement fins et grossiers, qui s'est déposé dans les eaux tranquilles en avant de grands glaciers quaternaires, et qui permet des évaluations précises de certaines périodes du quaternaire (un niveau fin plus un niveau grossier correspondant à la sédimentation d'une année).

VASARD, E adj. Sablonneux et vaseux.

VASCULAIRE adj. (lat. *vasculum,* petit vase). **1.** ANAT. Relatif aux vaisseaux, en partic. aux vaisseaux sanguins. *Troubles vasculaires.* **2.** BOT. *Plante vasculaire,* qui possède des vaisseaux conducteurs. SYN. : *trachéophyte.*

VASCULARISATION n.f. **1.** Disposition des vaisseaux dans une région, un organe ; organisation des vaisseaux dans un tissu inflammatoire tumoral. **2.** Densité du réseau vasculaire.

VASCULARISÉ, E adj. Se dit d'un organe pourvu de vaisseaux.

VASCULO-NERVEUX, EUSE adj. Relatif aux vaisseaux et aux nerfs.

1. VASE n.f. (du germ.). Boue qui se dépose au fond des eaux.

2. VASE n.m. (lat. *vas*). **1.** Récipient de matière, de grandeur et de forme variables. *Vase à fleurs* ou *de fleurs.* ◇ *Vase (de nuit) :* pot de chambre. **2.** *Vase d'expansion :* réservoir permettant la dilatation de l'eau d'un chauffage à eau chaude. ◆ pl. **1.** *Vases communicants :* récipients qu'un tube fait communiquer et dans lesquels un même liquide s'élève au même niveau, quelle que soit la forme de chacun des récipients. **2.** *Vases sacrés,* réservés au culte.

VASECTOMIE ou **VASOTOMIE** n.f. MÉD. Résection des canaux déférents pratiquée soit après l'ablation de la prostate pour éviter les infections ascendantes du testicule, soit comme moyen de stérilisation de l'homme (non licite en France).

VASECTOMISER v.t. Pratiquer une vasectomie.

VASELINE n.f. (all. *Wasser,* eau, et gr. *elaion,* huile). Graisse minérale, translucide, extraite du résidu de la distillation des pétroles, utilisée en pharmacie et en parfumerie.

VASELINER v.t. Enduire de vaseline.

VASEUX, EUSE adj. **1.** Qui contient de la vase. *Fond vaseux.* **2.** Fam. Se dit de qqn qui se sent faible, sans énergie, mal réveillé. **3.** Fam. Confus, obscur, incertain. *Un article vaseux.* **4.** Fam. Très médiocre, pitoyable. *Une astuce vaseuse.*

VASIÈRE n.f. **1.** Étendue côtière ou sous-marine couverte de vase. **2.** Réservoir disposé au point le plus haut d'un marais salant pour y stocker, entre deux grandes marées, les eaux destinées à son alimentation.

VASISTAS [vazistas] n.m. (all. *was ist das ?,* qu'est-ce que c'est ?). Vantail vitré faisant partie de l'imposte ou d'un grand vantail d'une baie.

VASOCONSTRICTEUR, TRICE adj. et n.m. Qui diminue le calibre des vaisseaux sanguins.

VASOCONSTRICTION n.f. Diminution du calibre des vaisseaux sanguins.

VASODILATATEUR, TRICE adj. et n.m. Qui augmente le calibre des vaisseaux sanguins.

VASODILATATION n.f. Augmentation du calibre des vaisseaux sanguins.

VASOMOTEUR, TRICE adj. MÉD. Se dit de ce qui a rapport aux variations du calibre des vaisseaux sanguins. ◇ *Troubles vasomoteurs :* troubles circulatoires dus à un relâchement des vaisseaux (rougeur) ou à leur constriction (pâleur), en rapport avec des troubles fonctionnels du système nerveux végétatif.

VASOMOTRICITÉ n.f. MÉD. Variation de calibre des artères et des veines.

VASOPRESSINE n.f. Hormone du lobe postérieur de l'hypophyse, qui augmente la tonicité des vaisseaux et diminue le volume des urines. SYN. : *hormone antidiurétique.*

VASOTOMIE n.f. → *vasectomie.*

VASOUILLER v.i. Fam. **1.** Hésiter, s'empêtrer dans ses actes ou ses propos. *Vasouiller dans une longue explication.* **2.** Évoluer vers la confusion, la médiocrité.

VASQUE n.f. (it. *vasca*). **1.** Large cuvette d'une fontaine. **2.** Coupe large servant à la décoration d'une table.

VASSAL, E, AUX n. (lat. *vassus,* serviteur). Personne liée à un suzerain par l'obligation de foi et hommage, et qui lui doit des services personnels. ◆ adj. et n. Qui est en situation de dépendance par rapport à un autre. *État vassal.*

VASSALIQUE adj. Qui concerne la vassalité.

VASSALISER v.t. Asservir, réduire à la condition de vassal.

VASSALITÉ n.f. **1.** Vasselage. **2.** Système social fondé sur l'existence de liens entre suzerains et vassaux, qui constitue la base de la féodalité. **3.** Litt. État de servilité, de sujétion.

VASSELAGE n.m. Condition de vassal. SYN. : *vassalité.*

VASSIVEAU n.m. Mouton de moins de deux ans.

VASTE adj. (lat. *vastus*). **1.** D'une grande étendue, qui s'étend au loin. *Une vaste plaine.* **2.** Spacieux, large. *Une pièce assez vaste.* **3.** De grande ampleur, de grande envergure. *Une vaste entreprise. De vastes projets.*

VASTEMENT adv. Litt. Largement, grandement.

VA-T-EN-GUERRE adj. inv. et n. inv. Fam., péj. Belliciste.

VATER (AMPOULE DE) : dilatation de l'extrémité inférieure du canal cholédoque, où se jette le canal de Wirsung.

VATICANE adj.f. Relatif au Vatican. *Politique vaticane. Bibliothèque vaticane* (ou, avec une majuscule, *la Vaticane*).

VATICINATEUR, TRICE n. (lat. *vaticinari,* prophétiser). Litt. Personne qui prétend prédire l'avenir sous l'effet d'une inspiration surnaturelle.

VATICINATION n.f. Litt. et péj. **1.** Oracle d'un vaticinateur. **2.** Prophétie rabâchée et pompeuse.

VATICINER v.i. (lat. *vaticinari*). Litt. et péj. **1.** Prophétiser, prédire l'avenir. **2.** Tenir des discours pompeux et confus, comme dans un délire prophétique.

VA-TOUT n.m. inv. **1.** Mise sur un seul coup de tout l'argent qu'on a devant soi, aux jeux de cartes ou aux dés. **2.** *Jouer son va-tout :* risquer sa dernière chance.

VAU n.m. (pl. *vaux*). CONSTR. Veau.

VAUCHÉRIE n.f. (de P. E. *Vaucher,* n.pr.). Algue filamenteuse verte vivant dans l'eau douce.

VAUCLUSIEN, ENNE adj. et n. Du Vaucluse. ◆ adj. *Source vauclusienne :* résurgence.

VAUDEVILLE n.m. (de *Vau-de-Vire,* n. d'une région du Calvados). LITTÉR. Comédie légère, fondée sur l'intrigue et le quiproquo.

VAUDEVILLESQUE adj. Qui convient à un vaudeville, qui rappelle le comique du vaudeville.

VAUDEVILLISTE n. Auteur de vaudevilles.

1. VAUDOIS, E adj. et n. Du canton de Vaud.

2. VAUDOIS, E adj. et n. Qui appartient à la secte hérétique fondée à Lyon par P. Valdo au XIIe s.

■ Les membres de cette secte chrétienne furent excommuniés en 1184. Prêchant la fidélité en la seule écriture, la pauvreté évangélique et la non-violence, ils adhérèrent, pour une part, à la Réforme, au XVIe s. Des communautés vaudoises subsistent en Italie et en Amérique latine.

1. VAUDOU n.m. (mot dahoméen). À Haïti, culte animiste greffé sur une croyance monothéiste et selon lequel il vaut mieux s'adresser aux dieux qu'à Dieu (trop lointain et trop respectable). [C'est un syncrétisme de rites animistes africains et du rituel catholique.]

2. VAUDOU, E adj. Relatif au vaudou.

VAU-L'EAU (À) loc. adv. (de *avau,* var. de *aval,* et *eau*). **1.** Au fil de l'eau, au gré du courant. **2.** Fig. *Aller, s'en aller à vau-l'eau :* péricliter, se détériorer peu à peu.

1. VAURIEN, ENNE n. et adj. (de *vaut* [valoir] et *rien*). **1.** Vieilli. Personne sans aucune valeur morale ; mauvais sujet. **2.** Enfant malicieux et indiscipliné.

2. VAURIEN n.m. (nom déposé). Voilier monotype dériveur, gréé en sloop et destiné à la régate et à la promenade.

VAUTOUR n.m. (lat. *vultur*). **1.** Oiseau rapace diurne des montagnes de l'Ancien Monde, à tête et cou nus et colorés, se nourrissant de charognes. (Le vautour fauve, ou griffon, et le vautour moine peuvent se rencontrer dans les Pyrénées ; ils atteignent 1,25 m de long.) **2.** Fig. Homme dur et rapace.

vautour fauve (griffon)

VAUTRAIT n.m. (bas lat. *vertragus,* chien courant). VÉN. Équipage de chiens courants spécialement destinés à la chasse au sanglier.

VAUTRER (SE) v.pr. (lat. *volvere,* rouler). S'étendre, se coucher, se rouler sur le sol, dans la boue, sur un siège, etc.

VAUX n.m. pl. Pl. anc. de *val.*

VAVASSEUR n.m. (lat. *vassus vassorum*). FÉOD. Celui qui occupait le degré inférieur dans la noblesse féodale ; arrière-vassal.

VA-VITE (À LA) loc. adv. Avec une grande hâte, sommairement.

VÉ n.m. MÉCAN. Cale en forme de V, utilisée lors du traçage et du contrôle d'une pièce cylindrique.

VEAU n.m. (lat. *vitellus*). **1.** Petit de la vache. ◇ *Le veau d'or :* symbole de la richesse (par allusion à l'idole que les Hébreux adorèrent au pied du Sinaï). – *Tuer le veau gras :* faire de grandes réjouissances de table (par allusion à la parabole de l'Enfant prodigue). **2.** Chair de cet animal. **3.** Peau brute provenant de la dépouille de cet animal. **4.** Fam., péj. Personne lourde de corps ou d'esprit. **5.** Fam. Véhicule lent et sans reprises. **6.** CONSTR. Chacun des éléments d'un cintre supportant tout ou partie d'une voûte pendant sa construction. SYN. : *vau.* **7.** *Veau marin :* phoque.

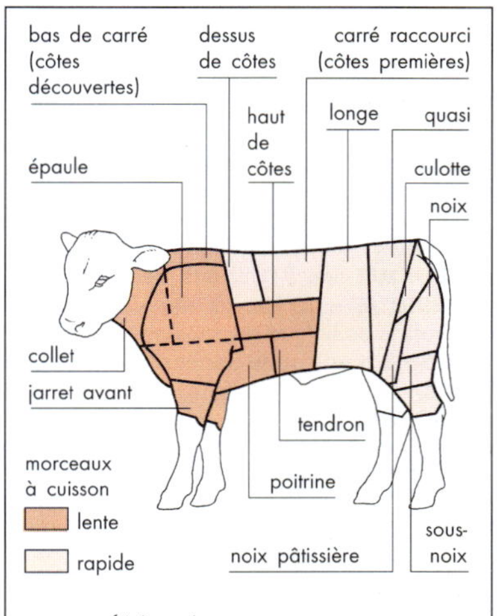

veau : désignation des morceaux de boucherie

VÉCÉS n.m. pl. Fam. W.-C., waters, toilettes.

VECTEUR n.m. (lat. *vector*, de *vehere*, transporter). **I. 1.** MATH. Élément d'un espace vectoriel. ◇ Dans le plan ou l'espace, ensemble, noté $\overrightarrow{AB}$, de tous les bipoints équipollents au bipoint (A,B). [Ce dernier était naguère appelé *vecteur lié* d'origine A et d'extrémité B, $\overrightarrow{AB}$ étant alors appelé *vecteur libre*.] **2.** PHYS. *Vecteur énergétique* : forme intermédiaire (électricité, hydrogène, essence, méthanol, etc.) en laquelle est transformée l'énergie d'une source primaire pour son transport ou son stockage avant son utilisation. **II. 1.** Tout véhicule aéronautique capable de transporter une arme en vue de la lancer sur un objectif. **2.** MÉD. Animal, plante, etc., qui sert de support à la transmission de maladies épidémiques. **3.** Fig. Ce qui véhicule qqch. *Vecteur de l'information.*

VECTORIEL, ELLE adj. **1.** MATH. Relatif aux vecteurs. ◇ *Calcul vectoriel* : ensemble des règles de calcul dans un espace vectoriel. – *Espace vectoriel réel* : ensemble E muni d'une loi de composition interne qui en fait un groupe commutatif et d'une loi de composition externe qui associe à un nombre réel a et à un élément $\vec{u}$ de E un élément de E noté $a \cdot \vec{u}$ de manière que l'on ait, quels que soient les réels a et b et quels que soient les éléments $\vec{u}$ et $\vec{v}$ de E :

$$a \cdot (b \cdot \vec{u}) = (a \times b) \cdot \vec{u}$$
$$(a + b) \cdot \vec{u} = a \cdot \vec{u} + b \cdot \vec{u}$$
$$a \cdot (\vec{u} + \vec{v}) = a \cdot \vec{u} + a \cdot \vec{v}$$
$$1 \cdot \vec{u} = \vec{u}.$$

– *Fonction vectorielle* : fonction prenant ses valeurs dans un espace vectoriel. – *Produit vectoriel* (ou *extérieur*) [*de deux vecteurs de l'espace orienté* $\vec{u}$ *et* $\vec{v}$] : le vecteur $\vec{w}$ de l'espace, noté $\vec{u} \wedge \vec{v}$, orthogonal au plan défini par $\vec{u}$ et $\vec{v}$, ayant pour norme le produit de la norme de $\vec{u}$, de la norme de $\vec{v}$ et du sinus de l'angle associé à $\vec{u}$ et $\vec{v}$ et tels que $(\vec{u}, \vec{v}, \vec{w})$ soit une base de sens direct de l'espace. **2.** INFORM. *Calculateur, ordinateur vectoriel* : ordinateur très puissant, apte au calcul matriciel.

1. VÉCU, E adj. Qui s'est passé ou qui semble s'être passé réellement. *Une histoire vécue.*

2. VÉCU n.m. Expérience réellement vécue, faits, évènements de la vie réelle.

VEDETTARIAT n.m. **1.** Fait d'être une vedette, de le devenir. **2.** Système fondé sur la promotion des vedettes.

VEDETTE n.f. (it. *vedetta*, lieu élevé où l'on place une sentinelle). **I. 1.** MIL., autref. Sentinelle à cheval ; auj., sentinelle chargée de la sécurité d'un champ de tir. **2.** ARTS GRAPH. *En vedette* : isolément, sur une seule ligne, ou en tête d'une ligne en caractères différents de ceux du texte, pour s'en détacher. ◇ Par ext. *Mettre en vedette* : mettre en évidence. **3.** Artiste connu à qui on a l'habitude de donner de grands rôles au cinéma, au théâtre ; artiste qui a une grande notoriété au music-hall, dans les variétés, etc. ◇ *Avoir, tenir la vedette, être en vedette* : occuper une position prééminente dans l'actualité. **4.** Personne de premier plan. *Les vedettes de la politique.* **II. 1.** MAR. Petite embarcation à moteur. **2.** *Vedette lance-missiles, vedette de combat* : petit bâtiment de guerre très rapide et puissamment armé.

VEDETTISATION n.f. Action de vedettiser, fait d'être vedettisé.

VEDETTISER v.t. Mettre au rang de vedette, transformer en vedette.

VEDIKA n.f. inv. (mot sanskr.). Balustrade entourant le stupa. Graphie savante : *vedikā.*

1. VÉDIQUE adj. Relatif aux Veda.

2. VÉDIQUE n.m. Langue des Veda, qui est une forme archaïque du sanskrit.

VÉDISME n.m. Forme primitive de la religion brahmanique.

1. VÉGÉTAL n.m. (lat. médiév. *vegetalis*, de *vegetare*, croître). Être vivant généralement chlorophyllien et fixé au sol, doué d'une sensibilité et d'une mobilité extrêmement faibles, capable de se nourrir principalement ou exclusivement de sels minéraux et de gaz carbonique, dont les cellules sont habituellement limitées par des membranes squelettiques de nature cellulosique et dont le cycle reproductif comporte le plus souvent des spores.

2. VÉGÉTAL, E, AUX adj. **1.** Relatif aux végétaux, aux plantes. *Le règne végétal.* **2.** Composé de plantes, extrait de plantes. *Huile végétale.*

VÉGÉTALIEN, ENNE ou **VÉGÉTALISTE** adj. et n. Relatif au végétalisme ; qui pratique le végétalisme.

VÉGÉTALISME n.m. Alimentation exclusive par les végétaux. (→ ***végétarisme.***)

VÉGÉTARIEN, ENNE adj. et n. Relatif au végétarisme ; qui pratique le végétarisme.

VÉGÉTARISME n.m. Système d'alimentation supprimant les viandes (végétarisme), ou même tous les produits d'origine animale (végétarisme pur ou *végétalisme*), dans un dessein soit prophylactique, soit curatif ou encore philosophique.

VÉGÉTATIF, IVE adj. **1.** Qui assure l'entretien de la vie et de la croissance des animaux et des plantes, sans concerner les phénomènes de reproduction ni la vie psychique. ◇ BOT. *Appareil végétatif* : racines, tige et feuilles des plantes supérieures, thalle des végétaux inférieurs, qui assurent la nutrition. – *Multiplication végétative*, celle qui se fait par un élément de l'appareil végétatif (marcottage, bouturage, greffage, etc.). **2.** MÉD. Qui concerne le fonctionnement des viscères. ◇ ANAT. *Système nerveux végétatif* : ensemble des systèmes nerveux sympathique et parasympathique, qui règlent le fonctionnement des viscères. SYN. : ***système nerveux autonome.*** **3.** BIOL. *Pôle végétatif* : région de l'œuf des vertébrés opposée au pôle animal, riche en inclusions vitellines, et la plus pesante. **4.** Qui se limite à l'entretien des fonctions vitales sans faire intervenir les facultés intellectuelles. *Vie végétative.*

VÉGÉTATION n.f. **1.** Ensemble des végétaux d'un lieu ou d'une région. *La végétation des tropiques.* **2.** Développement des végétaux. **3.** PATHOL. Excroissance anormale en forme de chou-fleur qui se développe sur la peau ou les muqueuses. ◆ pl. *Végétations adénoïdes* ou *végétations* : hypertrophie du tissu lymphoïde du rhino-pharynx (amygdales pharyngiennes), qui obstrue les fosses nasales, spécialement chez les enfants.

VÉGÉTER v.i. (bas lat. *vegetare*, croître, de *vegetus*, vivant) [18]. **1.** Croître, en parlant des plantes. **2.** Vivre médiocrement ; se développer difficilement. *Végéter dans un emploi subalterne. Ses affaires végètent.*

VÉHÉMENCE n.f. Mouvement violent et passionné ; violence, emportement.

VÉHÉMENT, E adj. (lat. *vehemens*, passionné). Qui s'exprime avec emportement, fougue ; passionné, enflammé. *Discours véhément.*

VÉHÉMENTEMENT adv. Avec véhémence.

VÉHICULAIRE adj. *Langue véhiculaire* ou *véhiculaire*, n.m. : langue de communication entre des communautés d'une même région ayant des langues maternelles différentes.

VÉHICULE n.m. (lat. *vehiculum*, de *vehere*, porter). **1.** Tout moyen de transport. *Véhicule spatial. Véhicules à moteur.* **2.** Ce qui sert à transmettre qqch ; vecteur. *La langue, véhicule de la pensée.* **3.** OPT. Système de lentilles ou de prismes redressant l'image dans une lunette d'observation terrestre. **4.** RELIG. *Petit véhicule* : bouddhisme hinayana. – *Grand véhicule* : bouddhisme mahayana.

VÉHICULER v.t. **1.** Transporter au moyen d'un véhicule. **2.** Communiquer, faire passer d'un lieu à un autre ; transmettre.

VÉHICULEUR n.m. TEXT. Produit permettant d'accélérer la vitesse de diffusion d'un colorant à l'intérieur d'une fibre textile.

VEILLE n.f. (lat. *vigilia*). **1.** État de qqn qui est éveillé ; action, fait de ne pas dormir aux heures génér. consacrées au sommeil. *Être entre la veille et le sommeil.* **2.** Action de monter la garde, en partic. de nuit. *Tour de veille.* **3.** *Veille technologique* : dans une entreprise, un organisme, etc., activité consistant à se tenir informé des innovations dans le secteur les concernant. **4.** Journée qui précède celle dont on parle ou un évènement particulier. *La veille de Pâques.* ◇ *À la veille de* : juste avant ; sur le point de.

VEILLÉE n.f. **1.** Temps qui s'écoule depuis le repas du soir jusqu'au coucher. **2.** Réunion de personnes qui passent ce temps ensemble. ◇ *Veillée d'armes* : soirée qui précède un jour important. **3.** Action de veiller un malade, un mort.

VEILLER v.i. (lat. *vigilare*). **1.** Rester éveillé pendant le temps destiné au sommeil. *Veiller jusqu'au jour.* **2.** Exercer une garde, une surveillance. ◆ v.t. ind. ***(à, sur).*** **1.** Exercer une surveillance vigilante, protéger. *Veiller sur les jours de qqn.* **2.** Prendre soin de, s'occuper de. *Veiller à l'approvisionnement.* ◆ v.t. *Veiller un malade* : rester à son chevet pendant la nuit. ◆ **se veiller** v.pr. Suisse. Faire attention.

VEILLEUR n.m. *Veilleur de nuit* : garde de nuit d'un établissement public ou privé.

VEILLEUSE n.f. **1.** Petite lampe donnant une lumière qui ne gêne pas le sommeil. **2.** Petite flamme d'un appareil à gaz ou à mazout qu'on peut laisser brûler pour permettre l'allumage automatique de l'appareil. ◇ *En veilleuse* : au ralenti. ◆ pl. Feux de position d'un véhicule automobile.

VEINARD, E adj. et n. Fam. Qui a de la veine, chanceux.

VEINE n.f. (lat. *vena*). **I.** Vaisseau ramenant le sang des organes vers le cœur. **II. 1.** MIN. Filon de roche ou d'une espèce minérale dans une roche encaissante de nature différente. **2.** Trace plus ou moins sinueuse visible sur une pièce de bois, un bloc de pierre ou de marbre. **3.** BOT. Nervure très saillante de certaines feuilles. **4.** PHYS. Ensemble des filets groupés d'un fluide en écoulement. **III. 1.** *Veine poétique* : inspiration, génie poétique. ◇ *Être en veine de*, disposé à. **2.** Fam. Chance. *Avoir de la veine au jeu.*

VEINÉ, E adj. **1.** Qui a des veines apparentes. *Main veinée. Marbre veiné.* **2.** Qui porte des dessins imitant les veines du bois ou des pierres. *Papier veiné pour la reliure.*

VEINER v.t. Orner en imitant par des couleurs les veines du marbre ou du bois.

VEINETTE n.f. Brosse plate employée par les peintres décorateurs pour imiter les veines du bois ou du marbre.

VEINEUX, EUSE adj. Relatif aux veines. ◇ *Sang veineux* : sang appauvri en oxygène et riche en gaz carbonique, qui circule dans les veines de la grande circulation et dans l'artère pulmonaire.

VEINOSITÉ n.f. Petite veine superficielle visible sous la peau.

VEINULE n.f. (lat. *venula*). Petite veine.

VEINURE n.f. Ensemble de veines dans certains matériaux (pierre, marbre, etc.).

VÊLAGE ou **VÊLEMENT** n.m. Action de mettre bas, de vêler, en parlant des vaches.

VÉLAIRE adj. et n.f. (lat. *velum*, voile). PHON. Se dit des voyelles ou des consonnes articulées près du voile du palais.

VÉLANI n.m. (moyen gr. *balanidi*, gland). Chêne d'Asie Mineure, dont les cupules, ou *vélanèdes*, sont utilisées pour leur tanin.

VÉLAR n.m. (lat. *vela* ; du gaul.). BOT. Sisymbre (plante).

VÉLARIUM ou **VELARIUM** [velarjɔm] n.m. (mot lat., de *velum*, voile). Toile dont on couvrait les cirques, les théâtres et les amphithéâtres romains, pour abriter les spectateurs du soleil et de la pluie.

VELCHE ou **WELCHE** [vɛlʃ] adj. et n. Suisse. Romand, pour les Suisses alémaniques.

VELCRO n.m. (nom déposé). COUT. Système de fermeture constitué par deux rubans s'accrochant l'un à l'autre par l'intermédiaire de leurs fibres textiles.

VELD [vɛld] n.m. (mot néerl., *champ*). GÉOGR. Plateau herbeux en Afrique du Sud.

VÊLEMENT n.m. → ***vêlage.***

VÊLER v.i. (anc. fr. *veel*, veau). Mettre bas, en parlant d'une vache.

VÊLEUSE n.f. Appareil utilisé pour faciliter le vêlage.

VÉLIE n.f. (lat. *velia*). Punaise vivant sur l'eau, au corps épais. (Long. 2 cm env.)

VÉLIN n.m. (anc. fr. *veel*, veau). **1.** Peau de veau ou de mouton préparée pour l'écriture, la peinture, etc., plus lisse et plus fine que le parchemin ordinaire. **2. a.** *Papier vélin* ou *vélin* : papier de luxe fabriqué autrefois pour imiter la blancheur et l'uni du vélin. **b.** Auj. Papier ne présentant pas de vergeures.

VÉLIPLANCHISTE n. Planchiste.

VÉLIQUE adj. (du lat. *velum,* voile). MAR. Relatif aux voiles. ◇ *Point vélique :* point où paraît être appliquée la résultante de toutes les actions du vent sur les voiles du navire.

VÉLITE n.m. (lat. *veles, velitis*). **1.** Soldat d'infanterie légère, chez les Romains. **2.** Jeune soldat sélectionné dans la Garde de Napoléon, destinée à former les futurs gradés.

VÉLIVOLE ou **VÉLIVOLISTE** n. (lat. *velivolus,* qui marche à la voile). Personne qui pratique le vol à voile. ◆ adj. Relatif au vol à voile.

VELLAVE adj. et n. Du Velay.

VELLÉITAIRE adj. et n. Qui n'a que des intentions fugitives, non une volonté déterminée.

VELLÉITÉ n.f. (du lat. *velle,* vouloir). Volonté faible, hésitante et inefficace ; intention fugitive non suivie d'acte.

VÉLO n.m. (abrév. de *vélocipède*). **1.** Bicyclette. **2.** Sport, pratique de la bicyclette.

VÉLOCE adj. (lat. *velox*). Litt. Agile, rapide.

VÉLOCIMÉTRIE n.f. Mesure de la vitesse d'écoulement de certains fluides.

VÉLOCIPÈDE n.m. (lat. *velox,* rapide, et *pes, pedis,* pied). Cycle mû grâce à des pédales fixées sur le moyeu de la roue avant, ancêtre de la bicyclette.

VÉLOCISTE n. Spécialiste de la vente et de la réparation des cycles.

VÉLOCITÉ n.f. Litt. Grande vitesse.

VÉLOCROSS n.m. Vélo tout terrain sans suspension ni garde-boue.

VÉLODROME n.m. Ensemble formé par une piste (couverte ou non) réservée à la compétition cycliste et les installations attenantes (tribunes, vestiaires, etc.).

VÉLOMOTEUR n.m. Motocyclette légère, d'une cylindrée comprise entre 50 et 125 cm^3.

VÉLOSKI n.m. Ski-bob.

VELOT n.m. (de l'anc. fr. *veel,* veau). Peau de veau mort-né, avec laquelle on fabrique le vélin.

VELOURS n.m. (anc. fr. *velos ;* du lat. *villosus,* velu). **1.** Étoffe rase d'un côté et couverte de l'autre de poils dressés, très serrés, maintenus par les fils du tissu. ◇ *Faire patte de velours :* présenter sa patte en rentrant ses griffes, en parlant d'un chat ; fig., cacher de mauvais desseins sous des dehors caressants. **2.** Litt. Ce qui est doux au toucher ; ce qui produit un effet de douceur. ◇ *Jouer sur le velours :* ne miser au jeu que ce qu'on a déjà gagné ; fam., obtenir ce qu'on désire sans risque.

1. VELOUTÉ, E adj. **1.** Qui est de la nature du velours. **2.** Qui a l'aspect du velours. *Papier velouté.* **3.** Doux au toucher, au goût. *Peau veloutée. Vin velouté.*

2. VELOUTÉ n.m. **1.** Qualité de ce qui est agréable au toucher, au goût. *Le velouté d'un fruit, d'une crème.* **2.** Potage onctueux, lié aux jaunes d'œufs. *Velouté d'asperges.*

VELOUTEMENT n.m. Reflet et moelleux du velours.

VELOUTER v.t. **1.** Donner l'apparence du velours à. **2.** Litt. Donner de la douceur, du moelleux.

VELOUTEUX, EUSE adj. Qui a le toucher du velours.

VELOUTIER n.m. Ouvrier qualifié qui tisse au métier mécanique des articles de velours.

VELOUTINE n.f. **1.** Étoffe de soie du XVIIIe s. **2.** Tissu de coton gratté des deux côtés pour lui donner l'aspect du velours rasé.

VELTE n.f. (all. *Viertel,* quart). Instrument qui sert à jauger les tonneaux.

VELU, E adj. (lat. *villosus*). Couvert de poils. *Bras velus. Fruit velu.*

VÉLUM ou **VELUM** [velɔm] n.m. (lat. *velum,* voile). Grand voile tendu ou froncé, simulant un plafond ou servant de toiture.

VELVET [vɛlvɛt] n.m. (mot angl., *velours*). Velours de coton à côtes.

VELVOTE n.f. (de *velu*). Linaire (plante).

VENAISON n.f. (lat. *venatio,* chasse). Chair comestible de gros gibier (sanglier, cerf, etc.).

VÉNAL, E, AUX adj. (lat. *venalis,* de *venum,* vente). **1. a.** Qui se transmet à prix d'argent. *Une charge vénale.* **b.** Relatif à l'argent en tant que valeur d'échange. *Valeur vénale.* **2. a.** Qui s'acquiert à prix d'argent. *Amour vénal.* **b.** Prêt à se vendre pour de l'argent ; facilement corruptible.

VÉNALITÉ n.f. **1.** État de ce qui est vénal. *La vénalité des charges.* **2.** Caractère d'une personne vénale.

VENANT n.m. *À tout venant :* au premier venu ; à toute occasion ; à tout le monde.

VENDABLE adj. Qui peut être vendu.

VENDANGE n.f. (lat. *vindemia*). **1.** Récolte du raisin destiné à produire du vin ; le raisin récolté. **2.** (Surtout pl.). Temps de la récolte du raisin. *Pendant les vendanges.*

VENDANGEOIR n.m. Hotte ou panier de vendangeur.

VENDANGER v.t. 17. Récolter le raisin de. *Vendanger une vigne.* ◆ v.i. Faire la vendange. *Vendanger de bonne heure.*

VENDANGEROT n.m. Panier d'osier utilisé en Bourgogne pour la vendange.

VENDANGETTE n.f. Région. Grive.

VENDANGEUR, EUSE n. Personne qui fait la vendange.

VENDANGEUSE n.f. **1.** Aster (plante). **2.** Machine automotrice pour la récolte du raisin.

VENDÉEN, ENNE adj. et n. De Vendée. ◆ n. HIST. Insurgé royaliste des provinces de l'Ouest, pendant la Révolution.

VENDÉMIAIRE n.m. (lat. *vindemia,* vendange). Premier mois de l'année républicaine, commençant le 22, le 23 ou le 24 septembre et finissant le 21, le 22 ou le 23 octobre.

VENDETTA n.f. (mot it., *vengeance*). Dans certaines régions méditerranéennes (Corse, Sardaigne, Sicile), poursuite de la vengeance d'une offense ou d'un meurtre, qui se transmet à tous les parents de la victime.

VENDEUR, EUSE n. **1.** Personne dont la profession est de vendre, en partic. dans un magasin. **2.** DR. Personne qui fait un acte de vente. (En ce sens, le fém. est *venderesse.*) ◆ adj. Qui fait vendre. *Un argument vendeur.*

VENDRE v.t. (lat. *vendere*) 73. **1.** Céder moyennant un prix convenu. *Vendre sa maison.* ◇ Fig. *Vendre la peau de l'ours (avant de l'avoir tué) :* disposer d'une chose avant de la posséder ; se flatter trop tôt du succès. **2.** Faire le commerce (d'une marchandise). *Vendre du tissu.* **3.** Promouvoir qqch, le faire accepter. *Vendre sa politique.* **4.** Sacrifier à prix d'argent (ce qui ne doit pas être vénal). *Vendre son silence.* **5.** Fam. Trahir, dénoncer par intérêt ; livrer pour de l'argent. *Vendre ses complices.* ◆ **se vendre** v.pr. **1.** Trouver des acquéreurs. **2.** Se mettre en valeur, notamm. pour obtenir un emploi, une promotion. *Savoir se vendre.*

VENDREDI n.m. (lat. *Veneris dies,* jour de Vénus). Cinquième jour de la semaine. ◇ RELIG. *Vendredi saint :* vendredi de la semaine sainte, jour anniversaire de la mort de Jésus-Christ.

VENDU, E adj. et n. Qui s'est laissé acheter, corrompre à prix d'argent (terme d'injure). *Va donc, eh, vendu !*

VENELLE n.f. (de *veine*). Litt. Ruelle.

VÉNÉNEUX, EUSE adj. (lat. *venenum,* poison). Se dit d'un aliment qui renferme du poison et est dangereux pour l'organisme. *Champignons vénéneux.*

1. VÉNÉRABLE adj. (du lat. *venerari,* vénérer). Digne de vénération.

2. VÉNÉRABLE n.m. Président de loge maçonnique. ◆ n. RELIG. CATH. Personne qui a mené une vie exemplaire et dont la cause de béatification est à l'étude.

VÉNÉRATION n.f. **1.** Respect et admiration que l'on a pour qqn. *Il a beaucoup de vénération pour son père.* **2.** Sentiment de piété, d'adoration, de respect pour les choses saintes.

VÉNÉRER v.t. (lat. *venerari*) 18. **1.** Éprouver un attachement profond pour. **2.** Rendre à Dieu, à un saint le culte qui lui est dû.

VÉNÉRICARDE n.f. (lat. *Veneris,* de Vénus, et *kardia,* cœur). Mollusque bivalve de la Méditerranée, à coquille en forme de cœur. (Long. 25 mm env.)

VÉNERIE n.f. (du lat. *venari,* chasser). Art de chasser avec des chiens courants des animaux sauvages, tels que le cerf, le chevreuil, le sanglier, le lièvre, le renard.

VÉNÉRIEN, ENNE adj. (lat. *Venus, Veneris,* Vénus). Relatif aux rapports sexuels. ◇ *Maladie vénérienne :* affection contractée au cours de rapports sexuels. (Le terme tend à être remplacé par celui de *maladie sexuellement transmissible,* ou *M. S. T.*)

VENET [vənɛ] n.m. PÊCHE. Enceinte semi-circulaire de filets dormants verticaux, disposée pour retenir le poisson à marée basse.

VENETTE n.f. (de l'anc. fr. *vesne,* vesse). Pop., VX. Peur.

VENEUR n.m. (lat. *venator,* chasseur). Celui qui, à la chasse, dirige les chiens courants. ◇ *Grand veneur :* chef de la vénerie d'un souverain.

VÉNÉZUÉLIEN, ENNE adj. et n. Du Venezuela.

VENGEANCE n.f. Action de se venger ; mal que l'on fait à qqn pour le châtier d'une injure, d'un dommage.

VENGER v.t. (lat. *vindicare,* revendiquer) 17. **1.** Constituer le dédommagement, la compensation d'un préjudice subi. **2.** Procurer réparation d'une offense, d'un préjudice en punissant l'auteur. ◆ **se venger** v.pr. *(de).* **1.** Obtenir pour soi réparation d'un acte jugé offensant. **2.** Agir de façon à punir l'auteur d'une offense reçue.

VENGERON n.m. Suisse. Gardon.

VENGEUR, ERESSE adj. et n. Qui venge, est animé par l'esprit de vengeance.

VENIAT [venjat] n.m. inv. (mot lat., *qu'il vienne*). DR. ANC. Ordre donné par un juge supérieur à un juge inférieur de venir se présenter en personne pour rendre compte de sa conduite.

VÉNIEL, ELLE adj. (du lat. *venia,* pardon). **1.** Sans gravité. *Faute vénielle.* **2.** *Péché véniel :* péché léger (par opp. à *péché mortel*).

VENIMEUX, EUSE adj. (de l'anc. fr. *venim,* venin). **1.** Qui a du venin et un appareil pour l'injecter. *La vipère est un animal venimeux.* **2.** Litt. Méchant, malveillant. *Critique venimeuse.*

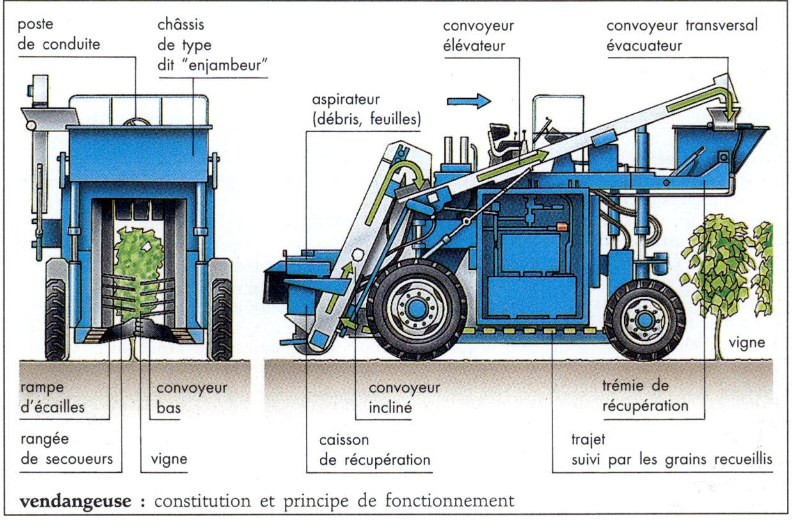

vendangeuse : constitution et principe de fonctionnement

VENIN n.m. (lat. *venenum,* poison). **1.** Liquide toxique sécrété chez certains animaux par un organe spécial et qui est injecté par une piqûre ou une morsure à l'homme ou à d'autres animaux, dans un but défensif ou agressif. **2.** Litt. Attitude malveillante, méchanceté, perfidie. *Répandre son venin contre qqn.*

VENIR v.i. (lat. *venire*) [40] [auxil. *être*]. **I. 1.** Se rendre jusqu'où se trouve celui qui parle ou à qui l'on parle, se diriger vers. *Venez cet été à Paris. Sont-elles venues vous voir ?* ◇ *Faire venir qqn,* l'appeler, le mander. – *Faire venir qqch,* le faire apporter, le commander. – *Ne faire qu'aller et venir :* se déplacer sans cesse, être toujours en mouvement ; ne pas s'attarder, ne rester que peu de temps. **2.** S'étendre jusqu'à tel endroit, s'élever jusqu'à tel niveau. *La mer vient jusqu'à cette dune.* **3.** Apparaître, jaillir, en parlant d'un fluide. *L'eau vient goutte à goutte.* **4.** *Venir de :* arriver de, provenir de tel lieu. *Ce train vient de Lyon.* **5.** Avoir pour origine, pour source. *Le thé vient de Ceylan. Ce mot vient du grec.* **II. 1.** Arriver, apparaître, se produire. *Vient le moment des adieux.* ◇ *Venir après :* succéder à. *Le rire vient après les larmes.* – *Venir de* (+ inf.) : avoir accompli à l'instant même. *Il vient de partir.* **2.** Croître, pousser, se développer. *Céréales qui viennent bien, mal. Une tumeur lui est venue.* ◇ *Laisser venir, voir venir :* attendre, ne pas se presser d'agir, laisser les choses se préciser. **3.** *À venir :* qui va arriver ; futur. *Les générations à venir.* **III. 1.** Découler de qqch, en résulter. *Votre échec vient de votre manque de travail.* **2.** *Venir, en venir à* (+ inf.) : aborder un point dans un examen, une analyse, un discours. *Venons-en aux faits.* ◇ *En venir aux mains :* en arriver à se battre. **3.** Fam. *Y venir :* en arriver à admettre qqch, à se rallier à qqch, se résigner à accepter qqch. **4.** *Savoir où qqn veut en venir :* deviner son but, ses objectifs.

VÉNITIEN, ENNE adj. et n. De Venise.

VENT n.m. (lat. *ventus*). **1.** Déplacement d'air dans l'atmosphère. **2.** MAR. *Au vent,* se dit de qqch qui se trouve par rapport à un navire du côté d'où souffle le vent. – *Sous le vent :* dans la direction opposée à celle d'où le vent souffle. – *Venir dans le vent :* amener l'avant d'un navire dans la direction du vent. – *En plein vent :* à découvert ; en plein air. ◇ Fig. *Prendre le vent :* voir la tournure que prennent les évènements pour régler sa conduite. – *Bon vent ! :* bonne chance ! ; bon débarras ! **3.** VÉN. Odeur laissée par un animal chassé. ◇ *Avoir vent de qqch,* en entendre parler, en avoir quelque écho. **4.** Souffle, mouvement de l'air produit par un moyen quelconque. *Faire du vent avec un éventail.* ◇ *Du vent :* chose, en partic. promesse, sans existence réelle, sans valeur, sans fondement. *Ce programme, c'est du vent !* – MUS. *Instrument à vent,* dont le son est produit par le souffle, à l'aide soit d'une anche, soit d'une embouchure. **5.** Gaz intestinal. **6.** Tendance générale des influences qui se manifestent à un moment donné. *Le vent est à l'optimisme.* ◇ *Dans le vent :* à la mode. ◆ pl. Instruments à vent.

VENTAGE n.m. Nettoyage des grains à l'aide d'un van.

VENTAIL n.m. (pl. *ventaux*) ou **VENTAILLE** n.f. (de *vent*). Partie de la visière des casques clos par laquelle passait l'air.

VENTE n.f. (lat. *venditus,* vendu). **1.** Action de vendre qqch, d'échanger une marchandise contre de l'argent. ◇ *En vente :* destiné à être vendu. – *Vente directe :* vente par un industriel de ses produits déclassés, sans intermédiaire et dans un lieu inhabituel, pour laquelle une autorisation est nécessaire. – *Vente par correspondance (V. P. C.) :* vente réalisée au moyen de l'envoi au client éventuel d'un catalogue et réglementée afin de respecter le consentement de l'acheteur. **2.** Commerce, métier de celui qui vend ou, dans une entreprise, fonction de ceux qui sont chargés d'écouler les marchandises produites ou achetées ; service commercial chargé de cette fonction. **3.** Partie de forêt, dont le bois, vendu ou en instance d'être vendu, est prêt à être exploité ; ensemble des arbres d'une partie de la forêt qui viennent d'être abattus.

VENTÉ, E adj. Où le vent n'est pas freiné ou atténué par des obstacles naturels.

VENTEAU n.m. (pl. *venteaux*). Ouverture munie de soupapes par lesquelles l'air pénètre à l'intérieur d'une soufflerie.

VENTER v. impers. Faire du vent.

VENTEUX, EUSE adj. (lat. *ventosus*). Où il fait du vent. *Pays venteux.*

VENTILATEUR n.m. Appareil transformant l'énergie cinétique qui lui est fournie par un moteur en un déplacement d'air ou d'un gaz quelconque sous une faible pression.

1. VENTILATION n.f. **1.** Action de ventiler, d'aérer. **2.** PHYSIOL. *Ventilation pulmonaire :* mouvement de l'air dans les poumons.

2. VENTILATION n.f. Action de ventiler, de répartir (recomm. off. pour *dispatching*).

1. VENTILER v.t. (lat. *ventilare,* aérer). Aérer, renouveler l'air de. *Ventiler un tunnel.*

2. VENTILER v.t. (lat. *ventilare,* discuter). **1.** Répartir certaines dépenses ou certains frais entre différents comptes. **2.** Répartir des choses ou des personnes, les distribuer par groupes, par ensembles.

VENTILEUSE n.f. Abeille qui bat des ailes à l'entrée de la ruche pour abaisser la température intérieure.

VENTIS [vɑ̃ti] n.m. pl. SYLV. Arbres abattus par le vent.

VENTÔSE n.m. (lat. *ventosus,* venteux). Sixième mois de l'année républicaine, commençant le 19, le 20 ou le 21 février et finissant le 20 ou le 21 mars.

VENTOUSE n.f. (lat. *ventosa cucurbita,* courge pleine de vent). **I. 1.** Ampoule de verre appliquée sur la peau pour y produire une révulsion locale en raréfiant l'air. *Poser des ventouses.* **2.** Petite calotte de caoutchouc qui peut s'appliquer par la pression de l'air sur une surface plane. ◇ *Faire ventouse :* adhérer. **3.** ZOOL. et BOT. Organe de fixation de la sangsue, de la pieuvre et de quelques plantes. **4.** Fam. *Voiture ventouse :* voiture qui, par un stationnement trop long au même endroit, encombre la voie publique. **II. 1.** Petite ouverture d'aération en façade. **2.** Ouverture pratiquée dans les ponts et les murailles pour renouveler l'air intérieur.

VENTRAL, E, AUX adj. Relatif au ventre. ◇ *Face ventrale :* face antérieure ou inférieure du corps de l'homme et des animaux (par opp. à *face dorsale*).

VENTRE n.m. (lat. *venter*). **1.** Grande cavité qui contient le tube digestif ; région du corps où est située cette cavité. SYN. : ***abdomen.*** ◇ *Sur le ventre :* de tout son long, sur la partie antérieure du corps. – *À plat ventre :* complètement allongé sur le ventre. – Fig. *Se mettre à plat ventre :* s'humilier, adopter une attitude servile. – *Avoir, prendre du ventre :* avoir, prendre de l'embonpoint. – Fam. *Avoir les yeux plus gros que le ventre :* prendre plus qu'on ne peut manger ; entreprendre plus qu'on ne peut mener à bien. – Fam. *Avoir qqch, n'avoir rien dans le ventre :* avoir, ne pas avoir de courage, une forte personnalité. – Fam. *Ventre mou :* personne, organisation sans réelles convictions, qui n'oppose guère de résistance. – Fam. *Marcher, passer sur le ventre de qqn,* triompher de lui par tous les moyens et sans se soucier des conséquences. – Fam. *Taper sur le ventre à qqn,* le traiter trop familièrement. – Fig. *Ventre à terre :* avec une extrême vitesse. **2.** Partie renflée d'un objet creux. *Le ventre d'une bouteille.* **3.** Partie centrale d'un navire. **4.** PHYS. Point, ligne ou surface d'un système d'ondes stationnaires où l'amplitude vibratoire est maximale (par opp. à *nœud*).

VENTRÈCHE n.f. Région. Lard maigre.

VENTRE-DE-BICHE adj. inv. Litt. D'une couleur blanc roussâtre.

VENTRÉE n.f. Pop. Nourriture dont on s'emplit l'estomac ; platée.

VENTRICULAIRE adj. Relatif aux ventricules.

VENTRICULE n.m. (lat. *ventriculus*). **1.** Chacune des deux cavités du cœur dont les contractions envoient le sang dans les artères. **2.** Chacune des quatre cavités de l'encéphale, contenant du liquide céphalo-rachidien.

VENTRICULOGRAPHIE n.f. MÉD. Technique radiologique d'étude des ventricules cérébraux par opacification de ceux-ci avec un produit de contraste.

VENTRIÈRE n.f. Sangle que l'on passe sous le ventre d'un animal pour le soulever (dans un embarquement, un transbordement, etc.).

VENTRILOQUE n. et adj. (lat. *venter, -tris,* ventre, et *loqui,* parler). Artiste de music-hall qui réussit à parler sans remuer les lèvres et en faisant en sorte que sa voix paraisse sortir de la bouche du pantin qui lui sert généralement de partenaire.

VENTRILOQUIE [-ki] n.f. Art du ventriloque.

VENTRIPOTENT, E adj. Fam. Ventru.

VENTRU, E adj. **1.** Qui a un gros ventre. **2.** Renflé, bombé. *Une potiche ventrue.*

VENTURI n.m. (du n. d'un physicien it.). PHYS. Tube comportant un rétrécissement, utilisé pour la mesure du débit des fluides.

1. VENU, E adj. **1.** *Le premier... venu,* qui vient, qui se présente. *Il entra dans le premier café venu.* **2.** *Être bien, mal venu :* être bien, mal développé ; être bien, mal reçu. ◇ *Être mal venu à, de :* être peu qualifié pour. *Tu es mal venu de la critiquer.* (On écrit parfois *malvenu.*)

2. VENU, E n. **1.** *Dernier venu, dernière venue :* personne arrivée la dernière. – *Nouveau venu, nouvelle venue :* personne récemment arrivée. **2.** *Premier venu, première venue :* une personne quelconque ; n'importe qui.

VENUE n.f. **1.** Action, fait de venir, d'arriver en un lieu ; arrivée. *Annoncer la venue d'un visiteur.* **2.** Fait d'apparaître, de se produire. *La venue du printemps est proche.* **3.** Manière de pousser, de se développer, en parlant d'un végétal ; manière dont une action, une œuvre a été conçue et élaborée. *D'une belle, d'une bonne, d'une seule venue.*

VÉNUS [venys] n.f. Mollusque bivalve marin dont une espèce est la praire (nom générique).

VÉNUSIEN, ENNE adj. et n. De la planète Vénus.

VÉNUSTÉ n.f. Litt. Beauté gracieuse et élégante.

VÉPÉCISTE n. (de *V.P.C.*). Spécialiste de la vente par correspondance.

VÊPRES n.f. pl. (lat. *vespera,* soir). RELIG. CATH. Heure de l'office que l'on célèbre le soir, au coucher du soleil.

VER n.m. (lat. *vermis*). **1.** Animal pluricellulaire de forme allongée n'ayant aucune partie dure, complètement ou presque dépourvu de pattes. (Trois embranchements : annélides, ou *vers annelés,* plathelminthes, ou *vers plats,* némathelminthes, ou *vers ronds,* rassemblent l'immense majorité des vers.) ◇ *Ver de terre :* lombric. **2.** Parasite intestinal de l'homme et de certains animaux, agent des helminthiases. *Enfant qui a des vers.* – *Ver solitaire :* ténia. ◇ Fig. et fam. *Tirer les vers du nez à qqn,* le faire parler en le questionnant habilement. – Fam. *Tuer le ver :* boire un petit verre d'alcool à jeun. **3. a.** Larve vermiforme d'insecte ; chenille. – *Ver blanc :* larve du hanneton ; man. – *Ver à soie :* chenille du bombyx du mûrier. – *Ver de farine :* larve du ténébrion. – *Ver fil de fer :* larve du taupin. **b.** *Ver luisant :* femelle du lampyre.

VÉRACITÉ n.f. (du lat. *verax, veracis,* véridique). **1.** Qualité de ce qui est conforme à la vérité ; authenticité. *La véracité d'un témoignage.* **2.** Litt. Attachement à la vérité. *La véracité d'un historien.*

VÉRAISON n.f. (du moyen fr. *vérir,* mûrir). État des fruits, et surtout du raisin, qui commencent à prendre la couleur de leur maturité.

VÉRANDA n.f. (mot angl. ; du port.). **1.** Galerie légère protégeant du soleil, établie sur le pourtour de certaines maisons, en Inde, en Extrême-Orient, etc. **2.** Pièce ou espace entièrement vitrés attenant à une maison, à la manière d'un appentis. **3.** Afrique. Toit en pente sur le côté ou la façade d'une maison.

VÉRATRE n.m. (lat. *veratrum*). Plante vénéneuse voisine du colchique, dont une espèce des prés humides est appelée *hellébore blanc.* (Sa racine peut être confondue avec celle de la gentiane.)

VÉRATRINE n.f. Alcaloïde toxique produit par l'hellébore blanc.

VERBAL, E, AUX adj. (de *verbe*). **1.** Qui est fait de vive voix (par opp. à *écrit*). *Promesse verbale.* – *Note verbale :* note écrite résumant une conversation, paraphée et revêtue du sceau, remise par un agent diplomatique à un groupement étranger. **2.** Qui a rapport aux mots, à la parole. *Délire verbal.* **3.** GRAMM. Propre au verbe. *Forme verbale.* – *Locution verbale :* groupe de mots qui se comporte comme un verbe.

VERBALEMENT adv. De vive voix.

VERBALISATEUR, TRICE adj. et n. Se dit de tout agent de l'Administration qui dresse un procès-verbal.

VERBALISATION n.f. Action de verbaliser.

VERBALISER v.i. Dresser un procès-verbal. *Verbaliser contre un chasseur sans permis.* ◆ v.t. Formuler de vive voix ce qui était intériorisé.

VERBALISME n.m. Défaut de qqn qui masque sous un flot de paroles une indigence d'idées.

VERBASCACÉE n.f. *Verbascacées :* famille de plantes dicotylédones, telles que le bouillon-blanc, voisine des scrofulariacées.

1. VERBE n.m. (lat. *verbum,* parole). **1.** Litt. Parole, expression de la pensée par les mots. *La magie du verbe.* ◇ *Avoir le verbe haut :* parler fort. **2.** THÉOL. (Avec une majuscule). La deuxième personne de la Sainte-Trinité, incarnée en Jésus-Christ.

2. VERBE n.m. GRAMM. Mot qui, dans une proposition, exprime l'action ou l'état du sujet, et porte les désinences de temps et de mode.

VERBÉNACÉE n.f. (lat. pop. *verbena,* verveine). *Verbénacées :* famille de plantes dicotylédones, les unes herbacées (verveine), les autres arborescentes (teck).

VERBEUSEMENT adv. De façon verbeuse.

VERBEUX, EUSE adj. (lat. *verbosus,* de *verbum,* parole). Qui expose les choses en trop de paroles, de mots ; qui contient trop de mots ; bavard, prolixe. *Commentaire verbeux.*

VERBIAGE n.m. (de l'anc. fr. *verbier,* parler). Abondance de paroles inutiles.

VERBICRUCISTE n. Auteur de grilles de mots croisés.

VERBIGÉRATION n.f. (du lat. *verbigerare,* se disputer). PSYCHIATRIE. Dévidage automatique de mots ou de phrases entières, sans suite et incohérents, que l'on rencontre surtout dans les états démentiels.

VERBOQUET n.m. (de *virer* et *bouquet,* faisceau). TECHN. Vx. Cordage qui sert à guider, du sol, un fardeau que l'on hisse.

VERBOSITÉ n.f. Didact. Défaut de qqn, d'un propos verbeux.

VERDAGE n.m. AGRIC. Culture récoltée en vert, destinée à être utilisée comme fourrage ou comme engrais.

VERDÂTRE adj. Qui tire sur le vert ; d'un vert trouble.

VERDELET, ETTE adj. *Vin verdelet :* vin un peu vert, acide.

VERDET n.m. (anc. fr. *verd,* vert). Acétate de cuivre employé autrefois contre le mildiou de la vigne.

VERDEUR n.f. **1.** Défaut de maturité des fruits, du vin. **2.** Vigueur, ardeur. *La verdeur d'un vieillard.* **3.** Caractère osé, crudité. *La verdeur de ses propos.*

VERDICT [verdikt] n.m. (mot angl. ; du lat. *vere dictum,* proprement dit). **1.** Déclaration solennelle par laquelle la cour et le jury d'assises répondent aux questions qui sont posées à l'issue des débats et se prononcent sur la culpabilité de l'accusé. **2.** Jugement rendu en une matière quelconque ; avis. *Le verdict de l'opinion publique.*

VERDIER n.m. Oiseau passereau des bois et jardins, à plumage vert olive, granivore. (Long. 15 cm ; famille des fringillidés.)

VERDIR v.t. Rendre vert. *La lumière verdit les feuilles.* ◆ v.i. Devenir vert.

VERDISSAGE n.m. Litt. Action de verdir.

VERDISSEMENT n.m. État de ce qui verdit.

VERDOIEMENT n.m. Fait de verdoyer.

VERDOYANT, E adj. Qui verdoie.

VERDOYER v.i. [13]. Litt. Devenir vert, en parlant de la végétation.

VERDUNISATION n.f. (de *Verdun,* n. de ville). Procédé de purification de l'eau par addition de chlore à très faible dose.

VERDUNISER v.t. Opérer la verdunisation de.

VERDURE n.f. **1.** Litt. Couleur verte de la végétation. *La verdure des prés.* **2.** Litt. Herbe, feuillage verts. *Un écran de verdure.* **3.** Fam. Légumes verts, en partic. salade, qu'on mange crus. **4.** Tapisserie où les feuillages tiennent la plus grande place.

VERDURIER, ÈRE n. Vx ou région. (Nord) ; Belgique. Marchand de quatre-saisons.

VÉRÉTILLE n.m. (lat. *veretilla*). Animal vivant en colonies, formé de polypes insérés sur un axe commun fiché par sa base dans le sable près des côtes. (Haut. 30 cm ; embranchement des cnidaires ; ordre des octocoralliaires.)

VÉREUX, EUSE adj. **1.** Qui est gâté par des vers. *Poire véreuse.* **2.** Qui est malhonnête, suspect, louche. *Affaire véreuse. Avocat véreux.*

VERGE n.f. (lat. *virga*). **I. 1.** Autref. Instrument de punition corporelle formé d'une baguette flexible ou d'une poignée de brindilles. ◇ *Donner des verges pour se faire battre :* fournir des arguments contre soi-même. **2.** Tringle de métal. **3.** ACOUST. Barreau susceptible de vibrer pour produire un son. **4.** MAR. Tige d'une ancre, qui relie les pattes à l'organeau. **5.** *Verge d'or :* solidago. **II. 1.** Anc. Unité de mesure agraire, équivalant à un quart d'arpent ou 0,127 6 ha. **2.** Canada. Unité de mesure valant trois pieds. **III.** ANAT. Membre viril ; pénis.

VERGÉ, E adj. *Étoffe vergée :* étoffe renfermant des fils plus gros ou plus teintés que le reste. – *Papier vergé :* papier comportant des vergeures.

VERGENCE n.f. Inverse de la distance focale d'un système optique centré.

VERGEOISE n.f. Sucre roux obtenu autrefois par une refonte de déchets du raffinage, aujourd'hui en mélangeant un colorant à du sucre blanc.

VERGER n.m. (lat. *viridiarium*). Terrain planté d'arbres fruitiers.

VERGETÉ, E adj. **1.** HÉRALD. Se dit de l'écu partagé en vergettes. **2.** Parsemé de raies, de taches. *Peau, figure vergetée.*

VERGETTE n.f. **1.** Petite verge. **2.** HÉRALD. Pal diminué d'épaisseur.

VERGETURE n.f. Raie de la peau, due à la distension ou à la rupture des fibres élastiques du derme pendant la grossesse ou après une perte de poids importante.

VERGEURE [verʒyr] n.f. Chacun des fils de laiton, très serrés et parallèles, dont l'ensemble constitue une sorte de toile métallique destinée à retenir la pâte dans la fabrication du papier à la main ; marque laissée par ces fils. – Par ext. Filigrane imitant cette marque, dans le papier fabriqué industriellement.

VERGLACÉ, E adj. Couvert de verglas.

VERGLACER v. impers. [16]. Faire du verglas.

VERGLAS [vergla] n.m. (de *verre* et *glace*). Couche de glace mince sur le sol, due à la congélation de l'eau, du brouillard.

VERGNE ou **VERNE** n.m. (du gaul.). BOT. Région. Aulne.

VERGOBRET [vergɔbrɛ] n.m. (du gaul.). HIST. Chef de certaines cités gauloises désigné annuellement par les druides.

VERGOGNE n.f. (lat. *verecundia,* discrétion). *Sans vergogne :* sans pudeur, sans scrupule.

VERGUE n.f. (forme dial. de *verge*). MAR. Espar cylindrique, effilé à ses extrémités et placé en travers d'un mât, pour soutenir et orienter la voile.

VÉRIDICITÉ n.f. Litt. Caractère véridique ; véracité, exactitude. *La véridicité d'une anecdote.*

VÉRIDIQUE adj. (lat. *veredicus,* de *verus,* vrai, et *dicere,* dire). **1.** Litt. Qui dit la vérité, qui rapporte exactement les faits. *Historien véridique.* **2.** Qui est conforme à la vérité, au réel. *Témoignage véridique.*

VÉRIDIQUEMENT adv. De façon véridique.

VÉRIFIABLE adj. Qui peut être vérifié.

VÉRIFICATEUR, TRICE adj. Qui a pour objet de vérifier, de contrôler. *Mesures vérificatrices.* ◆ n. Personne chargée de vérifier, de contrôler. *Un vérificateur des poids et mesures.* ◆ n.m. *Vérificateur orthographique :* correcteur orthographique.

VÉRIFICATIF, IVE adj. Litt. Qui sert de vérification.

VÉRIFICATION n.f. **1.** Action de vérifier, de s'assurer de l'exactitude de qqch en le confrontant avec ce qui peut servir de preuve. ◇ *Principe de vérification :* principe suivant lequel tout constat empirique susceptible de relever d'une loi générale doit pour cela être étayé par l'observation de tous les faits susceptibles d'entrer dans cette loi. **2.** Action de contrôler qqch pour s'assurer de sa conformité, de sa légalité, etc. *Vérification des travaux.* **3.** Spécialt. *Vérification des pouvoirs.* **a.** Examen par une assemblée élective de la validité de l'élection de chacun de ses membres. (En France, c'est le Conseil constitutionnel qui procède à la vérification des pouvoirs des députés et des sénateurs au lendemain de leur élection.) **b.** Procédure préliminaire à la délibération d'une assemblée générale d'une société commerciale en vue de contrôler la validité des pouvoirs donnés aux actionnaires.

VÉRIFICATIONNISME n.m. LOG. Principe selon lequel la signification d'un énoncé réside dans la méthode selon laquelle cet énoncé est validé.

VÉRIFIER v.t. (lat. *verificare,* de *verus,* vrai). **1.** S'assurer que qqch est exact. *Vérifier un compte, une citation.* **2.** Faire voir la vérité, l'exactitude d'une chose ; prouver, corroborer. *L'évènement a vérifié sa prédiction.*

VÉRIFIEUR, EUSE n. Personne chargée d'une vérification ; vérificateur(-trice).

VÉRIN n.m. (lat. *veruina,* de *veru,* petite pique). Appareil que l'on place sous des charges pour les soulever sur une faible course ou les soutenir.

VÉRINE ou **VERRINE** n.f. (de *vérin*). MAR. Filin terminé par un croc pour haler les chaînes des navires.

VÉRISME n.m. École littéraire et artistique italienne (fin du XIXe s.), axée sur la représentation de la réalité quotidienne et des problèmes sociaux.

VÉRISTE adj. et n. Relatif au vérisme ; partisan du vérisme.

VÉRITABLE adj. **1.** Qui est authentique, conforme à la réalité. *Son véritable nom est inconnu.* **2.** Qui est réellement ce qu'on dit qu'il est, qui n'est mélangé ni imité. *Cuir véritable.* **3.** Qui possède toutes les propriétés conformes à sa nature. *Un amour véritable.*

VÉRITABLEMENT adv. De fait, réellement.

VÉRITÉ n.f. (lat. *veritas*). **1.** Caractère de ce qui est vrai ; adéquation entre la réalité et l'homme qui la pense. **2.** Idée, proposition qui emporte l'assentiment général ou s'accorde avec le sentiment que qqn a de la réalité. *Vérités mathématiques.* ◇ Fam. *Dire à qqn ses (quatre) vérités,* lui dire avec franchise ce qu'on pense de lui, ce qu'on lui reproche. **3.** Connaissance ou expression d'une connaissance conforme à la réalité, aux faits tels qu'ils se sont déroulés. *Jurer de dire la vérité.* ◇ *À la vérité :* j'en conviens, il est vrai. – *En vérité :* certainement, assurément. – *Sérum de vérité :* substance qui aurait pour effet de faire avouer malgré lui un coupable. **4.** Expression artistique fidèle de la nature. *Portrait d'une grande vérité.* **5.** Sincérité, bonne foi. *Un accent de vérité.*

VERJUS [verʒy] n.m. (de *vert* et *jus*). Suc acide que l'on extrait du raisin cueilli vert.

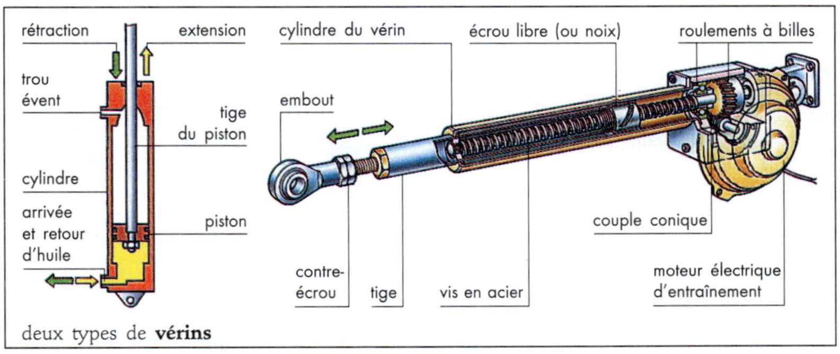

deux types de **vérins**

VERJUTÉ, E adj. Acide comme du verjus.

VERLAN n.m. (inversion de *l'envers*). Argot codé dans lequel on inverse les syllabes des mots (par ex. : *zarbi,* bizarre ; *ripou,* pourri).

VERMÉE n.f. (anc. fr. *verm,* ver). Pêche faite en prenant comme appât des vers de terre enfilés sur un fil de laine.

1. VERMEIL, EILLE adj. (du lat. *vermiculus,* cochenille). Litt. D'un rouge vif un peu plus foncé que l'incarnat.

2. VERMEIL n.m. Argent recouvert d'or. *Couverts en vermeil.*

VERMET n.m. (anc. fr. *verm,* ver). Mollusque gastropode, à coquille enroulée, fixé aux rochers littoraux.

VERMICELLE n.m. (it. *vermicelli*). Pâte à potage en forme de filament plus ou moins long.

VERMICIDE adj. et n.m. Se dit d'un remède propre à détruire les vers parasites.

VERMICULAIRE adj. (du lat. *vermiculus,* vermisseau). Qui ressemble à un ver. ◇ *Appendice vermiculaire :* appendice iléo-cæcal. – *Mouvement vermiculaire :* contractions successives des parties d'un canal musculeux.

VERMICULÉ, E adj. ARCHIT. Orné de motifs imitant des taraudages de vers. *Bossage vermiculé.*

VERMICULURE n.f. ARCHIT. Ornement vermiculé.

VERMIDIEN n.m. (lat. *vermis,* ver, et gr. *eidos,* forme). *Vermidiens :* ancien embranchement animal, incluant les brachiopodes, les ectoproctes et les rotifères.

VERMIFORME adj. Qui a l'aspect ou la forme d'un ver.

VERMIFUGE adj. et n.m. (lat. *vermis,* ver, et *fugare,* chasser). Se dit d'un remède propre à faire évacuer les vers intestinaux (semen-contra, santonine, etc.).

VERMILLE n.f. Ligne de fond.

VERMILLER v.i. VÉN. En parlant du sanglier et du cochon, fouiller la terre pour y trouver des vers, des racines.

VERMILLON n.m. (de *vermeil*). Sulfure de mercure pulvérisé, ou cinabre, d'un beau rouge vif. ◆ adj. inv. et n.m. D'une couleur rouge vif tirant sur l'orangé, semblable à la couleur du cinabre.

VERMILLONNER v.i. VÉN. En parlant du blaireau, fouir la terre pour y trouver des tubercules, des racines.

VERMINE n.f. (lat. *vermis,* ver). **1.** Ensemble des parasites externes de l'homme et des vertébrés. **2.** Litt. Individus vils, nuisibles, néfastes ; canaille.

VERMINEUX, EUSE adj. **1.** Pouilleux, couvert de vermine. **2.** MÉD. Se dit des troubles provoqués par les vers.

VERMINOSE n.f. Affection parasitaire due aux vers.

VERMIS [vɛrmis] n.m. (mot lat., *ver*). ANAT. Région médiane du cervelet.

VERMISSEAU n.m. Petit ver ou larve vermiforme du sol.

VERMIVORE adj. Qui se nourrit de vers.

VERMOULER (SE) v.pr. Rare. Commencer à devenir vermoulu.

VERMOULU, E adj. (de *ver* et *moulu*). **1.** Qui est miné par les larves d'insectes xylophages. *Planche vermoulue.* **2.** Fig. Vieux et proche de la ruine. *Des institutions vermoulues.*

VERMOULURE n.f. **1.** Trace que laissent les vers dans ce qu'ils ont rongé. **2.** Poudre de bois qui sort des trous faits par les larves d'insectes xylophages.

VERMOUTH ou, vx, **VERMOUT** n.m. (all. *Wermut,* absinthe). Apéritif à base de vin, aromatisé avec des plantes amères et toniques.

VERNACULAIRE adj. (lat. *vernaculus,* indigène). **1.** *Langue vernaculaire* ou *vernaculaire,* n.m. : langue parlée seulement à l'intérieur d'une communauté (par opp. à *langue véhiculaire*). **2.** *Nom vernaculaire :* nom usuel d'une espèce animale ou végétale dans son pays d'origine.

VERNAL, E, AUX adj. (lat. *vernalis,* de *ver,* printemps). ASTRON. Qui se rapporte au printemps. *Équinoxe vernal.* ◇ *Point vernal :* point d'intersection de l'écliptique et de l'équateur céleste, que le Soleil franchit à l'équinoxe de printemps.

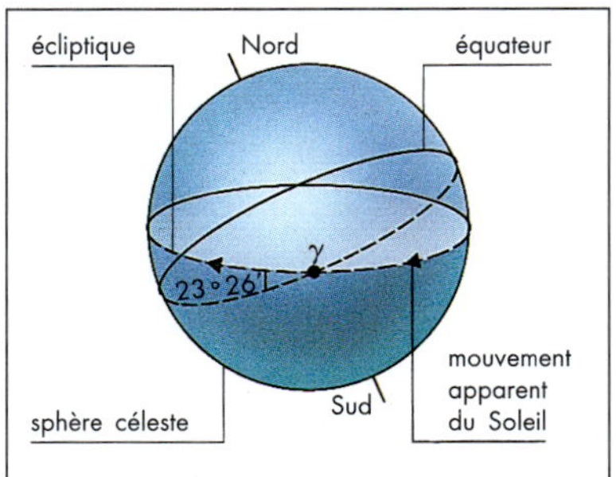

point **vernal**

VERNALISATION n.f. **1.** BOT. Transformation physiologique, due au froid, de graines ou de plantes, conférant l'aptitude à fleurir. SYN. : *jarovisation.* **2.** AGRIC. Traitement de graines par le froid pour provoquer une floraison plus précoce. (On peut transformer par vernalisation des blés d'hiver en blés de printemps.) SYN. : *jarovisation, printanisation.*

VERNATION n.f. BOT. Préfoliation.

VERNE n.m. → *vergne.*

VERNI, E adj. et n. Fam. Qui a de la chance.

VERNIER n.m. (du n. de l'inventeur). TECHN. Dispositif de mesure joint à une échelle rectiligne ou circulaire et dont l'emploi facilite la lecture des fractions de division.

VERNIR v.t. Recouvrir de vernis.

VERNIS [vɛrni] n.m. (it. *vernice*). **1.** Préparation non pigmentée, composée de liants, de solvants et, éventuellement, de diluants et d'adjuvants, susceptible de donner, par application en couches minces sur des subjectiles convenablement préparés, des films adhérents et durs, translucides et brillants. *Vernis à ongles.* **2.** Enduit mince, transparent, souvent fusible et très plombifère, employé pour les articles en terre cuite ou la faïence commune. **3.** Végétal (sumac notamm.) qui fournit des sucs servant à préparer du vernis. ◇ *Vernis du Japon :* ailante. **4.** Apparence brillante, mais superficielle. *Un vernis de culture.*

VERNISSAGE n.m. **1.** Action de vernir, de vernisser. **2.** Réception qui marque l'ouverture d'une exposition d'art.

VERNISSÉ, E adj. **1.** Verni. **2.** Luisant comme une chose vernie.

VERNISSER v.t. Recouvrir (des poteries) d'une glaçure transparente ou opaque.

VERNISSEUR, EUSE n. Personne qui applique des vernis, notamm. dans les métiers du meuble.

VERNIX CASEOSA [vɛrnikskazeoza] n.m. inv. (mots lat.). Matière sébacée blanchâtre qui recouvre le corps d'un enfant à sa naissance.

VÉROLE n.f. (bas lat. *variola,* variole). **1.** Pop. Syphilis. **2.** Vx. *Petite vérole :* variole.

VÉROLÉ, E adj. et n. Pop. Atteint de la vérole ; syphilitique.

1. VÉRONIQUE n.f. (de *sainte Véronique*). Plante herbacée commune dans les bois et les prés, dont une variété, la véronique officinale, est aussi appelée *thé d'Europe.* (Famille des scrofulariacées.)

2. VÉRONIQUE n.f. (esp. *verónica,* de *Verónica,* sainte Véronique). Passe au cours de laquelle le matador fait venir le taureau le long de son corps.

VERRANNE n.f. Fibre de verre discontinue, d'un diamètre inférieur à 10 μm.

VERRAT [vɛra] n.m. (lat. *verres,* porc). Mâle reproducteur de l'espèce porcine.

VERRE [vɛr] n.m. (lat. *vitrum*). **1.** Substance solide, transparente et fragile, obtenue par la fusion d'un sable siliceux avec du carbonate de sodium ou de potassium. – *Verre blanc :* verre de qualité courante non teinté. – *Verre armé,* obtenu en incorporant dans la masse un treillis en fil de fer, emprisonné entre deux feuilles laminées simultanément. – *Verre flotté,* obtenu en feuille par flottage sur un bain d'étain fondu. – *Verre feuilleté :* verre de sécurité constitué de plusieurs feuilles de verre séparées par une feuille de plastique. – *Verre trempé,* soumis à un refroidissement rapide pour accroître sa résistance aux variations brusques de température. ◇ *Verre métallique :* substance métallique obtenue à l'état amorphe par un refroidissement très rapide d'un alliage à l'état liquide. ◇ Fig. *Maison de verre :* maison, entreprise où il n'y a rien de secret. **2.** Récipient en verre, en cristal, en plastique, pour boire. **3.** Son contenu. *Boire un verre d'eau.* **4.** Consommation, boisson généralement alcoolisée. *Prendre un verre.* **5.** Lentille appliquée directement sur le globe oculaire pour corriger la vue. *Verres de contact.* **6.** Plaque, lame de verre. *Le verre d'une montre, d'un réveil.* ◇ *Verre de lampe :* manchon de verre qui entoure la mèche des lampes à pétrole. **7.** GÉOL. Matière minérale non cristallisée résultant du refroidissement brutal d'un magma au contact de l'air ou de l'eau.

VERRÉ, E adj. Saupoudré de poudre de verre. ◇ *Papier verré :* papier de verre.

VERRÉE n.f. Suisse. Vin d'honneur.

VERRERIE n.f. **1.** Technique de la fabrication du verre et des objets en verre. **2.** Industrie du verre. **3.** Objets en verre. *Verrerie de table. Verrerie d'art.*

1. VERRIER, ÈRE adj. Qui se rapporte au verre, à l'industrie du verre. *Produit verrier.*

2. VERRIER n.m. **1.** Industriel de la verrerie. **2.** Artisan qui fait du verre, des ouvrages de verre et, en partic., des vitraux.

VERRIÈRE n.f. **1.** Toit formé d'une charpente de fer vitrée ou de dalles de verre. **2.** Grande surface vitrée ménagée dans le mur d'un édifice ; grand vitrage. **3.** AÉRON. Dôme profilé et transparent, recouvrant le poste de pilotage.

VERRINE n.f. → *vérine.*

VERROTERIE n.f. Menus objets en verre travaillé, généralement colorié, constituant une bijouterie de faible valeur.

VERROU n.m. (lat. *veruculum,* petite broche). **1.** Serrure possédant un pêne que l'on fait coulisser pour l'engager dans une gâche. *Verrou de sûreté.* ◇ *Sous les verrous :* en prison. **2.** Pièce servant à fermer la chambre de la culasse d'une arme à feu. **3.** SPORTS. Ancien système de jeu au football, consistant surtout à replier les joueurs en défense. **4.** GÉOGR. Saillie de roches dures barrant une vallée glaciaire et que le torrent scie en gorge.

VERROUILLAGE n.m. **1.** Action de verrouiller ; fait d'être verrouillé. **2.** Dispositif mécanique, électrique, etc., pour maintenir une pièce, un contacteur, etc., dans une certaine position.

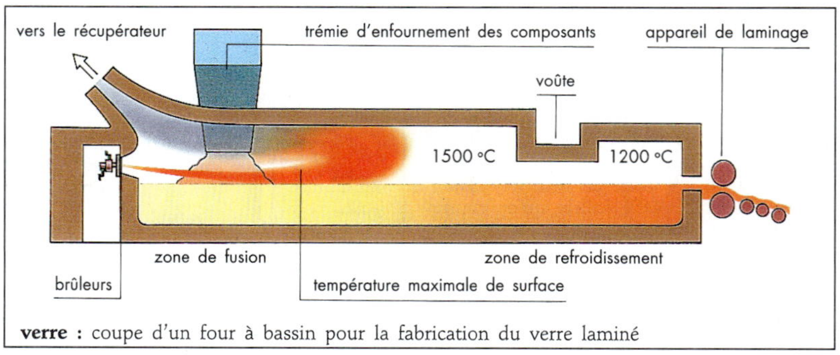

verre : coupe d'un four à bassin pour la fabrication du verre laminé

3. Opération qui a pour but, avant le départ du coup d'une arme à feu, de rendre la culasse solidaire du canon au moyen d'un verrou.

VERROUILLER v.t. **1.** Fermer avec un verrou. *Verrouiller une porte.* **2.** Rare. Enfermer. *Verrouiller un prisonnier.* **3.** Bloquer l'accès de, rendre inaccessible. *La police a verrouillé le quartier.* **4.** Contrôler qqch, un groupe en s'assurant la maîtrise de son évolution, de son comportement. *Verrouiller son capital. Verrouiller une équipe gouvernementale.* ◆ **se verrouiller** v.pr. S'enfermer.

VERROUILLEUR n.m. Au rugby, joueur limitant la longueur de l'alignement des avants lors d'une touche. (Il appartient obligatoirement à l'équipe qui effectue la remise en jeu.)

VERRUCOSITÉ n.f. MÉD. Excroissance cutanée ou muqueuse de consistance ferme et cornée, la faisant ressembler à une verrue.

VERRUE n.f. (lat. *verruca*). **1.** Tumeur bénigne de l'épiderme due à un virus. **2.** *Herbe aux verrues* : chélidoine.

VERRUQUEUX, EUSE adj. Relatif aux verrues.

1. VERS n.m. (lat. *versus*). Assemblage de mots mesurés selon certaines règles (coupe, rime, etc.), rythmés soit d'après la quantité des syllabes, comme en latin et en grec *(vers métriques)*, soit d'après leur accentuation, comme en allemand ou en anglais *(vers rythmiques)*, soit d'après leur nombre, comme en français *(vers syllabiques)*. ◇ *Vers blancs* : vers qui ne riment pas entre eux. (On appelle aussi *vers blancs* des groupes rythmiques, principalement de douze syllabes, que l'on remarque dans des œuvres en prose.) – *Vers libres* : vers de mètres et de rimes réguliers, disposés librement (poésie classique) ; vers dégagés de toute règle préconçue de prosodie (poésie moderne).

2. VERS prép. (lat. *versus*, de *vertere*, tourner). Indique : **1.** La direction. *Aller vers la fenêtre. Aller vers sa fin.* **2.** L'approximation. *Vers la fin de l'Empire. Vers midi.*

VERSAILLAIS, E adj. et n. **1.** De Versailles. **2.** HIST. Se dit de l'armée organisée par Thiers au camp de Satory à Versailles, sous le commandement de Mac-Mahon, pour combattre la Commune, ainsi que des partisans du gouvernement de Versailles en 1871.

VERSANT n.m. **1.** Chacune des deux pentes qui encadrent le fond d'une vallée. **2.** CONSTR. Plan incliné d'un toit. **3.** Aspect de qqch qui présente deux volets opposés ou simplement différents. *Les deux versants d'une même politique.*

VERSATILE adj. (lat. *versatilis*, de *versare*, tourner). Qui change facilement d'opinion ; inconstant, changeant, lunatique.

VERSATILITÉ n.f. Caractère versatile.

1. VERSE n.f. AGRIC. Accident de végétation des céréales, par lequel les tiges sont couchées à terre. (Les causes en sont diverses : climat, maladies cryptogamiques.)

2. VERSE (À) loc. adv. Abondamment, en parlant de la pluie. *Il pleut à verse.*

VERSÉ, E adj. (lat. *versatus*). Exercé, expérimenté dans une matière, une science.

1. VERSEAU n.m. (de *verser*). ARCHIT. Glacis du dessus d'un entablement ou d'un bandeau.

2. VERSEAU n.m. (de *verser* et *eau*). *Le Verseau* : constellation et signe du zodiaque (v. partie n. pr.). ◇ *Un verseau* : une personne née sous ce signe.

VERSEMENT n.m. **1.** Action de verser de l'argent à qqn, à un organisme, sur son compte, etc. **2.** Somme versée.

VERSER v.t. (lat. *versare*, faire tourner). **1.** Répandre, faire couler (un liquide). *Verser de l'eau sur les mains.* ◇ *Verser des larmes* : pleurer. – Litt. *Verser son sang* : donner sa vie. **2.** Faire passer d'un récipient dans un autre, transvaser. *Verser du vin dans un verre.* **3.** Faire tomber, chavirer (une voiture ou ses occupants). **4.** Coucher à terre (des céréales sur pied). **5.** Remettre (de l'argent) à un organisme ou à une personne. **6.** Déposer, joindre un document à qqch. *Verser une pièce au dossier.* **7.** Affecter (qqn) à une arme, à un corps. ◆ v.i. **1.** Tomber sur le côté, se renverser. **2.** *Verser dans* : évoluer vers. *Elle était peintre, puis elle a versé dans la littérature.*

VERSET n.m. (de *vers*). **1.** Chacune des divisions numérotées d'un chapitre de la Bible, du Coran, d'un livre sacré. ◇ Signe typographique en forme de V barré (V̸), que l'on emploie dans un texte pour indiquer les versets de la Bible. **2.** Brève phrase psalmodiée suivie d'une réponse du chœur *(répons)*, à l'office et à la messe.

VERSEUR adj.m. *Bouchon, bec verseur*, qui sert à verser.

VERSEUSE n.f. Cafetière à poignée droite.

VERSICOLORE adj. (lat. *versus*, changé, et *color*, couleur). Dont la couleur est changeante ou qui a plusieurs couleurs.

VERSIFICATEUR, TRICE n. **1.** Personne, auteur qui pratique l'art des vers. **2.** Péj. Personne qui fait des vers sans inspiration.

VERSIFICATION n.f. Art de composer des vers.

VERSIFIER v.i. (lat. *versificare*). Faire des vers. ◆ v.t. Mettre en vers. *Versifier une fable.*

VERSION n.f. (lat. *versio*, de *vertere*, tourner). **1.** Chacun des divers aspects que peut prendre un même texte, selon des traditions ou dans des langues différentes. **2.** Chacun des états successifs d'un texte, d'une œuvre littéraire ou artistique ; variante. **3.** Manière de raconter, de rapporter, d'interpréter un fait. **4.** Exercice consistant à traduire un texte d'une langue étrangère dans la langue maternelle (par opp. au *thème*). **5.** CIN. *Film en version originale* (abrév. *v. o.*) : film présenté dans sa langue d'origine, par opp. à la *version doublée* (en France, *version française* ou *v. f.*).

VERS-LIBRISTE adj. et n. (pl. *vers-libristes*). Qui compose des vers libres.

VERSO n.m. (lat. *folio verso*, sur le feuillet tourné). Revers d'un feuillet (par opp. à *recto*).

VERSOIR n.m. Partie de la charrue qui retourne la bande de terre que le soc détache.

VERSTE n.f. (russe *versta*). Anc. Mesure itinéraire usitée en Russie et valant 1 067 m.

VERSUS [versys] prép. (mot lat., *du côté de*). Par opposition à. (S'emploie en ling., surtout sous la forme *vs*, pour les oppositions de type binaire : masculin *vs* féminin.)

1. VERT, E adj. (lat. *viridis*). **I.1.** Se dit de la couleur située entre le bleu et le jaune dans le spectre de la lumière blanche ; se dit de la couleur des plantes à chlorophylle. *De l'encre verte. Une herbe verte et drue.* – *Singe vert* : vervet. **2. a.** Qui a encore de la sève, qui n'est pas encore sec. *Fourrage vert.* **b.** *Bois vert*, fraîchement coupé et donc très dur. ◇ *Volée de bois vert* : volée de coups vigoureux ; fig., critiques violentes et acerbes. **3.** Frais, nouveau, en parlant des légumes. *Haricots verts.* ◇ *Café vert*, non torréfié. **4.** Qui n'est pas mûr. *Un fruit vert et acide.* ◇ *Vin vert* : vin au goût acide, dû au manque de maturité du raisin. **5.** Qui a trait à l'agriculture, au monde rural, agricole. *L'Europe verte.* ◇ *Station verte* : commune rurale homologuée pour favoriser le développement du tourisme rural. ◇ *Révolution verte* : diffusion rapide des techniques et des moyens de production modernes dans les agricultures des pays en développement. **6. a.** Qui a trait au mouvement écologiste, qui en fait partie. *Candidats verts.* **b.** Qui contribue au respect de l'environnement. *Carburant vert.* – *Produit vert* : écoproduit. **7.** *Le billet vert* : le dollar. **8.** *Numéro vert* : numéro téléphonique qui permet d'appeler gratuitement une entreprise, un organisme. **II.1.** Qui est resté vigoureux malgré son âge avancé. *Un vieillard encore vert.* **2.** Âpre, rude, vif. *Une verte réprimande.*

2. VERT n.m. **1.** Couleur verte. *Teindre une étoffe en vert. Vert foncé.* ◇ *Vert anglais* : mélange de bleu de Prusse et de jaune de chrome. – *Vert Véronèse* : arséniate de cuivre utilisé en peinture. **2.** Couleur des signaux de voie libre, dans la signalisation ferroviaire ou routière. *Attendre que le feu passe au vert.* **3.** Fourrage frais. ◇ Fam. *Se mettre au vert* : prendre des vacances à la campagne. **4.** Militant écologiste. **5.** HIST. *Les verts* : la faction représentant le bas peuple, dans les villes de l'Empire byzantin, par opp. aux *bleus*. **6.** FIN. Fam. Fascicule à couverture verte comportant le budget voté de chaque ministère.

VERT-DE-GRIS n.m. inv. Hydrocarbonate de cuivre qui se forme dans l'air humide sur les objets de ce métal, sous l'action du gaz carbonique.

VERT-DE-GRISÉ, E adj. (pl. *vert-de-grisés, es*). Couvert de vert-de-gris.

VERTE n.f. Fam. *Des vertes et des pas mûres* : des choses renversantes, choquantes ou pénibles.

VERTÉBRAL, E, AUX adj. Relatif aux vertèbres. *La colonne vertébrale.* ◇ *Manipulations vertébrales* : méthode de traitement de diverses affections basée sur des mobilisations directes ou indirectes des vertèbres (→ ***chiropractie***).

VERTÈBRE n.f. (lat. *vertebra*, de *vertere*, tourner). Chacun des os courts constituant la colonne vertébrale. (Il existe chez l'homme 24 vertèbres : 7 cervicales, 12 dorsales, 5 lombaires. Chaque vertèbre est formée d'un corps, de pédicules et de lames limitant le trou vertébral, où passe la moelle épinière ; les vertèbres ont des apophyses latérales, dites transverses, une apophyse postérieure épineuse et des apophyses articulaires.)

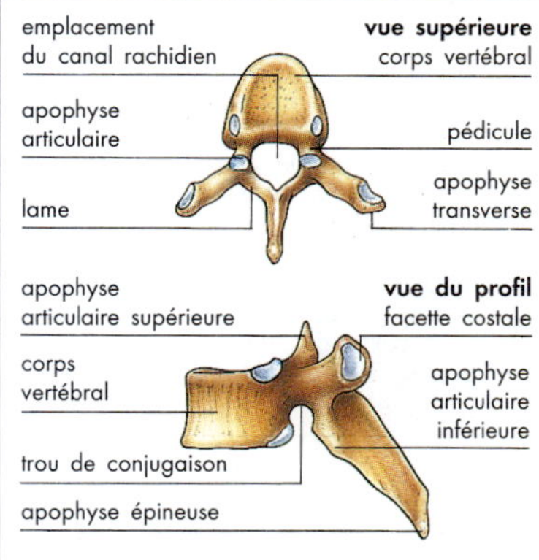

6e **vertèbre** dorsale

1. VERTÉBRÉ, E adj. Se dit des animaux qui ont des vertèbres.

2. VERTÉBRÉ n.m. Animal pourvu d'une colonne vertébrale et, en général, de deux paires de membres. (Les vertébrés forment un embranchement du règne animal comprenant cinq classes principales : poissons, amphibiens, reptiles, oiseaux, mammifères.)

VERTÉBROTHÉRAPIE n.f. MÉD. Traitement par manipulations vertébrales.

VERTEMENT adv. Avec vivacité, rudesse.

VERTEX n.m. (mot lat.). Sommet du crâne, tant chez l'homme que chez les vertébrés et les insectes.

1. VERTICAL, E, AUX adj. (du lat. *vertex, verticis*, sommet). **1.** Qui suit la direction du fil à plomb, de la pesanteur. *Le mur n'est pas très vertical ici.* ◇ *Tir vertical* : tir courbe*. **2.** Qui est organisé selon un schéma hiérarchique. *Structures verticales d'un organisme.* **3.** ÉCON. *Intégration verticale* : opération par laquelle une entreprise en absorbe une autre se situant à un niveau différent de la filière considérée (par opp. à *intégration horizontale*).

2. VERTICAL n.m. ASTRON. Grand cercle de la sphère céleste, dont le plan contient la verticale du point d'observation.

VERTICALE n.f. **1.** Direction de la pesanteur (matérialisée par un fil à plomb). **2.** Droite verticale.

VERTICALEMENT adv. Selon la verticale.

VERTICALITÉ n.f. État de ce qui est vertical.

VERTICILLE n.m. (lat. *verticillus*). BOT. Ensemble de feuilles, de fleurs, de pièces florales partant toutes d'un même niveau de l'axe qui les porte.

VERTICILLÉ, E adj. BOT. Disposé en verticille.

VERTICITÉ n.f. PHYS. Faculté qu'a un corps d'aller dans une direction privilégiée.

VERTIGE n.m. (lat. *vertigo*, tournoiement). **1.** Peur, malaise ressentis au-dessus du vide, se traduisant par des pertes d'équilibre. *Avoir le vertige en montagne.* **2.** Trouble, exaltation, égarement. *Le vertige de la gloire.*

VERTIGINEUX, EUSE adj. **1.** Litt. Qui donne le vertige. *Hauteur vertigineuse.* **2.** Très fort, très rapide. *Hausse des prix vertigineuse.*

VERTIGO n.m. (mot lat., *tournoiement*). VÉTÉR. Maladie des chevaux, qui se manifeste par le désordre des mouvements.

VERTU n.f. (lat. *virtus*). **1.** Litt. Disposition constante qui porte à faire le bien et à éviter le mal. **2.** Qualité particulière. *Il a tous les vices et aucune vertu.* **3.** Vieilli ou par plais. Chasteté féminine. *Attenter à la vertu d'une femme.* **4.** Qualité qui rend propre à produire certains effets ; pouvoir, propriété. *Les vertus d'une plante.* ◇ *En vertu de :* en conséquence de, au nom de. *En vertu d'une loi.* ◆ pl. CATH. Second chœur de la deuxième hiérarchie des anges.

VERTUBLEU, VERTUCHOU, VERTUDIEU interj. Anciens jurons.

VERTUEUSEMENT adv. De façon vertueuse.

VERTUEUX, EUSE adj. **1.** Qui manifeste de la vertu, des qualités morales. *Conduite vertueuse.* **2.** Chaste, pudique ou fidèle, en partic. pour une femme.

VERTUGADIN n.m. (esp. *verdugado*). **1.** Bourrelet que les femmes portaient par-dessous leur jupe pour la faire bouffer ; robe rendue bouffante par un de ces bourrelets. **2.** HORTIC. Terrain gazonné en glacis et formant un amphithéâtre.

VERVE n.f. (lat. *verbum,* parole). Qualité de qqn qui parle avec enthousiasme et brio.

VERVEINE n.f. (lat. *verbena*). **1.** Plante type de la famille des verbénacées, dont on cultive des formes ornementales originaires d'Amérique et une variété médicinale. **2.** Infusion obtenue à partir de la variété médicinale de cette plante. **3.** Liqueur préparée avec la verveine.

verveine (variété médicinale)

VERVELLE n.f. Anc. Rivet fixé sur le casque et qui servait à attacher un camail de mailles.

VERVET n.m. Cercopithèque d'Afrique. SYN. : *singe vert.*

1. VERVEUX n.m. (lat. *vertere,* tourner). Filet de pêche en forme d'entonnoir.

2. VERVEUX, EUSE adj. Litt. Plein de verve, de fougue, de brio.

VÉSANIE n.f. (lat. *vesania,* de *vesanus,* insensé). Litt. Dérèglement d'esprit ; folie.

VESCE n.f. (lat. *vicia*). Plante herbacée dont on cultive une espèce fourragère ; sa graine. (Famille des papilionacées.)

VÉSICAL, E, AUX adj. (lat. *vesica,* vessie). ANAT. Relatif à la vessie.

VÉSICANT, E adj. (lat. *vesica,* ampoule). MÉD. Qui fait naître des ampoules sur la peau. *Gaz vésicant.*

VÉSICATION n.f. MÉD. Effet produit par un produit vésicant.

VÉSICATOIRE adj. et n.m. Se dit d'un médicament externe qui fait apparaître des vésicules sur la peau.

VÉSICULAIRE adj. En forme de vésicule.

VÉSICULE n.f. (lat. *vesicula,* petite ampoule). **1.** ANAT. Organe creux ayant la forme d'un sac. *Vésicule biliaire.* ◇ *Vésicule ombilicale :* l'une des annexes embryonnaires des vertébrés. (Chez les poissons, elle subsiste après l'éclosion, et sa substance nourrit le jeune alevin ; SYN. : *sac vitellin.*) **2.** BOT. Flotteur de certaines plantes aquatiques. **3.** PATHOL. Soulèvement hémisphérique ou conique de l'épiderme, de petite taille, rempli de sérosité.

VÉSICULEUX, EUSE adj. Didact. Qui a la forme d'une petite vessie, d'une vésicule.

VESOU n.m. (mot créole). Jus obtenu par broyage de la canne à sucre, dont on tire le sucre.

VESPA n.f. (nom déposé). Scooter de la marque de ce nom.

VESPASIENNE n.f. (de *Vespasien,* empereur romain). Vx. Urinoir établi sur la voie publique.

1. VESPÉRAL, E, AUX adj. (du lat. *vesper,* soir). Litt. Du soir. *Clarté vespérale.*

2. VESPÉRAL n.m. CATH. Livre liturgique contenant l'office du soir.

VESPERTILION n.m. (lat. *vespertilio*). Chauve-souris commune en France. (Envergure 15 cm.)

VESPÉTRO n.m. Vx. Liqueur carminative obtenue en faisant macérer dans l'eau-de-vie des graines d'angélique, de fenouil, d'anis et de coriandre.

VESPIDÉ n.m. (lat. *vespa,* guêpe). *Vespidés :* famille d'insectes hyménoptères, tels que les guêpes, les frelons.

VESSE n.f. Pop. Émission de gaz fétides, faite sans bruit par l'anus.

VESSE-DE-LOUP n.f. (pl. *vesses-de-loup*). Lycoperdon (champignon).

VESSER v.i. Pop. et vx. Lâcher une vesse.

VESSIE n.f. (lat. *vesica*). **1.** Poche abdominale où s'accumule l'urine amenée par les uretères, et communiquant avec l'extérieur par le canal de l'urètre. **2.** Vessie desséchée d'un animal et gonflée d'air. ◇ Fam. *Prendre des vessies pour des lanternes :* se tromper grossièrement.

VESSIGON n.m. (it. *vescicone*). VÉTÉR. Tumeur molle du jarret du cheval.

VESTALE n.f. **1.** ANTIQ. ROM. Prêtresse de Vesta, qui entretenait le feu sacré et était astreinte à la chasteté. **2.** Litt. Fille, femme d'une grande chasteté.

VESTALIES n.f. pl. ANTIQ. Fêtes romaines en l'honneur de Vesta, qui avaient lieu le 7 juin.

VESTE n.f. (it. *veste ;* lat. *vestis*). **1.** Vêtement à manches, boutonné devant, qui couvre le buste jusqu'aux hanches. *Veste de laine. Tomber la veste.* ◇ Fig., fam. *Retourner sa veste :* changer de parti, d'opinion. **2.** Fam. Échec, insuccès. *Ramasser, prendre une veste.*

VESTIAIRE n.m. (lat. *vestiarium,* armoire à vêtements). **1.** Lieu où on dépose les manteaux, chapeaux, parapluies, etc., dans certains établissements. **2.** (Surtout pl.). Local dépendant d'un stade, d'une salle de sports, de danse, d'une piscine, etc., où on peut se changer, se mettre en tenue et laisser ses vêtements. **3.** Recomm. off. pour *dressing.* **4.** Objets, vêtements déposés au vestiaire. *Prendre son vestiaire.*

VESTIBULAIRE adj. Relatif à un vestibule anatomique (auriculaire, vulvaire ou buccal).

VESTIBULE n.m. (lat. *vestibulum*). **1.** Pièce ou couloir d'entrée d'une maison, d'un édifice, donnant accès aux autres pièces, à l'escalier. **2.** ANAT. Cavité, dépression. ◇ *Vestibule auriculaire :* cavité de l'oreille interne.

VESTIGE n.m. (lat. *vestigium,* trace). Marque, reste du passé. *Les vestiges d'une civilisation.*

VESTIMENTAIRE adj. Relatif aux vêtements.

VESTON n.m. Veste croisée ou droite faisant partie du complet masculin.

VÊTEMENT n.m. (lat. *vestimentum*). **1.** Tout ce qui sert à couvrir le corps humain pour le protéger, le parer ; pièce de l'habillement ; habit. **2.** HÉRALD. Pièce honorable, formée par la réunion de quatre triangles qui occupent les coins de l'écu et faisant apparaître un grand losange d'un émail différent.

VÉTÉRAN n.m. (lat. *veteranus,* vieux). **1.** Soldat ayant accompli un long service. **2.** Personne qui a une longue pratique dans une profession, une activité, etc. **3.** Sportif ayant dépassé l'âge senior. **4.** ANTIQ. ROM. Soldat qui, après avoir achevé son service, bénéficiait de certains avantages.

VÉTÉRANCE n.f. HIST. État de vétéran.

VÉTÉRINAIRE adj. (lat. *veterinarius,* de *veterinus,* relatif aux bêtes de somme). Relatif à la médecine des animaux. *Soins vétérinaires.* ◆ n. Personne qui, diplômée d'une école nationale vétérinaire, exerce la médecine des animaux.

VÉTÉTISTE n. Personne qui se déplace en V.T.T. ; sportif qui pratique le V.T.T.

VÉTILLARD, E adj. Vieilli. Vétilleux.

VÉTILLE n.f. Bagatelle, chose insignifiante, qui ne mérite pas qu'on s'y arrête.

VÉTILLER v.i. (anc. fr. *vette,* ruban). Litt. S'amuser à des vétilles, critiquer sur des riens.

VÉTILLEUX, EUSE adj. Litt. Qui a l'habitude de s'attacher à des vétilles ; qui témoigne d'une minutie pointilleuse, tatillonne.

VÊTIR v.t. (lat. *vestire*) [44]. Litt. Habiller, couvrir de vêtements ; mettre sur soi. *Vêtir un enfant. Vêtir une robe.*

VÉTIVER [vetivɛr] n.m. (du tamoul). Plante cultivée dans l'Inde et aux Antilles pour ses racines, dont on retire un parfum. (Famille des graminées.)

VETO [veto] n.m. inv. (mot lat., *je m'oppose*). **1.** ANTIQ. ROM. Formule employée par les tribuns du peuple pour s'opposer à un décret du sénat. **2.** Institution par laquelle une autorité peut s'opposer à l'entrée en vigueur d'une loi (*veto absolu* ou *suspensif* du chef de l'État). **3.** Prérogative conférée aux cinq États membres permanents du Conseil de sécurité des Nations unies, qui leur permet de s'opposer à toute question autre que de procédure. **4.** Opposition, refus formel. *Mettre son veto à une décision.*

VÊTU, E adj. Qui porte un vêtement ; habillé. *Chaudement vêtu.*

VÊTURE n.f. Cérémonie de la prise d'habit à l'entrée du noviciat dans une congrégation ou un ordre religieux.

VÉTUSTE adj. (lat. *vetustus*). Qui est vieux, détérioré par le temps ; usé, dégradé. *Mobilier vétuste.*

VÉTUSTÉ n.f. État de ce qui est vétuste.

VEUF, VEUVE adj. et n. (lat. *vidua,* veuve, de *viduus,* vide). Dont le conjoint est décédé. ◇ *Défendre la veuve et l'orphelin :* protéger les malheureux, les opprimés. ◆ adj. Fam., par plais. Séparé momentanément de son conjoint.

VEUGLAIRE n.f. (du néerl. *vogel,* oiseau). Canon des XIVe et XVe s., qui se chargeait par la culasse.

VEULE adj. (lat. pop. *volus*). Litt. Qui manque d'énergie, faible, mou.

VEULERIE n.f. Manque d'énergie.

VEUVAGE n.m. **1.** État d'un veuf, d'une veuve. **2.** *Assurance veuvage :* système du régime général de la Sécurité sociale qui verse une allocation aux veuves ou veufs d'un assuré social, temporairement et sous certaines conditions. (La cotisation est à la charge des salariés.)

VEUVE n.f. **1.** Oiseau passereau d'Afrique, à plumage en grande partie noir, recherché comme oiseau de cage et de volière. (Famille des plocéidés.) **2.** → ***veuf.***

veuve

VEXANT, E adj. Qui vexe, cause une blessure d'amour-propre. *Un refus vexant.*

VEXATEUR, TRICE adj. Litt. Qui cause des vexations.

VEXATION n.f. (lat. *vexatio*). Action, parole ou situation qui vexe.

VEXATOIRE adj. Qui a le caractère de la vexation.

VEXER v.t. (lat. *vexare,* tourmenter). Contrarier, faire de la peine à, blesser qqn dans son amour-propre. ◆ **se vexer** v.pr. Être contrarié, se fâcher, se froisser.

VEXILLAIRE n.m. (lat. *vexillarius,* de *vexillum,* enseigne). ANTIQ. ROM. Porte-étendard.

VEXILLE n.m. (lat. *vexillum*). **1.** ANTIQ. ROM. Étendard des armées romaines. **2.** ZOOL. Chacun des deux côtés d'une plume d'oiseau.

VEXILLOLOGIE n.f. Étude des drapeaux, des pavillons nationaux et régionaux.

VHS (sigle de *Video Home System*), norme de vidéocassette et de magnétoscope introduite en 1976 par la firme japonaise JVC.

VIA prép. (lat. *via,* voie). Par la voie de, en passant par. *Paris à Ajaccio via Nice.*

VIABILISER v.t. Réaliser les travaux de viabilité sur un terrain à bâtir.

1. VIABILITÉ n.f. (lat. *vita,* vie). **1.** Aptitude à vivre d'un organisme. **2.** Caractère viable de qqch. *Viabilité d'un projet.*

2. VIABILITÉ n.f. (lat. *via,* chemin). **1.** Bon état d'une route, permettant d'y circuler. **2.** Ensemble des travaux d'aménagement (voirie, trottoir, réseau d'eau potable, d'assainissement) à réaliser sur un terrain avant toute construction.

1. VIABLE adj. (de *vie*). **1.** Qui peut vivre. *Enfant viable.* **2.** Organisé pour aboutir, pour durer. *Entreprise viable.*

2. VIABLE adj. (du lat. *via,* voie). Apte à la circulation des véhicules, carrossable. *Route viable.*

VIADUC n.m. (lat. *via,* voie, et *ducere,* conduire). Pont de grande longueur, généralement à plusieurs arches, permettant le franchissement d'une vallée par une route ou une voie ferrée.

1. VIAGER, ÈRE adj. (anc. fr. *viage,* durée de la vie). *Rente viagère :* revenu dont on possède la jouissance durant toute sa vie.

2. VIAGER n.m. Rente viagère. ◇ *En viager :* en échange d'une rente viagère.

VIANDE n.f. (lat. *vivenda,* ce qui sert à la vie). **1.** Aliment tiré des muscles des animaux, principalement des mammifères et des oiseaux. ◇ *Viande rouge :* viande de bœuf, de mouton, de cheval. – *Viande blanche :* viande de veau, de porc, de lapin, de volaille. – *Viande noire :* viande du gibier. **2.** Pop. Chair, corps humain.

1. VIANDER v.i. VÉN. Pâturer, en parlant du grand gibier (cerf, daim, chevreuil).

2. VIANDER (SE) v.pr. Pop. Avoir un grave accident de voiture, de moto, d'alpinisme.

VIATIQUE n.m. (lat. *viaticum,* de *via,* route). **1.** Vx. Argent, provisions que l'on donne pour faire un voyage. **2.** Litt. Moyen de parvenir, soutien, atout. **3.** LITURGIE. Sacrement de l'eucharistie administré à un chrétien en danger de mort.

VIBICE n.f. (lat. *vibex, -icis,* ecchymose). [Souvent pl.]. MÉD. Tache violacée de la peau.

VIBORD ou **VIBOR** n.m. MAR. Partie de la muraille d'un navire qui renferme les gaillards.

VIBRAGE n.m. TECHN. Transmission à un corps de chocs multiples et répétés à de très courts intervalles.

VIBRANT, E adj. **1.** Qui vibre. *Lame vibrante.* **2.** Touchant, émouvant. *Discours vibrant.*

VIBRANTE n.f. PHON. Consonne que l'on articule en faisant vibrer la langue ou la luette, comme [l] et [r].

VIBRAPHONE n.m. Instrument de musique analogue au xylophone, mais composé d'une série de lames d'acier percutées et de tubes de résonance contenant chacun une palette à rotation électrique provoquant un vibrato.

VIBRAPHONISTE n. Joueur de vibraphone.

VIBRATEUR n.m. TECHN. Appareil produisant des vibrations mécaniques.

VIBRATILE adj. BIOL. Susceptible de vibrer. ◇ *Cil vibratile :* chacun des organites filamenteux dont l'ensemble (ciliature) assure le déplacement de certains protozoaires (paramécie), le courant d'eau nutritif des mollusques lamellibranches, l'expulsion de particules solides dans la trachée-artère de l'homme, etc.

VIBRATION n.f. **1.** Mouvement d'oscillation rapide. *Les vibrations d'une corde.* ◇ Spécialt, PHYS. Mouvement périodique d'un système matériel autour de sa position d'équilibre. **2.** Saccade répétée à un rythme rapide ; trépidation. *Les vibrations d'un moteur.* **3.** Modulation d'un son, d'un timbre. *Vibration de la voix.*

VIBRATO n.m. (mot it.). Légère ondulation du son produite sur les instruments de musique (cordes ou vents) ou avec la voix.

VIBRATOIRE adj. **1.** Relatif aux vibrations. **2.** *Sens vibratoire :* aptitude à percevoir les vibrations du support, chez certains animaux (taupe, pic, etc.).

VIBRER v.i. (lat. *vibrare,* agiter). **1.** Être soumis à une série d'oscillations, à des vibrations. **2.** Être touché, être ému. *Vibrer à l'écoute d'un discours.* **3.** Traduire une certaine intensité d'émotion. *Sa voix vibrait de colère.* ◆ v.t. Effectuer la vibration du béton.

VIBREUR n.m. Dispositif électromécanique vibrant sous l'effet d'un courant, le plus souvent destiné à servir d'avertisseur acoustique.

VIBRION n.m. Bacille mobile à corps incurvé.

VIBRIONNER v.i. Fam. S'activer en tous sens, s'agiter continuellement.

VIBRISSE n.f. (lat. *vibrissa*). **1.** Poil situé à l'intérieur des narines de l'homme. **2.** Poil tactile de certains mammifères. *Les vibrisses forment la « moustache » des carnivores, des pinnipèdes et des rongeurs.* **3.** Plume filiforme des oiseaux.

VIBROMASSEUR n.m. Appareil électrique produisant des massages vibratoires.

VICAIRE n.m. (lat. *vicarius,* remplaçant). Prêtre qui exerce son ministère dans une paroisse sous la dépendance d'un curé. ◇ *Vicaire apostolique :* évêque chargé de l'administration d'un pays de mission qui n'est pas encore érigé en diocèse. – *Vicaire épiscopal :* prêtre assistant de l'évêque pour des questions pastorales dans un secteur déterminé. – *Vicaire général :* prêtre assistant de l'évêque pour l'administration d'un diocèse. – *Vicaire de Jésus-Christ :* le pape.

VICARIAL, E, AUX adj. Relatif au vicariat.

VICARIANCE n.f. MÉD. Suppléance fonctionnelle d'un organe par un autre.

VICARIANT, E adj. BIOL. **1.** Se dit d'une espèce animale ou, plus souvent, végétale qui peut en remplacer une autre dans une association. **2.** Se dit d'un organe qui supplée, par son propre fonctionnement, à l'insuffisance fonctionnelle d'un autre organe.

VICARIAT n.m. Fonctions d'un vicaire.

VICE n.m. (lat. *vitium*). **I.1.** Litt. Disposition naturelle à faire le mal, à agir contre la morale. *Le vice et la vertu.* ◇ Fam. *Avoir du vice :* être rusé, malin. **2.** Penchant particulier pour qqch, défaut dont on ne peut se débarrasser (jeu, boisson, drogue, etc.). **II.1.** Imperfection, défaut dans l'état de qqn ou de qqch. *Vice de conformation.* ◇ *Vice caché :* défaut non décelable d'une chose, qui la rend impropre à l'usage pour lequel elle a été vendue. – *Vice de construction :* défaut d'un bâtiment ou d'un autre ouvrage, dû à sa construction. **2.** DR. *Vice de forme :* défaut qui rend nul un acte juridique lorsqu'une des formalités légales a été omise. ◇ *Vice du consentement :* altération du consentement résultant d'une erreur, d'une violence, etc., pouvant entraîner l'annulation de l'acte qui en est entaché.

VICE- (lat. *vice,* à la place de), particule inv. qui, en composition, indique des fonctions de suppléant ou d'adjoint du titulaire.

VICE-AMIRAL n.m. (pl. *vice-amiraux*). Officier général de la marine. (→ ***grade.***)

VICE-CONSUL n.m. (pl. *vice-consuls*). Personne qui aide un consul ou qui en tient lieu dans un pays où il n'y a pas de consul.

VICE-CONSULAT n.m. (pl. *vice-consulats*). Fonction de vice-consul ; ses bureaux.

VICELARD, E adj. Fam. Vicieux.

VICENNAL, E, AUX adj. (lat. *vicennalis*). Qui concerne une période de vingt ans.

VICE-PRÉSIDENCE n.f. (pl. *vice-présidences*). Fonction, dignité de vice-président.

VICE-PRÉSIDENT, E n. (pl. *vice-présidents, es*). Personne chargée de seconder et, éventuellement, de remplacer le président.

VICE-RECTEUR n.m. (pl. *vice-recteurs*). Dans les facultés catholiques, second du recteur.

VICE-ROI n.m. (pl. *vice-rois*). Gouverneur d'un royaume ou d'une grande province dépendant d'un État monarchique.

VICE-ROYAUTÉ n.f. (pl. *vice-royautés*). Fonction de vice-roi ; pays gouverné par un vice-roi.

VICÉSIMAL, E, AUX adj. (lat. *vicesimus,* vingtième). Qui a pour base le nombre vingt.

VICE VERSA [visvɛrsa] ou [visevɛrsa] loc. adv. (mots lat.). Réciproquement ; inversement. *Il prend toujours la droite pour la gauche et vice versa.*

VICHY n.m. (de *Vichy,* ville de l'Allier). **1.** Étoffe de coton dont les effets d'ourdissage et de tramage forment des carreaux. (On dit aussi *toile de Vichy.*) **2.** Eau minérale de Vichy. **3.** *Carottes (à la) Vichy :* carottes en rondelles cuites à l'eau sucrée et salée, servies avec du beurre frais et du persil haché.

VICHYSSOIS, E adj. et n. **1.** De Vichy. **2.** HIST., vieilli. Vichyste.

VICHYSTE adj. et n. HIST. Relatif au gouvernement de Vichy ; partisan du gouvernement de Vichy.

VICIABLE adj. Qui peut être vicié.

VICIATEUR, TRICE adj. Rare. Qui vicie.

VICIATION n.f. Litt. Action de vicier.

VICIÉ, E adj. Impur, pollué. *Air vicié.*

VICIER v.t. (lat. *vitiare*). **1.** Litt. Corrompre, gâter la pureté de. *Vicier l'air.* **2.** DR. Entacher d'un défaut qui rend nul.

VICIEUSEMENT adv. De façon vicieuse.

VICIEUX, EUSE adj. et n. **1.** Qui a des goûts dépravés, pervers (en partic. sur le plan sexuel). **2.** Fam. Qui a des goûts bizarres, étranges. ◆ adj. **1.** Marqué par le vice (en partic. sur le plan sexuel). *Un regard vicieux.* **2.** Exécuté avec ruse, pour tromper. *Envoyer une balle vicieuse.* **3.** Qui comporte une défectuosité, une imperfection. *Conformation vicieuse.* **4.** Ombrageux, rétif. *Mule vicieuse.*

1. VICINAL, E, AUX adj. (lat. *vicinus,* voisin). Se dit d'un chemin qui relie des villages entre eux.

2. VICINAL n.m. Belgique. Tramway desservant la banlieue.

VICINALITÉ n.f. **1.** Qualité de chemin vicinal. **2.** Ensemble des chemins vicinaux.

VICISSITUDE n.f. (lat. *vicissitudo*). Litt. (Surtout pl.). Évènement heureux ou malheureux qui affecte la vie humaine ; partic., évènement malheureux. *Les vicissitudes de la fortune.*

VICOMTAL, E, AUX adj. Relatif à un vicomte, une vicomtesse ou une vicomté.

VICOMTE n.m. (bas lat. *vicescomes*). **1.** Autref. Suppléant du comte, puis seigneur possédant la terre sur laquelle s'exerçait cette charge de suppléant. **2.** Noble dont le titre est immédiatement inférieur à celui de comte.

VICOMTÉ n.f. **1.** Autref. Terre sur laquelle s'exerçait la charge de vicomte ou que possédait un vicomte. **2.** Titre de noblesse porté par le vicomte.

VICOMTESSE n.f. Femme d'un vicomte ; femme possédant une vicomté.

VICTIME n.f. (lat. *victima*). **1.** Personne tuée ou blessée ; personne qui a péri dans une guerre, une catastrophe, un accident, etc. *L'explosion n'a pas fait de victime.* **2.** Personne ou groupe qui souffre de l'hostilité de qqn, de ses propres agissements, des évènements. *Il a été victime de sa naïveté.* **3.** Créature vivante offerte en sacrifice à une divinité.

VICTIMOLOGIE n.f. Branche de la criminologie qui s'intéresse à la personnalité des victimes de crimes ou de délits, à leur statut psychosocial.

VICTOIRE n.f. (lat. *victoria*). **1.** Issue favorable d'une bataille, d'une guerre. ◇ *Victoire à la Pyrrhus,* trop chèrement obtenue. **2.** Succès remporté dans une lutte, une compétition. ◇ *Chanter, crier victoire :* annoncer triomphalement un succès, s'en glorifier.

1. VICTORIA n.f. (de la reine *Victoria*). Voiture hippomobile découverte, à quatre roues.

2. VICTORIA n.m. Nymphéacée dont les feuilles flottantes atteignent 2 m de diamètre. SYN. : *maïs d'eau.*

VICTORIEN, ENNE adj. Relatif à la reine Victoria de Grande-Bretagne, à son temps.

VICTORIEUSEMENT adv. De façon victorieuse.

VICTORIEUX, EUSE adj. **1.** Qui a remporté la victoire. *Armée victorieuse.* **2.** Qui manifeste l'orgueil du succès obtenu. *Avoir un air victorieux.*

VICTUAILLES n.f. pl. (lat. *victualia,* de *victus,* nourriture). Provisions alimentaires.

VIDAGE n.m. Action de vider ; fait de se vider.

VIDAME n.m. (lat. *vicedominus,* lieutenant d'un prince). HIST. Au Moyen Âge, représentant d'une abbaye ou d'un évêché qui était chargé de l'administration des affaires temporelles.

VIDAMIE n.f. ou **VIDAMÉ** n.m. HIST. **1.** Charge de vidame. **2.** Terre d'un vidame.

VIDANGE n.f. (de *vider*). **1.** Action de vider pour nettoyer ou rendre de nouveau utilisable. ◇ *En vidange :* en cours de vidage, d'épuisement (en parlant d'un récipient, de son contenu). ◇ *Matières de vidange* ou *vidanges,* n.f. pl. : immondices ; matières retirées d'une fosse d'aisances. **2.** Dispositif servant à vidanger, à l'écoulement d'un liquide. **3.** Belgique, Zaïre. Verre consigné. ◇ *Vidanges :* bouteilles vides. **4.** SYLV. Enlèvement des bois abattus d'une coupe.

VIDANGER v.t. [17]. Effectuer la vidange d'une fosse d'aisances, d'un réservoir d'automobile, etc.

VIDANGEUR n.m. Ouvrier assurant la vidange des fosses d'aisances.

1. VIDE adj. (lat. *vacuus,* vide). **1.** Qui ne contient rien, ni objet ni matière. *Boîte vide. Espace vide.* ◇ MATH. *Ensemble vide :* ensemble ne comportant aucun élément. (Noté ∅.) **2.** Qui n'a pas ou a très peu d'occupants. *Jouer devant une salle vide.* **3.** Qui manque d'intérêt, de vie, d'idées, de profondeur. *Sa vie est vide.* **4.** Où l'on ressent l'absence de qqn. *Sans les enfants, la maison est vide.* **5.** *Vide de :* privé, dépourvu de. *Mot vide de sens.*

2. VIDE n.m. **1.** Espace assez vaste qui ne contient rien. *Tomber dans le vide.* ◇ *Faire le vide autour de soi, de qqn :* éloigner de soi, de qqn amis et relations, créer l'isolement. ◇ *Vide sanitaire :* espace libre, continu et ventilé, ménagé sous le plancher du rez-de-chaussée d'un bâtiment sans cave. **2.** Solution de continuité ; espace où il manque qqch. ◇ BX-A. Évidement, ajouré ou non, d'un mur, d'une sculpture (par opp. à *plein*). ◇ *Vide juridique :* absence de dispositions légales régissant de manière précise et non ambiguë un type donné de situations. **3.** Absence complète d'un type de personnes, d'objets, etc., que l'on recherche. *C'est le grand vide dans ce domaine.* **4.** Sentiment pénible d'absence, de privation. *Son départ a laissé un grand vide.* **5. Fig.** Caractère de ce qui manque d'intérêt, de valeur. *Le vide de son existence.* **6.** PHYS. **a.** État correspondant à l'absence totale de toute particule réelle. **b.** Espace où les particules matérielles sont fortement raréfiées (pression inférieure à celle de l'atmosphère). **7.** *À vide.* **a.** Sans rien contenir. *Le bus part à vide.* **b.** Sans effet ; sans objet. *Tourner à vide. Raisonner à vide.*

VIDÉASTE n. Réalisateur de films en vidéo.

VIDE-BOUTEILLE ou **VIDE-BOUTEILLES** n.m. (pl. *vide-bouteilles*). Siphon muni d'un robinet qui permet de vider une bouteille sans la déboucher.

VIDE-CAVE n.m. (pl. *vide-caves* ou inv.). Pompe hydraulique pour évacuer l'eau d'un local inondé.

VIDELLE n.f **1.** MAR. Réparation d'un accroc dans une voile à l'aide d'un point rapprochant les bords de la déchirure. **2.** Petit ustensile de confiseur pour dénoyauter les fruits.

VIDÉO adj. inv. (lat. *video,* je vois). Se dit de l'ensemble des techniques concernant la formation, l'enregistrement, le traitement ou la transmission d'images ou de signaux de type télévision. *Signaux vidéo.* ◇ *Système vidéo :* système qui permet la transmission des images et du son. – *Jeu vidéo :* jeu utilisant un écran de visualisation et une commande électronique. – *Bande vidéo promotionnelle :* recomm. off. pour *clip.* – *Art vidéo :* forme d'art fondée sur l'enregistrement et la fabrication d'images électroniques restituables en direct ou en différé. ◆ n.f. **1.** Ensemble des techniques vidéo. **2.** Film, émission tournés en vidéo. *Regarder des vidéos.*

VIDÉOCASSETTE n.f. Cassette contenant une bande magnétique qui permet l'enregistrement et la reproduction à volonté d'un programme de télévision ou d'un film vidéo.

VIDÉO-CLIP n.m. (pl. *vidéo-clips*). [Anglic. déconseillé]. Clip.

VIDÉOCLUB n.m. Boutique qui vend ou loue des vidéocassettes enregistrées.

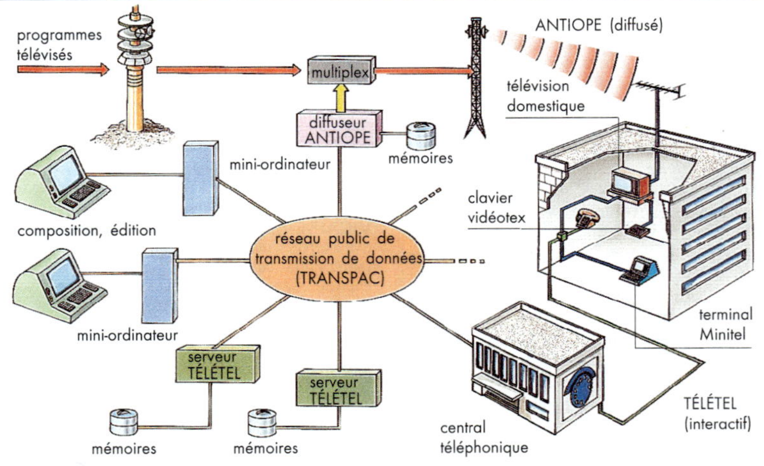

On distingue deux types de vidéographie selon le mode de distribution des informations :
– la vidéographie diffusée, ou télétexte (par ex. Antiope), qui permet d'afficher sur un téléviseur des pages d'information émises sur un canal de télévision, en les sélectionnant grâce à un clavier ;
– la vidéographie interactive, ou vidéotex (par ex. Télétel), qui permet un dialogue avec des serveurs de données, depuis des terminaux (par ex. Minitel), via le réseau téléphonique.

vidéographie

VIDÉOCOMMUNICATION n.f. Communication fondée sur la transmission d'images télévisuelles.

VIDÉOCONFÉRENCE n.f. → *visioconférence.*

VIDÉODISQUE n.m. Disque sur lequel sont enregistrés des programmes audiovisuels restituables sur un téléviseur.

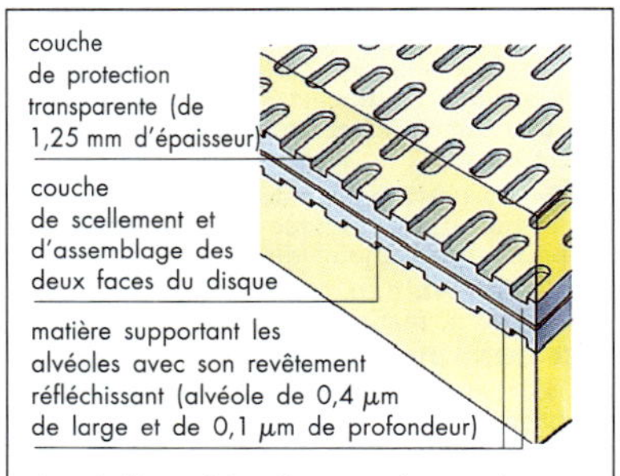

détail d'un **vidéodisque** à lecture laser

VIDÉOFRÉQUENCE n.f. Fréquence appartenant à la bande des fréquences qui contient les composantes spectrales d'un signal d'image en télévision.

VIDÉOGRAMME n.m. Tout support permettant l'enregistrement, la conservation et la reproduction d'un programme audiovisuel ; ce programme lui-même.

VIDÉOGRAPHIE n.f. **1.** Procédé de télécommunication qui permet la visualisation d'images alphanumériques et graphiques sur un écran cathodique. ◇ *Vidéographie diffusée :* télétexte. – *Vidéographie interactive :* vidéotex. **2.** Édition de programmes audiovisuels.

VIDÉOGRAPHIQUE adj. Relatif à la vidéographie.

VIDÉOLECTEUR n.m. Appareil de lecture de vidéodisques.

VIDÉOPHONE n.m. → *visiophone.*

VIDE-ORDURES n.m. inv. Conduit vertical par lequel sont évacuées les ordures ménagères dans certains immeubles ; vidoir de ce conduit, installé à chaque étage ou dans chaque appartement.

VIDÉOSURVEILLANCE n.f. Procédé de surveillance à distance qui met en œuvre un système de télévision en circuit fermé.

VIDÉOTEX n.m. (de *vidéo* et *télex*). Vidéographie dans laquelle la transmission des demandes d'informations des usagers et des réponses fournies est assurée par un réseau de télécommunications, en partic. le réseau téléphonique. SYN. : *vidéographie interactive.*

VIDÉOTHÈQUE n.f. **1.** Collection de vidéocassettes. **2.** Meuble ou lieu où on les entrepose.

VIDÉOTRANSMISSION n.f. Service de diffusion de programmes de télévision spécifiques projetés sur grand écran dans des salles de spectacle ou de conférence.

VIDE-POCHE ou **VIDE-POCHES** n.m. (pl. *vide-poches*). **1.** Petite coupe, corbeille, etc., où l'on dépose les menus objets que l'on porte dans ses poches. **2.** Dans une automobile, petit compartiment, généralement ouvert, pour déposer divers objets.

VIDE-POMME n.m. (pl. *vide-pommes* ou inv.). Petit couteau servant à ôter le cœur des pommes sans les couper.

VIDER v.t. **1.** Retirer tout le contenu de (un lieu, un contenant). *Vider un tiroir.* **2.** Boire, manger tout le contenu de. *Vider le réfrigérateur.* **3.** Retirer les entrailles de (un poisson, une volaille...) pour rendre apte à la consommation. **4.** Faire évacuer. *Les pompiers ont vidé l'immeuble.* **5.** *Vider les lieux* ou, **fam.,** *vider le plancher :* s'en aller. **6.** Enlever (qqch d'un contenant) ; faire s'écouler complètement (le contenu de qqch). *Vider l'eau d'un réservoir.* **7. Fam.** Expulser, chasser (qqn) d'un lieu, d'un groupe. *Il s'est fait vider du lycée.* **8. Fam.** Épuiser, surmener physiquement ou nerveusement. *Ce boulot m'a vidé !* **9. Litt.** Terminer, régler. *Vider un différend, une querelle.*

1. VIDEUR, EUSE n. Personne qui vide qqch. *Un videur de volailles.*

2. VIDEUR n.m. Homme chargé d'expulser les personnes jugées indésirables dans un bal, un dancing, un cabaret, etc.

VIDE-VITE n.m. inv. TECHN. Dispositif de vidange utilisé en cas de danger pour évacuer très rapidement le contenu d'un réservoir, d'un bassin, etc.

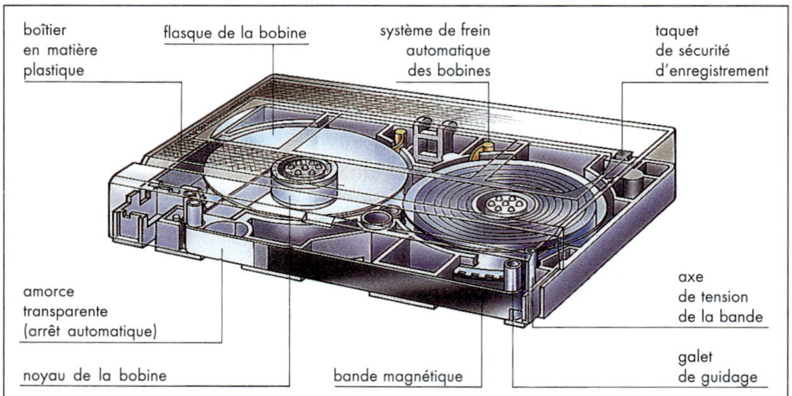

vidéocassette pour magnétoscope

VIDICON n.m. Tube analyseur d'images de télévision utilisant la photoconductivité.

VIDIMER v.t. DR. Certifier par un vidimus.

VIDIMUS [vidimys] n.m. (mot lat., *nous avons vu*). DR. Attestation commençant par le mot *vidimus* et certifiant qu'un acte a été collationné et trouvé conforme à l'original.

VIDOIR n.m. **1.** Orifice par lequel on introduit les ordures dans un vide-ordures. **2.** Cuvette dans laquelle on jette les eaux résiduaires.

VIDUITÉ n.f. (lat. *viduus,* veuf). Vx. État de veuve. ◇ DR. *Délai de viduité :* période, en principe de 300 jours, pendant laquelle une femme veuve ou divorcée ne peut contracter un nouveau mariage.

VIDURE n.f. Ce qu'on ôte en vidant un animal.

VIE n.f. (lat. *vita*). **A. I. 1.** Ensemble des phénomènes (nutrition, assimilation, croissance, reproduction...) communs aux êtres organisés et qui constituent leur mode d'activité propre, de la naissance à la mort. **2.** Fait de vivre, existence humaine (par opp. à la mort). ◇ *Devoir la vie à :* avoir été sauvé par (qqn, qqch, un évènement). – *Donner la vie :* mettre au monde. – *Redonner, rendre la vie à qqn,* le ranimer ; le rassurer, lui rendre l'espoir. ◇ RELIG. *Vie éternelle :* bonheur éternel des élus après la mort. **3.** Entrain, vitalité manifestés dans tous les comportements. *Déborder de vie.* **II. 1.** Existence humaine considérée dans sa durée ; ensemble des évènements qui se succèdent dans cette existence. *Une longue vie. Réussir sa vie.* ◇ *Refaire sa vie :* réorganiser son existence sur des bases nouvelles et, en partic., se remarier. – *À vie :* pour tout le temps qui reste à vivre. – *À la vie, à la mort :* pour toujours. – *De la vie, de ma vie :* jamais. – *Jamais de la vie :* nullement, en aucun cas. **2.** Manière de vivre propre à qqn ou à un groupe. *Mener une vie simple.* ◇ *Ce n'est pas une vie :* c'est intenable, c'est une situation insupportable. **3.** Ensemble des activités de qqn dans un domaine spécifique. *Il a une vie culturelle et sociale très remplie.* **4.** Ensemble des moyens matériels (aliments, argent, etc.) nécessaires pour assurer l'existence de qqn. *La vie est chère. Gagner bien, mal sa vie.* ◇ Fam. *Faire la vie.* **a.** S'adonner, souvent avec excès, à tous les plaisirs. **b.** Être insupportable. **5.** Condition humaine, monde des humains. *Connaître, affronter la vie.* **6.** Biographie, histoire de qqn. *Il a écrit une vie de Van Gogh.* **B. 1.** Mouvement, dynamisme, vitalité qui caractérisent une œuvre, animent un lieu. *Style plein de vie. Rendre la vie à un quartier.* **2.** Ensemble des activités, de la production d'un pays, d'un groupe dans un domaine donné. *La vie politique en France.* **3.** Existence, dans le temps, des choses soumises à une évolution. *La vie des mots. La vie des étoiles.*

VIEIL adj.m. → ***1. vieux.***

VIEILLARD n.m. Homme très âgé. (Le fém. *vieillarde* est litt. et péj. ; on dit plutôt *vieille.*) ◆ pl. Ensemble des personnes âgées.

VIEILLE n.f. **1.** Labre (poisson). **2.** → ***vieux.***

VIEILLERIE n.f. **1.** Objet ancien, usé et démodé. **2.** Idée rebattue, conception surannée ; œuvre démodée, qui n'a plus d'intérêt.

VIEILLESSE n.f. **1.** Dernière période de la vie normale, caractérisée par un ralentissement des fonctions ; fait d'être vieux. ◇ *Assurance vieillesse :* branche de la Sécurité sociale qui assure le versement des prestations en espèces aux personnes retirées de la vie active du fait de leur âge ; cette prestation. **2.** Litt. Grand âge de qqch. *Vieillesse d'un vin.* **3.** Ensemble des personnes âgées.

VIEILLI, E adj. **1.** Qui porte les marques de la vieillesse ; qui a perdu sa force, sa jeunesse. *Il a trouvé son père très vieilli.* **2.** Passé de mode, qui n'est plus en usage. **3.** LING. Qui tend à sortir de l'usage courant mais qui est encore compris de la plupart des locuteurs d'une langue (à la différence de *vieux*). *Mot vieilli.*

VIEILLIR v.i. **1.** Avancer en âge. *Nous vieillissons tous.* ◇ Spécialt. Perdre sa force, sa vitalité, l'apparence de la jeunesse en prenant de l'âge. *En quinze ans, il n'a pas vieilli !* **2.** S'affaiblir par la durée ; commencer à n'être plus d'usage, plus apprécié. *La mode vieillit vite.* **3.** Acquérir des qualités particulières par la conservation (alcools, vins, fromages, viandes fumées...). ◆ v.t. **1.** Faire paraître plus vieux. *Cette robe te vieillit.* **2.** Fatiguer, affaiblir comme le fait la vieillesse. *Les soucis l'ont vieilli.* ◆ **se vieillir** v.pr. Se faire paraître plus vieux ; se dire plus vieux qu'on ne l'est réellement.

VIEILLISSANT, E adj. Qui vieillit.

VIEILLISSEMENT n.m. **1.** Fait de devenir vieux, ensemble des phénomènes qui marquent l'évolution d'un organisme vivant vers la mort. **2.** État de ce qui vieillit. ◇ Fait pour un groupe de voir sa moyenne d'âge s'élever progressivement. *Vieillissement de la population.* **3.** Action de vieillir (qqn, qqch). ◇ MÉTALL. Maturation. **4.** Fait de se démoder, de ne plus correspondre aux besoins d'une époque. *Vieillissement d'une doctrine.*

VIEILLOT, OTTE adj. Démodé, suranné. *Des idées vieillottes.*

VIÈLE n.f. (anc. fr. *viele,* var. de *viole*). Tout instrument de musique aux cordes frottées par un archet ou par une roue (vielle), indépendamment de la forme et du nombre des cordes.

VIELLE n.f. (anc. prov. *viola*). *Vielle à roue :* vièle à clavier dont les cordes sont frottées par une roue mise en rotation par une manivelle.

joueuses de **vielle** à roue

VIELLER v.i. Jouer de la vielle.

VIELLEUR, EUSE ou **VIELLEUX, EUSE** n. Joueur de vielle.

VIENNOIS, E adj. et n. **1.** De Vienne, capitale de l'Autriche. **2.** De Vienne, ville de l'Isère. **3.** Du département de la Vienne.

VIENNOISERIE n.f. Ensemble des produits de boulangerie fabriqués avec une pâte fermentée enrichie de sucre, de lait, de matières grasses et d'œufs (pains au lait, brioches, croissants, etc.).

1. VIERGE adj. (lat. *virgo, virginis*). **1.** Se dit d'une personne qui n'a jamais eu de relations sexuelles. **2.** Se dit d'un lieu où l'on n'a pas pénétré, de qqch qui est intact, qui n'a pas encore servi. *Forêt vierge. Page vierge.* ◇ *Huile vierge,* obtenue par pression à froid de graines ou de fruits oléagineux et directement consommable. ◇ Litt. *Vierge de :* sans trace de, exempt de.

2. VIERGE n.f. **1.** Fille vierge. **2.** *La Sainte Vierge, la Vierge* ou *la Vierge Marie :* la mère de Jésus. **3.** *La Vierge :* constellation et signe du zodiaque (v. partie n. pr.). ◇ *Une vierge :* une personne née sous ce signe.

VIETNAMIEN, ENNE adj. et n. Du Viêt Nam. ◆ n.m. Langue parlée principalement au Viêt Nam, qui s'écrit avec un alphabet latin, le quôc-ngu.

1. VIEUX ou **VIEIL, VIEILLE** adj. et n. (lat. *vetus*) [devant un n.m. commençant par une voyelle ou un *h* muet, on utilise l'adj. *vieil* (et non *vieux*)]. **1.** Avancé en âge. *Un vieil homme. Une pauvre vieille.* – *Se faire vieux :* vieillir. **2.** Fam. *Mon vieux, ma vieille* (termes d'amitié) ; pop., mon père, ma mère. ◇ Fam. *Un vieux de la vieille :* un vétéran, ancien dans le métier. ◆ adj. **1.** Qui a les caractères de la vieillesse. *Se sentir vieux.* ◇ *Les vieux jours :* la vieillesse. – Fam. *Ne pas faire de vieux os :* ne pas vivre longtemps. **2.** (Surtout au comparatif). Âgé, âgé de. *Il est plus vieux que son frère, plus vieux de deux ans.* **3.** Qui existe depuis longtemps, qui dure. *Un vieux meuble. Une vieille habitude.* **4.** Qui est depuis longtemps dans tel état, tel métier, etc. *Un vieil ami. Un vieux soldat.* **5.** Usé, qui a beaucoup servi ; suranné. *Une vieille pèlerine.* ◇ *Vieux jeu :* suranné, démodé.

2. VIEUX n.m. **1.** Ce qui est ancien. *Acheter du vieux.* **2.** Fam. *Prendre un coup de vieux :* vieillir brusquement.

VIEUX-, VIEILLE-CATHOLIQUE n. et adj. (pl. *vieux-catholiques, vieilles-catholiques*). **1.** Catholique qui refusa d'adhérer au dogme de l'infaillibilité pontificale en 1870. (Les vieux-catholiques constituent une Église indépendante de 600 000 fidèles env.) **2.** Se dit d'une Église schismatique hollandaise, dite *Église d'Utrecht,* héritière du jansénisme du XVIIIe s.

VIEUX-CROYANT n.m. (pl. *vieux-croyants*). Membre d'une des communautés dissidentes russes qui vivent en marge de l'Église officielle depuis le raskol (XVIIe s.).

VIEUX-LILLE n.m. inv. Fromage de Maroilles soumis à un long affinage et au goût très prononcé.

1. VIF, VIVE adj. (lat. *vivus*). **1. a.** Qui a de la vitalité, de la vigueur ; agile, preste. *Des yeux vifs. Un pas vif.* **b.** Vivant. *Être brûlé vif.* ◇ *Plus mort que vif :* paralysé par la peur. – *De vive voix :* directement et oralement. ◇ *Eau vive,* qui coule d'une source. – *Haie vive,* formée d'arbustes en pleine végétation. **2.** Qui réagit, conçoit promptement. *Intelligence vive.* **3.** Prononcé, très net. *Vive surprise. Un penchant très vif.* **4.** Prompt à s'emporter. *Tempérament un peu vif.* **5.** Exprimé avec violence ou mordant. *Vifs reproches.* ◇ *De vive force :* en employant la violence. **6.** Éclatant, intense. *Couleur vive.* **7.** Qui saisit. *Froid vif.* **8.** *À joints vifs,* se dit d'une construction en pierres posées à sec, sans mortier. ◇ *Arête vive :* angle saillant et non émoussé d'une pierre, d'un matériau.

2. VIF n.m. **1.** Chair vive. ◇ *À vif :* avec la chair à nu. ◇ Fig. *Trancher, couper dans le vif :* trancher jusque dans les parties essentielles, les inclinations les plus chères ; prendre des mesures énergiques. – *Piquer, toucher au vif,* au point le plus sensible. **2.** Fig. Ce qu'il y a de plus important, de plus intéressant. *Entrer dans le vif d'une question.* **3.** DR. Personne vivante. *Donation entre vifs.* ◇ Fig. *Prendre, saisir sur le vif :* imiter d'après nature avec beaucoup de vie. **4.** Petit poisson vivant qui sert d'appât. **5.** *Vif de l'eau :* marée de vive-eau.

VIF-ARGENT n.m. (lat. *argentum vivum,* mercure) [pl. *vifs-argents*]. Vx. Mercure.

VIGIE n.f. (port. *vigia,* de *vigiar,* veiller). MAR. **1.** Homme de veille placé en observation à bord d'un navire. **2.** Surveillance ainsi exercée.

VIGIL, E adj. (lat. *vigil,* éveillé). MÉD. Qui a lieu à l'état de veille. *Coma vigil.*

VIGILAMMENT adv. Litt. De façon vigilante.

VIGILANCE n.f. (lat. *vigilantia,* habitude de veiller). **1.** Surveillance attentive et soutenue. *Redoubler de vigilance.* **2.** PHYSIOL. État physiologique de l'organisme qui reçoit des stimulations et y répond.

VIGILANT, E adj. Plein de vigilance, attentif.

1. VIGILE n.f. (lat. *vigilia,* veille). RELIG. CATH. Jour qui précède et prépare une fête religieuse importante.

2. VIGILE n.m. (lat. *vigil,* veilleur). **1.** HIST. Dans la Rome antique, membre des cohortes chargées de combattre les incendies et de veiller, la nuit, à la sécurité de la ville. **2.** Personne chargée de la surveillance de locaux administratifs, industriels, universitaires, etc.

VIGNE n.f. (lat. *vinea,* de *vinum,* vin). **1.** Arbrisseau grimpant, cultivé pour ses baies sucrées, ou raisin, dont le suc fermenté fournit le vin. (Famille des ampélidacées.) ◇ *Vigne vierge :* arbrisseau grimpant souvent ornemental, qui s'accroche aux surfaces lisses par des vrilles formant ventouses. SYN. : ***ampélopsis.*** **2.** Terrain planté de vigne cultivée ; vignoble. – *Pêche de vigne :* pêche rouge provenant, à l'origine, de pêchers intercalés entre les ceps de vigne, qui produisent au moment des vendanges. ◇ *Être dans les vignes du Seigneur :* être ivre.

■ La tige ligneuse de la vigne, ou cep, porte des rameaux feuillés, ou pampres, qui se lignifient ensuite et deviennent des sarments ; les pampres s'accrochent par des vrilles. On reproduit la vigne par bouturage, marcottage ou greffage. La vigne exige un climat local chaud et assez sec. L'invasion du phylloxéra, qui a affecté la France dans la décennie 1870, a conduit à l'introduction de plants américains résistant au puceron, utilisés comme producteurs directs ou, le plus souvent, comme porte-greffes.

vigne et **vigne vierge**

VIGNEAU ou **VIGNOT** n.m. (de *vigne*). Région. Bigorneau.

VIGNERON, ONNE n. Personne qui cultive la vigne, fait du vin. ◆ adj. Relatif à la vigne, au vigneron.

VIGNETAGE n.m. PHOT. Défaut d'un matériel de prise de vues ou de projection qui se traduit par un assombrissement des angles ou même des bords de l'image.

VIGNETER v.i. [27]. PHOT. Produire un vignetage. *Cet objectif vignette.*

VIGNETTE n.f. (de *vigne*). **1.** Petit motif ornemental, petite illustration d'un texte, d'un livre. **2.** Petite étiquette, portant l'estampille de l'État, servant à attester le paiement de certains droits, notamment de la taxe sur les automobiles. **3.** Timbre attaché à certaines spécialités pharmaceutiques, que l'assuré social doit coller sur sa feuille de maladie pour être remboursé.

VIGNETTISTE n. Personne qui dessine ou grave des vignettes, en particulier pour les livres.

VIGNETURE n.f. (de *vignette*). Bordure de rameaux de vigne qui ornait des miniatures, des pièces d'orfèvrerie (XIVe-XVe s.).

VIGNOBLE n.m. **1.** Territoire planté de vignes ; ces vignes elles-mêmes. **2.** Ensemble des vignes d'une région, d'un pays.

VIGNOT n.m. → ***vigneau.***

VIGOGNE n.f. (esp. *vicuña,* du quechua). **1.** Petit lama des Andes, au pelage laineux. **2.** Tissu fin fait avec le poil de cet animal.

VIGOUREUSEMENT adv. Avec vigueur.

VIGOUREUX, EUSE adj. **1.** Qui est plein de santé, qui a de la vigueur, de l'énergie, de la force ; robuste. *Un enfant vigoureux.* **2.** Qui est fait, appliqué, exécuté avec vigueur ; énergique. *Poignée de main vigoureuse.* **3.** Qui manifeste de la détermination, de la fermeté. *Des mesures vigoureuses.*

VIGUERIE [vigri] n.f. Fonction du viguier.

VIGUEUR n.f. (lat. *vigor*). **1.** Force physique. *La vigueur de la jeunesse.* **2.** Énergie physique ou morale avec laquelle on exécute qqch. *Agir avec vigueur.* **3.** Fermeté, puissance, manifestée par la pensée, le style, etc. *S'exprimer avec vigueur. La vigueur d'un discours.* **4.** *En vigueur :* en usage, en application. *Les lois en vigueur.*

VIGUIER n.m. (mot d'anc. prov., du lat. *vicarius*). **1.** Dans le midi de la France, juge qui rendait la justice au nom du comte ou du roi, avant 1789. **2.** Magistrat et chef militaire d'Andorre.

V. I. H. n.m. (sigle de *virus d'immunodéficience humaine*). Dénomination française officielle du virus responsable du sida.

VIHARA n.m. inv. (mot sanskr.). Monastère bouddhique ou jaïn. Graphie savante : *vihāra.*

VIKING [-kiŋ] adj. Relatif aux Vikings.

VIL, E adj. (lat. *vilis*). Litt. **1.** Méprisable. *Homme vil.* **2.** *À vil prix :* très bon marché.

1. VILAIN n.m. (bas lat. *villanus, de villa,* ferme). FÉOD. **1.** Paysan libre, par opp. au serf. **2.** Villageois, par opp. au bourgeois. **3.** Roturier, par opp. au noble.

2. VILAIN, E adj. (de 1. *vilain*). **1.** Qui est laid, désagréable à voir, qui déplaît. *De vilaines dents.* **2.** Qui est moralement laid, malhonnête, méprisable. *De vilaines pensées. Un vilain mot.* **3.** Qui peut présager un danger, qqch de grave, inquiétant. *Une vilaine toux.* **4.** Se dit d'un temps désagréable. *Quel vilain temps !* ◆ adv. Fam. *Il fait vilain :* il fait mauvais temps. ◆ adj. et n. Se dit d'un enfant insupportable, désobéissant. ◆ n.m. Fam. *Du vilain :* des choses fâcheuses ; dispute, scandale. *Il va y avoir du vilain.*

VILAINEMENT adv. De façon vilaine, contraire aux règles de la beauté, de la morale, etc. *Il est vilainement bâti. Parler vilainement.*

VILAYET [vilajɛ] n.m. (turc *vilâyet ;* de l'ar.). Division administrative de l'Empire ottoman.

VILEBREQUIN n.m. (moyen fr. *wimbelkin*). **1.** Outil au moyen duquel on imprime un mouvement de rotation à une mèche pour percer des trous, ou à une clef de serrage pour vis ou écrou. **2.** MÉCAN. Arbre qui transforme un mouvement rectiligne alternatif, notamment celui de l'ensemble piston-bielle d'un moteur thermique, en un mouvement circulaire.

VILEMENT adv. Litt. De façon vile.

VILENIE [vilni] ou [vileni] n.f. (de *vilain*). Litt. Action ou parole basse et vile.

VILIPENDER v.t. (lat. *vilis,* vil, et *pendere,* estimer). Litt. Traiter qqn, qqch avec beaucoup de mépris ; dénigrer.

VILLA n.f. (it. *villa ;* du lat.). **1.** Maison d'habitation ou de villégiature, généralement vaste et avec jardin. **2.** Voie privée bordée de maisons individuelles. **3.** ANTIQ. Domaine rural ou riche demeure de villégiature à Rome et en Gaule romaine.

VILLAFRANCHIEN n.m. (de *Villafranca,* en Italie). GÉOL. Étage situé entre le pliocène et le pléistocène.

VILLAGE n.m. (lat. médiév. *villagium,* du lat. class. *villa,* ferme). **1.** Groupement d'habitations permanentes dont les habitants, en majorité, sont engagés dans le secteur agricole. **2.** Ensemble des habitants d'une telle localité. *Tout le village est au courant.* **3.** Ensemble organisé de structures d'accueil, en particulier pour les séjours de vacances, de retraite, etc. *Village club.* ◇ *Village de toile :* terrain de camping.

VILLAGEOIS, E n. Habitant d'un village. ◆ adj. Relatif, propre au village, aux villageois. *Fête villageoise.*

VILLANELLE n.f. (it. *villanella,* de *villano,* paysan). MUS. **1.** Composition polyphonique de caractère populaire, originaire de Naples, en vogue aux XVe et XVIe s. **2.** Chanson pastorale et populaire, sous forme de poème à forme fixe composé d'un nombre impair de tercets et terminé par un quatrain.

VILLE n.f. (lat. *villa,* maison de campagne). **1.** Agglomération relativement importante et dont les habitants ont des activités professionnelles diversifiées, notamment dans le domaine tertiaire. – *À la ville :* dans une ville, par opp. à *à la campagne ;* dans la vie quotidienne, dans la vie privée. – *En ville :* dans une ville. *Vivre en ville ;* dans la partie commerçante de l'agglomération. *Faire ses courses en ville ;* hors de chez soi. *Souper en ville.* – *Ville nouvelle :* ville créée à proximité d'une agglomération urbaine importante et où est prévu le développement simultané des fonctions économiques et de résidence. – *Ville ouverte :* ville qui n'est pas défendue en temps de guerre. – IMPR. *Travaux de ville :* imprimés courants. SYN. : ***bilboquet.*** **2.** Population, habitants d'une ville. *Toute la ville en parle.* **3.** Vie que l'on mène en ville. *Préférer la campagne à la ville.*

VILLE-CHAMPIGNON n.f. (pl. *villes-champignons*). Ville dont la population s'accroît très rapidement.

VILLE-DORTOIR n.f. (pl. *villes-dortoirs*). Cité-dortoir.

VILLÉGIATURE n.f. (it. *villeggiatura,* de *villeggiare,* aller à la campagne). **1.** Séjour à la campagne, à la mer, etc., pour prendre du repos, des vacances. *Partir en villégiature à Deauville.* **2.** Lieu d'un tel séjour.

VILLÉGIATURER v.i. Fam. et VX. Être en villégiature.

VILLE-SATELLITE n.f. (pl. *villes-satellites*). Ville distincte d'un centre urbain plus important, mais qui a des relations étroites avec lui, bien qu'administrativement autonome.

VILLEURBANNAIS, E adj. et n. De Villeurbanne.

VILLEUX, EUSE adj. (lat. *villosus*). BOT. Couvert de longs poils touffus.

VILLOSITÉ n.f. **1.** État d'une surface velue ; ensemble des poils qui recouvrent cette surface. **2.** ANAT. Chacune des saillies filiformes creuses qui tapissent intérieurement l'intestin grêle et autres cavités.

VIMANA n.m. inv. (mot sanskr.). En architecture indienne médiévale, tour-sanctuaire pyramidale. Graphie savante : *vimāna.*

VIN n.m. (lat. *vinum*). **1.** Boisson fermentée préparée à partir de raisin frais. *Vin blanc, vin rouge.* – *Vin cuit :* vin provenant d'un moût concentré à chaud. – *Vin délimité de qualité supérieure (V. D. Q. S.) :* vin d'appellation simple, dont la qualité est garantie par un syndicat responsable de l'appellation. – *Vin de liqueur, vin doux naturel :* vins obtenus à partir de moût de raisin frais et par addition d'alcool. – *Vin mousseux :* vin qui a subi une deuxième fermentation, en bouteille ou en cuve, soit spontanément, soit par la méthode champenoise. – *Vin nouveau :* vin de l'année, commercialisé rapidement après la vinification (en décembre, ou pour les vins dits *de primeur,* à partir du troisième jeudi de novembre). – *Vin de pays :* vin sans appellation, de bonne qualité. – *Vin de table :* vin de consommation courante. ◇ *Vin d'honneur :* petite cérémonie offerte par les municipalités, les sociétés, etc., au cours de laquelle on boit du vin en l'honneur de qqn ou pour fêter qqch. – *Entre deux vins :* un peu ivre. – *Mettre de l'eau dans son vin :* se radoucir, se modérer. **2.** Jus d'origine végétale dont une partie ou la totalité du sucre est transformée par fermentation. *Vin de riz. Vin de palme.* – *Vin d'orange :* boisson obtenue par macération d'oranges amères dans du vin rouge. **3.** MÉD. *Tache de vin :* angiome plan.

■ Le vin rouge est obtenu à partir du raisin noir que l'on fait tout d'abord éclater par foulage. La vendange foulée, mise à macérer, subit la fermentation alcoolique sous l'action de levures. Le vin est ensuite soutiré pour être séparé des lies. Certains vins se commercialisent très tôt, dans l'année qui suit la vendange ; d'autres vieillissent en tonneaux ou en bouteilles. Dans la fabrication du vin blanc, les raisins, blancs ou noirs, sont foulés et pressés, et c'est le moût qui est soumis à fermentation. La consommation de vin par habitant dans le monde tend actuellement à décroître.

VINA n.f. inv. (mot sanskr.) Cithare indienne à quatre cordes, munie de deux calebasses comme résonateurs. Graphie savante : *vīnā.*

VINAGE n.m. Addition d'alcool au vin ou au moût, licite pour la préparation des mistelles et des vins spéciaux.

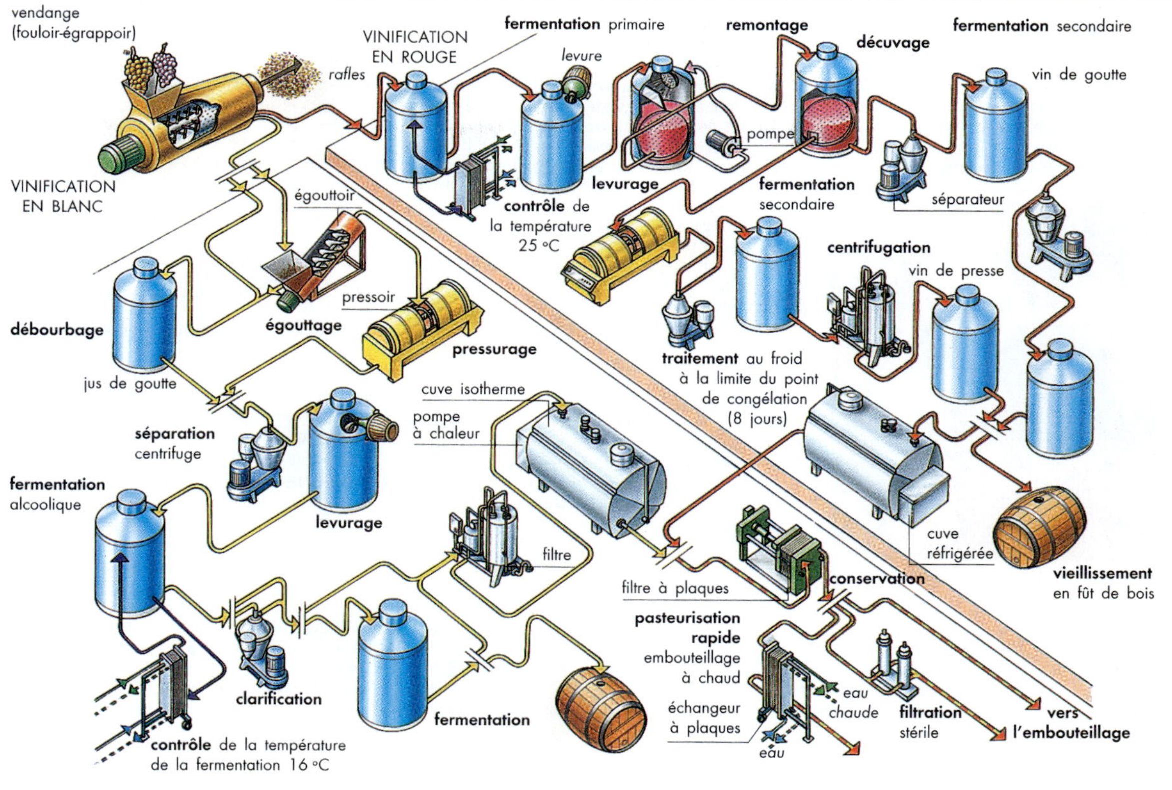

vin : schéma d'élaboration (vin rouge et vin blanc)

VINAIGRE n.m. (de *vin* et *aigre*). Produit constitué par une solution aqueuse riche en acide acétique, résultant d'une fermentation du vin ou d'un autre liquide alcoolisé, utilisé en particulier comme condiment pour l'assaisonnement. ◇ Fam. *Faire vinaigre :* se dépêcher. – Fam. *Tourner au vinaigre :* prendre une fâcheuse tournure.

VINAIGRER v.t. Assaisonner avec du vinaigre.

VINAIGRERIE n.f. **1.** Usine ou atelier où l'on fabrique le vinaigre. **2.** Industrie du vinaigre.

VINAIGRETTE n.f. **1.** Sauce froide préparée avec du vinaigre, de l'huile et des condiments, servant à accompagner les salades, les crudités. **2.** Ancien véhicule à deux roues, sorte de chaise à porteurs.

VINAIGRIER n.m. **1.** Celui qui fabrique ou qui vend du vinaigre. **2.** Récipient servant à la fabrication domestique du vinaigre. **3.** Burette à vinaigre.

VINAIRE adj. (lat. *vinarius*). Relatif au vin.

VINASSE n.f. **1.** Fam. Vin médiocre et fade. **2.** Résidu de la distillation des moûts fermentés, utilisé comme engrais ou pour l'alimentation du bétail.

VINBLASTINE n.f. Alcaloïde antimitotique extrait de la pervenche rose.

VINCAMINE n.f. Alcaloïde vasodilatateur de la pervenche, employé pour améliorer l'oxygénation du cerveau en cas d'insuffisance circulatoire cérébrale.

VINCRISTINE n.f. Alcaloïde de la pervenche utilisé en particulier à l'état de sulfate dans le traitement des leucémies aiguës.

VINDAS [vɛ̃das] n.m. (anc. scand. *vindáss*). Treuil vertical qu'on fait tourner au moyen de leviers.

VINDICATIF, IVE adj. et n. (lat. *vindicare*, venger). Qui aime à se venger. *Caractère vindicatif.* ◆ adj. Qui est inspiré par le désir de vengeance. *Un ton vindicatif.*

VINDICTE n.f. (lat. *vindicta*). Litt. Punition des crimes. – *Vindicte publique, populaire :* poursuite d'un crime au nom de la société.

VINÉE n.f. **1.** Vx. Récolte du vin. **2.** Branche à fruits dans la taille longue de la vigne.

VINER v.t. Additionner d'alcool des vins, des moûts pour remonter leur degré alcoolique.

VINEUX, EUSE adj. (lat. *vinosus*). **1.** Se dit d'un vin riche en alcool. **2.** Qui a le goût ou l'odeur du vin. **3.** Qui rappelle la couleur du vin rouge. *Teint vineux.*

VINGT [vɛ̃] ([vɛ̃t] devant une voyelle, un *h* muet ou un autre nombre) adj. num. et n.m. (lat. *viginti*). **1.** Deux fois dix. *Vingt francs.* **2.** Vingtième. *Page vingt.* – REM. *Vingt* prend un *s* quand il est précédé d'un adjectif de nombre qui le multiplie : *quatre-vingts* (voir ce mot), *les Quinze-Vingts.*

VINGTAINE [vɛ̃tɛn] n.f. Quantité représentant vingt unités ou environ. *Une vingtaine de blessés.*

VINGT-DEUX [vɛ̃tdø] interj. Pop. *Vingt-deux !,* indique un danger imminent, l'arrivée inopportune de qqn, en particulier de la police.

VINGT-ET-UN [vɛ̃teœ̃] n.m. inv. Jeu de hasard dans lequel on reçoit deux cartes devant totaliser vingt et un points, ou s'en approcher.

VINGTIÈME [vɛ̃tjɛm] adj. num. ord. et n. **1.** Qui occupe le rang marqué par le nombre vingt. **2.** Qui est contenu vingt fois dans un tout. ◆ n.m. HIST. *Impôt du vingtième :* impôt indirect, institué en 1749 et aboli en 1786, qui frappait de 5 p. 100 tous les revenus déclarés, et qui était destiné à l'amortissement de la dette.

VINGTIÈMEMENT [vɛ̃tjɛmmɑ̃] adv. En vingtième lieu.

VINGT-QUATRE [vɛ̃tkatr] adj. num. *Vingt-quatre heures :* un jour entier.

VINICOLE adj. Relatif à la viniculture.

VINICULTURE n.f. Ensemble des activités d'élaboration, de conservation, de conditionnement et de commerce du vin.

VINIFÈRE adj. Qui produit du vin. *Terrain vinifère.*

VINIFICATEUR, TRICE n. Personne qui réalise la vinification.

VINIFICATION n.f. Transformation du raisin ou du jus de raisin en vin ; ensemble des techniques mises en œuvre pour cette transformation.

VINIFIER v.t. Opérer la vinification de.

VINIQUE adj. Vx. Qui provient du vin.

VINOSITÉ n.f. Qualité d'un vin vineux.

VINTAGE n.m. (mot angl., *grand cru*). Porto millésimé qui a vieilli au moins dix ans.

VINYLE n.m. **1.** Radical éthylénique monovalent $H_2C{=}CH$—. **2.** Disque microsillon en Vinylite (par opp. à *disque compact*). SYN. : *disque noir.*

VINYLIQUE adj. Se dit des composés renfermant le radical vinyle et des résines obtenues par leur condensation.

VINYLITE n.f. (nom déposé). Copolymère de chlorure et d'acétate de vinyle, utilisé pour le pressage des disques microsillons.

VIOC, VIOQUE n. et adj. (anc. fr. *viot*, vieillard). Pop. Vieux, vieille ; père, mère. ◆ n.m. pl. *Les viocs :* les parents.

VIOL n.m. **1.** Acte de pénétration sexuelle commis sur autrui par violence, contrainte ou surprise, qui constitue un crime dans la législation française. **2.** Action de transgresser une loi, une règle, etc. **3.** Action de pénétrer dans un lieu interdit.

VIOLACÉ, E adj. (lat. *viola*, violette). D'une couleur tirant sur le violet.

VIOLACÉE n.f. *Violacées :* famille d'herbes ou d'arbustes aux fleurs dialypétales zygomorphes, tels que la violette, la pensée.

VIOLACER (SE) v.pr. [16]. Devenir violet ou violacé.

VIOLAT adj.m. Vx. Qui est à base d'extrait de violette. *Sirop violat.*

VIOLATEUR, TRICE n. **1.** Personne qui viole un lieu. **2.** Personne qui viole les lois, les engagements.

VIOLATION n.f. **1.** Action de transgresser une loi, une règle, un engagement. *Violation d'un serment.* – *Violation de la loi :* méconnaissance ou mauvaise application d'une disposition légale ou réglementaire commise par une décision de justice, qui donne lieu au recours en cassation ou au recours pour excès de pouvoir. – *Violation des correspondances :* délit commis par celui qui, de mauvaise foi, ouvre ou supprime la correspondance adressée à un tiers. **2.** Action de pénétrer de force dans un lieu. *Violation de territoire.* – *Violation de domicile :* délit commis par celui qui s'introduit ou se maintient irrégulièrement au domicile d'autrui et contre son gré. **3.** Profanation d'un lieu sacré, d'une sépulture.

VIOLÂTRE adj. Litt. D'une couleur tirant sur le violet.

VIOLE n.f. (anc. prov. *viola*). Instrument de musique à cordes frottées, comportant des frettes sur son manche. – *Viole d'amour :* instrument de la famille des violons, à deux rangées superposées de cordes, dans lequel le frottement de l'une entraîne la résonance de l'autre. – *Viole de bras :* viole qui se joue à l'épaule, soutenue par le bras. – *Viole de gambe :* viole qui se joue sur ou entre les jambes.

joueuse de **viole** de gambe (détail d'une peinture de C. Netscher) [Louvre, Paris]

VIOLEMMENT [vjɔlamɑ̃] adv. Avec violence.

VIOLENCE n.f. (lat. *violentia*). **1.** Caractère de ce qui se manifeste, se produit ou produit ses effets avec une force intense, extrême, brutale. *Tempête d'une rare violence.* **2.** Caractère de qqn qui est emporté, agressif ; brutalité. **3.** Extrême véhémence, outrance dans les propos, le comportement. **4.** *Faire violence à :* contraindre qqn par la force ; interpréter qqch d'une manière forcée, le dénaturer. ◇ Fam. *Se faire une douce violence :* n'avoir pas à se forcer beaucoup pour faire qqch qu'en fait on aime particulièrement faire. ◆ pl. Actes violents. *Commettre des violences.*

VIOLENT, E adj. et n. (lat. *violentus*). Qui use avec brutalité de sa force physique, qui est très emporté. *C'est un violent.* ◆ adj. **1.** Qui a une force brutale, une grande intensité. *Un orage violent. Une passion violente.* **2.** Qui exige de l'énergie. *Exercice violent.* **3.** Fam. Excessif, vexant. *C'est un peu violent d'être ainsi reçu !* **4.** *Mort violente :* mort causée par un accident, un suicide, etc., par opp. à *mort naturelle.*

VIOLENTER v.t. **1.** Commettre sur qqn un viol ou une tentative de viol. **2.** Litt. Faire violence à qqn, le contraindre, le faire agir par force.

VIOLER v.t. (lat. *violare*). **1.** Commettre un viol sur qqn. **2.** Transgresser, enfreindre. *Violer la loi, un règlement.* **3.** Ouvrir qqch, pénétrer dans un lieu de force, malgré une interdiction. *Violer un coffre-fort. Violer un domicile.*

1. VIOLET, ETTE adj. De la couleur de la violette, mélange de bleu et de rouge.

2. VIOLET n.m. **1.** Couleur violette. **2.** ZOOL. Microcosme des côtes de la Méditerranée.

VIOLETER v.t. [27]. Teinter de violet.

VIOLETTE n.f. (anc. fr. *viole ;* du lat. *viola*). **1.** Plante des bois et des haies, à fleurs violettes ou blanches souvent très odorantes. (Famille des violacées.) **2.** Parfum de cette plante.

violette

VIOLEUR, EUSE n. Personne qui a commis un viol sur qqn.

VIOLIER n.m. (anc. fr. *viole,* violette). Nom usuel de diverses giroflées, notamment la giroflée rouge, et de diverses matthioles.

VIOLINE adj. et n.m. D'une couleur violet pourpre.

VIOLISTE n. Musicien, musicienne qui joue de la viole.

VIOLON n.m. (de *viole*). **I. 1.** Instrument de musique à quatre cordes accordées par quintes *(sol, ré, la, mi),* que l'on frotte avec un archet. ◇ Fig. *Accorder ses violons :* se mettre d'accord. **2.** *Violon d'Ingres :* talent qu'une personne cultive pour son plaisir en marge de son activité principale. **3.** Musicien qui joue de cet instrument. *Premier violon.* **II.** Fam. Prison d'un poste de police, d'un corps de garde.

■ Le terme de « violon » apparaît pour la première fois en 1529. C'est surtout aux luthiers de Crémone que la facture du violon doit ses perfectionnements (Stradivarius). L'instrument se compose de la caisse de résonance formée de deux tables voûtées réunies par les éclisses, du manche portant la touche sur laquelle l'interprète pose les doigts, et de la tête dans laquelle sont plantées les chevilles où s'enroulent les cordes supportées par le chevalet et retenues par le cordier. L'étendue du violon est de trois octaves et une sixte.

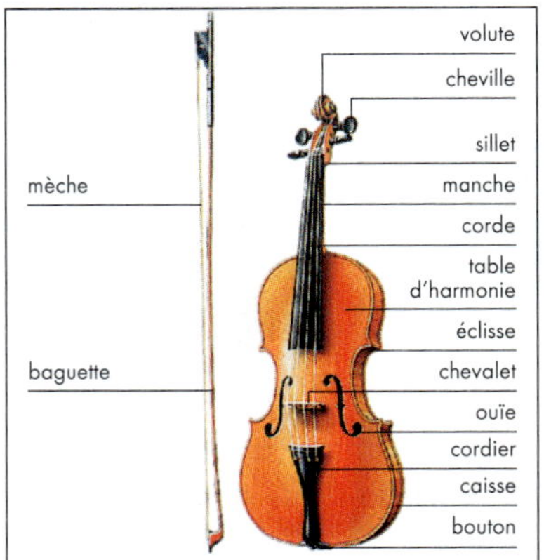

violon et archet

VIOLONCELLE n.m. (it. *violoncello*). **1.** Instrument de musique à quatre cordes accordées par quintes *(do, sol, ré, la),* que l'on frotte avec un archet (basse de la famille des violons). **2.** Vx. Violoncelliste.

VIOLONCELLISTE n. Musicien, musicienne qui joue du violoncelle.

VIOLONÉ, E adj. (de *violon*). Se dit d'un dossier de fauteuil, d'un objet chantournés, rappelant la forme du violon. (Style Louis XV.)

VIOLONER v.i. Fam. et vx. Jouer médiocrement du violon.

VIOLONEUX n.m. **1.** Anc. Ménétrier, musicien de village. **2.** Fam. Violoniste médiocre. **3.** Canada. Fam. Violoniste populaire, amateur.

VIOLONISTE n. Musicien, musicienne qui joue du violon.

VIOQUE n.f. et adj.f. → ***vioc.***

VIORNE n.f. (lat. *viburnum*). Arbuste à fleurs velues et blanches, aux baies rouges, dont les espèces principales sont l'obier et le laurier-tin. (Famille des caprifoliacées.)

V. I. P. [veipe] n. (sigle de l'angl. *very important person*). Fam. Personnalité de marque.

VIPÈRE n.f. (lat. *vipera*). **1.** Serpent venimeux, vivipare, long de 50 à 60 cm, à tête triangulaire, préférant les endroits pierreux et ensoleillés. – *Vipère à cornes :* céraste. **2.** Personne médisante ou malfaisante. – Fam. *Langue de vipère :* personne qui se plaît à médire, à calomnier.

■ La morsure des vipères inocule un venin dangereux, parfois mortel pour l'homme. Le traitement le plus efficace consiste dans l'injection de sérum antivenimeux, ce qui n'empêche pas les précautions immédiates, qui consistent à ligaturer, au-dessus de la plaie, le membre atteint (en déplaçant de temps à autre la ligature vers le haut), élargir sans hésitation la plaie, la faire saigner abondamment et la laver avec une solution d'hypochlorite de calcium (1 g pour 60 g d'eau) ou d'eau de Javel diluée (1 vol. pour 5 à 6 vol. d'eau). On peut aussi sucer la morsure de manière à en extraire le venin, mais à la condition expresse de n'avoir ni plaie ni excoriation dans la bouche. En France, on rencontre surtout deux vipères : la péliade et l'aspic.

vipère aspic

VIPEREAU, VIPÉREAU ou **VIPÉRIAU** n.m. Jeune vipère.

VIPÉRIDÉ n.m. *Vipéridés :* famille de serpents venimeux comprenant les différentes espèces de vipères (aspic, péliade, céraste), le crotale, etc.

VIPÉRIN, E adj. (lat. *viperinus*). Relatif à la vipère, ou qui lui ressemble. *Couleuvre vipérine.*

VIPÉRINE n.f. Plante velue des endroits incultes. (Famille des borraginacées.)

VIRAGE n.m. **1.** Changement de direction d'un véhicule, de qqn à skis, etc. *Faire un virage à droite.* **2.** Partie courbe d'une route, d'une piste. *Un virage relevé.* **3.** Changement d'orientation, de conduite d'un parti, d'une pensée, d'une politique. **4.** CHIM. Changement de couleur d'un réactif coloré. **5.** PHOT. Opération consistant à modifier le ton des épreuves par le passage dans divers bains. **6.** *Virage de la cuti-réaction :* fait pour la cuti-réaction de devenir positive.

VIRAGO n.f. (lat. *virago,* femme robuste, de *vir,* homme). Femme d'allure masculine, autoritaire et criarde.

VIRAL, E, AUX adj. **1.** Relatif aux virus. **2.** Provoqué par un virus. *Hépatite virale.*

VIRE n.f. Terrasse étroite sur la paroi verticale d'une montagne.

VIRÉE n.f. Fam. Promenade ou voyage rapides, faits pour se distraire.

VIRELAI n.m. (anc. fr. *vireli,* de *virer*). Poème médiéval sur deux rimes et comptant quatre strophes, dont la première est reprise intégralement ou partiellement après chacune des trois autres.

VIREMENT n.m. **1.** Opération consistant à créditer un compte bancaire ou postal par le débit d'un autre compte. ◇ *Virement de crédits :* opération qui consiste à affecter à un chapitre du budget des crédits votés pour un autre. **2.** MAR. *Virement de bord :* action de changer d'amures.

VIRER v.i. (lat. *vibrare,* balancer). **1.** Tourner sur soi, changer complètement de direction. **2.** Prendre un virage, tourner (pour se diriger dans telle direction). *Virer brusquement. Virer à gauche.* **3.** MAR. Exercer un effort sur un cordage ou sur une chaîne par enroulement sur un treuil ou sur un guindeau. **4.** Changer de nuance, en parlant d'une étoffe teinte. **5.** PHOT. Subir l'opération du virage. ◆ v.t. ind. *(à).* Changer de couleur, d'aspect, de caractère, de goût. *Virer au bleu. Virer à l'aigre.* ◆ v.t. **1.** Transférer d'un compte à un autre, faire un virement. **2.** PHOT. Soumettre à l'opération du virage. *Virer une épreuve.* ◇ *Virer sa cuti :* avoir une cuti-réaction positive ; fam., s'émanciper ; changer d'opinion. **3.** Fam. Enlever qqch de quelque part. *Virer un meuble.* **4.** Fam. Expulser qqn d'un lieu, d'un groupe. *On l'a viré du parti.* **5.** Fam. Congédier. *Virer un employé.*

VIRESCENCE [virɛsɑ̃s] n.f. (du lat. *virescere,* devenir vert). Verdissement accidentel des pétales de fleurs, causé le plus souvent par des parasites.

VIRETON n.m. Flèche d'arbalète, à laquelle un empennage de lames obliques imprimait un mouvement rotatif.

VIREUR n.m. Mécanisme permettant de modifier, à l'arrêt, la position de l'axe d'une machine tournante (turbine, alternateur, etc.).

VIREUX, EUSE adj. (du lat. *virus,* poison). Qui a une odeur forte ou une saveur nauséabonde, en parlant d'un produit végétal, généralement toxique.

VIREVOLTE n.f. 1. Tour rapide que fait une personne sur elle-même. 2. Fig. Changement complet de direction, d'opinion.

VIREVOLTER v.i. (anc. fr. *virevouster,* tourner en rond). Faire une virevolte.

1. VIRGINAL, E, AUX adj. (du lat. *virgo, virginis,* vierge). 1. D'une vierge ; qui a qqch de chaste. *Candeur virginale.* 2. Litt. D'une pureté, d'une blancheur éclatante ; qui n'a jamais été touché. *Neige virginale.*

2. VIRGINAL n.m. (pl. *virginals*). Épinette en usage en Angleterre aux XVIe et XVIIe s.

VIRGINIE n.m. Tabac en feuilles provenant de la Virginie.

VIRGINITÉ n.f. (lat. *virginitas,* de *virgo,* vierge). 1. État d'une personne vierge. 2. Pureté, candeur.

VIRGULE n.f. (lat. *virgula*). 1. Signe de ponctuation (,) servant à séparer les divers membres d'une phrase. 2. Signe qui sépare la partie entière et la partie décimale d'un nombre décimal. 3. *Bacille virgule :* vibrion du choléra.

VIRGULER v.t. Rare. Marquer de virgules.

VIRIL, E adj. (lat. *virilis,* de *vir,* homme). 1. Propre à l'homme, au sexe masculin. ◇ *Âge viril :* âge d'un homme fait. 2. Qui témoigne de l'énergie, de la fermeté, de la résolution que la tradition prête au sexe masculin. *Action virile. Langage viril.*

VIRILEMENT adv. D'une manière virile.

VIRILISANT, E adj. et n.m. MÉD. Se dit d'une substance qui fait apparaître des caractères masculins.

VIRILISER v.t. Donner un caractère viril à.

VIRILISME n.m. Apparition de caractères masculins chez un sujet de sexe féminin.

VIRILITÉ n.f. 1. Ensemble des caractères physiques de l'homme adulte. 2. Capacité d'engendrer ; vigueur sexuelle. 3. Litt. Mâle énergie, courage.

VIRILOCAL, E, AUX adj. ANTHROP. Se dit du mode de résidence de jeunes époux qui doivent habiter dans le village des parents du mari.

VIRION n.m. Particule virale formée d'un axe nucléique (A. D. N. ou A. R. N.) entouré d'une coque de protéines.

VIROCIDE adj. et n.m. → ***virulicide.***

VIROÏDE n.m. Agent pathogène composé d'un acide ribonucléique, responsable de plusieurs affections du système nerveux.

VIROLAGE n.m. Action de viroler.

VIROLE n.f. (lat. *viriola*). 1. Bague de métal qu'on met au bout de certains objets (manche d'outil, de couteau) pour les empêcher de se fendre, de s'user, etc. 2. Bague de tôle entrant dans la construction des chaudières et des réservoirs métalliques. 3. Dans la frappe des monnaies, bague en acier dans laquelle se place le flan et qui porte en creux les dessins qui doivent être reproduits en relief sur la tranche.

VIROLER v.t. 1. Munir d'une virole un manche d'outil. 2. Introduire les flans, destinés à produire des monnaies, dans la virole.

VIROLIER, ÈRE n. Ouvrier(ère) qui fabrique des viroles.

VIROLOGIE n.f. Partie de la microbiologie qui étudie les virus.

VIROLOGIQUE adj. De la virologie.

VIROLOGISTE ou **VIROLOGUE** n. Spécialiste de virologie.

VIROSE n.f. Maladie due à un virus.

VIRTUALITÉ n.f. Caractère de ce qui est virtuel.

VIRTUEL, ELLE adj. (du lat. *virtus,* force). 1. Qui n'est qu'en puissance ; potentiel, possible. 2. PHYS. *Objet virtuel, image virtuelle,* dont les points se trouvent sur le prolongement des rayons lumineux. ◇ *Réalité virtuelle :* simulation d'un environnement réel par des images de synthèse tridimensionnelles. 3. PHYS. *Particule virtuelle :* particule élémentaire de durée de vie trop courte pour être détectable.

VIRTUELLEMENT adv. De façon virtuelle.

VIRTUOSE n. (it. *virtuoso*). 1. MUS. Instrumentiste capable de résoudre, avec aisance, les plus grandes difficultés techniques. 2. Personne extrêmement habile dans un art, une technique, une activité.

VIRTUOSITÉ n.f. 1. Talent et habileté du virtuose en musique. 2. Grande habileté artistique ou technique en général.

VIRUCIDE adj. et n.m. → ***virulicide.***

VIRULENCE n.f. Caractère de ce qui est virulent.

VIRULENT, E adj. (bas lat. *virulentus,* de *virus,* poison). 1. MÉD. Doué d'un pouvoir pathogène intense. *Germes virulents.* 2. Nocif et violent. *Poison virulent.* 3. D'un caractère agressif très violent et mordant. *Un discours virulent.*

VIRULICIDE, VIROCIDE ou **VIRUCIDE** adj. et n.m. Se dit d'une substance qui détruit les virus.

VIRURE n.f. MAR. File de bordages s'étendant de l'avant à l'arrière de la carène d'un navire.

VIRUS [virys] n.m. (mot lat., *poison*). 1. MÉD. Micro-organisme invisible au microscope optique, traversant les filtres qui arrêtent habituellement les bactéries, possédant un seul type d'acide nucléique A. R. N. ou A. D. N., et parasite obligatoire des cellules eucaryotes. 2. Fig. Principe de contagion morale. *Le virus de la contestation.* 3. INFORM. Instruction ou suite d'instructions parasites, introduites dans un programme et susceptibles d'entraîner diverses perturbations dans le fonctionnement de l'ordinateur.

VIS [vis] n.f. (lat. *vitis,* vrille de la vigne). 1. Tige cylindrique, en général métallique, à tête le plus souvent aplatie, et dont la surface porte une saillie hélicoïdale destinée à s'enfoncer en tournant. – *Vis de pression :* vis servant à serrer un objet contre un autre. – *Vis Parker :* vis d'assemblage conçue spécialement pour une utilisation sur les tôles minces. – *Vis de rappel :* vis tournant entre deux points fixes et servant à amener ou à reculer un objet dont elle est solidaire. – *Vis mère :* sur un tour à fileter, vis de pas rigoureux qui assure à l'outil un déplacement de translation en relation avec le mouvement de rotation de la pièce à fileter. – *Vis sans fin :* vis dont les filets agissent sur les dents d'une roue à axe perpendiculaire à celui de la vis afin de lui transmettre un mouvement de rotation. – *Vis d'Archimède :* hélice tournant autour de son axe dans une goulotte et assurant le déplacement de matériaux pâteux ou pulvérulents. ◇ Fig. *Donner un tour de vis, serrer la vis :* adopter une attitude plus sévère. 2. *Escalier à vis* ou *en vis :* escalier tournant autour d'un noyau ou d'un vide central selon une courbe proche de l'hélice. SYN. : ***escalier en hélice, en colimaçon.***

VISA n.m. (mot lat., *choses vues*). 1. Sceau, signature ou paraphe apposés sur un document pour le valider ou pour attester le paiement d'un droit. 2. Cachet authentique, valant autorisation de séjour, apposé sur un passeport par les services diplomatiques (ambassade, consulat) des pays dans lesquels désire se rendre le demandeur.

VISAGE n.m. (anc. fr. *vis ;* du lat. *visus,* aspect). 1. Face humaine, partie antérieure de la tête. *Un joli visage.* 2. Personne identifiée par sa face, sa figure. *Aimer voir de nouveaux visages.* 3. Expression des traits de la face. *Un visage souriant.* ◇ *Changer de visage :* changer de couleur (rougir, pâlir), d'expression. – *Faire bon* ou *mauvais visage à qqn,* l'accueillir aimablement ou non. – *À visage découvert :* franchement. 4. Litt. Aspect d'une chose. *La ville offrait un visage de fête.*

VISAGISME n.m. Ensemble des techniques destinées à mettre en valeur la beauté d'un visage.

VISAGISTE n. Coiffeur, esthéticien dont la technique a pour but de mettre en valeur la spécificité d'un visage.

1. VIS-À-VIS [vizavi] loc. adv. (lat. *visus,* aspect). En face, à l'opposé. *Nous étions placées vis-à-vis.* ◆ loc. prép. *Vis-à-vis de :* en face de ; à l'égard de.

2. VIS-À-VIS n.m. 1. Personne, chose qui se trouve en face d'une autre. *J'avais pour vis-à-vis, à table, la présidente.* 2. Bâtiment, immeuble voisins que l'on voit en face d'une fenêtre. 3. Confident (fauteuil).

VISCACHE [viskaʃ] n.f. (du quechua). Rongeur d'Amérique du Sud, voisin du chinchilla, recherché pour sa fourrure.

VISCÉRAL, E, AUX [vise-] adj. 1. Relatif aux viscères ; qui les contient. *Cavité viscérale.* 2. Qui vient des profondeurs de l'être. *Une haine viscérale.* 3. *Squelette viscéral :* squelette soutenant la bouche et les branchies, chez certains vertébrés.

VISCÉRALEMENT [viseralmɑ̃] adv. De façon viscérale, profonde.

VISCÈRE [visɛr] n.m. (lat. *viscus, visceris*). 1. Tout organe contenu dans les grandes cavités du corps tel que le cœur, le foie, l'estomac, l'utérus, etc. 2. Organe quelconque.

VISCOÉLASTICITÉ n.f. Caractère d'un solide à la fois élastique et visqueux.

VISCOÉLASTIQUE adj. Doué de viscoélasticité.

VISCOPLASTICITÉ n.f. Caractère d'un solide à la fois plastique et visqueux.

VISCOPLASTIQUE adj. Doué de viscoplasticité.

VISCORÉDUCTION n.f. Procédé de raffinage qui abaisse la viscosité d'un fioul lourd par un craquage modéré en l'absence de catalyseur.

VISCOSE n.f. Cellulose sodique employée pour la fabrication de la rayonne, de la Fibranne et de pellicules transparentes (Cellophane, par ex.).

VISCOSIMÈTRE n.m. Appareil destiné à mesurer la viscosité des fluides, principalement des huiles de graissage.

VISCOSITÉ n.f. (bas lat. *viscosus,* gluant). 1. Caractère de ce qui est visqueux. 2. Résistance d'un fluide à l'écoulement uniforme et sans turbulence. ◇ *Viscosité absolue* ou *dynamique :* résistance opposée par un fluide pour une vitesse de déformation donnée. – *Viscosité cinématique :* quotient de la viscosité dynamique d'un fluide par sa masse volumique. 3. ÉCON. Lenteur d'adaptation des phénomènes économiques les uns aux autres. 4. PSYCHIATRIE. *Viscosité mentale :* ralentissement des processus psychiques.

VISÉ n.m. *Tir, tirer au visé,* en visant avec une arme à feu (par opp. à *au jugé*).

VISÉE n.f. Action de diriger le regard, une arme, un appareil photo vers qqch, un objectif. ◆ pl. But assigné à une action, ce que l'on cherche à atteindre. *Des visées politiques.*

1. VISER v.t. et i. (lat. *visere,* voir). 1. Diriger une arme, un objet vers l'objectif à atteindre. *Viser une cible. Viser juste.* 2. *Viser haut :* avoir des projets ambitieux. ◆ v.t. 1. Avoir un objectif en vue, briguer ; chercher à obtenir, rechercher. *Viser la présidence, les honneurs.* 2. Concerner qqn, qqch. *Vous n'êtes pas visés par cette décision.* ◆ v.t. ind. *(à).* Avoir en vue, poursuivre tel résultat. *Viser à plaire. Viser au succès.*

2. VISER v.t. Marquer d'un visa. *Viser un document.*

VISEUR n.m. 1. Dispositif optique servant à viser. 2. PHOT., CIN. Dispositif d'un appareil de prise de vues permettant de cadrer et parfois de mettre au point l'image à enregistrer.

VISHNOUISME [viʃnuism] n.m. Ensemble des doctrines et des pratiques religieuses relatives à Viṣṇu ; l'une des principales formes de l'hindouisme. Graphie savante : *viṣṇuisme.*

VISIBILITÉ n.f. 1. Qualité de ce qui est visible, facilement perceptible. 2. Possibilité de voir à une certaine distance. *Manque de visibilité dans un virage.*

1. VISIBLE adj. (lat. *visibilis,* de *videre,* voir). 1. Qui peut être vu. *Une étoile visible à l'œil nu.* 2. Concret, perceptible. *Une preuve visible.* 3. Évident, manifeste. *Un plaisir visible.* 4. Fam. Disposé à recevoir des visites, en état de les recevoir.

2. VISIBLE n.m. 1. Ensemble du monde, des choses, tels qu'ils se présentent à l'œil. 2. PHYS. Domaine du spectre électromagnétique perceptible à l'œil humain.

VISIBLEMENT adv. De façon visible ; manifestement.

VISIÈRE n.f. (anc. fr. *vis,* visage). 1. Pièce de casque qui se hausse et se baisse à volonté devant le visage. ◇ Fig., litt. *Rompre en visière :* attaquer de front, contredire ouvertement. 2. Partie d'une casquette, d'un képi qui abrite le front et les yeux.

VISIOCONFÉRENCE ou **VIDÉOCONFÉRENCE** n.f. Téléconférence permettant, outre la transmission de la parole et de documents graphiques, celle d'images animées des participants.

VISION n.f. (lat. *visio*). **1.** Perception par l'organe de la vue ; vue. *Troubles de la vision.* **2.** Fait, action de voir, de regarder qqch. *La vision de ce film l'a choquée.* **3.** Manière de voir, de concevoir, de comprendre qqch. *J'ai une autre vision que vous de ce problème.* **4.** Perception imaginaire d'objets irréels ; hallucination. *Avoir des visions.* **5.** Apparition surnaturelle.

■ La vision chez l'homme comprend quatre fonctions : la vision des formes (pouvant être obtenue avec un seul œil), celle des distances (elle est binoculaire), celle des couleurs et celle des mouvements. L'adaptation rétinienne permet la vision en faible lumière ; l'accommodation du cristallin, celle des objets proches ou éloignés. De nombreuses espèces animales voient dans l'infrarouge ou dans l'ultraviolet, certaines ne distinguent pas les couleurs.

VISIONNAGE n.m. Action de visionner (un film, une émission).

VISIONNAIRE adj. et n. **1.** Qui a ou croit avoir des visions surnaturelles. **2.** Qui est capable d'anticipation, qui a l'intuition de l'avenir.

VISIONNER v.t. **1.** Examiner (un film, des diapositives) à la visionneuse. **2.** Regarder un film, une émission, etc., à titre professionnel, avant leur passage en public ou leur mise en forme définitive.

VISIONNEUSE n.f. Appareil assurant la vision, directe ou par projection, de diapositives ou de films de cinéma.

VISIOPHONE ou **VIDÉOPHONE** n.m. Appareil associant le téléphone et la télévision et permettant aux correspondants de se voir pendant leur conversation.

VISITANDINE n.f. Religieuse de l'ordre de la Visitation Sainte-Marie.

VISITATION n.f. **1.** *La Visitation* : fête catholique commémorant la visite de la Vierge Marie à sainte Élisabeth, mère de saint Jean-Baptiste. **2.** BX-A. Représentation de cette rencontre.

VISITE n.f. (de *visiter*). **1.** Fait de se rendre auprès de qqn pour lui tenir compagnie, s'entretenir avec lui, etc. ◇ *Rendre visite à qqn,* aller auprès de lui, chez lui. – DR. CIV. *Droit de visite :* autorisation accordée par décision judiciaire de recevoir périodiquement un enfant dont on n'a pas la garde. **2.** Fam. Visiteur. *Avoir de la visite.* **3.** Dans certaines professions (médicales, paramédicales, sociales), action de se rendre auprès du patient, du client. ◇ *Visite (médicale) :* examen médical assuré dans le cadre d'une institution (médecine du travail, médecine scolaire, etc.). **4.** Action de visiter un lieu, un édifice. *Visite guidée de Paris, du Louvre.* **5.** Action de visiter pour examiner, vérifier, expertiser, etc. *Visite d'un appartement.* ◇ DR. INTERN. et DR. MAR. *Droit de visite :* droit de contrôle exercé sur les navires de commerce par des navires de guerre et comprenant la vérification des papiers de bord et, s'il y a lieu, la fouille. – RELIG. CATH. *Visite pastorale :* inspection régulière faite par l'évêque dans les paroisses et les institutions religieuses de son diocèse.

VISITER v.t. (lat. *visitare*). **1.** Parcourir un lieu pour en examiner les caractéristiques, les curiosités, etc. **2.** Se rendre dans un lieu, une administration, un service, etc., pour l'inspecter. **3.** Examiner soigneusement le contenu de. *Les douaniers ont visité tous les bagages.* **4.** Afrique. Rendre visite à qqn.

VISITEUR, EUSE n. et adj. **1.** Personne qui rend visite à qqn. ◇ DR. *Visiteur de prison :* personne qui rencontre bénévolement des personnes incarcérées pour les soutenir, les préparer à leur reclassement social. **2.** Touriste, personne qui visite un site, un musée, etc.

VISNAGE [visnaʒ] n.m. Fenouil annuel.

VISON n.m. (lat. pop. *vissio,* puanteur). **1.** Mammifère carnassier de la taille d'un putois, très recherché pour sa fourrure. (On le trouve en Europe, en Asie, en Amérique.) **2.** Fourrure de cet animal. **3.** Manteau ou veste de vison.

vison d'Europe

VISONNIÈRE n.f. Établissement d'élevage des visons.

VISQUEUX, EUSE adj. (du lat. *viscum,* glu de gui). **1.** De consistance pâteuse, ni liquide ni solide ; gras, gluant. *Une peau visqueuse.* **2.** Qui possède une viscosité élevée. **3.** Se dit de qqn qui suscite l'antipathie, la répulsion par ses manières obséquieuses, sa complaisance servile.

VISSAGE n.m. **1.** Action de visser. **2.** MATH. Déplacement hélicoïdal.

VISSER v.t. **1.** Fixer avec des vis. **2.** Serrer, fermer en faisant tourner une vis. *Visser un robinet.* **3.** Fam. Soumettre qqn, un groupe à une discipline et à une surveillance très sévères.

VISSERIE n.f. **1.** Ensemble des articles tels que vis, écrous, boulons. **2.** Usine où l'on fabrique ces articles.

VISSEUSE n.f. Appareil, machine servant à visser.

VISUALISATION n.f. **1.** Mise en évidence, d'une façon matérielle, de l'action et des effets d'un phénomène. **2.** INFORM. Présentation temporaire sur un écran, sous forme graphique ou alphanumérique, des résultats d'un traitement d'informations.

VISUALISER v.t. **1.** Rendre visible. **2.** INFORM. Présenter (des données, des résultats) sur un écran. **3.** Se représenter mentalement qqch.

1. VISUEL, ELLE adj. (bas lat. *visualis,* de *videre,* voir). Qui a rapport à la vue. *Acuité visuelle.* ◇ *Mémoire visuelle :* mémoire des images perçues par la vue. – *Rayon visuel :* ligne droite allant de l'objet à l'œil de l'observateur.

2. VISUEL n.m. **1.** Thème en image d'une publicité (par opp. à *rédactionnel*). **2.** INFORM. Console de visualisation. **3.** INFORM. Dispositif d'affichage ou de tracé temporaire sur l'écran d'une telle console.

VISUELLEMENT adv. De façon visuelle.

VIT [vi] n.m. (lat. *vectis,* levier). Litt. Membre viril.

VITACÉE n.f. (du lat. *vitis,* vigne). Ampélidacée.

VITAL, E, AUX adj. (du lat. *vita,* vie). **1.** Qui appartient à la vie. *Fonctions vitales.* ◇ *Principe vital :* entité non matérielle postulée autrefois par certains biologistes pour expliquer la vie. **2.** Essentiel à la vie. *Se nourrir est vital pour l'homme.* **3.** Indispensable à qqn, à son existence. *La lecture est vitale pour elle.* ◇ *Minimum vital :* revenu minimal nécessaire à la subsistance et à l'entretien d'une personne, d'une famille. **4.** Qui est absolument nécessaire pour maintenir l'existence, le niveau de développement d'un groupe, d'une région, d'une entreprise. *L'agriculture est vitale pour le pays.*

VITALISME n.m. Doctrine biologique qui attribue aux phénomènes vitaux des lois particulières issues d'un principe vital.

VITALISTE adj. et n. Qui appartient au vitalisme ; partisan du vitalisme.

VITALITÉ n.f. **1.** Intensité de la vie, de l'énergie de qqn, de qqch ; dynamisme. *Doué d'une*

Principales vitamines

	sources principales	*carence*
vitamine A	huiles de foie de poissons, légumes, produits laitiers	troubles de la vision crépusculaire, xérophtalmie, héméralopie
groupe B	levure de bière, cuticule de riz, foie et reins des animaux	
vitamine B1 antinévritique		béribéri
vitamine B2		troubles cutanés et muqueux
vitamine B5		arrêt de la croissance, troubles cutanés
vitamine B6		troubles cutanés et neurologiques
vitamine B12 antianémique	foie, rein, jaune d'œuf	anémie de Biermer
vitamine C antiscorbutique	fruits frais, légumes	scorbut
vitamine D antirachitique vitamine D2 vitamine D3	huiles de foie de poissons, produits laitiers	troubles de la calcification (rachitisme ; ostéomalacie)
vitamine E de fertilité	germe des céréales	arrêt de la spermatogenèse, avortement
vitamine F	huiles végétales	troubles cutanés
vitamine H	rein, foie, jaune d'œuf	troubles cutanés
vitamine K antihémorragique vitamine K1 K2 K3	végétaux verts	hémorragies
vitamine P	fruits	troubles capillaires
vitamine PP antipellagreuse	levure de bière, foie des mammifères	pellagre, troubles nerveux

Détail du vitrail (autour de 1225) de sainte Marie l'Égyptienne : départ de Marie pour Jérusalem. (Chapelle absidale de la Sainte-Croix, cathédrale Saint-Étienne de Bourges.) Les verrières consacrées aux vies des saints des chapelles de Bourges se composent – comme dans les autres sanctuaires de l'époque – de petites scènes narratives, souvent inscrites dans des médaillons et destinées à être vues de près par les fidèles. Elles ont sans doute pour auteurs des peintres verriers venus de Chartres, habiles à faire chanter les bleus et les rouges profonds.

L'Annonce à Joachim (détail ; v. 1340-1350). [Cathédrale d'York.] Sur un fond rouge décoré de rinceaux, les figures sont modelées, avec un sens nouveau du réalisme, à l'aide de la grisaille relevée de jaune d'argent. La cathédrale d'York ne conserve pas moins de 130 verrières médiévales, surtout des XIIIe, XIVe et XVe s.

La Crucifixion et *le Jardin des Oliviers.* Vitraux (1533) provenant d'une église de Rouen. (Musée départemental, Rouen.) Coloris chatoyant et technique diversifiée caractérisent cette œuvre de transition entre Moyen Âge et Renaissance, influencée par la peinture flamande. Au XVIe s., la production de l'école normande est l'une des plus importantes de France, avec celle de Beauvais.

l'art du vitrail

grande vitalité. Vitalité d'une entreprise. **2.** Aptitude à vivre, à durer longtemps. *La vitalité d'un régime politique.*

VITAMINE n.f. (mot angl. ; du lat. *vita,* vie, et *amine*). Substance organique indispensable en infime quantité à la croissance et au bon fonctionnement de l'organisme, qui ne peut en effectuer lui-même la synthèse.
■ On distingue les vitamines liposolubles : A, D, E et K, et les vitamines hydrosolubles : B, PP, C et P. Leur absence ou leur insuffisance entraîne des maladies par carence ou avitaminoses (scorbut, béribéri, pellagre, etc.). À forte dose, certaines vitamines sont utilisées comme médicaments en dehors des cas d'avitaminose.

VITAMINÉ, E adj. Qui contient des vitamines.

VITAMINIQUE adj. Relatif aux vitamines.

VITAMINOTHÉRAPIE n.f. Emploi des vitamines à des fins thérapeutiques.

VITE adv. **1.** Avec vitesse, rapidement. *Courir vite.* **2.** En peu de temps, sous peu. *Il a vite fait de nous découvrir.* ◇ *Faire vite :* se hâter. ◆ adj. Qui se meut avec rapidité. *Les coureurs les plus vites du monde.*

VITELLIN, E adj. BIOL. Relatif au vitellus.

VITELLUS [vitɛlys] n.m. (mot lat., *jaune d'œuf*). BIOL. Ensemble des substances de réserve contenues dans l'ovule des animaux.

VITELOTTE [vitlɔt] n.f. (lat. *vectis,* pilon). Pomme de terre d'une variété rouge et longue, très estimée.

VITESSE n.f. **1.** Qualité d'une personne ou d'une chose qui se déplace, agit beaucoup en peu de temps ; rapidité à agir, promptitude. **2.** SPORTS. En athlétisme et en cyclisme notamment, course disputée sur une courte distance. **3.** Rapport de la distance parcourue au temps mis à la parcourir. ◇ *Vitesse moyenne :* rapport du chemin parcouru au temps employé à le parcourir. – *Vitesse angulaire :* rapport de l'angle balayé par un axe, une droite autour d'un point au temps mis à le balayer. – *Vitesse limite :* valeur vers laquelle tend la vitesse d'un corps qui se déplace dans un milieu résistant sous l'action d'une force constante. – *Vitesse initiale :* vitesse à l'instant origine. – *Vecteur vitesse :* vecteur qui, dans le mouvement d'un point mobile, définit à un instant donné la rapidité du déplacement et sa direction. **4.** Chacune des combinaisons d'engrenages d'une boîte* de vitesses. **5.** *À deux vitesses :* dans quoi coexistent deux systèmes, deux procédés, deux types de fonctionnement, etc., dont la rapidité, l'efficacité ou la qualité sont inégales. *Courrier à deux vitesses. Couverture sociale à deux vitesses.*

VITICOLE adj. (lat. *vitis,* vigne, et *colere,* cultiver). Relatif à la viticulture.

VITICULTEUR, TRICE n. Personne qui cultive la vigne (en partic., pour la production du vin).

VITICULTURE n.f. Culture de la vigne.

VITILIGO n.m. (mot du bas lat., *tache blanche*). MÉD. Disparition, par plaques limitées, de la pigmentation de la peau.

VITIVINICOLE adj. Relatif à la vitiviniculture.

VITIVINICULTURE n.f. Ensemble des activités de la viticulture et de la viniculture.

VITOULET n.m. Belgique. Boulette de hachis de viande.

VITRAGE n.m. **1.** Action de vitrer, de poser des vitres. **2.** Baie vitrée, châssis ou ensemble de châssis garnis de vitres. **3.** Rideau droit se fixant au vantail de la fenêtre.

VITRAIL n.m. (pl. *vitraux*). Composition décorative translucide, formée de pièces de verre colorées maintenues par un réseau de plomb (lui-même soutenu par des tiges métalliques liées au remplage ou au châssis de la fenêtre) ou par un ciment.

VITRAIN n.m. Constituant macroscopique du charbon, ayant l'aspect d'un verre noir.

VITRE n.f. (lat. *vitrum*). Chacune des plaques de verre dont on garnit les châssis laissant passer la lumière, fixes ou mobiles, qui participent à la fermeture d'une baie.

VITRÉ, E adj. **1.** Garni de vitres. **2.** *Corps vitré* ou, VX, *humeur vitrée* ou *vitré,* n.m. : substance transparente et visqueuse qui remplit le globe de l'œil, en arrière du cristallin.

VITRER v.t. Garnir de vitres ou de vitrages.

VITRERIE n.f. **1.** Fabrication, pose ou commerce des vitres. **2.** Marchandise du vitrier. **3.** Ensemble de vitraux, de vitrages.

VITREUX, EUSE adj. **1.** Qui a l'aspect brillant et homogène du verre, sans être nécessairement transparent. **2.** GÉOL. Qui contient du verre. **3.** MINÉR. Se dit de la texture de certaines roches éruptives constituées par du verre. **4.** Se dit de l'œil, du regard qui ne brille plus. **5.** PHYS. Se dit d'un solide homogène à structure non cristalline.

VITRIER n.m. Personne qui fabrique, vend ou pose les vitres.

VITRIÈRE n.f. Fer en tiges carrées, semblable à celui qu'on emploie dans les verrières d'église.

VITRIFIABLE adj. Qui peut être vitrifié.

VITRIFICATION n.f. Action de vitrifier.

VITRIFIER v.t. **1.** Rendre vitreux par fusion ; transformer en verre. **2.** Revêtir (une surface) d'une matière plastique protectrice et transparente.

VITRINE n.f. **1.** Partie de magasin séparée de la rue par un vitrage et où l'on expose des objets à vendre. **2.** Le vitrage lui-même. **3.** Ensemble des objets mis en vitrine. **4.** Armoire, table munie d'un châssis vitré, où l'on expose des objets de collection, des bibelots. **5.** Fig. Ce qui représente favorablement un ensemble plus vaste. *Cette ville est la vitrine de la région.*

VITRIOL n.m. (bas lat. *vitriolum,* de *vitrum,* verre). **1.** Vx. Sulfate. **2.** Vx. *Huile de vitriol* ou *vitriol :* acide sulfurique concentré. **3.** Litt. *Au vitriol :* d'un ton très caustique, très violent. *Un éditorial au vitriol.*

VITRIOLAGE n.m. Action de vitrioler.

VITRIOLER v.t. **1.** Soumettre à l'action de l'acide sulfurique. **2.** Lancer du vitriol sur qqn pour le défigurer.

VITRIOLEUR, EUSE n. Personne qui lance du vitriol sur qqn.

VITROCÉRAMIQUE n.f. Produit céramique obtenu par des techniques verrières et constitué de microcristaux dispersés dans une phase vitreuse.

VITROPHANIE n.f. Étiquette autocollante qui s'applique sur une vitre et qui peut être lue par transparence.

VITULAIRE adj. (du lat. *vitulus,* veau). VÉTÉR. Se dit d'une fièvre puerpérale des vaches.

VITUPÉRATION n.f. (Surtout pl.). Injure, récrimination à l'adresse de qqn ou de qqch.

VITUPÉRER v.t. ou t. ind. **[*contre*]** (lat. *vituperare*) [18]. Proférer des injures, des récriminations contre, blâmer avec force. *Vitupérer le gouvernement. Vitupérer contre la hausse des prix.* – REM. *Vitupérer contre* est critiqué par certains puristes.

VIVABLE adj. **1.** Où l'on peut vivre commodément. **2.** Qui est facile à vivre, qui a bon caractère. **3.** Supportable, en parlant d'une situation.

1. VIVACE adj. (lat. *vivax*). **1.** Qui peut vivre longtemps. ◇ *Plante vivace,* qui vit plusieurs années et qui fructifie plusieurs fois dans son existence (arbre, plante rhizomateuse, etc.). **2.** Qui dure ; tenace, indestructible. *Des préjugés vivaces.*

2. VIVACE [vivatʃe] adj. inv. et adv. (mot it.). MUS. Vif, rapide, animé. *Allegro vivace.*

VIVACITÉ n.f. **1.** Qualité d'une personne qui a de la vie, de l'entrain. **2.** Promptitude à concevoir, à comprendre. *Vivacité d'esprit.* **3.** Disposition à se mettre en colère ; colère. **4.** Qualité de ce qui est vif, intense. *Vivacité des couleurs, des sentiments.*

VIVANDIER, ÈRE n. (anc. fr. *vivendier,* hospitalier). HIST. Personne qui vendait aux soldats des vivres, des boissons (XVIIe-XIXe s.).

1. VIVANT, E adj. **1.** Qui est en vie. **2.** Qui est ou qui a été organisé pour vivre. *Les êtres vivants.* **3.** Animé d'une sorte de vie. *Témoignage, portrait vivant.* **4.** Qui a de l'animation, du mouvement. *Cité vivante.* **5.** Dont l'action demeure efficace. *Influence encore vivante de qqn.*

2. VIVANT n.m. **1.** Personne qui vit. ◇ *Bon vivant :* homme d'humeur gaie et facile. **2.** Ce qui vit. **3.** *Du vivant de qqn :* pendant sa vie.

VIVARIUM [vivarjɔm] n.m. (mot lat.). Établissement aménagé en vue de la conservation de petits animaux vivant dans un milieu artificiel proche de leur habitat particulier.

VIVAT [viva] interj. (mot lat., *qu'il vive*). [Marque une vive approbation, une grande satisfaction]. ◆ n.m. (Surtout pl.). Acclamation poussée en l'honneur de qqn, de qqch. *Elle s'avançait au milieu des vivats.*

1. VIVE n.f. (lat. *vipera,* vipère). Poisson vivant dans la mer ou enfoncé dans le sable des plages, comestible, mais redouté pour ses épines venimeuses. (Long. 20 à 50 cm.)

2. VIVE interj. (de *vivre*). Pour acclamer. *Vive la France !* (Devant un nom pluriel, l'accord peut se faire ou non : *vive les vacances !* ou *vivent les vacances !*)

vive

VIVE-EAU n.f. (pl. *vives-eaux*). *Marée de vive-eau* ou *vive-eau :* marée de nouvelle ou de pleine lune pendant laquelle le marnage est maximal (par opp. à *morte-eau*).

VIVEMENT adv. **1.** Avec promptitude, rapidité. *Il sortit vivement de la pièce.* **2.** Profondément, beaucoup. *Vivement ému.* ◆ interj. (Marquant un vif désir de voir un évènement arriver, se produire au plus tôt). *Vivement le départ !*

VIVENT interj. → ***2. vive.***

VIVERRIDÉ n.m. (lat. *viverra,* furet). *Viverridés :* famille de petits mammifères carnivores, telles la civette et la mangouste.

VIVEUR, EUSE n. et adj. (Surtout au masc.). Personne qui mène une vie dissipée et ne songe qu'aux plaisirs.

VIVIDE adj. (lat. *vividus,* vif). PSYCHOL. Doué de vividité. *Rêve vivide.*

VIVIDITÉ n.f. PSYCHOL. Force avec laquelle les images mentales s'imposent à l'esprit.

VIVIER n.m. (lat. *vivarium,* de *vivus,* vivant). **1.** Enclos où les poissons et crustacés capturés sont mis en attente. **2.** Récipient où sont conservés les poissons vivants. **3.** Lieu où est formée en grand nombre une catégorie particulière de personnes. *École qui est un vivier d'ingénieurs.*

VIVIFIANT, E adj. Qui vivifie. *Air vivifiant.*

VIVIFICATEUR, TRICE adj. et n. Litt. Qui vivifie.

VIVIFICATION n.f. Action de vivifier.

VIVIFIER v.t. (lat. *vivificare,* de *vivus,* vivant, et *facere,* faire). Donner de la vie, de la santé, de la vigueur à ; tonifier.

VIVIPARE adj. et n. (lat. *vivus,* vivant, et *parere,* mettre au monde). ZOOL. Se dit d'un animal dont les petits naissent sans enveloppe et déjà développés (par opp. à *ovipare*). ◇ *Vivipare incubant :* ovovivipare.

VIVIPARITÉ n.f. ZOOL. Mode de reproduction des animaux vivipares.

VIVISECTION n.f. SC. Dissection d'êtres vivants dans un but expérimental.

VIVOIR n.m. Canada. Vieilli. Salle de séjour, living-room.

VIVOTER v.i. Fam. **1.** Vivre difficilement faute de moyens. **2.** Fonctionner au ralenti. *Entreprise qui vivote.*

1. VIVRE v.i. (lat. *vivere*) [90]. **1.** Être vivant, en vie. *Vivre vieux.* ◇ *Apprendre à vivre à qqn,* le mener rudement. – *Facile à vivre :* d'un caractère accommodant. – *Ne pas* ou *ne plus vivre :* être dévoré par une inquiétude permanente. – *Savoir vivre :* avoir le sens des convenances, de la bienséance. – *Vivre au jour le jour,* sans s'inquiéter de l'avenir. – *Vivre pour :* faire de qqn, qqch le but de sa vie. **2.** Passer sa vie d'une certaine façon. *Vivre seul. Vivre largement.* ◇ Spécialt. Habiter. *Vivre à la campagne.* **3.** Avoir, se procurer les moyens de se nourrir, de subsister. *Vivre de son travail.* **4.** Exister durablement. *Faire vivre une idée.* ◆ v.t. Mener (telle vie), traverser (tels évènements). *Vivre de bons moments.* ◇ *Vivre sa vie :* jouir de l'existence à sa guise.

2. VIVRE n.m. *Le vivre et le couvert :* la nourriture et le logement. ◆ pl. Ensemble des aliments qui assurent une subsistance. *S'approvisionner en vivres.*

VIVRÉ, E adj. HÉRALD. *Pièce vivrée,* dont les bords sont en dents de scie.

VIVRIER, ÈRE adj. *Cultures vivrières,* qui fournissent des produits alimentaires destinés principalement à la population locale.

VIZIR n.m. (du turc). HIST. **1.** Ministre d'un souverain musulman. **2.** *Grand vizir :* Premier ministre dans l'Empire ottoman.

VIZIRAT n.m. Dignité, fonction de vizir.

VLAN ou **V'LAN** [vlɑ̃] interj. Exprime un coup, un bruit violent.

VOCABLE n.m. (lat. *vocabulum*). **1.** Mot, terme en tant qu'il a une signification particulière. **2.** LITURGIE. Nom du saint sous le patronage duquel une église est placée.

VOCABULAIRE n.m. **1.** Ensemble des mots d'une langue. **2.** Ensemble des termes propres à une science, une technique, un groupe, un auteur, etc. **3.** Ouvrage comportant les termes spécifiques d'une discipline.

VOCAL, E, AUX adj. (lat. *vocalis,* de *vox, vocis,* voix). **1.** Relatif à la voix. *Les cordes vocales.* ◇ *Musique vocale,* destinée à être chantée (par opp. à *musique instrumentale*). **2.** TÉLÉCOMM. *Messagerie vocale :* service de télécommunication interpersonnelle permettant l'enregistrement et le stockage de messages sonores, leur écoute et leur expédition éventuelle vers un ou plusieurs destinataires. – *Serveur vocal :* appareil connecté à un ordinateur avec lequel l'usager d'un poste téléphonique peut dialoguer de manière interactive pour obtenir des informations sous forme de messages sonores.

VOCALEMENT adv. Au moyen de la voix.

VOCALIQUE adj. Relatif aux voyelles.

VOCALISATEUR, TRICE n. Personne qui vocalise, qui sait vocaliser.

VOCALISATION n.f. **1.** Action de vocaliser. **2.** PHON. Fait de se vocaliser.

VOCALISE n.f. Formule mélodique, écrite ou non, chantée sur des voyelles, en partic. sur le *a,* utilisée dans l'enseignement du chant.

VOCALISER v.i. (de *vocal*). Faire des vocalises ; chanter de la musique sans prononcer les paroles ni nommer les notes. ◆ v.t. PHON. Transformer en voyelle. *Vocaliser une consonne.*

VOCALISME n.m. PHON. Ensemble des voyelles d'une langue, de leurs caractéristiques (par opp. à *consonantisme*).

VOCATIF n.m. (du lat. *vocare,* appeler). LING. Cas des langues à déclinaison, comme le latin et le grec, exprimant l'apostrophe, l'interpellation.

VOCATION n.f. (lat. *vocatio,* de *vocare,* appeler). **1.** Destination naturelle de qqn, d'un groupe. **2.** Penchant ou aptitude spéciale pour un genre de vie, une activité. *Vocation du théâtre.* **3.** DR. *Avoir vocation à :* être qualifié pour. **4.** Mouvement intérieur par lequel une personne se sent appelée au sacerdoce ou à la vie religieuse.

VOCERATRICE [vɔtʃeratritʃe] n.f. (mot corse). Femme qui, en Corse, chante un vocero.

VOCERO [vɔtʃero] n.m. (du corse) [pl. *voceros* ou *voceri*]. Chant funèbre corse, appelant à la vengeance.

VOCIFÉRATEUR, TRICE n. Litt. Personne qui vocifère.

VOCIFÉRATION n.f. (Surtout pl.). Parole dite en criant et avec colère.

VOCIFÉRER v.i. ou t. ind. **[*contre*]** (lat. *vociferare*) [18]. Parler en criant et avec colère. *Vociférer contre qqn.* ◆ v.t. Proférer en criant et avec colère. *Vociférer des injures.*

VOCODEUR n.m. (angl. *voice coder*). INFORM. Organe d'analyse des sons, permettant la synthèse de réponses vocales dans un système informatique.

VODKA [vɔdka] n.f. (mot russe). Eau-de-vie de grain (blé, seigle) très répandue en Russie, en Pologne, etc.

VŒU n.m. (lat. *votum*). **1.** Promesse faite à la divinité, engagement religieux. *Faire vœu d'aller en pèlerinage. Vœu de pauvreté.* ◇ *Vœux de religion* ou *vœux monastiques :* engagement temporaire ou perpétuel dans l'état religieux. **2.** Promesse faite à soi-même. *Faire vœu de ne plus boire.* **3.** Souhait, désir ardent de voir se réaliser qqch. *Faire un vœu. Former des vœux pour qqn. Présenter ses vœux le 1er janvier.* ◇ *Vœu pieux,* qui n'a aucune chance de se réaliser. **4.** Volonté, intention. *Le vœu de la nation.* **5.** Demande, requête d'une assemblée consultative.

VOGOULE ou **VOGOUL** n.m. et adj. Langue finno-ougrienne parlée à l'est de l'Oural.

VOGUE n.f. (de *voguer*). **1.** Célébrité, faveur dont bénéficie qqn, qqch. ◇ *En vogue :* à la mode. **2.** Suisse. Fête du village, kermesse annuelle.

VOGUER v.i. (anc. bas all. *wogon,* balancer). Litt. Être poussé sur l'eau à force de rames ou de voiles ; naviguer. ◇ Litt. *Vogue la galère ! :* advienne que pourra !

VOICI prép. et adv. (de *vois* et *ci*). Désigne celui de deux ou plusieurs objets qui est le plus près, qui est présent ; annonce ce qu'on va dire.

VOIE n.f. (lat. *via*). **I. 1.** Parcours suivi pour aller d'un point à un autre ; chemin. *Prendre une mauvaise voie.* ◇ VÉN. Chemin parcouru par le gibier ; odeurs qui trahissent son passage. **2.** Toute installation permettant la circulation des personnes et des objets sur terre, sur l'eau et dans les airs. *Voie de communication. Voie navigable.* ◇ *Voie de desserte,* permettant l'accès direct à un bâtiment. – *Voie publique :* route, chemin, rue appartenant au domaine public et ouverts à la circulation générale (par opp. à *voie privée*). – *Voie sacrée :* voie destinée aux processions qui reliait Athènes à Éleusis ; en Grèce, voie qui menait à un grand sanctuaire ; à Rome, voie triomphale qui menait au Capitole à travers le Forum ; nom donné en 1916 à la route de Bar-le-Duc à Verdun par Souilly (75 km), seule voie utilisable pour alimenter la défense de Verdun. **3.** Subdivision longitudinale de la chaussée permettant la circulation d'une file de voitures. *Route à trois voies.* **4.** ANAT. Canal, organe, etc., permettant la circulation d'un liquide, d'un gaz, d'un influx nerveux ; trajet suivi par ce liquide, ce gaz, etc. **5.** Passage, ouverture. *Traitement par voie buccale.* ◇ *Voie d'eau :* déchirure par laquelle l'eau envahit un navire. **II. 1.** *Voie ferrée :* double ligne de rails parallèles fixés sur des traverses reposant sur le ballast ; écartement de ces rails. **2.** AUTOM. Distance transversale entre les roues d'un même essieu, sur un véhicule. **3.** TECHN. *Voie d'une scie :* largeur d'un trait de scie, due à l'inclinaison de ses dents. **4.** *Voie de bois :* unité de volume valant environ 2 stères. **III. 1.** Direction suivie pour atteindre un but ; ligne de conduite. *Agir par des voies détournées.* ◇ *Être en bonne voie :* être en passe de réussir. – *Être en voie de,* sur le point de. *Il est en voie de réussir.* – *Mettre qqn sur la voie,* le diriger, lui donner des indications pour atteindre ce qu'il cherche. **2.** Moyen employé pour atteindre un but. *La voie de la persuasion.* ◇ DR. *Voie de droit :* moyen légal dont on dispose pour se faire rendre justice. – *Voies d'exécution :* procédures permettant à un particulier d'obtenir la mise à exécution des actes ou jugements lui reconnaissant des droits. – *Voie de fait :* acte produisant un dommage corporel ; acte de violence ; agissement de l'Administration portant atteinte aux droits individuels (liberté, propriété). – *Voie de recours :* action judiciaire dont dispose le plaideur pour obtenir un nouvel examen de sa cause. **3.** FIN. *Voies et moyens :* liste des recettes fiscales et non fiscales donnée par la loi de finances. ◇ CHIM. *Voie humide :* opération employant des solvants liquides (par opp. à *voie sèche*). **4.** Intermédiaire utilisé pour atteindre un but. *La voie hiérarchique.* ◇ *Par voie de conséquence :* en conséquence. ◆ pl. Litt. Desseins selon lesquels Dieu guide la conduite des hommes. *Les voies du Seigneur sont impénétrables.*

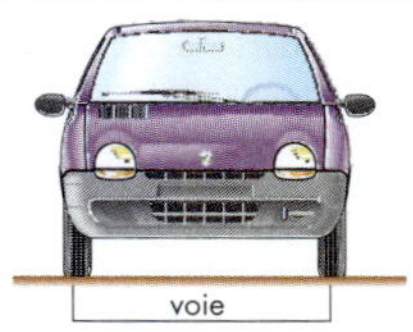

voie d'une automobile

VOÏÉVODAT ou **VOÏVODAT** n.m. Autorité du voïévode ; territoire où elle s'exerce.

VOÏÉVODE ou **VOÏVODE** n.m. (serbo-croate *voï,* armée, et *voda,* qui conduit). Dans les pays balkaniques et en Pologne, haut dignitaire civil ou militaire.

VOÏÉVODIE ou **VOÏVODIE** n.f. Division administrative, en Pologne.

VOILÀ prép. et adv. (de *vois* et *là*). **1.** Désigne, de deux ou plusieurs objets, celui qui est le plus éloigné ; reprend ce que l'on vient de dire. ◇ *En veux-tu, en voilà,* indique une grande quantité. – *En voilà assez ! :* cela suffit ! – *Nous voilà bien ! :* nous sommes en mauvaise posture ! **2.** Il y a. *Voilà huit jours qu'il est parti.* **3.** Syn. de *voici,* dans la langue courante.

1. VOILAGE n.m. Grand rideau de fenêtre, en tissu léger.

2. VOILAGE n.m. Fait de se voiler (pour une roue, une pièce).

1. VOILE n.m. (lat. *velum*). **I. 1.** Étoffe qui sert à couvrir, à protéger, à cacher. **2.** Pièce d'étoffe servant à cacher le visage, à couvrir la tête des femmes, dans certaines circonstances. *Les femmes musulmanes portent le voile. Voile de mariée.* ◇ *Prendre le voile :* entrer en religion, pour une femme. **3.** Tissu léger et fin. **4.** TEXT. Assemblage léger de fibres textiles obtenu à la sortie de la carde. **II. 1.** Ce qui ressemble à un voile. **a.** ANAT. *Voile du palais :* cloison musculaire et membraneuse qui sépare les fosses nasales de la bouche. **b.** BOT. Enveloppe du jeune champignon. **c.** CONSTR. Coque mince en béton armé. **d.** TECHN. Pellicule, due à la fermentation, qui se dépose sur le vin, les boissons alcooliques. **2.** Élément qui cache ou fait paraître plus flou. *Voile de nuages. Voile de tristesse dans le regard. Agir sous le voile de l'anonymat.* ◇ *Mettre un voile, jeter un voile sur :* cacher. **3.** Obscurcissement. *Voile accidentel d'un cliché.* ◇ *Voile noir, voile rouge :* troubles momentanés de la vision chez les aviateurs et les astronautes soumis à de fortes accélérations. ◇ MÉD. *Voile au poumon :* diminution homogène de la transparence d'une partie du poumon, visible à la radioscopie.

2. VOILE n.m. TECHN. Voilement.

3. VOILE n.f. (lat. *velum*). **1.** Assemblage de pièces de toile ou d'autres tissus, cousues ensemble pour former une surface capable de recevoir l'action du vent et de servir à la propulsion d'un navire. – *Faire voile :* naviguer. – *Mettre à la voile :* appareiller. – *Voile au tiers :* voile quadrangulaire soutenue par une vergue qui porte sur le mât vers son premier tiers. ◇ Fam. *Avoir du vent dans les voiles :* être ivre. – Pop. *Mettre les voiles :* s'en aller. **2.** Le bateau lui-même. *Signaler une voile à l'horizon.* **3.** Pratique et sport du bateau à voile. *Faire de la voile.*

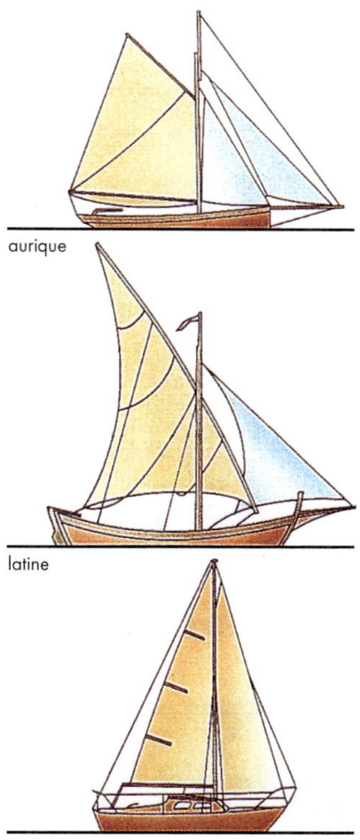

voiles

VOILÉ, E adj. **1.** Recouvert d'un voile ; qui porte un voile. **2.** Obscur, dissimulé, peu net. *Parler en termes voilés.* ◇ *Voix voilée,* dont le timbre n'est pas pur. **3.** Gauchi, courbé, déformé. *Planche, roue voilée.*

VOILEMENT n.m. TECHN. Déformation d'une pièce de grande surface et de faible épaisseur ; gauchissement. SYN. : *2. voile.*

1. VOILER v.t. **1.** Couvrir d'un voile. **2.** Litt. Cacher, dissimuler. *Voiler sa désapprobation. Larmes qui voilent le regard.* **3.** PHOT. Provoquer un voile sur (une surface sensible). ◆ **se voiler** v.pr. *Se voiler la face :* se cacher le visage par honte ou pour ne rien voir.

2. VOILER v.t. Fausser, déformer (une roue, une pièce).

VOILERIE n.f. Atelier où l'on fabrique, répare ou conserve les voiles des bateaux.

VOILETTE n.f. Petit voile transparent, posé en garniture au bord d'un chapeau et recouvrant en partie ou totalement le visage.

VOILIER n.m. **1.** Bateau à voiles. **2.** Ouvrier qui fait ou répare des voiles de navire. **3.** *Oiseau bon, mauvais voilier,* dont le vol est puissant, faible.

VOILURE n.f. **1.** Ensemble des voiles d'un bateau, d'un de ses mâts. ◇ *Centre de voilure :* point central de la poussée du vent dans les voiles. **2.** Ensemble de la surface portante d'un avion, d'un parachute. ◇ *Voilure tournante :* surface en rotation assurant la portance des giravions. **3.** MÉCAN. Courbure d'une planche, d'une feuille de métal qui se voile.

VOIR v.t. (lat. *videre*) [62]. **I. 1.** Percevoir par les yeux. *Je l'ai vu de mes propres yeux.* – *Faire voir :* montrer. – *Laisser voir :* permettre de regarder ; ne pas dissimuler. – *Se faire voir :* se montrer en public. – *Voir le jour :* naître. ◇ Pop. *Aller se faire voir :* aller au diable. – *En faire voir (de toutes les couleurs) à qqn,* lui causer des ennuis de toutes sortes. – *En voir (de toutes les couleurs) :* subir toutes sortes de malheurs. **2.** Être témoin, spectateur de ; assister à. *La génération qui a vu la guerre.* **II. 1.** Regarder avec attention, examiner. *Voyez ce tableau.* **2.** Se trouver en présence de (qqn) ; rencontrer, fréquenter. *Voir souvent ses amis. Voir son médecin, son avocat.* **3.** Se rendre dans (un lieu), visiter. *Voir du pays. Voir une exposition.* **III. 1.** Se représenter mentalement ; imaginer. *Je l'ai vu en rêve. Je vous vois bien professeur.* **2.** Percevoir par l'esprit, constater, considérer. *J'ai vu la situation changer.* ◇ *Voir d'un bon, d'un mauvais œil :* apprécier, ne pas apprécier. **3.** Saisir par l'intelligence ; concevoir, comprendre. *Je ne vois pas ce que vous voulez dire.* ◇ *Voir (de) loin :* avoir de la perspicacité ; prévoir. – *Voir venir :* attendre avant d'agir. – *Voir venir qqn,* deviner ses intentions. **4.** Se faire une opinion de ; juger, examiner. *Je connais votre façon de voir. Nous verrons. Aller voir les choses*

Départ de la course-croisière La Baule-Dakar en octobre 1987.

America II (USA) et *French Kiss* (France) pendant les régates éliminatoires de la Coupe de l'America, en 1986 à Perth (Australie).

voile de haute compétition

de près. ◇ *Pour voir* : pour essayer. **5.** *N'avoir rien à voir avec* : n'avoir aucun rapport avec. **6.** *Voyons,* formule servant à exhorter, à rappeler à l'ordre. ◆ v.t. ind. *(à).* Veiller à, faire en sorte de. ◆ **se voir** v.pr. **1.** S'apercevoir ; s'imaginer soi-même. *Je ne me vois pas faire cela.* **2.** Se fréquenter. **3.** Être apparent, visible. *Cela se voit comme le nez au milieu de la figure.* **4.** Se produire, arriver. *Cela se voit tous les jours.*

VOIRE adv. (lat. *vera,* choses vraies). [Pour introduire l'éventualité d'un degré supérieur]. Et aussi, et même. *Mazarin était habile, voire retors.*

VOIRIE n.f. **1.** Ensemble du réseau des voies de communication terrestres, fluviales, maritimes et aériennes appartenant au domaine public. **2.** Administration chargée de la voirie (au sens précédent). **3.** Lieu où l'on dépose les ordures, les épaves, etc., trouvées dans la rue.

VOISÉ, E adj. PHON. Se dit d'un phonème dont la réalisation est caractérisée par le voisement. SYN. : *sonore.*

VOISEMENT n.m. PHON. Vibration des cordes vocales dans la réalisation d'un phonème. SYN. : *sonorité.*

VOISIN, E adj. et n. (lat. *vicinus*). Qui demeure auprès ; qui occupe la place la plus proche. *Il est mon voisin.* ◆ adj. **1.** Situé à faible distance. *De la chambre voisine on entend tout.* **2.** Rapproché dans le temps. *Être voisin de la cinquantaine.* **3.** Qui présente une analogie, une ressemblance avec qqch. *Son projet est très voisin du mien.*

VOISINAGE n.m. **1.** Proximité dans le temps ou l'espace. *Le voisinage de ces gens est insupportable.* **2.** Lieux qui se trouvent à proximité ; environs. *Il demeure dans le voisinage.* **3.** Ensemble des voisins. **4.** MATH. *Voisinage d'une partie* A *d'un espace topologique* : partie de l'espace contenant un ouvert qui contient A.

VOISINER v.t. ind. *(avec).* Se trouver près de, être à côté de. *Livres qui voisinent avec des restes de repas sur la table.*

VOITURAGE n.m. Rare. Transport en voiture.

VOITURE n.f. (lat. *vectura,* transport). **1.** Véhicule de transport des personnes et des charges. *Voiture automobile, hippomobile.* **2.** Automobile. **3.** CH. DE F. Véhicule pour le transport des voyageurs (par opp. au *wagon,* réservé aux marchandises).

VOITURE-BALAI n.f. (pl. *voitures-balais*). Voiture qui ramasse les coureurs contraints à l'abandon, dans les courses cyclistes.

VOITURE-BAR n.f. (pl. *voitures-bars*). CH. DE F. Voiture aménagée en bar.

VOITURÉE n.f. Rare. Contenu d'une voiture.

VOITURE-LIT n.f. (pl. *voitures-lits*). Wagon-lit. (La S. N. C. F. écrit *voiture-lits.*)

VOITURE-POSTE n.f. (pl. *voitures-poste*). CH. DE F. Voiture réservée au service de la poste.

VOITURER v.t. Transporter par voiture.

VOITURE-RESTAURANT n.f. (pl. *voitures-restaurants*). Wagon-restaurant.

VOITURETTE n.f. Voiture légère, de faible encombrement et de faible puissance, équipée d'un moteur thermique d'une cylindrée de 49 à 125 cm³ ou d'un moteur électrique. SYN. : *microvoiture.*

VOITURIER n.m. **1.** Vx. Conducteur de véhicule hippomobile. **2.** DR. Transporteur, dans les termes d'un contrat de transport.

VOITURIN n.m. Vx. Voiturier qui louait des voitures attelées.

VOÏVODAT n.m., **VOÏVODE** n.m., **VOÏVODIE** n.f. → ***voïévodat, voïévode, voïévodie.***

VOIX n.f. (lat. *vox, vocis*). **1.** Ensemble des sons émis par l'être humain ; organe de la parole, du chant. *Voix harmonieuse. Voix de ténor, de basse* (masculines), *de soprano, de contralto* (féminines). – *Voix de tête* ou *de fausset* → ***fausset.*** ◇ *Donner de la voix* : crier, en parlant des chiens de chasse ; parler très fort. – *Être, rester sans voix,* muet d'émotion. **2.** Personne qui parle ou chante. *Voici l'une des plus belles voix du monde.* **3.** Possibilité d'exprimer son opinion ; expression d'une opinion ; suffrage, vote. *Avoir voix consultative. Perdre des voix aux élections.* **4.** Conseil, avertissement, appel venu de qqn ou du plus intime de soi-même. *Écouter la voix d'un ami, la voix du sang.* **5.** GRAMM. Forme que prend le verbe suivant que l'action est faite ou subie par le sujet. *Voix active, passive, pronominale.* **6.** MUS. Partie vocale ou instrumentale d'une composition.
■ Les voix humaines se répartissent en deux catégories : les *voix d'homme,* qui sont les plus graves, et les *voix de femme,* dont le registre est plus élevé d'une octave. Parmi les voix d'homme, on distingue le *ténor* (registre supérieur) et la *basse* (registre inférieur) ; parmi les voix de femme, le *soprano* et le *contralto.* Soprano et ténor, contralto et basse forment le quatuor vocal. Les voix de *baryton, taille, basse-taille, haute-contre, ténor léger* et *mezzo-soprano* sont caractérisées par des registres mixtes. Chacune de ces catégories de voix comprend une tessiture de treize à quatorze notes.

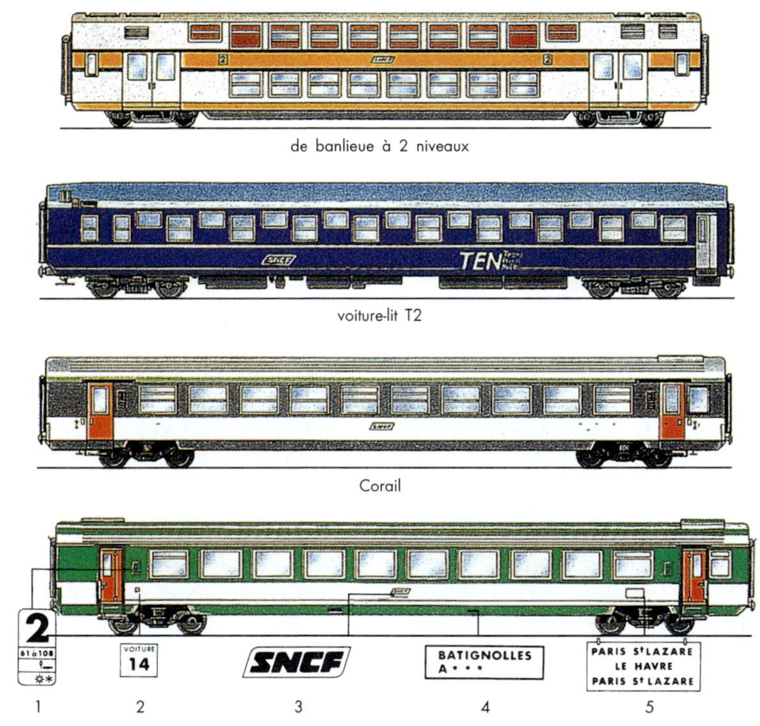

1. Indication de la classe ; 2. Repère amovible du numéro de la voiture dans l'ordre de composition d'une rame de voyageurs ; 3. Sigle de l'administration ferroviaire ; 4. Gare gérante de la voiture ; 5. Plaque amovible d'itinéraire.

quelques types de **voitures** de chemin de fer et signification des marquages

1. VOL n.m. (de 1. *voler*). **1.** Déplacement actif dans l'air des oiseaux, des insectes, etc., au moyen de surfaces latérales battantes (ailes). ◇ *Vol ramé,* dans lequel les ailes s'appuient sur l'air comme les rames sur l'eau. – *Vol plané,* dans lequel les ailes glissent sur l'air. – *Vol à voile,* qui utilise la puissance du vent et ses courants ascendants. – *Vol bourdonnant,* à battements très rapides, permettant le maintien en un point fixe (insectes, colibri). **2.** Espace qu'un oiseau peut parcourir sans se reposer. SYN. (vieilli) : ***volée.*** **3.** Groupe d'oiseaux qui volent ensemble. **4.** Déplacement dans l'air d'un aéronef ou dans l'espace d'un engin spatial ; l'engin lui-même. ◇ *Descendre en vol plané,* moteur arrêté. – *Vol à voile* : mode de déplacement d'un planeur utilisant les courants aériens. – SPORTS. *Vol libre,* pratiqué avec une aile libre. **5.** Mouvement rapide d'un lieu dans un autre. *Le vol des flèches.* ◇ *Au vol* : en l'air ; en allant vite. *Arrêter une balle au vol. Prendre l'autobus au vol.* **6.** *De haut vol* : de grande envergure. *Un escroc de haut vol.*

2. VOL n.m. (de 2. *voler*). **1.** Action de voler, de dérober ce qui appartient à autrui. **2.** Produit du vol. **3.** Fait de prendre plus que ce qui est dû, de vendre à un prix excessif.

VOLABLE adj. Rare. À qui on peut voler qqch.

VOLAGE adj. (lat. *volaticus,* qui vole). Dont les sentiments changent souvent, peu fidèle en amour.

VOLAILLE n.f. (lat. *volatilia,* oiseaux). **1.** Oiseau élevé en basse-cour. **2.** Ensemble des oiseaux d'une basse-cour. **3.** Chair de tels oiseaux.

VOLAILLER ou **VOLAILLEUR** n.m. Marchand ou éleveur de volaille.

1. VOLANT, E adj. **1.** Qui peut voler, se déplacer en l'air. ◇ *Poisson volant* : exocet. **2.** *Pont volant,* qui se monte et se déplace à volonté. **3.** Qui se déplace facilement. *Secrétariat volant.* **4.** *Feuille volante,* qui n'est reliée à aucune autre.

2. VOLANT n.m. **1.** Morceau de liège, de plastique, etc., garni de plumes et qu'on lance avec une raquette ; jeu auquel on se livre avec cet objet. **2.** Organe de manœuvre d'un mécanisme. **3.** Organe circulaire servant à orienter les roues directrices d'une automobile ; conduite des automobiles. *Un as du volant.* **4.** MÉCAN. *Volant d'inertie* ou *volant* : organe tournant d'une machine, constitué par un solide ayant un grand moment d'inertie par rapport à son axe et destiné à en régulariser la marche. ◇ *Volant magnétique,* qui sert à produire le courant d'allumage dans certains moteurs à explosion légers. – *Volant de sécurité,* ce qui sert à régulariser un processus ; somme ou stock en réserve, assurant la bonne marche d'une opération industrielle ou commerciale. **5.** COUT. Bande de tissu froncée sur un côté et servant de garniture dans l'habillement et l'ameublement.

3. VOLANT n.m. Dans l'aviation, membre du personnel navigant (par opp. à *rampant*).

VOLAPÜK [vɔlapyk] n.m. (angl. *world,* univers, et *puk,* altér. de [*to*] *speak,* parler). Langue artificielle, créée en 1879 par l'Allemand Johann Martin Schleyer et qui fut supplantée par l'espéranto.

VOLATIL, E adj. (lat. *volatilis,* léger). **1.** Qui se vaporise, s'évapore facilement. *Essence volatile.* **2.** Fig. Très mobile, très fluctuant ; instable. *Un électorat volatil.* **3.** INFORM. *Mémoire volatile,* dont le contenu s'efface lorsque l'alimentation électrique est coupée.

VOLATILE n.m. Oiseau, en partic. oiseau de basse-cour.

VOLATILISABLE adj. Qui peut se volatiliser.

VOLATILISATION n.f. Action de volatiliser ; fait de se volatiliser.

VOLATILISER v.t. **1.** Didact. Rendre volatil, transformer en vapeur. *Volatiliser du soufre.* **2.** Faire disparaître et, en partic., voler, subtiliser. *Volatiliser un portefeuille.* ◆ **se volatiliser** v.pr. Disparaître.

VOLATILITÉ n.f. Caractère de ce qui est volatil.

Carrosse d'époque Louis XIII (XVIIe s.), lourde voiture fermée à quatre roues. Estampe. (B.N., Paris.)

« Tribus » anglais, sorte de cab à deux roues, fermé de trois côtés (le passager entrait par l'avant), conduit par un cocher placé à l'arrière. XIXe s. Estampe. (Coll. priv.)

Cabriolet français, à deux roues et capote amovible, conduit par le passager. XIXe s. Estampe. (Coll. priv.)

Landau-calèche français, à quatre roues et quatre places en vis-à-vis, à double capote mobile, XIXe s. Estampe. (Coll. priv.)

Berline française, fermée, à quatre roues, quatre places à l'intérieur, deux portières vitrées, siège à l'avant pour le cocher. XIXe s. Estampe. (Coll. priv.)

Diligence anglaise de service public (« stage-coach »), à quatre places intérieures, plusieurs rangs de banquettes extérieures. XIXe s. Estampe. (Coll. priv.)

exemples de **voitures** hippomobiles

VOL-AU-VENT n.m. inv. (de *voler au vent*). Croûte ronde en pâte feuilletée garnie de compositions diverses (viande, poissons, champignons, quenelles, etc.).

VOLCAN n.m. (it. *vulcano ;* de *Vulcain,* dieu du Feu). **1.** Relief résultant de l'émission en surface de produits à haute température issus de l'intérieur de la Terre, qui montent par une fissure de l'écorce *(cheminée)* et sortent par une ouverture génér. circulaire *(cratère).* [*V. illustration p. 1076.*] ◇ Fig. *Être sur un volcan,* dans une situation dangereuse. **2.** Litt. Personne d'une nature ardente, impétueuse.

Volcans : les grandes éruptions

1470 av. J.-C.	Santorin (Grèce)
79	Vésuve (Italie)
1815	Tambora (Indonésie)
1883	Krakatoa (Indonésie)
1902	montagne Pelée (Martinique)
1956	Bezymiannyï (U.R.S.S.)
1963	Création de l'île de Surtsey (Islande)
1979-81	Piton de la Fournaise (Réunion)
1980	Saint Helens (États-Unis)
1985	Nevado del Ruiz (Colombie)

VOLCANIQUE adj. **1.** Relatif aux volcans. *Éruption volcanique.* ◇ GÉOL. *Roches volcaniques :* roches éruptives qui se forment en surface par refroidissement brutal, au contact de l'air ou de l'eau, du magma qui s'épanche d'un volcan. **2.** Litt. Qui est plein de fougue, de violence, d'ardeur.

VOLCANISER v.t. Rendre volcanique.

VOLCANISME n.m. GÉOL. Ensemble des manifestations volcaniques.

VOLCANOLOGIE ou, vx, **VULCANOLOGIE** n.f. Étude des volcans et des phénomènes volcaniques.

VOLCANOLOGIQUE ou, vx, **VULCANOLOGIQUE** adj. Relatif à la volcanologie.

VOLCANOLOGUE ou, vx, **VULCANOLOGUE** n. Spécialiste de volcanologie.

VOLE n.f. Coup qui consiste à faire toutes les levées aux cartes.

1. VOLÉ, E adj. CHORÉGR. *Pas volé :* pas sauté commencé sur les deux pieds et achevé sur un seul.

2. VOLÉ, E adj. et n. Victime d'un vol.

VOLÉE n.f. **I. 1.** Action de voler ; envol, essor. *Prendre sa volée.* **2.** Vieilli. Distance qu'un oiseau parcourt sans se poser. *Une hirondelle traverse la Méditerranée d'une seule volée.* **3.** Groupe d'oiseaux qui volent ensemble. *Volée de moineaux.* **4.** Vieilli. Niveau social. ◇ *De haute volée :* de grande envergure. **5.** Suisse. Ensemble de personnes qui exercent simultanément la même activité ; ensemble de personnes nées la même année ; promotion. **II. 1.** Décharge, tir simultané de plusieurs projectiles. *Volée de flèches.* **2.** SPORTS. Frappe de la balle, du ballon avant qu'ils aient touché terre. ◇ *Arrêt de volée :* au rugby, réception du ballon provenant de l'adversaire par un joueur à l'intérieur de ses 22 m, qui garde les pieds au sol et crie « marque » pour indiquer l'intention d'arrêter le jeu. – *À la volée :* au vol, en l'air ; au passage. *Saisir une allusion*

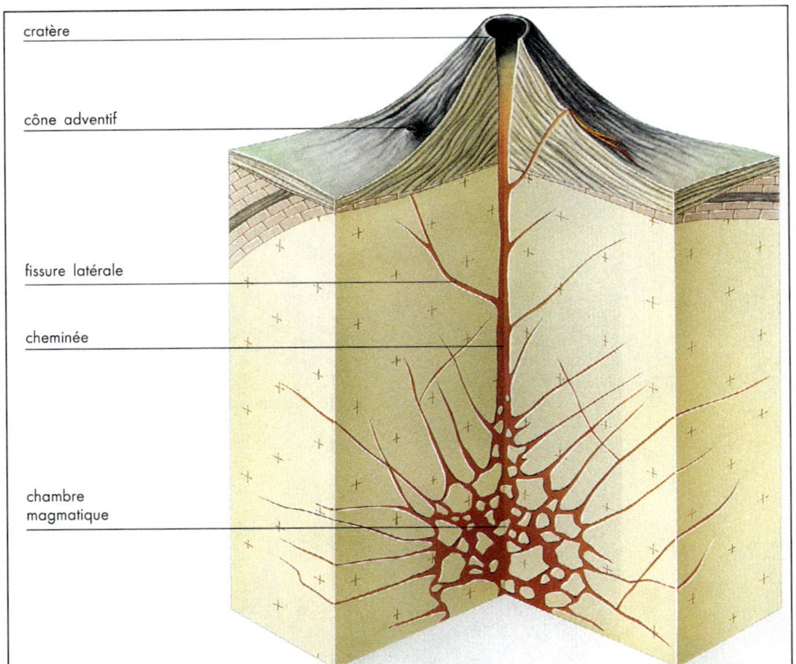

volcan (vu en coupe)

à la volée. ◇ CHORÉGR. *Pas de volée,* commencé à partir d'une jambe en l'air. *Entrechats de volée. Brisés de volée en tournant.* **3.** Son d'une cloche mise en branle ; la mise en branle elle-même. *Sonner à toute volée.* **III. 1.** Fam. Série de coups rapprochés et nombreux. *Recevoir une volée.* **2.** *Volée de bois vert :* suite de critiques violentes. **IV. 1.** Pièce de bois disposée de chaque côté du timon pour atteler les chevaux. **2.** TR. PUBL. Pièce d'une grue qui supporte à son extrémité la poulie recevant le câble. **3.** CONSTR. Partie d'un escalier comprise entre deux paliers successifs. *Volée de marches.* **4.** ARM. Partie d'un canon entre la bouche et la partie frettée portant les tourillons. **5.** MIN. Ensemble des produits abattus par un tir.

1. VOLER v.i. (lat. *volare*). **1.** Se mouvoir, se maintenir dans l'air ou dans l'espace. *Rêver qu'on peut voler.* ◇ **Spécialt.** Se livrer à la chasse au vol, en parlant d'un oiseau de proie. **2.** En parlant d'un objet, être projeté dans l'air à grande vitesse. ◇ *Voler en éclats :* être détruit, pulvérisé. **3.** Piloter un avion ou s'y trouver. *Voler vers le sud.* **4.** Se déplacer très rapidement. *Voler chez un ami pour annoncer la nouvelle.*

2. VOLER v.t. (lat. *volare*). S'approprier par un vol ; léser, dépouiller (qqn) par un vol. ◇ **Fam.** *Ne l'avoir pas volé,* l'avoir bien mérité. ◆ v.i. Commettre des vols.

VOLERIE n.f. Chasse qui se faisait avec les oiseaux de proie.

VOLET n.m. **1.** Panneau de bois ou de tôle pour clore une baie de fenêtre ou de porte. ◇ *Volet roulant,* constitué de lattes articulées qui viennent s'enrouler dans un coffre placé au-dessus de la fenêtre. **2.** Partie plane d'un objet pouvant se rabattre sur celle à laquelle elle tient. ◇ **Spécialt. a.** Feuillet d'un dépliant. *Volet d'un permis de conduire.* **b.** Vantail d'un polyptyque. **3.** Partie d'un ensemble. *Les volets d'un plan gouvernemental.* **4.** AÉRON. Partie d'une aile ou d'une gouverne pouvant être braquée par rotation pour en modifier les caractéristiques aérodynamiques. **5.** *Trier sur le volet :* choisir avec soin entre plusieurs personnes, plusieurs choses.

VOLETANT, E adj. Qui vole çà et là.

VOLETER v.i. [27]. Voler çà et là, légèrement ; être animé de petits mouvements.

VOLEUR, EUSE adj. et n. Qui a commis un vol ; qui vit du vol. ◇ *Comme un voleur :* en essayant de passer inaperçu.

VOLIÈRE n.f. Grande cage, réduit grillagé, etc., où l'on élève et nourrit des oiseaux.

VOLIGE n.f. (de *voler*). CONSTR. Planche mince, jointive avec d'autres, utilisée dans la réalisation de couvertures et, autref., de cloisons.

VOLIGEAGE n.m. CONSTR. **1.** Action de clouer des voliges sur des chevrons. **2.** Ensemble de voliges, destinées à supporter notamm. des ardoises ou des bardeaux.

VOLIGER v.t. [17]. CONSTR. Garnir de voliges.

VOLIS [vɔli] n.m. (de l'anc. fr. *volaïz,* abattu par le vent). SYLV. Cime d'un arbre qui a été rompue et enlevée par le vent.

VOLITIF, IVE adj. PHILOS. Relatif à la volonté.

VOLITION n.f. (du lat. *volo,* je veux). PHILOS. Acte par lequel la volonté se détermine à qqch.

VOLLEY-BALL [vɔlɛbol] ou **VOLLEY** [vɔlɛ] n.m. (mot angl., *balle à la volée*) [pl. *volley-balls*]. Sport opposant deux équipes de six joueurs qui s'affrontent en se renvoyant un ballon avec les mains au-dessus d'un filet.

VOLLEYER v.i. et t. [12]. Au tennis, jouer à la volée.

VOLLEYEUR, EUSE [vɔlɛjœr, øz] n. **1.** Joueur, joueuse de volley-ball. **2.** Spécialiste de la volée, au tennis.

VOLNAY n.m. Vin de Bourgogne rouge, très réputé.

VOLONTAIRE adj. (lat. *voluntarius*). **1.** Qui se fait sans contrainte et de pure volonté. *Acte volontaire.* **2.** Qui manifeste une volonté ferme. *Regard volontaire.* ◆ adj. et n. **1.** Qui fait preuve de volonté ferme. **2.** Qui accepte de son plein gré une mission, une tâche. ◇ **Spécialt.** Militaire qui s'est lui-même désigné pour une mission, sans y être obligé.

VOLONTAIREMENT adv. **1.** De sa propre volonté. **2.** Avec intention, exprès.

VOLONTARIAT n.m. **1.** Participation volontaire à une action, une mission. **2.** MIL. Service accompli par un engagé volontaire.

VOLONTARISME n.m. **1.** Attitude de qqn qui pense modifier le cours des évènements par la seule volonté. **2.** PHILOS. Doctrine ou thèse qui accorde la primauté à la volonté sur l'intelligence et à l'action sur la pensée intellectuelle. **3.** Comportement directif, autoritaire.

VOLONTARISTE adj. et n. PHILOS. Relatif au volontarisme ; qui en est partisan. ◆ adj. Qui fait preuve de volontarisme. *Une politique volontariste.*

VOLONTÉ n.f. (lat. *voluntas*). **1.** Faculté de se déterminer à certains actes et de les accomplir. **2.** Énergie, fermeté avec laquelle on exerce cette faculté. *Avoir de la volonté. Volonté inflexible.* ◇ PHILOS. *Volonté de puissance :* selon Nietzsche, volonté d'un surplus de puissance propre à un type d'hommes forts qui affirment la vie. **3.** Ce que veut qqn, un groupe. *Aller contre la volonté de qqn.* ◇ *À volonté :* autant qu'on veut ; comme on veut. *Vin à volonté.* – *Bonne, mauvaise volonté :* intention réelle de bien, de mal faire. ◇ PHILOS. *Volonté générale :* chez Rousseau, expression par tous les citoyens des choix du gouvernement en vue du bien commun. ◆ pl. **1.** Caprices, fantaisies opiniâtres. *Enfant qui fait toutes ses volontés.* ◇ **Fam.** *Faire les quatre volontés de qqn,* céder à tous ses caprices. **2.** *Dernières volontés :* intentions, désirs formels manifestés avant de mourir.

VOLONTIERS adv. (du lat. *voluntarius,* volontaire). De bon gré, avec plaisir.

VOLT n.m. (du physicien *Volta*). ÉLECTR. Unité de mesure de force électromotrice et de différence de potentiel, ou tension (symb. V), équivalant à la différence de potentiel qui existe entre deux points d'un conducteur parcouru par un courant constant de 1 ampère lorsque la puissance dissipée entre ces points est égale à 1 watt. ◇ *Volt par mètre :* unité de mesure d'intensité de champ électrique (symb. V/m) équivalant à l'intensité d'un champ électrique exerçant une force de 1 newton sur un corps chargé d'une quantité d'électricité de 1 coulomb.

VOLTAGE n.m. Cour. (impropre dans la langue technique). Tension électrique.

1. VOLTAÏQUE [vɔltaik] adj. ÉLECTR. Se dit de la pile de Volta et de l'électricité développée par les piles.

2. VOLTAÏQUE adj. et n. De la Haute-Volta (auj. Burkina).

VOLTAIRE n.m. Fauteuil rembourré et à bois apparent, à dossier haut et un peu incliné. (On dit aussi *fauteuil Voltaire.*)

VOLTAIRIANISME n.m. Philosophie de Voltaire ; incrédulité et hostilité à l'influence de l'Église.

VOLTAIRIEN, ENNE adj. et n. Qui concerne Voltaire, sa philosophie ; qui en est partisan.

VOLTAMÈTRE n.m. ÉLECTR. Tout appareil où se produit une électrolyse.

VOLTAMPÈRE n.m. Watt utilisé pour la mesure de la puissance apparente du courant électrique alternatif (symb. VA).

VOLTE n.f. (it. *volta,* tour). ÉQUIT. Mouvement en rond que l'on fait faire à un cheval.

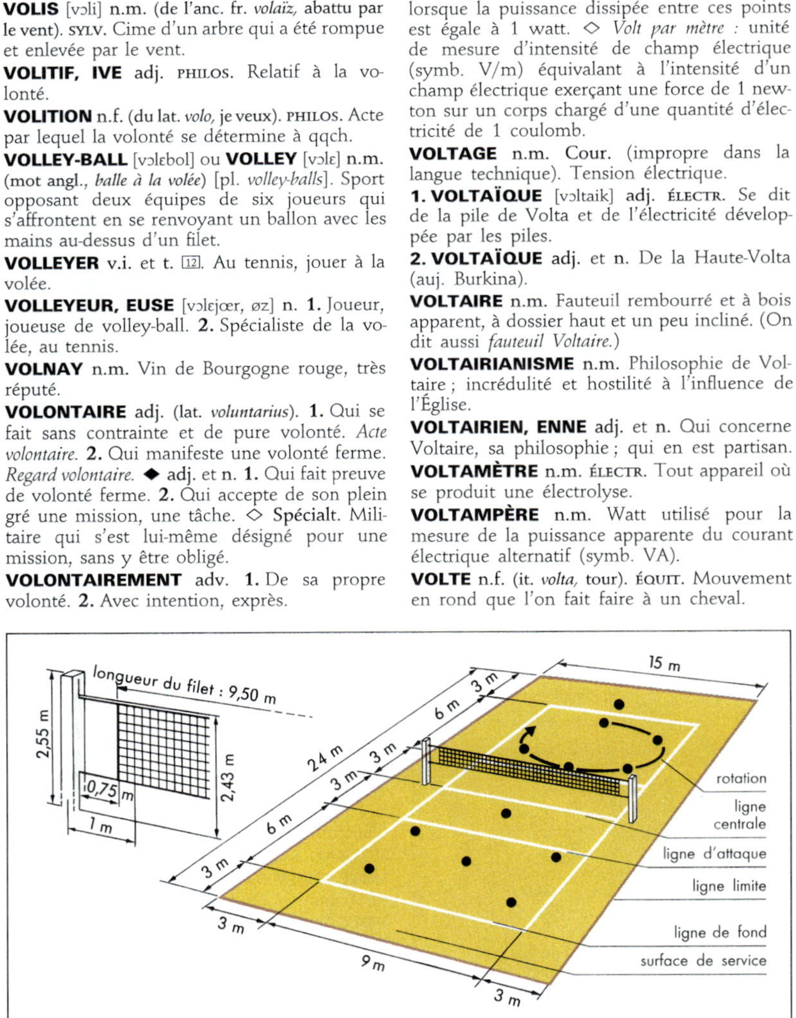

volley-ball : plan du terrain (avec la disposition des joueurs au coup d'envoi)

VOLTE-FACE n.f. inv. (it. *voltafaccia,* de *voltare,* tourner, et *faccia,* visage). **1.** Action de se tourner du côté opposé à celui qu'on regardait. **2.** Changement subit d'opinion, de manière d'agir ; revirement.

VOLTER v.i. ÉQUIT. Exécuter une volte.

VOLTIGE n.f. **1.** Exercice de manège, acrobatie de cirque consistant à sauter de diverses manières sur un cheval arrêté ou au galop. **2.** Exercice d'acrobatie exécuté sur une corde ou au trapèze volant ; la corde elle-même. **3.** Ensemble des manœuvres inhabituelles dans le pilotage ordinaire d'un avion et qui font l'objet d'un apprentissage particulier ; acrobatie aérienne. **4.** Entreprise risquée et parfois malhonnête.

VOLTIGEMENT n.m. Mouvement de ce qui voltige.

VOLTIGER v.i. (it. *volteggiare,* de *volta,* volte) [17]. **1.** Voler çà et là. **2.** Flotter au gré du vent.

VOLTIGEUR n.m. **1.** Acrobate qui fait des voltiges. **2.** Soldat de certaines unités d'élite d'infanterie légère (XIXe s.). **3.** Fantassin chargé de mener le combat.

VOLTMÈTRE n.m. ÉLECTR. Appareil qui sert à mesurer une différence de potentiel en volts.

VOLUBILE adj. (lat. *volubilis,* qui tourne aisément). **1.** Qui parle avec abondance et rapidité. **2.** BOT. *Plante volubile,* dont la tige s'enroule en spirale autour des corps voisins (houblon, haricot, liseron, etc.).

exemple de tige **volubile** (houblon)

VOLUBILIS [vɔlybilis] n.m. (mot lat., *qui tourne*). Liseron d'une espèce ornementale à grandes fleurs colorées.

VOLUBILITÉ n.f. Caractère d'une personne volubile.

VOLUCELLE n.f. (lat. *volucer,* qui vole). Mouche à aspect de bourdon, qui se pose sur les fleurs. (Long. 1 cm.)

VOLUCOMPTEUR n.m. (nom déposé). Appareil de mesure installé sur un distributeur de fluide pour indiquer le débit et le prix du produit distribué.

VOLUME n.m. (lat. *volumen,* rouleau). **I. 1.** Livre relié ou broché. **2.** HIST. Chez les Anciens, manuscrit enroulé autour d'un bâton. **II. 1.** Espace à trois dimensions occupé par un corps ou limité par des surfaces ; mesure de cet espace ; l'objet lui-même. *Mesurer le volume d'un cube.* ◇ *Faire du volume :* être encombrant. **2.** Masse, quantité de qqch. ◇ **Spécialt.** Masse d'eau débitée par un fleuve, une fontaine, etc. **3.** Force, intensité d'un son. *Augmenter le volume d'un appareil de radio.*

VOLUMÉTRIE n.f. Mesure des volumes.

VOLUMÉTRIQUE adj. Relatif à la volumétrie.

VOLUMINEUX, EUSE adj. De grand volume.

VOLUMIQUE adj. Se dit du quotient d'une grandeur par le volume correspondant.

VOLUPTÉ n.f. (lat. *voluptas*). **1.** Plaisir des sens et, spécialt, plaisir sexuel. **2.** Plaisir, satisfaction intense d'ordre moral ou intellectuel.

VOLUPTUEUSEMENT adv. Avec volupté.

VOLUPTUEUX, EUSE adj. et n. **1.** Qui aime, recherche la volupté. **2.** Qui inspire ou exprime le plaisir.

VOLUTE n.f. (it. *voluta*). **1.** Ce qui est en forme de spirale. *Volute de fumée.* **2.** ARCHIT. Enroulement en spirale formant les angles du chapiteau ionique.

VOLVAIRE n.f. Champignon à lames et à volve, sans anneau, comestible mais pouvant être confondu avec certaines amanites.

VOLVE n.f. (lat. *volva,* vulve). BOT. Membrane épaisse qui entoure complètement le chapeau et le pied de certains champignons à l'état jeune (volvaires, amanites) et qui se déchire irrégulièrement quand le pied s'allonge.

VOLVOCALE n.f. *Volvocales :* ordre ou sous-classe d'algues d'eau douce, unicellulaires ou formées de peu de cellules munies chacune de deux flagelles nageurs, telles que le volvox, la chlamydomonas, etc.

VOLVOX [vɔlvɔks] n.m. (mot lat.). Protozoaire d'eau douce dont les cellules, possédant de la chlorophylle et deux flagelles, peuvent former des colonies sphériques de 1 mm de diamètre.

VOLVULUS [vɔlvylys] n.m. (du lat. *volvere,* rouler). MÉD. Torsion d'un organe creux (principalement d'une anse intestinale) autour d'un point fixe.

VOMER [vɔmɛr] n.m. (mot lat., *soc de charrue*). ANAT. Os qui forme la partie postérieure de la cloison des fosses nasales.

VOMÉRIEN, ENNE adj. Relatif au vomer.

VOMI n.m. Matières vomies ; vomissure.

1. VOMIQUE adj. (du lat. *vomere,* vomir). *Noix vomique :* graine du vomiquier, contenant de la strychnine.

2. VOMIQUE n.f. (lat. *vomica,* abcès). Rejet, par expectoration, d'une collection purulente du poumon passée par effraction dans les bronches.

VOMIQUIER n.m. Arbre de l'Asie tropicale, dont la graine est la noix vomique et dont l'écorce est appelée *fausse angusture.* (Famille des loganiacées.)

VOMIR v.t. (lat. *vomere*). **1.** Rejeter par la bouche ce qui était dans l'estomac. *Vomir son déjeuner.* ◇ *Être à vomir :* être dégoûtant (au physique ou au moral). **2.** Litt. Lancer violemment au-dehors. *Les canons vomissent le feu et la mort.* **3.** Litt. Proférer avec violence. *Vomir des injures.*

VOMISSEMENT n.m. Action de vomir ; matières vomies.

VOMISSURE n.f. Matières vomies.

VOMITIF, IVE adj. et n.m. Se dit d'un médicament qui fait vomir.

VOMITOIRE n.m. (lat. *vomitorium*). ANTIQ. Chacun des larges passages qui, dans les théâtres et les amphithéâtres, donnaient accès aux différents étages et gradins.

VOMITO NEGRO n.m. (mots esp., *vomissement noir*) [pl. *vomitos negros*]. MÉD. Fièvre jaune. – REM. Le sens rend improbable l'usage du pluriel.

VORACE adj. (lat. *vorax*). **1.** Qui dévore, qui mange avec avidité ; avide. **2.** Qui exige une grande quantité de nourriture. *Un appétit vorace.*

VORACEMENT adv. De façon vorace.

VORACITÉ n.f. **1.** Avidité à manger, à satisfaire un besoin. *La voracité des loups.* **2.** Fig. Recherche immodérée du profit.

VORTEX [vɔrtɛks] n.m. (mot lat.). **1.** Tourbillon creux qui prend naissance, sous certaines conditions, dans un fluide en écoulement. **2.** Ensemble de nuages enroulés en spirale, spécifique d'une dépression.

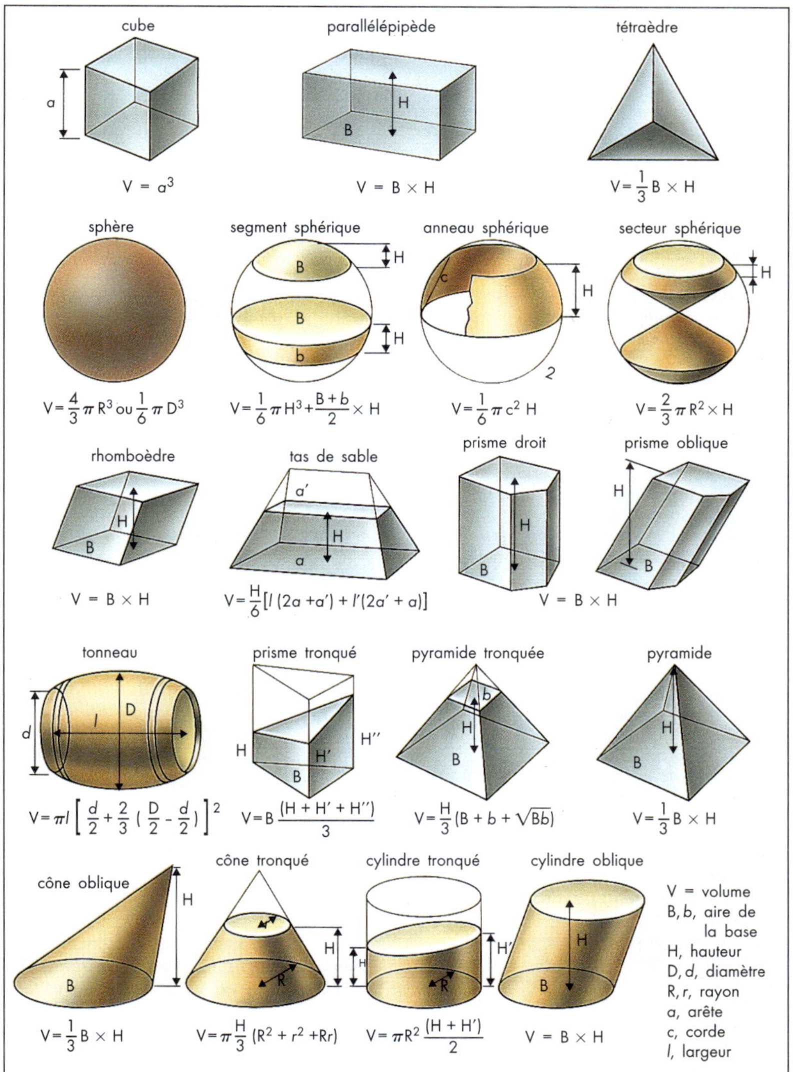

quelques **volumes** caractéristiques

VORTICELLE n.f. (lat. *vortex,* tourbillon). Protozoaire cilié d'eau douce, vivant fixé par un pédoncule contractile.

VOS adj. poss. Pl. de *votre.*

VOSGIEN, ENNE [voʒjɛ̃, ɛn] adj. et n. Des Vosges.

VOTANT, E n. Qui vote ; qui a le droit de voter.

VOTATION n.f. Canada, Suisse. Vote.

VOTE n.m. (angl. *vote ;* du lat. *votum,* vœu). **1.** Acte par lequel les citoyens d'un pays ou les membres d'une assemblée expriment leur opinion lors d'une élection, d'une prise de décision. ◇ *Vote bloqué,* celui par lequel l'assemblée saisie d'un texte se prononce, en une seule fois, sur tout ou partie de celui-ci, en ne retenant que les amendements proposés ou acceptés par le gouvernement. **2.** Opinion exprimée par chacune des personnes appelées à émettre un avis. *Compter les votes.*

VOTER v.i. Donner sa voix dans une élection. ◆ v.t. Décider ou demander par un vote. *Voter une loi.*

VOTIF, IVE adj. (du lat. *votum,* vœu). Fait ou offert en vertu d'un vœu. *Autel votif.* ◇ *Fête votive :* fête religieuse célébrée en l'honneur d'un patron.

VOTRE adj. poss. (lat. *voster*) [pl. *vos*]. Qui est à vous, qui vous concerne.

VÔTRE pron. poss. (lat. *vester*). [Précédé de *le, la, les*]. Ce qui est à vous. *Ma mère et la vôtre.* ◆ adj. poss. Litt. (Toujours attribut). Qui est à vous. *Considérez ma maison comme vôtre.* ◆ n.m. pl. *Les vôtres :* vos parents, vos amis, etc.

VOUCHER [vuʃɛr] n.m. (mot angl.). Bon émis par une agence de voyages, une société de location de voitures, etc., donnant droit à certains services.

VOUER v.t. (du lat. *votum,* vœu). **1.** RELIG. Consacrer, par un vœu, qqn, qqch à Dieu, à un saint ; mettre sous la protection de. **2.** Promettre, engager d'une manière particulière. *L'amitié que je lui ai vouée.* **3.** Destiner. *Son entêtement a voué leur projet à l'échec.* ◆ **se vouer** v.pr. Se consacrer à. ◇ *Ne (plus) savoir à quel saint se vouer :* ne (plus) savoir à qui recourir.

VOUGE n.m. (bas lat. *vidubium,* serpe ; du gaul.). **1.** Arme d'hast du XIIIe au XVIe s., faite d'une lame tranchante et asymétrique. **2.** Croissant pour émonder les arbres.

VOUIVRE n.f. (du lat. *vipera,* vipère). Serpent fabuleux apparaissant souvent dans le folklore.

1. VOULOIR v.t. (lat. pop. *volere*) [57]. **I.** (Personnes). **1.** Appliquer sa volonté, son énergie à obtenir qqch. *Partez si vous voulez.* ◇ *Sans le vouloir :* involontairement, par mégarde. **2.** Demander, exiger avec autorité. *Je veux une réponse tout de suite.* ◇ Spécialt. Exiger tant en échange de qqch, le demander comme prix. *Combien veut-il de sa maison ?* **3.** Désirer, souhaiter, tendre vers. *Vous aurez tout ce que vous voudrez.* ◇ *Vouloir du bien, du mal à qqn,* avoir de bonnes, de mauvaises intentions à son égard. **4.** Attendre qqch de qqn. *Que veut-elle de moi ?* ◇ (Exprimant la résignation). *C'est comme ça, que veux-tu !* **5.** *Vouloir dire :* avoir l'intention de dire ; signifier, exprimer. ◇ *Savoir ce que parler veut dire :* comprendre le sens caché de certaines paroles. **6.** *Vouloir bien :* accepter qqch, y consentir. **II.** (Choses). Pouvoir, se prêter à. *Ce bois ne veut pas brûler.* ◆ v.t. ind. ***(de).*** **1.** Accepter de prendre qqn en tant que tel. *Je ne voudrais pas de lui comme ami.* **2.** Accepter de recevoir qqch (surtout négatif). *Elle ne veut pas de tes excuses.* **3.** Fam. *En vouloir :* être ambitieux, avoir un tempérament de gagneur. – *En vouloir à qqn,* lui garder de la rancune, lui reprocher qqch. – *En vouloir à qqch :* avoir des visées sur qqch, avoir l'intention de le détourner à son profit. ◆ **se vouloir** v.pr. Vouloir être ; vouloir paraître. *Se vouloir rassurant.*

2. VOULOIR n.m. Litt. *Bon, mauvais vouloir :* intentions favorables, défavorables.

VOULU, E adj. **1.** Délibéré, volontaire. **2.** Exigé par les circonstances. *Au moment voulu.*

VOUS pron. pers. (lat. *vos*). **1.** Pl. de *tu.* **2.** Forme de politesse pour désigner la personne à qui l'on parle. *Êtes-vous satisfait ?*

VOUSOYER v.t. → ***vouvoyer.***

VOUSSOIR ou **VOUSSEAU** n.m. (lat. pop. *volsorium,* de *volvere,* tourner). ARCHIT. Claveau.

VOUSSOYER v.t. → ***vouvoyer.***

VOUSSURE n.f. (du lat. *volutus,* enroulé). **1.** Montée ou portion de montée d'une voûte. **2.** Petite voûte au-dessus de l'embrasure d'une baie. **3.** Adoucissement du pourtour d'un plafond.

VOÛTAIN n.m. ARCHIT. Quartier ou portion de voûte que délimitent des arêtes ou des nervures occupant la place d'arêtes.

VOÛTE n.f. (lat. pop. *volvita,* de *volvere,* tourner). **I.** ARCHIT. Ouvrage de maçonnerie cintré couvrant un espace entre des appuis et formé, en général, d'un assemblage de claveaux, qui s'appuient les uns sur les autres ; ouvrage de même forme en béton, en bois, etc. **II. 1.** GÉOGR. Bombement correspondant au sommet d'un anticlinal, dans le relief jurassien. **2.** Poét. *Voûte azurée, étoilée :* le ciel. **III. 1.** IND. Partie supérieure d'un four à réverbère, qui est disposée en forme de coupole. **2.** ANAT. *Voûte du crâne :* partie supérieure de la boîte osseuse du crâne. – *Voûte du palais* ou *palatine :* cloison qui forme la paroi supérieure de la bouche et la paroi inférieure des cavités nasales. – *Voûte plantaire :* portion cintrée, concave, de la plante du pied normal, qui ne repose pas sur le sol. **3.** MAR. Partie arrière de la coque d'un navire, située au-dessus du gouvernail.

VOÛTÉ, E adj. Courbé. *Avoir le dos voûté.*

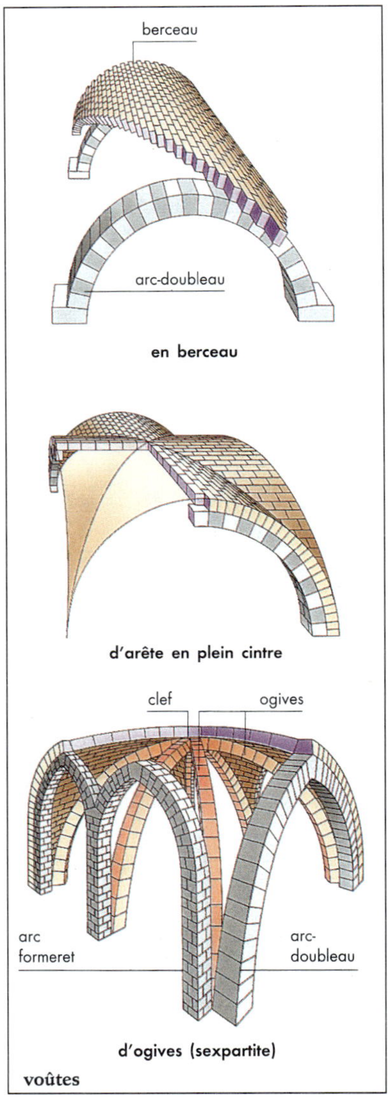

voûtes

VOÛTER v.t. Couvrir d'une voûte. *Voûter un souterrain.* ◆ **se voûter** v.pr. Se courber.

VOUVOIEMENT n.m. Action de vouvoyer.

VOUVOYER ou, vx, **VOUSOYER** ou **VOUSSOYER** v.t. [13]. S'adresser à qqn en utilisant le pronom *vous* par politesse (et non le pronom *tu*).

VOUVRAY n.m. Vin blanc récolté dans la région de Vouvray.

VOX POPULI [vɔkspɔpyli] n.f. inv. (mots lat., *voix du peuple*). Litt. Opinion du plus grand nombre.

VOYAGE n.m. (lat. *viaticum,* argent pour le voyage). **1.** Action de voyager, de se rendre ou d'être transporté en un autre lieu ; trajet ainsi fait. *Voyage en bateau.* **2.** Action de se rendre dans un lieu lointain ou étranger ; séjour ou périple ainsi fait. *Aimer les voyages.* **3.** Déplacement, allées et venues, en particulier pour transporter qqch. *Déménager en plusieurs voyages.* **4.** *Les gens du voyage :* les artistes du cirque. **5.** Fam. (Pour traduire l'angl. *trip*). État hallucinatoire provoqué par l'usage d'une drogue.

VOYAGEMENT ou, vieilli, **VOYAGEAGE** n.m. Canada. Allées et venues.

VOYAGER v.i. [17]. **1.** Faire un ou des voyages, partir ailleurs. *Voyager à l'étranger.* **2.** Faire un parcours, un trajet (de telle façon). *Voyager en seconde classe.* **3.** Être transporté, en parlant de choses, d'animaux. **4.** Afrique. Partir en voyage.

VOYAGEUR, EUSE n. **1.** Personne qui voyage. **2.** *Voyageur de commerce :* personne qui voyage pour les affaires d'une maison de commerce.

VOYAGEUR-KILOMÈTRE n.m. (pl. *voyageurs-kilomètres*). Unité de mesure correspondant au transport d'un voyageur sur une distance d'un kilomètre.

VOYAGISTE n.m. Personne ou entreprise proposant des voyages à forfait, soit directement, soit par l'intermédiaire de revendeurs détaillants. SYN. (déconseillé) : ***tour-opérateur.***

VOYANCE n.f. Don de ceux qui prétendent lire dans le passé et prédire l'avenir.

1. VOYANT, E adj. et n. Qui jouit de la vue. ◆ adj. Qui attire l'œil. *Couleur voyante.*

2. VOYANT, E n. Personne qui fait métier du don de voyance.

3. VOYANT n.m. **1.** Appareil, dispositif matérialisant qqch pour le rendre perceptible par la vue. **2.** Disque ou ampoule électrique d'avertissement de divers appareils de contrôle, de tableaux de sonnerie, etc. **3.** MAR. Partie caractéristique d'un signal (balise, bouée, amer, etc.), de forme géométrique nettement visible, permettant de reconnaître la nature du signal. **4.** TOPOGR. Plaque bicolore de forme géométrique placée sur un trépied ou un jalon pour matérialiser une direction que l'on veut viser.

VOYELLE n.f. (du lat. *vocalis,* de *vox,* voix). **1.** Son du langage dont l'articulation est caractérisée par le libre écoulement de l'air expiré à travers le conduit vocal. **2.** Lettre représentant ce son. (L'alphabet français a six voyelles, qui sont : *a, e, i, o, u, y.*)

VOYER adj.m. (lat. *vicarius*). Vx. *Agent voyer :* ingénieur du service vicinal.

VOYEUR, EUSE n. **1.** Personne qui aime à regarder, à observer, en se tenant à l'écart (souvent péj.). **2.** PATHOL. Personne atteinte de voyeurisme.

VOYEURISME n.m. PSYCHIATRIE. Déviation sexuelle dans laquelle le plaisir est obtenu par la vision dérobée de scènes érotiques.

VOYOU n.m. (de *voie*). **1.** Individu de mœurs crapuleuses faisant partie du milieu. **2.** Garçon qui traîne dans les rues, plus ou moins délinquant. **3.** Enfant terrible, garnement. *Petit voyou !*

VOYOUCRATIE n.f. Pouvoir exercé par des voyous.

V. P. C. n.f. (sigle). Vente par correspondance.

VRAC n.m. (néerl. *wrac,* mauvais). Marchandise, telle que le charbon, les minerais, etc., qui ne demande pas d'arrimage et qui n'est pas emballée. ◇ *En vrac :* pêle-mêle ou sans emballage ; en désordre.

1. VRAI, E adj. (lat. *verus*). **1.** Conforme à la vérité, à la réalité. *Rien n'est vrai dans ce qu'il dit.* **2.** Qui est réellement ce qu'il paraît être. *Un vrai diamant.* **3.** Convenable, conforme à ce qu'il doit être. *Voilà sa vraie place.*

2. VRAI n.m. Ce qui est vrai, la vérité. *Distinguer le vrai du faux.* ◇ *À vrai dire, à dire vrai ;* litt., *au vrai :* pour parler sans déguisement. – Fam. *Pour de vrai :* pour de bon.

VRAI-FAUX, VRAIE-FAUSSE adj. (pl. *vrais-faux, vraies-fausses*). Se dit de faux documents établis par une autorité compétente.

VRAIMENT adv. **1.** D'une manière réelle, effective, et qui ne peut être mise en doute. *Une vie vraiment extraordinaire.* **2.** (Soulignant une affirmation, une question). *Vraiment, il exagère.*

VRAISEMBLABLE adj. et n.m. Qui a l'aspect de la vérité, qu'on est en droit d'estimer vrai.

VRAISEMBLABLEMENT adv. Probablement ; sans doute, selon la vraisemblance.

VRAISEMBLANCE n.f. Caractère de ce qui est vraisemblable, qui a l'apparence de la vérité.

VRAQUIER n.m. Navire transportant des produits en vrac.

VRENELI n.m. Suisse. Pièce d'or de 20 francs.

VRILLAGE n.m. **1.** Effet dû à une mauvaise fixation de la torsion des fils. **2.** AÉRON. Torsion donnée aux pales d'une hélice ou à une aile.

VRILLE n.f. (lat. *viticula,* vrille de la vigne). **1.** Organe porté par certaines plantes (vigne, pois) et qui s'enroule autour des supports. SYN. : *cirre.* **2.** Défaut d'un fil qui se tortille sur lui-même. **3.** AÉRON. Figure de voltige aérienne dans laquelle le nez de l'avion suit sensiblement une verticale, tandis que l'extrémité des ailes décrit une hélice en descente assez rapide. **4.** Outil à percer le bois, constitué par une tige métallique usinée à son extrémité en forme de vis à bois à pas variable et se terminant par une pointe aiguë.

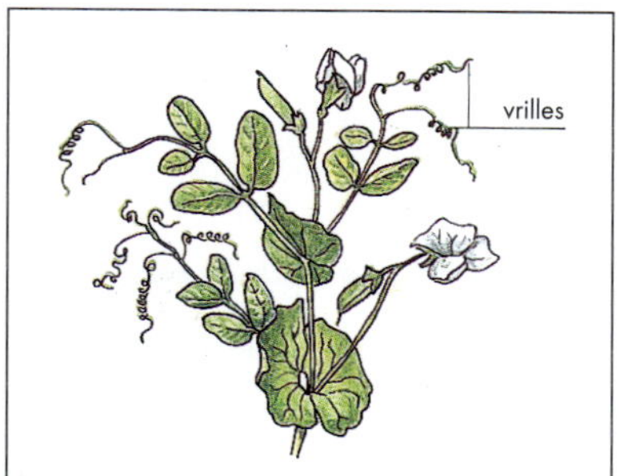

vrilles du pois

VRILLÉ, E adj. **1.** BOT. Muni de vrilles. **2.** Enroulé, tordu comme une vrille. *Ficelle vrillée.*

VRILLÉE n.f. Liseron des champs.

VRILLER v.t. Percer avec une vrille. *Vriller une planche.* ◆ v.i. **1.** S'élever, se mouvoir en décrivant une hélice. **2.** Se tordre en se rétrécissant. *Corde qui vrille.*

VRILLETTE n.f. Coléoptère dont la larve creuse des galeries dans le bois. (Famille des anobiidés.) SYN. : *anobie.*

VROMBIR v.i. (onomat.). Produire un ronflement vibrant, caractéristique de certains objets en rotation rapide.

VROMBISSEMENT n.m. Bruit de ce qui vrombit.

VROUM ou **VROOM** interj. (onomat.). Par plais. (Exprimant une vitesse, une accélération). *Vroom, l'avion décolle !*

V. R. P. n.m. (sigle de *voyageur représentant placier*). Intermédiaire du commerce qui prospecte la clientèle et reçoit les commandes pour le compte d'une ou plusieurs entreprises.

VS prép. → ***versus.***

V. S. N. n.m. (sigle de *volontaire du service national*). Afrique. Jeune Français qui fait son service militaire en coopération dans un pays africain.

VTOL n.m. inv. (sigle des mots angl. *vertical take-off and landing*). [Anglic. déconseillé]. Aéronef à décollage vertical. (En fr. A. D. A. V. : avion à décollage et atterrissage verticaux.)

V. T. T. n.m. (sigle de *vélo tout terrain*). Vélo à roues épaisses et crantées, sans suspension ni garde-boue, utilisé sur des parcours accidentés ; sport pratiqué avec ce vélo.

1. VU, E adj. (de *voir*). *Bien vu, mal vu :* bien, mal considéré. ◇ *C'est tout vu :* inutile d'examiner plus longtemps.

2. VU prép. Eu égard à. *Vu la difficulté.* ◇ DR. Sert à exposer les références d'un texte légal ou réglementaire, d'un jugement... *Vu l'article 365 du Code pénal.* ◆ loc. conj. *Vu que :* attendu que.

3. VU n.m. *Au vu et au su de qqn,* sans se cacher de lui ; ouvertement.

VUE n.f. (de *voir*). **I. 1.** Faculté de voir, de percevoir la lumière, les couleurs, la forme, le relief des objets. *Avoir une bonne, une mauvaise vue. Sa vue baisse.* ◇ Par anal. *Seconde vue, double vue :* prétendue faculté de voir des choses qui existent ou se passent dans des lieux éloignés ; grande perspicacité. **2.** Action, fait de regarder. *Il ne supporte pas la vue du sang.* ◇ Par ext. Le regard. *Détourner la vue d'un spectacle cruel.* – Fam. *En mettre plein la vue :* en imposer par son aspect, par ses manières ; être dans une position brillante qui attire les regards. – *À première vue :* au premier regard, sans examen approfondi. **3.** Ce qui se présente au regard du lieu où l'on est. *Cette maison a une belle vue.* ◇ *À perte de vue :* très loin. **4.** Image, représentation d'un lieu, d'un édifice, d'un paysage. *Une vue caractéristique de Rome.* **5.** DR. *Servitude de vue :* obligation pour le propriétaire d'un fonds d'accepter les ouvertures pratiquées à distance légale dans l'immeuble voisin et donnant vue sur son fonds. **II. 1.** Manière de voir, d'interpréter, de concevoir qqch. *Avoir une vue optimiste de la situation. Procéder à un échange de vues.* **2.** *Vue de l'esprit :* conception théorique qui ne tient pas compte de la réalité, des faits. ◆ loc. adv. et adj. *À vue.* **1.** *Garder qqn à vue,* de façon à ne pas cesser de le voir, de le surveiller. **2.** COMM. *Payable à vue,* sur présentation. **3.** *Dessin à vue,* réalisé sans prendre de mesures et sans instruments. ◆ loc. prép. *À vue de.* **1.** Fam. *À vue de nez :* à peu près, sans pouvoir préciser. **2.** *À vue d'œil :* autant qu'on en peut juger par la seule vue ; très rapidement. ◆ loc. adv. *De vue :* seulement par la vue, sans autre connaissance. *Connaître qqn de vue.* ◆ loc. adv. et adj. *En vue.* **1.** *En vue, bien en vue :* visible, manifeste ; à portée du regard. **2.** *Être en vue :* avoir une position de premier plan. ◆ loc. prép. *En vue de :* dans l'intention de. ◆ pl. Projets, desseins. ◇ *Avoir des vues sur (qqn, qqch),* les convoiter.

VULCAIN n.m. (lat. *Vulcanus*). Papillon du genre vanesse, à ailes brun-noir portant une bande rouge, et dont la chenille vit sur l'ortie.

VULCANIEN, ENNE adj. (it. *Vulcano,* volcan de Sicile). GÉOL. Se dit d'un type d'éruption volcanique caractérisé par la large prédominance des explosions sur les émissions de lave.

VULCANISATION n.f. Opération qui consiste à améliorer le caoutchouc en le traitant par le soufre.

VULCANISER v.t. (angl. *to vulcanize ;* de *Vulcain*). Faire subir au caoutchouc la vulcanisation.

VULCANOLOGIE n.f. → ***volcanologie.***

VULCANOLOGIQUE adj. → ***volcanologique.***

VULCANOLOGUE n. → ***volcanologue.***

1. VULGAIRE adj. (lat. *vulgaris,* de *vulgus,* multitude). **I. 1.** Qui est sans aucune élévation, qui est ordinaire, prosaïque, bas, commun. *Des préoccupations vulgaires.* **2.** Qui appartient à la langue courante, non scientifique. *Nom vulgaire d'une plante, d'un animal.* **3.** *Latin vulgaire :* latin parlé à basse époque et qui a donné naissance aux différentes langues romanes. **II. 1.** Qui est quelconque, ne dépasse pas le niveau moyen. **2.** Qui manque d'éducation, de délicatesse, qui fait preuve de grossièreté ; grossier. *Un homme vulgaire. Mot vulgaire.*

2. VULGAIRE n.m. Vx. *Le vulgaire :* le commun des hommes, la masse.

VULGAIREMENT adv. **1.** Communément. *L'arum se nomme vulgairement pied-de-veau.* **2.** De façon grossière. *S'exprimer vulgairement.*

VULGARISATEUR, TRICE n. et adj. Personne qui fait de la vulgarisation.

VULGARISATION n.f. Action de mettre des connaissances techniques et scientifiques à la portée des non-spécialistes, du plus grand nombre.

VULGARISER v.t. Rendre accessible (une connaissance, des idées) au grand public, faire connaître, propager.

VULGARISME n.m. Expression populaire qui n'est pas admise dans le bon usage.

VULGARITÉ n.f. Défaut de celui ou de ce qui est vulgaire ; grossier. ◆ pl. Paroles grossières.

VULGO adv. (mot lat.). Rare. Dans la langue vulgaire (par opp. à *scientifique*).

VULGUM PECUS [vylgɔmpekys] n.m. inv. (lat. *vulgus,* foule, et *pecus,* troupeau). Fam. La multitude ignorante, le commun des mortels.

VULNÉRABILISER v.t. Rendre plus vulnérable.

VULNÉRABILITÉ n.f. Caractère vulnérable de qqch ou de qqn.

VULNÉRABLE adj. (lat. *vulnerare,* blesser). **1.** Susceptible d'être blessé, d'être attaqué. *Position vulnérable.* **2.** Faible, défectueux, qui donne prise à une attaque. *Argumentation vulnérable.* **3.** Au bridge, se dit d'une équipe qui, ayant gagné une manche, se trouve exposée à de plus fortes pénalités.

1. VULNÉRAIRE adj. et n.m. (lat. *vulnus, -eris,* blessure). Vieilli. Se dit d'un médicament propre à guérir une blessure, ou que l'on administre après un traumatisme.

2. VULNÉRAIRE n.f. Plante herbacée à fleurs jaunes, qui fut utilisée contre les blessures. (Famille des papilionacées ; genre anthyllis.)

VULNÉRANT, E adj. Se dit d'un organe animal ou végétal, d'un projectile, etc., susceptible de provoquer des blessures.

VULPIN n.m. (lat. *vulpinus,* de renard). Plante des prairies, dont l'épi rappelle la forme d'une queue de renard. (Famille des graminées.)

vulpin

VULTUEUX, EUSE adj. (lat. *vultus,* visage). MÉD. Rouge et gonflé, en parlant de la face.

1. VULVAIRE n.f. (lat. *vulva,* vulve). Chénopode d'une espèce dont les feuilles exhalent une odeur fétide. SYN. : *arroche puante.*

2. VULVAIRE adj. ANAT. Relatif à la vulve.

VULVE n.f. (lat. *vulva*). Ensemble des parties génitales externes, chez la femme et chez les femelles des animaux supérieurs.

VULVITE n.f. Inflammation de la vulve.

VUMÈTRE n.m. Appareil de contrôle visuel du niveau d'un signal électroacoustique.

W

W n.m. inv. **1.** Vingt-troisième lettre de l'alphabet et la dix-huitième des consonnes servant à noter soit la consonne [v] *(wagon),* soit la semi-voyelle [w] *(watt).* **2.** W, symbole du watt. – W/(m·K), symbole du watt par mètre-kelvin. – W/sr, symbole du watt par stéradian. **3.** W, symbole chimique du tungstène.

WADING [wɛdiŋ] n.m. (mot angl.). Pêche en rivière, pratiquée en entrant dans l'eau.

WAGAGE [wagaʒ] n.m. (néerl. *wak,* humide). Limon de rivière, employé comme engrais.

WAGNÉRIEN, ENNE [vagnerjɛ̃, ɛn] adj. et n. Relatif au musicien R. Wagner ; partisan, admirateur de R. Wagner.

WAGNÉRISME n.m. Système musical de R. Wagner.

WAGON [vagɔ̃] n.m. (mot angl.). **1.** Véhicule ferroviaire remorqué, destiné au transport des marchandises et des animaux (par opp. à *voiture*) ; son contenu. **2.** CONSTR. Conduit de fumée, en terre cuite, dont la forme facilite l'assemblage.

WAGON-CITERNE n.m. (pl. *wagons-citernes*). Wagon destiné au transport des liquides. SYN. : *wagon-réservoir.*

WAGON-FOUDRE n.m. (pl. *wagons-foudres*). Wagon aménagé pour le transport des boissons.

WAGON-LIT n.m. (pl. *wagons-lits*). Voiture de chemin de fer aménagée pour permettre aux voyageurs de dormir dans une couchette. (Le terme officiel est *voiture-lit.*)

WAGONNÉE n.f. Ce que contient un wagon.

WAGONNET n.m. Petit wagon généralement à benne basculante, utilisé sur les chemins de fer industriels ou miniers et sur les chantiers de travaux publics.

WAGONNIER n.m. Homme d'équipe employé à la manœuvre des wagons.

WAGON-POSTE n.m. (pl. *wagons-poste*). Vx. Voiture-poste.

WAGON-RÉSERVOIR n.m. (pl. *wagons-réservoirs*). Vx. Wagon-citerne.

WAGON-RESTAURANT n.m. (pl. *wagons-restaurants*). Voiture de chemin de fer aménagée pour le service des repas. (Le terme officiel est *voiture-restaurant.*)

WAGON-TOMBEREAU n.m. (pl. *wagons-tombereaux*). Wagon à bords élevés, que l'on charge par le haut et que l'on décharge par des portes latérales.

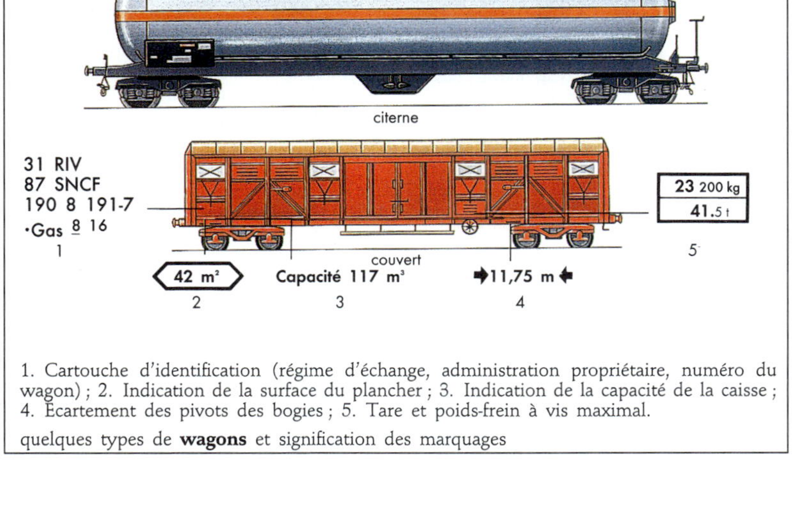

1. Cartouche d'identification (régime d'échange, administration propriétaire, numéro du wagon) ; 2. Indication de la surface du plancher ; 3. Indication de la capacité de la caisse ; 4. Écartement des pivots des bogies ; 5. Tare et poids-frein à vis maximal.

quelques types de **wagons** et signification des marquages

WAGON-TRÉMIE n.m. (pl. *wagons-trémies*). Wagon comportant une ou plusieurs trémies à sa partie supérieure pour le transport et le déchargement rapide des matériaux en vrac.

WAHHABISME [waabism] n.m. Mouvement politico-religieux, à tendance puritaine, des musulmans d'Arabie. Graphie savante : *wahhābisme.*

■ Doctrine puritaine musulmane instituée en Arabie par Muḥammad ibn ʻAbd al-Wahhāb (1703-1792), le wahhabisme avait pour but de restaurer la religion islamique dans sa pureté originelle et de rassembler tous les Arabes en un État conforme aux préceptes du Coran. Le mouvement qui en est issu, écrasé par les Ottomans (1811-1819), a été restauré à partir de 1902 dans les régions de l'actuelle Arabie saoudite.

WAHHABITE adj. et n. Relatif au wahhabisme ; qui en est partisan. Graphie savante : *wahhābite.*

WALÉ n.m. → ***awalé.***

WALI n.m. (mot ar.). En Algérie, fonctionnaire placé à la tête d'une wilaya.

WALKMAN [wokman] n.m. (nom déposé). Poste radiocassette portatif avec casque d'écoute léger. Recomm. off. : *baladeur.*

WALK-OVER [wolkɔvœr] n.m. inv. (mots angl.). Compétition dans laquelle un participant n'a pas d'adversaires (ceux-ci ayant été éliminés ou ayant déclaré forfait). Abrév. : *W.-O.*

WALKYRIE [val-] ou **VALKYRIE** n.f. Déesse des mythologies nordiques.

WALLABY [walabi] n.m. (mot australien) [pl. *wallabys* ou *wallabies*]. Petit marsupial herbivore australien. (Les wallabys sont répartis en sept genres.)

WALLINGANT, E [wa-] n. et adj. Wallon partisan de l'autonomie de la Wallonie.

WALLISIEN, ENNE [wa-] adj. et n. Des îles Wallis.

WALLON, ONNE [wa-] adj. et n. De Wallonie. ◆ n.m. Dialecte de langue d'oïl, parlé surtout dans le sud de la Belgique.

WALLONISME [walɔnism] n.m. Fait de langue emprunté au wallon par le français de Belgique.

WAPITI [wapiti] n.m. (mot amér.). Grand cerf d'Amérique du Nord et d'Asie. (Haut. au garrot 1,70 m.)

WARGAME [wargem] n.m. (mot angl., *jeu de guerre*). Jeu de société qui simule des batailles historiques ou imaginaires et dont les règles suivent les principes de la stratégie ou de la tactique.

wapiti d'Amérique du Nord

WARNING [warniŋ] n.m. (mot angl., *avertissement*). [Anglic.]. AUTOM. Feux de détresse.

WARRANT [warɑ̃] n.m. (mot angl., *garant*). **1.** DR. Titre à ordre, permettant la constitution d'un gage sur les choses qu'il représente, réalisée sans dépossession du débiteur ou grâce au dépôt du gage dans des magasins généraux. **2.** BOURSE. Droit de souscription attaché à un titre d'emprunt, donnant la possibilité de souscrire à un titre du même type ou d'un type différent, pendant une période donnée.

WARRANTAGE n.m. Action de warranter.

WARRANTER v.t. Donner un warrant en garantie à un créancier.

WASSINGUE [wasɛ̃g] n.f. (mot flamand). Toile à laver, serpillière.

WATER-BALLAST [waterbalast] n.m. (mot angl. [pl. *water-ballasts*]. **1.** Compartiment d'un navire destiné à recevoir de l'eau de mer de lestage. **2.** Compartiment utilisé pour transporter de l'eau douce ou du combustible liquide. **3.** Réservoir dont le remplissage à l'eau de mer permet à un sous-marin de plonger.

WATER-CLOSET [waterklɔzɛt] n.m. ou **WATERS** n.m. pl. ou **W.-C.** n.m. pl. (mot angl., de *water,* eau, et *closet,* cabinet) [pl. *water-closets*]. Lieux d'aisances, toilettes.

WATERGANG [watœrgɑ̃g] n.m. (néerl. *water,* eau, et *gang,* voie). Région. Fossé ou canal qui borde un chemin ou un polder.

WATERINGUE [watrɛ̃g] n.f. Belgique. Ensemble des travaux d'assèchement de terres situées au-dessous du niveau de la mer ; association de propriétaires pour l'exécution de ces travaux.

WATER-POLO [waterpɔlo] n.m. (angl. *water,* eau, et *polo*) [pl. *water-polos*]. Jeu de ballon qui se joue dans l'eau entre deux équipes de sept joueurs et qui consiste à faire pénétrer un ballon dans les buts adverses.

WATERZOI [waterzɔj] n.m. (flamand *waterzooi,* eau qui bout). Belgique. Préparation de poulet ou de poisson dont le bouillon ou le fumet est lié à la crème ou au beurre.

WATT [wat] n.m. (de *Watt,* n. pr.). Unité de mesure de puissance, de flux énergétique et de flux thermique (symb. W), équivalant à la puissance d'un système énergétique dans lequel est transférée uniformément une énergie de 1 joule pendant 1 seconde. ◇ *Watt par mètre-kelvin :* unité de mesure de conductivité thermique [symb. (W/m·K)], équivalant à la conductivité thermique d'un corps homogène isotrope dans lequel une différence de température de 1 kelvin produit entre deux plans parallèles, ayant une aire de 1 mètre carré et distants de 1 mètre, un flux thermique de 1 watt. – *Watt par stéradian :* unité de mesure d'intensité énergétique (symb. W/sr), équivalant à l'intensité énergétique d'une source ponctuelle uniforme qui émet un flux énergétique de 1 watt dans un angle solide de 1 stéradian ayant son sommet sur la source.

WATTHEURE [watœr] n.m. (pl. *wattheures*). Unité de mesure de travail, d'énergie et de quantité de chaleur (symb. Wh), équivalant à l'énergie fournie en 1 heure par une puissance de 1 watt et valant 3 600 joules.

WATTMAN [watman] n.m. (de *watt,* et angl. *man,* homme) [pl. *wattmans* ou *wattmen*]. Vx. Conducteur d'un tramway électrique.

WATTMÈTRE n.m. ÉLECTR. Instrument de mesure de la puissance mise en jeu dans un circuit électrique.

WAX n.m. (mot angl., *cire*). Afrique. Tissu de coton imprimé de qualité supérieure.

Wb, symbole du weber.

W.-C. [dubləvese] ou [vese] n.m. pl. (sigle). Water-closet.

WEBER [vebɛr] n.m. (de *Weber,* n. pr.). ÉLECTR. Unité de mesure de flux d'induction magnétique (symb. Wb), équivalant au flux d'induction magnétique qui, traversant un circuit d'une seule spire, y produit une force électromotrice de 1 volt si on l'annule en 1 seconde par décroissance uniforme.

WEEK-END [wikɛnd] n.m. (mot angl., *fin de semaine*) [pl. *week-ends*]. Congé de fin de semaine, généralement du samedi au lundi matin. (Au Canada on dit *fin de semaine.*)

WEHNELT [venɛlt] n.m. (du n. d'un physicien all.). Électrode cylindrique servant à régler le flux d'électrons dans les tubes cathodiques.

WELCHE adj. et n. → ***velche.***

WELLINGTONIA [weliŋtɔnja] n.m. (mot angl.). BOT. Séquoia.

WELTER [wɛltɛr] n.m. (mot angl.). En boxe, mi-moyen.

WERGELD [vɛrgɛld] n.m. (mot saxon). HIST. Dans le droit germanique médiéval et notamment chez les Francs, indemnité que l'auteur d'un fait dommageable payait à la victime ou à ses proches pour se soustraire à leur vengeance.

WESTERN [wɛstɛrn] n.m. (mot amér., *de l'Ouest*). Film dont l'action se situe dans l'Ouest américain à l'époque des pionniers et de la conquête des terres sur les Indiens ; ce genre cinématographique.

Wh, symbole du wattheure.

WHARF [warf] n.m. (mot angl.). MAR. Appontement perpendiculaire à la rive, auquel les navires peuvent accoster des deux côtés.

WHIG [wig] n.m. (mot angl.). HIST. Membre d'un parti qui s'opposait au parti tory et qui apparut vers 1680, en Angleterre. (Le parti libéral lui a succédé au milieu du XIXe s.) ◆ adj. Relatif à ce parti.

■ Les whigs étaient des hommes politiques protestants et antiabsolutistes, adversaires des Stuarts. Leur parti triompha avec la succession hanovrienne, en 1714. S'appuyant sur une oligarchie de grands propriétaires et sur

western : scène du film de Henry Hathaway *la Conquête de l'Ouest* (1962)

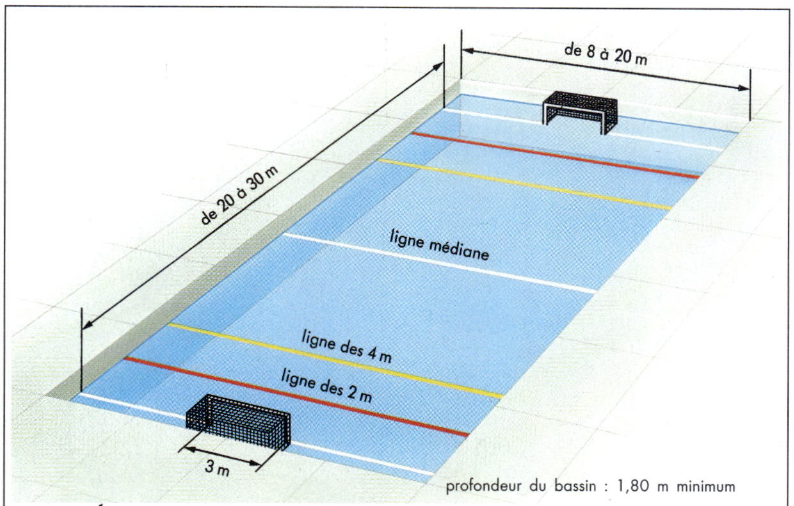

water-polo

de larges couches de la bourgeoisie, le parti whig connut son apogée avec Walpole (1721-1742) et sous George III (1760-1820), dont il combattit l'autoritarisme. Au milieu du XIXe s., renforcé par les radicaux et les tories dissidents, disciples de Robert Peel, il prit le nom de *parti libéral.*

WHIPCORD [wipkɔrd] n.m. (mot angl., *corde à fouet*). Étoffe anglaise à tissu très serré présentant un effet de côte oblique prononcé.

WHIPPET [wipɛt] n.m. Chien d'origine anglaise proche du lévrier, utilisé pour la course et la chasse.

WHISKEY n.m. Whisky irlandais.

WHISKY [wiski] n.m. (mot angl. ; de l'irlandais) [pl. *whiskys* ou *whiskies*]. Eau-de-vie de grain que l'on fabrique surtout en Écosse et aux États-Unis.

WHIST [wist] n.m. (mot angl.). Jeu de cartes, ancêtre du bridge, qui se joue généralement entre quatre personnes, deux contre deux.

WHITE-SPIRIT [wajtspirit] n.m. (mot angl., *essence blanche*) [pl. *white-spirits* ou inv.]. Solvant minéral intermédiaire entre l'essence et le kérosène, qui a remplacé l'essence de térébenthine comme diluant des peintures.

WIENERLI [vinɛrli] n.m. (de *Wien,* Vienne). Suisse. Petite saucisse allongée.

WIGWAM [wigwam] n.m. (de l'algonkin). Hutte ou chaumière des Indiens d'Amérique du Nord.

WILAYA ou **WILLAYA** [vilaja] n.f. (ar. *wilāya*). Division administrative de l'Algérie.

WILLIAMS [wiljams] n.f. Poire d'été d'une variété à chair fine et juteuse, très cultivée.

WINCH [winʃ] n.m. (mot angl.) [pl. *winchs* ou *winches*]. MAR. Petit treuil à main constitué d'une poupée verticale manœuvrée par une manivelle ou un levier à cliquets, sur un yacht.

WINCHESTER [winʃɛstɛr] n.m. (mot amér., de F. *Winchester,* n.pr.). Arme à répétition utilisée aux États-Unis à partir de 1866.

WINDSURF [windsœrf] n.m. (nom déposé). Planche à voile de la marque et du type de ce nom.

WINTERGREEN [wintœrgrin] n.m. (mot angl.). *Essence de wintergreen :* essence parfumée, à base de salicylate de méthyle, que l'on tire, aux États-Unis, des feuilles de la gaultheria.

WIRSUNG (CANAL DE) : canal excréteur principal du pancréas dans le duodénum.

WISHBONE [wiʃbon] n.m. (mot angl.). MAR. Vergue en forme d'arceau, entourant une voile.

WISIGOTHIQUE [vizigɔtik] ou **WISIGOTH, E** [vizigo, ɔt] adj. Relatif aux Wisigoths.

WITLOOF [witlɔf] n.f. (mot flamand, *feuille blanche*). Chicorée d'une variété dite aussi *chicorée de Bruxelles* et qui, par étiolement, fournit l'endive et la barbe-de-capucin.

WITZ [vits] n.m. (mot all.). Suisse. Plaisanterie, histoire drôle.

WOLFRAM [wɔlfram] n.m. (mot all.). **1.** Tungstate naturel de fer et de manganèse, que l'on trouve associé au quartz, en masses clivables. (C'est le principal minerai de tungstène.) **2.** Tungstène.

WOLOF n.m. → ***ouolof.***

WOMBAT [vɔ̃ba] n.m. (mot australien). Gros marsupial terrestre, de la famille des wombatidés.

WOMBATIDÉ n.m. ZOOL. *Wombatidés :* famille de marsupiaux terrestres, herbivores, du Sud-Est australien, à denture de type rongeur. SYN. (vx) : *phascolomidé.*

WON [wɔn] n.m. Unité monétaire principale de la Corée du Nord et de la Corée du Sud. (→ ***monnaie.***)

WOOFER [wufœr] n.m. (mot angl.). [Anglic. déconseillé]. Haut-parleur de graves. SYN. : *boomer.*

WORLD MUSIC [wœrldmjusik] n.f. (mots angl., *musique du monde*) [pl. *world musics*]. Courant musical de la fin des années 1980, issu du jazz, de la musique pop et de musiques extra-occidentales.

WORMIEN [vɔrmjɛ̃] adj.m. (de O. *Worm,* n. pr.). ANAT. Se dit de chacun des petits os surnuméraires de la voûte du crâne, entre l'occipital et les pariétaux.

WU [vu] n.m. Dialecte chinois parlé au Jiangsu et au Zhejiang.

WÜRM [vyrm] n.m. (de *Würm,* n. d'un lac bavarois). La dernière des quatre grandes glaciations du quaternaire alpin.

WÜRMIEN, ENNE [vyrmjɛ̃, ɛn] adj. Relatif au würm.

WURTEMBERGEOIS, E [vyrtɛ̃bɛrʒwa, az] adj. et n. Du Wurtemberg.

WYANDOTTE [vjɑ̃dɔt] n.f. et adj. (mot amér.). Poule d'une race mixte américaine, obtenue par divers croisements, bonne pondeuse.

X · Y

X [iks] n.m. inv. **I. 1.** Vingt-quatrième lettre de l'alphabet et la dix-neuvième des consonnes, servant à noter les groupes consonantiques [ks] *(taxi)* ou [gz] *(examen)* et les consonnes [z] *(dixième)* ou [s] *(soixante)*. **2.** X, chiffre romain valant dix. **3.** Sert à désigner une personne ou une chose qu'on ne veut ou ne peut désigner plus clairement. *Monsieur X. En un temps x.* ◇ MATH. Symbole littéral désignant souvent une inconnue. *Trouver la valeur de x.* **4.** BIOL. X, chromosome sexuel présent en un exemplaire chez l'homme et en deux exemplaires chez la femme. **5.** *Rayons X :* radiations électromagnétiques de faible longueur d'onde (entre l'ultraviolet et les rayons γ), traversant plus ou moins facilement les corps matériels. **6.** Arg. scol. École polytechnique ; élève de cette école. *Sortir major de l'X.* **7.** *Film classé X :* film pornographique. **II. 1.** Objet en forme d'X. **2.** Tabouret à pieds croisés.

XANTHÉLASMA [gzɑ̃-] n.m. (gr. *xanthos,* jaune, et *elasma,* lame). MÉD. Tache jaune apparaissant à l'angle interne de l'œil sur les paupières, due à des dépôts intradermiques de cholestérol.

XANTHIE [gzɑ̃ti] n.f. Papillon de nuit jaune varié de roux. (Famille des noctuidés.)

XANTHINE [gzɑ̃-] n.f. Base purique entrant dans la composition des acides nucléiques, et qui est un constituant de la théobromine, de la caféine ou de la théine.

XANTHODERME [gzɑ̃-] adj. *Race xanthoderme :* race jaune.

XANTHOGÉNIQUE ou **XANTHIQUE** [gzɑ̃-] adj. Se dit d'acides peu stables, de formule générale RO–CS–SH, dérivant du sulfure de carbone.

XANTHOME [gzɑ̃tom] n.m. Tumeur bénigne, cutanée ou sous-cutanée, de couleur jaune, et contenant essentiellement du cholestérol.

XANTHOPHYCÉE [gzɑ̃-] n.f. *Xanthophycées :* sous-classe d'algues unicellulaires (ou protistes chlorophylliens) dont la cellule porte deux flagelles inégaux, telles que les genres tribonema et botrydium.

XANTHOPHYLLE [gzɑ̃tɔfil] n.f. (gr. *xanthos,* jaune, et *phullon,* feuille). Pigment jaune des cellules végétales, accompagnant la chlorophylle et habituellement masqué par elle.

Xe, symbole chimique du xénon.

XÉNARTHRE [kse-] n.m. (du gr. *ksenos,* étrange, et *arthron,* articulation). *Xénarthres :* ordre de mammifères édentés aux articulations vertébrales d'un type particulier, tels que le paresseux, le tatou et le fourmilier.

XÉNÉLASIE [kse-] n.f. (gr. *ksenos,* étranger, et *elaunein,* chasser). ANTIQ. GR. Expulsion, par mesure administrative, d'étrangers indésirables.

XÉNON [ksenɔ̃] n.m. (du gr. *xenon,* chose étrange, par l'angl.). Gaz inerte existant en quantité infime dans l'air ; élément (Xe), de numéro atomique 54, de masse atomique 131,30.

XÉNOPHILE [ksenɔfil] adj. et n. (gr. *xenos,* étranger, et *philos,* qui aime). Qui aime les étrangers.

XÉNOPHILIE [kse-] n.f. Sympathie pour les étrangers.

XÉNOPHOBE [kse-] adj. et n. Qui est hostile aux étrangers.

XÉNOPHOBIE [kse-] n.f. Hostilité systématique à l'égard des étrangers.

XÉRANTHÈME [kse-] n.m. Plante herbacée aux fleurs pourpre et violacé ou blanches, également appelée *immortelle annuelle.* (Famille des composées.)

XÉRÈS [kserɛs] ou, selon l'Acad., [kerɛs] ou **JEREZ** [xerɛs] n.m. Vin blanc sec et alcoolisé produit dans la région de Jerez de la Frontera (province de Cadix).

XÉROCOPIE n.f. (nom déposé). Procédé de reprographie basé sur l'utilisation des phénomènes électrostatiques.

XÉRODERMIE [kse-] n.f. MÉD. État d'une peau sèche présentant une desquamation poudreuse. (C'est le premier degré de l'ichtyose.)

XÉROGRAPHIE n.f. (nom déposé). Procédé de reprographie.

XÉROPHILE [kserɔfil] adj. (du gr. *xêros,* sec). BOT. Se dit d'une plante adaptée aux climats secs.

XÉROPHTALMIE [kserɔftalmi] n.f. (du gr. *xêros,* sec). Diminution de la transparence de la conjonctive et de la cornée, provoquée par la carence en vitamine A.

XÉROPHYTE [kse-] n.f. Plante adaptée à la sécheresse, soit par ses surfaces réduites, soit par ses formes charnues, ou bien par une vie principalement souterraine, ou enfin par une vie végétative très courte.

XÉROPHYTIQUE adj. Propre aux xérophytes.

XÉRUS [kserys] n.m. (mot lat. ; du gr. *xêros,* sec). Rongeur d'Afrique voisin de l'écureuil, et appelé usuellement *rat palmiste.* (Long. 20 cm sans la queue.)

XI n.m. inv. → ***ksi.***

XIANG [ksjɑ̃g] n.m. Dialecte chinois parlé au Hunan.

XIMENIA n.m. ou **XIMÉNIE** [ksi-] ou [gzi-] n.f. (de *Ximénès,* n.pr.). Plante des régions tropicales, à fruits acides comestibles, appelée aussi *citron de mer.*

XIPHOÏDE [ksifɔid] adj.m. (gr. *xiphos,* épée, et *eidos,* aspect). ANAT. Se dit de l'appendice qui constitue la partie inférieure du sternum.

XIPHOÏDIEN, ENNE adj. Relatif à l'appendice xiphoïde.

XIPHOPHORE [ksifɔfɔr] ou **XIPHO** n.m. (gr. *xiphophoros,* qui porte une épée). Poisson de coloration variée, atteignant de 6 à 10 cm de long, originaire du Mexique, très fécond et souvent élevé en aquarium à 20-24 °C. (Le lobe inférieur de la caudale du mâle est long et pointu.) SYN. : *porte-glaive.*

xiphophore

XYLÈME [ksi-] n.m. BOT. Tissu végétal, formé de cellules vivantes, de fibres et de vaisseaux, constituant le bois.

XYLÈNE [ksilɛn] n.m. (gr. *xulon,* bois). Hydrocarbure benzénique $C_6H_4(CH_3)_2$, extrait du goudron de houille et obtenu surtout à partir du pétrole.

XYLIDINE [ksi-] n.f. Amine dérivée du xylène, utilisée dans la fabrication des colorants.

XYLOCOPE [ksilɔkɔp] n.m. (gr. *xulokopos,* qui coupe du bois). Insecte voisin de l'abeille, à corps noir et ailes bleutées, appelé aussi *abeille charpentière,* parce qu'il creuse son nid dans le bois. (Long. 2,4 cm ; ordre des hyménoptères ; famille des apidés.)

xylocope

XYLOGRAPHE n. (gr. *xulon,* bois, et *graphein,* graver). Graveur sur bois.

XYLOGRAPHIE [ksilɔgrafi] n.f. Impression, estampe obtenues à l'aide d'une planche de bois gravée par la méthode de la taille d'épargne (gravure en relief). [*V. illustration p. 1084.*]

XYLOGRAPHIQUE adj. Relatif à ou obtenu par la xylographie. *Un incunable xylographique.*

XYLOL [ksilɔl] n.m. Xylène brut du commerce.

XYLOPHAGE [ksilɔfaʒ] adj. et n. Se dit des insectes et des champignons qui peuvent s'attaquer au bois et le consommer.

XYLOPHONE [ksilɔfɔn] n.m. Instrument de musique composé de lames de bois d'inégale longueur, portées sur deux appuis, sur lesquelles on frappe avec deux baguettes de bois ou des mailloches. *(V. illustration p. 1084.)*

exemple de **xylographie** : *le Christ au jardin des Oliviers* (v. 1450-1470), gravure sur bois de fil (Louvre, Paris)

joueur de **xylophone**

XYSTE [ksist] n.m. (gr. *xustos*). ANTIQ. GR. Galerie couverte d'un gymnase, où les exercices avaient lieu en hiver.

Y

1. Y [igrɛk] n.m. inv. **1.** Vingt-cinquième lettre de l'alphabet, servant à noter soit la voyelle [i], soit la semi-consonne [j]. (À l'initiale, l'y [j] n'admet généralement ni élision ni liaison, sauf dans quelques mots : *yèble, yeuse, yeux.*) **2.** Y, symbole chimique de l'yttrium. **3.** Y, chromosome sexuel (gonosome) présent seulement chez l'homme, qui en possède un par cellule.

2. Y [i] adv. de lieu (lat. *ibi*). Dans cet endroit-là. *Allez-y.* ◇ *Il y a :* il est, il existe. ◆ pron. pers. À cela, à cette personne-là. *Ne vous y fiez pas.*

YACHT [jot] n.m. (mot néerl.). MAR. Navire de plaisance, à voiles ou à moteur.

YACHT-CLUB [jotklœb] n.m. (pl. *yacht-clubs*). Association ayant pour objet la pratique des sports nautiques, en particulier du yachting.

YACHTING [jotiŋ] n.m. Pratique de la navigation de plaisance sous toutes ses formes.

YACHTMAN ou **YACHTSMAN** [jotman] n.m. (pl. *yacht[s]mans* ou *yacht[s]men*). Sportif pratiquant le yachting.

YACK ou **YAK** [jak] n.m. (angl. *yak ;* du tibétain). Ruminant à long pelage, vivant au Tibet à 5 000 m d'altitude, et utilisé comme animal de bât. (Famille des bovidés.)

yack

YAKUZA [jakuza] n.m. Au Japon, membre du milieu, de la mafia.

YANG [jɑ̃g] n.m. (mot chin.). Force cosmologique, indissociable du yin et du tao, qui se manifeste surtout par le mouvement.

1. YANKEE [jɑ̃ki] n. Sobriquet donné par les Anglais aux colons révoltés de la Nouvelle-Angleterre, puis par les sudistes aux nordistes, enfin aux habitants anglo-saxons des États-Unis. ◆ **yankee** adj. Des États-Unis.

2. YANKEE [jɑ̃ki] n.m. MAR. Grand foc dont le point d'écoute est relevé.

YAOURT [jaurt], **YOGOURT** ou **YOGHOURT** [jogurt] n.m. (du turc). Lait caillé préparé à l'aide de ferments lactiques acidifiants.

YAOURTIÈRE n.f. Récipient clos servant à la fabrication domestique des yaourts.

YARD [jard] n.m. (mot angl.). Unité de mesure de longueur anglo-saxonne, valant 0,914 m. (Il existe également le *square yard,* ou *yard carré,* valant 0,836 m², et le *cubic yard,* ou *yard cube,* valant 0,764 m³.)

YASS ou **JASS** [jas] n.m. (mot all.). Suisse. Jeu de cartes très populaire.

YASSA n.m. (du créole de Casamance, *frire*). Afrique. Ragoût de poisson, de poulet ou de mouton dont la sauce est aromatisée au citron.

YATAGAN [jatagɑ̃] n.m. (turc *yatağan*). Sabre incurvé en deux sens opposés, qui était en usage chez les Turcs et les Arabes.

YAWL [jol] n.m. (mot angl.). Voilier à deux mâts ayant l'artimon en arrière de la barre (à la différence du ketch).

Yb, symbole chimique de l'ytterbium.

YEARLING [jœrliŋ] n.m. (mot angl., *d'un an*). Pur-sang âgé d'un an.

YÈBLE n.f. → ***hièble.***

YÉMÉNITE adj. et n. Du Yémen.

YEN [jɛn] n.m. Unité monétaire principale du Japon. (→ ***monnaie.***)

YEOMAN [jɔman] n.m. (pl. *yeomans* ou *yeomen*). HIST. **1.** Petit propriétaire de l'Angleterre médiévale. **2.** *Yeomen de la garde :* corps assurant la garde des souverains britanniques, créé en 1485 par Henri VII.

YEOMANRY [jomanri] n.f. (mot angl.). HIST. Ancienne formation territoriale de l'armée anglaise.

YERSIN (BACILLE DE) : bacille de la peste.

YESHIVA n.f. (mot hébr.). Établissement d'enseignement consacré à l'étude du Talmud. Pluriel savant : *yeshivot.*

YETI n.m. (mot tibétain). Humanoïde légendaire de l'Himalaya, appelé aussi *abominable homme des neiges.*

YEUSE [jøz] n.f. (prov. *euze ;* lat. *ilex*). Chêne vert.

YEUX n.m. pl. Pluriel de *œil.*

YÉ-YÉ [jeje] adj. inv. et n. inv. Fam., vieilli. Se dit d'un style de musique, de chansons adaptées de succès américains, en vogue parmi les jeunes dans les années 1960.

YIDDISH [jidiʃ] n.m. inv. Langue germanique parlée par les Juifs ashkénazes. SYN. : *judéo-allemand.* ◆ adj. inv. Relatif au yiddish.

YIN [jin] n.m. (mot chin.). Force cosmologique, indissociable du yang et du tao, et qui se manifeste surtout par la passivité.

YLANG-YLANG n.m. (pl. *ylangs-ylangs*) → ***ilang-ilang.***

YOD [jɔd] n.m. (mot hébr.). PHON. Semi-consonne constrictive sonore [j] (par ex. dans *maillot* [majo], soleil [solɛj], etc.).

YODLER v.i. → ***iouler.***

YOGA [jɔga] n.m. (mot sanskr., *jonction*). Discipline spirituelle et corporelle, issue d'un système philosophique brahmanique, et qui vise à libérer l'esprit des contraintes du corps par la maîtrise de son mouvement, de son rythme et du souffle.

YOGI [jɔgi] n.m. Personne qui pratique le yoga. Graphie savante : *yogī.*

YOGOURT ou **YOGHOURT** n.m. → ***yaourt.***

YOHIMBEHE [jɔimbe] n.m. (du bantou). Arbre du Cameroun au bois violacé et dont l'écorce est employée en pharmacopée traditionnelle.

YOHIMBINE [jɔimbin] n.f. PHARM. Alcaloïde extrait de l'écorce de yohimbehe, sympatholytique et vasodilatateur.

YOLE [jɔl] n.f. (néerl. *jol*). MAR. Embarcation légère et allongée, d'un faible tirant d'eau, propulsée à l'aviron.

YOM KIPPOUR ou **KIPPOUR** n.m. inv. (mot hébr.). Fête juive de pénitence célébrée dix jours après le nouvel an, dite aussi *Grand Pardon.*

YORKSHIRE-TERRIER ou **YORKSHIRE** [jɔrkʃœr] n.m. (pl. *yorkshire-terriers* ou *yorkshires*). Petit chien de compagnie, d'origine anglaise.

YOUGOSLAVE adj. et n. De Yougoslavie.

YOUP interj. (Marquant la joie, la vivacité). *Youp la boum ! Allez, youp !*

YOUPI ou **YOUPPIE** interj. (Marquant la joie, l'enthousiasme). *Youpi, nous avons gagné !*

YOURTE ou **IOURTE** [jurt] n.f. (russe *jorta*). Tente en feutre, chez les Mongols.

1. YOUYOU n.m. Petite embarcation courte, large, manœuvrant à la voile ou à l'aviron et employée à divers services du bord.

2. YOUYOU n.m. (onomat.). Cri poussé par les femmes arabes à l'occasion de certaines cérémonies.

YO-YO n.m. inv. (nom déposé). Jouet consistant en un disque évidé que l'on fait monter et descendre le long d'un fil enroulé sur son axe.

YPÉRITE n.f. (de *Ypres,* où elle fut employée en 1917). Liquide huileux utilisé comme gaz de combat (sulfure d'éthyle dichloré), suffocant et vésicant.

YPONOMEUTE n.m. → ***hyponomeute.***

YPRÉAU n.m. (de *Ypres,* n. pr.). Région. Peuplier blanc.

YSOPET ou **ISOPET** [izɔpɛ] n.m. (du n. *d'Ésope*). Recueil de fables, au Moyen Âge.

YTTERBINE n.f. Oxyde d'ytterbium Yb_2O_3.

YTTERBIUM [itɛrbjɔm] n.m. (de *Ytterby,* village suéd.). Métal du groupe des terres rares ; élément (Yb), de numéro atomique 70, de masse atomique 173,04.

YTTRIA n.m. Oxyde naturel d'yttrium Y_2O_3.

YTTRIFÈRE adj. Qui contient de l'yttrium.

YTTRIQUE adj. Se dit de composés de l'yttrium. – *Terres yttriques :* oxydes des lanthanides lourds.

YTTRIUM [itrijɔm] n.m. Métal du groupe des terres rares, accompagnant le cérium dans la plupart de ses minerais ; élément (Y), de numéro atomique 39, de masse atomique 88,90.

YUAN n.m. Unité monétaire principale de la Chine. (→ ***monnaie.***)

YUCCA [juka] n.m. (mot d'Haïti). Liliacée américaine, acclimatée dans les pays tempérés et ressemblant à l'aloès.

yucca

YUPPIE n. (de l'angl. *young,* jeune, *urban,* de la ville, *professional,* professionnel). Dans les pays anglo-saxons, jeune cadre dynamique et ambitieux.

Z

Z [zɛd] n.m. inv. **1.** Vingt-sixième lettre de l'alphabet, servant à noter la consonne constrictive sonore [z]. **2.** MATH. ℤ : ensemble des nombres entiers relatifs, c'est-à-dire des nombres positifs, négatifs et du zéro. – ℤ* : ensemble des nombres entiers relatifs n'incluant pas le zéro.

ZABRE n.m. (lat. sc. *zabrus*). Insecte coléoptère se nourrissant de grains de céréales, et dont la larve dévore les jeunes pousses de blé. (Long. env. 15 mm.)

Z. A. C. [zak] n.f. (sigle). Zone* d'aménagement concerté.

Z. A. D. [zad] n.f. (sigle). Zone* d'aménagement différé.

ZAIN [zɛ̃] adj.m. (it. *zaino,* de l'ar.). Se dit d'un cheval, et, par extension, d'un chien, qui n'a aucun poil blanc.

ZAÏRE n.m. Unité monétaire principale du Zaïre. (→ ***monnaie.***)

ZAÏROIS, E adj. et n. Du Zaïre.

ZAKAT [zakat] n.m. (ar. *zakāt,* purification). Dans l'islam, aumône légale, impôt que le musulman doit payer sur ses biens.

ZAKOUSKI n.m. pl. (russe *zakouska*). Petits mets variés, chauds ou froids, servis en assortiment avant le repas. (Spécialité russe.)

ZAMBIEN, ENNE adj. et n. De la Zambie.

ZAMIA ou **ZAMIER** n.m. Plante tropicale voisine du cycas, et dont certaines espèces fournissent un sagou.

ZANCLE n.m. (gr. *zagklon,* faucille). Poisson des mers chaudes dont une espèce est le tranchoir.

ZANNI ou **ZANI** [dzani] n.m. (dial. vénitien ; altér. de *Giovanni,* Jean). LITTÉR. Serviteur bouffon dans la commedia dell'arte.

ZANZIBAR ou **ZANZI** n.m. Jeu de hasard qui se joue avec trois dés, à deux joueurs ou plus. ◇ Coup le plus fort à ce jeu, amenant trois points identiques.

ZAOUÏA n.f. → ***zawiya.***

ZAPATEADO [sapateado] n.m. (mot esp., de *zapata,* soulier). Danse espagnole, également très populaire au Mexique, caractérisée par les martèlements rythmés des talons du danseur.

ZAPPER v.i. **1.** Pratiquer le zapping. **2.** Fig. Passer d'une chose à l'autre.

ZAPPING [zapiŋ] n.m. (mot angl., de *zap,* onomat.). Pratique du téléspectateur qui change fréquemment de chaîne à l'aide de son boîtier de télécommande.

ZARZUELA [sarswela] n.f. (mot esp.). Drame lyrique espagnol caractérisé par l'alternance de la déclamation et du chant.

ZAWIYA [zawija] ou **ZAOUÏA** n.f. Établissement religieux islamique, construit à proximité d'un tombeau vénéré. Graphie savante : *zāwiya.*

ZAZOU n. et adj. (onomat.). Fam., vieilli. Jeune qui, en France, au sortir de la Seconde Guerre mondiale, se distinguait par son amour du jazz et sa tenue excentrique. – REM. On trouve le fém. *zazoue.*

ZÈBRE n.m. (port. *zebra*). **1.** Mammifère ongulé d'Afrique, voisin du cheval, à pelage blanchâtre rayé de noir ou de brun. (Long. 1,90 m env. ; longévité 30 ans.) **2.** Fam. Individu, personnage bizarre. *Quel drôle de zèbre !*

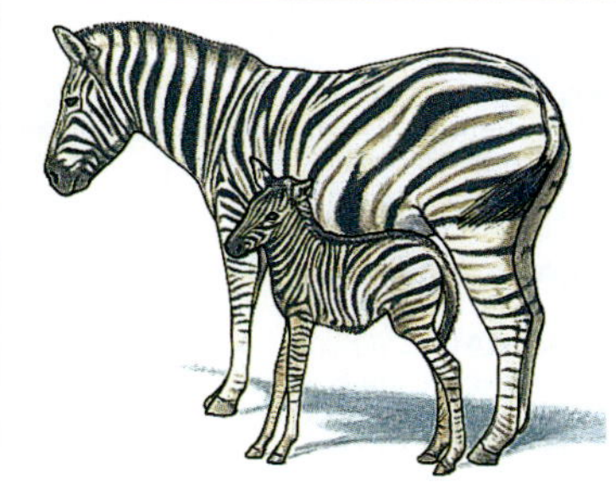

zèbre femelle et son petit

ZÉBRER v.t. [18]. Marquer de raies, de lignes sinueuses. *Les éclairs zèbrent le ciel.*

ZÉBRURE n.f. (Surtout pl.). Rayure du pelage d'un animal. ◇ Raie, marque d'aspect comparable.

ZÉBU n.m. Grand bovidé domestique, dit *bœuf à bosse,* propre à l'Asie et l'Afrique tropicales et à Madagascar, caractérisé par une bosse adipeuse sur le garrot.

zébu

ZÉE [ze] n.m. (lat. *zaeus*). Saint-pierre (poisson).

ZÉINE n.f. Protéine extraite du maïs. (Dépourvue de deux aminoacides indispensables, la lysine et le tryptophane, elle ne peut à elle seule constituer la nourriture azotée de l'homme.)

ZÉLATEUR, TRICE n. (bas lat. *zelator*). Litt. Personne qui montre un zèle ardent, le plus souvent intempestif, pour une idée, pour qqn.

ZÈLE n.m. (gr. *zêlos,* ardeur). Ardeur au service d'une personne ou d'une chose, inspirée par la foi, le dévouement, etc. ◇ Fam. *Faire du zèle :* montrer un empressement excessif.

ZÉLÉ, E adj. et n. Qui a, qui montre du zèle.

ZELLIGE n.m. (ar. *zallīdj*). Petit élément d'une marqueterie de céramique émaillée servant au décor monumental dans l'art maghrébin.

ZÉLOTE n.m. (gr. *zelôtês*). HIST. Membre d'un mouvement nationaliste juif qui joua un rôle très actif dans la révolte de 66-70 contre l'occupant romain.

ZEMSTVO [zjɛmstvo] n.m. (mot russe). HIST. Assemblée territoriale assurant l'administration locale dans les gouvernements de la Russie d'Europe (1864-1917).

ZEN [zɛn] n.m. (mot jap. ; du chin. *chan,* du sanskr. *dhyāna,* méditation). Importante école bouddhiste, originaire de Chine, introduite au Japon au XIIe s., et qui privilégie l'enseignement de maître à élève par rapport à celui des écritures. ◆ adj. inv. Relatif au zen.

ZÉNANA n.f. (du hindi). Étoffe cloquée, de soie ou de coton, utilisée pour la confection de vêtements d'intérieur.

ZEND [zɛ̃d] n.m. LING. Vx. Avestique.

ZÉNITH n.m. (de l'ar., *chemin*). **1.** Point de la sphère céleste représentatif de la direction verticale ascendante, en un lieu donné (par opp. à *nadir*). **2.** Degré le plus élevé, apogée. *Sa gloire est au zénith.*

ZÉNITHAL, E, AUX adj. ASTRON. Relatif au zénith. – *Distance zénithale :* distance angulaire d'un point au zénith. ◇ ARCHIT. *Éclairage zénithal :* éclairage naturel venant du haut, par verrières, lanterneaux, etc.

ZÉOLITE ou **ZÉOLITHE** n.f. (gr. *zein,* bouillir, et *lithos,* pierre). MINÉR. Silicate naturel complexe de certaines roches volcaniques.

ZÉPHYR n.m. (gr. *zephuros*). **1.** Litt. Vent doux et agréable. **2.** Tissu de coton peigné, souple, fin et serré.

ZÉPHYRIEN, ENNE adj. Litt. Doux et léger comme un zéphyr.

ZÉPHYRINE n.f. Anc. Étoffe de couleur qui était fabriquée à Saint-Quentin.

ZEPPELIN [zɛplɛ̃] n.m. (du n. de l'inventeur). Ballon dirigeable rigide, fabriqué par les Allemands de 1900 à 1930.

ZÉRO n.m. (it. *zero,* de l'ar.). **I. 1.** Cardinal de l'ensemble vide, élément neutre pour l'addition des nombres. **2.** Symbole numérique, noté 0, qui indique, dans l'écriture positionnelle des nombres, l'absence d'unités du rang (unités, dizaines...) où il figure. **3.** Point de départ de l'échelle de graduation d'un instrument de mesure, du décompte des heures. ◇ MÉTROL. *Appareil de zéro :* appareil de mesure dans lequel l'égalité de deux grandeurs est constatée par le retour d'une indication à la graduation zéro. **4.** PHYS. *Point zéro :* température de la glace fondante qui correspond à une température Celsius de 0 °C et à une température thermodynamique de 273,15 K. ◇ *Zéro absolu :* état inaccessible (mais dont on sait se rapprocher), qui correspond à une température de – 273,15 °C. **II. 1.** Valeur, quantité, grandeur numérique nulle. *Fortune réduite à zéro.* ◇ ARM. *Point zéro (P.Z.) :* projection au sol du point d'éclatement d'un projectile nucléaire. ◇ *Numéro zéro :* exemplaire d'un journal précédant le lancement du premier numéro. SYN. : *pilote.* **2.** Fam. Personne dont les capacités sont nulles. **3.** *Être à zéro :* aller très mal, être déprimé. ◆ adj. num. Aucun. *Zéro faute. Zéro centime.*

ZÉROTAGE n.m. MÉTROL. Détermination du zéro des thermomètres.

ZÉRUMBET [zerɔ̃bɛt] n.m. (ar. *zarunbād*). Plante voisine du gingembre.

ZEST n.m. (onomat.). Vx. *Être entre le zist et le zest :* n'être ni bon ni mauvais ; être incertain, hésiter.

ZESTE n.m. (onomat.). **1.** Écorce extérieure des agrumes ; petit morceau que l'on y découpe pour aromatiser une pâte, un entremets, un cocktail ou pour fabriquer certaines confiseries. **2.** Fam. Très petite quantité (d'une chose abstraite). *Un zeste d'insolence.*

ZESTER v.t. CUIS. Prélever le zeste de. *Zester un citron.*

ZÊTA ou **DZÊTA** [dzɛta] n.m. inv. Sixième lettre de l'alphabet grec (ζ, Z), équivalant à *dz.*

ZÉTÈTE n.m. (gr. *zêtêtês,* de *zêtein,* chercher, rechercher). ANTIQ. GR. Commissaire élu pour procéder à une enquête ou au recouvrement des dettes de l'État.

ZÉTÉTIQUE n.m. PHILOS. Vx. Sceptique grec, et, spécialt, disciple de Pyrrhon (littéralement philosophe « chercheur »).

ZEUGITE n.m. ANTIQ. GR. Paysan aisé disposant d'assez de ressources pour servir à la guerre comme hoplite. (À la suite de réformes de Solon, les zeugites représentaient à Athènes la masse des citoyens qui exerçaient la plupart des fonctions, sauf celles d'archontes.)

ZEUGMA ou **ZEUGME** n.m. (gr. *zeûgma,* lien). RHÉT. Coordination de deux ou plusieurs éléments qui ne sont pas sur le même plan syntaxique ou sémantique. (Par ex. : *Vêtu de probité candide et de lin blanc* [Hugo].)

ZEUZÈRE n.f. Papillon nocturne à ailes blanches tachetées de noir ou de bleu, dont la chenille creuse des galeries dans le tronc des arbres. (Famille des cossidés.)

ZÉZAIEMENT n.m. Défaut de qqn qui zézaye.

ZÉZAYER [zezeje] v.i. (onomat.) [11]. Prononcer *z* [z] les articulations *j* [ʒ] et *g* [ʒ], et prononcer *s* [s] le *ch* [ʃ]. (Par ex., *zuzube, pizon, sien,* pour *jujube, pigeon, chien.*)

Z. I. n.f. (sigle). Zone* industrielle.

ZIBELINE n.f. (it. *zibellino*). **1.** Martre de Sibérie et du Japon à poil très fin. **2.** Fourrure brun foncé de cet animal (l'une des plus coûteuses).

ZICRAL n.m. (nom déposé). Alliage d'aluminium avec addition de zinc, utilisé notamm. dans la fabrication des skis.

ZIDOVUDINE n.f. Médicament utilisé pour ses propriétés antivirales dans le traitement du sida.

ZIEUTER ou **ZYEUTER** v.t. Pop. Regarder.

Z. I. F. n.f. (sigle). Zone* d'intervention foncière.

ZIG ou **ZIGUE** n.m. Pop. Type, individu.

ZIGGOURAT [zigurat] n.f. (assyrien *ziggurratu*). ARCHÉOL. Édifice religieux d'origine mésopotamienne, fait de la superposition de plates-formes de dimensions décroissantes, dont la plus petite, au sommet, porte une chapelle.

ZIGOTO n.m. Pop. Individu bizarre ou qui cherche à épater. – *Faire le zigoto :* faire l'intéressant.

ZIGOUILLER v.t. (mot poitevin). Pop. Égorger, tuer, assassiner.

ZIGZAG n.m. (onomat.). **1.** Ligne brisée formant des angles alternativement saillants et rentrants. **2. a.** Mouvement qui suit une ligne sinueuse. *Les zigzags d'un ivrogne.* **b.** Fig. Évolution sinueuse (de qqn, de sa vie). *Une carrière en zigzag.*

ZIGZAGUER v.i. **1.** Avancer en faisant des zigzags. **2.** Former des zigzags. *Le ruisseau zigzague entre les roseaux.*

ZIMBABWÉEN, ENNE [zim-] adj. et n. Du Zimbabwe.

ZINC [zɛ̃g] n.m. (all. *Zink*). **1.** Métal d'un blanc bleuâtre, peu altérable, susceptible d'un beau poli ; élément (Zn), de numéro atomique 30, de masse atomique 65,37. **2.** Fam. Comptoir d'un bar, d'un café. **3.** Arg., vieilli. Avion.
■ Le zinc a pour densité 7,1 ; il fond à 419,4 °C et bout à 907 °C. On le trouve dans la nature, surtout à l'état de sulfure, ou *blende,* et de carbonate, ou *calamine.* Peu oxydable à froid, il est utilisé en larges plaques pour recouvrir les toitures. Le fer galvanisé s'obtient par dépôt galvanique ou bien par trempage dans un bain de zinc fondu. Le zinc entre dans la composition de nombreux alliages (laiton, maillechort, etc.).

ZINCATE n.m. Sel dérivant de l'hydroxyde de zinc.

ZINCIFÈRE ou **ZINCIQUE** [zɛ̃si-] adj. Qui renferme du zinc.

ZINGAGE ou **ZINCAGE** [zɛ̃gaʒ] n.m. **1.** Action de couvrir de zinc, par différents procédés. **2.** Dépôt électrolytique de zinc sur une pièce métallique pour la protéger de la corrosion.

ZINGARO [dzingaro] n.m. (mot it.) [pl. *zingaros* ou *zingari*]. Vx. Tsigane.

ZINGIBÉRACÉE n.f. (lat. *zingiber,* gingembre). *Zingibéracées :* famille de plantes monocotylédones des régions tropicales telles que le gingembre et le curcuma.

ZINGUER v.t. **1.** Recouvrir de zinc. *Zinguer un toit.* **2.** Procéder au zingage de. *Zinguer du fer.*

ZINGUEUR n.m. Ouvrier (et spécialt couvreur) qui travaille le zinc.

ZINJANTHROPE n.m. (de *Zinj,* nom du lieu où ce fossile fut découvert). Australopithèque découvert en 1959 par L. Leakey dans la région d'Oldoway, en Tanzanie, et qui est daté de 1,75 million d'années environ.

ZINNIA n.m. (de *Zinn,* botaniste all.). Plante originaire du Mexique, cultivée pour ses fleurs ornementales et dont il existe de nombreuses variétés. (Famille des composées.)

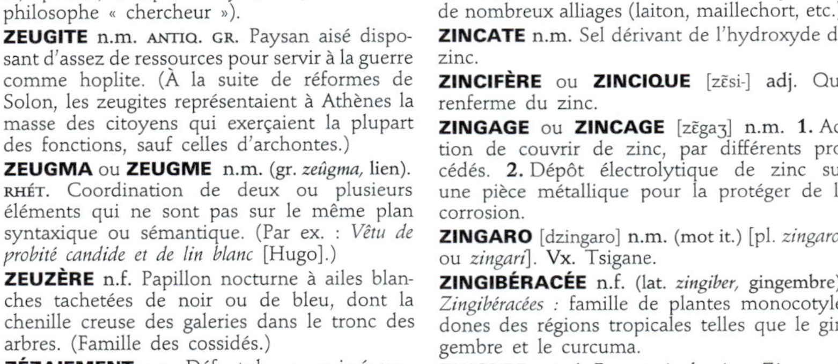

vestiges de la **ziggourat** de Tchoga Zanbil, édifiée au XIIIe s. av. J.-C. par le roi d'Élam Ountashi-Napirisha

zinnia double et **zinnia** élégant

1. ZINZIN n.m. (onomat.). Fam. **1.** Appareil, engin bruyant. **2.** Objet quelconque ; truc, machin. **3.** Investisseur* institutionnel.

2. ZINZIN adj. Fam. Bizarre, un peu fou, dérangé.

ZINZOLIN, E adj. (it. *giuggiolino,* sésame, couleur qu'on en tire ; de l'ar.). Litt. D'une couleur violacée tirant sur le rouge.

ZIP n.m. (nom déposé). Fermeture à glissière étanche.

ZIPPER v.t. Garnir (un sac, un vêtement) d'un Zip. *Blouson zippé.*

ZIRCON n.m. (esp. *girgonça,* jacinthe). Silicate de zirconium donnant des gemmes naturelles transparentes, jaunes, vertes, brunes, rouge-orangé (variété dite *hyacinthe,* très recherchée), ou incolores, ou bleu-vert. (Son indice de réfraction élevé l'approche du diamant par l'éclat, mais sa dureté assez faible l'en éloigne.)

ZIRCONE n.f. Oxyde de zirconium ZrO_2.

ZIRCONITE n.f. Variété de zircon.

ZIRCONIUM [zirkɔnjɔm] n.m. Métal blanc-gris qui se rapproche du titane et du silicium, de densité 6,51 ; élément (Zr), de numéro atomique 40, de masse atomique 91,22.

ZIST n.m. → ***zest.***

1. ZIZANIE n.f. (lat. *zizania,* ivraie). Mésentente, discorde. *Mettre, semer la zizanie.*

2. ZIZANIE ou **ZIZANIA** n.f. Graminée aquatique d'Asie et d'Amérique, fournissant une farine sucrée.

1. ZIZI n.m. (onomat.). Fam. Sexe, en particulier celui des garçons, dans le langage enfantin.

2. ZIZI n.m. (onomat.). Bruant sédentaire, commun en France, nichant dans les haies ou à même le sol. (Famille des fringillidés.)

ZLOTY [zlɔti] n.m. (mot polon.). Unité monétaire principale de la Pologne. Graphie savante : *złoty.* (→ ***monnaie.***)

Zn, symbole chimique du zinc.

ZOANTHAIRE n.m. Cnidaire colonial, tel que le *zoanthus.* (Sous-classe des madréporaires.)

ZODIAC n.m. (nom déposé). Canot en caoutchouc, pouvant être équipé d'un moteur hors-bord.

ZODIACAL, E, AUX adj. Relatif au zodiaque. ◇ *Lumière zodiacale :* lueur faible et diffuse, concentrée autour du Soleil, dans le plan de l'écliptique, observable avant l'aurore ou après le crépuscule, et qui est due à la diffusion de la lumière solaire par les poussières du milieu interplanétaire.

ZODIAQUE n.m. (gr. *zôdiakos,* de *zôon,* être vivant). ASTRON. Zone de la sphère céleste qui s'étend sur 8,5° de part et d'autre de l'écliptique et dans laquelle on voit se déplacer le Soleil, la Lune et les planètes principales du système solaire, sauf Pluton. ◇ *Signe du zodiaque :* chacune des douze parties qui s'étalent sur 30° de longitude et en lesquelles le zodiaque est divisé à partir du point vernal.

ZOÉ n.f. (gr. *zôê,* vie). ZOOL. Forme larvaire de certains crustacés.

ZOÉCIE n.f. ZOOL. Chacune des unités d'une colonie d'ectoproctes.

ZOÏLE n.m. (de *Zoïle,* n.pr.). Litt. Critique envieux, méchant et partial.

ZOMBIE ou **ZOMBI** n.m. (mot créole). **1.** Dans le vaudou, mort sorti du tombeau et qu'un sorcier met à son service. **2.** Fam. Personne qui a un air absent, amorphe.

ZONA n.m. (mot lat., *ceinture*). Maladie infectieuse due à un virus du groupe herpès, caractérisée par une éruption de vésicules ayant une disposition strictement unilatérale et accompagnée de douleurs intenses à type de brûlures.

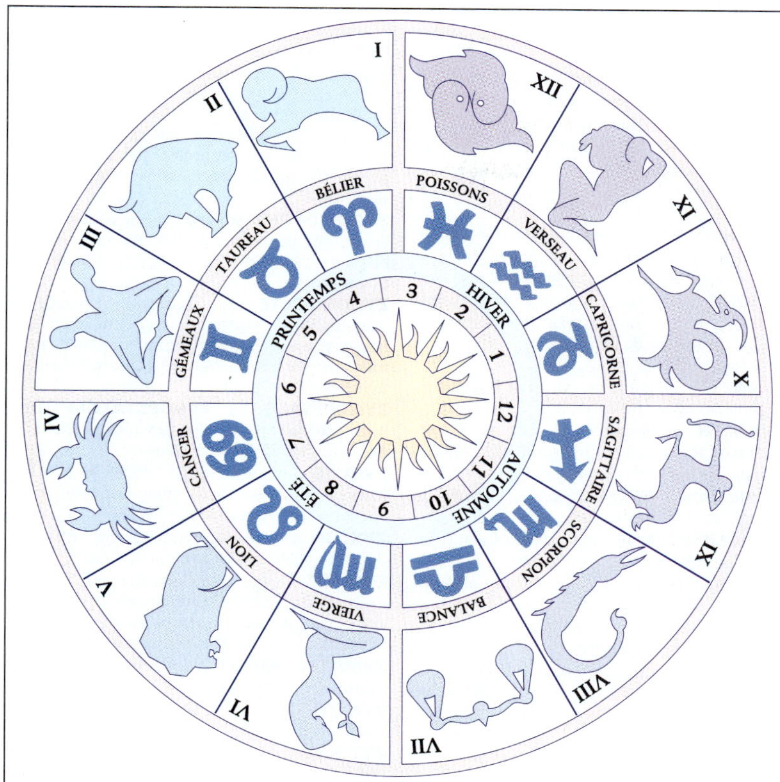

zodiaque : représentations symboliques des signes astrologiques du zodiaque (la numérotation en chiffres romains s'applique aux signes eux-mêmes, celle en chiffres arabes aux mois de l'année)

ZONAGE n.m. **1.** En urbanisme, répartition d'un territoire en zones affectées chacune à un genre déterminé d'occupation ou d'utilisation du sol. SYN. : *zoning.* **2.** INFORM. Partage d'un ensemble d'informations en portions de structure homogène, selon divers critères.

ZONAL, E, AUX adj. Relatif aux différentes zones de la Terre.

ZONARD, E n. et adj. (de *zone*). Fam. Jeune, en particulier originaire des banlieues pauvres, vivant plus ou moins en marge de la société.

ZONE n.f. (lat. *zona,* ceinture). **I. 1.** Étendue de terrain, espace d'une région, d'une ville, etc., définis par certaines caractéristiques. *Zone désertique. Zone résidentielle. Zone industrielle.* **2.** Territoire ou ensemble de territoires soumis à un statut, à un régime particulier. *Zone de libre-échange. Zone libre et zone occupée, sous l'occupation allemande.* ◇ *Zone franche :* région frontière où les marchandises étrangères pénètrent librement, sans formalités ni paiement de droits. – *Zone frontière :* territoire longeant la frontière d'un État et soumis à une réglementation particulière dans l'intérêt de la défense nationale. **3.** *La zone* : autref., zone militaire qui s'étendait au-delà des anciennes fortifications de Paris, où aucune construction ne devait être édifiée *(zone non aedificandi)* et occupée illégalement par des constructions légères et misérables ; auj., espace, à la limite d'une ville, caractérisé par la misère de son habitat. **4.** Territoire répondant à certaines normes en matière d'aménagement et d'urbanisme. – *Zone d'aménagement concerté (Z. A. C.) :* zone à l'intérieur de laquelle une collectivité publique ou un établissement public réalise ou fait réaliser une opération d'aménagement et d'équipement de terrains qui sont ensuite cédés à des utilisateurs privés ou publics. (Créée par la loi d'orientation foncière de 1967.) – *Zone d'aménagement différé (Z. A. D.) :* zone d'extension dont l'aménagement n'est pas immédiatement nécessaire et pour laquelle l'État ou la collectivité locale a un droit de préemption en cas de vente de terrain. (Créée en 1962, réformée en 1971.) – *Zone d'extension urbaine* ou *d'urbanisation :* zone délimitée, dans le plan d'aménagement d'une agglomération, comme étant destinée à recevoir de nouveaux quartiers ou groupes d'habitation. – *Zone industrielle (Z. I.) :* zone spécialement localisée et équipée en vue d'accueillir des établissements industriels. – *Zone d'intervention foncière (Z. I. F.) :* zone destinée à permettre la création de réserves foncières au profit de l'État ou de la collectivité locale par droit de préemption, mais à l'intérieur de zones déjà urbanisées. (Créée en 1975.) – *Zone à urbaniser par priorité (Z. U. P.) :* zone conçue pour y développer des constructions, pour être urbanisée tout en prévenant la spéculation par l'usage du droit de préemption. (Instituées en 1958, les Z. U. P. ont été supprimées en 1975 et remplacées par les Z. A. C. et les Z. I. F.) – *Zone non altius tollendi,* dans laquelle aucune construction ne doit s'élever au-dessus d'une hauteur donnée. **5.** Partie de territoire dans laquelle s'exerce l'action de forces militaires. – *Zone d'action :* étendue de terrain à l'intérieur de laquelle une unité est appelée à agir. – *Zone de défense :* subdivision (depuis 1950) du territoire national à l'intérieur de laquelle s'exercent la préparation, la coordination et la conduite des efforts civils et militaires de défense. **6.** Espace, région délimitée sur une surface, sur un corps. *Zone ensoleillée.* – *Zone érogène :* surface cutanée ou muqueuse susceptible d'être le siège d'une excitation sexuelle. – Fig. Domaine limité, à l'intérieur duquel s'exerce l'action de qqn ou d'une collectivité. *Zone de recherche.* – *Zone d'influence :* ensemble d'États ou de territoires réservés à l'influence politique exclusive d'un État. – ÉCON. *Zone monétaire :* ensemble de pays dont les monnaies respectives sont rattachées à celle d'un pays centre qui exerce un rôle dominant *(zone franc)* ou entre les monnaies desquels existent des liens particuliers. **II. 1.** MATH. Portion de la surface d'une sphère limitée par deux plans parallèles qui la coupent. **2.** GÉOGR. Espace délimité approximativement par des parallèles et auquel correspond un grand type de climat *(zones tropicale, tempérée, polaire).* **3.** DR. MAR. *Zone contiguë :* bande maritime comprise entre la limite des eaux territoriales (12 milles nautiques) et une distance de 200 milles à partir des côtes, et qui est placée sous la souveraineté partielle de l'État côtier. **4.** Espace quelconque de forme circulaire ou allongée. *Son visage franchit la zone d'ombre de l'abat-jour.* **5.** MÉTALL. *Fusion de zone :* technique de purification des métaux, qui consiste à déplacer une petite zone fondue le long d'un barreau métallique dans le but de repousser les impuretés aux extrémités. **6.** INFORM. Champ. ◆ pl. ÉCOL. *Zones humides :* ensemble des biotypes aquatiques, marécageux ou lagunaires, continentaux ou littoraux.

ZONÉ, E adj. Qui présente des bandes concentriques. *Coquille zonée. Roche zonée.*

1. ZONER v.t. TOPOGR., INFORM. Effectuer le zonage de.

2. ZONER v.i. Fam. Mener une existence au jour le jour, plus ou moins en marge de la société, en vivant d'expédients.

ZONIER, ÈRE adj. Vx. Relatif à la zone autour de Paris. ◆ n. Vx. Habitant de la zone.

ZONING [zɔniŋ] n.m. Zonage, en urbanisme.

ZONURE n.m. (gr. *zônê,* ceinture, et *oura,* queue). Lézard d'Afrique australe et orientale, recouvert d'écailles épineuses, pouvant atteindre 60 cm de long.

ZOO [zoo] ou [zo] n.m. (abrév.). Jardin zoologique*.

ZOOFLAGELLÉ n.m. Protiste flagellé sans chlorophylle.

ZOOGAMÈTE n.m. Gamète mobile flagellé des algues et des champignons.

ZOOGÉOGRAPHIE n.f. Étude de la répartition des animaux sur la Terre.

ZOOGLÉE n.f. (lat. *zoogloea ;* gr. *glotos,* glu). Réunion de bactéries agglutinées par une substance visqueuse, qui se forme à la surface de certains liquides (vinaigre, eaux résiduaires).

ZOOÏDE adj. Se dit d'un minéral qui porte une figure d'animal ou d'une partie d'un animal.

ZOOLÂTRE adj. et n. Qui porte un culte à des animaux divinisés.

ZOOLÂTRIE n.f. Adoration des animaux divinisés.

ZOOLITE n.m. PALÉONT. Fossile animal.

ZOOLOGIE n.f. (gr. *zôon,* animal, et *logos,* science). Branche des sciences naturelles qui étudie les animaux.

ZOOLOGIQUE adj. **1.** Relatif à la zoologie, aux animaux. **2.** *Jardin, parc zoologique :* lieu public où sont présentés aux visiteurs des animaux en captivité ou en semi-liberté et appartenant à des espèces exotiques ou rares. Abrév. : *zoo.*

ZOOLOGISTE ou, rare, **ZOOLOGUE** n. Spécialiste de zoologie.

ZOOM [zum] n.m. (mot angl., de *to zoom,* bourdonner). **1.** Objectif à focale variable. **2.** Effet obtenu avec cet objectif en faisant varier la focale pendant la prise de vue.

ZOOMER [zume] v.i. Filmer en utilisant un zoom. ◆ v.t. ind. *(sur).* Faire un gros plan sur.

ZOOMORPHE ou **ZOOMORPHIQUE** adj. Qui revêt la forme d'un animal. *Signes zoomorphes. Chapiteau zoomorphe.*

ZOOMORPHISME n.m. Représentation des formes animales ; prédominance des formes animales dans les représentations plastiques, artistiques, etc.

ZOONOSE n.f. Maladie infectieuse ou parasitaire, qui se transmet naturellement des animaux vertébrés à l'homme et réciproquement. *La tuberculose, la rage, la brucellose sont des zoonoses.*

ZOOPATHIE n.f. Délire au cours duquel le sujet croit qu'un animal habite son propre corps. SYN. : *délire zoopathique.*

ZOOPATHIQUE adj. *Délire zoopathique :* zoopathie.

ZOOPHAGE adj. et n.m. Se dit d'un animal (insecte, en partic.) qui se nourrit de proies animales.

ZOOPHILE adj. et n. Relatif à la zoophilie ; qui en est atteint.

ZOOPHILIE n.f. Déviation sexuelle dans laquelle les animaux sont l'objet du désir. SYN. : *bestialité.*

ZOOPHOBIE n.f. Crainte pathologique éprouvée par certaines personnes devant des animaux inoffensifs.

ZOOPHORE n.m. ARCHIT. Anc. Frise de l'entablement, décorée autrefois de figures d'animaux.

ZOOPHYTE n.m. *Zoophytes :* ancien embranchement qui comprenait les échinodermes, les cnidaires, les spongiaires, les ectoproctes, les kamptozoaires et les ciliés. SYN. : *phytozoaire.*

ZOOPSIE n.f. PSYCHIATRIE. Hallucination visuelle dans laquelle le sujet voit des animaux. (Elle s'observe en particulier dans les délires alcooliques.)

ZOOSPORANGE n.m. Rare. Sporange qui produit des zoospores. SYN. (cour.) : *sporange.*

ZOOSPORE n.f. Cellule reproductrice nageuse, ciliée, existant chez les algues et chez les champignons vivant dans l'eau.

ZOOTAXIE n.f. Didact., vx. Classification méthodique du règne animal.

ZOOTECHNICIEN, ENNE n. Spécialiste de zootechnie.

ZOOTECHNIE n.f. Science qui étudie les conditions et les méthodes d'élevage et de reproduction des animaux domestiques.

ZOOTECHNIQUE adj. Relatif à la zootechnie.

ZOOTHÈQUE n.f. Collection d'animaux naturalisés ou de squelettes destinés à être présentés au public.

ZOOTHÉRAPEUTIQUE adj. Rare. Vétérinaire.

ZOOTHÉRAPIE n.f. Rare. Médecine vétérinaire.

ZOREILLE n. Fam. Dans les D.O.M.-T.O.M., habitant né en France métropolitaine.

ZORILLE n.f. (esp. *zorrilla*). Mammifère carnivore d'Afrique, voisin de la belette, à la robe noire marquée de bandes claires, et très malodorant. (Long. 60 cm env. ; famille des mustélidés.)

ZOROASTRIEN, ENNE adj. Relatif à Zarathushtra (Zoroastre), à sa doctrine.

ZOROASTRISME n.m. Mazdéisme.

ZOSTÈRE n.f. (gr. *zôstêr,* ceinture). Herbe marine vivace, à feuilles linéaires, formant de vastes prairies sous-marines littorales.

ZOSTÉRIEN, ENNE adj. (lat. *zoster,* zona). MÉD. Relatif au zona.

ZOU interj. (Accompagne un geste brusque, vif, invitant à sortir). *Allez ! zou ! sortez !*

ZOUAVE n.m. (de *Zwava,* nom d'une tribu berbère). **1.** Soldat d'un corps d'infanterie français créé en Algérie en 1830 et dissous en 1962. **2.** Fam. *Faire le zouave :* faire le clown, le pitre.

ZOULOU, E adj. Qui appartient aux Zoulous.

ZOZO n.m. (altér. de *oiseau*). Fam. Garçon niais et gauche.

ZOZOTEMENT n.m. Fam. Zézaiement.

ZOZOTER v.i. (onomat.). Fam. Zézayer.

Zr, symbole chimique du zirconium.

ZUCHETTE ou **ZUCCHETTE** [zykɛt] n.f. (it. *zucchetta*). Courge d'Italie.

Z. U. P. [zyp] n.f. (sigle). Zone* à urbaniser par priorité.

ZURICHOIS, E [-kwa, waz] adj. et n. De Zurich.

ZUT [zyt] interj. Fam. (Exprimant le dépit, le mépris, le refus). *Zut ! tu commences à m'agacer.*

ZUTIQUE adj. LITTÉR. Du groupe des zutistes.

ZUTISTE n. (de *zut*). LITTÉR. Membre d'un groupe de poètes de la fin du XIXe s., présidé par Charles Cros.

ZWANZE [zwɑ̃z] n.f. ou m. (mot bruxellois). Belgique. Blague, plaisanterie.

ZWANZER v.i. Belgique. Blaguer, plaisanter.

ZWIEBACK [tsɥibak] n.m. (mot all.). Suisse. Biscotte légèrement sucrée.

ZWINGLIANISME [zwɛ̃-] n.m. Doctrine de Zwingli et de ses disciples.

ZWINGLIEN, ENNE adj. et n. Relatif au zwinglianisme ; partisan de Zwingli.

ZYDECO n.m. ou f. (du fr. *les haricots*). Louisiane. Musique populaire née de la fusion du blues et du folklore cajun.

ZYEUTER v.t. → ***zieuter.***

ZYGÈNE n.f. (gr. *zugaina,* requin). Papillon aux fortes antennes renflées, à ailes noires tachetées de rouge, qui vit sur le trèfle, la spirée et la vesce. (Long. 3 cm env.)

ZYGNÉMA n.m. (gr. *zugon,* paire, et *nema,* fil). Algue filamenteuse des mares, voisine de la spirogyre. (Classe des conjuguées.)

ZYGOMA n.m. (gr. *zugôma,* jonction). ANAT. Apophyse zygomatique.

ZYGOMATIQUE adj. ANAT. De la pommette. – *Apophyse zygomatique :* apophyse de l'os temporal, qui s'articule avec l'os malaire de la pommette et forme l'*arcade zygomatique.* – *Muscle zygomatique* ou *zygomatique,* n. m. : chacun des trois muscles peauciers de la pommette (qui entrent en jeu lors du sourire).

ZYGOMORPHE adj. (gr. *zugos,* couple). BOT. Se dit des fleurs qui présentent une symétrie bilatérale, telles que les pois, les violettes, les orchidacées.

ZYGOMYCÈTE n.m. *Zygomycètes :* groupe de champignons caractérisés par un mycélium non cloisonné et une reproduction par isogamie, tels que les mucoracées. (Classe des siphomycètes.)

ZYGOPÉTALE ou **ZYGOPETALUM** [-lɔm] n.m. Orchidée originaire des régions chaudes de l'Amérique, cultivée en serre.

ZYGOTE n.m. (gr. *zugôtos,* attelé). BIOL. Œuf fécondé diploïde non encore divisé, chez l'homme et les animaux.

ZYKLON n.m. Acide cyanhydrique, employé dans les chambres à gaz par les nazis.

ZYMASE n.f. (gr. *zumê,* levain). CHIM. Enzyme de la levure de bière, provoquant la décomposition du glucose en alcool et en gaz carbonique dans la fermentation alcoolique.

ZYMOTECHNIE n.f. Vx. Technique de l'utilisation des fermentations.

ZYMOTIQUE adj. Vx. Qui concerne la fermentation.

ZYTHUM [zitɔm] ou **ZYTHON** [-tɔ̃] n.m. (gr. *zuthos,* bière). HIST. Bière fabriquée dans l'Égypte pharaonique avec de l'orge fermentée.

LOCUTIONS LATINES, GRECQUES ET ÉTRANGÈRES

Locutions et traduction	*Application*
Ab imo pectore ou **imo pectore** *Du fond de la poitrine, du cœur.*	Du plus profond du cœur, avec une entière franchise : *Exprimer son indignation* **ab imo pectore.**
Ab irato *Par un mouvement de colère.*	*Ne prenez aucune résolution* **ab irato.** – *Un testament* **ab irato.**
Ab ovo *À partir de l'œuf.*	Mot emprunté d'Horace (*Art poétique,* 147) ; allusion à l'*œuf de Léda,* d'où était sortie Hélène. Homère aurait pu y remonter s'il avait voulu raconter **ab ovo** la guerre de Troie ; mais Horace le loue précisément d'avoir tiré *l'Iliade* d'un seul évènement du siège : la colère d'Achille, sans remonter jusqu'à la naissance d'Hélène.
Ab urbe condita *Depuis la fondation de la ville.*	Les Romains dataient les années de la fondation de Rome **ab urbe condita** ou **urbis conditae,** qui correspond à 753 av. J.-C. Ces mots se marquent souvent par les initiales U.C. : *L'an 532* U.C., c'est-à-dire *l'an 532 de la fondation de Rome.*
Abusus non tollit usum *L'abus n'exclut pas l'usage.*	Maxime de l'ancien droit. Dans l'application : L'abus que l'on peut faire d'une chose ne doit pas forcer nécessairement de s'en abstenir.
Abyssus abyssum invocat *L'abîme appelle l'abîme.*	Expression figurée empruntée d'un psaume de David (XLII, 8), qu'on emploie pour exprimer qu'une faute en entraîne une autre.
Acta est fabula *La pièce est jouée.*	C'est ainsi que, dans le théâtre antique, on annonçait la fin de la représentation. **Acta est fabula,** dit Auguste à son lit de mort, et ce furent ses dernières paroles. *La farce est jouée,* aurait dit aussi Rabelais.
Ad augusta per angusta *À des résultats grandioses par des voies étroites.*	Mots de passe des conjurés au quatrième acte d'*Hernani,* de V. Hugo. On n'arrive au triomphe qu'en surmontant maintes difficultés.
Ad honores *Pour l'honneur ; Gratuitement.*	S'emploie en parlant d'un titre purement honorifique, sans rétribution : *Des fonctions* **ad honores.**
Adhuc sub judice lis est *Le procès est encore devant le juge.*	Hémistiche d'Horace (*Art poétique,* 78) examinant la question controversée de l'origine du rythme élégiaque. On emploie cette locution pour dire que la question n'est pas résolue, que l'accord n'est pas encore fait.
Ad limina apostolorum *Au seuil* (des basiliques) *des apôtres.*	Périphrase pour dire *À Rome ; Vers le Saint-Siège.* On dit, par abréviation : *Visite* **ad limina.**
Ad litteram *À la lettre.*	*On doit citer un auteur* **ad litteram.**
Ad majorem Dei gloriam *Pour une plus grande gloire de Dieu.*	Devise de l'ordre des jésuites. Les initiales A.M.D.G. servaient d'épigraphe à la plupart des livres émanés de cette Compagnie.
Ad referendum *Sous condition d'en référer.*	Formule de chancellerie : *Accepter une proposition* **ad referendum.**
Ad rem *À la chose.*	Précisément : *Répondre* **ad rem.**

Locutions et traduction	*Application*
Ad usum Delphini *À l'usage du Dauphin.*	Nom donné aux excellentes éditions des classiques latins entreprises pour le Dauphin, fils de Louis XIV, mais dont on avait retranché quelques passages trop crus. On emploie ironiquement cette formule à propos de publications expurgées ou arrangées pour les besoins de la cause.
Ad vitam aeternam *Pour la vie éternelle.*	À jamais ; pour toujours.
Aequo animo *D'une âme égale ; Avec constance.*	*Le sage supporte* aequo animo *les coups de l'adversité.*
Aere perennius *Plus durable que l'airain.*	Mots d'Horace. V. EXEGI MONUMENTUM.
Age quod agis *Fais ce que tu fais.*	C'est-à-dire *Sois attentif à ce que tu fais,* conseil que l'on donne à une personne qui se laisse distraire par un objet étranger à son occupation.
Alea jacta est *Le sort en est jeté.*	Paroles fameuses qu'on attribue à César (Suétone, *Caesar,* 32) se préparant à franchir le Rubicon, parce qu'une loi ordonnait à tout général entrant en Italie par le nord de licencier ses troupes avant de passer cette rivière. Cette phrase s'emploie quand on prend une décision hardie et importante, après avoir longtemps hésité.
All right [olrajt] *Tout* (est) *droit.*	Locution anglaise : *Tout va bien, tout est en état, vous pouvez aller de l'avant :* all right.
Alma mater ou **Alma parens** *Mère nourricière.*	Expressions souvent employées par les poètes latins pour désigner la patrie, et quelquefois par les écrivains de nos jours pour désigner l'Université.
Anno aetatis suae *Dans l'année de son âge.*	Formule tumulaire, que l'on fait suivre du chiffre d'années atteint par la personne décédée.
A novo *De nouveau.*	*Affaire renvoyée* a novo *devant une autre cour.*
Aperto libro *À livre ouvert.*	*Traduire* aperto libro.
Argumentum baculinum *Argument du bâton.*	Donner des coups de bâton en guise d'arguments ; employer la force pour convaincre. *Dans le* Mariage forcé, *de Molière, Sganarelle emploie avec le pyrrhonien Marphurius l'*argumentum baculinum.
Ars longa, vita brevis *L'art est long, la vie est courte.*	Traduction latine du premier aphorisme d'Hippocrate (Ho bios brakhus, hê de tekhnê makra).
A sacris *À l'écart des* (ordres) *sacrés.*	*Le prêtre interdit* a sacris *ne peut exercer aucune des fonctions de son ministère.*
Asinus asinum fricat *L'âne frotte l'âne.*	Se dit de deux personnes qui s'adressent mutuellement des éloges outrés.
At home [atom] *À la maison.*	Locution anglaise : *Se trouver bien* at home.
Audaces fortuna juvat *La fortune favorise les audacieux.*	Locution imitée de l'hémistiche de Virgile (*l'Énéide,* X, 284) : *Audentes fortuna juvat...*
Aura popularis *Le souffle populaire.*	Expression métaphorique, exprimant chez Virgile (*l'Énéide,* VI, 816), Horace (*Odes,* III, 2, 20), etc., l'inconstance de la faveur populaire.
Aurea mediocritas *Médiocrité d'or.*	Expression d'Horace (*Odes,* II, 10, 5), pour dire qu'une condition moyenne, gage de tranquillité, doit être préférée à tout.
Auri sacra fames ! *Exécrable faim de l'or !*	Expression de Virgile (*l'Énéide,* III, 57). On dirait, en français : *Exécrable soif de l'or.*
Austriae est imperare orbi universo *Il appartient à l'Autriche de commander à tout l'Univers.*	Ambitieuse devise de la maison d'Autriche. Elle s'écrit par abréviation A.E.I.O.U. Elle est composée sur les cinq voyelles de l'alphabet, et a été traduite par des mots allemands qui commencent par les mêmes lettres : *Alles Erdreich ist Österreich untertan.*
Aut Caesar, aut nihil *Ou empereur, ou rien.*	Devise attribuée à César Borgia, et qui peut servir à tous les ambitieux.
Ave Caesar (ou **Imperator**), **morituri te salutant** *Salut César* (ou *Empereur*), *ceux qui vont mourir te saluent.*	Paroles que, suivant Suétone (*Claude,* 21), prononçaient les gladiateurs romains en défilant, avant le combat, devant la loge impériale.
Beati pauperes spiritu *Bienheureux les pauvres en esprit.*	C'est-à-dire ceux qui savent se détacher des biens du monde. Paroles qui se trouvent au début du *Sermon sur la montagne* (Évangile selon saint Matthieu, v, 3), et qui, par un travestissement du sens, s'emploient ironiquement pour désigner ceux qui réussissent avec peu d'intelligence.
Beati possidentes *Heureux ceux qui possèdent.*	Locution dont il est fait de fréquentes applications depuis que le prince de Bismarck la mit à la mode. Elle signifie que, pour revendiquer utilement un pays ou son droit, il faut d'abord en prendre possession de fait.

Locutions et traduction	*Application*
Bis dat, qui cito dat *Celui-là donne deux fois, qui donne vite.*	Proverbe latin signifiant que celui qui oblige promptement oblige doublement.
Bis repetita placent *Les choses répétées, redemandées, plaisent.*	Aphorisme imaginé d'après un vers de l'*Art poétique* d'Horace (365), où le poète dit que telle œuvre ne plaira qu'une fois, tandis que telle autre répétée dix fois plaira toujours *(Haec decies repetita placebit).*
Bonum vinum laetificat cor hominis *Le bon vin réjouit le cœur de l'homme.*	Proverbe tiré d'un passage de la Bible (Ecclésiastique, XL, 20), dont le véritable texte est : **Vinum et musica laetificant cor** *(Le vin et la musique réjouissent le cœur),* et le texte ajoute : *et plus que tous les deux, l'amour de la sagesse.*
Carcere duro [kartʃereduro] *Dur cachot.*	Expression italienne, usitée pendant la domination autrichienne pour désigner un système d'emprisonnement réservé aux condamnés politiques : *Silvio Pellico fut condamné au* **carcere duro.**
Carpe diem *Mets à profit le jour présent.*	Mots d'Horace (*Odes,* I, 11, 8), qui aime à rappeler que la vie est courte, et qu'il faut se hâter d'en jouir.
Castigat ridendo mores *Elle corrige les mœurs en riant.*	Devise de la comédie, imaginée par le poète Santeul, et donnée à l'arlequin Dominique pour qu'il la mît sur la toile de son théâtre.
Caveant consules ! *Que les consuls prennent garde !*	Premiers mots d'une formule qui se complète par : **ne quid detrimenti respublica capiat** *(afin que la république n'éprouve aucun dommage),* et par laquelle le sénat romain, dans les moments de crise, accordait aux consuls les pleins pouvoirs. On l'emploie au figuré : *L'émeute gronde à nos portes :* **caveant consules !**
Cedant arma togae *Que les armes le cèdent à la toge.*	Premier hémistiche d'un vers cité par Cicéron (*Des devoirs,* I, 22). On rappelle cette phrase pour exprimer que le gouvernement militaire, représenté par les armes, par l'épée, doit faire place au gouvernement civil, représenté par la toge, ou s'incliner devant lui.
Chi [ki] **lo sa ?** *Qui le sait ?*	Locution italienne, fréquemment employée.
Chi [ki] **va piano, va sano** *Qui va doucement, va sûrement.*	Proverbe italien. Il se complète par **chi va sano, va lontano** *(qui va sûrement, va loin).* Racine a dit (*les Plaideurs,* I, 1) : *Qui veut voyager loin ménage sa monture.*
Col canto *Avec le chant.*	Locution italienne, employée en musique.
Compos sui *Maître de soi-même.*	*Dans toutes les circonstances, le sage reste* **compos sui.**
Consensus omnium *Le consentement universel.*	*Prouver une chose par le* **consensus omnium.**
Consilio manuque *Par la clairvoyance et l'habileté.*	Devise donnée par Beaumarchais à Figaro, dans *le Barbier de Séville* (acte Ier, sc. VI).
Contraria contrariis curantur *Les contraires se guérissent par les contraires.*	Maxime de la médecine classique, en opposition avec celle de l'homéopathie : **Similia similibus curantur** *(Les semblables se guérissent par les semblables).*
Credo quia absurdum *Je le crois parce que c'est absurde.*	Paroles inexactement rapportées de Tertullien *(De carne Christi)* et attribuées à tort à saint Augustin, qui enseigne seulement que le propre de la foi est de croire, sans avoir besoin de preuves rationnelles.
Cuique suum *À chacun le sien.*	Aphorisme de la législation romaine : *Il faut donner* **cuique suum.**
Cujus regio, ejus religio *Telle la religion du prince, telle celle du pays.*	Ce principe fut consacré par la paix d'Augsbourg (1555) qui reconnut la liberté religieuse aux États luthériens.
De auditu *Par ouï-dire.*	*Ne savoir une chose que* **de auditu.**
De commodo et incommodo *De l'avantage et de l'inconvénient.*	Cette locution est presque exclusivement administrative : *Ordonner une enquête* **de commodo et incommodo** *sur des travaux publics.*
De gustibus et coloribus non disputandum *Des goûts et des couleurs, il ne faut pas discuter.*	Proverbe des scolastiques du Moyen Âge, qui est devenu français. Chacun est libre de penser, d'agir selon ses préférences.
Delenda Carthago *Il faut détruire Carthage.*	Paroles par lesquelles Caton l'Ancien (Florus, *Hist. rom.,* II, 15) terminait tous ses discours, sur quelque sujet que ce fût. S'emploient pour rendre une idée fixe que l'on a dans l'esprit, dont on poursuit avec acharnement la réalisation, et à laquelle on revient toujours.
De minimis non curat praetor *Le préteur ne s'occupe pas des petites affaires.*	Axiome que l'on cite pour signifier qu'un homme qui a de hautes responsabilités n'a pas à s'occuper de vétilles. On dit aussi **Aquila non capit muscas** *(L'aigle ne prend pas de mouches).*
Deo gratias *Grâces soient rendues à Dieu.*	Formule liturgique latine employée familièrement pour exprimer le soulagement de voir la fin de choses désagréables ou ennuyeuses.
De omni re scibili, et quibusdam aliis *De toutes les choses qu'on peut savoir, et même de plusieurs autres.*	**De omni re scibili** était la devise du fameux Pic de La Mirandole, qui se faisait fort de tenir tête à tout venant sur tout ce que l'homme peut savoir ; **et quibusdam aliis** est une addition d'un plaisant, peut-être de Voltaire, qui critique d'une manière piquante les prétentions du jeune savant. La devise a passé en proverbe avec son complément, et sert à désigner ironiquement un prétentieux qui croit tout savoir.

Locutions et traduction	*Application*
Desinit in piscem *Finit en queue de poisson.*	Allusion au passage de l'*Art poétique* d'Horace (4), où le poète compare une œuvre d'art sans unité à un beau buste de femme qui se terminerait en queue de poisson : **Desinit in piscem** *mulier formosa superne.* Se dit des choses dont la fin ne répond pas au commencement.
De viris *Des hommes.*	Premiers mots d'un livre élémentaire, le *De viris illustribus urbis Romae* (Des hommes illustres de la ville de Rome), par Lhomond, où, dans les lycées et collèges, on commençait à apprendre le latin.
Dignus est intrare *Il est digne d'entrer.*	Formule empruntée à la cérémonie burlesque du *Malade imaginaire,* de Molière, et qui s'emploie toujours par plaisanterie, quand il s'agit d'admettre quelqu'un dans une corporation ou une société.
Divide ut regnes *Divise, afin de régner.*	Maxime poétique énoncée par Machiavel, qui a été celle du sénat romain, de Louis XI, de Catherine de Médicis. La forme la plus générale est : *Divide ut imperes* ou *Divide et impera* (Divise et règne).
Dixi *J'ai dit.*	Formule par laquelle on termine un raisonnement, un plaidoyer, etc. On l'emploie aussi familièrement pour indiquer que ce que l'on vient de dire n'admet pas de réplique.
Doctus cum libro *Savant avec le livre.*	Se dit de ceux qui, incapables de penser eux-mêmes, étalent une science d'emprunt, et puisent leurs idées dans les ouvrages des autres.
Dominus vobiscum *Le Seigneur soit avec vous.*	Formule liturgique du rite latin.
Donec eris felix, multos numerabis amicos *Tant que tu seras heureux,* *tu compteras beaucoup d'amis.*	Vers d'Ovide (*Tristes,* I, 9, 5) exilé par Auguste et abandonné de ses amis. On ajoute d'ordinaire le second vers : *Tempora si fuerint nubila, solus eris.* (Si le ciel se couvre de nuages, tu seras seul.) Cette réflexion convient à tous ceux qu'une foule d'amis entourent dans la prospérité et abandonnent dans le malheur.
Dulce et decorum **est pro patria mori** *Il est doux et beau de mourir pour la patrie.*	Vers d'Horace (*Odes,* III, 2, 13) s'adressant aux jeunes Romains pour leur conseiller d'imiter les vertus de leurs ancêtres, et en particulier leur courage guerrier.
Dura lex, sed lex *La loi est dure, mais c'est la loi.*	Maxime que l'on rappelle en parlant d'une règle pénible à laquelle on est forcé de se soumettre.
Ejusdem farinae *De la même farine.*	Se prend toujours en mauvaise part, pour établir une comparaison entre personnes ayant mêmes vices, mêmes défauts, etc.
Eli, Eli, lamma sabacthani *Mon Dieu, mon Dieu,* *pourquoi m'avez-vous abandonné ?*	C'est le cri du Christ mourant sur la Croix (saint Matthieu, XXVII, 46 ; saint Marc, XV, 34) ; début du psaume XXII.
English spoken *On parle anglais.*	Phrase que l'on inscrit sur la devanture d'une boutique, etc., pour indiquer qu'on peut y trouver une personne parlant anglais.
Ense et aratro *Par l'épée et par la charrue.*	Devise du citoyen qui sert son pays en temps de guerre par son épée, en temps de paix par les travaux de l'agriculture. C'était la devise du maréchal Bugeaud, alors qu'il était gouverneur de l'Algérie.
Eppur (ou **E pur**), **si muove !** *Et pourtant, elle tourne !*	Mot prêté à Galilée forcé de faire amende honorable pour avoir proclamé, après Copernic, que la Terre tourne sur elle-même, contrairement à la lettre des Écritures.
Errare humanum est *Il est de la nature de l'homme de se tromper.*	S'emploie pour expliquer, pour pallier une faute, une chute morale. On ajoute parfois : **perseverare diabolicum** *(persévérer est diabolique).*
Exegi monumentum aere perennius *J'ai achevé un monument* *plus durable que l'airain.*	Premier vers de la trentième et dernière ode du IIIe livre des *Odes* d'Horace. Le poète, terminant le recueil de ses trois premiers livres, promet à son œuvre l'immortalité. Souvent, on cite la première ou la seconde moitié du vers.
Exempli gratia *Par exemple.*	En abrégé **e.g.** – On dit aussi, dans le même sens, **verbi gratia.** En abrégé **v.g.**
Ex nihilo nihil *Rien* [ne vient] *de rien.*	Célèbre aphorisme résumant la philosophie de Lucrèce et d'Épicure, mais tiré d'un vers de Perse (*Satires,* III, 84), qui commence par *De nihilo nihil* (Rien ne vient de rien, c'est-à-dire Rien n'a été tiré de rien. Rien n'a été créé, mais tout ce qui existe existait déjà en quelque manière de toute éternité).
Ex professo *En homme qui possède* *parfaitement son sujet.*	*Traiter une matière* **ex professo.** – *Parler d'une chose* **ex professo.**
Facit indignatio versum *L'indignation fait* (jaillir) *le vers.*	Expression de Juvénal (*Satires,* I, 79), qui signifie que l'indignation suffit à inspirer le poète.
Fama volat *La Renommée vole.*	Expression de Virgile (*l'Énéide,* III, 121). Exprime la rapidité avec laquelle une nouvelle se répand.
Felix qui potuit rerum cognoscere causas *Heureux celui qui a pu pénétrer* *les causes secrètes des choses.*	Vers de Virgile (*Géorgiques,* II, 489), souvent cité pour vanter le bonheur de ceux dont l'esprit vigoureux pénètre les secrets de la nature et s'élève ainsi au-dessus des superstitions du vulgaire.
Festina lente *Hâte-toi lentement.*	Maxime grecque citée par Auguste, selon Suétone (*Auguste,* 25) : Allez lentement pour arriver plus vite à un travail bien fait. Boileau a dit de même : *Hâtez-vous lentement.*

Locutions et traduction	*Application*
Fiat lux ! *Que la lumière soit !*	Allusion à la parole créatrice de la Genèse (I, 3) : *Dieu dit « Que la lumière soit », et la lumière fut.* – Elle est devenue la devise de toute grande découverte, qui fait, en quelque sorte, passer une chose de la nuit au jour, du néant à l'être.
Fiat voluntas tua *Que votre volonté soit faite.*	Paroles tirées de l'*Oraison dominicale,* et qu'on emploie en manière d'acquiescement résigné.
Fluctuat nec mergitur *Il est battu par les flots, mais ne sombre pas.*	Devise de la Ville de Paris, qui a pour emblème un vaisseau.
For ever ! *Pour toujours !*	Locution souvent employée en Angleterre, dans un sens exclamatif, comme on dirait en français *Vive à jamais !*
Fugit irreparabile tempus *Le temps fuit irréparable.*	Fin d'un vers de Virgile (*Géorgiques,* III, 284). Se cite pour marquer la fuite du temps.
Furia francese *La furie française.*	Expression dont les Italiens, après Machiavel, se servirent à partir de la bataille de Fornoue (1495), pour caractériser l'impétuosité des Français.
Genus irritabile vatum *La race irritable des poètes.*	Expression d'Horace (*Épîtres,* II, 2, 102), qui sert à caractériser l'extrême susceptibilité des poètes et des gens de lettres.
Gloria victis ! *Gloire aux vaincus !*	Antithèse de la locution **Vae victis !**
Gnôthi seauton [gnotiseotɔn] *Connais-toi toi-même.*	Inscription gravée au fronton du temple d'Apollon à Delphes et que Socrate avait choisie pour devise.
Grammatici certant *Les grammairiens discutent.*	Commencement d'un vers d'Horace (*Art poétique,* 78), qui se complète par : **et adhuc sub judice lis est.** V. ADHUC.
Gratis pro Deo *Gratuitement pour l'amour de Dieu.*	*Travailler* **gratis pro Deo.**
Hic jacet... *Ci-gît...*	Premiers mots d'une inscription tumulaire.
Hoc erat in votis *Cela était dans mes vœux.*	*Voilà ce que je désirais.* Mots d'Horace (*Satires,* II, 6, 1), que l'on rappelle en parlant d'un souhait dont la réalisation a comblé tous les désirs.
Hoc volo, sic jubeo, sit pro ratione voluntas *Je le veux, je l'ordonne, que ma volonté tienne lieu de raison.*	Vers de Juvénal (*Satires,* VI, 223), qui met ces mots dans la bouche d'une épouse tyrannique. Se cite en parlant d'une volonté arbitraire.
Homo homini lupus *L'homme est un loup pour l'homme.*	Pensée de Plaute (*Asinaria,* II, 4, 88), reprise et illustrée par Bacon et Hobbes, et qui revient à dire que l'homme fait souvent beaucoup de mal à ses semblables.
Homo sum : humani nil a me alienum puto *Je suis homme : rien de ce qui est humain ne m'est étranger.*	Vers de Térence (*le Bourreau de soi-même,* I, 1, 25), exprimant le sentiment de la solidarité humaine.
Honest Iago *Honnête Iago.*	Mots ironiques de Shakespeare *(Othello),* appliqués à un scélérat. On s'en sert dans le même sens.
Horresco referens *Je frémis en le racontant.*	Exclamation d'Énée racontant la mort de Laocoon (Virgile, *l'Énéide,* II, 204). Ces mots s'emploient quelquefois d'une manière plaisante.
Ignoti nulla cupido *On ne désire pas ce qu'on ne connaît pas.*	Aphorisme d'Ovide (*l'Art d'aimer,* III, 397). *L'indifférence naît de causes diverses, le plus souvent de l'ignorance :* **ignoti nulla cupido.**
In aeternum *Pour toujours.*	*S'engager* **in aeternum** *par des vœux religieux.* On dit aussi **in perpetuum.**
In articulo mortis *À l'article de la mort.*	*Se confesser, faire son testament* **in articulo mortis.** Même application que **in extremis.**
In cauda venenum *Dans la queue le venin.*	Comme le venin du scorpion est renfermé dans sa queue, les Romains tirèrent de cette circonstance le proverbe **In cauda venenum,** qu'ils appliquaient à la dernière partie d'une lettre, d'un discours, débutant sur un ton inoffensif, et s'achevant par un trait blessant et inattendu.
In cha' Allah ! *Si Dieu le veut !*	Locution arabe employée pour marquer que l'on est soumis à la destinée voulue par Dieu.
Infandum, regina, jubes renovare dolorem *Vous m'ordonnez, reine, de renouveler une indicible douleur.*	Vers de *l'Énéide* (II, 3). Mots par lesquels Énée commence le récit qu'il fait à Didon de la prise de Troie. On le cite, en manière de précaution oratoire, lorsqu'on a à faire quelque confidence plus ou moins douloureuse ; on l'emploie aussi par plaisanterie.
In fine *À la fin.*	À la fin d'un paragraphe ou d'un chapitre : *Cette disposition se trouve dans tel titre du Code,* **in fine.**

Locutions et traduction	*Application*
In hoc signo vinces *Tu vaincras par ce signe.*	La tradition rapporte que, Constantin allant combattre contre Maxence, une croix se montra dans les airs à son armée, avec ces mots : **In hoc signo vinces.** Il fit peindre ce signe sur son étendard, ou *labarum,* et fut vainqueur. S'emploie pour désigner ce qui, dans une circonstance quelconque, nous fera surmonter une difficulté, ou remporter un avantage.
In limine *Sur le seuil.*	Par extension, au début : *L'auteur de ce livre a inscrit un sonnet* **in limine.**
In medias res *Au milieu des choses.*	Autrement dit, en plein sujet, au milieu de l'action. Expression d'Horace (*Art poétique,* 148) expliquant qu'Homère jette son lecteur **in medias res.**
In medio stat virtus *La vertu est au milieu.*	C'est-à-dire : également éloignée des extrêmes.
In saecula saeculorum *Dans les siècles des siècles.*	S'emploie figurément pour marquer la longue durée d'une chose. Cette locution, ainsi que *ad vitam aeternam,* qui a le même sens, est empruntée à la liturgie latine.
Intelligenti pauca *À qui sait comprendre,* *peu de mots suffisent.*	À certaines personnes, on peut parler à demi-mot.
In vino veritas *La vérité dans le vin.*	C'est-à-dire : L'homme est expansif quand il a bu du vin ; la vérité, qu'il ne dirait pas à jeun, lui échappe alors.
Ira furor brevis est *La colère est une courte folie.*	Maxime d'Horace (*Épîtres,* I, 2, 62) ; la colère, comme toute passion violente, est une aliénation mentale momentanée.
Is fecit cui prodest *Celui-là a fait,* *à qui la chose faite est utile.*	Le coupable est presque toujours celui à qui le délit ou le crime profite. – (On ne doit se servir qu'avec circonspection de ce vieil axiome de droit.)
Ita diis placuit *Ainsi il a plu aux dieux.*	Locution que l'on emploie dans le sens de « la chose est faite, accomplie, il n'y a plus à y revenir ».
Ita est *Il en est ainsi.*	Formule de visa, mise anciennement sur les grosses pour certifier leur conformité avec la minute.
Italia (L') farà da sè *L'Italie fera par elle-même.*	C'est-à-dire : L'Italie n'a besoin de personne. Dicton favori des Italiens, à l'époque où l'unité était en voie de formation.
Ite, missa est *Allez, la messe est dite.*	Formule liturgique de la messe, qui suit la bénédiction finale donnée par le célébrant dans le rite latin.
Judicatum solvi *Que ce qui est jugé est payé.*	Usité dans l'expression juridique : *Caution* **judicatum solvi**, caution exigée d'un étranger demandeur dans une instance en France contre un Français, pour assurer le paiement des frais du procès.
Jure et facto *De droit et de fait.*	*Henri IV ne fut roi* **jure et facto** *qu'après son entrée solennelle dans Paris.*
Jus est ars boni et aequi *Le droit est l'art du bien et du juste.*	Telle est l'élégante définition du droit, donnée par le *Digeste.*
Ktêma eis aei *Un trésor, un bien pour toujours,* *une acquisition définitive.*	Expression de Thucydide (*Guerre du Péloponnèse,* I, 22). L'historien, caractérisant son œuvre, dit qu'il a composé non pas un discours d'apparat destiné à des auditeurs d'un moment, mais un monument durable.
Labor omnia vincit improbus *Un travail opiniâtre vient à bout de tout.*	Proverbe tiré de deux vers des *Géorgiques* de Virgile (I, 145-146).
Last but not least *Dernier point mais non le moindre.*	Expression anglaise utilisée dans une argumentation pour mettre en valeur un argument final ou dans une énumération pour souligner l'importance du dernier terme.
Lato sensu *Au sens large.*	Locution latine signifiant « au sens large », « par extension », et qui s'oppose à l'expression **stricto sensu** (au sens strict).
Laudator temporis acti *Celui qui fait l'éloge du temps passé.*	Fin d'un vers d'Horace (*Art poétique,* 173), où il fait ressortir ce défaut, ordinaire aux vieillards, de dénigrer le présent au profit du passé.
Lex est quod notamus *Ce que nous écrivons fait loi.*	Devise de la Chambre des notaires, à Paris. Elle est due à Santeul.
Loco citato *À l'endroit cité.*	S'emploie dans un livre pour renvoyer à *l'endroit cité précédemment.* (En abrégé : **loc. cit.**)
Magister dixit *Le maître l'a dit.*	Formule pythagoricienne, reprise au Moyen Âge par les scolastiques citant, comme un argument sans réplique, un texte du maître (Aristote). Cette expression s'emploie lorsqu'on fait référence à la pensée de quelqu'un que l'on estime faire autorité en la matière.
Major e longinquo reverentia *L'éloignement augmente le prestige.*	Mot célèbre de Tacite (*Annales,* I, 47), souvent cité pour signifier que nous sommes portés à admirer de confiance ce qui est éloigné de nous dans le temps ou dans l'espace.
Malesuada fames *La faim, mauvaise conseillère.*	Virgile (*l'Énéide,* VI, 276) caractérise ainsi la faim.

Locutions et traduction	*Application*
Mane, thecel, pharès *Compté, pesé, divisé.*	Menace prophétique qu'une main mystérieuse écrivit sur le mur du palais royal au moment où Cyrus pénétrait dans Babylone (Livre de Daniel, chap. v).
Man spricht deutsch *On parle allemand.*	Phrase que l'on inscrit sur la devanture d'une boutique, etc., pour indiquer qu'on peut y trouver une personne parlant l'allemand.
Margaritas ante porcos (Ne jetez pas) *des perles aux pourceaux.*	Paroles de l'Évangile (saint Matthieu, vii, 6) qui, dans l'application, signifient qu'il ne faut pas parler à un sot de choses qu'il est incapable d'apprécier.
Medice, cura te ipsum *Médecin, guéris-toi toi-même.*	Maxime de l'Évangile (saint Luc, iv, 23) ; se dit à ceux qui donnent des conseils qu'ils devraient commencer par pratiquer eux-mêmes.
Mehr Licht ! *Plus de lumière !*	Expression allemande. Dernières paroles de Goethe demandant qu'on ouvrît une fenêtre pour donner plus de lumière, et qu'on cite dans un sens tout différent pour dire : « Plus de clarté intellectuelle, plus de savoir, de vérité ! »
Memento, homo, quia pulvis es et in pulverem reverteris *Souviens-toi, homme, que tu es poussière et que tu retourneras en poussière.*	Paroles que prononce le prêtre en marquant de cendre le front des fidèles le jour des Cendres, en souvenir de la parole de la Genèse (iii, 19), dite par Dieu à Adam, après le péché originel.
Mens agitat molem *L'esprit meut la masse.*	Commencement d'un vers de Virgile (*l'Énéide,* VI, 727) placé dans une explication panthéiste et stoïcienne du monde, et signifiant qu'un principe spirituel anime l'univers. – S'emploie dans un sens différent pour désigner tout ce qui marque l'empire de l'intelligence sur la matière.
Mens sana in corpore sano *Âme saine dans un corps sain.*	Maxime de Juvénal (*Satires,* X, 356). L'homme vraiment sage, dit le poète, ne demande au ciel que la *santé de l'âme avec la santé du corps.* Dans l'application, ces vers sont souvent détournés de leur sens, pour exprimer que la santé du corps est une condition importante de la santé de l'esprit.
Minima de malis *Des maux choisir les moindres.*	Proverbe tiré des fables de Phèdre.
Mirabile visu *Chose admirable à voir.*	*C'était vraiment un spectacle curieux,* **mirabile visu.** – Dans un sens analogue, on dit **Mirabile dictu** (Chose étonnante à dire).
More majorum *D'après la coutume des ancêtres.*	Locution latine employée pour dire qu'une chose a été faite selon la tradition.
Morituri te salutant	V. Ave Caesar.
Mors ultima ratio *La mort est la raison finale de tout.*	*La haine, l'envie, tout s'efface au trépas :* **mors ultima ratio.**
Multi sunt vocati, pauci vero electi *Beaucoup sont appelés, mais peu sont élus.*	Paroles de l'Évangile (saint Matthieu, xx et xxii), qui ne regardent que la vie future, mais qu'on applique à la vie présente dans une foule de circonstances.
Nascuntur poetae, fiunt oratores *On naît poète, on devient orateur.*	Maxime attribuée à Cicéron. L'éloquence est fille de l'art, la poésie est fille de la nature. Brillat-Savarin, dans les *Aphorismes* qui précèdent sa *Physiologie du goût,* a plaisamment parodié ainsi l'axiome latin : *On devient cuisinier, mais on naît rôtisseur.*
Naturam expelles furca, tamen usque recurret *Chassez la nature avec une fourche, elle reviendra toujours en courant.*	Vers d'Horace (*Épîtres,* I, 10, 24), que Destouches, dans son *Glorieux* (III, 5), a traduit par le vers célèbre : *Chassez le naturel, il revient au galop.*
Natura non facit saltus *La nature ne fait pas de sauts.*	C'est-à-dire : La nature ne crée ni espèces ni genres absolument tranchés ; il y a toujours entre eux quelque intermédiaire qui les relie l'un à l'autre. Aphorisme scientifique énoncé par Leibniz (*Nouveaux Essais,* IV, 16).
Nec pluribus impar *Non inégal à plusieurs* (soleils).	C'est-à-dire : Supérieur à tout le monde, au-dessus du reste des hommes. Orgueilleuse devise de Louis XIV, qui avait pour emblème le soleil.
Ne quid nimis *Rien de trop.*	Sentence qui, empruntée par les Latins aux Grecs *(Mêden agan),* avait le sens de « l'excès en tout est un défaut ».
Ne sutor ultra crepidam	V. Sutor, ne supra crepidam.
Nihil (ou **nil**) **obstat** *Rien n'empêche.*	Formule employée par la censure ecclésiastique pour autoriser l'impression d'un ouvrage contre lequel aucune objection doctrinale ne peut être retenue : *Le* **nihil obstat** *précède l'imprimatur.*
Nil admirari *Ne s'émouvoir de rien.*	Mots d'Horace (*Épîtres,* I, 6, 1). Cette maxime stoïcienne est d'après lui le principe du bonheur. Ces mots s'emploient souvent dans le sens de « ne s'étonner de rien », et sont pris alors comme la devise des indifférents.
Nil novi sub sole *Rien de nouveau sous le soleil.*	Paroles de l'Ecclésiaste (i, 9).
Nolens, volens *Ne voulant pas, voulant.*	Expression latine qui équivaut à l'expression française *Bon gré mal gré.*
Non bis in idem *Non deux fois pour la même chose.*	Axiome de jurisprudence, en vertu duquel on ne peut être jugé deux fois pour le même délit.
Non decet *Cela ne convient pas.*	Locution pour exprimer la désapprobation.

Locutions et traduction	*Application*
Non erat his locus *Ce n'en était pas la place.*	Mots empruntés de l'*Art poétique* d'Horace (19), et par lesquels le poète blâme les digressions. S'emploient à propos d'une chose faite à contretemps. On les cite souvent, inexactement, sous cette forme : **Non est** (ou **non erat**) **hic** (ici) **locus.**
Non licet omnibus adire Corinthum *Il n'est pas donné à tout le monde d'aller à Corinthe.*	Traduction latine d'un proverbe grec exprimant que les plaisirs étaient si coûteux à Corinthe qu'il n'était pas permis à tous d'y aller séjourner. Se rappelle à propos de toutes les choses auxquelles il faut renoncer faute d'argent, de moyens, etc.
Non, nisi parendo, vincitur *On ne la* [le] *vainc qu'en lui obéissant.*	Axiome que le philosophe Francis Bacon applique à la nature : « Pour faire servir la nature aux besoins de l'homme, il faut obéir à ses lois. »
Non nova, sed nove *Non pas des choses nouvelles, mais d'une manière nouvelle.*	Se dit par exemple d'un écrivain qui n'apporte pas d'idées nouvelles, mais qui fait siennes des idées déjà connues, en les présentant d'une manière nouvelle, dans un ordre qui lui est propre.
Non omnia possumus omnes *Nous ne pouvons tous faire toutes choses.*	Expression de Virgile (*Églogues,* VIII, 63). Tout le monde n'a pas toutes les aptitudes : l'homme n'est pas universel.
Non possumus *Nous ne pouvons.*	Réponse de saint Pierre et de saint Jean aux princes des prêtres, qui voulaient leur interdire de prêcher l'Évangile (Actes des Apôtres, IV, 19-20). Dans l'application, ces mots expriment un refus sur lequel on ne peut revenir. S'emploie aussi substantivement : *Opposer un* **non possumus.**
Nulla dies sine linea *Pas un jour sans une ligne.*	Mots prêtés par Pline (*Histoire naturelle,* 35-36) à Apelle, qui ne passait pas un jour sans tracer une ligne, c'est-à-dire sans peindre. Cette expression s'applique surtout aux écrivains.
Nunc dimittis servum tuum, Domine *Maintenant, tu renvoies ton serviteur, Seigneur.*	Paroles du vieillard juif Siméon, après avoir vu le Messie (Évangile selon saint Luc, II, 25). On peut mourir après avoir vu s'accomplir ses plus chères espérances.
Nunc est bibendum *C'est maintenant qu'il faut boire.*	Mots empruntés à Horace dans une ode (I, 37, 1) composée à l'occasion de la victoire d'Actium. Manière familière de dire qu'il faut célébrer un grand succès, un succès inespéré.
Nutrisco et exstinguo *Je* [le] *nourris et je* [l']*éteins.*	Devise qui accompagnait la salamandre sur les armes de François Ier, par allusion à cette ancienne croyance que les salamandres sont capables de vivre dans le feu, de l'activer et de l'éteindre.
Oderint, dum metuant *Qu'ils me haïssent, pourvu qu'ils me craignent.*	Expression du poète tragique Accius *(Atrée),* citée par Cicéron (*De officiis,* I, 28, 97). Elle peut servir de devise aux tyrans.
Odi profanum vulgus et arceo *Je hais le vulgaire profane et je l'écarte.*	Pensée d'Horace (*Odes,* III, 1, 1), qui se flatte de mépriser les applaudissements de la foule, et de ne rechercher que les suffrages des gens de goût.
O fortunatos nimium, sua si bona norint, Agricolas ! *Trop heureux les hommes des champs s'ils connaissent leur bonheur !*	Vers de Virgile (*Géorgiques,* II, 458-459), dont on ne cite souvent que la première partie, laquelle s'applique à ceux qui jouissent d'un bonheur qu'ils ne savent pas apprécier.
Oleum perdidisti *Tu as perdu ton huile.*	C'est-à-dire : Tu as perdu ton temps, ta peine. Les Anciens disaient d'un discours, d'un livre trop travaillé, qui avait dû coûter de la peine, qu'il sentait l'huile ; s'il ne valait rien, l'auteur « avait perdu son huile ».
Omne tulit punctum, qui miscuit utile dulci *Il a remporté tous les suffrages, celui qui a su mêler l'utile à l'agréable.*	Vers d'Horace (*Art poétique,* 343). On dit de quelqu'un qui a réussi, qui a recueilli tous les suffrages : **Omne tulit punctum.**
Omnia vincit amor *L'amour triomphe de tout.*	Première partie d'un vers de Virgile (*Églogues,* X, 69). Il s'agit de l'Amour personnifié, tyran des hommes et des dieux.
Omnis homo mendax *Tout homme est menteur.*	Paroles tirées du psaume CXVI, 11.
Opere citato *Dans l'ouvrage cité.*	S'emploie dans un livre pour indiquer l'ouvrage cité précédemment. (En abrégé : **op. cit.**).
O sancta simplicitas ! *Ô sainte simplicité !*	Exclamation de Jérôme de Prague, disciple de Jean Hus, voyant une vieille femme apporter, pour gagner une indulgence, un fagot au bûcher où il brûlait. Se cite souvent par ironie pour railler une conduite, une parole naïves.
O tempora ! o mores ! *Ô temps, ô mœurs !*	Exclamation par laquelle Cicéron s'élève contre la perversité des hommes de son temps (*Catilinaires,* I, 1 et *Verrines : De signis,* 25, 56).
Panem et circenses *Du pain et les jeux du cirque.*	Mots d'amer mépris adressés par Juvénal (*Satires,* X, 81) aux Romains incapables de s'intéresser à d'autres choses qu'aux distributions gratuites de blé et aux jeux du cirque.
Parcere subjectis et debellare superbos *Épargner ceux qui se soumettent, et dompter les superbes.*	Vers de Virgile (*l'Énéide,* VI, 853), mis dans la bouche d'Anchise, qui explique à Énée le rôle futur du peuple romain.
Par pari refertur *On rend la pareille.*	Répond à peu près à la loi mosaïque du talion : *Œil pour œil, dent pour dent,* etc.

Locutions et traduction	*Application*
Parturiunt montes ; nascetur ridiculus mus *Les montagnes sont en travail :* *il en naîtra une souris ridicule.*	Pensée d'Horace (*Art poétique,* 139), que La Fontaine a commentée dans sa fable *la Montagne qui accouche,* et qui, dans l'application, sert à qualifier des projets grandioses aboutissant à des réalisations ridicules.
Paulo majora canamus *Chantons des choses un peu plus relevées.*	Virgile (*Églogues,* IV, 1). Cette locution sert de transition pour passer d'un sujet à un autre plus important.
Per fas et nefas *Par le juste et l'injuste.*	C'est-à-dire : Par toutes les voies, par tous les moyens possibles.
Perinde ac cadaver *Comme un cadavre.*	Expression par laquelle saint Ignace de Loyola, dans ses *Constitutions,* prescrit aux jésuites la discipline et l'obéissance à leurs supérieurs, réserve faite des cas que la conscience défend.
Per Jovem ! *Par Jupiter !*	Espèce de juron familier, que Molière met dans la bouche d'un pédant.
Plaudite, cives ! *Citoyens, applaudissez !*	Mots par lesquels les acteurs romains, à la fin d'une comédie, sollicitaient les applaudissements du public.
Post hoc, ergo propter hoc *À la suite de cela, donc à cause de cela.*	Formule par laquelle on désignait, dans la scolastique, l'erreur qui consiste à prendre pour cause ce qui n'est qu'un antécédent dans le temps.
Potius mori quam foedari *Plutôt mourir que se déshonorer.*	Expression latine qui peut servir de devise à tous ceux qui préfèrent l'honneur à la vie. On l'attribue au cardinal Jacques de Portugal (m. en 1459). Sous une forme un peu différente, elle a été la devise d'Anne de Bretagne, de Ferdinand d'Aragon : **Malo mori quam foedari.**
Primum vivere, deinde philosophari *Vivre d'abord, philosopher ensuite.*	Précepte des Anciens, par lequel on se moque de ceux qui ne savent que philosopher ou discuter, et ne sont pas capables de se créer des moyens d'existence.
Primus inter pares *Le premier entre ses égaux.*	*Le président d'une république n'est que le* **primus inter pares.**
Prolem sine matre creatam *Enfant né sans mère.*	Montesquieu a mis cette épigraphe, tirée d'un vers d'Ovide (*Métamorphoses,* II, 553), en tête de son *Esprit des lois,* pour marquer qu'il n'avait pas eu de modèle.
Pro memoria *Pour mémoire.*	Formule encore employée en diplomatie, pour rappeler des droits périmés depuis longtemps.
Pro rege saepe ; pro patria semper *Pour le roi, souvent ;* *pour la patrie, toujours.*	Devise de Colbert.
Punica fides *Foi punique, carthaginoise.*	Les Romains accusaient les Carthaginois d'enfreindre souvent les traités, ce qui leur fit employer cette expression comme synonyme de *mauvaise foi.*
Qualis artifex pereo ! *Quel grand artiste périt avec moi !*	Dernière exclamation de Néron avant de se tuer, d'après Suétone (*Néron,* 44), exprimant la perte que le monde faisait par la mort d'un homme comme lui qui avait brillé au théâtre et dans le cirque.
Quandoque bonus dormitat Homerus *Le bon Homère sommeille quelquefois.*	Horace (*Art poétique,* 359) veut faire entendre par ces mots que même un écrivain de génie n'est pas toujours égal à lui-même.
Quia nominor leo *Parce que je m'appelle lion.*	Mots tirés d'une fable de Phèdre (I, 5). C'est la raison donnée par le Lion pour s'attribuer la première part du butin. Se dit de celui qui abuse de sa force, de son autorité. L'imitation de La Fontaine a donné naissance à cette expression, qui s'emploie dans le même sens : *La part du lion.*
Qui bene amat, bene castigat *Qui aime bien, châtie bien.*	Application facile, puisque le *châtiment* n'a d'autre but que de corriger les défauts de ceux que l'on aime.
Quid novi ? *Quoi de nouveau ?*	Interrogation familière, que deux personnes s'adressent quand elles se rencontrent.
Qui habet aures audiendi, audiat *Que celui qui a des oreilles* *pour entendre entende.*	Paroles qui se trouvent plusieurs fois dans l'Évangile, à la suite de paraboles du Christ. S'emploient pour avertir qu'on doit faire son profit de ce qui a été dit.
Qui nescit dissimulare, nescit regnare *Celui qui ne sait pas dissimuler* *ne sait pas régner.*	Maxime favorite de Louis XI.
Qui scribit, bis legit *Celui qui écrit, lit deux fois.*	Axiome latin. Pour comprendre et retenir un texte, l'écrire équivaut à le lire deux fois.
Quis, quid, ubi, quibus auxiliis, **cur, quomodo, quando ?** *Qui, quoi, où, par quels moyens,* *pourquoi, comment, quand ?*	Hexamètre mnémotechnique, qui renferme ce qu'en rhétorique on appelle les circonstances : la *personne, le fait, le lieu, les moyens, les motifs, la manière et le temps.* Il résume aussi toute l'instruction criminelle : *Quel est le coupable ? quel est le crime ? où l'a-t-on commis ? par quels moyens ou avec quels complices ? pourquoi ? de quelle manière ? à quel moment ?* Il nous a été transmis par Quintilien.
Quod erat demonstrandum *Ce qu'il fallait démontrer* (ou, par abréviation : *C.Q.F.D.*).	Phrase qu'on prononce souvent après une démonstration, et qu'on trouve reproduite dans les livres par ces initiales : Q.E.D.
Quo non ascendet ? *Où ne montera-t-il pas ?*	(Et non *Quo non ascendam ?* malgré une tradition constante.) Devise de Fouquet. Elle figurait, dans ses armes, au-dessous d'un écureuil.

Locutions et traduction	*Application*
Quos ego *Ceux que je...*	Paroles (en forme de réticence) que Virgile (*l'Énéide*, I, 135) met dans la bouche de Neptune irrité contre les vents déchaînés sur la mer, et qui, dans la bouche d'un supérieur, expriment la colère et la menace.
Quot capita, tot sensus *Autant de têtes, autant d'avis.*	*Jamais on ne vit pareille confusion :* **quot capita, tot sensus.** Térence a dit dans le même sens (*Phormion*, II, 4, 14) : **Quot homines, tot sententiae** *(Autant d'hommes, autant d'avis).*
Quousque tandem... *Jusques à quand...*	Premiers mots du premier discours de Cicéron contre Catilina, lorsque celui-ci osa se présenter au sénat après qu'on eut découvert le complot qu'il tramait contre la République.
Rara avis in terris *Oiseau rare sur la terre.*	Hyperbole de Juvénal (*Satires*, VI, 165) à propos des Lucrèce et des Pénélope. Se dit par extension de tout ce qui est extraordinaire. Le plus ordinairement, on cite seulement les deux premiers mots : **Rara avis.**
Redde Caesari quae sunt Caesaris, et quae sunt Dei Deo *Rendez à César ce qui appartient à César, et à Dieu ce qui appartient à Dieu.*	Réponse de Jésus aux pharisiens qui lui demandaient insidieusement s'il fallait payer le tribut à César (saint Matthieu, XXII, 21). S'emploie le plus souvent sous la forme française.
Remember ! [rimɛmbœr] *Souvenez-vous !*	Dernier mot de Charles Ier, roi d'Angleterre, sur l'échafaud ; ces paroles étaient, dit-on, destinées à son fils.
Requiescat in pace ! *Qu'il repose en paix !*	Paroles qu'on chante à l'office des morts, et qu'on grave souvent sur les pierres tumulaires (parfois en abrégé R.I.P.).
Res judicata pro veritate habetur *La chose jugée est tenue pour vérité.*	Axiome de l'ancien droit, toujours en vigueur : « Chose jugée, chose démontrée ; Arrêt rendu vaut titre formel. »
Res, non verba *Des réalités, non des mots.*	Expression latine qu'on emploie pour dire qu'on demande (que la situation exige) des effets, des actes, et non des paroles.
Res nullius *La chose de personne.*	Ce qui n'appartient en propre à personne : *La terre n'est jamais considérée comme* **res nullius.**
Retro Satana ! *Arrière Satan !*	V. VADE RETRO.
Rule, Britannia [rul] *Gouverne, Angleterre.*	Premiers mots d'un chant patriotique des Anglais, dans lequel ils se glorifient de posséder l'empire des mers.
Salus populi suprema lex esto *Que le salut du peuple soit la suprême loi.*	Maxime du droit public, à Rome : Toutes les lois particulières doivent s'effacer s'il s'agit de sauver la patrie. *(Loi des XII Tables.)*
Sapiens nihil affirmat quod non probet *Le sage n'affirme rien qu'il ne prouve.*	Il ne faut pas avancer une chose sans être en mesure de la prouver.
Scribitur ad narrandum, non ad probandum *On écrit pour raconter, non pour prouver.*	C'est de cette façon que Quintilien (*Instit. orat.*, X, 1, 31) note la différence entre l'histoire et l'éloquence.
Se habla español *On parle espagnol.*	Phrase que l'on inscrit sur la devanture d'une boutique, etc., pour indiquer qu'on peut y trouver une personne parlant l'espagnol.
Se non è vero, è bene trovato *Si cela n'est pas vrai, c'est bien trouvé.*	Proverbe italien, d'une application facile et très fréquente.
Servum pecus *Troupeau servile.*	Paroles par lesquelles Horace (*Épîtres*, I, 19, 19) a flétri les imitateurs en littérature. Se dit des flatteurs, des plagiaires, des courtisans.
Sic transit gloria mundi *Ainsi passe la gloire du monde.*	Paroles (peut-être tirées de l'*Imitation*, I, 3, 6) adressées naguère au souverain pontife lors de son couronnement, pour lui rappeler la fragilité de toute puissance humaine.
Similia similibus curantur	V. CONTRARIA CONTRARIIS CURANTUR.
Sint ut sunt, aut non sint *Qu'ils soient ce qu'ils sont, ou qu'ils ne soient pas.*	Réponse attribuée, selon certains, au P. Ricci, général des jésuites, à qui l'on proposait de modifier les *Constitutions* de sa Société, et, selon d'autres, au pape Clément XIII. S'emploie pour faire entendre qu'il s'agit d'un changement substantiel qu'on ne peut accepter à aucun prix.
Si parla italiano *On parle italien.*	Phrase que l'on inscrit sur la devanture d'une boutique, etc., pour indiquer qu'on peut y trouver une personne parlant l'italien.
Sit tibi terra levis ! *Que la terre te soit légère !*	Inscription tumulaire, souvent employée.
Si vis pacem, para bellum *Si tu veux la paix, prépare la guerre.*	Locution signifiant que, pour éviter d'être attaqué, le meilleur moyen est de se mettre en état de se défendre. Végèce (*Instit. rei milit.*, III, Prol.) dit : *Qui desiderat pacem, praeparet bellum.*
Sol lucet omnibus *Le soleil luit pour tout le monde.*	Tout le monde a le droit de jouir de certains avantages naturels.
Spiritus promptus est, caro autem infirma *L'esprit est prompt, mais la chair est faible.*	Paroles de Jésus-Christ, au mont des Oliviers (saint Matthieu, XXVI, 36-41), lorsque, trouvant ses disciples endormis, il leur conseille de veiller et de prier afin d'éviter la tentation.

Locutions et traduction	*Application*
Spiritus ubi vult spirat *L'esprit souffle où il veut.*	Paroles de l'Écriture (saint Jean, III, 8), employées familièrement pour indiquer que l'inspiration ne dépend pas de la volonté : c'est un don du ciel. On dit aussi : **Spiritus fiat ubi vult.** Le texte évangélique dit : *Le vent souffle où il veut.*
Stans pede in uno *Debout sur un seul pied.*	Expression d'Horace (*Satires,* I, 4, 10) qui nous représente Lucilius dictant deux cents vers à l'heure, littéralement *debout sur un seul pied.* Elle correspond à l'expression française *Au pied levé.*
Stare sulla corda *Se tenir sur la corde.*	Locution italienne. Être dans l'incertitude, dans l'état d'équilibre instable de quelqu'un qui se tient sur la corde raide.
Struggle for life *Lutte pour la vie.*	Locution anglaise, mise à la mode par Darwin. Elle équivaut à *Concurrence vitale : La sélection dans les espèces animales s'explique par le* **struggle for life.**
Suave mari magno... *Il est doux, sur la vaste mer...*	Commencement d'un vers de Lucrèce (*De natura rerum,* II, 1). Le sens complet est : « Il est doux, quand, sur la vaste mer, les vents soulèvent les flots, de regarder, de la terre ferme, les terribles périls d'autrui. » Ces mots s'emploient pour marquer la satisfaction que l'on éprouve à être soi-même exempt des périls auxquels les autres sont exposés.
Sublata causa, tollitur effectus *La cause supprimée, l'effet disparaît.*	Conséquence évidente du principe philosophique *Il n'y a pas d'effet sans cause.*
Summum jus, summa injuria *Comble de justice, comble d'injustice.*	Adage latin de droit, cité par Cicéron (*De officiis,* I, 10, 33). Il entend par là qu'on commet souvent des injustices par une application trop rigoureuse de la loi.
Suo tempore *En son temps.*	*Il faut que chaque chose se fasse* **suo tempore.**
Sursum corda *Haut les cœurs.*	Paroles que prononce le prêtre à la messe, en rite latin, au commencement de la préface. On cite ces mots pour faire appel ou signifier que quelqu'un fait appel à des sentiments élevés.
Sustine et abstine *Supporte et abstiens-toi.*	Maxime des stoïciens (en grec : *Anekhou kai apekhou*). *Supporte* tous les maux sans que ton âme en soit troublée ; *abstiens-toi* de tous les plaisirs qui peuvent nuire à ta liberté morale.
Sutor, ne supra crepidam *Cordonnier, pas plus haut que la chaussure.*	Paroles du peintre Apelle à un cordonnier qui, après avoir critiqué dans un de ses tableaux une sandale, voulut juger du reste (Pline, *Histoire naturelle,* 35-36). Ce proverbe est à l'adresse de ceux qui veulent parler en connaisseurs de choses au-dessus de leur compétence.
Taedium vitae *Le dégoût de la vie.*	*Le* **taedium vitae** *est souvent la conséquence d'une vie inactive et sans objet.*
Tantae molis erat... *Tant il était difficile...*	Expression de Virgile (*l'Énéide,* I, 33), qui caractérise les difficultés que la nation romaine rencontra à se fonder, et qui, dans l'application, désigne la difficulté d'une entreprise.
Tarde venientibus ossa *Ceux qui viennent tard à table ne trouvent plus que des os.*	S'emploie au propre et au figuré. Dans ce dernier cas, ces mots s'appliquent à tous ceux qui, par négligence ou par oubli, manquent une bonne affaire.
Tempus edax rerum *Le temps qui détruit tout.*	Expression d'Ovide (*Métamorphoses,* XV, 234).
Tenere lupum auribus *Tenir le loup par les oreilles.*	Expression de Térence (*Phormion,* III, 2) qui signifie « se trouver dans l'embarras », ou bien encore « la difficulté est surmontée ».
Terminus ad quem... *Limite jusqu'à laquelle...*	Dans l'intervalle compris entre le **terminus a quo** et le **terminus ad quem** se trouve la date approximative d'un fait dont la date certaine est ignorée.
Terminus a quo... *Limite à partir de laquelle...*	
Testis unus, testis nullus *Témoin seul, témoin nul.*	Adage de jurisprudence, qui s'emploie pour faire entendre que le témoignage d'un seul ne suffit pas pour établir en justice la vérité d'un fait.
Thalassa ! thalassa ! *La mer ! la mer !*	Cri de joie des dix mille Grecs conduits par Xénophon (*Anabase,* IV, 8), quand, accablés de fatigue après une retraite de seize mois, ils aperçurent le rivage du Pont-Euxin.
That is the question *Cela est la question.*	Expression de Shakespeare au premier vers du monologue d'Hamlet (III, 1) : *Être ou ne pas être, voilà la question.* S'emploie pour exprimer un cas douteux.
The right man in the right place *L'homme qu'il faut dans la place qu'il faut.*	Expression anglaise, qu'on applique à tout homme qui convient tout à fait à l'emploi auquel on le destine.
Time is money *Le temps, c'est de l'argent.*	Proverbe anglais. Maxime d'un peuple pratique, qui sait que le temps bien employé est un profit.
Timeo Danaos et dona ferentes *Je crains les Grecs, même quand ils font des offrandes* [aux dieux].	Paroles que Virgile (*l'Énéide,* II, 49) met dans la bouche du grand prêtre Laocoon, pour dissuader les Troyens de faire entrer dans leurs murs le fameux cheval de bois que les Grecs avaient perfidement laissé sur le rivage. Elles expriment cette vérité qu'il faut toujours se défier d'un ennemi, quelque aimable, quelque généreux qu'il paraisse.
Timeo hominem unius libri *Je crains l'homme d'un seul livre.*	Pensée de saint Thomas d'Aquin : « L'homme qui ne connaît qu'un seul livre, mais qui le possède bien, est un adversaire redoutable. » Quelquefois, on donne à cette phrase un autre sens : « Je crains un homme qui a choisi un livre et ne jure que par lui. »
To be or not to be *Être ou ne pas être.*	Commencement du premier vers du monologue d'Hamlet (III, 1), dans le drame de Shakespeare. Caractérise une situation où l'existence même d'un individu, d'une nation, est en jeu.

Locutions et traduction	*Application*
Tolle, lege *Prends, lis.*	Un jour que saint Augustin, violemment agité par les hésitations qui précédèrent sa conversion, s'était réfugié dans un bosquet pour s'y recueillir, il entendit une voix prononcer ces mots : *Tolle, lege.* Jetant les yeux sur un livre que lisait son ami Alypius, il tomba sur un texte de saint Paul (*Romains,* XIII, 13-14), qui décida de sa conversion.
Totus in illis *Tout entier à ces choses.*	Fin d'un vers d'Horace (*Satires,* I, 9, 2) : *Nescio quid meditans nugarum,* **totus in illis,** c'est-à-dire : Songeant à je ne sais quelles bagatelles qui absorbaient toute ma pensée.
Traduttore, traditore *Traducteur, traître.*	Aphorisme italien, qui signifie que toute traduction est fatalement infidèle et trahit par conséquent la pensée de l'auteur du texte original.
Trahit sua quemque voluptas *Chacun a son penchant qui l'entraîne.*	Maxime empruntée à Virgile (*Églogues,* II, 65), équivalent des adages français : *Tous les goûts sont dans la nature* et *Chacun prend son plaisir où il le trouve.*
Tu duca, tu signore e tu maestro *Tu es mon guide,* *mon seigneur et mon maître.*	Paroles de Dante à Virgile, qu'il prend pour guide dans sa descente aux Enfers (*l'Enfer,* II, 140). Augustin Thierry a fait une heureuse application de ce vers à Chateaubriand, en déclarant que la lecture des *Martyrs* lui avait donné la vocation de l'histoire.
Tu es ille vir *Tu es cet homme.*	Paroles du prophète Nathan à David (Livre de Samuel, II, 12, 7), après lui avoir rappelé, au moyen d'une parabole, le crime dont il s'était rendu coupable en faisant tuer Urie pour épouser sa femme Bethsabée.
Tu Marcellus eris ! *Tu seras Marcellus !*	Allusion aux paroles que Virgile (*l'Énéide,* VI, 883) met dans la bouche d'Anchise montrant à Énée, dans les Enfers, parmi les glorieux descendants de sa race, le jeune Marcellus, neveu d'Auguste et son héritier présomptif, qui mourut prématurément. *Tu seras Marcellus !* C'est une promesse du ciel qui ne se réalisera pas.
Tu quoque, fili ! *Toi aussi, mon fils !*	Cri de douleur de César, lorsqu'il aperçut au nombre de ses assassins Brutus, qu'il aimait particulièrement.
Ubi bene, ibi patria *Où l'on est bien, là est la patrie.*	Devise de ceux chez qui les jouissances matérielles l'emportent sur le sentiment patriotique. Elle rappelle le vers de Pacuvius, cité par Cicéron (*Tusculanes,* V, 37) : *Patria est ubicumque est bene.*
Ubi solitudinem faciunt, pacem appellant *Où ils font un désert,* *ils disent qu'ils ont donné la paix.*	Phrase mise par Tacite (*Vie d'Agricola,* 30) dans la bouche de Galgacus, héros calédonien, flétrissant les excès des Romains. Ces mots s'appliquent aux conquérants qui colorent leurs ravages d'un spécieux prétexte de civilisation.
Ultima forsan *La dernière, peut-être.*	Inscription placée souvent sur les cadrans d'horloge : *Tu regardes l'heure ;* **ultima forsan.**
Ultima ratio regum *Dernier argument des rois.*	Devise que Louis XIV avait fait graver sur ses canons.
Una salus victis *La seule chance de salut pour les vaincus.*	Allusion au vers de Virgile (*l'Énéide,* II, 354), dernière exhortation d'Énée à ses compagnons d'armes lors de la prise de Troie, lorsqu'il essaie d'éveiller en eux le courage du désespoir : **Una salus victis,** *nullam sperare salutem,* vers que le poète Racan *(les Bergeries)* a traduit ainsi : *Le salut des vaincus est de n'en plus attendre.*
Unguibus et rostro *Du bec et des ongles.*	*Se défendre* **unguibus et rostro,** c'est-à-dire vigoureusement et en utilisant tous ses moyens.
Up to date *Jusqu'à la date* [où l'on est].	Expression anglaise qui signifie « à jour » et par extension « au goût du jour ».
Ut fata trahunt *Comme les destins conduisent.*	Au gré du destin, du hasard.
Uti, non abuti *User, ne pas abuser.*	Axiome de modération, s'appliquant à tout ordre d'idées.
Ut supra *Comme ci-dessus.*	Formule souvent employée, surtout dans les actes juridiques, pour renvoyer à ce qui précède. – On dit aussi **Vide supra** *(Voyez ci-dessus).*
Vade in pace *Va en paix.*	Paroles de l'Évangile, souvent utilisées dans le rituel romain.
Vade retro, Satana *Retire-toi, Satan.*	Paroles de Jésus, qu'on trouve dans l'Évangile sous une forme un peu différente (saint Matthieu, IV, 10 et saint Marc, VIII, 33). On les applique en repoussant quelqu'un dont on rejette les propositions.
Vae soli ! *Malheur à l'homme seul !*	Paroles de l'Ecclésiaste (IV, 10), qui caractérisent la position malheureuse de l'homme isolé, abandonné à lui-même.
Vae victis ! *Malheur aux vaincus !*	Paroles adressées par Brennus aux Romains, au moment où il jetait son épée dans la balance dans laquelle on pesait l'or destiné à acheter le départ des Gaulois (Tite-Live, V, 48). Elles se rappellent pour faire entendre que le vaincu est à la merci du vainqueur.
Vanitas vanitatum, et omnia vanitas *Vanité des vanités, et tout est vanité.*	Paroles par lesquelles l'Ecclésiaste (I, 2) enseigne que tout est illusion et déception ici-bas.
Variorum *De divers.*	Abréviation de la formule **Cum notis variorum scriptorum** *(Avec des notes de divers auteurs),* qui est la marque d'anciennes éditions classiques estimées : *L'édition* **variorum** *de Virgile.*

Locutions et traduction	*Application*
Varium et mutabile *Chose variable et changeante.*	Mots de Virgile (*l'Énéide,* IV, 569), appliqués par Mercure à la Femme, pour décider Énée à quitter Carthage, où le retient l'amour de Didon. François Ier les a redits à sa manière : *Souvent femme varie,* *Bien fol est qui s'y fie.*
Vedi Napoli, e poi muori ! *Vois Naples, et meurs !*	Proverbe par lequel les Italiens expriment leur admiration pour Naples et son golfe magnifique.
Veni, vidi, vici *Je suis venu, j'ai vu, j'ai vaincu.*	Mots célèbres par lesquels César annonça au sénat la rapidité de la victoire qu'il venait de remporter près de Zéla (47) sur Pharnace, roi du Bosphore. Phrase d'une application toujours familière, pour exprimer la facilité et la rapidité d'un succès quelconque.
Verba volant, scripta manent *Les paroles s'envolent, les écrits restent.*	Ce proverbe latin conseille la circonspection dans les circonstances où il serait imprudent de laisser des preuves matérielles d'une opinion, d'un fait, etc.
Veritas odium parit *La franchise engendre la haine.*	Fin d'un vers de Térence (*Andrienne,* I, 1, 68), dont la première partie est **Obsequium amicos** *(La complaisance* [crée] *des amis).*
Vir bonus, dicendi peritus *Un homme de bien qui sait parler.*	Définition de l'orateur, que Caton l'Ancien proposait à son fils, donnant à entendre qu'il faut à l'orateur la double autorité de la vertu et du talent.
Vis comica *La force comique ; Le pouvoir de faire rire.*	Mots extraits d'une épigramme de César sur Térence, cités par Suétone. En réalité, dans l'épigramme latine, l'adjectif *comica* ne se rapporte probablement pas à *vis,* mais à un substantif qui suit.
Vitam impendere vero *Consacrer sa vie à la vérité.*	Mots de Juvénal (*Satires,* IV, 91), dont J.-J. Rousseau fit sa devise.
Vive valeque *Vis et porte-toi bien.*	Formule latine pour terminer une lettre (Horace, *Satires,* II, 5, 110). – On écrit aussi **Vive et me ama** *(Vis et aime-moi bien).*
Vixit *Il a vécu.*	Formule par laquelle les Romains annonçaient la mort de quelqu'un ; on l'emploie encore familièrement. André Chénier l'a transplantée en français : *Elle a vécu, Myrto, la jeune Tarentine !*
Volenti non fit injuria *On ne fait pas tort à celui qui consent.*	Axiome de jurisprudence, d'après lequel on n'est pas fondé à porter plainte pour un dommage auquel on a consenti.
Volti subito *Tournez vite.*	Expression italienne (en abrégé V. S.) indiquant de tourner rapidement un feuillet d'une partition.
Vox clamantis in deserto *La voix de celui qui crie dans le désert.*	Paroles de saint Jean-Baptiste définissant son rôle de précurseur du Messie : « *Je suis la voix de celui qui crie dans le désert : Rendez droites les voies du Seigneur.* » (Évangile selon saint Matthieu, III, 3.) Il faisait allusion à ses prédications devant la foule, dans le désert. C'est abusivement qu'on applique ce texte à ceux qui parlent et ne sont pas écoutés.
Vox populi, vox Dei *Voix du peuple, voix de Dieu.*	Adage suivant lequel on établit la vérité d'un fait, la justice d'une chose, sur l'opinion du plus grand nombre.
Vulnerant omnes, ultima necat *Toutes blessent, la dernière tue.*	En parlant des heures, inscription latine placée anciennement sur les cadrans d'horloge des églises ou des monuments publics.

PROVERBES

A beau mentir qui vient de loin, celui qui vient d'un pays lointain peut, sans craindre d'être démenti, raconter des choses fausses.

À bon chat, bon rat, se dit quand celui qui attaque trouve un antagoniste capable de lui résister.

Abondance de biens ne nuit pas, on accepte encore, par mesure de prévoyance, une chose dont on a déjà une quantité suffisante.

À bon vin point d'enseigne, ce qui est bon se recommande de soi-même.

À chaque jour suffit sa peine, supportons les maux d'aujourd'hui sans penser par avance à ceux que peut nous réserver l'avenir.

À cœur vaillant rien d'impossible, avec du courage, on vient à bout de tout.

L'air ne fait pas la chanson, l'apparence n'est pas la réalité.

À la Chandeleur, l'hiver se passe ou prend vigueur, si le froid n'est pas fini à la Chandeleur, il devient plus rigoureux qu'auparavant.

À la Sainte-Luce, les jours croissent du saut d'une puce, les jours commencent à croître un peu à la Sainte-Luce (13 décembre).

À l'impossible nul n'est tenu, on ne peut exiger de quiconque ce qu'il lui est impossible de faire.

À l'œuvre on connaît l'ouvrier (ou **l'artisan**), c'est par la valeur de l'ouvrage qu'on juge celui qui l'a fait.

À méchant ouvrier, point de bon outil, le mauvais ouvrier fait toujours du mauvais travail, et met ses maladresses sur le compte de ses outils.

À père avare, enfant prodigue ; à femme avare, galant escroc, un défaut, un vice fait naître autour de soi, par réaction, le défaut, le vice contraire.

L'appétit vient en mangeant, plus on a, plus on veut avoir.

Après la pluie, le beau temps, la joie succède souvent à la tristesse, le bonheur au malheur.

À quelque chose malheur est bon, les évènements fâcheux peuvent procurer quelque avantage, ne fût-ce qu'en donnant de l'expérience.

L'argent est un bon serviteur et un mauvais maître, l'argent contribue au bonheur de celui qui sait l'employer, et fait le malheur de celui qui se laisse dominer par l'avarice ou la cupidité.

L'argent n'a pas d'odeur, certains ne se soucient guère de la manière dont ils gagnent de l'argent, pourvu qu'ils en gagnent.

À tout seigneur, tout honneur, il faut rendre honneur à chacun suivant son rang.

Au royaume des aveugles, les borgnes sont rois, avec un mérite, un savoir médiocre, on brille au milieu des sots et des ignorants.

Autant en emporte le vent, se dit en parlant de promesses auxquelles on n'ajoute pas foi, ou qui ne se sont pas réalisées.

Autres temps, autres mœurs, les mœurs changent d'une époque à l'autre.

Aux grands maux les grands remèdes, il faut prendre des décisions énergiques contre les maux graves et dangereux.

Avec un (ou **des**) **« si », on mettrait Paris en bouteille,** avec des hypothèses, tout devient possible.

À vieille mule, frein doré, on pare une vieille bête pour la mieux vendre ; se dit aussi de vieilles femmes qui abusent des artifices de la toilette.

Beaucoup de bruit pour rien, titre d'une comédie de Shakespeare, passé en proverbe pour exprimer que telle affaire a pris des proportions qui se réduisent à peu de chose.

Les beaux esprits se rencontrent, se dit plaisamment lorsqu'une même idée, une même pensée, une même vérité est énoncée simultanément par deux personnes.

Bien faire, et laisser dire (ou **laisser braire**), il faut faire son devoir sans se préoccuper des critiques.

Bien mal acquis ne profite jamais, on ne peut jouir en paix du bien obtenu par des voies illégitimes.

Bon chien chasse de race, on hérite généralement des qualités de sa famille.

Bonne renommée vaut mieux que ceinture dorée, mieux vaut jouir de l'estime publique que d'être riche.

Bon sang ne peut (ou **ne saurait**) **mentir,** qui est d'une noble race n'en saurait être indigne.

Les bons comptes font les bons amis, pour rester amis, il faut s'acquitter exactement de ce que l'on se doit l'un à l'autre.

La caque sent toujours le hareng, on se ressent toujours de son origine, de son passé.

Ce que femme veut, Dieu le veut, les femmes en viennent toujours à leurs fins.

C'est en forgeant qu'on devient forgeron, à force de s'exercer à une chose, on y devient habile.

C'est le ton qui fait la musique (ou **qui fait la chanson**), c'est la manière dont on dit les choses qui marque l'intention véritable.

C'est l'hôpital qui se moque de la Charité, se dit de celui qui raille la misère d'autrui, bien qu'il soit lui-même aussi misérable.

Chacun pour soi et Dieu pour tous, laissons à Dieu le soin de s'occuper des autres.

Charbonnier est maître chez soi, le maître de maison est libre d'agir comme il l'entend dans sa propre demeure.

Charité bien ordonnée commence par soi-même, avant de songer aux autres, il faut songer à soi.

Chat échaudé craint l'eau froide, on redoute même l'apparence de ce qui vous a déjà nui.

Le chat parti, les souris dansent, quand maîtres ou chefs sont absents, écoliers ou subordonnés mettent à profit leur liberté.

Les chiens aboient, la caravane passe (prov. arabe), qui est sûr de sa voie ne s'en laisse pas détourner par la désapprobation la plus bruyante.

Chose promise, chose due, on est obligé de faire ce qu'on a promis.

Cœur qui soupire n'a pas ce qu'il désire, les soupirs que l'on pousse prouvent qu'on n'est pas satisfait.

Comme on connaît les saints, on les honore, on traite chacun selon son caractère.

Comme on fait son lit, on se couche, il faut s'attendre en bien ou en mal à ce qu'on s'est préparé à soi-même par sa conduite.

Comparaison n'est pas raison, une comparaison ne prouve rien.

Les conseilleurs ne sont pas les payeurs, défions-nous parfois des conseilleurs ; ni leur personne ni leur bourse ne courent le risque qu'ils conseillent.

Contentement passe richesse, bonheur est préférable à fortune.

Les cordonniers sont les plus mal chaussés, on néglige souvent les avantages qu'on a, de par sa condition, à sa portée.

Dans le doute, abstiens-toi, maxime qui s'applique au doute pratique comme au doute purement spéculatif.

De deux maux il faut choisir le moindre, adage que l'on prête à Socrate, qui aurait ainsi expliqué pourquoi il avait pris une femme de très petite taille.

Défiance (ou **méfiance**) **est mère de sûreté,** il ne faut pas être trop confiant, si l'on ne veut pas être trompé.

De la discussion jaillit la lumière, des opinions discutées contradictoirement se dégage la vérité.

Déshabiller saint Pierre pour habiller saint Paul, faire une dette pour en acquitter une autre ; se tirer d'une difficulté en s'en créant une nouvelle.

Deux avis valent mieux qu'un, on fait bien, avant d'agir, de consulter plusieurs personnes.

Dis-moi qui tu hantes, je te dirai qui tu es, on juge une personne d'après la société qu'elle fréquente.

Donner un œuf pour avoir un bœuf, faire un petit présent dans l'espoir d'en recevoir un plus considérable.

L'eau va à la rivière, l'argent va aux riches.

En avril, n'ôte pas un fil ; en mai, fais ce qu'il te plaît, on ne doit pas mettre des vêtements légers en avril ; on le peut en mai.

L'enfer est pavé de bonnes intentions, les bonnes intentions ne suffisent pas si elles ne sont pas réalisées ou n'aboutissent qu'à des résultats fâcheux.

Entre l'arbre et l'écorce il ne faut pas mettre le doigt, il ne faut point intervenir dans une dispute entre proches.

Erreur n'est pas compte, tant que subsiste une erreur, un compte n'est pas définitif.

L'exception confirme la règle, cela même qui est reconnu comme exception constate une règle, puisque, sans la règle, point d'exception.

La faim chasse le loup hors du bois, la nécessité contraint les hommes à faire des choses qui ne sont pas de leur goût.

Fais ce que dois, advienne que pourra, fais ton devoir, sans t'inquiéter de ce qui en pourra résulter.

Faute de grives, on mange des merles, à défaut de mieux, il faut se contenter de ce que l'on a.

La fête passée, adieu le saint, une fois une satisfaction obtenue, on oublie qui l'a procurée.

La fin justifie les moyens, principe d'après lequel le but excuserait les actions coupables commises pour l'atteindre.

La fortune vient en dormant, le plus sûr moyen de s'enrichir est d'attendre passivement un heureux coup du sort.

Des goûts et des couleurs il ne faut pas discuter, chacun est libre d'avoir ses préférences.

Les grandes douleurs sont muettes, l'extrême souffrance morale ne fait entendre aucune plainte.

Les grands diseurs ne sont pas les grands faiseurs, ceux qui se vantent le plus ou promettent le plus sont ordinairement ceux qui font le moins.

L'habit ne fait pas le moine, ce n'est pas sur l'extérieur qu'il faut juger les gens.

L'habitude est une seconde nature, l'habitude nous fait agir aussi spontanément qu'un instinct naturel.

Heureux au jeu, malheureux en amour, qui gagne souvent au jeu est rarement heureux en ménage.

Il faut battre le fer pendant qu'il est chaud, il faut pousser activement une affaire qui est en bonne voie.

Il faut que jeunesse se passe, on doit excuser les fautes que la légèreté et l'inexpérience font commettre à la jeunesse.

Il faut qu'une porte soit ouverte ou fermée, il faut prendre un parti dans un sens ou dans un autre.

Il faut rendre à César ce qui appartient à César, et à Dieu ce qui est à Dieu, il faut rendre à chacun ce qui lui est dû.

Il faut tourner sa langue sept fois dans sa bouche avant de parler, avant de parler, de se prononcer, il faut mûrement réfléchir.

Il ne faut jamais jeter le manche après la cognée, il ne faut jamais se rebuter.

Il ne faut jurer de rien, il ne faut jamais répondre de ce qu'on fera, ni de ce qui peut arriver.

Il ne faut pas dire : Fontaine, je ne boirai pas de ton eau, nul ne peut assurer qu'il ne recourra jamais à une personne ou à une chose.

Il n'est pire aveugle que celui qui ne veut pas voir ou **Il n'est pire sourd que celui qui ne veut pas entendre,** le parti pris ferme l'esprit à tout éclaircissement.

Il n'est pire eau que l'eau qui dort, c'est souvent des personnes d'apparence inoffensive qu'il faut le plus se méfier.

Il n'est point de sot métier, toutes les professions sont bonnes.

Il n'y a pas de fumée sans feu, derrière les apparences, les on-dit, il y a toujours quelque réalité.

Il n'y a que la vérité qui blesse, les reproches vraiment pénibles sont ceux que l'on a mérités.

Il n'y a que le premier pas qui coûte, le plus difficile en toute chose est de commencer.

Il vaut mieux aller au boulanger (ou **au moulin**) **qu'au médecin,** maladie coûte plus cher encore que dépense pour la nourriture.

Il vaut mieux avoir affaire à Dieu qu'à ses saints, il vaut mieux s'adresser directement au maître qu'aux subalternes.

Il vaut mieux tenir que courir, la possession vaut mieux que l'espérance.

Il y a loin de la coupe aux lèvres, il peut arriver bien des évènements entre un désir et sa réalisation.

L'intention vaut le fait, l'intention compte comme si elle avait été mise à exécution.

Le jeu ne vaut pas la chandelle, la chose ne vaut pas la peine qu'on se donne pour l'obtenir.

Les jours se suivent et ne se ressemblent pas, les circonstances varient avec le temps.

Loin des yeux, loin du cœur, l'absence détruit ou affaiblit les affections.

Les loups ne se mangent pas entre eux, les méchants ne cherchent pas à se nuire.

Mains froides, cœur chaud, la froideur des mains indique un tempérament amoureux.

Mauvaise herbe croît toujours, se dit pour expliquer la croissance rapide d'un enfant de mauvais caractère.

Mettre la charrue devant (ou **avant**) **les bœufs,** commencer par où l'on devrait finir.

Le mieux est l'ennemi du bien, on court le risque de gâter ce qui est bien en voulant obtenir mieux.

Mieux vaut tard que jamais, il vaut mieux, en certains cas, agir tard que ne pas agir du tout.

Morte la bête, mort le venin, un ennemi, un méchant ne peut plus nuire quand il est mort.

Les murs ont des oreilles, dans un entretien confidentiel, il faut se défier de ce qui vous entoure.

Nécessité fait loi, dans un besoin ou un péril extrême, on peut se soustraire à toutes les obligations conventionnelles.

Ne fais pas à autrui ce que tu ne voudrais pas qu'on te fît, règle de conduite qui est le fondement d'une morale élémentaire.

N'éveillez pas le chat qui dort, il ne faut pas réveiller une fâcheuse affaire, une menace assoupie.

Noël au balcon, Pâques au tison, si le temps est beau à Noël, il fera froid à Pâques.

La nuit porte conseil, la nuit est propre à nous inspirer de sages réflexions.

La nuit, tous les chats sont gris, on ne peut pas bien, de nuit, distinguer les personnes et les choses.

Nul n'est prophète en son pays, personne n'est apprécié à sa vraie valeur là où il vit habituellement.

L'occasion fait le larron, l'occasion fait faire des choses répréhensibles auxquelles on n'aurait pas songé.

Œil pour œil, dent pour dent, loi du talion.

L'oisiveté est mère (ou **la mère**) **de tous les vices,** n'avoir rien à faire, c'est s'exposer à toutes les tentations.

On ne fait pas d'omelette sans casser d'œufs, on n'arrive pas à un résultat sans peine ni sacrifices.

On ne prête qu'aux riches, on ne rend des services qu'à ceux qui sont en état de les récompenser ; on attribue volontiers certains actes à ceux qui sont habitués à les faire.

On reconnaît l'arbre à ses fruits, c'est à ses actes qu'on connaît la valeur d'un homme.

Paris ne s'est pas fait en un jour, rien ne peut se faire sans le temps voulu.

Pauvreté n'est pas vice, il n'y a pas de honte à être pauvre.

Péché avoué est à demi pardonné, celui qui avoue son péché obtient plus aisément l'indulgence.

Petit à petit, l'oiseau fait son nid, à force de persévérance, on vient à bout d'une entreprise.

Petite pluie abat grand vent, souvent, peu de chose suffit pour calmer une grande colère.

Les petits ruisseaux font les grandes rivières, les petits profits accumulés finissent par faire de gros bénéfices.

Pierre qui roule n'amasse pas mousse, on ne s'enrichit pas en changeant souvent d'état, de pays.

Plaie d'argent n'est pas mortelle, les pertes d'argent peuvent toujours se réparer.

La pluie du matin réjouit le pèlerin, la pluie du matin est souvent la promesse d'une belle journée.

La plus belle fille du monde ne peut donner que ce qu'elle a, nul ne peut donner ce qu'il n'a pas.

Plus on est de fous, plus on rit, la gaieté devient plus vive avec le nombre des joyeux compagnons.

Point de nouvelles, bonnes nouvelles, sans nouvelles de quelqu'un, on peut conjecturer qu'il ne lui est rien arrivé de fâcheux.

Prudence est mère de sûreté, c'est en étant prudent qu'on évite tout danger.

Quand on veut noyer son chien, on dit qu'il a la rage (ou **la gale**), quand on en veut à quelqu'un, on l'accuse faussement.

Qui a bu boira, on ne se corrige jamais d'un défaut devenu une habitude.

Qui aime bien châtie bien, un amour véritable est celui qui ne craint pas d'user d'une sage sévérité.

Quiconque se sert de l'épée périra par l'épée, celui qui use de violence sera victime de la violence.

Qui donne aux pauvres prête à Dieu, celui qui fait la charité en sera récompensé dans la vie future.

Qui dort dîne, le sommeil tient lieu de dîner.

Qui ne dit mot consent, ne pas élever d'objection, c'est donner son adhésion.

Qui ne risque rien n'a rien, un succès ne peut s'obtenir sans quelque risque.

Qui paye ses dettes s'enrichit, en payant ses dettes, on crée ou on augmente son crédit.

Qui peut le plus peut le moins, celui qui est capable de faire une chose difficile, coûteuse, etc., peut à plus forte raison faire une chose plus facile, moins coûteuse, etc.

Qui sème le vent récolte la tempête, celui qui produit des causes de désordre ne peut s'étonner de ce qui en découle.

Qui se ressemble s'assemble, ceux qui ont les mêmes penchants se recherchent mutuellement.

Qui se sent morveux se mouche, que celui qui se sent en faute s'applique ce que l'on vient de dire.

Qui s'y frotte s'y pique, celui qui s'y risque s'en repent.

Qui trop embrasse mal étreint, qui entreprend trop de choses à la fois n'en réussit aucune.

Qui va à la chasse perd sa place, qui quitte sa place doit s'attendre à la trouver occupée à son retour.

Qui veut aller loin ménage sa monture, il faut ménager ses forces, ses ressources, etc., si l'on veut tenir, durer longtemps.

Qui veut la fin veut les moyens, qui veut une chose ne doit pas reculer devant les moyens qu'elle réclame.

Qui vole un œuf vole un bœuf, qui commet un vol minime se montre par là capable d'en commettre un plus considérable.

Rira bien qui rira le dernier, qui se moque d'autrui risque d'être raillé à son tour si les circonstances changent.

Rome ne s'est pas faite en un jour, se dit à ceux que l'on veut engager à prendre patience.

Santé passe richesse, la santé est plus précieuse que la richesse.

Si jeunesse savait, si vieillesse pouvait, les jeunes manquent d'expérience, les vieillards de force.

Le soleil luit pour tout le monde, chacun a droit aux choses que la nature a départies à tous.

Tant va la cruche à l'eau qu'à la fin elle se casse (ou **qu'enfin elle se brise**), tout finit par s'user ; à force de braver un danger, on finit par y succomber ; à force de faire la même faute, on finit par en pâtir.

Tel est pris qui croyait prendre, on subit souvent le mal qu'on a voulu faire à autrui.

Tel père, tel fils, le plus souvent, le fils tient de son père.

Le temps, c'est de l'argent, traduction de l'adage anglais *Time is money ;* le temps bien employé est un profit.

Tous les goûts sont dans la nature, se dit à propos d'une personne qui a des goûts singuliers.

Tout chemin mène à Rome, il y a bien des moyens d'arriver au même but.

Toute peine mérite salaire, chacun doit être récompensé de sa peine, quelque petite qu'elle ait été.

Tout est bien qui finit bien, se dit d'une entreprise qui réussit après qu'on a craint le contraire.

Toute vérité n'est pas bonne à dire, il n'est pas toujours bon de dire ce que l'on sait, quelque vrai que cela puisse être.

Tout nouveau tout beau, la nouveauté a toujours un charme particulier.

Tout vient à point à qui sait attendre, avec du temps et de la patience, on réussit, on obtient ce que l'on désire.

Trop de précaution nuit, l'excès de précaution tourne souvent à notre propre désavantage.

Un clou chasse l'autre, se dit en parlant de personnes ou de choses qui succèdent à d'autres et les font oublier.

Un de perdu, dix de retrouvés, la personne, la chose perdue est très facile à remplacer.

Une fois n'est pas coutume, un acte isolé n'entraîne à rien ; on peut fermer les yeux sur un acte isolé.

Une hirondelle ne fait pas le printemps, on ne peut rien conclure d'un seul cas, d'un seul fait.

Un homme averti en vaut deux, quand on a été prévenu de ce que l'on doit craindre, on se tient doublement sur ses gardes.

Un mauvais arrangement vaut mieux qu'un bon (ou **que le meilleur**) **procès,** s'entendre, à quelque condition que ce soit, vaut mieux que plaider.

Un tiens vaut mieux que deux tu l'auras, posséder peu, mais sûrement, vaut mieux qu'espérer beaucoup, sans certitude.

Ventre affamé n'a point d'oreilles, l'homme pressé par la faim est sourd à toute parole.

Le vin est tiré, il faut le boire, l'affaire étant engagée, il faut en accepter les suites, même fâcheuses.

Vouloir, c'est pouvoir, on réussit lorsqu'on a la ferme volonté de réussir.

A

AA, fl. de France, qui passe à Saint-Omer et rejoint la mer du Nord ; 80 km.

AACHEN → ***Aix-la-Chapelle.***

AALBORG → ***Ålborg.***

AALST, en fr. **Alost,** v. de Belgique, ch.-l. d'arr. de la Flandre-Orientale ; 76 382 h. Collégiale du XVe s.

AALTER, comm. de Belgique (Flandre-Orientale) ; 16 893 h.

AALTO (Alvar), architecte et designer finlandais (Kuortane 1898 - Helsinki 1976). Le plus illustre des architectes nordiques modernes, il a infléchi le style international dans un sens organique.

AAR ou **AARE,** riv. de Suisse, qui naît dans le *massif de l'Aar-Gothard,* traverse les lacs de Brienz, Thoune et Bienne avant de rejoindre le Rhin (r. g.) ; 295 km. Elle passe à Berne.

AARAU, v. de Suisse, ch.-l. du cant. d'Argovie, au pied du Jura, sur l'Aar ; 16 481 h.

AARGAU → ***Argovie.***

AAR-GOTHARD *(massif de l'),* partie la plus élevée des Alpes bernoises englobant plusieurs sommets de plus de 4 000 m (dont la Jungfrau et le Finsteraarhorn) et d'où sont issus des glaciers (dont celui d'Aletsch).

AARHUS → ***Århus.***

AARON, frère aîné de Moïse et premier grand prêtre d'Israël.

AARSCHOT, v. de Belgique (Brabant flamand) ; 26 327 h. Érigée en duché au XVIe s.

ABA, v. du sud-est du Nigeria ; 158 000 h.

ĀBĀDĀN, port de l'Iran, près de l'embouchure du Chaṭṭ al-'Arab dans le golfe Persique ; 296 000 h.

ABAKAN, v. de Russie, cap. de la Khakassie, en Sibérie, au confluent de l'*Abakan* et de l'Ienisseï ; 154 000 h.

ABATE ou **ABBATE** (Nicolo **dell'**) → ***Dell' Abate.***

ABBADIDES, dynastie arabe qui régna à Séville au XIe s.

ABBADO (Claudio), chef d'orchestre italien (Milan 1933). Directeur de l'Opéra de Vienne (1986-1991), il est nommé, en 1989, à la tête de l'Orchestre philharmonique de Berlin.

'ABBĀS, oncle de Mahomet, m. v. 652.

'ABBĀS (Farḥāt), homme politique algérien (Taher 1899 - Alger 1985), président du gouvernement provisoire de la République algérienne (1958-1961).

'ABBĀS Ier le Grand (1571 - dans le Mazandarān 1629), chah séfévide de Perse (1587-1629). Il fit d'Ispahan sa capitale.

'ABBĀS ḤILMĪ II (Alexandrie 1874 - Genève 1944), khédive d'Égypte (1892-1914). Il fut déposé par les Anglais.

ABBASSIDES, dynastie de califes arabes (750-1258), fondée par Abū al-'Abbās 'Abd Allāh. Elle déplaça le centre de l'empire musulman en Iraq et régna jusqu'à la prise de Bagdad par les Mongols (1258).

Abbaye *(groupe de l'),* communauté d'écrivains et d'artistes (G. Duhamel, Ch. Vildrac, A. Gleizes, etc.) qui, en 1906, s'installa à Créteil pour échapper aux contraintes sociales.

Abbaye-aux-Bois, couvent de femmes, fondé à Paris, rue de Sèvres, en 1640 et démoli en 1907. Mme Récamier y résida de 1819 à 1849.

ABBE (Ernst), industriel allemand (Eisenach 1840 - Iéna 1905). Il perfectionna les verres d'optique et le microscope.

ABBEVILLE (80100), ch.-l. d'arr. de la Somme, sur la Somme ; 24 588 h. *(Abbevillois).* Anc. cap. du Ponthieu. Église St-Wulfran, collégiale de style flamboyant (XVe-XVIIe s.) ; château de Bagatelle (1752). Musée Boucher-de-Perthes.

ABBON *(saint),* abbé de Fleury-sur-Loire (Orléanais v. 945 - La Réole 1004). Théologien et chroniqueur.

ABC, quotidien espagnol de tendance monarchiste, fondé à Madrid en 1905.

'ABD AL-'AZĪZ IBN AL-ḤASAN (Marrakech 1878 ou 1881 - Tanger 1943), sultan du Maroc (1894), fils et successeur de Mūlāy Ḥasan, détrôné en 1908 par son frère Mūlāy Ḥafīẓ.

'ABD AL-'AZĪZ III IBN SA'ŪD (Riyāḍ v. 1880 - *id.* 1953), roi d'Arabie saoudite (1932-1953). À partir du Nadjd, il conquit les territoires qui forment l'Arabie saoudite, créée en 1932. Il y instaura des institutions modernes.

'ABD ALLĀH, père de Mahomet (La Mecque 545 ou 554 - v. 570).

'ABD AL-MU'MIN (m. à Salé en 1163), fondateur de la dynastie almohade. Il conquit Marrakech (1147) puis toute l'Afrique du Nord.

'ABD AL-RAḤMĀN Ier (731 - Cordoue 788), premier émir omeyyade de Cordoue (756-788). — **'Abd al-Raḥmān III** (v. 890 - Cordoue 961), huitième émir (912-961) et fondateur du califat de Cordoue (929).

ABDALWADIDES, dynastie berbère de Tlemcen (1235-1550).

ABD EL-KADER, en ar. **'Abd al-Qādir ibn Muḥyī al-Dīn,** émir arabe (près de Mascara 1808 - Damas 1883). Il dirigea de 1832 à 1847 la résistance à la conquête de l'Algérie par la France. Après la prise de sa smala par le duc d'Aumale (1843) et la défaite de ses alliés marocains sur l'Isly (1844), il dut se rendre en 1847 à Lamoricière. Interné en France jusqu'en 1852, il se retira ensuite à Damas. Ses restes furent transférés en Algérie en 1966.

ABD EL-KRIM, en ar. **'Abd al-Karīm,** chef rifain (Ajdir 1882 - Le Caire 1963). En 1921, il souleva le Rif contre les Espagnols et les Français, mais dut se rendre en 1926. Interné à la Réunion, il se réfugia au Caire au cours de son transfert en France (1947).

ABDÈRE, v. de l'anc. Thrace, sur la mer Égée.

'ABDUH (Muḥammad) → ***Muḥammad 'Abduh.***

ABDÜLAZIZ (Istanbul 1830 - *id.* 1876), sultan ottoman (1861-1876). Il fut déposé par un coup d'État de l'opposition libérale.

Alvar **Aalto :** auditorium de l'École polytechnique d'Otaniemi (1955-1965).

ABDÜLHAMID Ier (Istanbul 1725 - *id.* 1789), sultan ottoman (1774-1789). — **Abdülhamid II** (Istanbul 1842 - *id.* 1918), sultan ottoman (1876-1909). Il fut déposé par les Jeunes-Turcs.

ABDULLAH ou **'ABD ALLĀH** (La Mecque 1882 - Jérusalem 1951), émir (1921) puis roi (1946) de Transjordanie. Il annexa en 1949 ce qui restait de la Palestine arabe et fut assassiné.

ABDÜLMECID Ier (Istanbul 1823 - *id.* 1861), sultan ottoman (1839-1861). Il ouvrit l'ère des réformes : le Tanzimat (1839-1876).

ABDUL RAHMAN, homme politique malaisien (Alor Star 1903 - Kuala Lumpur 1990). Il négocia l'indépendance de la Malaisie et fut Premier ministre de 1957 à 1970.

ABÉCHÉ, v. du Tchad, ch.-l. du Ouaddaï ; 26 000 h.

ABE KŌBŌ, écrivain japonais (Tōkyō 1924 - *id.* 1993), poète et romancier (*la Femme des sables,* 1962).

ABEL, deuxième fils d'Adam et d'Ève, tué par son frère Caïn.

ABEL (Niels), mathématicien norvégien (île de Finnøy 1802 - Arendal 1829). Créateur de la théorie des intégrales elliptiques, il a démontré l'impossibilité de résoudre par radicaux l'équation algébrique générale du 5e degré.

ABÉLARD ou **ABAILARD** (Pierre), théologien et philosophe scolastique français (Le Pallet 1079 - prieuré de Saint-Marcel, près de Chalon-sur-Saône, 1142), émasculé à cause de son amour pour Héloïse. Partisan d'une forme proche du conceptualisme dans la querelle des universaux, il se heurta aussi à saint Bernard sur la doctrine de la Trinité.

ABELL (Kjeld), écrivain danois (Ribe 1901 - Copenhague 1961), poète et auteur de théâtre (*la Mélodie qui disparut, Silkeborg, le Cri*), rénovateur de la technique dramatique.

ABENGOUROU, v. de la Côte d'Ivoire ; 31 000 h.

ABEOKUTA, v. du sud-ouest du Nigeria ; 226 000 h.

ABERDEEN, port d'Écosse, sur la mer du Nord ; 216 000 h. Pêche. Métallurgie. Cathédrale surtout du XVe s.

ABERDEEN (George **Gordon,** *comte* **d'**), homme politique britannique (Édimbourg 1784 - Londres 1860). Premier ministre de 1852 à 1855, il ne put éviter la guerre de Crimée.

ABER-VRAC'H ou **ABER-WRACH,** fl. côtier et estuaire du Finistère, dans le Léon ; 34 km.

ABETZ (Otto), homme politique allemand (Schwetzingen 1903 - Langenfeld 1958). Ambassadeur à Paris à partir de juin 1940, il fut chargé de préparer le terrain pour une « collaboration officielle ». Jugé et emprisonné après 1949, il fut libéré en 1954.

ABGAR, nom de plusieurs rois d'Édesse (132 av. J.-C. - 214 apr. J.-C.).

ABIDJAN, v. pr. de la Côte d'Ivoire, sur la lagune Ebrié ; env. 2,5 millions d'h. Université. Port. Aéroport. Elle fut la capitale du pays jusqu'en 1983.

ABITIBI, région du Canada, dans le nord-ouest du Québec, à l'est du *lac Abitibi* (915 km²).

ABKHAZIE, république autonome de Géorgie, sur la mer Noire ; 537 000 h. Cap. *Soukhoumi.* Les Abkhazes, peuple caucasien en partie musulman, ont développé un mouvement séparatiste auquel s'oppose le pouvoir géorgien (combats depuis 1992).

ABLON-SUR-SEINE (94480), comm. du Val-de-Marne, au S.-S.-E. de Paris ; 4 947 h.

ABNER, général sous Saül et David, assassiné par Joab, qui voyait en lui un rival.

ABOMEY, v. du Bénin ; 41 000 h. Anc. cap. d'un royaume, fondée au XVIIe s., musée dans les palais royaux du XIXe s.

ABONDANCE (74360), ch.-l. de c. de la Haute-Savoie ; 1 353 h. Centre de séjour à 950 m d'alt. Anc. abbaye. Abondance a donné son nom à une race bovine.

Aboukir (*batailles d'*), victoire en Égypte de Nelson sur une escadre française (1er août 1798) ; victoire de Bonaparte sur les Turcs (25 juill. 1799).

ABOU-SIMBEL, site d'Égypte en aval de la deuxième cataracte. Les deux temples rupestres, élevés sous Ramsès II, ont été démontés, à la suite de la construction du haut barrage d'Assouan, réédifiés au-dessus du niveau du Nil et adossés à une falaise artificielle.

ABOUT (Edmond), écrivain français (Dieuze 1828 - Paris 1885), journaliste et romancier (*le Roi des montagnes, l'Homme à l'oreille cassée*). [Acad. fr.]

À bout de souffle, film français de J.-L. Godard (1960). Son ton désinvolte, provocateur, le montage non conformiste en firent l'un des manifestes de la Nouvelle Vague.

ABRAHAM, patriarche biblique (XIXe s. av. J.-C.). Originaire d'Our, il s'établit avec son clan en Palestine. Ancêtre des peuples juif et arabe par ses fils Isaac et Ismaël, il est aussi revendiqué par les chrétiens, qui se considèrent comme ses héritiers spirituels.

Abraham (*bataille des plaines d'*) [13 sept. 1759], victoire décisive des Anglais sur les Français, sur la rive gauche du Saint-Laurent, devant Québec.

ABRAHAM (Karl), psychanalyste et médecin allemand (Brême 1877 - Berlin 1925). Il s'est surtout intéressé aux stades prégénitaux de la libido.

ABRAHAMS (Peter), écrivain sud-africain d'expression anglaise (Johannesburg 1919). Ses romans évoquent les conflits raciaux (*Rouge est le sang des Noirs, Une couronne pour Udomo*).

ABRAMOVITZ (Chalom Jacob) → ***Mendele Mocher Sefarim.***

ABRUZZES (les), région montagneuse du centre de l'Italie, dans l'Apennin, culminant au Gran Sasso (2 914 m) et formée des prov. de L'Aquila, Chieti, Pescara et Teramo ; 10 794 km² ; 1 243 690 h. Cap. *L'Aquila.* Parc national.

ABSALON, fils de David (Xe s. av. J.-C.). Révolté contre son père et vaincu dans un combat, il s'enfuit, mais sa chevelure se prit dans les branches d'un arbre où il resta suspendu. Joab, qui le poursuivait, le tua.

ABSIL (Jean), compositeur belge (Péruwelz, Hainaut, 1893 - Uccle 1974), auteur de quatuors à cordes, de symphonies, d'opéras (*Peau d'Âne*).

Abstraction-Création, groupement d'artistes et revue (1931-1936), fondés à Paris par Georges Vantongerloo et Herbin, et qui succédèrent à *Cercle et Carré* de Joaquín Torres García et Michel Seuphor (1930). Nombre d'artistes de tous pays, de tendance constructiviste, s'y affilièrent, dont Mondrian.

ABŪ AL-'ABBĀS 'ABD ALLĀH, surnommé **al-Saffāh** (« le Sanguinaire »), premier calife abbasside (750-754). Il fit massacrer les Omeyyades (750).

ABŪ AL-'ALĀ' AL-MA'ARRĪ, écrivain arabe (Ma'arrat al-Nu'mān, Syrie, 973 - *id.* 1057), célèbre pour la hardiesse de sa pensée religieuse.

ABŪ AL-'ATĀHIYA, poète arabe (Kūfa 747 - Bagdad v. 826), peintre pessimiste du destin de l'homme.

ABŪ AL-FARADJ 'ALĪ AL-IṢFAHĀNĪ, écrivain arabe (Ispahan 897 - Bagdad 967) ; auteur du *Livre des chansons,* recueil des anciens poèmes arabes chantés.

ABŪ BAKR (v. 573 - Médine 634), beau-père et successeur de Mahomet, premier calife (632-634).

ABŪ DHABĪ, l'un des Émirats arabes unis, sur le golfe Persique ; 74 000 km² ; 670 000 h. V. pr. *Abū Dhabī* (243 000 h.). Pétrole.

ABŪ ḤANĪFA, théologien et législateur musulman (Kūfa ? v. 696 - Bagdad 767), fondateur d'une des écoles de l'islam sunnite, le *hanafisme.*

ABUJA, cap. du Nigeria, au centre du pays.

ABŪ NUWĀS, poète arabe (Ahvāz v. 762 - Bagdad v. 815), créateur du lyrisme « moderne » dans la littérature arabe.

ABŪ TAMMĀM, poète arabe (Djāsim v. 804 - Mossoul 845). En réaction contre Abū Nuwās, il retrouva l'inspiration de la poésie bédouine.

Abwehr (mot all. signif. *défense*), service de renseignements de l'état-major allemand de 1925 à 1944.

ABYDOS, site de Haute-Égypte. Lieu présumé du tombeau d'Osiris, ce qui en faisait un important centre de pèlerinage. Nécropoles des premières dynasties pharaoniques. Temples, dont celui de Seti Ier, l'un des plus classiques, qui a livré la *table d'Abydos,* liste royale de Narmer à Seti.

ABYLA, une des deux Colonnes d'Hercule. Anc. nom de *Ceuta.*

ABYMES (Les) [97139], comm. de la Guadeloupe ; 62 809 h.

ABYSSINIE, anc. nom du massif éthiopien.

Académie, école philosophique fondée dans les jardins voisins d'Athènes par Platon, et qui dura du IVe au Ier s. av. J.-C. — Le nom d'*Académie* désigne spécialement aujourd'hui les cinq compagnies dont se compose l'Institut de France : 1. *Académie française,* fondée en 1634 par Richelieu (40 membres), chargée de la rédaction d'un *Dictionnaire* (8 éditions de 1694 à 1932, 9e édition à partir de 1986) et d'une *Grammaire* (publiée en 1933) ; 2. *Académie des inscriptions et belles-lettres,* fondée par Colbert en 1663 (45 membres, plus des membres libres, des associés et correspondants étrangers), s'occupant de travaux d'érudition historique ou archéologique ; 3. *Académie des sciences,* fondée en 1666 par Colbert (le nombre des titulaires n'est plus fixé ; l'effectif des académiciens de moins de 80 ans ne peut toutefois excéder 110) pour l'étude des sciences mathématiques, physiques, chimiques, naturelles, biologiques et médicales et leurs applications ; 4. *Académie des beaux-arts* (50 membres), composée de peintres, sculpteurs, architectes, graveurs, musiciens, cinéastes et membres libres. (Ses sections de base, créées successivement par Mazarin et Colbert, furent réunies en une seule compagnie en 1795) ; 5. *Académie des sciences morales et politiques,* créée en 1795 par la Convention nationale (50 membres), se consacrant à l'étude des questions de philosophie, de sociologie, d'économie politique, de droit, d'histoire et géographie.

Académie des Goncourt, société littéraire, instituée par le testament d'Edmond de Goncourt. Composée de dix membres, elle décerne chaque année, depuis 1903, après un déjeuner traditionnel au restaurant Drouant, à Paris, le prix littéraire le plus recherché des jeunes

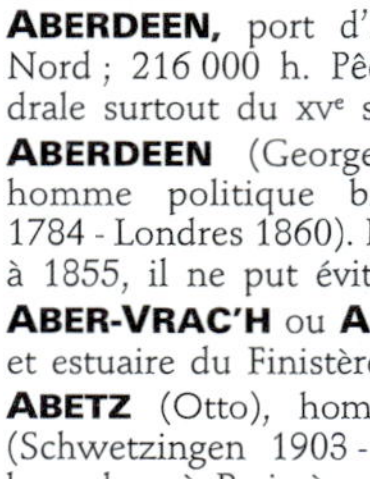

Niels
Abel

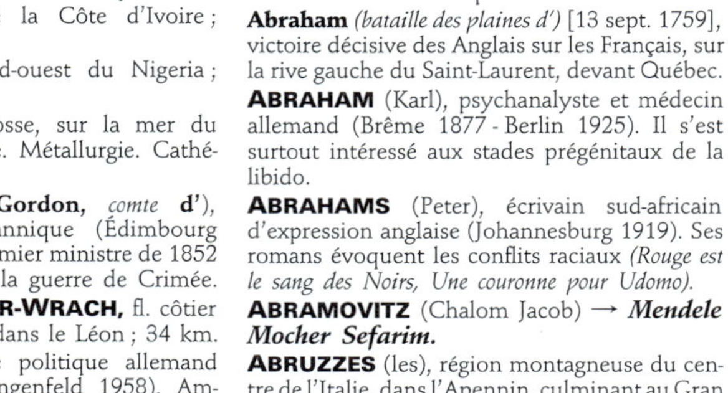

Abidjan :
le quartier du Plateau (centre d'affaires).

écrivains. Depuis 1974, l'Académie s'est associé des membres correspondants à titre étranger. (V. liste des lauréats en fin de volume.)

ACADIE, anc. région de la Nouvelle-France, cédée par le traité d'Utrecht à l'Angleterre (1713) et formant aujourd'hui la Nouvelle-Écosse et une partie du Nouveau-Brunswick.

ACAPULCO, port du Mexique, sur le Pacifique ; 592 187 h. Grande station touristique.

ACARIE (Mme) → ***Marie de l'Incarnation*** *(bienheureuse).*

ACARNANIE, contrée occidentale de la Grèce antique, arrosée par l'Achéloos.

ACCIAIUOLI, famille florentine, à la tête d'une puissante compagnie bancaire au XIVe s.

ACCIUS (Lucius), poète latin (Pisaurum 170 - v. 84 av. J.-C.), le meilleur représentant de la tragédie latine.

Acclimatation *(Jardin d'),* jardin établi en 1860 au bois de Boulogne (Paris) ; créé pour l'exposition de plantes et d'animaux exotiques, il est devenu un parc d'attractions.

ACCRA, cap. du Ghana, port sur le golfe de Guinée ; 800 000 h. Raffinerie de pétrole.

ACCURSE (François), en ital. **Accursio** (Francesco), jurisconsulte italien (Bagnolo v. 1185 - Bologne v. 1263). L'un des rénovateurs du droit romain, il est l'auteur de la *Grande Glose* ou *Glossa ordinaria.*

ACHAB, roi d'Israël (874 - Ramot Galaad 853 av. J.-C.), souverain brillant mais idolâtre, qui persécuta le prophète Élie.

ACHAÏE, contrée de l'anc. Grèce au nord du Péloponnèse. Le nom désigne la Grèce soumise à Rome, après la conquête romaine (146 av. J.-C.). Les croisés créèrent en 1205 la principauté d'Achaïe ou de Morée, qui fut reconquise par les Byzantins en 1432.

ACHANTI ou **ASHANTI,** peuple du centre du Ghana, appartenant au groupe akan. Les Achanti constituèrent contre les Denkéra un royaume puissant dont la capitale Koumassi fut détruite par les Anglais (XVIIIe - fin XIXe s.).

ACHARD (Marcel), auteur dramatique français (Sainte-Foy-lès-Lyon 1899 - Paris 1974), auteur de comédies légères *(Jean de la Lune, Patate).* [Acad. fr.]

ACHAZ, roi de Juda (736-716 av. J.-C.) ; il devint le vassal du roi d'Assyrie Téglath-Phalasar III, qu'il avait appelé à son secours.

ACHEBE (Chinua), écrivain nigérian d'expression anglaise (Ogidi 1930). Ses romans décrivent la décomposition des sociétés africaines traditionnelles au contact de l'Europe *(la Flèche de Dieu, le Démagogue).*

Achéenne *(ligue),* confédération de douze villes du Péloponnèse. Créée au Ve s. av. J.-C., dissoute par Philippe de Macédoine en 338 av. J.-C., reconstituée en 281 av. J.-C., elle fut anéantie par les Romains en 146 av. J.-C.

ACHÉENS, la plus ancienne famille ethnique grecque. Originaires de la Thessalie, les Achéens envahirent la péninsule au début du IIe millénaire. Ils fondèrent une civilisation brillante, qui avait comme centres Mycènes et Tirynthe, et qui fut détruite par les Doriens (v. 1200 av. J.-C.).

ACHÉMÉNIDES, dynastie perse fondée par Cyrus vers 550 av. J.-C. Elle fit progressivement l'unité de l'Orient, du milieu du VIe s. à la fin du IVe s. av. J.-C., et cessa de régner en 330 av. J.-C., à la mort de Darios III. Persépolis et Suse témoignent de la splendeur et de l'éclectisme de son art aulique.

ACHÈRES (78260), comm. des Yvelines, près de la Seine ; 15 064 h. *(Achérois).* Station d'épuration des eaux. Gare de triage.

ACHÉRON [akerɔ̃]. *Myth. gr.* Fleuve des Enfers.

ACHESON (Dean Gooderham), homme politique américain (Middletown, Connecticut, 1893 - Sandy Spring, Maryland, 1971). Successeur du général Marshall comme secrétaire d'État (1949-1953), il conclut l'Alliance atlantique et dirigea la politique américaine pendant la guerre de Corée.

ACHICOURT (62217), comm. du Pas-de-Calais, banlieue d'Arras ; 7 986 h.

ACHILLE, fils de Thétis et de Pélée, roi des Myrmidons, personnage central de *l'Iliade** et modèle de toute éducation grecque. Il n'était vulnérable qu'au talon.

ACHKHABAD ou **ACHGABAT,** cap. du Turkménistan ; 398 000 h.

Acier *(pacte d')* [22 mai 1939], pacte d'assistance militaire germano-italien signé à Berlin par Ribbentrop et Ciano.

ACIREALE, port d'Italie (Sicile) ; 46 229 h.

ACIS, berger sicilien aimé de Galatée. Il fut changé en fleuve pour échapper à Polyphème, qui, jaloux, tenta de l'écraser sous un rocher.

AÇOKA → ***Aśoka.***

ACONCAGUA, point culminant des Andes et de l'Amérique (Argentine) ; 6 959 m.

AÇORES *(anticyclone des),* masse de hautes pressions, atteignant l'Europe occidentale en été.

AÇORES (les), archipel portugais de l'Atlantique ; 2 247 km^2 ; 241 794 h. V. pr. *Ponta Delgada.* Les principales îles, volcaniques et montagneuses, sont São Miguel, Pico et Terceira. Bases aériennes américaines dans les îles de Santa Maria et de Terceira.

A.C.P. → ***Lomé.***

ACQUAVIVA, famille napolitaine qui s'illustra dans les armes, l'Église et les lettres. Son membre le plus remarquable, **Claudio** (Atri 1543 - Rome 1615), fut général des jésuites après 1581.

ACRE, État du nord-ouest du Brésil, cédé par la Bolivie en 1903 ; 417 437 h. Cap. *Rio Branco.*

ACRE, auj. **Akko,** port d'Israël, sur la Méditerranée ; 37 000 h. Anc. forteresse des croisés *(Saint-Jean-d'Acre),* elle fit partie du royaume de Jérusalem.

Acropole, citadelle de l'ancienne Athènes, sur un rocher haut d'une centaine de mètres — lieu consacré à Athéna dès l'âge mycénien —, elle fut ravagée par les Perses lors des guerres médiques. Au Ve s. av. J.-C., Périclès chargea Phidias de sa rénovation ; de magnifiques monuments *(Parthénon, Érechthéion)* furent construits, auxquels on accédait par les Propylées. Riche musée d'œuvres archaïques.

Acta sanctorum ou **Actes des saints,** recueils relatifs à la vie des saints, rédigés notamment par Bolland et ses continuateurs (bollandistes).

Acte additionnel aux constitutions de l'Empire, constitution éphémère de tendances libérales, établie par Napoléon Ier après son retour de l'île d'Elbe (1815).

ACTÉON, chasseur qui surprit Artémis au bain et que la déesse, irritée, changea en cerf ; il fut dévoré par ses propres chiens.

Actes de courage et de dévouement *(médaille d'honneur des),* décoration française créée en 1816.

Actes des Apôtres, un des livres canoniques du Nouveau Testament, écrit entre 80 et 90 et attribué à saint Luc ; il contient l'histoire du christianisme, de l'Ascension du Christ à l'arrivée de saint Paul à Rome.

Acte unique européen, traité signé en 1985 et ratifié en 1986 et en 1987 par les États membres de la C. E. E. Entré en vigueur le 1er juillet 1987, l'Acte unique fixe les modalités d'un « grand marché intérieur » qui prend effet le 1er janvier 1993.

Action catholique, ensemble des organismes catholiques laïcs créés à partir de 1925 à la demande de la papauté pour collaborer à l'action apostolique. Sa mission a été définie par Pie XI (1922-1926).

Action française (l'), mouvement nationaliste et royaliste, né en France autour de Ch. Maurras. — Revue du même nom fondée en 1899, devenue un quotidien en 1908, interdite en 1944. J. Bainville et Léon Daudet en furent les principaux animateurs.

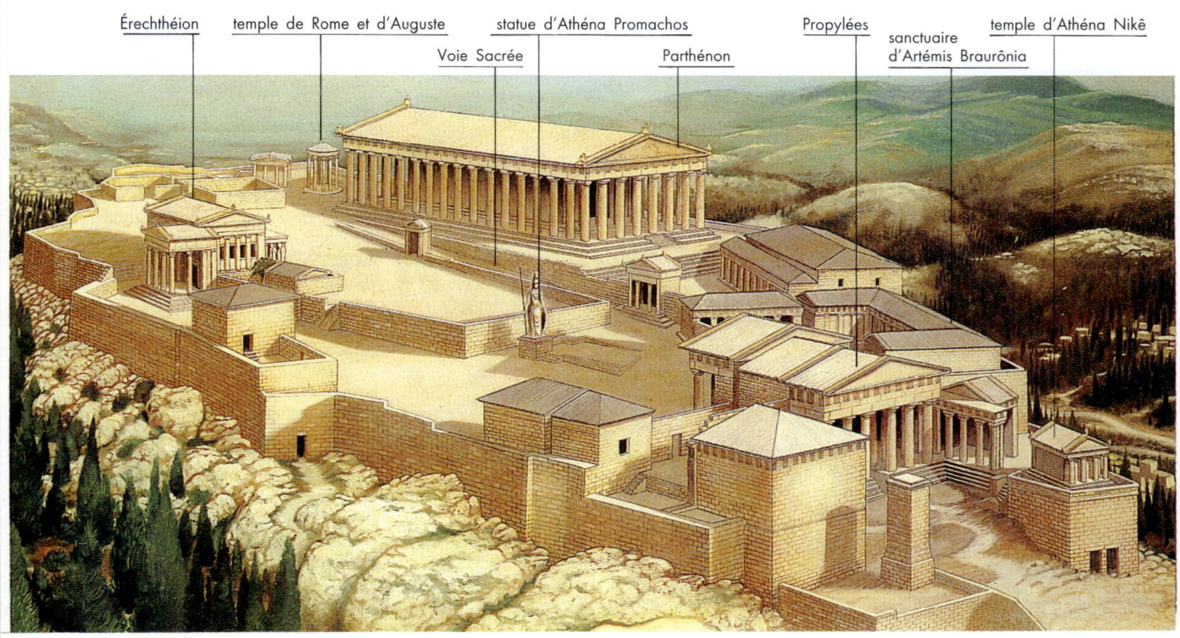

L'**Acropole** d'Athènes (reconstitution).

Actium *(bataille d')* [31 av. J.-C.], victoire navale d'Octavien et d'Agrippa sur Antoine, à l'entrée du golfe d'Ambracie (auj. d'Árta) en Grèce : elle assura à Octavien, le futur Auguste, la domination du monde romain.

ACTON (*sir* John Francis Edward), homme d'État britannique, au service de Naples (Besançon 1736 - Palerme 1811). Premier ministre de Ferdinand IV en 1785, il fut l'âme de la politique réactionnaire et antifrançaise des Bourbons de Naples.

Actors Studio, école d'art dramatique fondée en 1947 à New York et dirigée de 1951 à 1982 par Lee Strasberg. Sa méthode, inspirée des leçons de Stanislavski, repose sur la concentration et la recherche intérieure des émotions.

ACUTO (Giovanni) → ***Hawkwood.***

AÇVIN → ***Aśvin.***

ADALBÉRON, archevêque de Reims (Basse-Lorraine v. 920 - Reims 989). Il contribua à l'avènement de Hugues Capet et le sacra roi (987).

ADALGIS ou **ADALGISE,** fils de Didier, roi des Lombards (m. apr. 788), dépossédé par son beau-frère Charlemagne.

ADAM, le premier homme, selon la Bible. Dieu, qui l'avait créé et à qui il désobéit, le chassa, avec sa femme Ève, du Paradis terrestre.

ADAM, sculpteurs français du XVIIIe s., dont les principaux sont **Lambert Sigisbert** (Nancy 1700 - Paris 1759), prix de Rome, auteur du *Triomphe de Neptune et d'Amphitrite* du bassin de Neptune à Versailles, et **Nicolas Sébastien** (Nancy 1705 - Paris 1778), qui érigea le tombeau de la reine C. Opalinska à Nancy. Ils se situent à l'apogée du style rocaille.

ADAM (Juliette), femme de lettres française (Verberie, Oise, 1836 - Callian, Var, 1936). Son salon fut un des centres de l'idéologie républicaine et revancharde, dans les années 1880.

ADAM *(pont d'),* chaîne de récifs entre Sri Lanka et l'Inde.

ADAM (Robert), architecte et décorateur britannique (Kirkcaldy 1728 - Londres 1792) ; il eut pour collaborateur son frère **James** (Kirkcaldy 1730 - Londres 1794). S'inspirant de l'Antiquité tout en s'écartant du palladianisme, ils ont pratiqué un style élégant, qui porte leur nom.

ADAMAOUA, haut plateau du Cameroun.

ADAMELLO-PRESANELLA, massif des Alpes italiennes, dans le Trentin ; 3 554 m.

ADAM le Bossu ou **de la Halle,** trouvère picard (Arras v. 1240 - v. 1287), auteur de motets, de rondeaux polyphoniques, du *Jeu* de la feuillée* et du *Jeu* de Robin et Marion.*

ADAMOV (Arthur), auteur dramatique français d'origine russe (Kislovodsk 1908 - Paris 1970). Son théâtre évolua du symbolisme tragique *(la Parodie, le Professeur Taranne)* au réalisme politique *(le Ping-Pong, Paolo Paoli, Printemps 71).*

ADAMS, famille américaine qui joua un grand rôle dans l'histoire des États-Unis. Ses membres les plus connus sont : **Samuel** (Boston 1722 - *id.* 1803), un des pionniers de l'Indépendance américaine ; — **John,** son cousin (Braintree 1735 - *id.* 1826), qui participa à la rédaction de la Constitution et devint le deuxième président des États-Unis (1797-1801) ; — **John Quincy** (Braintree 1767 - Washington 1848), fils de ce dernier, qui fut le sixième président des États-Unis (1825-1829).

ADAMS (Ansel), photographe américain (San Francisco 1902 - Monterey 1984), l'un des membres fondateurs du *groupe f. 64* (créé en 1932), à l'écriture rigoureuse et sensible.

ADAMS (John Couch), astronome britannique (Laneast, Cornwall, 1819 - Cambridge 1892). Il prédit par le calcul, indépendamment de Le Verrier, l'existence de la planète Neptune.

ADANA, v. du sud de la Turquie ; 916 150 h. Université. Textile.

ADAPAZARI, v. du nord-ouest de la Turquie ; 159 116 h.

ADDA, riv. d'Italie, affl. du Pô (r. g.) ; 313 km. Née au nord-est de la Bernina, elle draine la Valteline et traverse le lac de Côme.

ADDINGTON (Henry), *vicomte* **Sidmouth,** homme politique britannique (Londres 1757 - *id.* 1844). Premier ministre en 1801, il négocia le traité d'Amiens.

ADDIS-ABEBA ou **ADDIS-ABABA,** cap. de l'Éthiopie, à 2 500 m d'alt. ; 1 250 000 h. Siège de l'Organisation de l'unité africaine. Musées.

ADDISON (Joseph), écrivain et publiciste anglais (Milston 1672 - Kensington 1719). Ses articles du *Spectator* contribuèrent à former le type idéal du « gentleman » et furent considérés comme des modèles de l'essai. Le succès de sa tragédie de *Caton* (1713) lui valut une courte carrière politique (secrétaire d'État en 1717).

ADDISON (Thomas), médecin anglais (Long Benton, près de Newcastle upon Tyne, 1793 - Brighton 1860). Il décrivit l'insuffisance des glandes surrénales *(maladie d'Addison).*

ADÉLAÏDE, v. d'Australie, sur l'océan Indien, cap. de l'Australie-Méridionale ; 1 023 700 h. Université. Métallurgie.

ADÉLAÏDE *(sainte)* [Orb, Suisse, v. 931 - monastère de Seltz 999], épouse du roi d'Italie Lothaire II, puis de l'empereur Otton Ier.

ADÉLAÏDE DE FRANCE ou **MADAME ADÉLAÏDE** (Versailles 1732 - Trieste 1800), quatrième fille de Louis XV.

ADÉLAÏDE (ou **ALIX**) **DE SAVOIE** (m. à l'abbaye de Montmartre en 1154). Elle épousa Louis VI, roi de France (1115).

ADÉLAÏDE D'ORLÉANS (Paris 1777 - *id.* 1847), sœur de Louis-Philippe.

ADELBODEN, comm. de Suisse (Berne) ; 3 347 h. Station de sports d'hiver (alt. 1 400-2 330 m).

ADÈLE (ou **ALIX**) **DE CHAMPAGNE** (m. à Paris en 1206), troisième femme (1160) de Louis VII, roi de France ; mère de Philippe Auguste.

ADÉLIE *(terre),* terre antarctique française, à 2 500 km au sud de la Tasmanie, découverte par Dumont d'Urville en 1840 ; env. 350 000 km². Bases scientifiques.

ADÉMAR (ou **ADHÉMAR**) **DE MONTEIL,** évêque du Puy (m. à Antioche en 1098). Il fut l'un des prédicateurs de la première croisade pendant laquelle il mourut de la peste.

ADEN, port du Yémen, sur le *golfe d'Aden ;* 285 000 h. Il a été la capitale de la République démocratique et populaire du Yémen de 1970 à 1990.

ADEN *(golfe d'),* partie nord-ouest de l'océan Indien, entre le sud de l'Arabie et le nord-est de l'Afrique.

ADEN *(protectorat d'),* anciens territoires sous protectorat britannique sur le golfe d'Aden. Aden, conquise par les Britanniques en 1839, et ses environs devinrent une colonie de la Couronne en 1937. De 1959 à 1963, cette colonie et la majorité des sultanats constituant le protectorat entrèrent dans la Fédération d'Arabie* du Sud.

ADENA, site des États-Unis (Ohio), éponyme d'une phase culturelle préhistorique (de 1000 av. J.-C. à 700 apr. J.-C.) caractérisée par de vastes tumulus *(burial mounds).*

ADENAUER (Konrad), homme politique allemand (Cologne 1876 - Rhöndorf 1967). Chancelier de la République fédérale d'Allemagne de 1949 à 1963, président de l'Union chrétienne-démocrate (CDU), il présida au redressement économique de l'Allemagne. Il fut un des partisans les plus actifs de la création de la Communauté économique européenne et accéléra en 1962-63 le rapprochement franco-allemand.

ADENET ou **ADAM,** dit **le Roi,** trouvère brabançon (v. 1240 - v. 1300). Il adapta les chansons de geste à la technique du récit romanesque *(Berthe au grand pied, Cléomadès).*

ADER (Clément), ingénieur français (Muret 1841 - Toulouse 1925). Précurseur de l'aviation, il construisit plusieurs appareils volants dont l'*Éole,* avec lequel il put décoller et parcourir quelques dizaines de mètres au-dessus du sol en 1890.

ADHERBAL, amiral carthaginois. Il vainquit Claudius Pulcher à Drepanum (Sicile), en 249 av. J.-C.

ADHERBAL, roi de Numidie (118-112 av. J.-C.), fils de Micipsa. Il fut assiégé et pris à Cirta par Jugurtha, qui le fit mettre à mort.

ADIGE, fl. d'Italie ; 410 km. Né dans les Alpes, aux confins de la Suisse et de l'Autriche, il traverse le Trentin et la Vénétie, passe à Trente et Vérone, puis se jette dans l'Adriatique.

ADIRONDACK ou **ADIRONDACKS** *(monts),* massif du nord-est des États-Unis (État de New York) ; 1 629 m.

ADJARIE, république autonome de Géorgie, sur la mer Noire ; 393 000 h. Cap. *Batoumi.*

'ADJMĀN, l'un des Émirats arabes unis.

ADLER (Alfred), psychologue et médecin autrichien (Vienne 1870 - Aberdeen 1937), auteur d'une théorie du fonctionnement psychique fondée sur le sentiment d'infériorité.

ADLER (Victor), homme politique autrichien (Prague 1852 - Vienne 1918), l'un des principaux leaders du parti social-démocrate autrichien.

ADLERCREUTZ (Carl Johan), général suédois (Kiala, Finlande, 1757 - Stockholm 1815), un des chefs de la révolution de 1809.

ADLISWIL, comm. de Suisse, banlieue de Zurich ; 15 776 h.

ADO-EKITI, v. du sud-ouest du Nigeria ; 190 000 h.

Adolphe, roman de B. Constant (1816) : récit autobiographique et essai sur la destinée humaine.

ADOLPHE DE NASSAU (1248 ou 1255-1298), roi des Romains (1292-1298), battu et tué par Albert de Habsbourg.

ADOLPHE-FRÉDÉRIC (Gottorp 1710 - Stockholm 1771), roi de Suède (1751-1771). Sous son gouvernement s'opposèrent les factions des *Bonnets* et des *Chapeaux.*

ADONAÏ, titre donné à Dieu dans l'Ancien Testament et dans la Bible hébraïque.

ADONIS, dieu phénicien de la Végétation, honoré dans le monde gréco-romain. Le thème des amours de Vénus et Adonis a souvent inspiré les artistes de l'Antiquité.

Robert **Adam :** vestibule de Syon House, demeure des environs de Londres réaménagée vers 1761.

Konrad **Adenauer**

ADOR (Gustave), homme politique suisse (Genève 1845 - Cologny, près de Genève, 1928). Président du Comité international de la Croix-Rouge en 1910, il fut président de la Confédération en 1919, puis représentant de la Suisse à la S. D. N. (1920-1924).

ADORNO, famille italienne, qui donna à Gênes huit doges de 1363 à 1528.

ADORNO (Theodor), philosophe et musicologue allemand (Francfort-sur-le-Main 1903 - Viège, Suisse, 1969). Il a renouvelé l'esthétique à partir du freudo-marxisme (*la Personnalité autoritaire,* 1950).

Adoua ou **Adwa** *(bataille d')* [1896], victoire des Éthiopiens sur les Italiens (Éthiopie).

ADOUR, fl. du sud-ouest de la France ; 335 km. Né près du Tourmalet, il décrit une vaste courbe, passe à Tarbes, Dax et Bayonne et rejoint l'Atlantique dans le Pays basque.

ADRAR, wilaya du Sahara algérien. Ch.-l. *Adrar.*

ADRETS (François **de Beaumont,** *baron* **des**), capitaine dauphinois (La Frette 1513 - *id.* 1587). Il abjura le catholicisme en 1562, dévasta le midi de la France, puis revint au catholicisme, et combattit les protestants.

ADRIAN (*sir* Edgar Douglas), médecin britannique (Londres 1889 - Cambridge 1977), auteur de travaux sur le système nerveux. (Prix Nobel 1932.)

ADRIATIQUE *(mer),* partie de la Méditerranée, entre l'Italie et la péninsule balkanique. Le Pô est son principal tributaire.

ADRIEN *(saint),* martyr à Nicomédie v. 303.

ADRIEN Ier (m. à Rome en 795), pape de 772 à 795, allié de Charlemagne. — **Adrien IV** (Nicolas **Breakspear**) [Langley v. 1100 - Anagni 1159], pape de 1154 à 1159. Il s'opposa à Arnaud de Brescia, au roi normand de Sicile et à l'empereur Frédéric Barberousse. — **Adrien VI** (Adriaan **Floriszoon**) [Utrecht 1459 - Rome 1523], pape de 1522 à 1523. Il tenta sans succès une nouvelle croisade.

ADULA, massif des Alpes centrales suisses, où naît le Rhin postérieur.

ADULIS, ancien port d'Éthiopie, sur la mer Rouge (auj. Zoula), centre du commerce de l'ivoire et de l'or dans l'Antiquité.

ADŪNĪS ou **ADONIS** ('Alī Aḥmad **Sa'īd,** dit), écrivain libanais d'origine syrienne (Qasābīn 1930), poète d'inspiration philosophique.

Adwa → *Adoua.*

ADY (Endre), poète hongrois (Érmindszent 1877 - Budapest 1919), auteur de *Sang et Or, Sur le char d'Élie, En tête des morts.* Il a inauguré l'ère du lyrisme moderne dans son pays.

ADYGUÉENS, peuple tcherkesse du Caucase habitant la *République des Adyguéens* (Russie) [432 000 h. Cap. *Maïkop*].

A.-É. F. → ***Afrique-Équatoriale française.***

AEG (Allgemeine Elektricitäts-Gesellschaft), firme de fabrication électrique allemande, une des plus importantes de son secteur. Elle fut fondée en 1883.

ÆGATES → ***Égates.***

AEIOU, abrév. de la devise de la maison des Habsbourg, et qui peut se lire à la fois en latin (*Austriae est imperare orbi universo :* « il appartient à l'Autriche de régner sur tout l'univers ») et en allemand (*Alles Erdreich ist Österreich untertan :* « toute la Terre est sujette de l'Autriche »).

A.E.L.E. (Association européenne de libre-échange), groupement de pays constitué en 1960 pour favoriser entre eux la libre circulation des marchandises. Après l'adhésion du Danemark, de la Grande-Bretagne, du Portugal, de l'Autriche, de la Finlande et de la Suède à la Communauté européenne, l'A.E.L.E. ne compte plus, en 1995, que quatre membres : Islande, Liechtenstein, Norvège et Suisse.

AEMILIUS LEPIDUS *(Marcus),* en fr. **Lépide** (m. en 13 ou 12 av. J.-C.) ; collègue de César au consulat (46 av. J.-C.), membre, avec Antoine et Octavien, du second triumvirat (43), dont il fut éliminé progressivement.

AEPINUS (Franz Ulrich **Hoch,** dit), physicien et médecin allemand (Rostock 1724 - Dorpat 1802). On lui attribue la première idée du condensateur électrique.

Aéronautique *(médaille de l'),* la plus haute décoration française pour services aériens (créée en 1945).

AERTSEN (Pieter), peintre néerlandais (Amsterdam 1508 - *id.* 1575), actif à Anvers et Amsterdam, auteur de tableaux religieux ainsi que de compositions réalistes et monumentales sur des thèmes populaires (cuisinières, marchandes de légumes...).

AETIUS, général romain (Durostorum, Mésie, ? - 454). Il défendit la Gaule contre les Francs et les Burgondes, puis contribua à la défaite d'Attila aux champs Catalauniques en 451. Il fut assassiné par Valentinien III.

AFAR ou **DANAKIL,** groupe ethnique islamisé, habitant la région de Djibouti et l'Érythrée. Ils parlent une langue couchitique.

AFARS ET DES ISSAS *(territoire français des),* nom donné de 1967 à 1977 à l'anc. *Côte française des Somalis,* auj. *République de Djibouti.*

Affaires indigènes (A. I.), organisation militaire française qui, succédant aux bureaux arabes, administra jusqu'en 1956 certains territoires d'Algérie et du Maroc.

AFFRE (Denis Auguste), archevêque de Paris (Saint-Rome-de-Tarn 1793 - Paris 1848), blessé mortellement le 25 juin 1848 sur les barricades, où il était allé porter des paroles de paix.

AFGHANISTAN, État de l'Asie, entre le Pakistan et l'Iran ; 650 000 km^2 ; 16 600 000 h. *(Afghans).* CAP. *Kaboul.* LANGUES : *pachto* et *dari.* MONNAIE : *afghāni.*

GÉOGRAPHIE

C'est un pays en majeure partie montagneux (surtout au nord : Hindū Kūch) et aride (souvent moins de 250 mm de pluies), ouvert par quelques vallées (Amou-Daria au nord, Helmand au sud) et formé de populations variées, islamisées. Au pied des reliefs, relativement arrosés, se sont développées les cultures céréalières et fruitières et se localisent les principales villes (Kaboul, Kandahar, Harāt). Le reste du pays est surtout le domaine de l'élevage nomade du mouton. À l'occupation soviétique a succédé localement la guerre civile, menaçant l'unité du pays.

HISTOIRE

L'Afghanistan antique. Province de l'empire iranien achéménide (VIe-IVe s. av. J.-C.), hellénisée après la conquête d'Alexandre (329) partic. en Bactriane, la région fait partie de l'empire kuṣāṇa (Ier s. av. J.-C. - Ve s. apr. J.-C.) influencé par le bouddhisme.

Au sein du monde musulman. VIIe-XIIe s. : commencée lors de la conquête de Harāt par les Arabes (651), l'islamisation progresse sous les Ghaznévides. 1221-1222 : le pays est ruiné par les invasions mongoles. XVIe-XVIIe s. : après la renaissance timuride (XVe s.), il est divisé entre l'Iran séfévide et l'Inde moghole.

L'Afghanistan moderne. 1838-1973 : l'Afghanistan est gouverné par des souverains issus d'un même clan pachtou. L'indépendance, acquise en 1747 avec l'installation d'un pouvoir national, menacée par la progression des Britanniques en Inde (guerres de 1839-1842, 1878-1880) et par celle des Russes en Asie centrale, est reconnue en 1921. Après l'instauration de la république (1973), puis le coup d'État communiste (1978), l'U. R. S. S., engagée depuis 1955 dans une politique de coopération, intervient militairement en déc. 1979. Le régime qu'elle soutient et son armée d'occupation se heurtent à la résistance des *moudjahidin.* En 1988-89, les troupes soviétiques se retirent du pays. En 1992, la chute du régime communiste est suivie par la mise en place d'un pouvoir islamiste. Mais les combats entre factions rivales continuent.

AFL-CIO (American Federation of Labor-Congress of Industrial Organizations), organisation syndicale américaine.

AFNOR (Association française de normalisation), organisme qui coordonne, sous le contrôle des pouvoirs publics, les études concernant la normalisation.

A. F.-P. (Agence France-Presse), agence de presse française créée en 1944, l'une des plus grandes agences mondiales.

Afrancesados ou **Josefinos,** nom donné aux Espagnols qui acceptèrent la domination napoléonienne.

African National Congress (ANC), organisation politique d'Afrique du Sud, créée en 1912. Fer de lance de la lutte contre l'apartheid, l'ANC a été interdit de 1960 à 1990. Interlocuteur privilégié du gouvernement dans les négociations qui ont abouti à l'instauration d'une démocratie multiraciale en Afrique du Sud, il a accédé au pouvoir au terme des élections de 1994.

Afrikakorps, nom donné aux formations allemandes qui, de 1941 à 1943, soutinrent les Italiens contre les Britanniques en Libye, en Égypte et en Tunisie.

AFRIQUE

E U R O P E
A S I E
MER MÉDITERRANÉE
Détroit de Gibraltar
Tanger
Oran
ALGER
TUNIS
Constantine
TUNISIE
TRIPOLI
RABAT
Fès
Casablanca
MAROC
Atlas Saharien
Ht Atlas
Marrakech
Madère
(Port.)
Benghazi
Alexandrie
LE CAIRE
Tripolitaine
Cyrénaïque
Djofra
Iles Canaries
(Esp.)
ALGÉRIE
LIBYE
Assiout
ÉGYPTE
Désert arabique
Péninsule arabique
Tanezrouft
Hoggar
2918
Fezzan
Désert de Libye
Assouan
MER ROUGE
Cap Blanc
S a h a r a
Aozou
Tibesti
Désert de Nubie
Nil
MAURITANIE
NOUAKCHOTT
M A L I
Ténéré
Aïr
N I G E R
Sénégal
Tombouctou
Ennedi
ÉRYTHRÉE
DAKAR
SÉNÉGAL
TCHAD
ASMARA
KHARTOUM
G. D'ADEN
BANJUL
GAMBIE
BAMAKO
NIAMEY
BURKINA
Lac Tchad
Darfour
DJIBOUTI
Cap Guardafui
BISSAU
GUINÉE BISSAU
GUINÉE
OUAGADOUGOU
Kano
N'DJAMENA
S O U D A N
Nil Bleu
CONAKRY
CÔTE-D'IVOIRE
BENIN
Niger
NIGERIA
Chari
Massif éthiopien
FREETOWN
SIERRA LEONE
TOGO
ABUJA
Bahr el-Arab
Bahr el-Gebel
ADDIS-ABEBA
MONROVIA
GHANA
RÉP. CENTRAFRICAINE
ETHIOPIE
LIBERIA
Lagos
CAMEROUN
Douala
BANGUI
YAMOUSSOUKRO
Abidjan
ACCRA
LOMÉ
PORTO NOVO
MALABO
YAOUNDÉ
Uélé
S O M A L I E
GUINÉE ÉQ.
Oubangui
Zaïre (Congo)
Kisangani
OUGANDA
MUQDISHO
équateur
SÃO TOMÉ ET PRINCIPE
LIBREVILLE
GABON
KAMPALA
KENYA
Lac Victoria
OCÉAN INDIEN
GOLFE DE GUINÉE
Zaïre
RWANDA
KIGALI
NAIROBI
CONGO
Z A Ï R E
BURUNDI
Kilimandjaro 5895
BRAZZAVILLE
KINSHASA
BUJUMBURA
Mombasa
Cabinda
Kananga
Tanganyika
DODOMA
Zanzibar
TANZANIE
DAR ES-SALAAM
Ascension (G.-B.)
LUANDA
OCÉAN ATLANTIQUE
Lubumbashi
COMORES
MORONI
Mayotte (Fr.)
ANGOLA
MALAWI
Lac Malawi
CANAL DE MOZAMBIQUE
ZAMBIE
LUSAKA
LILONGWE
MOZAMBIQUE
Ste-Hélène (G.-B.)
HARARE
Zambèze
Toamasina
ZIMBABWE
Beira
NAMIBIE
ANTANANARIVO
MADAGASCAR
BOTSWANA
Fianarantsoa
tropique du Capricorne
Désert du Namib
Kalahari
Limpopo
WINDHOEK
GABORONE
PRETORIA
MAPUTO
Johannesburg
MBABANE
SWAZILAND
Vaal
Orange
LESOTHO
MASERU
Drakensberg
Durban
AFRIQUE DU SUD
LE CAP
Port Elizabeth
Cap de Bonne - Espérance
20°
40°
0°
0
500
1000 km
200
1000
2000 m
plus de 5 000 000 h.
de 1 000 000 à 5 000 000 h.
de 100 000 à 1 000 000 h.
moins de 100 000 h.

AFRIQUE, une des cinq parties du monde ; 30 310 000 km² ; 677 millions d'h.

GÉOGRAPHIE

Traversée presque en son milieu par l'équateur et comprise en majeure partie entre les tropiques, l'Afrique est un continent chaud, où les climats et les types de végétation s'individualisent plus en fonction des variations pluviométriques que thermiques. En dehors des extrémités nord et sud, au climat méditerranéen, le trait dominant est la chaleur constante. L'apparition d'une saison sèche et son allongement, quand on s'éloigne de l'équateur, entraînent le passage du climat équatorial et de la forêt dense aux climats tropicaux, qui s'accompagnent de forêts claires, puis de savanes et de steppes. Le désert apparaît près des tropiques (Sahara, Kalahari). Plus de la moitié de l'Afrique est privée d'écoulement vers la mer, qu'atteignent souvent difficilement les grands fleuves (Nil, Zaïre, Niger, Zambèze).

La faiblesse du peuplement est liée aux conditions climatiques et pédologiques, souvent défavorables à l'homme, et à l'ampleur de la traite des esclaves. Mais la colonisation européenne, combattant les épidémies et la forte mortalité infantile, a été à la base d'un renouveau démographique amorcé à la fin du XIXe s. Aujourd'hui, la population s'accroît très vite (environ 3 % en moyenne par an) et se caractérise par sa grande jeunesse (près de la moitié des Africains ont moins de 15 ans), et par une urbanisation rapide.

La colonisation est aussi en grande partie responsable de la structure politique actuelle (émiettement en une multitude d'États) et de la nature de l'économie, par les formes qu'elle a revêtues (colonies d'exploitation ou de peuplement). Elle explique largement l'importance des plantations (cacao, café, palmier à huile, arachide), de l'extraction minière (pétrole, cuivre, manganèse, diamants, métaux rares et précieux) et, en contrepartie, la fréquente insuffisance des cultures vivrières et des industries de transformation. L'accession à l'indépendance n'a que partiellement et localement modifié ces données.

Porte sculptée en bas relief ; bois polychrome. Art des Baoulé (partie centrale de la Côte d'Ivoire). [Musée ethnographique, Genève.] Associé à l'architecture, l'art plastique conserve sa fonction essentielle : servir la vie religieuse et présenter les éléments du récit mythique, accompagnés ici de signes géométriques ayant valeur de symboles.

PRÉHISTOIRE ET ARCHÉOLOGIE

Nombreuses sont les découvertes — Omo* (Éthiopie), Oldoway (Tanzanie), lac Turkana (Kenya), Rift* Valley (Éthiopie) où a été trouvée Lucy* — qui font de l'Afrique le berceau de l'humanité, et des australopithèques qui y vivaient il y a env. 3 500 000 ans les ancêtres de l'homme et les inventeurs de l'outil de pierre taillée. Les hominidés se succèdent alors : Homo erectus à l'industrie de type acheuléen (v. 1,5 million d'années à Oldoway) ; l'homme du type de Neandertal à l'industrie moustérienne (connu notamment par un gisement marocain à l'est de Safi) ; Homo sapiens sapiens aux faciès lithiques se diversifiant (atérien*, capsien*, etc.). À partir du néolithique, des chasseurs-éleveurs ornent les abris-sous-roche du Sahara et les rochers de Nubie de peintures et de gravures rupestres. Dans le courant du Ier millénaire av. J.-C. s'épanouissent la culture de Nok* au Nigeria, le royaume de Méroé* au Soudan et, avec l'ère chrétienne, le royaume d'Aksoum qui lui succède, la culture des Sao* au sud du lac Tchad, puis le royaume d'Ife* florissant (Xe-XIVe s.), qui transmet sa technique de l'art du bronze au royaume du Bénin*. Dans l'Est africain, le Zimbabwe connaît alors une architecture monumentale en pierre.

HISTOIRE

L'Afrique précoloniale. IVe millénaire av. J.-C. : dans la vallée du Nil naît la civilisation égyptienne. IIe millénaire : l'assèchement du Sahara sépare le Maghreb de l'Afrique noire. 825-146 : Carthage installe son empire dans le Nord. V. 450 : Hanon explore les côtes atlantiques. Ier s. : le Maghreb devient Province romaine d'Afrique. Ve s. après J.-C. : les Vandales s'en emparent. VIe s. : ils sont chassés par Byzance. VIIe s. : la conquête arabe va de pair avec l'islamisation ; celle-ci, par le biais des caravanes, s'étend à l'Afrique noire à partir du XIe s., malgré la résistance, en partic., des principautés chrétiennes (Nubie et Éthiopie). Cependant des États se forment et deviennent de véritables empires : dans la région du fleuve Sénégal et de la boucle du Niger, les plus importants sont le Ghāna (ancien royaume de Ouagadougou, apogée au XIe s.), le Mali (apogée au XIVe s.) et le Songhaï (apogée au XVIe s.), islamisés, ainsi que le Bornou (apogée au XVIe s.) ; sur la côte guinéenne se forment plus tardivement des royaumes, celui du Bénin notamm., créé par les Yoruba (apogée aux XVe-XVIe s.), et ceux des Mossi hostiles à l'islam ; enfin, au sud du 5e parallèle nord, les Bantous développent une civilisation originale appuyée sur des États bien organisés dont les plus notables sont le royaume du Kongo (fondé au début du XIVe s.) et, dans le centre-est de l'Afrique, celui du Monomotapa (apogée aux alentours de 1500).

Masque rituel en bois. Art des Sénoufo (N.-O. de la Côte d'Ivoire). [Musée national des arts d'Afrique et d'Océanie, Paris.] Chez les Sénoufo, population de paysans, la plupart des masques jouent un grand rôle dans les rites agraires. On remarquera la différence de traitement du visage humain entre Sénoufo et Baoulé (bas de la porte sculptée) ; idéalisé dans les deux cas, ici il est allongé et émacié alors que le sculpteur baoulé privilégie la douceur de l'arrondi.

La période coloniale. Les Portugais s'intéressent les premiers à l'Afrique. 1488 : Bartolomeu Dias double le cap de Bonne-Espérance. 1497-98 : Vasco de Gama longe la côte est. XVIe-XVIIe s. : les comptoirs se multiplient, portugais (Angola, Mozambique), anglais et hollandais (Guinée) ou français (Guinée, Sénégal). L'intérieur, inexploré, décline sous l'effet de la traite. XIXe s. : les Européens se disputent le continent. La France conquiert l'Algérie (1830-1864) et le Sénégal (1858-1864) ; l'intérieur est visité (Caillié, Nachtigal, Livingstone et Stanley) ; Lesseps perce le canal de Suez (1869). Après 1870, l'Afrique entière est dépecée, au prix de conflits entre les Européens (Anglais et Français au Soudan — Fachoda — et en Afrique occidentale — Nigeria — ; Français et Allemands au Maroc ; etc.) et entre ceux-ci et les colons (guerre du Transvaal opposant Anglais et Boers, 1899-1902). 1918 : les colonies allemandes passent sous mandats anglais, belge et français.

L'Afrique indépendante. Le mouvement d'émancipation, amorcé avant la Seconde Guerre mondiale, s'accélère. 1955-1966 : la plupart des colonies françaises et britanniques accèdent à l'indépendance. 1975-1990 : en Afrique australe, les colonies portugaises (Angola, Mozambique) deviennent indépendantes en 1975, tandis qu'au Zimbabwe la minorité blanche reste au pouvoir jusqu'en 1980 et que la Namibie s'émancipe de la tutelle sud-africaine en 1990. Aux prises avec de graves difficultés économiques (famine d'Éthiopie, sécheresse du Sahel), troublé par des conflits locaux aux implications souvent ethniques, le continent africain est jusqu'en 1988 l'un des théâtres de la lutte Est-Ouest (notamm. en Angola et dans la Corne de l'Afrique). Depuis 1990, la plupart des pays à régime autoritaire connaissent une évolution, parfois difficile, vers le multipartisme et la démocratie. En 1993, l'Érythrée accède à l'indépendance.

AFRIQUE DU NORD, autre appellation du Maghreb.

AFRIQUE DU SUD *(République d'),* État occupant l'extrémité méridionale de l'Afrique et constitué par neuf provinces (Cap-Nord, Cap-Est, Cap-Ouest, Nord-Ouest, Nord, Mpumalanga, Gauteng, Kwazulu-Natal et État libre) ; 1 223 000 km² ; 43 500 000 h. *(Sud-Africains)* [dont 75 p. 100 de Bantous, 13 p. 100 de Blancs, 9 p. 100 de métis et 3 p. 100 d'Asiatiques]. CAP. *Pretoria* et *Le Cap.* V. pr. : *Johannesburg, Durban.* LANGUES : *afrikaans, anglais, ndebele, sotho du nord, sotho du sud, swazi, tsonga, tswana, venda, xhosa, zoulou.* MONNAIE : *rand.*

INSTITUTIONS

République. Constitution intérimaire de 1993 : entrée en vigueur en 1994 après les premières élections multiraciales, elle remplace celle de 1983 pour une durée maximale de cinq ans jusqu'à l'adoption d'une Constitution définitive. Président de la République : élu par l'Assemblée nationale et assisté par deux vice-présidents, l'un issu du parti majoritaire, l'autre du parti arrivé en deuxième position. Pour la première fois dans l'histoire de l'Afrique du Sud, la Constitution est la Loi fondamentale commune à tous les citoyens.

GÉOGRAPHIE

Le pays constitue toujours la première puissance économique du continent, mais sa relative prospérité est encore menacée par les tensions raciales. Celles-ci sont liées à la longue prépondérance politique et économique de la minorité blanche, alors que l'évolution démographique n'a cessé d'accroître la prépondérance numérique des Noirs qui accèdent enfin au pouvoir en 1994. Mais la disparition de l'apartheid n'a pas entraîné l'uniformisation des genres et des niveaux de vie qui sera longue à venir. Les inégalités et le sous-emploi demeurent préoccupants. L'analphabétisme reste important chez les Noirs. L'Afrique du Sud occupe une situation géostratégique essentielle (contrôle de la « route du Cap ») et, surtout, possède d'importants gisements de minerais précieux ou rares (or et diamants, titane, vanadium, chrome, manganèse). L'industrie de transformation travaille surtout pour le marché national et est localisée principalement autour de Johannesburg et dans les ports. Bénéficiant vers Le Cap d'un climat méditerranéen (le reste du pays est à dominante tropicale, mais tempérée par l'altitude) et localement de l'irrigation, l'agriculture satisfait la majeure partie des besoins (blé et maïs, vigne, canne à sucre, important élevage bovin et ovin).

HISTOIRE

Période africaine et hollandaise. Peuplée très tôt dans la préhistoire, l'Afrique du Sud est occupée par les Bochiman, les Nama ou Hottentots (XIIe s.), puis par les Bantous (XVIe s.). XVIe s. : les Portugais découvrent le pays, sans s'y fixer. 1652 : les Hollandais fondent Le Cap, escale de la Compagnie des Indes orientales. 1685 : les colons (Boers) sont rejoints par les huguenots français, après la révocation de l'édit de Nantes. L'esclavage se développe. 1779-1780 : la migration des Bantous vers le sud provoque la guerre « cafre » (du nom d'une ethnie) entre ceux-ci et les Blancs.

La domination anglaise. 1814 : au traité de Paris, le pays passe sous administration britannique. 1834 : l'abolition de l'esclavage (1833) mécontente les Boers, qui migrent vers le nord (« Grand Trek »). Trois républiques naissent : Natal, Transvaal et Orange, dont l'autonomie est acquise provisoirement après un premier conflit (1877-1881). 1884 : la découverte des mines d'or suscite un afflux d'étrangers. 1890 : Cecil Rhodes, gouverneur du Cap, étrangle les républiques boers, coupant notamment l'accès du Transvaal à la mer. 1899-1902 : la guerre du Transvaal, difficile pour les Anglais, s'achève sur la défaite des Boers. 1910 : ils obtiennent cependant satisfaction, par la création de l'Union sud-africaine (États du Cap, Natal, Orange et Transvaal), intégrée dans le Commonwealth. 1913 : les premières lois de ségrégation (apartheid) affectent les Noirs, très majoritaires. 1948 : le gouvernement nationaliste du Dr Malan durcit les lois d'apartheid (interdiction des mariages mixtes, etc.). 1949 : il annexe l'ex-Sud-Ouest africain allemand.

L'indépendance. 1961 : après référendum, l'Union se transforme en république indépendante ; elle se retire du Commonwealth. Après 1966, comme Premiers ministres puis comme présidents, Vorster et Botha poursuivent la politique d'apartheid, au prix d'un isolement grandissant du pays. 1985-1986 : les émeutes antiapartheid font de nombreuses victimes. L'instauration de l'état d'urgence et la violence de la répression sont condamnées par plusieurs pays occidentaux qui prennent des sanctions économiques contre l'Afrique du Sud. 1988 : l'Afrique du Sud conclut un accord avec l'Angola et Cuba qui entraîne un cessez-le-feu dans le sud-ouest de l'Afrique. 1989 : Frederik De Klerk succède à P. Botha, démissionnaire, à la tête de l'État et du parti national.

Vers une démocratie multiraciale. 1990 : F. De Klerk met en œuvre une politique d'ouverture vers la majorité noire (légalisation des organisations antiapartheid, libération de N. Mandela, négociations directes avec l'ANC, abolition de la ségrégation raciale dans les lieux publics). L'état d'urgence est levé. La Namibie accède à l'indépendance. 1991 : les trois dernières lois régissant l'apartheid sont abolies. 1993 : au terme de négociations difficiles, engagées en 1990, une Constitution intérimaire est adoptée (nov.), sous l'impulsion conjointe de F. De Klerk et de N. Mandela, et malgré l'opposition des extrémistes noirs et blancs. Les dernières sanctions économiques imposées par la communauté internationale sont levées. 1994 : les premières élections multiraciales (avr.), auxquelles participe massivement la population sud-africaine, sont largement remportées par l'ANC. N. Mandela est élu à la tête de l'État. Un gouvernement d'unité nationale est formé. L'Afrique du Sud retrouve sa place dans le concert des nations.

AFRIQUE-ÉQUATORIALE FRANÇAISE (A.-É. F.), fédération qui regroupa, de 1910 à 1958, les colonies du Gabon, du Moyen-Congo, de l'Oubangui-Chari et du Tchad ; 2 510 000 km².

AFRIQUE NOIRE, partie du continent africain habitée essentiellement par des populations noires.

AFRIQUE-OCCIDENTALE FRANÇAISE (A.-O. F.), fédération qui regroupa, de 1895 à 1958, les colonies du Sénégal, de la Mauritanie, du Soudan, de la Haute-Volta, de la Guinée française, du Niger, de la Côte d'Ivoire et du Dahomey ; 4 425 000 km².

AFRIQUE-ORIENTALE ALLEMANDE, anc. colonie allemande en Afrique orientale (1884-1919).

AFRIQUE-ORIENTALE ANGLAISE, anc. possessions britanniques de l'Afrique orientale : Kenya, Ouganda, Zanzibar, Tanganyika.

AFTALION (Albert), économiste français (Ruse, Bulgarie, 1874-Chambéry 1956). Étudiant les crises de surproduction, il a mis en lumière le principe d'accélération.

AGADIR, port du Maroc méridional, sur l'Atlantique ; 110 000 h. Station balnéaire. Pêche. En 1911, l'envoi d'une canonnière allemande (la *Panther*) dans ce port fut le point de départ d'un incident franco-allemand. En 1960, la ville fut détruite par un tremblement de terre.

AGAMEMNON, fils d'Atrée et frère de Ménélas, roi légendaire de Mycènes et d'Argos, chef des Grecs qui assiégèrent Troie. Pour apaiser la colère d'Artémis et faire cesser les vents contraires, il sacrifia sa fille Iphigénie, sur les conseils du devin Calchas. À son retour de Troie, il fut assassiné par Clytemnestre, sa femme, et par Égisthe.

AGAPET *(saint)* [m. à Constantinople en 536], pape de 535 à 536.

AGAR, personnage biblique. Esclave égyptienne d'Abraham et mère d'Ismaël, elle fut renvoyée avec son fils par Sara, quand celle-ci donna naissance à Isaac.

AGASSIZ (Louis), géologue et paléontologiste américain d'origine suisse (Môtier, cant. de Fribourg, 1807 - Cambridge, Massachusetts, 1873). On lui doit des recherches sur les fossiles et sur l'action des glaciers.

AGATHE *(sainte),* vierge et martyre sicilienne (IIIe s.).

AGATHOCLE, tyran, puis roi de Syracuse (Thermae v. 361-289 av. J.-C.). Il lutta contre la suprématie de Carthage.

Agaune → ***Saint-Maurice*** (Suisse, Valais).

AGAY (83700 St Raphaël), station balnéaire du Var (comm. de Saint-Raphaël), au pied de l'Esterel.

AGDE (34300), ch.-l. de c. de l'Hérault, sur l'Hérault et le canal du Midi ; 17 784 h. *(Agathois).* Port jadis important. Anc. cathédrale fortifiée (XIIe s.). Musée.

AGDE *(cap d'),* promontoire volcanique de la côte de l'Hérault, au S.-E. d'Agde. Station balnéaire.

Âge d'or (l'), film français de L. Buñuel (1930), écrit avec S. Dalí. Cet hymne à la révolte et à l'amour fou reste l'un des grands manifestes du cinéma surréaliste.

AGEN [aʒɛ̃] (47000), ch.-l. du dép. de Lot-et-Garonne, à 609 km au sud-sud-ouest de Paris, sur la Garonne ; 32 223 h. *(Agenais).* Évêché. Cour d'appel. Marché (prunes, chasselas). Conserves. Produits pharmaceutiques. Cathédrale romane et gothique. Musée.

AGENAIS, pays de France, dans la Guyenne, réuni à la Couronne (1592).

Agence internationale de l'énergie atomique → *A.I.E.A.*

Agence spatiale européenne → *ESA.*

AGÉSILAS II, roi de Sparte (399-360 av. J.-C.). Il lutta avec succès contre les Perses et triompha à Coronée (394) de Thèbes et de ses alliés.

AGGÉE, prophète juif du VIe s. av. J.-C.

AGHA KHĀN III, prince et chef religieux d'une partie des ismaéliens (Karāchi 1877 - Versoix, Suisse, 1957) ; — **Agha Khān IV** (Creux-de-Genthod 1936), son petit-fils, lui succéda.

AGHLABIDES ou **ARHLABIDES,** dynastie arabe qui régna sur la partie orientale de l'Afrique du Nord (800-909).

AGIDES, dynastie royale de Sparte qui, conjointement avec les Eurypontides, exerça le pouvoir du VIe au IIIe s. av. J.-C.

AGIS, nom de plusieurs rois de Sparte. — **Agis IV** régna de 244 à 241 av. J.-C. Sa réforme agraire lui coûta le trône et la vie.

AGLY, fl. côtier du Roussillon ; 80 km.

Agneau mystique *(retable de l'),* polyptyque de Jan (ou de Hubert et Jan) Van Eyck, à l'église St-Bavon de Gand. Inauguré en 1432, c'est le chef-d'œuvre initial de l'école flamande de peinture.

AGNÈS *(sainte),* vierge romaine martyre (303) sous Dioclétien.

AGNÈS DE FRANCE (1171 - Constantinople 1220), impératrice byzantine sous le nom d'*Anne.* Fille de Louis VII, roi de France, elle épousa Alexis II Comnène (1180) puis Andronic Ier Comnène (1183), empereurs byzantins.

AGNÈS DE MÉRAN, fille de Berthold, duc de Méran (Tyrol) [m. à Poissy en 1201], épouse de Philippe Auguste (1196), qui répudia pour elle Isambour. Innocent III obligea le roi à la renvoyer.

AGNI, feu du sacrifice et dieu du Feu dans les textes védiques.

AGNI, peuple de la Côte d'Ivoire et du Ghana, parlant une langue kwa.

AGNON (Samuel Joseph), écrivain israélien (Buczacz, Galicie, 1888 - Rehovoth 1970), auteur de romans consacrés à la vie des juifs de Pologne et aux pionniers de la colonisation de la Palestine *(les Délaissées, la Dot de la fiancée, Contes de Jérusalem).* [Prix Nobel 1966.]

AGOULT (Marie **de Flavigny,** *comtesse* **d'**), écrivain français (Francfort-sur-le-Main 1805 - Paris 1876). Sous le nom de **Daniel Stern,** elle publia des ouvrages historiques et philosophiques. De sa liaison avec Liszt elle eut trois enfants dont deux filles : l'une épousa É. Ollivier, l'autre R. Wagner.

AGOUT, affl. du Tarn (r. g.), né dans l'Espinouse et passant à Castres ; 180 km.

ĀGRĀ, v. de l'Inde (Uttar Pradesh), sur la Yamunā ; 955 694 h. Cité impériale de Bāber. Nombreux monuments dont le chef-d'œuvre de l'architecture moghole, le Tādj* Maḥall, mausolée du XVIIe s.

AGRAM → *Zagreb.*

ÁGREDA (María **Coronel,** dite **María de**), religieuse espagnole (Ágreda 1602 - *id.* 1665), célèbre par ses extases et ses visions.

AGRICOLA (Cnaeus Julius), général romain (Forum Julii [Fréjus] 40-93 apr. J.-C.). Il acheva la conquête de la Grande-Bretagne. Il fut le beau-père de Tacite, qui écrivit sa biographie.

AGRICOLA (Georg **Bauer,** dit), minéralogiste allemand (Glauchau 1494 - Chemnitz 1555), auteur d'un ouvrage sur la métallurgie.

AGRICOLA (Mikael), écrivain finnois et évêque de Turku (Pernaja v. 1510 - Kuolemajärvi 1557). Il introduisit la Réforme en Finlande et publia le premier livre imprimé en finnois.

AGRIGENTE, v. d'Italie (Sicile), ch.-l. de prov. ; 54 603 h. Elle s'est appelée *Girgenti* jusqu'en 1927, date à laquelle elle a repris son nom ancien. Bel ensemble de temples doriques grecs (VIe-Ve s. av. J.-C.).

AGRIPPA (Marcus Vipsanius), général romain (63-12 av. J.-C.). Gendre et ministre d'Auguste, qui organisa pour lui une sorte de corégence, il commanda à Actium (31 av. J.-C.). Il inaugura à Rome l'œuvre monumentale de l'époque impériale (le Panthéon).

AGRIPPINE l'Aînée, princesse romaine (14 av. J.-C. - 33 apr. J.-C.), petite-fille d'Auguste, fille d'Agrippa et de Julie ; elle épousa Germanicus, dont elle eut Caligula et Agrippine la Jeune.

AGRIPPINE la Jeune, princesse romaine (v. 15-59 apr. J.-C.), fille de la précédente et de Germanicus, mère de Néron. Ambitieuse, elle épousa en troisièmes noces l'empereur Claude, son oncle, lui fit adopter son fils, puis empoisonna Claude pour placer Néron sur le trône ; mais celui-ci la fit assassiner.

AGUASCALIENTES, v. du Mexique, cap. d'État ; 506 384 h. Métallurgie.

AGUDES (Les) [31110 Bagnères de Luchon], station de sports d'hiver (alt. 1 600-2 241 m) de la Haute-Garonne.

AGUESSEAU (Henri François **d'**), magistrat français (Limoges 1668 - Paris 1751). Chancelier de 1717 à 1750, il fut en disgrâce de 1718 à 1727 pour son opposition à Law. Son œuvre de juriste tend à substituer le droit écrit à la coutume.

AGULHON (Maurice), historien français (Uzès 1926). Inventeur de l'histoire de la sociabilité, c'est-à-dire des groupes ou des lieux où se forme l'opinion, il est l'auteur d'ouvrages sur le XIXe s. *(la République au village,* 1970 ; *Marianne au combat,* 1979 ; *Marianne au pouvoir,* 1989).

Ahasvérus, personnage légendaire, plus connu sous le nom de *Juif errant.*

AHIDJO (Ahmadou), homme politique camerounais (Garoua 1924 - Dakar 1989). Il négocia l'indépendance du Cameroun et fut président de la République (1961-1982).

AHLIN (Lars Gustav), écrivain suédois (Sundsvall 1915), poète populiste et rénovateur du roman prolétarien.

AHMADĀBĀD ou **AHMEDABAD,** v. de l'Inde, anc. cap. du Gujerat ; 3 297 655 h. Centre textile. Vieille ville aux nombreux monuments des XVe, XVIe et XVIIe s.

AḤMAD IBN ṬŪLŪN (835 - Antioche 884), fondateur de la dynastie des Tulunides.

AHMADNAGAR, v. de l'Inde, à l'est de Bombay ; 221 710 h. Marché du coton.

AHMED Ier (Manisa 1590 - Istanbul 1617), sultan ottoman (1603-1617). — **Ahmed II** (Istanbul 1643 - Andrinople 1695), sultan ottoman (1691-1695). — **Ahmed III** (1673 - Istanbul 1736), sultan (1703-1730). Il donna asile à Charles XII après la bataille de Poltava.

AHMOSIS ou **AHMÈS,** roi d'Égypte (1580-1558 av. J.-C.). Il acheva de chasser les Hyksos hors d'Égypte et fonda la XVIIIe dynastie.

AHO (Juhani **Brofeldt,** dit **Juhani**), écrivain finlandais (Lapinlahti 1861 - Helsinki 1921), romancier d'inspiration naturaliste *(la Femme du pasteur).*

Ahrām (al-), le plus important quotidien égyptien, créé en 1876.

AHRIMAN, esprit du Mal, opposé à *Ahura Mazdâ,* principe du Bien, dans la religion de Zarathushtra.

AHTISAARI (Martti), diplomate et homme politique finlandais (Viipuri 1937). Social-démocrate, il est président de la République depuis 1994.

AHUN (23150), ch.-l. de c. du centre de la Creuse ; 2 039 h.

AHURA-MAZDÂ ou **ORMUZD,** dieu suprême de la religion mazdéenne, réformée v. le VIIe s. av. J.-C. par Zarathushtra.

AHVĀZ, v. de l'Iran, cap. du Khuzestān, au nord d'Ābādān ; 329 000 h.

AHVENANMAA, en suédois **Aland,** archipel finlandais de la Baltique ; 1 505 km² ; 23 000 h.

AICARD (Jean), écrivain français (Toulon 1848 - Paris 1921), célèbre pour son roman *Maurin des Maures* (1908). [Acad. fr.]

'Ā'ICHA (La Mecque v. 614 - Médine 678), fille d'Abū Bakr et troisième femme de Mahomet.

Aïda, opéra de Verdi en quatre actes, livret d'A. Ghislanzoni d'après A. Mariette (Le Caire, 1871).

A.I.E.A. (Agence internationale de l'énergie atomique), organisation intergouvernementale à vocation autonome, placée sous l'égide des Nations unies. Créée en 1957, elle a pour but de promouvoir les applications pacifiques de l'énergie atomique en veillant, notamment, à ce qu'elles ne conduisent pas à la fabrication d'armes nucléaires. Son siège est à Vienne.

AIGLE, v. de Suisse (Vaud), près du Rhône ; 7 825 h. Vins. Raffinerie de pétrole. Château médiéval.

AIGLE (L') [61300], anc. **Laigle,** ch.-l. de c. de l'Orne ; 9 799 h. *(Aiglons).* Constructions mécaniques. Église des XIIe-XVIe s.

AIGNAN *(saint)* ou **AGNAN,** évêque d'Orléans (m. en 453). Il défendit Orléans contre Attila (451).

Aigos-Potamos *(bataille d')* [405 av. J.-C.], victoire du Spartiate Lysandre sur la flotte athénienne à la fin de la guerre du Péloponnèse.

AIGOUAL, massif des Cévennes, entre le Gard et la Lozère ; 1 565 m. Forêt. Observatoire.

AIGRE (16140), ch.-l. de c. du nord-ouest de la Charente ; 1 197 h.

AIGREFEUILLE-D'AUNIS (17290), ch.-l. de c. de la Charente-Maritime ; 3 058 h.

AIGREFEUILLE-SUR-MAINE (44140), ch.-l. de c. de la Loire-Atlantique ; 2 036 h.

AIGUEBELETTE-LE-LAC (73610), comm. de la Savoie, près du *lac d'Aiguebelette ;* 172 h. Station estivale.

AIGUEBELLE (73220), ch.-l. de c. de la Savoie, sur l'Arc ; 858 h. Station estivale.

AIGUEPERSE (63260), ch.-l. de c. du Puy-de-Dôme, dans la Limagne ; 2 560 h. Monuments anciens.

AIGUES-MORTES (30220), ch.-l. de c. du Gard, à l'ouest de la Camargue ; 5 033 h. *(Aigues-Mor-*

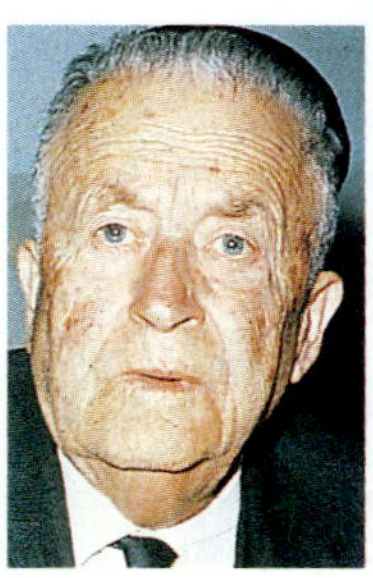

Samuel Joseph **Agnon**

Agrigente : temple dorique dit « de la Concorde ». Ve s. av. J.-C.

tais). Salines. Belle enceinte médiévale quadrangulaire. Jadis port de mer, où Saint Louis s'embarqua pour l'Égypte (1248) et Tunis (1270).

AIGUILLE *(mont),* pic escarpé de la bordure est du Vercors (Isère) ; 2 086 m.

AIGUILLES (05470), ch.-l. de c. des Hautes-Alpes, sur le Guil ; 379 h. Station d'altitude (1 475 m) et de sports d'hiver.

AIGUILLES *(cap des),* extrémité sud de l'Afrique, à l'est du cap de Bonne-Espérance.

AIGUILLES-ROUGES (les), massif des Alpes françaises du Nord, au nord du massif du Mont-Blanc ; 2 965 m.

AIGUILLON *(anse* ou *baie de l'),* échancrure du littoral atlantique, en face de l'île de Ré, limitée vers le large par la *pointe de l'Aiguillon.* Ostréiculture et mytiliculture.

AIGUILLON (Emmanuel Armand **de Vignerot du Plessis de Richelieu,** *duc* **d'**), ministre français (Paris 1720 - *id.* 1788). Commandant en chef en Bretagne, il eut de graves démêlés avec le parlement de Rennes. Dans le *triumvirat* formé avec Maupeou et Terray, Louis XV le chargea des Affaires étrangères et de la Guerre (1771-1774).

AIGUILLON (Marie-Madeleine **de Vignerot,** *duchesse* **d'**), nièce de Richelieu (Le Glenay 1604 - Paris 1675), auxiliaire de saint Vincent de Paul et bienfaitrice des missions du Canada.

AIGUILLON-SUR-MER (L') [85460], comm. de la Vendée, sur l'estuaire du Lay ; 2 186 h. Station balnéaire.

AIGURANDE (36140), ch.-l. de c. de l'Indre, au sud-ouest de La Châtre ; 1 952 h.

AIHOLE, site de l'Inde (Deccan). Anc. cap. des Cālukya (VIe-VIIIe s.). Nombreux temples.

AILEY (Alvin), danseur et chorégraphe américain (Rogers, Texas, 1931 - New York 1989), un des maîtres de la danse noire américaine (*Revelations,* 1960 ; *Cry,* 1971 ; *For Bird with Love,* 1986).

Alvin **Ailey**
(répétant un ballet avec sa troupe).

AILLANT-SUR-THOLON (89110), ch.-l. de c. de l'Yonne ; 1 503 h.

AILLAUD (Gilles), peintre français (Paris 1928). Fils de l'architecte Émile Aillaud (1902-1988), il pratique un art froid et objectif (animaux des zoos...) caractéristique de la nouvelle figuration.

AILLY (Pierre **d'**), théologien et cardinal français (Compiègne 1350 - Avignon 1420). Légat d'Avignon, chancelier de l'Université de Paris, il joua un rôle important lors du concile de Constance.

AILLY-SUR-NOYE (80250), ch.-l. de c. de la Somme, au sud-est d'Amiens ; 2 658 h.

AIMARGUES (30470), ch.-l. de c. du Gard ; 3 032 h. Bonneterie.

AIME (73210), ch.-l. de c. de la Savoie, en Tarentaise, sur l'Isère ; 3 000 h. Vestiges gallo-romains. Anc. basilique romane Saint-Martin.

Aimeri de Narbonne, chanson épique (entre 1205 et 1225) du cycle de *Garin de Monglane.*

AIN, riv. de France qui sort du Jura et rejoint le Rhône en amont de Lyon (r. dr.) ; 200 km. Aménagements hydroélectriques.

AIN (01), dép. de la Région Rhône-Alpes ; ch.-l. de dép. *Bourg-en-Bresse ;* ch.-l. d'arr. *Belley, Gex, Nantua ;* 4 arr., 43 cant., 419 comm. ; 5 762 km² ; 471 019 h. Le dép. est rattaché à l'académie et à la cour d'appel de Lyon, à la région militaire Méditerranée. Il comporte une partie montagneuse à l'est (le Bugey jurassien), souvent boisée, et une partie basse, à l'ouest (la Bresse et la Dombes). L'élevage (bovins, volailles) domine la vie agricole. L'industrie est représentée notamment par les constructions mécaniques (Bourg-en-Bresse) et les matières plastiques (Oyonnax), le travail du bois dans le Jura et la taille des diamants dans le pays de Gex, l'électricité nucléaire (centrale du Bugey).

AÏNOUS, population d'Hokkaidō, de Sakhaline et des Kouriles. Leurs traits, leur langue et leur culture les distinguaient autrefois des Japonais, auxquels ils sont aujourd'hui assimilés.

Ainsi parlait Zarathoustra (1883-1885), poème philosophique de F. Nietzsche, où l'auteur développe la doctrine du surhomme.

AÏN TEMOUCHENT, v. d'Algérie, au sud-ouest d'Oran ; 42 000 h.

AÏR, massif montagneux du Sahara méridional (Niger). Centre pr. *Agadès.*

Airbus Industrie, consortium aéronautique européen, dont le siège est à Toulouse. Il regroupe des constructeurs français, allemands, britanniques et espagnols.

AIRE, affl. de l'Aisne (r. dr.) ; 131 km.

AIRE-SUR-L'ADOUR (40800), ch.-l. de c. des Landes ; 7 193 h. *(Aturins).* Évêché d'Aire (résidence à Dax). Constructions aéronautiques. Cathédrale en partie romane.

AIRE-SUR-LA-LYS (62120), ch.-l. de c. du Pas-de-Calais ; 9 866 h. *(Airois).* Églises et maisons anciennes.

Air et de l'Espace *(musée de l'),* musée créé en 1919 à Chalais-Meudon et transféré au Bourget.

Air France, compagnie nationale de transports aériens, constituée en 1948 et qui a pris la suite d'une société anonyme fondée en 1933. La compagnie achète en 1990 U.T.A. (Union de Transports Aériens), prenant de ce fait le contrôle d'Air Inter. En 1992, Air France et U.T.A. fusionnent pour former la Compagnie nationale Air France. En 1996, Air Inter change de dénomination sociale pour devenir Air France Europe (commercialisant ses produits sous la marque Air Inter Europe).

AIROLO, comm. de Suisse (Tessin), à l'entrée sud des tunnels, ferroviaire et routier, du Saint-Gothard ; 1 734 h.

AIRVAULT (79600), ch.-l. de c. des Deux-Sèvres, sur le Thouet ; 3 254 h. *(Airvaudais).* Cimenterie. Église, anc. abbatiale romane de 1100 (voûtes du XIIIe s.).

AIRY (*sir* George Biddell), astronome britannique (Alnwick, Northumberland, 1801 - Londres 1892). Il développa l'hypothèse de l'isostasie et donna, le premier, la théorie complète de la formation de l'arc-en-ciel.

AISNE [ɛn], riv. de France née dans l'Argonne, qui passe à Soissons et se jette dans l'Oise (r. g.) en amont de Compiègne ; 280 km.

AISNE (02), dép. de la Région Picardie ; ch.-l. de dép. *Laon ;* ch.-l. d'arr. *Château-Thierry, Saint-Quentin, Soissons, Vervins ;* 5 arr., 42 cant., 817 comm. ; 7 369 km² ; 537 259 h. Le dép. est rattaché à l'académie et à la cour d'appel d'Amiens, à la région militaire Nord-Est. Il est formé de plateaux souvent limoneux (extrémité nord de la Brie, Valois, Vermandois, Soissonnais), où la grande culture (blé, betterave à sucre), dominante, est parfois associée à l'élevage bovin. Ces plateaux sont entaillés par des vallées (Marne, Aisne et Oise), domaines de cultures maraîchères et sites des principales villes (Saint-Quentin, Soissons), en dehors de Laon. La Thiérache, herbagère, constitue l'extrémité nord du dép. L'industrie est concentrée surtout dans la vallée de l'Oise (métallurgie, verrerie et chimie) et à Saint-Quentin.

AISTOLF ou **ASTOLPHE,** roi des Lombards (749-756), battu par Pépin le Bref.

AIUN (El-), v. du Sahara occidental ; 6 000 h.

AIX *(île d')* [17123], île formant une comm. du dép. de la Charente-Maritime ; 200 h. Musée napoléonien.

AIX-D'ANGILLON (Les) [18220], ch.-l. de c. du Cher, au nord-est de Bourges ; 2 178 h.

AIX-EN-OTHE (10160), ch.-l. de c. de l'ouest de l'Aube ; 2 277 h. *(Aixois).*

AIX-EN-PROVENCE, ch.-l. d'arr. des Bouches-du-Rhône ; 126 854 h. *(Aixois).* Archevêché. Université. Cour d'appel. Festival musical. Station thermale. Industries alimentaires. — Cathédrale St-Sauveur (XIe-XVe s. ; triptyque du *Buisson ardent* de N. Froment) avec baptistère remontant au Ve s. et cloître du XIIe s. Célèbre *Annonciation* de l'église de la Madeleine (1443-1445) attribuée à Barthélemy d'Eyck. Autres monuments. Hôtels des XVIIe et XVIIIe s. Musées, dont le musée des beaux-arts « Granet ». — Aix *(Aquae Sextiae)* fut fondée par les Romains en 123 av. J.-C. Aux environs, Marius vainquit les Teutons (102 av. J.-C.).

AIXE-SUR-VIENNE (87700), ch.-l. de c. de la Haute-Vienne, au sud-ouest de Limoges ; 5 667 h. *(Aixois).* Papeterie. Céramique.

AIX-LA-CHAPELLE, en all. **Aachen,** v. d'Allemagne (Rhénanie-du-Nord-Westphalie) ; 236 987 h. Station thermale. Belle cathédrale gothique, ayant pour noyau la chapelle Palatine de 805. Musées. Ce fut la résidence préférée de Charlemagne. Deux traités y furent signés, en 1668 et en 1748, qui mirent fin aux guerres de Dévolution et de la Succession d'Autriche. En 1818 y eurent lieu des conférences, à la suite desquelles les Alliés évacuèrent la France.

AIX-LES-BAINS (73100), ch.-l. de c. de la Savoie, sur la rive est du lac du Bourget ; 24 826 h. *(Aixois).* Station thermale. Constructions électriques. Vestiges romains.

AIZENAY (85190), comm. de la Vendée, dans le Bocage ; 5 375 h.

AJACCIO, ch.-l. de la collectivité territoriale de Corse et du dép. de la Corse-du-Sud, sur la côte ouest de l'île ; 59 318 h. *(Ajacciens).* Évêché (cathédrale du XVIe s.). Située sur une rade magnifique, la ville est un centre touristique et commercial. Maison de Napoléon. Musée Fesch.

AJAṆṬĀ *(monts),* montagnes de l'Inde, dans le nord du Deccan. Sanctuaires rupestres bouddhiques (IIe s. av. J.-C. - déb. VIIe s. apr. J.-C.) au décor peint et sculpté.

AJAX, nom de deux héros grecs de la guerre de Troie. — **Ajax,** fils de Télamon, roi de Salamine ; il devint fou pour n'avoir pas obtenu les armes d'Achille, qu'Ulysse reçut après la mort du héros. — **Ajax,** fils d'Oïlée, roi des Locriens ; il enleva Cassandre dans le temple d'Athéna ; la déesse le fit périr dans un naufrage.

AJJER *(tassili des),* massif au nord du Hoggar (Sahara algérien).

AJMER, v. de l'Inde (Rājasthān) ; 401 930 h. Monuments des XIIe-XVIIe s.

AKABA → *'Aqaba.*

AKADEMGORODOK, v. de Russie, en Sibérie, près de Novossibirsk ; 60 000 h. Instituts de recherche scientifique.

AKAKIA (Martin **Sans-Malice,** dit en grec), médecin de François Ier (m. en 1551). — **Jean,** son petit-fils, fut médecin de Louis XIII.

AKAN, peuple de la Côte d'Ivoire, parlant une langue kwa.

AKASHI, v. du Japon (Honshū) ; 270 722 h.

AKBAR (Umarkot 1542 - Āgrā 1605), empereur moghol de l'Inde (1556-1605). Il agrandit son empire et le dota d'une administration régulière et tolérante.

AKHENATON → *Aménophis IV.*

AKHMATOVA (Anna Andreïevna), poétesse russe (Odessa 1889 - Moscou 1966). L'un des principaux représentants de l'acméisme, elle revint à un art classique inspiré des thèmes populaires *(le Rosaire, Requiem).*

AKHṬAL (al-), poète arabe (Ḥīra ou Ruṣāfa de Syrie v. 640 - Kūfa v. 710). Chrétien nestorien, il vécut à la cour des Omeyyades de Damas et fut le rival de Djarīr.

AKIHITO, empereur du Japon (Tōkyō 1933). À la mort de son père Hirohito (1989), il lui succède.

AKINARI → *Ueda Akinari.*

AKITA, v. du Japon (Honshū) ; 302 362 h.

AKKAD, ville, État et dynastie de la basse Mésopotamie (v. 2325-2160 av. J.-C.). Sargon l'Ancien fonda l'empire d'Akkad, qui devait être détruit par des envahisseurs barbares venus du Zagros.

AKMOLA, anc. **Tselinograd,** v. du Kazakhstan ; 277 000 h.

AKOLA, v. de l'Inde (Mahārāshtra) ; 327 946 h. Marché cotonnier.

AKOSOMBO, localité du Ghana, sur la Volta. Importante retenue (lac Volta) et centrale hydroélectrique.

Akouta, gisement d'uranium du Niger.

AKRON, v. des États-Unis (Ohio), près du lac Érié ; 223 019 h. Centre de l'industrie des pneumatiques.

Aix-la-Chapelle : intérieur de la chapelle Palatine (805).

Monts **Ajaṇṭā :** détail du décor peint (VIe s.) d'un des sanctuaires bouddhiques.

AKSAKOV (Sergueï Timofeïevitch), écrivain russe (Oufa 1791 - Moscou 1859), peintre de la vie patriarcale russe. — L'un de ses fils, **Ivan** (Nadejdino 1823 - Moscou 1886), fonda le journal slavophile *Rous (la Russie).*

AKSOUM ou **AXOUM,** v. d'Éthiopie, jadis cap. du royaume de ce nom ; 19 000 h. Ruines antiques. L'ancien royaume d'Aksoum (Iᵉʳ-Xᵉ s.) devait sa prospérité à son commerce. Berceau de la civilisation et de l'Église éthiopiennes, il fut détruit par les Arabes.

AKTIOUBINSK, v. du Kazakhstan ; 253 000 h. Industrie chimique.

AKUTAGAWA RYŪNOSUKE, écrivain japonais (Tōkyō 1892 - *id.* 1927), auteur de nouvelles qui peignent des êtres en proie à l'angoisse ou à la folie *(Rashōmon, les Kappa).*

AKYAB → ***Sittwe.***

ALABAMA, État du Sud historique des États-Unis ; 4 040 587 h. Cap. *Montgomery.* Forte minorité noire.

Aladin, un des héros des *Mille et Une Nuits.* Fils d'un pauvre tailleur, Aladin va chercher au centre de la Terre une lampe magique qui lui assure la fortune.

ALAGNON, riv. du Massif central, affl. de l'Allier (r. g.) ; 80 km. Gorges.

ALAGOAS, État du nord-est du Brésil ; 2 512 515 h. Cap. *Maceió.*

ALAIN (Émile **Chartier,** dit), essayiste français (Mortagne-au-Perche 1868 - Le Vésinet 1951). Ses *Propos* révèlent un spiritualisme humaniste.

ALAIN (Jehan), compositeur et organiste français (Saint-Germain-en-Laye 1911 - près de Saumur 1940), auteur de *Litanies* pour orgue.

ALAIN-FOURNIER (Henri Alban **Fournier,** dit), romancier français (La Chapelle-d'Angillon 1886 - bois de Saint-Rémy 1914), auteur du *Grand Meaulnes* (1913).

ALAINS, barbares qui envahirent la Gaule en 406. Passés en Espagne (v. 409), ils furent vaincus par les Wisigoths.

ALAMANS, confédération de tribus germaniques établies sur la rive droite du Rhin au IIIᵉ s. Leur progression fut brisée en Alsace par Clovis (496 ou 506).

Alamein *(bataille d'El-)* [23 oct. 1942], victoire de Montgomery sur les forces germano-italiennes (Égypte).

ALAMO, ancien fort situé sur la rivière San Antonio, au Texas. Les Mexicains y remportèrent sur les Texans (6 mars 1836) une bataille où fut tué le célèbre pionnier Davy Crockett.

ÅLAND → ***Ahvenanmaa.***

Alaouites → ***Alawites.***

ALARCÓN (Hernando **de**), navigateur espagnol (XVIᵉ s.). Il visita le premier la Californie (1540) et découvrit le Colorado.

ALARCÓN (Pedro Antonio **de**), écrivain espagnol (Guadix 1833 - Madrid 1891) ; auteur de la nouvelle historique *le Tricorne* (1874), qui inspira à Manuel de Falla un ballet célèbre.

À la recherche du temps perdu, titre général de l'ensemble romanesque de Marcel Proust formé par : *Du côté de chez Swann* (1913), *À l'ombre des jeunes filles en fleurs* (1918), *le Côté de Guermantes* (1920), *Sodome et Gomorrhe* (1922), *la Prisonnière* (1923), *Albertine disparue* ou *la Fugitive* (1925), *le Temps retrouvé* (1927).

ALARIC Iᵉʳ (delta du Danube v. 370 - Cosenza 410), roi des Wisigoths (396-410). Il ravagea l'Empire d'Orient, envahit l'Italie et pilla Rome (410). — **Alaric II,** roi des Wisigoths installés en Aquitaine (484-507), battu et tué par Clovis à Vouillé, en 507. Il promulgua le *Bréviaire d'Alaric* (506), recueil de lois.

ALASKA, État des États-Unis (depuis 1959), au nord-ouest de l'Amérique septentrionale. 1 530 000 km² ; 550 043 h. Cap. *Juneau.* La région fut cédée en 1867 par la Russie aux États-Unis. La chaîne de Brooks sépare les plaines du Nord de la dépression centrale, drainée par le Yukon. Au sud se dresse la *chaîne de l'Alaska* (6 194 m au mont McKinley), en partie volcanique, qui se continue dans la *péninsule d'Alaska.* La population se concentre sur le littoral méridional, au climat relativement doux. La pêche, la sylviculture, le tourisme et surtout, aujourd'hui, l'extraction des hydrocarbures sont les principales ressources. — La *route de l'Alaska* unit la Colombie-Britannique à Fairbanks.

ALAUNGPAYA ou **ALOMPRA** (Shwebo 1714-1760), fondateur en 1752 de la dynastie birmane Konbaung et héros national.

ÁLAVA, l'une des prov. basques de l'Espagne ; 274 720 h. Ch.-l. *Vitoria.*

Alawites ou **Alaouites,** dits aussi **Nuṣayrī,** secte de l'islam chiite fondée au IXᵉ s., puissante notamment en Syrie. Dans ce pays fut organisé, sous le mandat français, le « territoire des Alaouites » (1920-1941).

ALAWITES ou **ALAOUITES** *(dynastie des),* dynastie régnant au Maroc depuis 1666.

ALBACETE, v. d'Espagne (Castille-La Manche), ch.-l. de prov., au sud-est de Madrid ; 130 023 h.

ALBAINS *(monts),* collines du Latium, dominant le site d'Albe la Longue.

ALBA IULIA, v. de Roumanie (Transylvanie) ; 51 000 h. Cathédrale romano-gothique.

ALBAN ou **ALBANS** *(saint),* le premier martyr de l'Angleterre (m. à Verulamium, auj. Saint Albans, v. 303).

ALBANE (Francesco **Albani,** dit en fr. **l'**), peintre italien (Bologne 1578 - *id.* 1660). Élève des Carrache, il a peint des compositions religieuses ainsi que des tableaux mythologiques aux paysages sereins et délicats.

ALBANIE, en albanais **Shqipëria,** État de la péninsule des Balkans ; 29 000 km² ; 3 300 000 h. *(Albanais).* CAP. *Tirana.* LANGUE : *albanais.* MONNAIE : *lek.*

GÉOGRAPHIE

Les chaînes Dinariques, souvent forestières, occupent l'ensemble du pays, à l'exception de la partie centrale, où, en bordure de l'Adriatique, s'étendent des plaines et des collines qui regroupent la majeure partie d'une population anciennement islamisée et encore rapidement croissante. Le climat est méditerranéen sur une étroite frange littorale ; ailleurs, il est de type continental. L'agriculture (maïs, blé, arbres fruitiers, tabac), l'extraction minière (pétrole, chrome) et l'élevage demeurent les fondements de l'économie, qui a sensiblement évolué après 1945 en dépit des contraintes du collectivisme et qui s'ouvre aujourd'hui à l'économie de marché.

HISTOIRE

Deux mille ans de domination étrangère. Terre romaine, puis byzantine, envahie constamment (Slaves, Bulgares, Serbes), l'ancienne Illyrie reçoit son nom de Charles d'Anjou, débarqué en 1270. XVᵉ s. : la côte est sous influence vénitienne ; le pays tombe sous la domination ottomane, malgré la résistance du héros Skanderbeg. S'il fournit au sultan des soldats, il se révolte aussi contre lui, notamm. sous la conduite d'Ali Pacha de Tebelen (1822).

L'Albanie indépendante. 1912-1913 : l'Albanie révoltée obtient son autonomie. 1914-1920 : indépendante, reconnue par l'Italie, elle entre à la S. D. N. 1922-1939 : elle a à sa tête Ahmed Zogu, président de la République puis roi (Zog Iᵉʳ). 1939-1943 : l'Italie l'occupe de nouveau. 1946 : la république populaire est proclamée. Dirigée par Enver Hoxha, elle rompt avec l'U.R.S.S. (1961), puis avec la Chine (1978). 1985 : Ramiz Alia succède à E. Hoxha. 1990 : face à une forte contestation, le régime doit s'engager sur la voie du multipartisme. 1991 : après un long isolement, l'Albanie normalise ses relations avec les pays occidentaux. Les premières élections législatives libres (depuis 1946) ont lieu. 1992 : l'opposition, conduite par Sali Berisha, remporte les élections législatives. Après la démission de R. Alia, S. Berisha lui succède à la tête de l'État.

ALBANO *(lac d'),* lac de cratère d'Italie, dans les monts Albains. Sur ses bords, *Castel Gandolfo* est une résidence d'été du pape.

ALBANY, v. des États-Unis, cap. de l'État de New York, sur l'Hudson ; 101 082 h.

ALBE (Fernando **Álvarez de Tolède,** *duc* **d'**), général de Charles Quint et de Philippe II (Piedrahíta 1508 - Lisbonne 1582). Gouverneur des Flandres (1567-1573), il y institua le sanglant Conseil des troubles. Il soumit ensuite le Portugal révolté contre l'autorité espagnole.

ALBE la Longue, la plus ancienne ville du Latium, fondée, selon la légende, par Ascagne, fils d'Énée. Rivale de Rome, elle fut vaincue et détruite sous Tullus Hostilius. C'est pendant cette guerre qu'aurait eu lieu le combat des Horaces et des Curiaces.

ALBEE (Edward), auteur dramatique américain (Washington 1928). Ses pièces traitent le thème de l'incommunicabilité des êtres et font une peinture satirique de la vie américaine *(Zoo Story, Qui a peur de Virginia Woolf ?, Délicate Balance).*

ALBÉNIZ (Isaac), compositeur et pianiste espagnol (Camprodón 1860 - Cambo-les-Bains 1909), auteur d'*Iberia* (1906-1909).

ALBENS [-bɛ̃] (73410), ch.-l. de c. de la Savoie ; 2 450 h. *(Albanais).*

ALBÈRES *(monts),* chaîne des Pyrénées (Pyrénées-Orientales), entre le col du Perthus et la mer ; 1 256 m au pic Neulos.

ALBERONI (Julio ou Giulio), cardinal italien et ministre du roi d'Espagne (Fiorenzuola d'Arda 1664 - Plaisance 1752). Fils d'un jardinier, devenu cardinal et Premier ministre de Philippe V (1716), favori d'Élisabeth Farnèse, il chercha, au lendemain du traité d'Utrecht, à relever l'Espagne de sa décadence et à faire donner à son souverain la régence de Louis XV ; mais il échoua et fut écarté (1719).

ALBERT (80300), ch.-l. de c. de la Somme, sur l'Ancre ; 10 462 h. *(Albertins).* Machines-outils.

Albert *(canal),* canal de Belgique, faisant communiquer l'Escaut et la Meuse entre Anvers et Liège ; 129 km.

ALBERT *(lac)* → ***Mobutu*** *(lac).*

SAINTS

ALBERT *(saint),* évêque de Liège (Liège v. 1166 - Reims 1192), assassiné par des émissaires de l'empereur Henri VI.

ALBERT le Grand *(saint),* dominicain, théologien et philosophe allemand (Lauingen v. 1193 - Cologne 1280). Il fit connaître la pensée d'Aristote et fut le maître de saint Thomas d'Aquin.

AUTRICHE

ALBERT Iᵉʳ ou **ALBERT Iᵉʳ DE HABSBOURG** (v. 1255 - Brugg 1308), duc d'Autriche et roi des Romains (1298-1308) ; — **Albert II** ou **Albert V** de Habsbourg (1397 - Neszmély 1439), duc d'Autriche (1404-1439), il devint roi de Bohême et de Hongrie (1437) et roi des Romains (1438-1439).

ALBERT, archiduc d'Autriche (Wiener Neustadt 1559 - Bruxelles 1621). Vice-roi de Portugal (1585), puis gouverneur des Pays-Bas (1596), il épousa en 1599 une fille de Philippe II.

ALBERT, archiduc et général autrichien (Vienne 1817 - Arco 1895). Oncle de François-Joseph, il vainquit les Italiens à Custoza (1866).

BELGIQUE

ALBERT Ier (Bruxelles 1875 - Marche-les-Dames 1934), roi des Belges (1909-1934). Son attitude lors de la guerre de 1914-1918 lui valut le surnom de *Roi-Chevalier*. — **Albert II** (Bruxelles 1934), roi des Belges depuis 1993, fils de Léopold III. Il devient roi à la mort de son frère aîné Baudouin Ier. Il a épousé Paola Ruffo di Calabria en 1959.

GRANDE-BRETAGNE

ALBERT, prince consort du Royaume-Uni (Rosenau, Thuringe, 1819 - Windsor 1861), deuxième fils du duc de Saxe-Cobourg-Gotha. Il épousa en 1840 la reine Victoria Ire, sa cousine.

MONACO

ALBERT Ier (Honoré Charles **Grimaldi**, prince de Monaco [1889-1922] sous le nom d') [Paris 1848 - *id.* 1922], fondateur de l'Institut océanographique de Paris et du Musée océanographique de Monaco.

PRUSSE

ALBERT Ier DE BALLENSTÄDT, l'Ours (v. 1100-1170), premier margrave de Brandebourg (1134-1170).

ALBERT DE BRANDEBOURG (Ansbach 1490 - Tapiau 1568), premier duc héréditaire de Prusse (1525-1568).

ALBERTA, prov. du Canada, entre la Colombie-Britannique et la Saskatchewan ; 661 000 km^2 ; 2 545 553 h. Cap. *Edmonton*. Importants gisements de pétrole et de gaz naturel. Culture du blé.

ALBERTI (Leon Battista), humaniste et architecte florentin (Gênes 1404 - Rome 1472). Ses traités de peinture et d'architecture font de lui le premier grand théoricien des arts de la Renaissance. Il donna plans ou maquettes pour des édifices de Rimini (temple Malatesta), Florence (palais Rucellai), Mantoue (église S. Andrea).

ALBERTI (Rafael), poète et peintre espagnol (Puerto de Santa María 1902). Il unit l'inspiration populaire à une forme raffinée *(Marin à terre)*, qu'il met au service de ses convictions esthétiques *(l'Homme inhabité)* ou politiques *(Radio-Séville, Mépris et merveille)*.

Albertina, importante collection publique de dessins et d'estampes, à Vienne (Autriche).

ALBERTVILLE (73200), ch.-l. d'arr. de la Savoie, au confluent de l'Isère et de l'Arly ; 18 121 h. *(Albertvillois)*. Centre commercial. Constructions électriques. Site des jeux Olympiques d'hiver en 1992. Anc. ville forte de *Conflans*, avec musée savoyard.

ALBESTROFF (57670), ch.-l. de c. de la Moselle ; 1 031 h.

ALBI (81000), ch.-l. du dép. du Tarn, sur le Tarn, à 667 km au sud de Paris ; 48 707 h. *(Albigeois)*. Archevêché. Verrerie. Centrale thermique. Cathédrale gothique fortifiée, à nef unique (XIIIe-XVe s.) ; anc. palais épiscopal abritant le musée « Toulouse-Lautrec ».

Albi : la cathédrale Sainte-Cécile (XIIIe - XVe s.).

ALBIGEOIS, région de plateaux dominant le Tarn, en aval d'Albi.

albigeois *(croisade des)* [1208-1244], guerre menée à l'initiative d'Innocent III contre le comte de Toulouse Raimond VI et les albigeois ou cathares, par les barons du Nord conduits par Simon de Montfort. Elle fut déclenchée à l'occasion de l'assassinat de Pierre de Castelnau, légat pontifical, et, marquée d'atrocités de part et d'autre, s'acheva par la prise de Montségur.

ALBINONI (Tomaso), compositeur italien (Venise 1671 - *id.* 1750), auteur de sonates et de concertos.

ALBION, nom traditionnel de la Grande-Bretagne, depuis Ptolémée.

ALBION *(plateau* ou *montagne d')*, plateau calcaire du sud-est de la France, à l'est du Ventoux. Base, depuis 1971, des missiles sol-sol balistiques stratégiques de la force nucléaire française.

ALBIZZI, famille florentine qui fut l'adversaire des Médicis, aux XIVe-XVe s.

ALBOÏN, roi des Lombards (561-572).

ÅLBORG ou **AALBORG,** port du Danemark, dans le nord du Jylland ; 154 000 h. Cathédrale des XIVe-XVIIIe s. Musées.

ALBORNOZ (Gil **Álvarez Carrillo de**), prélat et homme d'État espagnol (Cuenca v. 1300 - Viterbe 1367). Archevêque de Tolède et cardinal, légat du pape d'Avignon en Italie, il reconquit l'État pontifical (1353-1360).

ALBRET, pays de Gascogne, ancienne vicomté, érigée en duché par Henri II.

ALBRET *(maison d')*, famille gasconne à laquelle appartenait Jeanne d'Albret, mère d'Henri IV.

ALBUFERA, lagune d'Espagne, près de Valence.

ALBUQUERQUE, v. des États-Unis (Nouveau-Mexique), sur le Rio Grande ; 384 736 h.

ALBUQUERQUE (Afonso **de**), conquistador portugais (Alhandra, près de Lisbonne, 1453 - Goa 1515). Vice-roi des Indes (1509), il prit Goa et Malacca, fondant la puissance portugaise des Indes.

ALBY-SUR-CHÉRAN (74540), ch.-l. de c. de la Haute-Savoie ; 1 235 h.

ALCALÁ DE HENARES, v. d'Espagne, au N.-E. de Madrid ; 159 355 h. Université fondée en 1498 par le cardinal Cisneros ; monuments des XVIe-XVIIe s.

ALCALÁ ZAMORA (Niceto), homme politique espagnol (Priego 1877 - Buenos Aires 1949), président de la République de 1931 à 1936.

ALCAMÈNE, sculpteur grec du Ve s. av. J.-C., élève et rival de Phidias (groupe de *Procné et Itys*, retrouvé sur l'Acropole d'Athènes).

ALCÁNTARA, v. d'Espagne, dans l'Estrémadure ; 2 076 h. Pont romain. La ville fut le centre d'un ordre militaire et religieux fondé en 1156 ou en 1166.

Alcatel Alsthom Compagnie générale d'électricité, société française fondée en 1898 sous la dénomination de Compagnie générale d'électricité. En 1991, les noms de ses deux principales filiales, Alcatel et Alsthom, y ont été accolés pour former l'appellation actuelle. Ses activités s'exercent essentiellement dans les systèmes de communication (Alcatel), l'énergie et les transports (GEC Alsthom).

ALCÉE, poète lyrique grec (Lesbos VIIe s. av. J.-C.), inventeur de la strophe *alcaïque*.

ALCESTE. *Myth. gr.* Fille de Pélias et femme d'Admète. Elle accepta de mourir à la place de son mari, mais fut arrachée des Enfers par Héraclès. La légende d'Alceste a inspiré à Euripide une tragédie (438 av. J.-C.) ; elle forme aussi le sujet d'*Alceste*, opéra en 3 actes de Gluck, paroles de Calzabigi (1767).

Alceste, principal personnage du *Misanthrope* de Molière.

ALCIAT (André), en ital. **Alciati** (Andrea), jurisconsulte italien (Alzate 1492 - Pavie 1550). Il approfondit l'étude du droit romain. Il est l'auteur des *Emblèmes* (1531).

ALCIBIADE, général athénien (v. 450 - en Phrygie 404 av. J.-C.). Il fut l'élève de Socrate. Chef du parti démocratique, il entraîna sa patrie dans l'aventureuse expédition contre la Sicile (415). Accusé de sacrilège (mutilation des statues d'Hermès), il s'enfuit et vécut quelque temps à Sparte ; il se réfugia ensuite auprès du satrape Tissapherne, puis se réconcilia avec Athènes ; il mourut assassiné en exil.

ALCINOOS, roi des Phéaciens, père de Nausicaa, dans *l'Odyssée* ; il accueillit Ulysse naufragé.

ALCMAN, poète grec (Sardes VIIe s. av. J.-C.), un des fondateurs de la poésie chorale.

ALCMÈNE, épouse d'Amphitryon. Séduite par Zeus, elle fut mère d'Héraclès.

ALCMÉONIDES, famille aristocratique de l'Athènes antique, qui se distingua par son attachement à la démocratie. Elle compta parmi ses membres Clisthène, Périclès et Alcibiade.

ALCOBAÇA, localité du Portugal (Leiria) ; 5 235 h. Grandiose monastère cistercien remontant au XIIe s.

Alcools, recueil poétique de Guillaume Apollinaire (1913).

ALCOY, v. d'Espagne (prov. d'Alicante) ; 65 514 h.

ALCUIN, en lat. **Albinus Flaccus,** savant religieux anglo-saxon (York v. 735 - Tours 804), un des maîtres de l'école palatine fondée par Charlemagne. Il joua un rôle capital dans la renaissance carolingienne.

ALDABRA, îles de l'océan Indien, dépendances des Seychelles.

ALDAN, riv. de Russie, en Sibérie, affl. de la Lena (r. dr.) ; 2 242 km.

ALDE, prénom du chef de la famille des Manuce*, imprimeurs italiens du XVIe s., dont les éditions sont appelées *aldines*.

ALDRICH (Robert), cinéaste américain (Cranston, Rhode Island, 1918 - Los Angeles 1983). Privilégiant l'action brutale et frénétique, les climats oppressants ou paroxystiques, il a réalisé *Vera Cruz* (1954), *En quatrième vitesse* (1955), *le Grand Couteau* (1955), *Qu'est-il arrivé à Baby Jane ?* (1962).

ALDRIN (Edwin), astronaute et officier américain (Montclair, New Jersey, 1930). Il a été le deuxième homme, après Neil Armstrong, à poser le pied sur la Lune (1969).

ALDROVANDI (Ulisse), botaniste italien (Bologne 1522 - *id.* 1605). Il a créé le premier jardin botanique.

ALECHINSKY (Pierre), peintre et graveur belge (Bruxelles 1927). Issu du mouvement Cobra, installé en France, il se signale par ses dons de calligraphe et de coloriste, ainsi que par un humour truculent.

ALECSANDRI (Vasile), poète et homme politique roumain (Bacău 1821 - Mirceşti 1890) ; auteur de recueils lyriques et épiques.

ALEGRÍA (Ciro), écrivain péruvien (Sartimbamba 1909 - Lima 1967), défenseur des Indiens *(le Serpent d'or, Symphonie péruvienne)*.

Albert Ier de Belgique (J. Madyol - musée royal de l'Armée, Bruxelles)

Albert II de Belgique

d'**Alembert** (L. Tocqué - musée des Beaux-Arts, Grenoble)

ALEIJADINHO (Antônio Francisco **Lisboa,** dit **l'**), sculpteur, décorateur et architecte brésilien (Ouro Preto 1730 ? - *id.* 1814). Il a orné les églises du Minas Gerais d'œuvres d'un baroque très expressif (Bom Jesus de Congonhas do Campo).

ALEIXANDRE (Vicente), poète espagnol (Séville 1898 - Madrid 1984), passé d'une inspiration surréaliste *(la Destruction ou l'Amour)* à des préoccupations sociales. (Prix Nobel 1977.)

ALEMÁN (Mateo), écrivain espagnol (Séville 1547 - au Mexique v. 1614), auteur du roman picaresque *Guzmán de Alfarache* (1599).

ALEMBERT (Jean **Le Rond d'**), mathématicien et philosophe français (Paris 1717 - *id.* 1783). Sceptique en religion et en métaphysique, défenseur de la tolérance, il exposa, dans son *Discours préliminaire* de l'*Encyclopédie,* la philosophie naturelle et l'esprit scientifique qui présidaient à l'œuvre entreprise. Ses recherches de physique mathématique (problème des 3 corps, précession des équinoxes, cordes vibrantes) l'amenèrent à étudier les équations différentielles et aux dérivées partielles. Dans le *Traité de dynamique* (1743), son œuvre capitale, il énonce le théorème connu sous le nom de *Principe de d'Alembert.* (Acad. des sc., Acad. fr.) [*V. portrait p. 1117.*]

A. L. E. N. A. (Accord de libre-échange nord-américain) ⟶ ***NAFTA.***

ALENCAR (José Martiniano **de**), écrivain et homme politique brésilien (Mecejana 1829 - Rio de Janeiro 1877), auteur de romans historiques et indianistes (*le Guarani,* 1857 ; *Iracema,* 1865).

ALENÇON (61000), ch.-l. du dép. de l'Orne, sur la Sarthe, dans la *campagne d'Alençon,* à 195 km à l'ouest de Paris ; 31 139 h. *(Alençonnais).* Appareils ménagers. Église Notre-Dame : porche et vitraux du XVIe s. Musée. Dentelles, dites *point d'Alençon.*

ALENTEJO, région du Portugal, au sud du Tage.

ALÉOUTIENNES *(îles),* chapelet d'îles volcaniques, sur la côte nord-ouest de l'Amérique du Nord, prolongeant l'Alaska et appartenant aux États-Unis. Bases aériennes. Pêche.

ALEP, v. du nord-ouest de la Syrie ; 1 308 000 h. Grande Mosquée fondée en 715, refaite au XIIe s. Citadelle. Musée. La ville, dont l'existence est attestée depuis le XXe s. av. J.-C., fut une ville arabe prospère aux XIIe-XIIIe s. et une des principales échelles du Levant (XVe-XVIIIe s.).

ALÉRIA (20270), comm. de la Haute-Corse, dans la *plaine d'Aléria,* ou *plaine orientale ;* 2 038 h. Site d'une ville antique ruinée au Ve s.

ALÉRIA *(plaine d'),* plaine de l'est de la Corse (Haute-Corse). Vignes et cultures fruitières (agrumes).

ALÈS (30100), ch.-l. d'arr. du Gard, en bordure des Cévennes, sur le *Gardon d'Alès ;* 42 296 h. *(Alésiens).* Constructions mécaniques et électriques. Anc. cathédrale du XVIIIe s. Musée. En 1629, Richelieu y conclut avec les protestants un traité, ou *Édit de grâce,* qui leur laissait la liberté de conscience, mais supprimait leurs privilèges politiques, notamm. les places de sûreté.

ALÉSIA, place forte gauloise, où César assiégea et prit Vercingétorix (52 av. J.-C.), et dont le site domine Alise-Sainte-Reine.

ALESSI (Galeazzo), architecte italien (Pérouse 1512 - *id.* 1572), formé à Rome, actif surtout à Gênes et à Milan.

ALET-LES-BAINS (11580), comm. de l'Aude, sur l'Aude ; 471 h. Ruines de la cathédrale, du XIIe s. Siège épiscopal supprimé en 1790.

ALETSCH, grand glacier des Alpes (Suisse), dans le Valais, long de 27 km.

ALEXANDER, archipel américain du Pacifique, au large de l'Alaska.

ALEXANDER (Franz), psychanalyste américain d'origine allemande (Budapest 1891 - New York 1964), l'un des pionniers de la médecine psychosomatique.

ALEXANDER (Harold George), *1er comte* **Alexander of Tunis,** maréchal britannique (Londres 1891 - Slough, Buckinghamshire, 1969). Commandant les forces alliées en Italie (1943-1944), puis en Méditerranée (1944-1945), il fut gouverneur du Canada (1946-1952), puis ministre de la Défense (1952-1954).

ALEXANDRA FEDOROVNA (Darmstadt 1872 - Iekaterinbourg 1918). Fille du duc de Hesse, Louis IV, épouse du tsar Nicolas II, elle fut massacrée avec lui et leurs enfants en 1918.

SAINT ET PAPES

ALEXANDRE *(saint)* [m. v. 326], patriarche d'Alexandrie (313 - 326) ; il fit condamner Arius au concile de Nicée (325).

ALEXANDRE III (Rolando **Bandinelli**) [Sienne - m. à Civita Castellana en 1181], pape de 1159 à 1181 ; il lutta contre Frédéric Barberousse, à qui il opposa la ligue Lombarde, et convoqua le 3e concile du Latran (1179) ; — **Alexandre VI** (Rodrigo **Borgia**) [Játiva, Espagne, 1431 - Rome 1503], pape de 1492 à 1503. Par sa vie privée, son goût de l'intrigue, son népotisme, il fut un prince de la Renaissance plus qu'un pape ; — **Alexandre VII** (Fabio **Chigi**) [Sienne 1599 - Rome 1667], pape de 1655 à 1667 ; il dut s'humilier devant Louis XIV ; — **Alexandre VIII** (Pietro **Ottoboni**) [Venise 1610 - Rome 1691], pape de 1689 à 1691.

ANTIQUITÉ

ALEXANDRE le Grand (Pella, Macédoine, 356 - Babylone 323 av. J.-C.), roi de Macédoine (336-323), fils de Philippe II et d'Olympias. Élève d'Aristote, il soumit la Grèce révoltée, se fit décerner à Corinthe le titre de chef des Grecs contre les Perses, et franchit l'Hellespont. Il vainquit les troupes de Darios III au Granique (334) et à Issos (333), prit Tyr et l'Égypte. Il fonda Alexandrie, puis, passant l'Euphrate et le Tigre, battit les Perses entre Gaugamèles et Arbèles (331). Il s'empara de Babylone et de Suse, brûla Parsa (Persépolis) et atteignit l'Indus. Mais, son armée étant épuisée, il revint à Babylone, tandis que Néarque ramenait la flotte par le golfe Persique. Établi à Babylone, Alexandre travailla à organiser sa conquête, en fondant en un seul peuple vainqueurs et vaincus ; mais l'empire qu'il avait créé ne lui survécut pas et fut, aussitôt après sa mort, partagé entre ses généraux.

Alexandre le Grand
(Musée archéologique national, Naples)

GRÈCE

ALEXANDRE Ier (Tatoï 1893 - Athènes 1920), roi de Grèce (1917-1920), fils de Constantin Ier.

RUSSIE

ALEXANDRE Ier (Saint-Pétersbourg 1777 - Taganrog 1825), empereur de Russie (1801-1825), fils de Paul Ier. Il adhéra à la 3e coalition contre Napoléon Ier puis composa avec lui (Tilsit, 1807 ; Erfurt, 1808). Après l'échec de la campagne de Russie (1812), il participa à la libération de l'Europe (Leipzig, 1813 ; campagne de France, 1814). Il conclut avec les souverains d'Autriche et de Prusse la Sainte-Alliance (1815). — **Alexandre II** (Moscou 1818 - Saint-Pétersbourg 1881), empereur de Russie (1855-1881), fils de Nicolas Ier. Il accomplit de grandes réformes : abolition du servage (1861), institu-

tion des zemstvos (1864), justice égale pour tous et service militaire obligatoire (1874). Vainqueur des Ottomans dans la guerre de 1877-78, il dut accepter les dispositions du congrès de Berlin (1878). Il mourut assassiné. — Son fils **Alexandre III** (Saint-Pétersbourg 1845 - Livadia 1894), empereur de Russie (1881-1894). Il pratiqua une politique réactionnaire et conclut avec la France l'alliance franco-russe (1891-1894).

ALEXANDRE Ier DE BATTENBERG (Vérone 1857 - Graz 1893), premier prince de Bulgarie (1879-1886). Il dut abdiquer.

ALEXANDRE FARNÈSE (Rome 1545 - Arras 1592), duc de Parme (1586-1592), gouverneur général des Pays-Bas (1578). Envoyé par Philippe II d'Espagne au secours des catholiques français, il fut l'adversaire d'Henri IV.

ALEXANDRE JAGELLON (Cracovie 1461 - Vilnius 1506), grand-duc de Lituanie (1492-1506) et roi de Pologne (1501-1506).

ALEXANDRE Ier KARADJORDJEVIĆ (Cetinje 1888 - Marseille 1934), roi des Serbes, Croates et Slovènes (1921-1929), roi de Yougoslavie (1929-1934), fils de Pierre Ier. Il pratiqua une politique centralisatrice et autoritaire et fut assassiné lors d'une visite officielle en France.

ALEXANDRE NEVSKI (v. 1220 - Gorodets 1263), prince de Novgorod (1236-1252), grand-prince de Vladimir (1252-1263). Il battit les Suédois (1240), puis les chevaliers Porte-Glaive (1242). — Son nom a été donné à un ordre russe (1725), à des ordres militaires de l'U.R.S.S. (1942-1991), puis à un ordre de la Fédération de Russie (1992).

ALEXANDRE Ier OBRENOVIĆ (Belgrade 1876 - *id.* 1903), roi de Serbie (1889-1903), fils de Milan Ier, assassiné par une conjuration militaire.

ALEXANDRE SÉVÈRE → ***Sévère Alexandre.***

ALEXANDRETTE → ***Iskenderun.***

ALEXANDRIE, port d'Égypte, à l'ouest du delta du Nil ; 2 719 000 h. Centre commercial et financier, intellectuel (université) et industriel (métallurgie, textile). Cette ville, fondée par Alexandre le Grand (332 av. J.-C.), célèbre par le phare haut de 400 pieds qui éclairait sa rade, fut, au temps des Ptolémées, le centre artistique et littéraire de l'Orient, et l'un des principaux foyers de la civilisation hellénistique (musée, bibliothèque). L'Église d'Alexandrie joua, dans le développement du christianisme, un rôle majeur.

ALEXANDRIE, v. d'Italie (Piémont), ch.-l. de prov., sur le Tanaro ; 90 475 h.

ALEXIS *(saint),* prélat russe (m. en 1378), métropolite de Moscou, régent de 1359 à 1362.

ALEXIS, nom de plusieurs empereurs byzantins. — **Alexis Ier Comnène** (Constantinople 1058 - *id.* 1118), empereur de 1081 à 1118. Son règne fut marqué par un énergique redressement de la puissance byzantine ; — **Alexis II Comnène** (Constantinople 1167 - *id.* 1183), empereur de 1180 à 1183 ; — **Alexis III Ange** (m. en 1210), empereur de 1195 à 1203. — **Alexis IV Ange** (v. 1182 - Constantinople 1204), neveu du précédent, empereur de 1203 à 1204.

ALEXIS MIKHAÏLOVITCH (Moscou 1629 - *id.* 1676), tsar de Russie (1645-1676). Il fit adopter le Code de 1649 et les réformes liturgiques de 1666-67.

ALFIERI (Vittorio), écrivain italien (Asti 1749 - Florence 1803), auteur de tragédies qui proposent un idéal de volonté et d'héroïsme *(Saül, Antigone, Mirra).*

ALFÖLD, vaste plaine de la Hongrie, entre le Danube et la Roumanie.

ALFONSÍN (Raúl), homme politique argentin (Chascomus 1926). Leader du parti radical, il a été président de la République de 1983 à 1989.

ALFORTVILLE (94140), ch.-l. de c. du Val-de-Marne, au sud-est de Paris ; 36 240 h. *(Alfortvillais).* Traitement du gaz naturel. Verrerie. Chimie. Centre d'échanges franco-chinois (Chinagora).

ALFRED le Grand (Wantage, Berkshire, 849 ?-899), roi de Wessex (871-878), roi des Anglo-Saxons (878-899). Après avoir conquis l'Angleterre sur les Danois, il favorisa une véritable renaissance de la civilisation anglo-saxonne.

ALFRINK (Bernardus Johannes), prélat néerlandais (Nijkerk 1900 - Utrecht 1987). Archevêque d'Utrecht (1955), cardinal (1960), il a ouvert en 1965 le premier concile pastoral de l'histoire.

ALFVÉN (Hannes), physicien suédois (Norrköping 1908 - Stockholm 1995). Il étudia le plasma de la magnétosphère et découvrit les ondes qui se propagent dans ce milieu et qui portent son nom. (Prix Nobel 1970.)

ALGARDE (Alessandro **Algardi**, dit en fr. **l'**), sculpteur italien (Bologne v. 1595 - Rome 1654), rival de Bernin (relief d'*Attila et saint Léon,* St-Pierre de Rome).

ALGAROTTI (Francesco), écrivain italien (Venise 1712 - Pise 1764). Ami de Voltaire, il fut l'une des figures caractéristiques de l'*illuminisme.*

ALGARVE, région constituant l'extrémité méridionale du Portugal.

ALGER, en ar. **al-Djazā'ir,** cap. de l'Algérie, ch.-l. de wilaya ; 2 600 000 h. *(Algérois).* La position d'Alger à mi-distance entre les extrémités de l'Afrique du Nord et au débouché d'un riche arrière-pays a favorisé le développement de la ville et du port. Capitale de l'Algérie sous la domination ottomane depuis le XVIe s., elle fut prise par les Français en 1830. Le Gouvernement provisoire de la République française s'y constitua en 1944. C'est d'Alger que partirent les événements responsables de la chute de la IVe République (13 mai 1958).

Alger *(conférence arabe d')* [26-28 nov. 1973], conférence qui réunit les chefs d'État arabes à l'exception de ceux d'Iraq et de Libye, et qui reconnut, malgré l'opposition de la Jordanie, l'Organisation de libération de la Palestine (O. L. P.) comme l'unique représentant du peuple palestinien.

ALGÉRIE, État du nord-ouest de l'Afrique, sur la Méditerranée, entre le Maroc à l'ouest et la Tunisie à l'est ; 2 380 000 km² ; 27,3 millions d'h. *(Algériens).* CAP. *Alger.* LANGUE : *arabe.* MONNAIE : *dinar algérien.*

INSTITUTIONS

République démocratique et populaire. Constitution de 1989. Président de la République, élu pour 5 ans au suffrage universel. Premier ministre : nommé par le chef de l'État et responsable devant l'*Assemblée populaire nationale* élue pour 5 ans.

GÉOGRAPHIE

Très vaste (plus de 4 fois la superficie de la France), l'Algérie est encore globalement peu peuplée. La majeure partie du pays appartient en fait au Sahara. La population aujourd'hui très rapidement croissante (au moins 2,5 p. 100 par an) est concentrée sur le littoral au climat méditerranéen ou à proximité. Elle juxtapose arabophones (largement majoritaires) et berbérophones (Aurès, Kabylie). Le fort taux de natalité (35 p. 1 000) explique sa grande jeunesse (plus de la moitié des Algériens ont moins de 20 ans) et les problèmes posés notamment dans les domaines de l'éducation et de l'emploi. L'urbanisation (plus de 50 p. 100 de la population) a progressé plus vite que l'industrie, pourtant favorisée par les revenus tirés de l'extraction du pétrole et du gaz naturel, ressources essentielles, découvertes et, initialement, mises en valeur par la France. Celle-ci a aussi créé une infrastructure de transports (intérieurs et portuaires), développé des cultures commerciales (agrumes et surtout vigne, aujourd'hui presque abandonnée). L'élevage ovin domine toujours sur les Hautes Plaines (entre les hauteurs du Tell qui bordent la frange méditerranéenne et l'Atlas saharien, limite nord du désert). Après l'indépendance, la socialisation de l'économie (largement remise en cause aujourd'hui) n'a pas stimulé la productivité. L'émigration (vers la France) n'a pas enrayé la montée du chômage. La diminution, plus récente, des revenus des hydrocarbures a accru la dette extérieure. Le redressement de l'économie dépend en fait largement de l'évolution politique. *(V. carte p. 1120.)*

HISTOIRE

L'Algérie antique. Peuplée par les Berbères, l'Algérie est influencée par les civilisations phénicienne et carthaginoise. Masinissa y fonde le royaume numide, qui passe sous domination romaine après la défaite de Jugurtha (105 av. J.-C.). Le pays forme une province prospère et urbanisée (Timgad, Lambaesis, etc.), troublée cependant par des révoltes. Christianisé aux IIe-IIIe s., il est dévasté par les Vandales au Ve s. et reconquis par Byzance en 533 (Bélisaire).

Après la conquête arabe. Fin du VIIe s. : l'arrivée des Arabes (raids de 'Uqba ibn Nāfi' en 681-682) change le sort du pays, politiquement et religieusement (islamisation). VIIIe-Xe s. : la résistance berbère s'exprime par la constitution de principautés kharidjites dans le Maghreb central. Xe s. : l'installation des Fatimides chiites met fin à ces principautés : leurs représentants sur place, les Zirides, refoulent les Berbères dans les montagnes. XIe-XIIe s. : les Almoravides, puis les Almohades, dynasties berbères, dominent le Maghreb et l'Espagne. XIIIe-XIVe s. : le pays se morcelle de nouveau : le royaume abdalwadide (1235-1550) fait de sa capitale Tlemcen un centre brillant.

La régence d'Alger. 1518 : appelé par les Algérois, le corsaire turc Barberousse chasse les Espagnols établis dans les ports. 1520 : il place Alger sous la suzeraineté ottomane. Gouvernée par des deys à partir du XVIIe s., la ville devient capitale d'un État en fait autonome et un des principaux centres de course en Méditerranée.

La colonisation française. 1827 : le dey ayant frappé un représentant français, la conquête commence. 1830 : prise d'Alger. 1830-1839 : tergiversations. 1839-1847 : occupation totale,

Alexandre Ier de Russie (F. Gérard - musée des Beaux-Arts, Lausanne)

Alexandre II de Russie (A. Mouillard - B.N.F., Paris)

Vittorio **Alfieri** (F. X. Fabre - musée Fabre, Montpellier)

Un aspect d'**Alger.**

après qu'Abd el-Kader a déclaré la guerre. 1852-1870 : la domination s'étend à la Kabylie (1857) et aux confins sahariens. Paris hésite entre le régime militaire et le régime civil (qui triomphe) ; et entre l'association (« royaume arabe » de Napoléon III) et l'assimilation (qui a gain de cause). De nombreux colons s'installent, surtout après 1870 (984 000 « pieds-noirs » en 1954).
La guerre d'Algérie. Développés à partir de 1930, le nationalisme et le réformisme musulman se radicalisent pendant la guerre (soulèvement du Constantinois, 1945). 1954 : la rébellion éclate en Grande Kabylie et dans les Aurès ; Ben Bella fonde le Front de libération nationale (F. L. N.), doté d'une Armée de libération nationale (A. L. N.). 1955 : la France instaure l'état d'urgence. 1956 : avec l'aide de 400 000 hommes, elle assure le quadrillage du territoire. 1957 : l'ordre est rétabli dans les villes. 1958 : le F. L. N. se proclame gouvernement provisoire de la République algérienne (G. P. R. A.). 1959 : de Gaulle proclame le droit des Algériens à l'autodétermination. 1962 : le cessez-le-feu intervient après les accords d'Évian.
L'Algérie indépendante. 1963 : Ben Bella, président de la nouvelle République, met en œuvre des réformes socialistes. 1965 : il est renversé par Boumediene, qui oriente la politique extérieure, d'abord anti-impérialiste, dans le sens du non-alignement. 1979 : Chadli, candidat unique aux élections, lui succède après sa mort. 1988 : de graves émeutes éclatent. Chadli lance un programme de réformes politiques et économiques. 1989 : une nouvelle Constitution est adoptée. Le F. L. N. perd le statut de parti unique ; le multipartisme est instauré. 1992 : après le succès remporté par le Front islamique du salut (F. I. S.) lors du premier tour des élections législatives (déc. 1991), Chadli démissionne (janv.). Le processus électoral est suspendu et un Haut Comité d'État, présidé par Mohamed Boudiaf, assure transitoirement le pouvoir. L'état d'urgence est instauré (févr.) et le F. I. S. est dissous (mars). Mohamed Boudiaf est assassiné (juin) ; Ali Kafi lui succède (juill.). Le pouvoir doit faire face à la montée du terrorisme islamiste. À partir de 1993 : le pays connaît un climat de tension et de violence accrues (multiplication des attentats islamistes, notamment contre les étrangers et les intellectuels). Un nouveau régime de transition, mis en place en janvier 1994 et présidé par le général Liamine Zeroual, répond à cette situation à la fois par la répression et par des tentatives de négociation. 1995 : une élection présidentielle pluraliste confirme L. Zeroual à la tête de l'État (nov.).

ALGÉROIS, région centrale de l'Algérie, correspondant au premier département d'Alger.

ALGÉSIRAS, port d'Espagne (Andalousie), sur le détroit de Gibraltar ; 101 256 h. Tête de ligne pour le Maroc. Conférence internationale (1906) sur le Maroc, favorable surtout à la France.

ALGONQUINS, ensemble de peuples indiens d'Amérique du Nord qui parlent la même langue et qui comprennent les Ojibwa, les Cheyenne, les Arapaho, etc.

ALGRANGE (57440), ch.-l. de c. de la Moselle ; 6 356 h.

Alhambra, résidence des rois maures à Grenade (XIIIe-XIVe s.), pourvue de riches décors et augmentée par Charles Quint d'un palais à l'italienne. Beaux jardins.

Alhambra de Grenade : la salle des Abencérages (XIVe s.).

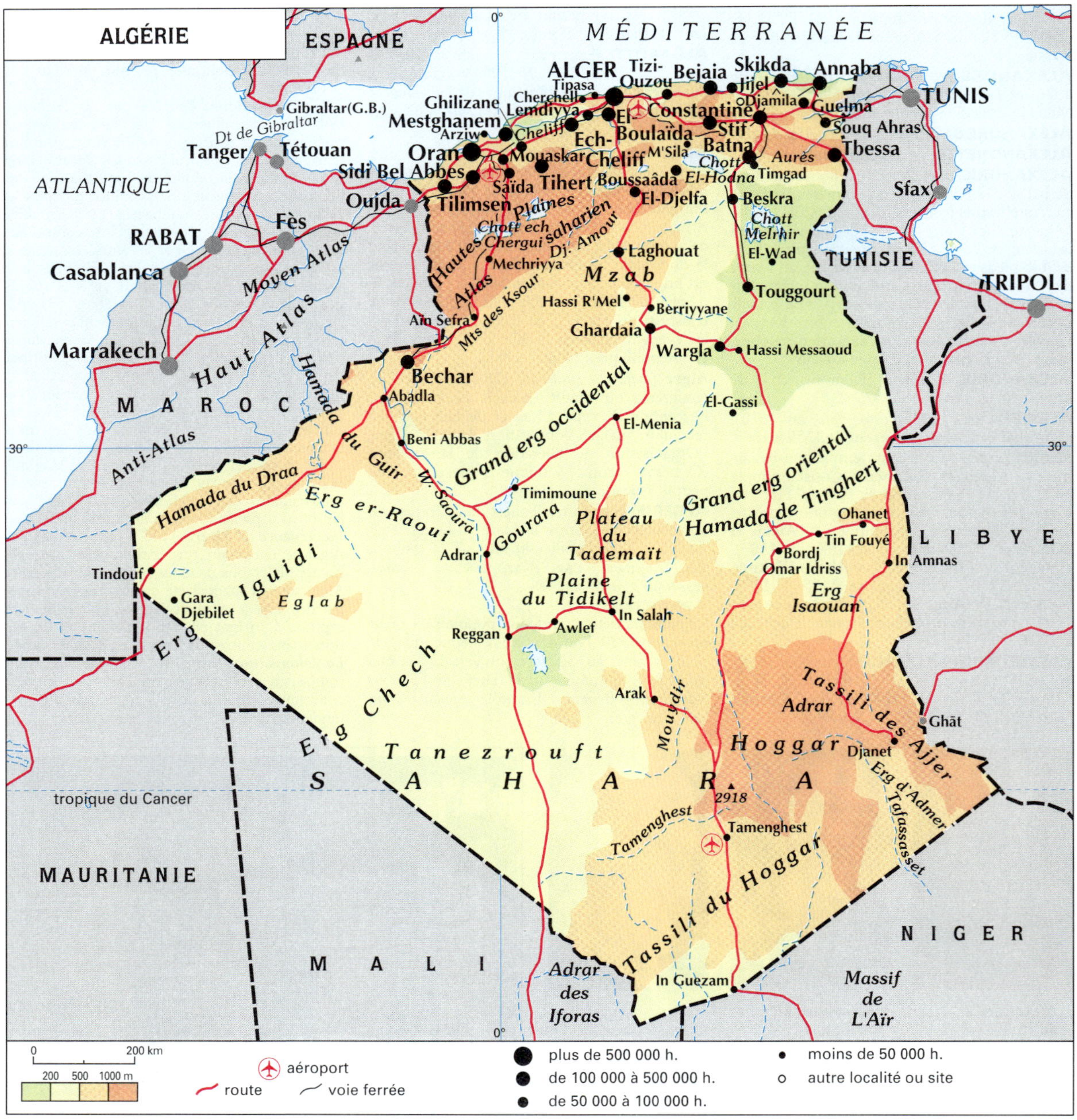

ALHAZEN → ***Ibn al-Haytham.***

'ALĪ, époux de Fāṭima et gendre de Mahomet ; quatrième calife (656-661), assassiné à Kūfa, sa capitale. Son tombeau supposé, à Nadjaf, devint un centre de pèlerinage.

ALI (Cassius **Clay,** puis **Muhammad**), boxeur américain (Louisville 1942), plusieurs fois champion du monde des poids lourds.

Ali Baba, un des héros des *Mille et Une Nuits.* Grâce à la formule magique « Sésame ouvre-toi », Ali Baba ouvre la caverne où 40 voleurs ont entassé un fabuleux butin.

ALICANTE, port d'Espagne, ch.-l. de prov., sur la Méditerranée ; 265 473 h.

Alice au pays des merveilles, récit de Lewis Carroll (1865), qui reproduit le rythme des comptines et les fantaisies de la logique enfantine.

ALIDES, descendants de 'Alī, considérés par les chiites comme les seuls héritiers spirituels du Prophète.

ALIÉNOR D'AQUITAINE (1122 - Fontevraud 1204), duchesse d'Aquitaine et comtesse de Poitou (1137-1204). Elle épousa (1137) Louis VII, roi de France, qui la répudia (1152), et se remaria à Henri Plantagenêt, bientôt roi d'Angleterre, contre lequel elle conspira. Passionnée de politique, elle favorisa aussi le développement de la poésie courtoise.

Gisant (XIIe s.) d'**Aliénor d'Aquitaine** à l'abbaye de Fontevraud (Maine-et-Loire).

ALĪGARH, v. de l'Inde (Uttar Pradesh) ; 479 978 h. Université.

ALIGRE (Étienne **d'**), chancelier de France (Chartres 1550 - La Rivière 1635), disgracié par Richelieu.

ALI PACHA DE TEBELEN, gouverneur ottoman de Ioánnina (Tebelen v. 1744 - Ioánnina 1822). Révoqué par la Porte en 1820, il résista deux ans dans Ioánnina assiégée.

ALI PAŞA, homme d'État ottoman (Istanbul 1815 - Bebek 1871). Il fut l'un des principaux réformateurs du *Tanzimat* (1839-1876).

Aliscamps (les) → ***Alyscamps.***

ALISE-SAINTE-REINE (21150), comm. de la Côte-d'Or, au pied de l'emplacement probable d'*Alésia* ; 668 h. Musée.

ALIX → ***Adélaïde*** et ***Adèle.***

Aljubarrota *(bataille de)* [14 août 1385], victoire que remporta le roi de Portugal, Jean Ier, sur le roi de Castille, Jean Ier, à Aljubarrota (Estrémadure).

ALKMAAR, v. des Pays-Bas, au nord-ouest d'Amsterdam ; 90 778 h. Marché aux fromages. Monuments gothiques.

ALLĀH, nom arabe désignant le Dieu unique, adopté par les musulmans et aussi par les chrétiens arabophones.

ALLĀHĀBĀD, anc. **Ilāhābād,** v. de l'Inde, au confluent du Gange et de la Yamunā ; 858 213 h. Centre de pèlerinage. Colonne d'Aśoka. Fort d'Akbar. Musée.

ALLAIRE (56350), ch.-l. de c. du Morbihan ; 3 012 h.

ALLAIS (Alphonse), écrivain humoristique français (Honfleur 1854 - Paris 1905).

ALLAIS (Émile), skieur français (Megève 1912), champion du monde de la descente, du slalom et du combiné en 1937, promoteur d'une méthode de ski.

ALLAIS (Maurice), économiste français (Paris 1911). Il a contribué au développement de l'économie mathématique et à l'étude de l'équilibre économique de la monnaie et du crédit. (Prix Nobel 1988).

ALLANCHE (15160), ch.-l. de c. du Cantal ; 1 279 h. Station d'altitude (985 m). Église médiévale fortifiée.

ALLAUCH [alo] (13190), ch.-l. de c. des Bouches-du-Rhône, au nord-est de Marseille ; 16 125 h. *(Allaudiens).* Église des XVIe-XVIIIe s.

ALLEGHENY ou **ALLEGHANY,** partie centrale des Appalaches (États-Unis).

ALLÈGRE (43270), ch.-l. de c. de la Haute-Loire ; 1 202 h. *(Allègras).*

ALLÈGRE (Claude), géochimiste français (Paris 1937). Ses travaux de géologie isotopique contribuent à la compréhension du fonctionnement global de la Terre d'un point de vue chimique (évolution du manteau, formation de la croûte continentale). Il est l'auteur de plusieurs ouvrages de vulgarisation.

ALLEMAGNE, en all. **Deutschland,** État d'Europe formé de 16 Länder (États) : Bade-Wurtemberg, Bavière, Berlin, Brandebourg, Brême, Hambourg, Hesse, Mecklembourg-Poméranie-Occidentale, Rhénanie-du-Nord-Westphalie, Rhénanie-Palatinat, Sarre, Saxe, Basse-Saxe, Saxe-Anhalt, Schleswig-Holstein et Thuringe ; 357 000 km^2 ; 81 100 000 h. *(Allemands).* CAP. *Berlin.* LANGUE : *allemand.* MONNAIE : *Deutsche Mark.*

INSTITUTIONS

Loi fondamentale de 1949. République fédérale formée de 16 Länder (10 plus 6 de l'ex-R.D.A. [dont Berlin] qui ont été adjoints en 1990) ayant chacun une Assemblée. Président de la République (chef de l'État) : élu pour 5 ans par l'Assemblée fédérale (Bundestag et certains représentants des Länder). Chancelier : dirige le gouvernement fédéral (élu par le Bundestag sur proposition du chef de l'État). Deux chambres : *Bundestag* élu pour 4 ans au suffrage universel direct ; *Bundesrat* désigné par les gouvernements des Länder.

GÉOGRAPHIE

L'Allemagne est de loin la première puissance économique de l'Europe, dont elle constitue aussi l'État le plus peuplé, après la Russie.

L'histoire, plus que le milieu naturel (la superficie est restreinte : moins des deux tiers de celle de la France), explique cette primauté et, en particulier, la précocité et l'ampleur du développement commercial et industriel (celui-ci facilité toutefois par l'abondance de la houille de la Ruhr). Le caractère relativement récent de l'unité allemande (seconde moitié du XIXe s.) est aussi responsable, malgré le poids acquis par Berlin, de la présence de grandes villes (Hambourg, Munich, Francfort, Cologne, Stuttgart, Brême, Hanovre, Leipzig, Dresde) jouant toutes un rôle important dans la vie économique, sociale et culturelle du pays. Environ 85 p. 100 des Allemands vivent d'ailleurs en ville.

La population est dense (proche de 230 h. au km^2, plus du double de la densité française), particulièrement dans les régions rhénanes. Elle a néanmoins diminué récemment, en raison d'un taux de natalité très bas, de l'ordre de 11 p. 1 000, inférieur à un taux de mortalité influencé par un vieillissement déjà sensible.

Près de 40 p. 100 des actifs sont employés dans un secteur industriel à vocation fortement exportatrice, concentré dans ses structures, mais diversifié dans ses productions. En tête viennent les constructions mécaniques (dont l'automobile) et électriques et la chimie, loin devant des branches traditionnelles, souvent en difficulté (comme l'extraction houillère, la sidérurgie ou le textile). L'agriculture n'occupe plus guère que 5 p. 100 des actifs, mais satisfait (au moins) la majeure partie des besoins nationaux. Les services emploient donc plus de la moitié de la population active, part témoignant du niveau du développement de l'économie. Environ 30 p. 100 de la production (produits industriels essentiellement) sont exportés (dont plus de la moitié vers les partenaires de l'Union européenne). Ce taux, exceptionnellement élevé compte tenu de l'importance du marché intérieur, permet de compenser le traditionnel déficit de la balance des services (investissements à l'étranger, solde négatif du tourisme).

Des problèmes demeurent, particulièrement ceux de l'intégration de la partie orientale, souffrant de la vétusté de l'équipement industriel, de la médiocre productivité de l'agriculture, de la dégradation fréquente de l'habitat et de l'environnement. Les Länder de l'Est subissent les effets du passage à l'économie de marché (fermetures d'usines, réductions d'effectifs), entraînant notamment un important chômage. Malgré ces difficultés, l'Allemagne s'affirme comme la première puissance économique et financière de l'Europe.

HISTOIRE

Les origines. Ier millénaire av. J.-C. : les Germains s'installent entre Rhin et Vistule, refoulant les Celtes en Gaule. 55 av. J.-C. - 16 apr. J.-C. : après le désastre de Varus (9 apr. J.-C.), Rome ne s'établit que sur la rive gauche du Rhin, en dépit de la victoire de Germanicus sur Arminius. Entre le *limes,* qui la protège à partir de Trajan, et les Barbares, s'étendent les *champs Décumates.* Ve-IXe s. : après l'effondrement de l'Empire romain d'Occident, plusieurs royaumes germaniques sont créés. Le plus important, celui des Francs, forme en 800 l'Empire carolingien. 842-843 : le royaume de Germanie naît de la division de cet empire (traité de Verdun).

Le Saint Empire. 962 : le Saxon Otton Ier le Grand, roi de Germanie et d'Italie, fonde le Saint Empire romain germanique. 1024 : la dynastie franconienne, qui succède aux Ottoniens, se heurte à la papauté : c'est la querelle des Investitures, marquée par l'humiliation d'Henri IV à Canossa (1077). 1138 : les Souabes (Hohenstaufen), avec Frédéric Ier Barberousse (1152-1190) et Frédéric II (1220-1250), engagent la lutte du Sacerdoce et de l'Empire qui se termine aussi à l'avantage de Rome. 1250-1273 : le Grand Interrègne, période d'anarchie, favorise l'émancipation des principautés. 1273 : Rodolphe Ier de Habsbourg est élu à la tête de l'Empire. 1356 : Charles IV, par la Bulle d'or, fixe les règles de l'élection impériale. XVIe s. : l'Empire, à son apogée avec Maximilien Ier (1493-1519) et Charles Quint (1519-1556), voit son unité brisée par la Réforme protestante. XVIIe s. : la guerre de Trente Ans (1618-1648) ravage le pays. Les traités de Westphalie confirment la division religieuse et politique (350 États) du pays. XVIIIe s. : les Hohenzollern, qui obtiennent le titre de rois en Prusse (1701), dominent l'Allemagne sous Frédéric II (1740-1786), qui protège les Lumières *(Aufklärung).*

L'ascension de la Prusse. 1806 : Napoléon remplace le Saint Empire par une Confédération du Rhin excluant la Prusse. Soutenu par celle-ci, le nationalisme allemand s'éveille, dirigé contre la France. 1815 : au congrès de Vienne, la Confédération du Rhin est remplacée par une Confédération germanique (39 États autonomes) englobant Prusse et Autriche. 1815-1861 : l'Allemagne est traversée de mouvements nationaux et libéraux (1848). L'Autriche et la Prusse luttent pour constituer à leur profit une « Grande » ou une « Petite » Allemagne. 1860-1871 : la Prusse, avec Bismarck, élimine l'Autriche (Sadowa, 1866), vainc la France (1870), proclame l'« Empire allemand » à Versailles et lui rattache l'Alsace-Lorraine au traité de Francfort (1871). 1871-1890 : Bismarck affronte les résistances catholiques à la politique du *Kulturkampf.* L'expansion industrielle, remarquable, va de pair avec la formation d'un puissant parti socialiste. 1890-1914 : Guillaume II ajoute à sa politique coloniale des prétentions pangermanistes. 1914-1918 : la Première Guerre mondiale s'achève par la défaite de l'Allemagne (traité de Versailles, 28 juin 1919) : elle perd l'Alsace-Lorraine et ses colonies et les souverains de l'Empire abdiquent.

De Weimar au IIIe Reich. 1919-1933 : la République de Weimar (17 États ou Länder) réprime le mouvement spartakiste (1919). L'humiliation due au « Diktat de Versailles », l'occupation de la Ruhr par la France (1923-1925) et la misère que provoque une terrible inflation favorisent l'ascension du national-socialisme. 1933-34 : Hitler, « Führer et chancelier », inaugure le IIIe Reich, un État dictatorial et centralisé, fondé sur un parti unique, l'élimination des opposants (mise hors la loi des communistes après l'incendie du Reichstag ; élimination des SA lors de la Nuit des longs couteaux), le racisme (notamment envers les Juifs et les Tsiganes) et une politique annexionniste, menée au nom de l'« espace vital ». 1936-1939 : après la remilitarisation de la Rhénanie (1936), l'annexion de l'Autriche *(Anschluss)* et des Sudètes (1938) et celle de la Bohême-Moravie (1939), c'est l'agression contre la Pologne (affaire du corridor de

ALLEMAGNE

MER DU NORD
MER BALTIQUE
DANEMARK
SUÈDE
POLOGNE
PAYS-BAS
BELGIQUE
LUXEMBOURG
FRANCE
SUISSE
LIECHTENSTEIN
AUTRICHE
RÉPUBLIQUE TCHÈQUE
Roskilde
Odense
Haderslev
Naestved
Svendborg
Rømø
Åbenrå
Sylt
Sønderborg
Lolland
Nykøbing
Bornholm
Flensburg
Baie de Kiel
Îles de la Frise sept.
Husum
Schleswig
SCHLESWIG-HOLSTEIN
Kiel
Sassnitz
Rügen
Stralsund
Greifswald
Heide
Rendsburg
Oldenburg
Warnemünde
Rostock
Neumünster
Świnoujście
Itzehoe
Lübeck
Wismar
MECKLEMBOURG-POMÉRANIE-OCC.
Anklam
Îles de la Frise orient.
Cuxhaven
Elmshorn
Malchin
Wilhelmshaven
Stade
HAMBOURG
Hambourg
Schwerin
Neubrandenburg
Szczecin
Bremerhaven
Emden
Groningue
Leeuwarden
Leer
Oldenburg
BRÊME
Lüneburg
Ludwigslust
Neustrelitz
Prenzlau
Brême
Elbe
Schwedt
Wittenberge
Neuruppin
Oder
Emmen
BASSE-SAXE
Uelzen
Eberswalde
Ems
Diepholz
Nienburg
Rathenow
Zwolle
Lingen
Celle
Stendal
BERLIN
Hanovre
Wolfsburg
Potsdam
Apeldoorn
Minden
Brandenburg
Francfort-sur-l'Oder
Enschede
Rheine
Osnabrück
Hildesheim
Brunswick
SAXE-ANHALT
Salzgitter
Magdeburg
Luckenwalde
Arnhem
Coesfeld
Münster
Bielefeld
Leine
BRANDEBOURG
Halberstadt
Wittenberg
RHÉNANIE-DU-NORD-WESTPHALIE
Gütersloh
Weser
Bernburg
Dessau
Cottbus
Spree
Rhin
Recklinghausen
Hamm
Lippe
Harz
Paderborn
Saale
Mulde
Torgau
Hoyerswerda
Gelsenkirchen
Oberhausen
Dortmund
Duisburg
Essen
Bochum
Göttingen
Nordhausen
Halle
Elsterwerda
Krefeld
Hagen
Münden
Leipzig
Riesa
Bautzen
Görlitz
Wuppertal
Ruhr
Kassel
Weissenfels
Meissen
Mönchen-gladbach
Düsseldorf
Korbach
Mühlhausen
Naumburg
Dresde
Siegen
Gotha
Erfurt
Weimar
Zeitz
SAXE
Elbe
Aix-la-Chapelle
Cologne
Fulda
Eisenach
Iéna
Gera
Chemnitz
Liberec
Bonn
Marburg a. d. Lahn
Werra
THURINGE
Bad-Godesberg
HESSE
Zwickau
Giessen
Fulda
Suhl
Thüringer Wald
Erzgebirge
Limburg
Plauen
Ohře
Coblence
RHÉNANIE-PALATINAT
Hof
Karlovy Vary
Kladno
Eifel
Francfort
Coburg
Moselle
Cheb
PRAGUE
Bitburg
Wiesbaden
Offenbach
Schweinfurt
Bayreuth
Mayence
Aschaffenburg
Main
Bamberg
Weiden-i. d. Obpf.
Trèves
Bad Kreuznach
Darmstadt
Würzburg
Plzeň
Hunsrück
Worms
Erlangen
SARRE
Ludwigshafen
Mannheim
Fürth
Amberg
Kaiserslautern
Nuremberg
Böhmerwald
Sarrelouis
Heidelberg
Ansbach
Franconien
Sarrebruck
Spire
Cham
Pirmasens
Crailsheim
BAVIÈRE
Rachel 1452
České Budějovice
Metz
Haardt
Karlsruhe
Heilbronn
Jura
Ratisbonne
Pforzheim
Ludwigsburg
Ingolstadt
Rastatt
Stuttgart
Esslingen
Danube
Nancy
Baden-Baden
Heidenheim
Donauwörth
Passau
Strasbourg
BADE-WURTEMBERG
Tübingen
Landshut
Offenburg
Reutlingen
Jura Souabe
Isar
Ulm
Linz
Augsbourg
Dachau
Inn
Wels
Forêt-Noire
Épinal
Fribourg-en-Brisgau
Biberach
Munich
Steyr
Vosges
Colmar
Sigmaringen
Tüttlingen
Starnberg
Enns
Memmingen
Ravensburg
Rosenheim
Salzbourg
Mulhouse
Kempten
Belfort
Lörrach
Constance
Friedrichshafen
Oberammergau
Berchtesgaden
Lindau
Kufstein
Dachstein 2996
Bâle
Winterthur
Lac de Constance
Garmisch-Partenkirchen
Hochkönig 2938
St-Gall
Zurich
Bienne
Innsbruck
10°
15°
55°
50°
0
50 km
200
500
1000 m
aéroport
autoroute
route
voie ferrée
plus de 1 000 000 h.
de 500 000 à 1 000 000 h.
de 100 000 à 500 000 h.
moins de 100 000 h.
autre localité ou site
Brême : capitale de Land

Dantzig) qui déclenche la Seconde Guerre mondiale. 1940-1945 : l'Allemagne envahit et occupe la France et la plupart des pays européens, mais échoue face à la résistance de la Grande-Bretagne et de l'U.R.S.S. alliées aux États-Unis. Elle capitule le 8 mai 1945.

De l'occupation à la partition. 1945-46 : occupé par les armées alliées des États-Unis, de la France, de la Grande-Bretagne et de l'U.R.S.S., le territoire allemand est limité à l'est par la ligne Oder-Neisse. Les minorités allemandes sont expulsées de Hongrie, de Pologne et de Tchécoslovaquie. Le tribunal de Nuremberg juge les criminels de guerre nazis. 1948 : les États-Unis, la France et la Grande-Bretagne décident la création d'un État fédéral dans leurs zones d'occupation. L'U.R.S.S. bloque les accès de Berlin-Ouest (jusqu'en mai 1949). 1949 : la partition de fait est consacrée par la création de la République fédérale d'Allemagne ou R.F.A. (23 mai) et, dans la zone d'occupation soviétique, de la République démocratique allemande* ou R.D.A. (7 oct.). Ces deux États précisent cependant dans leurs Constitutions que l'Allemagne est une république indivisible et que le peuple allemand devra parachever son unité.

La République fédérale d'Allemagne. 1949-1963 : à l'issue des élections remportées par la CDU, la R.F.A. est gouvernée par le chancelier K. Adenauer. Bénéficiant de l'aide américaine (plan Marshall), elle amorce un redressement économique rapide. Après l'abrogation du statut d'occupation (1952), les États-Unis, la France et la Grande-Bretagne préconisent par l'accord de Paris (1954) la restauration de la souveraineté de la R.F.A. qu'ils reconnaissent comme seul représentant du peuple allemand. La R.F.A. entre dans l'O.T.A.N. (1955) et adhère à la C.E.E. (1958). La crise de Berlin, déclenchée par l'U.R.S.S. en 1958, aboutit à la construction du mur (1961). 1963-1966 : sous le chancelier L. Erhard, également chrétien-démocrate, le « miracle économique » se poursuit. 1966-1969 : le chancelier K. Kiesinger, chrétien-démocrate, forme un gouvernement de « grande coalition » CDU-SPD. 1969-1974 : le chancelier W. Brandt, social-démocrate, forme un gouvernement de « petite coalition » avec le parti libéral. Il axe sa politique sur l'ouverture à l'Est *(Ostpolitik).* Après avoir conclu un traité avec l'U.R.S.S. et reconnu la ligne Oder-Neisse comme frontière de la Pologne (1970), la R.F.A. signe avec la R.D.A. le traité interallemand de 1972. 1974-1982 : avec le chancelier H. Schmidt, social-démocrate, la coalition avec les libéraux se maintient au pouvoir. 1982-1987 : le chancelier H. Kohl, chrétien-démocrate, forme un gouvernement de coalition avec le parti libéral. Les Verts font leur entrée au Bundestag en 1983. 1987 : la coalition CDU-parti libéral remporte les élections et H. Kohl demeure chancelier. 1989 : la R.F.A. est confrontée aux problèmes posés par un afflux massif de réfugiés est-allemands et par les changements intervenus en R.D.A. 1990 : l'union économique et monétaire entre la R.F.A. et la R.D.A. intervient en juillet. Le traité de Moscou (sept.) entre les deux États allemands, les États-Unis, la France, la Grande-Bretagne et l'U.R.S.S. fixe les frontières de l'Allemagne unie, dont il restaure l'entière souveraineté. Les Länder, reconstitués en Allemagne de l'Est, adhèrent à la R.F.A. et l'unification de l'Allemagne est proclamée le 3 octobre. Les premières élections de l'Allemagne unie (déc.) sont remportées par la coalition CDU-parti libéral dirigée par H. Kohl. 1992 : des extrémistes de droite commettent des violences à l'encontre des immigrés et des demandeurs d'asile. 1993 : une révision constitutionnelle limitant le droit d'asile est adoptée. 1994 : les élections législatives confirment au pouvoir la coalition CDU-parti libéral dirigée par H. Kohl qui est reconduit pour la quatrième fois à la tête du gouvernement.

CULTURE ET CIVILISATION

☐ BEAUX-ARTS

Villes d'art principales. Aix-la-Chapelle, Augsbourg, Bamberg, Berlin, Brême, Cologne, Dresde, Eisenach, Erfurt, Francfort-sur-le-Main, Fribourg-en-Brisgau, Görlitz, Hildesheim, Lübeck, Magdebourg, Munich, Naumburg, Nuremberg, Ottobeuren, Potsdam, Ratisbonne, Rothenburg, Trèves, Weimar, Worms, Würzburg.

Quelques peintres, sculpteurs et architectes célèbres.

— Fin du Moyen Âge : les Parler, K. Witz, Lochner, M. Pacher (Autrichien), Schongauer (Alsacien), V. Stoss, Holbein l'Ancien, Riemenschneider.

— Renaissance : Grünewald, les Vischer, Burgkmair, Dürer, Altdorfer, Baldung-Grien, Holbein le Jeune, les Cranach.

— XVIIe s. : Elsheimer, J. Liss.

— XVIIIe s. : les Asam, J. B. Neumann, D. et J. B. Zimmermann, J. M. Fischer, I. Günther, A. R. Mengs.

— XIXe s. : C. D. Friedrich, Schinkel, L. von Klenze, Menzel, Leibl, L. Corinth.

— XXe s. : Behrens, Barlach, Nolde, Marc, Kirchner, Beckmann, Gropius, Schwitters, Mies van der Rohe, Grosz, O. Dix, M. Ernst, Wols, Beuys, Richter, Kiefer. (Voir en outre les écoles ou groupes : nazaréens, Brücke, Blaue Reiter, Bauhaus, Fauves [Nouveaux]).

☐ LITTÉRATURE

Moyen Âge : la *Chanson des Nibelungen.* Minnesänger. Maître Eckart. XVIe s. : traduction de la *Bible* par Luther. Hans Sachs. XVIIe s. : Martin Opitz. *Simplicius Simplicissimus* de Grimmelshausen. XVIIIe s. : J. C. Gottsched — piétisme : Klopstock — Aufklärung : Lessing, Wieland — Sturm und Drang : Herder, Klinger, J. R. M. Lenz — du classicisme au romantisme : Goethe, Schiller, Hölderlin, Jean-Paul, W. A. et F. Schlegel, Novalis, C. Brentano, A. von Arnim, les frères Grimm, Eichendorff, E. T. A. Hoffmann, H. von Kleist. XIXe s. : H. Heine, T. Fontane, Stefan George, G. Hauptmann. XXe s. : H. Mann, T. Mann, H. Hesse, G. Benn, G. Kaiser, B. Brecht, E. Jünger, H. Böll, A. Seghers. Groupe 47 : A. Andersch, G. Grass, S. Hermlin, U. Johnson, H. W. Richter, M. Walser, C. Wolf.

☐ PHILOSOPHIE ET LOGIQUE

XVIIe s. : Leibniz. XVIIIe s. : Kant, Fichte. XIXe s. : Schelling, Schopenhauer, Hegel, Marx, Nietzsche, Frege. XXe s. : Husserl, Cassirer, Scheler, Heidegger, Habermas.

☐ MUSIQUE

Moyen Âge. Art du chant des Minnesänger puis des Meistersänger ; plain-chant grégorien. Lieder et choral luthérien (Réforme). XVIe s. : H. L. Hassler. XVIIe s. : J. H. Schein, S. Scheidt, H. Schütz, J. J. Froberger, D. Buxtehude, J. Pachelbel. XVIIIe s. (baroque) : G. P. Telemann, J. S. Bach, G. F. Händel. J. Stamitz (école de Mannheim). XIXe s. : création de l'opéra romantique. C. M. von Weber ; F. Mendelssohn, L. van Beethoven, R. Schumann, J. Brahms, R. Wagner, R. Strauss. XXe s. : P. Hindemith, K. Weill ; H. W. Henze, B. A. Zimmermann, K. Stockhausen.

☐ CINÉMA

F. Murnau, F. Lang, G. W. Pabst, V. Schlöndorff, W. Herzog, R. Fassbinder, W. Wenders.

Allemagne (De l'), essai de Mme de Staël (1810-1813), qui créa l'image d'une Allemagne mystique et prépara la voie au romantisme.

ALLEMANDE *(République démocratique)* [R. D. A.], en all. **Deutsche Demokratische Republik (DDR),** nom porté par la partie orientale de l'Allemagne de 1949 à 1990. (CAP. *Berlin-Est.*) Organisée économiquement et politiquement sur le modèle soviétique, elle était dirigée par le parti socialiste unifié (SED).

HISTOIRE

— 1949 : proclamation de la République démocratique allemande dans la zone d'occupation soviétique. W. Pieck devient président et O. Grotewohl Premier ministre. 1950 : W. Ulbricht est élu premier secrétaire du SED. La R.D.A. reconnaît la ligne Oder-Neisse comme frontière avec la Pologne et adhère au Comecon. 1952 : elle abandonne sa structure fédérale pour devenir un État centralisé. 1953 : des émeutes ouvrières éclatent. 1955 : la R.D.A. adhère au pacte de Varsovie. 1958 : l'U.R.S.S. dénonce le statut quadripartite de Berlin. 1960 : W. Ulbricht succède à Pieck à la tête de l'État (président du Conseil d'État), tout en conservant la direction du SED. 1961 : afin d'enrayer la forte émigration des Allemands de l'Est vers la R.F.A., un mur est construit séparant Berlin-Est et Berlin-Ouest. 1963 : le système de planification économique est assoupli. 1964 : W. Stoph succède à Grotewohl comme chef du gouvernement. 1971 : E. Honecker devient premier secrétaire du SED en remplacement de Ulbricht qui demeure à la tête de l'État. 1972 : le traité fondamental entre la R.F.A. et la R.D.A. est signé, ouvrant la voie à la reconnaissance de la R.D.A. par les pays occidentaux. 1976 : Honecker succède à W. Stoph (devenu chef de l'État en 1973) et cumule désormais la direction du parti et de l'État. Stoph reprend la direction du gouvernement. 1989 : un exode massif de citoyens est-allemands vers la R.F.A. et d'importantes manifestations réclamant la démocratisation du régime provoquent à partir d'octobre de profonds bouleversements : démission des principaux dirigeants (dont Honecker et Stoph), ouverture du mur de Berlin et de la frontière interallemande, abandon de toute référence au rôle dirigeant du SED. 1990 : lors des premières élections libres (mars), l'Alliance pour l'Allemagne, dont la CDU est la formation majoritaire, remporte une large victoire. Son leader, Lothar de Maizière, forme un gouvernement de coalition. Les Länder de Brandebourg, Mecklembourg-Poméranie-Occidentale, Saxe, Saxe-Anhalt et Thuringe sont reconstitués (juill.) et, avec le Land de Berlin, adhèrent à la R.F.A. L'unification de l'Allemagne est proclamée le 3 octobre.

ALLEMANE (Jean), syndicaliste et homme politique français (Sauveterre 1843 - Herblay 1935), fondateur du parti ouvrier socialiste révolutionnaire (P. O. S. R.) ou *allemaniste,* qui préconise la grève générale comme moyen de l'action révolutionnaire.

ALLEN (Allen Stewart **Konigsberg,** dit **Woody**), cinéaste et acteur américain (New York 1935). Incarnant un certain type d'humour juif new-yorkais, fait de lucidité et d'autodérision, il alterne les comédies burlesques et des œuvres plus graves (*Prends l'oseille et tire-toi,* 1969 ; *Annie Hall,* 1977 ; *Intérieurs,* 1978 ; *Broadway Danny Rose,* 1984 ; *Hannah et ses sœurs,* 1986 ; *September,* 1987 ; *Une autre femme,* 1988 ; *Crimes et délits,* 1989 ; *Alice,* 1990 ; *Ombres et brouillard,* 1992 ; *Maris et femmes,* 1992 ; *Meurtre mystérieux à Manhattan,* 1993 ; *Coups de feu sur Broadway,* 1994).

ALLENBY (Edmund), maréchal britannique (Brackenhurst, Nottinghamshire, 1861 - Londres 1936). Commandant les forces britanniques en Palestine (1917-18), il prit Jérusalem, Damas et Alep, puis contraignit les Turcs à capituler. Il contribua à élaborer le traité d'indépendance de l'Égypte (1922).

ALLENDE (Salvador), homme politique chilien (Valparaíso 1908 - Santiago 1973). Socialiste, président de la République (1970), il est renversé par un putsch militaire, dirigé par le général Pinochet, au cours duquel il trouve la mort.

ALLENTOWN, v. des États-Unis (Pennsylvanie) ; 105 090 h. Centre industriel.

ALLEPPEY, port de l'Inde (Kerala), sur la côte de Malabār ; 264 887 h.

ALLEVARD (38580), ch.-l. de c. de l'Isère, sur le Bréda ; 2 577 h. *(Allevardais).* Station hydrominérale et climatique. Sports d'hiver au *Collet d'Allevard.* Métallurgie.

Allgemeine Elektricitäts-Gesellschaft → *AEG.*

ALLIA, affl. du Tibre (r. g.) ; les Romains y furent battus par les Sénons (390 av. J.-C.).

Alliance *(Quadruple-)* [2 août 1718], pacte formé entre la France, l'Angleterre, les Provinces-Unies et l'Autriche, pour le maintien du traité d'Utrecht.

Alliance *(Quadruple-)* [20 nov. 1815], pacte conclu, sur l'initiative de Castlereagh, entre l'Angleterre, l'Autriche, la Prusse et la Russie, pour préserver l'équilibre européen.

Woody **Allen**

Salvador **Allende**

Alliance *(Sainte-)* [26 sept. 1815], pacte de fraternité et d'assistance mutuelle conclu entre les souverains de Russie, d'Autriche et de Prusse. Les Alliés lui préférèrent la Quadruple-Alliance de 1815.

Alliance *(Triple-)* [23 janv. 1668], pacte formé à La Haye par l'Angleterre, les Provinces-Unies et la Suède contre la France.

Alliance *(Triple-)* ou **Triplice,** groupement politique constitué par l'Allemagne, l'Autriche-Hongrie et l'Italie (1882-1915). La France lui opposa la Triple-Entente.

Alliance française, association fondée en 1883 pour étendre l'influence de la France à l'étranger par la propagation de la langue et de la culture françaises.

ALLIER, riv. du Massif central ; 410 km. Né dans l'est de la Lozère, l'Allier draine les Limagnes, puis le Bourbonnais, passant à Vichy et à Moulins, avant de rejoindre la Loire (r. g.), près de Nevers, au *bec d'Allier.*

ALLIER (03), dép. de la Région Auvergne, formé par le Bourbonnais ; ch.-l. de dép. *Moulins ;* ch.-l. d'arr. *Montluçon, Vichy ;* 3 arr., 35 cant., 320 comm. ; 7 340 km² ; 357 710 h. Le dép. est rattaché à l'académie de Clermont-Ferrand, à la cour d'appel de Riom et à la région militaire Méditerranée. Peu peuplé (densité voisine de la moitié de la moyenne nationale), l'Allier subit toujours un notable exode rural. Le dép. est, de plus, sans industries de pointe (l'extraction de la houille et la métallurgie ont reculé ou disparu) ni villes dynamiques. La vie agricole reste dominée par l'élevage (bovins surtout). L'économie devrait sans doute profiter des retombées de la desserte autoroutière Paris-Clermont-Ferrand.

ALLOBROGES, peuple de la Gaule, qui habitait le Dauphiné et la Savoie.

ALLONNES (49650), ch.-l. de c. de Maine-et-Loire ; 2 579 h.

ALLONNES (72700), comm. de la Sarthe, banlieue du Mans ; 13 593 h.

ALLOS (04260), ch.-l. de c. des Alpes-de-Haute-Provence, dans la haute vallée du Verdon, au pied du col homonyme (2 240 m) ; 709 h. Sports d'hiver à la Foux-d'Allos et au Seignus-d'Allos.

ALLSCHWIL, comm. de Suisse, banlieue sud-ouest de Bâle ; 18 802 h.

ALMA, anc. **Saint-Joseph d'Alma,** v. du Canada (Québec), à l'est du lac Saint-Jean ; 23 160 h.

Alma *(bataille de l')* [20 sept. 1854], victoire des Franco-Anglais sur les Russes, à 10 km de l'embouchure de l'Alma, pendant la guerre de Crimée.

ALMA-ATA, en kazakh **Almaty,** cap. du Kazakhstan, au sud du lac Balkhach ; 1 128 000 h. Université. Centre industriel.

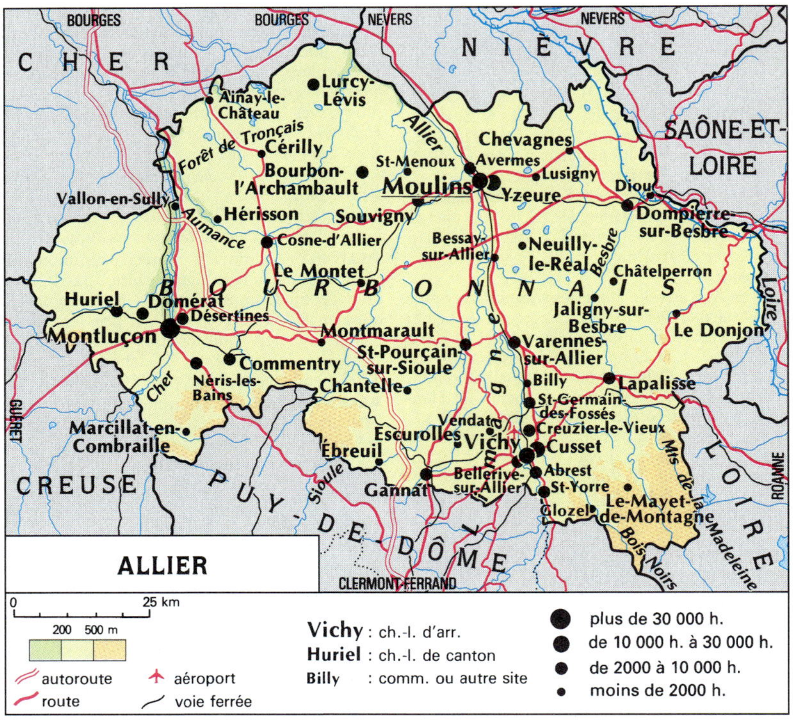

Alpes : la chaîne des Aravis, dans les Alpes françaises du Nord.

ALMADÉN, v. d'Espagne, à l'O. de Puertollano ; 8 012 h. Mercure.

Almageste (l'), traité de mathématiques et d'astronomie, composé par Claude Ptolémée, au IIe s.

ALMAGRO (Diego **de**), conquistador espagnol (Almagro, prov. de Ciudad Real, 1475 - Cuzco 1538). Compagnon de Pizarro dans la conquête du Pérou, il fut étranglé sur son ordre.

Almansa *(bataille d')* [25 avr. 1707], victoire remportée par Berwick sur les Anglo-Portugais lors de la guerre de la Succession d'Espagne.

ALMEIDA GARRETT (João Baptista **de**), écrivain et homme politique portugais (Porto 1799 - Lisbonne 1854), auteur d'un théâtre nationaliste et romantique (*Un auto de Gil Vicente,* 1838 ; *Frei Luís de Sousa,* 1844).

ALMELO, v. de l'est des Pays-Bas (Overijssel) ; 62 668 h.

ALMERÍA, port d'Espagne, en Andalousie, ch.-l. de prov., sur la Méditerranée ; 155 120 h. Anc. forteresse mauresque. Cathédrale du XVIe s.

ALMODÓVAR (Pedro), cinéaste espagnol (Calzada de Calatrava 1949). Mêlant provocation et humour noir, il fait la satire de la société espagnole contemporaine : *Dans les ténèbres* (1984), *la Loi du désir* (1986), *Femmes au bord de la crise de nerfs* (1988), *Talons aiguilles* (1991), *la Fleur de mon secret* (1995).

ALMOHADES, adeptes du mouvement réformiste lancé par Muḥammad ibn Tūmart (entre 1078 et 1081-1130), dont les dirigeants ont fondé une dynastie berbère qui régna sur le nord de l'Afrique et sur l'Andalousie de 1147 à 1269.

ALMORAVIDES, confrérie de moines guerriers et dynastie berbère qui régna sur le Maghreb et l'Andalousie de 1061 à 1147. Elle fut fondée par le réformateur 'Abd Allāh ibn Yāsīn, et le premier souverain en fut Yūsuf ibn Tāchfīn.

ALMQUIST (Carl Jonas Love), écrivain suédois (Stockholm 1793 - Brême 1866). Son œuvre poétique et romanesque est l'une des plus originales du romantisme suédois *(le Livre de l'églantier).*

ALOMPRA → ***Alaungpaya.***

ALONG *(baie d'),* baie du Viêt Nam, au nord-est d'Haiphong, semée de rochers calcaires.

ALONSO (Alicia), danseuse cubaine (La Havane 1920). Grande interprète de *Giselle,* elle est la fondatrice du Ballet national et de l'École nationale de danse de Cuba.

ALOST → ***Aalst.***

ALOXE-CORTON (21420), comm. de la Côte-d'Or, au nord de Beaune ; 187 h. Vins rouges *(corton).*

ALPE-D'HUEZ (l') [38750], station de sports d'hiver de l'Isère (comm. d'Huez), dans l'Oisans (1 860-3 350 m).

ALPES, le plus grand massif montagneux de l'Europe, s'étendant sur plus de 1 000 km, de la Méditerranée jusqu'à Vienne (Autriche), partagé entre l'Allemagne, l'Autriche, la France, l'Italie, la Suisse et la Slovénie ; 4 807 m au mont Blanc. Malgré leur altitude, les Alpes sont pénétrables grâce à de profondes vallées (Rhône et Rhin, Isère, Inn, Enns, Drave, Adige), élargies par les glaciers quaternaires. La chaîne est franchie, souvent en tunnel, par de nombreuses routes et voies ferrées (Mont-Blanc, Grand-Saint-Bernard, Simplon, Saint-Gothard, Brenner). Les conditions naturelles (relief accidenté, climat rude) n'apparaissent guère favorables à l'homme ; pourtant, le peuplement est ancien et relativement dense. L'économie — initialement fondée sur une polyculture vivrière, l'élevage transhumant, l'exploitation de la forêt et parfois du sous-sol — a été rénovée, au moins localement, par l'hydroélectricité (favorisée par les dénivellations et l'abondance des précipitations) et surtout le tourisme. L'accroissement des échanges, permis par l'amélioration des communications, a orienté l'économie vers une spécialisation en fonction des aptitudes régionales : élevage bovin intensif pour les produits laitiers, électrométallurgie et électrochimie dans les vallées (sites des villes, dont les plus grandes sont Grenoble et Innsbruck), près des centrales (une grande partie de l'électricité alpestre est cependant exportée), stations d'été ou de sports d'hiver en altitude ou en bordure des lacs subalpins (Léman, lac Majeur, lac de Constance).

ALPES (HAUTES-) [05], dép. de la Région Provence-Alpes-Côte d'Azur ; ch.-l. de dép. *Gap ;* ch.-l. d'arr. *Briançon ;* 2 arr., 30 cant., 177 comm. ; 5 549 km² ; 113 300 h. Le dép. est rattaché à l'académie d'Aix-en-Provence-Marseille, à la cour d'appel de Grenoble et à la région militaire Méditerranée. Formé de parties du haut Dauphiné et de la Provence, c'est un dép. peu peuplé, en raison surtout des conditions naturelles difficiles (altitude élevée), et voué surtout à l'élevage et à une polyculture vivrière, portant parfois des vergers et animé localement par le tourisme (Briançon, Serre-Chevalier, Vars). Les villes (Gap, Embrun) sont situées dans les vallées. Leur progression explique l'accroissement démographique récent.

ALPES AUSTRALIENNES, partie méridionale de la Cordillère australienne.

ALPES-DE-HAUTE-PROVENCE (04), dép. de la Région Provence-Alpes-Côte d'Azur ; ch.-l. de dép. *Digne-les-Bains ;* ch.-l. d'arr. *Barcelonnette, Castellane, Forcalquier ;* 4 arr., 30 cant., 200 comm. ; 6 925 km² ; 130 883 h. Le dép. est rattaché à l'académie d'Aix-en-Provence-Marseille, à la cour d'appel d'Aix-en-Provence et à la région militaire Méditerranée. Montagneux, surtout dans l'est et le nord, il est aéré par les vallées de la Durance et de ses affluents, sites de la vie urbaine. Les conditions naturelles expliquent la faiblesse du peuplement, malgré une croissance récente, sensible dans le sud-ouest et profitant généralement aux villes. L'élevage ovin domine, en dehors de la vallée de la Durance (cultures fruitières) où l'irrigation est liée à l'aménagement hydroélectrique. L'industrie, peu importante, procure beaucoup moins d'emplois que le secteur tertiaire, stimulé localement par l'essor du tourisme estival et hivernal.

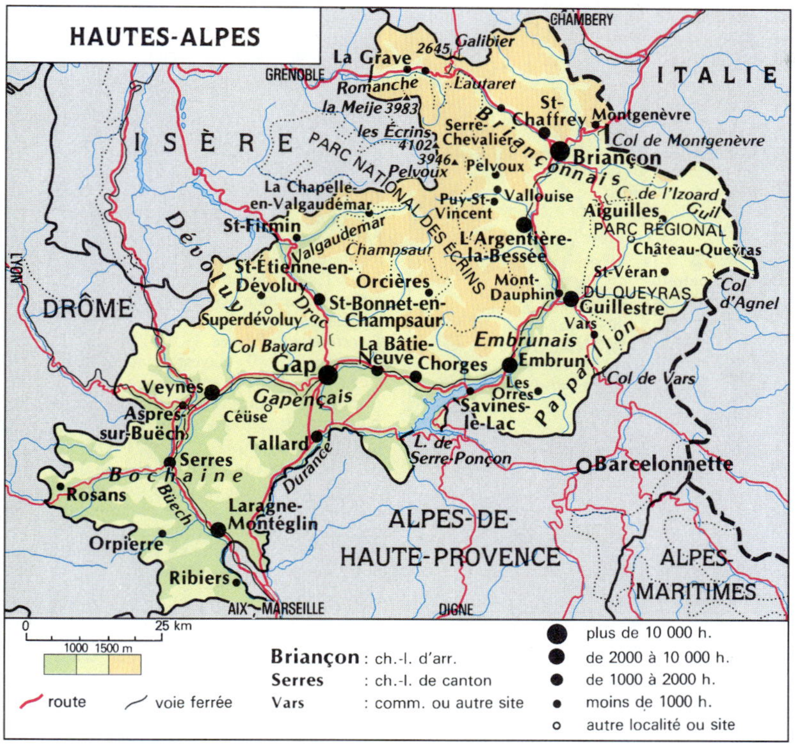

ALPES FRANÇAISES, partie la plus développée des Alpes occidentales, divisée en deux ensembles. Les *Alpes du Nord* possèdent un relief ordonné, où se succèdent d'ouest en est : les Préalpes (Chablais, Bornes, Bauges, Chartreuse, Vercors), calcaires, aux plis généralement simples ; le Sillon alpin, longue dépression drainée par l'Arly et l'Isère (Combe de Savoie, Grésivaudan) ; les massifs centraux (Mont-Blanc, Beaufortin, Belledonne, Oisans, Pelvoux), cristallins, partie la plus élevée ; la zone intra-alpine aérée par les vallées de l'Isère supérieure (Tarentaise), de l'Arc (Maurienne) et de la Romanche. Les *Alpes du Sud* ne présentent pas une disposition aussi simple : il n'existe pas de dépression analogue au Sillon alpin et surtout les Préalpes s'étendent démesurément, dessinant un vaste arc de cercle (du Diois et des Baronnies aux Préalpes de Nice), ouvert par la Durance. Les Alpes du Nord ont un climat humide qui a favorisé l'extension de la forêt et de la prairie. L'élevage bovin (pour les produits laitiers) constitue la principale ressource de la montagne, avec le tourisme estival et hivernal. Les cultures se réfugient dans les vallées où, grâce à l'hydroélectricité, s'est développée la vie industrielle (électrométallurgie et électrochimie) et urbaine (Grenoble). Les Alpes du Sud, plus sèches, mal aérées, vouées surtout à l'élevage ovin, aux cultures céréalières et localement à l'arboriculture fruitière (vallée de la Durance), se sont longtemps dépeuplées, avant que l'essor du tourisme et les aménagements hydrauliques ne contribuent à enrayer ce déclin.

ALPES GRÉES ET PENNINES, province de l'Empire romain créée par Auguste. Sa capitale était Moûtiers-en-Tarentaise.

ALPES-MARITIMES (06), dép. de la Région Provence-Alpes-Côte d'Azur ; ch.-l. de dép. *Nice ;* ch.-l. d'arr. *Grasse ;* 2 arr., 51 cant., 163 comm. ; 4 299 km² ; 971 829 h. Le dép. est rattaché à l'académie de Nice, à la cour d'appel d'Aix-en-Provence et à la région militaire Méditerranée. Formé du comté de Nice et de l'extrémité orientale de la Provence, il s'étend en majeure partie sur les Préalpes du Sud (Préalpes de Grasse et de Nice), entaillées par les vallées du Var, de la Tinée et de la Vésubie. Mais le littoral (Côte d'Azur) est la région vitale ; l'importance exceptionnelle du tourisme a provoqué un rapide accroissement démographique et, par les activités qui y sont liées (commerce, hôtellerie), explique la part exceptionnelle du secteur tertiaire (les deux tiers de la population active). L'agglomération niçoise groupe plus de la moitié de la population totale du département. *(V. carte p. 1126.)*

ALPES NÉO-ZÉLANDAISES, chaîne de montagnes de Nouvelle-Zélande, dans l'île du Sud.

ALPES SCANDINAVES, nom parfois donné aux montagnes des confins de la Suède et de la Norvège.

ALPHÉE, fl. du Péloponnèse, qui passe près d'Olympie. Il fut divinisé par les anciens Grecs.

ARAGON

ALPHONSE Ier le Batailleur (v. 1073-1134), roi d'Aragon et de Navarre (1104-1134). Il reconquit Saragosse sur les musulmans (1118) et lança un raid en Andalousie (1125). — **Alphonse II le Chaste** (1152 - Perpignan 1196), roi d'Aragon (1162-1196). Il imposa sa domination sur le Roussillon et hérita en 1166 de la Provence. — **Alphonse V le Magnanime** (1396 - Naples 1458), roi d'Aragon et de Sicile

(1416-1458), roi (Alphonse Ier) des Deux-Siciles (1442-1458). Il conquit le royaume de Naples (1435-1442).

ASTURIES ET CASTILLE

ALPHONSE III le Grand (838 - Zamora 910), roi des Asturies (866-910). Il unifia les provinces chrétiennes du Nord-Ouest.

ALPHONSE VI (1040-1109), roi de León (1065-1109), de Castille (1072-1109) et de Galice (1073-1109). Il conquit le royaume de Tolède (1085) puis fut écrasé par les musulmans à Zalaca (Sagrajas) en 1086. — **Alphonse VII le Bon** (1105 - Fresneda 1157), roi de Castille et de León (1126-1157). Couronné empereur en 1135, il dut reconnaître l'indépendance du Portugal en 1143. — **Alphonse VIII le Noble** (Soria 1155 - Ávila 1214), roi de Castille (1158-1214). Il vainquit les musulmans à Las Navas de Tolosa (1212). — **Alphonse IX** (Zamora 1171 - Villanueva de Sarria 1230), roi de León (1188-1230). Il reconquit l'Estrémadure et réunit les premières Cortes (1188). — **Alphonse X le Sage** (Tolède 1221 - Séville 1284), roi de Castille et de León (1252-1284) et empereur germanique (1257-1272). Prince éclairé, il fit dresser des tables astronomiques *(tables Alphonsines)* et composa des cantiques à la Vierge.

ESPAGNE

ALPHONSE XII (Madrid 1857 - *id.* 1885), roi d'Espagne (1874-1885). Il mit fin à la guerre carliste (1876).

ALPHONSE XIII, fils posthume du précédent (Madrid 1886 - Rome 1941), roi d'Espagne (1886-1931). Il dut accepter à partir de 1923 la dictature du général Primo de Rivera et quitta son pays après les élections municipales de 1931 remportées par les républicains.

PORTUGAL

ALPHONSE Ier Henriques (Guimarães v. 1110 - Coimbra 1185), roi de Portugal (1139-1185). Proclamé roi à la suite de ses succès contre les musulmans, il obtint l'indépendance du Portugal. — **Alphonse III le Boulonnais** (Coimbra 1210 - Lisbonne 1279), roi de Portugal (1248-1279). Il paracheva la reconquête en occupant l'Algarve. — **Alphonse V l'Africain** (Sintra 1432 - *id.* 1481), roi de Portugal (1438-1481). Il entreprit plusieurs expéditions au Maroc.

ALPHONSE DE FRANCE, prince capétien (1220-1271), comte de Poitiers et de Toulouse (1249-1271), fils de Louis VIII et époux de Jeanne, comtesse de Toulouse. Il participa à deux croisades et fut un remarquable administrateur.

ALPHONSE-MARIE de Liguori *(saint),* ecclésiastique napolitain (Marianella 1696 - Nocera 1787), fondateur des rédemptoristes (1732).

ALPILLES (les), anc. **Alpines** (les), chaînon calcaire s'élevant au nord de la Crau.

ALSACE, région de l'est de la France, sur le Rhin, formée des dép. du Bas-Rhin et du Haut-Rhin (8 280 km²; 1 624 372 h. [*Alsaciens*]; ch.-l. *Strasbourg*).

GÉOGRAPHIE

L'Alsace s'étend, à l'ouest, sur le versant oriental des *Vosges,* massif boisé, entaillé par des vallées où se concentrent la population et les activités (cultures céréalières et fruitières, textiles). À l'est, séparée de la montagne par les *collines sous-vosgiennes,* coteaux calcaires couverts de vignobles, la *plaine d'Alsace* est formée de terrasses parfois couvertes de lœss (blé, maïs, houblon, tabac, cultures fruitières et maraîchères), parfois sableuses (forêts de la Hardt, de Haguenau). Carrefour de la circulation européenne, l'Alsace a une grande activité commerciale et industrielle, aujourd'hui valorisée par l'aménagement du Rhin, le potentiel énergétique (raffinerie de pétrole, électricité hydraulique et nucléaire) et minéral (potasse). Densément peuplée, l'Alsace, tôt urbanisée, possède trois grandes villes : Mulhouse, Colmar et surtout Strasbourg.

HISTOIRE

L'Alsace germanique. Ancienne « Germanie première » des Romains, l'Alsace, après la dissolution de l'Empire carolingien, échoit à la Lotharingie, puis au roi de Germanie (870, traité de Meerssen). XIIe-XIIIe s. : riche de son commerce et de son artisanat, l'Alsace est le centre de la civilisation rhénane. 1354 : les villes impériales s'unissent dans la Décapole. 1434 : dans la ville libre de Strasbourg, Gutenberg met au point l'imprimerie. Le XVIe s. est plus troublé : guerre des paysans (1525), introduction de la Réforme à Strasbourg (après 1529). La majorité de la population reste cependant catholique.

L'Alsace française. 1618-1648 : la guerre de Trente Ans ravage l'Alsace. 1648 : au traité de Westphalie, la France acquiert les droits des Habsbourg, mais la région demeure terre impériale. 1678 : la politique des réunions menée par Louis XIV assure à la France pleine souveraineté sur l'Alsace (traité de Nimègue). 1681 : Strasbourg devient française. 1748 : l'industrie textile s'installe à Mulhouse.

Le Reichsland. 1870 : conservée de justesse en 1815, l'Alsace est occupée par la Prusse. 1871 : au traité de Francfort, elle est cédée à l'Allemagne, sauf le Territoire de Belfort, et forme un Reichsland avec la Lorraine. 1911 : l'octroi d'un début d'autonomie (constitution créant un parlement) ne dissuade pas le courant protestataire.

Le retour à la France. 1919 : l'Alsace fait retour à la France. 1940 : elle est rattachée de nouveau au Reich. 1944 : elle est libérée après de violents combats (notamm. à Strasbourg en nov.).

ALSACE *(ballon d'),* montagne des Vosges méridionales ; 1 247 m. Sports d'hiver.

Alsace *(grand canal d'),* canal latéral au Rhin à l'amont et formé, à partir de Vogelgrun, de biefs séparés. Il est jalonné notamment par les centrales de Kembs, Ottmarsheim, Fessenheim, Vogelgrun, Marckolsheim, Rhinau, Gerstheim, Strasbourg, et est bordé de zones industrielles et portuaires.

ALSACE *(porte d'),* seuil faisant communiquer les plaines du Rhin et de la Saône, connu autrefois sous le nom de *porte de Bourgogne* et de *trouée de Belfort.*

Alsace

ALSACE-LORRAINE (all. **Elsass-Lothringen**), partie des anc. prov. françaises d'Alsace et de Lorraine enlevée par l'Allemagne à la France en 1871 et récupérée par elle en 1919. Elle comprenait les départements actuels de la *Moselle,* du *Bas-Rhin* et du *Haut-Rhin.*

ALSAMA, sigle désignant l'ensemble des provinces de la Prairie canadienne (*Al*berta, *Sa*skatchewan, *Ma*nitoba).

Alsthom → ***Alcatel Alsthom Compagnie générale d'électricité.***

ALTAÏ, massif montagneux de l'Asie centrale russe, chinoise et mongole ; 4 506 m.

ALTAÏ *(République de l'),* République de la Fédération de Russie ; 112 000 h. Cap. *Gorno-Altaïsk.*

ALTAMIRA, station préhistorique d'Espagne, dans la province de Santander. Grottes ornées de peintures découvertes en 1879 datées du magdalénien moyen (XIIIe-XIIe millénaire).

ALTAR DE SACRIFICIOS, site maya des basses terres du Guatemala, dans le sud-ouest du Petén. Centre cérémoniel occupé de 1000 av. J.-C. à 900 apr. J.-C. Nombreux vestiges.

ALTDORF, v. de Suisse, ch.-l. du cant. d'Uri, près de la Reuss ; 8 282 h. Demeures anciennes.

ALTDORFER (Albrecht), peintre et graveur allemand (? v. 1480 - Ratisbonne 1538), représentant majeur de l'« école du Danube », au style lyrique et minutieux (*Naissance de la Vierge* et *la Bataille d'Alexandre,* Munich).

Albrecht **Altdorfer :** scène de la *Légende de saint Florian* (v. 1515-1520). [Germanisches Nationalmuseum, Nuremberg.]

ALTHUSSER (Louis), philosophe français (Birmandreis, Algérie, 1918 - La Verrière 1990). Il a renouvelé l'étude du marxisme (*Lire « le Capital »,* 1965).

ALTIPLANO, haute plaine (à plus de 4 000 m) des Andes de Bolivie.

ALTKIRCH (68130), ch.-l. d'arr. du Haut-Rhin, sur l'Ill ; 5 869 h. Hôtel de ville du XVIIIe s.

ALTMAN (Robert), cinéaste américain (Kansas City 1925). Réflexion critique sur la société américaine, son œuvre témoigne d'une grande invention formelle (*M. A. S. H.,* 1970 ; *le Privé,* 1973 ; *Nashville,* 1975 ; *The Player,* 1991 ; *Short Cuts,* 1993 ; *Prêt-à-porter,* 1994).

ALTYNTAGH, massif séparant le Tibet et le Xinjiang ; il dépasse localement 5 000 m.

ALVARADO (Pedro **de**), conquistador espagnol (Badajoz 1485 - Guadalajara, Mexique, 1541), lieutenant de Cortés.

ALVEAR (Carlos María **de**), général argentin (Santo Ángel 1788 - Washington 1852). Il fut l'un des chefs de l'indépendance argentine. Statue équestre par Bourdelle à Buenos Aires.

Alyscamps ou **Aliscamps** (les), voie bordée de tombeaux gallo-romains, à Arles.

ALZETTE, riv. du Luxembourg, passant à Esch-sur-Alzette et à Luxembourg, affl. de la Sûre (r. dr.) ; 65 km.

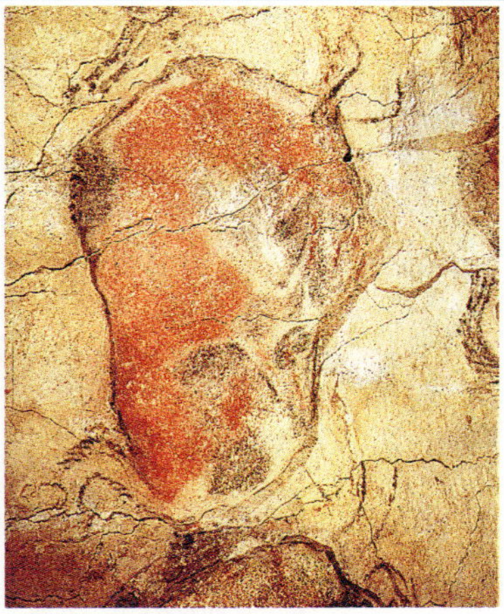

Grottes d'**Altamira :** détail d'une peinture du plafond de la « salle des bisons ». Magdalénien moyen.

ALZON (Emmanuel **Daudé d'**), ecclésiastique français (Le Vigan 1810 - Nîmes 1880), fondateur des assomptionnistes (1845).

ALZONNE (11170), ch.-l. de c. de l'Aude ; 1 235 h.

AMADE (Albert **d'**), général français (Toulouse 1856 - Fronsac 1941). Il commanda les troupes françaises aux Dardanelles (1915).

Amadis de Gaule, roman de chevalerie espagnol d'inspiration portugaise (XIIIe s.), publié par Garcia Rodríguez (ou Ordóñez) de Montalvo (1508). Le héros de ce livre, Amadis, surnommé *le Beau Ténébreux,* est resté le type des amants fidèles et des chevaliers errants.

AMADO (Jorge), écrivain brésilien (Pirangi, Bahia, 1912), auteur de romans qui unissent la critique sociale et l'inspiration folklorique (*Terre violente,* 1942 ; *la Boutique aux miracles,* 1971 ; *Tereza Batista,* 1973 ; *Tocaia Grande,* 1984).

AMADOU, souverain toucouleur (1833 - Maïkouli, Sokoto, 1898). Fils et successeur (1864) de El-Hadj Omar, il fut dépossédé à partir de 1889 par les Français.

AMAGASAKI, v. du Japon (Honshū), sur la baie d'Ōsaka ; 498 999 h. Centre industriel.

AMAGER, île danoise, partiellement banlieue de Copenhague.

'Amal, parti et milice chiites du Liban, issus du mouvement fondé par l'imam Mūsā Sadr en 1974.

AMALASONTE (498 - Bolsena 535), fille de Théodoric le Grand, roi des Ostrogoths. Elle gouverna pendant la minorité de son fils Athalaric (526-534) et fut étranglée par ordre de son mari, Théodat.

AMALÉCITES, tribus nomades du sud du Néguev, adversaires des Hébreux et définitivement vaincues par David.

AMALFI, station balnéaire d'Italie (Campanie), au sud de Naples, sur le golfe de Salerne ; 5 585 h. La ville connut son apogée, comme centre commercial, du Xe au XIIe s. Cathédrale d'env. 1200.

AMALTHÉE. *Myth. gr.* Chèvre qui nourrit Zeus ; une de ses cornes devint la corne d'abondance.

AMAN, favori et ministre du roi des Perses dans le livre d'Esther. Il voulut perdre les Juifs, mais la reine Esther les sauva. Aman, disgracié, fut pendu.

AMĀN ALLĀH KHĀN (Paghmān 1892 - Zurich 1960), émir puis roi d'Afghanistan (1919-1929). Il obtint de l'Angleterre la reconnaissance de l'indépendance de l'Afghanistan (1921).

AMAND *(saint)* [Bas-Poitou v. 584 - Hainaut v. 676], évêque de Tongres-Maastricht v. 647.

AMAPÁ, État du Brésil septentrional ; 289 050 h. Cap. *Macapá.* Manganèse.

AMARĀVATĪ, capitale des Andhra, dans le Deccan. Site archéologique bouddhique. Siège d'une célèbre école de sculpture (IIe s. av. J.-C. - IVe s.).

AMARILLO, v. des États-Unis, dans le nord-ouest du Texas ; 157 615 h.

AMARNA (Tell al-), site d'Égypte, dans la moyenne vallée du Nil, nom actuel d'**Akhetaton,** éphémère capitale fondée au XIVe s. av. J.-C. par Aménophis IV. Ses vestiges (unique exemple d'urbanisme) ont livré des archives diplomatiques et nombre d'œuvres d'art : bustes de Néfertiti (Berlin, Le Caire).

AMASIS, potier grec actif v. 555-525 av. J.-C., brillant représentant de la céramique attique à figures noires.

AMATERASU, déesse du Soleil, dans le panthéon shintō. L'empereur du Japon en descendrait.

AMATI, nom d'une célèbre famille de luthiers de Crémone, dont un des membres, **Nicola** (1596-1684), fut le maître de Stradivari.

AMAURY ou **AMAURI Ier** (1135-1174), roi de Jérusalem (1163-1174). — **Amaury II** (v. 1144 - Saint-Jean-d'Acre 1205), roi de Chypre (1194-1205) et de Jérusalem (1197-1205).

AMAZONAS, État du Brésil ; 1 564 000 km² ; 2 088 682 h. Cap. *Manaus.*

AMAZONE, fl. de l'Amérique du Sud. Il prend sa source dans les Andes, draine le Pérou et le Brésil, traverse d'immenses forêts et se jette dans l'Atlantique ; 7 000 km (depuis les sources de l'Apurímac). Par son débit, c'est le premier fleuve du monde.

AMAZONES (les). *Myth. gr.* Peuplade de femmes guerrières établie dans la région bordant la mer Noire. Elles tuaient leurs enfants mâles et se brûlaient le sein droit pour mieux tirer à l'arc.

AMAZONIE, vaste région de l'Amérique du Sud, correspondant au bassin moyen et inférieur de l'Amazone. C'est une zone basse, presque déserte, au climat équatorial, où domine la grande forêt toujours verte, entaillée, au Brésil, par les routes transamazoniennes.

AMBARÈS-ET-LAGRAVE (33440), comm. de la Gironde, dans l'Entre-Deux-Mers ; 10 407 h. Produits pharmaceutiques.

AMBARTSOUMIAN (Viktor Amazaspovitch), astrophysicien géorgien (Tiflis 1908). Il a découvert les associations stellaires et a été le premier à soupçonner l'existence et l'importance des phénomènes explosifs dans les noyaux de galaxies.

AMBATO, v. de l'Équateur, au N.-E. du Chimborazo ; 124 166 h.

AMBAZAC (87240), ch.-l. de c. de la Haute-Vienne, près des *monts d'Ambazac ;* 4 924 h. Église des XIIe et XVe s. (châsse émaillée d'env. 1200).

AMBÉRIEU-EN-BUGEY (01500), ch.-l. de c. de l'Ain, sur l'Albarine ; 11 166 h. *(Ambarrois).* Nœud ferroviaire.

AMBERT (63600), ch.-l. d'arr. du Puy-de-Dôme, dans le *bassin d'Ambert,* sur la Dore ; 7 779 h. *(Ambertois).* Chapelets. Église gothique (fin du XVe s.).

AMBÈS *(bec d'),* pointe de terre au confluent de la Dordogne et de la Garonne.

AMBILLY (74100), comm. de la Haute-Savoie ; 5 926 h.

AMBOINE, une des îles Moluques (Indonésie).

AMBOINE, capitale des Moluques, qui fut, au XVIIe s., le principal centre colonial hollandais en Indonésie ; 209 000 h.

AMBOISE (37400), ch.-l. de c. d'Indre-et-Loire, sur la Loire ; 11 541 h. *(Amboisiens).* Château royal gothique et Renaissance. Manoir du Clos-Lucé, où Léonard de Vinci termina sa vie. En 1563 y fut proclamé un édit permettant aux protestants le libre exercice de leur culte.

Amboise *(conjuration d')* [1560], formée par Condé et les huguenots, dirigée par La Renaudie, pour soustraire François II à l'influence des Guises. Elle échoua et fut cruellement réprimée.

AMBOISE (Georges **d'**), prélat français (Chaumont-sur-Loire 1460 - Lyon 1510). Archevêque de Narbonne (1492) et de Rouen (1494), cardinal (1498), il fut ministre de Louis XII. — Son neveu **Georges II** (1488 - Le Vigny

Tell al-**Amarna :** princesse mangeant un canard. Esquisse sur ostracon. Nouvel Empire, XIVe s. av. J.-C. (Musée égyptien, Le Caire.)

1550) fut archevêque de Rouen (1510) et cardinal (1545). — Leur riche tombeau est à la cathédrale de Rouen.

AMBRIÈRES-LES-VALLÉES (53300), ch.-l. de c. de la Mayenne ; 2 878 h.

AMBROISE *(saint),* père et docteur de l'Église latine (Trèves v. 340 - Milan 397). Évêque de Milan, il lutta contre les cultes païens et l'arianisme, baptisa saint Augustin, christianisa les institutions impériales et contraignit l'empereur Théodose à faire pénitence. Il réforma le chant sacré et créa le rite ambrosien.

Ambrosienne *(bibliothèque),* bibliothèque de Milan, fondée par le cardinal Frédéric Borromée, ouverte en 1609, et qui possède de nombreux manuscrits précieux et livres rares. Une pinacothèque lui est annexée.

AMÉDÉE, nom de plusieurs comtes et ducs de Savoie, notamment **Amédée VIII** (Chambéry 1383 - Ripaille 1451), véritable créateur de l'État savoyard et dernier antipape (1439-1449), sous le nom de Félix V.

AMÉDÉE DE SAVOIE (Turin 1845 - *id.* 1890), duc d'Aoste, roi d'Espagne (1870-1873), second fils de Victor-Emmanuel II d'Italie.

AMÉLIE-LES-BAINS-PALALDA (66110), comm. des Pyrénées-Orientales ; 3 272 h. *(Améliens* ou *Palaldéens).* Station thermale (rhumatismes, maladies des voies respiratoires).

AMENEMHAT, nom porté par quatre pharaons de la XIIe dynastie (XXe-XVIIIe s. av. J.-C.).

AMÉNOPHIS, nom de quatre rois d'Égypte de la XVIIIe dynastie (1580-1320). — **Aménophis IV** ou **Akhenaton** (« Celui qui plaît à Aton »), roi d'Égypte (1372-1354). D'un tempérament mystique, il instaura, avec l'appui de la reine Néfertiti, le culte d'Aton, dieu suprême et unique. Aménophis IV transporta sa capitale de Thèbes (ville du dieu Amon) à Akhetaton (Amarna), mais sa réforme ne lui survécut pas.

Aménophis IV et Néfertiti adorant le disque solaire (le dieu Aton). Stèle provenant d'Akhetaton (Amarna). [Musée égyptien, Le Caire.]

America *(Coupe de l'),* en angl. **America's Cup** [du nom d'un voilier américain], régate disputée tous les 4 ans, dont l'origine remonte à 1851.

American Federation of Labor → ***AFL-CIO.***

AMÉRIC VESPUCE → ***Vespucci.***

AMÉRIQUE, une des cinq parties du monde ; 42 millions de km² ; 747 millions d'h.

GÉOGRAPHIE

L'Amérique est le continent le plus étiré (sur plus de 15 000 km du N. au S.). L'Amérique est formée de deux vastes masses triangulaires *(Amérique du Nord* et *Amérique du Sud),* reliées par un isthme étroit *(Amérique centrale).* Des reliefs, récents et élevés à l'ouest (Rocheuses et Andes), anciens et érodés à l'est (Appalaches, massif des Guyanes, plateau brésilien), encadrent de vastes bassins alluviaux drainés par les principaux fleuves (Mississippi, Amazone, Paraná et Paraguay). L'extension en latitude explique la variété des climats (à tendance dominante tempérée et froide en Amérique du Nord, équatoriale et tropicale en Amérique centrale et en Amérique du Sud) et de la végétation (toundra du Nord canadien, à laquelle succède, vers le sud, la forêt de conifères ; steppe désertique des plateaux du Mexique septentrional et d'une partie de la façade maritime du Chili et du Pérou ; forêt dense de l'Amazonie, etc.).

L'Amérique a été totalement transformée par la colonisation européenne, plus précoce au sud. Les peuples précolombiens, numériquement peu importants, ont été assimilés par métissage (fréquent en Amérique du Sud), refoulés dans des réserves (Indiens de l'Amérique du Nord) ou exterminés (Fuégiens). Les Noirs, introduits jadis comme esclaves, forment un élément resté isolé aux États-Unis et plus ou moins mélangé aux autres races dans le reste du continent. L'origine des immigrants permet de distinguer une *Amérique anglo-saxonne,* où l'élément d'origine britannique est prédominant (États-Unis et, dans une moindre mesure, Canada, où subsiste une forte minorité d'origine française), aujourd'hui fortement urbanisée et développée économiquement, et une *Amérique latine* (Amérique du Sud et Amérique centrale), peuplée par des Espagnols et par des Portugais (Brésil), aux contrastes socio-économiques marqués et connaissant une rapide croissance démographique.

HISTOIRE

L'Amérique précolombienne. Peuplée vraisemblablement il y a plus de 30 000 ans par des hommes venus d'Asie par le détroit de Béring, l'Amérique reste inégalement développée au moment de l'arrivée des Européens. Aux brillantes civilisations précolombiennes* de l'Amérique centrale et des Andes septentrionales s'oppose le reste du continent, à la population éparse et primitive (Algonquins et Sioux au nord, Indiens d'Amazonie au sud).

La domination européenne. 1492 : Christophe Colomb ouvre le Nouveau Monde à la conquête européenne. XVIe s. : les Portugais s'installent sur la côte brésilienne (1500-1526). Depuis le Mexique où Cortés vainc l'Empire aztèque (1521), la « Nouvelle Espagne » s'étend en Amérique centrale, au Pérou avec Pizarro (1531-1536) et au Chili (1540). Malgré la protestation d'hommes d'Église (Bartolomé de Las Casas), le travail forcé qui lui est imposé et surtout de terribles épidémies provoquent une véritable hécatombe parmi la population indienne ; elle est remplacée par une main-d'œuvre noire importée : c'est le début de la traite. En Amérique du Nord, les Français, avec Cartier, explorent la vallée du Saint-Laurent (1534-1541). XVIIe s. : les Anglais s'installent à Jamestown (1607), en Nouvelle-Angleterre (« Mayflower », 1620) et les Français à Québec (1608). Les Français Marquette et Jolliet découvrent le Mississippi (1672). XVIIIe s. : la lutte des Français et des Anglais pour la possession de l'Amérique du Nord se termine au bénéfice de ceux-ci (1763, perte du Canada par la France au traité de Paris).

L'indépendance. Après l'accession des États-Unis à l'indépendance (1783), l'Amérique latine tout entière se révolte. 1806-1816 : les premières guerres d'indépendance se soldent par la victoire des Espagnols (échec de Miranda au Venezuela). 1816-1825 : les « libertadores » ont le dessus ; San Martín libère le Chili et le Pérou (1816-1821), Iturbide le Mexique (1821). Le Brésil devient indépendant (1822). Bolívar et Sucre affranchissent la partie septentrionale de l'Amérique du Sud (futurs Venezuela, Équateur, Colombie et Bolivie). En 1825, à l'exception du Canada, l'Amérique entière est indépendante. Au nom du principe « l'Amérique aux Américains » (Monroe), les États-Unis la défendent contre toute ingérence européenne.

Le XXe s. Le contraste entre l'Amérique du Nord, riche et cohérente, et l'Amérique latine morcelée, politiquement instable et formée en partie de pays en voie de développement, perdure. Au panaméricanisme officiel (Organisation des États américains, 1948) s'oppose la réalité : l'influence que les États-Unis, qui interviennent régulièrement, depuis le début du siècle, hors de leurs frontières, entendent exercer dans l'ensemble du continent.

AMÉRIQUE CENTRALE, partie la plus étroite de l'Amérique, comprise entre les isthmes de Tehuantepec (Mexique) et de Panamá, à laquelle on rattache parfois les Antilles.

AMÉRIQUE DU NORD, partie nord du continent américain, comprenant le Canada, les États-Unis et la plus grande partie du Mexique (au nord de l'isthme de Tehuantepec).

AMÉRIQUE DU NORD

AMÉRIQUE DU SUD

AMÉRIQUE DU SUD, partie méridionale du continent américain, au sud de l'isthme de Panamá.

AMÉRIQUE LATINE, ensemble des pays de l'Amérique du Sud et de l'Amérique centrale (plus le Mexique) qui ont été des colonies espagnoles ou portugaises (Brésil). Indépendante depuis le début du XIXe s. (1816-1825), l'Amérique latine a connu depuis une évolution chaotique. Les généraux qui avaient mené les guerres d'indépendance s'imposèrent d'abord au pouvoir (« caudillisme »), puis les régimes évoluèrent vers des dictatures civiles, baptisées présidentialismes, qui n'exclurent jamais tout à fait les dictatures militaires. À l'instabilité politique s'ajoutèrent des conflits entre les pays (le dernier est la « guerre du football » entre le Honduras et le Salvador, 1969), relayés par des guérillas internes (Pérou, Nicaragua). L'économie, appuyée sur la grande propriété et sur la production de matières premières, reste fragile. Dans les années 80, la région connaît deux phénomènes majeurs : la démocratisation politique des régimes autoritaires et une forte récession économique qui se traduit par une lourde dette extérieure. Dans le même temps, un certain nombre d'accords commerciaux sont conclus entre différents pays afin de réaliser à terme l'intégration économique de la région dans une vaste zone de libre-échange.

AMERSFOORT, v. des Pays-Bas (Utrecht), sur l'Eem ; 101 974 h. Vieux quartiers ceints de canaux.

Âmes mortes (les), roman de N. Gogol (1842 ; 2e partie, inachevée et posthume, 1852). Un aventurier obtient des prêts d'État sur les serfs (les « âmes ») décédés depuis le dernier recensement mais toujours vivants sur les listes du fisc.

AMHARA, peuple le plus nombreux de l'Éthiopie, parlant l'amharique et christianisé. Les Amhara furent un facteur décisif d'unification de l'Éthiopie au XIXe s.

AMHERST (Jeffrey, *baron*), maréchal britannique (Sevenoaks 1717 - *id.* 1797). Il acheva la conquête du Canada (1758-1760).

AMIATA *(monte)*, massif d'Italie, dans l'Apennin toscan. Mercure.

AMICI (Giovanni Battista), astronome et opticien italien (Modène 1786 - Florence 1863). Il inventa la technique du microscope à immersion.

Ami du peuple (l'), feuille révolutionnaire rédigée par Marat, qui parut du 12 septembre 1789 au 14 juillet 1793.

AMIEL (Henri Frédéric), écrivain suisse d'expression française (Genève 1821 - *id.* 1881). Son *Journal intime* analyse avec minutie son inquiétude et sa timidité fondamentales devant la vie.

AMIENS, ch.-l. de la Région Picardie et du dép. de la Somme, sur la Somme, à 132 km au nord de Paris ; 136 234 h. *(Amiénois).* Évêché. Académie et université. Cour d'appel. Centre administratif, commercial et industriel. — Vaste cathédrale gothique du XIIIe s., de style rayonnant (célèbres sculptures des portails : *Beau Dieu*). Musée de Picardie. — Capitale du peuple belge des Ambiani à l'époque gauloise, important centre commercial et drapier au Moyen Âge, la ville, bourguignonne au XVe s., fut bombardée en mai 1944.

Amiens : détail des sculptures ornant le portail central de la cathédrale Notre-Dame (XIIIe s.).

AMILLY (45200), ch.-l. de c. du Loiret ; 11 742 h. Télécommunications.

AMIN (Samir), économiste égyptien (Le Caire 1931). Inspiré par le marxisme, il étudie les rapports entre le sous-développement et l'impérialisme (*le Développement inégal,* 1973).

AMIN DADA (Idi), homme politique ougandais (Koboko 1925). Président de la République (1971-1979), il établit un régime de terreur.

Aminta, comédie pastorale en douze chants, du Tasse (1573), restée le modèle du genre.

AMIRANTES *(îles)*, archipel de l'océan Indien, dépendance des Seychelles.

AMIRAUTÉ *(îles de l')*, archipel de la Mélanésie, dépendance de la Papouasie-Nouvelle-Guinée ; 26 000 h.

AMIS *(îles des)* → ***Tonga.***

AMITĀBHA, « Bouddha de la Lumière infinie », le plus populaire des bouddhas du bouddhisme du Grand Véhicule.

Amitié *(pipeline de l')*, oléoduc desservant, à partir de la Russie, des raffineries polonaises, allemandes, slovaques, tchèques et hongroises.

'AMMĀN, cap. de la Jordanie ; 750 000 h. Théâtre romain. Musées.

AMMIEN MARCELLIN, historien latin (Antioche v. 330 - v. 400) ; il poursuivit l'œuvre de Tacite.

AMMON, fils de Lot, frère de Moab, ancêtre éponyme des Ammonites.

AMMONIOS SACCAS, philosophe néoplatonicien d'Alexandrie (IIIe s. apr. J.-C.).

AMMONITES, peuple d'origine amorrite qui s'établit au XIVe s. av. J.-C. à l'est du Jourdain. Rivaux des Hébreux, ils furent soumis par David.

Amnesty International, organisation humanitaire, privée et internationale, fondée en 1961 pour la défense des personnes emprisonnées à cause de leurs opinions, de leur race ou de leur religion et pour la lutte contre la torture. (Prix Nobel de la paix 1977.)

AMNÉVILLE (57360), comm. de la Moselle ; 8 965 h. Cimenterie. Métallurgie.

AMON, dieu égyptien de Thèbes. Durant le Nouvel Empire, ses prêtres constituèrent une caste influente. Il fut assimilé plus tard à Rê.

AMONTONS (Guillaume), physicien français (Paris 1663 - *id.* 1705). Le premier il utilisa comme points fixes dans les thermomètres les températures des changements d'état de l'eau.

AMORION *(dynastie d')*, dynastie byzantine qui régna de 820 à 867 et compta trois souverains : Michel II, Théophile et Michel III.

AMORRITES, peuple sémitique d'origine nomade, installé en Syrie v. 2000 av. J.-C., puis v. 1900 av. J.-C. en Mésopotamie. Une dynastie amorrite (XIXe-XVIe s.) assura à Babylone, avec le règne d'Hammourabi, la prédominance politique. Les Amorrites disparurent au XIIe s. av. J.-C. avec l'invasion des Araméens.

AMOS, prophète biblique (VIIIe s. av. J.-C.). Le recueil de ses prophéties constitue le Livre d'Amos.

AMOU (40330), ch.-l. de c. des Landes ; 1 492 h.

AMOU-DARIA (l'anc. **Oxus**), fl. d'Asie, qui naît dans le Pamir et se jette dans la mer d'Aral ; 2 540 km. Il est utilisé pour l'irrigation (culture du coton).

AMOUR, en chin. **Heilong Jiang,** fl. du nord-est de l'Asie, formé par la réunion de l'Argoun et de la Chilka. Il sépare la Sibérie de la Chine du Nord-Est et se jette dans la mer d'Okhotsk ; 4 440 km.

amour (De l'), par Stendhal (1822), essai sur l'influence des différents types de sociétés sur le développement de la passion.

AMOUR *(djebel)*, massif de l'Atlas saharien, en Algérie ; 1 977 m.

Amour médecin (l'), comédie-ballet en prose de Molière (1665), musique de Lully.

Amours (les), nom donné à trois recueils lyriques de Ronsard, publiés en 1552, 1555 et 1578.

Amour sacré et l'Amour profane (l'), titre donné depuis le XVIIIe s. à une importante peinture allégorique de la jeunesse de Titien (v. 1515-16, gal. Borghèse, Rome).

Amours jaunes (les), recueil poétique de Tristan Corbière (1873).

Amour sorcier (l'), ballet de Manuel de Falla, créé à Madrid par Pastora Imperio (1915).

AMOY ou **XIAMEN,** port de Chine (Fujian), dans une île en face de Taïwan ; 260 000 h.

AMPÈRE (André Marie), physicien français (Lyon 1775 - Marseille 1836). Il édifia la théorie de l'électromagnétisme et jeta les bases de la théorie électronique de la matière. Il imagina le galvanomètre, inventa le premier télégraphe électrique et, avec Arago, l'électroaimant. Il contribua aussi au développement des mathématiques, de la chimie et de la philosophie. *(V. portrait p. 1132.)*

AMPHION. *Myth. gr.* Fils de Zeus et d'Antiope, poète et musicien, qui aurait bâti les murs de Thèbes : les pierres venaient se placer d'elles-mêmes au son de sa lyre.

AMPHIPOLIS, v. de Macédoine, colonie d'Athènes, sur le Strymon — Thucydide fut exilé pour ne pas avoir su la défendre contre le Lacédémonien Brasidas (424 av. J.-C.). Philippe de Macédoine s'en empara (357 av. J.-C.).

AMPHITRITE, déesse grecque de la Mer, épouse de Poséidon.

AMPHITRYON. *Myth. gr.* Roi de Tirynthe, fils d'Alcée et époux d'Alcmène. Zeus prit ses traits pour abuser d'Alcmène, qui fut mère d'Héraclès. La légende d'Amphitryon a inspiré à Plaute une comédie, imitée, notamment, par Rotrou, Molière, J. Giraudoux.

Amphitryon, comédie de Molière, en trois actes et en vers libres (1668), imitée de Plaute. Zeus prend les traits d'Amphitryon pour séduire sa femme, Alcmène, tandis que Mercure revêt l'apparence de l'esclave Sosie.

AMPLEPUIS (69550), ch.-l. de c. de l'ouest du Rhône ; 4 871 h. Textile.

AMPURDÁN, région d'Espagne, dans le nord-est de la Catalogne.

AMPURIAS, bourgade espagnole (Catalogne). Vestiges de l'ancienne *Emporion,* colonie pho-

L'Amour sacré et l'Amour profane (v. 1515-16). Peinture de Titien. (Galerie Borghèse, Rome.)

céenne, et d'une ville romaine florissante jusqu'au IIIe s.

'AMR (m. v. 663), compagnon de Mahomet et conquérant de l'Égypte (640-642).

AMRAVATI, v. de l'Inde (Mahārāshtra) ; 433 746 h. Centre commercial (coton).

AMRITSAR, v. de l'Inde (Pendjab) ; 709 456 h. C'est la ville sainte des sikhs. Temple d'or (XVIe s.).

AMSTERDAM, cap. des Pays-Bas (Hollande-Septentrionale) depuis 1815, mais non résidence des pouvoirs publics, à 500 km au nord-nord-est de Paris ; 702 444 h. (1 038 000 dans l'agglomération). Ville industrielle (taille des diamants, constructions mécaniques, industries chimiques et alimentaires) et port actif sur le golfe de l'IJ, relié à la mer du Nord et au Rhin par deux canaux. La ville est construite sur de nombreux canaux secondaires ; elle garde de beaux monuments. Rijksmuseum (chefs-d'œuvre de la peinture hollandaise), maison de Rembrandt, Stedelijk Museum (art moderne), musée Van Gogh, etc. Ayant rompu, en 1578, avec l'Espagne, Amsterdam connut au XVIIe s. une grande prospérité et joua un rôle important dans le commerce international.

Un aspect d'**Amsterdam.**

AMUNDSEN (Roald), explorateur norvégien (Borge 1872 - dans l'Arctique 1928). Il franchit le premier le passage du Nord-Ouest (1906) et atteignit le pôle Sud en 1911. Il disparut en recherchant l'expédition polaire de Nobile.

AMY (Gilbert), compositeur et chef d'orchestre français (Paris 1936), représentant du mouvement sériel et postsériel (*Une saison en enfer,* messe *Cum jubilo*).

AMYNTAS, nom de trois rois de Macédoine. — **Amyntas III,** qui régna probablement de 393 à 369/370 av. J.-C., fut le père de Philippe II.

AMYOT (Jacques), humaniste français (Melun 1513 - Auxerre 1593) ; précepteur, puis grand aumônier de Charles IX et d'Henri III, et évêque d'Auxerre. Par ses traductions de Plutarque (*Vies parallèles,* 1559), de Longus et d'Héliodore, il fut un des créateurs de la prose classique.

ANABAR, plateau de la Sibérie orientale (Russie), partie la plus ancienne du socle sibérien, où naît l'*Anabar,* tributaire de la mer des Laptev, 897 km.

Anabase (l'), récit, par Xénophon, de l'expédition de Cyrus le Jeune contre Artaxerxès II et de la retraite des mercenaires grecs (les Dix Mille), que l'auteur avait lui-même conduite (IVe s. av. J.-C.).

ANACLET ou **CLET** *(saint)* [m. à Rome en 88], pape de 76 à 88. Il serait mort martyr.

ANACLET II (Pietro **Pierleoni**), antipape (1130-1138). Contre le pape Innocent II, soutenu par saint Bernard, il s'appuya sur le Normand Roger II, pour lequel il érigea la Sicile en royaume héréditaire.

ANACRÉON, poète lyrique grec (Téos, Ionie, VIe s. av. J.-C.). Les *Odes* qui lui ont été attribuées célèbrent l'amour, la bonne chère, et inspirèrent la poésie dite *anacréontique* de la Renaissance.

ANADYR, fl. de Sibérie, qui rejoint, par le *golfe d'Anadyr,* la mer de Béring ; 1 145 km.

ANAGNI, v. d'Italie, dans le Latium ; 18 000 h. Le pape Boniface VIII y fut arrêté par les envoyés de Philippe le Bel (1303).

ANAHEIM, v. des États-Unis (Californie) ; 266 406 h. Tourisme *(Disneyland).*

ANÁHUAC, nom aztèque du Mexique, appliqué auj. au plateau des environs de Mexico.

ANASAZI, site du sud-ouest des États-Unis. Principal foyer d'une culture préhistorique — Utah, Arizona, Colorado, Nouveau-Mexique — dite des « Vanniers » ou Basket Makers, qui a précédé (100 av. J.-C. - 700 apr. J.-C.) celle des Pueblos.

A. N. A. S. E. → ***ASEAN.***

ANASTASE Ier *(saint)* [m. à Rome en 401], pape de 399 à 401. Il condamna Origène et les donatistes.

ANASTASE Ier (Dürres 431 ? - Constantinople ? 518), empereur d'Orient (491-518). Il soutint le monophysisme.

ANASTASIE *(sainte),* martyre sous Dioclétien.

Anastasie, nom plaisant donné à la censure sur les écrits, les spectacles.

ANATOLIE (du gr. *anatolê,* **le levant**), nom souvent donné à l'*Asie Mineure,* désignant aujourd'hui l'ensemble de la Turquie d'Asie.

ANAXAGORE, philosophe grec (Clazomènes v. 500 - Lampsaque v. 428 av. J.-C.). Il faisait de l'intelligence le principe de tout l'univers.

ANAXIMANDRE, philosophe grec de l'école ionienne (Milet v. 610 - v. 547 av. J.-C.). Il faisait de l'indéterminé le principe de toute chose.

ANAXIMÈNE de Milet, philosophe grec de l'école ionienne (VIe s. av. J.-C.). Il pensait que tout provient de l'air et y retourne.

ANC → ***African National Congress.***

ANCENIS (44150), ch.-l. d'arr. de la Loire-Atlantique, sur la Loire ; 7 061 h. *(Anceniens).* Constructions mécaniques. Industrie alimentaire. Louis XI y conclut un traité (1468) préparant la réunion de la Bretagne à la France.

ANCERVILLE (55170), ch.-l. de c. de la Meuse, à l'est de Saint-Dizier ; 2 887 h. Métallurgie.

ANCHISE, chef troyen, aimé d'Aphrodite, dont il eut Énée.

ANCHORAGE, v. de l'Alaska ; 226 338 h. Aéroport.

Ancien Empire → ***Égypte.***

Ancien Régime, organisation de la France depuis la disparition du régime féodal (XVe s.) jusqu'à la Révolution de 1789. La société d'Ancien Régime est divisée en trois ordres juridiquement inégaux (clergé, noblesse et tiers état). Le régime est, dans l'idéal, une monarchie absolue de droit divin ; dans les faits, le pouvoir royal est borné par les corps intermédiaires, états provinciaux, parlements, etc.

Anciens *(Conseil des),* l'une des deux assemblées créées par la Constitution de l'an III (1795) ; elle comptait 250 membres, chargés de se prononcer sur les lois élaborées par le Conseil des Cinq-Cents. Supprimé le 18 brumaire an VIII (1799) avec le Directoire.

Anciens et des Modernes *(querelle des),* polémique littéraire et artistique sur les mérites comparés des écrivains et artistes de l'Antiquité et de ceux du siècle de Louis XIV. Elle prit une forme aiguë avec Charles Perrault (*Parallèle des Anciens et des Modernes* [1688-1697]) et annonça le débat entre classiques et romantiques.

ANCIZES-COMPS (Les) [63770], comm. du Puy-de-Dôme ; 1 924 h. Métallurgie.

ANCÔNE, port d'Italie, cap. des Marches et ch.-l. de prov., sur l'Adriatique ; 101 179 h. Arc de Trajan. Cathédrale romano-byzantine (XIe-XIIIe s.). Musées.

ANCRE (*maréchal* **d'**) → ***Concini.***

ANCUS MARTIUS, petit-fils de Numa, 4e roi légendaire de Rome (640-616 av. J.-C.) ; il aurait fondé Ostie.

ANCY-LE-FRANC (89160), ch.-l. de c. de l'est de l'Yonne ; 1 181 h. Château Renaissance, peut-être sur plans de Serlio.

ANDALOUSIE, en esp. **Andalucía,** communauté autonome du sud de l'Espagne, divisée en 8 prov. : Almería, Cadix, Cordoue, Grenade, Huelva, Jaén, Málaga, Séville ; 87 268 km² ; 6 963 116 h. *(Andalous).* L'Andalousie comprend, du nord au sud : le rebord méridional de la sierra Morena ; la dépression drainée par le Guadalquivir, où se concentrent les cultures et les villes (Cordoue, Séville, Jerez, Cadix) ; la sierra Nevada, ouverte par des bassins fertiles (Grenade) et dominant le littoral aux petites plaines alluviales (Málaga, Almería). Colonisée par les Phéniciens à partir du VIe s. av. J.-C. puis par les Carthaginois, conquise en 206 av. J.-C. par Rome qui créa la province de Bétique, la région fut du VIIIe s. aux XIIIe-XVe s. le principal foyer de la culture musulmane en Espagne.

ANDAMAN *(îles),* archipel du golfe du Bengale, au sud de la Birmanie, formant, avec les îles Nicobar, un territoire de l'Inde ; 8 293 km² ; 240 089 h. Ch.-l. *Port Blair.*

ANDELOT-BLANCHEVILLE (52700), ch.-l. de c. de la Haute-Marne, sur le Rognon ; 1 028 h. Église du XIIe s. Gontran et Brunehaut y signèrent un traité liant la Bourgogne et l'Austrasie (587).

ANDELYS [-li] **(Les)** [27700], ch.-l. d'arr. de l'Eure, sur la Seine ; 8 580 h. *(Andelysiens).* Constructions électriques. Ruines du Château-Gaillard. Deux églises du XIIe au XVIe s.

ANDENNE, v. de Belgique (prov. de Namur), sur la Meuse ; 23 075 h. Collégiale du XVIIIe s.

ANDERLECHT, comm. de Belgique, banlieue sud-ouest de Bruxelles, sur la Senne ; 87 884 h. Église des XIe-XVe s. Maison d'Érasme.

ANDERMATT, station de sports d'hiver de Suisse (Uri) [1 447-3 000 m] ; 1 319 h.

ANDERNOS-LES-BAINS (33510), comm. de la Gironde, sur le bassin d'Arcachon ; 7 219 h. Station balnéaire. Ostréiculture.

ANDERS (Władysław), général polonais (Błonie 1892 - Londres 1970). Il commanda les forces polonaises reconstituées en U. R. S. S., qui s'illustrèrent en Italie (1943-1945).

ANDERSCH (Alfred), écrivain allemand naturalisé suisse (Munich 1914 - Berzona 1980). Ses récits sont dominés par le thème de la solitude (*Un amateur de demi-teintes,* 1963).

ANDERSEN (Hans Christian), écrivain danois (Odense 1805-Copenhague 1875), auteur célèbre de *Contes* (1835-1872), remarquables par l'ironie ou la mélancolie du récit.

ANDERSEN NEXØ (Martin), écrivain danois (Copenhague 1869 - Dresde 1954), le principal représentant du roman prolétarien (*Ditte, enfant des hommes).*

André Marie **Ampère**

Roald **Amundsen** en 1925, avant son expédition au pôle Nord.

Hans Christian **Andersen** (C.A. Jensen - musée Andersen, Odense)

Maurice **André**

ANDERSON (Carl David), physicien américain (New York 1905 - San Marino, Californie, 1991). Il a découvert l'électron positif, ou positron, lors de ses études sur les rayons cosmiques. (Prix Nobel 1936.)

ANDERSON (Lindsay), cinéaste britannique (Bangalore, Inde, 1923 - Saint-Saud-Lacoussière, Dordogne, 1994), principal animateur du mouvement « free cinema » (*le Prix d'un homme,* 1963 ; *If...,* 1968).

ANDERSON (Sherwood), écrivain américain (Camden 1876 - Colón, Panamá, 1941) ; un des créateurs de la nouvelle américaine moderne (*Winesburg, Ohio,* 1919).

ANDES *(cordillère des),* grande chaîne de montagnes, parsemée de volcans actifs, dominant la côte occidentale de l'Amérique du Sud, s'étirant sur près de 8 000 km du Venezuela à la Terre de Feu ; 6 959 m à l'*Aconcagua.* La vie humaine s'est réfugiée sur les immenses plateaux intérieurs et dans les bassins intramontagnards, domaines d'une agriculture souvent vivrière, parfois commerciale (café), et d'un élevage fréquemment extensif. L'intérêt économique des Andes réside essentiellement dans leurs richesses minières (cuivre et fer de la montagne, pétrole de l'avant-pays).

Cordillère des **Andes :** la vallée du río Urubamba, au Pérou, vue de l'ancienne cité inca de Machu Picchu.

ANDHRA, dynastie, dite aussi **Sātavāhana,** qui régna en Inde du Ier s. av. J.-C. au IIIe s. apr. J.-C., dans le Deccan.

ANDHRA PRADESH, État de l'Inde, dans le Deccan, sur le golfe du Bengale ; 275 000 km^2 ; 66 304 854 h. Cap. *Hyderābād.*

ANDIJAN, v. de l'Ouzbékistan, dans le Fergana ; 293 000 h.

ANDOLSHEIM (68280), ch.-l. de c. du Haut-Rhin ; 1 572 h.

ANDONG ou **NGAN-TONG,** port de Chine (Liaoning), à l'embouchure du Yalu ; 420 000 h.

ANDORRE *(principauté d'),* État d'Europe, dans les Pyrénées, placé à partir de 1607 sous la suzeraineté conjointe du roi (ou du chef d'État) de France et de l'évêque de Seo de Urgel (Espagne) ; 465 km^2 ; 47 000 h. *(Andorrans).* LANGUE : *catalan.* MONNAIES : *franc* (français) et *peseta.* Union postale avec l'Espagne et la France. CAP. *Andorre-la-Vieille (Andorra la Vella)* [16 000 h.]. Tourisme. — En 1993, l'approbation par référendum d'une Constitution qui établit un régime parlementaire est suivie par l'admission de la principauté d'Andorre à l'O.N.U.

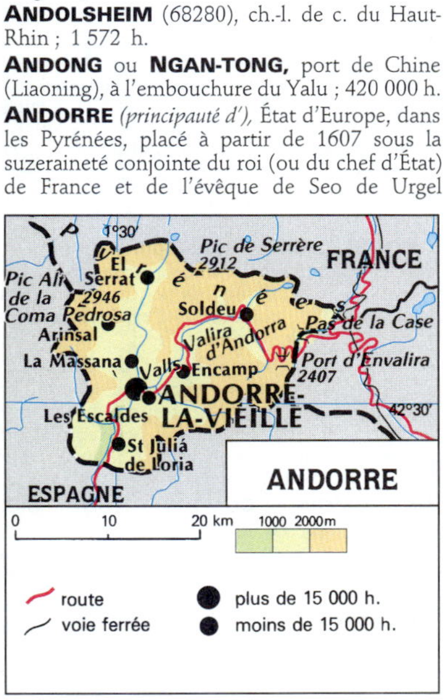

ANDO TADAO, architecte japonais (Ōsaka 1941). Il crée une poétique de l'espace, souvent accordée à l'environnement naturel, par le maniement dépouillé des formes en béton.

ANDRADE (Mário **de**), poète brésilien (São Paulo 1893 - *id.* 1945), l'un des initiateurs du « modernisme » (*Pauliceia Desvairada,* 1922).

ANDRADE (Olegario), poète argentin (Alegrete, Brésil, 1839 - Buenos Aires 1882). Disciple de Hugo, il donna une forme épique au sentiment national *(Prométhée).*

ANDRADE (Oswald **de**), écrivain brésilien (São Paulo 1890 - *id.* 1954), l'un des initiateurs du « modernisme » (*Pau-Brasil,* 1925) et du retour aux sources indigènes (« mouvement anthropophagique »).

ANDRAL (Gabriel), médecin français (Paris 1797 - *id.* 1876). Il étudia l'anatomie pathologique.

ANDRÁSSY (Gyula, *comte*), homme politique hongrois (Kassa 1823 - Volosca 1890), président du Conseil en Hongrie (1867), puis ministre des Affaires étrangères de l'Autriche-Hongrie (1871-1879).

ANDRAULT (Michel), architecte français (Montrouge 1926). En collaboration avec Pierre Parat (Versailles 1928), il a construit de nombreux immeubles qui évitent la monotonie, ainsi que le Palais omnisports de Paris-Bercy (1979).

ANDRÉ *(saint),* apôtre (Ier s.), frère de saint Pierre, selon la tradition, crucifié à Patras.

ANDRÉ, nom de trois rois de Hongrie, dont **André II** (1175-1235), roi (1205-1235) qui anima la 5e croisade en 1217-18.

ANDRÉ (Louis), général français (Nuits-Saint-Georges 1838 - Dijon 1913) ; ministre de la Guerre lors de l'affaire des Fiches (1900-1904).

ANDRÉ (Maurice), trompettiste français (Alès 1933). Il a enseigné au Conservatoire de Paris (1967-1979) et poursuit une carrière internationale.

ANDREA del Castagno, peintre italien (dans le Mugello v. 1420 - Florence 1457). Il est l'auteur des fresques les plus monumentales de l'école florentine (réfectoire de S. Apollonia, Florence).

ANDREA del Sarto, peintre italien (Florence 1486 - *id.* 1530). Son art, qui associe à l'eurythmie et à la monumentalité une sensibilité anxieuse, est à la jonction de la Renaissance classique et du maniérisme.

ANDREA Pisano, sculpteur et architecte italien (Pontedera, près de Pise, v. 1290 - Orvieto v. 1348). Son œuvre principale est l'une des portes en bronze du baptistère de Florence. — Son fils **Nino** (m. v. 1368) fut son chef d'atelier. Il est l'auteur de statues de la Vierge d'influence française ou germanique.

ANDRÉE (Salomon August), ingénieur et explorateur suédois (Gränna 1854 - île Kvitøya, Svalbard, 1897). Il mourut au cours d'une expédition en ballon à 800 km du pôle Nord.

ANDREÏEV (Leonid Nikolaïevitch), écrivain russe (Orel 1871 - Mustamäggi, Finlande, 1919). Ses nouvelles (*le Gouffre,* 1902) et son théâtre (*la Vie humaine,* 1907) en font l'un des meilleurs représentants du symbolisme russe.

ANDREOTTI (Giulio), homme politique italien (Rome 1919). Député démocrate-chrétien dès 1945, il est président du Conseil (1972-1973 et 1976-1979), ministre des Affaires étrangères (1983-1989), puis de nouveau président du Conseil (1989-1992).

ANDRÉSY (78570), ch.-l. de c. des Yvelines, sur la Seine ; 12 613 h. Église des XIIIe-XIVe s.

ANDREWS (Thomas), physicien irlandais (Belfast 1813 - *id.* 1885). Il a découvert la *température critique* et reconnu la continuité des états liquide et gazeux.

ANDRÉZIEUX-BOUTHÉON (42160), comm. de la Loire, dans le Forez ; 9 522 h. Aéroport de Saint-Étienne. Métallurgie.

ANDRIA, v. d'Italie (Pouille) ; 82 556 h. Monuments médiévaux.

ANDRIĆ (Ivo), romancier yougoslave d'expression serbe (Dolac 1892 - Belgrade 1975) ; peintre de la Bosnie et des luttes politiques de son pays (*la Chronique de Travnik, le Pont sur la Drina).* [Prix Nobel 1961.]

ANDRIEU (Jean-François **d'**) → ***Dandrieu.***

ANDRINOPLE, anc. nom de la ville turque d'**Edirne***. Conquise par les Turcs (1362), elle devint au XVe s. le siège de la cour ottomane. Le tsar y signa avec les Turcs un traité reconnaissant l'indépendance de la Grèce (1829). Disputée aux Turcs par les pays balkaniques, elle fut rattachée à la Turquie en 1923.

ANDROMAQUE. *Myth. gr.* Femme d'Hector et mère d'Astyanax. Après la prise de Troie, elle fut emmenée captive en Grèce par Néoptolème, fils d'Achille.

Andromaque, tragédie d'Euripide (v. 426 av. J.-C.). — Tragédie de Racine (1667), qui fut à l'origine de sa célébrité.

ANDROMÈDE. *Myth. gr.* Fille de Céphée, roi d'Éthiopie, et de Cassiopée. Elle fut délivrée d'un monstre par Persée, qu'elle épousa.

ANDRONIC Ier COMNÈNE (Constantinople 1122 - 1185), empereur byzantin (1183-1185). Il fit étrangler Alexis II pour s'emparer du trône et fut renversé par Isaac II Ange. — **Andronic II Paléologue** (Nicée 1256 - Constantinople 1332), empereur de 1282 à 1328. Il lutta sans succès contre les Turcs et contre son petit-fils, et abdiqua. — **Andronic III Paléologue** (Constantinople v. 1296 - *id.* 1341), son petit-fils, empereur de 1328 à 1341. Il ne put s'opposer aux Turcs en Asie Mineure. — **Andronic IV Paléologue** (1348-1385), empereur de 1376 à 1379.

ANDROPOV (Iouri Vladimirovitch), homme politique soviétique (Nagoutskaïa, région de Stavropol, 1914 - Moscou 1984). Chef du KGB (1967-1982), il fut secrétaire général du parti (1982-1984) et président du Soviet suprême (1983-1984).

ANDROS ou **ÁNDHROS,** une des Cyclades (Grèce).

ANDROUET DU CERCEAU → ***Du Cerceau.***

ANDRZEJEWSKI (Jerzy), écrivain polonais (Varsovie 1909 - *id.* 1983), l'un des initiateurs du mouvement de révolte des intellectuels en 1956 (*Cendres et diamant,* 1948).

ANDUZE (30140), ch.-l. de c. du Gard, sur le *Gardon d'Anduze ;* 2 940 h. Bourg pittoresque.

Âne d'or (l') ou **les Métamorphoses,** roman d'Apulée (IIe s. apr. J.-C.).

ANET (28260), ch.-l. de c. d'Eure-et-Loir, près de l'Eure ; 2 813 h. *(Anétais).* Henri II y fit élever par Ph. Delorme, pour Diane de Poitiers, un château dont il reste une aile et la chapelle.

ANETO *(pic d'),* point culminant des Pyrénées, en Espagne, dans la Maladeta ; 3 404 m.

ANGARA, riv. de Sibérie, qui sort du lac Baïkal, affl. de l'Ienisseï (r. dr.) ; 1 826 km. Aménagements hydroélectriques (dont Bratsk).

ANGARSK, v. de Russie, en Sibérie, sur l'*Angara ;* 266 000 h.

Ange bleu (l'), film allemand de J. von Sternberg (1930), l'un des premiers chefs-d'œuvre du cinéma parlant, qui révéla Marlène Dietrich.

ANGÈLE MERICI *(sainte)* [Desenzano del Garda 1474 - Brescia 1540], fondatrice des ursulines.

ANGELES, v. des Philippines, au nord-ouest de Manille ; 189 000 h.

ANGELICO (Guidolino **di Pietro,** en religion **Fra Giovanni da Fiesole,** dit **il Beato** et, le plus souvent, **Fra**), peintre et dominicain italien (dans le Mugello v. 1400 - Rome 1455). C'est un des maîtres de l'école florentine et l'un des plus profonds interprètes de l'iconographie chrétienne (fresques et retables du couvent florentin S. Marco, où il était moine ; chapelle de Nicolas V au Vatican). Béatifié en 1982. Patron de tous les artistes, spécialement des peintres.

Angélique, nom de deux héroïnes de la poésie épique italienne : celle du *Roland amoureux* de Boiardo, et celle du *Roland furieux* de l'Arioste.

ANGÉLIQUE *(la Mère)* → ***Arnauld.***

Angélus (l'), tableau de J.-F. Millet (1857, musée d'Orsay), symbole surréel de piété paysanne et populaire.

ANGERS, ch.-l. du dép. de Maine-et-Loire, anc. cap. de l'Anjou, sur la Maine, à 296 km au sud-ouest de Paris ; 146 163 h. *(Angevins).* Évêché. Cour d'appel. Université. École d'application du génie, école d'arts et métiers. Centre commercial et industriel d'une agglomération d'environ 200 000 h. Cathédrale (XIIe-XIIIe s. ; vitraux) et autres édifices gothiques à voûtes « angevines » (bombées). Le château des comtes d'Anjou, reconstruit sous Saint Louis, forme une enceinte à 17 grosses tours ; il abrite un musée des Tapisseries et la tenture de l'*Apocalypse**. Autres musées (David-d'Angers, Lurçat, etc.). Oppidum gaulois puis riche cité romaine, la ville fut la capitale de l'État féodal des Plantagenêts.

Angers : tours de l'enceinte du château (XIIIe s.).

ANGES *(dynastie des),* dynastie byzantine qui régna de 1185 à 1204, et sous laquelle s'effondra la puissance de l'Empire byzantin.

ANGILBERT ou **ENGILBERT** *(saint),* abbé laïc de Saint-Riquier (v. 745-814). Il eut de Berthe, fille de Charlemagne, deux fils, dont l'annaliste Nithard.

ANGIOLINI (Gasparo), danseur et chorégraphe italien (Florence 1731 - Milan 1803), l'un des créateurs du ballet d'action.

ANGKOR, ensemble archéologique du Cambodge occidental, à l'emplacement d'une anc. cap. des rois khmers fondée en 889 par Yaśovarman Ier. D'innombrables monuments (VIIe - fin du XIIIe s.), au symbolisme architectural très poussé, sont ornés d'un riche décor sculpté. Les temples-montagnes du Phnom Bakheng et du Bayon dans la cité d'Angkor Thom et le complexe funéraire de Sūryavarman II, Angkor Vat (XIIe s.), représentent l'apogée de l'art khmer.

Angkor : le complexe funéraire d'Angkor Vat. Art khmer ; XIIe s.

ANGLEBERT (Jean-Henri **d'**) → ***Danglebert.***

ANGLES, peuple germanique venu du Schleswig, qui envahit la Grande-Bretagne et donna son nom à l'Angleterre (Ve s.).

ANGLES (Les) [30133], comm. du Gard, à l'ouest d'Avignon ; 6 881 h.

ANGLES (Les) [66210], comm. des Pyrénées-Orientales ; 533 h. Sports d'hiver (alt. 1 600-2 400 m).

ANGLESEY, île de Grande-Bretagne (Galles), dans la mer d'Irlande ; 67 800 h.

ANGLES-SUR-L'ANGLIN (86260), comm. de la Vienne, à 16 km au nord de Saint-Savin ; 429 h. Site préhistorique du Roc-aux-Sorciers (bas-reliefs du magdalénien moyen).

ANGLET (64600), ch.-l. de c. des Pyrénées-Atlantiques ; 33 956 h. *(Angloys).* Station balnéaire. Constructions aéronautiques.

ANGLETERRE, en angl. **England,** partie sud de la Grande-Bretagne, limitée par l'Écosse au nord et le pays de Galles à l'ouest ; 130 400 km² ; 46 170 300 h. *(Anglais).* Cap. *Londres.*

HISTOIRE

Romains et Anglo-Saxons. Peuplée dès le IIIe millénaire av. J.-C., l'Angleterre est occupée par les Celtes. 43-83 apr. J.-C. : conquise par Rome, elle forme la province de Bretagne. 407 : les légions partent sur le continent lutter contre les invasions barbares. Ve s. : malgré une résistance désespérée (roi Arthur), les Bretons sont refoulés par les conquérants germains (Saxons, Angles, Jutes). VIIe-VIIIe s. : sept royaumes se constituent (Heptarchie). Opposés un temps aux moines irlandais, les bénédictins venus de Rome font du pays un centre profondément chrétien (saint Bède). 825 : Egbert unifie l'Heptarchie au profit du Wessex.

L'Angleterre normande. IXe s. : apparus en 787, les Danois multiplient leurs incursions, occupant même Londres, mais se heurtent à la résistance d'Alfred le Grand. Xe-XIe s. : la conquête danoise s'affirme : elle est totale avec Knud le Grand (1016-1035). 1042-1066 : Édouard le Confesseur rétablit une dynastie saxonne. 1066 : Guillaume de Normandie (le Conquérant) bat son successeur, Harold II, à Hastings. 1154 : Henri II fonde la dynastie Plantagenêt. Outre son empire continental (Normandie, Aquitaine, Bretagne, etc.), il entreprend la conquête du pays de Galles et de l'Irlande. Pour être maître du clergé, il fait assassiner Thomas Becket.

Le duel franco-anglais. 1189-1199 : la France suscite des révoltes contre Richard Cœur de Lion. 1199-1216 : Philippe Auguste prive Jean sans Terre de ses possessions françaises ; les barons, qui extorquent la Grande Charte (1215), accroissent encore leur pouvoir sous Henri III (1216-1272) puis, après le règne plus fort d'Édouard Ier (fin de la conquête du pays de Galles), sous Édouard II (1307-1327). 1327-1377 : les prétentions d'Édouard III au trône de France et la rivalité des deux pays en Aquitaine déclenchent (1337) la guerre de Cent Ans. 1377-1399 : la situation se détériore sous le faible Richard II : révolte paysanne (Wat Tyler), peste noire, hérésie de Wycliffe, agitation irlandaise. 1399 : le roi est déposé au profit d'Henri IV, premier Lancastre. 1413-1422 : Henri V, après Azincourt (1415), conquiert la moitié de la France et est reconnu héritier du trône (traité de Troyes). 1422-1461 : Henri VI perd toutes ces possessions ; les Yorks remettent en cause les droits des Lancastres à la Couronne (guerre des Deux-Roses, 1450-1485). 1475 : à la fin de la guerre de Cent Ans (accord de Picquigny), l'Angleterre ne conserve que Calais (jusqu'en 1558).

Les Tudors. 1485 : Henri VII, héritier des Lancastres, inaugure la dynastie Tudor. 1509-1547 : Henri VIII rompt avec Rome et se proclame chef de l'Église anglicane (1534). Le protestantisme s'affirme sous Édouard VI (1547-1553) et, après l'intermède catholique de Marie Ire (1553-1558), il triomphe sous Élisabeth Ire (1558-1603). La victoire de celle-ci contre l'Espagne (Invincible Armada, 1588) préfigure l'avènement de la puissance maritime anglaise. 1603 : Jacques Stuart, roi d'Écosse, hérite de la Couronne anglaise (→ ***Grande-Bretagne***).

Angleterre *(bataille d'),* opérations aériennes menées d'août à octobre 1940 par la Luftwaffe contre l'Angleterre pour préparer une invasion de ce pays. La résistance de la RAF contraignit Hitler à y renoncer.

ANGLO-NORMANDES *(îles),* en angl. **Channel Islands,** groupe d'îles de la Manche, près de la côte normande, dépendance de la Couronne britannique : *Jersey, Guernesey, Aurigny (Alderney), Sercq (Sark) ;* 195 km² ; 120 000 h. Centres touristiques importants. Cultures maraîchères florales et fruitières. Élevage. La Couronne d'Angleterre y exerce la souveraineté au titre de descendante des ducs normands.

ANGLO-SAXONS, peuples germaniques (Angles, Jutes, Saxons) de la Frise et de l'Allemagne du Nord qui envahirent la Grande-Bretagne aux Ve et VIe s.

ANGO ou **ANGOT** (Jean), armateur français (Dieppe 1480 - *id.* 1551). Il envoya des navires dans le monde entier et se ruina en aidant François Ier à s'armer contre l'Angleterre.

ANGOLA, État de l'Afrique australe, sur l'Atlantique ; 1 246 700 km² ; 9 500 000 h. *(Angolais).* CAP. *Luanda.* LANGUE : *portugais.* MONNAIE : *kwanza.* L'Angola est constitué par un haut plateau au-dessus d'une plaine côtière désertique. Productions de café, de pétrole, de fer et de diamants.

HISTOIRE

Peuplée dès le néolithique, la région est occupée au Ier millénaire apr. J.-C. par les Bantous, aujourd'hui encore majoritaires. XVe s. : elle reçoit son nom de la dynastie Ngola (royaume Ndongo).

L'époque coloniale. La découverte du pays par Diogo Cão inaugure l'installation portugaise (1484). 1580-1625 : les Portugais luttent contre le royaume Ndongo. La traite devient la première activité du pays. 1877-1879 : Serpa Pinto explore l'intérieur. 1889-1901 : des traités fixent les limites du pays. 1899 et 1911 : des corvées obligatoires remplacent l'ancien esclavage. 1955 : l'Angola reçoit le statut de province portugaise.

L'indépendance. 1961 : l'insurrection de Luanda inaugure la guerre d'indépendance, mais le mouvement nationaliste est divisé. 1975 : l'indépendance est proclamée ; la guerre civile éclate. Le Mouvement populaire de libération de l'Angola (M. P. L. A.) de Neto s'impose avec l'aide de Cuba, sans vaincre totalement la rébellion soutenue par l'Afrique du Sud. 1979 : à la mort de Neto, Dos Santos lui succède à la tête de l'État. 1988 : un accord entre l'Angola, l'Afrique du Sud et Cuba entraîne un cessez-le-feu dans le nord de la Namibie et le sud de l'Angola. Il est suivi par le retrait des troupes sud-africaines et cubaines (1989-1991). 1991 : le multipartisme est instauré. Dos Santos signe un accord de paix avec l'U.N.I.T.A. 1992 : les premières élections législatives et présidentielles libres sont remportées par le M.P.L.A. au pouvoir. Mais le refus de l'U.N.I.T.A. d'accepter le résultat du scrutin entraîne une reprise de la guerre civile. 1994 : un nouvel accord de paix est signé entre le gouvernement et l'U.N.I.T.A. Le pays doit faire face à une situation économique catastrophique (sécheresse, famine).

ANGORA → ***Ankara.***

ANGOULÊME (16000), ch.-l. du dép. de la Charente, sur la Charente, à 439 km au sud-ouest de Paris ; 46 194 h. *(Angoumoisins).* Anc. cap. de l'Angoumois. Évêché. Centre d'une agglomération de plus de 100 000 h., industrialisée (constructions électriques, papeterie, bijouterie, cimenterie, etc.). Cathédrale romane à coupoles, très restaurée. Musée. Festival international de la bande dessinée.

ANGOULÊME (Louis **de Bourbon,** *duc* **d'**), dernier dauphin de France (Versailles 1775 - Görz, Autriche, 1844). Fils du comte d'Artois (Charles X), il commanda l'expédition d'Espagne (1823) et mourut en exil.

ANGOULÊME (Marie-Thérèse **de Bourbon,** *duchesse* **d'**), princesse française (Versailles 1778 - Görz, Autriche, 1851), appelée **Madame Royale,** fille de Louis XVI et femme du précédent. Elle eut une grande influence sur Louis XVIII et Charles X.

ANGOUMOIS ou **COMTÉ D'ANGOULÊME,** pays de France. Incorporé au royaume en 1308, donné en apanage à divers princes, il revint à la Couronne en 1515. Cap. *Angoulême. (Angoumoisins.)*

ÅNGSTRÖM (Anders Jonas), physicien suédois (Lödgö 1814 - Uppsala 1874). Spécialiste de l'analyse spectrale, il a déterminé les limites du spectre visible.

ANGUIER, nom de deux frères (**François** [1604-1669] et **Michel** [1612-1686]), sculpteurs français, nés à Eu et morts à Paris. Ils ont travaillé ensemble au mausolée d'Henri de Montmorency (Moulins) et à certains décors du Louvre.

ANGUILLA, île des Petites Antilles britanniques ; 6 500 h. Occupée par les Anglais à partir de 1666, elle jouit de l'autonomie depuis 1976.

ANHALT, principauté allemande créée au début du XIIIe s. ; elle fut un duché de 1806-07 à 1918.

ANHUI ou **NGAN-HOUEI,** prov. de la Chine orientale, sur le Yangzi Jiang ; 140 000 km² ; 49 660 000 h. Cap. *Hefei.*

ANI, anc. cap. d'Arménie (auj. en Turquie), mise à sac en 1064 par les Turcs. Importants vestiges.

ANIANE (34150), ch.-l. de c. de l'Hérault ; 1 768 h. *(Anianais).* Anc. abbaye, très importante à l'époque carolingienne (bâtiments des XVIIe-XVIIIe s.).

ANICET *(saint)* [en Syrie - Rome 166], pape de 155 à 166.

ANICHE (59580), comm. du Nord, à l'est de Douai ; 9 728 h. Verrerie.

ANIZY-LE-CHÂTEAU (02320), ch.-l. de c. de l'Aisne, au sud-ouest de Laon ; 1 902 h.

ANJERO-SOUDJENSK, v. de Russie, en Sibérie, dans le Kouzbass ; 108 000 h. Houille. Chimie.

ANJOU, nom de trois maisons françaises : la première, issue des vicomtes d'Angers (Xe s.), et qui régna à Jérusalem et en Angleterre ; la deuxième, capétienne, issue de Charles Ier, roi de Sicile, frère de Louis IX (1246) ; la troisième, également capétienne, issue de Charles de Valois, frère de Philippe IV le Bel, régna sur le royaume des Deux-Siciles et Parme.

ANJOU, prov. de France, correspondant au pays gaulois des Andécaves. Province de l'empire Plantagenêt, elle fut réunie à la France par Philippe Auguste (1205), cédée en apanage à des princes capétiens, érigée en duché par Louis Ier de France (1360), et rattachée définitivement sous Louis XI (1481). Cap. *Angers.* L'Anjou a formé le dép. de Maine-et-Loire et une partie des dép. d'Indre-et-Loire, de la Mayenne et de la Sarthe. (Hab. *Angevins.*) Partagé entre le Bassin parisien *(Anjou blanc)* et le Massif armoricain *(Anjou noir),* c'est un carrefour de rivières : le Loir, la Sarthe et la Mayenne y forment la Maine, affl. de la Loire. Les vallées, favorisées par la douceur du climat, constituent des secteurs agricoles très riches (vignobles sur les versants, cultures fruitières et maraîchères, pépinières et élevage dans les parties alluviales). Le sous-sol fournit un peu de fer et des schistes ardoisiers.

ANJOU, v. du Canada (Québec), près de Montréal ; 37 210 h.

ANJOUAN → ***Ndzouani.***

ANKARA, anc. **Ancyre,** puis **Angora,** cap. de la Turquie, dans l'Anatolie centrale, à près de 1 000 m d'altitude ; 2 559 471 h. Musées.

An Mille → ***Mille*** *(an).*

ANNABA, anc. **Bône,** port de l'Algérie orientale, ch.-l. de wilaya ; 256 000 h. Université. Métallurgie. Site de l'anc. *Hippone.* Vestiges antiques.

ANNA IVANOVNA (Moscou 1693 - Saint-Pétersbourg 1740), impératrice de Russie (1730-1740). Elle laissa gouverner E. J. Biron et les Allemands de son entourage.

Anna Karenine, roman de L. Tolstoï (1875-1877), où l'auteur oppose les ravages d'une passion illégitime à l'image paisible d'un couple uni.

Annales, récit de Tacite (IIe s.) sur l'histoire romaine de la mort d'Auguste à celle de Néron, et dont il ne nous est parvenu que quelques livres.

Annales, revue historique française. Elle a été créée en 1929, sous le titre d'*Annales d'histoire économique et sociale,* par Lucien Febvre et Marc Bloch, pour substituer à l'histoire évènementielle une histoire intégrée à l'ensemble des sciences humaines. Elle a porté à partir de 1946 le sous-titre : Économies, Sociétés, Civilisations, auquel a été substitué en 1994 celui de : Histoire, Sciences sociales.

ANNAM, région centrale du Viêt Nam, entre le Tonkin et la Cochinchine. V. pr. *Huê, Da Nang.* L'Annam est formé de petites plaines rizicoles sur la mer de Chine, dominées à l'ouest par les montagnes, peu peuplées, de la *Cordillère annamitique.*

ANNAPOLIS, fl. du Canada (Nouvelle-Écosse), tributaire de la baie de Fundy.

ANNAPŪRNĀ, un des sommets de l'Himalaya (8 078 m). Premier « 8 000 m » gravi (en 1950 par l'expédition française de Maurice Herzog).

ANN ARBOR, v. des États-Unis (Michigan) ; 109 592 h. Université.

ANNE *(sainte),* épouse de saint Joachim et mère de la Sainte Vierge.

ANNE BOLEYN (v. 1507 - Londres 1536), deuxième femme d'Henri VIII, roi d'Angleterre (1533), qui répudia Catherine d'Aragon, dont Anne était demoiselle d'honneur. Accusée d'adultère, elle fut décapitée.

ANNE COMNÈNE, princesse byzantine (1083-1148). Elle fut l'historienne du règne de son père, Alexis Ier Comnène *(Alexiade).*

ANNE D'AUTRICHE, reine de France (Valladolid 1601 - Paris 1666), fille de Philippe III d'Espagne, épouse de Louis XIII (1615) et régente (1643-1661) pendant la minorité de Louis XIV, son fils. Elle gouverna avec le concours de Mazarin.

ANNE DE BRETAGNE (Nantes 1477 - Blois 1514), duchesse de Bretagne (1488-1514). Fille du duc François II, femme de Charles VIII (1491), puis de Louis XII (1499), elle apporta en dot la Bretagne à la France.

ANNE DE CLÈVES (Düsseldorf 1515 - Chelsea 1557), quatrième femme d'Henri VIII, qui l'épousa et la répudia la même année (1540).

ANNE DE FRANCE, dite **de Beaujeu** (Genappe 1461 - Chantelle 1522), fille aînée de Louis XI. Pendant la minorité de Charles VIII (1483-1491), elle exerça la régence avec son mari, Pierre de Beaujeu.

ANNE DE GONZAGUE, dite la **Princesse Palatine** (Paris 1616 - *id.* 1684), fille de Charles Ier, duc de Mantoue, et femme d'Édouard de Bavière, comte palatin. Elle joua pendant la Fronde un rôle modérateur.

ANNE STUART (Londres 1665 - *id.* 1714), reine d'Angleterre et d'Irlande (1702-1714), fille de Jacques II. Elle lutta contre Louis XIV et réunit l'Écosse et l'Angleterre sous le nom de Grande-Bretagne (1707).

ANNECY (74000), ch.-l. du dép. de la Haute-Savoie, sur le *lac d'Annecy,* à 540 km au sud-est de Paris ; 51 143 h. *(Anneciens.)* Évêché. Centre d'une agglomération industrialisée (constructions mécaniques et électriques) de plus de 125 000 h. Château des XIIe-XVIe s. (musée régional), cathédrale (XVIe s.) et autres monuments. Le *lac d'Annecy,* site touristique, couvre 27 km² et occupe une partie de la *cluse d'Annecy,* dépression ouverte en partie par le Fier, entre les Bornes et les Bauges.

ANNECY-LE-VIEUX (74000), ch.-l. de c. de la Haute-Savoie ; 17 969 h.

ANNEMASSE (74100), ch.-l. de c. de la Haute-Savoie, près de l'Arve ; 27 927 h. *(Annemassiens).* Mécanique de précision.

ANNENSKI (Innokenti Fedorovitch), poète russe (Omsk 1856 - Saint-Pétersbourg 1909), l'un des inspirateurs du symbolisme russe (*le Coffret de cyprès,* 1910).

ANNEZIN (62232), comm. du Pas-de-Calais ; 5 891 h.

Anne d'Autriche
(château de Versailles)

Anne de Bretagne
(B.N.F., Paris)

ANNOBÓN *(île)*, île de la Guinée équatoriale, appelée **Pagalu** de 1973 à 1979.

ANNŒULLIN (59112), comm. du Nord ; 8 799 h.

ANNONAY (07100), ch.-l. de c. du nord de l'Ardèche ; 19 155 h. *(Annonéens)*. Carrosseries. Papeterie.

Annonciade *(ordre de l')*, ancien ordre de chevalerie italien fondé en 1364 par le duc Amédée VI de Savoie.

ANNOT (04240), ch.-l. de c. des Alpes-de-Haute-Provence ; 1 094 h. Station d'altitude (680 m). Bourg pittoresque.

ANOR (59186), comm. du Nord, en Thiérache ; 3 128 h. Aciers spéciaux.

ANOU, dieu suprême du panthéon sumérien.

ANOUILH (Jean), auteur dramatique français (Bordeaux 1910 - Lausanne 1987). Son théâtre va de la fantaisie des pièces « roses » *(le Bal des voleurs)* et de l'humour des pièces « brillantes » ou « costumées » *(la Répétition ou l'Amour puni, l'Alouette)* à la satire des pièces « grinçantes » *(Pauvre Bitos ou le Dîner de têtes)*, « farceuses » *(le Nombril)* et au pessimisme des pièces « noires » *(Antigone)*.

A. N. P. E. (Agence nationale pour l'emploi), établissement public créé en 1967, qui, sous l'autorité du ministre du Travail, a pour mission de maîtriser le marché de l'emploi.

ANQUETIL (Jacques), coureur cycliste français (Mont-Saint-Aignan 1934 - Rouen 1987), vainqueur notamment de cinq Tours de France (1957 et 1961 à 1964).

ANS, comm. de Belgique (prov. de Liège) ; 27 554 h.

ANṢARIYYA ou **ANSARIEH** *(djabal)*, montagne de Syrie (1 583 m), dominant le Ghāb.

ANSCHAIRE ou **OSCAR** *(saint)* [près de Corbie 801 - Brême 865], évangélisateur de la Scandinavie.

Anschluss, rattachement de l'Autriche à l'Allemagne imposé par Hitler en 1938, et qui cessa en 1945.

ANSE (69480), ch.-l. de c. du Rhône, sur l'Azergues ; 4 542 h.

ANSELME *(saint)*, archevêque de Canterbury (Aoste 1033 - Canterbury 1109). Théologien, il enseigna à l'abbaye du Bec et développa l'argument de la preuve ontologique de l'existence de Dieu.

ANSELME (Pierre **Guibours,** dit **le Père**), historien français (Paris 1625 - *id.* 1694), augustin déchaussé *(Histoire généalogique et chronologique de la Maison royale de France)*.

ANSERMET (Ernest), chef d'orchestre suisse (Vevey 1883 - Genève 1969). Créateur de l'Orchestre de la Suisse romande, il fut un spécialiste du répertoire français et russe.

ANSHAN ou **NGAN-CHAN,** v. de Chine (Liaoning) ; 1 210 000 h. Sidérurgie.

ANTAKYA → ***Antioche.***

ANTALCIDAS, général lacédémonien. Il conclut avec la Perse un traité par lequel Sparte abandonnait les villes grecques de l'Asie Mineure (386 av. J.-C.).

ANTALL (József), homme politique hongrois (Budapest 1932 - *id.* 1993). Président du Forum démocratique à partir de 1989, il est à la tête du gouvernement de 1990 à sa mort.

ANTALYA, anc. **Adalia,** port de Turquie, sur la Méditerranée ; 378 208 h. Monuments anciens.

ANTANANARIVO, anc. **Tananarive,** cap. de Madagascar, sur le plateau de l'Imérina, entre 1 200 et 1 500 m d'altitude ; 1 050 000 h.

ANTAR ou **'ANTARA,** guerrier et poète arabe du VIe s., héros de l'épopée le *Roman d'Antar.*

ANTARCTIDE, nom donné aussi aux terres antarctiques.

ANTARCTIQUE ou, parfois, **ANTARCTIDE,** continent compris presque entièrement à l'intérieur du cercle polaire austral ; 13 millions de km² env. Recouverte presque totalement par une énorme masse de glace dont l'épaisseur dépasse souvent 2 000 m, cette zone, très froide (la température ne s'élève que rarement au-dessus de – 10 °C), dépourvue de flore et de faune terrestres, est inhabitée hors des stations scientifiques. (→ ***polaires*** [*régions*].) — Parfois, le terme *Antarctique* désigne globalement le continent et la masse océanique qui l'entoure.

ANTARCTIQUE ou **AUSTRAL** *(océan)*, nom donné à la partie des océans Atlantique, Pacifique et Indien comprise entre le cercle polaire antarctique et le continent polaire.

ANTARCTIQUE BRITANNIQUE *(territoire de l')*, colonie britannique regroupant le secteur britannique de l'Antarctique, les Shetland du Sud et les Orcades du Sud.

ANTÉE. *Myth. gr.* Géant, fils de Poséidon et de Gaia. Il reprenait force chaque fois qu'il touchait la Terre, dont il était issu. Héraclès l'étouffa en le maintenant en l'air.

ANTÊNOR, sculpteur grec de la fin du VIe s. av. J.-C., qui a signé une majestueuse koré de l'Acropole d'Athènes.

ANTEQUERA, v. d'Espagne (Andalousie) ; 38 765 h. Églises des XVIe-XVIIIe s.

ANTHÉMIOS de Tralles, architecte et mathématicien byzantin du VIe s., né à Tralles. Il établit les plans de Sainte-Sophie de Constantinople.

ANTHÉOR (83700 St Raphaël), station balnéaire du Var (comm. de Saint-Raphaël), sur la côte de l'Esterel.

Anthropologie structurale, œuvre de Lévi-Strauss (1958 et 1973), dans laquelle il expose sa méthode d'analyse des faits sociaux (mythe, parenté, art des masques).

ANTI-ATLAS, massif du Maroc méridional, entre les oueds Draa et Sous ; 2 531 m.

ANTIBES, ch.-l. de c. des Alpes-Maritimes, sur la Côte d'Azur ; 70 688 h. *(Antibois)*. Station touristique. Cultures florales. Parfumerie. Musée archéologique au bastion Saint-André, musée Picasso au château Grimaldi.

ANTICOSTI *(île d')*, île du Canada (Québec), à l'entrée du Saint-Laurent ; 8 160 km² ; 230 h.

ANTIFER *(cap d')*, promontoire de la Seine-Maritime, au nord du Havre. Terminal pétrolier.

ANTIGONE, fille d'Œdipe, sœur d'Étéocle et de Polynice. Elle fut condamnée à mort pour avoir, malgré la défense du roi Créon, enseveli son frère Polynice.

Antigone, tragédie de Sophocle (v. 442 av. J.-C.). L'héroïne défend les lois « non écrites » du devoir moral contre la fausse justice de la raison d'État. — Tragédie d'Alfieri (1783). — Drame de J. Anouilh (1944).

ANTIGONIDES, dynastie fondée par l'un des successeurs d'Alexandre, Antigonos Monophthalmos. Elle régna sur la Macédoine de la fin du IVe s. à la conquête romaine (168 av. J.-C.).

ANTIGONOS, roi des Juifs (40-37 av. J.-C.), le dernier des Asmonéens.

ANTIGONOS Monophthalmos (le Borgne) [381-301 av. J.-C.], lieutenant d'Alexandre le Grand. Il essaya de fonder un empire en Asie, mais fut vaincu et tué à Ipsos en 301.

ANTIGUA-ET-BARBUDA, État des Antilles, indépendant depuis 1981 dans le cadre du Commonwealth, formé par les îles d'*Antigua* (280 km²), de *Barbuda* et de Redonda ; 442 km² ; 83 000 h. CAP. *Saint John's.* LANGUE : *anglais.* MONNAIE : *dollar des Caraïbes orientales.* (V. carte ***Antilles.***)

STATIONS GÉOPHYSIQUES PERMANENTES

1	Esperanza (Arg.)	8	Arctowski (Pol.)	15	G. von Neumayer (All. .)	22	Zhongshan (Chine)	29	Amundsen-Scott (É.-U.)
2	Capitán Arturo Prat (Chili)	9	Jubany (Arg.)	16	Sanae (Afr. du S.)	23	Davis (Austr.)	30	Rothera (G.-B.)
3	Bellingshausen (Russie.)	10	King Sejong (Cor. du S.)	17	Maitri (Inde)	24	Mirnyi (Russie.)	31	S. Martin (Arg.)
4	Teniente Rodolfo Marsh (Chili)	11	Signy (G.-B.)	18	Novo Lazarevskaïa (Russie)	25	Casey (Austr.)	32	Faraday (Ukraine)
5	Grande Muraille (Chine)	12	Orcadas (Arg.)	19	Showa (Japon)	26	Dumont d'Urville (F.)	33	Palmer (É.-U.)
6	Artigas (Uruguay)	13	General Belgrano (Arg.)	20	Molodejnaia (Russie.)	27	McMurdo(É.-U.)	34	Marambio (Arg.)
7	Commandante Ferraz (Brésil)	14	Halley (G.-B.)	21	Mawson (Austr.)	28	Scott Base (N.-Z.)	35	Gral B. O'Higgins (Chili)

ANTIGUA GUATEMALA, v. du sud du Guatemala ; 16 000 h. Bel ensemble baroque d'époque coloniale.

Antikomintern *(pacte)* [25 nov. 1936], pacte conclu entre l'Allemagne et le Japon contre l'Internationale communiste.

ANTI-LIBAN, massif de l'Asie occidentale, entre la Syrie et le Liban ; 2 629 m à la frontière libano-syrienne.

ANTILLES, archipel séparant l'océan Atlantique de la *mer des Antilles,* formé au nord par les *Grandes Antilles* (Cuba, Haïti, Jamaïque, Porto Rico) et, à l'est et au sud, par les *Petites Antilles.* Les Petites Antilles sont parfois subdivisées en « îles du Vent » (Guadeloupe et ses dépendances, Martinique, appartenant à la France ; Barbade, Dominique et Trinité, États du Commonwealth) et en « îles sous le Vent » (en partie néerlandaises : Curaçao), au large du Venezuela. De relief varié, souvent volcanique, les Antilles ont un climat tropical, tempéré par l'alizé, qui déverse des pluies plus ou moins abondantes selon l'exposition. La population (35 millions d'Antillais sur près de 240 000 km²) est hétérogène (les anciens Caraïbes ont été remplacés par des Blancs et surtout par des esclaves noirs, qui forment aujourd'hui, avec les métis, l'essentiel du peuplement). Elle a un bas niveau de vie, affaibli encore par la rapide croissance démographique. En dehors de la bauxite (Jamaïque) et du pétrole (Trinité), les cultures tropicales (canne à sucre, banane, café, agrumes, etc.) constituent avec, localement, le tourisme, les principales ressources de l'archipel.

ANTILLES *(mer des)* ou **MER CARAÏBE** ou **MER DES CARAÏBES,** dépendance de l'Atlantique, entre l'Amérique centrale, l'Amérique du Sud et l'arc des Antilles.

ANTILLES FRANÇAISES, la Guadeloupe et la Martinique.

ANTILLES NÉERLANDAISES, ensemble des possessions néerlandaises des Antilles, correspondant essentiellement aux deux îles (Curaçao et Bonaire) situées au large du Venezuela ; env. 800 km² ; 200 000 h. Ch.-l. *Willemstad* (dans l'île de Curaçao).

ANTIN (Louis Antoine **de Pardaillan de Gondrin,** *duc* **d'**), fils légitime de Mme de Montespan (Paris 1665 - *id.* 1736), surintendant des Bâtiments du roi et modèle du parfait courtisan.

ANTINOË, v. de l'anc. Égypte (Thébaïde), sur le Nil, construite par Hadrien, en souvenir d'Antinoüs.

ANTINOÜS [-nɔys], jeune Grec, favori de l'empereur Hadrien, qui le déifia après sa noyade dans le Nil (130).

ANTIOCHE, en turc **Antakya,** v. de Turquie, sur l'Oronte inférieur ; 123 871 h. Musée archéologique (nombreuses mosaïques antiques). Ruines. Capitale du royaume séleucide puis de la province romaine de Syrie, la ville fut une des grandes métropoles de l'Orient et joua un rôle primordial dans les débuts du christianisme. Elle déclina après l'invasion perse (540) et la conquête arabe (636). Les croisés en firent la capitale d'un État latin (1098), conquis par les Mamelouks en 1268.

ANTIOCHE (pertuis d'), détroit entre l'île d'Oléron et l'île de Ré.

ANTIOCHOS, nom porté par treize rois séleucides, dont — **Antiochos Ier Sôtêr** (281-261), qui fut le vainqueur des Galates ; — **Antiochos II Théos** (261-246) ; sous son règne le royaume séleucide perdit les satrapies d'Orient ; — **Antiochos III Mégas** (223-187 av. J.-C.), qui vainquit les Parthes et les Lagides, mais fut battu par les Romains ; — **Antiochos IV Épiphane** (175-164 av. J.-C.), dont la politique d'hellénisation provoqua en Judée la révolte des Maccabées (167).

ANTIOCHOS, nom de plusieurs rois de Commagène.

ANTIOPE. *Myth. gr.* Fille de Nyctée, roi de Thèbes. Aimée de Zeus, elle en eut les jumeaux Amphion et Zéthos.

ANTIPATROS ou **ANTIPATER,** chef macédonien (v. 397-319 av. J.-C.). Il gouverna la Macédoine pendant l'absence d'Alexandre le Grand et, après sa mort, vainquit à Crannon (322) les cités grecques révoltées *(guerre lamiaque).*

Antiquités judaïques, histoire, rédigée en grec par Flavius Josèphe (v. 95 apr. J.-C.), du peuple juif depuis la création du monde jusqu'en 66 apr. J.-C.

ANTISTHÈNE, philosophe grec (Athènes v. 444 - m. en 365 av. J.-C.), fondateur de l'école cynique.

ANTOFAGASTA, port du nord du Chili ; 226 749 h. Métallurgie et exportation du cuivre.

ANTOINE de Padoue *(saint),* franciscain portugais, docteur de l'Église (Lisbonne v. 1195 - Padoue 1231). Il prêcha en Italie et en France contre les Cathares. On l'invoque pour retrouver les objets perdus, sauver les malades et les accidentés.

ANTOINE le Grand *(saint),* un des initiateurs de la vie cénobitique (Qeman, Égypte, 251 - mont Golzim 356). Ermite par vocation, il fonda, pour satisfaire ses disciples, les premiers monastères connus.

ANTOINE (André), acteur et directeur de théâtre français (Limoges 1858 - Le Pouliguen 1943), fondateur du *Théâtre-Libre* en 1887 et propagateur de l'esthétique naturaliste.

ANTOINE (Jacques Denis) → ***Monnaie*** *(hôtel de la).*

ANTOINE (Marc), en lat. **Marcus Antonius,** général romain (83-30 av. J.-C.). Lieutenant de César en Gaule, mais brouillé avec son héritier, Octavien, il se réconcilia avec lui et gagna la bataille de Philippes (42). Il reçut en partage l'Orient, et épousa la reine d'Égypte Cléopâtre VII, répudiant Octavie, sœur d'Octavien. Vaincu à Actium en 31, il se tua.

ANTOINE DE BOURBON (1518 - Les Andelys 1562), duc de Vendôme (1537-1562), roi de Navarre (1555-1562) par son mariage avec Jeanne III d'Albret, dont il eut un fils, le futur Henri IV. Il prit part aux guerres de Religion, abandonna le parti protestant pour le parti catholique et fut tué au siège de Rouen.

Antoine et Cléopâtre, drame de Shakespeare (1606).

ANTOINE DANIEL *(saint),* missionnaire jésuite français (Dieppe 1601 - mission de Saint-Joseph, Canada, 1648), massacré par les Iroquois.

ANTOINE-MARIE ZACCARIA *(saint),* religieux italien (Crémone 1502 - *id.* 1539), fondateur des barnabites.

ANTOMMARCHI ou **ANTONMARCHI** (François), médecin de Napoléon Ier à Sainte-Hélène (Morsiglia 1780 - Cuba 1838).

ANTONELLI (Giacomo), cardinal et homme d'État romain (Sonnino 1806 - Rome 1876). Il incita Pie IX à mener une politique intransigeante contre le royaume d'Italie.

ANTONELLO da Messina, peintre italien (Messine v. 1430 - *id.* v. 1479). Formé à Naples, il unit le sens méditerranéen du volume et de l'ampleur à l'observation méticuleuse des primitifs flamands. Il séjourna à Venise en 1475-76.

ANTONESCU (Ion), maréchal roumain (Piteşti 1882 - Jilava, auj. dans Bucarest, 1946). Dictateur de la Roumanie en 1940, il engagea son pays en 1941, aux côtés de Hitler, contre l'U. R. S. S. Arrêté en 1944, il fut exécuté.

ANTONIN *(saint),* dominicain italien, archevêque de Florence (Florence 1389 - Montughi 1459). Champion de la réforme « observante » à l'intérieur de son ordre, il commandita les peintures de Fra Angelico au couvent de Saint-Marc.

ANTONIN le Pieux, en lat. **Titus Aelius Hadrianus Antoninus Pius** (Lanuvium 86-

161), empereur romain (138-161). Son règne marque l'apogée de l'Empire.

ANTONINS (les), nom donné à sept empereurs romains *(Nerva, Trajan, Hadrien, Antonin, Marc Aurèle, Verus, Commode),* qui régnèrent de 96 à 192 apr. J.-C.

ANTONIONI (Michelangelo), cinéaste italien (Ferrare 1912). Rigoureuse et dépouillée, d'une grande recherche formelle, son œuvre exprime l'opacité des êtres, la solitude et l'incommunicabilité : *l'Avventura* (1959), *la Nuit* (1961), *l'Éclipse* (1962), *Blow up* (1966), *Profession : reporter* (1974), *Identification d'une femme* (1982), *Par-delà les nuages* (1995).

ANTONY (92160), ch.-l. d'arr. des Hauts-de-Seine, au sud de Paris ; 57 916 h. *(Antoniens).* Résidence universitaire.

ANTRAIGUES (Emmanuel **de Launay,** *comte* **d'**), homme politique français (Villeneuve-de-Berg 1753 - Londres 1812), agent secret au service de la contre-révolution.

ANTRAIN (35560), ch.-l. de c. d'Ille-et-Vilaine ; 1 540 h.

ANTSERANANA, anc. **Diégo-Suarez,** port du nord de Madagascar, sur la *baie d'Antseranana ;* 53 000 h.

ANTSIRABÉ, v. de Madagascar ; 33 000 h.

ANTWERPEN → ***Anvers.***

ANUBIS, dieu funéraire de l'Égypte ancienne, représenté avec une tête de chacal. Il introduit les morts dans l'autre monde.

ANURĀDHAPURA, anc. capitale (IIIe s. av. J.-C. - Xe s.) du nord de l'île de Sri Lanka. Importants vestiges bouddhiques, préservés dans un vaste parc archéologique.

ANVERS, en néerl. **Antwerpen,** v. de Belgique, ch.-l. de la prov. homonyme ; 467 518 h. *(Anversois)* [env. 800 000 h. dans l'agglomération]. Université. Établie au fond de l'estuaire de l'Escaut (r. dr.), unie à Liège par le canal Albert, la ville est l'un des grands ports européens et l'un des principaux centres industriels belges (métallurgie, construction automobile, raffinage du pétrole et pétrochimie, taille des diamants, etc.). — Majestueuse cathédrale gothique (XIVe-XVIe s., peintures de Rubens), hôtel de ville Renaissance et autres monuments. Riche musée des Beaux-Arts (école flamande de peinture, du XVe au XXe s.). — Capitale économique de l'Occident au XVe s., Anvers fut détrônée au XVIIe s. par Amsterdam. Son importance stratégique en fit l'enjeu de nombreuses batailles. Elle connut un nouvel essor après 1833, quand elle devint le principal port du jeune royaume de Belgique. Occupée par les Allemands en 1914 et en 1940, libérée par les Britanniques en 1944, la ville fut bombardée par les V1 et V2 allemands en 1944 et 1945.

ANVERS *(province d'),* province de la Belgique septentrionale ; 2 867 km^2 ; 1 605 167 h. ; ch.-l. *Anvers ;* 3 arr. *(Anvers, Malines, Turnhout)* et 70 comm. Elle s'étend sur la Campine, région au relief monotone, sableuse, agricole et herbagère à l'ouest, industrielle à l'est. L'agglomération anversoise regroupe environ la moitié de la population totale de la province.

ANYANG ou **NGAN-YANG,** v. de Chine (Henan) ; 125 000 h. Cap. des Shang (XVIe-XIe s. av. J.-C.), vestiges de la nécropole royale.

ANYANG, v. de la Corée du Sud, au S. de Séoul ; 254 000 h.

ANZÈRE, station de sports d'hiver (alt. 1 500-2 420 m) de Suisse (Valais), au-dessus de la vallée du Rhône.

ANZIN (59410), comm. du Nord, banlieue de Valenciennes ; 14 172 h. *(Anzinois).* Métallurgie.

ANZIO, port d'Italie (prov. de Rome), au sud-est de Rome ; 32 383 h. Les Alliés y débarquèrent derrière le front allemand en 1944.

ANZUS → ***Pacifique*** *(Conseil du).*

A.-O. F. → ***Afrique-Occidentale française.***

AOMORI, port du Japon, dans le nord de Honshū ; 287 808 h.

AOSTE, v. d'Italie, ch.-l. du Val d'Aoste, sur la Doire Baltée ; 35 895 h. Monuments romains et médiévaux. — Le *Val d'Aoste* (hab. *Valdôtains*) est une région autonome entre la Suisse (Valais) et la France (Savoie), atteinte par les tunnels du Grand-Saint-Bernard et du Mont-Blanc. Une partie de la population parle encore le français ; 115 397 h. De 1032 à 1945, le Val d'Aoste, sauf entre 1800 et 1814 (Empire français), appartint à la maison de Savoie. En 1945, il reçut un régime d'autonomie provisoire et, en 1948, le statut de région autonome.

AOUDH ou **OUDH,** région historique de l'Inde, auj. dans l'Uttar Pradesh.

Aouïna (El-), aéroport de Tunis.

août 1789 *(nuit du 4),* nuit pendant laquelle l'Assemblée constituante abolit les privilèges féodaux.

août 1792 (journée du 10), insurrection parisienne, qui entraîna la constitution de la Commune et la chute de la royauté.

AOZOU *(bande d'),* extrémité septentrionale du Tchad. Revendiquée et occupée par la Libye à partir de 1973, elle est rétablie, en 1994, sous souveraineté tchadienne par un jugement de la Cour internationale de justice de La Haye.

APACHES, ensemble de peuples indiens venus du nord de l'Amérique v. 1000 apr. J.-C., et qui opposèrent, avec leurs chefs Cochise v. 1850, puis Geronimo après 1880, une résistance farouche aux conquérants américains. Auj. regroupés dans une réserve du Nouveau-Mexique.

APAMÉE, nom de plusieurs villes du Proche-Orient ancien dont la plus célèbre est *Apamée-sur-l'Oronte,* qui conserve d'importants monuments romains et paléochrétiens.

Apamée *(paix d')* [188 av. J.-C.], traité signé, par Antiochos III de Syrie, à Apamée Kibôtos et qui assurait aux Romains la mainmise sur l'Asie Mineure.

APCHÉRON *(presqu'île d'),* extrémité orientale du Caucase (Azerbaïdjan) s'avançant dans la Caspienne.

APELDOORN, v. des Pays-Bas (Gueldre) ; 148 204 h. Résidence d'été de la famille royale. Électronique.

APELLE, peintre grec (IVe s. - Cos début du IIIe s. av. J.-C.), portraitiste d'Alexandre le Grand, dont seule la réputation nous est parvenue.

APENNIN (l') ou **APENNINS** (les), massif qui forme la dorsale de la péninsule italienne et qui culmine dans les Abruzzes au Gran Sasso (2 914 m).

APERGHIS (Georges), compositeur grec (Athènes 1945). Il est à l'origine du genre du théâtre musical (*Pandaemonium,* 1973 ; *Je vous dis que je suis mort,* d'après Edgar Poe, 1979 ; *Énumérations,* 1988).

APHRODITE, déesse grecque de la Beauté et de l'Amour, que les Romains assimilèrent à *Vénus.* Son effigie est connue grâce aux répliques réalisées par les Romains (qui l'appellent Vénus*) ; parmi les plus célèbres statues, citons : l'*Aphrodite de Cnide,* et *d'Arles* d'après Praxitèle (Vatican et Louvre) et *l'Aphrodite,* ou *Vénus de Milo*.*

APIA, cap. des Samoa occidentales ; 34 000 h.

APICIUS (né v. 25 av. J.-C.), gastronome romain. Il est l'auteur présumé des *Dix Livres de la cuisine,* inventaire de nombreuses recettes insolites.

APIS [apis], dieu de l'ancienne Égypte, adoré sous la forme d'un taureau sacré.

APO *(mont),* volcan et point culminant (2 954 m) des Philippines, dans l'île de Mindanao.

Apocalypse, dernier livre du Nouveau Testament, attribué à l'apôtre saint Jean. (V. *apocalypse,* partie langue)

Apocalypse *(tenture de l'),* au château d'Angers. Un des premiers ensembles de tapisseries historiées du Moyen Âge, et le plus vaste qui subsiste, bien qu'incomplet (107 m de long en sept pièces regroupant 69 scènes) ; il fut exécuté à partir de 1374 par le tapissier parisien Nicolas Bataille, pour Louis Ier d'Anjou, sur cartons de Hennequin de Bruges, peintre de Charles V.

APOLLINAIRE (Wilhelm Apollinaris **de Kostrowitzky,** dit **Guillaume**), écrivain français (Rome 1880 - Paris 1918). Il fut le chantre de toutes les avant-gardes artistiques (*les Peintres cubistes,* 1913) et, poète (*Alcools,* 1913 ; *Calli-*

Picasso, Marie Laurencin
et Fernande Olivier
entourant Guillaume **Apollinaire.**
Peinture de Marie Laurencin
(*Groupe d'artistes,* 1908).
[The Baltimore Museum of Art.]

Anvers : maisons de guildes
sur la Grand-Place.

Scène de la tenture de l'**Apocalypse**
(« les dragons vomissant des grenouilles »).
Fin du XIVe s.
(Musée des Tapisseries, Angers.)

Cory
Aquino
(en 1986)

grammes, 1918) ou théoricien (*l'Esprit nouveau et les poètes,* 1917), un précurseur du surréalisme (*les Mamelles de Tirésias,* 1917).

Apollo, programme américain d'exploration humaine de la Lune qui, de 1969 à 1972, permit à douze astronautes de marcher sur la Lune. (Premier atterrissage le 20 juill. 1969 par N. Armstrong et E. Aldrin lors du vol Apollo 11.)

APOLLODORE de Damas ou **le Damascène,** architecte et ingénieur grec, actif au IIe s. apr. J.-C. Auteur des constructions monumentales du règne de Trajan ; on connaît ses machines de guerre grâce aux reliefs de la colonne Trajane.

APOLLON, dieu grec de la Beauté, de la Lumière, des Arts et de la Divination. Il avait à Delphes un sanctuaire célèbre où sa prophétesse, la *Pythie,* rendait les oracles du dieu. Parmi les plus célèbres représentations du dieu, citons : le fronton ouest du temple de Zeus à Olympie, l'*Apollon du Pirée* (Athènes, musée national), l'*Apollon Sauroctone* (Louvre) d'après Praxitèle, ou celui *du Belvédère* (Vatican) d'après Léocharès.

APOLLONIA, v. anc. de l'Illyrie (Albanie), centre intellectuel à l'époque hellénistique.

APOLLONIOS de Perga, astronome et mathématicien grec (Perga v. 262 - v. 190 av. J.-C.). *Les Coniques* sont son ouvrage principal.

APOLLONIOS de Rhodes, poète grec (Alexandrie v. 295 - v. 230 av. J.-C.), auteur de l'épopée *les Argonautiques.*

APOLLONIOS de Tyane, philosophe grec (Tyane, Cappadoce - Éphèse 97 apr. J.-C.). Il fut néopythagoricien.

Apoxyomène (l'), l'athlète au strigile, réplique romaine (Vatican) en marbre, d'une œuvre de Lysippe, qui témoigne du nouveau canon des proportions de la fin du IVe s. av. J.-C.

APPALACHES, massif de l'est de l'Amérique du Nord, entre l'Alabama et l'estuaire du Saint-Laurent, précédé à l'ouest par le *plateau appalachien* et à l'est par le *Piedmont* qui domine la plaine côtière ; 2 037 m au *mont Mitchell.* Importants gisements houillers. Les Appalaches ont donné leur nom à un type de relief classique. (V. *appalachien,* partie langue.)

APPENZELL, canton de Suisse (416 km² ; 66 099 h.), enclavé dans celui de Saint-Gall et divisé, depuis 1597, pour des raisons religieuses, en deux demi-cantons : *Rhodes-Extérieures,* à majorité protestante (52 229 h. ; ch.-l. *Herisau*), et *Rhodes-Intérieures,* entièrement catholique (13 870 h. ; ch.-l. *Appenzell* [5 194 h.]).

APPERT (Nicolas), industriel français (Châlons-sur-Marne 1749 - Massy 1841). On lui doit le procédé de la conservation des aliments par chauffage en vase clos.

APPIA (Adolphe), théoricien et metteur en scène de théâtre suisse (Genève 1862 - Nyon 1928). Réagissant contre l'esthétique naturaliste, il privilégia les éléments expressifs du théâtre (acteur, lumière, rythme) et préconisa un décor à trois dimensions.

APPIEN, historien grec (Alexandrie v. 95 apr. J.-C. - m. apr. 160), auteur d'une *Histoire romaine* des origines à Trajan.

Appienne *(voie),* en lat. *via Appia,* voie romaine qui allait de Rome à Brindisi, commencée par Appius Claudius (312 av. J.-C.). Elle était bordée de tombeaux, dont plusieurs subsistent encore.

APPLETON (*sir* Edward Victor), physicien britannique (Bradford 1892 - Édimbourg 1965). Il a mesuré l'altitude de l'ionosphère et participé à la réalisation du radar. (Prix Nobel 1947.)

APPOMATTOX, village de Virginie (États-Unis). En 1865, la reddition des confédérés de Lee au général Grant y mit fin à la guerre de Sécession.

APPONYI (Albert, *comte*) [Vienne 1846 - Genève 1933]. Chef de l'opposition conservatrice, il représenta la Hongrie à la Conférence de la paix (1919-20), puis à la S. D. N.

Apprenti sorcier (l'), poème symphonique de Paul Dukas (1897), d'après une ballade de Goethe.

Après-midi d'un faune (l'), ballet de V. Nijinski, inspiré du poème de Mallarmé, créé à Paris en 1912 par les Ballets russes de Diaghilev et l'auteur, sur la musique du *Prélude à l'après-midi d'un faune* de Debussy (1894).

APT (84400), ch.-l. d'arr. de Vaucluse, dans le *bassin d'Apt,* au pied du Luberon ; 11 702 h. *(Aptésiens* ou *Aptois).* Confiserie. Ocre. Anc. cathédrale en partie romane.

APULÉE, écrivain latin (Madaure, Numidie, 125 - v. 180), auteur de *l'Âne d'or.*

APULIE, contrée de l'anc. Italie, formant auj. la Pouille.

APURÍMAC, riv. du Pérou, l'une des branches mères de l'Amazone.

APUSENI *(monts),* anc. **Bihar** ou **Bihor,** massif de l'ouest de la Roumanie ; 1 848 m.

'AQABA ou **AKABA** *(golfe d'),* golfe de l'extrémité nord-est de la mer Rouge, au fond duquel est situé le port jordanien *d'al-'Aqaba.* (10 000 h.).

AQUILA (L'), v. d'Italie, cap. des Abruzzes et ch.-l. de prov. ; 66 863 h.

AQUILÉE, en ital. **Aquileia,** v. d'Italie, sur l'Adriatique, qui fut détruite par Attila (452) ; 3 359 h. Vestiges romains et médiévaux.

AQUIN (Louis Claude **d'**) → ***Daquin.***

AQUINO (Corazón, dite **Cory**), femme politique philippine (Manille 1933). Leader de l'opposition après l'assassinat de son mari, Benigno Aquino (1983), elle a été présidente de la République de 1986 à 1992.

AQUITAIN *(Bassin)* ou **AQUITAINE** *(bassin d'),* bassin sédimentaire de forme triangulaire, compris entre le Massif armoricain, le Massif central, les Pyrénées et l'océan Atlantique. Correspondant en majeure partie au bassin de la Garonne, l'Aquitaine est un pays de plateaux et de collines. Les calcaires affleurent dans l'est (Périgord, Quercy) et le nord (Charentes) ; ils sont recouverts de débris détritiques dans le sud et l'ouest (molasse de Gascogne et de la rive droite de la Garonne, sables des Landes, cailloutis fluvio-glaciaires du plateau de Lannemezan). Le climat est caractérisé par la chaleur de l'été et une grande instabilité résultant de l'interférence d'influences océaniques, continentales et méditerranéennes. La polyculture (blé, maïs, vigne, tabac, fruits, légumes) est encore fréquemment associée à l'élevage du petit bétail. L'industrie, peu développée, est surtout présente dans les deux agglomérations majeures : Bordeaux et Toulouse.

AQUITAINE, région historique de la France. Divisée par les Romains en trois provinces (IIIe s. apr. J.-C.), intégrée au royaume de Clovis en 507, l'Aquitaine, devenue duché franc, est constituée en royaume par Charlemagne (781). En 877, ce royaume disparaît ; la dynastie poitevine, illustrée par Guillaume III *Tête d'Étoupe* (951-963), Guillaume IV *Fierebrace* (963-994), Guillaume IX, le « Prince des troubadours » (1086-1127), et Guillaume X (1127-1137), règne sur le duché d'Aquitaine jusqu'en 1137 : Louis VII, par son mariage avec Aliénor d'Aquitaine, s'empare alors du duché, qui (du fait du second mariage d'Aliénor d'Aquitaine avec Henri II Plantagenêt), est rattaché à l'Empire anglo-angevin en 1152, puis progressivement démembré par la conquête capétienne (XIIe-XIIIe s.). L'Aquitaine renaît (XIIIe-XVe s.) sous le nom de Guyenne.

AQUITAINE, Région administrative correspondant à la partie la plus basse du *Bassin aquitain* et regroupant cinq dép. : Dordogne, Gironde, Landes, Lot-et-Garonne et Pyrénées-Atlantiques ; 41 308 km² ; 2 795 830 h. Ch.-l. *Bordeaux.*

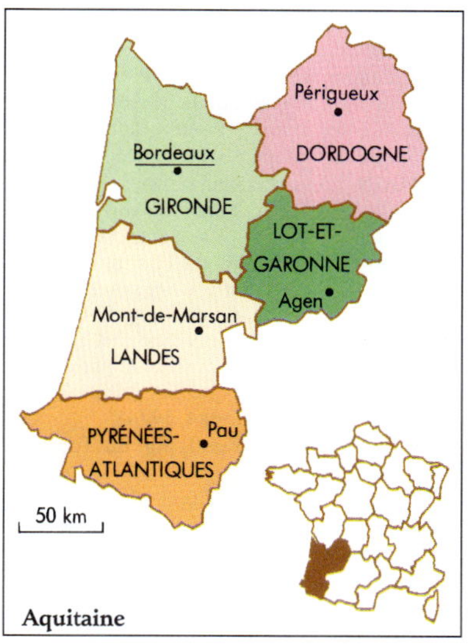

Aquitaine

Aquitaine (l'), autoroute reliant Paris à Bordeaux.

arabe *(Ligue),* organisation d'États arabes indépendants, destinée à promouvoir leur coopération, constituée en 1945 par l'Égypte, l'Iraq, la Transjordanie, la Syrie, le Liban, l'Arabie saoudite, le Yémen. 14 États nouveaux et l'O.L.P. y ont adhéré de 1953 à 1993. L'Égypte, suspendue en 1979, y est réintégrée en 1989.

ARABE UNIE *(République)* **[R.A.U.],** fédération de l'Égypte et de la Syrie (1958-1961). L'Égypte garda jusqu'en 1971 le nom de *République arabe unie.*

ARABES UNIS *(Émirats)* → ***Émirats arabes unis.***

ARABIE, vaste péninsule constituant l'extrémité sud-ouest de l'Asie, entre la mer Rouge et le golfe Persique, sur la *mer d'Arabie* (autre nom de la mer d'Oman) ; 3 millions de km² ; env. 30 millions d'h. Elle couvre l'Arabie saoudite, le Yémen, l'Oman, la fédération des Émirats arabes unis, le Qatar, Bahreïn et le Koweït. *(V. carte p. 1140.)*

ARABIE DU SUD, territoire qui correspondait à l'ancien protectorat britannique d'Aden, et qui a formé ensuite la République démocratique et populaire du Yémen.

ARABIE SAOUDITE, État occupant la majeure partie de la péninsule d'Arabie ; 2 150 000 km² ; 17 500 000 h. *(Saoudiens).* CAP. *Riyāḍ.* LANGUE : *arabe.* MONNAIE : *riyal.*

GÉOGRAPHIE

Occupant la majeure partie de la péninsule d'Arabie, vaste (près de quatre fois la superficie de la France), mais en majeure partie désertique, le pays doit son importance politique et économique au pétrole. L'Arabie saoudite, membre influent de l'O.P.E.P., est l'un des grands producteurs et surtout exportateurs de pétrole dont elle détient près du quart des réserves mondiales. Le pétrole a attiré de nombreux immigrés, sans bouleverser une structure sociale, encore quasi féodale, dans ce berceau de l'islam (villes saintes de Médine et surtout de La Mecque).

HISTOIRE

En 1932, l'Arabie saoudite naît de la réunion en un seul royaume des régions conquises par 'Abd al-'Azīz III ibn Sa'ūd depuis 1902. 1932-1953 : le roi Ibn Sa'ūd modernise le pays grâce aux fonds procurés par le pétrole, découvert en 1930 et exploité depuis 1945 par les Américains. 1953-1964 : Sa'ūd ibn 'Abd al-'Azīz est roi ; il cède en 1958 la réalité du pouvoir à son frère Fayṣal ibn 'Abd al-'Azīz. 1964-1975 : Fayṣal se fait le champion du panislamisme et le protecteur des régimes conservateurs arabes. 1975-1982 : Khālid ibn 'Abd al-'Azīz règne sur le pays. 1982 : Fahd lui succède. 1991 : la force multinationale, déployée sur le territoire saoudien après l'invasion du Koweït par les Irakiens, intervient contre l'Iraq (janv.) et libère le Koweït (févr.). [→ ***guerre du Golfe**.**]

'ARĀBĪ PACHA → ***'Urābī Pacha.***

ARABIQUE *(golfe)* → ***Rouge*** *(mer).*

ARABIQUE *(mer)* → ***Oman*** *(mer d').*

ARACAJU, port du Brésil, cap. de l'État de Sergipe ; 401 244 h.

ARACHNÉ. *Myth. gr.* Jeune Lydienne qui excellait dans l'art de tisser et de broder. Pour avoir osé défier Athéna, elle fut métamorphosée en araignée.

ARAD, v. de Roumanie, près de la Hongrie ; 190 088 h. Métallurgie.

ARADOS, île et ville de Phénicie, très florissante dès le IIe millénaire (auj. *Ruwād* en Syrie).

'ARAFĀT (Yāsir ou Yasser), homme politique palestinien (Jérusalem 1929). Président, depuis 1969, de l'Organisation de libération de la Palestine (O. L. P.), il est nommé, en 1989, président de l'« État palestinien » proclamé par l'O. L. P. Un des principaux artisans de l'accord israélo-palestinien signé à Washington en 1993, il reçoit l'année suivante le prix Nobel de la paix avec Y. Rabin et S. Peres. Devenu en 1994 président de l'Autorité nationale palestinienne, il est élu en 1996 raïs (président) du Conseil de l'autonomie palestinienne.

ARAGNOUET (65170), comm. des Hautes-Pyrénées, sur la Neste d'Aure ; 336 h. Tunnel routier vers l'Espagne.

ARAGO, famille française de tradition politique républicaine. Elle compte parmi ses membres **François,** physicien et astronome (Estagel, Pyrénées-Orientales, 1786 - Paris 1853). Il découvrit les polarisations rotatoire et chromatique de la lumière, mesura la densité de divers gaz et découvrit l'aimantation du fer par le courant électrique. Esprit libéral, très populaire, il fut membre du gouvernement provisoire en 1848 et fit abolir l'esclavage dans les colonies françaises. — **Étienne,** son frère, écrivain et homme politique (Estagel 1802 - Paris 1892), maire de Paris en sept. 1870. — **Emmanuel,** fils de François, homme politique (Paris 1812 - *id.* 1896), fut ministre de la Justice dans le gouvernement de la Défense nationale (1870-1871).

François **Arago** (Observatoire de Paris)

Louis **Aragon**

ARAGON, en esp. **Aragón,** communauté autonome du nord-est de l'Espagne, comprenant les prov. de Huesca, Saragosse et Teruel ; 1 212 025 h. *(Aragonais).* Cap. *Saragosse.* Au XIIe s., le royaume d'Aragon s'unit à la Catalogne. Il devint aux XIIIe-XIVe s. une grande puissance en acquérant les Baléares, la Corse, la Sardaigne et la Sicile. Le mariage de Ferdinand II le Catholique avec Isabelle de Castille (1469) prépare l'union de ce royaume à la Castille, réalisée en 1479.

ARAGON (Louis), écrivain français (Paris 1897 - *id.* 1982). Un des fondateurs du surréalisme (*le Paysan de Paris,* 1926), il se consacra ensuite à l'illustration des thèmes du communisme (*les Beaux Quartiers,* 1936 ; *la Semaine sainte,* 1958) et de la Résistance (*le Crève-Cœur,* 1941), sans rompre avec le lyrisme traditionnel (*les Yeux d'Elsa,* 1942). Il entreprit aussi une réflexion sur la création artistique et littéraire (*Henri Matisse, roman,* 1971 ; *Théâtre/Roman,* 1974).

ARAGUAIA, riv. du Brésil, affl. du Tocantins (r. g.) ; 2 640 km.

ARAK, v. de l'Iran ; 117 000 h.

ARAKAN, chaîne de montagnes de Birmanie, entre l'Irrawaddy et le golfe du Bengale.

ARAL *(mer d'),* grand lac salé d'Asie, aux confins du Kazakhstan et de l'Ouzbékistan ; 39 000 km². Il reçoit le Syr-Daria et l'Amou-Daria, dont l'apport ne peut empêcher la diminution de sa superficie, liée à l'intensité de l'irrigation.

ARAM, d'après la Bible, un des fils de Sem, ancêtre des Araméens.

ARAMÉENS, populations sémitiques qui, d'abord nomades, fondèrent divers États en Syrie. Leur langue fut celle de l'Orient, à partir du VIIIe s. av. J.-C., et ne disparut qu'avec la conquête arabe (VIIe s. apr. J.-C.).

ARAMON (30390), ch.-l. de c. du Gard ; 3 361 h. Centrale thermique sur le Rhône. Chimie.

ARAN *(val d'),* vallée des Pyrénées espagnoles (Catalogne), où naît la Garonne.

ARANDA (Pedro, *comte* **d'**), général et homme d'État espagnol (Huesca 1719 - Épila 1798). Président du Conseil de Castille (1766-1773), il expulsa les jésuites d'Espagne (1767).

ARANJUEZ, v. d'Espagne (prov. de Madrid), sur le Tage ; 36 162 h. Palais royal des XVIe-XVIIIe s. ; jardins à la française. C'est là que, dans la nuit du 17 au 18 mars 1808, éclata l'insurrection qui provoqua l'intervention de Napoléon Ier en Espagne.

ARANY (János), poète hongrois (Nagyszalonta, auj. Salonta, Roumanie, 1817 - Budapest 1882), auteur de l'épopée nationale de *Toldi* (1847-1879).

Ara Pacis Augustae, autel de la paix d'Auguste, à Rome, au N. du Champ de Mars, dédié en 9 av. J.-C. par le sénat pour célébrer la paix instaurée par Auguste. Beau décor sculpté.

ARAPAHO, peuple algonquin d'Amérique du Nord, vivant auj. dans les réserves du Wyoming et de l'Oklahoma.

ARARAT *(mont),* massif volcanique de la Turquie orientale (Arménie) où, suivant la Bible, s'arrêta l'arche de Noé ; 5 165 m.

ARAUCANS, nom générique donné par les Espagnols au XVIe s. aux Indiens du Chili central (notamment les Mapuche, les Puelche), qui leur opposèrent une résistance acharnée. Ils furent définitivement soumis dans la seconde moitié du XIXe s.

ARĀVALLI *(monts),* massif du nord-ouest de l'Inde (Rājasthān), bordant le Deccan.

ARAVIS *(chaîne des),* chaîne calcaire du massif préalpin des Bornes, franchie à 1 498 m par le *col des Aravis ;* 2 752 m.

ARAWAK, peuples indiens d'Amérique répartis au Pérou, au Venezuela, au Guyana et au Suriname. Installés jadis aux Antilles, ils furent refoulés par les Carib dans les seules grandes Antilles, où, après la conquête espagnole, ils ne survécurent, acculturés, qu'à Cuba.

ARAXE, riv. d'Asie, née en Turquie, qui sert notamment de frontière entre l'Iran et l'Azerbaïdjan. Elle rejoint la Koura (r. dr.) ; 994 km.

Arbèles *(bataille d')* [331 av. J.-C.], victoire décisive d'Alexandre sur Darios III.

ARBIL ou **ERBIL,** v. d'Iraq, au pied du Zagros ; 145 000 h. C'est l'antique *Arbèles.*

ARBOGAST, général (d'origine franque) de Valentinien II, qu'il fit tuer pour proclamer empereur d'Occident (392) le rhéteur Eugène. Il fut vaincu par Théodose (394).

ARBOIS (39600), ch.-l. de c. du Jura, dans le Vignoble jurassien ; 4 118 h. *(Arboisiens).* Vins. Église romane. Maison de Pasteur.

ARBON, v. de Suisse (Thurgovie), sur le lac de Constance ; 11 043 h. Constructions mécaniques. Château reconstruit au XVIe s.

ARBRESLE (L') [69210], ch.-l. de c. du Rhône, dans les monts du Lyonnais ; 5 341 h. *(Breslois).* Constructions mécaniques. Église des XIIIe et XVe s. Couvent d'Éveux, par Le Corbusier (1953).

ARBUS (Diane), photographe américaine (New York 1923 - *id.* 1971). Elle abandonne la photographie de mode pour un monde de la différence, des infirmités, et établit le constat de la solitude et de la souffrance humaine.

ARC, riv. des Alpes (Savoie), qui draine la Maurienne et rejoint l'Isère (r. g.) ; 150 km. Centrales hydroélectriques.

arc de triomphe de l'Étoile, monument de Paris, en haut des Champs-Élysées, au milieu d'une place circulaire (auj. place Charles-de-Gaulle) d'où rayonnent douze avenues. Son érection fut décrétée en 1806. Construit d'après les plans de Chalgrin, il fut inauguré en 1836. Il est décoré de sculptures par Rude, Pradier, J.-P. Cortot, A. Étex et porte inscrits les noms de 386 généraux de la République et de l'Empire. Sous la grande arche se trouve, depuis 1920, la tombe du Soldat inconnu.

arc de triomphe du Carrousel, monument de Paris, au Louvre, élevé sur plans de Percier et Fontaine (1806). Le quadrige qui le surmonte est de Bosio.

ARCACHON (33120), ch.-l. de c. de la Gironde, sur le bassin d'Arcachon ; 12 164 h. *(Arcachonnais).* Station balnéaire et climatique. Casino. Ostréiculture. — Le *bassin* (ou *baie) d'Arcachon,* ouvert sur l'Atlantique, est le plus vaste des étangs landais (15 000 ha) et une importante région ostréicole.

ARCADIE, région de la Grèce ancienne, dans la partie centrale du Péloponnèse, dont la tradition poétique a fait un pays idyllique. — Nome de la Grèce moderne (103 840 h.). Ch.-l. *Trípolis.*

ARCADIUS (v. 377-408), empereur romain d'Orient (395-408), fils aîné de Théodose Ier.

ARCAND (Denys), cinéaste canadien (Deschambault, Québec, 1941). D'abord attaché à l'Office national du film, où il réalise des documentaires, il acquiert une renommée internationale avec *le Déclin de l'empire américain* (1986) et *Jésus de Montréal* (1989).

ARC-ET-SENANS (25610), comm. du Doubs, sur la Loue ; 1 291 h. Bâtiments d'une saline royale construits par Ledoux de 1775 à 1779 (auj. fondation culturelle).

Arche *(la Grande),* monument à l'extrémité ouest du quartier de la Défense*. Cube ouvert de 110 m de haut conçu par le Danois Otto von Spreckelsen et inauguré en 1989, il abrite, entre autres, l'Arche de la fraternité (Fondation internationale des droits de l'homme).

ARCHÉLAOS, fils d'Hérode le Grand (v. 23 av. J.-C. - 18 apr. J.-C.), ethnarque de Judée et de Samarie (4 av. J.-C. - 6 apr. J.-C.), banni par Auguste pour sa mauvaise administration.

ARCHES (88380), comm. des Vosges, sur la Moselle ; 1 814 h. Papeterie.

ARCHILOQUE, poète grec (Paros 712 - v. 664 av. J.-C.). Il passe pour avoir inventé le vers ïambique.

ARCHIMÈDE, savant grec (Syracuse v. 287 - *id.* 212 av. J.-C.). Ses travaux sur le calcul des aires et des volumes curvilignes constituent l'apogée de la géométrie alexandrine. Par la méthode d'exhaustion, utilisant des figures rectilignes inscrites et circonscrites pour approcher les segments de courbes, il établit rigoureusement des résultats pressentis par des considérations mécaniques. Il obtient une bonne approximation de π grâce à la mesure de polygones inscrits dans le cercle et circonscrits à celui-ci. En hydrostatique, dont il est le fondateur, il formule le principe qui porte son nom : *Tout corps plongé dans un fluide subit une poussée verticale, dirigée de bas en haut, égale au poids du fluide déplacé.* On attribue à Archimède l'invention de mécaniques subtiles : leviers, moufles, machines de guerre. Pendant trois ans, il tint en échec les Romains, qui assiégeaient Syracuse ; on prétend qu'il enflammait les vaisseaux romains à l'aide de miroirs ardents. Il fut tué lors de la prise de la ville.

ARCHINARD (Louis), général français (Le Havre 1850 - Villiers-le-Bel 1932). Vainqueur d'Amadou (1890) et de Samory Touré (1891), il permit la pénétration française au Soudan.

Archipel du Goulag (l'), par A. Soljenitsyne (1973-1976), dossier d'accusation sur la répression politique et culturelle en U. R. S. S.

ARCHIPENKO (Alexander), sculpteur américain d'origine russe (Kiev 1887 - New York 1964). Il a joué à Paris, v. 1910-1914, un rôle de novateur (figures géométrisées et à formes évidées, « sculpto-peintures », assemblages).

Archives nationales, service qui conserve et communique les documents provenant des ministères et des organismes centraux de l'État ainsi que les archives privées qui lui sont confiées. Créées en 1794, les Archives nationales sont installées dans les hôtels de Soubise et de Rohan à Paris et dans des dépôts situés en province. La communication des documents se fait par l'intermédiaire du C.A.R.A.N. (Centre d'accueil et de recherche des Archives nationales), ouvert en 1988.

ARCIMBOLDO ou **ARCIMBOLDI** (Giuseppe), peintre italien (Milan 1527 - *id.* 1593). Actif à la Cour de Prague, il est l'auteur de figures maniéristes composées de fleurs et de fruits, de coquillages, de poissons.

Giuseppe **Arcimboldo :** *l'Amiral.*
(Mouzay, coll. Tappenbeck.)

ARCIS-SUR-AUBE (10700), ch.-l. de c. de l'Aube ; 2 954 h. *(Arcisiens).* Église des XVe-XVIe s. Victoire des Alliés sur Napoléon Ier (20 mars 1814).

Arcole *(bataille d')* [15-17 nov. 1796], victoire de Bonaparte sur les Autrichiens près de Vérone.

ARCS (Les) [83460], comm. du Var ; 4 874 h.

ARCS (les) [73700 Bourg St Maurice], station de sports d'hiver de la Savoie (alt. 1 600-3 000 m) au-dessus de Bourg-Saint-Maurice.

ARCTIQUE, ensemble formé par l'océan Arctique et la région continentale et insulaire (terres

arctiques) située à l'intérieur du cercle polaire boréal, englobant le nord de l'Amérique, de l'Europe et de la Sibérie, le Groenland et le Svalbard. De climat très froid, les terres arctiques, au moins sur leurs franges méridionales, possèdent, en dehors d'une végétation très pauvre (toundra), une faune terrestre (renne) et marine. Les groupes humains sont très dispersés : Esquimaux, Lapons, Samoyèdes.

ARCTIQUE *(archipel),* ensemble des îles du Canada, entre le continent et le Groenland.

ARCTIQUE *(océan),* ensemble des mers situées dans la partie boréale du globe, limité par les côtes septentrionales de l'Asie, de l'Amérique et de l'Europe, et par le cercle polaire boréal.

ARCUEIL (94110), ch.-l. de c. du Val-de-Marne, banlieue sud de Paris ; 20 420 h. Électronique. Église du XIIIe s.

ARCY-SUR-CURE (89270), comm. de l'Yonne ; 511 h. Grottes. Vestiges paléolithiques.

ARDABIL, v. de l'Iran, dans l'Azerbaïdjan ; 148 000 h.

ARDANT DU PICQ (Charles), écrivain militaire français (Périgueux 1821 - près de Gravelotte 1870). Ses écrits sur le moral de la troupe eurent une grande influence sur les cadres de l'armée de 1914.

ARDÈCHE, riv. de France, née dans les Cévennes. Elle traverse en cañons pittoresques le bas Vivarais calcaire, passe sous le pont d'Arc et se jette dans le Rhône (r. dr.) ; 120 km.

ARDÈCHE (07), dép. de la Région Rhône-Alpes ; ch.-l. de dép. *Privas ;* ch.-l. d'arr. *Largentière, Tournon-sur-Rhône ;* 3 arr., 33 cant., 339 comm. ; 5 529 km² ; 277 581 h. *(Ardéchois).* Le dép. est rattaché à l'académie de Grenoble, à la cour d'appel de Nîmes et à la région militaire Méditerranée. Constituant la bordure sud-est du Massif central, le dép. est formé au nord-ouest de plateaux granitiques (monts du Vivarais) ou volcaniques (Mézenc, Gerbier-de-Jonc), domaines de la forêt et de l'élevage, et au sud-est (bas Vivarais) de collines surtout calcaires, arides. La population se concentre dans les vallées des affluents du Rhône (Eyrieux, Ouvèze, Ardèche), sites de villes (Annonay, Aubenas, Privas) jalonnant aussi le cours du fleuve (Tournon-sur-Rhône, Le Teil, Viviers). Centrale nucléaire à Cruas.

ARDEN (John), auteur dramatique britannique (Barnsley 1930), influencé par la conception théâtrale de Brecht *(la Danse du sergent Musgrave, l'Âne de l'hospice).*

ARDENNE (l') ou **ARDENNES** (les), massif de grès et de schistes au relief aplani mais entaillé par des vallées profondes (Meuse), dont la plus grande partie est située en Belgique, mais qui déborde sur la France et le Luxembourg. C'est une région, entre 400 et 700 m (culminant à 694 m au signal de Botrange), au climat rude, peu peuplée, couverte de bois et de tourbières (fagnes). — Théâtre, en août 1914, de combats de rencontre entre Français et Allemands, en mai 1940 de la percée de la Meuse par la Wehrmacht et en décembre 1944 de l'ultime contre-offensive des blindés allemands (Bastogne).

ARDENNES (08), dép. de la Région Champagne-Ardenne ; ch.-l. de dép. *Charleville-Mézières ;* ch.-l. d'arr. *Rethel, Sedan, Vouziers ;* 4 arr., 37 cant., 462 comm. ; 5 229 km² ; 296 357 h. *(Ardennais).* Le dép. est rattaché à l'académie et à la cour d'appel de Reims, à la région militaire Nord-Est. Plus du tiers de la population active du dép. est employée dans l'industrie, représentée surtout par la métallurgie de la vallée de la Meuse (également site énergétique : centrales de Revin et de Chooz). L'élevage et l'exploitation forestière sont les principales ressources des plateaux du nord et de l'est (Ardenne et Argonne) ; les cultures apparaissent sur les terres calcaires du sud-ouest (Champagne crayeuse, Porcien).

ARDENTES (36120), ch.-l. de c. de l'Indre, sur l'Indre ; 3 555 h. *(Ardentais).* Église du XIIe s.

Ardents *(bal des),* bal masqué donné en 1393 en présence de Charles VI, au cours duquel de jeunes seigneurs, déguisés en sauvages, furent brûlés vifs accidentellement.

ARDRES (62610), ch.-l. de c. du Pas-de-Calais ; 3 951 h. *(Ardrésiens).* L'entrevue du *Camp du Drap d'or* eut lieu entre Ardres et Guînes (1520).

ARÊCHES (73270 Beaufort sur Doron), centre de sports d'hiver de la Savoie (alt. 1 080-2 100 m).

ARECIBO, v. de la côte nord de Porto Rico ; 87 000 h. Radiotélescope paraboloïdal de 300 m de diamètre.

ARÉNA (Joseph Antoine), officier corse (L'Île-Rousse 1771 - Paris 1801). Député de la Corse au Conseil des Cinq-Cents, il fut impliqué dans une conspiration contre Bonaparte, arrêté à l'Opéra (1800), condamné et exécuté.

ARENDT (Hannah), philosophe américaine d'origine allemande (Hanovre 1906 - New York 1975). Elle a étudié les fondements des systèmes totalitaires (*les Origines du totalitarisme,* 1951).

Arenenberg, château de Suisse (canton de Thurgovie), qui fut la résidence de la reine Hortense et du futur Napoléon III.

AREQUIPA, v. du Pérou méridional, fondée par Pizarro en 1540 ; 321 000 h. Centre commercial et industriel. Églises de la période coloniale.

ARÈS, dieu grec de la Guerre, identifié avec le dieu *Mars* des Romains.

ARÈS (33740), comm. de la Gironde, sur le bassin d'Arcachon ; 3 917 h. Station balnéaire. Ostréiculture.

ARÉTIN (Pietro **Aretino,** dit **l'**), écrivain italien (Arezzo 1492 - Venise 1556), auteur satirique et licencieux, peintre de la vie politique et culturelle fondée sur la courtisanerie (*Lettres,* 1537-1557).

ARETTE-PIERRE-SAINT-MARTIN (64570), station de sports d'hiver (alt. 1 650-2 200 m) des Pyrénées-Atlantiques, à la frontière espagnole.

AREZZO, v. d'Italie (Toscane), ch.-l. de prov. ; 90 577 h. Monuments médiévaux. Célèbres fresques de Piero della Francesca à l'église S. Francesco.

ARGAND (Jean Robert), mathématicien suisse (Genève 1768 - Paris 1822). Il a conçu une représentation géométrique des nombres complexes.

ARGELANDER (Friedrich), astronome allemand (Memel 1799 - Bonn 1875). On lui doit le premier grand catalogue d'étoiles, le *Bonner Durchmusterung (BD),* donnant la position et l'éclat de plus de 324 000 étoiles.

ARGELÈS-GAZOST (65400), ch.-l. d'arr. des Hautes-Pyrénées, sur le gave d'Azun ; 3 419 h. *(Argelésiens).* Station thermale.

ARGELÈS-SUR-MER (66700), ch.-l. de c. des Pyrénées-Orientales ; 7 217 h. *(Argelésiens).* Station balnéaire *(Argelès-Plage).* Église du XIVe s.

ARGENLIEU (Georges **Thierry d'**), en religion **R.P. Louis de la Trinité,** amiral français (Brest 1889 - carmel de Relecq-Kerhuon 1964). Ancien officier de marine devenu carme, il rejoignit de Gaulle à Londres (1940). Il fut haut-commissaire en Indochine (1945-1947) et

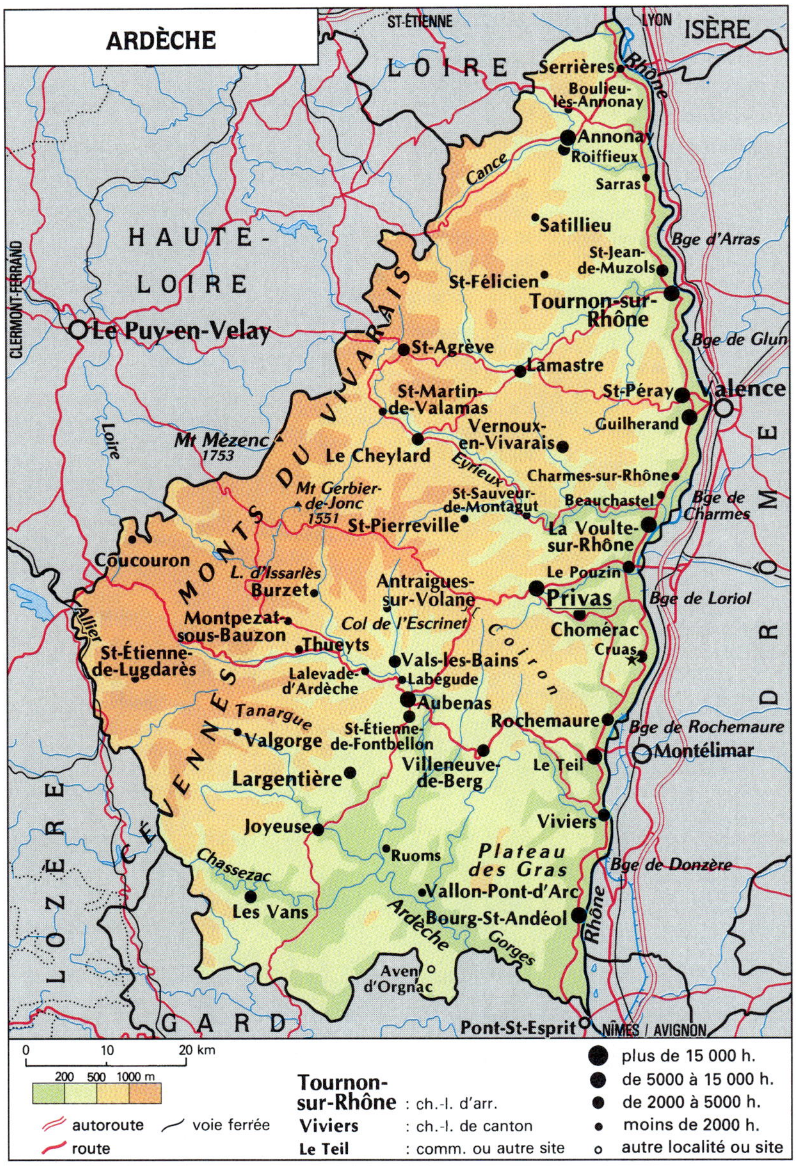

grand chancelier de l'ordre de la Libération (1940-1958).

ARGENS, fl. de Provence, qui se jette dans la Méditerranée près de Fréjus ; 115 km.

ARGENSON (**de Voyer d'**), famille française dont plusieurs membres s'illustrèrent dans la politique, en partic. **Marc René** (*marquis* **d'**) [Venise 1652 - Paris 1721], lieutenant général de police puis (1718-1720) garde des Sceaux. (Acad. fr.) — **René Louis** (*marquis* **d'**) [Paris 1694 - *id.* 1757], son fils, secrétaire d'État aux Affaires étrangères (1744-1747), surnommé **la Bête** en raison de ses manières très frustes.

ARGENTAN (61200), ch.-l. d'arr. de l'Orne, dans la *plaine* ou *campagne d'Argentan,* sur l'Orne ; 17 157 h. *(Argentanais).* Constructions mécaniques. Agroalimentaire. Monuments des XIIe-XVIIe s.

ARGENTAT (19400), ch.-l. de c. de la Corrèze, sur la Dordogne ; 3 386 h. *(Argentacois).* Centrale hydroélectrique.

ARGENTEUIL (95100), ch.-l. d'arr. du Val-d'Oise, sur la Seine ; 94 162 h. *(Argenteuillais).* Centre résidentiel et industriel (aéronautique). Musée d'histoire.

ARGENTIÈRE (74400 Chamonix Mont Blanc), centre d'alpinisme et station de sports d'hiver de la Haute-Savoie (alt. 1 252-3 271 m), près de Chamonix-Mont-Blanc.

ARGENTIÈRE-LA-BESSÉE (L') [05120], ch.-l. de c. des Hautes-Alpes, sur la Durance ; 2 215 h. *(Argentiérois).* Chapelle du XIIe et église du XVe s.

ARGENTINA (Antonia **Mercé y Luque,** dite **la**), danseuse espagnole (Buenos Aires 1890 - Bayonne 1936), célèbre par ses interprétations originales (*l'Amour sorcier,* 1928) et par la virtuosité de son jeu de castagnettes.

ARGENTINE, en esp. **Argentina,** État fédéral d'Amérique du Sud ; 2 780 000 km² ; 33 500 000 h. *(Argentins).* CAP. *Buenos Aires.* V. pr. *Córdoba, Rosario* et *Mendoza.* LANGUE : *espagnol.* MONNAIE : *peso.* *(V. carte p. 1144.)*

INSTITUTIONS

Constitution de 1994. État fédéral de 22 provinces (ayant chacune un gouverneur et une Constitution), plus le district de la capitale fédérale et le territoire de la Terre de Feu. Président de la République, élu pour 4 ans au suffrage universel ; rééligible une fois. *Chambre des députés,* élue pour 4 ans. *Sénat,* désigné pour 6 ans.

GÉOGRAPHIE

En dehors de sa bordure occidentale, montagneuse, appartenant à la cordillère des Andes, l'Argentine est formée de plateaux au sud (Patagonie), de plaines à l'est (Pampa) et au nord (Chaco). Le climat, subtropical au nord, devient tempéré vers le Río de la Plata, froid en Patagonie et dans la Terre de Feu. Les produits de l'agriculture et de l'élevage (céréales, soja, vins, viande, peaux, laine) demeurent les fondements de l'économie d'un pays lourdement endetté. Le sous-sol recèle surtout du pétrole et du gaz ; l'industrie est présente principalement vers Buenos Aires, qui concentre environ le tiers de la population de l'Argentine.

HISTOIRE

La domination espagnole. 1516 : l'Espagnol Díaz de Solis pénètre dans le Río de la Plata. 1776 : la région, d'abord comprise dans la vice-royauté de Lima, devient vice-royauté de la Plata. 1810 : le vice-roi est déposé. 1816 : José de San Martín fait proclamer l'indépendance de l'Argentine par le congrès de Tucumán.

Fédéralistes et centralistes. 1820-1829 : fédéralistes et centralistes se livrent une lutte acharnée, qui aboutit à la dictature du « restaurateur » fédéraliste Juan Manuel de Rosas (1829-1852). 1853 : Urquiza donne à l'Argentine une Constitution libérale et fédérale.

Une prospérité fragile. 1853-1880 : c'est « l'ère du mouton », qui envahit la pampa. Les conditions du développement économique se mettent en place, tandis que les Indiens sont éliminés : génocide contre le Paraguay indien lors de la guerre de la Triple-Alliance (Argentine, Brésil, Uruguay, 1865-1870) ; 1876-1879 : conquête de la Patagonie. 1880-1930 : l'essor de l'économie se poursuit ; mais elle est trop spécialisée (viande) et dépend étroitement des capitaux étrangers (britanniques surtout). Les crises qui s'ensuivent et le caractère despotique de l'oligarchie dirigeante provoquent la montée de l'opposition populaire (radicalisme). Le président Hipólito Yrigoyen (1916-1922 et 1928-1930), radical, fait adopter une législation sociale, mais sans toucher aux structures agraires.

Les militaires au pouvoir. La crise mondiale de 1929 favorise la mise en place de régimes militaires conservateurs et corrompus. 1943 : après une série de crises, le président Ramón Castillo est déposé par une junte d'officiers nationalistes, dont fait partie Juan Domingo Perón. Devenu président de la République (1946-1955), celui-ci applique, avec sa femme Eva Duarte, une doctrine dite « justicialisme » qui mêle nationalisme, neutralisme et réformisme social. 1955-1973 : Perón est écarté par une junte militaire. Une période de crise permanente s'installe. 1973-1976 : Perón redevient président. À sa mort, sa femme Isabel lui succède. 1976 : une junte militaire présidée par le général Videla impose un régime d'exception. 1982 : l'échec du général Galtieri lors du conflit des Malouines ramène les civils au pouvoir.

Les civils au pouvoir. 1983 : Raúl Alfonsín, leader du parti radical, est élu président de la République. Le pays, qui doit faire face à une grave crise économique, est aussi confronté au problème de l'équilibre précaire entre le pouvoir civil et les militaires. 1987 : les élections législatives sont marquées par le retour en force des péronistes. 1989 : le péroniste Carlos Saúl Menem est élu à la présidence de la République. Il est réélu en 1995.

ARGENTON-CHÂTEAU (79150), ch.-l. de c. du nord des Deux-Sèvres ; 1 089 h. Église avec portail roman.

ARGENTON-SUR-CREUSE (36200), ch.-l. de c. de l'Indre ; 5 451 h. *(Argentonnais).* Ruines gallo-romaines.

ARGENTRÉ (53210), ch.-l. de c. de la Mayenne ; 2 177 h. *(Argentréens).*

ARGENTRÉ-DU-PLESSIS (35370), ch.-l. de c. d'Ille-et-Vilaine ; 3 349 h.

ARGENT-SUR-SAULDRE (18410), ch.-l. de c. du Cher, en Sologne ; 2 546 h. *(Argentais).* Église du XVe s.

ARGHEZI (Ion N. **Theodorescu,** dit **Tudor**), poète roumain (Bucarest 1880 - *id.* 1967). Il unit la double expérience de la vie monastique et des luttes politiques *(Cantique à l'homme).*

Arginuses *(bataille des)* [406 av. J.-C.], victoire navale d'Athènes sur Sparte ; les généraux vainqueurs furent exécutés pour n'avoir pas recueilli les morts et les blessés.

ARGOLIDE, contrée montagneuse de l'anc. Grèce, dans le nord-est du Péloponnèse ; CAP. *Argos ;* v. pr. *Mycènes, Tirynthe, Épidaure.*

ARGONAUTES. *Myth. gr.* Héros qui, montés sur le navire *Argo* et commandés par Jason, allèrent conquérir la Toison d'or en Colchide.

ARGONAY (74370), comm. de la Haute-Savoie, près d'Annecy ; 2 003 h. Constructions aéronautiques.

ARGONNE, région de collines boisées, aux confins de la Champagne et de la Lorraine, entre l'Aisne et l'Aire. (Hab. *Argonnais*) Difficile à franchir hors de quelques défilés, l'Argonne reste célèbre par la victoire de Dumouriez à Valmy (1792) ainsi que par ses combats de 1914-15 (Vauquois, la Gruerie, etc.) et de 1918 (Montfaucon).

ARGOS, v. de Grèce (Péloponnèse), près du golfe de Nauplie ; 22 256 h. Anc. cap. de l'Argolide, à qui les Doriens donnèrent la suprématie sur les centres mycéniens.

ARGOS ou **ARGUS.** *Myth. gr.* Prince argien aux cent yeux, dont cinquante restaient ouverts durant son sommeil. Il fut tué par Hermès et Héra qui sema ses yeux sur la queue du paon.

ARGOUN, riv. de la Chine, branche mère de l'Amour ; 1 530 km.

ARGOVIE, en all. **Aargau,** un des cantons de la Suisse, créé en 1803 ; 1 404 km² ; 507 508 h. *(Argoviens).* Ch.-l. *Aarau.*

ÁRGÜEDAS (Alcides), écrivain bolivien (La Paz 1879 - Santiago, Chili, 1946), initiateur de la littérature « indigéniste » (*Race de bronze,* 1919).

ARGUEDAS (José María), écrivain péruvien (Andahuaylas 1911 - Lima 1969), peintre de la désagrégation de la culture indienne *(Tous sangs mêlés).*

ARGYLL (Archibald **Campbell,** *comte* **d'**), seigneur écossais (v. 1607 - Édimbourg 1661). Il laissa exécuter Charles Ier. Ami de Cromwell, il souleva cependant ensuite l'Écosse contre lui, mais fut décapité à la Restauration.

ARHLABIDES → *Aghlabides.*

ÅRHUS ou **AARHUS,** port du Danemark, sur la côte est du Jylland ; 247 000 h. Cathédrale romane et gothique.

ARIANE. *Myth. gr.* Fille de Minos et de Pasiphaé. Elle donna à Thésée, venu en Crète pour combattre le Minotaure, le fil à l'aide duquel il put sortir du Labyrinthe après avoir tué le monstre. Thésée l'enleva, puis l'abandonna dans l'île de Naxos.

Ariane, famille de lanceurs spatiaux européens autorisant la mise en orbite de satellites géostationnaires lourds. (Le premier vol d'essai a eu lieu le 24 déc. 1979 et le premier vol commercial le 16 juin 1983.)

ARIAS SÁNCHEZ (Óscar), homme politique costaricain (Heredia 1941). Président de la République de 1986 à 1990, il a obtenu le prix Nobel de la paix en 1987 pour son action en faveur de la paix en Amérique centrale.

ARICA, port du Chili septentrional ; 169 217 h.

ARIÈGE, riv. de France, née dans les Pyrénées près du Carlitte, affl. de la Garonne (r. dr.) ; 170 km. Elle passe à Foix et à Pamiers.

ARIÈGE (09), dép. de la Région Midi-Pyrénées ; ch.-l. de dép. *Foix ;* ch.-l. d'arr. *Pamiers, Saint-Girons ;* 3 arr., 22 cant., 332 comm. ; 4 890 km² ; 136 455 h. *(Ariégeois).* Le dép. est rattaché à l'académie et à la cour d'appel de Toulouse, à la région militaire Atlantique. Une partie des hautes Pyrénées (Pyrénées ariégeoises), pays d'élevage ovin localement animé par le tourisme et le thermalisme, est séparée par les chaînons du Plantaurel de collines vouées à la polyculture. L'industrie est représentée traditionnellement par la métallurgie, le textile et l'extraction du talc, activités souvent en crise, ce qui explique, avec la faiblesse de l'urbanisation, la persistance de l'émigration.

ARIÈS (Philippe), historien français (Blois 1914 - Toulouse 1984). Il a orienté l'histoire vers l'étude des mentalités (*Histoire des populations françaises et de leurs attitudes devant la vie depuis le* XVIIIe *siècle,* 1948 ; *l'Enfant et la Vie familiale sous l'Ancien Régime,* 1960 ; *l'Homme devant la mort,* 1977).

ARINTHOD [-to] (39240), ch.-l. de c. du sud du Jura ; 1 203 h. Église du XIIe s.

ARION, poète lyrique grec (Lesbos VIIe s. av. J.-C.). Selon Hérodote, il fut jeté à la mer par des pirates et sauvé par des dauphins, que sa lyre avait charmés.

ARIOSTE (Ludovico **Ariosto,** dit **l'**), poète italien (Reggio nell'Emilia 1474 - Ferrare 1533), auteur du poème épique *Roland* furieux.*

ARIOVISTE, Germain, chef des Suèves. Il fut vaincu par César en 58 av. J.-C.

ARISTARQUE, grammairien et critique grec (v. 215 - v. 143 av. J.-C.), type du critique sévère.

ARISTARQUE de Samos, astronome grec (Samos 310 - v. 230 av. J.-C.). Il fut le premier à émettre l'hypothèse de la rotation de la Terre sur elle-même et autour du Soleil et à tenter une mesure des distances de la Terre à la Lune et au Soleil.

ARISTÉE. *Myth. gr.* Fils d'Apollon, il apprit aux hommes à élever les abeilles.

ARISTIDE, général et homme d'État athénien, surnommé **le Juste** (v. 540 - v. 468 av. J.-C.). Il se couvrit de gloire à Marathon, mais fut, à l'instigation de Thémistocle, son rival, frappé d'ostracisme (483 av. J.-C.). Rappelé lors de la seconde invasion perse, il combattit à Salamine et à Platées, puis participa à la formation de la Ligue de Délos.

ARISTIDE (Jean-Bertrand), homme politique haïtien (Port-Salut, Haïti, 1953). Premier président de la République démocratiquement élu (1990), renversé par un coup d'État militaire (1991), il est rétabli dans ses fonctions, en 1994, avec l'aide de l'armée américaine. Son mandat s'achève en 1996.

ARISTOBULE II, roi de Judée (67-63), empoisonné par Pompée.

ARISTOPHANE, poète comique grec (Athènes v. 445 - v. 386 av. J.-C.). Les onze pièces qui nous sont parvenues de lui constituent des variations satiriques sur des thèmes d'actualité et défendent les traditions contre les idées nouvelles. *Les Cavaliers, les Acharniens, la Paix, Lysistrata* dénoncent les démocrates, qui poursuivent la guerre contre Sparte ; *les Guêpes* parodient la manie procédurière des Athéniens ;

les Thesmophories et *les Grenouilles* visent Euripide ; Socrate est attaqué dans *les Nuées ; l'Assemblée des femmes* et *les Oiseaux* raillent les utopies politiques ; *Ploutos* marque le passage du théâtre « engagé » à l'allégorie moralisatrice.

ARISTOTE, philosophe grec (Stagire, Macédoine, 384 - Chalcis, Eubée, 322 av. J.-C.). Il fut le précepteur d'Alexandre le Grand et le fondateur à Athènes du Lycée, où naquit l'école péripatéticienne. Son système repose sur une conception rigoureuse de l'Univers. Aristote est l'auteur d'un grand nombre de traités de logique, de politique, de biologie (anatomie comparée, classification des animaux), de physique et de métaphysique. Il est le fondateur de la logique formelle. Son œuvre a marqué la philosophie et la théologie chrétiennes du Moyen Âge et a joué un rôle décisif dans les débuts de la science et de la philosophie de l'islam.

ARIUS, prêtre d'Alexandrie (v. 256-336) qui, en niant la divinité du Christ, provoqua une des crises les plus graves de l'Église chrétienne. L'hérésie arienne fut condamnée par les conciles de Nicée (325) et de Constantinople (381).

ARIZONA, État du sud-ouest des États-Unis ; 295 000 km^2 ; 3 665 228 h. Cap. *Phoenix.* Tourisme (Grand Canyon). Extraction du cuivre.

ARKANSAS, État du sud des États-Unis, à l'ouest du Mississippi, drainé par l'*Arkansas* (2 300 km), affl. du Mississippi (r. dr.) ; 138 000 km^2 ; 2 350 725 h. Cap. *Little Rock.* Bauxite.

ARKHANGELSK, port de Russie, sur la mer Blanche ; 416 000 h. Industries du bois.

ARKWRIGHT (*sir* Richard), mécanicien britannique (Preston, Lancashire, 1732 - Cromford, Derbyshire, 1792). L'un des créateurs de l'industrie cotonnière anglaise, il diffusa l'emploi de la *mule-jenny,* machine de filature semi-mécanique.

ARLANC [arlɑ̃] (63220), ch.-l. de c. du sud-est du Puy-de-Dôme ; 2 132 h. *(Arlancois).*

ARLAND (Marcel), écrivain français (Varennes-sur-Amance 1899 - Saint-Sauveur-sur-École 1986), auteur de romans *(l'Ordre),* de nouvelles *(le Grand Pardon)* et d'essais critiques. (Acad. fr.)

ARLANDES François, *marquis* **d'**), aéronaute français (Anneyron, Drôme, 1742 - ? 1809). Il fit, avec Pilâtre de Rozier, la première ascension en ballon libre (21 nov. 1783).

ARLBERG, col d'Autriche (alt. 1 802 m), entre le Tyrol et le Vorarlberg. Tunnel ferroviaire (ouvert en 1884) et tunnel routier (ouvert en 1978).

Arlequin, personnage de la commedia dell'arte. Il porte un habit composé de petits morceaux de drap triangulaires de diverses couleurs, un masque noir et un sabre de bois nommé *latte* ou *batte.*

ARLES (13200), ch.-l. d'arr. des Bouches-du-Rhône, sur le Rhône ; 52 593 h. *(Arlésiens).* Englobant la majeure partie de la Camargue, c'est la plus grande commune de France (750 km^2). Centre touristique. Importante cité romaine, la ville conserve de magnifiques arènes et un théâtre antique. Musée de l'Arles antique. Nécropole des Alyscamps. Anc. cathédrale romane St-Trophime (portail historié, cloître). Autres musées. Rencontres photographiques annuelles. Siège de plusieurs conciles, dont le plus important (314) condamna le donatisme. En 879, Arles devint la capitale du royaume de Bourgogne-Provence dit « royaume d'Arles ». Réunie à la Couronne en 1535, la ville fut, au XIXe s., un des centres d'activité du félibrige.

Arlésienne (l'), conte d'Alphonse Daudet (1866). L'auteur en a tiré le mélodrame dont Bizet a écrit la musique de scène (1872).

ARLES-SUR-TECH (66150), ch.-l. de c. des Pyrénées-Orientales ; 2 855 h. Église et cloître d'une anc. abbaye (XIe-XIVe s.).

ARLETTY (Léonie **Bathiat**, dite), actrice française (Courbevoie 1898 - Paris 1992). Dans un registre populaire, elle s'est imposée notamment dans les films de Marcel Carné : *Hôtel du Nord* (1938), *Le jour se lève* (1939), *les Visiteurs du soir* (1942), *les Enfants du paradis* (1945).

ARLEUX (59151), ch.-l. de c. du Nord, sur la Sensée ; 2 668 h.

ARLINGTON, v. des États-Unis (Texas) ; 261 721 h.

Arlington *(cimetière d'),* nécropole nationale des États-Unis, sur les bords du Potomac (Virginie), en face de Washington.

ARLINGTON (Henry **Bennet**, *comte* **d'**), homme politique anglais (Little Saxham 1618 - Euston 1685). Ministre de Charles II de 1662 à 1674, il fut l'inspirateur de sa politique étrangère.

Arlit, gisement d'uranium du Niger.

ARLOING (Saturnin), vétérinaire français (Cusset 1846 - Lyon 1911). Il mit au point le premier vaccin antituberculeux efficace chez les bovins.

ARLON, v. de Belgique, ch.-l. de la prov. de Luxembourg, sur la Semois ; 23 422 h. Musée (archéologie gallo-romaine).

ARLY, torrent alpestre, affl. de l'Isère (r. dr.), à Albertville ; 32 km.

Armada *(l'Invincible),* flotte de 130 vaisseaux envoyée par Philippe II, roi d'Espagne, contre l'Angleterre, en 1588, pour détrôner Élisabeth Ire. Elle échoua devant la supériorité tactique anglaise et la tempête.

ARMAGH, v. de l'Irlande du Nord (Ulster) ; 14 000 h. Métropole religieuse de l'île, résidence d'un évêque catholique, primat d'Irlande, et d'un archevêque anglican.

ARMAGNAC, anc. comté érigé v. 960, réuni à la Couronne en 1607. C'est une région de collines occupant la majeure partie du dép. du Gers et vouées à la polyculture (céréales, élevage et vigne [à la base de la production d'*eau-de-vie d'armagnac*]).

Armagnacs *(faction des),* durant la guerre de Cent Ans, parti de la maison d'Orléans, dont le chef fut, après l'assassinat du duc Louis Ier d'Orléans par Jean sans Peur, le comte Bernard VII d'Armagnac, beau-père du duc Charles Ier d'Orléans. Sous Charles VI et Charles VII, les Armagnacs s'opposèrent aux Bourguignons, alliés des Anglais. Le conflit prit fin avec le traité d'Arras (1435).

ARMAN (Armand **Fernandez**, dit), artiste français naturalisé américain (Nice 1928), un des créateurs du Nouveau Réalisme (« accumulations », « colères », « combustions »).

ARMANÇON, affl. de l'Yonne (r. dr.) ; 174 km.

ARMAND *(aven),* gouffre du causse Méjean (Lozère), exploré en 1897 par Martel.

ARMAVIR, v. de Russie, au pied nord du Caucase ; 161 000 h.

Armée *(musée de l'),* musée constitué en 1905 à l'hôtel des Invalides, à Paris. Il contient de très riches collections d'armes, d'uniformes et de souvenirs militaires.

ARMENIA, v. de Colombie ; 160 000 h.

ARMÉNIE, en arménien **Hayastan,** État du Caucase ; 29 800 km^2 ; 3 600 000 h. *(Arméniens).* CAP. *Erevan.* LANGUE : *arménien.* MONNAIE : *dram.*

L'Arménie historique était une région de l'Asie occidentale s'étendant sur un territoire auj. partagé entre la Turquie, l'Iran et la république d'Arménie.

GÉOGRAPHIE

L'Arménie est un haut pays, au relief instable, coupé de bassins (parfois lacustres) et accidenté de sommets (souvent volcaniques). Erevan concentre plus du tiers d'une population, ethniquement homogène. (V. carte ***Caucase.***)

Arles : les arènes et, à l'arrière-plan à droite, le théâtre antique. Fin du Ier s. av. J.-C.

HISTOIRE

L'Arménie antique et médiévale. 189 av. J.-C. : l'ancien Ourartou reconquiert son indépendance, formant les royaumes de Petite et de Grande Arménie. 66 av. J.-C.-640 apr. J.-C. : après le règne brillant de Tigrane II (95-54 av. J.-C.), l'Arménie, convertie au christianisme dès la fin du IIIe s. puis foyer de la doctrine monophysite, passe sous domination romaine puis parthe. 640 : les Arabes l'envahissent. 885-1079 : la dynastie locale des Bagratides assure au pays une relative prospérité. Xe-XIVe s. : épanouissement d'une école d'architecture et de peinture murale (Aghtamar, Ani, etc.). Milieu XIe s.-début XVe s. : la Grande Arménie est ravagée par les invasions turques et mongoles. 1080-1375 : la Petite Arménie, créée en Cilicie par Rouben, soutient les croisés dans leur lutte contre l'islam puis succombe sous les coups des Mamelouks.
Des Ottomans aux Russes. XIVe-XVIIe s. : les Ottomans soumettent toute l'Arménie (sauf quelques khanats rattachés à l'Iran) et placent les Arméniens sous l'autorité du patriarche arménien de Constantinople. 1813-1828 : les Russes conquièrent l'Arménie orientale. 1915 : le gouvernement jeune-turc fait perpétrer le génocide (1 500 000 victimes). 1918 : une république indépendante d'Arménie est proclamée. 1920 : les Alliés se prononcent pour la création d'une Grande Arménie (traité de Sèvres, août), mais les troupes turques kémalistes et l'Armée rouge occupent le pays. 1922 : la république socialiste soviétique, proclamée en déc. 1920, est intégrée à la Fédération transcaucasienne et à l'U.R.S.S. 1936 : elle devient une république fédérée.
Le réveil national. 1988 : les Arméniens se soulèvent et réclament le rattachement du Haut-Karabakh* à la république d'Arménie ; les gouvernements de l'U. R. S. S. et de l'Azerbaïdjan s'y opposent. 1990 : le mouvement national arménien remporte les premières élections républicaines libres. 1991 : le Soviet suprême proclame l'indépendance du pays (sept.), qui adhère à la C.E.I. Levon Ter-Petrossian est élu à la présidence de la République.

ARMÉNIENS, peuple du groupe indo-européen habitant la république d'Arménie et diverses régions du Caucase et de Russie et formant une importante diaspora (États-Unis, Proche-Orient et Europe occidentale [France partic.]).

ARMENTIÈRES (59280), ch.-l. de c. du Nord, sur la Lys ; 26 240 h. *(Armentiérois).* Brasserie.

Armide, tragédie lyrique en cinq actes de Quinault, mise en musique par Lully (1686), puis par Gluck (1777).

ARMINIUS (v. 18 av. J.-C.-19 apr. J.-C.), chef des Chérusques, demeuré populaire en Allemagne sous le nom de *Hermann.* Il détruisit les légions de Varus (9 apr. J.-C.) dans la forêt de Teutoburg, mais fut vaincu (16) par Germanicus.

ARMINIUS (Jacobus), nom latinisé de **Jacob Harmensz,** théologien protestant hollandais (Oudewater 1560 - Leyde 1609), fondateur de la secte des *arminiens.* L'arminianisme adoucissait la doctrine de Calvin sur la prédestination et fut combattu par les rigoristes *gomaristes.*

Armoire de fer (l'), coffre dissimulé dans le mur d'un corridor des Tuileries, qui révéla des correspondances de Louis XVI avec les ennemis de la nation.

ARMOR ou **ARVOR** (le « pays de la mer »), nom celtique de la Bretagne, qui désigne auj. le littoral de cette région.

ARMORICAIN *(Massif),* région géologique de l'ouest de la France, occupant la totalité de la Bretagne, la Normandie occidentale et la Vendée. C'est un massif hercynien aplani par l'érosion, où les ensembles de plateaux et de hauteurs de la *Bretagne* (384 m dans les monts d'Arrée) se prolongent, au sud-est, dans le *Bocage vendéen* (285 m au mont Mercure), et à l'est, en *Normandie* (417 m au signal des Avaloirs et dans la forêt d'Écouves).

ARMORIQUE, partie de la Gaule formant auj. la Bretagne.

Armorique *(parc naturel régional d'),* parc naturel de la Bretagne occidentale, englobant notamment les monts d'Arrée et Ouessant et couvrant environ 105 000 ha.

Arm's Park, stade de rugby de Cardiff (pays de Galles).

ARMSTRONG (Louis), trompettiste, chanteur et chef d'orchestre noir américain (La Nouvelle-Orléans v. 1898 - New York 1971). Il fut le véritable initiateur du jazz classique.

Louis **Armstrong** (en 1960)

ARMSTRONG (Neil), astronaute américain (Wapakoneta, Ohio, 1930). Il a été le premier homme à marcher sur la Lune (21 juill. 1969).

ARNAC-POMPADOUR (19230), comm. de la Corrèze ; 1 460 h. Haras national. Centre équestre.

ARNAGE (72230), comm. de la Sarthe ; 5 735 h. Aérodrome. Constructions mécaniques.

ARNAUD de Brescia, agitateur et réformateur italien (Brescia fin du XIe s. - Rome 1155). Disciple d'Abélard, il lutta contre la corruption du clergé et pour le retour à la simplicité de l'Église primitive, et souleva Rome contre le pape. Livré par Frédéric Barberousse, il fut exécuté.

ARNAUD de Villeneuve, alchimiste, astrologue et médecin catalan (près de Lérida v. 1240 ou 1250 - av. 1312). Il fut conseiller du pape Clément V.

ARNAULD, ARNAUD ou **ARNAUT,** famille française dont la destinée est liée à l'histoire du jansénisme et de Port-Royal. Ses membres les plus connus sont : **Antoine,** surnommé **le Grand Arnauld** (Paris 1612 - Bruxelles 1694), auteur d'un traité, *De la fréquente communion* (1643), où il vulgarisa *l'Augustinus.* — **Robert Arnauld d'Andilly,** son frère aîné (Paris 1589 - ? 1674), traduisit les *Confessions* de saint Augustin. — **Angélique,** dite **Mère Angélique,** leur sœur (Paris 1591 - Port-Royal 1661) fut abbesse et réformatrice de Port-Royal. — **Agnès,** dite **Mère Agnès,** une autre de leurs sœurs (Paris 1593 - ? 1671), abbesse aussi à Port-Royal, refusa de signer le *Formulaire* (1661).

ARNAY-LE-DUC (21230), ch.-l. de c. de la Côte-d'Or, sur l'Arroux ; 2 143 h. *(Arnétois).* Monuments des XVe-XVIIe s.

ARNDT (Ernst Moritz), poète allemand (Schoritz 1769 - Bonn 1860). Ses *Chants de guerre* contribuèrent, en 1812, à soulever l'Allemagne contre Napoléon Ier.

ARNHEM, v. des Pays-Bas, ch.-l. de la Gueldre, sur le Rhin ; 131 703 h. Objectif, en 1944, d'une opération aéroportée alliée.

ARNIM (Ludwig Joachim, dit **Achim von**), écrivain allemand (Berlin 1781 - Wiepersdorf 1831). Auteur de contes fantastiques, il recueillit, avec C. Brentano, les chansons populaires allemandes *(le Cor merveilleux).* — Sa femme, Elisabeth **Brentano,** dite **Bettina** (Francfort-sur-le-Main 1785 - Berlin 1859), fut la correspondante de Goethe et consacra la fin de sa vie à des études sociales.

ARNO, fl. d'Italie qui passe à Florence et Pise, et se jette dans la Méditerranée ; 241 km.

ARNOBE, écrivain latin (seconde moitié du IIIe s. apr. J.-C.), apologiste de la religion chrétienne.

ARNOLD (Benedict), général américain (Norwich 1741 - Londres 1801). Il trahit son pays en tentant de livrer l'arsenal de West Point aux Anglais (1779).

ARNOLD (Matthew), écrivain britannique (Laleham 1822 - Liverpool 1888), défenseur d'un moralisme panthéiste.

ARNOLD de Winkelried, héros suisse, paysan du canton d'Unterwald, qui se distingua à la bataille de Sempach (1386), où il fut tué.

Arnolfini et sa femme, peinture sur bois de J. Van Eyck (1434, National Gallery de Londres), premier exemple de scène intimiste bourgeoise dans la peinture occidentale.

Arnolfini et sa femme (1434).
Peinture de Jan Van Eyck.
(National Gallery, Londres.)

ARNOLFO di Cambio, sculpteur et architecte italien (près de Florence v. 1240 - Florence 1302). Formé auprès de Nicola Pisano, il travailla à Rome, transforma le genre funéraire, puis suscita un renouveau architectural à Florence.

ARNOUL *(saint),* évêque de Metz (v. 582 - v. 640), ancêtre des Carolingiens par son petit-fils, Pépin de Herstal.

ARNOUL ou **ARNULF** (m. à Ratisbonne en 899), roi de Germanie (887-899), empereur d'Occident (896-899), petit-fils de Louis le Germanique.

ARNOUVILLE-LÈS-GONESSE (95400), comm. du Val-d'Oise ; 12 378 h.

ARON (Raymond), écrivain politique français (Paris 1905 - *id.* 1983). Son œuvre couvre la philosophie, la sociologie, l'économie politique (*les Étapes de la pensée sociologique,* 1967).

AROSA, station thermale et de sports d'hiver (alt. 1 750-2 639 m) de Suisse (Grisons) ; 2 271 h.

AROUET → ***Voltaire.***

ARP (Hans ou Jean), peintre, sculpteur et poète français (Strasbourg 1887 - Bâle 1966). Cofondateur de dada à Zurich et à Cologne, il épousa en 1921 le peintre abstrait suisse Sophie Taeuber (1889-1943), s'installa en 1926 à Meudon et conjugua désormais surréalisme et

Hans **Arp** : *Danseuse* (1925).
[M.N.A.M., Paris.]

abstraction dans ses reliefs polychromes et ses rondes-bosses.

ÁRPÁD, chef hongrois (m. en 907) sous la conduite duquel les Hongrois conquirent la Pannonie. Il fonda la dynastie des *Árpád,* qui régna sur la Hongrie de 904 env. à 1301.

ARPAJON (91290), ch.-l. de c. de l'Essonne, sur l'Orge ; 8 785 h. *(Arpajonnais).* Foire aux haricots. Halle du XVIIe s.

ARPAJON-SUR-CÈRE (15130), ch.-l. de c. du Cantal ; 5 411 h. Mobilier.

ARQUES (62510), ch.-l. de c. du Pas-de-Calais, sur l'Aa ; 9 056 h. Verrerie. Cimenterie.

ARQUES-LA-BATAILLE (76880), comm. de la Seine-Maritime, près de Dieppe ; 2 569 h. Église des XVIe-XVIIe s. Henri IV y vainquit le duc de Mayenne en 1589.

ARRABAL (Fernando), écrivain et cinéaste espagnol d'expression espagnole et française (Melilla 1932). Son théâtre « panique » met en œuvre un cérémonial sado-masochiste *(le Cimetière des voitures).*

ARRAS (62000), ch.-l. du dép. du Pas-de-Calais, à 178 km au nord de Paris, sur la Scarpe ; 42 715 h. *(Arrageois).* Anc. cap. de l'Artois. Évêché. Industries mécaniques, textiles et alimentaires. – Trois traités y furent signés : entre Charles VI et Jean sans Peur (1414) ; entre Charles VII et Philippe le Bon (1435) ; entre Louis XI et Maximilien d'Autriche (1482). Active cité industrielle au Moyen Âge, la ville passa successivement sous l'autorité des comtes de Flandre, du roi de France (Philippe Auguste) et de la Bourgogne. Louis XI, qui la prit en 1477, déporta sa population et lui donna le nom de Franchise. Devenue ensuite espagnole (1492) ; elle fut reprise par Louis XIII (1640), défendue par Turenne contre Condé et les Espagnols (1654) et fortifiée par Vauban. De 1914 à 1918, elle fut dévastée par les bombardements. – Les principaux monuments ont été restaurés : Grand-Place et Petite-Place (XVIIe s.) ; hôtel de ville (XVIe s.) ; cathédrale et palais St-Vaast (XVIIIe s., musée). Arras a été aux XIVe et XVe s. la capitale européenne de la tapisserie.

ARREAU (65240), ch.-l. de c. des Hautes-Pyrénées ; 860 h. Centre touristique. Église des XIIe et XVIe s.

ARRÉE *(monts d'),* hauteurs de Bretagne (Finistère), portant le point culminant de la Bretagne (384 m).

ARRHENIUS (Svante), physicien suédois (Wijk, près d'Uppsala 1859 - Stockholm 1927), auteur de la *théorie des ions* et de l'hypothèse de la *panspermie.* (Prix Nobel de chimie, 1903.)

ARRIEN, en lat. **Flavius Arrianus,** historien et philosophe grec (Nicomédie v. 95 - v. 175). Disciple d'Épictète, dont il rapporta les enseignements dans les *Entretiens* et le *Manuel,* il rédigea à la fin de sa vie un récit de voyage en *Inde* et une *Anabase* sur l'expédition d'Alexandre.

ARRIGO (Girolamo) compositeur italien (Palerme 1930). Directeur du Teatro Massimo de Palerme, il fut parmi les premiers à écrire pour le théâtre musical (*Orden,* Avignon, 1969).

ARROMANCHES-LES-BAINS (14117), comm. du Calvados, sur la Manche ; 411 h. Station balnéaire. Les Alliés y débarquèrent le 6 juin 1944 et y établirent un port artificiel. Musée du Débarquement.

ARROUX, affl. de la Loire (r. dr.), qui passe à Autun ; 120 km.

ARROW (Kenneth J.), économiste américain (New York 1921). On lui doit des travaux sur les choix collectifs et la théorie du bien-être. (Prix Nobel 1972.)

ARROYO (Eduardo), peintre espagnol (Madrid 1937). Associé, en France, à la nouvelle figuration, il applique souvent à un contenu politique sa démarche allusive et ironique.

ARS *(curé d')* → ***Jean-Marie Vianney.***

ARSACIDES, dynastie parthe, fondée par Arsace (m. v. 248 av. J.-C.), qui régna en Iran de 250 av. J.-C. à 224 apr. J.-C. et compta trente-huit rois. Elle fut renversée par les Sassanides.

Arsenal *(bibliothèque de l'),* à Paris. Installée dans l'ancien hôtel du grand maître de l'Artillerie, elle comporte plus d'un million de volumes, 15 000 manuscrits et un important fonds sur le théâtre.

ARS-EN-RÉ (17590), ch.-l. de c. de la Charente-Maritime, dans l'île de Ré ; 1 234 h. *(Arsais).* Église des XIIe et XVe s.

ARSINOÉ, nom de quatre princesses égyptiennes de la dynastie des Lagides, dont la plus célèbre fut Arsinoé II Philadelphe (v. 316 - v. 270).

ARSONVAL (Arsène **d'**), physicien français (près de La Porcherie, Haute-Vienne, 1851 - *id.* 1940). Il perfectionna le téléphone et le galvanomètre, et préconisa l'emploi thérapeutique des courants de haute fréquence *(darsonvalisation).*

ARS-SUR-FORMANS (01480), comm. de l'Ain ; 864 h. Pèlerinage à la résidence du curé d'Ars.

ARS-SUR-MOSELLE (57130), ch.-l. de c. de la Moselle ; 5 107 h. Métallurgie.

ÁRTA, v. de Grèce, près du *golfe d'Árta,* formé par la mer Ionienne ; 20 450 h. C'est l'anc. *Ambracie.*

ARTABAN, nom de plusieurs rois parthes arsacides.

Artaban, héros d'un roman de La Calprenède *(Cléopâtre),* dont le caractère est passé en proverbe : *Fier comme Artaban.*

ARTAGNAN (Charles **de Batz,** *comte* **d'**), gentilhomme gascon (Castelmore entre 1610-1620 - Maastricht 1673), capitaine chez les mousquetaires du roi (Louis XIV), puis maréchal de camp, tué au combat. Les romans d'A. Dumas l'ont rendu célèbre *(les Trois Mousquetaires).*

ARTAUD (Antonin), écrivain français (Marseille 1896 - Ivry-sur-Seine 1948). Poète *(Tric-Trac du ciel, le Pèse-Nerfs),* il a influencé profondément la littérature moderne, à la fois par son aventure intérieure, qui le conduisit à la folie, et par sa conception du « théâtre de la cruauté » *(le Théâtre et son double,* 1938).

ARTAXERXÈS Ier Longue-Main, roi perse achéménide (465-424 av. J.-C.), fils de Xerxès Ier. Il signa avec les Athéniens la paix de Callias (449-448). — **Artaxerxès II Mnémon,** roi perse achéménide (404-358 av. J.-C.). Il vainquit et tua à Counaxa (401) son frère Cyrus le Jeune, révolté contre lui. — **Artaxerxès III Okhos,** roi perse achéménide (358-338 av. J.-C.), fils du précédent. Il reconquit l'Égypte (343).

Art de la fugue (l'), dernier recueil de J. S. Bach, œuvre didactique qui réunit fugues et canons.

Arte, chaîne de télévision culturelle européenne, opérationnelle depuis 1992. Elle est issue du rapprochement des sociétés d'édition de programmes française et allemande, la *Sept* (auj. *La Sept-Arte*) et *Arte Deutschland TV GmbH.* Reçue par câble en Allemagne, elle est diffusée en France à la fois par câble et par voie hertzienne sur un canal qu'elle partage avec la Cinquième.

ARTÉMIS, divinité grecque de la nature sauvage et de la chasse, identifiée avec la *Diane* des Romains.

ARTÉMISE II, reine de Carie (353-351 av. J.-C.). Elle éleva à son époux, Mausole, un tombeau considéré comme l'une des Sept Merveilles du monde (353 av. J.-C.).

ARTÉMISION *(cap),* promontoire au N. de l'île d'Eubée. Combat indécis entre la flotte des Grecs et celle de Xerxès (480 av. J.-C.)

ARTENAY (45410), ch.-l. de c. du Loiret, dans la Beauce ; 2 025 h. Sucrerie. Musée du Théâtre forain.

ARTEVELDE (Van) → ***Van Artevelde.***

ARTHAUD (Florence), navigatrice française (Boulogne-Billancourt 1957), première femme vainqueur d'une course transocéanique en solitaire (*Route du rhum,* 1990).

ARTHEZ-DE-BÉARN (64370), ch.-l. de c. des Pyrénées-Atlantiques ; 1 645 h.

ARTHUR ou **ARTUS,** chef légendaire gallois, qui anima la résistance des Celtes à la conquête anglo-saxonne (fin Ve s. - début VIe s.) et dont les aventures ont donné naissance aux romans courtois du *cycle d'Arthur,* appelé aussi *cycle breton* ou *cycle de la Table ronde.*

ARTHUR Ier (Nantes 1187 - Rouen 1203), comte, ou duc, de Bretagne (1196-1203), enfant posthume de Geoffroi (fils d'Henri II Plantagenêt) et de Constance, duchesse de Bretagne. Prétendant au trône d'Angleterre à la mort de son oncle Richard Cœur de Lion, il fut tué par Jean sans Terre, frère de Richard. — **Arthur II** (1262 - L'Isle 1312), duc de Bretagne (1305-1312). — **Arthur III** (1393 - Nantes 1458), comte de Richemont, connétable de France, duc de Bretagne (1457-58), fut l'un des meilleurs généraux de Charles VII.

ARTHUR (Chester Alan), homme politique américain (près de Fairfield, Vermont, 1830 - New York 1886), président républicain des États-Unis (1881-1885).

ARTIGAS (José), héros national uruguayen (Montevideo 1764 - Ibiray 1850). Chef révolutionnaire, il lutta à partir de 1810 pour l'indépendance de l'Uruguay. Il s'exila après sa défaite de 1820. Il est considéré comme le père de l'indépendance de l'Uruguay, proclamée en 1828.

ARTIN (Emil), mathématicien allemand (Vienne 1898-Hambourg 1962), l'un des fondateurs de l'algèbre abstraite.

ARTIX (64170), comm. des Pyrénées-Atlantiques ; 3 052 h. Centrale thermique. Chimie.

Art moderne *(musée national d'),* à Paris. Depuis 1937 au palais de Tokyo (qui avait lui-même succédé au musée du Luxembourg), il a été transféré en 1977 au Centre national d'art et de culture G.-Pompidou. Il présente les arts plastiques et graphiques du XXe s., depuis le fauvisme.

ARTOIS, anc. comté français, érigé par Saint Louis à partir d'une région héritée de la Flandre. Incorporé à la Couronne en 1223, il passa à la Bourgogne (1384), puis à la maison d'Autriche (1493). Les traités des Pyrénées (1659) et de Nimègue (1678) le rendirent définitivement à la France. Cap. *Arras.* Théâtre, entre Arras et Lens, de violents combats en 1914 (course à la mer), en 1915 (Notre-Dame-de-Lorette, Souchez, etc.) et en 1917 (Vimy). C'est une région de plateaux et de collines, souvent limoneux (blé, betterave à sucre), entre le Bassin parisien et la plaine de Flandre. (Hab. *Artésiens.*)

ARTOIS (Charles Philippe **de Bourbon,** *comte* **d'**) → ***Charles X.***

Art poétique (l'), poème didactique de Boileau, en quatre chants (1674), qui définit l'art classique.

Arts d'Afrique et d'Océanie *(musée national des),* musée installé à Paris porte Dorée : arts du Maghreb, de l'Afrique noire et de l'Océanie.

Arts décoratifs *(musée des),* à Paris, musée fondé par l'Union centrale des arts décoratifs en 1882, installé au pavillon de Marsan, au Louvre, en 1905. Collections relatives aux arts appliqués et au décor depuis le Moyen Âge ; arts de la Mode ; bibliothèque.

Arts et Lettres *(ordre des),* ordre français créé en 1957 pour récompenser les mérites littéraires et artistiques.

arts et métiers *(Conservatoire national des),* établissement public d'enseignement supérieur technique visant à l'application des sciences à l'industrie et délivrant des diplômes, notamment d'ingénieur ; c'est également un laboratoire spécialisé pour les essais, les mesures et les étalonnages. Il fut installé sous la Révolution dans l'ancien prieuré de St-Martin-des-Champs, à Paris. Un Musée national des techniques lui est annexé.

Arts et Traditions populaires *(musée national des),* au bois de Boulogne, à Paris. Ouvert en 1972, il est consacré à l'ethnologie, aux métiers et aux arts populaires français, surtout dans leurs dernières phases, contemporaines des débuts de la révolution industrielle.

ARUBA, île néerlandaise de la mer des Antilles ; 65 000 h.

ARUDY (64260), ch.-l. de c. des Pyrénées-Atlantiques ; 2 551 h. Métallurgie. Musée (ethnographie de la vallée d'Ossau).

ARUNACHAL PRADESH, État du nord-est de l'Inde ; 858 392 h. Cap. *Itanagar.*

ARUNDEL (Thomas), prélat anglais (1353-1414). Chancelier sous Richard II, il devint archevêque de Canterbury (1396). Sous le règne du roi Henri IV, il combattit l'hérésie des lollards.

ARVE, riv. des Alpes (Haute-Savoie), affl. du Rhône (r. g.) qui draine le massif du Mont-Blanc ; 100 km. Vallée industrialisée (centrales, décolletage).

ARVERNES, peuple de la Gaule qui occupait l'Auvergne actuelle. Dirigés par Vercingétorix, ils prirent, en 52 av. J.-C., la direction de la révolte gauloise contre Rome.

ARVERS [-vɛr] (Félix), poète français (Paris 1806 - *id.* 1850). Sa réputation tient à un sonnet commençant par ce vers : *Mon âme a son secret, ma vie a son mystère.*

ARVOR → *Armor.*

ARYENS (sanskrit *ārya,* « les nobles »), nom d'un ensemble de tribus d'origine indo-européenne qui, à partir du XVIIIe s. av. J.-C., se répandirent, d'une part en Iran, d'autre part dans le nord de l'Inde. Leur langue est l'ancêtre commun des langues indiennes (sanskrit, pali) et iraniennes (avestique, vieux perse).

ARZANO (29300), ch.-l. de c. du sud du Finistère ; 1 238 h.

ARZIW, anc. **Arzew,** v. d'Algérie sur le *golfe d'Arziw* au nord-est d'Oran ; 22 000 h. Port au débouché du gaz saharien d'Hassi-R'Mel et du pétrole d'Hassi-Messaoud. Liquéfaction du gaz. Raffinage du pétrole.

ASAD (Ḥāfiẓ **al-**), général et homme politique syrien (près de Lattaquié 1928). Il prend le pouvoir en 1970, et est depuis 1971 président de la République syrienne et secrétaire général du Baath.

ASAD *(lac),* lac de Syrie, créé par un barrage sur l'Euphrate ; 640 km^2.

ASAHIGAWA ou **ASAHIKAWA,** v. du Japon (Hokkaidō) ; 359 071 h.

Asahi Shimbun, quotidien d'information japonais, l'un des plus importants par son tirage, fondé en 1879.

ASAM *(les frères),* artistes allemands : **Cosmas Damian,** peintre et architecte (Benediktbeuern 1686 - Munich 1739), et **Egid Quirin,** sculpteur et stucateur (Tegernsee 1692 - Mannheim 1750), représentants majeurs du baroque de l'Allemagne du Sud (*Asamkirche* à Munich, v. 1733).

ASANSOL, v. de l'Inde (Bengale-Occidental) ; 763 845 h. Gisement houiller. Métallurgie.

ASBESTOS, v. du Canada (Québec) ; 6 487 h. Amiante.

ASCAGNE → *Iule.*

ASCALON, port de l'anc. Palestine.

ASCANIENS, dynastie de l'Allemagne qui a régné sur le Brandebourg jusqu'au XIVe s., sur le Lauenburg jusqu'au XVIIe s., sur l'Anhalt jusqu'en 1918.

ASCENSION *(île de l'),* île britannique de l'Atlantique austral, découverte le jour de l'*Ascension* 1501 par João da Nova ; 300 h.

ASCHAFFENBURG, v. d'Allemagne (Bavière), sur le Main ; 63 057 h. Château Renaissance des archevêques de Mayence (musée).

ASCLÉPIADE, médecin grec (Prousa, Bithynie, 124-40 av. J.-C.). Il exerça en Grèce et à Rome, où il combattit les doctrines d'Hippocrate. Il est à l'origine de l'*école méthodique,* fondée par ses élèves.

ASCLÉPIOS, dieu grec vénéré à Épidaure. C'est l'*Esculape* des Romains.

ASCOLI PICENO, v. d'Italie (Marches), ch.-l. de prov., sur le Tronto ; 52 371 h. Monuments de l'époque romaine à la Renaissance.

ASCOT, localité de Grande-Bretagne, près de Windsor. Hippodrome.

ASEAN, sigle de Association of Southeast Asian Nations, en fr. Association des nations de l'Asie du Sud-Est (A. N. A. S. E.), organisation régionale fondée en 1967 à Bangkok et regroupant l'Indonésie, la Malaisie, les Philippines, Singapour, la Thaïlande, Brunei (1984) et le Viêt Nam (1995).

ASER, tribu israélite établie en haute Galilée, sur la côte méditerranéenne. Son ancêtre éponyme était un fils de Jacob.

ASES, dieux guerriers de la mythologie scandinave.

ASFELD (08190), ch.-l. de c. du sud-ouest des Ardennes ; 1 068 h. Originale église de 1683.

ASHDOD, port d'Israël, au sud de Tel-Aviv-Jaffa ; 59 000 h.

ASHIKAGA, v. du Japon (Honshū) ; 167 686 h.

ASHIKAGA, famille de shoguns japonais, fondée par Ashikaga Takauji en 1338 et qui exerça le pouvoir à Kyōto jusqu'en 1573.

ASHKELON ou **ASHQELON,** port pétrolier d'Israël ; 60 000 h.

ASHTART ou **ISHTAR,** principale divinité du panthéon phénicien. Déesse de l'Amour et de la Fécondité, elle était l'objet de cultes licencieux. Sous le nom d'*Astarté,* les Grecs l'assimilèrent à Aphrodite.

ASHTON (*sir* Frederick), danseur et chorégraphe britannique (Guayaquil, Équateur, 1906 - Eye, Suffolk, 1988). Codirecteur, puis directeur du Royal Ballet de Grande-Bretagne, auteur de ballets *(Symphonic Variations, Enigma Variations)* et de pas de deux *(les Méditations de Thaïs),* il a imposé son style, classique et raffiné, au ballet britannique contemporain.

ASIE, une des cinq parties du monde, située presque entièrement dans l'hémisphère Nord, la plus vaste (44 millions de km^2) et la plus peuplée (3,35 milliards d'h.). Massive en dehors de sa partie orientale, au relief accidenté et morcelé en péninsules (Kamtchatka, Corée, Malaisie) et en archipels (Japon, Insulinde), l'Asie est formée de régions basses au nord-ouest (Sibérie occidentale, dépression aralo-caspienne), de vastes plateaux de roches anciennes au sud (Arabie, Deccan), séparés par des montagnes (Caucase, Zagros, Himalaya, Tian Shan, Altaï) qui enserrent elles-mêmes des hautes terres (Anatolie, plateau iranien, Tibet). À part la Sibérie, la Mongolie et le Tibet, au climat continental marqué (hivers très rudes), et une étroite frange méditerranéenne, il existe deux grands domaines climatiques : une *Asie occidentale* (à l'ouest du Pakistan), sèche, et, sur le reste du continent, une Asie humide, l'*Asie des moussons,* aux pluies estivales. Plus que le relief, le climat détermine la localisation de la population. Celle-ci se concentre pour près des neuf dixièmes dans l'Asie des moussons (30 % de la superficie du continent), particulièrement dans les plaines et les deltas des fleuves Indus, Gange et Brahmapoutre, Mékong, fleuve Rouge, Yangzi Jiang, Huang He. Ici, la population se consacre encore principalement à la culture du riz, base d'une alimentation surtout végétarienne. La sécheresse de l'Asie occidentale explique la faiblesse de son peuplement, la survivance de l'élevage nomade en dehors des points d'eau, où se réfugient les cultures, et des sites urbains ou industriels (pétrole), où se concentre une part croissante de la population.

ASIE CENTRALE, partie de l'Asie, de la Caspienne à la Chine, s'étendant sur le sud du Kazakhstan, l'Ouzbékistan, le Turkménistan, le Kirghizistan, le Tadjikistan et l'ouest du Xinjiang.

ASIE DU SUD-EST, ensemble continental (Viêt Nam, Laos, Cambodge, Thaïlande, Birmanie, Malaisie occidentale et Singapour) et insulaire (Indonésie, Malaisie orientale, Brunei et Philippines), correspondant à l'Indochine et à l'Insulinde traditionnelles.

ASIE

GROENLAND
OCÉAN ARCTIQUE
ALASKA
MER DU GROENLAND
Svalbard
ISLANDE
cercle polaire arctique
OCÉAN ATLANTIQUE
Archipel François-Joseph
Terre du Nord
I. Vrangel
Détroit de Béring
Presqu'île des Tchouktches
MER DE SIBÉRIE ORIENTALE
Iles de la Nlle-Sibérie
MER DES LAPTEV
Plateau de l'Anadyr
MER DE BÉRING
MER DE NORVÈGE
ILES BRITANNIQUES
MER DU NORD
MER DE BARENTS
Nouvelle-Zemble
MER DE KARA
Péninsule de Taïmyr
Mts Tcherski
Mts de Verkhoïansk
Mts de la Kolyma
Scandinavie
Presqu'île de Kola
Mer Blanche
BALTIQUE
Lena
Péninsule du Kamtchatka
MER D'OKHOTSK
St-Pétersbourg
Plaine d'Europe orientale
Iénisseï
Plateau de Sibérie centrale
EUROPE
MOSCOU
Mts Oural
Ob
RUSSIE
Sibérie
Mts Stanovoï
Sakhaline
Iles Kouriles
Carpates
Dniepr
Plaine de Sibérie occidentale
Iekaterinbourg
Samara
Angara
Amour
Khabarovsk
HOKKAIDŌ
Sapporo
Don
Volga
Oural
Novossibirsk
Irkoutsk
Lac Baïkal
Mts Iablonovoï
Grand Khingan
Mandchourie
Harbin
Vladivostok
JAPON
Istanbul
Mer Noire
Volgograd
Irtych
KAZAKHSTAN
MER DU JAPON
TŌKYŌ
ANKARA
Caucase
Caspienne
Karaganda
Altaï
OULAN-BATOR
R.D.P. DE CORÉE
HONSHŪ
TURQUIE
CHYPRE
NICOSIE
G.
AZ.
Mer d'Aral
Syr-Daria
L. Balkhach
MONGOLIE
Désert de Gobi
Shenyang
PYONGYANG
SÉOUL
Nagoya
Osaka
BEYROUTH
DAMAS
LIBAN
SYRIE
BAKOU
TURKM.
OUZB.
BICHKEK
ALMA-ATA
PÉKIN
Dalian
Pusan
ISRAËL
JÉRUSALEM
AMMAN
JORD.
IRAQ
Elbourz
Karakoum
Altaï
KIRGH.
Ouroumtsi
Tianjin
Qingdao
R. DE CORÉE
Shikoku
Kita-kyūshū
Kyūshū
BAGDAD
TÉHÉRAN
TACHKENT
TADJ.
Bassin du Tarim
Taiyuan
Huang He
Bassora
Zagros
Ispahan
Hindū Kūch
Pamir
7719
Kunlun
Xi'an
Nankin
Shanghai
MER DE CHINE ORIENTALE
Îles Ryūkyū
KOWEÏT
KOWEÏT
IRAN
KABOUL
Karakorum
CHINE
Mer Rouge
Djedda
ARABIE
RIYĀD
MANĀMA
BAHREÏN
AFGHANISTAN
ISLAMĀBĀD
Plateaux du Tibet
Wuhan
Fuzhou
TAIPEI
TAÏWAN
QATAR
AL-DAWHA
É.A.U.
ABŪ-DHABĪ
PAKISTAN
Lahore
Delhi
Himalaya
NÉPAL
Everest 8846
Chengdu
Yangzi Jiang
Chongqing
SAOUDITE
MASCATE
Karāchi
Indus
NEW-DELHI
KATMANDOU
THIMBU
Mékong
Canton
HONGKONG (G.-B.)
MACAO (Port.)
MER DES PHILIPPINES
SANAA
Aden
YÉMEN
OMAN
Ahmādābād
Kānpur
Gange
BHOUTAN
BANGLADESH
DACCA
Kunming
HANOI
Hainan
LUÇON
PHILIPPINES
G. d'Aden
Calcutta
BIRMANIE
LAOS
MANILLE
Bombay
INDE
Deccan
VIENTIANE
MER DE CHINE MÉRIDIONALE
MER D'OMAN
AFRIQUE
Ghats occidentaux
Hyderābād
RANGOON
THAÏLANDE
VIÊT NAM
Iles Visayas
GOLFE DU BENGALE
BANGKOK
CAMBODGE
PHNOM PENH
Palauan
Davao
MINDANAO
Madras
Bangalore
Iles Andaman
G. de Thaïlande
Hô Chi Minh-Ville
Mer de Célèbes
Iles Laquedives
BANDAR SERI BEGAWAN
équateur
Isthme de Kra
BRUNEI
SRI LANKA (CEYLAN)
COLOMBO
Iles Nicobar
MALAISIE
CÉLÈBES
MALDIVES
MALE
Medan
KUALA LUMPUR
BORNÉO
SINGAPOUR
ILES DE LA SONDE
SUMATRA
Ujungpandang
Palembang
INDONÉSIE
Mer de Java
JAKARTA
JAVA
Surabaya
Bandung
OCÉAN INDIEN
20° 40° 60° 80° 120° 160° 180°
80°
60°
40°
20°
100°
0 500 1000 km
200 1000 2000 4000 m
plus de 5 000 000 h.
de 1 000 000 à 5 000 000 h.
de 100 000 à 1 000 000 h.
moins de 100 000 h.

Asie du Sud-Est *(Association des nations de l')* → *ASEAN.*

Asie du Sud-Est *(Organisation du traité de l')* → *O. T. A. S. E.*

ASIE MÉRIDIONALE, partie de l'Asie englobant l'Inde, le Bangladesh, Sri Lanka et l'Asie du Sud-Est.

ASIE MINEURE, nom que donnaient les Anciens à la partie occidentale de l'Asie au sud de la mer Noire.

ASIMOV (Isaac), biochimiste et écrivain américain d'origine russe (Petrovitchi 1920 - New York 1992), auteur d'un classique de la science-fiction : *Fondation* (1942-1982).

'ASĪR, anc. émirat de l'Arabie, au sud du Hedjaz, auj. prov. de l'Arabie saoudite.

ASKIA, dynastie songhaï fondée en 1492 et éliminée par les Marocains en 1591.

ASMARA, cap. de l'Érythrée, à 2 400 m d'alt. ; 374 000 h.

ASMODÉE, démon des plaisirs impurs dans le livre de Tobie.

ASMONÉENS ou **HASMONÉENS,** dynastie issue des Maccabées et qui régna sur la Palestine de 134 à 37 av. J.-C.

ASNAM (El-) → ***Cheliff*** *(Ech-).*

ASNIÈRES-SUR-SEINE [anjɛr] (92600), ch.-l. de c. des Hauts-de-Seine, sur la Seine ; 72 250 h. *(Asniérois).* Industrie automobile.

ASO, volcan actif du Japon (Kyūshū) ; 1 592 m. Parc national.

AŚOKA ou **AÇOKA,** souverain de l'Inde (v. 269-232 av. J.-C.) de la dynastie maurya. Il joua un rôle décisif dans le développement du bouddhisme, dont l'esprit inspira sa politique.

ASPASIE, femme grecque (Milet, seconde moitié du Vᵉ s. av. J.-C.). Compagne de Périclès, célèbre par sa beauté et son esprit.

ASPE *(vallée d'),* vallée des Pyrénées-Atlantiques, drainée par le *gave d'Aspe.*

ASPET (31160), ch.-l. de c. de la Haute-Garonne ; 1 047 h.

ASPROMONTE, massif granitique d'Italie (Calabre) ; 1 956 m.

ASQUITH (Herbert Henry), *comte* **d'Oxford et Asquith,** homme politique britannique (Morley 1852 - Londres 1928). Chef du parti libéral, Premier ministre de 1908 à 1916, il fit adopter le Home Rule et entrer la Grande-Bretagne dans la guerre en 1914.

ASSAB, principal port d'Érythrée, sur la mer Rouge ; 22 000 h. Raffinage du pétrole.

ASSAM, État de l'Inde entre le Bangladesh et la Birmanie ; 22 294 562 h. Cap. *Dispur.* Drainée par le Brahmapoutre, cette région, très humide, possède des plantations de théiers.

ASSARHADDON, roi d'Assyrie (680-669 av. J.-C.). Il étendit sa puissance en conquérant l'Égypte du Nord.

ASSAS (Nicolas Louis, *chevalier* **d'),** officier français (Le Vigan 1733 - Clostercamp 1760). Capitaine au régiment d'Auvergne, il se sacrifia en donnant l'alarme (« À moi, Auvergne »), sauvant ainsi l'armée.

Assassins (déformation de **ḥachīchiyyīn,** « enivrés de haschisch »), secte musulmane chiite de l'Asie occidentale, fondée au XIᵉ s., et qui joua, en Iran et en Syrie, durant deux siècles, un rôle important.

ASSE, comm. de Belgique (Brabant flamand) ; 27 059 h. Église gothique.

A. S. S. E. D. I. C. (Association pour l'emploi dans l'industrie et le commerce), association départementale créée par une convention collective nationale interprofessionnelle de 1958, dans le but d'assurer aux chômeurs une indemnisation complémentaire de l'aide publique. Depuis 1984, les A. S. S. E. D. I. C., financées par les cotisations des employeurs et des salariés, gèrent l'assurance chômage.

Assemblée constituante, noms de deux assemblées élues au suffrage universel après la Libération. Elles siégèrent respectivement du 6 nov. 1945 au 26 avr. 1946 et du 11 juin au 5 oct. 1946. Le premier projet constitutionnel fut repoussé par le référendum du 5 mai 1946, et le second accepté le 13 oct. 1946.

Assemblée constituante de 1848, assemblée élue au lendemain de la révolution de février 1848. Elle siégea du 4 mai 1848 au 27 mai 1849. Première assemblée élue au suffrage universel, elle élabora la constitution de la IIᵉ République (promulguée le 12 nov. 1848).

Assemblée européenne → ***Parlement européen.***

Assemblée législative → ***législative*** *(Assemblée).*

Assemblée législative (1849-1851), assemblée qui succéda à la Constituante le 28 mai 1849 et qui fut dissoute par le coup d'État du 2 déc. 1851.

Assemblée nationale, assemblée élue le 8 févr. 1871, pendant la guerre franco-allemande, et qui siégea jusqu'au 30 déc. 1875.

Assemblée nationale, dénomination donnée depuis 1946 à l'Assemblée législative, qui avec le Sénat constitue le Parlement français. Ses membres, les députés (577) sont élus pour 5 ans au suffrage universel direct.

Assemblée nationale constituante → ***Constituante.***

ASSEN, v. des Pays-Bas, ch.-l. de la Drenthe ; 50 357 h. Musée provincial (préhistoire).

ASSINIBOINE, riv. du Canada, affl. de la rivière Rouge (r. g.), à Winnipeg ; 960 km.

ASSINIBOINS, Indiens de la famille des Sioux, qui habitent auj. des réserves dans l'Alberta et le Montana.

ASSIOUT ou **ASYŪṬ,** v. de l'Égypte centrale ; 214 000 h. Barrage sur le Nil.

ASSISE, v. d'Italie, en Ombrie (prov. de Pérouse) ; 24 088 h. Patrie de saint François d'Assise (qui y institua l'ordre des Frères mineurs) et de sainte Claire. Basilique S. Francesco, formée de deux églises superposées (XIIIᵉ s.) ; fresques de Cimabue, Giotto, P. Lorenzetti, S. Martini.

Assises de Jérusalem, recueil des coutumes en vigueur dans les royaumes de Jérusalem et de Chypre (XIIᵉ-XIIIᵉ s.).

Assise : l'église haute de la basilique San Francesco. Début du XIIIᵉ s.

Associated Press, agence de presse américaine fondée en 1848, l'une des plus grandes agences de presse mondiales.

Assommoir (l'), roman d'Émile Zola (1877) sur les ravages de l'alcoolisme dans les milieux ouvriers.

ASSOUAN, v. de l'Égypte méridionale, sur le Nil, près de la première cataracte ; 144 000 h. Barrage-réservoir de « Sadd al-'Ālī », l'un des plus grands du monde, créant la retenue du lac Nasser.

ASSOUR, première capitale et ville sainte de l'Assyrie, sur la rive droite du Tigre. Mise au jour entre 1903 et 1914, elle a livré nombre d'objets d'art.

ASSOUR, dieu principal de la ville du même nom, puis de l'Assyrie.

ASSOURBANIPAL, roi d'Assyrie (669 - v. 627 av. J.-C.). Par la conquête totale de l'Égypte, la soumission de Babylone et la destruction de l'Empire élamite, il porta à son apogée la puissance assyrienne. Dans les vestiges de son palais à Ninive, sa bibliothèque a été en partie retrouvée.

ASSUÉRUS, nom biblique du roi perse Xerxès Iᵉʳ, cité dans le *livre d'Esther.*

ASSY, localité de la Haute-Savoie (comm. de Passy), au-dessus de l'Arve. Station climatique. Église moderne, décorée par des artistes contemporains (1950).

ASSYRIE, Empire mésopotamien qui, du XXᵉ au VIIᵉ s. av. J.-C., domina épisodiquement l'Orient ancien. Du IIIᵉ à la seconde moitié du IIᵉ millénaire, la cité-État d'Assour fonde un empire en butte à la rivalité des Akkadiens, de Babylone et du Mitanni. Du XIVᵉ au XIᵉ s. av. J.-C., avec le *premier Empire assyrien,* l'Assyrie devient un État puissant de l'Asie occidentale (Salmanasar Iᵉʳ, 1275-1245). Mais cet empire est submergé par les invasions araméennes. Du IXᵉ au VIIᵉ s., avec le *second Empire assyrien,* l'Assyrie retrouve sa puissance, dont l'apogée se situe sous le règne d'Assourbanipal (669-627 env.). En 612 av. J.-C., la chute de Ninive, succombant aux coups portés par les Mèdes (Cyaxare) alliés aux Babyloniens, met définitivement fin à la puissance assyrienne. Une architecture de proportions colossales et un décor (briques émaillées ou orthostates ornés de reliefs) inspiré par les récits mythologiques et les exploits du souverain sont les traits distinctifs de l'art assyrien qui s'épanouit entre le XIIIᵉ et le VIIᵉ s. av. J.-C.

ASTAFFORT (47220), ch.-l. de c. de Lot-et-Garonne ; 1 918 h. Anc. bourg fortifié.

ASTAIRE (Frederick E. **Austerlitz**, dit **Fred**), danseur à claquettes, chanteur et acteur américain (Omaha, Nebraska, 1899 - Los Angeles 1987). À l'écran, il apparut dans de nombreuses comédies musicales, où il utilisa toutes ses qualités de danseur.

ASTARTÉ → ***Ashtart.***

Astérix, héros de bande dessinée, créé en 1959 par le scénariste René Goscinny et le dessinateur Albert Uderzo pour l'hebdomadaire *Pilote.* Les aventures de ce petit guerrier gaulois, luttant avec son ami Obélix contre les occupants romains, mettent en scène les stéréotypes nationaux.

ASTI, v. d'Italie (Piémont), ch.-l. de prov. ; 72 384 h. Vins blancs. Monuments anciens.

Assyrie : « Assournazirpal II chassant le lion à l'arc ». Bas-relief provenant du palais de Nimroud. IXᵉ s. av. J.-C. (British Museum, Londres.)

ASTON (Francis William), physicien britannique (Harbone 1877 - Cambridge 1945). Il découvrit l'existence des isotopes des éléments chimiques. (Prix Nobel 1922.)

ASTRAKHAN ou **ASTRAKAN,** port de Russie, près de l'embouchure de la Volga dans la Caspienne ; 509 000 h. Conserves de poissons.

ASTRÉE, divinité grecque qui répandait la justice et la vertu sur la Terre au temps de l'Âge d'or, et qui, montée au ciel, devint la constellation de la Vierge.

Astrée (l'), roman pastoral d'Honoré d'Urfé (1607-1628), dont l'influence fut considérable sur la préciosité au XVIIe s.

ASTRID, reine des Belges (Stockholm 1905 - près de Lucerne 1935). Fille du prince Charles de Suède, elle épousa en 1926 le futur Léopold III, roi des Belges en 1934. Elle mourut accidentellement, laissant un souvenir ineffaçable.

ASTURIAS (Miguel Ángel), écrivain guatémaltèque (Guatemala 1899 - Madrid 1974). Il est l'auteur de poèmes et de romans consacrés à l'histoire et aux problèmes sociaux de son pays *(Légendes du Guatemala, Monsieur le Président).* [Prix Nobel 1967.]

ASTURIES, communauté autonome du nord de l'Espagne (correspondant à la prov. d'Oviedo) ; 1 096 155 h. Houille. Sidérurgie. Les derniers partisans de la monarchie wisigothique y créèrent en 718 un royaume chrétien. Celui-ci réunit les provinces du Nord-Ouest (fin IXe s.) et v. 920 prit le nom de León. L'héritier présomptif de la couronne de Castille puis d'Espagne porte depuis 1388 le titre de *prince des Asturies.*

ASTYAGE, dernier des rois mèdes (v. 585-550 av. J.-C.). Il fut détrôné par Cyrus II le Grand.

ASTYANAX, fils d'Hector et d'Andromaque. Ulysse le précipita du haut des murs de Troie.

ASUNCIÓN, cap. du Paraguay, sur le río Paraguay ; 600 000 h.

AŚVIN ou **AÇVIN,** dieux védiques jumeaux, correspondant aux *Dioscures.* Ils guérissent les malades.

Astérix et Obélix, héros de la bande dessinée d'Uderzo et Goscinny. (Extrait de la collection *Une aventure d'Astérix* [© 1988 Éditions Albert René/ Goscinny-Uderzo].)

Astrid de Belgique

Miguel Ángel **Asturias**

Mustafa Kemal **Atatürk**

ATACAMA, région désertique du nord du Chili. Cuivre.

ATAHUALPA (v. 1500 - Cajamarca 1533), souverain inca (v. 1528 - 1533). Il fut capturé et exécuté par Pizarro, qui affirma ainsi la domination espagnole sur le Pérou.

ATAKORA, massif du nord du Bénin.

Atala, roman de Chateaubriand (1801). C'est le récit d'une passion religieuse et romantique qui a pour cadre les paysages exotiques d'Amérique.

ATALANTE. *Myth. gr.* Vierge chasseresse, qui avait juré de n'épouser que celui qui la vaincrait à la course. Hippomène y parvint, en laissant tomber trois pommes d'or cueillies dans le jardin des Hespérides.

Atalante (l'), film de Jean Vigo (1934). Ce poème d'amour fou ne fut reconnu que tardivement.

ATATÜRK (Mustafa Kemal), homme politique turc (Salonique 1881 - Istanbul 1938). Promu général en 1917, il prend la tête du mouvement nationaliste opposé aux exigences de l'Entente (1919) et est élu président du comité exécutif de la Grande Assemblée nationale d'Ankara (avr. 1920). À la suite des victoires qu'il remporte sur les Arméniens, les Kurdes et les Grecs (1920-1922), il obtient des Alliés la reconnaissance des frontières de la Turquie (traité de Lausanne, 1923). Il dépose le sultan (1922), abolit le califat (1924) et préside la République turque (1923-1938) dont il entreprend de faire un État laïc et moderne.

ATBARA, riv. d'Éthiopie et du Soudan, affl. du Nil (r. dr.) ; 1 100 km.

ATCHINSK, v. de Russie, en Sibérie ; 122 000 h. Cimenterie. Alumine.

Atelier du peintre (l'), grande composition de G. Courbet (musée d'Orsay), exposée en 1855 avec le sous-titre *Allégorie réelle déterminant une phase de sept années de ma vie artistique et morale,* et où l'on reconnaît notamment Baudelaire et Proudhon.

Ateliers nationaux, chantiers établis à Paris par le Gouvernement provisoire, le 27 févr. 1848, pour les ouvriers sans travail. Leur dissolution, le 21 juin, provoqua une violente insurrection ouvrière.

ATGET (Eugène), photographe français, (Libourne 1856 - Paris 1927). En utilisant le grand format et une technique très simple, il a capté l'atmosphère magique d'un Paris souvent désert, presque irréel.

ATH, v. de Belgique (Hainaut), sur la Dendre ; 24 080 h.

ATHABASCA ou **ATHABASKA,** riv. du Canada occidental, qui finit dans le *lac d'Athabasca,* constituant ainsi la section supérieure du Mackenzie* ; 1 200 km. Importants gisements de sables bitumineux.

ATHALIE, reine de Juda (841-835 av. J.-C.), fille d'Achab, roi d'Israël, et de Jézabel. Épouse de Joram, roi de Juda, elle monta sur le trône à la mort d'Ochozias, son fils, après avoir fait périr tous les princes de la famille royale. Favorisant les cultes idolâtres, elle fut renversée par une émeute populaire fomentée par le grand prêtre Joad.

Athalie, tragédie de Racine avec chœurs (1691), composée pour les demoiselles de Saint-Cyr.

ATHANASE *(saint),* patriarche d'Alexandrie, Père de l'Église grecque (Alexandrie v. 295 - *id.* 373) ; un des principaux adversaires de l'arianisme.

ATHAULF, roi des Wisigoths (410-415). Il conquit le sud de la Gaule.

ATHÉNA, déesse grecque de la Pensée, des Arts, des Sciences et de l'Industrie, fille de Zeus et divinité éponyme d'Athènes. C'est la *Minerve* des Romains. L'une des plus célèbres représentations de la déesse — en dehors de l'*Athéna Parthénos* de Phidias, connue par des répliques — est celle d'une stèle funéraire (musée de l'Acropole) où on la voit casquée, pensivement appuyée sur sa lance.

ATHÊNAGORAS, prélat orthodoxe (Tsaraplana, Épire, 1886 - Istanbul 1972), patriarche œcuménique de Constantinople (1948). Il lutta pour l'unité du monde orthodoxe et la recréation de liens avec Rome (rencontre de Paul VI à Jérusalem, 5 janv. 1964).

ATHÉNÉE, écrivain grec (Naucratis, Égypte, IIe-IIIe s. apr. J.-C.), auteur du *Banquet des sophistes,* recueil de curiosités relevées au cours de ses lectures et qui conserve des citations de 1 500 ouvrages perdus.

ATHÈNES, cap. de l'Attique et la ville la plus importante de la Grèce ancienne. Capitale de la Grèce moderne, Athènes compte aujourd'hui 748 110 h. (3 096 775 dans l'agglomération englobant, notamment, le port du Pirée) et rassemble la moitié du potentiel industriel de la Grèce. Elle est un des grands centres touristiques du monde, grâce à la beauté de ses monuments antiques (Parthénon, Érechthéion, Propylées, etc.) [⟶ ***Acropole***] et à la richesse de ses musées.

HISTOIRE

Établie, à l'origine, sur le rocher de *l'Acropole,* la ville s'étendit peu à peu au pied de l'ancienne forteresse, réunissant toutes les petites tribus des environs. Dirigée à l'origine par les Eupatrides, elle fut ensuite réorganisée par Solon (594 av. J.-C.), brilla avec Pisistrate (560-527), et reçut de Clisthène ses institutions démocratiques (507). Au début du Ve s. av. J.-C., elle est, avec Sparte, l'une des premières villes grecques ; elle a déjà son double caractère de ville commerçante avec ses ports du Pirée, de Phalère et de Mounychia, et de cité démocratique, alors que Sparte est une cité militaire et aristocratique. La victoire sur les Perses (⟶ ***Médiques*** [*guerres*]), au Ve s. av. J.-C. fait d'Athènes la première ville de Grèce. La période qui suit ces guerres est la plus brillante de l'histoire d'Athènes : maîtresse des mers grecques, elle dirige la Confédération de Délos et brille, au temps de Périclès (461-

Eugène **Atget :** *la Place du Tertre à Montmartre* (v. 1910).

429), d'un éclat incomparable. Le « siècle de Périclès » voit l'Acropole se couvrir de splendides monuments (Parthénon) ; les œuvres de Phidias, les tragédies d'Eschyle et de Sophocle lui donnent une renommée universelle. Mais la rivalité de Sparte amène la guerre du Péloponnèse (431-404) : Athènes perd sa puissance politique au profit de Sparte, tout en gardant sa suprématie intellectuelle et artistique. Tyrannisée alors par les Trente, elle retrouve liberté et grandeur quand Thèbes écrase Sparte (371). Puis elle apparaît, avec Démosthène, comme le champion de la cité libre, contre le conquérant Philippe de Macédoine, qui la vainc à Chéronée en 338 av. J.-C. Tentant en vain d'organiser la résistance contre les successeurs d'Alexandre, elle tombe, avec toute la Grèce, sous la domination romaine (146). Mais elle reste l'un des centres de la culture hellénistique, et Rome se met à son école.

ATHIS-DE-L'ORNE (61430), ch.-l. de c. de l'Orne ; 2 420 h.

ATHIS-MONS [atismɔ̃s] (91200), ch.-l. de c. de l'Essonne, au sud d'Orly ; 29 695 h. *(Athégiens).* Centre de contrôle de la navigation aérienne.

ATHOS, montagne de la Grèce (Macédoine), dans le sud de la péninsule la plus orientale de la Chalcidique. Centre d'un monachisme cénobitique ou érémitique depuis le VIIe s. et foyer de l'hésychasme, le mont Athos constitue une république confédérale sous la juridiction canonique du patriarcat de Constantinople et le protectorat politique de la Grèce. Ses couvents (XIIIe-XIXe s., avec des vestiges du IXe s.) renferment d'importants manuscrits et des œuvres d'art.

Mont **Athos :** vue partielle du monastère de Dhokhiaríou, fondé dans la seconde moitié du Xe s.

ATLAN (Jean-Michel), peintre français (Constantine 1913 - Paris 1960). Son art est caractérisé par des formes semi-abstraites puissamment scandées de cernes noirs qui exaltent la couleur.

ATLANTA, v. des États-Unis, cap. de la Géorgie ; 394 017 h. (2 833 511 avec les banlieues). Aéroport. Université.

ATLANTIC CITY, station balnéaire des États-Unis (New Jersey) ; 37 986 h.

Atlantide, île hypothétique de l'Atlantique, jadis engloutie, et qui a inspiré depuis Platon de nombreux récits légendaires.

Atlantique *(mur de l'),* ligne fortifiée construite par les Allemands de 1941 à 1944 sur les côtes de la mer du Nord, de la Manche et de l'Atlantique.

ATLANTIQUE *(océan),* océan qui sépare l'Europe et l'Afrique de l'Amérique ; 106 millions de km² (avec ses dépendances). L'océan Atlantique est constitué par une série de grandes cuvettes en contrebas de la plate-forme continentale, développée surtout dans l'hémisphère Nord, où se localisent les mers bordières (dont la Méditerranée, la mer du Nord et la Baltique, la mer des Antilles). Ces cuvettes, ou bassins océaniques, sont séparées, dans la partie médiane de l'Océan, par une longue dorsale sous-marine méridienne, dont les sommets constituent des îles (Açores, Ascension, Sainte-Hélène, Tristan da Cunha).

Atlantique Nord *(pacte de l')* → **O. T. A. N.**

ATLAS, ensemble montagneux de l'Afrique du Nord, formé de plusieurs chaînes. Au Maroc, le *Haut Atlas* ou *Grand Atlas,* partie la plus élevée du système (4 165 m au djebel Toubkal), est séparé du *Moyen Atlas,* au nord, par la Moulouya et de l'*Anti-Atlas,* au sud, par l'oued Sous. En Algérie, l'*Atlas tellien* et l'*Atlas saharien* ou *présaharien* enserrent les Hautes Plaines.

ATLAS. *Myth. gr.* Titan révolté contre les dieux, condamné par Zeus à soutenir sur ses épaules la voûte du ciel.

ATRÉE. *Myth. gr.* Ancêtre des Atrides, fameux par sa haine contre son frère Thyeste.

ATRIDES. *Myth. gr.* Descendants d'Atrée, dont les plus connus sont Agamemnon et Ménélas. Adultères, parricides, incestes marquent le destin de cette famille.

ATROPOS. *Myth. gr.* Celle des trois Parques qui coupait le fil de la vie.

ATT (American Telephone and Telegraph), société américaine fondée en 1885. En 1984, elle a perdu le quasi-monopole qu'elle détenait sur l'exploitation du réseau téléphonique aux États-Unis. En 1995, elle s'est scindée en trois entités distinctes : services de communications (secteurs, les plus rentables, du téléphone et des cartes de crédit), technologies de télécommunications et informatique. Elle est implantée à l'étranger, notamment en Europe.

ATTALIDES, dynastie hellénistique des souverains de Pergame.

ATTALOS ou **ATTALE,** nom de trois rois de Pergame : **Attalos Ier** (241-197 av. J.-C.) lutta avec les Romains contre Philippe V de Macédoine. — **Attalos II Philadelphe** (159-138 av. J.-C.) participa aux côtés des Romains à l'écrasement de la ligue Achéenne (146). — **Attalos III** (138-133 av. J.-C.) légua son royaume aux Romains.

'AṬṬĀR (Farid al-Din), poète persan (Nichāpur v. 1119 - v. 1190 ou v. 1220), d'inspiration mystique *(le Colloque des oiseaux).*

ATTICHY (60350), ch.-l. de c. de l'Oise, sur l'Aisne ; 1 664 h.

ATTIGNY (08130), ch.-l. de c. des Ardennes, sur l'Aisne ; 1 221 h. Sucrerie. Ancienne résidence des rois francs.

ATTILA (m. en 453), roi des Huns (434-453). Il envahit l'Empire d'Orient en 441 puis la Gaule, mais fut défait aux champs Catalauniques, non loin de Troyes (451), par les armées du Romain Aetius et du Wisigoth Théodoric. En 452, il pilla l'Italie mais épargna Rome à la prière du pape Léon Ier. Son empire s'effondra après lui.

ATTIQUE, péninsule de la Grèce où se trouve Athènes.

ATTIS ou **ATYS,** dieu grec de la Végétation, d'origine phrygienne. Il s'émascula pour résister à l'amour de Cybèle, qui le transforma en pin. Il était l'objet d'un culte initiatique.

ATTLEE (Clement, *comte*), homme politique britannique (Londres 1883 - *id.* 1967). Leader travailliste, Premier ministre de 1945 à 1951.

ATWOOD (George), physicien britannique (Londres 1746 - *id.* 1807), inventeur d'un appareil pour l'étude de la chute des corps.

AUBAGNE (13400), ch.-l. de c. des Bouches-du-Rhône, sur l'Huveaune ; 41 187 h. *(Aubagnais).* Siège depuis 1962 du commandement de la Légion étrangère. Musée de la Légion.

AUBANEL (Théodore), poète français d'expression provençale (Avignon 1829 - *id.* 1886), l'un des fondateurs du félibrige.

AUBE, affl. de la Seine (r. dr.), qui naît sur le plateau de Langres et traverse la Champagne ; 248 km.

AUBE (**10**), dép. de la Région Champagne-Ardenne ; ch.-l. de dép. *Troyes ;* ch.-l. d'arr. *Bar-sur-Aube, Nogent-sur-Seine ;* 3 arr., 33 cant., 431 comm. ; 6 004 km² ; 289 207 h. *(Aubois).* Le dép. est rattaché à l'académie et à la cour d'appel de Reims et à la région militaire Nord-Est. Le nord-ouest (Champagne crayeuse), céréalier, s'oppose au sud-est, surtout argileux, où dominent la forêt et la prairie (Champagne humide, pays d'Othe). L'industrie occupe encore une place importante. Elle est représentée essentiellement par le textile (bonneterie), l'agroalimentaire et les constructions mécaniques (surtout dans l'agglomération troyenne, qui rassemble presque la moitié de la population totale de l'Aube), la centrale nucléaire de Nogent-sur-Seine.

AUBENAS [-na] (07200), ch.-l. de c. de l'Ardèche, sur l'Ardèche ; 12 379 h. *(Albenassiens).* Industries textiles et alimentaires. Château des XIIe-XVIIIe s.

AUBER (Esprit), compositeur français (Caen 1782 - Paris 1871), directeur du Conservatoire de Paris en 1842, auteur de nombreux opéras et opéras-comiques (*la Muette de Portici, le Domino noir, Fra Diavolo,* etc.).

AUBERGENVILLE (78410), ch.-l. de c. des Yvelines, près de la Seine ; 11 809 h.

Auberges de la Jeunesse (A. J.), centres d'accueil et de vacances organisés pour les jeunes. La première auberge s'ouvrit en 1909.

AUBERT (Jean), architecte français (m. en 1741), auteur, notamment, des Grandes Écuries de Chantilly (1719-1735).

AUBERT DE GASPÉ (Philippe Joseph), écrivain canadien d'expression française (Saint-Jean-Port-Joli 1786 - Québec 1871), peintre des mœurs ancestrales (*les Anciens Canadiens,* 1863).

AUBERVILLIERS (93300), ch.-l. de c. de la Seine-Saint-Denis, banlieue nord de Paris ; 67 836 h. *(Albertivilliariens).* Métallurgie. Chimie.

AUBESPINE (Charles **de L'),** *marquis* **de Châteauneuf,** homme d'État français (1580 - Leuville 1653). Garde des Sceaux (1630-1633 ; 1650-51), il conspira contre Richelieu et Mazarin.

AUBIÈRE (63170), ch.-l. de c. du Puy-de-Dôme, près de Clermont-Ferrand ; 9 214 h.

AUBIGNAC (*abbé* François **d'**), critique dramatique français (Paris 1604 - Nemours 1676). Dans sa *Pratique du théâtre* (1657), il fixa la règle classique des *trois unités.*

AUBIGNÉ (Agrippa **d'**), écrivain français (près de Pons 1552 - Genève 1630). Calviniste ardent, compagnon d'armes d'Henri IV, il mit son talent au service de ses convictions en écrivant une épopée mystique (*les Tragiques,* 1616), une *Histoire universelle,* un roman satirique *(les Aventures du baron de Faeneste).* Ses poèmes d'amour *(le Printemps)* sont une des premières manifestations du baroque littéraire. Il fut le grand-père de Mme de Maintenon.

Agrippa d'**Aubigné**
(Bibliothèque universitaire de Genève.)

AUBIGNY-EN-ARTOIS (62690), ch.-l. de c. du Pas-de-Calais ; 1 363 h.

AUBIGNY-SUR-NÈRE (18700), ch.-l. de c. du Cher, en Sologne ; 5 905 h. Constructions mécaniques. Église des XIIe-XVe s., château des XVe-XVIe s.

AUBIN (12110), ch.-l. de c. de l'Aveyron ; 5 174 h. Métallurgie. Église des XIIe et XVe s.

AUBISQUE, col des Pyrénées-Atlantiques, entre Laruns et Argelès-Gazost ; alt. 1 709 m.

AUBRAC, haut plateau de l'Auvergne méridionale, entre les vallées du Lot et de la Truyère ; 1 469 m au Mailhebiau. Élevage bovin.

AUBRAIS (les), écart de la comm. de Fleury-les-Aubrais, à 3 km au nord d'Orléans. Triage ferroviaire.

AUBRIOT (Hugues), prévôt de Paris (m. à Sommières v. 1389). De 1367 à 1382, il fit construire la Bastille, les premiers égouts voûtés, des ponts et des quais.

AUBUSSON (23200), ch.-l. d'arr. de la Creuse, sur la Creuse ; 5 546 h. *(Aubussonnais).* École nationale des arts décoratifs. Machines-outils. Ateliers de tapisserie, surtout depuis le XVIe s.

AUBUSSON (Pierre **d'**), grand maître de l'ordre de Saint-Jean-de-Jérusalem (Monteil-au-Vicomte 1423 - Rhodes 1503). En 1480, il soutint victorieusement dans Rhodes un siège contre les Turcs.

AUBY (59950), comm. du Nord ; 8 480 h. Métallurgie du zinc.

Aucassin et Nicolette, « chantefable », roman en prose mêlée de vers (XIIIe s.), racontant les amours du fils du comte de Beaucaire et d'une esclave sarrasine.

AUCH [oʃ] (32000), ch.-l. du dép. du Gers, sur le Gers, à 680 km au sud-ouest de Paris ; 24 728 h. *(Auscitains).* Archevêché. Marché. Cathédrale de style gothique flamboyant, à façade classique (vitraux et stalles du premier tiers du XVIe s.). Musée.

AUCHEL (62260), ch.-l. de c. du Pas-de-Calais ; 11 872 h. *(Auchellois).* Textile.

AUCKLAND, principale ville, port et centre industriel de la Nouvelle-Zélande, dans l'île du Nord ; 840 000 h.

AUDE, fl. de France, né dans le massif du Carlitte, qui passe à Quillan, Limoux et Carcassonne, avant de rejoindre la Méditerranée ; 220 km.

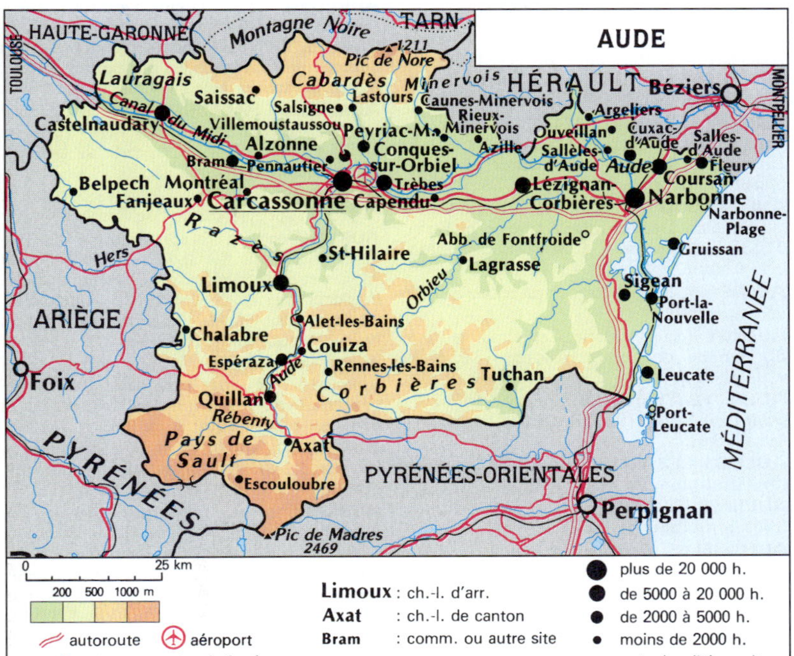

AUDE (**11**), dép. de la Région Languedoc-Roussillon ; ch.-l. de dép. *Carcassonne ;* ch.-l. d'arr. *Limoux, Narbonne ;* 3 arr., 34 cant., 438 comm. ; 6 139 km² ; 298 712 h. *(Audois).* Le dép. est rattaché à l'académie et à la cour d'appel de Montpellier et à la région militaire Méditerranée. En dehors de la plaine littorale, il est surtout montagneux. Il s'étend sur l'extrémité méridionale du Massif central (Montagne Noire) et l'avant-pays pyrénéen (Corbières, Razès, pays de Sault), séparés par le seuil du Lauragais et la vallée de l'Aude, dépressions jalonnées de villes (Castelnaudary, Carcassonne et Narbonne). La viticulture demeure la ressource essentielle, développée surtout en bordure de la Méditerranée, dans les Corbières et dans la région de Limoux. Le tourisme s'est développé, surtout sur le littoral.

Au-delà du principe de plaisir, ouvrage de Freud (1920). Il marque un tournant de la psychanalyse en introduisant la notion de pulsion de mort.

AUDEN (Wystan Hugh), écrivain américain d'origine anglaise (York 1907 - Vienne 1973). Son œuvre poétique témoigne de son évolution de l'engagement social et politique à l'acceptation de l'attitude chrétienne *(l'Âge de l'anxiété).*

AUDENARDE → ***Oudenaarde.***

AUDENGE (33980), ch.-l. de c. de la Gironde, sur le bassin d'Arcachon ; 2 991 h. *(Audengeois).* Station balnéaire. Ostréiculture.

AUDERGHEM, en néerl. **Oudergem,** comm. de Belgique, banlieue sud-est de Bruxelles ; 29 224 h.

AUDIBERTI (Jacques), écrivain français (Antibes 1899 - Paris 1965), auteur de poèmes, de romans et de pièces de théâtre *(Le mal court, l'Effet Glapion, la Fourmi dans le corps, Cavalier seul).*

AUDIERNE *(baie d'),* baie du Finistère, entre la pointe du Raz et la pointe de Penmarch. Le petit port de pêche d'Audierne (29770) est établi près de la baie, sur le Goyen ; 2 829 h. *(Audiernais).* Conserves. Station balnéaire.

AUDINCOURT (25400), ch.-l. de c. du Doubs, sur le Doubs ; 16 537 h. *(Audincourtois).* Métallurgie. Église moderne (vitraux de Léger, Bazaine, Jean Le Moal).

AUDRAN, famille d'artistes français dont les plus célèbres sont **Gérard II** (Lyon 1640 - Paris 1703), rénovateur de l'estampe de reproduction (d'après Raphaël, Le Brun, Mignard, Poussin, etc.), et **Claude III** (Lyon 1657 - Paris 1734), décorateur qui fit usage d'arabesques et de grotesques d'un style allégé.

AUDRUICQ (62370), ch.-l. de c. du Pas-de-Calais ; 4 626 h.

AUDUN-LE-ROMAN (54560), ch.-l. de c. de Meurthe-et-Moselle ; 2 134 h. *(Audunois).*

AUDUN-LE-TICHE (57390), comm. du nord-ouest de la Moselle ; 5 992 h. Métallurgie.

AUER (Carl), *baron* **von Welsbach,** chimiste autrichien (Vienne 1858 - château de Welsbach, Carinthie, 1929). Il inventa le manchon de la lampe à gaz dite *bec Auer* et isola le cérium.

Auerstedt *(bataille de)* [14 oct. 1806], victoire de Davout sur les Prussiens, à 20 km au N. d'Iéna.

Aufklärung *(Zeitalter der)* [« siècle des Lumières »], mouvement de pensée rationaliste, qui s'efforça de promouvoir une émancipation intellectuelle dans l'Allemagne du XVIIIe s.

AUGE *(pays d'),* région bocagère de Normandie, entre les vallées de la Touques et de la Dives. V. pr. *Lisieux.* Région d'élevage, à l'origine de fromages réputés (camembert, livarot, pont-l'évêque).

AUGÉ (Claude), éditeur et lexicographe français (L'Isle-Jourdain 1854 - Fontainebleau 1924), auteur d'ouvrages d'enseignement, créateur du *Dictionnaire complet illustré* (1889), qui devint, en 1905, le *Petit Larousse illustré.*

AUGEREAU (Pierre), *duc* **de Castiglione,** maréchal et pair de France (Paris 1757 - La Houssaye, Seine-et-Marne, 1816). Il se distingua en Italie (1796), exécuta en 1797 le coup d'État du 18-Fructidor et participa à toutes les campagnes de l'Empire.

AUGIAS, roi légendaire d'Élide, l'un des Argonautes. Héraclès nettoya ses immenses écuries en y faisant passer le fleuve Alphée.

AUGIER (Émile), auteur dramatique français (Valence 1820 - Paris 1889). Ses comédies sociales illustrent la morale bourgeoise (*le Gendre de M. Poirier,* 1854). [Acad. fr.]

AUGSBOURG, en all. **Augsburg,** v. d'Allemagne (Bavière), sur le Lech ; 250 197 h. Industries mécaniques et textiles. Monuments médiévaux et classiques.

Augsbourg *(Confession d'),* formulaire rédigé par Melanchthon et présenté à la diète impériale d'Augsbourg en 1530. Il constitue, en 28 articles, la profession de foi luthérienne.

Augsbourg *(guerre de la ligue d'),* conflit qui opposa, de 1688 à 1697, la France à la ligue d'Augsbourg (formée par l'empereur, des princes allemands, l'Espagne et la Suède) alliée aux Provinces-Unies, à l'Angleterre et à la Savoie. La guerre fut marquée par les victoires françaises de Fleurus (1690), de Steinkerque (1692), de La Marsaille (1693) en Italie, et par la défaite navale de la Hougue (1692) ; elle se termina par la paix de Ryswick.

AUGUSTE, en lat. **Caius Julius Caesar Octavianus Augustus,** empereur romain (Rome 63 av. J.-C. - Nola 14 apr. J.-C.), appelé d'abord *Octave,* puis *Octavien,* petit-neveu de Jules César et son héritier. D'abord associé avec Antoine et Lépide dans un triumvirat (43), il garde pour sa part l'Italie et l'Occident et venge la mort de César à la bataille de Philippes. Seul maître du pouvoir après sa victoire d'Actium sur Antoine (31), il reçoit, avec le nom d'*Auguste* (27), les pouvoirs répartis jusqu'alors entre les diverses magistratures. Il organise une société fondée sur le retour aux traditions antiques et administrée par un corps de fonctionnaires recrutés dans les classes supérieures (ordre sénatorial et ordre équestre), divise Rome en 14 régions pour en faciliter l'administration et la police. Il réorganise les provinces, partagées en *provinces sénatoriales* et *provinces impériales.* Il achève la conquête de l'Espagne et porte la frontière de l'Empire sur le Danube ; mais, en Germanie, son lieutenant Varus subit un désastre. Il désigne son successeur (Marcellus, Agrippa, puis Tibère) et est, à sa mort, honoré comme un dieu. Le principat d'Auguste apparaît comme l'une des époques les plus brillantes de l'histoire romaine *(siècle d'Auguste).*

Auguste. Camée antique. (B.N.F., Paris.)

AUGUSTE II (Dresde 1670 - Varsovie 1733), Électeur de Saxe et roi de Pologne (1697-1733). Détrôné par Charles XII (1704), il fut rétabli par les troupes russes (1710). — **Auguste III** (Dresde 1696 - *id.* 1763), fils du précédent, Électeur de Saxe et roi de Pologne (1733-1763).

AUGUSTE, orfèvres parisiens : **Robert Joseph** (Mons v. 1725 - Paris apr. 1795) rompit avec la rocaille au profit du répertoire classique ; son fils **Henri** (Paris 1759 - Port-au-Prince 1816), un des orfèvres de l'Empire, commença à industrialiser le métier.

AUGUSTIN *(saint),* docteur de l'Église latine (Tagaste, auj. Souq Ahras, 354 - Hippone 430). Fils de sainte Monique, après une jeunesse orageuse, il fut converti à Milan par les prédications de saint Ambroise et devint évêque d'Hippone (396). « Docteur de la grâce », il s'opposa au manichéisme, au donatisme et au pélagianisme. Outre ses *Lettres,* qui sont parfois de véritables traités, ses principaux ouvrages sont : *la Cité de Dieu,* les *Confessions* et le *De la grâce.* Théologien, philosophe, moraliste, il a exercé une influence capitale sur la théologie occidentale. Écrivain, il a donné au latin chrétien ses lettres de noblesse.

Saint **Augustin.** Détail d'une fresque (1480) de Botticelli dans l'église d'Ognissanti à Florence.

AUGUSTIN ou **AUSTIN** *(saint)* [m. v. 605], apôtre de l'Angleterre. Il fonda le siège épiscopal de Canterbury.

Augustinus (l'), ouvrage posthume de Jansénius (1640), ainsi nommé parce qu'il prétend exposer la doctrine de saint Augustin sur la grâce et la prédestination. Condamné par Urbain VIII en 1642, l'ouvrage est à l'origine des polémiques qui alimentèrent la querelle janséniste en France.

AUGUSTULE → ***Romulus Augustule.***

AULIS, port de Béotie, où, selon *l'Iliade,* se réunit la flotte des Grecs avant son départ pour Troie et où Iphigénie fut sacrifiée.

AULNAT (63510), comm. du Puy-de-Dôme ; 4 957 h. Aéroport de Clermont-Ferrand. Industrie aéronautique.

AULNAY [onɛ ou olnɛ] (17470), ch.-l. de c. du nord-est de la Charente-Maritime ; 1 470 h. Église exemplaire de l'art roman de Saintonge (début du XIIe s.).

AULNAY-SOUS-BOIS (93600), ch.-l. de c. de la Seine-Saint-Denis, banlieue nord-est de Paris ; 82 537 h. *(Aulnaisiens).* Construction automobile. Chimie. Église des XIIe et XVIIIe s.

AULNE [on], fl. de Bretagne, qui rejoint la rade de Brest ; 140 km.

AULNOY [onwa] (Marie Catherine, *comtesse* **d'**), femme de lettres française (Barneville v. 1650 - Paris 1705), auteur de *Contes de fées.*

AULNOYE-AYMERIES [onwa-] (59620), comm. du Nord ; 10 279 h. Nœud ferroviaire. Métallurgie.

AULNOY-LEZ-VALENCIENNES [onwa-] (59300), comm. du Nord ; 8 041 h.

AULT [olt] (80460), ch.-l. de c. de la Somme ; 2 065 h. *(Aultois).* Station balnéaire.

AULU-GELLE, grammairien latin (IIe s. apr. J.-C.), auteur des *Nuits attiques,* source de renseignements sur la littérature et la civilisation antiques.

AUMALE (76390), ch.-l. de c. de la Seine-Maritime, sur la Bresle ; 2 732 h. Église des XVIe-XVIIIe s.

AUMALE (Charles **de Lorraine,** *duc* **d'**), un des chefs de la Ligue (1555 - Bruxelles 1631). Il défendit Paris assiégé par Henri IV.

AUMALE (Henri **d'Orléans,** *duc* **d'**), général et historien français (Paris 1822 - Zucco, Sicile, 1897), quatrième fils de Louis-Philippe. Il se distingua en Algérie, où il prit, en 1843, la smala d'Abd el-Kader. Député à l'Assemblée nationale en 1871, auteur d'une *Histoire des princes de Condé,* il a légué à l'Institut ses collections et le château de Chantilly. (Acad. fr.)

AUMONT-AUBRAC (48130), ch.-l. de c. du nord-ouest de la Lozère ; 1 064 h.

AUNAY-SUR-ODON (14260), ch.-l. de c. du Calvados ; 2 889 h.

AUNEAU (28700), ch.-l. de c. d'Eure-et-Loir ; 3 134 h. Chimie. Le duc de Guise y vainquit les protestants (1587).

AUNEUIL (60390), ch.-l. de c. de l'Oise ; 2 735 h.

AUNG SAN SUU KYI, femme politique birmane (Rangoon 1945). Leader de l'opposition démocratique, elle a été maintenue en résidence surveillée par le pouvoir militaire de 1989 à 1995. (Prix Nobel de la paix 1991.)

AUNIS [onis], anc. prov. de France, qui appartint successivement aux ducs d'Aquitaine, aux Plantagenêts, fut réunie à la Couronne en 1271 et redevint anglaise de 1360 à 1373. Fief du parti protestant au XVIe s., elle résista à l'autorité jusqu'à la prise de La Rochelle (1628). Cap. *La Rochelle.* Elle forme le nord-ouest du dép. de la Charente-Maritime. *(Aunisiens.)*

AUPS [ops] (83630), ch.-l. de c. du Var ; 1 803 h. Miel. Église gothique.

AURANGĀBĀD, v. de l'Inde (Mahārāshtra) ; 592 052 h. Fondations bouddhiques rupestres (caitya et vihara, IIe-VIIe s.), ornées de reliefs sculptés. Édifices moghols.

AURANGZEB ou **AWRANGZĪB** (1618 - Aurangābād 1707), empereur moghol de l'Inde (1658-1707). Par ses guerres au Deccan et son intransigeance à l'égard des hindous, il amorça la décadence de l'empire moghol.

AURAY (56400), ch.-l. de c. du Morbihan, à la tête de la *rivière d'Auray* (estuaire du Loch) ; 10 589 h. *(Alréens).* Église du XVIIe s.

AURE *(vallée d'),* vallée des Pyrénées centrales (Hautes-Pyrénées), drainée par la Neste d'Aure. Centrales hydroélectriques.

AUREC-SUR-LOIRE (43110), ch.-l. de c. du nord de la Haute-Loire ; 4 879 h.

AUREILHAN (65800), ch.-l. de c. des Hautes-Pyrénées, banlieue de Tarbes ; 7 644 h.

Aurelia *(via)* ou **voie Aurélienne,** voie romaine qui reliait Rome à Arles, en longeant les rives de la Méditerranée.

AURÉLIEN, en lat. **Lucius Domitius Aurelianus** (v. 214-275), empereur romain (270-275). Il vainquit Zénobie, reine de Palmyre (273), et fit entourer Rome de murs qui existent encore. Il fut le premier empereur divinisé de son vivant.

AURELLE DE PALADINES (Louis **d'**), général français (Le Malzieu, Lozère, 1804 - Versailles 1877). Commandant la Ire armée de la Loire, il fut vainqueur à Coulmiers (1870).

AURÈS, massif de l'Algérie orientale (2 328 m), peuplé surtout de Berbères.

AURIC (Georges), compositeur français (Lodève 1899 - Paris 1983), auteur du ballet *les Fâcheux* et de la tragédie chorégraphique *Phèdre.* Président de la S. A. C. E. M. (1954-1978), administrateur de la Réunion des théâtres lyriques nationaux (1962-1968).

Aurige de Delphes, statue grecque d'un conducteur de char, grandeur nature, en bronze, offerte avec le quadrige dont elle faisait partie au temple au Ve s. av. J.-C.

AURIGNAC (31420), ch.-l. de c. de la Haute-Garonne ; 1 106 h. *(Aurignaciens).* Station préhistorique éponyme de l'aurignacien.

AURIGNY, en angl. **Alderney,** une des îles Anglo-Normandes, à la pointe du Cotentin ; 1 700 h. Ch.-l. *Sainte-Anne.* Tourisme.

AURILLAC (15000), ch.-l. du dép. du Cantal, sur la Jordanne, à 631 m d'alt., à 547 km au sud de Paris ; 32 654 h. *(Aurillacois).* Centre commercial. Mobilier. Produits laitiers et pharmaceutiques. Vieilles maisons. Musées et maison du parc régional des Volcans.

AURIOL (13390), comm. des Bouches-du-Rhône, sur l'Huveaune ; 6 808 h.

AURIOL (Vincent), homme politique français (Revel 1884 - Paris 1966). Socialiste, ministre des Finances du Front populaire (1936-37), il fut le premier président de la IVe République (1947-1954).

AURIS (38142), comm. de l'Isère, dans l'Oisans ; 209 h. Sports d'hiver (alt. 1 600-2 200 m).

AUROBINDO (Śri), philosophe indien (Calcutta 1872 - Pondichéry 1950). Il conçoit le yoga comme la discipline permettant de reconnaître en soi la vérité de Dieu.

Aurige de Delphes. Bronze ; début du ve s. av. J.-C. (Musée de Delphes.)

AURON (06660 St Étienne de Tinée), station estivale et de sports d'hiver (alt. 1 600-2 450 m) des Alpes-Maritimes. Chapelle (peintures du xve s.).

Aurore (l'), film américain de F. W. Murnau (1927), d'une grande force symbolique et esthétique, l'un des derniers chefs-d'œuvre du cinéma muet.

Aurore (l'), quotidien républicain-socialiste (1897-1914) qui, lors de l'Affaire Dreyfus, publia le fameux pamphlet d'É. Zola « J'accuse » (1898). Le quotidien qui parut sous le même titre en 1944 est depuis 1984 une édition parisienne du *Figaro.*

AUSCHWITZ, en polon. **Oświęcim,** v. de Pologne, près de Katowice ; 45 100 h. À proximité, les Allemands créèrent le plus grand des camps de concentration et d'extermination (Auschwitz-Birkenau). Entre 1940 et 1945, env. 1,5 million de victimes y périrent dont 1 million de Juifs. Musée de la Déportation.

AUSONE, poète latin (Burdigala, auj. Bordeaux, v. 310 - v. 395). Il a célébré les paysages de la Moselle et de la Gaule méridionale.

AUSSILLON (81200), comm. du Tarn, banlieue de Mazamet ; 7 710 h.

AUSSOIS (73500), comm. de Savoie ; 533 h. Station estivale et de sports d'hiver (alt. 1 500-2 700 m).

AUSTEN (Jane), romancière britannique (Steventon 1775 - Winchester 1817), auteur de romans qui peignent la petite bourgeoisie provinciale anglaise *(Orgueil et préjugé).*

Austerlitz *(bataille d')* [2 déc. 1805], victoire de Napoléon sur les empereurs d'Autriche et de Russie (bataille dite « des Trois Empereurs »), à Austerlitz, auj. Slavkov (Moravie).

AUSTIN, v. des États-Unis, cap. du Texas, sur le Colorado ; 465 622 h. Université.

AUSTIN (John Langshaw), logicien britannique (Lancaster 1911 - Oxford 1960). Ses travaux ont eu une importance décisive dans l'histoire des théories du langage (*Quand dire, c'est faire,* 1962).

AUSTRAL *(océan),* nom parfois donné à l'*océan Antarctique.*

AUSTRALASIE, ensemble géographique formé par l'Australie et la Nouvelle-Zélande.

AUSTRALES *(îles),* archipel de la Polynésie française, au sud de Tahiti ; 164 km² ; 6 509 h.

AUSTRALES ET ANTARCTIQUES FRANÇAISES *(terres),* territoire français d'outre-mer, groupant l'archipel des Kerguelen, la terre Adélie, les îles Saint-Paul et Nouvelle-Amsterdam, l'archipel Crozet.

AUSTRALIE, en angl. **Australia,** État de l'Océanie, formé de six États (Australie-Méridionale, Australie-Occidentale, Nouvelle-Galles du Sud, Queensland, Tasmanie, Victoria) et de deux territoires (Territoire du Nord et Territoire de la Capitale australienne) ; 7 700 000 km² ; 17 800 000 h. *(Australiens).* CAP. *Canberra.* V. pr. *Sydney* et *Melbourne.* LANGUE : *anglais.* MONNAIE : *dollar australien.*

INSTITUTIONS

Constitution de 1901. Les derniers pouvoirs d'intervention directe de la Grande-Bretagne sont abolis par l'*Australia Act* de 1986. (Élisabeth II reste cependant reine d'Australie.) État fédéral (6 États ayant chacun un gouvernement et un Parlement, 2 Territoires), membre du Commonwealth. Gouverneur général, représentant la Couronne britannique. Premier ministre, responsable devant la Chambre des représentants, qui nomme les ministres. *Chambre des représentants,* élue pour 3 ans. *Sénat,* élu pour 6 ans.

GÉOGRAPHIE

Vaste comme 15 fois la France, l'Australie est peu peuplée. C'est un pays désertique, en dehors des bordures est et sud, au climat tempéré, où se concentrent, ponctuellement, les hommes. Les cinq principales villes (Sydney, Melbourne, Brisbane, Adélaïde et Perth) regroupent en effet 60 % de la population australienne, urbanisée au total à plus de 85 %. Les aborigènes représentent environ 1 % de la population, dont l'accroissement naturel annuel avoisine 0,8 %, alors que le solde migratoire demeure excédentaire.

L'agriculture emploie seulement 5 % des actifs, mais la production, mécanisée et sur de grandes superficies, est notable : blé, sucre, élevage bovin et surtout ovin (premier rang mondial pour la laine). Le sous-sol, très riche, fournit d'abondantes quantités de produits énergétiques (houille, hydrocarbures et uranium) et minéraux (bauxite [premier rang mondial], fer, plomb et zinc). L'industrie (28 % des actifs) valorise surtout ces productions (sidérurgie et métallurgie de transformation, chimie, aluminium). L'industrialisation explique un important endettement, alors que l'équilibre du commerce extérieur dépend des cours des matières premières, bases des exportations.

HISTOIRE

La découverte et la colonisation britannique. Occupé partiellement par des populations dites « australoïdes », dont les traces d'activité remontent à près de 40 000 ans, le continent australien attire à partir du XVIIe s. les navigateurs hollandais et britanniques : A. J. Tasman fait le tour de l'Australie et découvre la Tasmanie (1642-1644) ; l'exploration périphérique est achevée par Bougainville (1768) et Cook (1770). 1788 : le débarquement des premiers *convicts* anglais à Port Jackson (Sydney) constitue le noyau de la colonie de la Nouvelle-Galles du Sud. 1809-1821 : le gouverneur Lachlan Macquarie introduit en Australie le mouton mérinos et poursuit l'exploration du continent.

Affirmation et expansion. 1823-1859 : les six colonies (actuels États) sont successivement créées. 1851-1880 : des gouvernements responsables devant les Parlements se mettent en place dans chaque colonie. La ruée vers l'or accélère l'immigration britannique, le chemin de fer se développe, ainsi que l'exportation du blé. 1880-1900 : l'essor économique se poursuit, tandis qu'un syndicalisme bien structuré se forme. 1er janv. 1901 : le *Commonwealth* d'Australie est officiellement proclamé. Le pays participe activement aux deux guerres mondiales aux côtés des Alliés.

L'Australie depuis 1945. Devenue une nation dotée d'une industrie puissante et moderne, l'Australie s'affirme le partenaire privilégié des États-Unis dans la zone Pacifique. Sa vie politique est marquée par l'alternance au pouvoir de libéraux et de travaillistes. Elle a maintenu des liens spécifiques avec la Couronne britannique jusqu'en 1986.

AUSTRALIE-MÉRIDIONALE, État de l'Australie ; 984 000 km² ; 1 400 656 h. Cap. *Adélaïde.*

AUSTRALIENS, habitants de l'Australie ; peuples aborigènes de l'Australie, qui comprenaient autref. les Aranda, les Murngin, les Kariera, etc. Ils vivent auj. dans des réserves.

AUSTRALIE-OCCIDENTALE, État de l'Australie ; 2 530 000 km² ; 1 586 393 h. Cap. *Perth.*

AUSTRASIE, royaume mérovingien (511-751) qui comprenait les territoires du N.-E. de la Gaule. Cap. *Metz.* Rivale heureuse de la Neustrie, elle fut le berceau de la dynastie carolingienne. (Hab. *Austrasiens.*)

austro-prussienne *(guerre),* conflit qui opposa en 1866 la Prusse, soutenue par l'Italie, à l'Autriche, appuyée par les principaux États allemands. La victoire décisive de la Prusse à Sadowa évinça de son rôle de puissance dominante en Allemagne l'Autriche, qui dut, en outre, céder la Vénétie à l'Italie.

Autant en emporte le vent, roman de Margaret Mitchell (1936) : une vaste fresque historique et romanesque des États du Sud pendant la guerre de Sécession. Film de Victor Fleming (1939), avec Clark Gable et Vivien Leigh. Cette superproduction en Technicolor fut l'un des plus grands succès commerciaux du cinéma américain.

AUTANT-LARA (Claude), cinéaste français (Luzarches 1901). Un humour caustique et de réelles qualités d'écriture caractérisent ses meilleures œuvres : *Douce* (1943), *le Diable au corps* (1946), *l'Auberge rouge* (1951), *le Blé en herbe* (1953), *la Traversée de Paris* (1956).

AUTERIVE (31190), ch.-l. de c. de la Haute-Garonne, sur l'Ariège ; 5 847 h.

AUTEUIL, anc. comm. du dép. de la Seine, réunie à Paris (XVIe arr.) en 1860. Hippodrome.

AUTHIE, fl. du nord de la France, né dans l'Artois et qui rejoint la Manche ; 100 km.

AUTHION, riv. d'Anjou, affl. de la Loire (r. dr.) ; 100 km.

AUTHON-DU-PERCHE (28330), ch.-l. de c. d'Eure-et-Loir ; 1 274 h. *(Authonniers).*

AUTRANS (38880), comm. de l'Isère, dans le Vercors ; 1 537 h. Station estivale et de sports d'hiver (alt. 1 050-1 700 m).

AUTRICHE, en all. **Österreich,** État de l'Europe centrale, formé de neuf provinces ou Länder (Basse-Autriche, Haute-Autriche, Burgenland, Carinthie, Salzbourg, Styrie, Tyrol, Vienne et Vorarlberg) ; 84 000 km² ; 7 900 000 h. *(Autrichiens).* CAP. *Vienne.* LANGUE : *allemand.* MONNAIE : *schilling.*

INSTITUTIONS

Constitution de 1920. République fédérale (9 Länder dont chacun a sa propre assemblée). Président de la République, élu pour 6 ans. Chancelier, chef de la majorité parlementaire, dirigeant le gouvernement fédéral. Conseil national *(Nationalrat),* élu pour 4 ans. Conseil fédéral *(Bundesrat),* désigné par les 9 assemblées.

GÉOGRAPHIE

La majeure partie du pays (70 %) s'étend sur les Alpes, culminant dans les Hohe Tauern (3 796 m au Grossglockner), souvent englacées et découpées par de profondes vallées (Inn, Salzach, Enns, Mur, Drave), qui ouvrent des bassins où se concentre la vie humaine (Klagenfurt). Les plaines et les collines ne se développent qu'au nord (vallée du Danube) et à l'est (Burgenland). Le climat est influencé par l'altitude et l'exposition. L'élevage (bovins) domine sur les versants des vallées alpines. La grande culture (blé et betterave à sucre) intéresse surtout les plaines. L'industrie (35 % des actifs, moins de 8 % dans l'agriculture), de tradition ancienne, a été favorisée surtout par les aménagements hydroélectriques. Assez diversifiée (sidérurgie, métallurgie de transformation, textile, chimie), elle se localise principalement dans les grandes villes : Linz, Graz et surtout Vienne. Le tourisme, très actif, ranime des régions montagneuses, autrefois isolées (Vorarlberg et Tyrol), contribuant à combler le déficit de la balance commerciale.

HISTOIRE

Les origines. Centre de la civilisation de Hallstatt au Ier millénaire av. J.-C., l'Autriche est occupée par les Romains dont les camps militaires forment le noyau des villes (Vienne, Linz, etc.). 796 apr. J.-C. : Charlemagne vainc les Barbares qui ont envahi la région entre le IIIe et le VIIe s. et il fonde la marche de l'Est (*Österreich* depuis 996). 1156 : elle devient un duché héréditaire aux mains des Babenberg qui l'augmentent de la Styrie et d'une partie de la Carniole. 1253-1278 : le duché est rattaché à la Bohême puis conquis par Rodolphe Ier de Habsbourg, empereur en 1273.

L'Autriche des Habsbourg. Les Habsbourg, maîtres du pays, sont aussi les possesseurs de la couronne impériale après 1438. 1493-1519 : Maximilien Ier fonde la grandeur de la maison d'Autriche : par son mariage avec Marie de Bourgogne (1477), il gagne les Pays-Bas et la Franche-Comté ; il fait épouser à son fils l'héritière d'Espagne et à ses petits-enfants, ceux du roi de Bohême et de Hongrie. 1521 : Ferdinand Ier reçoit de Charles Quint (empereur depuis 1519) les domaines autrichiens. 1526 : il devient roi de Bohême et de Hongrie. XVIe-XVIIe s. : l'Autriche est le rempart de l'Europe contre la progression

ottomane (sièges de Vienne, 1529 puis 1683 ; traité de Karlowitz [1699] où l'Autriche obtient la Transylvanie). Foyer de la Réforme catholique, elle échoue à éviter l'émiettement politique et religieux de l'Allemagne (traités de Westphalie, 1648). Le XVIIIe s. est marqué par le règne éclairé de Marie-Thérèse (1740-1780) et par celui, centralisateur, de Joseph II (1780-1790) ; ainsi que par les guerres : contre la France (en 1714, l'Autriche y gagne les Pays-Bas et une partie de l'Italie) ; de la Succession d'Autriche (elle perd la Silésie) ; et de Sept Ans. Au 1er partage de la Pologne (1772), elle obtient la Galicie. 1804 : François II, battu deux fois par Bonaparte (1797-1800), réunit ses États sous le nom d'empire d'Autriche (il conserve jusqu'en 1806 le titre d'empereur romain germanique). 1814 : au traité de Vienne, les territoires conquis par Napoléon sont rendus à l'Autriche qui domine l'Italie du Nord, préside la Confédération germanique et apparaît comme l'arbitre de l'Europe. 1859 : devant les Franco-Piémontais, elle perd la Lombardie. 1866 : la victoire de la Prusse à Sadowa marque la fin de la Confédération. L'Autriche perd la Vénétie. 1867 : le partage du pouvoir entre l'Autriche et la Hongrie (compromis austro-hongrois) marque le début de la monarchie austro-hongroise. Il ne résout pas les tensions nationalistes. 1879-1882 : l'Autriche signe avec l'Allemagne et l'Italie la Triple-Alliance. 1908 : elle annexe la Bosnie-Herzégovine. 1914 : l'assassinat de l'archiduc François-Ferdinand, héritier du trône, à Sarajevo (28 juin), déclenche la Première Guerre mondiale. 1916 : Charles Ier succède à François-Joseph. 1918 : la défaite provoque l'éclatement de la monarchie austro-hongroise.

La république autrichienne. 1919-20 : les traités de Saint-Germain-en-Laye et de Trianon reconnaissent l'existence des États nationaux nés de la double monarchie. 1920 : la république d'Autriche, proclamée à Vienne, se dote d'une Constitution fédérative (9 Länder). En dépit de la politique des chanceliers chrétiens-sociaux Seipel, Dollfuss et Schuschnigg, l'Autriche est absorbée par l'Allemagne à la suite du coup de force national-socialiste du 11 mars 1938 (*Anschluss*) et fait partie du Reich jusqu'à la défaite allemande de 1945. 1945-1955 : l'Autriche, redevenue république fédérale, est divisée en quatre zones d'occupation. 1955 : le traité de paix en fait un État neutre. 1969 : un accord est signé avec l'Italie à propos des populations germaniques du Haut-Adige. Après 1945 alternent au pouvoir, séparément ou formant une coalition, le parti populiste (catholique), avec le chancelier L. Figl (1945-1953), et le parti socialiste, avec le président K. Renner (1945-1950) et le chancelier B. Kreisky (1970-1983). En 1986, Kurt Waldheim est élu président de la République ; le socialiste Vranitzky devient chancelier. 1989 : l'Autriche voit s'ouvrir ses frontières avec la Hongrie et la Tchécoslovaquie. 1992 : le populiste Thomas Klestil est élu à la présidence de la République. 1995 : l'Autriche adhère à l'Union européenne.

CULTURE ET CIVILISATION

☐ BEAUX-ARTS

Principaux centres d'intérêt artistiques. Graz, Innsbruck, Klosterneuburg, Linz, Melk, Salzbourg, Sankt Pölten, Sankt Florian, Vienne.

Quelques architectes, peintres et sculpteurs célèbres de l'Autriche moderne. Fin XVIIe-XVIIIe s. : Permoser, Fischer von Erlach, Prandtauer (→ ***Melk***), L. von Hildebrandt, Maulbertsch. XIXe-XXe s. : O. Wagner, Klimt, A. Loos, J. Hoffmann, Kokoschka, Hundertwasser.

☐ LITTÉRATURE

XIXe s. : Fr. Grillparzer, N. Lenau, A. Stifter, A. Schnitzler, R. M. Rilke, H. von Hofmannsthal, L. von Sacher-Masoch. XXe s. : K. Kraus, G. Trakl, Fr. Werfel, R. von Musil, S. Zweig, J. Roth, H. von Doderer, H. Broch, P. Celan, I. Bachmann, Th. Bernhard, P. Handke.

☐ MUSIQUE

Moyen Âge. Art des Minnesänger. P. Hofhaimer. XVIIe s. : H. Biber. XVIIIe s. : J. Haydn ; W. A. Mozart ; C. W. Gluck. XIXe s., Johann Ier, Johann II Strauss, F. Schubert, G. Mahler, A. Bruckner, H. Wolf, R. Strauss. XXe s. : A. Schönberg, A. Berg, A. Webern, F. Cerha.

☐ SCIENCES HUMAINES ET PHILOSOPHIE

XIXe-XXe s. : E. Mach, S. Freud, L. Wittgenstein, W. Reich, K. Gödel.

AUTRICHE (BASSE-), prov. d'Autriche ; 1 431 000 h. Ch.-l. *Sankt Pölten.*

AUTRICHE (HAUTE-), prov. d'Autriche ; 1 277 000 h. Ch.-l. *Linz.*

AUTRICHE-HONGRIE, nom donné, de 1867 à 1918, à la monarchie double comprenant : l'empire d'Autriche, ou Cisleithanie (cap. *Vienne*), et le royaume de Hongrie, ou Transleithanie (cap. *Budapest*), mais gardant une dynastie commune, celle des Habsbourg. L'Autriche-Hongrie était en 1914 un territoire de 676 615 km², peuplé d'Autrichiens, Hongrois, Tchèques, Serbes, Slovènes, Polonais, Ruthènes, etc. Après la défaite des empires centraux (1918), le traité de Saint-Germain-en-Laye (1919) fit disparaître l'Empire que remplacèrent des États indépendants.

AUTUN (71400), ch.-l. d'arr. de Saône-et-Loire, sur l'Arroux ; 19 422 h. *(Autunois).* Évêché. Textile. Parapluies. Monuments romains (théâtre, portes, temple « de Janus »). Cathédrale romane St-Lazare (v. 1120-1140), avec son tympan du Jugement dernier signé Gislebertus. Musée.

AUTUNOIS, petite région boisée de Saône-et-Loire, à l'E. du Morvan.

AUVERGNE, région géographique du centre du Massif central. De hautes terres cristallines (plateaux dominant la vallée de la Sioule et la rive gauche de la Dordogne supérieure à l'ouest, Livradois et parties du Forez et de la Margeride à l'est) encadrent des massifs volcaniques (du nord au sud : chaîne des Puys, monts Dore, Cantal) et des fossés d'effondrement (Limagnes) drainés par l'Allier. L'élevage est la ressource essentielle des régions cristallines et volcaniques, avec, localement, le thermalisme. Les cultures (céréales) sont développées dans les Limagnes, sites de la vie urbaine (Clermont-Ferrand).

AUVERGNE, prov. de France, divisée au XIVe s. en comté, dauphiné et terre (devenue duché en 1360) d'Auvergne, qui furent réunis à la Couronne respectivement en 1606, 1693 et 1527. Agitée pendant la Fronde, la région revint au calme après les Grands Jours d'Auvergne (1665-66). Cap. *Clermont-Ferrand.*

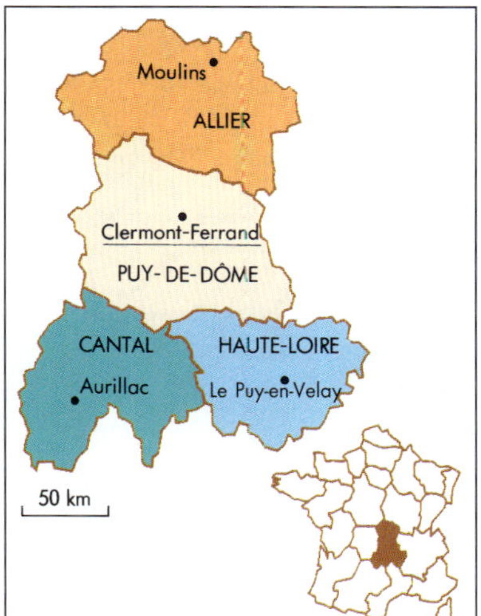

Auvergne

AUVERGNE, Région administrative formée des quatre dép. de l'Allier, du Cantal, de la Haute-Loire et du Puy-de-Dôme ; 26 013 km² ; 1 321 214 h. *(Auvergnats).* Ch.-l. *Clermont-Ferrand.*

AUVERGNE (Antoine **d'**) → ***Dauvergne.***

AUVERS-SUR-OISE [-vɛr] (95430), ch.-l. de c. du Val-d'Oise ; 6 156 h. Église des XIIe-XIIIe s. Van Gogh et d'autres peintres ont rendu célèbre la localité.

AUVILLAR (82340), ch.-l. de c. de Tarn-et-Garonne ; 1 014 h. Village pittoresque.

AUXERRE [osɛr] (89000), ch.-l. du dép. de l'Yonne, sur l'Yonne, à 162 km au sud-est de Paris ; 40 597 h. *(Auxerrois).* Constructions mécaniques et électriques. Anc. abbatiale St-Germain (peintures carolingiennes). Cathédrale gothique avec vitraux du XIIIe s. Musées.

AUXERROIS, anc. pays de France ; ch.-l *Auxerre.*

AUXI-LE-CHÂTEAU [oksi-] (62390), ch.-l. de c. du Pas-de-Calais ; 3 077 h. *(Auxilois).* Constructions mécaniques. Église du XVIe s.

AUXOIS [oswa], pays de la Bourgogne ; ch.-l. *Semur-en-Auxois. (Auxois.)* Axe de passage parsemé de hauteurs, dont le *mont Auxois,* au-dessus d'Alise-Sainte-Reine (site d'Alésia).

AUXONNE [osɔn] (21130), ch.-l. de c. de la Côte-d'Or, sur la Saône ; 7 546 h. *(Auxonnois).* Électronique et industrie alimentaire. Église de style gothique bourguignon (XIIIe-XVIe s.).

AUZANCES (23700), ch.-l. de c. de l'est de la Creuse ; 1 633 h. Industrie alimentaire.

AUZAT (09220), comm. de l'Ariège, sur le Vicdessos ; 763 h. Aluminium.

AUZON (43390), ch.-l. de c. de la Haute-Loire, dans la Limagne ; 931 h. Église romane.

AUZOUT (Adrien), astronome et mathématicien français (Rouen 1622 - Rome 1691). Il perfectionna les lunettes astronomiques. On lui attribue l'invention du micromètre à fils mobiles.

AVAILLES-LIMOUZINE (86460), ch.-l. de c. de la Vienne, sur la Vienne ; 1 337 h. Marché (ovins).

AVALLON (89200), ch.-l. d'arr. de l'Yonne, sur le Cousin ; 8 948 h. *(Avallonnais).* Industrie du caoutchouc. Église romane St-Lazare, des XIe-XIIe s. Anc. fortifications.

AVALOIRS *(mont* ou *signal des),* sommet du bas Maine, point culminant du Massif armoricain (avec la forêt d'Écouves) ; 417 m.

AVALOKITEŚVARA, un des principaux bodhisattvas du bouddhisme du Grand Véhicule. Son culte est surtout répandu au Japon et au Tibet.

AVALON, péninsule du sud-est de Terre-Neuve et qui s'y rattache par l'isthme du même nom. Ville et port principal : *Saint John's.*

Avanti !, journal socialiste italien, fondé en 1896.

AVANTS-SONLOUP (Les), station d'été (alt. 968 m) et de sports d'hiver de Suisse (Vaud).

Avare (l'), comédie en 5 actes et en prose, de Molière (1668). Inspirée de l'*Aulularia* de Plaute, c'est une peinture de l'avarice qui atteint la folie obsessionnelle.

Autun : Ève étendue. Fragment du portail de la cathédrale Saint-Lazare. Sculpture attribuée à Gislebertus. Début du XIIe s. (Musée Rolin, Autun.)

AVARICUM, v. de Gaule. (Auj. *Bourges.*)

AVARS, peuple originaire de l'Asie centrale, qui occupa la plaine hongroise au VIIe s. apr. J.-C. Charlemagne les vainquit (796) et les intégra à l'Empire.

AVARS, peuple caucasien et musulman du Daguestan.

AVEIRO, v. du Portugal, au sud de Porto ; 35 246 h.

AVELLANEDA (Nicolás), homme politique argentin (Tucumán 1836 - océan Atlantique 1885). Président de la République, il réprima l'insurrection de Mitre (1874) et fit accepter Buenos Aires comme capitale fédérale.

AVELLINO, v. d'Italie (Campanie), ch.-l. de prov. ; 54 343 h.

AVEMPACE, en ar. **Ibn Bādjdja,** philosophe arabe (Saragosse fin du XIe s. - Fès 1138). Il est l'auteur d'un système rationaliste faisant de Dieu l'Intelligence suprême *(le Régime du solitaire).*

AVENARIUS (Richard), philosophe allemand (Paris 1843 - Zurich 1896), créateur de l'empiriocriticisme.

Avenir (l'), journal rédigé par La Mennais, Montalembert, Lacordaire. Il tendait à concilier le libéralisme politique avec le catholicisme (oct. 1830 - nov. 1831).

AVENTIN *(mont),* l'une des sept collines de Rome, sur laquelle la plèbe romaine révoltée contre le patriciat se retira jusqu'à ce qu'elle obtînt reconnaissance de ses droits (494 av. J.-C.).

AVENZOAR, en ar. **Abū Marwān ibn Zuhr,** médecin arabe (Peñaflor, Andalousie, 1073 - Séville 1162). Il fut le maître d'Averroès.

AVERCAMP (Hendrick), peintre néerlandais (Amsterdam 1585 - Kampen 1634). Une foule de petits personnages pittoresques animent ses paysages d'hiver.

AVERNE, lac d'Italie, près de Naples, d'où s'échappent des émanations sulfureuses. Dans l'Antiquité, on le considérait comme l'entrée des Enfers. Sur ses bords se trouvait l'antre de la sibylle de Cumes.

Avignon : la ville, le palais des Papes (XIVe s.) et, à gauche, le pont Saint-Bénezet (XIIe s.) sur le Rhône. Dessin du père Martellange ; XVIIe s. (B.N.F., Paris.)

AVERROÈS, en ar. **Abū al-Walīd ibn Ruchd,** médecin et philosophe arabe (Cordoue 1126 - Marrakech 1198). Son interprétation de la métaphysique d'Aristote à la lumière du Coran a exercé une profonde influence sur la pensée chrétienne du Moyen Âge.

AVERY (Tex), dessinateur et cinéaste d'animation américain (Dallas 1907 - Burbank 1980). Créateur du cochon Porky Pig, du chien Droopy et, en collab. avec Chuck Jones et Ben Hardaway, du lapin Bugs Bunny, il a, par son humour, renouvelé le rythme et l'esprit du dessin animé.

AVESNES-LE-COMTE [avɛn-] (62810), ch.-l. de c. du Pas-de-Calais ; 2 022 h. *(Avesnois).* Église gothique.

AVESNES-SUR-HELPE [avɛn-] (59440), ch.-l. d'arr. du Nord, sur l'Helpe Majeure, dans l'Avesnois ; 5 612 h. *(Avesnois).* Textile. Église gothique.

Avesta, livre saint des zoroastriens. Le texte en a été fixé au IVe s. apr. J.-C.

AVEYRON [avɛrɔ̃], riv. de France, qui naît près de Sévérac-le-Château, passe à Rodez, Villefranche-de-Rouergue, et rejoint le Tarn (r. dr.), au nord-ouest de Montauban ; 250 km.

AVEYRON (**12**), dép. de la Région Midi-Pyrénées, correspondant approximativement au Rouergue historique ; ch.-l. de dép. *Rodez ;* ch.-l. d'arr. *Millau, Villefranche-de-Rouergue ;* 3 arr., 46 cant., 304 comm. ; 8 735 km² ; 270 141 h. *(Aveyronnais).* Le dép. est rattaché à l'académie de Toulouse, à la cour d'appel de Montpellier et à la région militaire Atlantique. Dans le sud du Massif central, faiblement peuplé, ayant subi une intense émigration, il est formé de plateaux cristallins (Viadène, Ségala) ou calcaires (partie des Grands Causses), découpés par les profondes vallées de la Truyère, du Lot, de l'Aveyron et du Tarn, où se localisent les principales villes (Rodez, Millau). L'agriculture juxtapose céréales dans le Ségala et élevage des brebis — pour la fabrication du roquefort — dans les Causses. L'industrie est représentée par le travail du cuir et les aménagements hydroélectriques (sur la Truyère surtout).

AVICÉBRON, en ar. **Sulaymān ibn Gabīrūl,** philosophe juif espagnol (Málaga v. 1020 - Valence v. 1058). Il exposa son panthéisme dans *la Source de vie,* connue par une traduction latine.

AVICENNE, en ar. **Ibn Sīnā,** médecin et philosophe iranien (Afchana, près de Boukhara, 980 - Hamadhān 1037). Il fut l'un des savants les plus remarquables de l'Orient. Son *Canon de la médecine* et son interprétation d'Aristote jouèrent un rôle considérable en Europe jusqu'au XVIIe s.

AVIGNON (84000), ch.-l. du dép. de Vaucluse, sur le Rhône, à 683 km au sud-sud-est de Paris ; 89 440 h. *(Avignonnais).* Archevêché. Centre commercial et touristique. L'agglomération compte plus de 170 000 h. et est industrialisée (produits réfractaires, poudrerie, papeterie, alimentation). — Cathédrale romane, palais des Papes (XIVe s.) et autres monuments. Musées Calvet et du Petit-Palais. — Siège de la papauté de 1309 à 1376. En 1348, Clément VI l'acheta à Jeanne Ire, reine de Sicile, comtesse de Provence. Résidence des papes dits « d'Avignon » lors du Grand Schisme d'Occident (1378-1417), la ville, demeurée à l'Église jusqu'en 1791, fut alors réunie à la France en même temps que le Comtat Venaissin. En 1815, elle fut un centre de la Terreur blanche.

Avignon *(festival d'),* festival de théâtre créé en 1947 par Jean Vilar et qui fut le lieu privilégié d'expression et de réflexion du T. N. P. Il s'est ouvert depuis 1966 à d'autres troupes, ainsi qu'à la danse, à la musique et au cinéma.

ÁVILA, v. d'Espagne, en Castille, ch.-l. de prov. ; 45 977 h. Enceinte aux 88 tours. Cathédrale gothique, églises romanes. Patrie de sainte Thérèse.

AVILÉS, port d'Espagne (Asturies) ; 85 351 h. Centre sidérurgique et métallurgique.

AVION (62210), ch.-l. de c. du Pas-de-Calais, banlieue de Lens ; 18 595 h.

AVIOTH (55600), comm. de la Meuse ; 122 h. Église des XIVe-XVe s.

AVIRONS (Les) [97425], comm. de la Réunion ; 5 944 h.

AVITUS ou **AVIT** *(saint),* prélat gallo-romain (Vienne, Isère, 450 - *id.* 518), évêque de Vienne v. 490.

AVIZ *(dynastie d'),* dynastie qui régna sur le Portugal de 1385 à 1580.

AVIZE (51190), ch.-l. de c. de la Marne ; 1 896 h. Vignobles.

AVOGADRO (Amedeo **di Quaregna**, *comte*), chimiste italien (Turin 1776 - *id.* 1856), auteur de l'hypothèse selon laquelle il y a le même nombre de molécules dans des volumes égaux de gaz différents à la même température et à la même pression.

AVOINE (37420), comm. d'Indre-et-Loire, au nord-ouest de Chinon ; 1 676 h. Centrale nucléaire, dite aussi « de Chinon », sur la Loire. Musée du nucléaire.

AVON (77210), comm. de Seine-et-Marne, près de Fontainebleau ; 14 168 h. *(Avonnais).* Verrerie. Église des XIIe-XVIe s.

AVORD (18520), comm. du Cher ; 3 021 h. Base aérienne.

AVORIAZ (74110 Morzine), station de sports d'hiver (alt. 1 800-2 275 m) de Haute-Savoie (comm. de Morzine), dans le Chablais. Festival du film français.

AVRANCHES (50300), ch.-l. d'arr. de la Manche, près de l'embouchure de la Sée ; 9 523 h. *(Avranchins).* Confection. Percée décisive du front allemand par les blindés américains (31 juill. 1944).

AVRIEUX (73500), comm. de la Savoie, en Maurienne ; 310 h. Soufflerie.

AVRILLÉ (49240), comm. de Maine-et-Loire ; 12 936 h. Constructions mécaniques et électriques.

AVVAKOUM, archiprêtre et écrivain russe (Grigorovo v. 1620 - Poustozersk 1682). Il a écrit le récit de sa vie, une des premières œuvres de la littérature russe en langue populaire. Son refus des réformes liturgiques du patriarche Nikon provoqua le schisme des vieux-croyants, ou *raskol.* Condamné à mort, il fut brûlé.

Avventura (l'), film italien de M. Antonioni (1959). Cette œuvre raffinée qui, à travers la quête incertaine d'un couple, exprime d'une manière neuve la difficulté d'être, consacra son auteur.

Axe (l'), alliance formée en 1936 par l'Allemagne et l'Italie *(Axe Rome-Berlin).* On donna le nom de « puissances de l'Axe » à l'ensemble constitué par l'Allemagne, l'Italie et leurs alliés pendant la Seconde Guerre mondiale.

AX-LES-THERMES (09110), ch.-l. de c. de l'Ariège, sur l'Ariège ; 1 536 h. *(Axéens).* Station thermale. Sports d'hiver sur le *plateau du Saquet* (alt. 2 000 m).

AY [ai] (51160), ch.-l. de c. de la Marne, sur la Marne, en amont d'Épernay ; 4 323 h. Vignobles.

AYACUCHO, v. du Pérou ; 35 000 h. Aux environs, victoire de Sucre sur les Espagnols (déc. 1824), qui consacra l'indépendance de l'Amérique du Sud.

AYDAT *(lac d'),* lac volcanique d'Auvergne (Puy-de-Dôme), dans les monts Dôme, à 825 m d'alt. Tourisme.

AYERS ROCK, montagne sacrée des aborigènes, dans le centre de l'Australie ; 867 m. Tourisme.

AYLWIN AZÓCAR (Patricio), homme politique chilien (Viña del Mar 1918). Succédant à Pinochet, il est président de la République de 1990 à 1994.

AYMARA, Indiens de Bolivie et du Pérou.

AYMÉ (Marcel), écrivain français (Joigny 1902 - Paris 1967), auteur de nouvelles *(le Passe-Muraille)* et romans où la fantaisie et la satire se mêlent au fantastique *(la Jument verte),* de pièces de théâtre *(Clérambard)* et de contes *(Contes du chat perché).*

AYROLLE *(étang de l'),* étang littoral de l'Aude, couvrant environ 1 500 ha.

AYTRÉ (17440), ch.-l. de c. de la Charente-Maritime ; 7 902 h. Matériel ferroviaire.

AYUTHIA, v. de la Thaïlande, anc. cap., au nord de Bangkok. Nombreux monuments (XIVe-XVIIIe s.).

AYYUBIDES, dynastie musulmane fondée par Saladin, qui régna aux XIIe-XIIIe s. sur l'Égypte, la Syrie et une grande partie de la Mésopotamie et du Yémen.

AZAÑA Y DÍAZ (Manuel), homme politique espagnol (Alcalá de Henares 1880 - Montauban 1940). Président du Conseil de 1931 à 1933, il fut président de la République espagnole de 1936 à 1939.

AZAY-LE-RIDEAU [azɛ-] (37190), ch.-l. de c. d'Indre-et-Loire, sur l'Indre ; 3 116 h. Château de la première Renaissance (1518-1529).

AZEGLIO (Massimo, *marquis* **d'**), écrivain et homme d'État italien (Turin 1798 - *id.* 1866), un des chefs modérés du *Risorgimento.*

AZERBAÏDJAN, région de l'Asie occidentale, aujourd'hui partagée entre la République d'Azerbaïdjan et l'Iran. L'Iran céda l'Azerbaïdjan septentrional à la Russie en 1828.

AZERBAÏDJAN, État du Caucase, sur la Caspienne ; 87 000 km^2 ; 7 200 000 h. *(Azerbaïdjanais).* CAP. *Bakou.* LANGUE : *azéri.* MONNAIE : *manat.*

GÉOGRAPHIE

Le pays est peuplé à plus de 80 % d'Azéris, musulmans. Il correspond à la plaine de la Koura et à son pourtour montagneux. Le sous-sol recèle du pétrole et du gaz. Le coton est la principale ressource agricole. (V. carte ***Caucase.***)

HISTOIRE

1918 : une république indépendante est proclamée dans la partie septentrionale de l'Azerbaïdjan, intégrée à l'Empire russe en 1828. 1920 : elle est occupée par l'Armée rouge et soviétisée. 1922 : elle est intégrée à la Fédération transcaucasienne et à l'U. R. S. S. 1923-24 : la république autonome du Nakhitchevan et la région autonome du Haut-Karabakh sont instituées et rattachées à l'Azerbaïdjan. 1936 : l'Azerbaïdjan devient une république fédérée. 1988 : elle s'oppose aux revendications arméniennes sur le Haut-Karabakh. Le nationalisme azéri se développe et des pogroms antiarméniens se produisent. 1990 : les communistes remportent les premières élections républicaines libres. 1991 : le Soviet suprême déclare l'indépendance du pays (août), qui adhère à la C.E.I. 1992 : l'opposition nationaliste accède au pouvoir. 1993 : les forces armées arméniennes du Haut-Karabakh prennent le contrôle de toute la région autonome et occupent le sud-ouest de l'Azerbaïdjan. Les communistes reprennent le pouvoir. Gueïdar Aliev devient président de la République.

AZÉRIS, peuple turc et musulman habitant l'Azerbaïdjan caucasien et iranien.

AZEVEDO (Aluísio), écrivain brésilien (São Luís 1857 - Buenos Aires 1913), auteur du premier roman naturaliste de son pays, *le Mulâtre* (1881).

Azhar (al-), mosquée fondée au Caire par les Fatimides en 973 et devenue, par les nombreuses adjonctions faites au bâtiment initial, un véritable répertoire de l'architecture islamique en Égypte. Elle abrite l'une des grandes universités du monde musulman.

Azincourt *(bataille d')* [25 oct. 1415], une des plus désastreuses défaites françaises de la guerre de Cent Ans, dans le Pas-de-Calais, devant le roi d'Angleterre Henri V.

AZORÍN (José **Martínez Ruiz**, dit), écrivain espagnol (Monóvar 1874 - Madrid 1967). Son œuvre est une analyse de l'âme espagnole *(le Licencié de verre).*

AZOV *(mer d'),* golfe formé par la mer Noire ; 38 000 km^2. Il s'enfonce entre l'Ukraine et la Russie méridionale, et reçoit le Don.

AZTÈQUES [astɛk], anc. peuple du Mexique, qui, v. 1325, a fondé Tenochtitlán, près de l'actuelle Mexico, et qui domina le pays jusqu'à la conquête espagnole, dirigée par Cortés (1521). Formant une société militaire et conquérante, fortement hiérarchisée, assimilant l'apport culturel (écriture idéographique, etc.) de leurs vaincus, ils possédaient un art d'un réalisme cruel, empreint de syncrétisme religieux.

AZUELA (Mariano), écrivain mexicain (Lagos de Moreno 1873 - Mexico 1952), premier représentant des « romanciers de la révolution » *(Ceux d'en bas,* 1916).

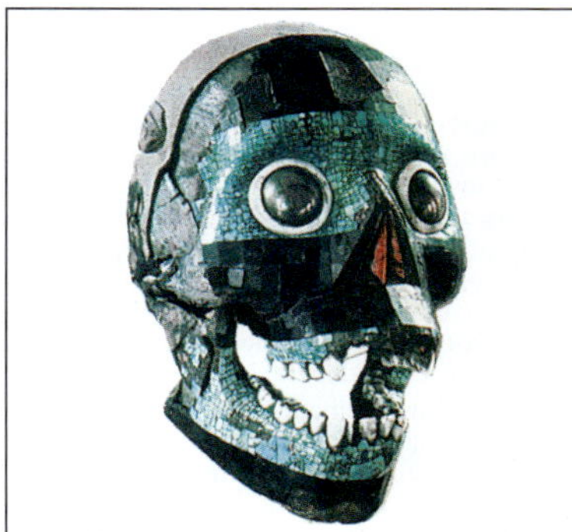

Art des **Aztèques :** crâne, incrusté de turquoises et de coquillages, représentant le dieu de la Nuit Tezcatlipoca. (British Museum, Londres.)

Ayuthia : le stupa Pra Chedi Chai Mongkon (1593).

Art des **Aztèques :** détail d'un feuillet de calendrier dit codex *Borbonicus* (XIVe-XVIe s.). [Bibliothèque de l'Assemblée nationale, Paris.]

B

BÂ (Amadou Hampaté), écrivain malien d'expression française (Bandiagara 1901 - Abidjan 1991), défenseur de la tradition africaine.

BAADE (Walter), astronome américain d'origine allemande (Schröttinghausen 1893 - Göttingen 1960). Sa découverte de l'existence de deux types de populations stellaires (1944) a conduit à réviser l'échelle de mesure des distances des galaxies.

BAAL, terme sémitique signifiant « Seigneur », appliqué à un grand nombre de divinités et en partic. au dieu cananéen Hadad. Dans la Bible, il désigne tous les faux dieux.

BAALBEK ou **BALBEK,** v. du Liban ; 18 000 h. Anc. cité syrienne, nommée *Héliopolis* à l'époque hellénistique, prospère au temps des Antonins. Vestiges des temples de Jupiter et de Bacchus.

Baath ou **Ba'th,** parti socialiste fondé en 1953 par le Syrien Michel Aflak afin de regrouper en une seule nation tous les États arabes du Proche-Orient. Il est au pouvoir en Syrie depuis 1963 et, en Iraq, depuis 1968.

BĀB ('Alī Muḥammad, dit **le**), chef religieux persan (Chirāz 1819 - Tabriz 1850). Instigateur d'une réforme de l'islam dans un sens mystique, libéral et égalitaire, il fut fusillé et ses partisans massacrés.

BĀB AL-MANDAB ou **BAB EL-MANDEB** (« porte des pleurs »), détroit entre l'Arabie et l'Afrique, qui réunit la mer Rouge au golfe d'Aden.

BABANGIDA (Ibrahim), général et homme politique nigérian (Minna 1941). Chef de l'armée de terre (1984), il dirige le coup d'État à l'issue duquel il devient président de la République en 1985. En 1993, il abandonne le pouvoir.

BABBAGE (Charles), mathématicien britannique (Teignmouth, Devon, 1792 - Londres 1871). Il conçut, sans parvenir à la réaliser, une machine à calculer à cartes perforées qui peut être regardée comme l'ancêtre des ordinateurs modernes.

BABEL (Issaak Emmanouilovitch), écrivain russe (Odessa 1894 - Moscou 1940). Ses nouvelles (*Cavalerie rouge,* 1926) et ses drames peignent les épisodes de la révolution russe et de la guerre civile.

Babel *(tour de),* grande tour que, d'après la Bible, les fils de Noé voulurent élever à Babel (nom hébreu de Babylone) pour atteindre le ciel. Dieu aurait anéanti par la confusion des langues ces efforts insensés. Ce mythe est inspiré par la *ziggourat* babylonienne.

BABENBERG, famille franconienne qui a régné sur la marche puis le duché (1156) d'Autriche jusqu'à son extinction (1246).

BĀBER ou **BĀBUR,** fondateur de l'Empire moghol de l'Inde (Andijan 1483 - Āgrā 1530), descendant de Tīmūr Lang, il partit de Kaboul pour conquérir l'Inde (1526-1530).

BABEUF (François Noël, dit **Gracchus**), révolutionnaire français (Saint-Quentin 1760 - Vendôme 1797). Il conspira contre le Directoire (« conjuration des Égaux ») et fut exécuté. Sa doctrine *(babouvisme)* est proche du communisme par la collectivisation des terres qu'elle préconise.

BABINET (Jacques), physicien et astronome français (Lusignan 1794 - Paris 1872). Il mit au point un goniomètre et un polariscope.

BABINGTON (Anthony), conspirateur anglais (Dethick 1561 - Londres 1586). Il monta une conspiration pour assassiner la reine Élisabeth Ire et couronner Marie Stuart. Découvert, il fut exécuté.

BABINSKI (Joseph), médecin français, d'origine polonaise (Paris 1857 - *id.* 1932). Il a décrit plusieurs signes caractéristiques d'affections neurologiques.

BABITS (Mihály), écrivain hongrois (Szekszárd 1883 - Budapest 1941). Directeur de la revue *Nyugat (Occident),* il est l'auteur de poèmes *(le Livre de Jonas)* et de romans psychologiques *(le Calife Cigogne).*

BABYLONE, v. de basse Mésopotamie, dont les imposantes ruines, au bord de l'Euphrate, sont à 160 km au sud-est de Bagdad. Sa fondation doit être attribuée aux Akkadiens (2325-2160 av. J.-C.). La Ire dynastie amorrite s'y établit (v. 1894-1881 av. J.-C.). Hammourabi, 6e roi de cette dynastie, en fit sa capitale. Souvent soumise par l'Assyrie, Babylone resta la capitale intellectuelle et religieuse de la Mésopotamie. À la fin du VIIe s., une dynastie indépendante, dite chaldéenne, s'établit à Babylone. Son fondateur, Nabopolassar, prit part avec les Mèdes à la ruine de l'Assyrie. Son fils, Nabuchodonosor II, prit Jérusalem (587 av. J.-C.) et déporta beaucoup de ses habitants. De son règne datent les principaux monuments de Babylone. La ville fut prise par Cyrus II (539), qui fit de la Babylonie une province de l'Empire perse. Xerxès démantela Babylone après sa révolte. Alexandre la choisit comme capitale de l'Asie et y mourut en 323 av. J.-C. Babylone déclina quand les Séleucides eurent fondé Séleucie sur le Tigre.

BABYLONIE, partie inférieure de la Mésopotamie, appelée très tardivement *Chaldée**. V. princ. *Babylone, Our, Béhistoun.*

BACĂU, v. de Roumanie ; 204 495 h.

BACCARAT (54120), ch.-l. de c. de Meurthe-et-Moselle, sur la Meurthe ; 5 049 h. *(Bachamois).* Cristallerie. Église de 1957.

Bacchantes (les), tragédie d'Euripide (405 av. J.-C.), sur la mort de Penthée, roi de Thèbes,

Baalbek : le temple de Bacchus. IIe s. apr. J.-C.

Gracchus **Babeuf** (gravure de Bonnerille - B.N.F., Paris)

Un aspect des ruines de **Babylone.**

déchiré par les Bacchantes pour s'être opposé au culte de Dionysos.

BACCHUS [bakys], nom donné à *Dionysos** par les Romains.

BACCHYLIDE, poète lyrique grec (Céos v. 500 av. J.-C. - v. 450 av. J.-C.). Il fut le rival de Pindare.

BACH, nom d'une famille de musiciens allemands. Le plus illustre est **Johann Sebastian** ou **Jean-Sébastien** (Eisenach 1685 - Leipzig 1750), organiste, qui dirigea l'orchestre du prince Leopold d'Anhalt à Köthen (1717) et devint, en 1723, cantor à la Thomasschule de Leipzig. Ses œuvres de musique religieuse, vocale ou instrumentale, valent par la science de l'architecture, la richesse de l'inspiration, l'audace du langage harmonique, la haute spiritualité *(Cantates, Passions, Messe en « si » ; Préludes, Fugues, Chorals pour orgue, le Clavier* bien tempéré, Partitas ; Concertos brandebourgeois, Suites pour orchestre, Concertos pour clavecin et orchestre, Concertos pour violon et orchestre, Suites pour violoncelle seul, Sonates pour flûte et clavier, pour violon et clavier ; l'Offrande musicale ; l'Art* de la fugue).* — Trois de ses fils furent des compositeurs réputés : **Wilhelm Friedemann** (Weimar 1710 - Berlin 1784) ; **Carl Philipp Emanuel** (Weimar 1714 - Hambourg 1788), musicien de Frédéric II, et qui, un des premiers, écrivit des sonates à deux thèmes ; **Johann Christian** (Leipzig 1735 - Londres 1782), partisan d'une esthétique galante dans ses œuvres instrumentales qui annoncent l'école viennoise.

BACH (Alexander, *baron* **von**), homme d'État autrichien (Loosdorf 1813 - Schöngrabern 1893). Ministre de l'Intérieur (1849-1859), il mena une politique centralisatrice.

BACHELARD (Gaston), philosophe français (Bar-sur-Aube 1884 - Paris 1962), auteur d'une épistémologie historique et d'une psychanalyse de la connaissance scientifique (*la Formation de l'esprit scientifique,* 1938). On lui doit également des analyses de l'imaginaire poétique (*l'Eau et les Rêves,* 1942).

BACHELIER (Nicolas), architecte et sculpteur français (? v. 1487 - Toulouse 1556/57), un des protagonistes de l'art de la Renaissance dans la région toulousaine.

BACHKIRIE ou **BACHKORTOSTAN,** République de la Fédération de Russie, dans l'Oural méridional, peuplée majoritairement de Russes et de Bachkirs ; 3 952 000 h. Cap. *Oufa.* Pétrole.

BACHKIRS, peuple turc et musulman habitant la Bachkirie.

BACHMANN (Ingeborg), femme de lettres autrichienne (Klagenfurt 1926 - Rome 1973). Son œuvre poétique et romanesque est marquée par l'influence de Heidegger et la réflexion sur la condition féminine face à la violence et à l'écriture (*Malina,* 1971).

BACK (*sir* George), amiral britannique (Stockport 1796 - Londres 1878). Parti en 1833 à la recherche de John Ross, il explora le Nord-Ouest canadien.

BACOLOD, port des Philippines (Negros) ; 262 000 h.

BACON (Francis), *baron* **Verulam,** chancelier d'Angleterre sous Jacques Ier et philosophe (Londres 1561 - *id.* 1626). Son ouvrage *la Grande Reconstitution* (1623) développe une théorie empiriste de la connaissance et son *Novum* Organum* (1620) propose une classification des sciences.

Jean-Sébastien **Bach** (E.G. Haussmann - Museum der Geschichte der Stadt, Leipzig)

Francis **Bacon** National Portrait Gallery, Londres)

BACON (Francis), peintre britannique (Dublin 1909 - Madrid 1992). Exprimant l'inadaptation des êtres par des déformations violentes et par l'acidité de la couleur, il a influencé la nouvelle figuration internationale.

Francis **Bacon** : *Étude de George Dyer et images d'après Muybridge* (1971). [Coll. priv.]

BACON (Roger), philosophe anglais, surnommé **le Docteur admirable** (Ilchester, Somerset, ou Bisley, Gloucester, v. 1220 - Oxford 1292), un des plus grands savants du Moyen Âge. Le premier, il s'aperçut que le calendrier julien était erroné. Il signala les points vulnérables du système de Ptolémée et préconisa la science expérimentale.

BACQUEVILLE-EN-CAUX (76730), ch.-l. de c. de la Seine-Maritime ; 1 700 h.

BACTRIANE, pays de l'Asie anc., dans l'actuel Turkestan. Satrapie de l'Empire perse puis séleucide, siège d'un royaume grec (IIIe-IIe s. av. J.-C.). Cap. *Bactres* (auj. *Balkh*). [Hab. *Bactriens.*]

BADAJOZ, v. d'Espagne (Estrémadure), ch.-l. de prov., sur le Guadiana ; 122 225 h. Vestiges arabes. Cathédrale des XIIIe-XVIe s.

BADALONA, v. d'Espagne, banlieue industrielle de Barcelone ; 218 725 h.

BĀDĀMI, site archéologique de l'Inde (Karnātaka), à l'emplacement de l'une des anc. cap. des Cālukya. Sanctuaires rupestres brahmaniques (VIe-VIIe s.).

BADA SHANREN ou **PA-TA-CHAN-JEN,** pseudonyme du peintre chinois **Zhu Da (Tchou Ta)** [Nanchang 1625 - ? 1705]. L'un des plus féconds parmi les peintres individualistes de l'époque Ming.

BADE, en all. **Baden,** ancien État de l'Allemagne rhénane, auj. partie du Bade-Wurtemberg. Margraviat en 1112, grand-duché en 1806, république en 1919.

BADE (Maximilien **de**) → ***Maximilien de Bade.***

BAD EMS → ***Ems.***

BADEN, comm. de Suisse (Argovie), sur la Limmat ; 15 718 h. Noyau ancien de la ville haute. Station thermale.

BADEN-BADEN, v. d'Allemagne (Bade-Wurtemberg), près du Rhin ; 51 085 h. Station thermale.

BADEN-POWELL (Robert, *baron*), général anglais (Londres 1857 - Nyeri, Kenya, 1941), fondateur du scoutisme (1908).

BADE-WURTEMBERG, Land du sud-ouest de l'Allemagne ; 35 750 km^2 ; 9 618 696 h. Cap. *Stuttgart.*

BADGASTEIN, v. d'Autriche, près de Salzbourg ; 6 000 h. Station thermale et de sports d'hiver (alt. 1 083-2 246 m).

BADINGUET, surnom de Napoléon III (du nom de l'ouvrier qui lui avait prêté ses habits lorsqu'il s'évada du fort de Ham).

BADINTER (Robert), avocat français (Paris 1928). Ministre de la Justice (1981-1986), il a fait voter l'abolition de la peine de mort (9 oct. 1981). Il a été président du Conseil constitutionnel de 1986 à 1995.

BADOGLIO (Pietro), maréchal italien (Grazzano Monferrato 1871 - *id.* 1956), gouverneur de Libye (1929), vice-roi d'Éthiopie (1938). Président du Conseil après la chute de Mussolini, il négocia l'armistice avec les Alliés (1943).

BADONVILLER [-vile] (54540), ch.-l. de c. de Meurthe-et-Moselle ; 1 680 h. Faïence.

Badr *(bataille de)* [624], victoire remportée à Badr, au S.-O. de Médine, par Mahomet sur des Quraychites.

BAD RAGAZ, comm. de Suisse (Saint-Gall) ; 4 325 h. Station thermale.

BADUILA → ***Totila.***

BAEDEKER (Karl), libraire et écrivain allemand (Essen 1801 - Coblence 1859), célèbre pour sa collection de guides touristiques.

BAEKELAND (Leo Hendrik), chimiste belge, naturalisé américain (Gand 1863 - Beacon, État de New York, 1944), inventeur de la *Bakélite.*

BAEYER (Adolf **von**), chimiste allemand (Berlin 1835 - Starnberg, Bavière, 1917). Il réalisa la synthèse de l'indigo. (Prix Nobel 1905.)

BAFFIN *(terre* ou *île de),* grande île de l'archipel Arctique canadien (environ 470 000 km^2), séparée du Groenland par la *mer de Baffin.*

BAFFIN (William), navigateur anglais (Londres ? v. 1584 - golfe Persique 1622). En 1616, il pénétra pour la première fois, par le détroit de Davis, dans la mer qui porte aujourd'hui son nom.

BAFOUSSAM, v. du Cameroun ; 75 000 h.

BAGANDA → ***Ganda.***

BAGAUDES, bandes de paysans de la Gaule romaine, qui, ruinés par les guerres, se révoltèrent plusieurs fois et furent chaque fois écrasés (IIIe-Ve s.).

BAGDAD, cap. de l'Iraq, sur le Tigre ; 3 205 000 h. Monuments des XIIIe-XIVe s. Musées. La ville connut sa plus grande prospérité comme capitale des Abbassides (VIIIe-XIIIe s.) et fut détruite par les Mongols en 1258.

Bagdad : la grande mosquée chiite de Kāzimayn (VIIIe s. ; restaurée au XIXe s.).

Bagdad *(pacte de)* → ***Cento.***

BAGEHOT (Walter), économiste britannique (Langport, Somerset, 1826 - *id.* 1877). On lui doit des travaux sur le marché financier de Londres et la Constitution anglaise.

BAGNÈRES-DE-BIGORRE (65200), ch.-l. d'arr. des Hautes-Pyrénées, sur l'Adour ; 9 093 h. *(Bagnérais).* Matériel électrique. Station thermale (affections respiratoires, rhumatismales et nerveuses).

BAGNÈRES-DE-LUCHON ou **LUCHON** (31110), ch.-l. de c. de la Haute-Garonne ; 3 219 h. *(Luchonnais).* Station thermale (voies respiratoires, rhumatismes). Sports d'hiver à *Superbagnères.*

BAGNEUX (92220), ch.-l. de c. des Hauts-de-Seine, au sud de Paris ; 36 453 h. *(Balnéolais).* Électronique. Cimetière parisien.

BAGNOLES-DE-L'ORNE (61140), comm. de l'Orne ; 881 h. Station thermale (troubles circulatoires).

BAGNOLET (93170), ch.-l. de c. de la Seine-Saint-Denis ; 32 739 h.

BAGNOLS-LES-BAINS [nɔl] (48190), comm. de la Lozère, sur le Lot ; 213 h. Station thermale.

BAGNOLS-SUR-CÈZE (30200), ch.-l. de c. du Gard ; 18 179 h. *(Bagnolais).* Métallurgie. Musée (peintures postimpressionnistes).

BAGOT (*sir* Charles), homme politique britannique (Rugeley 1781 - Kingston, Canada, 1843), gouverneur général du Canada de 1841 à 1843.

BAGRATION (Petr Ivanovitch, *prince*), général russe (Kizliar, Daguestan, 1765 - Sima 1812). Il se battit contre Napoléon et fut tué à la bataille de la Moskova.

BAGUIO, v. des Philippines (Luçon) ; 120 000 h.

BAGUIRMI, ancien sultanat musulman du Soudan central (auj. au Tchad), fondé au XVIe s.

BAHAMAS, anc. **Lucayes,** État insulaire de l'Atlantique, au sud-est de la Floride ; 13 900 km^2 ; 300 000 h. CAP. *Nassau.* LANGUE : *anglais.* MONNAIE : *dollar des Bahamas.* Tourisme. Place financière et siège de sociétés. Anc. colonie britannique, indépendante depuis 1973. (V. carte ***Antilles.***)

BAHĀWALPUR, v. du Pakistan ; 134 000 h.

BAHIA, État du nord-est du Brésil ; 561 000 km^2 ; 11 801 810 h. Cap. *Salvador.*

BAHÍA BLANCA, port de l'Argentine, près de la *baie de Bahía Blanca ;* 271 467 h.

BAHREÏN ou **BAḤRAYN** *(îles),* archipel du golfe Persique, près de la côte d'Arabie (il est relié à l'Arabie saoudite par un pont depuis 1986) ; 660 km^2 ; 500 000 h. CAP. *Manāma.* LANGUE : *arabe.* MONNAIE : *dinar de Bahreïn.* Place financière. Pétrole. Protectorat britannique en 1914, Bahreïn est devenu indépendant en 1971. (V. carte ***Arabie.***)

BAHR EL-ABIAD → ***Nil.***

BAHR EL-AZRAK → ***Nil.***

BAHR EL-GHAZAL, cours d'eau du Soudan, exutoire d'une cuvette marécageuse.

BAIA MARE, v. du nord-ouest de la Roumanie ; 148 815 h.

BAIE (La), v. du Canada (Québec) ; 15 078 h.

BAIE-COMEAU, port du Canada (Québec), sur l'estuaire du Saint-Laurent ; 25 957 h.

BAIE-MAHAULT (97122), comm. de la Guadeloupe ; 15 788 h.

BAÏES, en lat. **Baiae,** v. de l'Italie anc., près de Naples. Lieu de plaisance des Romains.

BAÏF (Lazare **de**), diplomate et humaniste français (près de La Flèche 1496 - Paris 1547). — Son fils **Jean Antoine**, poète français (Venise 1532 - Paris 1589), membre de la Pléiade, tenta d'acclimater en France le vers de la poésie antique et de réformer l'orthographe.

BAIGNES-SAINTE-RADEGONDE (16360), ch.-l. de c. de la Charente ; 1 201 h.

BAÏKAL, lac de la Sibérie méridionale, qui se déverse dans l'Ienisseï par l'Angara ; 31 500 km^2 ; longueur 640 km ; profondeur maximale 1 620 m. Il est gelé 6 mois par an. Principal foyer paléolithique et mésolithique de Sibérie.

Baïkonour *(cosmodrome de),* base de lancement d'engins spatiaux et de missiles intercontinentaux, située près de la ville de Tiouratam, dans le Kazakhstan, à 400 km au S.-O. de Baïkonour.

BAILÉN, v. d'Espagne (Andalousie). En 1808, le général français Dupont y capitula.

BAILLAIRGÉ ou **BAILLARGÉ,** famille de sculpteurs et d'architectes canadiens des XVIIIe et XIXe s.

BAILLEUL (59270), ch.-l. de c. du Nord ; 13 933 h. *(Bailleulois).* Produits laitiers.

BAILLIF (97123), comm. de la Guadeloupe ; 6 018 h.

BAILLY (Jean Sylvain), astronome et homme politique français (Paris 1736 - *id.* 1793). Doyen du tiers état, il lit le serment du Jeu de paume (20 juin 1789). Maire de Paris (1789-1791), il fait tirer sur les manifestants assemblés au Champ-de-Mars pour demander la déchéance de Louis XVI (juill. 1791). Arrêté en 1793, il est exécuté. (Acad. fr.)

BAILYN (Bernard), historien américain (Hartford 1922). Il a renouvelé l'histoire des relations entre l'Amérique et le continent européen à l'époque coloniale et celle de la révolution américaine (*The Ideological Origins of the American Revolution,* 1967).

Bain *(ordre du),* ordre de chevalerie britannique institué en 1725 par le roi George Ier.

BAIN-DE-BRETAGNE (35470), ch.-l. de c. d'Ille-et-Vilaine ; 5 326 h. *(Bainais).*

BAINS-LES-BAINS (88240), ch.-l. de c. des Vosges ; 1 681 h. *(Balnéens).* Station thermale (affections des artères et du cœur).

BAINVILLE (Jacques), historien français (Vincennes 1879 - Paris 1936). Son œuvre (*Histoire de deux peuples,* 1916-1933 ; *Napoléon,* 1931) se situe dans la ligne de l'Action française. (Acad. fr.)

BAIRD (John Logie), ingénieur britannique (Helensburgh, Écosse, 1888 - Bexhill, Sussex, 1946), l'un des pionniers de la télévision.

BAIRE (René), mathématicien français (Paris 1874 - Chambéry 1932). Il a créé le cadre de la théorie moderne des fonctions d'une variable réelle.

BAIS (53160), ch.-l. de c. de la Mayenne ; 1 579 h.

BAÏSE (la), riv. de la Gascogne, née sur le plateau de Lannemezan, affl. de la Garonne (r. g.) ; 190 km.

Baiser (le), nom, entre autres, de deux sculptures célèbres et antithétiques de Rodin (1886-1898, musée Rodin) et de Brancusi (diverses versions 1908-1910, dont celle du cimetière du Montparnasse à Paris).

Le Baiser. Marbre (1886) de Rodin. (Musée Rodin, Paris.)

BAJAZET → ***Bayezid.***

Bajazet, tragédie de Racine (1672), tirée d'un drame de sérail de l'histoire ottomane.

BA JIN ou **PA KIN,** écrivain chinois (Chengdu 1904). Il décrit les transformations sociales de la Chine *(Famille).*

BAKER (James Addison), homme politique américain (Houston 1930). Républicain, secrétaire au Trésor (1985-1988), il est ensuite secrétaire d'État (1989-1992).

BAKER (Joséphine), artiste de music-hall française d'origine américaine (Saint Louis 1906 - Paris 1975). Découverte en 1925 à Paris, elle connut la renommée comme chanteuse, danseuse, actrice de cinéma et animatrice de revues.

BAKER (*sir* Samuel), voyageur britannique (Londres 1821 - Standford Orleigh 1893). Il explora l'Afrique centrale et découvrit le lac Albert en 1864.

BĀKHTARĀN → ***Kermānchāh.***

BAKI (Abdulbaki Mahmud, dit), poète lyrique turc (Istanbul 1526 - *id.* 1600), auteur d'un *Divan.*

BAKIN → ***Kyōkutei Bakin.***

BAKONGO → ***Kongo.***

BAKONY *(monts),* hauteurs boisées de Hongrie, au nord du lac Balaton ; 704 m. Bauxite.

BAKOU, cap. de l'Azerbaïdjan, sur la Caspienne, dans la péninsule d'Apchéron ; 1 757 000 h. Centre pétrolier.

Bakou (Second-), région pétrolifère de la Russie, entre l'Oural et la Volga.

Bakouma, gisement d'uranium de la République centrafricaine.

BAKOUNINE (Mikhaïl Aleksandrovitch), révolutionnaire russe (Priamoukhino 1814 - Berne 1876). Il participa aux révolutions de 1848 à Paris et à Prague. Membre de la Ire Internationale (1868-1872), il s'y opposa à Marx et fut un théoricien de l'anarchisme.

BAKUBA → ***Kuba.***

BALAGNE (la), région du nord-ouest de la Corse (Haute-Corse).

BALAGUER (Joaquín), homme politique dominicain (Navarrete, prov. de Santiago, 1907), président de la République de 1960 à 1962, de 1966 à 1978 et depuis 1986.

BALAGUER (Víctor), homme politique et écrivain espagnol d'expression catalane (Barcelone 1824 - Madrid 1901).

BALAÏTOUS *(mont),* sommet des Hautes-Pyrénées, à la frontière espagnole ; 3 144 m.

BALAKIREV (Mili Alekseïevitch), compositeur russe (Nijni Novgorod 1837 - Saint-Pétersbourg 1910), fondateur du « groupe des Cinq » et auteur d'*Islamey,* pour piano.

Balaklava *(bataille de)* [25 oct. 1854], victoire de la cavalerie anglaise (charge de la brigade légère) sur les Russes en Crimée, sur la mer Noire.

BALAKOVO, v. de Russie, sur la Volga ; 198 000 h. Centrale hydroélectrique et centrale nucléaire.

BALAN (01120), comm. de l'Ain ; 3 117 h. Industrie chimique.

BALANCE, constellation zodiacale. — Septième signe du zodiaque, dans lequel le Soleil entre à l'équinoxe d'automne.

BALANCHINE (Gueorgui Melitonovitch **Balanchivadze**, dit **George**), chorégraphe russe naturalisé américain (Saint-Pétersbourg 1904 - New York 1983). Collaborateur de Diaghilev, créateur de l'American School of Ballet, animateur du New York City Ballet, il est le maître du ballet abstrait *(Concerto barocco, Liebeslieder Walzer, Agon, The Four Temperaments)* tout en restant fidèle à la tradition classique *(le Fils prodigue ;* reconstitution du *Lac des cygnes).*

BALANDIER (Georges), sociologue français (Aillevillers, Haute-Saône, 1920). Il est le promoteur d'une sociologie dynamique (*Afrique ambiguë,* 1957 ; *Anthropologie politique,* 1967).

BALARD (Antoine Jérôme), chimiste français (Montpellier 1802 - Paris 1876). Il découvrit le brome (1826) et tira la soude et la potasse de l'eau de mer.

BALARUC-LES-BAINS (34540), comm. de l'Hérault, sur l'étang de Thau ; 5 031 h. Station thermale.

BALASSI ou **BALASSA** (Bálint), poète hongrois (Zólyom 1554 - Esztergom 1594), le premier en date des grands lyriques hongrois.

BALATON, lac de Hongrie, au pied des monts Bakony, à l'ouest du Danube ; 596 km^2. Tourisme.

BALBEK → ***Baalbek.***

BALBO (Cesare), *comte* **de Vinadio**, homme d'État italien (Turin 1789 - *id.* 1853), un des chefs du *Risorgimento.*

BALBO (Italo), maréchal italien (Ferrare 1896 - près de Tobrouk 1940). Un des promoteurs du fascisme, ministre de l'Air (1926-1935), il dirigea de nombreux raids aériens, puis fut gouverneur de la Libye (1939).

BALBOA (Vasco **Núñez de**), conquistador espagnol (Jerez 1475 - Acla, Panamá, 1517). Il découvrit l'océan Pacifique en 1513, après avoir traversé l'isthme de Darién.

BALDUNG (Hans), dit **Baldung Grien,** peintre et graveur allemand (Gmünd, Souabe, 1484/85 - Strasbourg 1545), fixé à Strasbourg en 1509. Il associe souvent fantastique macabre et sensualité.

BALDWIN (James), écrivain américain (New York 1924 - Saint-Paul-de-Vence 1987). Fils d'un pasteur de race noire, il a cherché la solution des conflits raciaux dans une révolution morale *(les Élus du Seigneur).*

BALDWIN (James Mark), psychologue et sociologue américain (Columbia, Caroline du Sud, 1861 - Paris 1934). Ses travaux ont porté sur la psychologie de l'enfant et la psychologie sociale.

BALDWIN (Robert), homme politique canadien (Toronto 1804 - *id.* 1858). Il fut Premier ministre de 1842 à 1843 et de 1848 à 1851.

BALDWIN (Stanley), homme politique britannique (Bewdley 1867 - Stourport 1947). Conservateur, il fut Premier ministre en 1923, de 1924 à 1929, puis de 1935 à 1937.

BÂLE, en all. **Basel,** v. de Suisse, ch.-l. d'un demi-canton urbain (37 km^2 ; 178 428 h.), sur le Rhin ; 365 000 h. (avec les banlieues) [*Bâlois*]. Important port fluvial. Industries mécaniques et surtout chimiques. Cathédrale romane et gothique. Riches musées. — Concile où fut proclamée la supériorité du concile sur le pape (1431-1449). En 1795, deux traités y furent signés par la France : l'un avec la Prusse, l'autre avec l'Espagne. En 1833, à l'issue d'une guerre civile, le canton a été divisé en deux demi-cantons : Bâle-Ville (199 411 h.) et Bâle-Campagne. — Le demi-canton de *Bâle-Campagne* (428 km^2 ; 233 488 h.) a pour ch.-l. *Liestal.* Les deux demi-cantons constituent le *canton de Bâle.*

Bâle : l'hôtel de ville (1503-1512), orné de fresques (1608) par Hans Bock.

BALÉARES, archipel espagnol de la Méditerranée occidentale, correspondant à une communauté autonome et formé de quatre îles notables : Majorque, Minorque, Ibiza et Formentera ; 5 000 km^2 ; 739 501 h. *(Baléares).* Ch.-l. *Palma de Majorque.* Les Baléares, au relief accidenté et au littoral découpé, vivent principalement du tourisme. Elles furent conquises par Jacques Ier le Conquérant, roi d'Aragon. Constituées en royaume de Majorque (1276), elles furent, en 1343, réunies à la couronne d'Aragon.

BALEN, comm. de Belgique (Anvers) ; 18 678 h. Métallurgie.

BALENCIAGA (Cristobal), couturier espagnol (Guetaria, Espagne, 1895 - Valence, Espagne, 1972). Installé à Paris en 1937, il a marqué toute une génération de couturiers par sa richesse créative développée à partir d'une remarquable maîtrise de la coupe.

BALFOUR (Arthur James, *comte*), homme politique britannique (Whittingehame, Écosse, 1848 - Woking 1930). Premier ministre conservateur à la tête d'un gouvernement unioniste (1902-1906), secrétaire d'État aux Affaires étrangères (1916-1922), il préconisa, en 1917, la constitution d'un foyer national pour le peuple juif en Palestine *(déclaration Balfour).*

BALI, île d'Indonésie, séparée de Java par le *détroit de Bali ;* 5 561 km^2 ; 2 470 000 h. *(Balinais).* Tourisme.

BALIKESIR, v. de Turquie ; 170 589 h.

BALIKPAPAN, v. d'Indonésie (Bornéo) ; 281 000 h. Port pétrolier.

Balilla *(Opera nazionale),* institution italienne fasciste, créée en 1926, du nom du jeune Génois Giovanni Battista Perasso, dit Balilla, qui donna le signal de la révolte contre les Autrichiens (1746).

BALINAIS, peuple malais de Bali parlant une langue indonésienne.

BALINT (Michael), psychiatre et psychanalyste britannique d'origine hongroise (Budapest 1896 - Londres 1970), auteur d'une méthode qui consiste à réunir régulièrement des médecins pour qu'ils analysent en commun leur comportement vis-à-vis des malades *(groupe Balint).*

BALIOL, BALLIOL ou **BAILLEUL (de),** famille d'origine normande qui accéda au trône d'Écosse en 1292.

BALKAN *(mont),* longue chaîne montagneuse de Bulgarie ; 2 376 m au *pic Botev.*

BALKANS *(péninsule des)* ou **PÉNINSULE BALKANIQUE,** la plus orientale des péninsules de l'Europe méridionale, limitée approximativement au nord par la Save et le Danube, s'étendant sur l'*Albanie,* la *Bosnie-Herzégovine,* la *Bulgarie,* la *Croatie,* la *Grèce,* la *Macédoine,* la *Turquie d'Europe* et la *Yougoslavie.* C'est une région essentiellement montagneuse (chaînes dinariques, mont Balkan, Rhodope, Pinde), au climat continental à l'intérieur, méditerranéen sur le littoral. Les vallées (Morava, Vardar, Marica) concentrent, avec les bassins intérieurs (Sofia), la majeure partie de la population. Creuset où se mêlent divers peuples, la péninsule balkanique est soumise aux Turcs à partir de la fin du XIVe s. Les États-nations de la région se sont formés au XIXe s. et au début du XXe s. lors de la libération de la domination ottomane (Albanie, Bulgarie, Grèce, Roumanie, Serbie) ou de la domination austro-hongroise (Bosnie-Herzégovine, Croatie). Les clivages religieux entre orthodoxes, catholiques et musulmans y demeurent importants. Après la guerre de 1913 qui a opposé les Bulgares aux Grecs, aux Roumains et aux Serbes, les États balkaniques prennent part à la Première et à la Seconde guerre mondiale dans l'un ou l'autre camp. De l'après-guerre à l'effondrement des régimes communistes en 1989-90, les problèmes des minorités nationales et des frontières étatiques ont été gelés. Ils resurgissent lors de l'éclatement de la Yougoslavie en 1991-92 et sont à l'origine de la guerre en Croatie et en Bosnie-Herzégovine.

BALKARS, peuple turc et musulman du Caucase du Nord habitant la *République de Kabardino-Balkarie* (Russie) [768 000 h. Cap. *Naltchik*]. Déportés en 1943-44, les Balkars purent rentrer d'exil à partir de 1957.

BALKHACH, lac du Kazakhstan ; 17 300 km^2.

BALL (John), prêtre anglais (m. à Saint Albans en 1381), qui prêcha une doctrine égalitaire aux paysans révoltés à Londres en 1381.

BALLA (Giacomo), peintre italien (Turin 1871 - Rome 1958). Il fut, de 1910 à 1930 env., l'un des grands animateurs du futurisme par ses études de décomposition de la lumière et du mouvement.

BALLADUR (Édouard), homme politique français (Izmir 1929). Membre du R.P.R., ministre de l'Économie, des Finances et de la Privatisation de 1986 à 1988, il a été Premier ministre lors de la deuxième période de cohabitation (1993-1995).

BALLANCHE (Pierre Simon), écrivain français (Lyon 1776 - Paris 1847), dont la philosophie de l'histoire, héritée de Vico, s'allie à une sentimentalité mystique. (Acad. fr.)

BALLANCOURT-SUR-ESSONNE (91610), comm. de l'Essonne ; 6 199 h.

BALLAN-MIRÉ (37510), ch.-l. de c. d'Indre-et-Loire ; 5 948 h.

BALLARD, famille d'imprimeurs de musique parisiens qui, à partir de 1552, eut le monopole de l'imprimerie musicale pendant plus de deux siècles.

BALLEROY (14490), ch.-l. de c. du Calvados ; 662 h. Château d'époque Louis XIII, sur plans de F. Mansart.

Ballets russes, compagnie de ballets, créée par Diaghilev en 1909 à Saint-Pétersbourg. À Paris elle révéla une forme nouvelle du spectacle chorégraphique, qui est à l'origine du ballet moderne.

BALLIN, famille d'orfèvres parisiens au service de la Cour, parmi lesquels **Claude Ier** (1615-1678) et son neveu **Claude II** (1661-1754).

BALLON (72290), ch.-l. de c. de la Sarthe ; 1 309 h. Donjon du XVe s.

Ballons des Vosges *(parc naturel régional des),* parc régional englobant la partie méridionale, la plus élevée, du massif des Vosges ; env. 308 000 ha.

BALLY (Charles), linguiste suisse (Genève 1865 - *id.* 1947). Disciple de F. de Saussure, il est l'auteur d'un *Traité de stylistique française.*

BALMA (31130), comm. de la Haute-Garonne, banlieue de Toulouse ; 9 902 h.

BALMAT (Jacques), guide français (Chamonix 1762 - vallée de Sixt 1834). En 1786, il atteignit le premier le sommet du mont Blanc, accompagné du docteur M. G. Paccard, et y retourna en 1787 avec H. B. de Saussure.

BALME *(col de),* dans les Alpes, à la frontière franco-suisse, entre la vallée de l'Arve et celle du Rhône, à 2 205 m d'alt.

BALMER (Johann Jakob), physicien suisse (Lausen 1825 - Bâle 1898). Il expliqua la répartition des raies du spectre de l'hydrogène.

BALMONT (Konstantine Dmitrievitch), poète russe (Goumnichtchi 1867 - Noisy-le-Grand 1942), l'un des principaux représentants du symbolisme *(Visions solaires, Aurore boréale).*

BALOUTCHISTAN ou **BALŪCHISTĀN** ou **BÉLOUTCHISTAN,** région montagneuse partagée entre l'Iran et le Pakistan.

BALTARD (Victor), architecte français (Paris 1805 - *id.* 1874). Utilisateur du fer, il a construit à Paris les anciennes Halles centrales (1851) et l'église St-Augustin.

BALTES *(pays),* nom donné à l'ensemble formé par les Républiques d'Estonie, de Lettonie et de Lituanie.

BALTHASAR (Urs **von**), théologien catholique suisse (Lucerne 1905 - Bâle 1988). Ordonné prêtre (1936), marqué par H. de Lubac et K. Barth, il s'est efforcé de constituer une théologie axée sur le Christ (*la Gloire et la Croix,* 1965-1983).

BALTHAZAR, nom populaire traditionnel de l'un des Rois mages.

BALTHAZAR, régent de Babylone, fils du roi Nabonide. Il fut vaincu et tué en 539 av. J.-C. lors de la prise de Babylone par Cyrus.

BALTHUS (Balthasar **Klossowski,** dit), peintre français (Paris 1908). Très construits, mais baignés d'une lumière pâle qui mange la couleur, ses paysages, ses intérieurs avec leurs figures troublantes de fillettes sont d'une grande originalité.

BĂLŢI, v. de Moldavie ; 159 000 h.

BALTIMORE, port des États-Unis (Maryland), sur la baie de Chesapeake ; 736 014 h. (2 382 172 dans l'agglomération). Université Johns Hopkins. Centre industriel. Musées.

BALTIQUE *(mer),* dépendance de l'Atlantique, bordant l'Allemagne, les États baltes, le Danemark, la Finlande, la Pologne, la Russie et la Suède ; 385 000 km^2. Généralement peu pro-

Balthus : *les Beaux Jours* (1944-1946).
[Joseph Hirshhorn Museum and Sculpture Garden, Washington.]

Honoré de **Balzac**
(par L. Boulanger)

fonde, peu salée, sans marées notables, sujette à geler, elle communique avec la mer du Nord par les détroits danois et forme entre la Suède et la Finlande le golfe de Botnie.

BALTRUSAÏTIS (Jurgis), historien d'art français d'origine lituanienne (près de Kaunas 1903 - Paris 1988) : *le Moyen Âge fantastique* et *Anamorphoses* (1955), *la Quête d'Isis* (1967), etc.

BALUBA → ***Luba.***

BALUE (Jean), prélat français (Angles-sur-l'Anglin v. 1421 - Ripatransone, près d'Ancône, 1491), ministre de Louis XI, qui l'emprisonna de 1469 à 1480 après qu'il l'eut trahi pour Charles le Téméraire.

BALZAC (Honoré **de**), écrivain français (Tours 1799 - Paris 1850), auteur de *la Comédie humaine,* qui, à partir de 1842, rassembla plusieurs séries et romans formant une véritable fresque de la société française de la Révolution à la fin de la monarchie de Juillet. Plus de 2 000 personnages composent une société hantée par le pouvoir de l'argent, livrée à des passions dévorantes, et que décrivent 90 romans achevés et classés en *Études de mœurs, Études philosophiques* et *Études analytiques.* Les principaux de ces romans sont : *Gobseck* (1830), *la Peau de chagrin* (1831), *le Colonel Chabert* (1832), *le Médecin de campagne, Eugénie Grandet* (1833), *le Père Goriot* (1834-35), *la Recherche de l'absolu* (1834), *le Lys dans la vallée* (1835), *César Birotteau* (1837), *Illusions perdues* (1837-1843), *Splendeurs et misères des courtisanes* (1838-1847), *la Rabouilleuse* (1842), *les Paysans* (1844), *la Cousine Bette* (1846), *le Cousin Pons* (1847). On doit également à Balzac des contes (*Contes drolatiques,* 1832-1837) et des pièces de théâtre (*le Faiseur,* 1853). *(V. portrait p. 1163.)*

BALZAC (Jean-Louis **Guez** [gɛ], dit **de**), écrivain français (Angoulême 1595 - *id.* 1654), auteur de *Lettres,* d'essais politiques (*le Prince,* 1631) et critiques *(le Socrate chrétien)* qui contribuèrent à la formation de la prose classique. (Acad. fr.)

BAMAKO, cap. du Mali, sur le Niger ; 404 000 h. Aéroport.

BAMBARA, peuple du groupe mandé, présent au Sénégal et au Mali. Ils constituèrent des royaumes qui furent détruits au XIXe s. par les Toucouleur.

BAMBERG, v. d'Allemagne (Bavière) ; 69 980 h. Port fluvial (sur le canal Rhin-Main-Danube). Cathédrale du XIIIe s. (sculptures).

BAMBOCCIO (il) → ***Van Laer*** *(Pieter).*

BAMENDA, v. du Cameroun ; 76 000 h.

BAMILÉKÉ, peuple du Cameroun parlant une langue bantoue.

BĀMIYĀN, v. de l'Afghanistan, entre l'Hindū Kūch et le Kuh-e Bābā ; 8 000 h. Centre bouddhique, sur la route des caravanes, aux monastères rupestres (IIe-VIIe s.), ornés de peintures et de stucs et flanqués de deux statues colossales de Bouddha.

BAMOUM → ***Moum.***

BĀṆA, écrivain indien de langue sanskrite (VIIe s.), auteur d'ouvrages historiques et d'un roman *(Kādambarī).*

Bāmiyān : statue monumentale de Bouddha (55 m) taillée dans la falaise. Ve-VIIe s.

BANACH (Stefan), mathématicien polonais (Cracovie 1892 - Lvov 1945), spécialiste des problèmes de topologie et des espaces métriques.

BANAT, partie du sud-est du Bassin pannonien. En 1919, il fut partagé entre la Roumanie, la Hongrie et la Yougoslavie.

BANCROFT (George), historien et homme politique américain (Worcester, Massachusetts, 1800 - Washington 1891). Il négocia les *traités Bancroft* qui libérèrent les immigrants de toute obligation à l'égard de leur pays d'origine et rédigea une *Histoire des États-Unis* (1834-1874).

BANDAR 'ABBĀS, port d'Iran, sur le détroit d'Ormuz ; 88 000 h.

BANDAR SERI BEGAWAN, cap. de Brunei ; 50 000 h.

Bande des Quatre, groupe qui dirigea la Chine après la mort de Mao Zedong et qui comprenait Jiang Qing, veuve de Mao, Wang Hongwen, Yao Wenyuan et Zhang Chunqiao. Ils furent accusés de complot et arrêtés en 1976.

BANDEIRA (Manuel), poète brésilien (Recife 1886 - Rio de Janeiro 1968), qui joint la virtuosité formelle à la simplicité des thèmes quotidiens *(Carnaval, Étoile du soir).*

BANDELLO (Matteo), écrivain italien (Castelnuovo Scrivia v. 1485 - Bazens, près d'Agen, 1561), auteur de *Nouvelles,* à la manière de Boccace.

BANDIAGARA, localité du Mali, sur le *plateau de Bandiagara,* limité par de hautes falaises, au pied desquelles habitent les Dogon.

BANDINELLI (Baccio), sculpteur italien (Florence 1488 - *id.* 1560), auteur du groupe d'*Hercule et Cacus* (1534, place de la Seigneurie, Florence).

BANDOL (83150), comm. du Var ; 7 462 h. Station balnéaire.

BANDUNDU, v. du Zaïre, ch.-l. de prov., sur le Kasaï ; 75 000 h.

BANDUNG ou **BANDOENG,** v. d'Indonésie (Java) ; 1 202 000 h. Conférence afro-asiatique d'avr. 1955, qui condamna le colonialisme et se rallia au principe du neutralisme.

BANÉR (Johan Gustafsson), général suédois (Djursholm 1596 - Halberstadt 1641). Il se distingua pendant la guerre de Trente Ans : la victoire de Chemnitz sur les impériaux (1639) lui permit d'envahir la Bohême.

Banff *(parc national de),* situé au Canada (Alberta), dans les Rocheuses.

BANGALORE, v. de l'Inde, cap. du Karnātaka ; 4 086 548 h.

BANGE (Charles **Ragon de**), officier français (Balignicourt, Aube, 1833 - Le Chesnay 1914). Il mit au point un système d'artillerie employé en 1914-1918.

BANGKA, île d'Indonésie, au sud-est de Sumatra. Étain.

BANGKOK, en thaï **Krung Thep,** cap. de la Thaïlande, près de l'embouchure de la Chao Phraya ; 5 154 000 h. Aéroport. Monuments du XVIIIe s.

Bangkok : un aspect du palais royal. Fin du XVIIIe s.

BANGLADESH, État d'Asie correspondant à l'ancien Pakistan oriental ; 143 000 km² ; 116 600 000 h. CAP. *Dacca.* LANGUE : *bengali.* MONNAIE : *taka.*

GÉOGRAPHIE

Le Bangladesh s'étend sur la plus grande partie du delta du Gange et du Brahmapoutre. C'est une région très humide (avec de fréquentes inondations), productrice surtout de riz et de jute (principal produit d'exportation). Le pays, très pauvre en ressources minérales, à l'industrialisation inexistante, souffre du surpeuplement. La population (musulmane à 85 %) s'accroît de 3 millions d'h. par an. Le Bangladesh est l'un des États les plus pauvres du monde et survit avec l'aide internationale.

HISTOIRE

En 1971, le Pakistan oriental se soulève contre le gouvernement central ; appuyé par l'Inde, il devient l'État indépendant du Bangladesh, le chef du gouvernement étant Mujibur Rahman, leader de la ligue Awami. 1975 : Mujibur Rahman, devenu président de la République, est renversé et tué lors d'un putsch dirigé par Zia ur-Rahman. 1978-1981 : Zia ur-Rahman est président de la République. 1982 : les forces armées portent au pouvoir le général Ershad, élu président de la République en 1983. 1990 : la contestation de plus en plus vive du régime contraint ce dernier à démissionner. 1991 : à la suite des élections législatives, la bégum Khaleda Zia, veuve de Zia ur-Rahman, devient Premier ministre. Le système parlementaire est rétabli.

BANGUI, cap. de la République centrafricaine, sur l'Oubangui ; 400 000 h.

BANGWEULU ou **BANGOUÉLO,** lac marécageux de la Zambie ; 5 000 km².

BANI SADR (Abol Hassan), homme politique iranien (Hamadhān 1933), président de la République islamique (1980-81).

BANJA LUKA, v. du nord de la Bosnie-Herzégovine ; 124 000 h. Anc. forteresse.

BANJERMASSIN, v. d'Indonésie (Bornéo) ; 381 000 h.

BANJUL, anc. **Bathurst,** cap. de la Gambie, sur l'estuaire du fleuve Gambie ; 103 000 h.

BANKS *(île de),* île de l'ouest de l'archipel Arctique canadien.

BANNALEC (29380), ch.-l. de c. du Finistère ; 4 914 h.

Bannockburn *(bataille de)* [24 juin 1314], victoire remportée dans cette localité du comté de Stirling par Robert Bruce sur les Anglais, assurant l'indépendance de l'Écosse.

Banque de France, organisme bancaire créé en 1800, qui détient depuis 1803 pour Paris, et depuis 1848 pour le territoire métropolitain, le privilège de l'émission des billets de banque. Elle a pour mission essentielle de mettre en œuvre — indépendamment du gouvernement depuis 1993 — la politique monétaire de la France (définie par son Conseil de la politique monétaire). Nationalisée en 1945, la Banque est administrée par un Conseil général et dirigée par un gouverneur et deux sous-gouverneurs.

Banque mondiale, ensemble de quatre institutions qui apportent une assistance technique et financière aux pays en voie de développement : la Banque internationale pour la reconstruction et le développement (B.I.R.D.), créée en 1946, l'Association internationale de développement (IDA), créée en 1960, la Société financière internationale (S.F.I.), créée en 1956, et l'Agence multilatérale de garantie des investissements (A.M.G.I.), créée en 1988.

Banque nationale de Paris (B. N. P.), établissement bancaire français procédant de la fusion, en 1966, du Comptoir national d'escompte de Paris et de la Banque nationale pour le commerce et l'industrie (B. N. C. I.). Elle figure parmi les dix premières banques mondiales. En 1993, elle est privatisée.

Banque Paribas, établissement bancaire français fondé en 1872 par la fusion de la Banque de Paris et de la Banque de Crédit et de Dépôts des Pays-Bas. Elle a participé à la fondation et à l'essor d'un grand nombre d'entreprises industrielles. (La banque fait partie du groupe Paribas.)

Banquet (le), dialogue de Platon, sur l'amour et la science du beau (env. 385 av. J.-C.).

banquets *(campagne des),* banquets organisés par l'opposition au régime de Louis-Philippe en 1847-48, afin de propager les idées de réformes.

BANQUO, gouverneur sous Duncan, roi d'Écosse (XIe s.), l'un des personnages de *Macbeth,* de Shakespeare.

BANSKÁ BYSTRICA, v. du centre de la Slovaquie ; 85 007 h. Demeures des XVe-XVIe s.

BANTING (*sir* Frederick Grant), médecin canadien (Alliston 1891 - Musgrave Harbor 1941). Il participa à la découverte de l'insuline. (Prix Nobel 1923.)

BANTOUS, ensemble de peuples de l'Afrique, au sud de l'équateur, parlant des langues de la même famille.

BANVILLE (Théodore **de**), poète français (Moulins 1823 - Paris 1891), auteur des *Odes funambulesques* (1857), membre de l'école du Parnasse.

BANYULS-SUR-MER [baɲuls] (66650), comm. des Pyrénées-Orientales ; 4 680 h. Station balnéaire. Vins doux. Laboratoire de biologie marine.

BANZER SUÁREZ (Hugo), général et homme politique bolivien (Santa Cruz 1926), président de la République à la suite d'un coup d'État (1971-1978).

BAO DAI (Huê 1913), empereur du Viêt Nam (1932-1945). Contraint par le Viêt-minh d'abdiquer (1945), il fut de 1949 à 1955 chef de l'État vietnamien.

BAODING ou **PAO-TING,** v. de Chine dans le Hebei ; 265 000 h. Jardins de l'époque Ming, restaurés.

BAOTOU ou **PAO-T'EOU,** v. de Chine (Mongolie-Intérieure), sur le Huang He ; 650 000 h. Sidérurgie.

BAOULÉ, peuple de la Côte d'Ivoire, parlant une langue du groupe kwa.

BAPAUME (62450), ch.-l. de c. du Pas-de-Calais ; 3 922 h. Faidherbe y battit les Prussiens (1871).

BAR *(comté, duché de)* → ***Barrois.***

BARA (Joseph), enfant célèbre par son héroïsme (Palaiseau 1779 - près de Cholet 1793). Selon la légende créée par Robespierre, il aurait été pris dans une embuscade et, sommé de crier : « Vive le roi ! », il se serait écrié : « Vive la République ! » avant d'être tué.

BARABBAS ou **BARRABAS,** agitateur dont les Juifs réclamèrent la libération à la place de Jésus.

Bārābudur ou **Borobudur,** grand temple bouddhique du centre de Java (v. 800), décoré de nombreux bas-reliefs.

BARACALDO, v. d'Espagne, banlieue de Bilbao ; 105 088 h. Métallurgie.

BARADÉE (Jacques) ou **BARADAI,** moine syrien monophysite (m. à Édesse en 578). Son apostolat en Syrie est à l'origine de l'Église dite *jacobite.*

BARAGUEY D'HILLIERS (Achille), maréchal de France (Paris 1795 - Amélie-les-Bains 1878). Il se distingua contre les Russes (1854), puis en Italie (1859).

Barajas, aéroport de Madrid.

BARANTE (Guillaume Prosper **Brugière,** *baron* **de**), historien et homme politique français (Riom 1782 - Dorat 1866), diplomate et auteur d'une *Histoire des ducs de Bourgogne* (1824-1826). [Acad. fr.]

BÁRÁNY (Robert), médecin autrichien (Vienne 1876 - Uppsala 1936). Il obtint en 1914 le prix Nobel pour ses travaux sur la physiologie et les maladies de l'oreille.

BARAQUEVILLE (12160), ch.-l. de c. de l'Aveyron ; 2 553 h.

BARATIERI (Oreste), général italien (Condino 1841 - Sterzing, auj. Vipiteno, 1901). Gouverneur de l'Érythrée, il fut vaincu par Ménélik à Adoua (1896).

bar aux Folies-Bergère (Un), toile de Manet (institut Courtauld, Londres), chef-d'œuvre, fondé sur un jeu de reflets, de sa dernière période (1881-82).

BARBADE (la), en angl. **Barbados,** une des Petites Antilles, formant un État indépendant depuis 1966 ; 431 km² ; 300 000 h. CAP. *Bridgetown.* LANGUE : *anglais.* MONNAIE : *dollar de la Barbade.* Tourisme. (V. carte ***Antilles.***)

BARBANÈGRE (Joseph, *baron*), général français (Pontacq 1772 - Paris 1830), célèbre par sa défense de Huningue (1815).

BARBARES, nom donné par les Grecs à tous les peuples, y compris les Romains, restés en dehors de leur civilisation. Plus tard, les Romains s'assimilèrent d'eux-mêmes aux Grecs. L'histoire a appelé « Barbares » les Goths, Vandales, Burgondes, Suèves, Huns, Alains, Francs, etc., qui, du IIIe au VIe s. de notre ère, envahirent l'Empire romain et fondèrent des États plus ou moins durables. *(V. cartes p. 1166.)*

BARBARIE ou **ÉTATS BARBARESQUES,** nom donné jadis aux régions de l'Afrique du Nord situées à l'ouest de l'Égypte : Maroc, Algérie, Tunisie, régence de Tripoli.

BARBAROUX (Charles). Conventionnel girondin (Marseille 1767 - Bordeaux 1794), décapité pour avoir fomenté une révolte en Normandie contre la Convention.

BARBAZAN (31510), ch.-l. de c. de la Haute-Garonne ; 355 h. Station thermale.

BARBE *(sainte),* vierge et martyre légendaire, qui serait morte décapitée par son père. Patronne des artilleurs, des sapeurs et des pompiers.

Barbe-Bleue, conte de Perrault.

BARBERINI, famille romaine d'origine florentine, dont un des membres, le cardinal Maffeo Barberini, fut élu pape sous le nom d'Urbain VIII.

BARBEROUSSE → ***Frédéric Ier,*** empereur germanique.

BARBEROUSSE (Khayr al-Dīn, dit), corsaire turc (m. à Istanbul en 1546). Maître d'Alger qu'il plaça sous la suzeraineté ottomane (1518), puis grand-amiral de la flotte ottomane (1533), il combattit Charles Quint.

Barberousse ou **Barbarossa** *(plan),* plan d'attaque de l'U.R.S.S. conçu par Hitler en déc. 1940.

BARBÈS (Armand), homme politique français (Pointe-à-Pitre 1809 - La Haye 1870). Républicain farouche, conspirateur impénitent, il fut condamné à mort en 1839, emprisonné de 1848 à 1854, et choisit finalement l'exil.

BARBEY D'AUREVILLY (Jules), écrivain français (Saint-Sauveur-le-Vicomte 1808 - Paris 1889). Auteur de nouvelles *(les Diaboliques)* et de romans *(le Chevalier Des Touches),* il se composa, par son allure de dandy et ses articles féroces, un personnage de « connétable des lettres ».

BARBEZIEUX (Louis **Le Tellier,** *marquis* **de**), homme d'État français (Paris 1668 - Versailles 1701). Il exerça avec négligence la charge de secrétaire d'État à la Guerre qu'il hérita de son père, Louvois, en 1691.

BARBEZIEUX-SAINT-HILAIRE (16300), ch.-l. de c. de la Charente ; 5 059 h. *(Barbeziliens).* Restes du château du XVe s.

Barbier de Séville (le), comédie en quatre actes, en prose, de Beaumarchais (1775). Grâce à Figaro, le comte Almaviva enlève la jeune Rosine à son vieux tuteur jaloux, Bartholo. Sur les données de cette pièce a été écrit un opéra, musique de Rossini (1816).

BARBIZON (77630), comm. de Seine-et-Marne ; 1 414 h. Dans ce village vinrent travailler ou s'établir T. Rousseau, Corot, Diaz de La Peña, Millet, Troyon, P. Huet, etc., constituant une « école de Barbizon » (musée).

BARBOTAN-LES-THERMES (32150 Cazaubon), localité du Gers (comm. de Cazaubon). Station thermale (maladies de la circulation).

BARBUDA, île des Antilles, partie de l'État d'Antigua-et-Barbuda.

BARBUSSE (Henri), écrivain français (Asnières 1873 - Moscou 1935), auteur du *Feu* (1916), première peinture non conventionnelle de la vie des combattants.

BARCARÈS (Le) [66420], comm. des Pyrénées-Orientales ; 2 434 h. Station balnéaire.

BARCELONE, en esp. **Barcelona,** port d'Espagne, cap. de la Catalogne et ch.-l. de

Le temple de **Bārābudur** (IXe s.) [en cours de restauration].

Un bar aux Folies-Bergère (1881-82), par Manet.
(Institut Courtauld, Londres.)

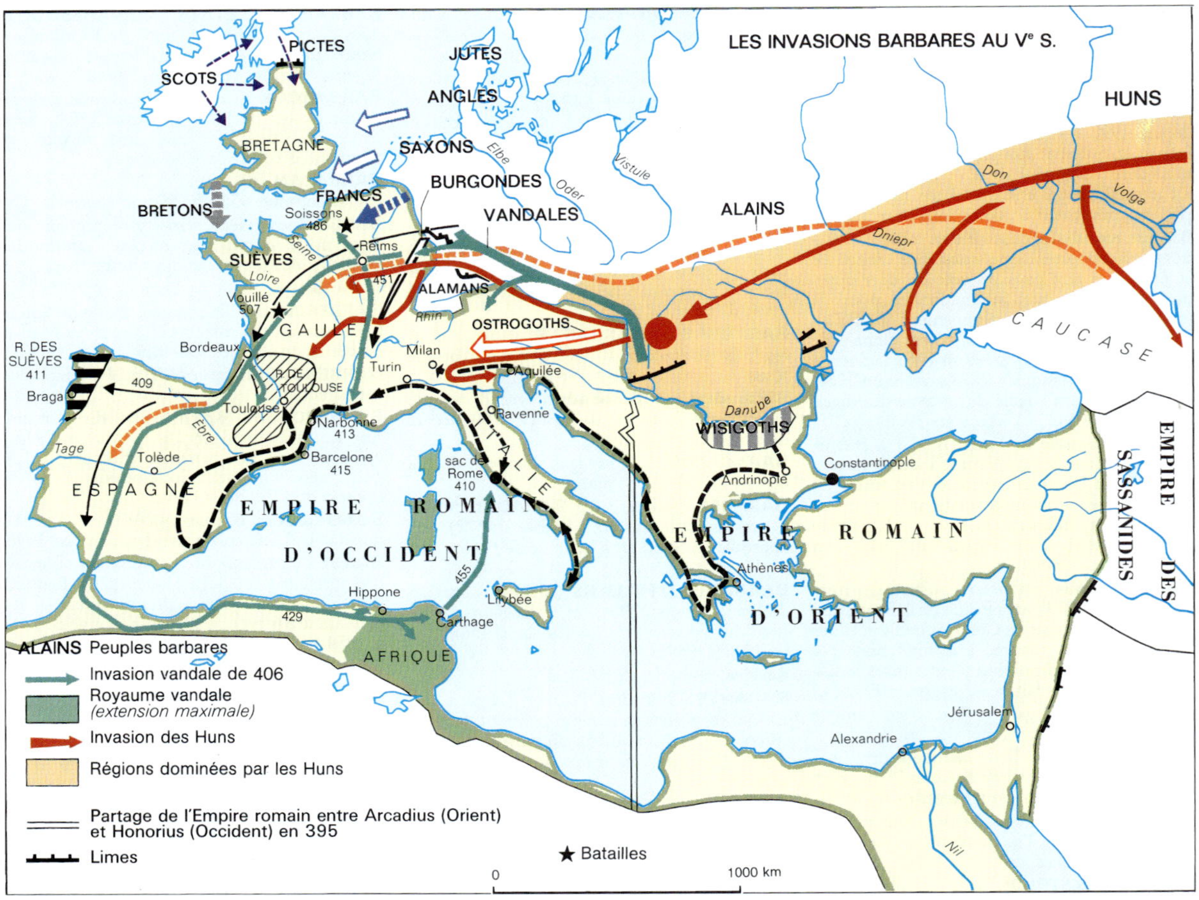

prov., près de l'embouchure du Llobregat ; 1 643 542 h. [environ 3 millions dans l'agglomération, principal foyer industriel du pays] *(Barcelonais).* — Nombreux édifices gothiques, surtout du XIVe s., dont la cathédrale. Église de la Sagrada Familia par Gaudí. Musées, dont celui de l'Art de Catalogne (peinture romane, retables gothiques). — Très prospère sous la domination aragonaise (XIIe-XVe s.), Barcelone ne retrouva son rang qu'au milieu du XIXe s. Centre de la résistance des républicains pendant la guerre civile (1936-1939).

Barcelone : l'église de la Sagrada Familia, entreprise en 1883 par Antonio Gaudí.

BARCELONNETTE (04400), ch.-l. d'arr. des Alpes-de-Haute-Provence, sur l'Ubaye ; 3 631 h. Station d'altitude (1 132 m). Sports d'hiver à proximité. Centre d'émigration vers le Mexique au XIXe s.

BARCLAY DE TOLLY (Mikhaïl Bogdanovitch, *prince*), maréchal russe, d'origine écossaise (Luhde-Grosshoff, Livonie, 1761 - Insterburg 1818). Habile adversaire de Napoléon Ier, il fut en 1815 commandant en chef des armées russes.

Barclays, banque anglaise implantée dans la City de Londres depuis 1736. Aujourd'hui première banque britannique, elle est présente dans de nombreux pays et figure au premier rang des groupes bancaires étrangers implantés en France.

BARCO VARGAS (Virgilio), homme politique colombien (Cúcuta 1921), président de la République de 1986 à 1990.

BARDDHAMAN, anc. **Burdwān,** v. de l'Inde (Bengale-Occidental) ; 244 789 h.

BARDEEN (John), physicien américain (Madison, Wisconsin, 1908 - Boston 1991). Il a partagé deux fois le prix Nobel de physique : en 1956, pour la mise au point du transistor à germanium ; en 1972, pour une théorie de la supraconductivité.

BARDEM (Juan Antonio), cinéaste espagnol (Madrid 1922). L'un des premiers à tenter d'exprimer la réalité sociale de son pays, il obtint une consécration internationale avec *Mort d'un cycliste* (1955) et *Grand'Rue* (1956).

BARDI, famille florentine qui tira sa fortune d'une compagnie marchande, l'une des plus puissantes d'Europe entre 1250 et 1350.

BARDO (Le), banlieue de Tunis ; 46 000 h. Anc. palais du bey, où fut signé en 1881 le traité établissant le protectorat français. Musée (antiques et mosaïques).

BARDONNÈCHE, v. d'Italie (Piémont), à la sortie des tunnels du Fréjus ; 3 200 h. Station estivale et de sports d'hiver (alt. 1 312-2 700 m).

BARDOT (Brigitte), actrice française (Paris 1934). Consacrée par le film de R. Vadim *Et Dieu créa la femme* (1956), sa popularité repose sur le mythe qu'elle a incarné, femme-enfant à la sensualité libre et joyeuse (*la Vérité,* de H. G. Clouzot, 1960 ; *Vie privée,* de L. Malle, 1962 ; *le Mépris,* de J.-L. Godard, 1963).

BARÈGES (65120), comm. des Hautes-Pyrénées ; 260 h. Station thermale et de sports d'hiver (alt. 1 250-2 350 m).

BAREILLY, v. de l'Inde (Uttar Pradesh) ; 607 652 h.

BARENBOÏM (Daniel), chef d'orchestre et pianiste israélien (Buenos Aires 1942). Successeur (1975-1989) de Georg Solti à la tête de l'Orchestre de Paris, il devient, en 1991, directeur musical de l'Orchestre symphonique de Chicago et, en 1992, directeur artistique du Staatsoper de Berlin.

BARENTIN (76360), comm. de la Seine-Maritime ; 13 105 h. *(Barentinois).* Textile. Constructions électriques et électroniques.

BARENTON (50720), ch.-l. de c. de la Manche ; 1 560 h.

BARENTS ou **BARENTSZ** (Willem), navigateur néerlandais (île de Terschelling v. 1550 - env. de la Nouvelle-Zemble 1597). Il découvrit la Nouvelle-Zemble (1594) et le Spitzberg (1596).

BARENTS *(mer de),* partie de l'océan Arctique, entre la Nouvelle-Zemble et le Svalbard.

BARÈRE DE VIEUZAC (Bertrand), homme politique français (Tarbes 1755 - *id.* 1841). Député aux États généraux (1789) et à la Convention (1792), il fut membre du Comité de salut public.

BARFLEUR (50760), comm. de la Manche, près de la *pointe de Barfleur,* extrémité nord-est de la presqu'île du Cotentin ; 607 h. Station balnéaire. Pêche.

Bargello (le), palais du podestat, puis du chef de la police *(bargello)* de Florence. Riche musée national de sculpture.

Brigitte **Bardot** dans une scène de *l'Ours et la Poupée* (1970), de Michel Deville.

BAR-HILLEL (Yehoshua), logicien israélien d'origine polonaise (Vienne 1915-Jérusalem 1975). Néopositiviste du cercle de Vienne, il a étudié les rapports du langage et de la logique.

BARI, port d'Italie, cap. de la Pouille et ch.-l. de prov. sur l'Adriatique ; 341 273 h. Archevêché. Université. Centre industriel. La ville fut un port important au Moyen Âge, point de départ pour la Terre sainte. Importante basilique romane S. Nicola (fin XIe-XIIe s.).

BARISĀL, v. du Bangladesh, dans le delta du Gange ; 159 000 h.

BARISAN *(monts),* chaîne volcanique d'Indonésie (Sumatra) ; 3 801 m au Kerinci.

BARJAC (30430), ch.-l. de c. du Gard ; 1 380 h.

BARJOLS [-ʒɔl] (83670), ch.-l. de c. du Var ; 2 175 h. Église gothique du XVIe s.

BARKLA (Charles Glover), physicien britannique (Widnes, Lancashire, 1877 - Édimbourg 1944). Prix Nobel (1917) pour ses recherches sur les rayons X et les ondes radioélectriques.

BAR-KOKHBA, nom de signification messianique (« Fils de l'étoile ») donné à Simon Bar Koziba, chef de la deuxième révolte juive (132-135). Des lettres de Simon ont été trouvées en 1951 dans des grottes des bords de la mer Morte*.

BARLACH (Ernst), sculpteur allemand (Wedel, Holstein, 1870 - Rostock 1938), au style d'un expressionnisme contenu.

BAR-LE-DUC (55000), ch.-l. du dép. de la Meuse, dans le sud du Barrois, sur l'Ornain, à 231 km à l'est de Paris ; 18 577 h. *(Barisiens).* Textile. Dans l'église St-Étienne (XIVe s.), célèbre sculpture funéraire de L. Richier.

BARLETTA, port d'Italie (Pouille), sur l'Adriatique ; 86 215 h. Statue colossale d'un empereur romain (IVe ou Ve s.).

BARLIN (62620), ch.-l. de c. du Pas-de-Calais ; 7 976 h. Cimenterie. Industrie automobile.

BARLOW (Joel), diplomate et poète américain (Redding 1754 - Zarnowiec, près de Cracovie, 1812). Ami de La Fayette, ambassadeur en France, il a donné dans sa *Colombiade* (1787-1807) un répertoire des thèmes de l'imaginaire américain.

BARLOW (Peter), mathématicien et physicien britannique (Norwich 1776 - Woolwich 1862). Il imagina la *roue de Barlow,* prototype du moteur électrique (1828), et la *lentille de Barlow,* utilisée pour amplifier le grossissement des lunettes astronomiques et des télescopes.

BARNABÉ *(saint),* apôtre, compagnon d'apostolat de saint Paul, mort lapidé.

BARNAOUL, v. de Russie, en Sibérie, sur l'Ob ; 602 000 h. Métallurgie. Chimie.

BARNARD (Christian), chirurgien sud-africain naturalisé grec (Beaufort West, prov. du Cap, 1922). Il réalisa la première transplantation cardiaque en 1967.

BARNARD (Edward Emerson), astronome américain (Nashville 1857 - Williams Bay, Wisconsin, 1923). On lui doit des milliers de photographies de la Voie lactée, ainsi que la découverte de 19 comètes et d'un satellite de Jupiter (1892).

BARNAVE (Antoine), homme politique français (Grenoble 1761 - Paris 1793). Député du Dauphiné (1789), il exerça une influence prépondérante aux États généraux. Partisan d'une monarchie constitutionnelle, il fut décapité sous la Terreur.

BARNET (Boris), cinéaste soviétique (Moscou 1902 - Riga 1965), auteur de films intimistes, empreints d'humour et de poésie : *la Jeune Fille au carton à chapeaux* (1927), *Okraina* (1933), *Au bord de la mer bleue* (1936).

BARNEVILLE-CARTERET (50270), ch.-l. de c. de la Manche ; 2 237 h. Station balnéaire. Église romane.

BARNUM (Phineas Taylor), imprésario et entrepreneur de spectacles américain (Bethel, Connecticut, 1810 - Bridgeport 1891). Il dirigea à partir de 1871 un grand cirque itinérant.

BAROCCI ou **BAROCCIO** (Federico **Fiori,** dit), peintre et graveur italien (Urbino v. 1535 - *id.* 1612). Auteur de compositions religieuses, il emprunte au Corrège et aux maniéristes, et annonce le baroque.

BAROCHE (Pierre Jules), homme politique français (La Rochelle 1802 - Jersey 1870), ministre des Cultes et de la Justice de Napoléon III.

BARODA → ***Vadodara.***

BAROJA (Pío), écrivain espagnol (Saint-Sébastien 1872 - Madrid 1956), auteur de contes et de romans réalistes *(Mémoires d'un homme d'action).*

BARON (Michel **Boyron,** dit), acteur et auteur dramatique français (Paris 1653 - *id.* 1729). Membre de la troupe de Molière, puis de celle de l'Hôtel de Bourgogne, il a laissé des comédies (*l'Homme à bonnes fortunes,* 1686).

BARONNIES (les), massif des Préalpes du Sud (Drôme) ; 1 532 m.

BARP (Le) [33114], comm. de la Gironde ; 2 587 h. Centre de recherches nucléaires.

BARQUISIMETO, v. du Venezuela ; 625 450 h.

BARR (67140), ch.-l. de c. du Bas-Rhin ; 4 976 h. Ville ancienne et pittoresque.

BARRANCABERMEJA, v. de Colombie, sur le Magdalena ; 123 000 h.

BARRANQUILLA, port de Colombie, sur l'Atlantique, à l'embouchure du Magdalena ; 900 000 h. Chimie.

BARRAQUÉ (Jean), compositeur français (Paris 1928 - *id.* 1973), l'un des principaux représentants de la tradition sérielle *(Sonate pour piano, Chant après chant).*

BARRAS (Paul, *vicomte* **de**), homme politique français (Fox-Amphoux, Var, 1755 - Paris 1829). Conventionnel (1792), il contribua à la chute de Robespierre (1794) et fut membre du Directoire (1795-1799).

BARRAUD (Henry), compositeur français (Bordeaux 1900), auteur de *Numance* (1955) et de *Tête d'or* (1979), tragédies lyriques.

BARRAULT (Jean-Louis), acteur de théâtre et de cinéma et metteur en scène français (Le Vésinet 1910 - Paris 1994). À la Comédie-Française, comme dans la compagnie qu'il fonda (1946) avec sa femme, Madeleine Renaud, il a monté et interprété aussi bien des œuvres modernes (Claudel, Beckett, Genet) que classiques (Molière, Tchekhov), recherchant un langage dramatique de plus en plus « corporel », dans la lignée d'Artaud. Au cinéma, il s'est imposé dans *Drôle de drame* (1937) et *les Enfants du paradis* (1945).

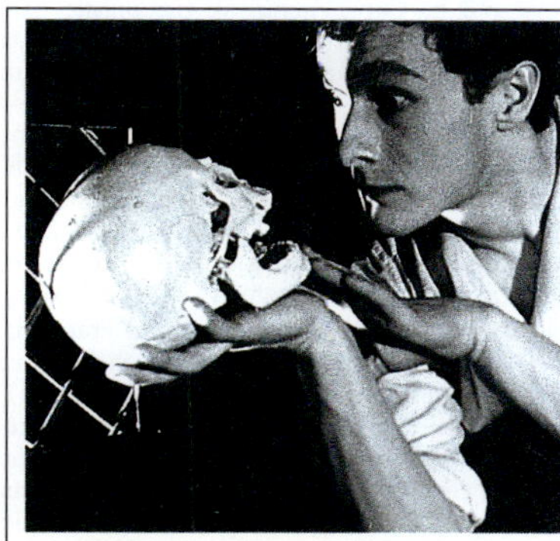

Jean-Louis **Barrault** dans *Hamlet* (version de J. Laforgue) [théâtre de l'Atelier, Paris, 1939].

BARRE (Raymond), économiste et homme politique français (Saint-Denis, Réunion, 1924), Premier ministre (1976-1981) et ministre de l'Économie et des Finances (1976-1978), maire de Lyon depuis 1995.

BARREIRO, v. industrielle du Portugal, sur le Tage, en face de Lisbonne ; 47 770 h.

BARRÈS (Maurice), écrivain français (Charmes, Vosges, 1862 - Neuilly-sur-Seine 1923). Guide intellectuel du mouvement nationaliste, il chercha à concilier l'élan romantique avec les déterminations provinciales et héréditaires (*Du sang, de la volupté et de la mort,* 1893-1909 ; *les Déracinés,* 1897 ; *la Colline inspirée,* 1913), passant du culte du moi au besoin de tradition et de discipline pour aboutir à un constat de désenchantement *(Un jardin sur l'Oronte, Mes cahiers).* [Acad. fr.]

Barricades *(journées des),* nom donné à deux insurrections parisiennes : la première, le 12 mai 1588, fut une manifestation des Ligueurs contre Henri III ; la seconde, le 26 août 1648, marqua le début de la Fronde.

BARRIE, v. du Canada (Ontario) ; 62 728 h.

BARRIE (James Matthew), romancier et auteur dramatique britannique (Kirriemuir, Écosse, 1860 - Londres 1937), créateur de *Peter Pan.*

BARRIÈRE (Grande), édifice corallien bordant la côte nord-est de l'Australie.

BARROIS ou **CÔTE DES BARS,** région du sud-est de l'Aube, vers *Bar-sur-Aube* et *Bar-sur-Seine.*

BARROIS ou **BAR,** région de la Lorraine (Meuse), aux confins de la Champagne. Cap. *Bar-le-Duc.* Le comté (puis duché) de Bar fut uni à la Lorraine en 1480 et annexé avec elle à la France en 1766. Une partie de la région (*Barrois mouvant* sur la rive gauche de la Meuse) était dans la vassalité française depuis 1301.

BARROIS (Charles), géologue français (Lille 1851 - Sainte-Geneviève-en-Caux 1939). Il a étudié le carbonifère du bassin houiller franco-belge.

BARROT (Odilon), homme politique français (Villefort, Lozère, 1791 - Bougival 1873). Il contribua à la chute de Louis-Philippe par sa participation à la *campagne des banquets* (1847). Il fut ministre de la Justice de Louis Napoléon (1849).

BARROW (Isaac), philologue, mathématicien et théologien anglais (Londres 1630 - *id.* 1677). Il a été le maître de Newton et l'un des précurseurs du calcul différentiel.

BARRY (Jeanne **Bécu,** *comtesse* **du**), favorite de Louis XV à partir de 1769 (Vaucouleurs 1743 - Paris 1793). Elle fut guillotinée sous la Terreur.

BARS *(Côte des)* → ***Barrois.***

BARSAC (33720), comm. de la Gironde, près de Sauternes ; 2 061 h. Vins blancs.

BAR-SUR-AUBE (10200), ch.-l. d'arr. de l'Aube ; 6 967 h. *(Baralbins* ou *Barsuraubois).* Deux églises en partie du XIIe s.

BAR-SUR-LOUP (Le) [06620], ch.-l. de c. des Alpes-Maritimes ; 2 473 h. Parfumerie. Dans l'église, peintures du XVe s.

BAR-SUR-SEINE (10110), ch.-l. de c. de l'Aube ; 3 899 h. Église des XVIe-XVIIe s.

BART [bar] (Jean), marin français (Dunkerque 1650 - *id.* 1702). Marin dans la flotte de Ruyter, corsaire puis officier de la marine royale française, il remporta de nombreuses victoires

Jean **Bart**

Maurice **Barrès**

contre les Anglais et les Hollandais (dont celle de 1696).

BARTAS [-as] (Guillaume **de Salluste,** *seigneur* **du**), poète français (Montfort, près d'Auch, 1544 - Condom 1590). Protestant et disciple de Ronsard, il est l'auteur de *la Semaine,* poème d'inspiration biblique et encyclopédique.

BARTH (Heinrich), explorateur et géographe allemand (Hambourg 1821 - Berlin 1865). Il rapporta une précieuse documentation ethnographique de son expédition en Afrique centrale (1850-1855).

BARTH (Karl), théologien calviniste suisse (Bâle 1886 - *id.* 1968). Il dénonça l'hitlérisme, prôna un retour à l'Écriture et l'adaptation de l'Évangile au temps présent.

BARTHE-DE-NESTE (La) [65250], ch.-l. de c. des Hautes-Pyrénées ; 1 113 h.

BARTHÉLEMY *(saint),* un des apôtres du Christ, dit aussi *Nathanaël,* mort écorché vif.

BARTHÉLEMY (François, *marquis* **de**), homme politique français (Aubagne 1747 - Paris 1830). Il négocia la paix de Bâle en 1795, fut membre du Directoire (1797), sénateur et comte d'Empire, marquis sous Louis XVIII.

BARTHÉLEMY (*abbé* Jean-Jacques), écrivain français (Cassis 1716 - Paris 1795), auteur du *Voyage du jeune Anacharsis en Grèce.* (Acad. fr.)

BARTHÉLEMY (René), physicien français (Nangis 1889 - Antibes 1954). Ses travaux ont perfectionné la télévision.

BARTHÉLEMY-SAINT-HILAIRE (Jules), homme politique et érudit français (Paris 1805 - *id.* 1895), traducteur des œuvres d'Aristote.

BARTHES (Roland), écrivain français (Cherbourg 1915 - Paris 1980). Son œuvre critique s'inspire des travaux de la linguistique, de la psychanalyse et de l'anthropologie modernes (*le Degré zéro de l'écriture,* 1953 ; *Système de la mode,* 1967 ; *l'Empire des signes,* 1970 ; *le Plaisir du texte,* 1973).

BARTHEZ [-tɛs] (Paul Joseph), médecin français (Montpellier 1734 - Paris 1806), théoricien du *principe vital,* médecin de Louis XVI et de Napoléon Ier.

BARTHOLDI (Auguste), statuaire français (Colmar 1834 - Paris 1904), auteur du *Lion* de Belfort (1880) et de *la Liberté* éclairant le monde* de New York.

BARTHOU (Louis), homme politique français (Oloron-Sainte-Marie 1862 - Marseille 1934). Président du Conseil en 1913, ministre des Affaires étrangères en 1934, il fut assassiné avec le roi Alexandre Ier de Yougoslavie. (Acad. fr.)

BARTÓK (Béla), compositeur hongrois (Nagyszentmiklós, auj. en Roumanie, 1881 - New York 1945). Son langage savant s'est enrichi au contact d'une musique populaire authentique (*Mikrokosmos* et 3 concertos, pour piano ; 6 quatuors à cordes ; *le Château de Barbe-Bleue,* 1918 ; *le Mandarin merveilleux,* 1919).

BARTOLOMEO *(Fra),* peintre italien de l'ordre des Dominicains (Florence 1472 - *id.* 1517), dont le style tend à un classicisme monumental.

BARUCH [-ryk], disciple et secrétaire du prophète Jérémie.

BARYCHNIKOV ou **BARYSHNIKOV** (Mikhaïl Nikolaïevitch), danseur et chorégraphe américain d'origine russe (Riga 1948). Il a assimilé tous les styles, des plus classiques aux plus syncopés. Passé à l'Ouest en 1974, il a dirigé l'American Ballet Theatre de 1980 à 1989.

BARYE (Antoine Louis), sculpteur et aquarelliste français (Paris 1796 - *id.* 1875). Il excella dans l'art du bronze animalier.

BĀRZĀNĪ (Mullā Muṣṭafā **al-**), chef kurde (Bārzān v. 1902 - Washington 1979). Il a dirigé l'insurrection kurde (1961-1970) contre le gouvernement irakien.

BASARAB Ier, prince de Valachie (v. 1310-1352), qui réunit sous son autorité toute la Valachie.

BASDEVANT (Jules), juriste français (Anost, Saône-et-Loire, 1877 - *id.* 1968). Spécialiste du droit international, il a été de 1949 à 1952 président de la Cour internationale de justice.

Bas-Empire, période de l'histoire romaine (284-476), succédant à l'anarchie militaire (235-284), marquée par la restauration du pouvoir impérial, l'éclatement de l'Empire entre l'Orient et l'Occident et la victoire progressive du christianisme.

BAS-EN-BASSET (43210), ch.-l. de c. de la Haute-Loire, sur la Loire ; 2 978 h.

BASF (Badische Anilin und Soda Fabrik), société allemande (remontant à 1865), l'une des premières entreprises chimiques européennes.

BASHŌ (**Matsuo Munefusa,** dit), poète japonais (Ueno 1644 - Ōsaka 1694), l'un des grands classiques de la littérature japonaise *(la Sente étroite du bout du monde).*

BASIE (William Bill, dit **Count**), pianiste, organiste, compositeur et chef d'orchestre de jazz américain (Red Bank, New Jersey, 1904 - Hollywood, Floride, 1984).

BASILDON, v. de Grande-Bretagne, au nord-est de Londres ; 152 000 h.

BASILE *(saint)* surnommé **le Grand,** Père de l'Église grecque (Césarée 329 - *id.* 379), évêque de Césarée. Il lutta contre l'arianisme et eut une grande influence dans le développement du monachisme.

BASILE Ier le Macédonien (Andrinople v. 812 - 886), empereur byzantin (867-886), fondateur de la dynastie macédonienne. — **Basile II le Bulgaroctone** (957-1025), empereur byzantin (963-1025). Il soumit la Bulgarie, battit les Fatimides, soumit l'aristocratie et porta au plus haut degré la prospérité de l'Empire.

BASILE VALENTIN, personnage légendaire. Moine et alchimiste du XVe s., à qui on attribue la préparation de l'acide chlorhydrique et la distillation de l'eau-de-vie.

BASILICATE, région de l'Italie méridionale, formée des prov. de Matera et de Potenza ; 605 940 h. Cap. *Potenza.*

BASILIDE, gnostique alexandrin (IIe s. apr. J.-C.). La secte qu'il fonda *(basilidiens)* se maintint jusqu'au IVe s.

BASIN (Thomas), chroniqueur et prélat français (Caudebec 1412 - Utrecht 1491). Il milita pour la réhabilitation de Jeanne d'Arc et fut l'historiographe de Charles VII et de Louis XI.

BASQUE *(Pays),* en esp. **País Vasco,** communauté autonome d'Espagne, formée des provinces de Biscaye, Guipúzcoa et Álava ; 2 099 978 h. Cap. *Vitoria.* V. pr. *Bilbao.* Ces provinces constituent, avec la Navarre, le pays basque espagnol. Rattachées à la Castille aux XIIIe-XIVe s., elles gardèrent leurs privilèges *(fueros)* jusqu'au XIXe s. Par la suite, elles furent affrontées au centralisme des Bourbons, de Primo de Rivera, puis du franquisme. L'E. T. A., créée en 1959, s'oppose au gouvernement de Madrid, en dépit de l'autonomie et de la formation d'un gouvernement basque (1980).

BASQUE *(Pays),* région groupant en France la Soule, le Labourd (réunis à la France en 1451) et la basse Navarre (réunie en 1620 par Louis XIII). Il s'étend sur l'extrémité occidentale des Pyrénées et sur la basse vallée de l'Adour. L'intérieur, voué à l'élevage et à la polyculture, est moins peuplé que la côte, animée par l'industrie et le commerce (Bayonne), par la pêche (Saint-Jean-de-Luz) et par le tourisme (Biarritz).

BASQUES, habitants des deux versants des Pyrénées occidentales, du côté de la France et de l'Espagne. Ils parlent le basque*. Leur civilisation, ancienne et toujours vivante, se caractérise par une riche littérature orale, chantée par les *bertsolari,* par la pelote basque et par un artisanat original (broderie).

BASS *(détroit de),* détroit séparant l'Australie continentale de la Tasmanie.

BASSÆ, site archéologique grec (Arcadie), dont le temple dorique, élevé par Ictinos (fin du Ve s. av. J.-C.) et consacré à Apollon, est l'un des mieux conservés du pays.

BASSANO (Jacopo **da Ponte,** dit **Jacopo**), peintre italien (Bassano, Vénétie, v. 1515 - *id.* 1592). Naturaliste et maniériste, il donne une grande importance, dans ses tableaux bibliques et religieux, au paysage rural et aux effets luministes. — Ses fils, surtout **Francesco** et **Leandro,** continuèrent son œuvre.

BASSAS DA INDIA, îlot français de l'océan Indien, dans le canal de Mozambique.

BASSÉE (La) [59480], ch.-l. de c. du Nord ; 6 038 h. Constructions mécaniques. Textile.

Basse Époque → ***Égypte.***

BASSE-GOULAINE (44115), ch.-l. de c. de la Loire-Atlantique ; 6 012 h.

BASSE-INDRE → ***Indre.***

BASSEIN, v. de Birmanie ; 356 000 h.

BASSENS [-sɛ̃s] (33530), comm. de la Gironde ; 6 492 h. Chimie.

BASSE-TERRE (97100), ch.-l. de la Guadeloupe, sur la côte sud-ouest de *l'île de Basse-Terre,* partie occidentale de la Guadeloupe ; 14 107 h. *(Basse-Terriens).* Port. Centre commercial. Évêché.

BASSIGNY, région du sud-est du Bassin parisien (dép. de la Haute-Marne), au nord-est du plateau de Langres. Petite métallurgie.

BASSIN ROUGE, région déprimée de la Chine (Sichuan), traversée par le Yangzi Jiang, intensément mise en culture.

BASSOMPIERRE (François **de**), maréchal de France et diplomate (Haroué 1579 - Provins 1646). Il complota contre Richelieu et fut enfermé à la Bastille (1631-1643).

BASSORA ou **BAṢRA,** port de l'Iraq, sur le Chaṭṭ al-'Arab ; 600 000 h. Grande palmeraie. Industries chimiques et alimentaires.

BASSOV (Nikolaï Guennadievitch), physicien russe (Ousman, près de Voronej, 1922). Il a réalisé en 1956 un oscillateur moléculaire à ammoniac, puis travaillé sur les lasers à gaz et les lasers semi-conducteurs. (Prix Nobel 1964.)

BASTELICA (20119), ch.-l. de c. de la Corse-du-Sud ; 484 h. Centre touristique.

BASTIA (20200), ch.-l. du dép. de la Haute-Corse ; 38 728 h. *(Bastiais).* Cour d'appel. Port. Aéroport. Centre commercial. Cigarettes. Apéritifs. Étape touristique. Citadelle. Églises et chapelles du XVIIe s.

BASTIAT (Frédéric), économiste français (Bayonne 1801 - Rome 1850). Défenseur de la liberté du travail et du libre-échange, auteur des *Harmonies économiques,* il croit à l'existence de lois économiques providentielles.

BASTIDE (Roger), anthropologue français (Nîmes 1898 - Maisons-Laffitte 1974). Il s'est intéressé à la déviance et à la religion (*Sociologie des maladies mentales,* 1965).

Béla **Bartók**

La prise de la **Bastille** par les émeutiers, le 14 juillet 1789. Peinture du XVIIIe s. (Musée Carnavalet, Paris.)

BASTIÉ (Maryse), aviatrice française (Limoges 1898 - Lyon 1952). Elle traversa seule l'Atlantique sud en 1936 et fut détentrice de dix records internationaux de distance et de durée.

Bastille (la), forteresse construite à Paris, porte Saint-Antoine (1370-1382). D'abord citadelle militaire, elle devint prison d'État sous Louis XIII. Les détenus y étaient envoyés sur lettre de cachet, pour préserver leur honneur ; de ce fait, la Bastille devint symbole de l'arbitraire royal. Prise par les émeutiers le 14 juillet 1789 (sept prisonniers y étaient alors détenus), elle fut détruite l'année suivante.

BASTOGNE, v. de Belgique, ch.-l. d'arr. de la prov. de Luxembourg, dans l'Ardenne ; 12 187 h. Station estivale. Centre de la résistance américaine à l'offensive allemande des Ardennes (1944).

BASUTOLAND, protectorat britannique de l'Afrique australe (1868-1966). [→ ***Lesotho.***]

BATA, port de la Guinée équatoriale, ch.-l. du Mbini ; 27 000 h. Aéroport.

BAT'A (Tomáš), industriel tchèque (Zlín 1876 - Otrokovice 1932). Il fut l'un des premiers industriels à faire participer son personnel aux bénéfices, en imaginant l'autonomie comptable des ateliers.

BATAILLE (Georges), écrivain français (Billom 1897 - Paris 1962). Son œuvre est centrée sur l'érotisme et l'obsession de la mort *(l'Expérience intérieure, la Part maudite, les Larmes d'Éros).*

BATAILLE (Henry), auteur dramatique français (Nîmes 1872 - Malmaison 1922), peintre des « instincts » d'une société décadente *(Maman Colibri).*

Bataille de San Romano (la), ensemble de 3 grands panneaux peints par Uccello sur commande des Médicis pour illustrer un épisode de la guerre entre Florentins et Siennois (v. 1456 ?, Offices, Louvre et National Gallery de Londres).

BATAK, peuple indonésien de Sumatra dont les pratiques animistes sont influencées par l'islam.

BATALHA, v. du Portugal (Estrémadure) ; 6 390 h. Remarquable couvent royal des XIVe-XVIe s.

BATANGAS, port des Philippines (Luçon) ; 144 000 h.

BATAVE *(République),* nom que prirent les Provinces-Unies de 1795 à 1806.

BATAVES, peuple germanique qui habitait la Hollande méridionale actuelle.

BATAVIA → ***Jakarta.***

Bateau-Lavoir (le), nom donné à un anc. immeuble de la butte Montmartre (rue Ravignan), dont Picasso devint un des locataires en 1904 ; les peintres et les poètes initiateurs du cubisme s'y réunirent.

BATÉKÉ → ***Téké.***

BATESON (Gregory), anthropologue américain d'origine britannique (Grantchester, Cambridgeshire, 1904 - San Francisco 1980). Il est l'auteur d'une théorie qui applique au champ psychiatrique certains concepts de la théorie de la communication.

BATH, v. de Grande-Bretagne, sur l'Avon ; 79 900 h. Station thermale. Bel urbanisme du XVIIIe s.

Ba'th → ***Baath.***

BÂTHIE (La) [73540], comm. de la Savoie ; 1 913 h. Centrale hydroélectrique alimentée par le barrage de Roselend.

BATHILDE ou **BALTHILDE** *(sainte),* reine des Francs (m. à Chelles en 680). Elle épousa Clovis II et gouverna pendant la minorité de son fils Clotaire III.

BÁTHORY, famille hongroise à laquelle appartenait Étienne Ier, roi de Pologne, et qui donna deux princes à la Transylvanie.

BATHURST, v. du Canada (Nouveau-Brunswick), sur la baie des Chaleurs ; 11 730 h.

BATHURST → ***Banjul.***

BÂTIE-NEUVE (La) [05230], ch.-l. de c. des Hautes-Alpes ; 1 331 h.

BATILLY (54980), comm. de Meurthe-et-Moselle ; 1 103 h. Industrie automobile.

BATISTA (Fulgencio), officier et homme politique cubain (Banes 1901 - Guadalmina 1973). Président de la République (1940-1944 ; 1952-1959), il fut renversé par Fidel Castro.

BATNA, v. d'Algérie, ch.-l. de wilaya, au N. de l'Aurès ; 112 000 h.

BATON ROUGE, v. des États-Unis, cap. de la Louisiane, sur le Mississippi ; 219 531 h. Raffinage du pétrole et chimie.

BATOUMI ou **BATOUM,** port de Géorgie, sur la mer Noire, cap. de l'Adjarie ; 136 000 h.

BATOUTA → ***Ibn Baṭṭūṭa.***

BATTĀNĪ (al-), astronome arabe (Harrān, Mésopotamie, auj. Turquie, v. 858 - Qasr al-Djiss, près de Sāmarrā, 929). Ses observations permirent une meilleure connaissance des mouvements apparents du Soleil et des planètes. Il a laissé un grand traité d'astronomie, le *Zidj.*

BATTHYÁNY, famille hongroise dont deux membres participèrent à la révolution de 1848 : **Lajos,** *comte* (Presbourg 1806 - Pest 1849), président du Conseil (mars - oct. 1848), qui fut fusillé, et **Kázmér,** *comte* (1807 - Paris 1854).

BĀTŪ, prince mongol (1204 - v. 1255), fondateur de la Horde d'Or, petit-fils de Gengis Khān. Il conquit la Russie (1238-1240), la Hongrie et atteignit l'Adriatique (1242).

BATY (Gaston), metteur en scène de théâtre français (Pélussin 1885 - *id.* 1952), l'un des animateurs du « Cartel ». Contestant la primauté du texte et celle de l'acteur, il a donné aux décors et aux éclairages un rôle de plus en plus important.

BATZ [ba] *(île de)* [29253], île et comm. du Finistère, dans la Manche, en face de Roscoff ; 752 h. *(Batziens).* Pêche. Station balnéaire.

BATZ-SUR-MER (44740), comm. de la Loire-Atlantique, dans la presqu'île du Croisic ; 2 779 h. Station balnéaire. Église gothique des XVe-XVIe s.

BAUCHANT (André), peintre français (Château-Renault 1873 - Montoire 1958). Autodidacte, il fut un « naïf » de talent.

BAUCIS → ***Philémon.***

BAUD (56150), ch.-l. de c. du Morbihan ; 4 713 h. *(Baudais).*

BAUDEAU *(abbé* Nicolas), économiste français (Amboise 1730 - Paris 1792), propagandiste des idées des physiocrates et défenseur de Turgot.

BAUDELAIRE (Charles), écrivain français (Paris 1821 - *id.* 1867). Héritier du romantisme et fidèle à la prosodie traditionnelle, il exprime à la fois le tragique de la destinée humaine et une vision mystique de l'univers, où il découvre de mystérieuses « correspondances ». Ses poèmes (*les Fleurs du mal,* 1857 ; *Petits Poèmes en prose,* 1869) et son œuvre critique (*Curiosités esthétiques, l'Art romantique,* 1868) sont à la source de la sensibilité moderne.

BAUDELOCQUE (Jean-Louis), médecin accoucheur français (Heilly, Somme, 1745 - Paris 1810).

BAUDIN (Alphonse), homme politique français (Nantua 1811 - Paris 1851). Député à l'Assemblée de 1849, il fut tué sur une barricade en tentant vainement d'entraîner les ouvriers contre le coup d'État du 2-Décembre.

BAUDOT (Anatole **de**), architecte français (Sarrebourg 1834 - Paris 1915). Disciple de Viollet-le-Duc, rationaliste, il a restauré la cathédrale du Puy et utilisé le ciment armé pour St-Jean-l'Évangéliste de Montmartre (1897).

BAUDOT (Émile), ingénieur français (Magneux, Haute-Marne, 1845 - Sceaux 1903) inventeur du télégraphe multiple imprimeur (1874) et d'un appareil de transmission automatique (1894).

BAUDOUIN, nom de deux empereurs latins de Constantinople : **Baudouin Ier** (Valenciennes 1171-1205), comte de Flandre et de Hainaut, un des chefs de la 4e croisade, empereur (1204-1205), et **Baudouin II** (Constantinople v. 1217-1273), empereur (1228-1261).

BAUDOUIN, nom de cinq rois de Jérusalem dont **Baudouin Ier de Boulogne,** roi de Jérusalem (1100-1118), frère de Godefroi de Bouillon. Il est le fondateur du royaume de Jérusalem, qu'il agrandit et dote d'institutions solides.

BAUDOUIN, nom de neuf comtes de Flandre, de six comtes de Hainaut.

BAUDOUIN Ier (Bruxelles 1930 - Motril, Espagne, 1993), roi des Belges (1951-1993). Il devint roi à la suite de l'abdication de son père, Léopold III. Il avait épousé Fabiola de Mora y Aragón en 1960.

BAUDOUIN DE COURTENAY (Jan Ignacy), linguiste polonais (Radzymin 1845 - Varsovie 1929). Il est considéré comme le précurseur de la phonologie.

BAUDRICOURT (Robert **de**), capitaine de Vaucouleurs (XVe s.). Il fit conduire Jeanne d'Arc auprès de Charles VII à Chinon (1429).

BAUDRILLARD (Jean), sociologue français (Reims 1929). Ses recherches portent sur la relation entre la production des objets matériels et les désirs et les fantasmes des consommateurs (*le Système des objets,* 1968 ; *l'Échange symbolique et la Mort,* 1976).

BAUER (Bruno), critique et philosophe allemand (Eisenberg 1809 - Rixdorf, près de Berlin, 1882). Influencé par l'hégélianisme, il critique le christianisme, qui, révolutionnaire au début, est devenu un obstacle au progrès.

BAUER (Eddy), historien suisse (Neuchâtel 1902 - *id.* 1972), auteur d'études sur la Seconde Guerre mondiale.

BAUER (Otto), homme politique et théoricien autrichien (Vienne 1881 - Paris 1938), l'un des dirigeants du parti social-démocrate autrichien.

Un des trois panneaux de ***la Bataille de San Romano*** peints par Uccello vers 1456. (National Gallery, Londres.)

Georges **Bataille**

Charles **Baudelaire**

Baudouin Ier de Belgique

BAUGÉ (49150), ch.-l. de c. de Maine-et-Loire, dans le *Baugeois* ; 3 803 h. *(Baugeois).* Château de René d'Anjou (xve s.).

BAUGES (les), massif des Préalpes, en Savoie ; 2 217 m.

BAUGY (18800), ch.-l. de c. du Cher ; 1 167 h.

Bauhaus, école d'architecture et d'arts appliqués, fondée en 1919, à Weimar, par W. Gropius et transférée, de 1925 à 1932, à Dessau. Elle a joué un grand rôle dans l'évolution des idées et des techniques modernes. Y furent maîtres le peintre suisse Johannes Itten (1888-1967), les peintres Feininger, Klee, Oskar Schlemmer (1888-1943), Kandinsky, Moholy-Nagy, l'architecte suisse Hannes Meyer (1889-1954), Mies van der Rohe ; « apprentis », puis maîtres : Breuer, le peintre Josef Albers (1888-1976), le graphiste autrichien Herbert Bayer (1900-1985).

BAULE-ESCOUBLAC (La) [44500], ch.-l. de c. de la Loire-Atlantique ; 15 018 h. *(Baulois).* Grande station balnéaire.

BAULIEU (Étienne Émile), médecin et endocrinologue français (Strasbourg 1926). Auteur de nombreux travaux sur les hormones stéroïdes, il a notamment mis au point la pilule abortive RU 486.

BAUMÉ (Antoine), pharmacien et chimiste français (Senlis 1728 - Paris 1804). Il imagina l'aréomètre qui porte son nom.

BAUME-LES-DAMES (25110), ch.-l. de c. du Doubs, sur le Doubs ; 5 481 h. *(Baumois).* Ruines d'une anc. abbaye de dames nobles (abbatiale des XVIe-XVIIe s.).

BAUME-LES-MESSIEURS, comm. du Jura ; 198 h. Grottes. Église, anc. abbatiale.

BAUMGARTEN (Alexander), philosophe allemand (Berlin 1714 - Francfort-sur-l'Oder 1762). Il a séparé l'esthétique de la philosophie et l'a définie comme la science du beau.

BAUMGARTNER (Gallus Jakob), publiciste et homme politique suisse (Altstätten 1797 - Saint-Gall 1869). Protagoniste actif dans les luttes qui agitèrent le canton de Saint-Gall, il est l'auteur d'un ouvrage sur l'histoire de la Suisse entre 1830 et 1850.

BAUR (Harry), acteur français (Paris 1880 - *id.* 1943). Vedette du cinéma français des années 30, il a tourné notamment avec J. Duvivier (*Un carnet de bal,* 1937) et M. Tourneur (*Volpone,* 1939).

BAUSCH (Philippine, dite **Pina**), danseuse et chorégraphe allemande (Solingen 1940). Directrice du ballet de l'Opéra de Wuppertal, elle s'est créé un style personnel *(tanztheater)* proche de la caricature (*les Sept Péchés capitaux,* 1976 ; *Nelken,* 1982 ; *Tanzabend II,* 1991).

BAUTZEN, v. d'Allemagne (Saxe), à l'est de Dresde ; 50 627 h. Victoire de Napoléon Ier sur les Russes et les Prussiens (20-21 mai 1813).

BAUWENS (Liévin), industriel flamand (Gand 1769 - Paris 1822). Il introduisit en France le procédé de filature mécanique du coton au moyen de la mule-jenny (1799).

BAUX-DE-PROVENCE [bo-] **(Les)** [13520], comm. des Bouches-du-Rhône, sur un éperon des Alpilles ; 458 h. Elle a donné son nom à la *bauxite.* Ruines d'une importante cité du Moyen Âge. Demeures du XVIe s. De 1142 à 1162 s'y déroulèrent les *guerres baussenques* menées par Raimond de Baux et son fils Hugues contre les comtes catalans de Provence.

BAVAY (59570), ch.-l. de c. du Nord ; 3 869 h. Importants vestiges gallo-romains.

BAVIÈRE, en all. **Bayern,** Land d'Allemagne, qui comprend la *Bavière* proprement dite (avant-pays alpin au sud du Danube) et la partie septentrionale du *bassin de Souabe et de Franconie ;* 70 550 km² ; 11 220 735 h. *(Bavarois).* Cap. *Munich.* V. pr. *Augsbourg, Nuremberg, Ratisbonne, Bayreuth.*

HISTOIRE

Au début du xe s. la Bavière est l'un des plus importants duchés de l'Empire germanique. 1070-1180 : elle est gouvernée par la dynastie des Guelfes, spoliée du duché en 1180 par les Wittelsbach, qui dominent la Bavière jusqu'en 1918. 1467-1508 : le duc Albert IV le Sage unifie ses États, qui deviennent un bastion de la Réforme catholique. 1623 : Maximilien Ier obtient le titre d'Électeur. 1806 : allié de Napoléon Ier, Maximilien Ier Joseph obtient le titre de roi. 1825-1886 : Louis Ier (1825-1848) et Louis II (1864-1886) sont de grands bâtisseurs. 1866 : alliée de l'Autriche, la Bavière est battue par la Prusse. 1871 : elle est incorporée dans l'Empire allemand. 1918-19 : elle devient un Land de la république de Weimar. 1923 : le putsch organisé par Hitler à Munich échoue. 1949 : l'État libre de Bavière forme un Land de la R. F. A.

BÂVILLE (Nicolas **de Lamoignon de**), administrateur français (Paris 1648 - *id.* 1724). Intendant du Languedoc, il fut l'adversaire farouche des protestants notamm. pendant la guerre des camisards (1703).

BAVON *(saint),* moine de la ville de Gand, dont il est le patron (m. av. 659).

BAYAMO, v. du sud-est de Cuba ; 101 000 h.

BAYARD *(col),* passage des Hautes-Alpes, entre les vallées du Drac et de la Durance ; 1 248 m.

BAYARD (Hippolyte), photographe et inventeur français (Breteuil, Oise, 1801 - Nemours 1887). En améliorant le procédé de W. H. F. Talbot*, il obtint les premiers positifs directs sur papier (1839).

BAYARD (Pierre **Terrail,** *seigneur* **de**), homme de guerre français (Pontcharra 1476 - Romagnano Sesia 1524). Célèbre pour sa bravoure lors des guerres d'Italie (défense du pont du Garigliano, 1503), il fut surnommé *le Chevalier sans peur et sans reproche.* François Ier voulut être armé chevalier de sa main sur le champ de bataille de Marignan.

Bayer, société allemande (remontant à 1863), l'une des premières entreprises chimiques mondiales.

BAYER (Johann), astronome allemand (Rain, Bavière, 1572 - Augsbourg 1625). Auteur du premier atlas céleste imprimé (1603), il a introduit 12 constellations nouvelles ainsi que l'usage de désigner les étoiles de chaque constellation par des lettres grecques, d'après leur éclat apparent.

BAYEUX (14400), ch.-l. d'arr. du Calvados, dans le Bessin, sur l'Aure ; 15 106 h. *(Bayeusains* ou *Bajocasses).* Évêché. Centre bancaire. Remarquable cathédrale des XIIe-XVe s. Le Centre Guillaume le Conquérant abrite la « tapisserie de la reine Mathilde », broderie sur toile (70 m de long) qui représente en 58 scènes la conquête de l'Angleterre par les Normands (œuvre de l'époque). — Première ville française libérée par les Alliés, le 8 juin 1944. De Gaulle y fit son entrée le 14 juin 1944 et y prononça, le 16 juin 1946, un important discours, exposé des idées qui inspirèrent la Constitution de 1958.

BAYEZID Ier, en fr. **Bajazet** (v. 1360 - Akşehir 1403), sultan ottoman (1389-1402). Il défit les croisés à Nicopolis (1396), mais fut vaincu et fait prisonnier par Tīmūr Lang à Ankara (1402). — **Bayezid II** (v. 1447 - Dimetoka 1512), sultan ottoman (1481-1512).

BAYLE [bɛl] (Pierre), écrivain français (Le Carla 1647 - Rotterdam 1706). Son analyse des superstitions populaires *(Pensées sur la comète)* et son *Dictionnaire historique et critique* (1696-97) annoncent l'esprit philosophique du XVIIIe s.

BAYON (54290), ch.-l. de c. de Meurthe-et-Moselle ; 1 475 h.

Bayon, temple khmer (XIIe s.), au centre de l'enceinte d'Angkor Thom.

BAYONNE (64100), ch.-l. d'arr. des Pyrénées-Atlantiques, sur l'Adour ; 41 846 h. *(Bayonnais).* [Plus de 160 000 dans l'agglomération.] Évêché. Port (exportation de soufre) et centre industriel (métallurgie, électronique, chimie). Restes de fortifications romaines, médiévales et classiques. Cathédrale des XIIIe-XVIe s. Musée Bonnat et Musée basque. — Au cours de l'*entrevue de Bayonne* (1808), les souverains espagnols abdiquèrent en faveur de Napoléon Ier.

BAYREUTH, v. d'Allemagne (Bavière), sur le Main ; 71 527 h. Théâtre construit par le roi de Bavière, Louis II, pour la représentation des œuvres de Richard Wagner (1876) ; un festival d'opéras wagnériens, de renommée internationale, s'y tient tous les ans depuis cette date.

BAZAINE (Achille), maréchal de France (Versailles 1811 - Madrid 1888). Il commanda au Mexique (1863), puis en Lorraine (1870). Bloqué dans Metz, il y capitula (oct.). Sa condamnation à mort (1873) ayant été commuée en détention, il s'évada et gagna Madrid.

BAZAINE (Jean), peintre français (Paris 1904), non-figuratif à partir de 1945, auteur de vitraux et de mosaïques.

BAZARD (Saint-Amand), socialiste français (Paris 1791 - Courtry 1832), fondateur de la *charbonnerie* en France et propagateur, avec Enfantin, du saint-simonisme.

BAZAS (33430), ch.-l. de c. du sud-est de la Gironde ; 4 810 h. *(Bazadais).* Anc. cathédrale, en partie du XIIIe s.

BAZEILLES (08140), comm. des Ardennes, près de la Meuse ; 1 650 h. Célèbre par la résistance de l'infanterie de marine française aux Bavarois le 1er sept. 1870.

BAZILLE (Frédéric), peintre français (Montpellier 1841 - Beaune-la-Rolande 1870), un des initiateurs de l'impressionnisme (*Réunion de famille,* 1867, musée d'Orsay).

BAZIN (Jean-Pierre **Hervé-Bazin,** dit **Hervé**), écrivain français (Angers 1911 - *id.* 1996). Ses romans forment une satire violente des oppres-

Les **Baux-de-Provence.**

Bayeux : détail de la « tapisserie de la reine Mathilde ». Fin du XIe s.
(Centre Guillaume le Conquérant, Bayeux.)

sions familiales et sociales *(Vipère au poing, la Mort du petit cheval, Madame Ex).*

BAZIN (René), écrivain français (Angers 1853 - Paris 1932), d'inspiration catholique et terrienne *(les Oberlé).* [Acad. fr.]

BAZOIS, partie du Nivernais, à l'ouest du Morvan.

BBC (British Broadcasting Corporation), organisme britannique de radio et télévision créé en 1922, qui joua un grand rôle pendant la Résistance par ses émissions à destination de la France.

BEA (Augustin), exégète allemand (Riedböhringen 1881 - Rome 1968). Jésuite, cardinal (1959), il prépara Vatican II et travailla au développement de l'œcuménisme.

BEACHY HEAD, en fr. **Béveziers,** promontoire de la côte sud de l'Angleterre où Tourville écrasa la flotte anglo-hollandaise (1690).

BEACONSFIELD, v. du Canada (Québec), banlieue de Montréal ; 19 616 h.

BEACONSFIELD *(comte* **de**) → ***Disraeli.***

BEAGLE *(canal),* détroit reliant l'Atlantique au Pacifique, au S. de l'île principale de la Terre de Feu.

BEAMON (Robert, dit **Bob**), athlète américain (Jamaica, État de New York, 1946), champion olympique en 1968 et recordman du monde de 1968 à 1991 du saut en longueur (8,90 m).

BEARDSLEY (Aubrey), dessinateur anglais (Brighton 1872 - Menton 1898). Esthète enfiévré, il s'est acquis la célébrité par ses illustrations, proches de l'Art nouveau (*Salomé,* de Wilde ; *Mademoiselle de Maupin,* de Gautier, 1898).

Aubrey **Beardsley :** illustration pour *Salomé* d'O. Wilde (1894). [B.N.F., Paris.]

BÉARN [bearn], vicomté française passée dans les maisons de Foix, d'Albret et de Bourbon, et réunie à la France par Henri IV, dernier comte (l'édit de réunion fut publié en 1620, sous Louis XIII). Cap. *Pau.* Le Béarn constitue la partie orientale du dép. des Pyrénées-Atlantiques. *(Béarnais.)*

Beat generation, mouvement littéraire et culturel qui se développa aux États-Unis dans les années 1950-1960. Il proclama son refus de la société industrielle et son désir de retrouver les racines américaines dans le voyage (*Sur la route,* 1957, de J. Kerouac), la méditation (influencée par le bouddhisme zen), les expériences extatiques (la drogue).

Beatles (Les), quartette vocal et instrumental britannique composé de Ringo Starr, John Lennon, Paul McCartney et George Harrison, et qui fut, de 1962 à 1970, à l'origine du succès de la musique pop dans le monde entier.

BEATON ou **BÉTHUNE** (David), cardinal et homme politique écossais (Balfour 1494 - Saint-Andrews 1546). Archevêque (1539), légat du pape en Écosse, il s'opposa à la politique religieuse de Henri VIII.

BÉATRICE ou **BEATRIX,** reine des Pays-Bas (Soestdijk 1938). Elle a succédé à sa mère Juliana en 1980.

Béatrice, personnage de *la Divine Comédie,* inspirée à Dante par la Florentine Béatrice Portinari (v. 1265-1290).

BEATTY (David), amiral britannique (Borodale, Irlande, 1871 - Londres 1936). Après s'être distingué à la bataille du Jütland (1916), il commanda la flotte anglaise (1916-1918).

BEAUCAIRE (30300), ch.-l. de c. du Gard, sur le Rhône ; 13 600 h. *(Beaucairois).* Centrale hydroélectrique sur le Rhône. Château des XIIIe-XIVe s. et monuments d'époque classique. Foires célèbres du XIIIe au XIXe s.

BEAUCE, région du Québec (Canada), au sud du Saint-Laurent.

BEAUCE, plaine limoneuse du Bassin parisien, entre Chartres et la forêt d'Orléans, domaine de la grande culture mécanisée (blé surtout). On appelle *Petite Beauce* la partie située au sud-ouest, entre la Loire et le Loir.

BEAUCHAMP (95250), ch.-l. de c. du Val-d'Oise ; 8 958 h. Métallurgie. Chimie.

BEAUCHAMP (Pierre), danseur et chorégraphe français (Paris 1631 ? - *id.* 1705), maître à danser de Louis XIV, collaborateur de Lully et de Molière.

BEAUCHASTEL (07800), comm. de l'Ardèche ; 1 469 h. Centrale hydroélectrique sur une dérivation du Rhône.

BEAUCOURT (90500), ch.-l. de c. du Territoire de Belfort ; 5 601 h. Constructions électriques.

BEAUCROISSANT (38140), comm. de l'Isère ; 1 204 h. Foire annuelle.

BEAU DE ROCHAS (Alphonse), ingénieur français (Digne 1815 - Vincennes 1893). Il prit en 1862 un brevet sur le cycle de transformation en énergie mécanique de l'énergie thermique provenant de la combustion en vase clos d'un mélange carburé air-essence.

BEAUDOUIN (Eugène) → ***Lods*** *(Marcel).*

BEAUFORT (73270), ch.-l. de c. de la Savoie, sur le Doron, dans le *massif de Beaufort* ; 2 009 h. *(Beaufortains).* Sports d'hiver.

BEAUFORT *(massif de)* ou **BEAUFORTIN,** massif des Alpes (en Savoie essentiellement) entre l'Arly et la Tarentaise ; 2 889 m.

BEAUFORT *(mer de),* partie de l'océan Arctique au N. de l'Alaska et du Canada.

BEAUFORT (François **de Bourbon,** *duc* **de**) [Paris 1616 - Candie 1669]. Petit-fils d'Henri IV, il conspira à plusieurs reprises, soutint le cardinal de Retz pendant la Fronde, où sa popularité le fit surnommer « le roi des Halles ».

BEAUFORT-EN-VALLÉE (49250), ch.-l. de c. de Maine-et-Loire ; 5 452 h. *(Beaufortais).* Conserverie de champignons. Église des XVe-XVIe s.

Les **Beatles** (en 1968) : Ringo Starr (à gauche), Paul McCartney (au centre), John Lennon (à droite) et George Harrison (au premier plan).

Béatrice des Pays-Bas

Beaumarchais (Nattier - coll. priv.)

BEAUFRE (André), général français (Neuilly-sur-Seine 1902 - Belgrade 1975), auteur de nombreux ouvrages sur la stratégie moderne.

BEAUGENCY [-ʒɑ̃] (45190), ch.-l de c. du Loiret, sur la Loire ; 7 102 h. *(Balgenciens).* Literie et sièges. Monuments des XIe-XVIe s. Musée de l'Orléanais.

BEAUHARNAIS (Alexandre, *vicomte* **de**), général français (Fort-Royal de la Martinique 1760 - Paris 1794), époux de Joséphine, future impératrice des Français (1779). Général dans l'armée du Rhin en 1793, il ne réussit pas à sauver Mayence et mourut sur l'échafaud.

BEAUHARNAIS (Eugène **de**) [Paris 1781 - Munich 1824], fils du précédent et de Joséphine, beau-fils de Napoléon Ier et vice-roi d'Italie (1805-1814).

BEAUHARNAIS (Hortense **de**) → ***Hortense de Beauharnais.***

BEAUHARNAIS (Joséphine **de**) → ***Joséphine.***

BEAUHARNOIS ou **BEAUHARNAIS** (Charles, *marquis* **de**), administrateur français (Orléans 1670 - Paris 1759), gouverneur de la Nouvelle-France (1726-1746).

BEAUJEU (69430), ch.-l. de c. du Rhône ; 1 965 h. Anc. cap. du *Beaujolais.*

BEAUJOLAIS, région de la bordure orientale du Massif central, entre la Loire et la Saône. Les *monts du Beaujolais,* pays de polyculture, d'élevage bovin et d'industries textiles, dominent la *côte beaujolaise,* grand secteur viticole.

BEAUJON (Nicolas), financier français (Bordeaux 1718 - Paris 1786). Il fonda à Paris en 1784 un établissement pour l'éducation d'enfants, transformé plus tard en hôpital.

Beaulieu-en-Rouergue *(abbaye de),* anc. abbaye cistercienne de Tarn-et-Garonne, au S.-O. de Caylus. Centre d'art contemporain.

BEAULIEU-LÈS-LOCHES (37600), comm. d'Indre-et-Loire ; 1 882 h. Anc. abbaye bénédictine (clocher roman). — La *paix de Beaulieu,* ou *de Monsieur,* y fut signée en 1576.

BEAULIEU-SUR-DORDOGNE (19120), ch.-l. de c. de la Corrèze ; 1 347 h. Anc. abbatiale des XIIe-XIVe s. (tympan roman du *Jugement dernier ;* trésor).

BEAULIEU-SUR-MER (06310), comm. des Alpes-Maritimes ; 4 023 h. *(Berlugans).* Station balnéaire.

BEAUMANOIR (Jean **de**), héros breton (m. en 1366 ou 1367), un des participants du combat des Trente (1351), qui opposa entre Josselin et Ploërmel trente Bretons à trente Anglais.

BEAUMANOIR (Philippe **de Rémi,** *sire* **de**), écrivain et légiste français (v. 1250 - Pont-Sainte-Maxence 1296), auteur des *Coutumes du Beauvaisis,* exposé du droit privé contemporain.

BEAUMARCHAIS (Pierre Augustin **Caron de**), écrivain français (Paris 1732 - *id.* 1799). Aventurier et libertin, célèbre par ses spéculations et ses procès, il fit dans *le Barbier de Séville* (1775) et *le Mariage de Figaro* (1784) une critique hardie et spirituelle de la société française. Mais la Révolution, qu'il avait contribué à préparer, ne lui inspira qu'un drame larmoyant, *la Mère coupable* (1792).

BEAUMES-DE-VENISE (84190), ch.-l. de c. de Vaucluse ; 1 788 h. *(Balméens).* Vins.

BEAUMONT, v. des États-Unis (Texas) ; 114 323 h. Port pétrolier. Chimie.

BEAUMONT (24440), ch.-l. de c. du sud de la Dordogne ; 1 178 h. Bastide du XIIIe s. (église fortifiée).

BEAUMONT (50440 Beaumont Hague), ch.-l. de c. de la Manche ; 1 721 h.

BEAUMONT (63110), ch.-l. de c. du Puy-de-Dôme ; 9 573 h. Anc. abbatiale des XIIe-XIIIe s.

BEAUMONT (Christophe **de**), prélat français (La Roque, près de Sarlat, 1703 - Paris 1781), archevêque de Paris (1746-1754). Il lutta contre les jansénistes et les philosophes.

BEAUMONT (Francis), poète dramatique anglais (Grace-Dieu 1584 - Londres 1616), auteur, avec Fletcher, de tragédies et de comédies d'intrigue *(le Chevalier au pilon ardent).*

BEAUMONT (Léonce **Élie de**) → ***Élie de Beaumont.***

BEAUMONT-DE-LOMAGNE (82500), ch.-l. de c. de Tarn-et-Garonne ; 3 851 h. Halle du début du XVIe s.

BEAUMONT-LE-ROGER (27170), ch.-l. de c. de l'Eure ; 2 726 h. Église des XIVe-XVIe s.

BEAUMONT-SUR-OISE (95260), ch.-l. de c. du Val-d'Oise ; 8 377 h. Cimenterie. Église des XIIe-XVIe s.

BEAUMONT-SUR-SARTHE (72170), ch.-l. de c. de la Sarthe ; 1 892 h. Anc. duché. Monuments anciens.

BEAUNE (21200), ch.-l. d'arr. de la Côte-d'Or ; 22 171 h. *(Beaunois).* Vins de la *côte de Beaune.* Hôtel-Dieu, fondé par le chancelier Rolin en 1443 (*Jugement dernier* de Van der Weyden) ; église romane Notre-Dame ; musée du Vin dans l'hôtel des ducs de Bourgogne (XIVe-XVIe s.).

Beaune : la cour de l'hôtel-Dieu (bâtiment principal du milieu du XVe s.).

BEAUNE-LA-ROLANDE (45340), ch.-l. de c. du Loiret ; 2 034 h. Église des XIIIe et XVIe s.

BEAUNEVEU (André), sculpteur et miniaturiste français, né à Valenciennes, mentionné de 1360 à 1400. Il travailla pour Charles V puis Jean de Berry.

BEAUPERTHUY (Louis Daniel), médecin français (la Guadeloupe 1807 - Bartica Grove, Guyana, 1871). Il a démontré que la fièvre jaune est transmise par un moustique (1854).

BEAUPORT, v. du Canada, banlieue de Québec, sur le Saint-Laurent ; 69 158 h.

BEAUPRÉ *(côte de),* littoral nord du Saint-Laurent (Canada), entre la rivière Montmorency et le cap Tourmente.

BEAUPRÉAU (49600), ch.-l. de c. de Maine-et-Loire ; 6 361 h. Château (XVe-XIXe s.).

BEAUREPAIRE (38270), ch.-l. de c. de l'Isère ; 3 811 h.

BEAUSOLEIL (06240), ch.-l. de c. des Alpes-Maritimes ; 12 357 h. *(Beausoleillais).* Station balnéaire.

BEAUSSET (Le) [83330], ch.-l. de c. du Var ; 7 152 h. *(Beaussetans).*

BEAUTÉ *(île de),* nom parfois donné à la Corse.

BEAUTOR (02800), comm. de l'Aisne, dans la vallée de l'Oise ; 3 133 h. Métallurgie.

BEAUVAIS (60000), ch.-l. du dép. de l'Oise, sur le Thérain, à 76 km au nord de Paris ; 56 278 h. *(Beauvaisiens).* Évêché. Industries mécaniques, alimentaires, textiles et chimiques. Église St-Étienne (en partie romane) et audacieuse cathédrale inachevée (XIIIe-XVIe s.), aux beaux vitraux. Galerie nationale de la tapisserie. Patrie de Jeanne Hachette, qui, en 1472, défendit la ville contre Charles le Téméraire.

BEAUVAISIS [-zi], petit pays de l'ancienne France ; Cap. *Beauvais.*

BEAUVALLON, station balnéaire du Var (comm. de Grimaud), sur la côte des Maures, en face de Saint-Tropez.

BEAUVILLIER (François **de**), premier *duc de* **Saint-Aignan,** gentilhomme français (Saint-Aignan 1610 - Paris 1687), un des protecteurs des gens de lettres sous Louis XIV. — Son fils **Paul** (Saint-Aignan 1648 - Vaucresson 1714), gouverneur des ducs de Bourgogne, d'Anjou et de Berry, fit mener auprès des intendants une enquête qui constitue une source précieuse sur l'histoire de la France à la fin du XVIIe s.

BEAUVOIR (Simone **de**), femme de lettres française (Paris 1908 - *id.* 1986). Disciple et compagne de Sartre, ardente féministe, elle est l'auteur d'essais (*le Deuxième Sexe,* 1949), de romans (*les Mandarins,* 1954), de pièces de théâtre et de Mémoires.

BEAUVOIR-SUR-MER (85230), ch.-l. de c. de la Vendée ; 3 283 h. Église romane.

BEAUVOIR-SUR-NIORT (79360), ch.-l. de c. du sud des Deux-Sèvres ; 1 247 h.

beaux-arts *(École nationale supérieure des)* [E.N.S.B.A.], établissement d'enseignement supérieur, situé à Paris, rue Bonaparte et quai Malaquais. On y travaille toutes les disciplines des arts plastiques.

BEBEL (August), homme politique allemand (Cologne 1840 - Passugg, Suisse, 1913), un des chefs de la social-démocratie.

Bécassine, héroïne d'une des premières bandes dessinées (1905), créée par Pinchon et Caumery.

BECCARIA (Cesare **Bonesana,** *marquis* **de**), économiste et criminologue italien (Milan 1738 - *id.* 1794), auteur d'un ouvrage, *Des délits et des peines,* dont les principes ont renouvelé le droit pénal.

BECHAR, anc. **Colomb-Béchar,** v. du Sahara algérien, ch.-l. de wilaya ; 73 000 h.

BEC-HELLOUIN (Le) [27800], comm. de l'Eure ; 439 h. L'abbaye bénédictine, fondée en 1034, fut au Moyen Âge le centre d'une florissante école où enseignèrent Lanfranc et saint Anselme.

BECHER (Johann Joachim), alchimiste allemand (Spire 1635 - Londres 1682), précurseur de la théorie du phlogistique.

BECHET (Sidney), clarinettiste, saxophoniste, compositeur et chef d'orchestre de jazz noir américain (La Nouvelle-Orléans v. 1891 ou 1897 - Garches 1959). Il fut l'un des plus grands représentants du style « Nouvelle-Orléans ».

BECHTEREV (Vladimir Mikhaïlovitch), psychophysiologiste russe (près de Viatka 1857 - Leningrad 1927). À partir du réflexe conditionné étudié par Pavlov, il a développé avant Watson une psychologie comportementale.

BECHUANALAND → ***Botswana.***

BECKENBAUER (Franz), footballeur allemand (Munich 1945), libero, capitaine de l'équipe de la R.F.A., victorieuse de la Coupe du monde en 1974.

BECKER (Boris), joueur de tennis allemand (Leimen, Bade-Wurtemberg, 1967), vainqueur à Wimbledon (1985, 1986 et 1989), à Flushing Meadow (1989) et aux Internationaux d'Australie (1991 et 1996).

BECKER (Gary Stanley), économiste américain (Pottsville, Pennsylvanie, 1930). Il a contribué à un profond renouvellement de la science économique en étendant l'analyse économique à l'étude des relations et des comportements humains. (Prix Nobel 1992.)

BECKER (Jacques), cinéaste français (Paris 1906 - *id.* 1960), auteur de tableaux sociaux et psychologiques : *Goupi Mains rouges* (1943), *Casque d'or* (1952), *le Trou* (1959).

BECKET (Thomas) → ***Thomas Becket*** *(saint).*

BECKETT (Samuel), écrivain irlandais (Foxrock, près de Dublin, 1906 - Paris 1989), auteur, en anglais puis en français, de romans *(Molloy, Watt)* et de pièces de théâtre qui expriment l'absurdité de la condition humaine (*En attendant Godot,* 1953 ; *Fin de partie,* 1957 ; *Oh les beaux jours,* 1961). [Prix Nobel 1969.]

BECKMANN (Max), peintre allemand (Leipzig 1884 - New York 1950), un des représentants de l'expressionnisme et de la « nouvelle objectivité ».

BÉCLÈRE (Antoine), médecin français (Paris 1856 - *id.* 1939), créateur de l'enseignement de la radiologie médicale en France.

BECQUE (Henry), auteur dramatique français (Paris 1837 - *id.* 1899), auteur de « comédies rosses » *(la Parisienne)* et de drames réalistes *(les Corbeaux).*

BÉCQUER (Gustavo Adolfo), poète espagnol (Séville 1836 - Madrid 1870), d'inspiration romantique.

BECQUEREL (Antoine), physicien français (Châtillon-Coligny 1788 - Paris 1878), qui découvrit la piézoélectricité (1819) et inventa la pile photovoltaïque (1839). — Son fils **Alexandre Edmond** (Paris 1820 - *id.* 1891) imagina la spectrographie, et son petit-fils **Henri** (Paris 1852 - Le Croisic 1908) découvrit la radioactivité en 1896. (Prix Nobel 1903.)

BÉDARIEUX (34600), ch.-l. de c. de l'Hérault ; 6 276 h. *(Bédariciens).* Bonneterie. Bauxite. Église des XVe-XVIe s.

BÉDARRIDES (84370), ch.-l. de c. de Vaucluse, dans le Comtat ; 4 835 h. *(Bédarridais).*

BEDAUX (Charles), ingénieur français (Paris v. 1887 - Miami 1944), auteur d'un système de mesure du travail qui porte son nom.

BEDDOES (Thomas Lovell), écrivain britannique (Clifton 1803 - Bâle 1849). Son œuvre poétique et dramatique reflète toutes les tendances du romantisme *(les Facéties de la mort).*

BÈDE le Vénérable *(saint),* moine et historien anglais (Wearmouth v. 672 - Jarrow 735). Poète, théologien, il a laissé une *Histoire ecclésiastique de la nation anglaise.* Docteur de l'Église.

BEDFORD, v. de Grande-Bretagne (Angleterre), ch.-l. du *Bedfordshire ;* 74 000 h.

BEDFORD (Jean de **Lancastre,** *duc* **de**) → ***Lancastre.***

BÉDIÉ (Henri Konan), homme politique ivoirien (Dadiékro, dép. de Daoukro, 1934). Président de l'Assemblée nationale (1980-1993), il devient président de la République après la mort d'Houphouët-Boigny (1993).

BÉDIER (Joseph), médiéviste français (Paris 1864 - Le Grand-Serre 1938). Il vit dans les chansons de geste des récits composés par les clercs des sanctuaires placés sur les grandes routes de pèlerinage. (Acad. fr.)

BÉDOS DE CELLES (*dom* François **de**), bénédictin français (Caux 1709 - Saint-Denis 1779), facteur d'orgues, auteur d'un traité sur son art.

BÉDOUINS, Arabes nomades de l'Arabie, de la Syrie, de l'Iraq, de la Jordanie et du Sahara, notamment, musulmans sunnites en majorité, dont une partie est en voie de sédentarisation.

BEECHAM (*sir* Thomas), chef d'orchestre britannique (Saint Helens 1879 - Londres 1961), fondateur du Royal Philharmonic Orchestra.

BEECHER-STOWE (Harriet **Beecher,** *Mrs.* **Stowe,** dite **Mrs.**), romancière américaine (Litchfield, Connecticut, 1811 - Hartford 1896), auteur de *la Case de l'oncle Tom* (1852), qui popularisa le mouvement antiesclavagiste.

BEERNAERT (Auguste), homme politique belge (Ostende 1829 - Lucerne 1912), un des chefs du parti catholique, président du Conseil de 1884 à 1894. (Prix Nobel de la paix 1909.)

BEERSHEBA ou **BEER-SHEV'A,** v. d'Israël, en bordure du Néguev ; 103 000 h.

BEETHOVEN (Ludwig **van**), compositeur allemand (Bonn 1770 - Vienne 1827). Enfant prodige (il donne son premier concert à huit ans), adepte des idées révolutionnaires françaises, admirateur de l'épopée de Bonaparte mais hostile à l'hégémonie napoléonienne, il fut le chantre de la générosité et de la joie, malgré la surdité qui le frappa dès 1802. Héritier de Mozart et du classicisme viennois *(Fidelio),* il est l'éveilleur du romantisme germanique avec

Beethoven (coll. André Meyer).

ses quatuors à cordes, ses sonates pour piano *(Pathétique, Au clair de lune, Appassionata)*, ses concertos pour piano et ses neuf symphonies (la 3e dite « Héroïque », 1804 ; la 6e dite « Pastorale », 1808 ; la 9e avec chœurs, 1824).

BÉGARD (22140), ch.-l. de c. des Côtes-d'Armor ; 4 970 h.

BÉGIN (Louis), chirurgien militaire français (Liège 1793 - Locronan 1859). Son nom a été donné à l'*hôpital militaire* de Vincennes, rénové en 1970.

BEGIN (Menahem), homme politique israélien (Brest-Litovsk 1913 - Tel-Aviv-Jaffa 1992). Chef de l'Irgoun (1942), puis leader du Likoud, Premier ministre (1977-1983), il signa (1979) un traité de paix avec l'Égypte. (Prix Nobel de la paix 1978.)

BÈGLES (33130), ch.-l. de c. de la Gironde, banlieue sud de Bordeaux ; 22 735 h. *(Béglais)*. Verrerie. Agroalimentaire.

BEG-MEIL (29170), station balnéaire du sud du Finistère (comm. de Fouesnant).

BEGO *(mont)*, massif des Alpes-Maritimes, près de Tende ; 2 873 m. Dans la vallée des Merveilles, ensemble de gravures préhistoriques datant de l'âge du bronze.

BEHAIM (Martin), cosmographe et navigateur allemand (Nuremberg 1459 - Lisbonne 1507), auteur d'un globe terrestre figurant l'état des connaissances géographiques avant Colomb.

BEHAN (Brendan), écrivain irlandais (Dublin 1923 - *id.* 1964), auteur de récits autobiographiques *(Un peuple partisan)* et de pièces de théâtre *(le Client du matin)*.

BÉHANZIN (1844 - Alger 1906), dernier roi du Dahomey (1889-1894). Fils de Glélé, il fut déporté en Algérie après la conquête de son royaume par les Français (1890 ; 1892-1893).

BÉHISTOUN ou **BEHISTUN**, village du Kurdistān. Rochers couverts de bas-reliefs et d'inscriptions qui ont servi de base au déchiffrement de l'écriture cunéiforme par le Britannique H. Rawlinson (1810-1895).

BÉHOBIE, hameau de la commune d'Urrugne (Pyrénées-Atlantiques). Poste frontière sur la Bidassoa.

BEHREN-LÈS-FORBACH (57460), ch.-l. de c. de la Moselle ; 10 326 h.

BEHRENS (Peter), architecte et designer allemand (Hambourg 1868 - Berlin 1940), rationaliste, dans l'atelier duquel passèrent Gropius, Mies van der Rohe, Le Corbusier.

BEHRING (Emil **von**), médecin et bactériologiste allemand (Hansdorf 1854 - Marburg 1917), un des créateurs de la sérothérapie. (Prix Nobel 1901.)

BEHZĀD ou **BIHZĀD** (Kamāl al-Dīn), miniaturiste persan (v. 1455 - v. 1536), qui rénova les principes de composition ; il est à l'origine de l'école séfévide de Tabriz.

BEIDA (El-), v. de Libye ; 60 000 h.

BEIJING → ***Pékin.***

BEIRA, port du Mozambique, sur l'océan Indien ; 114 000 hab.

BEIRA, anc. prov. du Portugal central.

BÉJA, v. du nord de la Tunisie ; 39 000 h. Sucrerie.

BEJAIA, anc. **Bougie**, v. d'Algérie, ch.-l. de wilaya, sur le *golfe de Bejaia ;* 90 000 h. Port pétrolier. Raffinerie.

BÉJART [ʒar], famille de comédiens à laquelle appartenaient **Madeleine** (Paris 1618 - *id.* 1672) et **Armande** (1642 ? - Paris 1700), qui épousa Molière en 1662.

Menahem **Begin**

Maurice **Béjart**

BÉJART (Maurice), danseur et chorégraphe français (Marseille 1927). Animateur du Ballet du XXe siècle (1960-1987) à Bruxelles puis du Béjart Ballet Lausanne (1987-1992) ainsi que des centres chorégraphiques Mudra (1970-1988) et Rudra (depuis 1992 ; associé à une compagnie réduite), il exprime dans ses créations sa vision mystique, pacifiste et pluriculturelle de son art ainsi que son goût du spectacle total. Parmi ses œuvres majeures, on peut citer : *Symphonie pour un homme seul* (1955), *le Sacre du printemps* (1959), *Boléro* (1961), *Messe pour le temps présent* (1967).

BEKAA → ***Beqaa.***

Bektāchī ou **Bektāchīyya**, ordre derviche connu depuis le début du XVIe s., nommé ainsi en l'honneur de **Ḥādjdjī Wālī Bektāch** (en turc **Veli Hacı Bektaş**) [v. 1210-1271], saint mystique musulman. Cet ordre est célèbre par ses rapports avec les janissaires, qui devaient tous en être membres. La dernière confrérie de Bektāchī a été supprimée en Albanie en 1957.

BÊL, dieu mésopotamien assimilé à *Mardouk*.

BÉLA, nom de plusieurs rois de Hongrie (dynastie des Árpád). Sous **Béla IV** (1235-1270), la Hongrie fut dévastée par les Mongols (1241).

BÉLÂBRE (36370), ch.-l. de c. du sud-ouest de l'Indre ; 1 075 h.

Bel-Ami, roman de Maupassant (1885) : l'ascension d'un arriviste.

BÉLANGER (François), architecte français (Paris 1744 - *id.* 1818), auteur du petit château de Bagatelle au bois de Boulogne.

BELATE *(col de)* → ***Velate*** *(col de)*.

BELAU → ***Palau.***

BELÉM, anc. **Pará**, v. du Brésil, cap. de l'État de Pará, port à l'embouchure de l'Amazone ; 1 246 435 h.

BELÉM, faubourg de Lisbonne. Tour fortifiée sur le Tage et monastère des Hiéronymites, de style manuélin.

BELFAST, cap. et port de l'Irlande du Nord ; 325 000 h. (près de 600 000 dans l'agglomération). Centre commercial et industriel.

BELFORT (90000), ch.-l. du Territoire de Belfort, à 423 km à l'est de Paris ; 51 913 h. *(Belfortains)*. Constructions mécaniques et électriques. Place forte illustrée par la belle défense de Denfert-Rochereau (1870-71). Lion de Belfort, monument en grès rouge par Bartholdi. Musée dans la citadelle.

BELFORT *(Territoire de)* [**90**], département de la Région Franche-Comté, correspondant à la partie du Haut-Rhin (anc. arr. de Belfort) restée française après 1871 ; 609 km² ; 134 097 h. (répartis en 1 arr. [*Belfort*, le ch.-l.], 15 cant. et 101 comm.). Le Territoire de Belfort est rattaché à l'académie et à la cour d'appel de Besançon, à la région militaire Nord-Est. Il s'étend sur l'extrémité méridionale des Vosges, sur la région déprimée de la porte d'Alsace (ou *trouée de Belfort*), axe de circulation. L'industrie, développée, est représentée essentiellement dans l'agglomération de Belfort, qui regroupe près des deux tiers de la population totale du Territoire.

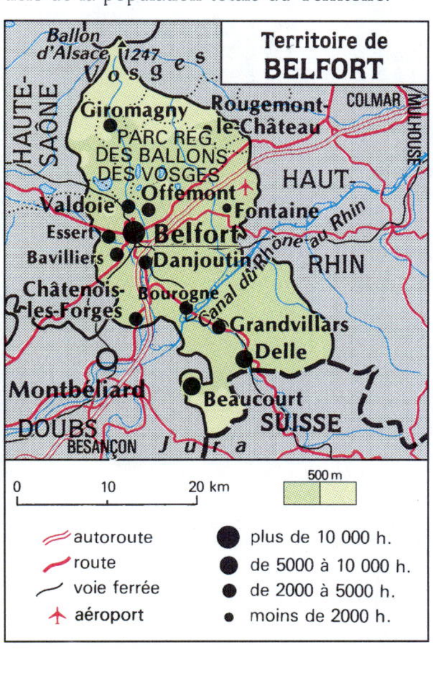

BELGAUM, v. de l'Inde (Karnātaka) ; 401 619 h.

BELGIOJOSO (Cristina **Trivulzio**, *princesse* **de**), patriote et femme de lettres italienne (Milan 1808 - *id.* 1871). De son exil parisien, elle soutint les efforts du *Risorgimento*.

BELGIQUE, en néerl. **België**, État fédéral de l'Europe occidentale, sur la mer du Nord ; 30 500 km² ; 10 100 000 h. *(Belges)*. CAP. *Bruxelles*. V. pr. *Anvers, Gand, Charleroi, Liège*. La Belgique est formée de trois Régions *(Région flamande, Région wallonne* et *Bruxelles-Capitale)*, les deux premières étant divisées en dix provinces : *Anvers, Brabant flamand, Brabant wallon, Flandre-Occidentale, Flandre-Orientale, Hainaut, Liège, Limbourg, Luxembourg* et *Namur*. LANGUES : *allemand, français* et *néerlandais*. MONNAIE : *franc belge*.

INSTITUTIONS

Monarchie constitutionnelle héréditaire depuis la Constitution de 1831. La révision de la Constitution en 1993 fait de la Belgique un État fédéral : 3 Communautés culturelles (flamande, française et germanophone) et 3 Régions (Flandre, Wallonie et Bruxelles-Capitale). Chacune de ces entités a un Conseil (législatif) et un gouvernement (exécutif), à l'exception de la Communauté et de la Région flamandes, qui ont un Conseil et un gouvernement communs. Gouvernement fédéral dirigé par un Premier ministre, responsable devant le Parlement fédéral (2 chambres élues pour 4 ans : la *Chambre des représentants* et le *Sénat*).

GÉOGRAPHIE

Pays de dimensions réduites (guère plus étendu que la Bretagne), au relief modéré (s'élevant vers le sud-est, de la plaine de Flandre à l'Ardenne, mais culminant seulement à 694 m), au climat océanique doux et humide, la Belgique est l'un des États les plus densément peuplés du monde (environ 330 h. au km², plus du triple de la densité française). Elle doit cette situation à l'histoire, à une position géographique privilégiée au cœur de la partie la plus dynamique du continent, l'Europe du Nord-Ouest, à l'ouverture sur l'Océan. L'ampleur des échanges (les exportations représentent plus de la moitié du P. I. B.) tient aussi à l'étroitesse du marché intérieur, surtout au volume et à la nature de la production, et a été facilitée par l'intégration dans le Benelux d'abord, le Marché commun ensuite. L'industrie (28 % de la population active) comprend sidérurgie et métallurgie de transformation, textile, chimie et agroalimentaire, mais elle est sectoriellement (industrie lourde, textile) et régionalement (Wallonie surtout) en crise. L'agriculture emploie peu d'actifs (moins de 3 %), mais est très intensive, associant céréales et plantes industrielles (betterave), élevage bovin et porcin. Les services, diversifiés (importante infrastructure de transport notamment), occupent donc plus des deux tiers des actifs, part liée (en grande partie) au taux élevé d'urbanisation, à la densité d'un réseau urbain bien hiérarchisé. La population stagne aujourd'hui, ce qui n'a pas empêché la montée du chômage, problème majeur, avec la persistance de l'antagonisme Flamands (devenus majoritaires) – Wallons, que traduit l'existence de la frontière linguistique.

HISTOIRE

La province romaine. 57-51 av. J.-C. : la Gaule Belgique, occupée par des Celtes, est conquise par César. Sous l'Empire, elle joue un rôle important dans la stratégie et l'économie romaines. IVe-VIe s. : le Nord est envahi par les Francs.

Le Moyen Âge. 843 : au traité de Verdun, le pays est divisé entre la France (à l'O. de l'Escaut) et la Lotharingie (rattachée au royaume de Germanie en 925). IXe-XVe s. : des principautés se forment, tandis que les villes deviennent des centres commerciaux importants (draperies flamandes). XIVe-XVe s. : les « Pays-Bas », dans lesquels la Belgique est intégrée, se constituent en un ensemble progressivement unifié entre les mains des ducs de Bourgogne.

La domination des Habsbourg. 1477 : le mariage de Marie de Bourgogne avec Maximilien d'Autriche fait passer les Pays-Bas à la maison de Habsbourg. 1555/56 : Philippe II d'Espagne accède au trône. 1572 : son absolutisme et les excès du duc d'Albe provoquent la révolte des Pays-Bas. 1579 : les sept provinces du Nord deviennent indépendantes et forment les Provinces-Unies ; celles du Sud se replacent sous l'autorité espagnole. XVIIe s. : le cadre

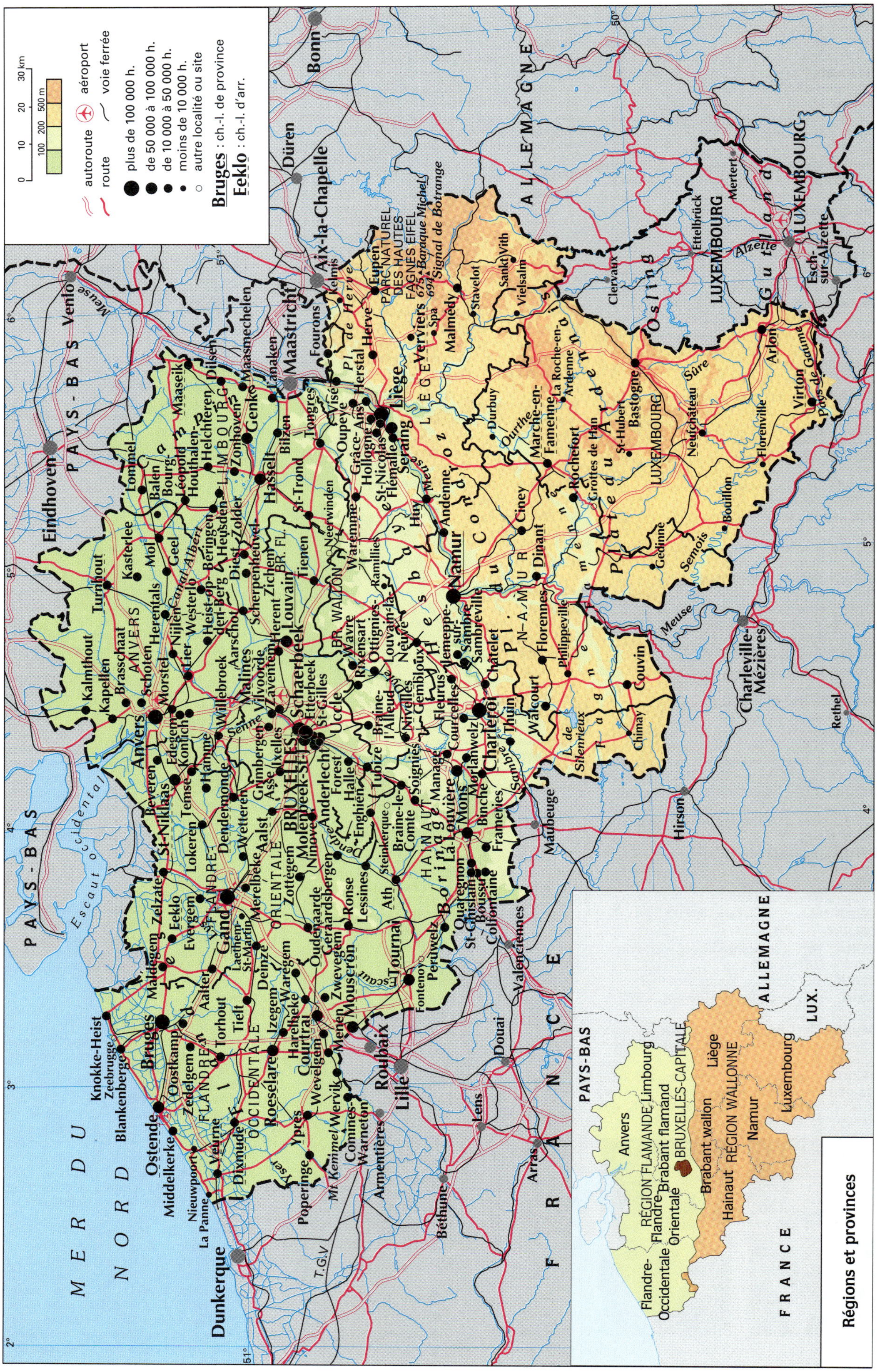

0 10 20 30 km
100 200 500 m
autoroute
route
aéroport
voie ferrée
plus de 100 000 h.
de 50 000 à 100 000 h.
de 10 000 à 50 000 h.
moins de 10 000 h.
autre localité ou site
Bruges : ch.-l. de province
Eeklo : ch.-l. d'arr.
MER DU NORD
PAYS-BAS
ALLEMAGNE
FRANCE
LUXEMBOURG
BRUXELLES
Anvers
Gand
Bruges
Ostende
Liège
Namur
Charleroi
Mons
Louvain
Hasselt
Arlon
Courtrai
Tournai
Malines
Eindhoven
Maastricht
Aix-la-Chapelle
Bonn
Düren
Dunkerque
Lille
Roubaix
Valenciennes
Maubeuge
Charleville-Mézières
Escaut occidental
Meuse
Sambre
Semois
Sûre
Alzette
PARC NATUREL DES HAUTES FAGNES EIFEL
694 Signal de Botrange
675 Baraque Michel
Régions et provinces
Flandre-Occidentale
Flandre-Orientale
Anvers
Limbourg
Brabant flamand
RÉGION FLAMANDE
BRUXELLES-CAPITALE
Brabant wallon
RÉGION WALLONNE
Hainaut
Namur
Liège
Luxembourg
LUX.

territorial de la Belgique se précise, à la suite des guerres menées par Louis XIV. 1713 : le traité d'Utrecht remet les Pays-Bas espagnols à la maison d'Autriche.
De la révolte à l'indépendance. 1789 : les réformes que veut imposer l'empereur Joseph II provoquent l'insurrection et la proclamation de l'indépendance (1790) des *États belgiques unis.* 1795-1815 : les Français occupent le pays et l'unifient administrativement. 1815 : les futures provinces belges et les anciennes Provinces-Unies sont réunies en un royaume des Pays-Bas, créé au profit du comte Guillaume d'Orange, Guillaume Ier. 1830 : la politique maladroite du roi provoque la sécession des provinces belges, qui proclament leur indépendance.
Le royaume de Belgique. 1831 : la conférence de Londres reconnaît l'indépendance de la Belgique, monarchie constitutionnelle et héréditaire, dont Léopold Ier devient le premier souverain. 1865-1909 : le règne de Léopold II est bénéfique, l'essor industriel se doublant d'une implantation en Afrique. 1908 : le roi lègue le Congo à la Belgique. Sous Albert Ier (1909-1934) et sous Léopold III (1934-1951), la Belgique, État neutre, est occupée par les Allemands pendant les deux guerres mondiales.
L'après-guerre. 1951 : Léopold III abdique en faveur de son fils, Baudouin Ier. Sur le plan international, la Belgique adhère à l'O.N.U. (1945), au Benelux (1948) et à la C.E.E. (1957). 1958 : la question de l'enseignement est résolue par le pacte scolaire. 1960 : le Congo belge est proclamé indépendant. 1977 : sous le gouvernement de Léo Tindemans, le pacte d'Egmont découpe la Belgique en trois régions : Flandre, Wallonie, Bruxelles. Cette régionalisation est adoptée pour la Flandre et la Wallonie par le Parlement en 1980. 1979-1992 : Wilfried Martens dirige le gouvernement. Il engage un processus de décentralisation donnant davantage de pouvoirs aux régions et aux communautés. 1989 : le statut de Bruxelles* est définitivement adopté. 1992 : Jean-Luc Dehaene devient Premier ministre. 1993 : la révision constitutionnelle transforme la Belgique unitaire en un État fédéral aux pouvoirs décentralisés. Albert II succède à son frère Baudouin Ier.

CULTURE ET CIVILISATION

□ BEAUX-ARTS

Principales villes d'art. Anvers, Bruges, Bruxelles, Courtrai, Diest, Gand, Liège, Lier, Louvain, Malines, Mons, Namur, Nivelles, Tongres, Tournai, Ypres.
Architectes, peintres, sculpteurs. – Art mosan : Renier de Huy. — XVe s. : le Maître de Flémalle, Van Eyck, Van der Weyden, D. Bouts, Van der Goes, Memling, J. Bosch, G. David. — Renaissance : Van Orley, Q. Metsys, Patinir, J. Gossart, C. Floris de Vriendt, Bruegel l'Ancien. — XVIIe s. : Bruegel de Velours, Rubens, Snijders, Jordaens, F. Duquesnoy, Van Dyck, Brouwer, les Quellin, Teniers le Jeune, J. Fyt, L. Faydherbe, les Verbruggen. — XIXe s. : Navez, C. Meunier, Rops, Ensor. — XXe s. : Horta, H. Van de Velde, G. Minne, Wouters, Permeke, Servranckx, Magritte, P. Delvaux, Alechinsky. (Voir également le groupe de Laethem-Saint-Martin.)

□ LITTÉRATURE

Expression française. XIXe s. : Ch. de Coster, G. Rodenbach, Émile Verhaeren, Maurice Maeterlinck, Camille Lemonnier, G. Eekhoud, E. Demolder, M. Elskamp. XXe s. : Fr. Hellens, J. de Bosschère, F. Crommelynck, Ch. Plisnier, M. de Ghelderode, M. Thiry, R. Vivier, G. Simenon.
Expression néerlandaise. XIXe s. : H. Conscience, G. Gezelle, C. Buysse. XXe s. : Van de Woestijne, F. Timmermans, J. Daisne, G. Walschap, Hugo Claus.

□ MUSIQUE

Moyen Âge. G. Dufay, G. Binchois ; XVIe s. Grande-Bourgogne : J. Ockeghem, Josquin des Prés — Flandre : Willaert, Roland de Lassus, Philippus de Monte ; XVIIe s. Henry Du Mont ; XVIIIe s. : A. M. Grétry, F. J. Gossec ; XIXe s. César Franck ; XXe s. Wallonie : G. Lekeu, J. Jongen, J. Absil, A. Souris, H. Pousseur — Flandre : E. Tinel.

BELGOROD ou **BIELGOROD,** v. de Russie, au nord de Kharkov ; 300 000 h.

BELGRADE, en serbe **Beograd,** cap. de la Yougoslavie, au confluent du Danube et de la Save ; 1 445 000 h. Centre commercial et industriel. Musées. — Occupée par les Ottomans (1521-1867), la ville devint la capitale de la Serbie en 1878.

BELGRAND (Eugène), ingénieur et géologue français (Ervy, Aube, 1810 - Paris 1878). Il installa le système d'égouts de la Ville de Paris.

BELGRANO (Manuel), général argentin (Buenos Aires 1770 - *id.* 1820), artisan de l'indépendance sud-américaine.

BÉLIAL, autre nom de Satan dans la Bible et le judaïsme.

BÉLIER (le), constellation zodiacale. — Premier signe du zodiaque, dans lequel le Soleil entre à l'équinoxe de printemps.

BELIN (Édouard), inventeur français (Vesoul 1876 - Territet, cant. de Vaud, 1963). Il inventa un appareil de phototélégraphie (bélinographe, 1907) et perfectionna les procédés de transmission des images fixes.

BELIN-BÉLIET (33830), ch.-l. de c. de la Gironde, dans les Landes ; 2 634 h.

BELINGA, massif du nord-est du Gabon. Minerai de fer.

BELINSKI ou **BIELINSKI** (Vissarion Grigorievitch), critique et publiciste russe (Sveaborg, auj. Suomenlinna, 1811 - Saint-Pétersbourg 1848). Il contribua à faire triompher le réalisme dans la littérature russe.

BÉLISAIRE, général byzantin (en Thrace v. 500 - Constantinople 565). Sous Justinien, il fut l'artisan de la reconquête, sur les Vandales, en Afrique, en Sicile et en Italie.

BELITUNG ou **BILLITON,** île de l'Indonésie, entre Sumatra et Bornéo. Étain.

BELIZE, anc. **Honduras britannique,** État de l'Amérique centrale, sur la mer des Antilles ; 23 000 km² ; 200 000 h. CAP. *Belmopan.* V. pr. *Belize* (40 000 h.). LANGUE : *anglais.* MONNAIE : *dollar de Belize.* Canne à sucre. Colonie britannique de 1862 à 1964, devenu le Belize en 1973, le pays a accédé à l'indépendance en 1981. (V. carte ***Amérique centrale.***)

BELL (Alexander Graham), physicien américain d'origine britannique (Édimbourg 1847 - Baddeck, Canada, 1922), un des inventeurs du téléphone (1876).

BELL (*sir* Charles), physiologiste britannique (Édimbourg 1774 - North Hallow 1842), auteur de recherches sur le système nerveux.

BELL (Daniel), sociologue américain (New York 1919). Il a analysé et théorisé l'évolution moderne (*Vers la société postindustrielle,* 1973).

BELLAC (87300), ch.-l. d'arr. de la Haute-Vienne ; 5 281 h. *(Bellacquais).* Église des XIIe et XIVe s.

BELLANGE (Jacques [**de** ?]), graveur et peintre lorrain, actif à la cour de Nancy v. 1603-1616, maniériste également brillant dans l'effusion religieuse ou dans le populisme.

BELLARMIN → ***Robert Bellarmin*** *(saint).*

BELLARY, v. de l'Inde (Karnātaka) ; 245 758 h.

BELLAVITIS (*comte* Giusto), mathématicien italien (Bassano 1803 - Tezze 1880). Il créa la théorie des équipollences, une des premières formes de calcul vectoriel dans le plan.

BELLAY [belɛ] **(du),** famille angevine. **Guillaume,** seigneur de Langey (Glatigny 1491 - Saint-Symphorien-de-Lay 1543), général de François Ier. Il laissa des *Mémoires.* — **Jean,** cardinal (Glatigny 1492 ou 1498 - Rome 1560), frère du précédent, protecteur de Rabelais. — **Joachim,** poète français (près de Liré 1522 - Paris 1560), cousin du précédent. Ami et collaborateur de Ronsard, il rédigea le manifeste de la Pléiade, *Défense et illustration de la langue française* (1549). Du séjour qu'il fit à Rome comme secrétaire de son cousin le cardinal, il rapporta deux recueils poétiques : *les Antiquités de Rome* et *les Regrets* (1558), qui expriment ses déceptions et ses nostalgies.

BELLEAU [belo] (Rémi), poète français (Nogent-le-Rotrou 1528 - Paris 1577), membre de la Pléiade, auteur de poésies pastorales *(la Bergerie).*

Belle au bois dormant (la), conte de Perrault. — Ballet de Marius Petipa sur la partition de Tchaïkovski (1890).

BELLEDONNE *(massif de),* massif des Alpes, dominant le Grésivaudan ; 2 978 m.

Belle et la Bête (la), conte de Mme Leprince de Beaumont. — Jean Cocteau en tira un film (1946).

BELLEGAMBE (Jean), peintre flamand (Douai v. 1470 - *id.* ? 1534/1540), auteur du *Polyptyque d'Anchin* (v. 1510, musée de Douai).

BELLEGARDE (45270), ch.-l. de c. du Loiret ; 1 565 h. Église romane.

BELLEGARDE-SUR-VALSERINE (01200), ch.-l. de c. de l'Ain, au confl. du Rhône et de la Valserine ; 11 696 h. *(Bellegardiens).*

BELLE-ÎLE, île de Bretagne (Morbihan), en face de Quiberon ; 90 km² ; 4 489 h. *(Bellilois).* Ch.-l. *Le Palais.* Tourisme.

BELLE-ISLE *(détroit de),* bras de mer large de 20 km qui sépare le Labrador et le nord de l'île de Terre-Neuve.

BELLE-ISLE [bɛlil] (Charles **Fouquet,** *comte,* puis *duc* **de**), maréchal de France (Villefranche-de-Rouergue 1684 - Versailles 1761), petit-fils de Fouquet. Il combattit l'Autriche et fut ministre de la Guerre (1758-1761). [Acad. fr.]

BELLE-ISLE-EN-TERRE (22810), ch.-l. de c. des Côtes-d'Armor ; 1 079 h.

BELLÊME (61130), ch.-l. de c. de l'Orne ; 1 796 h. Forêt. Monuments anciens.

Belle Meunière (la), cycle de mélodies de Schubert, sur des poèmes de W. Müller (1823).

BELLERIVE-SUR-ALLIER (03700), comm. de l'Allier, en face de Vichy ; 8 758 h.

BELLÉROPHON. *Myth. gr.* Héros corinthien, fils de Poséidon. Il dompta Pégase et tua la chimère.

BELLEVILLE, v. du Canada (Ontario) ; 37 243 h.

BELLEVILLE, quartier de Paris (XXe arr.).

BELLEVILLE (69220), ch.-l. de c. du Rhône, sur la Saône ; 6 109 h. Église romane et gothique.

BELLEVILLE-SUR-LOIRE (18240), comm. du Cher, au S.-E. de Briare ; 1 013 h. Centrale nucléaire.

BELLEY (01300), ch.-l. d'arr. de l'Ain ; 8 169 h. *(Belleysans).* Évêché. Travail du cuir. Anc. cap. du Bugey. Cathédrale des XVe et XIXe s.

BELLIÈVRE (Pompone **de**), homme d'État français (Lyon 1529 - Paris 1607), surintendant des Finances sous Henri III, chancelier de France sous Henri IV.

BELLINGHAM, v. des États-Unis (Washington) ; 52 179 h. Aluminium.

BELLINI, famille de peintres vénitiens dont les

Giovanni **Bellini :** *Madone à l'Enfant* (1510).
[Pinacothèque de Brera, Milan.]

plus remarquables sont **Iacopo** (v. 1400-1470) et ses fils **Gentile** (v. 1429-1507) et **Giovanni,** dit *Giambellino* (v. 1430-1516). Ce dernier donna une orientation décisive à l'école vénitienne par un sens nouveau de l'organisation spatiale (en partie empruntée à Mantegna), de la lumière, de la couleur.

BELLINI (Vincenzo), compositeur italien (Catane 1801 - Puteaux 1835), auteur de *Norma.*

BELLINZONA, v. de Suisse, ch.-l. du Tessin ; 16 849 h. Châteaux forts. Églises médiévales et de la Renaissance.

BELLMAN (Carl Michael), poète suédois (Stockholm 1740 - *id.* 1795), auteur de poèmes populaires et idylliques *(Épîtres de Fredman).*

BELLMER (Hans), dessinateur, graveur, sculpteur-assemblagiste, photographe et peintre allemand (Katowice 1902 - Paris 1975). Son érotisme exacerbé l'a fait reconnaître comme un des leurs par les surréalistes.

BELLO (Andrés), écrivain, grammairien et homme politique chilien (Caracas 1781 - Santiago du Chili 1865). Il fut l'un des guides spirituels de l'Amérique latine dans la conquête de son indépendance.

BELLONE, déesse italique de la Guerre.

BELLONTE (Maurice), aviateur français (Méru, Oise, 1896 - Paris 1984). Il effectua avec Dieudonné Costes la première liaison aérienne Paris-New York (1er-2 sept. 1930).

BELLOW (Saul), écrivain américain (Lachine, Québec, 1915). Ses romans font des vicissitudes de la communauté juive nord-américaine un modèle des angoisses et de la destinée humaines (*les Aventures d'Augie March,* 1953 ; *Herzog,* 1964 ; *le Don de Humboldt,* 1975). [Prix Nobel 1976.]

BELMONDO (Jean-Paul), acteur français (Neuilly-sur-Seine 1933). Lancé par la Nouvelle Vague (*À bout de souffle,* de J.-L. Godard, 1960 ; *Pierrot le fou,* id., 1965), sa désinvolture et sa gouaille ont fait de lui l'un des acteurs français les plus populaires.

BELMONT-DE-LA-LOIRE (42670), ch.-l. de c. de la Loire ; 1 532 h.

BELMONT-SUR-RANCE (12370), ch.-l. de c. de l'Aveyron ; 1 034 h.

BELMOPAN, cap. du Belize ; 4 000 h.

BELŒIL, comm. de Belgique (Hainaut) ; 13 064 h. Château des princes de Ligne.

BELO HORIZONTE, v. du Brésil, cap. du Minas Gerais ; 2 048 861 h. (3 461 905 dans l'agglomération). Centre industriel.

BELON ou **BÉLON** (le), fl. côtier de Bretagne, près de Pont-Aven ; 25 km. Huîtres *(belons).*

BÉLOUTCHISTAN → ***Baloutchistan.***

BELOVO ou **BIELOVO,** v. de Russie, dans le Kouzbass ; 116 000 h.

BELPECH (11420), ch.-l. de c. de l'Aude ; 1 169 h.

BELPHÉGOR, divinité moabite. On lui rendait un culte licencieux.

BELSUNCE DE CASTELMORON (Henri François-Xavier **de**), évêque de Marseille (La Force 1670 - Marseille 1755), célèbre par son dévouement pendant la peste de 1720-21.

BELT (Grand- et **Petit-),** nom de deux détroits : le premier entre les îles de Fionie et de Sjælland ; le second entre la Fionie et le Jylland. Prolongés par le Cattégat et le Skagerrak, ils réunissent la Baltique à la mer du Nord.

BELTRAMI (Eugenio), mathématicien italien (Crémone 1835 - Rome 1900). On lui doit un modèle euclidien de la géométrie non euclidienne de Lobatchevski.

Belvédère (le), corps de bâtiment du Vatican construit sous Innocent VIII et Jules II. Il abrite une collection de sculptures antiques *(Laocoon, Apollon du Belvédère, Torse du Belvédère).*

BELVÈS (24170), ch.-l. de c. de la Dordogne ; 1 651 h. *(Belvésois).* Monuments du Moyen Âge, vieilles maisons.

BELYÏ ou **BIELYÏ** (Boris Nikolaïevitch **Bougaïev,** dit **Andreï**), écrivain russe (Moscou 1880 - *id.* 1934). Il interpréta la révolution d'Octobre comme la résurgence d'une civilisation spécifique à mi-chemin entre l'Orient et l'Occident *(Symphonies, le Pigeon d'argent, Pétersbourg, Moscou).*

BELZ [bɛls] (56550), ch.-l. de c. du Morbihan ; 3 399 h.

BELZÉBUTH ou **BELZÉBUL,** divinité cananéenne, devenue chez les juifs et les chrétiens le prince des démons.

BEŁZEC, v. de Pologne, au sud-est de Lublin. Camp d'extermination allemand (1942-1943). 550 000 Juifs y périrent.

BEMBO (Pietro), cardinal et humaniste italien (Venise 1470 - Rome 1547). Secrétaire de Léon X, il codifia les règles grammaticales et esthétiques de la langue « vulgaire », le toscan.

BEN ALI (Zine el-Abidine), en ar. **Zīn al-'Abidīn Bin 'Alī,** homme politique tunisien (Hammam-Sousse 1936). Il devient président de la République après la destitution de Bourguiba (1987).

BÉNARÈS ou **VĀRĀṆASĪ,** v. de l'Inde (Uttar Pradesh), sur le Gange ; 1 026 467 h. Ville sainte de l'hindouisme.

Bénarès : pèlerins hindouistes venant se purifier dans le Gange.

BÉNAT *(cap),* promontoire de la côte des Maures (Var).

BENAVENTE (Jacinto), auteur dramatique espagnol (Madrid 1866 - *id.* 1954). Son théâtre de mœurs dut son succès à ses sujets à scandale et à l'habileté de ses intrigues. (Prix Nobel 1922.)

BEN BADĪS ('Abd al-Ḥamīd), réformiste islamique et écrivain algérien (Constantine 1889 - *id.* 1940), promoteur d'un renouveau religieux et national à travers son mensuel *al-Chihab* (1925-1940).

BEN BELLA (Ahmed), homme politique algérien (Maghnia 1916). L'un des dirigeants de l'insurrection de 1954, interné en France de 1956 à 1962, il est le premier président de la République algérienne (1963-1965). Renversé par Boumediene, il est emprisonné jusqu'en 1980 puis exilé. Il revient sur la scène politique algérienne en 1990.

BENCKENDORFF → ***Benkendorf.***

BENDA (Julien), écrivain français (Paris 1867 - Fontenay-aux-Roses 1956). Il combattit les tendances de la littérature à l'« engagement » *(la Trahison des clercs,* 1927).

BENDOR, îlot situé en face de Bandol (Var). Centre de tourisme.

Jean-Paul **Belmondo**

David **Ben Gourion**

BENEDEK (Ludwig **von**), général autrichien (Ödenburg, auj. Sopron, 1804 - Graz 1881), vaincu en 1866 à Sadowa.

BENEDETTI MICHELANGELI (Arturo), pianiste italien (Brescia 1920 - Lugano 1995). Il se distingua par sa recherche de sonorités denses et colorées.

BENEDETTO da Maiano → ***Giuliano da Maiano.***

Bénédicité (le), toile de Chardin évoquant une scène de la vie bourgeoise intime, offerte par l'artiste à Louis XV en 1740, en même temps que son pendant, *la Mère laborieuse.* (Les deux tableaux sont au Louvre.)

Benelux (Belgique, Nederland, Luxembourg), union monétaire et douanière signée à Londres en 1943 et 1944, entre la Belgique, les Pays-Bas et le Luxembourg, et élargie par la suite en union économique.

BENEŠ (Edvard), homme politique tchécoslovaque (Kožlany 1884 - Sezimovo-Ústi 1948), ministre des Affaires étrangères, puis président de la République (1935-1938 et 1945-1948).

BÉNÉVENT, en ital. **Benevento,** v. d'Italie (Campanie), ch.-l. de prov. ; 62 683 h. Pyrrhos II y fut vaincu par les Romains (275 av. J.-C.). Monuments antiques et médiévaux.

BÉNÉVENT (*prince* **de**) → ***Talleyrand.***

BÉNÉVENT-L'ABBAYE (23210), ch.-l. de c. de la Creuse ; 846 h. *(Bénévents).* Église du XIIe s.

BÉNEZET *(saint),* berger de Provence (1165-1184), qui aurait reçu de Dieu mission de construire, à Avignon, le pont qui porte son nom.

BENFELD (67230), ch.-l. de c. du Bas-Rhin, sur l'Ill ; 4 411 h. Hôtel de ville de 1531.

BENGALE, région de l'est de la péninsule indienne, partagée auj. entre la République indienne (*Bengale-Occidental ;* 88 000 km² ; 67 982 732 h. ; cap. *Calcutta*) et le Bangladesh. Ces territoires, surpeuplés, produisent du riz et du jute. Conquis par les musulmans à la fin du XIIe s., le Bengale passa sous domination britannique après 1757. En 1947, le Bengale-Occidental (Calcutta) fut rattaché à l'Union indienne, et le Bengale-Oriental (Dacca) devint le Pakistan oriental, auj. Bangladesh.

BENGALE *(golfe du),* golfe de l'océan Indien entre l'Inde, le Bangladesh et la Birmanie.

BENGBU ou **PENG-POU,** v. de Chine (Anhui) ; 253 000 h.

BENGHAZI, v. de Libye, en Cyrénaïque ; 450 000 h.

BEN GOURION (David), homme politique israélien (Płońsk, Pologne, 1886 - Tel-Aviv 1973), un des fondateurs de l'État d'Israël, chef du gouvernement de 1948 à 1953 et de 1955 à 1963.

Ben Gourion, aéroport de Tel-Aviv-Jaffa.

BENGUELA, port de l'Angola, sur l'Atlantique ; 42 000 h.

BENGUELA *(courant de),* courant marin froid de l'Atlantique méridional, qui remonte vers l'équateur le long de la côte d'Afrique.

BENI *(río),* riv. de Bolivie, branche mère du Madeira ; 1 600 km.

BENIDORM, station balnéaire d'Espagne, près d'Alicante ; 42 442 h.

BENI MELLAL, v. du Maroc, dans la plaine du Tadla ; 95 000 h.

BÉNIN, ancien royaume de la côte du golfe de Guinée, à l'ouest du delta du Niger, dans l'actuel Nigeria. Fondé vers le XIIe s., il était gouverné par des souverains (oba) dont les pouvoirs étaient contrebalancés par diverses institutions. Il tira sa fortune du commerce avec les Portugais (esclaves, ivoires) et devint protectorat britannique en 1892. Son apogée (XVIIe s.) est attesté notamment par des bronzes influencés par l'art d'Ife* et des ivoires sculptés.

BÉNIN, anc. **Dahomey,** État de l'Afrique occidentale, sur le *golfe du Bénin ;* 113 000 km² ; 4 800 000 h. *(Béninois).* CAP. *Porto-Novo.* LANGUE (officielle) : *français.* MONNAIE : *franc C.F.A.*

GÉOGRAPHIE

Au Sud, équatorial et partiellement forestier, s'oppose le Nord, tropical et recouvert de savanes. Le manioc est la base de l'alimentation ; l'huile de palme, le coton et l'arachide sont les principaux produits d'exportation passant par le port de Cotonou, principale ville.

HISTOIRE
XVIe s. : des principautés adja se constituent, en partic. celles de Porto-Novo, Allada et Abomey. XVIIe-XVIIIe s. : l'expansion de cette dernière principauté aboutit à la création du royaume de Dan Homé qui tire une part de ses revenus de la traite. XIXe s. : l'influence française s'accroît malgré les efforts du roi Glélé et de son fils Béhanzin, fait prisonnier en 1894. XXe s. : le Dahomey, colonie incluse dans l'Afrique-Occidentale française (1895), territoire d'outre-mer (1946) puis membre de la Communauté (1958), devient république indépendante en 1960. Dirigé depuis 1972 par Mathieu Kérékou, il devient en 1975 la République populaire du Bénin. En 1990, Kérékou — abandonnant toute référence au marxisme-léninisme — engage son pays sur la voie de la démocratisation (nouvelle Constitution instaurant un régime présidentiel). Lors de l'élection de 1991, il est battu par Nicéphore Soglo qui lui succède à la tête de l'État.

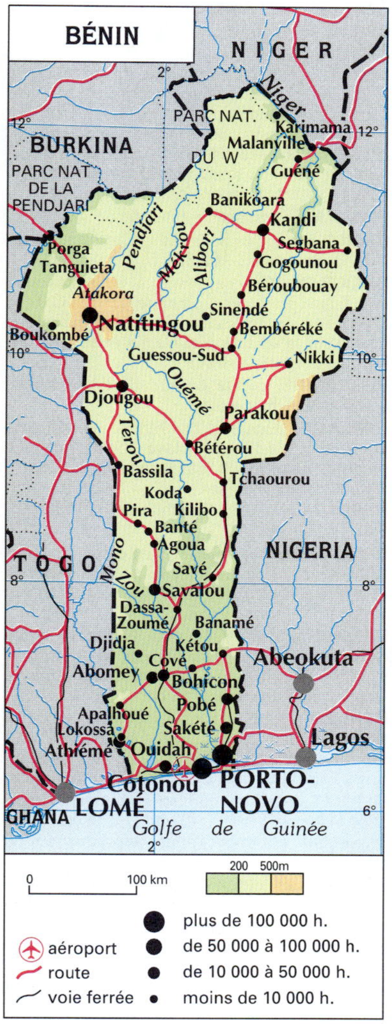

Art de l'ancien royaume du **Bénin :** tête d'Oba (roi).
Bronze ; fin du XVIIe - début du XVIIIe s.
(Musée des Antiquités nationales, Saint-Germain-en-Laye.)

BÉNIN *(golfe du),* partie du golfe de Guinée, à l'ouest du delta du Niger.

BENIN CITY, v. du sud du Nigeria ; 122 000 h.

BENJAMIN, dernier des douze fils de Jacob et Rachel, fondateur de la tribu des benjaminites, établis dans le sud de la Palestine.

BENJAMIN (Walter), écrivain et philosophe allemand (Berlin 1892 - près de Port-Bou 1940). Il est l'auteur d'essais historiques et critiques dans la ligne de l'école de Francfort.

BENJAMIN de Tudèle, rabbin et voyageur espagnol d'expression hébraïque (Tudela, Navarre espagnole, ?-1173), auteur d'une relation de voyage parmi les communautés juives d'Europe et du Proche-Orient.

BEN JELLOUN (Tahar), écrivain marocain d'expression française (Fès 1944). Il traite des problèmes des émigrés et des déracinés.

BEN JONSON → ***Jonson*** *(Ben).*

BENKENDORF ou **BENCKENDORFF** (Aleksandr Khristoforovitch, *comte*), homme d'État russe (Reval 1781 ou 1783 - en mer 1844). Il dirigea la police de Nicolas Ier.

BENN (Gottfried), écrivain allemand (Mansfeld 1886 - Berlin 1956). Influencé d'abord par Nietzsche et par le national-socialisme, il chercha dans le lyrisme la solution à ses problèmes d'homme et d'écrivain *(Double Vie, Poèmes statiques).*

BENNETT (Enoch Arnold), écrivain britannique (Hanley, Staffordshire, 1867 - Londres 1931), auteur de romans régionalistes.

BENNETT (James Gordon), journaliste américain (New Mill, Écosse, 1795 - New York 1872), fondateur en 1835 du *New York Herald,* qui deviendra le *New York Herald Tribune* (1924-1966).

BENNETT (Richard Bedford), homme politique canadien (Hopwell 1870 - Mickleham 1947), leader du parti conservateur (1927-1938), Premier ministre (1930-1935).

BEN NEVIS, point culminant de la Grande-Bretagne, en Écosse, dans les Grampians ; 1 344 m.

BENNIGSEN (Leonti Leontievitch), général russe (Brunswick 1745 - Banteln 1826). Battu par Napoléon à Eylau (1807), il s'illustra à Leipzig (1813).

BÉNODET (29950), comm. du sud du Finistère ; 2 450 h. Station balnéaire.

BENOÎT d'Aniane *(saint),* réformateur de la règle bénédictine (v. 750-821).

BENOÎT de Nursie *(saint),* patriarche et législateur des moines d'Occident (Nursie v. 480 - Mont-Cassin v. 547). Élevé dans une famille noble romaine, il se retira dans la solitude de Subiaco puis fonda, v. 529, le monastère du Mont-Cassin, berceau de l'ordre monastique des Bénédictins.

Dame offrant du pain empoisonné à saint **Benoît.** Détail des fresques (fin du XIIIe s.) du monastère de Subiaco.

BENOÎT XI (Niccolo **Boccasini**) [près de Trévise 1240 - 1304], pape de 1303 à 1304. Il pardonna à Philippe le Bel mais excommunia Guillaume de Nogaret. — **Benoît XII** (Jacques **Fournier**) [Saverdun - Avignon 1342], pape d'Avignon (1334-1342). Il chercha à réformer l'Église, à rétablir la paix entre la France et l'Angleterre, et entreprit la construction du palais des Papes. — **Benoît XIII** (Illueca v. 1328 - Peñíscola 1423), antipape d'obédience avignonnaise (1394-1423). Il refusa d'abdiquer après sa déposition en 1417 et se réfugia en Espagne. — **Benoît XIII** (Pietro Francesco **Orsini**) [Gravina 1649 - Rome 1730], pape (1724-1730), mêlé à la querelle janséniste. — **Benoît XIV** (Prospero **Lambertini**) [Bologne 1675 - Rome 1758]. Sous son pontificat érudit (1740-1758) fut fixé le rituel des béatifications et canonisations. — **Benoît XV** (Giacomo **Della Chiesa**) [Gênes 1854 - Rome 1922]. Pape pacificateur (1914-1922), il donna un élan nouveau aux missions et publia le Code du droit canonique (1917).

BENOIT (Pierre), romancier français (Albi 1886 - Ciboure 1962). Ses récits mêlent l'exotisme à une intrigue mouvementée *(Kœnigsmark,* 1917-18 ; *l'Atlantide,* 1919). [Acad. fr.]

BENOÎT de Sainte-Maure, poète français (XIIe s.), auteur d'une *Histoire des ducs de Normandie* et d'un des prototypes du roman courtois, *le Roman de Troie.*

BENOÎT-JOSEPH LABRE *(saint),* pénitent français (Amettes 1748 - Rome 1783). N'ayant pu devenir religieux, il parcourut l'Europe comme pèlerin mendiant.

BENONI, v. de l'Afrique du Sud, près de Johannesburg ; 207 000 h. Mines d'or.

BÉNOUÉ (la), riv. du Cameroun et du Nigeria, affl. du Niger (r. g.) ; 1 400 km.

BENQI → ***Benxi.***

BENSERADE [bɛ̃srad] (Isaac **de**), poète français (Paris 1613 ? - Gentilly 1691), poète de salon et de cour, rival de Voiture. (Acad. fr.)

BENTHAM (Jeremy), philosophe et jurisconsulte britannique (Londres 1748 - *id.* 1832). Sa morale utilitaire repose sur le calcul du plaisir par rapport à la peine. Il est l'auteur d'un important projet concernant l'architecture des prisons.

BENTIVOGLIO, famille princière italienne, souveraine de Bologne aux XVe et XVIe s.

BENVENISTE (Émile), linguiste français (Alep 1902 - Versailles 1976). Il est l'auteur d'importants travaux sur l'indo-européen, ainsi qu'en linguistique générale.

BENXI (ou **PEN-HI**) ou **BENQI** (ou **PEN-K'I**), v. de Chine (Liaoning) ; 500 000 h. Métallurgie.

BEN YEHUDA (Eliezer **Perelman,** dit **Eliezer**), écrivain hébreu (Louchki, Lituanie, 1858 - Jérusalem 1922). Il est l'initiateur du *Grand Dictionnaire de la langue hébraïque ancienne et moderne* qui est à l'origine de la renaissance de l'hébreu.

BENZ (Carl), ingénieur allemand (Karlsruhe 1844 - Ladenburg 1929). Il mit au point un moteur à gaz à deux temps (1878) et fit breveter en 1886 sa première voiture, un tricycle mû par un moteur à essence.

BEOGRAD → ***Belgrade.***

BÉOTIE, contrée de l'anc. Grèce ; cap. *Thèbes.* (Hab. *Béotiens.*) La Béotie, avec Épaminondas, imposa son hégémonie sur la Grèce de 371 à 362 av. J.-C.

Beowulf, héros légendaire d'un poème épique anglo-saxon rédigé entre le VIIIe et le Xe s.

BEPPU, port du Japon (Kyūshū) ; 130 334 h.

BEQAA ou **BEKAA,** haute plaine aride (mais partiellement irriguée) du Liban entre le mont Liban et l'Anti-Liban.

BERAIN (Jean), ornemaniste français (Saint-Mihiel 1639 - Paris 1711), « dessinateur de la chambre et du cabinet » de Louis XIV (1674), ordonnateur des fêtes de la Cour.

BÉRANGER (Pierre Jean **de**), chansonnier français (Paris 1780 - *id.* 1857). Ses chansons, qui idéalisèrent l'épopée napoléonienne *(Parlez-nous de lui, Grand-Mère)* et célébraient les gens du peuple *(le Dieu des bonnes gens),* lui valurent une immense popularité.

BÉRARDE (la), localité de l'Isère (comm. de Saint-Christophe-en-Oisans). Station de sports d'hiver et centre d'alpinisme à 1 740 m d'altitude.

BERBERA, port de la Somalie ; 55 000 h.

BERBERATI, v. de la République centrafricaine ; 95 000 h.

BERBÈRES, ensemble de peuples musulmans d'Afrique du Nord (Algérie, Maroc principalement) qui se nomment eux-mêmes « hommes libres » *(imazighen,* sing. *amazigh)* et parlent le berbère (différents dialectes, dont le *tamazight* en Kabylie). Leur histoire est marquée par une longue tradition de résistance (notamment dans les Aurès, en Kabylie, dans le Rif et au Sahara).

BERBEROVA (Nina Nikolaïevna), écrivain russe naturalisé américain (Saint-Pétersbourg 1901 - Philadelphie 1993). Ses romans (*l'Accompagnatrice,* 1935 ; *le Roseau révolté,* 1958) peignent le sort des émigrés. Elle a également écrit des biographies (*Tchaïkovski,* 1936) et une autobiographie (*C'est moi qui souligne,* 1969).

BERCENAY-EN-OTHE (10190), comm. du sud de l'Aube ; 421 h. Centre de télécommunications spatiales.

BERCHEM (Nicolaes), peintre néerlandais (Haarlem 1620 - Amsterdam 1683), surtout célèbre pour ses paysages italianisants, animés de contrastes de lumière.

BERCHEM-SAINTE-AGATHE, en néerl. **Sint-Agatha-Berchem,** comm. de Belgique, banlieue ouest de Bruxelles ; 18 489 h.

BERCHET (Giovanni), écrivain italien (Milan 1783 - Turin 1851), l'un des animateurs du mouvement romantique et patriotique.

BERCHTESGADEN, v. d'Allemagne (Bavière) dans les Alpes bavaroises ; 7 720 h. Résidence de Hitler (le « nid d'aigle »).

BERCK (62600), ch.-l. de c. du Pas-de-Calais ; 14 730 h. *(Berckois).* Station balnéaire et climatique à *Berck-Plage.*

BERCY, quartier de l'est de Paris, sur la rive droite de la Seine. Anciens entrepôts pour les vins. Le quartier fait l'objet de grands travaux d'urbanisme (Palais omnisports, ministère de l'Économie et des Finances).

B.E.R.D. (Banque européenne pour la reconstruction et le développement de l'Europe de l'Est), institution bancaire créée, en 1990, pour favoriser la transition des économies des pays de l'Europe de l'Est vers des économies ouvertes de marché.

BÉRÉGOVOY (Pierre), homme politique français (Déville-lès-Rouen 1925 - Pithiviers 1993). Socialiste, ministre des Affaires sociales et de la Solidarité nationale (1982-1984), ministre de l'Économie, des Finances et du Budget (1984-1986 et 1988-1992), il fut ensuite Premier ministre (1992-93). Il se suicida.

BÉRENGER Ier (m. à Vérone en 924), roi d'Italie (888-924), empereur d'Occident (915-924), battu à Plaisance par Rodolphe de Bourgogne. — **Bérenger II** (m. à Bamberg en 966), roi d'Italie en 950, petit-fils du précédent, détrôné par Otton Ier le Grand (961).

BÉRENGÈRE (1181-1244), reine de Castille (1217), épouse d'Alphonse IX, roi de León. Elle abdiqua en faveur de son fils Ferdinand III qu'elle fit reconnaître roi de León à la mort d'Alphonse IX.

BÉRÉNICE, nom de plusieurs reines lagides d'Égypte.

BÉRÉNICE, princesse juive. Titus l'emmena à Rome (70), mais renonça à l'épouser pour ne pas déplaire au peuple romain.

Bérénice, tragédie de Racine (1670), sur un sujet traité aussi par Corneille *(Tite et Bérénice).*

BERENSON (Bernard), expert et écrivain d'art américain d'origine lituanienne (près de Vilnius 1865 - Settignano, près de Florence, 1959), spécialiste de la peinture italienne du XIIIe s. à la Renaissance.

BEREZINA (la), riv. de Biélorussie, affl. du Dniepr (r. dr.) ; 613 km. Passage de la *Grande Armée* en retraite assuré par les pontonniers du général Éblé (nov. 1812).

BEREZNIKI, v. de Russie, dans l'Oural ; 201 000 h. Traitement de la potasse.

BERG *(duché de),* anc. État de l'Allemagne, sur la rive droite du Rhin. Cap. *Düsseldorf.* Créé en 1101, il fut, de 1806 à 1815, un grand-duché de la Confédération du Rhin.

BERG (Alban), compositeur autrichien (Vienne 1885 - *id.* 1935), élève de Schönberg, un des pionniers du dodécaphonisme sériel, auteur des opéras *Wozzeck** et *Lulu* (1929-1935).

BERGAME, v. d'Italie (Lombardie), ch.-l. de prov., en bordure des Alpes ; 115 655 h. *(Bergamasques).* Église S. Maria Maggiore (XIIe-XVIe s.) et autres monuments. Pinacothèque de l'académie Carrara.

BERGEN, port de Norvège, sur l'Atlantique ; 216 066 h. Monuments anciens, musées.

BERGEN, v. des Pays-Bas (Hollande-Septentrionale) ; 14 056 h. Une armée anglo-russe y fut battue par Brune (1799).

Bergen-Belsen, camp de concentration créé par les Allemands en 1943, à 65 km de Hanovre.

BERGEN OP ZOOM, v. des Pays-Bas (Brabant-Septentrional) ; 46 900 h.

BERGER *(gouffre),* gouffre du Vercors, où l'on a atteint la profondeur de – 1 141 m.

BERGERAC (24100), ch.-l. d'arr. de la Dordogne, sur la Dordogne, dans le *Bergeracois ;* 27 886 h. *(Bergeracois).* Poudrerie. Musée du tabac.

BERGERON (André), syndicaliste français (Suarce, Territoire de Belfort, 1922), secrétaire général de F. O. de 1963 à 1989.

Bergers d'Arcadie (les), titre de deux toiles de Poussin (v. 1630, coll. priv. anglaise, et v. 1650/1655, Louvre). Le thème de la fragilité du bonheur humain y est traité d'abord dans une tonalité élégiaque, puis dans une perspective stoïcienne.

BERGÈS (Aristide), ingénieur français (Lorp, Ariège, 1833 - Lancey, Isère, 1904). Il fut l'un des premiers à utiliser, à partir de 1869, les hautes chutes de montagne pour la production d'énergie électrique. On lui doit la création du terme « houille blanche ».

BERGIUS (Friedrich), chimiste allemand (Goldschmieden, près de Wrocław, 1884 - Buenos Aires 1949). Il réalisa la synthèse industrielle de carburants par hydrogénation catalytique (1921). [Prix Nobel 1931.]

BERGMAN (Ingmar), cinéaste et metteur en scène de théâtre suédois (Uppsala 1918). Dans un style flamboyant ou épuré, réaliste ou allégorique, mais toujours incisif, son œuvre oscille autour de plusieurs thèmes majeurs : le sens de la vie, le Bien et le Mal, Dieu, l'incommunicabilité du couple : *le Septième Sceau* (1957), *les Fraises sauvages* (id.), *Persona* (1966), *l'Heure du loup* (1968), *Cris et chuchotements* (1972), *Fanny et Alexandre* (1982).

Ingmar **Bergman :** une scène du film *le Septième Sceau* (1957).

BERGMAN (Ingrid), actrice suédoise (Stockholm 1915 - Londres 1982). Dans des rôles de jeune première saine et spontanée, puis dans des compositions plus âpres, elle s'imposa aux États-Unis (*Casablanca,* M. Curtiz, 1943), puis en Italie (*Voyage en Italie,* R. Rossellini, 1953), avant d'aborder une carrière internationale (*Sonate d'automne,* Ingmar Bergman, 1978).

BERGMAN (Torbern), chimiste suédois (Katrineberg 1735 - Medevi 1784), auteur d'une classification des minéraux.

BERGSLAG (le), région minière (fer) et industrielle (métallurgie) de Suède.

BERGSON [bɛrksɔn] (Henri), philosophe français (Paris 1859 - *id.* 1941). Il fait de l'intuition le seul moyen de connaissance de la durée et de la vie (*Matière et mémoire* [1896], *l'Évolution créatrice* [1907]). [Prix Nobel de littér. 1927.]

BERGUES (59380), ch.-l. de c. du Nord ; 4 282 h. *(Berguois).* Enceinte fortifiée. Musée dans le Mont-de-Piété du XVIIe s.

BERIA (Lavrenti Pavlovitch), homme politique soviétique (Merkheouli, Géorgie, 1899 - Moscou 1953). Chef du N. K. V. D. à partir de 1938, il fut exécuté en 1953, après la mort de Staline.

BÉRING *(détroit de),* détroit entre l'Asie et l'Amérique, réunissant l'océan Pacifique à l'océan Arctique. Il doit son nom au navigateur danois Vitus *Bering* (1681-1741).

BÉRING *(mer de),* partie nord du Pacifique, entre l'Asie et l'Amérique.

BERINGEN, comm. de Belgique (Limbourg) ; 36 599 h.

BERIO (Luciano), compositeur italien (Oneglia 1925). Adepte du sérialisme (*Nones,* 1954), il se livre ensuite à des recherches sur le jeu des sonorités des instruments et de la voix (*Sequenza,* 1958-1980). Pionnier de la musique électroacoustique en Italie, il associe souvent sons électroniques et sons traditionnels (*Laborintus 2,* 1965).

BERKANE, v. du nord-est du Maroc ; 60 000 h.

BERKELEY, v. des États-Unis (Californie), près de San Francisco ; 102 724 h. Université.

BERKELEY (George), évêque et philosophe irlandais (près de Kilkenny 1685 - Oxford 1753). Son système affirme que la connaissance repose sur la sensation et qu'il n'existe que des esprits (immatérialisme).

BERKSHIRE, comté du sud de l'Angleterre ; 659 000 h. Ch.-l. *Reading.*

BERLAGE (Hendrik), architecte néerlandais (Amsterdam 1856 - La Haye 1934), un des premiers adeptes du fonctionnalisme (Bourse d'Amsterdam, 1897).

BERLAIMONT (59145), ch.-l. de c. du Nord ; 3 425 h.

BERLANGA (Luis García), cinéaste espagnol (Valence 1921), remarquable par son humour et son esprit satirique (*Bienvenue Mr. Marshall,* 1952 ; *le Bourreau,* 1963).

BERLICHINGEN (Götz ou Gottfried **von**), chevalier allemand (Jagsthausen, Wurtemberg, v. 1480 - Hornberg 1562), héros d'un drame de Goethe et d'une pièce de Sartre.

BERLIER (Jean-Baptiste), ingénieur français (Rive-de-Gier, Loire, 1841 - Deauville 1911). On lui doit l'installation de la poste pneumatique à Paris ainsi que le projet du métropolitain.

BERLIET (Marius), industriel français (Lyon 1866 - Cannes 1949). Il créa à Lyon une importante entreprise pour la production de poids lourds.

BERLIN, cap. et Land de l'Allemagne, sur la Spree ; 883 km² ; 3 409 737 h. *(Berlinois).* Centre administratif, industriel et commercial. — Monuments des XVIIIe-XXe s. Importants

Ouverture du mur séparant **Berlin-**Est de **Berlin-**Ouest (nov. 1989).

musées, dont ceux de l'île de la Spree et ceux du faubourg de Dahlem.

HISTOIRE

La fortune de Berlin date de son choix comme capitale du Brandebourg (1415). Capitale du royaume de Prusse, elle devint celle de l'Empire allemand (1871) puis des IIe et IIIe Reich. Conquise par les troupes soviétiques en 1945, elle est divisée en quatre secteurs d'occupation administrés par les Alliés — États-Unis, France, Grande-Bretagne, U. R. S. S. — (statut quadripartite). Les trois secteurs d'occupation occidentaux sont unifiés en 1948, et l'U. R. S. S. riposte en entreprenant le blocus de Berlin (jusqu'en 1949). Tandis que le secteur d'occupation soviétique, Berlin-Est, est proclamé capitale de la R. D. A. en 1949, Berlin-Ouest devient une dépendance de fait de la R. F. A. En 1958, l'U. R. S. S. abolit unilatéralement le statut quadripartite de Berlin. Pour enrayer l'exode de ses citoyens, la R. D. A. construit en 1961 un mur séparant Berlin-Est de Berlin-Ouest. La libre circulation entre les deux parties de la ville est rétablie en 1989 (ouverture le 10 nov. par la R. D. A. de la frontière interallemande). En 1990, Berlin redevient la capitale de l'Allemagne. Les dernières troupes alliées quittent la ville en 1994.

Berlin *(conférence de)* [15 nov. 1884 - 1885], conférence internationale qui se réunit à Berlin, à l'initiative de Bismarck, et qui préluda à la ruée des Européens vers l'intérieur du continent africain.

Berlin *(congrès de)* [13 juin - 13 juill. 1878], congrès réuni à Berlin pour réviser le traité de San Stefano et qui rétablit l'équilibre européen aux dépens de la Russie.

Berliner Ensemble, troupe théâtrale fondée par Brecht en 1949 à Berlin-Est.

BERLINGUER (Enrico), homme politique italien (Sassari 1922 - Padoue 1984). Secrétaire général du parti communiste italien après 1972, il préconisa le « compromis historique » avec la Démocratie chrétienne.

BERLIOZ [-oz] (Hector), compositeur français (La Côte-Saint-André, Isère, 1803 - Paris 1869). Ses œuvres sont remarquables par la puissance du sentiment dramatique et par la somptuosité de l'écriture orchestrale *(la Damnation de Faust, Benvenuto Cellini,* la *Symphonie fantastique,* la *Grande Messe des morts, Roméo et Juliette, l'Enfance du Christ, les Troyens, Harold en Italie).* Il a laissé de nombreux écrits sur la musique.

BERLUSCONI (Silvio), homme d'affaires et homme politique italien (Milan 1936). Propriétaire d'un puissant groupe financier et de plusieurs chaînes de télévision, fondateur (déc. 1993 - janv. 1994) du mouvement ultralibéral Forza Italia, il est nommé président du Conseil en avril 1994. Il démissionne en décembre.

BERMEJO (le), riv. de l'Amérique du Sud, affl. du Paraguay (r. dr.) ; 1 500 km.

BERMEJO (Bartolomé), peintre espagnol, actif durant le troisième tiers du XVe s., surtout en Aragon (*Pietà,* Barcelone, 1490).

BERMUDES, en angl. **Bermuda,** archipel britannique de l'Atlantique, au nord-est des Antilles ; 53,5 km^2 ; 70 000 h. Ch.-l. *Hamilton.* Tourisme. Découvert v. 1515 par les Espagnols, anglais en 1612, cet archipel bénéficie depuis 1968 d'un régime d'autonomie interne.

BERNÁCER (Germán), économiste espagnol (Alicante 1883 - San Juan de Alicante 1965). On lui doit d'importantes contributions à la science économique, qui annoncent les travaux de Keynes.

BERNADETTE SOUBIROUS [-us] *(sainte)* [Lourdes 1844 - Nevers 1879]. Ses visions (1858) sont à l'origine du pèlerinage de Lourdes. En 1866, elle entra chez les sœurs de la charité de Nevers.

BERNADOTTE (Jean-Baptiste) → ***Charles XIV,*** roi de Suède.

BERNANOS (Georges), écrivain français (Paris 1888 - Neuilly-sur-Seine 1948). Catholique déchiré entre le mysticisme et la révolte, il combat dans ses romans et ses pamphlets les deux péchés majeurs, la médiocrité et l'indifférence *(le Journal d'un curé de campagne,* 1936 ; *les Grands Cimetières sous la lune,* 1938 ; *Dialogue des carmélites,* 1949).

Hector **Berlioz**
(par P. Sieffert)

Georges **Bernanos**

BERNARD de Clairvaux *(saint),* docteur de l'Église (Fontaine-lès-Dijon 1090 - Clairvaux 1153). Moine de Cîteaux (1112), berceau des bénédictins réformés, ou cisterciens, il fonda l'abbaye de Clairvaux (1115), et prêcha la 2e croisade. Mystique, adversaire du rationalisme d'Abélard, promoteur de la dévotion à la Vierge, il fut le conseiller des rois et des papes.

BERNARD de Menthon *(saint)* [Menthon - Novare Xe ou XIe s.], fondateur des hospices du Grand- et du Petit-Saint-Bernard, dans les Alpes. Patron des alpinistes.

BERNARD de Saxe-Weimar → ***Saxe-Weimar.***

BERNARD de Ventadour, troubadour limousin (château de Ventadour v. 1125 - abbaye de Dalon fin du XIIe s.). Il vécut à la cour d'Aliénor d'Aquitaine et fut l'un des maîtres de la monodie profane au Moyen Âge.

BERNARD (Claude), physiologiste français (Saint-Julien, Rhône, 1813 - Paris 1878). Il démontra la fonction glycogénique du foie et établit une théorie pathogénique du diabète sucré. Il découvrit l'existence du système nerveux sympathique, indépendant du système nerveux cérébro-spinal. Son *Introduction à l'étude de la médecine expérimentale* (1865) définit les principes fondamentaux de la recherche scientifique. (Acad. fr.)

Claude **Bernard** (au centre)
[L. Lhermite - Académie de médecine, Paris]

BERNARD (Émile), peintre et écrivain français (Lille 1868 - Paris 1941). Il influença, de concert avec Gauguin, les peintres de l'école de Pont-Aven.

BERNARD (Jean), médecin hématologiste français (Paris 1907), auteur de recherches sur les leucémies. Il a présidé le Comité national d'éthique de 1983 à 1992. (Acad. fr.)

saint **Bernard** de Clairvaux
(miniature du XVe s. - B.N.F., Paris)

BERNARD (Samuel), financier français (Paris 1651 - *id.* 1739). Louis XIV eut souvent recours à lui.

BERNARD (Paul, dit **Tristan**), écrivain français (Besançon 1866 - Paris 1947), incarnation de l'esprit parisien et boulevardier par ses romans et ses pièces humoristiques.

BERNARD GUI, dominicain français (Royère, Limousin, v. 1261 - Lauroux, Languedoc, 1331), inquisiteur de Toulouse (1307-1323) et évêque de Lodève, auteur d'un *Manuel de l'Inquisiteur.*

BERNARDIN DE SAINT-PIERRE (Henri), écrivain français (Le Havre 1737 - Éragny-sur-Oise 1814). Son idylle exotique de *Paul et Virginie* (1788), ses *Études de la nature,* puis ses *Harmonies* sont à la source des thèmes poétiques et des émotions religieuses du romantisme. (Acad. fr.)

BERNARDIN de Sienne *(saint),* franciscain italien (Massa Marittima 1380 - L'Aquila 1444). Il prêcha la réforme des mœurs et, le premier, la dévotion au saint nom de Jésus.

BERNARDIN de Sienne ou **BERNARDINO Ochino,** capucin italien (Sienne 1487 - Austerlitz 1564). Prédicateur célèbre, il passa à la Réforme.

BERNAY (27300), ch.-l. d'arr. de l'Eure ; 11 048 h. *(Bernayens).* Produits de beauté. Fermetures à glissière. Églises médiévales, dont une anc. abbatiale, restaurée, du XIe s.

BERNE, en all. **Bern,** cap. fédérale de la Suisse, ch.-l. du *canton de Berne,* sur l'Aar ; 136 338 h. *(Bernois).* [300 000 dans l'agglomération.] Université. Siège de bureaux internationaux (notamment l'Union postale universelle). Monuments anciens et musées. Ville impériale en 1218, elle entra, ainsi que son canton, dans la Confédération suisse en 1353. Elle devint la capitale fédérale en 1848. — Le canton couvre 6 050 km^2 et compte 958 192 h.

Berne : maisons sur la rive gauche de l'Aar.

BERNERIE-EN-RETZ (La) [44760], comm. de la Loire-Atlantique ; 1 836 h. Station balnéaire.

BERNHARD (Thomas), écrivain autrichien (Heerlen 1931 - Gmunden, Autriche, 1989), poète, dramaturge et romancier de l'autodestruction (*la Plâtrière,* 1970 ; *le Souffle,* 1978 ; *Des arbres à abattre,* 1984 ; *Maîtres anciens,* 1985 ; *Place des héros,* 1988).

BERNHARDT [-nar] (Rosine **Bernard,** dite **Sarah**), actrice française (Paris 1844 - *id.* 1923). Sa « voix d'or » et sa sensibilité dramatique ont marqué l'interprétation du répertoire classique.

BERNI (Francesco), poète italien (Lamporecchio v. 1497 - Florence 1535), auteur de poésies satiriques et parodiques.

BERNIER (Étienne), prélat français (Daon, Mayenne, 1762 - Paris 1806). Insurgé avec les vendéens, puis rallié à Bonaparte, il fut l'un des négociateurs du concordat et évêque d'Orléans (1802).

BERNIER (François), voyageur français (Joué-Étiau, Maine-et-Loire, 1620 - Paris 1688). Médecin d'Aurangzeb, il publia le récit de son voyage en Orient.

BERNIN (Gian Lorenzo **Bernini,** dit, en France, **le Cavalier**), sculpteur et architecte italien (Naples 1598 - Rome 1680). Maître du baroque monumental et décoratif, il réalisa, à Rome, de nombreux travaux pour les églises (baldaquin de Saint-Pierre, 1624 ; *l'Extase de sainte Thérèse,* à S. Maria della Vittoria, 1645-1652), des fontaines (du Triton, des Quatre-Fleuves, etc.), la double colonnade devant la basilique Saint-Pierre, etc. On lui doit aussi des bustes. Louis XIV l'appela en France en 1665, mais ses projets pour la façade du Louvre ne furent pas retenus.

BERNINA (la), massif des Alpes entre l'Inn et l'Adda ; 4 052 m. Le col de la Bernina (2 323 m) relie l'Engadine (Suisse) à la Valteline (Italie).

BERNIS [-nis] (François Joachim **de Pierre de**), prélat français (Saint-Marcel-en-Vivarais 1715 - Rome 1794). Protégé par Mme de Pompadour, il fut ministre des Affaires étrangères sous Louis XV, cardinal (1758), archevêque d'Albi, puis ambassadeur à Rome (1768-1791).

BERNOULLI, famille de savants, originaire d'Anvers, réfugiée à Bâle vers la fin du XVIe s. **Jacques Ier** (Bâle 1654 - *id.* 1705) et son frère **Jean Ier** (Bâle 1667 - *id.* 1748) développèrent et perfectionnèrent le calcul différentiel et intégral créé par Leibniz. Dans son ouvrage posthume, *Ars conjectandi* (1713), Jacques Ier posa les fondements du calcul des probabilités. — **Daniel,** le second fils de Jean (Groningue 1700 - Bâle 1782), est l'un des fondateurs de l'hydrodynamique.

BERNSTEIN (Eduard), théoricien socialiste allemand (Berlin 1850 - *id.* 1932). Il introduisit un courant réformiste au sein de la social-démocratie allemande.

BERNSTEIN (Leonard), compositeur et chef d'orchestre américain (Lawrence, Massachusetts, 1918 - New York 1990), auteur notamment de la musique de *West Side Story* (1957).

BERNSTORFF (Johan **von**), homme d'État danois (Hanovre 1712 - Hambourg 1772). Ministre des Affaires étrangères, il sauvegarda la neutralité danoise pendant la guerre de Sept Ans.

BÉROUL, trouvère anglo-normand (XIIe s.), auteur d'un roman de *Tristan.*

BERQUE (Jacques), orientaliste français (Molière, Algérie, 1910 - Saint-Julien-en-Born, Landes, 1995). Il a apporté une contribution majeure à la connaissance et à la compréhension du monde arabo-islamique (*les Arabes d'hier à demain,* 1960 ; *Mémoires des deux rives,* 1989).

BERQUIN (Arnaud), écrivain français (Bordeaux 1747 - Paris 1791), auteur de poèmes et de récits moralisateurs pour la jeunesse.

BERR (Henri), philosophe et historien français (Lunéville 1863 - Paris 1954), fondateur de la *Revue de synthèse historique* (1900) et de la collection de l'« Évolution de l'humanité » (1920).

BERRE *(étang de),* étang des Bouches-du-Rhône, communiquant avec la Méditerranée par le chenal de Caronte. Sur les bords de l'étang de Berre s'est créé un important complexe de raffinage du pétrole et de pétrochimie.

BERRE-L'ÉTANG (13130), ch.-l. de c. des Bouches-du-Rhône, sur *l'étang de Berre ;* 12 723 h. *(Berratins).* Raffinage du pétrole. Pétrochimie.

BERRUGUETE (Pedro), peintre espagnol (Paredes de Nava, Vieille-Castille, v. 1450 - *id.* 1503/04), auteur de portraits d'hommes célèbres (palais d'Urbino et Louvre) et de retables (Ávila ; Prado ; etc.). — Son fils **Alonso** (Paredes de Nava v. 1488 - Tolède 1561), sculpteur et peintre, exprima sa spiritualité dans les pathétiques figures de bois polychrome de ses retables.

BERRY ou anc. **BERRI,** région du sud du Bassin parisien (dép. du Cher et de l'Indre), entre la Sologne et le Massif central, formée par la Champagne berrichonne, le Boischaut, la Brenne et le Sancerrois. *(Berrichons.)*

BERRY (*comté,* puis *duché* de), ancien comté indépendant tombé dans la mouvance des Capétiens à partir de la fin du XIe s. ; il fut l'apanage de divers princes capétiens (1360-1584) et le titre de « duc de Berry » resta ensuite porté par plusieurs princes. Cap. *Bourges.*

BERRY (Jean **de France,** *duc* **de**), prince capétien (Vincennes 1340 - Paris 1416), troisième fils de Jean II le Bon. Il fut l'un des régents de son neveu Charles VI pendant la minorité puis la folie du roi. La célèbre « librairie » de ce prince fastueux contenait quelques-uns des plus beaux manuscrits du siècle, notamm. les *Très Riches Heures du duc de Berry.* — **Charles,** second fils de Charles X, héritier du trône (Versailles 1778 - Paris 1820), fut assassiné par Louvel. — Sa femme, Marie-Caroline de **Bourbon-Sicile,** *duchesse* **de Berry** (Palerme 1798 - Brünnsee, Autriche, 1870), fille de François Ier, roi des Deux-Siciles, énergique et romanesque, essaya en vain de soulever la Vendée contre Louis-Philippe (1832). Elle fut la mère du comte de Chambord.

BERRY (Jules), acteur français (Poitiers 1883 - Paris 1951). Après une brillante carrière au Boulevard, il interpréta au cinéma les escrocs cyniques et les personnages diaboliques (*le Crime de M. Lange,* J. Renoir, 1936 ; *les Visiteurs du soir,* M. Carné, 1942).

BERRY-AU-BAC (02190), comm. de l'Aisne ; 510 h. Premier emploi des chars de combat français en 1917.

BERRYER [-rje] (Pierre Antoine), avocat et homme politique français (Paris 1790 - Augerville-la-Rivière, Loiret, 1868). Orateur légitimiste, il mit cependant son éloquence au service des causes libérales. (Acad. fr.)

BERT (Paul), physiologiste et homme politique français (Auxerre 1833 - Hanoï 1886). Défenseur de la république radicale et laïque, il fut ministre de l'Instruction publique (1881-82), puis gouverneur général en Annam et au Tonkin. Il étudia la physiologie de la respiration (influence de l'altitude notamm.).

BERTAUT (Jean), poète français (Donnay, Calvados, 1552 - Séez 1611). Disciple de Ronsard, auteur de poésies d'amour, il fut évêque de Séez.

Bertelsmann, groupe allemand fondé en 1835, l'un des plus grands groupes mondiaux d'édition et de communication.

Bertha (de Bertha Krupp, fille de l'industriel allemand d'Essen), surnom des canons lourds allemands qui, à plus de 100 km, tirèrent sur Paris en 1918. Ce surnom reprenait celui donné par les Allemands au mortier de 420 mm employé contre Anvers en 1914.

BERTHE ou **BERTRADE,** dite **Berthe au grand pied** (m. à Choisy-au-Bac en 783), épouse de Pépin le Bref, mère de Charlemagne et de Carloman.

BERTHE, princesse de Bourgogne (v. 964 - v. 1024), épouse de Robert II, roi de France, qui fut contraint par l'Église de la répudier pour cause de parenté trop proche.

BERTHELOT (Marcellin), chimiste français (Paris 1827 - *id.* 1907). Il étudia l'estérification, réalisa de nombreuses synthèses organiques et créa la thermochimie. (Acad. fr.)

BERTHIER (Louis Alexandre), prince **de Neuchâtel** et **de Wagram,** maréchal de France (Versailles 1753 - Bamberg 1815). Major général de la Grande Armée de 1805 à 1814, il fut le collaborateur direct de Napoléon.

BERTHOLLET (Claude, *comte*), chimiste français (Talloires 1748 - Arcueil 1822). On lui doit la découverte des hypochlorites et leur application au blanchiment des toiles, la mise au point des explosifs chloratés, l'énoncé des lois de la double décomposition des sels, etc. Il accompagna Bonaparte en Égypte.

BERTILLON (Alphonse), criminologue français (Paris 1853 - *id.* 1914), auteur d'une méthode d'identification des criminels connue sous le nom d'*anthropométrie* ou de *bertillonnage.*

Jean de France, duc de **Berry.** Détail d'une miniature des frères de Limbourg pour les *Très Riches Heures du duc de Berry.* Début du XVe s. (Musée Condé, Chantilly.)

BERTIN *(saint)* [Coutances ? - Sithiu, auj. Saint-Omer, v. 698], abbé du monastère de Sithiu (monastère Saint-Bertin), fondé par saint Omer et berceau de la ville qui prit ce nom.

BERTIN (Jean), ingénieur français (Druyes, Yonne, 1917 - Neuilly 1975). Il a créé, à partir de 1956, toute une série de véhicules sur coussin d'air (Terraplane, Naviplane, Aérotrain).

BERTIN l'Aîné, journaliste français (Paris 1766 - *id.* 1841). Il fit du *Journal des débats* le porte-parole du royalisme constitutionnel, puis de la monarchie de Juillet.

BERTOLUCCI (Bernardo), cinéaste italien (Parme 1940). Évocation de ses obsessions ou représentation de l'Histoire, ses films révèlent un constant souci formel (*la Stratégie de l'araignée,* 1970 ; *le Dernier Tango à Paris,* 1972 ; *1900,* 1976 ; *le Dernier Empereur,* 1987 ; *Un thé au Sahara,* 1990 ; *Little Buddha,* 1993).

BERTRADE DE MONTFORT (1070 ? - Fontevrault 1117 ?), épouse de Philippe Ier qui l'enleva à son mari Foulques IV le Réchin et l'épousa malgré l'opposition de l'Église (1092).

BERTRAN de Born, troubadour périgourdin (v. 1140 - abbaye de Dalon av. 1215), auteur de *sirventès,* pièces d'inspiration politique et morale.

BERTRAND *(saint)* [L'Isle-Jourdain v. 1050 - Comminges 1123], évêque de Comminges, dont il rebâtit la cathédrale.

BERTRAND (Louis, dit **Aloysius**), poète français (Ceva, Piémont, 1807 - Paris 1841), auteur de poèmes en prose d'inspiration romantique (*Gaspard de la nuit,* 1842).

BERTRAND (Gabriel), chimiste et biologiste français (Paris 1867 - *id.* 1962), auteur de travaux sur les ferments oxydants et les oligo-éléments.

BERTRAND (Henri, *comte*), général français (Châteauroux 1773 - *id.* 1844). Fidèle à Napoléon Ier, il le suivit à l'île d'Elbe et à Sainte-Hélène, puis, en 1840, organisa le retour de ses cendres.

BERTRAND (Marcel), géologue français (Paris 1847 - *id.* 1907). Fondateur de la tectonique moderne, il a étudié les charriages.

BÉRULLE (Pierre **de**), cardinal français (Sérilly, Champagne, 1575 - Paris 1629). Chef du « parti dévot », hostile à tout accommodement avec les protestants, il introduisit en France le Carmel et fonda la congrégation de l'Oratoire. Véritable créateur de l'École française de spiritualité, il fit connaître en France les mystiques étrangers.

BERWICK (James **Stuart Fitz-James** ou en fr. **Jacques Stuart,** *duc* de) [Moulins 1670 - Philippsburg 1734]. Fils naturel de Jacques II, roi d'Angleterre, il ne parvint pas à rétablir son père sur le trône (1689) et entra au service de Louis XIV. Maréchal de France (1706), il remporta en Espagne la victoire d'Almansa (1707).

BERZÉ-LA-VILLE (71960), comm. de Saône-et-Loire ; 516 h. Chapelle d'un anc. prieuré clunisien (peintures murales romanes).

BERZELIUS (Jöns Jacob, *baron*), chimiste suédois (Väversunda, Sörgård, 1779 - Stockholm 1848), un des créateurs de la chimie moderne. Il institua la notation chimique par symboles, détermina les équivalents d'un grand nombre d'éléments, isola le sélénium et étudia la catalyse et l'isomérie.

BESANÇON (25000), ch.-l. de la Région Franche-Comté et du dép. du Doubs, sur le Doubs, en bordure du Jura, à 393 km au sud-est de Paris ; 119 194 h. *(Bisontins).* Archevêché, académie et université, cour d'appel. Centre de

Pierre de **Bérulle** (Philippe de Champaigne - coll. priv.)

Berzelius (J. Way - Académie royale des sciences, Stockholm)

l'industrie horlogère. Textile. — Cathédrale romane et gothique. Édifices de la Renaissance (palais Granvelle : Musée historique) et des XVIIe-XVIIIe s. Citadelle de Vauban (Musée populaire comtois). Musée des beaux-arts et d'archéologie.

BESKIDES, chaîne du nord-ouest des Carpates (Slovaquie et Pologne).

BESKRA, anc. **Biskra,** v. d'Algérie, ch.-l. de wilaya, en bordure de l'Aurès ; 91 000 h. Oasis. Tourisme.

BESNARD [bɛnar] (Albert), peintre français (Paris 1849 - *id.* 1934). Il est l'auteur de grandes compositions (plafond du Théâtre-Français) et de portraits. (Acad. fr.)

BESSANCOURT (95550), comm. du Val-d'Oise ; 7 107 h.

BESSANS (73480), comm. de la Savoie, sur l'Arc ; 306 h. Sports d'hiver (alt. 1 750-2 400 m). Peintures murales (XVe s.) et sculptures sur bois dans la chapelle St-Antoine.

BESSARABIE, région située entre le Prout et le Dniestr, auj. partagée entre la Moldavie et l'Ukraine. Elle fut annexée successivement par l'Empire ottoman (1538), l'Empire russe (1812), la Roumanie (1918), puis par l'U.R.S.S. (1940).

BESSARION (Jean), humaniste byzantin (Trébizonde 1403 - Ravenne 1472), cardinal, partisan de l'Union des Églises et l'un des promoteurs de la renaissance de l'hellénisme en Occident.

BESSE-ET-SAINT-ANASTAISE (63610), ch.-l. de c. du Puy-de-Dôme, dans les monts Dore ; 1 879 h. *(Bessois).* Sports d'hiver (1 350-1 850 m) à *Superbesse.* Église à nef romane.

BESSÈGES (30160), ch.-l. de c. du Gard, sur la Cèze ; 3 663 h. Métallurgie.

BESSEL (Friedrich Wilhelm), astronome allemand (Minden 1784 - Königsberg 1846). Il effectua en 1838 la première mesure précise d'une distance stellaire et donna un essor considérable à l'astrométrie.

BESSEMER (*sir* Henry), industriel et métallurgiste britannique (Charlton, Hertfordshire, 1813 - Londres 1898), inventeur d'un procédé pour la transformation de la fonte en acier (1855) par insufflation d'air sous pression dans un appareil à revêtement intérieur spécial.

BESSE-SUR-ISSOLE (83890), ch.-l. de c. du Var ; 1 345 h.

BESSIÈRES (Jean-Baptiste), *duc d'* **Istrie,** maréchal de France (Prayssac, près de Cahors, 1768 - Rippach 1813). Commandant la cavalerie de la Garde (1809-1812), il fut tué la veille de la bataille de Lützen.

BESSIN, région herbagère de la Normandie, dans le Calvados. (Hab. *Bessins.*)

BESSINES-SUR-GARTEMPE (87250), ch.-l. de c. de la Haute-Vienne ; 3 023 h.

BETANCOURT (Rómulo), homme politique vénézuélien (Guatire 1908 - New York 1981), président de la République de 1959 à 1964.

BÉTHANIE. *Géogr. anc.* Bourg proche de Jérusalem (auj. *al-'Azarīyya*), demeure de Marthe, Marie et Lazare.

BETHE (Hans Albrecht), physicien américain d'origine allemande (Strasbourg 1906). Il a découvert, en 1938, le cycle de transformations thermonucléaires pouvant expliquer l'origine de l'énergie du Soleil et des étoiles. (Prix Nobel 1967.)

BÉTHENCOURT (Jean **de**), navigateur normand (Grainville-la-Teinturière v. 1360 - *id.* 1425), colonisateur des Canaries.

BETHENOD (Joseph), électrotechnicien français (Lyon 1883 - Paris 1944), auteur de travaux sur les transformateurs et les alternateurs et d'inventions relatives à la radiotélégraphie.

BÉTHENY (51450), comm. de la Marne, près de Reims ; 6 504 h. Caoutchouc.

BETHLÉEM, en ar. **Bayt Laḥm,** v. de Cisjordanie, au sud de Jérusalem (24 100 h.), patrie de David et lieu de naissance traditionnel de Jésus.

BETHLEHEM, v. des États-Unis (Pennsylvanie) ; 71 428 h. Centre sidérurgique.

BETHLEN (Gabriel ou Gábor) [Illye 1580 - Gyulafehérvár 1629], prince de Transylvanie (1613-1629). Il intervint dans la guerre de Trente Ans aux côtés des puissances protestantes.

BETHMANN-HOLLWEG (Theobald **von**), homme politique allemand (Hohenfinow, Brandebourg, 1856 - *id.* 1921), chancelier de l'Empire allemand (1909-1917).

BÉTHONCOURT (25200), comm. du Doubs ; 7 485 h.

BETHSABÉE, mère de Salomon. David en tomba amoureux après l'avoir vue en train de se baigner et, pour l'épouser, envoya son mari Urie se faire tuer au combat.

BÉTHUNE (62400), ch.-l. d'arr. du Pas-de-Calais ; 25 261 h. *(Béthunois).* Constructions mécaniques. Pneumatiques. Beffroi du XIVe s.

BÉTIQUE, anc. prov. romaine d'Espagne, qui correspondait à l'actuelle *Andalousie.*

BÉTIQUES *(chaînes* ou *cordillères),* massif de l'Espagne méridionale ; 3 478 m au Mulhacén, dans la sierra Nevada.

BETSILÉO, peuple de langue malgache vivant sur le plateau central de Madagascar.

BETTELHEIM (Bruno), psychanalyste américain d'origine autrichienne (Vienne 1903 - Silver Spring, Maryland, 1990). Il s'est consacré au traitement des psychoses infantiles (*la Forteresse vide,* 1967) et intéressé aux problèmes de l'enfance.

BETTELHEIM (Charles Oscar), économiste français (Paris 1913). Marxiste, il a montré l'écart entre le mode théorique de production socialiste et la réalité soviétique (*les Luttes de classe en U. R. S. S.,* 1974-1982).

BETTEMBOURG, v. du Luxembourg, sur l'Alzette ; 8 010 h. Métallurgie.

BETTIGNIES (Louise **de**), héroïne française (près de Saint-Amand-les-Eaux 1880 - Cologne 1918). Créatrice d'un service de renseignements, elle fut arrêtée par les Allemands (1915) et mourut en captivité.

BETTON (35830), ch.-l. de c. d'Ille-et-Vilaine, près de Rennes ; 7 045 h.

BEUVRAGES (59192), comm. du Nord ; 8 057 h.

BEUVRON (le), riv. de Sologne, affl. de la Loire (r. g.) ; 125 km.

BEUVRY (62660), comm. du Pas-de-Calais ; 8 785 h. Métallurgie.

Besançon : la vieille ville, dans un méandre du Doubs.

BEUYS (Joseph), artiste allemand (Clèves 1921 - Düsseldorf 1986). Protagoniste majeur de l'avant-garde, il a fait appel à des matériaux (feutre, graisse, etc.) et à des modes d'expression (interventions, environnements-actions) non traditionnels.

BEUZEVILLE (27210), ch.-l. de c. de l'Eure, dans le Lieuvin ; 2 727 h.

BEVAN (Aneurin), homme politique britannique (Tredegar 1897 - Asheridge Farm 1960), l'un des chefs du parti travailliste.

BEVELAND *(îles),* anc. îles des Pays-Bas (Zélande), auj. reliées au continent.

BEVEREN, comm. de Belgique (Flandre-Orientale) ; 42 627 h. Église des XIIe et XVe s.

BEVERIDGE (*lord* William Henry), économiste et administrateur britannique (Rangpur, Bengale, 1879 - Oxford 1963). Il fut l'auteur d'un plan de sécurité sociale (1942) et de travaux sur le « plein emploi » de la main-d'œuvre (1944).

BEVIN (Ernest), homme politique britannique (Winsford 1881 - Londres 1951). Syndicaliste, travailliste, ministre du Travail (1940-1945), il fut secrétaire d'État aux Affaires étrangères (1945-1951).

BEX [bɛ], comm. de Suisse (Vaud) ; 5 727 h. Station thermale.

BEYLE (Henri) → ***Stendhal.***

BEYNAT (19190), ch.-l. de c. de la Corrèze ; 1 074 h.

BEYNES (78650), comm. des Yvelines ; 8 341 h. Stockage souterrain de gaz.

BEYROUTH [bɛrut], en ar. **Bayrūt,** cap. du Liban, sur la Méditerranée ; 1 100 000 h. (musulmans et chrétiens). Important musée archéologique. La ville a été ravagée, de 1975 à 1990, par les divers conflits qui ont affecté le Liban.

Beyrouth : un aspect de la ville dévastée par la guerre.

BÈZE (Théodore **de**), écrivain et théologien protestant (Vézelay 1519 - Genève 1605). Principal lieutenant de Calvin, il dirigea une *Histoire ecclésiastique des Églises réformées du royaume de France* (1580) et fut un des initiateurs de la tragédie humaniste avec *Abraham sacrifiant* (1550).

BÉZIERS [-zje] (34500), ch.-l. d'arr. de l'Hérault, sur l'Orb et le canal du Midi ; 72 362 h. *(Biterrois).* Marché viticole. Constructions mécaniques. Anc. cathédrale fortifiée (XIIe-XIVe s.). Pendant la guerre des albigeois, la ville fut saccagée par les croisés (1209).

Beznau, centrale nucléaire de Suisse (Argovie), sur l'Aar.

BEZONS (95870), ch.-l. de c. du Val-d'Oise, sur la Seine ; 25 792 h. Métallurgie. Chimie. Agroalimentaire.

BÉZOUT (Étienne), mathématicien français (Nemours 1730 - Les Basses-Loges, près de Fontainebleau, 1783), auteur d'une théorie générale des équations algébriques.

BEZWADA → ***Vijayavada.***

BHĀDGĀUN, BHATGAON ou **BHAKTAPUR,** v. du Népal ; 84 000 h. Anc. cité fondée au IXe s., et cap. (XIIe-XVe s.) de la dynastie Malla. Monuments du XVe au XVIIe s.

BHADRĀVATI, v. de l'Inde (Karnātaka) ; 149 131 h. Métallurgie.

BHĀGALPUR, v. de l'Inde (Bihār), sur le Gange ; 261 855 h.

BHĀJĀ, site de l'Inde (Bengale-Occidental), sanctuaires *(caitya)* et monastères *(vihara)* rupestres dont l'un du IIe s. av. J.-C.

BHĀRAT, nom hindi de l'*Inde.*

BHĀRHUT, site archéologique de l'Inde (Madhya Pradesh). Vestiges d'un stupa dont l'archaïque décor sculpté (musée de Calcutta) annonce le style de Sāñcī.

BHARTRIHARI, poète et grammairien indien d'expression sanskrite du VIIe s.

BHATGAON → ***Bhādgāun.***

BHATPARA, v. de l'Inde (Bengale-Occidental) ; 205 000 h.

BHAVABHŪTI, auteur dramatique indien d'expression sanskrite (VIIe-VIIIe s.).

BHAVNAGAR, port de l'Inde (Gujerat), dans la presqu'île de Kāthiāwār ; 403 521 h.

BHILAINAGAR → ***Durg-Bhilainagar.***

BHOPĀL, v. de l'Inde, cap. du Madhya Pradesh ; 1 063 662 h. Une fuite de gaz toxique a provoqué la mort de plus de 2 000 personnes en 1984.

BHOUTAN ou **BHUTĀN,** État d'Asie, sur la bordure de l'Himalaya ; 47 000 km^2 ; 1 400 000 h. CAP. *Thimbu.* LANGUE : *tibétain.* MONNAIES : *ngultrum* et *roupie* (indienne). Ce royaume, vassal de l'Inde en 1865, soumis d'abord à un semi-protectorat britannique (1910) puis indien (1949), est indépendant depuis 1971. Il est en majeure partie couvert par la forêt. (V. carte ***Himalaya.***)

BHUBANESWAR, v. de l'Inde, cap. de l'Orissa ; 411 542 h. Centre sivaïte depuis le Ve s. Nombreux temples de type sikhara, à la riche décoration sculptée, dont le plus parfait est le Liṅgarāja (XIe s.).

Bhubaneswar : le temple Mukteśwara (Xe s.).

BHUMIBOL ADULYADEJ (Cambridge, Massachusetts, 1927), roi de Thaïlande depuis 1950 sous le nom de Rāma IX.

BHUTTO (Zulfikar Ali), homme politique pakistanais (Larkana 1928 - Rāwalpindī 1979). Président de la République (1971-1973), puis Premier ministre jusqu'en 1977, il fut renversé et exécuté par le général Zia ul-Haq. — Sa fille **Benazir** (Karāchi 1953), première femme chef de gouvernement dans un pays musulman, est Premier ministre de 1988 à 1990, puis à nouveau depuis 1993.

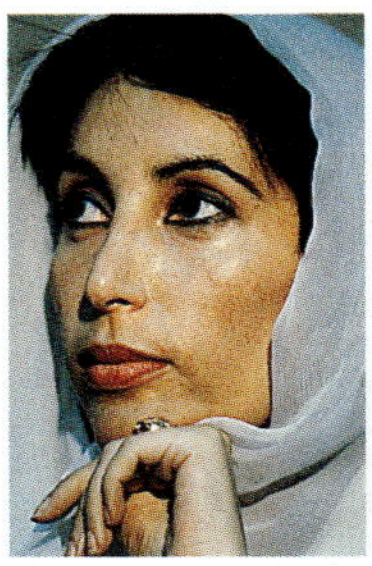

Benazir **Bhutto**

Xavier **Bichat** (hôpital Bichat, Paris)

BIACHE-SAINT-VAAST (62118), comm. du Pas-de-Calais ; 4 000 h. Métallurgie. Cimenterie. Gisement préhistorique du paléolithique moyen (prénéandertalien daté de 170 000 ans).

BIAFRA *(République du),* nom que prit la région sud-est du Nigeria, peuplée majoritairement d'Ibo, lorsqu'elle se plaça en état de sécession armée de 1967 à 1970.

BIALIK (Hayim Nahman), poète d'expression hébraïque (Rady, Ukraine, 1873 - Vienne 1934). Il exerça une influence profonde sur le mouvement sioniste (*le Rouleau de feu,* 1905).

BIAŁYSTOK, v. du nord-est de la Pologne, ch.-l. de voïévodie ; 273 300 h.

BIARRITZ [-rits] (64200), ch.-l. de c. des Pyrénées-Atlantiques, sur le golfe de Gascogne ; 28 887 h. *(Biarrots).* Station balnéaire et climatique.

BIBANS *(chaîne des),* massif d'Algérie, au sud de la Grande Kabylie, percé par le défilé des *Portes de fer ;* 1 735 m.

BIBER ou **VON BIBERN** (Heinrich), violoniste et compositeur autrichien (Wartenberg 1644 - Salzbourg 1704), auteur de sonates pour violon.

BIBIENA, surnom des **Galli,** famille d'architectes scénographes et de graveurs bolonais (fin XVIIe et XVIIIe s.), tous virtuoses du décor monumental imaginaire.

Bible, recueil des livres saints juifs et chrétiens, constitué par l'Ancien Testament et par le Nouveau Testament. L'Ancien Testament, dont la langue est l'hébreu, sauf quelques textes en araméen et en grec, a été achevé au Ier s. av. J.-C. Il comprend les écrits relatifs à l'histoire et à la religion du peuple juif. Le Nouveau Testament concerne la révélation chrétienne et les origines de l'Église ; il a été écrit en grec. Au IVe s., saint Jérôme a donné une traduction latine des deux Testaments, *la Vulgate,* qui est devenue la version officielle de l'Église d'Occident.

Bibliothèque nationale de France (B. N. F.), établissement public créé en 1994 pour succéder aux établissements publics de la Bibliothèque nationale (B. N.), créé en 1926, et de la Bibliothèque de France (B. D. F.), créé en 1989. La B. N., située à Paris (IIe arr.), dont l'origine remonte à Charles V, conserve l'ensemble des imprimés (livres et périodiques), estampes, cartes, médailles, etc., parus en France. La B. D. F. (XIIIe arr. ; architecte : Dominique Perrault), doit ouvrir au public en 1996.

BIBRACTE, v. de Gaule, cap. et oppidum des Éduens sur le mont Beuvray. Temple, habitations, etc., ont livré de nombreux objets (musée d'Autun).

BICÊTRE, localité du Val-de-Marne (comm. du Kremlin-Bicêtre). Hôpital pluridisciplinaire (en partie du XVIIe et du XVIIIe s.).

BICHAT (Xavier), anatomiste et physiologiste français (Thoirette, Jura, 1771 - Paris 1802). Il fonda l'« anatomie générale » et contribua au développement de l'histologie.

BICHKEK, de 1925 à 1991 **Frounze,** cap. du Kirghizistan ; 616 000 h. Constructions mécaniques.

BICKFORD (William), ingénieur britannique (Bickington, Devon, 1774 - Camborne, Cornwall, 1834), inventeur de la mèche de sûreté pour mineurs (1831).

BIDACHE (64520), ch.-l. de c. des Pyrénées-Atlantiques ; 1 048 h. Anc. principauté appartenant aux Gramont. (Ruines de leur château, XVe-XVIe s.)

BIDART (64210), comm. des Pyrénées-Atlantiques ; 4 134 h. Station balnéaire.

BIDASSOA (la), fl. qui sépare pendant 12 km la France de l'Espagne et se jette dans le golfe de Gascogne ; 70 km.

BIDAULT (Georges), homme politique français (Moulins 1899 - Cambo-les-Bains 1983). Président du Conseil national de la Résistance et l'un des fondateurs du M. R. P., il fut président du Conseil et ministre des Affaires étrangères sous la IVe République. Opposé à la politique algérienne du général de Gaulle, il s'exila de 1962 à 1968.

La Bible

Sauf mention spéciale (cath., prot.), les livres cités sont acceptés dans les trois canons (juif, catholique, protestant) pour l'Ancien Testament, dans les canons catholique et protestant pour le Nouveau Testament.

Ancien Testament

Pentateuque (ou Torah) :
- Genèse
- Exode
- Lévitique
- Nombres
- Deutéronome

Livres historiques (premiers prophètes) :
- Josué
- Juges
- I et II Samuel
- I et II Rois
- I et II Chroniques
- Esdras
- Néhémie
- I et II Maccabées (cath.)

Livres prophétiques (derniers prophètes) :
- Isaïe
- Jérémie
- Lamentations (cath., prot.)
- Baruch (cath.)
- Ezéchiel
- Daniel (cath., prot.)
- Osée
- Joël
- Amos
- Abdias
- Jonas
- Michée
- Nahum
- Habacuc
- Sophonie
- Aggée
- Zacharie
- Malachie

Livres poétiques et sapientiaux (ou hagiographes) :
- Psaumes
- Proverbes
- Job
- Cantique des cantiques
- Ecclésiaste
- Sagesse (cath.)
- Ecclésiastique (cath.)
- Tobie (cath.)
- Judith (cath.)
- Esther
- Ruth

Nouveau Testament

Évangiles
- Matthieu
- Marc
- Luc
- Jean

Actes des Apôtres

Épîtres de saint Paul
- aux Romains
- I et II aux Corinthiens
- aux Galates
- aux Éphésiens
- aux Philippiens
- aux Colossiens
- I et II aux Thessaloniciens
- I et II à Timothée
- à Tite
- à Philémon
- aux Hébreux

Épîtres « catholiques »
- de saint Jacques
- I et II de saint Pierre
- I, II et III de saint Jean
- de saint Jude

Livre prophétique :
- Apocalypse de saint Jean

BIDOS (64400), comm. des Pyrénées-Atlantiques ; 1 324 h. Industrie aéronautique.

BIDPĀI ou **PILPAY,** brahmane hindou (IIIe s. ?) qui aurait rédigé en sanskrit un recueil d'apologues dont s'inspira La Fontaine.

Biedermeier (de Bieder[mann] et [Bummel]meier, personnages littéraires), nom donné au style de la peinture et des arts décoratifs s'adressant aux classes moyennes, en Allemagne et en Autriche, dans les années 1815-1848.

BIELEFELD, v. d'Allemagne (Rhénanie-du-Nord-Westphalie) ; 315 096 h. Métallurgie.

BIELGOROD → ***Belgorod.***

BIELINSKI → ***Belinski.***

BIELLA, v. d'Italie (Piémont) ; 48 277 h. Centre lainier. Cathédrale gothique, avec baptistère préroman.

BIÉLORUSSIE, en biélorusse **Bélarus,** anc. **Russie Blanche,** État de l'Europe orientale, en bordure de la Pologne ; 208 000 km² ; 10 200 000 h. *(Biélorusses).* CAP. *Minsk.* LANGUES : *biélorusse* et *russe.* MONNAIE : *rouble.*

GÉOGRAPHIE

Peuplé à près de 80 % de Biélorusses de souche, c'est un pays au relief peu contrasté, au climat frais et humide, en partie boisé. L'élevage (bovins et porcins) est souvent associé aux cultures (pommes de terre, betterave). L'industrie souffre de la pauvreté du sous-sol.

HISTOIRE

IXe-XIIe s. : la région, peuplée de Slaves orientaux, fait partie de la Russie kiévienne. XIIIe-XIVe s. : elle est intégrée dans le grand-duché de Lituanie, uni à la Pologne à partir de 1385. XIVe-XVIIe s. : la différenciation entre les trois branches de Slaves orientaux, Biélorusses, Russes et Ukrainiens, se précise. L'influence polonaise devient prépondérante. 1772-1793 : les partages de la Pologne donnent la Biélorussie à l'Empire russe. 1919 : une république socialiste soviétique (R. S. S.) de Biélorussie, indépendante, est proclamée. 1921 : la partie occidentale de la Biélorussie est rattachée à la Pologne. 1922 : la R. S. S. de Biélorussie adhère à l'U.R.S.S. 1939 : la Biélorussie occidentale lui est rattachée. 1945 : la R. S. S. de Biélorussie devient membre de l'O. N. U. 1991 : le Soviet suprême proclame l'indépendance du pays (août), qui adhère à la C.E.I. 1994 : la Biélorussie se dote d'un régime présidentiel et s'engage sur la voie d'un rapprochement de plus en plus marqué avec la Russie.

BIELOVO → ***Belovo.***

BIELSKO-BIAŁA v. de Pologne, en Silésie, ch.-l. de voïévodie ; 184 400 h.

BIELYÏ (Andreï) → ***Belyï.***

BIENAYMÉ (Jules), statisticien français (Paris 1796 - *id.* 1878).

BIENNE (la), riv. du Jura français, affl. de l'Ain (r. g.), qui passe à Saint-Claude ; 55 km.

BIENNE, en all. **Biel,** v. de Suisse (Berne), sur le *lac de Bienne* (40 km²), qui communique avec le lac de Neuchâtel par la Thièle ; 51 893 h. Horlogerie. Noyau médiéval sur une hauteur.

Bien public *(ligue du),* coalition féodale dirigée contre le gouvernement autoritaire de Louis XI, dissoute après la bataille de Montlhéry (1465).

BIENVENÜE [-ny] (Fulgence), ingénieur français (Uzel 1852 - Paris 1936). Il conçut (1896) puis dirigea la réalisation du métro de Paris.

BIERUT (Bolesław), homme politique polonais (près de Lublin 1892 - Moscou 1956). Président de la République depuis 1945 et premier secrétaire du P.O.U.P. (1948-1956), il aligna son pays sur le modèle soviétique.

BIÈVRES (91570), ch.-l. de c. de l'Essonne ; 4 308 h. Musée français de la photographie.

BIGANOS (33380), comm. de la Gironde, près du bassin d'Arcachon ; 5 922 h. (→ ***Facture.***)

BIGORRE (la), comté français réuni au Béarn en 1425 et qui suivit dès lors ses destinées. Cap. *Tarbes.* (Hab. *Bigourdans.*)

BIGOT DE PRÉAMENEU (Félix), jurisconsulte français (Rennes 1747 - Paris 1825), un des rédacteurs du Code civil. (Acad. fr.)

BIHĀR, État de l'Inde, dans le nord-est du Deccan et dans l'est de la plaine du Gange ; 174 000 km² ; 86 338 853 h. Cap. *Paṭnā.*

BIHOR ou **BIHAR** → ***Apuseni.***

BIHOREL (76420), comm. de la Seine-Maritime ; 9 380 h.

BIISK, v. de Russie, en Sibérie, sur l'Ob ; 233 000 h. Centre industriel.

BIJĀPUR, v. de l'Inde (Karnātaka) ; 193 038 h. Monuments des XVIe et XVIIe s., dont le Gol Gunbadh, célèbre mausolée du XVIIe s.

BĪKANER, v. de l'Inde (Rājasthān) ; 415 355 h. Textile. Forteresse du XVIe s. Musée.

BIKINI, îlot du Pacifique (îles Marshall). Théâtre, à partir de 1946, d'expérimentations nucléaires américaines.

BILASPUR, v. de l'Inde (Madhya Pradesh) ; 233 570 h.

BILBAO, v. d'Espagne, principale ville du Pays basque, ch.-l. de la Biscaye, port sur le Nervión canalisé ; 369 839 h. (plus de 800 000 h. avec les banlieues). Centre industriel. Musées.

BILDT (Carl), homme politique suédois (Halmstad 1949). Premier ministre de 1991 à 1994, il est investi en 1995 de missions de médiation (au nom de l'Union européenne) puis de contrôle des aspects civils du rétablissement de la paix dans l'ex-Yougoslavie.

Bild Zeitung, le plus important quotidien d'Allemagne par son tirage, créé en 1952 par A. Springer.

BILL (Max), architecte, designer, peintre et sculpteur suisse (Winterthur 1908 - Berlin 1994), pionnier d'une abstraction rationnelle (art *concret*) et de la synthèse des arts.

BILLAUD-VARENNE (Jean Nicolas), révolutionnaire français (La Rochelle 1756 - Port-au-Prince 1819). Membre du Comité de salut public (1793), il fut d'abord partisan de Robespierre, puis se retourna contre lui au 9-Thermidor. Adversaire de la réaction qui suivit, il fut déporté à Cayenne (1795).

BILLÈRE (64140), ch.-l. de c. des Pyrénées-Atlantiques ; 12 766 h. Constructions électriques.

BILLITON → ***Belitung.***

BILLOM [bijɔ] (63160), ch.-l. de c. du Puy-de-Dôme ; 4 007 h. Église avec chœur roman.

BILLY-MONTIGNY (62420), comm. du Pas-de-Calais ; 8 149 h.

BILZEN, comm. de Belgique (Limbourg) ; 27 315 h. Église gothique.

BINCHE, v. de Belgique (Hainaut) ; 32 837 h. Carnaval. Musée international du Carnaval et du Masque.

BINCHOIS (Gilles), compositeur franco-flamand (Mons v. 1400 - Soignies 1460), auteur de chansons et de motets polyphoniques.

BIN EL-OUIDANE, v. du Maroc, sur l'oued el-Abid ; 8 000 h. Barrage.

BINET (Alfred), psychologue français (Nice 1857 - Paris 1911). Il a fondé la psychologie expérimentale en France et créé la méthode des tests de niveau intellectuel *(échelle de Binet-Simon).*

BINET (Léon), médecin et physiologiste français (Saint-Martin, Seine-et-Marne, 1891 - Paris 1971). Il a étudié différents procédés de réanimation et la physiologie du poumon.

BINGER (Louis Gustave), officier français (Strasbourg 1856 - L'Isle-Adam 1936). Il explora la boucle du Niger (1887-1889) et la Côte d'Ivoire, dont il fut gouverneur (1893-1897).

BINGHAM CANYON, localité des États-Unis (Utah) ; 2 000 h. Extraction du cuivre.

BINIC (22520), comm. des Côtes-d'Armor ; 2 818 h. Station balnéaire.

BIOKO ou **BIOCO,** anc. **Fernando Poo,** île de la Guinée équatoriale ; 2 017 km² ; 100 000 h. V. pr. *Malabo.*

BIOT (06410), comm. des Alpes-Maritimes ; 5 584 h. Poterie. Verrerie. Cultures florales. Musée Fernand-Léger.

BIOT (Jean-Baptiste), physicien français (Paris 1774 - *id.* 1862), auteur de recherches sur l'électromagnétisme, la polarisation de la lumière, etc. (Acad. fr.)

BIOY CASARES (Adolfo), écrivain argentin (Buenos Aires 1914), auteur de récits fantastiques *(l'Invention de Morel).*

BIRAGUE (René **de**), prélat et homme d'État français (Milan 1506 - Paris 1583). Investi de la confiance de Catherine de Médicis, il lui inspira la Saint-Barthélemy, puis prôna une politique de réconciliation (paix de Beaulieu). Le priant de son tombeau, par G. Pilon, est au Louvre.

BIRĀTNAGAR, v. de l'est du Népal ; 94 000 h.

B.I.R.D., sigle de Banque internationale pour la reconstruction et le développement. (→ ***Banque mondiale.***)

BIR HAKEIM, localité de Libye. Les Français de Kœnig y résistèrent en 1942 aux Allemands et aux Italiens, puis réussirent à rejoindre les lignes britanniques.

BIRKENAU, en polon. **Brzezinka,** localité de Pologne, près d'Auschwitz. Camp de concentration allemand. (→ ***Auschwitz.***)

BIRKENHEAD, v. de Grande-Bretagne, sur l'estuaire de la Mersey ; 280 000 h.

BIRKHOFF (George David), mathématicien américain (Overisel, Michigan, 1884 - Cambridge, Massachusetts, 1944). Il s'est particulièrement intéressé à l'analyse et au problème des trois corps.

BIRMANIE, en birman **Myanmar,** en angl. **Burma,** État de l'Indochine occidentale, groupant en une fédération l'anc. colonie anglaise de Birmanie et sept États « périphériques » peuplés de minorités ethniques (20 % au total de la population) ; 678 000 km² ; 43 500 000 h. *(Birmans).* CAP. *Rangoon.* LANGUE : *birman.* MONNAIE : *kyat.*

GÉOGRAPHIE

Située dans le domaine de la mousson, la Birmanie est un pays presque exclusivement agricole, notable producteur de riz ; la culture en est répandue surtout dans le delta de l'Irrawaddy, au débouché de la grande dépression centrale, qui est le cœur du pays. Les autres cultures, vivrières ou commerciales (coton, arachide, thé, hévéa), sont secondaires. L'exploitation de la forêt (teck, bambou) est la principale ressource (avec l'opium) des régions du pourtour, montagneuses, entaillées par les vallées de la Chindwin, de l'Irrawaddy et de la Salouen.

HISTOIRE

Les royaumes des Thaïs (Chan), des Môn et des Birmans. 832 : la civilisation très ancienne des Pyu disparaît sous les coups de tribus thaïes. IXᵉ s. : les Môn instaurent en Basse-Birmanie le royaume de Pegu et les Birmans venant du Nord-Est atteignent la Birmanie centrale. XIᵉ s. : ils y constituent un État autour de Pagan (fondée en 849) qui succombe sous les coups des Sino-Mongols puis des Chan (1287-1299). 1347-1752 : les Birmans recréent un royaume dont la capitale est Toungoo. 1539-1541 : ils conquièrent le territoire môn et contrôlent après 1555 la région que gouvernait depuis 1364 la dynastie chan d'Ava. 1752 : les Môn s'emparent d'Ava et mettent fin au royaume de Toungoo. 1752-1760 : Alaungpaya reconstitue l'Empire birman. 1816-1824 : celui-ci s'agrandit du Manipur et de l'Assam, que les Britanniques lui reprennent en 1826. 1852-1855 : ces derniers conquièrent Pegu et annexent la Birmanie à l'empire des Indes. 1942-1948 : envahie par les Japonais (1942), reconquise par les Alliés en 1944-45, la Birmanie accède à l'indépendance (1948).

La Birmanie indépendante. 1948-1962 : U Nu, Premier ministre de l'Union birmane (1948-1958 ; 1960-1962), est confronté à la guerre civile déclenchée par les communistes et à la rébellion des Karen (1949-1955). 1962 : le général Ne Win prend le pouvoir, met en place un parti unique et engage le pays dans la construction du socialisme. Mais les rébellions ethniques reprennent et les tensions entre les minorités hindouiste, musulmane, chrétienne et la majorité bouddhiste demeurent. 1981 : Ne Win est remplacé par le général San Yu à la tête de l'État mais conserve la réalité du pouvoir. 1988 : Ne Win et San Yu démissionnent de leurs fonctions ; l'opposition au pouvoir militaire s'étend et réclame la démocratisation du régime. 1990 : l'opposition remporte les élections mais les militaires gardent le pouvoir. 1992 : la junte au pouvoir est condamnée à l'unanimité par l'O.N.U. pour sa politique répressive. 1995 : une décrispation s'amorce avec la libération d'Aung San Suu Kyi, leader de l'opposition.

Birmanie *(route de),* route reliant Rangoon à Kunming (Yunnan), construite en 1938. Elle permit aux Alliés de ravitailler la Chine (1943-1945).

BIRMINGHAM, v. de Grande-Bretagne, dans les Midlands ; 934 900 h. (2 500 400 dans l'agglomération). Centre métallurgique. Située au cœur du *Pays Noir,* la ville fut, aux XVIIIᵉ et XIXᵉ s., l'un des principaux centres autour desquels se développa l'industrie britannique. Musées.

BIRMINGHAM, v. des États-Unis (Alabama) ; 265 968 h. Métallurgie.

BIROBIDJAN, v. de Russie, ch.-l. de la région autonome des Juifs (l'anc. *Birobidjan*), à l'ouest de Khabarovsk ; 82 000 h.

BIRON, famille française dont le berceau fut le château de Biron (Dordogne). Ses membres les plus remarquables sont : — **Armand de Gontaut** (*baron* **de Biron**), maréchal de France (v. 1524 - Épernay 1592), qui mourut en combattant aux côtés d'Henri IV contre les Ligueurs. — **Charles,** son fils, *duc* **de Biron** (1562 - Paris 1602), qui défendit d'abord la cause d'Henri IV, puis complota avec le duc de Savoie et l'Espagne contre la France et fut décapité.

BIRSMATTEN, site préhistorique de Suisse, proche de Nenzlingen (canton de Berne). Important gisement épipaléolithique.

BĪRŪNĪ (al-), écrivain et savant arabe d'origine iranienne (Kāth, Khārezm, 973 - Ghazni ? apr. 1050). Historien, mathématicien, médecin et astronome, il a laissé de nombreux traités scientifiques, une *Histoire de l'Inde* et une *Chronologie des anciens peuples.*

BISAYAN → ***Visaya.***

BISCARROSSE (40600), comm. des Landes, près du *lac* ou *étang de Biscarrosse et de Parentis ;* 9 847 h. Station balnéaire à *Biscarrosse-Plage.* Base militaire du Centre d'essais des Landes. Musée de l'Hydraviation.

BISCAYE [-kaj], en esp. **Vizcaya,** l'une des prov. basques d'Espagne ; 1 153 515 h. Ch.-l. *Bilbao.*

BISCHHEIM (67800), ch.-l. de c. du Bas-Rhin ; 16 346 h.

BISCHWILLER (67240), ch.-l. de c. du Bas-Rhin ; 11 092 h. Textile.

BISKRA → ***Beskra.***

BISMARCK *(archipel),* archipel de la Mélanésie, au nord-est de la Nouvelle-Guinée. L'île principale est la Nouvelle-Bretagne. Anc. colonie allemande, auj. partie de la Papouasie-Nouvelle-Guinée.

BISMARCK (Otto, *prince* **von),** homme d'État prussien (Schönhausen 1815 - Friedrichsruh 1898). Appelé à la présidence du Conseil de Prusse par Guillaume Iᵉʳ (1862), il réalise l'unité allemande au profit de la Prusse de 1864 à 1871. Après avoir battu l'Autriche à Sadowa (1866), il crée la Confédération de l'Allemagne du Nord. Puis, à l'issue de la guerre franco-allemande (1870-71) qui se solde par l'annexion de l'Alsace-Lorraine, il fait proclamer l'Empire allemand, à Versailles, le 18 janv. 1871. Devenu chancelier du Reich, il pratique une politique autoritaire, engageant contre les catholiques le *Kulturkampf* (1871-1878) et luttant contre les sociaux-démocrates par la répression et l'adoption d'une législation sociale avancée. Devant renoncer à l'alliance des Trois Empereurs (Allemagne, Autriche, Russie), il conclut avec l'Italie et l'Autriche la Triplice (1882). Il quitte le pouvoir peu après l'avènement de Guillaume II (1890).

BISSAGOS *(îles)*, archipel de la Guinée-Bissau.

BISSAU, cap. de la Guinée-Bissau ; 110 000 h. Aéroport.

BISSIÈRE (Roger), peintre français (Villeréal 1886 - Boissiérette, Lot, 1964). Il a évolué d'un cubisme modéré à une non-figuration sensible et intime.

BISSING (Moritz **von**), général allemand (Bellmannsdorf 1844 - Bruxelles 1917), gouverneur de la Belgique occupée, de 1914 à 1917.

B. I. T., sigle de Bureau international du travail → ***Organisation internationale du travail***.

BITCHE (57230), ch.-l. de c. de la Moselle ; 7 338 h. Camp militaire.

BITHYNIE, région et royaume du nord-ouest de l'Asie Mineure, en bordure du Pont-Euxin et de la Propontide. Indépendante du IIIᵉ s. à l'an 75 av. J.-C., elle fut annexée par Rome.

BITOLA ou **BITOLJ,** anc. **Monastir,** v. de Macédoine ; 80 000 h. Victoire franco-serbe en 1916.

BITURIGES (« rois du monde »), peuple de la Gaule, dont les deux principaux groupes avaient pour centres, l'un, *Burdigala* (Bordeaux), l'autre, *Avaricum* (Bourges).

BIYA (Paul), homme politique camerounais (Mvomékoa 1933), président de la République depuis 1982.

BIZERTE, v. de Tunisie ; 63 000 h. Raffinage du pétrole. Base navale sur la Méditerranée au débouché du *lac de Bizerte,* utilisée par la France de 1882 à 1963.

BIZET (Georges), compositeur français (Paris 1838 - Bougival 1875). Il écrivit pour le théâtre lyrique des chefs-d'œuvre de vie et de pittoresque (*les Pêcheurs de perles,* 1863 ; *Carmen,* 1875).

BJØRNSON (Bjørnstjerne), écrivain norvégien (Kvikne 1832 - Paris 1910). L'un des plus grands auteurs dramatiques de son pays (*Une faillite,* 1875 ; *Au-delà des forces,* 1883-1895), il joua aussi un rôle important dans la séparation de la Norvège et de la Suède. (Prix Nobel 1903.)

BLACK (Joseph), physicien et chimiste écossais (Bordeaux 1728 - Édimbourg 1799). Il étudia le gaz carbonique et découvrit la magnésie. Il fut le premier à distinguer nettement température et quantité de chaleur.

Bismarck (photographie de Karl Hahn).

Georges **Bizet**

Bjørnson (Werenskiold - Nasjonalgalleriet, Oslo)

BLACKETT (Patrick), physicien britannique (Londres 1897 - *id.* 1974), spécialiste des rayons cosmiques. (Prix Nobel 1948.)

BLACKFOOT, peuple indien, parlant une langue algonquine, auj. dans le Montana.

Black Muslims (« musulmans noirs »), mouvement séparatiste noir nord-américain, fondé en 1930. Se réclamant de l'islam, il est hostile à l'intégration des Noirs dans la société américaine.

Black Panthers (« Panthères noires »), organisation paramilitaire formée en 1966, aux États-Unis, par des militants noirs révolutionnaires revendiquant le « pouvoir noir » *(black power).*

BLACKPOOL, v. de Grande-Bretagne, sur la mer d'Irlande ; 144 500 h. Station balnéaire.

BLACKSTONE (*sir* William), juriste britannique (Londres 1723 - *id.* 1780). Ses *Commentaries on the Laws of England* (1765-1769) vulgarisèrent le droit anglais et exercèrent une vive influence sur les idées constitutionnelles en Angleterre.

BLAGNAC (31700), comm. de la Haute-Garonne ; 17 249 h. *(Blagnacais).* Aéroport de Toulouse. Constructions aéronautiques.

BLAGOVECHTCHENSK, v. de Russie, à la frontière chinoise ; 206 000 h.

BLAIN (44130), ch.-l. de c. de la Loire-Atlantique ; 7 452 h. *(Blinois).* Château fort.

BLAINE (James Gillespie), homme politique américain (West Brownsville, Pennsylvanie, 1830 - Washington 1893). Secrétaire d'État sous Garfield puis sous Harrison, il mena une politique panaméricaine de 1889 à 1892.

BLAINVILLE (Henri **Ducrotay de**), naturaliste français (Arques 1777 - Paris 1850), élève de Cuvier, dont il combattit les idées.

BLAINVILLE-SUR-L'EAU (54360), comm. de Meurthe-et-Moselle ; 3 696 h. *(Blainvillois).* Gare de triage.

BLAINVILLE-SUR-ORNE (14550), comm. du Calvados ; 4 357 h. Véhicules utilitaires.

BLAIS (Marie-Claire), femme de lettres canadienne d'expression française (Québec 1939), critique désabusée des conformismes (*Une saison dans la vie d'Emmanuel, Sommeil d'hiver).*

BLAKE (Robert), amiral anglais (Bridgwater 1599 - au large de Plymouth 1657). Il commanda la flotte sous Cromwell, assurant à l'Angleterre la maîtrise de la Manche.

BLAKE (William), poète et peintre britannique (Londres 1757 - *id.* 1827). Auteur de poèmes lyriques et épiques (*Chants d'innocence,* 1789 ; *Chants d'expérience,* 1794), il fut l'un des meilleurs représentants de la première génération romantique.

BLÂMONT (54450), ch.-l. de c. de Meurthe-et-Moselle ; 1 348 h. *(Blâmontais).*

BLANC *(cap)*, cap d'Afrique, en Mauritanie.

BLANC *(mont)*, sommet le plus élevé des Alpes, en France (Haute-Savoie), près de la frontière italienne, dans le *massif du Mont-Blanc ;* 4 807 m. Il fut gravi pour la première fois en 1786 par le Dʳ Paccard et le guide Balmat. Tunnel routier entre Chamonix et Courmayeur (long. 11,6 km).

BLANC (Le) [36300], ch.-l. d'arr. de l'Indre, sur la Creuse ; 7 802 h. *(Blancois).* Confection.

BLANC (Louis), historien et homme politique français (Madrid 1811 - Cannes 1882). Gagné aux idées socialistes, il contribua par ses écrits (*Histoire de dix ans,* 1841-1844) à grossir l'opposition contre la monarchie de Juillet. Membre du Gouvernement provisoire en févr. 1848, il vit son projet d'ateliers sociaux échouer et dut s'exiler après les journées de Juin. Rentré en France en 1870, il fut député d'extrême gauche à l'Assemblée nationale.

BLANCHARD ou **BLANCHART** *(raz)*, détroit entre le cap de la Hague et Aurigny.

BLANCHARD (Jacques), peintre français (Paris 1600 - *id.* 1638), coloriste influencé par Titien (*Vénus et les Grâces surprises par un mortel,* Louvre).

BLANCHARD (Jean-Pierre), aéronaute français (Les Andelys 1753 - Paris 1809). Inventeur du parachute, il l'expérimenta avec des animaux ; il fut le premier à traverser la Manche en ballon (1785).

Le massif du **Mont-Blanc** vu de Sallanches (Haute-Savoie).

William **Blake :** *le Cercle de la luxure : Paolo et Francesca.* Aquarelle. (City Museum and Art Gallery, Birmingham.)

BLANCHARD (Raoul), géographe français (Orléans 1877 - Paris 1965), auteur de travaux sur les Alpes et sur le Canada.

Blanche *(autoroute),* autoroute menant de Genève vers Chamonix et le tunnel du Mont-Blanc.

BLANCHE *(mer),* mer formée par l'océan Arctique, au nord-ouest de la Russie.

BLANCHE *(vallée),* haute vallée du massif du Mont-Blanc, occupée par un glacier.

BLANCHE DE CASTILLE, reine de France (Palencia 1188 - Paris 1252), femme de Louis VIII et mère de Saint Louis. Elle fut régente à la mort de son mari (1226-1234) et pendant la septième croisade (1248-1252).

BLANCHOT (Maurice), écrivain français (Quain, Saône-et-Loire, 1907). Son œuvre critique établit les rapports entre l'activité créatrice et l'expérience de l'absence et du vide *(l'Espace littéraire, le Livre à venir).*

BLANC-MESNIL [-mɛ-] **(Le)** [93150], ch.-l. de c. de la Seine-Saint-Denis ; 47 093 h. *(Blancmesnilois).* Métallurgie. Chimie. Électronique.

BLANC-NEZ *(cap),* promontoire calcaire du Boulonnais, sur le pas de Calais.

BLANCO (Serge), joueur de rugby français (Caracas 1958), arrière offensif, recordman du nombre des essais marqués en équipe nationale.

BLANDINE *(sainte),* martyre à Lyon, elle fut livrée aux bêtes (177). Une lettre des chrétiens de Lyon relate son martyre.

BLANGY-SUR-BRESLE (76340), ch.-l. de c. de la Seine-Maritime ; 3 470 h. Verrerie.

BLANKENBERGE, comm. de Belgique (Flandre-Occidentale) ; 16 602 h. Station balnéaire.

BLANQUEFORT (33290), ch.-l. de c. de la Gironde ; 13 697 h. Vins. Industrie automobile et aéronautique.

BLANQUI (Adolphe), économiste français (Nice 1798 - Paris 1854). Il prônait le libéralisme.

BLANQUI (Louis Auguste), théoricien socialiste et homme politique français, frère du précédent (Puget-Théniers 1805 - Paris 1881). Affilié au carbonarisme (1824), chef de l'opposition républicaine puis socialiste après 1830, il fut un des dirigeants des manifestations ouvrières de févr. à mai 1848 et joua un rôle important dans la Commune. Ses idées, qui lui valurent de passer 36 années en prison, inspirèrent le syndicalisme révolutionnaire de la fin du siècle.

BLANTYRE, v. du Malawi ; 219 000 h.

BLANZY (71450), comm. de Saône-et-Loire, sur la Bourbince ; 7 763 h. *(Blanzynois).* Houille. Métallurgie. Chimie.

BLASCO IBÁÑEZ (Vicente), écrivain espagnol (Valence 1867 - Menton 1928), auteur de romans d'action et de mœurs *(Arènes sanglantes, les Quatre Cavaliers de l'Apocalypse).*

BLASIS (Carlo), danseur et chorégraphe italien (Naples 1795 - Cernobbio, près de Côme, 1878). Il fixa les règles de la danse (*Manuel complet de la danse,* 1828-1830).

Blaue Reiter *(Der),* en fr. **le Cavalier bleu,** mouvement artistique constitué à Munich (1911-1914) par Kandinsky, les peintres allemands Franz Marc (1880-1916) et August Macke (1887-1914), le peintre russe Alexei von Jawlensky (1864-1941), etc. Son registre esthétique se situait au confluent du fauvisme, de l'abstraction, d'une spontanéité lyrique et « primitiviste » et de l'expressionnisme. R. Delaunay et P. Klee, entre autres, participèrent aux expositions du mouvement (Munich, Berlin).

BLAVET (le), fl. de la Bretagne méridionale, dont l'estuaire forme, avec celui du Scorff, la rade de Lorient ; 140 km.

BLAVET (Michel), flûtiste et compositeur français (Besançon 1700 - Paris 1768), auteur de sonates et de concertos pour flûte.

BLAYAIS, région viticole du Bordelais (Gironde), à l'est de Blaye. Sur l'estuaire de la Gironde, centrale nucléaire.

BLAYE [blaj] (33390), ch.-l. d'arr. de la Gironde, sur la Gironde ; 4 413 h. *(Blayais).* Vins. Citadelle de Vauban.

BLENDECQUES (62570), comm. du Pas-de-Calais, sur l'Aa ; 5 229 h.

BLÉNEAU (89220), ch.-l. de c. de l'Yonne, sur le Loing ; 1 613 h. Église en partie du XIIe s.

Blenheim *(bataille de),* nom que les Anglais donnent à la bataille de Höchstädt (13 août 1704).

BLENKINSOP (John), ingénieur britannique (Leeds 1783 - *id.* 1831). Il construisit à partir de 1811 les premières locomotives qui aient effectué un service régulier dans les mines de houille.

BLÉNOD-LÈS-PONT-À-MOUSSON (54700), comm. de Meurthe-et-Moselle ; 4 779 h. Centrale thermique.

BLÉONE (la), affl. de la Durance (r. g.) ; 70 km.

BLÉRÉ (37150), ch.-l. de c. d'Indre-et-Loire, sur le Cher ; 4 414 h. Église des XIIe-XVe s.

BLÉRIOT (Louis), aviateur et constructeur d'avions français (Cambrai 1872 - Paris 1936). Il traversa, le premier, la Manche en avion, le 25 juillet 1909.

BLÉSOIS, région de France, autour de Blois.

BLETTERANS (39140), ch.-l. de c. du Jura ; 1 444 h.

BLEU *(fleuve)* → ***Yangzi Jiang.***

BLEULER (Eugen), psychiatre suisse (Zollikon, près de Zurich, 1857 - *id.* 1939), connu pour ses travaux sur la schizophrénie.

BLIDA → ***Boulaïda (El-).***

BLIER (Bernard), acteur français (Buenos Aires 1916 - Saint-Cloud 1989). Il débute au théâtre avant d'entamer au cinéma une carrière riche en rôles de composition : *Entrée des artistes* (M. Allégret, 1938), *Le jour se lève* (M. Carné, 1939). — Son fils **Bertrand,** cinéaste et romancier (Boulogne-Billancourt 1939), s'est imposé au cinéma avec *les Valseuses* (1974), *Buffet froid* (1979), *Tenue de soirée* (1986), *Trop belle pour toi* (1989), *Un, deux, trois, soleil* (1993).

BLIND RIVER, v. du Canada (Ontario), sur le lac Huron ; 3 355 h. Uranium.

BLIXEN (Karen), femme de lettres danoise (Rungsted 1885 - *id.* 1962), auteur de contes *(Sept Contes gothiques)* et de romans (*la Ferme africaine,* 1937).

Der Blaue Reiter : *Petit Cheval bleu* (1912), par Franz Marc. (Musée de la Sarre, Sarrebruck.)

Bloc des gauches ou **Bloc républicain,** groupement politique qui unit radicaux et socialistes français de 1899 à 1904.

BLOCH (Ernst), philosophe allemand (Ludwigshafen 1885 - Tübingen 1977). Formé au marxisme, il fut un important théoricien de l'utopie (*le Principe espérance,* 1954-1959).

BLOCH (Marc), historien français (Lyon 1886 - Saint-Didier-de-Formans, Ain, 1944), dont l'œuvre a exercé une influence décisive sur le renouvellement de la science historique. Auteur des *Rois thaumaturges* (1924) et des *Caractères originaux de l'histoire rurale française* (1931), il ouvrit l'histoire aux méthodes des autres sciences sociales et fonda, avec Lucien Febvre, les *Annales d'histoire économique et sociale* (1929). Il fut fusillé par les Allemands.

Bloc national, groupement des partis de droite qui, de 1919 à 1924, constituèrent la majorité à la Chambre des députés française.

Blocus continental, ensemble des mesures prises entre 1806 et 1808 par Napoléon Ier pour fermer au commerce de la Grande-Bretagne les ports du continent et ruiner sa marine. Leur application contribua à faire naître un sentiment antifrançais et à liguer l'Europe contre Napoléon.

BLOEMAERT (Abraham), peintre néerlandais (Gorinchem 1564 - Utrecht 1651), fixé à Utrecht en 1593. D'abord maniériste, son œuvre est très variée et d'une grande virtuosité. Il influença de nombreux élèves (dont ses fils, graveurs ou peintres), notamment par ses dessins de paysages.

BLOEMFONTEIN, v. de l'Afrique du Sud, ch.-l. de la prov. de l'État libre ; 231 000 h.

BLOIS (41000), ch.-l. du dép. de Loir-et-Cher, sur la Loire, à 177 km au sud-ouest de Paris ; 51 549 h. *(Blésois).* Évêché. Constructions mécaniques. Industries alimentaires (chocolaterie). Imprimerie. — Château construit ou remanié du XIIIe au XVIIe s., restauré au XIXe (musées). Cathédrale (Xe-XVIIe s.), église St-Nicolas (XIIe-XIIIe s.), hôtels de la Renaissance. Autres musées. — Au XVIe s., Blois fut la résidence favorite des rois de France qui y réunirent les états généraux (lors de ceux de 1588, Henri III fit assassiner le duc de Guise). Elle fut le siège du gouvernement de régence de Marie-Louise en 1814.

BLOK (Aleksandr Aleksandrovitch), poète russe (Saint-Pétersbourg 1880 - *id.* 1921), principal représentant du symbolisme russe (*la Ville,* 1904-1911 ; *les Douze,* 1918).

BLONDEL (André), physicien français (Chaumont 1863 - Paris 1938), inventeur de l'oscillographe et des radiophares.

BLONDEL (François), architecte français (Ribemont 1618 - Paris 1686). Il a élevé la porte St-Denis, à Paris, et publié un *Cours d'architecture* (1675) qui exprime la rigueur de la doctrine classique.

BLONDEL (Jacques François), architecte français (Rouen 1705 - Paris 1774). Il travailla pour Metz et pour Strasbourg, et exerça une grande influence par ses traités, *l'Architecture française* (1752) et le *Cours d'architecture civile* (1771-1777).

BLONDEL (Marc), syndicaliste français (Courbevoie 1938), secrétaire général de F. O. depuis 1989.

BLONDEL (Maurice), philosophe français (Dijon 1861 - Aix-en-Provence 1949), auteur de *l'Action* (1893, remaniée en 1936-37), où il construit une philosophie de l'immanence.

Louis Auguste **Blanqui**

Louis **Blériot** (le 25 juillet 1909)

Blois : cour intérieure du château, avec l'escalier à cage octogonale.

BLONDIN (Antoine), écrivain français (Paris 1922 - *id.* 1991). Anticonformisme et impertinence caractérisent son œuvre, émaillée de jeux de mots (*l'Europe buissonnière,* 1949 ; *Un singe en hiver,* 1959).

BLOOMFIELD (Leonard), linguiste américain (Chicago 1887 - New Haven, Connecticut, 1949). Son livre *le Langage* (1933) est à la base de l'école structuraliste américaine.

BLOTZHEIM (68730), comm. du Haut-Rhin ; 3 165 h. Aéroport (pour Bâle et Mulhouse).

BLOW (John), compositeur anglais (Newark 1649 - Londres 1708). Il a écrit un grand nombre d'œuvres religieuses et l'opéra *Vénus et Adonis.*

BLOY [blwa] (Léon), écrivain français (Périgueux 1846 - Bourg-la-Reine 1917), d'inspiration chrétienne, auteur de pamphlets, de romans (*le Désespéré,* 1886 ; *la Femme pauvre,* 1897) et d'un *Journal* (1892-1917).

BLÜCHER (Gebhard Leberecht), prince **Blücher von Wahlstatt,** maréchal prussien (Rostock 1742 - Krieblowitz 1819). Commandant une armée (1813-1815), il fut battu par Napoléon à Ligny, mais intervint de façon décisive à Waterloo (1815).

BLUE MOUNTAINS, nom donné à plusieurs chaînes de montagnes, notamment en Australie et aux États-Unis (dans les Appalaches).

BLUM (Léon), homme politique français (Paris 1872 - Jouy-en-Josas 1950). Membre du parti socialiste français depuis 1902, au congrès de Tours, en 1920, il fit partie de la minorité qui refusa d'adhérer à la IIIe Internationale. Chef de la S. F. I. O., il constitua un gouvernement dit de « Front populaire » (1936-37 et 1938). Arrêté en 1940, accusé au procès de Riom (1942), il fut déporté en Allemagne (1943), puis redevint chef du gouvernement de déc. 1946 à janv. 1947.

BLUMENAU, v. du sud-est du Brésil ; 211 677 h.

BLUNT (Anthony), historien d'art britannique (Bournemouth 1907 - Londres 1983), spécialiste, notamment, de l'art classique français.

BLUNTSCHLI (Johann Kaspar), jurisconsulte allemand d'origine suisse (Zurich 1808 - Karlsruhe 1881), un des fondateurs de l'Institut de droit international.

B. N. F., abrév. de Bibliothèque nationale de France.

BOABDIL, nom déformé de **Abū 'Abd Allāh,** roi musulman de Grenade sous le nom de **Muḥammad XI** (1482-83 et 1486-1492), vaincu par les Rois Catholiques.

BOAS (Franz), anthropologue américain d'origine allemande (Minden, Westphalie, 1858 - New York 1942). Il a étudié sur le terrain de nombreux peuples indiens d'Amérique du Nord. Principal représentant du diffusionnisme, il a montré le caractère irréductible de chaque culture (*The Mind of Primitive Man,* 1911 ; *General Anthropology,* 1938).

BOBADILLA (Francisco **de**), colonisateur espagnol (m. en mer en 1502). Gouverneur des Indes occidentales (1500), il renvoya en Espagne Christophe Colomb, chargé de fers, y fut rappelé, et périt pendant le voyage de retour.

BOBBIO, ville d'Italie (Émilie), sur la Trébie ; 3 851 h. Abbaye fondée par saint Colomban v. 612.

BOBÈCHE (**Mardelard** ou **Mandelard,** dit), pitre français (Paris 1791 - *id.* apr. 1840), célèbre sous l'Empire et la Restauration.

BOBET (Louis, dit **Louison**), coureur cycliste français (Saint-Méen-le-Grand 1925 - Biarritz 1983), triple vainqueur du Tour de France (1953 à 1955) et champion du monde (1954).

Marc **Bloch**

Léon **Blum**
(en 1937)

BOBIGNY (93000), ch.-l. de la Seine-Saint-Denis, au nord-est de Paris ; 44 881 h. *(Balbyniens).* Industrie automobile.

BOBO, peuple du Burkina.

BOBO-DIOULASSO, v. du sud-ouest du Burkina ; 149 000 h.

BOBROUÏSK, v. de Biélorussie, sur la Berezina ; 223 000 h. Pneumatiques.

BOCAGE (le), nom de plusieurs régions de France, où le paysage caractéristique est surtout formé de champs et de prairies enclos par des haies épaisses : le *Bocage vendéen ;* le *Bocage normand* dans la partie occidentale de la Normandie, etc.

BOCCACE (Giovanni **Boccaccio,** dit), écrivain italien (Florence ou Certaldo 1313 - Certaldo 1375). Auteur d'idylles mythologiques, allégoriques (*le Nymphée de Fiesole*), ou psychologiques (*Fiammetta*), et du *Décaméron* *, il fut le premier grand prosateur italien.

Boccace
(fresque d'Andrea del Castagno - Florence)

BOCCANEGRA, famille génoise dont un membre, **Simone** (m. en 1363), fut le premier doge de Gênes et mourut empoisonné. Il inspira à Verdi un opéra (1857).

BOCCHERINI (Luigi), compositeur italien (Lucques 1743 - Madrid 1805), auteur d'un *Stabat Mater,* de sonates, symphonies et concertos pour violoncelle.

BOCCIONI (Umberto), peintre, sculpteur et théoricien italien (Reggio di Calabria 1882 - Vérone 1916). Figure majeure du futurisme*, il a emprunté au divisionnisme, à l'arabesque de l'Art nouveau et au cubisme les moyens d'exprimer le mouvement.

BOCHIMAN, en angl. **Bushmen,** peuple nomade vivant de chasse et de cueillette dans le désert de Kalahari, parlant une langue du groupe khoisan.

BOCHUM, v. d'Allemagne, dans la Ruhr ; 393 053 h. Université. Métallurgie (automobile). Chimie.

BOCK (Fedor **von**), maréchal allemand (Küstrin 1880 - Lehnsahn, Holstein, 1945). Il commanda un groupe d'armées en Pologne, en France et en Russie (1939-1942), puis fut disgracié par Hitler.

BÖCKLIN (Arnold), peintre suisse (Bâle 1827 - près de Fiesole 1901). Auteur de compositions mythologiques et symboliques, il vécut beaucoup en Italie.

BOCSKAI (Étienne ou István) [Cluj 1557 - Kassa 1606], prince de Transylvanie (1605-1606). Chef de l'insurrection contre les Habsbourg (1604), il obtint la reconnaissance de l'indépendance de la Transylvanie (1606).

BOCUSE (Paul), cuisinier français (Collonges-au-Mont-d'Or 1926). Descendant d'une lignée de chefs cuisiniers, il est l'un des rénovateurs, mondialement connu, de l'art culinaire français.

BODEL (Jean) → ***Jean Bodel.***

BODENSEE → ***Constance*** *(lac de).*

BODH-GAYĀ, site de l'Inde (Bihār). Le plus important lieu de pèlerinage du bouddhisme. (Śākyamuni y acquit l'état de bouddha.) Grand temple Mahābodhi fondé v. les IIe-IIIe s., plusieurs fois reconstruit.

BODIN (Jean), philosophe et magistrat français (Angers 1530 - Laon 1596). Dans son traité, *la République* (1576), il développe les principes d'une monarchie tempérée par les états généraux.

Bodléienne *(bibliothèque),* bibliothèque d'Oxford organisée par sir *Thomas Bodley* (Exeter 1545 - Londres 1613) ; elle a puissamment contribué au mouvement intellectuel de la Renaissance anglaise.

BODMER (Johann Jakob), écrivain suisse d'expression allemande (Greifensee 1698 - Zurich 1783), défenseur des poètes populaires allemands contre l'influence de la littérature française.

BODONI (Giambattista), imprimeur italien (Saluces 1740 - Parme 1813). Les ouvrages sortis de ses presses sont célèbres par la beauté de leurs caractères. Il créa des caractères romains de 143 types adoptés par de nombreuses imprimeries d'Europe.

BOÈCE, philosophe et poète latin (Rome v. 480 - près de Pavie 524). Ministre de Théodoric le Grand, auteur du *De la consolation de la philosophie* et du *De institutione musica.*

BOËGE (74420), ch.-l. de c. de la Haute-Savoie ; 1 287 h.

BŒGNER (Marc), pasteur français (Épinal 1881 - Paris 1970). Il chercha à défendre les Juifs pendant la Seconde Guerre mondiale et fut président du Conseil œcuménique des Églises (1949-1961). [Acad. fr.]

Boeing Company, société de constructions aéronautiques américaine fondée en 1916, devenue le plus grand constructeur aéronautique du monde. Depuis la Seconde Guerre mondiale, elle construit des appareils civils pour liaisons intercontinentales ainsi que du matériel militaire (avions et missiles).

BOËLY (Alexandre Pierre François), compositeur français (Versailles 1785 - Paris 1858). Ses œuvres de clavier renouent avec l'esthétique de Bach, tout en annonçant Franck et Saint-Saëns.

BOËN [bɔɛ̃] (42130), ch.-l. de c. de la Loire, sur le Lignon ; 3 329 h. Métallurgie.

BOERS [bur] (**mot néerl. signif.** *paysans*), colons de l'Afrique australe, d'origine néerlandaise. La *guerre des Boers* (1899-1902) les opposa aux Britanniques, qui, victorieux, annexèrent l'Orange et le Transvaal.

BOESSET ou **BOYSSET** (Antoine), compositeur français (Blois 1586 - Paris 1643), surintendant de la musique de Louis XIII, auteur d'airs de cour.

BOÉTIE (Étienne **de La**) → ***La Boétie.***

BOFF (Leonardo), théologien brésilien (Concordia, Santa Catarina, 1938). Franciscain, il est l'un des principaux promoteurs de la théologie de la libération.

BOFFRAND (Germain), architecte français (Nantes 1667 - Paris 1754). Il a beaucoup travaillé en Lorraine (château de Lunéville) et à Paris (décors rocaille de l'hôtel de Soubise).

Bofill *(atelier),* équipe d'architecture fondée en 1964 à Barcelone par *Ricardo Bofill* (né en 1939), de tendance postmoderne néoclassique (ensemble *Antigone* à Montpellier).

BOGART (Humphrey), acteur de cinéma américain (New York 1899 - Hollywood 1957).

Humphrey **Bogart** et Lauren Bacall dans *Key Largo* (1948) de John Huston.

Incarnation du détective privé ou de l'aventurier, il imposa un nouveau style de héros, caustique et désabusé, mais vulnérable à l'amour. Il tourna notamment avec J. Huston (*le Faucon maltais,* 1941 ; *African Queen,* 1952), M. Curtiz (*Casablanca,* 1943), H. Hawks (*le Grand Sommeil,* 1946).

BOĞAZKÖY, site de Cappadoce, sur l'emplacement de l'anc. Hattousa fondée au XXIVe s. et qui fut (1600-1200) la cap. des Hittites. Vestiges. Nombreuses tablettes recueillies qui ont permis (1906) son identification.

BOGDAN Ier, prince de Moldavie (1359-1365). Il émancipa la Moldavie de la suzeraineté hongroise (1359).

BOGNY-SUR-MEUSE (08120), comm. des Ardennes ; 6 002 h. Métallurgie.

BOGOR, anc. **Buitenzorg,** v. d'Indonésie (Java) ; 247 000 h. Jardin botanique.

BOGOTÁ ou **SANTA FE DE BOGOTÁ,** cap. de la Colombie, dans la Cordillère orientale, à 2 600 m d'altitude ; 4 486 000 h. Fondée en 1538, elle fut la capitale de la vice-royauté espagnole de Nouvelle-Grenade (1739), puis celle de la République de Grande-Colombie jusqu'en 1831. Monuments d'époque coloniale. Musée de l'Or (bijoux précolombiens).

Bogotá : avenue dans le quartier moderne des affaires. (Au fond, la montagne andine.)

BOHAI ou **PO-HAI** *(golfe du),* golfe de Chine, sur la mer Jaune.

BOHAIN-EN-VERMANDOIS (02110), ch.-l. de c. de l'Aisne ; 7 013 h. Textile. Constructions électriques.

BOHÊME, ancien État de l'Europe centrale qui constitue la partie occidentale de la République tchèque. Elle est formée de massifs hercyniens encadrant un plateau et la plaine (Polabí) drainée par l'Elbe. Cap. *Prague.*

HISTOIRE

La Bohême médiévale. Fin du VIIIe s. - début du Xe s. : les Slaves, établis dans la région depuis le Ve s., organisent l'empire de Grande-Moravie. Xe s. : les princes tchèques přemyslides unifient les diverses tribus slaves de la région. 1212 : vassaux du Saint Empire, ils obtiennent le titre de roi. 1278 : rival de Rodolphe de Habsbourg, Otakar II Přemysl (1253-1278), maître de l'Autriche depuis 1251, est battu par ce dernier. 1306 : la dynastie přemyslide s'éteint. Depuis le XIIIe s., des colons allemands s'établissent en Bohême. 1310-1437 : la dynastie des Luxembourg parachève le rattachement de la Moravie, de la Silésie et de la Lusace à la couronne de Bohême. Sous Charles IV (1346-1378), qui fait de Prague la capitale du Saint Empire, la Bohême médiévale est à son apogée. Après le supplice de Jan Hus, une guerre civile (1420-1436) oppose ses partisans, les hussites, aux croisés de Sigismond IV. 1458-1526 : la diète élit roi Georges de Poděbrady (1458-1471), à qui succèdent les Jagellons Vladislav II (1471-1516) et Louis II (1516-1526), puis fait appel à Ferdinand Ier de Habsbourg (1526).

La domination des Habsbourg. 1526-1648 : l'union avec l'Autriche, renouvelée à chaque élection royale, est renforcée par la Constitution de 1627 qui donne la couronne de Bohême à titre héréditaire aux Habsbourg. Les protestants se révoltent contre leur autorité (défenestration de Prague, 1618) et sont vaincus à la Montagne-Blanche (1620). Le pays est ruiné par la guerre de Trente Ans (1618-1648). XIXe s. : les Tchèques participent à la révolution de 1848. Ils réclament l'égalité avec les Allemands, puis, après le compromis austro-hongrois (1867), un régime analogue à celui de Hongrie. Le pays connaît un grand essor économique grâce à l'industrialisation. 1918 : il accède à l'indépendance et forme avec la Slovaquie la Tchécoslovaquie.

BOHÉMOND, nom de plusieurs princes d'Antioche et comtes de Tripoli : **Bohémond Ier** (v. 1050 - Canosa di Puglia 1111), prince d'Antioche (1098-1111). Fils de Robert Guiscard, il fut un des chefs de la 1re croisade et fonda la principauté d'Antioche.

BÖHM (Karl), chef d'orchestre autrichien (Graz 1894 - Salzbourg 1981). Directeur de l'Opéra de Vienne, interprète de la *Tétralogie* de Wagner à Bayreuth, il fut aussi un spécialiste de Mozart.

BÖHM-BAWERK (Eugen **von**), économiste autrichien (Brünn, auj. Brno, 1851 - Vienne 1914), l'un des chefs de l'école marginaliste autrichienne.

BÖHME (Jakob), théosophe et mystique allemand (Altseidenberg 1575 - Görlitz 1624), auteur du *Mysterium magnum* (1623).

BOHR (Niels), physicien danois (Copenhague 1885 - *id.* 1962). Il a élaboré une théorie de la structure de l'atome intégrant le modèle planétaire de Rutherford et le quantum d'action de Planck. Il a établi le « principe de complémentarité » : un objet quantique peut, selon les conditions expérimentales, être décrit soit en termes d'ondes, soit en termes de particules. (Prix Nobel 1922.)

BOIARDO (Matteo Maria), poète italien (Scandiano 1441 - Reggio nell'Emilia 1494), auteur du *Roland* amoureux.*

BOIELDIEU [bɔjɛldjø] (François Adrien), compositeur français (Rouen 1775 - Jarcy 1834), auteur du *Calife de Bagdad* et de *la Dame blanche.*

BOIGNY-SUR-BIONNE (45760), comm. du Loiret ; 1 628 h. Électronique.

BOILEAU ou **BOILLESVE** (Étienne), prévôt de Paris sous Saint Louis (m. à Paris en 1270), auteur du *Livre des métiers* qui codifia les usages corporatifs parisiens.

BOILEAU (Nicolas), dit **Boileau-Despréaux,** écrivain français (Paris 1636 - *id.* 1711). Imitateur d'Horace dans des poèmes satiriques (*Satires,* 1666-1668) ou moraux (*Épîtres,* 1669-1695), chef du parti favorable aux Anciens dans la querelle des Anciens* et des Modernes, il contribua à fixer l'idéal littéraire du « classicisme » (*Art poétique,* 1674 ; *le Lutrin,* 1674-1683). [Acad. fr.]

BOILLY (Louis Léopold), peintre et lithographe français (La Bassée 1761 - Paris 1845). Il excelle dans les scènes de genre familières (*l'Arrivée d'une diligence,* 1803, Louvre).

BOISCHAUT, région du Berry, en bordure du Massif central. Élevage bovin.

BOIS-COLOMBES (92270), ch.-l. de c. des Hauts-de-Seine, banlieue nord-ouest de Paris ; 24 500 h. Industrie aéronautique.

BOIS-D'ARCY (78390), comm. des Yvelines ; 12 717 h. Électronique.

BOIS-DE-LA-CHAIZE (ou **CHAISE**), station balnéaire de l'île de Noirmoutier (Vendée).

BOIS-D'OINGT (Le) [69620], ch.-l. de c. du Rhône ; 1 550 h.

BOISE, v. des États-Unis, cap. de l'Idaho ; 125 738 h.

BOISGUILBERT ou **BOISGUILLEBERT** (Pierre **Le Pesant,** *seigneur* **de**), économiste français (Rouen 1646 - *id.* 1714). Il rechercha les causes de la misère et les moyens d'y remédier, notamment par une meilleure répartition des impôts.

BOIS-GUILLAUME (76230), ch.-l. de c. de la Seine-Maritime ; 10 180 h.

BOIS-LE-DUC, en néerl. **'s-Hertogenbosch,** v. des Pays-Bas, ch.-l. du Brabant-Septentrional ; 92 057 h. Cathédrale reconstruite au XVe s.

BOISMORTIER (Joseph **Bodin de**), compositeur français (Thionville 1689 - Roissy-en-Brie 1755), auteur de *concerts pour flûte,* de sonates et de cantates.

BOIS-NOIRS (les), hauts plateaux du nord du Massif central ; 1 287 m. Uranium.

BOISROBERT (François **Le Métel,** *seigneur* **de**), poète français (Caen 1592 - Paris 1662). Il joua un grand rôle dans la création de l'Académie française, dont il fut un des premiers membres.

BOISSY D'ANGLAS [-as] (Francois, *comte* **de**), homme politique français (Saint-Jean-Chambre, Ardèche, 1756 - Paris 1826), président de la Convention après Thermidor, il fit preuve d'une remarquable fermeté face aux émeutiers du 1er prairial an III (20 mai 1795).

BOISSY-SAINT-LÉGER (94470), ch.-l. de c. du Val-de-Marne ; 15 170 h.

BOITO (Arrigo), compositeur et écrivain italien (Padoue 1842 - Milan 1918). Il a écrit des opéras *(Mefistofele)* et rédigé les livrets de *Falstaff* et d'*Otello* pour Verdi.

BOJADOR *(cap),* cap du Sahara occidental.

BOJER (Johan), écrivain norvégien (Orkanger, près de Trondheim, 1872 - Oslo 1959), auteur de drames et de romans réalistes.

BO JUYI ou **PO KIU-YI,** poète chinois (Xinzheng 772 - Luoyang 846). Il réagit contre la poésie érudite et s'attacha à la peinture de la vie quotidienne *(le Chant de l'amour éternel).*

BOKARO, district houiller de l'Inde (Bihār) ; 415 686 h. Aciérie.

BOKASSA (Jean **Bédel**), homme politique centrafricain (Bobangui 1921). Président de la République centrafricaine (1966), il se proclama empereur (1976), mais fut renversé en 1979.

BOKÉ, v. de Guinée ; 10 000 h. Bauxite.

BOKSBURG, v. d'Afrique du Sud, près de Johannesburg ; 150 000 h. Mines d'or.

BOL (Ferdinand), peintre et graveur hollandais (Dordrecht 1616 - Amsterdam 1680), élève de Rembrandt et surtout portraitiste.

BOLBEC (76210), ch.-l. de c. de la Seine-Maritime, dans le pays de Caux ; 12 505 h. *(Bolbécais).* Textile. Chimie.

BOLDINI (Giovanni), peintre italien (Ferrare 1842 - Paris 1931), un des portraitistes préférés de la société parisienne à partir de 1880.

Boléro, poème chorégraphique, pour orchestre, de Maurice Ravel, créé par la danseuse Ida Rubinstein en 1928. Autres versions de Maurice Béjart (1961 et 1979).

BOLESLAS, en polon. **Bolesław,** nom de plusieurs ducs ou rois de Pologne (Xe-XIIIe s.).

BOLESLAV, nom de trois ducs de Bohême (X^e^-XIe s.).

BOLINGBROKE (Henry **Saint John,** *vicomte*), homme d'État et écrivain britannique (Battersea

Niels **Bohr** (en 1920)

Simón **Bolívar** (Michelena - musée Bolívar, Caracas)

1678 - *id.* 1751). Premier ministre tory en 1714-15, il combattit, à partir de 1723, la politique de Walpole. Ami de Pope et de Swift, il influença Voltaire et Rousseau par son déisme et sa philosophie de l'histoire.

BOLÍVAR (Simón), général et homme d'État sud-américain (Caracas 1783 - Santa Marta 1830). Il affranchit de la domination espagnole le Venezuela (1811) et la Nouvelle-Grenade (1819), qu'il érigea avec l'Équateur en république, sous le nom de Grande-Colombie. Ayant échoué dans sa tentative d'unir en une confédération les États latins de l'Amérique du Sud, il démissionna.

BOLIVIE, en esp. **Bolivia,** État de l'Amérique du Sud, qui doit son nom à *Bolívar ;* 1 100 000 km² ; 8 millions d'h. *(Boliviens).* CAP. (constitutionnelle) *Sucre ;* siège du gouvernement : *La Paz.* LANGUE : *espagnol.* MONNAIE : *boliviano.*

GÉOGRAPHIE

L'Est *(Oriente)* appartient à l'Amazonie forestière. L'Ouest, andin, est une région de hauts plateaux (3 000 et 4 000 m), concentrant la majeure partie de la population et les principales villes (dont La Paz). Les gisements du sous-sol (étain surtout) constituent, avec l'élevage, la base de l'économie, qui souffre de l'isolement, lié à l'absence de façade maritime.

HISTOIRE

La domination espagnole. 1535-1538 : les conquérants espagnols, sous la conduite de Pizzaro, s'établissent dans la région du haut Pérou, siège d'importantes cultures depuis les temps préhistoriques, incorporée à l'État inca depuis 1438. 1544 : la découverte des mines d'argent du Potosí fait de la région la plus riche province de l'Empire espagnol. 1776 : dépendant depuis le XVIe s. de la vice-royauté de Lima, la colonie est rattachée à celle de La Plata. ***Le XIXe s.*** 1824-1825 : après la victoire d'Ayacucho remportée par Sucre sur les Espagnols, l'indépendance de la Bolivie est proclamée. 1836-1839 : la tentative d'union avec le Pérou est un échec. La Bolivie connaît alors une période de troubles et d'instabilité politique. 1879-1884 : à la suite de la guerre du Pacifique, le Chili lui enlève toute façade maritime. ***Le XXe s.*** 1932-1935 : vaincue lors de la guerre du Chaco, la Bolivie doit céder cette région au Paraguay. 1936-1952 : les gouvernements militaires qui se succèdent se heurtent à l'oligarchie minière. 1952-1964 : le président Víctor Paz Estenssoro nationalise les mines et amorce des réformes sociales. 1964-1982 : les putschs militaires se succèdent, jusqu'à l'élection de Hernán Siles Suazo à la présidence de la République. 1985 : Víctor Paz Estenssoro revient au pouvoir après de nouvelles élections. 1989 : Jaime Paz Zamora lui succède à la présidence de la République. 1993 : Gonzalo Sánchez de Lozada est élu à la tête de l'État.

BÖLL (Heinrich), écrivain allemand (Cologne 1917 - Langenbroich, près de Düren, 1985). Marqué par ses convictions catholiques, il a peint l'Allemagne de l'après-guerre, dans l'effondrement de la défaite (*Le train était à l'heure,* 1949) et dans sa renaissance fondée sur les jouissances matérielles (*Portrait de groupe avec dame,* 1971 ; *l'Honneur perdu de Katharina Blum,* 1975). [Prix Nobel 1972.]

BOLLAND (Adrienne), aviatrice française (Arcueil, Val-de-Marne, 1895 - Paris 1975). Elle a été la première femme à survoler de part en part la cordillère des Andes (1921) et à réussir le looping.

BOLLAND (Jean), dit **Bollandus,** jésuite des Pays-Bas du Sud (Julémont 1596 - Anvers 1665). Il commença le vaste recueil des *Acta sanctorum.* Ses continuateurs prirent le nom de *bollandistes.*

BOLLÉE, famille de constructeurs automobiles français. — **Amédée** (Le Mans 1844 - Paris 1917) réalisa une série de voitures à vapeur (1873-1885). — Ses fils, **Léon** (Le Mans 1870 - Neuilly-sur-Seine 1913) et **Amédée** (Le Mans 1872 - Paris 1926), perfectionnèrent la technique automobile (transmission, graissage, carburateur, etc.).

BOLLÈNE (84500), ch.-l. de c. de Vaucluse, dans le Comtat ; 13 981 h. *(Bollénois).* Centrale hydroélectrique sur une dérivation du Rhône.

BOLOGNE, v. d'Italie, cap. de l'Émilie et ch.-l. de prov. ; 404 322 h. Monuments du Moyen Âge et de la Renaissance. Siège d'une importante école de droit aux XIIe et XIIIe s. et d'une école de peinture à la fin du XVIe s. (les Carrache). Musées.

BOLOGNE (Jean) → ***Giambologna.***

BOLSENA, lac d'Italie, au nord de Viterbe ; 115 km².

BOLTANSKI (Christian), artiste français (Paris 1944). Avec vieilles photos, documents et objets banals du quotidien pour matériaux, il se livre à une quête méthodique de l'identité des êtres et de la vie, minée par la répétition, le dérisoire, l'oubli.

BOLTON, v. de Grande-Bretagne (Lancashire) ; 154 000 h. Textile.

BOLTZMANN (Ludwig), physicien autrichien (Vienne 1844 - Duino, près de Trieste, 1906). Il est le principal créateur de la théorie cinétique des gaz qu'il élargit ensuite en une mécanique statistique.

BOLYAI (János), mathématicien hongrois (Kolozsvár 1802 - Marosvásárhely 1860), auteur de travaux sur la géométrie non euclidienne.

BOLZANO, en all. **Bozen,** v. d'Italie (Haut-Adige), ch.-l. de prov. ; 98 233 h. Centre touristique. Métallurgie. Monuments médiévaux.

BOLZANO (Bernard), mathématicien tchèque d'origine italienne (Prague 1781 - *id.* 1848). Préoccupé de rigueur, il a élucidé quelques concepts fondamentaux de l'analyse. Ses travaux sur l'infini sont à l'origine de la théorie moderne des ensembles.

BOMBARD (Alain), médecin et biologiste français (Paris 1924). Sa traversée de l'Atlantique en solitaire, à bord d'un canot pneumatique, en 1952, lui a permis d'expérimenter les conditions de survie en mer *(Naufragé volontaire).*

BOMBARDIER (J.-Armand), industriel canadien (Valcourt, Québec, 1908 - Sherbrooke 1964). Inventeur de la motoneige, il a donné son nom à une entreprise qui se spécialise dans la conception et la production de matériel de transport en commun.

BOMBAY, port de l'Inde, cap. de l'État de Mahārāshtra, sur l'océan Indien ; 12 571 720 h. Musée. Industries textiles, mécaniques et chimiques. La ville fut aménagée par la Compagnie anglaise des Indes orientales à partir de 1668.

Bombay : la Porte de l'Inde, arc de triomphe élevé à l'occasion de la venue du roi George V en nov. 1911 (sud de la ville).

BOMBELLI (Raffaele), ingénieur et mathématicien italien (Borgo Panigale, près de Bologne, 1526 - Bologne 1572). Il a formulé les règles de calcul des nombres complexes.

BON *(cap),* cap et péninsule du nord-est de la Tunisie.

BONALD [-ald] (Louis, *vicomte* **de**), écrivain politique français (près de Millau 1754 - *id.* 1840). Pour lui, la France doit redevenir une monarchie afin de rétablir l'harmonie entre le religieux et le social que la Révolution de 1789 avait brisée. (Acad. fr.)

BONAMPAK, site maya du Mexique (État de Chiapas). Centre cérémoniel (VIIe-IXe s.) célèbre par ses peintures murales polychromes (VIIIe s.). *(V. illustration p. 1190.)*

Bonampak : peinture murale représentant une scène de guerre. Art maya ; VIIIe s.

BONAPARTE, famille française d'origine italienne dont une branche s'établit en Corse au XVIe s. Du mariage de **Charles Marie** (Ajaccio 1746 - Montpellier 1785) avec **Maria Letizia Ramolino** (Ajaccio 1750 - Rome 1836), en 1764, est issue une nombreuse descendance.

BONAVENTURE *(saint),* théologien italien (Bagnorea, auj. Bagnoregio, Toscane, 1221 - Lyon 1274), général des franciscains (1257), cardinal-évêque d'Albano (1273) et légat du pape au concile de Lyon. Ses nombreux ouvrages de théologie et de philosophie, inspirés par la doctrine de saint Augustin, lui ont valu le nom de « Docteur séraphique ».

BONCHAMPS (Charles, *marquis* **de**), chef vendéen (Juvardeil, Maine-et-Loire, 1760 - Saint-Florent-le-Vieil 1793). Blessé au combat de Cholet (1793), il mourut le lendemain, après avoir gracié 4 000 prisonniers.

Les Bonaparte

Joseph (Corte 1768 - Florence 1844), roi de Naples (1806), roi d'Espagne (1808-1813).	2 filles, **Zénaïde Julie** (1801-1854) et **Charlotte** (1802-1839).
Napoléon → ***Napoléon Ier.***	**Napoléon François Charles Joseph** → ***Napoléon II.***
Lucien (Ajaccio 1775 - Viterbe 1840), prince de Canino.	11 enfants, dont **Charles Lucien** (1803-1857), prince de Canino.
Maria-Anna, dite **Élisa** (Ajaccio 1777 - près de Trieste 1820), princesse de Lucques et Piombino, puis grande-duchesse de Toscane.	5 enfants, dont **Napoléone Élisa** (1806-1869) et **Frédéric** (1810-1833).
Louis (Ajaccio 1778 - Livourne 1846), roi de Hollande (1806-1810), marié en 1802 à Hortense de Beauharnais.	3 fils, dont **Napoléon Louis** (1804-1831) et **Charles Louis** (→ ***Napoléon III***), père d'**Eugène Louis Napoléon** (1856-1879), prince impérial, tué en Afrique australe par les Zoulous.
Marie Paulette, dite **Pauline** (Ajaccio 1780 - Florence 1825), épouse du général Leclerc puis, par remariage, princesse Borghèse et duchesse de Guastalla.	
Marie-Annonciade, dite **Caroline** (Ajaccio 1782 - Florence 1839), grande-duchesse de Berg et de Clèves, puis reine de Naples (1808-1814), épouse de Joachim Murat.	
Jérôme (Ajaccio 1784 - Villegenis [Massy] 1860), roi de Westphalie (1807-1813), gouverneur des Invalides (1848), maréchal de France (1850), marié en secondes noces à la princesse Catherine de Wurtemberg.	4 enfants, dont **Mathilde** (1820-1904), princesse Demidov par son mariage, qui tint à Paris un salon brillant ; et **Napoléon,** dit **Jérôme** (1822-1891), époux de la princesse Clotilde, fille de Victor-Emmanuel II. Leur petit-fils, le prince **Louis** (Bruxelles 1914), est le prétendant de la dynastie napoléonienne.

Maria Letizia **Bonaparte** (F. Gérard - château de Malmaison)

Joseph **Bonaparte** (F. Gérard - château de Fontainebleau)

Lucien **Bonaparte** (F. X. Fabre - musée Fabre, Montpellier)

Élisa **Bonaparte** (coll. priv.)

Louis **Bonaparte** (F. Gérard - coll. priv.)

Pauline **Bonaparte** (R. Le Fèvre - château de Versailles)

Caroline **Bonaparte** (R. Le Fèvre - musée Frédéric-Masson)

Jérôme **Bonaparte** (F. Gérard - château de Fontainebleau)

BONCOURT, comm. de Suisse (Jura) ; 1 354 h. Manufacture de tabac.

Bond (James), héros des romans d'espionnage du Britannique Ian Fleming (Londres 1908 - Canterbury 1964), créé en 1953 et popularisé par le cinéma.

BONDOUFLE (91700), comm. de l'Essonne ; 7 737 h.

BONDUES (59910), comm. du Nord ; 10 305 h.

BONDY (93140), ch.-l. de c. de la Seine-Saint-Denis ; 46 880 h. Industrie automobile. Son ancienne forêt était un repaire de brigands.

BÔNE → ***Annaba.***

BONGO (Omar), homme politique gabonais (Lewai 1935), président de la République depuis 1967.

BONG RANGE, montagnes du Liberia. Minerai de fer.

BONHOEFFER (Dietrich), théologien protestant allemand (Breslau 1906 - camp de Flossenbürg 1945), exécuté par les nazis. Il défendit les Juifs contre le racisme hitlérien et développa une théologie originale par la place qu'il donne au christianisme dans une société sécularisée.

BONHOMME *(col du),* col des Vosges, entre Saint-Dié et Colmar ; 949 m.

BONIFACE (**Wynfrith,** *saint*) [Kirton, Wessex, v. 675 - près de Dokkum 754], archevêque de Mayence. Il évangélisa la Germanie et réorganisa le clergé franc.

BONIFACE VIII (Benedetto **Caetani**) [Anagni v. 1235 - Rome 1303], pape de 1294 à 1303. Il institua le premier des jubilés (1300). Imbu de principes théocratiques, il entra en conflit avec Philippe le Bel qui, en 1303, le fit maltraiter à Anagni par Nogaret et Colonna. — **Boniface IX** (Pietro **Tomacelli**) [Naples v. 1355 - Rome 1404], pape de Rome de 1389 à 1404, pendant le grand schisme d'Occident, il retarda la solution du conflit par son intransigeance.

BONIFACIO (20169), ch.-l. de c. de la Corse-du-Sud ; 2 701 h. *(Bonifaciens).* Port. Tourisme. Dans la ville haute, citadelle et deux églises médiévales. — Le *détroit* (ou les *bouches) de Bonifacio* sépare la Corse et la Sardaigne.

BONIN, en jap. **Ogasawara,** archipel japonais du Pacifique, au sud-est du Japon. À l'est, profonde fosse marine (10 347 m).

BONINGTON (Richard Parkes), peintre anglais (Arnold, près de Nottingham, 1802 - Londres 1828). Peintre de genre « troubadour » et excellent aquarelliste, il fut ami de Delacroix.

BONIVARD (François **de**), patriote genevois (Seyssel 1493 - Genève 1570), immortalisé par Byron dans son poème du *Prisonnier de Chillon.*

BONN, v. d'Allemagne (Rhénanie-du-Nord-Westphalie), sur le Rhin ; 287 117 h. Université. Monuments anciens. Musées. Elle a été la capitale de la République fédérale d'Allemagne de 1949 à 1990.

BONNARD (Pierre), peintre et lithographe français (Fontenay-aux-Roses 1867 - Le Cannet 1947). Il fit partie du groupe des nabis, fut influencé par l'estampe japonaise et devint le coloriste post-impressionniste le plus subtil et le plus lyrique (*la Partie de croquet,* musée

Pierre **Bonnard :** *la Nappe à carreaux rouges* ou *le Déjeuner du chien* (1910). [Coll. priv.]

d'Orsay ; *Place Clichy,* Besançon ; *Intérieur blanc,* Grenoble ; *Nu dans le bain,* Petit Palais, Paris).

BONNAT (23220), ch.-l. de c. de la Creuse ; 1 413 h. *(Bonnachons).* Église des XIIe-XIIIe s.

BONNAT (Léon), peintre et collectionneur français (Bayonne 1833 - Monchy-Saint-Éloi 1922). Il fit une carrière officielle surtout comme portraitiste.

BONNE-ESPÉRANCE *(cap de),* autref. **cap des Tempêtes,** cap du sud de l'Afrique, découvert par Bartolomeu Dias en 1488 et doublé par Vasco de Gama, en route pour les Indes, en 1497.

BONNEFOY (Yves), poète français (Tours 1923), critique d'art, traducteur de Shakespeare *(Du mouvement et de l'immobilité de Douve, Dans le leurre du seuil).*

BONNET (Charles), philosophe et naturaliste suisse (Genève 1720 - Genthod, près de Genève, 1793). Il a découvert la parthénogenèse naturelle.

BONNÉTABLE (72110), ch.-l. de c. de la Sarthe ; 3 915 h. Château des XVe et XVIIe s.

Bonnets et des Chapeaux *(faction des)* → ***Chapeaux et Bonnets.***

BONNEUIL-SUR-MARNE (94380), ch.-l. de c. du Val-de-Marne, au sud-est de Paris ; 13 955 h. Port fluvial. Électronique.

BONNEVAL (28800), ch.-l. de c. d'Eure-et-Loir, sur le Loir ; 4 440 h. Église du XIIIe s. Vestiges d'une abbaye bénédictine.

BONNEVAL-SUR-ARC (73480), comm. de la Savoie ; 216 h. Centre d'alpinisme. Sports d'hiver (alt. 1 835-3 627 m).

BONNEVILLE (74130), ch.-l. d'arr. de la Haute-Savoie, sur l'Arve ; 10 351 h. Matériel téléphonique.

BONNIER (Gaston), botaniste français (Paris 1853 - *id.* 1922), auteur de flores.

BONNIÈRES-SUR-SEINE (78270), ch.-l. de c. des Yvelines ; 3 508 h.

BONNIEUX (84480), ch.-l. de c. de Vaucluse ; 1 433 h. Remparts. Retable du XVIe s. dans l'église médiévale.

BONNIVET (Guillaume **Gouffier,** *seigneur* **de**), amiral de France (v. 1488 - Pavie 1525). Conseiller de François Ier, il soutint en Allemagne la candidature du roi à l'Empire et périt pendant la campagne d'Italie.

Bonnot *(la bande à),* groupe d'anarchistes conduit par *Jules Joseph Bonnot* (Pont-de-Roide 1876 - Choisy-le-Roi 1912), qui se rendit célèbre en accomplissant plusieurs attaques de banques accompagnées de meurtres. Ses chefs furent abattus au moment de leur arrestation et le reste de la bande fut jugé en 1913.

BONO (56400), comm. du Morbihan, sur le Bono ; 1 757 h. Ostréiculture.

BONPLAND (Aimé **Goujaud,** dit **Aimé**), médecin et botaniste français (La Rochelle 1773 - Santa Ana, Argentine, 1858). Compagnon de A. von Humboldt, il explora l'Amérique du Sud.

BONSECOURS (76240), comm. de la Seine-Maritime ; 6 909 h.

BONSTETTEN (Charles Victor **de**), écrivain suisse d'expression française et allemande (Berne 1745 - Genève 1832), auteur d'études sur la psychologie des peuples européens.

BONTEMPS (Pierre), sculpteur français (v. 1507 - v. 1570), l'un des auteurs du tombeau de François Ier à Saint-Denis.

Book of Common Prayer (The) [« le livre des prières communes »], à la fois missel, bréviaire et rituel de l'Église anglicane (1549, révisé en 1552, 1559, 1604 et 1662).

BOOLE (George), mathématicien britannique (Lincoln 1815 - Ballintemple, près de Cork, 1864), créateur de la logique mathématique moderne. (V. *algèbre,* partie langue.)

BOONE (Daniel), colonisateur américain (près de Reading, Pennsylvanie, 1734 - près de Saint Charles, Missouri, 1820). Fenimore Cooper l'a immortalisé sous les noms de **Bas-de-Cuir** et de **Longue-Carabine.**

BOORMAN (John), cinéaste britannique (Shepperton, Surrey, 1933). Il se livre à une réflexion allégorique sur le devenir des civilisations *(Délivrance,* 1972 ; *Zardoz,* 1974 ; *Excalibur,* 1981).

BOOS [bo] (76520), ch.-l. de c. de la Seine-Maritime ; 2 490 h. Aéroport de Rouen.

BOOTH (William), prédicateur évangélique britannique (Nottingham 1829 - Londres 1912), fondateur de l'Armée du salut (1865).

Bonn : quartiers au bord du Rhin.

Bordeaux : façade orientale de la place de la Bourse, due aux Gabriel (1729-1755).

BOOTHIA, péninsule du nord du Canada, séparée de la terre de Baffin par le *golfe de Boothia.*

BOOZ, personnage biblique, époux de Ruth et ancêtre de Jésus.

BOPHUTHATSWANA, ancien bantoustan d'Afrique du Sud.

BOPP (Franz), linguiste allemand (Mayence 1791 - Berlin 1867). Sa *Grammaire comparée des langues indo-européennes* (1833-1852) est aux origines de la linguistique comparatiste.

BOR, v. de Yougoslavie (Serbie) ; 29 000 h. Extraction et métallurgie du cuivre.

BORA (Katharina **von**), religieuse allemande (Lippendorf, Saxe, 1499 - Torgau 1552). Elle épousa Luther et lui donna six enfants.

BORA BORA, île de la Polynésie française ; 4 225 h. Tombeau d'Alain Gerbault.

BORÅS, v. de Suède ; 101 466 h. Textile.

BORDA (Charles **de**), mathématicien et marin français (Dax 1733 - Paris 1799). Il participa à la mesure de la longueur d'un arc de méridien pour l'établissement du système métrique.

BORDEAUX, ch.-l. de la Région Aquitaine et du dép. de la Gironde, sur la Garonne, à 557 km au sud-ouest de Paris ; 213 274 h. *(Bordelais).* [700 000 h. dans l'agglomération.] Archevêché. Cour d'appel. Académie et université. Siège de la région militaire Atlantique. Port actif (traditionnelles importations de produits tropicaux). Commerce des vins du Bordelais. Industries mécaniques, alimentaires et chimiques. — Monuments médiévaux, dont l'église St-Seurin (XIe-XIIIe s.) et la cathédrale (XIIe-XIVe s.). Beaux ensembles classiques, surtout du XVIIIe s. (place de la Bourse par les Gabriel, Grand-Théâtre par V. Louis, hôtels, etc.). Importants musées (de la préhistoire et de l'époque romaine à l'art contemporain). — Capitale du duché d'Aquitaine (1032) puis port anglais (1154-1453), Bordeaux tira sa prospérité du commerce des Îles au XVIIIe s. (sucre et esclaves). Le gouvernement s'y transporta en 1870, 1914 et 1940.

BORDEAUX *(duc* **de**) → ***Chambord.***

BORDELAIS, grande région viticole du bassin d'Aquitaine, autour de Bordeaux (englobant notamment le Médoc, les Graves, le Sauternais et le Saint-Émilionnais).

BORDÈRES-SUR-L'ÉCHEZ (65320), ch.-l. de c. des Hautes-Pyrénées, banlieue de Tarbes ; 4 023 h.

BORDES (64320), comm. des Pyrénées-Atlantiques ; 1 669 h. Industrie aéronautique et ferroviaire.

BORDES (Charles), compositeur français (Vouvray 1863 - Toulon 1909), un des fondateurs de la *Schola cantorum* et l'un des restaurateurs de la polyphonie du XVIe s.

BORDET (Jules), médecin et microbiologiste belge (Soignies 1870 - Bruxelles 1961). Il découvrit le microbe de la coqueluche et la réaction de fixation du complément. (Prix Nobel 1919.)

BORDEU (Théophile **de**), médecin français (Izeste, Pyrénées-Atlantiques, 1722 - Paris 1776), auteur de recherches sur les eaux thermales.

BORDIGHERA, station balnéaire d'Italie (Ligurie), sur la Riviera ; 11 559 h.

BORDJ BOU ARRERIDJ, v. d'Algérie, au pied des Bibans ; 65 000 h.

BORDUAS (Paul Émile), peintre canadien (Saint-Hilaire, Québec, 1905 - Paris 1960). Chef de file des « automatistes » de Montréal (1948), il fut un maître de l'abstraction lyrique.

BORÉE, dieu grec des Vents du nord, fils d'un Titan et de l'Aurore.

BOREL (Émile), mathématicien et homme politique français (Saint-Affrique 1871 - Paris 1956), l'un des chefs de file de l'école française de la théorie des fonctions.

BOREL (Pétrus), écrivain français (Lyon 1809 - Mostaganem 1859). Ce romantique marginal *(Madame Putiphar),* surnommé **le Lycanthrope,** fut célébré par les surréalistes.

BORG (Björn), joueur de tennis suédois (Södertälje, près de Stockholm, 1956), vainqueur notamment cinq fois à Wimbledon (1976 à 1980) et six fois à Roland-Garros (1974 et 1975, 1978 à 1981).

BORGES (Jorge Luis), écrivain argentin (Buenos Aires 1899 - Genève 1986), auteur de poèmes *(Cahiers de San Martín),* de nouvelles fantastiques *(Fictions, le Livre de sable)* et d'essais *(Histoire de l'infamie, Histoire de l'éternité).*

BORGHÈSE, famille italienne originaire de Sienne et établie à Rome. Elle donna à l'Église des papes, en partic. Paul V (1605). — Un de ses membres, **Camillo** (Rome 1775 - Florence 1832), épousa Pauline Bonaparte.

Borghèse *(villa),* grand parc public de Rome. Galerie Borghèse (musée de peinture), musée Borghèse (sculpture), villa Giulia (musée étrusque).

BORGIA, famille italienne d'origine espagnole, dont les membres les plus connus sont : le pape **Alexandre VI* ;** — son fils **César** (Rome v. 1475 - Pampelune 1507), duc de Valentinois et gonfalonier de l'Église, fut un politique habile, mais fourbe et cruel (Machiavel le prit comme modèle dans son livre *le Prince*) ; — **Lucrèce** (Rome 1480 - Ferrare 1519), sœur du précédent, célèbre par sa beauté, protectrice des arts et des lettres, fut le jouet de la politique de sa famille plutôt que criminelle comme le veut sa réputation ; — **François** → ***François Borgia*** *(saint).*

BORGNIS-DESBORDES (Gustave), général français (Paris 1839 - Biên Hoa 1900). Créateur du chemin de fer Niger-Océan, il pacifia le haut Sénégal, puis combattit au Tonkin.

BORGO (20290), ch.-l. de c. de la Haute-Corse ; 3 905 h.

BORINAGE (le), anc. région houillère de Belgique (Hainaut).

BORIS Ier (m. en 907), khan des Bulgares (852-889). Il proclama le christianisme religion officielle de son État (865).

BORIS III (Sofia 1894 - *id.* 1943), tsar de Bulgarie (1918-1943), fils de Ferdinand Ier. Il fut sans doute assassiné.

BORIS GODOUNOV (v. 1552 - Moscou 1605), tsar de Russie (1598-1605). Son règne fut marqué par des troubles liés à la famine de 1601-1603.

Boris Godounov, de Moussorgski, chef-d'œuvre de l'opéra russe par la couleur et le réalisme du récitatif et des chœurs (1869-1872).

BORKOU, région du Tchad, au pied du Tibesti.

BORMANN (Martin), homme politique allemand (Halberstadt 1900 - Berlin 1945 ?). Un des chefs du parti nazi, général des SS en 1933 et chef d'état-major de R. Hess, il disparut en 1945 lors des combats de Berlin.

BORMES-LES-MIMOSAS (83230), comm. du Var, dans le massif des Maures ; 5 112 h. Centre touristique. Bourg pittoresque.

BORN (Bertran **de**) → ***Bertran de Born.***

BORN (Max), physicien britannique d'origine allemande (Breslau 1882 - Göttingen 1970). Il est à l'origine de l'interprétation probabiliste de la mécanique quantique. (Prix Nobel 1954.)

BORNEM, comm. de Belgique (prov. d'Anvers) ; 18 977 h.

BORNÉO, la troisième île du monde, la plus grande et la plus massive de l'Insulinde ; 750 000 km². La majeure partie (540 000 km²), au sud (Kalimantan), appartient à la République d'Indonésie (8 232 000 h.) ; le nord de l'île forme deux territoires membres de la Malaisie *(Sabah* [anc. *Bornéo-Septentrional*] et *Sarawak)* et un sultanat indépendant *(Brunei).* C'est un pays de plateaux, dominés au nord par des chaînes montagneuses et limités au sud par de vastes plaines marécageuses. Traversé par l'équateur, Bornéo est recouvert par la forêt dense. Gisements de pétrole et de gaz.

BORNES *(massif des),* massif des Préalpes françaises (Haute-Savoie), entre l'Arve et le lac d'Annecy ; 2 437 m.

BORNHOLM, île du Danemark, dans la Baltique ; 47 000 h. Pierres runiques. Églises rondes fortifiées.

BORNOU, anc. empire de la zone soudanaise, au sud-ouest du lac Tchad. Il prit au XVIe s. le nom de Kanem-Bornou et fut anéanti lors de la défaite de Rabah devant les Français (1900).

BORODINE (Aleksandr), compositeur russe (Saint-Pétersbourg 1833 - *id.* 1887), auteur du *Prince Igor,* de quatuors, de symphonies et de *Dans les steppes de l'Asie centrale.*

BORODINO, village de Russie, entre Moscou et Smolensk, où fut livrée, le 7 sept. 1812, la bataille dite « de la Moskova ».

BORORO, Indiens du Brésil, vivant dans le sud du Mato Grosso.

BOROTRA (Jean), joueur de tennis français (Biarritz 1898 - Arbonne, près de Biarritz, 1994), vainqueur deux fois à Wimbledon (1924 et 1926), à Paris (1924 et 1931) et de six coupes Davis (1927 à 1932).

BORRASSÀ (Lluís), peintre catalan (Gérone v. 1360 - Barcelone v. 1425), premier et brillant représentant du « gothique international » à Barcelone, où il installa un important atelier.

BORROMÉE *(saint* Charles) → ***Charles Borromée*** *(saint).*

BORROMÉES *(îles),* groupe de quatre îles pittoresques, situées dans le lac Majeur (Italie).

BORROMINI (Francesco), architecte tessinois (Bissone 1599 - Rome 1667). L'un des maîtres du baroque italien, à l'art complexe et mouvementé, il a construit, à Rome, les églises St-Charles-aux-Quatre-Fontaines, St-Yves, etc.

BORT-LES-ORGUES (19110), ch.-l. de c. de la Corrèze ; 4 514 h. Barrage sur la Dordogne et centrale hydroélectrique. Colonnades de phonolite, dites *orgues de Bort.*

BORTOLUZZI (Paolo), danseur italien (Gênes 1938 - Bruxelles 1993), interprète « béjartien » *(Bhakti, Nomos Alpha)* et classique *(la Sylphide).*

BORZAGE (Frank), cinéaste américain (Salt Lake City 1893 - Hollywood 1962). Ses films exaltent, dans un cadre réaliste, la puissance de l'amour (*l'Heure suprême,* 1927 ; *la Femme au corbeau,* 1929 ; *Ceux de la zone,* 1933).

BOSCH (Carl), chimiste et industriel allemand (Cologne 1874 - Heidelberg 1940). Il mit au point avec Haber, en 1909, la synthèse industrielle de l'ammoniac. (Prix Nobel 1931.)

BOSCH (Jheronimus **Van Aken,** dit **Jérôme**), peintre brabançon (Bois-le-Duc v. 1450 - *id.* 1516). Il a traité des sujets religieux ou populaires avec un symbolisme étrange et une imagination hors de pair, que sert une haute qualité picturale (*le Jardin* des délices terrestres,* Prado ; *la Tentation de saint Antoine,* Lisbonne).

BOSCH (Juan), homme politique dominicain (La Vega 1909). Fondateur du parti révolutionnaire dominicain (1939), il fut président de la République en 1962-63.

BOSCO (Henri), écrivain français (Avignon 1888 - Nice 1976), auteur de romans de terroir *(l'Âne Culotte, le Mas Théotime).*

BOSE (Satyendranath), physicien indien (Calcutta 1894 - *id.* 1974), créateur d'une mécanique statistique applicable aux photons.

BOSIO (François Joseph), sculpteur français (Monaco 1768 - Paris 1845), artiste officiel sous l'Empire et la Restauration.

BOSNIE-HERZÉGOVINE, en serbo-croate **Bosna i Hercegovina,** État de l'Europe balkanique ; 51 100 km² ; 4 200 000 h. *(Bosniaques).* CAP. *Sarajevo.* LANGUE : *serbo-croate.* MONNAIE : *dinar.*

GÉOGRAPHIE

Le pays est composé de trois nationalités, de même langue (serbo-croate), mais de tradition religieuse différente : Musulmans (44 % ; dotés du statut de nationalité en 1969), Serbes (31 % ; orthodoxes) et Croates (17 % ; catholiques). La viabilité du nouvel État (compartimenté par le relief, pratiquement sans accès à la mer) est compromise par la guerre civile, qui a amené destructions et déplacements de population. (V. carte ***Croatie et Bosnie-Herzégovine.***)

HISTOIRE

La région fut conquise par les Ottomans (la Bosnie en 1463, l'Herzégovine en 1482) et islamisée. Administrée par l'Autriche-Hongrie (1878), puis annexée par elle en 1908, elle fut intégrée au royaume des Serbes, Croates et Slovènes (1918) puis devint une république de la Yougoslavie (1945-46). À partir de 1990-91, confrontés à l'éclatement de la Fédération yougoslave, Serbes, Musulmans et Croates prennent des positions antagonistes : les Serbes veulent rester dans la Yougoslavie et se séparer de la Bosnie si celle-ci quitte la Fédération ; les Musulmans souhaitent un État bosniaque indépendant et multinational ; les Croates sont soit partisans d'un État bosniaque unitaire, soit favorables à sa partition selon des critères ethniques. 1992 : après la proclamation de l'indépendance reconnue par la communauté internationale, une guerre très meurtrière oppose les Serbes (soutenus par la nouvelle République de Yougoslavie), les Musulmans et les Croates. Les Serbes, qui ont unilatéralement proclamé une République serbe de Bosnie-Herzégovine (janv.), occupent la majeure partie du pays, y pratiquant une politique de purification ethnique. Une force de protection de l'O.N.U. (FORPRONU) s'efforce d'assurer l'acheminement de l'aide humanitaire. 1993 : les médiateurs de la C.E. et de l'O.N.U. cherchent en vain à faire accepter des plans successifs de partage ou de découpage. Croates et Musulmans s'affrontent. L'O.N.U. déclare zones de sécurité Sarajevo et cinq autres villes assiégées par les Serbes. 1994 : les Croates et les Musulmans forment une Fédération croato-musulmane en Bosnie. Les représentants de l'Allemagne, des États-Unis, de la France, de la Grande-Bretagne et de la Russie (groupe de contact) tentent d'imposer un nouveau plan de partage. 1995 : une force de réaction rapide est créée pour appuyer la FORPRONU (juin). Après la prise des zones de sécurité de Srebrenica et de Zepa par les Serbes (juill.), les troupes croato-musulmanes, aidées par l'armée croate, mènent une vaste contre-offensive (août-sept.), parvenant à reconquérir la moitié du territoire. Un cessez-le-feu est proclamé (oct.). Sous l'égide des États-Unis, un accord est conclu en novembre à Dayton (signé en déc. à Paris) entre les présidents serbe — représentant les Serbes de Bosnie —, croate et bosniaque, qui prévoit le maintien d'un État unique de Bosnie-Herzégovine, composé de deux entités : la Fédération croato-musulmane et la République serbe de Bosnie. Une force multinationale de mise en application de la paix (*Implementation Force* ou IFOR), placée sous le commandement de l'O.T.A.N., est déployée, prenant le relais de la FORPRONU.

BOSON (m. en 887), roi de Provence (879-887), beau-frère de Charles le Chauve.

Jérôme **Bosch :** détail du *Portement de croix* (entre 1500 et 1516). [Musée des Beaux-Arts de Gand.]

BOSPHORE (« Passage du Bœuf »), anc. **détroit de Constantinople,** détroit entre l'Europe et l'Asie, reliant la mer de Marmara et la mer Noire. Il est franchi par deux ponts routiers. Sur la rive ouest est établi Istanbul.

BOSPHORE *(royaume du),* royaume grec établi en Crimée (cap. *Panticapée*). Fondé au ve s. av. J.-C., il passa sous protectorat romain en 63 av. J.-C.

BOSQUET (Pierre), maréchal de France (Mont-de-Marsan 1810 - Pau 1861). Il se distingua en Algérie et surtout en Crimée.

BOSSCHÈRE (Jean **de**), écrivain belge d'expression française (Uccle 1878 - Châteauroux, Indre, 1953), auteur d'une œuvre marquée par le mysticisme et l'ésotérisme.

BOSSE (Abraham), graveur et théoricien d'art français (Tours 1602 - Paris 1676). Son œuvre d'aquafortiste (1 500 planches) constitue un tableau complet de la société française dans la 1re moitié du XVIIe s.

BOSSOUTROT (Lucien), aviateur français (Tulle 1890 - Paris 1958). Il pilota le premier Paris-Londres ouvert au public (1919) et battit, avec Rossi, deux records du monde en circuit fermé (1931 et 1932).

Bossu (le) ou **le Petit Parisien,** roman de cape et d'épée (1857), puis drame (1862) de Paul Féval.

BOSSUET (Jacques Bénigne), prélat, prédicateur et écrivain français (Dijon 1627 - Paris 1704). Célèbre dès 1659 pour ses prédications, évêque de Condom (1669), il fut choisi comme précepteur du Dauphin, pour qui il écrivit le *Discours sur l'histoire universelle.* Évêque de Meaux en 1681, il soutint la politique religieuse de Louis XIV en combattant les protestants (*Histoire des variations des Églises protestantes,* 1688), en inspirant en 1682 la déclaration sur les libertés gallicanes et en faisant condamner le quiétisme de Fénelon. Son œuvre oratoire, qui comprend des *Sermons (Sur la mort, Sur l'éminente dignité des pauvres)* et des *Oraisons funèbres,* fait de lui un des grands écrivains classiques. (Acad. fr.)

BOSTON, port des États-Unis, cap. du Massachusetts ; 574 283 h. (2 870 669 dans l'agglomération). Centre industriel, culturel, commercial et financier. Important musée d'art.

Bosworth *(bataille de)* [22 août 1485], bataille qui se déroula à l'O. de Leicester, et qui mit fin à la guerre des Deux-Roses. Richard III y fut vaincu et tué.

BOTEV *(pic),* anc. **Jumrukčal,** point culminant du Balkan, en Bulgarie ; 2 376 m.

BOTEV (Hristo), écrivain et patriote bulgare (Kalofer 1848 - Jolkovica 1876), auteur de poésies d'inspiration révolutionnaire et nationale.

BOTHA (Louis), général et homme politique sud-africain (Greytown 1862 - Pretoria 1919). Réorganisateur de l'armée boer, adversaire acharné des Anglais, il fut Premier ministre du Transvaal (1907), puis de l'Union sud-africaine (1910).

BOTHA (Pieter Willem), homme politique sud-africain (Paul Roux, État libre [d'Orange], 1916). Premier ministre (1978-1984), il fut ensuite président de la République (1984-1989).

BOTHE (Walter), physicien allemand (Oranienburg, près de Berlin, 1891 - Heidelberg 1957). Avec H. Becker, il a obtenu en 1930, par action des rayons alpha sur le béryllium, un rayonnement pénétrant que l'on montra plus tard comme formé de neutrons. (Prix Nobel 1954.)

BOTHWELL (James **Hepburn,** *comte* **de**), seigneur écossais (1535 ? - Dragsholm, Danemark, 1578). Il fit périr Henry Stuart, comte de Darnley, second époux de Marie Stuart (1567), qu'il épousa, mais il dut s'exiler peu après.

BOTNIE *(golfe de),* extrémité septentrionale de la Baltique, entre la Suède et la Finlande.

BOTRANGE *(signal de),* point culminant de la Belgique, dans l'Ardenne ; 694 m.

BOTSWANA, anc. **Bechuanaland,** État de l'Afrique australe ; 570 000 km² ; 1 300 000 h. CAP. *Gaborone.* LANGUE : *anglais.* MONNAIE : *pula.* S'étendant en majeure partie sur le Kalahari, c'est un pays désertique, domaine de l'élevage bovin. Diamants. Protectorat britannique de 1885 à 1966. (V. carte ***Afrique.***)

BOTTICELLI (Sandro **Filipepi,** dit), peintre italien (Florence 1445 - *id.* 1510). Il est l'auteur d'un grand nombre de madones, de tableaux d'inspiration religieuse ou mythologique (*le Printemps*, la Naissance de Vénus,* musée des Offices), qu'idéalisent leurs arabesques gracieuses et leur coloris limpide.

BOTTIN (Sébastien), administrateur et statisticien français (Grimonviller 1764 - Paris 1853). Il a donné son nom à un annuaire du commerce et de l'industrie.

BOTTROP, v. d'Allemagne, dans la Ruhr ; 117 464 h. Houille. Chimie.

BOTZARIS ou **BÓTSARIS** (Márkos), un des héros de la guerre de l'Indépendance grecque (Soúli 1786 - Karpenísion 1823), défenseur de Missolonghi.

BOUAKÉ, v. de la Côte d'Ivoire ; 173 000 h.

BOUAYE (44830), ch.-l. de c. de la Loire-Atlantique ; 4 830 h.

BOUBKA → ***Bubka.***

BOUCAU (64340), comm. des Pyrénées-Atlantiques ; 6 868 h. Constructions mécaniques. Engrais. Cimenterie.

BOUC-BEL-AIR (13320), comm. des Bouches-du-Rhône ; 11 531 h.

BOUCHAIN (59111), ch.-l. de c. du Nord ; 4 339 h. Constructions mécaniques.

BOUCHARD (Lucien), homme politique canadien (Saint-Cœur-de-Marie, Québec, 1938). Fondateur (1990) et chef du Bloc québécois, il dirige l'opposition officielle au Parlement d'Ottawa après les élections fédérales de 1993. En 1996, il devient chef du parti québécois et Premier ministre du Québec.

BOUCHARDON (Edme), sculpteur français (Chaumont 1698 - Paris 1762). Artiste officiel de goût classique et réaliste, il s'oppose à la rocaille (*l'Amour se faisant un arc dans la massue d'Hercule,* marbre de 1747-1750, Louvre).

BOUCHEMAINE (49080), comm. de Maine-et-Loire ; 5 826 h.

BOUCHER (François), peintre, dessinateur, graveur et décorateur français (Paris 1703 - *id.* 1770). Protégé par Mme de Pompadour, il a notamment peint des scènes pastorales ou mythologiques d'une gracieuse virtuosité (au Louvre : *Vénus demande à Vulcain des armes pour Énée, le Nid, Renaud et Armide, le Déjeuner, Diane au bain, l'Odalisque brune*...).

BOUCHER (Hélène), aviatrice française (Paris 1908 - Versailles 1934). Après un raid Paris-Ramādī (Iraq) en solitaire, elle conquit sept records mondiaux.

BOUCHER (Pierre), officier français (Mortagne 1622 - Boucherville, Canada, 1717). Établi à Trois-Rivières, il accomplit en 1661 une mission auprès de Louis XIV qui fut suivie par le rattachement de la Nouvelle-France au domaine royal (1663).

BOUCHER DE CRÈVECŒUR DE PERTHES (Jacques), préhistorien français (Rethel 1788 - Abbeville 1868). Il démontra la très haute antiquité de l'homme et fut l'un des précurseurs des sciences préhistoriques *(Antiquités celtiques et antédiluviennes).*

BOUCHEROT (Paul), ingénieur français (Paris 1869 - 1943). Il imagina la distribution du courant électrique à intensité constante, puis s'intéressa aux premières applications des courants polyphasés.

BOUCHERVILLE, v. du Canada (Québec) ; 32 866 h.

BOUCHES-DU-RHÔNE (**13**), dép. de la Région Provence-Alpes-Côte d'Azur ; ch.-l. de dép. *Marseille ;* ch.-l. d'arr. *Aix-en-Provence, Arles, Istres ;* 4 arr., 53 cant., 119 comm. ; 5 087 km² ; 1 759 371 h. Le département est rattaché à l'académie d'Aix-en-Provence-Marseille, à la cour d'appel d'Aix-en-Provence et à la région militaire Méditerranée. À l'ouest, constitué surtout de plaines (Comtat, Crau, Camargue), s'oppose l'est, formé de hauteurs calcaires (Trévaresse, Sainte-Victoire, Estaque, Sainte-Baume) aérées par des bassins (Aix-en-Provence, Huveaune). L'agriculture, malgré sa variété (fruits et légumes, riz, vigne, élevage bovin), ne tient qu'une place secondaire. Les industries et les services sont concentrés dans l'agglomération de Marseille (et ses annexes : pourtour du golfe de Fos et de l'étang de Berre), qui groupe plus des deux tiers de la population totale du département. *(V. carte p. 1194.)*

BOUCICAUT (Aristide), négociant français (Bellême 1810 - Paris 1877), fondateur du grand magasin « Au Bon Marché » à Paris.

BOUCICAUT (Jean **Le Meingre,** dit), maréchal de France (v. 1366 - Yorkshire 1421) et grand connétable de l'empire d'Orient. Il défendit Constantinople contre les Turcs (1399), et gouverna Gênes (1401-1409). Fait prisonnier par les Anglais à Azincourt, il mourut en captivité.

BOUCOURECHLIEV (André), compositeur français d'origine bulgare (Sofia 1925). Il utilise tour à tour une instrumentation traditionnelle et les procédés électroacoustiques, ou la combinaison des deux, faisant parfois appel à la musique aléatoire *(Archipels I* à *V, Thrène).*

BOU CRAA, site du Sahara occidental. Gisement de phosphates.

BOUDDHA (« l'Illuminé ») ou **SIDDHĀRTA,** ou **ŚĀKYAMUNI,** noms sous lesquels on désigne le fondateur du bouddhisme, *Gautama,* personnage historique, fils du chef du clan des Śākya, qui prêcha la doctrine bouddhiste après avoir reçu l'« illumination » (v. 525 av. J.-C.). Sa prédication commença par le Sermon de Bénarès et se poursuivit pendant 35 ans à travers l'Inde du Nord-Est.

BOUDIAF (Mohamed), homme politique algérien (M'Sila 1919 - Annaba 1992). Membre

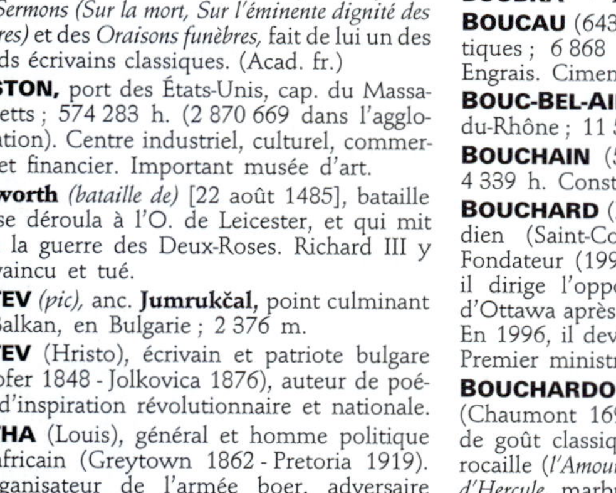

François **Boucher :** *Diane au bain* (1742). [Louvre, Paris.]

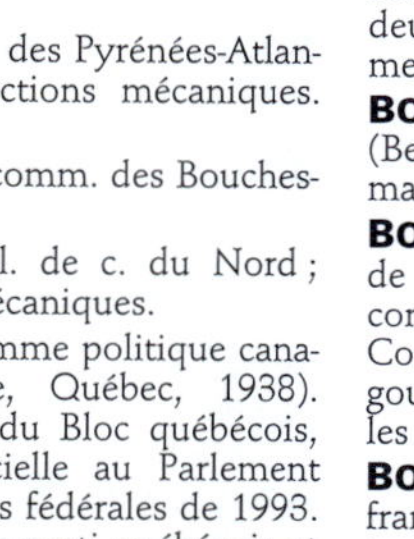

Bouddha donnant le premier sermon. Art gupta ; ve s. apr. J.-C. (Musée de Sārnāth [Inde].)

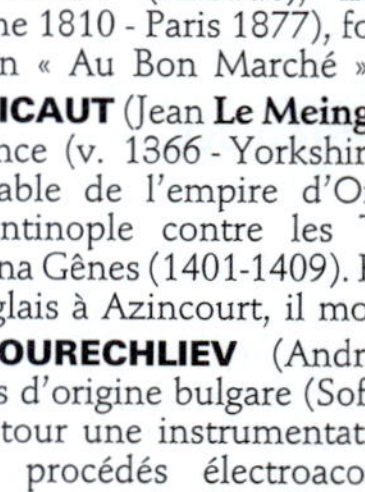

Bossuet
(H. Rigaud - Louvre, Paris)

fondateur du F. L. N., emprisonné de 1956 à 1962, il s'exile en 1963 au Maroc, d'où il dirige l'opposition de gauche au régime algérien. Rappelé en janvier 1992 pour présider le Haut Comité d'État, il est assassiné en juin.

BOUDICCA ou **BOADICÉE,** femme d'un roi de l'île de Bretagne. Elle lutta contre les Romains et, vaincue, s'empoisonna en 61 apr. J.-C.

BOUDIN (Eugène), peintre français (Honfleur 1824 - Deauville 1898). Il est l'auteur de marines et de paysages qui le font considérer comme un précurseur de l'impressionnisme (musées du Havre, de Honfleur).

BOUDON (Raymond), sociologue français (Paris 1934). Après une tentative méthodologique (*l'Analyse mathématique des faits sociaux,* 1967), il préconise une analyse des notions sociologiques, située entre la description et l'explication (*la Logique du social,* 1979 ; *l'Idéologie,* 1986).

BOUÉ (02450), comm. du nord de l'Aisne ; 1 377 h. Produits laitiers.

BOUÉ DE LAPEYRÈRE (Augustin), amiral français (Castéra-Lectourois 1852 - Pau 1924), commandant des flottes alliées en Méditerranée (1914-15).

BOUFARIK, v. d'Algérie, dans la Mitidja ; 50 000 h.

BOUFFÉMONT (95570), comm. du Val-d'Oise ; 5 716 h.

BOUFFLERS [buflɛr] (Louis François, *duc* **de**), maréchal de France (Cagny, auj. Crillon, Oise, 1644 - Fontainebleau 1711). Il défendit Lille (1708) et dirigea la retraite de Malplaquet (1709).

Georges **Boulanger**

Pierre **Boulez**

BOUG (parfois **BUG**) ou **BOUG MÉRIDIONAL** (le), fl. de l'Ukraine, tributaire de la mer Noire ; 806 km.

BOUG (parfois **BUG**) ou **BOUG OCCIDENTAL,** riv. de Biélorussie et de Pologne, qui rejoint le Narew (r. g.) ; 810 km.

BOUGAINVILLE *(île),* la plus grande île de l'archipel des Salomon (appartenant, depuis 1975, à la Papouasie-Nouvelle-Guinée) ; 10 600 km² ; 100 000 h. Cuivre. L'île a été découverte par Bougainville en 1768.

BOUGAINVILLE (Louis Antoine **de**), navigateur français (Paris 1729 - *id.* 1811). Il a écrit le récit du célèbre *Voyage autour du monde* qu'il fit de 1766 à 1769 à bord de la *Boudeuse.*

BOUGIE → ***Bejaia.***

BOUGIVAL (78380), comm. des Yvelines, sur la Seine ; 8 574 h. *(Bougivalais).*

BOUGLIONE, famille de banquistes d'origine italienne et gitane, qui dirige, depuis 1934, le cirque d'Hiver à Paris.

BOUGUENAIS (44340), comm. de la Loire-Atlantique ; 15 284 h. *(Bouguenaisiens).* Constructions aéronautiques.

BOUGUER (Pierre), géophysicien français (Le Croisic 1698 - Paris 1758), créateur de la photométrie.

BOUHOURS (Dominique), jésuite et grammairien français (Paris 1628 - *id.* 1702), défenseur de la doctrine classique et de la pureté de la langue.

BOUILLANTE (97125), comm. de la Guadeloupe ; 7 007 h.

BOUILLARGUES (30230), ch.-l. de c. du Gard, près de Nîmes ; 4 357 h.

BOUILLAUD (Jean-Baptiste), médecin français (Garat 1796 - Paris 1881). Il a décrit le rhumatisme articulaire aigu *(maladie de Bouillaud).*

BOUILLÉ (François Claude, *marquis* **de**), général français (Cluzel-Saint-Eble, Auvergne, 1739 - Londres 1800). Il prépara en 1791 la fuite de Louis XVI.

BOUILLON, v. de Belgique (Luxembourg), sur la Semois ; 5 468 h. Centre touristique. Ch.-l., au Moyen Âge, du *duché de Bouillon.* Château fort. Musée ducal.

BOUILLON (Godefroi **de**) → ***Godefroi IV.***

BOUILLON (Henri **de La Tour d'Auvergne,** *vicomte* **de Turenne,** *duc* **de**), prince de Sedan, maréchal de France (Joze 1555 - Sedan 1623), un des chefs du parti protestant et partisan dévoué d'Henri IV. — Son fils **Frédéric Maurice de La Tour d'Auvergne,** *duc* **de Bouillon** (Sedan 1605 - Pontoise 1652), ennemi de Richelieu, s'allia aux Espagnols et vainquit les Français à la Marfée (1641).

BOUILLY (10320), ch.-l. de c. de l'Aube ; 1 045 h.

BOUIN (Jean), athlète français (Marseille 1888 - au champ d'honneur 1914), champion de course à pied (fond).

BOUKHARA, v. de l'Ouzbékistan, en Asie centrale ; 224 000 h. Tourisme. Monuments des IXe-XVIe s., dont le mausolée (v. 907) d'Ismā'īl le Samanide.

BOUKHARINE (Nikolaï Ivanovitch), économiste et homme politique soviétique (Moscou 1888 - *id.* 1938). Théoricien du parti, il fut éliminé par Staline de la présidence de l'Internationale communiste (1928), puis condamné et exécuté (1938). Il a été réhabilité en 1988.

BOULAÏDA (El-), anc. **Blida,** v. d'Algérie, ch.-l. de wilaya, au pied de l'*Atlas d'El-Boulaïda ;* 161 000 h.

BOULAINVILLIERS (Henri, *comte* **de**), historien et philosophe français (Saint-Saire, Seine-Maritime, 1658 - Paris 1722), auteur d'un *Essai sur la noblesse de France* (1732).

BOULANGER (Georges), général et homme politique français (Rennes 1837 - Ixelles, Belgique, 1891). Ministre de la Guerre (1886-87) très populaire, il regroupa autour de lui les mécontents et les patriotes « revanchards ». Élu triomphalement dans plusieurs départements et à Paris, il renonça au coup d'État projeté (1889) et s'enfuit en Belgique, où il se suicida sur la tombe de sa maîtresse.

BOULANGER (Nadia), pédagogue et compositrice française (Paris 1887 - *id.* 1979). Directrice du Conservatoire américain de Fontainebleau.

BOULAY DE LA MEURTHE (Antoine), homme politique français (Chaumousey, Vosges, 1761 - Paris 1840), un des rédacteurs du Code civil.

BOULAY-MOSELLE (57220), ch.-l. d'arr. de la Moselle ; 4 556 h. *(Boulageois).*

BOULAZAC (24750), comm. de la Dordogne ; 6 266 h. Zone industrielle.

Boulder Dam → ***Hoover Dam.***

BOULE (Marcellin), géologue et paléontologiste français (Montsalvy 1861 - *id.* 1942). Directeur de l'Institut de paléontologie humaine de Paris (1920), auteur d'un traité sur les *Hommes fossiles* (1921), il est le fondateur de l'école française de paléontologie humaine.

BOULEZ (Pierre), compositeur et chef d'orchestre français (Montbrison 1925). Héritier de Debussy et de Webern, il poursuit la tradition du sérialisme (*le Marteau sans maître,* 1955) avant de devenir le leader de la recherche sur la synthèse des sons (*Explosante fixe,* 1972). Avec *Répons* (1981), il rend effectifs les résultats des travaux de l'I. R. C. A. M., qu'il dirige de 1976 à 1991.

BOULGAKOV (Mikhaïl Afanassievitch), écrivain russe (Kiev 1891 - Moscou 1940). Auteur de romans sur la guerre civile (*la Garde blanche,* 1925) et de comédies satiriques, il a traité le thème de l'artiste condamné au compromis avec le pouvoir politique (*le Maître et Marguerite,* 1928-1940, publié en 1966).

BOULGANINE (Nikolaï Aleksandrovitch), maréchal soviétique (Nijni Novgorod 1895 - Moscou 1975), président du Conseil de 1955 à 1958.

BOULLE (André Charles), ébéniste français (Paris 1642 - *id.* 1732), créateur d'un type de meubles luxueux recouverts de marqueterie d'écaille et de cuivre, enrichis de bronzes ciselés.

Boulle *(école),* lycée d'enseignement technique et professionnel, fondé à Paris en 1886, sous le nom d'École municipale d'ameublement, et formant les cadres techniques et artistiques des professions de l'ameublement et de la décoration intérieure.

BOULLE (Pierre), écrivain français (Avignon 1912 - Paris 1994), auteur de romans d'aventures (*le Pont de la rivière Kwaï,* 1952) et de science-fiction (*la Planète des singes,* 1963).

BOULLÉE (Étienne Louis), architecte français (Paris 1728 - *id.* 1799), auteur de projets visionnaires (cénotaphe pour Newton, 1784).

BOULLONGNE ou **BOULOGNE,** famille de peintres parisiens, artistes officiels dont les principaux sont **Louis le Vieux** (1609-1674) et ses deux fils **Bon** (1649-1717) et **Louis le Jeune** (1654-1733).

Boulogne *(bois de),* parc de l'ouest de Paris, aménagé sous le second Empire sur les vestiges de l'ancienne forêt de Rouvray.

Boulogne *(camp de),* établi de 1803 à 1805 par Napoléon Ier à Boulogne-sur-Mer, pour préparer l'invasion de l'Angleterre.

BOULOGNE (Jean) → ***Giambologna.***

BOULOGNE (Valentin **de**) → ***Valentin.***

BOULOGNE-BILLANCOURT (92100), ch.-l. d'arr. des Hauts-de-Seine, au sud-ouest de Paris ; 101 971 h. *(Boulonnais).* Quartiers résidentiels en bordure du *bois de Boulogne.* Constructions aéronautiques et électriques. Jardins Albert-Kahn. Musées.

BOULOGNE-SUR-GESSE (31350), ch.-l. de c. de la Haute-Garonne ; 1 569 h. Église du XVe s.

BOULOGNE-SUR-MER (62200), ch.-l. d'arr. du Pas-de-Calais, sur la Manche, à l'embouchure de la Liane ; 44 244 h. *(Boulonnais) ;* environ 90 000 dans l'agglomération. Principal port de pêche français (conserveries). Métallurgie. Articles de bureau. Enceinte du XIIIe s. autour de la ville haute. Musée.

BOULOIRE (72440), ch.-l. de c. de l'est de la Sarthe ; 1 915 h.

BOULONNAIS, région du Pas-de-Calais, plateau de craie ouvert par une dépression argileuse et humide, la « fosse du Boulonnais ». Élevage. V. pr. *Boulogne-sur-Mer.*

BOULOU (Le) [66160], comm. des Pyrénées-Orientales, sur le Tech ; 4 456 h. Station thermale (troubles digestifs). Église romane.

BOULOURIS (83700 St Raphaël), station balnéaire du Var (comm. de Saint-Raphaël), sur le littoral de l'Esterel.

BOUMEDIENE (Muḥammad **Būkharrūba,** dit **Houari**), militaire et homme politique algérien (Héliopolis 1932 - Alger 1978). Chef d'état-major de l'Armée de libération nationale (1960), il fut président de la République algérienne (1965-1978).

BOUNINE (Ivan Alekseïevitch), écrivain russe (Voronej 1870 - Paris 1953), fidèle au réalisme classique dans ses romans et ses nouvelles (*le Village,* 1910). [Prix Nobel 1933.]

Bounty, navire britannique dont l'équipage se mutina (1789) et abandonna son capitaine, W. Bligh, dans une chaloupe en pleine mer.

BOURASSA (Robert), homme politique canadien (Montréal 1933). Chef du parti libéral, il est Premier ministre du Québec de 1970 à 1976 et de 1985 à 1994.

BOURBAKI (Charles), général français (Pau 1816 - Cambo 1897). Il commanda l'armée de l'Est en 1871.

Bourbaki (Nicolas), pseudonyme collectif sous lequel des mathématiciens, pour la plupart français, ont entrepris, depuis 1939, l'exposition des mathématiques en les prenant à leur point de départ logique et en proposant leur systématisation.

BOURBON *(île)* → ***Réunion.***

BOURBON (Charles III, *duc* **de**) [1490 - Rome 1527]. Il se distingua à Agnadel (1509) et Marignan (1515), et devint connétable. Louise de Savoie, mère de François Ier, lui ayant réclamé l'héritage bourbonnais, il passa au service de Charles Quint et fut tué au siège de Rome.

BOURBON (Charles **de**), prélat français (La Ferté-sous-Jouarre 1523 - Fontenay-le-Comte 1590), cardinal, puis archevêque de Rouen. La Ligue le proclama roi de France sous le nom de Charles X (1589).

BOURBON *(maisons de),* maisons nobles, princières et royales dont les membres ont régné en France, à Naples, en Sicile, à Parme et en Espagne. Leur nom vient du Bourbonnais qu'elles tinrent jadis en fief ou en apanage. **La première maison de Bourbon** (Bourbon-l'Archambault) remonte au Xe s. La seigneurie passe par mariage en 1197 à Gui II de Dampierre, fondateur de la **deuxième maison de Bourbon** (Bourbon-Dampierre), puis en 1272 à Robert de France, comte de Clermont, fils de Louis IX, qui fonde la **troisième maison de Bourbon** (ou maison capétienne). Le fils de Robert, Louis Ier le Grand, fut créé duc de Bourbon en 1327 ; huit ducs de Bourbon se succédèrent de Louis Ier à Charles III, le connétable, dont les biens furent confisqués en 1527. La branche cadette de la Marche hérita alors du titre de Vendôme et parvint au trône de Navarre avec Antoine (1555) et au trône de France avec Henri IV (1589). Le fils de ce dernier, Louis XIII, eut deux fils. De la lignée aînée, issue de Louis XIV, fils aîné de Louis XIII, viennent : la branche française, éteinte en la personne du comte de Chambord (Henri V) en 1883 ; la branche espagnole, divisée en divers rameaux, dont les principaux sont aujourd'hui le rameau royal d'Espagne, le rameau royal des Deux-Siciles et le rameau ducal de Parme. De la lignée cadette, issue de Philippe, duc d'Orléans, second fils de Louis XIII, et parvenue au trône de France avec Louis-Philippe Ier (1830-1848), viennent : la branche d'Orléans, dont le chef actuel est Henri, comte de Paris ; la branche d'Orléans-Bragance, ou maison impériale du Brésil ; la branche de Montpensier, dont les membres sont infants d'Espagne.

Bourbon *(palais),* à Paris, édifice situé sur la rive gauche de la Seine, en face de la place de la Concorde. Construit en 1722 pour la duchesse de Bourbon, très agrandi et modifié aux XVIIIe et XIXe s., il est occupé par l'Assemblée nationale *(Palais-Bourbon).*

BOURBON-LANCY (71140), ch.-l. de c. de Saône-et-Loire ; 6 212 h. *(Bourbonniens).* Constructions mécaniques. Station thermale (rhumatismes). Vestiges médiévaux.

BOURBON-L'ARCHAMBAULT (03160), ch.-l. de c. de l'Allier ; 2 642 h. *(Bourbonnais).* Station thermale (rhumatismes). Anc. cap. de la seigneurie de Bourbon (ruines du château des XIIIe-XIVe s.).

BOURBONNAIS, région au nord du Massif central, correspondant approximativement au dép. de l'Allier. Le Bourbonnais fut réuni à la Couronne en 1531, après la confiscation des domaines du connétable de Bourbon.

BOURBONNE-LES-BAINS (52400), ch.-l. de c. de l'est de la Haute-Marne ; 2 853 h. *(Bourbonnais).* Station thermale (fractures et rhumatismes).

BOURBOULE (La) [63150], comm. du Puy-de-Dôme, dans les monts Dore ; 2 134 h. *(Bourbouliens).* Station thermale (voies respiratoires, allergies).

BOURBOURG (59630), ch.-l. de c. du Nord ; 7 125 h.

BOURBRIAC (22390), ch.-l. de c. des Côtes-d'Armor ; 2 373 h. Église des XIe-XVIe s.

BOURDALOUE (Louis), jésuite français (Bourges 1632 - Paris 1704). Il prononça des *Sermons* devant la cour de 1670 à 1693.

BOURDELLE (Antoine), sculpteur français (Montauban 1861 - Le Vésinet 1929), auteur de bronzes comme l'*Héraclès archer* (1909), comme l'*Alvear* de Buenos Aires (entouré de 4 allégories, 1913-1923), ainsi que des bas-reliefs du Théâtre des Champs-Élysées, à Paris. Son atelier, dans la capitale, est auj. musée.

BOURDICHON (Jean), peintre et miniaturiste français (Tours ? v. 1457 - *id.* 1521), auteur des *Heures d'Anne de Bretagne* (B. N., Paris).

BOURDIEU (Pierre), sociologue français (Denguin, Pyrénées-Atlantiques, 1930). Il s'est intéressé à la sociologie de l'éducation (*la Reproduction,* 1970) et de la culture (*la Distinction,* 1979).

BOURDON (Eugène), ingénieur et industriel français (Paris 1808 - *id.* 1884), inventeur du manomètre métallique (1849) et de divers appareils (trompe à vide, tachymètre, etc.).

BOURDON (François), ingénieur français (Seurre 1797 - Marseille 1865). À partir de 1837, il fut, sous la direction des Schneider, le réorganisateur du Creusot où il installa notamment un marteau-pilon resté célèbre (1841).

BOURDON (Sébastien), peintre français (Montpellier 1616 - Paris 1671). Auteur de scènes de genre, de tableaux religieux et de portraits, il travailla à Rome, à Stockholm et surtout à Paris.

BOUREÏA (la), riv. de Sibérie, affl. de l'Amour (r. g.) ; 623 km. Gisements miniers (fer et houille) dans sa vallée.

BOURG (33710), ch.-l. de c. de la Gironde, dans le *Bourgeais ;* 2 180 h. Vignobles.

BOURGAIN (Jean), mathématicien belge (Ostende 1954). Ses travaux portent sur les domaines les plus variés de l'analyse mathématique. Son œuvre considérable a été récompensée par la médaille Fields en 1994.

BOURGANEUF (23400), ch.-l. de c. de la Creuse ; 3 722 h. *(Bourgouniauds).* Mobilier. Restes d'un prieuré de l'ordre de Malte.

BOURG-ARGENTAL [burkarʒɑ̃tal] (42220), ch.-l. de c. de la Loire ; 2 892 h. *(Bourguisans).*

BOURGAS → ***Burgas.***

BOURG-DE-PÉAGE (26300), ch.-l. de c. de la Drôme, sur l'Isère ; 9 462 h. *(Péageois).* Travail du cuir. Constructions mécaniques.

BOURG-D'OISANS (Le) [38520], ch.-l. de c. de l'Isère ; 2 981 h. *(Bourcats).* Centre d'excursions.

BOURGELAT (Claude), vétérinaire français (Lyon 1712 - *id.* 1779), fondateur de la première école vétérinaire au monde, à Lyon en 1761, puis de celle d'Alfort en 1766.

BOURG-EN-BRESSE [burkɑ̃brɛs] (01000), ch.-l. du dép. de l'Ain, à 414 km au sud-est de Paris ; 42 955 h. *(Burgiens* ou *Bressans).* Centre commercial. Constructions mécaniques. Câbles. Anc. monastère et église de Brou*.

BOURGEOIS (Léon), homme politique français (Paris 1851 - Oger, Marne, 1925). Douze fois ministre (1888-1917), président du Conseil (1895-96), il fut l'un des promoteurs de la S. D. N. (Prix Nobel de la paix 1920.)

BOURGEOIS (Louise), sculpteur américain d'origine française (Paris 1911). Elle épouse en 1938 l'historien d'art Robert Goldwater et le suit à New York, où elle fréquente le milieu surréaliste. Son œuvre, par formes allusives ou symboliques, va au cœur de la vie.

Antoine **Bourdelle :** *Héraclès archer.*
Détail du plâtre original.
(Musée Bourdelle, Paris.)

BOURGEOIS (Robert), général et savant français (Sainte-Marie-aux-Mines 1857 - Paris 1945), auteur de travaux géodésiques et topographiques. Chef du Service géographique de l'armée (1911).

Bourgeois de Paris *(Journal du)*, chronique anonyme (1405-1449) de la vie parisienne.

Bourgeois gentilhomme (le), comédie-ballet en 5 actes et en prose, de Molière, musique de Lully, intermède dansé réglé par Beauchamp (1670) : satire d'un marchand drapier parvenu, M. Jourdain, qui veut jouer au gentilhomme.

BOURGEOYS (Marguerite) → ***Marguerite Bourgeoys*** *(sainte)*.

BOURGES (18000), ch.-l. du dép. du Cher, anc. cap. du Berry, à 226 km au sud de Paris ; 78 773 h. *(Berruyers)*. Archevêché. Cour d'appel. Fabrication d'armement. Pneumatiques. — Importante cathédrale gothique (1195-1255 pour l'essentiel ; portails sculptés, vitraux). Hôtel Jacques-Cœur (XVe s.). Musées. Festival de musique *(Printemps de Bourges)*. — Réunie au domaine royal au XIIe s., la ville devint la résidence du « roi de Bourges » (Charles VII) et le centre de la résistance aux Anglais à la fin de la guerre de Cent Ans.

Bourges : façade sur cour de l'hôtel Jacques-Cœur (milieu du XVe s.).

BOURGES (Élémir), écrivain français (Manosque 1852 - Paris 1925), auteur de romans et d'un drame, *la Nef* (1904-1922).

BOURGET *(lac du)*, lac de Savoie, à 9 km de Chambéry ; 45 km² (long. 18 km). Lamartine l'a chanté en des strophes célèbres.

BOURGET (Le) [93350], ch.-l. de c. de la Seine-Saint-Denis, banlieue nord-est de Paris ; 11 728 h. Aéroport. Salons internationaux de l'aviation et de l'espace. Musée de l'Air et de l'Espace. Constructions mécaniques et électriques.

BOURGET (Ignace), prélat canadien (La Pointe-Lévis 1799 - Sault-au-Récollet, près de Montréal, 1885), deuxième évêque de Montréal.

BOURGET (Paul), écrivain français (Amiens 1852 - Paris 1935). Adversaire du culte de la science et de l'esthétique naturaliste, il célébra les valeurs traditionnelles dans ses romans psychologiques (*le Disciple,* 1889). [Acad. fr.]

BOURGET-DU-LAC (Le) [73370], comm. de la Savoie, près du *lac du Bourget ;* 2 909 h. Station estivale. Église (XIe-XVe s.) d'un anc. prieuré.

BOURG-LA-REINE (92340), ch.-l. de c. des Hauts-de-Seine, banlieue sud de Paris ; 18 635 h. *(Réginaborgiens)*.

BOURG-LASTIC (63760), ch.-l. de c. de l'ouest du Puy-de-Dôme ; 1 089 h.

BOURG-LÉOPOLD, en néerl. **Leopoldsburg,** comm. de Belgique (Limbourg) ; 13 657 h.

BOURG-LÈS-VALENCE (26500), ch.-l. de c. de la Drôme ; 18 605 h. *(Bourcains)*. Centrale hydroélectrique sur une dérivation du Rhône. Métallurgie.

BOURG-MADAME (66760), comm. des Pyrénées-Orientales ; 1 326 h. *(Guinguettois)*. Station d'altitude (1 130 m) à la frontière espagnole.

BOURGNEUF-EN-RETZ (44580), ch.-l. de c. de la Loire-Atlantique, près de la *baie de Bourgneuf* (ostréiculture) ; 2 356 h. Anc. port.

BOURGOGNE, région de l'est de la France, qui est plus une unité historique qu'une unité géographique. Elle se rattache à la Champagne par les pays de l'Yonne, au Massif central par le Morvan, enfin aux plaines de la Saône, dominées par le talus du vignoble bourguignon. *Dijon,* cap. historique, reste auj. la ville la plus importante. *(Bourguignons.)*

HISTOIRE

534 : le premier royaume, fondé par les *Burgondes,* passe dans les possessions mérovingiennes. 561 : un second royaume bourguignon atteint le littoral méditerranéen. 771 : il est annexé par Charlemagne. 879 : Boson, époux d'une Carolingienne, se fait proclamer roi en Bourgogne méridionale et en Provence. 890 : Rodolphe Ier se fait reconnaître roi dans la Bourgogne septentrionale, ou Bourgogne jurane. 934 : Rodolphe II unit les deux royaumes de Bourgogne provençale et Bourgogne jurane en un seul. 1032 : après la mort de Rodolphe III, l'empereur d'Occident Conrad II, son cousin, se fait couronner roi de Bourgogne. La Bourgogne se trouve unie pour longtemps à la Germanie, et les rois de France l'entament peu à peu au cours des siècles. Tandis que le comté de Bourgogne, sur la rive gauche de la Saône, reste impérial (Franche-Comté), le duché de Bourgogne (rive droite) se constitue (IXe s.) avec, comme premier titulaire, Richard le Justicier (m. en 921), frère de Boson. 1002 : le duché passe au roi Robert II le Pieux, dont le 3e fils, Robert, est la tige de la première maison capétienne de Bourgogne. 1361 : à la mort du dernier représentant mâle de cette maison, Jean II le Bon, roi de France, fils de Jeanne de Bourgogne, hérite du duché. 1363 : il le transmet à son quatrième fils, Philippe II le Hardi, tige de la seconde maison capétienne de Bourgogne. 1364-1477 : les quatre ducs Philippe II le Hardi, Jean sans Peur, Philippe III le Bon, Charles le Téméraire ajoutent au duché primitif de nombreux territoires (Flandre, Brabant, Luxembourg, Hainaut, etc.), qui constituent les puissants et prospères États bourguignons. 1477 : le duché de Bourgogne est conquis par Louis XI à la mort de Charles le Téméraire et devient province française.

BOURGOGNE, Région administrative regroupant les dép. de la Côte-d'Or, de la Nièvre, de Saône-et-Loire et de l'Yonne ; 31 582 km² ; 1 609 653 h. Ch.-l. *Dijon.*

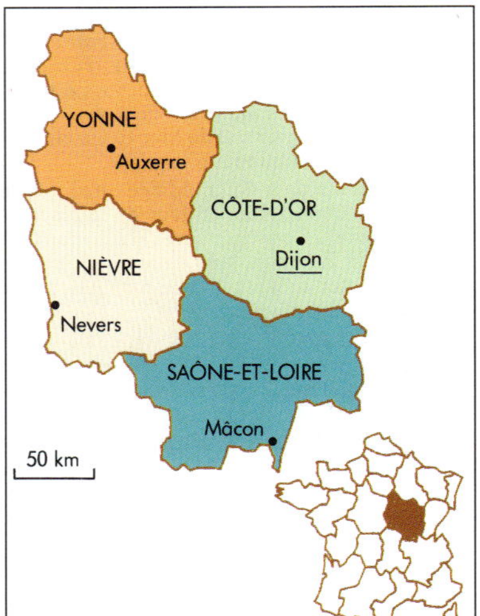

Bourgogne

Bourgogne *(canal de)*, canal qui unit le bassin de la Seine à celui du Rhône par les vallées de l'Armançon et de l'Ouche ; 242 km.

Bourgogne *(hôtel de)*, résidence parisienne des ducs de Bourgogne ; il n'en reste aujourd'hui qu'une tour, dite *donjon de Jean sans Peur* (rue Étienne-Marcel). Transformé en 1548 par les *Confrères de la Passion* en salle de spectacle, il fut, dès la fin du XVIe s., le premier théâtre régulier de Paris.

BOURGOGNE *(porte de)* → ***Alsace*** *(porte d')*.

BOURGOGNE *(vignoble de)*, région viticole englobant notamment la *côte de Nuits* et la *côte de Beaune,* la *côte chalonnaise,* la *côte mâconnaise,* et le *Beaujolais.*

BOURGOGNE (Louis, *duc* **de**) → ***Louis de France.***

BOURGOING (François), théologien français (Paris 1585 - *id.* 1662), l'un des fondateurs de l'Oratoire et son troisième général (1641).

BOURGOIN-JALLIEU (38300), ch.-l. de c. de l'Isère, sur la Bourbre ; 22 749 h. *(Berjalliens)*. Industries mécaniques, textiles et chimiques.

BOURG-SAINT-ANDÉOL (07700), ch.-l. de c. de l'Ardèche, sur le Rhône ; 8 042 h. *(Bourguesans)*. Église romane.

BOURG-SAINT-MAURICE (73700), ch.-l. de c. de la Savoie, en Tarentaise, sur l'Isère ; 7 060 h. *(Borains)*. Station d'altitude (840 m).

BOURGTHEROULDE-INFREVILLE (27520), ch.-l. de c. de l'Eure ; 2 755 h.

BOURGUEIL (37140), ch.-l. de c. d'Indre-et-Loire ; 4 073 h. Vins rouges. Anc. abbaye.

BOURGUIBA (Ḥabīb ibn 'Alī), homme politique tunisien (Monastir 1903). Fondateur (1934) du Néo-Destour moderniste et laïque, il a été le principal artisan de l'indépendance de son pays. Président de la République tunisienne à partir de 1957, élu président à vie en 1975, il a été destitué en 1987.

Bourguignons *(faction des)*, parti du duc de Bourgogne, opposé aux Armagnacs durant la guerre de Cent Ans.

BOURIATES, peuple mongol habitant la République de Bouriatie (Russie) [1 042 000 h. Cap. *Oulan-Oude*] et la République de Mongolie.

BOURMONT (Louis **de Ghaisnes,** *comte* **de**), maréchal de France (Freigné, Maine-et-Loire, 1773 - *id.* 1846). Après avoir servi Napoléon, il l'abandonna en 1815, rejoignit Louis XVIII à Gand et fut un des accusateurs de Ney. Ministre de la Guerre (1829), il commanda l'armée qui, en 1830, prit Alger.

BOURNAZEL (Henri **de**), officier français (Limoges 1898 - Bou Gafer, Maroc, 1933). Il s'illustra dans la lutte contre Abd el-Krim, puis dans la pacification du Tafilalet.

BOURNEMOUTH, v. de Grande-Bretagne, sur la Manche ; 154 400 h. Station balnéaire.

BOUROGNE (90140), comm. du Territoire de Belfort ; 2 318 h. Port fluvial et zone industrielle sur le canal du Rhône au Rhin.

BOURRIENNE (Louis **Fauvelet de**), officier français (Sens 1769 - Caen 1834). Camarade de Bonaparte à Brienne, il le suivit en Italie. Conseiller d'État, puis diplomate, il se rallia à Louis XVIII en 1814. Il est l'auteur de *Mémoires* (1829-1831).

BOURSAULT (Edme), écrivain français (Mussy-l'Évêque 1638 - Paris 1701). Il attaqua violemment Molière et écrivit des romans et des comédies (*le Mercure galant,* 1683).

BOURVIL (André **Raimbourg,** dit), acteur et chanteur français (Pretot-Vicquemare 1917 - Paris 1970). D'abord chanteur d'opérette, il joua au cinéma dans un registre le plus souvent comique. Il a interprété notamment *la Traversée de Paris* (C. Autant-Lara, 1956), *la Grande Vadrouille* (G. Oury, 1966), *le Cercle rouge* (J.-P. Melville, 1970).

BOUSCAT (Le) [33110], ch.-l. de c. de la Gironde, banlieue nord-ouest de Bordeaux ; 21 574 h. *(Bouscatais)*. Métallurgie.

BOUSSAÂDA, v. d'Algérie ; 50 000 h. Oasis la plus proche d'Alger.

BOUSSAC (23600), ch.-l. de c. du nord-est de la Creuse ; 1 686 h. Matériel d'isolation. Château médiéval.

BOUSSINGAULT (Jean-Baptiste), chimiste français (Paris 1802 - *id.* 1887), auteur de travaux de chimie agricole et de physiologie végétale.

BOUSSOIS (59168), comm. du Nord ; 3 481 h. Verrerie.

BOUSSU, comm. de Belgique (Hainaut) ; 20 676 h. Métallurgie. Église avec chœur du XIIIe s.

BOUSSY-SAINT-ANTOINE (91800), comm. de l'Essonne ; 5 940 h.

BOUTHOUL (Gaston), sociologue français (Monastir, Tunisie, 1896 - Paris 1980). Il s'est consacré à l'étude des guerres, qu'il a appelée polémologie.

BOUTROS-GHALI (Boutros), juriste, diplomate et homme politique égyptien (Le Caire 1922). Ministre d'État chargé des Affaires étrangères de 1977 à 1991, il est secrétaire général de l'O.N.U. depuis 1992.

BOUTS (Dirk ou Dieric), peintre des anciens Pays-Bas (Haarlem v. 1415 - Louvain 1475), émule de Van Eyck et de Van der Weyden (triptyque de la *Cène,* Louvain).

Bouvard et Pécuchet, roman de G. Flaubert, inachevé, publié en 1881. C'est l'histoire de deux esprits médiocres qui s'essaient sans méthode aux sciences et aux techniques, et qui, ne pouvant assimiler que les « idées reçues », y échouent misérablement.

Bouvines *(bataille de)* [27 juill. 1214], victoire remportée à Bouvines, localité au S.-E. de Lille, par Philippe Auguste, soutenu par les milices communales, sur l'empereur Otton IV et ses alliés, Jean sans Terre et le comte de Flandre. Elle est considérée par les historiens comme la première victoire nationale.

BOUXWILLER [buksvilɛr] (67330), ch.-l. de c. du Bas-Rhin ; 3 708 h. Hôtel de ville du XVIIe s.

Bouygues, société française de bâtiment et travaux publics, créée en 1952. Premier groupe français dans son secteur, il s'est diversifié dans l'ingénierie pétrolière, la distribution d'eau, d'électricité et de gaz, et l'audiovisuel (principal actionnaire de TF1).

BOUZIGUES (34140), comm. de l'Hérault, sur l'étang de Thau ; 912 h. Mytiliculture.

BOUZONVILLE (57320), ch.-l. de c. de la Moselle ; 4 191 h. Métallurgie. Freins.

BOVES (80440), ch.-l. de c. de la Somme ; 2 969 h.

BOVET (Daniel), pharmacologiste italien (Neuchâtel 1907 - Rome 1992). Ses travaux sur les antihistaminiques et les curarisants de synthèse lui ont valu en 1957 le prix Nobel de physiologie et de médecine.

Boxers ou **Boxeurs,** membres d'une société secrète chinoise qui, à partir de 1895, anima un mouvement xénophobe. Celui-ci culmina en 1900 avec une émeute qui menaça les légations européennes, ce qui provoqua une expédition internationale qui en eut raison.

Boyacá *(bataille de)* [7 août 1819], victoire de Bolívar sur les Espagnols, qui décida de l'indépendance de la Colombie.

BOYER (Augustin), éditeur français (Villiers-Saint-Benoît 1821 - Paris 1896). Il fut l'associé de Pierre Larousse.

BOYER (Charles), acteur français naturalisé américain (Figeac 1897 - Phoenix 1978). Il fut pour Hollywood l'incarnation du séducteur français : *Back Street* (R. Stevenson, 1941), *Hantise* (G. Cukor, 1944).

BOYLE (Robert), physicien et chimiste irlandais (Lismore Castle 1627 - Londres 1691). Il énonça la loi de compressibilité des gaz, introduisit la notion moderne d'élément chimique en opposition à la théorie aristotélicienne des éléments et découvrit le rôle de l'oxygène dans les combustions.

Boyne *(bataille de la)* [1er juill. 1690], victoire remportée en Irlande sur les rives de la Boyne par Guillaume III d'Orange sur les troupes de Jacques II.

BOYSSET (Antoine) → ***Boesset.***

BOZEL (73350), ch.-l. de c. de la Savoie ; 1 706 h. Centrale hydroélectrique.

BOZEN → ***Bolzano.***

BOZOULS (12340), ch.-l. de c. de l'Aveyron ; 2 087 h. Cañon du Dourdou, dit *trou de Bozouls.* Église romane.

BP → ***British Petroleum.***

Brabançonne (la), hymne national belge, composé en 1830 par F. Van Campenhout (1779-1848).

Ḥabīb **Bourguiba**

Robert **Boyle**

BRABANT, anc. prov. du centre de la Belgique. Elle englobait les actuelles provinces du Brabant flamand et du Brabant wallon (créées en 1995) ainsi que la Région de Bruxelles-Capitale.

BRABANT, duché formé au XIe s. par les comtes de Louvain. Passé en 1406 à un cadet de la seconde maison capétienne de Bourgogne, il échut en 1430 à Philippe III le Bon, duc de Bourgogne, puis en 1477 à la maison d'Autriche, dont la branche espagnole dut reconnaître en 1609 aux Provinces-Unies la possession de sa partie septentrionale.

BRABANT FLAMAND, prov. de Belgique correspondant à la partie nord de l'ancien Brabant ; 2 119 km^2 ; 939 252 h. Ch.-l. *Louvain* ; 2 arr. *(Louvain, Halle-Vilvoorde)* et 65 comm.

BRABANT-SEPTENTRIONAL, prov. du sud des Pays-Bas ; 2 103 000 h. Ch.-l. *Bois-le-Duc.* V. pr. *Eindhoven.*

BRABANT WALLON, prov. de Belgique correspondant à la partie sud de l'ancien Brabant ; 1 097 km^2 ; 332 966 h. Ch.-l. *Wavre* ; 1 arr. et 27 comm.

BRACIEUX (41250), ch.-l. de c. de Loir-et-Cher ; 1 173 h.

BRACQUEMOND (Félix), graveur, peintre et décorateur français (Paris 1833 - *id.* 1914). Féru de recherches techniques, il joua un rôle d'animateur, amenant ainsi Manet à l'eau-forte.

BRADBURY (Ray Douglas), écrivain américain (Waukegan, Illinois, 1920), auteur de récits de science-fiction *(Chroniques martiennes, Fahrenheit 451).*

BRADFORD, v. de Grande-Bretagne (Yorkshire) ; 295 000 h. Textile. Électronique.

BRADLEY (Francis Herbert), philosophe britannique (Clapham, auj. dans Londres, 1846 - Oxford 1924), idéaliste hégélien.

BRADLEY (James), astronome britannique (Sherborne, Gloucestershire, 1693 - Chalford, Gloucestershire, 1762). Il a découvert l'aberration de la lumière des étoiles (1727) et la nutation de l'axe de rotation de la Terre (1748).

BRADLEY (Omar), général américain (Clark, Missouri, 1893 - New York 1981). Il se distingua en Tunisie et en Sicile et commanda le 12e groupe d'armées de la Normandie à l'Allemagne (1944-45).

BRAGA, v. du Portugal septentrional ; 90 535 h. Cathédrale des XIIe-XVIIIe s. Sanctuaire du Bom Jesus do Monte, du XVIIIe s.

BRAGA (Teófilo), homme politique et écrivain portugais (Ponta Delgada 1843 - Lisbonne 1924), président de la République en 1915.

BRAGANCE, v. du Portugal septentrional ; 16 554 h. Ville haute fortifiée.

BRAGANCE *(maison de),* famille issue d'Alphonse Ier, duc de Bragance, fils naturel de Jean Ier, roi de Portugal, et qui régna sur le Portugal de 1640 à 1910 et sur le Brésil de 1822 à 1889.

BRAGG (*sir* William Henry), physicien britannique (Wigton, Cumberland, 1862 - Londres 1942). Il reçut en 1915 le prix Nobel avec son fils *sir* **William Lawrence** (1890-1971) pour leurs travaux sur la diffraction des rayons X par les cristaux.

BRAHE (Tycho), astronome danois (Knudstrup 1546 - Prague 1601). À partir de 1576, il fit édifier dans l'île de Hveen, dans le Sund, un observatoire astronomique qu'il équipa de grands instruments grâce auxquels il effectua les observations astronomiques les plus précises avant l'invention de la lunette. Celles de la planète Mars permirent à Kepler d'énoncer les lois du mouvement des planètes. Brahe établit un catalogue d'étoiles, montra que les comètes ne sont pas des phénomènes atmosphériques et découvrit certaines inégalités du mouvement de la Lune ainsi que la variation de l'obliquité de l'écliptique.

Tycho **Brahe**

Johannes **Brahms**
(Laurens - AKG, Berlin)

BRAHMĀ, un des principaux dieux du panthéon hindou, premier créé et créateur de toute chose. Il est souvent représenté avec quatre bras et quatre têtes qui symbolisent son omniscience et son omniprésence.

Brahmā. Bois sculpté ; Inde ; XVIIIe s.
(Musée Napier, Trivandrum [Inde].)

BRAHMAPOUTRE (le), fl. de l'Asie, né au Tibet et mêlant ses eaux à celles du Gange dans un grand delta débouchant dans le golfe du Bengale ; 2 900 km (bassin de 900 000 km^2).

BRAHMS (Johannes), compositeur allemand (Hambourg 1833 - Vienne 1897), célèbre par ses *lieder* et sa musique de chambre, ses œuvres pour piano, ses quatre symphonies d'un émouvant lyrisme, ses ouvertures, ses concertos (concerto pour violon, 1879), son *Requiem allemand* (1869).

BRĂILA, v. de Roumanie, sur le Danube ; 234 706 h. Port fluvial. Cellulose et papier.

BRAILLE (Louis), inventeur français (Coupvray, Seine-et-Marne, 1809 - Paris 1852). Devenu aveugle à 3 ans, il créa pour les aveugles un système d'écriture en points saillants, le braille*.

BRAINE (02220), ch.-l. de c. de l'Aisne ; 2 129 h. Anc. abbatiale (autour de 1200).

BRAINE-L'ALLEUD, comm. de Belgique (Brabant wallon) ; 32 458 h.

BRAINE-LE-COMTE, v. de Belgique (Hainaut) ; 17 817 h. Église gothique du XVIe s.

BRAMABIAU, grotte du causse Noir (Gard), parcourue par le ruisseau du Bonheur.

BRAMAH (Joseph), mécanicien britannique (Stainborough 1748 - Londres 1814). On lui doit de nombreuses inventions, notamment celle du cuir embouti, grâce à laquelle il put réaliser la presse hydraulique.

BRAMANTE (Donato **d'Angelo,** dit), architecte italien (près d'Urbino 1444 - Rome 1514). Il travailla à Milan (abside de S. Maria delle Grazie), puis à Rome, où son œuvre est d'un

Bramante : le *Tempietto* (1502)
de S. Pietro in Montorio, à Rome.

maître du classicisme : *Tempietto* de S. Pietro in Montorio ; à partir de 1505, pour Jules II, cour du Belvédère au Vatican et premiers travaux de la basilique St-Pierre.

BRAMPTON, v. du Canada (Ontario) ; 209 222 h. Industrie automobile.

BRANCUSI (Constantin), sculpteur roumain de l'école de Paris (Peştişani, Olténie, 1876 - Paris 1957). Il a recherché une essence symbolique de la forme *(la Muse endormie, l'Oiseau dans l'espace),* mais aussi renoué avec une veine fruste, archaïque, magique *(le Baiser, l'Esprit du Bouddha).* Son atelier parisien est reconstitué devant le Centre G.-Pompidou.

BRAND ou **BRANDT** (Hennig), alchimiste allemand du XVIIe s., qui découvrit le phosphore (1669).

BRANDEBOURG, en all. **Brandenburg,** Land d'Allemagne ; 29 100 km^2 ; 2 641 152 h. *(Brandebourgeois).* Cap. *Potsdam.* Il occupe la partie occidentale du Brandebourg historique (v. pr. *Berlin*) qui fit partie de la R.D.A. de 1949 à 1990 ; sa partie orientale a été attribuée à la Pologne en 1945. Terre de rencontre entre Slaves et Germains depuis le VIIe s., le Brandebourg passa aux Ascaniens (XIIe s.), puis aux Wittelsbach et aux Luxembourg. En 1356, le margraviat fut érigé en Électorat, qui échut aux Hohenzollern (1415) dont l'héritage s'accrut de la Prusse en 1618. (→ ***Prusse.***)

BRANDEBOURG, v. d'Allemagne (Brandebourg), sur la Havel, à l'ouest de Berlin ; 93 441 h.

BRANDES (Georg), critique danois (Copenhague 1842 - *id.* 1927). Il initia les pays scandinaves aux littératures européennes modernes et fit triompher l'esthétique réaliste.

BRANDO (20222), ch.-l. de c. de la Haute-Corse ; 1 343 h. Église romane.

BRANDO (Marlon), acteur américain (Omaha 1924). Formé à l'Actors Studio, acteur puissant, complexe, excessif, il a joué notamment avec E. Kazan (*Un tramway nommé Désir,* 1951; *Sur les quais,* 1954), L. Benedek (*l'Équipée sauvage,* 1954), F. F. Coppola (*le Parrain,* 1972), B. Bertolucci (*le Dernier Tango à Paris,* 1972).

BRANDON, v. du Canada (Manitoba), sur l'Assiniboine ; 38 565 h.

Brands Hatch, circuit automobile de Grande-Bretagne, au S.-E. de Londres.

BRANDT (Bill), photographe britannique (Londres 1905 - *id.* 1983). Des corps pétrifiés au sein de perspectives extraordinaires font de lui un novateur du nu féminin. Il a aussi réalisé de poignants reportages sur les Londoniens pendant les attaques aériennes.

BRANDT (Herbert Karl **Frahm,** dit **Willy**), homme politique allemand (Lübeck 1913 - Unkel, près de Bonn, 1992). Président du parti social-démocrate (1964-1987), chancelier de la République fédérale (1969-1974), il orienta la diplomatie allemande vers l'ouverture à l'Est *(Ostpolitik).* [Prix Nobel de la paix 1971.]

BRANLY (Édouard), physicien français (Amiens 1844 - Paris 1940). Il imagina, en 1890, le radioconducteur, ou cohéreur à limaille, permettant la réception des signaux de télégraphie sans fil.

BRANNER (Hans Christian), écrivain danois (Ordrup 1903 - Copenhague 1966). Ses romans et son théâtre s'inspirent de la psychanalyse *(le Cavalier).*

Édouard **Branly**

Fernand **Braudel**

BRANT ou **BRANDT** (Sebastian), humaniste alsacien (Strasbourg v. 1458 - *id.* 1521), auteur du poème satirique *la Nef des fous.*

BRANTFORD, v. du Canada (Ontario) ; 81 997 h.

BRANTING (Hjalmar), homme politique suédois (Stockholm 1860 - *id.* 1925). À la tête de trois gouvernements socialistes entre 1920 et 1925, il pratiqua une politique sociale avancée. (Prix Nobel de la paix 1921.)

BRANTÔME (24310), ch.-l. de c. de la Dordogne, sur la Dronne ; 2 091 h. Anc. abbaye fondée par Charlemagne : bâtiments du XIe au XVIIIe s.

BRANTÔME (Pierre **de Bourdeille,** *seigneur* **de**), écrivain français (Bourdeille v. 1540-1614), auteur des *Vies des hommes illustres et des grands capitaines,* et des *Vies des dames galantes.*

BRAQUE (Georges), peintre français (Argenteuil 1882 - Paris 1963). Créateur du cubisme avec Picasso, il est célèbre pour ses « papiers collés » sévèrement rythmés (1912-1914), ses natures mortes d'une sensualité retenue, ses « Ateliers », ses « Oiseaux », ses illustrations d'Hésiode ou de Reverdy, etc.

Georges **Braque :** *Atelier IX* (1954-1956). [Fondation Maeght, Saint-Paul-de-Vence.]

BRASÍLIA, cap. du Brésil, ch.-l. du district fédéral (5 814 km^2 ; 1 596 274 h.), sur les plateaux de l'intérieur, vers 1 100 m d'alt. Construite à partir de 1957, la ville a pour auteurs l'urbaniste L. Costa et l'architecte O. Niemeyer.

Brasília : édifices du palais des Congrès, sur la place des Trois-Pouvoirs (1957-1960 ; O. Niemeyer architecte).

BRAŞOV, v. de Roumanie (Transylvanie) ; 323 835 h. Constructions mécaniques. Monuments médiévaux.

BRAS-PANON (97412), comm. de la Réunion ; 8 465 h.

BRASSAC (81260), ch.-l. de c. du Tarn, sur l'Agout ; 1 550 h.

BRASSAÏ (Gyula **Halász,** dit), photographe français d'origine hongroise (Braşov 1899 - Nice 1984). Un climat fantomatique d'ombre et de lumière amplifie dans son œuvre l'étrange et l'insolite, qui rappellent ses liens avec les surréalistes.

BRASSCHAAT, comm. de Belgique (prov. d'Anvers) ; 35 231 h.

BRASSEMPOUY (40330), comm. des Landes ; 280 h. Gisements paléolithiques, dont la grotte du Pape a notamment livré la *Dame* de Brassempouy.*

BRASSENS (Georges), auteur-compositeur et chanteur français (Sète 1921 - Saint-Gély-du-Fesc 1981), auteur de chansons poétiques, pleines de verve et de non-conformisme *(Chanson pour l'Auvergnat, le Gorille).*

Georges **Brassens** (en 1981)

BRASSES (les) [74250 Viuz en Sallaz], station de sports d'hiver (alt. 900-1 600 m) de la Haute-Savoie, dans le Chablais.

BRASSEUR (*abbé* Charles), dit **Brasseur de Bourbourg,** voyageur et historien français (Bourbourg 1814 - Nice 1874), un des pionniers de l'archéologie et de l'histoire précolombiennes.

BRASSEUR (Pierre **Espinasse,** dit **Pierre**), acteur français (Paris 1905 - Brunico, Italie, 1972). Sa présence et sa verve l'ont imposé tant au théâtre (*Kean,* de Sartre d'après Dumas, 1953) qu'au cinéma (*les Enfants du paradis,* M. Carné, 1945).

BRĂTIANU (Ion), homme politique roumain (Piteşti 1821 - Florica 1891), Premier ministre (1876-1888). — Son fils **Ion** *(Ionel)* [Florica 1864 - Bucarest 1927] fut Premier ministre, notamment en 1914-1918 et 1922-1926.

BRATISLAVA, en all. **Pressburg,** cap. de la Slovaquie, sur le Danube ; 441 453 h. Centre commercial, culturel et industriel. Monuments anciens et musées.

BRATSK, v. de Russie, en Sibérie ; 255 000 h. Grande centrale hydroélectrique sur l'Angara. Industries du bois. Aluminium.

BRAUCHITSCH (Walther **von**), maréchal allemand (Berlin 1881 - Hambourg 1948), commandant en chef de l'armée de terre (1938-1941).

BRAUDEL (Fernand), historien français (Luméville-en-Ornois 1902 - Cluses, Haute-Savoie, 1985). Il ouvrit l'histoire à l'étude des grands espaces et de la longue durée *(la Méditerranée et le monde méditerranéen à l'époque de Philippe II,* 1949) et étudia l'économie de l'Europe préindustrielle (*Civilisation matérielle, économie et capitalisme, XVe-XVIIIe s.,* 1979), avant de s'intéresser à *l'Identité de la France* (1986, posthume). [Acad. fr.]

BRAUN (Karl Ferdinand), physicien allemand (Fulda 1850 - New York 1918), inventeur de l'antenne dirigée et de l'oscillographe cathodique. (Prix Nobel 1909.)

BRAUN (Wernher **von**), ingénieur allemand, naturalisé américain (Wirsitz, auj. Wyrzysk, Pologne, 1912 - Alexandria, Virginie, 1977). Dès 1930, il travailla sur des fusées expérimentales avec Oberth. En 1937, il devint directeur technique du centre d'essais de fusées de Peenemünde, où il assura la réalisation du V2. Emmené aux États-Unis en 1945, il mit au point, à partir de 1950, le premier missile balistique guidé américain, puis devint l'un des principaux artisans du programme spatial des États-Unis : il dirigea ainsi la construction de la fusée Saturn V, qui permit l'envoi d'astronautes sur la Lune.

BRAUNER (Victor), peintre français d'origine roumaine (Piatra Neamţ 1903 - Paris 1966), apparenté au surréalisme.

BRAVAIS (Auguste), physicien français (Annonay 1811 - Versailles 1863). Il est l'auteur de l'hypothèse de la structure réticulaire des cristaux.

BRAY *(pays de),* région de Normandie. C'est une dépression argileuse. Élevage bovin pour les produits laitiers.

BRAY-DUNES (59123), comm. du Nord ; 4 770 h. *(Braydunois).* Station balnéaire.

BRAY-SUR-SEINE (77480), ch.-l. de c. de Seine-et-Marne ; 2 252 h.

BRAY-SUR-SOMME (80340), ch.-l. de c. de la Somme ; 1 346 h.

BRAZZA (Pierre **Savorgnan de**), explorateur français d'origine italienne (Rome 1852 - Dakar 1905). Ses expéditions (1875-1897) sont à l'origine du Congo français.

BRAZZAVILLE, cap. du Congo, sur le Malebo Pool ; 595 000 h. Un chemin de fer (Congo-Océan) relie la ville à l'Atlantique. Université. Aéroport. — Une conférence (30 janv. - 8 févr. 1944) y fut organisée par de Gaulle et le Comité d'Alger, au cours de laquelle fut projetée une organisation nouvelle des colonies françaises d'Afrique noire.

BREA, famille de peintres niçois (XVe-XVIe s.) qui ont laissé de nombreux polyptyques dans les régions de Nice et de Gênes.

BRÉAL (Michel), linguiste français (Landau 1832 - Paris 1915). Traducteur de F. Bopp, il a introduit en France la linguistique historique.

BRÉBEUF (*saint* Jean **de**) → ***Jean de Brébeuf.***

BRÉCEY (50370), ch.-l. de c. de la Manche ; 2 223 h.

BRECHT, comm. de Belgique (prov. d'Anvers) ; 21 108 h.

BRECHT (Bertolt), auteur dramatique allemand (Augsbourg 1898 - Berlin-Est 1956). Poète *(Élégies de Buckow)* et conteur *(Histoires de calendrier),* il est célèbre pour avoir créé, par opposition au théâtre traditionnel, où le spectateur s'identifie au héros, le « théâtre épique », qui invite l'acteur à présenter son personnage sans se confondre avec lui (c'est l'« effet de distanciation ») et le spectateur à porter sur la pièce le regard critique et objectif qu'il accorde d'habitude à la réalité *(l'Opéra de quat' sous,* 1928 ; *Mère Courage et ses enfants,* 1941 ; *Maître Puntila et son valet Matti,* 1948 ; *le Cercle de craie caucasien,* 1948 ; *la Résistible Ascension d'Arturo Ui,* 1959). Il a fondé en 1949 et dirigé la troupe du Berliner Ensemble.

BREDA, v. des Pays-Bas (Brabant-Septentrional) ; 124 794 h. Château ; grande église du XVe s. La ville fut prise par Spinola en 1625. En 1667, un traité y fut signé par lequel l'Angleterre accorda aux Provinces-Unies et à la France des avantages territoriaux et commerciaux.

BRÈDE (La) [33650], anc. **Labrède,** ch.-l. de c. de la Gironde ; 3 273 h. Vignobles. Château où naquit Montesquieu.

BREENDONK, anc. comm. de Belgique, à l'ouest de Malines. Camp de concentration allemand de 1940 à 1944.

BRÉGANÇON *(cap de),* cap de Provence (Var). Ancien fort devenu résidence d'été des présidents de la République en 1968.

BREGENZ, v. d'Autriche, cap. du Vorarlberg, sur le lac de Constance ; 25 000 h. Vieille ville haute. Tourisme.

BREGUET, famille d'horlogers, d'inventeurs et d'industriels d'origine suisse. — **Abraham Louis** (Neuchâtel 1747 - Paris 1823) fut un spécialiste de l'horlogerie de luxe et de la chronométrie de marine. — Son petit-fils **Louis** (Paris 1804 - *id.* 1883) construisit de nombreux instruments scientifiques de précision et les premiers télégraphes français. — **Louis**, petit-fils du précédent (Paris 1880 - Saint-Germain-en-Laye 1955), fut l'un des pionniers de la construction aéronautique en France.

BRÉHAL (50290), ch.-l. de c. de la Manche ; 2 367 h.

BRÉHAT (22870), île de Bretagne (Côtes-d'Armor) ; 471 h. *(Bréhatins).* Station balnéaire.

BREIL-SUR-ROYA (06540), ch.-l. de c. des Alpes-Maritimes ; 2 096 h. Églises anciennes.

BREJNEV (Leonid Ilitch), homme politique soviétique (Dnieprodzerjinsk 1906 - Moscou 1982), premier secrétaire du parti communiste (1964), maréchal (1976), président du Praesidium du Soviet suprême (1977). Après avoir signé avec Nixon les accords SALT-I (1972) et souscrit aux accords SALT-II (1979), il mit un terme à la détente lors de l'invasion de l'Afghanistan (déc. 1979).

BREL (Jacques), auteur-compositeur et chanteur belge (Bruxelles 1929 - Bobigny 1978). La qualité de ses textes, poétiques *(le Plat Pays)* ou satiriques *(les Bourgeois),* lui a donné une place privilégiée dans le monde de la chanson.

BRÊME, en all. **Bremen,** v. d'Allemagne, cap. du *Land* de *Brême* (404 km^2 ; 673 684 h.), sur la Weser ; 544 327 h. Port. Centre commercial, financier et industriel. Port de commerce, qui fut l'un des plus actifs de la Hanse (XIIIe s.). Ville libre d'Empire en 1646. Monuments anciens et musées.

BREMERHAVEN, v. d'Allemagne (Land de Brême), à l'embouchure de la Weser, avant-port de Brême ; 129 357 h.

BREMOND (*abbé* Henri), critique et historien français (Aix-en-Provence 1865 - Arthez-d'Asson 1933), auteur d'une *Histoire littéraire du sentiment religieux en France* et d'essais *(la Poésie pure).* [Acad. fr.]

BRÉMONTIER (Nicolas), ingénieur français (Le Tronquay, Eure, 1738 - Paris 1809). Il contribua à fixer les dunes de Gascogne par la mise au point de techniques de plantation et par l'installation d'importantes forêts de pins.

BRENDEL (Alfred), pianiste autrichien (Loučná nad Desnou, Moravie, 1931). Il est reconnu comme un des plus grands interprètes de Beethoven et de Liszt.

BRENN ou **BRENNUS,** nom de chefs gaulois. La légende romaine en a fait le nom d'un chef des Senones qui, v. 390 av. J.-C., s'emparèrent de Rome.

BRENNE (la), région humide (étangs) du Berry (Indre), entre la Creuse et la Claise. (Hab. *Brennous.*) Parc naturel régional.

BRENNER *(col du),* col des Alpes orientales, à la frontière italo-autrichienne, entre Bolzano et Innsbruck ; 1 370 m. Important passage ferroviaire et autoroutier.

BRENNUS → ***Brenn.***

BRENTANO (Clemens), écrivain allemand (Ehrenbreitstein 1778 - Aschaffenburg 1842), un des principaux représentants du romantisme, frère de Bettina von Arnim.

BRENTANO (Franz), philosophe allemand (Marienberg 1838 - Zurich 1917), neveu de Clemens Brentano. Il s'efforça de distinguer la logique et la psychologie (*De la classification des phénomènes psychiques,* 1911).

Pierre Savorgnan de **Brazza**

Bertolt **Brecht** (en 1955)

Leonid **Brejnev**

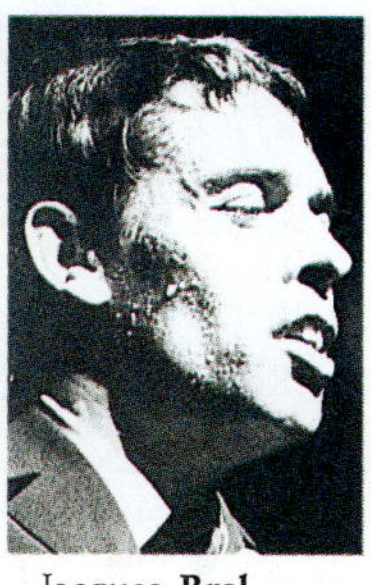

Jacques **Brel** (en 1966)

Brera *(palais de),* à Milan, palais du XVIIe s. qui abrite une célèbre pinacothèque, une bibliothèque, etc.

BRESCIA, v. d'Italie (Lombardie), ch.-l. de prov. ; 200 722 h. Monuments (depuis l'époque romaine) et musées.

BRESDIN (Rodolphe), aquafortiste et lithographe français (Montrelais 1822 - Sèvres 1885). Bohème, méconnu de son vivant, il a laissé des œuvres foisonnantes et visionnaires (*la Sainte Famille au bord d'un torrent,* 1853).

BRÉSIL, en port. **Brasil,** État de l'Amérique du Sud ; 8 512 000 km^2 ; 153 300 000 h. *(Brésiliens).* CAP. *Brasília.* V. pr. *São Paulo* et *Rio de Janeiro.* LANGUE : *portugais.* MONNAIE : *real.*

INSTITUTIONS

République fédérale : 26 États (dotés d'un gouvernement et d'un Parlement) et un district fédéral. Constitution de 1988, révisée en 1994. Président de la République élu pour 4 ans au suffrage universel. Congrès : *Chambre des députés* élue pour 4 ans et *Sénat fédéral* élu pour 8 ans.

GÉOGRAPHIE

Le Brésil est le géant de l'Amérique du Sud, dont il occupe la moitié de la superficie et regroupe une part égale de la population. La population brésilienne est très composite, mêlant (en parts inégales) Blancs, Noirs, Indiens, Asiatiques, le plus souvent métissés. Elle s'accroît toujours à un rythme rapide (environ 2 % par an) et se concentre pour les deux tiers dans les villes, dont près d'une dizaine dépassent le million d'habitants. La population est plus dense sur le littoral. L'intérieur (au N.-O., Amazonie forestière, chaude et humide ; plus à l'E. et au S., plateaux souvent arides et aux sols médiocres) est souvent vide, hors des sites miniers et des fronts de colonisation des routes transamazoniennes.

L'agriculture emploie encore plus de 20 % des actifs. La colonisation et le climat tropical ont favorisé les cultures de plantation. Le Brésil est le premier ou deuxième producteur mondial de café, de cacao, d'agrumes, de sucre (de soja aussi). L'élevage bovin est également développé. L'industrie (près de 25 % des actifs) bénéficie d'abondantes ressources minérales : fer surtout, bauxite, manganèse et même pétrole. Le potentiel hydroélectrique est partiellement aménagé.

Les atouts ne manquent donc pas, mais la croissance est freinée par une structure agraire archaïque (beaucoup de grandes propriétés sous-exploitées et une masse de paysans sans terre), les irrégularités climatiques aussi, la trop rapide augmentation de population (accélérant l'exode rural, lié encore à un sous-emploi notable). Aux inégalités sociales se superposent des contrastes régionaux de développement, notamment entre le *Nordeste*, souvent misérable, et les villes du Sud-Est, plus dynamiques. Une part importante de l'industrie de transformation (montage automobile, chimie, électronique) est sous contrôle étranger. Enfin, la dette extérieure, liée, en priorité, à une politique d'industrialisation rapide dans les années 1960 et 1970, demeure énorme. Son service, lourd, conditionne toujours au milieu des années 1990 l'orientation économique, sinon politique, du pays.

HISTOIRE

La période coloniale. 1500 : Pedro Álvares Cabral découvre le Brésil, qui devient possession portugaise. 1532-1560 : les tentatives françaises d'installation se terminent par la victoire des Portugais. 1624-1654 : attirés par la richesse sucrière du pays, les Hollandais occupent les côtes brésiliennes, avant d'être rejetés à la mer. 1720-1770 : la recherche de l'or provoque la création du Brésil intérieur, domaine des métis, qui laissent la côte aux Blancs. Les grandes plantations se développent (culture du coton, du cacao et du tabac) et assurent le renouveau économique du pays. 1775 : l'esclavage indien est aboli, l'appel à la main-d'œuvre noire est accru. 1808-1821 : la famille royale portugaise, en fuite devant les armées napoléoniennes, s'installe à Rio de Janeiro. 1815 : Jean VI élève le Brésil au rang de royaume.

L'empire brésilien. 1822-1889 : sous Pierre Ier (1822-1831) et Pierre II (1831-1889), le Brésil, empire indépendant, connaît un considérable essor démographique (immigration) et économique (café, voies ferrées) ; ses frontières sont rectifiées après la guerre contre le Paraguay. L'abolition de l'esclavage noir mécontente l'aristocratie foncière (1888).

La république des « coronels ». 1889 : Pierre II est renversé par l'armée, et une république fédéraliste est proclamée. La réalité du pouvoir appartient cependant aux oligarchies qui tiennent la terre et les hommes. La culture du café reste prépondérante, assurant la prospérité, mais la production du blé et du caoutchouc se développe. 1917 : le Brésil déclare la guerre à l'Allemagne.

L'ère Vargas. 1930 : la crise économique entraîne la chute du régime, Getúlio Vargas accède au pouvoir. 1937 : le président Vargas devient dictateur pour six ans. 1942 : la participation du Brésil à la Seconde Guerre mondiale aux côtés des Alliés entraîne l'essor économique du pays. 1945 : le président Vargas est déposé par les militaires. 1950 : G. Vargas est réélu président. Mais l'opposition, liée aux intérêts étrangers, l'accule au suicide (1954).

Les militaires au pouvoir. 1956-1964 : des gouvernements réformistes se succèdent, en butte à l'emprise des sociétés multinationales. 1960 : Brasília devient la capitale du Brésil. 1964-1985 : à la suite d'un coup d'État militaire, les généraux accèdent au pouvoir (Castello Branco, Costa e Silva, Medici, Geisel, Figueiredo). L'économie nationale est largement subordonnée à la domination nord-américaine.

Le retour à la démocratie. 1985 : les civils reviennent au pouvoir. Le président José Sarney (1985-1990) et son successeur, Fernando Collor de Mello (élu en déc. 1989, pour la première fois au suffrage universel), doivent faire face à une situation économique et financière particulièrement difficile. 1992 : accusé de corruption, F. Collor de Mello, suspendu de ses fonctions, est contraint de démissionner. Le vice-président Itamar Franco assure la transition à la tête de l'État. 1995 : Fernando Henrique Cardoso accède à la présidence de la République.

CULTURE ET CIVILISATION

□ BEAUX-ARTS

Villes d'intérêt artistique. Brasília, Olinda, Ouro Preto, Petropolis, Recife, Rio de Janeiro, Salvador, São Luis, São Paulo.

Quelques architectes, peintres ou sculpteurs. (XVIIIe-XXe s.) : l'Aleijadinho, Portinari, L. Costa, Niemeyer.

□ LITTÉRATURE

XVIIIe s. : Durão. XIXe s. : A. Gonçalves Dias, José de Alencar, Machado de Assis, Aluísio Azevedo. XXe s. : M. Bandeira, J. Guimarães Rosa, Jorge Amado.

BRESLAU → ***Wrocław.***

BRESLE (la), fl. côtier séparant la Normandie de la Picardie ; 72 km.

BRESSE (la), région argileuse de l'est de la France, entre la Saône et le Jura. (Hab. *Bressans.*) V. pr. *Bourg-en-Bresse.* Élevage (bovins, volailles).

BRESSE (La) [88250], comm. des Vosges, dans les hautes Vosges ; 5 263 h. Station de sports d'hiver (alt. 630-1366 m).

BRESSON (Robert), cinéaste français (Bromont-Lamothe, Puy-de-Dôme, 1901). Son œuvre est dominée par les thèmes de la grâce, de la rédemption, de la liberté spirituelle (*les Dames du bois de Boulogne,* 1945 ; *le Journal d'un curé de campagne,* 1951 ; *Mouchette,* 1967 ; *l'Argent,* 1983).

BRESSUIRE (79300), ch.-l. d'arr. des Deux-Sèvres ; 18 994 h. *(Bressuirais).* Mobilier. Ruines d'un château fort. Église des XIIe-XVIe s.

BREST (29200), ch.-l. d'arr. du Finistère, sur la rive nord de la *rade de Brest,* à 580 km à l'ouest de Paris ; 153 099 h. *(Brestois)* [env. 200 000 dans l'agglomération]. Université. Arsenal. Constructions électriques. Bureautique. Musées. Port militaire du Ponant. Siège, de 1830 à 1940, de l'École navale, reconstruite en 1961 à Lanvéoc-Poulmic, au sud de la rade, où est installée à l'île Longue, depuis 1968, la base des sous-marins stratégiques. Siège du Service hydrographique et océanographique de la marine. Centre de culture scientifique et technique. Base sous-marine allemande de 1940 à 1944, Brest avait été détruite par les bombardements alliés.

Brest : la tour de la Motte-Tanguy (XVIe s.) et le pont de Recouvrance.

BREST, anc. **Brest-Litovsk,** v. de Biélorussie, à la frontière polonaise ; 258 000 h.

Brest-Litovsk *(traité de)* [3 mars 1918], traité de paix signé entre l'Allemagne, l'Autriche-Hongrie, la Bulgarie, l'Empire ottoman et la Russie soviétique, qui renonçait à la Pologne et aux pays Baltes.

BRETAGNE, région de l'ouest de la France formée des dép. du *Finistère,* des *Côtes-d'Armor,* du *Morbihan,* d'*Ille-et-Vilaine* et de la *Loire-Atlantique.* Cap. *Rennes.* (Hab. *Bretons.*)

GÉOGRAPHIE

Constituant la majeure partie du Massif armoricain, région la plus occidentale de la France, la Bretagne possède un climat généralement doux et humide lié à la présence ou à la proximité de la mer. La pêche (développée surtout entre Douarnenez et Lorient) et les activités annexes (conserveries), le tourisme estival, les cultures spéciales (primeurs du Léon) font de la Bretagne maritime *(Armor* ou *Arvor)* la partie la plus vivante et la plus peuplée de la province. À part Rennes, toutes les grandes villes sont liées directement à la mer. La Bretagne intérieure se consacre aux cultures céréalières et surtout à l'élevage (bovins, porcs, volailles), présents aussi sur le littoral. L'industrialisation (construction automobile, électronique) a, ponctuellement, progressé. Le réseau routier a été amélioré. L'émigration, autrefois intense vers Paris, a beaucoup diminué.

HISTOIRE

Ve s. : les Bretons de l'île de Bretagne émigrent en masse en Armorique, devenue par la suite la Bretagne. 845 : en battant Charles le Chauve, Nominoë rend la Bretagne pratiquement indépendante. 939 : après la défaite des Normands, le duché de Bretagne naît effectivement. 1341-1365 : la guerre de la Succession de Bretagne s'achève au profit de Jean de Montfort, qui devient le duc Jean IV. 1399-1442 : le règne de Jean V marque l'apogée de la civilisation bretonne. 1487-1490 : François II puis sa fille Anne, à qui les Valois infligent plusieurs défaites, s'allient à l'Angleterre puis à Maximilien d'Autriche. 1488-1514 : la duchesse Anne doit épouser Charles VIII (1491) puis Louis XII (1499), rois de France. 1532 : l'édit d'Union de la Bretagne à la France est publié. 1675 : contre les impôts indirects éclate la « révolte du papier timbré ». 1688 : un intendant est nommé. 1760-1770 : l'opposition parlementaire à la monarchie est incarnée par la lutte entre le procureur général, La Chalotais, et le duc d'Aiguillon. 1793-1795 : la chouannerie agite la région. XXe s. : le particularisme breton connaît un développement notable.

BRETAGNE, Région administrative regroupant les dép. des Côtes-d'Armor, du Finistère, d'Ille-et-Vilaine et du Morbihan (27 208 km² ; 2 795 638 h. ; ch.-l. *Rennes*).

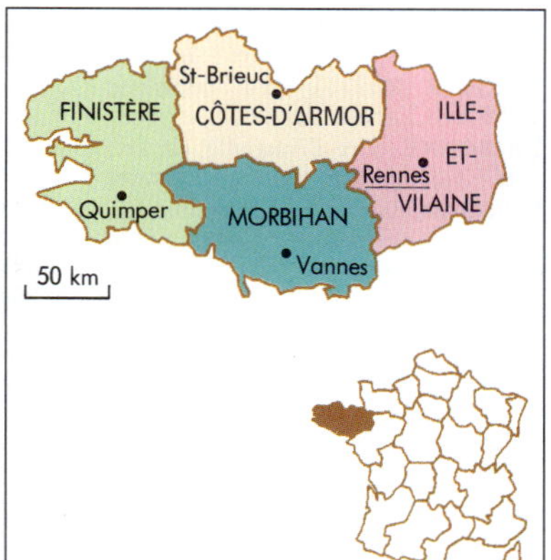

Bretagne

BRETAGNE (NOUVELLE-) → ***Bismarck*** *(archipel).*

BRETENOUX (46130), ch.-l. de c. du Lot, sur la Cère ; 1 225 h.

BRETEUIL (27160), ch.-l. de c. de l'Eure ; 3 440 h. *(Bretoliens).* Forêt. Église en partie romane.

BRETEUIL (60120), ch.-l. de c. de l'Oise ; 3 998 h.

BRETEUIL (Louis Auguste **Le Tonnelier,** *baron* **de**), diplomate français (Azay-le-Ferron, Indre, 1730 - Paris 1807), ministre sous Louis XVI, rappelé en 1789.

Brétigny *(traité de)* [8 mai 1360], traité conclu à Brétigny, hameau de Beauce, près de Chartres, entre la France et l'Angleterre. Il délivrait Jean II le Bon, mais donnait le sud-ouest de la France à Édouard III.

BRÉTIGNY-SUR-ORGE (91220), ch.-l. de c. de l'Essonne ; 20 069 h. *(Brétignolais).* Gare de triage. Centre d'essais en vol de l'armée de l'air.

BRETON *(pertuis),* détroit entre la côte de Vendée et l'île de Ré.

BRETON (André), écrivain français (Tinchebray, Orne, 1896 - Paris 1966). L'un des fondateurs du surréalisme, il s'efforça de définir et de sauvegarder l'originalité du mouvement (*Manifestes du surréalisme,* 1924-1930) qu'il illustra par son œuvre narrative et poétique (*Nadja,* 1928 ; *les Vases communicants,* 1932 ; *l'Amour fou,* 1937).

BRETONNEAU (Pierre), médecin français (Saint-Georges-sur-Cher 1778 - Paris 1862). Il étudia les maladies infectieuses et reconnut la fièvre typhoïde et la diphtérie.

BRETTEVILLE-SUR-LAIZE (14680), ch.-l. de c. du Calvados ; 1 348 h.

Bretton Woods *(accords de),* accords conclus en juill. 1944 à Bretton Woods (New Hampshire, États-Unis) entre 44 pays et qui instaurèrent un système monétaire international favorisant le rôle du dollar.

BREUER (Marcel), architecte et designer d'origine hongroise (Pécs 1902 - New York 1981). Ancien du Bauhaus, il a construit la Maison de l'Unesco (1953) avec Nervi et Zehrfuss.

BREUGHEL → ***Bruegel.***

BREUIL (*abbé* Henri), préhistorien français (Mortain 1877 - L'Isle-Adam 1961). Il s'est particulièrement consacré à l'étude du paléolithique (*les Subdivisions du paléolithique supérieur et leur signification,* 1912 ; *Quatre Cents Siècles d'art pariétal,* 1952).

BREUIL-CERVINIA, station de sports d'hiver (alt. 2 050-3 500 m) d'Italie (Val-d'Aoste), au pied du Cervin.

BREUILLET (91650), comm. de l'Essonne ; 7 347 h.

BRÉVENT (le), sommet des Alpes, au nord-ouest de Chamonix ; 2 526 m.

BREWSTER (*sir* David), physicien britannique (Jedburgh, Écosse, 1781 - Melrose 1868). Il inventa le kaléidoscope et découvrit les lois de la polarisation par réflexion.

BRÉZÉ *(maison de),* famille angevine dont plusieurs membres s'illustrèrent dans la guerre et le service de l'État. L'un d'eux, **Louis II,** sénéchal de Normandie (m. à Anet en 1531), épousa Diane de Poitiers.

BRÉZOLLES (28270), ch.-l. de c. d'Eure-et-Loir ; 1 702 h. Église du XVe s.

BRIALMONT (Henri), général belge (Venlo, Limbourg, 1821 - Saint-Josse-ten-Noode 1903). Il fortifia Anvers (1859) et Bucarest (1877).

BRIANÇON (05100), ch.-l. d'arr. des Hautes-Alpes, dans le Briançonnais, sur la Durance ; 12 141 h. *(Briançonnais).* Station climatique à 1 321 m d'alt. Fortifications et église dues à Vauban.

BRIANÇONNAIS, région des Alpes françaises (bassin supérieur de la Durance).

BRIAND (Aristide), homme politique français (Nantes 1862 - Paris 1932). Orateur remarquable, il fut vingt-cinq fois ministre (en partic. des Affaires étrangères) et onze fois président du Conseil. Partisan d'une politique de réconciliation avec l'Allemagne, il signa l'accord de Locarno (1925) et fut l'un des animateurs de la S. D. N. (Prix Nobel de la paix 1926.)

Briand-Kellogg *(pacte)* [27 août 1928], pacte de renonciation à la guerre, élaboré par A. Briand et F. B. Kellogg, auquel adhérèrent 57 États en 1928-29.

BRIANSK, v. de Russie, au sud-ouest de Moscou ; 452 000 h.

BRIARE (45250), ch.-l. de c. du Loiret, sur la Loire ; 6 210 h. *(Briarois).* Pont-canal par lequel le canal latéral franchit la Loire. Céramique. — Le *canal de Briare* relie la Loire au Loing (56 km).

BRIÇONNET (Guillaume), prélat français (Paris 1472 - Esmans, Seine-et-Marne, 1534). Érasmien et disciple de Lefèvre d'Étaples, il créa autour de celui-ci un groupe d'humanistes

André **Breton** (par Man Ray)

Aristide **Briand**

religieux (cénacle de Meaux). Il souhaita la réforme de l'Église mais combattit les thèses luthériennes.

BRICQUEBEC (50260), ch.-l. de c. de la Manche ; 4 391 h. *(Bricquebétais).* Donjon du XIVe s.

BRIDES-LES-BAINS (73600), comm. de Savoie ; 612 h. Station thermale (obésité, cellulite).

BRIDGEPORT, port des États-Unis (Connecticut) ; 141 686 h.

BRIDGMAN (Percy Williams), physicien américain (Cambridge, Massachusetts, 1882 - Randolph, New Hampshire, 1961). Prix Nobel en 1946 pour ses recherches sur les ultrapressions.

BRIE, région du Bassin parisien, entre la Marne et la Seine. (Hab. *Briards.*) C'est un plateau argileux, partiellement recouvert de limon, favorable aux cultures riches (blé, betteraves) et aux prairies (élevage). Les villes se concentrent surtout dans les vallées : *Melun, Château-Thierry, Meaux, Coulommiers.* — La partie orientale, le *comté de Brie,* appelé d'abord « comté de Meaux », fut un des fiefs principaux de la maison de Champagne.

BRIEC (29510), ch.-l. de c. du Finistère ; 4 610 h.

BRIE-COMTE-ROBERT (77170), ch.-l. de c. de Seine-et-Marne ; 11 765 h. *(Briards).* Église des XIIIe-XVIe s.

BRIENNE, famille champenoise qui compta parmi ses membres **Jean*** et **Gautier VI** (m. à Poitiers en 1356), qui fut duc d'Athènes et gouverneur de Florence (1342-43).

BRIENNE-LE-CHÂTEAU (10500), ch.-l. de c. de l'Aube ; 3 870 h. *(Briennois).* Siège, de 1776 à 1790, d'une école militaire où Bonaparte fut élève. Église des XIVe-XVIe s. ; château du XVIIIe s. Victoire de Napoléon sur les Alliés (29 janv. 1814).

BRIENON-SUR-ARMANÇON (89210), ch.-l. de c. de l'Yonne ; 3 110 h. Église gothique.

BRIENZ *(lac de),* lac de Suisse (cant. de Berne), formé par l'Aar (30 km²).

BRIÈRE ou **GRANDE BRIÈRE** (la), région marécageuse de la Loire-Atlantique, au nord de Saint-Nazaire. (Hab. *Briérons.*) Parc naturel régional (env. 40 000 ha).

BRIÈRE DE L'ISLE (Louis), général français (Saint-Michel-du-François, Martinique, 1827 - Saint-Leu-Taverny 1896). Gouverneur du Sénégal (1877), il commanda au Tonkin (1884-85).

BRIÈRES-LES-SCELLÉS (91150), comm. de l'Essonne ; 873 h. Accessoires d'automobiles.

BRIEY (54150), ch.-l. d'arr. de Meurthe-et-Moselle ; 4 823 h.

Brigades internationales, formations de volontaires étrangers, en majorité communistes, qui, de 1936 à 1939, combattirent avec les républicains espagnols.

Brigands (les), drame de Schiller (1782).

BRIGHT (Richard), médecin britannique (Bristol 1789 - Londres 1858), connu par ses recherches sur les maladies des reins.

BRIGHTON, v. de Grande-Bretagne ; 133 400 h. Station balnéaire et ville de congrès sur la Manche. Ensemble urbain d'époque Regency.

BRIGIDE *(sainte),* religieuse irlandaise (Fochart v. 455 - Kildare v. 524), patronne de l'Irlande. Fondatrice du monastère de Kildare, elle forme avec saint Patrick et saint Colomba la « triade thaumaturge » de l'Irlande.

BRIGITTE *(sainte),* mystique suédoise (Hof Finstad v. 1303 - Rome 1373), mère de sainte Catherine de Suède. Elle écrivit des *Révélations* sur la Passion.

BRIGNAIS (69530), comm. du Rhône ; 10 066 h.

BRIGNOLES (83170), ch.-l. d'arr. du Var ; 11 814 h. *(Brignolais).* Bauxite. Musée dans l'anc. palais des comtes de Provence.

BRIGUE, en all. **Brig,** comm. de Suisse (Valais), sur le Rhône, à la tête de la route du Simplon ; 10 602 h.

BRIGUE (La) [06430], comm. des Alpes-Maritimes ; 619 h. Chapelle N.-D.-des-Fontaines (fresques du XVe s.).

BRIL (Paul ou Paulus), peintre flamand (Anvers 1554 - Rome 1626). Paysagiste de la campagne romaine, il annonce Claude Lorrain.

BRILLAT-SAVARIN (Anthelme), gastronome français (Belley 1755 - Paris 1826), auteur de la *Physiologie du goût* (1826).

BRINDISI, v. d'Italie (Pouille), ch.-l. de prov., sur l'Adriatique ; 91 778 h. Port de voyageurs. Pétrochimie.

BRINK (André Philippus), écrivain sud-africain d'expression afrikaans (Vrede, État libre [d'Orange], 1935), romancier préoccupé à la fois par la recherche formelle et par le problème de l'apartheid *(Une saison blanche et sèche, Un acte de terreur, les Imaginations du sable).*

BRINVILLIERS (Marie-Madeleine **d'Aubray,** *marquise* **de**) [Paris 1630 - *id.* 1676], brûlée en place de Grève pour avoir empoisonné son père et ses frères. Son procès est à l'origine de l'affaire des Poisons*.

BRIOCHÉ (Pierre **Datelin,** dit), bateleur qui exerçait à Paris vers 1650, célèbre par ses marionnettes et son singe Fagotin.

BRION (Marcel), écrivain français (Marseille 1895 - Paris 1984), auteur de récits fantastiques et d'essais sur l'art. (Acad. fr.)

BRIONNE (27800), ch.-l. de c. de l'Eure, sur la Risle ; 4 499 h. Donjon féodal, église gothique.

BRIOUDE (43100), ch.-l. d'arr. de la Haute-Loire, dans la *Limagne de Brioude ;* 7 722 h. *(Brivadois).* Imposante église romane St-Julien.

BRIOUX-SUR-BOUTONNE (79170), ch.-l. de c. du sud des Deux-Sèvres ; 1 552 h.

BRIOUZE (61220), ch.-l. de c. de l'Orne ; 1 756 h. Chapelle du XIe s.

BRISBANE, port d'Australie, cap. du Queensland ; 1 240 300 h. Centre industriel.

BRISSAC, famille française dont les membres les plus célèbres sont : **Charles Ier de Cossé,** *comte* **de Brissac,** maréchal de France (v. 1505 - Paris 1563), qui reprit Le Havre aux Anglais en 1563 — son fils **Charles II de Cossé,** *duc* **de Brissac,** maréchal de France (v. 1550 - Pouancé 1621), qui négocia l'entrée d'Henri IV dans Paris.

BRISSON (Barnabé), magistrat français (Fontenay-le-Comte v. 1530 - Paris 1591). Nommé par la Ligue premier président au parlement de Paris, il fut arrêté et pendu.

BRISSOT DE WARVILLE (Jacques Pierre **Brissot,** dit), journaliste et homme politique français (Chartres 1754 - Paris 1793). Député à la Législative et à la Convention, partisan de la guerre, il fut un des chefs des Girondins *(brissotins)* et, comme tel, guillotiné.

BRISTOL, port de Grande-Bretagne, près du *canal de Bristol ;* 370 300 h. Cathédrale et église St Mary Redcliffe, gothiques.

BRISTOL *(canal de),* bras de mer formé par l'Atlantique, entre le pays de Galles et la Cornouailles (Cornwall).

Britannicus, tragédie de Racine (1669) : l'affrontement de Néron, « monstre naissant », et d'Agrippine, mère abusive et jalouse du pouvoir.

BRITANNICUS (Tiberius Claudius), fils de Claude et de Messaline (41 apr. J.-C. ? - 55). Héritier du trône impérial, il fut écarté par Agrippine et empoisonné par Néron.

BRITANNIQUES *(îles),* ensemble formé par la Grande-Bretagne (et ses dépendances) et l'Irlande.

British Museum, musée de Londres, créé en 1753. Riches collections d'archéologie du Moyen-Orient, d'art grec et romain, etc. ; importante bibliothèque.

British Petroleum (BP), consortium pétrolier international qui, en 1954, succéda à l'Anglo-Iranian Oil Company (fondée en 1909). Intéressé à l'exploitation du pétrole et du gaz naturel, notamment en mer du Nord, le groupe est présent également dans l'industrie houillère.

BRITTEN (Benjamin), compositeur britannique (Lowestoft 1913 - Aldeburgh 1976), auteur d'opéras *(Peter Grimes, The Turn of the Screw),* de musique religieuse *(The War Requiem),* etc.

BRIVE-LA-GAILLARDE (19100), ch.-l. d'arr. de la Corrèze, sur la Corrèze ; 52 677 h. *(Brivistes).* Constructions mécaniques et électriques. Papeterie. Église des XIIe-XIVe s. Musée.

BRIZEUX (Auguste), poète français (Lorient 1803 - Montpellier 1858), chantre de son pays natal *(les Bretons).*

BRNO, en all. **Brünn,** v. de la République tchèque, en Moravie ; 387 986 h. Foire internationale. Monuments du Moyen Âge à l'époque baroque. Musées.

BROAD PEAK, sommet de l'Inde, dans le Karakorum ; 8 047 m.

Broadway, grande artère traversant New York, dans Manhattan.

BROCA (Paul), chirurgien et anthropologiste français (Sainte-Foy-la-Grande 1824 - Paris 1880), fondateur de l'École d'anthropologie. Il a étudié le cerveau et les fonctions du langage.

Brocéliande, vaste forêt de la Bretagne, auj. **forêt de Paimpont,** où les romans de la Table ronde font vivre l'enchanteur Merlin.

BROCH (Hermann), écrivain autrichien (Vienne 1886 - New Haven, Connecticut, 1951). Son œuvre romanesque est une méditation sur l'évolution de la société allemande et sur le sens de l'œuvre littéraire (*la Mort de Virgile,* 1945).

BROCKEN, point culminant du Harz (1 142 m). La légende y plaçait la réunion des sorcières pendant la nuit de Walpurgis (30 avr.-1er mai).

BRODSKY (Joseph), poète américain d'origine russe (Leningrad 1940 - New York 1996). Condamné en 1964 en U.R.S.S. pour « parasitisme social », il avait émigré en 1972 en Occident *(Collines et autres poèmes ; Urania).* [Prix Nobel 1987.]

BROEDERLAM (Melchior), peintre flamand, cité de 1381 à 1409 à Ypres, auteur des volets d'un des retables de la chartreuse de Champmol (v. 1394, musée de Dijon).

BROGLIE (27270), ch.-l. de c. de l'Eure ; 1 189 h. Église romane et gothique. Château.

BROGLIE (*ducs* **de**) [brɔj], famille française originaire du Piémont, dont les membres les plus illustres sont : **Victor François** (1718-1804), maréchal de France, qui se distingua dans la guerre de Sept Ans et commanda l'armée des émigrés en 1792 ; — son petit-fils **Victor** (Paris 1785 - *id.* 1870), ministre de Louis-Philippe et président du Conseil (1835-36) [Acad. fr.] ; — **Albert,** fils du précédent (Paris 1821 - *id.* 1901), chef de l'opposition monarchique sous la IIIe République, président du Conseil (1873-74 et 1877), s'efforça d'instaurer un régime d'Ordre moral (Acad. fr.) ; — **Maurice,** petit-fils du précédent (Paris 1875 - Neuilly-sur-Seine 1960), physicien français, auteur de travaux sur les rayons X (Acad. fr.) ; — **Louis,** *prince,* puis *duc* **de Broglie,** frère du précédent (Dieppe 1892 – Louveciennes 1987), physicien français. Il établit une relation traduisant l'hypothèse qu'il émit selon laquelle les particules matérielles présentent un caractère ondulatoire. La mécanique ondulatoire ainsi développée est à l'origine de la mécanique quantique. (Acad. fr. ; prix Nobel 1929.)

BROMFIELD (Louis), romancier américain (Mansfield 1896 - Columbus 1956), auteur de *la Mousson* (1937).

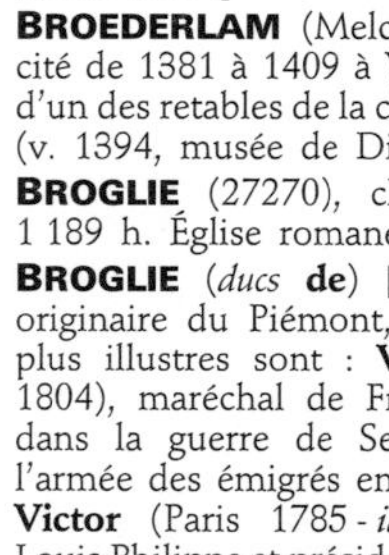

Paul **Broca** (musée Carnavalet, Paris)

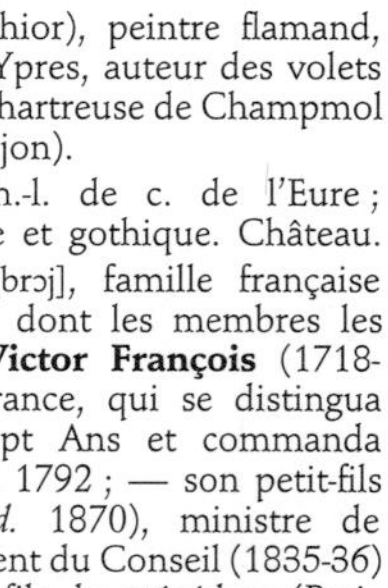

Louis de **Broglie**

BRON (69500), ch.-l. de c. du Rhône, banlieue est de Lyon ; 40 514 h. Aéroport.

BRONGNIART (Alexandre Théodore), architecte français (Paris 1739 - *id.* 1813). Néoclassique, il a édifié à Paris divers hôtels, le couvent des capucins (1789, auj. lycée Condorcet) et la Bourse (1807). — Son fils **Alexandre,** minéralogiste et géologue (Paris 1770 - *id.* 1847), dirigea la manufacture de Sèvres. — **Adolphe,** fils du précédent, botaniste (Paris 1801 - *id.* 1876), a créé la paléobotanique.

BRØNSTED (Johannes Nicolaus), chimiste danois (Varde, Jylland, 1879 - Copenhague 1947) qui a modernisé la théorie des ions d'Arrhenius.

BRONTË (Charlotte), femme de lettres britannique (Thornton 1816 - Haworth 1855), évocatrice des exigences sociales et passionnelles de la femme *(Jane Eyre).* — Sa sœur **Emily** (Thornton 1818 - Haworth 1848) est l'auteur du roman lyrique *les Hauts de Hurlevent.* — Leur sœur **Anne** (Thornton 1820 - Scarborough 1849) publia des récits didactiques et moraux *(Agnes Grey).*

BRONX, borough de New York ; 1 169 000 h.

BRONZINO (Agnolo **Tori**, dit **il**), peintre italien (Florence 1503 - *id.* 1572), auteur de portraits d'apparat maniéristes.

BROOK (Peter), metteur en scène de théâtre et cinéaste britannique (Londres 1925). Séduit tant par Brecht que par Artaud, créateur à Paris du Centre international de recherches théâtrales (1970), il a réinterprété le répertoire shakespearien tout en expérimentant d'autres formes d'expression (créations collectives, théâtre de rue, improvisation). En 1985, il a présenté une version scénique de la grande épopée indienne *le Mahābhārata.*

BROOKLYN, borough de New York, dans l'ouest de Long Island ; 2 231 000 h.

BROOKS (Louise), actrice américaine (Cherryvale, Kansas, 1906 - Rochester, État de New York, 1985). Elle dut ses grands rôles à G. W. Pabst, qui l'appela en Allemagne *(Loulou ; Journal d'une fille perdue).*

BROOKS (Richard), cinéaste américain (Philadelphie 1912 - Beverly Hills 1992). Défenseur des valeurs humanistes et démocratiques, il a réalisé *Bas les masques,* 1952 ; *Graine de violence,* 1955 ; *la Chatte sur un toit brûlant,* 1958 ; *De sang-froid,* 1967.

BROONS [brɔ̃] (22250), ch.-l. de c. des Côtes-d'Armor ; 2 533 h.

BROSSARD, v. du Canada (Québec), banlieue de Montréal ; 64 793 h.

BROSSE (Salomon **de**), architecte français (Verneuil-en-Halatte v. 1571 - Paris 1626). Il a construit plusieurs châteaux, le palais du Luxembourg à Paris et a donné les plans du palais de justice de Rennes.

BROSSES (Charles **de**), magistrat et écrivain français (Dijon 1709 - Paris 1777). Ethnologue, linguiste, il est l'auteur de *Lettres familières* qui racontent un voyage qu'il fit en Italie.

BROSSOLETTE (Pierre), professeur et journaliste français (Paris 1903 - *id.* 1944). Socialiste, résistant de la première heure, il fut arrêté, torturé, et se suicida pour ne pas parler.

BROTONNE *(forêt de),* forêt de la Seine-Maritime, dans un méandre de la Seine. Parc naturel régional (env. 45 000 ha).

BROU, faubourg de Bourg-en-Bresse (Ain). Anc. monastère reconstruit au début du XVIe s. à la suite d'un vœu de Marguerite d'Autriche : église de style gothique flamboyant (somptueux tombeaux, jubé, vitraux) ; bâtiment abritant le musée régional de l'Ain.

BROU (28160), ch.-l. de c. d'Eure-et-Loir ; 3 821 h. *(Broutains).* Maisons à pans de bois.

BROUCKÈRE (Charles **de),** homme politique belge (Bruges 1796 - Bruxelles 1860). Il joua un rôle important dans la révolution belge. — Son frère **Henri** (Bruges 1801 - Bruxelles 1891), membre du parti libéral, fut Premier ministre et ministre des Affaires étrangères de 1852 à 1855.

BROUSSAIS (François), médecin français (Saint-Malo 1772 - Vitry 1838). Sa conception de « médecine physiologique » est fondée sur l'irritabilité des tissus.

BROUSSE, en turc **Bursa,** v. de Turquie, au sud-est de la mer de Marmara ; 834 576 h. Ce fut la capitale de l'Empire ottoman (1326-1402) ; beaux monuments richement décorés, dont le *Turbe vert* (1427).

Brousse : le Turbe vert (1427), mausolée du sultan Mehmed Ier.

BROUSSE (Paul), homme politique français (Montpellier 1844 - Paris 1912). Il créa le parti socialiste *possibiliste,* dit *broussiste* (1882), dont l'objectif était la transformation de la société par la voie des réformes et non de la révolution.

BROUSSEL (Pierre), conseiller au parlement de Paris (v. 1576 - Paris 1654). Son arrestation par Mazarin déclencha la Fronde (1648).

BROUSSILOV (Alekseï Alekseïevitch), général russe (Saint-Pétersbourg 1853 - Moscou 1926), célèbre par son offensive victorieuse en Galicie (1916). Généralissime en 1917, il se rallia au régime soviétique.

BROUSSONET (Auguste), naturaliste français (Montpellier 1761 - *id.* 1807). Il introduisit en France l'arbrisseau japonais, nommé depuis *broussonetia,* qui sert à fabriquer le papier de Chine, ainsi que le mouton mérinos et la chèvre d'Angora.

BROUWER (Adriaen), peintre flamand (Oudenaarde 1605/06 - Anvers 1638). Artiste à la vie tumultueuse, il est l'auteur de scènes de taverne et de tabagies d'une grande qualité plastique.

BROUWER (Luitzen Egbertus Jan), mathématicien et logicien néerlandais (Overschie 1881 - Blaricum 1966), chef de file de l'école intuitionniste.

BROWN (Earle), compositeur américain (Lunenburg, Massachusetts, 1926), influencé par John Cage et les théories mathématiques *(Available Forms, I* et *II).* — Sa femme, **Carolyn Brown** (Fitchburg, Massachusetts, 1927), est une des plus grandes interprètes de la modern dance.

BROWN (John), abolitionniste américain (Torrington, Connecticut, 1800 - Charlestown, Virginie, 1859). Il fut exécuté après avoir dirigé un coup de main armé contre un arsenal.

BROWN (Robert), botaniste britannique (Montrose, Écosse, 1773 - Londres 1858). Il a décrit la flore australienne et découvert le mouvement désordonné des particules très petites en suspension dans les liquides, appelé depuis *mouvement brownien.*

BROWNING (Elizabeth, née **Barrett**), femme de lettres britannique (près de Durham 1806 - Florence 1861), auteur des *Sonnets de la Portugaise* et du roman en vers *Aurora Leigh.* — Son mari, **Robert Browning** (Camberwell, Londres, 1812 - Venise 1889), poète à l'inspiration romantique *(Sordello, l'Anneau et le Livre),* fut le prophète de la désillusion au cœur de l'époque victorienne.

BROWN-SÉQUARD (Édouard), médecin et physiologiste français (Port-Louis, île Maurice, 1817 - Paris 1894). Il étudia la physiologie de la moelle épinière, définit le rôle des glandes à sécrétion interne et créa l'opothérapie.

BRUANT (Aristide), chansonnier français (Courtenay 1851 - Paris 1925), créateur de chansons réalistes, dans une langue argotique.

BRUANT (Libéral), architecte français (Paris 1635 - *id* 1697). Il a construit, à Paris, la chapelle de la Salpêtrière, puis l'hôtel des Invalides (1670).

BRUAT (Armand Joseph), amiral français (Colmar 1796 - en mer 1855). Il établit le protectorat français sur Tahiti (1843) et commanda la flotte française en Crimée (1854).

BRUAY-LA-BUISSIÈRE (62700), anc. **Bruay-en-Artois,** ch.-l. de c. du Pas-de-Calais ; 25 451 h. *(Bruaysiens).* Constructions mécaniques. Textile.

BRUAY-SUR-L'ESCAUT (59860), comm. du Nord ; 11 831 h.

BRUCE, famille normande établie en Écosse, où elle s'illustra. Elle a donné les rois **Robert Ier** et **David II.**

Brücke *(Die)* → ***expressionnisme*** (partie langue).

BRUCKNER (Anton), compositeur autrichien (Ansfelden 1824 - Vienne 1896), auteur de monumentales symphonies, de motets, de messes, d'une écriture souvent contrapuntique.

BRUCKNER (Theodor **Tagger**, dit **Ferdinand**), auteur dramatique autrichien (Vienne 1891 - Berlin 1958), l'un des animateurs du théâtre d'avant-garde après la Première Guerre mondiale *(les Criminels).*

BRUEGEL ou **BREUGHEL,** famille de peintres flamands. — **Pieter**, dit **Bruegel l'Ancien** (? v. 1525/1530 - Bruxelles 1569), fixé à Bruxelles en 1563, est l'auteur de scènes inspirées du folklore brabançon (*les Proverbes,* Berlin-Dahlem, *Margot l'Enragée,* Anvers), non moins célèbres que ses paysages rustiques *(les Chasseurs* dans la neige)* ou historiques *(le Dénombrement de Bethléem,* Bruxelles). — Il eut deux fils peintres : **Pieter II,** dit **Bruegel d'Enfer** (Bruxelles 1564 - Anvers 1638), qui travailla dans la même veine, et **Jan,** dit **Bruegel de Velours** (Bruxelles 1568 - Anvers 1625), auteur de tableaux de fleurs et de fins paysages bibliques ou allégoriques.

BRUEYS D'AIGAÏLLIERS (François Paul), vice-amiral français (Uzès 1753 - Aboukir 1798). Il fut vaincu à Aboukir par Nelson.

BRUGES, en néerl. **Brugge** (« Pont »), v. de Belgique, ch.-l. de la Flandre-Occidentale ; 117 063 h. *(Brugeois).* Port relié à Zeebrugge par

Bruegel l'Ancien : *Danse de paysans.* (Kunsthistorisches Museum, Vienne.)

un canal maritime. Industries mécaniques et textiles. — Centre d'échanges internationaux dès le XIIIe s., indépendante en fait sous les comtes de Flandre, Bruges connut sa plus grande prospérité au XIVe s. Son déclin économique se précipita, au profit d'Anvers, à partir du XVe s. — Elle a gardé des monuments célèbres, surtout des XIIIe-XVIe s. : halles ; hôtel de ville ; basilique du Saint-Sang ; cathédrale ; église Notre-Dame ; béguinage ; hôpital St-Jean, qui abrite plusieurs chefs-d'œuvre de Memling. Le musée municipal est riche en peintures des primitifs flamands.

Bruges : maisons anciennes dans le centre de la ville.

BRUGES (33520), comm. de la Gironde, banlieue nord-ouest de Bordeaux ; 8 779 h.

Bruit et la Fureur (le), roman de W. Faulkner (1929).

BRUIX (Eustache), amiral français (Saint-Domingue 1759 - Paris 1805). Organisateur du camp de Boulogne (1803).

BRÛLÉ (Étienne), explorateur français (Champigny-sur-Marne v. 1592 - v. 1633). Il accompagna Champlain, explora le pays des Hurons et découvrit le lac Ontario.

BRÛLON (72350), ch.-l. de c. de l'ouest de la Sarthe ; 1 300 h.

Brumaire an VIII (*coup d'État du* 18-) [9 nov. 1799], coup d'État par lequel Bonaparte renversa le régime du Directoire.

BRUMATH (67170), ch.-l. de c. du Bas-Rhin ; 8 208 h. Industrie automobile.

BRUMMELL (George), dandy britannique (Londres 1778 - Caen 1840), surnommé *le Roi de la mode*.

BRUNDTLAND (Gro Harlem), femme politique norvégienne (Oslo 1939). Présidente du parti travailliste de 1981 à 1992, Premier ministre (1981, 1986-1989 et depuis 1990), elle préside à l'O. N. U. depuis 1983 la Commission mondiale pour l'environnement et le développement (Commission Brundtland).

BRUNE (Guillaume), maréchal de France (Brive-la-Gaillarde 1763 - Avignon 1815). Il s'illustra en Hollande (1799) puis à Marengo (1800). Disgracié en 1807, il fut assassiné pendant la Terreur blanche.

BRUNEHAUT (Espagne v. 534 - Renève 613), reine d'Austrasie. Épouse de Sigebert, roi d'Austrasie, intelligente et énergique, elle engagea avec Frédégonde, reine de Neustrie, une lutte qui ensanglanta leurs deux royaumes. Elle fut prise par Clotaire II, fils de Frédégonde, qui la fit périr.

BRUNEI, État du nord de Bornéo ; 5 765 km² ; 300 000 h. CAP. *Bandar Seri Begawan*. LANGUE : *malais*. MONNAIE : *dollar de Brunei*. Pétrole et gaz naturel. Il est devenu indépendant (1984) dans le cadre du Commonwealth. (V. carte ***Indonésie.***)

BRUNEL (*sir* Marc Isambard), ingénieur français naturalisé britannique (Hacqueville, Vexin, 1769 - Londres 1849). Fixé à Londres en 1799, il réalisa des machines-outils automatiques et perça le premier tunnel sous la Tamise (1824-1842). — Son fils **Isambard Kingdom,** ingénieur britannique (Portsmouth 1806 - Westminster 1859), construisit les premiers grands navires en fer propulsés par hélice : *Great Western, Great Britain* (1845) et *Great Eastern* ou *Leviathan* (1858).

BRUNELLESCHI (Filippo), architecte italien (Florence 1377 - *id.* 1446). D'abord orfèvre, il eut la révélation de l'antique à Rome et devint, à Florence, le grand initiateur de la Renaissance : portique de l'hôpital des Innocents, coupole de S. Maria del Fiore, « vieille sacristie » de S. Lorenzo, chapelle des Pazzi à S. Croce.

Brunelleschi : un aspect de la chapelle des Pazzi, à Florence (entreprise v. 1430).

BRUNER (Jerome), psychologue américain (New York 1915). Il a étudié l'acquisition du langage et le développement cognitif de l'enfant (*A Study of Thinking*, 1956).

BRUNETIÈRE (Ferdinand), critique littéraire français (Toulon 1849 - Paris 1906), adversaire du naturalisme. (Acad. fr.)

BRUNHES (Jean), géographe français (Toulouse 1869 - Boulogne-Billancourt 1930), auteur de la *Géographie humaine* (1910).

BRÜNING (Heinrich), homme politique allemand (Münster 1885 - Norwich, Vermont, 1970), chef du Centre catholique, chancelier du Reich (1930-1932).

BRÜNN → ***Brno.***

BRUNNEN, station touristique de Suisse (Schwyz), sur le lac des Quatre-Cantons.

Brunnen (*pacte de*) [9 déc. 1315], pacte conclu à Brunnen renouvelant l'alliance (1291) des trois cantons de Schwyz, Uri et Unterwald de la Confédération suisse.

BRUNO (*saint*), fondateur de l'ordre des Chartreux (Cologne v. 1030 - San Stefano de Bosco, Calabre, 1101), ordre ainsi nommé parce qu'il eut pour établissement la Grande-Chartreuse, près de Grenoble (1084).

BRUNO (Giordano), philosophe italien (Nola 1548 - Rome 1600). Il est l'un des premiers à rompre avec la conception aristotélicienne d'un univers clos, défend la thèse copernicienne, aboutit à un humanisme panthéiste. Il fut brûlé vif sur ordre du Saint-Office.

Saint **Bruno** en oraison dans le désert, par N. Mignard. (Musée Calvet, Avignon.)

BRUNON (ou **BONIFACE**) **de Querfurt** (*saint*), religieux camaldule (Querfurt, Saxe, v. 974 - Sudauen 1009). Il évangélisa la Russie et la Prusse.

BRUNOT (Ferdinand), linguiste français (Saint-Dié 1860 - Paris 1938), auteur d'une *Histoire de la langue française des origines à 1900*.

BRUNOY (91800), ch.-l. de c. de l'Essonne, sur l'Yerres ; 24 594 h. (*Brunoyens*).

BRUNSCHVICG (Léon), philosophe français (Paris 1869 - Aix-les-Bains 1944). Il proposa une philosophie des sciences, et édita les *Pensées* de Pascal.

BRUNSWICK, en all. **Braunschweig,** v. d'Allemagne (Basse-Saxe) ; 256 323 h. Centre industriel. Cathédrale romane. Musées. La ville fut capitale de l'État de Brunswick.

BRUNSWICK (*État de*), en all. **Braunschweig,** ancien État d'Allemagne. Duché de 1235 à 1918, puis république, il fut incorporé au Reich en 1934.

BRUNSWICK (Charles, *duc* **de**) [Wolfenbüttel 1735 - Ottensen, près d'Altona, 1806]. Chef des armées coalisées en 1792, il lança de Cologne le 25 juillet le manifeste qui, menaçant Paris en cas d'atteinte à la famille de Louis XVI, provoqua la chute de la royauté. Vaincu à Valmy (1792), il fut tué à la bataille d'Auerstedt.

BRUTTIUM, nom antique de la *Calabre**.

BRUTUS (Lucius Junius), personnage légendaire qui, ayant chassé Tarquin le Superbe, dernier roi de Rome, serait devenu l'un des deux premiers consuls de la République (509 av. J.-C.).

BRUTUS (Marcus Junius), homme politique romain (Rome v. 85 - 42 av. J.-C.). Avec Cassius, il entra dans la conspiration qui amena la mort de César. Vaincu par Antoine et Octavien à Philippes, il se tua.

BRUXELLES [brysɛl], en néerl. **Brussel,** cap. de la Belgique et de Région, sur la Senne, à 310 km au nord-est de Paris ; 136 424 h (*Bruxellois*). [Bruxelles et son agglomération constituent la Région de *Bruxelles-Capitale* : formée de 19 communes, elle couvre 162 km² et compte 949 070 h., à nette majorité francophone.] Archevêché (avec Malines). Université. Centre administratif, commercial, intellectuel et industriel. — Cathédrale St-Michel, anc. collégiale, des XIIIe-XVIIe s. ; magnifique hôtel de ville du XVe s. sur la Grand-Place ; église N.-D.-du-Sablon (XVe s.) ; église baroque St-Jean-Baptiste-au-Béguinage (XVIIe s.) ; place Royale (XVIIIe s.) ; édifices de V. Horta, etc. Riches musées. — Bruxelles devint la principale ville des Pays-Bas après la réunion du Brabant aux États bourguignons (1430). S'étant révoltée contre le roi Guillaume Ier d'Orange, elle devint la capitale du royaume indépendant de Belgique en 1830. Bruxelles est une des capitales de la Communauté européenne et, depuis 1967, le siège du Conseil permanent de l'O. T. A. N.

Bruxelles (*traité de*) [17 mars 1948], alliance défensive conclue entre la France, la Grande-Bretagne et les pays du Benelux. Étendue en 1954 à l'Allemagne fédérale et à l'Italie par les accords de Paris, elle servit de base à l'Union de l'Europe occidentale.

BRUYÈRES (88600), ch.-l. de c. des Vosges, sur la Vologne ; 3 451 h. Centre de villégiature.

Bruxelles : les maisons des corporations (XVIIe s.), sur la Grand-Place.

BRUYÈRES-LE-CHÂTEL (91680), comm. de l'Essonne ; 3 352 h. Centre d'études nucléaires.

BRUZ (35170), ch.-l. de c. d'Ille-et-Vilaine ; 8 319 h. Électronique.

BRYAN (William Jennings), homme politique américain (Salem, Illinois, 1860 - Dayton, Tennessee, 1925). Trois fois candidat démocrate à la présidence des États-Unis, il s'effaça devant Wilson en 1912 et contribua à son succès.

BRYANT (William Cullen), écrivain américain (Cummington, Massachusetts, 1794 - New York 1878), poète influencé par les romantiques anglais *(Thanatopsis)*.

BRY-SUR-MARNE (94360), ch.-l. de c. du Val-de-Marne, sur la Marne ; 13 912 h. Hospice. Institut national de l'audiovisuel.

B. S. N. → ***Danone.***

BUBER (Martin), philosophe israélien d'origine autrichienne (Vienne 1878 - Jérusalem 1965). Il a renouvelé l'étude de la tradition juive (*le Je et le Tu,* 1923 ; *Gog et Magog,* 1941).

BUBKA ou **BOUBKA** (Sergueï), athlète ukrainien (Donetsk 1963). Premier perchiste à franchir 6 m (1985), champion du monde à cinq reprises (1983, 1987, 1991, 1993, 1995) et champion olympique en 1988, il a battu 17 fois le record du monde, entre 1984 et 1994, le portant de 5,85 à 6,14 m.

BUC (78530), comm. des Yvelines, sur la Bièvre ; 5 485 h.

BUCARAMANGA, v. de Colombie ; 459 000 h.

BUCAREST, en roum. **Bucureşti,** cap. de la Roumanie, sur la Dîmboviţa, sous-affl. du Danube ; 2 064 474 h. Centre administratif et industriel. Églises d'ascendance byzantine (XVIe-XVIIIe s.). Musées. Mentionnée en 1459, la ville devint en 1862 la capitale des Principautés unies de Moldavie et de Valachie. Plusieurs traités y ont été signés (1812, 1913, 1918).

Bucarest : l'« Athénée roumain » (salle de concert). Fin du XIXe s.

Bucentaure, vaisseau sur lequel le doge de Venise montait le jour de l'Ascension, pour la célébration de son mariage symbolique avec la mer.

Bucéphale, nom du cheval d'Alexandre.

BUCER ou **BUTZER** (Martin), réformateur alsacien (Sélestat 1491 - Cambridge 1551). Dominicain rallié à Luther, il propagea la Réforme en Alsace et en Angleterre.

BUCHANAN (George), humaniste écossais (Killearn 1506 - Édimbourg 1582). Précepteur de Jacques Ier d'Angleterre, il prôna une monarchie limitée (*De jure regni apud Scotos,* 1579).

BUCHANAN (James), homme politique américain (près de Mercersburg, Pennsylvanie, 1791 - Wheatland, Pennsylvanie, 1868). Président de l'Union de 1857 à 1861, il favorisa les tendances esclavagistes.

BUCHANAN (James M.), économiste américain (Murfreesboro, Tennessee, 1919). Il est l'auteur d'importants travaux sur les choix collectifs et les dépenses publiques. (Prix Nobel 1986.)

Buchenwald, camp de concentration allemand (1937-1945) au N.-O. de Weimar.

BUCHEZ (Philippe), philosophe et homme politique français (Matagne-la-Petite 1796 - Rodez 1865). Proche de la charbonnerie et du saint-simonisme, il fut l'un des principaux inspirateurs du socialisme chrétien.

BUCHNER (Eduard), chimiste allemand (Munich 1860 - Focşani, Roumanie, 1917). Il a montré que les ferments agissent par des enzymes. (Prix Nobel 1907.)

BÜCHNER (Georg), poète allemand (Goddelau 1813 - Zurich 1837). Ses drames *(la Mort de Danton, Woyzeck)* ont marqué l'expressionnisme moderne.

BUCHY (76750), ch.-l. de c. de la Seine-Maritime ; 1 164 h.

BUCK (Pearl), romancière américaine (Hillsboro, Virginie, 1892 - Danby, Vermont, 1973), auteur de romans sur la Chine. (Prix Nobel 1938.)

BUCKINGHAM (George **Villiers,** *duc* **de**), homme d'État anglais (Brooksby 1592 - Portsmouth 1628), favori des rois Jacques Ier et Charles Ier. Il s'attira, par ses compromissions, la haine des parlementaires anglais. Il se préparait à secourir les huguenots assiégés à La Rochelle quand il fut assassiné par un officier puritain.

Buckingham Palace, palais de Londres, construit en 1705 et plusieurs fois remanié, résidence officielle des souverains de Grande-Bretagne depuis 1837.

BUCKINGHAMSHIRE, comté de Grande-Bretagne, au nord-ouest de Londres. Ch.-l. *Aylesbury.*

Bucoliques (les) ou **Églogues** (les), de Virgile (42-39 av. J.-C.), courts dialogues de bergers, imités de Théocrite.

BUCOVINE, région d'Europe partagée entre l'Ukraine et la Roumanie. Partie septentrionale de la Moldavie, elle fut cédée à l'Autriche (1775) et rattachée à la Roumanie en 1918. La Bucovine du Nord a été annexée par l'U. R. S. S. en 1940.

BUDAPEST, cap. de la Hongrie, sur le Danube ; 2 016 774 h. Formée par la réunion (1872) de *Buda* (la Ville haute), sur la rive droite du fleuve, et de *Pest,* sur la rive gauche. Centre administratif, intellectuel, commercial et industriel. Monuments baroques, néoclassiques et éclectiques. Musées. Buda, qui avait été occupée par les Ottomans de 1541 à 1686, devint la capitale de la Hongrie en 1867. Elle fut rattachée à Pest en 1872.

BUDÉ (Guillaume), humaniste français (Paris 1467 - *id.* 1540). Il propagea en France l'étude du grec et contribua à la création des « lecteurs royaux », le futur Collège de France.

BUËCH (le), torrent des Alpes du Sud, affl. de la Durance (r. dr.) ; 90 km.

BUEIL (Jean V **de**), capitaine français (v. 1405-1478), surnommé **le Fléau des Anglais.** Un des meilleurs généraux de Charles VII, amiral de France.

BUENAVENTURA, port de Colombie, sur le Pacifique ; 166 000 h.

BUENOS AIRES, cap. de l'Argentine ; 2 960 976 h. (7 950 427 avec les banlieues). Port (exportations de céréales et de viande). Centre commercial, industriel et culturel (universités, musée des Beaux-Arts, opéra), regroupant le tiers de la population du pays. La ville a été fondée en 1580.

Buenos Aires : un aspect du centre de la ville.

BUFFALO, v. des États-Unis (New York), sur le lac Érié, près du Niagara ; 328 123 h. (968 532 avec les banlieues). Université. Port fluvial. Centre industriel. Musée d'art.

BUFFALO BILL (William Frederick **Cody,** dit), pionnier américain (comté de Scott, Iowa, 1846 - Denver 1917). Célèbre pour son adresse de tireur, il devint directeur de cirque.

BUFFET (Bernard), peintre et graveur français (Paris 1928), créateur d'une imagerie percutante, au graphisme nerveux et acéré.

BUFFON (Georges Louis **Leclerc,** *comte* **de**), naturaliste français (Montbard 1707 – Paris 1788). Auteur de l'*Histoire naturelle* (près de 40 volumes, de 1749 à 1804), organisateur du Jardin des Plantes de Paris, il conquit le grand public par son style brillant. (Acad. fr.)

Buffon

BUG → ***Boug.***

BUGATTI (Ettore), industriel italien naturalisé français (Milan 1881 - Paris 1947). Il fut l'un des pionniers de la construction automobile de sport, de course et de grand luxe en France. On lui doit également les premiers autorails français (1933). — Son frère **Rembrandt** (Milan 1885 - Paris 1916) fut un sculpteur animalier de talent.

BUGEAT (19170), ch.-l. de c. du nord de la Corrèze ; 1 078 h.

BUGEAUD (Thomas), *marquis* **de la Piconnerie,** *duc* **d'Isly,** maréchal de France (Limoges 1784 - Paris 1849). Il organisa, comme gouverneur (1840-1847), la conquête de l'Algérie et battit les Marocains sur l'Isly (1844).

BUGEY (le), région de France, rattachée en 1601, extrémité méridionale de la chaîne du Jura divisée en *haut Bugey,* au nord, et *bas Bugey,* au sud. Ch.-l. *Belley.* — Centrale nucléaire à Saint-Vulbas (Ain).

Budapest : l'église du Couronnement (ou église Mathias). (À droite, le temple calviniste.)

BUGUE (Le) [24260], ch.-l. de c. de la Dordogne, sur la Vézère ; 2 771 h.

BUIS-LES-BARONNIES (26170), ch.-l. de c. de la Drôme, sur l'Ouvèze ; 2 100 h.

BUISSON (Ferdinand), pédagogue français (Paris 1841 - Thieuloy-Saint-Antoine, 1932). Collaborateur de Jules Ferry, il fut l'un des fondateurs de la Ligue des droits de l'homme. (Prix Nobel de la paix 1927.)

BUISSON-DE-CADOUIN (Le) [24480], ch.-l. de c. de la Dordogne ; 2 024 h. Église et cloître d'une anc. abbaye cistercienne.

BUITENZORG → ***Bogor.***

BUJUMBURA, anc. **Usumbura,** cap. du Burundi ; 168 000 h.

BUKAVU, v. du Zaïre, près du lac Kivu ; 209 000 h.

BULAWAYO, v. du sud-ouest du Zimbabwe ; 414 000 h.

BULGARIE, en bulgare **Bălgarija,** État du sud-est de l'Europe, sur la mer Noire ; 111 000 km² ; 9 millions d'h. *(Bulgares).* CAP. *Sofia.* LANGUE : *bulgare.* MONNAIE : *lev.*

GÉOGRAPHIE

La majorité de la population est concentrée dans des bassins intérieurs (Sofia) et des plaines (partie méridionale de la vallée du Danube et vallée de la Marica) séparées par le Balkan (qui est précédé au nord par un glacis de plateaux). Le massif du Rhodope occupe le sud du pays. Le climat est continental avec une tendance à l'aridité. L'agriculture fournit du blé et du maïs, ainsi que du tabac, des fruits, des roses et des vins, principaux produits d'exportation. À côté des traditionnelles industries textiles et alimentaires, favorisées par l'exploitation du lignite, du plomb, du zinc, du cuivre et par l'hydroélectricité, se sont développées la sidérurgie, la métallurgie et l'industrie chimique.

HISTOIRE

Les origines. Peuplée de Thraces, la région voit des colonies grecques s'établir sur son littoral à partir du VIIIᵉ s. av. J.-C. puis est conquise par les Romains (Iᵉʳ s. apr. J.-C.). Elle appartient ensuite à l'Empire byzantin. Les Slaves s'y établissent à partir du VIᵉ s.

Des Empires bulgares à la domination ottomane. V. 680 : les Proto-Bulgares, d'origine turque, s'installent sur le bas Danube et fondent le premier Empire bulgare. 852-889 : Boris Iᵉʳ, après sa conversion au christianisme, organise une Église nationale de langue slavonne. 893-927 : Siméon Iᵉʳ le Grand instaure un patriarcat indépendant. 1018 : les Byzantins vainquent le tsar Samuel (997-1014), qui ne régnait plus que sur la Bulgarie occidentale. 1018-1187 : la Bulgarie constitue une province de l'Empire byzantin. 1187 : Jean et Pierre Asen fondent le second Empire bulgare. Milieu du XIVᵉ s. : menacée par les Mongols, établis à ses frontières depuis 1241, et par les Tatars, la Bulgarie est divisée en plusieurs principautés. Elle ne peut résister à la conquête turque. 1396-1878 : sous domination ottomane, la Bulgarie est partiellement islamisée (Turcs établis dans sa partie orientale, Pomak formant une communauté musulmane de langue bulgare). L'Église bulgare, rattachée au patriarcat de Constantinople, obtient la création d'un exarchat indépendant en 1870.

La Bulgarie indépendante. 1878 : à l'issue de la guerre russo-turque (1877-1878), le congrès de Berlin décide de créer une Bulgarie autonome et de maintenir l'administration ottomane en Macédoine et en Roumélie-Orientale. 1885 : cette dernière est rattachée à la Bulgarie, gouvernée par Alexandre Iᵉʳ de Battenberg (1879-1886). 1908 : le pays accède à l'indépendance sous Ferdinand Iᵉʳ de Saxe-Cobourg (1887-1918), qui prend le titre de tsar. 1912 : la Bulgarie entre en guerre contre l'Empire ottoman aux côtés de la Serbie, de la Grèce et du Monténégro. 1913 : en désaccord avec ses anciens alliés à propos du partage de la Macédoine, elle leur déclare la guerre et est défaite. 1915 : elle s'engage dans la Première Guerre mondiale aux côtés des empires centraux. Sept. 1918 : elle demande l'armistice après l'offensive de Franchet d'Esperey. 1918-1943 : Boris III gouverne une Bulgarie privée de tout accès à la mer Égée et de la majeure partie de la Macédoine par le traité de Neuilly (1919). Après une forte poussée des sociaux-démocrates et des agrariens, la réaction l'emporte à partir de 1923. 1941 : d'abord neutre dans la Seconde Guerre mondiale, la Bulgarie adhère au pacte tripartite. 1944 : alors que le pays est occupé par l'Armée rouge, un gouvernement formé au lendemain de l'insurrection du 9 sept. 1944 la fait entrer dans la guerre aux côtés de l'U. R. S. S. La république, proclamée en 1946, est dirigée par les communistes V. Kolarov et G. Dimitrov, qui engagent le pays dans la construction du socialisme (1948). Premiers secrétaires du parti communiste, V. Červenkov (1950-1954) puis T. Živkov (Jivkov) demeurent fidèles à l'alignement sur l'Union soviétique. 1989 : T. Živkov démissionne. 1990 : le parti renonce à son rôle dirigeant ; il remporte les premières élections libres. Un gouvernement d'union nationale est mis en place. Želju Želev (Jeliou Jelev), porte-parole de l'opposition, devient président de la République. 1991 : l'opposition démocratique forme un nouveau gouvernement. 1994 : les socialistes (ex-communistes) remportent les élections législatives.

BULGNÉVILLE (88140), ch.-l. de c. des Vosges ; 1 358 h.

BULL (Frederik Rosing), ingénieur norvégien (Oslo 1882 - *id.* 1925). Avec sa tabulatrice imprimante et sa trieuse (1922), il développa la mécanographie par cartes perforées.

BULL (John), compositeur anglais (Somerset v. 1562 - Anvers 1628), organiste et joueur de virginal, auteur de pièces pour clavier.

BULL (John) [mots angl. signif. *Jean Taureau*], sobriquet du peuple anglais, franc, bourru et querelleur. Il provient d'un pamphlet de John Arbuthnot (1712).

BULL (Olaf), poète norvégien (Christiania, auj. Oslo, 1883 - *id.* 1933), d'inspiration philosophique *(les Étoiles).*

BULLANT (Jean), architecte et théoricien français (Écouen v. 1520 - *id.* 1578). Il travailla pour les Montmorency (Écouen ; petit château de Chantilly, v. 1560) et pour Catherine de Médicis (continuation d'œuvres de Delorme, etc.).

Bulle d'or, acte marqué de la capsule d'or du sceau impérial, promulgué en 1356 par Charles IV et qui fixa les règles de l'élection impériale, qu'elle confia à sept Électeurs, trois ecclésiastiques et quatre laïques.

BULLY-LES-MINES (62160), comm. du Pas-de-Calais ; 12 647 h. *(Bullygeois).*

BÜLOW (Bernhard, *prince* **von**), homme d'État allemand (Klein-Flottbeck 1849 - Rome 1929), chancelier d'Empire de 1900 à 1909.

BÜLOW (Friedrich Wilhelm), général prussien (Falkenberg 1755 - Königsberg 1816). Vainqueur de Ney à Dennewitz (1813), il se distingua à Waterloo (1815).

BÜLOW (Hans, *baron* **von**), compositeur, pianiste et chef d'orchestre allemand (Dresde 1830 - Le Caire 1894), premier mari de Cosima Liszt.

BÜLOW (Karl **von**), feld-maréchal allemand (Berlin 1846 - *id.* 1921). Commandant de la IIᵉ armée, il fut battu à la Marne (1914).

BULTMANN (Rudolf), théologien luthérien allemand (Wiefelstede, près d'Oldenburg, 1884 - Marburg 1976). Son œuvre est fondée sur l'interprétation de l'élément miraculeux dans le Nouveau Testament (« démythologisation »).

Bund ou **Union générale juive des travailleurs de Lituanie, Pologne et Russie,** parti socialiste juif fondé en Russie en 1897, actif en Pologne jusqu'en 1948.

Bundesrat, l'une des assemblées législatives de la Confédération de l'Allemagne du Nord (1866-1871), puis de l'Empire allemand (1871-1918), et, depuis 1949, de la République fédérale d'Allemagne*.

Bundestag, l'une des assemblées législatives de la République fédérale d'Allemagne*.

Bundeswehr, nom donné en 1956 aux forces armées de l'Allemagne fédérale.

BUNSEN (Robert Wilhelm), chimiste et physicien allemand (Göttingen 1811 - Heidelberg 1899). Il a construit une pile électrique, imaginé un brûleur à gaz et inventé, avec Kirchhoff, l'analyse spectrale.

BUÑUEL (Luis), cinéaste espagnol naturalisé mexicain (Calanda, Aragon, 1900 - Mexico 1983). Influencé très jeune par le surréalisme, il s'est attaqué, avec un humour féroce, au conformisme bourgeois et à l'emprise de la religion : *Un chien andalou* (1928), *l'Âge d'or* (1930), *Los Olvidados* (1950), *Viridiana* (1961), *l'Ange exterminateur* (1962), *le Journal d'une femme de chambre* (1964), *le Charme discret de la bourgeoisie* (1972), *Cet obscur objet du désir* (1977).

BUNYAN (John), écrivain anglais (Elstow 1628 - Londres 1688), auteur d'une allégorie religieuse qui exerça une profonde influence sur le public populaire, *le Voyage du pèlerin* (1678-1684).

BUONARROTI → ***Michel-Ange.***

BUONARROTI (Philippe), révolutionnaire français d'origine italienne (Pise 1761 - Paris

1837), disciple de Babeuf, dont il fit connaître la vie et l'œuvre par son histoire de *la Conspiration pour l'égalité* (1828).

BUONTALENTI (Bernardo), architecte, ingénieur militaire, peintre et sculpteur italien (Florence 1536 - *id.* 1608). Il a décoré, en maniériste, diverses villas des environs de Florence.

BURAYDA, v. de l'Arabie saoudite ; 70 000 h.

BURBAGE (Richard), acteur anglais (Londres v. 1567 - *id.* 1619), créateur des principaux rôles des drames de Shakespeare.

BURCKHARDT (Jacob), historien suisse (Bâle 1818 - *id.* 1897). Il développa l'histoire de la culture *(Kulturgeschichte)* sous tous ses aspects, notamm. artistique, en partic. dans *le Cicerone* (1855) et *la Civilisation de la Renaissance en Italie* (1860).

BURCKHARDT (Johann Ludwig), explorateur suisse (Lausanne 1784 - Le Caire 1817). Il découvrit le site de Pétra (1812) et visita La Mecque (1814).

BURDWĀN → ***Barddhaman.***

BUREAU (Jean), *seigneur* **de Montglas** (Paris v. 1390 - *id.* 1463), grand maître de l'artillerie sous Charles VII, avec son frère **Gaspard** (Paris v. 1393 - *id.* 1469).

Bureau des longitudes → ***longitudes.***

Bureaux arabes, organismes militaires français créés en 1833 en Algérie et organisés par Bugeaud (1844), pour l'administration de certains territoires.

BUREN (Daniel), artiste français (Boulogne-sur-Seine 1938). Sa critique sociologique de l'art procède par un travail sur l'environnement : installations structurant l'espace à l'aide de toiles blanches rayées de bandes verticales monochromes (depuis 1966) ; « colonnes » du Palais-Royal à Paris, 1985-86.

BURES-SUR-YVETTE (91440), comm. de l'Essonne ; 9 292 h.

BURGAS, port de Bulgarie, sur la mer Noire ; 178 000 h. Raffinage du pétrole. Chimie.

BURGDORF, v. de Suisse (Berne) ; 15 373 h.

BURGENLAND, prov. d'Autriche, aux confins de la Hongrie ; 270 000 h. Ch.-l. *Eisenstadt.*

BÜRGER (Gottfried August), poète allemand (Molmerswende 1747 - Göttingen 1794), auteur de ballades *(Lenore).*

BURGESS (Anthony), écrivain britannique (Manchester 1917 - Londres 1993), dénonciateur de la violence moderne (*Orange mécanique,* 1962) à travers un culte ambigu des héros (*la Symphonie Napoléon,* 1974).

BURGKMAIR (Hans), peintre et graveur allemand (Augsbourg 1473 - *id.* 1531), rallié aux conceptions de la Renaissance italienne.

BURGONDES, peuple germanique établi au Vᵉ s. sur le Rhin. D'abord battus par Aetius (436), ils conquirent au Vᵉ s. le bassin du Rhône et les Alpes. Soumis par les Francs en 532, ils ont donné leur nom à la Bourgogne.

BURGOS, v. d'Espagne, ch.-l. de prov., dans le nord de la Castille ; 160 278 h. Tourisme. — Capitale de l'art gothique en Castille : cathédrale entreprise en 1221 (nombreuses œuvres d'art), monastère de Las Huelgas, chartreuse de Miraflores. — Anc. cap. de la Castille. Siège du gouvernement nationaliste de 1936 à 1939.

Luis **Buñuel** (à droite) pendant le tournage de son film, *le Fantôme de la liberté* (1974).

BURGOYNE (John), général britannique (Sutton 1722 - Londres 1792). Commandant les renforts britanniques envoyés au Canada contre les insurgés américains, il dut capituler à Saratoga (1777).

BURIDAN (Jean), philosophe scolastique (Béthune ? v. 1300 - apr. 1358). Il se rattache au nominalisme*.

Buridan *(âne de),* fable faussement attribuée à Buridan, affirmant qu'un âne, également assoiffé et affamé, se laisserait mourir plutôt que de choisir entre un seau d'eau et un picotin d'avoine.

BURIE (17770), ch.-l. de c. de la Charente-Maritime ; 1 211 h.

BURKE (Edmund), homme politique et écrivain britannique (Dublin v. 1729 - Beaconsfield 1797). Whig, il s'opposa à la politique colonialiste anglaise en Amérique. Son ouvrage *Réflexions sur la Révolution en France* (1790), très contre-révolutionnaire, connut un grand succès.

Burgos :
la cathédrale (XIIIᵉ-XVᵉ s.).

BURKINA, anc. **Haute-Volta,** État d'Afrique occidentale ; 275 000 km² ; 10 millions d'h. *(Burkinabés).* CAP. *Ouagadougou.* LANGUE : *français.* MONNAIE : *franc C. F. A.*

GÉOGRAPHIE

Enclavé au cœur du Sahel et peuplé surtout de Mossi, c'est un pays pauvre, souvent aride, domaine d'une médiocre agriculture vivrière (sorgho, mil) avec quelques plantations commerciales (coton, arachide). L'élevage (bovin et surtout ovin) souffre des fréquentes sécheresses.

HISTOIRE

La période précoloniale. XIIᵉ - XVIᵉ s. : Mossi et Gourmantché fondent des royaumes guerriers dans l'est du pays. Les Mossi, qui demeurent aujourd'hui le groupe dominant, résistent à l'islamisation. XVIIIᵉ s. : les Dioula du royaume de Kong (actuelle Côte d'Ivoire) unifient l'ouest du pays en créant le Gwiriko, autour de Bobo-Dioulasso.

La colonisation et l'indépendance. 1898 : après les explorations de Binger (1886-1888) et de Monteil (1890-91), la France, victorieuse de Samory, occupe Bobo-Dioulasso. 1919 : d'abord incluse dans le Haut-Sénégal-Niger (1904), la Haute-Volta devient colonie particulière. 1932 : elle est partagée entre le Soudan, la Côte d'Ivoire et le Niger. 1947 : reconstituée, elle voit se développer un mouvement nationaliste mené par Maurice Yaméogo. 1960 : la République indépendante est proclamée (5 août) ; son président est Yaméogo. 1966-1980 : le pays est gouverné par le général Lamizana, arrivé au pouvoir par un coup d'État. Il est lui-même renversé par un coup d'État. Après deux autres coups d'État, le capitaine Thomas Sankara s'empare du pouvoir en 1983, et change le nom du pays en Burkina (1984). Il mène une « révolution démocratique et populaire ». 1987 : Thomas Sankara est tué lors du coup d'État militaire dirigé par le capitaine Blaise Compaoré, qui lui succède à la tête de l'État. 1991 : une nouvelle Constitution, adoptée par référendum, consacre le multipartisme.

BURLINGTON, v. du Canada (Ontario), sur le lac Ontario ; 125 912 h.

BURNABY, banlieue de Vancouver (Canada) ; 158 858 h.

BURNE-JONES (*sir* Edward), peintre britannique (Birmingham 1833 - Londres 1898). Avec ses thèmes issus de la mythologie antique ou de légendes médiévales, ce préraphaélite a influencé le symbolisme européen.

BURNEY (Frances, dite **Fanny**), femme de lettres britannique (King's Lynn 1752 - Londres 1840), auteur du roman épistolaire *Evelina.*

BURNS (Robert), poète britannique (Alloway 1759 - Dumfries 1796), auteur de poèmes en dialecte écossais.

BURROUGHS (Edgar Rice), écrivain américain (Chicago 1875 - Encino, Californie, 1950), créateur de Tarzan.

BURROUGHS (William), écrivain américain (Saint Louis, Missouri, 1914), l'un des principaux représentants de la *beat generation (le Festin nu, le Ticket qui explosa).*

BURROUGHS (William Steward), industriel américain (Rochester 1857 - Saint Louis 1898). Son « Calculator » fut l'une des toutes premières additionneuses imprimantes à touches.

BURRUS (Sextus Afranius), précepteur de Néron, puis préfet du prétoire (m. en 62 apr. J.-C.). Il contribua à l'avènement de Néron.

BURSA → ***Brousse.***

BURTON (*sir* Richard), voyageur anglais (Torquay 1821 - Trieste 1890). Il découvrit le lac Tanganyika avec Speke (1858).

BURTON (Richard), acteur britannique (Pontrhydfen, pays de Galles, 1925 - Genève 1984). Partageant sa carrière entre théâtre et cinéma, il doit sa célébrité autant à ses talents de comédien de composition qu'à sa vie conjugale tapageuse avec Elizabeth Taylor.

BURTON (Robert), écrivain anglais (Lindley, Leicestershire, 1577 - Oxford 1640), auteur de *l'Anatomie de la mélancolie par Démocrite junior.*

BURUNDI, anc. **Urundi,** État d'Afrique centrale ; 28 000 km² ; 5 800 000 h. CAP. *Bujumbura.* LANGUES : *français, rundi.* MONNAIE : *franc du Burundi.* Partie méridionale de l'ancien territoire du Rwanda-Urundi, c'est un pays de hauts plateaux, exclusivement agricole, densément peuplé (par les Hutu et les Tutsi). [V. carte ***Zaïre.***] Royaume africain fondé peut-être à la fin du XVIIe s., le Burundi fit partie de l'Afrique-Orientale allemande à partir de la fin du XIXe s. De 1916 à 1962, il fut, avec le Rwanda-Urundi, sous mandat, puis sous tutelle belge. Il devint indépendant en 1962, et la royauté y fut abolie au profit de la république en 1966. Le lieutenant-colonel J.-B. Bagaza, président de la République depuis 1976, est renversé en 1987 par un coup d'État militaire dirigé par le major Pierre Buyoya. La vie politique est dominée par des rivalités ethniques (massacres de 1972 et de 1988) entre les Hutu, majoritaires, et les Tutsi, minoritaires mais qui, traditionnellement, détiennent le pouvoir. Malgré les tentatives de démocratisation engagées à partir de 1988 (rééquilibrage du pouvoir entre Hutu et Tutsi amorcé par P. Buyoya ; nouvelle Constitution, instaurant le multipartisme, en 1992 ; élection d'un président hutu, le premier de l'histoire du pays, en juin 1993 [tué en oct.]), le pays reste le théâtre d'affrontements interethniques permanents.

BUS (César **de**), missionnaire français (Cavaillon 1544 - Avignon 1607), introducteur en France de la congrégation des *Pères de la doctrine chrétienne.*

BUSH (George Herbert Walker), homme politique américain (Milton, Massachusetts, 1924). Républicain, vice-président des États-Unis de 1981 à 1989, il est ensuite président de 1989 à 1993. Son action politique, qui s'inscrit dans le prolongement de celle de son prédécesseur, R. Reagan, se caractérise, à l'extérieur, à la fois par l'ouverture (dialogue avec l'U.R.S.S.) et par la fermeté (interventions militaires au Panamá et contre l'Iraq) et, à l'intérieur, par l'impuissance à régler les problèmes économiques et sociaux.

BUSHNELL (David), inventeur américain (Saybrook, Connecticut, 1742 - Warrenton, Géorgie, 1824). Il fut un précurseur tant pour la réalisation du sous-marin (la *Tortue,* 1775) que pour l'emploi de l'hélice comme moyen de propulsion des navires.

BUSONI (Ferruccio), compositeur, pianiste et théoricien italien (Empoli 1866 - Berlin 1924), auteur de l'opéra *Doktor Faust* et de l'écrit *Ébauche d'une nouvelle esthétique de la musique.*

BUSSANG (88540), comm. des Vosges, sur la Moselle, près du *col de Bussang* (731 m) ; 1 823 h. *(Bussenets).* Sports d'hiver (alt. 620-1 220 m). Station thermale. Théâtre du peuple.

BUSSOTTI (Sylvano), compositeur italien (Florence 1931). Homme de théâtre, il dirigea le théâtre de la Fenice à Venise (1976-1980) et s'imposa avec *la Passion selon Sade,* puis *The Rara Requiem.*

BUSSY (Roger **de Rabutin,** *comte* **de**), connu sous le nom de **Bussy-Rabutin,** général et écrivain français (Épiry, près d'Autun, 1618 - Autun 1693), cousin de Mme de Sévigné et auteur de *l'Histoire amoureuse des Gaules.* (Acad. fr.)

BUSSY D'AMBOISE (Louis **de Clermont d'Amboise,** dit), homme de guerre français (Mognéville v. 1549 - Brain-sur-Allonnes 1579). Gouverneur de l'Anjou, il fut assassiné sur l'ordre du comte de Montsoreau, dont il avait séduit la femme.

BUTE (John **Stuart,** *comte* **de**), homme d'État britannique (Édimbourg 1713 - Londres 1792). Premier ministre du roi George III de 1761 à 1763, il négocia le traité de Paris (1763).

BUTENANDT (Adolf), chimiste allemand (Lehe 1903 - Munich 1995), prix Nobel (1939) pour ses recherches sur les hormones sexuelles.

BUTLER (Samuel), poète anglais (Strensham 1612 - Londres 1680), auteur du poème *Hudibras* (1663-1678), satire des puritains.

BUTLER (Samuel), écrivain britannique (Langar 1835 - Londres 1902), peintre satirique de la société victorienne (*Erewhon,* 1872).

BUTOR (Michel), écrivain français (Mons-en-Barœul 1926). Son œuvre poétique, critique (*Essai sur « les Essais »,* 1968) et romanesque (*Passage de Milan,* 1954 ; *l'Emploi du temps,* 1956 ; *la Modification,* 1957 ; *Degrés,* 1960 ; *Mobile,* 1962 ; *Boomerang,* 1978) compose une exploration méthodique des différents réseaux qui forment toute l'épaisseur de la culture.

BUTT (Isaac), homme politique irlandais (Glenfin 1813 - près de Dundrum 1879). En 1870, il inaugura le mouvement pour le *Home Rule.*

Buttes-Chaumont *(parc des),* parc du N.-E. de Paris, aménagé en 1867 sur des hauteurs qui avaient servi, en 1814, à la défense de la capitale. Studios de télévision dans le quartier.

BUXEROLLES (86180), comm. de la Vienne ; 6 357 h.

BUXTEHUDE (Dietrich), compositeur allemand (Oldesloe 1637 - Lübeck 1707). Organiste de Lübeck, il fonda dans cette ville des concerts du soir *(Abendmusiken).* On lui doit des cantates, des pièces pour orgue et pour clavecin.

BUXY [bysi] (71390), ch.-l. de c. de Saône-et-Loire ; 2 077 h.

BUYS-BALLOT (Christophorus Henricus Didericus), météorologiste néerlandais (Kloetinge 1817 - Utrecht 1890). Il a établi la règle déterminant la localisation du centre d'une dépression d'après l'observation de la direction des vents.

BUYSSE (Cyriel), écrivain belge d'expression néerlandaise (Nevele 1859 - Afsnee 1932), auteur de romans réalistes *(le Bourriquet).*

BUZANÇAIS (36500), ch.-l. de c. de l'Indre, sur l'Indre ; 4 768 h. *(Buzancéens).*

BUZĂU, v. de Roumanie ; 148 247 h.

BUZENVAL, écart de la comm. de Rueil-Malmaison. Combat du siège de Paris (19 janv. 1871).

BUZOT (François), homme politique français (Évreux 1760 - Saint-Magne, Gironde, 1794), député girondin à la Convention, ami de Mme Roland. Son parti ayant été proscrit, il se suicida.

George **Bush**

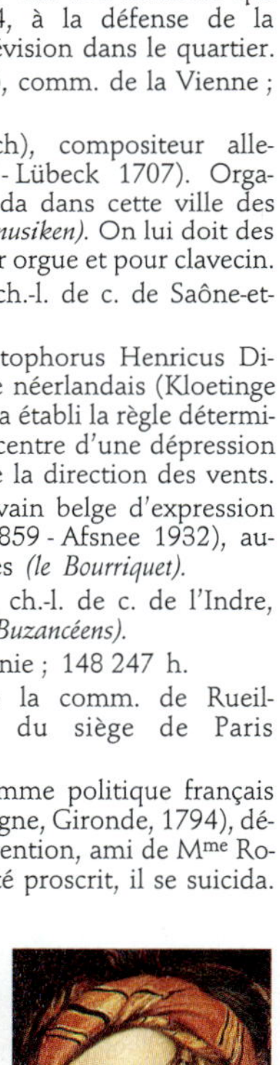

lord **Byron**
[Th. Phillips - National Portrait Gallery, Londres]

BUZZATI (Dino), écrivain italien (Belluno 1906 - Milan 1972). Peintre, musicien, romancier et conteur, il témoigne de la même inspiration fantastique mêlée au réalisme le plus savoureux (*le Désert des Tartares,* 1940 ; *le K.,* 1966).

B. V. A. (Brulé Ville Associés), société d'études de marché et d'opinion française créée en 1970.

B. V. P. (Bureau de Vérification de la Publicité), association, créée en 1953, qui contrôle l'expression des annonces publicitaires de ses adhérents, dans le respect de la législation et de la déontologie de la profession de publicité.

BYBLOS, v. de l'anc. Phénicie. Centre commercial actif du IVe au Ier millénaire, liée à l'Égypte, elle fut évincée par Tyr. On y a découvert le sarcophage d'Ahiram (Xe s. av. J.-C.), portant la plus ancienne inscription alphabétique. Vestiges antiques et médiévaux. (Auj. *Djebail,* Liban.)

BYDGOSZCZ, en all. **Bromberg,** v. de Pologne, au nord-est de Poznań ; 383 600 h.

BYRD (Richard Evelyn), amiral, aviateur et explorateur américain (Winchester, Virginie, 1888 - Boston 1957). Il survola le pôle Nord (1926) puis le pôle Sud (1928) et explora le continent antarctique (1933-1935, 1939-1941, 1946-47).

BYRD (William), compositeur et organiste anglais (? v. 1543 - Stondon Massey 1623). Organiste de la Chapelle royale, il a laissé des messes, des motets, des chansons, des pièces pour clavier et pour viole.

BYRON (George **Gordon,** *lord*), poète britannique (Londres 1788 - Missolonghi 1824). Ses poèmes dénoncent le mal de vivre (*Pèlerinage de Childe Harold,* 1812) ou exaltent les héros rebelles (*Manfred,* 1817 ; *Don Juan,* 1824). Sa mort au milieu des insurgés grecs combattant pour leur indépendance a fait de lui le type même du héros et de l'écrivain romantiques.

BYRON (John), navigateur britannique (Newstead Abbey 1723 - Londres 1786). Il découvrit plusieurs îles dans les mers australes.

Byrsa, citadelle de Carthage.

BYTOM, v. de Pologne (Silésie) ; 232 200 h. Houille. Sidérurgie.

BYZANCE, colonie grecque construite au VIIe s. av. J.-C., sur le site de la future *Constantinople**.

BYZANTIN *(Empire),* empire chrétien gréco-oriental, héritier de l'Empire romain (330-1453). 330 : Constantin fonde Constantinople sur le site de Byzance. 395 : Théodose Ier partage l'Empire romain ; l'Orient échoit à Arcadius. 527-565 : Justinien Ier essaie de rétablir l'Empire romain dans ses anciennes frontières. Mais les Byzantins sont assaillis par les Barbares : Slaves dans les Balkans, Lombards en Italie, Iraniens en Syrie. 610-717 : avec les Héraclides, l'Empire cesse d'être romain pour devenir gréco-oriental. 636-642 : il perd la Syrie et l'Égypte, conquises par les Arabes. 717-802 : sous la dynastie des Isauriens éclate la querelle des images (iconoclasme). Les Byzantins sont éliminés de Ravenne (751). 820-867 : sous la dynastie d'Amorion, le culte des images est définitivement rétabli (843). 867-1057 : l'Empire connaît son apogée sous la dynastie macédonienne. 1054 : le pape Léon IX et le patriarche Keroularios s'excommunient réciproquement. C'est le schisme d'Orient. 1071 : les Turcs déferlent en Asie Mineure. 1081-1185 : les Comnènes sont contraints d'accorder des avantages commerciaux à Venise et ne peuvent résister aux Turcs ni aux Normands. 1185-1204 : les Anges ne peuvent remédier à l'effondrement de l'Empire. 1204 : les croisés prennent Constantinople. Des principautés grecques se forment en Épire, à Trébizonde et à Nicée. 1204-1258 : les Lascaris de Nicée restaurent l'Empire. 1258-1453 : la dynastie des Paléologues, qui a reconquis en 1261 Constantinople, assure la survie de l'Empire. 1453 : les Turcs prennent Constantinople.

L'église Sainte-Sophie* de Constantinople (VIe s.), dédiée à la Sagesse divine (en grec, *sophia*). Chef-d'œuvre de la période justinienne, son plan s'inspire encore de l'antique basilique, mais la conception est totalement différente : l'église doit être vaste car désormais les fidèles pénètrent dans le lieu du culte. Voûtes, coupoles et clarté caractérisent l'architecture byzantine. Le contraste est saisissant entre la puissance massive de l'extérieur et la lumineuse harmonie de l'ordonnance intérieure rehaussée par le chatoiement des mosaïques.

Le décor intérieur de mosaïques à fond d'or de l'église de Dháfni (XIe s.), en Grèce, illustre des scènes de la vie du Christ, ici le baptême. Les acquis de l'Antiquité demeurent — élégance du drapé, virtuosité technique du mosaïste qui rend aussi bien l'ombre que la transparence de l'eau avec de très petites tesselles —, cependant l'esprit est neuf, il ne participe plus de l'enseignement de la réalité mais de celui du mystère divin.

L'église Saint-Jean-de-la-Canée (XIIIe s.) à Ohrid (Macédoine). Le plan en croix grecque inscrite couvert d'une coupole (ici, octogonale) a été le plan favori de l'Église d'Orient. Vue de l'extérieur, l'ordonnance est toujours claire et lisible, même l'architecture prend valeur de symbole : la coupole, évocation du ciel, est le domaine du Christ, l'abside celui de la Vierge de l'Incarnation.

Plaque de reliure en ivoire, du Xe s., représentant l'Ascension. (Musée de Bargello, Florence.) La tradition antique persiste, mais le répertoire iconographique a été vivifié par la réflexion de la crise iconoclaste. L'ivoirier a saisi à la perfection le flottement immatériel dans les airs et a su conférer à l'ensemble une haute spiritualité.

Icône (v. 1350) dite « la Vierge du tsar Dušan ». Fragment, in situ, de l'iconostase* de l'église du monastère construit (1327-1335) à Dečani, près de Peć en Serbie. La peinture d'icône est non seulement un art majeur, mais l'icône en elle-même est sacrée et objet de vénération. L'influence de l'art byzantin a été surtout véhiculée par les manuscrits, les ivoires et les icônes : ainsi, ce thème de la Vierge de tendresse, déjà présent dans la *Vierge* de Vladimir*, survit encore deux siècles plus tard en Serbie.

C

CABALLÉ (Montserrat), cantatrice espagnole (Barcelone 1933). Sa voix de soprano et sa technique très sûre la rendent remarquable dans la musique italienne classique et romantique.

CABALLERO (Cecilia **Böhl von Faber**, dite **Fernán**), romancière espagnole (Morges, Suisse, 1796 - Séville 1877), créatrice du roman de mœurs espagnol *(La Gaviota).*

CABANATUAN, v. des Philippines, au N. de Manille ; 138 000 h.

CABANIS (Georges), médecin et philosophe français (Cosnac, Corrèze, 1757 - Rueil, Val-d'Oise, 1808), matérialiste, membre du groupe des idéologues. (Acad. fr.)

CABESTANY (66330), comm. des Pyrénées-Orientales, près de Perpignan ; 7 555 h. À l'église, tympan roman sculpté.

CABET (Étienne), théoricien communiste français (Dijon 1788 - Saint Louis, États-Unis, 1856), auteur d'une utopie communiste, exposée dans le *Voyage en Icarie* (1842), dont la mise en pratique fut un échec.

CABEZA DE VACA (Álvar Núñez), explorateur espagnol (Jerez de la Frontera 1507 - Séville 1559). Il explora la Floride (1527), puis le Río de la Plata jusqu'à Asunción (1542).

CABEZÓN (Antonio **de**), organiste et compositeur espagnol (Castillo de Matajudéos, près de Burgos, 1510 - Madrid 1566). Musicien de Philippe II, il écrivit de nombreuses pièces pour clavier (tientos, variations).

Cabillauds (les), faction politique hollandaise qui soutenait le comte Guillaume V, opposée à celle des *Hameçons,* favorable à sa mère Marguerite de Bavière (XIVe - XVe s.).

CABIMAS, v. du Venezuela, sur le lac de Maracaibo ; 165 755 h. Pétrole.

CABINDA, enclave angolaise à l'embouchure du Zaïre, entre le Congo et le Zaïre ; 7 270 km² ; 108 000 h. Pétrole.

Cabochiens, faction populaire du parti bourguignon, sous Charles VI, ainsi nommée du nom de son chef, Caboche, boucher de Paris.

Cabora Bassa, barrage et centrale de la vallée du Zambèze, au Mozambique.

CABOT *(détroit de),* bras de mer entre Terre-Neuve et l'île du Cap-Breton.

CABOT (Jean) ou **CABOTO** (Giovanni), navigateur italien (Gênes ? v. 1450 - en Angleterre v. 1500). Il obtint d'Henri VII, roi d'Angleterre, le monopole de la recherche de nouvelles terres et atteignit probablement l'île du Cap-Breton en 1497. — Son fils **Sébastien** (Sebastiano) [Venise entre 1476 et 1482 - Londres 1557] participa à ses voyages et, au service de Charles Quint, reconnut le Río de la Plata (1527).

CABOURG (14390), ch.-l. de c. du Calvados ; 3 375 h. *(Cabourgeais).* Station balnéaire.

CABRAL (Amilcar), homme politique guinéen (Bafatá v. 1925 - Conakry 1973). Il créa en 1956 le Parti africain pour l'indépendance de la Guinée portugaise et des îles du Cap-Vert (P. A. I. G. C.). Il fut assassiné. — Son demi-frère **Luís de Almeida Cabral** (Bissau 1931) fut président de la République de Guinée-Bissau (1974-1980).

CABRAL (Pedro Álvares), navigateur portugais (Belmonte 1467 - Santarém ? 1520 ou 1526). Il prit possession du Brésil au nom du Portugal le 22 avril 1500, puis explora les côtes du Mozambique.

CABRERA INFANTE (Guillermo), écrivain cubain (Gibara 1929). Militant et membre du gouvernement castriste, puis exilé, il est marqué par l'influence de Faulkner *(Trois Tristes Tigres).*

CABRIÈS (13840), comm. des Bouches-du-Rhône, au nord de Marseille ; 7 767 h.

CACCINI (Giulio), chanteur et compositeur italien (Tivoli v. 1550 - Florence 1618), un des initiateurs de l'opéra florentin *(L'Euridice).*

CÁCERES, v. d'Espagne (Estrémadure), ch.-l. de prov. ; 74 589 h. Enceinte d'origine romaine, palais des XVe-XVIe s., églises.

CACHAN (94230), ch.-l. de c. du Val-de-Marne, au sud de Paris ; 25 370 h. Hospices. École normale supérieure.

CACHEMIRE, anc. État de l'Inde, auj. partagé entre la République indienne (État de Jammu-et-Cachemire) et le Pakistan. C'est une région montagneuse, ouverte par la Jhelam qui draine le bassin de Srinagar. Royaume hindou jusqu'à sa conquête par un aventurier musulman (1346), il fut intégré à l'Empire moghol (1586). Peuplé de trois quarts de musulmans, le Cachemire, revendiqué depuis 1947 par l'Inde et le Pakistan, fut l'enjeu des guerres indo-pakistanaises de 1947-1949 et de 1965.

CACHIN (Marcel), homme politique français (Paimpol 1869 - Choisy-le-Roi 1958), un des fondateurs du parti communiste français (1920). Il fut directeur de *l'Humanité.*

CACUS. *Myth. rom.* Brigand qui vivait sur l'Aventin. Il déroba à Hercule les bœufs de Géryon en les faisant sortir à reculons. Hercule déjoua la ruse et le tua.

CADALEN (81600), ch.-l. de c. du Tarn ; 1 116 h. Église des XIIe et XIIIe s.

CA' DA MOSTO (Alvise), navigateur vénitien (Venise 1432-1488). Il explora, pour le compte du Portugal, les côtes du Sénégal et aurait découvert les îles du Cap-Vert (1456).

CADARACHE, écart de la comm. de Saint-Paul-lès-Durance (Bouches-du-Rhône). Centre d'études nucléaires.

CADENET (84160), ch.-l. de c. de Vaucluse ; 3 247 h. Église des XIIe-XVIe s.

CADEROUSSE (84860), comm. de Vaucluse ; 2 275 h. Centrale hydroélectrique sur une dérivation du Rhône.

Cadet Rousselle, chanson populaire dont le héros possède toutes choses par trois. Elle fut en vogue dans l'armée des volontaires de 1792.

Cadets → ***constitutionnel-démocrate*** *(parti).*

CADILLAC (33410), ch.-l. de c. de la Gironde, sur la Garonne ; 2 590 h. *(Cadillacais).* Vins. Bastide du XIVe s. Château du début du XVIIe s.

CADIX, en esp. **Cádiz,** v. d'Espagne (Andalousie), ch.-l. de prov., sur le *golfe de Cadix ;* 154 347 h. Musée archéologique et pinacothèque. Prise par les Français en 1823 *(Trocadero).*

CADMÉE, citadelle de Thèbes en Grèce.

CADMOS, Phénicien, fondateur légendaire de Thèbes, en Béotie.

CADORNA (Luigi), maréchal italien (Pallanza 1850 - Bordighera 1928), généralissime de l'armée italienne de 1915 à 1917.

CADOU (René Guy), poète français (Sainte-Reine-de-Bretagne 1920 - Louisfert 1951). Il est le principal représentant de l'« école de Rochefort » (*la Vie rêvée,* 1944 ; *Hélène ou le Règne végétal,* 1945-1951).

CADOUDAL (Georges), chef chouan (Kerléano, près d'Auray, 1771 - Paris 1804). Chef de la chouannerie bretonne, il participa à l'affaire de Quiberon (1795) et fut impliqué dans l'attentat de la « Machine infernale » contre le Premier consul (1800). Ayant organisé avec Pichegru et Moreau un nouveau complot (1803), il fut arrêté en 1804 et guillotiné.

CAELIUS, une des sept collines de Rome.

C. A. E. M. → ***Comecon.***

CAEN [kɑ̃], ch.-l. de la Région Basse-Normandie et du dép. du Calvados, sur l'Orne, dans la *campagne de Caen,* à 223 km à l'ouest de Paris ; 115 624 h. (*Caennais* [kanɛ]). Près de 200 000 h. dans l'agglomération. Académie et université ; cour d'appel. Constructions mécaniques. Papeterie. Électronique. Port sur le *canal de Caen à la mer.* — Anc. abbayes aux Hommes et aux Dames, fondées par Guillaume le Conquérant et la reine Mathilde (imposantes abbatiales romanes et gothiques). Autres églises. Musée des Beaux-Arts et musée de Normandie dans l'enceinte du château. Mémorial, musée pour la paix.

CAERE → ***Cerveteri.***

CAFFIERI, famille d'artistes français (sculpteurs, ciseleurs, etc.) de souche italienne, travaillant à Paris pour la cour et la haute société (fin du XVIIe et XVIIIe s.).

CAFRERIE ou **PAYS DES CAFRES,** dénomination d'origine arabe donnée par les géographes des XVIIe et XVIIIe s. à la partie de l'Afrique située au sud de l'équateur et peuplée de Bantous.

CAGAYAN DE ORO, port des Philippines, dans le nord de Mindanao ; 227 000 h.

CAGE (John), compositeur américain (Los Angeles 1912 - New York 1992). Élève de Schönberg, inventeur des « pianos préparés », il fut l'un des premiers à introduire en musique les notions d'indétermination dans la composition et d'aléatoire dans l'exécution. Il créa, en 1952, le premier happening.

CAGLIARI, v. d'Italie, cap. de la Sardaigne, ch.-l. de prov. ; 203 254 h. Riche musée archéologique.

CAGLIOSTRO [kaljɔstro] (Giuseppe **Balsamo,** dit **Alexandre,** *comte* **de**), aventurier italien (Palerme 1743 - prison pontificale de San Leo, près de Saint-Marin, 1795). Médecin, adepte de l'occultisme, il fut compromis dans l'affaire du collier de la reine Marie-Antoinette.

CAGNES-SUR-MER (06800), ch.-l. de c. des Alpes-Maritimes ; 41 303 h. Château surtout des XIVe et XVIIe s. (musées). Maison du peintre Renoir aux Collettes. Station balnéaire et hippodrome au *Cros-de-Cagnes.*

CAGNIARD DE LA TOUR (Charles, *baron*), physicien français (Paris 1777 - *id.* 1859), inventeur de la sirène (1819).

Cagoule, surnom du Comité secret d'action révolutionnaire (C. S. A. R.), organisation clandestine d'extrême droite (1936-1941).

Cahiers de prison, ensemble de textes de Gramsci, écrits en prison de 1929 à 1935 et publiés entièrement en 1975. C'est une somme théorique qui prolonge et renouvelle les apports de Marx et de Lénine.

CAHORS [kaɔr] (46000), ch.-l. du dép. du Lot, sur le Lot, à 569 km au sud de Paris ; 20 787 h. *(Cadurciens).* Évêché. Câbles. Cathédrale à coupoles remontant au début du XIIe s. Pont fortifié Valentré (XIVe s.).

CAICOS → ***Turks.***

CAILLAUX (Joseph), homme politique français (Le Mans 1863 - Mamers 1944). Président du Conseil (1911-12) et plusieurs fois ministre des Finances entre 1899 et 1926 (il fut le promoteur de l'impôt sur le revenu), il suscita des oppositions passionnées : sa femme assassina en 1914 Gaston Calmette, directeur du *Figaro,* qui menait contre lui une campagne de presse ; il fut arrêté en 1917 pour « correspondance avec l'ennemi ».

CAILLEBOTTE (Gustave), peintre français (Paris 1848 - Gennevilliers 1894). Membre du groupe impressionniste, il légua à l'État (qui n'accepta que partiellement) une importante collection de tableaux des maîtres de cette école.

CAILLETET (Louis), physicien et industriel français (Châtillon-sur-Seine 1832 - Paris 1913). Il réussit à liquéfier l'oxygène et l'azote.

CAILLIÉ (René), voyageur français (Mauzé 1799 - La Baderre 1838), premier Français à visiter Tombouctou (1828).

CAILLOIS (Roger), écrivain et anthropologue français (Reims 1913 - Paris 1978), auteur d'essais sur les mythes sociaux et intellectuels *(l'Homme et le Sacré ; la Pieuvre. Essai sur la logique de l'imaginaire).* [Acad. fr.]

CAÏMANS ou **CAYMAN** *(îles),* archipel britannique des Antilles ; 17 000 h.

CAÏN, fils aîné d'Adam et d'Ève. Jaloux de son frère Abel, il le tua.

CAÏPHE, surnom de Joseph, grand prêtre juif (18-36), durant le procès de Jésus.

Ça ira, chanson écrite en 1792 par Ladré sur une musique de Bécourt et qui devint un cri de ralliement sous la Terreur.

CAIRE (Le), en ar. **al-Qāhira,** cap. de l'Égypte, sur le Nil ; 9 750 000 h. *(Cairotes)* [13 millions d'h. avec les banlieues]. Plus grande ville d'Afrique. Centre commercial, administratif, intellectuel (université). — Mosquées anciennes (Ibn Ṭūlūn [IXe s.], al-Azhar*, etc.) ; remparts, portes imposantes et citadelle du Moyen Âge ; palais et mausolées. Riches musées, dont le musée d'art égyptien. — La ville, créée par les Fatimides en 969, devint une grande métropole économique et intellectuelle, dont Ismā'īl Pacha entreprit la modernisation à la fin du XIXe s. Siège de la Ligue arabe.

CAJAL (Santiago **Ramón y**) → ***Ramón y Cajal*** *(Santiago).*

CAJARC [-ʒar] (46160), ch.-l. de c. du Lot, sur le Lot ; 1 075 h.

CAJETAN ou **CAETANO** (Gíacomo **de Vio,** dit **Tommaso**), cardinal italien, maître général des dominicains (Gaète 1468 - Rome 1533). Légat en Allemagne, il rencontra Luther à la diète d'Augsbourg (oct. 1518) sans parvenir à le ramener dans la communion romaine.

Çakuntalā → ***Śakuntalā.***

ÇĀKYAMUNI → ***Bouddha.***

CALABRE, région d'Italie, à l'extrémité méridionale de la péninsule (prov. de Catanzaro, Cosenza et Reggio di Calabria) ; 15 080 km² ; 2 037 686 h. Cap. *Catanzaro.* Le duché de Calabre, conquis au XIe s. par les Normands, fut l'un des noyaux du royaume de Sicile.

CALACUCCIA (20224), ch.-l. de c. de la Haute-Corse, dans le Niolo ; 337 h. Barrage sur le Golo.

CALAIS (62100), ch.-l. d'arr. du Pas-de-Calais, sur le *pas de Calais ;* 75 836 h. *(Calaisiens)* [plus de 100 000 h. dans l'agglomération]. Premier port français de voyageurs. Industries textiles, mécaniques et chimiques. Musée des Beaux-Arts et de la Dentelle. — Calais fut prise par les Anglais en 1347 après une héroïque résistance ; le dévouement d'Eustache de Saint-Pierre et de cinq bourgeois, qui se livrèrent à Édouard III (sujet d'un groupe en bronze de Rodin), sauva la ville, qui fut définitivement restituée à la France en 1598. Le vieux Calais fut détruit pendant la Seconde Guerre mondiale.

CALAIS *(pas de),* détroit entre la France et l'Angleterre, large de 31 km et long de 185 km ; il est peu profond et unit la Manche à la mer du Nord. Il est franchi par un tunnel ferroviaire.

CALAME (Alexandre), peintre et graveur suisse (Vevey 1810 - Menton 1864). Il a dépeint les beautés de la haute montagne en paysagiste influencé par le romantisme.

CALANQUES *(région des),* littoral des Bouches-du-Rhône, entre Marseille et Cassis.

Calas [-lɑs] *(affaire)* [1762-1765], affaire judiciaire due à l'intolérance religieuse, dont la victime fut *Jean Calas* (Lacabarède, Tarn, 1698 - Toulouse 1762), négociant français, protestant, accusé d'avoir tué son fils pour l'empêcher de se convertir au catholicisme, et supplicié. Voltaire contribua à sa réhabilitation en 1765.

Calatrava *(ordre de),* ordre religieux et militaire espagnol fondé en 1158 à Calatrava (Nouvelle-Castille) pour la défense contre les Maures.

CALCHAS, devin grec qui participa à la guerre de Troie. Il ordonna le sacrifice d'Iphigénie et conseilla de construire le cheval de Troie.

CALCUTTA, v. de l'Inde, cap. de l'État du Bengale-Occidental, sur l'Hoogly ; 10 916 672 h. Commerce du jute. Industries mécaniques et textiles. Important Indian Museum. La ville fut fondée en 1690 par les Britanniques qui en firent la capitale de l'Inde (1772-1912).

Calcutta : immeuble d'architecture victorienne dans le centre de la ville.

CALDER (Alexander), sculpteur américain (Philadelphie 1898 - New York 1976). Il a

Alexander **Calder** tenant l'un de ses « stabiles ».

Caen : chevet (v. 1200) de l'église Saint-Étienne (abbaye aux Hommes).

Le **Caire :** vue de la ville, avec la madrasa du sultan Ḥasan (1356-1363) [à gauche].

Pedro **Calderón de la Barca** (B.N., Madrid)

exécuté, à l'aide de tôles peintes articulées, les poétiques « mobiles » qu'agite l'air (à partir de 1932/34, à Paris), accompagnés par la suite des puissants « stabiles ».

CALDERA RODRÍGUEZ (Rafael), homme politique vénézuélien (San Felipe 1916). Président de la République de 1969 à 1974, il entreprend des réformes économiques et sociales. Il est de nouveau à la tête de l'État depuis 1994.

CALDERÓN DE LA BARCA (Pedro), poète dramatique espagnol (Madrid 1600 - *id.* 1681), auteur d'« autos sacramentales » *(le Grand Théâtre du monde)* et de comédies à thèmes historiques ou religieux (*la Dévotion à la Croix,* 1634 ; *La vie est un songe,* v. 1635 ; *le Médecin de son honneur,* 1635 ; *l'Alcade de Zalamea,* 1642). [*V. illustration p. 1211.*]

CALDWELL (Erskine), écrivain américain (White Oak, Géorgie, 1903 - Paradise Valley, Arizona, 1987), peintre réaliste des petits Blancs du sud des États-Unis *(la Route au tabac, le Petit Arpent du Bon Dieu).*

CALÉDONIE, anc. nom de l'*Écosse.*

CALENZANA (20214), ch.-l. de c. de la Haute-Corse, en Balagne ; 1 544 h. Église Ste-Restitute, à l'écart du bourg.

CALEPINO (Ambrogio), lexicographe italien (Bergame v. 1440 - 1510), auteur d'un *Dictionnaire de la langue latine* (1502).

CALGARY, v. du Canada (Alberta) ; 710 677 h. Centre ferroviaire, commercial et industriel.

CALI, v. de Colombie, dans la Cordillère occidentale ; 1 955 000 h.

Caliban, le monstre de *la Tempête* de Shakespeare : il personnifie la force brutale obligée d'obéir à une puissance supérieure (symbolisée par Ariel), mais toujours en révolte contre elle.

CALICUT, auj. **Kozhikode,** port de l'Inde (Kerala), sur le golfe d'Oman ; 800 913 h. Aéroport. La ville a donné son nom aux étoffes de coton dites *calicots.* Le port, fréquenté par les marchands arabes dès le VIIe s., fut atteint par Vasco de Gama en 1498.

CALIFORNIE, en angl. **California,** État de l'ouest des États-Unis, le plus peuplé du pays, sur le Pacifique ; 411 000 km² ; 29 760 021 h. *(Californiens).* Cap. *Sacramento.* De climat chaud et souvent sec, la Californie est formée par une longue plaine (Grande Vallée) possédant de riches cultures fruitières, des vignobles, et encadrée par la sierra Nevada à l'est et par de moyennes montagnes à l'ouest (Coast Range), retombant sur le littoral où se localisent les principales villes (Los Angeles et San Francisco). Toutes les industries sont représentées (hydrocarbures, chimie, agroalimentaire, électronique, audiovisuel, etc.). La Californie, d'abord mexicaine, entra dans l'Union en 1848 et fut érigée en État en 1850. La découverte de l'or et la construction du premier chemin de fer transcontinental assurèrent sa prospérité au XIXe s.

CALIFORNIE (BASSE-), longue péninsule montagneuse et aride du Mexique au sud de la *Californie* (américaine), entre le Pacifique et le *golfe de Californie.*

CALIFORNIE *(courant de),* courant marin froid du Pacifique, s'écoulant vers le sud, le long du littoral de la Californie.

CALIGULA (Gaius Caesar Augustus Germanicus) [Antium 12 apr. J.-C. - Rome 41], empereur romain (37-41), fils de Germanicus. Atteint de déséquilibre mental, il gouverna en tyran et périt assassiné.

CĂLINESCU (George), écrivain roumain (Bucarest 1899 - *id.* 1965), principal interprète de la crise de conscience des lettres roumaines *(Vie d'Eminescu, le Bahut noir).*

CALIXTE ou **CALLISTE Ier** *(saint),* ancien esclave [v. 155-222], pape de 217 à 222. — **Calixte II (Gui de Bourgogne)** [m. en 1124], pape de 1119 à 1124. Il régla la querelle des Investitures par le concordat de Worms (1122). — **Calixte III (Alonso de Borja)** [Játiva 1378 - Rome 1458], pape de 1455 à 1458. Il échoua dans son projet de croisade contre les Turcs.

CALLAC (22160), ch.-l. de c. des Côtes-d'Armor ; 2 635 h. Marché.

CALLAGHAN (James), homme politique britannique (Portsmouth 1912). Leader du parti travailliste (1976-1980), il a été Premier ministre de 1976 à 1979.

CALLAO (El) ou **CALLAO,** principal port (pêche et commerce) du Pérou, débouché de Lima ; 441 000 h.

CALLAS (83830), ch.-l. de c. du Var ; 1 282 h.

CALLAS (María **Kalogheropoúlos**, dite **la**), cantatrice grecque (New York 1923 - Paris 1977), remarquable par sa virtuosité vocale et son expressivité dramatique.

La **Callas** dans *Norma* en 1964.

Callias *(paix de)* [449-448 av. J.-C.], accord conclu entre Athènes et les Perses, qui garantissait l'autonomie des cités grecques d'Asie et assurait l'hégémonie athénienne sur la mer Égée.

CALLICRATÈS, architecte grec du Ve s. av. J.-C., collaborateur de Phidias et d'Ictinos pour la construction du Parthénon.

CALLIÈRES (Louis Hector **de**), administrateur français (Torigni-sur-Vire 1648 - Québec 1703), gouverneur général de la Nouvelle-France (1699-1703).

Calligrammes, recueil poétique de G. Apollinaire (1918), dont les vers sont disposés de manière à représenter les objets qui forment le thème du poème.

CALLIMAQUE, sculpteur grec, actif à Athènes à la fin du Ve s. av. J.-C., disciple de Phidias.

CALLIMAQUE, poète et grammairien alexandrin (Cyrène v. 305 - v. 240 av. J.-C.).

CALLIOPE. *Myth. gr.* Muse de la Poésie épique et de l'Éloquence.

CALLISTO, *Myth. gr.* Nymphe d'Arcadie. Aimée de Zeus, elle fut changée en ourse par Héra et tuée à la chasse par Artémis. Zeus fit d'elle une constellation, la *Grande Ourse.*

CALLOT (Jacques), graveur et peintre français (Nancy 1592 - *id.* 1635). Génie hardi et fantasque, il travailla en Italie et en Lorraine. Grand maître de l'eau-forte, il eut une influence considérable sur les graveurs du XVIIe s. Les suites des *Caprices,* des *Gueux,* des *Misères* et malheurs de la guerre* sont particulièrement célèbres.

CALMETTE (Albert), médecin et bactériologiste français (Nice 1863 - Paris 1933). Il a découvert, avec Guérin, le vaccin antituberculeux dit *B. C. G.*

CALONNE (Charles Alexandre **de**), ministre français (Douai 1734 - Paris 1802). Contrôleur général des Finances (1783), il s'efforça de rétablir l'équilibre budgétaire en réformant la gestion des fonds publics et le mode de répartition des impôts. L'Assemblée des notables ayant refusé d'entériner son plan, il fut disgracié (1787).

CALONNE-RICOUART (62470), comm. du Pas-de-Calais ; 6 621 h.

CALOOCAN, banlieue de Manille ; 471 000 h.

CALPÉ, une des deux colonnes d'Hercule, ancien nom de Gibraltar.

CALPURNIUS PISON, nom d'une branche de la *gens Calpurnia,* qui compta parmi ses membres **Caius Calpurnius,** consul en 67 av. J.-C. et qui, accusé de détournement par César, fut défendu par Cicéron ; et **Caius Calpurnius** (m. en 65 apr. J.-C.), héros de la conspiration, dite *de Pison,* contre Néron.

CALTANISSETTA, v. d'Italie (Sicile), ch.-l. de prov. ; 60 162 h.

CALUIRE-ET-CUIRE (69300), ch.-l. de c. du Rhône, banlieue nord de Lyon ; 41 513 h. Équipements industriels.

CĀLUKYA ou **CHĀLUKYA,** nom de deux dynasties de l'Inde : les Cālukya occidentaux (v. 543 - v. 755) et les Cālukya orientaux (v. 973 - v. 1190).

CALVADOS, chaîne d'écueils et de petites falaises, sur la Manche.

CALVADOS [-dos] (**14**), dép. de la Région Basse-Normandie ; ch.-l. de dép. *Caen ;* ch.-l. d'arr. *Bayeux, Lisieux, Vire ;* 4 arr., 49 cant., 705 comm. ; 5 548 km² ; 618 478 h. *(Calvadosiens).* Le dép. est rattaché à l'académie et à la cour d'appel de Caen et à la région militaire Atlantique. S'étendant sur le Massif armoricain (Bocage normand) et le Bassin parisien (Bessin, campagne de Caen, pays d'Auge), le dép. est une riche région agricole où domine l'élevage bovin, surtout pour les produits laitiers. L'industrie (métallurgie, chimie, constructions électriques, etc.) est concentrée dans l'agglomération de Caen (le tiers de la population départementale), atteinte par l'autoroute. Le

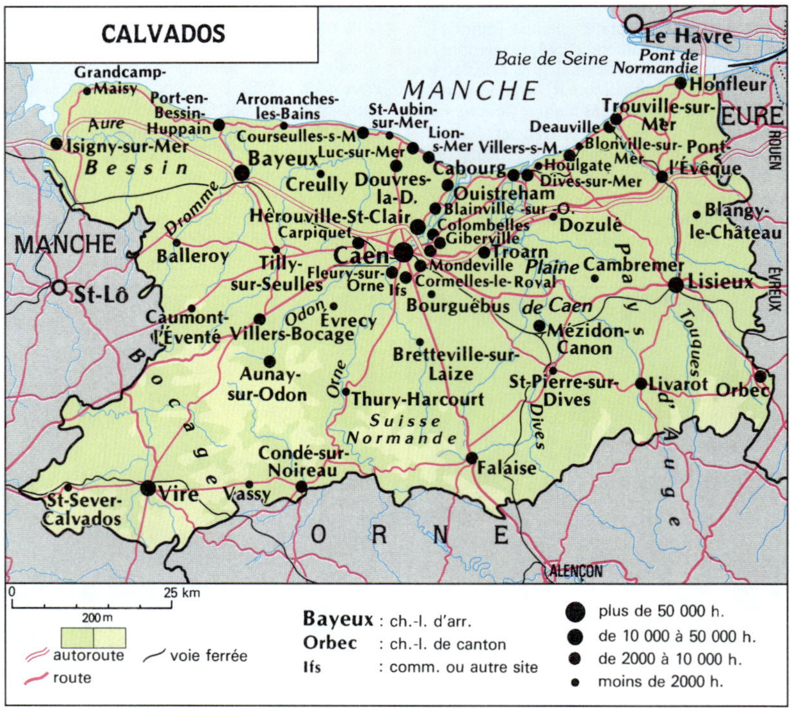

tourisme estival anime le littoral (Deauville, Cabourg).

CALVAERT (Denijs), peintre flamand (Anvers v. 1545 - Bologne 1619). Tôt installé en Italie, il fonda à Bologne une académie qui servit de modèle à celle des Carrache.

CALVI (20260), ch.-l. d'arr. de la Haute-Corse ; 4 920 h. *(Calvais).* Port de voyageurs. Station balnéaire. Vieille citadelle.

CALVIN (Jean) ou **CAUVIN,** réformateur français (Noyon 1509 - Genève 1564). Partisan avoué des idées luthériennes (1533), il dut quitter Paris et effectua des séjours à Strasbourg, Bâle et Genève où il se fixa définitivement en 1541. Il voulut faire de cette ville une cité modèle et y instaura une rigoureuse discipline. Son œuvre principale, l'*Institution de la religion chrétienne* (1536), est une affirmation solennelle de la souveraineté de Dieu, seul maître du salut de l'homme par la prédestination.

Calvin (musée Boymans - Van Beuningen, Rotterdam)

CALVIN (Melvin), biochimiste américain (Saint Paul, Minnesota, 1911). On lui doit la description du « cycle de Calvin », qui assure la photosynthèse des plantes chlorophylliennes. (Prix Nobel de chimie 1961.)

CALVINO (Italo), écrivain italien (Santiago de Las Vegas, Cuba, 1923 - Sienne 1985). Ses contes introduisent l'humour et la fantaisie dans l'esthétique néoréaliste *(le Baron perché, les Villes invisibles).*

CALVO SOTELO (José), homme politique espagnol (Tuy 1893 - Madrid 1936), chef du parti monarchiste. Son assassinat déclencha la guerre civile.

CALYPSO. *Myth. gr.* Nymphe, reine de l'île d'Ogygie (près de Gibraltar ?). Elle accueillit Ulysse naufragé et le retint dix années.

CAM (Diogo) → ***Cão.***

CAMAGÜEY, v. de Cuba, ch.-l. de prov., dans l'intérieur de l'île ; 245 000 h.

CÂMARA (Hélder **Pessôa**) → ***Pessôa Câmara.***

CAMARAT *(cap),* promontoire situé au sud-est de Saint-Tropez (Var) ; 118 m.

CAMARÈS (12360), ch.-l. de c. de l'Aveyron ; 1 145 h.

CAMARET-SUR-MER (29570), comm. du Finistère, dans la presqu'île de Crozon ; 2 954 h. Station balnéaire. Pêche.

CAMARGO (Marie-Anne **de Cupis de**), danseuse française (Bruxelles 1710 - Paris 1770). Elle triompha dans les opéras et opéras-ballets de Rameau et Campra.

CAMARGUE (la), région comprise entre les deux principaux bras du delta du Rhône ; 60 000 ha (dont près de la moitié en marais et en étangs). Le sud, marécageux, est le domaine de l'élevage des taureaux et des chevaux, et des marais salants. Au nord, on cultive le riz, la vigne et les plantes fourragères. (Hab. *Camarguais.*) La Camargue donne son nom à un parc naturel régional d'environ 85 000 ha.

CA MAU *(cap),* pointe sud de l'Indochine (Viêt Nam).

CAMBACÉRÈS (Jean-Jacques **de**), *duc* **de Parme,** jurisconsulte et homme d'État français (Montpellier 1753 - Paris 1824), deuxième consul, archichancelier de l'Empire (1804), un des rédacteurs du Code civil. (Acad. fr.)

Cambambe, barrage et centrale hydroélectrique de l'Angola, sur le Cuanza.

CAMBAY *(golfe de),* échancrure de la côte occidentale de l'Inde (Gujerat).

CAMBERT (Robert), compositeur français (Paris v. 1628 - Londres 1677), un des fondateurs de l'opéra français (*Pomone,* 1671).

CAMBODGE, État de l'Indochine, sur le golfe de Thaïlande ; 181 000 km^2 ; 9 millions d'h. *(Cambodgiens).* CAP. *Phnom Penh.* LANGUE : *khmer.* MONNAIE : *riel.*

GÉOGRAPHIE

Le pays, au climat chaud et humide, est formé de plateaux recouverts de forêts ou de savanes, entourant une dépression centrale, où se loge le Tonlé Sap, et qui est drainée par le Mékong. C'est ici que se concentre la population (formée essentiellement de Khmers), vivant surtout de la culture du riz. (→ carte ***Asie du Sud-Est continentale.***)

HISTOIRE

Des origines au protectorat français. Ier s. - déb. du IXe s. : le royaume indianisé du Funan (Ier - VIe s.) est établi sur le delta et le cours moyen du Mékong. Il est conquis au milieu du VIe s. par les Kambuja, ancêtres des Khmers. Début du IXe s. - 1432 : Jayavarman II (802 -v. 836) instaure le culte du dieu-roi, d'inspiration sivaïte. Ses successeurs, dont Yaśovarman Ier (889-910), qui fonde Angkor, mènent une politique de conquêtes. À son apogée sous Sūryavarman II (1113 - v. 1150), le Cambodge perd ses conquêtes après le règne de Jayavarman VII (1181 - v. 1218). Sa brillante civilisation décline et le bouddhisme y triomphe. Angkor est abandonnée en 1432 au profit de Phnom Penh. 1432-1863 : l'histoire « moderne » du Cambodge est marquée par une lutte constante pour son intégrité territoriale. Ang Chan (1516-1566) construit la nouvelle capitale, Lovêk, pillée en 1594 par les Siamois. Déchiré par les querelles de ses princes, le pays perd le delta du Mékong, colonisé au XVIIIe s. par les Vietnamiens et sert, au milieu du XIXe s., de terrain de batailles entre le Siam et le Viêt Nam. Ang Duong (1845-1859) tente en vain d'obtenir la protection de la France. 1863-1954 : Norodom Ier (1859-1904) accepte le protectorat français (1863) et se voit imposer un régime d'administration directe (conventions de 1884 et 1897). La modernisation se poursuit sous Sisovath (1904-1927) et Monivong (1927-1941). Après le coup de force japonais de mars 1945, la guérilla anticoloniale se développe. Norodom Sihanouk, roi depuis 1941, obtient, après le rétablissement de l'autorité française, une indépendance limitée (1949), puis totale et effective (1953).

L'indépendance. 1954-1970 : chef de l'État depuis 1960, Norodom Sihanouk bénéficie du soutien des pays socialistes et de la France et entend maintenir une politique de neutralité. 1970 : il est renversé par une faction liée aux États-Unis. 1970-1979 : le régime proaméricain de Lon Nol se maintient jusqu'à la prise de Phnom Penh par les Khmers rouges (1975). Ceux-ci établissent une dictature meurtrière dirigée par Pol Pot et Khieu Samphan. Ils sont renversés par l'armée vietnamienne, qui occupe le Cambodge (à partir de déc. 1978). La République populaire du Kampuchéa, aussitôt proclamée, lutte contre les Khmers rouges. 1982 : les fronts de l'opposition et les Khmers rouges constituent à Singapour un gouvernement de coalition. 1989 : la République populaire du Kampuchéa reprend officiellement le nom d'État du Cambodge (avr.). Les troupes vietnamiennes se retirent totalement du pays (sept.). 1991 : un accord signé à Paris aboutit à la mise en place d'un Conseil national suprême (C.N.S.) composé des différentes factions cambodgiennes, dont les Khmers rouges, et présidé par Norodom Sihanouk. Le C.N.S., installé à Phnom Penh, est chargé d'administrer le pays, placé sous la tutelle de l'O.N.U., jusqu'à la tenue d'élections libres. Parallèlement, le gouvernement de l'État du Cambodge, dirigé par Hun Sen, reste en place. 1993 : après les élections libres (mai), organisées sous le contrôle de l'O.N.U., une nouvelle Constitution (sept.) rétablit la monarchie parlementaire. Norodom Sihanouk redevient roi. Un gouvernement de coalition est mis en place, dirigé conjointement par Norodom Ranariddh, fils de Sihanouk, et Hun Sen. La situation demeure cependant fragile, le pouvoir devant faire face à la rébellion des Khmers rouges.

CAMBO-LES-BAINS (64250), comm. des Pyrénées-Atlantiques ; 4 150 h. *(Camboards).* Station thermale et climatique. Église basque typique. Musée Edmond-Rostand.

CAMBON (Joseph), Conventionnel français (Montpellier 1756 - Saint-Josse-ten-Noode, près de Bruxelles, 1820). Président du Comité des finances (1793-1795), il fut le créateur du *Grand Livre de la Dette publique.*

CAMBON (Paul), diplomate français (Paris 1843 - *id.* 1924), ambassadeur à Londres de 1898 à 1920. — Son frère **Jules** (Paris 1845 - Vevey 1935) fut ambassadeur à Berlin de 1907 à 1914. (Acad. fr.)

CAMBRAI (59400), ch.-l. d'arr. du Nord, sur l'Escaut, dans le Cambrésis ; 34 210 h. *(Cambrésiens).* Archevêché. Industries textiles, mécaniques et alimentaires (confiserie : *bêtises de Cambrai*). Base aérienne. Monuments des XVIIe et XVIIIe s. Musées. — En 1529 y fut conclu le traité de Cambrai, ou *paix des Dames,* négocié par Louise de Savoie au nom de François Ier, et par Marguerite d'Autriche au nom de Charles Quint. Cambrai fut réunie à la France par Louis XIV (1677).

Cambrai *(ligue de)* [1508], nom donné à l'alliance conclue entre le pape Jules II, l'empereur Maximilien, Louis XII et Ferdinand d'Aragon contre les Vénitiens. Louis XII fut l'exécuteur des décisions de la ligue, par sa victoire d'Agnadel (mai 1509).

CAMBREMER (14340), ch.-l. de c. du Calvados ; 1 012 h.

CAMBRÉSIS [-zi], pays de France, réuni au royaume après le traité de Nimègue (1678) ; ch.-l. *Cambrai.* (Hab. *Cambrésiens.*) C'est un bas plateau recouvert de limon (blé, betterave à sucre), voie de passage entre le Bassin parisien et la Flandre *(seuil du Cambrésis).*

CAMBRIDGE, v. des États-Unis (Massachusetts) ; 95 802 h. Université Harvard (musées). MIT *(Massachusetts Institute of Technology).*

CAMBRIDGE, v. de Grande-Bretagne, ch.-l. du *Cambridgeshire ;* 101 000 h. Université comptant des collèges célèbres (le premier fut fondé en 1284). Chapelle de style perpendiculaire (XVe s.) du King's College. Musée Fitzwilliam.

Cambridge : nef de la chapelle (XVe s.) de King's College.

CAMBRONNE (Pierre), général français (Nantes 1770 - *id.* 1842). Il fut blessé à Waterloo où il commandait le 1er chasseurs à pied de la Garde. Il aurait répondu à la sommation de se rendre par le mot célèbre auquel reste attaché son nom.

CAMBYSE II, roi de Perse (530-522 av. J.-C.), fils et successeur de Cyrus II le Grand, il conquit l'Égypte (525).

CAMERARIUS (Joachim), humaniste allemand (Bamberg 1500 - Leipzig 1574). Il rédigea, avec Melanchthon, la *Confession d'Augsbourg* (1530).

CAMERON (Verney Lovett), explorateur britannique (Radipole 1844 - Leighton Buzzard 1894). Parti de Zanzibar (1873), il traversa l'Afrique d'E. en O. et atteignit Benguela (1875).

Camerone *(combat de)* [30 avr. 1863], opération de la guerre du Mexique, dont l'anniversaire est la fête de la Légion étrangère française.

CAMEROUN, État de l'Afrique, sur le golfe de Guinée ; 475 000 km^2 ; 12 800 000 h. *(Camerounais).* CAP. *Yaoundé.* V. pr. *Douala.* LANGUES *(officielles) : français* et *anglais.* MONNAIE : *franc C. F. A.*

GÉOGRAPHIE

Le Cameroun est formé de plaines (sur le littoral), de hauteurs volcaniques isolées (*mont Cameroun* [4 070 m], au nord de Douala, qui est le débouché maritime du pays), de chaînes massives au centre (Adamaoua), de collines et de plateaux aux extrémités sud et nord. Toujours chaud, le climat devient plus sec vers le nord. On passe de la forêt dense (fournissant du bois précieux et trouée par des cultures de cacao et de café) à la savane (domaine de l'élevage bovin et des cultures vivrières [mil, sorgho, manioc]). En dehors des branches alimentaires, l'industrie est représentée par la production d'aluminium (Édéa) et surtout de pétrole.

HISTOIRE

Avant la colonisation. XIIIe s. : le nord du pays est habité par les Sao, ancêtres présumés des Kotoko. XVe s. : le Portugais Fernando Poo découvre les côtes. XVIe s. : le pays est sous domination bornou. XVIIe s. : les Fang et les Douala s'établissent dans le Sud. XVIIIe s. : dans le Nord-Ouest, le royaume de Mandara (fondé au XVe s.) s'émancipe de la domination bornou. XIXe s. : les Foulbé (Peuls) conquièrent le nord du pays, y imposant l'islam.

L'époque coloniale et l'indépendance. 1860 : les Européens (Britanniques, Allemands) interviennent ; des missionnaires arrivent et les premières factoreries s'installent. 1884 : G. Nachtigal obtient le premier traité de protectorat sur le Cameroun, qui devient colonie allemande. 1911 : un traité franco-allemand étend les possessions allemandes. 1916 : les Alliés expulsent les Allemands. 1919 et 1922 : le Cameroun est divisé en deux zones, sous mandats britannique et français. 1946 : les mandats sont transformés en tutelles. Les revendications nationales se développent. 1960 : l'ex-Cameroun français est proclamé indépendant. Ahmadou Ahidjo devient président de la République. 1961 : après le rattachement du sud de l'ex-Cameroun britannique (le nord est réuni au Nigeria), la république devient fédérale. 1966 : Ahidjo instaure un régime à parti unique. 1972 : la fédération devient une république unitaire. 1982 : Paul Biya succède à Ahidjo. 1990 : le multipartisme est rétabli. Depuis 1991 : le pouvoir en place, très contesté, doit faire face à la montée de l'opposition. 1995 : le Cameroun devient membre du Commonwealth.

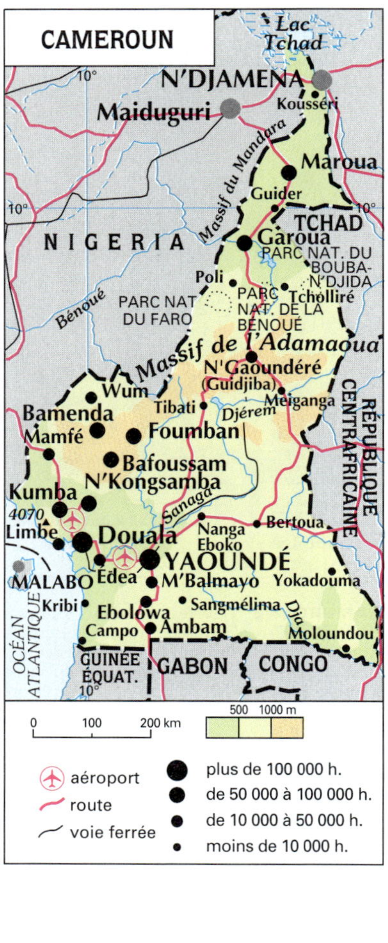

CAMILLUS (Marcus Furius), homme d'État et général romain (fin du Ve s. - 365 ? av. J.-C.). Il s'empara de Véies (396) et libéra Rome des Gaulois (390).

CAMÕES ou **CAMOENS** (Luís **de**), poète portugais (Lisbonne 1524 ou 1525 - *id.* 1580), auteur de poèmes dans la tradition médiévale *(redondilhas)* ou pastorale, de sonnets inspirés de la Renaissance italienne, et de l'épopée nationale des *Lusiades* (1572).

Luís de **Camões** (v. 1570)

CAMPAGNE → *Champagne.*

CAMPAGNE-LÈS-HESDIN (62870), ch.-l. de c. du Pas-de-Calais ; 1 612 h.

CAMPAGNE ROMAINE, en ital. **Agro Romano,** région de l'Italie (Latium), autour de Rome.

CAMPAN (65710), ch.-l. de c. des Hautes-Pyrénées ; 1 465 h. Marbre. Église du XVIe s.

CAMPAN (Jeanne Louise **Genet,** Mme), éducatrice française (Paris 1752 - Mantes 1822), secrétaire de Marie-Antoinette, puis directrice de la maison de la Légion d'honneur d'Écouen. Elle a laissé des *Mémoires.*

CAMPANA (Dino), poète italien (Marradi 1885 - Castel Pulci 1932), qui mena jusqu'à la folie une expérience visionnaire *(Canti orfici).*

CAMPANELLA (Tommaso), philosophe et dominicain italien (Stilo, Calabre, 1568 - Paris 1639). Enfermé vingt-sept ans pour la hardiesse de ses idées, il est l'auteur d'une utopie célèbre, *la Cité* du soleil.*

CAMPANIE, région d'Italie, sur le versant occidental de l'Apennin, formée des prov. d'Avellino, Bénévent, Caserte, Naples et Salerne ; 5 589 587 h. Cap. *Naples.* Le littoral est formé de plaines séparées par de petits massifs calcaires (péninsule de Sorrente) ou volcaniques (Vésuve, champs Phlégréens, etc.). Les sols riches portent de belles cultures (arbres fruitiers, primeurs, vigne).

CAMPBELL, famille écossaise, qui a joué un rôle important dans l'histoire de l'Angleterre à partir du XVe s.

CAMPBELL-BANNERMAN (*sir* Henry), homme politique britannique (Glasgow 1836 - Londres 1908). Leader des libéraux à la Chambre des communes (1899), Premier ministre (1905-1908), il amorça d'importantes réformes (nouveau statut des syndicats, préparation de l'autonomie sud-africaine).

Camp David *(accords de)* [17 sept. 1978], accords conclus à Washington à l'issue du sommet américano-égypto-israélien, qui prévoyait la signature d'un traité de paix israélo-égyptien.

Camp du Drap d'or *(entrevue du)* [7-24 juin 1520], rencontre qui eut lieu dans une plaine située entre Guînes et Ardres (Pas-de-Calais), entre François Ier et Henri VIII, roi d'Angleterre. Les deux rois firent assaut de munificence, mais François Ier ne parvint pas à détourner Henri VIII d'une alliance avec Charles Quint.

CAMPECHE *(baie* ou *golfe de),* partie sud-ouest du golfe du Mexique, sur le littoral mexicain. Hydrocarbures. — Sur la côte est, le port de Campeche a 152 000 h.

CAMPIDANO, plaine du sud de la Sardaigne.

CAMPIN (Robert) → ***Flémalle*** *(Maître de).*

CAMPINA GRANDE, v. du nord-est du Brésil ; 326 153 h.

CAMPINAS, v. du Brésil (São Paulo) ; 846 084 h.

CAMPINE, région du nord de la Belgique (qui se prolonge aux Pays-Bas). Élevage bovin.

CAMPISTRON (Jean **Galbert de**), auteur dramatique français (Toulouse 1656 - *id.* 1723), successeur éphémère de Racine. (Acad. fr.)

CAMPOBASSO, v. d'Italie, cap. de la Molise, ch.-l. de prov. ; 50 163 h.

Campo del Oro, aéroport d'Ajaccio.

Campoformio *(traité de)* [18 oct. 1797], traité, daté du bourg de Campoformio (auj. Campoformido) en Vénétie, et conclu entre la France et l'Autriche à l'issue de la campagne de Bonaparte en Italie. L'Autriche cédait à la France la Belgique et le Milanais, lui reconnaissait le droit d'annexion sur la rive gauche du Rhin et recevait la partie orientale de l'ancienne République de Venise.

CAMPO GRANDE, v. du Brésil, cap. du Mato Grosso do Sul ; 525 612 h.

CAMPOS, v. du Brésil (Rio de Janeiro) ; 388 640 h.

CAMPRA (André), compositeur français (Aix-en-Provence 1660 - Versailles 1744), un des créateurs de l'opéra-ballet (*l'Europe galante,* 1697) et auteur de musique sacrée.

CAM RANH, port du Viêt Nam ; 118 000 h.

CAMUS (Albert), écrivain français (Mondovi, auj. Deraan, Algérie, 1913 - Villeblevin 1960). Il a traduit dans ses essais (*le Mythe de Sisyphe,* 1942), ses romans (*l'Étranger,* 1942 ; *la Peste,* 1947 ; *la Chute,* 1956) et son théâtre (*Caligula,* 1945 ; *les Justes,* 1949) le sentiment de l'absurdité du destin humain né du choc de la Seconde Guerre mondiale. (Prix Nobel 1957.)

Albert **Camus** (festival d'Angers en 1953)

CAMUS (Armand), jurisconsulte français (Paris 1740 - *id.* 1804). Premier conservateur des Archives nationales, il prit une part active à l'élaboration de la Constitution civile du clergé.

CAMUS (Jean-Pierre), prélat français (Paris 1584 - *id.* 1632). Évêque réformateur, il consacra un ouvrage à son ami saint François de Sales.

CANA, v. de Galilée, où Jésus opéra son premier miracle en changeant l'eau en vin.

CANAAN, fils de Cham et petit-fils de Noé, ancêtre éponyme des Cananéens, selon la Bible.

CANAAN *(terre* ou *pays de),* nom biblique de la Terre promise par Dieu aux Hébreux, et originellement occupée par les Cananéens. Le terme désigne l'ensemble de la Syrie-Palestine, ou simplement la bande littorale sur la Méditerranée.

CANADA, État de l'Amérique du Nord, membre du Commonwealth, divisé en dix

CANADA

OCÉAN ARCTIQUE
OCÉAN ATLANTIQUE
OCÉAN PACIFIQUE
GROENLAND (Dan.)
ISLANDE
REYKJAVÍK
NUUK
RUSSIE
ALASKA
ÉTATS-UNIS
TERRITOIRES DU NORD-OUEST
YUKON
COLOMBIE BRITANNIQUE
ALBERTA
SASKATCHEWAN
MANITOBA
ONTARIO
QUÉBEC
TERRE-NEUVE
NOUVEAU-BRUNSWICK
NOUVELLE-ÉCOSSE
Î. DU PR.-ÉDOUARD
St-Pierre-et-Miquelon (Fr.)
Mer de Beaufort
Baie de Baffin
Détroit de Davis
Mer du Labrador
Baie d'Hudson
Baie James
Baie d'Ungava
Détroit d'Hudson
Bassin de Foxe
Golfe d'Alaska
Détroit de Béring
cercle polaire arctique
Île de Baffin
Ellesmere
Victoria
Banks
Îles de la Reine-Élisabeth
Îles Parry
Îles de la Reine-Charlotte
I. Vancouver
Labrador
Nouveau-Québec
Mts du Mackenzie
Chaîne de Brooks
Chaîne de l'Alaska
Mt McKinley 6194
Mt Logan 6050
OTTAWA
Montréal
Québec
Toronto
Vancouver
Victoria
Edmonton
Calgary
Winnipeg
Regina
Saskatoon
Halifax
St-John's
Fredericton
Charlottetown
Whitehorse
Yellowknife
Iqaluit
Boston
New York
Seattle
Anchorage
Fairbanks
Juneau
Lac Supérieur
Lac Huron
Lac Michigan
Lac Érié
Lac Ontario
Lac Winnipeg
Grand Lac de l'Ours
Grand Lac de l'Esclave
Mackenzie
Yukon
500 km
200 500 1000 2000 m
aéroport
route
voie ferrée
plus de 1 000 000 h.
de 500 000 à 1 000 000 h.
de 100 000 à 500 000 h.
moins de 100 000 h.
Québec : capitale de province
Yellowknife : ch.-l. de territoire

provinces *(Nouvelle-Écosse, Nouveau-Brunswick, Québec, Ontario, Manitoba, Colombie-Britannique, Île-du-Prince-Édouard, Alberta, Saskatchewan, Terre-Neuve)* et deux territoires *(Territoires du Nord-Ouest* et *Yukon)* ; 9 975 000 km² ; 28 100 000 h. *(Canadiens),* dont environ 7 millions de Canadiens francophones. CAP. FÉDÉRALE : *Ottawa.* Les agglomérations les plus peuplées sont celles de *Toronto, Montréal, Vancouver, Ottawa-Hull, Edmonton, Calgary, Winnipeg, Québec, Hamilton.* LANGUES : *anglais* et *français.* MONNAIE : *dollar canadien.*

INSTITUTIONS

État fédéral, membre du Commonwealth : 10 provinces (dotées d'un Parlement et d'un gouvernement) et 2 territoires. Constitution : *Acte de l'Amérique du Nord britannique* de 1867 jusqu'au rapatriement de la Constitution en 1982. Gouverneur général, représentant de la Couronne. Premier ministre, chef de la majorité parlementaire, responsable devant le Parlement. *Chambre des communes* élue pour 5 ans et *Sénat* (membres nommés jusqu'à l'âge de 75 ans).

GÉOGRAPHIE

Pays le plus vaste du monde après la Russie, le Canada possède une population à peine égale à la moitié de celle de la France. Le climat, de plus en plus rude vers le N. au-delà du 50e parallèle (sur le bouclier à l'E., dans les Rocheuses à l'O.), explique la faiblesse de la densité moyenne (moins de 3 h. au km²) et la concentration de la population dans la région du Saint-Laurent et des Grands Lacs (provinces de l'Ontario et du Québec), souvent dans des villes (près de 80 % de la population sont urbanisés). Parmi celles-ci émergent nettement les deux métropoles de Toronto et Montréal. Héritage de l'histoire, cette population (à l'accroissement démographique réduit à moins de 1 % par le recul du taux de natalité, tombé à 15 ‰) se caractérise par le dualisme anglophones (largement majoritaires) - francophones (près de 30 % de la population totale, mais environ 80 % au Québec) dont l'opposition menace l'unité de la Confédération.

Le Canada est, depuis longtemps, un grand producteur agricole et minier. Il se situe parmi les dix premiers fournisseurs mondiaux de blé, de bois (la forêt couvre environ le tiers du territoire), de pétrole et de gaz naturel, de fer, de plomb et de zinc, de cuivre et de nickel, d'uranium, d'or. Aux hydrocarbures s'ajoute l'électricité nucléaire et surtout hydraulique, améliorant le bilan énergétique. L'industrie valorise naturellement ces productions (agroalimentaire [lié aussi à l'élevage bovin], industries du bois, métallurgie [également à partir de minerais importés, dans l'aluminium essentiellement]). Des branches de transformation, comme l'automobile ou la chimie par exemple, ont été stimulées par l'apport financier du voisin américain, dont l'influence est parfois écrasante.

Plus de la moitié du commerce extérieur s'effectue avec les États-Unis. La balance commerciale est généralement excédentaire, mais celle des services est aussi régulièrement déficitaire (en raison notamment du coût en intérêts des capitaux étrangers depuis longtemps investis) ; au total, la balance des paiements est pratiquement équilibrée. L'économie bénéficie d'atouts indiscutables, en particulier cet exceptionnel potentiel agricole et minier (notamment énergétique), qui ne résout pas toutefois le problème de l'emploi, ni même n'a réussi, commercialement et industriellement donc, à libérer le pays de l'emprise américaine.

HISTOIRE

La Nouvelle-France. Le premier peuplement du Canada est constitué par des tribus amérindiennes. 1534 : Jacques Cartier prend possession du Canada au nom du roi de France. 1535-36 : il remonte le Saint-Laurent. 1541-42 : au cours d'un troisième voyage, il emmène avec lui « vingt laboureurs » et du bétail. 1604-1605 : la colonisation de l'Acadie est entreprise (création de Port-Royal). 1608 : Champlain fonde Québec. 1627 : pour assurer le peuplement de la nouvelle colonie, Richelieu constitue la Compagnie des Cent-Associés. 1635 : Champlain meurt. L'immigration trop faible freine la colonisation des terres. Les Français et leurs alliés Hurons doivent faire face aux incursions des Iroquois. 1663-64 : Louis XIV réintègre le Canada dans le domaine royal, le dote d'une nouvelle administration et fonde la Compagnie des Indes occidentales. 1665-1672 : sous l'impulsion de l'intendant Jean Talon, la Nouvelle-France connaît un brillant essor et la colonisation se développe le long du Saint-Laurent. 1672 : les Français sont près de 7 000 au Canada. L'exploration intérieure s'amplifie jusqu'à l'embouchure du Mississippi. 1690 : un conflit avec l'Angleterre permet à cette dernière de s'emparer de l'Acadie et de Terre-Neuve que le traité de Ryswick (1697) restitue en partie. 1713 : au traité d'Utrecht, les Français perdent la baie d'Hudson, l'Acadie et l'essentiel de Terre-Neuve. 1745 : la forteresse de Louisbourg tombe aux mains des Anglais. 1756-1763 : la guerre de Sept Ans est fatale à la France. Après la chute de Québec lors de la bataille des Plaines d'Abraham où Montcalm trouve la mort (1759), et la capitulation de Montréal, la France par le traité de Paris (1763) cède tout le Canada à la Grande-Bretagne.

Le Canada britannique. 1774 : les Canadiens français recouvrent certains droits par l'Acte de Québec. 1783 : la signature du traité de Versailles, reconnaissant l'indépendance des États-Unis, provoque l'arrivée massive des loyalistes américains dans les provinces de Québec et de Nouvelle-Écosse (anc. Acadie). 1784 : à la suite de cette immigration, la province du Nouveau-Brunswick est créée. 1791 : la province de Québec est divisée en Haut-Canada (auj. l'Ontario) et Bas-Canada (auj. le Québec). 1812-1814 : lors de la guerre entre les États-Unis et la Grande-Bretagne, le Canada fait bloc autour de la Couronne. Les années qui suivent voient le développement d'une opposition conduite par Louis Joseph Papineau au Bas-Canada, et par William Lyon Mackenzie dans le Haut-Canada, qui exigent un vrai régime parlementaire. 1837 : le refus de Londres provoque la rébellion des deux provinces. 1840 : la révolte écrasée, le gouvernement britannique crée le Canada-Uni, qu'il dote d'un gouverneur, d'un Conseil exécutif, d'un Conseil législatif et d'une Assemblée élue. 1848 : le français est restauré au rang de langue officielle.

La Confédération canadienne. 1867 : l'Acte de l'Amérique du Nord britannique crée le dominion du Canada, qui regroupe l'Ontario (anc. Haut-Canada), le Québec (anc. Bas-Canada), la Nouvelle-Écosse et le Nouveau-Brunswick. 1870-1905 : au cours de ces années, la Confédération étend son territoire. 1870 : elle crée la province du Manitoba après la révolte des métis conduite par Louis Riel, tandis que la Colombie-Britannique (1871) et l'Île-du-Prince-Édouard (1873) se joignent à elle. 1882-1885 : la construction du Canadian Pacific Railway reliant Vancouver à Montréal contribue à un nouvel essor de la colonisation. 1905 : les provinces de la Saskatchewan et de l'Alberta sont instituées. 1896-1911 : le Premier ministre Wilfrid Laurier resserre les liens commerciaux avec la Grande-Bretagne tout en renforçant l'autonomie du dominion. 1914-1918 : le Canada accède au rang de puissance internationale par sa participation à la Première Guerre mondiale aux côtés des Alliés. 1921-1948 : William Lyon Mackenzie King, leader du parti libéral, préside presque sans interruption aux destinées du pays. 1926 : la Conférence impériale reconnaît l'indépendance du Canada au sein du Commonwealth, sanctionnée par le Statut de Westminster (1931). 1940-1945 : le Canada déclare la guerre à l'Allemagne et développe une puissante industrie de guerre. 1949 : l'île de Terre-Neuve devient une province canadienne. 1948-1984 : sous la direction des libéraux, qui dominent la vie politique avec les Premiers ministres Louis Saint-Laurent (1948-1957), Lester Pearson (1963-1968) et Pierre Elliott Trudeau (1968-1979 et 1980-1984), le Canada pratique une politique de rapprochement de plus en plus étroit avec les États-Unis. Mais, au cours de ces années, la Confédération doit constamment faire face aux revendications autonomistes de la province francophone de Québec. 1976 : un parti indépendantiste, dirigé par René Lévesque, prend le pouvoir à Québec. 1980 : le gouvernement Lévesque perd le référendum sur le mandat de négocier une formule de souveraineté-association avec le reste du Canada. 1982 : avec l'accord de Londres, la Constitution ne dépend plus que du gouvernement fédéral. 1984 : le conservateur Brian Mulroney accède au pouvoir. 1988 : il est reconduit à la tête du gouvernement après la victoire des conservateurs aux élections qui consacrent l'accord de libre-échange avec les États-Unis. 1989 : le Canada adhère à l'O. E. A. 1990 : l'échec d'un nouvel accord constitutionnel (dit « du lac Meech »), destiné à satisfaire les demandes minimales du Québec, ouvre une crise politique sans précédent, aggravée par les revendications territoriales amérindiennes. 1992 : un projet de réforme constitutionnelle comportant, entre autres, un nouveau statut pour les autochtones, est élaboré à Charlottetown. Soumis à référendum, il est rejeté. 1993 : après la démission de B. Mulroney, Kim Campbell, élue à la tête du parti conservateur, lui succède. Lors des élections générales, le parti conservateur enregistre une défaite écrasante. Arrivé en deuxième position, le Bloc québécois, parti indépendantiste dirigé par Lucien Bouchard, constitue désormais l'opposition officielle. Jean Chrétien, chef des libéraux, devient Premier ministre. 1994 : l'accord de libre-échange, négocié en 1992 avec les États-Unis et le Mexique, entre en vigueur. Le parti québécois, dirigé par Jacques Parizeau, remporte les élections au Québec. 1995 : le référendum sur la souveraineté du Québec, qui voit les partisans du maintien de la province dans l'ensemble canadien l'emporter d'extrême justesse sur les indépendantistes, ébranle fortement la Confédération. 1996 : Lucien Bouchard devient chef du parti québécois et Premier ministre du Québec.

CULTURE ET CIVILISATION

□ BEAUX-ARTS

Quelques artistes (XVIIIe - XXe s.) : les Levasseur, les Baillairgé, J. W. Morrice, Borduas, Pellan, Riopelle.

□ LITTÉRATURE D'EXPRESSION FRANÇAISE

— XVIIIe s. : J. Quesnel. — XIXe s. : Aubert de Gaspé, A. Gérin-Lajoie, O. Crémazie, P. Le May, L. Fréchette, Laure Conan. — XXe s. : Camille Roy, Cl. H. Grignon, É. Nelligan, A. Ferland, M. Dugas, L. P. Desrosiers, Ringuet, F. A. Savard, A. Grandbois, Saint-Denys Garneau, F. Hertel, Gabrielle Roy, R. Charbonneau, R. Lemelin, Anne Hébert, Antonine Maillet, J. Godbout, Marie-Claire Blais, M. Tremblay ; F. Leclerc, G. Vigneault.

Canada-France-Hawaii *(télescope)* [C. F. H.], télescope franco-canadien de 3,60 m de diamètre, mis en service en 1979 sur le Mauna Kea (Hawaii), à 4 200 m d'altitude.

CANADEL (Le) [83240 Cavalaire sur Mer], station balnéaire des Maures, dans le Var.

CANADIAN RIVER, riv. des États-Unis, affl. de l'Arkansas (r. dr.) ; 1 544 km.

CANADIEN *(bouclier),* région géologique du Canada, correspondant à un socle raboté par les glaciers et entourant la baie d'Hudson.

CANAILLE *(cap),* promontoire rocheux des Bouches-du-Rhône, au S. de Cassis.

CANALA, comm. de la Nouvelle-Calédonie ; 3 966 h. Nickel.

CANALETTO (Antonio **Canal**, dit **il**), peintre et graveur italien (Venise 1697 - *id.* 1768). Il a magnifié le genre de la « vue » urbaine en peignant sa ville natale.

Canal + (Canal Plus), chaîne française de télévision à péage, distribuée par voie hertzienne et lancée en 1984. Elle accorde une place importante à la diffusion de films et au sport.

CANANÉENS, envahisseurs sémitiques installés en Syrie et en Palestine au IIIe millénaire av. J.-C. Leurs cités continentales disparurent sous la poussée des Hébreux et des Araméens (XIIIe-XIIe s.). Ils se maintinrent sur le littoral sous le nom de Phéniciens.

CANAQUES → ***Kanak.***

Canard enchaîné (le), hebdomadaire satirique illustré, sans publicité, fondé à Paris en 1916 par Maurice et Jeanne Maréchal.

Canard sauvage (le), drame en 5 actes, en prose, de H. Ibsen (1884).

CANARIES *(courant des),* courant marin froid longeant vers le S. les côtes du Maroc et de la Mauritanie.

CANARIES *(îles),* en esp. **Canarias,** archipel espagnol de l'Atlantique, au large du Maroc méridional, constituant une communauté autonome ; 7 300 km² ; 1 601 812 h. *(Canariens).* Il comprend les îles de la Grande Canarie, Fuerteventura, Lanzarote, Tenerife, Gomera, Palma et Hierro (île du Fer). Climat chaud, sec en été. Tourisme. V. pr. *Las Palmas* (Grande Canarie) et *Santa Cruz de Tenerife.* — Ces îles, dont le Normand Jean de Béthencourt entama la conquête en 1402, furent reconnues espagnoles en 1479.

CANARIS (Constantin) → ***Kanáris.***

CANARIS (Wilhelm), amiral allemand (Aplerbeck 1887 - Flossenbürg 1945). Chef des services de renseignements de l'armée allemande (1935-1944), il fut exécuté sur ordre de Hitler.

CANAVERAL *(cap),* de 1964 à 1973 *cap Kennedy,* flèche sableuse de la côte est de la Floride ; principale base de lancement d'engins spatiaux des États-Unis.

CANBERRA, cap. fédérale de l'Australie, à 250 km au sud-ouest de Sydney ; 297 300 h. (sur les 2 400 km² du *Territoire fédéral de la capitale*). Université. Galerie d'art nationale.

CANCALE (35260), ch.-l. de c. d'Ille-et-Vilaine, sur la Manche ; 4 990 h. *(Cancalais).* Station balnéaire. Ostréiculture.

CANCER, constellation zodiacale. — Quatrième signe du zodiaque, dans lequel le Soleil entre au solstice d'été (v. *tropique,* partie langue).

CANCHE (la), fl. né en Artois, qui rejoint la Manche ; 96 km.

CANCON (47290), ch.-l. de c. de Lot-et-Garonne ; 1 327 h.

CANCÚN, île du Mexique, près du Yucatán. Tourisme.

CANDÉ (49440), ch.-l. de c. de Maine-et-Loire, sur l'Erdre ; 2 562 h.

Candide ou l'Optimisme, conte de Voltaire (1759) ; contre Leibniz, une démonstration picaresque et polémique que *tout n'est pas pour le mieux dans le meilleur des mondes possibles.*

CANDIE → ***Iráklion.***

CANDISH (Thomas) → ***Cavendish.***

CANDOLLE (Augustin **Pyrame de**), botaniste suisse (Genève 1778 - *id* 1841), auteur de la *Théorie élémentaire de la botanique* (1813), grand descripteur et classificateur du monde végétal.

CANDRAGUPTA ou **CHANDRAGUPTA,** nom de trois souverains de l'Inde. **Candragupta**, fondateur de la dynastie maurya (v. 320 - v. 296 av. J. - C.). — **Candragupta Ier**, fondateur de la dynastie gupta (v. 320 - v. 330 apr. J.-C.). — **Candragupta II** (v. 375-414).

Canebière (la), avenue de Marseille, débouchant sur le Vieux-Port.

CANÉE (La) → ***Khaniá.***

CANET-EN-ROUSSILLON (66140), ch.-l. de c. des Pyrénées-Orientales ; 7 619 h. *(Canétois).* Station balnéaire à *Canet-Plage.*

Canaletto : *Greenwich Hospital* (v. 1750).
[National Maritime Museum, Greenwich.]

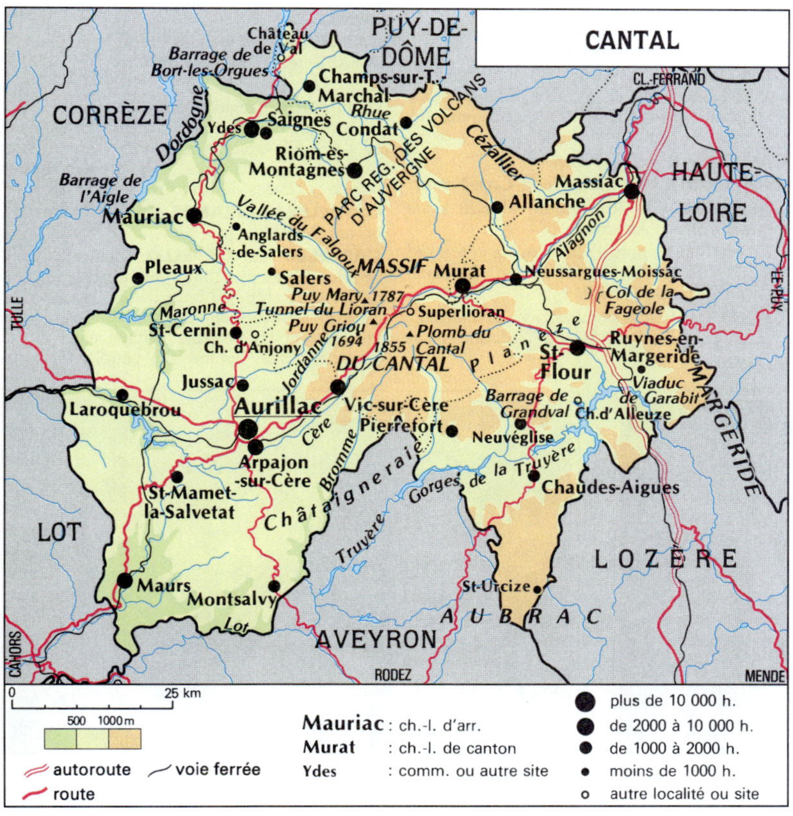

CANETTI (Elias), écrivain britannique d'expression allemande (Ruse, Bulgarie, 1905 - Zurich 1994), auteur de romans allégoriques (*Auto-da-fé,* 1936) et d'essais (*Masse et Puissance,* 1960) qui analysent les mobiles profonds des actions humaines. (Prix Nobel 1981.)

CANGE (Charles **du Fresne**, *seigneur* **du**), érudit français (Amiens 1610 - Paris 1688), auteur d'ouvrages sur Byzance et l'Orient latin, et de glossaires sur le latin et le grec non classiques.

CANGUILHEM (Georges), philosophe français (Castelnaudary 1904 - Marly-le-Roi 1995). Sa réflexion sur l'histoire des sciences constitue un apport décisif à l'épistémologie (*Études d'histoire et de philosophie des sciences,* 1968).

CANIGOU (le), massif des Pyrénées-Orientales ; 2 784 m.

CANISIUS (Pierre) → ***Pierre Canisius** (saint).*

CANJUERS *(plan de),* plateau de Provence (dép. du Var), au sud des gorges du Verdon, à proximité de Draguignan. Camp militaire.

CANNES, ch.-l. de c. des Alpes-Maritimes ; 69 363 h. *(Cannois).* Station balnéaire et hivernale. Aéronautique. Festival international de cinéma. Musée de la Castre.

Cannes *(bataille de)* [216 av. J.-C.], victoire d'Hannibal sur les Romains en Apulie, près de l'Aufidus (auj. *Ofanto*).

CANNET (Le) [06110], ch.-l. de c. des Alpes-Maritimes ; 42 005 h. *(Cannettans).*

CANNING (George), homme politique britannique (Londres 1770 - Chiswick 1827). Tory, ministre des Affaires étrangères (1807-1809), il mena énergiquement la guerre contre la France. De retour au Foreign Office (1822-1827), Premier ministre (1827), il favorisa le libre-échange et pratiqua en Europe une politique de non-intervention.

CANNIZZARO (Stanislao), chimiste italien (Palerme 1826 - Rome 1910). Il introduisit la notion de nombre d'Avogadro (1858) et découvrit les alcools aromatiques.

CANO (Alonso), peintre et sculpteur espagnol (Grenade 1601 - *id.* 1667). Actif à Séville, Madrid, Grenade, il est l'auteur de statues polychromes et de tableaux d'église caractérisés par le lyrisme, la recherche d'une beauté idéale.

CANO (Juan Sebastián **El**) → ***Elcano.***

CANOPE, anc. v. de la Basse-Égypte, dans le delta du Nil. Célèbre dans l'Antiquité pour ses temples (celui de Sérapis a inspiré certaines parties de la villa Hadriana, et les vases caractéristiques de celui d'Osiris sont à l'origine de la dénomination de *vase canope*).

CANOSSA, village d'Italie (Émilie). Le futur empereur germanique Henri IV y fit amende honorable devant le pape Grégoire VII durant la querelle des Investitures (28 janv. 1077), d'où l'expression *aller à Canossa,* s'humilier devant son adversaire.

CANOURGUE (La) [48500], ch.-l. de c. de la Lozère ; 1 883 h. Église des XIe s.-XIVe s.

CANOVA (Antonio), sculpteur italien (Possagno, prov. de Trévise, 1757 - Venise 1822). Principal représentant du néoclassicisme, il est l'auteur de marbres comme *l'Amour et Psyché* (Louvre), *Pauline Borghèse* (Rome).

CANROBERT (François **Certain**), maréchal de France (Saint-Céré 1809 - Paris 1895). Il commanda le corps expéditionnaire en Crimée (1855) et se distingua à Saint-Privat (1870).

CANSADO, port de Mauritanie, près de Nouadhibou ; 5 000 h. Exportation de minerai de fer.

CANTABRES, peuple de l'anc. Espagne, au sud du golfe de Gascogne, soumis par les Romains en 25-19 av. J.-C.

CANTABRIQUE, communauté autonome d'Espagne (529 866 h.) correspondant à la prov. de Santander.

CANTABRIQUES *(monts),* prolongement montagneux des Pyrénées, dans le nord de la péninsule Ibérique, le long du golfe de Gascogne ; 2 648 m.

CANTACUZÈNE, famille de l'aristocratie byzantine qui a donné des empereurs à Byzance, des despotes à Mistra et des hospodars aux principautés roumaines.

CANTAL, massif volcanique d'Auvergne, très démantelé par l'érosion, bordé de planèzes basaltiques et culminant au *plomb du Cantal* (1 855 m).

CANTAL (15), dép. de la Région Auvergne ; ch.-l. de dép. *Aurillac ;* ch.-l. d'arr. *Mauriac* et

Saint-Flour ; 3 arr., 27 cant., 260 comm. ; 5 726 km^2 ; 158 723 h. *(Cantaliens* ou *Cantalous).* Le dép. est rattaché à l'académie de Clermont-Ferrand, à la cour d'appel de Riom et à la région militaire Méditerranée. Il est formé de terrains volcaniques (*massif du Cantal* et partie de l'Aubrac) et cristallins (Margeride, Châtaigneraie). C'est un dép. encore rural, où l'élevage bovin pour les produits laitiers (fromages) constitue la ressource essentielle. La faiblesse de l'industrialisation et de l'urbanisation (seule Aurillac dépasse 10 000 h.) s'accompagne d'un constant dépeuplement, que ne ralentit guère une certaine activité touristique.

CANTELEU comm. de la Seine-Maritime, banlieue de Rouen ; 16 694 h. *(Cantiliens).*

CANTEMIR (Dimitrie), prince de Moldavie (1693 et 1710-11) et historien (Fălciu 1673 - Kharkov 1723). Allié de Pierre le Grand qui fut défait par les Ottomans en 1711, il se réfugia en Russie.

CANTERBURY, en fr. **Cantorbéry,** v. de Grande-Bretagne (Kent), siège de l'archevêque primat du royaume ; 33 000 h. Importante cathédrale des XIe-XVe s. et autres vestiges médiévaux.

CANTHO, v. du Viêt Nam méridional ; 182 000 h.

CANTILLON (Richard), banquier, économiste et démographe irlandais (1680 - Londres 1734). Il a inspiré les physiocrates et Adam Smith.

Cantique des cantiques (le), livre biblique (v. 450 av. J.-C.), recueil de chants d'amour symbolisant l'union de Dieu et de son peuple.

CANTON, en chin. **Guangzhou** ou **Kouang-tcheou,** port de Chine, cap. du Guangdong, à l'embouchure du Xi Jiang ; env. 4 millions d'h. *(Cantonais).* Industries mécaniques, chimiques et textiles. Foire internationale. Centre d'un actif commerce avec l'Inde et l'Empire musulman dès le VIIe s., la ville eut des contacts avec les Occidentaux à partir de 1514.

CANTONS DE L'EST → ***Estrie.***

CANTOR (Georg), mathématicien allemand (Saint-Pétersbourg 1845 - Halle 1918), créateur avec Dedekind de la théorie des ensembles. Ses recherches ensemblistes l'amenèrent à étudier la topologie de la droite.

CANY-BARVILLE (76450), ch.-l. de c. de la Seine-Maritime ; 3 365 h. Château de Cany (1640).

CÃO ou **CAM** (Diogo), navigateur portugais du XVe s., qui reconnut en 1483 l'embouchure du Zaïre (Congo).

CAO BANG, v. du nord du Viêt Nam. Victoire des forces du Viêt-minh sur les troupes françaises (1950).

CAO CAO ou **TS'AO TS'AO,** homme de guerre et poète chinois (dans le Anhui ? 155 - Luoyang 220). Il ouvrit à la poésie chinoise la voie de l'inspiration personnelle.

CAP (Le), anc. prov. d'Afrique du Sud ayant formé en 1994 les prov. du Cap-Est, du Cap-Nord, du Cap-Ouest et une partie du Nord-Ouest. Colonisée à partir de 1652 par les Hollandais, la région est cédée en 1814 aux Britanniques qui y organisent une colonie. Celle-ci adhère à l'Union sud-africaine en 1910.

CAP (Le), en angl. **Cape Town,** en afrikaans **Kaapstad,** cap. législative de l'Afrique du Sud, ch.-l. de la *prov. du Cap-Ouest,* port actif à l'extrémité sud du continent africain, sur la baie de la Table, à 50 km du cap de Bonne-Espérance ; 1 912 000 h. Le Cap fut fondé par les Hollandais en 1652 ; la ville devint anglaise, avec toute la province, en 1814.

CAPA (Andrei **Friedmann,** dit **Robert**), photographe américain d'origine hongroise (Budapest 1913 - Thai Binh, Viêt Nam, 1954), l'un des fondateurs de l'agence Magnum, qui, de la guerre d'Espagne à celle d'Indochine, où il mourut, témoigna non de l'exploit mais de la détresse humaine.

CAPBRETON [kap-] (40130), comm. des Landes ; 5 337 h. *(Capbretonnais).* Station balnéaire. — Le *Gouf de Capbreton* est une fosse marine profonde.

CAP-BRETON *(île du),* île du Canada (Nouvelle-Écosse), à l'entrée du golfe du Saint-Laurent (reliée par une route au continent). V. pr. *Sydney.* Parc national.

CAPCIR, petite région des Pyrénées-Orientales, au pied du Carlitte, dans la vallée supérieure de l'Aude. Élevage. (Hab. *Capcirais.*)

CAP-D'AIL (06320), comm. des Alpes-Maritimes ; 4 871 h. *(Cap-d'Aillois).* Station balnéaire.

CAP-DE-LA-MADELEINE, v. du Canada (Québec), sur le Saint-Laurent ; 33 716 h. Pèlerinage.

CAPDENAC-GARE (12700), ch.-l. de c. de l'Aveyron, sur le Lot (en face de Capdenac [Lot]) ; 4 978 h. Triage ferroviaire.

ČAPEK (Karel), écrivain tchèque (Malé-Svatoňovice 1890 - Prague 1938), auteur de romans *(la Fabrique d'absolu)* et de pièces de théâtre (*R. U. R.,* 1920) qui dénoncent la soumission de l'homme à ses propres créations scientifiques et techniques.

CAPELLE (La) [02260], ch.-l. de c. de l'Aisne ; 2 222 h. Marché.

CAPELLEN, écart de la comm. de Mamer, constituant un ch.-l. de cant. du Luxembourg.

CAPENDU (11700), ch.-l. de c. de l'Aude ; 1 380 h.

CAP-EST, prov. d'Afrique du Sud, sur l'océan Indien ; 170 616 km^2 ; 6 665 400 h. Ch.-l. *Bisho.*

CAPESTANG (34310), ch.-l. de c. de l'Hérault, sur le canal du Midi ; 2 918 h. Église gothique.

CAPESTERRE-BELLE-EAU (97130), comm. de la Guadeloupe ; 19 081 h.

CAPET (« Vêtu d'une cape »), surnom d'Hugues, roi de France, et nom donné à Louis XVI sous la Révolution.

CAPÉTIENS, dynastie de rois qui régnèrent sur la France de 987 à 1328. Elle est issue d'Hugues Capet. Les Valois succédèrent aux Capétiens directs.

CAPE TOWN → ***Cap** (Le).*

CAP-FERRAT → ***Saint-Jean-Cap-Ferrat.***

CAP-FERRET (33970), station balnéaire de la Gironde, près d'Arcachon.

CAP-HAÏTIEN, port d'Haïti, sur la côte nord de l'île ; 64 000 h. Ce fut la cap. de Saint-Domingue jusqu'en 1770.

CAPHARNAÜM [kafarnaɔm], v. de Palestine (Galilée), au bord du lac de Tibériade. Jésus y enseigna.

Capitaine Fracasse (le), roman de cape et d'épée de Th. Gautier (1863), inspiré du *Roman comique* de Scarron.

Capital (le), ouvrage de Karl Marx (livre I, 1867), où il analyse le système capitaliste, et, à partir de la critique qu'il en fait, jette les bases du socialisme scientifique. Les livres II, III et IV parurent après la mort de Marx, respectivement en 1885, 1894 et 1905.

CAPITANT (Henri), juriste français (Grenoble 1865 - Allinges, Haute-Savoie, 1937), auteur de nombreux ouvrages de droit civil (*Introduction à l'étude du droit civil,* 1904).

CAPITOLE ou **CAPITOLIN** *(mont),* une des sept collines de Rome, et, dans un sens plus restreint, un de ses deux sommets portant le temple de Jupiter *Capitolin.* L'actuelle place du Capitole a été tracée par Michel-Ange. L'un de ses palais est l'hôtel de ville de Rome, les deux autres sont des musées d'antiques. On fait parfois allusion aux *oies du Capitole* (v. *oie,* partie langue).

CAPLET (André), compositeur français (Le Havre 1878 - Neuilly-sur-Seine 1925), auteur de musique religieuse *(le Miroir de Jésus).*

CAP-MARTIN → ***Roquebrune-Cap-Martin.***

CAP-NORD, prov. d'Afrique du Sud, limitrophe de la Namibie et du Botswana ; 363 389 km^2 ; 763 900 h. Ch.-l. *Kimberley.*

CAPO D'ISTRIA ou **CAPODISTRIA** (Jean, *comte* **de**), homme politique grec (Corfou 1776 - Nauplie 1831). Après avoir été au service de la Russie (1809-1822), il fut élu président du nouvel État grec (1827) dont il jeta les bases. Il fut assassiné en 1831.

CAPONE (Alphonse, dit **Al**), gangster américain (Brooklyn 1899 - Miami 1947). Il fit fortune grâce au commerce clandestin de boissons alcoolisées, qu'il organisa aux États-Unis pendant la prohibition.

Caporetto *(bataille de)* [oct. 1917], victoire des Austro-Allemands sur les Italiens à Caporetto, sur l'Isonzo (auj. *Kobarid,* Slovénie).

CAPOTE (Truman), écrivain américain (La Nouvelle-Orléans 1924 - Los Angeles 1984). Il fut l'un des représentants de l'école néoromantique du Sud (*la Harpe d'herbe,* 1951) avant d'évoluer vers le « roman-reportage » (*De sang-froid,* 1965).

CAPOUE, en ital. **Capua,** v. d'Italie (Campanie), sur le Volturno ; 17 967 h. *(Capouans).* Hannibal s'en empara (215 av. J.-C.) ; son armée, affaiblie par le luxe de la ville *(délices de Capoue),* y perdit sa combativité. Vestiges romains. Musée.

CAP-OUEST, prov. de l'extrémité méridionale de l'Afrique du Sud ; 129 285 km^2 ; 3 620 000 h. Ch.-l. *Le Cap.*

CAPPADOCE, région d'Anatolie (Turquie), qui fut le centre de l'Empire hittite (IIIe-IIe millénaire av. J.-C.). Elle devint à la fin du IVe s. un brillant foyer du christianisme. Nombreuses églises rupestres ornées de peintures (VIe-XIIIe s.).

CAPPELLE-LA-GRANDE (59180), comm. du Nord ; 9 039 h.

CAPPELLO ou **CAPELLO** (Bianca), dame vénitienne (Venise 1548 - villa du Poggio, près de Florence, 1587). Aimée par le grand-duc de Toscane François de Médicis, elle feignit une grossesse et lui présenta comme étant de lui l'enfant d'une femme du peuple. François

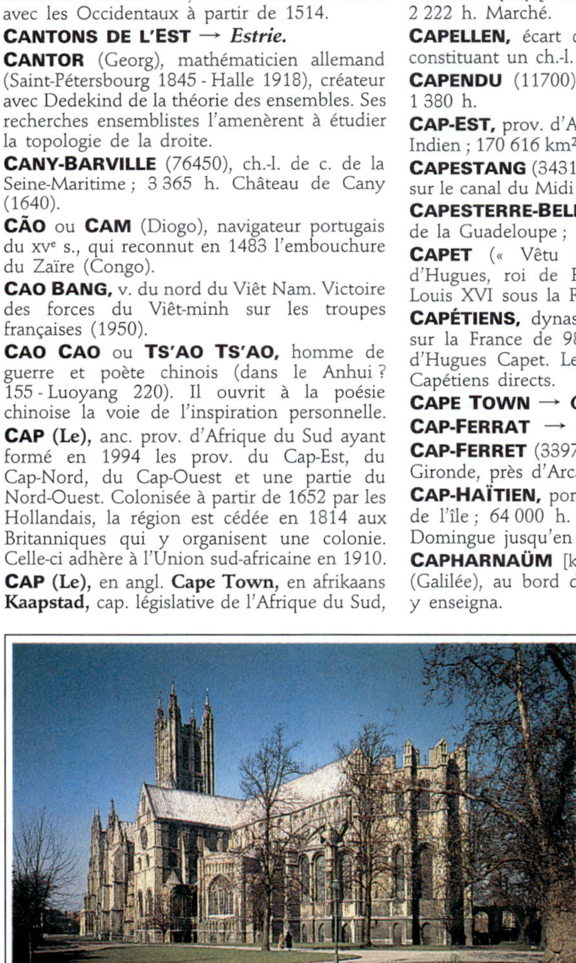

Canterbury :
la cathédrale (XIe-XVe s.).

Le **Cap** : la ville,
au pied de la montagne de la Table.

l'épousa, les jeunes mariés moururent en même temps, peut-être empoisonnés, et l'enfant ne fut pas désigné pour la succession au grand-duché.

CAPPIELLO (Leonetto), affichiste, caricaturiste et peintre français d'origine italienne (Livourne 1875 - Grasse 1942). Il a su, l'un des premiers, condenser le motif pour augmenter le pouvoir du message publicitaire.

CAPPONI, famille italienne qui joua un grand rôle dans la vie florentine, du XIVe au XIXe s. Un de ses membres, **Gino** (Florence 1792 - *id.* 1876), homme politique et historien, soutint activement le *Risorgimento.*

CAPRA (Frank), cinéaste américain (Palerme 1897 - Los Angeles 1991). Il incarne la comédie américaine sophistiquée et optimiste : *New York-Miami* (1934), *l'Extravagant M. Deeds* (1936), *Arsenic et vieilles dentelles* (1944).

CAPRARA (Giovanni Battista), *comte* **Montecuccoli,** cardinal italien (Bologne 1733 - Paris 1810). Légat de Pie VII en France, il conclut le Concordat de 1801.

CAPRERA, petite île de la côte nord de la Sardaigne. Tourisme. Célèbre par la résidence de Garibaldi, qui y mourut.

CAPRI, île du golfe de Naples ; 7 045 h. Rivages escarpés et creusés de grottes. Grand centre touristique. Résidence favorite de Tibère (ruines de deux villas).

Caprices (les), de Goya, recueil de 80 gravures (eau-forte et aquatinte) publiées en 1799. L'artiste, avec une technique savante, y stigmatise la société de son temps sous les apparences du bizarre et du fantastique.

Caprices de Marianne (les), comédie en deux actes d'A. de Musset, publiée en 1833.

CAPRICORNE, constellation zodiacale. — Dixième signe du zodiaque, dans lequel le Soleil entre au solstice d'hiver (v. *tropique,* partie langue).

CAPRIVI (Leo **von**), général et homme d'État allemand (Charlottenburg 1831 - Skyren 1899). Chef de l'Amirauté (1883-1888), puis président du Conseil de Prusse (1890-1892), il fut chancelier d'Empire (1890-1894).

CAPTIEUX [kapsjø] (33840), ch.-l. de c. de la Gironde ; 1 712 h. *(Captylvains).*

Captivité de Babylone, période (587-538 av. J.-C.) pendant laquelle les Hébreux déportés par Nabuchodonosor II demeurèrent exilés à Babylone, jusqu'à l'édit de libération de Cyrus II.

Captivité de Babylone (la), ouvrage de Luther (1520), où il décrit la domination de l'Église par l'autorité de Rome. C'est de ce livre qu'ont été tirées les principales propositions condamnées par le concile de Trente.

CAPULETS (les), famille légendaire de Vérone, dont Shakespeare, à partir d'un vers de Dante, imagina dans *Roméo et Juliette* qu'elle fut la rivale des *Montaigus.*

CAPVERN (65130), comm. des Hautes-Pyrénées ; 1 054 h. Station thermale.

CAP-VERT *(îles du),* État constitué par un archipel volcanique, dans l'Atlantique, à l'ouest du Sénégal ; 4 000 km² ; 400 000 h. *(Cap-Verdiens).* CAP. *Praia,* dans l'île São Tiago. LANGUE : *portugais.* MONNAIE : *escudo du Cap-Vert.* Anc. possession portugaise, indépendante depuis 1975.

CAQUOT (Albert), ingénieur français (Vouziers 1881 - Paris 1976). Après avoir conçu le ballon captif à stabilisateur arrière ou *saucisse* (1914), il étudia l'élasticité et la résistance des matériaux, et réalisa de nombreux ouvrages en béton (ponts, môles, barrages). Il a aussi élevé la statue géante qui domine la baie de Rio.

Carabobo *(bataille de)* [24 juin 1821], victoire de Bolívar sur les Espagnols, qui assura l'indépendance du Venezuela.

CARACALLA (Marcus Aurelius Antoninus **Bassianus,** surnommé) [Lyon 188 - Carrhae, auj. Ḥarrān, 217], empereur romain (211-217), fils de Septime Sévère. Son règne fut marqué par la *Constitution antonine* ou *édit de Caracalla* (212), qui étendit à tout l'Empire le droit de cité romain. Il fit construire à Rome les thermes qui portent son nom.

CARACAS, cap. du Venezuela, à environ 900 m d'alt., près de la mer des Antilles ; 1 822 465 h. (plus de 3 000 000 dans l'agglomération). Port à La Guaira. Aéroport à Maiquetía.

CARACCIOLO, famille napolitaine connue à partir du XIe s., dont plusieurs membres s'illustrèrent dans l'Église, les armes ou la politique. — **Francesco** (Naples 1752 - *id.* 1799), amiral de la flotte parthénopéenne, fut pendu sur l'ordre de Nelson au grand mât de sa frégate.

Caractères (les), ouvrage de La Bruyère (1668-1696). Par le jeu des maximes et des portraits, l'auteur analyse les principaux types humains de la société française en évolution à la fin du XVIIe s.

CARAFA, famille napolitaine qui s'illustra dans l'Église, la guerre et la politique. Un de ses membres, **Jean-Pierre** (Gian Pietro), devint pape sous le nom de Paul* IV.

CARAGIALE (Ion Luca), écrivain roumain (Haimanale 1852 - Berlin 1912), auteur de comédies et initiateur de la nouvelle moderne dans son pays *(Un cierge de Pâques).*

CARAÏBE (la), région géographique regroupant l'ensemble des Antilles et une partie des terres bordant la mer des Antilles.

CARAÏBES, populations parlant des langues du groupe caribe, qui habitaient les Petites Antilles et une partie de la Guyane.

CARAÏBES *(mer des)* ou **CARAÏBE** *(mer),* autres noms de la mer des Antilles.

CARAJÁS *(serra dos),* hautes terres du Brésil (État de Pará). Minerai de fer.

CARAMAN (31460), ch.-l. de c. de la Haute-Garonne ; 1 775 h.

CARAMANLIS (Constantin) → ***Karamanlís*** (Konstandínos).

CARAN D'ACHE (Emmanuel **Poiré,** dit), dessinateur humoriste français (Moscou 1859 - Paris 1909), auteur d'« histoires sans paroles », inspirées par l'actualité.

CARANTEC (29660), comm. du Finistère ; 2 625 h. Station balnéaire sur la Manche.

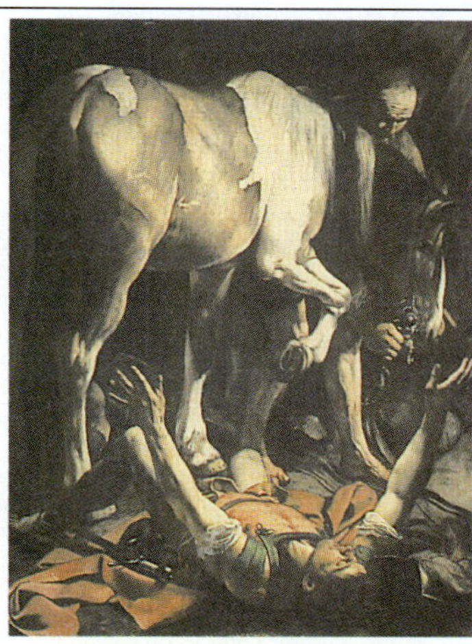

Le **Caravage :** *la Conversion de saint Paul* (1601). [Sainte-Marie-du-Peuple, Rome.]

Caracas : un aspect de la ville et du site.

CARAVAGE (Michelangelo **Merisi,** dit **il Caravaggio,** en fr. **le**), peintre italien (Milan ? v. 1571 - Porto Ercole, prov. de Grosseto, 1610). Il a dramatisé le réalisme de sa vision en recourant à de puissants contrastes d'ombre et de lumière (trois scènes de la vie de saint Matthieu, église St-Louis-des-Français, Rome, v. 1600 ; *les Sept* Œuvres de miséricorde,* 1607, Naples ; *la Résurrection de Lazare,* 1608, Messine ; etc.). De nombreux peintres *caravagesques* attestent sa postérité européenne.

CARBON-BLANC (33560), ch.-l. de c. de la Gironde ; 5 854 h. *(Carbonblannais).*

CARBONNE (31390), ch.-l. de c. de la Haute-Garonne ; 3 825 h. Centrale hydroélectrique sur la Garonne. Bastide du XIIIe s.

CARCASSONNE (11000), ch.-l. du dép. de l'Aude, sur l'Aude et le canal du Midi, à 770 km au sud de Paris ; 44 991 h. *(Carcassonnais).* Évêché. Les murailles qui entourent la *Cité de Carcassonne* forment l'ensemble le plus complet que l'on possède de fortifications du Moyen Âge, très restauré par Viollet-le-Duc ; église St-Nazaire, des XIIe-XIIIe s. Musées.

Carcassonne : vue des remparts et du Château comtal.

CARCO (François **Carcopino-Tusoli,** dit **Francis**), écrivain français (Nouméa 1886 - Paris 1958), évocateur des mauvais garçons et de la bohème artiste *(Jésus la Caille).*

CARCOPINO (Jérôme), historien français (Verneuil-sur-Avre 1881 - Paris 1970). Romaniste, il est l'auteur de *César* (1936) et de *la Vie quotidienne à Rome à l'apogée de l'Empire* (1939).

CARDAN (Gerolamo **Cardano,** en fr. **Jérôme**), mathématicien, médecin et philosophe italien (Pavie 1501 - Rome 1576). Auteur (après Tartaglia) de la formule de résolution de l'équation du 3e degré, il inaugura dans l'*Ars magna* (1545) la théorie des équations. Il a décrit le mode de suspension qui porte son nom.

CÁRDENAS (Lázaro), homme politique mexicain (Jiquilpan 1895 - Mexico 1970). Président du Mexique de 1934 à 1940.

CARDIFF, port de Grande-Bretagne, sur la côte sud du pays de Galles ; 272 600 h. Stade de rugby *(Arm's Park).* Musée national du pays de Galles.

CARDIJN (Joseph), cardinal belge (Schaerbeek 1882 - Louvain 1967). Vicaire d'une paroisse populaire, il jeta les bases de la Jeunesse ouvrière chrétienne (J. O. C.).

CARDIN (Pierre), couturier français (Sant'Andrea di Barbarana, Italie, 1922). Il a libéré la mode masculine de la rigueur britannique et s'est imposé à la couture par des recherches de lignes et de volumes. Il créa en 1970 une salle de spectacle, l'*Espace Cardin.*

CARDOSO (Fernando Henrique), homme politique brésilien (Rio de Janeiro 1931), président de la République depuis 1995.

CARDUCCI (Giosue), écrivain italien (Val di Castello 1835 - Bologne 1907). Poète officiel de l'Italie unifiée, il chercha une forme poétique réalisant la fusion de la ballade romantique et de la prosodie gréco-latine. (Prix Nobel 1906.)

CARÉLIE, région du nord de l'Europe entre la mer Blanche et le golfe de Finlande, dont la majeure partie appartient à la Russie, le reste faisant partie de la Finlande.

CARÉLIE, République de la Fédération de Russie ; 792 000 h. Cap. *Petrozavodsk.* Elle est constituée de la Carélie orientale et, depuis 1947, d'une partie de la Carélie occidentale (cette dernière, finlandaise de 1918 à 1947, a été annexée par l'U.R.S.S. et partagée entre la République de Carélie et la région de Leningrad).

CARÉLIENS, peuple finno-ougrien vivant en Russie (République de Carélie) et en Finlande.

CARÊME (Marie-Antoine), cuisinier français (Paris 1784 - *id.* 1833), fondateur de la cuisine française d'apparat, et auteur d'ouvrages d'art culinaire.

CARÊME (Maurice), poète belge de langue française (Wavre 1899 - Anderlecht 1978). Instituteur, il a su s'adresser à l'âme des enfants *(la Lanterne magique, le Voleur d'étincelles).*

CARENTAN (50500), ch.-l. de c. de la Manche ; 6 701 h. *(Carentanais).* Agroalimentaire. Église des XIVe et XVe s.

CAREY (Henry Charles), économiste américain (Philadelphie 1793 - *id.* 1879), favorable aux thèses protectionnistes.

CARHAIX-PLOUGUER ou **CARHAIX** (29270), ch.-l. de c. du Finistère ; 8 693 h. *(Carhaisiens).* Foires. Industrie alimentaire.

CARIBERT ou **CHARIBERT,** roi franc de Paris et de l'ouest de la Gaule jusqu'aux Pyrénées (561-567).

CARIBERT ou **CHARIBERT** (606-632), frère de Dagobert Ier. Il gouverna l'Aquitaine de 629 à 632.

CARIE, anc. pays du sud-ouest de l'Asie Mineure, sur la mer Égée. Son souverain le plus célèbre fut Mausole (IVe s. av. J.-C.). V. pr. *Milet, Halicarnasse.* (Hab. *Cariens.*)

CARIGNAN (08110), ch.-l. de c. des Ardennes, sur la Chiers ; 3 370 h.

Carillon *(fort),* fort de la Nouvelle-France, auj. dans l'État de New York, au sud du lac Champlain. Victoire de Montcalm sur les Anglais (8 juill. 1758).

CARIN, en lat. **Marcus Aurelius Carinus,** empereur romain (283-285), fils de l'empereur Carus. Il battit son rival Dioclétien mais fut assassiné par ses propres soldats.

CARINTHIE, prov. de l'Autriche méridionale, drainée par la Drave ; 537 000 h. Ch.-l. *Klagenfurt.*

CARISSIMI (Giacomo), compositeur italien (Marino, près de Rome, 1605 - Rome 1674). Il a contribué à fixer la forme de l'oratorio en Italie.

CARLE (Gilles), cinéaste canadien (Maniwaki, Québec, 1929), auteur de fables réalistes ou utopistes (*les Mâles,* 1970 ; *la Mort d'un bûcheron,* 1973 ; *Maria Chapdelaine,* 1983).

CARLETON (Guy), *baron* **Dorchester**, général britannique (Strabane, Irlande, 1724 - Stubbings 1808). Gouverneur général du Canada (1768-1778 et 1786-1796), il fit adopter l'Acte de Québec (1774).

CARLING [-lɛ̃] (57490), comm. de la Moselle ; 3 731 h. Complexe industriel (chimie dominante) débordant sur les comm. de Saint-Avold et de L'Hôpital.

CARLISLE, v. de Grande-Bretagne, ch.-l. du Cumbria ; 71 000 h. Cathédrale des XIIe-XIVe s.

CARLITTE ou **CARLIT** *(massif du),* massif des Pyrénées-Orientales ; 2 921 m au *pic Carlitte.*

CARLOMAN (v. 715 - Vienne 754), fils aîné de Charles Martel. Il administra l'Austrasie de 741 à 747.

CARLOMAN (v. 751 - Samoussy ou Chaumuzy 771), roi d'Austrasie (768-771), frère cadet de Charlemagne, avec qui il se brouilla (769-70). Après sa mort, ce dernier fit cloîtrer ses fils.

CARLOMAN, roi de France (879-884), fils de Louis II le Bègue. Il régna conjointement avec son frère Louis III jusqu'en 882.

CARLOS, rois et princes d'Espagne et de Portugal → ***Charles.***

CARLSBAD, v. des États-Unis (Nouveau-Mexique) ; 21 000 h. Immenses grottes aux environs. Potasse.

CARLSON (Carolyn), danseuse et chorégraphe américaine d'origine finlandaise (Fresno, Californie, 1943). Professeur de modern dance, puis animatrice du Groupe de recherches théâtrales de l'Opéra de Paris.

CARLSSON (Ingvar), homme politique suédois (Borås 1934). Président du parti social-démocrate, il a été Premier ministre de 1986 à 1991 et de 1994 à 1996.

CARLU (Jean), affichiste français (Bonnières-sur-Seine 1900), au style synthétique et familier (*Monsavon,* 1925 ; *Perrier-Pschitt, Larousse,* etc.).

CARLYLE (Thomas), historien et critique britannique (Ecclefechan, Écosse, 1795 - Londres 1881). Adversaire du matérialisme et du rationalisme, il vit dans les individualités exceptionnelles les moteurs de l'histoire politique et intellectuelle (*les Héros et le Culte des héros,* 1841).

CARMAGNOLA (Francesco **Bussone**, dit), condottiere italien (Carmagnola v. 1380 - Venise 1432). Il fut au service de Milan, puis de Venise. Soupçonné de trahison, il fut décapité.

Carmagnole (la), chant révolutionnaire anonyme, datant de l'époque où Louis XVI était prisonnier au Temple.

CARMAUX (81400), ch.-l. de c. du Tarn ; 11 070 h. *(Carmausins).* Houille. Industrie chimique.

CARMEL *(mont),* montagne d'Israël, au-dessus de Haïfa ; 546 m. Il est considéré comme le berceau de l'ordre des Carmes, un croisé calabrais, Berthold, s'y étant retiré v. 1150 et de nombreux disciples l'y ayant rejoint.

Carmen, nouvelle de P. Mérimée (1845), dont a été tiré un opéra-comique (1875), livret de H. Meilhac et L. Halévy, musique de G. Bizet, qui est un chef-d'œuvre du drame lyrique réaliste.

CARMONA (António Óscar **de Fragoso**), maréchal et homme politique portugais (Lisbonne 1869 - Lumiar 1951), président de la République de 1928 à sa mort.

CARMONTELLE (Louis **Carrogis**, dit), dessinateur et écrivain français (Paris 1717 - *id.* 1806). Auteur de comédies légères *(Proverbes dramatiques),* il aménagea le parc Monceau à Paris et inventa les « transparents ».

CARNAC (56340), comm. du Morbihan, sur la baie de Quiberon ; 4 322 h. Station balnéaire. Alignements mégalithiques (néolithique final).

CARNAC → ***Karnak.***

CARNAP (Rudolf), logicien américain d'origine allemande (Ronsdorf, auj. Wuppertal, 1891 - Santa Monica 1970). Il est l'un des promoteurs du cercle de Vienne. Il a cherché à formaliser tout langage à partir de l'approche syntaxique des langages de Hilbert (*la Syntaxe logique de la langue,* 1934).

CARNATIC, royaume de l'Inde du Sud qui s'étendait sur les États actuels du Tamil Nadu et du Karnātaka.

Carnavalet *(musée),* musée historique de la Ville de Paris, dans le Marais. Il occupe l'ancien hôtel Carnavalet, des XVIe et XVIIe s. (sculptures de l'école de J. Goujon), et plusieurs bâtiments contigus. Reconstitutions d'intérieurs parisiens, peintures, documents graphiques et objets divers ; important fonds de l'époque révolutionnaire ; souvenirs de Mme de Sévigné, qui y habita.

CARNÉ (Marcel), cinéaste français (Paris 1906). Avec la collaboration de Jacques Prévert, scénariste de la plupart de ses films, il fut l'un des chefs de file du réalisme poétique, privilégiant les atmosphères sombres et les dénouements fatals : *Drôle de drame* (1937), *le Quai des Brumes* (1938), *Hôtel du Nord* (id.), *Le jour se lève* (1939), *les Visiteurs du soir* (1942), *les Enfants du paradis* (1945), *les Portes de la nuit* (1946), *les Tricheurs* (1958).

Marcel **Carné** : une scène de *Le jour se lève* (1939).

CARNÉADE, philosophe grec (Cyrène v. 215 - Athènes v. 129 av. J.-C.), représentant d'une philosophie sceptique, le probabilisme.

CARNEGIE (Andrew), industriel et philanthrope américain (Dunfermline, Écosse, 1835 - Lenox, Massachusetts, 1919). Créateur du trust de l'acier qui porte son nom, grâce auquel il contrôla la métallurgie de Pittsburgh. Il amassa une immense fortune et subventionna des fondations charitables ainsi que des instituts scientifiques et culturels.

CARNIÈRES (59217), ch.-l. de c. du Nord ; 1 047 h.

CARNIOLE, anc. prov. d'Autriche, dont la majeure partie de la population, slovène, entra dans le royaume des Serbes, Croates et Slovènes (1918).

CARNIQUES *(Alpes),* anc. nom d'une partie des Alpes orientales.

CARNON-PLAGE (34280 La Grande Motte), écart de la comm. de Mauguio (Hérault). Station balnéaire.

CARNOT, famille française qui s'illustra au XIXe s. dans la politique et les sciences avec : **Lazare,** Conventionnel et mathématicien (Nolay 1753 - Magdebourg 1823). Ingénieur militaire, député à la Législative (1791) et à la Convention (1792), membre du Comité de salut public (1793), il organisa les armées de la République et conçut tous les plans de campagne ; il fut surnommé *l'Organisateur de la victoire.* Membre du Directoire (1795), ministre de la Guerre (1800), il s'opposa au pouvoir personnel de Napoléon, mais accepta le portefeuille de l'Intérieur durant les Cent-Jours (1815). Il fut exilé par la Restauration comme régicide. — Son fils aîné, **Sadi**, physicien (Paris 1796 - *id.* 1832), énonça, dans sa brochure *Réflexions sur la puissance motrice du feu* (1824), le deuxième principe de la thermodynamique et, dans des notes ultérieures (1831), le premier principe. — **Hippolyte,** homme politique (Saint-Omer 1801 - Paris 1888), ministre de l'Instruction publique en 1848. — **Marie François Sadi**, dit **Sadi Carnot,** ingénieur et homme politique (Limoges 1837 - Lyon 1894). Président de la République en 1887, il fut assassiné par l'anarchiste Caserio.

CARNOUX-EN-PROVENCE (13470), comm. des Bouches-du-Rhône ; 6 389 h.

CARNUTES, peuple de la Gaule, qui occupait la future province de l'Orléanais avec deux villes principales, Chartres et Orléans. La forêt des Carnutes était le lieu de rassemblement des druides de la Gaule.

Lazare **Carnot**
(Bouchot - Dir. du Génie)

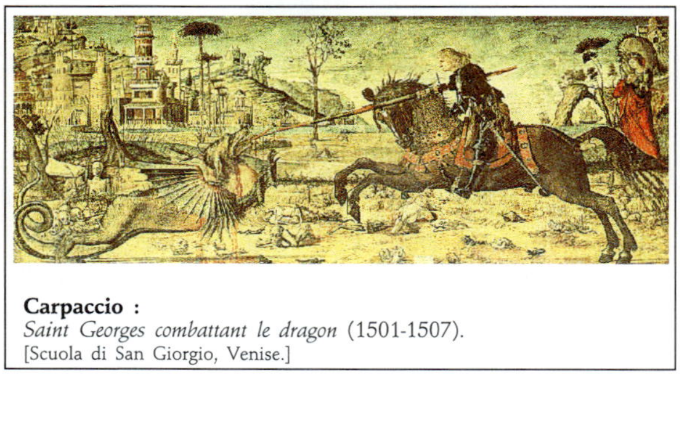

Carpaccio :
Saint Georges combattant le dragon (1501-1507).
[Scuola di San Giorgio, Venise.]

CARO (Anthony), sculpteur britannique (Londres 1924), auteur de structures métalliques polychromes à la fois minimales et baroquisantes.

CAROBERT → ***Charles Ier Robert.***

CAROL → ***Charles Ier de Roumanie.***

CAROLINE, nom de deux États des États-Unis d'Amérique : la *Caroline du Nord* (6 628 637 h. ; cap. *Raleigh*) et la *Caroline du Sud* (3 486 703 h. ; cap. *Columbia*), qui s'étendent depuis les Appalaches jusqu'à l'Atlantique. Plantations de coton et de tabac.

CAROLINE BONAPARTE → ***Bonaparte.***

CAROLINE de Brunswick (Brunswick 1768 - Londres 1821), femme de George IV, roi d'Angleterre, qui lui intenta un procès en adultère et la répudia.

CAROLINES *(îles),* archipel de l'Océanie, en Micronésie. D'abord espagnol, puis allemand (1899), enfin japonais (1919), l'archipel est auj. administré au nom de l'O. N. U. par les États-Unis. Une partie de l'archipel est intégrée au sein des États fédérés de Micronésie* depuis 1981.

CAROLINGIENS, famille franque d'origine austrasienne qui succéda aux Mérovingiens (751) avec Pépin le Bref et ressuscita l'empire d'Occident de 800 à 887 (sous Charlemagne notamm.). Ses derniers représentants régnèrent en Germanie jusqu'en 911 et en France jusqu'en 987. Une durable renaissance culturelle marqua toute la période.

CAROLUS-DURAN (Charles **Durand**, dit), peintre français (Lille 1837 - Paris 1917), auteur de portraits mondains.

CARON (Antoine), peintre et décorateur français (Beauvais 1521 - *id.* 1599). Artiste de cour, il acquit sur le chantier de Fontainebleau son style italianisant.

CARONÍ (río), riv. du Venezuela, affl. de l'Orénoque (r. dr.) ; 690 km.

CARONTE *(chenal* ou *canal de),* passage maritime entre l'étang de Berre et le golfe de Fos.

CAROTHERS (Wallace Hume), chimiste américain (Burlington, Iowa, 1896 - Philadelphie 1937), qui a créé le Néoprène (1931) et le Nylon (1937).

CAROUGE, v. de Suisse, banlieue de Genève ; 15 036 h.

CARPACCIO (Vittore), peintre italien (Venise autour de 1460 - ? v. 1525). Narrateur inventif, il a peint à Venise, en des séries célèbres, la *Légende de sainte Ursule,* les *Histoires de saint Georges, saint Jérôme et saint Tryphon.*

CARPATES, chaîne de montagnes de l'Europe centrale, qui s'étend en arc de cercle sur la Slovaquie, la Pologne, l'Ukraine et surtout la Roumanie. Moins élevées que les Alpes, très boisées, les Carpates culminent à 2 655 m.

CARPEAUX (Jean-Baptiste), sculpteur et peintre français (Valenciennes 1827 - Courbevoie 1875). Interprète du mouvement et de la grâce (*le Triomphe de Flore,* pour une façade du Louvre, *la Danse*,* pour l'Opéra de Paris), il est aussi l'auteur de nombreux bustes.

CARPENTARIE *(golfe de),* golfe de la côte nord de l'Australie.

CARPENTIER (Alejo), écrivain cubain (La Havane 1904 - Paris 1980). Ses romans cherchent à définir les composantes de la civilisation antillaise *(le Royaume de ce monde, le Siècle des lumières, Concert baroque).*

CARPENTIER (Georges), boxeur français (Liévin 1894 - Paris 1975), champion du monde des poids mi-lourds (1920).

CARPENTRAS [-pɑ̃trɑ] (84200), ch.-l. d'arr. de Vaucluse, dans le Comtat ; 25 477 h. *(Carpentrassiens).* Marché. Agroalimentaire. Monuments de l'époque romaine au XVIIIe s. Musées. Anc. cap. du Comtat Venaissin.

Carpiagne *(camp de),* camp militaire situé à 10 km à l'est de Marseille.

CARQUEFOU (44470), ch.-l. de c. de la Loire-Atlantique ; 12 925 h. *(Carquefolliens).* Électronique. Tabac.

CARQUEIRANNE (83320), comm. du Var ; 7 150 h.

CARRÀ (Carlo), peintre et théoricien italien (Quargnento, prov. d'Alexandrie, 1881 - Milan 1966). Il a participé tour à tour au futurisme, à la tendance « métaphysique », puis au retour à la tradition des années 20.

CARRACHE, en ital. **Carracci,** peintres italiens : **Ludovico** (en fr. **Louis)** [Bologne 1555 -

Annibale **Carrache :** *le Triomphe de Bacchus et d'Ariane* (1595). Fresque à la voûte de la galerie du palais Farnèse à Rome.

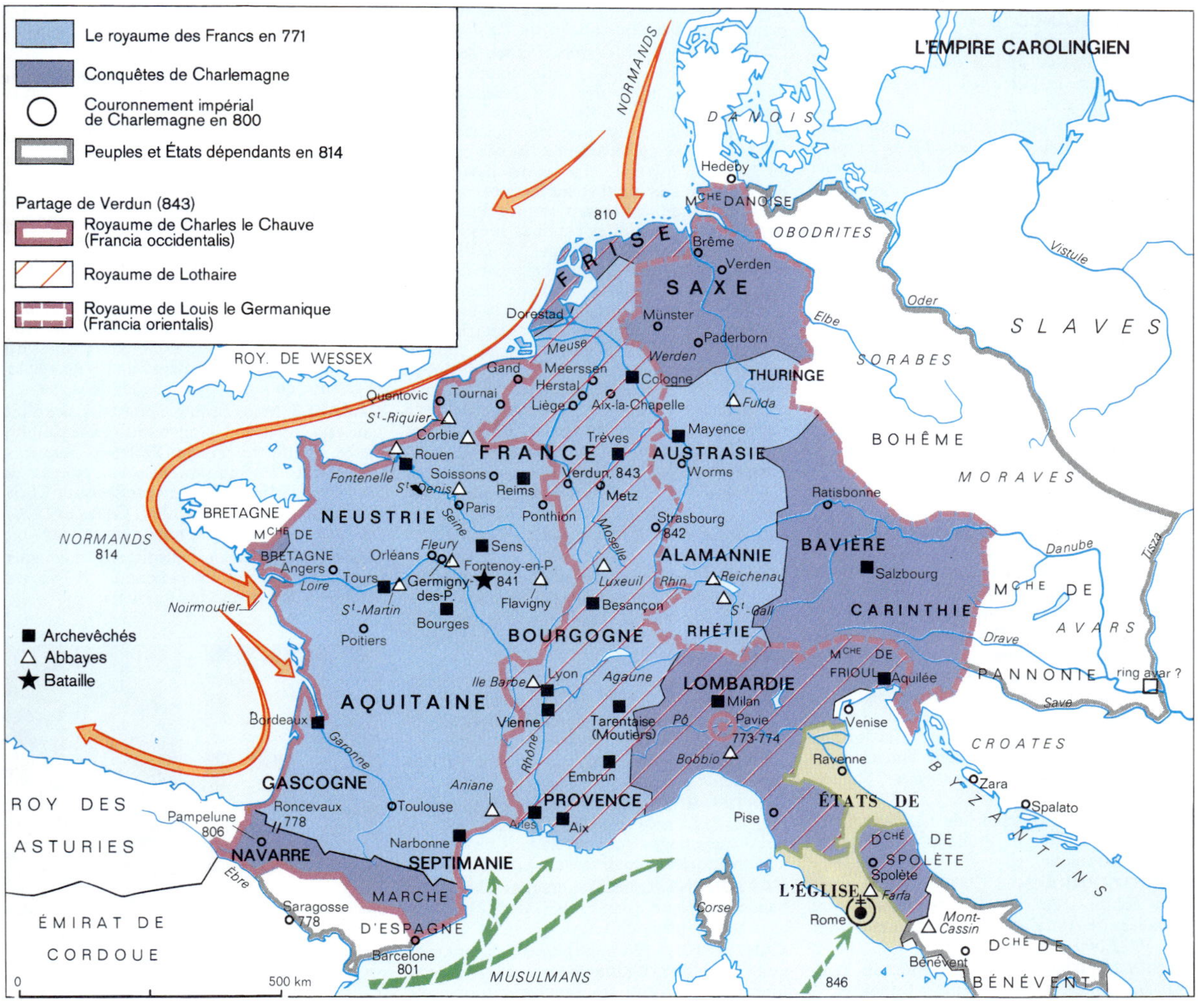

id. 1619] et ses cousins les frères **Agostino** (Augustin) [Bologne 1557 - Parme 1602] et **Annibale** (Annibal) [Bologne 1560 - Rome 1609], ce dernier décorateur de la galerie du palais Farnèse à Rome (voûte avec *les Amours des dieux,* v. 1595-1600). En 1585, ils fondèrent dans leur ville natale une académie réputée, où se formèrent G. Reni, l'Albane, le Dominiquin, le Guerchin. Leur doctrine associait *éclectisme* et observation de la nature, recherche de la vérité expressive.

CARRARE, en ital. **Carrara,** v. d'Italie (Toscane), près de la Méditerranée ; 65 945 h. Carrières de marbre. Cathédrale romano-gothique.

CARREL (Alexis), chirurgien et biologiste français (Sainte-Foy-lès-Lyon 1873 - Paris 1944), auteur d'importantes découvertes sur la culture des tissus. Il a écrit *l'Homme, cet inconnu.* (Prix Nobel 1912.)

CARREL (Armand), journaliste français (Rouen 1800 - Saint-Mandé 1836). Il fonda, avec Thiers et Mignet, *le National* (1830) et combattit la monarchie de Juillet. Il fut tué en duel par Émile de Girardin.

CARREÑO DE MIRANDA (Juan), peintre espagnol (Avilés 1614 - Madrid 1685), auteur de tableaux d'autel (*Fondation de l'ordre trinitaire,* Louvre) et de portraits.

CARRERA (Rafael), homme d'État guatémaltèque (Guatemala 1814 - *id.* 1865). S'étant emparé du pouvoir, il fit sortir le Guatemala de la fédération de l'Amérique centrale (1839). Il devint président à vie (1854).

CARRERA ANDRADE (Jorge), diplomate et écrivain équatorien (Quito 1903 - *id.* 1978). Il chercha une résonance poétique universelle aux thèmes traditionnels de l'Amérique latine *(Registre du monde, Chronique des Indes).*

CARRERAS (José), ténor espagnol (Barcelone 1946). Lauréat du concours Verdi (1971), il a mené, depuis ses débuts en 1970 à Barcelone, une brillante carrière internationale, surtout dans le répertoire italien.

CARRERO BLANCO (Luis), amiral et homme politique espagnol (Santoña 1903 - Madrid 1973). Ministre de Franco depuis 1951, chef du gouvernement (1973), il fut assassiné par l'E. T. A.

CARRIER (Jean-Baptiste), Conventionnel français (Yolet, Cantal, 1756 - Paris 1794). Responsable des *noyades de Nantes,* il fut guillotiné.

CARRIERA (Rosalba), souvent dite **Rosalba,** pastelliste italienne (Venise 1675 - *id.* 1757).

CARRIER-BELLEUSE (Albert), sculpteur et décorateur français (Anizy-le-Château, Aisne, 1824 - Sèvres 1887), un des meilleurs représentants du style « second Empire ».

CARRIÈRE (Eugène), peintre et lithographe français (Gournay-sur-Marne 1849 - Paris 1906). Il a surtout peint des maternités et des portraits, traités dans un camaïeu gris-brun d'où les formes essentielles se dégagent en clair.

CARRIÈRES-SOUS-POISSY (78300), comm. des Yvelines ; 11 370 h.

CARRIÈRES-SUR-SEINE (78420), comm. des Yvelines ; 11 503 h. *(Carriérois).* Matériel médical.

CARRILLO (Santiago), homme politique espagnol (Gijón 1915). Exilé en 1937, il fut de 1960 à 1982 secrétaire général du parti communiste espagnol qu'il engagea dans la voie de l'eurocommunisme. Il rentra en Espagne en 1976.

CARROLL (Charles **Dodgson,** dit **Lewis**), mathématicien et écrivain britannique (Daresbury 1832 - Guildford 1898). Il est l'auteur d'œuvres logiques, telle la *Logique symbolique* (1896), adressée aux profanes et aux jeunes. Ses récits réunissent sa passion de la logique formelle et sa fascination pour l'imagination enfantine (*Alice au pays des merveilles,* 1865 ; *la Chasse au Snark,* 1876).

CARROS (06510), ch.-l. de c. des Alpes-Maritimes ; 10 766 h. Produits pharmaceutiques. Électronique.

CARROZ-D'ARÂCHES (74300 Cluses), écart de la comm. d'Arâches (Haute-Savoie), entre les vallées de l'Arve et du Giffre. Sports d'hiver (alt. 700-2 560 m).

CARRY-LE-ROUET (13620), comm. des Bouches-du-Rhône ; 5 250 h. Station balnéaire.

CARSON (Christopher **Carson,** dit **Kit**) [Madison County, Kentucky, 1809 - Fort Lyon, Colorado, 1868]. Guide et éclaireur, il participa à partir de 1831 à plusieurs expéditions vers l'Ouest, et prit part aux guerres indiennes.

CARTAGENA, port de Colombie, sur la mer des Antilles ; 368 000 h. Monuments anciens.

CARTAN, famille de mathématiciens français. — **Élie** (Dolomieu 1869 - Paris 1951) a approfondi la théorie des groupes. — Son fils **Henri** (Nancy 1904) étudia surtout les fonctions de variables complexes. Il est l'un des fondateurs du groupe Bourbaki.

Cartel *(théâtres du),* groupe formé de 1927 à 1940 par les théâtres dirigés par G. Baty, Ch. Dullin, L. Jouvet et G. Pitoëff, pour la défense de leurs intérêts professionnels et moraux.

Cartel des gauches, coalition des partis de l'opposition (socialistes S.F.I.O., républicains socialistes, radicaux-socialistes et gauche radicale) contre la majorité de droite du Bloc national. Sa victoire entraîna la démission du président Millerand (1924). L'hostilité des milieux d'affaires face à la politique du Cartel provoqua la démission d'Édouard Herriot (1926).

CARTELLIER (Pierre), sculpteur français (Paris 1757 - *id.* 1831). Néoclassique, il est l'auteur du relief de *la Victoire sur un quadrige* à la colonnade du Louvre (1807), d'effigies funéraires, de statues officielles.

CARTER (Elliott), compositeur américain (New York 1908), célèbre notamment par ses recherches rythmiques (*Symphonie de trois orchestres,* quatuors à cordes).

CARTER (James **Earl Carter,** dit **Jimmy**), homme politique américain (Plains, Géorgie, 1924). Démocrate, il est président des États-Unis de 1977 à 1981. Il a été l'artisan des accords de Camp David.

CARTERET, anc. comm. de la Manche, réunie à Barneville. Station balnéaire.

CARTERET (Philip), navigateur britannique (m. à Southampton en 1796). Il effectua le tour du monde (1766-1769), explorant particulièrement les parties équatoriales du Pacifique.

CARTHAGE, v. d'Afrique, fondée selon la tradition en 814 av. J.-C. par des colons tyriens dans une presqu'île près de l'actuelle Tunis. (Hab. *Carthaginois.*) Carthage devint la capitale d'une république maritime très puissante, se substitua à Tyr en Occident, créa des colonies en Sicile, en Espagne, envoya des navigateurs dans l'Atlantique Nord et sur les côtes occidentales d'Afrique et soutint contre Rome, sa rivale, de longues luttes connues sous le nom de *guerres puniques* (264-146 av. J.-C.). Vaincue, malgré les efforts d'Hannibal, par Scipion l'Africain, à la fin de la deuxième guerre (201 av. J.-C.), Carthage fut détruite à la fin de la troisième guerre punique par Scipion Émilien (146 av. J.-C.). Fondée à nouveau comme colonie romaine (Ier s. av. J.-C.), elle devint la capitale de l'Afrique romaine et de l'Afrique chrétienne. Prise en 439 par les Vandales, elle fut anéantie par les Arabes (v. 698). Ruines antiques sauvegardées par l'Unesco.

CARTHAGÈNE, en esp. **Cartagena,** port d'Espagne (prov. de Murcie), sur la Méditerranée ; 168 023 h. Métallurgie. Raffinerie de pétrole. La ville fut fondée par les Carthaginois v. 226 av. J.-C.

CARTIER (*sir* George Étienne), homme politique canadien (Saint-Antoine-sur-Richelieu, Québec, 1814 - Londres 1873). Il joua un rôle important dans l'établissement de la Confédération canadienne (1867).

CARTIER (Jacques), marin français (Saint-Malo 1491 ?-*id.* 1557). Il prit possession du Canada, à Gaspé, au nom de François Ier (24 juill. 1534) et remonta le Saint-Laurent au cours d'un deuxième voyage (1535) ; il revint au Canada en 1541.

CARTIER-BRESSON (Henri), photographe français (Chanteloup 1908). On lui doit quantité de reportages, tous révélateurs de ce qu'il a lui-même défini comme étant l'instant décisif.

CARTOUCHE (Louis Dominique), chef d'une bande de voleurs (Paris 1693 - *id.* 1721). Il fut roué vif en place de Grève.

CARTWRIGHT (Edmund), inventeur britannique (Marnham, Nottinghamshire, 1743 - Hastings 1823). Il créa les premières formes de métier à tisser mécanique (1785) mais échoua dans les applications industrielles.

CARUARU, v. du Brésil, à l'O. de Recife ; 213 557 h.

CARUSO (Enrico), ténor italien (Naples 1873 - *id.* 1921), renommé pour la beauté de son timbre.

CARVIN (62220), ch.-l. de c. du Pas-de-Calais ; 17 103 h. *(Carvinois).*

CASABLANCA, en ar. **Dar el-Beida,** principal port et plus grande ville du Maroc, sur l'Atlantique ; env. 2,5 millions d'h. Centre commercial et industriel. Exportation de phosphates. Mosquée Ḥasan II. Théâtre de combats lors du débarquement allié de 1942. Une conférence s'y tint (janv. 1943) entre Churchill et Roosevelt, au cours de laquelle eut lieu la première rencontre entre de Gaulle et Giraud.

Casablanca : la place des Nations-Unies (centre administratif).

Casa de Contratación, organisme commercial espagnol, créé par les Rois Catholiques afin de stimuler et de protéger le commerce avec l'Amérique (1503-1790).

CASADESUS (Robert), pianiste français (Paris 1899 - *id.* 1972). Il a fait connaître dans le monde entier le répertoire français.

CASADO (Germinal), danseur et scénographe français d'origine espagnole (Casablanca 1934). Il crée la plupart des ballets de M. Béjart en réalisant aussi, parfois, les décors et les costumes.

CASALS [kazals] (Pablo), violoncelliste espagnol (Vendrell, Tarragone, 1876 - San Juan, Porto Rico, 1973). Il joua en trio avec A. Cortot et J. Thibaud, fonda l'Orchestre symphonique de Barcelone et le festival de Prades.

CASAMANCE (la), région du sud du Sénégal, entre la Gambie et le fleuve Casamance (320 km).

CASANOVA de Seingalt (Giovanni Giacomo), aventurier italien (Venise 1725 - Dux, Bohême, 1798), célèbre par ses exploits romanesques (notamment son évasion des Plombs de Venise) et galants, qu'il a contés dans ses *Mémoires.*

CASARÈS (Maria), comédienne française d'origine espagnole (La Corogne 1922). Elle s'est imposée au théâtre (*Phèdre,* 1958 ; *les Paravents,* 1966) et au cinéma (*les Enfants du paradis,* de M. Carné, 1945 ; *la Chartreuse de Parme,* de Christian-Jaque, 1947 ; *Orphée,* de J. Cocteau, 1950), marquant ses rôles de sa forte personnalité.

CASAUBON (Isaac), helléniste et théologien calviniste (Genève 1559 - Londres 1614), surnommé « le Phénix des érudits ».

Lewis **Carroll**
(von Herkomer - Oxford)

Jean Dominique **Cassini**
(Durantel - Observatoire de Paris)

CASCADES *(chaîne des),* montagnes de l'ouest des États-Unis et du Canada, en bordure du Pacifique (mont Rainier, 4 391 m).

Case de l'oncle Tom (la), roman contre l'esclavage par Harriet Beecher-Stowe (1852).

CASERIO (Sante Jeronimo), anarchiste italien (Motta Visconti, Lombardie, 1873 - Lyon 1894), assassin de Sadi Carnot.

CASERTE, v. d'Italie (Campanie), ch.-l. de prov., au nord de Naples ; 68 811 h. Vaste château royal (1752-1773) dû à l'architecte Luigi Vanvitelli ; parc, jeux d'eau. Les forces allemandes d'Italie y capitulèrent en 1945.

cash and carry, clause (1939) modifiant la loi de neutralité américaine et autorisant l'exportation du matériel de guerre aux belligérants moyennant paiement comptant *(cash)* et transport *(carry)* par les acheteurs.

CASIMIR *(saint),* prince jagellon (Cracovie 1458 - Grodno 1484), fils du roi Casimir IV. Patron de la Pologne.

CASIMIR, nom de cinq ducs et rois de Pologne, dont : **Casimir III le Grand** (Kowal 1310 - Cracovie 1370), roi de 1333 à 1370 ; — **Casimir IV Jagellon** (Cracovie 1427 - Grodno 1492), grand-duc de Lituanie (1440-1492) et roi de Pologne (1445-1492) ; — **Casimir V** → ***Jean II Casimir.***

CASIMIR-PERIER, nom porté à partir de 1874 par le fils de Casimir Perier, **Auguste,** homme politique français (Paris 1811 - *id.* 1876), qui soutint la politique de Thiers dont il fut ministre de l'Intérieur (1871-72) ; et par **Jean,** fils de celui-ci, homme politique (Paris 1847 - *id.* 1907), président du Conseil (1893-94) puis président de la République (1894-95), qui dut démissionner, devant l'opposition de gauche, dès le 15 janvier 1895.

CASPIENNE *(mer),* grand lac salé, aux confins de l'Europe et de l'Asie, entre le Caucase, la Russie, l'Asie centrale et l'Iran et dont le principal tributaire est la Volga. Son niveau est à 28 m au-dessous du zéro marin et elle couvre environ 360 000 km².

CASSAGNAC (Granier de), nom d'une famille française qui s'illustra dans la politique au XIXe s., en partic. avec **Bernard,** journaliste et député (Avéron-Bergelle, Gers, 1806 - château de Coulaumé, Gers, 1880), défenseur des idées bonapartistes ; et son fils **Paul,** journaliste et député également (Paris 1843 - Saint-Viâtre 1904), un des chefs du parti impérialiste et du mouvement boulangiste.

CASSAGNES-BÉGONHÈS (12120), ch.-l. de c. de l'Aveyron ; 1 065 h.

CASSANDRE. *Myth. gr.* Fille de Priam et d'Hécube. Elle reçut d'Apollon le don de prédire l'avenir, mais elle se refusa à lui et le dieu décréta que personne ne croirait à ses prédictions.

CASSANDRE (v. 354-297 av. J.-C.), roi de Macédoine, fils d'Antipatros. Il soumit la Grèce (319-317) et épousa Thessalonikê, sœur d'Alexandre le Grand.

CASSANDRE (Adolphe **Mouron,** dit), peintre français (Kharkov 1901 - Paris 1968), auteur d'affiches d'un style hardiment synthétique et de décors de théâtre.

CASSARD (Jacques), marin français (Nantes 1679 - Ham 1740), qui lutta contre les Anglais et les Portugais. Ayant réclamé au gouvernement les sommes qui lui étaient dues, il fut enfermé au fort de Ham où il mourut après 14 ans de captivité.

CASSATT (Mary), peintre et graveur américain (Pittsburgh 1844 - Le Mesnil-Théribus 1926). Fixée à Paris, elle reçut les conseils de Degas et s'illustra au sein du groupe impressionniste.

CASSAVETES (John), cinéaste et acteur américain (New York 1929 - Los Angeles 1989). Originale et personnelle, son œuvre privilégie l'interprétation et l'expression des émotions : *Faces* (1968), *Une femme sous influence* (1974), *Gloria* (1980).

CASSE (Grande), point culminant de la Vanoise (Savoie) ; 3 852 m.

CASSEL, v. d'Allemagne → ***Kassel.***

CASSEL (59670), ch.-l. de c. du Nord, sur le *mont Cassel* (alt. 176 m) ; 2 243 h. Demeures anciennes.

CASSIN *(mont),* montagne de l'Italie méridionale, près de Cassino ; 516 m. Saint Benoît y fonda en 529 un monastère bénédictin qui rayonna sur toute la chrétienté au Moyen Âge.

CASSIN (René), juriste français (Bayonne 1887 - Paris 1976). Il fit adopter la *Déclaration universelle des droits* de l'homme* (1948) et présida la Cour européenne des droits de l'homme (1965). Ses cendres ont été transférées au Panthéon en 1987. (Prix Nobel de la paix 1968.)

CASSINI, famille d'astronomes et de géodésiens français, d'origine italienne. — **Jean Dominique,** dit **Cassini Ier** (Perinaldo, Imperia, 1625 - Paris 1712), fut appelé en France par Colbert (1669) pour organiser l'Observatoire de Paris et fit progresser par ses observations la connaissance du système solaire. — Son fils **Jacques** (Paris 1677 - Thury, Oise, 1756) est surtout connu pour ses travaux de géodésie. — **César François Cassini de Thury** (Thury 1714 - Paris 1784), fils du précédent, entreprit la grande carte de France, appelée *carte de Cassini,* à l'échelle de 1 /86 400. — **Jacques Dominique** (Paris 1748 - Thury 1845), fils du précédent, termina la carte de France et prit une part active à la division en départements.

CASSINO, v. d'Italie (Latium) ; 32 803 h. Violents combats (18 janv. - 18 mai 1944) entre soldats allemands et forces anglo-américaines, au cours desquels se distinguèrent les Nord-Africains sous les ordres du général Juin.

CASSIODORE, homme politique et érudit latin (Scylacium, Calabre, v. 490 - Vivarium v. 580), préfet du prétoire sous Théodoric. Il voulut faire la somme des connaissances religieuses et profanes. Son encyclopédie, *Institutions des lettres divines et séculières,* est un précis des sept arts libéraux qui seront à la base de l'enseignement au Moyen Âge.

CASSIRER (Ernst), philosophe allemand (Breslau 1874 - New York 1945). Il analyse les mythes, les religions et les symboles (*la Philosophie des formes symboliques,* 1923-1929) dans une perspective kantienne.

CASSIS [-si] (13260), comm. des Bouches-du-Rhône ; 7 988 h. *(Cassidens).* Station balnéaire. Vins blancs.

CASSITÉRIDES *(îles),* nom antique d'un archipel formé peut-être par les actuelles îles Scilly. Elles produisaient de l'étain.

CASTAGNICCIA (la), région de la Haute-Corse, dominant la plaine orientale et encore largement couverte de châtaigniers.

CASTAGNO (Andrea **del**) → ***Andrea del Castagno.***

CASTANET-TOLOSAN (31320), ch.-l. de c. de la Haute-Garonne ; 7 725 h.

Castel del Monte, château d'Italie, près d'Andria (prov. de Bari). Octogone à cour centrale cantonné de 8 tours, de style gothique primitif assorti de souvenirs antiques, c'est l'un des plus célèbres monuments érigés pour Frédéric II de Hohenstaufen (v. 1240-1250).

CASTEL GANDOLFO, comm. d'Italie (Latium), sur le lac d'Albano ; 6 784 h. Palais, résidence d'été des papes, remontant au XVIIe s.

CASTELGINEST (31780), comm. de la Haute-Garonne, au N. de Toulouse ; 6 793 h.

CASTELJALOUX (47700), ch.-l. de c. de Lot-et-Garonne ; 5 102 h. *(Casteljalousains).* Maisons anciennes.

CASTELLAMMARE DI STABIA, port d'Italie, sur le golfe de Naples ; 68 720 h. (anc. *Stabies**.)

CASTELLANE (04120), ch.-l. d'arr. des Alpes-de-Haute-Provence, sur le Verdon, au pied des *Préalpes de Castellane ;* 1 359 h. *(Castellanais).* Église romane.

CASTELLANE (Boniface, *comte* **de**), maréchal de France (Paris 1788 - Lyon 1862). Il fit les campagnes du premier Empire et participa au coup d'État de 1851.

CASTELLET (Le) [83330], comm. du Var ; 3 091 h. Circuit automobile. Aérodrome.

CASTELLION ou **CHATEILLON** (Sébastien), théologien et humaniste français (Saint-Martin-du-Fresne, Ain, v. 1515 - Bâle 1563). Il traduisit la Bible en latin et en français.

CASTELLÓN DE LA PLANA, v. d'Espagne (Valence), ch.-l. de prov., près de la Méditerranée ; 134 213 h.

CASTELMORON-SUR-LOT (47260), ch.-l. de c. de Lot-et-Garonne ; 1 676 h.

CASTELNAU (Édouard **de Curières de**), général français (Saint-Affrique 1851 - Montastruc-la-Conseillère 1944). Il commanda la IIe armée en Lorraine (1914), fut l'adjoint de Joffre (1915-16), puis il prit la tête du groupe d'armées de l'Est (1917-18). Député de l'Aveyron (1919-1924), il fonda la Fédération nationale catholique.

CASTELNAU (Pierre **de**), cistercien (m. près de Saint-Gilles, Gard, en 1208). Légat du pape Innocent III, il tenta vainement d'endiguer l'hérésie cathare. Son assassinat fut le signal de la croisade des albigeois.

CASTELNAUDARY (11400), ch.-l. de c. de l'Aude, sur le canal du Midi ; 11 725 h. *(Chauriens).* Industries alimentaires. Confection. Église des XIIIe-XIVe s.

CASTELNAU-DE-MÉDOC (33480), ch.-l. de c. de la Gironde ; 2 783 h. Vins. Église du XVe s.

CASTELNAU-LE-LEZ (34170), ch.-l. de c. de l'Hérault, près de Montpellier ; 11 215 h.

CASTELNAU-MONTRATIER (46170), ch.-l. de c. du Lot ; 1 903 h.

CASTELO BRANCO (Camilo), écrivain portugais (Lisbonne 1825 - São Miguel de Ceide, près de Braga, 1890), un des maîtres du récit réaliste dans son pays *(Nouvelles du Minho).*

CASTELSARRASIN (82100), ch.-l. d'arr. de Tarn-et-Garonne ; 12 601 h. *(Castelsarrasinois).* Métallurgie. Marché. Église du XIIe s.

CASTERET (Norbert), spéléologue français (Saint-Martory, Haute-Garonne, 1897 - Toulouse 1987). Il a reconnu la source de la Garonne, dans la Maladeta, et exploré de nombreux gouffres dans les Pyrénées (Martel, la Henne-Morte, la Pierre-Saint-Martin) et dans l'Atlas.

CASTETS (40260), ch.-l. de c. des Landes ; 1 734 h.

CASTEX (Raoul), amiral et théoricien militaire français (Saint-Omer 1878 - Villeneuve-de-Rivière 1968), auteur d'ouvrages historiques et stratégiques.

CASTIGLIONE (Baldassare), diplomate et écrivain italien (Casatico, prov. de Mantoue, 1478 - Tolède 1529), auteur du *Courtisan,* guide du parfait homme de cour sous la Renaissance. Portrait par Raphaël au Louvre.

CASTIGLIONE (Giovanni Benedetto), peintre et graveur italien (Gênes v. 1610 - Mantoue v. 1665), actif à Rome, Naples, Gênes, Mantoue. Influencé par le naturalisme flamand et hollandais, il fut un baroque plein de virtuosité et d'imagination.

CASTIGLIONE DELLE STIVIERE, v. d'Italie (Lombardie) ; 16 618 h. Victoire d'Augereau sur les Autrichiens de Wurmser, le 5 août 1796.

CASTILLE, en esp. **Castilla,** région du centre de la péninsule Ibérique. Les sierras de Gredos et de Guadarrama séparent la *Vieille-Castille* au nord, drainée par le Douro, de la *Nouvelle-Castille* au sud, traversée par le Tage et le Guadiana, où se trouve Madrid. La Castille, au climat torride en été, froid l'hiver, est le domaine d'une culture céréalière et d'un élevage ovin extensifs, en dehors de secteurs plus favorisés (vignes) ou irrigués (cultures fruitières et maraîchères). — La Castille forma au IXe s. un comté (cap. *Burgos*) qui devint un État pratiquement indépendant (v. 951). Celui-ci occupa progressivement la majeure partie de la péninsule Ibérique, grâce à la Reconquista (prise de Tolède en 1085, Séville en 1248, Grenade en 1492) et à l'union avec le royaume de León (1230) puis avec la couronne aragonaise (1479). La Castille connut un grand essor économique jusqu'au XVIIIe s.

CASTILLEJO (Cristóbal **de**), poète espagnol (Ciudad Rodrigo v. 1490 - Vienne, Autriche, 1550), défenseur de la poésie nationale contre l'italianisme.

CASTILLE-LA MANCHE, communauté autonome de l'Espagne (prov. d'Albacete, Ciudad Real, Cuenca, Guadalajara et Tolède) ; 1 644 401 h. Cap. *Tolède.*

CASTILLE-LEÓN, communauté autonome de l'Espagne (prov. d'Ávila, Burgos, León, Palencia, Salamanque, Ségovie, Soria, Valladolid et Zamora) ; 2 556 316 h. Cap. *Valladolid.*

CASTILLO *(mont),* mont du nord de l'Espagne dominant Puente Viesgo, près de Santander, et qui abrite de nombreuses grottes (el Castillo, la Pasiega, etc.) qui en font l'un des hauts lieux de la peinture pariétale du paléolithique.

Castillon *(barrage de),* barrage (avec plan d'eau et centrale) sur le Verdon, au N. de Castellane.

CASTILLON-LA-BATAILLE (33350), ch.-l. de c. de la Gironde, sur la Dordogne ; 3 030 h. *(Castillonnais).* Vins. Victoire de Charles VII, qui mit fin à la guerre de Cent Ans (1453).

CASTILLONNÈS (47330), ch.-l. de c. de Lot-et-Garonne ; 1 434 h. Bastide du XIIIe s.

CASTLEREAGH (Robert **Stewart,** *vicomte*), homme d'État britannique (Mount Stewart Down 1769 - North Cray Kent 1822). Secrétaire à la Guerre (1805-1809) puis aux Affaires étrangères (1812), il fut l'âme des coalitions contre Napoléon Ier et joua un rôle primordial au congrès de Vienne (1814-15).

CASTOR et **POLLUX,** dits **les Dioscures,** héros mythologiques, fils jumeaux de Zeus et de Léda, et frères d'Hélène et de Clytemnestre. Ils furent identifiés à la constellation des Gémeaux. — Leur légende a fait l'objet d'une tragédie lyrique de Rameau, sur un livret de Gentil-Bernard (1737).

CASTRES (81100), ch.-l. d'arr. du Tarn, sur l'Agout ; 46 292 h. *(Castrais).* Industrie mécanique et textile. Musée « Goya » dans l'ancien évêché. Centre national et musée Jean-Jaurès.

CASTRIES (34160), ch.-l. de c. de l'Hérault ; 4 004 h. Château des XVIe et XVIIe s.

CASTRIES [kastr] (Charles **de La Croix,** *marquis* **de**), maréchal de France (Paris 1727 - Wolfenbüttel 1800), ministre de la Marine de 1780 à 1787.

CASTRO (Fidel), homme politique cubain (Mayarí 1927). Engagé dans la lutte contre Batista (1952), emprisonné (1953-1955) puis exilé, il débarque à Cuba en 1956, organisant une guérilla qui aboutit, en 1959, à la prise du pouvoir. Devenu Premier ministre (1959), il est ensuite chef de l'État (depuis 1976). Leader charismatique, Fidel Castro, soutenu par l'U.R.S.S., se pose en porte-parole du tiers-monde. De plus en plus isolé sur la scène internationale depuis l'effondrement des pays socialistes, il doit aussi faire face à une forte contestation intérieure.

CASTRO (João **de**), explorateur et administrateur portugais (Lisbonne 1500 - Goa 1548), vice-roi des Indes portugaises.

CASTRO (Josué **de**), économiste brésilien (Recife 1908 - Paris 1973), auteur d'études sur la faim dans le monde (*Géopolitique de la faim,* 1952).

CASTRO Y BELLVÍS (Guillén ou Guilhem **de**), auteur dramatique espagnol (Valence 1569 - Madrid 1631), dont *les Enfances du Cid* inspirèrent Corneille.

CATALAUNI, peuple gaulois dont la ville princ. était *Catalaunum* (auj. Châlons-en-Champagne).

Catalauniques *(bataille des champs)* [451], victoire des Romains d'Aetius, alliés aux Wisigoths de Théodoric, sur les Huns d'Attila. L'emplacement exact de la bataille, dans les plaines de Champagne, est discuté.

ÇATAL HÖYÜK, gisement néolithique de Turquie, au sud-est de Konya. Habitats (milieu VIIe millénaire - milieu VIe millénaire) ornés de peintures murales et de reliefs.

Çatal Höyük : peinture murale représentant un taureau. Néolithique ; fin du VIIe millénaire.

CATALOGNE, en esp. **Cataluña** et en catalan **Catalunya,** communauté autonome du nord-est de l'Espagne, formée des prov. de Barcelone, Gérone, Lérida et Tarragone ; 6 008 245 h. *(Catalans).* Cap. *Barcelone.* La région s'étend sur l'extrémité orientale des Pyrénées, peu peuplée, et sur la partie aval du bassin de l'Èbre. Le littoral est animé par le tourisme estival (Costa Brava). Barcelone concentre la majeure partie de l'industrie. — Occupée par les Arabes (717-718), reconquise par Charlemagne (801), la Catalogne est le centre du comté de Barcelone (Xe - XIIe s.) qui s'étend sur le midi de la France. Réunie au royaume d'Aragon (1150), elle édifie avec lui un vaste empire méditerranéen. Rattachée à la monarchie espagnole (début du XVIe s.), elle est amputée en 1659 du Roussillon et d'une partie de la Cerdagne. Dotée d'un statut d'autonomie (1931) qui est supprimé sous le franquisme, elle redevient autonome en 1979. Elle est dirigée par un gouvernement régional *(Generalitat de Catalunya).*

CATANE, en ital. **Catania,** port d'Italie, sur la côte est de la Sicile, ch.-l. de prov. ; 330 037 h. Monuments de l'époque grecque au XVIIIe s.

CATANZARO, v. d'Italie, cap. de la Calabre et ch.-l. de prov. ; 93 464 h.

CATEAU-CAMBRÉSIS (Le) [59360], ch.-l. de c. du Nord ; 7 789 h. *(Catésiens).* Église du XVIIe s. Musée H.-Matisse. — Traités de paix de 1559, l'un, entre la France et l'Angleterre, où Henri II de France conservait Calais, l'autre, entre la France et l'Espagne, qui mettait fin aux guerres d'Italie et reconnaissait à la France les Trois-Évêchés (Metz, Toul, Verdun).

CATHELINEAU (Jacques), chef vendéen (Le Pin-en-Mauges 1759 - Saint-Florent-le-Vieil 1793). Il fut mortellement blessé à l'attaque de Nantes. Il est surnommé *le Saint de l'Anjou.*

SAINTES

CATHERINE d'Alexandrie *(sainte),* martyre légendaire, qui aurait été suppliciée par la roue à Alexandrie.

CATHERINE de Sienne *(sainte),* religieuse italienne (Sienne 1347 - Rome 1380). Elle décida Grégoire XI à quitter Avignon pour Rome, puis lutta pour mettre fin au grand schisme d'Occident. Elle a consigné ses expériences mystiques dans son livre *De la doctrine divine.*

CATHERINE LABOURÉ *(sainte),* religieuse française (Fain-lès-Moutiers 1806 - Paris 1876). Elle eut à Paris en nov. 1830, chez les Filles de la Charité de la rue du Bac, les visions de la Vierge dite « de la Médaille miraculeuse ».

ANGLETERRE

CATHERINE D'ARAGON (Alcalá de Henares 1485 - Kimbolton 1536), fille des Rois Catholiques. Elle fut reine d'Angleterre de 1509 à 1533 par son mariage avec Henri VIII, qui la répudia. Les conflits provoqués par ce divorce furent une des causes du schisme anglais. Elle est la mère de Marie Tudor.

CATHERINE HOWARD (v. 1522 - Londres 1542), cinquième femme d'Henri VIII. Elle fut décapitée pour cause d'inconduite.

CATHERINE PARR (1512 - Sudeley Castle 1548), sixième et dernière femme d'Henri VIII.

FRANCE

CATHERINE DE MÉDICIS, reine de France (Florence 1519 - Blois 1589), fille de Laurent II de Médicis, femme d'Henri II, mère de François II, Charles IX et Henri III, régente à l'avènement de Charles IX (1560). Politique habile mais sans scrupule, elle essaya de tenir la balance égale entre protestants et catholiques pendant les guerres de Religion puis fut l'instigatrice du massacre de la Saint-Barthélemy.

RUSSIE

CATHERINE Ire (Malbork 1684 - Saint-Pétersbourg 1727), impératrice de Russie (1725-1727), femme de Pierre le Grand à qui elle succéda.

CATHERINE II la Grande (Stettin 1729 - Tsarskoïe Selo 1796), impératrice de Russie (1762-1796), fille du duc d'Anhalt-Zerbst, femme de Pierre III. Despote éclairé correspondant avec Voltaire et recevant Diderot à sa cour, elle réforma l'administration (1775) et encouragea la mise en valeur de l'Ukraine et de la Crimée. Mais elle étendit le servage et dut briser la révolte de Pougatchev (1773-74). Sous son règne, la Russie s'accrut aux dépens de l'Empire ottoman (traité de Kutchuk-Kaïnardji, 1774) et de la Pologne (1772, 1793 et 1795).

CATILINA (Lucius Sergius), homme politique romain (v. 108 - Pistoia 62 av. J.-C.). Sa conjuration contre le sénat fut dénoncée (dans quatre discours, les *Catilinaires*) par Cicéron et écrasée à la bataille de Pistoia (62).

CATINAT [-na] (Nicolas), maréchal de France (Paris 1637 - Saint-Gratien 1712), un des grands stratèges de Louis XIV et un négociateur habile. On publia ses *Mémoires* (1819).

CATON, dit **l'Ancien** ou **le Censeur,** homme d'État romain (Tusculum 234-149 av. J.-C.). Consul en 195, il incarna la politique conservatrice de l'oligarchie sénatoriale, s'attachant à briser le pouvoir des Scipions et la puissance de Carthage. Censeur en 184 av. J.-C., il lutta contre le luxe et les mœurs grecques à Rome. Caton fut aussi un des premiers grands écrivains de langue latine *(De re rustica,* les *Origines).*

CATON d'Utique, homme d'État romain (95 - Utique 46 av. J.-C.), arrière-petit-fils de Caton l'Ancien. Tribun, puis sénateur, il s'opposa à Pompée puis à César. Il se suicida après la défaite de Thapsus. Il fut à Rome l'un des modèles du stoïcisme.

CATROUX (Georges), général français (Limoges 1877 - Paris 1969). Gouverneur général de l'Indochine en 1940, rallié à de Gaulle, il fut ministre du Comité d'Alger (1944), ambassadeur à Moscou (1945-1948), puis grand chancelier de la Légion d'honneur (1954-1969).

CATTÉGAT ou **KATTEGAT,** bras de mer entre la Suède et le Danemark (Jylland).

CATTELL (James McKeen), psychologue américain (Easton, Californie, 1860 - Lancaster, Pennsylvanie, 1944), auteur de travaux de psychologie différentielle.

CATTENOM (57570), ch.-l. de c. de la Moselle ; 2 269 h. Centrale nucléaire sur la Moselle.

CATTERJĪ → ***Chatterjī.***

CATULLE, poète latin (Vérone v. 87 - Rome v. 54 av. J.-C.). Imitateur des alexandrins, il est l'auteur de poèmes érudits *(les Noces de Thétis et de Pélée)* et lyriques.

CAUCA (le), riv. de Colombie, affl. du Magdalena (r. g.) ; 1 250 km.

CAUCASE, chaîne de montagnes qui s'étend sur 1 250 km entre la mer Noire et la Caspienne. C'est une haute barrière où l'alti-

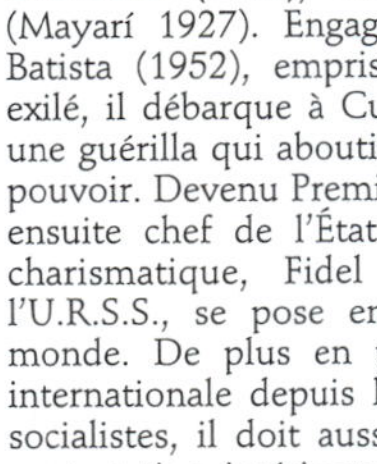

Fidel **Castro**

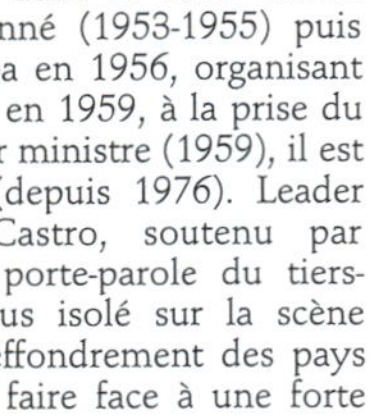

Catherine de Médicis (musée Carnavalet, Paris)

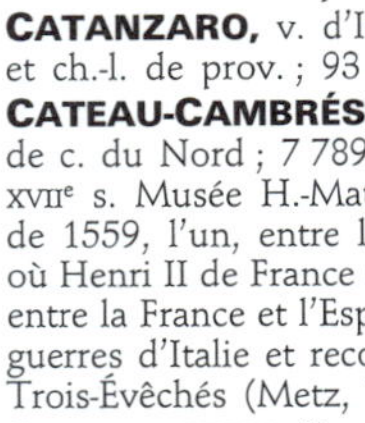

Catherine II la Grande (D.G. Levitski - musée de Petrodvorets)

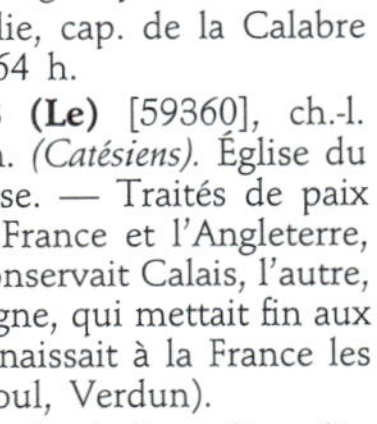

Caton l'Ancien

tude descend rarement au-dessous de 2 000 m, dominée par de puissants volcans (Elbrous, 5 642 m ; Kazbek). Difficilement pénétrable, le Caucase a été un refuge de populations et constitue encore une véritable mosaïque ethnique. On étend parfois le nom de Caucase aux massifs situés au sud de Tbilissi (appelés encore *Petit Caucase*). — La région comprend des républiques de Russie qui forment le Caucase du Nord (celles du Daguestan, de Kabardino-Balkarie, d'Ossétie du Nord, de Tchétchénie, d'Ingouchie, des Adyguéens, des Karatchaïs-Tcherkesses) et les trois républiques de Transcaucasie (Arménie, Azerbaïdjan et Géorgie), appelées fréquemment *pays du Caucase*.

CAUCHON (Pierre), évêque de Beauvais, puis de Lisieux (près de Reims v. 1371 - Rouen 1442). Il embrassa le parti bourguignon et présida au procès de Jeanne d'Arc.

CAUCHY (*baron* **Augustin**), mathématicien français (Paris 1789 - Sceaux 1857). Rénovateur de l'analyse mathématique, il a introduit la rigueur dans l'étude des fonctions élémentaires et des séries.

CAUDAN (56850), comm. du Morbihan ; 6 721 h. Fonderie.

CAUDEBEC-EN-CAUX (76490), ch.-l. de c. de la Seine-Maritime ; 2 276 h. *(Caudebecquais).* Église de style gothique flamboyant.

CAUDEBEC-LÈS-ELBEUF (76320), ch.-l. de c. de la Seine-Maritime ; 9 924 h. *(Caudebecquais).* Chimie. Matériel d'éclairage.

CAUDINES *(fourches),* défilé d'Italie centrale, dans le Samnium. L'armée romaine, vaincue par les Samnites (321 av. J.-C.), dut y passer sous le joug, d'où l'expression *passer sous les fourches Caudines,* être contraint de subir des conditions humiliantes.

CAUDRON *(les frères),* ingénieurs et aviateurs français. **Gaston** (Favières, Somme, 1882 - Lyon 1915) et **René** (Favières, Somme, 1884 - Vron, Somme, 1959) construisirent, à partir de 1908, de nombreux avions, tant militaires que commerciaux ou de tourisme.

CAUDRY (59540), comm. du Nord ; 13 662 h. *(Caudrésiens).* Chimie.

CAULAINCOURT (Armand, *marquis* **de**), *duc* **de Vicence,** général français (Caulaincourt, Aisne, 1772 - Paris 1827). Ambassadeur en Russie (1807-1811), ministre des Relations extérieures (1813-14 et 1815), il représenta Napoléon au congrès de Châtillon.

CAULNES [kon] (22350), ch.-l. de c. des Côtes-d'Armor ; 2 218 h.

CAUMARTIN (Le Fèvre de), famille de magistrats et de fonctionnaires français (XVIe - XVIIIe s.). Elle compta parmi ses membres **Jean François Paul** (Châlons-sur-Marne 1668 - Blois 1733), évêque de Vannes puis de Blois ; — et **Antoine Louis François** (Paris 1725 - *id.* 1803), prévôt des marchands de Paris (1778-1784), qui embellit la capitale.

CAUMONT-L'ÉVENTÉ (14240), ch.-l. de c. du Calvados ; 1 152 h.

Caures *(bois des),* un des hauts lieux de Verdun, illustré par la défense de Driant en 1916.

CAUS [ko] (Salomon **de**), ingénieur français (pays de Caux v. 1576 - Paris 1626). Il contribua à l'invention de la machine à vapeur, en exposant le principe de l'expansion et de la condensation de la vapeur et en décrivant les organes d'une machine utilisant ce principe pour le pompage de l'eau (1615). Il inventa aussi un dispositif permettant d'animer les automates musicaux.

Causeries du lundi, de Sainte-Beuve (1851-1862), séries d'études critiques littéraires, publiées le lundi d'abord dans *le Constitutionnel,* puis dans *le Moniteur* et dans *le Temps.* Elles furent suivies des *Nouveaux Lundis* (1863-1870).

CAUSSADE (82300), ch.-l. de c. de Tarn-et-Garonne ; 6 224 h.

CAUSSES (les), plateaux calcaires et secs du sud *(Grands Causses)* et du sud-ouest *(Causses du Quercy)* du Massif central, consacrés surtout à l'élevage ovin. Les *Grands Causses* sont entaillés par les gorges du Tarn, de la Jonte et de la Dourbie et comprennent le *causse de Sauveterre,* le *causse de Sévérac,* le *causse Comtal,* le *causse Méjean,* le *causse Noir* et le *causse du Larzac ;* les *Causses du Quercy* englobent le *causse de Martel,* le *causse de Gramat* et le *causse de Limogne.* Un *parc naturel régional des Grands Causses,* couvrant plus de 300 000 ha, a été créé dans l'Aveyron.

CAUTERETS [kotrɛ] (65110), comm. des Hautes-Pyrénées, sur le *gave de Cauterets ;* 1 203 h. *(Cautérésiens).* Station thermale (voies respiratoires et rhumatismes). Sports d'hiver (alt. 1 350-2 300 m).

CAUVERY → ***Kāviri.***

CAUX [ko] *(pays de),* région de Normandie, au nord de la Seine, formée d'un plateau crayeux recouvert de limon (blé, betterave à sucre, élevage bovin), retombant en de hautes falaises sur le littoral de la Manche, jalonné de ports et de stations balnéaires (Dieppe, Fécamp, Étretat). [Hab. *Cauchois.*]

CAVACO SILVA (Aníbal), homme politique portugais (Loulé, district de Faro, 1939). Leader du parti social-démocrate, il a été Premier ministre de 1985 à 1995.

CAVAFY (Konstandínos **Kaváfis,** dit **Constantin**), poète grec (Alexandrie 1863 - *id.* 1933), dont la modernité formelle se fonde sur l'évocation de la Grèce hellénistique.

CAVAIGNAC, famille française dont plusieurs membres s'illustrèrent dans la politique, notamm. : **Jean-Baptiste,** Conventionnel (Gourdon, Lot, 1763 - Bruxelles 1829) ; — **Godefroy** (Paris 1801 - *id.* 1845), qui fut un des chefs du parti démocratique sous Charles X et Louis-Philippe ; — et surtout **Louis Eugène**, son frère, général (Paris 1802 - Ourne, Sarthe, 1857). Gouverneur de l'Algérie puis ministre de la Guerre, il fut investi, le 24 juin 1848, de pouvoirs dictatoriaux qui lui permirent d'écraser l'insurrection ouvrière, puis fut nommé chef du pouvoir exécutif (28 juin). Candidat à la présidence de la République, il fut battu par Louis Napoléon (10 déc.).

CAVAILLÉ-COLL (Aristide), facteur d'orgues français (Montpellier 1811 - Paris 1899), un des propagateurs de l'orgue symphonique (Notre-Dame de Paris).

CAVAILLÈS (Jean), mathématicien et philosophe français (Saint-Maixent 1903 - Arras 1944), auteur d'importants travaux sur les fondements de la théorie des ensembles.

CAVAILLON [kavajɔ̃] (84300), ch.-l. de c. de Vaucluse ; 23 470 h. *(Cavaillonnais).* Marché de fruits (melons) et primeurs. Arc romain, église en partie romane, synagogue du XVIIIe s. Musée archéologique.

CAVALAIRE-SUR-MER (83240), comm. du Var, sur la côte des Maures, près du *cap Cavalaire ;* 4 200 h. Station balnéaire.

CAVALCANTI (Guido), poète italien (Florence v. 1225 - *id.* 1300), ami de Dante, l'un des meilleurs représentants du *dolce stil nuovo.*

CAVALIER (Jean), chef camisard (Ribaute-les-Tavernes 1680 - Chelsea, Jersey, 1740). Il fit sa soumission après plusieurs années de lutte, puis servit l'étranger contre la France et publia ses *Mémoires* (1726).

Cavalier bleu (le) → ***Blaue Reiter (Der).***

CAVALIERI (Bonaventura), jésuite et mathématicien italien (Milan 1598 - Bologne 1647). Précurseur du calcul intégral, il développa la théorie des indivisibles.

CAVALIERI (Emilio **de'**), compositeur italien (Rome v. 1550 - *id.* 1602), l'un des créateurs du récitatif accompagné et de l'*oratorio.*

Cavaliers, partisans royalistes sous Charles Ier pendant la révolution d'Angleterre, par opp. aux parlementaires appelés *Têtes rondes.*

CAVALLI (Pier Francesco **Caletti,** dit **Pier Francesco**), compositeur italien (Crema 1602 - Venise 1676), maître de chapelle de Venise, l'un des continuateurs de Monteverdi *(L'Erismena).*

CAVALLINI (Pietro), peintre et mosaïste italien, qui domine l'école romaine dans les années 1270-1330.

CAVÉ (François), industriel français (Le Mesnil-Conteville, Oise, 1794 - près de Meaux 1875). Il fut l'un de ceux qui fondèrent en France la grande industrie de la construction mécanique, réalisant à partir de 1825 de nombreuses machines-outils à vapeur.

Caveau *(Société du),* société de chansonniers fondée en 1729 par Crébillon père, Piron, Collé. Dispersée en 1739, elle se reconstitua vingt ans plus tard avec Marmontel, Suard, Crébillon fils, Helvétius. En 1805, Gouffé et Cappelle créèrent *le Caveau moderne,* où brillèrent Désaugiers et Béranger.

CAVELIER DE LA SALLE → ***La Salle.***

CAVELL (Edith), héroïne britannique (Swardeston 1865 - Bruxelles 1915), fusillée par les Allemands en raison de son activité au service des Alliés en Belgique occupée.

CAVENDISH (Henry), physicien et chimiste britannique (Nice 1731 - Londres 1810). Il

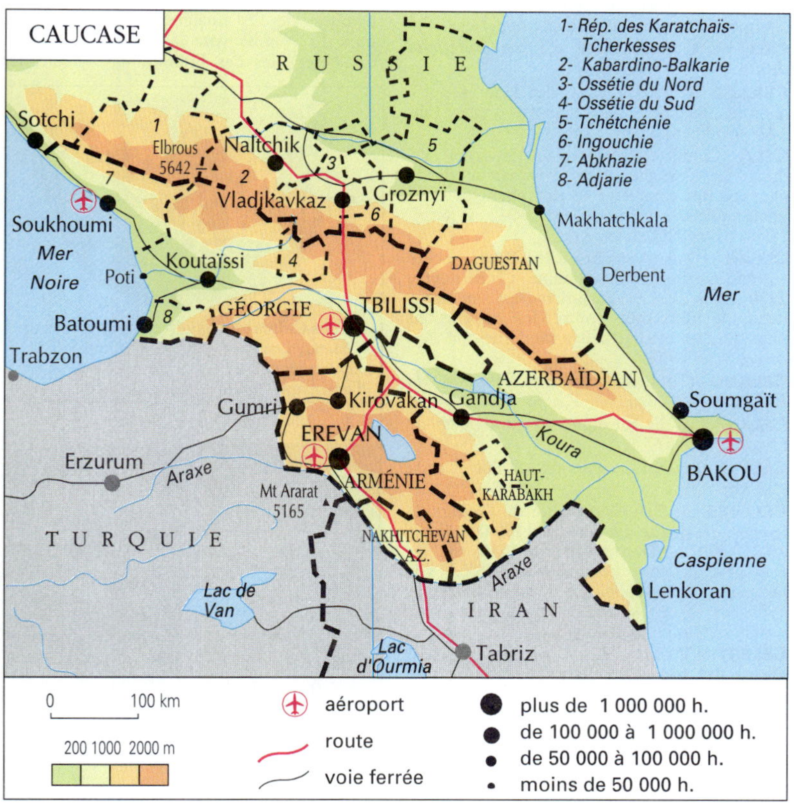

détermina, à l'aide de la balance de torsion, la densité moyenne du globe, fut l'un des créateurs de l'électrostatique, isola l'hydrogène et réalisa la synthèse de l'eau.

CAVENDISH ou **CANDISH** (Thomas), navigateur anglais (Trimley Saint Martin v. 1560 - en mer 1592). Il fut le troisième navigateur à faire le tour du monde (1586-1588), pillant les ports espagnols de la côte occidentale de l'Amérique du Sud.

CAVENTOU (Joseph Bienaimé), pharmacien français (Saint-Omer 1795 - Paris 1877). Avec Pelletier, il isola entre 1818 et 1820 plusieurs alcaloïdes (strychnine, vératrine, quinine).

Caves du Vatican (les), récit d'A. Gide (1914) : une illustration ironique de l'« acte gratuit ».

CAVOUR (Camillo **Benso,** *comte* **de**), homme d'État italien (Turin 1810 - *id.* 1861). Fondateur du journal *Il Risorgimento* (1847), défenseur des idées libérales, député au Parlement de Turin (1848), ministre piémontais de l'Agriculture (1850), puis des Finances (1851), il devint président du Conseil en 1852. Il développa un programme en trois points : rénovation de l'État sarde dans une optique libérale ; diffusion de l'idéal unitaire en Italie ; mise en place d'un dispositif permettant d'expulser les Habsbourg de l'Italie du Nord. Ayant décidé Napoléon III à intervenir en Italie (1859), il fut déçu par l'armistice de Villafranca. Démissionnaire, il revint au pouvoir en 1860 et vit avant sa mort la réalisation du « royaume d'Italie ».

CAWNPORE → ***Kānpur.***

CAXIAS (Luís **Alves de Lima**, *duc* **de**), maréchal brésilien (Rio de Janeiro 1803 - *id.* 1880), commandant en chef dans la guerre contre le Paraguay (1865-1870).

CAXIAS DO SUL, v. du sud du Brésil ; 290 968 h.

CAYATTE (André), cinéaste français (Carcassonne 1909 - Paris 1989). Avocat, journaliste, il dénonce, à travers des films généreux et démonstratifs, toutes les formes d'injustice : *Justice est faite* (1950), *Nous sommes tous des assassins* (1952).

CAYENNE (97300), ch.-l. de la Guyane française ; 41 659 h.

CAYEUX (Lucien), géologue français (Semousies 1864 - Mauves-sur-Loire 1944), initiateur de l'étude pétrographique des sédiments.

CAYLEY (Arthur), mathématicien britannique (Richmond 1821 - Cambridge 1895), l'un des représentants les plus éminents de l'école algébrique britannique du XIXe s., créateur du calcul matriciel (1858).

CAYLEY (*sir* George), inventeur britannique (Scarborough, Yorkshire, 1773 - Brompton Hall 1857). Il fut le premier à exposer le principe de l'avion et détermina toutes les composantes de l'avion moderne, préconisant l'emploi de l'hélice et du moteur à gaz ou à explosion.

CAYLUS (82160), ch.-l. de c. de Tarn-et-Garonne ; 1 425 h. Ruines d'un château et église du XIVe s. Camp militaire.

CAYLUS (Anne Claude **de Tubières,** *comte* **de**), graveur et archéologue français (Paris 1692 - *id.* 1765), fils de Marthe de Caylus. Il est l'auteur d'un *Recueil d'antiquités* et d'écrits sur Watteau.

CAYLUS [kelys] (Marthe, *comtesse* **de**), mémorialiste française (en Poitou 1673 - Paris 1729), nièce de Mme de Maintenon. On publia ses *Souvenirs* sur la cour de Louis XIV et la maison de Saint-Cyr (1770).

CAYMAN *(îles)* → ***Caïmans.***

CAYOLLE *(col de la),* col des Alpes entre l'Ubaye et le haut Var ; 2 327 m.

CAZAUBON (32150), ch.-l. de c. du Gers ; 1 621 h. Eau-de-vie (armagnac).

CAZAUX, écart de la comm. de La Teste (Gironde), sur le *lac* (ou *étang*) *de Cazaux et de Sanguinet* (couvrant environ 5 600 ha). Extraction du pétrole. Base aérienne.

CAZÈRES (31220), ch.-l. de c. de la Haute-Garonne ; 3 200 h.

CAZOTTE (Jacques), écrivain français (Dijon 1719 - Paris 1792), auteur du récit fantastique *le Diable amoureux* (1772).

CDU (Christlich-Demokratische Union), en fr. **Union chrétienne-démocrate,** parti politique allemand fondé en 1945 et dont la CSU (Christlich-Soziale Union) constitue l'aile bavaroise. Au pouvoir en R.F.A. de 1949 à 1969 et depuis 1982, vainqueur des premières élections libres en R.D.A. en 1990, le parti a joué un rôle majeur dans la réalisation de l'unification de l'Allemagne.

C. E., sigle de Communauté européenne → ***Communautés européennes.***

C. E. A. (Commissariat à l'énergie atomique), établissement public, créé en 1945 et ayant pour but de poursuivre toute recherche scientifique et technique en vue de l'utilisation de l'énergie nucléaire dans les divers domaines de la science, de l'industrie et de la défense nationale.

CEARÁ, État du nord-est du Brésil ; 6 353 346 h. Cap. *Fortaleza.*

CEAUŞESCU (Nicolae), homme politique roumain (Scorniceşti 1918 - Tîrgovişte 1989). Secrétaire général du parti communiste (1965), président du Conseil d'État (1967), président de la République (1974), il est renversé par une insurrection populaire en 1989 et exécuté.

CÉBAZAT (63118), comm. du Puy-de-Dôme ; 7 605 h.

CEBU, île des Philippines ; 1 634 000 h. V. pr. *Cebu* (490 000 h.), port actif.

C. E. C. A., sigle de Communauté européenne du charbon et de l'acier → ***Communautés européennes.***

CECCHETTI (Enrico), maître de ballet italien (Rome 1850 - Milan 1928). Il réforma l'enseignement de la danse en Russie.

CECIL (William), *baron* **Burghley** ou **Burleigh,** homme d'État anglais (Bourne 1520 - Londres 1598). Secrétaire d'État d'Édouard VI (1550-1553) puis de la reine Élisabeth Ire (1558-1572), il fut grand trésorier de 1572 à 1598.

CÉCILE *(sainte),* vierge et martyre romaine, mariée au païen Valentinien, qu'elle convertit. Elle serait morte v. 232. Patronne des musiciens.

CÉCROPS, héros mythique grec, premier roi de l'Attique, figuré avec le buste d'un homme et le corps d'un serpent.

CEDAR RAPIDS, v. des États-Unis (Iowa) ; 108 751 h. Électronique.

CÉDRON (le), torrent de Judée, qui sépare Jérusalem du mont des Oliviers.

C. E. E., sigle de Communauté économique européenne → ***Communautés européennes.***

CEFALU, port d'Italie, en Sicile ; 13 791 h. Tourisme. Cathédrale commencée en 1131 (somptueuses mosaïques byzantines).

C.E.I. → ***Communauté d'États indépendants.***

CEILLAC (05600), comm. des Hautes-Alpes, dans le Queyras ; 290 h. Sports d'hiver (alt. 1 650-2 500 m).

CELA (Camilo José), écrivain espagnol (Padrón, La Corogne, 1916), évocateur de la violence des caractères et des paysages espagnols (*la Famille de Pascal Duarte,* 1942 ; *la Ruche,* 1951). [Prix Nobel 1989.]

CELAN (Paul **Antschel,** dit **Paul**), poète autrichien d'origine roumaine (Tchernovtsy 1920 - Paris 1970). Son lyrisme est un instrument de résistance contre les oppressions physiques et intellectuelles modernes (*la Rose de personne,* 1963).

CELANO (Tommaso **da**) → ***Thomas de Celano.***

CELAYA, v. du Mexique, au nord-ouest de Mexico ; 315 577 h.

CÉLÉ (le), riv. du Quercy, affl. du Lot (r. dr.) ; 102 km.

CÉLÈBES ou **SULAWESI,** île de l'Indonésie formée de quatre péninsules ; 189 000 km² ; 10 410 000 h. Découverte en 1512 par les Portugais, devenue hollandaise en 1667, l'île fait partie de la République d'Indonésie depuis 1950. — La *mer de Célèbes* est comprise entre Célèbes, Bornéo et Mindanao.

CÉLESTIN V *(saint)* [Pietro **Angeleri,** dit aussi **Pietro del Morrone**] (Isernia 1215 - Castello di Fumone 1296), pape en 1294. Ermite en Pouille, porté, malgré lui, au pontificat, au moment où l'Église traversait une crise grave, il abdiqua après cinq mois de pontificat, sous la pression du futur Boniface VIII. Canonisé en 1313 sous le nom de *Pierre Célestin.*

Célestine (la) ou **Tragi-comédie de Calixte et Mélibée** (1499), pièce attribuée à Fernando de Rojas, et qui est à la source à la fois du roman et de la tragi-comédie.

Célimène, personnage du *Misanthrope* de Molière ; jeune coquette, spirituelle et médisante.

CÉLINE (Louis Ferdinand **Destouches,** dit **Louis-Ferdinand**), écrivain français (Courbevoie 1894 - Meudon 1961). Son œuvre, marquée par la dénonciation d'une société bien-pensante et son engagement ambigu dans la collaboration du régime de Vichy, recompose les tics du parler quotidien et populaire dans un flux quasi épique qui transcrit la coulée de la vie dans sa discontinuité et sa trivialité (*Voyage au bout de la nuit,* 1932 ; *Mort à crédit,* 1936 ; *D'un château l'autre,* 1957).

CELLAMARE (Antonio, *prince* **de**), diplomate espagnol (Naples 1657 - Séville 1733). Ambassadeur d'Espagne à la cour de France, il conspira vainement avec le duc et la duchesse du Maine pour mettre Philippe V à la place du Régent (1718).

CELLE, v. d'Allemagne (Basse-Saxe) ; 71 601 h. Maisons et monuments des XVe-XVIIIe s.

CELLE-SAINT-CLOUD (La) [78170], ch.-l. de c. des Yvelines ; 22 884 h. *(Cellois).* Château des XVIIe et XVIIIe s.

CELLES-SUR-BELLE (79370), ch.-l. de c. des Deux-Sèvres ; 3 477 h. Église des XVe et XVIIe s., anc. abbatiale.

CELLINI (Benvenuto), orfèvre, médailleur et sculpteur italien (Florence 1500 - *id.* 1571). François Ier l'attira à sa cour. Ses chefs-d'œuvre sont la *Nymphe de Fontainebleau* (haut-relief en bronze, v. 1543, Louvre) et le *Persée* de la loggia dei Lanzi (Florence, autour de 1550). Ses *Mémoires* éclairent, non sans vantardises, sa vie aventureuse.

CELSE, en lat. **Aulus Cornelius Celsus,** médecin du siècle d'Auguste, auteur du *De arte medica.*

CELSE, philosophe grec (IIe s. apr. J.-C.), connu par Origène qui réfuta ses attaques contre le christianisme.

CELSIUS (Anders), astronome et physicien suédois (Uppsala 1701 - *id.* 1744). Il créa l'échelle thermométrique centésimale à laquelle fut donné son nom (1742).

CELTES, groupe de peuples parlant une langue indo-européenne, individualisés vers le IIe millénaire. Leur habitat primitif est sans doute le sud-ouest de l'Allemagne. Ils envahirent au cours du Ier millénaire la Gaule et l'Espagne (Celtibères), les îles Britanniques, l'Italie, les

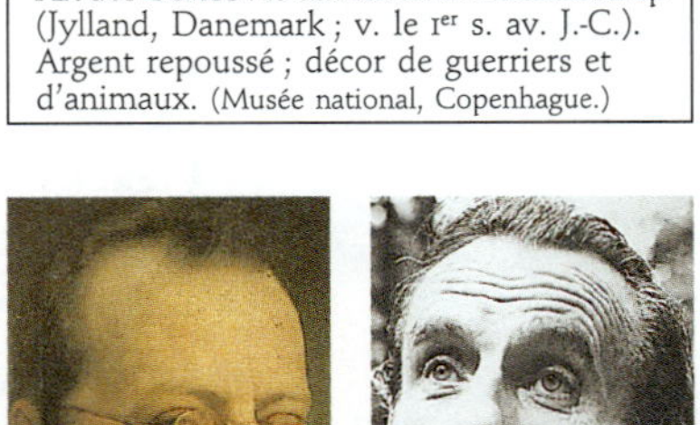

Art des **Celtes :** le chaudron de Grundestrup (Jylland, Danemark ; v. le Ier s. av. J.-C.). Argent repoussé ; décor de guerriers et d'animaux. (Musée national, Copenhague.)

le comte de **Cavour** (F. Hayer - Pinacothèque de Brera, Milan)

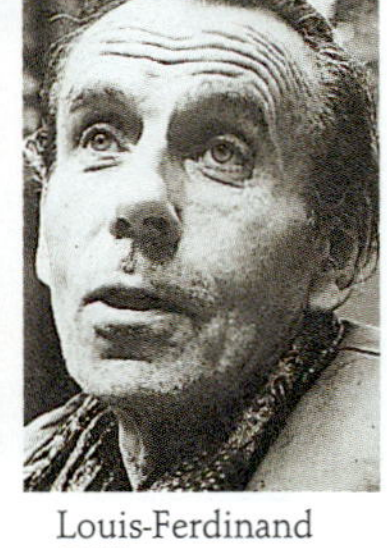

Louis-Ferdinand **Céline**

Balkans et l'Asie Mineure (Galatie). Les Germains et les Romains (IIIe - Ier s. av. J.-C.) détruisirent la puissance celtique ; seuls subsistèrent les royaumes d'Irlande. Dynamisme, schématisation, triomphe de la courbe et de l'entrelacs transfigurant le réel sont les traits majeurs de leur art, connu par l'ornementation des armes, le monnayage, et la statuaire religieuse.

CELTIBÈRES, peuple de l'anc. Espagne, soumis par Carthage (IIIe s. av. J.-C.), puis par les Romains (IIe s. av. J.-C.).

CELTIQUE, partie de la Gaule comprise entre l'Atlantique, la Seine et la Garonne et qui constitua par la suite une des Trois Gaules.

CEMAL PAŞA → ***Djamāl Pacha.***

Cénacle, groupe de jeunes écrivains romantiques qui se réunirent de 1823 à 1830 chez Ch. Nodier et chez V. Hugo.

CENCI, famille romaine, célèbre par ses crimes et ses malheurs (XVIe s.). Shelley et Stendhal s'inspirèrent de son histoire au XIXe s.

CENDRARS [sɑ̃drar] (Frédéric **Sauser,** dit **Blaise**), écrivain français d'origine suisse (La Chaux-de-Fonds 1887 - Paris 1961). Grand voyageur, il a célébré la passion de l'aventure dans ses poèmes (*la Prose du Transsibérien et de la petite Jehanne de France,* 1913) et ses romans (*l'Or,* 1925 ; *Moravagine,* 1926 ; *l'Homme foudroyé,* 1945).

Blaise **Cendrars**

Cendrillon, conte en prose de Perrault.

CENIS [səni] (Mont-), massif des Alpes (3 610 m), dominant le *col du Mont-Cenis* (2 083 m), emprunté par la route de Lyon à Turin, et le lac de barrage du Mont-Cenis.

CENON (33150), ch.-l. de c. de la Gironde ; 21 726 h. *(Cenonnais).*

Cent Ans *(guerre de),* nom donné à la série de conflits qui, de 1337 à 1453, ont opposé la France à l'Angleterre. Deux causes principales les déterminèrent : la revendication du trône de France par Édouard III d'Angleterre, petit-fils, par sa mère, de Philippe IV le Bel, et la volonté du roi d'Angleterre de s'attacher les riches cités flamandes liées au commerce britannique des laines. En 1337, Édouard III rompt avec Philippe VI. Sous le règne de ce dernier, les Français sont battus à Crécy (1346) et perdent Calais (1347). Sous Jean le Bon, le Prince Noir triomphe près de Poitiers (1356) ; la France, affaiblie par les discordes parisiennes (Étienne Marcel) et dévastée par la Jacquerie, est obligée de signer le désastreux traité de Brétigny (1360) : elle perd un quart du royaume de Philippe le Bel. Charles V et du Guesclin redressent la situation, et, en 1380, les Anglais n'occupent plus que Calais et la Guyenne. Sous Charles VI, la guerre civile (lutte entre Armagnacs, partisans de la famille d'Orléans, et Bourguignons, partisans des ducs de Bourgogne) et la folie du roi favorisent de nouveau les progrès des Anglais, qui gagnent la bataille d'Azincourt (1415) et imposent, avec la complicité d'Isabeau de Bavière, le traité de Troyes, qui consacre la déchéance du roi de France et la régence du roi d'Angleterre (1420). Sous Charles VII, Jeanne d'Arc réveille le patriotisme français ; elle délivre Orléans, fait sacrer le roi à Reims, mais elle est prise à Compiègne et brûlée à Rouen (1431). Cependant, l'impulsion est donnée : les Anglais sont battus à Formigny (1450), à Castillon (1453), et chassés du royaume, sauf de Calais, qu'ils conservent jusqu'en 1558.

Cent-Associés *(Compagnie des),* ou **Compagnie de la Nouvelle-France,** compagnie fondée en 1627, par Richelieu, pour développer la nouvelle colonie du Canada.

CENTAURES. *Myth. gr.* Habitants primitifs des montagnes de Thessalie, figurés plus tard comme des monstres fabuleux, moitié hommes, moitié chevaux. Ils furent exterminés par les Lapithes.

Cent-Jours (les) [20 mars 1815-22 juin 1815], temps qui s'écoula entre le retour de Napoléon à Paris et sa seconde abdication, quatre jours après Waterloo.

Cento (Central Treaty Organization), organisation d'assistance mutuelle regroupant la Grande-Bretagne, l'Iran, le Pakistan et la Turquie, créée en 1959 après la dénonciation par l'Iraq du pacte de Bagdad (signé en 1955), et dissoute en 1979.

CENTRAFRICAINE *(République),* État de l'Afrique ; 620 000 km² ; 3 100 000 h. *(Centrafricains).* CAP. *Bangui.* LANGUE : *français.* MONNAIE : *franc C.F.A.* C'est un pays de savanes, où, à côté des cultures vivrières (mil, maïs, manioc), quelques plantations (coton, café) et les diamants (richesses essentielles du sous-sol avec l'uranium) fournissent l'essentiel des exportations.

HISTOIRE

XIXe s. : peuplée par des éléments installés anciennement (Pygmées, Bantous, etc.) et par d'autres venus récemment du Soudan, du Congo et du Tchad, le pays est ravagé par la traite. 1877 : la descente du Congo par Stanley ouvre la voie à l'exploration européenne. 1889-1910 : soucieuse de s'ouvrir les routes du Tchad et du Nil, la France crée le poste de Bangui, renforce son implantation avec la mission Marchand (1896-1898), constitue l'Oubangui-Chari en colonie (1905) et l'intègre dans l'A.-É. F. 1946 : l'Oubangui-Chari devient territoire d'outre-mer. 1950 : son premier député, Barthélemy Boganda, fonde le Mouvement pour l'évolution sociale de l'Afrique noire (M. E. S. A. N.). 1960 : la République centrafricaine, proclamée en 1958, devient indépendante avec David Dacko, président à la mort de Boganda (1959). 1965 : un coup d'État amène au pouvoir Bokassa, président à vie (1972), puis empereur (1976). 1979 : avec l'aide de la France, Dacko renverse Bokassa et rétablit la république. 1981 : coup d'État militaire d'André Kolingba. 1991-92 : le pays s'ouvre au multipartisme. 1993 : Ange-Félix Patassé est élu à la présidence de la République.

Central Park, grand parc de New York (Manhattan).

Centre *(canal du),* canal qui unit la Saône à la Loire et dessert les régions industrielles du Creusot et de Montceau-les-Mines ; 114 km.

CENTRE *(Région du),* Région administrative groupant le Cher, l'Eure-et-Loir, l'Indre, l'Indre-et-Loire, le Loir-et-Cher et le Loiret ; 39 151 km² ; 2 371 036 h. Ch.-l. *Orléans.*

Centre national d'art et de culture Georges-Pompidou (C. N. A. C. G.-P.), à Paris, établissement public groupant, dans un édifice inauguré en 1977, sur le « plateau Beaubourg », une vaste Bibliothèque publique d'information

Le **Centre national d'art et de culture Georges-Pompidou,** à Paris, inauguré en 1977.
(Architectes : R. Piano et R. Rogers.)

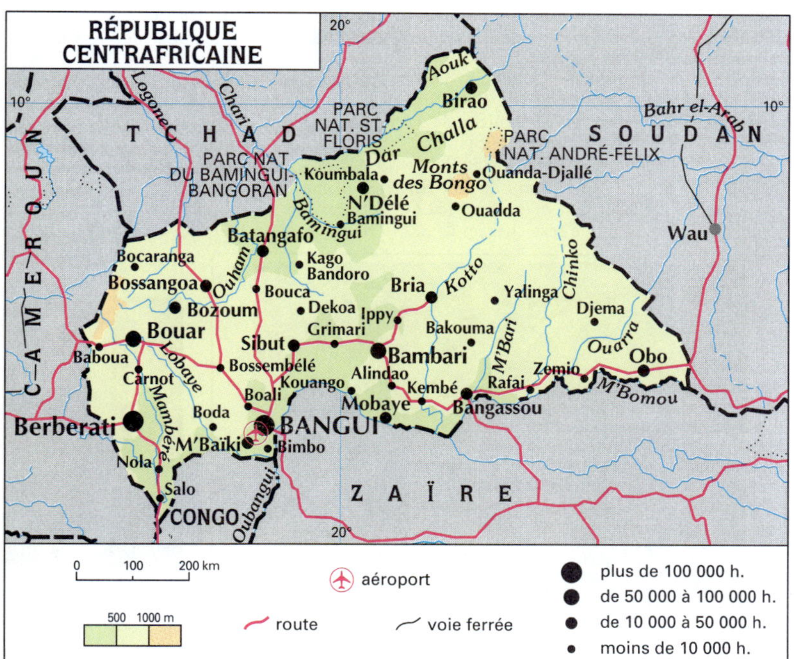

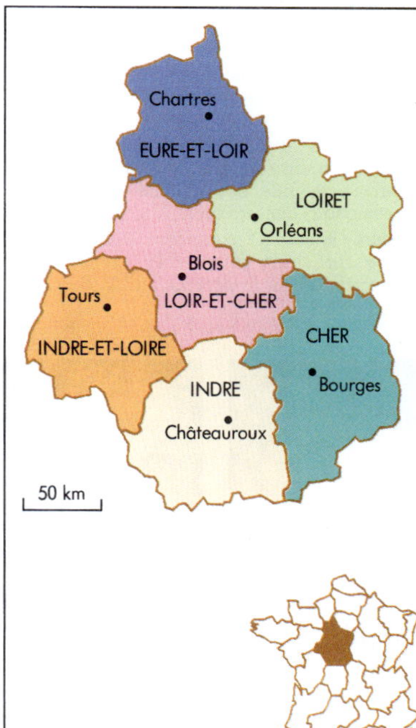

Centre

(B. P. I.), le musée national d'Art moderne (M. N. A. M.), auquel se rattache le Centre de création industrielle (C. C. I.), tandis que des locaux contigus abritent l'Institut de recherche et de coordination acoustique-musique (I. R. C. A. M.).

Centre national de la recherche scientifique → *C. N. R. S.*

Centre national des jeunes agriculteurs → *C. N. J. A.*

Centre national d'études spatiales → *C. N. E. S.*

C. E. P. Communication, société française de presse et d'édition, créée en 1975 sous le nom de Compagnie européenne de publication (C.E.P.) et ayant pour actionnaire principal Havas. Organisant ses activités autour d'un pôle information (presse magazine, dont *l'Expansion, l'Express, le Point ;* presse professionnelle, dont *le Moniteur, l'Usine nouvelle, 01 Informatique, la France agricole, LSA ;* et salons) et d'un pôle édition (Groupe* de la Cité, premier éditeur français), C.E.P. Communication se situe dans son secteur au sixième rang européen.

CÉPHALONIE, la plus grande (737 km²) des îles Ioniennes (Grèce) ; 32 314 h.

CÉRAM, une des Moluques (Indonésie).

Céramique (le), nécropole de l'Athènes antique (nombreuses stèles sculptées) mitoyenne du quartier des potiers.

CERBÈRE (66290), comm. des Pyrénées-Orientales, à la frontière espagnole, près du cap du même nom ; 1 465 h. Gare internationale. Station balnéaire.

CERBÈRE. *Myth. gr.* Chien monstrueux à trois têtes, gardien des Enfers.

Cercle de craie caucasien (le), pièce de B. Brecht (1948), un des modèles du « théâtre épique ».

CERCY-LA-TOUR (58340), comm. de la Nièvre ; 2 275 h. Constructions mécaniques.

CERDAGNE, pays des Pyrénées, en Espagne (Catalogne) et en France (Pyrénées-Orientales). [Hab. *Cerdans.*] C'est un haut bassin intérieur (vers 1 200 m) drainé vers l'Espagne par le (ou la) Sègre. Cette région fut partagée entre la France et l'Espagne en 1659 (paix des Pyrénées).

CERDAN (Marcel), boxeur français (Sidi Bel Abbes 1916 - dans un accident d'avion, au-dessus des Açores, 1949), champion du monde des poids moyens (1948).

CÈRE (la), riv. d'Auvergne, née dans le Cantal, affl. de la Dordogne (r. g.) ; 110 km. Gorges.

CÉRÈS, déesse romaine des Moissons, identifiée à *Déméter.*

CÉRÈS, le plus gros des astéroïdes gravitant entre Mars et Jupiter (diamètre : 1 000 km env.) et le premier à avoir été découvert (1801).

CÉRET (66400), ch.-l. d'arr. des Pyrénées-Orientales, sur le Tech ; 7 451 h. *(Céretans).* Musée d'Art moderne.

CERGY (95000), ch.-l. de c. du Val-d'Oise, sur l'Oise ; 48 524 h. *(Cergynois).* Église des XIIe-XIIIe et XVIe s. Sur le territoire de la commune est établie la préfecture du dép. du Val-d'Oise, noyau de la ville nouvelle de *Cergy-Pontoise.* Constructions mécaniques. Électronique.

CERHA (Friedrich), compositeur et chef d'orchestre autrichien (Vienne 1926). Il termina l'orchestration de l'opéra *Lulu* d'A. Berg.

CÉRILLY (03350), ch.-l. de c. du nord-ouest de l'Allier ; 1 598 h.

CERISY-LA-SALLE (50210), ch.-l. de c. de la Manche ; 1 013 h.

CERIZAY (79140), ch.-l. de c. des Deux-Sèvres ; 4 817 h. Industrie automobile.

Cern, laboratoire européen pour la physique des particules, appelé lors de sa création (1952) Conseil européen pour la recherche nucléaire. Implanté à Meyrin (frontière franco-suisse), il y a construit des accélérateurs de particules et le plus grand anneau de collisions du monde (LEP).

CERNAY (68700), ch.-l. de c. du Haut-Rhin, sur la Thur ; 10 454 h. *(Cernéens).* Textile. Chimie. Mécanique.

CERNAY-LA-VILLE (78720), comm. des Yvelines près des *Vaux de Cernay ;* 1 759 h. Ruines de l'abbaye des Vaux-de-Cernay (XIIe s.).

Cernuschi *(musée),* à Paris, musée municipal d'art extrême-oriental dans l'hôtel du parc Monceau que le banquier et collectionneur italien *Enrico Cernuschi* (1821-1896) légua à la Ville à sa mort.

Cerro Bolívar, gisement de fer du Venezuela.

CERRO DE PASCO, centre minier du Pérou ; 76 000 h.

CÉRULAIRE (Michel) → ***Keroularios.***

CERVANTÈS, en esp. **Cervantes Saavedra** (Miguel **de**), écrivain espagnol (Alcalá de Henares 1547 - Madrid 1616). Sa vie mouvementée (il combattit à Lépante où il perdit un bras, fut cinq ans prisonnier des pirates barbaresques, puis commissaire aux vivres de l'Invincible Armada, excommunié, emprisonné, avant de devenir familier de la cour de Philippe III) lui inspira l'humour et la satire de ses romans *(Don* Quichotte de la Manche* [1605-1615] ; *les Travaux de Persilès et Sigismonde),* des *Nouvelles exemplaires* (1613) et de ses comédies ou tragédies *(Numance).*

CERVETERI, comm. d'Italie (Latium) ; 18 694 h. Nécropole étrusque sur le site de l'anc. *Chisra* (en lat. **Caere**), qui fut l'une des plus puissantes villes de la Confédération étrusque et tomba sous la domination de Rome en 351 av. J.-C.

CERVIN *(mont),* en all. **Matterhorn,** sommet des Alpes entre le Valais et le Piémont, dominant la vallée de Zermatt ; 4 478 m. Il fut escaladé par Whymper en 1865.

CERVIONE (20221), ch.-l. de cant. de la Haute-Corse ; 1 353 h. Anc. cathédrale (fin du XVIe s.) et église S. Cristina (fresques de 1473).

CÉSAIRE *(saint),* évêque d'Arles (Chalon-sur-Saône v. 470 - Arles 543). Il eut une grande influence dans l'Église franque.

CÉSAIRE (Aimé), écrivain et homme politique français (Basse-Pointe, Martinique, 1913). Influencé par le surréalisme (*Soleil cou coupé,* 1948), il cherche à se dégager de la culture occidentale pour retrouver les sources de la « négritude » (*Cahier d'un retour au pays natal,* 1947 ; *la Tragédie du roi Christophe,* 1963).

CÉSALPIN (Andrea **Cesalpino,** dit en fr.) naturaliste et médecin italien (Arezzo 1519 - Rome 1603). Il reconnut le sexe chez les fleurs.

CÉSAR (César **Baldaccini,** dit), sculpteur français (Marseille 1921). Apparenté au Nouveau Réalisme, il a surtout travaillé les métaux (fer soudé ; « compressions » de voitures [1960]) et les matières plastiques (« expansions » [1967]).

CÉSAR (Jules), en lat. **Caius Julius Caesar,** homme d'État romain (Rome 100 ou 101 - *id.* 44 av. J.-C.). Patricien, mais lié aux milieux plébéiens (sa tante Julia a épousé Marius), il s'oppose au dictateur Sulla (qui lui a demandé de répudier son épouse, fille de Cinna) et s'exile en Asie (82-78). Il entreprend ensuite une carrière politique, jouant à la fois des milieux d'argent (Crassus) et exploitant les mécontentements populaires (il soutient en sous-main la conjuration de Catilina). Après une campagne facile en Espagne, il forme un triumvirat avec Pompée et Licinius Crassus (60). Consul en 59 et en 56, il entreprend la conquête des Gaules (58-51) qui lui donne la gloire militaire et une armée fidèle, avec laquelle il franchit le Rubicon (49) et marche sur Rome, ce qui déclenche la guerre civile contre Pompée et le sénat : victorieux à Pharsale (48), Thapsus (46) et Munda (45), il installe Cléopâtre sur le trône d'Égypte et devient à Rome consul et dictateur à vie (févr. 44). Mais une conspiration (à laquelle prend part son protégé Brutus) se forme contre lui et il est assassiné au milieu du sénat aux ides de mars (le 15 mars 44). Il avait adopté son petit-neveu Octave, qui deviendra Auguste *. Historien, César a laissé des mémoires, *Commentaires de la guerre des Gaules* et *de la guerre civile.*

César *(Jules),* drame de Shakespeare qui a pour sujet la mort du dictateur (v. 1600).

César Birotteau *(Grandeur et décadence de),* roman d'H. de Balzac (1837) : l'affrontement de l'entreprise individuelle et des combinaisons du grand capitalisme naissant.

CÉSARÉE, anc. v. de Cappadoce, important centre chrétien au IVe s. (Auj. **Kayseri.**)

CÉSARÉE, anc. v. du nord de la Palestine, sur la Méditerranée. Bâtie par Hérode le Grand, elle possédait au IIIe s. une riche bibliothèque.

CESBRON (Gilbert), écrivain français (Paris 1913 - *id.* 1979), d'inspiration catholique (*Il est minuit docteur Schweitzer,* 1952).

CESENA, v. d'Italie (Émilie) ; 87 841 h. Bibliothèque *Malatestiana.*

ČESKÉ BUDĚJOVICE, v. de la République tchèque (Bohême), sur la Vltava ; 97 283 h. Centre industriel. Monuments anciens.

CESSON (77240), comm. de Seine-et-Marne, près de Melun ; 7 945 h.

CESSON-SÉVIGNÉ (35510), ch.-l. de c. d'Ille-et-Vilaine ; 13 257 h. Électronique.

CESTAS (33610), comm. de la Gironde ; 16 797 h. Informatique.

CEUTA, port espagnol de la côte d'Afrique, en face de Gibraltar ; 67 615 h.

CÉVENNES (les), partie de la bordure orientale du Massif central, entre l'Hérault et l'Ardèche ; 1 699 m au *mont Lozère.* Retombée abrupte sur les plaines rhodaniennes, les Cévennes sont formées de hauts plateaux granitiques, qui cèdent la place, à l'est, à de longues crêtes

Miguel de **Cervantès** (J. de Jáuregui y Aquilan - Académie espagnole de Madrid)

Jules **César** (Musée national, Naples)

Cézanne : *la Montagne Sainte-Victoire* (1885-1887). [Institut Courtauld, Londres.]

le président **Chadli**

schisteuses (les serres), allongées entre de profondes vallées. Pays rude, dépeuplé, les Cévennes ont pour ressources essentielles l'élevage ovin et le tourisme (parc national [environ 86 000 ha] et résidences secondaires). [Hab. *Cévenols.*]

Cévennes *(guerre des),* nom parfois donné à la guerre des camisards* (1702-1710).

CEYLAN → ***Sri Lanka.***

CEYRAC (François), administrateur de sociétés français (Meyssac 1912). Il fut président du C. N. P. F. (1972-1981).

CEYZÉRIAT (01250), ch.-l. de c. de l'Ain ; 2 085 h.

CÉZALLIER, plateau basaltique d'Auvergne, au nord-est du massif du Cantal ; 1 551 m.

CÉZANNE (Paul), peintre français (Aix-en-Provence 1839 - *id.* 1906). Comme ses amis impressionnistes, il pratiqua la peinture en plein air, mais s'évertua à transposer la sensation visuelle dans une construction purement plastique. Portraits, figures *(les Joueurs* de cartes),* natures mortes, paysages (dont ceux de la Sainte-Victoire), baigneurs ou baigneuses sont ses thèmes principaux. Son influence a été capitale sur certains des principaux courants de l'art du XXe s. (fauvisme, cubisme, abstraction).

CÈZE (la), riv. des Cévennes, affl. du Rhône (r. dr.) ; 100 km.

C. F. D. T. (Confédération française démocratique du travail), organisation syndicale française issue, en 1964, de la majorité de la C. F. T. C., désireuse de donner un caractère moins confessionnel aux statuts de cette centrale.

C. F. E. - C. G. C. (Confédération française de l'encadrement-C. G. C.), anc. *C. G. C.,* organisation syndicale française, créée en 1944.

C. F. P. (Compagnie française des pétroles), société française constituée en 1924 pour exploiter la part réservée à la France dans les pétroles du Moyen-Orient. La C.F.P. a été intégrée en 1985 au sein du groupe Total. Un des principaux groupes pétroliers et gaziers mondiaux, Total a des activités qui couvrent tous les secteurs de cette industrie (exploration, transport, commercialisation, raffinage, distribution) et s'étendent également à la chimie.

C. F. T. C. (Confédération française des travailleurs chrétiens), organisation syndicale française, créée en 1919, se réclamant de la doctrine sociale chrétienne.

C. G. C. (Confédération générale des cadres), ancien nom — jusqu'en 1981 — de la *C. F. E.-C. G. C.*

C. G. E., sigle de Compagnie générale d'électricité → ***Alcatel Alsthom Compagnie générale d'électricité.***

C. G. T. (Confédération générale du travail), organisation syndicale française créée en 1895. Après la scission de 1921 (création de la *Confédération générale du travail unitaire* ou C. G. T. U. en 1922), elle ne retrouva son unité qu'en 1936 ; mais en 1947-48, une nouvelle scission provoqua la création de la C. G. T. - F. O.

C. G. T. - F. O. → ***F. O.***

Chaalis, ruines d'une anc. abbaye cistercienne (XIIe s.), au sud-est de Senlis ; bâtiment abbatial (par J. Aubert, 1736) légué à l'Institut de France avec les collections qu'il contenait et devenu une annexe du musée Jacquemart-André (Paris).

CHABANAIS (16150), ch.-l. de c. de la Charente ; 2 132 h.

CHABAN-DELMAS (Jacques), homme politique français (Paris 1915), gaulliste et résistant (général en 1944), il a été maire de Bordeaux de 1947 à 1995. Premier ministre (1969-1972), il a été plusieurs fois président de l'Assemblée nationale (1958-1969, 1978-1981 et 1986-1988).

CHABANNES, famille du Limousin, dont sont issus aux XVe et XVI e s. des capitaines célèbres : **Antoine** (Saint-Exupéry, Corrèze, 1408-1488), qui lutta contre les Anglais ; — et **Jacques,** *seigneur* **de La* Palice.**

CHABAUD (Auguste), peintre français (Nîmes 1882 - Graveson, Bouches-du-Rhône, 1955). Après avoir pratiqué le fauvisme, il s'exprima dans un style plus austère (paysages et figures).

CHABEUIL (26120), ch.-l. de c. de la Drôme ; 4 911 h.

CHABLAIS, massif des Préalpes du Nord (Haute-Savoie), au sud du lac Léman ; 2 464 m. Élevage. Tourisme.

CHABLIS [-bli] (89800), ch.-l. de c. de l'Yonne ; 2 608 h. Vins blancs. Église de la fin du XIIe s.

CHABOT, famille originaire du Poitou, divisée en plusieurs branches. Elle compte parmi ses membres **Philippe,** *seigneur* **de Brion,** amiral de France (1480-1543), favori de François Ier, capturé avec lui à Pavie, conquérant du Piémont en 1535-36, dont l'effigie funéraire, demi-couchée, est au Louvre ; — et **Henri** (m. en 1655), duc de Rohan par son mariage avec Marguerite, fille du duc de Rohan (1645), fondateur de la branche de **Rohan-Chabot.**

CHABRIER (Emmanuel), compositeur français (Ambert 1841 - Paris 1894), auteur de *l'Étoile* (1877), *España* (1883), *Gwendoline* (1885), *le Roi malgré lui* (1887), *la Bourrée fantasque* (1891).

Chabrol *(fort),* nom donné au local de la Ligue antisémite, rue de Chabrol, à Paris. Le chef de cette Ligue, Jules Guérin, qui s'opposait à la révision du procès Dreyfus (1899) y fut arrêté.

CHABROL (Claude), cinéaste français (Paris 1930). Pionnier de la « nouvelle vague » *(le Beau Serge,* 1958), son humour excelle dans la peinture des mœurs bourgeoises : *la Femme infidèle* (1969), *le Boucher* (1970), *Inspecteur Lavardin* (1986), *Une affaire de femmes* (1988), *Madame Bovary* (1991), *Betty* (1992), *la Cérémonie* (1995).

CHACO ou, parfois, **GRAN CHACO,** région de steppes, peu peuplée, de l'Amérique du Sud, partagée entre l'Argentine et le Paraguay.

Chaco *(guerre du)* [1932-1935], conflit qui opposa la Bolivie au Paraguay pour la possession du Chaco et dont le Paraguay sortit vainqueur.

Chacun sa vérité, parabole en trois actes de L. Pirandello (1917) : l'impossibilité de dégager la vérité des opinions et des apparences.

CHADLI (Chadli **Ben Djedid,** dit), officier et homme politique algérien (Bouteldja, près d'Annaba, 1929), président de la République de 1979 à 1992.

CHADWICK (*sir* James), physicien britannique (Bollington, Cheshire, 1891 - Cambridge 1974). En 1932, il découvrit le neutron. (Prix Nobel 1935.)

CHAGALL (Marc), peintre, graveur et décorateur français d'origine russe (Vitebsk 1887 - Saint-Paul-de-Vence 1985). Après avoir travaillé à Paris de 1910 à 1914, il s'est installé en France en 1923. Avec une verve inventive, il s'est inspiré du folklore juif, de Paris et de la Provence. À Nice, un musée national est consacré à son *Message biblique.*

CHAGNY (71150), ch.-l. de c. de Saône-et-Loire, sur la Dheune ; 5 513 h. *(Chagnotins).* Métallurgie.

Marc **Chagall :**
Double Portrait au verre de vin (1917).
[M.N.A.M., C.N.A.C. G.-Pompidou, Paris.]

CHAGOS *(îles),* archipel britannique de l'océan Indien.

CHĀH DJAHĀN (Lahore 1592 - Āgrā 1666), souverain moghol de l'Inde (1628-1658). Il fit construire le Tādj Maḥall.

CHAHINE (Youssef) ou **CHĀHĪN** (Yūsuf), cinéaste égyptien (Alexandrie 1926), l'une des plus importantes figures du cinéma égyptien, auteur de *Gare centrale* (1958), *la Terre* (1969), *Adieu Bonaparte* (1985), *le Sixième Jour* (1986), *Alexandrie, encore et toujours* (1990), *l'Émigré* (1994).

Chāh-nāmè *(le Livre des rois),* épopée persane de Ferdowsi (Xe s.) en 60 000 vers.

CHÂHPUHR ou **SHÂHPUR,** en lat. **Sapor,** nom de plusieurs rois sassanides de Perse : **Châhpuhr Ier** (241-272), battu par l'empereur Gordien III, vainquit et fit prisonnier l'empereur Valérien (260), mais il ne put conquérir la Syrie et l'Asie Mineure. — **Châhpuhr II** (310-379) fut le protecteur du mazdéisme et persécuta le christianisme. Il arracha l'Arménie aux Romains (apr. 338). — **Châhpuhr III** (383-388) signa la paix avec Théodose Ier et reconnut l'indépendance de l'Arménie.

CHAILLAND (53420), ch.-l. de c. de la Mayenne ; 1 110 h.

CHAILLÉ-LES-MARAIS (85450), ch.-l. de c. de la Vendée ; 1 571 h.

CHAILLEY (89770), comm. de l'Yonne, au N. d'Auxerre ; 553 h. Abattoir de volailles.

Chaillot *(palais de),* édifice construit en 1937, sur les structures de l'ancien Trocadéro, par les architectes Carlu, Boileau et Azéma. Il abrite les musées des Monuments français, de la Marine, de l'Homme, un théâtre, une cinémathèque.

CHAIN (Ernst Boris), biochimiste britannique (Berlin 1906 - Castlebar, Irlande, 1979), collaborateur de Fleming et de Florey dans la découverte de la pénicilline. (Prix Nobel 1945.)

CHAISE-DIEU (La) [43160], ch.-l. de c. de la Haute-Loire ; 965 h. Anc. abbatiale, beau monument reconstruit au milieu du XIVe s. (tombeau de Clément VI ; célèbre fresque de la *Danse macabre* ; tapisseries).

Chaises (les), pièce d'E. Ionesco (1952). Un couple de vieillards perdu au milieu des chaises vides d'une soirée manquée : une matérialisation du vide métaphysique.

CHAKHTY, v. de Russie, dans le Donbass ; 224 000 h. Houille.

CHALABRE (11230), ch.-l. de c. de l'Aude ; 1 273 h.

CHALAIS (16210), ch.-l. de c. de la Charente ; 2 275 h. Église à portail roman. Château des XIVe-XVIIIe s.

CHALAIS (Henri **de Talleyrand,** *comte* **de**), favori du roi Louis XIII (1599 - Nantes 1626). Accusé de conspiration contre Richelieu, il fut décapité.

CHALAMONT (01320), ch.-l. de c. de l'Ain, dans la Dombes ; 1 485 h.

CHALAMPÉ (68490), comm. du Haut-Rhin ; 1 014 h. Industrie chimique.

CHALCÉDOINE [kal-], anc. v. d'Asie Mineure (Bithynie), sur le Bosphore, en face de Byzance. Siège du IVe concile œcuménique (451) qui condamna le monophysisme. Auj. *Kadıköy.*

CHALCIDIQUE [kal-], presqu'île grecque formant trois péninsules, dont celle du mont Athos.

CHALCOCONDYLE [kal-] (Démétrios), grammairien grec (Athènes v. 1423 - Milan 1511). Réfugié en Italie après 1447, il contribua à la renaissance des études grecques.

CHALDÉE [kal-], nom donné v. 1000 av. J.-C. à une partie de la région de Sumer, puis, au VIIe s. av. J.-C., à la Babylonie.

CHALETTE-SUR-LOING (45120), ch.-l. de c. du Loiret, banlieue de Montargis ; 14 899 h. Caoutchouc.

CHALEURS *(baie des),* baie du Canada formée par le golfe du Saint-Laurent, entre la Gaspésie (Québec) et le Nouveau-Brunswick. Découverte en 1534 par Jacques Cartier.

CHALGRIN (Jean), architecte français (Paris 1739 - *id.* 1811). Élève de Servandoni et de Boullée, il est notamment l'auteur, à Paris, de l'église St-Philippe-du-Roule et des plans de l'arc de triomphe de l'Étoile.

CHALIAPINE (Fedor), chanteur russe (Kazan 1873 - Paris 1938). Célèbre basse, il interpréta notamment les rôles de Boris Godounov, de Méphisto, de Basile.

CHALINDREY (52600), comm. de la Haute-Marne ; 2 859 h. Carrefour ferroviaire.

CHALK RIVER, localité du Canada (Ontario) ; 1 100 h. Centre de recherches nucléaires.

CHALLANS (85300), ch.-l. de c. de la Vendée ; 14 544 h. *(Challandais).*

CHALLE (Maurice), général d'aviation français (Le Pontet 1905 - Paris 1979). Commandant en chef en Algérie (1959-60), puis du secteur Centre-Europe de l'O. T. A. N. (1960), il dirigea le putsch du 22 avril 1961 à Alger, se rendit, fut condamné, puis gracié (1966).

CHALLES-LES-EAUX (73190), comm. de la Savoie ; 2 961 h. Station thermale (voies respiratoires, gynécologie).

CHALONNAISE *(côte),* région viticole de Bourgogne (Saône-et-Loire), à l'O. de Chalon-sur-Saône.

CHALONNES-SUR-LOIRE (49290), ch.-l. de c. de Maine-et-Loire, au confluent de la Loire et du Layon ; 5 396 h. Matériel agricole. Église gothique des XIIe-XIIIe s.

CHÂLONS-EN-CHAMPAGNE [-lɔ̃] (51000), anc. **Châlons-sur-Marne,** ch.-l. de la Région Champagne-Ardenne et du dép. de la Marne, sur la Marne, à 167 km à l'est de Paris ; 51 533 h. *(Châlonnais).* Évêché. Constructions mécaniques et électriques. École d'arts et métiers. Monuments, dont l'église N.-D.-en-Vaux (XIIe s., romane et gothique) et la cathédrale (reconstruite apr. 1230 ; vitraux du XIIe au XVIe s.). Camp militaire.

CHALON-SUR-SAÔNE (71100), ch.-l. d'arr. de Saône-et-Loire, sur la rive droite de la Saône ; 56 259 h. *(Chalonnais).* Marché vinicole et centre industriel (constructions mécaniques et électriques, chimie). Anc. cathédrale (XIIe-XVe s.). Musées Denon et Niepce.

CHALOSSE, région de collines, entre le gave de Pau et l'Adour ; pays de polyculture et d'élevage.

CHÂLUS [-ly] (87230), ch.-l. de c. de la Haute-Vienne ; 2 015 h.

CHAM, deuxième fils de Noé. Il fut maudit, lui et sa descendance (Cananéens), pour son irrévérence envers son père.

CHAM, TCHAM ou **TIAM,** population du Cambodge et du Viêt Nam.

CHAM [kam] (Amédée **de Noé**, dit), caricaturiste français (Paris 1819 - *id.* 1879). Il collabora au *Charivari.*

CHAMALIÈRES (63400), ch.-l. de c. du Puy-de-Dôme, banlieue de Clermont-Ferrand ; 17 885 h. *(Chamaliérois).* Imprimerie de la Banque de France. Église en partie romane.

CHAMBERLAIN (Joseph), homme politique britannique (Londres 1836 - Birmingham 1914). Ministre du Commerce (1880-1886), puis des Colonies (1895-1903), il fut l'un des promoteurs du mouvement impérialiste et provoqua la scission du parti libéral, en regroupant les adversaires du Home Rule en Irlande (parti libéral unioniste). — Son fils *sir* **Joseph Austen** (Birmingham 1863 - Londres 1937), chancelier de l'Échiquier (1903-1906, 1919-1921), chef du parti unioniste, ministre des Affaires étrangères (1924-1929), pratiqua une politique de détente dans le cadre de la Société des Nations (prix Nobel de la paix 1925). — **Arthur Neville,** demi-frère du précédent (Birmingham 1869 - Heckfield 1940), député conservateur, fut chancelier de l'Échiquier (1931-1937), puis Premier ministre (1937-1940). Il essaya en vain de régler pacifiquement les problèmes posés par la guerre d'Espagne, l'agression italienne contre l'Éthiopie et les revendications allemandes (accords de Munich, 1938), mais dut déclarer la guerre à l'Allemagne en 1939.

CHAMBERS (Ephraim), publiciste anglais (Kendal v. 1680 - Islington, près de Londres, 1740), auteur d'une encyclopédie qui inspira celle de Diderot.

CHAMBERS (*sir* William), architecte britannique (Göteborg 1723 ou 1726 - Londres 1796). Il acquit une position officielle en combinant influences françaises et italiennes, néoclassicisme et exotisme (il voyagea jusqu'en Chine). Il est l'auteur de la pagode des jardins de Kew (v. 1760), de Somerset House (palais londonien, autour de 1780).

CHAMBÉRY (73000), anc. cap. de la Savoie, ch.-l. du dép. de la Savoie, sur la Leysse, entre les Bauges et la Chartreuse, à 553 km au sud-est de Paris ; 55 603 h. *(Chambériens).* Archevêché. Cour d'appel. Université. Métallurgie. Chimie. Château médiéval restauré. Cathédrale des XVe - XVIe s. Musées.

CHAMBIGES, famille d'architectes français, dont les plus connus sont **Martin** (m. à Beauvais en 1532), qui donna d'harmonieux compléments aux cathédrales de Sens, Troyes, Beauvais, et son fils **Pierre Ier** (m. à Paris en 1544), qui se convertit au style de la Renaissance (château Vieux de Saint-Germain-en-Laye, 1539 et suiv.).

CHAMBLY (60230), comm. de l'Oise ; 7 194 h. Chimie.

CHAMBOLLE-MUSIGNY (21220), comm. de la Côte-d'Or ; 358 h. Vins de la côte de Nuits.

CHAMBON *(lac),* lac d'Auvergne (Puy-de-Dôme) ; 60 ha. Tourisme.

CHAMBON-FEUGEROLLES (Le) [42500], ch.-l. de c. de la Loire ; 16 142 h. *(Chambonnaires).*

CHAMBONNIÈRES (Jacques **Champion de**), claveciniste et compositeur français (Paris ou Chambonnière, Brie, apr. 1601 - Paris 1672), fondateur de l'école de clavecin en France.

CHAMBON-SUR-LIGNON (43400), comm. de la Haute-Loire ; 3 072 h. Tourisme. Collège international.

CHAMBON-SUR-VOUEIZE (23170), ch.-l. de c. de la Creuse ; 1 115 h. Église romane.

CHAMBORD (41250), comm. de Loir-et-Cher, en Sologne, sur le Cosson ; 214 h. Château bâti pour François Ier à partir de 1519, chef-d'œuvre de la première Renaissance.

CHAMBORD (Henri **de Bourbon,** *duc* **de Bordeaux,** *comte* **de**), prince français (Paris 1820 - Frohsdorf, Autriche, 1883), fils posthume du duc de Berry *(l'« enfant du miracle »),* prétendant légitimiste (« Henri V ») au trône de France, mort sans héritier. En 1873, la restauration de la monarchie à son profit, qui semblait possible, échoua devant l'intransigeance du comte, qui refusa d'accepter le drapeau tricolore comme emblème national.

CHAMBOURCY (78240), comm. des Yvelines ; 5 173 h. Parc « anglo-chinois » du *Désert de Retz* (fin du XVIIIe s.).

CHAMBRAY-LÈS-TOURS (37170), ch.-l. de c. d'Indre-et-Loire ; 8 449 h.

Chambre des communes → ***communes*** *(Chambre des).*

Chambre des députés, une des assemblées du Parlement français sous la Restauration, la monarchie de Juillet et la IIIe République. Depuis 1946, on dit « Assemblée nationale ».

Chambre des lords → ***lords*** *(Chambre des).*

Chambre des représentants, assemblée française créée par l'Acte additionnel aux Constitutions de l'Empire, élue le 3 juin 1815 et qui siégea jusqu'au 7 juillet 1815.

Chambre de Vincent à Arles (la), toile de Van Gogh (1888, musée Van Gogh, Amsterdam) qui marque l'orientation nouvelle du peintre vers une simplification suggestive de la couleur (répliques à Chicago et à Paris [Orsay]).

Chambre introuvable (la), nom donné à la Chambre des députés, dominée par les ultra-royalistes, réunie en octobre 1815 et dissoute par Louis XVIII en septembre 1816.

CHAMFORT (Sébastien Roch **Nicolas,** dit **Nicolas de**), écrivain français (près de Clermont-Ferrand 1740 - Paris 1794). Il improvisa dans les salons les éléments de son recueil posthume *Maximes, pensées et anecdotes.* Poursuivi sous la Terreur, il se suicida. (Acad. fr.)

CHĀMIL, héros de l'indépendance du Caucase (Guimry, Daguestan, 1797 - Médine 1871). Imam du Daguestan (1834-1859), il s'opposa à l'avance russe dans le Caucase.

CHAMILLART (Michel **de**), homme d'État français (Paris 1652 - *id.* 1721), contrôleur des Finances et secrétaire d'État à la Guerre sous Louis XIV.

CHAMISSO de Boncourt (Louis Charles Adélaïde, dit **Adelbert von**), écrivain allemand d'origine française (château de Boncourt, Champagne, 1781 - Berlin 1838). Auteur de *la Merveilleuse Histoire de Peter Schlemihl* (1814), il fut directeur du Jardin botanique de Berlin.

CHAMONIX-MONT-BLANC [-ni-] (74400), ch.-l. de c. de la Haute-Savoie, au pied du mont Blanc ; 10 062 h. *(Chamoniards).* Superbe vallée de l'Arve, célèbre par ses glaciers. Important centre d'alpinisme et de sports d'hiver (alt. 1 037-3 842 m).

CHAMORRO (Violeta **Barrios de**), femme politique nicaraguayenne (Rivas 1929). Leader de l'opposition, elle est élue à la présidence de la République en 1990.

CHAMOUN (Camille), homme politique libanais (Dayr al-Qamar 1900 - Beyrouth 1987), président de la République (1952-1958) et l'un des principaux dirigeants maronites.

CHAMOUSSET (Claude **Piarron de**), philanthrope français (Paris 1717 - *id.* 1773). Il améliora le régime des hôpitaux militaires et créa un service de distribution des lettres dans Paris.

CHAMPA ou **TCHAMPA,** royaume indianisé de l'Indochine centrale, fondé en 192 dans la

Le château de **Chambord** (1519-1537).

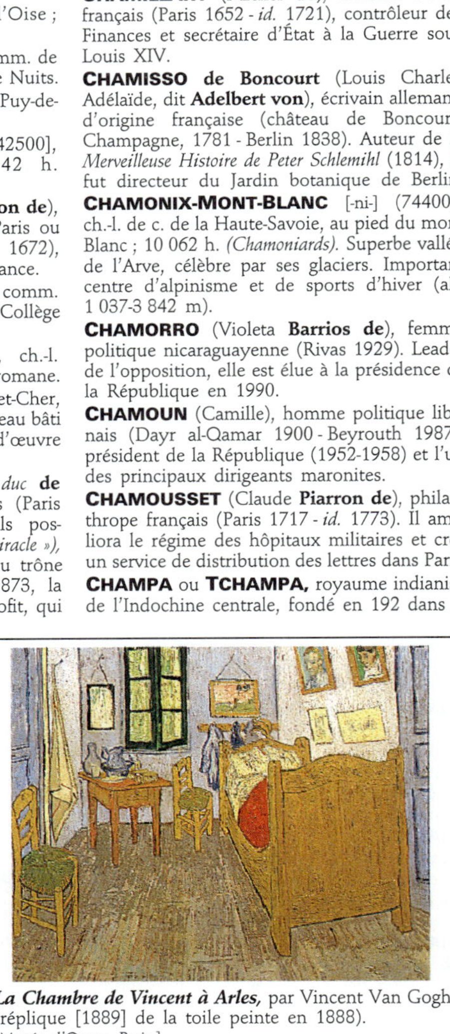

La Chambre de Vincent à Arles, par Vincent Van Gogh (réplique [1889] de la toile peinte en 1888). [Musée d'Orsay, Paris.]

région de Huê et qui, peu à peu absorbé par le Viêt Nam après 1471, disparut en 1822.

CHAMPAGNE ou **CAMPAGNE,** nom de diverses régions françaises, plaines calcaires, le plus souvent dénudées : *Champagne berrichonne, Campagne de Caen.* (V. aussi ci-dessous et, partie langue, *campagne.*)

CHAMPAGNE, anc. province de France, formée du comté de Meaux et de celui de Troyes qui appartinrent ensemble ou séparément, selon les époques, à la maison de Vermandois puis, après le XIe s., à celle de Blois, maîtresse du royaume de Navarre à partir de 1234. Le pays connut alors une grande prospérité économique, liée à ses foires internationales. La réunion de la Champagne à la France prit acte progressivement, à partir du mariage de Philippe le Bel avec Jeanne de Champagne (1284). La région connut un nouvel essor au XVIIe s., grâce au vin mousseux dit « champagne », et au XIXe s., grâce à l'industrie textile et métallurgique. Batailles importantes en 1915, 1917, 1918.

CHAMPAGNE, région géographique, correspondant en partie à l'anc. province. (Hab. *Champenois.*) On y distingue plusieurs secteurs. La *Champagne crayeuse* (dite autref. *pouilleuse*), longtemps pauvre, et vouée à l'élevage ovin, est aujourd'hui reboisée en pins ou amendée (cultures céréalières et betteravière). Elle sépare le *vignoble champenois,* établi sur le front de la côte de l'Île-de-France, à l'ouest, de la *Champagne humide,* à l'est, terre argileuse parsemée d'étangs, où l'élevage laitier s'est développé. Les villes se sont établies dans les vallées de la Seine (Troyes), de la Marne (Châlons-en-Champagne et Épernay), de la Vesle (Reims).

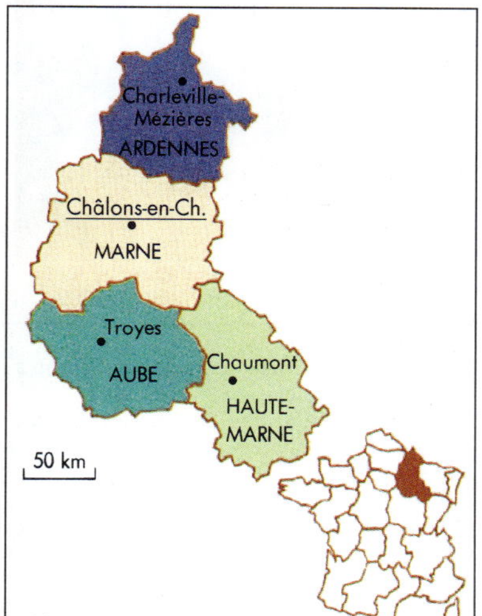

Champagne-Ardenne

CHAMPAGNE (Adonaï **Desparois,** dit **Claude**), compositeur canadien (Montréal 1891 - *id.* 1965). Influencé par le folklore québécois et par la musique française, il est à la source de l'école canadienne contemporaine *(Symphonie gaspésienne, Altitude).*

CHAMPAGNÉ (72470), comm. de la Sarthe ; 3 915 h. Constructions électriques.

CHAMPAGNE-ARDENNE, Région administrative formée des dép. des Ardennes, de l'Aube, de la Marne et de la Haute-Marne ; 25 606 km² ; 1 347 848 h. Ch.-l. *Châlons-en-Champagne.* V. pr. *Reims.*

CHAMPAGNE-MOUTON (16350), ch.-l. de c. de la Charente ; 1 029 h.

CHAMPAGNE-SUR-SEINE (77430), comm. de Seine-et-Marne ; 6 503 h.

CHAMPAGNEY (70290), ch.-l. de c. de la Haute-Saône ; 3 331 h.

CHAMPAGNOLE (39300), ch.-l. de c. du Jura, sur l'Ain ; 9 714 h. Métallurgie.

CHAMPAIGNE [-paɲ] (Philippe **de**), peintre français d'origine brabançonne (Bruxelles 1602 - Paris 1674). L'un des grands représentants du classicisme, il est l'auteur de portraits (Richelieu ; jansénistes et religieuses de Port-Royal) et de tableaux religieux.

Champ-de-Mars, à Paris, vaste terrain situé entre la façade septentrionale de l'École militaire et la Seine. Autref. affecté aux manœuvres et revues militaires, cet emplacement accueillit les Expositions universelles ou internationales de 1867, 1878, 1889 (construction de la tour Eiffel), 1900, 1937. C'est là aussi que fut célébrée la *fête de la Fédération,* le 14 juillet 1790.

CHAMPDENIERS-SAINT-DENIS (79220), ch.-l. de c. des Deux-Sèvres ; 1 465 h. Église romane et gothique.

CHAMPDIVERS (Odinette **de**), maîtresse de Charles VI (m. après 1425).

CHAMPEAUX (Guillaume **de**) → ***Guillaume de Champeaux.***

CHAMPEIX [-pɛ] (63320), ch.-l. de c. du Puy-de-Dôme ; 1 101 h. Bourg pittoresque.

CHAMPFLEURY (Jules **Husson,** dit **Fleury,** puis), écrivain et critique d'art français (Laon 1821 - Sèvres 1889), défenseur de l'esthétique réaliste (Le Nain, Daumier, Courbet) qu'il illustra par ses romans (*Chien-Caillou,* 1847).

CHAMPIGNEULLES (54250), comm. de Meurthe-et-Moselle ; 7 692 h. Brasserie.

CHAMPIGNY-SUR-MARNE (94500), ch.-l. de c. du Val-de-Marne, sur la rive gauche de la Marne ; 79 778 h. Chimie. Église des XIIe et XIIIe s.

CHAMPIONNET (Jean Étienne **Vachier,** dit), général français (Valence 1762 - Antibes 1800). Il tenta, en 1799, d'organiser à Naples la république Parthénopéenne.

CHAMPLAIN *(lac),* lac des confins du Canada (Québec) et des États-Unis, découvert par *Champlain ;* 1 550 km². Tourisme.

CHAMPLAIN (Samuel **de**), colonisateur français (Brouage v. 1567 - Québec 1635). Il fit un premier voyage en Nouvelle-France (1603), visita l'Acadie et les côtes de la Nouvelle-Angleterre (1604-1607), fonda Québec en 1608, et explora une partie des Grands Lacs (1615-16). Après 1620, il se consacra à la mise en valeur de la nouvelle colonie.

CHAMPLITTE (70600), ch.-l. de c. de la Haute-Saône ; 1 966 h. Château des XVIe-XVIIIe s. (Musée départemental).

CHAMPLITTE (Guillaume **de**) [Champagne, seconde moitié du XIIe s. - 1209], prince d'Achaïe (1205-1209). Il conquit avec Geoffroi de Villehardouin l'Achaïe (1205).

CHAMPMESLÉ (Marie **Desmares,** dite **la**), tragédienne française (Rouen 1642 - Auteuil 1698). Elle créa toutes les grandes héroïnes de Racine, dont elle fut la maîtresse.

Champmol [-mɔl] *(chartreuse de),* monastère fondé près de Dijon par Philippe le Hardi (1383) pour servir de nécropole à sa lignée. Rares vestiges sur place (auj. dans un faubourg), dont le *Puits de Moïse* de Sluter.

CHAMPOLLION (Jean-François), égyptologue français (Figeac 1790 - Paris 1832). Il déchiffra le premier les hiéroglyphes égyptiens (*Précis du système hiéroglyphique,* 1824).

CHAMPSAUR, région du dép. des Hautes-Alpes, dans la haute vallée du Drac.

CHAMPS ÉLYSÉES ou **ÉLYSÉE.** *Myth. gr.* Séjour des âmes vertueuses dans l'au-delà.

Champs-Élysées, avenue de Paris, longue de 1 880 m de la place de la Concorde à la place Charles-de-Gaulle (anc. place de l'Étoile). Bordée de jardins en son commencement, cette avenue remonte vers l'Arc de triomphe.

Jean-François **Champollion** (L. Cogniet - Louvre, Paris)

Samuel de **Champlain** (B.N.F., Paris)

Champs-Élysées *(Théâtre, Comédie* et *Studio* [petite salle de la *Comédie*] *des),* nom donné à trois salles réunies dans un immeuble de l'avenue Montaigne à Paris. Édifice construit en béton armé par A. Perret (1911-1913), décoré par Bourdelle, Vuillard, M. Denis. Une annexe de l'hôtel Drouot a été aménagée au sous-sol de l'édifice rénové de 1986 à 1988.

CHAMPS-SUR-MARNE (77420), ch.-l. de c. de Seine-et-Marne ; 21 762 h. Château construit autour de 1700 par Jean-Baptiste Bullet.

CHAMPS-SUR-TARENTAINE-MARCHAL (15270), ch.-l. de c. du nord-ouest du Cantal ; 1 102 h.

CHAMPTOCEAUX [ʃɑ̃tɔso] (49270), ch.-l. de c. de Maine-et-Loire, sur la Loire ; 1 532 h.

CHAMROUSSE [ʃɑ̃rus] (38410), comm. de l'Isère ; 554 h. Sports d'hiver (alt. 1 650-2 250 m).

CHAMSON (André), écrivain français (Nîmes 1900 - Paris 1983), peintre de la nature et des paysans des Cévennes *(Roux le Bandit, la Superbe).* [Acad. fr.]

CHAN *(État des)* ou **ÉTAT CHAN,** État de l'est de la Birmanie ; 3 726 000 h.

CHANAC (48230), ch.-l. de c. de la Lozère, sur le Lot ; 1 092 h.

CHANCELADE (24650), comm. de la Dordogne ; 3 740 h. Station préhistorique (paléolithique supérieur). Ossements humains de type moderne (néanthropien). Église en partie du XIIe s., anc. abbatiale.

CHANCELLOR (Richard), navigateur écossais (m. sur les côtes de l'Écosse en 1556). Il reconnut la mer Blanche.

CHANCHÁN, cap. du royaume chimú (du XIIe au XVe s.), près de Trujillo, sur la côte nord du Pérou. Vestiges (plus de 20 km²), multiples enceintes de briques crues ou moulées enserrant palais, centres cérémoniels, maisons, jardins, installations hydrauliques, etc.

CHANDERNAGOR, v. de l'Inde (Bengale-Occidental), sur l'Hooghly ; 76 000 h. Ancien comptoir français (1686-1951).

CHANDIGARH, v. de l'Inde, cap. des États du Pendjab et de l'Haryana, formant un territoire de l'Union indienne ; 640 725 h. Elle a été construite sous la direction de Le Corbusier à partir de 1951.

CHANDLER (Raymond Thornton), écrivain américain (Chicago 1888 - La Jolla, Californie, 1959), auteur de romans policiers *(le Grand Sommeil, Adieu ma jolie)* dont le personnage central est le détective privé Philip Marlowe.

CHANDOS (John), capitaine anglais du XIVe s. Connétable de Guyenne (1362) et sénéchal de Poitou (1369), il fut mortellement blessé à Lussac-les-Châteaux en 1370.

CHANDRAGUPTA → ***Candragupta.***

CHANDRASEKHAR (Subrahmanyan), astronome américain d'origine indienne (Lahore 1910 - Chicago 1995). Auteur de travaux d'astrophysique stellaire, il a établi que les naines blanches ne peuvent avoir une masse supérieure à 1,4 fois celle du Soleil. (Prix Nobel 1983.)

CHANEL (Gabrielle **Chasnel,** dite **Coco**), couturière française (Saumur 1883 - Paris 1971). Elle donna à la mode, dès 1916, un tour nouveau en prenant pour règle de l'élégance une extrême simplicité.

CHANGAN → ***Xi'an.***

CHANGARNIER (Nicolas), général et homme politique français (Autun 1793 - Paris 1877). Il fut gouverneur de l'Algérie en 1848.

CHANGCHUN ou **TCH'ANG-TCH'OUEN,** v. de la Chine du Nord-Est, cap. du Jilin ; env. 2 millions d'h. Centre industriel.

CHANGDE ou **TCH'ANG-TÖ,** v. de la Chine centrale (Hunan) ; env. 400 000 h.

CHANGEUX (Jean-Pierre), biologiste français (Domont 1936). Il a étudié le développement du système nerveux et a fait découvrir les neurosciences à un large public français. Il est président du Comité national d'éthique depuis 1992.

CHANG-HAI → ***Shanghai.***

CHANGHUA ou **ZHANGHUA,** v. de Taiwan ; 194 000 h.

CHANGSHA ou **TCH'ANG-CHA,** v. de Chine, cap. du Hunan ; 1 050 000 h. Centre industriel. Vestiges de la nécropole de cette anc. cap. du royaume de Chu sous les Royaumes Combattants (Ve-IIIe s. av. J.-C.) au musée local.

CHANGZHOU ou **TCH'ANG-TCHEOU,** v. de Chine (Jiangsu) ; 300 000 h.

CHANNEL (the), nom angl. de la *Manche.*

CHAN-SI → ***Shanxi.***

Chanson de Roland (la), la plus ancienne des chansons de geste françaises, composée à la fin du XIe s., en vers de dix syllabes groupés en laisses assonancées. Amplification et métamorphose d'un événement historique de l'époque carolingienne, elle exprime l'enthousiasme religieux face à l'islam, l'amour du sol natal, la fidélité au suzerain.

CHANTAL (Jeanne-Françoise **Frémyot de**) → ***Jeanne-Françoise Frémyot de Chantal*** *(sainte).*

Chant du départ (le), chant patriotique français créé en 1794. Paroles de M.-J. Chénier, musique de Méhul.

CHANTELLE (03140), ch.-l. de c. de l'Allier ; 1 061 h. Abbatiale romane.

CHANTELOUP-LES-VIGNES (78570), comm. des Yvelines, au N. de Poissy ; 10 235 h.

CHANTEMESSE (André), médecin bactériologiste français (Le Puy 1851 - Paris 1919), inventeur, avec F. Widal, du vaccin contre la typhoïde (1888).

CHAN-T'EOU → ***Shantou.***

CHANTILLY (60500), ch.-l. de c. de l'Oise, en bordure de la *forêt de Chantilly* (6 300 ha) ; 11 525 h. *(Cantiliens).* Hippodrome. Château des Montmorency et des Condés, reconstruit au XIXe s., sauf le *petit château* (par J. Bullant) et les écuries (par J. Aubert) ; il a été légué (1886) par le duc d'Aumale à l'Institut de France, avec ses riches collections d'art *(musée Condé).* Siège du quartier général de Joffre de novembre 1914 à janvier 1917.

CHAN-TONG → ***Shandong.***

CHANTONNAY (85110), ch.-l. de c. de la Vendée ; 7 692 h. *(Chantonnaisiens).* Industrie alimentaire.

CHANUTE (Octave), ingénieur américain d'origine française (Paris 1832 - Chicago 1910). Il contribua au développement de l'aviation en construisant et expérimentant divers modèles d'appareils, et il aida les frères Wright à leurs débuts.

CHANZY (Alfred), général français (Nouart, Ardennes, 1823 - Châlons-sur-Marne 1883). Il commanda la IIe armée de la Loire en 1871, puis il fut gouverneur de l'Algérie (1873) et ambassadeur en Russie (1879).

CHAO PHRAYA (la), parfois **MÉNAM** (le), principal fl. de Thaïlande, qui passe à Bangkok et rejoint le golfe de Thaïlande ; 1 200 km.

CHAOUÏA (la), plaine du Maroc atlantique, arrière-pays de Casablanca.

CHAOUIA, population berbère de l'Est algérien.

CHAOURCE (10210), ch.-l. de c. du sud de l'Aube ; 1 040 h. Dans l'église, *Mise au tombeau* de 1515.

CHAPAIS (*sir* Thomas), homme politique et historien canadien (Saint-Denis-de-Kamouraska 1858 - *id.* 1946), auteur d'un *Cours d'histoire du Canada* (1919-1934).

CHAPALA, lac du Mexique central ; 1 080 km².

Chapeaux et **Bonnets,** nom des deux factions qui se disputèrent le pouvoir aux diètes suédoises de 1738 à 1772. Les Bonnets étaient partisans d'une politique pacifiste, ménageant la Russie, tandis que les Chapeaux désiraient reprendre les territoires enlevés par les Russes. Les deux factions furent éliminées par Gustave III (1772).

CHAPEL (Alain), cuisinier français (Lyon 1937 - Saint-Rémy-de-Provence 1990). À partir de 1969, il a maintenu la haute qualité du restaurant familial où s'allient tradition et harmonie des saveurs nouvelles.

CHAPELAIN (Jean), écrivain français (Paris 1595 - *id.* 1674). Poète médiocre, raillé par Boileau, il joua un rôle important dans la création de l'Académie française et la formation de la doctrine classique.

CHAPELLE-AUX-SAINTS (La) [19120], comm. de la Corrèze ; 184 h. Station préhistorique (squelette du type de Neandertal).

CHAPELLE-D'ABONDANCE (La) [74360], comm. de la Haute-Savoie ; 727 h. Sports d'hiver (alt. 1 020-1 750 m).

CHAPELLE-D'ARMENTIÈRES (La) [59930], comm. du Nord ; 7 851 h.

CHAPELLE-DE-GUINCHAY (La) [71570], ch.-l. de c. de Saône-et-Loire ; 2 261 h. Vins.

CHAPELLE-EN-VERCORS (La) [26420], ch.-l. de c. de la Drôme ; 777 h.

CHAPELLE-LA-REINE (La) [77760], ch.-l. de c. de Seine-et-Marne ; 2 134 h.

CHAPELLE-SAINT-LUC (La) [10600], ch.-l. de c. de l'Aube, banlieue de Troyes ; 15 912 h. Pneumatiques. Constructions mécaniques.

CHAPELLE-SAINT-MESMIN (La) [45380], comm. du Loiret, banlieue d'Orléans ; 8 249 h. Pneumatiques. Verrerie.

CHAPELLE-SUR-ERDRE (La) [44240], ch.-l. de c. de la Loire-Atlantique ; 14 946 h.

CHAPLIN (Charles Spencer, dit **Charlie**), acteur et cinéaste britannique (Londres 1889 - Corsier-sur-Vevey, Suisse, 1977). Longtemps fixé aux États-Unis, créateur du personnage universellement célèbre de *Charlot**, cet auteur complet s'est imposé comme l'un des plus authentiques artistes du siècle, conjuguant dans ses œuvres burlesque, satire et émotion : *la Ruée vers l'or* (1925), *les Lumières de la ville* (1931), *les Temps modernes* (1936), *le Dictateur* (1940), *Monsieur Verdoux* (1947), *Limelight* (1952), *la Comtesse de Hong Kong* (1967).

Charlie **Chaplin** incarnant le personnage de *Charlot* dans le film *The Kid,* qu'il réalisa en 1921.

CHAPMAN (George), poète dramatique anglais (Hitchin 1559 - Londres 1634).

CHAPOCHNIKOV (Boris Mikhaïlovitch), maréchal soviétique (Zlatooust 1882 - Moscou 1945). Chef d'état-major de l'Armée rouge de 1937 à 1942, il fut conseiller militaire de Staline.

CHAPONOST (69630), comm. du Rhône, au S.-O. de Lyon ; 7 008 h.

CHAPPAZ (Maurice), écrivain suisse d'expression française (Martigny 1914). Il a célébré son Valais natal.

CHAPPE (Claude), ingénieur français (Brûlon, Sarthe, 1763 - Paris 1805). Il créa la télégraphie aérienne, dont il installa la première ligne en 1794, entre Paris et Lille.

CHAPTAL (Jean), *comte* **de Chanteloup,** chimiste et homme politique français (Nojaret, Lozère, 1756 - Paris 1832). Il mit au point la « chaptalisation » des vins et développa l'industrie chimique en France, notamment la fabrication de l'alun et la teinture du coton ; il fut ministre de l'Intérieur sous Napoléon Ier.

CHAR (René), poète français (L'Isle-sur-la-Sorgue 1907 - Paris 1988). Son œuvre, marquée par le surréalisme *(le Marteau sans maître)* puis par son engagement dans la Résistance *(Feuillets d'Hypnos),* cherche l'accord profond entre forces naturelles et aspirations humaines *(Fureur et mystère, la Parole en archipel, la Nuit talismanique, Chants de la Balandrane).*

CHARBONNEAU (Robert), écrivain canadien d'expression française (Montréal 1911 - *id.* 1967). Poète et critique, il est le véritable créateur du roman d'analyse au Canada (*Fontile,* 1945).

CHARBONNIÈRES-LES-BAINS (69260), comm. du Rhône ; 4 039 h. Station thermale. Produits pharmaceutiques.

CHARCOT (Jean Martin), médecin français (Paris 1825 - près du lac des Settons 1893). Fondateur de l'école de neurologie de la Salpêtrière, il enseigna dans cet hôpital, donnant des cours célèbres que suivirent de futurs savants français et étrangers (dont Freud). Il mit en évidence le rapport entre les lésions de certaines parties du cerveau et les atteintes motrices. — Son fils **Jean** (Neuilly-sur-Seine 1867 - en mer 1936), médecin également, est l'auteur de campagnes et de travaux océanographiques dans les régions polaires. Il périt en mer sur le *Pourquoi-Pas ?*

CHARDIN (Jean), voyageur français (Paris 1643 - près de Londres 1713), auteur d'un *Voyage en Perse et aux Indes orientales* (1711).

CHARDIN (Jean Siméon), peintre français (Paris 1699 - *id.* 1779). Auteur de natures mortes et de scènes de genre (*le Bénédicité*, la Pourvoyeuse,* etc.), il traduit excellemment l'intimité, la « vie silencieuse » du sujet choisi.

Jean Siméon **Chardin :** *la Pourvoyeuse* (1739). [Louvre, Paris.]

CHĀRDJA, l'un des Émirats arabes unis ; 184 000 h. Pétrole.

CHARDONNE (Jacques **Boutelleau,** dit **Jacques**), écrivain français (Barbezieux 1884 - La Frette-sur-Seine 1968), peintre du couple et de l'amour conjugal *(l'Épithalame ; Vivre à Madère).*

CHARDONNET (Hilaire **Bernigaud,** *comte* **de**), chimiste et industriel français (Besançon 1839 - Paris 1924). Il créa en 1884 le premier textile artificiel, une fibre de cellulose nitrée imitant la soie, et installa à Besançon en 1891 la première usine au monde pour la production de fils artificiels.

CHAREAU (Pierre), architecte et décorateur français (Le Havre 1883 - New York 1950). Il a construit la première maison française en acier apparent et verre (rue Saint-Guillaume, Paris, 1928).

CHARENTE (la), fl. né dans le Limousin (Haute-Vienne), qui passe à Angoulême, Cognac, Saintes, Rochefort, et rejoint l'Atlantique par un estuaire envasé ; 360 km.

CHARENTE (**16**), dép. de la Région Poitou-Charentes ; ch.-l. de dép. *Angoulême ;* ch.-l. d'arr. *Cognac, Confolens ;* 3 arr., 35 cant., 405 comm. ; 5 956 km² ; 341 993 h. *(Charentais).* Le dép. est rattaché à l'académie de Poitiers, à la cour d'appel de Bordeaux et à la région militaire Atlantique. En dehors du Confolentais (extrémité nord-ouest du Limousin), il s'étend sur l'Angoumois, pays calcaire assez plat. L'élevage bovin (pour le beurre surtout) et la culture du blé y tiennent une place importante. Le vignoble est localisé essentiellement autour de Cognac (Champagne) et fournit une eau-de-vie réputée (cognac). L'industrie, en dehors des activités dispersées liées au vignoble et surtout à l'élevage, est principalement représentée à Angoulême.

CHARENTE-MARITIME (**17**), dép. de la Région Poitou-Charentes ; ch.-l. de dép. *La*

Rochelle ; ch.-l. d'arr. *Jonzac, Rochefort, Saintes, Saint-Jean-d'Angély ;* 5 arr., 51 cant., 472 comm. ; 6 864 km² ; 527 146 h. Le dép. est rattaché à l'académie et à la cour d'appel de Poitiers, à la région militaire Atlantique. Il est formé de plaines et de bas plateaux, surtout calcaires, où l'élevage bovin pour les produits laitiers a progressé aux dépens des cultures (blé) ; la production de cognac se maintient à l'est de Saintes. Le littoral, en partie marécageux (Marais poitevin, marais de Rochefort et de Brouage), est animé par l'ostréiculture (Marennes), la mytiliculture, le tourisme estival (Royan, îles de Ré et d'Oléron) et la pêche (La Rochelle). La Rochelle (avec son avant-port, La Pallice) et Rochefort concentrent l'essentiel de l'industrie, dominée par la métallurgie de transformation, en dehors des branches valorisant la production agricole.

CHARENTON-DU-CHER (18210), ch.-l. de c. du Cher ; 1 171 h.

CHARENTON-LE-PONT (94220), ch.-l. de c. du Val-de-Marne, au confl. de la Seine et de la Marne ; 21 991 h. *(Charentonnais).* L'hôpital dit « de Charenton », appelé aujourd'hui hôpital Esquirol, est situé sur le territoire de la comm. de Saint-Maurice, détachée de Charenton.

CHARÈS [karɛs], général athénien (v. 400-330 av. J.-C.), vaincu à Chéronée (338) par Philippe de Macédoine.

CHARETTE DE LA CONTRIE (François **de**), chef vendéen (Couffé 1763 - Nantes 1796), capturé par Hoche et fusillé.

CHARI (le), fl. de l'Afrique équatoriale, qui rejoint le Logone (à N'Djamena), tributaire du lac Tchad ; 1 200 km.

CHARI'ATI ('Ali), philosophe iranien (dans le Khorāsān 1933 - Londres 1977). Il a renouvelé le chiisme.

CHARIBERT → ***Caribert.***

CHARITES [ka-] (les), nom grec des *Grâces**.

CHARITÉ-SUR-LOIRE (La) [58400], ch.-l. de c. de la Nièvre ; 5 720 h. *(Charitois).* Église romane d'obédience clunisienne.

Charivari (le), journal satirique fondé à Paris (1832-1937), et auquel ont collaboré Daumier, Grandville, Gavarni.

CHARLEMAGNE ou **CHARLES Ier le Grand** (747 - Aix-la-Chapelle 814), roi des Francs (768-814), empereur d'Occident (800-814), fils aîné de Pépin le Bref. En 771, à la mort de son frère Carloman, il règne seul. Vainqueur des Lombards, il devient le maître du nord de l'Italie (774). Il crée le royaume d'Aquitaine, vassalise la Bavière, rattache la Saxe à l'État franc (799), soumet les Frisons (785), les Avars de Pannonie (796) et les Saxons (804), qu'il combat plus de trente ans. Ayant échoué dans la conquête de l'Espagne musulmane, il crée une zone de sécurité au sud des Pyrénées, la marche d'Espagne ; de même, il établit une marche de Bretagne (789-790). Le jour de Noël 800, il est couronné empereur des Romains par le pape.

Représentation présumée de **Charlemagne.** Chef reliquaire en argent doré (v. 1350). [Cathédrale d'Aix-la-Chapelle.]

D'Aix-la-Chapelle, où il réside habituellement, il contrôle l'administration des comtes et des évêques par l'intermédiaire des *missi dominici* et de l'assemblée annuelle des notables. Ses ordres s'expriment en des *capitulaires.* Animateur d'une véritable renaissance culturelle, il fait appel à des lettrés (Alcuin) et crée une école du palais. Il multiplie les ateliers d'art dans les monastères. En même temps qu'il veille au développement du christianisme, il reprend des contacts commerciaux avec l'Orient. En 813, il fait couronner son fils Louis le Pieux. Personnage vite légendaire, Charlemagne est le héros de nombreuses chansons de geste.

CHARLEROI, v. de Belgique, ch.-l. d'arr. du Hainaut, sur la Sambre ; 206 214 h. Centre industriel. Musée du Verre et musée de la Photographie. Victoire des Allemands (21-23 août 1914).

SAINTS

CHARLES BORROMÉE *(saint),* archevêque de Milan, cardinal (Arona 1538 - Milan 1584). Il contribua puissamment à la Réforme catholique, en restaurant la discipline ecclésiastique par les visites pastorales régulières, la tenue de synodes, l'organisation de séminaires et l'enseignement du catéchisme.

CHARLES GARNIER *(saint),* jésuite français (Paris 1606 - Saint-Jean, Québec, 1649), massacré par les Iroquois en pays huron.

EMPEREURS

CHARLES Ier → ***Charlemagne.***

CHARLES II, empereur d'Occident → ***Charles II le Chauve,*** roi de France.

CHARLES III le Gros (Neidingen 839 - *id.* 888), empereur d'Occident (881-887), roi de Germanie (882-887), roi de France (884-887), fils cadet de Louis le Germanique. Il reconstitua en théorie l'empire de Charlemagne, mais, à cause de sa faiblesse devant les féodaux et les Normands, il fut déposé à la diète de Tribur en 887.

CHARLES IV de Luxembourg (Prague 1316 - *id.* 1378), roi de Germanie (1346-1378), roi de Bohême (Charles Ier) [1346-1378], empereur germanique (1355-1378), fils de Jean de Luxembourg, roi de Bohême. Il promulgua la *Bulle d'or* (1356) et fit de Prague, qu'il dota d'une université (1348), le centre culturel de l'Empire.

CHARLES V, dit **CHARLES QUINT** (Gand 1500 - Yuste, Estrémadure, 1558), empereur germanique (1519-1556), roi d'Espagne (Charles Ier) [1516-1556], roi de Sicile (Charles IV) [1516-1556], fils de Philippe le Beau, archiduc d'Autriche, et de Jeanne la Folle, reine de Castille. Il reçoit en 1515 le gouvernement des Pays-Bas et hérite, à la mort de Ferdinand le Catholique (1516), des couronnes de Castille, d'Aragon, de Naples et de Sicile, dont dépendent de vastes colonies en Amérique. Élu à la tête du Saint Empire (1519), il gouverne un immense territoire sur lequel « jamais le soleil ne se couche ». Rival de François Ier, qui avait brigué la couronne impériale, il mène contre lui trois guerres (1521-1529, 1536-1538, 1539-1544), marquées par le désastre de Pavie (1525) et le sac de Rome (1527). Il lutte contre l'expansion ottomane sous Soliman le Magnifique, assiégeant victorieusement Tunis (1535) et échouant devant Alger (1541). Puis il poursuit la guerre contre la France sous Henri II (1547-1566). N'ayant pu réduire le protestantisme par la force, il doit accepter la paix d'Augsbourg (1555). Il abdique en 1556 et se retire au couvent de Yuste.

CHARLES VI (Vienne 1685 - *id.* 1740), empereur germanique (1711-1740), roi de Hongrie (Charles III) [1711-1740] et de Sicile (Charles VI) [1714-1734], deuxième fils de Léopold Ier de Habsbourg. Il dut renoncer à ses prétentions sur l'Espagne (traité de Rastatt, 1714). Il s'employa à faire accepter par l'Europe la *Pragmatique Sanction* de 1713, par laquelle il garantissait à sa fille Marie-Thérèse la succession d'Autriche. Il perdit définitivement Naples et la Sicile en 1738.

CHARLES VII ALBERT (Bruxelles 1697 - Munich 1745), Électeur de Bavière (1726-1745), empereur germanique (1742-1745). Il fut le compétiteur de Marie-Thérèse à la succession d'Autriche.

ANGLETERRE

CHARLES Ier (Dunfermline 1600 - Londres 1649), roi d'Angleterre, d'Écosse et d'Irlande (1625-1649), fils de Jacques Ier Stuart. Poussé dans la voie du despotisme par ses ministres Buckingham, Strafford, l'évêque Laud, ainsi que par sa femme, Henriette de France, il souleva une violente opposition parlementaire ; la pétition de Droit (1628) l'amena à renvoyer le Parlement (1629) et à gouverner seul. La menace écossaise l'obligea à convoquer en 1640 le Parlement (*Court,* puis *Long* Parlement [1640-1653]) qui envoya Strafford, puis Laud à la mort. Ces exécutions, auxquelles le roi n'eut pas le courage de s'opposer, et les complaisances du souverain envers les catholiques provoquèrent la rupture entre le roi et le Parlement (1642). Éclata alors la guerre civile entre les partisans du roi et l'armée du Parlement, qui s'allia aux Écossais. L'armée royale fut vaincue à Naseby (1645). Charles Ier se rendit aux Écossais, qui le livrèrent au Parlement. Son évasion (1647) provoqua une seconde guerre civile et la victoire de l'armée de Cromwell. Ce dernier obtint du Parlement épuré (« Parlement croupion ») sa condamnation à mort. Il fut décapité à Whitehall (1649).

CHARLES II (Londres 1630 - *id.* 1685), roi d'Angleterre, d'Écosse et d'Irlande (1660-1685), fils de Charles Ier et d'Henriette de France. Exilé après la victoire de Cromwell, son retour en Angleterre (1660) fut facilité par le ralliement de Monk. Il blessa le sentiment national anglais en s'alliant avec la France contre la Hollande pour s'assurer les subsides de Louis XIV (1664-1667) et en pratiquant la tolérance à l'égard des catholiques. Aussi dut-il affronter l'opposition du Parlement, hostile aux catholiques et à son frère, le futur Jacques II, contre lequel le Parlement essaya d'imposer le Bill d'exclusion (1681), ce qui entraîna la dissolution de l'Assemblée.

AUTRICHE

CHARLES DE HABSBOURG, archiduc d'Autriche (Florence 1771 - Vienne 1847), troisième fils de Léopold II. Ministre de la Guerre depuis 1805 et feldmaréchal, il combattit Napoléon à Essling (mai 1809) et fut défait à Wagram (juill.).

CHARLES Ier (Persenbeug 1887 - Funchal, Madère, 1922), empereur d'Autriche et roi de Hongrie (Charles IV) [1916-1918], petit-neveu et successeur de François-Joseph Ier. Il entreprit en 1917 des négociations secrètes avec l'Entente. Après la proclamation de la république en Autriche (1918), il tenta de reprendre le pouvoir en Hongrie (1921).

BELGIQUE

CHARLES DE BELGIQUE (Bruxelles 1903 - Ostende 1983), comte de Flandre, second fils d'Albert Ier. Il fut régent de Belgique de 1944 à 1950.

BOURGOGNE

CHARLES LE TÉMÉRAIRE (Dijon 1433 - devant Nancy 1477), duc de Bourgogne (1467-1477), fils de Philippe le Bon. Il essaya de se constituer une principauté puissante aux dépens de la monarchie capétienne. Chef de la *ligue du Bien public,* il fit signer à Louis XI les traités de Conflans et de Saint-Maur après la bataille indécise de Montlhéry (1465). Puis Louis XI appuyant la révolte de Liège, il le retint prisonnier à Péronne (1468) et réprima la rébellion. Il soumit la Lorraine, mais fut vaincu par les Suisses à Granson et à Morat (1476). Lorsqu'il mourut l'année suivante en combattant le duc de Lorraine, le vaste édifice des ducs de Bourgogne de la maison de Valois s'écroula avec lui.

ESPAGNE

CHARLES Ier → ***Charles V*** *(Charles Quint),* empereur germanique.

CHARLES II (Madrid 1661 - *id.* 1700), roi d'Espagne et de Sicile (Charles V) [1665-1700], fils de Philippe IV. Il désigna comme successeur Philippe d'Anjou, petit-fils de Louis XIV, ce qui provoqua la guerre de la Succession d'Espagne.

CHARLES III (Madrid 1716 - *id.* 1788), roi d'Espagne (1759-1788), duc de Parme (1731-1735), roi de Naples et de Sicile (Charles VII) [1734-1759], fils de Philippe V. Il conclut avec la France le pacte de Famille (1761), qui l'entraîna dans la guerre de Sept Ans. Tenant du despotisme éclairé, il s'efforça de rénover le pays avec l'aide de Pedro d'Aranda et de Floridablanca.

Charles III *(ordre de),* ordre fondé en Espagne par Charles III en 1771.

CHARLES IV (Portici 1748 - Rome 1819), roi d'Espagne (1788-1808), fils de Charles III. Entraîné par la France dans sa lutte contre l'Empire britannique depuis 1796, il fut contraint d'abdiquer en 1808 en faveur de son fils Ferdinand VII puis il s'en remit à Napoléon Ier, qui donna la couronne d'Espagne à son frère Joseph.

CHARLES DE BOURBON ou **DON CARLOS,** infant d'Espagne (Madrid 1788 - Trieste 1855), comte de Molina. Revendiquant la succession au trône d'Espagne contre Isabelle II, il provoqua la première guerre carliste (1833-1839). — Son fils **Charles de Bourbon** ou **don Carlos,** comte **de Montemolín** (Madrid 1818-Trieste 1861), suscita la deuxième guerre carliste (1846-1849).

FRANCE

CHARLES Ier → ***Charlemagne.***

CHARLES II le Chauve (Francfort-sur-le-Main 823 - Avrieux, dans les Alpes, 877), roi de France (843-877) et empereur d'Occident (875-877), fils de Louis Ier le Pieux et de Judith de Bavière. Après avoir vaincu, à Fontenoy-en-Puisaye (841), son frère Lothaire, avec l'appui de son autre frère Louis le Germanique (*Serments de Strasbourg,* 842), il signa avec eux le traité de Verdun (843), qui le fit roi de la *Francia occidentalis.* Son règne fut marqué par les invasions normandes, les guerres franco-germaniques et le progrès de la féodalité. À la mort de l'empereur Louis II (875), il reçut la couronne impériale et acquit la Provence.

CHARLES III le Simple (879 - Péronne 929), roi de France (898-923), fils posthume de Louis II le Bègue. Il partagea le trône avec le comte de Paris, Eudes, en 893, devenant seul roi de France à la mort de ce dernier (898). Il donna la Normandie à Rollon au traité de Saint-Clair-sur-Epte (911). Il fut vaincu par Hugues le Grand à Soissons, et détrôné en 923.

CHARLES IV le Bel (v. 1295 - Vincennes 1328), roi de France et de Navarre (Charles Ier) [1322-1328], troisième fils de Philippe IV le Bel

Charles Quint (Titien - Alte Pinakothek, Munich)

Charles Ier d'Angleterre (Van Dyck - Louvre, Paris)

Charles le Téméraire (R. Van der Weyden [?] - Musée de Berlin-Dahlem)

et de Jeanne Ire de Navarre. Il fut le dernier des Capétiens directs.

CHARLES V le Sage (Vincennes 1338 - Nogent-sur-Marne 1380), roi de France (1364-1380), fils de Jean II le Bon. Assumant le gouvernement du royaume pendant la captivité de son père (1356-1360), il dut faire face aux intrigues de Charles II le Mauvais, roi de Navarre, et assista impuissant aux troubles qui se produisirent à Paris sous la direction d'Étienne Marcel ainsi qu'à la Jacquerie qui ravagea le nord du royaume. Avec l'Angleterre, il négocia le traité de Brétigny (1360). Devenu roi, il imposa la paix à Charles le Mauvais, débarrassa le royaume des Grandes Compagnies et reprit à l'Angleterre presque toutes les provinces conquises. Ces succès furent dus à sa prudente politique et à l'action militaire de Du Guesclin. On doit à Charles V d'heureuses réformes financières, l'extension des privilèges de l'Université, la construction ou l'embellissement de plusieurs palais (hôtel Saint-Pol, Louvre, etc.), ainsi que la réunion d'une importante collection de manuscrits.

CHARLES VI le Bien-Aimé (Paris 1368 - *id.* 1422), roi de France (1380-1422), fils de Charles V. Il gouverna d'abord sous la tutelle de ses oncles, qui dilapidèrent le Trésor et provoquèrent des révoltes *(Maillotins)* par la levée de nouveaux impôts. Il défit les Flamands à Rozebeke (1382) et, en 1388, renvoya ses oncles pour les remplacer par les *Marmousets,* anciens conseillers de son père. Mais, après qu'en 1392 il eut commencé de sombrer dans la folie, son royaume, déchiré par la rivalité des *Bourguignons* et des *Armagnacs,* livré à l'anarchie, gouverné par la reine Isabeau de Bavière, tomba presque tout entier entre les mains de l'Angleterre par le traité de Troyes (1420).

CHARLES VII (Paris 1403 - Mehun-sur-Yèvre 1461), roi de France (1422-1461), fils de Charles VI et d'Isabeau de Bavière. À son avènement, les Anglais occupaient presque toute la France. Les tentatives du « Roi de Bourges » pour les repousser furent d'abord vaines. Il reçut le secours de Jeanne d'Arc et les victoires de cette dernière, qui le fit sacrer à Reims (1429), ébranlèrent la domination anglaise et, même après qu'elle fut brûlée, l'impulsion donnée ne se ralentit pas. Au bout de vingt ans de luttes, les Anglais, battus à Formigny (1450) et à Castillon (1453), étaient chassés de France, où ils ne conservaient que Calais. À l'intérieur, Charles VII réforma le gouvernement, les finances et l'armée (qui devint permanente avec l'institution des francs archers et des compagnies d'ordonnance) ; il donna à l'Église de France une charte, la *Pragmatique Sanction de Bourges* (1438), qui l'assujettissait à la royauté, et triompha de la *Praguerie,* révolte des seigneurs, que son propre fils, le futur Louis XI, soutenait.

CHARLES VIII (Amboise 1470 - *id.* 1498), roi de France (1483-1498), fils de Louis XI et de Charlotte de Savoie. Sous la régence de sa sœur, Anne de Beaujeu (1483-1494), les états généraux furent réunis à Tours (1484) et la rébellion des grands seigneurs, menée par Louis d'Orléans, fut maîtrisée (1488). Le roi fut marié à Anne de Bretagne (1491) pour préparer l'annexion de ce pays à la France. Le rôle personnel de Charles VIII se borna à la politique extérieure : pour agir librement au royaume de Naples, qu'il convoitait, Charles VIII donna le Roussillon et la Cerdagne à l'Espagne, l'Artois et la Franche-Comté à l'Autriche, mais son expédition en Italie échoua totalement (1497).

CHARLES IX (Saint-Germain-en-Laye 1550 - Vincennes 1574), roi de France (1560-1574), fils d'Henri II et de Catherine de Médicis. Pendant son règne, le pouvoir réel fut exercé par sa mère, puis, après la paix de Saint-Germain (1570), par le protestant Coligny, qui fut assassiné lors du massacre de la Saint-Barthélemy (1572), auquel il ne chercha pas à s'opposer.

CHARLES X (Versailles 1757 - Görz, auj. Gorizia, 1836), roi de France (1824-1830), dernier fils de Louis, Dauphin de France, et de Marie-Josèphe de Saxe, petit-fils de Louis XV, frère de Louis XVI et de Louis XVIII. Il était comte d'Artois quand il émigra, en 1789. Chef du parti ultraroyaliste durant le règne de Louis XVIII (1814-1824), il devint roi à la mort de ce dernier. Le ministère autoritaire et réactionnaire de Villèle (1824-1828) lui valut une impopularité que ne diminuèrent ni la victoire de Navarin ni l'avènement du ministère Martignac (1828), plus libéral. La Chambre, ayant refusé la confiance au cabinet Polignac, formé en 1829, fut dissoute, mais les élections s'avérèrent favorables à l'opposition. Malgré le succès de l'expédition d'Alger (4 juill.), les ordonnances du 25 juillet 1830, dissolvant la Chambre, non encore réunie, modifiant la Charte et supprimant la liberté de la presse, provoquèrent la révolution de juillet 1830 et l'abdication de Charles X (2 août), qui mourut en exil.

HONGRIE

CHARLES Ier ROBERT, dit **Carobert** (Naples 1288 - Visegrád 1342), roi de Hongrie (1301-1342), de la maison d'Anjou.

CHARLES II → ***Charles III de Naples.***

CHARLES III → ***Charles VI,*** empereur.

CHARLES IV → ***Charles Ier d'Autriche.***

NAVARRE

CHARLES Ier, roi de Navarre → ***Charles IV le Bel,*** roi de France.

CHARLES II le Mauvais (1332-1387), roi de Navarre (1349-1387), petit-fils de Louis X, roi de France. Il lutta contre Jean II le Bon puis contre Charles V et fut battu à Cocherel par du Guesclin (1364).

CHARLES III le Noble (Mantes 1361 - Olite 1425), roi de Navarre (1387-1425), fils du précédent.

ROUMANIE

CHARLES Ier ou **CAROL Ier** (Sigmaringen 1839 - Sinaia 1914), prince (1866-1881), puis roi (1881-1914) de Roumanie, de la maison des Hohenzollern. Il se déclara, en 1877, complètement indépendant des Ottomans.

CHARLES II ou **CAROL II** (Sinaia 1893 - Estoril, Portugal, 1953), roi de Roumanie (1930-1940), fils de Ferdinand Ier. Ayant dû renoncer au trône en faveur de son fils Michel (1926), il s'imposa comme roi en 1930 et dut abdiquer en 1940.

SICILE ET NAPLES

CHARLES Ier D'ANJOU, prince capétien (1226 - Foggia 1285), comte d'Anjou, du Maine et de Provence (1246-1285), roi de Sicile (1266-1285), dixième fils du roi Louis VIII et frère de Saint Louis. La révolte des Vêpres siciliennes (1282) le priva de l'île de Sicile et provoqua la formation de deux royaumes de Sicile, l'un insulaire, l'autre péninsulaire. Poursuivant ses rêves orientaux, Charles d'Anjou fut un moment roi d'Albanie (1272) et roi de Jérusalem (1277).

CHARLES II le Boiteux (v. 1248 - Naples 1309), roi de Sicile péninsulaire (1285-1309), fils du précédent.

CHARLES III (1345 - Buda 1386), roi de Naples (1381-1386) et, sous le nom de *Charles II,* roi de Hongrie (1385-86).

CHARLES IV → ***Charles V*** *(Charles Quint),* empereur germanique.

CHARLES V → ***Charles II d'Espagne.***

CHARLES VI → ***Charles VI,*** empereur germanique.

CHARLES VII → ***Charles III d'Espagne.***

SUÈDE

CHARLES IX (Stockholm 1550 - Nyköping 1611), régent (1595) puis roi de Suède (1607-1611), troisième fils de Gustave Vasa et père de Gustave II Adolphe. Il assura l'unité politique et religieuse du royaume.

CHARLES X GUSTAVE (Nyköping 1622 - Göteborg 1660), roi de Suède (1654-1660). Succédant à Christine, il imposa au Danemark la paix de Roskilde (1658).

CHARLES XI (Stockholm 1655 - *id.* 1697), roi de Suède (1660-1697), fils et successeur de Charles X Gustave. Il fut l'allié de la France en 1675 contre les Provinces-Unies et instaura la monarchie absolue.

CHARLES XII (Stockholm 1682 - Fredrikshald, auj. Halden, Norvège, 1718), roi de Suède (1697-1718), fils de Charles XI. Il vainquit le roi de Danemark à Copenhague (1700), les Russes à Narva, et Auguste II de Pologne à Kliszów (1702). Mais il ne put triompher de Pierre le Grand à Poltava (1709) et dut se réfugier en Turquie. Il essaya en vain d'obtenir l'appui du Sultan contre la Russie et regagna la Suède en 1715. Alors qu'il attaquait la Norvège, il fut tué au siège de Fredrikshald. — Voltaire a écrit une *Histoire de Charles XII* (1731), où le roi de Suède apparaît comme un héros d'épopée et de tragédie.

CHARLES XIII (Stockholm 1748 - *id.* 1818), roi de Suède (1809-1818) et de Norvège (1814-1818). Il adopta Bernadotte (1810), qui devait lui succéder. Il céda la Finlande à la Russie, et reçut en 1814 la couronne de Norvège.

CHARLES XIV ou **CHARLES-JEAN** (Jean-Baptiste **Bernadotte**) [Pau 1763 - Stockholm 1844], maréchal de France, roi de Suède et de Norvège (1818-1844). Il se distingua dans les guerres de la Révolution et de l'Empire, fut créé maréchal d'Empire en 1804 et prince de Pontecorvo en 1806. Devenu prince héritier de Suède (1810), il combattit Napoléon lors de la campagne de Russie et à Leipzig ; en 1818, il succéda à Charles XIII, fondant ainsi la dynastie actuelle de Suède.

CHARLES XV (Stockholm 1826 - Malmö 1872), roi de Suède et de Norvège (1859-1872), fils aîné d'Oscar Ier. Sous son règne, la démocratisation de la Suède s'accéléra.

CHARLES XVI GUSTAVE (château de Haga, Stockholm, 1946). Petit-fils de Gustave VI Adolphe, il devient roi de Suède en 1973.

CHARLES (Jacques), physicien français (Beaugency 1746 - Paris 1823). Le premier, il utilisa l'hydrogène pour le gonflement des aérostats. Il étudia la variation de la pression des gaz à volume constant. — Sa femme **Julie** (Paris 1784 - *id.* 1817) fut l'*Elvire* de Lamartine.

CHARLES (Ray), chanteur, pianiste, compositeur et chef d'orchestre de jazz américain (Albany, Géorgie, 1930). Atteint de cécité totale à l'âge de six ans, il est célèbre comme chanteur de blues et de rock and roll (*Yes indeed,* 1956 ; *What'd I say,* 1959).

CHARLES-ALBERT (Turin 1798 - Porto, Portugal, 1849), roi de Sardaigne (1831-1849). Il promulgua le *Statut fondamental* (1848), qui établissait une monarchie constitutionnelle. Il voulut libérer la Lombardie, mais il fut vaincu par les Autrichiens à Custoza en 1848, puis à Novare en 1849, et dut abdiquer en faveur de son fils Victor-Emmanuel II.

Charles V le Sage (Louvre, Paris)

Charles VII (J. Fouquet - Louvre, Paris)

Charles X (H. Vernet - musée des Beaux-Arts, Dunkerque)

Charles XII de Suède (musée Condé, Chantilly)

CHARLESBOURG, v. du Canada, banlieue de Québec ; 70 788 h.

Charles-de-Gaulle *(aéroport),* aéroport de la région parisienne, près de Roissy-en-France.

Charles-de-Gaulle *(place),* jusqu'en 1970 *place de l'Étoile,* grande place de l'ouest de Paris, occupée en son centre par l'Arc de triomphe et d'où divergent douze avenues.

CHARLES-EMMANUEL Ier (Rivoli 1562 - Savigliano 1630), duc de Savoie (1580-1630).

CHARLES-EMMANUEL II (Turin 1634 - *id.* 1675), duc de Savoie (1638-1675).

CHARLES-EMMANUEL III (Turin 1701 - *id.* 1773), duc de Savoie et roi de Sardaigne (1730-1773).

CHARLES-EMMANUEL IV (Turin 1751 - Rome 1819), roi de Sardaigne (1796-1802). Chassé par les Français de ses États continentaux, il abdiqua en faveur de son frère Victor-Emmanuel Ier.

CHARLES-FÉLIX (Turin 1765 - *id.* 1831), roi de Sardaigne (1821-1831).

CHARLES MARTEL (v. 688 - Quierzy 741), maire du palais d'Austrasie et de Neustrie, fils de Pépin de Herstal. En 732, à Poitiers, il écrasa les Arabes, commandés par 'Abd al-Raḥmān. Il s'assura la subordination de l'Aquitaine, de la Provence et de la Bourgogne et régla sa succession entre ses fils Carloman et Pépin le Bref.

CHARLESTON, port des États-Unis (Caroline du Sud), sur l'Atlantique ; 80 414 h. Centre de la résistance des sudistes pendant la guerre de Sécession.

CHARLESTON, v. des États-Unis, cap. de la Virginie-Occidentale ; 57 287 h.

CHARLEVILLE-MÉZIÈRES (08000), ch.-l. du dép. des Ardennes, sur la Meuse, à 239 km au nord-est de Paris ; 59 439 h. *(Carolomacériens).* Métallurgie. Place Ducale (1611). Musées. École nationale supérieure des Arts de la marionnette.

CHARLEVOIX (le P. François Xavier **de**), jésuite français (Saint-Quentin 1682 - La Flèche 1761). Il explora le Mississippi, et écrivit une *Histoire et description générale de la Nouvelle-France.*

CHARLIEU (42190), ch.-l. de c. de la Loire ; 3 891 h. *(Charliandins).* Restes d'une abbatiale des XIe-XIIe s. (portails sculptés).

Charlot, personnage créé par Ch. Chaplin en 1914. Vagabond frondeur, sentimental et obstiné, il apparut dans une centaine de films.

CHARLOTTE, v. des États-Unis (Caroline du Nord) ; 395 934 h. Textile.

CHARLOTTE, princesse de Saxe-Cobourg-Gotha et de Belgique (Laeken 1840 - château de Bouchout, près de Bruxelles, 1927), fille de Léopold Ier, roi des Belges. Elle épousa (1857) l'archiduc Maximilien, devenu en 1864 empereur du Mexique, et perdit la raison après l'exécution de son mari.

CHARLOTTE DE NASSAU (château de Berg 1896 - château de Fischbach 1985), grande-duchesse de Luxembourg (1919-1964). En 1964, elle abdiqua en faveur de son fils aîné le prince Jean.

CHARLOTTE-ÉLISABETH de Bavière, princesse Palatine (Heidelberg 1652 - Saint-Cloud 1722), seconde femme du duc Philippe d'Orléans, frère de Louis XIV, et mère de Philippe d'Orléans, le futur Régent. Sa correspondance est un document sur les mœurs du règne de Louis XIV.

CHARLOTTETOWN, v. du Canada, cap. de la prov. de l'île du Prince-Édouard ; 15 396 h. Université.

CHARLY (02310), ch.-l. de c. de l'Aisne, sur la Marne ; 2 481 h.

CHARMES (88130), ch.-l. de c. des Vosges, sur la Moselle ; 4 871 h.

CHARMETTES (les), hameau de Savoie, près de Chambéry, illustré par le séjour qu'y fit J.-J. Rousseau, chez Mme de Warens. Musée.

Charmeuse de serpents (la), grande toile du Douanier Rousseau (1907, musée d'Orsay), qui se rattache aux « jungles » des dernières années de l'artiste, paysages exotiques imaginaires d'une grande richesse décorative et poétique.

CHARNAY-LÈS-MÂCON (71850), comm. de Saône-et-Loire ; 6 355 h.

CHARNY (89120), ch.-l. de c. de l'ouest de l'Yonne ; 1 644 h.

CHAROLAIS ou **CHAROLLAIS,** région de plateaux de la bordure nord-est du Massif central. Élevage bovin.

CHAROLLES (71120), ch.-l. d'arr. de Saône-et-Loire ; 3 418 h. *(Charollais).*

CHARON [ka-]. *Myth. gr.* Nocher des Enfers, qui faisait passer aux morts les fleuves infernaux, moyennant une obole.

CHARONDAS [karɔ̃das] (Loys **Le Caron,** dit), jurisconsulte français (Paris 1536 - 1617), auteur du *Grand Coutumier de France.*

CHARONNE, anc. comm. réunie à Paris en 1860.

CHARONTON ou **CHARRETON** (Enguerrand) → ***Quarton.***

CHÂROST [-ro] (18290), ch.-l. de c. du Cher ; 1 144 h. Monuments anciens.

CHARPAK (Georges), physicien français (Dąbrowica, Pologne, 1924). Chercheur au Cern, il y conçoit de nombreux détecteurs de particules (chambres proportionnelles multifils, chambres à dérive). Ses appareils sont également utilisés en biologie et en médecine. (Prix Nobel 1992.)

CHARPENTIER (Gustave), compositeur français (Dieuze 1860 - Paris 1956), auteur de *Louise,* roman musical (1900).

CHARPENTIER (Jacques), avocat français (Rueil-Malmaison 1881 - Paris 1974). Élu bâtonnier de Paris en 1938, contraint à la clandestinité en 1943, il s'est illustré lors de grands procès financiers et politiques.

CHARPENTIER (Jacques), compositeur français (Paris 1933). Influencé par la musique de l'Inde *(Études karnatiques),* il a composé également un *Livre d'orgue.*

CHARPENTIER (Marc Antoine), compositeur français (Paris 1643 - *id.* 1704). Élève de Carissimi, il fut maître de chapelle du collège des Jésuites (1684) et de la Sainte-Chapelle (1698). Auteur de motets, de messes, d'oratorios *(Histoires sacrées),* d'un opéra *(Médée),* il fut l'un des créateurs en France de la cantate profane (*Orphée,* v. 1683).

CHARPY (Georges), ingénieur français (Oullins 1865 - Paris 1945), l'un des fondateurs de la métallographie en France, avec Osmond et Le Chatelier.

CHARRAT (Janine), danseuse et chorégraphe française (Grenoble 1924). Directrice du Ballet de France, animatrice du groupe des Sept, elle a composé des œuvres néoclassiques (*Jeu de cartes,* 1945 ; *Concerto de Grieg,* 1951 ; *le Massacre des Amazones,* 1951 ; *les Algues,* 1953 ; *les Liens,* 1957 ; *Électre,* 1960).

CHARRIER, écart de la comm. de Laprugne (Allier). Eau minérale.

CHARRON (Pierre), moraliste français (Paris 1541 - *id.* 1603). Dans son ouvrage *De la sagesse,* il a transposé les *Essais* de Montaigne sous une forme dogmatique.

CHARROUX (86250), ch.-l. de c. du sud de la Vienne ; 1 442 h. Vestiges d'une grande abbaye médiévale.

chartes *(École nationale des),* établissement d'enseignement supérieur, fondé en 1821, qui forme des archivistes-paléographes.

CHARTIER (Alain), écrivain français (Bayeux v. 1385 - v. 1435). Secrétaire de Charles VI et de Charles VII, il a laissé des écrits politiques *(le Quadrilogue invectif)* et des poésies *(la Belle Dame sans merci).*

La Charmeuse de serpents (1907), par le Douanier Rousseau.
(Musée d'Orsay, Paris.)

CHARTRES (28000), ch.-l. du dép. d'Eure-et-Loir, sur l'Eure, à 96 km au sud-ouest de Paris ; 41 850 h. *(Chartrains).* Évêché. Constructions mécaniques et électriques. Chimie. — Cathédrale reconstruite pour l'essentiel de 1194 à 1260, chef-d'œuvre de l'art gothique dans sa première maturité ; crypte (XIe s.) ; portails sculptés (façade ouest, avec le « portail royal » : 1134-1150 ; transept : v. 1200-1250) ; vitraux (XIIe-XIIIe s.). Musée des Beaux-Arts.

Chartres : statues de saints (XIIIe s.) ornant l'ébrasement oriental du portail sud de la cathédrale.

Chartres *(école de),* école philosophique et théologique, fondée par l'évêque Fulbert, fréquentée par Guillaume de Conches et Gilbert de la Porrée.

CHARTRES-DE-BRETAGNE (35131), comm. d'Ille-et-Vilaine, près de Rennes ; 5 564 h. Construction automobile.

CHARTRE-SUR-LE-LOIR (La) [72340], ch.-l. de c. de la Sarthe ; 1 678 h.

CHARTREUSE ou **GRANDE-CHARTREUSE** *(massif de la),* massif des Préalpes françaises dominant le Grésivaudan ; 2 082 m. Parc naturel régional, couvrant environ 60 000 ha.

Chartreuse (la Grande-), monastère fondé par saint Bruno en 1084, au cœur du massif de la *Chartreuse.* Les bâtiments actuels datent des XIVe-XVIIe s.

Chartreuse de Parme (la), roman de Stendhal (1839) : à travers les aventures d'un héros enthousiaste et sensible, Fabrice del Dongo, une illustration de la conception stendhalienne de la « chasse au bonheur ».

CHARVIEU-CHAVAGNEUX (38230), comm. de l'Isère ; 8 158 h.

CHARYBDE [ka-], tourbillon redouté du détroit de Messine. Si on l'évitait, on touchait souvent le récif de Scylla, tout proche. De là le proverbe : *Tomber de Charybde en Scylla,* c'est-à-dire d'un mal en un autre, pire encore.

CHASE (James Hadley), écrivain britannique (Londres 1906 - Corseaux, cant. de Vaud, Suisse, 1985), auteur de romans policiers où dominent la violence et la sexualité *(Pas d'orchidées pour miss Blandish).*

CHASE (Salmon Portland), homme politique américain (Cornish, New Hampshire, 1808 - New York 1873). Avocat, il défendit les droits des esclaves fugitifs. Candidat malheureux à la présidence des États-Unis (1856 et 1860), il fut nommé juge suprême par Lincoln (1864).

CHASLES [ʃal] (Michel), mathématicien français (Épernon 1793 - Paris 1880). Ses travaux de géométrie supérieure marquent un retour à la géométrie pure.

CHASSAGNE-MONTRACHET (21190), comm. de la Côte-d'Or ; 436 h. Vins blancs et rouges de la côte de Beaune.

CHASSELOUP-LAUBAT (François, *marquis* **de**), général et ingénieur français (Saint-Sornin, près de Marennes, 1754 - Paris 1833). Il dirigea en 1807 le siège de Dantzig ; — son fils **Justin**

(Alexandrie, Italie, 1805 - Versailles 1873), ministre de la Marine (1851 et 1860-1867), fit approuver par Napoléon III l'installation de la France en Cochinchine et au Cambodge.

CHASSÉRIAU (Théodore), peintre français (Santa Barbara de Samaná, République Dominicaine, 1819 - Paris 1856). Élève d'Ingres, il a laissé une œuvre d'une tonalité nostalgique (au musée Calvet, Avignon : *Nymphe endormie ;* au Louvre : *Lacordaire ;* restes des peintures monumentales de l'anc. Cour des comptes).

CHASSE-SUR-RHÔNE (38670), comm. de l'Isère ; 4 628 h. Triage ferroviaire.

Chasseurs dans la neige (les), peinture sur bois de Bruegel l'Ancien (1565, Kunsthistorisches Museum, Vienne), un des tableaux de « saisons » de l'artiste, exemple accompli de paysage composite auquel s'intègre une scène paysanne.

CHASSEY-LE-CAMP (71150), comm. de Saône-et-Loire ; 258 h. Important habitat néolithique, éponyme du faciès chasséen.

CHASSIEU (69680), comm. du Rhône, à l'E. de Lyon ; 8 723 h.

CHASTEL (André), historien d'art français (Paris 1912 - *id.* 1990). Auteur d'ouvrages sur la Renaissance italienne, professeur, critique d'art, il s'est employé à alerter les pouvoirs publics en faveur des études d'histoire de l'art et de la sauvegarde du patrimoine.

CHASTEL (DU) → ***Duchâtel.***

CHASTELLAIN [ʃatlɛ̃] (Georges), chroniqueur de la cour de Bourgogne (comté d'Aalst 1415 - Valenciennes 1475), auteur de poèmes et d'une *Chronique.*

CHÂTAIGNERAIE (La) [85120], ch.-l. de c. de l'est de la Vendée ; 2 926 h.

Chat botté (le), conte de Perrault.

CHÂTEAU-ARNOUX (04160), comm. des Alpes-de-Haute-Provence, sur la Durance ; 5 216 h. — À l'écart de *Saint-Auban* (04600), industrie chimique.

Château-Bougon, aéroport de Nantes.

CHÂTEAUBOURG (35220), ch.-l. de c. d'Ille-et-Vilaine, sur la Vilaine ; 4 098 h.

CHATEAUBRIAND (François René, *vicomte* **de**), écrivain français (Saint-Malo 1768 - Paris 1848). Dernier-né d'un hobereau breton, sous-lieutenant attiré par les hommes de lettres, il assiste aux débuts de la Révolution avant de chercher en Amérique la gloire de l'explorateur et la fortune du pionnier *(Voyage en Amérique).* Blessé dans l'armée des émigrés, exilé en Angleterre où il connaît la misère, il juge son époque et sa propre vie (*Essai sur les révolutions,* 1797) et rentre en France pour contribuer à la fois à la restauration de l'ordre moral *(Génie* du christianisme)* et à l'annonce du « mal du siècle » *(Atala*, René*).* Il rompt avec Bonaparte après l'assassinat du duc d'Enghien et illustre sa conception de l'épopée chrétienne (*les Martyrs,* 1809). Déçu par la Restauration (qui le fit ambassadeur à Londres et ministre des Affaires étrangères), mais, légitimiste par fidélité, il groupe autour de lui la jeunesse romantique (*les Natchez,* 1826) et libérale (par opposition à Louis-Philippe) avant de se consacrer au poème nostalgique de sa vie et de son temps *(Mémoires* d'outre-tombe).* [Acad. fr.]

CHÂTEAUBRIANT (44110), ch.-l. d'arr. de la Loire-Atlantique ; 13 378 h. *(Castelbriantais).* Marché. Matériel agricole. Restes du Vieux-Château (XIe-XVe s.) et Château-Neuf (v. 1535). Église de Béré, du XIe s.

CHÂTEAU-CHINON (58120), ch.-l. d'arr. de la Nièvre, dans le Morvan ; 2 952 h. *(Château-Chinonais).* Musée du Septennat.

CHÂTEAU-D'OLÉRON (Le) [17480], ch.-l. de c. de la Charente-Maritime, dans *l'île d'Oléron ;* 3 559 h. Port. Citadelle du XVIIe s.

CHÂTEAU-D'OLONNE (85100), comm. de Vendée ; 11 133 h.

CHÂTEAU-DU-LOIR (72500), ch.-l. de c. de la Sarthe, près du Loir ; 5 758 h. *(Castéloriens).*

CHÂTEAUDUN (28200), ch.-l. d'arr. d'Eure-et-Loir, sur le Loir ; 15 328 h. *(Dunois).* Éléments plastiques. Électronique. Constructions mécaniques. Château des XVe et XVIe s., avec donjon du XIIe (sculptures, tapisseries). Églises médiévales. Musée.

Château-d'Yquem [-kɛm], vignoble bordelais (vins blancs) du pays de Sauternes.

Château-Gaillard, forteresse en ruine, dominant la Seine aux Andelys. Construite par Richard Cœur de Lion (1196), prise par Philippe Auguste (1204), elle fut démantelée par Henri IV (1603).

CHÂTEAUGIRON (35410), ch.-l. de c. d'Ille-et-Vilaine ; 4 186 h.

CHÂTEAU-GONTIER (53200), ch.-l. d'arr. de la Mayenne, sur la Mayenne ; 11 476 h. *(Castrogontériens).* Église St-Jean, avec restes de peintures romanes et gothiques. Musée.

CHÂTEAUGUAY, riv. des États-Unis (New York) et du Canada, affl. du Saint-Laurent (r. dr.) ; 81 km. Victoire des Canadiens sur les Américains (1813).

CHÂTEAUGUAY, v. du Canada (Québec), banlieue de Montréal ; 39 833 h.

Château-Lafite, vignoble du Médoc.

CHÂTEAU-LANDON (77570), ch.-l. de c. de Seine-et-Marne ; 3 400 h. Monuments médiévaux.

Château-Latour, vignoble du Médoc.

CHÂTEAU-LA-VALLIÈRE (37330), ch.-l. de c. d'Indre-et-Loire ; 1 492 h.

CHÂTEAULIN (29150), ch.-l. d'arr. du Finistère, dans le *bassin de Châteaulin,* sur l'Aulne ; 5 614 h. *(Castellinois* ou *Châteaulinois).* Agroalimentaire. Église Notre-Dame, des XVe-XVIe s.

Château-Margaux → ***Margaux.***

CHÂTEAUMEILLANT (18370), ch.-l. de c. du Cher ; 2 098 h. Vins. Église romane à chœur de plan bénédictin.

CHÂTEAUNEUF-DE-RANDON (48170), ch.-l. de c. de la Lozère ; 544 h. Du Guesclin mourut en l'assiégeant (1380).

CHÂTEAUNEUF-DU-FAOU (29520), ch.-l. de c. du Finistère, sur l'Aulne ; 3 827 h.

CHÂTEAUNEUF-DU-PAPE (84230), comm. de Vaucluse, dans le Comtat ; 2 067 h. Vins.

CHÂTEAUNEUF-DU-RHÔNE (26780), comm. de la Drôme ; 2 131 h. Usine hydroélectrique sur une dérivation du Rhône. Vieux bourg médiéval.

CHÂTEAUNEUF-EN-THYMERAIS (28170), ch.-l. de c. d'Eure-et-Loir ; 2 476 h.

CHÂTEAUNEUF-LA-FORÊT (87130), ch.-l. de c. de la Haute-Vienne ; 1 819 h. Papeterie.

CHÂTEAUNEUF-LES-BAINS (63390), comm. du Puy-de-Dôme ; 334 h. Station thermale (rhumatismes).

CHÂTEAUNEUF-LES-MARTIGUES (13220), ch.-l. de c. des Bouches-du-Rhône ; 10 973 h.

CHÂTEAUNEUF-SUR-CHARENTE (16120), ch.-l. de c. de la Charente ; 3 539 h. Église en partie romane.

CHÂTEAUNEUF-SUR-CHER (18190), ch.-l. de c. du Cher ; 1 678 h. Château des XVe-XVIIIe s.

CHÂTEAUNEUF-SUR-LOIRE (45110), ch.-l. de c. du Loiret ; 6 625 h. *(Castelneuviens).* Vestiges et parc d'un château du XVIIe s.

CHÂTEAUNEUF-SUR-SARTHE (49330), ch.-l. de c. de Maine-et-Loire, sur la Sarthe ; 2 376 h. Église des XIIe-XIIIe s.

CHÂTEAUPONSAC (87290), ch.-l. de c. du nord de la Haute-Vienne ; 2 468 h. Église en partie romane.

CHÂTEAU-PORCIEN (08360), ch.-l. de c. des Ardennes, sur l'Aisne ; 1 309 h. *(Porcéannais).*

CHÂTEAU-QUEYRAS, site touristique (donjon féodal, fortifications de Vauban) des Hautes-Alpes, dans le Queyras, au-dessus du Guil.

CHÂTEAURENARD (13160), ch.-l. de c. des Bouches-du-Rhône ; 11 829 h. Grand marché de fruits et légumes.

CHÂTEAURENARD (45220), ch.-l. de c. du Loiret ; 2 342 h. Église des XIe-XIIe s.

CHÂTEAU-RENAULT (37110), ch.-l. de c. d'Indre-et-Loire, sur la Brenne ; 5 811 h. *(Renaudins).* Château des XIIe-XVIIIe s.

CHÂTEAUROUX (36000), ch.-l. du dép. de l'Indre, sur l'Indre, à 251 km au sud de Paris ; 52 949 h *(Castelroussins).* Centre ferroviaire et industriel (tabac, constructions mécaniques, agroalimentaire). Forêt. Musée Bertrand.

CHÂTEAUROUX (Marie Anne **de Mailly-Nesle,** *duchesse* **de**), favorite de Louis XV (Paris 1717 - *id.* 1744).

CHÂTEAU-SALINS (57170), ch.-l. d'arr. de la Moselle, sur la Petite Seille ; 2 719 h. *(Castelsalinois).*

CHÂTEAU-THIERRY (02400), ch.-l. d'arr. de l'Aisne, sur la Marne ; 15 830 h. *(Castrothéodoriciens).* Biscuiterie. Église des XVe-XVIe s. Maison natale de La Fontaine.

CHÂTEAUVILLAIN (52120), ch.-l. de c. de la Haute-Marne ; 1 783 h. *(Castelvillanois).* Restes d'enceinte. Hôtel de ville du XVIIIe s.

CHATEILLON (Sébastien) → ***Castellion.***

CHÂTEL (74390), comm. de la Haute-Savoie ; 1 258 h. Sports d'hiver (alt. 1 200-2 100 m).

CHÂTEL (Jean) [1575 - Paris 1594], fanatique qui tenta d'assassiner Henri IV (1594) peu après son entrée à Paris. Il fut écartelé.

CHÂTELAILLON-PLAGE (17340), comm. de la Charente-Maritime ; 5 038 h. Station balnéaire. Ostréiculture.

CHÂTELARD (Le) [73630], ch.-l. de c. de la Savoie ; 570 h. Station d'altitude (757 m).

CHÂTELET, v. de Belgique (Hainaut), sur la Sambre ; 36 538 h. Métallurgie.

CHÂTELET (Le) [18170], ch.-l. de c. du Cher ; 1 128 h.

Châtelet, nom donné à deux forteresses de Paris, le *Grand* et le *Petit Châtelet.* Le premier, démoli en 1802, était situé sur la rive droite de la Seine, en face du Pont-au-Change. C'était le siège de la juridiction criminelle de la vicomté et prévôté de Paris. Le second, démoli en 1782, sur la rive gauche, en face du Petit-Pont, servait de prison.

CHÂTELET (Émilie **Le Tonnelier de Breteuil,** *marquise* **du**) [Paris 1706 - Lunéville 1749], amie et inspiratrice de Voltaire, qu'elle accueillit dans son château de Cirey.

CHÂTELET-EN-BRIE (Le) [77820], ch.-l. de c. de Seine-et-Marne ; 3 991 h.

CHÂTELGUYON [-gɥijɔ̃] (63140), comm. du Puy-de-Dôme ; 4 954 h. Station thermale (troubles digestifs).

CHÂTELLERAULT (86100), ch.-l. d'arr. de la Vienne, sur la Vienne ; 35 691 h. *(Châtelleraudais).* Constructions mécaniques et électriques.

Les Chasseurs dans la neige (1565), par Bruegel l'Ancien.
(Kunsthistorisches Museum, Vienne.)

Chateaubriand
(Girodet - Trioson - château de Versailles)

Caoutchouc. Beau pont Henri IV. Musées, dont celui de l'Automobile.

CHÂTELPERRON (03220), comm. de l'Allier ; 193 h. Grotte préhistorique, éponyme d'un faciès du paléolithique supérieur : le châtelperronien.

CHÂTEL-SUR-MOSELLE (88330), ch.-l. de c. des Vosges ; 1 881 h. Église de style gothique tardif.

CHÂTENAY-MALABRY (92290), ch.-l. de c. des Hauts-de-Seine, dans la banlieue sud de Paris ; 29 359 h. Siège de l'École centrale. Église surtout du XIIIe s. Maison Chateaubriand (musée) à la Vallée-aux-Loups.

CHÂTENOIS (88170), ch.-l. de c. des Vosges ; 2 093 h. Mobilier. Verrerie.

CHÂTENOIS-LES-FORGES (90700), ch.-l. de c. du Territoire de Belfort ; 2 525 h.

CHÂTENOY-LE-ROYAL (71880), comm. de Saône-et-Loire ; 5 733 h. Matériel électrique.

CHATHAM, v. du Canada (Ontario) ; 43 557 h.

CHATHAM *(îles),* archipel néo-zélandais d'Océanie, à l'est de la Nouvelle-Zélande.

CHATHAM (*comtes* **de**) → ***Pitt.***

CHÂTILLON ou **CHÂTILLON-SOUS-BAGNEUX** (92320), ch.-l. de c. des Hauts-de-Seine, au sud de Paris ; 26 508 h. *(Châtillonnais).* Électronique.

CHÂTILLON (Renaud **de**) → ***Renaud de Châtillon.***

CHÂTILLON-COLIGNY (45230), ch.-l. de c. du Loiret, sur le Loing ; 1 937 h. Restes du château (XIIe-XVIe s.).

CHÂTILLON-EN-BAZOIS (58110), ch.-l. de c. de la Nièvre ; 1 179 h.

CHÂTILLON-SUR-CHALARONNE (01400), ch.-l. de c. de l'Ain ; 3 924 h. Industrie pharmaceutique.

CHÂTILLON-SUR-INDRE (36700), ch.-l. de c. de l'Indre ; 3 280 h. Église des XIe-XIIe s.

CHÂTILLON-SUR-LOIRE (45360), ch.-l. de c. du Loiret ; 2 851 h.

CHÂTILLON-SUR-MARNE (51700), ch.-l. de c. de la Marne ; 1 103 h.

CHÂTILLON-SUR-SEINE (21400), ch.-l. de c. de la Côte-d'Or ; 7 451 h. *(Châtillonnais).* Église St-Vorles, remontant à 980. Musée archéologique (trésor de Vix). Siège, pendant la campagne de France de 1814, d'une vaine tentative de négociations entre Napoléon et ses adversaires.

Châtiments (les), recueil de poésies composées après le 2 décembre 1851 par Victor Hugo, proscrit, et publiées en 1853. C'est une satire violente de Napoléon III.

CHATOU (78400), ch.-l. de c. des Yvelines, sur la Seine ; 28 077 h. *(Catoviens).* Centre résidentiel et industriel. Laboratoires de recherches.

CHÂTRE (La) [36400], ch.-l. d'arr. de l'Indre, sur l'Indre ; 4 838 h. *(Castrais).* Marché. Confection.

CHATRIAN → ***Erckmann-Chatrian.***

CHATT AL-'ARAB, fl. du Moyen-Orient, formé en Iraq (qu'il sépare dans sa partie terminale de l'Iran) par la réunion du Tigre et de l'Euphrate ; 200 km. Il passe à Bassora et Ābādān et se jette dans le golfe Persique. Grande palmeraie sur ses rives.

CHATTANOOGA, v. des États-Unis (Tennessee), dans les Appalaches ; 152 466 h. Victoire du général Grant sur les sudistes (1863).

CHATTERJĪ (Bankim Chandra), écrivain indien d'expression bengali (Kantalpara 1838 - Calcutta 1894), auteur de romans sociaux et psychologiques *(Rajanī).*

CHATTERTON (Thomas), poète britannique (Bristol 1752 - Londres 1770). Il publia des poèmes imités du Moyen Âge, mais, tombé dans la misère, il s'empoisonna. Ses malheurs ont inspiré à Vigny le drame de *Chatterton* (1835).

CHATTES, peuple de Germanie établi aux abords du Taunus et qui fut un rude adversaire des Romains.

CHAUCER (Geoffrey), poète anglais (Londres v. 1340 - *id.* 1400). Il traduisit le *Roman de la rose* et imita les poètes italiens. Ses *Contes* de Cantorbéry* ont contribué à fixer la grammaire et la langue anglaises.

CHAUDES-AIGUES (15110), ch.-l. de c. du Cantal ; 1 169 h. *(Caldaguès).* Station thermale (rhumatismes) aux eaux de 66 à 82 °C (les plus chaudes d'Europe). Église du XVe s.

CHAUDET (Antoine Denis), sculpteur français (Paris 1763 - *id.* 1810), néoclassique de ton élégiaque (*Œdipe et Phorbas,* marbre, Louvre).

CHAUDFONTAINE, comm. de Belgique (prov. de Liège), sur la Vesdre ; 20 426 h.

CHAUFFAILLES (71170), ch.-l. de c. de Saône-et-Loire ; 4 549 h. *(Chauffaillons).* Industries mécaniques et textiles.

CHAULNES (80320), ch.-l. de c. de la Somme ; 1 810 h.

CHAUMETTE (Pierre Gaspard), révolutionnaire français (Nevers 1763 - Paris 1794). Procureur-syndic de la Commune de Paris en 1792, un des instigateurs du *culte de la Raison.* Arrêté avec Hébert, il fut guillotiné.

CHAUMONT (52000), ch.-l. du dép. de la Haute-Marne, sur la Marne, à 252 km au sud-est de Paris ; 28 900 h. *(Chaumontais).* Constructions mécaniques. Église des XIIIe-XVIe s. (œuvres d'art). Festival de l'Affiche.

CHAUMONT-EN-VEXIN (60240), ch.-l. de c. de l'Oise ; 2 982 h. Confection. Église du XVIe s.

CHAUMONT-SUR-LOIRE (41150), comm. de Loir-et-Cher ; 880 h. Château reconstruit de 1465 à 1510 env.

Chaunoy, gisement pétrolier de Seine-et-Marne, dans la Brie.

CHAUNU (Pierre), historien français (Belleville, Meuse, 1923). Un des créateurs de l'histoire quantitative et de l'histoire de la longue durée, il a consacré sa thèse au commerce espagnol vers l'Amérique : *Séville et l'Atlantique, 1504-1650* (1955-1959).

CHAUNY (02300), ch.-l. de c. de l'Aisne, sur l'Oise et le canal de Saint-Quentin ; 13 619 h. *(Chaunois).* Métallurgie. Chimie.

CHAUQUES, anc. peuple du nord-ouest de la Germanie, qui se livrait à la piraterie et dévastait les régions côtières. Il ravagea la Gaule au IIIe s.

CHAUSEY *(îles),* groupe d'îlots du Cotentin, dépendant de la comm. de Granville (Manche).

CHAUSSÉE DES GÉANTS, site du nord de l'Irlande, formé de colonnes basaltiques érodées par la mer.

CHAUSSIN (39120), ch.-l. de c. du Jura ; 1 604 h.

CHAUSSON (Ernest), compositeur français (Paris 1855 - Limay, Mantes-la-Jolie, 1899), auteur du *Roi Arthus,* du *Concert,* de mélodies *(Chanson perpétuelle),* d'un *Poème* pour violon et orchestre.

CHAUTEMPS (Camille), homme politique français (Paris 1885 - Washington 1963). Député radical-socialiste, plusieurs fois président du Conseil (1930, 1933-34, 1937-38), il se déclara en faveur de l'armistice (1940) mais gagna peu après les États-Unis.

CHAUVEAU (Auguste), vétérinaire français (Villeneuve-la-Guyard, Yonne, 1827 - Paris 1917). Précurseur de Pasteur, il a établi la nature corpusculaire des germes des maladies infectieuses et prévu leur atténuation possible par l'obtention de vaccins.

CHAUVEAU (Pierre Joseph Olivier), écrivain et homme politique canadien (Québec 1820 - *id.* 1890), Premier ministre du Québec (1867-1873).

CHAUVEAU-LAGARDE (Claude), avocat français (Chartres 1756 - Paris 1841), défenseur de Marie-Antoinette, de Madame Élisabeth, de Charlotte Corday.

CHAUVELIN (Germain Louis **de**), homme d'État français (Paris 1685 - *id.* 1762). Il engagea la France dans la guerre de la Succession de Pologne et fut écarté par le cardinal Fleury, hostile à sa politique antiautrichienne (1737).

CHAUVIGNY (86300), ch.-l. de c. de la Vienne, sur la Vienne ; 6 864 h. Porcelaine. Ruines féodales. Églises romanes (chapiteaux historiés à St-Pierre).

CHAUVIRÉ (Yvette), danseuse française (Paris 1917). Elle fut, de 1937 à 1972, la brillante interprète de *Giselle* et du *Lac des cygnes.*

CHAUX *(forêt de la),* massif forestier du Jura, entre le Doubs et la Loue.

CHAUX-DE-FONDS (La), v. de Suisse (Neuchâtel) ; 36 894 h. Industrie horlogère. Musées de l'Horlogerie et des Beaux-Arts.

CHAVAL (Yvan **Le Louarn**, dit), dessinateur d'humour français (Bordeaux 1915 - Paris 1968). Usant d'un graphisme incisif et de gags percutants, il a dressé, en misanthrope tendre, un constat de la bêtise et de l'absurde.

CHAVILLE (92370), ch.-l. de c. des Hauts-de-Seine, au sud-ouest de Paris ; 17 854 h. *(Chavillois).*

CHAVÍN DE HUANTAR, site archéologique dans le nord du Pérou, éponyme de la première des hautes cultures andines (IXe - IIIe s. av. J.-C.), au large rayonnement économique et artistique (thème du félin). Ruines en granite d'un vaste complexe sacrificiel.

Chavín de Huantar : monolithe gravé. VIIIe - VIe s. av. J.-C.

CHAZELLES-SUR-LYON (42140), ch.-l. de c. de la Loire ; 4 952 h.

CHÉBÉLI ou **SHEBELI,** fl. de l'Éthiopie et de la Somalie ; 1 900 km env.

CHEBIN EL-KOM, v. d'Égypte, ch.-l. de prov. ; 103 000 h.

CHÉCY (45430), ch.-l. de c. du Loiret ; 7 206 h.

CHEDDE (74190 Le Fayet), localité de Haute-Savoie (comm. de Passy). Électrochimie.

CHEF-BOUTONNE (79110), ch.-l. de c. des Deux-Sèvres ; 2 520 h. Monuments anciens.

Cheikh el-Beled, en ar. **Chaykh al-Balad** (« le maire du village »), statue en bois (musée du Caire) représentant Ka-aper, haut dignitaire de l'ancien empire pharaonique. Chef-d'œuvre de la statuaire, c'est l'un des plus anciens portraits réalistes.

CHEJU, île de la Corée du Sud, séparée du continent par le *détroit de Cheju ;* 1 820 km² ; 463 000 h.

Che-ki → ***Shiji.***

CHE-KIA-TCHOUANG → ***Shijiazhuang.***

Che-king → ***Shijing.***

CHELIFF ou **CHÉLIF** (le), le plus long fl. d'Algérie, tributaire de la Méditerranée ; 700 km.

CHELIFF (Ech-), anc. **Orléansville** et **El-Asnam,** v. d'Algérie, ch.-l. de wilaya ; 106 000 h. La ville a été très endommagée par les séismes de 1954 et de 1980.

CHELLES, ch.-l. de c. de Seine-et-Marne, sur la Marne ; 45 495 h. *(Chellois).* Matériel ferroviaire. Souvenirs d'une anc. abbaye. Station préhistorique du paléolithique (industrie abbevillienne).

CHEŁMNO, en all. **Kulmhof,** v. de Pologne, sur la Vistule. Camp d'extermination allemand (1941-1945) où périrent 200 000 Juifs.

CHELSEA, quartier de l'ouest de Londres, sur la Tamise. Au XVIIIe s., manufacture de porcelaine.

CHELTENHAM, v. de Grande-Bretagne (Gloucestershire) ; 85 900 h. Station thermale.

CHÉMERY (41700), comm. de Loir-et-Cher ; 901 h. Réservoir souterrain de gaz naturel.

CHEMILLÉ (49120), ch.-l. de c. de Maine-et-Loire ; 6 215 h. Deux églises médiévales.

Chemin des Dames (le), route courant sur les crêtes entre l'Aisne et l'Ailette. Théâtre de violentes batailles en 1917 (offensive Nivelle) et 1918 (percée allemande sur Château-Thierry).

CHEMNITZ, de 1953 à 1990 **Karl-Marx-Stadt,** v. d'Allemagne (Saxe) ; 301 918 h. Métallurgie. Textile.

CHEMULPO → ***Inchon.***

CHENĀB (la), l'une des cinq grandes rivières du Pendjab ; 1 210 km.

CHÊNEDOLLÉ (Charles **Lioult de Saint-Martindon,** dit), poète français (Vire 1769 - Le Coisel 1833), auteur d'un poème philosophique *(le Génie de l'homme).*

CHENGDU ou **TCH'ENG-TOU,** v. de Chine, cap. du Sichuan ; 2 470 000 h. Centre commercial et industriel. Anc. cap. des Tang ; vieux quartiers pittoresques.

CHÉNIER (André **de**), poète français (Constantinople 1762 - Paris 1794). Mêlé d'abord au mouvement révolutionnaire, il protesta ensuite contre les excès de la Terreur et mourut sur l'échafaud. Lyrique élégiaque *(la Jeune* Captive),* il a donné avec les *Ïambes** un des chefs-d'œuvre de la satire politique. — Son frère **Marie-Joseph** (Constantinople 1764 - Paris 1811) est l'auteur de la tragédie *Charles IX ou l'École des rois* et des paroles du *Chant* du départ.* Il fut membre de la Convention. (Acad. fr.)

CHENNEVIÈRES-SUR-MARNE (94430), ch.-l. de c. du Val-de-Marne, au sud-est de Paris ; 17 886 h. *(Canavérois).* Église du XIIIe s.

CHENONCEAUX (37150), comm. d'Indre-et-Loire, sur le Cher ; 317 h. Élégant château avec aile formant pont sur le Cher (v. 1515 - v. 1580) ; mobilier, tapisseries, peintures.

CHENÔVE (21300), ch.-l. de c. de la Côte-d'Or, banlieue de Dijon ; 17 865 h.

CHEN-SI → ***Shaanxi.***

CHEN TCHEOU → ***Shen Zhou.***

CHENU (Marie Dominique), dominicain et théologien français (Soisy-sur-Seine 1895 - Paris 1990), auteur de travaux sur la théologie médiévale et le thomisme.

CHEN-YANG → ***Shenyang.***

CHÉOPS → ***Kheops.***

CHÉPHREN → ***Khephren.***

CHER (le), riv. née dans la Combraille. Il passe à Montluçon, Vierzon, Tours et rejoint la Loire (r. g.) ; 350 km.

CHER (18), dép. de la Région Centre ; ch.-l. de dép. *Bourges ;* ch.-l. d'arr. *Saint-Amand-Montrond, Vierzon ;* 3 arr., 35 cant., 290 comm. ; 7 235 km² ; 321 559 h. Le dép. est rattaché à l'académie d'Orléans-Tours, à la cour d'appel de Bourges et à la région militaire Atlantique. S'étendant sur la majeure partie du Berry et sur une partie de la Sologne, il se consacre aux cultures du blé (Champagne berrichonne) et de la vigne (Sancerrois), ainsi qu'à l'élevage bovin (Boischaut, vallée de Germigny). L'industrie (métallurgie surtout) est de tradition ancienne à Bourges et à Vierzon. Centrale nucléaire à Belleville-sur-Loire.

CHERBOURG (50100), ch.-l. d'arr. de la Manche, port militaire sur la Manche ; 28 773 h. *(Cherbourgeois).* [Plus de 90 000 h. dans l'agglomération.] Constructions électriques et mécaniques. Arsenal (construction de sous-marins) et École des applications militaires de l'énergie atomique. Musée de peinture.

CHERBULIEZ [-ljɛ] (Victor), écrivain français (Genève 1829 - Combs-la-Ville 1899), auteur de romans et d'essais politiques. (Acad. fr.)

CHERCHELL, v. d'Algérie, sur la Méditerranée, à l'emplacement de *Césarée* de Mauritanie ; 36 800 h. Ruines ; musée d'antiques.

CHÉREAU (Patrice), metteur en scène de théâtre, d'opéra et cinéaste français (Lézigné, Maine-et-Loire, 1944). Directeur, de 1972 à 1981, avec Roger Planchon et Robert Gilbert, du Théâtre national populaire et, de 1982 à 1990, du théâtre des Amandiers, à Nanterre, il conjugue dans ses mises en scène recherche plastique et perspective politique.

Cheremetievo, aéroport international de Moscou.

CHÉRET (Jules), peintre et affichiste français (Paris 1836 - Nice 1932). Grâce à la chromolithographie, il a, durant le dernier tiers du XIXe s., lancé la production des affiches en couleurs de grand format, leur donnant un style vif et élégant.

CHERGUI (*chott* **ech-**), dépression marécageuse de l'ouest de l'Algérie.

CHEROKEE, Indiens iroquois des plaines des États-Unis (Oklahoma).

Chéronée [ke-] *(batailles de),* batailles qui eurent lieu à Chéronée, en Béotie. En 338 av. J.-C., Philippe de Macédoine vainquit les Athéniens et les Thébains. En 86 av. J.-C., Sulla battit les troupes de Mithridate VI, roi du Pont.

CHÉROY (89690), ch.-l. de c. du nord de l'Yonne ; 1 330 h.

CHERRAPUNJI ou **TCHERRAPOUNDJI,** localité de l'Inde (Meghalaya), l'une des stations les plus arrosées du globe (plus de 10 m de précipitations par an).

CHERSONÈSE [kɛr-] (du gr. *khersos,* **continent,** et *nêsos,* **île**), nom que les Grecs donnaient à plusieurs péninsules, dont les deux plus célèbres sont : la *Chersonèse de Thrace* (auj. presqu'île de Gallipoli) et la *Chersonèse Taurique* (auj. la Crimée).

Chérubin, personnage du *Mariage de Figaro,* de Beaumarchais ; type de l'adolescent qui s'éveille à l'amour.

CHERUBINI (Luigi), compositeur italien (Florence 1760 - Paris 1842). Il se fit naturaliser français et dirigea le Conservatoire de Paris. On lui doit des œuvres religieuses (messes), des opéras *(Médée),* des sonates et des quatuors.

CHÉRUSQUES, anc. peuple de la Germanie, dont le chef Arminius battit les Romains (9 apr. J.-C.) avant d'être vaincu par Germanicus (16).

CHESAPEAKE, baie des États-Unis (Maryland et Virginie), sur l'Atlantique, franchie par un système de ponts et de tunnels, et sur laquelle est établie Baltimore.

CHESHIRE, comté de Grande-Bretagne (nord-ouest de l'Angleterre). Ch.-l. *Chester.*

CHESNAY [ʃɛnɛ] **(Le)** [78150], ch.-l. de c. des Yvelines, banlieue de Versailles ; 29 611 h. Armement.

CHESSEX (Jacques), écrivain suisse d'expression française (Payerne 1934), auteur de romans au style truculent *(l'Ogre)* et d'essais.

CHESTER, v. de Grande-Bretagne, ch.-l. du *Cheshire ;* 61 000 h. Dans la région, fromages renommés. Murailles d'origine romaine et quartiers médiévaux.

CHESTERFIELD (Philip **Stanhope,** *comte* **de**), homme politique et écrivain anglais (Londres 1694 - *id.* 1773), ami de Montesquieu et auteur des *Letters to His Son* (1774).

CHESTERTON (Gilbert Keith), écrivain britannique (Londres 1874 - Beaconsfield, Buckinghamshire, 1936), romancier satirique et humoriste, et auteur de nouvelles policières *(Histoires du Père Brown).*

CHE T'AO → ***Shi Tao.***

CHEVAL (Ferdinand) → ***Palais idéal*** *(le).*

CHEVALIER (Maurice), chanteur de variétés et artiste de cinéma français (Paris 1888 - *id.*

1972), célèbre pour sa gouaille populaire et son canotier.

CHEVALIER (Michel), économiste français (Limoges 1806 - Lodève 1879). Saint-simonien, libre-échangiste, il fut l'un des artisans du traité de commerce franco-anglais de 1860.

CHEVALLEY (Claude), mathématicien français (Johannesburg 1909 - Paris 1984), à l'origine des groupes algébriques. Il est l'un des fondateurs du groupe Bourbaki.

CHEVARDNADZE (Edouard Amvrossievitch), homme politique géorgien (Mamati 1928). Ministre des Affaires étrangères de l'U.R.S.S. (1985-1990 et nov.-déc. 1991), il devient ensuite le chef de l'État géorgien : président du Conseil d'État puis du Parlement (1992), il est élu président de la République en 1995.

Chevauchée fantastique (la), film américain de J. Ford (1939), grand classique du western.

CHEVELUE (Gaule) [*Gallia comata*], la Gaule demeurée indépendante jusqu'à la conquête de César, par opposition à la Gaule Narbonnaise.

Cheverny *(château de)*, château de Loir-et-Cher, au sud-est de Blois, édifice homogène de la première moitié du XVIIe s., avec peintures de Jean Mosnier, de Blois, et tapisseries de Vouet.

CHEVERT (François **de**), général français (Verdun 1695 - Paris 1769). Il s'illustra dans la guerre de la Succession d'Autriche et dans la guerre de Sept Ans.

CHEVIGNY-SAINT-SAUVEUR (21800), comm. de la Côte-d'Or ; 8 359 h.

CHEVILLON (52170), ch.-l. de c. de la Haute-Marne ; 1 571 h.

CHEVILLY-LARUE (94550), ch.-l. de c. du Val-de-Marne, au sud de Paris ; 16 341 h. Parfums.

CHEVIOT, hautes collines de Grande-Bretagne, aux confins de l'Angleterre et de l'Écosse ; 716 m au *mont Cheviot*. Élevage ovin. Parc national.

CHEVREUL (Eugène), chimiste français (Angers 1786 - Paris 1889). On lui doit l'analyse des corps gras et la découverte des bougies stéariques, ainsi qu'une théorie des couleurs dont s'inspirèrent les néo-impressionnistes.

CHEVREUSE (78460), ch.-l. de c. des Yvelines, sur l'Yvette ; 5 068 h. *(Chevrotins)*. Ruines d'un château des XIIe-XVe s.

CHEVREUSE *(vallée de)*, vallée de l'Yvette (Yvelines), de part et d'autre de Chevreuse. Sites pittoresques dans le *parc naturel régional de la haute vallée de Chevreuse* (environ 25 000 ha).

CHEVREUSE (Charles Honoré **d'Albert**, *duc* **de Luynes de Chaulnes** et **de**), gouverneur de Guyenne (1646 - Paris 1712). Gendre de Colbert et ami de Fénelon, il fut le conseiller privé de Louis XIV.

CHEVREUSE (Marie **de Rohan-Montbazon**, *duchesse* **de**) [1600 - Gagny 1679]. Veuve d'Albert de Luynes, elle épousa Claude de Lorraine, duc de Chevreuse. Elle joua un rôle important pendant la Fronde et dans les complots contre Mazarin.

CHEVTCHENKO, port du Kazakhstan, sur la Caspienne ; 159 000 h. Centrale nucléaire surgénératrice.

CHEVTCHENKO (Tarass Grigorievitch), poète ukrainien (Morintsy, auj. Zvenigorod, 1814 - Saint-Pétersbourg 1861), animateur des idées démocratiques dans son pays et créateur de la littérature nationale ukrainienne.

CHEYENNE, v. des États-Unis, cap. du Wyoming ; 50 008 h.

CHEYENNE, Indiens Algonquins des plaines de l'Amérique du Nord (Montana, Oklahoma).

CHEYLARD (Le) [07160], ch.-l. de c. de l'Ardèche ; 3 920 h.

CHEYLAS (Le) [38570], comm. de l'Isère ; 1 575 h. Centrale hydroélectrique.

CHEYNEY (Peter **Southouse-Cheyney,** dit **Peter**), écrivain britannique (Londres 1896 - *id.* 1951). Ses romans policiers remplacèrent le détective traditionnel par un type d'aventurier séducteur et brutal *(la Môme Vert-de-gris)*.

CHIANGMAI ou **CHIENGMAI**, v. de Thaïlande ; 100 000 h. Anc. cap. au XIIIe s. Monuments anciens. Musée.

Chiangmai : vue partielle des stucs ornant le Chedi Chet Yot (v. 1450).

CHIANTI [kj-], région viticole d'Italie (Toscane, prov. de Sienne).

CHIAPAS, État du Mexique, sur le Pacifique ; 3 203 915 h. Hydrocarbures.

CHIASSO [kjaso], comm. de Suisse (Tessin) ; 8 212 h. Gare, à la frontière italienne, sur la ligne du Saint-Gothard.

CHIBA, port et centre industriel du Japon (Honshū), sur la baie de Tōkyō ; 829 455 h.

CHIBCHA, nom donné autref. par les archéologues à l'ethnie d'Amérique du Sud des Muisca*.

CHIBOUGAMAU, v. du Canada (Québec), près du *lac Chibougamau ;* 8 545 h. Cuivre.

CHICAGO, v. des États-Unis (Illinois), dans la région des Grands Lacs, sur le lac Michigan ; 2 783 726 h. (6 069 974 h. dans l'agglomération). Port actif et grand centre industriel (sidérurgie, constructions mécaniques, industries alimentaires), commercial (Bourses des matières premières) et culturel. Foyer de l'architecture moderne v. 1880-1900 et à l'époque contemporaine. Grands musées (art, science).

CHICHÉN ITZÁ, cité maya (Mexique, nord du Yucatán), abandonnée au XVe s., où traditions architecturales mayas et toltèques sont associées.

CHICLAYO, v. du Pérou, près du Pacifique ; 280 000 h.

CHICOUTIMI, v. du Canada (Québec), au confluent de la rivière *Chicoutimi* et du Saguenay ; 57 941 h. Université.

CHIERS [ʃjɛr] (la), riv. de Lorraine, affl. de la Meuse (r. dr.) ; 112 km.

CHIETI, v. d'Italie (Abruzzes), ch.-l. de prov. ; 55 709 h. Musée d'archéologie.

CHIGI, famille de mécènes italiens. Elle compta parmi ses membres le banquier **Agostino** (Sienne 1465 - Rome 1520), fondateur de la dynastie, qui fit construire la « villa Farnésine* » ; — et **Fabio**, pape sous le nom d'Alexandre VII, auquel appartint le *palais Chigi* de Rome (construit au XVIe s.).

CHIHUAHUA, v. du Mexique septentrional ; 530 487 h. Centre minier.

CHIKAMATSU MONZAEMON (**Sugimori Nobumori,** dit), auteur dramatique japonais (Kyōto 1653 - Ōsaka 1724). Il écrivit pour le théâtre de marionnettes *(bunraku)* près de 170 pièces : drames historiques *(les Batailles de Coxinga)* ou bourgeois *(Double Suicide par amour à Sonezaki)*.

CHILDE (Vere Gordon), préhistorien australien (Sydney 1892 - Mount Victoria 1957), connu pour ses travaux sur l'économie et sur les courants culturels du IIIe et du IIe millénaire.

CHILDEBERT Ier, fils de Clovis et de Clotilde (m. en 558), roi franc du territoire contenant Paris (511-558), mort sans enfant. — **Childebert II** (570-595), roi d'Austrasie (575-595), de Bourgogne et Orléans (592-595), fils de Sigebert Ier et de Brunehaut. Sous son règne fut signé le traité d'Andelot. — **Childebert III** (683-711), fils de Thierry III. Il régna sur tout le royaume franc de 695 à 711, sous la tutelle de Pépin de Herstal.

Childe Harold *(le Pèlerinage de)*, poème en quatre chants, de Byron (1812-1818) : impressions d'un voyageur romantique mêlées à l'expression de l'insatisfaction d'une âme inquiète.

CHILDÉRIC Ier (v. 436 - v. 481), roi des Francs Saliens (457 - v. 481), fils de Mérovée et père de Clovis. — **Childéric II** (v. 650-675), roi d'Austrasie (662-675), fils de Clovis II et de Bathilde. — **Childéric III** (m. à Sithiu, auj. dans Saint-Omer, en 754), dernier roi mérovingien (743-751), fils de Chilpéric II. Pépin le Bref le déposa.

CHILI, État de l'Amérique du Sud ; 757 000 km² ; 13 400 000 h. *(Chiliens)*. CAP. *Santiago*. LANGUE : *espagnol*. MONNAIE : *peso*.

Le centre de **Chicago.**

Maurice **Chevalier** (en 1968)

Chichén Itzá : le temple pyramide de Kukulkán (dit aussi le *Castillo*). Art maya-toltèque ; époque postclassique (950-1500).

GÉOGRAPHIE

Étiré sur plus de 4 000 km du nord au sud, large seulement de 100 à 200 km en moyenne, le Chili est formé d'une dépression centrale discontinue, entre les Andes proprement dites, à l'est, et une chaîne côtière, à l'ouest. L'extension en latitude explique en partie la succession des climats et des paysages végétaux : désert de l'Atacama au nord ; climat méditerranéen de la région de Santiago, océanique vers Osorno, froid et humide plus au sud, où la forêt disparaît progressivement. Santiago concentre environ le tiers d'une population fortement urbanisée et qui s'accroît encore d'environ 1,5 % par an. L'agriculture juxtapose blé, vignoble et élevage (bovin et ovin). S'y ajoute une pêche active. Le sous-sol fournit du fer et surtout du cuivre (premier rang mondial), base des exportations. Son cours détermine, en partie, l'équilibre de la balance commerciale, alors que demeurent les problèmes de l'endettement extérieur, de l'inflation et du chômage.

HISTOIRE

La période coloniale. Le Chili précolombien est habité par les Indiens Araucans, victimes successivement de l'invasion des Incas (milieu du XVe s.) puis de la conquête espagnole. 1541 : Pedro de Valdivia fonde Santiago. 1553 : il est vaincu et tué par les Araucans, qui luttent pendant trois siècles contre la présence des Espagnols. 1778 : le Chili devient capitainerie générale.

L'indépendance et le XIXe s. 1810 : une junte patriotique se forme à Santiago. 1814 : les insurgés chiliens, commandés par Bernardo O'Higgins et José Miguel Carrera, sont vaincus par les Espagnols à Rancagua. 1817 : San Martín bat les Espagnols à Chacabuco ; O'Higgins reçoit le titre de directeur suprême du Chili. 1818 : la victoire de Maipú libère définitivement le pays. La république est instaurée. 1823-1831 : une période d'anarchie succède à la dictature de O'Higgins. 1831-1871 : les conservateurs sont au pouvoir et promulguent une Constitution (1833). 1871-1891 : une coalition de libéraux et de radicaux dirige le pays et engage la guerre du Pacifique (1879-1884) contre le Pérou et la Bolivie ; vainqueur, le Chili enlève toute façade maritime à la Bolivie et devient la première puissance du Pacifique.

Le XXe s. 1891-1925 : la guerre civile de 1891 aboutit au triomphe du régime parlementaire sur le régime présidentiel. Pendant la Première Guerre mondiale, le Chili connaît une période de prospérité due à l'exploitation de ses richesses minières (cuivre, nitrates). 1925 : l'armée rétablit le régime présidentiel. 1938-1952 : l'entrée dans la vie politique des classes moyennes amène au pouvoir des gouvernements de Front populaire, puis de centre gauche. 1964-1970 : à la réaction oligarchique menée par le conservateur Jorge Alessandri (1958-1964) succède le gouvernement du démocrate-chrétien Eduardo Frei. 1970-1973 : le candidat de la gauche Salvador Allende remporte les élections présidentielles et entreprend la nationalisation des mines et des banques. 1973 : il est éliminé par une junte militaire. Le général Pinochet, « chef suprême de la nation », instaure un régime d'exception. 1980 : une nouvelle Constitution confirme le caractère autoritaire du régime, confronté à une contestation grandissante. 1988 : Pinochet organise un plébiscite visant à assurer la reconduction du régime en place. Le « non » l'emporte, mais Pinochet décide de rester à la tête de l'État jusqu'en 1990, terme légal de son mandat. 1990 : le démocrate-chrétien Patricio Aylwin Azócar (candidat unique de l'opposition, élu à la présidence de la République en 1989) succède à Pinochet. 1993 : le démocrate-chrétien Eduardo Frei (fils du président du même nom) est élu à la présidence de la République.

CHILLÁN, v. du Chili, au S. de Santiago ; 158 731 h.

CHILLIDA (Eduardo), sculpteur espagnol (Saint-Sébastien 1924), créateur de formes non-figuratives sobres et puissantes.

Chillon, château fort de Suisse (XIIIe s.), sur le lac Léman, près de Montreux. Résidence des comtes et ducs de Savoie. Bonivard y fut emprisonné.

CHILLOUK → ***Shilluk.***

CHILLY-MAZARIN (91380), ch.-l. de c. de l'Essonne ; 16 998 h. *(Chiroquois)*. Produits pharmaceutiques.

CHILOÉ, île du Chili méridional.

CHILON, homme d'État de Sparte, un des Sept Sages de la Grèce (VIe s. av. J.-C.).

CHILPÉRIC Ier (539 - Chelles 584), roi de Soissons (561-584), fils de Clotaire Ier et époux de Frédégonde, assassiné. — **Chilpéric II** (670-721), roi de Neustrie (715-721).

CHIMAY, v. de Belgique (Hainaut) ; 9 572 h. Berceau d'une famille princière. Collégiale des XIIIe-XVIe s. Château.

CHIMBORAZO, volcan des Andes (Équateur) ; 6 310 m.

CHIMBOTE, port du Pérou septentrional ; 216 000 h. Sidérurgie. Pêche.

Chimène, héroïne du *Cid,* de Corneille.

CHIMÚ, peuple ancien du Pérou, qui, sur la côte nord, prit, v. 1200, la succession de celui de la vallée de la Moche*. Florissant au XIVe s., avec Chanchán* pour capitale, leur empire fut soumis (v. 1470) par les Incas. Les Chimú ont notamment produit de remarquables orfèvreries.

Chimú : édifice funéraire orné de bas-reliefs, à Chanchán (Pérou).

CHINANDEGA, v. du nord-ouest du Nicaragua ; 144 000 h.

CHINARD (Joseph), sculpteur français (Lyon 1756 - *id.* 1813), portraitiste de la famille Bonaparte et auteur du buste de Mme Récamier du musée de Lyon (marbre, v. 1802).

CHINDWIN (le), riv. de Birmanie, principal affl. de l'Irrawaddy (r. dr.) ; 800 km.

CHINE, État de l'Asie orientale ; 9 600 000 km² ; 1 178 500 000 h. *(Chinois)*. CAP. *Pékin*. LANGUE : *chinois*. MONNAIE : *yuan*.

INSTITUTIONS

Démocratie populaire depuis 1949 (23 provinces — avec Taïwan —, 5 régions autonomes, 3 municipalités autonomes). Constitution de 1982 : président de la République élu pour 5 ans par l'Assemblée populaire nationale ; Premier ministre nommé par l'Assemblée populaire nationale ; Assemblée populaire nationale, organe suprême (environ 3 000 délégués, élus pour 5 ans par les représentants des provinces, des régions, des municipalités et de l'armée populaire). Les membres du parti communiste chinois (P. C. C.) détiennent les principaux postes à l'échelon national et régional.

GÉOGRAPHIE

La Chine regroupe plus du cinquième de la population mondiale (environ 20 fois la population de la France). La politique antinataliste a réduit la croissance démographique, aujourd'hui de l'ordre de 1 % par an. La densité moyenne (environ 120 h./km², donc un peu supérieure à celle de la France) n'est pas significative. L'Ouest, juxtaposant chaînes montagneuses et hauts plateaux (Tibet ou Mongolie) au climat rude et cuvettes arides (Xinjiang), est souvent vide, peuplé surtout par des minorités ethniques (Tibétains, Mongols, Turcs, etc.) qui ne constituent toutefois guère plus de 5 % de la population totale. Celle-ci est essentiellement formée des Han, les Chinois proprement dits, concentrés dans la Chine orientale. Ici, sous un climat de plus en plus clément vers le S., dans un paysage de collines, de plaines et de vallées (dont celles du Huang He et du Yangzi Jiang), sur 15 % seulement du territoire, s'entassent 90 % de la population. Près de 70 % des Chinois sont encore des ruraux, mais l'urbanisation a beaucoup progressé depuis 1949. Aujourd'hui une trentaine de villes dépassent le

million d'habitants et Shanghai, Pékin, Tianjin comptent parmi les grandes métropoles mondiales.
L'agriculture a été développée et modernisée (aménagements hydrauliques, engrais, motorisation) d'abord dans un cadre collectivisé (communes populaires), aujourd'hui plus familial. L'autosuffisance alimentaire est (phénomène récent) pratiquement atteinte. La Chine est le premier producteur mondial de blé et surtout de riz. Elle se situe encore aux premiers rangs mondiaux pour le coton, le tabac, le maïs, les oléagineux, le thé, le sucre, l'élevage (porcins et volailles notamment), la pêche également.
L'industrie a connu une progression spectaculaire pour les branches lourdes (extraction de charbon et d'hydrocarbures, sidérurgie), récemment accélérée dans des domaines plus élaborés (chimie, métallurgie de transformation) s'ajoutant au traditionnel textile.
La progression des échanges, l'appel aux capitaux et à la technologie de l'étranger, le desserrement de l'emprise de l'État dans le domaine financier et industriel témoignent d'une ouverture vers le monde extérieur (vers l'Occident et le Japon, notamm.). Cette ouverture est cause et effet d'une spectaculaire progression de la production, accentuant les inégalités sociales et régionales.

PRÉHISTOIRE ET HISTOIRE

Les origines. V. 600 000 ans : les premières cultures du paléolithique apparaissent. À Zhoukoudian, le *Sinanthropus Pekinensis* (homme de Pékin), un archanthropien, connaît le feu et taille des choppers*.
6000-2000 (néolithique). Coexistence de cultures forestières et de villages d'agriculteurs (Yangshao, Longshan), formes céramiques pour cette dernière, préfigurant celles des bronzes rituels ultérieurs.
V. le début du IIe millénaire (âge du bronze) : les diverses cultures néolithiques, notamm. au Henan, sont le creuset de celles du bronze. L'existence historique de la dynastie légendaire des Xia est attestée par l'archéologie entre le XXIe et le XVIIIe s. av. J.-C. La civilisation du bronze, née sous les Shang (XVIIIe s. - v. 1025 av. J.-C.), se perpétue sous les Zhou (v. 1025-256 av. J.-C.). Ve - IIIe s. : la période des Royaumes combattants est marquée par la désunion politique et par l'épanouissement de la culture antique avec Confucius.
La Chine impériale. 221-206 av. J.-C. : l'empire Qin est fondé par Qin Shi Huangdi, qui unifie l'ensemble des royaumes chinois de la Mandchourie au nord de l'actuel Viêt Nam. 206 av. J.-C. - 220 apr. J.-C. : les Han étendent leur empire en Mandchourie, en Corée, en Mongolie, au Viêt Nam et en Asie centrale. Ils fondent le mandarinat et remettent à l'honneur le confucianisme. Ils ouvrent le pays aux influences étrangères qui pénètrent par la route de la soie. 220-581 : l'État centralisé disparaît, les villes dépérissent. L'influence du bouddhisme se développe. À la période des Trois Royaumes succède celle des dynasties du Nord et du Sud (317-589). 581-618 : la dynastie Sui réunifie le pays et fait construire le Grand Canal. 618-907 : sous les Tang, la Chine connaît une administration remarquable et poursuit son expansion militaire avec les empereurs Tang Taizong (627-649) et Tang Gaozong (650-683). 907-960 : elle est à nouveau morcelée pendant la période des Cinq Dynasties. 960-1279 : les Song gouvernent un territoire beaucoup moins étendu que celui des Tang et les « barbares du Nord » créent les empires Liao (947-1124) et Jin (1115-1234). La civilisation scientifique et technique chinoise est très en avance sur celle de l'Occident. Repliés dans le Sud à partir de 1127, les Song sont éliminés par les Mongols, qui conquièrent le pays. 1279-1368 : la dynastie mongole Yuan gouverne la Chine, qui se soulève contre sa domination sous la conduite de Zhu Yuanzhang (Hongwu), fondateur de la dynastie Ming. 1368-1644 : les empereurs Ming renouent avec la tradition nationale mais instaurent des pratiques autocratiques. Yongle (1403-1424) conquiert la Mandchourie. Les progrès techniques se poursuivent jusqu'au XVIe s., mais le gouvernement est, depuis le règne de Wanli (1573-1620), entre les mains d'eunuques corrompus. Les Mandchous envahissent le pays. Ils fondent la dynastie Qing. 1644 - début du XIXe s. : celle-ci, avec les empereurs Kangxi (1662-1722), Yongzheng (1723-1736) et Qianlong (1736-1796), établit sa domination sur un territoire plus étendu que jamais (protectorat sur le Tibet, 1751, progression en Mongolie et en Asie centrale).
Le XIXe s. 1842-1864 : les Occidentaux, au terme d'affrontements militaires, se font céder la souveraineté sur des ports déclarés ouverts et interviennent contre l'insurrection des Taiping (1851-1864). 1875-1908 : l'impératrice Cixi détient le pouvoir. Vaincue par le Japon (1894-95), qui lui enlève le Liaodong et Taïwan, la Chine doit céder des territoires à la Russie, à l'Allemagne, à la Grande-Bretagne et à la France. Une expédition internationale est organisée en 1900 contre les Boxers.
La République de Chine. 1911-1937 : la république, instaurée en 1911, est présidée par Yuan Shikai (1913-1916). Les nationalistes du Guomindang, dirigés par Sun Yat-sen puis, après 1925, par Jiang Jieshi (Tchang Kaï-chek), rompent avec les communistes en 1927. Ceux-ci gagnent le Nord au terme de la « Longue Marche » (1934-35). 1937-1945 : le Japon, qui occupe la Chine du Nord depuis 1937, progresse vers le Sud en 1944. 1945-1949 : après la capitulation japonaise, la guerre civile oppose nationalistes et communistes.
La direction de Mao Zedong, 1949-1976. 1949 : les communistes que Mao Zedong a conduits à la victoire fondent la République populaire de Chine, tandis que les nationalistes se replient à Taïwan ; ils promulguent une réforme agraire et développent l'industrie lourde. 1956 : devant les résistances et les difficultés économiques, Mao lance la campagne des « Cent Fleurs », grand débat d'idées. 1958 : Mao impose lors du « Grand Bond en avant » la collectivisation des terres et la création des communes populaires : échec économique. 1960 : l'U. R. S. S. rappelle ses experts et provoque l'arrêt des grands projets industriels. 1966 : Mao lance la « Grande Révolution culturelle prolétarienne ». Au cours de dix années de troubles (1966-1976), les responsables du parti communiste sont éliminés par les étudiants organisés en gardes rouges, et par l'armée, dirigée jusqu'en 1971 par Lin Biao. 1969 : la détérioration des relations avec l'U. R. S. S. aboutit à de violents incidents frontaliers. 1971-72 : Zhou Enlai obtient que Pékin occupe désormais le siège de la Chine à l'O. N. U. et travaille au rapprochement avec les États-Unis.
Les nouvelles orientations. 1976 : arrestation de la « bande des Quatre ». 1977 : Hua Guofeng, à la tête du parti et du gouvernement, et Deng Xiaoping, réhabilité pour la seconde fois, mettent en œuvre un programme d'efficacité économique, d'ouverture et de modernisation. Les communes populaires sont abandonnées. 1979 : un conflit armé oppose la Chine au Viêt Nam. 1980-1987 : Hua Guofeng est écarté du pouvoir. Hu Yaobang, secrétaire général du parti, poursuit les réformes, tandis que Li Xiannian devient président de la République en 1983. Le développement du secteur privé s'accompagne de celui de la corruption et de fortes hausses des prix, entraînant, à partir de 1986, une grave crise sociale. 1987 : Zhao Ziyang est nommé à la tête du parti. 1988 : Yang Shangkun est élu à la présidence de la République. 1989 : la visite de Gorbatchev à Pékin consacre la normalisation des relations avec l'U.R.S.S. Les étudiants et la population réclament la libéralisation du régime. Deng Xiaoping fait intervenir l'armée contre les manifestants, qui sont victimes d'une répression sanglante (juin, notamment à Pékin, place Tian'anmen). Zhao Ziyang, limogé, est remplacé par Jiang Zemin. 1991 : la Chine normalise ses relations avec le Viêt Nam. 1992 : les conservateurs opposés aux options économiques de Deng Xiaoping sont écartés. Le parti communiste se rallie officiellement à l'économie de marché socialiste. La Chine normalise ses relations avec la Corée du Sud. 1993 : Jiang Zemin succède à Yang Shangkun à la tête de l'État. 1995 : la pression exercée par la Chine sur sa périphérie (Taïwan, Hongkong, Tibet) s'accompagne d'une dégradation des relations avec les États-Unis.

CULTURE ET CIVILISATION

□ ARCHÉOLOGIE ET ART

Les Shang. XVIIIe s. - v. 1025 av. J.-C. La Chine entre dans l'histoire. Naissance de l'urbanisme ; capitales : Zhengzhou, Anyang ; plus anciens exemples d'écriture chinoise avec les inscriptions divinatoires sur os et écaille de tortue ; vases rituels en bronze pour le culte des ancêtres.
Les Zhou. v. 1025-256 av. J.-C. Ils occupent les sites shang ; capitales : Xi'an et Luoyang.
L'époque des Printemps et Automnes. 722-481 av. J.-C. Effervescence intellectuelle, nombreuses écoles philosophiques ; techniques du fer et du verre.
Les Royaumes combattants. Ve - IIIe s. av. J.-C. Parmi les capitales : Changsha ; luxe des parures ; influences de l'art des Steppes et des royaumes du Sud ; premiers tronçons de la *Grande Muraille,* élevés par les royaumes du Nord.
Dynastie des Qin. 221-206 av. J.-C. La *Grande Muraille* devient continue ; capitale près de l'actuelle Xi'an, tumulus royaux dont celui de Qin Shi Huangdi (avec inhumation d'esclaves).
Dynastie Han. 206 av. J.-C. - 220 apr. J.-C. Cap. Changan, puis Luoyang ; dalles gravées des sépultures, abondance du mobilier funéraire (bronze, jades, laques, etc.) et des statuettes qui remplacent les esclaves.
Les dynasties du Nord et du Sud. 317-589. Bouddhisme et ferveur religieuse des Wei du Nord : monastères rupestres avec statuaire et haut-relief (près de Datong leur première cap., puis à Longmen, près de Luoyang leur deuxième cap., et à Yungang). Peinture : Gu* Kaizhi. Au sud, les Six Dynasties : Plusieurs cap. dont Nankin ; développement de la calligraphie.
Les Tang. 618-907. Cap. Changan (près de l'actuelle Xi'an) avec l'épanouissement de l'urbanisme en damier, construction (VIIe s.) de la *Grande Pagode des Oies sauvages ;* agrandissement de Longmen et de Dunhuang. Peinture : Wang Wei. Céramique : qualité des grès et premières porcelaines.
Les Cinq Dynasties. 907-960. Plusieurs cap. dont Chengdu, et Kaifeng ; extension du bouddhisme *Chan* favorisant celle du lavis monochrome.
Les Song ou l'apogée du classicisme artistique. 960-1279. Cap. Kaifeng, près de Hangzhou au S. L'architecture associe briques, bois, et tuiles. Peinture : sommet de l'art du paysage dense et austère au N., ou inspiré par la douceur mélancolique de la région (Guilin) au S. (Fan Kuan, Li Tang, Mi Fu, Dong Yuan, Xia Gui, Ma Yuan, etc.) ; perfection des grès céladon ou noirs, et des porcelaines « blanc bleuté ».
Les Yuan. 1279-1368. Cap. près de Pékin. Peinture : Zhao Mengfu ; prépondérance de l'esthétique individualiste des lettrés (Huang Gongwang, Ni Zan, Wang Meng, Wu Zhen). Céramique : richesse décorative et premiers « bleu et blanc » en porcelaine.
Les Ming. 1368-1644. Pékin cap. en 1409 (palais, temples, Cité* interdite) ; jardins (Pékin, Yangzhou, Nankin, Suzhou) ; peinture de lettrés : Shen Zhou (école de Wu) ; traités picturaux (Dong Qichang, Xie He). Arts mineurs en plein essor (demande européenne pour la porcelaine, apogée du décor « bleu et blanc »).
Les Qing ou le mécénat impérial. 1644-1911. Palais d'Été près de Pékin ; peinture : courant des lettrés et grands individualistes (Bada Shanren, Shi Tao) ; arts mineurs : virtuosité technique (porcelaine, famille verte et rose ; abondance des cloisonnés).

□ LITTÉRATURE

Avant le IIIe s. av. J.-C. : le *Shijing,* le *Yijing,* Qu Yuan. — Des Han aux Tang (206 av. J.-C. - 618 apr. J.-C.) : Sima Qian, Sima Xiangru, Cao Cao, Tao Yuanming. — Les Tang (618-907) : Li Bo, Du Fu, Bo Juyi, Han Yu. — Les Song (960-1279) : Ouyang Xiu, Su Shi. — Les Yuan (1279-1368) : Guan Hanqing. — Les Qing (1644-1911) : *Rêve dans le pavillon rouge.* — Le XXe s. : Hu Shi, Guo Moruo, Lu Xun, Mao Dun, Lao She, Ba Jin.

□ PHILOSOPHIE

Ve s. - IIe s. av. J.-C. : Confucius ; Laozi ; Mozi ; école du yin/yang ; école des noms ; école des lois. À partir des Han jusqu'au XXe s. : confucianisme.

CHINE *(mer de),* partie de l'océan Pacifique, s'étendant le long des côtes de la Chine et de l'Indochine, comprenant la *mer de Chine orientale* (entre la Corée, les Ryūkyū et Taïwan) et la *mer de Chine méridionale* (limitée à l'est par les Philippines et Bornéo).

CHINJU, v. de la Corée du Sud, à l'ouest de Pusan ; 203 000 h.

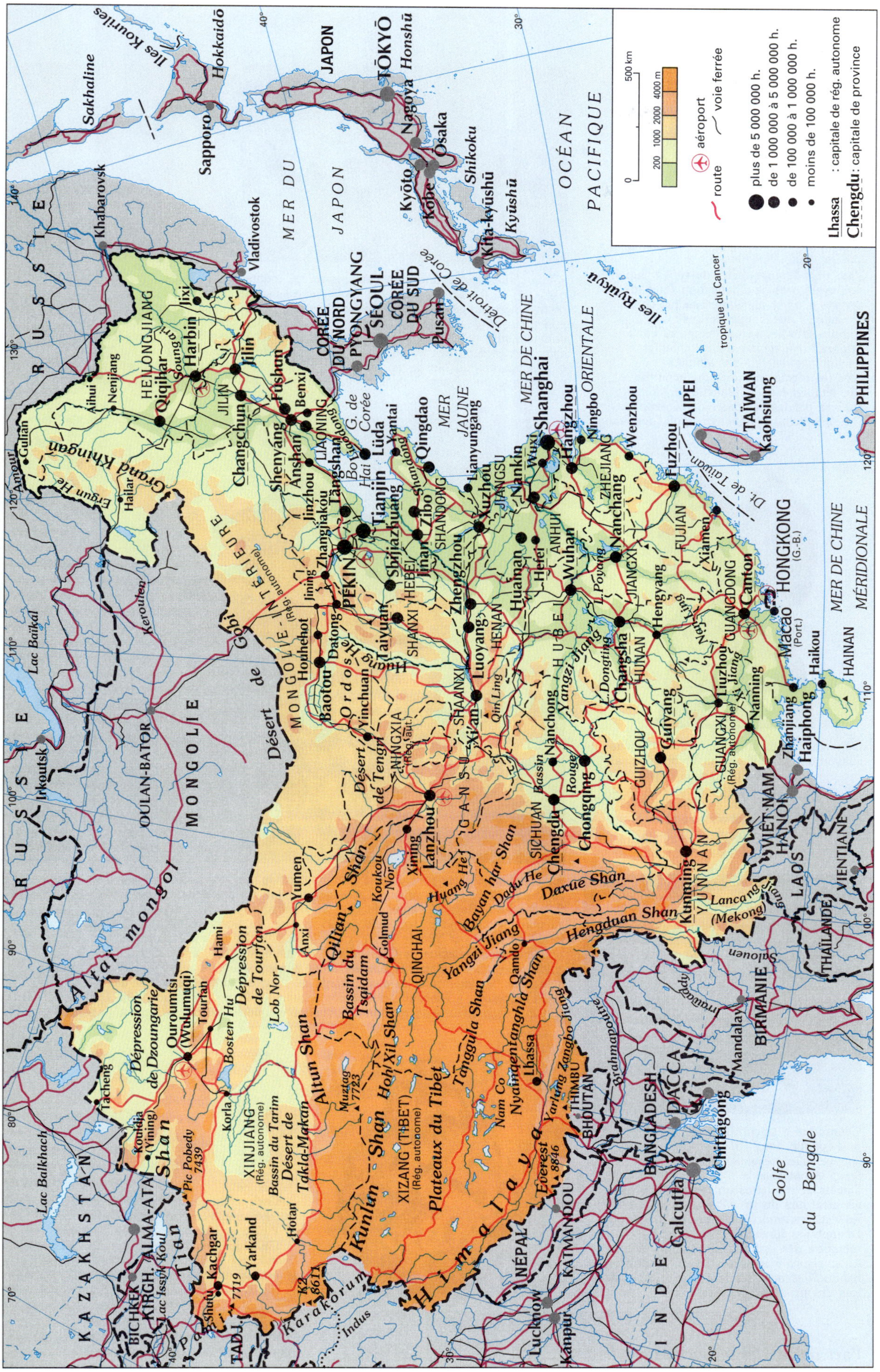

0
500 km
200
1000
2000
4000 m
aéroport
route
voie ferrée
plus de 5 000 000 h.
de 1 000 000 à 5 000 000 h.
de 100 000 à 1 000 000 h.
moins de 100 000 h.
Lhassa : capitale de rég. autonome
Chengdu : capitale de province
RUSSIE
MONGOLIE
OULAN-BATOR
KAZAKHSTAN
KIRGH.
TADJ.
BICHKEK
ALMA-ATA
NÉPAL
KATMANDOU
BHOUTAN
THIMBU
BANGLADESH
DACCA
INDE
BIRMANIE
LAOS
VIENTIANE
THAÏLANDE
VIÊT NAM
HANOI
CORÉE DU NORD
PYONGYANG
CORÉE DU SUD
SÉOUL
JAPON
TŌKYŌ
PHILIPPINES
TAÏWAN
TAIPEI
HONGKONG (G.-B.)
Macao (Port.)
PÉKIN
Shanghai
Tianjin
Canton
Wuhan
Chongqing
Chengdu
Shenyang
Harbin
Xi'an
Nankin
Lanzhou
Kunming
Lhassa
Ouroumtsi (Wulumuqi)
Kachgar
Yarkand
Hotan
HEILONGJIANG
JILIN
LIAONING
HEBEI
SHANXI
SHANDONG
HENAN
JIANGSU
ANHUI
ZHEJIANG
JIANGXI
FUJIAN
HUBEI
HUNAN
GUANGDONG
GUANGXI (Rég. autonome)
GUIZHOU
YUNNAN
SICHUAN
QINGHAI
GANSU
SHAANXI
NINGXIA (Rég. aut.)
MONGOLIE-INTÉRIEURE (Rég. autonome)
XINJIANG (Rég. autonome)
XIZANG (TIBET) (Rég. autonome)
HAINAN
Désert de Gobi
Désert de Takla-Makan
Plateaux du Tibet
Himalaya
Kunlun Shan
Tian Shan
Altaï mongol
Grand Khingan
Qilian Shan
Altun Shan
Bassin du Tsaidam
Bassin du Tarim
Dépression de Dzoungarie
Dépression de Tourfan
Hengduan Shan
Daxue Shan
Bayan har Shan
Tanggula Shan
Nyainqentanglha Shan
Karakorum
Everest 8846
K2 8611
Huang He
Yangzi Jiang
Lancang Jiang (Mekong)
Brahmapoutre
Salouen
Indus
Lac Baïkal
Lac Balkhach
MER DU JAPON
MER JAUNE
MER DE CHINE ORIENTALE
MER DE CHINE MÉRIDIONALE
OCÉAN PACIFIQUE
Golfe du Bengale
Détroit de Corée
Dt. de Taïwan
tropique du Cancer
Sakhaline
Hokkaidō
Honshū
Shikoku
Kyūshū
Iles Kouriles
Iles Ryūkyū

Vase tripode en bronze, de type « Jue », découvert près de Zhengzhou (Henan). XVIe-XVe s. av. J.-C. (République populaire de Chine.) Cette coupe destinée, comme tous les vases Shang, au culte des ancêtres, servait à faire chauffer les liquides. Malgré ses affinités avec les formes en terre du néolithique, elle témoigne de la maîtrise technique atteinte par les bronziers du Zhengzhou, l'une des plus anciennes métropoles des Shang.

« Vue claire et lointaine d'un fleuve dans les montagnes. » Partie d'un rouleau horizontal par Xia Gui (v. 1200). [Musée du Palais, Taibei.] Pars sa prédilection pour la perspective décentrée, Xia Gui, tout comme Ma* Yuan, donne une vigueur nouvelle à la tradition de la peinture des lettrés. Si Ma Yuan privilégie la ligne, Xia Gui obtient l'effet par le dégradé des tonalités d'encre, et leur influence se décèle encore dans l'art pictural des XVe et XVIe s. À l'opposé de la puissance d'un Fan* Kuan, et des peintres du Nord, les artistes de l'Académie des Song du Sud ont une vision romantique du paysage baigné de vapeurs brumeuses où l'espace vide devient rêve.

Conversation mystique entre le bouddha Śākyamuni et le bouddha Prabhūtaratna. Bronze doré daté 518. (Musée Guimet, Paris.) Œuvre marquée par la ferveur religieuse, elle est caractéristique de l'époque Wei, où graphisme aigu et allongement du canon se répondent.

Au cœur d'un vaste parc, clos d'une enceinte de 6,5 km, le Temple du Ciel à Pékin comprend trois parties principales, alignées selon un axe sud-nord (symbole du méridien céleste) : l'autel du Ciel, le Huangqiongju (ou Voûte céleste) et, au nord, le Qiniandian (ou salle de prière pour les Bonnes Récoltes). L'ensemble, fondé en 1420 par Yongle, le deuxième souverain Ming, a été plusieurs fois restauré à l'identique. Ci-dessus, le Qiniandian : de plan circulaire, érigé au sommet de trois gradins de marbre blanc, et couvert d'une triple toiture de tuiles vernissées bleues, il est l'un des exemples les plus parfaits de l'architecture Ming. C'est dans ce temple que l'empereur, « Fils du Ciel », accomplissait les rites de l'union de la Terre et du Ciel, afin que se poursuive le rythme des saisons et que les récoltes soient abondantes.

Céramique à glaçure aux trois couleurs de l'époque Tang (618-907). [Eugene Fuller Memorial Collection, Seattle Art Museum.] Statues et statuettes ont remplacé, depuis les alentours du IIIe s. av. J.-C., les victimes immolées au service du défunt. Le mobilier funéraire devient ainsi mémoire des activités de tout un peuple, ici un char à bœufs, moyen de locomotion habituel des membres de la maison impériale lors des processions officielles.

Gourde de pèlerin du début du XVe s. (dynastie Ming), en porcelaine « bleu et blanc » ornée de camélias. Ce décor peu chargé, donnant toute sa valeur à la pureté du blanc, est typique du goût chinois. (Musée Guimet, Paris.)

CHINON (37500), ch.-l. d'arr. d'Indre-et-Loire, sur la Vienne ; 8 961 h. *(Chinonais).* Forêt. Centrale nucléaire à proximité (à Avoine). Forteresse en partie ruinée, comprenant trois châteaux (xe-xve s.), et notamment celui où Jeanne d'Arc rencontra Charles VII en 1429.

CHIO [kjo], île grecque de la mer Égée ; 54 000 h. Ch.-l. *Chio,* port (21 261 h.). Vins. Fruits.

CHIOGGIA, v. d'Italie (Vénétie) ; 52 582 h.

CHIPPENDALE (Thomas), ébéniste britannique (Otley, Yorkshire, 1718 - Londres 1779). Il publia en 1754 un recueil de modèles qui combine avec fantaisie les styles rocaille, « gothique », « chinois », etc.

CHIPPEWA → ***Ojibwa.***

CHIQUITOS, Indiens de Bolivie et du Brésil.

CHIRAC (Jacques), homme politique français (Paris 1932). Collaborateur de G. Pompidou, député de la Corrèze, il occupe plusieurs postes ministériels avant de devenir Premier ministre sous la présidence de V. Giscard d'Estaing (1974-1976). Président du R.P.R. (1976-1994), maire de Paris (1977-1995), il est de nouveau Premier ministre de 1986 à 1988, appelé à diriger, sous la présidence de F. Mitterrand, le premier gouvernement de cohabitation de la Ve République. Il est élu président de la République en mai 1995.

CHIRĀZ, v. de l'Iran, dans le Zagros ; 426 000 h. Monuments du XVIIIe s. Jardins célèbres. Tapis.

CHIRICO (Giorgio **de**) → ***De Chirico.***

CHIRON. *Myth. gr.* Centaure éducateur d'Achille.

CHIŞINĂU, anc. **Kichinev,** cap. de la Moldavie ; 565 000 h. Métallurgie.

CHITTAGONG, deuxième ville et principal port du Bangladesh ; 1 388 000 h. Exportation de jute.

CHIUSI, v. d'Italie (Toscane) ; 9 113 h. Nécropole étrusque. Musée national étrusque. (Anc. *Clusium.*)

CHLEUH, groupe de tribus berbères qui peuplent le Haut Atlas marocain, l'Anti-Atlas et le Sous.

CHLODION ou **CLODION,** dit **le Chevelu,** chef de la tribu des Francs Saliens (m. v. 460). Il serait l'ancêtre des Mérovingiens.

CHOA, prov. de l'Éthiopie. Ch.-l. *Addis-Abeba.*

CHOCANO (José Santos), poète péruvien (Lima 1875 - Santiago du Chili 1934), évocateur de la nature sud-américaine *(Alma América).*

CHODERLOS DE LACLOS → ***Laclos.***

Choéphores (les) → ***Orestie.***

CHOISEUL (César, *duc* **de**), *comte* **du Plessis-Praslin,** maréchal de France (Paris 1598 - *id.* 1675). Il se distingua au siège de La Rochelle et lors de la Fronde.

CHOISEUL (Étienne François, *duc* **de**), homme d'État français (Nancy 1719 - Paris 1785). La protection de Mme de Pompadour lui valut d'être ambassadeur à Rome (1754), puis à Vienne (1757). Secrétaire d'État des Affaires étrangères (1758-1761 et 1766-1770), puis de la Guerre (1761-1770) et de la Marine (1761-1766), il répara les malheurs de la guerre de Sept Ans en renforçant l'alliance avec l'Autriche. La France lui doit la conclusion du *pacte de Famille** (1761) et l'acquisition de la Lorraine (1766) ainsi que de la Corse (1768). Ami des Encyclopédistes, il obtint la suppression de l'ordre des Jésuites (1764).

CHOISY (François Timoléon, *abbé* **de**), écrivain français (Paris 1644 - *id.* 1724), connu par la manie qu'il avait de s'habiller en femme et par ses *Mémoires.* (Acad. fr.)

CHOISY-LE-ROI (94600), ch.-l. de c. du Val-de-Marne, au sud de Paris, sur la Seine ; 34 230 h. *(Choisyens).* Constructions mécaniques. Verrerie. Vestiges d'un château bâti par les Gabriel et où Louis XV recevait ses favorites. Église de 1748-1760, auj. cathédrale.

CHOLEM ALEICHEM (Cholom **Rabinovitch,** dit), écrivain d'expression yiddish (Pereïaslav, Ukraine, 1859 - New York 1916), auteur de récits sur la vie des ghettos de l'Europe centrale (*Tévié le laitier,* 1899-1911).

CHOLET (49300), ch.-l. d'arr. de Maine-et-Loire, dans les Mauges (ou *Choletais*) ; 56 540 h. *(Choletais).* Marché et centre industriel (textile, constructions mécaniques, chimie, etc.). Luttes sanglantes pendant les guerres de Vendée (1793). Musées.

CHOLOKHOV (Mikhaïl Aleksandrovitch), écrivain russe (Vechenskaïa, Ukraine, 1905 - *id.* 1984), auteur du *Don paisible* (1928-1940) et de *Terres défrichées.* (Prix Nobel 1965.)

CHO LON, banlieue de Hô Chi Minh-Ville, auj. intégrée à la ville.

CHOLTITZ (Dietrich **von**), général allemand (Schloss Wiese, Silésie, 1894 - Baden-Baden 1966). Commandant la garnison allemande de Paris en 1944, il éluda l'ordre de Hitler de détruire la capitale et se rendit à Leclerc.

CHOMÉRAC (07210), ch.-l. de c. de l'Ardèche ; 2 475 h.

CHOMSKY (Noam), linguiste américain (Philadelphie 1928). Dans ses principaux ouvrages (*Structures syntaxiques* [1957] et *Aspects de la théorie syntaxique* [1965]), il a proposé un nouveau modèle de description du langage : la grammaire générative.

CHONGJIN, port de la Corée du Nord, sur la mer du Japon ; 265 000 h.

CHONGJU, v. de la Corée du Sud ; 367 000 h.

CHONGQING ou **TCH'ONG-K'ING,** v. de Chine, principale ville du Sichuan, sur le Yangzi Jiang ; 2 800 000 h. Centre industriel. Elle fut le siège du gouvernement nationaliste (1938-1946).

CHONJU, v. de la Corée du Sud ; 253 000 h.

CHON TU-HWAN → ***Chun Doo-hwan.***

CHO OYU, sommet de l'Himalaya, aux confins du Tibet et du Népal ; 8 154 m.

CHOOZ [ʃo] (08600), comm. des Ardennes ; 805 h. Centrale nucléaire sur la Meuse.

CHOPIN (Frédéric), pianiste et compositeur polonais de père français (Żelazowa Wola 1810 - Paris 1849). Ses compositions (mazurkas, valses, nocturnes, polonaises, préludes, etc.), d'un caractère romantique tendre ou passionné, souvent mélancolique, ont rénové le style du piano dans le domaine de l'harmonie et de l'ornementation. Il eut une longue liaison avec George Sand (1837-1848).

CHOQUET (Gustave), mathématicien français (Solesmes 1915), auteur d'importants travaux en théorie du potentiel.

CHORGES (05230), ch.-l. de c. des Hautes-Alpes, près du lac de Serre-Ponçon ; 1 582 h. Site gallo-romain. Église reconstruite en 1500.

CHORZÓW, v. de Pologne (haute Silésie) ; 131 500 h. Houille. Sidérurgie.

CHOSROÊS → ***Khosrô.***

CHOSTAKOVITCH (Dmitri), compositeur soviétique (Saint-Pétersbourg 1906 - Moscou 1975). Il a écrit des œuvres de circonstance et d'inspiration nationale, quinze symphonies et de la musique de piano et de chambre.

CHOU EN-LAI → ***Zhou Enlai.***

CHOUF, région du Liban, au sud de Beyrouth.

CHOUÏSKI, famille noble russe (xve - XVIIe s.), écartée du pouvoir par Ivan IV et qui donna à la Russie un tsar : Vassili* Chouïski.

CHOU TEH → ***Zhu De.***

CHRÉTIEN (Henri), physicien français (Paris 1879 - Washington 1956), inventeur d'un objectif employé dans le CinémaScope (1925).

CHRÉTIEN (Jean), homme politique canadien (Shawinigan 1934). Chef du parti libéral, il devient Premier ministre en 1993.

CHRÉTIEN (Jean-Loup), général et spationaute français (La Rochelle 1938). Pilote de chasse, puis pilote d'essais, il est le premier Français à avoir effectué un vol spatial (1982). En 1988, il est retourné dans l'espace, séjournant trois semaines à bord de la station orbitale soviétique Mir.

Jacques **Chirac**

Frédéric **Chopin** (Delacroix - Louvre, Paris)

CHRÉTIEN DE TROYES, poète français (v. 1135 - v. 1183). Auteur de romans de chevalerie, il est, en France, l'initiateur de la littérature courtoise : *Érec et Énide, Cligès, Lancelot ou le Chevalier à la charrette, Yvain* ou le Chevalier au lion, Perceval* ou le Conte du Graal.*

CHRIST → ***Jésus.***

Christ *(ordre du),* ordre de chevalerie fondé en 1319 par le roi de Portugal Denis Ier pour accueillir les templiers dont l'ordre avait été dissous.

CHRISTALLER (Walter), géographe allemand (Berneck 1893 - Königstein 1969), initiateur des recherches sur la théorie des lieux centraux (villes, marchés).

CHRISTCHURCH, v. de la Nouvelle-Zélande, la plus grande de l'île du Sud ; 322 000 h.

CHRISTIAN Ier (1426 - Copenhague 1481), roi de Danemark (1448), de Norvège (1450-1481) et de Suède (1457-1464). En 1460, il devint duc de Slesvig et comte de Holstein. Il a fondé l'université de Copenhague (1479). — **Christian II** (Nyborg 1481 - Kalundborg 1559), roi de Danemark et de Norvège (1513-1523) et de Suède (1520-1523). La révolte de Gustave Vasa lui enleva la couronne de Suède (1523). — **Christian III** (Gottorp 1503 - Kolding 1559), roi de Danemark et de Norvège (1534-1559). Il établit le luthéranisme dans ses États. — **Christian IV** (Frederiksborg 1577 - Copenhague 1648), roi de Danemark et de Norvège (1588-1648), il prit part à la guerre de Trente Ans ; battu par Tilly, il dut traiter (1629). — **Christian V** (Flensborg 1646 - Copenhague 1699), roi de Danemark et de Norvège (1670-1699), premier roi héréditaire du Danemark. Il s'allia à la Hollande contre la Suède et Louis XIV, mais le traité de Fontainebleau (1679) l'obligea à restituer ses conquêtes. — **Christian VI** (Copenhague 1699 - Hørsholm 1746), roi de Danemark et de Norvège (1730-1746), il encouragea le commerce et l'industrie. — **Christian VII** (Copenhague 1749 - Rendsborg 1808), roi de Danemark et de Norvège (1766-1808). Il laissa gouverner ses favoris, notamment Struensee. — **Christian VIII** (Copenhague 1786 - Amalienborg 1848), roi de Danemark (1839-1848). D'abord élu roi de Norvège en 1814, il ne fut pas reconnu par les grandes puissances. — **Christian IX** (Gottorp 1818 - Copenhague 1906), roi de Danemark (1863-1906). À son avènement au trône, il adopta, contre son gré, la nouvelle Constitution incorporant le Slesvig au Danemark, ce qui provoqua l'intervention de la Prusse et de l'Autriche (1864) qui lui enlevèrent le Slesvig et le Holstein. — **Christian X** (Charlottenlund 1870 - Copenhague 1947), roi de Danemark (1912-1947) et d'Islande (1918-1944). En 1919, il récupéra le Slesvig septentrional. Lors de l'occupation allemande (1940-1944), il résista de tout son pouvoir à l'envahisseur.

CHRISTIANIA, nom d'Oslo de 1624 à 1924.

CHRISTIAN-JAQUE (Christian **Maudet,** dit), cinéaste français (Paris 1904 - *id.* 1994). Son brio et sa verve lui ont valu de grands succès populaires : *les Disparus de Saint-Agil* (1938), *Fanfan la Tulipe* (1951).

CHRISTIE (Agatha), femme de lettres britannique (Torquay 1890 - Wallingford 1976), auteur de romans policiers (*le Meurtre de Roger Ackroyd, Dix Petits Nègres, le Crime de l'Orient-Express)* qui le plus souvent mettent en scène Miss Marple et Hercule Poirot.

CHRISTIE (William), claveciniste et chef d'orchestre américain naturalisé français (Buffalo, État de New York, 1944). Interprète et pédagogue, spécialiste de la musique baroque, française en particulier, il a fondé en 1979 l'ensemble instrumental et vocal Les Arts florissants.

Christie's, salle des ventes fondée à Londres en 1766. La plus ancienne société de ce genre, elle demeure une des plus importantes dans le monde.

CHRISTINE (Stockholm 1626 - Rome 1689), reine de Suède (1632-1654), fille de Gustave II Adolphe. Elle hâta les négociations des traités de Westphalie (1648). Ayant fait de sa cour un foyer d'humanisme, elle y reçut Descartes. Elle abdiqua en 1654 en faveur de son cousin Charles Gustave et elle se convertit au catholicisme. Visitant une partie de l'Europe, notamment la France, elle fonda à Rome l'académie des Arcades.

CHRISTINE DE FRANCE, duchesse de Savoie (Paris 1606 - Turin 1663), fille d'Henri IV et de Marie de Médicis. Elle épousa Victor-Amédée Ier, duc de Savoie.

CHRISTINE DE PISAN, femme de lettres française (Venise v. 1365 - v. 1430). Elle a laissé des ballades, des écrits historiques *(Livre des faits et bonnes mœurs du roi Charles V),* ainsi qu'un poème, *Ditié de Jeanne d'Arc,* témoignage sur l'état des esprits lors de la guerre de Cent Ans.

Christlich-Demokratische Union → *CDU.*

CHRISTMAS *(île),* île de l'océan Indien, dépendance de l'Australie ; 135 km² ; 3 000 h. Phosphates.

CHRISTMAS *(île)* →*Kiritimati.*

CHRISTO (Christo **Javacheff,** dit), artiste américain d'origine bulgare (Gabrovo 1935). Lié au Nouveau Réalisme, à Paris, en 1962, installé aux États-Unis en 1964, il réalise de monumentales installations éphémères, notamm. des « empaquetages » de monuments (Kunsthalle de Berne, 1968 ; le Pont-Neuf à Paris, 1985 ; le Reichstag à Berlin, 1995).

CHRISTOFLE (Charles), industriel français (Paris 1805 - Brunoy 1863), créateur de l'entreprise d'orfèvrerie qui porte son nom.

CHRISTOPHE *(saint).* Il aurait porté l'Enfant Jésus sur ses épaules pour passer une rivière. Patron des voyageurs et des automobilistes, écarté du calendrier romain en 1970.

CHRISTOPHE (Henri) [île de Grenade 1767 - Port-au-Prince 1820], roi d'Haïti (1811-1820). Esclave affranchi, lieutenant de Toussaint Louverture, il servit sous Dessalines. Président de la République d'Haïti (1807), il fut proclamé roi en 1811.

Christ ressuscité (le), marbre de G. Pilon, au Louvre (apr. 1560). D'une sensibilité vibrante, l'œuvre était destinée à la chapelle funéraire des Valois (jamais terminée et auj. disparue) accolée à la basilique de Saint-Denis.

CHRISTUS (Petrus), peintre flamand (m. en 1472/73), maître à Bruges en 1444, épigone, surtout, de J. Van Eyck.

CHRODEGANG ou **ROTGANG** *(saint),* évêque de Metz (712-766), un des organisateurs de l'Église franque.

Chroniques *(livres des),* ouvrage de l'Ancien Testament divisé en deux livres. Écrits entre 350 et 300 av. J.-C., ils retracent dans l'esprit du judaïsme d'après l'Exil l'histoire du peuple juif jusqu'à la prise de Jérusalem (587 av. J.-C.).

Chroniques de Saint-Denis ou **Grandes Chroniques de France,** histoire officielle des rois de France, des origines à la fin du XVe s., rédigées à Saint-Denis, d'abord en latin puis en français, et imprimées à la fin du XVe s. Il en existe un résumé manuscrit enluminé par Jean Fouquet (B. N.).

CHRYSIPPE, philosophe et logicien grec (Soli, Cilicie, 281 - Athènes 205 av. J.-C.). Il se rattache au stoïcisme.

CHRYSOSTOME → *Jean Chrysostome.*

CHUN DOO-HWAN ou **CHON TU-HWAN,** homme politique sud-coréen (Hapchon 1931), président de la République de 1980 à 1988.

CHUQUET (Nicolas), mathématicien français (Paris v. 1445 - 1500), auteur du plus ancien traité d'algèbre écrit par un Français (1484).

CHUQUICAMATA, v. du Chili septentrional ; 22 000 h. Extraction et métallurgie du cuivre.

CHUQUISACA → *Sucre.*

CHUR → *Coire.*

CHURCH (Alonzo), logicien américain (Washington 1903). Il a démontré l'indécidabilité du calcul des prédicats.

CHURCHILL (le), fl. du Canada, aboutissant dans la baie d'Hudson ; 1 600 km. À son embouchure, port de *Churchill* (1 300 h.).

CHURCHILL (le), anc. **Hamilton,** fl. de l'est du Canada, dans le Labrador, tributaire de l'Atlantique ; 1 000 km. Aménagement hydroélectrique *(Churchill Falls).*

CHURCHILL (*sir* Winston Leonard **Spencer**), homme politique britannique (Blenheim Palace 1874 - Londres 1965). Député conservateur en 1900, plusieurs fois ministre, puis Premier lord de l'Amirauté (1911-1915), enfin Premier ministre (1940-1945 et 1951-1955), leader du parti conservateur, il fut l'animateur de l'effort de guerre britannique et l'un des protagonistes de la victoire alliée sur l'Axe. (Prix Nobel de littér. 1953.)

CHURRIGUERA (José Benito **de**), sculpteur et architecte espagnol (Madrid 1665 - *id.* 1725), créateur de la ville de Nuevo Baztán, près de Madrid. — Son frère **Joaquín** (Madrid 1674 - Salamanque ? v. 1724) est l'auteur du collège de Calatrava à Salamanque. — **Alberto** (Madrid 1676 - Orgaz ? v. 1740), frère des précédents, donna les plans de l'harmonieuse Plaza Mayor de Salamanque. — Dans leur œuvre, c'est surtout à quelques retables sculptés exubérants, à colonnes torses, que s'applique le qualificatif de *churrigueresque.*

CHYPRE, État insulaire de la Méditerranée orientale ; 9 251 km² ; 700 000 h. *(Chypriotes* ou *Cypriotes).* CAP. *Nicosie.* LANGUES : *grec* et *turc.* MONNAIE : *livre cypriote.*

GÉOGRAPHIE

Deux chaînes de montagnes séparent une dépression centrale, site de Nicosie. L'économie à dominante agricole (agrumes, vigne, céréales) a souffert, ainsi que le tourisme, de la partition de fait de l'île entre communautés grecque (environ 80 % de la population totale) et turque.

HISTOIRE

L'Antiquité. IIe millénaire : peuplée dès le VIIe millénaire, exportatrice de cuivre et de bois depuis 2500, Chypre se dote d'une écriture (syllabaire chypro-minoen) et est colonisée par des réfugiés du monde minoen. 58 av. J.-C.-1191 : elle passe des mains des Lagides à celles de Rome puis à celles de Byzance après le partage de l'Empire en 395.

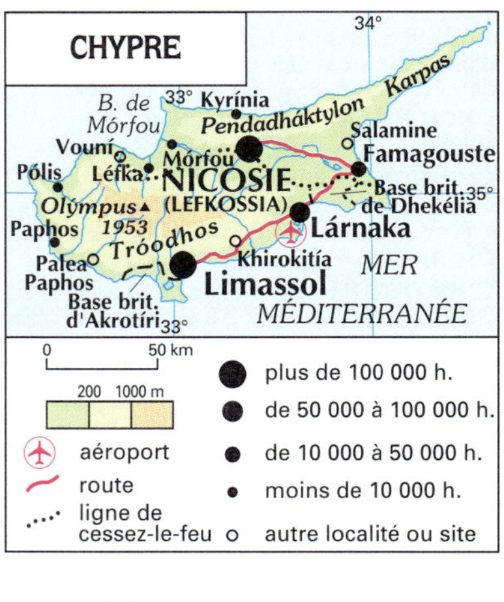

Le Moyen Âge et l'époque moderne. 1191-1489 : conquise par Richard Cœur de Lion, passée aux mains des Lusignan (1192) qui en font un royaume latin (1197), l'île est une des bases d'attaque des croisés et le principal centre latin d'Orient après la chute de Saint-Jean-d'Acre (1291). 1489 : elle devient vénitienne. 1570-71 : elle est conquise par les Turcs.

L'époque contemporaine. 1878 : elle passe sous administration britannique, tout en demeurant sous la souveraineté ottomane. 1925 : annexée par la Grande-Bretagne, sitôt l'entrée en guerre de la Turquie (1914), elle devient colonie britannique, malgré les protestations de la Grèce. 1955-1959 : les Chypriotes grecs luttent contre la domination britannique et réclament l'*Enôsis* (union avec la Grèce). 1960 : république indépendante, l'île a pour président l'archevêque orthodoxe Makários, et un vice-président turc. 1974 : un coup d'État favorable à l'*Enôsis* provoque un débarquement turc. 1975 : la Turquie proclame unilatéralement le Nord État autonome. 1977 : Spýros Kyprianoú remplace Makários, décédé. 1983 : la « République turque de Chypre du Nord » est proclamée unilatéralement, avec pour président Rauf Denktaş. 1988 : Gheórghios Vassilíou succède à Kyprianoú. 1990 : la République de Chypre dépose une demande d'adhésion à la C.E.E. 1993 : Ghláfkos Klirídhis (Glafcos Cléridès) est élu à la présidence de la République.

CIA (Central Intelligence Agency), agence centrale de renseignements (espionnage, contre-espionnage, etc.) créée en 1947 et placée sous l'autorité du président des États-Unis. Elle dispose d'unités militaires spéciales, les *bérets verts.*

CIANO (Galeazzo), *comte* **de Cortellazzo,** homme politique italien (Livourne 1903 - Vérone 1944). Gendre de Mussolini, ministre des Affaires étrangères (1936), puis ambassadeur auprès du Saint-Siège (1943) ; hostile à la poursuite de la guerre, il fut exécuté sur l'ordre du parti fasciste.

Ciba-Geigy AG, société de produits chimiques suisse créée en 1970 par la fusion de deux firmes bâloises, Ciba AG (créée à Bâle en 1884) et J. R. Geigy AG. C'est le deuxième groupe industriel helvétique.

CIBOURE (64500), comm. des Pyrénées-Atlantiques ; 5 880 h. Station balnéaire. Pêche.

CICÉRON, en lat. **Marcus Tullius Cicero,** homme politique et orateur latin (Arpinum 106 - Formies 43 av. J.-C.). Issu d'une famille plébéienne entrée dans l'ordre équestre, avocat, il débute dans la carrière politique en attaquant Sulla à travers un de ses affranchis *(Pro Roscio Amerino),* puis en défendant les Siciliens contre les exactions de leur gouverneur Verrès *(les Verrines).* Consul (63), il déjoue la conjuration de Catilina et fait exécuter ses complices *(Catilinaires).* Il embrasse le parti de Pompée, mais, après Pharsale, se rallie à César. Ce dernier mort, il attaque vivement Antoine et lui oppose Octavien. Proscrit par le second triumvirat, il est assassiné. S'il fut un politique médiocre, Cicéron a porté l'éloquence latine à son apogée : ses plaidoyers et ses discours ont servi de modèle à toute la rhétorique latine *(De oratore).* Ses traités philosophiques *(De finibus, De officiis)* ont acclimaté dans la littérature latine la métaphysique et la morale grecques. On a conservé une grande part de sa correspondance.

Cid (le), tragi-comédie de P. Corneille (1636-37), inspirée des *Enfances du Cid* de Guillén de Castro. Rodrigue est obligé, pour venger l'honneur de son propre père, de tuer le père de Chimène, sa fiancée. Celle-ci poursuit le meurtrier, sans cesser pour cela de l'aimer, l'accomplissement du devoir exacerbant l'amour que ces deux âmes généreuses éprouvent l'une pour l'autre. Accueilli avec enthousiasme par le public, *le Cid* fut critiqué par l'Académie sous prétexte que les règles de la tragédie n'y étaient pas observées.

CIDAMBARAM, v. de l'Inde (Tamil Nadu) ; 80 000 h. Important centre de pèlerinage sivaïte. Nombreux temples, dont le grand temple de Śiva (Xe - XVIIe s.).

CID CAMPEADOR (Rodrigo **Díaz de Vivar,** dit **le**), chevalier espagnol (Vivar v. 1043 - Valence 1099). Banni par Alphonse VI de Castille (1081), il se mit au service de l'émir de Saragosse, puis s'empara de Valence (1095) où il régna jusqu'à sa mort. Le Cid est le héros d'un grand nombre d'œuvres littéraires : du *Poème de mon Cid,* du

Christine de Suède (S. Bourdon - musée des Beaux-Arts, Béziers)

Henri **Christophe**

sir Winston **Churchill** (en 1951)

Cicéron (Offices, Florence)

Romancero espagnol, d'un drame de Guillén de Castro et d'une tragédie de Corneille.

CIÉNAGA, port de Colombie, sur la mer des Antilles ; 180 000 h.

CIENFUEGOS, v. de Cuba, sur la côte méridionale ; 102 000 h.

CILAOS (97413), comm. de la Réunion, dans le *cirque de Cilaos ;* 5 867 h.

CILICIE, région située au sud de la Turquie d'Asie. Ses villes les plus importantes sont Adana et Tarsus.

ÇILLER (Tansu), femme politique turque (Istanbul 1946). Ministre de l'Économie (1991-1993), elle est Premier ministre de 1993 à 1996.

CIMA (Giovanni Battista), peintre italien (Conegliano, prov. de Trévise, v. 1459 - *id.* 1517/18). Influencé, à Venise, par Giovanni Bellini, il a donné d'harmonieuses compositions religieuses à fonds de paysages.

CIMABUE (Cenni **di Pepo**, dit), peintre italien mentionné à Rome en 1272, à Pise en 1301. Il est réputé avoir été le maître de Giotto et avoir, le premier, affranchi son art des conventions byzantines. On lui attribue notamment le *Crucifix* de S. Croce et la *Maestà* (Vierge en majesté) de S. Trinità à Florence (Offices), ainsi que d'importantes fresques à Assise.

CIMAROSA (Domenico), compositeur italien (Aversa 1749 - Venise 1801), auteur d'opéras (*le Mariage secret,* 1792), de sonates et symphonies.

CIMBRES, peuple germanique qui, avec les Teutons, envahit la Gaule au IIe s. av. J.-C. Les Cimbres furent vaincus par Marius à Verceil (101 av. J.-C.).

Cimetière marin (le), poème de P. Valéry (1920), méditation qui unit les thèmes de la mort et de la mer.

CIMMÉRIENS, anc. peuple nomade d'origine thrace, qui, au VIIe s. av. J.-C., envahit l'Asie Mineure.

CIMON, stratège athénien (v. 510-450 av. J.-C.), fils de Miltiade. Il combattit avec succès contre les Perses (victoire de l'Eurymédon) et fonda la première confédération maritime athénienne.

CINCINNATI, v. des États-Unis (Ohio), sur l'Ohio ; 364 040 h. (1 452 645 dans l'agglomération). Centre industriel. Musée d'art.

Cincinnati *(société des),* ordre héréditaire américain, créé le 10 mai 1783, en souvenir de la guerre de l'Indépendance. Les membres sont des descendants de Washington et de La Fayette ou des personnalités.

CINCINNATUS, en lat. **Lucius Quinctius Cincinnatus** (v. 519 av. J.-C.). Romain célèbre par l'austérité de ses mœurs. Consul en 460 av. J.-C., il fut par la suite deux fois dictateur (458 et 439), mais retourna finalement à sa charrue.

Cinecittà, complexe cinématographique italien (studios, laboratoires, etc.), édifié en 1936-37 et situé au S.-E. de Rome.

CINEY, v. de Belgique (prov. de Namur) ; 13 930 h. Anc. cap. du Condroz. Église des XIIe-XIIIe et XVIIe s.

Cinémathèque française, association fondée en 1936 à Paris par H. Langlois, G. Franju et P. A. Harlé pour la sauvegarde, la conservation et la promotion du répertoire cinématographique.

cinématographie *(Centre national de la)* [C. N. C.], établissement public créé en 1946 et chargé d'étudier et de contrôler la réglementation relative à l'industrie cinématographique, de gérer le soutien financier de l'État au cinéma et à l'audiovisuel, et d'assurer la promotion du patrimoine cinématographique.

Cidambaram : gopura Nord et bassin du grand temple de Śiva (Xe-XVIIe s.).

CINNA (Cneius Cornelius), arrière-petit-fils de Pompée. Il fut traité avec clémence par Auguste, contre lequel il avait conspiré et qui le nomma consul en 5 apr. J.-C. Héros de la tragédie de Corneille.

CINNA (Lucius Cornelius), général romain (m. à Ancône en 84 av. J.-C.). Chef du parti populaire après la mort de Marius, il tyrannisa l'Italie de 86 à sa mort.

Cinna ou **la Clémence d'Auguste,** tragédie de P. Corneille (1640-41). En pardonnant à Cinna et à Émilie, qui complotaient sa mort, Auguste découvre que la volupté du pouvoir absolu est dans le refus de son exercice.

CINO da Pistoia, jurisconsulte et poète italien (Pistoia 1270 - v. 1337), ami de Dante et l'un des représentants du *dolce stil nuovo.*

Cinq *(groupe des),* réunion de musiciens russes autodidactes du XIXe s., associant autour de son fondateur, Balakirev, les noms de Cui, Moussorgski, Borodine et Rimski-Korsakov. Ils furent à la base du renouveau de l'école russe.

Cinq-Cents *(Conseil des),* assemblée politique créée par la Constitution de l'an III (1795), qui, sous le Directoire, formait, avec le Conseil des Anciens, le corps législatif. Composée de cinq cents députés élus au suffrage censitaire à deux degrés, elle fut dissoute lors du coup d'État du 18 brumaire an VIII (1799).

CINQ-MARS [sɛ̃mar] (Henri **Coeffier de Ruzé,** *marquis* **de**), favori de Louis XIII (1620 - Lyon 1642). Grand écuyer de France, il mourut sur l'échafaud, avec de Thou, pour avoir conspiré contre Richelieu.

CINQ NATIONS (les) → ***Iroquois.***

Cinquante-Trois Relais du Tōkaidō → ***Tōkaidō.***

Cinquième (La), chaîne de télévision française, constituée en 1994, à vocation éducative et populaire. Elle est diffusée par voie hertzienne sur un canal qu'elle partage avec Arte.

CINTEGABELLE (31550), ch.-l. de c. de la Haute-Garonne, sur l'Ariège ; 2 222 h. Église des XIIIe-XIVe s.

CINTO *(monte),* point culminant de la Corse (dép. de la Haute-Corse) ; 2 710 m.

CIO → ***AFL-CIO.***

C. I. O., sigle de Comité international olympique*.

Ciompi, artisans pauvres à Florence, au XIVe s. Privés de tout droit politique, ils déclenchèrent la *révolte des Ciompi.*

CIORAN (Émile Michel), philosophe français d'origine roumaine (Răşinari 1911 - Paris 1995). Il a développé une philosophie pessimiste sous forme d'aphorismes (*Précis de décomposition,* 1949 ; *Aveux et Anathèmes,* 1987).

CIOTAT (La) [13600], ch.-l. de c. des Bouches-du-Rhône ; 30 748 h. *(Ciotadens).* Station balnéaire.

CIPRIANI (Amilcare), homme politique italien (Anzio 1844 - Paris 1918). Lieutenant de Garibaldi, il prit part à la fondation de la Ire Internationale (1864) et fut l'un des chefs de la Commune de 1871.

CIRCASSIE, anc. nom de la contrée située sur le versant nord du Caucase.

CIRCÉ, magicienne qui, dans *l'Odyssée* d'Homère, métamorphosa les compagnons d'Ulysse en pourceaux.

CIREBON ou **TJIREBON,** port d'Indonésie, sur la côte nord de Java ; 224 000 h.

CIREY-SUR-BLAISE (52110), comm. de la Haute-Marne ; 102 h. Château de Mme du Châtelet, où résida Voltaire.

CIREY-SUR-VEZOUZE (54480), ch.-l. de c. de Meurthe-et-Moselle ; 1 998 h. Verrerie.

CIRTA, anc. cap. de la Numidie, auj. *Constantine.*

CISALPINE *(Gaule),* nom que les Romains donnaient à la partie septentrionale de l'Italie, et qui, pour eux, était située en deçà des Alpes.

CISALPINE *(République),* État formé en Italie du Nord par Bonaparte (1797), agrandi par lui en 1802 et constitué en royaume d'Italie en 1805.

CISJORDANIE, région située à l'ouest du Jourdain.

HISTOIRE

1949 : la Cisjordanie est annexée par le royaume hachémite de Jordanie. À partir de 1967 : elle est occupée et administrée militairement, sous le nom de Judée-Samarie, par Israël qui y favorise l'implantation de colonies juives. À partir de 1987 : cette occupation se heurte à un soulèvement populaire palestinien. 1988 : le roi Ḥusayn rompt les liens légaux et administratifs entre son pays et la Cisjordanie. 1994 : un statut d'autonomie (palestinienne) est instauré dans la zone de Jéricho conformément à l'accord israélo-palestinien de Washington. 1995 : un nouvel accord consacre l'extension de l'autonomie aux grandes villes arabes de Cisjordanie (Djenīn, Tulkarm, Naplouse, Qalqilya, Bethléem, Rāmallāh et, partiellement, Hébron).

CISKEI, ancien bantoustan d'Afrique du Sud.

CISLEITHANIE, nom sous lequel on désigna, de 1867 à 1918, la partie autrichienne de l'Empire austro-hongrois, séparée de la *Transleithanie* hongroise par la *Leitha.*

CISNEROS (Francisco **Jiménez de**), cardinal espagnol (Torrelaguna, Castille, 1436 - Roa 1517). Franciscain, confesseur de la reine Isabelle (1492), archevêque de Tolède (1495), administrateur de la Castille à la mort de la reine (1504), grand inquisiteur de Castille (1507-1516), il fonda l'université d'Alcalá de Henares et fit entreprendre la Bible polyglotte.

le cardinal de **Cisneros**
(Ph. Biguerny - Rectorat de l'université de Madrid)

CISPADANE *(Gaule),* nom romain de la partie de la Gaule Cisalpine située au sud du Pô.

CISPADANE *(République),* république organisée par Bonaparte en 1796 au sud du Pô, agrandie et unie dès 1797 à la République Cisalpine.

CITÉ *(île de la),* île de la Seine, qui fut le berceau de Paris. C'est dans la Cité que se trouvent la cathédrale Notre-Dame, le Palais de Justice (développement moderne du siège médiéval de la royauté) et la Sainte-Chapelle.

Cité antique (la), par Fustel de Coulanges (1864), étude du gouvernement et de l'évolution des cités de la Grèce et de Rome.

Cîteaux *(abbaye de),* abbaye (auj. à Saint-Nicolas-lès-Cîteaux en Côte-d'Or) fondée en 1098 par Robert de Molesmes pour y abriter une branche réformée du monachisme bénédictin, l'ordre cistercien. Saint Bernard, qui y fit profession en 1113, a particulièrement illustré cet ordre religieux.

Cité de Dieu (la), ouvrage de saint Augustin (413-426), défense des chrétiens que les païens accusaient d'être responsables de la chute de Rome (410). On en a retenu l'opposition entre la cité temporelle et la cité mystique, domaine des âmes prédestinées.

Cité de la musique → ***Villette (parc de la).***

Cité des sciences et de l'industrie, centre d'expositions scientifiques et techniques, situé sur le parc de la Villette à Paris, ouvert depuis 1986 et comprenant, notamment, une médiathèque et une salle de cinéma hémisphérique, la *Géode.*

Cité du Soleil (la), œuvre de Tommaso Campanella, utopie sociale qui met en scène la cité idéale, égalitaire et communiste, bâtie en cercles concentriques, vouée au culte du Soleil.

Cité interdite, palais impérial de Pékin (ou Gugong), domaine réservé de l'empereur et de sa cour, édifié en 1406 et restauré du XVIIe au XIXe s. Musée.

Citizen Kane, film américain d'O. Welles (1941). Ce portrait d'un magnat de la presse (interprété par l'auteur) bouleversa les règles traditionnelles du langage cinématographique (cadrage, profondeur de champ, montage).

CITLALTÉPETL → ***Orizaba.***

CITROËN (André), ingénieur et industriel français (Paris 1878 - *id.* 1935). Fondateur d'une importante entreprise de construction automobile, il introduisit en France la fabrication en grande série (1919).

André **Citroën** examinant la carte de la « Croisière noire », expédition en autochenilles qu'il organisa entre Colomb-Béchar et Tananarive, d'octobre 1924 à juin 1925.

CITY (la), quartier financier du centre de Londres.

CIUDAD BOLÍVAR, v. du Venezuela, sur l'Orénoque ; 225 340 h. Métallurgie.

CIUDAD GUAYANA, centre métallurgique du Venezuela, au confluent de l'Orénoque et du Caroní ; 453 047 h.

CIUDAD JUÁREZ, v. du Mexique, près de la frontière américaine, dans la vallée du Rio Grande ; 797 679 h.

CIUDAD OBREGÓN, v. du nord-ouest du Mexique ; 311 078 h.

CIUDAD REAL, v. d'Espagne, dans le sud de la Castille, ch.-l. de prov. ; 57 030 h. Monuments anciens.

CIUDAD TRUJILLO → ***Saint-Domingue.***

CIUDAD VICTORIA, v. du nord-est du Mexique ; 207 830 h.

ÇIVA → ***Śiva.***

CIVILIS (Claudius Julius), chef batave. Il se révolta en 69 contre les Romains ; vaincu, il dut accepter le statut d'allié de Rome (70).

CIVITAVECCHIA, port d'Italie (Latium), au N. de Rome ; 50 856 h.

CIVRAY (86400), ch.-l. de c. de la Vienne, sur la Charente ; 3 031 h. Église romane.

CIXI ou **TS'EU-HI,** impératrice de Chine (Pékin 1835 - *id.* 1908). Elle domina la vie politique de la Chine de 1875 à 1908, confisquant le pouvoir à son profit en opposant modernistes et conservateurs.

CLADEL (Léon), écrivain français (Montauban 1835 - Sèvres 1892), peintre des paysages et des paysans du Quercy *(le Bouscassié).*

CLAESZ. (Pieter), peintre néerlandais (Burgsteinfurt, Westphalie, v. 1597 - Haarlem 1661), maître, à côté de Willem Claesz. Heda, de l'école de la nature morte de Haarlem.

CLAIN (le), riv. du Poitou, affl. de la Vienne (r. g.) ; 125 km. Il passe à Poitiers.

CLAIR (René **Chomette**, dit **René**), cinéaste français (Paris 1898 - *id.* 1981). Il a marqué le cinéma français des années 20 et 30 par des œuvres empreintes de fantaisie poétique et d'ironie joyeuse : *Entr'acte* (1924), *Un chapeau de paille d'Italie* (1928), *Sous les toits de Paris* (1930), *le Million* (1931), *À nous la liberté* (id.), *Le silence est d'or* (1947), *les Grandes Manœuvres* (1955), *Porte des Lilas* (1957). [Acad. fr.]

CLAIRAMBAULT [-bo] (Pierre **de**), érudit français (Asnières-en-Montagne 1651 - Paris 1740). Il a réuni de nombreux manuscrits relatifs à l'histoire du royaume et aux familles françaises, auj. à la Bibliothèque nationale.

CLAIRAUT (Alexis), mathématicien français (Paris 1713 - *id.* 1765). À dix-huit ans, il fut reçu à l'Académie des sciences. En 1736, il fut envoyé avec Maupertuis en Laponie pour y déterminer la longueur d'un degré de méridien. Après son retour, il publia sa *Théorie de la figure de la Terre* (1743) qui contribua à faire accepter en France la théorie newtonienne de la gravitation. Auteur de travaux de mécanique céleste, il fit progresser la théorie des équations différentielles.

CLAIRE *(sainte)* [Assise v. 1193 - *id.* 1253], fondatrice des clarisses, religieuses de l'ordre de Saint-François.

CLAIRFAYT → ***Clerfayt.***

CLAIROIX (60200), comm. de l'Oise ; 1 639 h. Pneumatiques.

CLAIRON (Claire Josèphe **Leris**, dite **Mlle**), actrice française (Condé-sur-l'Escaut 1723 - Paris 1803), interprète de Voltaire.

Clairvaux *(abbaye de),* restes d'une abbaye (comm. de Ville-sous-la-Ferté, Aube) fondée par l'abbé de Cîteaux en 1115, devenue prison depuis 1808. Saint Bernard en avait été le premier abbé.

CLAIRVAUX-LES-LACS (39130), ch.-l. de c. du Jura ; 1 374 h.

CLAIX (38640), comm. de l'Isère, près du Drac ; 7 181 h.

CLAMART (92140), ch.-l. de c. des Hauts-de-Seine, au sud-ouest de Paris ; 47 755 h. *(Clamartois* ou *Clamariots).* Centre industriel.

CLAMECY (58500), ch.-l. d'arr. de la Nièvre, sur l'Yonne ; 5 573 h. *(Clamecycois).* Industrie chimique et électrique. Église des XIIIe-XVe s. Musée.

CLAPEYRON (Émile), physicien français (Paris 1799 - *id.* 1864). Un des fondateurs de la thermodynamique, il sauva de l'oubli la brochure de Carnot sur la « puissance motrice du feu ».

CLAPPERTON (Hugh), voyageur britannique (Annan, comté de Dumfries, Écosse, 1788 - près de Sokoto, Nigeria, 1827), il fut le premier Européen à atteindre le lac Tchad (1823) et visita le nord de l'actuel Nigeria.

CLARENCE (George, *duc* **de**) [Dublin 1449 - Londres 1478], frère d'Édouard IV, contre qui il complota. Il fut exécuté.

Clarendon *(Constitutions de)* [1164], statuts des rapports de l'Église et de l'État présentés par le roi Henri II d'Angleterre à Clarendon Park (Wiltshire) et auxquels s'opposa violemment Thomas Beckett, archevêque de Canterbury.

CLARENDON (Edward **Hyde,** *comte* **de**), homme d'État et historien anglais (Dinton 1609 - Rouen 1674). Partisan de Charles Ier lors de la guerre civile (1642-1649), il devint Premier ministre à la Restauration (1660-1667).

CLARENS [klarɑ̃], hameau de Suisse (comm. de Montreux), sur le lac Léman, célèbre par le séjour qu'y fit J.-J. Rousseau.

Clarisse Harlowe *(Histoire de),* roman épistolaire de Richardson (1747-48). C'est l'histoire d'une jeune fille vertueuse qui se confie à un homme corrompu, mais séduisant, Lovelace, qui la fait mourir de chagrin.

CLARK (*lord* Kenneth), historien d'art britannique (Londres 1903 - *id.* 1983). Parmi ses œuvres : *Léonard de Vinci* (1939), *Piero della Francesca* (1951), *le Nu* (1955) ; série télévisée *Civilisation* (1969-70).

CLARK (Mark Wayne), général américain (Madison Barracks 1896 - Charleston 1984). Il se distingua en Tunisie et en Italie (1943-1945), puis en Corée (1952).

CLARKE (Henri), *comte* **d'Hunebourg,** *duc* **de Feltre,** maréchal de France (Landrecies 1765 - Neuwiller 1818). Ministre de la Guerre de Napoléon Ier (1807-1814), il se rallia à Louis XVIII (maréchal en 1816).

CLARKE (Kenneth **Spearman,** dit **Kenny**), batteur de jazz américain (Pittsburgh 1914 - Montreuil-sous-Bois 1985). Il fait partie des inventeurs du bop.

CLARKE (Samuel), philosophe anglais (Norwich 1675 - Leicestershire 1729), auteur d'une *Démonstration de l'existence et des attributs de Dieu,* réponse à Hobbes et à Spinoza. Il a correspondu avec Leibniz.

CLAROS, v. de Lydie, un des plus anciens sanctuaires d'Apollon ; ruines importantes.

CLARY (59225), ch.-l. de c. du Nord ; 1 116 h.

CLAUDE *(saint),* évêque de Besançon au VIIe s.

CLAUDE Ier, en lat. **Tiberius Claudius Caesar Augustus Germanicus** (Lyon 10 av. J.-C. - Rome 54 apr. J.-C.), empereur romain (41-54). Il eut pour femmes Messaline, puis Agrippine. Il développa l'administration centrale et s'illustra dans la conquête de la Bretagne (l'actuelle Grande-Bretagne) [43]. Cultivé, mais faible, il se laissa dominer par Agrippine, qui, finalement, l'empoisonna. — **Claude II le Gothique** (v. 214 - Sirmium 270), empereur romain (268-270) ; il combattit les Alamans et les Goths.

CLAUDE (Georges), physicien et industriel français (Paris 1870 - Saint-Cloud 1960). Il préconisa de transporter l'acétylène dissous dans l'acétone (1897), mit au point un procédé de liquéfaction de l'air (1902), imagina les tubes luminescents au néon (1910) et fit des recherches sur l'énergie thermique des mers (1926).

CLAUDE (Jean), pasteur protestant (La Sauvetat-du-Dropt 1619 - La Haye 1687). Il eut de vives polémiques avec Bossuet et émigra lors de la révocation de l'édit de Nantes.

CLAUDE DE FRANCE, première femme de François Ier (Romorantin 1499 - Blois 1524), fille de Louis XII et d'Anne de Bretagne.

CLAUDEL (Paul), écrivain et diplomate français (Villeneuve-sur-Fère 1868 - Paris 1955). Poète *(Cinq Grandes Odes),* il montre dans ses drames que les aspirations contradictoires de l'homme (conflit entre la chair et l'esprit) ne se résoudront que dans un dépassement de soi-même et la reconnaissance de l'amour sauveur de Dieu (*Tête d'or,* 1890 ; *Partage de midi,* 1905 ; *l'Annonce faite à Marie,* 1912 ; *le Soulier de satin,* 1943). [Acad. fr.] — Sa sœur **Camille** (Fère-en-Tardenois 1864 - Avignon 1943) fut un sculpteur de talent, collaboratrice et amie de Rodin.

CLAUDIEN, poète latin (Alexandrie, Égypte, v. 370 - Rome v. 404), un des derniers représentants de la poésie latine.

CLAUDIUS (Appius), dit **Caecus** (l'Aveugle), homme politique romain (IVe-IIIe s. av. J.-C.). Deux fois consul (307 et 296), dictateur et censeur, il fit construire la *via Appia* et le premier aqueduc pour Rome.

CLAUDIUS MARCELLUS (Marcus) → ***Marcellus*** (Marcus Claudius).

CLAUS (Hugo), écrivain belge d'expression néerlandaise (Bruges 1929). Une double tradition réaliste et expressionniste s'unit dans ses poèmes *(Monsieur Sanglier),* ses romans *(l'Année du cancer, le Chagrin des Belges)* et ses drames *(Dent pour dent).*

CLAUSEL ou **CLAUZEL** (Bertrand, *comte*), maréchal de France (Mirepoix 1772 - Secourrieu, Haute-Garonne, 1842). Gouverneur de l'Algérie en 1830, il commanda l'armée d'Afrique. Il échoua devant Constantine (1836).

CLAUSEWITZ (Carl **von**), général et théoricien militaire prussien (Burg 1780 - Breslau 1831). Après avoir lutté contre Napoléon, il devint en 1818 directeur de l'École générale de guerre de Berlin. Son traité *De la guerre** eut une grande influence sur la doctrine de l'état-major allemand, puis sur la conception marxiste de la guerre (Engels, Lénine).

CLAUSIUS (Rudolf), physicien allemand (Köslin, Poméranie, 1822 - Bonn 1888). Il introduisit l'entropie en thermodynamique (1850) et développa la théorie cinétique des gaz.

Clavier bien tempéré (le), œuvre de J. S. Bach, qui comprend deux recueils (1722, 1742), composés chacun de 24 préludes et fugues, classés dans l'ordre chromatique des notes de la gamme et illustrant la théorie du tempérament égal.

CLAY (Henri), homme politique américain (Hanover County, Virginie, 1777 - Washington 1852). Il fut président du Congrès (1810-1820) et l'un des partisans du protectionnisme.

CLAYE-SOUILLY (77410), ch.-l. de c. de Seine-et-Marne ; 9 917 h. Industrie automobile.

CLAYES-SOUS-BOIS (Les) [78340], comm. des Yvelines, près de Versailles ; 16 873 h.

CLAYETTE [klɛt] **(La)** [71800], ch.-l. de c. de Saône-et-Loire ; 2 377 h. Constructions mécaniques.

CLÉGUÉREC (56480), ch.-l. de c. du Morbihan ; 2 752 h.

Clélie, roman de Mlle de Scudéry (1654-1660) ; on y trouve la « Carte du Tendre ».

CLEMENCEAU (Georges), homme politique français (Mouilleron-en-Pareds 1841 - Paris 1929). Député à partir de 1876, chef de la gauche radicale, d'une éloquence passionnée, il combattit la politique coloniale de Jules Ferry. Compromis un moment dans le scandale de Panamá, il publia dans *l'Aurore* le *J'accuse* de Zola en faveur de Dreyfus. Président du Conseil et ministre de l'Intérieur (1906-1909), il créa le ministère du Travail mais réprima violemment les grèves et rompit avec les socialistes. De nouveau au pouvoir en 1917, il se consacra totalement à la poursuite de la guerre et se rendit très populaire *(le Tigre)*. Il négocia le traité de Versailles (1919), mais fut battu aux élections présidentielles de 1920. (Acad. fr.)

CLÉMENT Ier *(saint)*, pape (88-97), auteur d'une importante lettre à l'Église de Corinthe. — **Clément III** (Paolo **Scolari**) [m. à Rome en 1191], pape de 1187 à 1191, promoteur de la 3e croisade. — **Clément IV** (Gui **Foulques**) [Saint-Gilles, Gard, fin du XIIe s. - Viterbe 1268], pape de 1265 à 1268. Il soutint Charles d'Anjou en Sicile, contre Manfred et Conradin. — **Clément V** (Bertrand **de Got**) [Villandraut ? - Roquemaure 1314], pape de 1305 à 1314. Ancien archevêque de Bordeaux, il transporta le Saint-Siège à Avignon et abolit l'ordre des Templiers pour plaire à Philippe le Bel. — **Clément VI** (Pierre **Roger**) [Maumont 1291 - Avignon 1352], pape de 1342 à 1352. Il fit de sa résidence à Avignon un palais magnifique et protégea les arts. — **Clément VII** (Robert **de Genève**) [Genève 1342 - Avignon 1394], pape à Avignon de 1378 à 1394. Son élection par les cardinaux qui avaient cessé de reconnaître Urbain VI ouvrit le Grand Schisme. — **Clément VII** (Jules **de Médicis**) [Florence 1478 - Rome 1534], pape de 1523 à 1534, se rendit célèbre par ses démêlés avec Charles Quint et Henri VIII, roi d'Angleterre. Il fut fait prisonnier dans Rome par les troupes impériales (*Sac de Rome**) et refusa d'autoriser le divorce d'Henri VIII, ce qui amena le schisme anglican. — **Clément XI** (Gianfrancesco **Albani**) [Urbino 1649 - Rome 1721], pape de 1700 à 1721. Il publia la bulle *Unigenitus* contre les jansénistes (1713). — **Clément XIV** (Giovanni Vincenzo **Ganganelli**) [Sant'Arcangelo di Romagna 1705 - 1774], pape de 1769 à 1774. Il supprima la Compagnie de Jésus.

CLÉMENT (Adolphe), industriel français (Pierrefonds 1855 - Paris 1928), l'un des premiers constructeurs de bicyclettes et d'automobiles.

CLÉMENT (Jacques), dominicain français (Serbonnes 1567 - Saint-Cloud 1589). Ligueur fanatique, il assassina Henri III.

CLÉMENT (René), cinéaste français (Bordeaux 1913 - Monte-Carlo 1996). Un style rigoureux et un réalisme souvent pessimiste caractérisent son œuvre : *la Bataille du rail* (1946), *Jeux interdits* (1952), *Monsieur Ripois* (1954), *le Passager de la pluie* (1969).

CLÉMENT d'Alexandrie, Père de l'Église grecque et philosophe chrétien (Athènes v. 150 - entre 211 et 216). Il a présenté la vérité chrétienne comme le couronnement de la philosophie (« Platon éclairé par l'Écriture »).

CLEMENTI (Muzio), compositeur italien (Rome 1752 - Evesham, Angleterre, 1832). Un des chefs de l'école moderne du piano, il vécut à Londres et écrivit des sonates et des symphonies.

CLÉOBULE, personnage semi-légendaire, l'un des Sept Sages de la Grèce.

CLÉOMÈNE, nom de trois rois de Sparte, dont le plus connu fut **Cléomène III** (235 av. J.-C. - 222), qui essaya de restaurer la puissance spartiate, mais fut vaincu par la coalition de la ligue Achéenne et de la Macédoine.

CLÉON (76410), comm. de la Seine-Maritime, sur la Seine ; 5 888 h. Industrie automobile.

CLÉOPÂTRE, nom de sept reines d'Égypte. La plus célèbre fut **Cléopâtre VII** (Alexandrie 69 - *id.* 30 av. J.-C.), reine de 51 à 30. Aimée de César, puis d'Antoine, elle régna sur la Méditerranée orientale. La défaite d'Actium (31) mit fin à sa puissance ; elle se suicida, en se faisant mordre par un aspic. Avec elle finirent la dynastie des Lagides et l'indépendance de l'Égypte hellénistique.

Cléopâtre captive, tragédie de Jodelle (1553), première tragédie française imitée de l'Antiquité.

CLÉRAMBAULT (Louis Nicolas), compositeur et organiste français (Paris 1676 - *id.* 1749). Auteur de pièces d'orgue et de clavecin, il est l'un des maîtres de la cantate.

CLÈRES (76690), ch.-l. de c. de la Seine-Maritime ; 1 262 h. Parc zoologique.

CLERFAYT ou **CLAIRFAYT** (Charles **de Croix,** *comte* **von**), maréchal autrichien (Bruille, Hainaut, 1733 - Vienne 1798). Il combattit à Jemmapes, puis fut battu par Jourdan à Wattignies (1793).

CLERMONT (60600), ch.-l. d'arr. de l'Oise ; 9 046 h. *(Clermontois)*. Chimie. Église remontant au XIVe s.

CLERMONT (Robert, *comte* **de**), sixième fils de Saint Louis (1256 - Vincennes 1318). Il devint, par son mariage avec Béatrice de Bourbon, le fondateur de la troisième maison de Bourbon.

CLERMONT-EN-ARGONNE (55120), ch.-l. de c. de la Meuse ; 1 813 h. Église et chapelle du XVIe s.

CLERMONT-FERRAND, ch.-l. de la Région Auvergne et du dép. du Puy-de-Dôme, à 401 m d'alt., à 388 km au sud de Paris ; 140 167 h. *(Clermontois)* [plus de 250 000 h. dans l'agglomération]. Académie et université. Évêché. Centre français de l'industrie des pneumatiques. Constructions mécaniques. Cathédrale gothique achevée par Viollet-le-Duc. Église romane N.-D.-du-Port (XIIe s.). Hôtels gothiques et Renaissance. Musées. En 1095, le pape Urbain II présida à Clermont le concile où fut décidée la 1re croisade. La ville passa au domaine royal en 1551, et fut réunie en 1630 à Montferrand.

Clermont-Ferrand : l'église Notre-Dame-du-Port (XIIe s.).

CLERMONT-L'HÉRAULT (34800), ch.-l. de c. de l'Hérault ; 6 106 h. *(Clermontais)*. Église gothique fortifiée.

CLERMONT-TONNERRE, nom d'une famille comtale du Dauphiné, qui compta, parmi ses membres, en partic. : **Anne Antoine Jules** (Paris 1748 - Toulouse 1830), député aux États généraux, archevêque de Toulouse (1820), cardinal (1822) ; et **Stanislas Marie Adélaïde** (Hamonville, Meurthe-et-Moselle, 1757 - Paris 1792), député de la noblesse aux États généraux, qui vota l'abolition des privilèges.

CLERVAUX, ch.-l. de c. du nord du Luxembourg ; 1 400 h.

CLÉRY-SAINT-ANDRÉ (45370), ch.-l. de c. du Loiret, près de la Loire ; 2 527 h. Basilique Notre-Dame, reconstruite par Louis XI, qui s'y est fait enterrer.

CLEVELAND, v. des États-Unis (Ohio), sur le lac Érié ; 505 616 h. (1 831 122 dans l'agglomération). Centre industriel. Musée d'art. Musée du rock and roll.

CLEVELAND (Stephen Grover), homme politique américain (Caldwell, New Jersey, 1837 - Princeton 1908). Président démocrate des États-Unis de 1885 à 1889 et de 1893 à 1897, il s'opposa au protectionnisme et aux grandes « machines » politiques.

CLÈVES, en all. **Kleve,** v. d'Allemagne (Rhénanie-du-Nord-Westphalie) ; 45 325 h. Chef-lieu d'un ancien duché.

CLICHY (92110), ch.-l. de c. des Hauts-de-Seine, au nord-ouest de Paris ; 48 204 h. *(Clichois)*. Hôpital Beaujon. Centre industriel.

Clichy *(prison de)*, anc. prison pour dettes, située à Paris dans la rue de ce nom.

CLICHY-SOUS-BOIS (93390), comm. de la Seine-Saint-Denis, au nord-est de Paris ; 28 280 h. *(Clichois)*.

CLICQUOT, famille française de facteurs d'orgues, d'origine rémoise (XVIIe-XVIIIe s.).

CLIGNANCOURT, anc. hameau de la banlieue nord de Paris, auj. dans le XVIIIe arrond.

CLINTON (William Jefferson, dit **Bill**), homme politique américain (Hope, Arkansas, 1946). Démocrate, gouverneur de l'Arkansas (1979-1981 et 1983-1992), il est président des États-Unis depuis 1993.

CLIO, muse de la Poésie épique et de l'Histoire.

CLIPPERTON, îlot français du Pacifique inhabité, à 1 300 km du Mexique ; 5 km^2. Il doit son nom à un navigateur anglais (XVIIIe s.) et appartient à la France depuis un arbitrage de 1931.

CLISSON (44190), ch.-l. de c. de la Loire-Atlantique ; 5 552 h. Ruines d'un château fort des XIIIe-XVIe s.

CLISSON (Olivier, *sire* **de**), connétable de France (Clisson 1336 - Josselin 1407). Il lutta contre les Anglais aux côtés de Du Guesclin, devint connétable (1380) et influença les débuts du règne de Charles VI.

CLISTHÈNE, homme d'État athénien (seconde moitié du VIe s. av. J.-C.). Il institua de nouvelles divisions territoriales qui brisèrent la cohérence et l'autorité des familles nobles et orientèrent définitivement Athènes vers la démocratie.

CLIVE DE PLASSEY (Robert, *baron*), général et administrateur britannique (Styche 1725 - Londres 1774). Gouverneur du Bengale (1765), il fonda la puissance anglaise dans l'Inde. Accusé de concussion, il se tua.

Cloaca maxima, le plus ancien égout de Rome, qui allait de l'extrémité méridionale du Forum au Tibre. Commencé sous Tarquin l'Ancien, il existe encore.

CLODION (Claude **Michel,** dit), sculpteur français (Nancy 1738 - Paris 1814). Élève de son oncle L. S. Adam, il connut un grand succès avec ses gracieuses terres cuites de bacchantes ou de faunesses.

CLODION le Chevelu → ***Chlodion.***

Paul **Claudel**

Georges **Clemenceau** (en 1917)

Cléopâtre VII (Musée de Cherchell [Algérie])

Bill **Clinton**

CLODIUS (Publius Appius), agitateur romain (v. 93-52 av. J.-C.). Tribun de la plèbe (58), célèbre par ses violences, il fit bannir Cicéron et fut tué par le tribun Milon.

CLODOMIR (v. 495 - Vézeronce, Isère, 524), roi d'Orléans (511-524), fils de Clovis et de Clotilde. Il fut tué en combattant les Burgondes.

CLOHARS-CARNOËT (29360), comm. du Finistère ; 3 716 h. Station balnéaire au Pouldu.

CLOOTS [klots] (Jean-Baptiste **du Val de Grâce,** *baron* **de**), surnommé **Anacharsis Cloots,** conventionnel français, d'origine prussienne (Gnadenthal 1755 - Paris 1794). Fanatique de l'anticléricalisme, il fut guillotiné avec les hébertistes.

CLOSTERMANN (Pierre), aviateur français (Curitiba, Brésil, 1921). Premier as français de la Seconde Guerre mondiale (33 victoires homologuées), plusieurs fois député de 1946 à 1969, il est l'auteur du *Grand Cirque* (1948).

Clos-Vougeot, vignoble de la Bourgogne, dans la *côte de Nuits* (Côte-d'Or). Vin rouge.

CLOTAIRE Ier (v. 497-561), roi franc (511-561), fils de Clovis. Avec Childebert, il fit périr les fils de leur frère Clodomir. — **Clotaire II** (584-629), roi de Neustrie (584-629), seul roi des Francs en 613, fils de Chilpéric Ier et de Frédégonde. Il fit périr Brunehaut. — **Clotaire III** (m. en 673), roi de Neustrie (657-673), fils de Clovis II. — **Clotaire IV** (m. en 719), roi d'Austrasie (718-19), imposé par Charles Martel, qui l'opposa à Chilpéric II.

CLOTILDE *(sainte),* reine des Francs (v. 475 - Tours 545), fille de Chilpéric, roi des Burgondes, et femme de Clovis Ier. Elle contribua à la conversion de son mari au catholicisme.

CLOUD [klu] *(saint)* ou **CLODOALD,** prince mérovingien (v. 522 - Novigentum, auj. Saint-Cloud, v. 560), fils de Clodomir, roi d'Orléans. Il échappa au massacre de sa famille par ses oncles Childebert et Clotaire et fonda près de Paris le monastère qui prit son nom.

CLOUET, peintres français d'origine flamande : **Jean** (m. à Paris en 1540/41), au service de François Ier à partir de 1516, et son fils **François** (Tours v. 1505/1510 - Paris 1572), peintre de François Ier et de ses successeurs. On leur doit notamment des portraits, dessinés ou peints, d'un réalisme élégant et précis.

CLOUZOT (Henri Georges), cinéaste français (Niort 1907 - Paris 1977). Maître du suspense et des atmosphères troubles, il a réalisé *L'assassin habite au 21* (1942), *le Corbeau* (1943), *Quai des Orfèvres* (1947), *le Salaire de la peur* (1953), *la Vérité* (1960).

CLOVIS Ier (465 - Paris 511), roi des Francs (481/482-511). Il devint roi des Francs Saliens de Tournai à la mort de son père Childéric Ier (481 ou 482), vainquit Syagrius (Soissons, 486), les Alamans (v. 495 et/ou 505-506), les Burgondes (500) et les Wisigoths (Vouillé, 507). Fondateur de la monarchie franque et seul roi de toute la Gaule, il reçut de l'empereur d'Orient le titre de *patrice,* protégea le catholicisme et réunit un concile à Orléans en 511. Il avait reçu le baptême des mains de saint Remi à Reims (v. 498), devenant ainsi le premier roi barbare catholique. Après sa mort, son royaume fut partagé entre ses quatre fils. — **Clovis II** (635-657), roi de Neustrie et de Bourgogne (639-657), fils de Dagobert Ier et époux de sainte Bathilde. — **Clovis III** (m. v. 676), roi des Francs en 675. — **Clovis IV** (v. 681-695), roi des Francs (v. 691-695). Sous son règne, le vrai maître du royaume fut Pépin de Herstal.

CLOYES-SUR-LE-LOIR (28220), ch.-l. de c. d'Eure-et-Loir ; 2 607 h.

Club Méditerranée, société française créée en 1950, spécialisée dans l'organisation des loisirs et le tourisme. Elle gère des villages de vacances dans de nombreux pays.

CLUJ-NAPOCA, anc. **Cluj,** en hongr. **Kolozsvár,** v. de Roumanie, en Transylvanie ; 328 008 h. Centre industriel et universitaire. Monuments gothiques et baroques. Musées.

CLUNY (71250), ch.-l. de c. de Saône-et-Loire ; 4 724 h. *(Clunysois).* École d'arts et métiers. Là fut fondée en 910 une abbaye de bénédictins, d'où partit le mouvement de réforme clunisien. L'abbatiale romane entreprise en 1088 (« Cluny III »), le plus vaste monument de l'Occident médiéval, a été presque entièrement démolie au début du XIXe s. Bâtiments divers du XIIIe au XVIIIe s. Musée Ochier.

Cluny *(hôtel* et *musée de),* à Paris, hôtel du XVe s., situé rue du Sommerard (Ve arrond.) et communiquant avec les importants restes de thermes gallo-romains. Il abrite le Musée national du Moyen Âge, prolongement du Louvre.

CLUSAZ [-za] **(La)** [74220], comm. de la Haute-Savoie, dans le massif des Aravis ; 1 850 h. Station de sports d'hiver (alt. 1 100-2 600 m).

CLUSES (74300), ch.-l. de c. de la Haute-Savoie, sur l'Arve ; 16 732 h. *(Clusiens).* École d'horlogerie. Décolletage.

CLYDE (la), fl. d'Écosse, qui passe à Glasgow et se jette dans la mer d'Irlande ; 170 km.

CLYTEMNESTRE, fille de Tyndare, roi mythique de Sparte, et de Léda ; épouse d'Agamemnon ; mère d'Oreste, d'Iphigénie, d'Électre. Ne pouvant pardonner le sacrifice d'Iphigénie, elle tua son mari à son retour de Troie avec la complicité d'Égisthe, son amant. Tous deux furent tués par son fils Oreste.

C. N. A. C. G.-P., sigle de Centre* national d'art et de culture Georges-Pompidou.

C. N. C. → ***Centre national de la cinématographie*.***

C. N. E. S. (Centre national d'études spatiales), établissement public, scientifique et technique à caractère industriel et commercial, créé en 1961, qui constitue l'Agence française de l'espace.

CNIDE, anc. v. de Carie, célèbre pour son temple d'Aphrodite abritant la statue de la déesse, chef-d'œuvre de Praxitèle, auj. connu par des copies antiques.

C. N. J. A. (Centre national des jeunes agriculteurs), organisation professionnelle agricole. Issu d'un mouvement de jeunesse créé après la Seconde Guerre mondiale, il a pris son nom en 1961 et regroupe des agriculteurs-exploitants et des fils, filles ou femmes d'exploitants entre 18 et 35 ans.

CNN (Cable News Network), chaîne américaine de télévision par câble. Créée en 1980, elle diffuse 24 h sur 24 un programme d'informations en continu dans plus de 90 pays.

CNOSSOS ou **KNOSSÓS,** principale cité de la Crète antique (résidence du légendaire roi Minos), occupée par les Mycéniens au XVe s. av. J.-C. Des fouilles, commencées par Evans, ont mis au jour un vaste complexe palatial, plusieurs fois reconstruit entre le IIe millénaire et 1600 av. J.-C., date à laquelle apparaissent les premières peintures murales.

Cnossos : *l'Oiseau bleu.* Peinture murale ; v. 1500 av. J.-C. (Musée d'Iráklion [Crète].)

C. N. P. F. (Conseil national du patronat français), association groupant la plupart des organisations professionnelles patronales.

C. N. R. → ***Conseil national de la Résistance.***

C. N. R. S. (Centre national de la recherche scientifique), établissement public français à caractère scientifique et technologique, chargé de développer et de coordonner les recherches scientifiques de tous ordres.

C.N.U.C.E.D. (Conférence des Nations unies pour le commerce et le développement), organe subsidiaire permanent de l'Organisation des Nations unies créé en 1964. Il a pour objectif de favoriser l'essor du commerce international en tenant compte des intérêts spécifiques des pays en voie de développement.

CNUT → ***Knud.***

Coalitions (les), alliances militaires et politiques conclues contre la France. — Sous Louis XIV, la *première coalition* (1673-74) se forme pendant la guerre de Hollande*, la *deuxième coalition* (1689-90) pendant la guerre de la ligue d'Augsbourg*, la *troisième coalition* (1701) pendant la guerre de la Succession* d'Espagne. — Pendant la Révolution et l'Empire, sept coalitions regroupèrent les principaux pays d'Europe, particulièrement la Grande-Bretagne, l'Autriche (qui ne prit pas part à la quatrième) et la Russie (qui ne prit pas part à la cinquième). La *première coalition* (1793-1797) se disloqua après la campagne de Bonaparte en Italie et le traité de Campoformio. La *deuxième coalition* (1799-1802) s'acheva par la paix de Lunéville avec l'Autriche et par celle d'Amiens avec la Grande-Bretagne. La *troisième coalition* se forma en 1805 (victoire d'Austerlitz ; paix de Presbourg), la *quatrième* en 1806-07 (victoires d'Iéna, d'Eylau, de Friedland ; traités de Tilsit), la *cinquième* en 1809 (victoire de Wagram ; paix de Vienne). La *sixième coalition* (1813-14) contraignit Napoléon Ier à abdiquer une première fois. La *septième* (1815), qui se termina par la bataille de Waterloo, aboutit à la seconde abdication de l'Empereur.

COAST RANGES (« Chaînes côtières »), montagnes bordant le Pacifique, de la Colombie-Britannique à la Californie.

COATZACOALCOS, port pétrolier du Mexique, sur le golfe du Mexique ; 186 000 h.

C. O. B. (Commission des opérations de Bourse), organisme créé en 1967, chargé d'améliorer la qualité des informations fournies aux porteurs de valeurs mobilières et de garantir la régularité des opérations boursières.

COBBETT (William), homme politique et publiciste britannique (Farnham 1762 - Guildford 1835), chef de file du radicalisme anglais.

COBDEN (Richard), économiste et homme politique britannique (Dunford Farm 1804 - Londres 1865). Propagateur des idées libre-échangistes, il obtint, dès 1846, la suppression des lois sur les blés. Il négocia le traité de commerce franco-britannique de 1860.

COBENZL (Ludwig), homme politique autrichien (Bruxelles 1753 - Vienne 1809). Ministre des Affaires étrangères (1800-1805), il négocia le traité de Lunéville (1801).

COBLENCE, en all. **Koblenz,** v. d'Allemagne (Rhénanie-Palatinat), à la confluence du Rhin et de la Moselle ; 107 938 h. Ce fut, en 1792, le lieu de ralliement des émigrés français.

Cobra (de *Co*penhague, *Br*uxelles, *A*msterdam), mouvement artistique qui eut une grande influence, par-delà sa brève existence organisée (1948-1951), en exaltant, face à l'art officiel, toutes les formes de création spontanée (arts primitifs et populaires, art brut, dessins d'enfants). Le poète belge Christian Dotremont, les peintres Jorn (danois), Alechinsky (belge), Karel Appel (néerlandais) en firent notamment partie.

COCANĀDA → ***Kākināḍā.***

COCHABAMBA, v. de Bolivie, au sud-est de La Paz, à plus de 2 500 m d'alt. ; 404 102 h.

Coche (la), aménagement hydroélectrique du bassin de l'Isère, au sud-est d'Albertville.

COCHEREAU (Pierre), organiste français (Saint-Mandé 1924 - Lyon 1984). Grand virtuose et improvisateur, il fut titulaire des grandes orgues de Notre-Dame de Paris.

COCHET (Henri), joueur français de tennis (Villeurbanne 1901 - Saint-Germain-en-Laye 1987), deux fois vainqueur à Wimbledon (1927 et

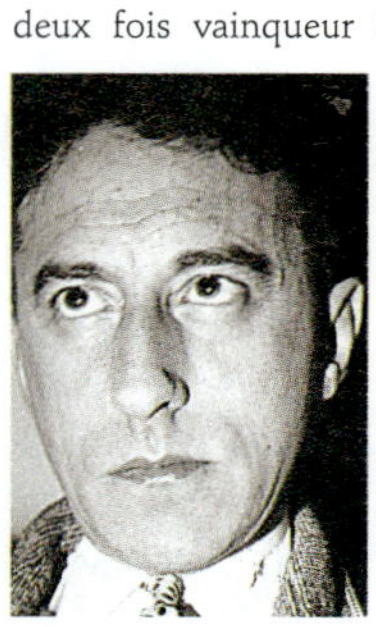

Jean **Cocteau**

Jacques **Cœur** (mairie de Bourges)

1929), cinq fois à Paris (1922, 1926, 1928, 1930 et 1932), six fois de la coupe Davis (1927 à 1932).

COCHIN, port de l'Inde (Kerala), sur la côte de Malabār ; 1 139 543 h. Ancien comptoir portugais (1502-1663) puis hollandais (1663-1795).

COCHIN, graveurs français des XVIIe et XVIIIe s. Le plus connu est **Charles Nicolas Cochin** *le Fils* (Paris 1715 - *id.* 1790), dessinateur et graveur des fêtes de la Cour, artiste officiel et théoricien qui contribua à détourner l'art français du goût rocaille.

Cochin *(hôpital),* hôpital situé à Paris, fondé en 1780 par un curé de ce nom.

COCHINCHINE, partie méridionale du Viêt Nam, qui s'étend surtout sur le cours inférieur et sur le delta du Mékong. Conquise par les Français de 1859 à 1867, colonie entrée dans l'Union indochinoise en 1887, la Cochinchine fut rattachée au Viêt Nam en 1949.

COCHISE, chef apache de la tribu des Chiricahua (1812-1874). Avec Geronimo, il unifia la nation apache, et l'organisa pour résister au harcèlement des Blancs.

COCKCROFT (*sir* John Douglas), physicien britannique (Todmorden 1897 - Cambridge 1967), auteur, avec E. T. S. Walton, de la première transmutation d'atomes par emploi de particules artificiellement accélérées. (Prix Nobel 1951.)

COCONNAT ou **COCONNAS** (Annibal, *comte* **de**), gentilhomme piémontais (v. 1535 - Paris 1574), qui complota en faveur du duc François d'Alençon et fut décapité en place de Grève avec son complice La Mole. Son aventure a inspiré Stendhal (dans *le Rouge et le Noir*) et A. Dumas *(la Reine Margot).*

COCOS *(îles)* ou **KEELING,** archipel australien de l'océan Indien, au sud-ouest de Java ; 550 h.

COCTEAU (Jean), écrivain français (Maisons-Laffitte 1889 - Milly-la-Forêt 1963). Son talent s'est exprimé dans des poèmes, des romans (*les Enfants terribles,* 1929), des drames (*les Parents terribles,* 1938), des films (*le Sang d'un poète,* 1931 ; *la Belle et la Bête,* 1946 ; *Orphée,* 1950) ainsi que dans de nombreux dessins. (Acad. fr.)

COCYTE (le). *Myth. gr.* Un des fleuves des Enfers.

COD *(presqu'île du cap),* péninsule des États-Unis (Massachusetts). Tourisme. Parc national.

COECKE (Pieter), dit **Van Aelst,** peintre, architecte et décorateur flamand (Aalst 1502 - Bruxelles 1550). Ses œuvres, peintures religieuses, dessins, cartons de tapisseries, évoluent du maniérisme gothique à l'italianisme (contacts avec Van Orley, séjour en Italie). Son influence fut grande comme traducteur de Vitruve (1539) puis de Serlio.

COEHOORN → ***Van Coehoorn.***

COËTLOGON [kɔɛt-] (Alain Emmanuel, *marquis* **de**), vice-amiral et maréchal de France (Rennes 1646 - Paris 1730), défenseur de Saint-Malo en 1693 contre les Anglais.

Coëtquidan, camp militaire (Morbihan, comm. de Guer). École spéciale militaire (Saint-Cyr) et École militaire interarmes.

COETZEE (John), romancier sud-africain d'expression anglaise (Le Cap 1940), qui traite de la violence engendrée par les conflits raciaux *(Michael K, sa vie, son temps).*

CŒUR (Jacques), commerçant français (Bourges v. 1395 - Chio 1456). Enrichi par la spéculation sur les métaux précieux, il est à la tête d'un empire commercial fondé sur les échanges avec le Levant lorsqu'il devient (1440) argentier de Charles VII : il rétablit la confiance dans la monnaie, est chargé de missions diplomatiques et anobli (1441). Mais, créancier du roi et des grands seigneurs, il est accusé d'avoir empoisonné Agnès Sorel : arrêté en 1451, il s'enfuit en 1454 et le pape l'envoie soutenir Rhodes contre les Turcs. — Son hôtel, à Bourges, est caractéristique de l'architecture civile du XVe s.

Cœur d'amour épris *(Livre du),* manuscrit à peintures de la Bibliothèque nationale de Vienne (v. 1465). Le texte, allégorique, écrit par le roi René le Bon, est illustré de miniatures remarquables par leur usage de la lumière et de la couleur et par leur monumentalité. Le peintre serait un Flamand au service du roi en Anjou et en Provence (Barthélemy d'Eyck ?), auquel on tend à attribuer aussi la célèbre *Annonciation* de l'église de la Madeleine à Aix (1443-1445).

COËVRONS (les), hauteurs parfois boisées de la Mayenne ; 357 m.

COGNAC (16100), ch.-l. d'arr. de la Charente, sur la Charente ; 19 932 h. *(Cognaçais).* Centre de la commercialisation du cognac. Verrerie. Monuments anciens. Musée.

COGNIN (73160), ch.-l. de c. de la Savoie, banlieue de Chambéry ; 6 087 h. Coutellerie.

COGOLIN (83310), comm. du Var ; 8 006 h. Station balnéaire sur le golfe de Saint-Tropez.

COHEN (Albert), écrivain suisse d'expression française (Corfou 1895 - Genève 1981). Il joua un rôle important dans les organisations sionistes, à la S. D. N., puis à l'O. N. U. Il est l'auteur de romans *(Mange-clous, Belle du seigneur).*

COHL (Émile **Courtet,** dit **Émile**), cinéaste d'animation français (Paris 1857 - Villejuif 1938). Il fut l'un des pionniers du dessin animé.

COIMBATORE, v. de l'Inde (Tamil Nadu) ; 1 135 549 h.

COIMBRA, v. du Portugal, sur le Mondego ; 96 142 h. Université. Cathédrale du XIIe s. et autres monuments. Musées.

Cointrin, aéroport de Genève (Suisse).

COIRE, en all. **Chur,** v. de Suisse, ch.-l. du c. des Grisons, sur le Rhin ; 32 868 h. Noyau médiéval (cathédrale romane et autres monuments). Musées.

COIRON (le) ou **COIRONS** (les), plateau basaltique du Vivarais (Ardèche) ; 1 061 m.

COLA, dynastie de l'Inde du Sud (VIIe-XIIIe s.), à son apogée aux Xe-XIe s. lorsqu'elle domina Ceylan.

COLA DI RIENZO, homme politique italien (Rome 1313 ou 1314 - *id.* 1354). Féru de l'Antiquité, il voulut restaurer la grandeur romaine et se fit proclamer tribun et libérateur de l'État romain (1347) ; il fut massacré au cours d'une révolte.

COLBERT (Jean-Baptiste), homme d'État français (Reims 1619 - Paris 1683). Recommandé à Louis XIV par Mazarin, dont il était l'homme de confiance, il contribua à la chute de Fouquet, devint surintendant des Bâtiments (1664), contrôleur des Finances (1665), puis secrétaire d'État à la Maison du roi (1668) et à la Marine (1669). Il exerça peu à peu son activité dans tous les domaines de l'administration publique. Par des mesures protectionnistes et s'appuyant sur les théories mercantilistes, il favorisa l'industrie et le commerce, fit venir en France des artisans de l'étranger, multiplia les manufactures d'État, réorganisa les finances, la justice, la marine, créa le régime de l'inscription maritime et la caisse des invalides, fonda plusieurs compagnies royales de colonisation (des Indes orientales et occidentales, 1664 ; du Levant, 1670 ; du Sénégal, 1673) et favorisa la « peuplade » du Canada. Membre de l'Académie française, il constitua en 1663 un « conseil », noyau de la future Académie des inscriptions, fonda en 1666 l'Académie des sciences, créa l'Observatoire en 1667, patronna Le Brun. Il publia une série d'ordonnances destinées à uniformiser et rationaliser la législation selon les principes de la centralisation monarchique. À partir de 1671, il tenta de lutter contre les dépenses royales, mais son influence diminua au profit de celle de Louvois.

COLCHESTER, v. de Grande-Bretagne (Essex) ; 82 000 h. Université. Vestiges antiques.

COLCHIDE, anc. pays de l'Asie Mineure, sur la côte orientale du Pont-Euxin, où les Argonautes allèrent conquérir la Toison d'or.

COLEMAN (Ornette), saxophoniste et compositeur de jazz noir américain (Fort Worth 1930). Il devint l'un des chefs de file du free jazz en bouleversant, au début des années 60, les principes d'improvisation traditionnels.

COLERIDGE (Samuel Taylor), poète britannique (Ottery Saint Mary, Devon, 1772 - Londres 1834), auteur, avec Wordsworth, de *Ballades lyriques* (1798), qui marquent l'avènement du romantisme.

COLET (Louise), femme de lettres française (Aix-en-Provence 1810 - Paris 1876), auteur de poèmes et de romans, amie de Flaubert.

COLETTE *(sainte),* religieuse d'origine picarde (Corbie 1381 - Gand 1447), réformatrice des clarisses.

COLETTE (Sidonie Gabrielle), femme de lettres française (Saint-Sauveur-en-Puisaye 1873 - Paris 1954), peintre de l'âme féminine *(la Vagabonde, le Blé en herbe)* et de la nature familière *(Claudine, Sido).*

COLFONTAINE, comm. de Belgique (Hainaut) ; 21 530 h.

COLI (François), aviateur français (Marseille 1881 - Atlantique nord 1927). Il disparut le 8 mai 1927, avec Nungesser, à bord de l'*Oiseau blanc,* lors d'une tentative de liaison Paris-New York sans escale.

COLIGNY (01270), ch.-l. de c. de l'Ain ; 1 127 h.

COLIGNY, famille française dont plusieurs membres s'illustrèrent dans l'armée ou dans

Colbert (R. Nanteuil - château de Versailles)

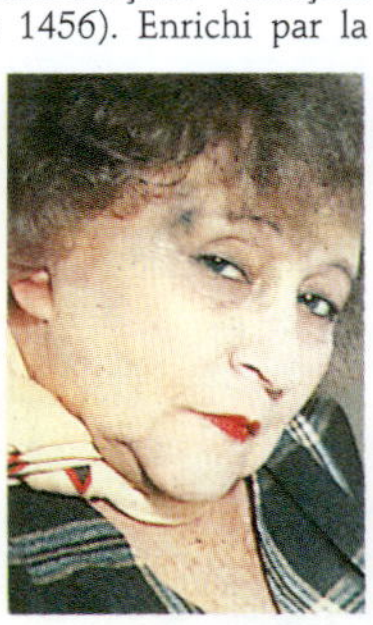

Colette

« À la fontaine de Fortune. »
Une des miniatures illustrant le manuscrit (v. 1465) du *Livre du* ***Cœur d'amour épris.*** (B.N., Vienne.)

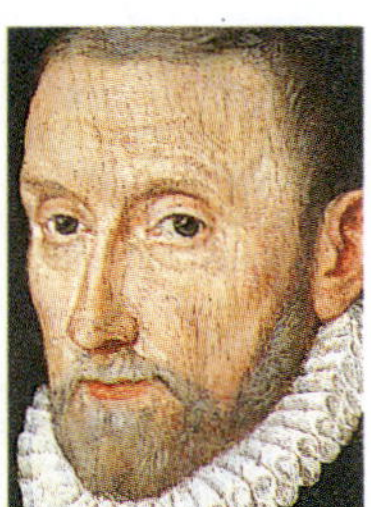

l'amiral de **Coligny** (Louvre, Paris)

l'Église, en partic. trois frères : **Odet,** dit **le cardinal de Châtillon** (Châtillon-sur-Loing, auj. Châtillon-Coligny, 1517 - Canterbury 1571), cardinal-archevêque de Toulouse, puis évêque de Beauvais, qui se convertit au calvinisme ; — **Gaspard,** dit **l'amiral de Coligny** (Châtillon-sur-Loing 1519 - Paris 1572), défenseur de Saint-Quentin contre l'Espagne (1557), qui se convertit à la Réforme, devint un des chefs du parti protestant, et prit un moment un ascendant considérable sur Charles IX ; Catherine de Médicis l'élimina lors du massacre de la Saint-Barthélemy ; — **François,** *seigneur* **d'Andelot,** homme de guerre (Châtillon-sur-Loing 1521 - Saintes 1569), qui fut le premier de la famille à embrasser la religion calviniste.

COLIN (Paul), peintre et décorateur français (Nancy 1892 - Nogent-sur-Marne 1985), célèbre pour les affiches d'un style ramassé, très plastique, qu'il produisit en grand nombre depuis celle de la *Revue nègre* (1925).

Colisée, amphithéâtre de Rome, construit à la fin du Ier s. apr. J.-C. sous les Flaviens. Ses proportions grandioses (50 000 spectateurs y tiennent à l'aise) et l'ordonnance de la façade, présentant les trois ordres, ont profondément influencé les architectes de la Renaissance.

Le **Colisée,** à Rome, Ier s. apr. J.-C.

Collège de France, établissement d'enseignement fondé à Paris en 1529 par François Ier, en dehors de l'Université, à l'instigation de Guillaume Budé. Ses 52 chaires permanentes sont occupées par des professeurs cooptés par leurs pairs.

COLLEONI (Bartolomeo), condottiere italien (Solza 1400 - Malpaga 1475), qui servit indifféremment Venise et Milan, en guerre l'une contre l'autre. Sa statue équestre, à Venise, est un chef-d'œuvre de Verrocchio.

COLLE-SUR-LOUP (La) [06480], comm. des Alpes-Maritimes ; 6 045 h. Centre de séjour.

COLLET-D'ALLEVARD (le) (38580 Allevard), station de sports d'hiver (alt. 1 450-2 100 m) de l'Isère, dans le massif de Belledonne.

Collier *(affaire du)* [1785-86], scandale qui éclata en France à la fin de l'Ancien Régime, à la suite d'une escroquerie montée par la comtesse de La Motte aidée de Cagliostro. Ils convainquirent le cardinal de Rohan d'acheter pour la reine un collier, qu'il ne put jamais rembourser. La réputation de Marie-Antoinette, pourtant innocente, s'en trouva ternie.

COLLIN D'HARLEVILLE (Jean-François), écrivain français (Maintenon 1755 - Paris 1806), auteur de comédies moralisatrices *(le Vieux Célibataire).* [Acad. fr.]

COLLINÉE (22330), ch.-l. de c. des Côtes-d'Armor ; 900 h. Abattoir.

COLLINS (Michael), homme politique et chef militaire irlandais (Clonakilty 1890 - Bandon 1922). Un des chefs du mouvement nationaliste Sinn Féin, il fut président du gouvernement provisoire de l'État libre d'Irlande (1921), mais il ne put empêcher la guerre civile, au cours de laquelle il fut tué.

COLLINS (Wilkie), romancier britannique (Londres 1824 - *id.* 1889), auteur de romans de mœurs et de romans policiers *(la Pierre de lune).*

COLLINS (William), poète britannique (Chichester 1721 - *id.* 1759), auteur d'*Odes* où il se révèle un précurseur du romantisme.

COLLIOURE (66190), comm. des Pyrénées-Orientales ; 2 775 h. Station balnéaire. Anc. ville forte. Retables baroques dans l'église.

COLLO → *Qoll (El-).*

COLLOBRIÈRES (83610), ch.-l. de c. du Var, dans les Maures ; 1 598 h.

COLLONGES (01550), ch.-l. de c. de l'Ain ; 1 009 h.

Colloques d'Érasme, série de dialogues (en latin) dirigés contre les impostures et les superstitions du temps (1518).

COLLOR DE MELLO (Fernando), homme politique brésilien (Rio de Janeiro 1949). Président de la République depuis 1990, il est suspendu de ses fonctions en 1992 pour corruption. Il est contraint de démissionner.

COLLOT D'HERBOIS (Jean-Marie), homme politique français (Paris 1750 - Sinnamary, Guyane, 1796). Conventionnel, il réprima avec violence l'insurrection royaliste de Lyon (1793), s'opposa à Robespierre le 9-Thermidor, mais fut cependant déporté.

COLMAN (George), poète dramatique britannique (Londres 1762 - *id.* 1836), auteur de comédies *(John Bull).*

COLMAR (68000), ch.-l. du dép. du Haut-Rhin, à 444 km à l'est de Paris, sur la Lauch, affl. de l'Ill ; 64 889 h. *(Colmariens).* Cour d'appel. Industries mécaniques et textiles. Anc. ville de la Décapole. Églises et maisons médiévales. Musée d'Unterlinden (retable de Schongauer et célèbre *Retable d'Issenheim* de Grünewald).

Colmar : un aspect de la « Petite Venise ».

COLMIANE (la) [06420 St Sauveur sur Tinée], station de sports d'hiver (alt. 1 400-1 795 m) des Alpes-Maritimes.

COLOCOTRONIS (Théodore) → ***Kolokotrónis.***

COLOGNE, en all. **Köln,** v. d'Allemagne (Rhénanie-du-Nord-Westphalie), sur le Rhin ; 946 280 h. Centre administratif, intellectuel, financier, commercial et industriel. — Importantes églises, très restaurées, des époques ottonienne et romane. Cathédrale gothique grandiose (1248-XIXe s.). Importants musées (Romano-germanique, Wallraf-Richartz, etc.). — Camp romain (Ier s. apr. J.-C.), capitale des Francs du Rhin (Ve s.), archevêché (785), Cologne devint au XIIIe s. une ville libre impériale dont l'archevêque-électeur joua un rôle déterminant dans le Saint Empire. La ville fut très endommagée par les bombardements alliés pendant la Seconde Guerre mondiale.

COLOMB (Christophe), navigateur génois, découvreur de l'Amérique (Gênes 1450 ou 1451 - Valladolid 1506). Fils d'un tisserand, il voyagea pour le compte de négociants et se fixa au Portugal en 1476 ou 1477. Il ne put obtenir l'appui du roi du Portugal pour son projet de navigation vers le Japon et la Chine par l'ouest. Il proposa ensuite ses services aux souverains d'Espagne et obtint d'Isabelle trois caravelles. Ayant quitté Palos de Moguer le 3 août 1492, Colomb aperçut la terre le 12 octobre suivant : probablement San Salvador ou Samana Cay aux Bahamas ; il aborda ensuite à Cuba et à Haïti, qu'il appela *Hispaniola ;* puis il revint en Espagne (mars 1493). Dans un deuxième voyage (sept. 1493 - juin 1496), il reconnut la Dominique, la Guadeloupe, et poursuit l'exploration de Cuba. Dans un troisième voyage (1498), après avoir découvert la Trinité, il atteignit le continent et longea la côte de l'Amérique méridionale à l'est de l'Orénoque. Mais il ne put maîtriser une rébellion des premiers colons d'Hispaniola. Dans un quatrième voyage (1502-1504), il explora la côte de l'Amérique centrale, du Honduras au golfe de Darién.

Colomba, nouvelle de P. Mérimée (1840), récit dramatique d'une vendetta corse.

COLOMBA *(saint),* moine irlandais (comté de Donegal v. 521 - île d'Iona, Hébrides intérieures, 597). Abbé d'Iona, il évangélisa l'Écosse.

COLOMBAN *(saint),* moine irlandais (province de Leinster v. 540 - Bobbio 615). Il fonda de nombreux monastères (Luxeuil, v. 590 ; Bobbio, 614) sur le continent.

COLOMB-BÉCHAR → ***Bechar.***

COLOMBE (Michel), sculpteur français (Berry ou Bourbonnais v. 1430 - Tours v. 1513), maître du style apaisé de la fin du gothique dans les pays de la Loire (tombeau de François II de Bretagne, à la cathédrale de Nantes, œuvre touchée par l'italianisme [1502-1507]).

COLOMBELLES (14460), comm. du Calvados ; 5 717 h. Cimenterie.

COLOMBES (92700), ch.-l. de c. des Hauts-de-Seine, sur la Seine ; 79 058 h. Stade. Constructions électriques.

COLOMBEY-LES-BELLES (54170), ch.-l. de c. de Meurthe-et-Moselle ; 1 083 h.

COLOMBEY-LES-DEUX-ÉGLISES (52330), comm. de la Haute-Marne ; 664 h. Tombe du général de Gaulle. Mémorial (croix de Lorraine).

COLOMBIE, en esp. **Colombia,** État de l'Amérique du Sud, sur l'Atlantique et le Pacifique ; 1 140 000 km² ; 33 600 000 h. *(Colombiens).* CAP. *Bogotá.* LANGUE : *espagnol.* MONNAIE : *peso colombien.*

GÉOGRAPHIE

Le nord des Andes, entaillé par le Cauca et le Magdalena, qui délimitent de hauts plateaux, sépare le littoral, marécageux et insalubre, de l'Est amazonien, couvert de forêts et de savanes. La population en accroissement rapide (plus de 2 % par an), où les métis dominent, se concentre dans la région andine, partie vitale du pays. L'agriculture s'étage ici en fonction de l'altitude : coton, canne à sucre, riz et surtout café, principal produit d'exportation, au-dessous de 2 000 m ; céréales et élevage bovin jusqu'à plus de 3 000 m. Le sous-sol fournit surtout du pétrole. Lourdement endettée, la Colombie réalise une part notable de son commerce extérieur (déficitaire) avec les États-

Cologne : quartiers en bordure du Rhin. (Au fond, la cathédrale [1248-XIXe s.].)

Christophe **Colomb** (musée de Cluny, Paris)

Unis, par les ports de Buenaventura, Cartagena et Barranquilla (quatrième ville du pays, après Bogotá, Medellín et Cali).

HISTOIRE

La colonisation. 1500 : les Espagnols entreprennent la conquête du pays, alors habité par les Indiens Muisca (Chibcha). 1538 : Gonzalo Jiménez de Quesada fonde Bogotá. 1717 : la vice-royauté de Nouvelle-Grenade est créée. La colonie connaît une certaine prospérité grâce à l'exportation de produits miniers vers la métropole.

L'indépendance. 1810-1815 : l'insurrection pour l'indépendance est réprimée par les Espagnols. 1817-1819 : Bolívar reprend la lutte et remporte la victoire de Boyacá (1819) qui lui permet, au congrès d'Angostura (déc.), de proclamer la république de Grande-Colombie (Nouvelle-Grenade, Venezuela, Équateur). 1830 : à la mort de Bolívar, le Venezuela et l'Équateur font sécession.

Libéraux et conservateurs au pouvoir. 1833-1849 : après la présidence autoritaire de Santander (1833-1837), les conservateurs, centralistes, exercent le pouvoir. 1849-1852 : les libéraux, fédéralistes et anticléricaux, accomplissent un certain nombre de réformes. 1861-1864 : sous la présidence de T. C. Mosquera, les biens du clergé sont confisqués, tandis qu'une Constitution fédérale est adoptée (1863). 1880-1888 : le président Núñez renoue avec l'Église (concordat de 1883) et dote le pays d'une Constitution unitaire (1886). 1899-1903 : la « Guerre des Mille Jours » ravage le pays.

Le XXe s. 1903 : la Colombie abandonne Panamá, sous la pression des États-Unis. 1904-1930 : la stabilité politique accompagne l'expansion économique (café, pétrole). 1930-1948 : les libéraux reviennent au pouvoir et tentent une politique réformiste. 1948-1958 : l'assassinat du libéral Gaitán est suivi d'une guerre civile larvée. 1958-1970 : libéraux et conservateurs constituent un Front national et alternent au pouvoir, tandis qu'apparaît une guérilla d'inspiration castriste. 1978 : l'aggravation de la situation provoque l'adoption de lois d'exception. 1982 : Belisario Betancur, élu président, promulgue une loi d'amnistie. Ses successeurs, Virgilio Barco Vargas (1986-1990), César Gaviria Trujillo (1990-1994) et Ernesto Samper Pizano (depuis 1994) doivent faire face à la montée de la violence liée aux tensions politiques et au trafic de la drogue.

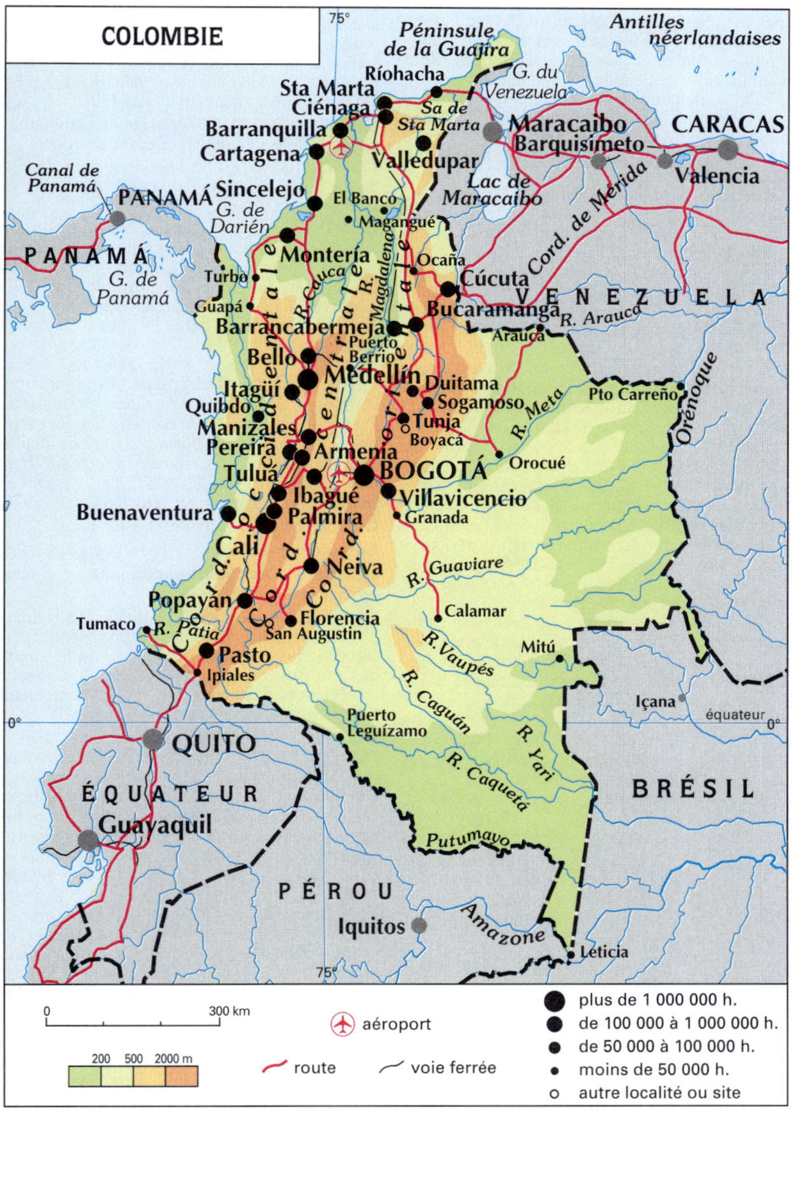

COLOMBIE-BRITANNIQUE, prov. de l'ouest du Canada, en bordure du Pacifique ; 950 000 km² ; 3 282 061 h. Cap. *Victoria*. L'exploitation de la forêt et du sous-sol (charbon, hydrocarbures, cuivre, zinc), les aménagements hydroélectriques, favorisés par le relief montagneux, alimentent une industrie (papeterie, électrométallurgie et électrochimie, etc.), représentée surtout à Vancouver, dont l'agglomération regroupe la moitié de la population provinciale.

Colombine, personnage de la commedia dell'arte, soubrette à l'esprit vif.

COLOMBO ou **KOLAMBA,** cap. et port de Sri Lanka, sur la côte ouest de l'île ; 623 000 h. (env. 1 million dans l'agglomération).

COLOMIERS [-mje] (31770), comm. de la Haute-Garonne, banlieue de Toulouse ; 27 253 h. Constructions aéronautiques.

COLÓN, port de Panamá, à l'extrémité du canal de Panamá, sur l'Atlantique ; 140 908 h.

Colonel Chabert (le), roman de Balzac (1832).

COLONNA, famille romaine qui a fourni un pape (Martin V), des cardinaux, des condottieri, du XIIIe au XVIIe s.

COLONNE (Édouard), chef d'orchestre français (Bordeaux 1838 - Paris 1910), fondateur du Concert national (1873), qui portera plus tard son nom.

COLONNES D'HERCULE (ou **d'Héraclès**), nom donné dans l'Antiquité au mont Calpé (Europe) et au promontoire d'Abyla (Afrique), situés de chaque côté du détroit de Gibraltar.

COLORADO *(rio),* fl. des États-Unis, qui prend sa source dans les Rocheuses et traverse les arides *plateaux du Colorado,* tributaire du golfe de Californie ; 2 250 km. Une partie de son cours est encaissée dans de profonds cañons. — Fl. des États-Unis (Texas), aboutissant au golfe du Mexique ; 1 560 km.

COLORADO *(río),* fl. de l'Argentine, né dans les Andes, qui rejoint l'Atlantique ; 1 300 km.

COLORADO, un des États unis d'Amérique, dans les Rocheuses ; 270 000 km² ; 3 294 394 h. Cap. *Denver.*

COLORADO SPRINGS, v. des États-Unis (Colorado) ; 281 140 h. Centre touristique. École et base de l'armée de l'air américaine.

COLOT, nom d'une famille de chirurgiens français illustres au XVIe s. et au XVIIe s.

COLTRANE (William John), saxophoniste de jazz noir américain (Hamlet, Caroline du Nord, 1926 - Huntington 1967). Son style véhément et incantatoire influença les meilleurs représentants du free jazz.

COLUCHE (Michel **Colucci,** dit), artiste de variétés et acteur français (Paris 1944 - Opio, Alpes-Maritimes, 1986). La dérision violente dont il usait pour dénoncer les stéréotypes de la société contemporaine allait de pair avec une profonde sensibilité : il a lancé en 1985 les Restaurants du cœur.

COLUMBIA, fl. de l'Amérique du Nord, né dans les Rocheuses canadiennes, qui entaille le *plateau de la Columbia* et rejoint le Pacifique, en aval de Portland ; 1 930 km. Aménagements hydroélectriques.

COLUMBIA, v. des États-Unis, cap. de la Caroline du Sud ; 98 052 h.

COLUMBIA *(district de),* district fédéral des États-Unis ; 175 km² ; 606 900 h. Cap. *Washington.*

Columbia *(université),* université située à New York et fondée en 1912.

COLUMBUS, v. des États-Unis, cap. de l'Ohio ; 632 910 h. (1 377 419 dans l'agglomération). — V. des États-Unis (Géorgie) ; 178 681 h.

COLUMELLE, écrivain latin (Cadix Ier s. apr. J.-C.), auteur d'un traité d'agronomie.

COMANCHE, Indiens des plaines de l'Amérique du Nord (Oklahoma).

COMANECI (Nadia), gymnaste roumaine (Gheorghiu-Dej, auj. Oneşti, 1961), championne olympique en 1976.

COMBARELLES (les), grotte de la comm. des Eyzies-de-Tayac-Sireuil (Dordogne). Important ensemble de gravures pariétales du magdalénien.

COMBE DE SAVOIE, partie nord du Sillon alpin, au pied des Bauges.

COMBES (Émile), homme politique français (Roquecourbe 1835 - Pons 1921). Président du Conseil de 1902 à 1905, il expulsa les congrégations religieuses et proposa la loi de séparation des Églises et de l'État.

COMBLOUX (74920), comm. de la Haute-Savoie ; 1 766 h. Station de sports d'hiver (alt. 1 000-1 870 m).

COMBOURG (35270), ch.-l. de c. d'Ille-et-Vilaine ; 4 900 h. Château (XIe-XVe s.) où Chateaubriand passa une partie de sa jeunesse.

COMBRAILLE ou **COMBRAILLES** (la), plateau du nord du Massif central. Forêts. Élevage.

COMBRONDE (63460), ch.-l. de c. du nord du Puy-de-Dôme ; 1 869 h.

COMBS-LA-VILLE [kɔ̃b-] (77380), ch.-l. de c. de Seine-et-Marne, sur l'Yerres ; 20 001 h.

CÔME, en ital. **Como,** v. d'Italie (Lombardie), ch.-l. de prov., sur le lac du même nom ; 85 955 h. Églises romanes ; cathédrale des XIVe-XVIIIe s. — Le *lac de Côme* (146 km²) est traversé par l'Adda.

CÔME (ou **COSME**) et **DAMIEN** *(saints)*, frères martyrisés sous Dioclétien (m. à Cyr, Syrie, v. 295 ?), patrons des médecins et des chirurgiens.

Comecon, sigle de Council for Mutual Economic Assistance, en fr. Conseil d'assistance (ou d'aide) économique mutuelle (C. A. E. M.), organisme créé en 1949, et qui regroupait l'U. R. S. S., l'Albanie (1950-1961), la République démocratique allemande (1950-1990), la Bulgarie, la Hongrie, la Pologne, la Roumanie, la Tchécoslovaquie ainsi que la Mongolie, Cuba et le Viêt Nam. Il a été dissous en 1991.

Comédie-Française, société de comédiens français, née de la fusion, ordonnée par Louis XIV en 1680, de la troupe de Molière avec les acteurs du Marais et de l'Hôtel de Bourgogne. Dissoute en 1792, reconstituée en 1804 et organisée en 1812, elle est installée depuis lors rue de Richelieu, dans une dépendance du Palais-Royal, devenue le Théâtre-Français. Subventionnée par l'État, la Comédie-Française se consacre essentiellement au répertoire classique.

Comédie humaine (la), titre général sous lequel Balzac a réuni ses romans à partir de l'édition de 1842.

Comédie-Italienne, troupes d'acteurs italiens venues à Paris du XVIe au XVIIIe s., pour faire connaître la commedia dell'arte. Ils fusionnèrent en 1762 avec l'Opéra-Comique avant d'être expulsés en 1779.

Comédies et proverbes, titre général sous lequel sont réunies les pièces d'Alfred de Musset, dont les principales sont *les Caprices de Marianne, Fantasio, On ne badine pas avec l'amour, Lorenzaccio, Il ne faut jurer de rien, Il faut qu'une porte soit ouverte ou fermée.*

COMENCINI (Luigi), cinéaste italien (Salo, prov. de Brescia, 1916). Dans un registre à la fois grave et comique, il a réalisé *l'Incompris* (1967), *Casanova, un adolescent à Venise* (1969), *l'Argent de la vieille* (1972), *La storia* (1986), *la Bohème* (1988), *Joyeux Noël, bonne année* (1989).

COMENIUS, nom latin de **Jan Ámos Komenský,** humaniste tchèque (Nivnice, Moravie, 1592 - Amsterdam 1670). Évêque des Frères moraves, il dut s'exiler en Pologne. C'est un des précurseurs de la pédagogie active.

COMINES (59560), comm. du Nord, sur la Lys ; 11 360 h. *(Cominois).*

COMINES-WARNETON, en néerl. **Komen-Waasten,** comm. de Belgique (Hainaut), sur la Lys, qui la sépare de la commune française de Comines ; 17 849 h.

Comité de salut public, organisme créé par la Convention, le 6 avr. 1793, afin de surveiller l'action des ministres et de prendre dans les circonstances urgentes des mesures de défense générale intérieure et extérieure. Il disparut en oct. 1795.

Comité de sûreté générale, organisme créé par la Convention en 1792 pour diriger la police révolutionnaire. Il fut supprimé lors de l'installation du Directoire (1795).

Comité secret d'action révolutionnaire → ***Cagoule*** *(la).*

COMMAGÈNE, anc. pays du nord-est de la Syrie, royaume indépendant au IIe s. av. J.-C. Les Romains y imposèrent leur protectorat (64 av. J.-C.).

COMMANDEUR *(îles du)*, archipel russe à l'est du Kamtchatka.

Comme il vous plaira, comédie en 5 actes de Shakespeare (v. 1599).

Commentaires, de César. Mémoires historiques sur la guerre des Gaules et sur la guerre civile (Ier s. av. J.-C.).

COMMENTRY (03600), ch.-l. de c. de l'Allier ; 8 290 h. *(Commentryens).* Chimie. Sidérurgie.

COMMERCY (55200), ch.-l. d'arr. de la Meuse, sur la Meuse ; 7 673 h. *(Commerciens).* Métallurgie. Spécialité de madeleines. Château du XVIIIe s.

COMMINES (Philippe **de**) → ***Commynes.***

COMMINGES (le), anc. pays de France, entre l'Armagnac et les Pyrénées.

Commissariat à l'énergie atomique → ***C. E. A.***

COMMODE, en lat. **Marcus Aurelius Commodus** (Lanuvium 161 - Rome 192), empereur romain (180-192), fils de Marc Aurèle. Sa folie (il s'identifiait à Hercule) et ses cruautés lui valurent d'être assassiné.

COMMONWEALTH, ensemble des nations unies par une commune allégeance à la Couronne britannique ou par la reconnaissance du souverain de Grande-Bretagne comme chef du Commonwealth. Outre le Royaume-Uni, les États indépendants suivants appartiennent au Commonwealth : l'Afrique du Sud, Antigua-et-Barbuda, l'Australie, les Bahamas, le Bangladesh, la Barbade, le Belize, le Botswana, Brunei, le Cameroun, le Canada, Chypre, la Dominique, la Gambie, le Ghana, Grenade, la Guyana, l'Inde, la Jamaïque, le Kenya, Kiribati, le Lesotho, le Malawi, la Malaisie, les Maldives, Malte, l'île Maurice, le Mozambique, la Namibie, Nauru, le Nigeria (suspendu en 1995), la Nouvelle-Zélande, l'Ouganda, le Pakistan, la Papouasie-Nouvelle-Guinée, Saint Christopher and Nevis, Sainte-Lucie, Saint-Vincent-et-les Grenadines, les Salomon, les Samoa occidentales, les Seychelles, la Sierra Leone, Singapour, Sri Lanka, le Swaziland, la Tanzanie, les Tonga, Trinité-et-Tobago, Tuvalu, Vanuatu, la Zambie, le Zimbabwe.

Communauté, association remplaçant l'Union française, formée en 1958 par la France, les D. O. M. - T. O. M. et divers États d'Afrique, anc. dépendances françaises. Ses institutions cessèrent de fonctionner dès 1960.

Communauté d'États indépendants (C.E.I.), organisation, créée en décembre 1991, regroupant onze républiques de l'ancienne U.R.S.S. (Arménie, Azerbaïdjan, Biélorussie, Kazakhstan, Kirghizistan, Moldavie, Ouzbékistan, Russie, Tadjikistan, Turkménistan, Ukraine). La Géorgie s'y associe à son tour en 1993. Face à la Russie qui tente d'imposer l'intégration économique et militaire au sein d'un espace commun, l'Azerbaïdjan, la Moldavie et l'Ukraine défendent leurs prérogatives nationales.

Communautés européennes, ensemble des organisations (C. E. C. A., Communauté européenne, Euratom) créées entre pays d'Europe occidentale et méditerranéenne en vue de l'intégration progressive de leurs économies, dont l'unification institutionnelle a été réalisée en 1965. Quinze États membres : Allemagne, Belgique, France, Italie, Luxembourg, Pays-Bas (1958), Grande-Bretagne, Danemark, Irlande (1973), Grèce (1981), Espagne et Portugal (1986), Autriche, Finlande et Suède (1995). Organes principaux des Communautés : le Parlement européen, le Conseil des ministres, la Commission, la Cour de justice, la Cour des comptes. Réunions périodiques du Conseil européen. Monnaie : *écu* ou *ECU* (European Currency Unit). [Appelée à devenir ultérieurement *euro.*]

• C. E. C. A. *(Communauté européenne du charbon et de l'acier)*, créée par le traité du 18 avril 1951, à l'initiative du *plan Schuman* (1949) de J. Monnet et R. Schuman, en vue de l'établissement d'un marché commun du charbon et de l'acier.

• Communauté européenne. La *Communauté économique européenne (C.E.E.),* ou Marché commun, a été créée par le traité de Rome du 25 mars 1957 en vue de l'établissement progressif d'une union douanière et économique et d'un marché commun. L'*Acte unique européen* (signé en 1985 et ratifié en 1986-87), ouvrant sur la perspective du « grand marché intérieur » (qui a pris effet le 1er janv. 1993), traduit la volonté de poursuivre l'œuvre entreprise. Le traité de Maastricht (7 févr. 1992) consacre la naissance de l'*Union européenne,* avec pour cadre institutionnel unique la *Communauté européenne (C.E.),* qui succède à la C.E.E. Il fixe au 1er janvier 1999 au plus tard le terme ultime de l'*Union économique et monétaire* (U.E.M., conçue dès 1988 et engagée en 1990) et jette les bases d'une union politique. Ce traité, ratifié en 1992-93 par l'ensemble des pays de la Communauté, est entré en vigueur le 1er novembre 1993.

• Euratom *(Communauté européenne de l'énergie atomique)*, créée par le traité du 25 mars 1957 en vue de développer les industries nucléaires.

Commune de Paris, gouvernement municipal de Paris (1789-1795). À la commune légale, élue par les sections de Paris, se substitua, le 10 août 1792, une commune insurrectionnelle sur laquelle s'appuyèrent les Jacobins.

Commune de Paris (la), gouvernement insurrectionnel français (18 mars - 27 mai 1871). Appuyée sur les milieux ouvriers, la Commune, installée à Paris après la levée du siège de la ville par les Prussiens, fut renversée à la suite d'un nouveau siège de la capitale par l'armée du gouvernement de Thiers, fixé provisoirement à Versailles. À l'incendie des bâtiments publics (Tuileries, Hôtel de Ville, Cour des comptes), et aux massacres d'otages (dont Mgr Darboy, archevêque de Paris) par les communards répondit une répression brutale : nombreux fusillés (→ ***Mur des fédérés****) et déportés.

communes *(Chambre des)* ou **Communes** (les), chambre basse du Parlement britannique, élue au suffrage universel. L'assemblée a un président élu, appelé *speaker.* Elle contrôle l'action gouvernementale ainsi que la gestion des finances et exerce l'essentiel du pouvoir législatif.

COMMUNISME *(pic du)*, anc. **pic Staline,** sommet du Tadjikistan, dans le Pamir ; 7 495 m.

communiste chinois *(parti)*, parti unique de la République populaire de Chine, fondé en 1921. Son bureau politique exerce en fait le pouvoir dans le pays.

communiste de l'Union soviétique *(parti)* ou **P. C. U. S.,** parti politique de l'U. R. S. S. Héritier du P. O. S. D. R., il est fondé en Russie en 1918. Étendu à l'U.R.S.S. en 1925, il en est le parti unique jusqu'en 1990. Suspendu en 1991, il donne naissance à divers partis dans les républiques de l'ancienne U.R.S.S.

communiste français *(parti)* ou **P. C. F.,** parti politique français né de la scission du parti socialiste S. F. I. O. au congrès de Tours (déc. 1920). G. Marchais en a été le secrétaire général de 1972 à 1994. Robert Hue lui succède, en 1994, avec le titre de secrétaire national.

communiste italien *(parti)* ou **P. C. I.,** parti politique italien fondé en 1921 (devenu parti démocratique de la gauche en 1991).

COMMYNES ou **COMMINES** (Philippe **de**), chroniqueur français (Renescure, près d'Hazebrouck, 1447 - Argenton 1511), auteur de *Mémoires* sur les règnes de Louis XI et de Charles VIII (1464-1498).

COMNÈNE, famille byzantine qui a donné de nombreux dignitaires byzantins et six empereurs : **Isaac Ier** (1057-1059) ; — **Alexis Ier** (1081-1118) ; — **Jean II** (1118-1143) ; — **Manuel Ier** (1143-1180) ; — **Alexis II** (1180-1183) ; — **Andronic Ier** (1183-1185).

COMODORO RIVADAVIA, v. de l'Argentine, en Patagonie ; 73 000 h. Centre pétrolier.

COMOÉ (la), fl. du Burkina et surtout de l'est de la Côte d'Ivoire, tributaire du golfe de Guinée ; 1 000 km.

COMORES, État de l'océan Indien, au nord-ouest de Madagascar. Il comprend les îles de Ngazidja (anc. Grande Comore), Moili (anc. Mohéli) et de Ndzouani (anc. Anjouan) [la quatrième île de l'archipel, Mayotte, a choisi, en 1976, le maintien dans le cadre français] ; 1 900 km² ; 422 500 h. *(Comoriens).* CAP. *Moroni.* LANGUES : *français* et *arabe.* MONNAIE : *franc C. F. A.* (→ carte ***Madagascar.***) La population, composée d'éléments variés, est musulmane. Production de vanille, de coprah, d'huiles essentielles. — Sous le protectorat français depuis 1886, les Comores formèrent un territoire français d'outre-mer (1958-1975). La République fédérale et islamique est proclamée en 1978.

COMORIN *(cap)*, cap du sud de l'Inde.

Compagnie de Jésus → ***Jésus*** *(Compagnie de).*

Compagnie du Saint-Sacrement → ***Saint-Sacrement*** *(Compagnie du).*

Compagnies *(Grandes)*, bandes de soldats mercenaires qui, dans les intervalles de paix séparant les épisodes principaux de la guerre de Cent Ans, ravagèrent la France. Du Guesclin en débarrassa le royaume en les emmenant combattre en Espagne (1366).

COMPIÈGNE (60200), ch.-l. d'arr. de l'Oise, sur l'Oise ; 44 703 h. *(Compiégnois).* Verrerie. Chimie. Université de technologie. — Le château, reconstruit pour Louis XV sur plans des Gabriel, fut la résidence préférée de Napoléon III ; beaux appartements, musée du Second Empire et musée de la Voiture et du Tourisme. Autres musées dans la ville. — Jeanne d'Arc y fut faite prisonnière par les Bourguignons en 1430. Pendant l'Occupation (1940-1944), les Allemands avaient installé près de Compiègne un camp de transit de détenus politiques. — La *forêt domaniale de Compiègne,* entre les vallées de l'Aisne, de l'Oise et de l'Automne, s'étend sur 14 500 ha.

COMPOSTELLE (Saint-Jacques-de-) → ***Saint-Jacques-de-Compostelle.***

COMPTON (Arthur Holly), physicien américain (Wooster, Ohio, 1892 - Berkeley 1962). Il a découvert en 1923 l'accroissement de longueur d'onde des rayons X diffusés par des atomes légers *(effet Compton)*. [Prix Nobel 1927.]

COMPTON-BURNETT (Ivy), romancière britannique (Pinner 1892 - Londres 1969), peintre des passions cachées de la haute société du début du siècle *(la Chute des puissants)*.

COMTAT VENAISSIN ou **COMTAT,** pays de l'anc. France, dans le Vaucluse. Il appartint aux papes, avec Avignon, de 1274 à 1791.

COMTE (Auguste), philosophe français (Montpellier 1798 - Paris 1857). Son *Cours de philosophie positive* (1830-1842) est à l'origine du positivisme. Il est considéré comme l'un des fondateurs de la sociologie.

Comte de Monte-Cristo (le), roman d'Alexandre Dumas père (1845).

CONAKRY, cap. de la Guinée, sur l'Atlantique ; 763 000 h.

CONAN, nom d'un comte et de trois ducs de Bretagne au Moyen Âge (xe-xiie s.).

CONAN (Félicité **Angers,** dite **Laure**), femme de lettres canadienne d'expression française (La Malbaie 1845 - Sillery 1924).

CONCARNEAU (29900), ch.-l. de c. du Finistère ; 18 989 h. *(Concarnois)*. Pêche et conserveries. Station balnéaire. Remparts de la Ville close (xve-xviie s.).

CONCEPCIÓN, v. du Chili central ; 329 304 h.

Concertos brandebourgeois, nom sous lequel sont connus les 6 *Concerts pour plusieurs instruments* que J. S. Bach dédia en 1721 à Christian Ludwig de Brandebourg.

CONCHES-EN-OUCHE (27190), ch.-l. de c. de l'Eure ; 4 028 h. Église Ste-Foy, des xve et xvie s. (vitraux).

Conciergerie, partie médiévale du Palais de Justice de Paris. Prison à partir de 1392, elle fut le lieu de nombreuses incarcérations en 1793-94.

CONCINI (Concino), aventurier italien au service de la France (Florence v. 1575 - Paris 1617). Avec sa femme, Leonora Galigaï, il exerça une grande influence sur Marie de Médicis, qui le fit marquis d'Ancre et maréchal de France. Louis XIII, conseillé par de Luynes, le fit assassiner ; son épouse, accusée de sorcellerie, fut décapitée et brûlée.

Concordat *(de 1801)* [15 juill. 1801], concordat signé par les représentants de Pie VII et de Bonaparte. Il reconnaît que la religion catholique est celle de la « majorité des Français » (et non de l'État) et donne au chef de l'État le droit de nommer les évêques, auxquels le pape accorde l'institution canonique.

Concorde *(place de la)*, à Paris, anc. *place Louis-XV*, entre le jardin des Tuileries et les Champs-Élysées. Les deux édifices jumeaux qui la bordent au nord sont l'œuvre de J. A. Gabriel. L'obélisque de Louqsor y a été érigé en 1836.

CONDAT (15190), ch.-l. de c. du Cantal ; 1 322 h.

CONDÉ *(maison princière de)*, branche collatérale de la maison de Bourbon. Les membres les plus remarquables en sont : **Louis Ier** (Vendôme 1530 - Jarnac 1569), fondateur de la lignée, oncle d'Henri IV, chef des calvinistes, mort assassiné ; — **Henri Ier** (La Ferté-sous-Jouarre 1552 - Saint-Jean-d'Angély 1588), fils du précédent. Chef du parti protestant avec le roi de Navarre Henri III, à la mort de son père ; — **Louis II,** dit **le Grand Condé** (Paris 1621 - Fontainebleau 1686), petit-fils du précédent. Duc d'Enghien, avant d'être prince, il s'illustra contre l'Espagne, par les victoires de Rocroi (1643), Fribourg (1644), Nördlingen (1645) et Lens (1648). Après avoir pris part aux troubles de la Fronde et s'être un moment allié à l'Espagne, il fut remis en possession de son commandement lors du traité des Pyrénées (1659) et se distingua durant les guerres de Dévolution et de Hollande. Bossuet prononça son oraison funèbre ; — **Louis Joseph** (Paris 1736 - *id.* 1818), un des premiers nobles à avoir émigré (dès 1789), il organisa en 1792 l'armée contre-révolutionnaire, dite « armée de Condé » ; — **Louis Antoine Henri,** *duc* **d'Enghien** → ***Enghien.***

CONDÉ-SUR-L'ESCAUT (59163), ch.-l. de c. du Nord ; 11 333 h. Monuments des xve-xviiie s.

CONDÉ-SUR-NOIREAU (14110), ch.-l. de c. du Calvados ; 6 425 h. Constructions mécaniques.

CONDÉ-SUR-VIRE (50890), comm. de la Manche ; 3 086 h. Laiterie.

CONDILLAC (Étienne **Bonnot de**), prêtre et philosophe français (Grenoble 1714 - Flux, près de Beaugency, 1780). Auteur du *Traité des sensations* (1754), il se rattache au sensualisme. (Acad. fr.)

Condition humaine (la), roman d'A. Malraux (1933), où l'auteur décrit la défaite des révolutionnaires communistes à Shanghai en 1927.

CONDOM [kɔ̃dɔ̃] (32100), ch.-l. d'arr. du Gers, sur la Baïse ; 7 953 h. *(Condomois)*. Eaux-de-vie (armagnac). Anc. cathédrale gothique du xvie s. Bossuet fut évêque de Condom (1669-1681).

Condor *(légion)*, unité formée de volontaires allemands, surtout aviateurs, qui participèrent aux côtés de Franco à la guerre civile espagnole (1936-1939).

CONDORCET (Marie Jean Antoine **Caritat,** *marquis* **de**), mathématicien, philosophe, économiste et homme politique français (Ribemont 1743 - Bourg-la-Reine 1794). Député à l'Assemblée législative (1791), puis à la Convention (1792), il présenta un plan grandiose d'instruction publique. Accusé comme Girondin, il se cacha pendant huit mois, composant l'*Esquisse d'un tableau historique des progrès de l'esprit humain ;* arrêté, il s'empoisonna. Ses cendres ont été transférées au Panthéon en 1989. (Acad. fr.)

CONDRIEU (69420), ch.-l. de c. du Rhône, sur le Rhône ; 3 118 h. *(Condriots)*.

CONDROZ [-dro] (le), région de Belgique entre la Meuse et l'Ourthe. (Hab. *Condrusiens.*)

Confédération athénienne, organisation groupant des cités grecques sous la direction d'Athènes, une première fois (ligue de Délos) de 477 à 404 av. J.-C., une seconde fois de 378 à 338 av. J.-C.

Confédération de l'Allemagne du Nord, union politique créée par Bismarck qui groupa, de 1866 à 1870, 22 États allemands au nord du Main.

Confédération du Rhin, union politique de certains États allemands (1806-1813). Placée sous la protection de Napoléon Ier, elle regroupait en 1808 l'ensemble de l'Allemagne, la Prusse exceptée. Elle se désagrégea après la bataille de Leipzig (oct. 1813).

Confédération française de l'encadrement → ***C. F. E. - C. G. C.***

Confédération française démocratique du travail → ***C. F. D. T.***

Confédération française des travailleurs chrétiens → ***C. F. T. C.***

Confédération générale des cadres → ***C. G. C.***

Confédération générale du travail → ***C. G. T.***

Confédération générale du travail-Force ouvrière ou **C. G. T. - F. O.** → ***F. O.***

Confédération germanique, union politique des États allemands (1815-1866). Instaurée par le congrès de Vienne (1815), et regroupant 34 États souverains et 4 villes libres sous la présidence de l'empereur d'Autriche, elle fut le théâtre d'une opposition grandissante entre l'Autriche et la Prusse. La victoire prussienne de Sadowa (1866) entraîna sa dissolution.

Confédération internationale des syndicats libres ou **C. I. S. L.,** organisation constituée en 1949 par les syndicats qui avaient quitté la Fédération syndicale mondiale. Elle compte la C. G. T. - F. O. et la C. F. D. T. parmi ses membres.

Confession d'Augsbourg → ***Augsbourg.***

Confessions, de saint Augustin. L'auteur y décrit son évolution religieuse jusqu'à sa conversion (387).

Confessions, de J.-J. Rousseau, autobiographie, publiée après sa mort, en 1782 et 1789.

Conflans *(traité de)* [oct. 1465], traité signé à Conflans-l'Archevêque (auj. section de la commune de Charenton-le-Pont, Val-de-Marne), en 1465. Il mit fin à la *ligue du Bien public* dirigée contre Louis XI.

CONFLANS-EN-JARNISY (54800), ch.-l. de c. de Meurthe-et-Moselle, sur l'Orne ; 2 755 h. Carrefour ferroviaire.

CONFLANS-SAINTE-HONORINE (78700), ch.-l. de c. des Yvelines, au confluent de l'Oise et de la Seine ; 31 857 h. *(Conflanais)*. Musée de la Batellerie. Câbles électriques.

CONFLENT (le), région des Pyrénées-Orientales (moyenne vallée de la Têt, entre Mont-Louis et Prades).

CONFOLENS [-lɑ̃] (16500), ch.-l. d'arr. de la Charente, au confluent du Goire et de la Vienne ; 3 158 h. *(Confolentais)*. Monuments des xie-xve s.

Confrérie de la Passion, au Moyen Âge, la plus célèbre des associations consacrées à la représentation des mystères.

CONFUCIUS, en chinois **Kongzi** ou **K'ong-tseu** ou **Kongfuzi** ou **K'ong-fou-tseu,** lettré et philosophe de la Chine (v. 551-479 av. J.-C.). Sa philosophie est morale et politique. Sa préoccupation majeure est de faire régner l'ordre dans l'État en formant des hommes qui vivent en conformité avec la vertu. Son œuvre est à l'origine du *confucianisme**.

CONGO, fleuve d'Afrique → ***Zaïre.***

CONGO, État de l'Afrique équatoriale ; 342 000 km² ; 2 400 000 h. *(Congolais)*. CAP. *Brazzaville.* LANGUE : *français.* MONNAIE : *franc C. F. A.*

GÉOGRAPHIE

Chevauchant l'équateur, le pays est partiellement recouvert par la forêt dense, localement exploitée. Le manioc est la base de l'alimentation. Le pétrole est la principale ressource d'exportations qui passent en majeure partie par le port de Pointe-Noire.

HISTOIRE

Avant l'indépendance. xve-xviiie s. : deux monarchies existent, dans le nord (le Makoko) et dans le sud (le Loango). La forêt est occupée par les Pygmées (Binga). 1875 : le Français Savorgnan de Brazza explore la région. 1910 : la colonie du Moyen-Congo, créée dans le cadre du Congo français (1891), est intégrée dans l'A.-É. F. (capitale Brazzaville). 1926-1942 : un mouvement syncrétiste, le matswanisme, mené par André Matswa (m. en 1942), provoque des troubles. 1944 : à Brazzaville, où le gouverneur général Félix Éboué a choisi la France libre dès 1940, le général de Gaulle jette les bases de l'Union française. 1946 : le Congo devient territoire d'outre-mer. 1956 : l'abbé Fulbert Youlou crée l'Union démocratique de défense des intérêts africains (U. D. D. I. A.).

La République du Congo. 1958 : le Congo devient république autonome. 1959 : Youlou est élu président. 1960 : le Congo-Brazzaville est indépendant. 1963 : Youlou est écarté du pouvoir par Alphonse Massamba-Débat, qui engage le pays dans la voie socialiste. 1969-1977 : dirigé par Marien Ngouabi, le pays devient la République populaire du Congo et resserre ses liens avec la Chine et les pays du pacte de Varsovie. 1977 : Ngouabi est assassiné. 1979 : Denis Sassou-Nguesso devient président de la République. À partir de 1990 : un

Comenius

Auguste **Comte**
(Etex - maison Auguste-Comte, Paris)

le Grand **Condé**
(Teniers le Jeune - musée Condé, Chantilly)

Condorcet
(école de Greuze - château de Versailles)

processus de démocratisation est engagé (retour au multipartisme, abandon des références au marxisme). 1992 : une nouvelle Constitution est approuvée par référendum. Pascal Lissouba, un des leaders de l'opposition démocratique, est élu à la tête de l'État, mais il doit rapidement faire face à une grave crise politique. 1995 : une réconciliation nationale s'amorce.

CONGO *(République du)*, anc. État de l'Afrique équatoriale (1960-1971), appelé également **Congo-Kinshasa.** V. **Zaïre.**

CONGO *(royaume du)* → ***Kongo.***

CONGO BELGE, ancien nom du Zaïre, de 1908 à la proclamation de l'indépendance en 1960.

Congo-Océan, ligne de chemin de fer (plus de 500 km) reliant Brazzaville à Pointe-Noire.

Congrès *(parti du)*, mouvement puis parti politique indien. Fondé en 1885, il lutte à partir de 1929 pour l'indépendance de l'Inde. Il est au pouvoir de 1947 à 1977, de 1980 à 1989 et depuis 1991.

CONGREVE (William), écrivain anglais (Bardsey, près de Leeds, 1670 - Londres 1729), auteur de drames héroïques et de comédies *(Ainsi va le monde)* qui réagissent contre l'austérité puritaine.

CONGREVE (*sir* William), officier britannique (Londres 1772 - Toulouse 1828). Il inventa en 1804 des fusées qui portent son nom et fut l'initiateur de l'éclairage des villes par le gaz.

CONI → ***Cuneo.***

CONLIE (72240), ch.-l. de c. de la Sarthe ; 1 655 h.

CONNACHT ou **CONNAUGHT,** prov. d'Irlande ; 422 909 h.

CONNECTICUT (le), fl. de l'est des États-Unis, qui rejoint la baie de Long Island ; 650 km.

CONNECTICUT, État des États-Unis, en Nouvelle-Angleterre ; 13 000 km² ; 3 287 116 h. Cap. *Hartford.*

CONNES (Alain), mathématicien français (Draguignan 1947). Ses travaux portent principalement sur les algèbres de von Neumann. En 1982, il a reçu la médaille Fields.

CONON, général athénien (v. 444-390 av. J.-C.). Vaincu à l'Aigos-Potamos (405), il battit la flotte lacédémonienne près de Cnide (394 av. J.-C.).

CONON de Béthune, trouvère picard (v. 1150-1219). Il joua un rôle important dans la quatrième croisade et fut régent de l'Empire latin d'Orient. Il est l'auteur de chansons courtoises.

CONQUES (12320), ch.-l. de c. de l'Aveyron, au N.-O. de Rodez ; 366 h. Grande abbatiale romane Ste-Foy, reconstruite au milieu du XIe s., dont le trésor renferme de rares orfèvreries du Moyen Âge.

CONQUES-SUR-ORBIEL (11600), ch.-l. de c. de l'Aude ; 2 057 h. Église gothique.

CONQUET (Le) [29217], comm. du Finistère ; 2 159 h. Pêche. Centre radiomaritime.

CONRAD Ier (m. en 1192), marquis de Montferrat (1188-1192), seigneur de Tyr et roi de Jérusalem (1192). Il défendit avec succès Tyr, assiégée par Saladin, et fut tué par les ismaéliens.

CONRAD II le Salique (v. 990 - Utrecht 1039), empereur germanique (1027-1039). Il fut élu roi de Germanie en 1024, roi d'Italie en 1026. Fondateur de la dynastie franconienne, il rattacha la Bourgogne à l'Empire (1032). — **Conrad III de Hohenstaufen** (v. 1093 - Bamberg 1152), roi des Romains (1138-1152). — **Conrad IV de Hohenstaufen** (Andria 1228 - Lavello 1254), roi des Romains (1250-1254). Il régna aussi sur la Sicile (1250-1254) et fut roi titulaire de Jérusalem (1228-1254). — **Conrad V** ou **Conradin** (Wolfstein 1252 - Naples 1268), fils du précédent, dernier des Hohenstaufen. Il fut vaincu en 1268 par Charles Ier d'Anjou, roi de Sicile, qui le fit exécuter.

CONRAD (Józef Konrad **Korzeniowski,** dit **Joseph**), romancier britannique d'origine polonaise (Berditchev 1857 - Bishopsbourne 1924), auteur de romans d'aventures (*Lord Jim,* 1900 ; *Typhon,* 1903).

CONRAD VON HÖTZENDORF (Franz, *comte*), feld-maréchal autrichien (Penzing 1852 - Bad Mergentheim 1925), chef de l'état-major austro-hongrois de 1906 à 1911, puis de 1912 à 1917.

CONRART (Valentin), écrivain français (Paris 1603 - *id.* 1675). Il fut le premier secrétaire perpétuel de l'Académie française.

CONSALVI (Ercole), cardinal italien (Rome 1757 - Anzio 1824). Secrétaire d'État de Pie VII (1800), il négocia le Concordat avec Bonaparte (1801).

CONSCIENCE (Hendrik), écrivain belge d'expression néerlandaise (Anvers 1812 - Bruxelles 1883), auteur de romans de mœurs et de récits historiques *(le Lion de Flandre).*

Conseil constitutionnel, organe créé en 1958 pour veiller à la régularité des élections et des référendums et à la conformité à la Constitution des lois organiques, du règlement intérieur du Parlement, et des lois ordinaires qui lui sont déférées par le président de la République, le Premier ministre, le président de l'une ou l'autre assemblée, ou par soixante députés ou sénateurs. Il est composé de neuf membres, nommés pour neuf ans, et des anciens présidents de la République.

Conseil de la République, seconde chambre du Parlement français, dotée de pouvoirs modestes, dans la Constitution de 1946, qui fondait la IVe République.

Conseil de l'Europe, organisation de coopération européenne créée en 1949 et qui réunit aujourd'hui 39 États. Le respect de la *Convention européenne de sauvegarde des droits de l'homme et des libertés fondamentales* (1950) établie par le Conseil de l'Europe est assuré par la *Commission européenne des droits de l'homme* et la *Cour européenne des droits de l'homme.* Siège : Strasbourg.

Conseil des Anciens → ***Anciens*** *(Conseil des).*

Conseil des Cinq-Cents → ***Cinq-Cents*** *(Conseil des).*

Conseil de sécurité, organe de l'Organisation des Nations unies, chargé de la responsabilité du maintien de la paix. (15 membres, dont les 5 permanents : Chine, France, Royaume-Uni, Russie, États-Unis, ont le « droit de veto ».)

Conseil d'État, juridiction suprême de l'ordre administratif, dont la création remonte à la Constitution de l'an VIII et réorganisée en 1872. Le Conseil d'État (six sections, 209 membres) est juge d'appel ou de cassation de certaines décisions des juridictions administratives. En tant qu'instance consultative, il donne obligatoirement un avis préalable sur les ordonnances, les projets de loi et certains décrets.

Conseil économique et social, assemblée consultative créée en 1958, composée de représentants du gouvernement et des principales activités économiques et sociales de la nation, chargée de donner son avis sur les textes ou les questions d'ordre économique et social (231 membres).

Conseil européen, réunion périodique des chefs de gouvernement (ou d'État) des États membres des Communautés européennes qui se tient depuis 1974.

Conseil national de la Résistance ou **C. N. R.,** organisme fédérateur des organisations de la Résistance*, réuni en 1943 sous la présidence de J. Moulin.

Conseil national du patronat français → ***C. N. P. F.***

Conseil œcuménique des Églises → ***œcuménique des églises*** *(Conseil).*

Conseil supérieur de la magistrature, organisme institué en 1946, chargé de garantir l'indépendance de l'autorité judiciaire. Il est présidé par le président de la République.

conservateur *(parti),* l'un des grands partis britanniques. Le terme « conservateur » fut officiellement substitué à celui de « tory » après la réforme électorale de 1832. Traditionnellement aristocratique, son recrutement a progressivement atteint les classes moyennes. Ses principaux leaders ont été : Robert Peel, Benjamin Disraeli, lord Salisbury, Winston Churchill, Antony Eden, Harold Macmillan, Edward Heath, Margaret Thatcher et John Major.

Conservatoire national des arts et métiers → ***arts et métiers*** *(Conservatoire national des).*

Conservatoire national supérieur d'art dramatique, à Paris, établissement d'enseignement formant, après admission sur concours, aux métiers de comédien et de dramaturge. Il a été séparé en 1946 du Conservatoire national supérieur de musique.

Conservatoire national supérieur de musique et de danse, établissement d'enseignement créé à Paris en 1795. Depuis 1979, il a son homologue à Lyon.

CONSIDÉRANT (Victor), philosophe français (Salins, Jura, 1808 - Paris 1893). Disciple de Fourier, il précisa la notion de droit au travail qui devint une des idées-forces des socialistes français de 1848. Il adhéra à la Ire Internationale (1871) et participa à la Commune.

Considérations sur les causes de la grandeur des Romains et de leur décadence, par Montesquieu (1734), essai historique qui explique, par des causes politiques et morales, l'évolution de la puissance romaine.

Conspiration des poudres (1605), complot organisé par des catholiques anglais, dans le dessein de faire sauter le Parlement et le roi Jacques Ier. Le gouvernement, averti, fit mettre à mort la plupart des conjurés.

CONSTABLE (John), peintre britannique (East Bergholt 1776 - Londres 1837). Romantique et réaliste, il est un des grands initiateurs du paysage moderne (*Scène de rivière au moulin de Flatford,* 1817, Tate Gallery).

CONSTANCE, en all. **Konstanz,** v. d'Allemagne (Bade-Wurtemberg), sur le *lac de Constance ;* 73 853 h. Cathédrale des XIe-XVIe s. — Concile œcuménique (1414-1418) qui mit fin au grand schisme d'Occident ; Jan Hus y fut condamné.

CONSTANCE *(lac de),* en all. **Bodensee,** lac formé par le Rhin, entre la Suisse, l'Autriche et l'Allemagne ; 540 km².

CONSTANCE Ier CHLORE, en lat. **Marcus Flavius Valerius Constantius** (v. 225 - Eboracum, auj. York, 306), empereur romain d'Occident de 305 à 306, père de Constantin Ier. Il reconquit la Bretagne (l'actuelle Angleterre).

CONSTANCE II (317-361), empereur romain de 337 à 361, fils de Constantin Ier. Il régna seul à partir de 351. Il favorisa le christianisme dans l'Empire mais protégea les ariens et renforça le despotisme impérial. Il mourut en se portant contre Julien l'Apostat que l'armée des Gaules avait nommé empereur.

CONSTANCE III, en lat. **Flavius Constantius** (Naissus, auj. Niš, ? - 421), empereur romain en 421, associé à Honorius.

CONSTANT Ier (320-350), empereur romain de 337 à 350.

CONSTANT (Benjamin Henri Constant **de Rebecque,** dit **Benjamin**), homme politique et écrivain français (Lausanne 1767 - Paris 1830). Ami de Mme de Staël, célèbre pour son roman psychologique *Adolphe** (1816). Hostile au despotisme, il rédigea cependant l'Acte additionnel lors des Cent-Jours (1815), siégea dans les rangs de l'opposition libérale sous la Restauration et se rallia au duc d'Orléans en 1830.

CONSTANT (Marius), compositeur et chef d'orchestre français (Bucarest 1925). Auteur de ballets *(Éloge de la folie, Nana),* de *24 Préludes pour orchestre,* il s'est orienté vers la musique aléatoire *(Chants de Maldoror)* ou de haute virtuosité *(14 Stations, Stress),* et vers le théâtre (*le Jeu de sainte Agnès, la Tragédie de Carmen,* 1981) ou l'opéra (*Teresa,* 1995).

CONSTANȚA, principal port de Roumanie, sur la mer Noire ; 350 476 h. Centre industriel.

CONSTANTIN Ier le Grand, en lat. **Caius Flavius Valerius Aurelius Constantinus** (Naissus, auj. Niš, entre 270 et 288 - Nicomédie 337), empereur romain (306-337), fils de Constance Chlore, proclamé empereur à la mort de son père. Sa victoire contre Maxence sous les murs de Rome, en 312, décida du triomphe du christianisme ; en 313, l'édit de Milan établit la liberté religieuse. En 324, Constantin vainquit Licinius, qui régnait sur l'Orient, rétablissant ainsi l'unité impériale. L'année suivante, il convoqua un concile œcuménique à Nicée : considérant l'Église comme un des principaux soutiens de l'État, il intervint directement dans les questions religieuses. En 324-330, pour mieux surveiller la frontière du Danube et les Perses, il fonda une nouvelle Rome, Constantinople. Sous son règne, l'Empire prit la forme d'une monarchie de droit divin, centralisée, s'appuyant sur une société très hiérarchisée. — **Constantin II le Jeune** (317 - Aquilée 340), empereur romain (337-340), fils du précédent. — **Constantin III Héraclius** (612 - Chalcédoine 641), empereur byzantin (641), père de Théodose. — **Constantin IV** (654-685), empereur byzantin (668-685). Il brisa définitivement l'avance arabe en Orient. — **Constantin V** (718-775), empereur byzantin (741-775). Il combattit le culte des images. — **Constantin VI** (771 - v. 800), empereur byzantin (780-797), fils de Léon IV et d'Irène. Battu par les Bulgares (792) et par les Arabes (797), il fut écarté du pouvoir par sa mère. — **Constantin VII Porphyrogénète** (905-959), empereur byzantin (913-959). Après avoir régné sous la tutelle de sa mère Zoé, il subit ensuite l'autorité de son beau-père Romain Ier Lécapène et des fils de celui-ci, puis il régna seul après 945. — **Constantin VIII** (v. 960-1028), empereur byzantin (961-1028). D'abord associé à Basile II de 961 à 1025, il régna seul de 1025 à 1028. — **Constantin IX Monomaque** (m. en 1055), empereur byzantin (1042-1055). Son règne fut marqué par le schisme entre Rome et Byzance (1054). — **Constantin X Doukas** (m. en 1067), empereur byzantin (1059-1067). Sous son règne, les Seldjoukides pénétrèrent en Cappadoce. — **Constantin XII Paléologue,** ou **Constantin XI,** surnommé **Dragasès** (1403 - Constantinople 1453), empereur byzantin (1449-1453). Il fut tué en défendant Constantinople contre Mehmed II.

CONSTANTIN Ier (Athènes 1868 - Palerme 1923), roi de Grèce (1913-1917 ; 1920-1922), fils et successeur de Georges Ier. Il fut contraint d'abdiquer en 1917 par les Alliés et Venizélos. Revenu au pouvoir (1920), il dut abdiquer une seconde fois après la défaite devant les Turcs.

CONSTANTIN II (Psykhikón 1940), roi de Grèce (1964-1973), fils et successeur de Paul Ier. Il s'exila en 1967 à la suite du « coup d'État des colonels ».

CONSTANTIN Pavlovitch (Tsarskoïe Selo 1779 - Vitebsk 1831), grand-duc de Russie, fils de Paul Ier. Commandant en chef de l'armée du royaume de Pologne (1815-1830), il céda ses droits au trône de Russie à son frère Nicolas Ier.

CONSTANTINE, auj. **Qacentina,** v. d'Algérie, ch.-l. de wilaya, au-dessus des gorges du Rummel ; 438 000 h. *(Constantinois).* Centre commercial. Université. C'est la *Cirta* antique. Musée archéologique.

CONSTANTINOIS, région orientale de l'Algérie.

CONSTANTINOPLE, nom donné par Constantin à l'ancienne **Byzance,** appelée plus tard par les Turcs **Istanbul***. Construite par Constantin en 324-336 et inaugurée en 330, résidence de l'empereur, siège du patriarcat d'Orient depuis 451, Constantinople devint rapidement la capitale politique, religieuse, intellectuelle de l'Empire byzantin. Port actif, elle attira de nombreuses colonies étrangères, surtout italiennes. Capitale de l'Empire latin de 1204 à 1261, elle résista aux Barbares, aux Arabes, aux Russes et aux Bulgares, mais tomba, le 29 mai 1453, aux mains des Turcs Ottomans, qui en firent leur capitale. Quatre conciles œcuméniques s'y tinrent (381, 553, 680-681, 869-870).

Constituante ou **Assemblée nationale constituante,** nom que prirent les États généraux le 9 juill. 1789. Cette assemblée se sépara le 30 sept. 1791.

Constitution civile du clergé, nom donné au décret voté par la Constituante le 12 juill. 1790 et sanctionné par Louis XVI le 24 août, qui organisait le clergé séculier selon les normes de l'organisation administrative et selon des principes résolument gallicans. Sa condamnation par Pie VI le 10 mars 1791 provoqua, dans l'Église de France, un schisme de fait (prêtres *constitutionnels,* dits *jureurs ;* prêtres *réfractaires).*

Constitutionnel démocrate *(parti),* dit **K. D.** ou **Cadets,** parti libéral russe (1905-1917).

Consulat [9-10 nov. 1799 - 18 mai 1804], régime issu du coup d'État des 18 et 19 brumaire an VIII et qui prit fin lorsque le Premier consul, Napoléon Bonaparte, se fit proclamer empereur.

CONTAMINES-MONTJOIE (Les) [74170], comm. de la Haute-Savoie, dans le massif du Mont-Blanc ; 999 h. Station de sports d'hiver (alt. 1 164 - 3 950 m).

CONTARINI, famille de Venise, qui a fourni huit doges à la République (XIe-XVIIe s.).

CONTÉ (Nicolas Jacques), chimiste et mécanicien français (près de Sées, Orne, 1755 - Paris 1805). Il inventa les crayons à mine de graphite aggloméré et eut l'idée d'utiliser les aérostats dans les opérations militaires.

Contemplations (les), recueil de poésies de V. Hugo (1856), histoire de l'âme du poète. « C'est une âme qui se raconte dans ces deux volumes : *Autrefois, Aujourd'hui.* Un abîme les sépare », la mort de sa fille Léopoldine.

CONTES (06390), ch.-l. de c. des Alpes-Maritimes ; 5 944 h.

Contes, de H. C. Andersen, publiés de 1835 à 1872. L'auteur reprend des thèmes folkloriques, des légendes locales ou des souvenirs personnels *(le Vilain Petit Canard, la Petite Sirène, la Petite Fille aux allumettes, les Nouveaux Habits de l'empereur).*

Contes, de Ch. Perrault, publiés en 1697 sous le nom du fils de l'auteur, Perrault d'Armancour. L'ouvrage, connu aussi sous le titre de *Contes de ma mère l'Oye,* rassemble des récits en vers et en prose, dont la plupart appartiennent à la tradition populaire *(Peau d'Âne, la Belle au bois dormant, le Petit Chaperon rouge, Barbe-Bleue, le Chat botté, Cendrillon, le Petit Poucet).*

Contes cruels, de Villiers de L'Isle-Adam (1883). À l'angoisse personnelle de l'auteur se mêle l'influence d'Edgar Poe.

Contes de Cantorbéry, recueil de contes en vers de Chaucer (v. 1390), le premier chef-d'œuvre de la littérature anglaise.

John **Constable :** *la Charrette à foin* (1821). [National Gallery, Londres.]

Constantin Ier le Grand (musée des Conservateurs, Rome)

Contes de la lune vague après la pluie, film japonais de Mizoguchi (1953), inspiré des célèbres contes fantastiques d'Ueda Akinari.

Contes de Noël, de Ch. Dickens (1843-1848), récits populaires par leur humour *(le Chant de Noël)* ou leur émotion *(le Grillon du foyer).*

Contes des frères Sérapion, de E. T. A. Hoffmann (1819-1821), récits où l'imagination la plus fantastique se mêle au réalisme le plus minutieux *(Casse-Noisette et le Roi des rats, les Mines de Falun).*

Contes d'Hoffmann (les), opéra fantastique en 3 actes de J. Offenbach, paroles de Michel Carré et Jules Barbier (1881).

Contes du chat perché, recueil de nouvelles de M. Aymé (1934).

Contes du lundi, d'A. Daudet (1873), récits inspirés, pour la plupart, par la guerre de 1870.

Contes et nouvelles, de G. de Maupassant, publiés dans des journaux de 1880 à 1890. Ils mettent en scène des paysans normands, des petits-bourgeois et relatent des épisodes de la guerre de 1870 *(Boule de Suif, la Maison Tellier, la Petite Roque, le Horla).*

CONTI ou **CONTY** *(maison de),* branche cadette de la maison de Condé, elle-même issue de la maison de Bourbon. Elle fut principalement représentée par **Armand de Bourbon** *(prince* **de Conti**) [Paris 1629 - Pézenas 1666], frère du Grand Condé, qui prit part aux troubles de la Fronde et épousa une nièce de Mazarin.

contrat social (Du) *ou Principes du droit politique,* traité de J.-J. Rousseau (1762). L'auteur y résume son idéal républicain : l'individu renonce à ses droits naturels au profit de l'État, qui concilie égalité et liberté. Le peuple désigne une assemblée qui légifère ; la minorité se range à l'avis de la majorité. Ce texte, fondateur des démocraties jusqu'à nos jours, a inspiré notamment la Déclaration des droits de l'homme et du citoyen de 1793.

Contre-Réforme → ***Réforme catholique.***

CONTRES (41700), ch.-l. de c. de Loir-et-Cher ; 3 014 h.

CONTREXÉVILLE (88140), comm. des Vosges, près de Vittel ; 4 443 h. Eaux minérales et station thermale (lithiases et infections urinaires et biliaires, goutte).

Contribution à la critique de l'économie politique, œuvre de Marx (1859) dans laquelle il abandonne ses préoccupations éthiques antérieures pour aborder le problème des rapports sociaux, qu'il analysera dans *le Capital.*

CONTY (80160), ch.-l. de c. de la Somme ; 1 561 h. Église des XVe-XVIe s.

Convention nationale, assemblée révolutionnaire qui succéda à l'Assemblée législative le 21 sept. 1792, fonda la Ire République et gouverna la France jusqu'au 26 oct. 1795 (4 brumaire an IV).

COOK *(détroit de),* bras de mer séparant les deux îles principales de la Nouvelle-Zélande.

COOK *(îles),* archipel d'Océanie, entre les îles Tonga et Tahiti, à 1 600 km au nord-est de la Nouvelle-Zélande, dont il constitue un territoire associé ; 241 km² ; 18 000 h. Ch.-l. *Avarua,* dans l'île de Rarotonga.

COOK *(mont),* point culminant de la Nouvelle-Zélande, dans l'île du Sud ; 3 754 m.

COOK (James), marin britannique (Marton-in-Cleveland 1728 - baie de Kealakekua, îles Hawaii, 1779). Au cours d'un premier voyage, il découvrit les îles de la Société et explora la Nouvelle-Zélande (1768-1771). Un deuxième voyage le mena jusque dans l'océan Antarctique (1772-1775). Reparti en 1776, il découvrit les îles Sandwich (Hawaii) [1778], où il fut tué au cours d'une rixe avec les indigènes.

COOK (Thomas), homme d'affaires britannique (Melbourne, Derbyshire, 1808 - Leicester 1892). Initiateur, en 1841, du premier « voyage organisé » entre Leicester et Loughborough, il est le fondateur des agences de voyage qui portent son nom.

COOLIDGE (Calvin), homme politique américain (Plymouth, Vermont, 1872 - Northampton, Massachusetts, 1933), président républicain des États-Unis de 1923 à 1929.

COOLIDGE (William David), physicien américain (Hudson 1873 - Schenectady 1975). Il inventa le tube à rayons X à cathode incandescente.

COOPER (David), psychiatre britannique (Le Cap 1931 - Paris 1986). Chef de file du courant antipsychiatrique, il voit dans certaines maladies psychiatriques une forme de refuge contre le déterminisme social (*Mort de la famille,* 1971).

COOPER (Gary), acteur américain (Helena, Montana, 1901 - Los Angeles 1961). Il fut l'incarnation de l'Américain viril, réservé et loyal : *l'Extravagant M. Deeds* (F. Capra, 1936), *Le train sifflera trois fois* (F. Zinneman, 1952).

Gary **Cooper** dans *Sergent York* (1941) de Howard Hawks.

COOPER (James Fenimore), romancier américain (Burlington 1789 - Cooperstown 1851), auteur de récits d'aventures, reconstitutions pittoresques des mœurs indiennes (*le Dernier des Mohicans,* 1826 ; *Tueur de daims,* 1841).

COPACABANA, quartier de Rio de Janeiro. Station balnéaire.

COPAÏS *(lac),* en gr. **Kôpais,** lac de l'anc. Béotie, auj. desséché.

COPÁN, cité maya du Honduras, de la période classique (250-950). Imposants vestiges, glyphes et décor sculpté.

COPEAU (Jacques), acteur, directeur de théâtre et écrivain français (Paris 1879 - Beaune 1949). L'un des fondateurs de *la Nouvelle Revue française,* il créa le théâtre du Vieux-Colombier, où il renouvela la technique dramatique. Il tenta, en Bourgogne, de retrouver les sources d'un théâtre populaire, avec un groupe de disciples, les *Copiaux.*

COPENHAGUE, en danois **København,** cap. du Danemark, sur la côte est de l'île de Sjaelland, sur le Sund ; 482 000 h. (1 366 000 avec les banlieues). Principal port et aéroport (Kastrup) danois et centre politique, intellectuel et industriel. Monuments, notamment des XVIIe-XIXe s. Importants musées. — Copenhague devint la capitale du Danemark en 1443. Maîtresse du commerce balte, elle connut une grande prospérité aux XVIIe et XVIIIe s. En 1801 et 1807, la ville fut bombardée par les Anglais, le Danemark ayant adhéré à la ligue des Neutres puis étant devenu l'allié de Napoléon Ier.

COPERNIC (Nicolas), en polon. **Mikołaj Kopernik,** astronome polonais (Toruń 1473 - Frauenburg, auj. Frombork, 1543). Au terme de longues années d'études et de réflexion, il fit l'hypothèse du mouvement de la Terre et des autres planètes autour du Soleil. Publiée en 1543 dans un traité intitulé *De revolutionibus orbium coelestium libri VI,* cette conception rendait compte des principaux phénomènes astronomiques connus à l'époque bien plus simplement que le système de Ptolémée admis jusque-là. Mais, déniant à la Terre tout rôle privilégié dans l'Univers, elle souleva de nombreuses critiques, notamment dans l'Église. Ce n'est qu'après l'invention de la lunette, au XVIIe s., que sa validité fut définitivement reconnue. En rompant avec la conception géocentrique du monde, l'œuvre de Copernic a marqué un tournant dans l'histoire de la pensée et du progrès scientifique.

COPLAND (Aaron), compositeur américain (Brooklyn 1900 - North Tarrytown, État de New York, 1990). Il s'exprime dans un langage néoclassique (*El Salón México,* pour orchestre, 1936 ; *Appalachian Spring,* ballet, 1944).

COPPÉE (François), poète français (Paris 1842 - *id.* 1908), peintre prosaïque de la vie du petit peuple *(les Humbles).* [Acad. fr.]

Coppélia, ballet-pantomime en 2 actes et 3 tableaux, livret de Ch. Nuitter et A. Saint-Léon (d'après Hoffmann), musique de L. Delibes, chorégraphie de A. Saint-Léon (1870).

COPPENS (Yves), paléontologue français (Vannes 1934). Il a proposé une interprétation écologique de l'apparition des premiers hominidés (australopithèques) en Afrique de l'Est.

COPPET, village de Suisse (Vaud), sur la rive droite du lac Léman ; 1 827 h. Le château de Coppet a appartenu à Necker, puis à sa fille, Mme de Staël, qui y réunit, durant le premier Empire, une société intellectuelle cosmopolite.

COPPI (Angelo Fausto), coureur cycliste italien (Castellania 1919 - Novi Ligure 1960), recordman du monde de l'heure, champion du monde sur route (1953), deux fois vainqueur du Tour de France (1949 et 1952), cinq fois du Tour d'Italie (entre 1940 et 1953).

COPPOLA (Francis Ford), cinéaste américain (Detroit 1939). Ses œuvres spectaculaires, ses recherches techniques ont fait de lui l'incarnation de la nouvelle génération hollywoodienne des années 70 : *le Parrain* (1972), *Apocalypse Now* (1979), *Rusty James* (1983), *Cotton Club* (1984), *Jardins de pierre* (1987), *Tucker* (1988), *Dracula* (1992).

COQUELLES (62231), comm. du Pas-de-Calais, près de Calais ; 2 134 h. Terminal du tunnel sous la Manche. Textiles chimiques.

COQUILHATVILLE → ***Mbandaka.***

COQUILLE (Guy), jurisconsulte français (Decize 1523 - Nevers 1603), adversaire des Ligueurs, il est l'auteur notamment du *Traité des libertés de l'Église de France* (1594).

COQUIMBO, port du Chili septentrional ; 122 476 h.

CORAÏ ou **KORAÍS** (Adhamándios), écrivain et patriote grec (Smyrne 1748 - Paris 1833). Il

Copenhague : la place de l'Hôtel-de-Ville.

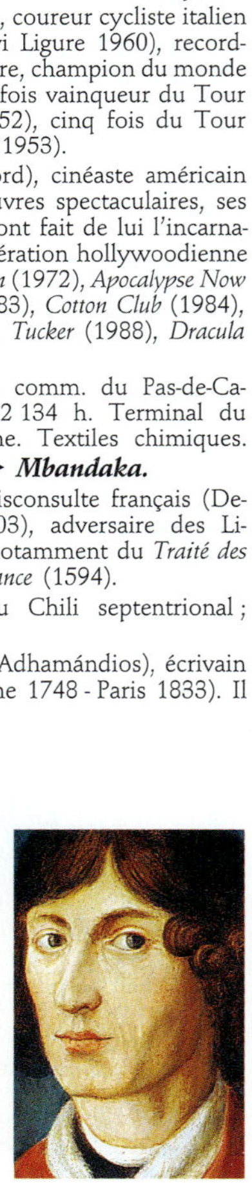

Copernic
(Université
de Cracovie)

préconisa l'usage d'une langue nationale mi-populaire, mi-savante.

CORAIL *(mer de),* mer située entre l'Australie et la Mélanésie.

Corail *(bataille de la mer de)* [4-8 mai 1942], victoire aéronavale américaine sur les Japonais qui durent renoncer à débarquer en Nouvelle-Guinée.

CORALLI PERACINI (Jean), danseur et chorégraphe français (Paris 1779 - *id.* 1854), auteur, en collaboration avec Jules Perrot, de *Giselle* ou les Wilis* (1841).

Coran (de l'ar. *qur'ān,* **récitation**), livre sacré des musulmans, parole d'Allāh transmise à Mahomet par l'archange Gabriel. Il est écrit en arabe et se compose de 114 chapitres, ou *surates.* Il est le fondement de la civilisation musulmane, la source du dogme et (avec les hadith) de la loi de l'islam *(charia).*

CORBAS (69960), comm. du Rhône, au S.-E. de Lyon ; 8 212 h. Abattoir.

CORBEHEM (62112), comm. du Pas-de-Calais ; 2 359 h. Papeterie et cartonnerie.

CORBEIL-ESSONNES (91100), ch.-l. de c. de l'Essonne, au confluent de l'*Essonne* et de la Seine ; 40 768 h. *(Corbeillessonnois).* Évêché. Centre industriel (imprimerie, électronique). Église St-Spire, des XIIe-XVe s., auj. cathédrale.

CORBIE (80800), ch.-l. de c. de la Somme, sur la Somme ; 6 279 h. Bonneterie. Église gothique (XVIe-XVIIIe s.), anc. abbatiale.

CORBIER (le) [73300 Villarembert], station de sports d'hiver de Savoie (alt. 1 550-2 260 m).

CORBIÈRE (Édouard Joachim, dit **Tristan**), poète français (près de Morlaix 1845 - Morlaix 1875). « Poète maudit », révélé par Verlaine, il est l'auteur des *Amours jaunes* (1873).

CORBIÈRES (les), bordure des Pyrénées françaises (sud de l'Aude essentiellement) ; 1 230 m. Vignobles.

CORBIGNY (58800), ch.-l. de c. de la Nièvre ; 1 922 h. Église gothique du XVIe s.

CORCIEUX (88430), ch.-l. de c. des Vosges ; 1 735 h.

CORCYRE, île de la mer Ionienne, colonisée par les Corinthiens, dès la fin du VIIIe s. av. J.-C. (Auj. **Corfou.**)

CORDAY (Charlotte **de Corday d'Armont,** dite **Charlotte**), révolutionnaire française (Saint-Saturnin-des-Ligneries, près de Vimoutiers, 1768 - Paris 1793). Pour venger les Girondins, elle poignarda Marat dans son bain. Elle fut guillotinée.

Cordeliers *(club des),* club révolutionnaire fondé à Paris en avr. 1790. Ses chefs étaient Danton, Marat, Desmoulins, Hébert, Chaumette. Il disparut en mars 1794, lors de l'élimination des hébertistes.

CORDEMAIS (44360), comm. de la Loire-Atlantique ; 2 384 h. Centrale thermique sur l'estuaire de la Loire.

CORDES-SUR-CIEL (81170), anc. **Cordes,** ch.-l. de c. du nord du Tarn ; 971 h. Anc. bastide, la ville a gardé son aspect médiéval (portes fortifiées, halle et demeures gothiques).

CÓRDOBA, v. de l'Argentine, au pied de la *sierra de Córdoba ;* 1 179 067 h. Deuxième ville et centre industriel du pays. Monuments des XVIIe-XVIIIe s.

CORDOUAN, rocher au large de l'estuaire de la Gironde. Phare des XVIe et XVIIIe s.

CORDOUE, en esp. **Córdoba,** v. d'Espagne (Andalousie), ch.-l. de prov., sur le Guadalquivir ; 310 488 h *(Cordouans).* — Colonie romaine (169 av. J.-C.), conquise par les Arabes en 711, Cordoue fut le siège d'un émirat (756) puis d'un califat (929). Elle fut reconquise en 1236. — Grande Mosquée (785-987), chef-d'œuvre de l'architecture omeyyade, convertie en cathédrale sous Charles Quint. Églises mudéjares, gothiques et baroques. Musées. La ville fut jadis célèbre pour ses cuirs décorés.

CORDOUE (Gonzalve **de**) → ***Gonzalve.***

CORÉ → ***Perséphone.***

CORÉE, péninsule comprise entre la mer du Japon (dite ici mer de l'Est) et la mer Jaune, partagée en deux unités politiques : la *Corée du Nord (République démocratique populaire de Corée)* et la *Corée du Sud (République de Corée).*

HISTOIRE

Les Chinois établissent des commanderies en Corée au Ier s. av. J.-C. 57 av. J.-C. - 935 apr. J.-C. : le pays, d'abord partagé entre les royaumes de Silla (57 av. J.-C. - 935), Koguryo (37 av. J.-C. - 668) et Paikche (18 av. J.-C. - 660), est unifié par Silla en 735. 935-1392 : sous la dynastie Koryo, la Corée est envahie par les Mongols (1231). 1392-1910 : la dynastie Li (ou Yi) adopte le confucianisme et interdit le bouddhisme. Elle repousse les Japonais (1592, 1597) mais doit reconnaître en 1637 la suzeraineté des Mandchous (dynastie des Qing de Chine). 1910 : le Japon, qui a éliminé les Qing de Corée en 1895, annexe le pays. 1945 : occupation par les troupes soviétiques et américaines. 1948 : le gouvernement de la République de Corée est établi à Séoul ; la République démocratique populaire de Corée est proclamée à Pyongyang. 1953 : à l'issue de la guerre de Corée (1950-1953), la division du pays est maintenue.

CORÉE *(détroit de),* détroit reliant la mer du Japon et la mer de Chine orientale, entre la Corée et le Japon.

Corée *(guerre de)* [juin 1950 - juill. 1953], conflit qui opposa la Corée du Sud, soutenue par les forces de l'O. N. U. (fournies surtout par les États-Unis, puis par la France, la Grande-Bretagne, le Benelux et la Turquie), à la Corée du Nord, appuyée à partir de 1951 par les troupes de la Chine populaire. Elle aboutit à la reconnaissance des deux États coréens par les États-Unis et l'U. R. S. S.

CORÉE *(République de),* ou **CORÉE DU SUD,** État de l'Asie orientale, occupant la partie sud de la péninsule coréenne ; 99 000 km² ; 44 600 000 h. *(Sud-Coréens).* CAP. *Séoul.* LANGUE : *coréen.* MONNAIE : *won.* Moins étendu que la Corée du Nord, cet État est beaucoup plus peuplé. L'extension des plaines et des collines et un climat plus doux expliquent la prédominance de la culture du riz. Palliant la pauvreté du sous-sol, l'abondance de la main-d'œuvre et les capitaux étrangers ont stimulé l'industrie (textile, construction navale, constructions électriques, etc.). Cette industrie, représentée notamment dans les grandes villes de Pusan (débouché maritime) et de Séoul, est largement exportatrice (vers le Japon et surtout les États-Unis). — Présidée par Syngman Rhee (1948-1960) auquel ont succédé Park Chung-hee (1963-1979) puis Chun Doo-hwan (1980-1988), la République de Corée est soumise à un régime autoritaire mais un processus de démocratisation s'engage en 1987. Une nouvelle Constitution approuvée par référendum est suivie par l'élection de Roh Tae-woo à la présidence de la République. En 1991, les deux Corées font leur entrée à l'O.N.U. et signent un accord de réconciliation. En 1992, la Corée du Sud normalise ses relations avec la Chine. Kim Young-sam, élu à la présidence de la République, succède à Roh Tae-woo en 1993.

CORÉE *(République démocratique populaire de),* ou **CORÉE DU NORD,** État de l'Asie orientale occupant la partie nord de la péninsule coréenne ; 120 500 km² ; 22 600 000 h. *(Nord-Coréens).*

Cordoue : double étagement d'arcs de brique et de pierre, dans la nef de la Grande Mosquée (VIIIe-Xe s.).

CAP. *Pyongyang.* LANGUE : *coréen.* MONNAIE : *won.* C'est un pays montagneux, au climat rude, où le riz et le blé constituent, avec les produits de la pêche, les bases de l'alimentation. La présence de charbon et de fer, les aménagements hydroélectriques (sur le Yalu) ont favorisé le développement de l'industrie de base (sidérurgie, chimie). — La République a été dirigée, depuis sa création en 1948, par Kim Il-sung (jusqu'à sa mort en 1994), qui a instauré une organisation de type soviétique et engagé le pays dans la construction du socialisme. Son fils Kim Jong-il est appelé à lui succéder. En 1991, les deux Corées ont fait leur entrée à l'O.N.U. et ont signé un accord de réconciliation.

CORELLI (Arcangelo), violoniste et compositeur italien (Fusignano 1653 - Rome 1713), auteur de sonates d'église et de chambre et de concertos pour violon. Il fut l'un des maîtres du classicisme italien.

CORFOU, en gr. **Kérkyra,** une des îles Ioniennes (Grèce) ; 91 000 h. Ch.-l. *Corfou* (36 875 h.). Port. Tourisme. Musée (fronton, VIIe s av. J.-C., du temple d'Artémis). [Anc. **Corcyre.**]

CORI (Carl Ferdinand), biologiste américain (Prague 1896 - Cambridge, Massachusetts, 1984). Avec sa femme, **Gerty Theresa** (Prague 1896 - Saint Louis, Missouri, 1957), il obtint en 1947 le prix Nobel de médecine pour leurs travaux sur le métabolisme des glucides.

CORINNE, poétesse grecque (fin du VIe s. av. J.-C.). Originaire de Tanagra ou de Thèbes, elle fut la rivale de Pindare.

Corinne ou l'Italie, roman de Mme de Staël (1807).

CORINTH (Lovis), peintre et graveur allemand (Tapiau, Prusse-Orientale, 1858 - Zandwoort, Hollande, 1925), auteur de paysages, de portraits et de compositions religieuses d'une nervosité de touche proche de l'expressionnisme.

CORINTHE, en gr. **Kórinthos,** cité grecque, rivale d'Athènes et de Sparte, qui fut la métropole marchande et industrielle la plus riche de la Grèce archaïque (VIIe-VIe s.). Elle fonda de nombreuses colonies en Grèce d'Occident. Elle fut détruite en 146 av. J.-C. par les Romains, avant de devenir la capitale de la province d'Achaïe. — C'est auj. un port sur le *golfe de Corinthe,* près du *canal de Corinthe* (6,3 km), percé à travers l'isthme du même nom, qui relie le Péloponnèse au reste de la Grèce ; 28 903 h. *(Corinthiens).* Musée. Vaste ensemble de ruines grecques et romaines.

CORIOLAN, en lat. **Gnaeus Marcius Coriolanus,** général romain semi-légendaire (Ve s. av. J.-C.). Vainqueur des Volsques (493 av. J.-C.), exilé pour avoir attenté aux droits de la plèbe, il aurait abandonné sa vengeance contre sa patrie qu'il assiégeait à la prière de sa mère et de son épouse.

Coriolan, drame de Shakespeare (v. 1607).

CORIOLIS (Gaspard), ingénieur et mathématicien français (Paris 1792 - *id.* 1843), auteur de travaux de cinématique. Il a mis en évidence la force qui porte son nom, force de déviation due à la rotation de la Terre et s'exerçant sur les corps en mouvement à la surface de celle-ci.

CORK, en gaélique **Corcaigh,** port d'Irlande, sur la côte sud de l'île ; 127 024 h.

CORLAY (22320), ch.-l. de c. des Côtes-d'Armor ; 1 088 h. Église des XVe-XVIe s.

CORLISS (George Henry), ingénieur américain (Easton, New York, 1817 - Providence 1888). Il inventa et construisit (1849) la machine à vapeur qui porte son nom, caractérisée par un nouveau mode de distribution de la vapeur.

CORMACK (Allan MacLeod), physicien américain d'origine sud-africaine (Johannesburg 1924). Avec G. N. Hounsfield, il a contribué au développement du scanner. (Prix Nobel de physiologie et médecine 1979.)

CORMEILLES (27260), ch.-l. de c. de l'Eure ; 1 102 h. Église des XIe et XVe s.

CORMEILLES-EN-PARISIS (95240), ch.-l. de c. du Val-d'Oise ; 17 549 h. *(Cormeillais).* Cimenterie. Église des XIIIe-XVIe s.

CORMELLES-LE-ROYAL (14123), comm. du Calvados, près de Caen ; 4 638 h. Industrie automobile. Électroménager.

CORMONTAIGNE (Louis **de**), ingénieur militaire français (Strasbourg v. 1695 - Metz 1752). Élève de Vauban, il fortifia Metz et Thionville.

CORMONTREUIL (51350), comm. de la Marne, banlieue de Reims ; 5 760 h.

CORNARO ou **CORNER,** famille patricienne de Venise, d'où sont issus quatre doges et Catherine **Cornaro** (Venise 1454 - *id.* 1510), femme de Jacques II de Lusignan, roi de Chypre. Souveraine de l'île (1473), celle-ci abdiqua en 1489 en faveur de Venise.

CORNE DE L'AFRIQUE, extrémité orientale de l'Afrique, sur l'océan Indien, autour du cap Gardafui (Somalie).

CORNE D'OR (la), baie du Bosphore, à Istanbul.

CORNEILLE *(saint)* [m. en 253], pape de 251 à 253, mort en exil, honoré par l'Église comme martyr.

CORNEILLE, famille de peintres et de graveurs français du XVIIe s.

CORNEILLE (Pierre), poète dramatique français (Rouen 1606 - Paris 1684). Avocat, il débute au théâtre par des comédies (*Mélite,* 1629 ; *la Galerie du Palais,* 1631-32 ; *la Place Royale,* 1633-34 ; *l'Illusion comique,* 1635-36) et atteint la célébrité avec une tragi-comédie, *le Cid** (1636-37), qui provoque une querelle littéraire. Sensible aux critiques, il se consacre alors à la tragédie « régulière » (*Horace,* 1640 ; *Cinna,* 1640-41 ; *Polyeucte,* 1641-42), sans abandonner la comédie à la mode espagnole (*le Menteur,* 1643 ; *Don Sanche d'Aragon,* 1650) et les divertissements de cour (*Andromède,* 1650). Évoluant vers une utilisation systématique du pathétique et des intrigues plus complexes (*la Mort de Pompée,* 1643 ; *Rodogune,* 1644-45 ; *Nicomède,* 1651), il connaît avec *Pertharite* (1651) un échec qui l'éloigne du théâtre pendant sept ans. Il se consacre à la traduction en vers de l'*Imitation de Jésus-Christ* (1651-1656) et à l'édition de son théâtre, dont il définit les principes dans les *Examens* de ses pièces et trois *Discours* (1660). Revenu à la scène (*Œdipe,* 1659 ; *Sertorius,* 1662 ; *Sophonisbe,* 1663 ; *Attila,* 1667), il voit le public lui préférer Racine (*Tite et Bérénice,* 1670). Corneille peint des héros « généreux », lucides et volontaires, pour qui l'honneur et la gloire méritent tous les sacrifices. Le drame cornélien atteint le « sublime », mais refuse à proprement parler le « tragique », puisqu'il est le fait d'êtres libres qui décident toujours de leur destin. (Acad. fr.)

CORNEILLE (Thomas), frère du précédent, poète dramatique français (Rouen 1625 - Les Andelys 1709), auteur de tragédies *(Timocrate),* de comédies et de travaux lexicographiques. (Acad. fr.)

CORNEILLE de Lyon, peintre français d'origine hollandaise, établi v. 1533 à Lyon, où il mourut v. 1574. Il est l'auteur de petits portraits aristocratiques d'une facture fine, où le visage se détache en clair sur un fond bleu ou vert.

CORNELIA, fille de Scipion l'Africain et mère des Gracques (v. 189 - v. 110 av. J.-C.), type idéal de la femme romaine.

CORNELIUS NEPOS, historien latin (Gaule Cisalpine v. 99 - v. 24 av. J.-C.), auteur du *De excellentibus ducibus (Vie des grands capitaines).*

CORNER BROOK, v. du Canada (Terre-Neuve) ; 22 047 h. Papier.

CORNIMONT (88310), comm. des Vosges ; 4 085 h. Textile.

Corn Laws *(« lois sur le blé »),* législation britannique protectionniste concernant la production céréalière nationale. Elle resta en vigueur de 1815 à 1849 et suscita à partir de 1838 un mouvement de protestation autour de l'*Anti Corn Law League* fondée par R. Cobden.

CORNOUAILLE, région de la Bretagne (Finistère) [*Cornouaillais*]. V. pr. *Quimper.*

CORNOUAILLES → ***Cornwall.***

CORNWALL, en fr. **Cornouailles,** extrémité sud-ouest de l'Angleterre. Longue péninsule aux côtes découpées.

CORNWALL, v. du Canada (Ontario), sur le Saint-Laurent ; 47 137 h. Électrochimie.

CORNWALLIS (Charles), général et administrateur britannique (Londres 1738 - Ghāzīpur, Uttar Pradesh, 1805). Il dut capituler devant les Américains à Yorktown (1781). Commandant en chef pour l'Inde, il soumit Tippoo Sahib (1792). Vice-roi d'Irlande, il en réprima la rébellion (1798).

COROGNE (La), en esp. **La Coruña,** port d'Espagne (Galice), sur l'Atlantique ; 246 953 h.

COROMANDEL *(côte de),* côte orientale de l'Inde, sur le golfe du Bengale. Centre d'exportation vers l'Europe, aux XVIIe et XVIIIe s., de laques importés de Chine.

COROT (Jean-Baptiste Camille), peintre français (Paris 1796 - *id.* 1875). Traducteur subtil des valeurs lumineuses et atmosphériques dans ses paysages d'après nature d'Italie et de France, auteur également de paysages « historiques » ou « composés », ainsi que de figures féminines fermes et sensibles, il continue la tradition classique et prépare l'impressionnisme.

CORPUS CHRISTI, port des États-Unis (Texas) ; 257 453 h. Raffinage du pétrole.

CORRÈGE (Antonio **Allegri**, dit **il Correggio,** en fr. **[le]**), peintre italien (Correggio, près de Parme, v. 1489 - *id.* 1534). Il a laissé à Parme des décorations aux effets illusionnistes d'une virtuosité toute nouvelle (église St-Jean-l'Évangéliste et cathédrale). Le luminisme, la fluidité, la grâce sensuelle de ses tableaux d'autel et de ses compositions mythologiques (*Io* et *Ganymède,* Kunsthistorisches Mus., Vienne) eurent également un grand écho dans l'art européen.

Corrège : *la Madone de saint Jérôme* (1527-28). [Galerie nationale, Parme.]

CORRENÇON-EN-VERCORS (38250), comm. de l'Isère ; 264 h. Sports d'hiver (alt. 1 150-2 050 m).

Correspondance littéraire, chronique adressée de Paris, de 1753 à 1790, à des souverains étrangers pour les renseigner sur la vie culturelle

en France. Commencée par l'abbé Raynal, elle fut continuée par Grimm, Diderot et J.-H. Meister.

CORRÈZE (la), riv. du Massif central, qui traverse le *dép. de la Corrèze,* passe à Tulle, Brive-la-Gaillarde, et rejoint la Vézère (r. g.) ; 85 km.

CORRÈZE (19), dép. de la Région Limousin ; ch.-l. de dép. *Tulle ;* ch.-l. d'arr. *Brive-la-Gaillarde, Ussel ;* 3 arr., 37 cant., 286 comm. ; 5 857 km² ; 237 908 h. *(Corréziens).* Il est rattaché à l'académie et à la cour d'appel de Limoges et à la région militaire Atlantique. S'étendant sur la partie méridionale du Limousin, peu peuplé, le dép. se consacre surtout à l'élevage. Les cultures sont concentrées dans les vallées (Vézère, Corrèze, Dordogne), qui sont aussi les sites d'aménagements hydroélectriques (Dordogne surtout) et qui sont jalonnées par les principales villes (Brive-la-Gaillarde et Tulle). L'industrie est représentée par les constructions mécaniques et électriques et l'agroalimentaire.

CORRÈZE (19800), ch.-l. de c. de la Corrèze, sur la *Corrèze* ; 1 183 h. Restes de remparts.

CORRIENTES, v. de l'Argentine, ch.-l. de prov., sur le haut Paraná ; 267 742 h.

Corriere della Sera, quotidien milanais de tendance libérale progressiste, fondé en 1876 par E. Torelli-Viollier.

CORSE (la), île française de la Méditerranée ; 8 680 km² ; 250 371 h. *(Corses).* Depuis 1975, elle est divisée en deux départements : la *Corse-du-Sud* (2 A) [ch.-l. de dép. *Ajaccio,* qui est aussi le ch.-l. de la collectivité territoriale de Corse ; ch.-l. d'arr. *Sartène ;* 2 arr., 22 cant., 124 comm. ; 4 014 km² ; 118 808 h.] et la *Haute-Corse* (2 B) [ch.-l. de dép. *Bastia ;* ch.-l. d'arr. *Calvi* et *Corte ;* 3 arr., 30 cant., 236 comm. ; 4 666 km² ; 131 563 h.]. Ajaccio est siège d'académie, Bastia, siège d'une cour d'appel. La Corse est rattachée à la région militaire Méditerranée.

GÉOGRAPHIE

En dehors de la plus grande partie de sa façade orientale, la Corse est une île montagneuse, ouverte par quelques bassins (Corte). Le climat méditerranéen est influencé par l'insularité et l'altitude (augmentation des précipitations, étagement d'une végétation où domine le maquis). Le tourisme, surtout développé sur les côtes, en premier lieu (un parc naturel régional d'environ 250 000 ha englobe aussi les principaux massifs de l'intérieur), l'élevage ovin (pour la production des fromages, souvent affinés à Roquefort), la vigne et les cultures fruitières et maraîchères (plaine orientale) constituent les ressources essentielles. Plus de la moitié de la population active appartient au secteur tertiaire, représenté surtout dans les deux principales villes, Ajaccio et Bastia. La faiblesse de l'industrie tient à des causes naturelles et humaines difficiles à combattre (pauvreté du sous-sol, problèmes dus à l'insularité, faiblesse du peuplement). Elle explique largement la traditionnelle émigration (cependant réduite) vers la France continentale (alors même que l'île a accueilli des rapatriés d'Afrique du Nord) et l'accroissement du sous-emploi.

HISTOIRE

Les origines. IIIe millénaire : la civilisation est celle du mégalithisme. La population est formée de descendants des Celto-Ligures et des Ibères. XIVe-XIIe s. av. J.-C. : des envahisseurs, les Torréens, leur succèdent. V. 565 : les Phocéens fondent Alalia. 535 : les Étrusques leur succèdent ; puis les Carthaginois. 238-162 av. J.-C. : Rome domine l'île.

Le Moyen Âge. VIe-VIIe s. : Byzance est maîtresse de la Corse. IXe s. : le pape accroît son influence sur l'île. 1077 : il en confie l'administration à Pise. XIIe s. : Gênes relaie l'influence pisane. 1284 : elle impose définitivement sa domination après sa victoire navale de la Meloria. XIVe s. : la résistance corse contre Gênes culmine lors de la révolte populaire de 1347.

Entre la France et l'Italie. 1553-1559 : la Corse est aux mains de la France, jusqu'au traité du Cateau-Cambrésis, par lequel elle fait retour à Gênes. 1755 : Pascal Paoli organise la révolte contre la domination génoise. 1768 : Gênes transfère ses droits à la France. 1769 : Paoli, vaincu, doit quitter l'île. 1789 : la Corse est proclamée partie intégrante de la France. 1793-1796 : Paoli poursuit la résistance, appuyé par l'Angleterre ; il est vaincu par Bonaparte.

La Corse française. XIXe s. et première moitié du XXe s. : sans ressources industrielles, avec une agriculture retardataire, la Corse subit une grave crise économique qui provoque le départ d'une partie de sa population. 1942-43 : les troupes italiennes occupent l'île. 1975 : des violences à Aléria sont suivies par le développement et la radicalisation des tendances autonomistes et indépendantistes. 1982 : dans le cadre de la loi sur la décentralisation, un nouveau statut érige la Corse en Région. La première assemblée régionale corse est élue au suffrage universel. 1991 : l'île devient une collectivité territoriale à statut particulier. 1995 : les diverses tendances de la mouvance nationaliste s'affrontent avec une violence accrue.

CORSE *(cap),* péninsule formant la partie nord de l'île de Corse.

CORTÁZAR (Julio), écrivain argentin naturalisé français (Bruxelles 1914 - Paris 1984). Il mêle, dans ses romans, le réalisme social et politique à l'inspiration fantastique *(Marelle, Livre de Manuel).*

Corneille
(F. Sicre - musée Carnavalet, Paris)

Julio
Cortázar

CORTE [-te] (20250), ch.-l. d'arr. de la Haute-Corse, dans le centre de l'île ; 6 065 h. *(Cortenais).* Université. Musée d'histoire corse. Citadelle du XVe s.

CORTÉS (Hernán), conquérant espagnol du Mexique (Medellín 1485 - Castilleja de la Cuesta 1547). En 1519, il partit à la conquête du Mexique, détruisit l'Empire aztèque (1521) et devint gouverneur général de la Nouvelle-Espagne (1522). Rentré en Espagne en 1540, il tomba en disgrâce.

CORTINA D'AMPEZZO, v. d'Italie (Vénétie) ; 7 095 h. Station de sports d'hiver des Dolomites (alt. 1 224-3 243 m).

CORTONE (Pierre **de**) → ***Pierre de Cortone.***

CORTOT (Alfred), pianiste français (Nyon, Suisse, 1877 - Lausanne 1962), l'un des fondateurs, avec A. Mangeot, de l'École normale de musique.

CORVIN (Mathias) → ***Mathias Ier.***

CORVISART (*baron* Jean), médecin français (Dricourt, Ardennes, 1755 - Paris 1821). Premier médecin de Napoléon Ier, il vulgarisa la méthode de percussion dans le diagnostic des affections cardiaques et pulmonaires.

COS, en gr. **Kós,** île grecque du Dodécanèse. Ch.-l. *Cos.* Ruines antiques.

COSAQUES, population des confins méridionaux de la Russie, formée de paysans libres et de soldats qui défendaient les frontières russes et polonaises contre les Turcs et les Tatars. Soumis à la Russie depuis 1654, ils perdirent leur autonomie au XVIIIe s. Au XIXe s., ils fournirent à l'armée impériale des corps d'élite. En 1917, ils combattirent, dans leur majorité, les bolcheviks.

COSENZA, v. d'Italie (Calabre), ch.-l. de prov. ; 87 140 h. Monuments anciens.

COSGRAVE (William Thomas), homme politique irlandais (Dublin 1880 - *id.* 1965). Chef de la fraction modérée du Sinn Féin, président du Conseil exécutif de l'État libre (1922-1932), il conserva jusqu'en 1944 la direction de son parti, devenu le Fine Gael.

COSIMO (Piero **di**) → ***Piero di Cosimo.***

COSME *(saint)* → ***Côme.***

COSNE-COURS-SUR-LOIRE [kon-] (58200), ch.-l. d'arr. de la Nièvre, sur la Loire ; 12 429 h. *(Cosnois).* Constructions mécaniques. Deux églises médiévales.

Cosquer *(grotte),* grotte sous-marine du cap Morgiou, à 12 km au S.-E. de Marseille. Inventée en 1991 par le scaphandrier Henri Cosquer, elle est située à 37 m sous le niveau de la mer et abrite des peintures pariétales paléolithiques (28000 av. J.-C.).

COSSÉ (Artus **de**), *seigneur* **de Gonnor,** *comte* **de Secondigny,** maréchal de France (v. 1512 - Gonnor, Maine-et-Loire, 1582). Il fut emprisonné pour conspiration en 1574 par Catherine de Médicis et définitivement disgracié en 1581.

COSSÉ-BRISSAC → ***Brissac.***

COSSÉ-LE-VIVIEN (53230), ch.-l. de c. de la Mayenne ; 2 823 h. Musée Robert-Tatin.

COSSIGA (Francesco), homme politique italien (Sassari 1918). Démocrate-chrétien, il a été président de la République de 1985 à 1992.

COSTA (Lúcio), architecte brésilien (Toulon 1902). Il a établi le plan de Brasília.

COSTA BRAVA, littoral de l'Espagne (Catalogne), sur la Méditerranée, au nord de l'embouchure du río Tordera. Tourisme.

Hernán **Cortés** (Saldana - musée national d'Histoire, Mexico)

Alfred **Cortot** (E.E. Cornillier - coll. J. Cortot)

COSTA DEL SOL, littoral de l'Espagne, sur la Méditerranée, de part et d'autre de Málaga.

COSTA-GAVRAS (Konstantinos **Gavras,** dit), cinéaste français d'origine grecque (Athènes 1933). Sa réflexion sur le pouvoir s'inspire d'événements politiques contemporains : *Z* (1969), *l'Aveu* (1970), *Music Box* (1990).

COSTA RICA, État de l'Amérique centrale, entre le Panamá et le Nicaragua ; 51 000 km² ; 3 300 000 h. *(Costaricains).* CAP. *San José.* LANGUE : *espagnol.* MONNAIE : *colón.* (→ ***carte Amérique centrale.***)

GÉOGRAPHIE

C'est un pays en partie forestier, montagneux au centre (foyer de peuplement), formé de plaines en bordure de l'Atlantique. Le café et la banane sont ses principales exportations.

HISTOIRE

1502 : le Costa Rica est découvert par Christophe Colomb. 1569 : il est rattaché à la capitainerie générale du Guatemala. 1821 : sans insurrection, le pays accède à l'indépendance. 1824-1838 : il devient l'une des cinq républiques des Provinces-Unies de l'Amérique centrale, avant d'être un État souverain (1839). 1840 : l'expansion de la culture du café apporte la prospérité économique et permet une vie démocratique durable. 1857 : le Costa Rica parvient à repousser l'armée de l'aventurier américain William Walker. 1871 : installation de l'United Fruit Company, qui développe la culture du bananier ; le pays passe sous la dépendance économique des États-Unis. 1949-1974 : la vie politique est dominée par la personnalité de José Figueres. 1986 : Oscar Arias succède à Alberto Monge. À son initiative, des accords (1987 ; 1989), visant à rétablir la paix en Amérique centrale, sont signés par le Costa Rica, le Guatemala, le Honduras, le Nicaragua et le Salvador. 1990 : Rafael Ángel Calderón est élu à la présidence de la République. 1994 : José María Figueres (fils du président du même nom) est élu à la présidence de la République.

COSTELEY (Guillaume), compositeur et organiste français (Pont-Audemer ? v. 1531 - Évreux 1606), auteur de chansons polyphoniques.

COSTER (Laurens **Janszoon,** dit), imprimeur hollandais (Haarlem v. 1405 - *id.* v. 1484). Il aurait pratiqué avant Gutenberg, dès 1423, la composition en caractères mobiles.

COSTES (Dieudonné), aviateur français (Septfonds, Tarn-et-Garonne, 1892 - Paris 1973). Il effectua un tour du monde aérien avec Joseph Le Brix (1927-28) et réussit, avec Maurice Bellonte, la première liaison aérienne Paris-New York sans escale à bord du Breguet XIX *Point-d'Interrogation* (1er-2 sept. 1930).

COTEAU (Le) [42120], comm. de la Loire, sur la Loire ; 7 600 h. Sièges. Bonneterie.

CÔTE D'AMOUR, nom donné au littoral atlantique de la région de La Baule-Escoublac.

CÔTE D'ARGENT, partie du littoral français, sur l'Atlantique, entre l'embouchure de la Gironde et celle de la Bidassoa.

CÔTE D'AZUR, partie orientale du littoral français, baignée par la mer Méditerranée, de Cassis à Menton. Stations estivales et hivernales bénéficiant d'un climat très doux en hiver, chaud et ensoleillé en été.

CÔTE-DE-L'OR, en angl. **Gold Coast,** anc. nom du **Ghana.**

CÔTE D'ÉMERAUDE, littoral de la Manche, vers Dinard et Saint-Malo.

CÔTE D'IVOIRE, État de l'Afrique occidentale, sur la côte nord du golfe de Guinée ; 322 000 km² ; 13 400 000 h. *(Ivoiriens).* CAP. *Yamoussoukro.* V. pr. *Abidjan.* LANGUE : *français.* MONNAIE : *franc C. F. A.*

INSTITUTIONS

République. Constitution de 1960, amendée en 1990. Président de la République élu pour 5 ans , détenteur de l'exécutif. Premier ministre nommé par le président de la République. *Assemblée nationale,* élue pour 5 ans.

GÉOGRAPHIE

En arrière de la région littorale, bordée par des lagunes et occupée par la forêt dense, des plateaux recouverts par la savane apparaissent au nord. La Côte d'Ivoire, encore surtout rurale, associe les cultures commerciales (café, cacao, fruits tropicaux) et vivrières (manioc) à l'exploitation forestière (acajou), au tourisme. Elle a connu une notable expansion (liée à une forte immigration des pays voisins), mais l'économie demeure dépendante de l'évolution des cours des matières premières.

HISTOIRE

Avant l'indépendance. XVIe s. : des populations mandingues islamisées rejoignent les populations sénoufo. XVIIe-XVIIIe s. : des royaumes sont fondés (en partic. celui, dioula, de Kong). 1842 : les Français s'emparent de la zone lagunaire. 1895-1896 : la colonie de Côte d'Ivoire, créée en 1893, est rattachée à l'A.-O. F. 1908-1915 : le gouverneur Angoulvant (1872-1932) conquiert militairement le pays. 1934 : après Grand-Bassam puis Bingerville, Abidjan devient capitale. Le pays vit des plantations de cacao et de café et de l'exploitation de la forêt facilitée par la création d'une voie ferrée Abidjan-Niger, menée avant-guerre jusqu'à la frontière de la Haute-Volta (en partie rattachée à la Côte d'Ivoire de 1932 à 1947).

La République. 1958 : territoire d'outre-mer depuis 1946, le pays devient République autonome de Côte d'Ivoire. 1960 : il accède à l'indépendance, avec pour président Félix Houphouët-Boigny, constamment réélu par la suite, fidèle à la coopération avec la France. 1990 : une grave crise politique et sociale conduit Houphouët-Boigny à ouvrir le pays au multipartisme. 1993 : après la mort d'Houphouët-Boigny, le président de l'Assemblée nationale, Henri Konan Bédié, lui succède, conformément à la Constitution. 1995 : une élection présidentielle confirme H.K. Bédié à la tête de l'État.

CÔTE D'OPALE, partie du littoral français entre Dunkerque et Le Tréport.

CÔTE D'OR, ligne de hauteurs de Bourgogne, dominant à l'ouest la plaine de la Saône et couvertes de vignobles réputés.

CÔTE-D'OR (**21**), dép. de la Région Bourgogne ; ch.-l. de dép. *Dijon ;* ch.-l. d'arr. *Beaune, Montbard ;* 3 arr., 43 cant., 707 comm. ; 8 763 km² ; 493 866 h. Le dép. est rattaché à l'académie et à la cour d'appel de Dijon et à la région militaire Nord-Est. La *Côte d'Or* constitue la partie vitale du dép., formé de régions naturelles variées (Châtillonnais, plateau de Langres, Auxois, partie du Morvan, plaine de la Saône). Elle est couverte de vignobles aux vins réputés (Aloxe-Corton, Clos-Vougeot, Gevrey-Chambertin, Meursault, Nuits-Saint-Georges, Pommard, etc.). Au pied ou près de la Côte se sont établies les villes : Beaune, marché des vins, et Dijon. Dijon concentre dans son agglomération près de la moitié de la population du dép. et possède l'essentiel des industries (agroalimentaire, constructions mécaniques et électriques).

COTENTIN (le), presqu'île de la Normandie occidentale, qui s'avance dans la Manche (dép. de la Manche). Élevage bovin. Industrie nucléaire (vers Flamanville et la Hague).

CÔTE-SAINT-ANDRÉ (La) [38260], ch.-l. de c. de l'Isère ; 4 536 h. Musée Berlioz.

CÔTE-SAINT-LUC, v. du Canada (Québec), près de Montréal ; 28 700 h.

CÔTES-D'ARMOR (**22**), jusqu'en 1990 **Côtes-du-Nord,** dép. de la Région Bretagne ; ch.-l. de dép. *Saint-Brieuc ;* ch.-l. d'arr. *Dinan, Guingamp, Lannion ;* 4 arr., 52 cant., 372 comm. ; 6 878 km² ; 538 395 h. Il est rattaché à l'académie et à la circonscription judiciaire de Rennes, à la région militaire Atlantique. C'est un pays de collines, plus élevées dans le sud (extrémité orientale des monts d'Arrée, landes du Mené), limitées au nord par une côte à rias, surtout rocheuse, où alternent saillants (Trégorrois) et rentrants (baie de Saint-Brieuc). L'agriculture demeure importante. Les cultures céréalières et fourragères, parfois légumières (Trégorrois), sont juxtaposées à l'élevage (bovins, porcins, volailles). La pêche, bien qu'en recul, anime le littoral, qui bénéficie surtout du tourisme estival. La faiblesse de l'industrialisation, malgré des réalisations spectaculaires (à Lannion), explique la persistance d'une émigration cependant ralentie.

CÔTE VERMEILLE, littoral français de la Méditerranée, de Collioure à Cerbère.

COTIGNAC (83570), ch.-l. de c. du Var ; 1 799 h. Vieux bourg pittoresque.

COTMAN (John Sell), peintre paysagiste britannique (Norwich 1782 - Londres 1842), un des créateurs de la technique moderne de l'aquarelle.

COTON (le P. Pierre), jésuite français (près de Néronde 1564 - Paris 1626). Confesseur d'Henri IV puis de Louis XIII, il fut disgracié après la mort de Concini (1617).

COTONOU, principal port et la plus grande ville du Bénin ; 487 000 h.

COTOPAXI, volcan actif des Andes (Équateur) ; 5 897 m.

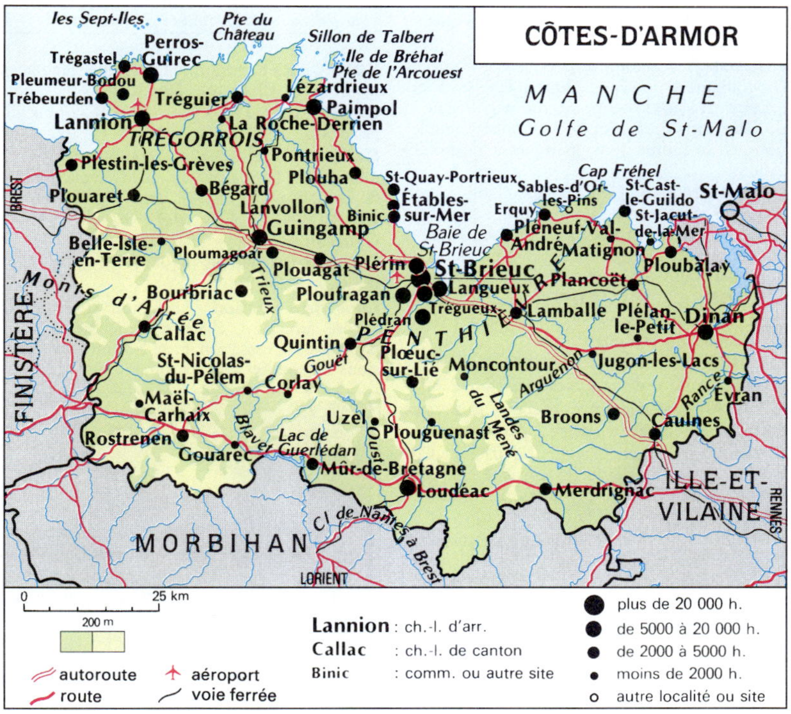

COTTBUS, v. d'Allemagne (Brandebourg), sur la Spree ; 128 943 h. Textile.

COTTE (Robert **de**), architecte français (Paris 1656 - *id.* 1735). Disciple de J. H.-Mansart, architecte du roi (1689), puis premier architecte (1708), il fut un des créateurs du style « Régence » (hôtels à Paris ; château des Rohan à Strasbourg ; nombreux projets pour l'étranger).

COTTEREAU (*les quatre frères*), ou **FRÈRES CHOUAN,** promoteurs en 1793 dans le bas Maine de l'insurrection dite *chouannerie.* Les trois aînés (Pierre, Jean et François) moururent au combat ou guillotinés ; le plus jeune, René, survécut (1764-1846).

COTTON (Aimé), physicien français (Bourg-en-Bresse 1869 - Sèvres 1951). Il découvrit le dichroïsme circulaire et la biréfringence des liquides placés dans des champs magnétiques intenses. Il inventa la balance (qui porte son nom) pour la mesure des champs magnétiques.

COTY (René), homme politique français (Le Havre 1882 - *id.* 1962), président de la République (1954-1958).

COUBERTIN (Pierre **de**) [Paris 1863 - Genève 1937], rénovateur des jeux Olympiques.

COUBRE (*pointe de la*), extrémité nord de l'embouchure de la Gironde.

COUCHES (71490), ch.-l. de c. de Saône-et-Loire ; 1 468 h. Château médiéval.

COUCY-LE-CHÂTEAU-AUFFRIQUE (02380), ch.-l. de c. de l'Aisne ; 1 156 h. Restes d'un château fort du XIIIe s., chef-d'œuvre de l'architecture militaire (le donjon avait 31 m de diamètre pour 60 m de hauteur), détruit par les Allemands en 1917.

COUDEKERQUE-BRANCHE (59210), ch.-l. de c. du Nord, banlieue de Dunkerque ; 23 820 h. *(Coudekerquois).*

COUDENHOVE-KALERGI (*comte* Richard), diplomate autrichien (Tōkyō 1894 - Schruns 1972). Fondateur de l'Union paneuropéenne (1923), il prépara la création du Conseil de l'Europe (1949).

COUËRON (44200), comm. de la Loire-Atlantique ; 16 367 h. Métallurgie.

COUESNON [kwɛnɔ̃] (le), fl. qui rejoint la baie du Mont-Saint-Michel, où il sépare la Normandie de la Bretagne ; 90 km.

COUHÉ (86700), ch.-l. de c. de la Vienne ; 1 861 h. Anc. château médiéval et classique.

COUIZA (11190), ch.-l. de c. de l'Aude ; 1 301 h. Château du XVIe s.

COULAINES (72190), comm. de la Sarthe, banlieue du Mans ; 7 421 h.

COULOGNE (62100), comm. du Pas-de-Calais ; 5 959 h.

COULOMB (Charles **de**), physicien français (Angoulême 1736 - Paris 1806). Il établit les lois expérimentales et théoriques du magnétisme et de l'électrostatique, introduisant notamment les notions de moment magnétique et de polarisation.

COULOMMIERS (77120), ch.-l. de c. de Seine-et-Marne, sur le Grand Morin ; 13 405 h. *(Columériens).* Fromages. Industries alimentaires et mécaniques. Restes d'une commanderie de Templiers (XIIIe-XVIe s.) et d'un château (XVIIe s.).

COULONGES-SUR-L'AUTIZE (79160), ch.-l. de c. des Deux-Sèvres ; 2 045 h. Mairie dans un château de la Renaissance.

COULOUNIEIX-CHAMIERS [kulunje-] (24660), comm. de la Dordogne ; 8 892 h.

COUMANS, peuple turc qui occupa les steppes entre le Dniepr et la Volga à partir du XIe s.

Counaxa ou **Cunaxa** (*bataille de*) [401 av. J.-C.], bataille au cours de laquelle Cyrus le Jeune fut tué par son frère Artaxerxès II, près de Babylone. (→ ***Dix Mille*** [*retraite des*].)

COUPERIN, nom d'une dynastie de compositeurs et organistes français, dont : **Louis** (Chaumes-en-Brie 1626 - Paris 1661), violiste, organiste de Saint-Gervais, auteur de pièces de clavier ; — **François,** dit **le Grand,** neveu du précédent (Paris 1668 - *id.* 1733), qui fut le plus grand maître français du clavecin (quatre livres d'*Ordres*) et composa motets, sonates, concerts royaux, leçons de ténèbres et pièces de violes.

COUPERUS (Louis), écrivain néerlandais (La Haye 1863 - De Steeg 1923), d'inspiration naturaliste.

Coupole du Rocher (la), en ar. *Qubbat al-Sakhra,* mosquée de Jérusalem érigée en 691 sur l'emplacement du Temple de Salomon. Encore imprégnée de la tradition byzantine, c'est le plus ancien monument de l'islam.

COURBET (Amédée Anatole), amiral français (Abbeville 1827 - Les Pescadores 1885). Il établit le protectorat français sur l'Annam (1883) et combattit les Pavillons-Noirs et les Chinois.

COURBET (Gustave), peintre français (Ornans 1819 - La Tour-de-Peilz, Suisse, 1877). Ami de Proudhon, il devint le chef de l'école réaliste. Parmi ses toiles les plus marquantes : *Un enterrement à Ornans* (1849, musée d'Orsay) ; *la Rencontre* ou *Bonjour Monsieur Courbet* (1854, Montpellier) ; *l'Atelier du peintre,* (1855, Orsay) ; *les Demoiselles des bords de la Seine* (1856, Petit Palais, Paris) ; *le Rut du printemps, combat de cerfs* (1861, Orsay) ; *le Sommeil* (1866, Petit Palais) ; *la Falaise d'Étretat après l'orage* (1869, Orsay).

COURBEVOIE (92400), ch.-l. de c. des Hauts-de-Seine, sur la Seine, au nord-ouest de Paris ; 65 649 h. *(Courbevoisiens).* Centre industriel.

Gustave **Courbet :** détail central de *l'Atelier du peintre* (1855). [Musée d'Orsay, Paris.]

COURCELLES, comm. de Belgique (Hainaut), banlieue de Charleroi ; 29 465 h.

COURCELLES-LÈS-LENS (62970), comm. du Pas-de-Calais ; 6 358 h.

COURCHEVEL (73120), station de sports d'hiver (alt. 1 500-3 500 m) de la Savoie (comm. de Saint-Bon-Tarentaise), dans la Vanoise.

COURÇON (Robert **de**) → ***Robert de Courçon.***

COURCOURONNES (91080), comm. de l'Essonne ; 13 284 h.

Cour de cassation, juridiction suprême de l'ordre judiciaire, chargée de statuer sur les pourvois en cassation formés contre les décisions en dernier ressort qui lui sont déférées. Elle juge les questions de droit et non les faits. En cas de cassation, l'affaire est renvoyée devant une juridiction de même nature que celle dont émane la décision cassée.

François **Couperin** (château de Versailles)

Cour de discipline budgétaire et financière, juridiction administrative créée en 1948, qui sanctionne la gestion financière des ordonnateurs de fonds publics.

Cour de justice (*Haute*), organe composé de députés et de sénateurs, chargé de juger le président de la République en cas de haute trahison, sur mise en accusation du Parlement.

Cour de justice de la République, organe composé de parlementaires (députés et sénateurs) et de magistrats de la Cour de cassation, chargé de juger les ministres pour les crimes et délits commis dans l'exercice de leurs fonctions.

Cour de justice des Communautés européennes, juridiction internationale dont le rôle est d'assurer le respect des traités constitutifs des Communautés européennes. Siège : Luxembourg.

Cour des comptes, juridiction administrative créée en 1807, qui a pour mission de juger les comptes des comptables publics, de contrôler la gestion des fonds publics et les comptes des entreprises publiques.

COUR DES MIRACLES, quartier de l'anc. Paris, entre les rues Réaumur et du Caire, qui, au Moyen Âge, servait de retraite aux mendiants et aux vagabonds. Victor Hugo l'a décrite dans *Notre-Dame de Paris.*

Cour européenne des droits de l'homme, juridiction internationale créée en 1959, organe judiciaire du Conseil de l'Europe. Elle peut être saisie par la Commission européenne des droits de l'homme ou par les États membres.

COURIER (Paul-Louis), écrivain français (Paris 1772 - Véretz 1825), auteur de pamphlets contre la Restauration et de *Lettres écrites de France et d'Italie.*

Cour internationale de justice, juridiction des Nations unies, composée de quinze membres élus pour neuf ans et qui juge des différends entre États. Siège : La Haye.

COURLANDE, en letton **Kurzeme,** région de la Lettonie, à l'ouest du golfe de Riga.

COURMAYEUR [-majœr], comm. d'Italie (Val d'Aoste), sur la Doire Baltée, au pied du mont Blanc ; 2 471 h. Station de sports d'hiver (alt. 1 224-3 456 m) et centre d'alpinisme, près du débouché du tunnel du Mont-Blanc.

COURNAND (André), médecin américain, d'origine française (Paris 1895 - Great Barrington, Massachusetts, 1988), prix Nobel de médecine en 1956 pour ses travaux sur l'insuffisance cardiaque.

COURNEUVE (La) [93120], ch.-l. de c. de la Seine-Saint-Denis, au nord-est de Paris ; 34 351 h. Centre industriel (aéronautique). Parc départemental.

COURNON-D'AUVERGNE (63800), ch.-l. de c. du Puy-de-Dôme ; 19 280 h. Église romane.

COURNOT (Antoine Augustin), économiste, mathématicien et philosophe français (Gray 1801 - Paris 1877). Ses travaux sont à la base de la théorie mathématique de l'économie et en font un précurseur de l'épistémologie.

COURONNE (La) [16400], ch.-l. de c. de la Charente ; 6 749 h. Cimenterie. Papeterie. Restes (XIIe s.-XVIIIe s.) d'une abbaye.

Couronne de chêne (*ordre de la*), ordre luxembourgeois, créé en 1841.

Couronnement de la Vierge (le), grand retable d'E. Quarton (1453-54, musée de Villeneuve-lès-Avignon), qui témoigne de l'impact des modèles flamands et italiens sur une sensibilité française dans la lignée de l'art gothique du Nord, aboutissant à un langage plastique spécifique du XVe s. provençal.

Cour permanente d'arbitrage, juridiction internationale créée à La Haye en 1899, pour favoriser l'arbitrage des différends internationaux.

COURPIÈRE (63120), ch.-l. de c. du Puy-de-Dôme, sur la Dore ; 4 809 h. Église romane.

COURRÈGES (André), couturier français (Pau 1923). Il a lancé la minijupe en France en 1965 et s'est imposé par un style très architecturé.

COURRIÈRES (62710), ch.-l. de c. du Pas-de-Calais ; 11 420 h. En 1906, une terrible catastrophe fit 1 200 victimes dans une mine de houille.

COURSAN (11110), ch.-l. de c. de l'Aude, sur l'Aude ; 5 162 h. Vins.

Cours de linguistique générale, livre posthume rédigé d'après les notes de cours de F. de Saussure (1916). Cet ouvrage, dans lequel sont définis les concepts fondamentaux de la linguistique structurale, a influencé l'ensemble des sciences humaines.

Cours de philosophie positive, œuvre d'A. Comte (1830-1842). Elle attribue à chacune des sciences une place en fonction de ses moyens d'investigation et en propose un classement dont le principe est à l'origine de l'épistémologie.

COURSEULLES-SUR-MER (14470), comm. du Calvados ; 3 199 h. Station balnéaire. Débarquement canadien, le 6 juin 1944.

COURS-LA-VILLE (69470), comm. du Rhône ; 4 659 h. *(Coursiauds).* Couvertures.

Cour supérieure d'arbitrage, juridiction française créée en 1938, réorganisée en 1950, chargée d'examiner les sentences arbitrales rendues en matière de droit du travail, qui lui sont déférées.

Cour suprême des États-Unis, juridiction fédérale américaine la plus élevée (9 membres nommés à vie par le président des États-Unis) chargée de contrôler la constitutionnalité des lois.

COURTELINE (Georges **Moinaux,** dit **Georges**), écrivain français (Tours 1858 - Paris 1929). Il est l'auteur de récits (*le Train de 8 h 47,* 1888 ; *Messieurs les ronds-de-cuir,* 1893) et de comédies *(Boubouroche,* 1893 ; *la Paix chez soi,* 1903) qui présentent avec ironie l'absurdité de la vie bourgeoise et administrative.

COURTENAY (45320), ch.-l. de c. du Loiret ; 3 349 h.

COURTENAY *(maison de),* famille française issue du frère cadet de Louis VII, qui a fourni des comtes à Édesse lors des croisades et trois empereurs latins de Constantinople : Pierre II, Robert Ier et Baudouin II.

COURTEYS [-tɛ], famille de peintres émailleurs limousins, dont le plus connu est **Pierre Ier,** interprète de thèmes de l'école de Fontainebleau (œuvres datées de 1544 à 1581).

COURTINE (La) [23100], ch.-l. de c. de la Creuse ; 1 398 h. Mobilier.

COURTOIS (Bernard), chimiste et pharmacien français (Dijon 1777 - Paris 1838). Il isola la morphine de l'opium et, en 1811, il découvrit l'iode.

COURTOIS (Jacques), dit **il Borgognone,** peintre français (Saint-Hippolyte 1621 - Rome 1675). Fixé à Rome vers 1640, il s'y fit une brillante réputation de peintre de batailles.

COURTRAI, en néerl. **Kortrijk,** v. de Belgique, ch.-l. d'arr. de la Flandre-Occidentale, sur la Lys ; 76 141 h. Textile. Monuments des XIIIe-XVIe s.

Courtrai *(bataille de)* [11 juill. 1302], défaite de l'armée de Philippe IV le Bel devant les milices flamandes.

COURVILLE-SUR-EURE (28190), ch.-l. de c. d'Eure-et-Loir ; 2 394 h. Église du XVIe s.

COUSERANS [kuzrɑ̃] (le), région des Pyrénées centrales (Ariège), dans le bassin supérieur du Salat.

COUSIN (Jean), dit **le Père,** peintre français (Sens v. 1490 - Paris ? v. 1560). Célèbre en son temps, il a donné des cartons de vitraux et de tapisseries (cathédrale de Langres : deux pièces de la *Vie de saint Mammès*), des dessins, gravures, peintures (*Eva Prima Pandora,* Louvre) ainsi que des traités théoriques (*Livre de perspective,* 1560). Son style, élégant et monumental, se retrouve avec plus de maniérisme dans l'œuvre de son fils **Jean,** dit **le Fils** (Sens v. 1522 - Paris v. 1594).

COUSIN (Victor), philosophe et homme politique français (Paris 1792 - Cannes 1867), spiritualiste et fondateur de l'éclectisme. (Acad. fr.)

Cousine Bette (la), roman de Balzac (1846).

COUSIN-MONTAUBAN (Charles), *comte* **de Palikao,** général français (Paris 1796 - Versailles 1878). Vainqueur en Chine à Palikao (1860), il présida en 1870 le dernier ministère de Napoléon III.

Cousin Pons (le), roman de Balzac (1847).

COUSTEAU (Jacques-Yves), officier de marine, océanographe et cinéaste français (Saint-André-de-Cubzac 1910). Il a réalisé, avec E. Gagnan, un scaphandre autonome et conduit plusieurs campagnes océanographiques à bord de la *Calypso.* Il a tourné *le Monde du silence* (1955), *le Monde sans soleil* (1964). [Acad. fr.]

COUSTOU, nom de trois sculpteurs français : **Nicolas** (Lyon 1658 - Paris 1733), auteur notamment d'une *Pietà* à Notre-Dame de Paris ; son frère **Guillaume** *père* (Lyon 1677 - Paris 1746), à qui l'on doit les fougueux *Chevaux de Marly* (moulages place de la Concorde à Paris, originaux au Louvre) ; **Guillaume II** (Paris 1716 - *id.* 1777), fils du précédent, auteur du mausolée du Dauphin, à Sens.

Guillaume **Coustou :** moulage, place de la Concorde à Paris, d'un des deux *Chevaux de Marly* (entre 1740 et 1745).

COUTANCES (50200), ch.-l. d'arr. de la Manche, au sud-ouest de Saint-Lô ; 11 827 h. *(Coutançais).* Évêché. Marché. Agroalimentaire. Cathédrale de style gothique normand avec tour-lanterne (XIIIe s.).

COUTHON (Georges), homme politique français (Orcet, Puy-de-Dôme, 1755 - Paris 1794). Il forma avec Robespierre et Saint-Just une sorte de triumvirat, réprima l'insurrection de Lyon (1793) et fit voter la loi du 22 prairial (10 juin 1794) instituant la « Grande Terreur ». Il fut guillotiné le 10 thermidor.

COUTRAS [-trɑ] (33230), ch.-l. de c. de la Gironde, sur la Dronne ; 6 778 h. *(Coutrasiens).* — Dans la région, uranium.

COUTURE (Thomas), peintre français (Senlis 1815 - Villiers-le-Bel 1879). Académiste éclectique (*les Romains de la décadence,* 1847, musée d'Orsay), il forma dans son atelier de nombreux élèves français et étrangers.

COUVE DE MURVILLE (Maurice), homme politique français (Reims 1907). Ministre des Affaires étrangères (1958-1968), il a été Premier ministre en 1968-69.

COUZA (Alexandre-Jean Ier) → ***Cuza.***

COUZEIX (87270), comm. de la Haute-Vienne, près de Limoges ; 6 295 h.

COVENTRY, v. de Grande-Bretagne, dans les Midlands ; 292 600 h. Université. Constructions mécaniques. Cathédrale reconstruite après la Seconde Guerre mondiale.

COVILHÃ (Pêro **da**), voyageur portugais (Covilhã - en Éthiopie apr. 1545). Chargé par Jean II de Portugal de trouver la route des Indes, il atteignit les côtes du Deccan puis gagna l'Éthiopie (1490).

COWES, port de Grande-Bretagne (île de Wight) ; 19 000 h. Régates internationales.

COWLEY (Abraham), poète anglais (Londres 1618 - Chertsey 1667), auteur d'essais et de poésies dans la manière d'Anacréon et de Pindare.

COWPER (William), poète britannique (Great Berkhamsted 1731 - East Dereham 1800), peintre de la campagne et du foyer *(la Tâche).*

COYPEL [kwapɛl] (les), famille de peintres français, tous nés et morts à Paris. **Noël** (1628-1707) exécuta des décorations au parlement de Rennes, aux Tuileries, à Versailles. — **Antoine,** son fils (1661-1722), fut peintre d'histoire et grand décorateur, au service des ducs d'Orléans et du roi (voûte de la chapelle du château de Versailles, 1709 ; grands tableaux inspirés de *l'Énéide,* pour le Palais-Royal, 1714-1717). Directeur de l'Académie, premier peintre du roi (1716), il a publié des *Discours* sur son art. — **Noël Nicolas** (1690-1734), frère d'Antoine, est considéré comme un précurseur de F. Boucher. — **Charles Antoine,** fils d'Antoine (1694-1752), fut peintre de genre et donna des cartons de tapisserie pour les Gobelins *(tenture de Don Quichotte).*

COYZEVOX ou **COYSEVOX** (Antoine), sculpteur français (Lyon 1640 - Paris 1720). Il travailla pour Versailles, pour Marly (*Chevaux ailés,* auj. au Louvre, copies aux Tuileries), donna des tombeaux et des bustes et fut le portraitiste de Louis XIV.

Antoine **Coypel :** *la Mort de Didon* (entre 1714 et 1717). [Musée Fabre, Montpellier.]

Le Couronnement de la Vierge. Détail du retable (1453-54) d'Enguerrand Quarton. (Musée de Villeneuve-les-Avignon.)

Antoine Augustin **Cournot**

COZES (17120), ch.-l. de c. de la Charente-Maritime ; 1 742 h.

CRABBE (George), poète britannique (Aldeburgh 1754 - Trowbridge 1832), peintre de la vie des paysans et des pêcheurs *(le Village).*

Crac *(baron de),* type du hâbleur créé par Collin d'Harleville (1791), à l'imitation du baron von Münchhausen*.

CRACOVIE, en polon. **Kraków,** v. de Pologne, sur la Vistule ; 751 300 h. Université. Archevêché. Constructions mécaniques. Importants monuments : église Notre-Dame (XIIIe-XVe s.) ; halles et beffroi (XIVe-XVIIe s.) ; forteresse de la Barbacane (XVe s.) ; cathédrale (XIIe-XIVe s.) et château royal du Wawel, etc. Musées. Cracovie, siège d'un évêché à partir du XIe s. et d'une université en 1364, fut la capitale de la Pologne de 1320 à 1596.

Cracovie : la cathédrale du Wawel (XIIe-XIVe s.) et ses chapelles du XVIe s.

CRAIG (Edward Gordon), metteur en scène de théâtre britannique (Stevenage 1872 - Vence 1966). Par ses mises en scène et son enseignement à l'école de comédiens qu'il créa à Florence, il s'efforça d'illustrer sa théorie du « théâtre total ».

CRAIOVA, v. de la Roumanie méridionale ; 303 520 h. Métallurgie. Chimie.

CRAMANT (51200), comm. de la Marne ; 958 h. Vins de Champagne.

CRAMER (Gabriel), mathématicien suisse (Genève 1704 - Bagnols-sur-Cèze 1752), auteur d'un traité original sur les courbes planes (1750).

CRAMER (Johann Baptist), pianiste et compositeur allemand (Mannheim 1771 - Londres 1858), auteur d'*Études* pour piano.

CRAMPTON (Thomas Russell), ingénieur britannique (Broadstairs 1816 - Londres 1888). Il réalisa un type de locomotive à grande vitesse qui fut très utilisée en Europe.

CRANACH (Lucas), dit **l'Ancien,** peintre et graveur allemand (Kronach, Franconie, 1472 - Weimar 1553). Il a pratiqué tous les genres : compositions religieuses ou mythologiques, portraits (notamm. de *Luther*), nus féminins d'un charme subtil. — Son fils **Lucas,** dit **le Jeune** (Wittenberg 1515 - Weimar 1586), dirigea après lui l'atelier familial.

CRANE (Hart), poète américain (Garettsville, Ohio, 1899 - golfe du Mexique 1932). Il tenta de réconcilier la poésie et la civilisation industrielle américaine (*le Pont,* 1930).

CRANE (Stephen), écrivain américain (Newark, New Jersey, 1871 - Badenweiler 1900), l'un des créateurs de la nouvelle américaine contemporaine (*la Conquête du courage,* 1895).

CRAN-GEVRIER (74000), comm. de la Haute-Savoie, banlieue d'Annecy ; 16 267 h. *(Gévriens).* Métallurgie.

CRANKO (John), danseur et chorégraphe britannique (Rustenburg, Transvaal, 1927 - en vol, au-dessus de Dublin, 1973). Il s'illustra aussi bien dans des œuvres burlesques *(Pineapple Poll)* que dans des compositions dramatiques à grande mise en scène *(Roméo et Juliette, Eugène Onéguine).*

CRANMER (Thomas), théologien anglican et archevêque de Canterbury (Aslacton, Nottinghamshire, 1489 - Oxford 1556). Il joua un rôle important dans l'établissement de la Réforme en Angleterre et fut mis à mort sous Marie Ire Tudor.

CRANS-SUR-SIERRE, station de sports d'hiver (alt. 1 500-3 000 m) de Suisse (Valais).

CRAON [krɑ̃] (53400), ch.-l. de c. de la Mayenne ; 5 000 h. *(Craonnais).* Hippodrome. Forêt. Château des XVIIIe et XIXe s.

CRAONNE [kran] (02160), ch.-l. de c. de l'Aisne ; 68 h. Victoire de Napoléon sur Blücher en 1814. Combats en 1917 et 1918.

CRAPONNE (69230), comm. du Rhône, à l'O. de Lyon ; 7 071 h.

CRAPONNE-SUR-ARZON (43500), ch.-l. de c. du nord-est de la Haute-Loire ; 3 045 h. Restes d'enceinte, église du XVIe s.

CRASHAW (Richard), poète anglais (Londres v. 1613 - Loreto 1649), d'inspiration métaphysique.

CRASSUS, en lat. **Marcus Licinius Crassus Dives** *(le Riche),* homme politique romain (Rome 115 - Carres 53 av. J.-C.). Consul en 70, il fit partie, avec César et Pompée, du premier triumvirat (60). Consul en 55, il gouverna la Syrie et fut tué dans la guerre contre les Parthes.

CRATINOS, poète athénien (Ve s. av. J.-C.), un des créateurs de la comédie ancienne.

CRAU (la), plaine du bas Rhône, à l'est de la Camargue. Anc. delta de la Durance, autrefois désert de pierres, la Crau est auj. en partie fertilisée par l'irrigation. Foin. Fruits et légumes.

CRAU (La) [83260], ch.-l. de c. du Var ; 11 531 h.

CRAWLEY, v. de Grande-Bretagne, au sud de Londres ; 87 100 h. Ville nouvelle.

CRAXI (Bettino), homme politique italien (Milan 1934). Secrétaire général du parti socialiste italien (1976-1993), il est président du Conseil de 1983 à 1987. En 1994, il est condamné par contumace à une peine de prison pour corruption.

Création (la), oratorio de Haydn sur un poème du baron Van Swieten d'après le *Paradis perdu* de Milton (1798).

Création d'Adam (la), fresque de Michel-Ange (v. 1511), une des 9 compositions sur des thèmes de la Genèse occupant l'axe de la voûte de la chapelle Sixtine au Vatican, zone supérieure d'un dispositif architectonique et iconographique complexe (1508-1512).

CRÉBILLON (Prosper **Jolyot,** *sieur* **de Crais-Billon,** dit), poète dramatique français (Dijon 1674 - Paris 1762), dont les tragédies multiplient les effets pathétiques et les coups de théâtre *(Rhadamiste et Zénobie).* [Acad. fr.] — Son fils **Claude,** dit **Crébillon fils** (Paris 1707 - *id.* 1777), est l'auteur de romans de mœurs *(les Égarements du cœur et de l'esprit)* et de contes licencieux *(le Sopha).*

CRÉCY-EN-PONTHIEU (80150), ch.-l. de c. de la Somme ; 1 507 h. Forêt. — Philippe VI et la chevalerie française y furent vaincus par les archers anglais le 26 août 1346, au début de la guerre de Cent Ans.

CRÉCY-LA-CHAPELLE (77580), ch.-l. de c. de Seine-et-Marne, sur le Grand Morin ; 3 233 h.

CRÉCY-SUR-SERRE (02270), ch.-l. de c. de l'Aisne ; 1 562 h.

Crédit agricole *(Caisse nationale de),* établissement de crédit créé en 1920, qui joue le rôle de caisse centrale des caisses régionales et locales de crédit agricole. L'ensemble du groupe du Crédit agricole forme l'un des plus grands établissements bancaires du monde.

Crédit foncier de France, établissement de crédit semi-public fondé en 1852.

Crédit Lyonnais, établissement de crédit fondé à Lyon en 1863. Nationalisé en 1945, il est aujourd'hui, en importance, la deuxième banque française.

CREE → *Cri.*

CREIL (60100), ch.-l. de c. de l'Oise, sur l'Oise ; 32 501 h. *(Creillois).* Centre ferroviaire et industriel. Musée (mobilier, faïences, etc.).

CRÉMAZIE (Octave), écrivain canadien d'expression française (Québec 1827 - Le Havre 1879), auteur de poèmes d'inspiration patriotique *(le Drapeau de Carillon).*

Cranach l'Ancien : *la Mélancolie* (1532). [Statens Museum for Kunst, Copenhague.]

La Création d'Adam. Fresque (v. 1511) de Michel-Ange à la voûte de la chapelle Sixtine (Vatican).

CRÉMIEU (38460), ch.-l. de c. de l'Isère en bordure de l'*île* ou *plateau Crémieu* ; 2 888 h. Monuments des XIVe-XVIIe s.

CRÉMIEUX (Adolphe), avocat et homme politique français (Nîmes 1796 - Paris 1880). Il fut ministre de la Justice en 1848 et en 1870. Les décrets Crémieux (24 oct. 1870) conférèrent la qualité de citoyens français aux juifs d'Algérie.

CRÉMONE, en ital. **Cremona,** v. d'Italie (Lombardie), ch.-l. de prov. ; 73 404 h. Renommée pour la fabrication des violons, elle fut la patrie de célèbres luthiers (Amati, Guarneri, Stradivari). Cathédrale médiévale, avec campanile haut de 115 m.

CRENEY-PRÈS-TROYES (10150), comm. de l'Aube ; 1 564 h. Centre d'interconnexion E. D. F.

CRÉON (33670), ch.-l. de c. de la Gironde ; 2 552 h. Vins. — Aux environs, ruines de l'abbatiale romane de la Sauve.

CRÉON, roi de Thèbes dans le mythe d'Œdipe.

CRÉPIN et **CRÉPINIEN** *(saints),* frères martyrisés, peut-être à Soissons sous Maximien. Patrons des cordonniers.

Crépuscule des dieux (le) → ***Tétralogie.***

CRÉPY-EN-VALOIS (60800), ch.-l. de c. de l'Oise ; 13 320 h. *(Crépynois).* Machines-outils. Ville ancienne et pittoresque. Musée du Valois et de l'Archerie.

CRÉQUI ou **CRÉQUY,** famille noble originaire de l'Artois, à laquelle appartiennent, entre autres personnages : **Charles** (v. 1578 - Crema 1638), maréchal de France sous Louis XIII, ambassadeur à Rome, puis à Venise ; — **François,** son petit-fils (1629 - Paris 1687), qui fut maréchal de France.

CRÈS (Le) [34920], comm. de l'Hérault, banlieue de Montpellier ; 6 614 h.

CRESPI (Giuseppe Maria), peintre et graveur italien (Bologne 1665 - *id.* 1747), maître du naturalisme (*la Foire de Poggio a Caiano,* 1709, Offices).

CRESPIN (59154), comm. du Nord ; 4 560 h. Matériel ferroviaire.

CRESPIN (Régine), cantatrice française (Marseille 1927), interprète de Wagner, de R. Strauss et de F. Poulenc.

CRESSENT (Charles), ébéniste français (Amiens 1685 - Paris 1768). Il exécuta pour la famille d'Orléans de précieux meubles ornés de marqueteries et de bronzes, d'un style rocaille retenu.

Charles **Cressent :** commode de style Régence. Bois et bronzes dorés ; dessus de marbre. (Wallace Collection, Londres.)

CRESSIER, comm. de Suisse (Neuchâtel) ; 1 766 h. Raffinerie de pétrole.

CRESSON (Édith), femme politique française (Boulogne-Billancourt 1934). Socialiste, ministre de l'Agriculture (1981-1983), du Commerce extérieur (1983-1986), puis des Affaires européennes (1988-1990), elle est la première femme, en France, à accéder au poste de Premier ministre (1991-92).

CREST [krɛ] (26400), ch.-l. de c. de la Drôme, sur la Drôme ; 7 875 h. *(Crestois).* Donjon du XIIe s.

CREST-VOLAND (73590), comm. de la Savoie ; 395 h. Sports d'hiver (alt. 1 230-1 950 m).

CRÉSUS, dernier roi de Lydie (v. 561-546 av. J.-C.). Il devait sa légendaire richesse au trafic commercial et aux mines d'or de son royaume. Il fut vaincu et exécuté par Cyrus.

CRÈTE, en gr. **Kríti,** île grecque de la Méditerranée ; 8 336 km² ; 536 980 h. *(Crétois).* V. pr. *Iráklion* et *Khaniá.* C'est une île allongée, formée de chaînes calcaires ouvertes par des plaines (blé, vigne, agrumes et oliviers). Tourisme.

HISTOIRE

Peuplée à partir du VIIe millénaire, l'île connaît aux IIIe-IIe millénaires une brillante civilisation dite « minoenne » dont témoignent les palais de Cnossos, Malia et de Phaistos. XVe-XIIe s. : la Crète, sous la domination au moins partielle des Mycéniens, décline irrémédiablement lors de l'invasion dorienne (XIIe s.). Ve s.-Ier s. av. J.-C. : conservatoire d'une civilisation archaïque, elle devient un marché de mercenaires. 67 av. J.-C. : les Romains conquièrent l'île. 395-1204 : possession byzantine, elle est occupée par les musulmans de 827-828 à 960-961. 1204-1669 : la Crète appartient aux Vénitiens qui ne peuvent résister à la conquête turque, commencée en 1645. 1669-1913 : sous domination ottomane, après plusieurs soulèvements, elle obtient son autonomie (1898), proclame son union avec la Grèce (1908) et se libère totalement de la souveraineté ottomane (1913).

CRÉTEIL (94000), ch.-l. du Val-de-Marne, sur la Marne, au sud-est de Paris ; 82 390 h. *(Cristoliens).* Académie et université. Évêché. Centre hospitalier. Boissons.

CREULLY (14480), ch.-l. de c. du Calvados ; 1 397 h. Château des XIIe-XVIe s.

CREUS *(cap),* cap du nord-est de l'Espagne.

CREUSE (la), riv. du Limousin et du Berry, affl. de la Vienne (r. dr.) ; 255 km.

CREUSE (**23**), dép. de la Région Limousin ; ch.-l. de dép. *Guéret ;* ch.-l. d'arr. *Aubusson ;* 2 arr., 27 cant., 260 comm. ; 5 565 km² ; 131 349 h. *(Creusois).* Le dép. est rattaché à l'académie et à la cour d'appel de Limoges et à la région militaire Atlantique. S'étendant sur les plateaux de la Marche et de la Combrailles, s'élevant vers le sud-est, de part et d'autre de la vallée encaissée de la Creuse, le dép. est surtout rural (orienté principalement vers l'élevage bovin). La faiblesse de l'industrialisation et celle de l'urbanisation (Guéret est la seule ville dépassant 10 000 h.) expliquent dans une large mesure l'importance du dépeuplement. Depuis le début du siècle, la Creuse a perdu la moitié de sa population.

CREUSOT (Le) [71200], ch.-l. de c. de Saône-et-Loire ; 29 230 h. *(Creusotins).* Écomusée et centre culturel au château de la Verrerie. Métallurgie.

CREUTZWALD (57150), comm. de la Moselle ; 15 371 h. Houille. Téléviseurs.

CREVAUX (Jules), explorateur français (Lorquin, Moselle, 1847 - dans le Chaco 1882). Il étudia les bassins de l'Amazone et de l'Orénoque et fut tué par les Indiens.

CRÈVECŒUR (Philippe **de**), maréchal de France (v. 1418 - L'Arbresle 1494). Il servit Charles le Téméraire, Louis XI puis Charles VIII.

CRÈVECŒUR-LE-GRAND (60360), ch.-l. de c. de l'Oise ; 3 107 h.

CREVEL (René), poète français (Paris 1900 - *id.* 1935). L'un des plus systématiques représentants du surréalisme *(Détours, les Pieds dans le plat),* il se suicida.

Creys-Malville, centrale nucléaire surgénératrice du dép. de l'Isère, sur le Rhône.

Crète : cour centrale et gradins du palais de Malia (v. 1650 av. J.-C.).

CRÉZANCY (02650), comm. de l'Aisne ; 1 268 h. Constructions mécaniques.

C. R. F., sigle de Croix-Rouge française.

CRI ou **CREE,** Indiens Algonquins, de la région des Grands Lacs à la baie d'Hudson.

Cri (le), toile d'E. Munch (1893, Galerie nationale d'Oslo). Très vite connue par ses versions graphiques, cette œuvre angoissée a influencé l'expressionnisme européen.

CRICK (Francis Harry **Compton**), biologiste britannique (Northampton 1916). Avec James D. Watson et M. H. F. Wilkins, il a découvert la structure en double hélice de l'acide désoxyribonucléique. (Prix Nobel 1962.)

CRIEL-SUR-MER (76910), comm. de la Seine-Maritime ; 2 466 h. Station balnéaire.

CRILLON (Louis **de Berton de**), homme de guerre français (Murs, Vaucluse, 1543 - Avignon 1615). Il prit part aux guerres de Religion, se distingua à Lépante (1571), et fut l'ami d'Henri IV.

Crime et Châtiment, roman de Dostoïevski (1866). Le héros, Raskolnikov, trouve dans l'aveu le seul moyen de libérer sa conscience d'un crime qu'il avait cru avoir le droit de commettre.

CRIMÉE, presqu'île de l'Ukraine, s'avançant dans la mer Noire et limitant la mer d'Azov. Les montagnes de sa partie méridionale (1 545 m) dominent une côte pittoresque bordée de stations balnéaires, dont Yalta.

HISTOIRE

Les Cimmériens sont chassés par les Scythes et les Grecs colonisent à partir du VIIe s. av. J.-C. la Chersonèse Taurique. Ve s. av. J.-C. - IVe s. apr. J.-C. : le royaume du Bosphore passe sous protectorat romain (63 av. J.-C.) et est envahi par les Goths et les Huns. VIIIe-XIIIe s. : des peuples d'origine turque (Khazars, Coumans) puis les Mongols (XIIIe s.) occupent la presqu'île. Les Vénitiens et les Génois animent les comptoirs de Caffa (1266-1475) et de Tana. V. 1430-1783 : les Giray règnent sur le khanat de Crimée, vassal des Ottomans du début du XVIe s. à 1774. 1783 : la Crimée est annexée par la Russie. 1945 : les Tatars de Crimée sont déportés et leur république autonome (créée en 1921) supprimée. 1954 : la Crimée, peuplée majoritairement de Russes, est rattachée à l'Ukraine. 1991 : l'accession de l'Ukraine à l'indépendance réactive les revendications séparatistes des russophones de Crimée, partisans de la souveraineté ou d'un rattachement à la Russie. 1995 : le Parlement de Simferopol adopte finalement une Constitution reconnaissant que la république autonome fait partie intégrante de l'Ukraine.

Crimée *(guerre de),* conflit qui, en 1854-55, opposa la France, la Grande-Bretagne, l'Empire ottoman et le Piémont à la Russie. Illustrée par les batailles de l'Alma et de Sébastopol, elle se termina par la défaite de la Russie, consacrée par le traité de Paris (1856).

CRIPPS (*sir* Stafford), homme politique britannique (Londres 1889 - Zurich 1952). Travailliste, ministre de l'Économie et chancelier de l'Échiquier (1947-1950), il met en place un efficace programme d'austérité.

CRIQUETOT-L'ESNEVAL (76280), ch.-l. de c. de la Seine-Maritime ; 2 055 h. Monuments anciens.

CRIȘ, en hongr. **Körös,** nom de trois rivières nées en Transylvanie, qui confluent en Hongrie, avant de rejoindre la Tisza (r. g.).

CRISPI (Francesco), homme politique italien (Ribera, Sicile, 1818 - Naples 1901). Compagnon de Garibaldi, président du Conseil (1887-1891 ; 1893-1896), il renouvela avec l'Allemagne et l'Autriche la Triple-Alliance (1887) et engagea l'Italie dans la voie de l'expansion coloniale ; il dut démissionner après le désastre d'Adoua (1896).

CRISTAL *(monts de),* massif montagneux de l'Afrique équatoriale, au N. de l'Ogooué.

CRISTOFORI (Bartolomeo), facteur italien d'instruments à clavier (Padoue 1655 - Florence 1731), l'un des inventeurs du pianoforte.

CRITIAS, homme politique athénien (450-404 av. J.-C.). Oncle de Platon et l'un des Trente Tyrans, il fut tué en essayant de reprendre le Pirée à Thrasybule.

Critique de la raison dialectique, œuvre de Sartre (1960), dans laquelle il confronte marxisme et existentialisme.

Critique de la raison pratique, œuvre de Kant (1788), dans laquelle il se demande comment la moralité comme impératif catégorique, c'est-à-dire comme loi a priori, peut constituer le principe déterminant de l'action d'une personne.

Critique de la raison pure, œuvre de Kant (1781, 2e éd. en 1787), dans laquelle il analyse le pouvoir de la raison en général en déterminant son étendue et ses limites à partir de principes a priori afin de répondre à la question « que puis-je savoir ? ».

Critique du jugement, œuvre philosophique de Kant (1790), qui traite du jugement esthétique et du jugement téléologique.

CRIVELLI (Carlo), peintre italien (Venise v. 1430/35 - Ascoli Piceno av. 1501). Il a exécuté, dans les Marches, des polyptyques d'autel d'un graphisme nerveux, d'un coloris vif et précieux.

CRNA GORA, nom serbe du *Monténégro.*

CROATIE, en croate **Hrvatska,** État d'Europe, dans les Balkans ; 56 500 km² ; 4 400 000 h. *(Croates).* CAP. *Zagreb.* LANGUE : *croate.* MONNAIE : *kuna.*

GÉOGRAPHIE

Du Danube à l'Adriatique, le territoire est peuplé à 75 % de Croates de souche, mais compte plus de 10 % de Serbes. L'agriculture domine à l'E. en Slavonie, l'industrie autour de Zagreb et le littoral est une grande région touristique.

HISTOIRE

Peuplée d'Illyriens, la région appartient à partir de 6-9 apr. J.-C. à l'Empire romain et est envahie par les Slaves au VIe s. 925 : Tomislav (910-928) réunit sous son autorité les Croaties pannonienne et dalmate et prend le titre de roi. 1102 : le roi de Hongrie est reconnu roi de la Croatie, où il est représenté par un ban. 1526-27 : une partie du pays tombe sous la domination des Ottomans, le reste est rattaché aux possessions de la maison d'Autriche. 1848 : les Croates soutiennent les Habsbourg contre les révolutionnaires hongrois. 1867-68 : le compromis austro-hongrois rattache la Croatie à la Hongrie, avec laquelle est conclu le compromis hungaro-croate. 1918 : la Croatie adhère au royaume des Serbes, Croates et Slovènes. 1929-1941 : au sein de ce royaume, devenu la Yougoslavie, les Croates s'opposent au centralisme serbe. Des opposants créent la société secrète Oustacha (1929) et recourent au terrorisme (assassinat d'Alexandre Ier Karadjordjević à Marseille en 1934). 1941-1945 : l'État indépendant croate, contrôlé par les Allemands et les Italiens, est gouverné par A. Pavelić. 1945 : la Croatie devient une des six républiques de la République populaire fédérative de Yougoslavie, mais le mouvement national croate persiste. 1990 : les premières élections libres sont remportées par la Communauté démocratique croate, dirigée par Franjo Tudjman, qui devient président. 1991 : la Croatie déclare son indépendance (juin). De violents combats opposent les Croates aux Serbes de Croatie et à l'armée fédérale. 1992 : l'indépendance est reconnue par la communauté internationale (janv.). La Croatie accepte le plan de paix proposé par l'O. N. U. et le déploiement d'une force de protection (FORPRONU) tout en affirmant sa volonté de restaurer son autorité sur la totalité du territoire (y compris la Krajina, où les Serbes ont proclamé une république en 1991). 1995 : l'armée croate reconquiert la Krajina (août) et appuie la contre-offensive des forces croato-musulmanes en Bosnie. Le président Tudjman cosigne l'accord de paix sur la Bosnie-Herzégovine.

CROCE (Benedetto), philosophe, historien et homme politique italien (Pescasseroli 1866 - Naples 1952). L'un des chefs du parti libéral, il a exercé une grande influence sur la pensée littéraire et artistique italienne (*Bréviaire d'esthétique,* 1913 ; *Histoire du baroque en Italie,* 1929).

CROCKETT (David, dit **Davy**), pionnier américain (Rogersville, Tennessee, 1786 - Fort Alamo, Texas, 1836). Député du Tennessee, il est célèbre par sa participation héroïque à la résistance de Fort Alamo, face aux Mexicains (1836).

Croisade des enfants (1212), croisade de jeunes célibataires, appelés à tort « enfants », qui, de France et d'Allemagne, partirent pour les Lieux saints.

croisades, nom donné aux expéditions militaires entreprises du XIe au XIIIe s. par l'Europe chrétienne, sous l'impulsion de la papauté, pour porter secours aux chrétiens d'Orient, reprendre le Saint-Sépulcre aux musulmans, puis pour défendre les États fondés par les croisés en Syrie et en Palestine.

CROISIC (Le) [44490], ch.-l. de c. de la Loire-Atlantique ; 4 448 h. *(Croisicais).* Port de pêche et centre touristique.

CROISIC *(pointe du),* promontoire au nord de l'embouchure de la Loire.

CROISILLES (62128), ch.-l. de c. du Pas-de-Calais ; 1 187 h.

Croissant-Rouge (le), dans les pays musulmans, organisation ayant les mêmes fonctions que la Croix-Rouge et qui, depuis 1986, fait partie du *Mouvement international de la Croix-Rouge et du Croissant-Rouge.*

CROISSY (Charles **Colbert,** *marquis* **de**), frère de Colbert (Paris v. 1626 - Versailles 1696). Secrétaire d'État aux Affaires étrangères (1679).

CROISSY-SUR-SEINE (78290), comm. des Yvelines ; 9 124 h. *(Croissillons).*

CROIX (59170), comm. du Nord ; 20 308 h. *(Croisiens).* Vente par correspondance. Matériel agricole.

Croix (la), quotidien fondé en 1883 par les assomptionnistes, principal organe de la presse catholique française, édité par le groupe Bayard-Presse.

Croix-de-Feu (les), organisation française d'anciens combattants fondée en 1927 par Maurice Hanot et présidée à partir de 1931 par le lieutenant-colonel de La Rocque. Nationaliste et anticommuniste, elle fut dissoute en juin 1936.

CROIX DU SUD, constellation de l'hémisphère austral, dont les quatre étoiles les plus brillantes forment une croix dont la grande branche est orientée vers le pôle Sud et qui servait jadis de repère d'orientation aux navigateurs.

CROIX-HAUTE *(col de la),* col des Alpes (Drôme), à 1 176 m d'alt., sur la route de Grenoble à Sisteron.

Croix-Rouge (la), organisation internationale à vocation humanitaire fondée par Henri Dunant, à Genève, en 1863, pour venir en aide aux blessés et aux victimes de la guerre. En temps de paix, elle participe à un grand nombre d'actions humanitaires. Depuis 1986, la Croix-Rouge internationale a pour dénomination *Mouvement international de la Croix-Rouge et du Croissant-Rouge.*

CRO-MAGNON, site de la Dordogne (comm. des Eyzies-de-Tayac-Sireuil). Station qui a donné son nom à une race néanthropienne *(Homo sapiens sapiens)* du paléolithique supérieur.

CROMMELYNCK (Fernand), écrivain belge d'expression française (Paris 1886 - Saint-Germain-en-Laye 1970), auteur de comédies (*le Cocu magnifique,* 1920).

CROMWELL (Oliver), lord-protecteur d'Angleterre, d'Écosse et d'Irlande (Huntingdon 1599 - Londres 1658). Gentilhomme puritain, député au Court puis au Long Parlement (1640), il devint chef de l'opposition à l'arbitraire royal et à l'épiscopat anglican. Lors de la première guerre civile (1642-1646), avec ses « Côtes de fer » il battit les troupes royales à Marston Moor (1644), puis à Naseby (1645). En fait modéré, adversaire des Niveleurs, il ne devint un adversaire décidé de Charles Ier que lorsque celui-ci déchaîna la seconde guerre civile (1648). Lieutenant général, il épura le Parlement *(Parlement croupion),* qui condamna à mort le roi (1649). L'État anglais prit le nom de Commonwealth. Cromwell instaura alors une véritable dictature militaire, qu'il imposa par la force à l'Irlande puis à l'Écosse (1650-51). En faisant voter l'Acte de navigation (1651), il se trouva entraîné dans une guerre contre les Provinces-Unies (1652-1654), qui contribua à faire de l'Angleterre une grande puissance navale. Devenu lord-protecteur (1653), il partagea d'abord les pouvoirs avec un Conseil d'État, puis, en 1655, agit en véritable souverain. — Son fils **Richard** (Huntingdon 1626 - Cheshunt 1712) lui succéda, mais démissionna dès 1659.

CROMWELL (Thomas), *comte* **d'Essex,** homme d'État anglais (Putney v. 1485 - Londres 1540). Chancelier de l'Échiquier (1533) et secrétaire du roi Henri VIII (1534), artisan de la Réforme en Angleterre, il fut décapité.

Cromwell, drame historique de V. Hugo (1827), dont la préface expose les principes du drame romantique.

CRONOS ou **KRONOS.** *Myth. gr.* Titan, père de Zeus. Identifié par les Romains avec *Saturne.*

CRONQUIST (Arthur), botaniste américain (New York 1919). Ses travaux portent sur la taxinomie et l'évolution des végétaux. Il est l'auteur d'une classification des plantes à fleurs.

CRONSTADT → ***Kronchtadt.***

CROOKES (*sir* William), physicien et chimiste britannique (Londres 1832 - *id.* 1919). Il isola le thallium (1861) et montra que les rayons cathodiques sont des particules électrisées (1878).

CROS (Charles), poète et savant français (Fabrezan 1842 - Paris 1888). Il découvrit un procédé de photographie des couleurs (1869) en même temps que Ducos du Hauron et conçut dès 1877, indépendamment d'Edison, un dispositif d'enregistrement et de reproduction des sons.

CROSNE (91560), comm. de l'Essonne ; 7 983 h.

CROSS (Henri Edmond **Delacroix,** dit **Henri**), peintre français (Douai 1856 - Saint-Clair, Var, 1910), adepte du divisionnisme.

CROTONE, v. d'Italie (Calabre) ; 55 633 h. Elle est proche de l'anc. Crotone, qui fut la résidence de Pythagore et la patrie de l'athlète Milon.

CROTOY (Le) [80550], comm. de la Somme ; 2 451 h. *(Crotellois).* Station balnéaire.

CROUZILLE (la), hameau de la comm. de Saint-Sylvestre (Haute-Vienne). Pechblende.

CROW, Indiens des plaines de l'Amérique du Nord.

CROZAT (Antoine), financier français (Toulouse 1655 - Paris 1738). On lui doit la construction du canal Crozat (auj. de Saint-Quentin). — Son frère **Pierre,** également financier (Toulouse 1661 ou 1665 - Paris 1740), fut un grand collectionneur et un protecteur de Watteau.

CROZET *(îles* ou *archipel),* archipel français de l'océan Indien méridional, au sud de Madagascar ; 500 km^2 env. Base scientifique.

CROZIER (Michel), sociologue français (Sainte-Menehould 1922). Il a développé en France l'étude des organisations (administrations, entreprises, etc.), mettant l'accent sur les facteurs de résistance au changement (*le Phénomène bureaucratique,* 1964).

CROZON (29160), ch.-l. de c. du Finistère, dans la *presqu'île de Crozon ;* 8 060 h.

CRUAS (07350), comm. de l'Ardèche ; 2 213 h. Chaux et ciment. Centrale nucléaire. Remarquable église romane à crypte du XIe s.

CRUIKSHANK (George), dessinateur d'humour britannique (Londres 1792 - *id.* 1878). Il cultiva le grotesque et la violence dans la satire politique, puis triompha avec ses chroniques de la vie populaire.

CRUMB (Robert), dessinateur américain (Philadelphie 1943). Créateur de bandes dessinées d'une truculence drolatique, il a exprimé la vision de l'underground contestataire.

CRUSEILLES (74350), ch.-l. de c. de la Haute-Savoie ; 2 791 h.

CRUTZEN (Paul), météorologue néerlandais (Amsterdam 1933). Par ses travaux de chimie atmosphérique, il a montré, le premier, que l'ozone stratosphérique, qui filtre le rayonnement ultraviolet, est détruit par les oxydes d'azote. (Prix Nobel de chimie 1995.)

CRUZ (Ramón **de la**), auteur dramatique espagnol (Madrid 1731 - *id.* 1794). Ses comédies peignent le peuple de Madrid.

C.S.A. (Conseil supérieur de l'audiovisuel), autorité administrative indépendante (9 membres) instituée par la loi du 17 janvier 1989 pour assurer la liberté et contrôler l'exercice de la communication audiovisuelle.

C. S. C. E. (Conférence sur la sécurité et la coopération en Europe) → ***O.S.C.E.***

CSEPEL, île du Danube, au sud de Budapest.

CSOKONAI VITÉZ (Mihály), poète hongrois (Debrecen 1773 - *id.* 1805), d'inspiration tour à tour philosophique ou populaire.

CSU → *CDU.*

CTÉSIAS, historien grec (Cnide - ve av. J.-C.), auteur d'ouvrages sur la Perse et sur l'Inde.

CTÉSIPHON, anc. ville parthe au sud-est de Bagdad, résidence des Arsacides et des Sassanides. Ruines du palais de Châhpuhr Ier.

CUANZA ou **KWANZA,** fl. de l'Angola ; env. 1 000 km.

CUAUHTÉMOC, dernier souverain aztèque (v. 1495 ou v. 1502 - Izancanac 1525), pendu par ordre de Cortés.

CUBA, État de l'Amérique centrale, constitué par la plus grande des Antilles, situé au sud de la Floride ; 111 000 km^2 ; 10 700 000 h. *(Cubains).* CAP. *La Havane.* LANGUE : *espagnol.* MONNAIE : *peso cubain.*

GÉOGRAPHIE

Le pays, au climat tropical, est formé de plaines et de plateaux calcaires, en dehors du Sud-Est,

Oliver **Cromwell**
(S. Cooper - coll. priv.)

Charles **Cros**

Les huit croisades

1re croisade (1096-1099) :
Ordonnateur : Urbain II.
Conduite par Pierre l'Ermite et Gautier Sans Avoir, la croisade populaire est défaite par les Turcs. Ensuite, la croisade des seigneurs conquiert Antioche, Édesse puis Jérusalem (1099). Les croisés fondent la principauté d'Antioche, le comté d'Édesse et le royaume de Jérusalem, confié à Godefroi de Bouillon. Le comté de Tripoli sera créé entre 1102 et 1109.

2e croisade (1147-1149) :
Prédicateur : Bernard de Clairvaux pour Eugène III.
Conduite par Conrad III de Hohenstaufen et Louis VII, elle assiège en vain Damas et ne délivre pas Édesse tombée aux mains des Turcs.

3e croisade (1189-1192) :
Conduite par Frédéric Barberousse, Philippe Auguste et Richard Cœur de Lion, elle ne délivre pas Jérusalem reconquise par Saladin en 1187. Richard Cœur de Lion, qui vient de s'emparer de Chypre, et Philippe Auguste reprennent Saint-Jean-d'Acre.

4e croisade (1202-1204) :
Ordonnateur : Innocent III.
Conduite par Boniface de Montferrat, elle est détournée par les Vénitiens sur Zara puis sur Constantinople, pillée en 1204. Baudouin de Flandre fonde l'Empire latin de Constantinople, qui durera jusqu'en 1261.

5e croisade (1217-1219) :
Ordonnateur : Innocent III. La croisade est proclamée en 1215 par le IVe concile de Latran. Conduite par André II, roi de Hongrie, puis par Jean de Brienne, roi de Jérusalem, elle ne peut libérer le mont Thabor aux mains des musulmans mais prend Damiette (1219), qui sera évacuée en 1221.

6e croisade (1228-1229) :
Ordonnateur : Honorius III.
Elle est dirigée par Frédéric II de Hohenstaufen, qui négocie la restitution de Jérusalem, Bethléem et Nazareth.

7e croisade (1248-1254) :
Ordonnateur : Innocent IV.
Sous la conduite de Louis IX (Saint Louis), elle tente de conquérir l'Égypte, qui contrôle les Lieux saints. Elle s'empare de Damiette puis est défaite à Mansourah et abandonne l'Égypte.

8e croisade (1270) :
Organisée par Louis IX après la prise d'Antioche par les musulmans, cette croisade se dirige vers Tunis selon le plan préconisé par Charles Ier d'Anjou. Louis IX meurt de la peste lors du siège de Tunis.

qui est montagneux. Cuba est un important producteur de sucre (fournissant aussi du tabac et des fruits tropicaux). Le sous-sol recèle surtout du nickel. L'agroalimentaire est l'industrie dominante. La Havane regroupe près de 20 % de la population et constitue le principal débouché maritime du pays, à l'économie délabrée.

HISTOIRE

La période coloniale. 1492 : peuplée à l'origine par les Indiens Arawak, l'île est découverte par Christophe Colomb. 1511-1513 : Cuba est conquise par Diego Velázquez. Dès les premiers temps de la colonisation, les esclaves noirs remplacent les Indiens, exterminés. XVIIIe s. : riche colonie de plantation (tabac), l'île devient grand producteur de canne à sucre. 1818 : les Cubains obtiennent la liberté générale du commerce. Redoutant une révolte de la population des esclaves noirs, l'élite créole reste fidèle à l'Espagne. 1868-1878 : les abus de l'administration coloniale provoquent une insurrection générale. L'île obtient une autonomie relative. 1880 : l'esclavage est aboli. 1895 : à l'instigation du poète Martí et des généraux Máximo Gómez et Antonio Maceo, la guerre d'indépendance est déclenchée. 1898 : à la suite de l'explosion de leur cuirassé *Maine* en rade de La Havane, les États-Unis entrent en guerre contre l'Espagne, qui doit renoncer à Cuba (traité de Paris). 1898-1901 : un gouvernement militaire américain s'installe dans l'île.

L'indépendance. 1901 : la République cubaine reçoit une Constitution de type présidentiel, mais reste étroitement dépendante des États-Unis, qui interviennent dans l'île en 1906, 1912 et 1917, en renforçant leur domination économique. 1925-1933 : le pays est gouverné par un dictateur, Gerardo Machado, qui est renversé par l'armée. 1933-1944 : le général Batista, protégé par les États-Unis, exerce la réalité du pouvoir jusqu'en 1940, puis devient président. 1952 : revenu au pouvoir à la suite d'un coup d'État, Batista suspend la Constitution. 1953 : après l'échec d'une première rébellion, Fidel Castro est emprisonné, puis s'exile. 1956 : Castro débarque à Cuba et prend le maquis dans la sierra Maestra. 1959 : l'offensive générale des guérilleros aboutit au départ de Batista. Manuel Urrutia est proclamé président de la République.

Le régime castriste. Devenu Premier ministre, Fidel Castro entreprend une politique de nationalisations qui provoque l'embargo des États-Unis sur le commerce cubain, tandis que l'U. R. S. S. apporte son soutien au nouveau régime. 1961 : une tentative de débarquement de Cubains anticastristes est repoussée (baie des Cochons). 1962 : l'installation de fusées soviétiques dans l'île provoque une crise internationale. 1965-1972 : durcissement du régime (nationalisation du commerce privé ; livret de travail obligatoire ; entraînement militaire dans les écoles) et émigration massive ; Cuba adhère au Comecon et s'aligne sur la politique de l'U. R. S. S. 1975 : F. Castro devient président de la République cubaine et concentre en ses mains tous les pouvoirs. Cuba intervient militairement en Afrique (Angola, 1975 ; Éthiopie, 1977). 1979 : Cuba accède à la présidence du mouvement des pays non-alignés, dont la conférence se tient à La Havane. 1980 : détente avec les États-Unis et nouvelle émigration de Cubains en Floride. 1989-90 : Cuba se désengage du continent africain (retrait d'Éthiopie et d'Angola). 1994 : une nouvelle vague d'émigration de Cubains vers la Floride provoque de vives tensions avec les États-Unis.

Affaibli par l'effondrement des pays de l'Est et par la désintégration de l'U.R.S.S., le régime cubain persiste cependant dans l'orthodoxie marxiste et se trouve de plus en plus isolé sur la scène internationale.

Cuba *(crise de)* [oct.-nov. 1962], crise qui opposa les États-Unis et l'U. R. S. S. à propos de l'installation de fusées soviétiques à Cuba. Kennedy décida le blocus des armes livrées à Cuba par les cargos soviétiques et la crise se dénoua après les propositions de Khrouchtchev selon lesquelles l'U. R. S. S. retirerait ses missiles, Cuba s'engagerait à ne pas accepter d'armes offensives et les États-Unis à ne pas envahir Cuba.

CÚCUTA ou **SAN JOSÉ DE CÚCUTA,** v. de la Colombie septentrionale ; 358 000 h.

CUENCA, v. de l'Équateur, dans les Andes, à plus de 2 500 m d'alt. ; 194 981 h.

CUENCA, v. d'Espagne (Castille-La Manche) ; 42 817 h. Cathédrale du XIIIe s. Musée d'Art abstrait.

CUÉNOT (Lucien), biologiste français (Paris 1866 - Nancy 1951). Il a étudié l'hérédité, l'adaptation et l'écologie.

CUERNAVACA, v. du Mexique, au S. de Mexico ; 281 752 h. Palais de Cortés (musée).

CUERS [kɥɛr] (83390), ch.-l. de c. du Var ; 7 067 h.

CUES (Nicolas **de**) → ***Nicolas de Cues.***

CUEVAS (George **de Piedrablanca de Guana,** *marquis* **de**), mécène américain d'origine chilienne (Santiago du Chili 1885 - Cannes 1961). Il se consacra à partir de 1944 à la danse et à la compagnie de ballet qui porta son nom.

CUFFIES (02880), comm. de l'Aisne ; 1 417 h. Verrerie.

CUGNAUX (31270), comm. de la Haute-Garonne ; 12 159 h.

CUGNOT (Joseph), ingénieur français (Void, Lorraine, 1725 - Paris 1804). Il réalisa en 1770 la première voiture automobile à vapeur et, en 1771, un second modèle, appelé *fardier,* pour le transport des pièces d'artillerie.

CUI (César), compositeur russe (Vilnius 1835 - Petrograd 1918), auteur d'opéras *(le Prisonnier du Caucase),* et de nombreuses mélodies. Il fit partie du « groupe des Cinq ».

CUIABÁ, v. du Brésil, cap. de l'État de Mato Grosso ; 401 112 h.

CUINCY (59553), comm. du Nord ; 7 234 h.

Cuirassé Potemkine (le), film soviétique de S. M. Eisenstein (1925). La rigueur de la construction et la perfection formelle font de cette reconstitution de la mutinerie du *Potemkine* en 1905 un des chefs-d'œuvre du cinéma.

CUISEAUX (71480), ch.-l. de c. de Saône-et-Loire ; 1 793 h.

CUISERY (71290), ch.-l. de c. de Saône-et-Loire ; 1 529 h. Église des XIIIe-XVIe s.

CUJAS [kyʒas] (Jacques), jurisconsulte français (Toulouse 1522 - Bourges 1590), le représentant le plus brillant de l'École historique du droit romain, recherchant le sens propre à ce droit dans la société où il se développa (*Observations, Paratitla,* etc.).

CUKOR (George), cinéaste américain (New York 1899 - Los Angeles 1983). Son talent s'épanouit dans des comédies à la fois caustiques et sentimentales : *David Copperfield* (1935), *Hantise* (1944), *Une étoile est née* (1954), *le Milliardaire* (1960), *My Fair Lady* (1964).

CULIACÁN, v. du Mexique, au pied de la sierra Madre occidentale ; 602 114 h.

CULLBERG (Birgit Ragnhild), chorégraphe suédoise (Nyköping 1908), auteur de *Mademoiselle Julie* (d'après Strindberg), *Lady from the Sea* (d'après Ibsen), *Eurydice est morte.* Elle a fondé sa propre compagnie (1967).

CULLMANN (Oscar), théologien protestant français (Strasbourg 1902), auteur de travaux sur l'exégèse du Nouveau Testament et le christianisme primitif.

Culloden *(bataille de)* [16 avr. 1746], bataille au cours de laquelle le prétendant Charles Édouard fut vaincu par le duc de Cumberland, non loin d'Inverness (Écosse).

CULOZ [-loz] (01350), comm. de l'Ain ; 2 662 h. Nœud ferroviaire. Matériel thermique.

CUMANÁ, v. du Venezuela, cap. de l'État de Sucre ; 212 432 h.

CUMBERLAND (William Augustus, *duc* **de**), prince et général britannique (Londres 1721 - *id.* 1765), troisième fils de George II. Vaincu à Fontenoy (1745) et à Lawfeld (1747) par les Français, il battit le prétendant Charles Édouard à Culloden (1746).

CUMBRIA, comté du nord-ouest de l'Angleterre, s'étendant sur le *massif du Cumberland* (1 070 m) ; 483 000 h. Ch.-l. *Carlisle.* Tourisme *(Lake District).*

CUMES, en lat. **Cumae,** v. de Campanie, anc. colonie grecque, près de laquelle se trouvait l'antre de la sibylle. Ruines.

CUMONT (Franz), philologue et archéologue belge (Aalst 1868 - Bruxelles 1947). Il étudia la vie religieuse dans le monde romain (*Religions orientales dans le paganisme romain,* 1929).

CUNAULT, écart de la commune de Chênehutte-Trèves-Cunault, au N.-O. de Saumur. Église romane d'un anc. prieuré (chapiteaux).

CUNEO, en fr. **Coni,** v. d'Italie (Piémont), ch.-l. de prov. ; 55 568 h.

CUNHA (Tristão ou Tristan **da**), navigateur portugais (Lisbonne 1460 - en mer 1540). Il découvrit plusieurs îles de l'Atlantique austral, dont Tristan da Cunha, et reconnut Madagascar.

CUNLHAT (63590), ch.-l. de c. du Puy-de-Dôme ; 1 422 h.

CUNNINGHAM (Merce), danseur et chorégraphe américain (Centralia, État de Washington, 1919). Créateur d'œuvres de Martha Graham, il prône une danse simple, naturelle et sans but narratif *(Travelogue, Points in Space, Inventions, Windows).*

CUPIDON, dieu de l'Amour chez les Romains, assimilé à l'*Éros* grec.

CURAÇAO, île des Antilles néerlandaises, près de la côte du Venezuela ; 170 000 h. Ch.-l. *Willemstad.* Oranges (liqueur). Raffinage du pétrole.

CURE (la), riv. de Bourgogne, affl. de l'Yonne (r. dr.) ; 112 km.

CUREL (François **de**), auteur dramatique français (Metz 1854 - Paris 1928). Il a écrit des drames inspirés par les conflits d'idées et les problèmes sociaux *(le Repas du lion).* [Acad. fr.]

CURIACES → ***Horaces.***

Curia regis (lat. *Cour du roi*), assemblée, puis conseil restreint, formée de grands féodaux, assistant le roi dans ses tâches gouvernementales au Moyen Âge, notamm. en France et en Angleterre.

CURIE (Marie), physicienne française d'origine polonaise (Varsovie 1867 - près de Sallanches 1934). Elle épousa Pierre Curie en 1895. Première femme à être titulaire d'une chaire en Sorbonne, elle découvrit la radioactivité du thorium et isola le radium. (Prix Nobel de phys. 1903, de chimie 1911.) Ses cendres, ainsi que celles de son mari, Pierre Curie, ont été transférées au Panthéon en 1995.

CURIE (Pierre), physicien français (Paris 1859 - *id.* 1906). Il étudia la cristallographie, la piézoélectricité (1880), le magnétisme, ce qui le conduisit à énoncer le « principe de symétrie » (1894) : les éléments de symétrie des causes d'un phénomène physique doivent se retrouver dans les effets produits. (Prix Nobel 1903.)

Pierre et Marie **Curie**

Curiosités esthétiques, volume posthume réunissant une partie des textes de Baudelaire critique d'art (1868) dans lesquels l'écrivain s'affirme théoricien du romantisme (Delacroix) et chantre de la « modernité » (Guys).

CURITIBA, v. du Brésil, cap. de l'État du Paraná ; 1 290 142 h.

CURNONSKY (Maurice Edmond **Sailland,** dit), journaliste et écrivain français (Angers 1872 - Paris 1956). Élu en 1927 « prince des gastronomes », il fut un ardent défenseur de la cuisine du terroir.

CURTIUS (Ernst), archéologue allemand (Lübeck 1814 - Berlin 1896). Il est à l'origine des fouilles d'Olympie.

CURTIUS (Ernst Robert), écrivain et historien allemand (Thann, Alsace, 1886 - Rome 1956). Il a défini les thèmes permanents de la littérature européenne (*la Littérature européenne et le Moyen Âge latin,* 1948).

CURTIZ (Mihály **Kertész**, dit **Michael**), cinéaste américain d'origine hongroise (Budapest 1888 - Hollywood 1962). Auteur prolifique et populaire, il a abordé tous les genres : *Capitaine Blood* (1935), *la Charge de la brigade légère* (1936), *Casablanca* (1943).

Curzon *(ligne),* ligne proposée en 1919 par les Alliés, sur la suggestion de lord Curzon, comme frontière orientale de la Pologne. Elle correspond à peu près à la frontière soviéto-polonaise de 1945.

CURZON OF KEDLESTON (George Nathaniel, *marquis*), homme politique et administrateur britannique (Kedleston Hall 1859 - Londres 1925). Secrétaire d'État aux Affaires étrangères de 1919 à 1924, il prit une part importante aux négociations de paix et fut le principal artisan du traité de Lausanne (1923).

CUSHING (Harvey), chirurgien américain (Cleveland 1869 - New Haven 1939), créateur de la neurochirurgie.

CUSSET (03300), ch.-l. de c. de l'Allier, banlieue de Vichy ; 14 072 h. Cosmétiques.

CUSTINE (Adam Philippe, *comte* **de**), général français (Metz 1740 - Paris 1793). Il prit Spire et Mayence en 1792. Commandant l'armée du Nord en 1793, il fut guillotiné pour avoir perdu Mayence.

Custoza ou **Custozza** *(batailles de)* [25 juill. 1848 ; 24 juin 1866], victoires autrichiennes sur les Piémontais (région de Vérone).

CUTTACK, v. de l'Inde (Orissa), dans le delta de la Mahānadi ; 439 273 h.

CUVIER (Georges, *baron*), zoologiste et paléontologiste français (Montbéliard 1769 - Paris 1832), créateur de l'anatomie comparée et de la paléontologie. Il énonça les lois de *subordination des organes* et de *corrélation des formes,* put reconstituer entièrement le squelette de mammifères fossiles au seul vu de quelques os, mais s'opposa vivement aux doctrines évolutionnistes. Tous les régimes le comblèrent de charges et d'honneurs. (Acad. fr.) — **Frédéric,** son frère (Montbéliard 1773 - Strasbourg 1838), entreprit avec Geoffroy Saint-Hilaire une *Histoire des mammifères* après avoir écrit une *Histoire des cétacés.*

CUVILLIÉS (François **de**), architecte et ornemaniste allemand originaire du Hainaut (Soignies 1695 - Munich 1768), maître de l'art rococo à la cour de Munich (pavillon d'Amalienburg, théâtre de la Résidence).

CUYP (Albert), peintre néerlandais (Dordrecht 1620 - *id.* 1691). Il a rendu avec poésie les effets de la lumière sur la campagne des bords de la Meuse.

CUZA ou **COUZA** (Alexandre-Jean Ier) [Galaţi 1820 - Heidelberg 1873], prince des principautés de Moldavie et de Valachie (1859-1866). Son programme de réformes suscita une coalition qui l'obligea à abdiquer en 1866.

CUZCO, v. du Pérou, dans les Andes, à env. 3 500 m d'alt. ; 182 000 h. Anc. cap. des Incas et grand centre de l'Amérique espagnole. Nombreux édifices coloniaux, parfois sur soubassements de maçonnerie mégalithique inca. Cathédrale (XVIe-XVIIe s.) ; forteresse de Sacsahuamán (XVe s.). Musées.

CYAXARE, premier roi connu des Mèdes (v. 625-585 av. J.-C.). Il mit fin à l'empire d'Assyrie en détruisant Ninive (612).

CYBÈLE, déesse phrygienne de la Fertilité. Son culte, lié à celui d'Attis, se répandit (IIIe s. av. J.-C.) dans le monde gréco-romain. Il comportait des cérémonies initiatiques.

CYCLADES, en gr. **Kykládhes,** îles grecques de la mer Égée, ainsi nommées parce qu'elles forment un cercle (gr. *kyklos*) autour de *Délos.* Les principales autres îles sont : *Andros, Náxos, Páros, Santorin, Sýros, Milo, Mýkonos ;* 95 083 h. Foyer, dès le IIIe millénaire, d'une brillante civilisation dont témoignent, entre autres, des idoles de marbre au schématisme géométrique.

Art des **Cyclades :** statue d'idole, en marbre, provenant de l'île de Sýros. IIIe millénaire. (Musée national d'Archéologie, Athènes.)

Cyclope (le), drame satyrique d'Euripide (seconde moitié du Ve s. av. J.-C.), le seul exemple restant de ce genre littéraire.

CYCLOPES. *Myth. gr.* Géants forgerons et bâtisseurs n'ayant qu'un œil au milieu du front.

Cygne (le), andante du *Carnaval des animaux* de Saint-Saëns, dont s'inspira Michel Fokine pour régler le solo chorégraphique créé en 1905, souvent appelé *la Mort du cygne,* que dansèrent A. Pavlova, G. Oulanova, Y. Chauviré, M. Plissetskaïa.

CYNEWULF, poète anglo-saxon (seconde moitié du VIIIe s.), auteur de poèmes religieux.

Cynoscéphales *(bataille de)* [197 av. J.-C.], victoire du consul Flamininus sur Philippe V de Macédoine, en Thessalie.

CYPRIEN *(saint),* évêque et martyr (Carthage, début du IIIe s. - *id.* 258). Il se montra modéré face au phénomène des *lapsi* mais dénonça comme invalides les baptêmes conférés par les hérétiques. Évêque de Carthage (249-258), il mourut décapité.

CYPSÉLOS, tyran de Corinthe (657-627 av. J.-C.), père de Périandre.

Cyrano de Bergerac, comédie en 5 actes, en vers, d'Edmond Rostand (1897). — Ballet de R. Petit (1959).

CYRANO DE BERGERAC (Savinien **de**), écrivain français (Paris 1619 - *id.* 1655). Auteur de comédies *(le Pédant joué),* d'une tragédie, *la Mort d'Agrippine,* il a exprimé sa philosophie matérialiste dans des récits de voyages imaginaires *(Histoire comique des États et Empires de la Lune, Histoire comique des États et Empires du Soleil).*

CYRÉNAÏQUE, partie nord-est de la Libye. V. pr. *Benghazi.* Pétrole.

CYRÈNE, v. principale de l'anc. Cyrénaïque (Libye). Importantes ruines (agora, temple d'Apollon, thermes).

CYRILLE *(saint),* évêque de Jérusalem et docteur de l'Église (Jérusalem v. 315 - *id.* 386), un des grands adversaires de l'arianisme.

CYRILLE *(saint),* patriarche d'Alexandrie et docteur de l'Église (Alexandrie v. 380 - *id.* 444). Il combattit le nestorianisme, qu'il fit condamner au concile d'Éphèse (431).

CYRILLE et **MÉTHODE** *(saints),* apôtres des Slaves. **Cyrille** (Thessalonique v. 827 - Rome 869) et son frère **Méthode** (Thessalonique v. 825-885) traduisirent pour les besoins de leur apostolat la Bible et les livres liturgiques en langue slave. Cyrille créa, selon la tradition, un alphabet approprié dit *glagolitique,* qui, simplifié, devint l'alphabet cyrillique.

CYRUS II le Grand (m. v. 530 av. J.-C.), roi de Perse (v. 556-530 av. J.-C.), fils de Cambyse Ier. Il renversa le roi des Mèdes Astyage (550), vainquit Crésus, roi de Lydie (546), prit Babylone (539) et se trouva maître de toute l'Asie occidentale. Il eut une politique religieuse de tolérance et permit aux Juifs de rentrer à Jérusalem. Il périt en combattant les Massagètes.

CYRUS le Jeune, prince perse achéménide (v. 424-401 av. J.-C.), tué à la bataille de Counaxa à la tête des mercenaires grecs et asiatiques qu'il avait réunis contre son frère Artaxerxès II.

CYSOING (59830), ch.-l. de c. du Nord ; 3 711 h. *(Cysoniens).*

CYTHÈRE, île grecque de la mer Égée, entre le Péloponnèse et la Crète. Célèbre sanctuaire d'Aphrodite.

CYZIQUE. *Géogr. anc.* V. de Phrygie, sur la Propontide.

CZARTORYSKI, famille princière polonaise qui joua un rôle éminent en Pologne aux XVIIIe-XIXe s. — **Adam Jerzy** (Varsovie 1770 - Montfermeil 1861), ami d'Alexandre Ier, essaya, en 1815, d'obtenir la reconstitution du royaume de Pologne, et fut, en 1831, président du gouvernement national, issu de la révolution de 1830.

CZERNY (Karl), pianiste autrichien d'origine tchèque (Vienne 1791 - *id.* 1857), auteur d'exercices et d'études.

CZĘSTOCHOWA, v. de la Pologne méridionale, en Silésie ; 258 700 h. Pèlerinage marial (Vierge noire) très fréquenté.

CZIFFRA (Georges), pianiste hongrois naturalisé français (Budapest 1921 - Longpont-sur-Orge, Essonne, 1994), virtuose exceptionnel, grand interprète de F. Liszt.

Georges **Cuvier**

Cuzco : enceintes en appareil cyclopéen de la forteresse de Sacsahuamán (XVe s.).

D

DABIT (Eugène), écrivain et peintre français (Mers, Somme, 1898 - Sébastopol 1936), auteur du roman populiste *Hôtel du Nord* (1929).

DĄBROWSKA ou **DOMBROWSKA** (Maria), romancière polonaise (Russów 1889 - Varsovie 1965), peintre réaliste de la vie paysanne et de la société polonaise traditionnelle *(Gens de là-bas)*.

DĄBROWSKI ou **DOMBROWSKI** (Jan Henryk), général polonais (Pierzchowice, près de Cracovie, 1755 - Winnogóra 1818). Il commanda les légions polonaises au service de la France (1797-1814).

DACCA ou **DHAKA,** cap. du Bangladesh, sur le delta du Gange ; 3 460 000 h. Édifices de L. I. Kahn.

DACHAU, v. d'Allemagne (Bavière) ; 34 489 h. Camp de concentration allemand (1933-1945).

DACIE, anc. pays de l'Europe, correspondant à l'actuelle Roumanie. Ses habitants *(Daces)* furent soumis par Trajan (101-107 apr. J.-C.). Peuplée de colons romains, la Dacie fut aussi exploitée pour ses mines d'or. Elle fut abandonnée aux Goths par Aurélien (271).

DACIER (Anne **Lefebvre,** Mme), philologue française (Preuilly 1647 - Paris 1720). Traductrice d'Homère, elle fut, dans la querelle des Anciens et des Modernes, une adversaire passionnée des Modernes.

DADANT (Charles), pionnier de l'apiculture moderne (Vaux-sous-Aubigny, Haute-Marne, 1817 - Hamilton, Illinois, 1902). Il créa le modèle de ruche « Dadant » encore utilisé de nos jours, installa la plus importante usine mondiale de matériel apicole et écrivit de nombreux ouvrages d'apiculture.

DADDAH (Moktar Mohamedoun Ould), homme politique mauritanien (Boutilimit 1924), président de la République islamique de Mauritanie (1961-1978).

DAGERMAN (Stig), écrivain suédois (Älvkarleby 1923 - Enebyberg 1954), romancier influencé par Kafka et par l'épreuve de la Seconde Guerre mondiale *(le Serpent, l'Enfant brûlé)*.

DAGHESTAN → ***Daguestan.***

DAGO → ***Hiiumaa.***

DAGOBERT Ier (début du VIIe s. - Saint-Denis v. 638), roi des Francs (629-638), fils de Clotaire II. Il fut secondé par son ministre saint Éloi dans la réorganisation et la réunification du royaume mérovingien. Il accorda d'importants privilèges à l'abbaye de Saint-Denis. — **Dagobert II,** fils de Sigebert III, roi d'Austrasie en 676, fut assassiné en 679. — **Dagobert III** (m. en 715), roi des Francs en 711 sous la tutelle de Pépin de Herstal. Il était le fils de Childebert III.

Dagobert Ier (B.N.F., Paris).

DAGUERRE (Louis Jacques), inventeur français (Cormeilles-en-Parisis 1787 - Bry-sur-Marne 1851). Il imagina en 1822 le diorama, puis perfectionna avec Nicéphore Niepce l'invention de la photographie. Il obtint en 1838 les premiers « daguerréotypes ».

DAGUESTAN ou **DAGHESTAN,** République de la Fédération de Russie, au bord de la Caspienne ; 1 792 000 h. Cap. *Makhatchkala.*

DAHOMEY → ***Bénin.***

Daily Express, quotidien britannique conservateur fondé en 1900 par A. Pearson, repris en 1912 par lord Beaverbrook, l'un des plus forts tirages des quotidiens britanniques.

Daily Mail, quotidien britannique conservateur fondé en 1896 par A. et M. Harmsworth, qui avait le plus fort tirage au monde entre 1920 et 1930.

Daily Mirror, quotidien britannique illustré, de centre gauche, fondé en 1903 par A. Harmsworth, le deuxième quotidien britannique par son tirage.

Daily Telegraph (The), quotidien britannique de droite fondé en 1855 par A. B. Sleigh.

DAIMLER (Gottlieb), ingénieur allemand (Schorndorf, Wurtemberg, 1834 - Cannstatt, auj. Stuttgart-Bad Cannstatt, 1900). Avec W. Maybach, il réalisa, à partir de 1883, les premiers moteurs à essence légers à haute vitesse de rotation, ouvrant ainsi la voie à leur emploi sur les véhicules automobiles. Les deux associés fondèrent en 1890 une firme de construction automobile qui fusionna en 1926 avec celle créée par Benz en 1883.

DAINVILLE (62000), ch.-l. de c. du Pas-de-Calais ; 5 716 h.

DAIREN → ***Dalian.***

DAISNE (Herman **Thiery,** dit **Johan**), écrivain belge d'expression néerlandaise (Gand 1912 - *id.* 1978). Il a poursuivi l'exploration d'un monde magique derrière la réalité quotidienne *(l'Homme au crâne rasé)*.

DAKAR, cap. du Sénégal, sur l'Atlantique ; 1 211 000 h. Université. Port et escale aérienne. Centre industriel. Elle fut la capitale de l'A.-O. F. de 1902 à 1957-58.

Dakar : minaret de la Grande Mosquée.

DAKOTA, deux des États unis d'Amérique, dans les Grandes Plaines. Ils tirent leur nom d'un groupe d'Indiens. Le **Dakota du Nord** (cap. *Bismarck*) compte 638 800 h. ; le **Dakota du Sud** (cap. *Pierre*) a 696 004 h.

DALADIER (Édouard), homme politique français (Carpentras 1884 - Paris 1970). Député (1919), président du parti radical-socialiste (1927), président du Conseil en 1933 puis en 1934, il dut démissionner après l'émeute du 6 février. Ministre de la Défense nationale du Front populaire (1936-37), il revint à la présidence du Conseil en 1938 : il signa alors les accords de Munich (1938), mais n'en dut pas moins déclarer la guerre à l'Allemagne (1939). Démissionnaire en mars 1940, il fit partie du cabinet Paul Reynaud. Déporté de

1943 à 1945, il présida le parti radical en 1957-58.

DALAT, v. du Viêt Nam, dans la région des plateaux moïs ; 105 000 h. Station climatique. Trois conférences franco-vietnamiennes y eurent lieu (mai 1946 ; août 1946 ; 1953).

DALBERG (Karl Theodor, *baron* **von**), prélat et homme politique allemand (Herrnsheim 1744 - Ratisbonne 1817). Dernier archevêque-électeur de Mayence, il fut fait par Napoléon Ier archichancelier de la Confédération du Rhin (1806-1813).

DALE (*sir* Henry Hallett), médecin britannique (Londres 1875 - Cambridge 1968), prix Nobel (1936) pour ses travaux de pharmacologie sur le mécanisme des échanges chimiques dans le système nerveux.

DALÉCARLIE, région de la Suède centrale.

DALHOUSIE (James **Ramsay,** *marquis* **de**), homme politique britannique (Dalhousie Castle, Écosse, 1812 - *id.* 1860). Gouverneur de l'Inde (1848-1856), il annexa le Pendjab, réforma l'administration, mais sa politique, contraire aux traditions du pays, prépara la révolte des cipayes (1857).

DALÍ (Salvador), peintre, graveur et écrivain espagnol (Figueras, prov. de Gérone, 1904 - *id.* 1989). Il fut à Paris, à partir de 1929, le plus étonnant créateur d'images oniriques du surréalisme (*Persistance de la mémoire,* 1931, M. A. M., New York ; *Construction molle avec haricots bouillis,* dite *Prémonition de la guerre civile,* 1936, Philadelphie ; *Métamorphose* de Narcisse,* 1937 ; *le Christ de saint Jean de la Croix,* 1951, Glasgow).

DALIAN ou **TA-LIEN,** anc. **Dairen,** port et centre industriel de Chine (Liaoning) ; 1 300 000 h.

DALILA, femme qui, d'après la Bible, livra Samson aux Philistins après lui avoir coupé les cheveux, dans lesquels résidait sa force.

DALLAPICCOLA (Luigi), compositeur italien (Pisino d'Istria 1904 - Florence 1975), auteur de musique dodécaphonique (*le Prisonnier, Job, Ulysse*).

DALLAS, v. des États-Unis (Texas) ; 1 006 877 h. (2 553 362 h. avec les banlieues). Nœud de communications. Centre industriel. Musées. Le président Kennedy y fut assassiné en 1963.

DALLOZ [-loz] (Désiré), avocat et homme politique français (Septmoncel, Jura, 1795 - Paris 1869). Il publie un répertoire, puis un *Recueil périodique de jurisprudence générale* et fonde en 1824 avec son frère **Armand** (1797-1867) une maison d'édition spécialisée en publications juridiques. (Depuis 1989, elle fait partie du Groupe de la Cité.)

DALMATIE, région de la Croatie, sur la côte de l'Adriatique, bordée par de nombreuses îles (*archipel Dalmate*). Tourisme. Elle fut incorporée à la Croatie (xe-xie s.) puis son littoral fut occupé par Venise (1420-1797). Annexée par l'Autriche (1797), elle fut attribuée en 1920 au royaume des Serbes, Croates et Slovènes.

DALOU (Jules), sculpteur français (Paris 1838 - *id.* 1902), auteur du *Triomphe de la République* (bronze), place de la Nation à Paris, d'esquisses pour un *Monument aux travailleurs.*

DALTON (John), physicien et chimiste britannique (Eaglesfield, Cumberland, 1766 - Manchester 1844), créateur de la théorie atomique. Il énonça la loi des proportions multiples en chimie, celle du mélange des gaz en physique. Il étudia sur lui-même l'anomalie de la perception des couleurs, appelée, depuis, *daltonisme.*

DALUIS (06470), comm. des Alpes-Maritimes ; 111 h. Gorges du Var.

DAM (Henrik), biochimiste danois (Copenhague 1895 - *id.* 1976), prix Nobel de physiologie et médecine (1943) pour ses travaux sur la biochimie et les vitamines.

DAMĀN ou **DAMÃO,** port de l'Inde, au nord de Bombay ; 61 951 h. Ancien comptoir portugais (1558-1961). Damān forme avec Diu un territoire de l'Union indienne (territoire de *Damān-et-Diu ;* 112 km² ; 101 439 h.).

DAMANHOUR ou **DAMANHŪR,** v. d'Égypte, près d'Alexandrie ; 189 000 h.

DAMAS [damɑs], cap. de la Syrie, dans une oasis irriguée par le Baradā ; 1 361 000 h. (*Damascènes*). Musées. Nombreux édifices médiévaux. — Capitale d'un important royaume araméen (xie-viiie s. av. J.-C.), conquise par les Romains en 64 av. J.-C., Damas fut un important centre chrétien. Prise par les Arabes en 635, elle fut la résidence des califes omeyyades (661-750), qui firent construire en 705 la Grande Mosquée des Omeyyades, première grande réalisation architecturale de l'islam, puis le centre de principautés ou de provinces plus ou moins autonomes. Après la domination ottomane (1516-1918), elle devint le foyer du nationalisme arabe.

Damas : cour de la Grande Mosquée des Omeyyades (fondée en 705).

DAMASE Ier (*saint*) [m. en 384], pape de 366 à 384. Peut-être d'origine espagnole, il chargea saint Jérôme de la traduction de la Bible connue sous le nom de « Vulgate ».

DAMASKINOS ou **DHAMASKINÓS** (Dhimítrios Papandhréou), prélat et homme politique grec (Dorvitsa 1890 - près d'Athènes 1949). Archevêque d'Athènes, il s'opposa à l'occupation allemande et fut régent de 1944 à 1946.

DAMAZAN (47160), ch.-l. de c. de Lot-et-Garonne ; 1 252 h. Bastide du xiiie s.

Dame à la licorne (la), célèbre ensemble de 6 tapisseries de la fin du xve s. (musée de Cluny).

Dame aux camélias (la), roman (1848) et drame en 5 actes (1852) d'A. Dumas fils.

Dame de Brassempouy, tête féminine (3,65 cm), sculptée en ivoire, découverte en 1894 à Brassempouy (Landes), dans la grotte du Pape, et conservée au musée des Antiquités nationales de Saint-Germain-en-Laye. Appartenant au paléolithique supérieur (périgordien v. – 32000 - v. – 20000), c'est la plus ancienne représentation d'un visage humain.

Dame d'Elche, buste féminin antique en pierre (Musée archéologique de Madrid) découvert (1897) à Elche en Espagne. Après de nombreuses controverses, on la situe entre le ve et le iiie s. av. J.-C., et l'on s'accorde à y reconnaître l'empreinte de la Grèce sur l'art ibérique.

Dames (*paix des*) → ***Cambrai.***

DAMIEN (*saint*) → ***Côme et Damien.***

DAMIEN (*saint* **Pierre**) → ***Pierre Damien.***

DAMIEN (Jozef **De Veuster,** le P.), missionnaire belge (Tremelo 1840 - Molokai, Hawaii, 1889). Aux Hawaii, il se consacra aux malades atteints de la lèpre, et mourut de cette maladie. Béatifié en 1995.

DAMIENS (Robert François), domestique français (La Tieuloy, auj. La Thieuloye, Pas-de-Calais, 1715 - Paris 1757). Il frappa Louis XV d'un coup de canif et fut écartelé.

DAMIETTE, port d'Égypte, près de la Méditerranée ; 102 000 h. Saint Louis la prit en 1249 et la rendit en guise de rançon.

DAMMĀM, port d'Arabie saoudite, sur le golfe Persique, ch.-l. du Ḥasā ; 128 000 h.

DAMMARIE-LES-LYS (77190), comm. de Seine-et-Marne, banlieue de Melun ; 21 228 h.

DAMMARTIN-EN-GOËLE (77230), ch.-l. de c. de Seine-et-Marne ; 6 637 h. Église Notre-Dame, des xiiie et xve s.

Damnation de Faust (la), légende dramatique d'Hector Berlioz, commencée en 1828, reprise et créée à Paris en 1846.

DAMOCLÈS, familier du tyran de Syracuse, Denys l'Ancien (ive s. av. J.-C.). Pour lui faire comprendre combien le bonheur des rois est fragile, Denys, au cours d'un banquet, fit suspendre au-dessus de la tête de Damoclès une lourde épée, attachée à un crin de cheval.

DĀMODAR (la), riv. de l'Inde, qui rejoint l'Hooghly ; 545 km. Sa moyenne vallée constitue la principale région indienne d'industrie lourde.

DAMPIER (William), navigateur anglais (East Coker 1652 - Londres 1715). Corsaire, il ravagea les établissements espagnols d'Amérique (1678-1691). Il explora le Pacifique et découvrit l'archipel et le détroit qui portent son nom.

DAMPIERRE (Auguste **Picot,** *marquis* **de**), général français (Paris 1756 - Valenciennes 1793). Commandant l'armée de Belgique en 1793, il fut tué en tentant de dégager Condé.

DAMPIERRE (Gui **de**) → ***Gui de Dampierre.***

DAMPIERRE-EN-BURLY (45570), comm. du Loiret ; 925 h. Centrale nucléaire sur la Loire.

DAMPIERRE-EN-YVELINES (78720), comm. des Yvelines ; 1 034 h. Château reconstruit v. 1680 par J. H.-Mansart (œuvres d'art ; parc dessiné par Le Nôtre).

DAMPIERRE-SUR-SALON (70180), ch.-l. de c. de la Haute-Saône ; 1 237 h.

DAMRÉMONT ou **DANRÉMONT** (Charles **Denys,** *comte* **de**), général français (Chaumont 1783 - Constantine 1837). Successeur de Clausel à la tête de l'armée d'Afrique, il dirigea l'assaut de Constantine.

DAMVILLE (27240), ch.-l. de c. de l'Eure, sur l'Iton ; 1 919 h. Église des xve-xvie s.

DANAÉ. *Myth. gr.* Fille du roi d'Argos, qui l'enferma dans une tour. Zeus l'y rejoignit sous la forme d'une pluie d'or, et il eut d'elle Persée.

DANAÏDES. *Myth. gr.* Nom des cinquante filles du roi d'Argos Danaos, qui, toutes, à l'exception de l'une d'entre elles, Hypermnestre, tuèrent leurs époux la nuit de leurs noces. Elles furent condamnées, dans les Enfers, à remplir d'eau un tonneau sans fond.

DANAKIL → ***Afar.***

DA NANG, anc. **Tourane,** port du Viêt Nam ; 492 000 h.

DANBY (Thomas **Osborne,** *lord*), homme d'État anglais (Kiveton 1632 - Easton 1712). Favorable à Guillaume d'Orange, l'un des principaux artisans de la révolution de 1688, il fut pratiquement Premier ministre de 1690 à 1696.

DANCOURT (Florent **Carton,** *sieur* **d'Ancourt,** dit), acteur et écrivain français (Fontainebleau 1661 - Courcelles-le-Roi 1725), auteur de comédies de mœurs (*le Chevalier à la mode,* 1687).

DANDOLO, famille de Venise qui a fourni plusieurs doges à la République, en partic. **Enrico** (Venise v. 1107 - Constantinople 1205), doge en 1192, qui contribua au détournement vers Constantinople de la 4e croisade. Dans le démembrement de l'Empire d'Orient, il obtint pour Venise Candie, les îles Ioniennes et les ports de la Morée ; — et **Andrea** (Venise v. 1307 - *id.* 1354), qui reprit Zara après un siège célèbre.

DANDRIEU (Jean François), compositeur et organiste français (Paris 1682 - *id.* 1738). Il a composé des pièces pour clavecin, pour orgue, et des sonates.

DANEMARK, en danois **Danmark,** État de l'Europe septentrionale ; 43 000 km² ; 5 100 000 h. (*Danois*). CAP. *Copenhague.* LANGUE : *danois.* MONNAIE : *couronne danoise.*

INSTITUTIONS

Monarchie parlementaire depuis 1901. Constitution : Charte de 1953. Le souverain nomme le Premier ministre, responsable devant le Parlement (*Folketing*), élu pour 4 ans.

GÉOGRAPHIE

Pays plat, culminant à 173 m, le Danemark est un État continental (presqu'île du Jylland) et insulaire (Sjaelland, Fionie, Lolland, etc.), au climat doux et assez humide. L'extension des plaines a favorisé l'essor des cultures céréalières (orge et blé) et fourragères. Celles-ci alimentent, partiellement, un important élevage bovin et porcin, dont les produits (lait, beurre, viande) constituent l'une des bases des exportations. La pêche est aussi développée. Malgré l'insuffisance des ressources minérales et énergétiques (un peu de pétrole), le Danemark est devenu une puissance industrielle grâce à l'importance des branches de transformation (constructions mécaniques et navales, industries chimiques, textiles et alimentaires), localisées dans les principales villes (Copenhague, Århus, Odense, Ålborg). Le chômage et l'endettement extérieur sont notables, mais le niveau de vie, assez également réparti, reste élevé.

HISTOIRE

La formation du royaume. Peuplé dès le néolithique, le pays connaît à l'âge du bronze une culture très élaborée. IXe s. : les Danois forment avec les Norvégiens les Vikings, qui ravagent les côtes de l'Europe occidentale. Xe s. : la dynastie du Jylland unifie le pays, qui se christianise peu à peu. XIe s. : Svend Ier (v. 986-1014) s'empare de l'Angleterre. Son fils Knud Ier le Grand règne sur l'Angleterre, le Danemark et une partie de la Scandinavie. 1042 : l'Angleterre s'affranchit du Danemark.

Le Moyen Âge. XIIe s. : le régime féodal s'implante, tandis que l'influence de l'Église romaine se renforce, multipliant églises et monastères. 1167 : l'évêque Absalon fonde Copenhague. 1157-1241 : « l'ère des Valdemar » marque l'apogée de la civilisation médiévale du Danemark. XIIIe s. : cette période est suivie d'un affaiblissement politique et économique, les villes hanséatiques concurrençant le commerce danois. XIVe s. : le redressement s'opère avec Valdemar IV (1340-1375) et surtout avec sa fille, Marguerite Valdemarsdotter, qui réalise l'union des trois royaumes scandinaves sous la domination danoise (union de Kalmar, 1397).

L'époque de la Réforme. Le XVIe s. est caractérisé par l'hégémonie culturelle allemande et l'affermissement d'une bourgeoisie commerçante prospère dans les ports. 1523 : l'union de Kalmar est définitivement rompue avec l'élection de Gustave Vasa au trône de Suède. 1536 : le luthéranisme devient religion d'État. 1563-1570 : la guerre dano-suédoise pour la possession des détroits (Sund) consacre la position du Danemark comme gardien de la Baltique et la fin de la domination hanséatique.

La lutte avec la Suède. 1625-1629 : le Danemark participe à la guerre de Trente Ans ; c'est un échec. 1645 : attaqué et vaincu par les Suédois, il doit renoncer à percevoir de la Suède les péages du Sund et des Belts (paix de Brömsebro). 1658 : la paix de Roskilde attribue la Scanie à la Suède. 1665 : la monarchie danoise devient héréditaire. Elle s'efforce en vain de récupérer la Scanie. 1720 : au traité de Frederiksborg, elle obtient le sud du Slesvig. XVIIIe s. : le Danemark connaît une période d'expansion économique et commerciale. 1770-1772 : Christian VII laisse le pouvoir à Struensee, qui gouverne en despote éclairé et décide d'importantes réformes.

Le XIXe s. 1801 : le Danemark adhère à la ligue des Neutres, mais la pression anglaise (bombardements de Copenhague en 1801 et 1807) le fait basculer dans le camp français. 1814 : à la paix de Kiel, le Danemark perd la Norvège, et reçoit en compensation le Lauenburg. 1849 : Frédéric VII promulgue une constitution démocratique. 1864 : à la suite de la guerre des Duchés, le Danemark doit céder le Slesvig, le Holstein et le Lauenburg à la Prusse et à l'Autriche. 1866 : un amendement constitutionnel crée deux chambres, le *Landsting* et le *Folketing*.

Le XXe s. 1901 : la formation d'une classe ouvrière fortement syndicalisée contribue à l'arrivée au pouvoir d'une majorité radicale et socialiste. 1918 : l'Islande devient indépendante, mais reste unie au royaume par la personne du roi. 1920 : un plébiscite restitue le nord du Slesvig au Danemark, resté neutre pendant la Première Guerre mondiale. 1924-1940 : le pouvoir est presque constamment aux mains des sociaux-démocrates, qui introduisent d'importantes réformes sociales. 1940-1945 : le Danemark est occupé par les Allemands. Le roi Christian X reste au pouvoir tout en encourageant la résistance. 1944 : l'Islande se détache complètement du Danemark.

L'après-guerre. 1945-1970 : le parti social-démocrate, dirigé par J. O. Krag, domine la scène politique et restitue sa prospérité au pays. 1972 : la reine Marguerite II succède à son père, Frédéric IX. 1973 : le Danemark entre dans le Marché commun. 1982 : les conservateurs arrivent au pouvoir avec Poul Schlüter ; ils sont reconduits à la faveur des élections de 1984, 1987, 1988 et 1990. 1993 : après la démission de P. Schlüter, le leader du parti social-démocrate, Poul Nyrup Rasmussen, forme un nouveau gouvernement. Les Danois approuvent la ratification du traité de Maastricht, qu'ils avaient repoussée lors d'un premier référendum en 1992.

DANGEAU (Philippe **de Courcillon,** *marquis* **de**), mémorialiste français (Chartres 1638 - Paris 1720), auteur d'un *Journal* dont Saint-Simon s'est servi pour la rédaction de ses *Mémoires*. (Acad. fr.). — Son frère, **Louis de Courcillon**, abbé de Dangeau (Paris 1643 - *id.* 1723), fut un grammairien. (Acad. fr.)

DANGÉ-SAINT-ROMAIN (86220), ch.-l. de c. de la Vienne ; 3 188 h. Métallurgie. Chaussures.

DANGLEBERT (Jean Henri), compositeur français (Paris 1628 - *id.* 1691), auteur de pièces d'orgue et de clavecin.

DANICAN-PHILIDOR → ***Philidor.***

Daniel, héros du livre biblique qui porte son nom et qui fut composé v. 165 av. J.-C., au temps de la révolte des Maccabées. Juif déporté à Babylone, il acquiert à cette cour une grande influence. Jeté, sur les calomnies des prêtres babyloniens, dans une fosse aux lions, il en ressort miraculeusement vivant.

DANIELE DA VOLTERRA → ***Ricciarelli.***

DANIELL (John Frederic), physicien britannique (Londres 1790 - *id.* 1845). Il inventa une pile électrique à deux liquides.

DANJON (André), astronome français (Caen 1890 - Suresnes 1967). Directeur de l'Observatoire de Paris de 1945 à 1963, il a été le principal artisan du renouveau de l'astronomie en France après la Seconde Guerre mondiale. En astrométrie, il a perfectionné l'astrolabe en le rendant insensible aux erreurs de mesure introduites par l'observateur.

DANJOUTIN (90400), ch.-l. de c. du Territoire de Belfort ; 3 118 h.

DANNEMARIE (68210), ch.-l. de c. du Haut-Rhin ; 1 826 h.

D'ANNUNZIO (Gabriele), écrivain italien (Pescara 1863 - Gardone Riviera 1938), auteur de poésies, de pièces de théâtre et de romans (*l'Enfant de volupté,* 1889 ; *le Feu,* 1900) où se mêlent le culte de la beauté, hérité de Carducci, et le raffinement symboliste appliqué aussi bien à la vie (D'Annunzio se composa un personnage de dandy et de héros pendant la Première Guerre mondiale) qu'à l'œuvre d'art.

Danone (groupe), nom pris en 1994 par B.S.N. (Boussois-Souchon-Neuvesel), société française procédant du rapprochement de diverses entreprises. Premier groupe agroalimentaire (produits laitiers, eaux minérales, boissons) en France, il occupe également une place de leader sur le plan mondial.

Danse (la), groupe en pierre sculpté par J.-B. Carpeaux pour la façade de l'Opéra de Paris. Mis en place en 1869, il a été remplacé en 1964 par une copie (original au musée d'Orsay).

Danse (la), grande toile de Matisse (1910, Ermitage, Saint-Pétersbourg) qui a fait date par son style épuré, sa densité chromatique et son unité rythmique. Autres décors de Matisse, postérieurs, sur le même thème.

DANTE ALIGHIERI, écrivain italien (Florence 1265 - Ravenne 1321). Il joua un rôle politique dans sa ville natale, qui le chargea de diverses missions diplomatiques et dont il fut un des six *prieurs ;* mais, appartenant au parti des guelfes « blancs » (modérés), il fut exilé par les « noirs » en 1302 et alla mourir à Ravenne. Dès sa jeunesse, il avait composé des sonnets amoureux et des canzones qui illustrent le *dolce stil nuovo* et où il célébrait sa passion idéale pour Béatrice Portinari. C'est cette aventure amou-

Dante Alighieri expliquant *la Divine Comédie.* Détail d'une peinture (1465) de Domenico di Michelino. (Cathédrale de Florence.)

La Danse, de Jean-Baptiste Carpeaux. Groupe original en pierre. (Musée d'Orsay, Paris.)

Gabriele **D'Annunzio** (coll. Bertarelli, Milan)

Danton (C. Charpentier - musée Carnavalet, Paris)

reuse qu'il transforma en expérience littéraire et philosophique dans la *Vita* nuova*. Pendant son exil, il composa un traité de philosophie *(le Banquet)*, des essais portant sur des problèmes scientifiques, linguistiques *(De vulgari eloquentia)* et politiques *(De monarchia)*. Mais il est surtout l'auteur de *la Divine* Comédie,* qui fait de lui le père de la poésie italienne.

DANTON (Georges Jacques), homme politique français (Arcis-sur-Aube 1759 - Paris 1794). Avocat, il fonda, en 1790, le club des Cordeliers. Membre de la Commune et du directoire du département de Paris (1791), ministre de la Justice et membre du Conseil exécutif provisoire après le 10 août 1792, il fut, en fait, le chef du gouvernement insurrectionnel, avant de devenir député de Paris à la Convention. Orateur puissant et impétueux, il siégea à la Montagne et fut le principal organisateur de la défense nationale. Membre du Comité de salut public, il en fut éliminé en 1793. Il réclama la fin du régime de la Terreur et entreprit des négociations secrètes avec l'ennemi. Accusé de tiédeur et de concussion par Robespierre, il fut guillotiné avec Camille Desmoulins.

DANTZIG ou **DANZIG** → ***Gdańsk.***

DANUBE (le), en all. **Donau,** fl. de l'Europe centrale, le deuxième d'Europe (après la Volga) pour sa longueur (2 850 km) et la superficie de son bassin (plus de 800 000 km²). Né dans la Forêt-Noire, de direction générale ouest-est, il traverse ou longe d'amont en aval : l'Allemagne, l'Autriche, la Slovaquie, la Hongrie, la Croatie, la Yougoslavie, la Roumanie, la Bulgarie et l'Ukraine. Il passe notamment à Vienne, Budapest et Belgrade, franchit le défilé des Portes de Fer (entre les Carpates et le Balkan) et se termine par un vaste delta sur la mer Noire. De régime complexe, il est utilisé pour la navigation, la production d'hydroélectricité et l'irrigation.

Le **Danube** aux Portes de Fer (entre les Carpates et le mont Balkan).

DAO (**Nguyen Thien Dao,** dit), compositeur vietnamien (Hanoi 1940). Il est influencé à la fois par Messiaen, la musique électroacoustique et la tradition orientale (*Écouter-mourir,* 1980).

DAOULAS (29460), ch.-l. de c. du Finistère, sur la rade de Brest ; 1 650 h. Église romane.

DAPHNÉ, nymphe aimée d'Apollon et métamorphosée en laurier.

Daphnis et Chloé, roman pastoral de Longus (IIIe s. apr. J.-C.).

Charles **Darwin** (J. Collier - National Portrait Gallery, Londres)

Alphonse **Daudet** (par Carjat)

Daphnis et Chloé, symphonie chorégraphique de M. Ravel et M. Fokine, créée en 1912 par les Ballets russes.

DA PONTE (Emanuele **Conegliano,** dit **Lorenzo**), librettiste italien (Ceneda, auj. Vittorio Veneto, 1749 - New York 1838). Il a écrit de nombreux livrets pour Salieri et Mozart *(les Noces de Figaro, Don Giovanni, Cosi fan tutte).*

DAQING ou **TA-K'ING,** centre pétrolier de la Chine du Nord-Est (Heilongjiang).

DAQUIN ou **D'AQUIN** (Claude), organiste et compositeur français (Paris 1694 - *id.* 1772), auteur de pièces de clavecin et de noëls pour orgue.

DARBHANGA, v. de l'Inde (Bihār) ; 218 274 h.

DARBOUX (Gaston), mathématicien français (Nîmes 1842 - Paris 1917). Son œuvre est consacrée à la géométrie infinitésimale.

DARCET ou **D'ARCET** (Jean), médecin et chimiste français (Doazit, Landes, 1725 - Paris 1801). Il découvrit un alliage à bas point de fusion, utilisé pour fabriquer des éléments fusibles de sécurité.

DARDANELLES *(détroit des),* détroit de Turquie entre l'Europe (péninsule des Balkans) et l'Asie (Anatolie). Il unit la mer Égée à la mer de Marmara. C'est l'Hellespont de l'Antiquité. En 1915, les Franco-Britanniques tentèrent en vain de forcer, puis de conquérir les Détroits pour obliger la Turquie à sortir de la guerre.

DARDANOS, fondateur mythique de Troie.

DARDILLY (69570), comm. du Rhône, au N.-O. de Lyon ; 7 215 h. Outillage.

DAR EL-BEIDA, anc. **Maison-Blanche,** v. d'Algérie. Aéroport d'Alger.

DAR EL-BEIDA → ***Casablanca.***

DAREMBERG (Charles), médecin et érudit français (Dijon 1817 - Le Mesnil-le-Roi 1872), auteur, avec l'archéologue Edmond Saglio (1828-1911), d'un *Dictionnaire des antiquités grecques et romaines.*

DAR ES-SALAAM, cap. de la Tanzanie, sur l'océan Indien ; 757 000 h. Centre administratif et commercial.

DARFOUR, région montagneuse de l'ouest du Soudan.

DARGOMYJSKI (Aleksandr Sergueïevitch), compositeur russe (Troïtskoïe 1813 - Saint-Pétersbourg 1869), un des fondateurs de l'école russe moderne *(le Convive de pierre).*

DARGUINES, peuple caucasien et musulman du Daguestan.

DARIÉN *(golfe de),* golfe de la mer des Antilles (Panamá et Colombie).

DARÍO (Félix Rubén **García Sarmiento,** dit **Rubén**), poète nicaraguayen (Metapa 1867 - León 1916). Il est à l'origine du mouvement « moderniste » en Amérique latine *(Azur, Chants de vie et d'espérance).*

DARIOS ou **DARIUS Ier** (m. en 486 av. J.-C.), roi de Perse (522-486 av. J.-C.). Il reconstitua l'empire de Cyrus, conquit le Pendjab à l'est et, à l'ouest, la Thrace et la Macédoine, mais fut vaincu par les Grecs à Marathon (490 av. J.-C.). Il divisa l'Empire en satrapies et fit construire Persépolis. — **Darios III Codoman** (m. en 330 av. J.-C.), roi de Perse (336-330 av. J.-C.), vaincu par Alexandre à Issos et près d'Arbèles. Il fut tué par un de ses satrapes.

DARJEELING ou **DARJĪLING,** station climatique de l'Inde (Bengale-Occidental), sur les flancs de l'Himalaya, à 2 185 m d'alt. Célèbres jardins de thé.

DARKHAN, v. de Mongolie ; 56 000 h.

DARLAN (François), amiral français (Nérac 1881 - Alger 1942). Commandant de la flotte (1939-40), ministre de la Marine en juin 1940, chef du gouvernement et successeur désigné de Pétain en février 1941, il mène une politique active de collaboration avec l'Allemagne. Se trouvant en Afrique du Nord lors du débarquement allié de 1942, il signe un accord avec les Américains. Il est assassiné le 24 décembre 1942.

DARLING (le), riv. d'Australie, principal affl. du Murray (r. dr.) ; 2 700 km.

DARLINGTON, v. de Grande-Bretagne (Yorkshire) ; 85 000 h.

DARMSTADT, v. d'Allemagne (Hesse) ; 135 737 h. Musées.

DARNÉTAL (76160), ch.-l. de c. de la Seine-Maritime ; 9 839 h. Textile.

DARNEY (88260), ch.-l. de c. des Vosges, sur la Saône ; 1 639 h.

DARNLEY (Henry **Stuart,** *baron*), *comte* **de Ross** et *duc* **d'Albany,** prince écossais (Temple Newsam 1545 - Édimbourg 1567), petit-neveu d'Henri VIII. Deuxième époux de Marie Stuart, dont il eut un fils, le futur Jacques Ier d'Angleterre. Il fut assassiné avec la complicité de Bothwell, amant de la reine.

DARRACQ (Alexandre), industriel français (Bordeaux 1855 - Monaco 1931). Un des pionniers de l'industrie du cycle et de l'automobile, il eut le premier l'idée de la construction en série.

DARRIEUX (Danielle), actrice française (Bordeaux 1917). Elle s'est imposée très jeune au cinéma, passant avec aisance des comédies légères à des rôles plus graves : *Mayerling* (A. Litvak, 1936), *Premier Rendez-vous* (H. Decoin, 1941), *Madame de* (M. Ophuls, 1953).

DARSONVAL (Alice **Perron,** dite **Lycette**), danseuse et chorégraphe française (Coutances 1912), dont les plus grands rôles furent *Giselle, Phèdre, la Tragédie de Salomé.* Elle a été directrice de l'école de danse de l'Opéra de 1957 à 1959.

DARTMOUTH, port du Canada (Nouvelle-Écosse), sur la baie de Halifax ; 67 798 h.

DARU (Pierre **Bruno,** *comte*), administrateur et historien français (Montpellier 1767 - Bécheville 1829), intendant général de la Grande Armée. (Acad. fr.)

DARWIN, v. d'Australie, cap. du Territoire du Nord ; 72 900 h.

DARWIN (Charles), naturaliste britannique (Shrewsbury 1809 - Down, Kent, 1882). Ayant recueilli au cours d'une croisière autour du monde sur le *Beagle* (1831-1836) d'innombrables observations sur la variabilité des espèces, il fut conduit à la doctrine évolutionniste appelée depuis lors *darwinisme,* qu'il fit connaître dans son ouvrage majeur : *De l'origine des espèces par voie de sélection naturelle* (1859).

DASSAULT (Marcel), constructeur d'avions français (Paris 1892 - Neuilly-sur-Seine 1986). Il a créé, après la Seconde Guerre mondiale, une importante société de constructions aéronautiques qui a produit de nombreux types d'appareils, principalement militaires, et dans laquelle l'État français est majoritaire depuis 1981.

DASSIN (Jules), cinéaste américain (Middletown, Connecticut, 1911). Il a réalisé des films noirs, réalistes et violents (*la Cité sans voiles,* 1948 ; *les Bas-Fonds de Frisco,* 1949 ; *les Forbans de la nuit,* 1950), avant d'être contraint par le maccarthysme à s'exiler en Europe (*Du rififi chez les hommes,* 1955).

DATONG ou **TA-T'ONG,** v. de Chine (Shanxi) ; 250 000 h. Monuments anciens dont un vaste temple bouddhique au XIIe s.

DAUBENTON (Louis), naturaliste français (Montbard 1716 - Paris 1800), collaborateur de Buffon pour son *Histoire naturelle* et créateur du troupeau français de moutons mérinos (1776).

DAUBERVAL (Jean **Bercher,** dit **Jean**), danseur et chorégraphe français (Montpellier 1742 - Tours 1806). Assistant de Noverre et de M. Gardel, il est l'auteur de la première version de *la Fille mal gardée* (1789).

DAUBIGNY (Charles François), peintre et graveur français (Paris 1817 - *id.* 1878). Paysagiste, ami de Corot, il fait la liaison entre l'école de Barbizon et l'impressionnisme. – Son fils **Karl** (Paris 1846 - Auvers-sur-Oise 1886) fut son élève.

DAUDET (Alphonse), écrivain français (Nîmes 1840 - Paris 1897). Bien qu'il se soit rattaché à l'école naturaliste, son œuvre mêle la fantaisie à la peinture réaliste de la vie quotidienne. Il est l'auteur de romans (*le Petit Chose,* 1868 ; *Tartarin de Tarascon,* 1872 ; *Sapho,* 1884), mais surtout de contes et de nouvelles (*Lettres* de mon moulin,* 1866 ; *Contes* du lundi,* 1873). — Son fils **Léon** (Paris 1867 - Saint-Rémy-de-Provence 1942), journaliste et écrivain, fonda *l'Action française* avec Charles Maurras.

DAUGAVPILS, v. de Lettonie ; 127 000 h.

DAUMAL (René), écrivain français (Boulzicourt, Ardennes, 1908 - Paris 1944). L'un des fondateurs de la revue *le Grand Jeu,* il évolua du surréalisme à l'ascèse mystique (*la Grande Beuverie ; Poésie noire, poésie blanche*).

DAUMESNIL (Pierre), général français (Périgueux 1776 - Vincennes 1832). Il défendit Vincennes contre les Alliés en 1814.

DAUMIER (Honoré), peintre, lithographe et sculpteur français (Marseille 1808 - Valmondois 1879). Célèbre par ses caricatures politiques et sociales, parues dans *la Caricature* ou *le Charivari,* il est aussi l'auteur de peintures (série des *Don Quichotte*) et de quelques sculptures, largement traitées par masses synthétiques.

Honoré **Daumier :** *la Blanchisseuse* (v. 1863). [Musée d'Orsay, Paris.]

DAUNOU (Pierre Claude François), homme politique et érudit français (Boulogne-sur-Mer 1761 - Paris 1840). Prêtre constitutionnel, député à la Convention (1792), il contribua à organiser l'instruction publique, puis l'Institut et exerça des fonctions officielles à partir de l'Empire.

DAUPHINÉ, anc. prov. de France, cédée au roi de France Philippe VI en 1349 à la condition qu'il devienne l'apanage du fils aîné de la famille royale. Les réformes réclamées par les états du Dauphiné en 1788 furent à l'origine de la réunion des États généraux de 1789. Cap. *Grenoble.* Le Dauphiné (*haut Dauphiné* pour la partie alpestre, *bas Dauphiné* pour les plaines entre Isère et Rhône) a formé les dép. de l'Isère, des Hautes-Alpes, de la Drôme. (Hab. *Dauphinois.*)

Dauphiné libéré (le), quotidien régional créé en 1945 à Grenoble.

DAURAT (Didier), aviateur français (Montreuil-sous-Bois 1891 - Toulouse 1969). Pilote de chasse en 1914-1918, il fut, chez Latécoère, puis à l'Aéropostale, l'un des pionniers de l'aviation commerciale.

DAUSSET (Jean), médecin français (Toulouse 1916). Il a découvert le système H. L. A. (groupes tissulaires et leucocytaires). [Prix Nobel 1980.]

DAUTRY (Raoul), administrateur et homme politique français (Montluçon 1880 - Lourmarin 1951). Ministre de la Reconstruction et de l'Urbanisme (1944-45), il fut administrateur général du Commissariat à l'énergie atomique (1946).

DAUVERGNE (Antoine), compositeur et violoniste français (Moulins 1713 - Lyon 1797). Directeur du Concert spirituel et de l'Opéra, il a écrit le premier opéra-comique français, *les Troqueurs* (1753).

Jean **Dausset** (en 1980)

James **Dean** dans *À l'est d'Eden* (1955) de Elia Kazan

DĀVANGERE, v. de l'Inde (Karnātaka) ; 287 114 h.

DAVAO, port des Philippines (île de Mindanao), au fond du *golfe de Davao ;* 849 947 h.

DAVEL (Jean Daniel Abraham), patriote vaudois (Morrens 1670 - Vidy 1723). Il chercha à déclencher une insurrection à Lausanne, afin d'affranchir le canton de Vaud de la domination de Berne et fut exécuté.

DAVID, deuxième roi hébreu (v. 1010 - v. 970 av. J.-C.). Il succéda à Saül, dont il apaisait la mélancolie en jouant de la harpe. Vainqueur des Philistins, il prit Jérusalem, dont il fit sa capitale. On lui attribue la composition de chants religieux et de psaumes. Son combat avec le géant philistin Goliath a fourni matière à une abondante iconographie.

David, de Michel-Ange, statue colossale de marbre (> 4 m de haut, 1501-1504, auj. à l'Académie de Florence) qui, par ses qualités techniques et esthétiques jointes à un contenu symbolique (l'idéal du citoyen-guerrier), fit du jeune sculpteur l'artiste le plus en vue de Florence.

David. Statue en marbre de Michel-Ange (1501-1504). [Académie, Florence.]

DAVID Ier (1084 - Carlisle 1153), roi d'Écosse (1124-1153). Il consolida l'unité de son royaume. – **David II** ou **David Bruce** (Dunfermline 1324 - Édimbourg 1371), roi d'Écosse (1329-1371). Il ne put empêcher l'Angleterre d'établir sa tutelle sur l'Écosse.

DAVID (Félicien), compositeur français (Cadenet 1810 - Saint-Germain-en-Laye 1876), auteur du *Désert* et l'un des représentants de l'exotisme musical.

DAVID (Gerard), peintre des anciens Pays-Bas (Oudewater, Hollande, v. 1460 - Bruges 1523). Installé à Bruges, il a été le dernier des grands « primitifs » de cette ville.

DAVID (Louis), peintre français (Paris 1748 - Bruxelles 1825). Il fut membre de la Convention et, sous l'Empire, peintre de Napoléon. Prix de Rome, chef de l'école néoclassique, il domina la peinture française de 1785 à sa mort, survenue en exil (*le Serment des Horaces,* 1784, Louvre ; *la Mort de Marat,* Bruxelles ; *les Sabines*,* Louvre ; *Léonidas aux Thermopyles,* ibid. ; *l'Amour et Psyché,* Cleveland, etc. ; nombreux portraits d'une grande sûreté).

David Copperfield, roman de Charles Dickens (1849), histoire d'un jeune orphelin.

DAVID d'Angers (Pierre Jean), sculpteur français (Angers 1788 - Paris 1856). Il est l'auteur du fronton du Panthéon (Paris), de statues, de nombreux bustes et de plus de 500 portraits en médaillon. Musée à Angers.

DAVID-NEEL (Alexandra), exploratrice française (Saint-Mandé 1868 - Digne 1969). Première Européenne à pénétrer à Lhassa (1924), elle publia des ouvrages sur le bouddhisme, l'Inde, le Tibet et la Chine.

DAVILER ou **D'AVILER** (Augustin Charles), architecte français (Paris 1653 - Montpellier 1701), auteur de l'arc de triomphe du Peyrou (Montpellier), ainsi que d'un important *Cours d'architecture.*

Davis *(coupe),* épreuve internationale annuelle de tennis, créée en 1900, opposant des équipes nationales (de 4 joueurs au plus) en 5 matches (quatre simples, un double).

DAVIS *(détroit de),* bras de mer de l'Atlantique, entre le Groenland et la terre de Baffin.

DAVIS (Jefferson), officier et homme politique américain (Fairview, Kentucky, 1808 - La Nouvelle-Orléans 1889), président des États confédérés du Sud pendant la guerre de Sécession (1861-1865).

DAVIS (John), navigateur anglais (Sandridge v. 1550 - dans le détroit de Malacca 1605). Il découvrit en 1585 le détroit qui unit la mer de Baffin à l'Atlantique.

DAVIS (Miles), trompettiste de jazz noir américain (Alton, Illinois, 1926 - Santa Monica 1991), un des plus grands solistes lyriques, créateur du jazz-rock.

DAVIS (William Morris), géographe américain (Philadelphie 1850 - Pasadena 1934), l'un des pionniers de la géographie physique.

DAVISSON (Clinton Joseph), physicien américain (Bloomington, Illinois, 1881 - Charlottesville, Virginie, 1958), prix Nobel en 1937 pour sa découverte de la diffraction des électrons par les cristaux.

DAVOS [-vɔs], comm. de Suisse (Grisons) ; 10 957 h. Sports d'hiver (alt. 1 560-2 844 m).

DAVOUT (Louis Nicolas), *duc* **d'Auerstaedt,** *prince* **d'Eckmühl,** maréchal de France (Annoux 1770 - Paris 1823). Vainqueur des Prussiens en 1806 et des Autrichiens en 1809, il défendit Hambourg en 1814.

DAVY (*sir* Humphry), chimiste et physicien britannique (Penzance 1778 - Genève 1829). Il découvrit l'arc électrique, les propriétés catalytiques du platine, et isola les métaux alcalins grâce à l'électrolyse.

DAWES (Charles Gates), homme politique et financier américain (Marietta, Ohio, 1865 - Evanston, Illinois, 1951). Il fut désigné comme expert de la commission des réparations (1923), puis fut vice-président des États-Unis de 1925 à 1929. [Prix Nobel de la paix 1925.]

Dawes *(plan),* plan destiné à résoudre le problème des réparations dues par l'Allemagne à ses anciens adversaires de la Première Guerre mondiale, en préservant l'équilibre économique du pays (1923). Il fut relayé en 1930 par le plan Young.

DAWḤA (al-) ou **DOHA (al-),** cap. du Qatar, sur le golfe Persique ; 190 000 h.

DAWSON, anc. **Dawson City,** village du Canada, anc. cap. du Yukon ; 700 h. Anc. centre aurifère.

DAX (40100), ch.-l. d'arr. des Landes, sur l'Adour ; 20 119 h. *(Dacquois).* Station thermale (traitement des rhumatismes et des séquelles de traumatismes ostéo-articulaires). Cathédrale surtout du XVIIe s.

DAYAK, peuple de Bornéo, parlant une langue malayo-polynésienne.

DAYAN (Moshe), général et homme politique israélien (Deganya 1915 - Ramat Gan 1981). Chef d'état-major de l'armée (1953-1958), il fut ministre de la Défense (1967, 1969-1974) puis des Affaires étrangères (1977-1979).

DAYTON, v. des États-Unis (Ohio) ; 182 044 h. Musées.

DAYTONA BEACH, station balnéaire des États-Unis (Floride) ; 61 621 h. Circuit automobile.

DEÁK (Ferenc), homme politique hongrois (Söjtör 1803 - Pest 1876), l'un des principaux artisans du compromis austro-hongrois de 1867.

DE AMICIS (Edmondo), écrivain italien (Oneglia 1846 - Bordighera 1908), auteur de romans sentimentaux et moralisateurs (*Cuore,* 1886).

DEAN (James), acteur américain (Marion, Indiana, 1931 - Paso Robles, Californie, 1955). Trois films (*À l'est d'Eden,* E. Kazan, 1955 ; *la Fureur de vivre,* N. Ray, 1955 ; *Géant,* G. Stevens, 1956) et sa mort brutale firent de lui l'incarnation mythique d'une jeunesse inquiète et rebelle.

DEARBORN, v. des États-Unis (Michigan) ; 89 286 h. Automobiles.

DÉAT (Marcel), homme politique français (Guérigny 1894 - San Vito, près de Turin, 1955). Fondateur du parti socialiste de France (P. S. F.) [1933], dissidence autoritaire et nationaliste de la S. F. I. O., il prôna la collaboration avec l'Allemagne et fut secrétaire d'État au

Travail dans le gouvernement de Vichy (1944). Il fut condamné à mort par contumace après la Libération.

DEATH VALLEY → *Mort (Vallée de la).*

DEAUVILLE (14800) comm. du Calvados ; 4 380 h. Station balnéaire. Hippodrome. Casino.

DEBENEY (Marie Eugène), général français (Bourg-en-Bresse 1864 - *id.* 1943), commandant de la Ire armée en Picardie puis chef d'état-major général (1924-1930).

DEBIERNE (André Louis), chimiste français (Paris 1874 - *id.* 1949). Spécialiste de la radioactivité, il a isolé le radium avec Marie Curie et découvert l'actinium.

DÉBORAH, prophétesse et juge d'Israël. Elle célébra la victoire des Israélites sur les Cananéens dans un cantique conservé dans la Bible.

DEBRÉ (Michel), homme politique français (Paris 1912), fils de Robert Debré. Garde des Sceaux en 1958, il joua un rôle prépondérant dans la préparation de la Constitution de la Ve République. Il fut Premier ministre (1959-1962), ministre des Affaires étrangères (1968-69) et ministre de la Défense nationale (1969-1973). [Acad. fr.]

DEBRÉ (Olivier), peintre français (Paris 1920), fils de Robert Debré. D'une abstraction solidement construite dans les années 50, sa peinture a évolué ensuite vers une ample respiration qui évoque le spectacle décanté de la nature.

DEBRÉ (Robert), médecin français (Sedan 1882 - Le Kremlin-Bicêtre 1978). Il a contribué aux progrès de la pédiatrie et à la protection de l'enfance.

DEBRECEN, v. de l'est de la Hongrie ; 212 235 h.

DEBREU (Gerard), économiste américain d'origine française (Calais 1921). On lui doit des recherches dans les domaines de l'économie mathématique et de l'économétrie. (Prix Nobel 1983.)

DEBUCOURT (Philibert Louis), peintre et graveur français (Paris 1755 - Belleville 1832). Ses aquatintes en couleurs sur la société de son temps sont particulièrement estimées.

DEBURAU, nom de deux mimes célèbres : **Jean Gaspard,** dit **Jean-Baptiste** (Kolín, Bohême, 1796 - Paris 1846), et **Jean Charles,** son fils (Paris 1829 - Bordeaux 1873), qui créèrent aux Funambules le type de *Pierrot.*

DEBUSSY (Claude), compositeur français (Saint-Germain-en-Laye 1862 - Paris 1918). Ses recherches harmoniques, son récitatif, son art évocateur, ses sonorités raffinées, le fluide de ses mélodies ont renouvelé le langage musical : *Prélude à l'après-midi d'un faune* (1894), *Pelléas et Mélisande* (1902), *la Mer* (1905), *le Martyre de saint Sébastien* (1911).

DEBYE (Petrus), physicien et chimiste néerlandais naturalisé américain (Maastricht 1884 - Ithaca, État de New York, 1966). Il étudia l'état solide aux basses températures et détermina par interférence des rayons X les dimensions des molécules gazeuses. (Prix Nobel de chimie 1936.)

Décaméron, recueil de nouvelles de Boccace (1348-1353). Ce sont des peintures des mœurs au XIVe s., dont le style a contribué à fixer la prose italienne.

DECAMPS (Alexandre), peintre français (Paris 1803 - Fontainebleau 1860), le plus populaire des orientalistes romantiques (*Enfants turcs près d'une fontaine,* Chantilly).

DÉCAPOLE, confédération de dix villes palestiniennes situées à l'est du Jourdain (Ier s. av. J.-C. - IIe s. apr. J.-C.). – Ligue de dix villes d'Alsace fondée en 1353-54 et qui ne fut totalement intégrée dans la France que lors de la Révolution.

DECAUVILLE (Paul), industriel français (Petit-Bourg, comm. d'Évry, 1846 - Neuilly 1922), créateur du matériel de chemin de fer à voie étroite (de 0,40 à 0,60 m de large).

DECAUX (Alain), historien français (Lille 1925). Créateur d'émissions radiophoniques et télévisées populaires consacrées à l'histoire et auteur d'ouvrages historiques, il a été de 1988 à 1991 ministre délégué chargé de la Francophonie. (Acad. fr.)

DECAZES ET DE GLÜCKSBERG (Élie, *duc*), homme politique français (Saint-Martin-de-Laye, Gironde, 1780 - Decazeville 1860). Ministre de la Police (1815), puis président du Conseil (1819) sous Louis XVIII, il dut démissionner après l'assassinat du duc de Berry (1820). — Son fils **Louis** (Paris 1819 - château de la Grave, Gironde, 1886), ministre des Affaires étrangères (1873-1877), chercha l'apaisement avec l'Allemagne de Bismarck.

DECAZEVILLE (12300), ch.-l. de c. de l'Aveyron ; 8 182 h. *(Decazevillois).* Houille. Métallurgie. La cité doit son développement, au XIXe s., au duc Élie Decazes.

DECCAN ou **DEKKAN,** partie péninsulaire de l'Inde. Plateau dont les bordures relevées forment les Ghāts.

DÉCÉBALE, nom donné au roi des Daces. Le plus connu anéantit une armée romaine (87) puis, vaincu par Trajan, se donna la mort (106).

décembre 1851 *(coup d'État du 2),* coup d'État exécuté par Louis Napoléon Bonaparte, alors président de la République, et qui prépara le rétablissement de l'Empire.

DÉCHELETTE (Joseph), archéologue français (Roanne 1862 - Nouvron-Vingré, Aisne, 1914), auteur d'un *Manuel d'archéologie préhistorique, celtique et gallo-romaine.*

DE CHIRICO (Giorgio), peintre italien (Vólos, Grèce, 1888 - Rome 1978). Inventeur à Paris, v. 1911-1914, d'une peinture qu'on appellera « métaphysique » v. 1917, précurseur du surréalisme, il évolue ensuite vers une sorte de pastiche de l'art classique.

Giorgio **De Chirico :** *les Muses inquiétantes* (1916). [Coll. Gianni Mattioli, Milan.]

DECHY (59187), comm. du Nord, banlieue de Douai ; 5 522 h.

DÉCINES-CHARPIEU (69150), ch.-l. de c. du Rhône, banlieue de Lyon ; 24 608 h. Chimie. Constructions électriques.

DECIUS (Caius Messius Quintus Valerianus Trajanus), en fr. **Dèce** (Bubalia, Pannonie, 201 - Abryttos, Mésie, 251), empereur romain (249-251). Il persécuta les chrétiens (250).

DECIZE (58300), ch.-l. de c. de la Nièvre, sur la Loire ; 7 059 h. *(Decizois).* Caoutchouc.

Claude **Debussy** (P. Robier - Conservatoire de musique de Paris)

Daniel **Defoe** (London Library)

Déclaration du clergé de France (ou **des Quatre Articles**), déclaration rédigée par Bossuet et acceptée, le 19 mars 1682, par l'assemblée du clergé de France. Elle constitua la charte de l'Église gallicane.

Décorations *(affaire des)* [nov. 1887], scandale né d'un trafic de décorations dans lequel était impliqué le gendre du président de la République, J. Grévy. Ce dernier dut démissionner.

DE COSTER (Charles), écrivain belge d'expression française (Munich 1827 - Ixelles 1879), auteur de *la Légende et les aventures d'Ulenspiegel et de Lamme Goedzak* (1867).

Découverte *(palais de la),* établissement public à caractère scientifique, culturel et professionnel, situé à Paris, créé par Jean Perrin en 1937 dans une partie du Grand Palais.

DECOUX (Jean), amiral français (Bordeaux 1884 - Paris 1963). Gouverneur de l'Indochine en 1940, il dut négocier avec les Japonais, mais parvint à maintenir la souveraineté de la France jusqu'en 1945.

DE CRAYER (Gaspar), peintre flamand (Anvers 1582 - Gand 1669), disciple de Rubens et auteur prolifique de tableaux d'autel.

DECROLY (Ovide), médecin et pédagogue belge (Renaix 1871 - Uccle 1932), promoteur d'une pédagogie fondée sur la notion de centre d'intérêt.

DÉCUMATES *(champs),* territoires entre Rhin et Haut-Danube, annexés par Domitien et protégés par un *limes* que les Alamans forcèrent en 260.

DÉDALE. *Myth. gr.* Architecte et sculpteur, constructeur du labyrinthe de Crète, dans lequel fut enfermé le Minotaure. Il y fut emprisonné lui-même par ordre de Minos, mais s'échappa avec son fils Icare en se faisant des ailes de plumes et de cire.

DEDEKIND (Richard), mathématicien allemand (Brunswick 1831 - *id.* 1916). Ses travaux sur les idéaux et la divisibilité dans les corps de nombres algébriques lui ont permis de créer, avec G. Cantor, la théorie des ensembles.

Défense *(quartier de la),* quartier principalement d'affaires de l'Ouest parisien, sur les communes de Puteaux, Courbevoie et Nanterre. Construit, avec sa dalle piétonnière, d'env. 1957 à 1989, il comprend de nombreuses tours de bureaux, le C. N. I. T. (auj. « Centre des nouvelles industries et technologies ») à la voûte de béton audacieuse (1958) et, à son extrémité ouest, la « Grande Arche » (1983-1989). Six cent cinquante sociétés sont installées à la Défense, dont la moitié des vingt premières entreprises françaises.

Défense et illustration de la langue française, ouvrage de Du Bellay (1549), manifeste de l'école de Ronsard pour le renouvellement de la langue et des genres poétiques.

Défense nationale *(gouvernement de la),* gouvernement qui succéda au second Empire et proclama la république le 4 sept. 1870. Il remit ses pouvoirs à l'Assemblée nationale le 12 février 1871.

DEFFAND (Marie, *marquise* **du**), femme de lettres française (château de Chamrond, Bourgogne, 1697 - Paris 1780). Son salon fut fréquenté par les écrivains et les philosophes.

DEFFERRE (Gaston), homme politique français (Marsillargues, Hérault, 1910 - Marseille 1986). Maire de Marseille, député puis sénateur socialiste des Bouches-du-Rhône, il fut ministre de la France d'outre-mer (1956-57) et ministre de l'Intérieur (1981-1984).

DEFOE ou **DE FOE** (Daniel), écrivain anglais (Londres v. 1660 - *id.* 1731). Aventurier, commerçant, agent politique, il connut la célébrité par un roman d'aventures (*Robinson* Crusoé,* 1719) et une série de récits réalistes (*Moll Flanders,* 1722).

DE FOREST (Lee), ingénieur américain (Council Bluffs, Iowa, 1873 - Hollywood 1961). Il inventa la lampe triode (1906), appelée alors *audion.*

DEGAS (Edgar), peintre, graveur et sculpteur français (Paris 1834 - *id.* 1917). L'un des impressionnistes, issu d'un milieu bourgeois cultivé, influencé par Ingres, par Delacroix et tenté par le naturalisme, il est parvenu à une manière très nouvelle de synthétiser espace, lumière, formes, mouvement (thèmes des courses de chevaux, des danseuses, des femmes à leur toilette, etc.).

Degas : *Repasseuses au travail* (1884). [Musée d'Orsay, Paris.]

DE GASPERI (Alcide), homme politique italien (Pieve Tesino, Trentin, 1881 - Sella di Valsugana 1954). Chef de la démocratie chrétienne italienne, président du Conseil (1945-1953), il rendit à son pays sa place en Europe et amorça son redressement économique.

DE GEER (Louis, *baron*), homme politique suédois (Finspång 1818 - Truedstorp 1896). Premier ministre de 1858 à 1870 et de 1876 à 1880, il fit voter l'institution de deux chambres élues au suffrage censitaire (1866).

DE GRAAF (Reinier), médecin et physiologiste hollandais (Schoonhoven, près d'Utrecht, 1641 - Delft 1673). Il a découvert les follicules ovariens.

DEGRELLE (Léon), homme politique belge (Bouillon 1906 - Málaga 1994). Fondateur du rexisme, il prôna la collaboration avec l'Allemagne après la défaite de 1940 ; il s'exila en 1944.

DEHAENE (Jean-Luc), homme politique belge (Montpellier 1940). Social-chrétien flamand, il est Premier ministre depuis 1992.

DE HAVILLAND (*sir* Geoffrey), industriel britannique (Haslemere, Surrey, 1882 - Londres 1965). De 1909 à 1954, il réalisa cent douze types d'avions civils et militaires, notamment le premier avion commercial à réaction (*Comet,* mise en service 1952).

DEHMEL (Richard), poète allemand (Wendisch-Hermsdorf 1863 - Blankenese, près de Hambourg, 1920), d'inspiration sociale.

DE HOOCH, HOOGHE ou **HOOGH** (Pieter), peintre néerlandais (Rotterdam 1629 - Amsterdam v. 1684), auteur de scènes d'intérieur d'un réalisme poétisé (notamm. celles de sa période d'installation à Delft : 1654-1662).

Pieter **De Hooch :** *Jeune Bourgeoise et sa servante* (v. 1675). [Musée de Lille.]

DEHRA DŪN, v. de l'Inde (Uttar Pradesh) ; 367 411 h.

DEINZE, v. de Belgique (Flandre-Orientale), sur la Lys ; 25 839 h. Textile.

DEIR EL-BAHARI, site d'Égypte, près de Thèbes. Remarquables ensembles funéraires de Montouhotep Ier, de Thoutmosis III et surtout de la reine Hatshepsout.

DEIR EZ-ZOR, v. de Syrie, sur l'Euphrate ; 92 000 h. À proximité, gisements de pétrole.

DÉJANIRE. *Myth. gr.* Épouse d'Héraclès, dont elle causa la mort en lui donnant la tunique empoisonnée que lui avait remise le centaure Nessos.

Déjeuner sur l'herbe (le), grande toile de Manet (1862-63, musée d'Orsay) qui fit scandale par sa modernité (malgré ses sources : Raphaël, Giorgione) au « Salon des refusés » de 1863.

DEKKAN → ***Deccan.***

DEKKER (Thomas), écrivain anglais (Londres v. 1572 - *id.* v. 1632). Ses drames et ses romans font vivre le peuple des bas-fonds et des boutiques *(les Sept Péchés capitaux de Londres).*

DE KLERK (Frederik Willem), homme politique sud-africain (Johannesburg 1936). Président de la République (1989-1994), il est l'initiateur de l'abolition de l'apartheid et du processus de démocratisation en Afrique du Sud. En 1994, à l'issue des premières élections multiraciales, il est nommé deuxième vice-président. (Prix Nobel de la paix 1993.)

DE KOONING (Willem), peintre américain d'origine néerlandaise (Rotterdam 1904). Parti pour New York en 1926, il s'est affirmé à la fin des années 40 comme un des maîtres de l'expressionnisme, abstrait ou figuratif (thème de la *Femme,* disloquée et recomposée).

DELACROIX (Eugène), peintre et lithographe français (Saint-Maurice, Val-de-Marne, 1798 - Paris 1863). Grand coloriste et novateur réfléchi, il fut le chef de l'école romantique. Il est l'auteur de vastes peintures murales à Paris (bibliothèques du Palais-Bourbon et du Sénat ; plafond de la galerie d'Apollon au Louvre, 1850-51 ; chapelle des Saints-Anges à l'église St-Sulpice, 1850-1861). Parmi ses tableaux célèbres, citons, au Louvre : *Dante et Virgile aux Enfers* (1822), *Scènes des massacres* de Scio* (1824), *Mort de Sardanapale* (1827), *la Liberté* guidant le peuple* (1830), *Femmes d'Alger dans leur appartement* (1834), *Entrée des croisés à Constantinople* (1840). Son *Journal* est d'un grand intérêt.

DELAGE (Louis), ingénieur et industriel français (Cognac 1874 - Le Pecq 1947), un des pionniers de l'industrie automobile.

DELAGE (Yves), zoologiste français (Avignon 1854 - Sceaux 1920), auteur de travaux de biologie, en particulier sur la parthénogenèse expérimentale.

DELAGOA *(baie),* baie de l'océan Indien, au Mozambique.

DELALANDE (Michel Richard), compositeur français (Paris 1657 - Versailles 1726). Surintendant et compositeur de la Chambre, sous-maître et compositeur de la Chapelle, il a laissé 71 grands motets, chefs-d'œuvre du genre, et des *Symphonies pour les soupers du roi.*

DE LA MADRID HURTADO (Miguel), homme politique mexicain (Colima 1934), président de la République de 1982 à 1988.

DELAMARE-DEBOUTTEVILLE (Édouard), industriel et inventeur français (Rouen 1856 - Montgrimont, Seine-Maritime, 1901). Avec l'aide du chef mécanicien de sa filature, Léon Malandin, il réalisa la première voiture automobile qui, actionnée par un moteur à explosion, ait roulé sur une route (1883).

DELAMBRE (*le chevalier* Jean-Baptiste), astronome et géodésien français (Amiens 1749 - Paris 1822). Avec Méchain, il mesura l'arc de méridien compris entre Dunkerque et Barcelone (1792-1799) pour l'établissement du système métrique. On lui doit une *Histoire de l'astronomie.*

DELANNOY (Jean), cinéaste français (Noisy-le-Sec 1908), auteur de films dramatiques et psychologiques : *l'Éternel Retour* (1943), *la Symphonie pastorale* (1946), *la Princesse de Clèves* (1961).

DELAROCHE (Hippolyte, dit **Paul**), peintre français (Paris 1797 - *id.* 1856). Éclectique, il tenta de concilier classicisme et romantisme dans des sujets d'histoire au caractère théâtral.

DELAUNAY (Louis), ingénieur et industriel français (Corbeil 1843 - Cannes 1912), un des pionniers de l'industrie automobile.

DELAUNAY (Robert), peintre français (Paris 1885 - Montpellier 1941). Sous la dénomination d'*orphisme,* due à Apollinaire, il a apporté au cubisme un jeu de contrastes chromatiques et lumineux brisant et recomposant les formes (séries des « Tours Eiffel », 1909-10, des « Fenêtres », 1912), pour aboutir dans certaines de ses œuvres à l'abstraction (« Formes circulaires », « Rythmes », etc.). — Sa femme, **Sonia,** d'origine russe (Odessa 1885 - Paris 1979), a mené les mêmes recherches sur la couleur pure et les rythmes (*Prismes* électriques,* 1914) et les a appliquées aux arts graphiques et décoratifs, aux tissus, à la mode.

Robert **Delaunay :** *Champ de Mars, la tour rouge* (1911). [Art Institute, Chicago.]

DELAUNE (Étienne), graveur, orfèvre et dessinateur ornemaniste français (Orléans ? v. 1518 - ? 1583). Il a joué un grand rôle dans la diffusion du style de l'école de Fontainebleau.

DE LAVAL (Gustaf), ingénieur suédois (Orsa, Dalécarlie, 1845 - Stockholm 1913). Il est l'inventeur de la turbine à vapeur qui porte son nom (1883).

Eugène **Delacroix :** *Dante et Virgile aux Enfers* (1822). [Louvre, Paris.]

DELAVIGNE (Casimir), poète français (Le Havre 1793 - Lyon 1843), auteur de tragédies *(les Enfants d'Édouard)* et d'élégies patriotiques. (Acad. fr.)

DELAWARE (la), fl. des États-Unis, qui passe à Philadelphie et rejoint la *baie de la Delaware* sur l'Atlantique ; 400 km.

DELAWARE, un des États unis d'Amérique, sur la côte est ; 666 168 h. Cap. *Dover.*

DELAWARE, Indiens Algonquins qui vivaient autrefois sur la côte de l'Atlantique entre l'Hudson et Baltimore. Ils furent déportés dans une réserve de l'Oklahoma à la fin du XIXe s.

DELAY (Jean), psychiatre français (Bayonne 1907 - Paris 1987). Il a étudié les troubles de la mémoire et les effets des psychotropes. (Acad. fr.)

DELBRÜCK (Max), biophysicien américain d'origine allemande (Berlin 1906 - Pasadena 1981). Il a reçu en 1969 le prix Nobel de médecine et de physiologie pour ses travaux de biologie moléculaire sur l'A. D. N. et son rôle génétique.

DELCASSÉ (Théophile), homme politique français (Pamiers 1852 - Nice 1923). Ministre des Affaires étrangères (1898-1905), il resserra l'alliance franco-russe (1900) et fut l'artisan de l'Entente cordiale avec la Grande-Bretagne (1904).

DEL COSSA (Francesco), peintre italien (Ferrare v. 1436 - Bologne 1478). Influencé, notamm., par C. Tura, il travailla à Ferrare (fresques des *Mois* au palais Schifanoia, avec E. De'Roberti) puis à Bologne.

DELEDDA (Grazia), romancière italienne (Nuoro 1871 - Rome 1936), peintre des mœurs sardes. (Prix Nobel 1926.)

DELÉMONT, v. de Suisse, ch.-l. du cant. du Jura ; 11 548 h. Église du XVIIIe s.

DELERUE (Georges), compositeur français (Roubaix 1925 - Los Angeles 1992) connu pour ses musiques de film (*Hiroshima mon amour,* 1959 ; *la Peau douce,* 1963 ; *la Gifle,* 1978).

DELESCLUZE (Charles), journaliste et homme politique français (Dreux 1809 - Paris 1871). Membre de la Commune en 1871, il fut tué sur les barricades.

DELESSERT (*baron* Benjamin), industriel, financier et philanthrope français (Lyon 1773 - Paris 1847). Il fonda en 1818 la première caisse d'épargne.

DELESTRAINT (Charles), général français (Biache-Saint-Vaast 1879 - Dachau 1945). Chef de l'armée secrète en France (1942), il fut déporté en 1943 au Struthof, puis à Dachau.

DELEUZE (Gilles), philosophe français (Paris 1925 - *id.* 1995). Il a élaboré, à travers des études sur Proust, Sacher-Masoch et Kafka, une analyse du langage et de la signification (*Logique du sens,* 1969), qui introduit à une nouvelle définition du désir (*l'Anti-Œdipe,* 1972, en collab. avec F. Guattari) qui fit scandale dans les milieux de la psychanalyse.

DELFT, v. des Pays-Bas (Hollande-Méridionale) ; 89 365 h. Centre de faïencerie, dont l'apogée se situe aux XVIIe et XVIIIe s. Musée. Monuments des XIIIe-XVIIe s.

DELGADO *(cap),* cap du Mozambique, sur l'océan Indien.

DELHI, v. de l'Inde, cap. du *territoire de Delhi* (9 370 475 h.), sur la Yamunā ; 8 375 188 h. — Ancienne ville hindoue, elle fut du VIIIe au XIXe s. la capitale des États musulmans de l'Inde du Nord. Englobant *New Delhi,* capitale fédérale de l'Inde, elle est la troisième ville du pays. — Nombreux monuments : colonne de fer (IVe s.), remarquables édifices de style « indo-musulman » des XIIIe-XVIe s., dont le Quṭb mīnār (v. 1229) ; haut lieu de l'architecture moghole (mausolée d'Humāyūn, v. 1564 ; Fort-Rouge, 1639-1647 ; Grande Mosquée, 1644-1658 ; etc.).

DELIBES (Léo), compositeur français (Saint-Germain-du-Val 1836 - Paris 1891), auteur d'opéras-comiques *(Lakmé)* et de ballets (*Sylvia, Coppélia,* etc.).

DELIGNE (Pierre), mathématicien belge (Bruxelles 1944). Ses travaux de géométrie algébrique lui ont valu la médaille Fields en 1978.

DELILLE (*abbé* Jacques), poète français (Clermont-Ferrand 1738 - Paris 1813), traducteur de Virgile, auteur de poèmes didactiques et descriptifs *(les Jardins).* [Acad. fr.]

délits et des peines (Des), œuvre de Beccaria (1764) dénonçant les vices du droit pénal sous l'Ancien Régime et proposant des réformes qui seront à la base des législations modernes.

DELL'ABATE (Nicolo), peintre italien (Modène v. 1509 - Fontainebleau ? 1571 ?). Appelé à Fontainebleau en 1552, il y fut un brillant collaborateur du Primatice (fresques ; toiles comme *l'Enlèvement de Proserpine,* au Louvre).

DELLA FRANCESCA → ***Piero della Francesca.***

DELLA PORTA (Giacomo), architecte italien (en Lombardie ? v. 1540 - Rome 1602). Il a terminé, à Rome, des édifices entrepris par Michel-Ange (dôme de St-Pierre, v. 1585-1590). La façade qu'il a donnée au Gesù de Vignole est typique du style de la Contre-Réforme.

DELLA QUERCIA → ***Jacopo della Quercia.***

DELLA ROBBIA (Luca), sculpteur et céramiste italien (Florence 1400 - *id.* 1482). Il participa à la décoration de la cathédrale de Florence et fut le promoteur de la sculpture en terre cuite émaillée. Dans ce domaine, il eut pour continuateurs son neveu **Andrea** (Florence 1435 - *id.* 1525) et les fils de celui-ci.

DELLA ROVERE, famille italienne, originaire de Savone, qui détint le duché d'Urbino de 1508 à 1631 et compta parmi ses membres deux papes : Sixte IV et Jules II.

DELLA SCALA ou **SCALIGERI,** famille italienne dont un certain nombre de membres, appartenant au parti gibelin, furent seigneurs ou podestats de Vérone. Le plus fameux, **Cangrande Ier** (Vérone 1291 - Trévise 1329), chef des gibelins de Lombardie, offrit un asile à Dante exilé.

DELLE (90100), ch.-l. de c. du Territoire de Belfort ; 7 026 h. Constructions mécaniques.

DELLUC (Louis), journaliste et cinéaste français (Cadouin, Dordogne, 1890 - Paris 1924), auteur de *la Femme de nulle part* (1922), *l'Inondation* (1924). Il fut l'un des fondateurs des ciné-clubs et l'initiateur de la critique cinématographique. Un prix qui porte son nom a été fondé en 1936.

DEL MONACO (Mario), ténor italien (Florence 1915 - Mestre 1982). Célèbre pour ses interprétations d'opéras italiens, il fut influencé dans son jeu par le cinéma.

DELON (Alain), acteur français (Sceaux 1935). L'une des vedettes les plus populaires du cinéma français, il a joué notamment avec R. Clément (*Plein Soleil,* 1960), L. Visconti (*Rocco et ses frères,* id.), J.-P. Melville (*le Samouraï,* 1967), J. Losey (*M. Klein,* 1976), J.-L. Godard (*Nouvelle Vague,* 1990).

Alain **Delon** dans une scène de *l'Éclipse* (1962) de M. Antonioni.

DELORME ou **DE L'ORME** (Philibert), architecte français (Lyon 1514 - Paris 1570), le plus important de la seconde Renaissance, à la fois constructeur et théoricien (château d'Anet, 1547-1555 ; nombreux travaux officiels sous Henri II ; château des Tuileries, 1564 et suiv.).

DELORS (Jacques), économiste et homme politique français (Paris 1925). Ministre de l'Économie et des Finances (1981-1984), il est ensuite, de 1985 à 1995, président de la Commission européenne.

DÉLOS, la plus petite des Cyclades, où se trouvait le grand sanctuaire d'Apollon. C'est là qu'étaient, à l'origine, le trésor et le siège de la première Confédération maritime athénienne (Ve s. av. J.-C.). Elle fut ruinée par Mithridate (88 av. J.-C.). Ensemble archéologique parmi les plus complets (sanctuaires, théâtre, quartiers d'habitations aux belles mosaïques, ports, etc.).

DELPHES, v. de l'anc. Grèce, en Phocide, sur le versant sud-ouest du Parnasse, dans un site grandiose où Apollon avait un temple et rendait des oracles par la bouche de la pythie. Important centre religieux, siège des jeux Pythiques, Delphes rayonna sur tout le monde antique du VIIe s. av. J.-C. à l'époque romaine. Des fouilles entreprises par l'école française d'Athènes depuis 1860 sur l'emplacement de l'anc. village de Kastrí ont mis au jour les temples d'Apollon et d'Athéna, les trésors (dont celui de la cité d'Athènes, Ve s. av. J.-C.), le théâtre, le stade. Très riche musée.

DELSARTE (François), pédagogue français (Solesmes, Nord, 1811 - Paris 1870). Ses travaux sur la dynamique de la parole, du geste et des mouvements du corps sont à l'origine du renouveau pédagogique de l'expression corporelle et de la danse.

Delta *(plan),* nom donné aux travaux (1958-1986) reliant par des digues les îles de la

Delhi : le mausolée d'Humāyūn (v. 1564).

Delphes : vestiges de la tholos, édifice du IVe s. av. J.-C.

Hollande-Méridionale et de la Zélande, destinés surtout à lutter contre les inondations.

DELUMEAU (Jean), historien français (Nantes 1923). Il s'est attaché à l'étude des mentalités (*la Peur en Occident XIVe-XVIIIe siècle : une cité assiégée,* 1978 ; *le Péché et la peur,* 1983 ; *Rassurer et protéger : le sentiment de sécurité dans l'Occident d'autrefois,* 1989 ; *Histoire du paradis,* 1992-1995).

DELVAUX (André), cinéaste belge (Louvain 1926), auteur de films aux confins de l'imaginaire et de la réalité : *Un soir, un train* (1968), *Rendez-vous à Bray* (1971).

DELVAUX (Paul), peintre belge (Antheit, prov. de Liège, 1897 - Furnes 1994). D'une facture classique, ses toiles se rattachent à un surréalisme onirique (*Pygmalion,* 1939, M. A. M., Bruxelles ; *Trains du soir,* 1957, *ibid.*).

DÉMADE, orateur athénien (v. 384 - v. 320 av. J.-C.), chef du parti macédonien après Chéronée (338), adversaire de Démosthène.

DEMANGEON (Albert), géographe français (Gaillon 1872 - Paris 1940), l'un des maîtres de la géographie humaine.

DEMĀVEND, volcan, point culminant de l'Elbourz et de l'Iran, au nord-est de Téhéran ; 5 671 m.

DÉMÉTER, déesse grecque de la Fertilité, divinisation de la terre nourricière, identifiée avec la *Cérès* romaine. C'est la mère de Perséphone.

DÉMÉTRIOS Ier Poliorcète (« Preneur de villes ») [336-282 av. J.-C.], roi en Macédoine (294-287 av. J.-C.), fils d'Antigonos Monophthalmos. Il fut, avec son père, maître du monde égéen jusqu'à sa défaite à Ipsos (301). Séleucos Ier le fit prisonnier en 285.

DÉMÉTRIOS, nom de plusieurs rois séleucides de Syrie. — **Démétrios Ier Sôter** (« Sauveur »), petit-fils d'Antiochos III le Grand, a régné de 162 à 150 av. J.-C.

DÉMÉTRIOS de Phalère, homme d'État et orateur athénien (Phalère v. 350 - Haute-Égypte v. 283 av. J.-C.). Il gouverna Athènes au nom du Macédonien Cassandre.

DEMIDOV ou **DEMIDOF,** famille d'industriels russes qui, anoblie en 1720, appartenait au XIXe s. au milieu proche de la Cour. Ses membres les plus connus sont : **Nikita Demidov** (Toula 1656 - *id.* 1725), maître de forges à Toula, qui transplanta ses activités dans l'Oural, et **Anatoli Nikolaïevitch,** *prince* **de San Donato** (Florence 1812 - Paris 1870), qui épousa la princesse Mathilde Bonaparte.

DE MILLE (Agnes), danseuse et chorégraphe américaine (New York 1905 - *id.* 1993), nièce de Cecil B. De Mille. Elle contribua à donner un style propre au ballet américain et à faire découvrir les sources du folklore des États-Unis.

DE MILLE (Cecil Blount), cinéaste américain (Ashfield, Massachusetts, 1881 - Hollywood 1959). Spécialiste des reconstitutions historiques à grand spectacle, il a réalisé : *Forfaiture* (1915), *les Dix Commandements* (1923, deuxième version en 1956), *Cléopâtre* (1934), *Sous le plus grand chapiteau du monde* (1952).

DEMIREL (Süleyman), homme politique turc (Islâmköy, près d'Isparta, 1924). Plusieurs fois Premier ministre (1965-1971 ; 1975-1978 ; 1979-80), il est emprisonné à deux reprises après le coup d'État militaire de 1980. Redevenu chef du gouvernement en 1991, il est ensuite président de la République (depuis 1993).

démocrate *(parti),* le plus ancien des deux grands partis qui dominent la vie politique des États-Unis. Partisan d'une politique en faveur des agriculteurs et d'un gouvernement décentralisé, il prit le nom de « démocrate » sous la présidence de Jackson (1829-1837). Avec la crise de 1929, il prôna l'intervention des pouvoirs publics dans la vie économique et sociale. Il a depuis lors donné plusieurs présidents aux États-Unis : Roosevelt (1933-1945), Truman (1945-1953), Kennedy (1961-1963), Johnson (1963-1969), Carter (1977-1981), Clinton (depuis 1993).

Démocratie chrétienne ou **D. C.,** parti politique italien, apparu en 1919 sous le nom de parti populaire italien (P. P. I.). Après avoir porté le nom de démocratie chrétienne (à partir de 1944), le parti reprend son ancien nom en 1994.

démocratie en Amérique (De la), ouvrage d'Alexis de Tocqueville (1835-1840), analysant la société américaine et l'évolution des démocraties.

DÉMOCRITE, philosophe grec (Abdère v. 460 - v. 370 av. J.-C.). Pour lui, la nature est composée d'atomes dont les mouvements sont régis de façon mécaniste.

DEMOISELLES *(grotte des),* grotte du Languedoc (Hérault), au-dessus des gorges de l'Hérault.

Demoiselles d'Avignon (les), surnom d'une grande toile de Picasso qui, exécutée à Paris en 1906-07, a préludé au cubisme (M. A. M. de New York).

DEMOLDER (Eugène), écrivain belge d'expression française (Bruxelles 1862 - Essonnes 1919). Ses récits s'inspirent de la vie et de l'œuvre des peintres anciens *(la Route d'émeraude).*

DEMOLON (Albert), agronome et biologiste français (Lille 1881 - Paris 1954), auteur de recherches en pédologie et en physiologie végétale.

DE MOMPER (Joos), peintre flamand (Anvers 1564 - *id.* 1635), auteur de paysages montagneux aux vastes panoramas pittoresques.

DE MORGAN (Augustus), mathématicien et logicien britannique (Madurā, auj. Madurai, 1806 - Londres 1871). Il a fondé, en même temps que Boole, la logique des classes et des relations.

DÉMOSTHÈNE, homme politique et orateur athénien (Athènes 384 - Calaurie 322 av. J.-C.). À force d'étude et de ténacité, il réussit à surmonter ses difficultés d'élocution et à acquérir un remarquable talent oratoire qu'il employa d'abord comme avocat, puis, en politique, contre Philippe de Macédoine *(Olynthiennes, Philippiques).* Démosthène assuma la direction des affaires et obtint l'alliance de Thèbes, mais les Athéniens et les Thébains furent écrasés par Philippe à Chéronée (338). Exilé, Démosthène encouragea la révolte des Grecs, après la mort d'Alexandre, mais s'empoisonna après leur défaite.

DEMPSEY (William **Harrison,** dit **Jack**), boxeur américain (Manassa, Colorado, 1895 - New York 1983), champion du monde des poids lourds (1919-1926).

DEMY (Jacques), cinéaste français (Pontchâteau 1931 - Paris 1990), auteur de films tendres et amers à la fois, à mi-chemin entre réalisme et onirisme (*Lola,* 1961 ; *Peau d'Âne,* 1970), et dont certains sont chantés (*les Parapluies de Cherbourg,* 1964 ; *les Demoiselles de Rochefort,* 1967 ; *Une chambre en ville,* 1982).

DENAIN (59220), ch.-l. de c. du Nord, sur l'Escaut ; 19 685 h. *(Denaisiens).* Métallurgie. Verrerie. Villars y remporta sur le Prince Eugène, le 24 juill. 1712, une victoire qui amena la fin de la guerre de la Succession d'Espagne.

DENDÉRAH, village de Haute-Égypte. Temple ptolémaïque consacré à Hathor.

DENDERLEEUW, comm. de Belgique (Flandre-Orientale) ; 16 615 h.

DENDERMONDE, en fr. **Termonde,** v. de Belgique, ch.-l. d'arr. de la Flandre-Orientale ; 42 499 h. Textile. Mécanique. Église gothique.

DENEUVE (Catherine **Dorléac,** dite **Catherine**), actrice française (Paris 1943). Remarquée dans *les Parapluies de Cherbourg* (J. Demy, 1964), elle s'est imposée dans de nombreux films, notamment *Belle de jour* (L. Buñuel, 1967), *Liza* (M. Ferreri, 1972), *le Dernier Métro* (F. Truffaut, 1980), *Indochine* (Régis Wargnier, 1992), *Ma saison préférée* (André Téchiné, 1993).

DENFERT-ROCHEREAU (Pierre Philippe), colonel français (Saint-Maixent 1823 - Versailles 1878). Il défendit Belfort en 1870-71.

DENG XIAOPING ou **TENG SIAO-P'ING,** homme politique chinois (Guang'an 1904). Secrétaire général du P.C.C. à partir de 1956, il fut limogé lors de la Révolution culturelle (1966). Responsable des orientations nouvelles de la politique chinoise à partir de 1977, il se retire officiellement de la vie politique en 1987 tout en restant une personnalité très influente.

DENGYŌ DAISHI, nom posthume d'un religieux japonais (767 - mont Hiei 822) qui fonda l'une des grandes sectes du bouddhisme japonais : la secte tendai.

DEN HAAG → ***Haye** (La).*

DENIKINE (Anton Ivanovitch), général russe (près de Varsovie 1872 - Ann Arbor 1947). L'un des chefs des Russes blancs, il lutta contre les bolcheviks, notamment en Ukraine en 1919.

DENIS ou **DENYS** *(saint),* premier évêque de Paris (IIIe s.). Il aurait été décapité sur la colline de Montmartre. Dagobert lui dédia une abbaye célèbre.

DENIS le Libéral (Lisbonne 1261 - Odivelas 1325), roi de Portugal (1279-1325). Il favorisa la mise en valeur du pays et fonda l'université de Coimbra (1308).

DENIS (Maurice), peintre et écrivain français (Granville 1870 - Paris 1943). Il participa au mouvement nabi, dont il fut un théoricien, et fonda en 1919 les Ateliers d'art sacré. Sa demeure à Saint-Germain-en-Laye, « le Prieuré », est auj. un musée.

DENIZLI, v. du sud-ouest de la Turquie ; 204 118 h.

DENJOY (Arnaud), mathématicien français (Auch 1884 - Paris 1974). Il a perfectionné la théorie de l'intégration.

DENNERY, puis **D'ENNERY** (Adolphe **Philippe,** dit), auteur dramatique français (Paris 1811 - *id.* 1899). Auteur de nombreux mélodrames *(les Deux Orphelines)* et de livrets d'opéras, il a légué à l'État une collection d'objets d'art d'Extrême-Orient (*musée d'Ennery,* à Paris).

DENON (Dominique Vivant, *baron*), graveur, diplomate et administrateur français (Givry 1747 - Paris 1825), directeur général des musées français sous Napoléon Ier.

DENVER, v. des États-Unis, cap. du Colorado, au pied des Rocheuses ; 467 610 h. (1 622 980 avec les banlieues). Construction aéronautique. Musée d'art.

DENYS *(saint)* → ***Denis** (saint).*

DENYS l'Aréopagite *(saint),* membre de l'Aréopage, converti par saint Paul. On lui attribua plusieurs œuvres du Ve s. qui eurent une grande influence sur la scolastique.

DENYS d'Halicarnasse, historien grec contemporain d'Auguste, m. v. 8 av. J.-C., auteur d'*Antiquités romaines* qui retracent l'histoire de Rome des origines à la deuxième guerre punique.

DENYS l'Ancien (Syracuse v. 430 - *id.* 367 av. J.-C.), tyran de Syracuse (405-367 av. J.-C.). Il chassa les Carthaginois de Sicile et fonda des comptoirs en Italie. Il protégea les lettres (Platon) et fit de Syracuse un important centre économique.

DENYS le Jeune (v. 397-344 av. J.-C.), fils et successeur, en 367 av. J.-C., du précédent. Chassé de Syracuse en 356 puis, de nouveau, en 344, il dut s'exiler à Corinthe.

DENYS le Petit, écrivain ecclésiastique (en Scythie ou en Arménie à la fin du Ve s. - v. 540). Ses travaux pour tenter de fixer la date de naissance de Jésus sont à la base de notre calendrier.

DÉOLS [deɔl] (36130), comm. de l'Indre, banlieue de Châteauroux ; 10 219 h. Métallurgie. Clocher roman d'une anc. abbaye.

DÉON (Michel), écrivain français (Paris 1919). Il est l'auteur de romans qui témoignent d'une conception aristocratique de la vie et des sentiments *(les Poneys sauvages, Un taxi mauve).* [Acad. fr.]

DEPARDIEU (Gérard), acteur français (Châteauroux 1948). Révélée par *les Valseuses* (B. Blier, 1974), sa personnalité puissante l'a imposé comme un des acteurs de cinéma les plus représentatifs de sa génération : *le Dernier Métro* (F. Truffaut, 1980), *Danton* (A. Wajda, 1983), *Sous le soleil de Satan* (M. Pialat, 1987), *Cyrano de Bergerac* (Jean-Paul Rappeneau, 1990), *1492 Christophe Colomb* (Ridley Scott, 1992), *Hélas pour moi* (J.-L. Godard, 1993), *le Colonel Chabert* (Yves Angelo, 1994).

Dépêche du midi (la), quotidien régional fondé à Toulouse en 1870 sous le titre *la Dépêche,* qu'il garda jusqu'en 1947.

Catherine **Deneuve**

Deng Xiaoping

DEPESTRE (René), écrivain haïtien (Jacmel 1926). Exilé à Cuba puis en France, il a donné à la négritude une dimension universelle dans ses poèmes *(Étincelles, Minerai noir, Journal d'un animal marin)* et ses romans *(Hadriana dans tous mes rêves).*

DEPORT (Albert), officier et ingénieur français (Saint-Loup-sur-Semouse 1846 - Houlgate 1926), l'un des inventeurs du canon français de 75 mm.

dépôts et consignations *(Caisse des),* établissement public créé en 1816. Elle consent des prêts aux collectivités locales, participe à l'aide au logement social et joue un très grand rôle sur les marchés hypothécaire, monétaire et financier.

DEPRETIS (Agostino), homme politique italien (Mezzana Corti, près de Pavie, 1813 - Stradella 1887). Président du Conseil (1876-1878 ; 1878-79 ; 1881-1887), il engagea l'Italie dans la voie de la Triple-Alliance.

DEPREZ (Marcel), physicien français (Aillant-sur-Milleron, Loiret, 1843 - Vincennes 1918). Il créa, avec d'Arsonval, le galvanomètre à cadre mobile et réalisa en 1883 le premier transport industriel d'énergie électrique.

DE QUINCEY (Thomas), écrivain britannique (Manchester 1785 - Édimbourg 1859), auteur des *Confessions d'un Anglais mangeur d'opium* (1821) et d'essais (*De l'assassinat considéré comme un des beaux-arts,* 1827).

DER (le), région de la Champagne, au S.-O. de Saint-Dizier, englobant la *forêt du Der* (env. 12 000 ha) et le *lac du Der-Chantecoq* (ou réservoir Marne) [env. 4 800 ha].

DERAIN (André), peintre français (Chatou 1880 - Garches 1954). Un des créateurs du fauvisme, il y renonça au profit d'un style cézannien ou archaïsant (période « gothique », v. 1910-1918) et pratiqua ensuite un classicisme très personnel. Il a donné des décors et costumes pour le ballet, a illustré Pétrone, Ovide, Rabelais.

DERBY, v. de Grande-Bretagne, dans le Derbyshire ; 214 000 h. Construction aéronautique. Matériel ferroviaire.

DERBY (Edward **Stanley,** 14e *comte* **de**), homme politique britannique (Knowsley 1799 - *id.* 1869). L'un des chefs du parti conservateur, Premier ministre (1852 ; 1858 ; 1867-68), protectionniste acharné. — Son fils **Edward Stanley** (Knowsley 1826 - *id.* 1893), ministre des Affaires étrangères (1866-1868, 1874-1878), s'opposa à la politique impérialiste de Disraeli.

DERJAVINE (Gavrila Romanovitch), poète russe (gouvern. de Kazan 1743 - Zvanka, gouvern. de Novgorod, 1816). Ses odes *(Felitsa)* illustrent le classicisme.

Dernier des Mohicans (le), roman de Fenimore Cooper (1826).

Dernières Nouvelles d'Alsace (les), quotidien régional créé en 1877 à Strasbourg.

DE'ROBERTI (Ercole), peintre italien (Ferrare v. 1450 - *id.* 1496), élève, subtil et original, de Del Cossa.

DÉROULÈDE (Paul), écrivain et homme politique français (Paris 1846 - Nice 1914). Fondateur (1882) et président de la ligue des Patriotes, auteur des *Chants du soldat,* il fut un boulangiste ardent et, député, tenta d'entraîner l'armée contre l'Élysée (1899). Il fut banni de 1900 à 1905.

DERRIDA (Jacques), philosophe français (El-Biar, Algérie, 1930). Il a entrepris une « déconstruction » de la métaphysique occidentale et, en réfléchissant sur les statuts de la parole et de l'écrit, a tenté de définir de nouveaux rapports entre la littérature et la philosophie (*l'Écriture et la différence,* 1967).

DERVAL (44590), ch.-l. de c. de la Loire-Atlantique ; 3 003 h.

DÉRY (Tibor), écrivain hongrois (Budapest 1894 - *id.* 1977), auteur de romans qui passent d'une peinture réaliste de la société à une évocation ironique des illusions humaines *(Cher Beau-Père).*

DESAIX [dəsɛ] (Louis Charles Antoine **des Aix,** dit), général français (château d'Ayat, près de Riom, 1768 - Marengo 1800). Il se distingua à l'armée du Rhin (1796) et en Égypte, où son équité lui valut le surnom de « Sultan juste ». Son intervention décida de la victoire de Marengo.

DESANTI (Jean Toussaint), philosophe français (Ajaccio 1914). Il a apporté une contribution décisive à l'épistémologie des mathématiques (*les Idéalités mathématiques,* 1968).

DESARGUES (Girard), mathématicien et ingénieur français (Lyon 1591 - *id.* 1661), l'un des fondateurs de la géométrie projective.

DÉSAUGIERS (Marc Antoine), chansonnier et vaudevilliste français (Fréjus 1772 - Paris 1827).

DES AUTELS (Guillaume), poète français (Montcenis ? 1529 - 1581). Il se rattache à la Pléiade par son imitation de Pétrarque et de Ronsard.

DESBORDES-VALMORE (Marceline), femme de lettres française (Douai 1786 - Paris 1859), auteur de poésies élégiaques.

DESCAMPS (Eugène), syndicaliste français (Lomme, Nord, 1922 - Buis-les-Baronnies 1990). Il fut secrétaire général de la C. F. T. C. (1961), puis secrétaire général de la C. F. D. T. (1964-1971).

DESCARTES (37160), ch.-l. de c. d'Indre-et-Loire ; 4 237 h. Constructions mécaniques. Papeterie. Patrie de Descartes.

DESCARTES (René), philosophe, mathématicien et physicien français (La Haye, auj. Descartes, Indre-et-Loire, 1596 - Stockholm 1650). Militaire, il parcourut l'Europe. En 1629, il se rendit en Hollande, où il vécut en changeant fréquemment de résidence avant de partir pour la Suède. Il a simplifié l'écriture mathématique et fondé la géométrie analytique. Il a dégagé les lois de la réfraction de la lumière et découvert la notion de travail. Sa physique mécaniste et sa théorie des animaux-machines ont posé les bases de la science moderne (*Dioptrique,* 1637 ; *Géométrie,* 1637). Son apport scientifique est fondé sur l'emploi d'une méthode et sur une métaphysique nouvelles (*Principes de la philosophie,* 1644 ; *les Passions de l'âme,* 1649). Sa méthode lui permet de dégager la science des confusions de la scolastique grâce à une logique de l'idée claire et distincte, fondée sur la déduction allant du simple au complexe (*Règles pour la direction de l'esprit,* écrit en 1628 ; *Discours de la méthode,* 1637). Il construit sa métaphysique en partant d'un doute méthodique, l'amenant à faire table rase de toute connaissance non fondée ; seule subsiste la certitude de la pensée qui doute. Il en déduit l'existence même de celui qui pense (« Je pense, donc je suis »), puis celle de Dieu (« preuve ontologique ») ; il déduit de là l'existence du monde extérieur (*Méditations métaphysiques,* 1641).

Descartes (F. Hals - Louvre, Paris).

DESCHAMPS (Émile **Deschamps de Saint-Amand**, dit **Émile**), poète français (Bourges 1791 - Versailles 1871), l'un des premiers représentants du romantisme. — Son frère **Antoine,** dit *Antony* (Paris 1800 - *id.* 1869), publia des *Études sur l'Italie.*

DESCHAMPS (Eustache), poète français (Vertus v. 1346 - v. 1407), auteur de poèmes (lais, ballades, rondeaux) et du premier art poétique français *(Art de dictier).*

DESCHAMPS (Jean), architecte français du XIIIe s., qui contribua à introduire le gothique du Nord dans la France méridionale (cathédrales de Clermont [-Ferrand], de Narbonne).

DESCHANEL (Paul), homme politique français (Schaerbeek 1855 - Paris 1922), président de la République (17 févr.-21 sept. 1920). [Acad. fr.]

DES ESSARTS (Pierre), homme d'État français (1372 - Paris 1413). Prévôt de Paris (1409), lié aux Bourguignons, puis passé aux Armagnacs, il fut destitué par la faction des Cabochiens (1413), qui le fit exécuter.

DESÈZE ou **DE SÈZE** (Romain, *comte*), avocat et magistrat français (Bordeaux 1748 - Paris 1828), l'un des défenseurs de Louis XVI devant la Convention. (Acad. fr.)

DESHOULIÈRES [dezu-] (Antoinette **du Ligier de La Garde,** Mme), femme de lettres française (Paris 1637 - *id.* 1694), auteur de poésies pastorales.

DE SICA (Vittorio), acteur et cinéaste italien (Sora 1901 - Paris 1974). L'un des chefs de file du néoréalisme, il a réalisé *Sciuscia* (1946), *le Voleur de bicyclette* (1948), *Miracle à Milan* (1951), *Umberto D* (1952), *Mariage à l'italienne* (1964), *le Jardin des Finzi Contini* (1970).

DÉSIRADE (La) [97127], une des Antilles françaises, dépendant de la Guadeloupe ; 1 611 h. Ch.-l. *Grande-Anse.*

DÉSIRÉE, reine de Suède (Marseille 1777 - Stockholm 1860). Fille du négociant François Clary, elle épousa (1798) le général Bernadotte, qui devint roi de Suède.

DE SITTER (Willem), astronome et mathématicien néerlandais (Sneek 1872 - Leyde 1934). Il a été l'un des premiers à appliquer la théorie de la relativité à la cosmologie.

DESJARDINS (Alphonse), journaliste et fonctionnaire canadien (Lévis, Québec, 1854 - *id.* 1920). Il est le créateur de la Caisse populaire de Lévis (1900), fondement du Mouvement coopératif Desjardins, le plus vaste réseau d'institutions financières au Québec.

DESJARDINS (Martin **Van den Bogaert,** dit), sculpteur français d'origine néerlandaise (Breda 1640 - Paris 1694). Il fit à Paris une carrière officielle brillante (académicien en 1671).

DESLANDRES (Henri), astronome français (Paris 1853 - *id.* 1948). Spécialiste de l'étude du Soleil, il a inventé le spectrohéliographe, indépendamment de l'Américain Hale.

DESMARETS ou **DES MARETS** (Nicolas), *seigneur* **de Maillebois,** homme d'État français (Paris 1648 - *id.* 1721). Neveu de Colbert, il fut contrôleur général des Finances (1708-1715).

DESMARETS DE SAINT-SORLIN (Jean), écrivain français (Paris 1595 - *id.* 1676). Auteur de la comédie des *Visionnaires* (1637), il fut l'adversaire des jansénistes. (Acad. fr.)

DES MOINES, v. des États-Unis, cap. de l'Iowa, sur la *rivière Des Moines,* affl. du Mississippi (r. dr.) ; 193 187 h.

DESMOULINS (Camille), publiciste et homme politique français (Guise 1760 - Paris 1794). Le 12 juill. 1789, il appela aux armes la foule réunie dans les jardins du Palais-Royal. Membre du club des Cordeliers, il participa activement au mouvement révolutionnaire avec son journal, *les Révolutions de France et de Brabant* (1789-1791). Adversaire des hébertistes, qu'il attaqua dans son nouveau journal, *le Vieux Cordelier* (1793), il fut guillotiné avec Danton. — Sa femme, **Lucile** (1771-1794), fut exécutée pour avoir protesté auprès de Robespierre contre le sort de son mari.

DESNOS [dɛsnɔs] (Robert), poète français (Paris 1900 - Terezín, Tchécoslovaquie, 1945). Il évolua du surréalisme vers un lyrisme plus quotidien *(Corps et biens, Domaine public).*

DES PÉRIERS (Bonaventure), écrivain français (Arnay-le-Duc v. 1500 - v. 1543). Auteur du *Cymbalum mundi* (1537), satire des croyances humaines, et des *Nouvelles Récréations et joyeux devis,* peinture réaliste des mœurs du temps.

DESPIAU [dɛs-] (Charles), sculpteur français (Mont-de-Marsan 1874 - Paris 1946). Il est l'auteur de bas-reliefs, de statues et surtout de nombreux bustes d'un modelé délicat et d'une grande vérité psychologique.

DESPORTES (François), peintre français (Champigneul-Champagne, Marne, 1661 - Paris 1743). Peintre des chasses et des chenils royaux, il a aussi donné de riches natures mortes, les cartons des *Nouvelles Indes* pour les Gobelins et une série d'esquisses de paysages d'Île-de-France (Louvre, musées de Gien et de Senlis, château de Compiègne...).

DESPORTES (Philippe), poète français (Chartres 1546 - abbaye de Bonport, Normandie, 1606). Rival heureux de Ronsard comme poète de cour, il fut critiqué par Malherbe.

DES PRÉS (Josquin) → ***Josquin des Prés.***

DESROCHERS (Alfred), écrivain canadien d'expression française (Saint-Élie-d'Orford 1901 - Montréal 1978), poète du terroir *(À l'ombre de l'Orford).*

DESROSIERS (Léo-Paul), écrivain canadien d'expression française (Berthierville 1896 - Montréal 1967), auteur de contes et de romans historiques *(les Engagés du Grand Portage).*

DESSALINES (Jean-Jacques), empereur d'Haïti (Guinée av. 1758 - Jacmel 1806). Esclave noir, lieutenant de Toussaint-Louverture, il proclama l'indépendance d'Haïti et prit le titre d'empereur (1804) sous le nom de Jacques Ier. Il fut assassiné par Christophe et Pétion.

DESSAU, v. d'Allemagne (Saxe-Anhalt), au sud-ouest de Berlin ; 101 262 h.

Des souris et des hommes, roman de Steinbeck (1937).

DESTELBERGEN, comm. de Belgique (Flandre-Orientale) ; 16 847 h.

DESTOUCHES (André **Cardinal**), compositeur français (Paris 1672 - *id.* 1749), auteur de ballets, de divertissements et d'opéras *(Issé, les Éléments).*

DESTOUCHES (Philippe **Néricault,** dit), auteur dramatique français (Tours 1680 - Villiers-en-Bière 1754). Il a écrit des comédies moralisatrices *(le Glorieux).* [Acad. fr.]

Destour, parti politique tunisien, fondé en 1920, qui revendiquait une constitution. Il se scinda en 1934 en un *Vieux Destour* et un *Néo-Destour,* qui, dirigé par Bourguiba, réclama l'indépendance. Parti présidentiel depuis 1956, il prit le nom de parti socialiste destourien de 1964 à 1988, avant de devenir le Rassemblement constitutionnel démocratique.

DESTRÉE (Jules), homme politique belge (Marcinelle 1863 - Bruxelles 1936). Député socialiste (1894), il fut l'un des promoteurs du mouvement intellectuel et politique wallon, fondant l'Académie royale de langue et de littérature françaises (1920).

DESTUTT DE TRACY (Antoine), philosophe français (Paris 1754 - *id.* 1836), principal représentant des idéologues. (Acad. fr.)

DESVRES (62240), ch.-l. de c. du Pas-de-Calais ; 5 348 h. Céramique.

DETROIT, v. des États-Unis (Michigan), sur la *rivière de Detroit,* unissant les lacs Érié et Saint-Clair ; 1 027 974 h. (4 382 299 avec les banlieues). Centre de la construction automobile. Musée d'art.

DÉTROITS (les), ensemble formé par le Bosphore* et les Dardanelles* reliant la Méditerranée et la mer Noire.

DÉTROITS *(établissement des)* ou **STRAITS SETTLEMENTS,** anc. colonie britannique de la péninsule malaise (1867-1946), qui comprenait notamment Penang, Singapour et Malacca.

DE TROY [-trwa], peintres français, dont les principaux sont : **François** (Toulouse 1645 - Paris 1730), portraitiste de l'aristocratie parisienne et des artistes de son temps ; — son fils **Jean-François** (Paris 1679 - Rome 1752), peintre d'histoire et de genre à la carrière officielle, au style aisé et brillant (7 toiles de *l'Histoire d'Esther,* pour la tapisserie, 1737 et suiv., Louvre).

DEUCALION. *Myth. gr.* Fils de Prométhée et mari de Pyrrha. Seuls survivants d'un déluge déclenché par Zeus, Deucalion et Pyrrha repeuplèrent le monde en jetant des pierres qui se transformèrent en hommes et en femmes.

DEUIL-LA-BARRE (95170), comm. du Val-d'Oise ; 19 160 h. *(Deuillois).*

DEÛLE (la), riv. du nord de la France, partiellement canalisée, qui passe à Lens et à Lille et rejoint la Lys (r. dr.) ; 68 km.

Deutéronome, cinquième livre du Pentateuque, code de lois civiles et religieuses (622 av. J.-C.).

DEUTSCH DE LA MEURTHE (Henri), industriel et philanthrope français (Paris 1846 - Ecquevilly, Yvelines, 1919). Il créa de nombreux prix pour encourager le développement de l'aviation et fut l'un des fondateurs de l'Aéro-Club de France.

Deutsche Bank AG, établissement bancaire allemand fondé à Berlin en 1870. C'est la première banque commerciale allemande.

Deutschlandlied, hymne national de la République fédérale d'Allemagne, d'après une strophe du chant populaire nationaliste allemand, *Deutschland über alles,* écrit en 1841.

DEUX-ALPES (les) [38860], station de sports d'hiver (alt. 1 660-3 423 m) de l'Isère, en bordure de l'Oisans.

2001 : l'Odyssée de l'espace, film américain de S. Kubrick (1968), fresque scientifique et métaphysique de l'humanité d'après un roman d'Arthur Clarke.

DEUX-PONTS, en all. **Zweibrücken,** v. d'Allemagne (Rhénanie-Palatinat) ; 33 496 h. Ancien chef-lieu d'un duché qui fut cédé à la France en 1801, puis partagé en 1816 entre la Bavière et la Prusse.

Deux-Roses *(guerre des),* conflit qui opposa de 1455 à 1485 deux branches des Plantagenêts, les maisons d'York (rose blanche) et de Lancastre (rose rouge) pour la possession de la couronne d'Angleterre. Il se termina par le triomphe d'Henri Tudor, dernier représentant des Lancastres, qui, devenu roi sous le nom d'Henri VII, épousa Élisabeth d'York.

DEUX-SICILES *(royaume des),* nom donné, à certaines époques (1442-1458 ; 1816-1861), à l'ensemble politique formé par la Sicile et le sud de la péninsule italienne.

DE VALERA (Eamon), homme politique irlandais (New York 1882 - Dublin 1975). Leader du mouvement nationaliste Sinn Féin, chef du gouvernement révolutionnaire irlandais (1918), il fonda le Fianna Fáil, fut président du Conseil exécutif de l'État libre (1932-1937), ministre des Affaires étrangères (1932-1948), puis Premier ministre (1937-1948). De nouveau au pouvoir de 1951 à 1954, puis en 1957, il fut président de la république d'Irlande de 1959 à 1973.

DE VALOIS ou **DEVALOIS** (Edris **Stannus,** dite **Dame Ninette**), danseuse et chorégraphe britannique (Blessington, Irlande, 1898), créatrice du Sadler's Wells Ballet (1931), devenu le Royal Ballet (1956).

DEVAUX (Paul), homme politique belge (Bruges 1801 - Bruxelles 1880). Il fut l'un des négociateurs du traité de Londres (1830-31) qui consacra l'indépendance de la Belgique.

DEVENTER, v. des Pays-Bas (Overijssel), sur l'IJssel ; 65 000 h. Monuments du Moyen Âge au XVIIe s.

DEVEREUX (Georges), psychanalyste américain d'origine hongroise (Lugos, auj. Lugoj, 1908 - Paris 1985), l'un des fondateurs de l'ethnopsychiatrie.

DEVÉRIA (Achille), dessinateur et lithographe français (Paris 1800 - *id.* 1857). Il est l'auteur, grâce à la lithographie, de portraits de célébrités romantiques ainsi que de scènes de la vie élégante du temps. — Son frère **Eugène** (Paris 1805 - Pau 1865) fut peintre d'histoire.

DEVÈS, massif volcanique d'Auvergne, dans le sud-ouest du Velay (Haute-Loire) ; 1 423 m.

DEVILLE (Michel), cinéaste français (Boulogne-sur-Seine 1931), auteur de comédies raffinées et subtiles (*Benjamin,* 1968 ; *la Lectrice,* 1988 ; *Aux petits bonheurs,* 1994) et de films plus noirs (*Eaux profondes,* 1981).

DÉVILLE-LÈS-ROUEN (76250), comm. de la Seine-Maritime ; 10 561 h. Matériel électrique.

De viris illustribus urbis Romae, par Lhomond (v. 1775), ouvrage d'enseignement, en latin, constitué d'une histoire romaine.

DE VISSCHER (Charles), juriste belge (Gand 1884 - Bruxelles 1973). Membre de la Cour permanente d'arbitrage (1923), juge en 1937 à la Cour permanente de justice internationale (future Cour internationale de justice), son ouvrage fondamental est : *Théories et réalités en droit international public* (1953, 1955, 1960).

Devoir (le), quotidien canadien de langue française fondé en 1910 à Montréal.

Dévolution *(guerre de)* [1667-68], guerre entreprise après la mort de Philippe IV d'Espagne par Louis XIV, qui réclamait les Pays-Bas au nom de sa femme, Marie-Thérèse, née du premier mariage de Philippe IV. La campagne, menée rapidement par le roi et Turenne en Flandre (1667) et par Condé en Franche-Comté (1668), valut à la France, lors du traité d'Aix-la-Chapelle (1668), douze places flamandes, dont Lille et Douai.

DÉVOLUY, massif des Alpes, au sud de la haute vallée du Drac ; 2 790 m à l'Obiou.

DEVON, île de l'archipel arctique canadien.

DEVON ou **DEVONSHIRE,** comté du sud-ouest de la Grande-Bretagne ; 952 000 h. Ch.-l. *Exeter.* V. pr. *Plymouth.*

DE VOS (Cornelis), peintre flamand (Hulst 1584 - Anvers 1651), réputé comme portraitiste.

DE VOS (Maarten), peintre flamand (Anvers 1532 - *id.* 1603), maniériste éclectique, élève de F. Floris.

DEVOS (Raymond), artiste de variétés français (Mouscron 1922). Son sens de l'absurde anime ses monologues, où, à travers calembours, non-sens et gags verbaux, le personnage principal est toujours le langage.

Devotio moderna ou **Dévotion moderne,** mouvement ascétique et mystique né à la fin du XIVe s. aux Pays-Bas, et qui chercha à promouvoir une spiritualité accessible à tous, appuyée sur la méditation de la Passion du Christ. Elle a été illustrée par l'*Imitation* de Jésus-Christ.*

Dévotion à la Croix (la), drame de Calderón (1634).

DE VRIES (Hugo), botaniste néerlandais (Haarlem 1848 - Lunteren 1935). On lui doit la découverte des *mutations,* clé de voûte de la doctrine de l'évolution.

DE WAILLY (Charles) → ***Odéon.***

DEWAR (*sir* James), chimiste et physicien britannique (Kincardine-on-Forth, Écosse, 1842 - Londres 1923). Il liquéfia l'hydrogène, le fluor et inventa le récipient isolant *(vase de Dewar)* pour la conservation des gaz liquéfiés.

DEWEY (John), philosophe et pédagogue américain (Burlington, Vermont, 1859 - New York 1952), promoteur d'une pédagogie fondée sur le pragmatisme.

DEWEY (Melvil), bibliographe américain (Adams Center, État de New York, 1851 - Lake Placid 1931), inventeur de la classification décimale utilisée dans les bibliothèques.

DE WITTE (Emmanuel), peintre néerlandais (Alkmaar v. 1615 - Amsterdam 1691/92), admiré notamm. pour le rendu spatial et l'animation de ses intérieurs d'églises.

DEWOITINE (Émile), constructeur aéronautique français (Crépy-en-Laonnois, Aisne, 1892 - Toulouse 1979). Il implanta à Toulouse d'importantes usines à partir de 1920 et réalisa plus de 50 types d'avions.

Eamon **De Valera**

Charles **Dickens** (en 1839) [D. Maclise - Tate Gallery, Londres]

Denis **Diderot** (L.M. Van Loo - Louvre, Paris)

Marlene **Dietrich**

DEZFUL, v. d'Iran, dans le Khuzestān ; 121 000 h.

D. G. S. E. (Direction générale de la sécurité extérieure), appellation, depuis avril 1982, des services d'espionnage et de contre-espionnage français (autref. S. D. E. C. E.). La D. G. S. E. relève directement du ministère de la Défense.

DHAHRĀN, v. de l'est de l'Arabie saoudite. Base aérienne. Pétrochimie.

DHAKA → ***Dacca.***

DHAMASKINÓS → ***Damaskinos.***

DHĀNBĀD, v. de l'Inde (Bihār) ; 817 549 h.

DHAULĀGIRI, un des plus hauts sommets de l'Himalaya, au Népal ; 8 172 m.

DHORME (Édouard), orientaliste français (Armentières 1881 - Roquebrune-Cap-Martin 1966). Directeur de l'École biblique et archéologique française de Jérusalem, il déchiffra (1930) les textes de Ras-Shamra-Ougarit.

DHŪLIA, v. de l'Inde (Mahārāshtra) ; 277 957 h.

Diable boiteux (le), roman satirique de Lesage (1707), tiré d'une nouvelle de l'Espagnol Vélez de Guevara ; le héros en est le démon Asmodée.

DIABLERETS (les), massif de Suisse, dominant la vallée du Rhône ; 3 210 m. Sports d'hiver.

DIACRE (Paul) → ***Paul Diacre.***

DIAGHILEV (Serge **de**), mécène et directeur de troupe russe (Perm 1872 - Venise 1929), créateur des Ballets russes (1909), réalisateur de *Petrouchka, le Sacre du printemps, l'Oiseau de feu.*

Serge de **Diaghilev** (par Picasso).

Dialogues des morts, ouvrage de Lucien de Samosate (IIe s. apr. J.-C.) sur la vanité des grandeurs terrestres anéanties par la mort.

DIANE, déesse romaine de la Chasse et de la Nature sauvage, identifiée avec l'*Artémis* hellénique.

Diane chasseresse, chef-d'œuvre de la veine classique et mythologique de Houdon (marbre de 1780 à la fondation Gulbenkian, Lisbonne ; bronzes postérieurs).

Diane chasseresse. Bronze (1790) de Jean Antoine Houdon. (Louvre, Paris.)

DIANE DE POITIERS, favorite d'Henri II (1499 - Anet 1566). Elle était fille du comte de Saint-Vallier et veuve de Louis de Brézé. Le roi fit construire pour elle le château d'Anet.

DIANE DE VALOIS ou **DIANE DE FRANCE,** princesse française (en Piémont 1538 - Paris 1619), fille naturelle d'Henri II. Mariée au duc de Castro, puis au maréchal François de Montmorency, elle joua un grand rôle politique pendant les guerres de Religion.

DIAS (Bartolomeu), navigateur portugais (en Algarve v. 1450 - au large du cap de Bonne-Espérance 1500). Le premier, il contourna l'Afrique et doubla le cap de Bonne-Espérance (1488).

Diaspora, ensemble des communautés juives établies hors de Palestine, à partir de l'Exil (VIe s. av. J.-C.).

DÍAZ (Porfirio), général et homme politique mexicain (Oaxaca 1830 - Paris 1915). Président de la République (1876-1880 et 1884-1911), il établit un régime autoritaire et posa les bases d'une économie moderne.

DIAZ DE LA PEÑA (Narcisse Virgile), peintre français, né de parents espagnols (Bordeaux 1807 - Menton 1876). Il travailla sous l'influence de T. Rousseau (paysages de la forêt de Fontainebleau) puis sous celle de Delacroix (compositions) dans un style menu et précieux.

DIB (Mohammed), écrivain algérien d'expression française (Tlemcen 1920). Ses romans *(l'Incendie, le Maître de chasse),* son théâtre et ses poèmes évoquent les problèmes posés par la nouvelle personnalité politique et culturelle de son pays.

DICKENS (Charles), écrivain britannique (Landport, auj. dans Portsmouth, 1812 - Gadshill, près de Rochester, 1870). De sa jeunesse malheureuse, il tira la matière de romans sensibles et humoristiques qui firent rire et pleurer toute une génération (*les Aventures de M. Pickwick**, 1837 ; *Olivier* Twist,* 1838 ; *Nicolas Nickleby,* 1839 ; *Contes* de Noël,* 1843 ; *David* Copperfield,* 1849 ; *les Grandes Espérances,* 1861).

DICKINSON (Emily), femme de lettres américaine (Amherst, Massachusetts, 1830 - *id.* 1886). Ses petits poèmes introspectifs, publiés après sa mort, exercèrent une grande influence sur la poésie américaine.

DIDELOT (Charles), danseur et chorégraphe français (Stockholm 1767 - Kiev 1837). Maître de ballet au Théâtre-Impérial de Saint-Pétersbourg, il est l'auteur de *Flore et Zéphyre* (1796), du *Prisonnier du Caucase* (1823).

DIDEROT (Denis), écrivain et philosophe français (Langres 1713 - Paris 1784). Considéré par son époque comme « le philosophe » par excellence, il manifesta un génie multiple, créant la critique d'art (*Salons,* 1759-1781), une nouvelle forme romanesque *(Jacques* le Fataliste),* clarifiant le rapport entre science et métaphysique *(Lettre sur les aveugles),* définissant (le *Paradoxe sur le comédien*) et illustrant une nouvelle esthétique dramatique *(le Fils* naturel),* brossant le portrait tumultueux de sa vie et de son art *(le Neveu* de Rameau).* Mais il doit sa gloire à l'*Encyclopédie**, qu'il anima pendant vingt ans.

DIDIER (m. apr. 774), dernier roi des Lombards. Couronné par le pape Étienne II en 757, il fut pris dans Pavie et détrôné par Charlemagne en 774.

DIDON ou **ÉLISSA,** princesse tyrienne, fondatrice légendaire de Carthage (fin du IXe s. av. J.-C.). Selon *l'Énéide* de Virgile, Énée, fugitif, fut aimé de Didon, mais dut l'abandonner sur l'ordre de Jupiter ; elle se donna la mort.

Didon et Énée, opéra de chambre de Purcell (1689), dans lequel l'auteur fond les styles français et italien, le madrigal, le récit, l'air, les chœurs et la danse.

DIDOT, famille d'imprimeurs-libraires français, dont les membres les plus célèbres sont : **François Ambroise** (Paris 1730 - *id.* 1804), créateur de caractères et d'une mesure typographique, le point Didot, et qui fut aussi à l'origine de la fabrication du papier vélin ; **Firmin** (Paris 1761 - Le Mesnil-sur-l'Estrée, Eure, 1836), inventeur de la stéréotypie ; et **Ambroise Firmin,** helléniste (Paris 1790 - *id.* 1876).

DIDYMES, en gr. **Diduma,** v. d'Asie Mineure, près de Milet, en Ionie. Vestiges de l'immense sanctuaire d'Apollon, fondé à l'époque archaïque et reconstruit en 313 av. J.-C. et au début du Ier s. de notre ère.

DIE (26150), ch.-l. d'arr. de la Drôme, sur la Drôme ; 4 361 h. *(Diois).* Vins blancs *(clairette).* Vestiges gallo-romains. Anc. cathédrale romane.

DIEFENBAKER (John George), homme politique canadien (Newstadt, Ontario, 1895 - Ottawa 1979), président du parti conservateur, Premier ministre du Canada de 1957 à 1963.

DIEGO GARCIA, île de l'archipel britannique des Chagos (océan Indien). Bases militaires britannique et américaine.

DIÉGO-SUAREZ → ***Antseranana.***

DIEKIRCH, ch.-l. de cant. du Luxembourg, sur la Sûre ; 5 586 h.

DIÊM (Ngô Dinh) → ***Ngô Dinh Diêm.***

Diên Biên Phu *(bataille de)* [13 mars-7 mai 1954], défaite des forces françaises par le Viêt-minh dans le haut Tonkin. Suivie par les accords de Genève, elle marqua la fin de la guerre d'Indochine.

DIEPENBEEK, comm. de Belgique (Limbourg) ; 16 219 h.

DIEPPE (76200), ch.-l. d'arr. de la Seine-Maritime, sur la Manche ; 36 600 h. *(Dieppois).* Station balnéaire. Port de voyageurs et de commerce. Constructions électriques. Château des XVe-XVIIe s. (musée). Églises anciennes.

DIERX (Léon), poète français de l'école parnassienne (la Réunion 1838 - Paris 1912).

DIESEL (Rudolf), ingénieur allemand (Paris 1858 - en mer 1913). On lui doit la conception (1893) et la réalisation (1897) du moteur à combustion interne auquel son nom est resté attaché.

DIEST, v. de Belgique (Brabant flamand) ; 21 461 h. Béguinage (église du XIVe s.) et autres monuments.

DIETIKON, comm. de Suisse (Zurich), dans la vallée de la Limmat ; 21 152 h.

DIETRICH (Maria Magdalena **von Losch,** dite **Marlene**), actrice américaine d'origine allemande (Berlin 1901 - Paris 1992). Incarnation de la femme fatale, mystérieuse et sophistiquée, elle s'imposa dans *l'Ange bleu* (1930), de J. von Sternberg, avec qui elle tourna également *Cœurs brûlés* (1930), *Shanghai Express* (1932), *l'Impératrice rouge* (1934).

DIETRICH (Philippe Frédéric, *baron* **de**), homme politique français (Strasbourg 1748 - Paris 1793). Maire de Strasbourg, c'est chez lui que Rouget de Lisle chanta pour la première fois *la Marseillaise.*

DIEUDONNÉ (Jean), mathématicien français (Lille 1906 - Paris 1992). Auteur de travaux d'analyse, d'algèbre et de topologie, il est l'un des fondateurs du groupe Bourbaki.

DIEULEFIT (26220), ch.-l. de c. de la Drôme ; 2 986 h. Poteries.

DIEULOUARD (54380), ch.-l. de c. de Meurthe-et-Moselle ; 4 919 h. *(Déicustodiens).* Métallurgie. Église de 1504.

DIEUZE (57260), ch.-l. de c. de la Moselle, sur la Seille ; 4 410 h. Salines. Chimie.

DIEZ (Friedrich), linguiste allemand (Giessen 1794 - Bonn 1876). Spécialiste des langues romanes, il leur appliqua les principes de la grammaire comparée.

DIFFERDANGE, v. du Luxembourg ; 15 699 h. Métallurgie.

DIGNE-LES-BAINS (04000), ch.-l. du dép. des Alpes-de-Haute-Provence, au pied des *Préalpes de Digne,* à 745 km au sud-est de Paris ; 17 425 h. *(Dignois).* Évêché. Centre commercial (lavande). Anc. et nouvelle cathédrales (v. 1200 et fin du XVe s.).

DIGOIN (71160), ch.-l. de c. de Saône-et-Loire, sur la Loire ; 10 424 h. *(Digoinais).*

DIJON, ch.-l. de la Région Bourgogne et du dép. de la Côte-d'Or, sur l'Ouche et le canal de Bourgogne, à 310 km au sud-est de Paris ; 151 636 h. *(Dijonnais).* Académie et université. Cour d'appel. Évêché. Centre ferroviaire et industriel (constructions mécaniques et électriques, agroalimentaire). — Cathédrale St-Bénigne (XIIIe-XIVe s., crypte du XIe s.). Églises Notre-Dame (XIIIe s.) et St-Michel (XVIe s.). Restes de l'anc. palais ducal, devenu palais des États au XVIIe s. (auj. hôtel de ville et riche musée des Beaux-Arts). Palais de justice, anc. parlement (XVIe s.). Demeures anciennes. Restes de la chartreuse de Champmol. Musées.

Dijon : l'hôtel de Vogüé (XVIIe s.).

DIKTONIUS (Elmer), poète finlandais d'expression finnoise et suédoise (Helsinki 1896 - *id.* 1961), un des représentants de l'esthétique « moderniste » *(Chansons dures, Herbe et granit).*

DILBEEK, comm. de Belgique (Brabant flamand) ; 36 859 h.

DILLON (John), homme politique irlandais (Blackrock, près de Dublin, 1851 - Londres 1927). Il devint chef du parti national irlandais en 1918.

DILSEN-STOKKEM, comm. de Belgique (Limbourg) ; 16 918 h.

DILTHEY (Wilhelm), philosophe allemand (Biebrich 1833 - Seis, Tyrol, 1911). Il est le premier auteur qui ait assigné un statut autonome aux sciences humaines.

dimanche après-midi à la Grande Jatte (Un), grande toile pointilliste de Seurat (1884-85, Art Institute, Chicago), un de ses chefs-d'œuvre.

DIMITRI DONSKOÏ (Moscou 1350 - *id.* 1389), grand-prince de Moscou (1362-1389). Il remporta la bataille de Koulikovo sur les Mongols (1380).

DIMITROV (Georgi), homme politique bulgare (Kovačevci, près de Pernik, 1882 - Moscou 1949). Secrétaire général du Komintern (1935-1943), il fut président du Conseil de la république de Bulgarie (1946-1949).

DIMITROVO → ***Pernik.***

DINAN (22100), ch.-l. d'arr. des Côtes-d'Armor, sur la Rance ; 12 873 h. *(Dinannais).* Matériel électrique. Ensemble homogène de constructions médiévales (château de la duchesse Anne).

DINANT, v. de Belgique (Namur), sur la Meuse ; 12 183 h. Tourisme. Chaudronneries dites « dinanderies ».

DINARD (35800), ch.-l. de c. d'Ille-et-Vilaine ; 10 341 h. *(Dinardais).* Station balnéaire. Casino.

DINARIQUES *(Alpes* ou *Chaînes),* massifs des Balkans entre les Alpes de Slovénie et le Rhodope.

DINKA, peuple nilotique du Soudan.

DIOCLÉTIEN, en lat. **Caius Aurelius Valerius Diocles Diocletianus** (près de Salone, Dalmatie, 245 - *id.* 313), empereur romain (284-305). Proclamé empereur en 284, il s'associa Maximien (286) et lui confia l'Occident, tandis qu'il gardait l'Orient. En 293, pour mieux défendre l'Empire, il établit la *tétrarchie :* deux « césars » (Constance Chlore et Galère) furent adjoints aux empereurs (les deux « augustes »), avec droit de succession. Dioclétien entreprit alors une vaste réforme administrative (regroupement des provinces en *diocèses*), militaire, judiciaire et monétaire. Il persécuta les chrétiens à partir de 303. Il abdiqua en 305 et se retira près de Salone.

DIODORE de Sicile, historien grec (Agyrion, Sicile, v. 90 - fin du Ier s. av. J.-C.). Il est l'auteur d'une *Bibliothèque historique,* histoire universelle des origines à 58 av. J.-C.

DIOGÈNE le Cynique, philosophe grec (Sinope v. 410 - v. 323 av. J.-C.). Il méprisait les richesses et les conventions sociales, qu'il considérait comme des entraves à la liberté.

DIOGÈNE LAËRCE ou **DE LAËRTE,** écrivain grec (Laërte, Cilicie, IIIe s. apr. J.-C.). Son panorama biographique des écoles philosophiques contient des citations de nombreux ouvrages antiques perdus.

DIOIS, massif des Préalpes du Sud, drainé par la Drôme ; 2 041 m.

DIOLA, peuple nigéro-congolais du Sénégal (Casamance du Sud).

DIOMÈDE, roi fabuleux de la Thrace. Héraclès le fit dévorer par ses propres juments, qu'il nourrissait de chair humaine.

DIOMÈDE, prince d'Argos, un des héros de la guerre de Troie, renommé pour son courage.

DION (Albert, *marquis* **de**), industriel français (Nantes 1856 - Paris 1946). Associé en 1881 avec les constructeurs de moteurs à vapeur Bouton et Trépardoux, il fut l'un des pionniers de l'automobile.

DION de Syracuse, homme d'État syracusain (Syracuse 409 - *id.* 354 av. J.-C.). Appuyé par Carthage, il fut tyran de Syracuse de 357 à 354.

DION CASSIUS, historien grec (Nicée v. 155 - *id.* v. 235), auteur d'une *Histoire romaine* qu'il mène jusqu'à 229 apr. J.-C.

DION CHRYSOSTOME (« Bouche d'or »), rhéteur grec (Prousa, Bithynie, v. 30 - Rome 117). Il popularisa les enseignements des philosophes stoïciens.

DIONYSOS, dieu grec de la Végétation et en particulier de la Vigne et du Vin, fils de Zeus et de Sémélé, appelé aussi *Bakkhos,* dont les Romains firent *Bacchus.* Le culte de Dionysos a contribué au développement de la tragédie et de l'art lyrique.

DIOPHANTE, mathématicien grec, de l'école d'Alexandrie, qui a vécu entre le IIe s. av. J.-C. et le IVe s. apr. J.-C. Ses *Arithmétiques* constituent l'apogée de l'algèbre grecque.

DIOR (Christian), couturier français (Granville 1905 - Montecatini, Italie, 1957). En 1947, il connut un succès immédiat avec le style « new-look », en réaction contre les restrictions imposées par la guerre.

DIORI (Hamani), homme politique nigérien (Soudouré 1916 - Rabat 1989), président de la République de 1960 à 1974.

DIOSCURES (« Enfants de Zeus »). *Myth. gr.* Surnom des jumeaux **Castor et Pollux.**

DIOUF (Abdou), homme politique sénégalais (Louga 1935). Premier ministre, il succède à Senghor à la présidence de la République (1981).

DIRAC (Paul), physicien britannique (Bristol 1902 - Tallahassee 1984). L'un des créateurs de la mécanique quantique, il introduisit un formalisme mathématique qui lui permit de prévoir l'existence de l'électron positif, ou positon. (Prix Nobel 1933.)

Directoire, régime qui gouverna la France du 4 brumaire an IV (26 oct. 1795) au 18 brumaire an VIII (9 nov. 1799) et fit place au Consulat.

DIRICHLET (Gustav **Lejeune**-), mathématicien allemand (Düren 1805 - Göttingen 1859). Auteur de recherches sur les séries trigonométriques et la théorie des nombres, il a défini le concept de fonction dans son sens moderne de correspondance.

Discobole (le), statue en bronze de Myron, des env. de 450 av. J.-C., représentant un lanceur de disque. Connue par des répliques antiques (Musée national, Rome), l'œuvre est annonciatrice de la perfection classique grecque dans l'évocation du mouvement.

Discours de la méthode pour bien conduire sa raison et chercher la vérité dans les sciences, par Descartes (1637). Celui-ci résume en quatre préceptes sa méthode, propose une morale par provision et expose ses idées sur Dieu, l'âme, la physique et la médecine.

Discours sur les sciences et les arts, première œuvre publiée par J.-J. Rousseau (1750). C'est un réquisitoire contre la civilisation, dont les progrès favorisent l'immoralité.

Discours sur l'origine et les fondements de l'inégalité parmi les hommes, par J.-J. Rousseau (1755). L'auteur montre comment la vie sociale, en créant des inégalités entre les hommes, a corrompu leur nature, qu'il affirme bonne à l'origine.

Discours sur l'universalité de la langue française, essai de Rivarol (1784) ; apologie de la langue française et du génie national.

DISNEY (Walter Elias **Disney,** dit **Walt**), dessinateur, cinéaste et producteur américain (Chicago 1901 - Burbank, Californie, 1966). Pionnier du dessin animé, il s'imposa dans le monde entier avec la série des *Mickey, Blanche-Neige et les sept nains* (1937), *Fantasia* (1940), *Bambi* (1942), *Alice au pays des merveilles* (1951) et fonda un véritable empire commercial (création des parcs d'attractions de Disneyland en Californie et de Disneyworld en Floride). Son œuvre a été poursuivie par ses successeurs.

Disneyland Paris, parc de loisirs ouvert en 1992, à l'est de Paris, dans la ville nouvelle de Marne-la-Vallée.

DISRAELI (Benjamin), *comte* **de Beaconsfield,** homme politique britannique (Londres 1804 - *id.* 1881). Romancier brillant (*Coningsby,* 1844), député conservateur en 1837, défenseur du protectionnisme, il s'imposa comme le chef de son parti. Chancelier de l'Échiquier (1852, 1858, 1866-1868), il fut Premier ministre en 1868, puis de 1874 à 1880. Tout en réalisant d'importantes réformes sociales, il mena à l'extérieur une politique de prestige et d'expansion : en 1876, il fit proclamer la reine Victoria impératrice des

Un dimanche après-midi à la Grande Jatte (1884-85), peinture de Seurat. (Art Institute, Chicago.)

Dioclétien (Musée archéologique d'Izmir)

Paul **Dirac** (Académie des sciences, Paris)

Benjamin **Disraeli** (J.E. Millais - National Portrait Gallery, Londres)

Indes. En 1878, au congrès de Berlin, il mit en échec l'expansion russe dans les Balkans.

DI STEFANO (Alfredo), footballeur espagnol d'origine argentine (Buenos Aires 1926), avant-centre, stratège et buteur, notamment cinq fois champion d'Europe des clubs (1956-1960) avec le Real Madrid.

Distinguished Service Order (abrév. D. S. O.) [en fr. **ordre du Service distingué**], ordre militaire anglais créé en 1886.

DIU, île de l'Inde, partie du territoire de *Damān-et-Diu,* en face de la côte de Kāthiāwār, ancien comptoir portugais (1535-1670 ; 1717-1961).

DIVES (la), fl. de Normandie, né dans le Perche, qui se jette dans la Manche ; 100 km.

DIVES-SUR-MER (14160), comm. du Calvados, à l'embouchure de la *Dives ; 5* 618 h. Église des XIVe-XVe s.

Divine Comédie (la), poème de Dante écrit de 1306 à 1321, divisé en trois parties *(l'Enfer, le Purgatoire* et *le Paradis),* de trente-trois chants chacune, et un prologue. Dante y raconte une vision qu'il eut en 1300, durant la semaine sainte. Guidé par Virgile, il traverse les neuf cercles de l'Enfer et, au sommet de la montagne du Purgatoire, rencontre Béatrice, qui le conduit au Paradis. Cette œuvre est l'expression parfaite de l'humanisme chrétien médiéval.

DIVION (62460), ch.-l. de c. du Pas-de-Calais ; 7 668 h. *(Divionnais).*

DIVISIA (François), économiste français (Tizi Ouzou, Algérie, 1889 - Paris 1964), un des fondateurs de l'économétrie.

division du travail social (De la), œuvre de Durkheim (1893), dans laquelle il analyse deux types de sociétés, fondées sur deux conceptions de la solidarité.

DIVONNE-LES-BAINS (01220), comm. de l'Ain, dans le pays de Gex ; 5 610 h. *(Divonnais).* Station thermale. Casino.

Dix *(Conseil des),* conseil secret créé à Venise en 1310. Il étendit progressivement ses attributions et fut, du XVIe s. à 1797, le véritable pouvoir exécutif de la République.

DIX (Otto), peintre et graveur allemand (près de Gera 1891 - Singen, près de Constance, 1969). Influencé par l'expressionnisme, puis lié à dada, il fut dans les années 20 l'un des maîtres du courant de la « Nouvelle Objectivité ».

Dix Mille *(retraite des),* retraite effectuée à travers l'Arménie par les mercenaires grecs de Cyrus le Jeune après la mort de leur chef à Counaxa (401 av. J.-C.). Xénophon, qui conduisit cette retraite, l'a décrite dans *l'Anabase.*

DIXMUDE, en néerl. **Diksmuide,** v. de Belgique (Flandre-Occidentale), sur l'Yser ; 15 273 h.

DIYARBAKIR, v. de Turquie, sur le Tigre ; 381 144 h. Enceinte (XIe-XIIIe s.) et Grande Mosquée en partie du XIe s.

DJĀBIR → ***Geber.***

DJĀḤIẒ (Abū 'Uthmān 'Amr ibn Baḥr **al-**), écrivain et théologien arabe (Bassora v. 776 - *id.*868 ou 869), un des créateurs de la prose littéraire arabe.

DJAKARTA → ***Jakarta.***

DJALĀL AL-DIN RUMI, poète persan (Balkh, Khorāsān, 1207 - Konya 1273), fondateur des derviches tourneurs et principal interprète du soufisme.

Walt **Disney**

DJAMĀL AL-DIN AL-AFGHĀNI, penseur musulman d'origine persane (Asadābād 1838 - Istanbul 1897). Il fut l'un des principaux artisans du renouveau de l'islam au XIXe s.

DJAMĀL PACHA (Aḥmad) ou **CEMAL PAŞA** (Ahmed), général et homme politique ottoman (Mytilène 1872 - Tiflis 1922). Il fut un des chefs des Jeunes-Turcs qui s'emparèrent du pouvoir en 1913 et engagèrent l'Empire ottoman aux côtés de l'Allemagne dans la Première Guerre mondiale. Il fut assassiné.

DJAMBOUL, v. du Kazakhstan ; 303 000 h.

DJĀMI ('Abd al-Raḥmān), écrivain persan (Khardjird, Khorāsān, 1414 - Harāt 1492), auteur de l'épopée courtoise de *Yūsuf et Zulaykha.*

DJAMILA, anc. **Djemila,** v. d'Algérie, au nord-est de Stif ; 24 200 hab. Ruines de la ville antique de *Cuicul.*

DJARĪR, poète arabe (m. à Uthayfiyya v. 729), auteur de poèmes satiriques et de panégyriques.

DJEDDA, v. de l'Arabie saoudite, sur la mer Rouge ; 1 500 000 h . Aéroport et port des villes saintes de La Mecque et de Médine. Siège de missions diplomatiques étrangères.

DJELFA (El-), v. d'Algérie, ch.-l. de wilaya ; 51 000 h.

DJEM (el-), localité de Tunisie, entre Sousse et Sfax ; vestiges de *Thysdrus* (amphithéâtre), l'une des principales cités romaines des IIe-IIIe s.

DJEMILA → ***Djamila.***

DJENNÉ, v. du Mali ; 9 500 h. Important carrefour commercial et centre musulman du XVIe au XVIIIe s. Mosquée de fondation très ancienne, plusieurs fois restaurée.

DJERACH → ***Gerasa.***

DJERBA, île de Tunisie (reliée au continent par une route), à l'entrée du golfe de Gabès. Pêche. Tourisme.

DJÉRID (*chott* **el-**), dépression de la Tunisie méridionale, en bordure du Sahara, occupée par des lagunes plus ou moins desséchées.

DJÉZIREH, région du Proche-Orient, comprenant le nord et le centre de l'anc. Mésopotamie (Iraq et Syrie).

DJIBOUTI, cap. de la République de Djibouti ; 290 000 h. Port et tête de ligne du chemin de fer de Djibouti à Addis-Abeba.

DJIBOUTI *(République de),* anc. **Côte française des Somalis,** puis **Territoire français des Afars et des Issas,** État du nord-est de l'Afrique, sur l'océan Indien ; 23 000 km² ; 484 000 h. *(Djiboutiens).* CAP. *Djibouti.* LANGUES : *français* et *arabe.* MONNAIE : *franc de Djibouti.* (V. carte ***Somalie.***) Territoire aride, la région offre surtout un intérêt stratégique par sa situation à l'entrée de la mer Rouge. La population, juxtaposant deux ethnies dominantes (Afar, Issa), vit surtout de l'élevage ovin dans l'intérieur. Mais plus de la moitié des habitants se concentrent à Djibouti, tête de ligne d'une voie ferrée vers l'Éthiopie (Addis-Abeba). — La Côte française des Somalis, créée en 1896, territoire d'outre-mer en 1946, autonome à partir de 1957, est devenue indépendante, en 1977, avec pour président H. G. Aptidon.

DJIDJELLI → ***Jijel.***

DJOFRA (**al-**), oasis de la Libye, site prévu de la future capitale du pays.

DJOSER, souverain égyptien, fondateur de la IIIe dynastie (v. 2800 av. J.-C.). Il fit construire à Saqqarah la première pyramide à degrés.

DJOUBA (le), fl. d'Éthiopie et de Somalie, tributaire de l'océan Indien ; 880 km.

DJOUNGARIE → ***Dzoungarie.***

DJUBRĀN KHALĪL DJUBRĀN ou **GIBRAN** (Khalil), écrivain libanais (Bcharré 1883 - New York 1931), un des principaux représentants de la renaissance des lettres arabes.

DJURDJURA ou **DJURJURA,** massif d'Algérie, sur la bordure méridionale de la Grande Kabylie ; 2 308 m. Parc national.

DNIEPR (le), fl. de Russie, de Biélorussie et d'Ukraine, issu du Valdaï, qui passe à Kiev et rejoint la mer Noire ; 2 200 km. Aménagements hydroélectriques.

DNIEPRODZERJINSK, v. d'Ukraine, sur le Dniepr ; 282 000 h. Centrale hydroélectrique. Métallurgie.

DNIEPROPETROVSK, v. d'Ukraine, dans la boucle du Dniepr ; 1 179 000 h. Port fluvial et centre industriel.

DNIESTR (le), fl. né dans les Carpates, coulant principalement en Moldavie, avant de rejoindre la mer Noire, en Ukraine ; 1 352 km.

DÖBLIN (Alfred), écrivain allemand (Stettin 1878 - Emmendingen 1957). Ses romans réalisent la synthèse entre les recherches expressionnistes et futuristes (*Berlin Alexanderplatz,* 1929).

DOBRO POLJE, sommet de Macédoine, à l'est de Bitola. Objectif principal de l'offensive générale conduite par Franchet d'Esperey en septembre 1918.

DOBROUDJA, en roum. **Dobrogea,** en bulgare **Dobrudža,** région de Roumanie (qui en possède la plus grande partie) et de Bulgarie, comprise entre la mer Noire et le Danube. En 1878, le nord de la Dobroudja fut réuni à la Roumanie ; le sud, attribué alors à la Bulgarie, fut annexé en 1913 par la Roumanie, qui dut le restituer en 1940 à la Bulgarie.

DOBZHANSKY (Theodosius), généticien américain d'origine russe (Nemirov, Russie, 1900 - Davis, Californie, 1975). Spécialiste de la génétique des populations, il a apporté une contribution majeure au développement du néodarwinisme.

Docteur Jekyll et M. Hyde, roman fantastique de R. L. Stevenson (1886).

Docteur Jivago (le), roman de B. Pasternak (1957) : l'odyssée d'un médecin pendant la Première Guerre mondiale et les premières années de la révolution russe.

DODDS (Alfred), général français (Saint-Louis, Sénégal, 1842 - Paris 1922). Il conquit le Dahomey (1892-93) sur le roi Béhanzin.

DODÉCANÈSE ou **SPORADES DU SUD,** archipel grec de la mer Égée, au large de la Turquie et dont Rhodes est l'île principale ; 162 439 h. Sous domination ottomane, puis occupées en 1912 par les Italiens, ces îles furent rattachées à la Grèce en 1947-48.

DODERER (Heimito **von**), écrivain autrichien (Weidlingau, près de Vienne, 1896 - Vienne 1966), auteur de romans qui peignent la fin de la société austro-hongroise *(le Secret de l'Empire, les Démons).*

DODOMA, v. de la Tanzanie ; 46 000 h. Capitale désignée de la Tanzanie.

DODONE, anc. v. d'Épire où se trouvait un très ancien sanctuaire de Zeus. Le dieu y rendait ses oracles par le bruissement du feuillage des chênes du bois sacré.

Doel, centrale nucléaire de Belgique, sur l'Escaut, en aval d'Anvers.

DOGON, peuple du Mali vivant sur les hauteurs de Bandiagara. Leur art est austère et dépouillé.

DOHA (al-) → ***Dawḥa*** *(al-).*

DOIRE, en ital. **Dora,** nom de deux riv. piémontaises, issues des Alpes, affl. du Pô (r. g.). La *Doire Baltée* (160 km) passe à Aoste ; la *Doire Ripaire* (125 km) rejoint le Pô à Turin.

DOISNEAU (Robert), photographe français (Gentilly 1912 - Paris 1994). Paris et sa banlieue lui inspirèrent quantité d'images où verve et humour s'allient à une chaleureuse complicité.

DOISY (Edward), biochimiste américain (Hume, Illinois, 1893 - Saint Louis 1986) auteur de travaux sur la vitamine K, l'insuline et les hormones. (Prix Nobel 1943.)

DOL-DE-BRETAGNE (35120), ch.-l. de c. d'Ille-et-Vilaine ; 5 046 h. *(Dolois).* Confection. Anc. cathédrale des XIIIe-XIVe s.

DÔLE (la), sommet du Jura suisse (Vaud), près de la France ; 1 680 m. Panorama.

DOLE (39100), ch.-l. d'arr. du Jura, sur le Doubs et le canal du Rhône au Rhin ; 27 860 h. *(Dolois).* Constructions électriques. Monuments des XVIe et XVIIe s. Musées.

DOLET (Étienne), imprimeur et humaniste français (Orléans 1509 - Paris 1546). Il fut brûlé pour ses opinions hérétiques.

DOLGOROUKOV ou **DOLGOROUKI,** famille princière russe qui joua un rôle de premier plan sous Pierre le Grand, Catherine Ire et Pierre II.

DOLIN (Patrick **Healey-Kay,** dit **Anton**), danseur et chorégraphe britannique (Slinford, Sussex, 1904 - Neuilly-sur-Seine 1983). Il s'imposa comme le plus grand danseur anglais de la première moitié du XXe s. et fonda avec A. Markova la compagnie Markova-Dolin, qui devint le London's Festival Ballet.

DOLLARD-DES-ORMEAUX, v. du Canada (Québec) ; 46 922 h.

DOLLARD DES ORMEAUX (Adam), officier français (en Île-de-France 1635 - Long-Sault, Canada, 1660), tué avec seize compagnons en luttant contre les Iroquois.

DOLLFUSS (Engelbert), homme politique autrichien (Texing 1892 - Vienne 1934). Chancelier (1932-1934), il réorganisa l'État sur la base de principes autoritaires et corporatifs. Hostile à l'*Anschluss,* il fut assassiné par les nazis.

DÖLLINGER (Johann Ignaz **von**), prêtre et historien allemand (Bamberg 1799 - Munich 1890). Pour s'être opposé au dogme de l'infaillibilité du pape, il fut excommunié (1871) et devint le chef des « vieux-catholiques ».

DOLOMIEU (Dieudonné ou Déodat **de Gratet de**), géologue français (Dolomieu, Isère, 1750 - Châteauneuf, Saône-et-Loire, 1801). Il a donné son nom à la *dolomie.*

DOLOMITES ou **ALPES DOLOMITIQUES,** massif calcaire italien des Alpes orientales, entre l'Adige et la Piave ; 3 342 m à la *Marmolada.*

DOLTO (Françoise), neuropsychiatre et psychanalyste française (Paris 1908 - *id.* 1988). Elle s'est intéressée principalement à la psychanalyse des enfants (*Psychanalyse et Pédiatrie,* 1939 ; *le Cas Dominique,* 1971), qu'elle a contribué à faire connaître auprès d'un large public.

DOMAGK (Gerhard), médecin allemand (Lagow, Brandebourg, 1895 - Burgberg 1964). Il a découvert le premier sulfamide utilisé en thérapeutique, ouvrant ainsi la voie à la chimiothérapie anti-infectieuse. (Prix Nobel 1939.)

DOMART-EN-PONTHIEU (80620), ch.-l. de c. de la Somme ; 1 111 h.

DOMAT (Jean), jurisconsulte français (Clermont-Ferrand 1625 - Paris 1696). Dans *les Lois civiles dans leur ordre naturel* (1689-1694), il affirma la prééminence du droit romain. Son œuvre prépara l'unification du droit.

DOMBASLE (Christophe Joseph **Mathieu de**), agronome français (Nancy 1777 - *id.* 1843). Il inventa un modèle de charrue, perfectionna les méthodes de culture (chaulage) et développa l'enseignement agricole.

DOMBASLE-SUR-MEURTHE (54110), comm. de Meurthe-et-Moselle ; 9 368 h. *(Dombaslois).* Mine de sel. Soude. Chaussures.

DOMBES, région argileuse du dép. de l'Ain, parsemée d'étangs (pisciculture), également terre d'élevage et de chasse, correspondant à une ancienne principauté réunie à la Couronne en 1762 (cap. *Trévoux*).

DOMBROWSKA (Maria) → ***Dąbrowska.***

DOMBROWSKI (Jan Henryk) → ***Dąbrowski.***

DÔME *(monts)* ou **CHAÎNE DES PUYS,** groupe de volcans éteints d'Auvergne, au-dessus de la Limagne, culminant au *puy de Dôme* (1 465 m), site d'un observatoire météorologique.

DOMÈNE (38420), ch.-l. de c. de l'Isère ; 5 801 h. Métallurgie.

DOMENICO VENEZIANO, peintre italien (Venise ? début du XVe s. - Florence 1461). Poète de la couleur, il eut Piero della Francesca pour élève.

DOMÉRAT (03410), ch.-l. de c. de l'Allier, banlieue de Montluçon ; 8 945 h. Électronique.

Domesday Book *(Livre du Jugement dernier),* recueil cadastral donnant la situation de toutes les terres anglaises à la fin du XIe s., réalisé sur l'ordre de Guillaume le Conquérant.

DOMFRONT [dɔ̃frɔ̃] (61700), ch.-l. de c. de l'Orne ; 4 503 h. *(Domfrontais).* Ruines féodales. Église Notre-Dame-sur-l'Eau, du XIe s.

DOMINGO (Plácido), ténor espagnol (Madrid 1941). Il chante le répertoire complet de Händel à Wagner et participe à de nombreux films d'opéras *(Carmen, la Traviata, Otello).*

DOMINICAINE *(République),* État des Antilles, occupant la partie orientale de l'île d'Haïti ; 48 400 km² ; 7 300 000 h. *(Dominicains).* CAP. *Saint-Domingue.* LANGUE : *espagnol.* MONNAIE : *peso dominicain.* (V. carte ***Haïti.***)

GÉOGRAPHIE

À l'Ouest, montagneux, ouvert par des fossés d'effondrement, s'oppose l'Est, formé surtout de plaines et de collines, domaines de la canne à sucre (fondement de l'économie), du riz, du café, du cacao, du tabac. La population, qui s'accroît rapidement, est largement métissée.

HISTOIRE

La période coloniale. 1492 : Christophe Colomb atteint l'île d'Haïti, qu'il baptise Hispaniola.

XVIe s. - XVIIIe s. : la première colonisation espagnole entraîne la disparition des populations autochtones (Indiens Arawak). 1697 : l'île est partagée entre la France (Haïti) et l'Espagne au traité de Ryswick. 1795 : la colonie espagnole est cédée à la France lors du traité de Bâle.

Le XIXe s. 1809 : les Dominicains se libèrent des troupes françaises. 1822-1844 : la République d'Haïti maintient sa domination sur l'ensemble de l'île. 1844-1861 : à la suite d'une révolte contre les Haïtiens, la république dominicaine est proclamée. 1861-1865 : le président Pedro Santana proclame le retour de la république à l'Espagne. 1865 : l'Espagne renonce définitivement à ses prétentions. 1870-1916 : le pays est secoué par de multiples coups d'État et finit par tomber sous la coupe des États-Unis.

Le XXe s. 1916-1924 : les Américains mènent une politique de mise en ordre, qui facilite l'arrivée au pouvoir de Rafael Leónidas Trujillo. 1930-1961 : celui-ci exerce une dictature absolue. Il est assassiné en 1961. 1962-1963 : Juan Bosch, élu président, est renversé par les militaires. 1965 : craignant la contagion castriste, les États-Unis interviennent militairement. 1966-1978 : Joaquín Balaguer se maintient au pouvoir en s'appuyant sur l'armée. 1978 : Antonio Guzmán Fernández, candidat du parti révolutionnaire dominicain, est élu président. 1982 : Jorge Blanco lui succède. 1986 : J. Balaguer retrouve la présidence de la République ; il est régulièrement réélu depuis à la tête de l'État.

DOMINIQUE (la), île et État des Petites Antilles, colonie anglaise de 1763 à 1978 ; 751 km² ; 100 000 h. CAP. *Roseau.* LANGUE : *anglais.* État indépendant, dans le cadre du Commonwealth, depuis 1978. (V. carte ***Antilles.***)

DOMINIQUE *(saint),* religieux castillan (Caleruega v. 1170 - Bologne 1221). Il fonda l'ordre des Dominicains, confirmé par Honorius III en 1216, prêcha auprès des cathares dans la région de Toulouse et fut canonisé en 1234.

Saint **Dominique** méditant.
(Fra Angelico - couvent San Marco, Florence.)

Dominique, roman d'E. Fromentin (1863).

DOMINIQUIN (Domenico **Zampieri,** dit **il Domenichino,** en fr. **le**), peintre italien (Bologne 1581 - Naples 1641). Disciple des Carrache, il a exécuté, à Rome, des fresques dans les églises St-Louis-des-Français *(Vie de sainte Cécile)* et S. Andrea della Valle ; sa *Chasse de Diane* est à la galerie Borghèse.

DOMITIEN, en lat. **Titus Flavius Domitianus** (Rome 51 apr. J.-C. - *id.* 96), empereur romain (81-96), frère et successeur de Titus. Il releva Rome des ruines provoquées par les incendies de 64 et de 80 et couvrit la frontière danubienne d'un *limes* fortifié. Il instaura un régime absolutiste, persécuta le sénat et mourut assassiné.

DOMITIUS CORBULO (Cneius), général romain († Cenchrées, près de Corinthe, 67 apr. J.-C.). Commandant en Arménie, il imposa la paix au roi Vologèse (58-59). Il fut acculé au suicide par Néron.

Dom Juan ou le Festin de pierre, comédie de Molière, en 5 actes et en prose (1665). Le personnage de Dom Juan y devient un « grand seigneur méchant homme », libre penseur.

DOMME (24250), ch.-l. de c. de la Dordogne ; 1 032 h.

Domodedovo, l'un des aéroports de Moscou.

DOMODOSSOLA, v. d'Italie (Piémont), au débouché du tunnel du Simplon ; 18 853 h. Gare frontière.

DOMONT (95330), ch.-l. de c. du Val-d'Oise ; 13 341 h.

DOMPIERRE-SUR-BESBRE (03290), ch.-l. de c. de l'Allier ; 3 854 h. Constructions mécaniques.

DOMRÉMY-LA-PUCELLE (88630), comm. des Vosges, en Lorraine, sur la Meuse ; 190 h. Patrie de Jeanne d'Arc.

D. O. M. - T. O. M., abrév. de départements et territoires d'outre-mer*.

DON (le), fl. de Russie, né au sud de Moscou, relié à la Volga par un grand canal et qui rejoint la mer d'Azov en aval de Rostov ; 1 870 km.

DONAT, évêque de Casae Nigrae, en Numidie (v. 270 - en Gaule ou en Espagne v. 355). Il créa un schisme en refusant l'indulgence aux chrétiens qui avaient renié leur foi sous la persécution de Dioclétien. Les donatistes se maintinrent jusqu'au VIe s.

DONAT, en lat. **Aelius Donatus,** grammairien latin du IVe s.

DONATELLO (Donato **di Betto Bardi,** dit), sculpteur italien (Florence 1386 - *id.* 1466).

Donatello : *Amour* ou *Attis.* Bronze.
(Musée du Bargello, Florence.)

Formé par l'étude de l'art antique, il a associé à la simplicité monumentale des Anciens le réalisme et l'esprit religieux du Moyen Âge. Citons, outre de puissants bas-reliefs : à Florence, le *Saint Georges* en marbre d'Orsammichele, les prophètes du Campanile *(Jérémie, Habacuc),* le *David* de bronze du Bargello ; à Padoue, la statue équestre du *Gattamelata**.

Donation de Constantin, document utilisé pendant tout le Moyen Âge pour justifier l'autorité spirituelle et temporelle de la papauté, que Constantin aurait reconnue au pape Sylvestre Ier. Écrit dans la seconde moitié du VIIIe s., ce document fut dénoncé comme un faux en 1440.

DONAU → ***Danube.***

Donaueschingen *(festival de),* festival allemand (Bade-Wurtemberg) de musique contemporaine fondé en 1921.

DONBASS, bassin houiller et région industrielle, aux confins de l'Ukraine et de la Russie, de part et d'autre du Donets. V. pr. *Donetsk.*

DONCASTER, v. de Grande-Bretagne, près de Sheffield ; 86 000 h.

DONEN (Stanley), cinéaste américain (Columbia 1924). Formé par la chorégraphie, il a réalisé de brillantes comédies musicales, souvent en collaboration avec G. Kelly (*Chantons sous la pluie,* 1952 ; *les Sept Femmes de Barberousse,* 1954) ainsi que des comédies pures (*Charade,* 1963 ; *Arabesque,* 1966).

DONETS (le) ou **DONETZ,** riv. d'Ukraine et de Russie, affl. du Don (r. dr.) ; 1 016 km. Il borde le bassin houiller du Donbass.

DONETSK, de 1924 à 1961 **Stalino,** v. d'Ukraine, dans le Donbass ; 1 110 000 h. Métallurgie.

DONG, peuple de Chine (Hunan, Guizhou, Guangxi).

DONGES (44480), comm. de la Loire-Atlantique, sur l'estuaire de la Loire ; 6 435 h. Raffinerie de pétrole. Pétrochimie.

Don Giovanni, opéra (« dramma giocoso ») en 2 actes de Mozart (1787) sur un livret de Lorenzo Da Ponte ; chef-d'œuvre du théâtre lyrique classique.

DONG QICHANG ou **TONG K'I-TCH'ANG,** calligraphe et peintre chinois (env. de Shanghai 1555 - ? 1636). Il a défini les dogmes de la peinture lettrée et est à l'origine de la théorie opposant paysagistes de l'école du Nord à ceux de l'école du Sud.

DÔNG SON, village du Viêt Nam, au nord-est de Thanh Hoa, site éponyme de la phase finale (500-250 av. J.-C.) et la plus brillante de l'âge du bronze.

DONGTING ou **TONG-T'ING,** grand lac (environ 5 000 km²) de la Chine centrale (Hunan).

DONG YUAN ou **TONG YUAN,** peintre chinois (né à Zhongling, auj. Nankin, actif entre 932 et 976). Père du grand paysage chinois, ses œuvres deviendront les modèles des peintres lettrés.

DONIAMBO *(pointe),* cap de la Nouvelle-Calédonie. Fonderie de nickel.

DÖNITZ (Karl), amiral allemand (Berlin 1891 - Aumühle 1980). Commandant les sous-marins (1935-1942) puis la marine allemande (1943-1945), il succéda à Hitler en mai 1945 et endossa la capitulation du Reich.

DONIZETTI (Gaetano), compositeur italien (Bergame 1797 - *id.* 1848), auteur d'œuvres lyriques *(la Favorite, Lucie de Lammermoor, Don Pasquale).*

DONJON (Le) [03130], ch.-l. de c. de l'Allier ; 1 269 h.

Don Juan, personnage légendaire, d'origine espagnole. Séducteur impie et cruel, il apparaît dans *le Trompeur de Séville et le Convive de pierre* (v. 1625), de Tirso de Molina ; il a inspiré ensuite d'innombrables œuvres littéraires et artistiques dans toute l'Europe, notamm. *Dom* Juan* de Molière.

Don Juan → ***Don Giovanni.***

DONNE (John), poète et prêtre anglais (Londres 1572 - *id.* 1631), principal représentant de la poésie métaphysique *(Sonnets sacrés).*

DONNEAU DE VISÉ (Jean), écrivain français (Paris 1638 - *id.* 1710). Il critiqua *l'École des femmes* de Molière et fonda *le Mercure galant.*

DONNEMARIE-DONTILLY (77520), ch.-l. de c. de Seine-et-Marne ; 2 309 h. Église du XIIIe s.

Donneurs de sang *(insigne des),* distinction française créée en 1949 pour les titulaires du diplôme de donneur de sang.

DONON (le), un des sommets des Vosges, dominant le *col du Donon* (727 m) ; 1 009 m.

Don Quichotte de la Manche *(l'Ingénieux Hidalgo),* roman en deux parties, par Cervantès (1605-1615). Dans cette parodie des romans de chevalerie, la folle imagination de Don Quichotte, monté sur Rossinante, se heurte au bon sens de Sancho Pança, son fidèle écuyer, monté sur son âne. Cette œuvre marque l'apparition du roman moderne. – **Don Quichotte,** ballet de M. Petipa, musique de L. Minkus, créé au théâtre Bolchoï de Moscou en 1869.

DONSKOÏ (Mark), cinéaste soviétique (Odessa 1901 - Moscou 1981). Célèbre pour ses adaptations de Gorki, dont il rejoint les préoccupations humanistes (*l'Enfance de Gorki,* 1938 ; *En gagnant mon pain,* 1939 ; *Mes universités,* 1940), il a aussi réalisé *l'Arc-en-ciel* (1944) et *le Cheval qui pleure* (1957).

DONZENAC (19270), ch.-l. de c. de la Corrèze ; 2 112 h.

DONZÈRE (26290), comm. de la Drôme, près du Rhône ; 4 295 h. – Le canal de dérivation du Rhône dit de **Donzère-Mondragon** alimente l'importante centrale hydroélectrique A.-Blondel, à Bollène.

DONZY (58220), ch.-l. de c. de la Nièvre ; 1 733 h. Vestiges féodaux ; église St-Martin-du-Pré, du XIIe s.

Doon de Mayence *(geste de),* un des trois grands cycles épiques du Moyen Âge : les principales chansons *(Raoul de Cambrai, Renaud de Montauban, Girart de Roussillon)* peignent des féodaux révoltés contre leur suzerain.

DOPPLER (Christian), physicien autrichien (Salzbourg 1803 - Venise 1853). Il découvrit la variation de fréquence du son perçu lorsqu'une source sonore se déplace par rapport à un observateur *(effet Doppler).*

DORAT (Le) [87210], ch.-l. de c. de la Haute-Vienne ; 2 332 h. *(Dorachons).* Belle église romane du XIIe s.

DORAT (Jean **Dinemandi,** dit), poète et humaniste français (Limoges 1508 - Paris 1588). Maître de Ronsard et de Du Bellay, il fit partie de la Pléiade.

D'ORBAY (François), architecte français (Paris 1631 ou 1634 - *id.* 1697). Il a construit la cathédrale de Montauban et semble avoir remplacé à Versailles, en 1670, son maître Le Vau. Il a participé aux grands travaux parisiens de l'époque, du collège des Quatre-Nations (auj. l'Institut) à la Colonnade du Louvre.

DORCHESTER (Guy **Carleton,** *baron)* → ***Carleton.***

DORDOGNE (la), riv. du sud-ouest de la France ; 472 km. Née au pied du Sancy, elle s'écoule vers l'ouest, reçoit successivement la Cère, la Vézère et l'Isle, passe à Bergerac et à Libourne et rejoint la Garonne au bec d'Ambès. Aménagements hydroélectriques sur son cours supérieur (Bort-les-Orgues, Marèges, l'Aigle, Chastang).

DORDOGNE (**24**), dép. de la Région Aquitaine ; ch.-l. de dép. *Périgueux ;* ch.-l. d'arr. *Bergerac, Nontron, Sarlat-la-Canéda ;* 4 arr., 50 cant., 557 comm. ; 9 060 km² ; 386 365 h. Le dép. est rattaché à l'académie et à la cour d'appel de Bordeaux, à la région militaire Atlantique. En dehors de la Double, argileuse et forestière, et des collines bocagères au nord-est, vouées à l'élevage, le dép. s'étend sur le Périgord, où les cultures (céréales, fruits, primeurs, vigne, tabac) et l'élevage bovin se concentrent dans les vallées (Isle, Vézère, Dordogne), jalonnées par les principales villes (Périgueux et Bergerac). La faiblesse de l'industrie (agroalimentaire surtout) et du secteur tertiaire explique la persistance de l'exode rural, que n'empêche pas l'essor du tourisme.

DORDRECHT, port des Pays-Bas (Hollande-Méridionale), à l'embouchure de la Meuse ; 110 473 h. Ville ancienne et pittoresque (église des XIVe-XVe s.). Importante place commerciale au XIVe s. En 1618-19 y fut tenu un grand synode, dont les décisions régissent encore l'Église réformée de Hollande.

DORE (la), riv. d'Auvergne, affl. de l'Allier (r. dr.) ; 140 km.

DORE *(monts)* ou parfois **MONT-DORE** *(massif du),* massif volcanique d'Auvergne, culminant au puy de Sancy (1885 m). Élevage et tourisme.

DORÉ (Gustave), dessinateur, graveur et peintre français (Strasbourg 1832 - Paris 1883). Il a illustré, avec une imagination fertile qui prolonge le romantisme, Rabelais, Balzac, Dante, Cervantès, La Fontaine, la Bible, etc.

DORGELÈS (Roland), écrivain français (Amiens 1885 - Paris 1973), auteur des *Croix de bois* (1919).

DORIA, famille noble de Gênes, à la tête de la faction gibeline de la ville, qui a fourni d'illustres amiraux ; entre autres, le condottiere **Andrea Doria** (Oneglia 1466 - Gênes 1560), qui commanda les flottes de François Ier et de Charles Quint avant d'instaurer à Gênes (1528) une « république aristocratique ».

DORIDE, contrée de la Grèce ancienne. — Anc. région de la côte sud-ouest de l'Asie Mineure.

DORIENS, peuple indo-européen, qui envahit la Grèce à la fin du IIe millénaire av. J.-C. Apparentés aux Achéens, qu'ils refoulèrent, les Doriens envahirent la Thessalie, le Péloponnèse, la Crète, les Cyclades et colonisèrent le sud-ouest de l'Asie Mineure. L'organisation des Doriens était celle d'une société guerrière, dont Sparte a gardé beaucoup de traits.

DORIOT (Jacques), homme politique français (Bresles, Oise, 1898 - Menningen, Bade, 1945). Secrétaire général des Jeunesses communistes, membre du comité central du parti (1923), il protesta contre l'influence soviétique et, exclu du P. C. F. (1934), fonda (1936) le parti populaire français (P. P. F.), d'orientation fasciste. Pendant l'Occupation, il collabora avec l'Allemagne et fonda, avec Déat, la Légion des volontaires français (L. V. F.) sur le front de l'Est.

DORIS. *Myth. gr.* Fille d'Océanos et de Téthys. Elle épousa Nérée, dont elle eut cinquante filles, les Néréides.

DORMANS (51700), ch.-l. de c. de la Marne, sur la Marne ; 3 165 h. Chapelle commémorant les victoires de la Marne (1914 et 1918).

DORNES (58390), ch.-l. de c. de la Nièvre ; 1 269 h.

DORNIER (Claude, dit **Claudius**), industriel allemand (Kempten, Bavière, 1884 - Zoug, Suisse, 1969). Fondateur de la firme de construction aéronautique qui porte son nom, il a réalisé 150 types d'avions de toutes catégories.

DOROTHÉE *(sainte),* vierge et martyre (IVe s.). Elle serait morte décapitée après avoir converti le jeune avocat Théophile. Patronne des jardiniers.

DORPAT → ***Tartu.***

DORSALE GUINÉENNE, hauteurs du sud-est de la Guinée. Minerai de fer.

DORSALE TUNISIENNE, montagnes du nord de la Tunisie, orientées du sud-ouest au nord-est.

DORSET, comté de Grande-Bretagne, sur la Manche. Ch.-l. *Dorchester.*

DORTMUND, v. d'Allemagne (Rhénanie-du-Nord-Westphalie), dans la Ruhr ; 594 058 h. Port fluvial. Centre industriel. Églises médiévales. Musées. — Le *canal Dortmund-Ems* (269 km) relie la Ruhr à la mer du Nord.

DORVAL, v. du Canada (Québec), au sud-ouest de Montréal ; 17 249 h. Aéroport.

DORVAL (Marie **Delaunay,** dite **Mme**), actrice française (Lorient 1798 - Paris 1849). Elle interpréta les héroïnes romantiques et fut aimée d'A. de Vigny.

Doryphore (le), statue de Polyclète de la seconde moitié du Ve s. av. J.-C. représentant un homme nu portant une lance, et dont l'influence sur la sculpture antique a été considérable (copie antique au musée de Naples).

John
Dos Passos

Dostoïevski
V.G. Perov - galerie Tretiakov, Moscou)

DOS PASSOS (John Roderigo), écrivain américain (Chicago 1896 - Baltimore 1970), auteur de récits qui, par la juxtaposition d'écritures diverses (reportage, poésie, chansons à la mode, etc.), cherchent à donner une peinture totale et critique de la société américaine *(Manhattan Transfer, la Grosse Galette).*

DOS SANTOS (José Eduardo), homme politique angolais (Luanda 1942), président de la République depuis 1979.

DOSSO DOSSI (Giovanni **Luteri**, dit), peintre italien de l'école de Ferrare (v. 1480 - Ferrare v. 1542), auteur de compositions religieuses ou mythologiques d'un maniérisme imaginatif.

DOSTOÏEVSKI (Fedor Mikhaïlovitch), écrivain russe (Moscou 1821 - Saint-Pétersbourg 1881). Fils d'un père tyrannique qui sera assassiné par ses paysans, il est encouragé dans la voie de la littérature *(les Pauvres Gens)* par Nekrassov et Belinski, mais ses premiers échecs *(le Double, la Logeuse)* le poussent vers les cercles politiques libéraux. Condamné à mort et gracié sur le lieu de l'exécution, il est déporté en Sibérie. Cette épreuve *(Souvenirs de la maison des morts),* jointe à l'instabilité de sa vie après son retour du bagne (ses mariages, ses crises d'épilepsie, la mort de sa fille, sa passion du jeu), lui fait voir dans la souffrance et l'humiliation la raison même de l'existence *(Humiliés et offensés, Mémoires écrits dans un souterrain, Crime* et châtiment, le Joueur, l'Idiot*, les Démons* [ou *les Possédés*], *l'Adolescent),* qui ne peut trouver son équilibre, sur le plan individuel, que dans la charité *(les Frères* Karamazov)* et, sur le plan collectif, dans la synthèse des cultures orientale et occidentale réalisée par le peuple russe *(Journal d'un écrivain).*

DOU (Gerard), peintre néerlandais (Leyde 1613 - *id.* 1675). Élève de Rembrandt, il pratique une peinture de genre d'une facture lisse et froide, d'une minutie extrême.

DOUAI (59500), ch.-l. d'arr. du Nord, sur la Scarpe ; 44 195 h. *(Douaisiens)* [près de 200 000 h. dans l'agglomération]. Métallurgie. Chimie. Imprimerie. Cour d'appel. Beffroi des XIVe-XVe s. et autres monuments. Musée dans l'anc. chartreuse.

DOUALA, port et principale ville du Cameroun, sur l'estuaire du Wouri ; 1 030 000 h. Aéroport.

DOUARNENEZ (29100), ch.-l. de c. du Finistère, sur la *baie de Douarnenez* ; 16 701 h. *(Douarnenistes).* Pêche. Conserves. Électronique. Musée du Bateau et port-musée.

DOUAUMONT (55100), comm. de la Meuse, sur les Hauts de Meuse ; 10 h. Le fort (388 m) fut, en 1916, un des hauts lieux de la bataille de Verdun. Ossuaire abritant les restes d'env. 300 000 soldats français tombés à Verdun.

DOUBLE (la), région boisée de la Dordogne, entre les vallées de l'Isle et de la Dronne.

Double Inconstance (la), comédie de Marivaux (1723).

DOUBS (le), riv. de France et de Suisse, affl. de la Saône (r. g.) ; 430 km. Né dans le Jura français, le Doubs traverse les lacs de Saint-Point et de Chaillexon (d'où il sort par le *saut du Doubs*) et passe en Suisse avant de traverser Besançon et Dole.

DOUBS (**25**), dép. de la Région Franche-Comté, à la frontière de la Suisse ; ch.-l. de dép. *Besançon ;* ch.-l. d'arr. *Montbéliard* et *Pontarlier ;* 3 arr., 35 cant., 594 comm. ; 5 234 km² ; 484 770 h. *(Doubistes).* Le dép. est rattaché à l'académie et à la cour d'appel de Besançon, à la région militaire Nord-Est. Il s'étend sur le Jura central et septentrional (plissé à l'est, tabulaire à l'ouest), voué à l'élevage bovin (fromages) et à l'exploitation forestière et qui domine les collines d'entre Doubs et Ognon, région de polyculture, et la porte d'Alsace. L'industrie est développée, représentée surtout par la métallurgie de transformation et implantée dans les deux agglomérations de Montbéliard et de Besançon (au total, plus de 50 % de la population du dép.).

DOUCHANBE, de 1929 à 1961 **Stalinabad,** cap. du Tadjikistan ; 595 000 h.

DOUCHY-LES-MINES (59282), comm. du Nord ; 10 965 h.

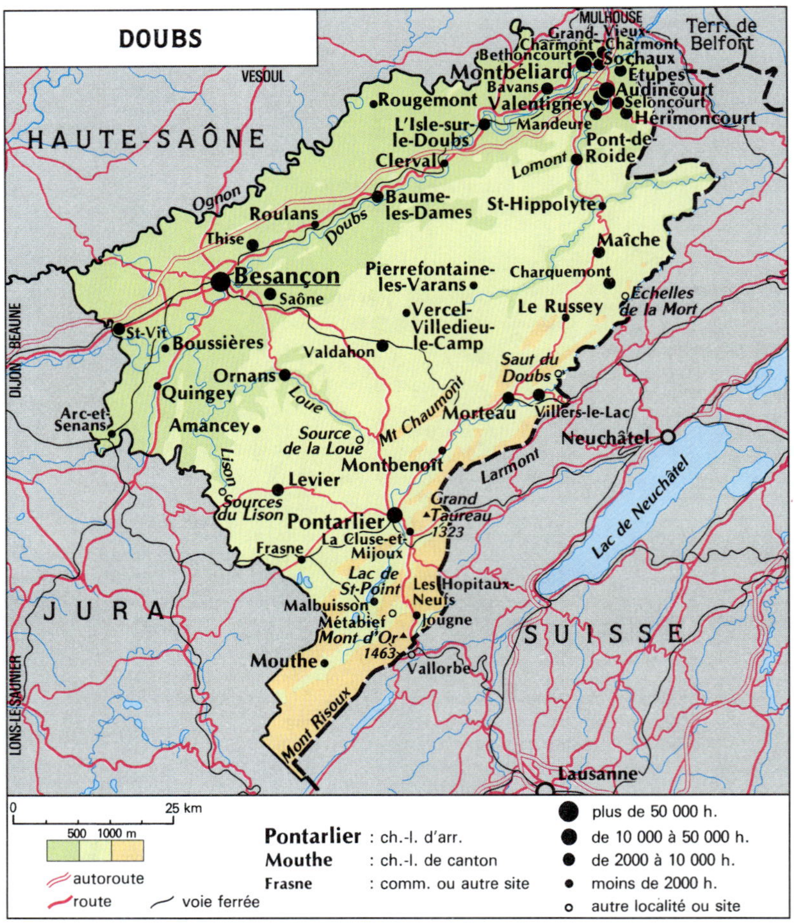

DOUDART DE LAGRÉE (Ernest), officier de marine français (Saint-Vincent-de-Mercuze, Isère, 1823 - Dongchuan, Yunnan, 1868). Il reconnut le cours du Mékong en 1866.

DOUDEVILLE (76560), ch.-l. de c. de la Seine-Maritime ; 2 515 h.

DOUÉ-LA-FONTAINE (49700), ch.-l. de c. de Maine-et-Loire ; 7 419 h. Ruines d'une collégiale de la fin du XIIe s. ; « Arènes », anc. carrière. Combats pendant la guerre de Vendée.

DOUGGA, village de Tunisie septentrionale, près de Téboursouk. Nombreux vestiges de l'antique cité de Thugga, résidence des princes numides, prospère aux IIe et IIIe s. sous les Romains.

DOUGLAS, ch.-l. de l'île de Man ; 20 000 h.

DOUGLAS, famille d'Écosse qui joua un rôle important aux XIVe et XVIe s. Elle est fameuse par sa résistance aux Anglais et sa rivalité avec les Stuarts.

DOUGLAS-HOME (*sir* Alexander Frederick), homme politique britannique (Londres 1903 - Coldstream, Berwickshire, 1995). Premier ministre (1963-64), président du parti conservateur (1963-1965), il fut ministre des Affaires étrangères (1970-1974).

DOUGLASS (Frederick), abolitionniste américain (Tuckahoe, Maryland, v. 1817 - Washington 1895). Conseiller de Lincoln pendant la guerre de Sécession, il fut le premier citoyen noir à occuper de hautes fonctions.

DOUKAS, famille byzantine qui a fourni à l'Empire d'Orient plusieurs empereurs dont **Constantin X** (1059-1067) et **Michel VII** (1071-1078).

DOULAINCOURT-SAUCOURT (52270), ch.-l. de c. de la Haute-Marne ; 1 198 h.

DOULLENS [dulɑ̃] (80600), ch.-l. de c. de la Somme, sur l'Authie ; 7 443 h. *(Doullennais).* Papeterie-cartonnerie. Confection. Monuments anciens. Siège le 26 mars 1918 de la conférence franco-anglaise où le commandement unique fut confié à Foch.

DOUMER (Paul), homme politique français (Aurillac 1857 - Paris 1932). Gouverneur général de l'Indochine (1897-1902), plusieurs fois ministre des Finances, président du Sénat (1927) et président de la République (1931), il mourut assassiné.

DOUMERGUE (Gaston), homme politique français (Aigues-Vives, Gard, 1863 - *id.* 1937). Député, puis sénateur radical-socialiste, il fut président du Conseil (1913-14), du Sénat (1923) et président de la République (1924-1931). Rappelé au lendemain du 6 février 1934, il constitua un gouvernement d'« Union nationale », qui démissionna le 8 nov. suivant.

DOUR, comm. de Belgique (Hainaut) ; 17 341 h.

DOURA-EUROPOS, place forte sur l'Euphrate (Syrie), fondée au IIIe s. av. J.-C. par les Séleucides. Elle fut détruite par Châhpuhr Ier (256 apr. J.-C.). Vestiges antiques. Synagogue et maison chrétienne avec baptistère, ornées de fresques du IIIe s.

DOURBIE (la), riv. du Massif central, affl. du Tarn (r. g.) ; 80 km. Gorges.

DOURDAN (91410), ch.-l. de c. de l'Essonne ; 9 062 h. *(Dourdannais).* Électronique. Anc. cap. du Hurepoix. Donjon du XIIIe s. — Forêt.

DOURGES (62119), comm. du Pas-de-Calais ; 5 829 h.

DOURGNE (81110), ch.-l. de c. du Tarn ; 1 265 h.

DOURO (le), en esp. **Duero,** fl. d'Espagne et du Portugal, né en Vieille-Castille, qui rejoint l'Atlantique près de Porto ; 850 km. Gorges. Aménagements hydrauliques.

DOUR-SHARROUKÊN → ***Khursabād.***

DOUVAINE (74140), ch.-l. de c. de la Haute-Savoie ; 3 407 h.

D'où venons-nous ? Que sommes-nous ? Où allons-nous ?, grande toile tahitienne de Gauguin, conçue par celui-ci comme son testament d'artiste (1897, musée de Boston).

DOUVRES, en angl. **Dover,** v. de Grande-Bretagne (Kent), sur le pas de Calais ; 34 000 h. Port de voyageurs.

DOUVRES-LA-DÉLIVRANDE (14440), ch.-l. de c. du Calvados ; 4 078 h. Pèlerinage.

DOUVRIN (62138), ch.-l. de c. du Pas-de-Calais ; 5 468 h. Industrie automobile.

DOUWES DEKKER (Eduard) → ***Multatuli.***

DOUZE (la), riv. du bassin d'Aquitaine ; 110 km. À Mont-de-Marsan, elle s'unit au Midou et forme la Midouze.

Douze Tables *(loi des),* première législation écrite des Romains (v. 451 av. J.-C.), inscrite sur douze tables de bronze.

DOVJENKO (Aleksandr Petrovitch), cinéaste soviétique (Sosnitsa, Ukraine, 1894 - Moscou 1956). Sa terre natale lui a inspiré de vastes fresques lyriques, exaltant la fusion de l'homme et de la nature au sein d'un socialisme cosmique : *Zvenigora* (1928), *Arsenal* (1929), *la Terre* (1930), *Aerograd* (1935).

DOWDING (*sir* Hugh), maréchal de l'air britannique (Moffat, Écosse, 1882 - Tunbridge Wells 1970). Il commanda la chasse britannique durant la bataille d'Angleterre (été 1940).

DOWLAND (John), luthiste et compositeur anglais (Londres 1563 - *id.* 1626). Ses airs à une ou plusieurs voix, ses fantaisies pour luth ou ses pièces pour ensemble de violes figurent parmi les sommets de la musique élisabéthaine.

Downing Street, rue de Londres où se trouve, au nº 10, la résidence du Premier ministre.

DOWNS, lignes de coteaux calcaires du sud du bassin de Londres, qui encadrent la dépression humide du Weald.

DOYLE (*sir* Arthur **Conan**), écrivain britannique (Édimbourg 1859 - Crowborough, Sussex, 1930). Ses romans policiers ont pour héros Sherlock Holmes, type du détective amateur.

DOZULÉ (14430), ch.-l. de c. du Calvados ; 1 532 h.

DRAA ou **DRA** *(oued),* fl. de l'Afrique du Nord-Ouest, né dans le Haut Atlas ; 1 000 km env. Il est jalonné de nombreuses oasis.

DRAC (le), torrent des Alpes, qui se jette dans l'Isère (r. g.) ; 150 km. Centrales hydroélectriques.

DRACHMANN (Holger), écrivain danois (Copenhague 1846 - Hornbaek, Sjaelland, 1908), d'inspiration tour à tour sociale et romantique *(Pacte avec le diable).*

DRACON, législateur d'Athènes (VIIe s. av. J.-C.). Le code qu'il rédigea v. 621 av. J.-C. est resté célèbre par sa sévérité.

Dracula, personnage du roman homonyme de Bram Stoker (1897), inspiré d'un prince de Valachie du XVe s. Archétype du vampire, il inspira de nombreux films (F. Murnau, *Nosferatu le vampire,* 1922 ; T. Browning, 1931 ; T. Fisher, 1958).

D'où venons-nous ? Que sommes-nous ? Où allons-nous ? (1897), peinture de Gauguin. (Museum of Fine Arts, Boston.)

DRAGUIGNAN (83300), ch.-l. d'arr. du Var ; 32 851 h. *(Dracenois).* La ville fut le ch.-l. du Var de 1797 à 1974. École d'application d'artillerie depuis 1976. Restes de fortifications. Musée.

DRAIS (Karl Friedrich), *baron* **von Sauerbronn,** ingénieur badois (Karlsruhe 1785 - *id.* 1851). Il inventa la *draisienne* (1816), ancêtre de la bicyclette.

DRAKE *(détroit de),* large bras de mer séparant la Terre de Feu et l'Antarctique et reliant l'Atlantique au Pacifique.

DRAKE (Edwin Laurentine, dit **le Colonel**), industriel américain (Greenville, État de New York, 1819 - Bethlehem, Pennsylvanie, 1880). Il réalisa la première exploitation industrielle de pétrole (1859), à Titusville (Pennsylvanie).

DRAKE (*sir* Francis), marin et corsaire anglais (près de Tavistock v. 1540 - au large de Portobelo 1596). Il lutta avec succès contre les Espagnols, détruisant leur flotte à Cadix (1587), et prit une part importante à la défaite de l'Invincible Armada (1588). Il a réalisé le premier voyage anglais de circumnavigation.

DRAKENSBERG, principal massif de l'Afrique du Sud, au-dessus de l'océan Indien ; 3 482 m.

Dramaturgie de Hambourg (la), recueil d'articles de G.E. Lessing (1769), qui condamne le théâtre classique français et recommande l'imitation de Shakespeare.

DRANCY (93700), ch.-l. de c. de la Seine-Saint-Denis ; 60 928 h. *(Drancéens).* Constructions mécaniques et électriques. Camp de transit pour les détenus juifs, de 1941 à 1944.

DRANEM (Armand **Ménard,** dit), artiste de café-concert français (Paris 1869 - *id.* 1935), fondateur de la maison de retraite des artistes lyriques de Ris-Orangis.

Drapeau rouge *(ordre du),* ordre militaire soviétique créé en 1918.

DRAPER (Henry), astronome américain (Prince Edward County, Virginie, 1837 - New York 1882). Il fut le premier à photographier des spectres d'étoiles (1872-73). Son nom reste attaché au catalogue fondamental des spectres stellaires.

DRAVE (la), riv. née dans les Alpes italiennes, affl. du Danube (r. dr.) ; 700 km. Elle coule en Autriche et en Slovénie, puis sépare la Hongrie de la Croatie après avoir reçu la Mur.

DRAVEIL (91210), ch.-l. de c. de l'Essonne ; 28 034 h. *(Draveillois).*

DRAVIDIENS, groupe de populations de l'Inde et du Sri Lanka.

DRAYTON (Michael), poète anglais (Hartshill, Warwickshire, 1563 - Londres 1631), auteur de poèmes lyriques et historiques et d'une géographie poétique de l'Angleterre *(Poly Olbion).*

DREES (Willem), homme politique néerlandais (Amsterdam 1886 - La Haye 1988). Chef du parti socialiste, il dirigea le gouvernement de 1948 à 1958.

DREISER (Theodore), écrivain américain (Terre Haute, Indiana, 1871 - Hollywood 1945), initiateur du naturalisme américain *(Sœur Carrie, Jennie Gerhardt, Une tragédie américaine).*

DRENTHE, prov. du nord-est des Pays-Bas ; 429 000 h. Ch.-l. *Assen.*

DRESDE, en all. **Dresden,** v. d'Allemagne, cap. de la Saxe, sur l'Elbe ; 501 417 h. Centre industriel. Palais baroque (v. 1720) du Zwinger (très restauré), œuvre de Matthäus Daniel Pöppelmann (1662-1736). Riche galerie de peinture. — La ville, devenue une métropole culturelle et artistique au XVIIIe s. grâce aux Électeurs de Saxe, fut le théâtre d'une bataille remportée par Napoléon sur les Autrichiens (26-27 août 1813) et fut détruite en février 1945 par les bombardements aériens alliés (environ 35 000 morts d'après des travaux historiques récents).

DREUX (28100), ch.-l. d'arr. d'Eure-et-Loir ; 35 866 h. *(Drouais).* Constructions électriques et mécaniques. Chimie. Église des XIIIe-XVIe s. Beffroi du XVIe s. Chapelle royale St-Louis (1816).

DREUX-BRÉZÉ (Henri Évrard, *marquis* **de**), gentilhomme français (Paris 1766 - *id.* 1829). Il fut chargé de congédier le tiers état lors de la séance du 23 juin 1789.

DREYER (Carl Theodor), cinéaste danois (Copenhague 1889 - *id.* 1968). Cinéaste de l'intériorité de l'âme qui transparaît sous la nudité des visages, son œuvre allie la profondeur de la recherche spirituelle et l'élégance d'un style dépouillé : *la Passion de Jeanne d'Arc* (1928), *Vampyr* (1931), *Dies irae* (1943), *Ordet* (1955), *Gertrud* (1964).

DREYER (Johan), astronome danois (Copenhague 1852 - Oxford 1926). On lui doit le catalogue, connu par les initiales NGC (1888), donnant la position de plus de 10 000 nébuleuses et galaxies observées visuellement.

Dreyfus *(Affaire),* scandale judiciaire et politique qui divisa l'opinion française de 1894 à 1906 et poussa au pouvoir le Bloc des gauches. Alfred Dreyfus (Mulhouse 1859 - Paris 1935), officier français de confession israélite et d'origine alsacienne (ce qui explique, dans l'affaire, l'attitude de l'Allemagne désireuse de faire porter la suspicion sur les Alsaciens-Lorrains ayant choisi la France après 1871), fut accusé et condamné à tort pour espionnage au profit de l'Allemagne (1894), gracié (1899) et réhabilité (1906) après une campagne de révision (1897-1899) au cours de laquelle s'opposèrent les dreyfusards, antimilitaristes, groupés autour de la Ligue des droits de l'homme, et les antidreyfusards, antisémites ou ultra-nationalistes, rassemblés dans la Ligue de la patrie française puis du comité de l'Action française.

DRIANT (Émile), officier et écrivain français (Neufchâtel-sur-Aisne 1855 - bois des Caures 1916). Gendre du général Boulanger, il s'illustra dans la défense du bois des Caures au début de la bataille de Verdun.

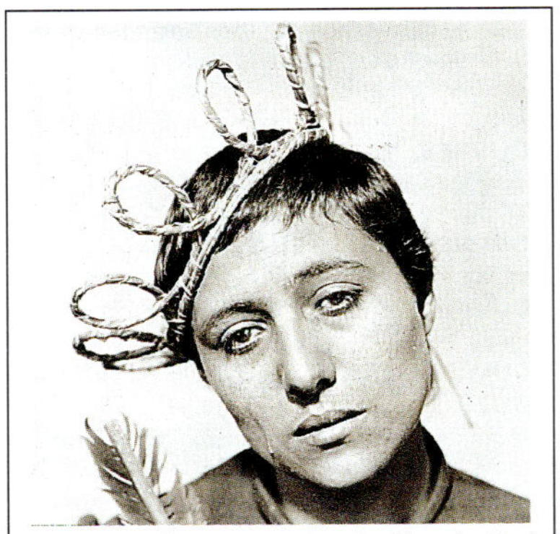
Falconetti dans une scène du film de Carl **Dreyer**, *la Passion de Jeanne d'Arc* (1928).

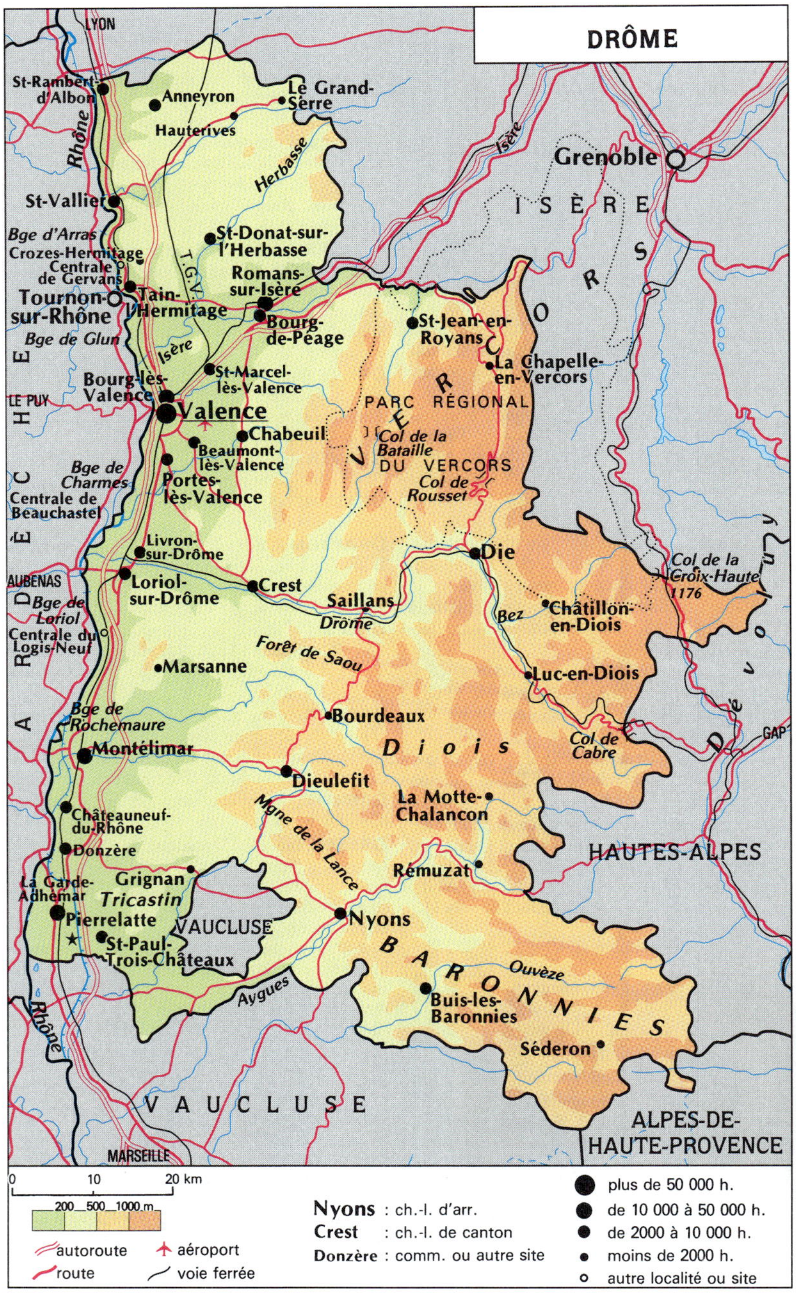

DRIESCH (Hans), philosophe et biologiste allemand (Bad Kreuznach 1867 - Leipzig 1941), auteur d'une théorie néovitaliste.

DRIEU LA ROCHELLE (Pierre), écrivain français (Paris 1893 - *id.* 1945). Romancier *(le Feu Follet, Gilles),* influencé par le fascisme, il fut directeur, sous l'occupation allemande, de la *Nouvelle Revue française.* Il se suicida.

DROCOURT (62320), comm. du Pas-de-Calais ; 3 350 h. Chimie.

DROGHEDA, en irland. **Droichead Átha,** port de la république d'Irlande ; 23 845 h. Centre de la résistance royaliste, il fut pris par Cromwell (1649), qui massacra ses habitants.

droits *(Déclaration des)* **[Bill of Rights]** (févr. 1689), texte constitutionnel anglais élaboré par le Parlement Convention. Cette déclaration prononçait l'abdication de Jacques II et rappelait les libertés et les droits fondamentaux du royaume.

droits de l'homme *(Déclaration universelle des),* texte adopté le 10 déc. 1948 par l'Assemblée générale des Nations unies proclamant les droits civils, politiques, économiques, sociaux et culturels de l'humanité.

droits de l'homme *(Ligue des),* association française ayant pour but de défendre les principes de liberté, d'égalité et de justice énoncés dans les Déclarations des droits de l'homme de 1789, de 1793 et dans la Déclaration universelle de 1948. La ligue fut fondée en févr. 1898, à l'occasion de l'Affaire Dreyfus, sur l'initiative du sénateur Ludovic Trarieux.

droits de l'homme et des libertés fondamentales *(Convention européenne de sauvegarde des),* convention établie par le Conseil de l'Europe (Rome, 4 nov. 1950), entrée en vigueur en 1953 et ratifiée par la France en 1974, qui a pour but d'organiser une garantie juridictionnelle des libertés individuelles.

droits de l'homme et du citoyen *(Déclaration des),* déclaration, en 17 articles précédés d'un préambule, votée par l'Assemblée constituante le 26 août 1789 et qui servit de préface à la Constitution de 1791. Les principes qu'elle affirme, appelés parfois « principes de 1789 », sont : égalité politique et sociale de tous les citoyens ; respect de la propriété ; souveraineté de la nation ; admissibilité de tous les citoyens aux emplois publics ; obligation imposée à chaque homme d'obéir à la loi, expression de la volonté générale ; respect des opinions et des croyances ; liberté de la parole et de la presse ; répartition équitable des impôts consentis librement par les représentants du pays.

DRÔME (la), riv. de France, affl. du Rhône (r. g.) ; 110 km. Elle naît dans les Alpes et passe à Die.

DRÔME (**26**), dép. de la Région Rhône-Alpes ; ch.-l. de dép. *Valence ;* ch.-l. d'arr. *Die, Nyons ;* 3 arr., 36 cant., 371 comm. ; 6 530 km² ; 414 072 h. *(Drômois).* Le dép. est rattaché à l'académie et à la cour d'appel de Grenoble, à la région militaire Méditerranée. Il s'étend à l'est sur une partie des massifs préalpins (Vercors, pays forestier voué à l'élevage bovin ; Diois, domaine de l'élevage ovin ; Baronnies, où apparaissent des cultures fruitières) et à l'ouest

le capitaine **Dreyfus** (B.N., Paris)

Alexander **Dubček** (en 1968)

sur les plaines du Rhône moyen (grand axe de circulation où s'est concentrée la population) consacrées aux cultures maraîchères et fruitières et à la vigne. L'industrie est représentée notamment par les constructions mécaniques, le travail du cuir, l'agroalimentaire et la production d'électricité, (nucléaire vers Pierrelatte, centrales hydrauliques sur le Rhône).

DRONNE (la), riv. du Périgord, affl. de l'Isle (r. dr.) ; 189 km.

DROPT [dro] (le), riv. d'Aquitaine, affl. de la Garonne (r. dr.) ; 125 km.

DROSTE-HÜLSHOFF (Annette, *baronne* **von**), femme de lettres allemande (Hülshoff, près de Münster, 1797 - château de Meersburg 1848), auteur de poésies épiques ou d'inspiration religieuse.

DROUAIS (François Hubert), peintre français (Paris 1727 - *id.* 1775). Académicien en 1758, il fut un portraitiste très en honneur à la Cour. — Son fils **Jean Germain** (Paris 1763 - Rome 1788), peintre d'histoire, fut l'élève favori de David.

DROUÉ (41270), ch.-l. de c. de Loir-et-Cher ; 1 355 h.

DROUET (Jean-Baptiste), homme politique français (Sainte-Menehould 1763 - Mâcon 1824). Fils du maître de poste de Sainte-Menehould, il reconnut Louis XVI lors de sa fuite et le fit arrêter à Varennes (1791). Il fut membre de la Convention.

DROUET (Jean-Baptiste), *comte* **d'Erlon,** maréchal de France (Reims 1765 - Paris 1844). Il commanda le 1er corps à Waterloo et fut gouverneur de l'Algérie en 1834-35.

DROUET (Julienne **Gauvain,** dite **Juliette**), actrice française (Fougères 1806 - Paris 1883), compagne de Victor Hugo à partir de 1833.

DROUOT (Antoine, *comte*), général français (Nancy 1774 - *id.* 1847). Surnommé *le Sage de la Grande Armée,* il accompagna Napoléon à l'île d'Elbe.

Drouot *(hôtel),* hôtel des commissaires-priseurs de Paris, rue Drouot (IXe arr.), où se tiennent la plupart des ventes mobilières aux enchères.

DRU *(aiguille du),* sommet des Alpes, dans le massif du Mont-Blanc ; 3 754 m.

DRULINGEN (67320), ch.-l. de c. du Bas-Rhin ; 1 472 h. Chaudronnerie.

DRUMETTAZ-CLARAFOND (73420), ch.-l. de c. de la Savoie ; 1 724 h.

DRUMEV (Vasil), prélat et écrivain bulgare, métropolite de Tărnovo sous le nom de **Clément** (Šumen v. 1838 - Tărnovo 1901). Auteur d'un drame historique *(Ivanko),* il joua un rôle important dans le parti russophile.

DRUMMONDVILLE, v. du Canada (Québec), sur le Saint-François ; 35 462 h.

DRUMONT (Édouard), homme politique et journaliste français (Paris 1844 - *id.* 1917). Antisémite, auteur de *la France juive, essai d'histoire contemporaine* (1886), il fonda *la Libre Parole* (1892-1910), journal nationaliste antidreyfusard.

DRUON (Maurice), écrivain français (Paris 1918). Il composa, avec son oncle Joseph Kessel, les paroles du *Chant des partisans* (1943). Peintre de la société française de l'entre-deux-guerres (*les Grandes Familles,* 1948), auteur de romans historiques (*les Rois maudits,* 1955-1977) et de pièces de théâtre, il a été ministre des Affaires culturelles (1973-74). [Acad. fr.]

DRUSES → ***Druzes.***

DRUZE *(djebel),* massif volcanique du sud de la Syrie ; 1 801 m.

DRUZES ou **DRUSES,** population du Proche-Orient (Liban, Syrie, Israël), qui pratique depuis le XIe s. une religion initiatique issue du chiisme ismaélien des Fatimides. Les Druzes jouèrent un grand rôle politique dans le Liban du XVIIe s. au XIXe s. puis furent supplantés par les maronites. W. Joumblatt est leur leader actuel au Liban.

DRYDEN (John), écrivain anglais (Aldwinkle, Northamptonshire, 1631 - Londres 1700). Principal représentant de l'esprit classique, il est l'auteur de tragédies, de satires politiques *(Absalon et Achitophel),* de *Fables* et de poèmes.

D. S. T. (Direction de la surveillance du territoire), service de la Police nationale qui a pour mission de rechercher et de prévenir sur le territoire français les activités menées par des puissances étrangères et de nature à menacer la sécurité du pays.

DUARTE (José Napoleón), homme politique salvadorien (San Salvador 1925 - *id.* 1990). Démocrate-chrétien, il a été président de la République de 1980 à 1982 et de 1984 à 1989.

DUBAIL (Augustin), général français (Belfort 1851 - Paris 1934). Il commanda le groupe des armées de l'Est (1914-1916) et fut grand chancelier de la Légion d'honneur (1918-1934).

DUBAN (Félix), architecte français (Paris 1797 - Bordeaux 1870). Éclectique et rationaliste, il fit une carrière officielle tant de restaurateur que de constructeur (École des beaux-arts de Paris, à partir de 1834).

DU BARRY → ***Barry*** *(du).*

DUBAYY, l'un des Émirats arabes unis, sur le golfe Persique ; 300 000 h. Cap. *Dubayy* (266 000 h.). Pétrole.

DUBČEK (Alexander), homme politique tchécoslovaque (Uhrovec, Slovaquie, 1921-Prague 1992). Premier secrétaire du parti communiste tchécoslovaque (janv. 1968), il prend la tête du mouvement de libéralisation du régime, appelé le « printemps de Prague », qui est arrêté par l'intervention militaire soviétique (août). Il est remplacé en avr. 1969 par Husák. Après les changements intervenus en 1989, il devient président de l'Assemblée fédérale (déc. 1989-juin 1992).

DÜBENDORF, comm. de Suisse (canton de Zurich) ; 21 106 h. Aéroport militaire.

DUBLIN, en irland. **Baile Átha Cliath,** cap. et port de la république d'Irlande, sur la mer d'Irlande ; 477 675 h. (861 000 avec les banlieues). Riches musées (archéologie celtique ; manuscrits enluminés des VIIe-VIIIe s. ; etc.).

DUBOIS (Guillaume), cardinal et homme politique français (Brive-la-Gaillarde 1656 - Versailles 1723). Ministre des Affaires étrangères (1718), archevêque de Cambrai (1720), Premier ministre (1722), il fut l'artisan de la Quadruple-Alliance (1717-18). [Acad. fr.]

DU BOIS (William Edward **Burghardt**), écrivain noir américain (Great Barrington, Massachusetts, 1869 - Accra, Ghana, 1963). Il prit la défense des Noirs aux États-Unis et fut l'un des fondateurs du panafricanisme.

DUBOIS DE CRANCÉ ou **DUBOIS-CRANCÉ** (Edmond Louis Alexis), général et homme politique français (Charleville 1747 - Rethel 1814). Il réforma le régime militaire français en appliquant le principe de l'amalgame (un bataillon de soldats confirmés et deux bataillons de volontaires formant une demi-brigade) [1793].

DU BOIS-REYMOND (Emil), physiologiste allemand (Berlin 1818 - *id.* 1896), précurseur de l'électrophysiologie.

DU BOS [-bɔs] (Charles), écrivain français (Paris 1882 - La Celle-Saint-Cloud 1939). Auteur d'essais critiques *(Approximations)* et d'un *Journal,* il correspondit avec André Gide.

DUBOS ou **DU BOS** (Jean-Baptiste, *abbé*), historien, critique et diplomate français (Beauvais 1670 - Paris 1742), auteur de *Réflexions critiques sur la poésie et la peinture* (1719) qui mettent en cause le dogmatisme des partisans de l'Antiquité, et d'une *Histoire critique de l'établissement de la monarchie française dans les Gaules* (1734). (Acad. fr.)

DUBOS (René Jules), biochimiste et bactériologiste américain d'origine française (Chaumont-en-Vexin 1901 - New York 1982), auteur de travaux sur les antibiotiques et sur l'écologie.

DU BOURG (Anne), magistrat français (Riom v. 1520 - Paris 1559), conseiller au parlement de Paris, brûlé comme hérétique pour avoir prôné la clémence envers les protestants.

DUBOUT (Albert), dessinateur humoriste français (Marseille 1905 - Saint-Aunès, Hérault, 1976). Ses scènes à nombreux personnages sont animées avec cocasserie. Il a illustré notamment Rabelais et Villon.

DUBREUIL (Hyacinthe), économiste français (Bérou-la-Mulotière, Eure-et-Loir, 1883 - Paris 1971). Il étudia particulièrement les problèmes de l'homme au travail.

DUBROVNIK, anc. **Raguse,** port de Croatie ; 31 000 h. Centre touristique sur la côte dalmate. Nombreux monuments, de l'époque préromane au baroque. Musées. — Fondée au VIIe s., la ville passa sous la suzeraineté de Venise (1205-1358), de la Hongrie (1358-1526), des Ottomans (1526-1806), puis sous celle des Habsbourg (1815-1918). Devenue aux XVe-XVIe s. une véritable « république », elle connut une intense activité commerciale et culturelle.

DUBUFFET (Jean), peintre, sculpteur et écrivain français (Le Havre 1901 - Paris 1985). Théoricien de l'*art brut,* il s'est inspiré des graffiti et du dessin d'enfants (séries « Métro », 1943, « Portraits », 1947 et suiv.), a réalisé des textures matiéristes à l'aide de graviers, mastic, goudron (série « Mirobolus, Macadam et Cie », 1944) avant d'en venir à la veine plus froide du cycle de l'« Hourloupe » (1962-1974 : peintures ; sculptures en matière plastique peinte ; petites architectures).

DUBY (Georges), historien français (Paris 1919). Professeur au Collège de France (1970), il est l'auteur d'ouvrages fondamentaux sur la période féodale (*le Temps des cathédrales 980-1420,* 1976 ; *les Trois Ordres, ou l'Imaginaire du féodalisme,* 1978 ; *le Chevalier, la Femme et le Prêtre,* 1981). [Acad. fr.]

DU CAMP (Maxime), écrivain français (Paris 1822 - Baden-Baden 1894). Ami de Flaubert, il est l'auteur de récits de voyages, de recueils de souvenirs et l'un des premiers grands reporters photographes. (Acad. fr.)

DU CANGE (Charles **du Fresne,** *seigneur*) → ***Cange*** *(du).*

DU CAURROY (Eustache), compositeur français (Gerberoy, près de Beauvais, 1549 - Paris 1609), sous-maître de la Chapelle du roi, auteur d'œuvres polyphoniques, de chansons mesurées, de fantaisies instrumentales.

DUCCIO di Buoninsegna, peintre italien (Sienne v. 1260 - *id.* 1318/19). Son chef-d'œuvre est le grand retable de la Vierge *(Maestà)* de la cathédrale de Sienne, où il s'affranchit de la tradition byzantine (1308-1311).

DU CERCEAU (Jacques Ier **Androuet**), architecte, théoricien et graveur français (Paris ? v. 1510 - Annecy v. 1585). Représentant d'une seconde Renaissance encore pleine de fantaisie, baroquisante, il eut une grande influence par ses publications gravées (dont *les Plus Excellents*

Jean **Dubuffet :**
le Train de pendules (1965), une des peintures du cycle de l'« Hourloupe ».
(M.N.A.M., C.N.A.C. Georges-Pompidou, Paris.)

Bâtiments de France, 1576-1579), par son œuvre bâti (château neuf de Verneuil-en-Halatte, auj. détruit), ainsi qu'au travers des réalisations de ses descendants architectes, parmi lesquels son petit-neveu S. de Brosse.

DUCEY (50220), ch.-l. de c. de la Manche ; 2 091 h.

DUCHAMP (Marcel), peintre français naturalisé américain (Blainville, Seine-Maritime, 1887 - Neuilly-sur-Seine 1968). Il côtoie le futurisme avec son *Nu descendant un escalier* (1912, musée de Philadelphie), puis s'écarte de la peinture, vers 1913-1915, avec les premiers *ready-mades,* objets usuels ironiquement promus œuvres d'art. À New York, à partir de 1915, il est un des précurseurs de dada*, courant auquel se rattache son œuvre la plus complexe, *la Mariée* mise à nu par ses célibataires, même,* dite « le Grand Verre ». Le pop art, le happening, l'art conceptuel ont fait de fréquents emprunts aux pratiques et aux attitudes « anti-art » de Duchamp.

DUCHAMP-VILLON (Raymond **Duchamp,** dit), sculpteur français (Damville 1876 - Cannes 1918), frère du précédent et de J. Villon. Les principes du cubisme et du futurisme ont concouru à l'élaboration de son célèbre *Cheval* (1914).

Duchamp-Villon : *le Cheval* (1914). Bronze. (M.N.A.M., C.N.A.C. Georges-Pompidou, Paris.)

DUCHARME (Réjean), écrivain canadien d'expression française (Saint-Félix-de-Valois, Québec, 1941), auteur de romans *(l'Avalée des avalés, l'Océantume, Dévadé).*

DUCHÂTEL ou **DU CHASTEL** (Tanneguy), homme de guerre breton (Trémazan v. 1368 - Beaucaire 1458), un des chefs des Armagnacs, instigateur du meurtre de Jean sans Peur.

DUCHENNE de Boulogne (Guillaume), médecin français (Boulogne-sur-Mer 1806 - Paris 1875), auteur de travaux sur les maladies du système nerveux.

Duchés *(guerre des)* [1864], conflit qui opposa le Danemark, la Prusse et l'Autriche pour la possession des duchés de Slesvig, de Holstein et de Lauenburg. Vaincu en 1864 par la Prusse et l'Autriche, le Danemark dut céder à ces puissances l'administration des duchés (convention de Gastein, 1865).

Duchesne ou **Duchêne** *(le Père),* journal publié par Hébert de 1790 à 1794, principal organe de la presse révolutionnaire, qui se caractérisait par la violence du ton et des idées.

DUCHESNE (Ernest), médecin militaire français (Paris 1874 - Amélie-les-Bains 1912). Il a étudié en 1897 l'activité antimicrobienne des moisissures et il est l'initiateur de la thérapeutique antibiotique.

DUCHESNE (Louis), prélat et historien français (Saint-Servan 1843 - Rome 1922), spécialiste de l'histoire des premiers temps de l'Église. (Acad. fr.)

DUCIS (Jean-François), écrivain français (Versailles 1733 - *id.* 1816). Il traduisit les drames de Shakespeare en les pliant aux règles classiques. (Acad. fr.)

DUCLAIR (76480), ch.-l. de c. de la Seine-Maritime, sur la Seine ; 3 843 h.

DUCLAUX (Émile), biochimiste français (Aurillac 1840 - Paris 1904). Successeur de Pasteur, il étudia les fermentations et les maladies microbiennes.

DUCLOS (Charles **Pinot**), écrivain français (Dinan 1704 - Paris 1772), auteur de romans et d'essais *(Considérations sur les mœurs de ce siècle).* [Acad. fr.]

DUCLOS (Jacques), homme politique français (Louey, Hautes-Pyrénées, 1896 - Montreuil 1975). Il fut, de 1926 à sa mort, l'un des principaux dirigeants du parti communiste français.

DUCOMMUN (Élie), journaliste suisse (Genève 1833 - Berne 1906). Il milita en faveur de la paix internationale et de la création des États-Unis d'Europe. (Prix Nobel de la paix 1902.)

DUCOS (97224), comm. de la Martinique ; 12 536 h.

DUCOS (Roger), Conventionnel montagnard (Montfort-en-Chalosse 1747 - près d'Ulm 1816), membre du Directoire et consul provisoire après le 18-Brumaire.

DUCOS DU HAURON (Louis), physicien français (Langon 1837 - Agen 1920), inventeur du procédé trichrome pour la photographie en couleurs.

DUCRAY-DUMINIL (François Guillaume), écrivain français (Paris 1761 - Ville-d'Avray 1819), auteur de romans populaires qui fournirent la matière de nombreux mélodrames.

DUCRETET (Eugène), industriel et inventeur français (Paris 1844 - *id.* 1915). Il conçut et réalisa le premier dispositif français de télégraphie sans fil d'emploi pratique (1897).

DUCROT (Auguste), général français (Nevers 1817 - Versailles 1882). Il se distingua à Frœschwiller et pendant le siège de Paris (1870-71).

DUDELANGE, v. du sud du Luxembourg ; 14 677 h. Sidérurgie.

DUDLEY, v. de Grande-Bretagne, près de Birmingham ; 187 000 h.

DUDLEY (John), *comte* **de Warwick,** *duc* **de Northumberland,** homme d'État anglais (1502 ? - Londres 1553). Grand maréchal d'Angleterre, il prit un fort ascendant sur Édouard VI, orientant l'Église anglaise vers le protestantisme. Beau-père de Jeanne Grey (1553), il fut exécuté à l'avènement de Marie Tudor. — Son fils **Robert,** 1er *comte* **de Leicester** (v. 1532 - Cornbury 1588), fut le favori de la reine Élisabeth Ire.

DU FAY (Charles François **de Cisternay**), physicien français (Paris 1698 - *id.* 1739). Il reconnut l'existence de deux types d'électricité.

DUFAY (Guillaume), compositeur de l'école franco-flamande (v. 1400 - Cambrai 1474). On lui doit des messes, des motets, des chansons.

DUFOUR (Guillaume Henri), général suisse (Constance 1787 - Les Contamines 1875). Il maîtrisa la révolte des cantons catholiques du Sonderbund (1847).

DUFOURT (Hugues), compositeur français (Lyon 1943). Théoricien et chercheur en musique contemporaine, il concilie dans ses créations les lutheries traditionnelle et électronique (*Saturne,* 1979) et poursuit une réflexion sur le temps en musique (*Antiphysis,* 1978 ; *le Philosophe selon Rembrandt,* 1992).

DU FU ou **TOU FOU,** poète chinois (Duling, Shaanxi, 712 - Leiyang, Hunan, 770). Ami de Li Bo, surnommé **« le Sage de la poésie »,** il a tiré de la guerre civile et de sa misère personnelle la matière de ses poèmes.

DUFY (Raoul), peintre et décorateur français (Le Havre 1877 - Forcalquier 1953). Coloriste d'abord apparenté au fauvisme, il n'est pas moins remarquable par le charme elliptique de son dessin. (Musées du Havre, de Nice, M. A. M. de la Ville de Paris, M. N. A. M.)

DUGAS (Marcel), écrivain canadien d'expression française (Saint-Jacques-l'Achigan, Québec, 1883 - Montréal 1947), auteur d'essais et de poèmes d'inspiration symboliste.

DUGHET (Gaspard), dit **le Guaspre Poussin,** peintre français (Rome 1615 - *id.* 1675). Beau-frère de Poussin, qu'il avait accueilli à Rome, il fit œuvre de paysagiste tantôt sous l'influence de celui-ci, tantôt sous celle de Claude Lorrain.

DUGNY (93440), comm. de la Seine-Saint-Denis ; 8 742 h.

DUGOMMIER (Jacques François **Coquille,** dit), général français (La Basse-Terre, Guadeloupe, 1736 ou 1738 - fort de Bellegarde, Pyrénées-Orientales, 1794). Conventionnel, il commanda l'armée assiégeant Toulon (1793).

DUGUAY-TROUIN (René), corsaire français (Saint-Malo 1673 - Paris 1736). Il s'illustra pendant les guerres de Louis XIV contre la flotte portugaise (1707), s'empara de Rio de Janeiro (1711), devint chef d'escadre (1715) et lieutenant général (1728).

DU GUESCLIN (Bertrand) → ***Guesclin (du).***

DUGUIT (Léon), juriste français (Libourne 1859 - Bordeaux 1928), auteur, notamment, d'un *Traité de droit constitutionnel* (1911). Son œuvre a marqué la pensée juridique du XXe s.

DUHAMEL (Georges), écrivain français (Paris 1884 - Valmondois, Val-d'Oise, 1966), auteur de cycles romanesques : *Vie et aventures de Salavin, Chronique des Pasquier.* (Acad. fr.)

DUHEM (Pierre), philosophe français (Paris 1861 - Cabrespine, Aude, 1916), promoteur d'une épistémologie fondée sur l'histoire des sciences.

DÜHRING (Eugen), philosophe allemand (Berlin 1833 - Nowawes, auj. Babelsberg, près de Potsdam, 1921). Il est l'auteur d'une théorie matérialiste simpliste à laquelle Engels s'est attaqué dans l'*Anti-Dühring* (1878).

DUILIUS (Caius), consul romain en 260 av. J.-C. Il remporta sur les Carthaginois, au large de la Sicile, la première victoire navale des Romains.

DUISBURG, v. d'Allemagne (Rhénanie-du-Nord-Westphalie), sur le Rhin ; 532 152 h. Grand port fluvial, débouché du bassin de la Ruhr et centre industriel.

DUJARDIN (Félix), naturaliste français (Tours 1801 - Rennes 1860). Il a décrit le cytoplasme cellulaire.

DUJARDIN (Karel), peintre et graveur néerlandais (Amsterdam v. 1622 - Venise 1678). Influencé par l'Italie, il est l'auteur de paysages lumineux agrémentés de personnages et d'ani-

Raoul **Dufy :** *Jardin et maison de Dufy au Havre* (1915). [Musée d'Art moderne de la Ville de Paris.]

Duguay-Trouin (Musée municipal, Saint-Malo)

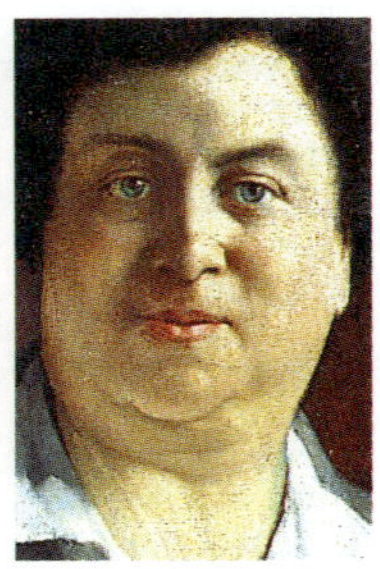

Alexandre **Dumas** père (A. Bellay - château de Versailles)

maux, ainsi que de compositions religieuses ou mythologiques.

DUKAS (Paul), compositeur français (Paris 1865 - *id.* 1935), auteur de *l'Apprenti sorcier* (1897), *la Péri, Ariane et Barbe-Bleue.* C'est un des maîtres de l'orchestration.

DUKOU ou **TOU-K'EOU** v. de Chine (Sichuan) ; 330 000 h.

DULAC (Germaine **Saisset-Schneider,** dite **Germaine**), cinéaste française (Amiens 1882 - Paris 1942). Théoricienne d'avant-garde, passionnée de recherches esthétiques, elle a réalisé *la Fête espagnole* (1920), *la Souriante Madame Beudet* (1923), *la Coquille et le Clergyman* (1927).

Dulcinée, personnage du *Don Quichotte* de Cervantès, paysanne dont le héros fait la « dame de ses pensées ».

DULLES (John Foster), homme politique américain (Washington 1888 - *id.* 1959). Secrétaire d'État aux Affaires étrangères (1953-1959), il fut l'artisan de la politique extérieure américaine pendant la guerre froide.

DULLIN (Charles), acteur et directeur de théâtre français (Yenne, Savoie, 1885 - Paris 1949). Fondateur du théâtre de l'Atelier, il a renouvelé l'interprétation des répertoires classique et moderne.

Charles **Dullin** (rôle de Savonarole dans *La terre est ronde* [1946] d'A. Salacrou).

DULONG (Pierre Louis), chimiste et physicien français (Rouen 1785 - Paris 1838), auteur de travaux sur les chaleurs spécifiques, les dilatations et les indices de réfraction des gaz.

DULUTH, v. des États-Unis (Minnesota), sur le lac Supérieur ; 85 493 h. Port actif (fer). Métallurgie.

DUMARSAIS (César **Chesneau**), grammairien français (Marseille 1676 - Paris 1756). Il est l'auteur d'un *Traité des tropes* (1730) et de nombreux articles de l'*Encyclopédie* portant sur la grammaire.

DUMAS (Alexandre **Davy de La Pailleterie,** dit), général français (Jérémie, Saint-Domingue, 1762 - Villers-Cotterêts 1806). Il s'illustra à l'armée des Pyrénées, puis en Italie et en Égypte où il commanda la cavalerie de Bonaparte. — **Alexandre Dumas,** son fils, écrivain (Villers-Cotterêts 1802 - Puys, près de Dieppe, 1870). Aidé de plusieurs collaborateurs, il signa près de trois cents ouvrages et fut le plus populaire des écrivains de l'époque romantique avec ses drames *(Henri III et sa Cour, Antony, la Tour de Nesle, Kean)* et ses romans *(les Trois* Mousquetaires, Vingt Ans après, le Vicomte de Bragelonne, le Comte* de Monte-Cristo, la Reine Margot, la Dame de Montsoreau, les Quarante-Cinq).* — **Alexandre** dit **Dumas fils,** fils naturel de ce dernier (Paris 1824 - Marly-le-Roi 1895), se fit l'apôtre d'un « théâtre utile » d'inspiration sociale *(la Dame aux camélias, le Demi-Monde, la Question d'argent, le Fils naturel).* [Acad. fr.]

DUMAS (Georges), médecin et psychologue français (Lédignan, Gard, 1866 - *id.* 1946). Il est l'un des fondateurs de la psychologie expérimentale en France.

DUMAS (Jean-Baptiste), chimiste français (Alès 1800 - Cannes 1884). On lui doit la détermination de la masse atomique d'un grand nombre d'éléments, l'utilisation systématique des équations chimiques et la découverte de la notion de fonction chimique. (Acad. fr.)

Dumbarton Oaks *(plan de),* projet élaboré en 1944 à Dumbarton Oaks, près de Washington, par des délégués américains, britanniques, chinois et soviétiques et qui servit de base à la Charte des Nations unies.

DU MERSAN (Théophile **Marion**), auteur dramatique et numismate français (château de Castelnau, près d'Issoudun, 1780 - Paris 1849), auteur de vaudevilles *(les Saltimbanques).*

DUMÉZIL (Georges), historien français (Paris 1898 - *id.* 1986), spécialiste de l'étude comparée des mythologies et de l'organisation sociale des peuples indo-européens (*l'Idéologie tripartie des Indo-Européens,* 1958 ; *Mythe et épopée,* 1968-1973). [Acad. fr.]

DUMONSTIER, DUMOUSTIER ou **DUMOÛTIER,** famille de peintres, miniaturistes et dessinateurs portraitistes français des XVIe-XVIIe s.

DU MONT (Henry **de Thier,** dit), compositeur et organiste wallon (Villers-l'Évêque, près de Liège, 1610 - Paris 1684). Maître de musique de la Chapelle royale, il fut l'un des créateurs du grand motet concertant.

DUMONT (Louis), anthropologue français (Thessalonique 1911). Il a entrepris une réflexion sur la société à partir d'une étude du système des castes de l'Inde (*Homo hierarchicus,* 1966 ; *Homo aequalis,* 1977).

DUMONT (René), agronome français (Cambrai 1904), spécialiste du tiers-monde et des problèmes du développement, il a notamment écrit *L'Afrique noire est mal partie* (1962).

DUMONT D'URVILLE (Jules), marin français (Condé-sur-Noireau 1790 - Meudon 1842). Après avoir exploré les côtes de Nouvelle-Guinée et de Nouvelle-Zélande, il retrouva à Vanikoro les restes de l'expédition La Pérouse (1828), puis découvrit dans l'Antarctique les terres Louis-Philippe et Joinville (1839) et la terre Adélie (1840).

DUMOULIN (Charles), jurisconsulte français (Paris 1500 - *id.* 1566), l'un des plus grands juristes de droit coutumier, dont l'œuvre a préparé l'unification du droit.

DUMOURIEZ (Charles François **du Périer,** dit), général français (Cambrai 1739 - Turville-Park, Angleterre, 1823). Ministre girondin des Affaires étrangères en 1792, puis commandant de l'armée du Nord, il fut vainqueur à Valmy puis à Jemmapes et conquit la Belgique. Battu à Neerwinden et rappelé à Paris, il passa dans les rangs autrichiens.

DUNA, nom hongrois du **Danube.**

DUNANT (Henri), philanthrope suisse (Genève 1828 - Heiden 1910). Il fit adopter la Convention de Genève (1864) et fut le principal fondateur de la Croix-Rouge. (Prix Nobel de la paix 1901.)

DUNAÚJVÁROS, v. de Hongrie, au sud de Budapest ; 59 028 h. Sidérurgie.

DUNBAR (William), poète écossais (Salton v. 1460 - v. 1530), auteur de poèmes satiriques et allégoriques *(le Chardon et la Rose).*

DUNCAN Ier (m. près d'Elgin en 1040), roi d'Écosse (1034-1040). Il fut assassiné par Macbeth.

DUNCAN (Isadora), danseuse américaine (San Francisco 1878 - Nice 1927). Ses recherches et ses improvisations, en opposition avec le vocabulaire académique et les formes classiques du ballet, influencèrent la danse moderne.

DUNDEE, port de Grande-Bretagne (Écosse), sur l'estuaire du Tay ; 175 000 h.

DUNEDIN, port de Nouvelle-Zélande (île du Sud) ; 113 000 h. Université.

Dunes *(bataille des)* [14 juin 1658], victoire de Turenne sur Condé et les Espagnols, près de Dunkerque.

DUNGENESS *(cap),* pointe du sud-est de l'Angleterre (Kent), sur le pas de Calais. Centrale nucléaire.

DUNHUANG ou **TOUEN-HOUANG,** v. de Chine (Gansu), aux confins du désert de Gobi et au point d'aboutissement de la route de la soie*. Monastère bouddhique rupestre : 486 grottes ornées de peintures murales et de reliefs. La bibliothèque du couvent et un précieux trésor de bannières votives peintes sur soie (musée Guimet et British Museum) ont été retrouvés dans une caverne murée depuis le XIe s.

Dunhuang : peinture sur papier (IXe s.) représentant un moine-pèlerin bouddhiste. (B.N.F., Paris.)

DUNKERQUE, ch.-l. d'arr. du Nord ; 71 071 h. *(Dunkerquois)* [près de 200 000 h. avec les banlieues]. Port actif sur la mer du Nord, relié à l'agglomération de Valenciennes par un canal à grand gabarit. Centre industriel (sidérurgie, agroalimentaire, chimie). Musées des Beaux-Arts et d'Art contemporain. Enjeu d'une violente bataille en 1940, qui permit le rembarquement pour l'Angleterre de 340 000 soldats alliés.

DUN LAOGHAIRE, anc. **Kingstown,** v. de la République d'Irlande ; 54 000 h. Station balnéaire et avant-port de Dublin.

DUN-LE-PALESTEL (23800), ch.-l. de c. de la Creuse ; 1 218 h.

Jean-Baptiste **Dumas**

Dumont d'Urville (J. Cartellier - château de Versailles)

Dumouriez (S. Rouillard - château de Versailles)

Henri **Dunant**

DUNLOP (John Boyd), vétérinaire et ingénieur écossais (Dreghorn, comté de Ayr, 1840 - Dublin 1921). Il a réalisé le premier pneumatique (1887).

DUNOIS (Jean **d'Orléans,** *comte* **de**), prince capétien, dit **le Bâtard d'Orléans** (Paris 1403 - L'Hay, près de Bourg-la-Reine, 1468). Fils naturel de Louis Ier, duc d'Orléans, il combattit l'Angleterre aux côtés de Jeanne d'Arc, puis contribua à la soumission de la Normandie et de la Guyenne (1449-1451).

DUNOYER DE SEGONZAC (André), peintre et graveur français (Boussy-Saint-Antoine 1884 - Clichy 1974). Il est l'auteur de paysages de l'Île-de-France et de Provence, ainsi que de figures et de natures mortes. Aquafortiste, il a illustré notamm. *les Géorgiques.*

DUNS SCOT (John), théologien franciscain écossais (Maxton, Écosse, v. 1266 - Cologne 1308). Il défendit au nom de la foi en Dieu le réalisme de la connaissance qui part du monde sensible pour atteindre Dieu. Béatifié en 1993.

DUNSTABLE (John), compositeur anglais (v. 1385 - Londres 1453), auteur d'œuvres polyphoniques, religieuses.

DUNSTAN *(saint),* archevêque de Canterbury (près de Glastonbury 924 - Canterbury 988). Il favorisa le développement du monachisme anglais et travailla à la réforme de l'Église.

DUN-SUR-AURON (18130), ch.-l. de c. du Cher ; 4 304 h. *(Dunois).* Église romane.

DUPANLOUP (Félix), prélat français (Saint-Félix, Haute-Savoie, 1802 - château de Lacombe, Savoie, 1878). Évêque d'Orléans (1849), il défendit la liberté de l'enseignement et fut l'un des chefs du catholicisme libéral. Il démissionna de l'Académie française lors de l'élection de Littré.

DUPARC (Henri **Fouques-**), compositeur français (Paris 1848 - Mont-de-Marsan 1933), auteur d'un recueil de poèmes vocaux *(Phidylé, l'Invitation au voyage, la Vague et la cloche, la Vie antérieure).*

DU PARC (Thérèse **de Gorle,** dite **la**), actrice française (Paris 1633 - *id.* 1668), qui quitta la troupe de Molière pour suivre son amant, Racine, à l'Hôtel de Bourgogne, où elle créa *Andromaque.*

DUPERRÉ (Victor Guy, *baron*), amiral français (La Rochelle 1775 - Paris 1846). Il commanda l'expédition d'Alger en 1830 et fut ministre de la Marine.

DU PERRON (Jacques **Davy**), cardinal français (1556 - Paris 1618). Confident de Charles IX, d'Henri III et d'Henri IV, il fit partie du Conseil de régence (1610).

Dupes *(journée des)* [10 nov. 1630], journée marquée par l'échec des Dévots (partisans de la paix et des réformes intérieures), groupés autour de Marie de Médicis et de Michel de Marillac et hostiles à la politique de Richelieu, dont ils crurent avoir obtenu le renvoi. Rentré en grâce auprès du roi, le cardinal fit exiler ses adversaires.

DUPETIT-THOUARS (Aristide **Aubert**), marin français (château de Boumois, près de Saumur, 1760 - Aboukir 1798). Il périt en commandant le *Tonnant.* — Son neveu, **Abel Aubert Dupetit-Thouars,** amiral français (près de Saumur 1793 - Paris 1864), établit en 1842 le protectorat de la France sur Tahiti.

DUPIN (André), dit **Dupin aîné,** magistrat et homme politique français (Varzy 1783 - Paris 1865). Député libéral, président de la Chambre (1832-1840) puis de l'Assemblée législative (1849-1851), il se rallia au bonapartisme. (Acad. fr.). — Son frère, le *baron* **Charles Dupin** (Varzy 1784 - Paris 1873), économiste et mathématicien, étudia la courbure des surfaces et contribua à la création des services statistiques français.

DUPLEIX [-plɛks] (Joseph François), administrateur français (Landrecies 1696 - Paris 1763). Gouverneur général des Établissements français dans l'Inde (1742), il donna une vive impulsion au commerce national et s'efforça de miner l'activité britannique. Il obligea l'Angleterre à lever le siège de Pondichéry (1748) et acquit pour la France un vaste empire dans le Carnatic (auj. Karnātaka) et sur la côte de Circars (auj. Sarkārs). Combattu à Paris, abandonné par le roi, il revint en France (1754), où il ne put obtenir le remboursement des avances qu'il avait faites à la Compagnie des Indes.

DUPLESSIS (Jean), *sieur* **d'Ossonville,** voyageur français (m. à La Guadeloupe en 1635), colonisateur de la Guadeloupe.

DUPLESSIS (Maurice **Le Noblet**), homme politique canadien (Trois-Rivières 1890 - Schefferville 1959). Leader des conservateurs québécois (1933), fondateur de l'Union nationale (1935), il fut Premier ministre du Québec (1936-1939, 1944-1959).

DUPLESSIS-MORNAY → ***Mornay*** *(Philippe de).*

Duplice (7 oct. 1879), alliance conclue à Vienne entre l'Autriche-Hongrie et l'Allemagne.

DUPLOYÉ (*abbé* Émile), ecclésiastique français (Notre-Dame-de-Liesse, Aisne, 1833 - Saint-Maur-des-Fossés 1912). On lui doit une méthode de sténographie.

DUPOND (Patrick), danseur français (Paris 1959). Directeur artistique du Ballet de Nancy (1988-1990), il a été directeur de la danse à l'Opéra de Paris de 1990 à 1995.

DUPONT (Pierre), poète et chansonnier français (Lyon 1821 - *id.* 1870), auteur du *Chant des ouvriers* (1846) et de chansons rustiques *(les Bœufs).*

DUPONT de l'Étang (Pierre Antoine, *comte*), général français (Chabanais 1765 - Paris 1840). Il capitula à Bailén (1808) et fut ministre de la Guerre de Louis XVIII en 1814.

DUPONT de l'Eure (Jacques Charles), homme politique français (Le Neubourg 1767 - Rouge-Perriers, Eure, 1855). Député libéral sous la Restauration, ministre de la Justice sous la monarchie de Juillet, il fut président du Gouvernement provisoire en 1848.

Du Pont de Nemours, société américaine de produits chimiques fondée en 1802 près de Wilmington par le chimiste français Eleuthère Du Pont de Nemours (1771-1834). Elle se développa puissamment au cours du XXe s., réalisant notamment les premières fabrications de textiles artificiels et de caoutchouc synthétique, et découvrant le Nylon.

DUPONT de Nemours (Pierre Samuel), économiste français (Paris 1739 - Eleutherian Mills, Delaware, 1817). Disciple de Quesnay, il inspira les principales réformes financières de la fin de l'Ancien Régime. — Son fils **Éleuthère Irénée Du Pont de Nemours,** chimiste et industriel français (Paris 1771 - Philadelphie 1834), collaborateur de Lavoisier, fonda aux États-Unis une poudrerie, point de départ de la firme *Du Pont de Nemours.*

DUPONT des Loges (Paul), évêque de Metz (Rennes 1804 - Metz 1886). Après l'annexion de l'Alsace et de la Lorraine, il fut député au Reichstag (1874-1877), où il défendit la cause française.

DUPONT-SOMMER (André), orientaliste français (Marnes-la-Coquette 1900 - Paris 1983), auteur de travaux sur la civilisation araméenne et traducteur des manuscrits de la mer Morte.

DU PORT ou **DUPORT** (Adrien), homme politique français (Paris 1759 - dans l'Appenzell 1798). Député à l'Assemblée constituante, il forma avec Barnave et Lameth un triumvirat qui se distingua dans la réorganisation de la justice. Il fonda le club des Feuillants et s'exila après le 10 août 1792.

DUPRAT (Antoine), cardinal et homme politique français (Issoire 1463 - Nantouillet 1535), chancelier de France sous François Ier, principal auteur du concordat de Bologne (1516) entre François Ier et Léon X.

DUPRÉ (Guillaume), graveur en médailles et sculpteur français (Sissonne v. 1574 - ? 1647). Il a gravé les monnaies du règne d'Henri IV et de la minorité de Louis XIII.

DUPRÉ (Jules), peintre français (Nantes 1811 - L'Isle-Adam 1889), paysagiste apparenté à l'école de Barbizon.

DUPRÉ (Louis), danseur français (Rouen 1697 - ? 1774), surnommé, avant G. Vestris, le « dieu de la danse ».

DUPRÉ (Marcel), compositeur et organiste français (Rouen 1886 - Meudon 1971), auteur de pièces pour orgue.

DUPUY DE LÔME (Henri), ingénieur français (Ploemeur, Morbihan, 1816 - Paris 1885). Il construisit le premier vaisseau de guerre à vapeur, le *Napoléon* (1848 - 1852), puis le premier cuirassé, la *Gloire* (1858 - 1859).

DUPUYTREN [-trɛ̃] (Guillaume, *baron*) chirurgien français (Pierre-Buffière, Haute-Vienne, 1777 - Paris 1835). Chirurgien des rois Louis XVIII et Charles X, il est l'un des fondateurs de l'anatomie pathologique. Le musée d'anatomie installé dans l'ancien couvent des Cordeliers à Paris porte son nom.

DUQUE DE CAXIAS, banlieue de Rio de Janeiro ; 664 643 h.

DUQUESNE [-kɛn] (Abraham, *marquis*), marin français (Dieppe 1610 - Paris 1688). Il remporta sur Ruyter les victoires de Stromboli, d'Augusta et de Syracuse (1676), et fit plusieurs expéditions contre les Barbaresques (Chio, 1681 ; Alger, 1682). Calviniste convaincu, il refusa d'abjurer et ne put être amiral.

DUQUESNOY (François), dit **Francesco Fiammingo,** sculpteur des Pays-Bas du Sud (Bruxelles 1597 - Libourne 1643), qui vécut principalement à Rome. Sa statue de *Sainte Suzanne* (1633, église S. Maria di Loreto), d'esprit classique, le rendit célèbre. Il était le fils de **Jérôme Duquesnoy**, dit **le Vieux**, auteur du célèbre *Manneken-Pis* de Bruxelles (1619).

DURAN (Carolus-) → ***Carolus-Duran.***

DURANCE (la), riv. des Alpes françaises du Sud, affl. du Rhône (r. g.) ; 305 km. Née au Montgenèvre, elle passe à Briançon, Embrun, Sisteron. Son aménagement, en aval de Serre-Ponçon (barrages avec centrales hydrauliques et canaux d'irrigation), a entraîné la dérivation de la plus grande partie de ses eaux, à partir de Mallemort, vers l'étang de Berre et la Méditerranée.

Durandal → ***Durendal.***

DURAND-RUEL (Paul), marchand de tableaux français (Paris 1831 - *id.* 1922), qui soutint les impressionnistes.

DURANGO, v. du Mexique, au pied de la sierra Madre occidentale ; 414 015 h.

DURANTY (Louis Edmond), écrivain français (Paris 1833 - *id.* 1880). Critique d'art, il fut le premier à écrire sur les impressionnistes et publia des romans réalistes *(le Malheur d'Henriette Gérard).*

DURÃO (José **De Santa Rita**), poète brésilien (Cata Preta, Minas Gerais, 1722 - Lisbonne 1784), auteur de la première épopée nationale (*Caramuru,* 1781).

DURAS [-ras] (47120), ch.-l. de c. de Lot-et-Garonne ; 1 207 h.

DURAS (Jacques Henri **de Durfort,** *duc* **de**), maréchal de France (Duras 1625 - Paris 1704), neveu de Turenne. Il contribua à la conquête de la Franche-Comté. — Son frère **Louis** (v. 1640-1709) passa en Angleterre et fut généralissime des armées de Jacques II.

DURAS (Marguerite), femme de lettres et cinéaste française (Gia Dinh, Viêt Nam, 1914 - Paris 1996). Ses romans *(Un barrage contre le Pacifique, le Marin de Gibraltar, Moderato cantabile, l'Amante anglaise, l'Amant),* son théâtre *(les Viaducs de Seine-et-Oise)* et ses films *(India Song,*

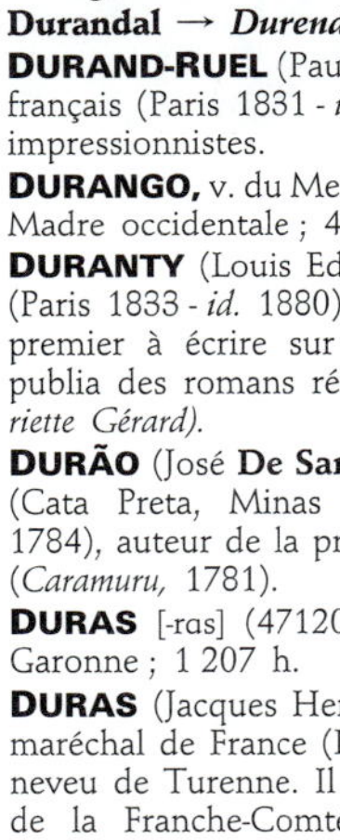

Joseph François
Dupleix
(Mme de Cernel d'après Sergent - B.N.F., Paris)

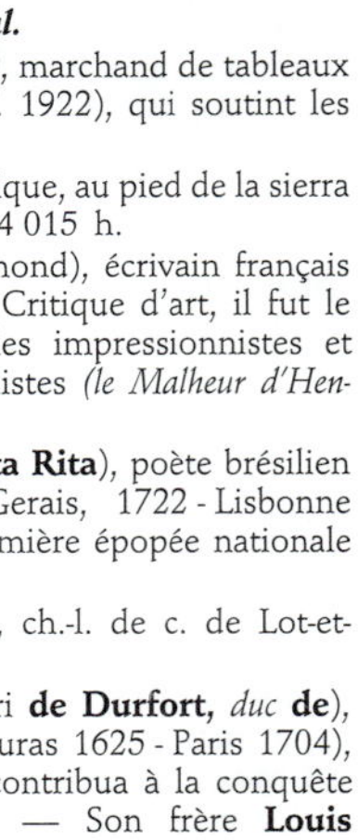

Marguerite
Duras

le Camion) forment une dénonciation des aliénations culturelles et sociales.

DURAZZO → ***Durrës.***

DURBAN, port de l'Afrique du Sud (Kwazulu-Natal), sur l'océan Indien ; 961 000 h. Centre industriel.

DÜREN, v. d'Allemagne (Rhénanie-du-Nord-Westphalie) ; 84 251 h. Métallurgie.

Durendal ou **Durandal,** nom que porte l'épée de Roland dans les chansons de geste.

DÜRER (Albrecht), peintre et graveur allemand (Nuremberg 1471 - *id.* 1528). Il fit un tour de compagnon par Colmar, Bâle, Strasbourg, séjourna deux fois à Venise, mais effectua l'essentiel de sa carrière à Nuremberg. Il manifesta son génie dans la peinture à l'huile (*la Fête du rosaire,* 1506, Prague ; portraits...), dans le dessin et l'aquarelle (coll. de l'Albertina, Vienne) et dans son œuvre gravé, d'emblée célèbre en Europe (xylographies, d'un graphisme bouillonnant, encore médiéval : l'*Apocalypse* [15 planches, 1498], la *Grande Passion,* etc. ; burins, plus italianisants et reflétant l'influence des humanistes : *la Grande Fortune,* v. 1500, *Saint Jérôme* et *la Mélancolie**, 1514). Il se passionna pour les théories de l'art (perspective, etc.) et publia plusieurs ouvrages à la fin de sa vie *(Traité des proportions du corps humain).*

DURGAPUR, v. de l'Inde (Bengale-Occidental) ; 415 986 h. Centre industriel.

DURG-BHILAINAGAR, agglomération de l'Inde (Madhya Pradesh) ; 668 670 h. Sidérurgie.

DURHAM, v. de Grande-Bretagne (Angleterre), ch.-l. du comté de ce nom ; 26 000 h. Remarquable cathédrale entreprise en 1093.

DURHAM (John George **Lambton,** *lord*), homme politique britannique (Londres 1792 - Cowes 1840). Gouverneur du Canada (1838), il publia un rapport qui inspira, en 1867, la création de la Confédération canadienne.

DURKHEIM (Émile), sociologue français (Épinal 1858 - Paris 1917). Il ramène les faits moraux aux faits sociaux, qu'il considère comme indépendants des consciences individuelles. Un des fondateurs de la sociologie, il a écrit *De la division* du travail social* (1893), les *Règles de la méthode sociologique* (1894) et *le Suicide* (1897).

DUROC (Géraud Christophe Michel), *duc* **de Frioul,** général français (Pont-à-Mousson 1772 - Markersdorf, Silésie, 1813), grand maréchal du palais sous l'Empire.

DURRELL (Lawrence), écrivain britannique (Jullundur, Inde, 1912 - Sommières 1990). Il crée dans ses romans, qui ont pour cadre les paysages méditerranéens, un univers où les seules crises profondes sont celles de la sensibilité plastique et littéraire *(le Quatuor d'Alexandrie, le Quintette d'Avignon).*

DÜRRENMATT (Friedrich), écrivain suisse d'expression allemande (Konolfingen, Berne, 1921 - Neuchâtel 1990). Sa conscience de protestant et son humour baroque s'unissent dans son théâtre *(Un ange vient à Babylone, la Visite de la vieille dame)* en une incessante critique des illusions et oppressions humaines.

DURRËS, en ital. **Durazzo,** port d'Albanie, sur l'Adriatique ; 72 000 h.

DURRUTI (Buenaventura), anarchiste espagnol (province de León 1896 - Madrid 1936), organisateur, notamm., de la *Colonne Durruti* qui, pendant la guerre civile espagnole, tenta vainement de libérer Saragosse occupée par les franquistes, puis participa à la défense de Madrid, où il trouva la mort.

DURTAL (49430), ch.-l. de c. de Maine-et-Loire ; 3 218 h. Château des XVe-XVIIe s.

DURUFLÉ (Maurice), compositeur et organiste français (Louviers 1902 - Louveciennes 1986). Liturgiste, il a beaucoup utilisé les thèmes grégoriens *(Requiem).*

DURUY (Victor), historien et homme politique français (Paris 1811 - *id.* 1894). Ministre de l'Instruction publique (1863-1869), il rétablit l'enseignement de la philosophie, créa un enseignement secondaire pour jeunes filles et l'École pratique des hautes études (1868). Il est l'auteur d'une *Histoire des Romains* (1879-1885). [Acad. fr.]

DU RYER (Pierre), écrivain français (Paris 1605 - *id.* 1658), auteur de tragi-comédies romanesques. (Acad. fr.)

DUSE (Eleonora), actrice italienne (Vigevano 1858 - Pittsburgh, Pennsylvanie, 1924), interprète d'Ibsen et de D'Annunzio, qui écrivit pour elle plusieurs de ses pièces.

DUSSEK (Johann Ladislaus) ou **DUSÍK** (Jan Ladislav), pianiste et compositeur originaire de Bohême (Čáslav 1760 - Saint-Germain-en-Laye 1812), auteur de sonates et concertos.

DÜSSELDORF, v. d'Allemagne, cap. de la Rhénanie-du-Nord-Westphalie, sur le Rhin ; 574 022 h. Centre commercial et financier de la Rhénanie. Métallurgie. Chimie. Importants musées.

DUST MOḤAMMAD (1793-1863), émir de Kaboul (1834), évincé par les Britanniques (1839), il reprit le pouvoir en 1843.

DUTERT (Ferdinand), architecte français (Douai 1845 - Paris 1906). Virtuose de l'architecture du fer, il construisit à Paris l'immense Galerie des machines de l'Exposition de 1889. On lui doit les « nouvelles galeries » du Muséum national d'histoire naturelle.

DUTILLEUX (Henri), compositeur français (Angers 1916), auteur des *Métaboles* (1964), *Tout un monde lointain...* (1970), *Timbres, Espace, Mouvement* (1977), *Concerto pour violon* (1985), *Mystère de l'instant* (1989).

DUTOURD (Jean), écrivain français (Paris 1920). Son œuvre exalte l'héroïsme (*les Taxis de la Marne,* 1956), combat la médiocrité (*Au bon beurre,* 1952) et l'abandon aux idées reçues *(les Horreurs de l'amour ; le Bonheur et autres idées).* [Acad. fr.]

DUTRA (Eurico), homme politique et général brésilien (Cuiabá 1885 - Rio de Janeiro 1974). Organisateur du corps brésilien qui lutta aux côtés des Alliés en Italie (1944), il fut président du Brésil (1946-1951).

Dürer : *Adoration des Mages* (1504). Peinture sur bois. (Offices, Florence.)

Émile **Durkheim**

DUTROCHET (René), biologiste français (château de Néons, Poitou, 1776 - Paris 1847). L'un des fondateurs de la biologie cellulaire, il est l'auteur de travaux capitaux sur l'osmose, la diapédèse, l'embryologie des oiseaux, etc.

DUUN (Olav), écrivain norvégien (dans le Nord-Trøndelag 1876 - Tønsberg 1939), auteur de romans qui peignent la nature et les habitants des fjords *(Gens de Juvik).*

DU VAIR (Guillaume) → ***Vair** (Guillaume du).*

DUVAL (Émile Victor, dit **le général**), un des chefs militaires de la Commune (Paris 1840 - Clamart 1871), mort fusillé.

DUVALIER (François), dit **Papa Doc,** homme politique haïtien (Port-au-Prince 1907 - *id.* 1971). Président de la République en 1957, président à vie à partir de 1964, il exerça un pouvoir dictatorial. – Son fils **Jean-Claude** (Port-au-Prince 1951) lui succéda en 1971. Il dut s'exiler en 1986.

DUVERGER (Maurice), juriste français (Angoulême 1917). Il a contribué à l'essor de la sociologie électorale (*l'Influence des systèmes électoraux sur la vie politique,* 1950) et a dégagé une typologie originale des partis (*les Partis politiques,* 1951).

DU VERGIER DE HAURANNE (Jean), dit **Saint-Cyran,** théologien français (Bayonne 1581 - Paris 1643). Ami de Jansénius et directeur spirituel du monastère de Port-Royal (1636), il encourut l'hostilité de Richelieu, qui le fit emprisonner.

DUVERNOY (Georges), zoologiste et anatomiste français (Montbéliard 1777 - Paris 1855), successeur et continuateur de Cuvier.

DUVET (Jean), dit **le Maître à la Licorne,** graveur, médailleur et orfèvre français (Langres v. 1485 - *id.* v. 1570). Il est l'auteur, au burin, de suites de gravures d'une inspiration fantastique (*Apocalypse,* 1546-1555).

DUVEYRIER (Henri), voyageur français (Paris 1840 - Sèvres 1892), célèbre par ses explorations au Sahara.

DUVIGNAUD (Jean), sociologue français (La Rochelle 1921). Il est l'un des principaux créateurs de la sociologie de l'art (*Sociologie de l'art,* 1967).

DUVIVIER (Julien), cinéaste français (Lille 1896 - Paris 1967). Auteur prolifique et varié, brillant technicien, il a réalisé *la Bandera* (1935), *la Belle Équipe* (1936), *Pépé le Moko* (1937), *Un carnet de bal* (id.), *Panique* (1947), *le Petit Monde de Don Camillo* (1952).

DVINA OCCIDENTALE (la), en letton **Daugava,** fl. d'Europe orientale, qui se jette dans le golfe de Riga ; 1 020 km.

DVINA SEPTENTRIONALE (la), fl. de Russie, qui se jette dans la mer Blanche à Arkhangelsk ; 744 km.

DVOŘÁK (Antonín), compositeur tchèque (Nelahozeves, Bohême, 1841 - Prague 1904), directeur des conservatoires de New York, puis de Prague (*Symphonie du Nouveau Monde,* concerto pour violoncelle).

DYLAN (Robert **Zimmerman,** dit **Bob**), chanteur, guitariste et compositeur américain (Duluth 1941). Chanteur de folk très populaire, il fut le porte-parole de la génération contestataire des années 60.

DYLE (la), riv. de Belgique, qui passe à Louvain, Malines et se joint à la Nèthe pour former le Rupel ; 86 km.

DZERJINSK, v. de Russie, à l'ouest de Nijni Novgorod ; 285 000 h.

DZERJINSKI (Feliks Edmoundovitch), homme politique soviétique (Dzerjinovo 1877 - Moscou 1926). Révolutionnaire actif en Lituanie et en Pologne depuis 1895, il fut l'un des organisateurs de l'insurrection armée d'oct.-nov. 1917. Il dirigea la Tchéka (1917-1922), puis la Guépéou.

DZOUNGARIE ou **DJOUNGARIE,** région de la Chine occidentale (Xinjiang), entre l'Altaï mongol et le Tian Shan. C'est une vaste dépression qui conduit, par la *porte de Dzoungarie,* au Kazakhstan. La région fut aux XVIIe-XVIIIe s. le centre d'un Empire mongol créé par les Oïrats ou Kalmouks fédérés et anéanti par les Chinois (1754-1756).

E

EAMES (Charles), architecte et designer américain (Saint Louis 1907 - *id.* 1978), pionnier du design moderne.

EANES (Antonio **Dos Santos Ramalho**), général et homme politique portugais (Alcains 1935). L'un des instigateurs du coup d'État du 25 avr. 1974, il fut président de la République de 1976 à 1986.

ÉAQUE. *Myth. gr.* L'un des trois juges des Enfers, avec Minos et Rhadamanthe.

EAST ANGLIA, royaume angle fondé au VIe s. et annexé au VIIIe s. par Offa, roi de Mercie.

EASTBOURNE, station balnéaire de Grande-Bretagne (Sussex), sur la Manche ; 83 200 h.

EAST KILBRIDE, v. de Grande-Bretagne, près de Glasgow ; 70 000 h.

EAST LONDON, port de l'Afrique du Sud (prov. du Cap-Est), sur l'océan Indien ; 161 000 h.

EASTMAN (George), industriel américain (Waterville, État de New York, 1854 - Rochester 1932). Il fonda la future maison Kodak (1880) et inventa le film photographique (1889).

Eastman Kodak Company, société américaine fondée en 1892. Elle s'est spécialisée dans la production de matériels et produits photographiques et cinématographiques, d'optique, de matières plastiques, de textiles artificiels et dans des technologies de pointe (informatique).

EAUBONNE (95600), ch.-l. de c. du Val-d'Oise ; 22 208 h. *(Eaubonnais).*

EAUX-BONNES (64440), comm. des Pyrénées-Atlantiques ; 537 h. Station thermale.

EAUX-CHAUDES, station thermale de la comm. de Laruns (Pyrénées-Atlantiques).

EAUZE [eoz] (32800), ch.-l. de c. du Gers, dans l'Armagnac ; 4 198 h. *(Élusates).* Eau-de-vie. Conserverie. C'est l'antique *Elusa.* Église gothique d'env. 1500. Musée archéologique.

EBBINGHAUS (Hermann), psychologue allemand (Barmen, auj. dans Wuppertal, 1850 - Halle 1909). Ses travaux sur la mémoire (*De la mémoire,* 1885) font de lui l'un des fondateurs de la psychologie expérimentale.

EBBON, archevêque de Reims (v. 778 - Hildesheim 851). Il joua un rôle politique majeur sous Louis le Pieux et Lothaire.

EBERT (Friedrich), homme politique allemand (Heidelberg 1871 - Berlin 1925). Président du parti social-démocrate allemand (1913), il contribua à la chute de Guillaume II (1918). Chancelier, il réduisit le spartakisme ; il fut le premier président de la République allemande (1919-1925).

EBERTH (Karl), bactériologiste allemand (Würzburg 1835 - Berlin 1926). Il découvrit le bacille de la fièvre typhoïde auquel son nom fut donné.

EBLA, cité anc. de Syrie, près du village actuel de tell Mardikh à 70 km au S.-O. d'Alep. Au IIIe millénaire, le royaume d'Ebla était l'un des plus grands centres de l'Asie antérieure. Vestiges et importantes archives sur tablettes.

ÉBLÉ (Jean-Baptiste, *comte*), général français (Saint-Jean-Rohrbach, Moselle, 1758 - Königsberg 1812). En 1812, il assura le passage de la Berezina à la Grande Armée en retraite.

ÉBOUÉ (Félix), administrateur français (Cayenne 1884 - Le Caire 1944). Il fut le premier Noir gouverneur des colonies, à la Guadeloupe (1936), puis au Tchad (1938), territoire qu'il rallia à la France libre (1940).

ÈBRE (l'), en esp. **Ebro,** fl. d'Espagne, né dans les monts Cantabriques, tributaire de la Méditerranée ; 928 km. Il passe à Saragosse. Aménagements pour la production d'électricité et surtout l'irrigation.

ÉBREUIL (03450), ch.-l. de c. de l'Allier ; 1 158 h. Église, anc. abbatiale des XIe-XIIe s., avec peintures murales.

ÉBROÏN [ebrɔɛ̃] (m. v. 683), maire du palais de Neustrie sous Clotaire III et Thierry III. Il fit mettre à mort son adversaire saint Léger et battit les Austrasiens à Latofao, près de Laon (680). Il périt assassiné.

ÉBURONS, peuple germanique de la Gaule Belgique, établi entre la Meuse et le Rhin. César les vainquit.

EÇA DE QUEIRÓS → *Queirós.*

ÉCARPIÈRE, écart de la comm. de Gétigné (Loire-Atlantique). Usine de concentration de l'uranium.

ECBATANE, cap. des Mèdes (v. 612-550 av. J.-C.), par la suite résidence royale des diverses dynasties iraniennes. Vestiges antiques. (Auj. *Hamadhān.*)

Ecclésiaste *(livre de l'),* livre biblique (IIIe s. av. J.-C.) qui souligne le caractère précaire de la vie : « tout est vanité ».

Ecclésiastique *(livre de l'),* ou **le Siracide,** livre biblique (v. 200 av. J.-C.), recueil de maximes et de sentences.

ECHEGARAY Y EIZAGUIRRE (José), mathématicien, auteur dramatique et homme politique espagnol (Madrid 1832 - *id.* 1916), auteur du *Grand Galeoto* (1881). [Prix Nobel de littér. 1904.]

ÉCHELLES (Les) [73360], ch.-l. de c. de la Savoie ; 1 259 h.

ECHEVERRÍA ÁLVAREZ (Luis), homme politique mexicain (Mexico 1922), président de la République de 1970 à 1976.

ÉCHIROLLES (38130), ch.-l. de c. de l'Isère, banlieue sud de Grenoble ; 34 646 h.

ÉCHO, nymphe des sources et des forêts, personnification de l'écho.

Échos (les), quotidien économique français créé en 1908.

ECHTERNACH, ch.-l. de c. du Luxembourg, sur la Sûre ; 4 211 h. Basilique (époques diverses) d'une anc. abbaye fondée en 698 ; pèlerinage dansant célèbre.

ÉCIJA, v. d'Espagne (Andalousie, prov. de Séville) ; 35 786 h. Ensemble urbain et monumental typiquement andalou.

ECK (Johann **Maier,** dit **Johann**), théologien catholique allemand (Egg an der Günz, Souabe, 1486 - Ingolstadt 1543). Adversaire de Luther, il fut un ardent défenseur de l'Église romaine.

ECKART ou **ECKHART** (Johann, dit **Maître**), dominicain allemand (Hochheim v. 1260 - Avignon ou Cologne v. 1327). Son œuvre est à l'origine du courant mystique rhénan et de la tradition conceptuelle reprise par l'idéalisme allemand. Elle fut condamnée par le pape Jean XXII.

ECKERSBERG (Christoffer Wilhelm), peintre danois (Blåkrog 1783 - Copenhague 1853). Son style net, clair et élégant est caractéristique de l'« âge d'or » de la peinture danoise.

Eckmühl *(bataille d')* [22 avr. 1809], victoire française sur les Autrichiens, à 20 km au S. de Ratisbonne.

ÉCLARON-BRAUCOURT-SAINTE-LIVIÈRE (52290), ch.-l. de c. de la Haute-Marne ; 1 844 h.

Écluse *(bataille de L')* [1340], victoire de la flotte anglaise d'Édouard III sur la flotte française, au large de la ville néerlandaise de L'Écluse (auj. *Sluis*).

ECO (Umberto), écrivain italien (Alexandrie 1932). Il est l'auteur d'études sur les rapports de la création artistique et des moyens de communication de masse *(l'Œuvre ouverte)* et de romans *(le Nom de la rose)* qui mêlent, dans un foisonnement verbal, questions théologiques et intrigue policière.

École d'Athènes (l'), grande fresque de Raphaël, exécutée en 1509-10 dans la « chambre de la Signature » au Vatican. À cette œuvre, qui exalte la recherche rationnelle des philosophes, fait face *le Triomphe de l'eucharistie* (ou *Dispute du saint sacrement*), consacré à la vérité révélée.

École de la médisance (l'), comédie de Sheridan (1777). L'intrigue est fondée sur l'opposition de deux frères, l'un franc, l'autre hypocrite.

École des femmes (l'), comédie en cinq actes et en vers, de Molière (1662), sur le thème du barbon trompé par la jeune fille innocente. — **La Critique de l'École des femmes,** comédie en un acte et en prose de Molière (1663), riposte aux accusations d'ignorance de la morale et des règles du spectacle classique que lui avait values le succès de *l'École des femmes.*

École militaire, édifice élevé de 1752 à 1774 sur le Champ-de-Mars, à Paris, par J.A. Gabriel, pour y recevoir des élèves officiers. Ouverte en 1760, elle servit de caserne après 1787 et abrite aujourd'hui plusieurs établissements d'enseignement militaire supérieur.

ÉCOMMOY (72220), ch.-l. de c. de la Sarthe ; 4 249 h.

ÉCOSSE, en angl. **Scotland,** partie nord de la Grande-Bretagne ; 78 800 km^2 ; 5 130 000 h. *(Écossais).*

GÉOGRAPHIE

C'est un pays de hautes terres surtout au N. (Grampians et Highlands), mais la population se concentre surtout dans les Lowlands (site d'Édimbourg, la capitale, et de Glasgow, la principale ville).

HISTOIRE

La naissance de l'Écosse. Ier s. apr. J.-C. : les Romains entreprennent la conquête de l'Écosse, alors occupée par les Pictes, qui résistent victorieusement. Ve-VIe s. : Scots, Bretons et Angles s'établissent dans le pays, repoussant les Pictes vers le nord. V. 563 : saint Colomba entreprend l'évangélisation de l'Écosse. VIIIe s. : les premiers raids scandinaves précèdent une véritable colonisation dans le Nord et le Nord-Ouest. 843 : le roi scot Kenneth MacAlpin règne sur les Scots et sur les Pictes. 1005-1034 : Malcolm II réalise l'unité écossaise.

L'essor de la monarchie écossaise. 1124-1153 : sous l'influence de David Ier, l'Écosse s'anglicise et la féodalité se développe. 1286 : la mort sans héritier d'Alexandre III permet l'intervention d'Édouard Ier d'Angleterre, qui impose un protectorat sur le pays (1292), avant de l'annexer (1296). Wallace, puis Robert Ier Bruce s'opposent à cette conquête. 1314 : la victoire de Bannockburn assure le triomphe de la cause écossaise. 1328 : le traité de Northampton reconnaît l'indépendance du pays.

L'Écosse des Stuarts. XIVe-XVe s. : au cours de la guerre de Cent Ans, l'Écosse s'engage avec les Stuarts dans l'alliance française. Le pays entre dans une longue période de convulsions internes. 1513 : le désastre de Flodden fait renaître les prétentions anglaises. XVIe s. : la réforme religieuse de John Knox fait de nombreux adeptes dans l'aristocratie et l'oppose à la monarchie, demeurée catholique. 1568 : la reine Marie Stuart se réfugie en Angleterre. 1603 : la mort sans postérité d'Élisabeth Ire d'Angleterre réalise l'union des deux couronnes en la personne de Jacques VI d'Écosse (Jacques Ier d'Angleterre). 1707 : le vote de l'Acte d'union réalise la fusion des royaumes d'Écosse et d'Angleterre.

ÉCOUCHÉ (61150), ch.-l. de c. de l'Orne ; 1 424 h. *(Écubéens).*

ÉCOUEN [ekwɑ̃] (95440), ch.-l. de c. du Val-d'Oise ; 4 922 h. Important château construit d'env. 1538 à 1555 pour Anne de Montmorency ; il abrite le musée national de la Renaissance.

ÉCOUVES *(forêt d'),* forêt de Normandie (Orne) ; 15 000 ha. Elle porte l'un des points culminants du Massif armoricain (417 m).

ÉCRINS *(barre des),* point culminant (4 102 m) du massif du Pelvoux, appelé parfois *massif des Écrins,* principal élément du *parc national des Écrins* (93 000 ha).

ÉCROUVES (54200), comm. de Meurthe-et-Moselle ; 5 329 h.

ÉCUEILLÉ (36240), ch.-l. de c. de l'Indre ; 1 562 h.

ÉCULLY (69130), comm. du Rhône, banlieue de Lyon ; 19 018 h.

Edda, nom donné à deux recueils des traditions mythologiques et légendaires des anciens peuples scandinaves. L'*Edda poétique* est un ensemble de poèmes anonymes, du VIIIe au XIIIe s. L'*Edda prosaïque* est l'œuvre de Snorri Sturluson (v. 1220).

EDDINGTON (*sir* Arthur Stanley), astronome et physicien britannique (Kendal 1882 - Cambridge 1944). Sa théorie de l'équilibre radiatif des étoiles (1916-1924) lui a permis de déterminer la masse, la température et la constitution interne de nombreuses étoiles.

EDDY (Mary **Baker**) [Bow, New Hampshire, 1821 - Chestnut Hill, Massachusetts, 1910], fondatrice américaine du mouvement *Science chrétienne* (1883).

EDE, v. du sud-ouest du Nigeria ; 182 000 h.

EDE, v. des Pays-Bas (Gueldre) ; 94 754 h.

ÉDÉA, v. du Cameroun, sur la Sanaga ; 23 000 h. Usine d'aluminium.

EDEGEM, comm. de Belgique, banlieue d'Anvers ; 23 227 h.

ÉDEN (mot hébreu signif. *délices*), d'après la Genèse, lieu où se trouvait le Paradis terrestre.

EDEN (Anthony), *comte* **d'Avon,** homme politique britannique (Windlestone Hall 1897 - Alvediston 1977). Conservateur, il fut plusieurs fois ministre des Affaires étrangères à partir de 1935, puis Premier ministre de 1955 à 1957.

ÉDESSE, ville et cité caravanière de Mésopotamie, du IIe au Xe s., le centre de la civilisation syriaque. Elle fut la capitale d'un État latin du Levant, le comté d'Édesse (1098-1144) fondé par Baudouin Ier de Boulogne. (Auj. **Urfa.**)

E. D. F. - G. D. F., sigle de Électricité de France-Gaz de France, établissement public à caractère industriel et commercial, créé en 1946, chargé de gérer la production, le transport et la distribution de l'énergie électrique et du gaz domestique en France.

EDFOU ou **IDFŪ,** v. de Haute-Égypte, sur la rive gauche du Nil ; 28 000 hab. Temple ptolémaïque d'Horus, l'un des mieux conservés d'Égypte.

EDGAR le Pacifique (944-975), roi des Anglo-Saxons (959-975). Il renforça la monarchie par ses réformes administratives.

EDGAR ATHELING ou **AETHELING,** prince anglo-saxon (v. 1050 - v. 1125). Il s'opposa vainement à Harold II en 1066, puis à Guillaume le Conquérant pour la possession du trône d'Angleterre.

Vue du château d'**Écouen** au XIXe s. Aquarelle d'Alphonse Lejeune.
(Musée de l'Île-de-France, Sceaux.)

ÉDIMBOURG, en angl. **Edinburgh,** cap. de l'Écosse, sur l'estuaire du Forth ; 420 000 h. Centre commercial et universitaire. Château, avec quelques parties médiévales, et autres monuments. Musées. Festival annuel, essentiellement musical.

EDIRNE, anc. **Andrinople,** v. de la Turquie d'Europe ; 102 345 h. Lieu de résidence des sultans ottomans : mosquée Selimiye (1569-1574), chef-d'œuvre de Sinan*.

EDISON (Thomas), inventeur américain (Milan, Ohio, 1847 - West Orange, New Jersey, 1931). Il réalisa le télégraphe duplex (1864), le phonographe et le microtéléphone (1877), la lampe à incandescence (1878). Il découvrit l'émission d'électrons par un filament conducteur chauffé à haute température, dans le vide (effet Edison, 1883), à la base du fonctionnement des tubes électroniques.

Thomas **Edison** et son phonographe.
(Coll. G. Sirot.)

ÉDITH ou **ÉDITHE** *(sainte)* [v. 961-984], fille d'Edgar le Pacifique, roi des Anglo-Saxons. Elle mourut moniale.

EDMOND Ier (921 - Pucklechurch, Gloucestershire, 946), roi des Anglo-Saxons (939-946). Il soumit Malcolm Ier, roi d'Écosse (945).

EDMOND RICH *(saint),* archevêque de Canterbury (Abingdon v. 1170 - Soisy 1240). Opposé au roi Henri III à propos de la collation des bénéfices ecclésiastiques, il s'exila en France.

EDMONTON, v. du Canada, cap. de l'Alberta ; 616 741 h. Centre commercial et industriel (raffinage du pétrole et chimie).

EDMUNDSTON, v. du Canada (Nouveau-Brunswick), sur la rivière Saint-Jean ; 9 348 h.

EDO ou **YEDO,** cap. de la dynastie shogunale des Tokugawa, qui, en 1868, prit le nom de Tōkyō.

ÉDOM ou **IDUMÉE,** région au sud de la Palestine, habitée jadis par les Édomites.

ÉDOMITES ou **IDUMÉENS,** tribus sémitiques établies au sud-est de la mer Morte et soumises par David. À l'époque gréco-romaine, les Édomites furent appelés *Iduméens.*

ÉDOUARD *(lac),* lac de l'Afrique équatoriale, entre l'Ouganda et le Zaïre ; 2 150 km^2.

GRANDE-BRETAGNE

ÉDOUARD Ier (Westminster 1239 - Burgh by Sands 1307), roi d'Angleterre (1272-1307), fils et successeur d'Henri III. Il soumit les Gallois (1282-1284) et fit reconnaître sa suzeraineté par l'Écosse (1292), avant d'en entreprendre la conquête (1296). Il établit une importante législation et restaura l'autorité royale. — **Édouard II** (Caernarvon 1284 - Berkeley 1327), roi d'Angleterre (1307-1327), fils du précédent. Sous son règne, l'Écosse reprit son indépendance (Bannockburn, 1314) ; après de longues luttes contre la grande aristocratie britannique, trahi par sa femme Isabelle de France, il fut déposé, puis assassiné. — **Édouard III** (Windsor 1312 - Sheen 1377), roi d'Angleterre (1327-1377), fils du précédent. Revendiquant, comme petit-fils de Philippe IV, le trône capétien, il entreprit contre la France la guerre de Cent Ans ; vainqueur à Crécy (1346), il s'empara de Calais (1347) ; ayant capturé Jean le Bon à Poitiers (1356), il lui imposa la paix de Brétigny (1360). Il institua l'ordre de la Jarretière. *(V. illustration p. 1298.)* — **Édouard IV** (Rouen 1442 - Westminster 1483), roi d'Angleterre (1461-1483). Fils de

Les six bourgeois de Calais se livrant à **Édouard III,** après la prise de la ville en 1347. Miniature (XVᵉ s.) des *Chroniques de Froissart.* (B.N.F., Paris.)

Richard, duc d'York, il signa avec la France le traité de Picquigny (1475), qui mit fin à la guerre de Cent Ans. — **Édouard V** (Westminster 1470 - tour de Londres 1483), roi d'Angleterre en 1483. Fils et successeur d'Édouard IV, il fut séquestré et assassiné en même temps que son frère Richard par leur oncle Richard de Gloucester. — **Édouard VI** (Hampton Court 1537 - Greenwich 1553), roi d'Angleterre et d'Irlande (1547-1553), fils d'Henri VIII et de Jeanne Seymour. Dominé par son oncle, Edward Seymour, duc de Somerset, puis par John Dudley, il favorisa la propagation du protestantisme dans son royaume. — **Édouard VII** (Londres 1841 - *id.* 1910), roi de Grande-Bretagne et d'Irlande (1901-1910), fils de la reine Victoria. Sous son règne prit fin la guerre du Transvaal (1902). Il fut l'initiateur de l'Entente cordiale avec la France (1904). — **Édouard VIII** (Richmond, auj. Richmond upon Thames, 1894 - Paris 1972), roi de Grande-Bretagne et d'Irlande du Nord en 1936, fils aîné de George V. Il abdiqua dès 1936 afin d'épouser une Américaine divorcée, Mrs. Simpson, et reçut alors le titre de duc de Windsor.

PORTUGAL

ÉDOUARD, en port. **Duarte** (Lisbonne 1391 - Tomar 1438), roi de Portugal (1433-1438), fils de Jean Iᵉʳ. Il codifia les lois portugaises.

ÉDOUARD l'Ancien (m. à Farndon en 924), roi des Anglo-Saxons (899-924). Il refoula les Danois jusqu'au Humber et reçut leur hommage.

ÉDOUARD le Confesseur *(saint)* [Islip v. 1003 - Londres 1066], roi d'Angleterre (1042-1066). Il restaura la monarchie anglo-saxonne.

ÉDOUARD, le Prince Noir (Woodstock 1330 - Westminster 1376), prince de Galles, fils d'Édouard III. Il gagna la bataille de Poitiers, où il fit prisonnier Jean le Bon (1356). Duc d'Aquitaine (1362-1372), il combattit Henri de Trastamare (bataille de Nájera, 1367).

EDRISI (el-) → ***Idrīsī** (al-).*

Éducation sentimentale (l'), roman de G. Flaubert (1869). Le héros, Frédéric Moreau, accepte l'échec d'une vie consacrée à un amour impossible.

ÉDUENS, peuple de la Gaule celtique ; *Bibracte* était leur ville principale. Alliés des Romains, ils se rallièrent un temps à Vercingétorix.

E. E. E., sigle de Espace* économique européen.

Édouard VI
(Holbein le Jeune [détail] - Metropolitan Museum, New York)

Édouard VII

EEKHOUD (Georges), écrivain belge d'expression française (Anvers 1854 - Bruxelles 1927), peintre réaliste du peuple campinois *(Kermesses).*

EEKLO, v. de Belgique, ch.-l. d'arr. de la Flandre-Orientale ; 19 032 h.

EFFEL (François **Lejeune**, dit **Jean**), dessinateur français (Paris 1908 - *id.* 1982), auteur de recueils d'un humour poétique *(la Création du monde)* et de caricatures.

EFFIAT (Antoine **Coeffier de Ruzé,** *marquis* **d'**), maréchal de France et surintendant des Finances (Effiat 1581 - Lutzelbourg, Moselle, 1632). Il fut le père de Cinq-Mars.

EGAS (Enrique), architecte espagnol du 1ᵉʳ tiers du XVIᵉ s., d'ascendance flamande. Il a notamm. construit dans le style plateresque l'hôpital royal de Saint-Jacques-de-Compostelle (1501-1512) et a travaillé à la cathédrale de Grenade.

Égates *(bataille des îles)* [241 av. J.-C.], victoire navale romaine, au large de la Sicile, sur les Carthaginois qui mit fin à la première guerre punique.

Égaux *(conjuration des)* [1796-97], conspiration contre le Directoire, dirigée par Babeuf. Le complot fut dénoncé et ses instigateurs guillotinés.

EGBERT le Grand (v. 775-839), roi de Wessex (802-839). Il réunit sous sa domination l'heptarchie anglo-saxonne et combattit les invasions scandinaves.

EGEDE (Hans), pasteur luthérien norvégien (Hinnøy, Norvège, 1686 - Stubbekøbing, Falster, 1758), évangélisateur du Groenland.

ÉGÉE, roi légendaire d'Athènes. Croyant son fils Thésée dévoré par le Minotaure, il se noya dans la mer qui porte son nom.

ÉGÉE *(mer),* partie de la Méditerranée entre la Grèce et la Turquie.

ÉGÉENS, ensemble de peuples préhelléniques, dont la civilisation s'est développée dans les îles et sur les côtes de la mer Égée aux IIIᵉ et IIᵉ millénaires av. J.-C.

EGER → ***Ohře.***

EGER, v. de Hongrie, au pied des monts Mátra ; 61 892 h. Monuments depuis l'époque romane.

ÉGÉRIE, nymphe romaine qui était censée conseiller en secret le roi Numa.

ÉGINE, île de la Grèce, dans le *golfe d'Égine,* entre le Péloponnèse et l'Attique ; 10 000 h. *(Éginètes),* dont 5 440 dans la ville homonyme. — Dans l'Antiquité, elle fut du VIIIᵉ au Vᵉ s. une riche et puissante cité qui imposa son système monétaire au monde grec. Elle tomba sous la domination athénienne au Vᵉ s. av. J.-C. Temple d'Athéna Aphaia (500-490) [à la glyptothèque de Munich, décoration sculptée, restaurée].

ÉGINHARD ou **EINHARD,** chroniqueur franc (Maingau, Franconie, v. 770 - Seligenstadt 840), secrétaire de Charlemagne, dont il a écrit la vie (v. 830).

ÉGISTHE, roi légendaire de Mycènes, de la famille des Atrides. Amant de Clytemnestre et meurtrier d'Agamemnon, il fut tué par Oreste.

ÉGLETONS (19300), ch.-l. de c. de la Corrèze ; 5 838 h. *(Égletonnais).* Marché. Agroalimentaire.

Église catholique ou **romaine,** Église chrétienne, qui reconnaît le magistère suprême du pape, évêque de Rome.

Église constitutionnelle, l'ensemble des évêques et des prêtres qui prêtèrent serment à la Constitution civile du clergé, décrétée en 1790 par l'Assemblée constituante. Dirigée par l'abbé Grégoire, l'Église constitutionnelle s'amalgama avec le clergé non jureur, après la signature du Concordat de 1801.

Églises orientales, Églises chrétiennes d'Orient séparées de Rome (nestoriens, monophysites, orthodoxes). Certaines fractions de ces Églises, dites *Églises uniates,* se sont ralliées à Rome, tout en conservant leurs rites et leurs institutions.

Églises protestantes, ensemble des Églises issues de la Réforme. Elles se sont organisées autour de trois courants principaux, le luthéranisme, le calvinisme et l'anglicanisme, qui ont donné naissance à de nombreuses Églises.

EGMONT (Lamoral, *comte* **d'**), *prince* **de Gavre,** gentilhomme du Hainaut (La Hamaide 1522 - Bruxelles 1568). Capitaine général des Flandres et conseiller d'État, il fut décapité avec le comte de Hornes à la suite d'une révolte des Pays-Bas contre Philippe II. Il est le héros de la tragédie de Goethe, *Egmont* (1788), pour laquelle Beethoven composa une musique de scène (1810).

ÉGUZON-CHANTÔME (36270), ch.-l. de c. de l'Indre ; 1 396 h. Barrage et centrale sur la Creuse.

ÉGYPTE, en ar. **Miṣr,** État de l'Afrique du Nord-Est, le plus peuplé du monde arabe ; 1 million de km² ; 58 300 000 h. *(Égyptiens).* CAP. *Le Caire.* LANGUE : *arabe.* MONNAIE : *livre égyptienne.*

Vue de la nécropole de Gizeh avec les pyramides élevées pour les pharaons de la IVe dynastie : Kheops, à l'arrière-plan, Kephren, au centre, et Mykerinus, la moins haute, précédant celles — plus petites — des reines. Point central de l'ensemble, la pyramide (dont l'orientation de chaque face correspond à un point cardinal) abrite le sarcophage royal et symbolise à la fois l'émergence des origines et la voie de l'ascension du pharaon vers le dieu solaire Rê. Dans l'Antiquité, la plus grande pyramide, celle de Kheops, était l'une des Sept Merveilles du monde et mesurait 147 m de haut (aujourd'hui 138) et 227 m de côté.

Scribe accroupi. Calcaire peint ; Ve dynastie. (Musée du Louvre, Paris.) Contrairement au scribe du musée du Caire — qui porte une perruque —, le visage aigu est ici dégagé et éclairé par la vivacité du regard. On notera la finesse du traitement de la main droite, prête à écrire sur le papyrus en partie déroulé sur les genoux.

Pylône et cour du grand temple d'Horus à Edfou, fondé en 237 av. J.-C., achevé en 57. Il présente le plan canonique du temple de l'Égypte pharaonique : pylône, cour bordée d'un portique, dont le plafond repose ici sur 32 colonnes, un pronaos à colonnes, une salle hypostyle, une chambre centrale, la chambre des offrandes et enfin le sanctuaire, autour duquel s'ouvraient dix chambres desservies par un couloir. (Textes et scènes gravés illustrent le culte d'Horus.)

Fragment (conservé au British Museum de Londres) de la décoration murale de la tombe thébaine de Nébamon, scribe et médecin d'Aménophis II. Cette scène de chasse dans les fourrés de papyrus, où s'ébat toute une faune, témoigne de l'apogée artistique de la XVIIIe dynastie, où réalisme et idéalisme se répondent et s'équilibrent encore.

Cuiller à fard, dite « à la nageuse », en bois et ivoire. XVIIIe dynastie. (Musée du Louvre, Paris.) Simple objet usuel, elle témoigne non seulement du luxe raffiné du Nouvel Empire, mais aussi de la modification et de l'allongement du canon.

Le site de Deir el-Bahari, sur la rive gauche du Nil, en face de Karnak. Pyramide naturelle, la montagne thébaine devient, à partir du Moyen Empire, une vaste nécropole abritant hypogées et temples funéraires. Ici, à gauche, le temple funéraire de Montouhotep II (XIe dynastie), et celui élevé pour la reine Hatshepsout (XVIIIe dynastie), constitué de terrasses successives qui lentement aboutissent au sanctuaire creusé dans la roche. Le décor de reliefs polychromes relate de lointaines expéditions entreprises sous le règne de la souveraine.

INSTITUTIONS

République depuis juin 1953. Constitution de 1971, amendée en 1980. Président de la République élu pour 6 ans sur proposition de l'Assemblée du peuple. Premier ministre responsable devant l'*Assemblée du peuple* (10 de ses membres sont nommés par le président de la République) élue pour 5 ans.

GÉOGRAPHIE

La quasi-totalité de la population se concentre dans la vallée du Nil, qui représente moins de 5 % de la superficie du pays, dont le reste est formé de déserts parsemés d'oasis. La crue du Nil (août-sept.) a longtemps rythmé la vie du pays. Aujourd'hui, la construction de barrages-réservoirs (dont le « haut barrage » d'Assouan) permet une irrigation pérenne qui a autorisé le développement des cultures commerciales (canne à sucre et surtout coton), à côté des traditionnelles cultures céréalières (blé, maïs, riz). L'industrie (textile surtout) est peu développée, malgré la présence du pétrole. La population a un niveau de vie d'autant plus faible qu'elle s'accroît toujours rapidement (de plus de 2 % par an). Le problème du surpeuplement est grave, notamment au Caire, la plus grande ville d'Afrique. Les envois des émigrés, les revenus du canal de Suez et du tourisme ne comblent pas le lourd déficit commercial.

HISTOIRE

L'Antiquité. 3200-2778 av. J.-C. (Ire et IIe dynasties) : époque thinite. Ménès (ou Narmer) unifie l'Égypte. 2778-2260 (IIIe à VIe dynastie) : Ancien Empire. Dynastie de Djoser à Saqqarah. Pyramide de Gizeh. 2260-2160 (VIIe à Xe dynastie) : période de troubles politiques et sociaux, dite *période intermédiaire.* 2160-1785 (XIe et XIIe dynasties : Moyen Empire ou premier Empire thébain. L'Égypte conquiert la Syrie et la Nubie. 1770-1580 (XIIIe à XVIIe dynastie) : seconde *période intermédiaire ;* invasion des Hyksos venus d'Asie. 1580-1085 (XVIIIe à XXe dynastie) : Nouvel Empire ou second Empire thébain. L'Égypte est une des grandes puissances de l'Orient. Règnent alors Thoutmosis III, Aménophis IV l'hérétique devenu Akhénaton, et Ramsès II. 1085 : fin de l'unité égyptienne. Des dynasties étrangères ou nationales alternent au pouvoir (XXIe à XXVIe dynastie). Le pays subit l'invasion assyrienne. 525 : le Perse Cambyse conquiert l'Égypte. Des rois perses et indigènes se succèdent (XXVIIe à XXXe dynastie). 332 : Alexandre conquiert l'Égypte. 305-30 : les Lagides, dynastie grecque, règnent sur le pays. 30 av. J.-C.-395 apr. J.-C. : l'Égypte est dans la dépendance romaine. Le christianisme se développe. 395-639 : l'Égypte est dans la mouvance byzantine ; l'Église égyptienne est l'Église copte.

L'Égypte musulmane jusqu'à Méhémet-Ali. 640-642 : les troupes de 'Amr conquièrent le pays. 642-868 : intégrée à l'Empire musulman des Omeyyades puis des Abbassides, l'Égypte est islamisée. Les Coptes ne représentent plus qu'un quart de la population en 750. 868-905 : les Tulunides, affranchis de la tutelle abbasside, gouvernent le pays. 969-1171 : les Fatimides, dynastie chiite ismaélienne, fondent Le Caire et l'université d'al-Azhar (973). 1171 : Saladin prend le pouvoir. 1171-1250 : la dynastie ayyubide qu'il a fondée s'empare de la quasi-totalité des États latins du Levant et restaure le sunnisme. 1250-1517 : la caste militaire des Mamelouks domine le pays et y instaure une administration efficace. 1517-1805 : l'Égypte est une province ottomane gouvernée par un pacha nommé chaque année. Elle est occupée par les troupes françaises commandées par Bonaparte (1798-1801).

L'Égypte moderne. 1805-1848 : Méhémet-Ali, qui s'est déclaré pacha à vie, massacre les Mamelouks (1811) et modernise le pays. Il conquiert le Soudan (1821). 1867 : Ismā'īl Pacha obtient le titre de khédive (vice-roi). 1869 : le canal de Suez est inauguré. 1878-1881 : l'Égypte, ne pouvant plus assurer le paiement des dettes qu'elle a contractées, doit accepter que les postes-clefs du gouvernement soient confiés à des Français et à des Britanniques, puis à ces derniers seulement. 1882 : l'insurrection nationaliste d''Urābī Pacha est écrasée. 1898 : les Britanniques établissent le condominium anglo-égyptien sur le Soudan au lendemain de la révolte mahdiste. 1914-1922 : mettant fin à la suzeraineté ottomane, le protectorat britannique remplace le régime d'assistance au khédive. Il est supprimé en 1922. 1922-1936 : sous le règne de Fu'ād Ier, le parti nationaliste Wafd, présidé par S'ad Zaghlūl, puis par Naḥḥās Pacha à partir de 1927, lutte pour l'obtention de l'indépendance effective. 1936 : le traité anglo-égyptien confirme l'indépendance de l'Égypte, qui accepte le stationnement de troupes britanniques sur son territoire. 1936-1952 : sous Farouk Ier, les Frères musulmans radicalisent le mouvement nationaliste, qui se renforce encore après la défaite infligée aux armées arabes par Israël (1948-49).

L'Égypte républicaine. 1952 : les « officiers libres » dirigés par Néguib et Nasser prennent le pouvoir. 1953 : la république est proclamée. 1954 : Nasser devient le seul maître du pays. 1956 : Nasser obtient des Soviétiques le financement du haut barrage d'Assouan et nationalise le canal de Suez, ce qui provoque un conflit avec Israël et l'intervention militaire franco-britannique. 1958-1961 : l'Égypte et la Syrie forment la République arabe unie, présidée par Nasser. 1967 : l'Égypte est défaite lors de la guerre des « six jours ». 1970 : Sadate succède à Nasser. 1973 : la « guerre du Kippour » s'achève de façon honorable pour l'Égypte. 1976 : l'Égypte rompt ses relations avec l'U. R. S. S. et expulse les derniers conseillers soviétiques. 1979 : le traité de paix avec Israël est signé à Washington conformément aux accords de Camp David. 1981 : Sadate est assassiné par des extrémistes islamistes. H. Moubarak devient président de la République. 1982 : l'Égypte récupère le Sinaï. Mise au ban du monde arabe après la signature de la paix avec Israël, l'Égypte s'en rapproche à partir de 1983-84. Sous la pression des fondamentalistes musulmans, elle procède à une certaine islamisation des lois, de la Constitution et de l'enseignement. 1987-88 : la plupart des pays arabes rétablissent leurs relations diplomatiques avec l'Égypte. 1989 : l'Égypte est réintégrée au sein de la Ligue arabe. 1991 : lors de la guerre du Golfe, l'Égypte participe à la force multinationale. Depuis 1993 : le gouvernement exerce une sévère répression contre les islamistes qui multiplient les attentats.

ARCHÉOLOGIE ET ART

Préhistoire. Paléolithique : fossiles du Fayoum. V. 40000, industrie lithique atérienne. V. 10000, mésolithique et début du néolithique : nombreuses gravures rupestres (région d'Assouan et Nubie), probables rapports avec les pasteurs du Sahara. V. 5000 énéolithique : villages d'agriculteurs, céramiques, première métallurgie du cuivre.

Aube de l'histoire, 3200-2778. Période thinite. Naissance du relief sur ivoire, schiste, qui immortalise l'exploit du pharaon (palette de Narmer). Apparition de l'écriture hiéroglyphique. *Stèle du roi Serpent* (Louvre). Nécropoles royales (Abydos, Saqqarah).

Ancien Empire, 2778-2260. Le temps des pyramides. D'abord à degrés (créée par Imhotep pour Djoser à Saqqarah), la pyramide devient rhomboïdale avant d'atteindre la perfection de celles de Kheops, Khephren et Mykerinus à Gizeh. Nécropoles des dignitaires avec mastabas décorés de reliefs polychromes. Statuaire royale (le Sphinx, statue en diorite de Khephren) et privée (scribes accroupis, Cheikh el-Beled), vivacité réaliste de la peinture murale ; premiers textes du rituel des morts (gravés dans les pyramides).

Moyen Empire, 2160-1785. Nécropole de Thèbes *(Deir el-Bahari).* XIIe dynastie : complexe funéraire d'Amenemhat III dans le Fayoum, dit le *Labyrinthe ;* statuaire royale réaliste (*Sésostris III,* Louvre). Développement de l'architecture militaire en Nubie.

Nouvel Empire, 1580-1085. Thèbes capitale ; aboutissement architectural du temple divin (Louqsor). Temples funéraires au pied de la montagne thébaine (ceux d'Hatshepsout à Deir el-Bahari et d'Aménophis III, dont seuls subsistent les *Colosses de Memnon*) : luxe des hypogées royaux ornés de peintures murales dans la *Vallée des Rois* (Toutankhamon) et de ceux des nobles ou même des artisans. Temple funéraire de Séti Ier à Abydos, salle hypostyle de Karnak, temple d'Abou-Simbel. Après la sensibilité de la sculpture de l'époque de Tell al-Amarna (buste de Nefertiti, colosse d'Akhenaton), statuaire et reliefs sont à nouveau conventionnels (Ramsès II, du musée de Turin).

Basse Époque, 1085- IVe s. av. J.-C. Inhumations royales à Tanis (richesse du mobilier funéraire) : persistance de l'influence artistique jusqu'à Méroé et Napata ; temples de Philae, Denderah, Edfou, Esnèh. Très nombreux papyrus conservés du Livre des morts et décrets gravés en plusieurs langues comme la pierre de Rosette ; portraits funéraires du Fayoum.

Église copte : monastères fortifiés aux confins des déserts ; relief architectural au décor nilotique foisonnant, présent également dans de nombreux fragments de tissus.

Période islamique. Richesse exceptionnelle du Caire, où se succèdent souverains et influences étrangères : celle de l'Iraq et de Samarra dans la mosquée d'Ibn Ṭūlūn, celle de la Tunisie à al-Azhar, celle de Byzance dans la citadelle et les remparts. Avec les Fatimides, début d'une tradition originale poursuivie sous les Mamelouks (mosquées de Qalā'ūn, 1285, de Qā'it Bāy, 1474, et madrasa du sultan Ḥasan) ; originalité et luxe des arts décoratifs (verrerie).

Égypte *(campagne d'),* action engagée en 1798 par Bonaparte dans le but de s'assurer une base d'opérations contre la domination britannique en Inde. Marquée par l'écrasement des Mamelouks à la bataille des Pyramides et par l'anéantissement de la flotte française à Aboukir, elle permit aussi une meilleure connaissance de l'Égypte ancienne (fondation de l'Institut d'Égypte). Bonaparte fut remplacé par Kléber (1799), puis par Menou, qui évacua le pays avec l'accord des Anglais (1801).

EHRENBOURG (Ilia Grigorievitch), écrivain russe (Kiev 1891 - Moscou 1967). Auteur de récits sociaux et patriotiques, il donna le signal de la déstalinisation littéraire (*le Dégel,* 1954).

EHRENFELS (Christian, *baron* **von**), psychologue autrichien (Rodaun, près de Vienne, 1859 - Lichtenau 1932). Ses travaux sur la perception font de lui l'un des fondateurs de la théorie de la forme.

EHRLICH (Paul), médecin allemand (Strehlen, Silésie, 1854 - Bad Homburg 1915). Il découvrit l'action des arsénobenzènes sur la syphilis. (Prix Nobel 1908.)

EICHENDORFF (Joseph, *baron* **von**), écrivain allemand (château de Lubowitz, Haute-Silésie, 1788 - Neisse, auj. Nysa, 1857), auteur de nouvelles et de poèmes qui mêlent romantisme et ironie.

EICHMANN (Adolf), officier allemand (Solingen 1906 - Ramla, Israël, 1962). Membre du parti nazi puis de la SS, il joua, à partir de 1938, un rôle capital dans la déportation et l'extermination des Juifs. Réfugié après la guerre en Argentine, il y fut enlevé par Israël en 1960, condamné à mort et exécuté.

EIFEL, massif boisé d'Allemagne ; 747 m.

EIFFEL (Gustave) [pseudonyme de la famille de **Bonickausen,** Eiffel est devenu en 1881 patronyme légal], ingénieur français (Dijon 1832 - Paris 1923). L'un des meilleurs spécialistes mondiaux de la construction métallique, il édifia une série de ponts et de viaducs, notamment le viaduc de Garabit (1882), et, à Paris, la tour qui porte son nom (1887-1889 ; haut. 300 m à l'origine, auj. 320 m). On lui doit aussi l'ossature de la statue de la Liberté, à New York (1886).

EIGER, sommet des Alpes bernoises ; 3 970 m.

EIJKMAN (Christiaan), physiologiste néerlandais (Nijkerk 1858 - Utrecht 1930). Ses travaux sur le béribéri (1896) ont permis la découverte des vitamines. (Prix Nobel 1929.)

EILAT ou **ELATH,** port et station balnéaire d'Israël, sur la mer Rouge, au fond du golfe d''Aqaba ; 18 000 h.

EINAUDI (Luigi), économiste et homme politique italien (Carru, Piémont, 1874 - Rome 1961), président de la République de 1948 à 1955.

EINDHOVEN, v. du sud des Pays-Bas ; 192 895 h. Constructions mécaniques et surtout électriques. Musée d'Art moderne. Musée des Sciences et Techniques.

EINHARD → ***Éginhard.***

EINSIEDELN, v. de Suisse (Schwyz) ; 10 869 h. Abbaye reconstruite fastueusement au début du XVIIIe s. Pèlerinage.

EINSTEIN (Albert), physicien suisse puis américain, d'origine allemande (Ulm 1879 - Princeton 1955). Il établit la théorie du mouvement brownien, puis, appliquant la théorie des quanta à l'énergie rayonnante, il aboutit au concept de *photon.* Il est surtout l'auteur de la théorie de la *relativité,* qui a fondamentalement marqué la science moderne, dans laquelle il révise profondément les notions physiques d'espace et de temps, et établit l'équivalence de la masse et de l'énergie ($E = mc^2$). Épris de justice, il lutta activement contre la prolifération des armes nucléaires. (Prix Nobel 1921.)

EINTHOVEN (Willem), physiologiste néerlandais (Semarang, Java, 1860 - Leyde 1927). Il a découvert l'électrocardiographie. (Prix Nobel 1924.)

ÉIRE, nom gaélique de l'**Irlande*** adopté par l'État libre en 1937.

EISENACH, v. d'Allemagne (Thuringe) ; 47 027 h. Château de la *Wartburg** et autres monuments. Musée de la Thuringe. Maisons-musées de Luther et de Bach.

EISENHOWER (Dwight David), général et homme politique américain (Denison, Texas, 1890 - Washington 1969). Il dirigea les débarquements alliés en Afrique du Nord (1942), en Italie (1943), puis en Normandie (1944), et commanda en chef les forces qui défirent la Wehrmacht en 1945. Mis en 1950 à la tête des forces du Pacte atlantique en Europe, il fut président républicain des États-Unis de 1953 à 1961.

EISENHÜTTENSTADT, anc. **Stalinstadt,** v. d'Allemagne (Brandebourg), sur l'Oder ; 52 393 h. Sidérurgie.

EISENSTADT, v. d'Autriche, cap. du Burgenland ; 10 000 h. Château du XVIIe s.

EISENSTEIN (Sergueï Mikhaïlovitch), cinéaste soviétique (Riga 1898 - Moscou 1948). Il a joué un rôle fondamental dans l'histoire du cinéma, tant par ses écrits théoriques que par ses fresques épiques associant inspiration révolutionnaire et recherche esthétique : *la Grève* (1925), *le Cuirassé « Potemkine »* (id.), *Octobre* (1927), *Que viva Mexico !* (1931, inachevé), *Alexandre Nevski* (1938), *Ivan le Terrible* (1942-1946).

Eisenstein : une scène du *Cuirassé « Potemkine »* (1925).

La tour **Eiffel,** à Paris.

EITOKU → *Kanō.*

EKATERINBOURG → *Iekaterinbourg.*

EKELÖF (Gunnar), poète suédois (Stockholm 1907 - Sigtuna 1968), qui unit les recherches surréalistes aux thèmes lyriques traditionnels.

EKELUND (Vilhelm), poète suédois (Stehag 1880 - Saltsjöbaden 1949). Disciple des symbolistes français, il est le précurseur de la poésie moderne suédoise.

Ekofisk, gisement d'hydrocarbures de la mer du Nord, dans la zone exploitée par la Norvège.

ÉLAGABAL ou **HÉLIOGABALE** (**Marcus Aurelius Antoninus,** dit) [204 - Rome 222], empereur romain (218-222). Grand prêtre du Baal solaire d'Émèse *(El Gebal)* qu'il proclama dieu suprême de l'empire, il fut assassiné par les prétoriens.

ÉLAM, anc. État, la *Susiane* des Grecs, situé dans le sud-ouest de l'Iran actuel (Khuzestān). Siège d'une grande civilisation dès le Ve millénaire, l'Élam (cap. *Suse*) devint aux XIIIe-XIIe s. av. J.-C. un puissant empire. Suse fut détruite par Assourbanipal v. 646 ; les rois de Perse en firent une de leurs capitales.

ÉLANCOURT (78990), comm. des Yvelines ; 22 635 h. Électronique.

ELATH → *Eilat.*

ELAZIĞ, v. de la Turquie orientale ; 204 603 h.

ELBASAN, v. de l'Albanie centrale ; 68 000 h. Sidérurgie.

ELBE, en tchèque **Labe,** fl. de la République tchèque et d'Allemagne. Il naît en Bohême, passe à Dresde et Magdebourg et rejoint la mer du Nord par un estuaire, à la tête duquel est établie Hambourg ; 1 100 km.

ELBE *(île d'),* île italienne de la Méditerranée, à l'est de la Corse, où Napoléon régna après sa première abdication (3 mai 1814-26 févr. 1815).

ELBÉE (Maurice **Gigost d'**), général vendéen (Dresde 1752 - Noirmoutier 1794), successeur de Cathelineau comme généralissime de l'« armée catholique et royale ».

ELBEUF (76500), ch.-l. de c. de la Seine-Maritime, sur la Seine ; 16 750 h. *(Elbeuviens).* Textile.

ELBLĄG, v. de Pologne, près de la Baltique ; 117 000 h.

ELBOURZ, massif de l'Iran, au sud de la Caspienne, culminant au Demāvend (5 671 m).

ELBROUS ou **ELBROUZ,** point culminant du Caucase, en Russie, formé par un volcan éteint ; 5 642 m.

ELCANO (Juan Sebastián), navigateur espagnol (Guetaria v. 1476 - dans l'océan Pacifique 1526). Il participa au voyage de Magellan et ramena en Europe le dernier navire de l'expédition en 1522. Il est le premier marin à avoir fait le tour du monde.

ELCHE, v. d'Espagne (prov. d'Alicante) ; 188 062 h. Palmeraie. Le buste de la *Dame* d'Elche* y a été découvert en 1897.

Elchingen *(bataille d')* [14 oct. 1805], victoire de Ney sur les Autrichiens (Bavière).

ELDORADO (« le Doré »), pays fabuleux d'Amérique, riche en or, que les conquistadores plaçaient entre l'Amazone et l'Orénoque.

ÉLECTRE, fille d'Agamemnon et de Clytemnestre ; pour venger son père, elle poussa son frère Oreste à tuer Égisthe et Clytemnestre. — La vengeance d'Électre a inspiré Eschyle (*les Choéphores,* 458 av. J.-C.), Sophocle (v. 415 av. J.-C.), Euripide (v. 413 av. J.-C.) et J. Giraudoux (*Électre,* 1937).

Albert **Einstein**

Dwight **Eisenhower**

ÉLÉE, anc. v. d'Italie (Lucanie), colonie des Phocéens. Patrie des philosophes Parménide* et Zénon* (« école d'Élée » ou Éléates).

ELEKTROSTAL, v. de Russie, à l'est de Moscou ; 153 000 h.

ÉLÉONORE DE HABSBOURG, archiduchesse d'Autriche (Louvain 1498 - Talavera 1558), fille de Philippe Ier le Beau, roi de Castille. Elle épousa en 1518 Manuel Ier le Grand, roi de Portugal, puis en 1530 François Ier, roi de France.

Éléphant *(ordre de l'),* ordre danois, créé en 1462 et réorganisé en 1808.

ELEPHANTA, île indienne au centre du golfe de Bombay. L'un des hauts lieux du sivaïsme, célèbre pour son ensemble de grottes ornées du VIIe s. (relief de la *Descente du Gange sur la terre,* buste colossal de Śiva tricéphale).

ÉLÉPHANTINE *(île),* île du Nil, en face d'Assouan. Place forte et point de départ des expéditions vers le Soudan à l'époque pharaonique. Ruines.

ÉLEUSIS, port de Grèce (Attique), au nord-ouest d'Athènes ; 23 041 h. Sidérurgie. Dans l'Antiquité, on y célébrait des mystères liés au culte de Déméter. Ruines importantes (du VIIe s. av. J.-C. à l'époque romaine), qui ont livré, entre autres, la *Mission de Triptolème,* relief originaire de l'atelier de Phidias (Athènes, Musée national).

Elf Aquitaine, société française dont les origines remontent à la création, en 1941, de la Société nationale des pétroles d'Aquitaine (S. N. P. A.) et qui découvrit à Lacq (1949) un gisement de pétrole, puis (1951) de gaz. Ses activités sont l'extraction de pétrole et de gaz, le raffinage, la pétrochimie, l'industrie minière. En 1994, la société est privatisée.

ELGAR (*sir* Edward), compositeur britannique (Broadheath 1857 - Worcester 1934), directeur de la musique du roi, auteur d'oratorios *(The Dream of Gerontius),* de symphonies, de concertos et de *Pomp and Circumstance Marches.*

ELGIN (Thomas **Bruce,** *comte* **d'**), diplomate britannique (Londres 1766 - Paris 1841). Ambassadeur en Turquie (1799-1802), il fit transporter au British Museum une partie des sculptures du Parthénon. — Son fils **James** (Londres 1811 - Dharmsāla 1863) fut gouverneur du Canada de 1846 à 1854 et le premier vice-roi des Indes (1862).

EL-HADJ OMAR, chef musulman toucouleur (près de Podor v. 1754 - dans le Bandiagara, Mali, 1864). Il tenta par une guerre sainte, lancée en 1854, de constituer un empire dans la région du Sénégal et du Mali actuels.

ELIADE (Mircea), écrivain et historien roumain (Bucarest 1907 - Chicago 1986), spécialiste de l'histoire des religions et de l'étude des mythes.

ELIAS (Norbert), sociologue allemand (Breslau, auj. Wrocław, 1897 - Amsterdam 1990). Il est l'auteur d'une théorie évolutionniste de l'histoire dans une perspective sociologique ; il a proposé également une théorie originale de la novation. Il a écrit notamment : *la Civilisation des mœurs* et *la Dynamique de l'Occident* (1939), *la Société de cour* (1969).

ÉLIDE, pays de la Grèce ancienne, sur la côte ouest du Péloponnèse. Dans sa principale ville, Olympie, on célébrait les *jeux Olympiques.*

ÉLIE, prophète hébreu (IXe s. av. J.-C.). Il exerça son ministère dans le royaume d'Israël et lutta contre les cultes idolâtriques cananéens.

ÉLIE d'Assise ou **FRÈRE ÉLIE,** franciscain italien (Castel Britti 1171 - Cortone 1253), ministre général des frères mineurs après saint François (1232).

ÉLIE DE BEAUMONT (Léonce), géologue français (Canon, Calvados, 1798 - *id.* 1874). Avec Dufrénoy, il établit la carte géologique de la France au 1/500 000.

ELIOT (Mary Ann **Evans,** dite **George**), femme de lettres britannique (Chilvers Coton, Warwickshire, 1819 - Londres 1880), auteur de romans réalistes qui peignent la vie rurale et provinciale anglaise *(Adam Bede, le Moulin sur la Floss, Silas Marner).*

ELIOT (John), missionnaire protestant anglais (Widford, Hertfordshire, 1604 - Roxbury, Massachusetts, 1690). Il évangélisa la Nouvelle-Angleterre.

ELIOT (Thomas Stearns), poète britannique d'origine américaine (Saint Louis 1888 - Londres 1965). Critique de la société moderne à travers les mythes antiques (*la Terre Gaste,* 1922), il évolua vers un catholicisme mystique (*Meurtre dans la cathédrale).* [Prix Nobel 1948.]

ÉLISABETH *(sainte),* mère de saint Jean-Baptiste, femme du prêtre Zacharie.

ÉLISABETH *(sainte),* princesse hongroise (Sáxospatak 1207 - Marburg 1231), fille d'André II, roi de Hongrie.

AUTRICHE

ÉLISABETH DE WITTELSBACH, dite **Sissi,** impératrice d'Autriche (Possenhofen, Bavière, 1837 - Genève 1898). Femme de François-Joseph Ier, elle fut assassinée par un anarchiste.

BELGIQUE

ÉLISABETH, reine des Belges (Possenhofen, Bavière, 1876 - Bruxelles 1965). Fille du duc de Bavière Charles Théodore, femme d'Albert Ier.

ESPAGNE

ÉLISABETH DE FRANCE, reine d'Espagne (Fontainebleau 1545 - Madrid 1568). Fille d'Henri II et de Catherine de Médicis, elle épousa Philippe II en 1559.

ÉLISABETH DE FRANCE, reine d'Espagne (Fontainebleau 1602 - Madrid 1644). Fille d'Henri IV et de Marie de Médicis, elle épousa le futur Philippe IV (1615) et fut la mère de Marie-Thérèse, femme de Louis XIV.

ÉLISABETH FARNÈSE, reine d'Espagne (Parme 1692 - Madrid 1766). Seconde épouse (1714) de Philippe V, elle contribua à rétablir la domination espagnole sur l'Italie.

FRANCE

ÉLISABETH D'AUTRICHE, reine de France (Vienne 1554 - *id.* 1592). Fille de l'empereur Maximilien II, elle épousa (1570) Charles IX.

ÉLISABETH DE FRANCE *(Madame)* [Versailles 1764 - Paris 1794], sœur de Louis XVI. Elle fut guillotinée.

GRANDE-BRETAGNE

ÉLISABETH Ire (Greenwich 1533 - Richmond 1603), reine d'Angleterre et d'Irlande (1558-1603), fille d'Henri VIII et d'Anne Boleyn. Souveraine énergique et autoritaire, elle dota l'Angleterre d'une religion d'État, l'anglicanisme, par l'Acte de suprématie (1559) et le bill des Trente-Neuf Articles (1563), mais elle se heurta à l'opposition des puritains, qu'elle pourchassa, et des catholiques, qu'elle frappa dans la personne de leur protectrice, sa cousine Marie Stuart, qu'elle fit décapiter (1587). Cette exécution déclencha les hostilités entre l'Angleterre et l'Espagne, dont l'Invincible Armada fut dispersée (1588). Cette lutte eut pour effet de consacrer la suprématie maritime de l'Angleterre et d'encourager son expansionnisme (fondation de la Compagnie des Indes orientales, 1600). La période élisabéthaine fut marquée aussi par un grand essor culturel et artistique. Avec Élisabeth finit la branche des Tudors.

Élisabeth Ire (M. Gheeraerts - National Maritim Museum, Greenwich)

Élisabeth II et le duc d'Édimbourg

ÉLISABETH II (Londres 1926), reine du Royaume-Uni de Grande-Bretagne et d'Irlande du Nord et chef du Commonwealth depuis 1952, fille de George VI. De son mariage avec Philippe, duc d'Édimbourg (1947), elle a quatre enfants : Charles (prince de Galles), Anne, Andrew et Edward.

RUSSIE

ÉLISABETH (Kolomenskoïe 1709 - Saint-Pétersbourg 1762), impératrice de Russie (1741-1762), fille de Pierre le Grand et de Catherine Ire. Elle favorisa l'influence française et engagea la Russie aux côtés de la France et de l'Autriche dans la guerre de Sept Ans (1756-1763).

ÉLISABETHVILLE → ***Lubumbashi.***

ÉLISÉE, prophète hébreu, successeur d'Élie (IXe s. av. J.-C.).

ELIZABETH, port des États-Unis (New Jersey) ; 110 002 h.

ELKINGTON (George Richards), inventeur britannique (Birmingham 1801 - Pool Park, Denbighshire, 1865). On lui doit l'utilisation commerciale des procédés d'argenture et de dorure par l'électrolyse (1840).

ELLESMERE *(île* ou *terre d'),* île de l'archipel arctique canadien (Territoires du Nord-Ouest), en grande partie englacée.

ELLICE → ***Tuvalu*** *(îles).*

ELLINGTON (Edward Kennedy, dit **Duke**), pianiste, compositeur et chef d'orchestre de jazz noir américain (Washington 1899 - New York 1974). Il fut, avec Armstrong, l'un des grands créateurs du jazz.

ELLIOT LAKE, v. du Canada (Ontario), près du lac Huron ; 13 752 h. Uranium.

ELLORĀ, site archéologique de l'Inde, au nord-ouest d'Aurangābād. Plus d'une trentaine de temples rupestres ou excavés du VIe au IXe s. dont le Kailāsa (VIIIe s.) relèvent du bouddhisme, du brahmanisme et du jaïnisme ; décoration sculptée en haut relief.

Ellorā : détail du Kailāsa (VIIIe s. ; consacré à Śiva).

ELLORE → ***Eluru.***

ELLUL (Jacques), sociologue français (Bordeaux 1912 - *id.* 1994). Il a notamment étudié la part croissante prise par la technique dans la société contemporaine (*Propagandes,* 1962 ; *le Système technicien,* 1977).

ELNE (66200), ch.-l. de c. des Pyrénées-Orientales, près du Tech ; 6 292 h. *(Illibériens).* Anc. cathédrale en partie romane ; cloître des XIIe-XIVe s. (chapiteaux).

Éloge de la Folie (l'), ouvrage latin d'Érasme (1511), satire des classes sociales et notamment du clergé.

ÉLOI *(saint),* évêque de Noyon (près de Limoges v. 588-660). Orfèvre et trésorier de Clotaire II, puis de Dagobert Ier, il succéda à saint Médard sur le siège de Noyon-Tournai (641). Patron des orfèvres et des métallurgistes.

ELOUNQ *(djebel),* anc. **djebel Onk,** montagne de l'est de l'Algérie. Phosphates.

EL PASO, v. des États-Unis (Texas), sur le Rio Grande ; 515 342 h. Métallurgie (cuivre).

ELSENEUR, en danois **Helsingør,** port du Danemark, sur le Sund ; 56 000 h. Château de Kronborg (XVIe s.), où Shakespeare situe l'action d'*Hamlet.*

ELSHEIMER (Adam), peintre et graveur allemand (Francfort-sur-le-Main 1578 - Rome 1610). Il pratiqua un des premiers, en petit format, le genre du paysage historique.

ELSKAMP (Max), poète belge d'expression française (Anvers 1862 - *id.* 1931), qui s'inspira des traditions populaires et de la pensée extrême-orientale.

ELSSLER (Franziska, dite **Fanny**), danseuse autrichienne (Vienne 1810 - *id.* 1884), une des plus grandes interprètes romantiques.

ELSTER, nom de deux rivières d'Allemagne (Saxe) : l'*Elster Blanche,* qui se jette dans la Saale (r. dr.) et passe à Leipzig (257 km), et l'*Elster Noire,* affl. de l'Elbe (r. dr.) [188 km].

ELTSINE → ***Ieltsine.***

ELUARD (Eugène **Grindel,** dit **Paul**), poète français (Saint-Denis 1895 - Charenton-le-Pont 1952). Il évolua du groupe surréaliste (*Capitale de la douleur,* 1926) à l'engagement dans la Résistance (*Poésie et Vérité,* 1942) puis au parti communiste, sans jamais abandonner une conception plastique de l'existence *(les Yeux fertiles, Donner à voir).*

ELURU ou **ELLORE,** v. de l'Inde (Andhra Pradesh) ; 212 918 h.

ELVEN (56250), ch.-l. de c. du Morbihan ; 3 356 h. Vestiges, dits « tours d'Elven », de la forteresse de Largoët (XIIIe-XVe s.).

ELY, v. de Grande-Bretagne, au nord-est de Cambridge ; 10 000 h. Cathédrale dont les styles s'échelonnent du roman normand au gothique « décoré » du XIVe s.

ÉLYSÉE → ***Champs Élysées.***

Élysée *(palais de l'),* résidence parisienne, située à l'angle de la rue du Faubourg-Saint-Honoré et de l'avenue de Marigny. Construit en 1718 par l'architecte Claude Mollet pour le comte d'Évreux, il servit de résidence à Mme de Pompadour, aux ambassadeurs extraordinaires, à la duchesse de Bourbon (1787), à la princesse Caroline Murat, à Napoléon Ier, puis fut affecté, en 1848 et à partir de 1873, à la présidence de la République. Il a été souvent remanié.

ELÝTIS (Odhysséas **Alepoudhélis,** dit **Odhysséas**), poète grec (Iráklion, Crète, 1911), d'inspiration à la fois surréaliste et sociale *(Soleil, le premier ; Six et Un Remords pour le ciel).* [Prix Nobel 1979.]

ELZÉVIR, ELZEVIER ou **ELSEVIER,** famille d'imprimeurs et de libraires hollandais établis à Leyde, à La Haye, à Utrecht et à Amsterdam au XVIe et au XVIIe s. Leurs éditions sont des modèles d'élégance typographique.

Émaux et camées, recueil poétique de Théophile Gautier (1852).

EMBA, fl. du Kazakhstan, qui rejoint la Caspienne ; 712 km. Il donne son nom à une région pétrolifère entre l'Oural méridional et la Caspienne.

EMBABÈH ou **IMBABA,** v. d'Égypte, près du Caire ; 341 000 h.

Embarquement pour Cythère (l') → ***Pèlerinage à l'île de Cythère.***

EMBIEZ *(îles des),* petit archipel de la côte varoise. Tourisme.

EMBRUN (05200), ch.-l. de c. des Hautes-Alpes, dans l'*Embrunais,* sur la Durance ; 6 227 h. *(Embrunais).* Tourisme. Anc. cathédrale du XIIe s.

EMDEN, port d'Allemagne (Basse-Saxe) à l'embouchure de l'Ems ; 50 090 h.

EMERSON (Ralph Waldo), philosophe américain (Boston 1803 - Concord, Massachusetts, 1882), fondateur d'un système idéaliste, mystique et panthéiste, le transcendantalisme.

EMERY (Michel **Particelli,** *seigneur* **d'**), financier français d'origine italienne (Lyon 1596 - Paris 1650), contrôleur général puis surintendant des Finances (1643-1650).

ÉMERY (Jacques André), prêtre français (Gex 1732 - Issy-les-Moulineaux 1811). Supérieur de la Compagnie de Saint-Sulpice (1782), il prit la tête des prêtres réfractaires pendant la Révolution et, sous l'Empire, défendit les droits du pape contre Napoléon Ier.

ÉMÈSE, v. de Syrie, sur l'Oronte, célèbre par son temple dédié au Baal solaire El Gebal. (Auj. **Homs.**)

Émile *ou De l'éducation,* roman pédagogique de J.-J. Rousseau (1762). L'auteur part du principe que « l'homme est naturellement bon » et que, l'éducation donnée par la société étant mauvaise, il faut élever l'enfant loin d'elle pour qu'il la régénère quand il s'y intégrera. L'enfant reçoit une éducation sensorielle, puis manuelle, enfin intellectuelle et morale à la puberté. Les idées de Rousseau inspireront les éducateurs modernes (Pestalozzi, Makarenko, etc.).

ÉMILIE, région d'Italie, au sud du Pô, sur l'Adriatique. Elle forme avec la *Romagne* une région administrative (3 899 170 h. ; cap. *Bologne*), comprenant les prov. de *Bologne, Ferrare, Forlì, Modène, Parme, Plaisance, Ravenne, Reggio nell'Emilia.*

EMINESCU (Mihai), écrivain roumain (Ipoteşti 1850 - Bucarest 1889). Auteur de nouvelles et de contes populaires, il est, par son génie romantique, le grand poète national de la Roumanie.

ÉMIRATS ARABES UNIS *(fédération des),* État de la péninsule d'Arabie, regroupant 7 émirats (Abū Dhabī, Dubayy, Chārdja, Fudjayra, ʻAdjmān, Umm al-Qaywayn et Ra's al-Khayma), sur le golfe Persique ; 80 000 km² ; 2 400 000 h. CAP. *Abū Dhabī.* LANGUE : *arabe.* MONNAIE : *dirham.* (V. carte ***Arabie.***) Pays désertique, avec une majorité d'immigrés, important producteur de pétrole. Les « États de la Trêve » *(Trucial States),* sous protectorat britannique de 1892 à 1971, formèrent en 1971-72 la fédération indépendante des Émirats arabes unis.

EMMANUEL (Maurice), musicologue et compositeur français (Bar-sur-Aube 1862 - Paris 1938), auteur de musique de théâtre *(Prométhée enchaîné, Salamine),* de sonatines. Il fut partisan de la musique modale.

EMMANUEL (Pierre) [pseudonyme littéraire devenu le patronyme légal de Noël **Mathieu**], écrivain français (Gan, Pyrénées-Atlantiques, 1916 - Paris 1984), auteur d'essais et de recueils poétiques *(Évangéliaire, Sophia),* où il confronte sa foi chrétienne aux problèmes du monde et de la culture modernes. (Acad. fr.)

EMMANUEL-PHILIBERT Tête de Fer (Chambéry 1528 - Turin 1580), duc de Savoie après 1553. Il servit Charles Quint et s'efforça, avec l'aide de saint François de Sales, de restaurer le catholicisme dans ses États.

EMMAÜS, bourg de Palestine, près de Jérusalem. Jésus y apparut à deux disciples après sa résurrection.

EMMEN, v. des Pays-Bas (Drenthe) ; 92 895 h. Textile.

EMMEN, comm. de Suisse (Lucerne) ; 25 407 h.

EMMENTAL ou **EMMENTHAL,** vallée suisse (canton de Berne). Fromages.

Émosson, barrage-réservoir de Suisse (Valais), à la frontière française, alimentant une centrale française et une centrale suisse.

EMPÉDOCLE, philosophe grec (Agrigente Ve s. av. J.-C.). Chef du parti démocratique, il a élaboré une cosmogonie fondée sur les quatre éléments, dont les rapports sont régis par l'Amour *(Éros)* et la Haine *(Polemos).* Selon la légende, il se serait jeté dans l'Etna en laissant ses sandales sur le bord du cratère.

Empire (premier), régime politique de la France (mai 1804 - avr. 1814), établi par Napoléon Ier, jusque-là Premier consul, et qui prit fin avec l'abdication de l'Empereur. Il fut momentanément restauré, sous une forme plus libérale, durant les Cent-Jours (mars-juin 1815).

Empire (second), régime politique de la France (nov. 1852 - sept. 1870), établi par Napoléon III, jusque-là président de la République. Après une période autoritaire, le second Empire devint plus libéral (1860-1870). La défaite de la France lors de la guerre franco-allemande provoqua son effondrement.

EMS, fl. d'Allemagne, longeant la frontière des Pays-Bas, tributaire de la mer du Nord ; 371 km.

EMS, auj. **Bad Ems,** v. d'Allemagne (Rhénanie-Palatinat), près de Coblence ; 12 000 h. Station thermale. On appelle *dépêche d'Ems* la version publiée par Bismarck le 13 juill. 1870 d'informations que lui avait télégraphiées Guillaume Ier au sujet de la candidature Hohenzollern au trône d'Espagne. Cette dépêche est à l'origine du déclenchement de la guerre franco-allemande.

E. N. A. (École nationale d'administration), établissement public créé en 1945, accessible sur concours, qui forme des hauts fonctionnaires et fournit les grands corps de l'État. Le fonctionnement de l'École est réparti entre Strasbourg, siège officiel, et Paris.

En attendant Godot, pièce en deux actes de Samuel Beckett (1953), l'une des manifestations les plus significatives du théâtre de l'absurde.

ENCINA (Juan **Del**), poète et musicien espagnol (Encinas, près de Salamanque, 1468 - León v. 1529). Ses poèmes dramatiques *(Eglogas)* sont considérés comme les œuvres les plus anciennes du théâtre profane espagnol.

Encyclopédie *ou Dictionnaire raisonné des sciences, des arts et des métiers,* publication inspirée par un ouvrage similaire de Chambers (1729), et dirigée par Diderot (1751-1772). Elle avait pour but de faire connaître les progrès de la science et de la pensée dans tous les domaines. Les auteurs donnèrent une orientation économiste et industrielle à l'ouvrage. Ils comprenaient, outre Voltaire, Montesquieu, Rousseau, Jaucourt, des médecins et des ingénieurs. La publication, à laquelle s'opposèrent le clergé et la noblesse de cour, fut menée à terme grâce au sens des affaires du libraire Le Breton et à l'énergie de Diderot. Précédée du *Discours préliminaire* de d'Alembert, l'*Encyclopédie* imposa l'idée du progrès économique ; elle fut annonciatrice de l'avènement de la bourgeoisie.

ENDYMION, berger légendaire grec aimé de Séléné, qui obtint de Zeus qu'il conserverait sa beauté dans un sommeil éternel.

ÉNÉE, prince légendaire troyen, dont Virgile a fait le héros de son *Énéide.*

Énéide (l'), poème épique de Virgile, en 12 chants (29-19 av. J.-C.) : épopée nationale qui raconte l'établissement des Troyens en Italie et annonce la fondation de Rome.

ENESCO ou **ENESCU** (George), violoniste et compositeur roumain (Liveni 1881 - Paris 1955), auteur de l'opéra *Œdipe* et de *Rhapsodies roumaines.*

ENFANTIN (Barthélemy Prosper), dit **le Père Enfantin,** ingénieur et économiste français (Paris 1796 - *id.* 1864). Avec Saint-Amand Bazard, il transforma le mouvement saint-simonien en Église (1828-1832).

Enfant prodigue *(parabole de l'),* parabole de l'Évangile, illustration de la mansuétude divine. Un fils ayant quitté son père pour courir l'aventure est reçu à bras ouverts lorsqu'il revient chez lui dans la misère. (Luc, xv.)

Enfants du paradis (les), film français de M. Carné (1945). Brillante évocation des années 1840 à Paris, sur le Boulevard du crime, ce film fut la réussite la plus populaire de l'équipe Carné-Prévert.

ENGADINE, partie suisse (Grisons) de la vallée de l'Inn. Tourisme.

ENGELBERG, comm. de Suisse (canton d'Unterwald), au pied du Titlis ; 2 958 h. Station de sports d'hiver (alt. 1 050-3 020 m).

ENGELS → ***Pokrovsk.***

ENGELS (Friedrich), théoricien socialiste allemand (Barmen, auj. intégré à Wuppertal, 1820 - Londres 1895), ami de K. Marx. Il écrit *la Situation de la classe laborieuse en Angleterre* (1845), où s'élaborent quelques idées-forces du marxisme. Il rédige, en commun avec Marx, *la Sainte Famille* (1845), *l'Idéologie allemande* (1845-46), où ils jettent les bases du matérialisme historique, et le *Manifeste du parti communiste* (1848). Il attaque les thèses d'E. Dühring dans l'*Anti-Dühring* (1878), et analyse le matérialisme dialectique (*la Dialectique de la nature,* 1873-1883 ; publiée en 1925). Il assure la publication du *Capital* après la mort de Marx. Il poursuit la réflexion historique du marxisme dans *l'Origine de la famille, de la propriété privée et de l'État* (1884). Il est au centre de la création de la IIe Internationale.

ENGHIEN, en néerl. **Edingen,** v. de Belgique (Hainaut) ; 10 258 h.

ENGHIEN (Louis Antoine Henri **de Bourbon-Condé,** *duc* **d'**), dernier héritier des Condés (Chantilly 1772 - Vincennes 1804). Fils de Louis Joseph, prince de Condé, il émigra en 1789. Bonaparte le fit enlever en territoire allemand, transférer à Vincennes et fusiller dans les fossés du château pour briser tout espoir de restauration des Bourbons.

ENGHIEN-LES-BAINS [ɑ̃gɛ̃-] (95880), ch.-l. de c. du Val-d'Oise, sur le *lac d'Enghien* ; 10 103 h. Station thermale (affections respiratoires et articulaires). Casino. — Au nord-ouest, hippodrome.

ENGILBERT *(saint)* → ***Angilbert.***

ENGLAND, nom anglais de l'**Angleterre.**

ENGÓMI ou **ENKOMI,** site archéologique de Chypre, à l'emplacement probable de la cap. du royaume d'Alashiya, l'un des principaux centres urbains de l'île au bronze récent (XIVe-XIIIe s. av. J.-C.).

Enlèvement d'une Sabine (l'), groupe en marbre de Giambologna (1579-1583, loggia dei Lanzi, Florence). Inspirée de l'art hellénistique,

Thomas Stearns **Eliot**

Duke **Ellington**

Paul **Eluard**

Friedrich **Engels**

L'Enlèvement d'une Sabine. Groupe en marbre (1579-1583) de Giambologna. (Loggia dei Lanzi, Florence.)

c'est peut-être la première sculpture moderne destinée à être vue sous tous ses angles.

ENNA, v. d'Italie (Sicile), ch.-l. de prov. ; 28 296 h. Restes du château médiéval, avec un magnifique panorama.

Ennéades (les), œuvre de Plotin recueillie et publiée par Porphyre (IIIe s. apr. J.-C.), dans laquelle l'auteur traite de la morale, du monde, de l'âme et de Dieu comme Être unique.

ENNEZAT (63720), ch.-l. de c. du Puy-de-Dôme ; 1 982 h. Remarquable église des XIe-XIIIe s. (peintures murales du XVe).

ENNIUS (Quintus), poète latin (Rudiae, Calabre, 239 - Rome 169 av. J.-C.), auteur de poésies philosophiques et morales *(Saturae)* et d'une épopée à la gloire de Rome, les *Annales.*

ENNS, riv. des Alpes autrichiennes, affl. du Danube (r. dr.) ; 254 km.

ÉNOCH → ***Hénoch.***

E. N. S. A. D., sigle de l'École nationale supérieure des arts décoratifs (à Paris, rue d'Ulm).

E. N. S. A. M., sigle de l'École nationale supérieure d'arts et métiers (à Paris, boulevard de l'Hôpital).

E. N. S. B. A. → ***beaux-arts*** *(École nationale supérieure des).*

ENSCHEDE, v. des Pays-Bas (Overijssel) ; 146 509 h.

Enseigne de Gersaint (l'), célèbre peinture de Watteau, de 1720, évoquant l'intérieur de la boutique du marchand de tableaux parisien Edme Gersaint (auj. au château de Charlottenburg, Berlin).

enseignement *(Ligue française de l'),* association fondée en 1866 par Jean Macé pour favoriser la diffusion de l'instruction dans les classes populaires.

ENSENADA, port du Mexique, sur le Pacifique ; 260 905 h.

ENSÉRUNE *(montagne d'),* plateau du bas Languedoc, entre l'Orb et l'Aude. Site archéologique préromain (VIe-Ier s. av. J.-C.), sur l'emplacement d'un oppidum qui évolua d'une tradition ibère vers une occupation gauloise. Musée.

ENSISHEIM (68190), ch.-l. de c. du Haut-Rhin ; 6 196 h. Météorite tombée en 1492.

ENSOR (James), peintre et graveur belge (Ostende 1860 - *id.* 1949). Tout à la fois impressionniste, réaliste et visionnaire, il est considéré comme un des grands précurseurs de l'art moderne (*le Chou,* 1880, musées royaux de Bruxelles ; *l'Entrée du Christ à Bruxelles,* 1888, musée J. Paul Getty, Malibu ; *l'Étonnement du masque Wouse,* 1890, musée d'Anvers).

James **Ensor** : *Masques singuliers* (1892). (Musées royaux des Beaux-Arts, Bruxelles.)

ENTEBBE, v. de l'Ouganda, sur le lac Victoria ; 40 000 h. Anc. capitale. Aéroport.

Entente (Petite-), alliance élaborée en 1920-21 entre le royaume des Serbes, Croates et Slovènes, la Tchécoslovaquie et la Roumanie pour le maintien des frontières fixées en 1919-20. Patronnée par la France, elle s'effondra en 1938.

Entente (Triple-), système d'alliance fondé sur les accords bilatéraux conclus à partir de 1907 entre la France, la Grande-Bretagne et la Russie en vue de contrebalancer la Triple-Alliance.

Entente cordiale, nom donné aux bons rapports qui existèrent sous Louis-Philippe entre la France et la Grande-Bretagne et repris en 1904 pour caractériser le nouveau rapprochement entre les deux pays.

enterrement à Ornans (Un), grande toile de Courbet (1849, musée d'Orsay) qui scandalisa par son réalisme et fit du peintre un chef d'école.

Enterrement du comte d'Orgaz (l'), grande toile du Greco (1586, église S. Tomé, Tolède) sur un thème légendaire médiéval.

ENTRAGUES (Henriette **de Balzac d'**), *marquise* **de Verneuil** (Orléans 1579 - Paris 1633), favorite d'Henri IV de 1599 à 1608.

ENTRAIGUES-SUR-SORGUES (84320), comm. de Vaucluse, dans le Comtat ; 5 820 h.

ENTRAYGUES-SUR-TRUYÈRE (12140), ch.-l. de c. de l'Aveyron, au confluent du Lot et de la Truyère ; 1 565 h. *(Entrigots).* Ruines d'un château fort.

ENTRECASTEAUX (Antoine **Bruny,** *chevalier* **d'**), marin français (Aix-en-Provence 1737 - en mer, près de Java, 1793), mort en recherchant La Pérouse.

ENTRE-DEUX-MERS, région viticole du Bordelais, entre la Garonne et la Dordogne.

ENTREMONT, vallée de la Suisse (Valais), au pied du Grand-Saint-Bernard.

ENTREMONT *(plateau d'),* site archéologique de Provence, au nord d'Aix-en-Provence, où s'élevait la capitale d'une peuplade ligure. La tradition celtique s'y allie avec l'art méditerranéen (IIIe s. av. - Ier s. apr. J.-C.). [Ensemble de grande statuaire au musée Granet à Aix-en-Provence.]

ENTREVAUX (04320), ch.-l. de c. des Alpes-de-Haute-Provence ; 788 h. Anc. citadelle et fortifications. Église des XVe-XVIe s. (beau mobilier).

ENTZHEIM (67960), comm. du Bas-Rhin ; 2 530 h. Aéroport de Strasbourg.

ENUGU, v. du Nigeria oriental ; 187 000 h.

ENVALIRA *(col* ou *port d'),* col des Pyrénées orientales, en Andorre ; 2 407 m.

ENVERMEU (76630), ch.-l. de c. de la Seine-Maritime ; 2 020 h.

ENVER PAŞA, général et homme politique ottoman (Istanbul 1881 - près de Douchanbe 1922). Ministre de la Guerre, il fit entrer l'Empire ottoman dans la Première Guerre mondiale aux côtés de l'Allemagne. Il rejoignit en 1921 les insurgés musulmans d'Asie centrale et mourut au combat.

ENZO, ENZIO ou **HEINZ,** roi de Sardaigne (Palerme v. 1220 - Bologne 1272). Fils naturel de l'empereur Frédéric II, il fut le meilleur lieutenant de son père et l'un des premiers poètes en langue vulgaire de la Sicile.

ÉOLE, dieu des Vents, en Grèce et à Rome.

ÉOLIE ou **ÉOLIDE,** anc. contrée du nord-ouest de l'Asie Mineure.

ÉOLIENNES, archipel italien de la mer Tyrrhénienne, au nord de la Sicile, comprenant notamment les îles Lipari, Vulcano et Stromboli.

ÉON (Charles **de Beaumont,** *chevalier* **d'**), officier et agent secret de Louis XV (Tonnerre 1728 - Londres 1810). Chargé de mission à la cour de Russie, puis à Londres, il est célèbre par ses Mémoires (*Loisirs du chevalier d'Éon,* 1774) et par le mystère qu'il fit planer sur son sexe, portant souvent un habit de femme.

ÉOUÉ → ***Éwé.***

ÉPAMINONDAS, général et homme d'État béotien (Thèbes v. 418 - Mantinée 362 av. J.-C.). Un des chefs du parti démocratique à Thèbes, il écrasa les Lacédémoniens à Leuctres (371). Sa mort mit fin à l'hégémonie de Thèbes.

ÉPARGES (Les) [55160], comm. de la Meuse ; 57 h. Violents combats en 1914-15.

ÉPÉE (Charles Michel, *abbé* **de l'**) [Versailles 1712 - Paris 1789]. Il fonda une école pour les sourds-muets, auxquels il apprit à se faire comprendre au moyen d'un langage par signes.

ÉPERNAY (51200), ch.-l. d'arr. de la Marne, sur la Marne ; 27 738 h. *(Sparnaciens).* Vins de Champagne. Musées.

ÉPERNON (28230), comm. d'Eure-et-Loir ; 5 119 h. Plastiques. Les « pressoirs », anc. cellier du XIIIe s.

ÉPERNON (Jean-Louis **de Nogaret de La Valette,** *duc* **d'**), gentilhomme français (Caumont 1554 - Loches 1642). Favori d'Henri III, amiral de France (1587). Il incita le parlement à donner la régence à Marie de Médicis en 1610.

Éperons *(journée des)* → ***Guinegatte.***

ÉPHÈSE, anc. v. d'Ionie, sur la côte de la mer Égée. Grand centre commercial dès le VIIIe s. av. J.-C., elle fut un centre religieux important par son temple d'Artémis, considéré comme une des Sept Merveilles du monde. Saint Paul l'évangélisa ; la tradition y fait mourir la Vierge. Le concile d'Éphèse (431) condamna le nestorianisme. Vestiges hellénistiques, romains et byzantins.

ÉPHIALTÈS, homme d'État athénien (Athènes v. 495 - *id.* v. 461 av. J.-C.), chef du parti démocrate, prédécesseur de Périclès.

ÉPHRAÏM, second fils de Joseph, ancêtre éponyme d'une tribu d'Israël.

ÉPHREM *(saint),* docteur de l'Église (Nisibis v. 306 - Édesse 373). Il est le grand classique de l'Église syriaque.

ÉPHRUSSI (Boris), généticien français d'origine russe (Moscou 1901 - Gif-sur-Yvette 1979), l'un des fondateurs de la génétique moléculaire.

ÉPICTÈTE, philosophe latin de langue grecque (Hiérapolis, Phrygie, v. 50 apr. J.-C. - Nicopolis, Épire, v. 130). Esclave à Rome, affranchi, puis banni, il réduit le stoïcisme à une morale fondée sur la différence entre ce qui dépend de l'individu et ce qui n'en dépend pas ; ses *Entretiens* et son *Manuel* ont été rédigés par son disciple Arrien.

ÉPICURE, philosophe grec (Samos ou Athènes 341 - 270 av. J.-C.). Il fonda à Athènes une école, le Jardin. Connue par Diogène Laërce et Lucrèce, sa pensée fait des sensations le critère des connaissances et de la morale, et des plaisirs qu'elles procurent le principe du bonheur, à condition d'en rester maître.

ÉPIDAURE, v. d'Argolide, célèbre par son sanctuaire d'Asclépios, dieu de la Médecine, et les guérisons qui s'y opéraient. Il y subsiste d'impor-

Épidaure : le théâtre (IVe s. av. J.-C.).

tantes ruines, notamment le mieux conservé des théâtres grecs (fin du IVe s. av. J.-C.).

ÉPINAC (71360), ch.-l. de c. de Saône-et-Loire ; 2 595 h.

ÉPINAL (88000), ch.-l. du dép. des Vosges, à 372 km à l'est de Paris, sur la Moselle ; 39 480 h. *(Spinaliens).* Foire internationale forestière. Textile. Caoutchouc. Constructions mécaniques. Basilique romane et gothique. Musée départemental. Centre d'imagerie populaire à partir de la fin du XVIIIe s.

ÉPINAY (Louise **Tardieu d'Esclavelles,** *marquise* **d'**), femme de lettres française (Valenciennes 1726 - Paris 1783). Un moment protectrice de J.-J. Rousseau, elle a laissé des Mémoires, des essais de morale, des ouvrages d'éducation.

ÉPINAY-SOUS-SÉNART (91860), ch.-l. de c. de l'Essonne ; 13 399 h.

ÉPINAY-SUR-ORGE (91360), comm. de l'Essonne ; 9 715 h.

ÉPINAY-SUR-SEINE (93800), ch.-l. de c. de la Seine-Saint-Denis ; 48 851 h.

ÉPINE (L') [51460] (anc. **Lépine**), comm. de la Marne ; 703 h. Église N.-D.-de-l'Épine (XVe-XVIe s.), à remarquable façade flamboyante. Pèlerinage.

Épinicies, nom générique des *Odes triomphales* de Pindare (Ve s. av. J.-C.), poésies lyriques dédiées aux athlètes vainqueurs

ÉPIPHANE *(saint),* écrivain grec chrétien (près d'Éleuthéropolis, Palestine, v. 315 - en mer 403). Il lutta contre la doctrine d'Origène.

ÉPIRE, région aux confins de la Grèce et de l'Albanie ; 339 210 h. Le royaume d'Épire, constitué à la fin du Ve s. av. J.-C., prit de l'importance avec Pyrrhos II (295-272) ; il fut soumis par les Romains en 168 av. J.-C. Dans l'Empire byzantin, un *despotat d'Épire* (1204-1318) fut constitué au profit des Comnènes.

Épîtres, d'Horace (30-8 av. J.-C.), poésies où l'auteur, sur un ton familier, traite de la morale et du goût. La dernière, l'*Épître aux Pisons,* constitue un art poétique.

Épîtres du Nouveau Testament ou **Épîtres des Apôtres,** lettres des Apôtres insérées dans le canon du Nouveau Testament. Elles comprennent 14 épîtres de saint Paul et 7 épîtres dites « catholiques » (celles de Jacques, de Pierre [2], de Jean [3] et de Jude). L'authenticité de certaines est parfois mise en doute.

ÉPÔNE (78680), comm. des Yvelines ; 6 735 h. Église avec clocher roman.

Époques de la nature (les), ouvrage de Buffon (publié en 1778 comme supplément à l'*Histoire naturelle*). Il y décrit les transformations du globe terrestre, ouvrant ainsi la voie aux idées évolutionnistes.

EPPEVILLE (80400), comm. du sud-est de la Somme ; 2 171 h. Sucrerie.

EPSOM, v. de Grande-Bretagne, au sud de Londres ; 71 000 h. Depuis 1780 y a lieu une célèbre course de chevaux (le *Derby*).

EPSTEIN (*sir* Jacob), sculpteur britannique d'origine russo-polonaise (New York 1880 - Londres 1959). Influencée par Rodin, par les arts primitifs et par l'avant-garde parisienne, son œuvre contribua, initialement, au recul de l'académisme dans la sculpture anglaise.

EPSTEIN (Jean), cinéaste français (Varsovie 1897 - Paris 1953), l'un des principaux théoriciens de l'avant-garde, auteur de *Cœur fidèle* (1923), *la Chute de la maison Usher* (1928), *Finis Terrae* (1929).

EPTE, affl. de la Seine (r. dr.), séparant le Vexin français et le Vexin normand ; 101 km.

ÉQUATEUR, en esp. **Ecuador,** république de l'Amérique du Sud, sur le Pacifique ; 270 670 km² ; 10 800 000 h. *(Équatoriens).* CAP. *Quito.* V. pr. *Guayaquil.* LANGUE : *espagnol.* MONNAIE : *sucre.*

GÉOGRAPHIE

Les Andes forment de hauts plateaux dominés par des volcans et séparent la plaine côtière, plus large et plus humide au nord, de la région orientale, amazonienne, recouverte par la forêt dense. La population, augmentant rapidement et urbanisée à 50 %, est composée pour 80 % de métis et d'Amérindiens. Le riz et le maïs sont les principales cultures vivrières ; le cacao, le café et, surtout, la banane, les plus importantes cultures commerciales. Mais le pétrole demeure la base des exportations.

HISTOIRE

La colonisation et l'indépendance. 1534 : annexé par les Incas au XVe s., le pays est conquis par un lieutenant de Pizarro, Sebastián de Belalcázar. 1563 : les Espagnols créent l'*audiencia* de Quito, rattachée à la vice-royauté du Pérou, puis de Nouvelle-Grenade (1739). 1822 : le général Sucre libère le pays des forces espagnoles. 1830 : intégré par Bolívar à la Grande-Colombie, l'Équateur reprend son indépendance.

Le XIXe s. 1830-1845 : le général Juan Flores dirige autoritairement le pays. 1845-1859 : les libéraux accèdent au pouvoir. 1861-1875 : le conservateur Gabriel García Moreno s'efforce de moderniser le pays en s'appuyant sur l'Église. 1875-1895 : après son assassinat, les conservateurs dominent la vie politique.

Le XXe s. 1895-1930 : de retour au pouvoir, les libéraux laïcisent l'État (Constitutions de 1897 et de 1906). L'Équateur devient le premier producteur mondial de cacao. 1934 : incarnant les aspirations des classes populaires, José María Velasco Ibarra est élu président. Porté cinq fois au pouvoir, il domine la vie politique jusqu'en 1972. 1941-42 : la guerre contre le Pérou fait perdre à l'Équateur sa province amazonienne. 1972 : le général Guillermo Rodríguez Lara devient chef de l'État. 1976 : une junte militaire le renverse et met en œuvre une nouvelle constitution (1978). 1979 : candidat de la gauche modérée, Jaime Roldós est élu président de la République. 1981 : après sa mort accidentelle, O. Hurtado pratique une politique d'austérité. 1984 : le conservateur León Febres Cordero lui succède. 1988 : le social-démocrate Rodrigo Borja est élu président de la République. 1992 : son successeur, le conservateur Sixto Durán Ballen, hérite d'une situation économique difficile. L'Équateur se retire de l'O.P.E.P. 1995 : un conflit frontalier oppose l'Équateur au Pérou.

ÉQUEURDREVILLE-HAINNEVILLE (50120), ch.-l. de c. de la Manche, banlieue de Cherbourg ; 18 503 h.

Équipe (l'), quotidien sportif français publié à Paris depuis 1946.

ÉRAGNY (95610), comm. du Val-d'Oise, près de Pontoise ; 16 995 h. Électronique.

ÉRARD (Sébastien), facteur d'instruments de musique français (Strasbourg 1752 - Passy 1831). Il a perfectionné la mécanique du piano et celle de la harpe.

ÉRASME, en lat. **Desiderius Erasmus Roterodamus,** humaniste hollandais d'expression latine (Rotterdam v. 1469 - Bâle 1536). Esprit indépendant et satirique *(Éloge* de la folie, Colloques),* il chercha à définir un humanisme chrétien (*Institution du prince chrétien,* 1515), à la lumière de ses travaux critiques sur le Nouveau Testament, en préconisant l'entente entre catholiques et réformés.

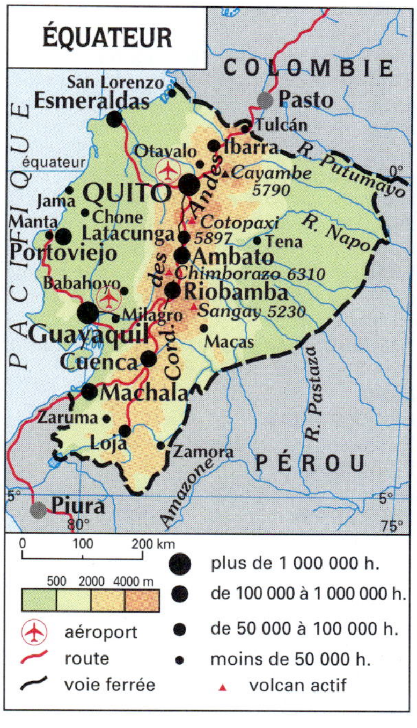

ÉRATO, muse de la Poésie lyrique.

ÉRATOSTHÈNE, mathématicien, astronome et philosophe grec de l'école d'Alexandrie (Cyrène v. 284 - Alexandrie v. 192). Grâce à la mesure ingénieuse d'un arc de méridien, il fut le premier à évaluer correctement la circonférence de la Terre. On lui doit aussi une méthode permettant de trouver les nombres premiers *(crible d'Ératosthène).*

ERCILLA Y ZÚÑIGA (Alonso **de**), écrivain espagnol (Madrid 1533 - *id.* 1594). Il prit part à une expédition au Chili, qui inspira son poème épique *La Araucana* (1569-1589).

ERCKMANN-CHATRIAN, nom sous lequel ont publié leurs œuvres deux écrivains français : **Émile Erckmann** (Phalsbourg 1822 - Lunéville 1899) et **Alexandre Chatrian** (Abreschviller, Moselle, 1826 - Villemomble 1890). Ils ont écrit ensemble un grand nombre de contes, de romans et d'œuvres dramatiques *(l'Ami Fritz, Histoire d'un conscrit de 1813, les Rantzau),* qui forment une sorte d'épopée populaire de l'ancienne Alsace.

ERDRE, affl. de la Loire (r. dr.) à Nantes ; 105 km.

EREBUS, volcan actif de l'Antarctique, dans l'île de Ross ; 3 794 m.

Érechthéion, temple d'Athéna et de Poséidon, associé aux héros mythiques Érechthée et Cecrops, élevé sur l'Acropole d'Athènes entre 421 et 406 av. J.-C. Ce chef-d'œuvre du style ionique comprend trois portiques, dont celui des Caryatides au sud.

L'**Érechthéion** (421-406 av. J.-C.), sur l'Acropole d'Athènes.

EREVAN ou **ERIVAN,** cap. de l'Arménie, à 1 040 m d'alt. ; 1 199 000 h. Musées et bibliothèque. Centre d'une région de riches cultures (coton, vignobles et vergers). Constructions mécaniques et électriques.

ERFURT, v. d'Allemagne, cap. de la Thuringe, sur la Gera ; 217 035 h. Centre industriel. Cathédrale gothique et autres témoignages médiévaux. Napoléon y eut avec Alexandre Ier une entrevue (27 sept. - 14 oct. 1808), au cours de laquelle fut renouvelée l'alliance avec la Russie conclue à Tilsit.

ERGUÉ-GABÉRIC (29500), comm. du Finistère ; 6 562 h.

ERHARD (Ludwig), homme politique allemand (Fürth 1897 - Bonn 1977). Démocrate-chrétien, ministre de l'Économie de la République fédérale (1949-1963) et chancelier (1963-1966), il présida au redressement économique de l'Allemagne.

ERICE, v. d'Italie (Sicile) ; 27 538 h. Anc. **Eryx,** célèbre dans l'Antiquité pour son temple d'Aphrodite.

ERICSSON (John), ingénieur américain d'origine suédoise (Långbanshyttan 1803 - New York 1889), inventeur d'une hélice pour la propulsion des navires (1836) et de divers modèles de moteur solaire (à partir de 1870).

ÉRIDAN, fleuve des Enfers, encore identifié au Pô.

ÉRIDOU, site archéologique d'Iraq, près d'Our, abritant les vestiges de l'une des plus anc. cités (IVe millénaire) de la région. Centre religieux dès le VIe millénaire.

ÉRIÉ *(lac),* l'un des cinq grands lacs américains (25 900 km²), entre les lacs Huron et Ontario. Port des États-Unis (Pennsylvanie) sur ce lac ; 108 718 h. — Le *canal de l'Érié* relie le lac Érié (Buffalo) à l'Hudson (Albany) ; 590 km.

ÉRIGÈNE (Jean **Scot**) → ***Scot Érigène.***

ERIK le Rouge, explorateur norvégien (Jaeren v. 940 - v. 1010). Il découvrit le Groenland vers 985.

ERIK ou **ERIC,** nom de quatorze rois de Suède et de sept rois de Danemark. Les plus importants furent **Erik Jedvardsson,** dit **le Saint** (m. à Uppsala en 1160), roi de Suède (1156-1160). Fondateur de la dynastie des Erik. Le jour de sa mort (18 mai) est fête nationale en Suède ; — **Erik de Poméranie** (1382 - Rügenwalde, auj. Darłowo, Pologne, 1459), roi de Norvège (1389-1442), de Danemark et de Suède (Erik XIII) [1396-1439]. Petit-neveu de Marguerite de Danemark, il reçut la couronne de la diète de Kalmar (1397) qui décida l'union des trois pays ; — **Erik XIV** (Stockholm 1533 - Orbyhus 1577), roi de Suède (1560-1568), fils de Gustave Vasa. Il dut lutter contre le Danemark, la Pologne et Lübeck (1563-1570).

ERIKSON (Erik), psychanalyste américain d'origine allemande (Francfort-sur-le-Main 1902 - Harwich, Massachusetts, 1994). Il s'est surtout intéressé aux problèmes de l'adolescence.

ÉRIN, nom poétique de l'Irlande.

ÉRINYES (les), déesses grecques de la Vengeance ; les Romains les ont identifiées avec les *Furies.*

ERIVAN → ***Erevan.***

ERLANGEN, v. d'Allemagne (Bavière) ; 100 996 h. Université. Constructions électriques.

ERLANGER (Joseph), physiologiste américain (San Francisco 1874 - Saint Louis 1965), auteur d'études sur la différenciation fonctionnelle des fibres nerveuses. (Prix Nobel 1944.)

ERLANGER (Théodore **d'**), juriste et musicologue russe (Moscou 1890 - Paris 1971), un des fondateurs, à Paris, de l'École supérieure d'études chorégraphiques (1955).

ERMENONVILLE (60950), comm. de l'Oise ; 787 h. J.-J. Rousseau y mourut dans le domaine du marquis de Girardin (beau parc paysager). Curieux site du *désert d'Ermenonville.*

Ermitage (l'), chalet de la vallée de Montmorency, propriété de Mme d'Épinay, où J.-J. Rousseau résida en 1756-57.

Ermitage (l'), à Saint-Pétersbourg, ensemble de palais construits pour abriter les collections de Catherine II et devenus, réunis au Palais d'hiver, un vaste musée (archéologie, arts décoratifs, riche galerie de peinture occidentale).

ERMONT (95120), ch.-l. de c. du Val-d'Oise ; 28 073 h.

ERNE, fl. d'Irlande, tributaire de l'Atlantique ; 115 km. Il traverse les deux *lacs d'Erne.*

ERNÉE (53500), ch.-l. de c. du nord-ouest de la Mayenne, sur l'*Ernée* ; 6 190 h.

ERNEST-AUGUSTE Ier (Kew, auj. dans Londres, 1771 - Herrenhausen 1851), roi de Hanovre (1837-1851), cinquième fils de George III d'Angleterre.

ERNEST-AUGUSTE de Brunswick-Lunebourg, premier Électeur de Hanovre (Herzberg 1629 - Herrenhausen 1698). Il participa aux guerres contre Louis XIV. Son fils Georges devint roi d'Angleterre (George Ier).

ERNST (Max), peintre allemand naturalisé français (Brühl 1891 - Paris 1976). Les collages de son époque dadaïste (1919) le firent remarquer par les surréalistes, auxquels, en 1922, il se joignit à Paris. Également graveur, sculpteur, écrivain, il a apporté au surréalisme une contribution poétique et technique de première importance (toiles exploitant des procédés de « frottage », « grattage », « décalcomanie » ; « romans-collages » comme *la Femme* 100 têtes*).

ERODE, v. du sud de l'Inde (Tamil Nadu) ; 357 427 h.

ÉROS, divinité grecque de l'Amour représentée sous les traits d'un enfant.

ÉROSTRATE, Éphésien qui, voulant se rendre immortel par un exploit mémorable, incendia le temple d'Artémis à Éphèse (356 av. J.-C.).

ERPE-MÈRE, comm. de Belgique (Flandre-Orientale) ; 18 778 h.

ERQUY (22430), comm. des Côtes-d'Armor ; 3 587 h. *(Réginéens).* Pêche. Station balnéaire.

ERSHAD (Hussain Mohammed), général et homme politique du Bangladesh (Rangpur 1930), président de la République de 1983 à 1990.

ERSTEIN (67150), ch.-l. de c. du Bas-Rhin, sur l'Ill ; 8 694 h. Sucrerie.

ERVY-LE-CHÂTEL (10130), ch.-l. de c. du sud de l'Aube ; 1 237 h. Vitraux du XVIe s. dans l'église.

ERWIN, dit **de Steinbach,** architecte alsacien (m. à Strasbourg en 1318). Il participa à la construction de la cathédrale de Strasbourg.

ÉRYMANTHE, montagne d'Arcadie, repaire d'un sanglier redoutable capturé par Héraclès.

ÉRYTHRÉE, État de l'Afrique orientale, sur la mer Rouge ; 120 000 km² ; 3 millions d'h. *(Érythréens).* CAP. *Asmara.* LANGUES : *tigrigna* et *arabe.* MONNAIE : *birr.*

GÉOGRAPHIE

Une étroite plaine côtière, aride, est dominée par un plateau, plus arrosé, juxtaposant maigres cultures et élevage extensif, parfois encore nomade. (V. carte ***Éthiopie.***)

HISTOIRE

L'Érythrée a longtemps constitué la seule province maritime de l'Éthiopie. 1890 : elle devient une colonie italienne. 1941-1952 : les Britanniques occupent la région puis l'administrent après la guerre. 1952 : l'Érythrée est réunie à l'Éthiopie avec le statut d'État fédéré. 1962 : devenue une province de l'Éthiopie, elle s'oppose à la politique autoritaire du gouvernement d'Addis-Abeba, contre lequel se bat le Front populaire de libération de l'Érythrée (F.P.L.E.), fondé en 1970. 1991 : après la chute de Mengistu, le nouveau régime éthiopien accepte le principe d'un référendum d'autodétermination. 1993 : l'indépendance, approuvée massivement par les Érythréens lors de ce référendum, est proclamée.

ÉRYTHRÉE *(mer),* nom donné par les Anciens à la mer Rouge, au golfe Persique et à la partie nord-ouest de l'océan Indien.

ERZBERG, montagne d'Autriche (Styrie) ; 1 534 m. Fer.

ERZBERGER (Matthias), homme politique allemand (Buttenhausen 1875 - près de Griesbach 1921). Principal négociateur de l'armistice du 11 nov. 1918, puis ministre des Finances (1919), il fut assassiné par des nationalistes.

ERZGEBIRGE, en fr. **monts Métallifères,** en tchèque **Krušné hory,** massif montagneux des confins de l'Allemagne et de la République tchèque (Bohême), qui fut le siège d'exploitations minières (plomb, zinc, cuivre, argent) ; 1 244 m.

ERZURUM ou **ERZEROUM,** v. de la Turquie orientale, à 1 800 m d'alt. ; 242 391 h. Monuments divers, dont la grande madrasa de Çifteminare (1253), chef-d'œuvre de l'époque seldjoukide, auj. musée. Mustafa Kemal y réunit le premier Congrès national turc (juill. 1919).

ESA (European Space Agency), agence spatiale européenne, créée en 1975. Son siège est à Paris.

ÉSAÜ, fils d'Isaac et de Rébecca, et frère aîné de Jacob, à qui il vendit son droit d'aînesse pour un plat de lentilles.

ESBJERG, port du Danemark (Jylland) ; 81 000 h. Pêche. Conserveries.

ESBO → ***Espoo.***

ESCANDORGUE (l'), plateau basaltique de l'extrémité sud du Massif central.

ESCARÈNE (L') [06440], ch.-l. de c. des Alpes-Maritimes ; 1 756 h.

ESCAUDAIN (59124), comm. du Nord ; 9 360 h.

ESCAUT, en néerl. **Schelde,** fl. de France, de Belgique et des Pays-Bas, né dans le dép. de l'Aisne. Il passe à Cambrai, Valenciennes, Tournai, Gand et rejoint la mer du Nord par un long estuaire *(bouches de l'Escaut),* à la tête duquel est établie Anvers ; 430 km. C'est, en aval, une importante voie navigable.

ESCHINE, orateur athénien (v. 390-314 av. J.-C.). D'abord adversaire de Philippe de Macédoine, il devint partisan de la paix et s'opposa à Démosthène. Il dut s'exiler à la suite du procès *Sur la couronne,* qu'il intenta contre Démosthène mais qu'il perdit (330 av. J.-C.). Ses discours *(Sur l'ambassade, Contre Ctésiphon)* sont des exemples d'élégance attique.

ESCH-SUR-ALZETTE, ch.-l. de c. du Luxembourg ; 24 012 h. Métallurgie.

ESCHYLE, poète tragique grec (Éleusis v. 525 - Gela, Sicile, 456 av. J.-C.). Ses œuvres, inspirées des légendes thébaines et anciennes *(les Suppliantes, les Sept contre Thèbes, l'Orestie*),* des mythes traditionnels *(Prométhée enchaîné)* ou des exploits des guerres médiques *(les Perses),* font de lui le véritable créateur de la tragédie antique.

ESCLANGON (Ernest), astronome et physicien français (Mison, Alpes-de-Haute-Provence, 1876 - Eyrenville, Dordogne, 1954). On lui doit la mise au point de l'horloge parlante (1932) et l'explication du « bang » supersonique.

ESCLAVE *(Grand Lac de l'),* lac du Canada, alimenté par la *rivière de l'Esclave,* section du fleuve Mackenzie ; 28 930 km².

ESCLAVES *(côte des),* anc. dénomination du littoral du Bénin et du Nigeria occidental.

ESCOFFIER (Auguste), cuisinier français (Villeneuve-Loubet 1846 - Monte-Carlo 1935), dont les écrits demeurent parmi les ouvrages de référence des professionnels. Il est notamment le créateur de la pêche Melba.

ESCRIVÁ DE BALAGUER (Mgr José María), prélat espagnol (Barbastro 1902 - Rome 1975), fondateur de l'Opus Dei (1928). Béatifié en 1992.

ESCUDERO (Vicente), danseur et professeur espagnol (Valladolid 1892 - Barcelone 1980), partenaire de la Argentina, avec laquelle il créa *l'Amour sorcier* (1925).

ESCULAPE, dieu romain de la Médecine, identifié à l'*Asclépios* grec.

Escurial (l'), en esp. **el Escorial,** palais et monastère d'Espagne, au pied de la sierra de Guadarrama, au nord-ouest de Madrid. Accomplissement d'un vœu de Philippe II après la victoire de Saint-Quentin, conçu comme nécropole royale et centre d'études au service de la Contre-Réforme, il fut élevé de 1563 à 1584 par Juan Bautista de Toledo, l'Italien Giambattista Castello et Juan de Herrera dans un style classique sévère. Nombreuses œuvres d'art : bronzes des Leoni père et fils (Leone et Pompeo), peintures de primitifs flamands, de Titien, du Greco, de Ribera, Velázquez, Claudio Coello, fresques de L. Giordano, tapisseries de Goya, etc.

ESDRAS ou **EZRA,** prêtre juif (Ve s. av. J.-C.). Il restaura la religion juive et le Temple après l'exil de Babylone.

ESHKOL (Levi), homme politique israélien (Oratov, Ukraine, 1895 - Jérusalem 1969), Premier ministre de 1963 à 1969.

ESKILSTUNA, v. de Suède, près du lac Mälaren ; 89 765 h. Métallurgie.

ESKIMO → ***Esquimaux.***

ESKIŞEHIR, v. de Turquie, à l'ouest d'Ankara ; 413 082 h.

ESMEIN (Jean-Paul Hippolyte Emmanuel, dit **Adhémar**), juriste français (Touvérac, Charente, 1848 - Paris 1913). Il fut un remarquable historien du droit.

Esméralda (la), personnage de jeune bohémienne dans *Notre-Dame de Paris,* roman de Victor Hugo.

ESMERALDAS, port de l'Équateur ; 98 558 h.

ESNAULT-PELTERIE (Robert), ingénieur français (Paris 1881 - Nice 1957). On lui doit le premier moteur d'avion en étoile à nombre impair de cylindres et le dispositif de commande d'avion appelé *manche à balai* (1906). À partir de 1912, il développa la théorie de la navigation interplanétaire au moyen de fusées.

ESNÈH ou **ISNĀ,** v. d'Égypte (Haute-Égypte) sur le Nil ; 34 000 hab. Vestiges bien conservés de la salle hypostyle du temple ptolémaïque (colonnes gravées d'importants textes relatifs au mythe de la création).

ESO (European Southern Observatory), organisation européenne de recherches astronomiques dans l'hémisphère Sud, créée en 1962. Son siège est à Garching (Allemagne). Au Chili, elle dispose d'un observatoire, sur le mont La Silla, et procède à l'installation d'un très grand télescope (VLT) sur le Cerro Paranal, dans le désert d'Atacama.

ÉSOPE, fabuliste grec (VIIe-VIe s. av. J.-C.), personnage à demi légendaire, auquel on attribue un recueil de *Fables,* réunies au IVe s. av. J.-C.

Espace économique européen (E.E.E.), zone de libre-échange, instituée par le traité de Porto (1992), entrée en vigueur le 1er janvier 1994. L'E. E. E. comprend dix-huit États : les quinze de l'Union européenne et les pays de l'A. E. L. E. (à l'exception de la Suisse).

ESPAGNE, en esp. **España,** État du sud-ouest de l'Europe ; 505 000 km² (y compris les Canaries ; 497 500 km² en les excluant) ; 39 millions d'h. *(Espagnols).* CAP. *Madrid* (autres grandes villes : *Barcelone, Valence, Séville, Saragosse, Málaga).* LANGUE (officielle) : *espagnol.* MONNAIE : *peseta.*

INSTITUTIONS

Monarchie parlementaire. Constitution de 1978, amendée en 1992. Souverain : Juan Carlos Ier (depuis le 22 novembre 1975). Deux Chambres (les *Cortes*) : *Congrès des députés* et *Sénat* élus pour 4 ans. Un chef de gouvernement responsable devant le Congrès des députés.

GÉOGRAPHIE

L'Espagne appartient à la frange méditerranéenne de l'Europe, la moins développée économiquement du continent, malgré un passé souvent brillant. Le poids de l'agriculture demeure lourd, malgré le développement de l'industrie et surtout des services. La population se caractérise par un particularisme souvent affirmé (au Pays basque et en Catalogne notamment), un dynamisme démographique ralenti, un taux d'urbanisation grandissant avec quelques grandes villes (six dépassant 500 000 habitants).

Les cultures, souvent extensives, du blé, parfois de la vigne, l'élevage ovin dominent sur la Meseta, vaste plateau intérieur, au climat assez sec, chaud en été, rude en hiver. Les fruits (agrumes) et les légumes sont cultivés dans les huertas, sur un littoral au climat méditerranéen et dans les périmètres irrigués par les grands fleuves (Tage et Èbre). L'élevage bovin est présent dans le Nord-Ouest, frais et humide. L'industrie, implantée notamment dans le Pays basque et les Asturies, la région de Barcelone, est représentée principalement par la métallurgie de transformation, devant le textile et l'agroalimentaire. Le traditionnel déficit de la balance commerciale est partiellement comblé par les revenus du tourisme (40 millions de visiteurs par an), surtout balnéaire (Baléares et littoral méditerranéen). L'appartenance à l'Union européenne pose des problèmes d'adaptation (quotas de prises pour une pêche active, compétitivité industrielle, surproduction agricole), dans un pays qui souffre à la fois d'un important chômage et d'un lourd endettement extérieur.

HISTOIRE

Les premiers temps. Les premiers habitants sont les Celtibères, issus de la fusion des Celtes et des Ibères. Après 1100 av. J.-C. : Phéniciens et Grecs fondent des colonies sur les côtes méditerranéennes. IIIe s. : la partie orientale est sous la domination de Carthage. 201 : l'Espagne entière subit l'emprise romaine, malgré des résistances internes (Sertorius) qui durent jusqu'à Auguste. Ve s. apr. J.-C. : les Vandales envahissent le pays. 412 : les Wisigoths pénètrent en Espagne. Ils y établissent une monarchie brillante, catholique à partir du roi Reccared (587), détruite par les Arabes en 711.

L'islam et la Reconquista. Fin du VIIIe s. : l'émirat omeyyade de Cordoue se proclame indépendant. Califat en 929, il se maintient jusqu'en 1031. Son émiettement favorise ensuite la *Reconquête* depuis le Nord, où subsistaient des États chrétiens. De 1085 (prise de Tolède par Alphonse VI) à 1248 (prise de Séville par Ferdinand III), les musulmans sont refoulés jusque dans le royaume de Grenade. 1492 : ils en sont chassés par les « Rois Catholiques », Ferdinand d'Aragon et Isabelle de Castille, mariés en 1469.

L'apogée et le déclin. XVIe s. : c'est l'apogée de la monarchie espagnole ; outre les conquêtes coloniales en Amérique, Charles Ier (1516-1556), empereur Charles Quint en 1519, incorpore à ses domaines les territoires autrichiens des Habsbourg ; Philippe II (1556-1598) hérite du Portugal (1580). XVIIe s. : l'ensemble, hétérogène et menaçant pour l'équilibre européen, se désagrège ; la défaite de l'Invincible Armada (1588) prélude à cette décadence, marquée de façon éclatante par la perte du Portugal (1640). 1700 : l'extinction de la maison de Habsbourg permet l'avènement de Philippe V de Bourbon, petit-fils de Louis XIV : c'est la guerre de la Succession d'Espagne (1701-1716). 1759-1788 : Charles III, despote éclairé, est le plus brillant représentant de la lignée Bourbon qui a triomphé. 1814 : les Bourbons, chassés par Napoléon Ier, qui impose comme roi son frère Joseph (1808), sont restaurés après une héroïque guerre d'indépendance. 1814-1833 : Ferdinand VII, aidé par l'intervention française en 1823, établit une monarchie absolue et perd les colonies d'Amérique. 1833-1868 : la reine Isabelle doit lutter contre les *carlistes,* partisans de son oncle don Carlos (jusqu'en 1840), et est finalement renversée.

Les temps troublés. 1868-1873 : le bref règne d'Amédée Ier (1870-1873) est marqué par la régence du maréchal Serrano (jusqu'en 1871) et par l'abdication du roi, deux ans plus tard. 1873 : la république est proclamée, une insurrection carliste est réprimée, et le fils d'Isabelle, Alphonse XII (1874-1885), est finalement proclamé roi. 1885-1931 : la régence de Marie-Christine (jusqu'en 1902) et le règne d'Alphonse XIII sont marqués par des troubles. L'Espagne perd Cuba, les Philippines et Porto Rico, au terme de la guerre contre les États-Unis (1898) ; anarchie et mouvements nationalistes (Basques, Catalogne) se développent. 1923-1930 : Primo de Rivera met en place une première dictature, relativement modérée, pour les endiguer. 1931 : les élections municipales sont un échec pour la royauté ; Alphonse XIII quitte l'Espagne et la république est proclamée (14 avril).

L'Espagne contemporaine. Févr. 1936 : le *Frente popular* gagne les élections. Juillet : le soulèvement du général Franco marque le début de la guerre civile d'Espagne (v. art. suiv.). 1939-1975 : Franco, « caudillo », chef d'État à vie, gouverne avec un parti unique. Le pouvoir législatif est dévolu aux *Cortes,* assemblées non élues (1942). Pendant la Seconde Guerre mondiale, l'Espagne, favorable à l'Axe, reste en position de non-belligérance. 1947 : la loi de succession réaffirme le principe de la monarchie. 1969 : Franco choisit Juan Carlos comme successeur. 1975 : Franco meurt. Juan Carlos Ier, qui fait obstacle en 1981 à une tentative de putsch militaire, entreprend la démocratisation du régime. Il est aidé dans cette entreprise par le gouvernement centriste d'A. Suárez (1976-1981) puis par celui, socialiste, de F. González (à partir de 1982). 1978 : la nouvelle Constitution rétablit les institutions représentatives et crée des gouvernements autonomes dans les dix-sept régions du pays. 1982 : l'Espagne adhère à l'O. T. A. N. 1986 : elle confirme par référendum son adhésion à cette institution et entre dans la C. E. E. 1996 : devançant le parti socialiste ouvrier espagnol (P. S. O. E.) de F. González, le parti populaire (P. P., droite), dirigé par José María Aznar, remporte les élections.

CULTURE ET CIVILISATION

□ ARCHÉOLOGIE

Paléolithique supérieur : v. 13000, peintures pariétales qui se rattachent au magdalénien (Altamira, le Castillo, etc.). Épipaléolithique et surtout néolithique : à partir du VIIe millénaire, peintures rupestres du Levante, art schématique, sujet essentiel : l'homme. Ier millénaire av. J.-C. Art des Ibères : architecture défensive, statuette en bronze, Dame d'Elche. Époque romaine : grande urbanisation (Alcántara, Ampurias, Mérida, Ségovie, Tarragone).

□ BEAUX-ARTS (architecture, arts plastiques)

Villes d'art ou édifices majeurs. Ávila, Barcelone, Burgos, Cordoue (art islamique), l'Escurial, Gérone, la Granja, Grenade (art islamique, etc.), León, Madrid, Oviedo (art asturien), Palma de Majorque, Poblet, Saint-Jacques-de-Compostelle, Salamanque, Saragosse, Ségovie, Séville (art islamique, etc.), Tarragone, Tolède, Valence, Valladolid, Zamora.

Quelques peintres, sculpteurs et architectes. — Fin du Moyen Âge : Borrassà, Huguet, Bermejo, P. Berruguete, G. de Siloé. — Renaissance : E. Egas, A. Berruguete, D. de Siloé, Juan de Juni, L. de Morales, J. de Herrera, le Greco. — Du XVIIe s. au début du XIXe s. : Martínez Montañés, G. Hernández, J. de Ribera, F. de Herrera père et fils, Zurbarán, Velázquez, A. Cano, Murillo, Valdés Leal, les Churriguera, P. de Ribera, Goya. — Depuis la fin du XIXe s. : Gaudí, J. Gonzáles, Gargallo, J. Gris, Picasso, Miró, Dalí, Tàpies, Chillida, Arroyo, Bofill.

□ LITTÉRATURE

— Moyen Âge : *Cantar de mio Cid, Cantigas* du roi Alphonse X le Sage, Juan Ruiz, Jorge Manrique, Fernando de Rojas, le *Romancero.* — XVIe - XVIIe s. (le Siècle d'or) : sainte Thérèse d'Ávila, saint Jean de la Croix, Garcilaso de la Vega, Góngora, Montemayor, Diego Hurtado de Mendoza, Baltasar Gracián, Bartolomé de Las Casas, Mateo Alemán, Quevedo, Lope de Vega, Calderón, Tirso de Molina, Cervantès. — XIXe s. : José Zorrilla, José de Espronceda, Hartzenbusch, Ángel Ganivet, Benito Pérez Galdós. — XXe s. : Azorín, Unamuno, Baroja, Blasco Ibáñez, Jacinto Benavente, Valle Inclán, Gómez de la Serna, Antonio Machado, J. R. Jiménez, Jorge Guillén, Rafael Alberti, García Lorca, Ortega y Gasset, Eugenio d'Ors, Vicente Aleixandre, Camilo José Cela, Ana María Matute, Juan Goytisolo, Arrabal.

□ MUSIQUE

— Moyen Âge : musique andalouse. — Renaissance : A. de Cabezón, T. L. de Victoria, C. de Morales, F. Guerrero. — XVIIe et XVIIIe s. : Padre A. Soler, F. Sor. — XIXe s. : F. Pedrell, I. Albéniz, E. Granados, M. de Falla. — XXe s. : J. Turina, L. de Pablo, C. Halffter.

□ CINÉMA

L. Buñuel, J. Bardem, L. Berlanga, C. Saura, P. Almodóvar.

Espagne *(guerre civile d')* [1936-1939], conflit qui opposa le gouvernement républicain du *Frente popular* espagnol à une insurrection militaire et nationaliste, dirigée par Franco. La guerre, qui fit 600 000 morts, connut 32 mois de véritables opérations. Après la chute de Barcelone, les troupes franquistes victorieuses rejetèrent les forces républicaines en France et entrèrent à Madrid (mars 1939).

ESPALION (12500), ch.-l. de c. de l'Aveyron, sur le Lot ; 4 796 h. Église romane et autres témoignages du passé.

ESPARTERO (Baldomero), **duc de la Victoire,** général et homme politique espagnol (Granátula 1793 - Logroño 1879). Il remporta la victoire de 1836 sur les carlistes et fut régent (1840-1843).

ESPELETTE (64250), ch.-l. de c. des Pyrénées-Atlantiques ; 1 664 h. Église et maisons basques typiques.

ESPÉRAZA (11260), comm. de l'Aude, sur l'Aude ; 2 271 h. Chapellerie. Plastiques.

ESPÉROU (l'), massif des Cévennes (Gard) ; 1 417 m. Centre touristique à *Lespérou* ou *L'Espérou* (1 230 m).

ESPINEL (Vicente), écrivain et musicien espagnol (Ronda 1550 - Madrid 1624), auteur de *Marcos de Obregón* (1618), prototype de *Gil Blas.*

ESPINOUSE *(monts de l'),* hauts plateaux du sud du Massif central ; 1 124 m.

ESPÍRITO SANTO, État du Brésil, sur l'Atlantique ; 2 598 231 h. Cap. *Vitória.*

ESPOO ou **ESBO,** v. de Finlande, banlieue d'Helsinki ; 145 000 h.

esprit (De l'), traité d'Helvétius (1758) qui montre que nos idées proviennent de l'expérience sensible et l'inégalité, de l'éducation.

esprit des lois (De l'), œuvre de Montesquieu (1748), dans laquelle il montre les rapports qu'entretiennent les lois avec la constitution des États, les mœurs, la religion, le commerce, le climat et la nature des sols des pays.

ESPRIU (Salvador), écrivain espagnol d'expression catalane (Santa Coloma de Farnés 1913 - Barcelone 1985), auteur de poèmes et de récits qui évoquent le destin de son pays *(la Peau de taureau).*

ESPRONCEDA (José **de**), écrivain espagnol (Almendralejo 1808 - Madrid 1842), poète romantique, auteur du *Diable-Monde* (1841).

ESQUILIN *(mont),* une des sept collines de Rome, à l'est.

O C É A N
A T L A N T I Q U E
Golfe de Gascogne
Golfe du Lion
Golfe de Valence
M E R M É D I T E R R A N É E
F R A N C E
P O R T U G A L
ANDORRE
MAROC
ALGÉRIE
GALICE
ASTURIES
CANTABRIQUE
PAYS BASQUE
NAVARRE
LA RIOJA
A R A G O N
C A T A L O G N E
C A S T I L L E - L E Ó N
C A S T I L L E - L A M A N C H E
MADRID
ESTRÉMADURE
A N D A L O U S I E
MURCIE
V A L E N C E
BALÉARES
CANARIES
Pyrénées
Monts Cantabriques
Picos de Europa 2648
Mts du León
Meseta
Cordillère Centrale
Sra de Gredos
Sra de Guadarrama
Chaînes Ibériques
Serrania de Cuenca
Monts de Tolède
Sierra Morena
Sra de Segura
Chaîne Bétique
Sra Nevada
Mulhacén 3478
P. d'Aneto 3404
Ebre
Duero
Douro
Tage
Guadiana
Guadalquivir
Júcar
Genil
Minho
Miño
Esla
Gállego
Jalón
Détr. de Gibraltar
C. Finisterre
C. da Roca
C. Carvoeiro
C. S. Vicente
C. Trafalgar
C. de Gata
C. de Palos
C. de la Nao
La Corogne
El Ferrol
St-Jacques-de-Compostelle
Pontevedra
Vigo
Lugo
Orense
Ponferrada
Oviedo
Gijón
Avilés
Mieres
León
Santander
Altamira
Baracaldo
Bilbao
Guernica
Irún
St-Sébastien
Vitoria
Pampelune
Tafalla
Tudela
Logroño
Burgos
Palencia
Sahagún
Valladolid
Tordesillas
Zamora
Salamanque
Aranda de Duero
Soria
Ségovie
Avila
El Escorial
MADRID
Alcalá de Henares
Guadalajara
Sigüenza
Getafe
Aranjuez
Tolède
Talavera de la Reina
Tarancón
Cuenca
Calatayud
Saragosse
Huesca
Lérida
Seo de Urgel
Puigcerdá
Figueras
Ampurias
Gérone
Vich
Manresa
Montserrat
Tarrasa
Sabadell
Badalona
Barcelone
L'Hospitalet
Tarragone
Poblet
Tortosa
Albarracín
Teruel
Castellón de la Plana
Sagunto
Segorbe
Valence
Utiel
Alcira
Onteniente
Alcoy
Benidorm
Alicante
Elda
Elche
Orihuela
Murcie
Carthagène
Lorca
Almería
Albacete
Valdepeñas
Ciudad Real
Puertollano
Peñarroya-Pueblonuevo
Linares
Andújar
Úbeda
Jaén
Baena
Cordoue
Ecija
Grenade
Loja
Antequera
Málaga
Torremolinos
Marbella
Ronda
La Línea
Gibraltar (G.-B.)
Algésiras
Ceuta (Esp.)
Morón de la Fr.
Utrera
Séville
Huelva
Jerez de la Frontera
Cadix
San Fernando
Badajoz
Mérida
Don Benito
Cáceres
Plasencia
Porto
Braga
Coimbra
LISBONNE
Setúbal
Faro
Bayonne
Pau
Mont-de-Marsan
Toulouse
Perpignan
Montpellier
Nîmes
Marseille
Minorque
Ciudadela
Mahón
Majorque
Palma de Majorque
Artá
Manacor
Cabrera
Ibiza
Formentera
Lanzarote
Fuerteventura
Grande Canarie
Las Palmas
Tenerife
Sta Cruz de Tenerife
La Laguna
La Palma
Gomera
Hierro
0 50 100 km
0 100 km
500 1000 2000 m
aéroport
route
autoroute
voie ferrée
plus de 1 000 000 h.
de 500 000 à 1 000 000 h.
de 100 000 à 500 000 h.
moins de 100 000 h.
autre localité ou site
Tolède : cap. de communauté aut. Lugo : chef-lieu de province

ESQUIMAUX ou **ESKIMO** ou **INUIT,** populations des terres arctiques de l'Amérique et du Groenland, vivant des produits de la chasse et de la pêche et de plus en plus de l'artisanat (sculpture et peinture). Leur population est en progression démographique.

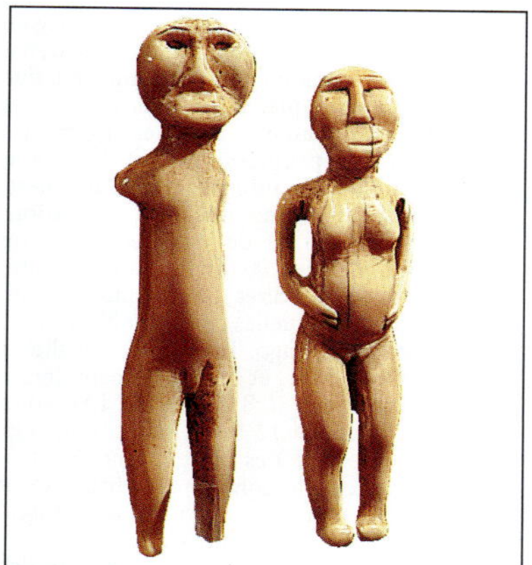

Art **esquimau** du XIXe s. (ivoire de morse). [Coll. part. Paris.]

ESQUIROL (Jean Étienne Dominique), médecin français (Toulouse 1772 - Paris 1840), un des fondateurs de la clinique et de la nosographie psychiatriques. Il est à l'origine de la mise en place en France des institutions psychiatriques.

Essais, de Montaigne (1580-1588-1595). L'auteur y consigne toutes les réflexions que ses lectures et son expérience de la vie lui ont inspirées, proposant ainsi une méditation sur la condition humaine et un art de vivre selon la nature.

ESSAOUIRA, anc. **Mogador,** v. du Maroc, sur l'Atlantique ; 30 000 h. Pêche. Station balnéaire.

ESSARTS (Les) [85140], ch.-l. de c. de la Vendée ; 3 925 h.

ESSEN, v. d'Allemagne (Rhénanie-du-Nord-Westphalie), sur la Ruhr ; 624 445 h. Centre métallurgique. Cathédrale, anc. abbatiale remontant au XIe s. Folkwang Museum (art des XIXe et XXe s. ; département de photographie).

ESSENINE ou **IESSENINE** (Sergueï Aleksandrovitch), poète russe (Konstantinovo 1895 - Leningrad 1925). L'un des chefs de l'école « imaginiste » *(les Juments-Navires),* il célébra d'abord la révolution d'Octobre *(le Pays d'ailleurs),* puis se suicida.

ESSEQUIBO, fl. de la Guyana ; 1 000 km env. Bauxite dans son bassin.

ESSEX, comté d'Angleterre, sur l'estuaire de la Tamise ; 1 455 000 h. ; ch.-l. *Chelmsford.* Anc. royaume saxon fondé au VIe s., il fut réuni au Wessex en 825 ; cap. *Lunden (Londres).*

ESSEX (Robert **Devereux,** *comte* **d'**), soldat et courtisan anglais (Netherwood 1566 ou 1567 - Londres 1601). Favori d'Élisabeth Ire, disgracié (1600), il conspira contre la reine et fut exécuté. — Son fils, **Robert** (Londres 1591 - *id.* 1646), soutint la cause des parlementaires lors de la révolution.

ESSEY-LÈS-NANCY (54270), comm. de Meurthe-et-Moselle ; 7 996 h. Aéroport de Nancy.

Essling *(bataille d')* [21-22 mai 1809], victoire des Français sur les Autrichiens de l'archiduc Charles.

ESSLINGEN, v. d'Allemagne (Bade-Wurtemberg), sur le Neckar ; 91 092 h. Constructions mécaniques. Monuments médiévaux.

ESSONNE (l'), affl. de la Seine (r. g.), à Corbeil-Essonnes ; 90 km.

ESSONNE (**91**), dép. de la Région Île-de-France, créé en 1964 ; ch.-l. de dép. *Évry ;* ch.-l. d'arr. *Étampes, Palaiseau ;* 3 arr., 42 cant., 196 comm. ; 1 804 km^2 ; 1 084 824 h. Le dép. est rattaché à l'académie de Versailles et à la cour d'appel de Paris, au commandement militaire d'Île-de-France. Le nord, banlieue de Paris, est fortement urbanisé et localement industrialisé (vallée de la Seine). Malgré les villes nouvelles (Évry et, en partie, Melun-Sénart), la croissance démographique s'est ralentie. Le sud, plus éloigné de Paris, est encore surtout rural. Les cultures fruitières et maraîchères s'étendent dans les vallées du Hurepoix, dont les plateaux sont souvent le domaine de la grande culture céréalière, que l'on retrouve, au-delà d'Étampes, dans l'extrémité septentrionale de la Beauce.

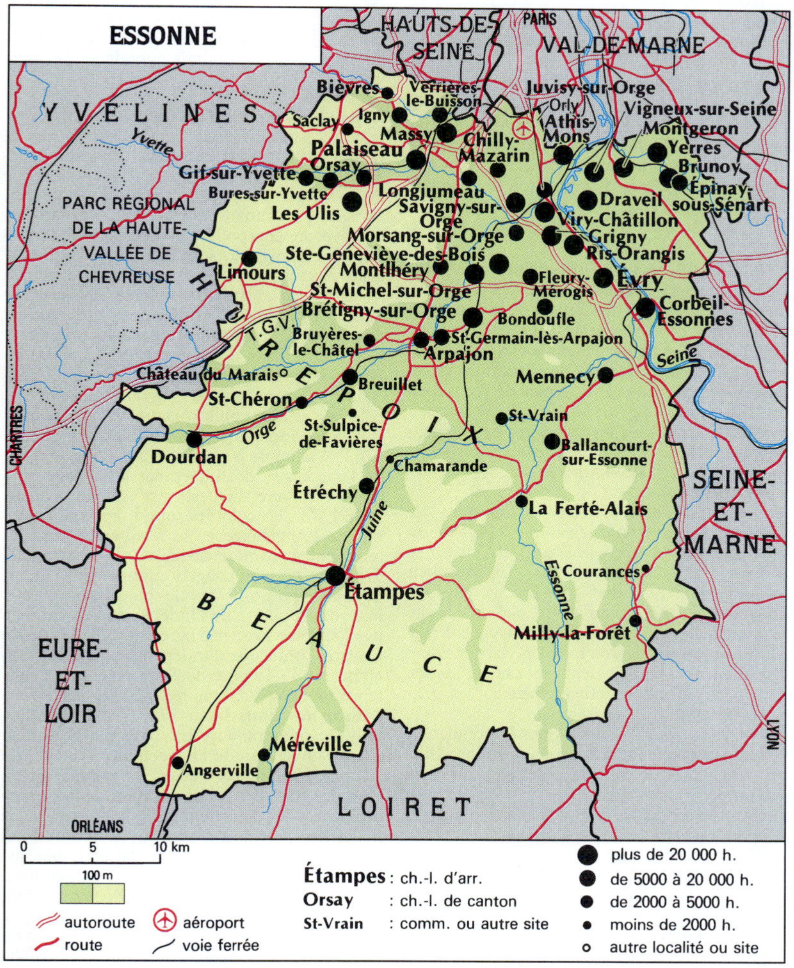

Est *(autoroute de l'),* autoroute reliant Paris à Strasbourg par Reims et Metz.

ESTAING (Charles Henri, *comte* **d'**), amiral français (Ravel, Puy-de-Dôme, 1729 - Paris 1794). Il se distingua aux Indes et en Amérique contre les Anglais et commanda la Garde nationale à Versailles (1789). Il fut guillotiné.

ESTAIRES (59940), comm. du Nord ; 5 690 h.

ESTAQUE (l'), chaînon calcaire au nord-ouest de Marseille, fermant au sud l'étang de Berre ; 279 m.

ESTE, v. d'Italie (Vénétie) ; 17 714 h. Ce fut un centre important des Vénètes.

ESTE *(maison d'),* famille princière d'Italie, qui gouverna longtemps Ferrare, Modène et Reggio et protégea des artistes comme l'Arioste et le Tasse.

Este *(villa d'),* villa construite à Tivoli, en 1550, par Pirro Ligorio, célèbre pour ses jardins étagés animés de jeux d'eau.

ESTEREL [ɛstərɛl] ou **ESTÉREL** [-terɛl], massif cristallin de Provence, culminant au mont Vinaigre (618 m).

ESTERHAZY, v. du Canada (Saskatchewan) ; 2 896 h. Gisement de potasse.

ESTERHÁZY ou **ESZTERHÁZY,** famille d'aristocrates hongrois (XVIIe-XIXe s.) qui œuvra à la consolidation du pouvoir des Habsbourg. — **Miklós** (Vienne 1765 - Côme 1833) fit de sa résidence d'Eszterháza (auj. Fertőd) un brillant centre d'art baroque.

ESTERNAY (51310), ch.-l. de c. de la Marne, sur le Grand Morin ; 1 608 h.

ESTÈVE (Maurice), peintre français (Culan 1904). La vivacité expressive du coloris s'allie dans ses toiles à la souplesse et à la complexité de structures non figuratives.

ESTHER, jeune Juive déportée à Babylone. Elle devint, d'après le livre biblique qui porte son nom (IIe s. av. J.-C.), reine des Perses et sauva les Juifs du massacre.

Esther, tragédie en 3 actes et en vers, avec chœurs, de Jean Racine, représentée pour la première fois, en 1689, par les demoiselles de Saint-Cyr.

ESTIENNE, famille d'humanistes français, imprimeurs et éditeurs. — **Robert** (Paris 1503 - Genève 1559), auteur d'un *Dictionnaire latin-français* (1538), est le père de la lexicographie française. — **Henri,** son fils (Paris 1528 ? - Lyon 1598), helléniste, auteur d'un *Thesaurus graecae linguae,* défendit l'emploi de la langue nationale dans *De la précellence du langage français* (1579).

ESTIENNE (Jean-Baptiste), général français (Condé-en-Barrois 1860 - Paris 1936). Il fut, en 1916-17, le créateur des chars d'assaut français.

ESTIENNE D'ORVES (Honoré **d'**), officier de marine français (Verrières-le-Buisson 1901 - mont Valérien 1941). Pionnier de la Résistance, il fut fusillé par les Allemands.

ESTISSAC (10190), ch.-l. de c. de l'Aube, à l'O. de Troyes ; 1 627 h. Bonneterie.

Sergueï **Essenine**

ESTONIE, en estonien **Eesti,** État d'Europe, sur la Baltique ; 45 000 km^2 ; 1 600 000 h. *(Estoniens).* CAP. *Tallinn.* LANGUE : *estonien.* MONNAIE : *couronne estonienne.*

GÉOGRAPHIE

Peuplé à 62 % d'Estoniens de souche, mais comptant une importante minorité russe (30 %), le pays est fortement urbanisé. Partiellement boisé, il juxtapose sylviculture, élevage bovin, industries extractives (schistes bitumineux) et de transformation.

HISTOIRE

D'origine finno-ougrienne, les Estoniens s'unissent contre les envahisseurs vikings (IXe s.), russes (XIe-XIIe s.), puis sont écrasés en 1217 par les Danois et les chevaliers allemands (Porte-Glaive). 1346-1561 : la région fait partie de la Confédération livonienne. 1629 : elle passe sous domination suédoise. 1721 : elle est intégrée à l'Empire russe. 1920 : la Russie soviétique reconnaît son indépendance. 1940 : conformément au pacte germano-soviétique*, l'Estonie est annexée par l'U. R. S. S. 1941-1944 : elle est occupée par les Allemands. 1944 : elle redevient une république soviétique. 1991 : l'indépendance restaurée est reconnue par la communauté internationale (sept.). 1994 : les troupes russes achèvent leur retrait du pays. 1995 : l'Estonie dépose une demande d'adhésion à l'Union européenne.

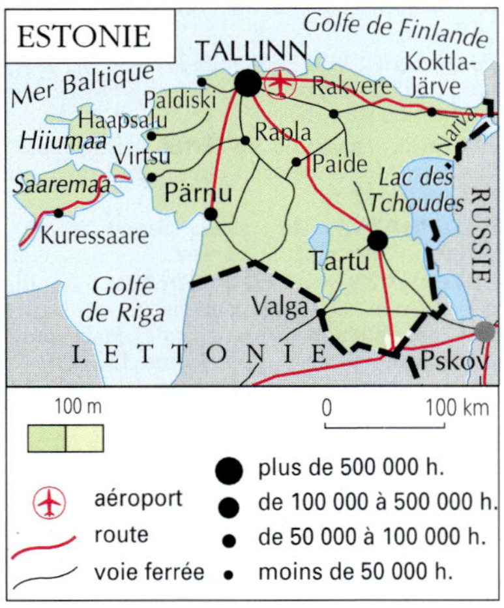

ESTRADES (Godefroi, *comte* **d'**), diplomate et maréchal de France (Agen 1607 - Paris 1686), un des négociateurs du traité de Nimègue.

ESTRÉES [ɛtre] (*maison* **d'**), famille française, qui compte parmi ses membres plusieurs maréchaux ainsi que **Gabrielle** (Cœuvres, Aisne, 1571 - Paris 1599), favorite d'Henri IV, à qui elle donna trois enfants légitimés, César et Alexandre de Vendôme et Catherine Henriette d'Elbeuf.

ESTRÉES-SAINT-DENIS [ɛstre-] (60190), ch.-l. de c. de l'Oise ; 3 584 h. *(Dionysiens).* Produits pharmaceutiques.

ESTRELA *(serra da),* chaîne de montagnes du Portugal central ; 1 991 m (point culminant du pays).

ESTRÉMADURE, en esp. **Extremadura,** en port. **Estremadura,** région de la péninsule Ibérique. L'Estrémadure espagnole, constituant une communauté autonome, comprend les actuelles prov. de Badajoz et de Cáceres (1 045 201 h. ; cap. *Mérida*). L'Estrémadure portugaise correspond partiellement aux districts de Leiria, Santarém et Lisbonne.

Est républicain (l'), quotidien régional français fondé à Nancy en 1889.

ESTRIE ou **CANTONS DE L'EST,** région du Canada (Québec), à l'E. de Montréal, limitrophe des États-Unis.

ESZTERGOM, v. de Hongrie, sur le Danube ; 29 841 h. Archevêché, siège du primat de Hongrie. Monuments et musées.

E. T. A., sigle du mouvement basque Euskadi ta Askatasuna issu en 1959 de l'aile extrémiste du mouvement nationaliste basque. Il revendique l'indépendance du Pays basque.

ÉTABLES-SUR-MER (22680), ch.-l. de c. des Côtes-d'Armor ; 2 145 h. *(Tagarins).*

établissement *(Acte d'),* loi *(Act of Settlement)* [1701] votée par le Parlement et qui assurait une succession protestante au trône d'Angleterre.

Établissements de Saint Louis, recueil de droit coutumier français (v. 1270), œuvre d'un compilateur privé qui l'a placé sous l'autorité de Louis IX. Il exerça une grande influence sur les légistes.

ÉTABLISSEMENTS FRANÇAIS DANS L'INDE, ensemble de territoires situés sur les côtes de l'Inde et formant une colonie française dont la capitale était *Pondichéry.* Formée de comptoirs et d'établissements créés entre 1668 et 1739, cette colonie fut étendue par Dupleix, dont l'œuvre fut annihilée par le traité de Paris (1763). Les cinq comptoirs que la France conserva furent rattachés à l'Union indienne : Chandernagor (en 1949), Karikal, Mahé, Pondichéry et Yanaon (en 1954).

ÉTAIN (55400), ch.-l. de c. de la Meuse ; 3 606 h. Église remontant aux XIIIe-XVe s.

ÉTAIX (Pierre), cinéaste et acteur français (Roanne 1928), clown et gagman, auteur de films qui allient le burlesque et l'émotion : *le Soupirant* (1962), *Yoyo* (1964).

ÉTAMPES (91150), ch.-l. d'arr. de l'Essonne, à l'extrémité nord-est de la Beauce ; 21 547 h. *(Étampois).* Mécanique. Églises (XIe-XVIe s.) ; anc. donjon royal, quadrilobé, du XIIe s.

ÉTAMPES (Anne **de Pisseleu,** *duchesse* **d'**) [Fontaine-Lavaganne, Oise, 1508 - Heilly, Somme, 1580], favorite de François Ier.

ÉTANG-SALÉ (L') [97427], ch.-l. de c. de la Réunion ; 8 774 h.

ÉTAPLES (62630), ch.-l. de c. du Pas-de-Calais, sur la Canche ; 11 366 h. *(Étaplois).* Port de pêche. Industrie automobile. Musée archéologique. Traité entre Charles VIII et Henri VII d'Angleterre (1492).

État et la révolution (l'), œuvre de Lénine (1918), où il expose la théorie de l'État prolétarien, qu'il oppose à l'État bourgeois et qu'il décrit comme instrument de la dictature du prolétariat, et, à ce titre, destiné à disparaître avec l'avènement du communisme.

État français, régime politique de la France (10 juill. 1940 - août 1944), établi par le maréchal Pétain et qui prit fin à la Libération.

ÉTAT LIBRE, anc. **État libre d'Orange,** prov. d'Afrique du Sud ; 129 437 km^2 ; 2 804 600 h. Ch.-l. *Bloemfontein.* Or, uranium et charbon.

ÉTATS DE L'ÉGLISE ou **ÉTATS PONTIFICAUX,** noms donnés à la partie centrale de l'Italie tant qu'elle fut sous la domination des papes (756-1870). Le noyau primitif de ces États fut le « Patrimoine de Saint-Pierre » concédé par les Lombards sous la pression de Pépin le Bref. Ils furent annexés au royaume d'Italie en 1870. Les accords du Latran (1929) ont créé le petit État du Vatican.

ÉTATS-UNIS, en angl. **United States of America** (en abrégé **USA**), État fédéral de l'Amérique du Nord, limité par le Canada et le Mexique, l'Atlantique et le Pacifique. Il groupe 50 États avec l'Alaska et les îles Hawaii, auxquels il faut joindre le district fédéral de Columbia et les territoires extérieurs : État associé de Porto Rico et divers îles ou archipels du Pacifique ; 9 364 000 km^2 (sans les territoires extérieurs) ; 258 300 000 h. *(Américains).* CAP. *Washington.* LANGUE : *anglais.* MONNAIE : *dollar.*

INSTITUTIONS

Constitution de 1787. Deux Chambres (le *Congrès*) : la *Chambre des représentants* (435 membres élus pour 2 ans) ; le *Sénat* (100 membres – 2 par État – élus pour 6 ans). Un président de la République, chef de l'État et chef du gouvernement, élu pour 4 ans par un collège de grands électeurs, issu d'élections au suffrage universel ; rééligible une fois. Un vice-président qui remplace le président en cas de décès, démission ou empêchement majeur.

GÉOGRAPHIE

Au troisième rang mondial pour la population et au quatrième pour la superficie, les États-Unis constituent, et de loin, la première puissance économique du monde.

Cette prépondérance s'appuie d'abord sur un support spatial à l'échelle d'un continent. D'E. en O. se succèdent une étroite plaine sur l'Atlantique, les hauteurs des Appalaches, le Midwest (région des Grandes Plaines, drainée en majeure partie par le Mississippi) et le système montagneux des Rocheuses. Les climats et les paysages varient considérablement : la pluviosité est plus réduite à l'O. du Mississippi, en dehors de la façade Pacifique ; le Nord (en bordure des Grands Lacs et du Canada) est beaucoup plus froid que le Sud, chaud et humide en bordure du golfe du Mexique. L'étendue contribue aussi à expliquer la richesse du sous-sol (hydrocarbures, charbons, minerais divers).

La population se caractérise par une inégale répartition, une forte urbanisation, un dynamisme démographique réduit et une relative hétérogénéité ethnique. L'Est et la région des Grands Lacs demeurent encore les régions les plus densément peuplées, malgré le rapide accroissement de la Californie et du Sud-Ouest, lié en partie à la forte mobilité de la population. Celle-ci compte 75 % de citadins : plus de 200 villes de plus de 100 000 h., une trentaine d'agglomérations (les aires métropolitaines) millionnaires parmi lesquelles émergent New York, Los Angeles et Chicago. Le taux de natalité a baissé (environ 15 ‰) et l'accroissement démographique est ralenti (0,8 % par an). Les Noirs représentent plus de 12 % du total, beaucoup plus que l'ensemble des autres minorités (Indiens, Asiatiques) ; le nombre des Hispaniques est mal connu en raison d'une notable immigration clandestine à partir du Mexique.

Les services occupent plus des deux tiers des actifs, l'industrie, moins de 30 % et l'agriculture, 3 % seulement. Mais les États-Unis se situent parmi les trois premiers producteurs mondiaux dans de nombreux domaines : pétrole, gaz, charbon et électricité (mais le secteur énergétique est cependant déficitaire en hydrocarbures) ; céréales (blé, maïs) et soja, fruits tropicaux, élevage ; cultures industrielles (coton, tabac) ; sidérurgie et métallurgie des non-ferreux (aluminium) ; construction automobile et aéronautique ; chimie et électronique. Les firmes américaines sont souvent les plus puissantes du monde et possèdent de nombreuses filiales à l'étranger.

Cependant, aujourd'hui, la concurrence est vive, le solde des échanges est négatif, le déficit budgétaire s'est creusé, ainsi que l'endettement extérieur. Les États-Unis souffrent parfois, mais surtout bénéficient de la puissance du dollar. Les fluctuations du billet vert, largement dictées par la politique américaine, se répercutent sur l'ensemble de l'économie mondiale. *(V. carte pp. 1312-1313.)*

HISTOIRE

L'époque coloniale et l'indépendance. XVIe s. : les Français s'installent au Canada, tandis que la Floride est rattachée à l'Empire espagnol. 1607-1733 : la colonisation anglaise s'effectue alors que les Français poursuivent leur expansion le long du Mississippi, fondant la Louisiane. Du fait des bouleversements politiques et religieux en Angleterre, les immigrants sont nombreux. Par fondations successives ou par annexion des territoires hollandais se créent treize colonies anglaises. Le Sud (Virginie, Maryland), dominé par une société de planteurs propriétaires de grands domaines, exploités à l'aide d'esclaves noirs, s'oppose au Nord (Nouvelle-Angleterre), bourgeois et mercantile, d'un puritanisme rigoureux. XVIIIe s. : colonies et métropole sont unies dans la lutte contre les Indiens et surtout contre la France. 1763 : à la fin de la guerre de Sept Ans, le traité de Paris écarte définitivement la menace française et ouvre l'Ouest aux colons anglais. 1763-1773 : les colonies supportent mal l'autorité de l'Angleterre et se révoltent contre les monopoles commerciaux de la métropole. 1774 : un premier congrès continental se réunit à Philadelphie. 1775 : le blocus de Boston inaugure la guerre de l'Indépendance, marquée par l'alliance avec la France. 4 juill. 1776 : le Congrès proclame l'indépendance des États-Unis. 1783 : la paix de Paris reconnaît l'existence de la République fédérée des États-Unis.

L'essor des États-Unis. 1787 : une Constitution fédérale, toujours en vigueur, est élaborée par la convention de Philadelphie. 1789-1797 : George Washington devient le premier président des États-Unis. L'application de la Constitution suscite deux tendances politiques : les *fédéralistes,* partisans d'un pouvoir central fort, et les *républicains,* soucieux de préserver les libertés locales. 1797-1801 : le fédéraliste John Adams est président. 1801-1817 : les républicains Thomas Jefferson (1801-1809) et James Madison (1809-1817) succèdent aux fédéralistes. 1803 : les États-Unis achètent la Louisiane à la France. 1812-1815 : les Américains sortent victorieux de la seconde guerre de l'Indépendance, suscitée par la Grande-Bretagne. 1817-1829 : la pratique du pouvoir par les républicains aboutit à l'atténuation des divergences avec les fédéralistes. C'est l'« ère des bons sentiments ». 1819 : la Floride est achetée aux Espagnols. 1823 : le républicain Monroe (1817-1825) réaffirme la volonté de neutralité des États-Unis et leur opposition à toute ingérence européenne dans le continent américain. 1829-1837 : l'élection à la présidence d'Andrew Jackson marque une nouvelle étape de l'évolution démocratique des institutions. 1846-1848 : à l'issue de la guerre contre le Mexique, les États-Unis annexent le Texas, le Nouveau-Mexique et la Californie. 1853-1861 : l'antagonisme entre le Sud, agricole et libre-échangiste, et le Nord, en voie d'industrialisation et protectionniste, est aggravé par le problème de l'esclavage, désavoué par le Nord. 1854 : un parti républicain, résolument anti-esclavagiste, est créé. 1860 : son candidat, Abraham Lincoln, est élu à la présidence. Les sudistes font alors sécession et se constituent en États confédérés d'Amérique. 1861-1865 : les nordistes l'emportent dans la guerre de Sécession et abolissent l'esclavage. Lincoln est assassiné.

L'ère de la prospérité. 1867-1874 : les États sudistes sont privés de leurs institutions politiques. L'égalité civique des Noirs et des Blancs leur est imposée. 1867 : l'Alaska est acheté à la Russie. 1869-1877 : Ulysses Grant devient président de l'Union. 1870-1900 : les États-Unis entrent dans « l'âge doré ». La population passe de près de 40 millions à plus de 75 millions d'habitants, tandis que le produit national brut est quadruplé. Le réseau ferré passe de 80 000 à 300 000 km exploités. 1890 : l'essor du grand capitalisme provoque par contrecoup une grave crise populiste qui contribue à former et fortifier le syndicalisme. 1898 : les États-Unis aident Cuba à accéder à l'indépendance mais lui imposent leur tutelle et annexent Guam, Porto Rico et les Philippines. 1901-1909 : le républicain Theodore Roosevelt radicalise l'action gouvernementale contre les trusts. Le Panamá naît sous la tutelle des États-Unis, qui se font céder la zone du canal (achevé en 1914). 1913-1921 : sous la présidence du démocrate Theodore W. Wilson, les États-Unis interviennent au Mexique (1914) et à Haïti (1915).

D'une guerre à l'autre. 1917 : la guerre est déclarée à l'Allemagne. 1919 : Wilson ne peut faire ratifier par le Sénat les traités de paix et l'entrée des États-Unis à la S. D. N. 1921-1932 : les présidents républicains Harding, Coolidge et Hoover se succèdent au pouvoir et renforcent le protectionnisme. L'absence de toute régulation économique conduit à la surproduction et à la spéculation, tandis que la prohibition de l'alcool (1919) favorise le gangstérisme. 1929 : le krach boursier de Wall Street (« jeudi noir ») inaugure une crise économique et sociale sans précédent. 1933-1945 : le démocrate Franklin D. Roosevelt accède à la présidence. Sa politique de *New Deal* (« Nouvelle Donne ») s'efforce de porter remède par des mesures dirigistes aux maux de l'économie américaine. 1941-1945 : les États-Unis entrent dans la Seconde Guerre mondiale et accomplissent un formidable effort économique et militaire. 1945 : ils ratifient la charte de l'O. N. U.

Les États-Unis depuis 1945. 1945-1953 : sous la présidence du démocrate Truman, les États-Unis affirment leur volonté de s'opposer à l'expansion soviétique. C'est le début de la guerre froide. 1948 : un plan d'aide économique à l'Europe (plan Marshall) est adopté. 1949 : la signature du traité de l'Atlantique Nord (O. T. A. N.) renforce l'alliance des puissances occidentales. 1950-1953 : le président Truman engage les forces américaines dans la guerre de Corée. 1953-1961 : le républicain Eisenhower pratique une politique énergique au Moyen-Orient. Après la mort de Staline (1953), une relative détente s'instaure. 1961-1969 : les démocrates Kennedy (assassiné en 1963) et Johnson s'efforcent de lutter contre la pauvreté et la ségrégation raciale. Crise de Cuba (1962). 1964 : les États-Unis interviennent directement au Viêt Nam. 1969-1974 : le républicain Richard Nixon se rapproche spectaculairement de la Chine (voyage à Pékin) et améliore ses relations avec l'U. R. S. S. (accords SALT). 1973 : il retire les troupes américaines du Viêt Nam, mais le scandale du Watergate l'oblige à démissionner. 1974-1977 : le vice-président Ford lui succède. 1977-1981 : les démocrates reviennent au pouvoir avec Jimmy Carter. 1979 : la prise d'otages à l'ambassade américaine de Téhéran souligne la faiblesse de la politique du président. 1981-1984 : le républicain Ronald Reagan redonne une allure offensive à la politique étrangère (intervention militaire à la Grenade, 1983) et commerciale des États-Unis ; il parvient à relancer l'économie américaine, ce qui lui vaut d'être triomphalement réélu (1984). 1985-86 : il renoue le dialogue avec l'U. R. S. S. (rencontres Reagan-Gorbatchev). 1987 : le scandale de l'« Irangate » (vente secrète d'armes à l'Iran) crée de profonds remous dans l'opinion. Signature à Washington par Reagan et Gorbatchev d'un accord sur le démantèlement des missiles à moyenne portée en Europe (déc.). 1989-1993 : prolongeant la ligne politique de R. Reagan, le républicain George Bush mène, à l'extérieur, une politique d'ouverture (dialogue avec l'U.R.S.S.) et de fermeté (intervention militaire au Panamá, 1989). À l'intérieur, cependant, il n'arrive pas à régler les problèmes économiques et sociaux. 1991 : les États-Unis conduisent la force multinationale qui intervient contre l'Iraq (janv.) et libère le Koweït (févr.). C'est également à leur initiative que se tient la conférence de paix sur le Proche-Orient (oct.). 1993 : le démocrate Bill Clinton devient président. 1994 : la zone de libre-échange avec le Canada et le Mexique (NAFTA) est instaurée (janv.). Les États-Unis soutiennent l'effort de paix au Proche-Orient et interviennent à Haïti (sept.) pour restaurer J.-B. Aristide. Les élections à mi-mandat (nov.) sont remportées par les républicains qui deviennent majoritaires à la Chambre des représentants et au Sénat. 1995 : les États-Unis s'emploient à faire signer l'accord de paix sur la Bosnie-Herzégovine et participent largement à la force multinationale chargée de sa mise en application.

CULTURE ET CIVILISATION

□ **BEAUX-ARTS** (XXe s.)

Quelques architectes et designers. F. L. Wright, Gropius, Mies van der Rohe, R. Neutra, R. Loewy, L. I. Kahn, Ph. Johnson, Ch. Eames, E. Saarinen, Pei I. M.

Peintres, sculpteurs. L. Feininger, E. Hopper, M. Duchamp, G. O'Keeffe, Man Ray, M. Tobey, A. Calder, M. Rothko, A. Gorky, B. Newman, W. De Kooning, D. Smith, F. Kline, J. Pollock, Motherwell, S. Francis, R. Lichtenstein, R. Rauschenberg, Kienholz, C. Oldenburg, A. Warhol, J. Johns, R. Morris, N. J. Paik, Rosenquist, F. Stella, D. Oppenheim. Voir en outre : précisionnisme, pop art, minimal (art), Fluxus, land art, conceptuel (art).

□ **LITTÉRATURE**

— Des origines à la guerre de Sécession (1865) : W. Irving, J. F. Cooper, N. Hawthorne, H. W. Longfellow, E. Poe, Mrs. Beecher-Stowe, H. Thoreau, H. Melville, W. Whitman. — De 1865 à la Première Guerre mondiale : M. Twain, F. Norris, J. London. — D'une guerre à l'autre : T. Dreiser, S. Anderson, E. O'Neill, S. Fitzgerald, W. Faulkner, Dos Passos, E. Hemingway, H. P. Lovecraft, H. Crane, D. Hammett. — L'époque contemporaine : E. Pound, J. Steinbeck, A. Miller, R. Wright, T. Capote, T. Williams, E. Caldwell, S. Bellow, R. Bradbury, J. Kerouac, W. Burroughs, N. Mailer, E. Albee, J. Updike, J. Hawkes.

□ **MUSIQUE**

XXe s. : G. Gershwin, C. Ives, A. Copland, E. Carter (polytonalité) ; J. Cage, E. Brown (avant-garde) ; Terry Riley (musique répétitive) ; L. Bernstein, C. Porter (comédie musicale) ; G. C. Menotti (opéra).

□ **CINÉMA**

— Naissance du cinéma comme art : D. W. Griffith. — L'apogée du cinéma comique muet : M. Sennett, Ch. Chaplin, B. Keaton, H. Lloyd. — Les Européens à Hollywood : E. Lubitsch, E. von Stroheim, J. von Sternberg. — Le parlant et le développement des genres : K. Vidor, C. B. De Mille, J. Ford, F. Borzage, M. Curtiz, F. Capra, L. McCarey, G. Cukor, W. Wyler. — Les années 40 et 50 : de la prospérité au maccarthysme : O. Welles, H. Hawks, R. Walsh, J. Huston, A. Hitchcock, O. Preminger, V. Minnelli, S. Donen, B. Wilder, J. Mankiewicz, E. Kazan, N. Ray, R. Aldrich, J. Dassin, S. Fuller. — La nouvelle génération : S. Kubrick, A. Penn, J. Cassavetes, S. Spielberg, W. Allen, R. Altman, F. F. Coppola, S. Peckinpah, S. Pollack, M. Scorsese.

ETCHMIADZINE, v. d'Arménie ; 45 000 h. Siège du primat de l'Église arménienne, lieu de pèlerinage.

ÉTEL (56410), comm. du Morbihan, sur la *rivière d'Étel ;* 2 577 h.

ÉTÉOCLE. *Myth. gr.* Fils d'Œdipe et de Jocaste. Il disputa Thèbes à son frère Polynice ; les deux frères s'entre-tuèrent.

ÉTHIOPIE, État de l'Afrique orientale ; 1 100 000 km^2 ; 53 700 000 h. *(Éthiopiens).* **CAP.** *Addis-Abeba.* **LANGUE** : *amharique.* **MONNAIE** : *birr.*

GÉOGRAPHIE

En dehors des plateaux de l'Est (Ogaden) et de la dépression Danakil, plus au nord, domaines de l'élevage nomade, l'Éthiopie est un pays montagneux (ce qui lui vaut de ne pas être désertique), où l'économie rurale s'étage en fonction de l'altitude. Au-dessous de 1 800 m, quelques cultures de coton, de maïs et de tabac trouent la forêt tropicale ; au-dessus de 2 500 m, les conditions climatiques n'autorisent que l'orge et l'élevage. Entre 1 800 et 2 500 m se développe la zone la plus riche : céréales, légumes, fruits, café (principal article d'exportation, devant les produits de l'élevage). Cette région concentre la majeure partie d'une population hétérogène (Abyssins [qui sont des chrétiens coptes], Somalis, Danakil et Galla [en majorité musulmans] et Noirs). Ravagée localement par la guerre civile (Tigré, Ogaden) et les sécheresses, cause de famines et d'importants mouvements de population, l'Éthiopie, tributaire de l'aide internationale, est l'un des pays les plus pauvres du monde. *(V. carte p. 1314.)*

HISTOIRE

Le royaume d'Aksoum. Ier-IXe s. apr. J.-C. : le royaume d'Aksoum, dont le chef porte le titre de « roi des rois » *(négus),* étend sa domination jusqu'au Nil Bleu, est christianisé par l'Église égyptienne (copte) [IVe s.] et connaît sa période la plus brillante au VIe s.

L'apogée médiéval et la lutte contre l'islam. Xe s. : le royaume s'effondre sous les coups de l'islam. v. 1140-1270 : une dynastie Zagoué s'établit à l'est du lac Tana, avec pour capitale Roha (actuelle Lalibela). 1270-1285 : Yekouno Amlak tente de restaurer le royaume d'Aksoum, renversant les Zagoué. XVIe s. : les Portugais découvrent le pays, l'identifient au royaume fabuleux du « Prêtre Jean » et le libèrent (1543) de l'occupation musulmane imposée par l'imam Grãñ en 1527. XVIIe-XVIIIe s. : le pays se ferme aux chrétiens occidentaux comme aux musulmans, est pénétré par des populations païennes, les Galla, et sombre bientôt dans des luttes des seigneurs féodaux, les « ras ».

L'Éthiopie contemporaine. 1855-1868 : Théodoros II brise la puissance des seigneurs et se fait proclamer « roi des rois ». 1885 : les Italiens s'installent à Massaoua. 1889-1909 : Ménélik II, « ras » du Choa, devient « roi des rois », bat les Italiens à Adoua (1896) et fait d'Addis-Abeba sa capitale. 1917 : les Européens, maîtres des côtes, imposent Tafari comme régent. 1930 : Tafari, négus depuis 1928, devient empereur (Hailé Sélassié Ier). 1931 : il promulgue une Constitution de type occidental. 1935-36 : la conquête italienne fait de l'Éthiopie, avec l'Érythrée et la Somalie, l'Afrique orientale italienne. 1941 : les troupes franco-anglaises libèrent l'Éthiopie et rétablissent le négus sur le trône. 1952 : l'Érythrée, colonie italienne depuis 1890, est fédérée à l'Éthiopie. 1962 : dans l'Érythrée annexée, la rébellion se développe. 1963 : Addis-Abeba devient siège de l'O. U. A. 1974 : des officiers réformistes renversent le négus. L'Éthiopie s'engage dans la voie d'un socialisme autoritaire. 1977 : H. M. Mengistu devient chef de l'État. Il renforce ses liens avec l'U. R. S. S. et Cuba qui le soutiennent dans le conflit érythréen et la lutte contre la Somalie à propos de l'Ogaden. 1987 : une nouvelle Constitution fait de l'Éthiopie une république populaire et démocratique, à parti unique (créé en 1984). 1988 : un accord de paix intervient *(Suite du texte p. 1314.)*

COLOMBIE
BRITANNIQUE
ALBERTA
SASKATCHEWAN
MANIT
C A N
Edmonton
Calgary
Saskatoon
Regina
Vancouver
I. Vancouver
Détroit de Juan de Fuca
C. Flattery
PARC NAT. DES MONTS OLYMPIC
Seattle
Tacoma
Olympia
WASHINGTON
Spokane
4392 Mt Rainier
2549 St Helens
Cascades
PARC NAT. DES GLACIERS
Portland
Salem
Eugene
Columbia
OREGON
Bassin Harney
Plateau de la Columbia
Blue Mts
Lewiston
Salmon River Mts
Boise
IDAHO
Idaho Falls
Snake
Missoula
Great Falls
Helena
Butte
Havre
Milk
Missouri
MONTANA
Yellowstone
Billings
PARC NAT. DU YELLOWSTONE
Minot
DAKOTA DU NORD
Bismarck
Coteau du Missouri
James R.
DAKOTA DU SUD
Pierre
Rapid City
Black Hills
Mts Big Horn
Pic Gannett 4202
WYOMING
Casper
Cheyenne
North Platte
Sand Hills
NEBRASKA
Grand Island
Platte
Fort Collins
South Platte
Denver
Colorado Springs
Pueblo
Arkansas
Mt Elbert 4399
COLORADO
Mts S. Juan
Sangre de Cristo
Front Range
Montagnes Rocheuses
KANSAS
Salina
Wichita
Eureka
C. Mendocino
Mt Shasta 4317
Sacramento
Chaîne des Cascades
Coast Ranges
CALIFORNIE
Sta Rosa
San Francisco
Oakland
San Jose
Sacramento
Stockton
Reno
Carson City
PARC NAT. DU YOSEMITE
Sierra Nevada
Grand Bassin
NEVADA
Gd. Lac Salé
Ogden
Salt Lake City
Provo
Mts Uinta
UTAH
Colorado
Salinas
Fresno
Mt Whitney 4418
VALLÉE DE LA MORT
Bakersfield
Las Vegas
Plateaux du Colorado
PARC NAT. DU GRAND CANYON
OCÉAN
PACIFIQUE
Sta Barbara
Désert Mohave
Los Angeles
Long Beach
San Bernardino
Flagstaff
ARIZONA
Los Alamos
Santa Fe
Albuquerque
Canadian R.
Oklahoma City
OKLAH
Amarillo
San Diego
Imperial Valley
Désert de Sonora
Yuma
Phoenix
Tucson
NOUVEAU-MEXIQUE
Rio Grande
Las Cruces
Llano Estacado
Wichita Falls
Lubbock
Abilene
Fort Worth
TEXAS
Ciudad Juárez
El Paso
Odessa
Colorado
Waco
PARC NAT. DU BIG BEND
Edwards Plateau
Austin
San Antonio
Corpus Christi
Laredo
Rio Grande
Péninsule de Basse-Californie
Golfe de Californie
Sierra Madre occidentale
Sierra Madre orientale
Bolsón de Mapimi
MEXIQUE
Monterrey
Culiacán
C. San Lucas
León
Guadalajara
tropique du Cancer
130°
120°
110°
100°
40°
30°
0
400 km
200
500
1000
2000 m
aéroport
route
voie ferrée
plus de 5 000 000 h.
de 1 000 000 à 5 000 000 h.
de 100 000 à 1 000 000 h.
moins de 100 000 h.
autre localité ou site
Atlanta : capitale d'État

Péninsule du Labrador
Baie James
Albany
Severn
Lac Winnipeg
C A N A D A
ONTARIO
QUÉBEC
OBA
I. Anticosti
St-Laurent
Lac St-Jean
I. DU PRINCE-ÉDOUARD
NOUVEAU-BRUNSWICK
NOUVELLE-ÉCOSSE
Halifax
St-Jean
B. de Fundy
Golfe du Maine
Winnipeg
Lac des Bois
Thunder Bay
Lac Supérieur
Québec
MAINE
Augusta
Portland
Montréal
OTTAWA
Sault-Ste-Marie
Sudbury
Grand Forks
Fargo
Duluth
MICHIGAN
MINNESOTA
WISCONSIN
St Paul
Minneapolis
Mississippi
Green Bay
Lac Michigan
L. Huron
Toronto
L. Ontario
Rochester
Buffalo
Syracuse
Mts Adirondack
NEW YORK
VT.
N.H.
Montpelier
Concord
Saratoga Springs
Albany
Boston
MASSACHUSETTS
Springfield
Hartford
Providence
R.I.
CONNECTICUT
New Haven
Sioux Falls
Milwaukee
Madison
Lansing
Flint
Grand Rapids
Detroit
L. Érie
Erie
PENNSYLVANIE
Newark
New York
N.J.
Trenton
Sioux City
IOWA
Rockford
Chicago
Cleveland
Youngstown
Harrisburg
Philadelphie
Cedar Rapids
Davenport
Toledo
Akron
Fort Wayne
Pittsburgh
Gettysburg
Omaha
Des Moines
Lincoln
Peoria
INDIANA
OHIO
Columbus
Baltimore
Dover
DELAWARE
Annapolis
ILLINOIS
Indianapolis
Dayton
Missouri
Springfield
Cincinnati
VIRGINIE OCC.
D.C.
WASHINGTON
MARYLAND
Baie de Chesapeake
Ohio
Charleston
Richmond
OCÉAN
Topeka
Kansas City
St. Louis
Louisville
Frankfort
Newport News
Norfolk
Jefferson City
Evansville
Lexington-Fayette
Appomattox
Owensboro
KENTUCKY
VIRGINIE
C. Hatteras
Plateau Ozark
MISSOURI
Springfield
Mammoth Cave
Cumberland
Greensboro
Mt. Mitchell 2037
Raleigh
Pamlico Sound
ATLANTIQUE
CAROLINE DU NORD
Fayetteville
Nashville
Knoxville
Charlotte
Tulsa
Mts Boston
TENNESSEE
Wilmington
C. Fear
Memphis
Greenville
OMA
ARKANSAS
Chattanooga
Columbia
Tennessee
Huntsville
Little Rock
Mts Ouachita
Atlanta
Augusta
CAROLINE DU SUD
Charleston
Red R.
N.H. NEW HAMPSHIRE
N.J. NEW JERSEY
R.I. RHODE ISLAND
VT. VERMONT
Birmingham
MISSISSIPPI
ALABAMA
Columbus
Savannah
Dallas
Jackson
Shreveport
Vicksburg
Montgomery
GÉORGIE
Albany
LOUISIANE
Jacksonville
Mobile
Tallahassee
Pensacola
Lafayette
Baton Rouge
La Nouvelle-Orléans
Daytona Beach
FLORIDE
Houston
Galveston
Orlando
Cape Canaveral
C. Canaveral
Tampa
St. Petersburg
Lac Okeechobee
Fort Lauderdale
Miami Beach
Miami
NASSAU
BAHAMAS
tropique du Cancer
GOLFE DU
C. Sable
Key West
MEXIQUE
Détroit de Floride
LA HAVANE
CUBA
Santiago de Cuba
Canal du Yucatán
Passage du Vent
HAÏTI
JAMAÏQUE
KINGSTON
90°
80°
70°
40°
30°
20°

entre l'Éthiopie et la Somalie. 1989-90 : le retrait des troupes cubaines et le désengagement progressif de l'U. R. S. S. affaiblissent le régime, confronté à la montée de la guerre civile. 1991 : Mengistu est contraint d'abandonner le pouvoir. Meles Zenawi, leader du Front démocratique révolutionnaire du peuple éthiopien (F.D.R.P.E.), est élu à la tête de l'État à titre intérimaire. 1993 : l'Érythrée accède à l'indépendance. 1994 : une nouvelle Constitution fait de l'Éthiopie un État fédéral (9 régions, formées sur des bases ethniques). 1995 : le F.D.R.P.E. remporte les premières élections pluralistes. M. Zenawi quitte la présidence pour devenir Premier ministre.

Éthique, nom de trois ouvrages contenus dans le *Corpus,* d'Aristote, et dans lesquels le philosophe expose ses idées morales et une doctrine du bonheur : *l'Éthique à Eudème, l'Éthique à Nicomaque,* la *Grande Éthique.*

Éthique (l'), ouvrage en latin de Spinoza, publié en 1677 et dans lequel l'auteur expose son système sous forme d'un ensemble de définitions, d'axiomes et de démonstrations. Selon lui, la connaissance que le sage peut acquérir de Dieu doit le conduire à la béatitude.

ÉTIEMBLE (René), écrivain français (Mayenne 1909). Comparatiste, critique (*Mythe de Rimbaud,* 1953), essayiste épris d'une « hygiène des lettres », il a exercé notamment sa verve de polémiste contre les anglicismes dans la langue française (*Parlez-vous franglais ?,* 1964) et s'est employé à mieux faire connaître la Chine (*l'Europe chinoise,* 1988-89).

ÉTIENNE *(saint),* diacre et premier martyr chrétien (m. à Jérusalem v. 37). Sa lapidation marqua le début d'une violente persécution contre l'Église de Jérusalem.

ÉTIENNE II *(saint)* [Rome ? - *id.* 757], pape de 752 à 757. Il reçut de Pépin le Bref l'exarchat de Ravenne, origine du pouvoir temporel des papes.

ANGLETERRE

ÉTIENNE de Blois, (v. 1097 - Douvres 1154), roi d'Angleterre (1135-1154), petit-fils de Guillaume le Conquérant. Ses faiblesses divisèrent le royaume.

HONGRIE

ÉTIENNE Ier *(saint)* [v. 970 - Esztergom 1038], duc (997-1000), puis roi de Hongrie (1000-1038). Il fit évangéliser la Hongrie et brisa la résistance des chefs de clans païens. Il reçut en l'an 1000 une couronne du pape Sylvestre II et s'allia avec Byzance contre les Bulgares.

MOLDAVIE

ÉTIENNE III le Grand (Borzeşti 1433 - Suceava 1504), prince de Moldavie (1457-1504). Il dut accepter le versement d'un tribut aux Ottomans (après 1480) et porta sa principauté à son apogée.

POLOGNE

ÉTIENNE Ier BÁTHORY (Szilágysomlyó 1533 - Grodno 1586), prince de Transylvanie (1571-1576), roi de Pologne (1576-1586). Il battit Ivan le Terrible (1581) et favorisa le développement de l'humanisme.

SERBIE

ÉTIENNE NEMANJA (Ribnica 1114 - mont Athos 1200), prince serbe (v. 1170 - v. 1196), fondateur de la dynastie des Nemanjić.

saint **Étienne Ier** de Hongrie

— **Étienne Ier Nemanjić** (m. en 1228), prince (1196-1217) puis roi de Serbie (1217-1227), second fils du précédent. Il créa l'Église serbe indépendante. — **Étienne IX Uroš IV Dušan** (1308-1355), roi (1331-1346) puis tsar (1346-1355) de Serbie. Il s'empara de la Thessalie et de l'Épire et créa le patriarcat de Peć (1346).

ÉTIENNE-MARTIN (Étienne **Martin,** dit), sculpteur français (Loriol-sur-Drôme 1913 - Paris 1995). Ses *Demeures,* en bois (souches retravaillées) ou en bronze, à la fois massives et découpées, évoquent un fond primitif de l'être et de la civilisation.

ETNA, volcan actif du nord-est de la Sicile ; 3 345 m.

l'**Etna**

ETOBICOKE, v. du Canada (Ontario), banlieue de Toronto ; 309 993 h.

Étoile *(ordres de l'),* nom donné à un grand nombre d'ordres de chevalerie ayant pris l'étoile pour insigne. L'un des plus anciens fut créé en France par Jean le Bon en 1351.

Étoile *(place de l')* → ***Charles-de-Gaulle*** *(place).*

ÉTOLIE, région de la Grèce, au nord du golfe de Corinthe. À partir du IVe s. av. J.-C., ses cités s'unirent en une *Ligue étolienne* qui mit en échec la Macédoine. Rome la vainquit en 167 av. J.-C.

ETON, v. de Grande-Bretagne, sur la Tamise ; 4 000 h. Collège fondé en 1440.

Étranger (l'), roman d'A. Camus (1942), qui illustre l'absurdité et l'inhumanité du monde moderne.

Être et le Néant (l'), ouvrage de J.-P. Sartre (1943), dans lequel il décrit l'être humain dans ses rapports avec le monde (temporalité et liberté), fondant ainsi la philosophie existentialiste.

Être et Temps, ouvrage de Heidegger (1927), dans lequel l'auteur critique la métaphysique pour lui substituer une authentique réflexion ontologique sur l'être.

ÉTRÉCHY (91580), ch.-l. de c. de l'Essonne ; 5 980 h. Église des XIIe-XIIIe s.

ÉTRÉPAGNY (27150), ch.-l. de c. de l'Eure ; 3 719 h. *(Sterpinaciens).*

ÉTRETAT (76790), comm. de la Seine-Maritime, sur la Manche ; 1 579 h. Station balnéaire. Belles falaises. Église romane et gothique.

ÉTRURIE, anc. région de l'Italie, correspondant approximativement à l'actuelle Toscane. De 1801 à 1808, il y eut un royaume d'Étrurie, créé par Bonaparte au profit du duc de Parme et qui, réuni ensuite à l'Empire français, fut transformé en grand-duché de Toscane au profit d'Élisa Bonaparte (1809-1814).

ÉTRUSQUES, peuple qui apparut à la fin du VIIIe s. av. J.-C. en Toscane et dont l'origine est controversée. Les Étrusques fondèrent de puissantes et riches cités, groupées en confédérations, gouvernées par des rois *(lucumons),* puis, vers la fin du VIe s. av. J.-C., par des magistrats annuels et collégiaux. Du VIIe au VIe s. av. J.-C., ils étendirent leur domination jusqu'à la Campanie et à la plaine du Pô et ils donnèrent à Rome sa première parure monumentale (règnes de Servius Tullius et des Tarquin). Le particularisme de chaque cité les rendit vulnérables face aux Grecs, aux Samnites, aux Gaulois et surtout aux Romains, qui, à partir du IVe s. av. J.-C., s'emparèrent de la totalité de la Toscane. La civilisation étrusque, qui survécut à ces défaites, influença profondément la religion et les institutions romaines. L'évolution artistique s'échelonne sur près de sept siècles et son apogée (610-460 av. J.-C.) correspond à la période dite archaïque, qui laisse entre autres de vastes nécropoles (Cerveteri, Chiusi, Tarqui-

nia, Volterra, etc.) aux chambres funéraires architecturées et ornées de peintures murales.

ETTERBEEK, comm. de Belgique, banlieue sud-est de Bruxelles ; 38 894 h.

Études de la nature, par Bernardin de Saint-Pierre (1784), qui veut démontrer le principe de finalité dans la nature.

ÉTUPES (25460), ch.-l. de c. du Doubs ; 3 624 h.

EU (76260), ch.-l. de c. de la Seine-Maritime, sur la Bresle ; 8 412 h. *(Eudois).* Électronique. Église gothique. Château des princes de Guise puis d'Orléans (XVIe-XVIIe s., musée Louis-Philippe) ; collège de la même époque. Forêt.

EUBÉE, île de la mer Égée (Grèce), appelée *Nègrepont* au Moyen Âge ; 165 000 h. *(Eubéens).* Dans l'Antiquité, les cités de l'Eubée (surtout Chalcis et Érétrie) fondèrent de nombreuses colonies.

EUCLIDE, mathématicien grec qui aurait vécu au IIIe s. av. J.-C. à Alexandrie. Ses *Éléments* constituent une vaste synthèse des mathématiques grecques de son époque.

EUDES ou **EUDE,** fils de Robert le Fort (v. 860 - La Fère 898), comte de Paris, puis roi de France (888-898). Il défendit Paris contre les Normands (886). Roi à la déposition de Charles le Gros, il vainquit les Normands à Montfaucon (Meuse) et, à partir de 893, combattit Charles le Simple.

EUDES (*saint* Jean) → ***Jean Eudes** (saint).*

EUDOXE de Cnide, astronome et mathématicien grec (Cnide v. 406 - 355 av. J.-C.). Il imagina un ingénieux système cosmologique (sphères homocentriques) pour rendre compte des mouvements célestes observés, au moyen d'une combinaison de mouvements circulaires uniformes, conformément aux idées de Platon.

EUDOXIE, impératrice d'Orient (m. à Constantinople en 404), femme d'Arcadius. Ambitieuse, énergique, elle fit condamner à l'exil le patriarche de Constantinople saint Jean Chrysostome.

EUDOXIE, impératrice d'Orient (Athènes-Jérusalem 460), femme de Théodose II. Elle contribua au progrès de l'hellénisme dans l'empire d'Orient.

EUGÈNE II (Rome - *id.* 827), pape de 824 à 827. Il conclut alliance avec l'empereur Louis le Pieux et réorganisa l'État pontifical. — **Eugène III** *(bienheureux)* [Bernardo **Paganelli di Montemagno**] (Pise - Tivoli 1153), pape de 1145 à 1153. Grâce à l'appui de saint Bernard, ce cistercien poursuivit l'œuvre réformatrice de Grégoire VII. — **Eugène IV** (Gabriele **Condulmer**) [Venise 1383 - Rome 1447], pape de 1431 à 1447. Au concile de Florence (1439), il réalisa l'union (toute formelle) de Rome et des Églises d'Orient.

EUGÈNE DE BEAUHARNAIS → ***Beauharnais.***

EUGÈNE DE SAVOIE-CARIGNAN, dit **le Prince Eugène,** général des armées impériales (Paris 1663 - Vienne 1736), fils d'Eugène Maurice de Savoie, comte de Soissons, et d'Olympe Mancini. Il combattit Louis XIV, fut vainqueur à Malplaquet (1709), mais battu à Denain par Villars (1712). En 1717, il enleva Belgrade aux Turcs.

EUGÉNIE (Eugenia María **de Montijo de Guzmán,** *impératrice*), impératrice des Français (Grenade 1826 - Madrid 1920). Elle épousa Napoléon III (1853) sur qui elle eut une grande influence.

Eugénie Grandet, roman de Balzac (1833). Le père Grandet asservit sa famille aux exigences de son avarice, sacrifiant même le bonheur de sa fille.

EULALIE *(sainte),* vierge martyrisée à Mérida (IIIe s.). Sa passion a fait l'objet de la *Cantilène* ou *Séquence de sainte Eulalie* (v. 880), le plus ancien poème en langue d'oïl conservé.

EULER (Leonhard), mathématicien suisse (Bâle 1707 - Saint-Pétersbourg 1783). Il est le principal artisan de l'essor de l'analyse, au XVIIIe s., qu'il réorganisa autour du concept fondamental de fonction. Il exerça sa puissance inventive dans tous les domaines de la physique mathématique.

EUMENÊS ou **EUMÈNE,** nom de deux rois de Pergame. — **Eumenês II** (197-159 av. J.-C.), allié des Romains, reçut à la paix d'Apamée (188 av. J.-C.) une partie de l'Asie Mineure.

Euménides (les) → ***Orestie.***

EUPATRIDES, membres de la classe noble en Attique. Aux VIIIe et VIIe s. av. J.-C., ils détinrent le pouvoir ; ils furent dépossédés de leurs privilèges par Solon.

EUPEN, comm. de Belgique (Liège), sur la Vesdre ; 17 161 h. Église du XVIIIe s.

EUPHRATE, fl. d'Asie, qui naît en Arménie turque, traverse la Syrie et se réunit au Tigre, en Iraq, pour former le Chaṭṭ al-'Arab ; 2 780 km.

EUPHRONIOS, peintre de vases et céramiste athénien (actif fin du VIe s. - début du Ve s. av. J.-C.), le meilleur représentant du « style sévère » à figures rouges.

EUPHROSYNE, une des trois Grâces.

EURAFRIQUE, nom donné quelquefois à l'ensemble de l'Europe et de l'Afrique.

EURASIE, nom donné quelquefois à l'ensemble de l'Europe et de l'Asie.

Euratom, abrév. de Communauté européenne de l'énergie atomique → ***Communautés européennes.***

EURE, riv. née dans le Perche, affl. de la Seine (r. g.) ; 225 km. Elle passe à Chartres.

EURE (**27**), dép. de la Région Haute-Normandie ; ch.-l. de dép. *Évreux ;* ch.-l. d'arr. *Les Andelys, Bernay ;* 3 arr., 43 cant., 676 comm. ; 6 040 km² ; 513 818 h. Le dép. est rattaché à l'académie et à la cour d'appel de Rouen, à la région militaire Atlantique. Il est formé de plaines et de plateaux calcaires, souvent crayeux, où des placages limoneux ont favorisé l'essor des cultures du blé, de la betterave à sucre et des plantes fourragères (Vexin normand, plaines du Neubourg et de Saint-André). L'élevage domine dans l'ouest (Lieuvin et Roumois, pays d'Ouche). L'industrie, en dehors de l'agroalimentaire, est surtout représentée par les constructions mécaniques et électriques, le textile. La proximité de Paris, atteint par l'autoroute, explique le récent développement économique et démographique. *(V. carte p. 1316.)*

EURE-ET-LOIR (**28**), dép. de la Région Centre ; ch.-l. de dép. *Chartres ;* ch.-l. d'arr. *Châteaudun, Dreux, Nogent-le-Rotrou ;* 4 arr., 29 cant., 403 comm. ; 5 880 km² ; 396 073 h. Le dép.

l'impératrice
Eugénie
(Winterhalter - château de Compiègne)

l'art des Étrusques

Nécropole à tumulus de Cerveteri (l'ancienne Caere), du VIIe-VIe s. av. J.-C. En Étrurie, seules les nécropoles ont bénéficié de matériaux solides. Véritables villes des morts, elles s'organisent le long des voies — ici creusées dans la roche, comme certaines tombes — à l'exemple de l'habitat des vivants.

La tombe des Taureaux (milieu du VIe s. av. J.-C.), l'une des plus anciennes de la nécropole de Tarquinia.

L'Apollon de Véies. Terre cuite polychrome (v. 510-490 av. J.-C.) provenant du temple de Portonaccio. (Musée de la Villa Giulia, Rome.)

est rattaché à l'académie d'Orléans-Tours, à la cour d'appel de Versailles et à la région militaire Atlantique. L'ouest (Thymerais, collines du Perche), humide et souvent bocager, consacré surtout à l'élevage bovin, s'oppose à l'est, constitué par la plaine dénudée de la Beauce, riche région agricole productrice de blé surtout, de betterave à sucre et de maïs. L'industrialisation, essentiellement les constructions mécaniques et électriques, stimulée par la proximité de Paris (décentralisation), rapidement atteint par la route et le rail, s'est développée, surtout dans les villes de l'est (Chartres et Dreux). Elle explique partiellement le notable accroissement démographique récent.

Eurêka, programme européen d'activités de recherche et de développement dans des secteurs technologiques de pointe élaboré en 1985 à l'initiative de la France.

EURIPE, chenal étroit entre l'île d'Eubée et la Béotie, aux courants violents.

EURIPIDE, poète tragique grec (Salamine 480 - Pella 406 av. J.-C.). Si son théâtre, marqué par les troubles de la guerre du Péloponnèse, déconcerta ses contemporains *(Alceste, Médée, Hippolyte, Andromaque, Hécube, les Suppliantes, Iphigénie en Tauride, Électre, Hélène, les Phéniciennes, les Bacchantes),* ses innovations dramatiques (importance de l'analyse psychologique, rajeunissement des mythes, indépendance des chœurs par rapport à l'action) devaient influencer profondément les écrivains classiques français.

Eurocorps, corps d'armée européen, créé en 1992, à l'initiative de la France et de l'Allemagne, et opérationnel depuis 1995.

EUROPA, îlot français de l'océan Indien, à l'O. de Madagascar.

EUROPE, une des cinq parties du monde, comprise entre l'océan Arctique au nord, l'océan Atlantique à l'ouest, la Méditerranée et ses annexes, ainsi que, traditionnellement, la chaîne du Caucase au sud, la mer Caspienne, l'Oural à l'est. L'Europe compte 10,5 millions de km² et environ 720 millions d'h. *(Européens).*
La géologie et le relief distinguent une *Europe septentrionale,* formée de vastes plaines (plaine nord-européenne) et de vieux socles (massifs calédoniens et hercyniens), souvent rajeunis (Scandinavie), d'une *Europe méridionale,* occupée par des chaînes tertiaires (Pyrénées, Alpes, Carpates), enserrant des régions basses, peu étendues (mis à part le Bassin pannonien). L'Europe appartient à la zone de climat tempéré, mais le plus ou moins grand éloignement de l'Océan surtout et la disposition des reliefs introduisent des nuances thermiques et pluviométriques permettant de distinguer une *Europe océanique* à l'ouest, une *Europe continentale* à l'est, une *Europe méditerranéenne* au sud. À chacune correspond une formation végétale (feuillus à l'ouest, conifères à l'est et dans l'extrémité nord, maquis et garrigues provenant de la dégradation de la forêt méditerranéenne au sud).
La position de l'Europe dans la zone tempérée, au centre des terres émergées de l'hémisphère boréal, sa profonde pénétration par les mers ont facilité son peuplement, expliquant son ancienneté, sa densité et sa variété. L'Europe, peuplée dès le paléolithique, groupe, sur moins de 10 % des terres émergées, presque 15 % de la population mondiale (part qui diminue toutefois rapidement en raison de la faiblesse de la natalité) mais ne possède aucune unité ethnique ou linguistique (le christianisme et les langues indo-européennes dominent toutefois largement).
Après la Seconde Guerre mondiale, l'Europe a longtemps été divisée en deux blocs idéologiquement et économiquement opposés. L'Europe occidentale, libérale, englobe la totalité des membres de la C. E. E. et de l'A. E. L. E., c'est-à-dire les pays les plus développés du continent. L'Europe orientale a regroupé les États d'économie socialiste et d'idéologie marxiste, sous la tutelle de l'U.R.S.S. À la fin des années 1980 et au début des années 1990, les régimes communistes s'effondrent : l'unification de l'Allemagne (1990) est suivie par l'indépendance restaurée des pays Baltes, la désintégration de l'Union soviétique (1991), l'éclatement de la Yougoslavie (depuis 1991) et la partition

EUROPE

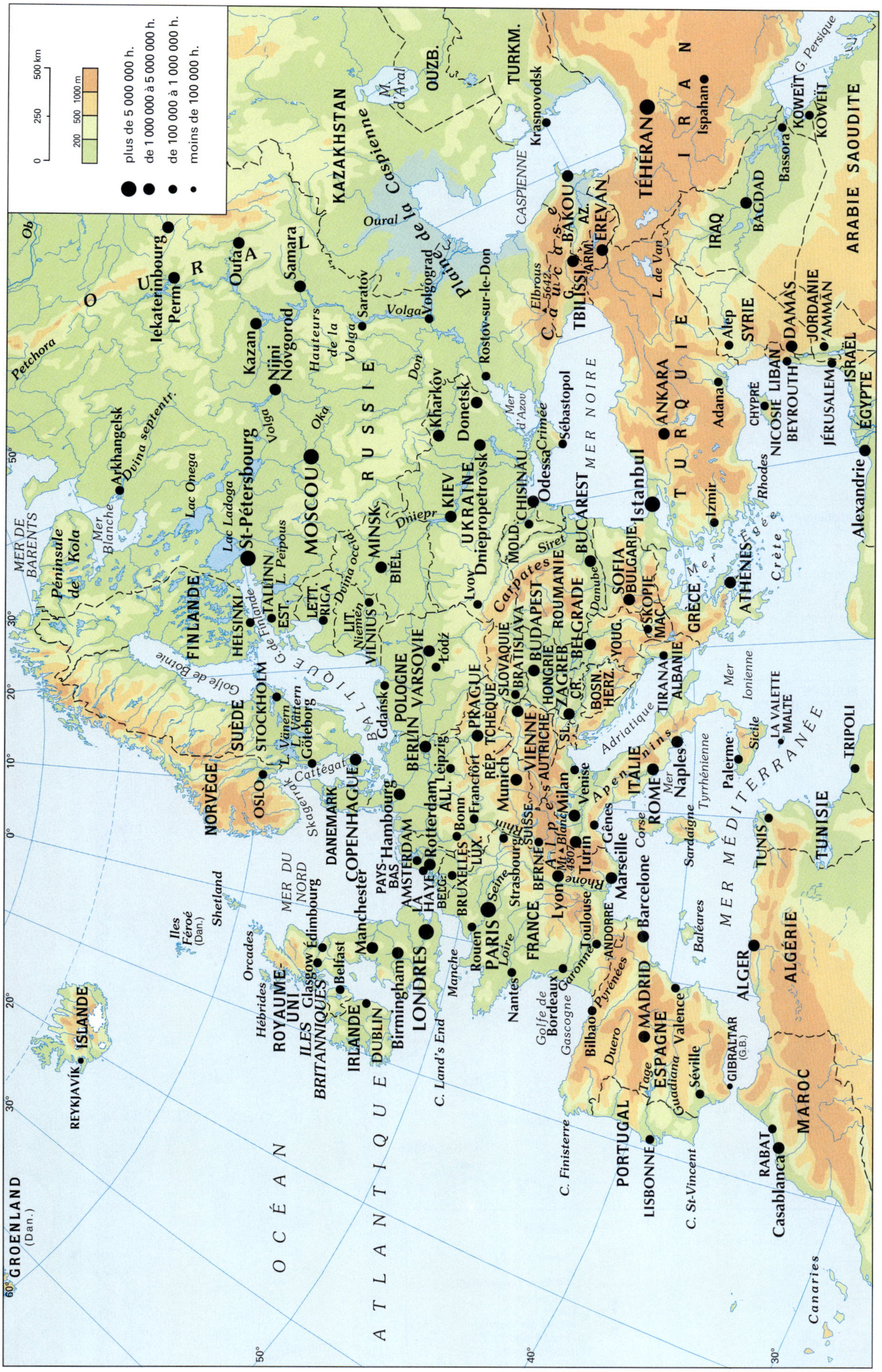

0
250
500 km
200
500
1000 m
plus de 5 000 000 h.
de 1 000 000 à 5 000 000 h.
de 100 000 à 1 000 000 h.
moins de 100 000 h.
GROENLAND
(Dan.)
REYKJAVIK
ISLANDE
Iles Féroé (Dan.)
Shetland
Orcades
Hébrides
ROYAUME-UNI
ILES BRITANNIQUES
IRLANDE
DUBLIN
Belfast
Glasgow
Edimbourg
Manchester
Birmingham
LONDRES
C. Land's End
Manche
MER DU NORD
OCÉAN ATLANTIQUE
NORVÈGE
OSLO
Skagerrak
Cattégat
SUÈDE
STOCKHOLM
Göteborg
L. Vänern
L. Vättern
DANEMARK
COPENHAGUE
FINLANDE
HELSINKI
Golfe de Botnie
G. de Finlande
BALTIQUE
Péninsule de Kola
MER DE BARENTS
Mer Blanche
Arkhangelsk
Dvina septentr.
Petchora
Lac Onega
Lac Ladoga
St-Pétersbourg
TALLINN
EST.
L. Peïpous
LETT.
RIGA
LIT.
VILNIUS
Niemen
MINSK
BIEL.
Dvina occid.
MOSCOU
Oka
Volga
Nijni Novgorod
Kazan
Perm
Iekaterinbourg
Oufa
Samara
Saratov
Volgograd
Hauteurs de la Volga
OURAL
Oural
Ob
RUSSIE
KAZAKHSTAN
Mer Caspienne
CASPIENNE
Plaine de la Caspienne
M. d'Aral
OUZB.
TURKM.
Krasnovodsk
PAYS-BAS
AMSTERDAM
Rotterdam
LA HAYE
BELG.
BRUXELLES
LUX.
Bonn
Hambourg
BERLIN
Leipzig
ALL.
Francfort
Munich
POLOGNE
VARSOVIE
Gdańsk
Łódź
PRAGUE
RÉP. TCHÈQUE
SLOVAQUIE
BRATISLAVA
VIENNE
AUTRICHE
BUDAPEST
HONGRIE
Carpates
ROUMANIE
BUCAREST
Siret
MOLD.
CHISINAU
UKRAINE
KIEV
Dniepr
Dniepropetrovsk
Lvov
Kharkov
Donetsk
Don
Rostov-sur-le-Don
Mer d'Azov
Crimée
Odessa
Sébastopol
MER NOIRE
Elbrous 5642
Caucase
TBILISSI
ARM.
EREVAN
AZ.
BAKOU
FRANCE
PARIS
Seine
Rouen
Loire
Nantes
Golfe de Gascogne
Bordeaux
Garonne
Toulouse
Lyon
Rhône
Marseille
Strasbourg
Rhin
BERNE
SUISSE
Alpes
Mt Blanc 4807
Turin
Milan
Gênes
Venise
ITALIE
Apennins
ROME
Naples
Corse
Sardaigne
Mer Tyrrhénienne
Palerme
Sicile
LA VALETTE
MALTE
Adriatique
SL.
ZAGREB
CR.
BOSN.-HERZ.
BELGRADE
YOUG.
Danube
SKOPJE
MAC.
TIRANA
ALBANIE
GRÈCE
ATHÈNES
Mer Égée
Crète
Mer Ionienne
SOFIA
BULGARIE
Istanbul
TURQUIE
ANKARA
Izmir
Adana
Rhodes
CHYPRE
NICOSIE
L. de Van
SYRIE
Alep
LIBAN
BEYROUTH
DAMAS
JORDANIE
AMMAN
ISRAËL
JÉRUSALEM
ÉGYPTE
Alexandrie
IRAQ
BAGDAD
Bassora
KOWEÏT
G. Persique
ARABIE SAOUDITE
IRAN
TÉHÉRAN
Ispahan
ESPAGNE
MADRID
Bilbao
Pyrénées
ANDORRE
Barcelone
Baléares
Valence
Duero
Tage
Guadiana
Séville
GIBRALTAR (G.B.)
PORTUGAL
LISBONNE
C. Finisterre
C. St-Vincent
MAROC
RABAT
Casablanca
Canaries
ALGÉRIE
ALGER
TUNISIE
TUNIS
TRIPOLI
MER MÉDITERRANÉE

L'EUROPE MÉDIÉVALE
FIN DU XIIe S.-DÉBUT DU XIIIe S.
ROY. DE NORVÈGE
ROY. DE SUÈDE
Stockholm
1219
Novgorod
KHĀNAT DES BULGARES
Bolgar
Pskov 1242
R. D'ÉCOSSE
IRLANDE
Dublin
MAN
ROY. DE DANEMARK
DANOIS
1223
P. DE GALLES
ROY. D'ANGLETERRE
Ordre Teutonique 1226
PRINCIPAUTÉS RUSSES
Londres
Brême
Hambourg
ROYAUME DE GERMANIE
ROY. DE POLOGNE
Cracovie
Kiev
COUMANS
Bouvines 1214
Worms
R. DE BOHÊME
MORAVIE
Gengis khān
Paris
ROY. DE FRANCE
Constance
Vienne
ROY. DE HONGRIE
3e croisade
Saintes 1242
R. DE BOURGOGNE
Legnano 1176
TRANSYLVANIE
Venise
Limites de l'Empire byzantin en 1180
R. DE LEÓN
R. D'ITALIE
Zara
GÉORGIE
R. DE PORTUGAL
R. DE NAVARRE
Toulouse
PROVENCE
Gênes
SERBIE
BULGARIE
Trébizonde
R. DE CASTILLE
R. D'ARAGON
Pise
ÉTATS DE L'ÉGLISE
Constantinople
Lisbonne
Tolède
CORSE
Rome
EMPIRE LATIN 1204-1261
Nicée
SELDJOUKIDES
Las Navas de Tolosa 1212
BALÉARES
SARDAIGNE
ROY. DE SICILE
Konya
Édesse
Grenade
Palerme
4e croisade
ALMOHADES
CHYPRE
ÉTATS LATINS DU LEVANT
CRÈTE
Acre
Hattīn 1187
1206, à Venise
Jérusalem
Le Caire
AYYŪBIDES
Batailles
0 500 km
Capétiens et Plantagenêts
Possessions d'Henri II Plantagenêt, 1154-1189
Possessions anglaises en France à la fin du règne de Philippe Auguste
Lutte du Sacerdoce et de l'Empire
Limites du Saint Empire romain germanique
Villes de la Ligue lombarde en 1167
Monde chrétien et monde musulman
Reconquête chrétienne
Conquête musulmane

L'EUROPE DU CONGRÈS DE VIENNE
R. DE NORVÈGE
Christiania
R. DE SUÈDE
Stockholm
Volga
Moscou
ROY.-UNI DE Gde-BRETAGNE ET D'IRLANDE
IRLANDE
R. DE DANEMARK
EMPIRE DE RUSSIE
HELGOLAND
Londres
R. DES PAYS-BAS
HANOVRE
R. DE PRUSSE
Berlin
R. DE POLOGNE
Varsovie
Kiev
Dniepr
Don
Rhin
SAXE
Rép. de Cracovie
Rostov
Paris
Francfort
BOHÊME
GALICIE
ROY. DE FRANCE
LUX.
EMPIRE D'AUTRICHE
BESSARABIE
Odessa
Loire
BAVIÈRE
Vienne
R. DE HONGRIE
CONFon HELVque
MOLDAVIE
CRIMÉE
Tcherkesses
TRANSYLVANIE
SAVOIE
R. LOMBARD-VÉNITIEN
Danube
VALACHIE
PIÉMONT
R. DE SARDAIGNE
Parme
Èbre
ÉTATS DE L'ÉGLISE
SERBIE
BULGARIE
ROY. DE PORTUGAL
ROYAUME D'ESPAGNE
Nice
TOSCANE
Monténégro
Istanbul
Constantinople
ARMÉNIE
Madrid
CORSE
Lisbonne
Rome
ROY. DES DEUX-SICILES
Naples
EMPIRE OTTOMAN
BALÉARES
GRÈCE
Euphrate
Gibraltar G.-B.
ÎLES IONIENNES
Athènes
Ceuta Esp.
Melilla Esp.
Alger
Tunis
Palerme
SYRIE
CHYPRE
CRÈTE
Jérusalem
ÉGYPTE
0 500 km
Acquisitions
de la Grande-Bretagne
de l'Autriche
de la Prusse
de la Russie
de la Suède
du Piémont
Confédération germanique
Traités de Paris (1814 et 1815)
Congrès de Vienne (juin 1814-juin 1815)
Frontières de 1815

NOUVELLES FRONTIÈRES
EN EUROPE
1918-1923
Oslo
Stockholm
Petrograd
NORVÈGE
Tallinn
ESTONIE
RUSSIE
SUÈDE
LETTONIE
Riga, 1921
Moscou
DANEMARK
SCHLESWIG
DU NORD
Copenhague
Klaïpeda
(Memel)
1923
LITUANIE
Kaunas
U. R. S. S.
Dantzig
Königsberg
PRUSSE
ORALE
Wilno
Minsk
Londres
PAYS-BAS
Amsterdam
Berlin
BIÉLORUSSIE
BELGIQUE
ALLEMAGNE
RUHR
Bruxelles
Eupen
Malmédy
Weimar
Varsovie
Brest-Litovsk
1918
POLOGNE
Paris
Versailles
1919
LUX.
SARRE
ALSACE-
LORRAINE
Strasbourg
Prague
TCHÉCOSLOVAQUIE
RUTHÉNIE
SUBCARPATIQUE
Kiev
UKRAINE
FRANCE
Berne
Lausanne
1923
SUISSE
Genève
Vienne
Bratislava
AUTRICHE
Trente
Budapest
HONGRIE
Cluj
ROUMANIE
BESSARABIE
Odessa
CRIMÉE
Gênes
Trieste
Fiume
ROY. DES SERBES
CROATES
ET SLOVÈNES
Belgrade
Rapallo
1920, 1922
Zara
Ital.
Lagosta
Ital.
Bucarest
BULGARIE
Sofia
ITALIE
Rome
ALBANIE
Tirana
MACÉDOINE
THRACE
Istanbul
(Constantinople)
Bosphore
Ankara
Dardanelles
TURQUIE
GRÈCE
Izmir
(Smyrne)
Athènes
Antalya
DODÉCANÈSE
Ital.
Frontières des empires, allemand, austro-hongrois et russe en 1914
Traités de paix
Frontières des États en 1923
Capitale des États
États nouveaux
Extension de la Roumanie
Territoires conquis sur la Grèce par la nouvelle Turquie 1920/22
Villes libres
0
500 km

NOUVELLES FRONTIÈRES
EN EUROPE
1945-1949
Oslo
Stockholm
Leningrad
NORVÈGE
Tallin
ESTONIE
RUSSIE
SUÈDE
LETTONIE
Riga
Moscou
DANEMARK
Copenhague
LITUANIE
Kaliningrad
Vilnious
U. R. S. S.
Gdańsk
Minsk
Londres
PAYS-BAS
Amsterdam
Berlin
Szczecin
Conférence de
Potsdam
1945
POLOGNE
BIÉLORUSSIE
BELGIQUE
RUHR
Bruxelles
Bonn
R.D.A.
Varsovie
Brest
Paris
Traités de
Paris, 1947
LUX.
SARRE
1957
Wrocław
Prague
Kiev
UKRAINE
R.F.A.
TCHÉCOSLOVAQUIE
RUTHÉNIE
SUBCARPATIQUE
BUCOVINE
FRANCE
Berne
SUISSE
Vienne
Bratislava
BESSARABIE
MOLDAVIE
AUTRICHE
Budapest
HONGRIE
Cluj
ROUMANIE
Trieste
1
Zagreb
CROATIE
Belgrade
CRIMÉE
Conférence de
Yalta, 1945
Tende
Rijeka
YOUGOSLAVIE
Bucarest
Zadar
2
SERBIE
DOBROUDJA
MÉRIDIONALE
Lastovo
3
BULGARIE
Sofia
ITALIE
Rome
ALBANIE
Tirana
4
Istanbul
Ankara
TURQUIE
GRÈCE
Athènes
1 Slovénie
2 Bosnie-Herzégovine
3 Monténégro
4 Macédoine
Frontières des États en 1947
Limites des républiques fédérées
Capitale des États
Gains territoriaux de l'U.R.S.S.
Partage de l'Allemagne
République fédérale d'Allemagne (1949)
République démocratique allemande (1949)
Division de Berlin en Berlin-Ouest et Berlin-Est
Territoires sous administration
soviétique
polonaise
de 1945 jusqu'aux traités germano-soviétique et germano-polonais
Ligne Oder-Neisse
Territoire libre de Trieste 1947-1954
0
500 km

de la Tchécoslovaquie (1993). Ainsi, une dizaine d'États nouveaux apparaissent, souvent dans un contexte de crise, qui n'épargne pas l'ouest du continent, et parfois de résurgences d'oppositions ethniques et religieuses.
(V. cartes pp. 1317 à 1319.)

EUROPE. *Myth. gr.* Mortelle aimée de Zeus. Celui-ci, métamorphosé en taureau blanc, l'enleva et la conduisit en Crète, où elle devint mère de Minos.

Europe 1 Communication, société monégasque fondée en 1949, spécialisée dans les médias, dont le principal actionnaire est Matra-Hachette. Elle a lancé en 1954 la station de radiodiffusion *Europe 1.*

EUROPOORT, avant-port de Rotterdam (Pays-Bas). Raffinage du pétrole et pétrochimie.

EUROTAS, riv. de Laconie, 80 km. Sparte fut bâtie sur ses bords.

Eurovision, organisme international chargé de coordonner les échanges de programmes de télévision entre les pays d'Europe occidentale et du Bassin méditerranéen. Son siège est à Genève.

EURYDICE. *Myth. gr.* Épouse d'Orphée.

EURYMÉDON, riv. de Pamphylie ; à son embouchure, Cimon vainquit les Perses en 468 av. J.-C. (Auj. **Köprü.**)

EURYPONTIDES ou **PROCLIDES,** dynastie de Sparte qui, avec celle des Agides, exerça le pouvoir du VIᵉ au IIIᵉ s. av. J.-C.

EURYSTHÉE, roi légendaire de Mycènes. Il imposa à Héraclès les *douze travaux* afin de se défaire de lui.

EUSÈBE de Césarée, écrivain et prélat grec (Palestine v. 265 - *id.* 340), évêque de Césarée et auteur d'une *Chronique* et d'une importante *Histoire ecclésiastique.*

EUSKALDUNAK, nom que se donnent les Basques dans leur langue.

EUSTACHE *(saint),* martyr (date indéterminée). Selon la légende, il fut converti par la rencontre d'un cerf portant entre ses bois une croix lumineuse. Patron des chasseurs.

EUSTACHE (Jean), cinéaste français (Pessac 1938 - Paris 1981). Auteur exigeant et original, refusant tout lyrisme et toute dramatisation, il a réalisé *la Rosière de Pessac* (1969 ; nouv. version 1979), *la Maman et la Putain* (1973), *Mes petites amoureuses* (1974).

EUSTACHE DE SAINT-PIERRE, bourgeois de Calais (Saint-Pierre-lès-Calais v. 1287-1371), célèbre par le dévouement qu'il témoigna à ses concitoyens lors de la reddition de cette ville au roi d'Angleterre Édouard III (1347).

EUTERPE, muse de la Musique.

EUTYCHÈS, moine byzantin (av. 378 - v. 454). Adversaire du nestorianisme, il fut condamné au concile de Chalcédoine (451).

Évadés *(médaille des),* décoration française, créée en 1926 et modifiée en 1946, pour les prisonniers de guerre évadés.

Évangiles, écrits du Nouveau Testament où sont consignés la vie et le message de Jésus. Au nombre de quatre, ils sont attribués aux saints Matthieu, Marc, Luc et Jean. Leur rédaction se situe entre 70 et 80 env. pour les trois premiers et v. l'an 100 pour le quatrième.

EVANS (*sir* Arthur John), archéologue britannique (Nash Mills 1851 - Youlbury 1941). Ses découvertes faites à Cnossos, à partir de 1900, ont révélé la civilisation minoenne.

EVANS (Oliver), ingénieur américain (Newport, Delaware, 1755 - New York 1819). Après avoir inventé le cardage mécanique de la laine et du coton (1777), il fut le pionnier des machines à vapeur à haute pression.

EVANS (Walker), photographe américain (Saint Louis 1903 - New Haven 1975). Sa vision statique et brutale de la réalité (reportages [1935-1940] sur la misère rurale aux États-Unis), son écriture précise et dépouillée, exemplaire du style documentaire, ont influencé fortement le langage photographique.

EVANS-PRITCHARD (Edward), anthropologue britannique (Crowborough, Sussex, 1902 - Oxford 1973). Ses études constituent une importante contribution à l'étude de l'organisation sociale et de la religion des peuples africains, notamment des Nuer (*Systèmes politiques africains,* 1940 ; en collab. avec Fortes).

EVANSVILLE, v. des États-Unis (Indiana), sur l'Ohio ; 126 272 h. Matériel agricole.

ÉVARISTE *(saint)* [m. en 105], pape de 97 à 105 et peut-être martyr.

ÉVAUX-LES-BAINS (23110), ch.-l. de c. de la Creuse ; 1 766 h. Station thermale.

ÈVE, nom donné par la Bible à la première femme, épouse d'Adam et mère du genre humain.

ÉVÊCHÉS (les **Trois-**) → ***Trois-Évêchés*** *(les).*

EVERE, comm. de Belgique, banlieue nord de Bruxelles ; 29 229 h.

EVEREST *(mont),* point culminant du globe (8 846 m), dans le massif de l'Himalaya, à la frontière du Népal et du Tibet. Son sommet a été atteint en 1953 par le Néo-Zélandais E. Hillary et le sherpa Tenzing Norgay.

EVERGEM, comm. de Belgique (Flandre-Orientale) ; 29 412 h.

EVERGLADES (les), région marécageuse de la Floride méridionale. Parc national.

EVERT (Chris), joueuse de tennis américaine (Fort Lauderdale, Floride, 1954), vainqueur à Roland-Garros (1974, 1975, 1979, 1980, 1983, 1985 et 1986), Wimbledon (1974, 1976 et 1981), Forest Hills et Flushing Meadow (1975 à 1978, 1980 et 1982).

ÉVHÉMÈRE, philosophe grec (v. 340 - v. 260 av. J.-C.). Selon lui, les dieux de la mythologie sont des rois d'une époque reculée divinisés par la crainte ou l'admiration des peuples. Cette explication rationaliste a donné naissance à l'*évhémérisme.*

ÉVIAN-LES-BAINS (74500), ch.-l. de c. de la Haute-Savoie, sur le lac Léman ; 7 027 h. *(Évianais).* Station thermale. Eaux minérales. Casino. Les accords signés en 1962 à Évian entre la France et le F. L. N. mirent fin à la guerre d'Algérie.

ÉVORA, v. du Portugal (Alentejo) ; 38 938 h. Temple romain du IIᵉ s., cathédrale des XIIᵉ-XIIIᵉ s. et nombreux autres monuments. Musée.

ÉVRAN (22630), ch.-l. de c. des Côtes-d'Armor ; 1 610 h.

ÉVRECY (14210), ch.-l. de c. du Calvados ; 1 134 h.

ÉVREUX (27000), ch.-l. du dép. de l'Eure, sur l'Iton, à 102 km à l'ouest de Paris ; 51 452 h. *(Ébroïciens).* Évêché. Base aérienne. Constructions électriques. Disques. Imprimerie. Produits pharmaceutiques. Cathédrale des XIIᵉ-XVIIᵉ s., ornée de beaux vitraux des XIVᵉ et XVᵉ s. Musée.

ÉVRON (53600), ch.-l. de c. de la Mayenne ; 7 174 h. Agroalimentaire. Église romane et gothique, anc. abbatiale.

ÉVRY (91000), anc. **Évry-Petit-Bourg,** ch.-l. du dép. de l'Essonne, sur la Seine, à 27 km au sud de Paris ; 45 854 h. *(Évryens).* Noyau d'une ville nouvelle. Industries électriques et mécaniques. Alimentation. Cathédrale (1995) par l'architecte suisse Mario Botta. — À l'O., hippodrome.

EVTOUCHENKO ou **IEVTOUCHENKO** (Ievgueni Aleksandrovitch), poète russe (Zima, Sibérie, 1933), interprète du désir de liberté de la jeunesse après la période stalinienne *(la Troisième Neige, Babi Iar).*

ÉWÉ ou **ÉOUÉ,** peuple du Ghana, du Togo et du Bénin.

EWING (*sir* James), physicien britannique (Dundee, Écosse, 1855 - Cambridge 1935). Il découvrit l'hystérésis magnétique (1882).

EXCIDEUIL (24160), ch.-l. de c. de la Dordogne ; 1 525 h. Vestiges d'un château féodal.

EXÉKIAS, peintre de vases et céramiste athénien, actif à la fin du VIᵉ s. av. J.-C., l'un des créateurs les plus inventifs du style attique à figures noires.

EXELMANS [-mɑ̃s] (Remy Isidore, *comte*), maréchal de France (Bar-le-Duc 1775 - Sèvres 1852). Héros de la cavalerie de l'Empire, il livra son dernier combat à Rocquencourt en 1815.

EXETER, port de Grande-Bretagne, ch.-l. du Devon ; 101 100 h. Cathédrale des XIIᵉ-XIVᵉ s.

Exode (l'), sortie d'Égypte des Hébreux sous la conduite de Moïse. Ces évènements, que les historiens situent v. 1250 av. J.-C., sont rapportés dans la Bible au livre de l'Exode.

Exodus, navire chargé de 4 500 émigrants juifs, que la marine britannique empêcha en juill. 1947 d'atteindre la côte palestinienne.

Expansion, premier groupe français de presse économique et financière, dont l'origine remonte à la création du magazine *l'Expansion* (1967) par J.-L. Servan-Schreiber et J. Boissonnat. En 1994, C.E.P. Communication prend le contrôle du groupe.

Express (l'), hebdomadaire français créé à Paris en 1953 par J.-J. Servan-Schreiber et F. Giroud.

EXTRÊME-ORIENT, ensemble des pays de l'Asie orientale (Chine, Japon, Corée, États de l'Indochine et de l'Insulinde, extrémité orientale de la Russie).

Exxon Corporation, société américaine dont les origines remontent à la création, en 1882, de la Standard Oil Company of New Jersey. Elle figure au premier rang mondial des entreprises pétrolières, mais s'est diversifiée (charbon, chimie, pétrochimie, industrie nucléaire).

EY (Henri), psychiatre et philosophe français (Banyuls-dels-Aspres 1900 - *id.* 1977). Auteur d'études de psychopathologie, il vise à rendre à la conscience une signification centrale dans la vie psychique.

EYADEMA (Étienne, dit **Gnassingbé**), homme politique togolais (Pya 1935), président de la République depuis 1967.

EYBENS (38320), ch.-l. de c. de l'Isère ; 8 051 h. Informatique.

EYGUIÈRES (13430), ch.-l. de c. des Bouches-du-Rhône ; 4 499 h.

Eylau *(bataille d')* [8 févr. 1807], bataille indécise de Napoléon Iᵉʳ contre les Russes à Eylau (auj. Bagrationovsk, près de Kaliningrad, Russie).

EYMET (24500), ch.-l. de c. de la Dordogne, sur le Dropt ; 2 815 h. Bastide du XIIIᵉ s.

EYMOUTIERS (87120), ch.-l. de c. de la Haute-Vienne, sur la Vienne ; 2 453 h. Église romane et gothique, anc. abbatiale. Musée du peintre P. Rebeyrolle.

EYRE ou **LEYRE,** fl. côtier des Landes, formé de la *Grande Leyre* et de la *Petite Leyre,* qui rejoint le bassin d'Arcachon.

EYRE *(lac),* grande lagune salée (env. 10 000 km²) du sud de l'Australie, au N. de la *péninsule d'Eyre.*

EYRE (Edward John), administrateur colonial britannique (Hornsea 1815 - près de Tavistock 1901). Il explora le désert intérieur de l'Australie (1840-41) et fut gouverneur de la Jamaïque (1864-1866).

EYSENCK (Hans Jürgen), psychologue britannique d'origine allemande (Berlin 1916). Il s'est intéressé à la pathologie de la personnalité et aux névroses.

EYSINES (33320), comm. de la Gironde ; 16 727 h. *(Eysinais).*

EYSKENS (Gaston), homme politique belge (Lier 1905 - Louvain 1988). Social-chrétien, trois fois Premier ministre entre 1949 et 1972, il s'efforça de régler les problèmes communautaires entre Wallons et Flamands.

EYZIES-DE-TAYAC-SIREUIL (Les) [24620], comm. de la Dordogne, sur la Vézère ; 858 h. Nombreuses stations préhistoriques dans la région (Laugerie-Haute, Cro-Magnon, Font-de-Gaume, etc.). Musée national de la Préhistoire.

ÉZANVILLE (95460), comm. du Val-d'Oise ; 9 205 h.

ÈZE (06360), comm. des Alpes-Maritimes ; 2 453 h. *(Ézasques).* Station balnéaire à *Èze-sur-Mer.* Village médiéval bien conservé.

ÉZÉCHIEL, prophète biblique qui exerça son ministère entre 598 et 571 av. J.-C. parmi les déportés juifs de Babylone. Il soutint l'espérance des exilés en la restauration du peuple élu.

EZRA → ***Esdras.***

F

FAAA, comm. de la Polynésie française (Tahiti) ; 21 927 h. Aéroport de Papeete.

FABERT (Abraham **de**), maréchal de France (Metz 1599 - Sedan 1662). Il dirigea le siège de Stenay (1654).

Fabian Society, association socialiste britannique fondée à Londres en 1884, qui joua un rôle notable dans la naissance du parti travailliste.

FABIEN *(saint)* [m. à Rome en 250], pape de 236 à 250. Il divisa la Rome chrétienne en sept régions et mourut victime de la persécution de Decius.

FABIOLA DE MORA Y DE ARAGÓN, reine des Belges (Madrid 1928). Elle a épousé en 1960 Baudouin Ier.

FABIUS (Laurent), homme politique français (Paris 1946). Socialiste, il est ministre de l'Industrie et de la Recherche de 1983 à 1984, Premier ministre de 1984 à 1986 et président de l'Assemblée nationale de 1988 à 1992. Il est premier secrétaire du P.S. depuis 1992.

FABIUS MAXIMUS RULLIANUS (Quintus), homme d'État romain. Cinq fois consul, il fut dictateur en 315 av. J.-C. et vainquit en 295 av. J.-C. les Samnites, les Étrusques et les Gaulois coalisés à Sentinum.

FABIUS MAXIMUS VERRUCOSUS (Quintus), dit **Cunctator** (« le Temporisateur »), homme d'État romain (v. 275-203 av. J.-C.). Cinq fois consul, il fut nommé dictateur après la défaite de Trasimène (217 av. J.-C.). Par sa tactique prudente, il arrêta un moment les progrès d'Hannibal.

FABIUS PICTOR (Quintus), un des plus anciens historiens latins (né v. 260 av. J.-C.).

Fables, de La Fontaine (douze livres : I à VI, 1668 ; VII et VIII, 1678 ; IX à XI, 1679 ; XII, 1694). Créées à partir d'un matériel connu de tous (les *Fables* d'Ésope) qui servait de thème aux écoliers et de recueil d'anecdotes morales aux orateurs, les *Fables* constituent une forme poétique originale : d'abord brefs apologues proches de la tradition (les six premiers livres avec : *la Cigale et la Fourmi, le Corbeau et le Renard, le Loup et l'Agneau, le Chêne et le Roseau,* I ; *le Lion et le Moucheron,* II ; *le Renard et le Bouc, le Meunier, son Fils et l'Âne,* III ; *l'Alouette et ses Petits,* IV ; *le Laboureur et ses Enfants, la Poule aux œufs d'or,* V ; *le Lièvre et la Tortue,* VI), le genre s'assouplit et prend de l'ampleur pour accueillir toutes les inspirations — satirique (*Un animal dans la lune,* VII, 17), pastorale (*Tircis et Amarante,* VIII, 13), élégiaque (*les Deux Pigeons,* IX, 2), politique (*le Paysan du Danube,* XI, 7) — et tous les rythmes. Le travestissement animal y joue un double rôle : moyen de mettre à distance des comportements humains et sociaux et de faire ainsi prendre mieux conscience de leurs mécanismes ; moyen d'attirer l'attention sur la sensibilité et l'intelligence des bêtes contre la thèse cartésienne des animaux-machines (*Discours à Monsieur le duc de La Rochefoucault,* X, 14 ; *les Souris et le Chat-Huant,* XI, 9).

FABRE (Ferdinand), romancier français (Bédarieux 1827 - Paris 1898), peintre de la vie cévenole *(l'Abbé Tigrane).*

FABRE (François-Xavier, *baron*), peintre français (Montpellier 1766 - *id.* 1837). Il a légué son importante collection de peintures et de dessins à sa ville natale *(musée Fabre).*

FABRE (Henri), ingénieur français (Marseille 1882 - Le Touvet 1984). Il réussit le premier vol en hydravion (28 mars 1910), sur l'étang de Berre.

FABRE (Jean Henri), entomologiste français (Saint-Léons, Aveyron, 1823 - Sérignan-du-Comtat 1915), auteur de remarquables *Souvenirs entomologiques,* qui ont conquis le grand public.

FABRE D'ÉGLANTINE (Philippe **Fabre,** dit), poète et homme politique français (Carcassonne 1750 - Paris 1794). Auteur de chansons sentimentales *(Il pleut, il pleut, bergère),* il donna leurs noms aux mois du calendrier républicain et fut guillotiné avec les dantonistes.

FABRE D'OLIVET (Antoine), poète et érudit français (Ganges 1767 - Paris 1825). Ses poèmes en langue d'oc font de lui le précurseur du félibrige.

FABRY (Charles), physicien français (Marseille 1867 - Paris 1945). Il étudia les interférences à ondes multiples, inventa un interféromètre et découvrit l'ozone de la haute atmosphère.

FACHES-THUMESNIL (59155), comm. du Nord ; 15 817 h. Textile. Alimentation.

Fachoda *(affaire de)* [1898], incident qui mit face à face à Fachoda (auj. *Kodok,* Soudan) la mission française de Marchand et l'expédition anglaise de Kitchener. Sommée d'évacuer la ville, la France s'inclina et dut reconnaître l'autorité britannique sur la totalité du bassin du Nil (1899).

FACTURE, écart de la comm. de Biganos (Gironde), dans la forêt landaise. Papeterie.

FADEÏEV (Aleksandr Aleksandrovitch), écrivain soviétique (Kimry, région de Tver, 1901 - Moscou 1956). Ses romans célèbrent la révolution soviétique *(la Défaite).*

Fades *(viaduc des),* pont-rail métallique, le plus haut viaduc de France, à 132 m au-dessus de la Sioule.

FAENZA, v. d'Italie (Émilie) ; 55 000 h. Dès le XIVe s., la ville fut un centre important de la majolique (devenue, en fr., la *faïence*). Cathédrale du XVe s. Musée international de la céramique. Pinacothèque.

FAGNES (Hautes), plateau de l'Ardenne belge, portant le point culminant du massif et de la Belgique (694 m au *signal de Botrange*).

FAHD (Riyāḍ 1923), roi d'Arabie Saoudite depuis 1982.

FAHRENHEIT (Daniel Gabriel), physicien allemand (Dantzig 1686 - La Haye 1736), inventeur d'un aréomètre et d'une graduation du thermomètre qui portent son nom.

FAIDHERBE (Louis), général français (Lille 1818 - Paris 1889). Gouverneur du Sénégal (1854-1861 et 1863-1865), il créa le port de Dakar (1857). Sa résistance à la tête de l'armée du Nord en 1870 épargna l'occupation allemande aux départements du Nord et du Pas-de-Calais.

FAIL [faj] (Noël **du**), *seigneur* **de La Hérissaye,** jurisconsulte et écrivain français (Château-Letard, près de Rennes, v. 1520 - Rennes 1591), auteur de contes *(Propos rustiques).*

FAIRBANKS (Douglas Elton **Ullman**, dit **Douglas**), acteur américain (Denver 1883 - Santa Monica 1939). Incarnation légendaire du jeune premier sportif et optimiste, il interpréta notamment *le Signe de Zorro* (1920), *Robin des Bois* (1922), *le Voleur de Bagdad* (1924).

FAIRFAX (Thomas), général anglais (Denton 1612 - Nunappleton 1671). Chef des troupes parlementaires pendant la guerre civile, il battit Charles Ier à Naseby (1645). Il favorisa ensuite la restauration de Charles II.

FAISALABAD, anc. **Lyallpur,** v. du Pakistan (Pendjab) ; 1 092 000 h. Textile.

FAISANS *(île des),* île située au milieu de la Bidassoa, où fut conclu le traité des Pyrénées (1659).

FAIZANT (Jacques), dessinateur d'humour français (Laroquebrou 1918). Ses dessins politiques font la une du *Figaro* depuis 1967.

FAKHR AL-DĪN ou **FICARDIN** (v. 1572 - Istanbul 1635), émir druze du Liban (1593-1633). Allié des Médicis, il devint avec l'aide des maronites le maître d'une grande partie du Liban. Il fut vaincu par les Ottomans (1633), qui l'exécutèrent.

FALACHAS ou **FALASHAS,** Juifs noirs d'Éthiopie, auj. établis en Israël.

FALAISE (14700), ch.-l. de c. du Calvados ; 8 387 h. *(Falaisiens).* Électroménager. Château ducal des XIe-XIIIe s. Violents combats en 1944.

FALCON (Marie Cornélie), soprano dramatique française (Paris 1814 - *id.* 1897).

FALCONET (Étienne), sculpteur et théoricien français (Paris 1716 - *id.* 1791). Il travailla pour Mme de Pompadour et fournit à la manufacture de Sèvres les modèles de nombreux petits groupes. Son œuvre majeure est la statue équestre de Pierre le Grand, qu'il alla ériger à Saint-Pétersbourg (bronze, 1767-1778).

FALÉMÉ (la), affl. du Sénégal (r. g.), séparant le Sénégal et le Mali ; 650 km env.

FALÉRIES, anc. v. d'Étrurie, sur le Tibre, à 40 km en amont de Rome. Nécropoles et ruines antiques. (Auj. **Civita Castellana.**)

FALERNE, territoire de Campanie, célèbre par son vin dans l'Italie antique.

FALIER ou **FALIERO,** famille de Venise, qui fournit à la ville trois doges : **Vitale,** doge de 1084 env. à 1096, vainqueur de Robert Guiscard ; — **Ordelafo,** doge de 1102 à 1118 ; — **Marino** (1274-1355), doge de 1354 à 1355, que les patriciens firent décapiter pour avoir conspiré contre eux ; l'histoire de celui-ci a inspiré à Byron son drame *Marino Faliero* (1821).

FALKENHAYN (Erich **von**), général allemand (Burg Belchau 1861 - Potsdam 1922). Chef de la direction suprême de l'armée de 1914 à 1916, il commanda ensuite en Roumanie (1916) puis en Palestine (1917-18).

FALKLAND *(îles),* en fr. **Malouines,** en esp. **Malvinas,** îles de l'Atlantique, au sud de l'Argentine ; 2 000 h. Occupées par l'Angleterre depuis 1832, elles sont revendiquées par l'Argentine, qui tenta en vain de s'en emparer (1982).

Falkland *(bataille navale des)* [8 déc. 1914], victoire navale anglaise sur l'escadre allemande de von Spee.

FALLA (Manuel **de**), compositeur espagnol (Cadix 1876 - Alta Gracia, Argentine, 1946), auteur de l'opéra *la Vie brève* (1905), des ballets *l'Amour sorcier* (1915) et *le Tricorne* (1917-1919), de mélodies et de pages de musique de chambre (*Concerto* pour clavecin).

FALLADA (Rudolf **Ditzen,** dit **Hans**), écrivain allemand (Greifswald 1893 - Berlin 1947), auteur de romans qui décrivent la vie des petites gens *(Paysans, bonzes et bombes).*

FALLIÈRES (Armand), homme politique français (Mézin 1841 - *id.* 1931). Il fut président de la République de 1906 à 1913.

FALLOPE (Gabriel), en ital. **Gabriele Falloppia** ou **Falloppio,** chirurgien et anatomiste italien (Modène 1523 - Padoue 1562). Il a laissé son nom à des éléments anatomiques importants (*aqueduc de Fallope,* dans l'oreille interne, *ligament de Fallope* [l'arcade crurale] et surtout la *trompe de Fallope* [trompe utérine]).

FALLOUX (Frédéric, *comte* **de**), homme politique français (Angers 1811 - *id.* 1886). Ministre de l'Instruction publique (1848-49), il élabora la loi scolaire, très favorable à l'Église, qui, votée en 1850, consacra la liberté de l'enseignement secondaire. (Acad. fr.)

Falstaff, personnage de Shakespeare. Poltron vantard et truculent, il apparaît dans *Henri IV* et *les Joyeuses Commères de Windsor.* Certains de ses traits sont empruntés au capitaine anglais de la guerre de Cent Ans John Fastolf (v. 1378-1459).

FALSTER, île danoise de la Baltique, au sud de Sjaelland. Ch.-l. *Nykøbing Falster.*

La Famille de paysans, peinture des Le Nain. (Louvre, Paris.)

FAMAGOUSTE, port de la côte est de Chypre, anc. cap. de l'île ; 39 000 h. Monuments gothiques.

FAMECK (57290), ch.-l. de c. de la Moselle ; 14 022 h.

FAMENNE (la), petite région de Belgique, entre l'Ardenne et le Condroz.

Famille *(pacte de)* [1761], traité conclu par Choiseul entre les Bourbons de France, d'Espagne, de Parme et de Naples pour résister à la puissance navale anglaise.

Famille de paysans (la), toile des Le Nain (Louvre), généralement considérée comme leur chef-d'œuvre, tant par l'économie et la sûreté des moyens que par la force poétique.

Famine *(pacte de),* nom donné à un contrat conclu en 1765 entre le gouvernement de Louis XV et des marchands de grains, chargés du ravitaillement de Paris. Il fut dénoncé par la rumeur publique comme un complot visant à affamer le peuple.

FANFANI (Amintore), homme politique italien (Pieve Santo Stefano, prov. d'Arezzo, 1908). Secrétaire général (1954-1959, 1973-1975) puis président (1976) de la Démocratie chrétienne, il fut plusieurs fois président du Conseil (1954, 1958-1963, 1982-83, 1987).

Fanfan la Tulipe, héros d'une chanson populaire, type du soldat français qui aime le vin et les femmes autant que la gloire et qui est toujours prêt à défendre les causes justes.

FANG, FAN ou **PAHOUINS,** peuple du Gabon, parlant une langue bantoue.

FANGATAUFA, atoll des Tuamotu (Polynésie française), au sud-est de Mururoa. Site de la première explosion thermonucléaire française (24 août 1968) et, de 1975 à 1996, d'explosions nucléaires souterraines.

FANGIO (Juan Manuel), coureur automobile argentin (Balcarce 1911 - Buenos Aires 1995), cinq fois champion du monde des conducteurs (1951, 1954, 1955, 1956 et 1957).

FAN KUAN ou **FAN K'OUAN,** peintre chinois (milieu du xe - début du xie s.), ascète taoïste, l'un des grands paysagistes au style sévère de l'école des Song du Nord.

FANON (Frantz), psychiatre et sociologue français (Fort-de-France 1925 - Bethesda, Maryland, 1961). Ses écrits (*les Damnés de la terre,* 1961) constituent un plaidoyer passionné contre le colonialisme.

Fantasio, comédie en prose d'Alfred de Musset (publiée en 1834 et représentée en 1866).

FANTI, peuple du Ghana, parlant une langue kwa.

FANTIN-LATOUR (Henri), peintre et lithographe français (Grenoble 1836 - Buré 1904), auteur de portraits individuels ou collectifs (*l'Atelier des Batignolles,* hommage à Manet, 1870, musée d'Orsay), de natures mortes, de tableaux de fleurs ou inspirés par la musique.

Fan Kuan : *Voyageurs sur un chemin de montagne.* Encre sur soie. (Musée de Taibei [Taiwan].)

Fantômas, personnage de bandit insaisissable créé par Marcel Allain et Pierre Souvestre (1911). Il inspira au cinéaste Louis Feuillade un film célèbre (1913-14).

FAO, sigle de Food and Agriculture Organization, en fr. **Organisation pour l'alimentation et l'agriculture,** institution spécialisée de l'O. N. U. créée en 1945, qui a pour but de mener une action internationale contre la faim et pour l'amélioration des conditions de vie. Siège : Rome.

FAOU [fu] **(Le)** [29580], ch.-l. de c. du Finistère, au fond de la rade de Brest ; 1 630 h.

FAOUËT (Le) [56320], ch.-l. de c. du Morbihan ; 2 944 h. Aux environs, chapelles St-Fiacre (jubé) et Ste-Barbe, de la fin du xve s.

FĀRĀBĪ (Abū **al-**), philosophe musulman (Wasīdj, Turkestan, v. 870 - Damas 950). Commentateur d'Aristote et de Platon, il eut Avicenne pour disciple. Il introduisit Platon et Aristote dans la philosophie de l'islam et construisit un système moniste, unissant métaphysique et politique *(Opinion des habitants de la cité vertueuse).*

FARADAY (Michael), physicien britannique (Newington, Surrey, 1791 - Hampton Court 1867). On lui doit la théorie de l'influence électrostatique, l'énoncé des lois de l'électrolyse et la découverte de l'induction électromagnétique, qui le mènera à l'invention de la dynamo. Il a réussi à liquéfier presque tous les gaz connus à son époque et a découvert le benzène ainsi que le phénomène d'électroluminescence.

FARAZDAQ (al-), poète arabe (Yamāma v. 641 - Bassora v. 728 ou 730). Représentant de la poésie des nomades d'Arabie orientale, il fut le rival de Djarīr.

FARCOT (Joseph), ingénieur français (Paris 1823 - Saint-Ouen 1908). Il contribua aux progrès des machines à vapeur et imagina le servomoteur (1868).

FARÉBERSVILLER (57450), comm. de la Moselle ; 6 870 h.

FAREL (Guillaume), réformateur français (Les Fareaux, près de Gap, 1489 - Neuchâtel 1565), propagateur de la Réforme dans la Suisse francophone, notamment à Genève (où il obtint que Calvin se fixe) et à Neuchâtel.

FARE-LES-OLIVIERS (La) [13580], comm. des Bouches-du-Rhône ; 6 111 h.

FAREMOUTIERS (77120), comm. de Seine-et-Marne ; 1 861 h. Métallurgie (aluminium).

FARET (Nicolas), écrivain français (Bourg-en-Bresse v. 1596 - Paris 1646). Il contribua à fixer les règles de la politesse mondaine et courtisane. (Acad. fr.)

FAREWELL, cap du sud du Groenland.

FARGUE (Léon-Paul), poète français (Paris 1876 - *id.* 1947), auteur du *Piéton de Paris* (1939).

FARINA (Giovanni Maria), chimiste italien (Santa Maria Maggiore, prov. de Novare, 1685 - Cologne 1766). Il s'établit à Cologne, où il fabriqua la célèbre *eau de Cologne.*

FARINELLI (Carlo **Broschi,** dit), célèbre castrat italien (Andria 1705 - Bologne 1782).

Farines *(guerre des)* [1775], troubles qui suivirent la promulgation, par Turgot, d'un édit sur la liberté de commerce des grains.

FARMAN (Henri), aviateur français (Paris 1874 - *id.* 1958). Il effectua, en 1908, le premier

Manuel de **Falla**

Michael **Faraday** (S.W. Stancase - Science Museum, Londres)

kilomètre aérien en circuit fermé et le premier vol avec passager, puis battit divers records de vitesse et d'altitude (1910). — Son frère et associé **Maurice** (Paris 1877 - *id.* 1964) créa avec lui l'entreprise de constructions aéronautiques à laquelle ils donnèrent leur nom.

FARNBOROUGH, v. de Grande-Bretagne, au sud-ouest de Londres ; 41 000 h. Exposition aéronautique bisannuelle.

FARNÈSE, famille romaine originaire des environs d'Orvieto, qui a fourni des soldats, un pape (Paul III) et des ducs de Parme et de Plaisance de 1545 à 1731.

FARNÈSE (Alexandre) → ***Alexandre Farnèse.***

FARNÈSE (Élisabeth) → ***Élisabeth Farnèse.***

Farnèse *(palais),* à Rome, palais du XVIe s., construit par Sangallo le Jeune, Michel-Ange et G. Della Porta (décors des Carrache). Il est le siège de l'ambassade de France.

Farnésine (*villa Chigi,* dite **la**), à Rome, villa construite par B. Peruzzi v. 1508, décorée par Raphaël et ses élèves et ayant appartenu aux Farnèse.

FARO, port du Portugal (Algarve) ; 31 966 h. Aéroport. Tourisme.

FARON *(mont),* sommet calcaire dominant Toulon ; 542 m. Mémorial du débarquement de 1944.

FAROUK ou **FĀRŪQ** (Le Caire 1920 - Rome 1965), roi d'Égypte (1937-1952). Fils et successeur de Fu'ād Ier, il abdiqua en 1952 après le coup d'État de Neguib et de Nasser.

FARQUHAR (George), auteur dramatique irlandais (Londonderry, Irlande, 1678 - Londres 1707), auteur de comédies *(le Stratagème des petits-maîtres).*

FARRAGUT (David), amiral américain (près de Knoxville 1801 - Portsmouth, New Hampshire, 1870). Il se distingua avec les forces nordistes et fut mis à la tête de l'escadre de l'Atlantique (1867).

FĀRS, région du sud de l'Iran. V. pr. *Chirāz.*

FAR WEST (« Ouest lointain »), nom donné aux États-Unis, pendant le XIXe s., aux territoires situés au-delà du Mississippi.

FASSBINDER (Rainer Werner), cinéaste allemand (Bad Wörishofen 1945 - Munich 1982). Il fut l'un des principaux chefs de file du renouveau du cinéma allemand : *les Larmes amères de Petra von Kant* (1972), *le Mariage de Maria Braun* (1979), *Querelle* (1982).

FASTNET, îlot de la côte sud-ouest de l'Irlande. Il a donné son nom à une grande compétition de yachting.

FATḤPŪR-SĪKRĪ, v. de l'Inde (Uttar Pradesh), à 38 km d'Āgrā. Cap. (1569-1586) d'Akbar, elle est l'une des plus parfaites réussites de l'art des Grands Moghols.

Fatḥpūr-Sīkrī : le tombeau de Salīm Tchichtī (1580-81).

FÁTIMA, v. du Portugal, au nord-est de Lisbonne ; 7 693 h. Lieu de pèlerinage, trois jeunes bergers ayant déclaré, en 1917, y avoir été les témoins de six apparitions de la Vierge.

FĀṬIMA, fille de Mahomet et de Khadīdja (La Mecque v. 616 - Médine 633). Épouse d''Alī et mère de Ḥasan et de Ḥusayn, elle est vénérée par les musulmans.

FATIMIDES, dynastie chiite ismaélienne qui régna en Afrique du Nord-Est aux Xe-XIIe s., puis en Égypte de 969 à 1171. Fondée par 'Ubayd Allāh à Kairouan (909-910), elle conquit l'Égypte (969), s'établit au Caire (973) et fut renversée par Saladin (1171)

FAUCHER (César et Constantin), connus sous le nom de **Jumeaux de La Réole** (La Réole 1760 - Bordeaux 1815). Généraux pendant les guerres de Vendée, accusés sous la Restauration d'avoir constitué un dépôt d'armes, ils furent fusillés.

FAUCIGNY, région des Préalpes drainée par l'Arve et le Giffre.

FAUCILLE *(col de la),* col du Jura entre Gex et Morez ; 1 320 m. Sports d'hiver.

Faucon maltais (le), roman de D. Hammett (1930). J. Huston en tira un film noir (1941), prototype du genre, qui imposa le personnage de H. Bogart.

FAUGA (Le) [31410], comm. de la Haute-Garonne ; 890 h. Soufflerie pour l'industrie aéronautique.

FAULKNER (William Harrison **Falkner,** dit **William**), écrivain américain (New Albany 1897 - Oxford, Mississippi, 1962), auteur de romans psychologiques et symboliques qui ont pour cadre le sud des États-Unis (*le Bruit et la Fureur,* 1929 ; *Sanctuaire,* 1931 ; *Lumière d'août,* 1932 ; *Requiem pour une nonne,* 1951). [Prix Nobel 1949.]

FAULQUEMONT [fo-] (57380), ch.-l. de c. de la Moselle ; 5 505 h. Métallurgie.

FAUNE, dieu champêtre protecteur des troupeaux, à Rome.

FAURE (Edgar), homme politique français (Béziers 1908 - Paris 1988), président du Conseil (1952 et 1955-56) et président de l'Assemblée nationale (1973-1978). [Acad. fr.]

FAURE (Élie), historien d'art et essayiste français (Sainte-Foy-la-Grande 1873 - Paris 1937), auteur d'une *Histoire de l'art* (1909-1921) et de *l'Esprit des formes* (1927).

FAURE (Félix), homme politique français (Paris 1841 - *id.* 1899). Président de la République (1895-1899), il contribua au renforcement de l'alliance franco-russe.

FAURÉ (Gabriel), compositeur français (Pamiers 1845 - Paris 1924). Maître de la mélodie (*la Bonne Chanson,* 1894) et de la musique de chambre, auteur de pièces pour piano, d'un *Requiem* (1877-1900), de *Prométhée* (1900), de l'opéra *Pénélope* (1913), son langage vaut par la subtilité de l'harmonie et l'élégance des lignes. Il fut directeur du Conservatoire (1905-1920).

Fausses Confidences (les), comédie en trois actes et en prose de Marivaux (1737).

Faust, héros de nombreuses œuvres littéraires, qui ont, à leur tour, inspiré des musiciens et des peintres. Il y aurait, à l'origine de la légende, un J. Faust, médecin et astrologue (Knittlingen, Wurtemberg, v. 1480 - Staufen v. 1540). La première version du thème parut en 1587 à Francfort-sur-le-Main : le magicien Faust vend son âme au démon Méphistophélès en échange du savoir et des biens terrestres. Marlowe puis Goethe prirent Faust comme héros dans leurs pièces.

Faust, drame de Goethe, en deux parties (1808-1832). De cette œuvre ont été tirés plusieurs opéras, notamment *la Damnation* de Faust,* de Berlioz, et *Faust,* opéra en cinq actes de Gounod, sur un livret de Michel Carré et Jules Barbier (1859, remanié en 1869).

William **Faulkner**

Gabriel **Fauré**

FAUSTIN Ier → ***Soulouque.***

FAUTE-SUR-MER (La) [85460], comm. de la Vendée ; 695 h. Station balnéaire.

FAUTRIER (Jean), peintre français (Paris 1898 - Châtenay-Malabry 1964). Artiste raffiné, il est passé d'un réalisme sombre à l'informel et au matiérisme (« Otages », 1943-1945).

FAUVILLE-EN-CAUX (76640), ch.-l. de c. de la Seine-Maritime ; 1 930 h.

Faux-Monnayeurs (les), roman d'A. Gide (1926), où l'on assiste, en marge du récit lui-même, au travail du romancier élaborant son ouvrage.

FAVART (Charles Simon), auteur dramatique français (Paris 1710 - Belleville 1792). Auteur de comédies *(la Chercheuse d'esprit),* il fut directeur de l'Opéra-Comique. — Sa femme, Justine **Duronceray** (Avignon 1727 - Paris 1772), fut une actrice et une cantatrice réputée.

FAVERGES (74210), ch.-l. de c. de la Haute-Savoie ; 6 481 h. Équipements industriels. Briquets et stylos.

Favorite *(bataille de la)* [16 janv. 1797], bataille qui se déroula près d'un palais voisin de Mantoue et au cours de laquelle Bonaparte vainquit les Autrichiens du général Provera.

FAVRE (Jules), homme politique et avocat français (Lyon 1809 - Versailles 1880). Il négocia avec Bismarck l'armistice du 28 janv. 1871 et le traité de Francfort (10 mai).

FAWCETT (Millicent Garrett), réformatrice britannique (Aldeburgh, Suffolk, 1847 - Londres 1929). Elle s'est battue pour le droit de vote des femmes britanniques (lois de 1918 et 1928).

FAWLEY, localité de Grande-Bretagne, près de Southampton. Raffinage du pétrole. Pétrochimie.

FAYA-LARGEAU, v. du nord du Tchad ; 5 000 h.

FAYDHERBE ou **FAYD'HERBE** (Luc), sculpteur et architecte flamand (Malines 1617 - *id.* 1697). Les principales sculptures de ce disciple de Rubens ornent les églises de Malines, où il a construit notamm. N.-D. d'Hanswijk.

FAYENCE (83440), ch.-l. de c. du Var ; 3 516 h.

FAYET (le) [74190], station thermale de Haute-Savoie (comm. de Saint-Gervais). Centrale hydroélectrique.

FAYL-LA-FORÊT [fei-] (52500), ch.-l. de c. de la Haute-Marne ; 1 675 h. Vannerie.

FAYOL (Henri), ingénieur français (Istanbul 1841 - Paris 1925). Il élabora une doctrine de gestion de l'entreprise mettant en valeur la fonction administrative.

FAYOLLE (Émile), maréchal de France (Le Puy 1852 - Paris 1928). Il se distingua sur la Somme et en Italie (1916-17), et commanda un groupe d'armées dans les offensives finales de 1918.

FAYOUM, prov. d'Égypte, au sud-ouest du Caire. Célèbre pour ses gisements paléontologiques et ses vestiges archéologiques : système d'irrigation, temples, etc., de la XIIe dynastie, villes ptolémaïques, et surtout nécropoles qui

Fayoum : détail du sarcophage d'Artémidoros provenant de Hawara (le visage du défunt est peint sur une plaque de bois). IIe s. apr. J.-C. (British Museum, Londres.)

ont livré de nombreux portraits funéraires (Ier-IVe s.), remplaçant l'ancien masque des momies.

FAYṢAL Ier (Riyāḍ 1906 - *id.* 1975), roi d'Arabie saoudite (1964-1975). Premier ministre (1958-1960 ; 1962-1964) durant le règne de son frère Sa'ūd, il le fit déposer en 1964. Il entreprit une politique d'assainissement financier et d'alliance islamique, et mourut assassiné.

FAYṢAL Ier (Ṭā'if, Arabie saoudite, 1883 - Berne 1933), roi d'Iraq (1921-1933). Prince hachémite, il dirigea la révolte arabe contre les Ottomans (1916). Roi de Syrie (1920), il fut expulsé par les Français et devint roi d'Iraq (1921) avec l'appui de la Grande-Bretagne. — Son petit-fils **Fayṣal II** (Bagdad 1935 - *id.* 1958), roi d'Iraq (1939-1958), fut assassiné lors de l'insurrection de 1958.

FBI (Federal Bureau of Investigation), service chargé, aux États-Unis, de la police fédérale.

F'DERICK, anc. **Fort-Gouraud,** v. de Mauritanie, dans la région de la Kedia d'Idjil ; 4 700 h. Minerai de fer. Voie ferrée vers Nouadhibou.

FEBVRE [fɛvr] (Lucien), historien français (Nancy 1878 - Saint-Amour, Jura, 1956), auteur du *Problème de l'incroyance au XVIe siècle. La Religion de Rabelais* (1942) et créateur, avec Marc Bloch, des *Annales d'histoire économique et sociale* (1929).

FÉCAMP (76400), ch.-l. de c. de la Seine-Maritime ; 21 143 h. *(Fécampois).* Port de pêche. Liqueurs. Électronique. Station balnéaire. Église de la Trinité, anc. abbatiale de la fin du XIIe s. Musées.

FECHNER (Gustav Theodor), philosophe allemand (Gross-Särchen, Lusace, 1801 - Leipzig 1887). Un des fondateurs de la psychophysique, il formula la loi dite *de Weber-Fechner,* selon laquelle « la sensation varie comme le logarithme de l'excitation ».

Federal Reserve (Fed), banque centrale des États-Unis.

Fédération de l'éducation nationale → ***F. E. N.***

Fédération nationale des syndicats d'exploitants agricoles → ***F. N. S. E. A.***

Fédération syndicale mondiale (F. S. M.), fédération de syndicats constituée en 1945. Divers syndicats s'en retirèrent en 1948 et 1949 pour constituer la *Confédération internationale des syndicats libres.*

Fédérés *(mur des),* mur du cimetière du Père-Lachaise, à Paris, devant lequel furent exécutés les derniers défenseurs de la Commune (mai 1871).

FEDINE (Konstantine Aleksandrovitch), écrivain russe (Saratov 1892 - Moscou 1977), auteur de romans sociaux et psychologiques *(Cités et Années, le Bûcher).*

FÉDOR ou **FIODOR,** nom de trois tsars de Russie. Le plus célèbre est **Fédor** ou **Fiodor Ier** (Moscou 1557 - *id.* 1598), tsar (1584-1598), fils d'Ivan IV le Terrible, dont Boris Godounov assuma la régence.

FEHLING (Hermann **von**), chimiste allemand (Lübeck 1811 - Stuttgart 1885), connu pour sa découverte du réactif des aldéhydes *(liqueur de Fehling).*

FEIGNIES (59750), comm. du Nord ; 7 310 h. Métallurgie.

FEININGER (Lyonel), peintre américain d'origine allemande (New York 1871 - *id.* 1956). Il dirigea l'atelier de gravure du Bauhaus de 1919 à 1925. Sa peinture associe schématisme aigu des formes et subtile transparence des couleurs.

FEIRA DE SANTANA, v. du Brésil (Bahia) ; 405 691 h.

FEJOS (Pál **Fejős, dit Paul**), cinéaste américain d'origine hongroise (Budapest 1897 - New York 1963), l'un des maîtres du réalisme intimiste (*Solitude,* 1928 ; *Marie, légende hongroise,* 1932).

FÉLIBIEN (André), architecte et historiographe français (Chartres 1619 - *id.* 1695), auteur d'*Entretiens sur la vie et sur les ouvrages des plus excellents peintres anciens et modernes,* conformes à la doctrine académique.

FÉLICITÉ *(sainte),* martyre africaine (m. à Carthage en 203), livrée aux bêtes en même temps que plusieurs compagnons, parmi lesquels la matrone Perpétue.

FELLETIN (23500), ch.-l. de c. de la Creuse ; 2 840 h. Centre de tapisserie de lisse depuis le début du XVe s.

FELLINI (Federico), cinéaste italien (Rimini 1920 - Rome 1993). Visionnaire et ironique, créateur de fresques baroques où s'exprime tout un univers de fantasmes et de réminiscences, il peint la solitude de l'homme face à une société en décadence : *I Vitelloni* (1953), *La Strada* (1954), *La Dolce Vita* (1960), *Huit et demi* (1963), *le Satyricon* (1969), *Roma* (1972), *Amarcord* (1973), *la Cité des femmes* (1979), *Et vogue le navire* (1983), *Ginger et Fred* (1986), *La Voce della luna* (1990).

Federico **Fellini :**
une scène du *Satyricon* (1969).

Femina *(prix),* prix fondé en 1904 et décerné en fin d'année, par un groupe de femmes de lettres, à une œuvre d'imagination.

F.E.M.I.S. (sigle de Fondation européenne des métiers de l'image et du son), établissement d'enseignement créé en 1986, situé à Paris. Recrutant sur concours, la F.E.M.I.S. – devenue, en 1991, l'Institut de formation et d'enseignement pour les métiers de l'image et du son – dispense une formation de haut niveau aux métiers du cinéma et de l'audiovisuel.

Femme 100 têtes (la), « roman-collage » surréaliste de Max Ernst (1929), suite d'env. 150 papiers collés juxtaposant de façon imprévue et suggestive des fragments de gravures en noir et blanc de livres du XIXe s., détournées de leur sens originel.

La Femme 100 têtes *ouvre sa manche auguste.* Un des papiers collés de la suite de Max Ernst (1929). [Coll. priv.]

Femmes savantes (les), comédie en cinq actes et en vers de Molière (1672). Satire des salons mondains, où les maîtresses de maison s'entichent de littérature, de sciences et de philosophie.

F. E. N. (Fédération de l'éducation nationale), organisation groupant plusieurs syndicats des personnels de l'enseignement. L'exclusion et la dissidence de plusieurs de ses syndicats donnent lieu à la création, en 1993, d'une fédération concurrente, la Fédération syndicale unitaire (F.S.U.).

FENAIN (59179), comm. du Nord ; 5 671 h.

FÉNELON (François **de Salignac de La Mothe-**), prélat et écrivain français (château de Fénelon, Périgord, 1651 - Cambrai 1715). Il écrivit pour le duc de Bourgogne, dont il fut le précepteur (1689), des *Fables* en prose, les *Dialogues des morts* (publiés en 1712) et les *Aventures de Télémaque* (1699). Cet ouvrage, plein de critiques indirectes contre la politique de Louis XIV, lui valut la disgrâce. En même temps, son *Explication des maximes des saints* (1697), favorable à la doctrine quiétiste, était condamnée par l'Église. Fénelon acheva sa vie dans son évêché de Cambrai sans interrompre sa réflexion politique *(l'Examen de conscience d'un roi)* et esthétique (*Lettre sur les occupations de l'Académie française,* 1716), qui annonce l'esprit du XVIIIe s. (Acad. fr.)

FÉNÉON (Félix), journaliste et critique français (Turin 1861 - Châtenay-Malabry 1944). Il soutint les poètes symbolistes et les peintres néo-impressionnistes.

FÉNÉTRANGE (57930), ch.-l. de c. de la Moselle ; 953 h. Souvenirs médiévaux.

Fenians → ***Fraternité républicaine irlandaise.***

FENNOSCANDIE, nom donné à l'ensemble formé par la Finlande, la Norvège et la Suède.

FENOUILLET, région aux confins des Pyrénées-Orientales et de l'Aude, au S. des Corbières.

FER *(île de),* en esp. **Hierro,** la plus occidentale des îles Canaries ; 6 000 h.

fer *(Croix de),* ordre militaire allemand, fondé par Frédéric-Guillaume III de Prusse en 1813.

EMPEREURS

FERDINAND Ier DE HABSBOURG (Alcalá de Henares 1503 - Vienne 1564), roi de Bohême et de Hongrie (1526), roi des Romains (1531), empereur germanique (1556-1564). Frère cadet de Charles Quint, qui lui confia les possessions héréditaires des Habsbourg en Autriche (1521), il lui succéda à la tête de l'Empire après son abdication (1556). — **Ferdinand II de Habsbourg** (Graz 1578 - Vienne 1637), roi de Bohême (1617) et de Hongrie (1618), empereur germanique (1619-1637), cousin et successeur de Mathias. Champion de la Réforme catholique et partisan de l'absolutisme, il mena contre les armées protestantes la guerre de Trente Ans (1618-1648). — **Ferdinand III de Habsbourg** (Graz 1608 - Vienne 1657), roi de Hongrie (1625) et de Bohême (1627), empereur germanique (1637-1657), fils de Ferdinand II, dont il poursuivit la politique. Il dut signer en 1648 les traités de Westphalie.

ARAGON

FERDINAND Ier DE ANTEQUERA (Medina del Campo 1380 - Ignalada 1416), roi d'Aragon et de Sicile (1412-1416). — **Ferdinand II le Catholique** (Sos, Saragosse, 1452 - Madrigalejo 1516), roi de Sicile (1468-1516), roi d'Aragon *(Ferdinand V)* [1479-1516], roi de Castille (1474-1504) puis de Naples (ou de Sicile péninsulaire, *Ferdinand III*) [1504-1516]. Par son mariage avec Isabelle de Castille (1469), il prépara l'unité de la Péninsule. Il expulsa les Maures de Castille, donna son appui à l'Inquisition et combattit Louis XII dans le Milanais.

AUTRICHE

FERDINAND Ier (Vienne 1793 - Prague 1875), empereur d'Autriche (1835-1848), roi de Bohême et de Hongrie (1830-1848). Il dut abdiquer lors de la révolution de 1848.

BULGARIE

FERDINAND, prince de Saxe-Cobourg-Gotha (Vienne 1861 - Cobourg 1948), prince (1887-1908), puis tsar de Bulgarie (1908-1918). À l'issue de la première guerre balkanique (1912), il attaqua les Serbes et les Grecs (1913) et fut défait. Il s'allia aux empires centraux (1915) et abdiqua en 1918.

CASTILLE ET ESPAGNE

FERDINAND Ier le Grand (m. à León en 1065), roi de Castille (1035-1065) et de León (1037-1065). Il annexa en 1054 une partie de la Navarre. — **Ferdinand III le Saint** (v. 1201 - Séville 1252), roi de Castille (1217-1252) et de León (1230-1252). Il fit faire à la Reconquista des progrès décisifs. — **Ferdinand IV** (Séville 1285 - Jaén 1312), roi de Castille et de León (1295-1312). — **Ferdinand V →** ***Ferdinand II le Catholique,*** roi d'Aragon. — **Ferdinand VI** (Madrid 1713 - Villaviciosa de Odón 1759), roi d'Espagne (1746-1759), fils de Philippe V. Il conclut le traité d'Aix-la-Chapelle (1748).

— **Ferdinand VII** (Escorial 1784 - Madrid 1833), roi d'Espagne (1808 et 1814-1833), fils de Charles IV. L'année de son avènement, il fut relégué par Napoléon au château de Valençay, mais fut rétabli en 1814. Son absolutisme rétrograde provoqua une révolution. En 1823, Louis XVIII l'aida à restaurer son pouvoir, mais les colonies d'Amérique s'émancipèrent.

FLANDRE

FERDINAND DE PORTUGAL, dit **Ferrand** (1186-1233), comte de Flandre et de Hainaut (1211-1233), fils de Sanche Ier de Portugal, époux de Jeanne de Flandre. Il prêta hommage au roi d'Angleterre et s'allia à Otton IV pour résister à Philippe Auguste. Fait prisonnier à Bouvines (1214), il ne fut relâché qu'au prix de concessions (1226).

ROUMANIE

FERDINAND Ier (Sigmaringen 1865 - Sinaia 1927), roi de Roumanie (1914-1927). Il s'allia en 1916 aux puissances de l'Entente.

SICILE

FERDINAND Ier ou **FERRANTE** (v. 1431-1494), roi de Sicile péninsulaire (1458-1494). — Son petit-fils, **Ferdinand II,** dit **Ferrandino** (Naples 1467 - *id.* 1496), roi de Sicile péninsulaire (1495-96). — **Ferdinand III,** roi de Sicile péninsulaire ⟶ ***Ferdinand II le Catholique.*** — **Ferdinand IV,** roi de Sicile péninsulaire ⟶ ***Ferdinand Ier de Bourbon.***

FERDINAND Ier DE BOURBON (Naples 1751 - *id.* 1825), roi de Sicile en 1759 *(Ferdinand III),* roi de Sicile péninsulaire en 1759 *(Ferdinand IV).* Dépouillé du royaume de Naples en 1806, il n'y fut rétabli qu'en 1815. Il réunit ses deux États en un « royaume des Deux-Siciles » et prit le nom de Ferdinand Ier (1816). — **Ferdinand II de Bourbon** (Palerme 1810 - Caserte 1859), roi des Deux-Siciles (1830-1859).

TOSCANE

FERDINAND Ier et **FERDINAND II,** grands-ducs de Toscane ⟶ ***Médicis.*** — **Ferdinand III** (Florence 1769 - *id.* 1824), grand-duc de Toscane en 1790, chassé par les Français en 1799 et en 1801, rétabli en 1814.

FERDOWSI ou **FIRDŪSĪ,** poète épique persan (près de Ṭus, Khorāsān, v. 932 - *id.* 1020), auteur de l'épopée héroïque du *Chāh-nāmè (Livre des rois).*

FÈRE (La) [02800], ch.-l. de c. de l'Aisne, au confl. de la Serre et de l'Oise ; 4 094 h. *(Laférois).* Anc. place forte. Musée (peintures ; archéologie).

FÈRE-CHAMPENOISE (51230), ch.-l. de c. de la Marne ; 2 373 h. *(Fertons).* Combats en 1814 et 1914.

FÈRE-EN-TARDENOIS (02130), ch.-l. de c. de l'Aisne, sur l'Ourcq ; 3 215 h.

FERENCZI (Sándor), médecin et psychanalyste hongrois (Miskolc 1873 - Budapest 1933). Après s'être séparé de Freud (1923), il a proposé une nouvelle thérapeutique et étendu, en rapport avec les thèses évolutionnistes, la théorie psychanalytique à la biologie.

FERGANA ou **FERGHANA** (le), région de l'Ouzbékistan, dans le bassin du Syr-Daria. Pétrole, coton, vergers. V. pr. *Fergana* (195 000 h.).

FERLAND (Albert), écrivain canadien d'expression française (Montréal 1872 - *id.* 1943), un des animateurs de l'« école du terroir » *(le Canada chanté).*

FERMAT (Pierre **de**), mathématicien français (Beaumont-de-Lomagne 1601 - Castres 1665). Précurseur dans le calcul différentiel, la géométrie analytique, la théorie des nombres et le calcul des probabilités, il est l'auteur d'une célèbre conjecture sur les nombres, ou « grand théorème de Fermat », qui n'a été démontré qu'en 1994..

FERMI (Enrico), physicien italien (Rome 1901 - Chicago 1954). Il préconisa l'emploi des neutrons pour la désintégration des atomes et construisit, en 1942, la première pile à uranium, à Chicago. Contribuant à tous les domaines de la physique fondamentale, il fut en particulier un des initiateurs de la physique des particules. (Prix Nobel 1938.)

FERNANDEL (Fernand **Contandin,** dit), acteur français (Marseille 1903 - Paris 1971). Il débuta au café-concert avant de devenir un des comiques les plus populaires de l'écran : *Angèle* (M. Pagnol, 1934), la série des *Don Camillo* (J. Duvivier, 1951-1955).

Fernandel dans le film de Marcel Pagnol *Angèle* (1934).

FERNÁNDEZ (Juan), navigateur espagnol (Carthagène 1530 - Santiago du Chili v. 1599). Il reconnut, le premier, les côtes méridionales de l'Amérique du Sud et y découvrit l'archipel qui porte aujourd'hui son nom.

FERNANDO POO ⟶ ***Bioco.***

FERNEY-VOLTAIRE (01210), ch.-l. de c. de l'Ain ; 6 437 h. Électronique. Voltaire y résida de 1759 à 1778.

FÉROÉ, en danois **Færøerne,** archipel danois, au nord de l'Écosse ; 45 000 h. Ch.-l. *Thorshavn.* Pêche. Autonome depuis 1948.

FERRANTE, roi de Sicile ⟶ ***Ferdinand Ier.***

FERRARE, v. d'Italie (Émilie), ch.-l. de prov., sur le Pô ; 137 336 h. — Cathédrale des XIIe-XVIe s., avec musée de l'Œuvre (peintures de C. Tura, sculptures, etc.) ; château d'Este, des XIVe-XVIe s. ; palais Schifanoia (fresques de F. Del Cossa et E. De'Roberti ; musée), de Ludovic le More (musée gréco-étrusque), des Diamants (pinacothèque). — Concile en 1438, transféré à Florence en 1439. Ville très brillante aux XVe et XVIe s. sous les princes d'Este, érigée en duché en 1471, Ferrare fut rattachée aux États de l'Église de 1598 à 1796.

FERRARI (Enzo), pilote et constructeur automobile italien (Modène 1898 - *id.* 1988). Son nom est lié à l'histoire du sport automobile et à la construction de voitures prestigieuses de tourisme.

FERRARI (Gaudenzio), peintre et sculpteur italien (Valduggia, Piémont, v. 1475 - Milan 1546), maniériste éclectique, auteur de fresques pleines d'invention et de fraîcheur à Varallo (prov. de Verceil), à Verceil, à Saronno (prov. de Varese).

FERRARI (Luc), compositeur français (Paris 1929). Il utilise la musique comme moyen de communication, en abolissant les frontières entre artiste et public (*Und so weiter,* 1966 ; *Cellule 75,* 1975 ; *Bonjour, comment ça va ?,* 1979).

FERRASSIE (la), grotte et abris-sous-roche de la comm. de Savignac-de-Miremont (24260 Le Bugue). Important gisement préhistorique.

FERRAT (Jean **Tenenbaum,** dit **Jean**), auteur-compositeur et interprète français (Vaucresson 1930) de chansons poétiques (*Nuit et brouillard,* 1963 ; *la Montagne,* 1966, *Que serais-je sans toi,* Aragon, 1966) et engagées (*Potemkine,* 1965).

FERRÉ, dit **le Grand Ferré,** paysan de Rivecourt (Oise) qui se distingua contre les Anglais en 1358.

FERRÉ (Léo), chanteur français (Monte-Carlo 1916 - Castellina in Chianti 1993). Il est l'auteur de chansons poétiques, tendres, amères et de tonalité anarchiste *(Jolie Môme, Graine d'ananar, Thank you Satan).*

FERRERI (Marco), cinéaste italien (Milan 1928). Ironiques et provocateurs, ses films sont autant d'allégories sur l'aliénation de l'homme moderne : *Dillinger est mort* (1969), *la Grande Bouffe* (1973), *Y'a bon les Blancs* (1987), *la Chair* (1991).

FERRET, nom de deux vallées de Suisse et d'Italie, au pied du massif du Mont-Blanc.

FERRI (Enrico), criminologue et homme politique italien (San Benedetto Po 1856 - Rome 1929), l'un des fondateurs de la criminologie moderne (*Sociologie criminelle,* 1929).

FERRIÉ (Gustave), général et savant français (Saint-Michel-de-Maurienne 1868 - Paris 1932). De 1903 à 1908, il réalisa un puissant réseau militaire de télégraphie sans fil, dont il fut l'un des plus grands spécialistes.

FERRIÈRE (Adolphe), pédagogue suisse (Genève 1879 - *id.* 1960), pionnier de l'éducation nouvelle et des méthodes actives.

FERRIÈRE-LA-GRANDE (59680), comm. du Nord ; 5 778 h. Métallurgie.

FERRIÈRES (45210), ch.-l. de c. du Loiret ; 2 973 h. Église des XIIe-XIIIe s.

FERROL (Le), port d'Espagne (Galice), sur l'Atlantique ; 83 045 h. Chantiers navals.

FERRY (Jules), avocat et homme politique français (Saint-Dié 1832 - Paris 1893). Député républicain à la fin de l'Empire (1869), membre du gouvernement de la Défense nationale et maire de Paris (1870), ministre de l'Instruction publique (1879-1883), président du Conseil (1880-81, 1883-1885), il attacha son nom à une législation scolaire : obligation, gratuité et laïcité de l'enseignement primaire. Sa politique coloniale (conquête du Tonkin) provoqua sa chute.

FERSEN (Hans Axel, *comte* **de**), maréchal suédois (Stockholm 1755 - *id.* 1810). Il séjourna longtemps à la cour de France. Très attaché à Marie-Antoinette, il aida à la fuite de la famille royale en 1791.

FERTÉ-ALAIS (La) [91590], ch.-l. de c. de l'Essonne ; 3 226 h. *(Fertois).* Église des XIe et XIIe s.

FERTÉ-BERNARD (La) [72400], ch.-l. de c. de la Sarthe ; 9 819 h. *(Fertois).* Constructions électriques. Agroalimentaire. Caoutchouc. Église des XVe-XVIe s. (vitraux).

FERTÉ-GAUCHER (La) [77320], ch.-l. de c. de Seine-et-Marne ; 3 943 h. *(Fertois).* Céramique industrielle. Église des XIIIe et XVIe s.

FERTÉ-MACÉ (La) [61600], ch.-l. de c. de l'Orne ; 7 684 h. *(Fertois).*

FERTÉ-MILON (La) [02460], comm. de l'Aisne ; 2 544 h. *(Fertois).* Restes d'un puissant château de Louis d'Orléans (fin du XIVe s.).

FERTÉ-SAINT-AUBIN (La) [45240], ch.-l. de c. du Loiret, en Sologne ; 6 437 h. Château d'époque Louis XIII.

FERTÉ-SOUS-JOUARRE (La) [77260], ch.-l. de c. de Seine-et-Marne ; 8 274 h. *(Fertois).* Armement.

FERTÖ *(lac)* ⟶ ***Neusiedl*** *(lac de).*

FÈS, v. du Maroc, anc. cap. du pays, sur l'*oued Fès,* affl. du Sebou ; 548 000 h. Centre religieux, touristique et universitaire. Artisanat dans la

Fénelon (J. Vivien - Alte Pinakothek, Munich)

Ferdinand Ier de Habsbourg (en 1524) [H. Maler - Offices, Florence]

Enrico **Fermi**

Jules **Ferry**

pittoresque médina. La ville a été fondée par les Idrisides à la charnière des VIIIe et IXe s. Nombreux monuments, dont la mosquée Qarawiyyīn (IXe-XIIe s.) et, à l'intérieur de l'enceinte percée de portes monumentales, quelques-uns des plus beaux exemples d'art hispano-mauresque (madrasa Bū 'Ināniyya, 1350-1357).

Fès : vue partielle de la cour de la mosquée Qarawiyyīn (IXe-XIIe s.).

FESCH (Joseph), prélat français (Ajaccio 1763 - Rome 1839), oncle de Napoléon Ier, archevêque de Lyon (1802), cardinal (1803), grand aumônier de l'Empire.

FESSENHEIM (68740), comm. du Haut-Rhin ; 2 012 h. Centrale hydraulique et centrale nucléaire sur le grand canal d'Alsace.

FESTINGER (Leon), psychologue américain (New York 1919). Il est l'auteur de la théorie de la dissonance* cognitive.

Fête à Saint-Cloud (la), grande toile de Fragonard (v. 1775 ?) qui orne depuis plus de deux siècles l'hôtel de Toulouse à Paris (auj. Banque de France). Évoquant les fêtes de fin d'été du domaine de Saint-Cloud, elle offre l'image lyrique d'une nature à la fois aimable et grandiose.

Fêtes galantes, recueil poétique de Verlaine (1869).

FÉTIS (François Joseph), musicologue belge (Mons 1784 - Bruxelles 1871), auteur d'une *Biographie universelle des musiciens.*

Feu (le), *journal d'une escouade,* roman d'H. Barbusse (1916) ; peinture sans concessions de la vie quotidienne des soldats pendant la Première Guerre mondiale.

FEUERBACH (Ludwig), philosophe allemand, fils de Paul Johann Anselm (Landshut 1804 - Rechenberg, près de Nuremberg, 1872). Il se détacha de l'idéalisme hégélien et développa le matérialisme à partir d'une critique de l'idée de Dieu et de la religion (*l'Essence du christianisme,* 1841).

FEUERBACH (Paul Johann Anselm **von**), juriste allemand (Hainichen, près d'Iéna, 1775 - Francfort-sur-le-Main 1833), auteur du Code pénal bavarois (1813) et de la théorie de la contrainte psychologique.

FEUILLADE (Louis), cinéaste français (Lunel 1873 - Nice 1925), l'un des maîtres du film à épisodes : *Fantômas* (1913-14), *les Vampires* (1915), *Judex* (1916).

Feuillants *(club des),* club révolutionnaire (1791-92) fréquenté par des partisans de la monarchie constitutionnelle et qui siégeait à Paris, dans l'ancien couvent des Feuillants, près des Tuileries.

FEUILLÈRE (Edwige **Cunati,** dite **Edwige**), actrice française (Vesoul 1907). Interprète de Giraudoux (*Sodome et Gomorrhe,* 1943 ; *la Folle de Chaillot,* 1975), de Claudel et de Cocteau, elle a joué également dans de nombreux films (*la Duchesse de Langeais,* de J. de Baroncelli, 1942).

Feuilles d'automne (les), recueil de poèmes de Victor Hugo (1831).

Feuilles d'herbe, recueil poétique de Walt Whitman (1855-1892).

FEUILLET (Raoul Auger), danseur et chorégraphe français (v. 1660/1675 - v. 1730), inventeur d'un système de notation des pas de danse (1700).

FEUQUIÈRES-EN-VIMEU (80210), comm. de la Somme ; 2 444 h. Métallurgie.

FEURS [fœr] (42110), ch.-l. de c. de la Loire, sur la Loire ; 7 930 h. *(Foréziens).* Anc. cap. du Forez. Métallurgie.

FÉVAL (Paul), écrivain français (Rennes 1816 - Paris 1887), auteur de mélodrames et de romans d'aventures *(le Bossu*).*

février 1848 *(journées des 22, 23 et 24),* journées qui amenèrent la chute de Louis-Philippe. (→ ***révolution française de 1848.***)

février 1934 *(le 6),* journée d'émeute provoquée par le scandale Stavisky et l'instabilité ministérielle. Son prétexte fut la mutation du préfet de police Chiappe. Elle opposa les ligues de droite et les associations d'anciens combattants aux forces de l'ordre dans une émeute sanglante (20 morts, 2 000 blessés) et amena la chute du gouvernement Daladier.

FEYDEAU (Georges), écrivain français (Paris 1862 - Rueil 1921), auteur de vaudevilles fondés sur le comique de situation *(Un fil à la patte, le Dindon, la Dame de chez Maxim, Occupe-toi d'Amélie !).*

FEYDER (Jacques **Frédérix,** dit **Jacques**), cinéaste français d'origine belge (Ixelles 1885 - Rives-de-Prangins, Suisse, 1948). L'un des précurseurs du réalisme poétique, il a réalisé notamment *le Grand Jeu* (1934) et *la Kermesse héroïque* (1935).

FEYERABEND (Paul), philosophe autrichien (Vienne 1924 - Genolier, Suisse, 1994). Il préconise une méthode d'investigation scientifique qu'il qualifie d'anarchiste, en ce sens qu'il voudrait voir séparés la recherche et le pouvoir d'État (*Contre la méthode,* 1975 ; *Adieu la Raison,* 1987).

FEYNMAN (Richard P.), physicien américain (New York 1918 - Los Angeles 1988). Prix Nobel en 1965 pour sa théorie des interactions entre électrons et photons *(électrodynamique quantique).*

FEYZIN (69320), comm. du Rhône ; 8 567 h. Raffinage du pétrole. Pétrochimie.

FEZZAN, région désertique du sud-ouest de la Libye, parsemée d'oasis (palmeraies). V. pr. *Sebha.* Conquis par les Français de Leclerc en 1941-42 et évacué par la France en 1955.

F. F. I. → ***Forces françaises de l'intérieur.***

FIACRE *(saint),* ermite scot venu en Gaule (v. 610 - v. 670). Patron des jardiniers, également invoqué pour les hémorroïdes *(mal de saint Fiacre).*

FIANARANTSOA, v. du sud-est de Madagascar ; 73 000 h.

Fiancés (les), roman historique de Manzoni (1825-1827).

Fianna Fáil, parti politique irlandais, fondé en 1926 par De Valera. Il domine, en alternance avec le Fine Gael, la vie politique depuis 1932.

Fiat, firme de constructions automobiles italienne fondée à Turin en 1899. La société, qui est la première entreprise privée italienne, produit par ailleurs des engins de travaux publics, des matériels agricoles, des machines-outils.

Fiches *(affaire des)* [1901-1904], scandale provoqué par un système d'avancement établi dans l'armée par le général André, ministre de la Guerre, et fondé sur des *fiches* relatives aux opinions politiques et religieuses des officiers (les catholiques et les conservateurs étaient dénoncés).

FICHET (Guillaume), érudit et théologien français (Le Petit-Bornand 1433 - Rome v. 1480). Il installa, à la Sorbonne, le premier atelier typographique français (v. 1470).

FICHTE (Johann Gottlieb), philosophe allemand (Rammenau, Saxe, 1762 - Berlin 1814), disciple de Kant et maître de Schelling. Son système est un idéalisme absolu dont le moi est le principe fondamental qui justifie l'existence du monde et son sens.

FICIN (Marsile), en ital. **Ficino** (Marsilio), humaniste italien (Figline Valdarno, Toscane, 1433 - Careggi, près de Florence, 1499). Il diffusa la pensée de Platon et développa un système unissant théologie et philosophie.

Fidelio, opéra de Beethoven, primitivement appelé *Léonore ou l'Amour conjugal* (1805-1814), d'après un mélodrame français de Bouilly.

FIDJI *(îles),* État de l'Océanie, formé par un archipel dont les îles principales sont Viti Levu et Vanua Levu ; 18 300 km² ; 727 000 h. *(Fidjiens).* CAP. *Suva* (sur Viti Levu). LANGUE : *anglais.* MONNAIE : *dollar fidjien.* Canne à sucre. Tourisme. Or. — Annexées par les Britanniques en 1874, les îles Fidji sont indépendantes depuis 1970 (exclues du Commonwealth après la proclamation de la république, en 1987). [V. carte ***Océanie.***]

FIELD (Cyrus West), industriel américain (Stockbridge, Massachusetts, 1819 - New York 1892). Il établit le premier câble sous-marin reliant l'Amérique à l'Europe (1858-1866).

FIELD (John), compositeur irlandais (Dublin 1782 - Moscou 1837), auteur de nocturnes pour piano.

FIELDING (Henry), écrivain britannique (Sharpham Park, Somersetshire, 1707 - Lisbonne 1754), auteur de comédies *(l'Amour sous plusieurs masques, la Tragédie de Tom Pouce le Grand)* et de romans réalistes (*Histoire de Tom Jones, enfant trouvé,* 1749).

FIELDS (John Charles), mathématicien canadien (Hamilton 1863 - Toronto 1932). Auteur de travaux sur les fonctions de la variable complexe, il a laissé son nom à la médaille Fields.

Fields *(médaille),* la plus haute récompense internationale dans le domaine des mathématiques, aussi prestigieuse que le prix Nobel, qui n'existe pas en mathématiques. Attribuée depuis 1936, elle est décernée tous les quatre ans à des mathématiciens âgés de moins de 40 ans. (V. liste des lauréats en fin de volume.)

FIELDS (William Claude **Dukinfield,** dit **W. C.**), acteur américain (Philadelphie 1879 - Pasadena 1946). Vedette de music-hall, il fut l'un des créateurs les plus inventifs du cinéma burlesque (*les Joies de la famille,* 1935 ; *Passez muscade,* 1941).

FIESCHI (Giuseppe), conspirateur corse (Murato 1790 - Paris 1836). Ayant attenté à la vie de Louis-Philippe au moyen d'une machine infernale (1835), il fut exécuté.

FIESOLE, v. d'Italie (Toscane) ; 15 056 h. Vestiges étrusques et romains. Cathédrale romane et autres monuments.

FIESQUE, en ital. **Fieschi,** famille guelfe de Gênes, qui fournit notamment deux papes, **Innocent IV** et **Adrien V.** — Un de ses membres, **Gian Luigi** (Gênes v. 1522 - *id.* 1547), conspira contre Andrea Doria (1547). Cette conjuration, racontée par le cardinal de Retz, inspira un drame à Schiller (1783).

FIGARI (20114), ch.-l. de c. de la Corse-du-Sud ; 926 h. Aéroport.

Figaro, personnage du *Barbier de Séville,* du *Mariage de Figaro* et de *la Mère coupable,* de Beaumarchais. Barbier passé au service du comte Almaviva, il est spirituel et intrigant, grand frondeur des abus de l'Ancien Régime. Il symbolisa le tiers état luttant contre les privilèges de la noblesse.

Figaro (le), hebdomadaire satirique fondé en 1854 par H. de Villemessant, qui devient en

Richard P. **Feynman**

1866 un quotidien d'informations. Il cesse sa publication en 1942 et reparaît en 1944 avec P. Brisson comme directeur jusqu'en 1964. Le journal est racheté en 1975 par R. Hersant ; il est couplé avec *l'Aurore* depuis 1980.

FIGEAC (46100), ch.-l. d'arr. du Lot, sur le Célé ; 10 380 h. *(Figeacois).* Industrie aéronautique. Hôtel de la Monnaie, du XIIIe s. (musée).

FIGL (Leopold), homme politique autrichien (Rust 1902 - Vienne 1965). Il fut chancelier de la République autrichienne de 1945 à 1953.

FIGUIG, oasis du Sahara marocain.

FILARETE (Antonio **Averlino,** dit **il**), en fr. **le Filarète,** architecte et bronzier italien (Florence v. 1400 - v. 1469). Auteur d'une porte de bronze pour St-Pierre de Rome et des plans de l'hôpital Majeur de Milan, il a composé un *Traité d'architecture* comprenant les projets d'une cité idéale, la « Sforzinda ».

FILITOSA, site archéologique de la Corse, dans la vallée du Taravo. Statues-menhirs témoins d'une culture mégalithique* qui s'y est développée à partir du IIIe millénaire.

FILLASTRE (Guillaume), prélat et humaniste français (La Suze-sur-Sarthe v. 1348 - Rome 1428). Cardinal et archevêque, il siégea aux conciles de Pise et de Constance.

FILLIOZAT (Jean), indianiste et médecin français (Paris 1906 - *id.* 1982). Il est à l'origine d'un renouveau de nos connaissances sur la civilisation indienne.

Fils ingrat (le), toile de Greuze (1777, Louvre), qui compose avec son pendant, *le Fils puni (ibid.),* l'ensemble appelé « la Malédiction paternelle ». Exemple de « peinture morale » atteignant au sublime dans le pathétique, selon les critères d'un Diderot.

Fils naturel (le), drame de Diderot, publié en 1757, représenté en 1771, prototype du « drame bourgeois ».

Findel, aéroport de la ville de Luxembourg.

Fine Gael (« Nation gaélique »), parti politique irlandais fondé en 1933 par W. T. Cosgrave. Il dirige, en alternance avec le Fianna Fáil, des gouvernements de coalition à partir de 1948.

FINIGUERRA (Maso), orfèvre, nielleur et dessinateur italien (Florence v. 1426 - *id.* 1464). Il a parfois tiré de ses nielles des sortes d'estampages, ce pour quoi Vasari lui attribua, à tort, l'invention de la gravure en taille-douce.

FINISTÈRE (**29**), dép. de la Région Bretagne ; ch.-l. de dép. *Quimper ;* ch.-l. d'arr. *Brest, Châteaulin, Morlaix ;* 4 arr., 54 cant., 283 comm. ; 6 733 km² ; 838 687 h. *(Finistériens).* Le dép. est rattaché à l'académie et à la cour d'appel de Rennes, à la région militaire Atlantique. Deux lignes de hauteurs (monts d'Arrée et Montagne Noire) encadrent le bassin de Châteaulin (polyculture, élevage des bovins, porcs, volailles) et dominent le promontoire du Léon, qui porte de riches cultures de primeurs, et la Cornouaille, où l'élevage (bovins et porcs) est associé aux cultures et aux vergers (pommiers). La pêche est active d'Audierne à Concarneau et le tourisme important sur l'ensemble de la côte. L'industrie (en dehors de l'agroalimentaire, diffus) est surtout représentée à Brest.

FINISTERRE *(cap),* promontoire situé à l'extrémité nord-ouest de l'Espagne.

FINLANDE, en finnois **Suomi,** État de l'Europe du Nord, sur la Baltique ; 338 000 km² ; 5 100 000 h. *(Finlandais).* CAP. *Helsinki.* LANGUES : *finnois* et *suédois.* MONNAIE : *markka.*

INSTITUTIONS

République depuis 1917. Constitution de 1919. Président de la République élu pour 6 ans. Une *Assemblée* élue pour 4 ans.

GÉOGRAPHIE

La Finlande est un vaste plateau de roches anciennes, parsemé de dépôts morainiques et troué de milliers de lacs. En dehors du Nord, domaine de la toundra, le pays est couvert par la forêt de conifères, dont l'exploitation (scieries, pâte à papier, papier) constitue sa principale ressource. Les cultures (orge, pomme de terre) et l'élevage (bovins pour le lait et le beurre) sont développés dans le Sud, au climat plus clément. L'électricité, d'origine hydraulique et nucléaire, fournit de l'énergie aux industries métallurgiques, textiles et chimiques.

HISTOIRE

La période suédoise. Ier s. av.-Ier s. apr. J.-C. : les Finnois occupent progressivement le sol finlandais. 1157 : le roi de Suède Erik IX organise une croisade contre la Finlande. 1249 : Birger Jarl enracine la domination suédoise par un système de forteresses. 1323 : la Russie reconnaît la Finlande à la Suède, qui en fait un duché (1353). XVIe s. : la réforme luthérienne s'établit en Finlande. 1550 : Gustave Vasa fonde Helsinki et donne le duché à son fils Jean qui en fait un grand-duché (1581). Les guerres reprennent entre la Suède et la Russie. 1595 : la paix de Täyssinä fixe les frontières orientales de la Finlande. 1710-1721 : les armées de Pierre le Grand ravagent le pays, qui perd la Carélie à la paix de Nystad (1721).

La période russe. 1809 : la Finlande devient un grand-duché de l'Empire russe, doté d'une certaine autonomie. Sous le règne d'Alexandre III, la russification s'intensifie, tandis que se développe la résistance nationale. 1904 : le gouverneur Nikolaï Ivanovitch Bobrikov est assassiné.

L'indépendance. 1917 : à la suite de la révolution russe, la Finlande proclame son indépendance. 1918 : une guerre civile oppose les partisans du régime soviétique à la garde civique de Carl Gustav Mannerheim, qui l'emporte. 1920 : l'U. R. S. S. reconnaît la nouvelle république. 1939-40 : après une lutte héroïque contre l'Armée rouge, la Finlande doit accepter les conditions de Staline, qui annexe la Carélie. 1941-1944 : la Finlande combat l'U. R. S. S. aux côtés du Reich. 1944-1946 : C. G. Mannerheim est président de la République. 1946-1956 : sous la présidence de J. K. Paasikivi, la paix avec les Alliés est signée à Paris (1947). 1948 : la Finlande signe un traité d'assistance mutuelle avec l'U. R. S. S. (renouvelé en 1970 et en 1983). 1956-1981 : le président U. K. Kekkonen poursuit une politique d'entente avec ses voisins. Il démissionne en 1981 pour raisons de santé. 1982 : le social-démocrate Mauno Koivisto est élu à la présidence de la République. 1994 : à l'issue de l'élection présidentielle (pour la première fois au suffrage universel direct), le social-démocrate Martti Ahtisaari est élu à la tête de l'État. 1995 : la Finlande adhère à l'Union européenne.

FINLANDE *(golfe de),* golfe formé par la Baltique, entre la Finlande, la Russie et l'Estonie, sur lequel sont établis Helsinki et Saint-Pétersbourg.

FINLAY (Carlos Juan), médecin cubain (Puerto Príncipe, auj. Camagüey, 1833 - La Havane 1915), qui étudia le mode de transmission de la fièvre jaune par les moustiques.

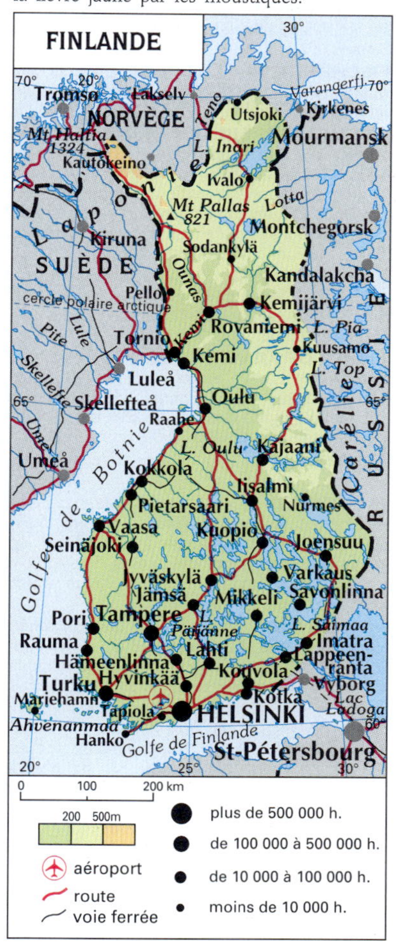

FINNBOGADÓTTIR (Vigdís), femme politique islandaise (Reykjavík 1930). Présidente de la République depuis 1980, elle est la première femme au monde élue chef de l'État au suffrage universel.

Finnegans Wake, roman de J. Joyce (1939).

FINNMARK (le), région de la Norvège septentrionale.

FINSEN (Niels), médecin et biologiste danois (Thorshavn, îles Féroé, 1860 - Copenhague 1904), prix Nobel en 1903 pour ses recherches sur les applications thérapeutiques des rayons lumineux.

FINSTERAARHORN, sommet des Alpes suisses (Oberland bernois) ; 4 274 m.

FIODOR → ***Fédor.***

FIONIE, en danois **Fyn,** île du Danemark, séparée du Jylland par le Petit-Belt, de Sjaelland par le Grand-Belt. V. pr. *Odense.*

FIRDŪSĪ → ***Ferdowsi.***

FIRMINY (42700), ch.-l. de c. de la Loire ; 23 367 h. Métallurgie. Édifices de Le Corbusier.

FIROZĀBĀD, v. de l'Inde (Uttar Pradesh) ; 270 534 h.

FIRTH (Raymond William), anthropologue britannique (Auckland 1901). Ses études ont porté sur l'organisation sociale et économique des sociétés non industrielles.

F. I. S. → ***Front islamique du salut.***

FISCHART (Johann), érudit et polygraphe alsacien de langue allemande (Strasbourg v. 1546 - Forbach 1590), auteur de pamphlets anticatholiques.

FISCHER (Emil), chimiste allemand (Euskirchen 1852 - Berlin 1919), prix Nobel en 1902 pour sa synthèse de plusieurs sucres ; il a établi un lien entre la chimie organique, la stéréochimie et la biologie.

FISCHER (Franz), chimiste allemand (Fribourg-en-Brisgau 1877 - Munich 1948), inventeur, avec Tropsch, d'un procédé de synthèse des carburants légers.

FISCHER (Johann Michael), architecte allemand (Burglengenfeld, Haut-Palatinat, 1692 - Munich 1766). Il a diffusé en Bavière et en Souabe un style rococo riche et lumineux (abbatiales de Zwiefalten, v. 1740-1750, d'Ottobeuren, etc.).

FISCHER-DIESKAU (Dietrich), chanteur allemand (Berlin 1925), comédien lyrique et interprète de lieder.

FISCHER VON ERLACH (Johann Bernhard), architecte autrichien (Graz 1656 - Vienne 1723). Dans un style qui associe le baroque à une tendance classique majestueuse, il a construit à Salzbourg (églises), à Prague (palais) et surtout à Vienne (église St-Charles-Borromée, 1716 ; Bibliothèque impériale, 1723).

FISHER (Irving), mathématicien et économiste américain (Saugerties, État de New York, 1867 - New York 1947). On lui doit des études sur la monnaie.

FISHER OF KILVERSTONE (John Arbuthnot **Fisher**, 1er *baron*), amiral britannique (Ramboda, Sri Lanka, 1841 - Londres 1920). Créateur du dreadnought, il fut à la tête de la flotte britannique de 1904 à 1909 et en 1914-15.

FISMES [fim] (51170), ch.-l. de c. de la Marne ; 5 372 h.

FITZGERALD (Ella), chanteuse de jazz noire américaine (Newport News, Virginie, 1918). Elle interpréta et enregistra des ballades et des romances, mais aussi des pièces de swing et des dialogues en scat avec les meilleurs solistes instrumentaux ou vocaux.

FITZGERALD (Francis Scott), écrivain américain (Saint Paul, Minnesota, 1896 - Hollywood 1940). Ses romans expriment le désenchantement de la « génération perdue » (*Gatsby le Magnifique,* 1925 ; *Tendre est la nuit,* 1934 ; *le Dernier Nabab,* 1941).

FITZ-JAMES, famille française d'origine anglaise. Le premier membre, fils naturel de Jacques II, se fit naturaliser français et devint le maréchal de Berwick*.

FIUME → ***Rijeka.***

Fiumicino, aéroport de Rome.

FIZEAU (Hippolyte), physicien français (Paris 1819 - près de La Ferté-sous-Jouarre 1896). Il effectua la première mesure directe de la vitesse de la lumière (1849) et découvrit, indépendamment de Doppler, l'effet de déplacement des fréquences d'une source de vibrations en mouvement. Il étudia le spectre infrarouge et montra que la propagation de l'électricité n'est pas instantanée.

FLACHAT (Eugène), ingénieur français (Nîmes 1802 - Arcachon 1873). Il construisit avec son demi-frère Stéphane Mony le premier chemin de fer français à vapeur, de Paris à Saint-Germain-en-Laye (1835-1837).

FLAGSTAD (Kirsten), soprano norvégienne (Hamar 1895 - Oslo 1962), interprète de Wagner.

FLAHAUT DE LA BILLARDERIE (Auguste, *comte* **de**), général et diplomate français (Paris 1785 - *id.* 1870), sans doute le fils naturel de Talleyrand. Il fut aide de camp de Napoléon et eut de la reine Hortense un fils, le duc de Morny.

FLAHERTY (Robert), cinéaste américain (Iron Mountain, Michigan, 1884 - Dummerston, Vermont, 1951). Véritable créateur du genre documentaire, il réalisa *Nanouk l'Esquimau* (1922), *Moana* (1926), *Louisiana Story* (1948) et, en collaboration avec F. W. Murnau, *Tabou* (1931).

FLAINE (74300 Cluses), station de sports d'hiver (alt. 1 620-2 700 m) de la Haute-Savoie. Sculptures contemporaines.

FLAMANVILLE (50340), comm. de la Manche ; 1 786 h. Centrale nucléaire sur le littoral du Cotentin.

FLAMEL (Nicolas), écrivain public français (Pontoise v. 1330 - Paris 1418). Employé à l'Université de Paris, il épousa une riche veuve. La légende l'a fait passer pour alchimiste à cause de ses largesses.

FLAMININUS (Titus Quinctius), général romain (228-174 av. J.-C.), consul en 198 av. J.-C. Il battit à Cynoscéphales Philippe V de Macédoine (197) et libéra la Grèce de la domination macédonienne.

FLAMMARION (Camille), astronome français (Montigny-le-Roi, Haute-Marne, 1842 - Juvisy-sur-Orge 1925), auteur de nombreux ouvrages de vulgarisation, parmi lesquels une célèbre *Astronomie populaire* (1879), et fondateur de la Société astronomique de France (1887).

FLAMSTEED (John), astronome anglais (Denby 1646 - Greenwich 1719). Premier astronome royal (1675), il organisa l'observatoire de Greenwich, perfectionna les instruments et les méthodes d'observation des positions stellaires et réalisa un catalogue d'étoiles.

FLANDRE ou **RÉGION FLAMANDE,** Région de la Belgique, de langue néerlandaise, formée de cinq provinces (Anvers, Brabant flamand, Flandre-Occidentale, Flandre-Orientale et Limbourg) ; 13 523 km^2 ; 5 768 925 h. *(Flamands).*

FLANDRE (la) ou **FLANDRES** (les), plaine de l'Europe, sur la mer du Nord, entre les collines de l'Artois et l'embouchure de l'Escaut, située principalement en France et en Belgique et débordant sur les Pays-Bas. (Hab. *Flamands.*)

GÉOGRAPHIE

La Flandre s'élève insensiblement vers l'intérieur et est accidentée de buttes sableuses (monts de ou des Flandres). La Flandre porte des cultures céréalières, fourragères, maraîchères et industrielles (betterave, lin, houblon), mais est aussi une importante région industrielle (textile, métallurgie), fortement peuplée et urbanisée (Bruges et Gand, agglomération de Lille). Le littoral, bordé de dunes, est jalonné par quelques ports et stations balnéaires (Dunkerque, Ostende).

HISTOIRE

Les origines. Ier s. av. J.-C. : peuplé dès le néolithique, le pays est conquis par César et intégré à la province romaine de Belgique. V. 430 : les Francs Saliens occupent la région et la germanisent. VIe-VIIe s. : la Flandre est évangélisée (fondation de l'abbaye de Saint-Omer). VIIe-Xe s. : essor économique et commercial lié à l'industrie drapière.

Constitution et évolution du comté. 879-918 : Baudouin II crée véritablement le comté de Flandre en occupant le Boulonnais, l'Artois et le Ternois. XIe s. : ses successeurs dotent le comté de nombreuses institutions. L'industrie drapière se développe. Le mouvement communal se renforce. XIIe s. : les grandes cités (Arras, Bruges, Douai, etc.) obtiennent des chartes d'affranchissement. 1297 : Philippe le Bel fait occuper la Flandre. 1302 : les troupes royales sont vaincues par les milices communales à Courtrai.

Déclin et renouveau. 1384 : le duc de Bourgogne Philippe le Hardi hérite du comté. 1477 : le pays devient un domaine des Habsbourg d'Autriche, puis d'Espagne. XVIIe s. : un certain nombre de villes sont annexées par Louis XIV. 1713 : l'ancienne Flandre espagnole est transférée à l'Autriche. 1794 : la Flandre est annexée par la France. 1815-1830 : elle appartient au royaume des Pays-Bas. 1830 : elle est, à l'exception de la Flandre zélandaise, intégrée à la Belgique qui se sépare des Pays-Bas. 1898 : le néerlandais est reconnu langue officielle de la Belgique au même titre que le français. 1970 : la Flandre devient une région partiellement autonome. 1993 : elle devient l'une des trois Régions de l'État fédéral de Belgique.

FLANDRE-OCCIDENTALE, prov. de Belgique, sur la mer du Nord ; 3 134 km^2 ; 1 106 829 h. Ch.-l. *Bruges.* 8 arr. *(Bruges, Courtrai, Dixmude, Ostende, Roeselare, Tielt, Veurne* et *Ypres)* et 64 comm.

FLANDRE-ORIENTALE, prov. de Belgique, traversée par l'Escaut ; 2 982 km^2 ; 1 335 793 h. Ch.-l. *Gand.* 6 arr. *(Aalst, Dendermonde, Eeklo, Gand, Oudenaarde* et *Sint-Niklaas)* et 65 comm.

FLANDRIN, famille de peintres français des XIXe-XXe s., dont le plus connu est **Hippolyte** (Lyon 1809 - Rome 1864), élève d'Ingres, auteur de peintures murales religieuses (église St-Germain-des-Prés, Paris) et de portraits.

FLATTERS (Paul), lieutenant-colonel français (Paris 1832 - Bir-el-Gharama 1881). Chef de deux missions transsahariennes, il fut tué par les Touareg lors de la seconde.

FLAUBERT (Gustave), écrivain français (Rouen 1821 - Croisset, près de Rouen, 1880). Son œuvre, qui s'imposa par un succès de scandale (*Madame* Bovary,* 1857), compose, dans son double parti pris de réalisme et de rigueur stylistique, une tentative pour dominer à la fois l'incompréhension d'une époque bourgeoise et la tentation romantique qui ne cessa de l'obséder (*Salammbô**, 1862 ; *l'Éducation* sentimentale,* 1869 ; *la Tentation de saint Antoine,* 1874 ; *Trois Contes,* 1877 ; *Bouvard* et Pécuchet,* 1881).

FLAVIEN *(saint)* [v. 390 - v. 449], patriarche de Constantinople (446-449), adversaire d'Eutychès qui obtint sa déposition et son envoi en exil.

FLAVIENS, dynastie qui gouverna l'Empire romain de 69 à 96, avec Vespasien, Titus et Domitien.

FLAVIUS JOSÈPHE, général et historien juif (Jérusalem v. 37 apr. J.-C. - apr. 100), auteur de *la Guerre des Juifs* et des *Antiquités judaïques.*

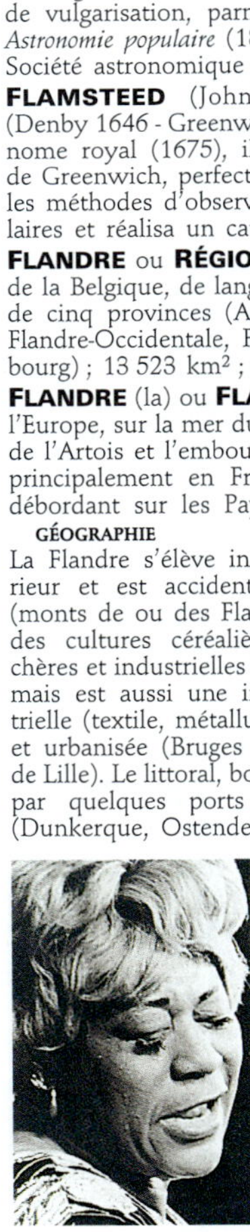

Ella **Fitzgerald**

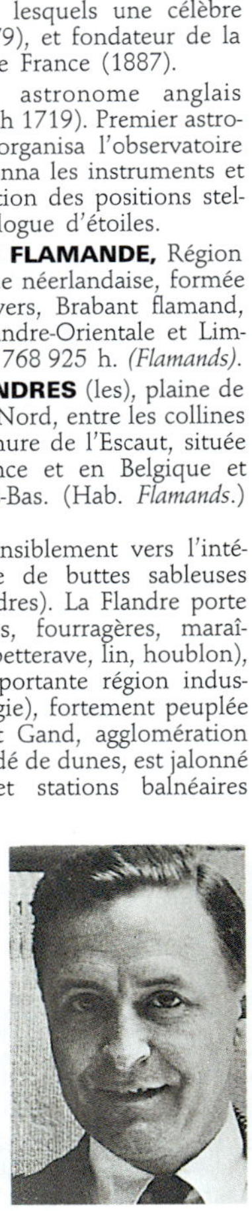

Francis Scott **Fitzgerald**

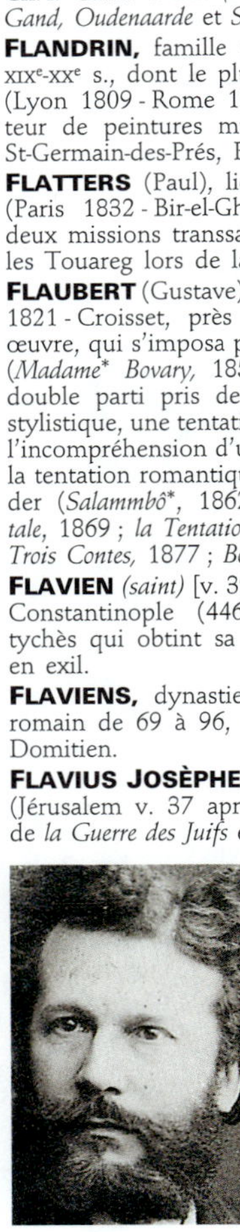

Camille **Flammarion**

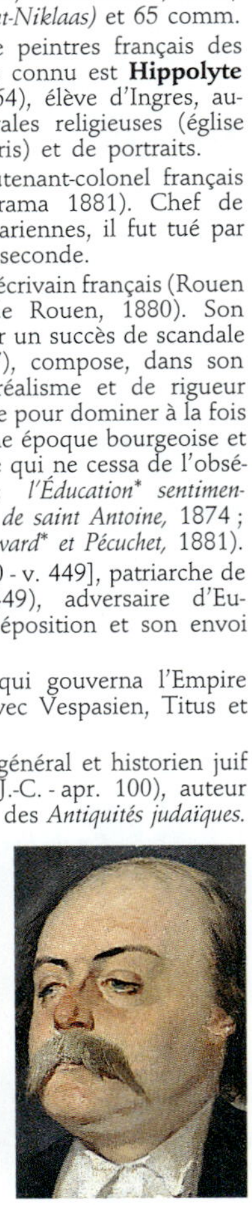

Flaubert (E. Giraud - château de Versailles)

FLAXMAN (John), sculpteur et dessinateur britannique (York 1755 - Londres 1826). Néo-classique (tombeaux et statues à St Paul de Londres), il a fourni des modèles de décors à la manufacture de porcelaine de Wedgwood.

FLÈCHE (La) [72200], ch.-l. d'arr. de la Sarthe, sur le Loir ; 16 581 h. *(Fléchois).* Imprimerie. Emballage. Prytanée militaire (1808) installé dans l'anc. collège des jésuites fondé par Henri IV (chapelle de 1607-1622).

FLÉCHIER (Esprit), prélat français (Pernes-les-Fontaines 1632 - Nîmes 1710), auteur de sermons, d'oraisons funèbres et des *Mémoires sur les Grands Jours d'Auvergne.* (Acad. fr.)

FLÉMALLE, port fluvial de Belgique (prov. de Liège) ; 26 500 h. Métallurgie.

FLÉMALLE *(Maître de),* nom de commodité donné à un peintre des Pays-Bas du Sud (1er tiers du XVe s.) auquel on attribue un ensemble de panneaux religieux conservés à Francfort, New York, Londres, Dijon *(Nativité),* etc. L'ampleur novatrice du style, la vigueur de l'expression réaliste caractérisent cet artiste, que l'on tend à identifier à Robert Campin, maître à Tournai en 1406 et m. en 1444.

Maître de **Flémalle :** partie centrale du triptyque de *l'Annonciation.* (The Metropolitan Museum of Art, New York.)

FLEMING (*sir* Alexander), médecin britannique (Darvel, Ayrshire, 1881 - Londres 1955), qui découvrit la pénicilline en 1928. (Prix Nobel de médecine 1945.)

FLEMING (*sir* John Ambrose), ingénieur britannique (Lancaster 1849 - Sidmouth 1945). L'un des pionniers de la radiotélégraphie, il inventa la *diode,* ou *valve de Fleming* (1904), qui exploite l'effet Edison et dont dérivèrent ensuite les lampes utilisées dans les appareils de radiocommunication.

FLENSBURG, port d'Allemagne (Schleswig-Holstein), sur la Baltique ; 86 582 h.

FLÉRON, comm. de Belgique (prov. de Liège) ; 15 913 h.

FLERS [flɛr] (61100), ch.-l. de c. de l'Orne ; 18 467 h. *(Flériens).* Textile. Constructions électriques. Château des XVIe-XVIIIe s. (musée).

FLERS-EN-ESCREBIEUX (59128), comm. du Nord ; 5 369 h.

FLESSELLES (Jacques **de**), prévôt des marchands de Paris (Paris 1721 - *id.* 1789), massacré par le peuple le jour de la prise de la Bastille.

FLESSINGUE, en néerl. **Vlissingen,** port des Pays-Bas (Zélande) ; 43 800 h. Aluminium.

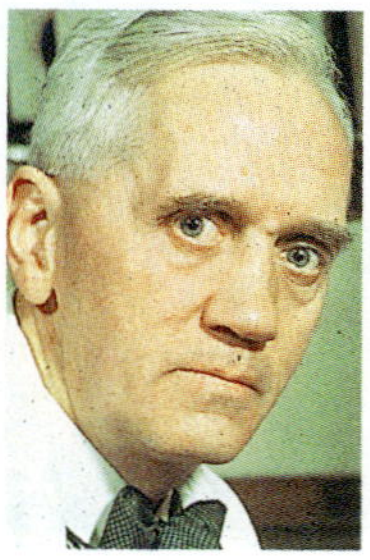

sir Alexander **Fleming** (Imperial War Museum, Londres)

FLETCHER (John), auteur dramatique anglais (Rye, Sussex, 1579 - Londres 1625). Avec F. Beaumont, puis avec notamment P. Massinger, il a écrit de nombreuses pièces qui firent de lui un rival, souvent heureux, de Shakespeare *(le Chevalier au Pilon-Ardent).*

FLEURANCE (32500), ch.-l. de c. du Gers ; 6 420 h. *(Fleurantins).* Produits d'hygiène et de beauté. Église des XIVe-XVIe s. (vitraux).

FLEURIE (69820), comm. du Rhône ; 1 110 h. Vins du Beaujolais.

Fleurs du mal (les), recueil de poésies de Baudelaire (1857). Ces poèmes, qui valurent un procès à leur auteur, créèrent, selon le mot de Hugo, un « frisson nouveau » et orientèrent la poésie dans la voie du symbolisme.

FLEURUS, comm. de Belgique (Hainaut), près de la Sambre ; 22 507 h. Victoires françaises sur les Austro-Hollandais (1er juill. 1690) et sur les Autrichiens (26 juin 1794).

FLEURY (André Hercule, *cardinal* **de**), prélat et homme d'État français (Lodève 1653 - Issy-les-Moulineaux 1743). Aumônier de la reine (1675) puis du roi (1678), évêque de Fréjus (1698), précepteur de Louis XV (1716), ministre d'État (1726) et cardinal la même année, il gouverna avec autorité, restaura les finances et apaisa la querelle janséniste. Il fut entraîné dans la guerre de la Succession de Pologne et dans celle de la Succession d'Autriche. (Acad. fr.)

FLEURY (Claude), prêtre français (Paris 1640 - *id.* 1723), confesseur de Louis XV et auteur d'une *Histoire ecclésiastique.* (Acad. fr.)

FLEURY-LES-AUBRAIS (45400), ch.-l. de c. du Loiret, banlieue nord d'Orléans ; 20 730 h. Nœud ferroviaire. Matériel agricole.

FLEURY-MÉROGIS (91700), comm. de l'Essonne ; 9 939 h. Prison.

FLEURY-SUR-ANDELLE (27380), ch.-l. de c. de l'Eure ; 2 023 h. Textile. Caoutchouc.

FLEVOLAND, prov. des Pays-Bas ; 232 800 h. Ch.-l. *Lelystad.*

FLIESS (Wilhelm), médecin allemand (Arnswalde, auj. Choszczno, Pologne, 1858 - Berlin 1928). Lié à S. Freud, avec qui il échangea une correspondance passionnée, il est à l'origine du développement de la notion de bisexualité dans la théorie freudienne.

FLIMS, en romanche **Flem,** localité de Suisse (Grisons), au pied du *Flimserstein ;* 2 258 h. Station de sports d'hiver (alt. 1 150-2 800 m).

FLINES-LEZ-RACHES (59148), comm. du Nord ; 5 309 h. Confection.

FLIN FLON, v. du Canada, partagée entre le Manitoba et la Saskatchewan ; 7 449 h. Métallurgie.

FLINS-SUR-SEINE (78410), comm. des Yvelines ; 2 139 h. Usine d'automobiles sur la Seine.

FLINT, v. des États-Unis (Michigan), près de Detroit ; 140 761 h. Industrie automobile.

FLIZE (08160), ch.-l. de c. des Ardennes, sur la Meuse ; 1 243 h.

F. L. N. → ***Front de libération nationale.***

FLODOARD, chroniqueur et hagiographe français (Épernay 894 - Reims 966), auteur d'une *Histoire de l'Église de Reims* et d'*Annales.*

FLOGNY-LA-CHAPELLE (89360), ch.-l. de c. de l'Yonne ; 1 077 h.

FLOIRAC (33270), ch.-l. de c. de la Gironde, banlieue de Bordeaux ; 16 868 h.

FLOQUET (Charles), homme politique français (Saint-Jean-Pied-de-Port 1828 - Paris 1896), président du Conseil (1888), adversaire du boulangisme.

FLORAC (48400), ch.-l. d'arr. du sud de la Lozère ; 2 104 h. *(Floracois).*

FLORANGE (57190), ch.-l. de c. de la Moselle ; 11 366 h. *(Florangeois).* Métallurgie.

FLORE, déesse italique des Fleurs et des Jardins. On célébrait en son honneur les *floralies.*

FLORENCE, en ital. **Firenze,** v. d'Italie, cap. de la Toscane et ch.-l. de prov., sur l'Arno ; 402 316 h. *(Florentins).* Grand centre touristique. — Dès le XIIIe s., Florence fut une des villes les plus actives de l'Italie ; en 1406, elle conquit Pise et devint une puissance maritime ; la compagnie des Médicis domina la ville du XIVe au XVIIe s. Le concile de Florence (1439-1443) continua les travaux des conciles de Bâle et de Ferrare sur l'union avec les Grecs. En 1569, Florence devint la capitale du grand-duché de Toscane. De 1865 à 1870, elle fut la capitale du royaume d'Italie. — La ville est célèbre par son école de peinture et de sculpture, particulièrement novatrice du XIVe au XVIe s. (de Giotto à Michel-Ange), ses palais (Palazzo Vecchio, palais Médicis*, Strozzi, Pitti, etc.), ses églises (cathédrale S. Maria del Fiore, S. Croce, S. M. Novella, Orsammichele, S. Lorenzo), ses anciens couvents (S. Marco), tous remplis d'œuvres d'art, ses bibliothèques, ses très riches musées (Offices*, Bargello*, Pitti*, galerie de l'Académie, Musée archéologique).

Florence : le baptistère Saint-Jean (XIe-XIIe s.) et la cathédrale Santa Maria del Fiore (1296-1436) avec le campanile de Giotto.

FLORENSAC (34510), ch.-l. de c. de l'Hérault ; 3 684 h. Vins.

FLORES, une des Açores. Installations militaires françaises depuis 1964.

FLORES, île de l'Indonésie, séparée de Célèbes par la *mer de Flores.*

FLOREY (*sir* Howard), médecin britannique (Adélaïde 1898 - Oxford 1968). Il partagea le prix Nobel de médecine, en 1945, avec Chain et Fleming pour ses travaux sur la fabrication de la pénicilline.

FLORIAN (Jean-Pierre **Claris de**), écrivain français (Sauve 1755 - Sceaux 1794), auteur de *Fables,* de chansons *(Plaisir d'amour),* de pastorales et comédies pour le Théâtre-Italien. (Acad. fr.)

FLORIANÓPOLIS, v. du Brésil, cap. de l'État de Santa Catarina ; 254 944 h.

FLORIDABLANCA (José Moñino, *comte* **de**), homme d'État espagnol (Murcie 1728 - Séville 1808). Premier ministre de Charles III puis de Charles IV (1777-1792), il se montra partisan du despotisme éclairé.

FLORIDE, État du sud-est des États-Unis (151 670 km^2 ; 12 937 926 h. ; cap. *Tallahassee*), formé par une péninsule basse et marécageuse, séparée de Cuba par le *canal* ou *détroit de Floride.* Agrumes. Phosphates. Tourisme (Miami, Palm Beach, parc des Everglades). — Découverte en 1513 par les Espagnols, la Floride fut achetée en 1819 par les États-Unis et devint État de l'Union en 1845.

FLORIOT (René), avocat français (Paris 1902 - Neuilly 1975). Il acquiert la notoriété lors de grands procès criminels (Petiot, Jaccoud).

FLORIS DE VRIENDT (Cornelis), architecte et sculpteur flamand (Anvers 1514 - *id.* 1575). Averti de l'art italien, il est notamment l'auteur de l'hôtel de ville d'Anvers (1561). – Son frère **Frans** (Anvers v. 1516/1520 - *id.* 1570), type du peintre romaniste, forma de nombreux élèves.

FLORUS (Publius Annius), historien latin d'origine africaine (Ier-IIe s. apr. J.-C.), auteur d'un abrégé de l'*Histoire romaine* de Tite-Live.

FLOTE ou **FLOTTE** (Pierre), légiste français (en Languedoc, seconde moitié du XIIIe s. - Courtrai 1302). Chancelier de Philippe le Bel, il s'opposa au pape Boniface VIII.

FLOURENS (Pierre), physiologiste français (Maureilhan 1794 - Montgeron 1867), auteur de travaux sur le système nerveux. (Acad. fr.)

FLUMET (73590), comm. de la Savoie ; 763 h. Station de sports d'hiver (alt. 1 000-1 800 m), dite **Flumet-Val d'Arly.**

Flushing Meadow Park, site des championnats internationaux de tennis des États-Unis, à New York (Queens).

Flûte enchantée (la), singspiel en deux actes de Mozart, sur un livret de Schikaneder (1791), féerie d'inspiration franc-maçonne.

Fluxus, mouvement artistique qui s'est développé aux États-Unis et en Europe à partir des années 1960. En liaison avec le courant du happening, opposant à la sacralisation de l'art un esprit de contestation ludique, il s'est manifesté par des concerts (avec J. Cage, T. Riley...), des environnements, des interventions variées. Citons entre autres les Américains George Maciunas et George Brecht, N.J. Paik, les Allemands Beuys et Wolf Vostell, le Suisse Benjamin Vautier, dit Ben, le Français Robert Filiou.

FLYNN (Errol), acteur américain (Hobart, Tasmanie, 1909 - Los Angeles 1959), spécialiste des rôles d'aventurier, notamment dans les films de M. Curtiz (*Capitaine Blood,* 1935) et de R. Walsh (*Gentleman Jim,* 1942).

F. M. I. (Fonds monétaire international), organisme international créé en 1944 et qui a pour but d'assurer la stabilité des changes et de développer, sur le plan monétaire, la coopération internationale.

F. N. S. E. A. (Fédération nationale des syndicats d'exploitants agricoles), organisation syndicale française constituée en 1946. Elle a pour objectif de représenter et de défendre les intérêts de la profession agricole. Le C. N. J. A. lui est rattaché organiquement tout en demeurant juridiquement autonome.

F. O. (Force ouvrière), appellation courante de la Confédération générale du travail - Force ouvrière, issue d'une scission de la C. G. T. en 1948.

FOCH (Ferdinand), maréchal de France, de Grande-Bretagne et de Pologne (Tarbes 1851 - Paris 1929). Il commanda l'École de guerre (1908), se distingua à la Marne et dans les Flandres (1914), dirigea la bataille de la Somme (1916), puis commanda en chef les troupes alliées (1918), qu'il conduisit à la victoire.

FOCILLON (Henri), historien d'art français (Dijon 1881 - New Haven 1943). Son enseignement et ses écrits (*l'Art des sculpteurs romans,* 1931, *Art d'Occident,* 1938, etc.) ont exercé une grande influence.

FOGAZZARO (Antonio), écrivain italien (Vicence 1842 - *id.* 1911), auteur de romans et de poèmes d'inspiration catholique.

FOGGIA, v. d'Italie (Pouille), ch.-l. de prov. ; 155 042 h. Cathédrale des XIIe-XVIIIe s.

FOIX (09000), ch.-l. du dép. de l'Ariège, sur l'Ariège, à 761 km au sud de Paris ; 10 446 h. *(Fuxéens).* Château fort (musée de l'Ariège).

FOIX *(comté de),* ancien fief français, qui a formé le dép. de l'Ariège ; ch.-l. *Foix.* Autonome au début du XIe s., le comté de Foix fut annexé à la Couronne par Henri IV en 1607.

FOKINE (Michel), danseur et chorégraphe russe (Saint-Pétersbourg 1880 - New York 1942), l'un des créateurs et théoriciens du ballet moderne. Collaborateur de Diaghilev, il est l'auteur des « Danses polovtsiennes » du *Prince Igor,* de *l'Oiseau de feu,* de *Petrouchka,* du *Spectre de la rose.*

FOKKER (Anthony), aviateur et industriel néerlandais (Kediri, Java, 1890 - New York 1939). Il créa l'une des firmes les plus importantes de l'industrie aéronautique allemande, réalisant notamment des avions de chasse réputés.

FOLENGO (Teofilo), connu sous le nom de **Merlin Cocai,** poète burlesque italien (Mantoue 1491 - Bassano 1544), créateur du genre « macaronique ».

FOLGOËT (Le) [29260], comm. du Finistère ; 3 121 h. Belle église du XVe s. Pardon.

FOLKESTONE, port de Grande-Bretagne ; 46 000 h. Port de voyageurs sur le pas de Calais. Station balnéaire. À proximité, terminal du tunnel sous la Manche.

FOLLEREAU (Raoul), journaliste et avocat français (Nevers 1903 - Paris 1977), fondateur en 1966 de la Fédération internationale des associations de lutte contre la lèpre.

FOLON (Jean-Michel), artiste belge (Bruxelles 1934). Son univers graphique et plastique (aquarelle, affiche, film...) prend pour ressorts principaux l'absurde et la menace d'un monde déshumanisé.

FOLSCHVILLER (57730), comm. de la Moselle ; 4 605 h. Houille.

FON, peuple du sud du Bénin, parlant une langue kwa.

FONCK (René), aviateur français (Saulcy-sur-Meurthe 1894 - Paris 1953), premier as français de la Première Guerre mondiale (75 victoires homologuées).

FONDA (Henry), acteur américain (Grand Island, Nebraska, 1905 - Los Angeles 1982). Personnification de l'homme fort et intègre, il joua notamment avec F. Lang (*J'ai le droit de vivre,* 1937) et J. Ford (*les Raisins de la colère,* 1940).

Fondement de la métaphysique des mœurs, traité d'E. Kant (1785), où l'auteur explique la règle de l'impératif catégorique.

FONDETTES (37230), comm. d'Indre-et-Loire ; 7 614 h.

Fonds monétaire international → ***F. M. I.***

FONSECA *(golfe de),* golfe formé par le Pacifique, entre les côtes du Salvador, du Honduras et du Nicaragua.

FONSECA (Pedro **da**), jésuite et philosophe portugais (Cortiçada, près de Crato, 1528 - Lisbonne 1599), auteur de *Commentaires* d'Aristote. Molina lui emprunta l'essentiel de sa théorie (→ ***molinisme***).

FONTAINE (38600), ch.-l. de c. de l'Isère ; 23 089 h. Constructions mécaniques et électriques.

FONTAINE (Hippolyte), ingénieur français (Dijon 1833 - Hyères 1910). Il découvrit la réversibilité de la machine Gramme et réalisa le premier transport d'énergie électrique à Vienne (Autriche), en 1873.

FONTAINE (Pierre), architecte français (Pontoise 1762 - Paris 1853). Il fut en faveur à la cour de Napoléon Ier (associé avec Percier), sous la Restauration et sous le règne de Louis-Philippe. On lui doit à Paris l'ouverture de la rue de Rivoli, l'arc de triomphe du Carrousel et la Chapelle expiatoire.

FONTAINEBLEAU (77300), ch.-l. d'arr. de Seine-et-Marne ; 18 037 h. *(Bellifontains).* Château royal d'origine médiévale reconstruit à partir de 1528 pour François Ier, qui en fit le centre de son mécénat, et encore augmenté du règne de Henri II au second Empire (beaux décors ; musée Napoléon). Napoléon Ier y signa son abdication (1814). — Grande forêt de chênes, de hêtres et de résineux (17 000 ha).

Fontainebleau *(école de),* école artistique animée par les Italiens que François Ier fit venir pour décorer le château de Fontainebleau (Rosso, Primatice, N. Dell'Abate...), et qui influença de nombreux Français, tels J. Goujon, les Cousin, A. Caron. Une seconde école se situe sous le règne de Henri IV, avec les peintres Ambrosius Bosschaert, dit Ambroise Dubois (d'Anvers), Toussaint Dubreuil et Martin Fréminet.

FONTAINE-LÈS-DIJON (21121), ch.-l. de c. de la Côte-d'Or ; 7 884 h.

FONTAINE-L'ÉVÊQUE, v. de Belgique (Hainaut) ; 17 612 h. Château des XIIIe-XVIe s., auj. hôtel de ville.

FONTAINES-SUR-SAÔNE (69270), comm. du Rhône ; 6 818 h.

FONTANA (Carlo), architecte originaire du Tessin (Brusata 1634 - Rome 1714). Assistant de Bernin, à Rome, pendant dix ans, il prolongea l'art de celui-ci en l'infléchissant dans un sens classique. Il fut un maître influent.

FONTANA (Domenico), architecte originaire du Tessin (Melide 1543 - Naples 1607). Appelé à Rome, il construisit notamment le palais du Latran (1587) et suscita un renouveau urbaniste.

FONTANA (Lucio), peintre, sculpteur et théoricien italien (Rosario, Argentine, 1899 - Comabbio, prov. de Varese, 1968). Non-figuratif, il a influencé l'avant-garde européenne par ses œuvres des années 50 et 60, toutes intitulées *Concept spatial* (monochromes ponctués de perforations, lacérés, évidés...).

FONTANE (Theodor), écrivain allemand (Neuruppin, Brandebourg, 1819 - Berlin 1898), peintre humoriste des problèmes sociaux *(Madame Jenny Treibel).*

FONTANES (Louis **de**), écrivain et homme politique français (Niort 1757 - Paris 1821), grand maître de l'Université sous l'Empire, ami de Chateaubriand. (Acad. fr.)

FONTANGES (Marie-Angélique, *duchesse* **de**) [La Baume ?, Cantal, 1661 - Port Royal 1681], favorite de Louis XIV.

FONTARABIE, en esp. **Fuenterrabía,** v. d'Espagne, sur la Bidassoa ; 13 524 h.

FONT-DE-GAUME, site de la commune des Eyzies-de-Tayac-Sireuil (Dordogne). Grotte à peintures et gravures préhistoriques du magdalénien supérieur.

Michel **Fokine**
(dans *Schéhérazade,* en 1910)

le maréchal **Foch**
(en 1919)
[Calderé - musée de l'Armée, Paris]

École de **Fontainebleau :**
les Funérailles de l'Amour (v. 1560-1570),
peinture attribuée à l'atelier d'Antoine Caron.
(Louvre, Paris.)

FONTENAY, hameau de la Côte-d'Or, près de Montbard. Anc. abbaye cistercienne, fondée par saint Bernard en 1119, bien conservée.

FONTENAY-AUX-ROSES (92260), ch.-l. de c. des Hauts-de-Seine ; 23 534 h. *(Fontenaisiens).* École normale supérieure. Centre de recherches nucléaires.

FONTENAY-LE-COMTE (85200), ch.-l. d'arr. de la Vendée, sur la Vendée ; 16 053 h. *(Fontenaisiens).* Constructions mécaniques. Église surtout des XVe-XVIe s. et autres témoignages du passé. Musée vendéen.

FONTENAY-LE-FLEURY (78330), comm. des Yvelines, près de Versailles ; 13 244 h.

FONTENAY-SOUS-BOIS (94120), ch.-l. de c. du Val-de-Marne, à l'est de Paris ; 52 105 h.

FONTENELLE (Bernard **Le Bovier de**), écrivain français (Rouen 1657 - Paris 1757). Neveu de Corneille, il se fit une réputation de bel esprit et dut sa célébrité à ses traités de vulgarisation scientifique (*Entretiens sur la pluralité des mondes,* 1686). [Acad. fr.]

Fontenoy *(bataille de)* [11 mai 1745], bataille de la guerre de la Succession d'Autriche, au cours de laquelle le maréchal de Saxe, en présence de Louis XV, battit, au S.-E. de Tournai, la Grande-Bretagne et les Provinces-Unies.

FONTEVRAUD-L'ABBAYE (49590) comm. de Maine-et-Loire ; 1 818 h. Une abbaye double (hommes, femmes) y fut fondée en 1101 par Robert d'Arbrissel. L'ensemble monastique (qui fut maison de détention de 1804 à 1963) est en grande partie conservé : église romane à quatre coupoles (gisants des Plantagenêts), cloître gothique et Renaissance, cuisines monumentales de la 2e moitié du XIIe s.

Fontevraud-l'Abbaye : nef à file de coupoles de l'église abbatiale (XIIe s.).

FONTEYN (Margaret **Hookham,** dite **Margot**), danseuse britannique (Reigate, Surrey, 1919 - Panamá 1991), créatrice des œuvres de F. Ashton *(Ondine, Symphonic Variations)* et interprète d'exception du répertoire classique *(Giselle, la Belle au bois dormant, le Lac des cygnes).*

Margot **Fonteyn** (dans *le Lac des cygnes,* en 1960)

Fontfroide, anc. abbaye fondée à la fin du XIe s. sur le versant nord des Corbières (Aude), au sud-ouest de Narbonne. Église romane, cloître gothique et autres bâtiments, restaurés.

FONTOY (57650), ch.-l. de c. de la Moselle ; 3 282 h. *(Fonschois).*

FONT-ROMEU-ODEILLO-VIA (66120), comm. des Pyrénées-Orientales, en Cerdagne, à 1 800 m d'altitude ; 2 327 h. Centre touristique. Lycée climatique. Centre d'entraînement sportif en altitude. Four et centrale solaires à Odeillo.

FONTVIEILLE (13990), comm. des Bouches-du-Rhône ; 3 659 h. Moulin dit « d'Alphonse Daudet ». Carrières de pierre de taille.

FONVIZINE (Denis Ivanovitch), auteur dramatique russe (Moscou 1745 - Saint-Pétersbourg 1792), créateur de la comédie moderne russe (*le Mineur,* 1782).

FOOTTIT (Tudor **Hall,** dit **George**), artiste de cirque et comédien d'origine britannique (Manchester 1864 - Paris 1921), un des plus célèbres clowns blancs.

FOPPA (Vincenzo), peintre italien (Brescia v. 1427 - *id.* v. 1515). Premier représentant de la Renaissance lombarde, il manifeste un sentiment naturaliste et une poésie très personnels (fresques de S. Eustorgio, Milan, v. 1467).

FORAIN (Jean-Louis), dessinateur, graveur et peintre français (Reims 1852 - Paris 1931), célèbre par ses dessins satiriques au trait précis et mordant.

FORBACH [-bak] (57600), ch.-l. d'arr. de la Moselle ; 27 357 h. *(Forbachois).* Centre houiller. Constructions mécaniques. Défaite française le 6 août 1870.

FORBIN *(maison de),* famille de Provence, installée à Marseille au XIVe s. et qui s'y est enrichie par le grand commerce maritime. Elle compte parmi ses membres **Claude** (Gardanne 1656 - château de Saint-Marcel, près de Marseille, 1733), capitaine de vaisseau puis chef d'escadre sous Louis XIV.

FORCALQUIER (04300), ch.-l. d'arr. des Alpes-de-Haute-Provence ; 4 039 h. *(Forcalquiérens).* Anc. cathédrale romane et gothique.

FORCE (La) [24130], anc. **Laforce,** ch.-l. de c. de la Dordogne ; 2 329 h.

Force (la), anc. prison de Paris, dans le Marais. Elle servit pendant la Révolution et fut détruite en 1845.

Forces françaises combattantes (F. F. C.), nom donné par de Gaulle, en 1942, aux agents de la France libre en zone occupée.

Forces françaises de l'intérieur (F. F. I.), nom donné en 1944 à l'ensemble des formations militaires de la Résistance engagées dans les combats de la Libération.

Forces françaises libres (F. F. L.), ensemble des formations militaires qui, après 1940, continuèrent, aux ordres de De Gaulle, à combattre l'Allemagne et l'Italie.

FORCLAZ [-kla] (la), col des Alpes suisses (Valais), entre Chamonix et Martigny ; 1 527 m.

FORD (Gerald), homme politique américain (Omaha 1913). Il devint, après la démission de Nixon, président des États-Unis (1974-1977).

FORD (Henry), industriel américain (Wayne County, près de Dearborn, 1863 - Dearborn 1947). Pionnier de l'industrie automobile américaine, il lança la construction en série et imagina la standardisation des pièces composant un ensemble. Il préconisa de hauts salaires.

FORD (John), auteur dramatique anglais (Ilsington, Devon, 1586 - Devon apr. 1639), l'un des plus originaux représentants du théâtre élisabéthain *(Dommage qu'elle soit une putain, le Cœur brisé).*

FORD (Sean Aloysius **O'Feeney** ou **O'Fearna,** dit **John**), cinéaste américain (Cape Elizabeth, Maine, 1895 - Palm Desert, Californie, 1973). L'un des maîtres du western, il a exalté la fraternité virile et l'héroïsme : *le Mouchard* (1935), *la Chevauchée fantastique* (1939), *les Raisins de la colère* (1940), *la Poursuite infernale* (1946), *l'Homme tranquille* (1952), *les Cheyennes* (1964).

Ford Motor Company, société américaine de construction d'automobiles fondée en 1903 par Henry Ford. Elle est le deuxième producteur mondial après General Motors.

Foreign Office, ministère britannique des Affaires étrangères.

FOREL (François), médecin et naturaliste suisse (Morges 1841 - *id.* 1912), fondateur de l'étude scientifique des lacs (limnologie). — Son cousin **Auguste,** psychiatre et entomologiste (La Gracieuse, près de Morges, 1848 - Yvorne 1931), est l'auteur notamment de travaux sur les fourmis.

FOREST, en néerl. **Vorst,** comm. de Belgique, banlieue sud de Bruxelles ; 46 437 h.

FOREST (Fernand), inventeur français (Clermont-Ferrand 1851 - Monaco 1914). Ses travaux sur le moteur à combustion interne font de lui l'un des précurseurs de l'automobile. On lui doit, semble-t-il, les premiers moteurs à quatre cylindres en ligne.

Forest Hills, quartier de New York (Queens), site jusqu'en 1977 des championnats internationaux de tennis des États-Unis.

FORÊT-FOUESNANT (La) [29940], comm. du Finistère ; 2 377 h. Station balnéaire.

FORÊT-NOIRE, en all. **Schwarzwald,** massif montagneux d'Allemagne, en face des Vosges, dont il est séparé par la plaine du Rhin ; 1 493 m au *Feldberg.*

FOREY (Élie), maréchal de France (Paris 1804 - *id.* 1872). Il commanda le corps français au Mexique en 1863.

FOREZ [-rɛ], région du Massif central, qui comprend les *monts du Forez,* à l'est de la Dore, et la *plaine,* ou *bassin, du Forez,* traversée par la Loire. Cap. *Feurs,* puis *Montbrison.* Parc naturel régional *(Livradois - Forez).*

FORGES-LES-EAUX (76440), ch.-l. de c. de la Seine-Maritime ; 3 644 h. *(Forgions).* Station thermale (traitement des anémies). Casino.

Henry **Ford** (sur sa première automobile, le « Quadricycle », en 1896)

John **Ford** : une scène du film *les Raisins de la colère* (1940) [avec Henry Fonda, à droite].

Charles de **Foucauld**

FORLI, v. d'Italie (Émilie), ch.-l. de prov. ; 109 228 h. Monuments anciens et musées.

FORMAN (Miloš), cinéaste américain d'origine tchèque (Čáslav 1932). Mêlant humour et mélancolie, il réalise ses premiers films dans son pays natal (*l'As de pique,* 1963 ; *les Amours d'une blonde,* 1965) avant de poursuivre sa carrière aux États-Unis (*Taking off,* 1971 ; *Vol au-dessus d'un nid de coucou,* 1975 ; *Amadeus,* 1984) et en France (*Valmont,* 1989).

FORMENTERA, île des Baléares.

FORMERIE (60220), ch.-l. de c. de l'Oise ; 2 192 h. *(Formions).*

Formigny *(bataille de)* [1450], victoire du connétable de Richemont sur les Anglais, dans la commune du Calvados portant ce nom.

FORMOSE → ***Taïwan.***

FORMOSE (Rome ? v. 816 - *id.* 896), pape de 891 à 896. Un an après sa mort, ses ennemis exhumèrent son cadavre et le jetèrent dans le Tibre.

FORSYTHE (William), chorégraphe américain (New York 1949). Souvent provocateur, il se plaît à explorer les limites du ballet et de la danse classique *(Impressing the Czar, Slingerland, The Loss of the Small Detail).* Depuis 1984, il assure la direction du Ballet de Francfort.

FORT (Paul), poète français (Reims 1872 - Argenlieu, Essonne, 1960), auteur des *Ballades françaises.*

FORTALEZA, port du Brésil, cap. de l'État de Ceará ; 1 758 334 h.

FORT-ARCHAMBAULT → ***Sarh.***

FORT-DE-FRANCE (97200), anc. **Fort-Royal,** ch.-l. de la Martinique ; 101 540 h.

FORT-GOURAUD → ***F'Derick.***

FORTH (le), fl. d'Écosse, qui se jette dans le *Firth of Forth* (mer du Nord).

FORT-LAMY → ***N'Djamena.***

FORT MCMURRAY, v. du Canada (Alberta) ; 34 706 h. Traitement des sables bitumineux.

FORT-MAHON-PLAGE (80790), comm. de la Somme ; 1 045 h. Station balnéaire.

FORTUNAT (*saint* Venance) → ***Venance Fortunat*** *(saint).*

FORTUNE, divinité romaine du Destin.

FORTUNÉES *(îles),* anc. nom des *îles Canaries**.

FORT WAYNE, v. des États-Unis (Indiana) ; 173 072 h.

FORT WORTH, v. des États-Unis (Texas), près de Dallas ; 447 619 h. Musées.

FOS [fɔs] *(golfe de),* golfe des Bouches-du-Rhône, près de Marseille. Ses rives constituent une grande zone industrielle (terminaux pétrolier et gazier et sidérurgie, notamment).

FOSBURY (Richard, dit **Dick**), athlète américain (Portland, Oregon, 1947), champion olympique en 1968 et créateur d'un style nouveau dans le saut en hauteur.

FOSCARI (Francesco), doge de Venise (Venise 1373 - *id.* 1457). Doge en 1423, il lutta contre Milan et le pape Nicolas V. Sous son règne, son fils Jacopo, accusé de trahison, fut banni.

FOSCOLO (Ugo), écrivain italien (Zante 1778 - Turnham Green, près de Londres, 1827), auteur des *Dernières Lettres de Jacopo Ortis* (1802), roman qui eut une grande influence sur les patriotes du XIXᵉ s.

FOSHAN ou **FO-CHAN,** v. de Chine (Guangdong) ; 300 000 h.

FOSSES (95470), comm. du Val-d'Oise ; 9 638 h.

FOS-SUR-MER (13270), comm. des Bouches-du-Rhône, sur le *golfe de Fos ;* 12 204 h. Port pétrolier. Raffinage du pétrole. Sidérurgie.

FOSTER (Norman), architecte britannique (Manchester 1935). Il s'est spécialisé depuis la fin des années 60 dans une architecture métallique à hautes performances (banque à Hongkong, 1979-1985 ; Carré d'art de Nîmes, 1984-1993).

FOUAD → ***Fu'ād.***

FOUCAULD (Charles, *vicomte,* puis *Père* **de**), explorateur et missionnaire français (Strasbourg 1858 - Tamanrasset 1916). Officier converti et devenu prêtre (1901), il s'installa dans le Sud algérien, puis (1905) à Tamanrasset, où il étudia la langue des Touareg. Il fut tué par des pillards senousis. Plusieurs congrégations religieuses s'inspirent des règles qu'il a écrites et continuent son apostolat saharien. *(V. illustration p. 1331.)*

FOUCAULT (Léon), physicien français (Paris 1819 - *id.* 1868). Il inventa le gyroscope, démontra, grâce au pendule, le mouvement de rotation de la Terre et découvrit les courants induits dans les masses métalliques. Il détermina la vitesse de la lumière dans différents milieux.

FOUCAULT (Michel), philosophe français (Poitiers 1926 - Paris 1984). Son analyse des institutions répressives (l'asile, la prison) est étayée par une conception nouvelle de l'histoire, marquée selon lui par des « coupures épistémologiques », et une critique radicale des sciences humaines (*les Mots et les Choses,* 1966).

FOUCHÉ (Joseph), *duc* **d'Otrante,** homme politique français (Le Pellerin, près de Nantes, 1759 - Trieste 1820). Conventionnel montagnard, chargé de mission dans les départements du Centre, il réprima brutalement l'insurrection de Lyon (1793) et mena une politique active de déchristianisation et d'action révolutionnaire. Ministre de la Police sous le Directoire, le Consulat puis l'Empire (jusqu'en 1810) et durant les Cent-Jours, il se rendit indispensable après Waterloo (1815), mais dut s'exiler en 1816 comme régicide.

FOU-CHOUEN → ***Fushun.***

FOUCQUET → ***Fouquet*** *(Nicolas).*

FOUESNANT [fwɛnɑ̃] (29170), ch.-l. de c. du Finistère ; 6 683 h. *(Fouesnantais).* Station balnéaire (Beg-Meil).

FOUGÈRES (35300), ch.-l. d'arr. d'Ille-et-Vilaine ; 23 138 h. *(Fougerais).* Chaussures. Confection. Constructions électriques. Château des XIIᵉ-XVᵉ s. Deux églises gothiques.

FOUGEROLLES (70220), comm. de la Haute-Saône ; 4 324 h. Eaux-de-vie.

FOUJITA (Fujita Tsuguharu, baptisé **Léonard),** peintre et graveur français d'origine japonaise (Tōkyō 1886 - Zurich 1968). Il a connu le succès, à Paris, dès 1915, avec une peinture qui allie réalisme et poésie, technique occidentale et souvenirs d'une tradition orientale raffinée.

FOU-KIEN → ***Fujian.***

FOULANI → ***Peul.***

FOULBÉ → ***Peul.***

FOULD (Achille), homme politique et banquier français (Paris 1800 - Laloubère, Hautes-Pyrénées, 1867). Adepte du saint-simonisme, ministre des Finances (1849-1852 et 1861-1867), il se montra partisan du libre-échange et fonda, avec les frères Pereire, le Crédit mobilier (1852).

FOULLON (Joseph François), contrôleur général des Finances (Saumur 1717 - Paris 1789). Il fut pendu par le peuple après la prise de la Bastille.

FOULQUES ou **FOULQUE,** prélat franc (v. 840-900). Archevêque de Reims (883), il permit l'accession de Charles le Simple au trône de France et devint son chancelier (898). Il fut assassiné sur ordre de Baudouin de Flandre.

FOULQUES, nom de plusieurs comtes d'Anjou au Moyen Âge, parmi lesquels : **Foulques III Nerra** ou *le Noir* (972 - Metz v. 1040), vainqueur des Bretons et du comte de Rennes, Conan Iᵉʳ ; — **Foulques IV** *le Réchin* (Château-Landon 1043 - Angers 1109), compétiteur de Guillaume le Conquérant pour le comté du Maine et époux malheureux de Bertrade de Montfort, qui le quitta pour épouser Philippe Iᵉʳ, roi de France ; — **Foulques V** *le Jeune* (1095-dans le royaume de Jérusalem 1143), qui fut roi de Jérusalem (1131-1143).

FOULQUES de Neuilly, prédicateur français (m. à Neuilly-sur-Marne en 1202). Innocent III lui fit prêcher la 4ᵉ croisade (1198).

FOUQUET (Jean), peintre et miniaturiste français (Tours v. 1415/1420 - *id.* entre 1478 et 1481). Il s'initia aux nouveautés de la Renaissance italienne lors d'un séjour prolongé à Rome (v. 1445), où, déjà très estimé, il fit un portrait du pape Eugène IV. La maturité de son style, monumental et sensible, apparaît dans le diptyque, auj. démembré, comprenant la *Vierge* (peut-être sous les traits d'A. Sorel, musée d'Anvers) et *Étienne Chevalier avec saint Étienne* (Berlin), ainsi que dans des miniatures, comme celles des *Heures d'É. Chevalier* (av. 1460, Chantilly) ou des *Antiquités judaïques* (v. 1470, B. N.). Il est aussi l'auteur des portraits de *Charles VII* et de *Juvénal des Ursins* (Louvre) et, sans doute, de la *Pietà* de l'église de Nouans (Indre-et-Loire).

Jean **Fouquet :** *Étienne Chevalier avec saint Étienne,* volet gauche du *Diptyque de Melun* (v. 1452). [Staatliche Museen, Berlin-Dahlem.]

FOUQUET ou **FOUCQUET** (Nicolas), *vicomte* **de Vaux,** homme d'État français (Paris 1615 - Pignerol 1680). Procureur général au parlement de Paris (1650), puis surintendant général des Finances (1653), il employa son immense fortune au mécénat des artistes et des écrivains (Molière, La Fontaine, Pellisson), construisit le château de Vaux et suscita ainsi la jalousie de Louis XIV. Colbert établit le dossier qui permit au roi de faire arrêter puis condamner (1664) Fouquet à l'exil, peine qui fut transformée en une détention rigoureuse au fort de Pignerol.

FOUQUIÈRES-LÈS-LENS (62740), comm. du Pas-de-Calais ; 7 068 h.

FOUQUIER-TINVILLE (Antoine Quentin), magistrat et homme politique français (Hérouel, Picardie, 1746 - Paris 1795). Accusateur public du Tribunal révolutionnaire, il se montra impitoyable sous la Terreur et fut exécuté lors de la réaction thermidorienne.

FOURAS (17450), comm. de la Charente-Maritime ; 3 252 h. Station balnéaire.

Léon **Foucault**

Michel **Foucault**

Joseph **Fouché** (E.L. Dubufe - château de Versailles)

Charles **Fourier** (J. Gigoux - musée Granvelle, Besançon)

FOURASTIÉ (Jean), économiste français (Saint-Bénin, Nièvre, 1907 - Douelle, Lot, 1990), analyste perspicace de la société industrielle contemporaine.

Fourberies de Scapin (les), comédie en trois actes et en prose, de Molière (1671).

FOURCHAMBAULT (58600), comm. de la Nièvre, sur la Loire ; 5 142 h. *(Fourchambaultais).* Constructions mécaniques et électriques.

FOURCHES CAUDINES → ***Caudines*** *(fourches).*

FOURCROY (Antoine François, *comte* **de**), chimiste français (Paris 1755 - *id.* 1809). Il fut l'un des auteurs de la nomenclature chimique rationnelle (1787) et participa à l'organisation de l'enseignement public.

FOUREAU (Fernand), explorateur français (Saint-Barbant, Haute-Vienne, 1850 - Paris 1914). Il explora le Sahara, seul (1888-1896) ou accompagné d'une escorte dirigée par le commandant Lamy (1898-1900).

FOURIER (*saint* Pierre) → ***Pierre Fourier*** *(saint).*

FOURIER (Charles), philosophe et économiste français (Besançon 1772 - Paris 1837). Il préconisa une organisation sociale fondée sur de petites unités sociales autonomes, les phalanstères*, coopératives de production et de consommation, dont les membres sont solidaires, et composées d'hommes et de femmes de caractères et de passions opposés et complémentaires. Cette utopie sociale a été théorisée dans *le Nouveau Monde industriel et sociétaire* (1829) et, de 1832 à 1849, dans la revue *la Réforme industrielle ou le Phalanstère,* devenue *la Phalange.*

FOURIER (*baron* Joseph), mathématicien français (Auxerre 1768 - Paris 1830). En étudiant la propagation de la chaleur, il découvrit les séries trigonométriques dites *séries de Fourier,* puissant instrument mathématique. (Acad. fr.)

FOURMIES (59610), comm. du Nord, sur l'Helpe Mineure ; 14 852 h. *(Fourmisiens).* Industries mécaniques et textiles. Le 1er mai 1891, la troupe y réprima dans le sang une grève ouvrière. Musée du Textile et de la Vie sociale.

FOURNAISE *(piton de la),* volcan actif du sud-est de la Réunion ; 2 631 m.

FOURNEAU (Ernest), pharmacologiste français (Biarritz 1872 - Paris 1949), pionnier de la chimiothérapie, auteur de travaux sur les sulfamides et les antipaludéens de synthèse.

FOURNEYRON (Benoît), ingénieur français (Saint-Étienne 1802 - Paris 1867). À la suite des travaux de Claude Burdin, il réalisa la turbine hydraulique, qu'il breveta en 1832, et la fit entrer dans la pratique industrielle.

FOURNIER (Henri) → ***Alain-Fournier.***

FOURNIER (Pierre), violoncelliste français (Paris 1906 - Genève 1986). Il enseigna au Conservatoire de Paris (1941-1949) et s'est fait le défenseur de la musique contemporaine.

FOURONS (les), en néerl. **Voeren**, petite région de Belgique, constituant une commune (4 226 h.) à majorité francophone, rattachée à la province néerlandophone du Limbourg. Depuis un quart de siècle, elle est le terrain privilégié de la querelle linguistique entre Wallons et Flamands.

FOURQUES (30300), comm. du Gard ; 2 263 h. Départ (sur le Rhône) du canal d'irrigation du bas Languedoc.

FOURVIÈRE, colline de Lyon, dominant la Saône. Vestiges de Lugdunum (vaste théâtre, odéon) et musée, souterrain, de la Civilisation gallo-romaine. Basilique de pèlerinage N.-D. de Fourvière, élevée après 1870 à l'emplacement de sanctuaires antérieurs.

FOU-SIN → ***Fuxin.***

FOUSSERET (Le) [31430], ch.-l. de c. de la Haute-Garonne ; 1 386 h.

FOUTA-DJALON, massif de Guinée ; 1 515 m.

FOU-TCHEOU → ***Fuzhou.***

FOUX-D'ALLOS (la), écart de la comm. d'Allos (Alpes-de-Haute-Provence). Sports d'hiver (alt. 1 800-2 600 m).

FOVEAUX *(détroit de),* détroit de Nouvelle-Zélande, entre l'île du Sud et l'île Stewart.

FOX (Charles), homme politique britannique (Londres 1749 - Chiswick 1806). Chef du parti whig et adversaire de Pitt, il demeura toute sa vie partisan de l'alliance de son pays avec la France et les États-Unis.

FOX (George), mystique anglais (Drayton 1624 - Londres 1691), fondateur de la secte des quakers.

FOY *(sainte)* ou **FOI,** vierge et martyre (Agen IIIe s. ?). Son culte fut très populaire au Moyen Âge et sa légende a inspiré la célèbre *Chanson de sainte Foy,* en langue d'oc (XIIe s.).

FOY (Maximilien), général français (Ham 1775 - Paris 1825). Il couvrit la retraite de l'armée d'Espagne en 1814 et devint député libéral en 1819. Ses obsèques furent l'occasion d'une manifestation contre le régime de Charles X.

FRA ANGELICO → ***Angelico.***

FRACHON (Benoît), syndicaliste français (Le Chambon-Feugerolles, Loire, 1893 - Les Bordes, Loiret, 1975), secrétaire général (1936-1939, 1944-1967), puis président de la C. G. T. jusqu'à sa mort.

FRAGONARD (Jean Honoré), peintre et graveur français (Grasse 1732 - Paris 1806). Il est l'auteur de scènes galantes (série des *Progrès de l'amour,* coll. Frick, New York), de scènes de genre et de portraits où la fougue, la saveur s'allient à la grâce. Un de ses chefs-d'œuvre est *la Fête* à Saint-Cloud* (Banque de France, Paris). — Son fils, **Évariste** (Grasse 1780 - Paris 1850), fut un peintre de style troubadour.

Fragonard : *Portrait d'un jeune artiste.* (Louvre, Paris.)

FRAIZE (88230), ch.-l. de c. des Vosges ; 3 063 h.

FRAMERIES, comm. de Belgique (Hainaut) ; 21 270 h.

Franc Archer de Bagnolet (le), monologue comique (milieu du XVe s.), le meilleur spécimen du genre.

FRANCASTEL (Pierre), historien d'art français (Paris 1900 - *id.* 1970). Professeur de sociologie de l'art, il a étudié la peinture comme système figuratif exprimant de façon autonome, à chaque époque, un certain état de civilisation (*Peinture et société,* 1952 ; *la Réalité figurative,* 1965).

FRANCE, État de l'Europe occidentale, 549 000 km² ; 58 000 000 d'h. *(Français).* CAP. *Paris.* Autres villes de plus de 200 000 h. (dans l'ordre décroissant de la population de la commune seule) : *Marseille, Lyon, Toulouse, Nice, Strasbourg, Nantes, Bordeaux, Montpellier, Rennes* et *Saint-Étienne.* LANGUE : *français.* MONNAIE : *franc.*

INSTITUTIONS

□ CONSTITUTIONS

Avant 1789, seul un ensemble de traditions et d'institutions limitait l'action royale. En 1789, l'Assemblée nationale se déclara Constituante et limita la puissance royale par la Constitution de 1791, qui établissait la monarchie constitutionnelle et une Assemblée législative. Par la suite, les Constitutions se suivirent, très rapidement au début : Constitution de 1793, jamais appliquée ; Constitution de l'an III (1795), instituant le Directoire, le Conseil des Anciens et le Conseil des Cinq-Cents ; Constitution de l'an VIII (1799), établissant le Consulat et que complétèrent les sénatus-consultes de l'an X et de l'an XII ; Charte de 1814, puis l'Acte additionnel de Napoléon Ier en 1815 et, en 1830, après la révolution de Juillet, la Charte révisée ; la Constitution de 1848, instituant la République, le suffrage universel et une Assemblée législative ; la Constitution de 1852, plusieurs fois modifiée pendant le second Empire ; les « lois constitutionnelles » de 1875 (IIIe République). Aux termes de ces dernières, la France était une république unitaire ; le pouvoir exécutif était exercé par le président de la République, irresponsable, et par les ministres, responsables devant le Parlement ; le pouvoir législatif, par le Sénat et la Chambre des députés (Parlement). L'État français, né à Vichy en juillet 1940, fut organisé par des actes constitutionnels, puis par le maréchal Pétain, qui détint, en principe, l'ensemble des pouvoirs constitutionnel, exécutif et législatif. Une Assemblée constituante élue après la Libération vota en 1946 une Constitution, ratifiée par référendum, qui régit le pays jusqu'en 1958. À cette date, un référendum a approuvé une nouvelle Constitution préparée par le gouvernement du général de Gaulle, entrée en vigueur le 4 oct. 1958 et modifiée à la suite d'un référendum par la loi du 6 novembre 1962. Le président de la République, élu pour sept ans au suffrage universel direct, nomme le Premier ministre et, sur la proposition de celui-ci, les membres du gouvernement ; il promulgue les lois et peut soumettre au référendum tout projet de loi portant sur l'organisation des pouvoirs publics, ou tendant à autoriser la ratification d'un traité qui, sans être contraire à la Constitution, aurait des incidences sur le fonctionnement des institutions ; il peut, après consultation du Premier ministre et des présidents des Assemblées, prononcer la dissolution de l'Assemblée nationale ; dans certains cas graves (art. 16), il prend les mesures exigées par les circonstances, après consultation du Premier ministre, des présidents des Assemblées et du Conseil constitutionnel. Le gouvernement est responsable devant l'Assemblée nationale ; les fonctions de membre du gouvernement sont incompatibles avec l'exercice de tout mandat parlementaire, de toute fonction de représentation professionnelle à caractère national et de tout emploi public ou de toute activité professionnelle. Le Parlement, qui comprend l'Assemblée nationale (élue pour cinq ans au suffrage direct) et le Sénat (élu pour neuf ans — avec renouvellement triennal — au suffrage indirect), exerce le pouvoir législatif. L'Assemblée nationale met en cause la responsabilité du gouvernement par le vote d'une motion de censure : celle-ci, adoptée à la majorité de ses membres, oblige le gouvernement à démissionner. La Constitution définit la composition et les pouvoirs du Conseil constitutionnel, du Conseil supérieur de la magistrature, de la Haute Cour de justice et du Conseil économique et social. En 1992, la Constitution est modifiée en vue de la ratification du traité de Maastricht. En 1993, deux nouvelles révisions de la Constitution sont adoptées, l'une réformant le Conseil supérieur de la magistrature et la Haute Cour de justice (avec création de la Cour de justice de la République), l'autre concernant le droit d'asile. En 1995, une autre réforme constitutionnelle est votée, qui étend le champ du référendum aux questions économiques et sociales et qui modifie le fonctionnement du Parlement (une session unique de 9 mois, de début octobre à fin juin, remplaçant les deux sessions de 3 mois).

□ ADMINISTRATION

Le territoire est divisé en 21 Régions et la collectivité territoriale de Corse, entre lesquelles sont répartis les 96 départements métropolitains. La République compte également 4 départements d'outre-mer (Guadeloupe, Martinique, Réunion, Guyane), qui constituent aussi chacun une Région, 2 collectivités territoriales (Mayotte et Saint-Pierre-et-Miquelon), et des territoires d'outre-mer (Polynésie française, Nouvelle-Calédonie, îles Wallis-et-Futuna, terres australes et antarctiques [terre Adélie, îles Kerguelen, Crozet, Saint-Paul]). Chaque département est divisé en arrondissements, subdivisés en cantons et en communes. Avant la loi du 2 mars 1982 sur la décentralisation, le préfet était nommé par le gouvernement à la tête du département. Depuis 1982, il n'est plus que le représentant de l'État dans le département. Le président du conseil général — assisté de conseillers généraux élus au suffrage universel — est l'organe exécutif du département. Le président du conseil régional — assisté de conseillers régionaux élus depuis 1986 au suffrage universel — est l'organe exécutif de la Région. Depuis 1982, celle-ci est une collectivité locale au même titre que la commune et le département. La Corse est dotée d'un statut particulier (Assemblée de Corse). Des chambres régionales des comptes assurent le contrôle budgétaire des collectivités locales. L'administration de chaque commune est confiée à un maire, assisté d'un conseil municipal. Il existe en France 341 arrondissements (329 en métropole), 4 015 cantons (3 861) et 36 673 communes (36 559).

☐ **JUSTICE**

En France, la justice entre les particuliers est rendue par 473 tribunaux d'instance (tribunaux de police pour les contraventions) et 181 tribunaux de grande instance (tribunaux correctionnels pour les délits) [au moins un par département]. Certains litiges sont portés devant des tribunaux d'exception : tribunal de commerce, conseil de prud'hommes, etc. Les affaires d'une certaine importance peuvent être jugées une seconde fois par l'une des 33 cours d'appel. La Cour de cassation, juridiction suprême de l'ordre judiciaire, qui siège à Paris, juge en droit et non en fait, c'est-à-dire qu'elle juge les arrêts ou jugements, et les casse, s'il y a lieu, pour non-conformité à la loi ; elle juge également les pourvois en révision. Les cours d'assises, composées de juges et d'un jury populaire (9 jurés), jugent les crimes. La justice administrative est rendue par des tribunaux administratifs et, en appel, par des cours administratives d'appel et/ou par le Conseil d'État, juridiction suprême de l'ordre administratif. Le Tribunal des conflits tranche les conflits de compétence entre les tribunaux judiciaires et les tribunaux administratifs. La Cour des comptes juge les comptes des comptables publics et des chambres régionales des comptes.

☐ **MÉDIAS**

La liberté de la presse est proclamée par la loi du 29 juillet 1881. Quiconque est libre de créer un journal sous réserve d'en faire la déclaration préalable à l'Administration et de satisfaire aux formalités des dépôts. L'ordonnance du 26 août 1944 sur le statut des entreprises de presse est abrogée en 1986 par une loi qui allège les obligations de transparence. Le cumul des quotidiens au-delà d'un seuil de 30 % de la diffusion nationale est interdit. La communication audiovisuelle est coiffée par le *Conseil supérieur de l'audiovisuel* (C. S. A.), qui délivre les autorisations aux sociétés privées de radio et de télévision et nomme les P.-D. G. des chaînes publiques et des radios de service public. *Radio France* (France-Inter, France Culture, France-Musique...), *Radio France Internationale* (R. F. I.) et la *Société nationale de Radio-Télévision française d'Outre-Mer* (R. F. O.) sont des sociétés nationales de programmes de radiodiffusion. Les radios locales privées dites « radios libres » sont autorisées en 1981. La télévision comporte des chaînes publiques à diffusion nationale, *France 2* et *France 3*, *Télévision Française 1* (TF1) ayant été privatisée en 1987. *Canal Plus* est la première chaîne privée, par abonnement et avec décodeur, mise en service en 1984. Une autre chaîne privée non cryptée, *M6*, diffuse sur le territoire national. *Arte* et *La Cinquième* sont plus spécifiquement des chaînes à vocation culturelle. Télédiffusion de France (T. D. F.), qui assure la diffusion et la transmission des programmes de radio et télévision, la Société française de production et de création audiovisuelles (S. F. P.) et l'Institut national de l'audiovisuel (I. N. A.) sont en concurrence avec le secteur privé. La loi limite la concentration dans les médias (télédiffusion, radiodiffusion, câble, presse) et réglemente le cumul d'autorisations concernant la radio, la télévision et le câble.

☐ **ENSEIGNEMENT**

Sous le rapport de l'éducation, la France est divisée en 28 académies, administrées par des recteurs. Chaque académie a dans son ressort plusieurs départements, où le recteur est représenté par un inspecteur d'académie.

☐ **ORGANISATION ECCLÉSIASTIQUE**

En ce qui concerne l'administration de l'Église catholique romaine, la métropole est divisée en 95 diocèses (qui ne correspondent pas toujours aux limites départementales), parmi lesquels 74 évêchés et 18 archevêchés, l'archevêque de Chambéry contrôlant trois diocèses. Ces diocèses sont regroupés depuis 1961 en 9 régions apostoliques.

GÉOGRAPHIE

La France est aujourd'hui une puissance moyenne, couvrant seulement 0,4 % des terres émergées et comptant à peine plus de 1 % de la population mondiale. Mais elle appartient au groupe restreint des pays développés et conserve d'un passé prestigieux un rayonnement politique et culturel débordant largement le cadre hexagonal et même européen.

Le milieu naturel est caractérisé par l'extension des plaines et des bas plateaux (plus des deux tiers du territoire sont au-dessous de 250 m) ; la montagne elle-même est souvent bordée ou pénétrée par des vallées, voies de circulation et de peuplement. La latitude, la proximité de l'Atlantique et aussi la disposition du relief expliquent la dominante océanique du climat, caractérisé par l'instabilité des types de temps, la faiblesse des écarts de température, la relative abondance et la fréquence des précipitations. La rigueur de l'hiver s'accroît cependant vers l'intérieur, alors que la frange méridionale connaît un climat de type méditerranéen, marqué surtout par la chaleur et la sécheresse de l'été. L'ancienneté et la relative densité du peuplement, l'étendue des cultures expliquent la quasi-disparition de la végétation naturelle, mais la forêt occupe environ le quart du territoire.

La population s'accroît à un rythme réduit aujourd'hui (0,3 à 0,4 % par an), en raison d'un faible taux de natalité (inférieur à 15 ‰). La population vieillit : seulement 20 % de moins de 15 ans dans la population totale et près de 15 % de 65 ans et plus. Déjà, dans de nombreux départements (essentiellement au S. de la Loire), les décès sont plus nombreux que les naissances. Les immigrés représentent environ 8 % de la population totale (part constante) mais localement (dans les grandes agglomérations) parfois 10 à 15 %.

Environ 75 % des Français vivent dans les villes, dont près de 40 dépassent 100 000 h. L'agglomération parisienne concentre le sixième des Français (loin devant les agglomérations de Lyon et Marseille). La population active représente environ 25 millions de personnes, parmi lesquelles plus de 12 % sont à la recherche d'un emploi. L'agriculture occupe aujourd'hui seulement 5 % des actifs, l'industrie, moins de 30 %. Les services (administration, commerce, banques, transports, armée, etc.) emploient environ deux tiers des Français.

L'industrie, dans le cadre de la mondialisation des échanges, de la division internationale du travail, a connu des fortunes diverses. Des branches anciennement développées ont souffert, comme le textile ou la sidérurgie. Des branches plus élaborées, comme la construction

(Suite du texte p. 1339.)

les Régions

1 Alsace
2 Aquitaine
3 Auvergne
4 Bourgogne
5 Bretagne
6 Centre
7 Champagne-Ardenne
8 Corse (collectivité terr.)
9 Franche-Comté
10 Île-de-France
11 Languedoc-Roussillon
12 Limousin
13 Lorraine
14 Midi-Pyrénées
15 Nord-Pas-de-Calais
16 Normandie (Basse-)
17 Normandie (Haute-)
18 Pays de la Loire
19 Picardie
20 Poitou-Charentes
21 Provence-Alpes-Côte d'Azur
22 Rhône-Alpes

les départements

Nom	*Code*	*Région*
Ain	01	22
Aisne	02	19
Allier	03	3
Alpes-de-Haute-Provence	04	21
Alpes (Hautes-)	05	21
Alpes-Maritimes	06	21
Ardèche	07	22
Ardennes	08	7
Ariège	09	14
Aube	10	7
Aude	11	11
Aveyron	12	14
Belfort (Territoire de)	90	9
Bouches-du-Rhône	13	21
Calvados	14	16
Cantal	15	3
Charente	16	20
Charente-Maritime	17	20
Cher	18	6
Corrèze	19	12
Corse-du-Sud	2A	8
Corse (Haute-)	2B	8
Côte-d'Or	21	4
Côtes-d'Armor	22	5
Creuse	23	12
Dordogne	24	2
Doubs	25	9
Drôme	26	22
Essonne	91	10
Eure	27	17
Eure-et-Loir	28	6
Finistère	29	5
Gard	30	11
Garonne (Haute-)	31	14
Gers	32	14
Gironde	33	2
Hauts-de-Seine	92	10
Hérault	34	11
Ille-et-Vilaine	35	5
Indre	36	6
Indre-et-Loire	37	6
Isère	38	22
Jura	39	9
Landes	40	2
Loir-et-Cher	41	6
Loire	42	22
Loire (Haute-)	43	3
Loire-Atlantique	44	18
Loiret	45	6
Lot	46	14
Lot-et-Garonne	47	2
Lozère	48	11
Maine-et-Loire	49	18
Manche	50	16
Marne	51	7
Marne (Haute-)	52	7
Mayenne	53	18
Meurthe-et-Moselle	54	13
Meuse	55	13
Morbihan	56	5
Moselle	57	13
Nièvre	58	4
Nord	59	15
Oise	60	19
Orne	61	16
Paris (Ville de)	75	10
Pas-de-Calais	62	15
Puy-de-Dôme	63	3
Pyrénées-Atlantiques	64	2
Pyrénées (Hautes-)	65	14
Pyrénées-Orientales	66	11
Rhin (Bas-)	67	1
Rhin (Haut-)	68	1
Rhône	69	22
Saône (Haute-)	70	9
Saône-et-Loire	71	4
Sarthe	72	18
Savoie	73	22
Savoie (Haute-)	74	22
Seine-Maritime	76	17
Seine-et-Marne	77	10
Seine-Saint-Denis	93	10
Sèvres (Deux-)	79	20
Somme	80	19
Tarn	81	14
Tarn-et-Garonne	82	14
Val-de-Marne	94	10
Val-d'Oise	95	10
Var	83	21
Vaucluse	84	21
Vendée	85	18
Vienne	86	20
Vienne (Haute-)	87	12
Vosges	88	13
Yonne	89	4
Yvelines	78	10
Guadeloupe	971	
Martinique	972	
Guyane	973	
Réunion	974	

FRANCE

MER DU NORD
MANCHE
ATLANTIQUE
GOLFE DE GASCOGNE
MÉDITERRANÉE
GRANDE-BRETAGNE
Birmingham
Leicester
Oxford
Cardiff
LONDRES
Tamise
Canal de Bristol
Bristol
Southampton
Douvres
Plymouth
I. de Wight
Pas de Calais
PAYS-BAS
AMSTERDAM
LA HAYE
Rotterdam
Utrecht
Rhin
Munster
Dortmund
Duisburg
Essen
Düsseldorf
Cologne
Bonn
Gand
Anvers
BRUXELLES
BELGIQUE
Liège
ALLEMAGNE
Wiesbaden
LUXEMBOURG
Moselle
Karlsruhe
Dunkerque
Calais
Boulogne-sur-Mer
Tourcoing
Lille
Roubaix
Douai
NORD-PAS-DE-CALAIS
Arras
Valenciennes
Somme
Dieppe
Amiens
St-Quentin
Charleville-Mézières
C. de la Hague
Aurigny
Guernesey
Îles Anglo-Normandes
Jersey
Golfe de St-Malo
Pte de Barfleur
Cherbourg
Le Havre
HAUTE-NORMANDIE
PICARDIE
Beauvais
Oise
Laon
Seine
Rouen
St-Lô
Caen
Évreux
Pontoise
Reims
Thionville
Metz
ALSACE
Meuse
BASSE-NORMANDIE
Nanterre
Bobigny
PARIS
Créteil
Châlons-en-Champagne
CHAMPAGNE-ARDENNE
Nancy
Strasbourg
Brest
St-Malo
St-Brieuc
BRETAGNE
Alençon
Versailles
Chartres
ÎLE-DE-FRANCE
Évry
Melun
Bar-le-Duc
LORRAINE
Quimper
Rennes
Vilaine
Troyes
Épinal
Colmar
Vosges
Chaumont
Lorient
Vannes
Laval
Le Mans
PAYS DE LA LOIRE
Orléans
Marne
Mulhouse
Belle-Île
Angers
Loir
Tours
Blois
Loire
Auxerre
Vesoul
Belfort
Montbéliard
St-Nazaire
Nantes
CENTRE
Yonne
Dijon
Saône
Besançon
FRANCHE-COMTÉ
Jura
Noirmoutier
Saumur
Bourges
BOURGOGNE
Nevers
BERNE
SUISSE
La Roche-sur-Yon
Châtellerault
Indre
Cher
Châteauroux
Chalon-sur-Saône
Doubs
Lons-le-Saunier
Lausanne
Yeu
Poitiers
Allier
Moulins
Ain
L. Léman
Rhône
Niort
Vienne
Creuse
Montluçon
Mâcon
Ré
La Rochelle
Guéret
Vichy
Bourg-en-Bresse
Genève
Oléron
POITOU-CHARENTES
Charente
LIMOUSIN
Clermont-Ferrand
Roanne
Annecy
Mt Blanc 4807
Limoges
Lyon
Villeurbanne
Angoulême
Puy de Sancy 1885
St-Étienne
RHÔNE-ALPES
Chambéry
Gironde
Tulle
Dordogne
AUVERGNE
Isère
Grenoble
Périgueux
Isle
Massif Central
Le Puy-en-Velay
Turin
Aurillac
Valence
Alpes
Bordeaux
Privas
Gap
ITALIE
AQUITAINE
Lot
Cahors
Mende
Montélimar
Durance
Landes
Agen
MIDI-PYRÉNÉES
Rodez
PROVENCE-ALPES-CÔTE D'AZUR
Var
Mont-de-Marsan
Aveyron
Montauban
Albi
Alès
Digne-les-Bains
Tarn
Avignon
Adour
Nîmes
Verdon
Nice
MONACO
Agout
Hérault
Auch
Toulouse
Aix-en-Provence
Cannes
Bayonne
Bilbao
Pau
Tarbes
Garonne
LANGUEDOC-ROUSSILLON
Montpellier
Carcassonne
Béziers
Marseille
Toulon
Côte d'Azur
Golfe du Lion
Foix
P. d'Aneto 3404
ANDORRE
Perpignan
Pyrénées
ESPAGNE
Saragosse
Èbre
Barcelone
MADRID
C. Corse
Bastia
Calvi
Corte
CORSE
Ajaccio
Bonifacio
0°
5°
45°
50°
0 50 100 km
200 500 1000 m
aéroport
route
autoroute
voie ferrée
plus de 1 000 000 h.
de 500 000 à 1 000 000 h.
de 100 000 à 500 000 h.
moins de 100 000 h.
Caen chef-lieu de région
St-Lô chef-lieu de département

COURS D'EAU	*Longueur en km*
Rhin (190 km sur la frontière française)	1 320
Loire	1 020
Rhône (522 km en France)	812
Meuse	950
Seine	776
Garonne	650
Moselle	550
Marne	525
Lot	480
Saône	480
Dordogne	472
Doubs	430
Allier	410
Tarn	375
Charente	360
Vienne	350
Cher	350
Adour	335
Loir	311
Durance	305
Oise	302
Yonne	293
Isère	290
Sarthe	285
Aisne	280
Indre	265
Creuse	255
Aveyron	250
Aube	248
Somme	245
Vilaine	225
Eure	225

LACS	*Superficie en km²*
Lac Léman	582
Marne (réservoir)	48
Lac du Bourget	45
L. de Grand-Lieu	37
L. de Serre-Ponçon	30
Lac d'Annecy	27
Seine (réservoir)	23

PHYSIQUE

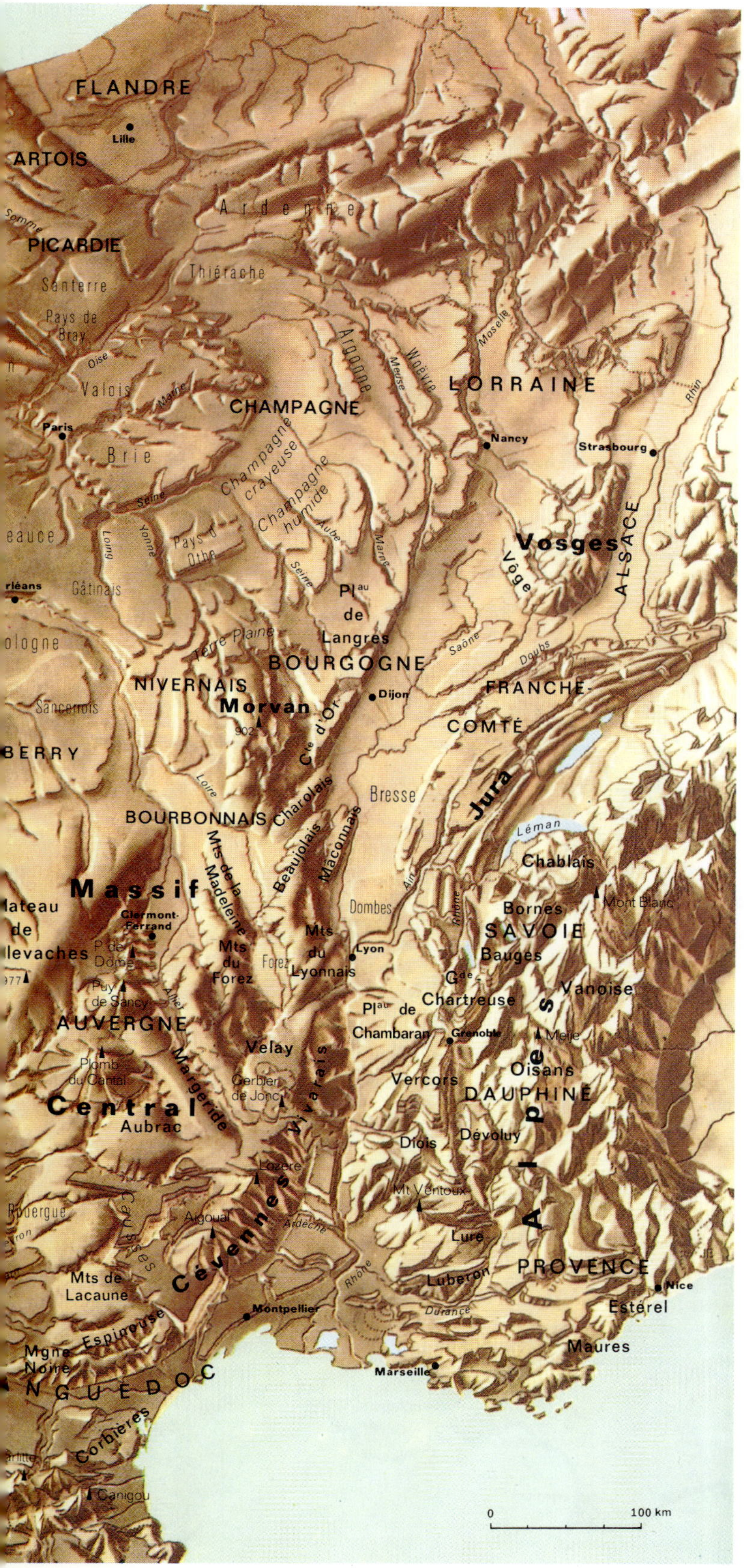

ALPES	Altitude en m
Mont Blanc	4 807
Dôme du Goûter	4 304
Grandes Jorasses	4 208
Barre des Écrins	4 102
Aiguille du Géant	4 013
Meije	3 983
Pelvoux	3 946
Grande Casse	3 852
Mont Pourri	3 779
Mont Cenis	3 610
Ventoux	1 909
Luberon	1 125
PYRÉNÉES	
Pic de Vignemale	3 298
Pic de Néouvielle	3 091
Pic Carlitte	2 921
Pic du Midi d'Ossau	2 884
Pic du Midi de Bigorre	2 865
Pic du Canigou	2 784
Pic d'Anie	2 504
CORSE	
Monte Cinto	2 710
JURA	
Crêt de la Neige	1 718
Grand Colombier	1 531
VOSGES	
Grand Ballon	1 424
Hohneck	1 362
Ballon d'Alsace	1 247
MASSIF CENTRAL	
Puy de Sancy	1 885
Plomb du Cantal	1 855
Puy Mary	1 787
Mézenc	1 753
Aigoual	1 565
Puy de Dôme	1 465

FORMATION TERRITORIALE DE LA FRANCE

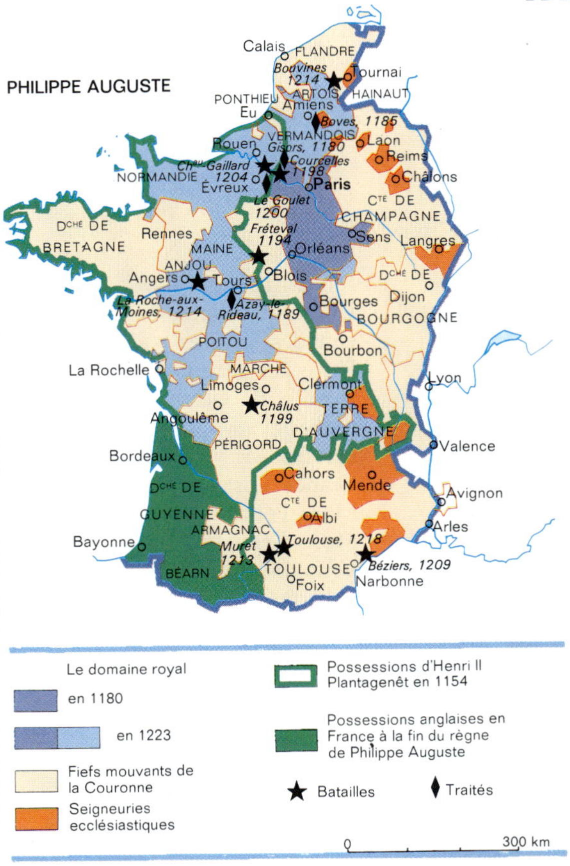

mécanique (automobile, aéronautique) et électrique, la chimie, résistent mieux, de même que l'agroalimentaire. Dans le domaine énergétique, le nucléaire a partiellement compensé le déclin continu du charbon et le recul, plus récent, du pétrole (presque totalement importé) et fournit environ les trois quarts de la production totale d'électricité. Des régions ont été durement touchées, comme le Nord et la Lorraine précocement industrialisés. La modernisation du réseau de transport est permanente dans le domaine ferroviaire (T. G. V.) et routier (plus de 10 000 km de voies autoroutières), cependant que le réseau aérien intérieur s'est densifié.
La persistance de l'exode rural (cependant ralenti) n'empêche pas la France de demeurer, et de loin, la première puissance agricole de l'Union européenne, fournissant notamment blé, vins, viande et produits laitiers.
La France exporte aujourd'hui environ 20 % de sa production (pour plus de moitié vers ses partenaires de l'Union européenne), vendant surtout des produits industriels (automobiles, avions, etc.) mais aussi des excédents agricoles (parfois difficiles à écouler). Les achats de matières premières minérales et énergétiques (pétrole notamment) n'empêchent pas un (récent) excédent de la balance commerciale. La situation de la balance des paiements est améliorée par l'excédent du solde du tourisme. L'inflation a reculé, mais sans s'accompagner d'un net accroissement de la compétitivité industrielle sur le plan international, alors que la concurrence est vive, venant des autres États développés, mais aussi de pays récemment industrialisés (Asie du Sud-Est notamment). La croissance ne suffit pas à réduire le poids du chômage, préoccupation majeure. *(V. cartes pp. 1335-1337.)*

HISTOIRE

La préhistoire. 1 million d'années-90000 (paléolithique ancien ou inférieur) : arrivée probable des premiers habitants, et éclosion des premières industries lithiques (galets aménagés, acheuléen, abbevillien). 90000-40000 (paléolithique moyen) : l'outillage se diversifie (levalloisien, moustérien) ; à l'*Homo erectus* succède l'homme de Neandertal, dont l'habitat est organisé et qui pratique le culte des morts. Les principaux gisements sont ceux de La Chapelle-aux-Saints, du Moustier, de la Ferrassie, d'Arcy-sur-Cure et de Biache-Saint-Vaast. 40000-8000 (paléolithique supérieur) : l'*Homo sapiens* fait son apparition ; l'industrie lithique comporte le débitage laminaire (périgordien, aurignacien, solutréen, magdalénien), naissance de l'industrie osseuse ; des formes d'art sont attestées (peintures rupestres de Lascaux, Font-de-Gaume, Niaux, art mobilier des Eyzies, la Madeleine, etc.). 8000-Ve millénaire (mésolithique ou épipaléolithique) : sous l'effet de l'adoucissement du climat (fin de la glaciation de Würm), les chasseurs-cueilleurs évoluent vers une économie de production. Le travail de la pierre est renouvelé par la création d'industries microlithiques (sauveterrien, tardenoisien, azilien, etc.). Ve millénaire-début du IIIe millénaire (néolithique) : des communautés villageoises pratiquent l'agriculture, chassent à l'arc et aux flèches, inventent de nouvelles formes de pêche et multiplient les innovations techniques (pierre polie). C'est l'époque du mégalithisme*. IIIe millénaire (chalcolithique ou énéolithique) : la métallurgie fait ses débuts, avec l'usage du cuivre. Ce qui sera la France compte peut-être 2 millions d'habitants. IIe millénaire (âge du bronze) : une civilisation aux fonctions plus diversifiées s'organise, avec des guerriers et des marchands, agents d'un commerce à la recherche de métaux (cuivre et surtout étain, en provenance de Bretagne et de Grande-Bretagne). Ier millénaire (âge du fer) : les civilisations de Hallstatt*, de La Tène* portent témoignage d'une métallurgie de très belle qualité, d'un art funéraire évolué en ce qui concerne les sépultures des chefs (chars d'apparat, très beau mobilier funéraire, attesté notamm. à Vix). Cette époque, qui est celle du passage à l'histoire, est marquée aussi par l'installation des Celtes, dont la civilisation s'organise autour d'*oppida* (Ensérune) contenant des sanctuaires (Entremont, Roquepertuse).

La Gaule romaine. 58-51 av. J.-C.-ve s. apr. J.-C. : de la conquête par Jules César aux invasions barbares, après les résistances initiales (Vercingétorix), une brillante culture, gallo-romaine, se développe. (→ ***Gaule.***)

Francs et Mérovingiens. Ve s. : les grandes invasions mettent fin à la domination romaine : Vandales, Wisigoths traversent le pays. Les Huns sont arrêtés aux champs Catalauniques. Les Francs, avec Clovis, se rendent maîtres de la plus grande partie du territoire. 511 : à la mort de Clovis se forment les trois royaumes mérovingiens d'Austrasie, Neustrie et Bourgogne, qui se combattent et ne retrouvent un semblant d'unité que de façon éphémère. Milieu du VIIe s. - milieu du VIIIe s. : les « rois fainéants » perdent l'Aquitaine et l'Armorique ; la réalité du pouvoir appartient à l'aristocratie et en partie aux « maires du palais »: Le plus important, Pépin de Herstal, se rend maître des trois royaumes (687) et son fils, Charles Martel, écrase les Sarrasins à Poitiers (732). 751 : Pépin le Bref élimine le dernier Mérovingien, se fait couronner roi, et fonde ainsi la dynastie carolingienne.

Les Carolingiens. 768-814 : Charlemagne, protecteur de la papauté, couronné empereur à Rome par Léon III (800), crée un empire allant de l'Èbre à l'Elbe et favorise un renouveau culturel et artistique. 814-840 : Louis Ier le Pieux se heurte à la révolte de ses fils. 843 : au traité de Verdun, l'Empire est partagé en trois royaumes. 843-987 : Charles le Chauve, premier roi de France — *Francia occidentalis* — (jusqu'en 877), et ses successeurs ne savent pas résister aux prétentions de l'aristocratie féodale, ni faire obstacle aux invasions vikings en Normandie (911 notamm.).

La force des Capétiens. 987 : Hugues Capet, élu roi, fonde la dynastie capétienne. Il fait sacrer son fils de son vivant, pour assurer le principe dynastique. 987-1108 : Hugues et ses trois successeurs (Robert II, Henri Ier et Philippe Ier) ne dominent réellement qu'un petit domaine autour de Paris. XIIe s. : Louis VI le Gros et Louis VII le Jeune agrandissent ce domaine et affermissent leur pouvoir face aux féodaux. Un puissant réveil religieux (Cluny, chevalerie, croisades), économique et urbain (communes), la constitution d'une bourgeoisie, le développement culturel et artistique (passage de l'art roman à l'art gothique) marquent ces règnes heureux, malgré la menace que fait peser sur la France le renforcement de l'« Empire angevin » des rois d'Angleterre (Plantagenêts). 1180-1223 : Philippe Auguste donne à la monarchie son caractère national par sa lutte contre la coalition formée par l'Angleterre, la Flandre et l'Empire (victoire de Bouvines, 1214). 1226-1270 : Louis IX (Saint Louis), par sa réputation de vertu et sa mort à la croisade, achève d'assurer le prestige de la monarchie. 1285-1314 : s'appuyant sur le droit romain, Philippe IV le Bel renforce l'appareil administratif de la royauté et affermit son indépendance par rapport au pouvoir temporel de l'Église. 1328 : Charles IV le Bel meurt sans fils. La couronne passe à un prince Valois, Philippe VI.

Le temps troublé des Valois. 1328-1440 : la guerre de Cent Ans assombrit le règne des premiers Valois. Sous Philippe VI et Jean II, les défaites s'accumulent (Crécy, 1346 ; Poitiers, 1356) ; l'Angleterre s'implante dans le Sud-Ouest. Cependant, la peste noire fait des ravages (1347-1349). Charles V, avec du Guesclin, rétablit la situation (1364-1380). Celle-ci se détériore de nouveau sous Charles VI, le roi fou (1380-1422) : la monarchie ne peut résister à l'alliance du duché de Bourgogne et de l'Angleterre et, après la défaite d'Azincourt (1415), le traité de Troyes (1420) rend l'Angleterre maîtresse du pays. Charles VII (1422-1461), le « roi de Bourges », a plus de succès, grâce, d'abord, à l'aide de Jeanne d'Arc (délivrance d'Orléans en 1429). Les Anglais sont « boutés hors de France », les finances restaurées (Jacques Cœur), une armée permanente est organisée ; l'autorité royale s'étend même à l'Église nationale (pragmatique sanction de Bourges, 1438). 1461-1483 : le redressement se confirme sous Louis XI, qui triomphe des féodaux, recueille l'héritage de la maison d'Anjou et, par sa victoire sur Charles le Téméraire, acquiert le duché de Bourgogne (1482) ; mais il voit se constituer la formidable puissance des Habsbourg. 1483-1515 : Charles VIII (qui épouse l'héritière de la Bretagne) et Louis XII engagent les guerres d'Italie. 1515-1547 : François Ier poursuit la politique italienne, conquiert le Milanais (Marignan, 1515), signe la *paix perpétuelle* avec les cantons suisses (1516), fait alliance avec le pape et les Ottomans contre les Habsbourg, mais ne peut éviter l'alliance de ceux-ci avec l'Angleterre ; il renforce la monarchie, à l'intérieur, et favorise la Renaissance. 1547-1589 : sous Henri II (1547-1559), la lutte continue contre les Habsbourg et l'Angleterre ; le développement du calvinisme provoque les guerres de Religion, qui, culminant en 1572 avec la Saint-Barthélemy, ruinent le pays et affaiblissent l'autorité royale sous ses successeurs François II, Charles IX et Henri III.

Le temps des Bourbons. 1589-1610 : Henri de Navarre (Henri IV), gendre d'Henri II, hérite de la couronne. Il pacifie et reconstitue la France, assure la liberté de culte aux protestants (édit de Nantes, 1598), restaure, avec Sully, les finances et l'économie. 1610-1643 : après la crise de l'autorité monarchique pendant la régence de Marie de Médicis (1610-1624), Louis XIII, appuyé sur Richelieu, élimine le danger protestant d'« État dans l'État », abaisse les oligarchies féodales, développe l'absolutisme et la centralisation monarchiques (intendants), crée le premier empire colonial (Canada), mais appauvrit le pays en l'engageant dans la guerre de Trente Ans contre les Habsbourg. 1643-1715 : le règne de Louis XIV commence par des troubles, dus à la minorité du roi ; la révolte des Grands (Fronde, 1648-1652) échoue cependant, grâce à l'autorité de Mazarin. La Réforme catholique se renforce, face au protestantisme ; la France triomphe de l'Espagne, au traité des Pyrénées (1659) ; elle y gagne l'Artois et le Roussillon. Après 1661, le monarque (le *Roi-Soleil*), constructeur de Versailles, incarne l'absolutisme royal, l'impose même à l'Église (lutte contre les jansénistes, Port-Royal, défense du gallicanisme, condamnation du quiétisme) et aux protestants (révocation de l'édit de Nantes, 1685). Le classicisme triomphe dans les arts et les lettres. À l'extérieur, aux victoires et aux conquêtes des débuts (Flandre, Franche-Comté, Alsace ; guerres de Dévolution, 1667-68, et de Hollande, 1672-1678) succèdent des revers (ligue d'Augsbourg, 1686-1697 ; guerre de la Succession d'Espagne, 1701-1714), qui s'accompagnent de misère. 1715-1774 : le règne de Louis XV commence par la régence de Philippe d'Orléans (1715-1723) qui prend le contre-pied de la politique de Louis XIV, dans le domaine des alliances (rapprochement avec l'Angleterre) comme dans celui des mœurs (licence et affairisme). À sa majorité, Louis XV confie le gouvernement de l'État au cardinal Fleury, et ne prend en main les affaires qu'après 1743. L'expansion démographique et commerciale ne compense pas les difficultés financières grandissantes, tandis que le nouvel esprit philosophique menace l'autorité de l'Église et celle du roi. Aux victoires de la guerre de la Succession d'Autriche (Fontenoy, 1745) succèdent les désastres de la guerre de Sept Ans et la perte de la plus grande partie de l'empire colonial au profit de l'Angleterre (traité de Paris, 1763). 1774-1789 : Louis XVI est impuissant à résoudre le problème financier et la crise économique des années 80 ; les réformateurs (Turgot, Necker) se heurtent aux privilèges nobiliaires. La politique extérieure rencontre plus de succès et l'intervention française assure l'indépendance américaine (traité de Versailles, 1783).

La Révolution. 1789 : les États généraux convoqués en mai se proclament dès juin Assemblée nationale constituante. Privilèges et droits féodaux sont abolis, une Déclaration des droits de l'homme est publiée (août) ; les biens du clergé, déclarés biens nationaux, sont vendus (nov.). 1790 : la proclamation d'une Constitution civile du clergé déclenche un schisme au sein de l'Église française ; la France est divisée en départements. 1791 : la Constitution de septembre instaure une monarchie constitutionnelle et censitaire avec assemblée unique.

Oct. 1791-sept 1792 : l'Assemblée constituante est remplacée par la Législative. Contre l'idée monarchique, le républicanisme fait école. L'étranger intervient contre la Révolution à partir d'avril ; les désastres extérieurs, les erreurs du roi (fuite à Varennes) provoquent la chute de la monarchie (10 août). Sept. 1792-oct. 1795 : la Convention nationale remplace la Législative. Les victoires se multiplient (Valmy, Jemmapes) : la Savoie et la Belgique sont annexées. La Ire République est proclamée (22 sept. 1792). Le roi est exécuté (21 janv. 1793). Un gouvernement révolutionnaire est institué (juin 1793-juill. 1794) : il instaure la Terreur et repousse la coalition ennemie. La chute de son chef, Robespierre, est suivie de la réaction thermidorienne (juill. 1794-oct. 1795). La rive gauche du Rhin est annexée ; une nouvelle Constitution proclamée (Constitution de l'an III). Oct. 1795-sept. 1799 : le nouveau régime, le Directoire, est faible et corrompu, dépassé à l'intérieur (coups d'État, anarchie, misère) et à l'extérieur, malgré les brillantes campagnes de Bonaparte en Italie (1796-97) puis en Égypte. De retour en France, Bonaparte se débarrasse du Directoire (coup d'État du 18 brumaire an VIII).

Le Consulat et l'Empire. 1799-1804 : Premier consul et maître absolu, Bonaparte pacifie le pays (Concordat, 1801 ; paix d'Amiens, 1802) et jette les bases d'un État fort et centralisé (préfets, cours d'appel, Banque de France, lycées, Code civil, etc.). 1804-1814 : l'Empire succède au Consulat. Bonaparte, devenu Napoléon Ier, instaure un régime de plus en plus autoritaire. Les victoires de 1805 (Austerlitz), 1806 (Iéna), 1807 (Eylau), 1809 (Wagram) lui permettent de constituer un vaste empire ; mais la puissance maritime britannique, intacte après Trafalgar (1805), la coûteuse guerre d'Espagne, le réveil allemand après Tilsit (1807), une politique religieuse impopulaire (captivité de Pie VII), la lourdeur des impôts et de la conscription et les désastres en Russie (1812) et en Allemagne (1813) ont finalement raison de lui. 1814 : Napoléon abdique une première fois. Les Bourbons sont restaurés (Louis XVIII). La France est réduite à ses frontières de 1792. 1815 : le retour de Napoléon (mars) marque le début des Cent-Jours, qui s'achèvent en catastrophe à Waterloo (18 juin). Napoléon abdique une seconde fois (22 juin). Le pays est envahi et occupé.

La Restauration et la IIe République. 1815-1830 : la seconde Restauration a pour souverains Louis XVIII, qui s'efforce de concilier les acquis révolutionnaires et le retour à la monarchie (la Charte), puis, à partir de 1824, Charles X, qui, en favorisant l'ultraroyalisme, provoque la révolution de juillet 1830 (les Trois Glorieuses) et sa propre chute. À l'extérieur, la France s'engage dans une politique coloniale avec la prise d'Alger (juill. 1830). 1830-1848 : Louis-Philippe Ier devient « roi des Français ». Mais un pouvoir fort (Guizot) favorise l'essor de la bourgeoisie possédante, tandis que la « révolution industrielle » provoque la formation d'un prolétariat ouvrier. Face à la prépondérance anglaise, la politique extérieure demeure prudente. La crise économique et morale des années 1846-1848 s'achève par la chute du régime (févr. 1848). 1848-1851 : la IIe République est proclamée. D'abord fraternelle et démocratique (suffrage universel, liberté de presse et de réunion), elle évolue, après l'insurrection ouvrière de juin 1848, vers la réaction, qui favorise l'ambition de Louis Napoléon Bonaparte, triomphalement élu président le 10 déc. 1848. Le 2 déc. 1851, par un coup d'État qu'entérine un plébiscite, celui-ci institue un régime présidentiel autoritaire.

Le second Empire. 1852-1870 : devenu l'empereur Napoléon III (2 déc. 1852), Louis Napoléon consolide son pouvoir. Son prestige international est assuré par la victoire franco-

Souverains, régimes et chefs d'État de la France

Mérovingiens

Chlodion (ou Clodion)	v. 428-v. 447
Mérovée	v. 447-v. 457
Childéric Ier	v. 457-481 ou 482
Clovis	481 ou 482-511
Premier partage (511). Austrasie.	
Thierry Ier	511-v. 534
Théodebert Ier ou Thibert	534-547/548
Théodebald ou Thibaud	547/548-555
Orléans.	
Clodomir	511-524
Paris.	
Childebert Ier	511-558
Neustrie.	
Clotaire Ier (Seul roi de 558 à 561.)	511-561
Deuxième partage (561). Paris.	
Caribert	561-567
Orléans et Bourgogne	
Gontran	561-592
Neustrie.	
Chilpéric Ier	561-584
Clotaire II (Seul roi de 613 à 629.)	584-629
Dagobert Ier (Seul roi de 629 à 634.)	629-v. 638
Austrasie.	
Sigebert Ier	561-575
Childebert II	575-595
Thibert ou Théodebert II	595-612
Sigebert II	613
Bourgogne.	
Thierry II	595/596-613
Austrasie.	
Sigebert III	634-656
Childéric II	662-675
Dagobert II	676-679
Neustrie et Bourgogne.	
Clovis II	639-657
Clotaire III	657-673
Thierry III	673-690 ou 691
Clovis III	675
Clovis IV	691-695
Childebert III	695-711
Dagobert III	711-715
Chilpéric II, désigné par les Neustriens	715-721
Clotaire IV, désigné par Charles Martel	718-719
Thierry IV	721-737
Interrègne	737-743
Childéric III	743-751

Carolingiens

Pépin le Bref	751-768
Charlemagne (avec Carloman jusqu'en 771)	768-814
Louis Ier le Pieux ou le Débonnaire	814-840
Charles II le Chauve	843-877
Louis II le Bègue	877-879
Louis III et Carloman	879-882
Carloman seul	882-884
Charles le Gros	884-887
Eudes (famille capétienne)	888-898
Charles III le Simple (Il partagea le trône avec Eudes de 893 à 898.)	893-923
Robert Ier (famille capétienne) : opposé à Charles le Simple	922-923
Raoul	923-936
Louis IV d'Outremer	936-954
Lothaire	954-986
Louis V	986-987

Capétiens directs

Hugues Capet	987-996
Robert II le Pieux	996-1031
Henri Ier	1031-1060
Philippe Ier	1060-1108
Louis VI le Gros	1108-1137
Louis VII le Jeune	1137-1180
Philippe II Auguste	1180-1223
Louis VIII	1223-1226
Louis IX (Saint Louis)	1226-1270
Philippe III le Hardi	1270-1285
Philippe IV le Bel	1285-1314
Louis X le Hutin	1314-1316
Jean Ier (posthume)	1316
Philippe V le Long	1316-1322
Charles IV le Bel	1322-1328

Valois

Valois directs (issus de Charles de Valois, frère de Philippe le Bel).

Philippe VI de Valois	1328-1350
Jean II le Bon	1350-1364
Charles V le Sage	1364-1380
Charles VI	1380-1422
Charles VII	1422-1461
Louis XI	1461-1483
Charles VIII	1483-1498

Valois-Orléans (issus du 1er fils de Louis d'Orléans, frère de Charles VI).

Louis XII	1498-1515

Valois-Angoulême (issus du 3e fils de Louis d'Orléans).

François Ier	1515-1547
Henri II	1547-1559
François II	1559-1560
Charles IX	1560-1574
Henri III	1574-1589

Bourbons *(issus de Robert, comte de Clermont, 6e fils de Saint Louis).*

Henri IV	1589-1610
Louis XIII	1610-1643
Louis XIV	1643-1715
Louis XV	1715-1774
Louis XVI	1774-1792

Ire République

Convention	1792-1795
Directoire	1795-1799
Consulat	1799-1804

Premier Empire

Napoléon Ier, empereur	1804-1814
Les Cent-Jours	1815

Restauration *(Bourbons)*

Louis XVIII	1814-1824
Charles X	1824-1830

Monarchie de Juillet *(Bourbons-Orléans)*

Louis-Philippe Ier	1830-1848

IIe République

Louis Napoléon Bonaparte	1848-1852

Second Empire

Napoléon III, empereur	1852-1870

IIIe République

A. Thiers	1871-1873
Mac-Mahon	1873-1879
Jules Grévy	1879-1887
Sadi-Carnot	1887-1894
Casimir-Perier	1894-1895
Félix Faure	1895-1899
Émile Loubet	1899-1906
Armand Fallières	1906-1913
Raymond Poincaré	1913-1920
Paul Deschanel (févr.-sept.)	1920
Alexandre Millerand	1920-1924
Gaston Doumergue	1924-1931
Paul Doumer	1931-1932
Albert Lebrun	1932-1940

État français

Philippe Pétain	1940-1944

Gouvernement provisoire de la République

Charles de Gaulle	1944-1946
Félix Gouin, Georges Bidault, Léon Blum	1946-1947

IVe République

Vincent Auriol	1947-1954
René Coty	1954-1959

Ve République

Charles de Gaulle	1959-1969
Georges Pompidou	1969-1974
Valéry Giscard d'Estaing	1974-1981
François Mitterrand	1981-1995
Jacques Chirac	1995

anglaise en Crimée (1856). Une politique économique ambitieuse, d'inspiration saint-simonienne, et le développement de grands travaux (chemins de fer, ports, défrichements) transforment l'aspect du pays et de la capitale (Haussmann). Mais les ambiguïtés de son soutien à la réalisation de l'unité italienne (campagne de 1858-59) et l'opposition à sa politique de libre-échange (1860) obligent Napoléon III à des concessions politiques. La malheureuse expédition du Mexique (1862-1867) ne semble cependant pas trop affecter un régime (plébiscite le 8 mai 1870) qui s'engage dans une voie parlementaire quand la guerre franco-allemande, déclarée à la légère, provoque sa chute (Sedan, 2 sept.).

La IIIe République. 4 sept. 1870 : la république est proclamée et un gouvernement provisoire, formé. Il devient rapidement gouvernement de la Défense nationale. Sept. 1870-janv. 1871 : la guerre se solde par la défaite française et aboutit à l'armistice avec l'Allemagne. 1871 : une Assemblée nationale, monarchiste et pacifiste, est élue. Les préliminaires de paix (1er mars) enlèvent à la France l'Alsace-Lorraine ; la Commune de Paris (18 mars-28 mai) est réprimée dans le sang. Le traité de Francfort (10 mai) ratifie les préliminaires de paix. 1871-1873 : Thiers, chef du pouvoir exécutif puis président de la République, travaille au redressement de la France et à sa libération anticipée. 24 mai 1873 : il est renversé par la majorité monarchique de l'Assemblée, qui lui substitue le légitimiste Mac-Mahon. Mise en œuvre d'une politique d'« Ordre moral ». 1873-1875 : la restauration monarchique échoue, l'attachement à la république se renforce. La Constitution de la IIIe République est votée ; l'Assemblée nationale se sépare (déc. 1875). 1877 : la crise du 16 mai, épreuve de force entre le président de la République et les républicains, aboutit au succès de ces derniers aux élections d'oct. Janv. 1879 : les élections sénatoriales donnent la majorité aux républicains : Mac-Mahon démissionne ; Jules Grévy lui succède. 1879-1885 : organisation de la république par le vote de lois fondamentales établissant les libertés publiques (Gambetta, Ferry). La conquête coloniale reprend en Afrique et en Asie tandis qu'à l'intérieur sévit une dépression économique. 1885-1899 : une série de crises et de scandales menacent la république (boulangisme, 1885-1889 ; Panamá, 1888-1893 ; attentats anarchistes, 1894). L'Affaire Dreyfus (1894-1899) soude le Bloc des gauches autour des radicaux. Aux modérés s'opposent les extrêmes, nationalistes de droite obsédés par l'idée de revanche et socialistes guesdistes. Catholicisme social et syndicalisme révolutionnaire deviennent des forces politiques. 1899-1905 : le Bloc des gauches (É. Combes, 1902-1905) pratique une politique résolument anticléricale. Les congrégations sont interdites (1901-1904), la séparation de l'Église et de l'État est proclamée (1905). 1906-1914 : rupture du Bloc des gauches. Les difficultés économiques entretiennent une agitation sociale endémique, tandis que la croissance démographique ralentit. À l'extérieur, la menace allemande se précise, révélée par les deux crises marocaines (1905 et 1911) ; le nationalisme français s'en trouve renforcé : R. Poincaré est élu président de la République (1913). 1914-1918 : champ de bataille de la Première Guerre mondiale, la France sort victorieuse du conflit mais très affaiblie (elle a perdu 10 % de sa population active et 1/6 de son revenu national). 1919 : au traité de Versailles (28 juin), la France retrouve l'Alsace-Lorraine. 1919-1929 : face à l'Allemagne endettée, la France engage une politique de force, mais n'est pas suivie par ses alliés. Le redressement économique, effectif, est grevé par l'inflation (jusqu'à la stabilisation du franc en 1928) et l'accroissement de la dette publique. Le socialisme progresse (création du parti communiste français, 1920). Un Cartel des gauches se constitue (1924-1926), auquel succède le gouvernement d'union nationale de Poincaré (1926-1929) qui doit dévaluer le franc (24 juin 1928). 1929-1936 : la France est touchée par la crise économique, à laquelle s'ajoutent instabilité ministérielle et scandales financiers et politiques (affaire Stavisky). Émeutes (6 févr. 1934) et grèves se succèdent. Une coalition de gauche se constitue contre les ligues de droite, préparant la victoire électorale du Front populaire. 1936-1938 : L. Blum, à la tête de deux des cabinets de Front populaire, met en œuvre d'importantes réformes sociales. 1938-39 : le gouvernement Daladier essaie en vain de détourner le danger de guerre (accords de Munich avec l'Allemagne nazie). 1939-40 : la « drôle de guerre » se termine par les désastres de mai-juin et l'occupation allemande.

L'Occupation et la Libération. 1940 : le 18 juin, de Londres, le général de Gaulle lance un appel pour la poursuite de la guerre. Le 22 juin est signé l'armistice qui établit l'occupation par l'Allemagne des trois cinquièmes du territoire, le gouvernement français restant maître de la zone libre. Le maréchal Pétain y instaure le régime de Vichy. 1942 : les Allemands occupent la zone libre. 1944 : les Alliés débarquent en Normandie et le Gouvernement provisoire de la République française, formé à Alger sous la présidence de de Gaulle, s'installe à Paris (août).

La IVe République. 1946-1958 : la IVe République entreprend un redressement économique, favorisé par l'aide américaine (plan Marshall), et adopte une importante législation sociale. Elle participe à la création des Communautés européennes. Mais les difficultés de la décolonisation (guerres d'Indochine puis d'Algérie) et l'instabilité ministérielle minent le régime.

La Ve République. 1958 : la crise algérienne ramène Charles de Gaulle au pouvoir. Il met en place la Ve République, dont la Constitution renforce les pouvoirs de l'exécutif. 1958-1968 : président de la République, Charles de Gaulle redonne confiance au pays, qui amorce sa grande mutation économique. Mais, le contentieux algérien liquidé (1959-1962), une forte opposition de gauche se reconstitue (1963-1967). 1968 : la crise qui éclate en mai s'en prend non seulement au régime mais aux bases d'une société qui ne semble plus satisfaire la jeunesse. La conjonction du mouvement ouvrier et du mouvement étudiant explique son ampleur et sa gravité. De Gaulle parvient néanmoins à maîtriser la situation. 1969 : le 28 avr., le général de Gaulle démissionne, après l'échec du référendum sur la régionalisation et le Sénat. 1969-1974 : Georges Pompidou, deuxième président de la Ve République, se donne comme objectif prioritaire l'expansion industrielle et commerciale. La maladie écourte son septennat. 1974-1981 : Valéry Giscard d'Estaing mène une politique plus ouvertement européenne que celle de ses prédécesseurs ; il se heurte aux réticences des gaullistes de stricte obédience (R. P. R.) et à une opposition de gauche rassemblée depuis 1972 autour d'un « Programme commun de gouvernement ». 1981 : F. Mitterrand est élu à la présidence de la République. La gauche revient au pouvoir après un quart de siècle et des ministres communistes participent au gouvernement. Un programme de réformes est mis en œuvre (abolition de la peine de mort, régionalisation, nationalisations). 1983 : les difficultés économiques (inflation, déficit commercial) obligent le gouvernement à mettre en place un plan de rigueur. 1984 : les ministres communistes se retirent du gouvernement. 1986-1988 : la victoire de l'opposition aux élections législatives et régionales (16 mars 1986) crée une situation inédite dans l'histoire de la Ve République, la « cohabitation » d'un président de gauche et d'un Premier ministre de droite (J. Chirac). Le nouveau gouvernement met en œuvre une politique d'inspiration libérale (privatisation de banques, de grands groupes industriels et de médias). 1988 : François Mitterrand est réélu à la présidence de la République. Les socialistes retrouvent la direction du gouvernement. 1991 : la France participe militairement à la libération du Koweït. 1992 : les Français approuvent par référendum la ratification du traité de Maastricht (20 sept.). 1993-1995 : la victoire écrasante de l'opposition aux élections législatives (28 mars 1993) est suivie d'une deuxième période de cohabitation, avec É. Balladur au poste de Premier ministre. Le gouvernement applique un programme centré sur le redressement économique (emprunt d'État, privatisations), la sécurité et le contrôle de l'immigration (réformes du Code de la nationalité et du droit d'asile). 1995 : Jacques Chirac est élu à la présidence de la République. L'annonce de la poursuite d'une politique de rigueur et le plan de réforme de la Sécurité sociale présenté par le gouvernement en novembre suscitent (en partic. dans le secteur public) un vaste mouvement de protestation, révélateur d'une crise sociale plus profonde.

CULTURE ET CIVILISATION

□ BEAUX-ARTS

Principales villes d'intérêt artistique. Aix-en-Provence, Albi, Amiens, Angers, Arles, Avignon, Blois, Bordeaux, Bourges, Caen, Carcassonne, Chartres, Clermont-Ferrand, Colmar, Dijon, Fontainebleau, Lyon, Le Mans, Marseille, Metz, Montpellier, le Mont-Saint-Michel, Nancy, Nantes, Nice, Nîmes, Paris, Perpignan, Poitiers, Reims, Rennes, Rouen, Strasbourg, Toulouse, Tours, Troyes, Versailles, Vienne.

Artistes célèbres. — Moyen Âge. Architectes : Pierre de Montreuil, Villard de Honnecourt, J. Deschamps, M. Chambiges. Sculpteurs : Gislebertus, Beauneveu, M. Colombe. Peintres : Pucelle, Jacquemart de Hesdin, Malouel, Quarton, Fouquet, Froment, le Maître de Moulins, Bellegambe. — Renaissance. Architectes : P. Chambiges, Delorme, Lescot, J. Ier Androuet Du Cerceau, Bullant. Sculpteurs : L. Richier, Bontemps, Goujon, Pilon. Peintres : les Cousin, les Clouet, Corneille de Lyon, Caron. — XVIIe s. Architectes : S. de Brosse, Martellange, Cl. II Métezeau, Lemercier, F. Mansart, Le Vau, Cl. Perrault, F. Blondel, A. Lepautre, F. d'Orbay, Bruant, J. Hardouin-Mansart. Sculpteurs : Sarazin, G. Guérin, les Anguier, Puget, Girardon, Tuby, M. Desjardins, Coyzevox. Peintres : Bellange, Valentin, Blanchard, Vouet, G. de La Tour, Poussin, Cl. Vignon, les Le Nain, Ph. de Champaigne, Cl. Lorrain, La Hire, les Mignard, Le Sueur, Bourdon, Le Brun, La Fosse, Jouvenet, N. de Largillière, Rigaud, Desportes. — XVIIIe s. Architectes : R. de Cotte, Boffrand, les Gabriel, J. F. Blondel, Soufflot, Antoine, Louis, Ledoux, Chalgrin, Brongniart. Sculpteurs : les Slodtz, les Coustou, Bouchardon, les Adam, J.-B. II Lemoyne, Pigalle, Falconet, Pajou, Clodion, Houdon. Peintres : les Coypel, les De Troy, A. Rivalz, Watteau, Lemoyne, Oudry, Nattier, Lancret, Pater, J. II Restout, Subleyras, Chardin, les Van Loo, Natoire, Boucher, M. Q. de La Tour, Perronneau, J. Vernet, Greuze, Fragonard, H. Robert, David, Prud'hon. — XIXe s. Architectes : Percier, Fontaine, Visconti, Hittorff, Labrouste, Baltard, Viollet-le-Duc, Ch. Garnier, A. de Baudot. Sculpteurs : Chinard, Chaudet, Cartellier, Rude, David d'Angers, Pradier, Barye, Préault, Carpeaux, Frémiet, Dalou, Rodin. Peintres : Girodet-Trioson, Gros, Géricault, Ingres, Delaroche, Delacroix, Corot, Th. Rousseau, Chassériau, Daumier, Millet, Couture, Courbet, Puvis de Chavannes, Boudin, Gérôme, G. Moreau, Manet, Pissarro, Degas, Cézanne, Redon, Monet, Renoir, le Douanier Rousseau, Gauguin, Seurat, Toulouse-Lautrec, Signac. — XXe s. Architectes : Guimard, T. Garnier, Mallet-Stevens, les Perret, Le Corbusier, Lods et Beaudouin, J. Prouvé, Zehrfuss, Andrault et Parat, Portzamparc, J. Nouvel. Sculpteurs : Bourdelle, Maillol, Duchamp-Villon, Despiau, Laurens, Pevsner, Arp, Zadkine, Étienne-Martin, César. Peintres : S. Valadon, Bonnard, Vuillard, M. Denis, Matisse, Rouault, Vlaminck, J. Villon, Picabia, Van Dongen, Derain, Léger, Braque, Utrillo, R. et S. Delaunay, M. Duchamp, Dunoyer de Segonzac, Chagall, Ernst, Soutine, Fautrier, Masson, Dubuffet, Bazaine, Estève, Hartung, Hélion, Poliakoff, Balthus, Vasarely, Vieira da Silva, Gruber, N. de Staël, Soulages, Debré, Messagier, Aillaud, Monory, Raysse. (Voir aussi Coopérative des Malassis.) Nouveaux modes d'expression : Schöffer, Takis, Y. Klein, Morellet, Arman, N. de Saint Phalle, Le Gac, Buren, G. Pane, J.-P. Raynaud, Boltanski. (Voir aussi le groupe Supports/Surfaces.)

□ LITTÉRATURE

— Moyen Âge : les origines. *Serment de Strasbourg, Séquence de sainte Eulalie.* — XIIe-XIIIe s. : la *Chanson de Roland,* Bernard de Ventadour, Bertran de Born, Adam le Bossu : *Jeu de la Feuillée,* Rutebeuf, Chrétien de Troyes, Marie de France, *Roman de Renart,* Gautier de Coincy, *Jeu d'Adam, Jeu de saint Nicolas,* Jean de Meung, Guillaume de Lorris : *Roman de la Rose,* Joinville. — XIVe-XVe s. : Guillaume de Machaut, Eustache Deschamps, Charles d'Orléans, François Villon, Jean Froissart, Philippe de Commynes, Antoine de La Sale, Arnoul Gréban, Pierre Gringore, la *Farce de maître Pathelin.* — XVIe s. : avant 1550. Guillaume Budé, Ramus, les Estienne, Rabelais, Clément Marot, Louise Labé, Maurice Scève, Marguerite d'Angoulême. Après 1550. Ronsard, Joachim du Bellay : *Défense et illustration de la langue française,* Étienne Jodelle ; du Bartas, Agrippa d'Aubigné, la

Satire Ménippée, Robert Garnier, Montaigne. — XVIIe s. : avant 1660. Malherbe, Mathurin Régnier, Théophile de Viau, Saint-Amant, Cyrano de Bergerac, Scarron ; la préciosité : Honoré d'Urfé, Voiture, Guez de Balzac, Madeleine de Scudéry ; Alexandre Hardy, Corneille, Pascal. De 1660 à 1685 (l'âge classique) : La Fontaine, Molière, Racine, Boileau, Bossuet, La Rochefoucauld, Saint-Évremond, Mme de Sévigné, le cardinal de Retz, Mme de La Fayette. De 1685 à 1715 : Charles Perrault, Fontenelle, La Bruyère, Regnard, Lesage, Saint-Simon, Fénelon. — XVIIIe s. : Montesquieu, Voltaire, Diderot, d'Alembert, Buffon, Vauvenargues, Rousseau ; l'abbé Prévost, Bernardin de Saint-Pierre, Restif de La Bretonne, Choderlos de Laclos, Marivaux, Beaumarchais, André Chénier, Rivarol. — XIXe s. : avant 1850. Joseph de Maistre, Senancour, Benjamin Constant, Mme de Staël, Chateaubriand ; le romantisme : Lamartine, A. de Vigny, V. Hugo, A. de Musset, Gérard de Nerval, George Sand, Alexandre Dumas père ; Balzac, Stendhal, Mérimée, La Mennais, Sainte-Beuve. De 1850 à 1880. Renan, Taine ; l'école du Parnasse : Leconte de Lisle, Th. Gautier, Th. de Banville, Sully Prudhomme, F. Coppée, J. M. de Heredia ; Baudelaire, Rimbaud, Verlaine ; le réalisme : Flaubert, Edmond et Jules de Goncourt ; Barbey d'Aurevilly, E. Fromentin, Alexandre Dumas fils, Labiche. De 1880 à 1890. Le naturalisme : Zola, Maupassant, Alphonse Daudet, Huysmans, Jules Renard ; Henry Becque, Bourget, Loti, Barrès, Anatole France ; les décadents : Jules Laforgue ; le symbolisme : Mallarmé, Jean Moréas, Henri de Régnier, Francis Jammes, Paul Fort ; Alfred Jarry, E. Rostand, J. Verne, Lautréamont. — XXe s. : d'une guerre à l'autre. Proust, Claudel, Péguy, Apollinaire, Romain Rolland, Alain-Fournier, Paul Valéry ; le dadaïsme : Tzara ; le surréalisme : Reverdy, Max Jacob, Breton, P. Eluard, Aragon ; J. Supervielle, Saint-John Perse, P. J. Jouve, René Char, A. Artaud, R. Martin du Gard, G. Duhamel, J. Romains, G. Bernanos, F. Mauriac, Céline, J. Green, Gide, A. Malraux, Giono, Saint-Exupéry, Colette, Giraudoux, A. Salacrou, J. Cocteau, M. Pagnol, H. de Montherlant, J. Anouilh, J.-P. Sartre, S. de Beauvoir, A. Camus, B. Vian, J. Prévert, Cendrars. Le temps des « nouveaux ». La poésie : R. Queneau, R. G. Cadou, E. Guillevic, H. Michaux, F. Ponge, Y. Bonnefoy ; le théâtre : A. Adamov, J. Audiberti, J. Genet, S. Beckett, E. Ionesco ; le roman : N. Sarraute, A. Robbe-Grillet, M. Duras, Cl. Simon, R. Vailland, J. Gracq, H. Bazin, M. Yourcenar, J.-M. Le Clézio, G. Perec, M. Tournier, M. Butor, Ph. Sollers ; la critique : G. Bataille, M. Blanchot, R. Barthes.

☐ PHILOSOPHIE ET HISTOIRE DES IDÉES

— Moyen Âge : querelle des universaux ; Abélard, Roscelin, Nicolas d'Oresme. — Renaissance : Érasme, Budé, Calvin ; Jean Bodin, Pierre Charron. — Ère classique : Descartes, Gassendi, Pascal, Malebranche. — Siècle des Lumières : d'Alembert, Helvétius, d'Holbach, Condillac, Diderot, Bonald, Joseph de Maistre, Destutt de Tracy. — XIXe s. : Maine de Biran ; Saint-Simon, Buonarroti, Blanqui, Fourier, Buchez, Tocqueville, La Mennais, Pierre Leroux ; Auguste Comte, Ravaisson ; Claude Bernard, Cournot ; Ribot, Piéron, Durkheim ; Blondel, Bergson. — XXe s. : l'après-guerre : Lévy-Bruhl, Van Gennep, Paul Rivet, Dumézil ; Le Senne, Brunschvicg, Meyerson ; Wallon. — Le tournant de la Seconde Guerre mondiale : spiritualisme (S. Weil, Mounier) ; existentialisme (Sartre), phénoménologie (Merleau-Ponty) ; épistémologie (Bachelard, Foucault, Serres, Dagognet) ; psychanalyse (Lacan) ; structuralisme (R. Barthes) ; anthropologie (Lévi-Strauss) ; Althusser, Deleuze, Braudel.

☐ MUSIQUE

— Moyen Âge : chant « romain » puis grégorien ; — XIIe et XIIIe s. : Léonin, Pérotin (ars antiqua), Philippe de Vitry (ars nova), chansons courtoises ; — XIVe s. : Guillaume de Machaut ; — XVe s. : G. Dufay, A. Busnois, J. Ockeghem, Josquin Des Prés ; — XVIe s. : A. Boesset, Cl. Janequin, G. Costeley, C. Le Jeune, J. Mauduit, C. Goudimel (polyphonistes) ; — XVIIe s. : J.-B. Lully, M. R. Charpentier, M. R. Delalande (art lyrique), N. de Grigny, L. et F. Couperin (musique instrumentale) ; — XVIIIe s. : A. Campra, A. Dauvergne, P. A. Monsigny (art lyrique), J.-P. Rameau, J.-M. Leclair, M. Corrette, L. C. Daquin (musique instrumentale) ; 2e moitié du XVIIIe s. : F. Gossec, É. Méhul, F. A. Boieldieu, E. Auber, J. F. Halévy, A. Adam, G. Meyerbeer (art lyrique) ; — XIXe s. : H. Berlioz, C. Franck, É. Lalo, C. Saint-Saëns, L. Delibes, E. Chabrier, E. Chausson (musique instrumentale), C. Gounod, G. Bizet, J. Massenet, J. Offenbach (art lyrique), R. Planquette, C. Lecocq, A. Messager (opérette) ; — XXe s. : G. Fauré, H. Duparc, V. d'Indy, A. Magnard, C. Debussy, C. Kœchlin, F. Schmitt, P. Dukas, É. Satie, G. Pierné, R. Hahn, A. Roussel, Déodat de Séverac, M. Ravel, P. Le Flem ; M. Yvain (opérette), A. Bruneau, G. Charpentier (opéra naturaliste). Après 1914 : A. Honegger, D. Milhaud, F. Poulenc (groupe des Six), H. Sauguet (école d'Arcueil), J. Rivier, Y. Baudrier, D. Lesur, A. Jolivet (groupe Jeune France), O. Messiaen, H. Dutilleux, P. Henry, P. Schaeffer (musique concrète), P. Boulez, M. Constant, M. Ohana, G. Amy, A. Louvier (avant-garde).

☐ CINÉMA

Le temps des pionniers : L. Lumière, G. Méliès, M. Linder, L. Feuillade. L'école impressionniste et l'avant-garde des années 20 : L. Delluc, G. Dulac, M. L'Herbier, J. Epstein, R. Clair. Les années 30, le réalisme poétique et le fantastique social : J. Feyder, J. Grémillon, J. Renoir, J. Duvivier, J. Vigo, M. Carné, M. Pagnol, S. Guitry. De l'Occupation aux années 50 : J. Cocteau, J. Becker, R. Bresson, H. G. Clouzot, Cl. Autant-Lara, R. Clément, M. Ophuls, J. Tati, J.-P. Melville. De la Nouvelle Vague aux années 90 : C. Chabrol, F. Truffaut, J.-L. Godard, É. Rohmer, J. Rivette, A. Resnais, A. Varda, J. Demy, J. Rouch, M. Deville, J.-P. Mocky, C. Sautet, C. Lelouch, J. Eustache, M. Pialat, B. Tavernier, B. Blier.

France *(campagne de)* [janv.-mars 1814]. Ensemble des opérations qui opposèrent Napoléon aux armées alliées. L'ultime bataille devant Paris contraignit l'Empereur à abdiquer.

France *(campagne de)* [10 mai-25 juin 1940], ensemble des opérations qui opposèrent les armées françaises et alliées (britanniques, belges, néerlandaises) aux forces allemandes. La chute de Dunkerque (4 juin) et les percées allemandes sur la Somme (5 juin) et sur l'Aisne (10 juin) amenèrent la France à demander (17 juin) l'armistice (signé le 22).

France *(Histoire de),* œuvre monumentale de Michelet (1833-1867), allant des origines à la Révolution française.

France *(Histoire de),* publiée sous la direction d'Ernest Lavisse. Elle comprend une *Histoire de France depuis les origines jusqu'à la Révolution* (1903-1911) et une *Histoire de France contemporaine depuis la Révolution jusqu'à la paix de 1919* (1920-1922).

FRANCE *(île de),* anc. nom de *l'île Maurice**.

FRANCE (Anatole François **Thibault,** dit **Anatole**), écrivain français (Paris 1844 - La Béchellerie, Saint-Cyr-sur-Loire, 1924), auteur de romans historiques ou de mœurs, empreints d'ironie et de scepticisme : *le Crime de Sylvestre Bonnard, la Rôtisserie de la reine Pédauque, le Lys rouge, Les dieux ont soif.* (Prix Nobel 1921.) [Acad. fr.]

FRANCE (Henri **de**), ingénieur français (Paris 1911 - *id.* 1986). Il a inventé le procédé SECAM de télévision en couleurs (1956), adopté en France (1966).

France 2, nom donné en 1992 à Antenne 2 (A2), chaîne nationale de télévision française, constituée en 1974. Complémentaire de France 3, elle est réunie avec cette chaîne sous une enseigne commune, France Télévision.

France 3, nom donné en 1992 à France Régions 3 (FR3), chaîne nationale de télévision française, constituée en 1974. Elle a gardé sa vocation régionale spécifique tout en étant réunie avec France 2 sous une même enseigne, France Télévision.

France libre (la), nom donné d'abord aux volontaires qui répondirent à l'appel du général de Gaulle (18 juin 1940), puis à toutes les troupes et tous les territoires rattachés à la France qui continuèrent la lutte contre l'Allemagne malgré l'armistice. En 1942 de Gaulle changea le nom de la « France libre » en « France combattante ».

FRANCESCO DI GIORGIO MARTINI, architecte, peintre, sculpteur et théoricien italien (Sienne 1439 - *id.* 1501). Il fut au service, notamm., de la cour d'Urbino.

France-Soir, quotidien français fondé en 1941, dirigé par P. Lazareff de 1945 à 1972.

France Télécom, établissement autonome de droit public chargé de l'exploitation et du développement des réseaux publics de télécommunications.

FRANCEVILLE → *Masuku.*

FRANCFORT ou **FRANCFORT-SUR-LE-MAIN,** en all. **Frankfurt am Main,** v. d'Allemagne (Hesse), sur le Main ; 635 151 h. Centre financier (Bourse, Bundesbank, Institut monétaire européen) et industriel. Université. Important aéroport. Foire annuelle internationale du livre. Cathédrale des XIIIe-XVe s. et maisons gothiques, très restaurées. Nombreux et importants musées. Maison de Goethe. — Déjà occupée par les Romains, la ville fut fréquemment le lieu de l'élection impériale depuis le XIIe s. puis devint celui du couronnement de l'Empereur (1562-1792). Capitale de la Confédération du Rhin (1806-1813) puis de la Confédération germanique, elle fut annexée par la Prusse en 1866. Le 10 mai 1871, le traité qui mettait fin à la guerre franco-allemande y fut signé.

Francfort *(école de),* école philosophique allemande qui, à partir de 1923, tenta avec Horkheimer et Marcuse, puis en 1950 avec Adorno et Habermas, de repenser un marxisme indépendant des partis politiques, à partir de la théorie critique et de la psychanalyse.

FRANCFORT-SUR-L'ODER, en all. **Frankfurt an der Oder,** v. d'Allemagne (Brandebourg), sur la rive gauche de l'Oder, à la frontière polonaise ; 87 126 h.

FRANCHE-COMTÉ, anc. prov. de l'est de la France. *(Francs-Comtois.)* Au traité de Verdun (843), la Franche-Comté ou comté de Bourgogne fait partie de la Lotharingie, annexée au royaume de Bourgogne (879), puis au Saint Empire (v. 1032). 1384-1678 : elle se trouve réunie, avec la Bourgogne ducale, dans le domaine de la maison capétienne de Valois-Bourgogne, puis des Habsbourg avec Marguerite d'Autriche. 1678 : elle est annexée à la Couronne sous Louis XIV par la paix de Nimègue.

FRANCHE-COMTÉ, Région administrative formée des trois départements du Doubs, du Jura, de la Haute-Saône et du Territoire de Belfort ; 16 202 km² ; 1 097 276 h. Ch.-l. *Besançon.*

Franche-Comté

FRANCHET D'ESPEREY (Louis), maréchal de France (Mostaganem 1856 - château de Saint-Amancet, Tarn, 1942). Après s'être distingué sur la Marne (1914), il commanda en chef les troupes alliées en Macédoine (1918) et contraignit la Bulgarie à cesser le combat.

FRANCHETTI (Raymond), danseur français (Aubervilliers 1921), directeur de la danse à l'Opéra de Paris (1971-1977). — Son fils **Jean Pierre** (Paris 1944) fut nommé étoile en 1972 et s'imposa en 1975 dans *le Loup* (de R. Petit).

FRANCHEVILLE (69340), comm. du Rhône ; 10 940 h.

Franciade (la), poème épique inachevé, de Ronsard, sur le modèle de *l'Énéide* (1572).

FRANCIS (James Bicheno), ingénieur américain d'origine britannique (Southleigh, Devon, 1815 - Lowell, Massachusetts, 1892). Il a réalisé la turbine hydraulique à réaction qui porte son nom (1849).

FRANCIS (Sam), peintre américain (San Mateo, Californie, 1923 - Santa Monica 1994). Tachiste, maître de la couleur et de la modulation spatiale, il a travaillé à Paris dans les années 50.

FRANCK (César), compositeur et organiste français d'origine belge (Liège 1822 - Paris 1890), auteur des *Béatitudes,* de *Rédemption* (oratorio), de *Prélude, choral et fugue* (piano), de trois chorals pour orgue, d'une *Symphonie,* des *Variations symphoniques* (1885), et de pages de musique de chambre (*Sonate* pour violon et piano, 1886). Par l'emploi de la forme cyclique, du chromatisme, d'une ample mélodie, il a rénové le style français dans le contexte d'une esthétique germanique.

FRANCK (James), physicien américain d'origine allemande (Hambourg 1882 - Göttingen 1964). Il étudia l'excitation des atomes et obtint le prix Nobel (1925) pour sa théorie sur la luminescence.

FRANCO (Francisco), général et homme politique espagnol (El Ferrol 1892 - Madrid 1975). Il se distingua de 1921 à 1927 au Maroc, et, en 1936, prit la tête du mouvement nationaliste qui, après la guerre civile (1936-1939), instaura en Espagne un gouvernement dictatorial. Chef suprême de l'Espagne, sous le nom de « Caudillo », il désigna (1969) pour lui succéder, avec le titre de roi, don Juan Carlos de Bourbon.

franco-allemande *(guerre)* [1870-71]. Recherchée par Bismarck pour réaliser l'unité allemande après la guerre des Duchés (1864) et le conflit austro-prussien (1866), cette guerre eut pour occasion la candidature d'un Hohenzollern au trône d'Espagne. Celle-ci amena la France, le 19 juill. 1870, à déclarer la guerre à la Prusse, qui reçut aussitôt l'appui de tous les États allemands. La chute du second Empire français survint après les défaites d'Alsace (Wissembourg), de Lorraine (batailles sous Metz) et de Sedan (2 sept. 1870). Les efforts, parfois victorieux (Coulmiers), du gouvernement de la Défense nationale (Gambetta) ne purent empêcher les capitulations de Strasbourg, Metz et Paris (28 janv. 1871). Le traité de Francfort (10 mai 1871) consacra la victoire de l'Empire allemand, proclamé à Versailles le 18 janv. 1871, et la défaite de la France, qui perdait l'Alsace (moins Belfort) et une partie de la Lorraine.

FRANÇOIS (Le) [97240], comm. de l'est de la Martinique ; 17 065 h.

SAINTS

FRANÇOIS BORGIA *(saint),* troisième général des jésuites (Gandia 1510 - Rome 1572), vice-roi de Catalogne avant son veuvage et son entrée dans la Compagnie de Jésus.

FRANÇOIS D'ASSISE *(saint),* fondateur de l'ordre des Franciscains (Assise v. 1182 - *id.* 1226). Fils d'un riche marchand, il rompt avec le monde après une jeunesse dorée (1206) et s'entoure de disciples, qui se vouent comme lui à la pauvreté évangélique : les Frères mineurs (1209), ordre religieux auquel s'ajoute, en 1212, un ordre de femmes, les Pauvres Dames ou clarisses, dont la cofondatrice fut Claire d'Assise. Après avoir voyagé au Maroc et en Égypte, pour tâcher de convertir les musulmans, François reçoit les stigmates de la Passion (1224). Son idéal de pureté et de joie évangélique s'est exprimé dans le *Cantique du soleil* ou *des créatures,* un des premiers textes de la littérature italienne ; sa légende revit dans les *Fioretti* et dans les fresques attribuées à l'atelier de Giotto, à Assise.

FRANÇOIS DE PAULE *(saint),* fondateur de l'ordre des Minimes (Paola 1416 - Plessis-lez-Tours 1507). Louis XI l'appela dans l'espoir que ses dons de thaumaturge lui prolongeraient la vie (1482).

FRANÇOIS DE SALES *(saint),* évêque de Genève-Annecy et docteur de l'Église (Sales, Savoie, 1567 - Lyon 1622). Il est l'auteur de l'*Introduction à la vie dévote* (1609), où il développe en un style fleuri une spiritualité adaptée aux gens du monde, et du *Traité de l'amour de Dieu* (1616). Avec sainte Jeanne de Chantal, il fonda l'ordre de la Visitation.

FRANÇOIS RÉGIS *(saint)* → ***Jean-François Régis*** *(saint).*

FRANÇOIS XAVIER (**Francisco de Jaso,** dit) [*saint*], jésuite espagnol (Javier, Navarre, 1506 - Chine 1552). Un des premiers membres de la Compagnie de Jésus, il évangélisa l'Inde portugaise et le Japon.

EMPEREURS

FRANÇOIS Ier de Habsbourg-Lorraine (Nancy 1708 - Innsbruck 1765), empereur germanique (1745-1765), duc de Lorraine (François III) [1729-1736], grand-duc de Toscane (1737-1765), fondateur de la maison des Habsbourg-Lorraine. Il épousa Marie-Thérèse d'Autriche en 1736. — **François II** (Florence 1768 - Vienne 1835), empereur germanique (1792-1806), puis empereur héréditaire d'Autriche (François Ier) [1804-1835]. Il lutta sans succès contre la Révolution française et contre Napoléon Ier, qui, en supprimant le Saint Empire (1806), le réduisit au rang d'empereur d'Autriche et auquel il dut accorder la main de sa fille Marie-Louise (1810). Conseillé par Metternich, il rejoignit en 1813 la coalition antifrançaise. Président de la Confédération germanique (1815), il réprima les mouvements libéraux en Allemagne et en Italie.

BRETAGNE

FRANÇOIS Ier (Vannes 1414 - Plaisance, près de Vannes, 1450), duc de Bretagne de 1442 à 1450. Il soutint Charles VII dans sa lutte contre l'Angleterre. — **François II** (1435 - Couëron, près de Nantes, 1488), duc de Bretagne de 1458 à 1488. Il participa à la ligue du Bien public contre Louis XI, puis à la Guerre folle contre Anne de Beaujeu.

DEUX-SICILES

FRANÇOIS Ier (Naples 1777 - *id.* 1830), roi des Deux-Siciles (1825-1830). — **François II** (Naples 1836 - Arco 1894), roi des Deux-Siciles (1859-60).

Saint **François d'Assise** recevant les stigmates. Détail d'une peinture de Giotto. (Louvre, Paris.)

FRANCE

FRANÇOIS Ier (Cognac 1494 - Rambouillet 1547), roi de France (1515-1547), fils de Charles d'Orléans, comte d'Angoulême, et de Louise de Savoie. D'abord comte d'Angoulême et duc de Valois, il succéda à son cousin Louis XII, dont il avait épousé la fille, Claude de France. Dès son avènement, il reprit la politique italienne de ses prédécesseurs, passa les Alpes et remporta sur les Suisses la victoire de Marignan (1515), qui lui livra le Milanais. Il tenta alors, sans succès, de se faire élire empereur contre Charles Ier d'Espagne (Charles Quint). Pour vaincre ce rival, il essaya en vain d'obtenir l'alliance anglaise (entrevue du camp du Drap d'or avec Henri VIII, 1520). La lutte contre la maison d'Autriche occupa dès lors son règne ; elle fut marquée au début par la trahison du connétable de Bourbon, la défaite de Pavie (1525) et le traité de Madrid (1526). Puis, allié à Clément VII, François Ier reprit la guerre contre Charles Quint, mais dut renoncer à ses prétentions italiennes au traité de Cambrai (1529). Veuf, il épousa Éléonore, fille de Philippe Ier d'Espagne (1530). Il se tourna ensuite vers les pays du Saint Empire et rassembla contre les Habsbourg d'Autriche les princes protestants d'Allemagne et les Turcs de Soliman le Magnifique. La guerre reprit, marquée par l'invasion de la Provence par les Impériaux et par la victoire française de Cérisoles (1544). Elle aboutit à la paix de Crépy (1544). François Ier abandonnait la Savoie et le Piémont, renonçait à ses prétentions sur la Flandre, l'Artois et Naples. De son côté, Charles Quint cédait la Bourgogne. Ainsi prenaient fin les « guerres d'Italie ». Par l'*ordonnance de Villers-Cotterêts* (1539), François Ier substitua le français au latin dans les jugements, actes notariés et registres d'état civil. Il encouragea les lettres et les arts, secondant le mouvement de la Renaissance française, attirant à la cour poètes et peintres (Léonard de Vinci, et les Italiens qui constituèrent la première École de Fontainebleau*), fondant le Collège de France et l'Imprimerie nationale, promenant une cour brillante dans les châteaux royaux de l'Île-de-France ou de la vallée de la Loire. D'abord tolérant envers la Réforme, il choisit la répression après l'affaire des Placards (1534).

FRANÇOIS II (Fontainebleau 1544 - Orléans 1560), roi de France (1559-60), fils aîné d'Henri II et de Catherine de Médicis. Époux de Marie Ire Stuart, nièce des Guises, il subit l'influence de ces derniers, qui persécutèrent les protestants et réprimèrent avec cruauté la conjuration d'Amboise (mars 1560).

FRANÇOIS (André **Farkas,** dit **André**), peintre et dessinateur français d'origine roumaine (Timişoara 1915). Ses dessins d'humour, ses illustrations, ses affiches créent un monde d'absurdité goguenarde, où l'imaginaire se mêle au quotidien.

FRANÇOIS DE NEUFCHÂTEAU (Nicolas, *comte* **François,** dit), homme politique français (Saffais, Meurthe-et-Moselle, 1750 - Paris 1828). Directeur (1797) et ministre de l'Intérieur (1797-1799) sous le Directoire, il prit d'importantes initiatives en matière d'instruction et d'assistance publiques.

FRANÇOISE ROMAINE *(sainte),* fondatrice de la congrégation des Oblates bénédictines (Rome 1384 - *id.* 1440).

Franco

saint **François Xavier** (musée de Köbe)

François Ier (J. Clouet [?] - Louvre, Paris)

FRANÇOIS-FERDINAND de Habsbourg, archiduc d'Autriche (Graz 1863 - Sarajevo 1914), neveu de l'empereur François-Joseph, héritier du trône depuis 1889. Son assassinat, à Sarajevo, le 28 juin 1914, préluda à la Première Guerre mondiale.

FRANÇOIS-JOSEPH *(archipel),* archipel russe de l'Arctique, à l'est du Svalbard.

FRANÇOIS-JOSEPH Ier (Schönbrunn 1830 - Vienne 1916), empereur d'Autriche (1848-1916) et roi de Hongrie (1867-1916), neveu et successeur de Ferdinand Ier. Avec l'appui de l'armée, il établit d'abord un régime autoritaire. Mais la perte de la Lombardie (1859) l'orienta vers une politique plus libérale. En guerre contre la Prusse (1866), et battu à Sadowa, il accepta le compromis austro-hongrois (1867) mettant le royaume de Hongrie sur un pied d'égalité avec l'empire d'Autriche. Il ne parvint cependant pas à enrayer l'exacerbation des passions nationales. Après s'être allié avec les empereurs de Russie et d'Allemagne (1873), il conclut avec l'Allemagne la Duplice (1879) et annexa la Bosnie-Herzégovine (1908). Il déclara la guerre à la Serbie (1914), déclenchant ainsi la Première Guerre mondiale.

François le Champi, roman de George Sand (1847-48).

FRANCONIE, en all. **Franken,** région d'Allemagne, dont la plus grande partie appartient auj. à la Bavière. La Franconie fut l'un des premiers duchés du Saint Empire romain germanique.

FRANCONVILLE (95130), ch.-l. de c. du Val-d'Oise ; 33 874 h. *(Franconvillois).*

Francorchamps, circuit automobile de Belgique, dans l'Ardenne, au S.-E. de Liège.

franco-russe *(alliance)* [1891, 1894-1917], alliance conclue entre la France, qui obtint des garanties militaires pour sa défense, et la Russie, qui plaça sur le marché français les emprunts d'État pour le financement de son industrialisation.

FRANCS, peuple germanique, originaire peut-être des pays de la Baltique, et qui donna son nom à la Gaule romaine après l'avoir conquise aux Ve et VIe s. On a longtemps distingué deux ensembles de tribus : les *Francs Saliens,* établis sur l'IJssel, et les *Francs du Rhin,* installés sur la rive droite du Rhin (auxquels on a longtemps donné à tort le nom de *Francs Ripuaires*).

Francs-tireurs et partisans (F. T. P.), formations de combat créées en 1942, issues du parti communiste français et qui, au sein des Forces françaises de l'intérieur, jouèrent un rôle important dans la Résistance.

FRANGY (74270), ch.-l. de c. de la Haute-Savoie ; 1 542 h. Vins blancs.

FRANJU (Georges), cinéaste français (Fougères 1912 - Paris 1987), auteur de documentaires (*le Sang des bêtes,* 1949) et de longs métrages (*la Tête contre les murs,* 1959 ; *Thérèse Desqueyroux,* 1962), où se mêlent violence et poésie.

FRANK (Robert), photographe et cinéaste américain d'origine suisse (Zurich 1924). Regard subjectif sur le banal quotidien et écriture à dominante de gris, privilégiant l'espace, parfois le flou, en font l'un des initiateurs de la photographie contemporaine (*les Américains,* 1958).

Frankenstein ou le Prométhée moderne, roman de Mary Shelley (1818), l'un des classiques du fantastique et du roman d'épouvante.

Frankfurter Allgemeine Zeitung, quotidien conservateur allemand fondé en 1949.

FRANKLIN (Benjamin), homme politique, physicien et publiciste américain (Boston 1706 - Philadelphie 1790). Partisan des Lumières, député au premier Congrès américain (1774), il rédigea avec Jefferson et Adams la Déclaration d'indépendance (1776) et vint à Versailles négocier l'alliance française, effective en 1778. Il est l'inventeur du paratonnerre (1752).

FRANKLIN (*sir* John), navigateur britannique (Spilsby 1786 - Terre du Roi-Guillaume 1847). Il explora les côtes arctiques du Canada, fut gouverneur de la Tasmanie (1836-1843) et périt dans une expédition destinée à découvrir le passage du Nord-Ouest.

FRANTZ (Joseph), aviateur français (Beaujeu 1890 - Paris 1979). Il remporta, avec son mécanicien Quénault, la première victoire en combat aérien de l'histoire (5 oct. 1914).

FRASCATI, v. d'Italie, près de Rome ; 20 043 h. Vins. Centre de recherches nucléaires. C'est l'antique **Tusculum.** Villas du XVIe s., dans un site remarquable.

FRASER (le), fl. du Canada, né dans les Rocheuses, qui coule dans des gorges profondes et se jette dans le Pacifique ; 1 200 km.

FRASER (Dawn), nageuse australienne (Sydney 1937), triple championne olympique (1956, 1960 et 1964) du 100 m nage libre et première femme à nager cette distance en moins d'une minute (1962).

Fraternité républicaine irlandaise, mouvement révolutionnaire irlandais, fondé en 1858 aux États-Unis. Ses membres, les Fenians, se donnaient pour but de lutter pour l'indépendance de l'Irlande.

FRAUENFELD, v. de Suisse, ch.-l. du cant. de Thurgovie, sur la Murg ; 20 204 h.

FRAUNHOFER (Joseph **von**), physicien allemand (Straubing, Bavière, 1787 - Munich 1826). Il inventa le spectroscope et étudia les raies du spectre solaire.

FRAYSSINOUS (Denis, *comte* **de**), prélat français (Salles-la-Source, Aveyron, 1765 - Saint-Geniez-d'Olt, Aveyron, 1841), grand maître de l'Université (1822-1824), puis ministre de l'Instruction publique et des Cultes (1824-1828). [Acad. fr.]

FRAZER (*sir* James George), anthropologue britannique (Glasgow 1854 - Cambridge 1941). Il a recueilli un nombre considérable de croyances et de rites des sociétés traditionnelles (*le Rameau d'or,* 1890-1915), et distingué une filiation entre la religion et la magie.

FRÉCHET (Maurice), mathématicien français (Maligny 1878 - Paris 1973). Il est à l'origine de l'étude des espaces abstraits.

FRÉCHETTE (Louis), écrivain canadien d'expression française (Lévis 1839 - Montréal 1908), auteur de l'épopée nationale *la Légende d'un peuple* (1887).

FRÉDÉGONDE, reine de Neustrie (545-597), femme de Chilpéric Ier, qu'elle épousa après avoir fait étrangler sa femme Galswinthe. Elle lutta contre la sœur de Galswinthe, Brunehaut, dont elle fit tuer l'époux Sigebert (575).

EMPEREURS

FRÉDÉRIC Ier Barberousse (Waiblingen 1122 - dans le Cydnos 1190), empereur germanique (1155-1190). Chef de la maison des Hohenstaufen, il voulut restaurer l'autorité impériale. Il se heurta en Italie à la Ligue lombarde constituée en 1167 et alliée au pape Alexandre III ; mais, après sa défaite à Legnano (1176), il dut reconnaître leurs prétentions. Il se noya en Cilicie pendant la 3e croisade.

FRÉDÉRIC II DE HOHENSTAUFEN (Iesi 1194 - château de Fiorentino, Foggia, 1250), roi de Sicile (1197-1250) et empereur germanique (1220-1250). Maître de l'Allemagne après la bataille de Bouvines (1214), il fut en lutte presque constante avec la papauté. Excommunié (1227), il prit part à une croisade qu'il mena en diplomate et obtint la cession de Jérusalem (1229). En le dénonçant comme l'Antéchrist, la papauté porta au prestige du Saint Empire des coups irréparables.

FRÉDÉRIC III de Styrie (Innsbruck 1415 - Linz 1493), roi des Romains (1440), empereur germanique (1452-1493).

DANEMARK ET NORVÈGE

FRÉDÉRIC Ier (Copenhague 1471 - Gottorp 1533), roi de Danemark et de Norvège (1523-1533). Il favorisa les progrès de la Réforme. — **Frédéric II** (Haderslev 1534 - Antvorskov 1588), roi de Danemark et de Norvège (1559-1588). Il lutta contre la Suède (1563-1570). — **Frédéric III** (Haderslev 1609 - Copenhague 1670), roi de Danemark et de Norvège (1648-1670). Il rétablit le caractère absolu du pouvoir royal. — **Frédéric IV** (Copenhague 1671 - Odense 1730), roi de Danemark et de Norvège (1699-1730), ennemi de Charles XII de Suède. — **Frédéric V** (Copenhague 1723 - *id.* 1766), roi de Danemark et de Norvège (1746-1766). Il accomplit de profondes réformes. — **Frédéric VI** (Copenhague 1768 - *id.* 1839), roi de Danemark (1808-1839) et de Norvège (1808-1814). Allié à la France (1807), il dut céder la Norvège à la Suède (1814). — **Frédéric VII** (Copenhague 1808 - Glücksburg 1863), roi de Danemark (1848-1863). C'est sous son règne qu'éclata l'affaire des Duchés. — **Frédéric VIII** (Copenhague 1843 - Hambourg 1912), roi de Danemark (1906-1912). — **Frédéric IX** (château de Sorgenfri 1899 - Copenhague 1972), roi de Danemark (1947-1972). Sa fille Marguerite II lui a succédé.

ÉLECTEUR PALATIN

FRÉDÉRIC V (Amberg 1596 - Mayence 1632). Électeur palatin (1610-1623) et roi de Bohême (1619-20), chef de l'Union évangélique. Il fut vaincu à la Montagne Blanche (1620) par Ferdinand II.

PRUSSE

FRÉDÉRIC Ier (Königsberg 1657 - Berlin 1713). Électeur de Brandebourg (1688), premier roi en Prusse (1701-1713), fils de Frédéric-Guillaume le Grand Électeur.

FRÉDÉRIC II le Grand (Berlin 1712 - Potsdam 1786), roi de Prusse (1740-1786). À l'issue des deux guerres de Silésie (1740-1742 ; 1744-45), il réussit, en dépit des graves revers essuyés pendant la guerre de Sept Ans (1756-1763), à conserver cette région. Au premier partage de la Pologne (1772), il reçut la Prusse occidentale. Il réorganisa ses États, les dotant d'une administration moderne, colonisant des terres et forgeant une armée qui deviendra la meilleure d'Europe. Ami des lettres, grand collectionneur d'art français, auteur d'un *Anti-Machiavel* (1739), compositeur de pièces pour flûte, il attira en Prusse, autour de sa résidence de Sans-Souci, Voltaire et de nombreux savants français, devenant ainsi le modèle du despote éclairé.

SAXE

FRÉDÉRIC III le Sage (Torgau 1463 - Lochau 1525), duc-électeur de Saxe (1486-1525). Il soutint Luther contre le pape et Charles Quint.

SICILE

FRÉDÉRIC Ier ROGER, roi de Sicile → ***Frédéric II,*** empereur germanique.

FRÉDÉRIC II (1272 - Palerme 1337), roi de Sicile insulaire de 1296 à 1337. — **Frédéric III,** dit *le Simple* (Catane 1342 - Messine 1377), roi

François-Joseph Ier
(H. Wassmuth - Hofburg, Vienne)

Benjamin **Franklin**
(National Portrait Gallery, Londres)

Frédéric Ier Barberousse
(Bibliothèque vaticane)

Frédéric II le Grand
(J.-G. Ziesenis - Kurpfälzisches Museum, Heidelberg)

de Sicile insulaire et duc d'Athènes de 1355 à 1377.

FRÉDÉRIC Ier (Naples 1452 - Tours 1504), roi de Sicile péninsulaire de 1496 à 1501. Il dut céder son royaume au roi de France Louis XII et obtint en échange le comté du Maine.

SUÈDE

FRÉDÉRIC Ier (Kassel 1676 - Stockholm 1751), roi de Suède (1720-1751), beau-frère de Charles XII. Il succéda à sa femme Ulrique Éléonore.

FRÉDÉRIC-AUGUSTE Ier le Juste (Dresde 1750 - *id.* 1827), roi de Saxe (1806-1827), allié fidèle de Napoléon, qui, au traité de Tilsit, lui donna le grand-duché de Varsovie (1807).

FRÉDÉRIC-CHARLES, général et prince prussien (Berlin 1828 - Potsdam 1885). Neveu de Guillaume Ier, il combattit à Sadowa (1866) et commanda la IIe armée pendant la guerre franco-allemande de 1870-71.

FRÉDÉRIC-GUILLAUME, dit **le Grand Électeur** (Berlin 1620 - Potsdam 1688). Électeur de Brandebourg et duc de Prusse. Il monta sur le trône en 1640 et, après la signature des traités de Westphalie (1648), s'efforça de relever le Brandebourg. Chef de l'opposition calviniste aux impériaux, il accueillit après 1685 les protestants français.

FRÉDÉRIC-GUILLAUME Ier, surnommé **le Roi-Sergent** (Berlin 1688 - Potsdam 1740), fils de Frédéric Ier, roi de Prusse (1713-1740). Il poursuivit l'œuvre de centralisation et de développement économique de ses prédécesseurs et légua à son fils, Frédéric II, un royaume puissant. — **Frédéric-Guillaume II** (Berlin 1744 - *id.* 1797), roi de Prusse (1786-1797), neveu et successeur de Frédéric II. Il participa aux coalitions contre la France révolutionnaire, mais, à la paix de Bâle (1795), dut lui céder la rive gauche du Rhin. Il participa aux deuxième et troisième partages de la Pologne (1793-1795). — **Frédéric-Guillaume III** (Potsdam 1770 - Berlin 1840), roi de Prusse (1797-1840). Après l'effondrement de la Prusse devant Napoléon (1806-1807), il réussit avec le concours de Stein, Hardenberg, Scharnhorst, Gneisenau et Clausewitz à redresser le pays et à lui redonner son rang de grande puissance au congrès de Vienne (1815). — **Frédéric-Guillaume IV** (Berlin 1795 - château de Sans-Souci 1861), roi de Prusse (1840-1861). Il dut accorder une Constitution en 1848. Atteint de troubles mentaux, il abandonna la régence à son frère Guillaume Ier en 1858.

FRÉDÉRIC-HENRI, prince d'Orange-Nassau (Delft 1584 - La Haye 1647). Stathouder des Provinces-Unies (1625-1647), il lutta contre les Espagnols pendant la guerre de Trente Ans.

FREDERICTON, v. du Canada, cap. du Nouveau-Brunswick ; 44 814 h. Université.

FREDERIKSBERG, v. du Danemark, banlieue de Copenhague ; 88 000 h.

Frederiksborg, château royal du Danemark (XVIIe s.), près d'Hillerød (Sjaelland).

FREDHOLM (Erik Ivar), mathématicien suédois (Stockholm 1866 - Mörby 1927), l'un des fondateurs de la théorie des équations intégrales.

FREETOWN, cap. de la Sierra Leone ; 316 000 h. Port sur l'Atlantique.

FREGE (Gottlob), logicien et mathématicien allemand (Wismar 1848 - Bad Kleinen, Mecklembourg, 1925). Il est à l'origine de la formalisation des mathématiques (*Begriffschrift,* 1879) et de la doctrine logiciste du fondement des mathématiques.

Augustin **Fresnel**

Sigmund **Freud**

FRÉHEL *(cap),* cap de la Bretagne, fermant au nord-est la baie de Saint-Brieuc.

FREIBERG, v. d'Allemagne (Saxe), au sud-ouest de Dresde ; 49 840 h. Métallurgie. Cathédrale des XIIe-XVIe s. (œuvres d'art).

FREILIGRATH (Ferdinand), poète allemand (Detmold 1810 - Stuttgart 1876), auteur de ballades romantiques et de poèmes politiques.

FREI MONTALVA (Eduardo), homme politique chilien (Santiago 1911 - *id.* 1982). Chef de la Démocratie chrétienne, il fut président de la République de 1964 à 1970. — Son fils, **Eduardo Frei Ruíz-Tagle,** homme politique chilien (Santiago 1942), démocrate-chrétien, est président de la République depuis 1994.

FREINET (Célestin), pédagogue français (Gars, Alpes-Maritimes, 1896 - Vence 1966). Il a développé une pédagogie fondée sur les groupes coopératifs au service de l'expression libre des enfants (création, impression de texte) et de la formation personnelle (*l'Éducation du travail,* 1947).

FREIRE (Paulo), pédagogue brésilien (Recife 1921). Il est l'auteur d'une méthode d'alphabétisation qui repose sur la prise de conscience de sa condition sociale par celui qui apprend (*Pédagogie des opprimés,* 1969).

Freischütz *(Der)* **[le Franc-Tireur]**, opéra en trois actes, de C. M. von Weber (1821).

Fréjorgues, aéroport de Montpellier.

FRÉJUS (83600), ch.-l. de c. du Var ; 42 613 h. *(Fréjusiens).* Évêché. Station balnéaire. Vestiges romains. Cathédrale et cloître romans et gothiques, avec baptistère du Ve s.

FRÉJUS *(col du* ou *de),* col des Alpes, à la frontière franco-italienne ; 2 542 m. À proximité, tunnels ferroviaire (dit parfois « du Mont-Cenis ») et routier.

FRÉMIET (Emmanuel), sculpteur français (Paris 1824 - *id.* 1910), neveu et élève de Rude. Son œuvre la plus connue est la *Jeanne d'Arc* équestre de la place des Pyramides à Paris (bronze doré, 1874).

FRENCH (John), maréchal britannique (Ripple, Kent, 1852 - Deal Castle, Kent, 1925). Il commanda les troupes britanniques en France en 1914 et en 1915.

FREPPEL (Charles), prélat et homme politique français (Obernai 1827 - Angers 1891), évêque d'Angers, où il fonda les facultés catholiques, et député conservateur de Brest.

FRÈRE (Aubert), général français (Grévillers, Pas-de-Calais, 1881 - Struthof 1944). Commandant la VIIe armée en 1940, il devint en 1942 chef de l'Organisation de résistance de l'armée, fut arrêté en 1943 par la Gestapo et mourut en déportation.

FRÈRE-ORBAN (Walthère), homme politique belge (Liège 1812 - Bruxelles 1896). Chef du parti libéral, président du Conseil (1878-1884), il déchaîna, par sa politique neutraliste et laïque, la « guerre scolaire ».

Frères Karamazov (les), roman de Dostoïevski (1880), première partie d'une trilogie, inachevée, destinée à montrer le triomphe définitif de la charité et de la solidarité humaine à travers l'épreuve de la souffrance et de l'humiliation.

Frères musulmans, mouvement politico-religieux sunnite militant pour l'instauration de régimes conformes à la loi canonique *(charī 'a).* Fondé en Égypte en 1927-28, il a essaimé dans les années 1940 en Syrie et en Palestine.

FRÉRON (Élie), publiciste et critique français (Quimper 1718 - Montrouge 1776). Adversaire de Voltaire et des philosophes, il fonda *l'Année littéraire.* — Son fils **Louis**, Conventionnel (Paris 1754 - Saint-Domingue 1802), réprima les insurrections girondines et royalistes à Marseille et à Toulon, avant de conduire la réaction thermidorienne.

Frescaty, aéroport de Metz.

FRESCOBALDI (Girolamo), compositeur italien (Ferrare 1583 - Rome 1643), organiste de Saint-Pierre de Rome, novateur dans la musique d'orgue et de clavecin (*Fiori musicali,* 1635).

FRESNAY (Pierre **Laudenbach,** dit **Pierre**), acteur français (Paris 1897 - Neuilly-sur-Seine 1975). Comédien fin et racé, il s'affirma aussi bien au théâtre qu'au cinéma, où il interpréta la trilogie de Pagnol *(Marius, Fanny, César),* J. Renoir (*la Grande Illusion,* 1937), H. G. Clouzot (*le Corbeau,* 1943).

FRESNAY-SUR-SARTHE (72130), ch.-l. de c. de la Sarthe ; 2 478 h. Électroménager. Église romane.

FRESNEAU (François), ingénieur français (Marennes 1703 - *id.* 1770). Il découvrit en Guyane l'hévéa et ses propriétés, ainsi que l'utilisation de la térébenthine comme dissolvant du caoutchouc (1763), cultiva la pomme de terre et en vanta les qualités bien avant Parmentier (1762).

FRESNEL (Augustin), physicien français (Chambrais, auj. Broglie, 1788 - Ville-d'Avray 1827). Il développa l'optique ondulatoire, créa l'optique cristalline, expliqua la polarisation de la lumière et inventa les lentilles à échelons pour phares.

FRESNES (94260), ch.-l. de c. du Val-de-Marne, au sud de Paris ; 27 032 h. *(Fresnois).* Prison, que les Allemands transformèrent en camp de détenus politiques pendant la Seconde Guerre mondiale. Écomusée.

FRESNES-SUR-ESCAUT (59970), comm. du Nord ; 8 130 h.

FRESNO, v. des États-Unis (Californie) ; 354 202 h.

FRESNOY-LE-GRAND (02230), comm. de l'Aisne ; 3 593 h. Bonneterie. Articles ménagers.

FREUD (Anna), psychanalyste britannique d'origine autrichienne (Vienne 1895 - Londres 1982), fille de Sigmund Freud. Elle s'est intéressée à la psychanalyse des enfants.

FREUD (Lucian), peintre britannique d'origine allemande (Berlin 1922), petit-fils de Sigmund Freud. La matière somptueuse de ce figuratif sert une vision implacable (nus, portraits).

FREUD (Sigmund), médecin autrichien (Freiberg, auj. Příbor, Moravie, 1856 - Londres 1939). Fondateur de la psychanalyse, Freud pense qu'à l'origine des troubles névrotiques se trouvent des désirs oubliés en rapport avec le complexe d'Œdipe et inconciliables avec les autres désirs ou avec la morale. Ces désirs refoulés continuent à exister dans l'inconscient, mais ne peuvent faire irruption dans la conscience qu'à condition d'être défigurés. C'est ainsi que, outre les symptômes névrotiques, se forment les rêves et les actes manqués (*l'Interprétation des rêves,* 1900 ; *Trois Essais sur la théorie de la sexualité,* 1905 ; *Totem et tabou,* 1912). À partir de 1920, avec la publication d'*Au-delà du principe de plaisir,* Freud oppose pulsion de vie et pulsion de mort et propose un nouveau modèle de l'appareil psychique : le moi, le ça et le surmoi. Il se consacre davantage à partir de cette époque aux grands problèmes de la civilisation (*l'Avenir d'une illusion,* 1927 ; *Malaise dans la civilisation,* 1930 ; *Moïse et le monothéisme,* 1939). En 1910, il a fondé l'Association psychanalytique internationale.

FREUND (Gisèle), photographe française d'origine allemande (Berlin 1912). De nombreux portraits d'écrivains témoignent de son regard à la fois perspicace et retenu.

FREYCINET (Charles **de Saulces de**), ingénieur et homme politique français (Foix 1828 - Paris 1923). Ministre des Travaux publics, quatre fois président du Conseil entre 1879 et 1892, il attacha son nom à la réalisation d'un programme de grands travaux (ports, canaux, chemins de fer). [Acad. fr.]

FREYMING-MERLEBACH (57800), ch.-l. de c. de la Moselle ; 15 272 h. Houille.

FREYSSINET (Eugène), ingénieur français (Objat, Corrèze, 1879 - Saint-Martin-Vésubie 1962). Il eut le premier l'idée d'augmenter la compacité du béton en le soumettant à des vibrations (1917) ; il fut le véritable novateur de la précontrainte de ce matériau (1926).

FRIA, v. de Guinée, près du Konkouré ; 12 000 h. Usine d'alumine.

FRIANT (Louis, *comte*), général français (Villers-le-Vert, près de Morlancourt, 1758 - Seraincourt, Val-d'Oise, 1829), un des meilleurs commandants de division de la Grande Armée.

FRIBOURG, v. de Suisse, ch.-l. du cant. de ce nom, sur la Sarine ; 36 355 h. *(Fribourgeois).* Université catholique. Constructions mécaniques. Industries alimentaires. Cathédrale surtout des XIIIe-XVe s. et autres monuments. Musée d'Art et d'Histoire. — Le *canton de Fribourg* couvre 1 670 km^2 et compte 213 571 h.

FRIBOURG-EN-BRISGAU, en all. **Freiburg im Breisgau,** v. d'Allemagne (Bade-Wurtemberg), anc. cap. du pays de Bade ; 187 767 h. Université. Cathédrale des XIIIe-XVIe s. (retable de H. Baldung). Musée dans un anc. couvent.

FRIEDEL (Charles), chimiste et minéralogiste français (Strasbourg 1832 - Montauban 1899). Auteur d'une méthode de synthèse organique, il fut l'un des premiers partisans français de la théorie atomique.

Friedland *(bataille de)* [14 juin 1807], victoire de Napoléon Ier en Prusse-Orientale sur les Russes (auj. Pravdinsk, en Russie).

Friedlingen *(bataille de)* [14 oct. 1702], bataille remportée par Villars sur les Impériaux, à Friedlingen, en face de Huningue.

FRIEDMAN (Milton), économiste américain (New York 1912), promoteur d'un libéralisme tempéré par le contrôle de l'État sur la monnaie. (Prix Nobel 1976.)

FRIEDRICH (Caspar David), peintre allemand (Greifswald, près de Stralsund, 1774 - Dresde 1840). Il a notamment traité le grand thème romantique de l'homme solitaire dans de vastes espaces naturels.

FRIEDRICHSHAFEN, v. d'Allemagne (Bade-Wurtemberg), sur le lac de Constance ; 53 493 h.

FRIESZ [frijɛz] (Othon), peintre français (Le Havre 1879 - Paris 1949). Un des initiateurs du fauvisme, il pratiqua ensuite un art réaliste plus sobre.

Frileuse, camp militaire de France (Yvelines), à 20 km env. à l'ouest-nord-ouest de Versailles.

FRIOUL, pays de l'anc. Vénétie, incorporé au royaume lombard-vénitien en 1815, annexé au royaume d'Italie en 1866 sauf la province de Gorizia, autrichienne jusqu'en 1919. V. pr. *Udine.* — Avec la Vénétie Julienne, il forme depuis 1963 une région autonome comprenant les prov. de Gorizia, Trieste, Udine et Pordenone, comptant 1 193 520 h. ; cap. *Trieste.*

FRISCH (Karl **von**), zoologiste et éthologiste autrichien (Vienne 1886 - Munich 1982). Il a découvert le « langage » des abeilles, qui s'exprime par l'orientation de leur « danse ». Il a aussi étudié les organes des sens et l'univers sensoriel des invertébrés. (Prix Nobel 1973.)

FRISCH (Max), écrivain suisse d'expression allemande (Zurich 1911 - *id.* 1991), auteur de romans et de pièces de théâtre *(Biedermann et les incendiaires ; Andorra)* marqués par Brecht et par l'existentialisme.

FRISCH (Ragnar), économiste norvégien (Oslo 1895 - *id.* 1973), un des fondateurs de l'économétrie. (Prix Nobel 1969.)

FRISE, en néerl. et en all. **Friesland,** région de plaines bordant la mer du Nord, précédée d'îles *(archipel frison)* et partagée entre les Pays-Bas (598 000 h. ; ch.-l. *Leeuwarden*) et l'Allemagne (anc. *Frise-Orientale*).

FRIVILLE-ESCARBOTIN (80130), ch.-l. de c. de la Somme ; 4 834 h. Fonderie.

FRÖBEL (Friedrich), pédagogue allemand (Oberweissbach, Thuringe, 1782 - Marienthal 1852). Il fonda, en 1837, le premier jardin d'enfants et mit au point un des premiers systèmes de jeux éducatifs.

FROBENIUS (Leo), anthropologue allemand (Berlin 1873 - Biganzolo, lac Majeur, 1938). Il a attribué une origine commune aux cultures de l'Océanie et de l'Afrique de l'Ouest et montré l'existence d'aires culturelles.

FROBERGER (Johann Jakob), organiste et compositeur allemand (Stuttgart 1616 - Héricourt, Haute-Saône, 1667), auteur de pièces pour clavier.

FROBISHER *(baie),* baie du Canada échancrant la terre de Baffin.

FROBISHER (*sir* Martin), navigateur anglais (Altofts v. 1535 - Plymouth 1594). Il a exploré le Groenland et la terre de Baffin.

FRŒSCHWILLER → ***Reichshoffen.***

FROGES (38190), comm. de l'Isère ; 2 335 h. Électrométallurgie.

FROISSART (Jean), chroniqueur français (Valenciennes 1333 - Chimay apr. 1404). Ses *Chroniques* forment une peinture vivante du monde féodal entre 1325 et 1400.

FROMENT (Nicolas), peintre français, sans doute originaire du nord de la France (m. en Avignon en 1483-84). Installé dans le Midi (Uzès, puis Avignon) à partir de 1465, il fut au service du roi René (triptyque du *Buisson ardent,* 1476, cathédrale d'Aix).

FROMENTIN (Eugène), peintre et écrivain français (La Rochelle 1820 - *id.* 1876). Orientaliste, il a représenté des scènes et des paysages observés en Afrique du Nord. Ses *Maîtres d'autrefois* (1876) sont une importante étude sur la peinture flamande et hollandaise. Il a donné avec *Dominique** un des chefs-d'œuvre du roman psychologique.

FROMENTINE *(goulet de),* détroit séparant l'île de Noirmoutier du continent et enjambé par un pont routier.

FROMM (Erich), psychanalyste américain d'origine allemande (Francfort-sur-le-Main 1900 - Muralto, Tessin, 1980). Il prône l'adaptation de la psychanalyse à la dynamique sociale à partir d'une lecture humaniste de Marx (*la Peur de la liberté,* 1941 ; *l'Art d'aimer,* 1956).

Fronde (la) [1648-1652], soulèvement contre Mazarin pendant la minorité de Louis XIV. Provoquée par l'impopularité du cardinal et ses exigences financières, la Fronde eut deux phases. La première, dite *Fronde parlementaire* (1648-49), fut marquée par l'arrestation du conseiller Broussel, l'édification de barricades par le peuple de Paris, les intrigues du cardinal de Retz et la retraite de la Cour à Saint-Germain ; elle s'acheva par la paix de Rueil. Dans la seconde, dite *Fronde des princes,* Condé, Beaufort et Mme de Longueville, avec l'appui secret de l'Espagne, engagèrent une véritable campagne contre les troupes royales, que Turenne commandait (combats de Bléneau, bataille de la porte Saint-Antoine). La révolte fut finalement un échec. La royauté et Mazarin sortirent affermis de cette période troublée.

FRONSAC (33126), ch.-l. de c. de la Gironde, sur la Dordogne ; 1 071 h. *(Fronsadais).* Vins.

Front de libération nationale (F. L. N.), mouvement nationaliste algérien formé lors de l'insurrection du 1er nov. 1954. Il est resté pendant longtemps la principale formation politique de l'Algérie (parti unique de 1962 à 1989).

Front islamique du salut (F. I. S.), parti politique algérien. Principal parti islamiste fondé en 1989, il est dissous en 1992 après l'annulation des élections législatives.

Front national, mouvement de résistance français pendant l'occupation allemande de la Seconde Guerre mondiale, créé à l'instigation du parti communiste.

Front national, parti politique français, créé en 1972, de tendance d'extrême droite et ayant pour président Jean-Marie Le Pen.

Front populaire [mai 1936 -avr. 1938], coalition des partis français de gauche (parti communiste, S. F. I. O., parti radical), qui, remportant les élections de mai 1936, arriva au pouvoir avec Léon Blum. Le Front populaire réalisa d'importantes réformes sociales (semaine de quarante heures, relèvement des salaires, congés payés, conventions collectives, délégués ouvriers), dans le cadre des accords Matignon*. Sous la pression des événements extérieurs (guerre d'Espagne), le Front populaire se disloqua rapidement (démission du premier cabinet Blum, juin 1937).

Front populaire : Léon Blum, Maurice Thorez, Roger Salengro, Maurice Viollette (de gauche à droite), lors de la manifestation du 14 juillet 1936, place de la Nation à Paris.

FRONTENAC (33119), comm. de la Gironde ; 692 h. Vins blancs de l'Entre-deux-Mers.

FRONTENAC (Louis **de Buade,** *comte* **de**), administrateur français (Saint-Germain-en-Laye v. 1620 - Québec 1698), gouverneur de la Nouvelle-France (1672-1682 et 1689-1698).

FRONTENAY-ROHAN-ROHAN (79270), ch.-l. de c. des Deux-Sèvres ; 2 590 h.

FRONTIGNAN (34110), ch.-l. de c. de l'Hérault ; 16 315 h. *(Frontignanais).* Vins muscats.

FRONTON (31620), ch.-l. de c. de la Haute-Garonne ; 3 366 h. Vins.

FROSINONE, v. d'Italie (Latium) ; ch.-l. de prov. ; 45 525 h.

FROST (Robert Lee), poète américain (San Francisco 1874 - Boston 1963). Son œuvre s'inspire de la nature et de l'esprit de la Nouvelle-Angleterre.

FROUARD (54390), comm. de Meurthe-et-Moselle, au confluent de la Moselle et de la Meurthe ; 7 300 h. Métallurgie.

FROUDE (William), ingénieur britannique (Dartington, Devon, 1810 - Simonstown, Afrique du Sud, 1879). Auteur de travaux en mécanique des fluides, il créa le premier bassin pour essais de modèles et inventa un type de frein hydraulique pour la mesure des couples moteurs au banc d'essai (1858).

FROUNZE → ***Bichkek.***

fructidor an V *(coup d'État du 18)* [4 sept. 1797], un des coups d'État du Directoire, exécuté par les anciens Directeurs républicains (Barras, La Révellière-Lépeaux, Rewbell) contre le Conseil des Anciens et la nouvelle majorité des Cinq-Cents, après les élections d'avr. 1797 favorables aux royalistes.

FRUGES (62310), ch.-l. de c. du Pas-de-Calais ; 2 839 h.

FRY (Christopher), écrivain britannique (Bristol 1907), auteur de drames poétiques *(La dame ne brûlera pas).*

F.T.P., sigle de Francs-tireurs* et partisans.

FU'ĀD Ier ou **FOUAD Ier** (Le Caire 1868 - *id.* 1936), sultan (1917-1922), puis roi (1922-1936) d'Égypte.

FUALDÈS (Antoine), magistrat français (Mur-de-Barrez 1761 - Rodez 1817). Son assassinat donna lieu à un procès retentissant.

FUCHS (Lazarus), mathématicien allemand (Moschin, Posnanie, 1833 - Berlin 1902), auteur d'une théorie des équations différentielles linéaires.

FUÉGIENS, ensemble des peuples qui habitaient la Terre de Feu (Alakaluf, Yamana).

FUENTES (Carlos), écrivain mexicain (Mexico 1928). Ses romans, qui sont une satire de toutes les conventions du monde latino-américain, témoignent d'un grand souci de recherches formelles (*la Mort d'Artemio Cruz,* 1962).

FUERTEVENTURA, l'une des îles Canaries.

FUGGER (les), famille de banquiers d'Augsbourg, qui accorda son appui aux Habsbourg (XVe et XVIe s.).

FUJI, v. du Japon (Honshū) ; 222 490 h. Centre industriel.

FUJIAN ou **FOU-KIEN,** prov. du sud-est de la Chine ; 120 000 km^2 ; 25 900 000 h. Cap. *Fuzhou.*

FUJIMORI (Alberto), homme politique péruvien (Lima 1938). Originaire d'une famille japonaise, il est président de la République depuis 1990.

FUJISAWA, v. du Japon (Honshū) ; 350 330 h.

FUJIWARA, famille aristocratique japonaise qui usurpa pratiquement le pouvoir aux empereurs du milieu du IXe s. au XIIe s.

FUJI-YAMA ou **FUJI-SAN,** point culminant du Japon (Honshū), constitué par un volcan éteint ; 3 776 m.

FUKUI, v. du Japon (Honshū) ; 252 743 h.

FUKUOKA, port du Japon (Kyūshū), sur le détroit de Corée ; 1 237 062 h.

FUKUSHIMA, v. du Japon, dans le nord de Honshū ; 277 528 h.

FUKUYAMA, port du Japon (Honshū) ; 365 612 h. Sidérurgie.

FULBERT, philosophe et théologien français (en Italie v. 960 - Chartres 1028). Évêque de Chartres, il tint dans cette ville une école célèbre.

FULDA, v. d'Allemagne (Hesse), sur la *Fulda* (branche mère de la Weser) ; 55 381 h. Anc. abbaye, fondée en 744, foyer religieux et culturel au Moyen Âge. Cathédrale du XVIIIe s.

FULGENCE *(saint),* évêque de Ruspe (près de Sfax) en Afrique (Telepte, près de Gafsa, 467 - Ruspe 533), théologien de l'école de saint Augustin.

FULLER (Marie-Louise **Fuller**, dite **Loïe**), danseuse américaine (Fullersburg, près de Chicago, 1862 - Paris 1928). Elle employa dans ses spectacles les jeux de lumière et les voiles ondoyants.

FULLER (Richard Buckminster), ingénieur américain (Milton, Massachusetts, 1895 - Los Angeles 1983). Il a étudié divers systèmes de préfabrication et s'est rendu célèbre par ses « coupoles géodésiques », constructions hémisphériques faites d'un réseau tridimensionnel de tiges d'acier (apr. 1945).

le **Fuji-Yama**

FULLER (Samuel), cinéaste américain (Worcester, Massachusetts, 1911). Anticonformiste et éclectique, il est l'auteur de films violents (*J'ai tué Jesse James,* 1949 ; *le Jugement des flèches,* 1957 ; *Shock Corridor,* 1963).

FULTON (Robert), mécanicien américain (Little Britain, auj. Fulton, Pennsylvanie, 1765 - New York 1815). Il construisit le premier sous-marin à hélice, le *Nautulus* (plus tard *Nautilus*) [1800], et réalisa industriellement la propulsion des navires par la vapeur (1807).

FUMAY (08170), ch.-l. de c. des Ardennes, sur la Meuse ; 5 405 h. *(Fumaciens).* Métallurgie.

FUMEL (47500), ch.-l. de c. de Lot-et-Garonne ; 6 028 h. *(Fumélois).* Métallurgie. Travail du bois.

FUNABASHI, v. du Japon (Honshū) ; 533 270 h.

FUNCHAL, port et cap. de Madère ; 40 000 h.

FUNDY *(baie de),* baie de l'Atlantique (Canada et États-Unis). Marées d'une grande amplitude.

FUNÈS (Louis **de**), acteur français (Courbevoie 1914 - Nantes 1983). Il fut l'acteur comique le plus populaire des années 60-70 (*le Corniaud,* 1964 ; *la Grande Vadrouille,* 1966).

FURET (François), historien français (Paris 1927). Directeur d'études à l'école des hautes études en sciences sociales (1966), il est l'auteur d'ouvrages sur la Révolution (*Penser la Révolution française,* 1978 ; *Dictionnaire critique de la Révolution française* [en collab. avec Mona Ozouf], 1988).

FURETIÈRE (Antoine), écrivain français (Paris 1619 - *id.* 1688), auteur du *Roman* bourgeois* (1666). Son *Essai d'un dictionnaire universel* (1684) le fit exclure de l'Académie française. Son *Dictionnaire universel* parut en Hollande en 1690.

FURIES → ***Érinyes.***

FURIUS CAMILLUS (Marcus) → ***Camillus*** *(Marcus Furius).*

FURKA (la), col des Alpes suisses, près duquel le Rhône prend sa source ; 2 431 m.

FURNES → ***Veurne.***

FÜRST (Walter), héros de l'indépendance suisse. Compagnon de Guillaume Tell, il aurait juré, au nom du canton d'Uri, le serment du Rütli (1291).

FÜRSTENBERG, famille allemande originaire de Souabe, dont le plus célèbre représentant fut **Wilhelm Egon** (Heiligenberg 1629 - Paris 1704), évêque de Strasbourg (1682) et cardinal (1686), qui favorisa la politique de Louis XIV en Alsace.

FÜRTH, v. d'Allemagne (Bavière) ; 100 906 h. Constructions électriques.

FURTWÄNGLER (Wilhelm), chef d'orchestre allemand (Berlin 1886 - Ebersteinburg, Baden-Baden, 1954), grand interprète du répertoire classique et romantique.

FUSHUN ou **FOU-CHOUEN,** v. de Chine (Liaoning) ; 1 020 000 h. Métallurgie.

FÜSSLI (Johann Heinrich), en angl. **Henry Fuseli,** peintre suisse (Zurich 1741 - Londres 1825), installé en Angleterre en 1779. Son goût du fantastique, joint à des sujets et à des effets théâtraux, fait déjà de lui un romantique.

FUST (Johann), imprimeur allemand (Mayence v. 1400 - Paris 1466). Associé avec Gutenberg jusqu'en 1455, il publia avec P. Schöffer le *Psautier* de Mayence (1457), premier livre imprimé portant une date.

FÜST (Milán), écrivain hongrois (Budapest 1888 - id. 1967). L'un des fondateurs de la revue *Nyugat (Occident),* il a laissé une œuvre de poète, de romancier et d'auteur dramatique, marquée par ses préoccupations philosophiques (*Rue des fantômes,* 1948).

FUSTEL DE COULANGES (Numa Denis), historien français (Paris 1830 - Massy 1889). Auteur de *la Cité antique* (1864) et de *l'Histoire des institutions de l'ancienne France* (1875-1892). Sa méthode accordait la priorité à l'exploitation rigoureuse des documents écrits.

FUTUNA, île française de la Mélanésie ; 4 324 h. Avec Wallis, elle forme un territoire d'outre-mer.

Futuroscope, parc d'attractions ouvert, en 1987, près de Poitiers sur les communes de Jaunay-Clan et de Chasseneuil-du-Poitou (Vienne) et présentant les technologies de l'avenir.

FUX (Johann Joseph), compositeur autrichien (Hirtenfeld 1660 - Vienne 1741), maître de chapelle à la cour de Vienne, auteur d'un *Gradus ad Parnassum* (1725), important ouvrage théorique.

FUXIN ou **FOU-SIN,** v. de Chine (Liaoning) ; 470 000 h. Houille. Sidérurgie.

FUZHOU ou **FOU-TCHEOU,** v. de Chine, cap. du Fujian ; 800 000 h. Centre industriel.

FUZULI (Mehmed bin Süleyman), poète turc d'origine kurde (Karbalā' ? 1480 - *id.* 1556), un des plus célèbres poètes classiques, auteur de *Divans,* en turc, en arabe et en persan.

FYN → ***Fionie.***

FYT ou **FIJT** (Jan), peintre flamand (Anvers 1611 - *id.* 1661). Ses natures mortes, ses animaux et ses fleurs sont remarquables par leur qualité proprement plastique et leur lyrisme intime.

G

***G 7** → Groupe des 7.*

***G 77** → Groupe des 77.*

GABARRET (40310), ch.-l. de c. des Landes ; 1 455 h.

GABČÍKOVO, v. de Slovaquie, proche du Danube. Aménagement hydroélectrique en construction sur le fleuve.

GABÈS, port de Tunisie, sur le *golfe de Gabès ;* 41 000 h. Palmeraie. Engrais.

GABIN (Jean Alexis **Moncorgé,** dit **Jean**), acteur français (Paris 1904 - Neuilly-sur-Seine 1976). Vedette très populaire, il imposa dans près de cent films son personnage de cabochard au grand cœur puis de vieil homme bougon et autoritaire : *la Bandera* (J. Duvivier, 1935) ; *la Grande Illusion* (J. Renoir, *id.*) ; *le Quai des Brumes* (M. Carné, 1938) ; *Le jour se lève* (id., 1939) ; *le Chat* (P. Granier-Deferre, 1971).

Jean **Gabin** et Michèle Morgan dans *le Quai des Brumes* (1938) de Marcel Carné.

GABLE (Clark), acteur américain (Cadiz, Ohio, 1901 - Hollywood 1960). Incarnation de l'aventurier séducteur, parfois cynique, il fut l'une des grandes stars d'Hollywood : *New York-Miami* (F. Capra, 1934) ; *les Révoltés du Bounty* (F. Lloyd, 1935) ; *Autant en emporte le vent* (V. Fleming, 1939) ; *les Misfits* (J. Huston, 1961).

GABO (Naum) → ***Pevsner** (les frères).*

GABON (le), estuaire de la côte d'Afrique, sur l'Atlantique, qui a donné son nom à la *République du Gabon.*

GABON, État de l'Afrique équatoriale ; 268 000 km² ; 1 200 000 h. *(Gabonais).* CAP. *Libreville.* LANGUE : *français.* MONNAIE : *franc C. F. A.*

GÉOGRAPHIE

Correspondant au bassin de l'Ogooué, le Gabon est un pays peu peuplé, au climat équatorial, recouvert par la forêt dense, dont l'exploitation constitue une ressource importante, à côté des industries extractives (uranium, manganèse et, surtout, pétrole).

HISTOIRE

La colonie. Les premiers habitants sont probablement les Pygmées, vivant dans l'arrière-pays. 1471 ou 1473 : les Portugais arrivent sur les côtes. XVIIe - début du XIXe s. : les Européens pratiquent la traite des Noirs, en même temps que le commerce de l'ivoire et de l'ébène. 1843 : la France s'établit définitivement au Gabon, d'où les Fang venus du nord-est refoulent les populations locales. 1849 : Libreville est fondée par des esclaves libérés. 1875 : Savorgnan de Brazza explore l'Ogooué. 1886 : le Gabon devient colonie française. Il fusionne avec le Congo (1888-1904), puis est intégré dans l'A.-É. F. (1910).

L'indépendance. 1956 : la colonie devient autonome. 1958 : la République gabonaise est proclamée. 1960 : elle accède à l'indépendance. 1961-1967 : Léon M'Ba est président de la République (en 1964, la France intervient pour l'aider à se maintenir au pouvoir). À partir de 1967, O. Bongo dirige le pays. 1990 : après plus de vingt ans de régime de parti unique, il instaure le pluralisme. 1993 : sa réélection à la tête de l'État, lors du premier scrutin présidentiel pluraliste, est contestée par l'opposition.

GABOR (Dennis), physicien britannique d'origine hongroise (Budapest 1900 - Londres 1979). Il inventa l'holographie en 1948. (Prix Nobel 1971.)

GABORIAU (Émile), écrivain français (Saujon 1832 - Paris 1873), l'un des créateurs du roman policier (*l'Affaire Lerouge,* 1866).

GABORONE, cap. du Botswana ; 138 000 h.

GABRIEL, ange des traditions juive, chrétienne et islamique. Dans l'Évangile, Gabriel annonce la naissance de Jean-Baptiste et de Jésus. La littérature postérieure en fait un archange.

GABRIEL, famille d'architectes français. Les principaux, maîtres du classicisme, sont : **Jacques V** (Paris 1667 - *id.* 1742), qui travailla pour Paris, Orléans, Blois, Dijon, Rennes (hôtel de ville), Bordeaux (place Royale, auj. de la Bourse) ;

— **Jacques Ange**, son fils (Paris 1698 - *id.* 1782), dont les chefs-d'œuvre sont, à Versailles, l'Opéra et le Petit Trianon, à Paris, la place Louis-XV (auj. place de la Concorde) et l'École militaire.

GABRIELI (Andrea) [Venise v. 1510 - *id.* 1586], et son neveu **Giovanni** (Venise v. 1553 - *id.* 1612), organistes et compositeurs vénitiens de musique instrumentale *(Canzoni, Sonate)* et vocale (motets à double chœur). Ils sont à l'origine du style concertant.

GABRIEL LALEMANT *(saint),* jésuite français (Paris 1610 - Saint-Ignace, Canada, 1649), missionnaire au Canada, martyrisé par les Iroquois.

GABROVO, v. de Bulgarie, au pied du Balkan ; 90 000 h.

GACÉ (61230), ch.-l. de c. de l'Orne ; 2 326 h.

GACILLY (La) [56200], ch.-l. de c. du Morbihan ; 2 278 h. Produits d'hygiène et de beauté.

GADDA (Carlo Emilio), écrivain italien (Milan 1893 - Rome 1973). Ses romans le montrent curieux de recherches verbales et stylistiques *(le Château d'Udine, l'Affreux Pastis de la rue des Merles, la Connaissance de la douleur).*

GADDI, peintres florentins dont les principaux sont : **Taddeo** (documenté de 1327 à 1366), élève de Giotto, et son fils **Agnolo** (documenté de 1369 à 1396), tous deux auteurs, à cinquante ans de distance, de fresques dans l'église S. Croce de Florence, celles du second d'un style plus pittoresque.

GADES ou **GADÈS,** v. de l'Espagne antique. (Auj. **Cadix.**)

GAËLS, peuple celtique établi en Irlande et en Écosse vers la fin du Ier millénaire av. J.-C.

GAÉTAN de Thiene *(saint)* [Vicence 1480 - Naples 1547], fondateur de l'ordre des Clercs réguliers dits « théatins ».

GAÈTE, en ital. **Gaeta,** port d'Italie, sur la mer Tyrrhénienne ; 22 393 h.

GAFSA, v. de la Tunisie méridionale ; 42 000 h. Phosphates.

GAGAOUZES, peuple turc et chrétien habitant la République de Moldavie et la Dobroudja.

GAGARINE (Iouri Alekseïevitch), pilote militaire et cosmonaute soviétique (Klouchino, auj. Gagarine, région de Smolensk, 1934 - région de Vladimir 1968). Il fut le premier homme à effectuer un vol spatial (12 avril 1961).

GAGNOA, v. de la Côte d'Ivoire ; 42 000 h.

GAGNON, v. du Canada (Québec), dans le Nouveau-Québec ; 3 000 h. Gisements de fer.

Iouri **Gagarine** (en 1961)

GAGNY (93220), ch.-l. de c. de la Seine-Saint-Denis ; 36 151 h. Plâtre.

GAIA ou **GÊ,** divinité grecque personnifiant la Terre mère et nourricière universelle.

GAIGNIÈRES (Roger **de**), érudit et collectionneur français (Entrains-sur-Nohain, Nièvre, 1642 - Paris 1715). Il légua à la bibliothèque du roi sa collection de dessins d'iconographie, de topographie et d'archéologie (auj. à la Bibliothèque nationale).

GAILLAC (81600), ch.-l. de c. du Tarn, sur le Tarn ; 10 667 h. *(Gaillacois).* Vins. Deux églises remontant au XIIe s. Musées.

GAILLARD (74240), comm. de la Haute-Savoie, près de l'Arve ; 9 615 h. Produits pharmaceutiques.

GAILLON (27600), ch.-l. de c. de l'Eure, sur la Seine ; 6 346 h. Plastiques. Vestiges d'un château reconstruit à partir de 1501 pour le cardinal G. d'Amboise, au décor italianisant précoce.

GAINSBOROUGH (Thomas), peintre anglais (Sudbury, Suffolk, 1727 - Londres 1788). Il est l'auteur de portraits aristocratiques ou familiers d'un charme frémissant, ainsi que d'amples paysages qu'admirèrent les impressionnistes.

GAINSBOURG (Lucien **Ginsburg,** dit **Serge**), auteur-compositeur et chanteur français (Paris 1928 - *id.* 1991). Derrière le personnage désinvolte et désenchanté se cache une vive sensibilité *(Je t'aime, moi non plus).*

Gai Savoir (le), œuvre de Nietzsche (1882 ; éd. complétée en 1886). Sous forme d'aphorismes et de poèmes, cet hymne à la nature et au temps, conçu comme un « éternel retour », annonce le message du prophète d'*Ainsi parlait Zarathoustra.*

GAIUS, jurisconsulte romain (IIe s. apr. J.-C.), auteur d'*Institutiones,* qui ont servi de base aux *Institutes* de Justinien.

GALÁPAGOS *(îles),* archipel du Pacifique, à l'ouest de l'Équateur, dont il dépend depuis 1832 ; 7 800 km² ; 6 000 h. Réserve de faune.

GALATA, quartier d'Istanbul.

GALATÉE, divinité marine chez les Grecs. Elle fit changer en fleuve son amant, le berger Acis, victime de la jalousie du cyclope Polyphème.

GALAȚI, port de Roumanie, sur le Danube ; 325 788 h. Sidérurgie.

GALATIE [-si], anc. région du centre de l'Asie Mineure. Des populations d'origine celtique (en grec *Galatai,* Gaulois) venues d'Europe s'y installèrent au IIIe s. av. J.-C. État autonome au IIe s., puis province romaine en 25 av. J.-C., la Galatie fut évangélisée par saint Paul (Épître aux Galates).

GALBA (Servius Sulpicius), empereur romain (Terracina v. 3 av. J.-C. - Rome 69 apr. J.-C.). Successeur de Néron, sept mois empereur (68-69), il fut assassiné par les partisans d'Othon.

GALBRAITH (John Kenneth), économiste américain (Iona Station, Ontario, 1908). Collaborateur de Roosevelt, il a analysé la société de consommation (*l'Ère de l'opulence,* 1958) et théorisé le phénomène du « management » (*le Nouvel État industriel,* 1967).

GALDÓS (Benito **Pérez**) → ***Pérez Galdós.***

Galeão, aéroport international de Rio de Janeiro.

GALEOTTI (Vincenzo), danseur et chorégraphe italien (Florence 1733 - Copenhague 1816). Maître de ballet à l'Opéra de Copenhague, il introduisit le ballet romantique en Scandinavie.

GALÈRE, en lat. **Caius Galerius Valerius Maximianus** (Illyrie v. 250 - Nicomédie 311), empereur romain de la tétrarchie, gendre de Dioclétien. César en 293, il devint auguste après l'abdication de Dioclétien (305). Il fut l'instigateur de la persécution dite « de Dioclétien » ; devant son échec, il promulgua en 311 l'édit de tolérance de Nicomédie.

GALIBI, peuple de la Guyane, parlant une langue caribe.

GALIBIER, col routier des Hautes-Alpes (2 645 m), unissant Briançon à la Maurienne.

GALICE, communauté autonome du nord-ouest de l'Espagne, formée des prov. de La Corogne, Lugo, Orense et Pontevedra ; 2 700 288 h. Cap. *Saint-Jacques-de-Compostelle.*

GALICIE, région de l'Europe centrale, au nord des Carpates, partagée entre la Pologne (v. pr. *Cracovie*) et l'Ukraine (v. pr. *Lvov*). Principauté de la Russie kievienne, indépendante du XIIe au XIVe s., elle appartint ensuite à la Pologne, puis à l'Autriche (1772-1918). La Galicie orientale, attribuée à la Pologne (1923), fut annexée par l'U. R. S. S. (1939).

GALIEN (Claude), médecin grec (Pergame v. 131 - Rome ou Pergame v. 201). Il fit d'importantes découvertes en anatomie. Son œuvre, qui reposait sur l'existence des « humeurs », a joui jusqu'à la Renaissance d'un grand prestige.

GALIGAÏ (Leonora **Dori,** dite), épouse de Concini, favorite de Marie de Médicis (Florence v. 1571 - Paris 1617). Elle partagea la disgrâce de son mari et fut décapitée comme sorcière.

GALILÉE, province du nord de la Palestine. Jésus y passa son enfance et sa jeunesse et y exerça une partie de son ministère. V. pr. *Tibériade, Nazareth, Cana, Capharnaüm.* (Hab. *Galiléens.*)

GALILÉE (Galileo **Galilei,** dit), physicien, astronome et écrivain italien (Pise 1564 - Arcetri 1642). Il est l'un des fondateurs de la mécanique moderne (*Discours concernant deux sciences nouvelles,* 1638) et a joué un rôle majeur dans l'introduction des mathématiques pour l'explication des lois physiques. Il a découvert la loi de la chute des corps dans le vide, donné une première formulation du principe de l'inertie, pressenti le principe de la composition des vitesses et mis en évidence l'isochronisme des oscillations du pendule. En introduisant l'emploi de la lunette en astronomie (1609), il a été aussi à l'origine d'une révolution dans l'observation de l'Univers. Il découvrit notamment le relief de la Lune, les principaux satellites de Jupiter, les phases de Vénus et la présence d'étoiles dans la Voie lactée. Rallié au système héliocentrique de Copernic, dont l'œuvre venait d'être mise à l'Index (1616), Galilée fut déféré devant le tribunal de l'Inquisition, qui le condamna et l'obligea à se rétracter (1633). L'Église l'a réhabilité en 1992.

GALITZINE → ***Golitsyne.***

GALL (Franz Josef), médecin allemand (Tiefenbronn, Bade-Wurtemberg, 1758 - Montrouge 1828), créateur de la phrénologie.

GALLA, peuple qui vit en majorité en Éthiopie, mais aussi au Kenya. Islamisés en grande partie, les Galla parlent une langue couchitique.

GALLAND (Antoine), orientaliste français (Rollot, près de Montdidier, 1646 - Paris 1715), traducteur des *Mille et Une Nuits* (1703-1717).

GALLA PLACIDIA, princesse romaine (389 ou 392 - Rome 450), fille de Théodose Ier, femme d'Athaulf (414), puis (417) de Constance III, mère de Valentinien III. Son mausolée, à Ravenne, est célèbre pour ses mosaïques.

GALLE, port de Sri Lanka ; 77 000 h.

GALLE (Johann), astronome allemand (Pabsthaus 1812 - Potsdam 1910). En 1846, il découvrit la planète Neptune, sur les indications de Le Verrier qui en avait prévu l'existence par le calcul.

Jacques Ange **Gabriel :** l'Opéra (1768-69) du château de Versailles.

Galilée
(coll. priv.)

GALLÉ (Émile), verrier, céramiste et ébéniste français (Nancy 1846 - *id.* 1904), animateur de l'école de Nancy (Art nouveau).

GALLEGOS (Rómulo), écrivain et homme politique vénézuélien (Caracas 1884 - *id.* 1969), auteur de romans qui peignent la vie de la savane ou de la forêt vénézuéliennes (*Doña Bárbara, Canaima*). Il fut président de la République en 1948.

GALLES (*pays de*), en angl. **Wales,** région de l'ouest de la Grande-Bretagne ; 20 800 km² ; 2 798 200 h. (*Gallois*). Cap. *Cardiff.*

GÉOGRAPHIE

Dans cette région de plateaux, au climat océanique, l'agriculture (élevage surtout) tient une place secondaire, mais l'industrie (métallurgie), née de la houille et implantée dans les villes qui jalonnent le canal de Bristol (Swansea, Port Talbot, Cardiff, Newport), a beaucoup décliné.

HISTOIRE

Le pays de Galles jusqu'à la conquête normande. Ier s. av. J.-C. - Ve s. apr. J.-C. : la population galloise adopte la langue celtique et la religion druidique. Ier-Ve s. apr. J.-C. : l'occupation romaine, avant tout militaire, marque peu le pays. VIIe s. : les Gallois repoussent les Anglo-Saxons, qui envahissent l'Angleterre. Le christianisme gallois est complètement coupé du reste du monde chrétien. IXe-XIe s. : malgré sa division en plusieurs royaumes, le pays parvient à contenir la pression anglo-saxonne et les raids scandinaves.
La conquête anglaise. 1066-1139 : tout le sud du pays de Galles tombe aux mains des Anglo-Normands, mais la résistance reste vive. XIIIe s. : les rois Llewelyn ap Iorwerth (1194-1240) et Llewelyn ap Gruffydd (1246-1282) entravent la volonté de conquête des rois anglais. 1282-1284 : Édouard Ier soumet le pays. 1536-1542 : il est définitivement incorporé à l'Angleterre sous Henri VIII.

Galles (*prince de*), titre britannique porté par le fils aîné du souverain, créé en 1301.

Gallia christiana, histoire des évêchés, abbayes et autres établissements religieux de France (1626 ; 1715-1865 ; nouvelles éditions 1899-1920).

GALLIEN, en lat. **Publius Licinius Egnatius Gallienus** (v. 218 - Milan 268), empereur romain (253-268), d'abord associé à son père Valérien. Lettré et philosophe, il consacra ses efforts à la défense de l'Italie, laissant plusieurs provinces (Gaule, Palmyre) se donner des souverains particuliers.

GALLIENI (Joseph), maréchal de France (Saint-Béat 1849 - Versailles 1916). Après avoir servi au Soudan et au Tonkin, il pacifia et organisa Madagascar (1896-1905). Gouverneur de Paris en 1914, il participa à la victoire de la Marne. Ministre de la Guerre en 1915-16, il fut fait maréchal à titre posthume en 1921.

Galliera (*palais*), édifice parisien de 1888 (XVIe arr.), qui abrite depuis 1977 le musée municipal de la Mode et du Costume.

GALLIFFET (Gaston **de**), général français (Paris 1830 - *id.* 1909). Il se distingua à Sedan en 1870, puis réprima durement la Commune. Il fut ministre de la Guerre de 1899 à 1900.

GALLIMARD (Gaston), éditeur français (Paris 1881 - Neuilly-sur-Seine 1975). Fondateur des *Éditions Gallimard* (jusqu'en 1919, Éditions de la Nouvelle Revue française), qui jouent un rôle prépondérant dans la publication d'auteurs contemporains, français et étrangers.

GALLIPOLI, en turc **Gelibolu,** v. de Turquie, en Europe, sur la rive est de la *péninsule de Gallipoli,* dominant les Dardanelles ; 18 670 h. Objectif de l'expédition alliée de 1915.

GALLUP (George Horace), statisticien américain (Jefferson, Iowa, 1901 - Tschingel, canton de Berne, 1984), créateur, en 1935, d'un important institut de sondages d'opinion.

GALOIS (Évariste), mathématicien français (Bourg-la-Reine 1811 - Paris 1832). Ses recherches sur le rôle des groupes dans la résolution des équations algébriques ont été d'une fécondité inégalée.

GALSWINTHE, reine de Neustrie (v. 540-568), sœur aînée de Brunehaut et deuxième femme de Chilpéric Ier. Elle fut étranglée à l'instigation de Frédégonde.

GALSWORTHY (John), écrivain britannique (Coombe, auj. dans Londres, 1867 - Londres 1933), peintre critique de la haute bourgeoisie et des conventions sociales (*la Saga des Forsyte,* 1906-1921). [Prix Nobel 1932.]

GALTON (*sir* Francis), physiologiste britannique (près de Birmingham 1822 - près de Londres 1911), cousin de Ch. Darwin, l'un des fondateurs de l'eugénique et de la méthode statistique.

GALUPPI (Baldassarre), compositeur italien (Burano 1706 - Venise 1785). Il fut maître de chapelle de Saint-Marc à Venise et l'un des maîtres de l'opéra bouffe.

GALVANI (Luigi), physicien et médecin italien (Bologne 1737 - *id.* 1798). Ayant observé, en 1786, les contractions des muscles d'une grenouille écorchée sous l'effet du contact d'un scalpel, il attribua ce phénomène à une forme d'électricité animale, interprétation démentie par Volta.

GAMA (Vasco **de**), navigateur portugais (Sines v. 1469 - Cochin 1524). Il découvrit en 1497 la route des Indes par le cap de Bonne-Espérance, fonda les établissements de Mozambique (1502) et fut vice-roi des Indes portugaises (1524).

GAMACHES (80220), ch.-l. de c. de la Somme ; 3 191 h. Église des XIIe-XVe s.

Vasco de **Gama**
(miniature du XVIIe s. - B.N.F., Paris)

GAMBETTA (Léon), avocat et homme politique français (Cahors 1838 - Ville-d'Avray 1882). Avocat libéral, député républicain de Belleville (1869), il proclama la république (4 sept. 1870). Il quitta en ballon Paris assiégé, pour Tours, où, ministre de la Guerre dans le gouvernement provisoire, il organisa la Défense nationale. Député de Belleville à l'Assemblée nationale (1871-1875), il défendit la république contre ceux qui, au temps de l'Ordre moral, espéraient une restauration de la monarchie. Président de la Chambre après la démission de Mac-Mahon (1879), il dut affronter l'hostilité de Jules Grévy et des radicaux : le « grand ministère » qu'il présida ne dura que quelques semaines (nov. 1881-janv. 1882).

GAMBIE (la), fl. d'Afrique, en Sénégambie, qui se jette dans l'Atlantique ; 1 100 km.

GAMBIE, État de l'Afrique occidentale, s'étendant de part et d'autre du cours inférieur de la *Gambie* ; 11 300 km² ; 900 000 h. CAP. *Banjul.* LANGUE : *anglais.* MONNAIE : *dalasi.* Arachides. (V. carte ***Sénégal et Gambie.***)

HISTOIRE

XIIIe-XVIe s. : vassale du Mali, l'actuelle Gambie est découverte par les Portugais en 1455-56. XVIIe s. : les marchands européens d'esclaves s'y installent. XIXe s. : la Grande-Bretagne acquiert le contrôle exclusif du pays, où elle fonde le poste de Bathurst (1815). 1888 : elle fait une colonie de la zone côtière, un protectorat de l'intérieur. 1965 : la Gambie passe de l'autonomie à l'indépendance, dans le cadre du Commonwealth. 1970 : la république est proclamée, avec Dawda Jawara pour président. 1981 : Gambie et Sénégal s'unissent en une confédération (la Sénégambie). 1989 : la Sénégambie est suspendue. 1994 : un coup d'État militaire renverse Dawda Jawara.

GAMBIER (*îles*), archipel de la Polynésie française ; 620 h. Découvert en 1797 par les Anglais, cet archipel devint français de fait en 1844, en droit en 1881.

GAMBSHEIM (67760), comm. du Bas-Rhin ; 3 719 h. Centrale hydroélectrique sur une dérivation du Rhin.

GAMELIN (Maurice), général français (Paris 1872 - *id.* 1958). Collaborateur de Joffre (1914-15), il commanda les forces franco-britanniques de septembre 1939 au 19 mai 1940.

GAMOW (George Anthony), physicien américain d'origine russe (Odessa 1904 - Boulder, Colorado, 1968). Il a donné son nom à la barrière de potentiel défendant l'accès du noyau d'un atome. En cosmologie, il a repris et développé l'hypothèse selon laquelle l'Univers, actuellement en expansion, aurait connu une explosion primordiale (1948).

GANCE (Abel), cinéaste français (Paris 1889 - *id.* 1981). Inventeur de plusieurs procédés techniques (triple écran), auteur ambitieux et inspiré (*J'accuse,* 1919 ; *la Roue,* 1923 ; *Napoléon,* 1927), il fut l'un des pionniers du langage cinématographique.

GAND, en néerl. **Gent,** v. de Belgique, ch.-l. de la Flandre-Orientale, au confl. de l'Escaut et de la Lys ; 230 246 h. (*Gantois*). Centre textile, métallurgique et chimique. Port relié à la mer du Nord par le canal de Terneuzen. Université.

le maréchal **Gallieni**
(Calderé - musée de l'Armée, Paris)

Évariste **Galois**
(Académie des sciences, Paris)

Léon **Gambetta**
(L. Bonnat - château de Versailles)

Gand : le « quai aux Herbes », le long de la Lys.

— Château des comtes (XIe-XIIIe s., restauré), cathédrale Saint-Bavon (XIIe-XVIe s. ; retable de *l'Agneau mystique* des Van Eyck), nombreux autres monuments et maisons anciennes. Musées. — Au IXe **s.,** la ville se constitue autour des abbayes de St-Bavon et de St-Pierre, et devient au XIIIe s. la première ville drapière d'Europe. La charte de 1277 marque la prépondérance du patriciat gantois. En 1302, le patriciat, allié aux rois de France, perd le gouvernement de la ville au profit des gens de métier. Le XIVe s. est caractérisé par des révoltes populaires ; J. Van Artevelde s'allie aux Anglais. Au XVe s., Gand, ville bourguignonne, tente en vain de reconquérir son autonomie communale ; l'industrie drapière entre en décadence. Annexée par la France en 1794 et intégrée à la Belgique en 1830, Gand redevient au XIXe s. un grand centre textile.

GANDA ou **BAGANDA,** peuple bantou de l'Ouganda.

GANDER, v. du Canada, dans l'île de Terre-Neuve ; 10 139 h. Base aérienne.

GĀNDHĀRA, prov. de l'Inde ancienne (actuel district de Peshāwar), centre d'une école artistique (appelée autref. *gréco-bouddhique*), florissante entre le Ier et le IVe s.

GĀNDHĪ (Indira), femme politique indienne (Allāhābād 1917 - Delhi 1984). Fille de Nehru. Premier ministre (1967-1977 ; 1980-1984), elle est assassinée par des extrémistes sikhs. — Son fils, **Rajiv,** homme politique indien (Bombay 1944 - Sriperumbudur, au S.-O. de Madras, 1991), lui succède à la tête du parti du Congrès et, de 1984 à 1989, à la tête du gouvernement. Il est lui-même assassiné.

GĀNDHĪ (Mohandas Karamchand), surnommé **le Mahātmā,** apôtre national et religieux de l'Inde (Porbandar 1869 - Delhi 1948). Avocat, il défend, au cours de séjours en Afrique du Sud (entre 1893 et 1914), les Indiens contre les discriminations raciales et élabore sa doctrine de l'action non violente. De retour en Inde, il s'engage dans la lutte contre les Britanniques, qui l'emprisonnent à plusieurs reprises. Leader du mouvement national depuis 1920, il en laisse la direction à J. Nehru à partir de 1928. Il se consacre à l'éducation du peuple et aux problèmes des intouchables et intervient comme caution morale pour des actions de masse (*Quit India,* 1942) ou pour calmer des violences entre hindous et musulmans (1946-47). Il est assassiné en 1948 par un extrémiste hindou.

GANDJA, anc. **Ielizavetpol** (de 1804 à 1918) et **Kirovabad** (de 1935 à 1990), v. d'Azerbaïdjan ; 278 000 h.

GANDOIS (Jean), industriel français (Nieul 1930), président du C.N.P.F. depuis 1994.

GANDRANGE (57175), comm. de la Moselle ; 2 382 h. Aciérie.

GANEŚA, dieu hindou à tête d'éléphant, avec quatre bras et monté sur un rat. Il est le dieu du Savoir et de l'Intelligence.

GANGE (le), fl. de l'Inde ; 3 090 km. Il descend de l'Himalaya, passe à Kānpur, Bénarès et Patnā, et se jette dans le golfe du Bengale par un vaste delta couvert de rizières. Dans ce fleuve sacré se baignent les pèlerins.

Abel **Gance :** une scène de *la Roue* (1923).

GANGES (34190), ch.-l. de c. de l'Hérault, sur l'Hérault ; 3 397 h. *(Gangeois).* Bonneterie.

GANIVET (Ángel), écrivain espagnol (Grenade 1865 - Riga 1898), auteur de romans réalistes qui préparèrent le renouveau de la « génération de 1898 ».

Ganjin *(portrait du moine),* statue en laque (deuxième moitié du VIIIe s.) représentant le moine chinois Jianzhen (688-763), Ganjin en japonais, fondateur en 759 du Tōshōdai-ji à Nara et initiateur de la culture bouddhique des Tang au Japon.

Portrait du moine ***Ganjin.*** Seconde moitié du VIIIe s. (Tōshōdai-ji, Nara.)

GANNAT (03800), ch.-l. de c. de l'Allier ; 6 126 h. *(Gannatois).* Métallurgie. Église Ste-Croix, romane et gothique (œuvres d'art). Château des XIIe-XIVe s.

GANSHOREN, comm. de Belgique, banlieue nord-ouest de Bruxelles ; 20 422 h.

GANSU ou **KAN-SOU,** prov. de la Chine du Nord ; 19 600 000 h. Cap. *Lanzhou.*

GANTT (Henry Laurence), ingénieur américain (Calvert Country, Maryland, 1861 - Pine Island, État de New York, 1919). Il prolongea l'action de Taylor en développant l'aspect social de l'organisation du travail.

GANYMÈDE, prince légendaire de Troie. Zeus, ayant pris la forme d'un aigle, l'enleva et en fit l'échanson des dieux.

GANZHOU ou **KAN-TCHEOU,** v. de Chine (Jiangxi) ; 250 000 h.

GAO, v. du Mali, sur le Niger ; 37 000 h. Fondée v. le VIIIe s., elle fut la cap. de l'Empire songhaï (1464-1591).

GAOXIONG → ***Kaohsiung.***

GAP (05000), ch.-l. du dép. des Hautes-Alpes, à 668 km au sud-est de Paris, à 733 m d'alt., dans le *Gapençais ;* 35 647 h. *(Gapençais).* Évêché. Centre administratif et commercial. Musée.

Garabit *(viaduc de),* pont-rail métallique, au-dessus de la Truyère (Cantal), construit de 1882 à 1884 par Eiffel ; 564 m de long ; portée de l'arche centrale : 165 m.

GARBO (Greta **Gustafsson,** dite **Greta**), actrice suédoise, naturalisée américaine (Stockholm 1905 - New York 1990), surnommée *la Divine.* Sa beauté légendaire, sa personnalité secrète firent d'elle l'archétype de la star : *la Reine Christine* (R. Mamoulian, 1933), *Anna Karenine* (C. Brown, 1935), *Ninotchka* (E. Lubitsch, 1939).

GARBORG (Arne), écrivain norvégien (Time 1851 - Asker 1924), propagandiste du parler populaire, le *landsmål.*

GARCHES (92380), ch.-l. de c. des Hauts-de-Seine ; 18 091 h. *(Garchois).* Centre hospitalier.

GARCÍA (Alan), homme politique péruvien (Lima 1949), président de la République de 1985 à 1990.

GARCÍA CALDERÓN (Ventura), diplomate et écrivain péruvien (Paris 1886 - *id.* 1959), auteur de contes et de nouvelles *(la Vengeance du condor).*

GARCÍA GUTIÉRREZ (Antonio), auteur dramatique espagnol (Chiclana de la Frontera 1813 - Madrid 1884). On lui doit des drames et des comédies romantiques *(le Trouvère).*

GARCÍA LORCA (Federico), écrivain espagnol (Fuente Vaqueros 1898 - Víznar 1936), auteur de poèmes (*Romancero gitan,* 1928) et de pièces de théâtre (*Noces de sang,* 1933 ; *Yerma,* 1934 ; *la Maison de Bernarda,* 1936). Il fut fusillé par les franquistes pendant la guerre civile.

GARCÍA MÁRQUEZ (Gabriel), écrivain colombien (Aracataca 1928). Son œuvre compose une chronique à la fois réaliste et allégorique de l'Amérique latine (*Cent Ans de solitude,* 1967). [Prix Nobel 1982.]

GARCILASO DE LA VEGA, homme de guerre et poète espagnol (Tolède 1501 ou 1503 - Nice 1536), auteur de poèmes lyriques et pastoraux.

GARCILASO DE LA VEGA (Sebastián), un des conquistadores du Pérou (Badajoz 1495 - Cuzco 1559). Gouverneur de Cuzco (1548), il se fit remarquer par son humanité à l'égard des indigènes.

GARÇON (Maurice), avocat français (Lille 1889 - Paris 1967). Il s'illustra lors de procès criminels et littéraires. (Acad. fr.)

GARD ou **GARDON** (le), affl. du Rhône (r. dr.) ; 71 km. Il est formé de la réunion du *Gardon d'Alès* et du *Gardon d'Anduze.* Un aqueduc romain *(pont du Gard),* haut de 49 m, le franchit.

GARD (**30**), dép. de la Région Languedoc-Roussillon ; ch.-l. de dép. *Nîmes ;* ch.-l. d'arr. *Alès, Le Vigan ;* 3 arr., 46 cant., 353 comm. ; 5 853 km² ; 585 049 h. *(Gardois).* Le dép. est rattaché à l'académie de Montpellier, à la cour d'appel de Nîmes et à la région militaire Méditerranée. Les arides plateaux calcaires des Garrigues séparent l'extrémité méridionale des Cévennes de la partie orientale de la plaine languedocienne, qui porte des vignobles, mais aussi, grâce à l'irrigation, des cultures fruitières

Greta **Garbo** dans *la Rue sans joie* (1925), de G.W. Pabst.

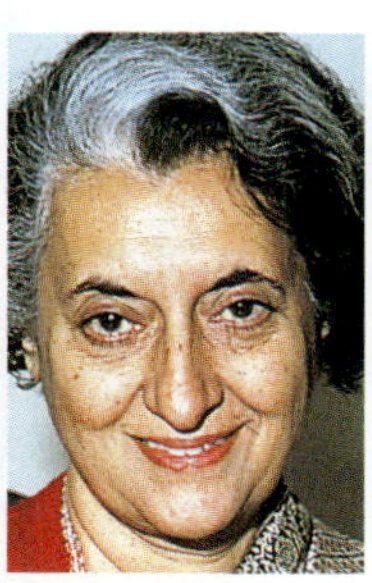
Indira **Gāndhī**

le Mahātmā **Gāndhī** (en 1947)

Federico **García Lorca** (par G. Prieto)

Gabriel **García Márquez**

et légumières. Au sud, la Petite Camargue est une région marécageuse. L'industrie est représentée surtout à Nîmes et près du Rhône, desservis par l'autoroute.

Gard *(pont du),* pont-aqueduc romain (commune de Vers), Ier s. apr. J.-C., formé de trois rangs d'arcades superposées, long de 273 m et haut de 49 m. Au XVIIIe s., un pont routier lui a été accolé.

GARDAFUI *(cap)* → ***Guardafui.***

GARDANNE (13120), ch.-l. de c. des Bouches-du-Rhône ; 18 113 h. *(Gardannais).* Lignite. Centrale thermique. Alumine.

GARDE (La) [83130], comm. du Var ; 22 662 h.

GARDE *(lac de),* le plus oriental des grands lacs de l'Italie du Nord, traversé par le Mincio ; 370 km². Tourisme.

GARDEL (Charles **Gardès, dit Carlos**), auteur-compositeur et interprète argentin d'origine française (Toulouse 1890 - Medellín, Colombie, 1935). Il a popularisé le tango dans le monde entier.

GARDEL (Maximilien), dit **Gardel l'Aîné,** danseur et chorégraphe français (Mannheim 1741 - Paris 1787). Son passage à l'Opéra de Paris a marqué le début du ballet-pantomime. — Son frère **Pierre** (Nancy 1758 - Paris 1840) fut également un des grands chorégraphes de l'Opéra.

GARDINER (Stephen), prélat et homme d'État anglais (Bury Saint Edmunds v. 1482 - Londres 1555). Il soutint Henri VIII contre le pape en 1533. Devenu lord-chancelier sous Marie Tudor (1553), il persécuta les protestants.

GARDNER (Ava), actrice américaine (Smithfield, Caroline du Nord, 1922 - Londres 1990), une des grandes stars d'Hollywood (*Pandora,* d'A. Lewin, 1951 ; *la Comtesse aux pieds nus,* de J. Mankiewicz, 1954 ; *la Nuit de l'iguane,* de J. Huston, 1964).

GARENNE-COLOMBES (La) [92250], ch.-l. de c. des Hauts-de-Seine, banlieue nord-ouest de Paris ; 21 831 h.

GARGALLO (Pablo), sculpteur espagnol (Maella, Saragosse, 1881 - Reus 1934). Parti de l'analyse cubiste, il a utilisé notamm. le fer pour créer des figures d'un baroquisme élégant.

GARGANO, promontoire calcaire de l'Italie péninsulaire, sur l'Adriatique ; 1 056 m. Bauxite.

Gargantua *(Vie inestimable du grand),* roman de Rabelais (1534). Écrit postérieurement à *Pantagruel,* l'ouvrage sera placé en tête des œuvres complètes, Gargantua étant le père de Pantagruel. Les principaux épisodes du livre sont ceux de la guerre contre Picrochole et de la fondation de l'abbaye de Thélème pour le frère Jean des Entommeures.

GARGENVILLE (78440), comm. des Yvelines ; 6 220 h. Cimenterie.

GARGES-LÈS-GONESSE (95140), ch.-l. de c. du Val-d'Oise ; 42 236 h. *(Gargeois).*

GARGILESSE-DAMPIERRE (36190), comm. de l'Indre ; 343 h. Église romane (peintures murales gothiques). Vallée célébrée par George Sand.

GARIBALDI (Giuseppe), patriote italien (Nice 1807 - Caprera 1882). Il lutta pour l'unification de l'Italie, d'abord contre l'Autriche, puis contre le royaume des Deux-Siciles (expédition des Mille, en 1860) et contre la papauté ; il combattit pour la France en 1870-71.

GARIBALDI (Ricciotti), général italien (Montevideo 1847 - Rome 1924), fils du précédent. Il forma en 1914, au service de la France, une légion italienne où combattirent ses fils.

GARIGLIANO (le), fl. d'Italie, entre le Latium et la Campanie ; 38 km. Sur ses bords, Gonzalve de Cordoue battit les Français (1503), et Bayard en défendit seul un pont contre une avant-garde espagnole. Victoire du corps expéditionnaire français, commandé par Juin (mai 1944).

Giuseppe **Garibaldi** (musée du Risorgimento, Rome)

Garin de Monglane, héros de chansons de geste de la fin du XIIIe et du début du XIVe s.

GARIZIM *(mont),* montagne de Palestine, au sud de Sichem, haut lieu des Samaritains.

GARLIN (64330), ch.-l. de c. des Pyrénées-Atlantiques ; 1 220 h.

GARMISCH-PARTENKIRCHEN, station d'altitude et de sports d'hiver (alt. 708-2 963 m) d'Allemagne (Bavière) ; 26 413 h.

GARNEAU (François-Xavier), historien canadien (Québec 1809 - *id.* 1866), auteur d'une *Histoire du Canada* (1845-1852).

GARNEAU (Hector **de Saint-Denys**), écrivain canadien d'expression française (Montréal 1912 - Sainte-Catherine-de-Fossambault 1943), auteur de recueils lyriques (*Regards et jeux dans l'espace,* 1937).

GARNERIN (André), aéronaute français (Paris 1770 - *id.* 1823). Il réussit, à partir d'un ballon, la première descente en parachute (Paris, 22 oct. 1797). — Son épouse, **Jeanne Labrosse** (1775-1847), fut la première femme aéronaute et parachutiste.

GARNIER (Charles), architecte français (Paris 1825 - *id.* 1898). Prix de Rome, fasciné par l'Italie, il a donné son chef-d'œuvre avec l'Opéra de Paris (1862-1874), à la fois rationnel dans ses dispositions et d'un éclectisme exubérant dans le décor.

GARNIER (Marie Joseph François, dit **Francis**), marin français (Saint-Étienne 1839 - Hanoi 1873). Explorateur du Mékong (1869), il conquit le delta du fleuve Rouge (1873), mais fut tué par les Pavillons-Noirs.

GARNIER (Robert), poète dramatique français (La Ferté-Bernard 1544 ou 45 - Le Mans 1590), auteur de tragédies (*les Juives,* 1583) et d'une tragi-comédie *(Bradamante)* qui imitent le pathétique de Sénèque.

GARNIER (Tony), architecte français (Lyon 1869 - Carnoux-en-Provence 1948). Prix de Rome, auteur d'un projet novateur de *Cité industrielle* (1901-1917), il a surtout construit à Lyon.

GARNIER-PAGÈS (Étienne), homme politique français (Marseille 1801 - Paris 1841), l'un des chefs du parti républicain sous Louis-Philippe. — Son frère, **Louis Antoine** (Marseille 1803 - Paris 1878), membre du gouvernement provisoire et maire de Paris (1848), membre du gouvernement de la Défense nationale (1870), est l'auteur d'une *Histoire de la Révolution de 1848* (1861-1872).

GARO, peuple de l'Inde (Assam).

GARONNE (la), fl. du sud-ouest de la France, qui naît en Espagne et se jette dans l'Atlantique ; 650 km (575 en excluant la Gironde). Issue du val d'Aran, à 1 870 m d'alt., la Garonne entre en France au Pont-du-Roi et sort des Pyrénées en aval de Saint-Gaudens. Elle reçoit alors l'Ariège, traverse Toulouse et reçoit le Tarn et le Lot, avant d'atteindre Bordeaux, peu en amont de l'estuaire. Fleuve aux crues fréquentes (de l'automne au printemps) sur le cours supérieur, la Garonne a un rôle économique médiocre, en amont de Bordeaux.

Le Gattamelata. Détail de la statue équestre en bronze érigée en 1453 par Donatello à Padoue.

Garonne *(canal latéral à la),* canal longeant la Garonne, de Toulouse à Castets-en-Dorthe (près de Langon) ; 193 km.

GARONNE (HAUTE-) [**31**], dép. de la Région Midi-Pyrénées ; ch.-l. de dép. *Toulouse ;* ch.-l. d'arr. *Muret, Saint-Gaudens ;* 3 arr., 50 cant., 588 comm. ; 6 309 km² ; 925 962 h. Le dép. est rattaché à l'académie et à la cour d'appel de Toulouse, à la région militaire Atlantique. L'extrémité méridionale du dép. appartient aux Pyrénées, où l'élevage ovin, le tourisme (Bagnères-de-Luchon) et l'électrochimie, liée à l'hydroélectricité, constituent les principales activités. Le reste du dép., formé par une partie des plaines alluviales de la Garonne, est consacré à une polyculture variée (céréales, vigne, fruits et légumes), souvent associée à l'élevage (bovins et petit bétail). L'industrie et le secteur tertiaire doivent leur importance à l'agglomération de Toulouse qui concentre 70 % de la population du département.

Paul **Gauguin :** *Femmes de Tahiti* (1891).
[Musée d'Orsay, Paris.]

GAROUA, v. du nord du Cameroun, sur la Bénoué ; 69 000 h.

GARRETT (Almeida) → ***Almeida Garrett.***

GARRICK (David), acteur et écrivain britannique (Hereford 1717 - Londres 1779), interprète de Shakespeare et auteur de comédies.

GARRIGUES (les), plateaux arides du Languedoc, au pied des Cévennes. Camp militaire (près de Nîmes). Élevage des moutons.

GARROS (Roland), officier aviateur français (Saint-Denis, la Réunion, 1888 - près de Vouziers 1918). Il réussit la première traversée de la Méditerranée en 1913 et perfectionna le procédé de tir à travers l'hélice ; il fut tué en combat aérien.

GARTEMPE (la), affl. de la Creuse (r. g.) ; 190 km.

GARY, v. des États-Unis (Indiana), sur le lac Michigan ; 116 646 h. Sidérurgie.

GARY (Romain **Kacew,** dit **Romain**), écrivain français (Vilnius 1914 - Paris 1980), romancier de l'angoisse et des mensonges du monde moderne (*les Racines du ciel,* 1956) et que l'impossible quête de son identité conduisit au suicide après s'être inventé un double littéraire (Émile **Ajar**).

GASCOGNE, duché français qui s'étendait entre Pyrénées, Atlantique et Garonne (en aval de Toulouse) ; cap. *Auch.* Constitué v. 852, il fit partie de la Guyenne sous domination anglaise (1259-1453).

GASCOGNE *(golfe de),* golfe de l'Atlantique, entre la France et l'Espagne.

GASCOIGNE (George), écrivain anglais (Cardington v. 1525 - Bernack 1577), auteur de la première comédie anglaise en prose, *les Supposés* (1566).

GASHERBRUM, massif du Karakorum, culminant au Hidden Peak ou Gasherbrum 1 (8 068 m).

GASPAR ou **GASPARD,** nom populaire traditionnel de l'un des Rois mages.

GASPARIN (Adrien, *comte* **de**), agronome et homme politique français (Orange 1783 - *id.* 1862). Il contribua à l'application des sciences à l'agriculture et analysa le fonctionnement de l'économie rurale.

GASPÉ, port du Canada (Québec), au fond de la *baie de Gaspé,* à l'extrémité de la *Gaspésie ;* 3 171 h. Jacques Cartier y débarqua en 1534.

GASPERI (Alcide **de**) → ***De Gasperi.***

GASPÉSIE, péninsule du Canada (Québec), entre le golfe du Saint-Laurent et la baie des Chaleurs. Parc provincial.

GASSENDI (Pierre **Gassend,** dit), philosophe français (Champtercier, près de Digne, 1592 - Paris 1655). Ses travaux en mathématiques, en acoustique et en astronomie le conduisirent à critiquer Descartes, puis à chercher à concilier l'atomisme antique et la morale épicurienne avec le christianisme.

GASSER (Herbert), physiologiste américain (Platteville, Wisconsin, 1888 - New York 1963), auteur de recherches sur les fibres nerveuses. (Prix Nobel 1944.)

GASSION (Jean **de**), maréchal de France (Pau 1609 - Arras 1647). Il combattit sous les ordres de Gustave II Adolphe, se distingua à Rocroi, mais fut blessé mortellement devant Lens.

GASSMAN (Vittorio), acteur italien (Gênes 1922). Tout en poursuivant une carrière théâtrale, il s'est imposé comme un des grands acteurs du cinéma italien : *Riz amer* (G. De Santis, 1949), *le Fanfaron* (D. Risi, 1962), *Parfum de femme* (id., 1974).

GASTAUT (Henri), médecin français (Monaco 1915 - Marseille 1995), auteur de travaux sur l'épilepsie et la neurophysiologie.

GASTON III DE FOIX, dit **Phébus** (1331-Orthez 1391), comte de Foix et vicomte de Béarn de 1343 à 1391. Il lutta contre l'Armagnac. Fin lettré, auteur d'un *Livre de la chasse,* il entretint à Orthez une cour fastueuse. Il légua ses biens au roi de France.

GATES (William, dit **Bill**), informaticien et industriel américain (Seattle 1955). Il a fondé (1976) et dirige la société Microsoft, leader mondial dans la fabrication de logiciels pour micro-ordinateurs.

GATIEN *(saint),* premier évêque de Tours, à l'historicité contestable (IVᵉ s.).

GÂTINAIS, région du Bassin parisien, traversée par le Loing (*Gâtinais orléanais* au S., *Gâtinais français* au N.).

GÂTINE, nom de deux régions de France, l'une occupant le nord du dép. d'Indre-et-Loire *(Gâtine tourangelle),* l'autre, les confins des Deux-Sèvres et de la Vendée *(Gâtine vendéenne* ou *de Parthenay).*

GATINEAU, v. du Canada (Québec), sur la *Gatineau* (400 km), affl. de l'Outaouais (r. g.) ; 88 341 h. Papier journal.

Gatsby le Magnifique, roman de Scott Fitzgerald (1925).

GATT, sigle de General Agreement on Tariffs and Trade. Accord signé en 1947 à Genève et qui a fourni le cadre des grandes négociations commerciales internationales (dont la mise en œuvre est, depuis 1995, assurée par l'Organisation mondiale du commerce [O. M. C.]).

GATTAMELATA (le), condottiere italien (Narni v. 1370 - Padoue 1443). Sa statue équestre, premier chef-d'œuvre monumental de la Renaissance, fut érigée à Padoue en 1453 par Donatello.

GATTAZ (Yvon), industriel français (Bourgoin, Isère, 1925), président du C. N. P. F. (1981-1986).

GAUCHY (02430), comm. de l'Aisne, banlieue de Saint-Quentin ; 5 769 h. Chimie.

GAUDE (La) [06610], comm. des Alpes-Maritimes ; 4 960 h. Électronique.

GAUDÍ (Antoni ou Antonio), architecte et sculpteur espagnol (Reus 1852 - Barcelone 1926). Il s'est inspiré de l'art gothique pour pratiquer une architecture audacieuse et singulière. Son œuvre la plus célèbre est l'église de la Sagrada Familia, à Barcelone* (entreprise en 1884, inachevée).

GAUDIN (Lucien), escrimeur français (Arras 1886 - Paris 1934), champion olympique au fleuret et à l'épée en 1928.

GAUDIN (Martin Charles), *duc* **de Gaète,** financier français (Saint-Denis 1756 - Gennevilliers 1841). Ministre des Finances de 1799 à 1814, il réorganisa l'administration financière et créa le cadastre.

GAUDRY (Albert), paléontologiste français (Saint-Germain-en-Laye 1827 - Paris 1908). Il développa la théorie de l'évolution.

GAUGUIN (Paul), peintre français (Paris 1848 - Atuona, îles Marquises, 1903). Issu de l'impressionnisme, il réagit contre celui-ci en procédant par larges aplats de couleurs sur un dessin également résumé. Il voulut aussi, en symboliste, conférer à ses tableaux un sens d'ordre spirituel. Anxieux de remonter aux sources de la création, il séjourna en Bretagne, à partir de 1886, avec É. Bernard et quelques autres (école de Pont-Aven, naissance du *synthétisme*), rejoignit un moment à Arles son ami Van Gogh, puis, en 1891, s'installa en Polynésie (Tahiti, Hiva-Oa). Il a fortement influencé les nabis et les fauves. (*La Vision après le sermon,* 1888, Édimbourg ; *D'où* venons-nous ? Que sommes-nous ?* [...], Boston ; *Cavaliers sur la plage,* 1902, Essen.) [*V. illustration p. 1353.*]

GAUHĀTI, v. de l'Inde (Assam), sur le Brahmapoutre ; 577 591 h.

GAULE, nom donné dans l'Antiquité aux régions comprises entre le Rhin, les Alpes, la Méditerranée, les Pyrénées et l'Atlantique. Appelée par les Romains *Gaule Transalpine* (ou *Lyonnaise,* ou *Ultérieure*) par opp. à la *Gaule Cisalpine* (Italie continentale), elle comprenait v. 60 av. J.-C. d'une part la *Gaule chevelue* (ou *Trois Gaules*), composée de la *Gaule Belgique,* de la *Gaule Celtique* et de l'*Aquitaine,* et d'autre part la *Province (Provincia),* ou *Narbonnaise,* soumise à Rome.

HISTOIRE

La Gaule indépendante. V. 1100-150 av. J.-C. : les Celtes s'installent sur le sol gaulois. La Gaule est divisée en quatre-vingt-dix peuples *(civitates),* dirigés par une aristocratie de grands propriétaires qui partagent le pouvoir avec les druides, dont le rôle dépasse les limites de la religion. IIIe s. av. J.-C. : les monnaies gauloises commencent à circuler. 125-121 av. J.-C. : les Romains fondent une province *(Provincia)* dans le sud de la Gaule, avec Narbonne pour capitale.

La Gaule romaine. 58-51 av. J.-C. : Jules César entreprend la conquête du pays. 52 av. J.-C. : Vercingétorix capitule à Alésia. 27 av. J.-C. : la Gaule est divisée en quatre provinces, la Narbonnaise (anc. Provincia), l'Aquitaine, la Celtique ou Lyonnaise et la Belgique. 69 apr. J.-C. : le Batave Civilis tente vainement de s'affranchir de Rome. Ier-IIIe s. : la création d'un réseau routier, les défrichements et le développement de l'artisanat favorisent l'expansion économique. Le latin supplante les dialectes gaulois, tandis que le druidisme disparaît. La Gaule adopte la civilisation des Romains (arènes et Maison carrée de Nîmes, théâtre d'Orange, pont du Gard, villes de Glanum, Vaison-la-Romaine, Vienne, Lyon [Fourvière], etc.). Grandes villas (Montmaurin, etc.). Abondante production de céramique sigillée (La Graufesenque, Lezoux, etc.). Coexistence des religions : sur certains monuments (pilier des Nautes à Paris, musée de Cluny), les divinités autochtones sont associées aux dieux officiels. Le christianisme pénètre dans les campagnes. IIIe s. : la Gaule subit les premières invasions germaniques. 481-511 : Clovis, roi des Francs, conquiert la Gaule et restaure l'unité territoriale.

GAULLE (Charles **de**), général et homme politique français (Lille 1890 - Colombey-les-Deux-Églises 1970). Officier durant la Première Guerre mondiale, il écrit plusieurs ouvrages de réflexion politique et de stratégie militaire (*le Fil de l'épée,* 1932 ; *Vers l'armée de métier,* 1934 ; *la France et son armée,* 1938), dans lesquels il préconise l'utilisation des blindés. Général de brigade au cours de la bataille de France (mai 1940), sous-secrétaire d'État à la Défense nationale dans le cabinet Reynaud (juin), il refuse l'armistice et lance, de Londres, le 18 juin, un appel à la résistance. S'imposant, non sans difficultés, comme le chef de la France libre, il crée à Alger, en 1943, le Comité français de libération nationale, futur Gouvernement provisoire de la République française, qui s'installe en France, en août 1944, sous sa présidence. Mais, hostile aux « jeux des partis » et partisan d'un régime présidentiel, il démissionne dès janv. 1946. Fondateur et chef du Rassemblement du peuple français (R. P. F.) [1947-1953], il se retire ensuite de la vie politique et se consacre à la rédaction de ses *Mémoires de guerre* (1954-1959). Rappelé au pouvoir à la faveur de la crise algérienne (mai 1958), il fait approuver une nouvelle Constitution, qui fonde la Ve République. Président de la République (1959), il met fin, non sans drames (barricades d'Alger en janv.-févr. 1960, putsch des généraux en avr. 1961), à la guerre d'Algérie et renforce l'autorité présidentielle par l'élection du président au suffrage universel (1962). Réélu en 1965, il développe une politique étrangère de prestige et d'indépendance nationale (réalisation d'une force nucléaire). Un an après la crise de mai 1968, son projet de régionalisation et de réforme du Sénat étant repoussé par référendum, il démissionne (28 avr. 1969).

GAUME (La) ou **LORRAINE BELGE,** région la plus méridionale de la Belgique (prov. du Luxembourg), autour de Virton.

GAUMONT (Léon), inventeur et industriel français (Paris 1863 - Sainte-Maxime 1946), l'un des promoteurs de l'industrie cinématographique. On lui doit les premiers procédés de cinéma parlant (1902) et de cinéma en couleurs (1912).

Art de la **Gaule :** dieu au torque provenant de Bouray-sur-Juine (Essonne). Plaques de bronze repoussées et soudées ; émail. Fin du Ier s. av. J.-C.-début du Ier s. apr. J.-C. (Musée des Antiquités nationales, Saint-Germain-en-Laye.)

GAUSS (Carl Friedrich), astronome, mathématicien et physicien allemand (Brunswick 1777 - Göttingen 1855), auteur d'importants travaux en mécanique céleste, en géodésie, sur le magnétisme, l'électromagnétisme et l'optique. Sa conception moderne de la nature abstraite des mathématiques lui permit d'étendre le champ de la théorie des nombres. Il fut le premier à découvrir la géométrie non euclidienne hyperbolique.

GAUSSEN (Henri), botaniste français (Cabrières-d'Aigues, Vaucluse, 1891 - Toulouse 1981), auteur de travaux de géographie et de cartographie sur les associations végétales.

GAUTENG, prov. d'Afrique du Sud ; 18 760 km² ; 6 847 000 h. Ch.-l. *Johannesburg.*

GAUTIER (Théophile), écrivain français (Tarbes 1811 - Neuilly 1872). Partisan du romantisme, populaire par ses romans historiques *(le Capitaine* Fracasse),* il devint l'un des théoriciens de « l'art pour l'art » *(Émaux* et Camées)* et l'un des maîtres de l'école parnassienne.

GAUTIER de Coincy, poète français (Coincy 1177 - Soissons 1236), auteur des *Miracles de Notre-Dame.*

GAUTIER Sans Avoir (Boissy-Sans-Avoir ? - Civitot 1096 ou 1097), chef de bande qui dirigea l'avant-garde de la 1re croisade et périt près de Nicée.

GAVARNI (Sulpice Guillaume **Chevalier,** dit **Paul**), dessinateur et lithographe français (Paris 1804 - *id.* 1866). Collaborateur du *Charivari,* il a décrit avec esprit les mœurs de la bourgeoisie, des étudiants et des lorettes.

GAVARNIE *(cirque de),* site touristique des Hautes-Pyrénées, au pied du Marboré et où naît le gave de Pau.

GÄVLE, port de Suède, sur le golfe de Botnie ; 88 568 h.

GAVRAY (50450), ch.-l. de c. de la Manche ; 1 466 h.

GAVRINIS, île du golfe du Morbihan. Vaste dolmen à couloir, aux monolithes ornés de gravures en relief, remontant au IVe millénaire.

Gavroche, personnage des *Misérables* de Victor Hugo : gamin de Paris railleur, il meurt sur les barricades de l'insurrection de 1832.

GAXOTTE (Pierre), historien et journaliste français (Revigny, Meuse, 1895 - Paris 1982). Il collabora à la presse de droite dans l'entre-deux-guerres et publia divers ouvrages sur l'histoire de la France et de l'Allemagne.

GAY (Francisque), homme politique français (Roanne 1885 - Paris 1963). Un des fondateurs du M. R. P., il participa aux premiers gouvernements de l'après-guerre (1945-46).

GAY (John), écrivain anglais (Barnstaple 1685 - Londres 1732), auteur de *l'Opéra du gueux* (1728).

GAYĀ, v. de l'Inde (Bihār) ; 293 971 h. Grand centre de pèlerinage.

GAY-LUSSAC (Louis Joseph), physicien et chimiste français (Saint-Léonard-de-Noblat 1778 - Paris 1850). Il découvrit, en 1802, la loi de la dilatation des gaz. En 1804, il fit deux ascensions en ballon pour étudier le magnétisme terrestre. Il énonça les lois de la combinaison des gaz en volume. Avec Thenard, il montra que le chlore est un corps simple. Il découvrit le bore, étudia l'iode et isola le cyanogène.

GAZA, v. et territoire de la Palestine (dit aussi *bande de Gaza*) ; 363 km² ; 600 000 h. Contesté entre Israël et l'Égypte, Gaza a vécu sous administration égyptienne (1948-1962) puis sous contrôle israélien (1967-1994) qui y a favorisé l'implantation de colonies juives.

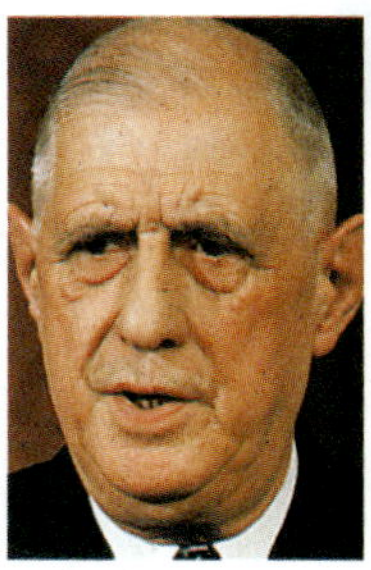

Charles de **Gaulle** (en 1965)

Carl Friedrich **Gauss**

Théophile **Gautier** (A. de Châtillon - musée Carnavalet, Paris)

Louis Joseph **Gay-Lussac**

Théâtre, notamment à partir de 1987, d'un soulèvement populaire palestinien, Gaza est doté, en 1994, d'un statut d'autonomie selon le plan prévu par l'accord israélo-palestinien de 1993.

Gazette (la), journal fondé par Théophraste Renaudot en 1631, qui marqua l'avènement de la presse quotidienne en France. Elle cessa de paraître en 1914.

Gazette de Lausanne (la), quotidien suisse de tradition libérale, créé en 1798.

GAZIANTEP, v. de Turquie, au nord d'Alep ; 603 434 h.

GAZLI, v. d'Ouzbékistan ; 12 000 h. Gaz naturel.

GDAŃSK, en all. **Danzig,** en fr. **Dantzig,** port de la Pologne, sur la *baie de Gdańsk,* près de l'embouchure de la Vistule ; 466 500 h. Constructions navales. Nombreux monuments restaurés. — Membre de la Hanse (1361), la ville jouit, sous les rois de Pologne, d'une quasi-autonomie (xve-xviii e s.) ; elle fut annexée par la Prusse en 1793. Sous contrôle français (1807-1815), elle devint le chef-lieu de la Prusse-Occidentale (1815-1919) puis fut érigée en ville libre. Son incorporation au Reich le 1er sept. 1939 servit de prétexte au déclenchement de la Seconde Guerre mondiale. Dantzig fut rattachée à la Pologne en 1945.

GDYNIA, port polonais sur la Baltique, au nord-ouest de Gdańsk, à l'extrémité de l'ancien « couloir » polonais aménagé par le traité de Versailles ; 251 800 h.

GÉ, groupe de peuples du Brésil et du Paraguay.

GÊ → ***Gaia.***

GÉANTS *(monts des)* → ***Karkonosze.***

GEBER ou **DJĀBIR** (**Abū Mūsa Djābir al-Ṣūfī,** dit), alchimiste arabe (né à Kūfa, sur l'Euphrate). Il vécut aux environs de l'an 800.

GÉDÉON, juge d'Israël, vainqueur des Madianites (xiie s. ou xie s av. J.-C.).

GÉDYMIN (m. à Wielona, sur le Niémen, 1341), grand-duc de Lituanie (1316-1341), véritable fondateur de l'État lituanien.

GEEL, comm. de Belgique (Anvers) ; 32 487 h. Constructions électriques.

GEELONG, port d'Australie (Victoria) ; 148 300 h. Raffinage du pétrole. Aluminium.

GEFFROY (Gustave), écrivain français (Paris 1855 - *id.* 1926). Il soutint l'esthétique naturaliste ainsi que les impressionnistes. Il fut directeur des Gobelins et l'un des dix premiers membres de l'Académie Goncourt.

GEIGER (Hans), physicien allemand (Neustadt an der Weinstrasse 1882 - Potsdam 1945), inventeur en 1913 du compteur de particules qui porte son nom.

GEISÉRIC ou **GENSÉRIC** (m. en 477), premier roi vandale d'Afrique (428-477). Il fonda en Afrique et dans les îles de la Méditerranée occidentale un État puissant. Il prit et pilla Rome en 455.

GEISPOLSHEIM (67400), ch.-l. de c. du Bas-Rhin ; 5 555 h.

GEISSLER (Heinrich), mécanicien et physicien allemand (Igelshieb 1814 - Bonn 1879). Auteur de travaux sur les décharges électriques dans les gaz raréfiés *(tubes de Geissler),* il a aussi réalisé la première pompe à vide à mercure (1857).

GELA, port d'Italie (Sicile) ; 72 079 h. Pétrochimie. Fondée au viie s. par les Grecs, la ville antique fut détruite au iiie s. av. J.-C. Une ville neuve, *Terranova,* fondée en 1230, a repris son nom en 1927. Musée archéologique.

GÉLASE Ier *(saint),* pape (492-496), originaire d'Afrique, adversaire du manichéisme, du pélagianisme et de l'arianisme.

GÉLIMER, dernier roi des Vandales d'Afrique (530-534), vaincu par Bélisaire.

GÉLINIER (Octave), économiste français (Corbigny 1916), auteur de travaux sur l'administration des entreprises.

GELLÉE (Claude) → ***Lorrain.***

GELL-MANN (Murray), physicien américain (New York 1929). Il a défini l'« étrangeté » des particules élémentaires et fait l'hypothèse du quark, constituant élémentaire des hadrons. (Prix Nobel 1969.)

GÉLON (Gela 540 - Syracuse 478 av. J.-C.), tyran de Gela (491-485) et de Syracuse de 485 à 478 av. J.-C., vainqueur des Carthaginois à Himère (480).

GELSENKIRCHEN, v. d'Allemagne, dans la Ruhr ; 289 791 h. Métallurgie.

GEMAYEL (Pierre), homme politique libanais (Mansourah 1905 - Bikfaya 1984). Maronite, fondateur des Phalanges (1936), il lutta contre les nationalistes arabes en 1958 et contre les Palestiniens à partir de 1975. — Son fils **Amine** (Bikfaya 1942), président de la République de 1982 à 1988, chercha à préserver les positions politiques des chrétiens.

GEMBLOUX, comm. de Belgique (prov. de Namur) ; 19 163 h. Faculté des sciences agronomiques de l'État.

GÉMEAUX (les), constellation zodiacale dont les deux étoiles les plus brillantes sont *Castor* et *Pollux.* — Troisième signe du zodiaque, que le Soleil quitte au solstice d'été.

GÉMIER (Firmin **Tonnerre,** dit **Firmin**), acteur et directeur de théâtre français (Aubervilliers 1869 - Paris 1933), directeur de l'Odéon (1922-1930) et fondateur du Théâtre national populaire, qu'il dirigea de 1920 à 1933.

GEMINIANI (Francesco), violoniste et compositeur italien (Lucques 1687 - Dublin 1762). Il fit école en Angleterre et composa des sonates et des concertos.

GÉMISTE PLÉTHON (Georges), philosophe byzantin (Constantinople v. 1355 - dans le Péloponnèse v. 1450). Il contribua au renouvellement du platonisme en Italie.

GÉMOZAC (17260), ch.-l. de c. de la Charente-Maritime ; 2 361 h. Église en partie romane.

GENÇAY (86160), ch.-l. de c. de la Vienne ; 1 691 h. Ruines féodales.

Généalogie de la morale (la), œuvre de F. Nietzsche (1887), dans laquelle l'auteur affirme que la morale est née du ressentiment des faibles à l'égard d'eux-mêmes, comme compensation à leur incapacité d'être forts.

General Motors, société américaine fondée en 1908, premier producteur mondial d'automobiles. Elle produit plus du tiers des véhicules fabriqués aux États-Unis et dispose de filiales à l'étranger.

Génération perdue, nom donné aux écrivains américains (Dos Passos, Fitzgerald, Hemingway) qui, au lendemain de la Première Guerre mondiale, ont cherché un remède à leur désarroi intellectuel dans l'Europe des années folles, le voyage ou le socialisme.

GÊNES, en ital. **Genova,** v. d'Italie, cap. de la Ligurie et ch.-l. de prov., sur le *golfe de Gênes,* que forme la Méditerranée ; 675 639 h. *(Génois).* Principal port italien. Centre industriel (métallurgie, chimie). — Cathédrale et nombreuses églises, construites et décorées du Moyen Âge à l'époque baroque. Riches palais, dont les palais Rosso, Bianco et Spinola, auj. galeries d'art (peintures, notamm. de l'école génoise des xviie-xviiie s.). — Gênes devint indépendante au xiie s. Au xiiie s., malgré la concurrence de Pise puis la rivalité de Venise, elle se créa un puissant empire maritime en Méditerranée orientale. En 1339, elle se donna un doge ; aux xive et xve s., son empire fut détruit par Venise et par les Turcs. En 1768, elle céda la Corse à la France. Capitale de la République Ligurienne en 1797, elle fut annexée à l'Empire français (1805), puis au royaume de Sardaigne (1815).

GENÈS ou **GENEST** *(saint),* martyr romain, dont la légende a été appliquée à Genès d'Arles, martyr au début du ive s. Il est le héros de la tragédie de Rotrou *le Véritable Saint Genest* (1647).

GÉNÉSARETH *(lac de),* nom donné par les Évangiles au lac de Tibériade.

Genèse, le premier livre du Pentateuque et de la Bible, consacré aux origines de l'humanité et à l'histoire d'Abraham, Isaac et Jacob.

GENET (Jean), écrivain français (Paris 1910 - *id.* 1986). Ses romans (*Notre-Dame-des-Fleurs,* 1944), ses poèmes et son théâtre (*les Bonnes,* 1947 ; *le Balcon,* 1956 ; *les Paravents,* 1961) évoquent sa jeunesse abandonnée et délinquante et fustigent les hypocrisies du monde contemporain.

GENÈVE, v. de Suisse, ch.-l. du cant. de ce nom, à l'extrémité sud-ouest du lac Léman, à 526 km au sud-est de Paris ; 171 042 h. *(Genevois).* Université fondée par Calvin. Centre bancaire et commercial. Horlogerie et mécanique de précision. Agroalimentaire. — Temple St-Pierre, anc. cathédrale remontant aux xiie-xiiie s. Musées, dont celui d'Art et d'Histoire. — Intégrée au royaume de Bourgogne puis au Saint Empire (1032), la ville fut gouvernée par les comtes puis ducs de Savoie (1422-1603). Elle devint après 1536 le principal foyer du calvinisme puis la capitale du protestantisme. Elle entra dans la Confédération suisse en 1815 et fut, de 1920 à 1947, le siège de la Société des Nations ; elle est encore celui de la Croix-Rouge et de différentes organisations internationales. Les *conventions de Genève* sur les blessés et prisonniers de guerre y furent signées (1864, 1907, 1929 et 1949). — Le canton couvre 282 km² et compte 379 190 h.

Genève *(conférence de)* [avr.-juill. 1954], conférence internationale qui réunit les représentants des deux blocs (occidental et communiste) et des pays non-alignés. Elle aboutit à un cessez-le-feu en Indochine.

GENÈVE *(lac de),* nom parfois donné à l'extrémité sud-ouest du lac Léman.

GENEVIÈVE *(sainte),* patronne de Paris (Nanterre v. 422 - Lutèce v. 502). Elle soutint le courage des habitants de Lutèce lors de l'invasion d'Attila.

Geneviève de Brabant, héroïne d'une légende populaire du Moyen Âge, dont la première version se trouve dans la *Légende dorée.*

GENEVOIX (Maurice), écrivain français (Decize 1890 - Alsudia-Cansades, Alicante, 1980), auteur de souvenirs de guerre et de récits sur le monde rural (*Raboliot,* 1925) et animal *(Tendre Bestiaire).* [Acad. fr.]

GENGIS KHĀN, titre de **Temüdjin,** fondateur de l'Empire mongol (Delün Boldaq v. 1167 - Qingshui, Gansu, 1227). Reconnu comme khan suprême par les Mongols (1206), il conquit la Chine du Nord (1211-1216), la Transoxiane, l'Afghanistan et l'Iran oriental (1221-22).

Gengis Khān à la chasse.
Détail d'une peinture sur soie. Chine, époque Yuan. (Coll. priv.)

Genève : quartiers bordant le lac Léman (avec l'île Rousseau, le pont du Mont-Blanc et la jetée des Eaux-Vives).

Génie du christianisme, par Chateaubriand (1802). L'auteur se propose de démontrer que la religion chrétienne est la plus favorable à la création intellectuelle et artistique.

GENIL (le), riv. d'Espagne, affl. du Guadalquivir (r. g.) ; 350 km. Il passe à Grenade.

GÉNISSIAT, localité de l'Ain (comm. d'Injoux-Génissiat). Barrage et centrale hydroélectrique sur le Rhône.

Genji monogatari, roman de Murasaki Shikibu (début du XIe s.) : un des classiques de la littérature japonaise, qui peint la vie de la cour de Kyōto aux environs de l'an mille.

GENK, comm. de Belgique (Limbourg) ; 61 339 h. Métallurgie. Automobiles. Chimie.

GENLIS (21110), ch.-l. de c. de la Côte-d'Or ; 5 279 h. Électronique.

GENLIS (Stéphanie Félicité **du Crest,** *comtesse* **de**), femme de lettres française (Champcéri, près d'Autun, 1746 - Paris 1830), gouvernante des enfants du duc d'Orléans Philippe Égalité, et auteur d'ouvrages sur l'éducation.

GENNES (49350), ch.-l. de c. de Maine-et-Loire ; 1 955 h. Dolmens. Deux églises avec éléments préromans.

GENNES (Pierre-Gilles **de**), physicien français (Paris 1932). Spécialiste de la physique de la matière condensée, il a fourni des contributions théoriques marquantes dans des domaines très variés : semi-conducteurs, supraconductivité, cristaux liquides, polymères, etc. (Prix Nobel 1991.)

GENNEVILLIERS (92230), ch.-l. de c. des Hauts-de-Seine ; 45 052 h. Port sur la Seine. Métallurgie. Chimie.

GENSCHER (Hans-Dietrich), homme politique allemand (Reideburg, près de Halle, 1927). Président du parti libéral de la R.F.A (1974-1985), il est ministre des Affaires étrangères de 1974 à 1992.

gens de lettres *(Société des)* [S. G. D. L.], association fondée en 1838 pour défendre les intérêts des écrivains. La S. G. D. L. a créé la *Société civile des auteurs multimédia* (S. C. A. M.) pour l'exploitation audiovisuelle des œuvres.

GENSÉRIC → ***Geiséric.***

GENSONNÉ (Armand), homme politique français (Bordeaux 1758 - Paris 1793). Député à l'Assemblée législative, puis à la Convention, Girondin, il mourut sur l'échafaud.

GENTIL (Émile), explorateur et administrateur français (Volmunster 1866 - Bordeaux 1914). Il explora le Chari, accula l'émir du Soudan Rabah à la capitulation, rejoignit la mission Foureau-Lamy et devint administrateur de la région du Congo.

GENTILE da Fabriano, peintre italien (Fabriano, prov. d'Ancône, v. 1370 - Rome 1427). Maître du « style gothique international », héritier des miniaturistes, il travailla notamm. à Venise, à Brescia, à Florence (*Adoration des mages,* 1423, Offices) et à Rome.

GENTILESCHI (Orazio **Lomi,** dit), peintre italien (Pise 1563 - Londres 1639). Il se constitua à Rome, à partir de l'exemple du Caravage, une manière personnelle, élégante et nuancée, travailla dans les Marches (v. 1615), à Gênes, à Paris (1624), puis à Londres. — Sa fille **Artemisia** (Rome 1597 - Naples apr. 1651) travailla, à Florence et à Naples principalement, dans le style caravagesque.

GENTILLY, localité du Canada (Québec), sur le Saint-Laurent. Centrale nucléaire.

GENTILLY (94250), comm. du Val-de-Marne ; 17 145 h. Produits pharmaceutiques.

GENTZEN (Gerhard), logicien allemand (Greifswald 1909 - Prague 1945). Il a proposé un système de logique non axiomatique.

GÉNY (François), juriste français (Baccarat 1861 - Nancy 1959), spécialiste de la philosophie du droit.

GEOFFRIN (Marie-Thérèse **Rodet,** Mme), mécène française (Paris 1699 - *id.* 1777), célèbre pour son salon ouvert aux artistes, aux philosophes et aux grands seigneurs, et pour sa collection de tableaux.

GEOFFROI, nom porté par six comtes d'Anjou. Le plus célèbre est **Geoffroi V le Bel,** surnommé **Plantagenêt** (1113 - Le Mans 1151), comte d'Anjou et du Maine (1129-1151) et duc de Normandie (1135/1144-1150). Il fut le gendre d'Henri Ier et le père d'Henri II, rois d'Angleterre.

GEOFFROY SAINT-HILAIRE (Étienne), naturaliste français (Étampes 1772 - Paris 1844). Professeur de zoologie au Muséum, il créa la ménagerie du Jardin des Plantes. Ses travaux tendent à démontrer l'unité de composition organique des animaux, dans une perspective évolutionniste.

Géographie universelle, ouvrage publié sous la direction de Vidal de La Blache et Gallois (1927-1948, 23 vol.).

GEORGE Ier (Osnabrück 1660 - *id.* 1727), Électeur de Hanovre (1698-1727), roi de Grande-Bretagne et d'Irlande (1714-1727). Il succéda à Anne Stuart en vertu de l'Acte d'établissement (1701). S'appuyant sur les whigs, il laissa le pouvoir réel à ses ministres Stanhope (1717-1721) et Walpole (1715-1717 et 1721-1742). — **George II** (Herrenhausen 1683 - Kensington 1760), roi de Grande-Bretagne et d'Irlande, et Électeur de Hanovre (1727-1760), fils du précédent. Sous son règne, Walpole jeta les fondements de l'Empire britannique. — **George III** (Londres 1738 - Windsor 1820), roi de Grande-Bretagne et d'Irlande (1760-1820), Électeur (1760-1815) puis roi (1815-1820) de Hanovre, petit-fils du précédent. Il perdit les colonies anglaises de l'Amérique et lutta contre la Révolution française. — **George IV** (Londres 1762 - Windsor 1830), régent (1811-1820) puis roi de Grande-Bretagne et d'Irlande, et roi de Hanovre (1820-1830), fils aîné du précédent. Son règne vit l'émancipation des catholiques d'Irlande. — **George V** (Londres 1865 - Sandringham 1936), roi de Grande-Bretagne et d'Irlande et empereur des Indes (1910-1936), fils d'Édouard VII. Son règne a été marqué par la participation victorieuse de l'Empire à la Première Guerre mondiale. Il a changé (1917) le nom de la dynastie de Saxe-Cobourg en celui de *dynastie de Windsor.* — **George VI** (Sandringham 1895 - *id.* 1952), roi de Grande-Bretagne et d'Irlande du Nord (1936-1952) et empereur des Indes (1936-1947), deuxième fils de George V, frère et successeur d'Édouard VIII. Sous son règne, la Grande-Bretagne participa victorieusement à la Seconde Guerre mondiale.

GEORGE (Lloyd) → ***Lloyd George.***

GEORGE (Stefan), poète allemand (Büdesheim, Rhénanie, 1868 - Minusio, près de Locarno, 1933). Influencé par les symbolistes français, il fut ensuite attiré par le mysticisme *(l'Étoile d'alliance, le Nouvel Empire).*

George Cross, décoration britannique créée en 1940 par le roi George VI.

GEORGES *(saint),* martyr (IVe s.). Sa légende en fait un saint combattant, qui terrassa un dragon pour délivrer une princesse. Il est le patron de l'Angleterre.

GEORGES Ier (Copenhague 1845 - Thessalonique 1913), roi de Grèce (1863-1913). Choisi par les puissances protectrices (Grande-Bretagne, France, Russie) pour succéder à Otton, il fut assassiné (1913). — **Georges II** (Tatói 1890 - Athènes 1947), fils de Constantin Ier, roi de Grèce (1922-1924 et 1935-1947). Lors de l'invasion allemande (1941), il se réfugia en Crète, puis au Caire et à Londres et fut rétabli sur son trône en 1946.

GEORGES DE PODĚBRADY (Poděbrady 1420 - Prague 1471), roi de Bohême (1458-1471). Excommunié par Paul II, il se maintint à Prague bien que les nobles catholiques aient élu Mathias Corvin roi de Bohême (1469).

GEORGES (Joseph), général français (Montluçon 1875 - Paris 1951). Commandant du front nord-est en 1939-40, il rejoignit Giraud à Alger en 1943.

GEORGETOWN, cap. et port de la Guyana ; 188 000 h.

GEORGE TOWN, port de Malaisie, cap. de l'État de Penang ; 251 000 h.

GÉORGIE, en géorgien **Sakartvelo,** État du Caucase, sur la mer Noire ; 70 000 km^2 ; 5 400 000 h. *(Géorgiens).* CAP. *Tbilissi.* LANGUE : *géorgien.* MONNAIE : *lari.*

GÉOGRAPHIE

Le pays est peuplé à 70 % de Géorgiens de souche. Au S. du Grand Caucase, il possède un climat subtropical, au moins dans la plaine du Rion et sur le littoral (animé par le tourisme). Il fournit agrumes, thé, vins. Le sous-sol recèle du charbon et surtout du manganèse. (V. carte ***Caucase.***)

HISTOIRE

Après avoir été colonisée par les Grecs et les Romains (Colchide) et dominée par les Sassanides (Ibérie), la région est conquise par les Arabes (v. 650). IXe-XIIIe s. : elle connaît une remarquable renaissance, atteint son apogée sous la reine Thamar (1184-1213), puis est ravagée par les Mongols. XVIe-XVIIIe s. : la Géorgie perd des territoires au profit de l'Iran et de l'Empire ottoman et se place sous la protection de la Russie (1783). 1801 : elle est annexée par la Russie. 1918 : une république indépendante est proclamée. 1921 : l'Armée rouge intervient et un régime soviétique est instauré. 1922 : la Géorgie, à laquelle sont rattachées les républiques autonomes d'Abkhazie et d'Adjarie ainsi que la région autonome d'Ossétie du Sud, est intégrée à la Fédération transcaucasienne et à l'U. R. S. S. 1936 : elle devient une république fédérée. 1990 : les indépendantistes remportent les premières élections républicaines libres. 1991 : le Soviet suprême de Géorgie proclame l'indépendance du pays (avr.). 1992 : E. Chevardnadze prend la direction du nouvel État, qui doit faire face aux mouvements séparatistes en Ossétie du Sud et en Abkhazie. 1993 : menacé par les séparatistes qui prennent le contrôle de la République d'Abkhazie et par d'autres factions armées, Chevardnadze fait appel aux forces armées russes et en contrepartie accepte de rejoindre la C. E. I. 1995 : après l'adoption d'une nouvelle Constitution, E. Chevardnadze est élu président de la République au suffrage universel.

GÉORGIE, en angl. **Georgia,** un des États unis d'Amérique, sur l'Atlantique ; 152 488 km^2 ; 6 478 216 h. Cap. *Atlanta.* Culture du coton.

GEORGIE *(détroit de),* bras de mer séparant l'île de Vancouver du littoral continental.

GÉORGIE DU SUD, île britannique de l'Atlantique sud, dépendance des Falkland.

GEORGIENNE *(baie),* baie formée par le lac Huron sur le littoral canadien.

Géorgiques (les), poème didactique en quatre chants, par Virgile (39-29 av. J.-C.) : une épopée des rapports de l'homme et de la nature.

GERA, v. d'Allemagne (Thuringe), sur l'Elster blanche ; 105 825 h. Centre industriel.

GERAARDSBERGEN, en fr. **Grammont,** v. de Belgique (Flandre-Orientale) ; 30 280 h.

GÉRARD (Étienne, *comte*), maréchal de France (Damvillers 1773 - Paris 1852). Il se distingua à Ligny (1815). Fait maréchal par Louis-Philippe, il dirigea le siège d'Anvers (1832).

GÉRARD (François, *baron*), peintre français (Rome 1770 - Paris 1837), élève de David. Auteur d'un *Ossian* pour Malmaison, il fut surtout, sous la Restauration comme sous l'Empire, un portraitiste couvert d'honneurs.

GÉRARDMER [ʒerarme] (88400), ch.-l. de c. des Vosges ; 9 543 h. *(Géromois).* Centre touristique. Industrie du bois. Textile. Festival du film fantastique. — À l'ouest se trouve le *lac de Gérardmer* (115 ha).

GERASA, anc. ville de Palestine, actuelle **Djerach** en Jordanie. Nombreux vestiges romains et surtout chrétiens des Ve-VIe s.

GERBAULT (Alain), navigateur français (Laval 1893 - Dili, île de Timor, 1941). Sur un petit cotre, il réalisa le tour du monde en solitaire (1923-1929).

GERBERT → ***Sylvestre II.***

GERBÉVILLER (54830), ch.-l. de c. de Meurthe-et-Moselle ; 1 283 h.

GERBIER-DE-JONC, mont du Vivarais, sur le flanc duquel naît la Loire ; 1 551 m.

GERDT (Pavel Andreïevitch), danseur et pédagogue russe (près de Saint-Pétersbourg 1844 - Vommola, Finlande, 1917), une des plus grandes figures de l'école de ballet russe.

GERGOVIE, oppidum gaulois, à 6 km au sud de Clermont-Ferrand, dans le pays des Arvernes (Puy-de-Dôme). Vercingétorix le défendit avec succès contre César (52 av. J.-C.). Vestiges historiques.

GERHARDT (Charles), chimiste français (Strasbourg 1816 - *id.* 1856), l'un des créateurs de la notation atomique. Il introduisit la notion de « fonction » en chimie organique.

GÉRICAULT (Théodore), peintre et lithographe français (Rouen 1791 - Paris 1824). Artiste à la carrière fulgurante, il fut le premier des romantiques, mais aussi un précurseur du réalisme (au Louvre : *Officier de chasseurs à cheval de la garde impériale chargeant,* 1812 ; *Course de chevaux libres à Rome,* v. 1817 ; *le Radeau* de la Méduse ; le Four à plâtre,* 1822).

GÉRIN-LAJOIE (Antoine), écrivain canadien d'expression française (Yamachiche 1824 - Ottawa 1882), auteur de romans du terroir (*Jean Rivard le défricheur*).

GERLACHE DE GOMERY (Adrien **de**), navigateur belge (Hasselt 1866 - Bruxelles 1934). Il dirigea l'expédition de la *Belgica* en Antarctique (1897-1899).

GERLACHOVKA, point culminant des Carpates, en Slovaquie ; 2 655 m.

GERMAIN *(saint),* évêque de Paris (près d'Autun v. 496 - Paris v. 576).

GERMAIN d'Auxerre *(saint),* évêque d'Auxerre (Auxerre v. 378 - Ravenne 448). Il fut envoyé en Grande-Bretagne combattre les pélagiens.

GERMAIN, famille d'orfèvres parisiens, fournisseurs de la Cour, dont les plus célèbres sont **Pierre** (v.1645-1684) et surtout **Thomas** (1673-1748), dont Voltaire a vanté la « main divine », et **François Thomas** (1726-1791).

GERMAIN (Pierre), orfèvre français (Avignon 1716 - Paris 1783). Il a publié en 1748 cent planches d'*Éléments d'orfèvrerie.*

GERMAIN (Sophie), mathématicienne française (Paris 1776 - *id.* 1831), auteur d'importants travaux sur la théorie de l'élasticité.

GERMAINE *(sainte)* [Germaine **Cousin**], bergère infirme et maltraitée (Pibrac, près de Toulouse, v. 1579 - *id.* 1601). Elle offrit ses souffrances pour la réparation des sacrilèges attribués aux protestants.

GERMAINS, peuple indo-européen, issu de la Scandinavie méridionale et qui migra au Ier millénaire av. J.-C. vers la grande plaine européenne. Les Germains (Goths, Vandales, Burgondes, Suèves, Francs, etc.) se stabilisèrent aux Ier et IIe s. apr. J.-C. au centre et au nord de l'Europe, établissant des rapports avec Rome à qui ils fournirent esclaves et mercenaires. Au milieu du IIe s., les Germains envahirent le nord de l'Italie et des Balkans ; ce fut le prélude à plusieurs siècles d'invasions en Occident, où les Germains finirent par former plusieurs royaumes (Ve s.).

GERMANICUS (Julius Caesar), général romain (Rome 15 av. J.-C. - Antioche 19 apr. J.-C.). Petit-neveu d'Auguste, adopté par Tibère, il fut vainqueur d'Arminius en Germanie (16 apr. J.-C.). Il mourut en Orient, peut-être empoisonné.

GERMANIE, contrée de l'Europe centrale ancienne, entre le Rhin et la Vistule, peuplée au cours du Ier millénaire av. J.-C. par les Germains.

GERMANIE *(royaume de),* État formé en 843 d'une partie de l'Empire carolingien et attribué à Louis le Germanique. L'expression cessa d'être employée à partir de 1024.

germano-soviétique *(pacte)* [23 août 1939], traité de non-agression conclu entre l'Allemagne et l'U. R. S. S. Signé à Moscou par Ribbentrop et Molotov, il était accompagné d'un protocole secret qui prévoyait l'établissement des zones d'influence soviétique et allemande, et notamm. le partage de la Pologne.

Germinal, roman d'Émile Zola (1885), qui décrit une grève des mineurs du Nord à la fin du second Empire.

germinal an III *(journée du 12)* [1er avr. 1795], soulèvement des faubourgs parisiens contre la Convention.

GERMISTON, v. de l'Afrique du Sud, près de Johannesburg ; 155 000 h. Raffinage de l'or.

GERNSBACK (Hugo), ingénieur et écrivain américain (Luxembourg 1884 - New York 1967). Pionnier de la radio et de la télévision, il fut le premier à énoncer le principe du radar (1911). On lui doit aussi le terme « science-fiction ».

GÉRÔME (Jean Léon), peintre et sculpteur français (Vesoul 1824 - Paris 1904). Artiste officiel, professeur, amoureux du fini et du détail objectif, il a cultivé la scène de genre antique, moderne ou orientale (*le Prisonnier,* 1861, musée de Nantes).

GÉRONE, en esp. **Gerona,** v. d'Espagne (Catalogne), ch.-l. de prov. ; 68 656 h. Cathédrale reconstruite à l'époque gothique (trésor) et autres monuments. Musées.

GERONIMO, chef apache (No-Doyohn Canyon, auj. Clifton, Arizona, 1829 - Fort-Sill, Oklahoma, 1908), qui mena des opérations de guérilla dans le sud-ouest des États-Unis (1882-1885) et obtint pour sa tribu un territoire dans l'Oklahoma.

GERS [ʒɛr] (le), riv. du Bassin aquitain, qui passe à Auch, affl. de la Garonne (r. g.) ; 178 km.

GERS (32), dép. de la Région Midi-Pyrénées ; ch.-l. de dép. *Auch ;* ch.-l. d'arr. *Condom, Mirande ;* 3 arr., 31 cant., 462 comm. ; 6 257 km² ; 174 587 h. *(Gersois).* Le dép. est rattaché à l'académie de Toulouse, à la cour d'appel d'Agen et à la région militaire Atlantique. Au cœur de la Gascogne, constitué par un plateau molassique découpé par les vallées divergentes des affluents de la Garonne (Baïse, Gers, Arrats, Gimone, Save), le dép. est surtout rural. L'agriculture (céréales ; vignoble, fournissant l'armagnac) est associée à l'élevage (porcs et volailles). La faiblesse de l'industrie et celle de l'urbanisation (seule Auch dépasse 10 000 h.) expliquent la persistance du dépeuplement.

GERSHWIN (George), compositeur américain (Brooklyn 1898 - Hollywood 1937), auteur de *Rhapsody in Blue* (1924), *Concerto en « fa »,* pour piano (1925), *An American in Paris* (1928), *Porgy and Bess,* dans lesquels il mêle le jazz et la musique romantique.

George **Gershwin**

GERSON (Jean **Charlier,** dit **Jean de**), philosophe et théologien français (Gerson, Ardennes, 1363 - Lyon 1429). Chancelier de l'Université de Paris, un des grands mystiques de son temps, il travailla à mettre fin au Grand Schisme et anima le concile de Constance (1414-1418).

GERSTHEIM (67150), comm. du Bas-Rhin ; 2 814 h. Centrale hydroélectrique sur une dérivation du Rhin.

GERTRUDE la Grande *(sainte),* moniale et mystique allemande (Eisleben 1256 - Helfta, Saxe, v. 1302).

GERVAIS ET PROTAIS *(saints),* frères martyrs, à la vie inconnue. Leurs reliques firent l'objet d'un culte important au Moyen Âge en Occident.

GERVANS (26600), comm. de la Drôme ; 359 h. Centrale hydroélectrique sur une dérivation du Rhône.

GÉRYON. *Myth. gr.* Géant à trois troncs et trois têtes, tué par Héraclès.

GERZAT (63360), ch.-l. de c. du Puy-de-Dôme, banlieue de Clermont-Ferrand ; 9 392 h.

GESELL (Arnold), psychologue américain (Alma, Wisconsin, 1880 - New Haven, Connecticut, 1961). Ses travaux ont porté sur la psychologie de l'enfant, notamment sur la maturation neuropsychologique.

GESSNER (Salomon), poète et peintre suisse (Zurich 1730 - *id.* 1788). Ses *Idylles* qu'il illustra lui-même annoncèrent le romantisme.

Gestapo (abrév. de **Ge***heime* **Sta***ats* **Po***lizei,* police secrète d'État). Section de la police de sûreté du IIIe Reich, elle fut de 1936 à 1945 l'instrument le plus redoutable du régime policier nazi.

GESUALDO (Carlo), *prince* **de Venosa,** compositeur italien (Naples v. 1560 - *id.* v. 1614), auteur de madrigaux d'un art très recherché.

GETA (Publius Septimius) [189-212], empereur romain (211-212). Il partagea le pouvoir avec son frère Caracalla, qui le fit assassiner.

Gethsémani, jardin près de Jérusalem, au pied du mont des Oliviers, où Jésus-Christ pria la nuit précédant son arrestation.

GÉTIGNÉ (44190), comm. de la Loire-Atlantique ; 2 924 h. Extraction et traitement du minerai d'uranium (l'Écarpière).

GETS [ʒɛ] **(Les)** [74260], comm. de Haute-Savoie, dans le Faucigny ; 1 293 h. Station de sports d'hiver (alt. 1 172-1 850 m).

GETTY (Jean, dit **J. Paul**), industriel et collectionneur américain (Minneapolis 1892 - Sutton Place, Surrey, 1976). Les bénéfices de l'industrie pétrolière lui permirent de constituer de magnifiques collections d'antiquités grecques et romaines, d'objets d'art et de peintures, installées en 1974 dans un musée construit à Malibu (Californie). La fondation qui porte son nom continue à enrichir cet ensemble et exerce un mécénat dans le domaine des études et publications d'histoire de l'art.

GETTYSBURG, v. des États-Unis (Pennsylvanie) ; 7 025 h. Victoire des nordistes pendant la guerre de Sécession (1er-3 juill. 1863).

GÉVAUDAN, anc. comté français, entre la Margeride et l'Aubrac (dép. de la Lozère). [Hab. *Gabalitains.*] Dans ses forêts apparut, vers 1765, la fameuse *bête du Gévaudan* (probablement un loup de très grande taille).

GEVREY-CHAMBERTIN (21220), ch.-l. de c. de la Côte-d'Or ; 2 835 h. Vins de la côte de Nuits. Gare de triage. Matériel électrique. Église et restes d'un château du Moyen Âge.

GEX [ʒɛks] (01170), ch.-l. d'arr. de l'Ain, au pied oriental du Jura ; 6 678 h. *(Gexois).* Le *pays de Gex,* dépendance de la Bourgogne, fut rattaché à la France en 1601. Isolé du reste de la France, il constitue une « zone franche », dont l'économie est liée à celle de la Suisse.

GEZELLE (Guido), poète belge d'expression néerlandaise (Bruges 1830 - *id.* 1899). Il pratiqua un art impressionniste qui préfigure la poésie moderne *(Couronne du temps).*

GEZIREH (la), région agricole (coton) du Soudan, partie vitale du pays, entre le Nil Blanc et le Nil Bleu.

GHĀB ou **RHĀB,** dépression de la Syrie, drainée par l'Oronte.

GHADAMÈS ou **RHADAMÈS,** oasis de l'ouest de la Libye.

GHĀLIB (Mirza Asadullāh Khān, dit), poète indien de langues persane et urdu (Āgrā 1797 - Delhi 1869), auteur de recueils inspirés par les thèmes islamiques traditionnels.

GHĀNA, anc. État africain du Soudan occidental (ve ?-xie s.). Situé à la frange sud du Sahara et tirant sa richesse du grand commerce, il connut son apogée au xie s. et fut détruit par les Almoravides.

GHANA, État de l'Afrique occidentale ; 240 000 km² ; 16 400 000 h. *(Ghanéens).* CAP. *Accra.* LANGUE : *anglais.* MONNAIE : *cedi.*

GÉOGRAPHIE

Au Sud, recouvert par la forêt dense, trouée par des plantations de cacaoyers (principale ressource du Ghana), s'oppose le Nord, pays de savane. Le sous-sol fournit un peu d'or, de diamants, de manganèse et de bauxite.

HISTOIRE

L'époque coloniale. 1471 : les Portugais atteignent la côte du futur Ghana qu'ils désignent du nom de Côte-de-l'Or ou Gold Coast. xviie-xviiie s. : les Hollandais, qui ont succédé aux Portugais, les Britanniques, les marchands de toute l'Europe rivalisent pour tirer profit du commerce des esclaves. L'intérieur du pays reste organisé en royaumes, apparus à partir de la fin du xive s. xixe s. : la Grande-Bretagne domine seule le pays qui passe petit à petit sous son protectorat. La traite étant abolie depuis 1807, l'expansion économique, remarquable, s'appuie sur l'exploitation des ressources minières et la culture du cacaoyer.

Le Ghana indépendant. 1949 : K. Nkrumah crée le Convention People's Party (CPP), qui réclame l'autonomie immédiate. 1952 : il devient Premier ministre d'un gouvernement auquel est accordée une autonomie toujours plus large. 1957 : la Gold Coast devient indépendante, sous le nom de Ghana, dans le cadre du Commonwealth. 1960 : le nouvel État adopte une Constitution républicaine. Son président oriente le régime dans un sens socialiste. 1966 : un coup d'État évince Nkrumah et restaure les relations avec l'Occident. Des gouvernements civils se succèdent. 1972 : un nouveau coup d'État instaure le régime autoritaire du général I. Acheampong, renversé à son tour en 1978. Les coups d'État se succèdent ensuite, amenant au pouvoir en 1981 le capitaine Jerry Rawlings. 1992 : une nouvelle Constitution, approuvée par référendum, restaure le multipartisme. J. Rawlings est élu à la tête de l'État lors de l'élection présidentielle au suffrage universel.

GHARB ou **RHARB,** plaine du Maroc, sur l'Atlantique, drainée par l'oued Sebou.

GHARDAÏA, oasis du Sahara algérien ; 32 000 h.

GHĀTS, escarpements montagneux du Deccan (Inde), dominant la côte de Malabār et la côte de Coromandel.

GHAZĀLĪ ou **RHAZĀLĪ (al-)** ou **ALGAZEL,** philosophe et théologien de l'islam (Ṭus, Khorāsān, 1058 - *id.* 1111). Il s'orienta très tôt vers le soufisme. Son œuvre constitue une somme capitale de la pensée musulmane.

GHAZNÉVIDES ou **RHAZNÉVIDES,** dynastie turque qui régna sur l'Afghanistan, une partie de l'Iran et sur le Pendjab aux xe-xiie s.

GHELDERODE (Michel **de**), auteur dramatique belge d'expression française (Ixelles 1898 - Schaerbeek 1962). Son théâtre expressionniste unit la farce de carnaval au mysticisme des autos sacramentales *(Barrabas,* 1929 ; *Fastes d'enfer,* 1949 ; *Mademoiselle Jaïre,* 1949).

GHEORGHIU-DEJ (Gheorghe), homme politique roumain (Bîrlad 1901 - Bucarest 1965). Secrétaire général du parti communiste en 1945, président du Conseil (1952-1955), puis chef de l'État (1961-1965).

GHERARDESCA (Ugolino **della**), tyran pisan (m. en 1288 ou 1289). S'étant allié aux guelfes pour s'emparer du gouvernement de Pise, il fut accusé de trahison par les gibelins, qui l'enfermèrent dans une tour avec ses enfants, pour les y laisser mourir de faim. Dante en tira un des épisodes de sa *Divine Comédie.*

GHIBERTI (Lorenzo), sculpteur, orfèvre, peintre et architecte italien (Florence 1378 - *id.* 1455). Informé de l'antique, mais demeuré fidèle à la culture médiévale, il a donné ses chefs-d'œuvre avec les deuxième et troisième portes de bronze du baptistère de Florence, garnies de reliefs narratifs (la troisième, achevée en 1452, fut qualifiée par Michel-Ange de « porte du Paradis »).

Lorenzo **Ghiberti :** *Sacrifice d'Isaac* (1402). Bronze doré. (Musée du Bargello, Florence.)

GHILIZANE, anc. **Relizane,** v. de l'ouest de l'Algérie ; 61 000 h.

GHIRLANDAIO (Domenico **Bigordi,** dit **Domenico**), peintre italien (Florence 1449 - *id.* 1494). Il participa à la décoration de la chapelle Sixtine, et, dans ses compositions religieuses pour les églises de Florence (*Vie de la Vierge* à S. Maria Novella), donna aux personnages de l'histoire sainte l'apparence des bourgeois de la ville, ses clients. — Ses frères **David** (1452-1523) et **Benedetto** (1458-1497) le secondèrent. — Son fils **Ridolfo** (1483-1561) fut un bon portraitiste.

GHISONACCIA (20240), comm. de la Haute-Corse, dans la plaine d'Aléria ; 3 292 h.

GHOR (le), dépression allongée de Palestine, occupée par la vallée du Jourdain, le lac de Tibériade et la mer Morte.

GHURIDES ou **RHURIDES,** dynastie d'origine iranienne qui domina l'Afghanistan et le nord de l'Inde (xiie s. - début du xiiie s.).

GIACOMETTI (Alberto), sculpteur et peintre suisse (Stampa, Grisons, 1901 - Coire 1966). Une période surréaliste (1930-1935) montre ses dons de visionnaire. Plus tard, il est l'auteur, expressionniste, de sculptures caractérisées par un allongement extrême, figures de bronze au modelé vibrant baigné d'espace.

Giacometti : *Tête tranchante* (1953). Bronze. (Coll. priv.)

GIA LONG (Huê 1762 - *id.* 1820), empereur du Viêt Nam (1802-1820). Le prince Nguyên Anh reconquit ses États sur les Tây Son avec l'aide de la France, leur donna le nom de Viêt Nam et se proclama empereur sous le nom de Gia Long (1802).

GIAMBOLOGNA (Jean **Boulogne** ou **Bologne,** dit), sculpteur flamand de l'école italienne (Douai 1529 - Florence 1608). Après avoir séjourné à Rome, il fit à Florence l'essentiel de sa carrière de maniériste abondant et divers (*Vénus* des jardins Boboli, v. 1573 ; *l'Enlèvement* d'une Sabine,* 1582). Il eut pour disciples Pietro Tacca, Adriaen De Vries, Pierre Francheville.

GIAP (Vô Nguyên) → ***Vô Nguyên Giap.***

GIBBON (Edward), historien britannique (Putney, Londres, 1737 - Londres 1794). Par son *Histoire de la décadence et de la chute de l'Empire romain* (1776-1788), il fut et demeure un des historiens majeurs du déclin de la civilisation romaine.

GIBBONS (Orlando), compositeur anglais (Oxford 1583 - Canterbury 1625), auteur de madrigaux, de motets et de pièces instrumentales. Un des grands représentants de la musique élisabéthaine.

GIBBS (James), architecte britannique (près d'Aberdeen 1682 - Londres 1754). Disciple de C. Fontana et de Wren, il a construit de nombreuses églises à Londres, la bibliothèque Radcliffe à Oxford.

GIBBS (Willard), physicien américain (New Haven, Connecticut, 1839 - *id.* 1903). Il fonda la chimie physique en étendant la thermodynamique à la chimie. Il perfectionna la mécanique statistique de Boltzmann et énonça la *loi des phases,* base d'étude des équilibres physico-chimiques.

GIBRALTAR, territoire britannique sur le détroit du même nom, à l'extrémité méridionale de l'Espagne ; 29 000 h. Célèbre dès l'Antiquité (colonnes d'Hercule), Gibraltar fut le premier point de la conquête musulmane en Espagne (711) [*djabal al Tāriq,* du nom du chef berbère Tāriq, a donné *Gibraltar*]. Pris en 1704 par les Anglais, à qui il est reconnu (traité d'Utrecht, 1713), devenu une puissante base aéronavale, Gibraltar est toujours revendiqué par l'Espagne.

Gibraltar (vu de l'Espagne).

GIBRALTAR *(détroit de),* entre l'Espagne et le Maroc, unissant la Méditerranée avec l'Atlantique (15 km de large).

GIBRAN (Khalīl) → ***Djubrān Khalīl Djubrān.***

GIBSON (Ralph), photographe américain (Los Angeles 1939). Une technique rigoureuse et des tirages de grande qualité (qu'il exécute lui-même) s'allient à une vision glacée mais essentiellement subjective de fragments du réel (*The Somnambulist,* 1970).

GIDE (André), écrivain français (Paris 1869 - *id.* 1951). Son œuvre, dominée par la passion de la liberté *(les Nourritures* terrestres)* et de la sincérité (*l'Immoraliste,* 1902) et marquée par la tentation de l'engagement (*Voyage au Congo,* 1927 ; *Retour de l'U. R. S. S.,* 1936), cherche à définir un humanisme moderne capable de concilier la lucidité de l'intelligence et la vitalité des instincts (*les Caves* du Vatican ; la Symphonie pastorale,* 1919 ; *les Faux-Monnayeurs** ; *Journal,* 1939-1950). [Prix Nobel 1947.]

GIDE (Charles), économiste français (Uzès 1847 - Paris 1932). Il a développé le principe du coopératisme.

GIEN (45500), ch.-l. de c. du Loiret, sur la Loire ; 17 166 h. *(Giennois).* Centre de faïencerie. Bandes magnétiques. Cellulose. Ascenseurs. Dans le château d'Anne de Beaujeu (XVe s.), musée international de la Chasse.

GIENS *(presqu'île de),* presqu'île du dép. du Var, entre le *golfe de Giens* et la rade d'Hyères.

GIEREK (Edward), homme politique polonais (Porąbka 1913). Il succéda à Gomułka à la tête du parti ouvrier unifié (1970-1980).

GIERS (Nikolaï Karlovitch **de**), diplomate et homme politique russe (Radzivilov 1820 - Saint-Pétersbourg 1895). Ministre des Affaires étrangères (1882-1895), il renouvela l'alliance avec l'Allemagne (1884, 1887), puis se résolut en 1891 à l'alliance avec la France.

GIESEKING (Walter), pianiste allemand (Lyon 1895 - Londres 1956), interprète de Mozart et de la musique française impressionniste.

GIESSEN, v. d'Allemagne (Hesse) ; 72 284 h. Université.

GIFFARD (Henry), ingénieur français (Paris 1825 - *id.* 1882). On lui doit un dirigeable mû par une machine à vapeur (1852) et un injecteur de vapeur pour l'alimentation des chaudières (1858).

GIFFRE (le), riv. de la Haute-Savoie, affl. de l'Arve (r. dr.) ; 50 km.

GIF-SUR-YVETTE (91190), ch.-l. de c. de l'Essonne ; 19 818 h. Laboratoire de physiologie végétale (phytotron). École supérieure d'électricité.

GIFU, v. du Japon (Honshū) ; 410 324 h.

GIGNAC (34150), ch.-l. de c. de l'Hérault ; 3 676 h.

GIGNOUX (Maurice), géologue français (Lyon 1881 - Grenoble 1955), spécialiste des Alpes.

GIGONDAS (84190), comm. de Vaucluse ; 613 h. Vins.

GIJÓN, port d'Espagne (Asturies), sur l'Atlantique ; 259 067 h. Métallurgie.

GILBERT *(îles)* → ***Kiribati.***

GILBERT (Nicolas Joseph Florent), poète français (Fontenoy-le-Château, Vosges, 1750 - Paris 1780), auteur de satires et de poèmes élégiaques.

GILBERT (William), médecin et physicien anglais (Colchester 1544 - Londres ou Colchester 1603). Il effectua les premières expériences relatives à l'électrostatique et au magnétisme.

Gil Blas de Santillane *(Histoire de),* roman de Lesage (1715-1735).

GILBRETH (Frank Bunker), ingénieur américain (Fairfield, Maine, 1868 - Montclair, New Jersey, 1924). Collaborateur de Taylor, il fut un pionnier de l'organisation du travail, établissant les principes de la simplification des mouvements, en vue de réduire leur durée et la fatigue.

GILDAS *(saint),* surnommé **le Sage,** missionnaire brittonique (Dumbarton v. 510 - île d'Houat 570), réorganisateur de l'Église celte et fondateur éponyme du monastère de Rhuys.

Gilgamesh, roi légendaire d'Ourouk, héros de poèmes épiques suméro-akkadiens, dont le thème est la quête de l'immortalité et qui ont été rassemblés en un récit unique au XVIIIe-XVIIe s. av. J.-C.

GILLES *(saint),* moine d'origine athénienne, fondateur de l'abbaye et de la ville de Saint-Gilles-du-Gard, popularisé au Moyen Âge par de nombreuses légendes (fin VIIe - début VIIIe s. ?).

GILLES (Jean), compositeur français (Tarascon 1668 - Toulouse 1705), auteur de motets et d'une célèbre *Messe des morts.*

GILLESPIE (John **Birks,** dit **Dizzy**), trompettiste, chanteur et chef d'orchestre de jazz américain (Cheraw, Caroline du Sud, 1917 - Englewood, New Jersey, 1993). Il fut l'un des principaux créateurs du style be-bop.

GILLINGHAM, port de Grande-Bretagne, sur la mer du Nord ; 93 300 h.

GILLOT (Claude), peintre et graveur français (Langres 1673 - Paris 1722). À Paris v. 1691, fréquentant les milieux du théâtre, il fut le maître de Watteau et dirigea à partir de 1712 les ateliers de décors et de costumes de l'Opéra.

GILOLO → ***Halmahera.***

GILSON (Étienne), philosophe français (Paris 1884 - Cravant, Yonne, 1978). Il a renouvelé l'étude de la philosophie médiévale et particulièrement du thomisme. (Acad. fr.)

GIMONE (la), affl. de la Garonne (r. g.) ; 122 km.

GIMONT (32200), ch.-l. de c. du Gers, sur la Gimone ; 2 841 h. Conserverie. Bastide du XIVe s.

GINASTERA (Alberto Evaristo), compositeur argentin (Buenos Aires 1916 - Genève 1983). Ses compositions, d'abord inspirées du folklore, se sont orientées vers les techniques nouvelles. Il est l'auteur de *Milena* (1971), *Barabbas* (1977), *Jubilum* (pour le quatrième centenaire de Buenos Aires, 1980).

GIOBERTI (Vincenzo), homme politique italien (Turin 1801 - Paris 1852). Prêtre, l'un des chefs du *Risorgimento,* partisan avant 1848 d'une fédération italienne dont le pape serait le président, il présida le gouvernement piémontais en 1848-49.

GIOLITTI (Giovanni), homme politique italien (Mondovi 1842 - Cavour 1928). Président du Conseil de nombreuses fois entre 1892 et 1921, il pratiqua une large politique sociale, instaura le suffrage universel, mais ne put empêcher la montée du socialisme puis du fascisme.

GIONO (Jean), écrivain français (Manosque 1895 - *id.* 1970). Romancier de la haute Provence (*Colline,* 1929 ; *Regain,* 1930), apôtre d'un idéal de vie naturelle et rustique (*le Chant du monde,* 1934 ; *Que ma joie demeure,* 1935 ; *l'Eau vive,* 1943), il évolua vers une philosophie et un art plus classiques (*le Hussard sur le toit,* 1951 ; *le Bonheur fou,* 1957 ; *l'Iris de Suse,* 1970).

GIORDANO (Luca), peintre italien (Naples 1634 - *id.* 1705). Il est l'auteur de célèbres plafonds au palais Médicis (Florence) et à l'Escorial. Sa virtuosité dans le baroque et sa rapidité lui valurent d'être surnommé *Luca Fapresto.*

GIORGI (Giovanni), physicien italien (Lucques 1871 - Castiglioncello 1950), créateur d'un système d'unités rationnelles (dit « M. K. S. A. ») dont dérive le système international SI.

GIORGIONE (Giorgio **Da Castelfranco,** dit), peintre italien (Castelfranco Veneto v. 1477 - Venise 1510). Peut-être formé dans l'atelier de Giovanni Bellini, il est l'auteur de compositions où la lumière diffuse et la suavité du coloris créent une atmosphère de lyrisme discret et de recueillement (*la Tempête** ; *Venise ; les Trois Philosophes,* Vienne). Son influence fut grande, notamment sur Titien, qui aurait terminé sa *Vénus endormie* (Dresde).

GIOTTO di Bondone, peintre et architecte italien (Colle di Vespignano, dans le Mugello, 1266 - Florence 1337). Peut-être élève de Cimabue, et auteur probable du cycle de la *Vie de saint François* à Assise (basilique supérieure), il a exécuté les fresques de la *Vie de la Vierge et du Christ* à la chapelle Scrovegni de Padoue (v. 1303-1305), son chef-d'œuvre, des fresques à S. Croce de Florence, etc. Par l'ampleur de sa vision, par ses recherches de volume et d'espace, il apparaît comme l'un des principaux créateurs de la peinture occidentale moderne. Il commença la construction du campanile de la cathédrale de Florence.

Willard **Gibbs**

André **Gide**

Jean **Giono**

Giotto : *Présentation de la Vierge au Temple,* une des fresques de la *Vie de la Vierge et du Christ* (v. 1303-1305) dans la chapelle Scrovegni à Padoue.

GIOVANNETTI (Matteo), peintre italien originaire de Viterbe, mentionné à Avignon de 1343 à 1367 (fresques du palais des Papes : chapelle St-Martial, Grande Audience), puis à Rome.

GIOVANNI da Udine, peintre et stucateur italien (Udine 1487 - Rome v. 1564). Collaborateur de Raphaël à Rome (Loges du Vatican), de J. Romain à Mantoue, il s'inspira des décors antiques découverts dans les « grottes » de l'Esquilin, créant ainsi les *grotesques.*

GIOVANNI PISANO → ***Nicola Pisano.***

GIRARD (Philippe **de**), industriel français (Lourmarin 1775 - Paris 1845). On lui doit une machine à filer le lin (1810).

GIRARD (René), essayiste français (Avignon 1923). Il décèle au fondement de toute culture la violence, à laquelle il oppose l'irréductibilité du message évangélique (*la Violence et le Sacré,* 1972 ; *le Bouc émissaire,* 1982).

GIRARDET (Alfred, dit **Fredy**), cuisinier suisse (Lausanne 1936). Il est l'héritier d'une auberge familiale, devenue haut lieu gastronomique grâce à sa cuisine inventive soutenue par une belle technique classique.

GIRARDIN (Émile **de**), journaliste français (Paris 1806 - *id.* 1881). Il lança la presse à bon marché (*la Presse,* 1836) ayant recours à la publicité. — Sa femme, **Delphine Gay** (Aix-la-Chapelle 1804 - Paris 1855), écrivit des poèmes, des romans et une chronique de Paris sous Louis-Philippe *(Lettres parisiennes).*

GIRARDON (François), sculpteur français (Troyes 1628 - Paris 1715). Représentant par excellence du classicisme fastueux de Versailles, il a notamment donné, pour le parc du château, les groupes d'*Apollon servi par les nymphes* (1666-1673) et de *l'Enlèvement de Proserpine.*

François **Girardon** : *l'Hiver.*
Statue en marbre du parterre du Nord dans les jardins du château de Versailles.

GIRAUD (Henri), général français (Paris 1879 - Dijon 1949). Commandant la VIIe armée en 1940, il fut fait prisonnier mais s'évada (1942). Coprésident du Comité français de libération nationale avec de Gaulle, il s'effaça devant ce dernier (1943).

GIRAUDOUX (Jean), écrivain français (Bellac 1882 - Paris 1944). Ses romans (*Suzanne et le Pacifique,* 1921 ; *Siegfried et le Limousin,* 1922 ; *Bella,* 1926) et ses pièces de théâtre (*Amphitryon 38,* 1929 ; *Intermezzo,* 1933 ; *La guerre de Troie n'aura pas lieu,* 1935 ; *Électre,* 1937 ; *Ondine,* 1939 ; *la Folle de Chaillot,* 1945) fondent les grands thèmes classiques et les préoccupations modernes dans un univers précieux, fait d'humour et de fantaisie.

Giro (le), tour cycliste d'Italie.

GIROD (Paul), ingénieur français d'origine suisse (Fribourg 1878 - Cannes 1951), l'un des créateurs de l'électrométallurgie (1901), spécialiste de la fabrication des ferro-alliages.

GIRODET-TRIOSON (Anne Louis **Girodet de Roucy,** dit), peintre français (Montargis 1767 - Paris 1824), néoclassique de style, romantique d'inspiration (*Ossian* ou *l'Apothéose des héros français,* 1801, Malmaison).

GIROMAGNY (90200), ch.-l. de c. du Territoire de Belfort, sur la Savoureuse ; 3 372 h. *(Giromagniens).* Travail des plastiques.

GIRONDE (la), nom de l'estuaire (long de 75 km), sur l'Atlantique, formé en aval de la confluence de la Garonne et de la Dordogne. Centrale nucléaire près de Blaye.

GIRONDE (33), dép. de la Région Aquitaine ; ch.-l. de dép. *Bordeaux ;* ch.-l. d'arr. *Blaye, Langon, Lesparre-Médoc, Libourne ;* 5 arr., 63 cant., 542 comm. ; 10 000 km² ; 1 213 499 h. *(Girondins).* Le dép. est rattaché à l'académie et à la cour d'appel de Bordeaux, à la région militaire Atlantique. L'extrémité occidentale du dép. (le plus vaste de France) appartient à la plaine forestière des Landes, bordée par un littoral rectiligne, ouvert seulement par le bassin d'Arcachon (centres balnéaires et ostréicoles). Le Bordelais, occupant le reste du dép., est une grande région viticole (Médoc, Graves, Sauternes, Entre-deux-Mers, Saint-Émilion, Pomerol). L'industrie est concentrée dans l'agglomération de Bordeaux, qui rassemble près des deux tiers de la population totale de la Gironde.

Girondins, groupe politique, né de la Révolution française, formé en 1791 autour de Brissot (d'où son autre nom de **Brissotins**) et réunissant plusieurs députés de la Gironde à l'Assemblée législative puis à la Convention (Vergniaud, Guadet, Gensonné, etc.). Défenseurs d'une bourgeoisie éclairée contre la vague populaire, jacobine et centralisatrice, les Girondins se heurtèrent à la Commune de Paris, qui finit par les éliminer (mai-oct. 1793).

GIRSOU, auj. **Tello** en Iraq, près du bas Tigre. Vestiges de la ville d'un État du pays de Sumer au IIIe millénaire, qui avait Lagash pour capitale et où ont été recueillis de nombreux objets d'art (statues de Goudéa, Louvre).

GISCARD D'ESTAING (Valéry), homme politique français (Coblence 1926). Inspecteur des Finances, député indépendant (1956), secrétaire d'État (1959-1962), puis ministre des Finances et des Affaires économiques (1962-1966, 1969-1974), il est président de la République de 1974 à 1981. Fondateur, en 1962, du groupe des Républicains indépendants, il est président de l'U. D. F. de 1988 à 1996.

Giselle ou les Wilis, ballet fantastique en deux actes, inspiré d'une ballade d'Henri Heine, musique d'Adolphe Adam, chorégraphie de J. Coralli et J. Perrot, créé en 1841 à l'Opéra de Paris par C. Grisi.

GISLEBERTUS, sculpteur dont le nom est gravé sur le tympan de la façade occidentale de la cathédrale d'Autun ; presque toute la sculpture de cet édifice serait son œuvre (1125-1135).

GISORS (27140), ch.-l. de c. de l'Eure, sur l'Epte ; 9 673 h. *(Gisorsiens).* Constructions électriques. Restes d'un château fort d es XIIe-XIIIe s. Église au chœur de 1240, continuée aux XVe et XVIe s.

GIULIANO da Maiano, architecte et sculpteur italien (Maiano, près de Fiesole, 1432 - Naples 1490). Continuateur de Brunelleschi et de Michelozzo, il contribua à diffuser les principes de la nouvelle architecture florentine. — Son frère **Benedetto** (Maiano 1442 - Florence 1497) collabora avec lui à l'église de Lorette et entreprit le palais Strozzi à Florence ; sculpteur marbrier, proche d'A. Rossellino, il est l'auteur de bustes, de la chaire de S. Croce (Florence), etc.

GIUNTA ou **GIUNTI,** famille d'imprimeurs italiens du XVe s., établie à Gênes, Florence, Venise, ainsi qu'à Lyon et Madrid.

GIVERNY (27200), comm. de l'Eure ; 550 h. Maison (coll. d'estampes japonaises) et important jardin du peintre Monet. Musée américain.

GIVET (08600), ch.-l. de c. des Ardennes, sur la Meuse ; 7 932 h. *(Givetois).* Port fluvial. Métallurgie.

GIVORS (69700), ch.-l. de c. du Rhône, sur le Rhône ; 19 833 h. *(Givordins).* Verrerie. Métallurgie.

GIVRY (71640), ch.-l. de c. de Saône-et-Loire ; 3 448 h. Église du XVIIIe s. Vins.

GIZEH ou **GUIZÈH,** v. d'Égypte, ch.-l. de prov., sur la rive gauche du Nil ; 1 247 000 h. Immense nécropole et complexes funéraires, dont le Sphinx et les pyramides des pharaons Kheops, Khephren et Mykerinus.

GJELLERUP (Karl), écrivain danois (Roholte 1857 - Klotzsche, près de Dresde, 1919). Il évolua du naturalisme au spiritualisme dans son théâtre et ses romans *(le Moulin).* [Prix Nobel 1917.]

GLACE *(mer de),* glacier des Alpes françaises, dans le massif du Mont-Blanc, au N.-E. de Chamonix.

GLACE BAY, port du Canada (Nouvelle-Écosse), dans l'île du Cap-Breton ; 19 501 h.

GLACERIE (La) [50470], comm. de la Manche, banlieue de Cherbourg ; 5 646 h.

GLADBECK, v. d'Allemagne, dans la Ruhr ; 79 533 h. Constructions électriques.

GLADSTONE (William Ewart), homme politique britannique (Liverpool 1809 - Hawarden 1898). Chef du parti libéral à partir de 1868, trois fois Premier ministre (1868-1874, 1880-1885, 1892-1894), il accomplit de nombreuses réformes. Sa campagne en faveur du *Home Rule* (1886) en Irlande provoqua la sécession des unionistes du parti libéral.

GLÅMA (le) ou **GLOMMA** (le), le plus long fleuve de Norvège, tributaire du Skagerrak ; 570 km.

GLAMORGAN, anc. comté de Grande-Bretagne (Galles), sur le canal de Bristol.

GLANUM, ville gallo-romaine, près de Saint-Rémy-de-Provence (Bouches-du-Rhône). Importants vestiges comprenant édifices publics et quartiers d'habitation aux maisons ornées de peintures et de mosaïques.

GLARIS, en all. **Glarus,** comm. de Suisse, ch.-l. du canton de ce nom (684 km^2 ; 38 508 h.), dans les *Alpes de Glaris,* sur la Linth ; 5 728 h.

GLASER (Donald Arthur), physicien américain (Cleveland 1926). Il a inventé la chambre à bulles, qui permet de détecter les particules de haute énergie. (Prix Nobel 1960.)

GLASGOW, v. de Grande-Bretagne (Écosse), sur la Clyde ; 1 642 000 h. Université. Aéroport. Métropole commerciale et industrielle de l'Écosse. Foyer artistique à l'époque de C. R. Mackintosh. Musées.

GLASHOW (Sheldon Lee), physicien américain (New York 1932). Il proposa en 1960 la première théorie unifiée de l'interaction électromagnétique et de l'interaction faible. (Prix Nobel 1979.)

GLAUBER (Johann Rudolf), chimiste et pharmacien allemand (Karlstadt 1604 - Amsterdam 1670). Il isola l'acide chlorhydrique et découvrit les propriétés thérapeutiques du sulfate de sodium *(sel de Glauber).*

GLAZOUNOV (Aleksandr Konstantinovitch), compositeur russe (Saint-Pétersbourg 1865 - Paris 1936), directeur du conservatoire de Saint-Pétersbourg (1905-1928) et auteur de symphonies et de musique de chambre.

GLEIZÉ (69400), comm. du Rhône ; 8 510 h.

GLEIZES (Albert), peintre français (Paris 1881 - Saint-Rémy-de-Provence 1953). Il participa aux premières manifestations du cubisme, publia avec Jean Metzinger (1883-1956) le traité *Du cubisme* (1912) et, plus tard, se consacra surtout à l'art sacré.

GLÉLÉ (auparavant **Badohou**) [m. en 1889], roi du Dahomey (1858-1889). Il s'opposa à la domination française mais dut céder Cotonou (1868).

GLÉNAN *(îles de),* petit archipel de la côte sud du Finistère. Centre nautique.

GLENDALE, v. des États-Unis (Californie) ; 139 000 h. Industrie aéronautique.

GLEN MORE, dépression du nord de l'Écosse, partiellement occupée par le loch Ness et empruntée par le canal Calédonien.

GLIÈRES *(plateau des),* plateau situé dans le massif des Bornes ; 1 400 à 2 000 m d'alt. Théâtre, en 1944, de la lutte héroïque d'un groupe de la Résistance contre les Allemands. Monument national de la Résistance par le sculpteur Émile Gilioli (1973).

GLINKA (Mikhaïl Ivanovitch), compositeur russe (Novospasskoïe 1804 - Berlin 1857), fondateur de l'école musicale russe moderne. On lui doit l'opéra *Une vie pour le tsar* (1836).

GLIWICE, v. de Pologne (Silésie) ; 215 700 h. Centre industriel.

Globe and Mail (The), quotidien canadien fondé en 1896 qui appartient au groupe *Thomson Newspapers Ltd.*

GLOMMA → ***Glåma.***

GLORIEUSES *(îles),* archipel français de l'océan Indien, au N. de Madagascar.

GLOUCESTER, v. de Grande-Bretagne, ch.-l. du comté de ce nom *(Gloucestershire),* sur la Severn ; 91 800 h. Constructions aéronautiques. Cathédrale romane et gothique (grande verrière du chœur, XIVe s. ; voûtes en éventail du cloître).

GLOZEL, hameau de la comm. de Ferrières-sur-Sichon (Allier). Découvertes préhistoriques qui continuent, depuis leur mise au jour en 1924, d'être l'objet de controverses quant à leur authenticité.

GLUBB (*sir* John Bagot), dit **Glubb Pacha,** général britannique (Preston 1897 - Mayfield, Sussex, 1986). Il commanda la Légion arabe de 1939 à 1956.

GLUCK (Christoph Willibald, *chevalier* **von**), compositeur allemand (Erasbach, Haut-Palatinat, 1714 - Vienne 1787), auteur des opéras *Orphée* (1762 ; version française 1774), *Alceste* (1767 ; version française 1776), *Iphigénie en Aulide* (1774), *Armide* (1777), *Iphigénie en Tauride* (1779), etc. Il réforma l'opéra dans le sens français et chercha, loin des conventions italiennes, le naturel, la simplicité, l'émotion juste. Il vécut plusieurs années à Paris, protégé par Marie-Antoinette.

GNEISENAU (August, *comte* **Neidhardt von**), maréchal prussien (Schildau 1760 - Posen, auj. Poznań, 1831). Collaborateur de Scharnhorst dans la reconstitution de l'armée prussienne (1808), il fut chef d'état-major de Blücher (1813-14 et en 1815).

GNIEZNO, v. de Pologne, au nord-est de Poznań ; 70 600 h. Anc. cap. de la Pologne. Siège des primats de Pologne. Cathédrale gothique (XIVe-XVe s.) élevée sur des substructures des Xe-XIe s.

GOA, État de la côte occidentale de l'Inde, occupé par les Portugais de 1510 à 1961-62 ; 3 701 km^2 ; 1 168 622 h. Cap. *Panaji.*

GOAJIRO, Indiens de Colombie et du Venezuela.

Gobelins (les), anc. manufacture royale installée dans les ateliers des teinturiers *Gobelins,* au bord de la Bièvre, à Paris. Créée et dirigée par des tapissiers flamands, sous l'impulsion de Henri IV (début du XVIIe s.), elle connaît son grand essor sous Louis XIV : Colbert lui donne le titre de *manufacture royale des meubles de la Couronne* en 1667. Ch. Le Brun dirige alors les ateliers de cartons de tapisseries, mais aussi des ateliers d'orfèvrerie, d'ébénisterie et de sculpture. Les Gobelins sont auj. manufacture nationale de tapisseries ; les mêmes locaux (XIIIe arr.) abritent un musée de la Tapisserie ainsi que les manufactures de Beauvais (tapisseries) et de la Savonnerie (tapis).

GOBI, désert de l'Asie centrale (Mongolie et Chine).

GOBINEAU (Joseph Arthur, *comte* **de**), diplomate et écrivain français (Ville-d'Avray 1816 - Turin 1882). Romancier (*les Pléiades,* 1874) et nouvelliste, il est l'auteur de l'*Essai sur l'inégalité des races humaines* (1853-1855), qui influa sur les théoriciens du racisme germanique.

GODARD (Eugène), aéronaute français (Clichy 1827 - Bruxelles 1890). Il exécuta plus de 2 500 ascensions, dont une, à bord du *Géant,* avec Nadar (1863), et il organisa la poste aérienne pendant le siège de Paris (1870-71).

GODARD (Jean-Luc), cinéaste français (Paris 1930). L'un des principaux représentants de la Nouvelle Vague, il a, par sa constante remise en question des codes idéologiques et esthétiques, influencé toute une génération de cinéastes : *À bout de souffle* (1960), *le Mépris* (1963), *Pierrot le Fou* (1965), *la Chinoise* (1967), *Week-End* (1967), *Je vous salue Marie* (1985), *Nouvelle Vague* (1990), *Hélas pour moi* (1993), *JLG/JLG* (1995).

GODĀVARI, un des fleuves sacrés de l'Inde, tributaire du golfe du Bengale ; 1 500 km.

GODBOUT (Adélard), agronome et homme politique canadien (Saint-Éloi 1892 - Montréal 1956). Libéral, il fut Premier ministre du Québec en 1936 et de 1939 à 1944.

GODBOUT (Jacques), écrivain et cinéaste canadien d'expression française (Montréal 1933). Son œuvre compose une quête de son identité d'homme et d'écrivain (*l'Aquarium,* 1962 ; *D'amour, P. Q.,* 1972 ; *Une histoire américaine,* 1986).

GODDARD (Robert Hutchings), ingénieur américain (Worcester, Massachusetts, 1882 - Baltimore 1945). Précurseur de l'astronautique, il lança, en 1926, la première fusée à ergols liquides.

GODEFROI DE BOUILLON (Baisy v. 1061 - Jérusalem 1100), duc de Basse-Lorraine (1089-1095). Un des chefs de la première croisade, il fonda le royaume de Jérusalem (1099) et le gouverna avec le titre d'« avoué du Saint-Sépulcre ».

GÖDEL (Kurt), logicien et mathématicien américain d'origine autrichienne (Brünn, auj. Brno, 1906 - Princeton 1978). Il est l'auteur de deux théorèmes (1931) selon lesquels une arithmétique non contradictoire ne saurait former un système complet, car la non-contradiction constitue dans ce système un énoncé indécidable.

GODERVILLE (76110), ch.-l. de c. de la Seine-Maritime ; 2 072 h.

GODOUNOV (Boris) → ***Boris Godounov.***

GODOY ÁLVAREZ DE FARIA (Manuel), homme d'État espagnol (Badajoz 1767 - Paris 1851), ministre de Charles IV d'Espagne et amant de la reine Marie-Louise, il fut Premier ministre de 1792 à 1798 et de 1800 à 1808, et joua un grand rôle à l'époque de la Révolution française et de l'Empire.

God save the King [ou **the Queen**] (« *Dieu protège le roi* [ou *la reine*] »), hymne national britannique.

GODTHÅB → ***Nuuk.***

GODWIN (William), écrivain britannique (Wisbech 1756 - Londres 1836), auteur d'essais et de romans d'inspiration sociale *(les Aventures de Caleb Williams).*

GOEBBELS (Joseph Paul), homme politique allemand (Rheydt 1897 - Berlin 1945). Journa-

Jean **Giraudoux**

Valéry **Giscard d'Estaing**

Gladstone (J.E. Millais - National Portrait Gallery, Londres)

Jean-Luc **Godard**

liste national-socialiste, ministre de la Propagande et de l'Information (1933-1945), il fut chargé par Hitler de la direction de la guerre totale (1944) ; il se suicida avec toute sa famille.

GOERING (Hermann) → ***Göring.***

GOETHE (Johann Wolfgang **von**), écrivain allemand (Francfort-sur-le-Main 1749 - Weimar 1832). L'un des chefs du « Sturm* und Drang » avec son roman *les Souffrances du jeune Werther** et son drame *Götz von Berlichingen* (1774), il évolua, à travers son expérience de l'Italie (*Torquato Tasso,* 1789), de la Révolution française et de la politique (il fut ministre du grand-duc de Weimar), de son amitié avec Schiller (*Xénies,* 1796), et de ses recherches scientifiques (*la Métamorphose des plantes,* 1790 ; *la Théorie des couleurs,* 1810), vers un art plus classique *(Wilhelm* Meister ; Hermann* et Dorothée ;* les *Affinités électives,* 1809), qui prit une forme autobiographique (*Poésie et vérité,* 1811-1833) et symbolique (*Divan occidental et oriental,* 1819 ; *Faust**).

GOFFMAN (Erving), psychosociologue canadien (Manvine, Alberta, 1922 - Philadelphie 1982). Il s'est intéressé aux formes totalitaristes d'organisation (*Asiles,* 1961), aux interactions sociales et aux éléments non codifiés des conduites (*les Rites d'interaction,* 1967).

GOG ET MAGOG, dans les littératures juive et chrétienne, personnification des puissances du Mal.

GOGOL (Nikolaï Vassilievitch), écrivain russe (Sorotchintsy 1809 - Moscou 1852). Auteur de pièces de théâtre *(le Revizor*)* et de nouvelles *(Tarass* Boulba),* il est le créateur du roman moderne russe *(les Âmes* mortes).*

GOHELLE (la), plaine du nord de la France, au pied des collines de l'Artois.

GOIÂNIA, v. du Brésil central, cap. de l'État de Goiás ; 920 838 h.

GOIÁS, État du Brésil ; 355 294 km^2 ; 4 024 507 h. Cap. *Goiânia.*

Gois *(passage du),* route praticable à marée basse, entre Noirmoutier et le continent.

GOLAN *(plateau du),* région du sud-ouest de la Syrie, dominant le Jourdain. Occupé par Israël en 1967, théâtre de combats en 1973, il est annexé par la Knesset en 1981.

GOLBEY (88190), comm. des Vosges ; 8 827 h. *(Golbéens).* Matériel de climatisation. Textile. Pneumatiques.

GOLCONDE, forteresse et ville ruinée de l'Inde (Andhra Pradesh). Capitale depuis 1518 d'un sultanat musulman du Deccan, aux trésors légendaires, elle fut détruite par Aurangzeb en 1687. Vestiges des XVIe - début du XVIIe s.

GOLD COAST → ***Ghana.***

GOLDING (William), écrivain britannique (Saint Columb Minor, Cornouailles, 1911 - Tulimar, près de Falmouth, 1993). Son œuvre montre l'homme prêt en toutes circonstances à revenir à sa barbarie primitive (*Sa Majesté des Mouches,* 1954). [Prix Nobel 1983.]

GOLDMANN (Nahum), leader sioniste (Wisznewo, Lituanie, 1895 - Bad Reichenhall 1982). Fondateur (1936) et président du Congrès juif mondial, président de l'Organisation mondiale sioniste (1956-1968), il prit successivement les nationalités allemande, américaine (1940), israélienne (1962) et suisse (1968).

GOLDONI (Carlo), auteur comique italien (Venise 1707 - Paris 1793). Aux bouffonneries de la *commedia dell'arte,* il substitua la peinture des mœurs et des caractères dans ses comédies écrites en italien (*La Locandiera,* 1753 ; *la Villégiature,* 1761) et en français (*le Bourru bienfaisant,* 1771). Il a laissé des *Mémoires.*

Goethe
(J. von Egloffstein - musée Goethe, Francfort-sur-le-Main)

Mikhaïl **Gorbatchev**

GOLDSMITH (Oliver), écrivain britannique (Pallasmore, Irlande, 1728 - Londres 1774), auteur de romans (*le Vicaire de Wakefield,* 1766), de poèmes sentimentaux *(le Village abandonné),* et de pièces de théâtre *(Elle s'abaisse pour triompher).*

GOLDSTEIN (Kurt), neurologue américain d'origine allemande (Kattowitz 1878 - New York 1965). Il est l'instigateur d'une conception unitaire et globaliste de la neurologie, issue de la théorie de la forme (*la Structure de l'organisme,* 1934). Il a étudié en particulier l'aphasie.

GOLÉA (El-) → ***Menia (El-).***

GOLEÏZOVSKI (Kassian Iaroslavitch), chorégraphe soviétique (Moscou 1892 - *id.* 1970). Il est à l'origine de l'évolution du ballet classique en U. R. S. S.

Golestān ou **Gulistān** (« Jardin des roses »), recueil de récits de Sa'di (v. 1258), en prose mêlée de vers.

Golfe *(guerre du),* conflit opposant l'Iraq (qui a envahi et annexé le Koweït en août 1990) à une coalition d'une trentaine de pays conduite par les États-Unis. L'O.N.U. ayant condamné l'annexion du Koweït, puis autorisé l'emploi de tous les moyens nécessaires pour libérer cet État, une force multinationale à prépondérance américaine, déployée dans le Golfe et en Arabie saoudite, intervient contre l'Iraq (17 janv. 1991) et libère le Koweït (28 févr.).

GOLFECH (82400), comm. de Tarn-et-Garonne, sur la Garonne ; 559 h. Centrale hydroélectrique et centrale nucléaire.

GOLFE-JUAN (06220 Vallauris), section de la comm. de Vallauris (Alpes-Maritimes). Station balnéaire sur la Méditerranée. Napoléon y débarqua en 1815, à son retour de l'île d'Elbe.

golfe Persique ou **Golfe** → ***Persique*** *(golfe).*

GOLGI (Camillo), médecin et histologiste italien (Corteno, près de Brescia, 1844 - Pavie 1926). Il a étudié le système nerveux et mis en évidence un système de granulation du cytoplasme *(appareil de Golgi).* [Prix Nobel 1906.]

Golgotha, nom araméen du *Calvaire,* où Jésus fut crucifié.

GOLIATH, guerrier philistin vaincu en combat singulier par David.

GOLITSYNE ou **GALITZINE** ou **GALLITZIN,** famille princière qui donna à la Russie, à la fin du XVIIe s. et au XVIIIe s., des hommes d'État et des chefs militaires.

GOLO (le), le plus long fl. de la Corse ; 75 km.

GOLTZIUS (Hendrick), graveur et peintre néerlandais (Mühlbracht, Limbourg, 1558 - Haarlem 1617). Maniériste brillant, il fut le cofondateur d'une académie d'art à Haarlem.

GOMAR (François) ou **GOMARUS,** théologien protestant néerlandais (Bruges 1563 - Groningue 1641). Adversaire d'Arminius, il donna à la doctrine de Calvin sur la prédestination l'interprétation la plus rigoriste. Ses partisans, les *gomaristes,* provoquèrent des troubles graves aux Pays-Bas.

GOMBERVILLE (Marin **Le Roy de**), écrivain français (Paris 1600 - *id.* 1674), auteur de romans précieux *(Polexandre).* [Acad. fr.]

gombette *(loi),* loi burgonde rédigée en latin v. 501-515, sur l'ordre du roi Gondebaud, à l'intention de ses sujets qui n'étaient pas d'origine gallo-romaine.

GOMBRICH (Ernst Hans), historien d'art britannique d'origine autrichienne (Vienne 1909). Dans *l'Art et l'Illusion* (1960), il a analysé les aspects techniques de la création ainsi que, chez le spectateur, le rôle de la psychologie de la perception.

GOMBROWICZ (Witold), écrivain polonais (Małoszyce 1904 - Vence 1969). Ses romans *(Ferdydurke, Cosmos),* son théâtre *(Yvonne, princesse de Bourgogne)* et son *Journal* cherchent à saisir la réalité intime des êtres à travers les stéréotypes sociaux et culturels.

GOMEL, v. de Biélorussie ; 500 000 h. Constructions mécaniques.

GÓMEZ DE LA SERNA (Ramón), écrivain espagnol (Madrid 1888 - Buenos Aires 1963), romancier *(El Rastro)* et créateur d'un genre, les *greguerías,* petits poèmes en prose aux observations piquantes.

GOMORRHE → ***Sodome.***

GOMPERS (Samuel), syndicaliste américain (Londres 1850 - San Antonio, Texas, 1924). Il fit triompher un syndicalisme professionnaliste au sein de l'AFL, dont il fut le fondateur (1886).

GOMUŁKA (Władysław), homme politique polonais (Krosno, Galicie, 1905 - Varsovie 1982). Secrétaire général du parti ouvrier (1943-1948), défenseur d'une « voie polonaise vers le socialisme », il est exclu par les staliniens en 1948-49. Appelé à la tête du parti et de l'État (oct. 1956) après les émeutes de Poznań, il est destitué en 1970.

GONÂVE *(île de la),* dépendance d'Haïti, dans le golfe de Gonaïves.

GONÇALVES (Nuno), peintre portugais, nommé peintre du roi Alphonse V en 1450. On lui attribue le monumental *Polyptyque de São Vicente* du musée de Lisbonne.

GONÇALVES DIAS (Antônio), poète brésilien (Caxias 1823 - dans un naufrage 1864), fondateur de l'école indianiste (*Os Timbiras,* 1857).

GONCELIN (38570), ch.-l. de c. de l'Isère ; 1 783 h. Métallurgie.

GONCOURT (Edmond **Huot de**) [Nancy 1822 - Champrosay, Essonne, 1896], et son frère **Jules** (Paris 1830 - *id.* 1870), écrivains français. Peintres de la vie dans ses états de crise physiologique ou sentimentale, ils usèrent d'une écriture « artiste » qui évolua du naturalisme (*Renée Mauperin,* 1864 ; *Madame Gervaisais,* 1869 ; *la Fille Élisa,* 1877) vers un impressionnisme raffiné influencé par leur passion de l'art du XVIIIe s. français et de la civilisation japonaise *(Journal).* Edmond réunit dans son hôtel d'Auteuil un cercle d'amis qui est à l'origine de l'*Académie* des Goncourt.*

Jules (à droite) et Edmond de **Goncourt** (B.N.F., Paris)

GÖNCZ (Árpád), écrivain et homme politique hongrois (Budapest 1922). Ancien opposant au régime communiste, emprisonné de 1957 à 1963, il est président de la République depuis 1990.

GONDAR, anc. cap. de l'Éthiopie, au nord du lac Tana ; 77 000 h. Vestiges de palais et d'églises des XVIIe-XVIIIe s.

GONDEBAUD ou **GONDOBALD** (m. à Genève en 516), roi des Burgondes (v. 480-516). Il promulgua la *loi gombette**.

GONDI, famille originaire de Florence, à laquelle appartenait Paul de Gondi, cardinal de Retz*.

GOND-PONTOUVRE (Le) [16160], ch.-l. de c. de la Charente ; 6 100 h. Constructions électriques.

GONDRECOURT-LE-CHÂTEAU (55130), ch.-l. de c. de la Meuse ; 1 633 h.

GONDWANA, région de l'Inde, dans le Deccan, habitée par les *Gond* (3 millions env.). Elle a donné son nom à un continent qui a réuni, à l'ère primaire, l'Amérique méridionale, l'Afrique, l'Arabie, l'Inde (Deccan), l'Australie et l'Antarctique.

GONESSE (95500), ch.-l. de c. du Val-d'Oise ; 23 346 h. *(Gonessiens).* Église des XIIe et XIIIe s.

GONFREVILLE-L'ORCHER (76700), ch.-l. de c. de la Seine-Maritime, sur le canal de Tancarville ; 10 227 h. Raffinage du pétrole. Pétrochimie.

GÓNGORA Y ARGOTE (Luis **de**), poète espagnol (Cordoue 1561 - *id.* 1627). Son style a fait école sous le nom de *gongorisme* ou *cultisme.*

GONTCHAROV (Ivan Aleksandrovitch), romancier russe (Simbirsk 1812 - Saint-Pétersbourg 1891), peintre de la décadence de la noblesse russe (*Oblomov,* 1859).

GONTCHAROVA (Natalia Sergueïevna), peintre russe (près de Toula 1881 - Paris 1962), auteur, notamment, d'audacieux décors et costumes pour les Ballets russes de Diaghilev. Elle était la femme de Larionov.

GONTRAN *(saint)* [v. 545 - Chalon-sur-Saône 592], roi de Bourgogne (561-592), fils de Clotaire Ier. Il favorisa la diffusion du christianisme dans ses États.

GONZAGUE, famille princière d'Italie, qui a régné sur Mantoue du XIVe au XVIIIe s. et sur le duché de Nevers.

GONZAGUE (Anne **de**) → ***Anne de Gonzague.***

GONZÁLEZ (Julio), sculpteur espagnol (Barcelone 1876 - Arcueil 1942). Installé à Paris, il a utilisé le fer soudé, avec une grande liberté, à partir de 1927.

GONZÁLEZ MÁRQUEZ (Felipe), homme politique espagnol (Séville 1942). Secrétaire général du parti socialiste ouvrier espagnol depuis 1974, il devient président du gouvernement en 1982. Il est reconduit dans ses fonctions après les élections de 1986, 1989 et 1993.

GONZALVE DE CORDOUE, général espagnol (Montilla 1453 - Grenade 1515). Il vainquit les troupes de Louis XII et conquit le royaume de Naples dont il devint vice-roi (1504).

GOODMAN (Benjamin David, dit **Benny**), clarinettiste et chef d'orchestre de jazz américain (Chicago 1909 - New York 1986). Surnommé le *Roi du swing,* il fonda en 1934 une grande formation de renom.

Goodyear, société américaine fondée en 1898 à Akron. Elle est un des principaux producteurs mondiaux de pneumatiques.

GOODYEAR (Charles), inventeur américain (New Haven, Connecticut, 1800 - New York 1860). Il a découvert la vulcanisation du caoutchouc (1839).

GORAKHPUR, v. de l'Inde (Uttar Pradesh), au nord de Bénarès ; 489 850 h.

GORBATCHEV (Mikhaïl Sergueïevitch), homme politique soviétique (Privolnoïe, région de Stavropol, 1931). Secrétaire général du parti communiste (mars 1985-août 1991), président du Praesidium du Soviet suprême (oct. 1988-mars 1990), il met en œuvre un programme de réformes économiques et politiques (la « perestroïka »). En mars 1990, il est élu à la présidence de l'U. R. S. S. par le Congrès des députés du peuple. Après le putsch d'août 1991 qui tente de le renverser, il ne peut empêcher la désintégration de l'U.R.S.S. Il démissionne en décembre. (Prix Nobel de la paix 1990.)

GORCHKOV (Sergueï Gueorguievitch), amiral soviétique (Kamenets-Podolski 1910 - Moscou 1988). Il présida à l'essor de la marine de guerre, dont il fut le commandant en chef de 1956 à 1985.

GORDES (84220), ch.-l. de c. de Vaucluse ; 2 045 h. Château du XVIe s. (musée Vasarely). À 4 km, abbaye de Sénanque.

Nadine **Gordimer**

Maxime **Gorki** (coll. G. Sirot)

GORDIEN, nom de trois empereurs romains parmi lesquels **Gordien III le Pieux** (Rome 225 ? - près de Doura-Europos 244), empereur de 238 à 244.

GORDIMER (Nadine), femme de lettres sud-africaine d'expression anglaise (Springs 1923), auteur de romans sur les problèmes de l'apartheid *(Un monde d'étrangers, Ceux de July).* [Prix Nobel 1991.]

GORDION, v. de l'Asie Mineure, anc. cap. des rois de Phrygie. Dans le temple de Zeus à Gordion, Alexandre trancha d'un coup d'épée le *nœud gordien,* dont un oracle disait que celui qui le dénouerait deviendrait le maître de l'Asie. (Auj. **Yassıhöyük**.)

GORDON (Charles), appelé **Gordon Pacha**, officier et administrateur britannique (Woolwich 1833 - Khartoum 1885). Gouverneur du Soudan (1877-1880), il périt lors de la prise de Khartoum par le Mahdī.

GORÉE, île des côtes du Sénégal, en face de Dakar, qui fut un des principaux centres de la traite des esclaves. Musée historique.

GORGONES. *Myth. gr.* Monstres ailés au corps de femme et à la chevelure de serpents, dont le regard changeait en pierre celui qui les contemplait. Elles étaient trois sœurs : *Méduse, Euryale* et *Sthéno.*

GORGONZOLA, v. d'Italie (Lombardie) ; 16 260 h. Fromages.

GÖRING ou **GOERING** (Hermann), maréchal et homme politique allemand (Rosenheim 1893 - Nuremberg 1946). Aviateur, commandant de l'escadrille Richthofen (1918), membre du parti nazi dès 1922, familier de Hitler, président du Reichstag (1932), il se consacra à la création de la Luftwaffe. Successeur désigné de Hitler (1939), qui le désavoua en 1945, condamné à mort à Nuremberg (1946), il se suicida.

GORIZIA, en all. **Görz,** v. d'Italie, sur l'Isonzo, à la frontière slovène ; 37 999 h.

GORKI → ***Nijni Novgorod.***

GORKI (Alekseï Maksimovitch **Pechkov**, dit **Maxime**), écrivain russe (Nijni Novgorod 1868 - Moscou 1936). Peintre réaliste de son enfance difficile (*Enfance,* 1913-14 ; *En gagnant mon pain,* 1915-16 ; *Mes universités,* 1923), des vagabonds et des déracinés (*Foma Gordeïev,* 1899 ; *les Bas-Fonds,* 1902), il est le créateur de la littérature sociale soviétique (*la Mère,* 1906 ; *les Artamonov,* 1925 ; *la Vie de Klim Samguine,* 1925-1936).

GORKY (Vosdanig **Adoian**, dit **Arshile**), peintre américain d'origine arménienne (Hayotz Dzore 1904 - Sherman, Connecticut, 1948). Il a tiré de l'automatisme surréaliste, dans les années 40, une brillante abstraction biomorphique.

GÖRLITZ, v. d'Allemagne (Saxe), sur la Neisse ; 74 766 h. Églises et maisons anciennes.

GORLOVKA, v. d'Ukraine, dans le Donbass ; 337 000 h. Métallurgie.

GÖRRES (Joseph **von**), publiciste et écrivain allemand (Coblence 1776 - Munich 1848), un des animateurs du mouvement romantique et nationaliste.

GORRON (53120), ch.-l. de c. de la Mayenne ; 2 851 h.

GORSKI (Aleksandr Alekseïevitch), danseur et chorégraphe russe (Saint-Pétersbourg 1871 - Moscou 1924). Il redonna vie au ballet russe.

GORT (John **Vereker**, *vicomte*), maréchal britannique (Londres 1886 - *id.* 1946). Commandant le corps expéditionnaire britannique en France (1939-40), puis gouverneur de Malte (1942-43), il fut haut-commissaire en Palestine (1944-45).

GORTCHAKOV (Aleksandr Mikhaïlovitch, *prince*), homme d'État russe (Haspal 1798 - Baden-Baden 1883). Ministre des Affaires étrangères (1856-1882), il redressa la situation diplomatique de son pays après la guerre de Crimée.

GORTYNE, v. de l'anc. Crète centrale, célèbre par une longue inscription juridique gravée sur la pierre, datée du Ve s. av. J.-C., dite *lois de Gortyne.* Vestiges grecs et romains.

GORZÓW WIELKOPOLSKI, v. de Pologne, sur la basse Warta ; 125 200 h.

GOSAINTHAN → ***Xixabangma.***

GOSIER (Le) [97190], comm. de la Guadeloupe ; 20 708 h.

GOSLAR, v. d'Allemagne (Basse-Saxe), au pied du Harz ; 45 939 h. Remarquable ensemble médiéval de la vieille ville.

GOSPORT, port de Grande-Bretagne, sur la baie de Portsmouth ; 72 800 h.

GOSSART (Jean) ou **GOSSAERT** (Jan), dit **Mabuse,** peintre des anc. Pays-Bas (Maubeuge ? v. 1478 - Middelburg ou Breda 1532). Sa production, complexe, est l'une de celles qui introduisirent l'italianisme (il alla à Rome en 1508) et les concepts de la Renaissance dans l'art du Nord.

GOSSEC (François Joseph), compositeur français (Vergnies, Hainaut, 1734 - Paris 1829). Un des créateurs de la symphonie et l'auteur d'hymnes révolutionnaires, il fut l'un des fondateurs du Conservatoire.

GOSSET (Antonin), chirurgien français (Fécamp 1872 - Paris 1944). On lui doit des travaux sur la chirurgie abdominale et urinaire.

GÖTALAND, partie sud de la Suède.

GÖTEBORG, port de Suède, sur le *Göta älv ;* 433 042 h. Centre industriel. Université. Importants musées.

GOTHA, v. d'Allemagne (Thuringe), au pied du Thüringerwald ; 56 715 h. Édition. Château reconstruit au XVIIe s. (musées). — Le *programme de Gotha,* élaboré lors du congrès de Gotha (mai 1875), marqua la création du parti social-démocrate allemand.

Gotha *(Almanach de),* annuaire généalogique et diplomatique, publié à Gotha, en français et en allemand, de 1763 à 1944.

GOTHS [go], peuple de la Germanie ancienne. Venus de Scandinavie et établis au Ier s. av. J.-C. sur la basse Vistule, ils s'installèrent au IIIe s. au nord-ouest de la mer Noire. Au IVe s., l'évêque Ulfilas les convertit à l'arianisme et les dota d'une écriture et d'une langue littéraire. Sous la poussée des Huns (v. 375), leur empire se dissocia, et les deux rameaux, Wisigoths et Ostrogoths, eurent leur histoire propre.

GOTLAND, île de Suède, dans la Baltique ; 57 108 h. Ch.-l. *Visby* (nombreux vestiges médiévaux).

GOTTFRIED de Strasbourg, poète courtois allemand (début du XIIIe s.), auteur d'un *Tristan.*

GÖTTINGEN, v. d'Allemagne (Basse-Saxe), au sud-ouest du Harz ; 120 242 h. Université. Constructions mécaniques. Monuments anciens.

GOTTSCHALK ou **GODESCALC D'ORBAIS,** théologien allemand (près de Mayence v. 805 - Hautvillers, Marne, v. 868). Il fut condamné par le concile de Mayence pour ses idées sur la prédestination, et emprisonné.

GOTTSCHED (Johann Christoph), écrivain allemand (Juditten, près de Königsberg, 1700 - Leipzig 1766), partisan de l'imitation du classicisme français.

GOTTWALD (Klement), homme politique tchécoslovaque (Dědice 1896 - Prague 1953). Secrétaire général du parti communiste en 1929, il fut président du Conseil en 1946 et président de la République après le « coup de Prague », qu'il organisa (1948).

GOTTWALDOV → ***Zlín.***

GOUAREC (22570), ch.-l. de c. des Côtes-d'Armor ; 1 173 h.

GOUBERT (Pierre), historien français (Saumur 1915), auteur de recherches sur l'histoire économique et sociale de la France de l'Ancien Régime (*Beauvais et le Beauvaisis de 1600 à 1730,* 1960).

GOUDA, v. des Pays-Bas sur l'IJssel ; 65 926 h. Céramique. Fromages. Hôtel de ville du XVe s., église du XVIe s. (vitraux).

GOUDÉA, prince sumérien de Lagash (XXIIe s. av. J.-C.). Le Louvre conserve de lui douze statues en diorite, recueillies à Girsou.

GOUDIMEL (Claude), musicien français (Besançon v. 1520 - Lyon 1572), massacré lors de la Saint-Barthélemy. Auteur de messes, motets, chansons, il fut un maître du contrepoint. Il collabora à la mise en musique des *Amours*

(1552) de Ronsard et doit sa célébrité à ses harmonisations des psaumes de Marot et de Théodore de Bèze.

GOUFFÉ (Jules), cuisinier français (Paris 1807 - Neuilly-sur-Seine 1877), auteur d'un *Livre de cuisine* (1867) célèbre.

GOUGES (Marie **Gouze,** dite **Olympe de**), femme de lettres et révolutionnaire française (Montauban 1748 ou 1755 - Paris 1793). Elle réclama l'émancipation des femmes dans une *Déclaration des droits de la femme et de la citoyenne* et mourut guillotinée pour avoir pris la défense de Louis XVI.

GOUJON (Jean), sculpteur et architecte français (en Normandie ? v. 1510 - Bologne v. 1566). Il est à Rouen en 1541, à Paris en 1544, participe à l'illustration de la première traduction de Vitruve en 1547, aux décors de l'« entrée » d'Henri II en 1549 *(fontaine des Innocents),* puis collabore avec Lescot au nouveau Louvre (façade, tribune des Caryatides). Son maniérisme raffiné tend à la pureté classique.

GOULD (Glenn), pianiste canadien (Toronto 1932 - *id.* 1982). Après de brillants débuts en 1955, il renonce à tout concert public à partir de 1964 pour se consacrer à l'enregistrement (Bach, Beethoven, Schönberg).

GOULD (Stephen Jay), paléontologue américain (New York 1941). Il est l'auteur, avec l'Américain Niles Eldredge, d'une théorie selon laquelle l'évolution des espèces serait une suite de périodes de stabilité entrecoupées de phases de spéciation brutale (par opposition au modèle graduel du néodarwinisme).

GOULETTE (La), auj. **Halq el-Oued,** avant-port de Tunis et station balnéaire ; 42 000 h.

GOUNOD (Charles), compositeur français (Paris 1818 - Saint-Cloud 1893), auteur d'opéras (*Faust,* 1859 ; *Mireille,* 1864 ; *Roméo et Juliette,* 1867) et de compositions religieuses (*Mors et Vita,* 1885).

GOURARA, groupe d'oasis du Sahara algérien.

GOURAUD (Henri Eugène), général français (Paris 1867 - *id.* 1946). Il captura Samory au Soudan (1898) et fut adjoint de Lyautey au Maroc (1911). Commandant les forces françaises d'Orient (1915), puis la IVᵉ armée en Champagne, il fut haut-commissaire en Syrie (1919-1923), puis gouverneur de Paris (1923-1937).

GOURBEYRE (97113), comm. de la Guadeloupe ; 6 578 h.

GOURDON (46300), ch.-l. d'arr. du Lot ; 5 073 h. *(Gourdonnais).* Église gothique fortifiée.

GOURETTE (64440 Eaux Bonnes), station de sports d'hiver (alt. 1 350-2 400 m) des Pyrénées-Atlantiques (comm. d'Eaux-Bonnes).

GOURGAUD (Gaspard, *baron*), général français (Versailles 1783 - Paris 1852). Il accompagna à Sainte-Hélène Napoléon Iᵉʳ, qui lui dicta ses *Mémoires.*

GOURIEV, port du Kazakhstan, sur la mer Caspienne, à l'embouchure de l'Oural ; 149 000 h.

GOURIN (56110), ch.-l. de c. du Morbihan ; 4 906 h. Église des XVᵉ-XVIᵉ s.

GOURMONT (Remy **de**), écrivain français (Bazoches-au-Houlme, Orne, 1858 - Paris 1915), critique littéraire du groupe symboliste.

GOURNAY (Vincent **de**), administrateur et économiste français (Saint-Malo 1712 - Cadix 1759). Il préconisa la liberté de l'industrie.

GOURNAY-EN-BRAY (76220), ch.-l. de c. de la Seine-Maritime, sur l'Epte ; 6 234 h.

GOURO, peuple de la Côte d'Ivoire, parlant une langue du groupe mandé.

GOURSAT (Édouard), mathématicien français (Lanzac, Lot, 1858 - Paris 1936), auteur de travaux d'analyse infinitésimale.

GOUSSAINVILLE (95190), ch.-l. de c. du Val-d'Oise ; 24 971 h. *(Goussainvillois).* Constructions mécaniques.

GOUTHIÈRE (Pierre), fondeur et ciseleur français (Bar-sur-Aube 1732 - Paris 1813/14). Il est, dans le bronze doré d'ameublement, le représentant gracieux et parfait du style Louis XVI « à la grecque ».

Gouvernement provisoire de la République française (juin 1944 - oct. 1946), gouvernement qui se substitua, en juin 1944, à Alger, au Comité français de libération nationale et qui, installé à Paris à partir d'août, assura la transition entre l'État français et la IVᵉ République.

GOUVIEUX (60270), comm. de l'Oise, en bordure de la forêt de Chantilly ; 9 904 h.

GOUVION-SAINT-CYR (Laurent), maréchal de France (Toul 1764 - Hyères 1830). Ministre de la Guerre en 1815 et 1817, il est l'auteur de la loi qui, en 1818, réorganisa le recrutement de l'armée.

GOYA Y LUCIENTES (Francisco **de**), peintre espagnol (Fuendetodos, Saragosse, 1746 - Bordeaux 1828). Illustrateur de la vie populaire et portraitiste brillant, premier peintre du roi Charles IV (1789), il acquiert, après une maladie qui le rend sourd (1793), un style incisif et sensuel, parfois brutal ou visionnaire, d'une liberté et d'une efficacité rares. Graveur, ses eaux-fortes des *Caprices** satirisent l'éternelle misère humaine, celles des *Désastres de la guerre* dénoncent la guerre napoléonienne. En 1824, fuyant l'absolutisme de Ferdinand VII, Goya s'établit à Bordeaux. Le musée du Prado montre un incomparable panorama de son œuvre (la *Pradera de San Isidro,* la *Maja vestida* et la *Maja desnuda,* les *Dos* et *Tres de mayo,* les « peintures noires », *la Laitière de Bordeaux*), dont l'influence fut grande sur l'art français du XIXᵉ s., du romantisme à l'impressionnisme.

Goya : *les Majas au balcon* (v. 1808-1812). [Coll. priv.]

GOYTISOLO (Juan), écrivain espagnol (Barcelone 1931), représentant de la « génération du demi-siècle » et l'un des maîtres du « nouveau roman » dans son pays (*Deuil au paradis,* 1955 ; *Paysages après la bataille,* 1982).

GOZO, île de la Méditerranée, près de Malte, dont elle dépend.

GOZZI (Carlo), écrivain italien (Venise 1720 - *id.* 1806). Défenseur de la tradition théâtrale italienne contre Goldoni, il composa des féeries dramatiques *(l'Amour des trois oranges, le Roi cerf, Turandot).*

GOZZOLI (Benozzo **Di Lese,** dit **Benozzo**), peintre italien (Florence 1420 - Pistoia 1497). Son style est d'un coloriste clair, d'un décorateur brillant et pittoresque : *le Cortège des Rois mages,* v. 1460, palais Médicis à Florence.

GRAAF (Reinier **de**) → ***De Graaf.***

Graal [gral] (le) ou le **Saint-Graal,** vase qui aurait servi à Jésus-Christ pour la Cène, et dans lequel Joseph d'Arimathie aurait recueilli le sang qui coula de son flanc percé par le centurion. Aux XIIᵉ et XIIIᵉ s., de nombreux romans de chevalerie racontent la « quête » (recherche) du Graal par les chevaliers du roi Arthur. Les œuvres les plus connues sont dues à Chrétien de Troyes et à Wolfram von Eschenbach, qui inspira Wagner dans *Parsifal.*

GRAÇAY (18310), ch.-l. de c. du Cher ; 1 565 h.

GRACCHUS (Tiberius et Caius) → ***Gracques*** *(les).*

GRÂCE-HOLLOGNE, comm. de Belgique (prov. de Liège) ; 22 087 h.

GRÂCES (les), en gr. les **Charites.** Divinités gréco-romaines de la Beauté. Elles sont trois : *Aglaé, Thalie, Euphrosyne.*

GRACIÁN (Baltasar), jésuite et écrivain espagnol (Belmonte de Calatayud 1601 - Tarazona 1658), auteur d'un code de la vie littéraire et mondaine *(Finesse et art du bel esprit).*

GRACQ (Louis **Poirier,** dit **Julien**), écrivain français (Saint-Florent-le-Vieil 1910), auteur de romans marqués par le surréalisme (*Au château d'Argol,* 1938 ; *le Rivage des Syrtes,* 1951 ; *la Presqu'île,* 1970).

GRACQUES (les), nom donné à deux frères, tribuns de la plèbe : **Tiberius Sempronius Gracchus** (Rome 162 - *id.* 133 av. J.-C.) et **Caius Sempronius Gracchus** (Rome 154 - *id.* 121 av. J.-C.), qui tentèrent de réaliser à Rome une réforme agraire. Tous deux furent massacrés, victimes de l'opposition des grands propriétaires.

GRADIGNAN (33170), ch.-l. de c. de la Gironde, banlieue de Bordeaux ; 22 115 h. Électronique.

GRAF (Steffi), joueuse de tennis allemande (Brühl 1969). Vainqueur à Roland-Garros (1987, 1988, 1993, 1995), aux Internationaux d'Australie (1988, 1989, 1990, 1994), à Wimbledon (1988, 1989, 1991, 1992, 1993, 1995) et à Flushing Meadow (1988, 1989, 1993, 1995), elle a été championne olympique en 1988 (année où elle a réalisé le grand chelem).

GRAF (Urs), graveur, peintre, orfèvre et lansquenet suisse (Soleure v. 1485 - Bâle v. 1527). Son œuvre, notamm. gravé, reflète avec un talent incisif son expérience d'aventurier et de soldat.

GRAFFENSTADEN → ***Illkirch-Graffenstaden.***

GRAHAM *(terre de),* péninsule de l'Antarctique, au sud de l'Amérique du Sud. (Elle est appelée *péninsule de Palmer* ou *terre de O'Higgins.*)

GRAHAM (Martha), danseuse et chorégraphe américaine (Pittsburgh, Pennsylvanie, 1894 - New York 1991). Un des pionniers de la *modern dance* aux États-Unis, créatrice d'une œuvre considérable (*Lamentation,* 1930 ; *Appalachian Spring,* 1944 ; *Cave of the Heart,* 1946 ; *Phaedra,* 1962 ; *A Time of Snow,* 1968 ; *Lucifer,* 1975 ; *The Rite of the Spring,* 1984), elle a influencé plusieurs générations de danseurs et chorégraphes.

GRAHAM (Thomas), chimiste britannique (Glasgow 1805 - Londres 1869). Il étudia la diffusion des gaz, les colloïdes et les polyacides.

Charles **Gounod**

Un aspect du **Grand Canyon** du Colorado, en Arizona.

GRAILLY (*maison* **de**), famille gasconne, dont le plus célèbre représentant est **Jean III** (1343 - Paris 1377), captal de Buch, lieutenant du Prince Noir contre du Guesclin.

GRAMAT (46500), ch.-l. de c. du Lot, sur le *causse de Gramat ;* 3 640 h.

GRAMME (Zénobe), inventeur belge (Jehay-Bodegnée 1826 - Bois-Colombes 1901). Il mit au point le *collecteur* (1869), qui permet la réalisation de machines électriques à courant continu, et construisit la première dynamo industrielle (1871).

GRAMMONT → ***Geraardsbergen.***

GRAMMONT (Jacques **Delmas de**), général et homme politique français (La Sauvetat 1796 - Miramont 1862). Il fit voter la première loi protectrice des animaux (1850).

GRAMONT (Antoine, *duc* **de**), maréchal de France (Hagetmau 1604 - Bayonne 1678). Il prit part à la guerre de Trente Ans, fut ministre d'État (1653) et fit la campagne de Flandre (1667). Il est l'auteur de *Mémoires.*

GRAMONT (Antoine Agénor, *duc* **de**), diplomate français (Paris 1819 - *id.* 1880). Ministre des Affaires étrangères en mai 1870, il joua un rôle prépondérant dans la déclaration de guerre à la Prusse (juill.).

GRAMPIANS (les), massif montagneux de l'Écosse, entre la dépression du Glen More et la mer du Nord (1 344 m au *Ben Nevis*).

GRAMSCI (Antonio), philosophe et homme politique italien (Ales, Sardaigne, 1891 - Rome 1937). Avec Togliatti, il créa le journal *L'Ordine nuovo* (1919). Secrétaire du parti communiste italien (1924), il fut arrêté en 1926 et mourut quelques jours après sa libération. Dans ses *Cahiers de prison,* rédigés entre 1929 et 1935, il a substitué au concept de « dictature du prolétariat » celui d'« hégémonie du prolétariat », qui met l'accent sur la direction intellectuelle et morale plus que sur la domination d'État. *(V. illustration p. 1366.)*

GRANADOS Y CAMPIÑA (Enrique), compositeur espagnol (Lérida 1867 - en mer 1916), auteur de pièces pour piano *(Danses espagnoles, Goyescas),* d'opéras et de zarzuelas.

GRANBY, v. du Canada (Québec), dans les cantons de l'Est ; 42 804 h.

GRAN CHACO → ***Chaco.***

GRAND BALLON, anc. **Ballon de Guebwiller,** point culminant du massif des Vosges ; 1 424 m.

GRAND BASSIN, hautes plaines désertiques de l'ouest des États-Unis, entre la sierra Nevada et les monts Wasatch.

GRANDBOIS (Alain), écrivain canadien d'expression française (Saint-Casimir-de-Portneuf 1900 - Québec 1975), auteur de nouvelles et de recueils lyriques (*l'Étoile pourpre,* 1957).

GRAND-BORNAND (Le) [74450], comm. de la Haute-Savoie ; 1 932 h. *(Bornandins).* Station de sports d'hiver (alt. 950-2 100 m).

GRAND-BOURG (97112), comm. de Marie-Galante (dépendance de la Guadeloupe) ; 6 268 h.

Martha **Graham** : *Seraphic Dialogue* (New York, 1955).

GRAND-BOURG (Le) [23240], ch.-l. de c. de la Creuse ; 1 406 h. Église du XIIe s.

Grand Canal ou **Canal Impérial,** voie navigable de Chine, commencée au Ve s. et terminée au XIIIe s., unissant Pékin à Hangzhou (Zhejiang).

GRAND CANYON, nom des gorges du Colorado dans l'Arizona (États-Unis).

GRAND-CHAMP (56390), ch.-l. de c. du Morbihan ; 3 938 h.

GRAND-CHARMONT (25200), comm. du Doubs ; 5 647 h.

GRAND-COMBE (La) [30110], ch.-l. de c. du Gard ; 7 206 h.

GRAND COULEE, v. des États-Unis (Washington) ; 3 000 h. Aménagement hydroélectrique sur la Columbia.

GRAND-COURONNE (76530), ch.-l. de c. de la Seine-Maritime ; 9 918 h. *(Couronnais).* Constructions mécaniques. Papeterie.

Grand-Couronné *(bataille du)* [5-12 sept. 1914], victoire de Castelnau qui permit de barrer la route de Nancy aux Allemands.

GRAND-CROIX (La) [42320], ch.-l. de c. de la Loire ; 5 021 h.

GRANDE *(Rio)* → ***Rio Grande.***

GRANDE *(rio),* riv. du Brésil, l'une des branches mères du Paraná ; 1 450 km. Hydroélectricité.

GRANDE-BRETAGNE ET IRLANDE DU NORD *(Royaume-Uni de),* État insulaire de l'Europe occidentale. CAP. *Londres.* LANGUE : *anglais.* MONNAIE : *livre sterling.* Le Royaume-Uni comprend quatre parties principales : l'*Angleterre* proprement dite et le *pays de Galles,* l'*Écosse* et l'*Irlande du Nord* (avec l'Irlande du Sud, ou République d'Irlande, ces régions forment les îles Britanniques). Le Royaume-Uni a 243 500 km² (230 000 km² pour la Grande-Bretagne proprement dite : Angleterre, Écosse, Galles) et 57 500 000 h. *(Britanniques).*

INSTITUTIONS

Monarchie parlementaire. Constitution : Charte de 1215 *(Magna Carta)* et lois fondamentales. Souverain : autorité symbolique. Premier ministre : responsable devant la Chambre des communes. Parlement : *Chambre des communes,* élue pour 5 ans, et *Chambre des lords* (pairs héréditaires ou nommés à vie).

GÉOGRAPHIE

Au premier rang mondial au XIXe s. et alors à la tête d'un empire immense, la Grande-Bretagne n'est plus aujourd'hui qu'une puissance moyenne, économiquement derrière la France et surtout l'Allemagne dans le cadre d'un Marché commun auquel elle s'est résignée, tardivement, à adhérer. Le milieu naturel (sinon, peut-être l'insularité) n'a pas été le support de la prospérité passée : une superficie modeste (moins de la moitié de celle de la France), beaucoup de hautes terres et peu de plaines (sinon le bassin de Londres), un climat humide et frais, souvent plus favorable à l'élevage qu'aux cultures, à la lande qu'à la forêt. La pression démographique, ancienne, demeure (plus du double de la densité française). Elle s'est traduite historiquement par une longue émigration (à la base de l'Empire), une forte urbanisation (dominée par Londres). Aujourd'hui, le taux de natalité a beaucoup diminué (voisin de 12 ‰), l'excédent naturel a pratiquement disparu et les mouvements migratoires se sont inversés. Économiquement, la Grande-Bretagne a payé la rançon de la précocité de son essor industriel (également un excès d'étatisme et de protectionnisme social, combattu dans les années 1980). Des branches (sidérurgie, construction navale, textile, extraction houillère) et des régions (estuaire de la Clyde, Lancashire, Midlands, pays de Galles) ont beaucoup souffert. D'autres (chimie, électronique ; sud-est autour de Londres) ont mieux résisté ou même prospéré. Mais globalement l'industrie a reculé, malgré l'atout que représente la possession des gisements d'hydrocarbures de la mer du Nord, alors que s'est ralenti le développement de l'énergie nucléaire, dont la Grande-Bretagne a été une pionnière. Les exportations de pétrole contribuent à l'équilibre de la balance du commerce extérieur, alors que celle des services demeure, traditionnellement, excédentaire. La croissance a repris avec une certaine vigueur dans les années 1980, mais, au milieu des années 1990, le chômage demeure préoccupant et les inégalités sociales et régionales n'ont pas diminué.

HISTOIRE

Avant le XVIIe s. → ***Angleterre, Écosse, Galles*** (pays de) et ***Irlande.***

Des premiers Stuarts au Royaume-Uni. 1603 : Jacques VI Stuart, roi d'Écosse, succède à Élisabeth Ire, morte sans héritiers, et devient Jacques Ier d'Angleterre, réunissant à titre personnel les Couronnes des deux royaumes. Son autoritarisme en matière religieuse et en politique le rend très impopulaire. 1625 : son fils Charles Ier lui succède. Très vite, le roi se heurte au Parlement, où s'organise l'opposition puritaine. 1629-1639 : Charles Ier gouverne sans Parlement avec les deux ministres Strafford et Laud. 1639 : la politique religieuse de ce dernier, favorable à l'anglicanisme, provoque le soulèvement de l'Écosse presbytérienne. 1640 : pour obtenir des subsides, le roi est obligé de convoquer le Long Parlement. 1642-1649 : la révolte du Parlement aboutit à une véritable guerre civile, remportée par l'armée puritaine, dirigée par Oliver Cromwell. 1649 : Charles Ier est exécuté. 1649-1658 : après avoir soumis l'Irlande catholique et l'Écosse fidèle aux Stuarts (1649-1651), Cromwell instaure le régime personnel du Protectorat ou Commonwealth (1653). À l'extérieur, il mène une politique mercantiliste (Acte de navigation, 1651) qui l'oppose aux Provinces-Unies (1652-1654) et à l'Espagne (1657-58). 1658-59 : son fils Richard Cromwell lui succède, mais démissionne peu après. 1660-1688 : la dynastie Stuart est restaurée. Les règnes de Charles II (1660-1685) et de Jacques II (1685-1688) sont de nouveau une période de conflits avec le Parlement, qui suscite l'intervention de Guillaume d'Orange. 1688 : Jacques II s'enfuit en France. 1688-1701 : le Parlement offre la couronne à Marie II Stuart et à son mari Guillaume III d'Orange qui règnent conjointement après avoir garanti la Déclaration des droits (1689). Les libertés traditionnelles sont consolidées, tandis que les tendances protestantes s'accentuent. 1701 : l'Acte d'établissement exclut les Stuarts de la succession au profit des Hanovre. 1702-1714 : sous le règne d'Anne Stuart, la guerre de la Succession d'Espagne renforce la puissance maritime anglaise. 1707 : l'Acte d'union lie définitivement les royaumes d'Écosse et d'Angleterre. 1714 : le pays passe sous la souveraineté des Hanovre.

La montée de la prépondérance anglaise. 1714-1727 : le règne de George Ier, plus allemand qu'anglais, favorise le maintien au pouvoir des whigs, qui dominent la vie politique jusqu'en 1762. 1727-1760 : George II gouverne en monarque constitutionnel. 1721-1742 : chancelier de l'Échiquier dès 1721, Robert Walpole est le vrai maître du pays. 1756-1763 : à la suite de la guerre de Sept Ans, la Grande-Bretagne obtient au traité de Paris (1763) des gains territoriaux considérables (Canada, Inde). 1760-1820 : George III essaie de restaurer la prérogative royale. Son règne coïncide avec la première révolution industrielle, qui fait de la Grande-Bretagne la première puissance économique mondiale. 1775-1783 : le soulèvement des colonies américaines aboutit à la reconnaissance des États-Unis d'Amérique. 1793-1815 : face à la Révolution française et à l'Empire, la Grande-Bretagne mène une lutte dont elle sort victorieuse à Waterloo. 1800 : formation du Royaume-Uni par l'union de la Grande-Bretagne et de l'Irlande.

L'hégémonie anglaise. 1820-1830 : sous le règne de George IV, l'émancipation des catholiques est votée (1829). 1830-1837 : après l'avènement de Guillaume IV, le retour des whigs permet une réforme électorale (1832) et l'adoption de mesures sociales (abolition de l'esclavage, 1833 ; loi sur les pauvres, 1834). 1837 : avènement de la reine Victoria ; l'Angleterre affirme son hégémonie par une diplomatie d'intimidation face aux puissances rivales et par des opérations militaires (guerre de Crimée, 1854-1856). À l'intérieur, le mouvement réformiste élargit peu à peu la place des classes moyennes, tandis que le chartisme permet au syndicalisme de se développer (Trade Union Act, 1871). 1874-1880 : le ministère du conservateur Benjamin Disraeli donne une vigueur nouvelle aux ambitions coloniales. 1876 : Victoria est proclamée impératrice des

Indes. 1880-1894 : William Gladstone, leader des libéraux, dirige une politique favorable aux trade-unions et au libre-échange. 1885 : la réforme électorale accorde pratiquement le suffrage universel. 1886 : partisan du Home Rule en Irlande, Gladstone se heurte à l'hostilité des libéraux unionistes, dirigés par Joseph Chamberlain. 1895 : ces derniers gouvernent avec les conservateurs jusqu'en 1905. Mais leur politique impérialiste ne va pas sans créer de multiples litiges internationaux (Fachoda, 1898 ; guerre des Boers, 1899-1902). 1901-1910 : Édouard VII, successeur de Victoria, s'attache à promouvoir l'Entente cordiale franco-anglaise (1904). 1905-1914 : les libéraux reviennent au pouvoir, tandis que les élections de 1906 font entrer le Labour Party (travaillistes) au Parlement. 1910 : avènement de George V.

D'une guerre à l'autre. 1914-1918 : la Grande-Bretagne participe activement à la Première Guerre mondiale, dont elle sort économiquement affaiblie. 1921 : le problème irlandais trouve sa solution dans la reconnaissance de l'État libre d'Irlande (Eire). 1924-25 : pour la première fois les travaillistes, appuyés par les libéraux, accèdent au pouvoir (MacDonald). 1929 : revenus au pouvoir, ils se trouvent confrontés à la crise mondiale. 1931 : création du British Commonwealth of Nations. 1936 : Édouard VIII succède à George V, mais il abdique presque aussitôt au profit de son frère George VI. 1935-1940 : les conservateurs cherchent en vain à sauvegarder la paix (accords de Munich, 1938). 1939-1945 : au cours de la Seconde Guerre mondiale, la Grande-Bretagne fournit un exceptionnel effort sous la conduite du conservateur Winston Churchill (Premier ministre depuis 1940) qui mène le pays jusqu'à la victoire.

La Grande-Bretagne depuis 1945. 1945-1951 : le travailliste Clement Attlee réalise d'importants progrès sociaux. 1952 : Élisabeth II succède à son père George VI. 1951-1964 : les conservateurs sont affrontés aux structures vieillies de l'économie britannique. 1964-1970 : de retour au pouvoir, les travaillistes ne peuvent résoudre la crise économique. 1970-1974 : les conservateurs parviennent à rétablir la balance des paiements. 1973 : Edward Heath fait entrer la Grande-Bretagne dans le Marché commun. 1974-1979 : les travaillistes, avec Harold Wilson puis (1976) James Callaghan, ne parviennent pas à juguler le chômage et l'inflation. 1979 : le gouvernement conservateur de Margaret Thatcher développe une politique de libéralisme strict, de dénationalisations et de restauration monétaire. 1982 : il repousse la tentative de conquête des îles Falkland par l'Argentine. 1985 : un accord est signé entre la Grande-Bretagne et la République d'Irlande sur la gestion des affaires de l'Ulster. 1987 : les conservateurs remportent les élections ; Margaret Thatcher est pour la 3e fois Premier ministre. 1990 : après la démission de M. Thatcher, John Major, nouveau leader des conservateurs, lui succède. 1991 : la Grande-Bretagne participe militairement à la libération du Koweït. 1992 : les conservateurs gagnent les élections. John Major est reconduit dans ses fonctions. 1993 : le traité de Maastricht est ratifié en dépit d'une forte opposition à l'intégration européenne. Une déclaration commune anglo-irlandaise relance le processus de paix en Irlande du Nord.

CULTURE ET CIVILISATION

□ BEAUX-ARTS

Principales villes d'intérêt artistique. Bath, Bristol, Cambridge, Canterbury, Chester, Chichester, Durham, Édimbourg, Ely, Exeter, Gloucester, Lincoln, Londres, Norwich, Oxford, Peterborough, Salisbury, Wells, Winchester, Windsor, York.

Quelques peintres, sculpteurs et architectes célèbres. XVIIe s. : Inigo Jones, Lely, Wren. — XVIIIe s. : Vanbrugh, J. Gibbs, W. Kent, Hogarth, Reynolds, W. Chambers, Gainsborough, les Adam, Romney, J. Nash, Flaxman, Raeburn, Rowlandson. — XIXe s. : Lawrence, Turner, Constable, J. S. Cotman, Bonington, Paxton, W. H. Hunt, D. G. Rossetti, J. E. Millais, Burne-Jones, C. R. Mackintosh. (Voir en outre les préraphaélites.) — XXe s. : J. Epstein, H. Moore, G. Sutherland, F. Bacon, A. Caro, N. Foster, D. Hockney.

□ LITTÉRATURE

— VIIIe-XIIIe s. : Bède le Vénérable, Wace. — XIVe-XVe s. : W. Langland, G. Chaucer, W. Dunbar, Th. Malory. — XVIe s. : Th. More, Th. Wyatt. *L'ère élisabéthaine :* J. Lyly, Ph. Sidney, E. Spenser ; Th. Kyd, Ch. Marlowe, Ben Jonson, J. Marston, W. Shakespeare. — XVIIe s. : J. Ford, J. Donne, J. Milton ; W. Congreve, G. Farquhar, Th. Otway, J. Dryden, S. Pepys ; J. Bunyan. — XVIIIe s. : A. Pope, J. Swift, D. Defoe, S. Johnson, S. Richardson, L. Sterne, H. Fielding, T. Smollett, O. Goldsmith ; J. Macpherson, E. Young, Th. Gray ; A. Radcliffe, H. Walpole, W. Blake. — XIXe s. : *Le romantisme :* W. Wordsworth, S. Coleridge, P. B. Shelley, J. Keats, Byron ; J. Austen, W. Scott, Ch. Lamb, Th. De Quincey. *L'ère victorienne :* A. Tennyson, R. Browning, Ch. Dickens, les Brontë, M. Arnold, W. Thackeray, G. Eliot, Th. Carlyle, D. G. Rossetti, J. Ruskin, L. Carroll ; Th. Hardy, S. Butler, A. Swinburne, R. L. Stevenson, O. Wilde, J. M. Synge, W. B. Yeats. — XXe s. : R. Kipling, J. Conrad, H. James, G. B. Shaw, H. G. Wells, J. Galsworthy ; T. S. Eliot, J. Joyce, V. Woolf, D. H. Lawrence, K. Mansfield, W. H. Auden, G. Greene ; D. Thomas, J. Osborne, B. Behan, A. Sillitoe, H. Pinter, A. Burgess, J. R. R. Tolkien, L. Durrell, D. Lessing, W. Golding.

□ PHILOSOPHIE ET HISTOIRE DES IDÉES

— XVe-XVIe s. : F. Bacon. — XVIIe s. : T. Hobbes, I. Barrow, J. Locke. — XVIIIe s. : G. Berkeley, D. Hume ; pensée économique : A. Smith, D. Ricardo, T. R. Malthus. — XIXe s. : théologie : J. H. Newman ; esthétique : J. Ruskin ; évolutionnisme : C. Darwin, H. Spencer. — XXe s. : F. H. Bradley ; logique : A. N. Whitehead, B. Russell ; philosophie analytique : J. L. Austin, G. Ryle, F. P. Strawson.

□ MUSIQUE

Moyen Âge : chansons des minstrels ; XIVe et XVe s. : J. Dunstable ; XVIe s. : W. Byrd (polyphonie), Orlando Gibbons (organiste) ; J. Dowland (luthiste), J. Bull (virginaliste) ; XVIIe s. : J. Blow, H. Purcell ; XVIIIe s. : G. F. Händel ; XIXe s. : J. Field ; XXe s. : E. Elgar, R. Vaugham Williams, M. Tippett, B. Britten.

□ CINÉMA

A. Korda, J. Grierson, L. Olivier, D. Lean, C. Reed, J. Losey, T. Richardson, K. Reisz, L. Anderson, K. Russell.

GRANDE-GRÈCE → ***Grèce d'Occident.***

GRANDE MADEMOISELLE (la) → ***Montpensier*** *(duchesse de).*

GRANDE-MOTTE (La) [34280], comm. de l'Hérault, sur la Méditerranée ; 5 067 h. Station balnéaire et port de plaisance (immeubles-pyramides par Jean Balladur).

Grande Odalisque (la), toile d'Ingres, peinte à Rome en 1814 (Louvre). La longue arabesque du corps nu, épuré, stylisé, fit dire à un critique : « son odalisque a trois vertèbres de trop ».

GRANDE RIVIÈRE (La), fl. du Canada (Québec), tributaire de la baie James. Importants aménagements hydroélectriques.

GRANDES PLAINES, partie occidentale du Midwest (États-Unis), entre le Mississippi et les Rocheuses.

GRANDES ROUSSES → ***Rousses*** *(Grandes).*

GRANDE-SYNTHE (59760), ch.-l. de c. du Nord, banlieue de Dunkerque ; 24 489 h. Gare de triage. Métallurgie.

GRANDE-TERRE, île basse formant la partie est de la Guadeloupe.

GRAND-FORT-PHILIPPE (59153), comm. du Nord, à l'embouchure de l'Aa ; 6 494 h.

GRAND-FOUGERAY (35390), ch.-l. de c. d'Ille-et-Vilaine ; 2 003 h. Donjon du XIIIe s.

GRANDIER (Urbain), curé de Loudun (près de Sablé 1590 - Loudun 1634). Accusé d'avoir jeté dans la possession démoniaque les religieuses de Loudun, il fut brûlé vif.

GRAND LAC SALÉ, en angl. **Great Salt Lake,** marécage salé des États-Unis (Utah), près de *Salt Lake City.*

GRAND-LEMPS (Le) [38690], ch.-l. de c. de l'Isère ; 2 382 h.

GRAND-LIEU *(lac de),* lac situé au sud-ouest de Nantes.

GRAND-LUCÉ (Le) [72150], ch.-l. de c. de la Sarthe ; 1 969 h.

Grand-Maison, aménagement hydroélectrique du dép. de l'Isère, sur l'Eau-d'Olle.

Grand Meaulnes [-mon] (le), roman d'Alain-Fournier (1913), évocation d'un état d'âme à partir du contraste et de l'union du rêve et de la réalité.

GRAND'MÈRE, v. du Canada (Québec), sur le Saint-Maurice ; 12 451 h.

GRAND-PRESSIGNY (Le) [37350], ch.-l. de c. d'Indre-et-Loire ; 1 128 h. Gisement préhistorique d'une industrie lithique du néolithique massivement exportée de la Bretagne à la Suisse (musée dans l'anc. château).

GRANDPUITS-BAILLY-CARROIS (77720), comm. de Seine-et-Marne ; 921 h. Raffinerie de pétrole.

GRAND-QUEVILLY (Le) [76120], ch.-l. de c. de Seine-Maritime ; 27 909 h. *(Grand-Quevillais).* Papeterie. Chimie.

GRAND RAPIDS, v. des États-Unis (Michigan) ; 189 126 h.

GRANDS LACS, nom des cinq grands lacs américains : *Supérieur, Michigan, Huron, Érié, Ontario.*

Grandson ou **Granson** *(bataille de)* [2 mars 1476], défaite infligée par les Suisses à Charles le Téméraire à Grandson (cant. de Vaud).

Grandval, aménagement hydroélectrique (barrage et centrale), sur la Truyère (Cantal).

GRANDVILLARS (90600), ch.-l. de c. du Territoire de Belfort ; 2 909 h.

GRANDVILLE (Jean Ignace Isidore **Gérard,** dit), dessinateur français (Nancy 1803 - Vanves 1847). La fantaisie de son style imaginatif (métamorphoses de l'homme en animal ou végétal) a été célébrée par les surréalistes (*Fables* de La Fontaine, 1838 ; *Un autre monde,* 1844).

GRANDVILLIERS (60210), ch.-l. de c. de l'Oise ; 2 810 h.

GRANET (François), peintre français (Aix-en-Provence 1775 - *id.* 1849). Il travailla à Rome de 1802 à 1819. Son œuvre comporte des vues intérieures d'édifices religieux et d'admirables paysages à l'aquarelle. Il légua ses collections à sa ville natale *(musée Granet).*

GRANGEMOUTH, port de Grande-Bretagne (Écosse), au fond du Firth of Forth ; 25 000 h. Terminal pétrolier. Raffinage.

GRANGES → ***Grenchen.***

Granique *(bataille du)* [334 av. J.-C.], victoire d'Alexandre sur Darios III, remportée sur les bords du Granique, en Asie Mineure.

Granja (La), résidence royale d'Espagne, près de Ségovie, palais construit pour Philippe V

Antonio **Gramsci**

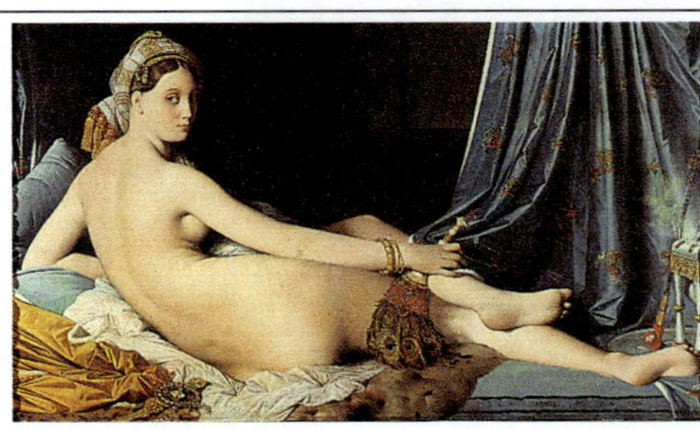

La Grande Odalisque (1814), peinture d'Ingres. (Louvre, Paris.)

GRANDE-BRETAGNE

dans un style baroque pittoresque ; jardins à la française.

GRAN SASSO D'ITALIA, massif des Abruzzes, point culminant des Apennins ; 2 914 m au *Corno Grande.*

GRANT (Archibald Alexander **Leach,** dit **Cary**), acteur américain d'origine britannique (Bristol 1904 - Davenport, Iowa, 1986). Son charme et son talent firent de lui l'interprète idéal de la comédie américaine (*l'Impossible M. Bébé,* H. Hawks, 1938 ; *Arsenic et vieilles dentelles,* F. Capra, 1944). Il fut aussi l'un des acteurs favoris de Hitchcock (*la Mort aux trousses,* 1959).

GRANT (Ulysses), général américain (Point Pleasant, Ohio, 1822 - Mount McGregor, État de New York, 1885). Commandant les forces fédérales à la fin de la guerre de Sécession (1864-65), il fut président des États-Unis de 1869 à 1877.

GRANVELLE (Nicolas **Perrenot de**), homme d'État franc-comtois (Ornans 1486 - Augsbourg 1550). Il servit Charles Quint comme chancelier à partir de 1530, et joua un grand rôle dans les affaires politiques et religieuses de l'Empire. — Son fils **Antoine** (Besançon 1517 - Madrid 1586), cardinal, servit Philippe II ; il fut vice-roi de Naples (1571-1575) et archevêque de Besançon (1584).

GRANVILLE (50400), ch.-l. de c. de la Manche ; 13 340 h. *(Granvillais).* Station balnéaire. Ville haute fortifiée. Musées.

GRANVILLE (George **Leveson-Gower,** *comte*), homme politique britannique (Londres 1815 - *id.* 1891), député libéral et ministre des Affaires étrangères (1851-52, 1870-1874, 1880-1885).

GRAS (Félix), écrivain français d'expression occitane (Malemort 1844 - Avignon 1901), l'un des animateurs de la seconde génération du félibrige.

GRASS (Günter), écrivain allemand (Dantzig 1927), auteur de romans *(le Tambour*, le Turbot, la Ratte),* de pièces de théâtre qui mêlent réalisme et fantastique dans la peinture satirique du monde contemporain et d'essais où il montre son engagement.

GRASSE (06130), ch.-l. d'arr. des Alpes-Maritimes ; 42 077 h. *(Grassois).* Culture de fleurs. Parfumerie. Station hivernale. Anc. cathédrale du XIIe s. Musées (d'Art et d'Histoire, Fragonard, de la Parfumerie, etc.).

GRASSE (François Joseph Paul, *comte* **de**), marin français (Le Bar, Provence, 1722 - Paris 1788). Il s'illustra pendant la guerre de l'Indépendance américaine.

GRASSÉ (Pierre Paul), biologiste français (Périgueux 1895 - Carlux 1985), auteur de travaux importants sur les protistes, les termites et sur la zoologie générale.

GRASSET (Bernard), éditeur français (Chambéry 1881 - Paris 1955). Fondateur des *Éditions Grasset* (1907), il publia les jeunes écrivains de l'entre-deux-guerres et lança la collection des « Cahiers verts » (1920).

GRASSMANN (Hermann), mathématicien allemand (Stettin 1809 - *id.* 1877), l'un des fondateurs des algèbres multilinéaires et des géométries à plusieurs dimensions.

GRATIEN, en lat. **Flavius Gratianus** (Sirmium, Pannonie, 359 - Lyon 383), empereur romain d'Occident (375-383). Son règne (avec celui de Théodose en Orient) marque la fin du paganisme comme religion d'État.

Ulysses **Grant**
(Thulstrup - Chicago)

GRATIEN, moine italien (Chiusi fin du XIe s. - Bologne v. 1160). Son œuvre principale est le *Décret* (v. 1140), qui pose les fondements de la science du droit canonique.

GRATRY (Alphonse), prêtre et philosophe français (Lille 1805 - Montreux, Suisse, 1872), restaurateur de l'Oratoire de France (1852). [Acad. fr.]

GRAUBÜNDEN → ***Grisons.***

GRAU-DU-ROI (Le) [30240], comm. du Gard, sur la Méditerranée ; 5 296 h. Pêche. Station balnéaire.

GRAUFESENQUE (la), site de la comm. de Millau (Aveyron). Vestiges d'ateliers de céramique sigillée gallo-romaine.

GRAULHET [groje] (81300), ch.-l. de c. du Tarn, sur le Dadou ; 13 655 h. *(Graulhetois).* Mégisserie. Maroquinerie.

GRAUNT (John), commerçant anglais (Londres 1620 - *id.* 1674). Auteur de travaux statistiques sur la population londonienne, il peut être considéré comme le fondateur de la démographie.

GRAVE (La) [05320], ch.-l. de c. des Hautes-Alpes, sur la Romanche, à 1 526 m d'alt. ; 459 h. Tourisme.

GRAVE *(pointe de),* cap à l'embouchure de la Gironde.

GRAVELINES (59820), ch.-l. de c. du Nord, sur l'Aa ; 12 650 h. *(Gravelinois).* Centrale nucléaire. Enceinte à la Vauban. Église de style gothique flamboyant.

GRAVELOT (Hubert François **Bourguignon,** dit), dessinateur et graveur français (Paris 1699 - *id.* 1773). Actif en Angleterre de 1732 à 1755, il y introduisit le style rocaille. Il a illustré Richardson, Corneille, Rousseau, Marmontel.

GRAVELOTTE (57130), comm. de la Moselle ; 534 h. Violente bataille entre Français et Prussiens (16 et 18 août 1870). Musée militaire.

GRAVENHAGE ('s-) → ***Haye*** *(La).*

Graves (les), vignobles du Bordelais, sur la rive gauche de la Garonne.

GRAY (70100), ch.-l. de c. de la Haute-Saône, sur la Saône ; 7 525 h. *(Graylois).* Électronique. Textile. Hôtel de ville Renaissance. Musée dans le château (dessins de Prud'hon).

GRAY (Stephen), physicien anglais (v. 1670 - Londres 1736). Il montra la possibilité d'électriser les conducteurs isolés et découvrit l'électrisation par influence.

GRAY (Thomas), poète britannique (Londres 1716 - Cambridge 1771), annonciateur de la mélancolie romantique (*Élégie écrite dans un cimetière de campagne,* 1751).

GRAZ, v. d'Autriche, cap. de la Styrie, sur la Mur ; 243 000 h. Métallurgie. Monuments anciens ; musées.

GRAZIANI (Rodolfo), maréchal italien (Filettino 1882 - Rome 1955). Vice-roi d'Éthiopie (1936-37), il fut ministre de la Guerre dans le gouvernement républicain de Mussolini (1943-1945).

GREAT YARMOUTH ou **YARMOUTH,** port et station balnéaire de Grande-Bretagne, sur la mer du Nord ; 53 000 h.

GRÉBAN (Arnoul), poète dramatique français (Le Mans v. 1420 - *id.* 1471), auteur d'un *Mystère de la Passion* (v. 1450).

GRÈCE, en gr. **Ellás** ou **Hellas,** État du sud-est de l'Europe ; 132 000 km² ; 10 500 000 h. *(Grecs).* CAP. *Athènes.* LANGUE : *grec.* MONNAIE : *drachme.*

INSTITUTIONS

Régime parlementaire. Constitution de 1975. Président de la République : élu pour 5 ans par la *Chambre des députés,* il nomme le Premier ministre. Une *Chambre des députés* élue pour 4 ans.

GÉOGRAPHIE

À la fois continentale, péninsulaire (Péloponnèse) et insulaire (îles Ioniennes, Cyclades, Sporades, Crète), la Grèce est un pays montagneux (2 917 m à l'Olympe), au relief fragmenté. Le climat est typiquement méditerranéen dans le Sud, les îles et l'ensemble du littoral, mais il se dégrade vers le Nord, où les hivers peuvent être rudes. Malgré l'exiguïté des surfaces cultivables, en rapport avec la faible étendue des bassins et des plaines (Thrace, Macédoine, Thessalie, Attique), l'agriculture demeure une ressource essentielle. Fondée sur la trilogie méditerranéenne blé-vigne-olivier, elle fournit aussi du tabac, des

fruits (agrumes). L'élevage ovin est pratiqué surtout dans la montagne. Athènes et son port, Le Pirée, regroupent près du tiers de la population totale. Avec, accessoirement, Thessalonique, ces villes concentrent l'essentiel des industries de transformation, partiellement fondées sur quelques activités extractives (lignite, fer et surtout bauxite). Le déficit considérable de la balance commerciale est plus ou moins comblé par les revenus de la flotte marchande, les envois des émigrés et par le tourisme. Mais l'endettement est lourd et le sous-emploi, notable.

HISTOIRE

La Grèce antique. VIIe millénaire : les premiers établissements humains apparaissent. Début du IIe millénaire : les Indo-Européens (Achéens, Doriens) s'installent dans la région. V. 1600 av. J.-C. : la civilisation mycénienne se développe. V. 1200 av. J.-C. : les invasions doriennes marquent le début du « Moyen Âge grec ». Dans les cités, le régime oligarchique se substitue au régime monarchique. IXe-VIIIe s. : les poèmes homériques sont rédigés. 776 : les jeux Olympiques sont créés. Fin du VIIIe s. : la Messénie est conquise par Sparte. VIIIe-VIe s. : l'expansion coloniale progresse vers l'Occident, le nord de l'Égée et la mer Noire. V. 657 : le tyran Cypsélos prend le pouvoir à Corinthe. V. 594 : Solon devient archonte à Athènes. 560-510 : Pisistrate et ses fils établissent leur tyrannie sur Athènes. 507 : Clisthène dote Athènes d'institutions démocratiques. 490-479 : les guerres médiques opposent les Grecs et les Perses, qui doivent se retirer en Asie Mineure. 476 : la ligue de Délos, dirigée par Athènes, est créée pour chasser les Perses de la mer Égée. 449-448 : la paix de Callias met fin aux hostilités avec les Perses. 443-429 : la civilisation classique grecque s'épanouit dans l'Athènes de Périclès. 431-404 : la guerre du Péloponnèse oppose Sparte et Athènes, qui capitule en 404. 404-371 : Sparte substitue son hégémonie à celle d'Athènes. 371 : Sparte est vaincue à Leuctres par les Thébains. 371-362 : Thèbes établit son hégémonie sur la Grèce continentale. 359-336 : Philippe II de Macédoine, victorieux à Chéronée (338), étend progressivement sa domination sur les cités grecques. 336-323 : Alexandre le Grand, maître de la Grèce, conquiert l'Empire perse. 323-168 : après le partage de l'empire d'Alexandre, la Grèce revient aux rois antigonides de Macédoine. 216-168 : la Macédoine lutte contre Rome ; Philippe V est battu aux Cynoscéphales (197). 196-146 : la Grèce retrouve une semi-indépendance sous contrôle romain. 146 : les cités grecques coalisées sont vaincues par Rome ; Corinthe est détruite. La Grèce devient une province romaine. 88-84 : la tentative de Mithridate de libérer l'Asie Mineure (passée sous la domination romaine) et la Grèce se solde par un échec. Ier s. av. J.-C.-IVe s. apr. J.-C. : le rayonnement culturel de la Grèce influence le monde romain. 330 : Constantinople est fondée et devient le nouveau centre culturel de l'Orient grec. 395 : à la mort de Théodose, l'Empire romain est définitivement partagé. La Grèce est intégrée à l'Empire d'Orient.

La Grèce byzantine. V. 630 : Héraclius adopte le grec comme langue officielle de l'Empire byzantin. VIe-VIIe s. : des Slaves s'installent en Grèce, alors que les anciens habitants refluent vers les côtes et les îles. Xe-XIe s. : les Bulgares font de nombreuses incursions. 1204 : la quatrième croisade aboutit à la création de l'Empire latin de Constantinople, du royaume de Thessalonique, de la principauté d'Achaïe (ou Morée) et de divers duchés. XIVe-XVe s. : Vénitiens, Génois et Catalans se disputent la possession de la Grèce tandis que les Ottomans occupent la Thrace, la Thessalie et la Macédoine dans la seconde moitié du XIVe s. 1456 : ils conquièrent Athènes et le Péloponnèse.

La Grèce moderne. Fin XVIe-XIXe s. : les Grecs commerçants forment une bourgeoisie influente au sein de l'Empire ottoman après la signature des capitulations. Le sentiment national se développe au XVIIIe s. en réaction contre la décadence turque et la volonté hégémonique de la Russie de prendre sous sa protection tous les orthodoxes. Fin du XVIIIe s. : le philhellénisme est entretenu par les Grecs émigrés en Occident (Coraï, Ríghas Feraíos qui milite à Vienne). 1814 : A. Ypsilanti fonde l'Hétairie à Odessa. 1821-22 : l'insurrection éclate ; après la prise de Trípolis, le congrès d'Épidaure proclame l'indépendance de la Grèce (1822). Les Turcs réagissent par des massacres (dont celui de Chio). 1826-27 : les Turcs reprennent Missolonghi et Athènes. 1827 : la Grande-Bretagne, la France et la Russie interviennent et battent les Ottomans et la flotte d'Ibrāhīm Pacha à Navarin. 1828-29 : la Russie entre en guerre contre les Ottomans et obtient l'autonomie de la Grèce (traité d'Andrinople). 1830 : le traité de Londres stipule la création d'un État grec indépendant sous la protection de la Grande-Bretagne, de la France et de la Russie. 1832-1862 : le royaume de Grèce est confié à Otton Ier de Bavière. Son rapprochement avec la Russie provoque l'occupation du Pirée par les Britanniques (1854). 1862 : Otton Ier est déchu. 1863-1913 : Georges Ier, imposé par la Grande-Bretagne qui cède à la Grèce les îles Ioniennes (1864), tente de récupérer les régions peuplées de Grecs mais est défait par les Ottomans (1897) et se heurte aux aspirations des autres nations balkaniques. 1912-13 : à l'issue des guerres balkaniques, la Grèce obtient la plus grande partie de la Macédoine, le sud de l'Épire, la Crète et les îles de Samos, Chio, Mytilène et Lemnos. 1913 : Constantin Ier succède à son père Georges Ier, assassiné. 1914-1918 : le gouvernement grec se partage entre germanophiles groupés autour de Constantin Ier, et partisans des Alliés, dirigés par Venizélos qui organise à Thessalonique un gouvernement républicain (1916). 1917 : Constantin Ier abdique au profit d'Alexandre Ier (1917-1920). La Grèce entre en guerre aux côtés des Alliés. 1919-20 : elle obtient la Thrace et la région de Smyrne (traités de Neuilly et de Sèvres). 1921-22 : la guerre gréco-turque se solde par l'écrasement des Grecs. Constantin Ier, revenu au pouvoir, doit laisser la couronne à son fils Georges II. 1923 : le traité de Lausanne attribue la région de Smyrne et la Thrace orientale à la Turquie. 1924 : la république est proclamée. 1924-1935 : elle ne peut éviter l'anarchie, que veulent combattre divers coups d'État, dont le dernier réussit. 1935 : Georges II revient en Grèce et Venizélos s'exile. 1936-1941 : le pays est soumis à la dictature de Metaxás. 1940-1944 : la Grèce est envahie par l'Italie (1940), puis par l'Allemagne (1941). Un puissant mouvement de résistance se développe. 1946 : Georges II rentre en Grèce. Paul Ier (1947-1964) lui succède. 1946-1949 : le pays est en proie à la guerre civile, qui se termine par la défaite des insurgés communistes. 1952 : la Grèce est admise à l'O. T. A. N. 1964 : Constantin II (1964-1973) devient roi. 1965 : la crise de Chypre provoque la démission du Premier ministre G. Papandhréou et une grave crise interne. 1967 : une junte d'officiers instaure « le régime des colonels », dominé par Papadhópoulos ; le roi s'exile. 1973 : la république est proclamée. 1974 : fin du régime dictatorial des colonels ; K. Karamanlís, Premier ministre, restaure les libertés. 1980 : il est élu président de la République. 1981 : son parti, la Nouvelle Démocratie, perd les élections au profit du Mouvement panhellénique socialiste (PASOK) présidé par A. Papandhréou qui devient Premier ministre. La Grèce adhère à la C. E. E. 1985 : le socialiste Khrístos Sárdzetakis est élu à la présidence de la République. 1989 : après la victoire de la Nouvelle Démocratie aux élections législatives, Papandhréou démissionne. Des gouvernements de coalition se succèdent. 1990 : de nouvelles élections donnent la majorité à la Nouvelle Démocratie. Son leader, K. Mitsotákis, forme le nouveau gouvernement. K. Karamanlís retrouve la présidence de la République. À partir de 1992 : la vie politique se cristallise autour de l'affirmation de l'hellénisme et de l'opposition à la constitution d'un État indépendant portant le nom de Macédoine. 1993 : le PASOK remporte les élections législatives anticipées. A. Papandhréou redevient Premier ministre. 1995 : Kostís Stefanópoulos est élu à la présidence de la République. 1996 : malade, A. Papandhréou démissionne. Kóstas Simitis (PASOK) lui succède à la tête du gouvernement.

CULTURE ET CIVILISATION

☐ **BEAUX-ARTS**

v. 3000-2000 av. J.-C. : bronze ancien ; épanouissement de la civilisation cycladique. v. 2000-1500 av. J.-C. Crète minoenne. Archi-

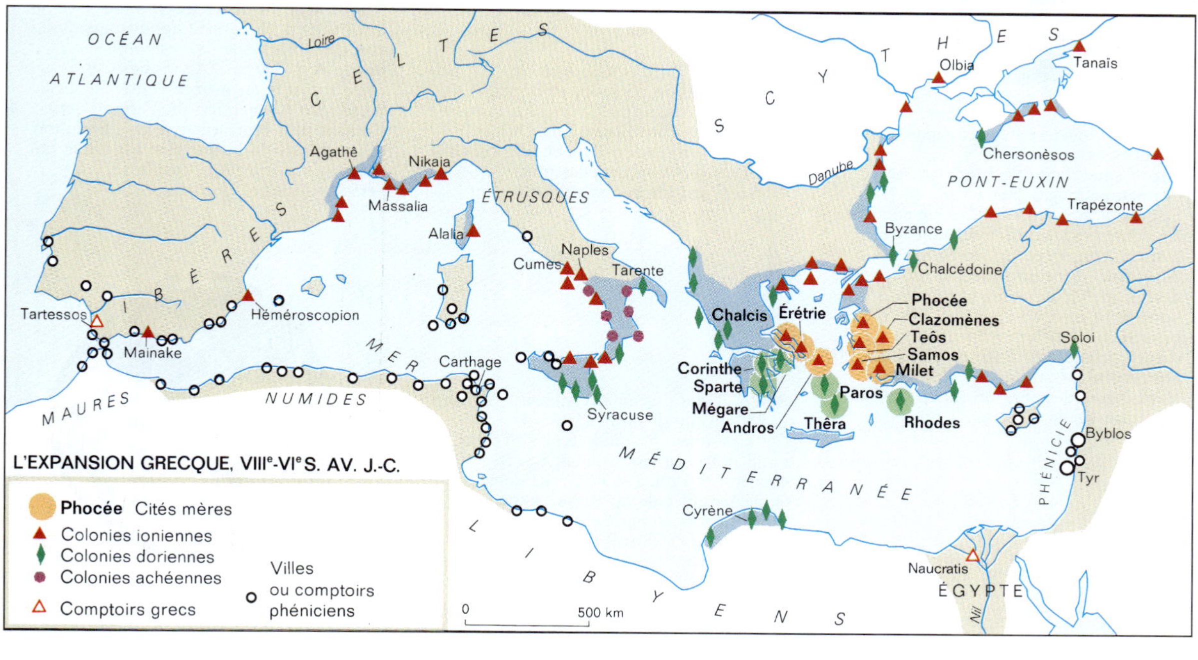

L'EXPANSION GRECQUE, VIIIe-VIe S. AV. J.-C.

La porte des Lionnes, à Mycènes (XIVe s. av. J.-C.). De plan triangulaire (300 m de long et jusqu'à 17 m de haut), l'enceinte en appareil cyclopéen entourant la cité s'ouvre, entre deux bastions, par cette porte au cadre formé de quatre énormes monolithes, avec un linteau sommé d'un triangle de décharge orné de deux fauves affrontés devant une colonne symbole du palais. Bien que ce thème décoratif soit originaire de Mésopotamie, ce haut-relief est la première œuvre sculptée des Grecs, qui innovent également en construisant ces palais-forteresses.

Le temple d'Héphaïstos, dit Théséion, à Athènes. Fin du Ve s. av. J.-C. Issu de la chapelle palatiale crétoise et achéenne (le mégaron), le temple grec a pour fonction d'abriter la statue du dieu. Construit au sein du temenos, de plan rectangulaire, il comprend le pronaos, le naos avec la statue de la divinité, suivi de l'opisthodome. Une colonnade entoure le naos sur les quatre côtés, alors que les colonnes de façade soutiennent l'entablement et les frontons où, selon les ordres, s'introduit la décoration sculptée.

« Héraclès et Antée. » Décor d'un cratère en calice (Louvre, Paris), peint par Euphronios vers 515 av. J.-C., qui se situe dans la période archaïque des figures rouges dite « style sévère ». Succédant aux figures noires sur fond rouge, les figures rouges sur fond noir marquent un important progrès : désormais, le peintre exécute un véritable dessin, individualise les personnages, s'attache à rendre volume et espace ou certains détails révélateurs d'une parfaite connaissance de l'anatomie. Loin d'être lassant, au gré des siècles, le vase grec demeure un intarissable reportage sur la vie quotidienne.

Statue en bronze de Poséidon ou Neptune (v. 460 av. J.-C.), découverte au large d'Istiaía. (Musée national archéologique, Athènes.)

Une impression d'équilibre stable, malgré l'attitude où profil et frontalité se répondent, une puissance plus ramassée que dans les Panathénées* de Phidias, mais déjà l'impulsion dynamique, l'énergie intérieure, l'idéalisation des traits : autant de caractères qui appartiennent au classicisme grec et se dégagent de ce bronze attribué à Calamis, un sculpteur attique actif au début du Ve s. av. J.-C. L'opposition de ce dieu combattant avec l'Apoxyomène de Lysippe réalisé vers 330 av. J.-C. (ci-dessus ; copie romaine en marbre conservée au musée Pio Clementino du Vatican) est d'autant plus représentative de l'évolution, en un siècle, de l'expression artistique qui désormais privilégie la souplesse, l'émoi sensuel et le charme.

Revers d'une drachme d'Athènes. Argent ; v. 520-510 av. J.-C. (B.N., Paris.)
Cette monnaie à double type (à l'avers, profil d'Athéna casquée ; au revers, chouette et brin d'olivier, tous deux emblématiques de la déesse, associés à des caractères signifiant : les Athéniens) illustre l'une des formules de monnayage toujours en cours de nos jours.

tecture palatiale (Cnossos, Phaistos, Malia, Zákros, Santorin). v. 1600-1200 : civilisation mycénienne et art helladique ; architecture défensive en appareil cyclopéen (Mycènes, Tirynthe), palais (Mycènes, Pýlos) avec mégaron rectangulaire ; sépultures en tholoï (masque d'or, armes et bijoux). 900-700 av. J.-C. : style géométrique : rigueur et schématisation ; bronzes (Argos, Corinthe, Athènes) ; céramique : Athènes, Corinthe, la Béotie, etc. ; plusieurs temples : simples naos rectangulaires (temple d'Héra à Samos, l'un des plus anciens).

La période archaïque (700-480 av. J.-C.). *L'architecture :* appareil en pierre, appareil polygonal (Delphes, mur de la terrasse du temple d'Apollon). Création du plan classique du temple : périptère avec péristyle dont la colonnade repose sur le stylobate. Apparition de l'ordre dorique suivi de l'ionique. Temples : Héraion d'Olympie, sanctuaires de l'Acropole, temple d'Artémis à Corfou, temple C de Sélinonte, temple d'Héra à Paestum, de Zeus Olympien à Agrigente, premier temple de Didymes, d'Athéna Aphaia à Égine, de Sardes, etc. Près des grands sanctuaires, édification des « Trésors » à Olympie, ou ceux de Sífnos et des Athéniens à Delphes. Premiers aménagements de l'agora d'Athènes.

La sculpture : œuvre de quantités d'ateliers régionaux, liée essentiellement à la vie religieuse. Style orientalisant suivi de la sculpture dédalique (d'après Dédale). Création des deux types fondamentaux de la statuaire : le kouros et la koré (korés de l'Acropole, dont celle d'Anténor v. 510). Relief décoratif (frontons de Corfou, v. 590, métopes du Trésor des Athéniens à Delphes v. 490).

La céramique : peinture de vase, d'abord à figures noires (*Achille et Ajax jouant aux dés* par Exékias), œuvres d'Amasis et, plus tard v. 520, d'Euphronios avec la technique des figures rouges.

L'art classique (480-323 av. J.-C.). *L'architecture :* harmonie entre les ordres dorique et ionique. Reconstruction de l'Acropole d'Athènes : Ictinos et Callicratès édifient le Parthénon, Mnésiclès les Propylées ; temple d'Athéna Nikê et Érechthéion. Grand temple d'Apollon à Delphes et à Bassae, de la Concorde à Agrigente, de Ségeste, de Poséidon à Sounion, d'Héphaïstos à Athènes, tholos de Marmaria à Delphes. V. 380 av. J.-C. : naissance de l'architecture civile et de l'urbanisme (Priène, Épidaure, agora d'Athènes, Olynthe, Pella, etc.) ; murs de fortifications (Orchomène, Gela, Messène, Saint-Blaise dans les Bouches-du-Rhône). *La sculpture :* équilibre entre idéal et réel, maîtrise du mouvement : *l'Aurige** de Delphes, Canon de Polyclète *(le Doryphore),* Phidias *(les Panathénées),* Crésilas (portrait de Périclès), Alcamène et son atelier (caryatides de l'Érechthéion), Myron *(le Discobole).*

Second classicisme. Lysippe *(Apoxyomène),* Praxitèle *(Hermès portant Dionysos enfant) ;* Scopas et Léocharès décorent le mausolée d'Halicarnasse ; monument des Néréides de Xanthos. Terres cuites de Tanagra. Peinture de vase, peinture murale ou de chevalet (Parrhasios, Zeuxis, Polygnote de Thásos, Apelle, etc.).

L'art hellénistique (322-50). *L'architecture :* expansion vers l'Orient : Pergame, Antioche, Alexandrie. Emploi de plus en plus fréquent de l'ordre corinthien. Grands temples (Pergame, Éphèse, Sardes, etc.) souvent accompagnés d'imposants autels (Pergame, musée de Berlin). Urbanisme (Pergame, Milet, Alexandrie) aux nombreux bâtiments civils (portique d'Attale, Athènes ; bibliothèque d'Alexandrie ; théâtre de Pergame) ; installations portuaires (phare d'Alexandrie) ; architecture domestique ornée de mosaïques (Délos). *La sculpture :* exubérance du mouvement (Victoire de Samothrace), réalisme et exaltation de l'expression (autel de Pergame, Berlin), prédilection pour le colossal (colosse de Rhodes), mais aussi académisme et regard vers le passé classique (Aphrodite de Milo). Triomphe de la grande peinture murale (Verghína).

□ LITTÉRATURE ET PHILOSOPHIE

La Grèce archaïque : Homère, Hésiode ; Tyrtée, Simonide de Céos, Archiloque, Alcée, Sappho, Pindare, Stésichore, Anacréon ; Hécatée de Milet, Thalès, Héraclite, Parménide, Zénon, Anaxagore, Démocrite. *La Grèce classique :* Eschyle, Sophocle, Euripide ; Aristophane ; Hérodote, Thucydide, Xénophon ; Lysias, Isocrate, Démosthène, Eschine ; Socrate, Platon, Aristote. *La Grèce hellénistique :* Théocrite, Callimaque, Apollonios de Rhodes ; Ménandre, Théophraste, Diogène, Zénon de Kition, Épicure, Pyrrhon, Carnéade ; Ératosthène, Aristarque. *La Grèce romaine :* Polybe, Diodore de Sicile, Denys d'Halicarnasse, Plutarque, Flavius Josèphe, Arrien ; Posidonios, Épictète, Marc Aurèle ; Lucien de Samosate, Diogène Laërce ; Strabon, Ptolémée, Pausanias, Philon d'Alexandrie ; Héliodore, Longus. *La Grèce chrétienne :* saint Paul ; saint Justin, saint Irénée, Clément d'Alexandrie, Origène ; Plotin, Porphyre, Jamblique ; Eusèbe de Césarée, saint Athanase, saint Basile le Grand, saint Grégoire de Nazianze, saint Grégoire de Nysse, saint Jean Chrysostome.

GRÈCE D'ASIE, îles et terres de la côte orientale de la mer Égée, peuplées par les Grecs au Ier millénaire av. J.-C.

GRÈCE D'OCCIDENT, nom donné aux terres de l'Italie du Sud et de la Sicile, colonisées par les Grecs à partir du VIIIe s. av. J.-C. On dit aussi la **Grande-Grèce.**

GRECO (Dhomínikos **Theotokópoulos,** dit **El,** en fr. **le**), peintre espagnol d'origine crétoise (Candie 1541 - Tolède 1614). Il passa quelques années à Venise, voyagea en Italie, subit l'influence de Bassano et du Tintoret, et travailla dans l'atelier de Titien avant de s'installer définitivement à Tolède (1577). Son style, maniériste et expressionniste, est caractérisé par l'élongation des figures, l'étrangeté de l'éclairage, l'irréalité de la composition, qui traduisent une exaltation mystique. Avec Velázquez et Goya, il domine la peinture espagnole (*Martyre de saint Maurice,* Escurial ; *l'Enterrement du comte d'Orgaz,* Tolède ; *le Christ au jardin des Oliviers,* diverses versions ; *Laocoon,* Washington ; *l'Adoration des bergers,* Prado).

Le Greco : *le Christ au jardin des Oliviers* (version du musée des Beaux-Arts de Lille).

GRÉCO (Juliette), chanteuse et actrice de cinéma française (Montpellier 1927). Surnommée *la muse de Saint-Germain-des-Prés,* elle s'est imposée dès 1949 en chantant Queneau *(Si tu t'imagines)* et Sartre *(Rue des Blancs-Manteaux).*

GREEN [grin] (Julien), écrivain américain d'expression française (Paris 1900), auteur de romans (*Adrienne Mesurat,* 1927 ; *Moïra,* 1950 ; *le Mauvais Lieu,* 1977 ; *les Pays lointains,* 1987 ; *Dixie,* 1995) et de pièces de théâtre (*l'Automate,* 1985) qui expriment une constante angoisse métaphysique. (Acad. fr.)

GREENE (Graham), écrivain britannique (Berkhamsted 1904 - Vevey 1991), auteur de romans d'inspiration chrétienne, mais où la foi se teinte d'ironie (*la Puissance et la Gloire,* 1940 ; *Voyage avec ma tante,* 1969 ; *le Dixième Homme,* 1985).

GREENFIELD PARK, v. du Canada (Québec), banlieue de Montréal ; 17 652 h.

GREENOCK, port de Grande-Bretagne (Écosse), sur l'estuaire de la Clyde ; 70 000 h.

Greenpeace, mouvement écologiste et pacifiste, fondé à Vancouver en 1971.

GREENSBORO, v. des États-Unis (Caroline du Nord) ; 183 521 h.

Greenwich, faubourg de Londres, sur la Tamise. Anc. observatoire royal, dont le méridien a été pris pour méridien d'origine. Musée national de la Marine.

GRÉES *(Alpes)* → ***Alpes Grées et Pennines.***

GRÉGOIRE DE NAZIANZE *(saint),* Père de l'Église grecque (Arianze, près de Nazianze, v. 335 - *id.* v. 390), évêque de Constantinople (379-381). Ami de saint Basile et de saint Grégoire de Nysse, il lutta avec eux contre l'arianisme.

GRÉGOIRE DE NYSSE *(saint),* Père de l'Église grecque (Césarée de Cappadoce v. 335 - Nysse v. 394), frère de saint Basile et évêque de Nysse. Théologien mystique, il lutta contre l'arianisme.

GRÉGOIRE DE TOURS *(saint),* prélat et historien français (Clermont-Ferrand v. 538 - Tours v. 594). Évêque de Tours (573-594), il joua un grand rôle dans la vie politique de la Gaule. Il est célèbre par son *Histoire des Francs,* chronique du haut Moyen Âge mérovingien.

GRÉGOIRE Ier LE GRAND *(saint)* [Rome v. 540 - *id.* 604], pape de 590 à 604. Patricien préfet de Rome (572-574), il se fit moine. Ambassadeur du pape à Constantinople (579-596), il fut élu pape par acclamation du clergé et du peuple alors que la peste et l'inondation du Tibre ravageaient Rome. Il réforma la liturgie et organisa l'évangélisation de la Grande-Bretagne. Ses commentaires du Livre de Job furent un des livres de base de la morale et de la culture chrétienne au Moyen Âge. — **Grégoire VII** *(saint)* [**Hildebrand**] (Soana, Toscane, v. 1020 - Salerne 1085), pape de 1073 à 1085. Il se rendit célèbre par ses luttes contre l'empereur Henri IV qu'il humilia à Canossa (1077), mais qui le contraignit finalement à l'exil, et par les nombreuses mesures de discipline ecclésiastique qu'il prit dans le cadre de la réforme dite « grégorienne ». — **Grégoire IX** (Ugolino, *comte* **de Segni**) [Anagni v. 1170 - Rome 1241], pape de 1227 à 1241. Ses *Décrétales* forment une partie essentielle du droit canonique. — **Grégoire XII** (Angelo **Correr**) [Venise v. 1325 - Recanati 1417], pape de 1406 à 1415. Son pontificat se déroula à la fin du Schisme d'Occident ; il remit sa démission au concile de Constance. — **Grégoire XIII** (Ugo **Boncompagni**) [Bologne 1502 - Rome 1585], pape de 1572 à 1585. Il réforma le calendrier. — **Grégoire XV** (Alessandro **Ludovisi**) [Bologne 1554 - Rome 1623], pape de 1621 à 1623. Il fonda la congrégation de la Propagande*, protégea les jésuites et favorisa le catholicisme en Europe centrale. — **Grégoire XVI** (Fra Mauro **Cappellari**) [Belluno 1765 - Rome 1846], pape de 1831 à 1846. Adversaire du libéralisme, il condamna les idées de La Mennais (encyclique *Mirari vos,* 1832).

GRÉGOIRE (Henri, dit **l'abbé**), prêtre français (Vého, près de Lunéville, 1750 - Paris 1831). Évêque constitutionnel de Blois (1790), député à la Convention (1792), il fit voter l'abolition de l'esclavage et fut le véritable chef de l'Église constitutionnelle. Il fut sous l'Empire et la Restauration une des grandes figures libérales. Ses cendres ont été transférées au Panthéon en 1989.

GRÉGOIRE PALAMAS → ***Palamas*** *(Grégoire).*

GREGORY (James), mathématicien et astronome écossais (Drumoak, près d'Aberdeen, 1638 - Édimbourg 1675). Il conçut un télescope à miroir secondaire concave, participa à l'élaboration des méthodes infinitésimales de calcul des aires et des volumes et fut l'un des précurseurs de Newton dans l'étude des développements en série.

GRÉMILLON (Jean), cinéaste français (Bayeux 1901 - Paris 1959), auteur d'œuvres rigoureuses et sensibles, inscrites dans la réalité quotidienne et sociale : *la Petite Lise* (1930), *Remorques* (1941), *Lumière d'été* (1943), *Le ciel est à vous* (1944).

GRENADE, en esp. **Granada,** v. d'Espagne (Andalousie), ch.-l. de prov., au pied de la sierra Nevada ; 255 212 h. Palais mauresque de l'Alhambra* et jardins du Generalife, cathédrale par E. Egas et D. de Siloé, chartreuse (décors baroques) et nombreux autres monuments. Musées. Le royaume arabe de Grenade fut fondé au XIe s. ; sa capitale fut prise en 1492 par les Rois Catholiques à l'issue de la Reconquista.

GRENADE (31330), ch.-l. de c. de la Haute-Garonne ; 5 042 h. Bastide de la fin du XIIIe s.

GRENADE (la), une des Antilles, formant avec une partie des Grenadines un État indépendant dans le cadre du Commonwealth ; 311 km² (344 km² avec les dépendances) ; 100 000 h. CAP. *Saint George's.* LANGUE : *anglais.* MONNAIE : *dollar des Caraïbes orientales.* En 1983, l'intervention militaire des États-Unis met fin à un régime placé dans l'orbite de Cuba. (V. carte ***Antilles.***)

GRENADE-SUR-L'ADOUR (40270), ch.-l. de c. des Landes ; 2 200 h. Bastide du XIIIe s.

GRENADINES, îlots des Antilles, dépendances de la Grenade et de l'État de *Saint-Vincent-et-les Grenadines.*

GRENAY (62160), comm. du Pas-de-Calais ; 6 230 h.

GRENCHEN, en fr. **Granges,** comm. de Suisse (cant. de Soleure) ; 16 241 h. Horlogerie.

GRENELLE, anc. comm. de la Seine, annexée à Paris en 1860 (XVe arr.).

GRENOBLE, ch.-l. du dép. de l'Isère, sur l'Isère, à 569 km au sud-est de Paris ; 153 973 h. *(Grenoblois).* Cour d'appel. Académie et université. Évêché. Cathédrale remontant aux XIIe-XIIIe s. ; église St-Laurent (en sous-sol, oratoire mérovingien). Musée dauphinois, musée Stendhal, musée de Peinture et de Sculpture (riches collections, des primitifs italiens à l'art actuel). Maison de la culture par André Wogenscky (1968). L'agglomération (qui compte environ 400 000 h.) est un grand centre industriel (constructions mécaniques et électriques notamment) et scientifique (nombreux laboratoires de recherche, synchrotron).

Grenouilles (les), comédie d'Aristophane (405 av. J.-C.), satire de l'art et des idées d'Euripide.

GRENVILLE (George), homme politique britannique (Wotton Hall 1712 - Londres 1770). Premier ministre de 1763 à 1765, il fit voter la loi sur le timbre (1765), ce qui provoqua le soulèvement des colonies américaines. — Son fils **William** (Londres 1759 - Dropmore 1834), député tory, ministre des Affaires étrangères de 1791 à 1801, Premier ministre (1806-07), fit abolir la traite des Noirs (1807).

GRÉOUX-LES-BAINS (04800), comm. des Alpes-de-Haute-Provence ; 1 739 h. Station thermale (rhumatismes, voies respiratoires). Barrage sur le Verdon.

GRÈS (Germaine **Czerefkow,** dite **Mme**), couturière française (Paris 1903 - La Valette-du-Var 1993), célèbre pour son art du drapé sculptural.

GRESHAM (*sir* Thomas), financier anglais (Londres 1519 - *id.* 1579), auteur de la théorie célèbre selon laquelle, la mauvaise monnaie chassant la bonne, celle-ci est retirée de la circulation monétaire et est thésaurisée.

GRÉSIVAUDAN, nom donné à la large vallée de l'Isère, entre le confluent de l'Arc et Grenoble. Partie du Sillon alpin, le Grésivaudan sépare les Préalpes des massifs centraux. C'est un pays d'agriculture riche (vigne, arbres fruitiers) et d'élevage (prairies).

GRÉSY-SUR-AIX (73100), ch.-l. de c. de la Savoie ; 2 382 h.

GRETCHKO (Andreï Antonovitch), maréchal soviétique (Golodaïevsk 1910 - Moscou 1976). Commandant les forces du pacte de Varsovie (1960), il fut ministre de la Défense de 1967 à sa mort.

GRÉTRY (André Modeste), compositeur français d'origine liégeoise (Liège 1741 - Ermitage de Montmorency 1813). Il a excellé dans l'opéra-comique *(Zémire et Azor, Richard Cœur de Lion)* et écrit des *Mémoires.*

GRETZ-ARMAINVILLIERS (77220), comm. de Seine-et-Marne, au sud-est de la *forêt d'Armainvilliers ;* 7 265 h. *(Gretzois).*

GREUZE (Jean-Baptiste), peintre français (Tournus 1725 - Paris 1805), auteur de compositions habiles sur des sujets propres à « élever l'âme » du spectateur (au Louvre : *l'Accordée de village, la Cruche cassée, le Fils* ingrat*) ainsi que de portraits.

Grève *(place de),* place de Paris devenue en 1806 celle de l'Hôtel-de-Ville. Les ouvriers y venaient chercher de l'embauche. De 1310 à la Révolution, elle fut le lieu des exécutions capitales.

GREVENMACHER, ch.-l. de cant. du Luxembourg, port sur la Moselle ; 3 022 h.

Graham **Greene**

Julien **Green**

Grévin *(musée),* à Paris (boulevard Montmartre), galerie de figures de cire créée en 1882 par le journaliste Arthur Meyer (1844-1924) et le dessinateur Alfred Grévin (1827-1892).

GREVISSE (Maurice), grammairien belge (Rulles 1895 - La Louvière 1980). Son *Bon Usage* (1936), fondé sur l'observation du français écrit, se veut dans la lignée de Vaugelas.

GRÉVY (Jules), homme politique français (Mont-sous-Vaudrey, Jura, 1807 - *id.* 1891). Il remplaça Mac-Mahon comme président de la République (1879). Réélu en 1885, il démissionna dès 1887 à la suite du scandale des décorations, où trempa son gendre Wilson.

GREY (Charles, *comte*), homme politique britannique (Fallodon 1764 - Howick House 1845). Chef du parti whig à la Chambre des lords, Premier ministre de 1830 à 1834, il fit voter en 1832, malgré les Lords, la loi sur la réforme électorale.

GREY (Edward, *vicomte*), homme politique britannique (Londres 1862 - près d'Embleton 1933). Ministre des Affaires étrangères (1905-1916), il fut l'artisan de l'accord avec la Russie (1907).

GRIAULE (Marcel), ethnologue français (Aisy-sur-Armançon, Yonne, 1898 - Paris 1956), auteur de travaux sur les Dogon (*Dieu d'eau,* 1949).

GRIBEAUVAL (Jean-Baptiste **Vaquette de**), général et ingénieur militaire français (Amiens 1715 - Paris 1789). Premier inspecteur de l'artillerie (1776), il créa de nouveaux canons, employés avec succès de 1792 à 1815.

GRIBOÏEDOV (Aleksandr Sergueïevitch), diplomate et auteur dramatique russe (Moscou 1795 - Téhéran 1829), auteur de la comédie satirique *le Malheur d'avoir trop d'esprit.*

GRIEG (Edvard), compositeur norvégien (Bergen 1843 - *id.* 1907), auteur d'une musique de scène pour *Peer Gynt* et d'un concerto pour piano.

GRIERSON (John), cinéaste et producteur britannique (Kilmadock, comté de Perth, 1898 - Bath 1972), créateur et animateur de l'école documentariste anglaise (*Drifters,* 1929).

GRIFFITH (Arthur), homme politique irlandais (Dublin 1872 - *id.* 1922). Fondateur du mouvement Sinn Féin (1902), vice-président de la République d'Irlande (1918), il signa le traité de Londres (1921).

GRIFFITH (David Wark), cinéaste américain (Floydsfork, Kentucky, 1875 - Hollywood 1948). Il élabora la plupart des principes fondamentaux de l'expression cinématographique : gros plan, travelling, flash-back, montage parallèle. Il tourna notamment *la Naissance d'une nation* (1915), *Intolérance* (1916), *le Lys brisé* (1919).

David Wark **Griffith :** *la Chute de Babylone,* un des quatre épisodes d'*Intolérance* (1916).

GRIFFUELHES (Victor), syndicaliste français (Nérac 1874 - Saclas 1922). Militant blanquiste, secrétaire général de la C. G. T. (1901-1909), il fut le principal inspirateur de la charte d'Amiens (1906), hostile à l'engagement politique du syndicalisme.

GRIGNAN (26230), ch.-l. de c. de la Drôme ; 1 304 h. Château où mourut Mme de Sévigné.

GRIGNARD (Victor), chimiste français (Cherbourg 1871 - Lyon 1935). Il découvrit les composés organomagnésiens, sources de nombreuses synthèses en chimie organique. (Prix Nobel 1912.)

GRIGNION DE MONTFORT (*saint* Louis-Marie) → ***Louis-Marie Grignion de Montfort.***

GRIGNOLS (33690), ch.-l. de c. de la Gironde ; 1 068 h.

GRIGNON, hameau de la comm. de *Thiverval-Grignon* (Yvelines). Institut national agronomique.

GRIGNON (Claude Henri), écrivain canadien d'expression française (Sainte-Adèle, Québec, 1894 - *id.* 1976), auteur de romans de mœurs (*Un homme et son péché,* 1933).

GRIGNY (91350), ch.-l. de c. de l'Essonne, sur la Seine ; 24 969 h. *(Grignois).*

GRIGNY (69520), comm. du Rhône, sur le Rhône ; 7 537 h. *(Grignerots).* Produits chimiques.

GRIGNY (Nicolas **de**), compositeur français (Reims 1672 - *id.* 1703), auteur d'un *Livre d'orgue,* que recopia Bach.

GRIGORESCU (Nicolae), peintre roumain (Pitaru 1838 - Cîmpina 1907). Passé par Barbizon (1861), ce fondateur de l'école roumaine moderne a été, notamment, le chantre de la vie paysanne de la Munténie.

GRIGOROVITCH (Iouri Nikolaïevitch), danseur et chorégraphe russe (Leningrad 1927), maître de ballet du Théâtre Bolchoï, auteur d'œuvres à grande mise en scène (*Spartacus,* 1968 [en collab.] ; *Ivan le Terrible,* 1975).

GRILLPARZER (Franz), écrivain autrichien (Vienne 1791 - *id.* 1872), auteur de drames historiques et lyriques.

GRIMALDI, nom donné aux hommes fossiles du début du paléolithique supérieur, qui se rattachent à ceux de Cro-Magnon, découverts dans la grotte des Enfants, à Grimaldi (Italie), près de Menton.

GRIMALDI *(maison de),* famille d'origine génoise, qui établit son autorité sur Monaco au XVe s. L'actuelle maison de Grimaldi est la troisième, fondée par Rainier III, né en 1923. Sa mère, épouse Polignac, était la fille de Louis II, ultime représentant de la deuxième maison de Grimaldi, celle de Goyon-Matignon, fondée au XVIIIe s.

Grimaldi *(ordre de),* ordre monégasque créé en 1954.

GRIMAUD (83310), ch.-l. de c. du Var ; 3 330 h. Station balnéaire à *Port-Grimaud.* Ruines féodales.

GRIMAULT (Paul), cinéaste d'animation français (Neuilly-sur-Seine 1905 - Le Mesnil-Saint-Denis 1994), auteur de dessins animés poétiques (*la Bergère et le Ramoneur,* en collab. avec J. Prévert, 1953 [repris sous le titre *le Roi et l'Oiseau,* 1979] ; *la Table tournante,* 1988).

GRIMBERGEN, comm. de Belgique (Brabant flamand), au nord de Bruxelles ; 32 120 h. Abbatiale baroque du XVIIe s.

GRIMM (Jacob), linguiste et écrivain allemand (Hanau 1785 - Berlin 1863), fondateur de la philologie allemande. Il réunit, avec son frère **Wilhelm** (Hanau 1786 - Berlin 1859), de nombreux contes populaires germaniques *(Contes d'enfants et du foyer).*

GRIMM (Melchior, *baron* **de**), écrivain allemand (Ratisbonne 1723 - Gotha 1807). Il succéda à l'abbé Raynal comme rédacteur de la *Correspondance* littéraire.*

GRIMMELSHAUSEN (Hans Jakob Christoffel **von**), écrivain allemand (Gelnhausen v. 1622 - Renchen, Bade, 1676), auteur du roman baroque *la Vie de l'aventurier Simplicius* Simplicissimus* (1669), sur l'époque de la guerre de Trente Ans.

GRIMOD DE LA REYNIÈRE (Alexandre Balthasar Laurent), gastronome français (Paris 1758 - Villiers-sur-Orge, Essonne, 1838). Avec son fameux *Almanach des gourmands* (1803-1812), il est l'initiateur de la presse gastronomique.

GRIMSBY, port de Grande-Bretagne, sur la mer du Nord ; 88 900 h. Pêche. Conserveries.

GRIMSEL, col des Alpes bernoises, entre les vallées du Rhône et de l'Aar ; 2 165 m.

GRINDELWALD, station d'été et d'hiver (alt. 1 050-3 454 m) de Suisse (Berne) ; 3 733 h.

GRINGORE ou **GRINGOIRE** (Pierre), poète dramatique français (Thury-Harcourt ? v. 1475 - en Lorraine v. 1539), auteur de sotties (*le Jeu* du prince des sots,* 1512). Victor Hugo a fait de lui l'un des personnages de *Notre-Dame de Paris.*

GRIS (Victoriano **González**, dit **Juan**), peintre espagnol (Madrid 1887 - Boulogne-sur-Seine 1927). Il s'installa à Paris en 1906. Son œuvre, cubiste à partir de 1911, souvent d'un éclat incisif, manifeste une grande rigueur de composition et de structure (collages et peintures synthétiques v. 1913-1917).

GRISI (Carlotta), danseuse italienne (Visinada 1819 - Saint-Jean, près de Genève, 1899). Grande interprète romantique, elle créa le ballet *Giselle* (1841).

GRIS-NEZ *(cap),* promontoire sur le Pas-de-Calais. Phare.

GRISOLLES (82170), ch.-l. de c. de Tarn-et-Garonne ; 2 791 h.

GRISONS, en all. **Graubünden,** canton de Suisse ; 7 100 km^2 ; 173 890 h. Ch.-l. *Coire.* Grande région touristique (Saint-Moritz, Davos, etc.). Les Grisons, qui ont appartenu au Saint Empire de 916 à 1648, sont entrés dans la Confédération suisse en 1803.

GROCK (Adrien **Wettach,** dit), artiste de cirque suisse (Reconvilier, canton de Berne, 1880 - Imperia, Italie, 1959).

GRODDECK (Walter Georg), médecin allemand (Bad Kösen 1866 - Zurich 1934). Il a montré l'importance des facteurs psychiques dans les maladies organiques (*le Livre du ça,* 1923).

GRODNO, v. de Biélorussie ; 270 000 h.

GROENLAND, île dépendant du Danemark, située au nord-est de l'Amérique, et en grande partie recouverte de glace *(inlandsis) ;* 2 186 000 km^2 ; 51 000 h. *(Groenlandais).* Cap. *Nuuk.* Bases aériennes. Le Groenland fut découvert en 982 par Erik le Rouge et redécouvert au XVIe s. par Davis et Hudson. Les Danois le colonisèrent à partir de 1721. Département danois depuis 1953, doté depuis 1979 d'un statut d'autonomie interne, le Groenland s'est retiré de la C. E. E. en 1985.

GROIX *(île de)* [56590], île de l'Atlantique, constituant une commune qui correspond à un canton du Morbihan ; 15 km^2 ; 2 485 h. *(Groisillons).*

GROMAIRE (Marcel), peintre, graveur et cartonnier de tapisserie français (Noyelles-sur-Sambre 1892 - Paris 1971). Son art est à la fois expressionniste et d'une stabilité classique (*la Guerre,* 1925, M. A. M. de la Ville de Paris).

GROMYKO (Andreï Andreïevitch), homme politique soviétique (Starye Gromyki, Biélorussie, 1909 - Moscou 1989). Ministre des Affaires étrangères (1957-1985), il a présidé le Soviet suprême de 1985 à 1988.

GRONINGUE, en néerl. **Groningen,** v. des Pays-Bas, ch.-l. de la province du même nom (2 300 km^2 ; 560 000 h.), au nord-est de la Frise ; 168 702 h. Importantes exploitations de gaz naturel dans la région. Musées.

GROOTE (Geert), dit **Gérard le Grand,** mystique néerlandais (Deventer 1340 - *id.* 1384). Il fut l'initiateur du grand renouveau spirituel appelé *Devotio moderna.*

GROPIUS (Walter), architecte et théoricien allemand (Berlin 1883 - Boston 1969). Fondateur du Bauhaus à Weimar en 1919, il joua un grand rôle dans la genèse de l'architecture moderne (locaux du Bauhaus à Dessau, 1925). Il s'installa en 1937 aux États-Unis, où il enseigna à Harvard et fonda en 1946 l'agence d'architecture TAC.

GROS (Antoine, *baron*), peintre français (Paris 1771 - Meudon 1835). Élève de David, il est l'auteur de grandes compositions qui préludent au romantisme : *les Pestiférés de Jaffa* (1804, Louvre), *la Bataille d'Aboukir* (1807, Versailles), *le Champ de bataille d'Eylau* (1808, Louvre).

GROSEILLIERS (Médard **Chouart des**), explorateur français (Charly-sur-Marne 1618 - v. 1690). Il parcourut le Canada depuis les Grands Lacs jusqu'à la baie d'Hudson.

GROS-MORNE (97213), comm. de la Martinique ; 10 197 h.

GROSPIERRES (07120), comm. de l'Ardèche ; 523 h. Centre de vacances.

GROSS (Hans), criminaliste autrichien (Graz 1847 - *id.* 1915). Il imagina la coopération internationale des polices, qui deviendra « Interpol ».

GROSSETO, v. d'Italie (Toscane), ch.-l. de prov. ; 70 096 h. Cathédrale de la fin du XIIIe s., remparts du XVIe.

GROSSGLOCKNER, point culminant de l'Autriche, dans les Hohe Tauern ; 3 796 m. Route touristique jusqu'à 2 571 m.

GROSZ (Georg), dessinateur et peintre allemand (Berlin 1893 - *id.* 1959), naturalisé américain en 1938. Proche de la « nouvelle objectivité », il a donné une critique sociale aussi mordante par le style que par l'intention.

GROTEWOHL (Otto), homme politique allemand (Brunswick 1894 - Berlin 1964), fondateur (1946) du parti socialiste unifié, chef du gouvernement de la R. D. A. (1949-1964).

GROTHENDIECK (Alexander), mathématicien français d'origine allemande (Berlin 1928). Auteur de travaux concernant la géométrie algébrique, il a obtenu la médaille Fields en 1966.

GROTIUS (Hugo **de Groot,** dit),jurisconsulte et diplomate hollandais (Delft 1583 - Rostock 1645), auteur du *De jure belli ac pacis* (1625), surnommé le « Père du droit des gens ».

GROTOWSKI (Jerzy), metteur en scène et directeur de théâtre polonais (Rzeszów 1933), animateur du théâtre-laboratoire de Wrocław. Partisan d'un « théâtre pauvre », il a concentré ses recherches sur le jeu de l'acteur et la communication directe avec les spectateurs.

GROUCHY (Emmanuel, *marquis* **de**), maréchal de France (Paris 1766 - Saint-Étienne 1847). Il ne sut pas empêcher la jonction entre Prussiens et Anglais à Waterloo (1815).

Groupe de la Cité, groupe d'édition français créé en 1988 par le rapprochement des activités d'édition de C. E. P. Communication et des Presses de la Cité. Filiale de C.E.P. Communication, le Groupe de la Cité occupe le premier rang en France dans son secteur, associant notamment édition de référence (Larousse, Bordas, Nathan, Le Robert, Armand Colin), édition universitaire et professionnelle (Dunod-Gauthier-Villars, Dalloz-Sirey, Masson...) et littérature générale (Laffont, Julliard, Plon, Perrin, Belfond, Presses-Solar, Pocket, 10/18...).

Groupe 47, cercle littéraire (1947-1977), créé pour rassembler les écrivains de langue allemande d'Allemagne, de Suisse et d'Autriche dans la défense des libertés.

Groupe des 7 (G7), groupe réunissant les sept pays les plus industrialisés du monde (Allemagne, Canada, États-Unis, France, Grande-Bretagne, Italie et Japon). Il organise, depuis 1975, des sommets annuels, essentiellement consacrés aux questions économiques.

Groupe des 77 (G77), groupe constitué en 1964 au sein de la C.N.U.C.E.D. et réunissant à l'origine 77 États pour la défense des intérêts du Sud. Il rassemble auj. la plupart des pays en voie de développement (env. 130).

GROUSSET (René), historien français (Aubais, Gard, 1885 - Paris 1952), auteur de travaux sur l'Asie et les croisades. (Acad. fr.)

GROZNYÏ, v. de Russie, cap. de la Tchétchénie, dans le Caucase ; 401 000 h. Bombardée par les forces russes en 1994-95, la ville est ravagée.

GRUBER (Francis), peintre français (Nancy 1912 - Paris 1948). Fils du peintre verrier Jacques Gruber, il a produit une œuvre expressionniste d'une inspiration angoissée.

GRUDZIĄDZ, v. de Pologne, sur la Vistule ; 102 900 h. Métallurgie.

GRUISSAN (11430), comm. de l'Aude ; 2 180 h. Station balnéaire.

GRÜN (Anton Alexander **von Auersperg,** dit **Anastasius**), poète et homme politique autrichien (Laibach 1806 - Graz 1876).

GRUNDTVIG (Nikolai), écrivain danois (Udby 1783 - Copenhague 1872). Pasteur, puis évêque luthérien, il fut le rénovateur de l'esprit national et religieux *(le Lys de Pâques).*

GRÜNEWALD (Mathis **Nithart** ou **Gothart,** dit **Matthias**), peintre allemand actif notamment à Aschaffenburg, sans doute mort à Halle en 1528. Son chef-d'œuvre est la partie peinte du grand polyptyque des Antonites d'Issenheim (v. 1511-1516, musée de Colmar), d'un art expressionniste et visionnaire.

Matthias **Grünewald :** « Visite de saint Antoine à saint Paul l'Ermite au désert » ; volet peint (partie principale) du retable des Antonites d'Issenheim (v. 1511-1516).
[Musée d'Unterlinden, Colmar.]

Grunwald ou **Tannenberg** *(bataille de)* [15 juill. 1410], victoire du roi de Pologne Ladislas II Jagellon et du grand-duc de Lituanie Vytautas sur les chevaliers Teutoniques.

GRÜTLI → ***Rütli.***

GRUYÈRES, comm. de Suisse (Fribourg), dans la *Gruyère,* région célèbre par ses fromages ; 1 460 h. Château des XIIe-XVe s.

GSELL (Stéphane), archéologue et historien français (Paris 1864 - *id.* 1932), spécialiste d'archéologie étrusque et algérienne.

GSTAAD, station estivale et de sports d'hiver (alt. 1 100-3 000 m) de Suisse (Berne) ; 1 700 h.

GUADALAJARA, v. d'Espagne, en Castille, ch.-l. de prov. ; 63 649 h. Palais gothico-mudéjar des ducs de l'Infantado (fin du XVe s.). Défaite en mars 1937 des milices italiennes engagées avec les troupes de Franco.

GUADALAJARA, v. du Mexique, la deuxième du pays ; 2 846 720 h. Aéroport. Université. Métallurgie. Cathédrale des XVIe-XVIIe s. Musées.

GUADALCANAL, île volcanique de l'archipel des Salomon. Occupée par les Japonais en juill. 1942, l'île fut reconquise par les Américains en févr. 1943, après six mois de durs combats.

GUADALQUIVIR (le), fl. d'Espagne, qui passe à Cordoue, Séville et rejoint l'Atlantique ; 680 km.

GUADALUPE *(sierra de),* chaîne de montagnes du centre de l'Espagne ; 1 740 m.

GUADARRAMA *(sierra de),* chaîne de montagnes d'Espagne, entre le Tage et le Douro, séparant la Vieille-Castille et la Nouvelle-Castille ; 2 430 m.

GUADELOUPE [gwa-] (la) [**971**], une des Petites Antilles, constituant un département d'outre-mer ; 1 709 km² et 386 987 h. (avec les dépendances) [*Guadeloupéens*]. Ch.-l. de dép. *Basse-Terre ;* ch.-l. d'arr. *Pointe-à-Pitre* et *Marigot ;* 3 arr. et 34 comm. La Guadeloupe est formée de deux îles, Basse-Terre et Grande-Terre, séparées par un bras de mer, la rivière Salée. Malgré son nom, Basse-Terre est la plus élevée (volcan de la Soufrière, 1 467 m) ; Grande-Terre est un plateau qui dépasse à peine 100 m. Plusieurs îles (la Désirade, les Saintes, Marie-Galante, Saint-Barthélemy, une partie de Saint-Martin) dépendent de la Guadeloupe. Les principales productions sont la canne à sucre, le rhum, les bananes, insuffisantes pour équilibrer les importations et pour enrayer un fort sous-emploi (malgré l'émigration). Parc national sur l'île de Basse-Terre. — Découverte par Christophe Colomb en 1493, l'île fut colonisée par la France dès 1635 et rattachée à la Couronne en 1674. L'esclavage y fut aboli en 1848. Elle devint département français d'outre-mer en 1946. En 1983, dans le cadre de la loi sur la décentralisation, un conseil régional a été créé.

GUADET (Marguerite Élie), homme politique français (Saint-Émilion 1758 - Bordeaux 1794). Député girondin à l'Assemblée législative (1791) puis à la Convention (1792), il fut décapité.

GUADIANA (le), fl. d'Espagne et du Portugal, qui se jette dans l'Atlantique ; 780 km.

GUAIRA (La), v. du Venezuela, port de Caracas ; 25 000 h.

GUAM, île principale de l'archipel des Mariannes ; 106 000 h. Ch.-l. *Agana.* Occupée par les Japonais de 1941 à 1944, Guam est devenue une puissante base américaine.

GUANGDONG ou **KOUANG-TONG,** prov. de la Chine du Sud ; 176 000 km² ; 57 millions d'h. Cap. *Canton.*

GUANGXI ou **KOUANG-SI,** région autonome de la Chine du Sud ; 230 000 km² ; 37 330 000 h. Ch.-l. *Nanning.*

GUANGZHOU → **Canton.**

GUAN HANQING ou **KOUAN HAN-K'ING,** auteur dramatique chinois (Pékin v. 1210 - v. 1298), le plus grand dramaturge des Yuan.

GUANTÁNAMO, v. de Cuba, près de la *baie de Guantánamo ;* 168 000 h. Sur la baie, base navale concédée aux États-Unis en 1903.

GUAPORÉ (le), riv. d'Amérique du Sud, qui sépare le Brésil et la Bolivie, puis rejoint le Mamoré (r. dr.) ; 1 750 km.

GUARANI, Indiens de l'Amérique du Sud, parlant une langue tupi-guarani.

GUARDAFUI ou **GARDAFUI,** cap à l'extrémité est de l'Afrique, à l'entrée du golfe d'Aden.

GUARDI (Francesco), peintre italien (Venise 1712 - *id.* 1793). Il a représenté Venise, ses monuments, ses fêtes ainsi que les jeux changeants de son ciel et de ses eaux. — Son frère aîné, **Giovanni Antonio** (Vienne 1699 - Venise 1760), était également peintre.

Guardian (The), quotidien britannique libéral fondé en 1821, ayant une large audience internationale.

GUARINI (Giovan Battista), poète italien (Ferrare 1538 - Venise 1612), auteur d'*Il Pastor fido* (1590), tragi-comédie pastorale.

GUARINI (Guarino), architecte italien (Modène 1624 - Milan 1683). Moine théatin, philosophe et mathématicien, influencé par Borromini, il a donné à Turin ses œuvres les plus célèbres, dont l'église à plan central S. Lorenzo (coupole à arcs entrecroisés).

GUARNERI, dit **GUARNERIUS,** famille de luthiers de Crémone (XVIIe et XVIIIe s.), dont le plus célèbre fut **Giuseppe Antonio** (Crémone 1698 - *id.* 1744), surnommé *Guarnerius del Gesù,* rival de Stradivarius.

GUARRAZAR, localité espagnole, près de Tolède. On y a mis au jour (1853) un riche trésor de couronnes votives wisigothiques, auj. au Musée archéologique de Madrid.

GUARULHOS, v. du Brésil, près de São Paulo ; 781 499 h.

GUATEMALA, État de l'Amérique centrale, au sud-est du Mexique ; 109 000 km^2 ; 10 millions d'h. *(Guatémaltèques).* CAP. *Guatemala.* LANGUE : *espagnol.* MONNAIE : *quetzal.*

GÉOGRAPHIE

Pays de montagnes, en partie volcaniques, au sud, de bas plateaux au nord, le Guatemala a une population encore largement indienne, en accroissement rapide. Le café est la base des exportations dirigées surtout vers les États-Unis, également premier fournisseur. (V. carte ***Amérique centrale.***)

HISTOIRE

La colonisation et le XIXe s. 1524 : peuplé de Maya-Quiché, le Guatemala est conquis par Pedro de Alvarado. 1542 : la région devient capitainerie générale dépendant du vice-roi de Mexico. 1821-1823 : le Guatemala s'unit au Mexique, sous l'autorité d'Agustín de Iturbide. 1824-1839 : le Guatemala fait partie des Provinces-Unies de l'Amérique centrale. 1839 : le pays reprend son indépendance. 1840-1865 : Rafael Carrera gouverne autoritairement jusqu'à sa mort. 1873-1885 : libéral et positiviste, Justo Rufino Barrios modernise le pays ; la culture du caféier se développe.

Le XXe s. 1898-1920 : son successeur, Manuel Estrada Cabrera, poursuit son œuvre, tandis que se constitue l'empire bananier de l'United Fruit. 1931-1944 : dictature du général Jorge Ubico. 1951-1954 : la tentative de réforme agraire entreprise par le colonel Jacobo Arbenz Guzmán lui vaut d'être renversé par des généraux appuyés par les États-Unis. 1960 : début d'une opposition insurrectionnelle. 1970-1982 : le pays, ravagé en 1976 par des tremblements de terre, est confronté à une guerre civile larvée qu'animent des guérilleros de type castriste ou sandiniste. 1982-83 : coup d'État du général Efraín Ríos Montt. 1983 : coup d'État du général Oscar Mejía Victores. 1985 : le démocrate-chrétien Vinicio Cerezo Arévalo est élu à la présidence de la République. À partir de 1987, le Guatemala participe à l'effort de paix en Amérique centrale (signature d'accords en 1987 et en 1989 avec le Costa Rica, le Honduras, le Nicaragua et le Salvador). 1989 : des négociations de paix s'engagent avec la guérilla. 1991 : l'évangéliste Jorge Serrano, dirigeant du Mouvement d'action solidaire (centre droit), est élu à la présidence de la République. 1993 : J. Serrano est destitué. Le Parlement désigne pour lui succéder Ramiro de León Carpio. 1994 : les négociations de paix entre le gouvernement et la guérilla sont relancées sous l'égide de l'O.N.U. 1996 : Álvaro Arzú Irigoyen, leader du Parti pour l'avancement national (droite progressiste), est élu à la présidence de la République.

GUATEMALA, cap. du Guatemala ; 1 300 000 h.

GUATTARI (Félix), psychanalyste français (Villeneuve-lès-Sablons, Oise, 1930 - La Borde, Loir-et-Cher, 1992). Ses travaux marquent un tournant dans la critique de la psychanalyse. Il est l'auteur, avec G. Deleuze, de l'*Anti-Œdipe.*

GUAYAQUIL, principale ville et port de l'Équateur, sur le Pacifique ; 1 508 444 h. Métropole économique du pays.

GUAYASAMÍN (Oswaldo), peintre équatorien (Quito 1919), à la plastique violente et austère (*l'Âge de la colère,* 1962-1971).

GUBBIO, v. d'Italie (Ombrie) ; 30 539 h. C'est l'anc. ville étrusque et romaine d'*Iguvium.* Monuments surtout médiévaux. Centre de majolique (fin du XVe-XVIe s.).

GUDERIAN (Heinz), général allemand (Kulm, auj. Chełmno, 1888 - Schwangau, Bavière, 1954). Créateur de l'arme blindée allemande (1935-1939), il fut chef d'état-major de l'armée de terre (1944-45).

GUDULE *(sainte)* [en Brabant VIIe s. - Hamme 712], patronne de Bruxelles.

GUEBWILLER [gɛbvilɛr] (68500), ch.-l. d'arr. du Haut-Rhin ; 11 280 h. Églises St-Léger (XIIe-XIVe s.) et Notre-Dame (XVIIIe s.). Textile. Machines-outils.

GUEBWILLER *(ballon de)* → ***Grand Ballon.***

GUÉHENNO (Jean), écrivain français (Fougères 1890 - Paris 1978), auteur d'essais (*Caliban parle,* 1929 ; *Caliban et Prospéro,* 1969). [Acad. fr.]

GUELDRE, en néerl. **Gelderland,** prov. des Pays-Bas ; 1 745 000 h. Ch.-l. *Arnhem.* Comté (1079), puis duché (1339), la Gueldre devint possession espagnole en 1543. En 1578, le nord du pays fut rattaché aux Provinces-Unies ; le sud, partagé entre l'Autriche et la Prusse, ne fut incorporé aux Provinces-Unies qu'en 1814.

GUELMA, v. de l'est de l'Algérie, ch.-l. de wilaya ; 61 000 h. Vestiges romains.

GUELPH, v. du Canada (Ontario), au sud-ouest de Toronto ; 87 976 h.

GUÉMENÉ-PENFAO (44290), ch.-l. de c. de la Loire-Atlantique ; 4 491 h.

GUÉMENÉ-SUR-SCORFF (56160), ch.-l. de c. du Morbihan ; 1 434 h. Spécialité d'andouilles.

GUÉNANGE (57310), comm. de la Moselle, sur la Moselle ; 6 949 h.

Guépard (le), film italien de L. Visconti (1963), adapté du roman de G. T. di Lampedusa, évocation du déclin de l'aristocratie sicilienne à l'époque du Risorgimento.

Guépéou (GPU), administration politique chargée de la sécurité de l'État soviétique (1922-1934). Succédant à la Tcheka* et préludant au NKVD*, elle joua un grand rôle dans le régime stalinien après 1929.

Guêpes (les), comédie d'Aristophane (422 av. J.-C.), imitée par Racine *(les Plaideurs).*

GUÉPRATTE (Émile), amiral français (Granville 1856 - Brest 1939). Il se distingua en 1915 à la tête de la division navale française aux Dardanelles.

GUER (56380), ch.-l. de c. du Morbihan ; 7 511 h.

GUÉRANDE (44350), ch.-l. de c. de la Loire-Atlantique ; 12 001 h. *(Guérandais).* Enceinte du XVe s. (musée dans la porte St-Michel), collégiale des XIIe-XVIe s. Traité de paix entre Jean IV de Montfort et Charles V, qui termina la guerre de la Succession de Bretagne (12 avr. 1365).

GUÉRANGER (Prosper), bénédictin français (Sablé 1805 - Solesmes 1875), abbé de Solesmes, restaurateur de l'ordre de Saint-Benoît en France (1837) et propagateur de la liturgie romaine.

GUERCHE-DE-BRETAGNE (La) [35130], ch.-l. de c. d'Ille-et-Vilaine ; 4 153 h. Église des XVe-XVIe s.

GUERCHE-SUR-L'AUBOIS (La) [18150], ch.-l. de c. du Cher ; 3 247 h. Église romane et gothique.

GUERCHIN (Giovanni Francesco **Barbieri,** dit **il Guercino,** en fr. **le**), peintre italien (Cento, près de Ferrare, 1591 - Bologne 1666), influencé par les Vénitiens, les Bolonais et le Caravage (plafond de *l'Aurore* au casino Ludovisi à Rome, 1621 ; *le Mariage mystique de sainte Catherine,* 1650, pinacothèque de Modène).

GUÉRET (23000), ch.-l. du dép. de la Creuse, à 327 km au sud de Paris ; 15 718 h. *(Guérétois).* Centre administratif et commercial. Mobilier. Musée.

GUERICKE (Otto **von**), physicien allemand (Magdebourg 1602 - Hambourg 1686), inventeur de la première machine électrostatique et de la machine pneumatique. Il réalisa notamment l'expérience des *hémisphères de Magdebourg,* destinée à mettre en évidence la pression atmosphérique.

GUÉRIGNY (58130), ch.-l. de c. de la Nièvre ; 2 446 h. Métallurgie.

GUÉRIN (Camille), vétérinaire et microbiologiste français (Poitiers 1872 - Paris 1961). Avec Calmette, il est l'inventeur du vaccin contre la tuberculose, le B. C. G.

GUÉRIN (Eugénie **de**), femme de lettres française (château du Cayla, près d'Albi, 1805 - *id.* 1848), auteur de *Lettres* et d'un *Journal.* — Son frère **Maurice** (château du Cayla 1810 - *id.* 1839), influencé par La Mennais, est l'auteur du poème en prose *le Centaure.*

GUÉRIN (Gilles), sculpteur français (Paris 1606 - *id.* 1678). Il travailla pour les plus grands chantiers civils du temps (*les Chevaux du soleil,* jardins de Versailles) et pour les églises.

GUÉRIN (Pierre Narcisse, *baron*), peintre français (Paris 1774 - Rome 1833), un des meilleurs artistes de la seconde génération néoclassique.

Guerlédan, barrage et lac de la Bretagne centrale.

GUERNESEY, l'une des îles Anglo-Normandes ; 63 km^2 ; 53 000 h. *(Guernesiais).* Ch.-l. *Saint-Pierre.* Cultures florales. Tomates. Tourisme.

GUERNICA Y LUNO, v. d'Espagne (Biscaye) ; 16 042 h. La ville fut détruite par l'aviation allemande au service des franquistes pendant la guerre civile (1937) ; cet événement a inspiré à Picasso une toile monumentale célèbre (*Guernica,* auj. au Centre d'art Reina Sofía, Madrid).

guerre *(croix de),* nom donné dans divers pays à des décorations commémorant les citations individuelles ou collectives. En France : croix de guerre 1914-1918 ; croix de guerre 1939-1945 ; croix de guerre des théâtres d'opérations extérieures (T. O. E.), créée en 1921.

guerre (De la), œuvre de C. von Clausewitz (composée entre 1816 et 1830, et publiée en 1832-1834), qui fait de la guerre un élément fondamental du jeu politique entre nations.

Guernica (1937), toile de Picasso. (Centre d'art Reina Sofía, Madrid.)

guerre de 1870-71 → ***franco-allemande*** *(guerre).*

Guerre et Paix, roman de L. Tolstoï (1865-1869, publié en 1878), vaste fresque de l'aristocratie russe à l'époque des guerres napoléoniennes.

Guerre folle (1485-1488), révolte des Grands contre le gouvernement d'Anne de Beaujeu, fille de Louis XI et régente de France pendant la minorité de son frère Charles VIII.

guerre froide, tension qui opposa, de 1945 à 1990, les États-Unis, l'U. R. S. S. et leurs alliés respectifs qui formaient deux blocs dotés de moyens militaires considérables et défendant des systèmes idéologiques et économiques antinomiques. Aux années 1948-1962, particulièrement conflictuelles, succédèrent une phase de détente (1963-1978), puis une nouvelle intensification des tensions (1979-1985). La fin de la guerre froide correspond à l'effondrement du communisme.

Guerre mondiale *(Première),* conflit qui, de 1914 à 1918, opposa l'Allemagne et l'Autriche-Hongrie, rejointes par la Turquie (1914) et la Bulgarie (1915), à la Serbie, à la France, à la Russie, à la Belgique et à la Grande-Bretagne, alliées au Japon (1914), à l'Italie (1915), à la Roumanie et au Portugal (1916), enfin aux États-Unis, à la Grèce, à la Chine et à plusieurs États sud-américains (1917).

Causes. La politique mondiale de l'Allemagne, son expansion économique et navale, notamm. dans le Proche-Orient, l'antagonisme germano-slave dans les Balkans et la course aux armements conduite par les deux blocs de la Triple-Alliance (Allemagne, Autriche-Hongrie, Italie) et de la Triple-Entente (France, Grande-Bretagne, Russie) ont créé en Europe, au lendemain des guerres balkaniques (1912-13), un état de tension que le moindre incident peut transformer en conflit armé. L'assassinat par un étudiant bosniaque, le 28 juin 1914 à Sarajevo, de l'archiduc héritier François-Ferdinand d'Autriche fait office de détonateur. Le 28 juill., l'Autriche-Hongrie, poussée par Guillaume II, qui lui a accordé dès le 15 juill. un véritable « chèque en blanc », déclare la guerre à la Serbie. Le système des alliances entre alors en jeu.

Conséquences. L'étendue et l'importance des destructions, les difficultés de ravitaillement, la hausse des prix et l'incertitude de la monnaie concernent plus ou moins vainqueurs et vaincus.

Première Guerre mondiale 1914-1918

1914. *Déclaration de guerre de l'Autriche à la Serbie* (28-VII) *et à la Russie* (5-VIII), *de l'Allemagne à la Russie* (1-VIII) *et à la France* (3-VIII), *de la Grande-Bretagne* (4-VIII) *et du Japon* (23-VIII) *à l'Allemagne.* — Violation par l'Allemagne de la neutralité belge. — Neutralité italienne. — 3-XI. La Turquie en guerre contre les Alliés.

Front Ouest. Août. Invasion de la Belgique et du nord de la France (retraite française). — 6-13-IX. **Manœuvre et victoire de Joffre sur la Marne.** — Sept.-nov. Course à la mer et mêlée des Flandres : *stabilisation d'un front* continu de 750 km d'Ypres à la frontière suisse.

Front Est. Août-oct. Offensives russes en Prusse-Orientale (arrêtée à *Tannenberg,* 26-VIII) et en Galicie (prise de Lvov, sept. ; retraite austro-allemande sur les Carpates et la Warta). *Front stabilisé* du Niémen aux Carpates (Memel [auj. Klaïpeda], ouest de Varsovie, Gorlice).

Autres Fronts. Sept.-déc. Échecs autrichiens en Serbie. — Oct.-déc. Débarquement britannique sur le golfe Persique.

1915. *L'Italie signe le traité de Londres avec les Alliés* (26-IV), *dénonce la Triplice et entre en guerre contre l'Autriche* (23-V). *La Bulgarie entre en guerre aux côtés des empires centraux* (5-X). — Maintien de la neutralité grecque. — Les Alliés mettent en place le blocus naval des empires centraux. — Les Allemands répondent par la guerre sous-marine (18-II).

Front Ouest. Avr. Emploi des gaz par les Allemands. — Mai-sept. Vaines tentatives françaises de percée en Champagne et en Artois.

Front Est et Balkans. Févr.-sept. *Offensives allemandes en Prusse-Orientale et en Pologne : repli russe* en Pologne jusqu'à la ligne Riga-Dvinsk-Pinsk-Czernowitz (Tchernovtsy). — Févr.-avr. Échecs alliés aux *Dardanelles.* — 5-X. Débarquement allié à *Salonique.* — Oct.-nov. Conquête de la Serbie par les Allemands et les Bulgares.

Autres fronts. Offensives italiennes dans le Trentin et le Karst (juill.). — Occupation du Sud-Ouest africain allemand (juill.).

1916. Soulèvement de l'Arabie contre le Sultan : Ḥusayn, roi du Hedjaz. — Accords franco-britanniques sur le Moyen-Orient. — 27-VIII. *La Roumanie déclare la guerre à l'Autriche et l'Italie déclare la guerre à l'Allemagne.*

Front Ouest. 21 févr.-déc. **Bataille de Verdun.** — 1er juill.-oct. Offensive alliée sur la Somme (emploi des chars par les Britanniques). — 29-VIII. Hindenburg et Ludendorff chefs de la direction de guerre allemande.

Front Est et autres fronts. Offensives russes en Arménie (févr.), en Galicie et en Bucovine (Broussilov, juin-sept.). — 14-IX. Offensive alliée en Macédoine (Monastir [Bitola], 19-XI). — *Les Allemands conquièrent la Roumanie* (oct.-déc.). — Janv. Occupation du Cameroun par les Alliés. — 28-IV. Défaite britannique à Kūt al-'Amāra. — 31-V. *Bataille navale du Jütland.*

1917. 1-II. Guillaume II décide la guerre sous-marine à outrance (avr. : 875 000 tonnes de navires alliés coulées). — Mars-nov. **Révolution russe.** — 2-IV. **Les États-Unis en guerre aux côtés des Alliés.** — 16-XI. Clemenceau, chef du gouvernement français.

Front Ouest. Échec de l'offensive Nivelle sur le Chemin des Dames (16-IV). Crise de l'armée française : Pétain généralissime (15-V). — Attaques françaises devant Verdun (août) et sur l'Ailette (oct.), anglaises dans les Flandres (juin-nov.) et, avec chars, sur Cambrai (20-XI).

Front russe. Les Allemands prennent Riga (3-IX) et occupent la Bucovine (juill.-sept.). — 15-XII. *Armistice russo-allemand de Brest-Litovsk.*

Autres fronts. *Défaite italienne de Caporetto* (24-X). Prises de Bagdad (11-III) et de Jérusalem (9-XII) par les Britanniques.

1918. 9-II et 3-III. *Traités de Brest-Litovsk entre l'Allemagne, l'Ukraine et la Russie.* — *Foch, commandant en chef des armées alliées sur le front occidental* (Doullens, 26-III ; Beauvais, 3-IV). 7-V. Traité de Bucarest. — Oct. Indépendance des Hongrois, des Tchèques et des Yougoslaves. — 9-XI. Abdication de Guillaume II. 11-XI. L'Autriche proclame la république et son rattachement à l'Allemagne.

Front Ouest. *Offensives allemandes en Picardie* (21-III), *sur la Marne* (27-V), *en Champagne* (15-VII). — Juill.-nov. *Contre-offensives de Foch en Champagne* (18-VII), *en Picardie* (août), *de la Meuse à la mer* (sept.), retraite allemande sur Gand, Mons et Sedan. — 11-XI. **Armistice de Rethondes.**

Balkans et autres fronts. 15-IX. *Offensive générale de Franchet d'Esperey en Macédoine.* — 29-IX. *Armistice avec la Bulgarie.* — Sept.-oct. Prises de Beyrouth, Damas, Alep par les Anglais. — 24-X. Victoire italienne de Vittorio Veneto. — Armistices de Moúdhros avec la Turquie (30-X) et de Padoue avec l'Autriche (3-XI). — 14-XI. Reddition des Allemands en Afrique orientale.

Traités de paix. — 28-VI-1919. *Traité de Versailles* avec l'Allemagne. — 10-IX-1919. *Traité de Saint-Germain* avec l'Autriche. — 27-XI-1919. *Traité de Neuilly* avec la Bulgarie. — 4-VI-1920. *Traité de Trianon* avec la Hongrie. — 10-VIII-1920. *Traité de Sèvres* avec la Turquie. — 12-XI-1920. *Traité italo-yougoslave de Rapallo.* — 18-III-1921. *Traité de Riga* entre la Pologne et la Russie soviétique. — 24-VII-1923. *Traité de Lausanne* avec la Turquie.

Pertes humaines civiles et militaires de la Première Guerre mondiale. Total général : env. 8 millions, dont France : 1 400 000. — Allemagne : 1 800 000. — Autriche-Hongrie : env. 950 000. — Belgique : 45 000. — Canada : 62 000. — États-Unis : 114 000. — Grande-Bretagne : 780 000. — Italie : 530 000. — Roumanie : env. 700 000. — Russie : env. 1 700 000. — Serbie : 400 000. — Turquie : 400 000.

L'EUROPE EN 1914
Triple-Entente
Triple-Alliance
NORVÈGE
SUÈDE
Finlande
Christiania
Stockholm
Petrograd
RUSSIE
DANEMARK
ROYAUME-UNI
Londres
P.-B.
BELG.
Berlin
ALLEMAGNE
Pologne
AUTRICHE-HONGRIE
Paris
FRANCE
SUISSE
Vienne
Budapest
ROUMANIE
Bosnie-Herz.
Sarajevo
SERBIE
Bucarest
Sofia
BULG.
ITALIE
ESPAGNE
Madrid
Rome
ALB.
GRÈCE
Athènes
0
300 km

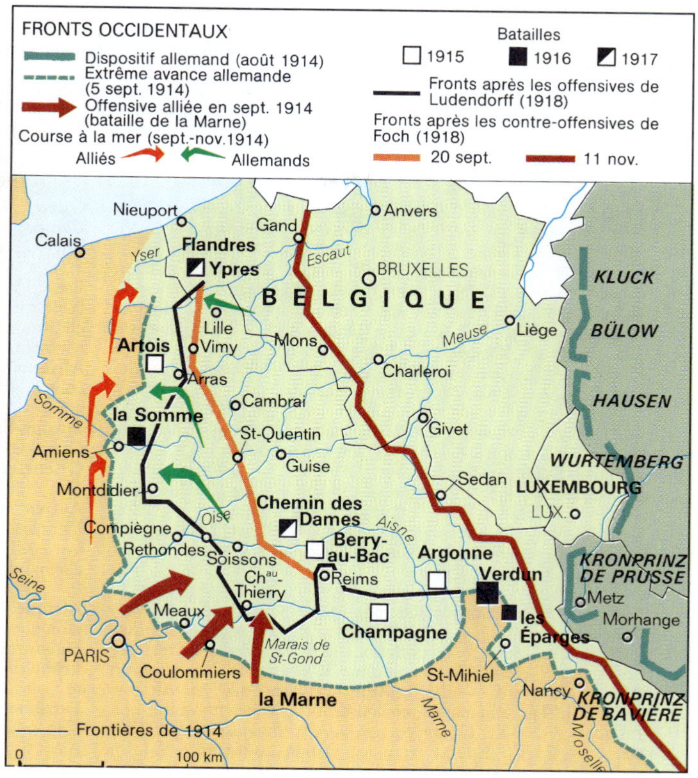
FRONTS OCCIDENTAUX
Dispositif allemand (août 1914)
Extrême avance allemande (5 sept. 1914)
Offensive alliée en sept. 1914 (bataille de la Marne)
Course à la mer (sept.-nov.1914)
Alliés
Allemands
Batailles
1915
1916
1917
Fronts après les offensives de Ludendorff (1918)
Fronts après les contre-offensives de Foch (1918)
20 sept.
11 nov.
Nieuport
Calais
Yser
Flandres
Ypres
Gand
Anvers
Escaut
BRUXELLES
BELGIQUE
KLUCK
BÜLOW
HAUSEN
WURTEMBERG
Lille
Artois
Vimy
Mons
Meuse
Liège
Arras
Charleroi
Somme
Cambrai
la Somme
St-Quentin
Givet
Amiens
Guise
Montdidier
Sedan
LUXEMBOURG
LUX.
Chemin des Dames
Oise
Aisne
Compiègne
Rethondes
Berry-au-Bac
Argonne
Soissons
Verdun
KRONPRINZ DE PRUSSE
Seine
Chau-Thierry
Reims
Metz
Meaux
les Éparges
Morhange
Champagne
PARIS
Marais de St-Gond
Coulommiers
St-Mihiel
Nancy
KRONPRINZ DE BAVIÈRE
la Marne
Marne
Moselle
Frontières de 1914
0
100 km

FRONTS D'EUROPE ET DU MOYEN-ORIENT
Offensives ou mouvements
Alliés
Empires centraux
1914
1915
1916
1917
1918
Opérations ou combats
1914
1915
1916
1917
1918
Positions
Front après les opérations de Pologne (déc. 1914-fév. 1915)
1917
1918
1916-1917-1918 :
Empires centraux
Alliés
Territoires occupés par les Empires centraux
Neutres
Jütland
Riga
Memel
Moscou
Dniepr
Smolensk
Limite de l'occupation allemande le 11 nov. 1918
Tannenberg
Elbe
Berlin
ALLEMAGNE
Brest-Litovsk
Pinsk
Pologne
RUSSIE
Oder
Prague
Danube
CARPATES
Lvov
Kiev
Gorlice
AUTRICHE-HONGRIE
BROUSSILOV
Vienne
Caporetto
Czernowitz
UKRAINE
Budapest
Vittorio Veneto
Odessa
Belgrade
ROUMANIE
Sarajevo
SERBIE
Bucarest
Sébastopol
ITALIE
MONT.
BULGARIE
Allemands
Sofia
MER NOIRE
CAUCASE
Bakou
Rome
Tiflis
ALBANIE
Turcs
Monastir
Trébizonde
Kars
Constantinople
ARMÉNIE
Salonique
Erzurum
Corfou
Dardanelles
Angora
Britanniques
GRÈCE
EMPIRE OTTOMAN
Tigre
IRAN
Mossoul
Malte G.-B.
Alep
Euphrate
CHYPRE G.-B.
Bagdad
Kût al-Amâra
MER MÉDITERRANÉE
Beyrouth
Damas
Jérusalem
ALLENBY
Frontières de 1914
0
600 km

Seconde Guerre mondiale 1939-1945

1939. 1-IX. L'Allemagne déclenche la guerre en envahissant la Pologne. — 3-IX. *Déclarations de guerre britannique et française à l'Allemagne.* (Non-belligérance italienne. Neutralité des États-Unis.) — 28-IX. Traité germano-soviétique de partage de la Pologne.

1-27-IX. Campagne de *Pologne.* — 17-IX. Entrée des troupes soviétiques en Pologne orientale. — Sept.-oct. Opération française dans la Sarre. — 30-XI. Attaque soviétique de la *Finlande.* Le Japon, en guerre avec la Chine depuis 1937, contrôle en 1939 la façade maritime de ce pays.

1940. 10-VI. *L'Italie déclare la guerre à la France et à la Grande-Bretagne.* — 17-VI. Pétain demande l'armistice. — 18-VI. Appel de De Gaulle à Londres. — 22-24-VI. *Armistice franco-allemand et franco-italien.* — 10-VII. Pétain investi du pouvoir constituant. — 27-IX. *Pacte à trois* (Allemagne-Italie-Japon). — Août-sept. La Roumanie démantelée au profit de la Hongrie (Transylvanie) et de la Bulgarie (Dobroudja). — 24-X. *Entrevue Hitler-Pétain à Montoire.* — Juin-août. Ultimatum japonais à l'Indochine française. — 4-XI. Roosevelt réélu président des États-Unis. — 13-XII. Pétain renvoie Laval.

Ouest. 9-IV - 10-VI. Campagne de *Norvège.* — 10-V - 25-VI. **Campagne de France.** — 15-28-V. Capitulations néerlandaise et belge. 28-V - 4-VI. Bataille de Dunkerque. — 14-VI. *Les Allemands à Paris.* — Août-oct. Bataille aérienne d'Angleterre.
Est. 15-VI - 2-VII. Occupation par l'U. R. S. S. des pays Baltes, de la Bessarabie et de la Bucovine. — 7-X. Entrée de la Wehrmacht en Roumanie. — 28-X. Rejet par la Grèce de l'ultimatum de Mussolini ; offensive italienne.
Afrique. 3-VII. Mers el-Kébir. — Août-déc. Attaque italienne contre la Somalie britannique.

1941. Févr. *Darlan chef du gouvernement de Vichy.* — 11-III. Loi prêt-bail américaine. — 13-IV. Traité nippo-soviétique. — 28-V. Accords Darlan-Warlimont sur l'Afrique. — 29-VII. Accord franco-japonais sur l'Indochine. — 14-VIII. *Charte de l'Atlantique.* — 24-IX. Création du Comité national français à Londres. — 18-XI. Weygand rappelé d'Afrique. — 7-XII. *Les États-Unis, puis la Chine en guerre contre l'Allemagne, l'Italie et le Japon.*

Europe-Est. Avr. Intervention allemande en Grèce. — 6-18-IV. Campagne de Yougoslavie. — Mai. Bataille de Crète. — 22-VI. **Offensive allemande contre l'U. R. S. S. ;** bataille de Moscou (déc.). Fin de la guerre-éclair.
Autres fronts. 8-VI - 14-VII. Campagne de Syrie. 28-VI. Les Japonais en Cochinchine. — Août. L'Iran rompt avec l'Axe. — 7-XII. **Attaque japonaise sur Pearl Harbor.** Offensives allemande (mars), puis britannique (nov.), en Libye.

1942. 1-I. Déclaration des Nations unies. — 18-IV. *Laval chef du gouvernement de Vichy.* — 26-V. Traité d'alliance anglo-soviétique. — Mai-juill. Début des déportations et de la résistance organisée en France. — 8-XI. Pétain ordonne la résistance aux Alliés en Afrique du Nord. — 10-XI. Armistice franco-allié en Afrique. — 11-XI. Les Allemands envahissent la zone française non occupée. — 13-XI. *Darlan engage l'Afrique française aux côtés des Alliés.* — 26-XII. Giraud remplace Darlan, assassiné le 24-XII. — Guerre sous-marine : 6,5 millions de tonnes de navires alliés coulées.

Afrique. Janv.-juill. Rommel attaque en Libye. — Mai-oct. Les Britanniques occupent Madagascar. — 23-X. El-Alamein. — 8-11-XI. **Débarquement allié au Maroc et en Algérie, allemand à Tunis.**
Front russe. Offensives allemandes en Crimée, sur le Don, dans le Caucase et à Stalingrad (mai-sept.).
Extrême-Orient. Les Japonais prennent les Philippines (janv.), Singapour (15-II), Rangoon (7-III), l'Indonésie, attaquent les Aléoutiennes (juin), la Nouvelle-Guinée et Guadalcanal (juill.), mais sont battus aux Midway (juin).
France. 27-XI. Sabordage de la flotte de Toulon. Dissolution de l'armée d'armistice.

1943. 14-I. Conférence de Casablanca. — 12-V. Giraud à Tunis. — Mai. Constitution du Conseil national de la Résistance française. — 3-VI. *Formation à Alger du Comité français de libération nationale (C. F. L. N.).* — 24-VII. Démission de Mussolini ; gouvernement Badoglio. — 17-IX. — Extension du prêt-bail au C. F. L. N. — 8-XI. Le Liban abolit le mandat français ; troubles à Beyrouth. — 13-X. Badoglio déclare la guerre à l'Allemagne. — 2-XII. Conférence Roosevelt-Churchill-Staline à Téhéran.

Afrique. Les Britanniques prennent Tripoli (23-I), rejoignent les Franco-Américains en Tunisie (avr.). Libération de Tunis (7-V) : la Wehrmacht chassée d'Afrique.
Italie. Les Alliés débarquent en Sicile (10-VII), puis en Calabre (3-IX). **Capitulation italienne** (3 et 8-IX).
Front russe. 2-II. **Victoire de Stalingrad.** Les Soviétiques attaquent Rostov (févr.), Orel (juill.), Kharkov (août), le Dniepr (sept.-oct.), libèrent Koursk, Kiev (6-XI).
Extrême-Orient. Contre-offensive alliée aux îles Salomon et Gilbert, en Nouvelle-Guinée (juin-déc.).

1944. 3-I. La France reconnaît la souveraineté de la Syrie et du Liban. — 30-I. *Conférence de Brazzaville.* — 19-III. Mainmise de Hitler sur la Hongrie. — 3-VI. *Le C. F. L. N. se proclame Gouvernement provisoire de la République française.* — 10-VI. Massacre d'Oradour. — 20-VII. Échec d'un coup d'État contre Hitler ; extermination massive de déportés en Allemagne. — Indépendance de l'Islande (17-VI) et des Philippines (20-VII). — 5-6-IX. Guerre d'un jour entre la Bulgarie et l'U. R. S. S. — *Armistices avec la Bulgarie* (11-IX), la *Roumanie* (12-IX) et la *Finlande* (19-IX), qui rejoignent le camp allié. — 31-VIII. Transfert du gouvernement français d'Alger à Paris. — Août-déc. Conflit des gouvernements polonais de Londres et de Lublin. — 5-IX. Constitution du Benelux. — 7-X. *Création de la Ligue arabe.* — 10-XII. Traité d'alliance franco-soviétique.

Front Ouest. Italie. Févr.-mai. Bataille de Cassino. Victoire française du Garigliano (mai). Prise de Rome (4-VI).
France. Févr.-avr. Batailles des Glières et du Vercors. 6-VI. **Débarquement de Normandie** : création d'une tête de pont (9-18-VII), percée d'Avranches (1-VIII). — 15-VIII. *Débarquement de Provence.* — *Libération de Paris* (25-VIII). — 1-X. Les Alliés atteignent la frontière allemande de Belgique et de Hollande. — Échec de l'attaque Rundstedt dans les Ardennes et en Alsace (16-XII - 16-I-1945).
Front Est. Offensives soviétiques sur le Dniepr et le Dniestr (févr.-avr.) ; en *Russie Blanche* et dans les *pays Baltes* (juill.-oct.) ; en *Pologne* (juill.) ; en *Roumanie, Bulgarie* et *Hongrie* (sept.-déc.). — Débarquement britannique en Grèce (oct.). Libération de Belgrade (20-X).
Extrême-Orient. Batailles de Nouvelle-Guinée (janv.-juill.), des Carolines, des Mariannes, des Philippines (mai-déc.). — Offensive britannique en Birmanie (sept.-déc.).

1945. 4-11-II. *Conférence de Yalta.* La Turquie et les pays arabes en guerre avec l'Allemagne et le Japon. — 25-IV. *Conférence des Nations unies à San Francisco.* — 30-IV. Suicide de Hitler. — Mai-juin. *Intervention militaire britannique en Syrie ; évacuation des forces françaises.* — 9-VI. Accords entre la Yougoslavie et les Alliés sur Trieste. — 9-VII. Traités d'alliance entre l'U. R. S. S., la Bulgarie, la Hongrie, la Roumanie, la Tchécoslovaquie et la Yougoslavie. — 17-VII - 2-VIII. **Conférence de Potsdam.** — 26-VII. Gouvernement Attlee. — 8-VIII. *L'U. R. S. S. déclare la guerre au Japon et occupe Port-Arthur* (23-VIII). — 14-VIII. Traité d'alliance sino-soviétique. — 2-IX. **Signature solennelle de l'acte de reddition du Japon.**

Front Ouest. *Les Alliés franchissent le Rhin* (mars), occupent le Hanovre, la Saxe, la Bavière, pénètrent en Autriche et en Bohême (avr.).
Front Est. Les Soviétiques prennent *Varsovie* (17-I), *Budapest* (févr.), *Vienne* (12-IV) et *Berlin* (2-V). — Jonction des forces alliées et soviétiques à Torgau (25-IV) et à Wismar (3-V). — **Capitulation de la Wehrmacht, à Reims** (7-V) **et à Berlin** (9-V).
Extrême-Orient. Bataille des Philippines (févr.-mars). — 9-III. Mainmise japonaise sur l'Indochine. — Les Alliés prennent Rangoon (3-V), bataille d'Okinawa (avr.-juin). — **Bombardements atomiques d'Hiroshima** (6-VIII) **et de Nagasaki** (9-VIII). — *Capitulation japonaise* (14-VIII).

Traités de paix. — 10-II-1947. *Traités de Paris,* entre les Nations unies, l'Italie, la Roumanie, la Bulgarie, la Hongrie, la Finlande. — 8-IX-1951. *Traité de San Francisco,* entre les Nations unies (sauf l'U. R. S. S.) et le Japon. — 15-V-1955. *Traité d'État* rétablissant l'indépendance de l'Autriche.
Pertes humaines civiles et militaires de la Seconde Guerre mondiale. Total général : entre 40 et 52 millions de morts dont env. 7 millions de déportés en Allemagne. France : env. 535 000. — Allemagne : env. 4,5 millions — Belgique : 89 000. — Canada : 41 000. — États-Unis : 300 000. — Grande-Bretagne : 390 000. — Grèce : env. 500 000. — Hongrie : env. 450 000. — Italie : 310 000. — Japon : env. 2 millions. — Pays-Bas : env. 210 000. — Pologne : env. 5 millions. — Roumanie : env. 460 000. — U. R. S. S. : env. 20 millions. — Yougoslavie : env. 1 500 000.
Env. 5 100 000 Juifs ont péri, victimes des déportations et des massacres de la guerre.

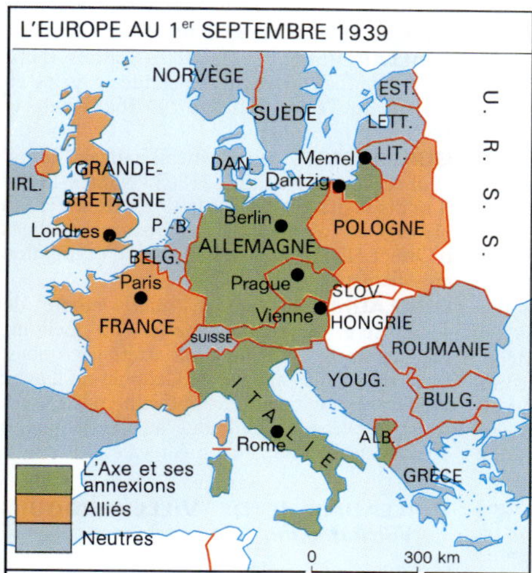
L'EUROPE AU 1er SEPTEMBRE 1939
NORVÈGE
SUÈDE
EST.
LETT.
LIT.
U. R. S. S.
IRL.
GRANDE-BRETAGNE
DAN.
Memel
Dantzig
Londres
P.-B.
Berlin
ALLEMAGNE
POLOGNE
BELG.
Paris
Prague
SLOV.
FRANCE
Vienne
HONGRIE
SUISSE
ROUMANIE
YOUG.
BULG.
ITALIE
Rome
ALB.
GRÈCE
L'Axe et ses annexions
Alliés
Neutres
0
300 km

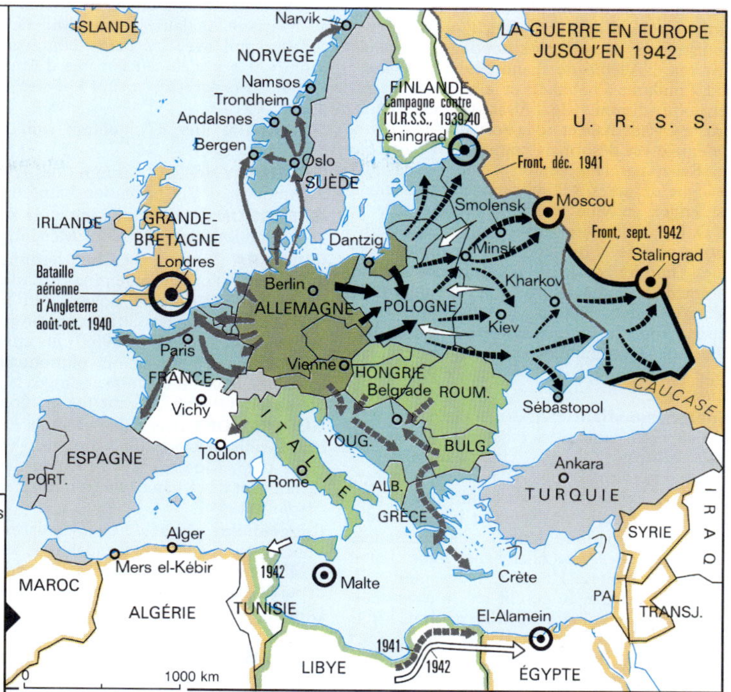
LA GUERRE EN EUROPE JUSQU'EN 1942
ISLANDE
Narvik
NORVÈGE
Namsos
Trondheim
Andalsnes
Bergen
FINLANDE
Campagne contre l'U.R.S.S., 1939-40
Léningrad
U. R. S. S.
Oslo
SUÈDE
Front, déc. 1941
Smolensk
Moscou
IRLANDE
GRANDE-BRETAGNE
Londres
Dantzig
Minsk
Front, sept. 1942
Stalingrad
Bataille aérienne d'Angleterre août-oct. 1940
Berlin
ALLEMAGNE
POLOGNE
Kharkov
Kiev
Paris
FRANCE
Vienne
HONGRIE
Belgrade
ROUM.
Vichy
CAUCASE
Sébastopol
YOUG.
Toulon
BULG.
ESPAGNE
PORT.
ITALIE
Rome
Ankara
TURQUIE
ALB.
GRÈCE
SYRIE
IRAQ
Alger
Mers el-Kébir
1942
Malte
Crète
MAROC
ALGÉRIE
TUNISIE
PAL.
TRANSJ.
El-Alamein
1941
1942
LIBYE
ÉGYPTE
0
1000 km

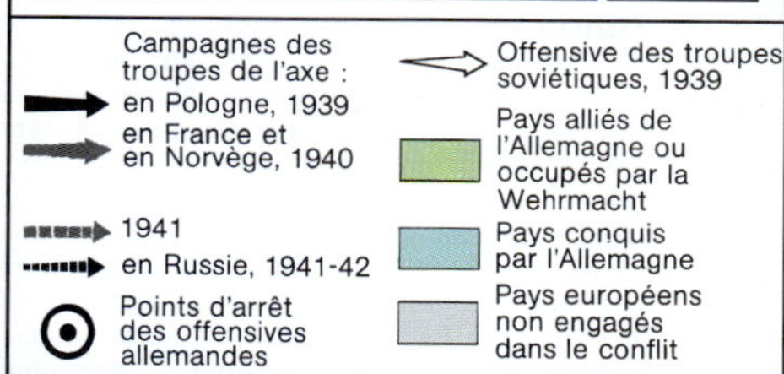
Campagnes des troupes de l'axe :
en Pologne, 1939
en France et en Norvège, 1940
1941
en Russie, 1941-42
Points d'arrêt des offensives allemandes
Offensive des troupes soviétiques, 1939
Pays alliés de l'Allemagne ou occupés par la Wehrmacht
Pays conquis par l'Allemagne
Pays européens non engagés dans le conflit

LA GUERRE EN EUROPE 1942-1945
FINLANDE
nov. 1942
Léningrad
U. R. S. S.
NORVÈGE
SUÈDE
août 1944
Moscou
GRANDE-BRETAGNE
Smolensk
IRLANDE
DAN.
début mai 1945
Stalingrad
mars 1945
Koursk
févr. 1943
Londres
Berlin
Kiev
Débarquement allié 6 juin 1944
Varsovie
Kharkov
juill. 1943
Paris
Vienne
FRANCE
CAUCASE
déc. 1943
Sébastopol
avr. 1945
Belgrade
PORT.
15 août 1944
ESPAGNE
Rome
déc. 1943
Ankara
TURQUIE
ITALIE
Débarquement américain nov. 1942
mai 1943
Tunis
GRÈCE
SYRIE
IRAQ
Alger
juill. 1943
Chypre
Casablanca
ALGÉRIE
TUNISIE
Crète
PAL.
TRANSJ.
Tripoli janv. 1943
MAROC
El-Alamein
ARABIE SAOUD.
SAHARA
LIBYE
ÉGYPTE
Leclerc
0
1000 km

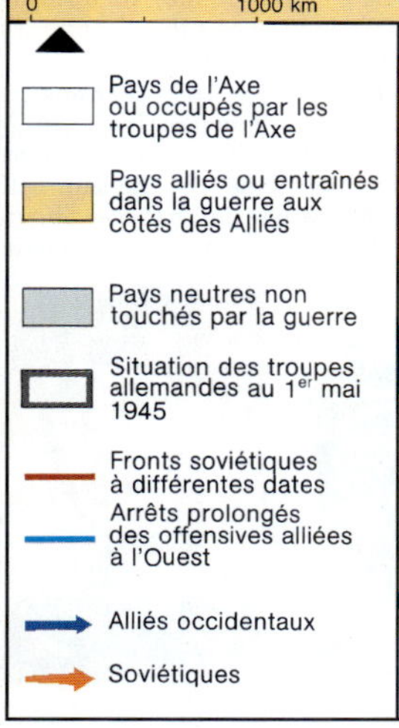
Pays de l'Axe ou occupés par les troupes de l'Axe
Pays alliés ou entraînés dans la guerre aux côtés des Alliés
Pays neutres non touchés par la guerre
Situation des troupes allemandes au 1er mai 1945
Fronts soviétiques à différentes dates
Arrêts prolongés des offensives alliées à l'Ouest
Alliés occidentaux
Soviétiques

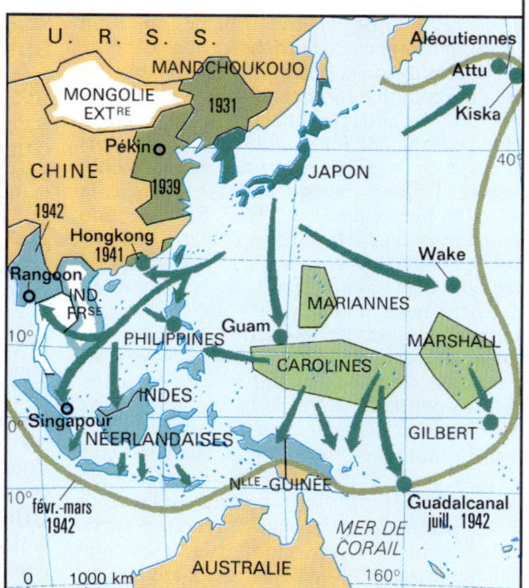
U. R. S. S.
Aléoutiennes
MANDCHOUKOUO
Attu
MONGOLIE EXTre
1931
Kiska
Pékin
CHINE
1939
JAPON
1942
Hongkong 1941
Wake
Rangoon
IND. FRSE
MARIANNES
Guam
PHILIPPINES
MARSHALL
CAROLINES
INDES
Singapour
NÉERLANDAISES
GILBERT
Nlle-GUINÉE
févr.-mars 1942
Guadalcanal juill. 1942
MER DE CORAIL
AUSTRALIE
0
1000 km

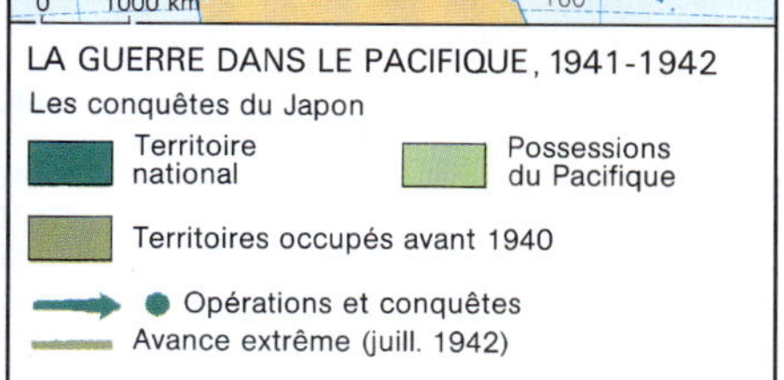
LA GUERRE DANS LE PACIFIQUE, 1941-1942
Les conquêtes du Japon
Territoire national
Possessions du Pacifique
Territoires occupés avant 1940
Opérations et conquêtes
Avance extrême (juill. 1942)

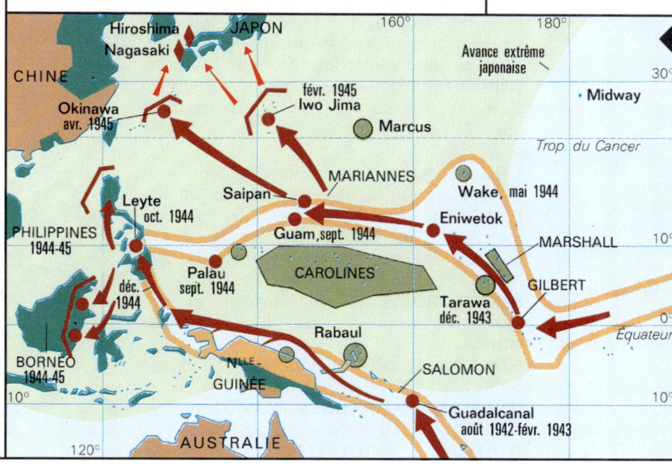
Hiroshima
Nagasaki
JAPON
CHINE
Avance extrême japonaise
Midway
févr. 1945
Iwo Jima
Okinawa avr. 1945
Marcus
Trop. du Cancer
MARIANNES
Saipan
Wake, mai 1944
Leyte oct. 1944
Eniwetok
Guam, sept. 1944
PHILIPPINES 1944-45
MARSHALL
Palau sept. 1944
CAROLINES
GILBERT
déc. 1944
Tarawa déc. 1943
Rabaul
Équateur
BORNÉO 1944-45
Nlle-GUINÉE
SALOMON
Guadalcanal août 1942-févr. 1943
AUSTRALIE

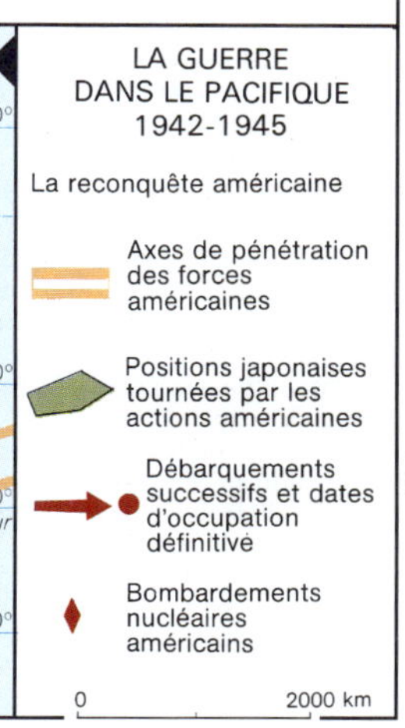
LA GUERRE DANS LE PACIFIQUE 1942-1945
La reconquête américaine
Axes de pénétration des forces américaines
Positions japonaises tournées par les actions américaines
Débarquements successifs et dates d'occupation définitive
Bombardements nucléaires américains
0
2000 km

L'écroulement des Empires russe, austro-hongrois, ottoman et du IIe Reich permet l'épanouissement de minorités nationales jusque-là brimées. L'Allemagne abandonne 70 000 km², soit 7 millions d'habitants et le huitième de son territoire, diminué de l'Alsace-Lorraine, de la Prusse-Occidentale et de la Posnanie. La Prusse-Orientale est désormais coupée de l'ensemble du Reich par le « couloir » qui donne à la Pologne un accès à la mer tandis que Dantzig est érigée en ville libre sous contrôle de la S. D. N. L'Empire britannique se transforme en une confédération de peuples alors que l'Empire colonial français pose, dans l'immédiat, moins de problèmes politiques. En définitive deux nations, les États-Unis et le Japon, sont les principaux bénéficiaires des difficultés économiques et politiques de l'Europe de l'après-guerre. *(V. tableau p. 1376 et cartes p. 1377.)*

Guerre mondiale *(Seconde),* conflit qui, de 1939 à 1945, opposa les puissances démocratiques alliées (Pologne, Grande-Bretagne et Commonwealth, France, Danemark, Norvège, Pays-Bas, Belgique, Yougoslavie, Grèce, puis U. R. S. S., États-Unis, Chine et la plupart des pays de l'Amérique latine) aux puissances totalitaires de l'Axe (Allemagne, Italie, Japon et leurs satellites, Hongrie, Slovaquie, etc.). ***Causes.*** L'origine du conflit réside essentiellement dans la volonté d'Hitler d'affranchir le IIIe Reich du « diktat » de Versailles (1919) et de dominer l'Europe. Après avoir rétabli le service militaire obligatoire (1935) pour disposer d'une puissante armée (la Wehrmacht), Hitler remilitarise la rive gauche du Rhin (1936), puis annexe l'Autriche et une partie de la Tchécoslovaquie (1938). La reconnaissance du fait accompli à Munich (1938) par la France et la Grande-Bretagne l'encourage à poursuivre cette politique de force. Hitler s'empare alors du reste de la Tchécoslovaquie (mars 1939), s'assure l'appui italien (mai) et obtient la neutralité bienveillante de l'U. R. S. S. avec son accord pour un partage de la Pologne (accords Ribbentrop-Molotov du 23 août). L'affaire de Dantzig peut alors servir de prétexte au déclenchement d'un conflit qui, à l'origine européen, embrase finalement le monde. ***Conséquences.*** À l'exception des États-Unis, les adversaires sortent du conflit épuisés et ruinés. Au plan politique, la fin de la Seconde Guerre mondiale voit l'ébranlement des empires coloniaux britanniques, français et hollandais. Seule des grandes nations, l'U. R. S. S. obtient un accroissement territorial important par le retour des anciennes dépendances de l'Empire tsariste. Si la Première Guerre mondiale a eu une liquidation rapide — dans les deux années qui suivirent l'effondrement des empires centraux les traités refirent la carte de l'Europe — il en est différemment après 1945. Le sort de l'Allemagne et du Japon, les deux principaux vaincus, reste en suspens. En effet, presque aussitôt se révèle un antagonisme entre les démocraties occidentales et l'Union soviétique. Celle-ci prend sous son égide les pays de l'Europe orientale, en les dotant (coup de Prague, 1948) d'un régime politique et social calqué sur le sien. La fin de la Seconde Guerre mondiale est aussi le début de la « guerre froide ». *(V. tableau p. 1378 et cartes p. 1379.)*

GUERVILLE (78930), ch.-l. de c. des Yvelines ; 1 902 h. Cimenterie.

GUESCLIN [gɛsklɛ̃] (Bertrand **du**), connétable de France (La Motte-Broons, près de Dinan, v. 1320 - Châteauneuf-de-Randon 1380). Il combattit pour Charles de Blois puis passa au service du roi de France, battit à Cocherel (1364) les troupes de Charles II le Mauvais, mais fut fait prisonnier à la bataille d'Auray. Charles V paya sa rançon et le chargea de débarrasser le pays des Grandes Compagnies*, qu'il conduisit en Espagne, où il assura le triomphe d'Henri de Trastamare (1369). À son retour, nommé connétable (1370), il mena contre les Anglais une efficace guerre de harcèlement. Il fut enterré à Saint-Denis.

GUESDE [gɛd] (Jules **Basile,** dit **Jules**), homme politique français (Paris 1845 - Saint-Mandé 1922). Il introduisit les thèses marxistes au sein du mouvement ouvrier français et fit accepter (1879) la création d'un parti ouvrier. Hostile, au contraire de Jaurès et de Millerand, à la collaboration avec les partis bourgeois, il fit triompher ses idées au congrès d'Amsterdam (1904), mais accepta, en 1914, d'être ministre d'État.

GUESNAIN (59287), comm. du Nord ; 5 075 h.

GUÉTHARY (64210), comm. des Pyrénées-Atlantiques ; 1 109 h. Station balnéaire.

GUEUGNON (71130), ch.-l. de c. de Saône-et-Loire, sur l'Arroux ; 9 817 h. Métallurgie.

GUEVARA (Ernesto, dit **Che**), homme politique cubain, d'origine argentine (Rosario 1928 - région de Valle Grande, Bolivie, 1967). Médecin, il participa à la révolution cubaine aux côtés de Fidel Castro (1956-1959) et chercha à développer des foyers révolutionnaires en Amérique latine. Il organisa et dirigea la guérilla bolivienne (1966-67). Il fut tué en Bolivie.

GUÈVREMONT (Germaine), femme de lettres canadienne d'expression française (Saint-Jérôme 1893 - Montréal 1968), auteur de contes rustiques et de romans du terroir *(En pleine terre, Marie-Didace).*

Guggenheim *(musée Solomon R.),* musée de New York, dans un édifice hélicoïdal de F. L. Wright (1943-1959). Il est consacré à l'art du XXe s., depuis Cézanne, le cubisme et Kandinsky.

Gugong ou **Kou-kong,** nom chinois de la Cité interdite à Pékin.

GUI ou **GUY** *(saint),* martyr (IVe s. ?). Son culte était très populaire au Moyen Âge ; on l'invoquait contre l'épilepsie et certaines maladies nerveuses (la « danse de Saint-Gui »).

GUI ou **GUIDO d'Arezzo,** bénédictin et théoricien musical italien (Arezzo v. 990 - après 1033). Il a donné leur nom aux notes de la gamme.

GUI DE DAMPIERRE (1225 - Pontoise 1305), comte de Flandre (1278-1305). Vassal de Philippe le Bel, il se révolta en 1297. Mal soutenu par l'Angleterre, il se constitua prisonnier en 1300, et passa le reste de ses jours en captivité.

GUI DE LUSIGNAN (Lusignan v. 1129 - Nicosie 1194), roi de Jérusalem (1186-1192), seigneur de Chypre (1192-1194). Il fut dépouillé du royaume de Jérusalem par Conrad Ier de Montferrat (1192).

GUIBERT de Nogent, bénédictin et historien français (Clermont, Oise, 1053 - Nogent-sous-Coucy, v. 1130), auteur d'une histoire des croisades, *Gesta Dei per Francos.*

GUICHARDIN (François), en ital. **Francesco Guicciardini,** historien italien (Florence 1483 - Arcetri 1540). Il servit les papes et écrivit une *Histoire de l'Italie* (1537-1540), menée de 1492 à la mort de Clément VII.

GUICHEN (35580), ch.-l. de c. d'Ille-et-Vilaine ; 5 960 h.

GUIDE (le) → ***Reni*** *(Guido).*

GUIDEL (56520), comm. du Morbihan ; 8 342 h.

Guignol, principal personnage français de marionnettes, créé par Laurent Mourguet (1769-1844), qui date de la fin du XVIIIe s. D'origine lyonnaise, Guignol et son ami Gnafron symbolisent l'esprit populaire frondeur, en lutte contre les agents de l'autorité.

GUIGOU (Paul), peintre français (Villars, Vaucluse, 1834 - Paris 1871). Il a excellemment rendu l'âpreté lumineuse de la campagne provençale.

GUIL (le), torrent des Hautes-Alpes, drainant le Queyras et affl. de la Durance (r. g.) ; 56 km.

GUILBERT (Yvette), chanteuse française de music-hall (Paris 1867 - Aix-en-Provence 1944), dont le nom reste attaché à la chanson *Madame Arthur.*

GUILDFORD, v. de Grande-Bretagne, au sud-ouest de Londres ; 57 000 h. Monuments anciens.

GUILERS (29820), comm. du Finistère ; 6 905 h.

GUILHERAND-GRANGES (07500), comm. de l'Ardèche ; 10 566 h.

GUILIN ou **KOUEI-LIN,** v. de Chine (Guangxi) ; 250 000 h. Très beau paysage de collines bordant le fleuve ; reliefs rupestres, de l'époque Tang pour les plus anciens.

GUILLAIN (Simon), sculpteur français (Paris 1581 - *id.* 1658), auteur des statues royales en bronze du Pont-au-Change (v. 1643) auj. au Louvre.

GUILLAUMAT (Louis), général français (Bourgneuf, Charente-Maritime, 1863 - Nantes 1940). Il se distingua à la tête de la IIe armée à Verdun (1916) et commanda les troupes alliées d'Orient (1917-18) puis les forces d'occupation en Allemagne (1924-1930).

GUILLAUME le Grand *(saint),* comte de Toulouse et duc d'Aquitaine (v. 755 - Gellone, Languedoc, 812). Après avoir arrêté les Arabes, il se retira dans l'abbaye de Gellone, qu'il avait fondée et qui devint Saint-Guilhem-le-Désert. Il est le héros (« Guillaume au Court Nez ») d'un cycle de chansons médiévales.

ACHAÏE

GUILLAUME II DE VILLEHARDOUIN → ***Villehardouin.***

ALLEMAGNE

GUILLAUME Ier (Berlin 1797 - *id.* 1888), roi de Prusse (1861-1888), empereur allemand (1871-1888). Fils de Frédéric-Guillaume III, il gouverna comme régent à la place de son frère Frédéric-Guillaume IV, atteint de maladie mentale (1858), puis lui succéda (1861). Ne pouvant obtenir les crédits militaires pour la réforme de Moltke, il appela à la présidence du Conseil Bismarck (1862). Celui-ci détint dès lors le pouvoir réel. À l'issue de la guerre franco-allemande (1870-71), Guillaume fut proclamé empereur allemand au château de Versailles, le 18 janv. 1871.

GUILLAUME II (château de Potsdam 1859 - Doorn, Pays-Bas, 1941), roi de Prusse et empereur d'Allemagne (1888-1918), petit-fils du précédent et fils de Frédéric III (1831-1888) qui ne régna que quelques mois (1888). Se débarrassant de Bismarck dès 1890, il conduisit lui-même les affaires, en s'appuyant sur le camp conservateur. Il lança à partir de 1898 un programme de construction navale afin de rivaliser avec la Grande-Bretagne. Il tenta contre la France une politique d'intimidation (Tanger, 1905 ; Agadir, 1911), et développa l'influence allemande dans l'Empire ottoman. Après la conclusion de la Triple-Entente (1907), il renforça ses liens avec l'Autriche et se lança en août 1914 dans la Première Guerre mondiale. Vaincu (1918), il abdiqua et s'exila.

ANGLETERRE ET GRANDE-BRETAGNE

GUILLAUME Ier le Conquérant ou **le Bâtard** (Falaise ? v. 1028 - Rouen 1087), duc de Normandie (1035-1087), roi d'Angleterre (1066-1087). En 1066, revendiquant la couronne anglaise que lui a promise Édouard le Confesseur, il conquit l'Angleterre sur le roi Harold II, défait et tué près de Hastings (1066), et sut organiser son nouveau royaume en constituant une noblesse militaire très fortement hiérarchisée. Il fit rédiger, en 1085, le « Domesday* Book ». — Son fils et successeur **Guillaume II le Roux** (v. 1056 - près de Lyndhurst 1100), roi d'Angleterre (1087-1100), lutta avec succès contre les Gallois et les Écossais (1093).

GUILLAUME III (La Haye 1650 - Kensington 1702), stathouder des Provinces-Unies (1672-1702), roi d'Angleterre, d'Écosse et d'Irlande (1689-1702), fils posthume de Guillaume II de Nassau et de Marie, fille de Charles Ier Stuart. Stathouder (1672), il sauva sa patrie

Guillaume II

Guillaume Ier le Conquérant

de l'invasion française en ouvrant les écluses afin d'inonder le pays, forma contre Louis XIV une coalition européenne et préserva l'intégrité du territoire néerlandais au traité de Nimègue (1678). Défenseur du protestantisme, il renversa du trône d'Angleterre son beau-père, Jacques II, et fut proclamé roi en 1689, conjointement à son épouse, Marie II Stuart. Louis XIV reconnut son autorité au traité de Ryswick (1697).

GUILLAUME IV (Londres 1765 - Windsor 1837), roi de Grande-Bretagne, d'Irlande et de Hanovre (1830-1837), fils de George III.

ÉCOSSE

GUILLAUME le Lion (1143 - Stirling 1214), roi d'Écosse (1165-1214). Il dota son pays d'une solide organisation administrative et judiciaire.

HOLLANDE ET PAYS-BAS

GUILLAUME Ier DE NASSAU, dit **le Taciturne** (château de Dillenburg 1533 - Delft 1584), stathouder de Hollande (1559-1567, 1572-1584). Opposé à la politique absolutiste de Philippe II, il organisa le soulèvement des Provinces-Unies contre l'Espagne (1572), ce qui lui valut d'être reconnu stathouder des dix-sept Provinces-Unies (1576), mais il ne put empêcher les provinces méridionales, catholiques, de se replacer sous l'autorité des Espagnols (1579), qui le firent assassiner. — **Guillaume II de Nassau** (La Haye 1626 - *id.* 1650), stathouder de Hollande (1647-1650), fils et successeur de Frédéric-Henri. Il fit reconnaître l'indépendance des Provinces-Unies à la paix de Westphalie (1648). Sa mort prématurée permit au parti républicain de reprendre le pouvoir. — **Guillaume III de Nassau** → *Guillaume III,* roi d'Angleterre.

GUILLAUME Ier (La Haye 1772 - Berlin 1843), roi des Pays-Bas et grand-duc de Luxembourg (1815-1840). Désigné comme roi par le congrès de Vienne, il perdit la Belgique en 1830 ; il abdiqua en 1840. — **Guillaume II** (La Haye 1792 - Tilburg 1849), roi des Pays-Bas et grand-duc de Luxembourg (1840-1849), fils du précédent. Il fut contraint d'accorder une constitution parlementaire (1848). — **Guillaume III** (Bruxelles 1817 - château de Loo 1890), roi des Pays-Bas et grand-duc de Luxembourg (1849-1890), fils du précédent.

DIVERS

GUILLAUME de Champeaux, philosophe scolastique (Champeaux, près de Melun, milieu du XIe s. - v. 1121), évêque de Châlons (1113-1121). Dans la querelle des universaux, il s'opposa à son disciple Abélard.

GUILLAUME DE CHAMPLITTE → ***Champlitte.***

GUILLAUME de Conches, philosophe français (Conches fin du XIe s.-v. 1154). Précepteur d'Henri II Plantagenêt, roi d'Angleterre, aristotélicien, il établit une psychologie et une théorie atomiste du monde. C'est l'un des plus remarquables penseurs de l'école de Chartres.

GUILLAUME de Lorris, poète français (Lorris-en-Gâtinais v. 1200/1210 - apr. 1240), auteur de la première partie du *Roman* de la Rose.*

GUILLAUME de Machaut ou **de Machault,** poète et musicien français (Machault, près de Reims, v. 1300 - Reims 1377). Chanoine de Reims, il fut l'un des créateurs de l'école polyphonique française par ses motets, ses ballades et sa *Messe Notre-Dame.* Il a fixé les règles musicales et littéraires de l'art lyrique pour le lai, le virelai, la ballade, le rondeau.

Détail d'une page enluminée d'un manuscrit du XIVe s. des *Nouveaux Dits amoureux de* **Guillaume de Machaut.** (B.N.F., Paris.)

GUILLAUME de Nangis, chroniqueur français (m. en 1300). Moine de Saint-Denis, il est l'auteur d'une *Chronique universelle* (des origines à 1300).

GUILLAUME DE RUBROEK → ***Rubroek.***

GUILLAUME DE SAINT-AMOUR, théologien français (Saint-Amour, Franche-Comté, 1202 - *id.* 1272). Professeur à l'Université de Paris, il fut l'adversaire des ordres mendiants, mais ses thèses furent condamnées par Rome.

GUILLAUME de Tyr, historien des croisades (Syrie v. 1150 - Rome 1185), archevêque de Tyr. Il a laissé une chronique de l'Orient latin au XIIe s.

GUILLAUME d'Occam ou **d'Ockham,** philosophe anglais (Ockham, Surrey, v. 1285 - Munich v. 1349). Franciscain, excommunié, partisan du nominalisme dans la querelle des universaux et auteur d'une logique qui distingue les objets de pensée des catégories de la connaissance. Sa pensée a influencé la logique médiévale et préparé la doctrine de Luther en ébranlant les bases de la théologie médiévale.

Guillaume Tell, héros légendaire helvétique (XIVe s.). Guillaume Tell ayant refusé de saluer le chapeau de Gessler, bailli des Habsbourg, celui-ci le fit arrêter et, le sachant très habile arbalétrier, le condamna à traverser d'une flèche une pomme placée sur la tête de son jeune fils, épreuve dont Guillaume Tell sortit victorieux. Plus tard, Guillaume Tell tua Gessler.

GUILLAUME (Charles Édouard), physicien suisse (Fleurier 1861 - Sèvres 1938). Il a étudié les aciers au nickel, découvrant notamment l'Invar et l'Élinvar. (Prix Nobel 1920.)

GUILLAUME (Gustave), linguiste français (Paris 1883 - *id.* 1960). Sa « psychosystématique » établit des rapports entre la structure de la langue et la structure de la pensée, saisie notamment à travers la conception du temps (*Temps et verbe,* 1929).

GUILLAUMIN (Armand), peintre français (Paris 1841 - *id.* 1927). Impressionniste au coloris intense, il a donné des paysages de la région parisienne, de l'Esterel, de la Creuse.

GUILLEM (Sylvie), danseuse française (Paris 1965). Ballerine classique aux qualités techniques exceptionnelles *(le Lac des cygnes),* elle fascine les chorégraphes, qui règlent pour elle des variations originales (*In the Middle, Somewhat Elevated,* Forsythe, 1987 ; *Épisodes,* Béjart, 1992).

GUILLEMIN (Roger), médecin américain d'origine française (Dijon 1924). Il a déterminé la structure des hormones de l'hypothalamus, et a isolé les endorphines. (Prix Nobel 1977.)

GUILLÉN (Jorge), poète espagnol (Valladolid 1893 - Málaga 1984). Il combine l'influence de Góngora avec l'intellectualisme moderne *(Cántico).*

GUILLÉN (Nicolás), poète cubain (Camagüey 1902 - La Havane 1989), d'inspiration nationale et sociale *(Sóngoro Cosongo, le Grand Zoo, le Chant de Cuba).*

GUILLESTRE (05600), ch.-l. de c. des Hautes-Alpes ; 2 049 h. Tourisme.

GUILLEVIC (Eugène), poète français (Carnac 1907), dont l'œuvre est marquée par son origine bretonne et son engagement social et politique *(Terraqué, Carnac, Euclidiennes).*

GUILLOTIN (Joseph Ignace), médecin français (Saintes 1738 - Paris 1814). Député, il fit adopter par l'Assemblée nationale (1789) l'instrument appelé, de son nom, *guillotine.*

GUILLOUX (Louis), écrivain français (Saint-Brieuc 1899 - *id.* 1980), d'inspiration populiste et sociale *(le Sang noir, le Jeu de patience).*

GUILVINEC (29730), ch.-l. de c. du Finistère ; 3 393 h. *(Guilvinistes).* Port de pêche. Conserveries. Station balnéaire.

GUIMARÃES, v. du Portugal (Braga) ; 48 164 h. Château fort remontant au Xe s., palais des ducs de Bragance (XVe s.) et autres monuments. Musées.

GUIMARÃES ROSA (João), écrivain brésilien (Cordisburgo 1908 - Rio de Janeiro 1967), peintre du Nord-Est brésilien *(Diadorim).*

GUIMARD (Hector), architecte français (Lyon 1867 - New York 1942). Rationaliste, mais aussi décorateur maniant l'ornement pseudo-végétal avec énergie et liberté, il fut, jusqu'en 1914, un des meilleurs représentants de l'Art nouveau (« castel Béranger », Paris, 1894).

Guimet (musée), département des arts asiatiques des Musées nationaux, depuis 1945. Fondé à Lyon en 1879, par Émile Guimet (1836-1918), il a été transféré à Paris en 1885.

GUINÉE, État de l'Afrique occidentale ; 250 000 km² ; 7 500 000 h. *(Guinéens).* CAP. *Conakry.* LANGUE : *français.* MONNAIE : *franc guinéen.*

GÉOGRAPHIE

Le massif du Fouta-Djalon, domaine de l'élevage bovin, sépare une plaine côtière, humide, densément peuplée, cultivée en riz et possédant des plantations de palmiers à huile et de bananiers, de la partie orientale, pays plat, plus sec, fournissant surtout du mil et du manioc. La bauxite (transformée en partie sur place en alumine, à Fria) assure l'essentiel des exportations, passant par Conakry, seule ville importante.

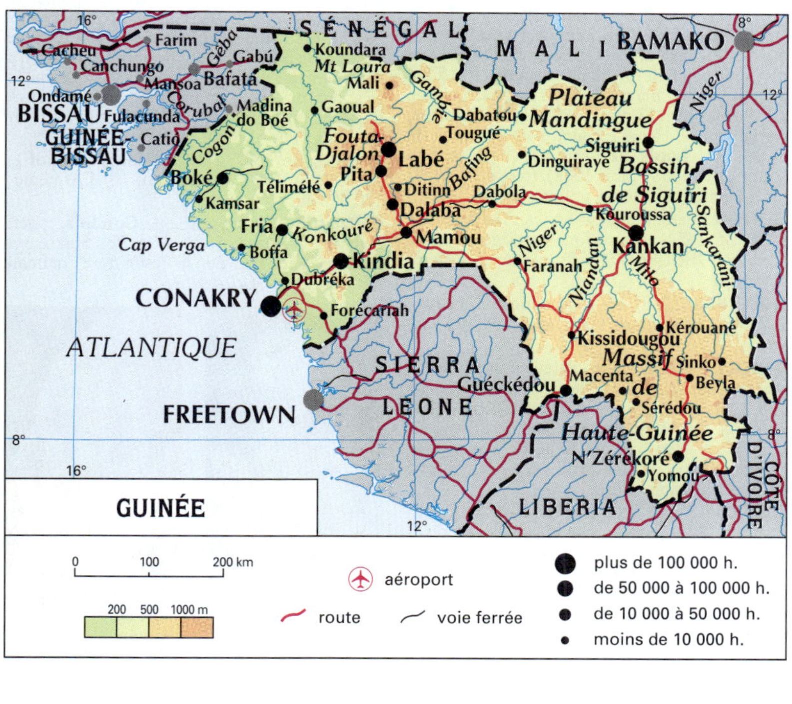

HISTOIRE

Les origines et l'époque coloniale. XIIe s. : la haute Guinée, peuplée de Malinké, appartient en partie à l'empire du Mali. Le commerce est le monopole de colporteurs musulmans, les dioulas. 1461-62 : l'arrivée du Portugal inaugure la traite des Noirs, qui persistera jusqu'après le milieu du XIXe s. XVIIIe s. : les Peuls, venus au XVIe s. des régions périphériques, instituent dans le centre du pays un État théocratique. Les Soussou, rejetés vers la côte, soumettent les populations locales. Seconde moitié du XIXe s. : des conquérants musulmans, comme Samory Touré, deviennent maîtres du pays où l'islam s'impose contre l'animisme des Malinké. La France entreprend la conquête de la région. 1889-1893 : la Guinée devient colonie française. 1895 : elle est englobée dans l'A.-O. F. 1898 : elle est rattachée au Soudan français. 1904 : la Grande-Bretagne cède à la France les îles de Los, face à Conakry.

La Guinée indépendante. 1952 : le syndicaliste Sékou Touré prend la tête du mouvement nationaliste. 1958 : la Guinée opte pour l'indépendance immédiate, rompant tout lien avec la France. 1961 : pour vaincre son isolement, la Guinée forme avec le Ghana et le Mali l'Union des États africains. 1958-1974 : direction dictatoriale de S. Touré ; nombreux complots et procès. 1975-1978 : rapprochement avec la France. 1984 : mort de Sékou Touré. Le colonel Lansana Conté, nouveau chef de l'État, se trouve confronté à de graves difficultés économiques. 1990 : une nouvelle Constitution, approuvée par référendum, met fin au régime militaire et introduit le multipartisme. 1993 : L. Conté est confirmé à la tête de l'État lors de la première élection présidentielle pluraliste.

GUINÉE (NOUVELLE-) → ***Nouvelle-Guinée.***

GUINÉE-BISSAU, anc. **Guinée portugaise,** État de l'Afrique occidentale, au sud du Sénégal ; 36 125 km² ; 1 million d'h. CAP. *Bissau.* LANGUE : *portugais.* MONNAIE : *peso.* Arachides et riz. (V. carte ***Guinée.***)

HISTOIRE

1446 : les Portugais découvrent le pays, peuplé de Mandingues musulmans et de populations animistes. Fin du XVIe s. : ils y installent des comptoirs. 1879 : la Guinée portugaise devient une colonie, détachée administrativement du Cap-Vert. 1941 : Bissau devient le chef-lieu de la colonie. 1956 : Amilcar Cabral prend la tête du mouvement nationaliste. 1962 : guérilla anti-portugaise. 1973 : la république de Guinée-Bissau est proclamée par Luís de Almeida Cabral, frère d'Amilcar qui vient d'être assassiné. 1974 : son indépendance est reconnue par le Portugal. 1980 : L. Cabral est renversé par un coup d'État. Le commandant J. B. Vieira lui succède. 1991 : le multipartisme est instauré. 1994 : la première élection présidentielle pluraliste confirme J. B. Vieira à la tête de l'État.

GUINÉE ÉQUATORIALE, anc. **Guinée espagnole,** État du golfe de Guinée ; 28 100 km² ; 400 000 h. CAP. *Malabo.* LANGUE : *espagnol.* MONNAIE : *franc C. F. A.* Elle comprend deux parties : l'une, qui regroupe diverses îles, dont Bioco et Annobón ; l'autre, qui correspond au territoire continental du Mbini (anc. Río Muni) entre le Cameroun et le Gabon.

HISTOIRE

1777-78 : le Portugal cède à l'Espagne les îles d'Annobón et de Fernando Poo, qu'elle occupe depuis le XVe s. C'est le noyau de la Guinée équatoriale. XIXe s. : l'Espagne ne prend véritablement possession de la colonie, en partie occupée par la Grande-Bretagne, qu'en 1858. La France lui dispute la possession de la côte. 1900 : les frontières du pays sont définitivement fixées, l'intérieur du Río Muni n'est occupé qu'en 1926. 1959 : la colonie devient une province espagnole. 1964 : l'autonomie est accordée. 1968 : l'indépendance est proclamée. F. Macías Nguema établit un régime despotique et rompt avec l'Espagne ; le tiers de la population fuit le pays. 1979 : le colonel T. O. Nguema Mbasogo prend le pouvoir et rétablit des relations avec l'Espagne et l'Occident. 1992 : le pays s'engage sur la voie du multipartisme. 1993 : le parti au pouvoir remporte les premières élections législatives pluralistes, boycottées par les principaux partis d'opposition.

GUINEGATTE, auj. **Enguinegatte** (62145), comm. du Pas-de-Calais ; 391 h. Bataille indécise, le 7 août 1479, entre les troupes de Louis XI et de Maximilien d'Autriche. Le 16 août 1513, les troupes de Louis XII y furent vaincues par les armées d'Henri VIII d'Angleterre et de Maximilien d'Autriche (journée des Éperons).

GUÎNES (62340), ch.-l. de c. du Pas-de-Calais ; 5 160 h. *(Guînois).* Au S., *forêt de Guînes.*

GUINGAMP (22200), ch.-l. d'arr. des Côtes-d'Armor ; 8 774 h. *(Guingampais).* Agroalimentaire. Basilique des XIVe-XVIe s.

GUINIZELLI (Guido), poète italien (Bologne v. 1235 - Monselice 1276), un des précurseurs de Dante.

GUINNESS (*sir* Alec), acteur britannique (Londres 1914). Remarquable acteur de composition, plein d'humour, il a joué le répertoire shakespearien à l'Old Vic Theatre et interprété de nombreux rôles au cinéma (*Noblesse oblige,* R. Hamer, 1949).

GUIPAVAS (29490), ch.-l. de c. du Finistère ; 12 076 h. Aéroport de *Brest-Guipavas.*

GUIPÚZCOA, une des prov. basques d'Espagne ; 671 743 h. Ch.-l. *Saint-Sébastien.*

Guirlande de Julie (la), recueil de madrigaux que le duc de Montausier composa et qu'il fit compléter, calligraphier et illustrer en l'honneur de Julie d'Angennes, fille de la marquise de Rambouillet (1634).

GUIRY-EN-VEXIN (95450), comm. du Val-d'Oise ; 157 h. Église des XVe-XVIe s., château du XVIIe. Musée départemental de préhistoire et d'archéologie.

GUISAN (Henri), général suisse (Mézières, cant. de Vaud, 1874 - Pully 1960). Il commanda l'armée suisse de 1939 à 1945.

GUISCARD (60640), ch.-l. de c. de l'Oise ; 1 576 h.

GUISCARD → ***Robert Guiscard.***

GUISE [gɥiz] (02120), ch.-l. de c. de l'Aisne, sur l'Oise ; 6 039 h. *(Guisards).* Fonderie. Constructions mécaniques. Citadelle des XIe et XVIe s. Victoire de Lanrezac en août 1914.

GUISE [giz *ou* gɥiz] *(maison de),* branche cadette des ducs de Lorraine, qui acquit en 1333 le comté de Guise, en Thiérache, élevé au titre de duché-pairie en 1528. En 1704, le titre passa aux Condé et, en 1832, à la maison d'Orléans. Les membres les plus importants de la première maison sont **Claude Ier** (Condé-Northen, Moselle, 1496 - Joinville 1550), premier duc et pair de Guise. Il servit François Ier contre Charles Quint ; — **François Ier** (Bar 1519 - Saint-Mesmin 1563), son fils. Il défendit Metz contre Charles Quint et, lieutenant général du royaume, reprit Calais aux Anglais (1558). Au début des guerres de Religion, il prit la direction des troupes catholiques et fut assassiné par un protestant ; — **Charles de Guise** ou **de Lorraine** (Joinville 1524 - Avignon 1574), frère du précédent, fut archevêque de Reims (1538) et cardinal (1547) ; — **Henri Ier**, dit *le Balafré* (1549 - Blois 1588), fils aîné de François. Il fut un des instigateurs de la Saint-Barthélemy et devint le chef de la Ligue catholique (1576). Très populaire, maître de Paris après la journée des Barricades (12 mai 1588), il fut assassiné, sur l'ordre de Henri III, aux états généraux de Blois ; — **Louis II,** cardinal de Lorraine (Dampierre 1555 - Blois 1588), frère d'Henri Ier, fut assassiné en même temps.

GUITON (Jean), armateur français (La Rochelle 1585 - *id.* 1654). Maire lors du siège de cette ville par Richelieu (1628), il en dirigea la résistance.

GUÎTRES (33230), ch.-l. de c. de la Gironde ; 1 409 h. *(Guitrauds).* Anc. abbatiale des XIe-XIVe s.

GUITRY (Sacha), acteur, auteur dramatique et cinéaste français (Saint-Pétersbourg 1885 - Paris 1957), fils du comédien **Lucien Guitry** (Paris 1860 - *id.* 1925). Auteur de comédies (*Mon père avait raison,* 1919) et de films (*le Roman d'un tricheur,* 1936), il a incarné un certain esprit parisien, brillant et caustique.

GUITTON (Jean), philosophe français (Saint-Étienne 1901), auteur d'ouvrages consacrés à la pensée catholique, parmi lesquels *la Pensée moderne et le catholicisme* (1930-1955). Il a participé à Vatican II. (Acad. fr.)

GUITTONE d'Arezzo, poète italien (Arezzo v. 1235 - Florence 1294), auteur de poésies morales et religieuses.

GUIYANG ou **KOUEI-YANG,** v. de Chine, cap. du Guizhou ; 1 300 000 h.

GUIZÈH → ***Gizeh.***

GUIZHOU ou **KOUEI-TCHEOU,** prov. de la Chine du Sud ; 170 000 km² ; 29 020 000 h. Cap. *Guiyang.*

GUIZOT (François), homme politique et historien français (Nîmes 1787 - Val-Richer, Calvados, 1874). Protestant, professeur d'histoire moderne en Sorbonne (1812), secrétaire général au ministère de l'Intérieur (1814), il contribua à la chute de Charles X (1830). Ministre de l'Instruction publique (1832-1837), il fit voter en 1833 une loi organisant l'enseignement primaire. De 1840 à 1848, soit comme ministre des Affaires étrangères (1840-1847), soit comme président du Conseil (1847-48), il fut le vrai maître du pays. Sa chute, le 23 févr. 1848, provoquée par son refus de toute réforme électorale et son conservatisme social, entraîna celle de la monarchie bourgeoise. (Acad. fr.)

GUJAN-MESTRAS (33470), comm. de la Gironde, sur le bassin d'Arcachon ; 11 484 h. *(Gujanais).* Ostréiculture.

GUJERAT, État du nord-ouest de l'Inde ; 196 000 km² ; 41 174 060 h. Cap. *Gāndhīnagar.*

GUJRĀNWĀLA, v. du Pakistan ; 597 000 h.

GU KAIZHI ou **KOU K'AI-TCHE,** peintre chinois (Wuxi v. 345 - v. 406), le premier dont le nom reste attaché à une œuvre connue par une copie ancienne et fidèle, le rouleau : *Conseils de la monitrice aux dames de la Cour* (British Museum).

GULBARGA, v. de l'Inde (Karnātaka) ; 309 962 h. Mosquée (XIVe s.).

GULBENKIAN (Calouste Sarkis), homme d'affaires britannique d'origine arménienne (Istanbul 1869 - Lisbonne 1955). Il contribua à l'exploitation du pétrole du nord de l'Iraq et constitua une importante collection de tableaux et d'objets d'art, transférée à Lisbonne en 1960.

GULDBERG (Cato), chimiste et mathématicien norvégien (Christiania 1836 - *id.* 1902). Avec Waage, il a donné une forme quantitative à la loi d'action de masse (1864).

GULF STREAM (« Courant du Golfe »), courant chaud de l'Atlantique. Résultant de la réunion du courant des Antilles et du courant de Floride, il franchit le détroit de Floride et remonte jusqu'au sud de Terre-Neuve, en s'étalant et en déviant vers l'est. Devenu *courant nord-atlantique,* il se divise en branches multiples et se transforme en dérive diffuse. Il adoucit considérablement les climats littoraux de l'Europe du Nord-Ouest.

Gulistān → ***Golestān.***

Gulliver, héros du roman satirique et fantastique de Swift, *Voyages à travers plusieurs pays lointains des quatre parties du monde par Lemuel Gulliver* (1726). Gulliver visite des contrées imaginaires : Lilliput, où les habitants ne dépassent pas six pouces ; Brobdingnag, peuplé de géants ; Laputa, île volante habitée par des savants ; le pays des Houyhnhnms, chevaux qui dominent les Yahoos, anthropoïdes dégradés. Ces fictions veulent prouver que la nature humaine est infirme et que les institutions n'ont pas de valeur absolue.

GUMRI, de 1837 à 1924 **Aleksandropol** et de 1924 à 1991 **Leninakan,** v. d'Arménie ; 120 000 h.

GUNDULIĆ (Ivan), en ital. **Gondola,** poète ragusain (Raguse v. 1589 - *id.* 1638). Son œuvre marque l'apogée de la littérature dalmate *(Osman, Dubravka).*

François **Guizot** (J.G. Vibert - château de Versailles)

Gustave Ier Vasa (W. Boy - château de Gripsholm)

GÜNEY (Yilmaz), acteur et cinéaste turc (Adana 1937 - Paris 1984). Longtemps prisonnier politique, il écrivit des scénarios pour des films dont il téléguida la réalisation (*Yol,* 1982).

GÜNTHER (Ignaz), sculpteur allemand (Altmannstein, Haut-Palatinat, 1725 - Munich 1775), un des grands maîtres de la plastique rococo dans les églises d'Allemagne du Sud.

GUNTŪR, v. de l'Inde (Andhra Pradesh) ; 471 020 h.

Guomindang ou **Kouo-min-tang** (« parti nationaliste »), parti politique chinois fondé en 1912 par Sun Yat-sen et dirigé par Jiang Jieshi (Tchang Kaï-chek) à partir de 1925. Après la victoire communiste (1949), son influence fut réduite à la seule Taïwan.

GUO MORUO ou **KOUO MO-JO,** écrivain et homme politique chinois (au Sichuan 1892 - Pékin 1978). Auteur de poèmes, de récits autobiographiques, de travaux historiques, il fut le chef de file culturel de la Chine nouvelle de 1949 à 1966.

GUO XI ou **KOUO HI,** peintre chinois (né à Wenxian, Henan, actif entre 1020 et 1090). L'un des grands paysagistes de la dynastie des Song du Nord (*Printemps précoce,* 1072, musée de Taibei).

GUPTA, dynastie indienne (v. 270 ? - 550) qui affermit son pouvoir sur l'Inde du Nord sous Candragupta Ier (v. 320 - v. 330) et atteignit son apogée à la charnière des IVe et Ve s.

Guri, aménagement hydroélectrique du Venezuela, sur le Caroní.

GURKHA, caste militaire du Népal, qui fournit des soldats à l'armée britannique.

GURVITCH (Georges), sociologue français (Novorossisk, Russie, 1894 - Paris 1965). Il a préconisé une sociologie qui a pour objet d'analyser les faits sociaux dans leur totalité (*Morale théorique et science des mœurs,* 1937).

GUSTAVE Ier VASA (Lindholm 1496 - Stockholm 1560), roi de Suède (1523-1560), fondateur de la dynastie des Vasa. Après avoir rompu l'Union de Kalmar, il fut proclamé roi, favorisa le luthéranisme, mit la main sur les domaines du clergé, encouragea l'économie nationale et s'allia avec François Ier, roi de France (1542).

GUSTAVE II ADOLPHE (Stockholm 1594 - Lützen 1632), roi de Suède (1611-1632). Avec l'aide du chancelier Oxenstierna, il modernisa l'État et l'économie, favorisa l'essor de l'éducation ; il reconstitua l'armée suédoise, avec laquelle il acheva la guerre contre les Danois (1613), puis enleva l'Estonie, l'Ingrie et la Carélie orientale à la Russie (1617). Devenu maître de la Baltique, il intervint en Allemagne avec l'aide de Richelieu, pour soutenir les protestants pendant la guerre de Trente Ans ; il triompha des impériaux à Breitenfeld (1631) et au Lech (1632), mais fut tué au cours de son combat victorieux à Lützen.

GUSTAVE III (Stockholm 1746 - *id.* 1792), roi de Suède (1771-1792). Despote éclairé, il fit la guerre à la Russie et prit d'abord l'initiative de mesures libérales ; mais de graves troubles agraires consécutifs à la guerre menée contre les Danois et les Russes l'incitèrent à revenir, à partir de 1788, à l'autoritarisme. Il fut assassiné par un fanatique.

GUSTAVE IV ADOLPHE (Stockholm 1778 - Saint-Gall, Suisse, 1837), roi de Suède (1792-1809). Il lutta contre la France et dut abandonner la Finlande aux Russes (1808) ; les États le déchurent alors au profit de Charles XIII.

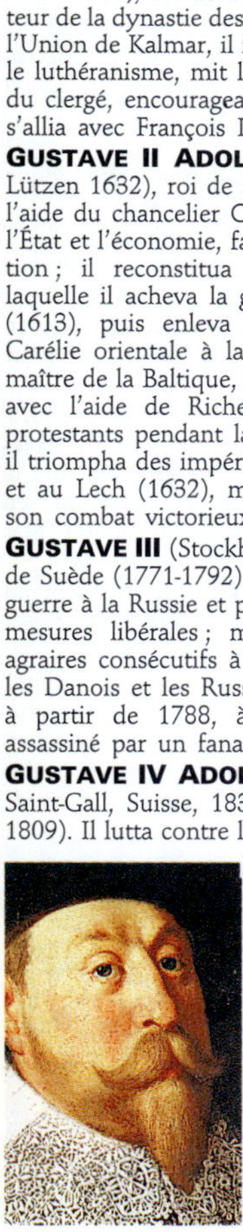

Gustave II Adolphe (galerie Palatine, Florence)

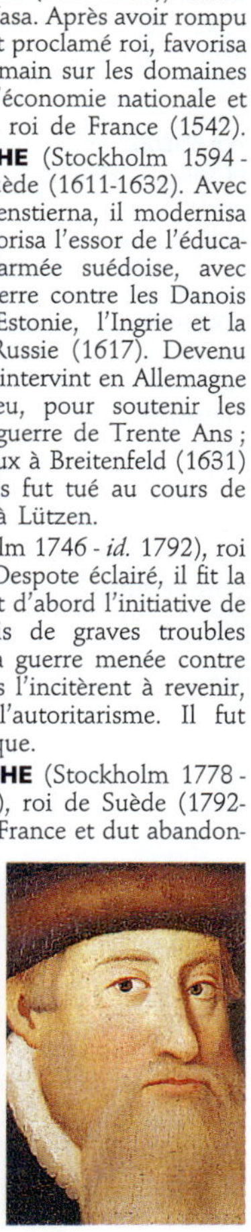

Gutenberg

GUSTAVE V (château de Drottningholm 1858 - *id.* 1950), roi de Suède (1907-1950), fils d'Oscar II. Il observa une stricte neutralité durant les deux guerres mondiales. — **Gustave VI Adolphe** (Stockholm 1882 - Hälsingborg 1973), roi de Suède (1950-1973), fils de Gustave V.

GUSTAVIA, ch.-l. de l'île de Saint-Barthélemy (Antilles françaises). Port franc.

GUTENBERG (Johannes **Gensfleisch,** dit), imprimeur allemand (Mayence entre 1397 et 1400 - *id.* 1468). Vers 1440, il mit au point à Strasbourg le procédé d'imprimerie en caractères mobiles, ou *typographie.* Établi à Mayence, en 1448, il s'associa en 1450 avec J. Fust et imprima la Bible dite « à quarante-deux lignes », publiée en 1455.

GÜTERSLOH, v. d'Allemagne (Rhénanie-du-Nord-Westphalie), près de Bielefeld ; 85 178 h. Édition.

GUTLAND, partie méridionale du Luxembourg.

GUTZKOW (Karl), écrivain allemand (Berlin 1811 - Sachsenhausen 1878), animateur de la Jeune-Allemagne, auteur de romans et de pièces de théâtre (*Uriel Acosta,* 1847).

GUY → ***Gui*** *(saint).*

GUYANA, anc. **Guyane britannique,** État de l'Amérique du Sud ; 215 000 km² ; 800 000 h. CAP. *Georgetown.* LANGUE : *anglais.* MONNAIE : *dollar de Guyana.* Canne à sucre, riz et surtout bauxite. (V. carte ***Amérique du Sud.***)

HISTOIRE

1595-96 : sir Walter Raleigh visite la Guyane. 1621-1791 : la Compagnie des Indes occidentales, hollandaise, assure le développement du pays (canne à sucre, coton). 1814 : la Grande-Bretagne reçoit la partie occidentale des Guyanes, baptisée British Guiana en 1831. Zone de cultures tropicales, la région se peuple de Noirs, d'Hindous et de Blancs. 1928 : le pays est doté d'une Constitution fondée sur le suffrage restreint. 1953 : une nouvelle Constitution introduit bicamérisme et suffrage universel. 1961-1964 : Cheddi Jagan, Premier ministre, gouverne en s'appuyant sur la population originaire de l'Inde (50 %). Il doit affronter les Blancs de l'United Force et l'opposition des Noirs (35 %) menée par Forbes Burnham. 1966 : le pays devient indépendant. 1970 : il constitue, dans le cadre du Commonwealth, une « république coopérative », présidée par Arthur Chung. 1980-1985 : F. Burnham est président du Guyana. 1985 : à sa mort, le Premier ministre Hugh Desmond Hoyte lui succède. 1992 : Cheddi Jagan est élu à la présidence de la République.

GUYANCOURT (78280), comm. des Yvelines ; 18 540 h. Électronique.

GUYANE (la) ou **GUYANES** (les), région de l'Amérique du Sud, en bordure de l'Atlantique, entre l'Orénoque et l'Amazone. Elle est partagée entre le Venezuela, la Guyana, le Suriname, la France et le Brésil.

GUYANE FRANÇAISE (973), dép. français d'outre-mer, entre le Suriname et le Brésil ; 91 000 km² ; 114 678 h. *(Guyanais).* Ch.-l. *Cayenne.* 2 arr. (*Cayenne* et *Saint-Laurent-du-Maroni*) et 20 comm. C'est une région couverte en grande partie par la forêt. Plus de la moitié de la population est concentrée à Cayenne.

HISTOIRE

1643 : Cayenne est fondée par une compagnie normande. 1663 : Colbert organise systématiquement la colonisation de la Guyane. 1677 : disputée aux Anglais et aux Hollandais, la Guyane est définitivement reconquise par l'amiral d'Estrées. XVIIIe s. : terre de missions jésuites et de cultures tropicales (café, cacao), la région est le point de départ d'ambitieuses tentatives de colonisation qui échouent à cause du climat. 1794-1805 : elle sert de lieu de déportation politique (« guillotine sèche »). 1809-1817 : occupé par la Grande-Bretagne, convoité par le Portugal, le pays est rendu à la France par les traités de 1814 et de 1817. 1848 : l'esclavage est aboli. 1852 : l'établissement d'un bagne à Cayenne déconsidère la colonie. 1870 : l'exploitation de l'or, découvert v. 1855, lui donne une relative prospérité. 1946 : la Guyane devient un département d'outre-mer ; décrétée en 1938, la fermeture du bagne devient effective. 1968 : une base de lancement de fusées est installée à Kourou. 1983 : un conseil régional est élu dans le cadre de la loi de décentralisation.

GUYENNE, autre nom de la province d'Aquitaine, qui lui fut donné notamm. quand elle fut possession anglaise, de 1259 à 1453. Devenu, en 1469, apanage de Charles, frère de Louis XI, le duché de Guyenne revint définitivement à la Couronne en 1472.

GUYNEMER (Georges), aviateur français (Paris 1894 - région de Pœlkapelle, Belgique, 1917). Appartenant à l'escadrille des « Cigognes », titulaire de 53 victoires, c'est une figure légendaire de l'aviation française.

GUYON (Félix), chirurgien français (Saint-Denis, la Réunion, 1831 - Paris 1920). Il a été le maître de l'école urologique française.

GUYON DU CHESNOY (Jeanne-Marie **Bouvier de La Motte,** connue sous le nom de **Mme**), mystique française (Montargis 1648 - Blois 1717). Soutenue par Fénelon, elle fut la figure centrale de la querelle du quiétisme.

GUYS [gis] (Constantin), dessinateur et aquarelliste français (Flessingue, Pays-Bas, 1802 - Paris 1892). Surnommé par Baudelaire « le Peintre de la vie moderne », il fut le chroniqueur élégant du second Empire.

GUYTON DE MORVEAU (Louis Bernard, *baron*), chimiste français (Dijon 1737 - Paris 1816), membre du Comité de salut public. Il réalisa la liquéfaction du gaz ammoniac par l'action d'un mélange réfrigérant et participa à l'élaboration d'une nomenclature chimique.

GUZMÁN (Martín Luis), écrivain mexicain (Chihuahua 1887 - Mexico 1976). Son œuvre évoque la révolution mexicaine (*l'Aigle et le Serpent,* 1928).

GWĀLIOR, v. de l'Inde (Madhya Pradesh) ; 720 068 h. Temples des IXe et XIe s. ; reliefs rupestres jaïna du XVe s. ; palais et mausolées moghols.

GWERU, anc. **Gwelo,** v. du Zimbabwe ; 79 000 h. Raffinerie de chrome.

GYGÈS, roi de Lydie (m. v. 644 av. J.-C.). La légende lui attribue la possession d'un anneau qui le rendait invisible.

GYLLENSTEN (Lars), écrivain suédois (Stockholm 1921), peintre satirique des conventions sociales et littéraires (*Camera obscura, Juvenilia).*

GYŐR, en all. **Raab,** v. de Hongrie, sur le Danube ; 129 338 h. Métallurgie. Monuments du XIIe s. à l'époque baroque ; musée d'archéologie romaine.

GYTHEION ou **GHÝTHION,** port de Grèce (Péloponnèse), sur le golfe de Laconie ; 7 000 h. Il servait de port à Sparte.

H

HAAKON, nom de plusieurs rois de Norvège. **Haakon IV** (près de Skarpsborg 1204 - Kirkwall, Orcades, 1263), roi de Norvège (1217/1223-1263). Il établit sa souveraineté sur l'Islande et le Groenland. — **Haakon VII** (Charlottenlund 1872 - Oslo 1957), roi de Norvège (1905-1957), fils cadet du roi Frédéric VIII de Danemark. Il fut élu roi de Norvège après la séparation de la Suède et de la Norvège.

HAALTERT, comm. de Belgique (Flandre-Orientale) ; 16 895 h.

HAARLEM, v. des Pays-Bas, ch.-l. de la Hollande-Septentrionale ; 149 474 h. Monuments anciens du Grote Markt. Musée Frans-Hals. Haarlem soutint un long siège contre le duc d'Albe, qui s'empara de la ville en 1573.

HABACUC, prophète juif (v. 600 av. J.-C.). Son livre pose le problème du mal sur le plan de l'histoire du peuple d'Israël.

HABENECK (François), violoniste et chef d'orchestre français (Mézières 1781 - Paris 1849). Directeur de la Société des concerts du Conservatoire (1828), il révéla aux Français les symphonies de Beethoven.

HABER (Fritz), chimiste allemand (Breslau 1868 - Bâle 1934). Il a réalisé la synthèse industrielle de l'ammoniac et étudié les réactions chimiques entre gaz. (Prix Nobel 1918.)

HABERMAS (Jürgen), philosophe allemand (Düsseldorf 1929). Il se rattache à l'école de Francfort et analyse les rapports de la technique, du pouvoir et de la communication (*la Technique et la science comme idéologie,* 1968 ; *Théorie de l'agir communicationnel,* 1981).

HABRÉ (Hissène), homme politique tchadien (Faya-Largeau 1936). Il participe à partir de 1972 à la rébellion du nord du Tchad, devient Premier ministre (1978), puis président de la République (1982), après l'avoir emporté sur Goukouni Oueddeï. En 1990, il est renversé par Idriss Déby.

HABSBOURG, maison qui régna sur le Saint Empire romain germanique (1273-1291 ; 1438-1740 ; 1765-1806), sur l'Autriche (1278-1918), sur l'Espagne (1516-1700) et sur la Bohême et la Hongrie (1526-1918). Ayant acquis au XIIe s. des territoires considérables en Suisse et en Alsace, les Habsbourg durent leur fortune à l'élection de Rodolphe Ier roi des Romains (1273). Ils s'approprièrent la basse Autriche et la Styrie (1278), le Tyrol (1363) et prirent au XVe s. le nom de *maison d'Autriche.* Par le jeu des mariages et des héritages, celle-ci obtint de 1477 à 1526 les Pays-Bas, la Castille, l'Aragon, la Bohême et la Hongrie. À l'abdication de Charles Quint (1556), l'Empire fut partagé entre son fils Philippe II (1556-1598), fondateur de la *branche espagnole,* qui s'éteignit en 1700, et son frère Ferdinand Ier (1556-1564), fondateur de la *branche allemande.* Avec Charles VI (1711-1740) s'éteignit la maison de Habsbourg, dont l'héritière, Marie-Thérèse (1740-1780), épousa en 1736 François de Lorraine, fondateur de la maison des Habsbourg-Lorraine qui régna sur l'Autriche, la Bohême et la Hongrie jusqu'en 1918.

HABSHEIM (68440), ch.-l. de c. du Haut-Rhin ; 3 812 h. Hôtel de ville du XVIe s.

HACHÉMITES ou **HACHIMITES,** famille quraychite descendant de Hāchim, l'arrière-grand-père de Mahomet, illustrée par plusieurs lignées de chérifs hasanides, souverains de La Mecque du Xe s. à 1924, et par les émirs ou rois qu'elle fournit au XXe s. au Hedjaz (1908-1924), à l'Iraq (1921-1958) et à la Transjordanie (1921-1949) puis à la Jordanie (depuis 1949).

Hachette, société française dont les origines remontent à la librairie fondée en 1826 à Paris par Louis Hachette (Rethel 1800 - Le Plessis-Piquet, près de Sceaux, 1864). Les principales activités, outre l'édition de presse et de livres, sont l'audiovisuel, la distribution des livres et des journaux (Nouvelles Messageries de la presse parisienne ou N. M. P. P.). En 1992, Hachette fusionne avec la société Matra.

HACHETTE (Jeanne **Laisné,** dite **Fourquet,** surnommée **Jeanne**), héroïne française (Beauvais 1456 - *id.* ?). Elle défendit Beauvais, assiégée par Charles le Téméraire en 1472.

HACHINOHE, port du Japon, dans le nord de Honshū ; 241 057 h. Pêche.

HACHIŌJI, v. du Japon (Honshū) ; 466 347 h.

HADAMARD (Jacques), mathématicien français (Versailles 1865 - Paris 1963). Figure de proue de l'école française de théorie des fonctions, il joua un rôle fondamental dans la création de l'analyse fonctionnelle.

HADÈS, dieu grec des Enfers à qui fut identifié *Pluton.*

HADJAR (El-), v. d'Algérie, près d'Annaba ; 40 000 h. Sidérurgie.

HADRAMAOUT, région de l'Arabie (Yémen), sur le golfe d'Aden et la mer d'Oman.

Hadriana *(villa),* maison de plaisance élevée (117-138) pour Hadrien à Tibur (auj. Tivoli), près de Rome. Ses vestiges témoignent de l'éclectisme architectural de l'époque et du syncrétisme de l'empereur.

HADRIEN, en lat. **Publius Aelius Hadrianus** (Italica, Bétique, 76 - Baïes 138), empereur romain (117-138), successeur de Trajan, qui l'avait adopté. Il fit du Conseil du prince un organe de gouvernement, tendit à unifier la législation (Édit perpétuel, 131) et protégea l'Empire contre les Barbares au moyen de fortifications continues. Prince lettré, grand voyageur, il aménagea près de Rome la vaste villa qui porte son nom. Son mausolée est devenu le château Saint-Ange, à Rome.

HADRUMÈTE, colonie phénicienne d'Afrique. Ruines près de Sousse (Tunisie).

HAECKEL (Ernst), biologiste allemand (Potsdam 1834 - Iéna 1919). Il fut l'un des défenseurs du transformisme ainsi qu'un grand embryologiste.

HAENDEL → ***Händel.***

ḤĀFEẒ ou **ḤĀFIẒ,** le plus grand poète lyrique persan (Chirāz v. 1325 - *id.* 1390).

ḤAFĪẒ (Mūlāy) [Fès v. 1875 - Enghien-les-Bains 1937], sultan du Maroc (1908-1912). La France lui imposa son protectorat.

HAFSIDES, dynastie musulmane qui régna en Afrique du Nord de 1229 à 1574 et eut pour capitale Tunis.

Haganah (mot hébr. signif. *défense*), organisation paramilitaire juive, dont les unités engagées aux côtés de la Grande-Bretagne pendant la Seconde Guerre mondiale constituèrent, en 1948, le noyau de l'armée du nouvel État d'Israël.

HAGEDORN (Friedrich **von**), poète allemand (Hambourg 1708 - *id.* 1754), auteur de *Fables et Contes* (1738) inspirés de La Fontaine.

HAGEN, v. d'Allemagne, dans la Ruhr ; 212 460 h. Centre industriel. Musée westphalien en plein air de l'artisanat et des techniques.

HAGETMAU [-ʒɛt-] (40700), ch.-l. de c. des Landes ; 4 492 h. Sièges. Crypte romane de Saint-Girons.

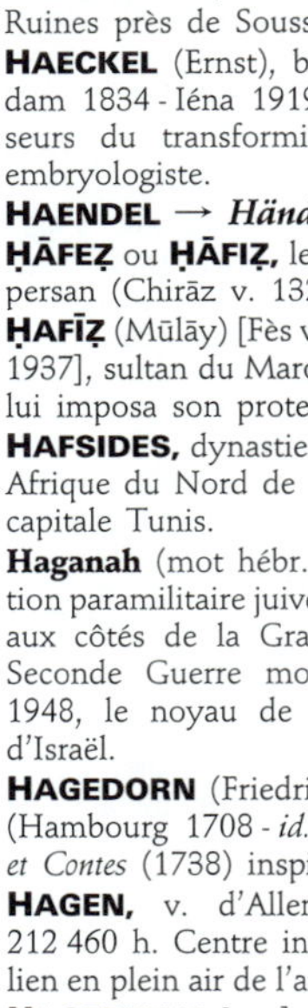

Hissène **Habré**

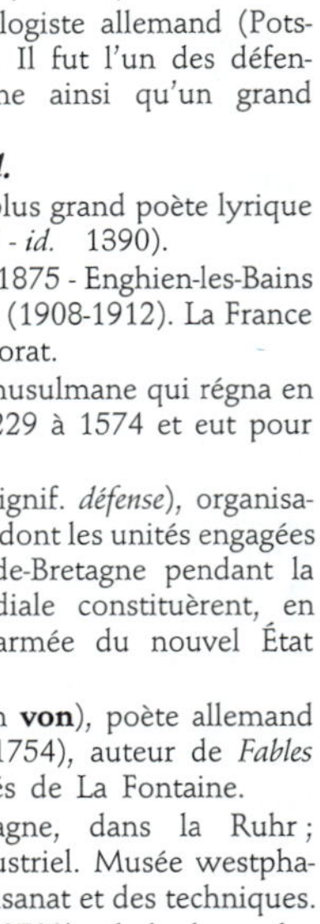

Hadrien (musée des Thermes, Rome)

HAGONDANGE (57300), comm. de la Moselle, dans la vallée de la Moselle ; 8 252 h. Métallurgie.

HAGUE (la), péninsule et cap formant l'extrémité nord-ouest de la presqu'île du Cotentin. Retraitement des combustibles nucléaires irradiés (récupération d'uranium et de plutonium).

HAGUENAU (67500), ch.-l. d'arr. du Bas-Rhin, sur la Moder, au sud de la *forêt de Haguenau* (13400 ha) ; 30 384 h. *(Haguenoviens).* Constructions mécaniques et électriques. Confiserie. Monuments religieux et civils du XIIe au XVIIIe s. Musée alsacien et Musée historique (mobilier funéraire des tumulus de l'âge du bronze fouillés dans la région).

HAHN (Otto), chimiste allemand (Francfort-sur-le-Main 1879 - Göttingen 1968), prix Nobel en 1944 pour sa théorie de la fission de l'uranium (1938).

HAHN (Reynaldo), compositeur vénézuélien naturalisé français (Caracas 1875 - Paris 1947), auteur de mélodies et d'œuvres lyriques (*Ciboulette,* 1923).

HAHNEMANN (Christian Friedrich Samuel), médecin allemand (Meissen 1755 - Paris 1843). Fondateur de la doctrine homéopathique accueillie avec hostilité en Allemagne, il s'intalla à Paris en 1835 où il connut le succès.

Hahnenkamm, célèbre piste de descente à skis de Kitzbühel (Autriche).

HAÏFA ou **HAIFFA,** port d'Israël, sur la Méditerranée ; 229 000 h. Raffinage du pétrole.

HAIG (Alexander), général américain (Philadelphie 1924), collaborateur de Nixon et de Kissinger lors du cessez-le-feu au Viêt Nam (1972-73), commandant des forces du Pacte atlantique en Europe (1974-1979), puis secrétaire d'État (1981-1982).

HAIG (Douglas **Haig,** 1er *comte*), maréchal britannique (Édimbourg 1861 - Londres 1928). De 1915 à 1918, il commanda les troupes britanniques engagées sur le front français.

HAI HE ou **HAI-HO,** fl. de Chine qui se jette dans le golfe de Bohai, en passant près de Pékin et à Tianjin ; 450 km.

HAIKOU ou **HAI-K'EOU,** v. de Chine (Guangdong), ch.-l. de l'île de Hainan ; 402 000 h.

HAILÉ SÉLASSIÉ Ier (Harar 1892 - Addis-Abeba 1975), empereur d'Éthiopie (1930-1974). Régent et héritier de l'Empire (1916), le ras Tafari Makonnen fut proclamé roi (négus) en 1928 et devint empereur sous le nom d'Hailé Sélassié Ier en 1930. Il fit entrer l'Éthiopie à la S. D. N. en 1923. Lors de l'invasion italienne, il s'exila (1936) et gagna la Grande-Bretagne. Il revint en Éthiopie avec les troupes alliées (1941). L'armée le renversa en 1974.

HAILLAN [Le] (33160), comm. de la Gironde ; 6 995 h. Électronique.

HAILLICOURT (62940), comm. du Pas-de-Calais ; 5 180 h.

HAINAN ou **HAI-NAN,** île et province de la Chine du Sud ; 34 000 km² ; 5 600 000 h. Cap. *Haikou.*

HAINAUT, comté de l'Empire germanique, fondé au IXe s. Aux mains de la maison de Flandre en 1055, de la maison d'Avesnes en 1256, il fut annexé en 1428 aux États bourguignons, dont il suivit le sort. La partie méridionale du Hainaut (Valenciennes) devint française en 1678 (traité de Nimègue).

Hailé Sélassié Ier

HAINAUT, prov. de la Belgique méridionale ; 3 787 km² ; 1 278 791 h. *(Hennuyers).* Ch.-l. *Mons.* 7 arr. *(Ath, Charleroi, Mons, Mouscron, Soignies, Thuin, Tournai)* et 69 comm. Il juxtapose une partie fortement urbanisée (dont les pôles sont les agglomérations de Mons et Charleroi) et encore industrialisée (l'ancien pays noir), et une région occidentale, à vocation toujours largement agricole.

HAIPHONG, port et centre industriel du nord du Viêt Nam ; 1 279 000 h.

HAÏTI (« Pays montagneux »), l'une des Grandes Antilles, à l'est de Cuba, divisée en deux États indépendants : la *République Dominicaine** et la *République d'Haïti.*

HAÏTI, État occupant l'ouest de l'île du même nom ; 27 750 km² ; 6 500 000 h. *(Haïtiens).* CAP. *Port-au-Prince.* LANGUES : *créole* et *français.* MONNAIE : *gourde.* État peuplé en majorité de Noirs, la République d'Haïti est un pays au climat tropical, formé de chaînons montagneux séparés par des terres plus basses, produisant du café, des bananes, du coton, de la canne à sucre, principales ressources commerciales avec la bauxite. Le niveau de vie est très bas. Le pays, surpeuplé, sous-industrialisé, est également endetté.

HISTOIRE

L'époque coloniale. 1492 : peuplée d'Indiens Arawak, l'île est découverte par Christophe Colomb, qui lui donne le nom d'Hispaniola. 1697 : l'occupation par la France de la partie occidentale de l'île est reconnue par le traité de Ryswick. XVIIIe s. : la région devient la plus prospère des colonies françaises grâce à la production de sucre et de café. Elle est peuplée à 90 % d'esclaves noirs, d'affranchis et de mulâtres. 1791 : Toussaint Louverture prend la tête de la révolte des esclaves. 1795 : la France reçoit la partie espagnole de l'île au traité de Bâle.

Le XIXe s. 1804 : après avoir expulsé les Français, le Noir Jean-Jacques Dessalines se proclame empereur d'Haïti. 1806-1818 : tandis que l'Espagne réoccupe l'est de l'île, une sécession oppose le royaume du Nord (Henri Christophe) à la République du Sud (Alexandre Pétion). 1818-1843 : Jean-Pierre Boyer succède à Pétion et réunifie Haïti (1822). 1844 : la partie orientale reprend sa liberté pour former la République Dominicaine. 1847-1859 : Faustin Soulouque prend le pouvoir avec le titre d'empereur (1849). 1859-1910 : les mulâtres dominent la vie politique.

Le XXe s. 1915-1934 : endettement extérieur et crise politique entraînent l'intervention des États-Unis, qui occupent le pays. 1934-1957 : leur départ ouvre une nouvelle période d'instabilité. 1957-1971 : François Duvalier, président à vie (1964), exerce un pouvoir dictatorial. 1971-1986 : son fils Jean-Claude Duvalier lui succède. Une grave crise politique l'oblige à s'exiler. 1986-1988 : le général Henri Namphy prend la tête d'un Conseil national de gouvernement. Une première fois empêchées par des incidents violents (nov. 87), des élections générales, controversées, amènent (janv. 88) Leslie Manigat au poste de président de la République. Mais, peu après, les militaires, dirigés par le général Namphy (juin), lui-même renversé par le général Prosper Avril (sept.), reprennent le pouvoir. 1990 : le général Avril démissionne. Un gouvernement civil de transition est mis en place (mars). Le Père Jean-Bertrand Aristide, apôtre de la théologie de la libération, est élu à la présidence de la République (déc.). 1991 : il est renversé par un nouveau coup d'État militaire (sept.) et doit s'exiler. 1994 : une intervention militaire américaine permet à J.-B. Aristide de revenir à Haïti et de retrouver ses fonctions de président. 1996 : René Préval (élu en déc. 1995) devient président de la République.

ḤĀKIM (al-) [985-1021], sixième calife fatimide (996-1021). Il consentit à la proclamation de sa propre divinité (1017) et est vénéré par les Druzes.

ḤAKĪM (Tawfīq **al-**), écrivain égyptien (Alexandrie ? 1898 - Le Caire 1987), auteur de romans, de pièces de théâtre et de contes populaires (*Journal d'un substitut de campagne,* 1937).

HAKODATE, port du Japon (Hokkaidō) ; 307 249 h.

HAL → ***Halle.***

HALBWACHS (Maurice), sociologue français (Reims 1877 - Buchenwald 1945). Élève de Durkheim, il fut l'un des premiers à utiliser les statistiques (*Morphologie sociale,* 1938).

HALDANE (John), biologiste et mathématicien indien d'origine britannique (Oxford 1892 - Bhubaneswar 1964), théoricien du néodarwinisme et spécialiste de biométrie.

HALDAS (Georges), écrivain suisse d'expression française (Genève 1917). Chroniqueur autant que poète, il raconte le quotidien pour suggérer l'universel *(Boulevard des philosophes, Confession d'une graine, l'État de poésie).*

HALE (George), astronome américain (Chicago 1868 - Pasadena 1938). L'un des fondateurs de l'astronomie solaire moderne, il inventa le spectrohéliographe (1891), indépendamment de H. Deslandres.

HALES (Stephen), chimiste et naturaliste anglais (Bekesbourne, Kent, 1677 - Teddington, près de Londres, 1761). Il a étudié de nombreux gaz et mesuré la pression sanguine.

HALÉVY (Ludovic), écrivain français (Paris 1834 - *id.* 1908), auteur de romans et, en collaboration avec Meilhac, de livrets d'opérette et de comédies (*la Belle Hélène,* 1864 ; *la Vie parisienne,* 1866). [Acad. fr.]

HALEY (Bill), guitariste américain (Highland Park, Michigan, 1925 - Harlingen, Texas, 1981). Pionnier du rock n'roll, il enregistra avec son groupe, The Comets, le premier grand succès du genre, *Rock around the Clock* (1955).

HALFFTER (Cristóbal), compositeur espagnol (Madrid 1930), un des chefs de file de la musique post-sérielle *(Requiem por la libertad imaginada).*

HALICARNASSE, anc. cité grecque de Carie (sud-ouest de l'Asie Mineure). Elle fut embellie par Mausole et Artémise II (IVe s. av. J.-C.). Fragments sculptés du « Mausolée » (auquel participèrent entre autres Scopas et Léocharès), au British Museum. (Auj. **Bodrum.**)

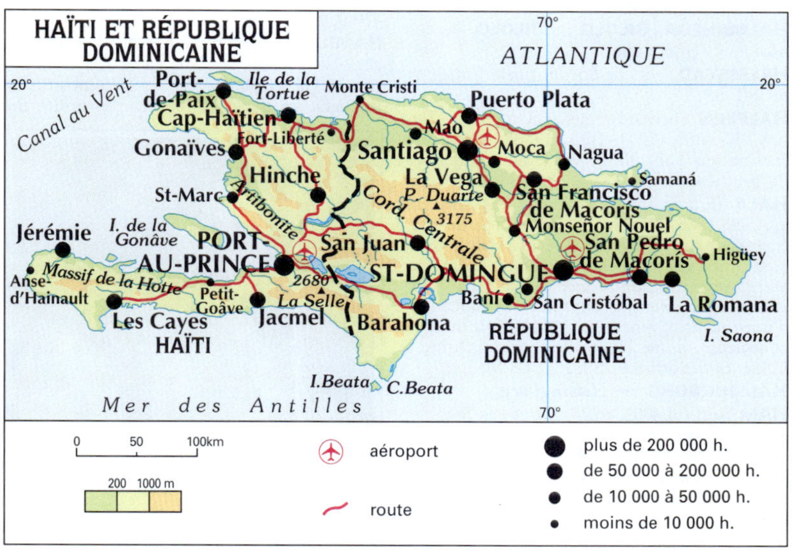

HALIFAX, port du Canada, cap. de la Nouvelle-Écosse, sur l'Atlantique ; 114 455 h. (253 704 pour l'agglomération).

HALIFAX, v. de Grande-Bretagne ; 87 000 h.

HALIFAX (Edward Frederick **Lindley Wood,** 1er *comte* **de**), homme politique britannique (Powderham Castle 1881 - Garrowby Hall 1959), vice-roi des Indes (1925-1931), secrétaire aux Affaires étrangères (1938-1940), ambassadeur aux États-Unis (1941-1946).

HALL (Edward Twitchell), anthropologue américain (Webster Groves, Missouri, 1914). Il est l'auteur d'une théorie des systèmes de communication non verbaux (*la Dimension cachée,* 1966).

HALL (Granville Stanley), psychologue américain (Ashfield, Massachusetts, 1844 - Worcester, Massachusetts, 1924), un des fondateurs de la psychologie du développement (*Adolescence,* 1904), et de la psychologie expérimentale.

ḤALLĀDJ (Abū al-Mughīth al-Ḥusayn **al-**), théologien, mystique et martyr islamique (858-922), exécuté sous les Abbassides. Son œuvre est à l'origine d'un grand courant du soufisme.

HALLE, v. d'Allemagne (Saxe-Anhalt), sur la Saale ; 321 684 h. Université. Métallurgie. Églises des XIVe-XVIe s. Musées. Maison natale de Händel.

HALLE, en fr. **Hal,** v. de Belgique, ch.-l. d'arr. (avec Vilvoorde) du Brabant flamand ; 32 768 h. Basilique du XIVe s. (œuvres d'art).

HALLENCOURT (80490), ch.-l. de c. de la Somme ; 1 377 h.

HALLER (Józef), général polonais (Jurczyce 1873 - Londres 1960). Commandant les forces polonaises engagées en France en 1918, puis un groupe d'armées contre les Soviétiques en 1920, il fut ministre dans le gouvernement polonais de Londres (1940-1943).

HALLES (les), quartier du Ier arr. de Paris, où se concentraient les commerces alimentaires de gros. Cette activité a été transférée à Rungis, au sud de Paris, en 1969. Sur l'espace libéré ont été réalisés un centre commercial (*Forum des Halles,* 1979 et suiv.) et divers bâtiments publics et équipements de loisirs.

HALLEY (Edmond), astronome britannique (Haggerston, près de Londres, 1656 - Greenwich 1742). Auteur de nombreuses recherches concernant la géophysique, la météorologie et l'astronomie, il reste surtout connu pour son étude du mouvement des comètes (1705) et pour avoir le premier prédit par le calcul le retour de l'une d'entre elles près du Soleil.

HALLSTATT ou **HALLSTADT,** bourg d'Autriche, dans le Salzkammergut. Salines. Station éponyme du premier âge du fer (750-450 av. J.-C.) ; musée archéologique.

HALLUIN (59250), comm. du Nord ; 17 687 h.

HALLYDAY (Jean Philippe **Smet,** dit **Johnny**), chanteur français (Paris 1943). Propagateur du rock en France, il connaît rapidement une très large popularité dans les années 60. Sachant résister aux vicissitudes des modes, il occupe une place privilégiée dans le monde de la variété.

HALMAHERA, GILOLO ou **JILOLO,** île des Moluques (Indonésie).

HALMSTAD, port de Suède, sur le Cattégat ; 80 061 h.

HALPERN (Bernard), médecin français (Tarnov, Ukraine, 1904 - Paris 1978), auteur de travaux sur l'allergie et les antihistaminiques de synthèse.

HALS (Frans), peintre néerlandais (Anvers v. 1580/1585 - Haarlem 1666), auteur de portraits et de sujets de genre. Il vécut à Haarlem, où sont conservés ses chefs-d'œuvre, du jovial *Banquet du corps des archers de Saint-Georges* (1616) aux *Régents* et *Régentes* [de l'hospice des vieillards], d'une causticité vengeresse (1664). Sa technique audacieuse, d'une liberté de touche inédite, a influencé des artistes du XIXe s., tel Manet.

HÄLSINGBORG → ***Helsingborg.***

HAM [am] (80400), ch.-l. de c. de la Somme, sur la Somme ; 5 868 h. *(Hamois).* Métallurgie. Agroalimentaire. Anc. abbatiale des XIIe-XVIIe s. Louis Napoléon, enfermé au fort de Ham en 1840, s'en échappa en 1846.

ḤAMĀ, v. du nord de la Syrie, sur l'Oronte, au pied du Liban ; 253 000 h.

HAMADHĀN, v. de l'Iran, au sud-ouest de Téhéran ; 166 000 h. Mausolée seldjoukide. C'est l'anc. **Ecbatane.**

HAMAMATSU, v. du Japon (Honshū) ; 534 620 h.

HAMANN (Johann Georg), écrivain et philosophe allemand (Königsberg 1730 - Münster 1788). Ses tendances mystiques ont influencé le mouvement du *Sturm und Drang.*

HAMBOURG, en all. **Hamburg,** v. d'Allemagne, sur l'Elbe ; 1 626 220 h. *(Hambourgeois)* pour le *Land de Hambourg* qui s'étend sur 753 km². Hambourg constitue le principal débouché maritime de l'Allemagne et demeure l'un des plus grands ports européens. Liée à l'activité portuaire, la fonction industrielle est très développée : métallurgie, chimie, agroalimentaire. Musées, dont la *Kunsthalle.* — Dotée d'une charte et de privilèges de navigation (1189), Hambourg participa à la Hanse pour s'imposer grâce à elle sur les marchés étrangers et supplanta Lübeck au XVIe s. Elle fut occupée (1806) puis annexée (1810) par Napoléon Ier. Entrée, comme ville libre et souveraine, dans la Confédération germanique (1815), incorporée à l'Empire allemand (1871), elle obtint le statut de port franc (1881). Elle fut bombardée par les Alliés en 1943.

Hambourg :
l'hôtel de ville (fin du XIXe s.).

HAMBURGER (Jean), médecin néphrologue français (Paris 1909 - *id.* 1992). Auteur de travaux sur l'hémodialyse et le rein artificiel, il a réalisé en 1959 la première greffe de rein entre faux jumeaux. (Acad. fr.)

HAMELIN (Ferdinand), amiral français (Pont-l'Évêque 1796 - Paris 1864). Il commanda l'escadre de la mer Noire pendant la guerre de Crimée et fut ministre de la Marine (1855-1860).

HAMERLING (Rupert **Hammerling,** dit **Robert**), écrivain autrichien (Kirchberg am Walde 1830 - Graz 1889), auteur de poèmes épiques *(Ahasverus à Rome)* et de romans *(Aspasie).*

HAMHUNG, v. de la Corée du Nord ; 420 000 h.

HAMILCAR, surnommé **Barca** (« la Foudre »), chef carthaginois (v. 290 - Elche 229 av. J.-C.), père d'Hannibal. Après avoir combattu les Romains en Sicile, il réprima la révolte des mercenaires (240-238) et conquit l'Espagne méridionale (237-229).

Frans **Hals :** *la Bohémienne*
(v. 1628-1630). [Louvre, Paris.]

HAMILTON → ***Churchill*** (le).

HAMILTON, v. du Canada (Ontario), à l'extrémité du lac Ontario ; 318 499 h. (553 679 pour l'agglomération). Université. Sidérurgie. Constructions mécaniques et électriques.

HAMILTON, v. de Nouvelle-Zélande, dans l'île du Nord ; 161 000 h.

HAMILTON (Alexander), homme politique américain (Nevis, Antilles, 1757 - New York 1804). Aide de camp de Washington (1777), il fut l'un des rédacteurs de la Constitution américaine et le fondateur du parti fédéraliste. Secrétaire au Trésor (1789-1795), il organisa la Banque nationale.

HAMILTON (Antoine, *comte* **de**), écrivain irlandais d'expression française (Roscrea, Irlande, 1646 - Saint-Germain-en-Laye 1720). Il suivit les Stuarts en exil et consacra à son beau-frère les spirituels *Mémoires de la vie du comte de Gramont* (1713).

HAMILTON (*sir* William Rowan), astronome et mathématicien irlandais (Dublin 1805 - *id.* 1865). Il a créé le calcul des quaternions.

Hamlet, drame en 5 actes, de Shakespeare (v. 1601). Hamlet, rêveur, contemplatif, succombe sous le rôle que lui assigne la fatalité : pour venger son père, dont le spectre lui a appris l'assassinat, il doit tuer son oncle. Il simule la démence et délaisse sa fiancée, Ophélie, qui devient folle et se noie. Il finit par accomplir sa vengeance en y laissant sa propre vie. L'épisode le plus célèbre de la pièce reste le monologue d'Hamlet *(To be or not to be..., « Être ou ne pas être... »).*

HAMM, v. d'Allemagne, dans la Ruhr ; 179 109 h. Métallurgie.

HAMMADIDES, dynastie berbère, fondée par Ḥammād ibn Buluqqīn. Elle régna sur le Maghreb central de 1015 à 1152.

Hammaguir, site du Sahara algérien, au sud-ouest de Bechar. Siège d'une base spatiale française de 1961 à 1967.

HAMMAMET, v. de Tunisie, sur le *golfe d'Hammamet ;* 12 000 h. Station balnéaire.

HAMMAM-LIF, station balnéaire de Tunisie, près de Tunis ; 36 000 h.

HAMMARSKJÖLD (Dag), homme politique suédois (Jönköping 1905 - Ndola, Zambie, 1961), secrétaire général de l'O. N. U. de 1953 à 1961. (Prix Nobel de la paix 1961.)

HAMME, comm. de Belgique (Flandre-Orientale) ; 22 799 h.

HAMMERFEST, port de Norvège, ville la plus septentrionale d'Europe ; 7 000 h.

HAMMETT (Dashiell), écrivain américain (dans le comté de Saint Marys, Maryland, 1894 - New York 1961), créateur du roman policier « noir » (*le Faucon* maltais,* 1930).

HAMMOURABI ou **HAMMOU-RAPĪ,** roi de Babylone (1793-1750 av. J.-C.), fondateur du premier Empire babylonien. Son *code,* gravé sur une stèle de basalte retrouvée à Suse en 1902, est conservé au Louvre.

HAMPDEN (John), homme politique anglais (Londres 1594 - Thame 1643). Adversaire de l'arbitraire royal, lieutenant de Pym dans le Long Parlement de 1640, il fut l'un des chefs des républicains pendant la guerre civile.

HAMPI → ***Vijayanagar.***

Edmond **Halley**
(R. Phillips - National Portrait Gallery, Londres)

Knut
Hamsun

HAMPSHIRE, comté du sud de l'Angleterre, sur la Manche. Ch.-l. *Winchester.* V. pr. *Southampton.*

HAMPTON (Lionel), vibraphoniste, batteur et chef d'orchestre de jazz noir américain (Louisville, Kentucky, 1909). Premier utilisateur du vibraphone pour le jazz et grand improvisateur, il est l'une des grandes figures du middle jazz.

Hampton Court, résidence royale d'Angleterre, dans la banlieue S.-O. de Londres (XVIᵉ-XVIIᵉ s. ; galerie de tableaux).

HAMPTON ROADS, rade des États-Unis (Virginie), à l'entrée de la baie Chesapeake, où sont situés les ports de Newport News, Norfolk, Portsmouth et *Hampton.*

HAMSUN (Knut **Pedersen,** dit **Knut**), écrivain norvégien (Garmostraeet, près de Lom, 1859 - Nörholm 1952), auteur de romans qui exaltent le sentiment de la nature et la libération de toutes les entraves sociales (*la Faim,* 1890 ; *Pan,* 1894 ; *Benoni,* 1908). [Prix Nobel 1920.]

HAN *(grottes de),* grottes naturelles, dues à la perte de la Lesse dans le calcaire, près de l'anc. comm. de Han-sur-Lesse, en Belgique (prov. de Namur).

HAN, dynastie impériale chinoise (206 av. J.-C. - 220 apr. J.-C). Fondée par Han Gaozu (206-195 av. J.-C.), elle affermit le pouvoir central et présida à un essor économique sans précédent ainsi qu'à l'expansion chinoise en Mandchourie, en Corée, en Mongolie, au Viêt Nam et en Asie centrale. Elle fut à son apogée sous Han Wudi (140-87 av. J.-C.). L'usurpateur Wang Mang (9-23) ne parvint pas à résoudre la crise agraire et, après 23, les empereurs tentèrent également de limiter la puissance des grands propriétaires.

HANAU, v. d'Allemagne (Hesse), sur le Main ; 85 672 h.

HAN-CHOUEI → ***Han Shui.***

HANDAN ou **HAN-TAN,** v. de Chine (Hebei) ; 380 000 h.

HÄNDEL ou **HAENDEL** (Georg Friedrich), compositeur allemand naturalisé britannique en 1726 (Halle 1685 - Londres 1759). Il passa une grande partie de sa vie à Londres. Outre des sonates, des concerts et des suites *(The Water Music),* il a laissé des opéras *(Rinaldo)* et surtout des oratorios *(Israël en Égypte, Judas Macchabée, le Messie),* où les chœurs dominent. Son langage, fait de grandeur et de lyrisme, offre une synthèse magistrale des styles italien, français, germanique et anglais.

HANDKE (Peter), écrivain autrichien (Griffen 1942), dont l'œuvre romanesque *(le Colporteur, le Malheur indifférent, la Femme gauchère, l'Absence)* et dramatique *(la Chevauchée sur le lac de Constance)* traduit l'angoisse de la solitude et de l'incommunicabilité.

HANGZHOU ou **HANG-TCHEOU,** v. de Chine, cap. du Zhejiang ; 1 180 000 h. Anc. capitale de la Chine, sous les Song du Sud (1127-1276). Pagode des Six Harmonies fondée en 970 ; célèbres jardins.

HANKOU ou **HAN-K'EOU,** partie de la conurbation de Wuhan (Chine).

HANNIBAL, général et homme d'État carthaginois (247 - Bithynie 183 av. J.-C.), fils d'Hamilcar Barca. Il déclencha la deuxième guerre punique par l'attaque, en Espagne, de Sagonte, alliée de Rome (219). Il gagna l'Italie en traversant les Pyrénées et les Alpes, battit les Romains à Trasimène (217) et à Cannes (216), mais il ne put prendre Rome. Rappelé à Carthage (203), il fut vaincu à Zama (202) par Scipion l'Africain. Il s'exila en Orient, où il s'empoisonna pour échapper aux Romains.

Händel
(Th. Hudson - National Portrait Gallery, Londres)

Peter
Handke

HANNON, navigateur carthaginois, qui, v. 450 av. J.-C., aurait longé les côtes atlantiques du continent africain, jusqu'à la Guinée.

HANOI, cap. du Viêt Nam, à la tête du delta du Tonkin, sur le fleuve Rouge ; 2 591 000 h. Centre industriel, commercial et culturel. Nombreux monuments ; riches musées. Principale ville du Tonkin sous domination chinoise au VIᵉ s., Hanoi fut la capitale de la République démocratique du Viêt Nam (1954) avant de devenir celle du pays réunifié (1975).

Une rue d'**Hanoi,** dix ans après la fin de la guerre du Viêt Nam.

HANOTAUX (Gabriel), historien et homme politique français (Beaurevoir, Aisne, 1853 - Paris 1944). Ministre des Affaires étrangères (1894-1898), il fut un des principaux artisans de l'alliance franco-russe. (Acad. fr.)

HANOVRE, en all. **Hannover,** anc. État allemand. — Le *duché de Hanovre,* électorat depuis 1692, fut érigé en royaume (1814) et annexé par la Prusse (1866).

HANOVRE, en all. **Hannover,** v. d'Allemagne, cap. de la Basse-Saxe, sur la Leine ; 505 872 h. Centre commercial (foire internationale) et industriel. Musées de Basse-Saxe et autres. La ville adhéra à la Hanse en 1386 et fut à partir de 1636 la résidence des ducs puis des rois de Hanovre.

HANOVRE *(dynastie de),* dynastie qui a régné sur l'électorat de Hanovre à partir de 1692 et conjointement sur la Grande-Bretagne à partir de 1714, lorsque l'Électeur de Hanovre, arrière-petit-fils par sa mère de Jacques Iᵉʳ Stuart, devint roi de Grande-Bretagne sous le nom de George Iᵉʳ. L'union personnelle des deux États cessa en 1837. En Grande-Bretagne, la maison royale prit en 1917 le nom de *dynastie de Windsor.*

HANRIOT (François), révolutionnaire français (Nanterre 1761 - Paris 1794), commandant de la force armée et des sections de Paris pendant la Terreur. Il fut exécuté au 9-Thermidor.

HANSE (la) ou **HANSE TEUTONIQUE,** association des cités marchandes de la Baltique et de la mer du Nord (XIIᵉ-XVIIᵉ s.). Constituée d'abord par les marchands de Lübeck, Hambourg et Cologne, elle regroupait au XIVᵉ s. 70 à 80 villes qui en formaient le noyau actif. Elle avait en outre des comptoirs à Novgorod, Bergen, Londres et Bruges. Son déclin s'accéléra après la défaite infligée à Lübeck par le Danemark (1534-35).

HANSEN (Gerhard Armauer), médecin norvégien (Bergen 1841 - *id.* 1912). Il découvrit le bacille de la lèpre en 1874.

HAN SHUI ou **HAN-CHOUEI,** riv. de Chine, affl. du Yangzi Jiang (r. g.), à Wuhan ; 1 700 km.

HANSI (Jean-Jacques **Waltz,** dit), dessinateur et caricaturiste français (Colmar 1873 - *id.* 1951), auteur d'albums comme *le Professeur Knatschké* et *l'Histoire d'Alsace racontée aux petits enfants.*

HANTAÏ (Simon), peintre français d'origine hongroise (près de Budapest 1922). Surréaliste, puis abstrait gestuel, il a, l'un des premiers, envisagé l'œuvre sous l'angle de sa seule matérialité (peintures réalisées, à partir du début des années 60, par froissage-pliage/mise en couleurs/dépliage).

HAN WUDI ou **HAN WOU-TI,** empereur de Chine (140-87 av. J.-C.) de la dynastie Han. Il poursuivit l'expansion en Asie centrale et protégea les arts et la poésie.

HAN YU, philosophe et poète chinois (Nanyang 768 - Changan 824), célèbre par ses pamphlets contre le bouddhisme.

HAOUSSA, peuple du Nigeria et du Niger, parlant une langue chamito-sémitique.

HAOUZ, plaine du Maroc méridional. V. pr. *Marrakech.*

HARALD, nom de plusieurs rois de Danemark, de Suède et de Norvège, du IXᵉ au XIIᵉ s. — **Harald Iᵉʳ** (m. v. 863), roi de Danemark, introduisit le christianisme dans son royaume. — **Harald Blåtand** (v. 910 - v. 986), roi de Danemark (v. 940 - v. 986), implanta définitivement le christianisme dans son pays. — **Harald III Hårdråde** (v. 1015 - Stamford Bridge 1066), roi de Norvège (1047-1066). Il tenta vainement de conquérir l'Angleterre, mais fut vaincu et tué par Harold II.

HARALD V, roi de Norvège (Asker, banlieue d'Oslo, 1937). À la mort de son père Olav V (1991), il lui succède.

HARAR ou **HARRAR,** v. d'Éthiopie, ch.-l. de prov. ; 63 000 h.

HARARE, anc. **Salisbury,** cap. du Zimbabwe, à 1 470 m d'alt. ; 656 000 h.

HARĀT ou **HERĀT,** v. d'Afghanistan, sur le Hari Rud ; 150 000 h. Monuments élevés sous la renaissance timuride du XVᵉ s.

HARBIN ou **KHARBIN,** v. de la Chine du Nord-Est, cap. du Heilongjiang ; 2 550 000 h. Centre industriel.

HARDENBERG (Karl August, *prince* **von**), homme d'État prussien (Essenrode 1750 - Gênes 1822). Ministre des Affaires étrangères (1804-1806) puis chancelier d'État (1810-1822), il fut l'un des principaux artisans du redressement de la Prusse après les défaites que lui infligea Napoléon en 1806.

HARDING (Warren), homme politique américain (près de Blooming Grove, Ohio, 1865 - San Francisco 1923), républicain, président des États-Unis (1921-1923), isolationniste et protectionniste.

HARDOUIN-MANSART (Jules) → ***Mansart.***

HARDT (la), massif boisé de France et d'Allemagne, au nord des Vosges. — Région (appelée aussi *Harth*) en majeure partie forestière de la plaine d'Alsace, dans le Haut-Rhin.

HARDY (Alexandre), poète dramatique français (Paris v. 1570 - v. 1632). Son théâtre unit la violence baroque aux thèmes humanistes *(Mariamne).*

HARDY (Thomas), écrivain britannique (Upper Bockhampton 1840 - Max Gate 1928), auteur de poèmes et de romans qui évoquent les mœurs provinciales à travers la peinture d'êtres soumis à un implacable destin (*Tess d'Urberville,* 1891 ; *Jude l'Obscur,* 1895).

HARELBEKE, comm. de Belgique (Flandre-Occidentale), sur la Lys ; 25 836 h.

HARFLEUR (76700), comm. de la Seine-Maritime ; 9 221 h. *(Harfleurais).* Chimie. Aéronautique. Église des XVᵉ-XVIᵉ s. (flèche flamboyante).

HARGEISA, v. du nord de la Somalie ; 150 000 h.

ḤARĪRĪ (al-), écrivain arabe (près de Bassora 1054 - *id.* 1122), auteur de tableaux de la vie arabe, célèbres pour leur style précieux *(Maqāmāt).*

HARI RUD (le), fl. d'Afghanistan, d'Iran et du Turkménistan, qui disparaît par épuisement dans le sud du Karakoum ; 1 100 km env.

HARLAY (Achille **de**), *comte* **de Beaumont,** magistrat français (Paris 1536 - *id.* 1619). Président du parlement de Paris, il se signala pendant la Ligue par sa résistance au duc de Guise et par son dévouement à la royauté.

HARLAY DE CHAMPVALLON (François **de**), prélat français (Paris 1625 - Conflans 1695). Archevêque de Paris, il eut une grande part dans la révocation de l'édit de Nantes et dans les persécutions contre Port-Royal. (Acad. fr.)

HARLEM → ***Haarlem.***

HARLEM, quartier de New York, habité par une importante communauté noire.

HARLEY (Robert), *comte* **d'Oxford,** homme politique anglais (Londres 1661 - *id.* 1724). Secrétaire d'État (1704-1708), puis chef du gouvernement (1710-1714), il joua un rôle capital dans la conclusion du traité d'Utrecht (1713).

HARLOW, v. de Grande-Bretagne, au nord de Londres ; 73 500 h.

HARLY (02100), comm. de l'Aisne ; 1 900 h. Constructions électriques.

HARNACK (Adolf **von**), théologien luthérien allemand (Dorpat 1851 - Heidelberg 1930). Il a insisté sur la primauté de la foi et de la piété sur le dogme.

HARNES (62440), ch.-l. de c. du Pas-de-Calais ; 14 353 h.

HARNONCOURT (Nikolaus), chef d'orchestre et violoncelliste autrichien (Berlin 1929). Il fonde le Concentus Musicus de Vienne (1953) et dirige des orchestres traditionnels comme des ensembles sur instruments d'époque.

HAROLD Ier, dit **Harefoot** (m. à Oxford en 1040), roi d'Angleterre (1035-1040). — **Harold II** (v. 1022 - Hastings 1066), roi des Anglo-Saxons (1066). Vainqueur du roi de Norvège Harald III Hårdråde, il fut vaincu et tué par les troupes de Guillaume le Conquérant (1066).

HAROUÉ (54740), ch.-l. de c. de Meurthe-et-Moselle ; 492 h. Château de Craon (1729) par Boffrand.

HAROUN AL-RACHID → ***Hārūn al-Rachīd.***

Harpagon, principal personnage de *l'Avare,* de Molière.

HARPIES ou **HARPYES,** divinités grecques, mi-femmes, mi-oiseaux, pourvoyeuses des Enfers.

HARPIGNIES (Henri), peintre français (Valenciennes 1819 - Saint-Privé, Yonne, 1916). Il est l'auteur, dans un style voisin de Corot, de peintures et d'aquarelles sur des sites d'Italie et du centre de la France.

HARPOCRATE, nom sous lequel le dieu égyptien Horus l'Enfant fut adoré dans le monde gréco-romain.

HARRACH (El-), v. d'Algérie, banlieue d'Alger ; 182 000 h.

HARRIMAN (William Averell), financier et homme politique américain (New York 1891 - Yorktown Heights, État de New York, 1986). Secrétaire au Commerce (1946), chargé de missions en Europe (1948-1950), il fut l'ambassadeur itinérant du plan Marshall.

HARRIS (Zellig), linguiste américain (Balta, Ukraine, 1909). Théoricien de la linguistique distributionnelle, il a également proposé une méthode d'analyse du discours.

HARRISBURG, v. des États-Unis, cap. de la Pennsylvanie ; 52 376 h.

HARRISON (John), horloger britannique (Foulby, Yorkshire, 1693 - Londres 1776). Il fut le premier à réaliser un chronomètre de marine pour la détermination des longitudes (1735).

HARRISON (William), homme politique américain (Charles City County, Virginie, 1773 - Washington 1841). Élu président des États-Unis en 1840, il mourut un mois après son installation. — Son petit-fils, **Benjamin** (North Bend, Ohio, 1833 - Indianapolis 1901), fut président républicain des États-Unis de 1889 à 1893.

HARROGATE, v. de Grande-Bretagne (West Yorkshire) ; 65 000 h. Station thermale.

HARṢA (v. 590-647), roi de l'Inde qui domina tout le Nord et dont Bāṇa écrivit la biographie (la *Geste de Harṣa*).

HARTFORD, v. des États-Unis, cap. du Connecticut, sur le fleuve homonyme ; 139 739 h. Centre financier. Musée d'art.

HARTH → ***Hardt.***

HARTLEPOOL, port de Grande-Bretagne, sur la mer du Nord ; 94 000 h.

HARTMANN (Nicolai), philosophe allemand (Riga 1882 - Göttingen 1950). Sa métaphysique procède du néokantisme et de la phénoménologie de Husserl.

HARTMANN VON AUE, poète allemand (en Souabe v. 1160 - v. 1210), premier poète courtois de langue allemande.

HARTMANNSWILLERKOPF, *fam.* **Vieil-Armand,** sommet des Vosges (956 m), dominant les vallées de la Thur et de la Lauch. Violents combats en 1915.

HARTUNG (Hans), peintre français d'origine allemande (Leipzig 1904 - Antibes 1989). Installé à Paris en 1935, pionnier de l'abstraction, il a fait une brillante carrière à partir des années 50. Son œuvre conjugue spontanéité lyrique et strict contrôle intellectuel.

HARTZENBUSCH (Juan Eugenio), écrivain espagnol (Madrid 1806 - *id.* 1880), auteur de drames romantiques (*les Amants de Teruel,* 1837).

HĀRŪN AL-RACHĪD (Rey, Iran, 766 - Ṭus 809), calife abbasside (786-809). Personnage légendaire des *Mille et Une Nuits,* il entretint à Bagdad une cour fastueuse. Ses vizirs, les Barmakides, jouèrent un rôle important jusqu'à leur disgrâce (803).

HARUNOBU SUZUKI, graveur japonais (Edo 1725 - *id.* 1770). Peintre de la femme, il créa des estampes aux couleurs raffinées.

Harvard *(université),* université privée américaine, la plus ancienne, fondée en 1636 à Cambridge (Massachusetts) et portant le nom de son premier grand bienfaiteur John Harvard.

HARVEY (William), médecin anglais (Folkestone 1578 - Londres 1657). Chirurgien des rois Jacques Ier et Charles Ier, il découvrit la circulation du sang. On lui doit le principe : *omne vivum ex ovo* (tout être vivant provient d'un germe).

HARYANA, État du nord de l'Inde ; 44 000 km² ; 16 317 715 h. Cap. *Chandigarh.*

HARZ (le), massif cristallin du centre de l'Allemagne, culminant au Brocken (1 142 m). Dans les légendes allemandes, le Brocken était le rendez-vous des sorcières, qui y célébraient la *nuit de Walpurgis.*

ḤASĀ, prov. de l'Arabie saoudite, sur le golfe Persique.

ḤASAN, second imam des chiites (v. 624 - Médine 669). Fils de ʿAlī et de Fāṭima, il renonça au califat au profit de Muʿāwiya (661).

ḤASAN ou **HASSAN II** (Rabat 1929), roi du Maroc depuis 1961, fils de Muḥammad V. En 1975-76, il mobilise toute la nation et organise la « marche verte » pour recouvrer le Sahara occidental.

ḤASAN IBN AL-ṢABBĀḤ ou **ḤASAN I-ṢABBĀḤ,** fondateur de la secte des Assassins (m. à Alamut, Iran, en 1124).

HASDRUBAL, nom porté par plusieurs généraux carthaginois (VIe-IIe s. av. J.-C.). Les deux principaux furent : **Hasdrubal,** dit **le Beau** (v. 270-221 av. J.-C.), gendre d'Hamilcar, fondateur de Carthagène, en Espagne ; — **Hasdrubal Barca** (v. 245-207 av. J.-C.), frère d'Hannibal ; vaincu et tué en Italie sur le Métaure, il ne put rejoindre son frère à qui il amenait des renforts.

HAŠEK (Jaroslav), écrivain tchèque (Prague 1883 - Lipnice nad Sázavou 1923), auteur du roman satirique *les Aventures du brave soldat Švejk au temps de la Grande Guerre* (1921-1923).

HASKIL (Clara), pianiste roumaine (Bucarest 1895 - Bruxelles 1960), spécialiste de l'interprétation des œuvres de Mozart.

HASKOVO, v. de Bulgarie, dans la vallée de la Marica ; 81 000 h.

HASPARREN (64240), ch.-l. de c. des Pyrénées-Atlantiques ; 5 659 h. *(Haspandars).* Chaussures.

HASSAN → ***Ḥasan.***

HASSE (Johann Adolf), compositeur allemand (Bergedorf 1699 - Venise 1783), un des maîtres de l'*opera seria (Arminio, Il Re pastore).*

HASSELT, v. de Belgique, ch.-l. du Limbourg ; 66 611 h.

Hassi Messaoud, gisement pétrolifère du Sahara algérien, au sud-est de Wargla.

Hassi R'Mel, gisement de gaz naturel du Sahara algérien, au sud de Laghouat.

HASSLER (Hans Leo), compositeur allemand (Nuremberg 1562 - Francfort-sur-le-Main 1612), auteur d'œuvres polyphoniques.

HASTINGS, v. de Grande-Bretagne, sur la Manche ; 78 100 h. Port et station balnéaire. Guillaume le Conquérant y vainquit Harold II le 14 octobre 1066.

HASTINGS (Warren), administrateur britannique (Churchill 1732 - Daylesford 1818). Gouverneur général de l'Inde (1774-1785), il y accomplit une grande œuvre d'organisation en s'appuyant sur les traditions indigènes.

HATHAWAY (Henry), cinéaste américain (Sacramento 1898 - Los Angeles 1985). Son œuvre abondante et variée compte plusieurs réussites (*les Trois Lanciers du Bengale,* 1935 ; *le Carrefour de la mort,* 1947).

HATHOR, déesse égyptienne de la Joie et de l'Amour, identifiée par les Grecs à *Aphrodite.*

HATSHEPSOUT, reine de la XVIIIe dynastie d'Égypte (1520-1484 av. J.-C.). Épouse de Thoutmosis II, elle usurpa le pouvoir durant la minorité de son beau-fils Thoutmosis III.

HATTERAS *(cap),* cap des États-Unis (Caroline du Nord).

HATTI, nom ancien (IIIe-IIe millénaire) d'une région d'Anatolie centrale, et du peuple qui l'habite.

HATTOUSA → ***Boğazköy.***

HAUBOURDIN (59320), ch.-l. de c. du Nord, sur la Deûle ; 14 403 h. *(Haubourdinois).* Industries textiles et alimentaires. Céramique. Chimie.

HAUG (Émile), géologue français (Drusenheim 1861 - Niederbronn 1927), auteur d'un *Traité de géologie.*

HAUPTMANN (Gerhart), écrivain allemand (Bad Salzbrunn 1862 - Agnetendorf 1946), auteur de drames réalistes (*les Tisserands,* 1892 ; *le Roulier Henschel,* 1898) et de poèmes épiques. (Prix Nobel 1912.)

HAURAN, en ar. **Ḥawrān,** plateau de Syrie, au pied du djebel Druze.

HAURIOU (Maurice), juriste français (Ladiville 1856 - Toulouse 1929). Ses travaux ont eu une grande influence sur le droit public français.

HAUSDORFF (Felix), mathématicien allemand (Breslau 1868 - Bonn 1942). Auteur de travaux sur les espaces abstraits, il a fondé leur théorie sur la notion de voisinage.

HAUSER (Kaspar), personnage énigmatique allemand (v. 1812 - Ansbach 1833). Apparu en 1828, vêtu en paysan, il est généralement identifié au fils abandonné du grand-duc Charles de Bade.

HAUSSMANN (Georges, *baron*), administrateur français (Paris 1809 - *id.* 1891). Préfet de la Seine (1853-1870), il dirigea les grands travaux qui transformèrent Paris.

Haut-Brion *(château),* domaine de la comm. de Pessac (Gironde). Grands vins rouges du Bordelais.

Haut-Commissariat des Nations unies pour les réfugiés → ***H.C.R.***

Hautecombe, abbaye bénédictine située sur le lac du Bourget. Tombeaux et cénotaphes des princes de la maison de Savoie.

HAUTEFORT (24390), ch.-l. de c. de la Dordogne ; 1 057 h. Château des XVe-XVIIe s.

hautes études *(École pratique des)* [E. P. H. E.], établissement d'enseignement supérieur, créé en 1868 par V. Duruy, actuellement spécialisé

William **Harvey**

Ḥasan II

Václav **Havel**

dans les sciences de la vie et de la Terre et les sciences historiques et religieuses.

hautes études en sciences sociales *(École des)* [E. H. E. S. S.], établissement d'enseignement supérieur issu en 1975 de l'École pratique des hautes études dont il constituait la VIe section.

HAUTEVILLE-LOMPNES [-lɔ̃n] (01110), ch.-l. de c. de l'Ain, dans le Bugey ; 4 011 h. Station climatique.

HAUTE-VOLTA → ***Burkina.***

Haut-Kœnigsbourg, château du Bas-Rhin, sur un piton de 757 m, à l'O. de Sélestat. Édifice du XVe s. ruiné au XVIIe, il a été reconstruit de 1900 à 1908 par l'architecte Bodo Ebhardt.

HAUTMONT (59330), ch.-l. de c. du Nord, sur la Sambre ; 17 556 h. *(Hautmontois).* Métallurgie.

HAUTS-DE-SEINE (**92**), dép. de la Région Île-de-France, limitrophe de Paris, ch.-l. de dép. *Nanterre ;* ch.-l. d'arr. *Antony* et *Boulogne-Billancourt ;* 3 arr., 45 cant., 36 comm. ; 176 km² ; 1 391 658 h. Le dép. appartient à l'académie et à la cour d'appel de Versailles et au commandement militaire d'Île-de-France. En presque totalité urbanisé, le dép. comprend des banlieues, centres d'industries et de services, et des banlieues surtout résidentielles. Les premières sont situées en bordure de Paris et plus généralement sur les rives de la Seine (Boulogne-Billancourt, Levallois, Clichy, Gennevilliers [port fluvial], Colombes). Les secondes, coupées d'espaces verts et souvent localisées en bordure des Yvelines et de l'Essonne, dominent dans l'ouest (Rueil-Malmaison) et le sud du dép. (Sèvres, Chaville, Meudon, Sceaux).

HAÜY [aɥi] *(abbé* René Just), cristallographe français (Saint-Just-en-Chaussée, Oise, 1743 - Paris 1822), l'un des créateurs de la cristallographie. — Son frère **Valentin,** pédagogue français (Saint-Just-en-Chaussée, Oise, 1745 - Paris 1822), a fondé un établissement qui est devenu l'Institut national des jeunes aveugles (I. N. J. A.). Il imagina des caractères en relief pour permettre aux aveugles de lire.

HAVANE (La), en esp. **La Habana,** cap. de Cuba ; 1 925 000 h. *(Havanais).* Principal port et métropole économique de Cuba, la plus grande ville des Antilles. Monuments du XVIIIe s. ; musées. Fondée en 1519 par Diego Velázquez, la ville a été pour l'Espagne, du XVIIe au XIXe s., une place forte et un entrepôt entre la métropole et ses colonies d'Amérique.

Havas, société anonyme française, dont les origines remontent à la fondation, en 1832, par Charles Louis Havas du bureau de traduction de dépêches étrangères qui devint l'Agence Havas (1835). La branche information, acquise en 1940 par l'État, devint en 1944 l'Agence France-Presse. Havas est présent aujourd'hui dans les secteurs de la publicité, de l'audiovisuel, de la presse, de l'édition, et du tourisme.

HAVEL (la), riv. d'Allemagne, affl. de l'Elbe (r. dr.) ; 341 km.

HAVEL (Václav), auteur dramatique et homme politique tchèque (Prague 1936). Opposant au régime communiste, il est condamné à plusieurs reprises pour délit d'opinion. En 1989, il prend la tête du mouvement de contestation et est élu à la présidence de la République tchécoslovaque. Il démissionne de ses fonctions en 1992. Après la partition de la Tchécoslovaquie, il est élu à la présidence de la République tchèque (1993).

HAVRE (Le), ch.-l. d'arr. de la Seine-Maritime, à l'embouchure de la Seine ; 197 219 h. *(Havrais)* [250 000 avec les banlieues]. Évêché. Université. Port de voyageurs et, surtout, de commerce (importation de pétrole). L'industrie est partiellement liée à l'activité portuaire : métallurgie et chimie. Musées, dont celui des Beaux-Arts. Maison de la Culture par Niemeyer. Fondée en 1517, très endommagée pendant la Seconde Guerre mondiale, la ville a été reconstruite sur les plans d'A. Perret.

HAWAII *(îles),* archipel volcanique de la Polynésie (Océanie) ; 16 600 km² ; 1 108 229 h. *(Hawaiiens).* Cap. *Honolulu,* dans l'île Oahu. Production de canne à sucre surtout et d'ananas. Tourisme. — *L'île d'Hawaii,* la plus grande, a 10 400 km² et 120 000 h. V. pr. *Hilo.*

HISTOIRE

Originaires de Tahiti, les Hawaiiens arrivent dans l'archipel vers l'an 1000. 1778 : Cook débarque dans les îles, qu'il baptise îles Sandwich. 1820 : des missionnaires protestants commencent l'évangélisation du pays. 1849 : les États-Unis obtiennent le libre accès des ports hawaïens, puis (1875) un traité de réciprocité commerciale. 1887 : la rade de Pearl Harbor leur est concédée. 1893 : un groupe de planteurs américains renverse la monarchie indigène.

Vue de La **Havane**
avec, au premier plan, l'Institut des sports.

Le **Havre** (à l'arrière-plan, tour de Saint-Joseph [par A. Perret] et installations portuaires).

1898 : l'archipel est annexé par les États-Unis. 1959 : Hawaii devient le 50e État de l'Union.

HAWKE (Robert), homme politique australien (Bordertown, Australie-Méridionale, 1929), Premier ministre de 1983 à 1991.

HAWKES (John), écrivain américain (Stamford 1925). Il dénonce l'absurdité et la cruauté du monde moderne (*le Gluau,* 1961 ; *les Oranges de sang,* 1971).

HAWKINS (Coleman), saxophoniste de jazz noir américain (Saint Joseph, Missouri, 1904 - New York 1969). Par ses improvisations inspirées, il fut le plus important des saxophonistes ténors du middle jazz (*Body and Soul,* 1939) et influença de nombreux jazzmen.

HAWKINS ou **HAWKYNS** (*sir* John), amiral anglais (Plymouth 1532 - au large de Porto Rico 1595). Il fut le premier Anglais à pratiquer la traite des Noirs entre l'Afrique et les colonies d'Amérique (1562).

HAWKS (Howard), cinéaste américain (Goshen, Indiana, 1896 - Palm Springs 1977). Cinéaste de l'amitié virile et du courage, il aborda tous les genres avec la même sobriété : *Scarface* (1932), *l'Impossible Monsieur Bébé* (1938), *le Grand Sommeil* (1946), *Rio Bravo* (1959).

HAWKWOOD (*sir* John), condottiere d'origine anglaise (Hedingham Sibil, Essex, v. 1320 - Florence 1394), connu en Italie sous le nom de **Giovanni Acuto**.

HAWORTH (*sir* Walter Norman), chimiste britannique (Chorley 1883 - Birmingham 1950), prix Nobel en 1937 pour sa synthèse de la vitamine C.

HAWTHORNE (Nathaniel), écrivain américain (Salem 1804 - Plymouth 1864), auteur de récits (*Contes racontés deux fois,* 1837-1842) et de romans (*la Lettre écarlate,* 1850 ; *la Maison aux sept pignons,* 1851) qui évoquent une nature humaine marquée par le mal et la culpabilité.

HAWTREY (*sir* Ralph George), économiste britannique (Slough, Buckinghamshire, 1879 - Londres 1975). Il expliqua les fluctuations économiques par le comportement du système bancaire.

HAXO (François Benoît), général et ingénieur militaire français (Lunéville 1774 - Paris 1838). Il se signala au siège d'Anvers en 1832.

HAYANGE (57700), ch.-l. de c. de la Moselle, sur la Fensch ; 15 795 h. *(Hayangeois).* Métallurgie.

ḤAYDAR 'ALĪ (Dodballāpur 1721 - près de Chittoor 1782), fondateur (1761) de la dynastie musulmane du Mysore. Soutenu par les Français, il lutta contre les Marathes, le Carnatic et les Anglais.

HAYDN (Joseph), compositeur autrichien (Rohrau, Basse-Autriche, 1732 - Vienne 1809). Sa longue carrière le mena de la fin de l'ère baroque aux débuts du romantisme. Il contribua à fixer la structure classique de la symphonie *(Symphonies parisiennes, Symphonies londoniennes)* et du quatuor. Il reste surtout célèbre par ses oratorios (*la Création,* 1798 ; *les Saisons,* 1801).

HAYE (La), en néerl. **Den Haag** ou **'s-Gravenhage,** v. des Pays-Bas, près de la mer du Nord, résidence de la Cour, du corps diplomatique et des pouvoirs publics ; 444 242 h. Ville surtout résidentielle. Palais de la Paix et Cour de justice internationale. Nombreux monuments, du XIIIe au XVIIIe s. ; musées, dont le musée royal de peinture du Mauritshuis (palais du XVIIe s.).

HAYE-DU-PUITS (La) [50250], ch.-l. de c. de la Manche ; 1 937 h.

HAYE-PESNEL (La) [50320], ch.-l. de c. de la Manche ; 1 303 h.

HAYEK (Friedrich August **von**), économiste britannique d'origine autrichienne (Vienne 1899 - Fribourg-en-Brisgau 1992). Il a étudié les crises cycliques. (Prix Nobel 1974.)

HAYES (Rutherford Birchard), homme politique américain (Delaware, Ohio, 1822 - Fremont, Ohio, 1893), président républicain des États-Unis de 1877 à 1881.

HAYKAL (Muḥammad Ḥusayn), écrivain égyptien (Tanta 1888 - Le Caire 1956), auteur du premier roman arabe moderne, *Zaynab* (1914).

HAŸ-LES-ROSES (L') [lai-] (94240), ch.-l. d'arr. du Val-de-Marne, au sud de Paris ; 29 841 h. Roseraie.

HAYWORTH (Margarita Carmen **Cansino**, dite **Rita**), actrice américaine (New York 1918 - *id.* 1987). Rendue célèbre par le film *Gilda* (Charles Vidor, 1946), elle fut immortalisée par O. Welles dans *la Dame de Shanghai* (1948).

HAZĀRA, peuple de langue iranienne, musulman chiite, habitant l'Afghanistan central.

HAZARD (Paul), critique et historien français (Noordpeene, Nord, 1878 - Paris 1944), auteur de *la Crise de la conscience européenne, 1680-1715* (1935). [Acad. fr.]

HAZEBROUCK (59190), ch.-l. de c. du Nord ; 21 115 h. *(Hazebrouckois).* Industries textiles, mécaniques et alimentaires. Église du XVIe s.

H.C.R. (Haut-Commissariat des Nations unies pour les réfugiés), organe subsidiaire permanent de l'O.N.U., créé en 1950. À but humanitaire et social, il a pour objectif d'assurer la protection des réfugiés. (Prix Nobel de la paix 1954 et 1981.)

HEAD (*sir* Henry), neurophysiologiste britannique (Londres 1861 - Reading 1940). Il a étudié le mécanisme des sensations cutanées et les troubles du langage.

HEARST (William Randolph), homme d'affaires américain (San Francisco 1863 - Beverly Hills 1951). Propriétaire d'une chaîne de journaux, il développa les procédés de la presse à sensation.

HEATH (Edward), homme politique britannique (Broadstairs 1916). Leader du parti conservateur (1965-1975), Premier ministre (1970-1974), il fit entrer la Grande-Bretagne dans le Marché commun (1973).

Heathrow, principal aéroport de Londres, à l'ouest de la ville.

HEAVISIDE (Oliver), mathématicien et physicien britannique (Londres 1850 - Torquay 1925). Il a traduit en termes vectoriels la théorie de l'électromagnétisme de Maxwell et a découvert la couche atmosphérique ionisée, qui porte son nom.

HEBBEL (Friedrich), auteur dramatique allemand (Wesselburen 1813 - Vienne 1863), auteur de drames romantiques *(Judith)* et d'une trilogie des *Nibelungen.*

HÉBÉ, déesse grecque de la Jeunesse.

HEBEI ou **HO-PEI,** prov. de la Chine du Nord, sur le golfe de Bohai ; 180 000 km² ; 53 millions d'h. Cap. *Shijiazhuang.*

HÉBERT (Anne), femme de lettres canadienne d'expression française (Sainte-Catherine-de-Fossambault 1916), auteur de romans *(Kamouraska, les Fous de Bassan)* et de recueils lyriques *(le Tombeau des rois).*

HÉBERT (Georges), pédagogue français (Paris 1875 - Deauville 1957). Il a proposé une méthode d'éducation physique dite *naturelle,* opposée à la gymnastique suédoise et à la spécialisation sportive.

HÉBERT (Jacques), publiciste et homme politique français (Alençon 1757 - Paris 1794). Fondateur (1790) et directeur du journal *le Père Duchesne,* substitut du procureur de la Commune de Paris (1792), il mena une lutte acharnée contre les Girondins et les modérés (1793) et inspira la plupart des mesures de salut public prises par la Convention. Il fut éliminé, avec son groupe, par Robespierre.

HÉBERT (Louis), apothicaire français (Paris v. 1575 - Québec 1627). Son installation à Québec en 1617 en fait, peut-être, le premier colon français au Canada.

HÉBREUX, peuple sémitique de l'Orient ancien, dont la Bible retrace l'histoire. 2000-1770 av. J.-C. : issus des tribus semi-nomades de la bordure orientale du désert syrien, les Hébreux s'installèrent dans le pays de Canaan. C'est l'ère des patriarches bibliques, Abraham, Isaac et Jacob. 1770-1560 : ils immigrent dans le delta du Nil à l'époque de la domination des Hyksos. V. 1250 - règne de Ramsès II : c'est l'Exode biblique, le départ de l'Égypte, devenue hostile, sous la conduite de Moïse. 1220-1200 : les Hébreux s'installent en Palestine, pacifiquement ou par la guerre. V. 1200 - v. 1030 : pendant la période « des Juges », ils forment une fédération de tribus. V. 1030-931 : l'unité nationale s'achève ; c'est la période monarchique marquée par les règnes de Saül, David et Salomon. 931 : ce siècle d'or prend fin avec la scission en deux royaumes, correspondant aux tribus du Nord et aux tribus du Sud, celui d'Israël (jusqu'en 721) et celui de Juda (jusqu'en 587) ; ils disparaissent sous les coups des Assyriens pour l'un, des Babyloniens pour l'autre. 587-538 : suit une déportation massive, l'exil de Babylone. 538-332 : la domination perse permet le retour des déportés et la restauration de Jérusalem. 323 : la mort d'Alexandre fait passer la Palestine sous la domination des Lagides, puis des Séleucides. 142 : la révolte des Maccabées assure aux Hébreux une indépendance que maintient la dynastie des Asmonéens (134-37). 63 av. J.-C. : l'État juif devient vassal de Rome. Le dernier grand règne est celui d'Hérode Ier (37-4 av. J.-C.). La destruction de Jérusalem en 70 apr. J.-C., par Titus, met un point final à l'histoire ancienne d'Israël.

HÉBRIDES *(îles),* archipel britannique à l'ouest de l'Écosse. Ses principales îles sont *Lewis* et *Skye.*

HÉBRON, auj. **al-Khalīl,** v. de Palestine, en Cisjordanie, au sud de Jérusalem ; 43 000 h. Le souvenir d'Abraham en fait un lieu saint pour les juifs, les chrétiens et les musulmans.

HÉCATE, divinité grecque de la Magie et des Enchantements.

HÉCATÉE de Milet, historien et géographe d'Ionie (VIe s. av. J.-C.), auteur du *Voyage autour du monde* et des *Généalogies,* dont il ne reste que des fragments.

HECTOR, dans *l'Iliade,* chef troyen, fils aîné de Priam, époux d'Andromaque et père d'Astyanax. Il est tué par Achille.

HÉCUBE, dans *l'Iliade,* épouse de Priam.

HEDĀYAT (Ṣādeq), écrivain iranien (Téhéran 1903 - Paris 1951). Il exprime sa passion pour la culture ancienne de son pays et sa sympathie pour les opprimés (*la Chouette aveugle,* 1936).

HÉDÉ (35630), ch.-l. de c. d'Ille-et-Vilaine ; 1 592 h.

HEDJAZ, région d'Arabie, le long de la mer Rouge. Cap. *La Mecque ;* v. pr. *Djedda, Médine.* Lieu de naissance de Mahomet et terre sainte des musulmans, le Hedjaz fut érigé en royaume indépendant en 1916, et devint une province de l'Arabie saoudite en 1932.

HEERLEN, v. des Pays-Bas (Limbourg) ; 94 344 h.

HEFEI ou **HO-FEI,** v. de Chine, cap. de la prov. d'Anhui ; 800 000 h. Musée.

HEGEL (Friedrich), philosophe allemand (Stuttgart 1770 - Berlin 1831). Sa philosophie iden-

Joseph
Haydn

Hébert
(musée Lambinet, Versailles)

Friedrich
Hegel

Martin
Heidegger

tifie l'Être et la Pensée dans un principe unique, le Concept ; de ce dernier, Hegel décrit le développement au moyen de la *dialectique,* dont il fait non seulement une méthode rationnelle de pensée, mais surtout la vie même du concept et de son histoire. On lui doit : la *Phénoménologie de l'esprit* (1807), la *Science de la logique* (1812-1816), *Principes de la philosophie du droit* (1821).

HEIBERG (Peter Andreas), écrivain danois (Vordingborg 1758 - Paris 1841), auteur de romans et de comédies satiriques. Il fut le secrétaire de Talleyrand. — Son fils **Johan Ludvig** (Copenhague 1791 - Bonderup 1860), auteur de drames *(le Jour des Sept-Dormants),* influença pendant trente ans la vie intellectuelle de son pays.

HEIDEGGER (Martin), philosophe allemand (Messkirch, Bade, 1889 - *id.* 1976). Selon Heidegger, seuls les philosophes grecs présocratiques savaient ce qu'était l'Être : Nietzsche, puis lui-même ont redécouvert que l'Être est un lieu de questionnement pour l'homme, et que l'homme vit avec, enfouies en lui, la mort et l'angoisse. C'est ce que Heidegger appelle l'« être-là » ou dasein* (*Être et Temps,* 1927) ; *Introduction à la métaphysique,* 1952.)

HEIDELBERG, v. d'Allemagne (Bade-Wurtemberg), sur le Neckar ; 134 496 h. Université. Tourisme. Château des XIVe-XVIIe s. Musée.

HEIDER (Fritz), psychosociologue américain d'origine autrichienne (Vienne 1896-? 1988). Il a appliqué les lois de la perception des objets (Gestalttheorie) à la perception des personnes et de leurs relations (*The Psychology of interpersonal Relations,* 1958).

HEIFETZ (Jascha), violoniste américain d'origine lituanienne (Vilnius 1901 - Los Angeles 1987).

HEILBRONN, v. d'Allemagne (Bade-Wurtemberg), sur le Neckar ; 113 955 h. Port fluvial.

HEILIGENBLUT, centre touristique d'Autriche, proche du Grossglockner ; 1 000 h.

HEILLECOURT (54180), comm. de Meurthe-et-Moselle, banlieue de Nancy ; 6 409 h. Édition.

HEILONGJIANG ou **HEI-LONG-KIANG,** prov. de la Chine du Nord-Est ; 460 000 km^2 ; 33 060 000 h. Cap. *Harbin.*

HEINE (Heinrich, en fr. **Henri**), écrivain allemand (Düsseldorf 1797 - Paris 1856). Auteur de poésies où l'inspiration romantique prend une tonalité politique ou ironique (*Intermezzo lyrique,* 1823 ; *le Livre des chants,* 1827-1844 ; *Romanzero,* 1851) et de récits de voyages *(Images de voyages,* 1826-1831), il joua le rôle d'un intermédiaire culturel entre la France et l'Allemagne.

HEINEMANN (Gustav), homme politique allemand (Schwelm, Westphalie, 1899 - Essen 1976). Social-démocrate, il a été président de la République fédérale de 1969 à 1974.

HEINKEL (Ernst Heinrich), ingénieur et industriel allemand (Grunbach, Wurtemberg, 1888 - Stuttgart 1958). Il fonda à Warnemünde (1922) une firme de construction aéronautique. Après 1945, il se consacra à la construction d'engrenages de transmission et de moteurs pour automobiles.

HEINSIUS (Anthonie), homme politique néerlandais (Delft 1641 - La Haye 1720). Grand pensionnaire de Hollande de 1689 à sa mort, il se montra l'ennemi implacable de Louis XIV et fut l'un des auteurs de la grande alliance de La Haye (1701), qui préluda à la guerre de la Succession d'Espagne.

HEINSIUS (Daniël), humaniste et historien néerlandais (Gand 1580 - Leyde 1655). Il fut l'historiographe du roi Gustave-Adolphe.

HEISENBERG (Werner), physicien allemand (Würzburg 1901 - Munich 1976). L'un des fondateurs de la théorie quantique, il en a donné un formalisme matriciel. Il a formulé les inégalités qui portent son nom et qui stipulent qu'il est impossible de mesurer simultanément la position et la vitesse d'une particule quantique. (Prix Nobel 1932.)

HEIST-OP-DEN-BERG, comm. de Belgique (prov. d'Anvers) ; 35 428 h.

HEKLA, volcan actif de l'Islande ; 1 491 m.

HELDER (Le), port des Pays-Bas (Hollande-Septentrionale) ; 61 468 h.

HÉLÈNE, héroïne de *l'Iliade.* Elle était la fille de Léda et la sœur de Castor et Pollux. Épouse de Ménélas, elle fut enlevée par Pâris, ce qui provoqua la guerre de Troie.

HÉLÈNE *(sainte),* mère de l'empereur Constantin (Drepanum, Bithynie, milieu du IIIe s. - Nicomédie ? v. 335 ?). Elle exerça sur son fils une influence considérable, défendant la cause des chrétiens. Une tradition tardive lui attribue la découverte de la croix du Christ.

Hélène Fourment au carrosse, grande toile de Rubens (v. 1639, Louvre). Somptueuse représentation, à la fin de la carrière du peintre, de sa seconde femme, accompagnée de leur fils Frans (né en 1633).

Hélène Fourment au carrosse (v. 1639), par Rubens. (Louvre, Paris.)

HELGOLAND, anc. **Héligoland,** île allemande de la mer du Nord, au large des estuaires de l'Elbe et de la Weser. Danoise en 1714, anglaise en 1814, elle fut cédée, contre Zanzibar, en 1890, aux Allemands, qui en firent une base navale, démantelée en 1947.

HÉLI, juge et grand prêtre des Hébreux (XIe s. av. J.-C.).

HÉLICON, mont de la Grèce (Béotie). Les Muses étaient censées y résider [1748 m].

Héliée, tribunal populaire d'Athènes, dont les membres *(héliastes)* étaient tirés au sort chaque année.

Heinrich **Heine** (M. Oppenheim - musée de Hambourg)

Werner **Heisenberg**

Ernest **Hemingway**

HÉLINAND de Froidmont, moine de la région de Beauvais (v. 1170 - v. 1230), auteur des *Vers de la mort.*

HÉLIODORE, écrivain grec (Émèse IIIe s. apr. J.-C.), auteur des *Éthiopiques,* roman lu et imité jusqu'au XVIIe s.

HÉLIOGABALE → ***Élagabal.***

HÉLION (Jean), peintre français (Couterne, Orne, 1904 - Paris 1987). Abstrait dans les années 1930-1938, il fit retour au naturalisme selon divers modes originaux de schématisation.

HÉLIOPOLIS, ville de l'Égypte ancienne, à l'extrémité sud du Delta. Elle eut un grand rayonnement religieux et politique, grâce à la puissance du clergé desservant le temple du dieu Rê. Obélisque de Sésostris Ier.

HÉLIOPOLIS → ***Baalbek.***

HÉLIOS ou **HÊLIOS,** dieu grec du Soleil et de la Lumière.

HELLADE, en gr. **Hellas.** *Géogr. anc.* Le centre de la Grèce, par opp. au *Péloponnèse.* — Plus tard, la Grèce entière.

HELLÊN, fils de Deucalion et de Pyrrha, ancêtre mythique et héros éponyme des *Hellènes,* ou *Grecs.*

HELLENS (Frédéric **Van Ermenghem,** dit **Franz**), écrivain belge d'expression française (Bruxelles 1881 - *id.* 1972), auteur de récits fantastiques et de recueils lyriques.

HELLESPONT, anc. nom des **Dardanelles*.**

HELMAND ou **HILMAND,** fl. d'Afghanistan, qui se perd dans la cuvette du Sīstān ; 1 200 km.

HELMHOLTZ (Hermann **von**), physicien et physiologiste allemand (Potsdam 1821 - Charlottenburg 1894). Il a introduit la notion d'énergie potentielle et énoncé le principe de conservation de l'énergie. Il a aussi découvert le rôle des harmoniques dans le timbre des sons et mesuré la vitesse de l'influx nerveux (1850).

HELMOND, v. des Pays-Bas (Brabant-Septentrional) ; 69 967 h.

HELMONT (Jan Baptist **Van**) → ***Van Helmont.***

HÉLOÏSE, épouse d'Abélard (Paris 1101 - couvent du Paraclet 1164). Nièce du chanoine Fulbert, elle devint l'élève d'Abélard, l'épousa secrètement, puis, séparée de lui, entra au couvent. Devenue abbesse du Paraclet, elle échangea avec Abélard une correspondance qui forme un étonnant mélange de passion et de scolastique.

HÉLOUÂN ou **ḤILWĀN,** banlieue du Caire ; 204 000 h. Station thermale. Sidérurgie.

HELPMANN (Robert), danseur et chorégraphe australien (Mount Gambier 1909 - Sydney 1986). Il a composé des chorégraphies pour le Sadler's Wells Ballet et pour le cinéma *(les Chaussons rouges, les Contes d'Hoffmann).*

HELSINGBORG ou **HÄLSINGBORG,** port de Suède ; 109 267 h.

HELSINGØR → ***Elseneur.***

HELSINKI, en suéd. **Helsingfors,** cap. de la Finlande, sur le golfe de Finlande ; 484 000 h. (932 000 h. avec les banlieues). Urbanisme moderne. Musées. Principal port et centre industriel du pays. Fondée en 1550 par les Suédois, Helsinki devint en 1812 la capitale du grand-duché de Finlande et en 1918 celle de la République finlandaise. En 1975, la C.S.C.E.* y adopta l'Acte final de son premier sommet.

HELVÉTIE, partie orientale de la Gaule, comprenant à peu près le territoire occupé auj. par la Suisse. (Hab. *Helvètes.*)

HELVÉTIUS (Claude Adrien), philosophe français (Paris 1715 - *id.* 1771), fermier général, auteur d'un système matérialiste et sensualiste (*De l'esprit,* 1758).

HEM [ɛm] (59510), comm. du Nord ; 20 254 h. *(Hémois).* Chapelle de 1958 (vitraux).

HEMEL HEMPSTEAD, v. de Grande-Bretagne, près de Londres ; 80 000 h.

HEMIKSEM, comm. de Belgique (prov. d'Anvers), sur l'Escaut ; 9 344 h. Métallurgie.

HEMINGWAY (Ernest Miller), écrivain américain (Oak Park, Illinois, 1899 - Ketchum, Idaho,

1961). Il est passé du désenchantement de la « génération* perdue » à une glorification de la force morale de l'homme, qui se mesure au monde et aux êtres en un corps à corps solitaire (*Le soleil se lève aussi,* 1926 ; *l'Adieu aux armes,* 1929 ; *Pour qui sonne le glas,* 1940 ; *le Vieil* Homme et la mer,* 1952). [Prix Nobel 1954.]

HÉMON (Louis), écrivain français (Brest 1880 - Chapleau, Canada, 1913), auteur de *Maria Chapdelaine* (1916).

HENAN ou **HO-NAN,** prov. de la Chine ; 167 000 km² ; 75 910 000 h. Cap. *Zhengzhou.*

HENCH (Philip Showalter), médecin américain (Pittsburgh 1896 - Ocho Rios, Jamaïque, 1965). Prix Nobel de médecine en 1950, pour ses travaux sur l'utilisation de la cortisone en thérapeutique.

HENDAYE [ɑ̃daj] (64700), ch.-l. de c. des Pyrénées-Atlantiques, sur la Bidassoa ; 11 744 h. *(Hendayais).* Gare internationale. Station balnéaire.

HENDRIX (Jimi), guitariste américain (Seattle 1942 - Londres 1970). Son style révolutionna le blues et le rock (*Electric Ladyland,* album, 1968).

HENGELO, v. des Pays-Bas (Overijssel) ; 76 371 h.

HENGYANG ou **HENG-YANG,** v. de Chine (Hunan) ; 300 000 h.

HENIE (Sonja), patineuse norvégienne (Oslo 1912 - en avion 1969), dix fois championne du monde et trois fois championne olympique (1928, 1932 et 1936).

HÉNIN-BEAUMONT (62110), ch.-l. de c. du Pas-de-Calais ; 26 494 h. *(Héninois).* Constructions mécaniques. Confection.

HENLEIN (Konrad), homme politique allemand (Maffersdorf 1898 - Plzeň 1945). Il prépara le rattachement des Sudètes au Reich.

HENLEY-ON-THAMES, v. de Grande-Bretagne, sur la Tamise ; 12 000 h. Régates.

HENNEBIQUE (François), ingénieur français (Neuville-Saint-Vaast 1841 - Paris 1921). Pionnier de la construction industrielle en béton armé, il résolut le problème de la répartition des contraintes entre les armatures métalliques tendues et le béton comprimé.

HENNEBONT (56700), ch.-l. de c. du Morbihan ; 13 813 h. *(Hennebontais).* Métallurgie. Enceinte médiévale. Église gothique du XVIᵉ s.

HENNE-MORTE (la), gouffre du massif de Paloumère (Haute-Garonne), profond de 446 m, exploré par N. Casteret.

HENNIG (Willi), biologiste allemand (Dürrhennersdorf, près de Löbau, haute Lusace, 1913 - Ludwigsburg 1976). Il est le fondateur du cladisme, méthode de classification des êtres vivants qui a profondément modifié la systématique moderne.

HÉNOCH ou **ÉNOCH,** patriarche biblique, père de Mathusalem. Le judaïsme des IIᵉ-Iᵉʳ s. av. J.-C. a groupé sous son nom un ensemble d'écrits apocalyptiques.

EMPEREURS

HENRI Iᵉʳ l'Oiseleur (v. 875 - Memleben 936), roi de Germanie (919-936). Il acquit la Lorraine (925). — **Henri II le Saint** (Abbach, Bavière, 973 - Grone 1024), duc de Bavière (995), empereur germanique (1014-1024), canonisé en 1146. — **Henri III** (1017 - Bodfeld 1056), empereur germanique (1046-1056). Roi de Germanie depuis 1039, il s'imposa en Italie après avoir déposé les papes Grégoire VI, Sylvestre III et Benoît IX. — **Henri IV** (Goslar ? 1050 - Liège 1106), fils du précédent, empereur germanique (1084-1105). Roi de Germanie depuis 1056, il s'engagea contre Grégoire VII dans la *querelle des Investitures* et dut venir s'humilier à Canossa (1077) ; par

L'empereur **Henri IV** agenouillé devant Mathilde de Toscane, à Canossa en 1077. Miniature du XIIᵉ s. (Bibliothèque vaticane.)

la suite, il s'empara de Rome (1084), mais son fils le contraignit à abdiquer en 1106. — **Henri V** (1081 ou 1086 - Utrecht 1125), fils du précédent, empereur germanique (1111-1125). Il fut contraint de signer avec Calixte II le concordat de Worms. — **Henri VI le Cruel** (Nimègue 1165 - Messine 1197), empereur germanique (1191-1197), fils de Frédéric Iᵉʳ Barberousse. Il se fit reconnaître roi de Sicile (1194). — **Henri VII de Luxembourg** (Valenciennes ? v. 1274 - Buonconvento, près de Sienne, 1313), empereur germanique (1312-13).

HENRI DE FLANDRE ET HAINAUT (Valenciennes 1174 - Thessalonique 1216), empereur latin d'Orient (1206-1216). Il participa à la quatrième croisade et succéda à son frère Baudouin.

ANGLETERRE ET GRANDE-BRETAGNE

HENRI Iᵉʳ Beauclerc (Selby, Yorkshire, 1069 - Lyons-la-Forêt 1135), roi d'Angleterre (1100-1135) et duc de Normandie (1106-1135), 4ᵉ fils de Guillaume le Conquérant ; il réussit à maintenir l'unité des États anglo-normands. — **Henri II Plantagenêt** (Le Mans 1133 - Chinon 1189), roi d'Angleterre (1154-1189), duc de Normandie (1150-1189), comte d'Anjou (1151) et duc d'Aquitaine (1152-1189) par son mariage avec Aliénor. Sa politique religieuse l'opposa à Thomas Becket. — **Henri III** (Winchester 1207 - Westminster 1272), roi d'Angleterre (1216-1272). Son refus de signer les Provisions d'Oxford provoqua une longue guerre civile (1258-1265). Il perdit, au profit de la France, le Poitou, la Saintonge et l'Auvergne (1259). — **Henri IV** (Bolingbroke 1367 - Westminster 1413), roi d'Angleterre (1399-1413). Il dut affronter le soulèvement des Gallois (1400-1408). — **Henri V** (Monmouth 1387 - Vincennes 1422), roi d'Angleterre (1413-1422). Il vainquit les Français à Azincourt (1415) et obtint par le traité de Troyes (1420) la régence du royaume, avec la promesse de succession pour le fils né de son mariage avec Catherine de France. — **Henri VI** (Windsor 1421 - Londres 1471), roi d'Angleterre (1422-1461), fils de Henri V et de Catherine de France. Proclamé roi de France à la mort de Charles VI (1422), il perdit la totalité des possessions anglaises en France et, déconsidéré, vit ses droits à la couronne d'Angleterre contestés ; ainsi éclata la *guerre des Deux-Roses.* — **Henri VII** (château de Pembroke 1457 - Richmond, Londres, 1509), roi d'Angleterre (1485-1509), le premier de la dynastie des Tudors. Par la bataille de Bosworth (1485), où fut tué le dernier York, Richard III, il mit fin à la guerre des Deux-Roses et restaura l'autorité royale. — **Henri VIII** (Greenwich 1491 - Westminster 1547), roi d'Angleterre (1509-1547) et d'Irlande (1541-1547), fils du précédent. À l'égard des grandes puissances européennes (France, Espagne), il pratiqua une politique d'équilibre. À l'origine très attaché au catholicisme, il provoqua le schisme lorsque le pape lui refusa l'annulation de son mariage avec Catherine d'Aragon. Ayant répudié celle-ci (1533), Henri VIII se proclama chef suprême de l'Église d'Angleterre (1534), pourchassant aussi bien catholiques que protestants. Après Catherine d'Aragon et Anne Boleyn, mère d'Élisabeth Iʳᵉ, décapitée en 1536, il épousa Jeanne Seymour (mère du futur Édouard VI), Anne de Clèves, Catherine Howard (exécutée en 1542) et Catherine Parr. Son règne centralisateur contribua à l'affermissement du pouvoir royal.

BAVIÈRE ET SAXE

HENRI le Lion (Ravensburg 1129 - Brunswick 1195), duc de Saxe (1142-1181) et de Bavière (1156-1180). Mis au ban de l'Empire par Frédéric Iᵉʳ Barberousse, il fut privé de ses possessions (1180).

CASTILLE ET LEÓN

HENRI Iᵉʳ (v. 1203 - Palencia 1217), roi de Castille (1214-1217). — **Henri II le Magnifique** (Séville 1333 ou 1334 - Domingo de la Calzada 1379), roi de Castille et de León (1369-1379). Il se maintint sur le trône grâce à Charles V et à du Guesclin, qui l'aidèrent à triompher de son demi-frère Pierre le Cruel. — **Henri III le Maladif** (Burgos 1379 - Tolède 1406), roi de Castille et de León (1390-1406). Il poursuivit une politique d'expansion. — **Henri IV l'Impuissant** (Valladolid 1425 - Madrid 1474), roi de Castille et de León (1454-1474), époux de Jeanne de Portugal.

FRANCE

HENRI Iᵉʳ, fils de Robert II (v. 1008 - Vitry-aux-Loges 1060), roi de France (1031-1060). Il dut céder à son frère Robert le duché de Bourgogne (1032), lutter contre la maison de Blois-Champagne, puis contre Guillaume le Conquérant, qui le vainquit. Il épousa en secondes noces Anne, fille de Iaroslav, grand-duc de Kiev.

HENRI II, fils de François Iᵉʳ et de Claude de France (Saint-Germain-en-Laye 1519 - Paris 1559), roi de France (1547-1559). Il épousa Catherine de Médicis en 1533 et fut partagé entre l'influence de l'entourage italien de sa femme et les intrigues des Guises, des Coligny et de Diane de Poitiers, sa maîtresse. Il poursuivit la lutte contre Charles Quint et son union avec les protestants allemands lui permit de s'emparer des Trois-Évêchés : Metz, Toul et Verdun (1552). Battu par Philippe II à Saint-Quentin (1557) mais victorieux de l'Angleterre à Calais (1558), il mit fin aux guerres d'Italie par le traité du Cateau-Cambrésis (1559). Il fut mortellement blessé dans un des derniers grands tournois. Le tombeau du roi et de sa femme, en forme de petit temple avec gisants et statues par G. Pilon (1560 - v. 1570), est à Saint-Denis.

HENRI III, troisième fils d'Henri II et dernier Valois (Fontainebleau 1551 - Saint-Cloud 1589), roi de France (1574-1589). Il venait d'être élu roi de Pologne lorsque la mort de son frère Charles IX le rappela en France. Critiqué pour ses goûts efféminés, les faveurs qu'il accordait à ses « mignons », il oscilla longtemps entre les protestants, soutenus par Henri de Navarre, et la Ligue catholique, dirigée par les Guises.

Henri V, roi d'Angleterre (National Portrait Gallery, Londres)

Henri VIII, roi d'Angleterre (Holbein le Jeune - Galerie nationale d'Art ancien, Rome)

Henri II, roi de France (château de Versailles)

Henri IV, roi de France (château de Versailles)

Humilié par ces derniers, obligé de s'enfuir de Paris (journée des Barricades, 12 mai 1588), le roi convoqua les états généraux à Blois, où il fit assassiner Henri de Guise et son frère, le cardinal de Lorraine. Il se réconcilia avec Henri de Navarre et entreprit le siège de Paris au cours duquel il fut poignardé par le moine Jacques Clément. Henri III avait fondé l'ordre du Saint-Esprit (1578).

HENRI IV, fils d'Antoine de Bourbon et de Jeanne d'Albret (Pau 1553 - Paris 1610), roi de Navarre (Henri III, 1572-1610) et de France (1589-1610). Il épousa en 1572 Marguerite de Valois, fille d'Henri II. Un des chefs du parti calviniste, il échappa à la Saint-Barthélemy en abjurant momentanément les doctrines réformées. Reconnu par Henri III, roi de France, comme son héritier légitime, il prit le nom d'Henri IV (1589), mais il avait à conquérir son royaume. Ayant vaincu les ligueurs à Arques (1589) puis à Ivry (1590), il abjura définitivement le protestantisme (1593), se fit sacrer à Chartres et fit son entrée dans Paris (1594). Par le traité de Vervins, il rétablit la paix extérieure et, par l'édit de Nantes, la paix religieuse à l'intérieur (1598). Très populaire, il entreprit ensuite l'œuvre de restauration de l'autorité royale et de réorganisation de la France. Grâce à Sully, les finances furent assainies ; l'agriculture fut encouragée grâce à Olivier de Serres, et l'industrie rénovée (draperie, soieries et velours) par l'action de Laffemas. Champlain jeta les fondements de la Nouvelle-France en fondant Québec en 1608. Henri IV obligea le duc de Savoie à lui céder la Bresse, le Bugey, le Valromey et le pays de Gex (1601). Contre les prétentions des Habsbourg, il s'allia aux protestants allemands, ce qui réveilla le fanatisme de certains ligueurs ; il préparait une guerre, contre l'Empire et l'Espagne, lorsqu'il fut assassiné par Ravaillac. De son second mariage, avec Marie de Médicis, Henri IV laissait un fils mineur, Louis XIII.

HENRI V → ***Chambord*** *(comte de).*

PORTUGAL

HENRI DE BOURGOGNE (Dijon v. 1057 - Astorga v. 1112), comte de Portugal (1097-v. 1112), petit-fils de Robert Ier, duc de Bourgogne. Il fut le fondateur de la monarchie portugaise, ayant proclamé l'indépendance du pays à la mort de son beau-père Alphonse VI de Castille (1109).

HENRI le Navigateur, prince portugais (Porto 1394 - Sagres 1460), fils de Jean Ier de Portugal. Il fut l'instigateur de voyages d'exploration sur les côtes africaines.

HENRICHEMONT (18250), ch.-l. de c. du Cher ; 1 877 h. Ville fondée en 1608 par Sully.

HENRIETTE-ANNE DE FRANCE, princesse française (Versailles 1727 - *id.* 1752), fille de Louis XV.

HENRIETTE-ANNE STUART, duchesse d'Orléans, dite **Henriette d'Angleterre,** princesse d'Angleterre et d'Écosse (Exeter 1644 - Saint-Cloud 1670), fille du roi Charles Ier et d'Henriette-Marie de France, et épouse (1661) de Philippe d'Orléans, frère de Louis XIV. Elle fut l'animatrice de la cour du jeune Louis XIV et négocia avec son frère Charles II le traité de Douvres. Son oraison funèbre, prononcée par Bossuet, est célèbre (« Madame se meurt ! Madame est morte ! »).

HENRIETTE-MARIE DE FRANCE, reine d'Angleterre (Paris 1609 - Colombes 1669), fille du roi Henri IV et de Marie de Médicis, et épouse (1625) de Charles Ier d'Angleterre. Son oraison funèbre fut prononcée par Bossuet.

HENRY (Joseph), physicien américain (Albany 1797 - Washington 1878). Il découvrit l'auto-induction (1832), phénomène fondamental en électromagnétisme.

HENRY (Pierre), compositeur français (Paris 1927). Représentant de la musique concrète, puis électroacoustique, il travaille avec P. Schaeffer, collabore ensuite avec M. Béjart (*la Noire à soixante ; Variations pour une porte et un soupir,* 1963 ; *Messe pour le temps présent,* 1967) puis évolue vers des œuvres de vastes dimensions (*l'Apocalypse de Jean,* oratorio ; *Noces chymiques,* 1980).

HENZADA, v. de Birmanie, sur l'Irrawaddy ; 284 000 h.

HENZE (Hans Werner), compositeur allemand (Gütersloh, Westphalie, 1926). Après une période sérielle, il a composé des opéras (*El Cimarrón,* 1970 ; *El Rey de Harlem,* 1980), des ballets et des symphonies d'un lyrisme plus personnel.

HEPBURN (Katharine), actrice américaine (Hartford, Connecticut, 1907). Elle allie, au théâtre comme au cinéma, distinction, esprit et modernité du jeu. Elle a été notamment l'interprète de G. Cukor (*Sylvia Scarlett,* 1935), H. Hawks (*l'Impossible Monsieur Bébé,* 1938), J. Huston (*African Queen,* 1952).

HÉPHAÏSTOS, dieu grec du Feu et des Forges. C'est le *Vulcain* des Romains.

Heptaméron (l'), *Contes ou Nouvelles de la reine de Navarre,* recueil de 72 nouvelles, imitées de Boccace (1559), par Marguerite d'Angoulême.

HEPTARCHIE, ensemble des sept royaumes anglo-saxons de Kent, Sussex, Wessex, Essex, Northumbrie, East-Anglia et Mercie (VIe-IXe s.).

HÉRA, déesse grecque du Mariage, épouse de Zeus, identifiée par les Latins avec *Junon.*

HÉRACLÈS, célèbre héros grec, personnification de la Force, fils de Zeus et d'Alcmène, identifié avec l'*Hercule* latin. Pour expier le meurtre de son épouse Mégara et de ses enfants, il dut exécuter les douze travaux imposés par le roi de Tirynthe, Eurysthée *(travaux d'Hercule).* Ainsi : 1° il étouffa le lion de Némée ; 2° il tua l'hydre de Lerne ; 3° il prit vivant le sanglier d'Érymanthe ; 4° il atteignit à la course la biche aux pieds d'airain, de Cérynie ; 5° il tua à coups de flèches les oiseaux du lac Stymphale ; 6° il dompta le taureau de l'île de Crète, envoyé par Poséidon contre Minos ; 7° il tua Diomède, roi de Thrace, qui nourrissait ses chevaux de chair humaine ; 8° il vainquit les Amazones ; 9° il nettoya les écuries d'Augias en y faisant passer le fleuve Alphée ; 10° il combattit et tua Géryon, auquel il enleva ses troupeaux ; 11° il cueillit les pommes d'or du jardin des Hespérides ; 12° enfin, il enchaîna Cerbère. Dévoré par les souffrances provoquées par la tunique empoisonnée de Nessos*, Héraclès se jeta dans les flammes d'un bûcher sur le mont Œta.

Herculanum : nymphée de la maison de Neptune et d'Amphitrite.

HÉRACLIDES, descendants d'Héraclès.

HÉRACLIDES, famille d'origine arménienne qui donna, aux VIIe et VIIIe s., six empereurs à Byzance, dont Héraclius Ier.

HÉRACLITE, philosophe grec (Éphèse v. 550 - v. 480 av. J.-C.). Sa philosophie repose sur le concept du mouvement, fait, selon lui, de la contradiction entre deux états de la matière.

HÉRACLIUS Ier (en Cappadoce v. 575 - 641), empereur byzantin (610 à 641). Vainqueur des Perses, il ne put contenir les Arabes qui conquirent la Syrie et l'Égypte.

Héra de Samos, statue en marbre gris-blanc (musée du Louvre) des alentours de 570-560 av. J.-C., trouvée, en 1875, dans le temple d'Héra à Samos. Œuvre caractéristique de l'archaïsme du monde ionien.

HÉRAKLION → ***Iráklion.***

HERĀT → ***Harāt.***

HÉRAULT, fl. du Languedoc, issu de l'Aigoual, qui rejoint la Méditerranée en aval d'Agde ; 160 km.

HÉRAULT (34) dép. de la Région Languedoc-Roussillon ; ch.-l. de dép. *Montpellier ;* ch.-l. d'arr. *Béziers, Lodève ;* 3 arr., 49 cant., 343 comm. ; 6 101 km² ; 794 603 h. *(Héraultais).* Le dép. est rattaché à l'académie et à la cour d'appel de Montpellier, à la région militaire Méditerranée. Il s'étend à l'ouest et au nord sur l'extrémité méridionale du Massif central et sur une partie de l'aride plateau des Garrigues, régions dépeuplées. Au sud, en retrait d'un littoral bas et sablonneux, bordé d'étangs, il occupe la majeure partie de la plaine du Languedoc, grande région productrice de vins courants. Grâce à l'irrigation, les cultures fruitières et légumières ont cependant progressé. En dehors des activités liées aux traitements des produits du sol, l'industrie est représentée par l'extraction de la bauxite, l'industrie chimique, l'électronique. L'importance du tertiaire est liée à celle de l'urbanisation (Montpellier regroupe plus du tiers de la population du dép.) et s'est accrue aussi avec le développement de stations balnéaires (dont La Grande-Motte). [*V. carte p. 1394.*]

HERBART (Johann Friedrich), philosophe et pédagogue allemand (Oldenburg 1776 - Göttingen 1841). Kantien, élève de Pestalozzi, il pense que l'éducation doit constituer un ensemble rigoureux de valeurs qu'il faut transmettre.

HERBAULT (41190), ch.-l. de c. de Loir-et-Cher ; 1 024 h.

HERBERT (Frank), écrivain américain (Tacoma 1920 - Madison 1986), auteur de science-fiction (*Dune,* 1965-1985).

HERBERT (George), poète anglais (Montgomery, pays de Galles, 1593 - Bemerton 1633), auteur de poésies religieuses *(le Temple).*

HERBIERS (Les) [85500], ch.-l. de c. de la Vendée ; 13 688 h. Mobilier. Bateaux de plaisance.

HERBIGNAC (44410), ch.-l. de c. de la Loire-Atlantique ; 4 191 h.

HERBIN (Auguste), peintre français (Quiévy, Nord, 1882 - Paris 1960). Il a élaboré un répertoire de formes géométriques rigoureuses, aux aplats de couleur contrastés.

HERBLAY (95220), comm. du Val-d'Oise, sur la Seine ; 22 435 h. Église des XIe-XVIe s.

HERCULANO (Alexandre), écrivain portugais (Lisbonne 1810 - Vale de Lobos 1877), auteur d'une *Histoire du Portugal* (1846-1853).

HERCULANUM, v. de l'Italie ancienne (Campanie), ensevelie sous les cendres du Vésuve en 79. Le site, découvert en 1709, a été étudié scientifiquement à partir de 1927.

HERCULE, héros romain identifié à l'*Héraclès** grec ; divinité tutélaire de l'agriculture, du négoce et des armées.

HERDER (Johann Gottfried), écrivain allemand (Mohrungen 1744 - Weimar 1803), un des initiateurs de *Sturm* und Drang,* auteur des *Idées sur la philosophie de l'histoire de l'humanité* (1784-1791).

HÉRÉ (Emmanuel), architecte français (Nancy 1705 - Lunéville 1763). On doit à cet élève de Boffrand les embellissements de Nancy (places Stanislas et de la Carrière).

HEREDIA (José Maria **de**), poète français (La Fortuna, Cuba, 1842 - près de Houdan 1905), l'un des représentants de l'école du Parnasse (*les Trophées,* 1893). [Acad. fr.]

HERENT, comm. de Belgique (Brabant flamand) ; 17 596 h.

HERENTALS, comm. de Belgique (prov. d'Anvers), sur le canal Albert ; 24 500 h. Église des XIVe-XVe s.

HERERO, peuple de Namibie parlant une langue bantoue.

HERGÉ (Georges **Rémi,** dit), créateur belge de bandes dessinées (Etterbeek 1907 - Bruxelles 1983). Il a été, à partir de 1929, avec le récit des aventures de *Tintin et Milou,* un des maîtres de l'« école belge » de la bande dessinée.

HÉRICOURT (70400), ch.-l. de c. de la Haute-Saône ; 9 937 h. Industries mécaniques.

HÉRIMONCOURT (25310), ch.-l. de c. du Doubs ; 3 983 h. Constructions mécaniques.

HERISAU, v. de Suisse, ch.-l. du demi-canton des Rhodes-Extérieures (Appenzell) ; 15 624 h.

HÉRISSON (03190), ch.-l. de c. de l'Allier, sur l'Aumance ; 808 h. Château médiéval en ruine. Le peintre Harpignies et ses élèves y séjournèrent.

Hermandad (« Fraternité »), nom donné aux associations de paix créées à partir du XIIIe s., en Espagne, dans le premier but d'assurer la sécurité des pèlerins.

HERMANN → ***Arminius.***

Hermann et Dorothée, poème en neuf chants, de Goethe (1797) ; idylle bourgeoise, sur le fond des guerres de la Révolution française.

HERMANVILLE-SUR-MER (14880), comm. du Calvados ; 2 115 h. Station balnéaire.

HERMAPHRODITE. *Myth. gr.* Personnage à la fois mâle et femelle, fils d'Hermès et d'Aphrodite.

HERMÈS, dieu grec, identifié à *Mercure.* Il était le guide des voyageurs, le patron des marchands et des voleurs, et le messager des dieux.

Hermès portant Dionysos enfant, statue en marbre de Praxitèle, v. 350-330 av J.-C. (musée d'Olympie). Copie trouvée dans le temple d'Héra à Olympie.

HERMÈS TRISMÉGISTE (« trois fois grand »), nom grec du dieu égyptien *Thot,* assimilé à Hermès.

HERMIONE, fille de Ménélas et d'Hélène, femme de Pyrrhos (fils d'Achille), puis d'Oreste.

HERMITAGE, coteau de la Drôme, dominant le Rhône. Vignoble.

HERMITE (Charles), mathématicien français (Dieuze 1822 - Paris 1901). Auteur d'une théorie générale des fonctions elliptiques et abéliennes, il établit également la transcendance du nombre *e.*

HERMLIN (Stephan), écrivain allemand (Chemnitz 1915). Il fut l'un des chefs de file de la vie littéraire en Allemagne de l'Est.

HERMON *(mont),* massif montagneux (2 814 m), aux confins du Liban et de la Syrie.

HERMOPOLIS, nom grec des villes de l'anc. Égypte, où le dieu Thot identifié à Hermès était révéré.

HERMOSILLO, v. du Mexique, cap. de l'État de Sonora ; 449 472 h.

HERNÁNDEZ ou **FERNÁNDEZ** (Gregorio), sculpteur espagnol (en Galice v. 1576 - Valladolid 1636). Il s'imposa à Valladolid comme un des maîtres de la sculpture religieuse polychrome, à la fois réaliste et théâtrale.

HERNÁNDEZ (José), poète argentin (San Martín 1834 - Buenos Aires 1886), auteur de l'épopée de la pampa et des gauchos *Martín Fierro* (1872-1879).

Hernani, drame de Victor Hugo, dont la première représentation, au Théâtre-Français (25 févr. 1830), fut marquée par une véritable bataille entre classiques et romantiques.

HERNE, v. d'Allemagne, dans la Ruhr ; 176 472 h. Métallurgie.

HÉRODE Ier le Grand (Ascalon 73 av. J.-C. - Jéricho 4 av. J.-C.), roi des Juifs (37-4 av. J.-C.). Il imposa son pouvoir, qu'il tenait des Romains, avec une brutale énergie. Il fit reconstruire le Temple de Jérusalem. Les Évangiles lui attribuent le massacre des Innocents. — **Hérode Antipas** (v. 22 av. J.-C. - apr. 39 apr. J.-C.), tétrarque de Galilée et de Pérée (4 av. J.-C. - 39 apr. J.-C.). Il construisit Tibériade et fit décapiter Jean-Baptiste. C'est devant lui que comparut Jésus lors de son procès. — **Hérode Agrippa Ier** (10 av. J.-C. - 44 apr. J.-C.), roi des Juifs (41-44), petit-fils d'Hérode le Grand, père de Bérénice. — **Hérode Agrippa II** (v. 27 - Rome v. 93 ou 100), roi des Juifs (50 - v. 93 ou 100), fils du précédent. À sa mort, son royaume fut intégré à la province de Syrie.

HÉRODIADE ou **HÉRODIAS,** princesse juive (7 av. J.-C. - 39 apr. J.-C.). Petite-fille d'Hérode le Grand, elle épousa successivement deux de ses oncles, Hérode Philippe (dont elle eut Salomé) et Hérode Antipas. Les Évangiles font d'elle l'instigatrice du meurtre de Jean-Baptiste.

HÉRODOTE, historien grec (Halicarnasse v. 484 - Thourioi v. 420 av. J.-C.). À Athènes, il fut l'ami de Périclès et de Sophocle. Ses *Histoires,* la source principale pour l'étude des guerres médiques, mettent en lumière l'opposition du monde barbare (Égyptiens, Mèdes, Perses) et de la civilisation grecque.

HÉROLD (Louis Joseph Ferdinand), compositeur français (Paris 1791 - *id.* 1833), auteur d'opéras-comiques *(Zampa ; le Pré-aux-Clercs),* et de ballets (*la Fille mal gardée,* 1828).

HÉRON l'Ancien ou **d'Alexandrie,** mathématicien et ingénieur grec (Alexandrie Ier s. apr. J.-C.). On lui attribue l'invention de nombreuses machines et de plusieurs instruments de mesure. Il établit la loi de la réflexion de la lumière.

HÉROULT (Paul), métallurgiste français (Thury-Harcourt, Calvados, 1863 - baie d'Antibes 1914). On lui doit l'électrométallurgie de l'aluminium (1886) et le four électrique pour l'acier qui porte son nom (1907).

HÉROUVILLE-SAINT-CLAIR (14200), ch.-l. de c. du Calvados, banlieue de Caen ; 25 061 h.

HERRADE DE LANDSBERG, abbesse et érudite allemande (v. 1125 - Sainte-Odile 1195), auteur d'un traité, *le Jardin des délices,* destiné à l'instruction des novices.

HERRERA (Fernando **de**), poète espagnol (Séville 1534 - *id.* 1597). Il réagit contre l'influence italienne et le lyrisme conventionnel *(Chanson pour la victoire de Lépante).*

HERRERA (Francisco), dit **le Vieux,** peintre espagnol (Séville v. 1585/1590 - Madrid apr. 1657). Il s'affirma entre 1625 et 1640 environ, dans ses peintures religieuses, par un brio, une fougue de plus en plus baroques. — Son fils **Francisco,** dit **le Jeune** (Séville 1622 - Madrid 1685), fut également peintre, ainsi qu'architecte renommé (plans primitifs de la basilique du Pilar à Saragosse).

HERRERA (Juan **de**), architecte espagnol (Mobellán, Santander, v. 1530 - Madrid 1597). Il travailla notamment, dans le même style dépouillé, à l'Escurial*, à l'alcazar de Tolède et à la cathédrale de Valladolid.

HERREWEGHE (Philippe), chef de chœur et chef d'orchestre belge (Gand 1947). Explorant la musique chorale baroque de Monteverdi à Bach, il fonde le Collegium Vocale de Gand (1969) puis l'ensemble vocal et orchestral La Chapelle Royale (1977), et élargit son répertoire jusqu'à la musique du XXe siècle.

HERRICK (Robert), poète anglais (Londres 1591 - Dean Prior 1674), auteur de poésies religieuses et rustiques *(les Hespérides).*

HERRIOT (Édouard), homme politique français (Troyes 1872 - Saint-Genis-Laval 1957). Maire de Lyon (1905-1957), sénateur (1912) puis député (1919) du Rhône, président du parti radical (1919-1926 ; 1931-1935 ; 1945-1957), il constitua le Cartel des gauches et fut président du Conseil avec le portefeuille des Affaires étrangères (1924-25). Il fit évacuer la Ruhr et reconnaître l'U. R. S. S. Mais sa politique financière échoua. Il présida la Chambre des députés (1936-1940) puis l'Assemblée nationale (1947-1955). [Acad. fr.]

HERS [ɛrs], rivières de l'Aquitaine : l'*Hers Mort* ou *Petit-Hers,* affl. de dr. de la Garonne (90 km), et l'*Hers Vif* ou *Grand-Hers* ou *Hers,* affl. de dr. de l'Ariège (120 km).

Hersant *(groupe),* groupe de communication français dirigé par Robert Hersant (Vertou 1920). Il contrôle de nombreux journaux parisiens *(le Figaro, France-Soir, l'Aurore)* et provinciaux.

HERSCHEL (*sir* William), astronome britannique d'origine allemande (Hanovre 1738 - Slough 1822). Il réalisa, en amateur, de nombreux télescopes et découvrit la planète Uranus (1781) ainsi que deux de ses satellites (1787), puis deux satellites de Saturne (1789). Fondateur de l'astronomie stellaire, il fut le premier à étudier systématiquement les étoiles doubles. Vers 1800, il découvrit les effets thermiques du rayonnement infrarouge.

HERSIN-COUPIGNY (62530), comm. du Pas-de-Calais ; 6 716 h.

HERSTAL, comm. de Belgique (prov. de Liège), sur la Meuse ; 36 451 h. Armurerie. Musée d'archéologie industrielle. Domaine de Pépin, bisaïeul de Charlemagne, Herstal fut une des résidences préférées des Carolingiens.

HERTEL (Rodolphe **Dubé,** dit **François**), écrivain canadien d'expression française (Rivière-Ouelle 1905 - Montréal 1985), auteur de romans et d'essais critiques qui analysent la crise spirituelle de sa génération.

HERTFORDSHIRE, comté d'Angleterre, au nord de Londres. Ch.-l. *Hertford.*

HERTWIG (Oskar), biologiste allemand (Friedberg, Hesse, 1849 - Berlin 1922). Il a précisé la nature de la fécondation chez les animaux. — Son frère **Richard** (Friedberg 1850 - Schlederloh, au sud de Munich, 1937) fut aussi un biologiste éminent.

HERTZ (Heinrich), physicien allemand (Hambourg 1857 - Bonn 1894). Grâce à un oscillateur de sa conception, il a produit des ondes électromagnétiques et montré qu'elles étaient de même nature que la lumière, ouvrant la voie à la télégraphie sans fil par ondes *hertziennes.* Il observa aussi l'effet photoélectrique et le passage des électrons à travers la matière. — Son neveu **Gustav,** physicien allemand (Hambourg 1887 - Berlin-Est 1975), reçut le prix Nobel pour sa théorie de l'émission lumineuse en 1925.

HERTZSPRUNG (Ejnar), astronome danois (Frederiksberg 1873 - Tølløse 1967). Indépendamment de Russell, il élabora un diagramme qui porte leur nom et qui permet de déterminer le stade d'évolution d'une étoile par la connaissance de son spectre et de sa luminosité intrinsèque.

HÉRULES, anc. peuple germanique. Leur roi Odoacre envahit l'Italie et détruisit l'Empire d'Occident en 476. Ils disparurent au VIe s.

HERVE, comm. de Belgique (prov. de Liège), sur le *plateau de Herve ;* 15 628 h.

HERVÉ (Florimond **Ronger,** dit), compositeur français (Houdain 1825 - Paris 1892), auteur d'opérettes (*le Petit Faust ; Mam'zelle Nitouche,* 1883).

HERZÉGOVINE, région des Balkans, faisant partie de la Bosnie-Herzégovine.

HERZELE, comm. de Belgique (Flandre-Orientale) ; 15 730 h.

HERZEN ou **GUERTSEN** (Aleksandr Ivanovitch), écrivain et révolutionnaire russe (Moscou 1812 - Paris 1870). Il publia en exil la revue politique et littéraire *la Cloche.*

HERZL (Theodor), écrivain hongrois (Budapest 1860 - Edlach, Autriche, 1904), promoteur du sionisme, auteur de *l'État juif* (1896).

HERZOG (Chaïm), général et homme politique israélien (Belfast 1918). Travailliste, il a été président de l'État d'Israël de 1983 à 1993.

HERZOG (Roman), homme politique allemand (Landshut 1934). Membre de la CDU, il est président de la République depuis 1994.

HERZOG (Werner **Stipetic,** dit **Werner**), cinéaste allemand (Sachrang, Bavière, 1942), auteur visionnaire, attiré par la démesure et l'irrationnel (*Aguirre, la colère de Dieu,* 1972 ; *l'Énigme de Kaspar Hauser,* 1974).

HESBAYE [ɛsbɛ] (la), plaine de Belgique, au sud-est de la Campine. (Hab. *Hesbignons.*)

HESDIN [edɛ̃] (62140), ch.-l. de c. du Pas-de-Calais ; 2 743 h. Hôtel de ville et église des XVIe-XVIIe s.

HÉSIODE, poète grec (Ascra, Béotie, milieu du VIIIe s. av. J.-C.), auteur de poèmes didactiques : *les Travaux* et les Jours, la Théogonie*.*

HESNARD (Angelo), psychiatre français (Pontivy 1886 - Rochefort 1969). L'un des pionniers de la psychanalyse en France.

HESPÉRIDES. *Myth. gr.* Nymphes gardiennes du jardin des dieux, dont les arbres produisaient des pommes d'or qui donnaient l'immortalité.

HESPÉRIDES, îles fabuleuses de l'Atlantique, identifiées aux Canaries.

HESS (Rudolf), homme politique allemand (Alexandrie, Égypte, 1894 - Berlin 1987). L'un des principaux collaborateurs de Hitler, il s'enfuit en Écosse en 1941. Déclaré irresponsable par le tribunal de Nuremberg, il fut incarcéré de 1946 à sa mort. Il se suicida.

HESS (Victor), physicien autrichien naturalisé américain (Waldstein, Styrie, 1883 - Mount Vernon 1964), prix Nobel en 1936 pour sa découverte des rayons cosmiques (1912) qu'il réalisa lors d'ascensions en ballon.

HESS (Walter Rudolf), physiologiste suisse (Frauenfeld 1881 - Zurich 1973), spécialiste du système nerveux, auteur de travaux sur la neurochirurgie. (Prix Nobel 1949.)

HESSE, en all. **Hessen,** Land d'Allemagne ; 21 100 km^2 ; 5 660 619 h. Cap. *Wiesbaden.* La Hesse, voie de passage entre la Rhénanie et l'Allemagne du Nord, est composée de plateaux boisés, de massifs volcaniques (Vogelsberg, Rhön) et de petites plaines fertiles. — La Hesse constitua à partir de 1292 un landgraviat ayant rang de principauté d'Empire. Elle fut divisée après 1567 en deux principautés : la *Hesse-Cassel,* annexée par la Prusse (1866), qui l'incorpora à la Hesse-Nassau (1868), et la *Hesse-Darmstadt,* qui devint un grand-duché (1806) et fut annexée par la Prusse (1866). Ces deux anciennes principautés formèrent en 1945 le Land de Hesse.

HESSE (Hermann), écrivain suisse d'origine allemande (Calw, Wurtemberg, 1877 - Montagnola, Tessin, 1962). Il entreprit de bâtir une nouvelle philosophie à la lumière de sa révolte personnelle (*Peter Camenzind,* 1904) et de sa rencontre avec les pensées orientales (*le Loup des steppes,* 1927 ; *le Jeu des perles de verre,* 1943). [Prix Nobel 1946.]

HESTIA, divinité grecque du Foyer, la *Vesta* des Romains.

Hétairie, société grecque fondée à Odessa en 1814. Dirigée par A. Ypsilanti, elle déclencha en 1821 la révolution en Moldavie, en Valachie et en Grèce.

HETTANGE-GRANDE (57330), comm. de la Moselle ; 5 976 h.

HEUSDEN-ZOLDER, comm. de Belgique (Limbourg) ; 28 593 h.

HEUSS (Theodor), homme politique allemand (Brackenheim 1884 - Stuttgart 1963). L'un des fondateurs du parti libéral, il présida la République fédérale (1949-1959).

HEUYER (Georges), psychiatre français (Pacy-sur-Eure 1884 - Paris 1977), l'un des promoteurs en France de la psychiatrie infantile, auteur de travaux sur la délinquance juvénile et la schizophrénie.

HÈVE *(cap de la),* cap de la Seine-Maritime, fermant au nord l'embouchure de la Seine.

HEVESY (George Charles **de**), chimiste suédois d'origine hongroise (Budapest 1885 - Fribourg-en-Brisgau 1966). Il est à l'origine de l'utilisation des marqueurs isotopiques et a découvert le hafnium. (Prix Nobel 1943.)

Hexaples, ouvrage d'Origène, juxtaposant sur six colonnes le texte hébreu de la Bible et celui des versions grecques. Cette œuvre, réalisée entre 213 et 243, est la première tentative faite pour établir un texte critique de la Bible.

HEYDRICH (Reinhard), homme politique allemand (Halle 1904 - Prague 1942). Membre du parti nazi depuis 1932, « protecteur du Reich » en Bohême et en Moravie (1941), il fut exécuté par des patriotes tchèques.

Hergé (en 1982)

Édouard **Herriot**

sir William **Herschel** (National Portrait Gallery, Londres)

Heinrich **Hertz** (coll. Mansell, Londres)

Theodor **Herzl**

Hermann **Hesse**

HEYMANS (Cornelius), médecin belge (Gand 1892 - Knokke-le-Zoute 1968), prix Nobel en 1938 pour ses travaux sur la respiration, le sinus carotidien et le système circulatoire.

HEYRIEUX (38540), ch.-l. de c. de l'Isère ; 3 884 h.

HEYTING (Arend), logicien néerlandais (Amsterdam 1898 - Lugano 1980), auteur d'une axiomatisation de la logique intuitionniste.

Hezbollah (en ar. **ḥizb Allāh,** parti de Dieu), organisation libanaise fondée en 1982 avec le soutien de militants chiites iraniens regroupés dans le mouvement iranien également appelé *Hezbollah.* Son objectif est de créer une république islamique au Liban.

HIA KOUEI → ***Xia Gui.***

HICKS (*sir* John Richard), économiste britannique (Leamington Spa, Warwickshire, 1904 - Blockley, Gloucestershire, 1989). Il a étudié les relations entre la politique monétaire et la politique budgétaire. (Prix Nobel 1972.)

HIDALGO Y COSTILLA (Miguel), prêtre mexicain (San Diego, Corralejo, 1753 - Chihuahua 1811). Il donna le signal des luttes pour l'indépendance du Mexique (1810) et fut fusillé par les Espagnols.

HIDDEN PEAK, sommet de l'Himalaya, dans le Karakorum, point culminant du Gasherbrum ; 8 068 m.

HIDEYOSHI → ***Toyotomi Hideyoshi.***

HIEN-YANG → ***Xianyang.***

HIÉRAPOLIS → ***Pamukkale.***

HIÉRON Ier, tyran de Syracuse (478-466 av. J.-C.). Il lutta contre la domination carthaginoise en Sicile. — **Hiéron II** (Syracuse v. 306-215 av. J.-C.), roi de Syracuse (265-215 av. J.-C.). Il se rallia aux Romains durant la première guerre punique.

HIGASHIŌSAKA, v. du Japon (Honshū) ; 518 319 h.

HIGHLANDS (« Hautes Terres »), région montagneuse du nord de l'Écosse. (Hab. *Highlanders.*)

HIGHSMITH (Patricia), romancière américaine (Fort Worth 1921 - Locarno 1995), auteur de romans policiers centrés sur la psychologie du coupable (*l'Inconnu du Nord-Express,* 1950 ; *Monsieur Ripley,* 1955 ; *les Sirènes du golf,* 1984).

HIIUMAA, en russe **Dago,** île estonienne de la Baltique.

HIKMET (Nazim), écrivain turc (Salonique 1902 - Moscou 1963), d'inspiration révolutionnaire *(C'est un dur métier que l'exil).*

HILAIRE *(saint),* Père de l'Église (Poitiers v. 315 - *id.* v. 367). Évêque de Poitiers v. 350, il fut le principal adversaire de l'arianisme en Occident.

HILAIRE *(saint),* évêque d'Arles (v. 401 - Arles 449). Il fut formé par saint Honorat et devint l'adversaire de saint Augustin sur les questions de la prédestination et de la grâce.

HILĀL (Banū) ou **HILALIENS,** tribu d'Arabie centrale qui émigra en Égypte au VIIIe s. et envahit au XIe s. le Maghreb.

HILARION *(saint),* fondateur de la vie monastique en Palestine (Tabatha, près de Gaza, v. 291 - Chypre v. 371). Il fut un disciple de saint Antoine.

HILBERT (David), mathématicien allemand (Königsberg 1862 - Göttingen 1943), chef de l'école formaliste et l'un des fondateurs de la méthode axiomatique. Il a orienté la recherche du XXe s. en présentant, en 1900, une liste de 23 problèmes à résoudre.

HILDEBRAND → ***Grégoire VII*** *(saint).*

HILDEBRAND (Adolf **von**), sculpteur et théoricien allemand (Marburg 1847 - Munich 1921), auteur de la *fontaine des Wittelsbach* (1895) à Munich.

HILDEBRANDT (Lukas **von**), architecte autrichien (Gênes 1668 - Vienne 1745), auteur des deux palais du Belvédère (1714-1723) à Vienne.

HILDEGARDE *(sainte),* abbesse bénédictine allemande (Bermersheim 1098 - Rupertsberg 1179), célèbre pour ses visions et ses écrits mystiques.

HILDESHEIM, v. d'Allemagne (Basse-Saxe) ; 104 203 h. Églises romanes, dont S. Michael (XIe et XIIe s.).

HILFERDING (Rudolf), homme politique allemand d'origine autrichienne (Vienne 1877 - Paris 1941), théoricien du marxisme (*le Capital financier,* 1910) et député social-démocrate.

ḤILLA, v. d'Iraq ; 129 000 h.

HILLARY (*sir* Edmund), alpiniste néo-zélandais (Auckland 1919). Avec le sherpa Tenzing Norgay, il conquit l'Everest en 1953.

HILLEL, docteur juif (en Babylonie v. 70 av. J.-C. - Jérusalem v. 10 apr. J.-C.), chef d'une école rabbinique qui interprétait la loi d'une manière libérale.

HILMAND → ***Helmand.***

HILSZ (Maryse), aviatrice française (Levallois-Perret 1901 - dans un accident d'avion, Bény [près de Bourg-en-Bresse], 1946), célèbre par ses raids à longue distance et ses records d'altitude.

HILVERSUM, v. des Pays-Bas ; 84 606 h. Station de radiodiffusion. Hôtel de ville (1928) et autres édifices par Willem Marinus Dudok.

HIMĀCHAL PRADESH, État du nord de l'Inde ; 55 300 km² ; 5 111 079 h. Cap. *Simla.*

HIMALAYA, la plus haute chaîne de montagnes du monde (8 846 m à l'Everest), en Asie, s'étendant sur 2 800 km, de l'Indus au Brahmapoutre, large en moyenne de 300 km entre le Tibet et la plaine indo-gangétique. On y distingue, du sud au nord : une zone couverte d'une jungle épaisse, le *terai ;* une zone de collines et de moyennes montagnes (les *Siwālik*) ; au-dessus de 5 000 m, la zone des glaciers et des neiges éternelles qui forme l'Himalaya proprement dit, limité par les hautes vallées de l'Indus et du Brahmapoutre ; celle-ci est dominée au nord par le *Transhimalaya.* Chaîne plissée, d'âge alpin, l'Himalaya est une importante barrière climatique et humaine.

HIMEJI, v. du Japon, dans le sud de Honshū ; 454 360 h. Sidérurgie. Textile.

HIMÈRE, v. de la Sicile ancienne. En 480 av. J.-C., Gélon de Syracuse vainquit les Carthaginois qui l'assiégeaient. En 409 av. J.-C., ceux-ci détruisirent la ville.

HIMES (Chester), écrivain américain (Jefferson City 1909 - Benisa, prov. d'Alicante, 1984), auteur de romans policiers *(la Reine des pommes, l'Aveugle au pistolet).*

HIMILCON, navigateur carthaginois (v. 450 av. J.-C.). Il explora les côtes de l'Europe occidentale, atteignit peut-être la Cornouailles et l'Irlande.

HIMMLER (Heinrich), homme politique allemand (Munich 1900 - Lüneburg 1945). Chef de la Gestapo (1934) et de la police du Reich (1938), puis ministre de l'Intérieur (1943), il dirigea la répression contre les adversaires du régime nazi et organisa les camps de concentration. Il se suicida.

HINAULT (Bernard), coureur cycliste français (Yffiniac, Côtes-d'Armor, 1954), vainqueur de cinq Tours de France (1978 et 1979, 1981 et 1982, 1985), champion du monde en 1980.

HINCMAR, prélat et théologien français (v. 806 - Épernay 882), archevêque de Reims (845) et principal conseiller de Charles le Chauve. Il est l'auteur d'ouvrages doctrinaux et historiques.

HINDEMITH (Paul), compositeur allemand (Hanau 1895 - Francfort-sur-le-Main 1963). Il fut un des chefs de l'école allemande entre les deux guerres, tout en restant attaché à un certain esprit classique (*Mathis le peintre,* 1934 ; concerto pour violon ; sonates pour instruments solistes).

HINDENBURG (Paul **von Beneckendorff und von**), maréchal allemand (Posen 1847 - Neudeck, près de Gdańsk, 1934). Vainqueur des Russes à Tannenberg (1914), chef d'état-major général (1916), il dirigea, avec Ludendorff, la stratégie allemande jusqu'à la fin de la guerre. Président de la République de Weimar en 1925, réélu en 1932, il nomma Hitler chancelier (1933).

HINDOUSTAN, région humaine de l'Inde, correspondant à la plaine indo-gangétique.

Un aspect de l'**Himalaya** occidental, dans le Ladakh.

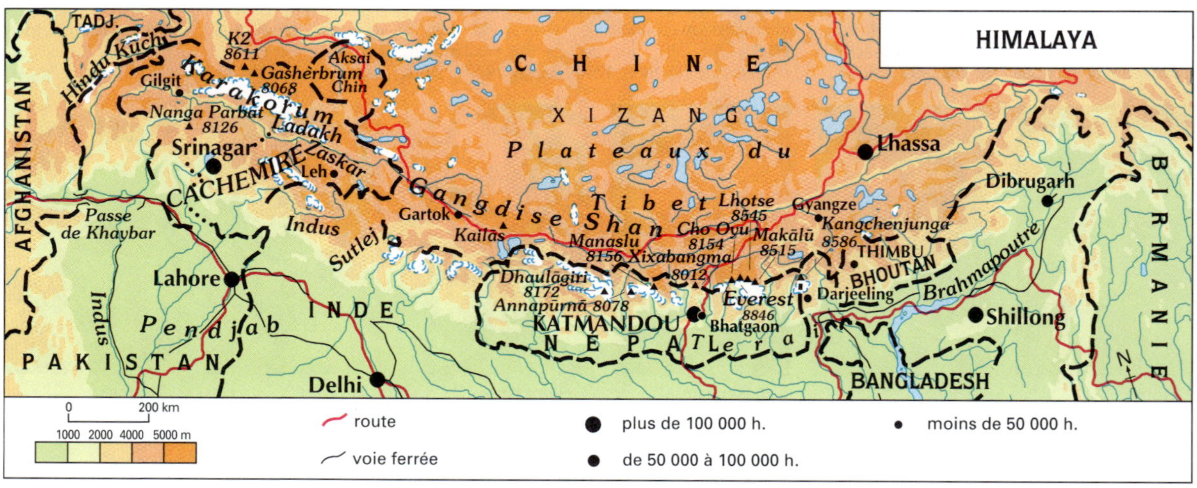

HINDŪ KŪCH ou **HINDOU KOUCH,** massif de l'Asie centrale (Pakistan et surtout Afghanistan).

HINTIKKA (Jaakko), philosophe finlandais (Vantaa, près d'Helsinki, 1929). Il s'est intéressé à l'étude sémantique des propositions logiques ainsi qu'à la philosophie du langage (*Connaissance et croyance,* 1962).

HIPPARQUE, tyran d'Athènes (527-514 av. J.-C.), fils de Pisistrate. Il gouverna Athènes à partir de 527, conjointement avec son frère Hippias ; il fut assassiné par Harmodios et Aristogiton.

HIPPARQUE, astronome grec du IIe s. av. J.-C. Il peut être considéré comme le fondateur de l'astronomie de position. Il découvrit la précession des équinoxes et réalisa le premier catalogue d'étoiles. Il jeta aussi les bases de la trigonométrie.

HIPPIAS (m. en 490 av. J.-C.), tyran d'Athènes (527-510 av. J.-C.). Fils de Pisistrate, il partagea le pouvoir avec son frère Hipparque puis lui succéda. Son despotisme le fit chasser d'Athènes en 510. Il se réfugia en Perse.

HIPPOCRATE, médecin grec (île de Cos v. 460 - Larissa, Thessalie, v. 377 av. J.-C.). Le plus grand médecin de l'Antiquité ; son système repose sur l'altération des humeurs de l'organisme. Son éthique est à l'origine du serment que prêtent les médecins *(serment d'Hippocrate).*

HIPPOLYTE, fils du héros athénien Thésée. Aimé de Phèdre, épouse de son père, il en repoussa les avances. Pour se venger, elle l'accusa d'avoir voulu attenter à son honneur, et Thésée invoqua Poséidon, qui fit périr Hippolyte.

HIPPOLYTE *(saint),* prêtre romain et martyr (v. 170 - en Sardaigne 235). Il est l'auteur d'une *Réfutation de toutes les hérésies.*

Hippolyte et Aricie, tragédie lyrique de Rameau (1733), livret de Pellegrin, un des chefs-d'œuvre de l'opéra français.

HIPPONE, anc. v. de Numidie, près d'Annaba ; évêché dont saint Augustin fut titulaire. Ruines romaines.

HIRAKATA, v. du Japon (Honshū) ; 390 788 h.

HIRAM Ier, roi de Tyr (v. 969 - v. 935 av. J.-C.). Il fournit à Salomon des matériaux et des artistes pour la construction du Temple de Jérusalem, ainsi que des marins pour des expéditions en mer Rouge.

HIRATSUKA, v. du Japon (Honshū) ; 245 950 h.

HIROHITO (nom posthume **Shōwa Tennō**) [Tōkyō 1901 - *id.* 1989], empereur du Japon de 1926 à 1989. Après la capitulation du Japon (1945), il dut renoncer à ses prérogatives « divines » et accepter l'établissement d'une monarchie constitutionnelle.

HIROSAKI, v. du Japon (Honshū) ; 174 704 h.

HIROSHIGE, dessinateur, graveur et peintre japonais (Edo, auj. Tōkyō, 1797 - *id.* 1858). Les variations d'atmosphère de ses paysages *(Cinquante-Trois Étapes de la route du Tokaïdo*)* émerveillèrent les impressionnistes, par l'intermédiaire desquels il a influencé l'art occidental.

HIROSHIMA, port du Japon (Honshū), sur la mer Intérieure ; 1 085 705 h. Centre industriel. Les Américains y lancèrent, le 6 août 1945, la première bombe atomique, qui fit environ 140 000 victimes (décédées en 1945).

Hiroshima après l'explosion de la bombe atomique en août 1945.

Hiroshima mon amour, film français d'A. Resnais (1959), écrit par M. Duras. À travers la rencontre d'un Japonais et d'une Française, l'évocation incantatoire d'un drame individuel et du massacre collectif.

HIRSINGUE (68560), ch.-l. de c. du Haut-Rhin, sur l'Ill ; 2 023 h.

HIRSON (02500), ch.-l. de c. de l'Aisne, sur l'Oise ; 10 604 h. *(Hirsonnais).* Métallurgie.

HISPANIE, nom anc. de la **péninsule Ibérique.**

HISPANIOLA, nom donné par Christophe Colomb à l'île d'*Haïti**.

hispano-américaine *(guerre),* conflit qui opposa en 1898 les États-Unis à l'Espagne, en lutte contre ses colonies révoltées. L'Espagne perdit Cuba, Porto Rico, les Philippines et l'île de Guam.

Histoire naturelle, par Buffon et ses collaborateurs (1749-1789 ; 36 vol.). Recension magistrale du monde vivant, cette œuvre a passionné le grand public et ouvert la voie à l'évolutionnisme.

Histoires, ouvrage d'Hérodote (Ve s. av. J.-C.), divisé en neuf livres depuis l'époque hellénistique. Ce sont des *enquêtes* (premier sens du mot *historiai*) sur les guerres médiques et les peuples qui s'y sont trouvés mêlés.

Hiroshige :
Île de Kumasho sous la pluie.
Estampe. (Musée Guimet, Paris.)

Histoires, ouvrage de Tacite (106-109 apr. J.-C. ?), histoire des empereurs romains allant des derniers jours de Galba (69) jusqu'à l'avènement de Nerva (96), suite chronologique des *Annales,* composées avant elles.

Histoires extraordinaires, récits d'Edgar Poe (1840-1845), popularisés par la traduction qu'en fit Baudelaire (1856).

HITACHI, v. du Japon (Honshū) ; 202 141 h. Constructions électriques.

HITCHCOCK (Alfred), cinéaste britannique naturalisé américain (Londres 1899 - Hollywood 1980). Il s'imposa comme le maître du suspense (*Une femme disparaît,* 1938 ; *l'Inconnu du Nord-Express,* 1951 ; *la Mort aux trousses,* 1959 ; *Psychose,* 1960).

Alfred **Hitchcock** pendant le tournage de son film *les Oiseaux* (1963)

HITLER (Adolf), homme politique allemand (Braunau, Haute-Autriche, 1889 - Berlin 1945). Issu d'une famille de la petite bourgeoisie autrichienne, combattant de la Première Guerre mondiale dans l'armée bavaroise, il devint en 1921 le chef du parti ouvrier allemand national-socialiste (NSDAP). Créateur des sections d'assaut (SA) en 1921, il tenta, à Munich, en 1923, un putsch, qui échoua. Détenu, il rédigea *Mein Kampf,* où est exposée la doctrine ultranationaliste et raciste du nazisme. Renforçant son parti, à partir de 1925, en créant les SS et de nombreuses organisations d'encadrement, développant, dans une Allemagne humiliée par sa défaite de 1918 et le traité de Versailles, et fortement atteinte par la crise de 1929, une propagande efficace, il accéda en 1933 au poste de chancelier. Président à la mort de Hindenburg (1934), il assuma tous les pouvoirs *(Führer),* mettant en place une redoutable police d'État (Gestapo). Sa politique d'expansion en Rhénanie (1936), en Autriche (1938), en Tchécoslovaquie (1938) et en Pologne (1939) provoqua la Seconde Guerre mondiale (1939). Vaincu, Hitler se suicida à Berlin le 30 avril 1945.

HITTITES, peuple indo-européen qui, entre les XXe et XIIe s. av. J.-C., constitua un puissant empire en Anatolie centrale. Sa capitale était *Hattousa* (auj. **Boğazköy**). La puissance hittite, éclipsée au XVe s. par le Mitanni, atteignit son plus haut point aux XIVe-XIIIe s. où elle équilibra celle de l'Égypte (bataille de Qadesh).

le maréchal **Hindenburg** (musée de l'Armée, Paris)

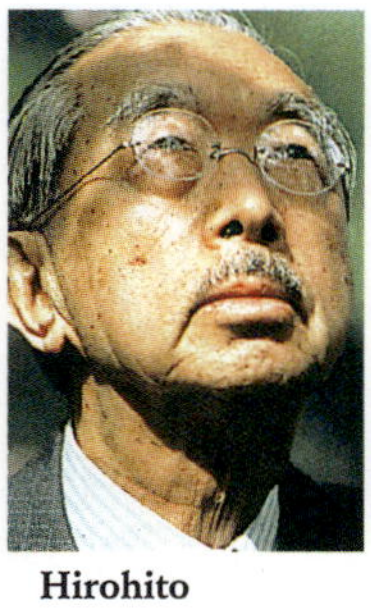

Hirohito

Adolf **Hitler** (v. 1938-39)

Hittites : la porte des sphinx menant au sanctuaire de la forteresse d'Alacahöyük (Anatolie). XIVe s. av. J.-C.

L'Empire hittite disparut au XIIe s. avec l'invasion des Peuples de la Mer.

HITTORF (Wilhelm), physicien allemand (Bonn 1824 - Münster 1914). Il a découvert les rayons cathodiques (1869) et observé leur déviation par les champs magnétiques.

HITTORFF (Jacques), architecte français d'origine allemande (Cologne 1792 - Paris 1867). Élève de Percier, rationaliste et éclectique, il construisit à Paris la gare du Nord (1861, halle métallique), travailla aux Champs-Élysées, aux places de la Concorde et de l'Étoile, au bois de Boulogne.

HJELMSLEV (Louis Trolle), linguiste danois (Copenhague 1899 - *id.* 1965). Dans la lignée de Saussure, sa théorie est une tentative de formalisation très rigoureuse des structures linguistiques. Il est l'auteur de *Prolégomènes à une théorie du langage* (1943).

HO, peuple de l'Inde (Bihār, Orissa), parlant une langue munda.

HOBART, port d'Australie, cap. de la Tasmanie ; 179 900 h. Université. Métallurgie.

HOBBEMA (Meindert), peintre néerlandais (Amsterdam 1638 - *id.* 1709), auteur de paysages baignés d'une fine lumière qui met en valeur chaque détail.

HOBBES (Thomas), philosophe anglais (Westport, Wiltshire, 1588 - Hardwick Hall 1679). Partisan d'un matérialisme mécaniste, il décrit l'homme comme un être naturellement mû par le désir et la crainte (« L'homme est un loup pour l'homme ») ; pour vivre en société, l'homme doit renoncer à ses droits au profit d'un souverain absolu qui fait régner l'ordre, l'État (*le Léviathan**, 1651).

HOBSBAWM (Eric), historien britannique (Alexandrie, Égypte, 1917). Après sa trilogie consacrée à la période 1789-1914 (*l'Ère des révolutions,* 1962 ; *l'Ère du capital,* 1975 ; *l'Ère des empires,* 1987), il étudie les mythes et les réalités liés au nationalisme (*Nations et nationalisme depuis 1780,* 1990).

HOBSON (John Atkinson), économiste britannique (Derby 1858 - Hampstead 1940). Il a vu dans l'impérialisme l'aboutissement du capitalisme et a annoncé Keynes en éclairant le rôle des pouvoirs publics dans l'économie.

HOCEIMA (Al-), en esp. **Alhucemas,** v. du Maroc, sur la Méditerranée ; 19 000 h. Tourisme.

HOCHE (Lazare), général français (Versailles 1768 - Wetzlar, Prusse, 1797). Engagé à 16 ans, commandant l'armée de Moselle en 1793, il fut emprisonné comme suspect jusqu'au 9-Thermidor. Il écrasa les émigrés débarqués à Quiberon (1795) et pacifia la Vendée. Ministre de la Guerre en 1797, il mourut de maladie.

HOCHFELDEN (67270), ch.-l. de c. du Bas-Rhin ; 2 796 h. Brasserie.

HÔ CHI MINH (**Nguyên Tat Thanh,** dit **Nguyên Ai Quôc** ou), homme politique vietnamien (Kim Liên 1890 - Hanoi 1969). Fondateur du parti communiste indochinois (1930), puis du Viêt-minh (1941), président de la République démocratique du Viêt Nam, proclamée en 1945, il joua un rôle important dans la lutte contre la France (jusqu'en 1954), puis, à partir de 1960, contre le Viêt Nam du Sud et les États-Unis. Il fut de 1956 à 1960 secrétaire général du parti communiste.

Hô Chi Minh-Ville : habitations bordant la « rivière de Saigon ».

HÔ CHI MINH-VILLE, jusqu'en 1975 **Saigon,** principale v. du Viêt Nam ; 3 500 000 h. Saigon fut la résidence de Gia Long (1788-1802) puis, après 1859, le siège du gouvernement de la Cochinchine française.

HOCKNEY (David), peintre britannique (Bradford 1937). Un des créateurs du pop art au début des années 60, il a fait preuve, depuis, d'un talent original et multiforme dans la figuration.

Höchstädt *(batailles de),* batailles de la guerre de la Succession d'Espagne qui eurent lieu à Höchstädt (au N.-O. d'Augsbourg). La première se termina par la victoire de Villars sur les Autrichiens (20 sept. 1703). Au cours de la seconde, appelée aussi bataille de Blenheim, le Prince Eugène et Marlborough vainquirent les Français (13 août 1704).

HOCQUART (Gilles), administrateur français (Mortagne 1694 - Paris 1783). Intendant de la Nouvelle-France de 1731 à 1748.

HODEÏDA, port du Yémen, sur la mer Rouge ; 148 000 h.

HODJA (Enver) → ***Hoxha.***

HODLER (Ferdinand), peintre suisse (Berne 1853 - Genève 1918), auteur de compositions historiques ou symboliques et de paysages alpestres fermement construits.

HODNA (*chott* **el-**), dépression marécageuse des hautes plaines de l'Algérie orientale, dominée au nord par les *monts du Hodna* (1 890 m).

HŒNHEIM (67800), comm. du Bas-Rhin ; 10 587 h.

HOF, v. d'Allemagne (Bavière) ; 52 319 h.

HO-FEI → ***Hefei.***

HOFFMANN (Ernst Theodor Wilhelm, dit **Ernst Theodor Amadeus**), écrivain et compositeur allemand (Königsberg 1776 - Berlin 1822), auteur d'opéras et de récits fantastiques (*Contes* des frères Sérapion, la Princesse Brambilla, le Chat Murr).*

HOFFMANN (Josef), architecte autrichien (Pirnitz, Moravie, 1870 - Vienne 1956), élève d'O. Wagner. Fondateur, en 1903, des « Ateliers viennois » d'arts décoratifs, il brille par la sobre élégance de son style (palais Stoclet, Bruxelles, 1905).

HOFMANN (August Wilhelm **von**), chimiste allemand (Giessen 1818 - Berlin 1892). Il a isolé le benzène, préparé l'aniline et trouvé un mode général de préparation des amines.

HOFMANNSTHAL (Hugo **von**), écrivain autrichien (Vienne 1874 - Rodaun 1929), auteur de drames, qui analysent les problèmes du monde moderne à la lumière des mythes antiques et médiévaux (*Jedermann,* 1911), et de livrets d'opéra pour Richard Strauss *(le Chevalier à la rose, Ariane à Naxos).*

HOGARTH (William), peintre et graveur britannique (Londres 1697 - *id.* 1764). Son œuvre inaugure l'âge d'or de la peinture anglaise : portraits spontanés et vigoureux, séries d'études de mœurs où la verve caricaturale s'allie au souci moralisateur.

HOGGAR, massif volcanique du Sahara algérien, moins aride (en raison de son altitude) que le reste du désert ; 2 918 m. Il est habité par les Touareg. V. pr. *Tamenghest.*

William **Hogarth :** *la Marchande de crevettes* (1759). [National Gallery, Londres.]

Hohenlinden *(bataille de)* [3 déc. 1800], victoire en Bavière de Moreau sur les Austro-Bavarois de l'archiduc Jean.

HOHENLOHE (Chlodwig, *prince* **de**) [Rotenburg 1819 - Ragaz, Suisse, 1901], statthalter d'Alsace-Lorraine (1885-1894), puis chancelier de l'Empire allemand (1894-1900).

HOHENSTAUFEN, dynastie germanique issue des ducs de Souabe, qui régna sur le Saint Empire de 1138 à 1254. Elle fut représentée par Conrad III, Frédéric Ier Barberousse, Henri VI, Frédéric II, Conrad IV, et son fils Conradin.

HOHENZOLLERN, famille qui régna sur la Prusse (1701-1918), sur l'empire d'Allemagne (1871-1918) et sur la Roumanie (1866-1947). Elle descend de Frédéric, comte de Zollern (m. v. 1201), et se divisa en deux branches. La *branche de Souabe,* qui resta catholique, ne joua pas de rôle majeur dans l'histoire allemande. Elle se subdivisa elle-même en plusieurs rameaux, dont celui de *Sigmaringen* qui donna à la Roumanie sa maison princière puis royale. La *branche franconienne,* devenue luthérienne au XVIe s., dut sa fortune à Frédéric VI (m. v. 1440), qui acquit l'Électorat de Brandebourg (1417). Ayant hérité de la Prusse (1618), les Hohenzollern en devinrent rois (1701) et acquirent la dignité impériale en 1871 avec Guillaume Ier. Ils furent déchus en 1918.

HOHNECK (le), sommet des Vosges, à l'ouest de Munster ; 1 362 m.

HOKKAIDŌ, île du nord du Japon ; 78 500 km² ; 5 643 647 h. V. pr. *Sapporo.*

HOKUSAI, dessinateur et graveur japonais (Edo, auj. Tōkyō, 1760 - *id.* 1849). L'un des grands maîtres de l'estampe japonaise, qui introduit dans cette discipline le paysage en tant que genre : vues du mont Fuji, et qui laisse une œuvre étonnante de diversité (la *Manga**), où s'allient humour et sûreté du trait *(la Vague*).*

Hokusai : *Pluie d'orage.* Estampe extraite des *Trente-Six Vues du mont Fuji* (v. 1831). [Musée Guimet, Paris.]

HOLAN (Vladimir), poète tchèque (Prague 1905 - *id.* 1980). Il mêle l'influence de Rilke à l'ouverture au monde contemporain *(l'Éventail chimérique).*

HOLBACH [-bak] (Paul Henri **Thiry,** *baron* **d'**), philosophe français d'origine allemande (Edesheim, Palatinat, 1723 - Paris 1789). Collaborateur de l'*Encyclopédie**, matérialiste, athée, il attaqua l'Église et la monarchie de droit divin.

HOLBEIN (Hans) **l'Ancien** ou **le Vieux,** peintre et dessinateur allemand (Augsbourg v. 1465 - Issenheim, Alsace, v. 1524). Encore gothique, influencé par l'art flamand, il est l'auteur de retables et de portraits.

Thomas **Hobbes** (J.M. Wright - National Portrait Gallery, Londres)

Hô Chi Minh (en 1969)

HOLBEIN (Hans) **le Jeune,** peintre et dessinateur allemand (Augsbourg 1497/98 - Londres 1543), un des fils du précédent. Attiré par l'humanisme, il s'installe à Bâle vers 1515 et affirme, notamment dans ses œuvres religieuses, un classicisme d'influence italienne. Un réalisme sobre et pénétrant marque ses portraits, exécutés à Bâle (*Érasme,* diverses versions), puis en Angleterre, où il se fixe définitivement en 1532 et devient peintre de la cour londonienne.

Holbein le Jeune : *Portrait du marchand Georg Gisze* (1532). [Staatliches Museum, Berlin-Dahlem.]

HOLBERG (*baron* Ludvig), écrivain danois d'origine norvégienne (Bergen 1684 - Copenhague 1754). Auteur de poèmes héroï-comiques et de récits de voyages imaginaires *(Voyage souterrain de Nils Klim),* il imita Molière dans ses comédies.

HÖLDERLIN (Friedrich), poète allemand (Lauffen 1770 - Tübingen 1843), auteur d'un roman (*Hyperion,* 1797-1799), d'odes et d'hymnes qui élèvent au mysticisme l'inspiration romantique.

HOLGUÍN, v. de l'est de Cuba ; 186 000 h.

HOLIDAY (Billie), dite **Lady Day,** chanteuse noire américaine (Baltimore 1915 - New York 1959). Elle fut, au cours des années 1930-1940, l'une des plus grandes chanteuses de jazz.

HOLLANDE, région la plus riche et la plus peuplée des actuels Pays-Bas. — Le *comté de Hollande,* érigé v. 1015, passa à la maison d'Avesnes (1299), puis à la maison de Bavière (1345), enfin au duché de Bourgogne (1428) et à la maison de Habsbourg (1477). Le stathouder de Hollande Guillaume d'Orange fit aboutir (Union d'Utrecht, 1579) la sécession et l'indépendance de la République des Provinces-Unies, au sein de laquelle la Hollande joua un rôle prépondérant.

Hollande *(guerre de)* [1672 - 1679], conflit qui opposa la France aux Provinces-Unies et à ses alliés, le Saint Empire et l'Espagne. Entreprise par Louis XIV à l'instigation de Colbert, elle se termina par les traités de Nimègue (août-sept. 1678, févr. 1679), qui donnèrent à la France la Franche-Comté et de nombreuses places des Pays-Bas.

E.T.A. **Hoffmann**

Friedrich **Hölderlin** (F.K. Hiemer - Schiller Museum, Marbach am Neckar)

HOLLANDE *(royaume de),* royaume créé en 1806 par Napoléon Ier pour son frère Louis. Il fut supprimé dès 1810 et annexé à l'Empire français.

HOLLANDE-MÉRIDIONALE, prov. des Pays-Bas ; 3 151 000 h. Ch.-l. *La Haye.* V. pr. *Rotterdam.*

HOLLANDE-SEPTENTRIONALE, prov. des Pays-Bas ; 2 312 000 h. Ch.-l. *Haarlem.* V. pr. *Amsterdam.*

HOLLERITH (Hermann), statisticien américain (Buffalo 1860 - Washington 1929), inventeur des machines à statistiques à cartes perforées (1880) et fondateur de la Tabulating Machine Corporation (1896), qui deviendra IBM.

HOLLYWOOD, faubourg de Los Angeles, principal centre de l'industrie cinématographique et de la télévision aux États-Unis. Symbole de l'hégémonie du cinéma américain, Hollywood fut (de 1911 aux années 1950) le lieu d'une intense activité créatrice et économique (développement des grandes compagnies et du star-system).

HOLMENKOLLEN, faubourg d'Oslo. Ski.

Holmes (Sherlock), personnage principal des romans de Conan Doyle ; modèle du détective amateur.

HOLON, banlieue de Tel-Aviv-Jaffa ; 125 000 h.

HOLOPHERNE, général assyrien légendaire qui, dans la Bible, est décapité par Judith au siège de Béthulie.

HOLSTEIN, anc. principauté allemande. Érigé en comté en 1110, annexé, avec le Schleswig, à titre personnel par le roi de Danemark (1460), le Holstein fut attribué en 1864, à la suite de la guerre des Duchés, à l'Autriche et, après Sadowa (1866), à la Prusse. Auj., il forme avec le sud du Schleswig le *Land de Schleswig-Holstein**.

HOLWECK (Fernand), physicien français (Paris 1890 - *id.* 1941), créateur d'une pompe à vide moléculaire et d'un pendule à lame oscillante pour la mesure du champ de pesanteur.

Homais (Monsieur), un des personnages de *Madame Bovary,* de Flaubert ; il personnifie la sottise bourgeoise.

HOMBOURG-HAUT (57470), comm. de la Moselle ; 9 614 h. Anc. forteresse des évêques de Metz.

HOME (*sir* Alexander **Douglas**) → ***Douglas-Home.***

HOMÉCOURT (54310), ch.-l. de c. de Meurthe-et-Moselle ; 7 134 h. Métallurgie.

Home Fleet (mots angl. signif. *flotte de la maison*), flotte chargée de la protection immédiate du Royaume-Uni.

Home Guard (mots angl. signif. *garde de la maison*), garde territoriale créée en 1940 et chargée de la protection immédiate du Royaume-Uni.

HOMÈRE, poète épique grec, regardé comme l'auteur de *l'Iliade** et de *l'Odyssée**, et dont l'existence problématique fut entourée de légendes dès le VIe s. av. J.-C. Hérodote le considérait comme un Grec d'Asie Mineure vivant v. 850 av. J.-C. La tradition le représentait vieux et aveugle, errant de ville en ville et déclamant ses vers. Les poèmes homériques, récités aux fêtes solennelles et enseignés aux enfants, ont exercé dans l'Antiquité une profonde influence sur les philosophes, les écrivains et l'éducation, et ont occupé, jusqu'au XXe s., une place importante dans la culture classique européenne.

Home Rule (de l'angl. *home,* chez soi, et *rule,* gouvernement), régime d'autonomie revendiqué par les Irlandais à partir de 1870, dont le principe fut voté en 1912 et qui fut appliqué en 1914.

Homme *(musée de l'),* musée créé à Paris en 1937 au palais de Chaillot et consacré à l'anthropologie. C'est une dépendance du Muséum national d'histoire naturelle.

Homme sans qualités (l'), roman inachevé de Robert Musil (1930-1943).

Hommes de bonne volonté (les), cycle romanesque de J. Romains (1932-1947).

HOMS, v. de Syrie, près de l'Oronte ; 355 000 h. Centre commercial et industriel.

HO-NAN → ***Henan.***

HONDŌ → ***Honshū.***

HONDSCHOOTE [-skɔt] (59122), ch.-l. de c. du Nord ; 3 712 h. Église et hôtel de ville du XVIe s. Victoire de Houchard sur les forces alliées du duc d'York (6-8 sept. 1793).

HONDURAS, État d'Amérique centrale, sur la mer des Antilles ; 112 000 km² ; 5 600 000 h. *(Honduriens).* CAP. *Tegucigalpa.* LANGUE : *espagnol.* MONNAIE : *lempira.* C'est un pays montagneux et forestier, au climat tropical, dont le café et surtout la banane constituent les ressources commerciales essentielles. (V. carte ***Amérique centrale.***)

HISTOIRE

1502 : Christophe Colomb reconnaît la côte du Honduras. 1523 : peuplé d'Indiens Mosquito, le pays est conquis par Pedro de Alvarado. 1544 : il est rattaché à la capitainerie générale du Guatemala. 1821 : le Honduras est incorporé au Mexique d'Iturbide. 1824-1838 : le pays fait partie des Provinces-Unies d'Amérique centrale. 1838 : devenu indépendant, il voit son intégrité menacée par la présence britannique. Fin du XIXe-début du XXe s. : le pays est divisé entre des oligarchies locales rivales. Il subit l'emprise de l'*United Fruit Company,* propriétaire des grandes plantations de bananiers. 1932-1948 : dictature de Tiburcio Carías Andino. 1957-1963 : Ramón Villeda Morales engage une tentative de réforme agraire. 1969-1970 : la « guerre du football » avec le Salvador favorise l'agitation politique intérieure. 1981 : le libéral Roberto Suazo Córdova est élu président de la République. 1986 : le libéral José Simón Azcona lui succède. À partir de 1987, le Honduras signe avec le Costa Rica, le Guatemala, le Nicaragua et le Salvador des accords (1987 et 1989) visant à rétablir la paix dans la région. 1990 : le conservateur Rafael Callejas devient président de la République. 1994 : le libéral Carlos Roberto Reina lui succède.

HONDURAS *(golfe du),* échancrure du littoral centre-américain sur la mer des Antilles.

HONDURAS BRITANNIQUE → ***Belize.***

HONECKER (Erich), homme politique allemand (Neunkirchen, Sarre, 1912 - Santiago, Chili, 1994). Secrétaire général du parti socialiste unifié (SED) à partir de 1971 et président du Conseil d'État de la R.D.A. à partir de 1976, il démissionne de ces deux fonctions en 1989. Transféré clandestinement à Moscou en 1991, il est ensuite extradé vers Berlin en 1992. Après la suspension de son procès pour raisons de santé, il s'exile au Chili.

HONEGGER (Arthur), compositeur suisse (Le Havre 1892 - Paris 1955), l'un des maîtres de l'orchestre (*Pacific 231,* 1923) et de l'oratorio (*le Roi David,* 1921 ; *Judith ; Jeanne d'Arc au bûcher,* 1938). Il a fait partie du groupe des Six.

HONFLEUR (14600), ch.-l. de c. du Calvados ; 8 346 h. *(Honfleurais).* Matériel audiovisuel. Tourisme. Port de commerce important aux XVIe et XVIIe s. Monuments des XVe-XVIIe s. Musées (Eugène-Boudin notamm.).

HONGKONG ou **HONG KONG,** île de la baie de Canton, en Chine, cédée aux Anglais en 1842. — Le *territoire britannique de Hongkong,* englobant en outre diverses autres îles et une péninsule continentale (Kowloon), couvre 1 034 km² et compte 5 800 000 h. Cap. *Victoria.* Surpeuplée, c'est une importante place de commerce, aujourd'hui fortement industrialisée (textile, électronique). Un accord sino-britannique de 1984 prévoit le retour de Hongkong à la Chine en 1997. *(V. illustration p. 1400.)*

HONGRIE, en hongr. **Magyarország,** État de l'Europe centrale ; 93 000 km² ; 10 300 000 h. *(Hongrois).* CAP. *Budapest.* LANGUE : *hongrois.* MONNAIE : *forint.*

GÉOGRAPHIE

Pays de plaines (surtout à l'est du Danube), si l'on excepte les moyennes montagnes de la Dorsale hongroise et les collines de la Transdanubie (entre le lac Balaton et le Danube), la Hongrie possède un climat aux hivers rigoureux, aux étés souvent chauds et parfois humides. La réforme agraire et la collectivisation ont favorisé l'introduction de la culture des oléagineux, du coton, à côté des traditionnelles cultures du blé, du maïs, de la betterave à sucre et de la vigne. L'élevage s'est aussi développé (porcs en premier lieu, bovins). Le sous-sol fournit du lignite, du gaz naturel et surtout de la bauxite. La sidérurgie, qui nécessite l'importation de fer, alimente une métallurgie de transformation assez diversifiée. Le textile et la chimie constituent encore deux activités notables. Budapest, principal centre industriel, regroupe le cinquième d'une population assez dense, mais décroissant en raison de la chute du taux de natalité.

HISTOIRE

Les origines. V. 500 av. J.-C. : la région est peuplée par des Illyriens et des Thraces. 35 av. J.-C.-9 apr. J.-C. : elle est conquise par Rome qui en fait la province de Pannonie. IVe-VIe s. : elle est envahie par les Huns, les Ostrogoths, les Lombards puis par les Avars (568). 896 : les Hongrois (ou Magyars) arrivent dans la plaine danubienne, sous la conduite de leur chef Árpád. V. 904-1301 : la dynastie des Árpád gouverne la Hongrie, la Slovaquie (ou Haute-Hongrie) et la Ruthénie subcarpatique, annexée au début du XIe s. 955 : la victoire d'Otton Ier au Lechfeld met fin aux raids des Hongrois en Occident. 972-997 : Géza ouvre le pays aux missions chrétiennes.

Le royaume de Hongrie. 1000 : Étienne Ier (997-1038) devient roi. Il impose le christianisme à ses sujets. Se déclarant vassal du Saint-Siège, il maintient son royaume hors du Saint Empire. 1095-1116 : Kálmán (Coloman) obtient le rattachement de la Croatie et de la Slavonie au royaume de Hongrie. 1172-1196 : sous Béla III, la Hongrie médiévale est à son apogée. 1222 : André II (1205-1235) doit concéder la Bulle d'or aux féodaux qui s'affranchissent de l'autorité royale. 1235-1270 : Béla IV reconstruit le pays ruiné par l'invasion mongole (1241-42). 1308-1342 : Charles Ier Robert, de la maison d'Anjou, organise l'exploitation des mines d'argent, de cuivre et d'or de Slovaquie et de Transylvanie. 1342-1382 : Louis Ier d'Anjou lui succède et poursuit son œuvre. 1387-1437 : Sigismond de Luxembourg, défait par les Turcs à Nicopolis (1396), est élu à la tête du Saint Empire. 1444 : Ladislas III Jagellon périt à la bataille de Varna. 1456 : Jean Hunyadi arrête les Turcs devant Belgrade. 1458-1490 : son fils, Mathias Corvin, conquiert la Moravie et la Silésie et s'installe à Vienne (1485). Il favorise la diffusion de la Renaissance italienne. 1490-1516 : Ladislas II Jagellon III règne sur le pays. 1526 : les Ottomans remportent la victoire de Mohács, où meurt Louis II Jagellon. Ferdinand Ier de Habsbourg (1526-1564) est élu par la Diète roi de Hongrie. Il a pour rival Jean Zápolya, maître du Centre et de l'Est, qui est soutenu par les Ottomans. 1540 : les Turcs occupent Buda et la Grande Plaine. 1540-1699 : la Hongrie est divisée en trois : Hongrie royale (capitale : Presbourg), gouvernée par la maison d'Autriche ; Hongrie turque et Transylvanie, vassale des Ottomans depuis 1568. La Diète de Hongrie doit reconnaître la monarchie héréditaire des Habsbourg (1687) et la Transylvanie est annexée par la maison d'Autriche (1691). La noblesse hongroise obtient le maintien du pluralisme religieux. 1699 : les Habsbourg reconquièrent sur les Turcs la plaine hongroise (paix de Karlowitz). 1703-1711 : Férenc (François II) Rákóczi dirige l'insurrection contre les Habsbourg. 1711 : la paix de Szatmár reconnaît l'autonomie de l'État hongrois au sein de la monarchie autrichienne. 1740-1780 : Marie-Thérèse s'appuie sur les magnats et poursuit le repeuplement. 1780-1790 : Joseph II tente d'imposer un régime centralisé. 1848 : après l'insurrection de mars, l'Assemblée nationale hongroise rompt avec l'Autriche. 1849 : Kossuth proclame la déchéance des Habsbourg. Les insurgés sont défaits à Világos (août) par les Russes, appelés par François-Joseph Ier. 1849-1867 : le gouvernement autrichien pratique une politique de centralisation et de germanisation. 1867 : après la défaite de l'Autriche devant la Prusse (Sadowa, 1866), le compromis austro-hongrois instaure le dualisme. Au sein de l'Autriche-Hongrie, la Hongrie est à nouveau un État autonome ; elle récupère la Croatie, la Slavonie et la Transylvanie. 1875-1905 : le parti libéral assure la direction du pays ; Kálmán Tisza est président du Conseil de 1875 à 1890. 1914 : la Hongrie déclare la guerre à la Serbie.

La Hongrie depuis 1918. La défaite des empires centraux entraîne la dissolution de l'Autriche-Hongrie. 1918 : Károlyi proclame l'indépendance de la Hongrie. Les Roumains occupent la Transylvanie, les Tchèques la Slovaquie. 1919 : les communistes, dirigés par B. Kun, instaurent la « République des Conseils », renversée par l'amiral Horthy. 1920 : Horthy est élu régent. Il signe le traité de Trianon qui enlève à la Hongrie la Slovaquie, la Ruthénie, la Transylvanie, le Banat et la Croatie. 1938 : la Hongrie annexe une partie de la Slovaquie. 1939 : elle adhère au pacte antikomintern. 1940 : elle occupe le nord de la Transylvanie et signe le pacte tripartite. 1941 : elle entre en guerre contre l'U. R. S. S. 1943 : M. Kállay cherche à signer une paix séparée avec les Alliés. 1944 : Hitler fait occuper le pays et le parti fasciste des Croix-Fléchées prend le pouvoir, éliminant Horthy. 1944-45 : l'armée soviétique occupe le pays. 1946-47 : le traité de Paris rétablit les frontières du traité de Trianon. 1949 : le parti communiste démantèle le parti agrarien, majoritaire ; M. Rakosi proclame la République populaire hongroise et impose un régime stalinien. 1953-1955 : I. Nagy, chef du gouvernement, amorce la déstalinisation. Oct.-nov. 1956 : insurrection pour la libéralisation du régime et la révision des relations avec l'U. R. S. S. I. Nagy proclame la neutralité de la Hongrie. Les troupes soviétiques imposent un gouvernement dirigé par J. Kádár, également à la tête du parti, et brisent la résistance de la population. 1962-1987 : tout en restant fidèle à l'alignement sur l'U. R. S. S., le gouvernement, dirigé par Kádár, J. Fock (1968-1975) puis par G. Lázár (1975-1987), améliore le fonctionnement du système économique et développe le secteur privé. 1988 : Kádár quitte ses fonctions à la tête du parti. 1989 : la Hongrie ouvre sa frontière avec l'Autriche (mai). Le parti abandonne toute référence au marxisme-léninisme et renonce à son rôle dirigeant. Une révision de la Constitution ouvre la voie au multipartisme. La République populaire hongroise devient officiellement la République de Hongrie (oct.). 1990 : les premières élections parlementaires libres (mars-avr.) sont remportées par le Forum démocratique hongrois, parti de centre droit dont le leader, József Antall, devient président du Conseil. Le Parlement élit Árpád Göncz à la présidence de la République. 1991 : les troupes soviétiques achèvent leur retrait du pays. 1993 : après la mort de J. Antall, Péter Boross lui succède. 1994 : la Hongrie dépose une demande d'adhésion à l'Union européenne. Les socialistes (ex-communistes réformateurs) remportent les élections législatives ; Gyula Horn devient président du Conseil.

Hongkong

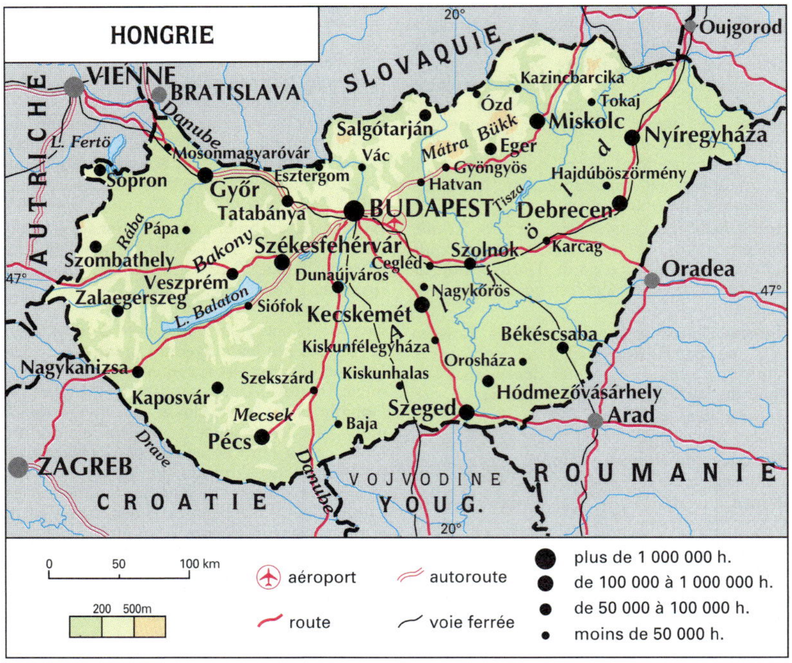

HONGWU ou **HONG-WOU,** empereur de Chine (1368-1398). Fondateur de la dynastie Ming, il repoussa les Mongols dans les steppes du Nord.

HONOLULU, cap. et port des îles Hawaii, dans l'île d'Oahu ; 365 272 h. Centre touristique.

HONORAT *(saint)* [Gaule Belgique v. 350 - v. 430], évêque d'Arles. Il fonda l'abbaye de Lérins (v. 410).

HONORIUS (Flavius) [Constantinople 384 - Ravenne 423], premier empereur d'Occident (395-423). D'abord dominé par Stilicon qu'il fit assassiner en 408, il ne put défendre l'Italie des invasions barbares.

HONORIUS II (Fagnano - Rome 1130), pape de 1124 à 1130. Il négocia le concordat de Worms (1122). — **Honorius III** (Cencio **Savelli**) [Rome - m. en 1227], pape de 1216 à 1227, prêcha la 5e croisade et encouragea la lutte contre les cathares.

HONSHŪ, anc. **Hondō,** la plus grande et la plus peuplée des îles constituant le Japon ; 230 000 km^2 ; 99 254 194 h. V. pr. *Tōkyō, Ōsaka, Yokohama, Kyōto, Kōbe.*

Honvéd (mot hongr. signif. *défense de la patrie*), appellation donnée depuis 1848 à l'armée hongroise.

HOOCH, HOOGHE ou **HOOGH** (Pieter **de**) → ***De Hooch.***

HOOFT (Pieter Cornelisz.), écrivain hollandais (Amsterdam 1581 - La Haye 1647). Poète élégiaque et prosateur, il a contribué à former la langue classique de son pays.

HOOGHLY ou **HŪGLĪ,** bras occidental du delta du Gange ; 250 km.

HOOKE (Robert), astronome et mathématicien anglais (Freshwater, île de Wight, 1635 - Londres 1703). Il énonça la loi de la proportionnalité entre les déformations élastiques d'un corps et les efforts auxquels il est soumis.

HOOKER (*sir* Joseph), botaniste et explorateur britannique (Halesworth 1817 - Sunningdale 1911), auteur d'une classification des plantes.

HOOVER (Herbert Clark), homme politique américain (West Branch, Iowa, 1874 - New York 1964), président républicain des États-Unis de 1929 à 1933.

HOOVER (John Edgar), administrateur américain (Washington 1895 - *id.* 1972), directeur du Federal Bureau of Investigation (FBI) de 1924 à sa mort.

Hoover Dam, anc. **Boulder Dam,** important barrage des États-Unis, sur le Colorado. Centrale hydroélectrique.

HOPE (Thomas Charles), chimiste britannique (Édimbourg 1766 - *id.* 1844). Il montra que la densité de l'eau est maximale à 4 °C.

HO-PEI → ***Hebei.***

HOPI, peuple indien d'Amérique du Nord (Arizona), créateurs des katchinas (masques et poupées de bois peints personnifiant les esprits) les plus originaux.

HÔPITAL (L') [57490], comm. de la Moselle ; 6 414 h. Chimie.

HOPKINS (*sir* Frederick Gowland), physiologiste et chimiste britannique (Eastbourne 1861 - Cambridge 1947), spécialiste des vitamines. (Prix Nobel 1929.)

HOPKINS (Gerard Manley), écrivain britannique (Stratford 1844 - Dublin 1889), jésuite, l'un des initiateurs du lyrisme moderne par sa recherche de rythmes et son accent tragique.

HOPPER (Edward), peintre et graveur américain (Nyack, État de New York, 1882 - New York 1967). Par l'intensité des moyens plastiques, son réalisme épuré confère une dimension angoissante à l'univers urbain.

HORACE, en lat. **Quintus Horatius Flaccus,** poète latin (Venusia 65-8 av. J.-C.). Ami de Virgile et de Mécène, protégé d'Auguste, il a doté les lettres latines d'une poésie à la fois familière, nationale et religieuse (*Satires**, *Odes, Épîtres**). Il fut tenu par les humanistes puis par les classiques français pour le modèle des vertus classiques d'équilibre et de mesure.

Horace, tragédie de P. Corneille (1640). Au patriotisme du vieil Horace et de son fils, Corneille oppose le courage plus humain de Curiace et l'amour exclusif de Camille, sœur d'Horace.

HORACES *(les trois),* frères romains légendaires qui, sous le règne de Tullus Hostilius, combattirent pour Rome contre les trois Curiaces, champions de la ville d'Albe, afin de décider lequel des deux peuples commanderait à l'autre. Le dernier des Horaces, seul survivant, feignant de fuir, tua séparément les trois Curiaces blessés, et assura le triomphe de sa patrie.

HORATIUS Cocles (« le Borgne »), héros romain légendaire qui défendit seul l'entrée du pont Sublicius, à Rome, contre l'armée du roi étrusque Porsenna.

HORDAIN (59111), comm. du Nord, au S.-O. de Valenciennes ; 1 295 h. Industrie automobile.

HORDE D'OR, État mongol fondé au XIIIe s. par Batū Khān, petit-fils de Gengis Khān, et qui s'étendait sur la Sibérie méridionale, le sud de la Russie et la Crimée. Il fut détruit en 1502 par les Tatars de Crimée.

HOREB, autre nom du **Sinaï** dans la Bible.

HORGEN, comm. de Suisse (Zurich) ; 16 463 h.

HORKHEIMER (Max), philosophe allemand (Stuttgart 1895 - Nuremberg 1973). Il est à l'origine de l'école de Francfort, dont le programme (*Théorie critique,* 1937) jette les bases du freudo-marxisme.

HORME (L') [42152], comm. de la Loire ; 4 709 h. Métallurgie.

HORMUZ → ***Ormuz.***

HORN *(cap),* cap situé à l'extrémité sud de la Terre de Feu (Chili).

HORNES ou **HOORNE** (Philippe **de Montmorency,** *comte* **de**), seigneur des Pays-Bas (Nevele 1518 ou 1524 - Bruxelles 1568). Gouverneur de la Gueldre sous Charles Quint, il fut décapité avec le comte d'Egmont, par ordre du duc d'Albe, pour s'être opposé à l'autoritarisme espagnol.

HORNEY (Karen), psychanalyste américaine d'origine allemande (Hambourg 1885 - New York 1952). Elle s'est attachée à montrer l'importance des facteurs culturels dans la genèse des névroses (*le Complexe de virilité des femmes,* 1927).

HORNOY-LE-BOURG (80640), ch.-l. de c. de la Somme ; 1 465 h.

HOROWITZ (Vladimir), pianiste américain d'origine russe (Kiev 1904 - New York 1989). Il s'illustra surtout dans Chopin et Liszt.

Vladimir **Horowitz**

HORSENS, v. du Danemark (Jylland), sur le Cattégat ; 55 000 h.

HORST (Louis), pianiste et compositeur américain (Kansas City 1884 - New York 1964). Directeur musical à la Denishawn School et chez Martha Graham, il influença toute une génération de danseurs américains novateurs de la modern dance.

HORTA (Victor, *baron*), architecte belge (Gand 1861 - Bruxelles 1947). Pionnier de l'Art* nouveau, épris de la ligne « coup de fouet » et du plan libre, il a utilisé en virtuose la pierre, le fer et le béton (à Bruxelles : hôtels Tassel [1893], Solvay, Aubecq, maison Horta [1898], palais des Beaux-Arts [1922-1929]).

HORTENSE DE BEAUHARNAIS, reine de Hollande (Paris 1783 - Arenenberg, Suisse, 1837), fille du vicomte de Beauharnais et de Joséphine Tascher de La Pagerie. Épouse de Louis Bonaparte, roi de Hollande, et mère de Napoléon III.

HORTHY DE NAGYBÁNYA (Miklós), amiral et homme politique hongrois (Kenderes 1868 - Estoril, Portugal, 1957). Ministre de la Guerre dans le gouvernement contre-révolutionnaire de Szeged, il lutta, en 1919, contre Béla Kun. Élu régent (1920), il institua un régime autoritaire et conservateur. Allié de l'Italie et de l'Allemagne, il annexa le sud de la Slovaquie, l'Ukraine subcarpatique et une partie de la Transylvanie (1938-1940). Il tenta de négocier un armistice séparé avec l'U. R. S. S., mais fut renversé par le parti fasciste des Croix-Fléchées (oct. 1944).

HORTON (Lester), chorégraphe, théoricien et pédagogue américain (Indianapolis 1906 - Los Angeles 1953). Créateur d'une technique et d'un style, son enseignement influença des danseurs tels que Alvin Ailey, Bella Lewitsky, Carmen De Lavallade.

HORUS, dieu solaire de l'anc. Égypte, symbolisé par un faucon ou par un soleil ailé.

Hōryū-ji, sanctuaire bouddhique construit au début du VIIe s., près de Nara (Japon), dont certains bâtiments sont les plus anciens exemples de l'architecture de bois d'Extrême-Orient.

Hōryū-ji : le Yumedono ou Pavillon des rêves. VIIIe s.

HOSPITALET DE LLOBREGAT (L'), v. d'Espagne, banlieue de Barcelone ; 272 578 h.

HOSSEGOR (40150), station balnéaire des Landes (comm. de *Soorts-Hossegor*), sur l'Atlantique, près de l'*étang d'Hossegor.*

HOSSEIN (Robert **Hosseinhoff,** dit **Robert**), acteur et metteur en scène de théâtre et de cinéma français (Paris 1927). Acteur et auteur de plusieurs films (*Les salauds vont en enfer,* 1955), il s'est spécialisé dans les mises en scène théâtrales à grand spectacle (*Je m'appelais Marie-Antoinette,* 1993).

HOTAN → ***Khotan.***

HOTMAN, HOTMANUS ou **HOTEMANUS** (François), *sieur* **de Villiers Saint-Paul,** jurisconsulte français (Paris 1524 - Bâle 1590). Il était de religion réformée et, dans ses ouvrages, s'opposa à l'absolutisme royal.

HOTTENTOTS, peuple nomade, vivant en Namibie, et parlant une langue du groupe khoisan.

HÖTZENDORF (Conrad **von**) → ***Conrad von Hötzendorf.***

HOUAI → ***Huai.***

HOUAI-NAN → ***Huainan.***

HOUA KOUO-FONG → ***Hua Guofeng.***

HOUANG-HO → ***Huang He.***

HOUANG KONG-WANG → ***Huang Gongwang.***

HOUAT [wat] (56170), île et comm. du Morbihan ; 393 h.

HOUCHARD (Jean Nicolas), général français (Forbach 1738 - Paris 1793). Il vainquit les Anglais à Hondschoote (1793), mais ne les poursuivit pas : accusé de ménagements envers l'ennemi, il fut guillotiné.

HOU CHE → ***Hu Shi.***

HOUCHES (Les) [74310], comm. de la Haute-Savoie, dans la vallée de Chamonix ; 1 955 h. Station de sports d'hiver (alt. 1 008-1 900 m).

HOUDAIN (62150), ch.-l. de c. du Pas-de-Calais ; 7 960 h.

HOUDAN (78550), ch.-l. de c. des Yvelines ; 2 925 h. Donjon du XIIe s. Église des XVe-XVIe s.

HOUDON (Jean Antoine), sculpteur français (Versailles 1741 - Paris 1828). Auteur de tombeaux et de figures mythologiques, il est admiré plus encore pour ses portraits d'enfants, ses

Hortense de Beauharnais (château de Versailles)

amiral **Horthy de Nagybánya**

bustes et statues des célébrités de son temps (J.-J. Rousseau, Voltaire, Diderot, B. Franklin, Washington), d'une vérité saisissante.

HOUDRY (Eugène), ingénieur français naturalisé américain (Domont 1892 - Philadelphie 1962). Il a inventé le craquage catalytique des hydrocarbures lourds.

Hougue *(bataille de la)* [29 mai 1692], combat naval livré par Tourville contre une flotte anglo-hollandaise, et qui s'acheva par la destruction de la flotte française au large de *Saint-Vaast-la-Hougue* (N.-E. du Cotentin).

HOUHEHOT ou **HOHHOT,** v. de Chine, cap. de la Mongolie-Intérieure ; 750 000 h.

HOUILLES (78800), ch.-l. de c. des Yvelines ; 30 027 h.

HOULGATE (14510), comm. du Calvados, sur la Manche ; 1 707 h. Station balnéaire.

HOU-NAN → ***Hunan.***

HOUNSFIELD (Godfrey Newbold), ingénieur britannique (Newark 1919). Il a contribué, avec A. M. Cormack, au développement du scanner. (Prix Nobel de médecine 1979.)

HOU-PEI → ***Hubei.***

HOUPHOUËT-BOIGNY (Félix), homme politique ivoirien (Yamoussoukro 1905 - *id.* 1993). Fondateur du Rassemblement démocratique africain (1946), ministre des gouvernements français de 1956 à 1959, il devint président de la République de Côte d'Ivoire lors de l'indépendance (1960). Régulièrement réélu, il a entretenu avec la France des relations privilégiées.

HOUPLINES (59116), comm. du Nord ; 7 676 h. Textile.

HOURRITES ou **HURRITES,** peuple attesté en Anatolie, en haute Mésopotamie ou en Syrie du XXIe au XIIe s. av. J.-C. Au XVIe s. av. J.-C., ils fondèrent le royaume du Mitanni, qui s'effondra aux XIVe-XIIIe s. sous la pression des Hittites et des Assyriens.

HOURTIN (33990), comm. de la Gironde, à l'est du *lac d'Hourtin-Carcans* ; 3 962 h. Phare.

HOUSSAY (Bernardo), médecin argentin (Buenos Aires 1887 - *id.* 1971), prix Nobel en 1947 pour ses travaux sur les glandes à sécrétion interne, notamment sur le rôle de l'hypophyse dans le métabolisme des glucides.

HOUSTON, port des États-Unis (Texas), sur la baie de Galveston ; 1 630 553 h. (3 301 937 h. avec les banlieues). Centre spatial. Musées. Raffinage du pétrole. Métallurgie. Chimie.

HOUTHALEN-HELCHTEREN, comm. de Belgique (Limbourg) ; 27 501 h.

HOU YAO-PANG → ***Hu Yaobang.***

HOVA ou **HOUVE,** une des castes des Merina (Madagascar).

HOVE, v. d'Angleterre, près de Brighton ; 82 500 h. Station balnéaire.

HOWARD, famille anglaise dont la fortune commença au XIIIe s., et à laquelle appartenait la cinquième femme d'Henri VIII, **Catherine Howard.**

HOWRAH, v. de l'Inde, sur le delta du Gange, banlieue de Calcutta ; 1 707 512 h.

HOXHA ou **HODJA** (Enver), homme politique albanais (Gjirokastër 1908 - Tirana 1985). Fondateur du parti des travailleurs albanais (1941) et président du Conseil (1945-1954), il fut, de 1948 à sa mort, secrétaire général du parti communiste albanais.

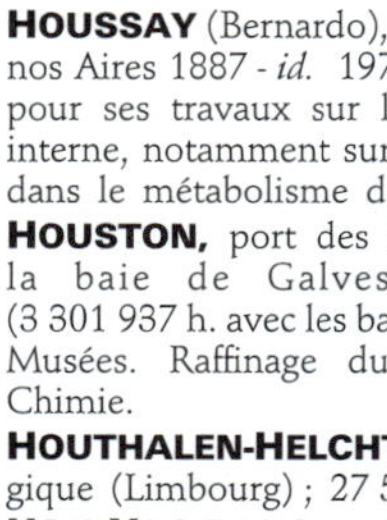

Félix **Houphouët-Boigny**

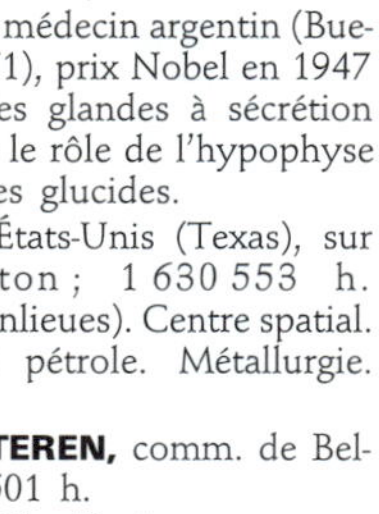

Edwin Powell **Hubble**

HOYERSWERDA, v. du sud-est de l'Allemagne (Saxe) ; 67 881 h.

HOYLE (Fred), astrophysicien et mathématicien britannique (Bingley 1915). Ardent défenseur d'un modèle d'univers stationnaire à présent abandonné et pionnier de l'astrophysique nucléaire, il est aussi connu comme vulgarisateur scientifique et comme auteur de science-fiction.

HOZIER (Pierre **d'**), *seigneur* **de la Garde,** généalogiste français (Marseille 1592 - Paris 1660). On lui doit une *Généalogie des principales familles de France* (150 vol. manuscrits).

HRADEC KRÁLOVÉ, v. de la République tchèque (Bohême) ; 99 889 h. Cathédrale du XIVe s. ; monuments baroques ; urbanisme du XXe s.

HSINCHU ou **XINZHU,** v. de la côte nord-ouest de Taïwan ; 290 000 h.

HUACHIPATO, centre sidérurgique du Chili, sur le Pacifique.

HUA GUOFENG ou **HOUA KOUO-FONG,** homme politique chinois (Jiaocheng, Shanxi, 1921 ou 1922). Premier ministre (1976-1980), président du parti (1976-1981), il fut écarté des affaires par le courant novateur animé par Deng Xiaoping.

HUAI ou **HOUAI,** fl. de la Chine centrale, tributaire de la mer Jaune ; 1 080 km.

HUAINAN ou **HOUAI-NAN,** v. de Chine, sur la Huai ; 350 000 h.

HUAMBO, anc. **Nova Lisboa,** v. de l'Angola central ; 62 000 h.

HUANCAYO, v. du Pérou, à 3 350 m d'alt. ; 165 000 h.

HUANG GONGWANG ou **HOUANG KONG-WANG,** peintre chinois (Changshou 1269-1354). Lettré, doyen des quatre grands maîtres yuan, il eut, par son extrême simplicité de moyens, une influence durable.

HUANG HE ou **HOUANG-HO,** surnommé **fleuve Jaune,** fl. de la Chine du Nord, né au Qinghai, tributaire du golfe de Bohai ; 4 845 km (bassin de 745 000 km²). Importants aménagements hydrauliques.

HUASCARÁN, point culminant des Andes du Pérou ; 6 768 m.

HUAXTÈQUES, peuple indien du nord de l'anc. Mexique (golfe du Mexique), dont la civilisation atteignit son apogée vers le Xe s. (stèles très ornementées, nacre gravée, céramique aux formes originales).

HUBBLE (Edwin Powell), astrophysicien américain (Marshfield, Missouri, 1889 - San Marino, Californie, 1953). Il établit l'existence de galaxies extérieures à celle qui abrite le système solaire (1923-24). Puis, se fondant sur le rougissement systématique du spectre des galaxies, interprété comme un effet Doppler-Fizeau, il formula une loi empirique selon laquelle les galaxies s'éloignent les unes des autres à une vitesse proportionnelle à leur distance (1929) et conforta ainsi la théorie de l'expansion de l'Univers.

Hubble *(télescope spatial),* télescope américano-européen de 2,40 m de diamètre mis en orbite autour de la Terre en 1990 et réparé dans l'espace en 1993.

HUBEI ou **HOU-PEI,** prov. du centre de la Chine ; 180 000 km² ; 47 800 000 h. Cap. *Wuhan.*

HUBERT *(saint),* évêque de Tongres, Maastricht et Liège (m. à Liège en 727). Il évangélisa la Belgique orientale. Patron des chasseurs. On lui attribue la même vision qu'à saint Eustache, celle d'un cerf portant une croix entre ses bois.

Hubertsbourg *(traité d')* [15 févr. 1763], traité qui mit fin à la guerre de Sept Ans en ce qui concernait l'Autriche et la Prusse.

HUBLĪ, v. de l'Inde (Karnātaka) ; 647 640 h.

HUC (Évariste), missionnaire français (Caylus 1813 - Paris 1860). Il visita la Chine, la Mongolie et le Tibet.

HUDDERSFIELD, v. de Grande-Bretagne, près de Leeds ; 149 000 h.

HUDSON, fl. des États-Unis, qui se jette dans l'Atlantique à New York ; 500 km.

HUDSON *(baie d'),* golfe du Canada pris par les glaces pendant sept mois par an et ouvert sur l'Atlantique par le *détroit d'Hudson.*

Hudson *(Compagnie de la baie d'),* compagnie commerciale anglaise créée en 1670 par Charles II, qui joua un grand rôle dans la colonisation des régions septentrionales du Canada.

HUDSON (Henry), navigateur anglais (milieu du XVIe s. - près de la baie d'Hudson ? 1611). Il découvrit, en 1610, le fleuve, le détroit et la baie qui portent son nom.

HUÊ, v. du Viêt Nam ; 209 000 h. Elle fut la capitale du Viêt Nam unifié par Gia Long en 1802 (tombeaux des empereurs, palais, temples).

HUELGOAT [-gwat] (29690), ch.-l. de c. du Finistère ; 1 748 h. Forêt. Église et chapelle gothiques du XVIe s.

HUELVA, port d'Espagne (Andalousie), ch.-l. de prov. ; 142 547 h. Chimie.

HUESCA, v. d'Espagne (Aragon) ; 44 165 h. Cathédrale des XIIIe-XVIe s. et autres monuments.

HUET, patronyme de divers peintres français, dont le plus connu est **Paul** (Paris 1803 - *id.* 1869), paysagiste ami de Delacroix.

HUFŪF (al-), v. d'Arabie saoudite ; 101 000 h.

HUGHES (David), ingénieur américain d'origine britannique (Londres 1831 - *id.* 1900), inventeur d'un appareil télégraphique imprimeur (1854) et du microphone (1878).

HŪGLĪ → ***Hooghly.***

HUGO (Victor), écrivain français (Besançon 1802 - Paris 1885). Fils d'un général de l'Empire, il est d'abord un poète classique et monarchiste (*Odes,* 1822). Mais la publication de la Préface de *Cromwell** (1827) et des *Orientales* (1829), puis la représentation d'*Hernani** (1830) font de lui la meilleure incarnation du romantisme — en poésie (*les Feuilles d'automne,* 1831 ; *les Chants du crépuscule,* 1835 ; *les Voix intérieures,* 1837 ; *les Rayons et les Ombres,* 1840), au théâtre (*Marion de Lorme,* 1831 ; *Le roi s'amuse,* 1832 ; *Marie Tudor,* 1833 ; *Ruy Blas,* 1838) et par ses romans historiques (*Notre-Dame** *de Paris,* 1831) —, tandis qu'il évolue vers les idées libérales et le culte napoléonien. Après l'échec des *Burgraves* (1843) et la mort de sa fille Léopoldine, il se consacre à la politique (il est pair de France en 1845). Député en 1848, il s'exile à Jersey, puis à Guernesey, après le coup d'État du 2 décembre 1851. C'est alors qu'il donne les poèmes satiriques des *Châtiments** (1853), le recueil lyrique des *Contemplations** (1856), l'épopée de *la Légende** *des siècles* (1859-1883), ainsi que des romans (*les Misérables**, 1862 ; *les Travailleurs de la mer,* 1866 ; *L'homme qui rit,* 1869). Rentré en France en 1870, partisan des idées républicaines, il est un personnage honoré et officiel et, à sa mort, ses cendres sont transférées au Panthéon. (Acad. fr.)

Victor **Hugo**
(L. Bonnat - château de Versailles)

HUGUES de Cluny *(saint),* abbé clunisien (Semur-en-Brionnais 1024 - Cluny 1109). À la tête de l'abbaye de Cluny de 1049 à 1109, il favorisa le développement de son ordre et travailla à la réforme de l'Église.

HUGUES Ier Capet, premier roi capétien (v. 941-996), duc de France (956-987), puis roi de France (987-996), fils d'Hugues le Grand. S'il ne parvint pas à abaisser les prétentions de ses vassaux, il accrut le domaine royal et, en faisant sacrer son fils Robert de son vivant (987), assura l'hérédité de sa maison.

HUGUES le Grand ou **le Blanc,** comte de Paris, duc des Francs (v. 897 - Dourdan 956), fils du roi Robert Ier. Sa puissance, sous les derniers rois carolingiens, facilita l'avènement de son fils Hugues Capet.

HUGUES de Payns (Payns, près de Troyes, v. 1070 - Palestine 1136), fondateur de l'ordre des Templiers (1119).

HUGUES de Saint-Victor, théologien français (près d'Ypres fin du XIe s. - Paris 1141). Il enseigne dans ses œuvres que l'homme, pour parvenir à la vérité, doit unir prière et raisonnement.

HUGUET (Jaume), peintre espagnol (Valls, Catalogne, v. 1415 - Barcelone 1492). Il sacrifie au goût de sa clientèle pour les retables somptueux (fonds d'or), mais le dépasse par son sens de la composition et ses recherches stylistiques (*Flagellation du Christ,* Louvre).

Huis clos, pièce en un acte, de Jean-Paul Sartre (1944), qui a pour thème l'existence devant autrui.

HUISNE [ɥin], affl. de la Sarthe (r. g.), rejointe au Mans ; 130 km.

Huit et demi, film italien de F. Fellini (1963), variations foisonnantes et symboliques sur les angoisses et les fantasmes d'un cinéaste (M. Mastroianni).

HUIZINGA (Johan), historien néerlandais (Groningue 1872 - De Steeg 1945), auteur d'une étude sur le Moyen Âge tardif (*le Déclin du Moyen Âge,* 1919).

HŪLĀGŪ (v. 1217 - Marāgha 1265), premier souverain mongol de l'Iran (1256-1265), petit-fils de Gengis Khān. Il prit Bagdad et mit fin au califat abbasside (1258).

HULL → ***Kingston-upon-Hull.***

HULL, v. du Canada (Québec), sur l'Outaouais ; 60 707 h. Musée des Civilisations.

HULL (Clark Leonard), psychologue américain (Akron, État de New York, 1884 - New Haven, Connecticut, 1952). Il a élaboré une théorie fondée sur les processus d'apprentissage. (*Principes du comportement,* 1943.)

HULL (Cordell), homme politique américain (Olympus, Tennessee, 1871 - Bethesda, Maryland, 1955). Démocrate, secrétaire d'État aux Affaires étrangères de 1933 à 1944, il fut l'un des créateurs de l'O. N. U. et reçut à ce titre le prix Nobel de la paix en 1945.

Humanité (l'), quotidien fondé en 1904 et dirigé par J. Jaurès jusqu'en 1914, organe du parti communiste français à partir de 1920.

HUMBER (le), estuaire de l'Ouse et de la Trent, sur la côte est de l'Angleterre.

HUMBERT II (1313 - Clermont 1355), dernier dauphin de Viennois (1333-1349). Sans héritier direct, il vendit ses États au roi de France (1349), devint dominicain à Lyon, puis patriarche d'Alexandrie.

HUMBERT Ier, fils de Victor-Emmanuel II (Turin 1844 - Monza 1900), roi d'Italie (1878-1900), assassiné par un anarchiste. Il favorisa la politique germanophile de Crispi.

HUMBERT II, fils de Victor-Emmanuel III (Racconigi 1904 - Genève 1983), lieutenant général du royaume le 5 juin 1944, il régna du 9 mai au 2 juin 1946, puis abdiqua après un référendum favorable à la république.

HUMBOLDT (Wilhelm, *baron* **von**), linguiste et homme politique allemand (Potsdam 1767 - Tegel 1835). Partant de l'étude de langues très diverses, il chercha à dépasser la grammaire comparée pour constituer une anthropologie générale, qui examinerait les rapports entre le langage et la pensée, les langues et les cultures. — **Alexander,** son frère (Berlin 1769 - Potsdam 1859), explora l'Amérique tropicale et l'Asie centrale. Ses travaux contribuèrent au développement de la climatologie, de la biogéographie, de la volcanologie et du magnétisme terrestre.

HUMBOLDT *(courant de)* → ***Pérou et du Chili*** *(courant du).*

HUME (David), philosophe et historien britannique (Édimbourg 1711 - *id.* 1776). Selon lui, la certitude de nos connaissances résulte de l'invariance des opérations psychiques mises en jeu dans la connaissance. Cette théorie empiriste lui sert de fondement à une conception utilitariste de la vie sociale (*Essais moraux et politiques,* 1741-42).

HUMMEL (Johann Nepomuk), compositeur et pianiste autrichien (Presbourg 1778 - Weimar 1837), auteur de sonates et de concertos.

HUMPHREY (Doris), danseuse, chorégraphe et pédagogue américaine (Oak Park, Illinois, 1895 - New York 1958). Une des pionnières de la modern dance, elle illustra ses conceptions sur des thèmes nouveaux (*New Dance Trilogy, The Shakers, Lament for Ignacio Sánchez Mejías*) et fonda le Juilliard Dance Theatre (1955).

HUNAN ou **HOU-NAN,** prov. de la Chine du Sud ; 210 000 km² ; 55 090 000 h. Cap. *Changsha.*

HUNDERTWASSER (Friedrich **Stowasser,** dit **Fritz),** peintre et graveur autrichien (Vienne 1928). Sens du merveilleux, ingénuité un peu morbide et automatisme sont à l'origine de ses labyrinthes peuplés de figures, brillamment enluminés.

HUNEDOARA, v. de Roumanie, en Transylvanie ; 86 000 h. Sidérurgie. Citadelle médiévale.

HUNGNAM, port de la Corée du Nord ; 146 000 h.

HUNINGUE (68330), ch.-l. de c. du Haut-Rhin, près de Bâle ; 6 274 h. Port fluvial. Chimie. Le général Barbanègre, avec 135 hommes, y résista à 30 000 Autrichiens avant de se rendre (1815).

HUNS, ancien peuple nomade originaire des steppes du sud de la Sibérie qui, à partir de la fin du IVe s., pénétra en Europe et en Asie occidentale. Vers 370, la poussée des Huns vers l'Europe joua un rôle décisif dans le déclenchement des grandes invasions. Ils formèrent un État hunnique dans la plaine du Danube, mais cet État se disloqua à la mort d'Attila (453), et les Huns disparurent de l'histoire européenne avant la fin du Ve s. Une autre branche des Huns, les Huns blancs ou Hephtalites, se dirigea vers l'est et ébranla au Ve-VIe s. les grands empires de l'Iran et de l'Inde.

HUNSRÜCK, partie du Massif schisteux rhénan, sur la r. g. du Rhin.

HUNT (William Holman), peintre britannique (Londres 1827 - *id.* 1910), un des fondateurs de la confrérie préraphaélite.

HUNTINGTON BEACH, v. des États-Unis (Californie) ; 143 000 h.

HUNTSVILLE, v. des États-Unis (Alabama) ; 159 450 h. Centre d'études spatiales.

HUNTZIGER (Charles), général français (Lesneven 1880 - près du Vigan 1941). Commandant la IIe armée à Sedan en 1940, il signa les armistices avec l'Allemagne et l'Italie puis fut ministre de la Guerre.

HUNYADI, famille qui donna à la Hongrie des chefs militaires et un roi : **Mathias Ier Corvin.** — **János** (Jean) [en Transylvanie v. 1407 - Zimony 1456], voïévode de Transylvanie, régent de Hongrie (1446-1453), défit les Ottomans qui assiégeaient Belgrade (1456).

HUNZA, région du Cachemire pakistanais. Ch.-l. *Baltit* (ou *Hunza*).

Huon de Bordeaux, chanson de geste française du début du XIIIe s.

HURAULT (Louis), général français (Attray, Loiret, 1886 - Vincennes 1973). Directeur du Service de géographie de l'armée (1937), il présida, en 1940, à sa transformation en Institut géographique national, organisme qu'il dirigea jusqu'en 1956.

HUREPOIX, région de l'Île-de-France, entre la Beauce et la Brie, ouverte par les vallées de l'Orge, de l'Essonne et de l'Yvette.

HURIEL (03380), ch.-l. de c. de l'Allier ; 2 623 h. Église et donjon du XIIe s.

HURON *(lac),* lac de l'Amérique du Nord, entre le Canada et les États-Unis ; 59 800 km².

HURONS, ethnie indienne, qui était fixée entre les lacs Ontario et Huron et qui fut l'alliée des Français contre les Iroquois au XVIIe s.

HURTADO DE MENDOZA (Diego), diplomate et écrivain espagnol (Grenade 1503 - Madrid 1575), auteur présumé du *Lazarillo de Tormes* (1554), le premier roman picaresque.

HUS (Jan), réformateur tchèque (Husinec, Bohême, 1371 ? - Constance 1415). Recteur de l'université de Prague, influencé par les idées de Wycliffe, il lutta contre la simonie et les abus de la hiérarchie, et prit parti contre l'antipape Jean XXIII. Excommunié en 1411, puis de nouveau en 1412, il fut cité devant le concile de Constance, y comparut muni d'un sauf-conduit impérial, et y fut cependant arrêté et brûlé comme hérétique.

HUSÁK (Gustáv), homme politique tchécoslovaque (Bratislava 1913 - *id.* 1991). Président du gouvernement autonome de Slovaquie (1946-1950), il est arrêté en 1951, libéré en 1960, réhabilité en 1963. Il a été premier secrétaire du parti communiste de 1969 à 1987 et président de la République de 1975 à 1989.

ḤUSAYN ou **ḤUSSEIN,** troisième imam des chiites (Médine 626 - Karbalā' 680). Fils de 'Alī et Fāṭima, il fit valoir ses droits au califat et fut tué par les troupes omeyyades.

ḤUSAYN ('Ammān 1935), roi de Jordanie depuis 1952. Il engage la Jordanie dans la troisième guerre israélo-arabe (1967) qui entraîne l'occupation de la Cisjordanie par Israël et, en 1970-71, il élimine les bases de la résistance palestinienne installées dans son pays. En 1988, il rompt les liens légaux et administratifs entre son pays et la Cisjordanie. En 1994, il signe un traité de paix avec Israël. *(V. illustration p. 1404.)*

ḤUSAYN ou **HUSSEIN** (Ṣaddām), homme politique irakien (Tikrit 1937). Président de la République, à la tête du Conseil de commandement de la révolution, du parti Baath et de l'armée depuis 1979, il mène une politique hégémonique (attaque de l'Iran, 1980 ; invasion du Koweït, 1990, à l'origine de la guerre du Golfe*).

ḤUSAYN ou **HUSSEIN** (Ṭaha), écrivain égyptien (Maghāgha 1889 - Le Caire 1973). Aveugle, il devint cependant ministre de l'Instruction publique et publia des romans *(le Livre des jours)* et des essais critiques.

ḤUSAYN IBN AL-ḤUSAYN (Smyrne v. 1765 - Alexandrie 1838), dernier dey d'Alger (1818-1830). Après le débarquement français (1830), il signa la capitulation et s'exila.

ḤUSAYN IBN 'ALĪ (Istanbul v. 1856 - 'Ammān 1931), roi du Hedjaz (1916-1924). Chérif de La Mecque, il proclama en 1916 la « révolte arabe » contre les Ottomans. Il fut renversé par 'Abd al-'Azīz ibn Sa'ūd en 1924.

HU SHI ou **HOU CHE,** écrivain chinois (Shanghai 1891 - Taibei 1962). En 1917, il prit la tête du mouvement de la « Révolution littéraire » et imposa l'emploi de la langue parlée.

HUSSEIN DEY, banlieue d'Alger ; 211 000 h.

HUSSERL (Edmund), philosophe allemand (Prossnitz, auj. Prostějov, Moravie, 1859 - Fribourg-en-Brisgau 1938). Il est à l'origine de la phénoménologie, qu'il voulut constituer comme science rigoureuse et comme théorie de la connaissance au service des autres sciences. (*Recherches logiques,* 1900-01 ; *Idées directrices pour une phénoménologie,* 1913 ; *Méditations cartésiennes,* 1931). Il a proposé une critique féconde de la logique contemporaine (*Logique formelle et logique transcendantale,* 1929). [*V. illustration p. 1404.*]

HUSTON (John), cinéaste américain (Nevada, Missouri, 1906 - Newport, Rhode Island, 1987). Célébration de l'effort et de l'entreprise humaine, ses films révèlent un grand art du récit et un humour tonique (*le Faucon maltais,* 1941 ; *le Trésor de la Sierra Madre,* 1948 ; *Quand la ville dort,* 1950 ; *African Queen,* 1952 ; *les Misfits,* 1961 ; *l'Homme qui voulut être roi,* 1975 ; *Gens de Dublin,* 1987).

HUTTEN (Ulrich **von**), chevalier et humaniste allemand (château de Steckelberg 1488 - île

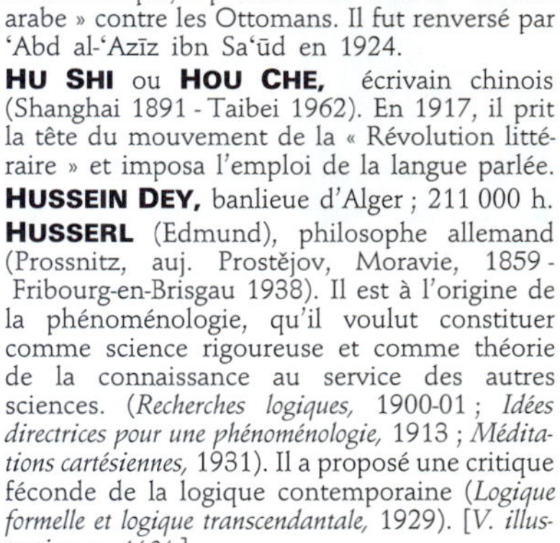

Jan **Hus** condamné au bûcher (1415). Détail d'un manuscrit du XVe s. (Université de Prague.)

d'Ufenau 1523), célèbre par ses virulentes attaques, au début de la Réforme, contre les princes et les évêques.

HUTTON (James), géologue britannique (Édimbourg 1726 - *id.* 1797). Dans sa *Théorie de la Terre,* il affirme que les roches résultent de l'activité des volcans.

HUTU, peuple du Burundi et du Rwanda.

HUVEAUNE, fl. côtier de Provence, rejoignant la Méditerranée à Marseille ; 52 km.

HUXLEY (Thomas), naturaliste et voyageur britannique (Ealing 1825 - Londres 1895), défenseur ardent du transformisme. — Son petit-fils *sir* **Julian,** biologiste (Londres 1887 - *id.* 1975), effectua des recherches sur la génétique et l'évolution. Il fut directeur de l'Unesco (1946). — **Aldous,** écrivain (Godalming 1894 - Hollywood 1963), frère du précédent, est un peintre satirique du monde moderne *(le Meilleur* des mondes).*

HUY [ɥi], v. de Belgique (Liège), sur la Meuse ; 18 197 h. Collégiale gothique.

HU YAOBANG ou **HOU YAO-PANG,** homme politique chinois (dans le Hunan, v. 1915 - Pékin 1989), secrétaire général du parti communiste chinois (1980-1987).

HUYGENS (Christiaan), physicien et astronome néerlandais (La Haye 1629 - *id.* 1695). Grâce à des instruments de sa fabrication, il découvrit l'anneau de Saturne et la nébuleuse d'Orion ; il émit le premier l'hypothèse que les étoiles sont d'autres soleils, très éloignés. En mécanique, il établit la théorie du pendule, qu'il utilisa comme régulateur du mouvement des horloges, et observa la conservation de la quantité de mouvement lors d'un choc entre deux mobiles. En optique, il expliqua la réflexion et la réfraction au moyen d'une théorie ondulatoire.

Christiaan **Huygens** tenant la première horloge à pendule. (H. Chevins - S.M., Londres.)

HUYGHE (René), esthéticien français (Arras 1906). Conservateur au Louvre, puis professeur au Collège de France (psychologie de l'art), il est l'auteur d'importants essais et a dirigé plusieurs ouvrages de synthèse, dont *l'Art et l'Homme* (1957-1961). [Acad. fr.]

HUYSMANS (Camille), homme politique belge (Bilzen 1871 - Anvers 1968). Député socialiste (1910), président de l'Internationale socialiste (1940), il fonda un nouveau parti en 1966, rompant avec le parti socialiste belge.

Ḥusayn de Jordanie

Edmund **Husserl**

Aldous **Huxley**

Joris-Karl **Huysmans** (J.-L. Forain - château de Versailles)

HUYSMANS [ɥismɑ̃s] (Georges Charles, dit **Joris-Karl**), écrivain français (Paris 1848 - *id.* 1907). Il a évolué du naturalisme (*les Sœurs Vatard,* 1879) à l'attrait pour les « décadents » (*À rebours,* 1884) puis au mysticisme chrétien (*Là-bas,* 1891 ; *l'Oblat,* 1903).

HVAR, île croate de l'Adriatique.

HYACINTHE *(saint),* religieux polonais (Kamien, Silésie, 1183 - Cracovie 1257). Dominicain, il introduisit son ordre en Pologne (1221).

Hyde Park, parc de l'ouest de Londres.

HYDERĀBĀD, v. de l'Inde, cap. de l'Andhra Pradesh, dans le Deccan ; 4 280 261 h. Monuments des XVIe-XVIIe s. Musées.

HYDERĀBĀD, v. du Pakistan, dans le Sind ; 795 000 h.

HYDRA, île grecque de la mer Égée, en face de l'Argolide. Ch.-l. *Hydra.*

HYÈRES (83400), ch.-l. de c. du Var ; 50 122 h. *(Hyérois).* Salines. Restes d'enceinte et monuments médiévaux de la vieille ville.

HYÈRES *(îles d'),* petit archipel français de la Méditerranée, comprenant *Porquerolles, Port-Cros, l'île du Levant* et deux îlots. Stations touristiques et centre naturiste (à l'île du Levant).

HYKSOS, envahisseurs sémites, dominés par une aristocratie indo-européenne, qui conquirent l'Égypte de 1730 à 1580 av. J.-C. (XVe et XVIe dynasties). Ils furent chassés par les princes de Thèbes (XVIIe et XVIIIe dynasties).

HYMETTE *(mont),* montagne de l'Attique, au sud d'Athènes, renommée autrefois pour son miel et son marbre.

HYPATIE, philosophe et mathématicienne grecque (Alexandrie v. 370 - *id.* 415), fille de l'astronome Théon d'Alexandrie.

HYPÉRIDE, orateur et homme politique athénien (Athènes v. 390 - Clesnai ?, Péloponnèse, 322 av. J.-C.), contemporain et émule de Démosthène. Il fut mis à mort sur ordre d'Antipatros après la défaite de la *guerre lamiaque.*

HYRCAN Ier ou **JEAN HYRCAN** (m. en 104 av. J.-C.), grand prêtre et ethnarque des Juifs (134-104). Il rendit à son pays l'indépendance et l'agrandit. — **Hyrcan II** (110-30 av. J.-C.), grand prêtre (76-67, 63-40) et ethnarque des Juifs (47-41), sans autorité réelle, il fut mis à mort par Hérode.

HYRCANIE, contrée de l'ancienne Perse, au sud-est de la mer Caspienne.

I

IABLONOVYÏ *(monts),* massif du sud de la Sibérie (1 680 m).

IAKOUTIE ou **SAKHA,** République de la Fédération de Russie, en Sibérie orientale ; 3 103 200 km² ; 1 099 000 h. *(Iakoutes).* Cap. *Iakoutsk* (180 000 h.).

Ïambes, poèmes satiriques écrits par A. Chénier en prison (1794) avant d'être guillotiné.

IAPYGES, peuplades illyriennes qui se fixèrent au Vᵉ s. av. J.-C. en Apulie.

IAROSLAV (v. 978 - Kiev 1054), grand-prince de Kiev (1019-1054). Grand bâtisseur et législateur, il obtint des Byzantins que Kiev devienne le siège d'un métropolite de Russie.

IAROSLAVL, v. de Russie, sur la Volga supérieure ; 626 000 h. Industries textiles, mécaniques et chimiques. Églises à cinq bulbes du XVIIᵉ s.

IAŞI, v. de Roumanie, en Moldavie ; 342 994 h. Université. Centre industriel. Deux églises d'un style byzantin original (XVIIᵉ s.).

IAXARTE. *Géogr. anc.* Fl. de Sogdiane, tributaire de la mer d'Aral. (Auj. le **Syr-Daria.**)

IBADAN, v. du sud-ouest du Nigeria ; 1 060 000 h. Université. Centre commercial.

IBAGUÉ, v. de Colombie ; 264 000 h.

IBÈRES, peuple, peut-être originaire du Sahara, qui occupa à la fin du néolithique la plus grande partie de la péninsule Ibérique. Au contact des Grecs et des Carthaginois, une brillante civilisation ibérique s'épanouit du VIᵉ s. av. J.-C. à la conquête romaine.

IBÉRIE, dans l'Antiquité, ce mot a désigné l'Espagne, mais aussi la région correspondant à l'actuelle Géorgie.

IBÉRIQUE *(péninsule),* partie sud-ouest de l'Europe, partagée entre l'Espagne et le Portugal.

IBÉRIQUES *(chaînes* ou *monts),* massif d'Espagne, séparant la Castille du bassin de l'Èbre ; 2 393 m.

IBERT (Jacques), compositeur français (Paris 1890 - *id.* 1962). Il dirigea la Villa Médicis à Rome (1937-1940 ; 1946-1960).

IBERVILLE (Pierre **Le Moyne d'**) → ***Le Moyne d'Iberville.***

IBIZA, une des îles Baléares, au sud-ouest de Majorque ; 57 000 h. Ch.-l. *Ibiza* (29 935 h.). Tourisme.

IBM (International Business Machines), société américaine fondée en 1911 pour exploiter les brevets de Hermann Hollerith, inventeur des machines à cartes perforées, et qui adopta en 1924 sa raison sociale actuelle. IBM, leader mondial des matériels d'informatique, est également présent dans le domaine de la Bureautique.

IBN AL-'ARABĪ, philosophe arabe (Murcie 1165 - Damas 1240). Il est l'auteur d'une conception mystique de la vie humaine, assimilée à un voyage vers Dieu et en Dieu, qui eut une influence considérable sur le soufisme.

IBN AL-HAYTHAM ou **ALHAZEN,** mathématicien et astronome arabe (Bassora 965 - Le Caire 1039). Auteur de nombreux ouvrages de mathématiques, d'optique et d'astronomie, sa pensée inspirera les savants de l'Europe renaissante.

IBN AL-MUQAFFA' ('Abd Allāh), écrivain arabe d'origine iranienne (Djur, auj. Firuzābād, v. 720 - v. 757), l'un des créateurs de la prose littéraire arabe *(Livre de Kalīla et Dimna).*

IBN BĀDJDJA → ***Avempace.***

IBN BAṬṬŪṬA, voyageur et géographe arabe (Tanger 1304 - au Maroc entre 1368 et 1377). Il visita le Moyen- et l'Extrême-Orient ainsi que le Sahara, le Soudan et le Niger et écrivit un *Journal de route.*

IBN KHALDŪN ('Abd al-Raḥmān), historien et sociologue arabe (Tunis 1332 - Le Caire 1406). Il a laissé une immense *Chronique universelle,* précédée de *Prolégomènes* où il expose sa philosophie de l'histoire.

IBN SA'ŪD → ***'Abd al-'Azīz III ibn Sa'ūd.***

IBN SĪNĀ → ***Avicenne.***

IBN ṬUFAYL, philosophe et médecin arabe (Wādī Āch, auj. Guadix, début du XIIᵉ s. - Marrakech 1185), auteur d'une philosophie mystique qu'il expose dans un roman, *Vivant, fils d'Éveillé.*

IBO, peuple du sud-est du Nigeria parlant une langue du groupe kwa. Sa tentative de sécession en 1967 provoqua la guerre du Biafra*.

IBRĀHĪM Iᵉʳ (m. à Kairouan en 812), fondateur de la dynastie des Aghlabides.

IBRĀHĪM PACHA (Kavála 1789 - Le Caire 1848), vice-roi d'Égypte (1848), fils de Méhémet-Ali. Il reconquit le Péloponnèse pour le compte des Ottomans (1824-1827). Puis, ayant vaincu le sultan Mahmud II, il fut le maître de la Syrie (1831-1840).

IBSEN (Henrik), écrivain norvégien (Skien 1828 - Christiania 1906), auteur de drames d'inspiration philosophique et sociale (*Brand,* 1866 ; *Peer* Gynt,* 1867 ; *Maison de poupée,* 1879 ; *les Revenants,* 1881 ; *le Canard* sauvage,* 1884 ; *Hedda Gabler,* 1890).

ICA, v. du Pérou ; 111 000 h.

ICARE. *Myth. gr.* Fils de Dédale, avec lequel il s'enfuit du Labyrinthe* au moyen d'ailes faites de plumes et fixées avec de la cire ; la chaleur du soleil ayant fait fondre la cire, il tomba dans la mer.

ICARIE ou **IKARÍA,** île grecque de la mer Égée, à l'ouest de Samos.

ICAZA (Jorge), écrivain équatorien (Quito 1906 - *id.* 1978), auteur de romans réalistes sur le monde rural (*la Fosse aux Indiens,* 1934).

ICHIHARA, v. du Japon, près de Tōkyō ; 257 716 h. Sidérurgie. Chimie.

ICHIKAWA, v. du Japon (Honshū) ; 436 596 h. Métallurgie.

ICHIM, riv. de Russie, affl. de l'Irtych (r. g.) ; 2 450 km.

ICHINOMIYA, v. du Japon (Honshū) ; 262 434 h.

ICTINOS, architecte grec (milieu du Vᵉ s. av. J.-C.). Il seconda Phidias au Parthénon et travailla à Éleusis (grande salle des mystères).

IDA, nom grec de deux chaînes de montagnes, l'une en Asie Mineure, au sud-est de Troie, l'autre en Crète.

IDAHO, un des États unis d'Amérique, dans les Rocheuses ; 216 412 km² ; 1 006 749 h. Cap. *Boise.*

Idées directrices pour une phénoménologie, œuvre de Husserl (1913), où il expose sa conception de l'idéalisme transcendantal.

Idéologie allemande (l'), œuvre de K. Marx et F. Engels (1845-46), où sont posées les bases du matérialisme historique.

Idiot (l'), roman de Dostoïevski, dont le héros est le prince Mychkine (1868).

IDJIL *(Kedia d'),* massif de Mauritanie. Minerai de fer.

IDLEWILD, quartier de New York, dans Queens. Aéroport international J. F. Kennedy.

IDOMÉNÉE, roi légendaire de Crète, petit-fils de Minos, héros de la guerre de Troie. Un vœu l'obligea à sacrifier son propre fils à Poséidon.

IDRĪS Iᵉʳ (Djaraboub 1890 - Le Caire 1983), roi de Libye (1951-1969). Chef de la confrérie des Senousis en 1917, il devint roi de la Fédération libyenne (1951) et fut renversé par Kadhafi (1969).

Henrik **Ibsen**
(E. Werenskiold - Nasjonalgalleriet, Oslo)

IDRĪSĪ ou **EDRISI** (Abū 'Abd Allāh Muḥammad **al-**), géographe arabe (Ceuta v. 1100 - Sicile entre 1165 et 1186). Ses cartes servirent de base aux travaux ultérieurs.

IDRISIDES, dynastie alide du Maroc (789-985). Fondée par Idrīs Ier (m. en 791), elle déclina après la mort d'Idrīs II (828).

IDUMÉE → ***Édom.***

IDUMÉENS → ***Édomites.***

IEKATERINBOURG ou **EKATERINBOURG,** de 1924 à 1991 **Sverdlovsk,** v. de Russie, dans l'Oural ; 1 300 000 h. Centre industriel.

IELIZAVETGRAD → ***Kirovograd.***

IELIZAVETPOL → ***Gandja.***

IELTSINE ou **ELTSINE** (Boris Nikolaïevitch), homme politique russe (Sverdlovsk 1931). Leader de l'opposition démocratique, il est élu au suffrage universel, en juin 1991, à la présidence de la République de Russie. Après s'être opposé à la tentative de putsch contre Gorbatchev (août), il participe à la dissolution de l'U.R.S.S. (déc.). Confronté à une forte opposition intérieure, il essaie de donner à la Russie un rôle de leader au sein de la C.E.I.

IÉNA, en all. **Jena,** v. d'Allemagne (Thuringe), sur la Saale ; 105 825 h. Instruments de précision et d'optique. Université fondée en 1557.

Iéna *(bataille d')* [14 oct. 1806], victoire de Napoléon sur les Prussiens du prince de Hohenlohe. Elle ouvrit la route de Berlin.

IENISSEÏ, fl. né en Mongolie, qui traverse la Sibérie centrale et rejoint l'océan Arctique (mer de Kara) ; 3 354 km (bassin de 2 600 000 km²). Grandes centrales hydroélectriques.

IEYASU → ***Tokugawa Ieyasu.***

IF, îlot de la Méditerranée, à 2 km de Marseille. Château fort bâti sous François Ier et qui servit de prison d'État.

IFE, v. du sud-ouest du Nigeria ; 176 000 h. Anc. capitale spirituelle des Yoruba et foyer d'une civilisation florissante au XIIIe s. Musée.

Ife : tête d'Oni (roi), en bronze ; milieu du XIIIe s. (Nigerian Museum, Lagos.)

IFNI, anc. territoire espagnol. Attribué aux Espagnols en 1860, occupé effectivement en 1934, l'Ifni fut constitué en province espagnole en 1958 ; il fut rétrocédé au Maroc en 1969.

I. F. O. P. (Institut français d'opinion publique), institut de sondages d'opinion créé en 1938 par J. Stœtzel (1910-1987).

IFRĪQIYA, anc. nom arabe de la Tunisie et de l'Algérie orientale.

IFS (14123), comm. du Calvados, banlieue de Caen ; 6 997 h.

IGARKA, port de Russie, sur le bas Ienisseï, dans l'Arctique ; 40 000 h.

IGLS, station de sports d'hiver d'Autriche (Tyrol), près d'Innsbruck (alt. 870-1 951 m) ; 1 400 h.

I. G. N. (Institut géographique national), établissement public, fondé en 1940, chargé de réaliser toutes les cartes officielles de la France, ainsi que les travaux de géodésie, de nivellement, de topographie et de photographie qui s'y rapportent.

IGNACE *(saint),* martyr chrétien (Ier s. apr. J.-C. - Rome v. 107). Évêque d'Antioche, il a écrit sept *Épîtres,* témoignages importants sur l'Église ancienne.

IGNACE de Loyola *(saint),* fondateur de la Compagnie de Jésus (près d'Azpeitia 1491 - Rome 1556). Gentilhomme blessé à la guerre, il se livra à une retraite mystique et fonda, à Paris avec sept compagnons, un groupe qui se mit au service du pape (1534) et que Paul III transforma en ordre, les Jésuites, en 1540. Il a laissé un guide de méditations systématiques, les *Exercices spirituels.*

IGNY (91430), comm. de l'Essonne, sur la Bièvre ; 9 874 h. École d'horticulture.

IGOROT, peuple des Philippines (Luçon).

I. G. S. (Inspection générale des services), service de l'*Inspection générale de la Police nationale* (I. G. P. N.) contrôlant l'ensemble des services actifs et établissements de formation de la Police nationale, qui est compétent pour Paris et la Petite Couronne. (Fam. « la police des polices ».)

IGUAÇU, en esp. **Iguazú,** riv. du Brésil, affl. du Paraná (r. g.), limite entre le Brésil et l'Argentine ; 1 320 km. Chutes.

IJEVSK, v. de Russie, cap. de l'Oudmourtie ; 635 000 h. Métallurgie.

IJMUIDEN, port des Pays-Bas, sur la mer du Nord ; 39 000 h. Métallurgie.

IJSSEL, bras nord du delta du Rhin (Pays-Bas), qui finit dans l'IJsselmeer.

IJSSELMEER ou **LAC D'IJSSEL,** lac des Pays-Bas, formé par la partie du Zuiderzee qui n'a pas été asséchée.

IKE NO TAIGA, peintre japonais (Kyōto 1723 - *id.* 1776), interprète original de la peinture lettrée chinoise, dont les paysages reflètent une émotion lyrique proprement japonaise.

ILA, v. du Nigeria ; 155 000 h.

ILĀHĀBĀD → ***Allāhābād.***

ILDEFONSE *(saint),* théologien et prélat espagnol (Tolède v. 607 - *id.* 667), archevêque de Tolède.

Île au trésor (l'), roman de R. L. Stevenson (1883), l'un des classiques du roman d'aventures.

ÎLE-AUX-MOINES (L') [56780], comm. du Morbihan, formée par la principale île du golfe du Morbihan ; 624 h. Cromlech.

ÎLE-BOUCHARD (L') [37220], ch.-l. de c. d'Indre-et-Loire ; 1 813 h. Églises médiévales.

ÎLE-DE-FRANCE, pays de l'anc. France (cap. *Paris*), centre du domaine royal capétien, constitué en gouvernement au XVIe s.

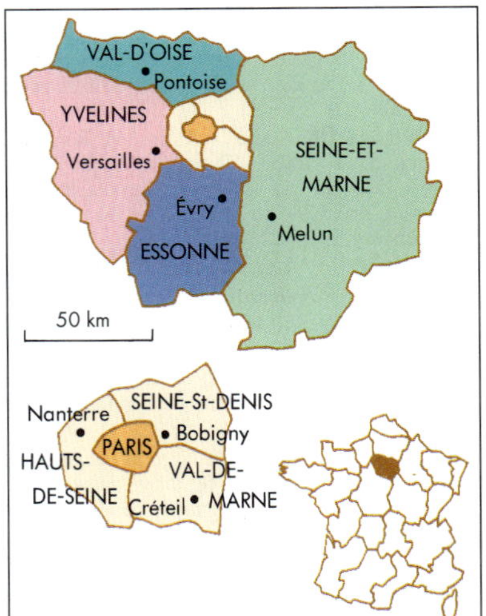

Île-de-France

Boris **Ieltsine** (en 1990)

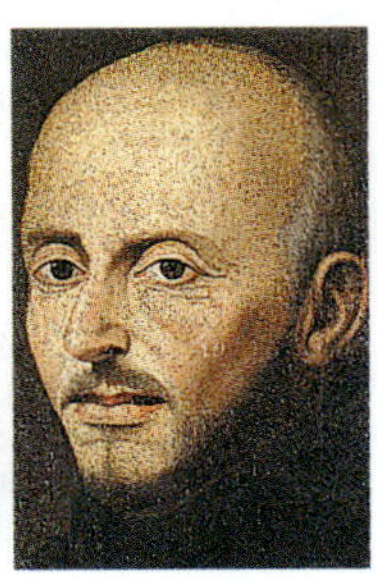

saint **Ignace** de Loyola (coll. priv.)

ÎLE-DE-FRANCE, Région administrative, formée de huit départements (Essonne, Hauts-de-Seine, Paris, Seine-et-Marne, Seine-Saint-Denis, Val-de-Marne, Val-d'Oise et Yvelines ; 12 012 km² ; 10 660 554 h. [*Franciliens*] ; ch.-l. *Paris*) et correspondant approximativement à la province historique.

ÎLE-D'YEU (L') [85350] → ***Yeu*** *(île d').*

ÎLE-ROUSSE (L') [20220], ch.-l. de c. de la Haute-Corse ; 2 350 h. *(Isolani).* Port. Tourisme.

ÎLE-SAINT-DENIS (L') [93450], comm. de la Seine-Saint-Denis ; 7 429 h.

ILESHA, v. du Nigeria ; 224 000 h.

ILI, en chin. **Yili,** rivière de l'Asie (Chine et Kazakhstan), tributaire du lac Balkhach ; 1 439 km.

Iliade (l'), poème épique en vingt-quatre chants, attribué à Homère. C'est le récit d'un épisode de la guerre de Troie : Achille, qui s'était retiré sous sa tente après une querelle avec Agamemnon, revient au combat pour venger son ami Patrocle, tué par Hector. Après avoir vaincu Hector, Achille traîne son cadavre autour du tombeau de Patrocle, puis le rend à Priam, venu réclamer le corps de son fils. Poème guerrier, *l'Iliade* contient aussi des scènes grandioses (funérailles de Patrocle) et émouvantes (adieux d'Hector et d'Andromaque).

ILIESCU (Ion), homme politique roumain (Olteniţa 1930). Exclu du Comité central du parti communiste en 1984, il dirige, après le renversement de N. Ceauşescu (déc. 1989), le Front de salut national. Il est président de la République depuis mai 1990.

ILION, un des noms de **Troie***.

ILIOUCHINE (Sergueï Vladimirovitch), ingénieur soviétique (Dilialevo, près de Vologda, 1894 - Moscou 1977). Fondateur de la firme qui porte son nom, il a créé plus de 50 modèles d'avions militaires et commerciaux.

ILL, riv. d'Alsace ; 208 km. Né dans le Jura septentrional, l'Ill passe à Mulhouse et Strasbourg, et se jette dans le Rhin (r. g.).

ILLAMPU, sommet des Andes boliviennes ; 6 550 m.

ILLE-ET-VILAINE (**35**), dép. de la Région Bretagne ; ch.-l. de dép. *Rennes ;* ch.-l. d'arr. *Fougères, Redon, Saint-Malo ;* 4 arr., 53 cant., 353 comm. ; 6 775 km² ; 798 718 h. Le dép. appartient à l'académie et à la cour d'appel de Rennes, à la région militaire Atlantique. Occupant la partie orientale de la Bretagne, l'Ille-et-Vilaine, ouvert sur la Manche, est toutefois le moins maritime des dép. bretons. L'agriculture est fondée sur l'élevage (porcins et surtout bovins), loin devant les céréales et les cultures légumières. L'industrie est implantée en priorité à Rennes, dont l'agglomération regroupe environ le tiers de la population totale. Plus que la pêche et l'ostréiculture (Cancale), le tourisme estival anime les villes de la Côte d'Émeraude : Dinard et Saint-Malo, de part et d'autre de l'estuaire de la Rance.

ILLE-SUR-TÊT (66130), comm. des Pyrénées-Orientales ; 5 132 h. Vestiges médiévaux.

ILLICH (Ivan), essayiste américain d'origine autrichienne (Vienne 1926). Ordonné prêtre, il fonde une université libre à Cuernavaca (Mexique) mais reprend l'état laïque en 1969. Pour lui, toutes les institutions (éducation, médecine, industries) contribuent à accentuer l'aliénation des hommes qui en bénéficient et à accroître le fossé culturel entre eux et le tiers monde (*la Convivialité,* 1973).

ILLIERS-COMBRAY (28120), ch.-l. de c. d'Eure-et-Loir ; 3 408 h.

ILLIMANI, sommet des Andes de Bolivie, dominant La Paz ; 6 458 m.

ILLINOIS, un des États unis d'Amérique (centre-nord-est) ; 146 075 km² ; 11 430 602 h. Cap. *Springfield.* V. pr. *Chicago.*

ILLKIRCH-GRAFFENSTADEN (67400), ch.-l. de c. du Bas-Rhin ; 23 738 h. Constructions mécaniques. Informatique.

Illuminations, recueil de poèmes en prose de Rimbaud (1886).

Illusions perdues, roman de Balzac (1837-1843). Le génie et l'ambition d'un jeune poète provincial se brisent sur la cruauté et les compromissions des salons parisiens et du monde de l'édition et de la presse.

Illustre-Théâtre (l'), troupe de comédiens dans laquelle Molière débuta comme acteur.

ILLYÉS (Gyula), écrivain hongrois (Rácegres 1902 - Budapest 1983). Il unit l'influence surréaliste aux traditions du terroir (*Ceux des pusztas,* 1936).

ILLYRIE, région montagneuse, proche de l'Adriatique, comprenant l'Istrie, la Carinthie, la Carniole. Auj., l'Illyrie est partagée entre l'Italie, la Croatie, la Slovénie et l'Autriche. Elle fut occupée au IIe millénaire par des peuples qui se sont répandus de l'Adriatique au Danube. Colonisée par les Grecs (VIIe s. av. J.-C.), elle fut soumise à Rome à partir de la fin du IIIe s. av. J.-C. Sous le premier Empire (1809-1813), les *Provinces Illyriennes* constituèrent un gouvernement de l'Empire français composé d'une partie de la Slovénie et de la Croatie, de la Dalmatie et de Kotor.

ILLZACH (68110), ch.-l. de c. du Haut-Rhin ; 15 936 h.

ILMEN, lac de Russie, près de Novgorod ; 982 km².

ILOILO, port des Philippines (île de Panay) ; 245 000 h.

ILORIN, v. du Nigeria ; 282 000 h.

I. M. A. → ***Institut du monde arabe.***

IMABARI, port du Japon (Shikoku) ; 123 114 h.

Imago, « modern dance work » de Alwin Nikolais, forme exemplaire d'une réalisation de « théâtre de la danse » (West Hartford, Connecticut, 1963).

IMBABA → ***Embabèh.***

ÍMBROS → ***Imroz.***

I. M. E. → ***Institut monétaire européen.***

IMERINA, partie du plateau central de Madagascar, habitée par les Merina.

IMHOTEP, lettré, savant et architecte égyptien, actif v. 2778 av. J.-C. Il fut conseiller du pharaon Djoser, pour qui il édifia le complexe funéraire de Saqqarah. Il est à l'origine des premières pyramides.

Imitation de Jésus-Christ, ouvrage anonyme du XVe s., attribué à Thomas a Kempis. Ce guide spirituel inspiré de la Devotio moderna eut une très grande influence dans l'Église latine.

IMOLA, v. d'Italie (Émilie) ; 61 700 h. Monuments anciens, musées.

IMPERIA, v. d'Italie (Ligurie), sur le golfe de Gênes ; 40 171 h. Centre touristique.

IMPERIO (Pastora), danseuse et chanteuse espagnole (Grenade 1885 - Madrid 1961), créatrice de *l'Amour* sorcier.*

IMPHĀL, v. de l'Inde, cap. de l'État de Manipur ; 200 615 h.

IMPHY (58160), ch.-l. de c. de la Nièvre, sur la Loire ; 4 532 h. Aciers spéciaux.

Imprimerie nationale, société nationale chargée des travaux d'impression demandés par l'État ou par les collectivités territoriales (actes administratifs, documents divers, ouvrages) ainsi que par toute personne physique ou morale. Elle a pour origine la désignation d'un « imprimeur du Roy » par François Ier (1538).

IMROZ, en gr. **Ímbros,** île turque de la mer Égée, près des Dardanelles.

I. N. A. (Institut national de l'audiovisuel), établissement public industriel et commercial, créé en 1974, chargé de la conservation des archives de la radiodiffusion et de la télévision, des recherches de création audiovisuelle et de la formation professionnelle.

INARI, lac de la Laponie finlandaise ; 1 085 km².

I. N. C. (Institut national de la consommation), établissement public, industriel et commercial créé en 1966, organe d'information et de protection des consommateurs. L'I. N. C. publie le mensuel *60 Millions de consommateurs.*

INCA *(Empire),* empire de l'Amérique précolombienne, constitué dans la région andine et dont le centre était Cuzco. L'autorité de l'Inca — Fils du Soleil — était absolue et s'appuyait sur la caste dirigeante des nobles et des prêtres. Héritier de traditions artistiques antérieures (céramique, orfèvrerie, tissage), l'Empire inca connut son apogée au XVe s. Affaibli par les maladies amenées par les Européens, il s'écroula en 1532 sous les coups de Francisco Pizarro. Il a laissé les vestiges d'une architecture remarquable (Cuzco, forteresse de Sacsahuamán, Machu Picchu).

Empire **inca** : vue partielle du quartier sacré de la cité de Písac, au Pérou (1400-1532).

INCARVILLE (27400), comm. de l'Eure ; 1 462 h. Produits pharmaceutiques.

INCE (Thomas Harper), cinéaste et producteur américain (Newport 1882 - en mer, près d'Hollywood, 1924). Auteur de nombreux films (*Civilization,* 1916), il fut avec Griffith l'un des fondateurs de la dramaturgie du film.

Incendie du Parlement (l'), titre de deux toiles de Turner conservées aux États-Unis (musées de Philadelphie et de Cleveland). Exécutées en 1835, elles évoquent par un mariage épique de l'air, du feu et de l'eau (qui se retrouvera dans la suite de l'œuvre du peintre) le spectaculaire incendie du Parlement de Londres survenu en octobre 1834.

INCHEVILLE (76117), comm. de la Seine-Maritime ; 1 487 h. Cycles.

INCHON, anc. **Chemulpo,** port de la Corée du Sud, sur la mer Jaune ; 1 085 000 h. Centre industriel.

INDE, région de l'Asie méridionale, constituée par un vaste triangle bordé, au nord, par l'Himalaya, qui la sépare du Tibet, et rattachée, à l'est, à la péninsule indochinoise. Elle comprend la *République de l'Inde,* le *Pakistan,* le *Bangladesh,* le *Bhoutan,* le *Népal.*

INDE *(République de l'),* en hindi **Bhārat,** État de l'Asie méridionale ; 3 268 000 km² ; 897 400 000 h. *(Indiens).* CAP. *New Delhi.* La république est formée de 25 États (Andhra Pradesh, Arunachal Pradesh, Assam, Bengale-Occidental, Bihār, Goa, Gujerat, Haryana, Himāchal Pradesh, Jammu-et-Cachemire, Karnātaka, Kerala, Madhya Pradesh, Mahārāshtra, Manipur, Meghalaya, Mizoram, Nagaland, Orissa, Pendjab, Rājasthān, Sikkim, Tamil Nadu, Tripura, Uttar Pradesh), auxquels s'ajoutent 7 territoires. LANGUE (officielle) : *hindi.* MONNAIE : *roupie.*

INSTITUTIONS

République fédérale, membre du Commonwealth. 25 États, 7 territoires fédéraux. Constitution de 1950. Président de la République, élu pour 5 ans par le Parlement. Premier ministre, responsable devant le Parlement. Parlement : *Chambre du peuple,* élue pour 5 ans, et *Conseil des États,* élu pour 6 ans par les assemblées des États.

GÉOGRAPHIE

Au deuxième rang mondial pour la population (celle-ci s'accroît de plus de 1 million par mois), l'Inde occupe une place beaucoup plus modeste dans le domaine économique, appartenant toujours au tiers-monde. L'agriculture emploie encore au moins la moitié de la population active et demeure à base céréalière (blé et surtout riz), malgré l'importance, régionale, des cultures de plantation (thé, arachides, canne à sucre, coton, tabac, jute), souvent héritées de la colonisation. Elle est en partie rythmée par la mousson, qui apporte des pluies de mai à septembre, surtout sur la façade occidentale du Deccan et dans le Nord-Est. Les contrastes de températures sont moins importants que l'opposition saison (relativement) sèche-saison humide, trait climatique fondamental. L'énorme troupeau bovin est peu productif. L'industrie bénéficie de notables ressources énergétiques (hydroélectricité, pétrole et surtout charbon) et minérales (fer et bauxite en particulier). Elle est dominée par la métallurgie et le textile. Mais la productivité est souvent médiocre, guère stimulée par un long protectionnisme.

L'exode rural et la forte natalité ont gonflé les villes qui regroupent déjà plus du quart de la population totale, souvent dans des agglomérations surpeuplées dont Calcutta, Bombay, Delhi et Madras sont les plus importantes parmi la douzaine qui dépasse le million d'habitants. Les principales villes sont des ports sur la côte de la péninsule du Deccan (région de plateaux relativement aride) ou développées au pied de l'Himalaya, dans la vaste plaine drainée (ou irriguée) par le Gange et où se concentrent, de Delhi à Calcutta, plusieurs centaines de millions d'Indiens (la densité dépasse généralement ici 500 h. au km^2, plus du double de la moyenne nationale). La pression démographique sur la terre est énorme (peu ou pas de champs pour des paysans souvent endettés) et les inégalités régionales et sociales, les tensions religieuses (surtout entre hindouistes, plus nombreux, et musulmans) demeurent. Les problèmes ethniques liés à l'hétérogénéité des populations, des langues ne sont pas résolus. Le sous-emploi officiel (chômage) ou déguisé (multiplication des petites fonctions non productives) est important. Le déficit commercial est notable et n'est pas comblé entièrement par les revenus du tourisme. Les difficultés sont à la mesure de la taille de ce pays, dont l'unification, près d'un demi-siècle après l'indépendance, n'est pas encore véritablement achevée.

HISTOIRE

Les origines. Durant toute la préhistoire, le sous-continent indien est habité par des populations négroïdes, austro-asiatiques ou dravidiennes. IXe-VIIe millénaire : la révolution néolithique se produit dans le bassin de l'Indus (Mehrgarh). 2400-1800 av. J.-C. : la civilisation de l'Indus (Mohenjo-Daro*), urbaine et possédant une écriture à pictogrammes, est à son apogée. IIe millénaire : les Aryens arrivent d'Asie centrale et colonisent l'Inde du Nord qui adopte leur langue, le sanskrit, leur religion védique (à la base de l'hindouisme) et leur conception de la hiérarchie sociale (système des castes). Entre 1000 et 900 : apparition du fer.

L'Inde ancienne. V. 560-480 av. J.-C. : l'Inde entre dans l'histoire à l'époque de la vie du Bouddha, contemporain de Mahāvīra, fondateur du jaïnisme. V. 327-325 : Alexandre le Grand atteint l'Indus et y établit des colonies grecques. V. 320-176 : l'Empire maurya est porté à son apogée par Aśoka (v. 269-232), qui étend sa domination de l'Afghanistan au Deccan et envoie des missions bouddhiques en Inde du Sud et à Ceylan. Ier s. apr. J.-C. : l'Inde, morcelée, subit les invasions des Kuṣana. 320-550 : les Gupta favorisent la renaissance de l'hindouisme. 606-647 : le roi Harṣa parvient à réunifier le pays. VIIe-XIIe s. : l'Inde est à nouveau morcelée. Établis en Inde du Sud, les Pallava (VIIIe-IXe s.) puis les Cola (X^e-XIIe s.) exportent la civilisation indienne en Asie du Sud-Est. Le Sind est dominé par les Arabes (VIIIe s.), et la vallée de l'Indus tombe aux mains des Ghaznévides (XIe s.).

L'Inde musulmane. 1206-1414 : le sultanat de Delhi est créé ; il s'étend de la vallée du Gange au Deccan ; l'Inde est placée pour cinq siècles et demi sous l'hégémonie musulmane. XIVe-XVIe s. : des sultanats autonomes sont créés au Bengale, au Deccan et au Gujerat ; l'empire de Vijayanagar, au sud, se mobilise pour la défense politique de l'hindouisme. 1497-98 : le Portugais Vasco de Gama découvre la route des Indes. 1526 : Bāber fonde la dynastie moghole. 1526-1857 : les Moghols dominent l'Inde grâce à leur armée, à leur administration efficace et à leur attitude conciliante à l'égard de la majorité hindoue. Après les brillants règnes d'Akbar (1556-1605) et de Chāh Djahān (1628-1658), celui d'Aurangzeb (1658-1707) prélude au déclin. 1600 : la Compagnie anglaise des Indes orientales est créée. 1664 : la Compagnie française des Indes orientales est fondée. 1674 : les Marathes constituent un empire. 1742-1754 : Dupleix soumet à l'influence française le Carnatic et six provinces du Deccan. 1757 : Clive remporte la victoire de Plassey sur le nabab du Bengale. 1763 : le traité de Paris ne laisse à la France que les Établissements de l'Inde française ; les Britanniques conservent Bombay, Madras et le Bengale.

La domination britannique. 1772-1785 : W. Hastings organise la colonisation du Bengale. 1799-1819 : la Grande-Bretagne conquiert l'Inde du Sud, la vallée du Gange, Delhi et bat les Marathes. 1849 : elle annexe le royaume sikh du Pendjab. 1857-58 : la révolte des cipayes s'étend à toute la vallée du Gange. 1858 : la Compagnie anglaise des Indes orientales est supprimée et l'Inde rattachée à la Couronne britannique. 1876 : Victoria est couronnée impératrice des Indes. 1885 : fondation du Congrès national indien. 1906 : la Ligue musulmane est créée. 1920-1922 : Gāndhī lance une campagne de désobéissance civile. 1929 : J. Nehru devient président du Congrès. 1935 : le *Government of India Act* accorde l'autonomie aux provinces. 1940 : la Ligue musulmane réclame la création d'un État musulman séparé.

L'Inde indépendante. 1947 : l'indépendance est proclamée et l'Inde est divisée en deux États : le Pakistan et l'Union indienne. Cette partition s'accompagne de massacres (de 300 000 à 500 000 victimes) et du déplacement de dix à quinze millions de personnes. 1947-1964 : J. Nehru, Premier ministre et président du Congrès (1947-1964), met en œuvre un programme de développement et prône le non-alignement. 1947-48 : une guerre oppose l'Inde et le Pakistan pour le contrôle du Cachemire. 1948 : Gāndhī est assassiné. 1950 : la Constitution fait de l'Inde un État fédéral, laïque et parlementaire, composé d'États organisés sur des bases ethniques et linguistiques. 1962 : un conflit oppose la Chine et l'Inde au Ladakh. 1964 : L. B. Shastrī, Premier ministre. 1965 : une deuxième guerre indo-pakistanaise éclate à propos du Cachemire. L'Inde se rapproche de l'U. R. S. S. 1966 : Indira Gāndhī arrive au pouvoir. 1971 : une troisième guerre indo-pakistanaise est provoquée par la sécession du Bangladesh. 1977-1980 : le Congrès doit céder le pouvoir au Janata, coalition de divers partis. 1980 : I. Gāndhī revient au pouvoir. 1984 : elle est assassinée par des extrémistes sikhs. Son fils R. Gāndhī lui succède. 1989 : après l'échec du parti du Congrès aux élections, R. Gāndhī démissionne. Vishwanath Pratap Singh, leader d'une coalition de l'opposition, devient Premier ministre. 1991 : Chandra Shekhar, qui lui succède en 1990, démissionne. Après l'assassinat de R. Gāndhī, P. V. Narasimha Rao, élu à la tête du parti du Congrès, forme le nouveau gouvernement. 1992 : la destruction de la mosquée d'Ayodhyā (Uttar Pradesh) par des militants nationalistes hindous entraîne de graves affrontements intercommunautaires.

CULTURE ET CIVILISATION

□ ARCHÉOLOGIE ET ART

Période maurya : premier art historique et premiers stupas. Influence de l'Iran achéménide (Pāṭaliputra ; Sārnāth : chapiteau aux lions, piliers d'Aśoka). IIe-Ier s. av. J.-C. : stupas de Bhārhut, Bodh Goyā, Sāñcī. Décoration sculptée des toranas et des vedikas. Premiers sanctuaires bouddhiques rupestres (caitya à Ajaṇṭā, et vihara à Bhājā). Ier-IVe s. apr. J.-C. : formation de l'art classique. Nord du pays : art du Gāndhāra et de Mathurā. Sud du pays : école d'Amarāvatī. IVe-VIe s. : apogée du classicisme sous la dynastie Gupta. Sanctuaire et peinture rupestres : Ajaṇṭā, Aurangābād, Ellorā. École de sculpture : Sārnāth (Bouddha prêchant). VIe-VIIIe s. : progrès décisif de l'architecture de pierre appareillée. Essor d'écoles locales : à l'ouest, celle des Cālukya : Ajaṇṭā, Aihole, Bādāmi ; celle des Rāṣṭrakūṭa : le Kailasa sivaïte d'Ellora ; Elephanta. Au sud, celle des Pallava : Mahābalipuram, Kānchīpuram, etc. Époque médiévale : développement de l'architecture religieuse, foisonnement du décor sculpté ; au nord et au centre : Bhubaneswar, Khajurāho, etc. ; au sud : Thanjāvūr, Cidambaram, Madurai. Très belle statuaire en bronze sous les Cola : Śiva Naṭarāja (musée Guimet). Extension de la peinture d'album (XIe-XIIe s.). XIIIe s. : sultanat de Delhi : naissance du style indo-musulman (Delhi : Quṭb Mīnār). 1336-1565 : royaume de Vijanayagar : maintien des traditions autochtones. 1526 : fondation de la dynastie moghole : Delhi, Āgrā (Tādj* Mahall), Fathpūr-Sīkrī, Gwālior, Jaipur, etc. École de miniaturistes influencée par l'Iran. Somptuosité des arts mineurs. *(V. illustration p. 1410.)*

□ LITTÉRATURE

L'Inde ancienne. La littérature védique (jusqu'au VIIe s. av. J.-C.) : le *Rigveda* (recueil d'hymnes aux divinités), le *Yajurveda* (formules sacrificielles, début de la prose), le *Sāmaveda* (mélodies avec notations musicales), l'*Atharvaveda* (magie et ésotérisme) ; les *Brāhmana* (commentaires des veda), les *Upaniṣad* (intériorisation de la spiritualité), les *Sūtra* (rituel et droit). La littérature sanskrite ancienne (VIe s. av. J.-C. - IVe s. apr. J.-C.) : le *Mahābhārata,* le *Rāmāyaṇa* (épopées), les *Purāṇa,* les *Tantra.* La littérature en moyen indien : *Histoire de Padmā* (Ier s. av. J.-C.), le *Tripiṭaka* (Ve s. apr. J.-C.). Du IVe s. au XIVe s. : poésie de Kālidāsa (IVe s.), *le Chariot de terre cuite* (comédie réaliste du IVe s.), le *Kāma-sūtra* (IVe s.), *Pañcatantra* (fables du Ve s.), drames de Bhavabhūti (VIIIe s.), *Gīta Govinda* de Jayadeva (XIIe s.). Apparition des littératures tamoule (VIIe s.), hindi (VIIIe s.), bengali (Xe s.). L'Inde musulmane. XIVe s. : Nāmadeva, Jinñadeva (marathe) ; Candī Dās (bengali). XVIe s. : Tulsī Dās (hindi) ; Kabīr. XVIIIe s. Rāmaprasāda Sen (bengali). L'Inde britannique. XIXe s. : Rām Mohan Roy, Bankim Candra Catterjī, Michael Madhusūdan Datta (bengali), Ghālib (urdu). XXe s. : Prem Cand (hindi et urdu), Sumitra Nandan Pant (hindi), Rabindranāth Tagore, Gāndhī (marathe et anglais). L'Inde moderne. A. N. Kriśan Rāo, Rājā Rāo (kannara et anglais) ; K. M. Panikkar (malayālam) ; Tārāśankar Bandyo-pādhyāya (bengali) ; Upendranāth Aśka, Bhairava Prasād Gupta (hindi).

INDE FRANÇAISE → ***Établissements français dans l'Inde.***

indépendance américaine *(Déclaration d')* [4 juill. 1776], déclaration adoptée par le Congrès continental réuni à Philadelphie. Rédigée par Thomas Jefferson, la déclaration proclame l'indépendance des treize colonies vis-à-vis de l'Angleterre, au nom des « droits naturels ».

Indépendance américaine *(guerre de l')* [1775-1782], conflit qui opposa les colonies anglaises de l'Amérique du Nord et l'Angleterre, et qui amena la fondation des États-Unis.

Indépendant (l'), quotidien régional créé en 1846 à Perpignan.

Indes *(Compagnie française des),* compagnie fondée par la fusion, en 1719, de la *Compagnie d'Occident* de Law avec l'ancienne *Compagnie des Indes orientales,* organisée par Colbert. Elle lutta, sous Dupleix et La Bourdonnais, contre l'influence anglaise en Inde, mais, mal soutenue par le gouvernement français, disparut en 1794.

Indes *(Conseil des),* organisme espagnol (1511-1834), dont la mission était d'administrer le Nouveau Monde.

INDES *(empire des),* ensemble des possessions britanniques de l'Inde rattachées à la Couronne (1858-1947).

Indes galantes (les), opéra-ballet de Rameau (1735).

INDES OCCIDENTALES, nom donné à l'Amérique par Christophe Colomb, qui croyait avoir atteint l'Asie.

INDES-OCCIDENTALES *(Fédération des),* en angl. **West Indies,** fédération constituée, de 1958 à 1962, par les Antilles britanniques.

INDE

Takla-Makan
Yarkand
TADJ.
AFGHANISTAN
Karakorum
K2 8611
Kunlun
CHINE
KABOUL
Nanga Parbat 8126
Indus
ISLĀMĀBĀD
Peshāwar
Rawalpindi
Srinagar
Cachemire
Plateaux du Tibet
Yangzi Jiang
Mékong
Nu Jiang
Qamdo
Jammu
Himalaya
Lahore
Amritsar
Faisalabad
Jullundur
PAKISTAN
Simla
Ludhiāna
Chandigarh
Pendjab
Multān
Dehra Dūn
Sutlej
Pānipat
Sahāranpur
Lhassa
Brahmapoutre (Tsangpo)
Rohtak
Meerut
Delhi
NEW DELHI
Morādābād
NÉPAL
Bareilly
Shāhjahānpur
Bīkaner
Everest 8846
THIMBU
Gangtok
BHOUTAN
Itanagar
Dibrugarh
Désert de Thar
Aligarh
Mathurā
KATMANDOU
Fathpūr Sīkrī
Āgra
Lucknow
Jaisalmer
Jaipur
Kānpur
Gorakhpur
Darjeeling
Brahmapoutre
Jodhpur
Ajmer
Chambal
Faizābād
Darbhanga
Gwālior
Vārānasi (Bénarès)
Patnā
Dispur
Kohima
Mts Naga
Chindwin
Hyderābād
Mts Aravalli
Jhānsi
Allāhābād
Bhāgalpur
Shillong
Myitkyina
Mont Ābū
Kota
Betwa
Mirzāpur
Gange
BANGLADESH
Rann de Kutch
Khajurāho
Gayā
Bodh-Gaya
Baharampur
Imphal
Udaipur
Sōn
Dhanbād
Asansol
DACCA
Sagar
Bokaro
Agartala
Ahmadābād
Ratlam
Bhopāl
Sānci
Plateau du Chotā Nāgpur
Ranchi
Dāmodar
Durgāpur
Barddhaman
Aijal
Mts Vindhya
Jabalpur
Howrah
Jamnagar
Vadodara
Narbada
Jamshedpur
Calcutta
Chittagong
Rājkot
Indore
Mts Satpura
Bilaspur
Kharagpur
Mandalay
Péninsule de Kāthiāwār
Bhavnagar
Tāpti
Bouches du Gange
Raipur
BIRMANIE
Sūrat
Jālgaon
Nāgpur
Diu
Dhulia
Ajanta
Durg-Bhilainagar
Mahānadi
Ch. de l'Arakan
Irrawaddy
G. de Cambay
Silvassa
Nasik
Plateau du Deccan
Cuttack
Ellorā
Aurangābād
Chandrapur
Bhubaneswar
Ulhasnagar
Bombay
Jālna
Parbhani
Godāvari
Indravati
Elephanta
Pune
Nizāmābād
Prome
Sholāpur
Ghāts orientaux
Vizianagaram
MER D'OMAN
Ghāts occidentaux
Côte de Konkan
Warangal
Visakhapatnam
Hyderābād
Bijāpur
Rajahmundry
Kākināda
RANGOON
Kolhāpur
Amarāvati
Vijayavada
GOLFE DU BENGALE
Bassein
Belgaum
Krishna
Guntūr
Panaji
Kurnool
Bouches de l'Irrawaddy
Hubli-Dhārwār
Bellary
Anantapur
Hagari
Coromandel
Shimoga
Vellore
Madras
Mangalore
Kānchipuram
Îles Andaman
Îles Amindives
Mysore
Bangalore
Kāviri
Salem
Pondichéry
Port Blair
Kozhikode (Calicut)
Cuddalore
Cidambaram
Coimbatore
Erode
Côte de Malabar
Côte de Coromandel
Îles Laquedives
Kavaratti
Tiruchirapalli
MER DES ANDAMAN
Mts des Cardamomes
Madurai
Cochin
Jaffna
Dt. de Palk
Quilon
Tuticorin
Trincomalee
Îles Minicoy
Trivandrum
Tirunelveli
C. Comorin
G. de Mannar
Kandy
OCÉAN INDIEN
Îles Nicobar
COLOMBO
SRI LANKA (CEYLAN)
Sumatra
MALDIVES
INDONÉSIE
75°
90°
30°
15°
0 100 200 300 km
200 500 2000 4000 m
aéroport
route
voie ferrée
plus de 5 000 000 h.
de 1 000 000 à 5 000 000 h.
de 100 000 à 1 000 000 h.
moins de 100 000 h.
autre localité ou site
Bhopāl : capitale d'État
Pondichéry : ch.-l. de territoire

Stupa principal (ou nº 1) de Sāñcī, fondé au IIe s. av. J.-C., agrandi entre le Ier s. av. J.-C. et le Ier s. apr. J.-C. Monument essentiel du bouddhisme indien, le stupa possède un caractère à la fois commémoratif et votif ; c'est entre la base du dôme et la balustrade qu'est pratiquée la circumambulation rituelle. Ici, l'agencement de la balustrade *(vedika)* est encore directement issu de l'architecture du bois, de même que les portiques *(torana)* ouverts aux quatre points cardinaux et ornés de reliefs narratifs.

Ci-contre, à droite : Bouddha lors du grand miracle de Śrāvastī. Relief en schiste. IIe s. apr. J.-C. (Musée Guimet, Paris.)
Ci-dessous : Vénération de Bouddha. Haut-relief provenant d'Amarāvatī. IIe s. apr. J.-C. (Musée de Madras.)
L'art bouddhique des origines n'éprouve pas le besoin de représenter Bouddha, dont la perfection est indicible et dont la présence n'est suggérée que par des symboles qui l'évoquent ; ici, l'empreinte de ses pas (document ci-dessous). Mais, au point d'aboutissement de la route de la soie, dans le Gāndhāra, l'Inde s'ouvre aux influences occidentales (document ci-contre) : Bouddha prend forme humaine et renvoie l'image de l'idéal hellénistique ; chacun de ses signes distinctifs (protubérance crânienne, point entre les deux sourcils et roue sacrée dans la paume de la main gauche) est représenté avec une précision naturaliste. Le type canonique du Bouddha assis, élégamment drapé et pénétré de vie intérieure, sera définitivement mis au point sous les Gupta, à Sārnāth.

Le sanctuaire rupestre principal d'Elephanta est creusé et orné de reliefs et de sculptures (VIIe-VIIIe s.) qui, issus de la grande tradition gupta, témoignent tous de l'apogée de l'art indien. Ainsi, ce buste colossal (5,40 m de hauteur), représentant l'aspect cosmique du dieu Śiva sous la forme de trois visages : celui du dieu terrible, serein et, enfin, amour et féminin.

Le mausolée d'Akbar à Sikandra, près d'Āgrā, commencé sous le règne du souverain et achevé en 1613 sous celui de Djahāngīr. Ce monument, qui relève de conceptions hindouistes et bouddhiques (élévation pyramidale, ordonnancement intérieur, choix du grès rouge [seul le sommet est en marbre blanc]), illustre parfaitement le syncrétisme religieux qui présidait aux destinées du pays à cette époque.

Vue du grand temple de Mīṇākṣī (XVIIe s.), à Madurai. On voit ici la succession d'enceintes rythmées de hautes tours-porches, les gopura. Dans l'enceinte, galeries, salles hypostyles et bassins sacrés se multiplient pour aboutir à une cella, modeste en regard des hautes tours curvilignes *(sikhara)* de l'Inde du Nord et des hautes toitures pyramidales *(vimana)* du Sud, élevées quelques siècles auparavant.

INDES ORIENTALES, anc. colonies néerlandaises constituant auj. l'Indonésie.

Indes orientales *(Compagnie anglaise des),* compagnie à charte fondée par Élisabeth Ire en 1600 pour le commerce avec les pays de l'océan Indien, puis avec l'Inde seule. Ses pouvoirs furent transférés à la Couronne en 1858.

Indes orientales *(Compagnie hollandaise des),* compagnie fondée aux Provinces-Unies en 1602 pour arracher au Portugal le monopole des mers des Indes. Très prospère au XVIIe s., elle disparut en 1799.

Index, catalogue des livres prohibés par l'autorité religieuse catholique. Cette censure, créée au XVIe s. avec l'imprimerie, a été abolie par Paul VI en 1965.

INDIANA, un des États unis d'Amérique ; 94 000 km^2 ; 5 544 159 h. Cap. *Indianapolis.*

INDIANAPOLIS, v. des États-Unis, cap. de l'Indiana ; 731 327 h. Université. Institut d'art. Circuit pour courses automobiles.

INDIEN *(océan),* océan situé entre l'Afrique, l'Asie et l'Australie ; 75 millions de km^2 env.

INDIENS, nom donné aux habitants de l'Inde et aux premiers habitants du Nouveau Continent (Amérindiens), vivant auj. généralement dans des réserves en Amérique du Nord, et pour la plupart en voie de disparition ou d'acculturation en Amérique centrale et en Amérique du Sud.

INDIGUIRKA, fl. de Russie, en Sibérie, tributaire de l'océan Arctique ; 1 726 km.

INDOCHINE, péninsule de l'Asie, entre l'Inde et la Chine, limitée au sud par le golfe du Bengale, le détroit de Malacca et la mer de Chine méridionale. Elle comprend la Birmanie, la Thaïlande, la Malaisie occidentale, le Cambodge, le Laos et le Viêt Nam.

Indochine *(guerre d')* [1946-1954], guerre menée par le Viêt-minh contre la France, et qui, après la bataille de Diên Biên Phu, aboutit à la séparation du Viêt Nam en deux États.

INDOCHINE FRANÇAISE, ensemble des colonies et protectorats français de la péninsule indochinoise comprenant la Cochinchine, l'Annam, le Tonkin, le Cambodge et le Laos (1887/1893 - 1949/50).

INDO-GANGÉTIQUE *(plaine),* région formée par les plaines de l'Indus et du Gange.

INDONÉSIE, en indonésien **Indonesia**, État de l'Asie du Sud-Est ; 1 900 000 km^2 ; 187 600 000 h. *(Indonésiens).* CAP. *Jakarta.* LANGUE : *indonésien.* MONNAIE : *rupiah.*

GÉOGRAPHIE

Au quatrième rang mondial pour la population et correspondant à la majeure partie de l'Insulinde, l'Indonésie est un État insulaire, s'étendant sur 5 000 km d'ouest en est et sur 2 000 km du nord au sud. C'est un pays souvent montagneux et volcanique, proche de l'équateur, au climat chaud et humide sur la majeure partie des terres. La population, islamisée (l'Indonésie est, de loin, le premier pays musulman), se regroupe pour près des deux tiers dans l'île de Java. Moins vaste que les parties indonésiennes de Sumatra ou Bornéo (Kalimantan) et de la Nouvelle-Guinée (Irian Jaya), celle-ci possède cependant les trois plus grandes villes (Jakarta, Surabaya, Bandung). Le riz constitue la base de l'alimentation. De la période coloniale résulte l'importance des plantations : caoutchouc, café, oléagineux, tabac. L'industrie n'a guère dépassé le stade extractif, pétrole essentiellement dont l'évolution des cours influence fortement celle de l'économie. Celle-ci est conditionnée aussi par l'endettement, par la faiblesse de l'infrastructure (transports) et par l'accroissement excessif de la population, qui pose localement (à Java notamment) le problème du surpeuplement.

HISTOIRE

Des origines aux Indes néerlandaises. D'abord morcelée en petits royaumes de culture indianisée, l'Indonésie est dominée du VIIe au XIVe s. par le royaume de Srīvijaya. XIIIe-XVIe s. : l'islamisation gagne tout l'archipel à l'exception de Bali qui reste fidèle à l'hindouisme ; l'empire de Majapahit règne sur l'archipel aux XIVe-XVe s. 1511 : les Portugais prennent Malacca. 1521 : ils arrivent aux Moluques. 1602 : la Compagnie hollandaise des Indes orientales est fondée. Elle intervient dans les affaires intérieures des sultanats javanais (Banten, Mataram). 1641 : les Hollandais prennent Malacca. 1799 : la Compagnie perd son privilège et les Néerlandais pratiquent la colonisation directe. 1812-1830 : des révoltes éclatent à Java et aux Moluques. 1830-1860 : le « système des cultures » reposant sur le travail forcé des autochtones, introduit par J. Van den Bosch, enrichit la métropole. Début du XXe s. : la pacification totale des Indes néerlandaises est réalisée. 1911-1917 : des partis politiques s'organisent : *Sarekat Islam* (1911), parti communiste (1920), parti national (1927) animé par Sukarno. 1942-1945 : le Japon occupe l'archipel.

L'Indonésie indépendante. 1945 : Sukarno proclame l'indépendance de l'Indonésie. 1949 : les Pays-Bas la reconnaissent. 1950-1967 : Sukarno tente d'instituer un socialisme « à l'indonésienne » et est confronté à divers mouvements séparatistes. 1955 : la conférence de Bandung consacre le rôle de l'Indonésie dans le tiers-monde. 1963-1969 : l'Irian (Nouvelle-Guinée occidentale) est rétrocédée par les Pays-Bas et rattachée à l'Indonésie. 1963-1966 : l'Indonésie s'oppose à la formation de la Malaisie. 1965-1967 : Sukarno est éliminé au profit de Suharto, qui applique une politique anticommuniste et antichinoise. 1975-1976 : l'annexion du Timor-Oriental déclenche une guérilla. Suharto, régulièrement réélu président de la République depuis 1968, fait appel aux capitaux occidentaux. L'islam fondamentaliste se propage.

INDORE, v. de l'Inde (Madhya Pradesh) ; 1 104 065 h.

INDRA, le plus grand des dieux védiques, celui qui détient la puissance, symbolisée par le foudre avec lequel il détruit les démons. Roi des dieux, monté sur un éléphant, il est adoré par les guerriers.

Indra chevauchant l'éléphant Airāvata : linteau de porte.
(Musée Guimet, Paris.)

INDRE, affl. de la Loire (r. g.), qui passe à Châteauroux ; 265 km.

INDRE (36), dép. de la Région Centre ; ch.-l. de dép. *Châteauroux ;* ch.-l. d'arr. *Le Blanc, La Châtre, Issoudun ;* 4 arr., 26 cant., 247 comm. ; 6 791 km^2 ; 237 510 h. Le dép. appartient à l'académie d'Orléans-Tours, à la cour d'appel de Bourges, à la région militaire Atlantique. Le dép. occupe la partie occidentale du Berry, découpée par les vallées de la Creuse et de l'Indre. L'agriculture est fondée sur les cultures céréalières et l'élevage (bovins surtout). L'industrie joue un rôle peu important ; elle est représentée

surtout à Châteauroux, qui est la seule ville notable, et à Issoudun. Déjà peu peuplé, l'Indre subit une constante émigration.

INDRE (44610), comm. de la Loire-Atlantique, sur la Loire ; 3 516 h. — À *Basse-Indre,* métallurgie.

INDRE-ET-LOIRE (**37**), dép. de la Région Centre, constitué par la Touraine ; ch.-l. de dép. *Tours ;* ch.-l. d'arr. *Chinon, Loches ;* 3 arr., 37 cant., 277 comm. ; 6 127 km² ; 529 345 h. Le dép. appartient à l'académie d'Orléans-Tours, à la cour d'appel d'Orléans et à la région militaire Atlantique. La vallée de la Loire et les basses vallées du Cher, de l'Indre et de la Vienne constituent les secteurs vitaux du dép. Elles portent de riches cultures fruitières et légumières, des vignobles (Vouvray, Bourgueil), et sont jalonnées de châteaux (à Amboise, Azay-le-Rideau, Chenonceaux, Chinon), hauts lieux touristiques. Les plateaux, crayeux ou siliceux, dominant ces vallées, sont le domaine d'une agriculture moins intensive (céréales ou élevage bovin). L'industrie est surtout représentée dans l'agglomération de Tours, qui groupe plus de la moitié de la population du département.

Indulgences *(querelle des),* conflit qui préluda à la Réforme luthérienne. Le pape Léon X ayant promulgué, en 1515, une indulgence pour tous ceux qui versaient des aumônes destinées à l'achèvement de Saint-Pierre de Rome, il s'ensuivit une campagne de prédication, menée en Allemagne par le dominicain Tetzel, pour le compte de l'archevêque Albert de Brandebourg appuyé par les banquiers Fugger. Cette campagne provoqua l'indignation de Luther, qui synthétisa dans un écrit ses attaques contre les indulgences ; ce sont les 95 thèses, affichées en 1517 sur les portes de l'église de Wittenberg et condamnées par Rome en 1519.

INDURAIN (Miguel), coureur cycliste espagnol (Villava, Navarre, 1964). Il a remporté cinq Tours de France consécutifs (1991 à 1995) et deux Tours d'Italie (1992 et 1993).

INDUS, en sanskr. **Sindhu,** grand fl. d'Asie, né au Tibet, traversant le Cachemire et surtout le Pakistan, qui se jette dans la mer d'Oman en formant un vaste delta ; 3 040 km. Ses eaux sont utilisées pour l'irrigation. Les bords de l'Indus connurent une civilisation non indo-européenne probablement née à Mehrgarh, florissante au IIIe millénaire, qui s'éteint au milieu du IIe millénaire ; elle est notamment caractérisée par une architecture urbaine (Mohenjo-Dāro [Sind], Harappā [Pendjab], etc.), et par une écriture pictographique indéchiffrée.

Civilisation de l'**Indus :** tête sculptée provenant de Mohenjo-Dāro (Sind, Pakistan). IIIe millénaire. (Musée de New Delhi.)

INDY (Vincent **d'**), compositeur français (Paris 1851 - *id.* 1931). Auteur d'opéras *(Fervaal),* de pages symphoniques (*Wallenstein, Symphonie sur un chant montagnard français* dite *cévenole,* 1886) et de musique de chambre, il fut un des fondateurs de la *Schola cantorum.*

INÉS DE CASTRO, fille d'un noble castillan (en Castille v. 1320 - Coimbra 1355). Elle avait épousé secrètement l'infant Pierre de Portugal et fut assassinée sur l'ordre d'Alphonse IV. Son histoire inspira notamm. Montherlant dans *la Reine* morte* (1942).

informatique et des libertés *(Commission nationale de l')* [C. N. I. L.], autorité administrative indépendante instituée en 1978, qui a pour mission de veiller au respect de la loi relative à l'informatique, aux fichiers et aux libertés.

Inga, aménagement hydroélectrique de la République du Zaïre, dans les gorges du fleuve Zaïre.

INGEGNERI (Marco Antonio), compositeur italien (Vérone v. 1545 - Crémone 1592), auteur d'œuvres polyphoniques religieuses et de madrigaux.

INGEN-HOUSZ (Johannes), physicien néerlandais (Breda 1730 - Bowood, Wiltshire, 1799). Il étudia la conductibilité calorifique des métaux ainsi que la nutrition des végétaux, et découvrit la photosynthèse.

INGOLSTADT, v. d'Allemagne (Bavière), sur le Danube ; 101 360 h. Chimie. Mécanique. Château (XVe-XVIe s.) et églises (du gothique au rococo).

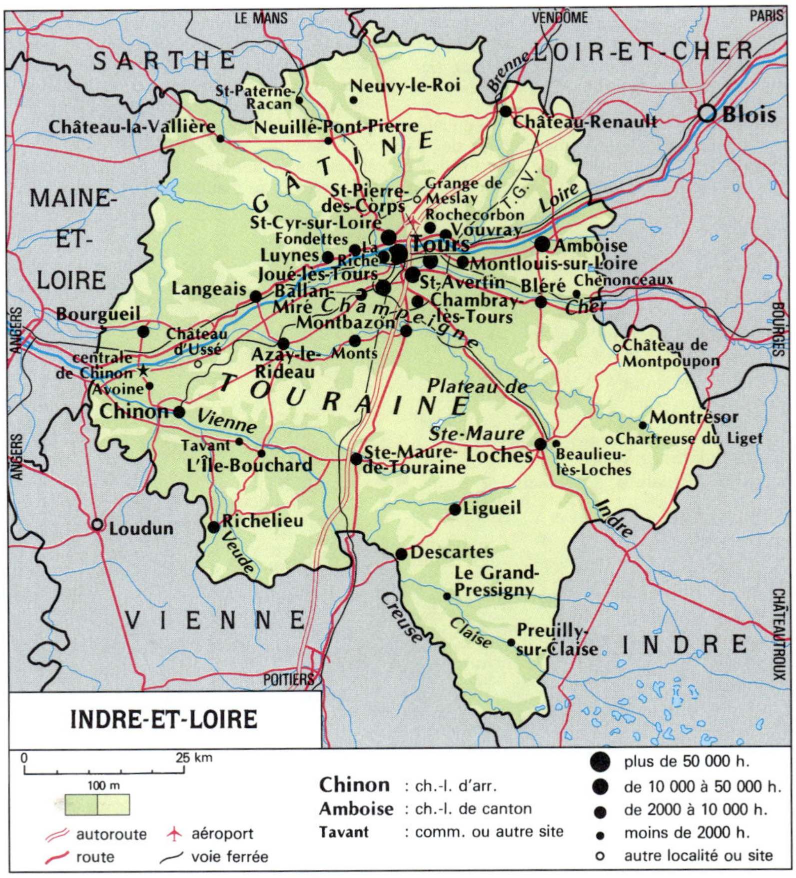

INGOUCHES, peuple musulman du Caucase du Nord. Déportés en 1943-44, les Ingouches purent, après 1957, regagner la *république autonome des Tchétchènes-Ingouches.* À la suite de la sécession des Tchétchènes, le gouvernement russe crée une République d'Ingouchie (1992) [310 000 h. Cap. *Nazran*].

INGRANDES (86220), comm. de la Vienne ; 1 803 h. Caoutchouc. Église carolingienne et romane.

INGRÉ (45140), ch.-l. de c. du Loiret ; 5 912 h.

INGRES (Jean Auguste), peintre français (Montauban 1780 - Paris 1867). Élève de David, il se distingua par la pureté et le raffinement de son dessin. Professeur, devenu le chef de l'école classique face au romantisme, il a transcendé les règles académiques par un génie souvent étrange (*la Grande* Odalisque,* 1814, *Roger délivrant Angélique,* 1819, Louvre ; *le Vœu de Louis XIII,* 1824, cathédrale de Montauban ; *l'Apothéose d'Homère,* 1827, Louvre ; *Stratonice,* 1840, Chantilly ; *le Bain turc,* 1859-1863, Louvre ; beaux portraits peints ou dessinés).

Ingres : *Œdipe et le Sphinx* (1808). [Louvre, Paris.]

INGRIE, anc. prov. de Finlande, cédée à la Russie en 1721 (paix de Nystad).

ININI, riv. de la Guyane française, qui avait donné son nom à un arrondissement s'étendant sur tout l'intérieur du pays.

INKERMAN, v. d'Ukraine, en Crimée, faubourg oriental de Sébastopol. Victoire franco-anglaise sur les Russes (5 nov. 1854).

INN, riv. alpestre de l'Europe centrale, affl. du Danube (r. dr.) rejoint à Passau ; 510 km. Née en Suisse (Grisons), où sa haute vallée constitue l'Engadine, elle traverse le Tyrol, passant à Innsbruck.

INNOCENT III (Giovanni **Lotario,** *comte* **di Segni**) [Anagni 1160 - Rome 1216], pape de 1198 à 1216. Il lutta contre Philippe Auguste et contre Jean sans Terre, prit l'initiative de la 4e croisade et celle de l'expédition contre les albigeois après l'échec de la prédication de saint Dominique. Il imposa sa tutelle à Frédéric II. Le IVe concile du Latran marqua le sommet de son pontificat et de la théocratie papale. — **Innocent IV** (Sinibaldo **Fieschi**) [Gênes v. 1195 - Naples 1254], pape de 1243 à 1254. Il lutta contre Frédéric II, qu'il fit déposer au Ier concile de Lyon (1245). — **Innocent X** (Giambattista **Pamphili**) [Rome 1574 - *id.* 1655], pape de 1644 à 1655. Élu contre la volonté de Mazarin, il entra en conflit avec celui-ci pendant son pontificat. Il condamna les cinq propositions de l'*Augustinus* de Jansénius et perfectionna l'organisation administrative pontificale. — **Innocent XI** *(bienheureux)* [Benedetto **Odescalchi**] (Côme 1611 - Rome 1689), pape de 1676 à 1689. Il lutta contre la simonie et eut de vifs démêlés avec Louis XIV en partie au sujet de la régale. — **Innocent XII** (Antonio **Pignatelli**) [Spinazzola 1615 - Rome 1700], pape de 1691 à 1700. Il termina la querelle de la régale, obtenant la restitution d'Avignon confisquée sous le pontificat d'Innocent XI.

Innocent III (fresque du XIIIe s. - monastère de Subiaco)

Innocents *(cimetière, marché* et *fontaine des).* À Paris, l'ancien cimetière des Innocents (1186-1786) fut remplacé par un marché (1788-1858), au centre duquel fut établie en forme d'édicule indépendant l'ancienne fontaine des Innocents, pariétale, de Goujon et Lescot (sculptures complémentaires de Pajou). Puis un square prit la place du marché ; square et fontaine sont auj. compris dans le nouvel aménagement du quartier des Halles.

INNSBRUCK, v. d'Autriche, ch.-l. du Tyrol, sur l'Inn ; 117 000 h. Station touristique et de sports d'hiver. Université. Hofburg, château de Maximilien Ier et de l'impératrice Marie-Thérèse, et autres monuments (XVIe-XVIIIe s.). Musées.

INO, déesse marine, fille de Cadmos et d'Harmonia, et épouse d'Athamas. Elle servit de nourrice au jeune Dionysos.

INÖNÜ (Mustafa Ismet, dit **Ismet**), général et homme politique turc (Izmir 1884 - Ankara 1973). Collaborateur de Mustafa Kemal, il fut victorieux des Grecs à Inönü (1921) et devint Premier ministre (1923-1937), puis président de la République (1938-1950), et du parti républicain du peuple (1938-1972).

Inquisition, tribunal spécial institué par la papauté pour lutter contre l'hérésie au moyen d'une procédure particulière, l'enquête *(inquisitio).* Introduite devant les tribunaux ecclésiastiques par Innocent III (1199), la procédure inquisitoriale (interrogatoire, torture, châtiments) fut confiée aux dominicains (XIIIe s.) pour lutter contre les albigeois dans le midi de la France. Efficace contre les cathares et les vaudois, l'Inquisition ne put pratiquement rien contre le protestantisme (sauf en Espagne et en Italie). Elle disparut au XVIIIe s., sauf en Espagne où elle se maintint, un temps, sous une forme politique.

I. N. R. A. (Institut national de la recherche agronomique), établissement public ayant pour mission d'effectuer les travaux de la recherche scientifique intéressant l'agriculture, les industries agroalimentaires et le monde rural plus généralement.

I. N. R. I., initiales des quatre mots latins : *Iesus Nazarenus Rex Iudaeorum* (Jésus, le Nazaréen, roi des Juifs). C'est le motif de la condamnation, qui, selon la coutume romaine, était inscrit sur une tablette fixée à la croix ; l'iconographie a réduit cette mention à des initiales.

IN SALAH, oasis du Sahara algérien ; 19 000 h.

I. N. S. E. E. (Institut national de la statistique et des études économiques), organisme public chargé de la publication des statistiques françaises et de diverses enquêtes et études, notamment en matière de conjoncture économique.

I. N. S. E. R. M. (Institut national de la santé et de la recherche médicale), organisme créé en 1964, en remplacement de l'Institut national d'hygiène, qui a pour fonctions l'étude des problèmes sanitaires du pays, l'orientation de la recherche médicale et le conseil du gouvernement en matière de santé.

Inspiration du poète (l'), grande toile de Poussin (v. 1627 ? ; Louvre), allégorie qui figure Apollon couronnant un poète (peut-être Virgile), assisté par Calliope.

Institut *(palais de l'),* à Paris. Situé sur la rive gauche de la Seine, en face du Louvre, c'est l'ancien Collège des Quatre-Nations, élevé sous la direction de Le Vau à partir de 1663. Affecté à l'Institut de France depuis 1806, il accueille dans sa chapelle à coupole les séances publiques des Académies.

Institut catholique de Paris, établissement libre d'enseignement supérieur, créé à la suite du vote de la loi instituant la liberté de l'enseignement supérieur (1875).

Institut de France, ensemble des cinq Académies : française ; des inscriptions et belles-lettres ; des sciences ; des beaux-arts ; des sciences morales et politiques. (V. à la fin du volume.)

Institut du monde arabe (I. M. A.), à Paris (Ve arr.), fondation ayant pour but le développement de la connaissance du monde arabo-islamique en France. Centre de documentation et musée dans un édifice de J. Nouvel.

Institutes, exposé systématique du droit romain rédigé sur l'ordre de Justinien, en 533, inspiré des *Institutes* de Gaïus (IIe s. apr. J.-C. ?).

Institut géographique national → ***I. G. N.***

Institution de la religion chrétienne, ouvrage de Calvin (publié en latin à Bâle en 1536, en français en 1541), le premier et le plus important exposé de la doctrine réformée, constamment revu et amplifié par Calvin au cours de sa vie.

Institut monétaire européen (I. M. E.), institution européenne créée par le traité de Maastricht. Mis en place le 1er janvier 1994, l'I. M. E. doit notamment renforcer la coopération entre les banques centrales nationales et coordonner les politiques monétaires en vue de l'établissement d'une monnaie unique (euro), ultime étape de l'Union économique et monétaire. Son siège est à Francfort.

Institut national de la recherche agronomique → ***I. N. R. A.***

Institut national de la santé et de la recherche médicale → ***I. N. S. E. R. M.***

Institut national de la statistique et des études économiques → ***I. N. S. E. E.***

Institut Pasteur → ***Pasteur*** *(Institut).*

INSULINDE, partie insulaire de l'Asie du Sud-Est (Indonésie et Philippines).

L'Inspiration du poète (v. 1627 ?), peinture de Nicolas Poussin. (Louvre, Paris.)

Intelligence Service (IS), organisme chargé, en Grande-Bretagne, de recueillir des renseignements de toutes sortes intéressant le gouvernement, ainsi que du contre-espionnage.

Intelsat, organisation internationale de télécommunications par satellites créée en 1964 sous l'impulsion des États-Unis.

INTÉRIEURE *(mer)*, en jap. **Seto Naikai**, partie du Pacifique, entre les îles japonaises de Honshū, Shikoku et Kyūshū.

INTERLAKEN, comm. de Suisse (Berne), entre les lacs de Thoune et de Brienz ; 5 176 h. Centre touristique.

Internationale, association internationale rassemblant les travailleurs en vue d'une action visant à transformer la société. La Ire Internationale, fondée à Londres en 1864, disparut après 1876 du fait de l'opposition entre marxistes et anarchistes ; la IIe, fondée à Paris en 1889, resta fidèle à la social-démocratie et disparut en 1923. En sont issues : l'Internationale ouvrière socialiste (1923-1940) puis l'Internationale socialiste, organisée en 1951. La IIIe Internationale communiste ou *Komintern*, fondée à Moscou en 1919, rassembla autour de la Russie soviétique puis de l'U. R. S. S. la plupart des partis communistes. Elle fut supprimée par Staline en 1943. La IVe, d'obédience trotskiste, naquit en 1938.

Internationale (l'), chant révolutionnaire ; poème de E. Pottier (1871), musique de P. Degeyter.

International Herald Tribune, quotidien international de langue anglaise issu en 1887 du *New York Herald*, et coédité depuis 1967 par le *New York Times* et le *Washington Post*.

Internet, réseau télématique international, d'origine américaine, très utilisé notamment dans le domaine scientifique.

Interpol, dénomination de l'Organisation internationale de police criminelle, créée en 1923. Son siège est à Lyon.

Interrègne *(le Grand)*, période (1250-1273) durant laquelle le trône du Saint Empire fut vacant.

Intifada (de l'ar. *intifāda*, soulèvement), soulèvement populaire palestinien déclenché en 1987 dans les territoires occupés par Israël.

Introduction à la psychanalyse, ouvrage de S. Freud, écrit en 1916-17, où sont exposés les principaux concepts psychanalytiques.

Introduction à la vie dévote → ***vie dévote*** *(Introduction à la)*.

INUIT, nom que se donnent les Esquimaux.

INUVIK, localité du nord-ouest du Canada, près de la mer de Beaufort ; 3 178 h. Aéroport.

Invalides *(hôtel des)*, monument de Paris (VIIe arr.), construit à partir de 1670 sur plans de Bruant, achevé par J. H.-Mansart, pour abriter l'*Institution nationale des Invalides*, destinée par Louis XIV à recueillir des militaires invalides. Dans la chapelle St-Louis (Mansart, 1680), surmontée d'un célèbre dôme, ont été déposées en 1840 les cendres de Napoléon Ier. On y trouve aussi les tombeaux de son fils (depuis 1940) et de plusieurs maréchaux (dont Foch et Lyautey). L'hôtel abrite le musée de l'Armée et le musée des Plans-Reliefs.

INVERNESS, port de Grande-Bretagne (Écosse), sur la mer du Nord ; 35 000 h.

Investitures *(querelle des)* [1075-1122], conflit qui opposa la papauté et le Saint Empire au sujet de la collation des titres ecclésiastiques. Il fut vif surtout sous le pontificat de Grégoire VII et sous le règne de l'empereur Henri IV et aboutit, après l'humiliation de celui-ci à Canossa (1077), au concordat de Worms (1122), qui établit le principe de la séparation des pouvoirs spirituel et temporel.

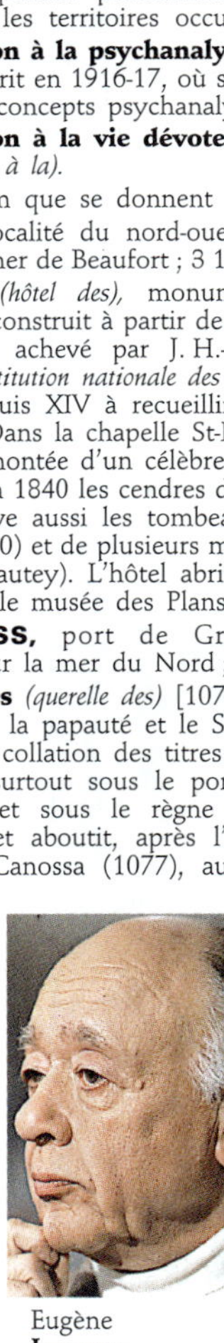

Eugène **Ionesco**

INZINZAC-LOCHRIST (56650), comm. du Morbihan ; 5 566 h.

IO. *Myth. gr.* Prêtresse d'Héra, aimée par Zeus, changée par lui en génisse pour la soustraire à la jalousie d'Héra.

IOÁNNINA ou **JANNINA**, v. de Grèce, en Épire, sur le *lac de Ioánnina ;* 56 496 h. Anc. mosquée du XVIIe s. dans la citadelle. Musées.

IOCHKAR-OLA, v. de Russie, cap. de la République des Maris, au nord-ouest de Kazan ; 242 000 h.

IOLE, héroïne légendaire grecque, enlevée et épousée par Héraclès. Elle éveilla la jalousie de Déjanire qui causa la mort d'Héraclès.

IONESCO (Eugène), écrivain français d'origine roumaine (Slatina 1912 - Paris 1994). Son théâtre dénonce l'absurdité de l'existence et des rapports sociaux (*la Cantatrice chauve*, 1950 ; *la Leçon*, 1951 ; *les Chaises**, 1952) à travers un univers parodique et symbolique (*Rhinocéros*, 1960 ; *Le roi se meurt*, 1962 ; *le Piéton de l'air*, 1963 ; *la Soif et la Faim*, 1966). [Acad. fr.]

IONIE. *Géogr. anc.* Partie centrale de la région côtière de l'Asie Mineure, peuplée de Grecs venus d'Europe ; v. princ. *Éphèse, Milet.* Les *Ioniens* ont été parmi les premiers peuples indo-européens qui occupèrent la Grèce au début du IIe millénaire. Chassés par les Doriens, ils s'installèrent en Asie Mineure. Leur civilisation a connu sa plus brillante période aux VIIe-VIe s. av. J.-C.

IONIENNE *(mer)*, partie de la Méditerranée entre l'Italie du Sud et la Grèce.

IONIENNES *(îles)*, archipel grec de la mer Ionienne ; 191 003 h. Conquises successivement à partir du XIe s. par les Normands de Sicile, par les rois de Naples et par Venise, elles furent occupées par la France (1797-1799) puis par la Grande-Bretagne (1809). Passées sous protectorat britannique (1815), elles furent rendues à la Grèce en 1864. Les principales îles sont *Corfou, Leucade, Ithaque, Céphalonie, Zante* et *Cythère.*

IORGA (Nicolae), homme politique et historien roumain (Botoşani 1871 - Strejnicu 1940). Président du Conseil (1931-32), il fut assassiné par des membres de la Garde de fer.

IOS ou **NIÓS**, île grecque de la mer Égée (Cyclades), entre Náxos et Santorin ; 105 km² ; 1 200 h. Tourisme. La tradition y fait mourir Homère.

IOUJNO-SAKHALINSK, v. de Russie, dans l'île de Sakhaline ; 157 000 h.

IOWA, État du centre des États-Unis ; 146 000 km² ; 2 776 755 h. Cap. *Des Moines.*

IPATINGA, v. du Brésil (Minas Gerais) ; 179 696 h. Sidérurgie.

IPHIGÉNIE. *Myth. gr.* Fille d'Agamemnon et de Clytemnestre. Son père la sacrifia à Artémis afin de fléchir les dieux, qui retenaient par des vents contraires la flotte grecque à Aulis. Suivant une autre tradition, la déesse substitua à Iphigénie une biche et fit de la jeune fille sa prêtresse en Tauride. Cette légende a fourni à Euripide le thème de deux tragédies : *Iphigénie à Aulis, Iphigénie en Tauride ;* c'est de la première que s'est inspiré Racine dans son *Iphigénie en Aulide* (1674). Au XVIIIe s., Gluck a écrit la musique d'une *Iphigénie en Aulide* (1774), tragédie lyrique sur des paroles de Du Roullet, et d'une *Iphigénie en Tauride* (1779), sur des paroles de Guillard. Goethe a donné une tragédie classique intitulée *Iphigénie en Tauride* (1779-1787).

IPOH, v. de Malaisie, cap. de l'État de Perak ; 301 000 h. À proximité, gisements d'étain.

IPOUSTEGUY (Jean Robert), sculpteur et dessinateur français (Dun-sur-Meuse 1920). Il est le maître d'un expressionnisme angoissé, figuratif par des voies personnelles (*Ecbatane*, 1965 ; *la Mort du père*, 1968 ; *Val de Grâce*, 1977).

Ipsos, société française d'études et de conseil fondée en 1975, spécialisée dans les sondages d'opinion.

Ipsos *(bataille d')* [301 av. J.-C.], grande bataille où fut vaincu Antigonos Monophthalmos par les autres généraux successeurs d'Alexandre dans le bourg d'Ipsos (Phrygie).

IPSWICH, port de Grande-Bretagne, ch.-l. du Suffolk ; 115 500 h.

IQBAL (*sir* Mohammad), poète et philosophe musulman de l'Inde (Sialkot v. 1876 - Lahore 1938). Son œuvre, écrite en urdu, en persan et en anglais, a exercé une profonde influence sur les créateurs de l'État pakistanais.

IQUIQUE, port du Chili septentrional ; 152 529 h.

IQUITOS, v. du Pérou, sur le Marañón ; 174 000 h.

IRA (Irish Republican Army, en fr. Armée républicaine irlandaise), force paramilitaire irlandaise. Formée en 1919 pour mener la guerre d'indépendance contre les Anglais, l'IRA se réduit, après le traité anglo-irlandais de 1921, à une poignée d'irréductibles. Réactivée en 1969, et aidée du Sinn Féin, elle mène dès lors une lutte armée pour défendre la minorité catholique de l'Irlande du Nord et obtenir la réunification de l'île. Elle dépose les armes en 1994.

IRAK → ***Iraq.***

IRÁKLION ou **HÉRAKLION**, anc. **Candie**, port de Grèce, principale ville de la Crète ; 117 167 h.

IRAN, État de l'Asie occidentale ; 1 650 000 km² ; 62 800 000 h. *(Iraniens).* CAP. *Téhéran.* LANGUE : *persan.* MONNAIE : *rial.*

INSTITUTIONS

République islamique. Constitution de 1979, amendée en 1989. Le *faqih* (guide) : chef spirituel et politique. Président de la République, élu pour 4 ans. Chambre des députés *(madjlis)*, élue pour 4 ans.

GÉOGRAPHIE

L'Iran est un pays de hautes plaines steppiques et désertiques, au climat contrasté (chaud en été, froid en hiver), cernées par des montagnes (Elbourz, Zagros), dont le piémont est jalonné de villes (Ispahan, Chirāz), centres d'oasis où sont cultivés le blé, l'orge, le coton, les arbres fruitiers. L'élevage (ovins et caprins) est, avec une culture céréalière extensive, la seule forme d'exploitation du Centre-Est. L'Iran demeure l'un des notables fournisseurs de pétrole dont l'évolution de la production et des cours conditionne celle de l'économie. Cependant celle-ci dépend aussi largement de l'orientation politique, ayant été perturbée par la révolution islamique chiite et le conflit avec l'Iraq.

HISTOIRE

L'Iran ancien. IIe millénaire : les Aryens progressent du N.-E. à l'O. de l'Iran. IXe s. av. J.-C. : leurs descendants, les Perses et les Mèdes, atteignent le Zagros. v. 612-550 : après l'effondrement de l'Assyrie, les Mèdes posent les bases de la puissance iranienne. 550 : l'Achéménide Cyrus II détruit l'Empire mède et fonde l'Empire perse qui domine l'ensemble de l'Iran et une partie de l'Asie centrale. 490-479 : les guerres médiques entreprises par Darios Ier (522-486) puis par Xerxès Ier (486-465) se soldent par la défaite des Achéménides. 330 : après la mort de Darios III, Alexandre le Grand est le maître de l'Empire perse. 312 av. J.-C. : Séleucos, lieutenant d'Alexandre, fonde la dynastie séleucide. IIIe s. : les Séleucides perdent le contrôle de l'Iran. 250 av. J.-C. - 224 apr. J.-C. : la dynastie parthe des Arsacides règne sur les régions iraniennes. 224 : les Sassanides renversent les Arsacides. 224-661 : l'Empire sassanide, fortement centralisé, s'étend des confins de l'Inde à ceux de l'Arabie. V. 226-272 : Ardachêr (v. 226-241) et Châhpuhr Ier (241-272) font du mazdéisme la religion d'État. 310-628 : les Sassanides opposent une résistance efficace à Rome, sous Châhpuhr II (310-379), puis à Byzance, sous Khosrô Ier (531-579) puis Khosrô II (590-628).

L'Iran musulman. 642 : conquête arabe (victoire de Nehavend). 661 : l'Iran est intégré à l'empire musulman des Omeyyades. 750 : fondation de la dynastie des Abbassides. 874-999 : les Samanides développent une brillante civilisation au Khorāsān et en Asie centrale. 999-1055 : les Turcs deviennent les maîtres du Khorāsān (Ghaznévides) puis déferlent à travers l'Iran jusqu'à Bagdad (Seldjoukides). Assimilant la culture iranienne, ils en deviennent les véhicules en Asie Mineure et en Inde (XIIe-XIIIe s.). 1073-1092 : l'Iran seldjoukide est à son apogée sous Malik Chāh. 1220-1221 : Gengis Khān dévaste le pays. 1256-1335 : conquis par Hūlāgū, l'Iran est sous la domination mongole (Ilkhāns). 1381-1404 : Tīmūr Lang (Tamerlan) lance des campagnes dévastatrices. 1501 : le Séfévide Ismā'īl Ier (1501-1524) se fait proclamer chah. Il fait du chiisme duodécimain la religion d'État. 1587-1629 : les Séfévides sont à leur apogée sous ʿAbbās Ier. 1722 : les Afghans s'emparent d'Ispahan et les dignitaires chiites s'établissent dans les villes saintes d'Iraq (Nadjaf, Karbalā'). 1736-1747 : Nāder Chāh chasse les Afghans et entreprend de nombreuses conquêtes.

L'Iran contemporain. 1796 : la dynastie qādjār (1796-1925) accède au pouvoir. 1813-1828 : l'Iran perd les provinces caspiennes annexées par l'Empire russe. 1856 : la Grande-Bretagne le contraint à reconnaître l'indépendance de l'Afghanistan. 1906 : l'opposition nationaliste, libérale et religieuse obtient l'octroi d'une Constitution. 1907 : un accord anglo-russe divise l'Iran en deux zones d'influence. 1921 : Rezā Khān prend le pouvoir. 1925 : il fonde la dynastie Pahlavi. 1925-1941 : il impose la modernisation, l'occidentalisation et la sécularisation du pays. 1941 : Soviétiques et Britanniques occupent une partie du pays. Rezā Chāh abdique en faveur de son fils Moḥammad Reza. 1951 : Mossadegh, Premier ministre, nationalise le pétrole. 1953 : il est destitué par le chah. 1955 : l'Iran adhère au pacte de Bagdad. 1963 : le chah lance un programme de modernisation, la « révolution blanche ». 1979 : l'opposition l'oblige à quitter le pays. Une république islamique est instaurée, dirigée par l'ayatollah Khomeyni, défendue par la milice des gardiens de la révolution *(pasdaran)* ; crise avec les États-Unis (prise d'otages à l'ambassade américaine de Téhéran). 1980 : Bani Sadr est élu président laïc de la République ; l'Iraq attaque l'Iran. 1981 : Bani Sadr est destitué. Le pays connaît des vagues de terrorisme. L'Iran s'érige en guide de la « révolution islamique » à travers le monde, notamment au Liban. 1988 : un cessez-le-feu intervient entre l'Iran et l'Iraq. 1989 : après la mort de Khomeyni, ʿAli Khamenei lui succède avec le titre de « guide de la république islamique ». Hāchemi Rafsandjani est élu à la présidence de la République. Ce dernier tente de relancer l'économie, ruinée par la guerre avec l'Iraq, mais il se heurte à l'hostilité des pays qui dénoncent son soutien au terrorisme international.

CULTURE ET CIVILISATION

☐ **ARCHÉOLOGIE ET ART**

À partir du IXe millénaire : néolithique, début de la sédentarisation, communautés villageoises ; v. 6000 : céramiques à Sialk. V. 3500 av. J.-C. : apparition du cylindre-sceau en Susiane. IIIe et IIe millénaires : épanouissement du royaume d'Élam ; capitale : Suse. Première architecture palatiale ornée de briques moulées ; ziggourat de Tchoga Zanbil. Maîtrise de la métallurgie. Ier millénaire : diversité des influences et renaissance de la civilisation du Lorestān ; nomadisme avec très belle métallurgie du bronze, dès le XIIe s., puis du fer (mors de chevaux, armes, etc.). Ziwiyé (trésor d'orfèvrerie). VIIe-VIe s. : les Mèdes ; capitale : Ecbatane. Leur culture est le creuset de celles qui suivront. Architecture : palais avec grande salle à colonnes, préfiguration de l'apadana* achéménide ; temple du feu de plan cruciforme avec autel. V. 550-330 av. J.-C. : dynastie achéménide ; capitales : Suse, Ecbatane, Babylone, Pasargades, Persépolis. Art aulique glorifiant le souverain (reliefs rupestres : Béhistoun, Naqsh-i Roustem) triomphe de l'apadana ; et synthèse, à Suse et Persépolis, de toutes les composantes de l'Empire : Ionie, Grèce des îles et Mésopotamie. IVe-IIIe s. : Séleucides ; production essentiellement hellénisée. 250 av. J.-C. - 224 apr. J.-C. : dynastie des Parthes. Renaissance de la tradition autochtone avec généralisation de la haute voûte en berceau, qui, perpétuée par les Sassanides, deviendra l'iwan islamique. IIe-VIIe s. : dynastie sassanide ; capitale : Ctésiphon. Architecture palatiale avec l'iwan : Ctésiphon ; reliefs rupestres : Bichāpur, Naqsh-i Roustem ; orfèvrerie et art textile.

Période islamique. VIIIe-IXe s. : céramiques de Nichāpur, etc. IXe-XIe s. : bronze du Khorāsān. XIIe s. : sous les Seldjoukides, apogée architectural ; mosquée cruciforme à 4 iwans (Ispahan) ; décor architectural : briques puis céramique polychrome. V. 1405-1501 : dynastie timuride ; mosquées de Yezd, Tabriz, Mechhed. École de peinture de Tabriz avec Behzād. 1501-1736 : dynastie séfévide. Richesse décorative (Ispahan). Peinture de manuscrits (école de Chirāz et d'Ispahan). [*V. illustration p. 1416.*]

☐ **LITTÉRATURE**

La littérature classique (Xe-XVe s.). Les maîtres de la *qasidè* (panégyrique) : Rudaki, Onsori de Balkh, Nāsser-e Khosrow ; l'apogée du *ghazal* (poésie lyrique) : ʿAṭṭār, Saʿdi, Ḥāfeẓ, Djāmi ; le *masnavi* (épopée ou roman en vers) : Ferdowsi, Nezāmi, Sanā'i, Djalāl al-Din Rumi ; le *robāʿi* (quatrain) : Omar Khayyām. Le style indien (XVIe-XIXe s.) : Sā'eb, Qa'āni. L'Iran moderne : Ṣādeq Hedāyat.

Iran-Iraq *(guerre),* guerre qui opposa l'Iran et l'Iraq de 1980 à 1988. L'Iraq attaque pour récupérer le contrôle du Chaṭṭ al-ʿArab et annexer le Khuzestān, mais devant la résistance iranienne propose un cessez-le-feu, refusé par l'Iran (1982). Les combats s'intensifient et le conflit s'internationalise. Un cessez-le-feu entre en vigueur le 20 août 1988. En 1990, l'Iraq accepte l'accord d'Alger de 1975 fixant la frontière avec l'Iran.

IRAPUATO, v. du Mexique ; 362 471 h.

IRAQ ou **IRAK,** État de l'Asie occidentale ; 434 000 km² ; 17 100 000 h. *(Irakiens).* CAP. *Bagdad.* LANGUE : *arabe.* MONNAIE : *dinar irakien.*

GÉOGRAPHIE

Occupant la majeure partie de la Mésopotamie, l'Iraq est un pays au relief monotone, généralement semi-désertique, avec des étés torrides. Il n'est que très partiellement mis en valeur par l'irrigation (blé, riz, dattes, coton). L'élevage (ovins) est la seule ressource des steppes périphériques, non irriguées. Mais l'économie repose sur la production (et aussi les cours) du pétrole dont l'exploitation et l'exportation ont été perturbées par le conflit avec l'Iran et par la guerre du Golfe.

HISTOIRE

L'Iraq actuel est constitué par l'ancienne Mésopotamie, berceau des civilisations de Sumer, d'Akkad, de Babylone et de l'Assyrie. 224-633 : les Sassanides dominent le pays où est située leur capitale, Ctésiphon. 633-642 : les Arabes le conquièrent. 661-750 : sous les Omeyyades, l'Iraq est le théâtre de leurs luttes contre les Alides (mort de Ḥusayn à Karbalā' en 680). 750-1258 : les Abbassides règnent sur l'Empire musulman. 762 : ils fondent Bagdad. 1055 : les Turcs Seldjoukides s'emparent de Bagdad. 1258 : les Mongols de Hūlāgū détruisent Bagdad. 1258-1515 : le pays, ruiné, est dominé par des dynasties mongoles ou turkmènes. 1401 : Bagdad est mise à sac par Tīmūr Lang (Tamerlan). 1515-1546 : les Ottomans conquièrent l'Iraq. 1914-1918 : la Grande-Bretagne occupe l'Iraq. 1920 : elle obtient un mandat de la S. D. N. 1921 : l'émir hachémite Fayṣal devient roi d'Iraq (1921-1933). 1925 : la province de Mossoul est attribuée à l'Iraq. 1927 : l'exploitation du pétrole est confiée à l'Iraq Petroleum Company (IPC). 1930 : le traité anglo-irakien accorde une indépendance nominale à l'Iraq. 1941 : Rachīd ʿAlī al-Gaylānī, nationaliste proallemand, prend le pouvoir. Les Britanniques occupent Bagdad. 1941-1958 : le régent ʿAbd al-Ilāh et Nūrī al-Saʿīd demeurent fidèles aux intérêts britanniques. 1958 : le général Kassem dirige un coup d'État et proclame la république. 1961 : la rébellion kurde éclate. 1963 : Kassem est renversé par Abdul Salam Aref. 1966-1968 : Abdul Rahman Aref succède à son frère. 1968 : putsch militaire ; le Baath prend le pouvoir et Aḥmad Ḥasan al-Bakr devient président de la République. 1972 : l'Iraq Petroleum Company est nationalisée. 1975 : un accord avec l'Iran entraîne l'arrêt de la rébellion kurde. 1979 : Ṣaddām Ḥusayn devient président de la République. 1980 : l'Iraq attaque l'Iran (guerre Iran*-Iraq). 1988 : un cessez-le-feu intervient. 1990 : l'Iraq envahit puis annexe le Koweït (août) et refuse de s'en retirer malgré la condamnation de l'O.N.U. 1991 : à l'expiration de l'ultimatum fixé par l'O.N.U., la force multinationale, déployée dans la région du Golfe* et conduite par les États-Unis, attaque l'Iraq (17 janv.) et libère le Koweït (28 févr.). Les révoltes des chiites et des Kurdes sont violemment réprimées. Une zone d'exclusion aérienne est mise en place, au nord du pays, pour protéger les Kurdes. 1992 : une autre zone est instaurée, au sud, pour protéger les chiites.

Plaque gauche d'un mors de cheval provenant du Lorestān. Bronze ; VIIIe s. av. J.-C. (Louvre, Paris.)
Coiffé de cornes — probable souvenir de la tiare à cornes des dieux de Mésopotamie —, cette créature hybride illustre le talent de transposition et de stylisation de ces bronziers.

Persépolis : au premier plan, l'escalier d'accès à la terrasse et au palais de Darios Ier et, à l'arrière-plan, les colonne de l'apadana (VIe s. av. J.-C.). L'ensemble est révélateur de l'éclectisme artistique de l'époque achéménide où éléments du monde grec s'allient à ceux de l'Orient pour devenir une création cohérente et originale.

Relief rupestre (IIIe s. apr. J.-C.) à Naqsh-i Roustem, représentant le triomphe de Châhpuhr Ier sur l'empereur romain Valérien lors de la bataille d'Édesse.
Avec les Sassanides renaît un art aulique nouveau qui fait écho à des thèmes remontant aux plus anciennes traditions orientales : celles du souverain chasseur, maître du règne animal ou, comme ici, victorieux de l'ennemi ; en effet, six siècles séparent ce relief de ceux glorifiant Darios l'Achéménide.

Iwan central de la mosquée de Gawhar Chād (XVe s.) à Mechhed. Intégré à la cour du lieu de prière islamique, l'iwan, création de l'Iran sassanide, engendre la mosquée à quatre iwans, formule typiquement iranienne qui devint la plus répandue. À noter la qualité particulière, à l'époque timuride, du décor extérieur de céramique polychrome.

Le roi Dara et le gardien du troupeau royal de chevaux. Illustration (v. 1488) de Behzād extraite d'un exemplaire du *Bustān*, œuvre du poète Sa'di. (Bibliothèque nationale, Le Caire.) Maîtrise de l'espace, sens de l'observation, éclat de la palette et goût du merveilleux caractérisent l'œuvre de Behzād, expression la plus achevée de l'art de la miniature à l'origine non seulement de l'école séfévide, mais aussi de celle de l'Inde moghole.

Le pont-barrage d'Ispahan, ou pont Khadju, édifié par Chāh 'Abbās II au XVIIe s. Grands bâtisseurs, gardiens de la tradition et du génie architectural iranien, les Séfévides présidèrent la dernière floraison artistique de l'Iran ancien.

l'art de l'Iran ancien

Le pouvoir central se trouve ainsi privé, de facto, de son autorité sur la moitié du territoire. 1994 : l'Iraq reconnaît officiellement l'indépendance du Koweït, mais n'obtient pas l'allègement de l'embargo imposé par l'O.N.U. en 1990. 1995 : après une grave crise politique interne, Ṣ. Ḥusayn fait approuver par référendum son maintien à la tête de l'État pour un nouveau mandat de 7 ans.

IRBID, v. de la Jordanie ; 271 000 h.

I. R. C. A. M. → ***Centre national d'art et de culture Georges-Pompidou.***

IRÈNE (Athènes v. 752 - Lesbos 803), impératrice d'Orient (797-802). Régente de son fils Constantin VI, elle se débarrassa de celui-ci (797). Elle réunit le concile qui rétablit le culte des images.

IRÉNÉE *(saint),* évêque de Lyon, Père de l'Église (Smyrne ? v. 130 - Lyon v. 202). Il combattit les gnostiques dans un ouvrage fondamental, le *Contre les hérésies.*

Irgoun, organisation militaire clandestine juive, fondée en Palestine en 1937, active contre les Arabes palestiniens et les Britanniques, jusqu'à la proclamation de l'État d'Israël (1948).

IRIAN, nom donné à la Nouvelle-Guinée par l'Indonésie, qui en possède la moitié occidentale *(Irian Jaya).*

IRIARTE (Tomás **de**), écrivain et compositeur espagnol (Puerto de la Cruz, Tenerife, 1750 - Madrid 1791), auteur de *Fables littéraires* et de poèmes musicaux.

IRIGNY (69540), ch.-l. de c. du Rhône ; 8 062 h. Décolletage.

IRIS, messagère ailée des dieux de l'Olympe ; l'arc-en-ciel était son écharpe.

IRKOUTSK, v. de Russie, en Sibérie orientale, sur l'Angara, près du lac Baïkal ; 626 000 h. Centrale hydroélectrique. Aluminium. Chimie.

IRLANDE, la plus occidentale des îles Britanniques, couvrant 84 000 km², divisée en *Irlande du Nord,* partie du Royaume-Uni, et en *République d'Irlande,* ou *Éire.*

HISTOIRE

Les origines. IVe s. av. J.-C. : une population celtique, les Gaëls, s'implante sur le sol irlandais. Les nombreux petits royaumes qui se fondent s'agrègent en cinq grandes unités politiques : Ulster, Connacht, Leinster du Nord (ou Meath), Leinster du Sud, Munster. IIe s. : les rois de Connacht affirment leur prééminence et atteignent leur apogée avec Niall aux Neuf Otages (380-405). 432-461 : saint Patrick évangélise l'Irlande. VIe s.-VIIe s. : le pays connaît un vaste épanouissement culturel et religieux. Les moines irlandais, comme saint Colomban (m. en 615), créent d'importantes abbayes sur le continent. Fin du VIIe s.-début du XIe s. : l'Irlande est envahie par les Scandinaves. 1014 : leur expansion est stoppée par Brian Boru (victoire de Clontarf).

La domination anglaise. 1171 : la division politique de l'île favorise l'incursion des Anglo-Normands. 1175 : Henri II d'Angleterre impose sa souveraineté à l'Irlande. XIIIe s. : la féodalité anglaise implantée dans l'île est peu à peu assimilée. 1468-1534 : les Fitzgerald de Kildare dominent le pays. 1541 : Henri VIII prend le titre de roi d'Irlande. Sa réforme religieuse provoque la révolte des Irlandais, attachés à la foi catholique. Il réplique en redistribuant les terres irlandaises à des Anglais. Les confiscations se poursuivent sous Édouard VI et Élisabeth Ire. 1598 : les Irlandais obtiennent l'appui de l'Espagne et battent l'Angleterre à Yellow Ford. 1607 : la reconquête anglaise provoque la fuite des chefs irlandais. C'est la fin politique de l'Irlande gaélique. 1649 : Oliver Cromwell mène une sanglante répression contre les Irlandais, qui ont pris le parti des Stuarts (massacre de Drogheda). Elle est suivie d'une spoliation générale des terres. 1690 : Jacques II est défait à la Boyne par Guillaume III. Le pays est désormais complètement dominé par l'aristocratie anglaise. 1702-1782 : Londres applique de terribles lois pénales et limite les importations irlandaises. 1782-83 : l'Irlande acquiert son autonomie législative. 1796-1798 : les Irlandais se révoltent sous l'influence des révolutions américaine et française.

L'union entre l'Irlande et l'Angleterre. 1800 : le gouvernement britannique choisit la voie de l'intégration. Pitt fait proclamer l'union de l'Irlande et de l'Angleterre. 1829 : Daniel O'Connell obtient l'émancipation des catholiques. 1846-1848 : une effroyable crise alimentaire (Grande Famine) plonge l'île dans la misère ; une énorme émigration la dépeuple. 1858 : naissance de la Fraternité républicaine irlandaise, dont les membres prennent le nom de fenians. 1870 : Isaac Butt fonde l'association pour le Home Rule (l'autonomie), dont Charles Parnell devient le chef populaire. 1881 : Gladstone accorde le Land Act. 1893 : le retour des conservateurs et la mort de Parnell (1891) font échouer le Home Rule. 1902 : Arthur Griffith fonde le Sinn Féin, mouvement paramilitaire partisan de l'indépendance. 1916 : une insurrection nationaliste est durement réprimée. 1921 : le traité anglo-irlandais donne l'indépendance à l'Irlande du Sud et maintient l'Irlande du Nord au sein du Royaume-Uni.

IRLANDE, en gaélique **Éire,** État de l'Europe occidentale ; 70 000 km² ; 3 500 000 h. *(Irlandais).* CAP. *Dublin.* LANGUES : *irlandais* et *anglais.* MONNAIE : *livre irlandaise.*

GÉOGRAPHIE

L'Irlande, au climat doux et humide, est formée à la périphérie de hautes collines et de moyennes montagnes, au centre d'une vaste plaine tourbeuse, parsemée de lacs, difficilement drainée par le Shannon. L'élevage (bovins, ovins, porcins) est une ressource essentielle du pays, qui produit aussi du blé, de l'avoine, de l'orge (pour la bière), des pommes de terre. L'industrialisation (constructions mécaniques et électriques, textile) demeure modeste. Les revenus du tourisme s'ajoutent à l'excédent de la balance commerciale. La traditionnelle émigration n'a pas complètement cessé.

HISTOIRE

1921 : le traité de Londres donne naissance à l'État libre d'Irlande, membre du Commonwealth. 1922 : une véritable guerre civile oppose le gouvernement provisoire à ceux qui refusent la partition de l'Irlande. 1922-1932 : le gouvernement de W. T. Cosgrave rétablit le calme et favorise une certaine amélioration agricole. 1932-1948 : le Fianna Fáil gagne les élections et porte E. De Valera au pouvoir. Celui-ci rompt avec la Grande-Bretagne et mène contre elle une guerre économique. 1937 : une nouvelle Constitution est adoptée et l'Irlande prend le nom d'Éire. 1948 : l'Éire devient la République d'Irlande et rompt avec le Commonwealth. 1951-1986 : les différents

gouvernements issus du Fianna Fáil (1951-1954, 1957-1973 et 1977-1982) et du Fine Gael (1954-1957, 1973-1977 et 1982-1986) cherchent à renforcer l'industrialisation du pays. 1973 : l'Irlande entre dans le Marché commun. 1985 : un accord est signé entre Dublin et Londres sur la gestion des affaires de l'Ulster. 1987 : le Fianna Fáil revient au pouvoir. 1989 : pour la première fois de son histoire, il forme un gouvernement de coalition avec un autre parti. 1992 : les élections législatives sont marquées par l'échec du Fianna Fáil et du Fine Gael et par la percée du parti travailliste. 1993 : le Fianna Fáil forme un gouvernement de coalition avec les travaillistes. Une déclaration commune des gouvernements britannique et irlandais envisage la perspective d'une réunification de l'île à certaines conditions. 1994 : le Fine Gael forme un gouvernement de coalition avec le parti travailliste et le parti de la gauche démocratique tandis que le processus de paix en Irlande du Nord se poursuit. 1995 : les Irlandais se prononcent par référendum en faveur de la légalisation du divorce.

IRLANDE *(mer d'),* bras de mer entre la Grande-Bretagne et l'Irlande.

IRLANDE DU NORD, partie du Royaume-Uni dans le nord-est de l'île d'Irlande ; 14 000 km² ; 1 570 000 h. Cap. *Belfast.*

HISTOIRE

1921 : les six comtés du nord de l'Ulster sont maintenus au sein du Royaume-Uni et bénéficient d'un régime d'autonomie interne. La minorité catholique, mal représentée, est en position d'infériorité face aux protestants. 1969 : le mécontentement des catholiques entretient une agitation endémique, réprimée par l'armée britannique. 1972 : le gouvernement de Londres prend en main l'administration de la province. L'IRA multiplie les attentats. 1985 : le Sinn Féin fait son entrée dans les institutions locales. 1994 : le processus de paix, amorcé en 1993, se poursuit : proclamation du cessez-le-feu par l'IRA (août) et par les loyalistes protestants (oct.).

IROISE *(mer d'),* nom donné à la partie de l'Atlantique s'étendant au large de la Bretagne occidentale (Finistère).

IROQUOIS, Indiens qui peuplaient les rives des lacs Érié, Huron, Ontario et du fleuve Saint-Laurent. Ils luttèrent contre les Français, alliés des Hurons, jusqu'en 1701. Ils étaient organisés en cinq tribus ou nations. Aujourd'hui, ils vivent au Québec et dans l'État de New York.

IRRAWADDY, principal fl. de Birmanie, qui rejoint l'océan Indien ; 2 100 km.

IRTYCH, riv. de Sibérie, affl. de l'Ob (r. g.) ; 4 248 km (bassin de 1 643 000 km²).

IRÚN, v. d'Espagne, sur la Bidassoa, en face d'Hendaye ; 53 276 h.

IRVING (John), écrivain américain (Exeter, New Hampshire, 1942). Conjuguant burlesque et tragique, ses romans foisonnants, pourfendeurs de conformismes, proposent la vision d'un monde chaotique et tendre (*le Monde selon Garp,* 1976 ; *l'Œuvre de Dieu, la part du diable,* 1985 ; *Une prière pour Owen,* 1989).

IRVING (Washington), écrivain américain (New York 1783 - Sunnyside 1859), un des créateurs de la littérature nord-américaine (*Histoire de New York par Diedrich Knickerbocker,* 1809 ; « Rip Van Winkle », dans *Esquisses,* 1819-20).

ISAAC, patriarche biblique, fils d'Abraham, père de Jacob et d'Ésaü. Il fut exposé à la mort par son père, dont Dieu éprouva ainsi la foi (« *Sacrifice d'Abraham* »).

Isabelle Iʳᵉ
la Catholique
(Juan de Flandres - Académie d'Histoire, Madrid)

ISAAC JOGUES *(saint),* missionnaire jésuite français (Orléans 1607 - Ossernenon, auj. Auriesville, État de New York, 1646). Il fut massacré par les Iroquois.

ISAAC Iᵉʳ COMNÈNE (v. 1005 - Stoudios 1061), empereur byzantin de 1057 à 1059. Il abdiqua en faveur de Constantin X.

ISAAC II ANGE (v. 1155-1204), empereur byzantin (1185-1195 et 1203-04), détrôné par son frère Alexis III en 1195, rétabli en 1203 par les Vénitiens et renversé de nouveau. Il fut assassiné avec son fils Alexis IV (1204).

ISAAC (Jules), historien français (Rennes 1877 - Aix-en-Provence 1963). Il étudia les origines chrétiennes de l'antisémitisme et dirigea un célèbre manuel d'histoire, dit « Malet-Isaac » (7 vol., 1923-1930).

ISAAK (Heinrich), compositeur flamand (v. 1450 - Florence 1517), auteur d'œuvres polyphoniques. Il a vécu à Florence et à Vienne.

ISABEAU ou **ISABELLE DE BAVIÈRE,** reine de France (Munich 1371 - Paris 1435). Mariée en 1385 à Charles VI, elle dirigea le Conseil de régence après la folie du roi. Elle passa des Armagnacs aux Bourguignons, favorables au parti anglais, et reconnut le roi d'Angleterre, son gendre, comme héritier du trône de France, à l'exclusion de son fils Charles (traité de Troyes, 1420).

ISABELLE DE FRANCE *(bienheureuse),* sœur de Saint Louis (Paris 1225 - Longchamp 1270), fondatrice du monastère de Longchamp.

ANGLETERRE

ISABELLE D'ANGOULÊME, reine d'Angleterre (1186 - Fontevrault 1246). Elle épousa (1200) Jean sans Terre, puis (1217) Hugues X de Lusignan, comte de la Marche.

ISABELLE DE FRANCE, reine d'Angleterre (Paris 1292 - Hertford 1358), fille de Philippe IV le Bel. Elle épousa en 1308 Édouard II et fut régente sous Édouard III.

ESPAGNE

ISABELLE Iʳᵉ la Catholique (Madrigal de las Altas Torres 1451 - Medina del Campo 1504), reine de Castille (1474-1504). Son mariage (1469) avec Ferdinand, héritier d'Aragon, permit la réunion sous le même sceptre des couronnes d'Aragon et de Castille (1479), et facilita l'unité de l'Espagne, qui fut complétée par la chute du royaume maure de Grenade en 1492. La reine favorisa l'Inquisition et soutint son ministre Jiménez de Cisneros ainsi que Christophe Colomb.

ISABELLE II (Madrid 1830 - Paris 1904), reine d'Espagne (1833-1868), fille de Ferdinand VII. Son accession au trône en 1833 fut à l'origine des guerres carlistes. Après la régence de sa mère, Marie-Christine (1833-1840), puis d'Espartero (1840-1843), elle gouverna seule. Contrainte de s'exiler (1868), elle abdiqua en faveur de son fils, Alphonse XII (1870).

FRANCE

ISABELLE DE HAINAUT, reine de France (Lille 1170-1190). Mariée en 1180 à Philippe Auguste, elle fut la mère de Louis VIII.

Isabelle-la-Catholique *(ordre royal d'),* ordre espagnol créé en 1815.

ISABEY (Jean-Baptiste), peintre et lithographe français (Nancy 1767 - Paris 1855). Ses miniatures sur ivoire eurent une grande vogue (portraits de Napoléon Iᵉʳ, etc.). — Son fils **Eugène** (Paris 1804 - Montévrain 1886) est l'auteur de marines romantiques.

ISAÏE, prophète hébreu, qui exerça son ministère dans le royaume de Juda entre 740 et 687. Il est le prophète de l'espérance messianique.

ISAMBERT (François), juriste et homme politique français (Aunay-sous-Auneau 1792 - Paris 1857), auteur d'un *Recueil des anciennes lois françaises depuis 420 jusqu'à la Révolution de 1789* (1822-1833).

ISAR, affl. du Danube (r. dr.), qui passe à Munich ; 295 km.

ISAURIENS, dynastie byzantine, qui régna à Constantinople de 717 à 802.

ISBERGUES (62330), comm. du Pas-de-Calais ; 5 176 h. Métallurgie. Église du XVᵉ s. Pèlerinage.

ISCARIOTE, surnom de l'apôtre **Judas**.

ISCHIA, île volcanique d'Italie, à l'entrée du golfe de Naples ; 16 433 h. Tourisme.

ISE *(baie d'),* baie des côtes de Honshū (Japon), sur laquelle se trouve Nagoya et près de laquelle est située la ville d'*Ise* (106 000 h.) Sanctuaires shintoïstes, parmi les plus anciens, dont la reconstruction rituelle tous les vingt ans perpétue l'architecture prébouddhique.

ISEO *(lac d'),* lac d'Italie (Lombardie), traversé par l'Oglio.

ISERAN, col des Alpes (2 762 m), qui fait communiquer les hautes vallées de l'Arc (Maurienne) et de l'Isère (Tarentaise).

ISÈRE, riv. des Alpes du Nord ; 290 km. Née au pied de l'Iseran, près de la frontière italienne, l'Isère draine la Tarentaise et la majeure partie du Sillon alpin (combe de Savoie et Grésivaudan), passe à Grenoble et à Romans avant de rejoindre le Rhône (r. g.). Aménagements hydroélectriques.

ISÈRE (38), dép. de la Région Rhône-Alpes ; ch.-l. de dép. *Grenoble ;* ch.-l. d'arr. *La Tour-du-Pin, Vienne ;* 3 arr., 58 cant., 533 comm. ; 7 431 km² ; 1 016 228 h. Le dép. appartient à l'académie et à la cour d'appel de Grenoble, à la région militaire Méditerranée. Le sud-est du dép., formé par une partie des Alpes du Nord, s'oppose au nord-ouest, constitué par les collines et les plateaux du bas Dauphiné. L'élevage bovin et l'exploitation forestière dominent dans la Chartreuse et le Vercors, les cultures de la vigne et des arbres fruitiers dans la vallée du Rhône, en aval de Lyon et dans le Grésivaudan, où elles sont associées aux céréales, au tabac et à l'élevage bovin. L'industrie, développée et partiellement liée à l'hydroélectricité dans les Alpes, est surtout représentée par l'électrochimie et l'électrométallurgie. Elle est principalement implantée dans l'agglomération de Grenoble, qui concentre près de la moitié de la population départementale. Le tourisme anime localement la montagne (l'Alpe-d'Huez, Chamrousse, Autrans, les Deux-Alpes, Villard-de-Lans, etc.).

ISERLOHN, v. d'Allemagne, dans la Ruhr ; 94 695 h.

Iseut, héroïne d'une légende médiévale qui se rattache au cycle breton. (V. ***Tristan et Iseut.***)

ISHTAR → ***Ashtart.***

ISIDORE DE SÉVILLE *(saint),* archevêque de Séville et dernier Père de l'Église d'Occident (Carthagène v. 560 - Séville 636). Son traité, les *Étymologies* ou *Origines,* est une encyclopédie du savoir profane et religieux de son temps.

ISIGNY-LE-BUAT (50540), ch.-l. de c. de la Manche ; 3 222 h.

ISIGNY-SUR-MER (14230), ch.-l. de c. du Calvados ; 3 104 h. Beurre. Confiserie.

ISIS, déesse égyptienne, sœur et femme d'Osiris à qui elle rendit la vie, et mère d'Horus, type de l'épouse et de la mère idéales. Son culte connut dans le monde gréco-romain une grande fortune (mystères *isiaques*).

Isis allaitant. Bronze ; Basse Époque. (Musée Vivenel, Compiègne.)

ISKĂR, riv. de Bulgarie, qui passe à Sofia, affl. du Danube (r. dr.) ; 370 km.

ISKENDERUN, anc. **Alexandrette,** port du sud-est de la Turquie ; 154 807 h.

ISLĀMĀBĀD, cap. du Pakistan, près de Rāwalpindī ; 201 000 h.

ISLANDE, en islandais **Island,** île et République de l'Atlantique nord, au sud-est du Groenland ; 103 000 km² ; 260 000 h. *(Islandais).* CAP. *Reykjavík.* LANGUE : *islandais.* MONNAIE : *couronne islandaise.*

GÉOGRAPHIE

Pays de glaciers et de volcans, l'Islande vit de l'élevage des moutons et surtout de la pêche. Reykjavík regroupe près de la moitié de la population totale.

HISTOIRE

IXe s. : les Scandinaves commencent la colonisation de l'Islande. 930 : l'*Althing,* assemblée des hommes libres, est constituée. 1056 : le premier évêché autonome est créé. 1262 : Haakon IV de Norvège soumet l'île à son pouvoir. 1380 : l'Islande et la Norvège tombent sous l'autorité du Danemark. 1550 : Christian III impose la réforme luthérienne. 1602 : le monopole commercial est conféré aux Danois. XVIIIe s. : la variole, des éruptions volcaniques et une terrible famine déciment la population. 1834 : l'Islande obtient deux députés au Parlement danois. 1843 : rétablissement de l'Althing. 1903 : l'île devient autonome. 1918 : l'Islande est un royaume indépendant sous la Couronne danoise. 1944 : la République islandaise est proclamée et Sveinn Bjørnsson en devient le premier président. Sous les présidences d'Ásgeir Ásgeirsson (1952-1968) et de Kristjan Eldjárn (1968-1980), l'économie islandaise profite des accords signés avec les États scandinaves. 1958-1961 : un conflit au sujet de la pêche (« guerre de la morue ») l'oppose à la Grande-Bretagne. 1980 : Mme Vigdís Finnbogadóttir devient président de la République ; elle est reconduite dans ses fonctions en 1984, en 1988 et en 1992.

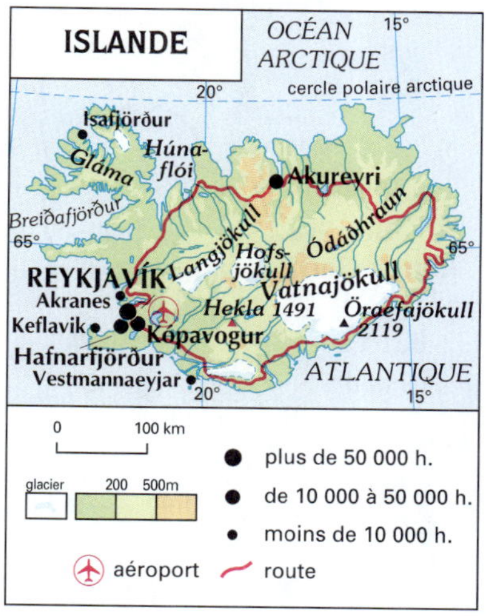

ISLE, affl. de la Dordogne (r. dr.), qui passe à Périgueux ; 235 km.

ISLE (87170), comm. de la Haute-Vienne, banlieue de Limoges ; 7 421 h.

ISLE-ADAM (L') [95290], ch.-l. de c. du Val-d'Oise, sur l'Oise ; 10 027 h. *(Adamois).* Forêt. Église des XVe et XVIe s.

ISLE-D'ABEAU (L') [38080], comm. de l'Isère ; 5 567 h. Cette commune a donné son nom à une ville nouvelle entre Lyon, Grenoble et Chambéry. Informatique.

ISLE-D'ESPAGNAC (L') [16340], comm. de la Charente ; 4 923 h. Électronique.

ISLE-EN-DODON (L') [31230], ch.-l. de c. de la Haute-Garonne ; 2 048 h. Église des XIVe-XVIe s.

ISLE-JOURDAIN (L') [32600], ch.-l. de c. du Gers ; 5 068 h.

ISLE-JOURDAIN (L') [86150], ch.-l. de c. de la Vienne ; 1 280 h.

ISLE-SUR-LA-SORGUE (L') [84800], ch.-l. de c. de Vaucluse ; 15 911 h. Chimie. Textile. Église aux beaux décors du XVIIe s.

ISLE-SUR-LE-DOUBS (L') [25250], ch.-l. de c. du Doubs ; 3 216 h.

Isly *(bataille de l')* [14 août 1844], victoire de Bugeaud sur les Marocains d'Abd el-Kader près de l'oued Isly, à l'ouest d'Oujda (Maroc).

ISMAËL, fils d'Abraham et de sa servante Agar, considéré par la tradition biblique et coranique comme l'ancêtre des Arabes.

ISMĀʿĪL, septième et dernier imam pour les ismaéliens (m. à Médine v. 760).

ISMĀʿĪL Ier (Ardabil 1487 - *id.* 1524), chah d'Iran (1501-1524), fondateur des Séfévides. Il imposa le chiisme duodécimain comme religion d'État.

ISMAÏLIA, v. d'Égypte, sur le lac Timsah et le canal de Suez ; 175 000 h.

ISMĀʿĪL PACHA (Le Caire 1830 - Istanbul 1895), vice-roi (1863-1867), puis khédive d'Égypte (1867-1879). Il inaugura le canal de Suez (1869). Les difficultés financières l'obligèrent à accepter la mainmise franco-anglaise sur l'Égypte (1878).

ISMÈNE. *Myth. gr.* Fille d'Œdipe, sœur d'Antigone.

ISO (International Organization for Standardization), organisme international chargé d'élaborer les normes au niveau mondial. Son siège est à Genève.

ISOCRATE, orateur grec (Athènes 436 - *id.* 338 av. J.-C.). Il prêcha l'union des Grecs et des Macédoniens contre la Perse.

ISOLA 2000, station de sports d'hiver (alt. 2 000-2 603 m) des Alpes-Maritimes.

ISONZO, fl. de Slovénie et d'Italie, qui rejoint le golfe de Trieste ; 138 km. Combats de 1915 à 1917.

ISORNI (Jacques), avocat français (Paris 1911 - *id.* 1995). Il fut l'un des défenseurs du maréchal Pétain.

ISOU (Isidore), poète français d'origine roumaine (Botoşani 1925), fondateur du lettrisme.

ISOZAKI ARATA, architecte japonais (Ōita 1931). D'abord disciple de Tange, il s'est orienté vers les références historiques et les métaphores visuelles du postmodernisme.

ISPAHAN, v. d'Iran, au sud de Téhéran, anc. cap. du pays ; 672 000 h. Monuments du XIe au XVIIIe s., dont la Grande Mosquée (XIe-XVIIIe s.) ; remarquables exemples d'architecture séfévide (pavillon d'ʿAli Qāpu, mosquées royale et Lotfollāh, etc.).

Ispahan : la Mosquée royale (1612-1637).

ISRAËL, autre nom de *Jacob* dans la Bible. *Par ext.,* nom donné au peuple juif, descendant d'Israël.

ISRAËL, État du Proche-Orient ; 21 000 km² ; 5 100 000 h. *(Israéliens).* CAP. *Jérusalem* (selon la Knesset). LANGUES : *hébreu, arabe.* MONNAIE : *shekel.*

INSTITUTIONS

République. Lois fondamentales : 1949. Président de la République élu pour 5 ans par la *Knesset.* Premier ministre, responsable devant la *Knesset,* Assemblée nationale élue pour 4 ans.

GÉOGRAPHIE

Résultant du partage de l'ancienne Palestine, Israël s'étend sur des régions de climat méditerranéen au nord, désertique au sud (Néguev). Grâce à l'irrigation, l'agriculture, dans le cadre d'exploitations plus ou moins collectivistes, fournit du blé, du coton, de l'huile d'olive et surtout divers fruits (agrumes, avocats). La pauvreté du sous-sol (recelant un peu de potasse et surtout des phosphates) explique l'absence d'industries lourdes. Mais des branches spécialisées se sont implantées à Tel-Aviv-Jaffa et à Haïfa, favorisées par la présence de capitaux et la qualité de la main-d'œuvre (produits pharmaceutiques, taille de diamants, etc.). La balance commerciale est toutefois lourdement déficitaire, de même que la balance des paiements. L'économie souffre d'un notable endettement, lié notamment au budget de l'armée et à l'accroissement récent de l'immigration.

HISTOIRE

29 nov. 1947 : l'Assemblée générale de l'O. N. U. adopte une résolution sur un « plan

de partage » de la Palestine, qui est rejeté par les nations arabes limitrophes. 14 mai 1948 : l'État d'Israël est créé. Ben Gourion dirige le gouvernement provisoire. 1948-49 : Israël agrandit son territoire à l'issue de la première guerre israélo-arabe ; la première Assemblée (Knesset) est élue, les lois fondamentales adoptées et C. Weizmann devient président de la République. 1949-1969 : le parti socialiste (Mapai) est au pouvoir avec Ben Gourion (1948-1953, 1955-1961, 1961-1963) puis Levi Eshkol (1963-1969). 1950-1960 : l'essor économique repose sur l'exploitation collective des terres (kibboutz), le développement d'un fort secteur étatisé, les capitaux étrangers et l'aide américaine. 1956 : la deuxième guerre israélo-arabe est provoquée par la nationalisation par l'Égypte du canal de Suez et le blocage du golfe d'Eilat. 1967 : au cours de la troisième guerre israélo-arabe *(guerre des Six-Jours),* Israël occupe le Sinaï, Gaza, la Cisjordanie et le Golan. 1969-1974 : Golda Meir est Premier ministre. À partir de 1970 : Israël favorise l'implantation de colonies de peuplement juif dans les territoires occupés. 1973 : quatrième guerre israélo-arabe *(guerre du Kippour).* 1977 : M. Begin, Premier ministre, engage des pourparlers de paix avec l'Égypte. 1979 : aux termes du traité de Washington, l'Égypte reconnaît une frontière définitive avec Israël, qui lui restitue (en 1982) le Sinaï. 1980 : Jérusalem réunifiée est proclamée capitale par la Knesset. 1981 : annexion du Golan. 1982-83 : Israël occupe le Liban jusqu'à Beyrouth puis se retire dans le sud du pays. 1984 : un gouvernement d'union nationale est formé. S. Peres détient pour deux ans le poste de Premier ministre. 1986 : conformément à l'alternance prévue, Y. Shamir lui succède. Depuis 1987 : les territoires occupés (Cisjordanie et Gaza) sont le théâtre d'un soulèvement populaire palestinien *(intifāda).* 1988 : un nouveau gouvernement d'union nationale est formé. Y. Shamir reste Premier ministre. 1990 : après l'éclatement de ce gouvernement, Y. Shamir forme un cabinet de coalition avec les partis religieux et l'extrême droite. 1991 : lors de la guerre du Golfe*, le pays, non-belligérant, est la cible des missiles irakiens. Israël participe, avec les pays arabes et les Palestiniens, à la conférence de paix sur le Proche-Orient, ouverte à Madrid en octobre. 1992 : les travaillistes reviennent au pouvoir et Y. Rabin devient Premier ministre. 1993 : la reconnaissance mutuelle d'Israël et de l'O.L.P. est suivie par la signature de l'accord israélo-palestinien de Washington. 1994 : conformément à cet accord, un régime d'autonomie est mis en place à Gaza et à Jéricho. Parallèlement Israël signe un traité de paix avec la Jordanie (oct.) et engage des pourparlers avec la Syrie. La poursuite du processus de paix est obérée par le problème des colonies de peuplement israéliennes et par les attentats commis par les extrémistes palestiniens. 1995 : l'autonomie est étendue aux grandes villes arabes de Cisjordanie. Y. Rabin est assassiné par un extrémiste israélien. S. Peres lui succède au poste de Premier ministre.

ISRAËL *(royaume d'),* royaume regroupant les tribus du nord de la Palestine, après la scission du royaume hébreu, à la mort de Salomon (931-721 av. J.-C.). Cap. *Samarie.* Miné par son instabilité politique et ses rivalités fratricides avec le royaume de Juda, il succomba sous les coups des Assyriens, qui déportèrent sa population.

israélo-arabes *(guerres)* [1948-1975]. La création en 1948 de l'État d'Israël conformément au plan de partage de la Palestine adopté par l'O. N. U. en 1947 n'est pas acceptée par les États arabes. Il en résulte une tension permanente qui aboutit à plusieurs conflits armés. Le premier (mai 1948-janv. 1949) s'achève par la défaite des États arabes. Des conventions d'armistice sont signées qui font des lignes de cessez-le-feu les nouvelles frontières d'Israël. Le deuxième (oct.-nov. 1956) oppose Israël à l'Égypte dans le Sinaï, parallèlement à l'expédition franco-britannique sur le canal de Suez. L'O. N. U. rétablit la ligne d'armistice de 1949. Le troisième (juin 1967), appelé *guerre des Six-Jours,* se solde par une sévère défaite arabe et l'occupation par Israël de la Cisjordanie, de Gaza, du Golan et du Sinaï. Le quatrième conflit (oct. 1973), appelé *guerre du Kippour,* tourne, après des succès initiaux de l'Égypte et de la Syrie, à la faveur d'Israël. À l'issue de cette guerre, le statu quo est maintenu. Mais une dynamique de paix s'engage, qui aboutit au traité de Washington (1979) entre Israël et l'Égypte, à laquelle est restitué le Sinaï en 1982, et à l'accord de Washington (1993) entre Israël et l'O. L. P.

ISSA, peuple de Djibouti et de la Somalie, parlant une langue couchitique.

ISSARLÈS *(lac d'),* lac volcanique du Massif central, dans l'Ardèche.

Istanbul : la mosquée Süleymaniye, élevée de 1550 à 1557 par Mimar Sinan.

ISSENHEIM (68500), comm. du Haut-Rhin ; 2 848 h. Couvent pour lequel Grünewald peignit son célèbre polyptyque (musée de Colmar).

ISSOIRE (63500), ch.-l. d'arr. du Puy-de-Dôme, dans la *Limagne d'Issoire ;* 15 026 h. *(Issoiriens).* Métallurgie. Église du XIIe s., caractéristique de l'art roman auvergnat.

Issos ou **Issus** *(bataille d')* [333 av. J.-C.], bataille où Darios III fut vaincu par Alexandre le Grand (Cilicie, Asie Mineure).

ISSOUDUN (36100), ch.-l. d'arr. de l'Indre ; 14 432 h. *(Issoldunois).* Travail du cuir. Constructions électriques. Confection. Musée dans l'anc. hospice (XIIIe-XVIe s.).

IS-SUR-TILLE (21120), ch.-l. de c. de la Côte-d'Or ; 4 070 h. Électroménager.

ISSYK-KOUL, lac du Kirghizistan ; 6 236 km².

ISSY-LES-MOULINEAUX (92130), ch.-l. de c. des Hauts-de-Seine, au sud-ouest de Paris ; 46 734 h. *(Isséens).* Constructions électriques. L'héliport dit « d'Issy-les-Moulineaux » est sur le territoire de la Ville de Paris.

ISSY-L'ÉVÊQUE (71760), ch.-l. de c. de Saône-et-Loire ; 1 017 h. Église des XIe et XIIe s.

ISTANBUL, anc. **Byzance,** puis **Constantinople,** principal port et ville de Turquie, sur le Bosphore et la mer de Marmara ; 6 620 241 h. Université. Musées. La ville est située de part et d'autre de la Corne d'Or, petite baie profonde de la rive européenne. Au sud sont situés les principaux monuments (Ste-Sophie, mosquée du Sultan Ahmet, et plusieurs chefs-d'œuvre de Sinan, dont la mosquée Süleymaniye). Au nord s'étend la ville commerçante et cosmopolite (Beyoğlu). Des faubourgs asiatiques (Üsküdar) longent le Bosphore, franchi par un pont. Istanbul fut la capitale de l'Empire ottoman de 1453 à 1923 et conserva un peuplement cosmopolite (Grecs, Arméniens, Juifs).

Istiqlāl, parti nationaliste marocain fondé en 1944 ; il milita pour l'indépendance du Maroc, entra dans l'opposition en 1963 et se rallia au régime dans les années 1980.

ISTRATI (Panait), écrivain roumain d'expression française (Brăila 1884 - Bucarest 1935). L'œuvre de ce « Gorki des Balkans » évoque son existence errante (*la Vie d'Adrien Zograffi,* 1924-1933).

ISTRES (13800), ch.-l. d'arr. des Bouches-du-Rhône, sur l'étang de Berre ; 36 516 h. *(Istréens).* Base aérienne militaire. Industrie aéronautique.

ISTRIE, région de Slovénie et de Croatie, en face de Venise, baignée par l'Adriatique. Vénitienne du XIe s. à 1797 (traité de Campoformio), autrichienne de 1797 à 1805 puis en 1815, elle fut revendiquée comme « province irrédente » par l'Italie, qui l'annexa en 1920. En 1947, l'Istrie devint yougoslave, Trieste gardant un statut particulier.

Itaipú, barrage construit sur le Paraná par le Brésil et le Paraguay.

ITALIE, en ital. **Italia,** État d'Europe ; 301 000 km² ; 57 700 000 h. *(Italiens).* CAP. *Rome.* LANGUE : *italien.* MONNAIE : *lire.*

INSTITUTIONS

République. Constitution de 1947. Président de la République élu pour 7 ans par le Parlement. Président du Conseil, responsable devant le Parlement, formé de la *Chambre des députés* et du *Sénat,* élus pour 5 ans.

GÉOGRAPHIE

Membre fondateur du Marché commun, l'Italie est le plus développé des États méditerranéens, grâce à une renaissance rapide (le « miracle italien ») après la Seconde Guerre mondiale. Aujourd'hui les deux tiers des Italiens vivent dans des villes, dont 4 (Rome, Milan, Naples et Turin) dépassent le million d'habitants. Mais cette population ne s'accroît plus guère en raison de la chute de la natalité, tombée aux environs de 12 ‰. L'agriculture n'occupe plus guère que 10 % des actifs. Mais la production est importante, notamment pour les céréales (blé et maïs), les fruits (olives pour l'huile et surtout agrumes) et la vigne. La nature des productions est à relier à un climat partout chaud l'été, mais froid l'hiver dans le Nord (plaine du Pô et arc alpin de la Méditerranée au Frioul) et particulièrement sec l'été dans la partie péninsulaire (dont l'Apennin constitue l'ossature) et insulaire (Sicile et Sardaigne). Ce climat mais aussi un riche patrimoine culturel expliquent l'importance du tourisme. L'indus-

ITALIE

ALLEMAGNE
Munich
VIENNE
SLOVAQUIE
BRATISLAVA
Salzbourg
BUDAPEST
HONGRIE
Zurich
LIECHTENSTEIN
AUTRICHE
BERNE
SUISSE
L. Léman
Brenner
Lac Balaton
Pécs
TRENTIN-
Bolzano
Cortina d'Ampezzo
Dolomites
FRIOUL-
VÉNÉTIE-
JULIENNE
SLOVÉNIE
HT-ADIGE
Rhône
Mt Blanc 4807
Simplon
Cervin 4478
Mt Rose 4638
Bernina 4052
Ortles 3899
Domodossola
L. Majeur
L. de Côme
Sondrio
Belluno
Udine
Gorizia
LJUBLJANA
ZAGREB
Aoste
Breuil-Cervinia
Varese
Côme
LOMBARDIE
Trente
L. de Garde
Piave
Pordenone
Gr. Paradis 4061
V. D'AOSTE
Stresa
Tessin
Bergame
VÉNÉTIE
Vicence
Trévise
Trieste
CROATIE
Novare
Monza
Brescia
Venise
Istrie
Rijeka
tunnels du Fréjus
Verceil
Milan
Vérone
Padoue
G. de Venise
Save
PIÉMONT
Suse
Sestrières
Turin
Pavie
Crémone
Mantoue
Adige
Chioggia
45°
Pô
Asti
Alexandrie
Plaisance
Rovigo
Mt Viso 3841
ÉMILIE
Parme
Ferrare
BOSNIE-
HERZÉGOVINE
Cuneo
Reggio n. Emilia
Modène
ROMAGNE
C. de Tende
LIGURIE
Gênes
Savone
Bologne
Ravenne
FRANCE
Nice
Imperia
La Spezia
Mte Cimone 2163
Carrare
Faenza
Forli
San Remo
Vintimille
MONACO
Massa
Viareggio
Pistoia
Prato
Cesena
SAINT-MARIN
Rimini
Pesaro
SARAJEVO
Golfe de Gênes
Pise
Lucques
Arno
Florence
Fano
Urbino
Split
Livourne
Volterra
Arezzo
Tibre
Ancône
ADRIATIQUE
Dalmatie
Sienne
L. Trasimène
OMBRIE
Macerata
TOSCANE
Piombino
Mt Amiata 1734
Pérouse
Assise
MARCHES
Foligno
Ascoli Piceno
Bastia
I. d'Elbe
Grosseto
Orvieto
Spolète
Teramo
Terni
Gr. Sasso d'Italia 2914
Pescara
L. de Bolsena
Viterbe
Rieti
Chieti
Montecristo
CORSE
Ajaccio
Tarquinia
Civitavecchia
L'Aquila
LATIUM
ABRUZZES
ROME
Mt Greco 2283
San Severo
Gargano
Manfredonia
Ostie
MOLISE
Frosinone
Isernia
Campobasso
Foggia
Bouches de Bonifacio
Anzio
Latina
Mt Cassin
Barletta
Molfetta
Olbia
Gaète
Caserte
Bénévent
Ofanto
Andria
Bari
Sassari
Naples
Vésuve 1270
Avellino
POUILLE
Brindisi
Ischia
Herculanum
Pompéi
Salerne
Potenza
Matera
Torre del Greco
Capri
Paestum
BASILICATE
Tarente
Nuoro
CAMPANIE
Golfe de Tarente
Lecce
40°
Massif du Gennargentu 1834
Oristano
SARDAIGNE
MER
Pollino 2271
TYRRHÉNIENNE
CALABRE
Campidano
La Sila 1929
Cagliari
G. de Cagliari
Cosenza
Crotone
Stromboli 926
Catanzaro
MER MÉDITERRANÉE
Iles Lipari
Vulcano
Messine
MER
IONIENNE
Palerme
Reggio di Calabria
Erice
Îles Égates
Ségeste
Trapani
Cefalu
Taormina
Marsala
SICILE
Etna 3345
Détr. de Messine
Sélinonte
Caltanissetta
Enna
Catane
Bizerte
Agrigente
Piazza Armerina
Syracuse
Gela
Raguse
TUNIS
Pantelleria (It.)
Cap Passero
ALGÉRIE
TUNISIE
MALTE
10°
15°
0
150 km
200
500
1000
m
autoroute
route
aéroport
voie ferrée
plus de 1 000 000 h.
de 500 000 à 1 000 000 h.
de 100 000 à 500 000 h.
moins de 100 000 h.
autre localité ou site
Bari : capitale de région
Forli : chef-lieu de province

trie emploie environ le tiers des actifs. Elle comporte un important secteur d'État, quelques très grandes firmes et de très nombreuses petites entreprises. Elle est implantée surtout dans le Nord, la moitié méridionale (le Mezzogiorno) n'ayant pas rattrapé son retard. La production est diversifiée, dominée toutefois par les constructions mécaniques (automobile) et la chimie. Dans quelques branches (textile, travail du cuir), un apport notable provient de l'économie dite souterraine (production et main-d'œuvre non déclarées). Cela atténue en fait l'ampleur de l'officiel taux de chômage et contribue à expliquer la grande souplesse d'une économie qui paraît indifférente à la traditionnelle faiblesse de la lire, au non moins chronique déficit commercial (assorti d'un endettement extérieur notable) et budgétaire, à une certaine instabilité politique favorisant la renaissance du régionalisme (Ligues).

HISTOIRE

L'Antiquité. IIIe millénaire : l'Italie est peuplée par des populations méditerranéennes qui survivent ensuite sous les noms de Ligures (dans la péninsule) ou de Sicules (en Sicile). IIe millénaire : les migrations indo-européennes aboutissent à l'installation d'une civilisation spécifique, dite « des terramares », dans la plaine du Pô ; les derniers venus, les Villanoviens, pratiquent l'incinération et font usage du fer. V. 1000 : deux groupes italiques (ou italiotes) forment l'essentiel de la population de l'Italie. VIIIe s. av. J.-C. : les Étrusques s'installent entre Pô et Campanie ; les Grecs établissent des comptoirs sur les côtes méridionales. IVe s. : les Celtes occupent la plaine du Pô. IVe s.-IIe s. : Rome (fondée en 753, selon la légende) profite des dissensions de ces différents peuples pour conquérir progressivement l'ensemble de la péninsule, en même temps que, après sa victoire sur Carthage, elle domine l'ensemble de la Méditerranée occidentale. Le latin, langue du vainqueur, s'impose dans toute l'Italie. 91-89 av. J.-C. : la « guerre italique », ou « guerre sociale », contraint Rome à donner aux villes italiennes le droit de cité complet. 58-51 av. J.-C. : avec César, l'Italie devient maîtresse de la Gaule. 42 av. J.-C. : Octave incorpore la Gaule Cisalpine à l'Italie, dont la frontière est ainsi repoussée vers le nord. 27 av. J.-C.-Ve s. apr. J.-C. : à partir d'Auguste, l'Italie est le centre d'un vaste empire, qu'elle dirige et qui la nourrit. Le christianisme, introduit dans la péninsule au Ier s., longtemps persécuté, triomphe au IVe s. à Rome, siège de la papauté.

Le Moyen Âge. Ve s. : les invasions barbares réduisent l'empire d'Occident à l'Italie, qui n'est pas elle-même épargnée (sacs de Rome, 410 et 476). VIe s. : après les tentatives de rétablissement de Théodoric et de Justinien, l'Italie se développe autour de trois pôles : Milan, centre du royaume lombard ; Ravenne, sous domination byzantine ; le territoire pontifical, autour de Rome. VIIIe s. : contre les progrès lombards, le pape fait appel aux Francs ; Charlemagne devient roi des Lombards (774), avant d'être couronné empereur (800). IXe s. : les raids sarrasins et normands dans le Sud, le morcellement féodal créent une situation d'anarchie. Xe s. : le roi de Germanie Otton Ier est couronné empereur à Rome (962) et l'Italie est intégrée dans le Saint Empire romain germanique. 1075-1122 : la querelle des Investitures s'achève par la victoire de la papauté sur l'Empire. Appuyés par Rome, les Normands de Robert Guiscard créent un royaume en Italie du Sud. 1122-1250 : une nouvelle force se constitue, celle des cités, érigées en communes et que la croissance économique enrichit (Pise, Gênes, Florence, Milan, Venise). Lorsque le conflit entre Rome et l'Empire rebondit, avec la lutte du Sacerdoce et de l'Empire (1154-1250) — qui permet à l'empereur Frédéric Barberousse de conquérir le royaume normand —, les cités sont forcées de s'y engager, et se déchirent entre guelfes (partisans du pape) et gibelins (qui soutiennent l'empereur). 1266-1417 : l'Italie du Sud échoit à Charles d'Anjou, la Sicile passe aux mains de l'Aragon, ce qui met un terme aux prétentions impériales sur l'Italie. La papauté doit quitter Rome pour Avignon (1309-1376) ; elle est affaiblie par le Grand Schisme d'Occident (1378-1417). Il n'y a plus de puissance dominante en Italie, mais des communes et des États régionaux aux prises avec les difficultés économiques et sociales qui accompagnent la Peste noire (1348). XVe s. : une nouvelle puissance se forme dans le Nord, le duché de Savoie ; les cités, où des familles princières s'imposent contre le régime républicain, voient l'apogée de la Renaissance (Florence).

Du déclin du XVIe s. au Risorgimento. 1494-1559 : les guerres d'Italie s'achèvent, au détriment des ambitions françaises, par l'établissement de la prépondérance espagnole sur une large partie de la péninsule. 1559-1718 : l'Italie, centre de la Contre-Réforme, décline sur le plan culturel et économique. XVIIIe s. : le traité d'Utrecht (1713) fait passer le pays sous la domination des Habsbourg d'Autriche. En Toscane, dans le royaume de Naples qui, avec Parme, revient aux mains des Bourbons d'Espagne après 1734, une politique réformiste et éclairée est mise en place. 1792-1799 : l'Italie passe sous l'influence de la France qui annexe la Savoie et Nice, occupe la République de Gênes. D'éphémères « républiques sœurs » sont instituées. 1802-1804 : Bonaparte conquiert l'ensemble de la péninsule, et constitue le Nord en une « République italienne ». 1805-1814 : la République italienne, devenue royaume d'Italie, a pour souverain Napoléon ; le royaume de Naples, occupé en 1806, est confié à Joseph puis (1808) à Murat. 1814 : l'Italie revient à sa division antérieure (douze États). La domination autrichienne est restaurée dans le Nord et le Centre. 1820-21 : des sociétés secrètes *(carbonari)* fomentent des complots contre le retour de l'absolutisme ; ils sont durement réprimés. 1831-1833 : de nouvelles révoltes éclatent, inspirées par le républicain Mazzini, fondateur du mouvement « Jeune-Italie ». 1846-1849 : l'entreprise de libération nationale — le *Risorgimento* (Renaissance) — échoue devant la résistance autrichienne ; mais le Piémont, avec Charles-Albert puis Victor-Emmanuel II et son ministre Cavour, s'impose à sa tête, et obtient en sa faveur l'appui de la France. 1859 : les troupes franco-piémontaises sont victorieuses de l'Autriche (campagne d'Italie), qui doit quitter la Lombardie. 1860 : la Savoie et Nice reviennent à la France. Des mouvements révolutionnaires, en Italie centrale et dans le royaume de Naples conquis par Garibaldi, aboutissent à l'union de ces régions avec le Piémont. 1861 : le royaume d'Italie est proclamé, avec pour souverain Victor-Emmanuel et pour capitale Florence. 1866 : il s'augmente de la Vénétie grâce à l'aide prussienne. 1870 : la chute du second Empire français permet l'annexion de Rome, qui devient capitale.

Le royaume d'Italie et l'époque mussolinienne. 1870-1876 : des gouvernements de droite se succèdent, tandis que le Mezzogiorno s'enfonce dans la pauvreté et que l'émigration se développe. 1876-1900 : des gouvernements de gauche les remplacent avec Crispi, anticlérical et hostile à la France, qui tente vainement de coloniser l'Éthiopie. À Victor-Emmanuel II succèdent en 1878 Humbert Ier, assassiné en 1900, puis Victor-Emmanuel III. 1903-1914 : les problèmes sociaux s'aggravent. La politique extérieure, dominée par les revendications irrédentistes, aboutit au conflit italo-turc (1911-12) et à l'annexion de la Tripolitaine et du Dodécanèse. 1915-1918 : toujours poussée par le désir de reconquérir des terres sur l'Autriche, l'Italie participe à la Première Guerre mondiale aux côtés des Alliés. 1919 : une partie seulement de ses ambitions est satisfaite (annexion du Trentin, du Haut-Adige et de Fiume). 1922 : Mussolini est appelé au pouvoir par le roi après la « marche sur Rome » de ses Chemises noires. 1922-1944 : Mussolini, qui se fait appeler *duce,* instaure un régime fasciste corporatiste, populaire grâce à sa politique économique (grands travaux), religieuse (accords du Latran, 1929) et extérieure (conquête de l'Éthiopie, 1935-36). 1940 : l'Italie, qui a signé le pacte d'Acier avec le IIIe Reich l'année précédente, entre en guerre aux côtés de l'Allemagne. 1943 : le débarquement anglo-américain en Sicile provoque la chute de Mussolini, qui se réfugie dans le Nord où il constitue la République de Salo ; le maréchal Badoglio signe un armistice avec les Alliés. 1944 : Victor-Emmanuel III abdique et son fils Humbert II devient lieutenant général du royaume. 1945 : Mussolini est arrêté et fusillé.

L'Italie contemporaine. 1946 : la république est proclamée après référendum ; le démocrate-chrétien A. De Gasperi entreprend la reconstruction du pays, en s'appuyant sur l'alliance avec les États-Unis. 1953-1958 : période d'instabilité. 1957 : l'Italie entre dans la C.E.E. 1958-1968 : les démocrates-chrétiens, aux affaires avec A. Fanfani, puis A. Moro, sont les auteurs d'un « miracle » économique qui n'empêche pas l'avancée électorale de la gauche et les force progressivement à des ouvertures vers les socialistes. 1968-1972 : l'instabilité politique fait se succéder à un rythme rapide les gouvernements. Des troubles graves éclatent. La classe politique, jugée corrompue, est de plus en plus coupée du reste de la société. 1972-1981 : pour rétablir l'ordre, les partis politiques cherchent à réaliser la plus grande alliance possible ; ils y parviennent avec le « compromis historique », entre 1976 et 1979, lorsque sont unis au pouvoir communistes et démocrates-chrétiens. Cependant, la société italienne est troublée par le développement du terrorisme de droite ou de gauche, notamment des Brigades rouges (assassinat de A. Moro, 1978). 1983 : le socialiste B. Craxi devient président du Conseil. 1987-1992 : après sa démission, les démocrates-chrétiens (Giovanni Goria [juill. 87] ; Ciriaco De Mita [avr. 88] ; G. Andreotti [juill. 89]) retrouvent la présidence du Conseil. 1992 : les élections législatives (avr.) sont marquées par l'échec des grands partis traditionnels et par l'émergence des Ligues (mouvements régionalistes et populistes) en Italie du Nord. Le socialiste Giuliano Amato forme un gouvernement de coalition (juin) qui engage une politique d'austérité, de révision des institutions et de lutte contre la Mafia et la corruption. 1993 : cette politique est poursuivie par Carlo Azeglio Ciampi, gouverneur de la Banque centrale, qui dirige le nouveau gouvernement. Une réforme du système politique est mise en œuvre, touchant en particulier le fonctionnement des partis et les lois électorales. 1994 : après la victoire, lors des élections législatives, d'une coalition de droite et d'extrême droite, Silvio Berlusconi est nommé président du Conseil (avr.). Il doit cependant démissionner quelques mois plus tard (déc.). 1995-96 : à la tête d'un gouvernement de techniciens, Lamberto Dini s'attache à restaurer la confiance économique.

CULTURE ET CIVILISATION

☐ **BEAUX-ARTS**

Principales villes d'art et sites archéologiques. Agrigente, Arezzo, Assise, Bari, Bergame, Bologne, Brescia, Cagliari, Caserte, Catane, Cefalu (art roman-byzantin), Cerveteri (art étrusque), Ferrare, Florence, Gênes, Lecce, Lucques, Mantoue, Milan, Monreale (art roman-byzantin), Naples, Orvieto, Ostie (art romain), Padoue, Paestum (art grec), Palerme, Parme, Pavie, Pérouse, Pise, Pompéi (art romain), Ravenne (art byzantin), Rome, Sélinonte (art grec), Sienne, Syracuse, Tarquinia (art étrusque), Tivoli, Trente, Trieste, Turin, Urbino, Venise, Vérone, Vicence, Viterbe.

Architectes, peintres et sculpteurs célèbres.

— Moyen Âge : Nicola et Giovanni Pisano, Arnolfo di Cambio, Cimabue, Cavallini, Duccio, Giotto, les Lorenzetti, S. Martini, Andrea et Nino Pisano, les Gaddi, Gentile da Fabriano.

— Renaissance : Jacopo della Quercia, Brunelleschi, Ghiberti, Masolino da Panicale, Sassetta, Masaccio, Donatello, Pisanello, Fra Angelico, Michelozzo, Ucello, le Filarète, L. Della Robbia, Alberti, les Rossellino, les Lippi, les Bellini, Andrea del Castagno, Piero della Francesca, B. Gozzoli, Antonello da Messina, C. Tura, Foppa, Crivelli, Mantegna, Giuliano et Benedetto da Maiano, les Pollaiolo, Del Cossa, les Lombardo, Verrocchio, Francesco di Giorgio Martini, Botticelli, Bramante, Signorelli, Pérugin, les Sangallo, les Ghirlandaio, Léonard de Vinci, Carpaccio, Cima, Piero di Cosimo, les Sansovino, G. Ferrari, Serlio, Michel-Ange, Giorgione, le Sodoma, L. Lotto, Peruzzi, Raphaël, Pordenone, Andrea del Sarto, le Corrège, Titien, Rosso, Pontormo, J. Romain, les Palma, le Parmesan, B. Cellini, Primatice, Salviati, Vignole, Palladio, N. Dell'Abate, Vasari, les Bassano, le Tintoret, Véronèse, Giambologna, il Baroccio, D. Fontana, les Carrache, Maderno.

— XVIIe s. : Gentileschi, le Caravage, G. Reni, le Dominiquin, l'Albane, B. Strozzi, Lanfranco, le Guerchin, l'Algarde, Pierre de Cortone, Borromini, Bernin, Longhena, G. B. Casti-

glione, M. Preti, S. Rosa, G. Guarini, L. Giordano, C. Fontana, Solimena.
— XVIIIe s. : S. et M. Ricci, G. M. Crespi, Magnasco, Juvarra, Piazzetta, Pannini, Canaletto, les Guardi, Longhi, Piranèse, les Tiepolo, Canova.
— XIXe et XXe s. : Boldini, Segantini, Balla, Boccioni, C. Carrà, Modigliani, Severini, A. Martini, Magnelli, De Chirico, Morandi, P. L. Nervi, G. Ponti, L. Fontana, R. Piano. (Voir en outre macchiaioli, pauvre [art] et trans-avant-garde.)

☐ LITTÉRATURE ET PHILOSOPHIE
— Moyen Âge : Marco Polo, Brunetto Latini, Dante, Pétrarque, Boccace.
— Renaissance. XVe s. : L. Valla, Pic de La Mirandole, Ange Politien, Sannazzaro, Boiardo. XVIe s. : l'Arioste, l'Arétin, Machiavel, G. Guarini, B. Castiglione, le Tasse, G. Bruno, Vasari, Ruzzante. XVIIe s. : G. Marino, T. Campanella. XVIIIe s. : Goldoni, Gozzi, Alfieri, Parini, Vico, Beccaria. Risorgimento : Foscolo, Manzoni, Leopardi, S. Pellico. Italie unifiée : Carducci, Verga, Fogazzaro, De Amicis, Pascoli, D'Annunzio. XXe s. : B. Croce, Marinetti, I. Svevo, D. Campana, Pirandello, Montale, Ungaretti, Quasimodo, Gramsci, Pavese, Gadda, Malaparte, Buzzati, Silone, Vittorini, Pratolini, Moravia, Pasolini, E. Morante, Sciascia, Calvino, U. Eco.

☐ MUSIQUE
Moyen Âge : les troubadours *(dolce stil nuovo)*. XIVe et XVe s. : *ars nova*. XVIe s. : A. Willaert, G. Gesualdo ; M. A. Ingegneri, A. et G. Gabrieli. XVIIe s. : E. de Cavalieri, C. Monteverdi, P. F. Cavalli ; G. Carissimi ; G. Frescobaldi, A. Corelli, G. Torelli, D. Scarlatti. XVIIIe s. : A. Vivaldi, T. Albinoni, F. Geminiani, G. Tartini, P. A. Locatelli, G. B. Viotti, G. B. Sammartini, L. Boccherini, M. Clementi, J. B. Pergolèse. XIXe s. : G. Rossini, V. Bellini, G. Donizetti, G. Verdi. École vériste : G. Puccini, P. Mascagni, R. Leoncavallo ; L. Cherubini, N. Paganini. XXe s. : O. Respighi, G. F. Malipiero, F. Busoni ; L. Dallapicola, G. Petrassi ; L. Nono, B. Maderna, L. Berio, S. Bussotti ; G. Arrigo.

☐ CINÉMA
L. Visconti, R. Rossellini, V. De Sica, F. Fellini, M. Antonioni, M. Monicelli, L. Comencini, P. P. Pasolini, E. Olmi, D. Risi, F. Rosi, M. Ferreri, B. Bertolucci, les frères Taviani, E. Scola.

Italie *(campagnes d')*, opérations menées par Bonaparte contre l'Autriche en 1796-97 et en 1800, par Napoléon III contre l'Autriche en 1859, par les Alliés contre les forces germano-italiennes de 1943 à 1945.

Italie *(guerres d')* [1494-1559], série d'expéditions menées par les rois de France en Italie. Dans la première période (1494-1516), les rois de France guerroient en Italie pour la succession du royaume de Naples (Charles VIII), et du Milanais (Louis XII et François Ier). Ils ont pour adversaires le roi d'Aragon puis le pape ; les villes italiennes changent de camp au gré de leurs intérêts. Une victoire importante pour la France est acquise avec Marignan (1515) ; le traité de Noyon donne le royaume de Naples à l'Espagne et le Milanais à la France. Dans la seconde période (1519-1559), l'Italie est encore le plus souvent le champ de bataille, mais la lutte devient générale (opposition entre la France et la maison d'Autriche). L'Angleterre même se mêle à la lutte. Les traités du Cateau-Cambrésis (1559) puis de Vervins (1598) mettront fin à la fois aux prétentions françaises en Italie et à l'hégémonie des Habsbourg en Europe.

ITALIE *(royaume d')*, royaume créé par Napoléon Ier en 1805, pour remplacer la République italienne, et dont il fut le souverain, la vice-royauté étant exercée par Eugène de Beauharnais. Il disparut en 1814.

Italien (Théâtre-) → ***Comédie-Italienne.***

ITAMI, v. du Japon ; 186 134 h. Aéroport d'Ōsaka.

ITARD (Jean Marc Gaspard), médecin et pédagogue français (Oraison 1775 - Paris 1838). Directeur de l'Institut des sourds-muets à Paris, il fut l'un des premiers à s'intéresser à l'éducation des enfants déficients intellectuels.

ITHAQUE, une des îles Ioniennes ; 5 000 h. On l'identifie à l'Ithaque d'Homère, patrie d'Ulysse.

ITON, affl. de l'Eure (r. g.), qui passe à Évreux ; 118 km.

ITT (International Telephone and Telegraph Corporation), société américaine fondée en 1910. Spécialisée dans la fabrication et l'installation d'équipements téléphoniques, elle est également présente dans divers secteurs de l'économie (automation, ressources naturelles, agroalimentaire).

ITURBIDE (Agustín **de**), général mexicain (Valladolid, auj. Morelia, Mexique, 1783 - Padilla 1824). Général de l'armée espagnole, il imposa à l'Espagne le traité de Córdoba, qui reconnut l'indépendance du Mexique (1821). Proclamé empereur en 1822, il dut abdiquer (1823) devant le soulèvement républicain de Santa Anna et fut fusillé.

IULE ou **ASCAGNE,** fils d'Énée. Il lui succéda comme roi de Lavinium et fonda Albe la Longue *(l'Énéide)*. César prétendait descendre de lui.

IVAJLO (m. en 1280), tsar usurpateur de Bulgarie (1278-1280). Porcher, il organisa la défense du pays contre les Mongols et se fit proclamer tsar.

IVAN Ier Kalita (m. en 1340), prince de Moscou (1325-1340) et grand-prince de Vladimir (1328-1340). Il obtint des Mongols le privilège de réunir le tribut dû à la Horde d'Or. — **Ivan III le Grand** (1440 - Moscou 1505), grand-prince de Vladimir et de Moscou (1462-1505). Il se libéra de la suzeraineté mongole (1480), adopta le titre d'autocrate et se voulut l'héritier de Byzance. — **Ivan IV le Terrible** (Kolomenskoïe 1530 - Moscou 1584), grand-prince (1533-1547), puis tsar (1547-1584) de Russie. Il prit le premier le titre de *tsar*, annexa les khanats de Kazan (1552) et d'Astrakhan (1556) et se lança dans la guerre de Livonie (1558-1583). Il instaura à la fin de son règne un régime de terreur en créant un territoire réservé pour ses fidèles (l'*opritchnina*, 1565-1572).

Ivan IV le Terrible
(Musée historique d'État, Moscou)

Ivanhoé, roman de Walter Scott (1819).

IVANO-FRANKOVSK, v. d'Ukraine ; 214 000 h.

IVANOV (Lev Ivanovitch), danseur et chorégraphe russe (Moscou 1834 - Saint-Pétersbourg 1901), collaborateur de E. Cecchetti (*Cendrillon*, 1893) et de M. Petipa (*le Lac des cygnes*, 1895) ; auteur seul de *Casse-Noisette* (1892).

IVANOVO, v. de Russie, au nord-est de Moscou ; 481 000 h. Centre textile.

IVENS (Joris), cinéaste néerlandais (Nimègue 1898 - Paris 1989). Attentif à rendre compte des grands bouleversements politiques et sociaux de son époque, il a tourné de nombreux documentaires : *Zuyderzee* (1930), *Terre d'Espagne* (1938), *Comment Yu Kong déplaça les montagnes* (1976).

IVES (Charles), compositeur américain (Danbury, Connecticut, 1874 - New York 1954). Un des pionniers du langage musical actuel, il est l'auteur de la *Concord Sonata*.

IVRÉE, en ital. **Ivrea,** v. d'Italie (Piémont), sur la Doire Baltée ; 24 546 h. Machines à écrire et à calculer. Monuments anciens et modernes.

IVRY-LA-BATAILLE (27540), comm. de l'Eure, sur l'Eure ; 2 575 h. *(Ivryens)*. Le futur Henri IV y vainquit Mayenne et les ligueurs, le 14 mars 1590.

IVRY-SUR-SEINE (94200), ch.-l. de c. du Val-de-Marne, sur la Seine ; 54 106 h. *(Ivryens)*. Centre industriel.

IWAKI, v. du Japon (Honshū) ; 327 000 h.

IWASZKIEWICZ (Jarosław), écrivain polonais (Kalnik, Ukraine, 1894 - Varsovie 1980), auteur de nouvelles *(les Boucliers rouges, Mère Jeanne des Anges)*, de drames et d'essais critiques et autobiographiques.

IWO, v. du sud-ouest du Nigeria ; 214 000 h.

IWO JIMA, île du Pacifique, au nord des Mariannes, conquise par les Américains sur les Japonais en février 1945.

IXELLES, en néerl. **Elsene,** comm. de Belgique, banlieue sud-est de Bruxelles ; 72 610 h. Anc. abbaye de la Cambre. Musées.

IXION. *Myth. gr.* Roi des Lapithes, ancêtre des Centaures. Zeus, pour le punir de son attitude sacrilège à l'égard d'Héra, le précipita aux Enfers, lié à une roue enflammée tournant éternellement.

IZEGEM, comm. de Belgique (Flandre-Occidentale) ; 26 462 h.

IZERNORE (01580), ch.-l. de c. de l'Ain ; 1 181 h. Vestiges gallo-romains.

IZETBEGOVIĆ (Alija), homme politique bosniaque (Bosanski Šamac, Bosnie-Herzégovine, 1925), président de la Bosnie-Herzégovine depuis 1990. Opposé à la partition ethnique du pays et œuvrant pour le respect des droits des Musulmans de Bosnie-Herzégovine, il cosigne l'accord de paix de 1995.

IZMIR, anc. **Smyrne,** port de Turquie, sur la mer Égée ; 1 757 414 h. Foire internationale. Musée archéologique. Annexée à l'Empire ottoman en 1424, elle eut jusqu'en 1922 un peuplement cosmopolite (Grecs, Juifs, Arméniens).

IZMIT, anc. **Nicomédie*,** v. de Turquie, sur la mer de Marmara ; 256 882 h. Port militaire. Pétrochimie.

Iznik → ***Nicée.***

IZOARD *(col de l')*, col des Alpes (Hautes-Alpes), entre le Queyras et le Briançonnais ; 2 361 m.

IZUMO, sanctuaire shintoïste japonais (préf. de Shimane) au bord de la mer du Japon. Fidèlement reconstruit (1874), c'est l'un des exemples de l'architecture prébouddhique au Japon.

Izvestia, quotidien russe fondé en 1917, à Petrograd. Il a été l'organe des soviets des députés du peuple de l'U.R.S.S.

J

JABALPUR ou **JUBBULPORE,** v. de l'Inde centrale (Madhya Pradesh) ; 887 188 h.

JACCOTTET (Philippe), écrivain suisse d'expression française (Moudon 1925). Traducteur, il est aussi l'auteur de recueils de poèmes.

JACKSON, v. des États-Unis, cap. du Mississippi ; 196 637 h.

JACKSON (Andrew), homme politique américain (Waxhaw, Caroline du Sud, 1767 - Hermitage, Tennessee, 1845), démocrate, président des États-Unis de 1829 à 1837. Il marqua son époque (« ère de Jackson ») en accroissant l'autorité présidentielle et en renforçant la démocratie américaine.

JACKSON (John Hughlings), neurologue britannique (Green Hammerton, Yorkshire, 1835 - Londres 1911). L'un des fondateurs de la neurologie moderne, il a introduit la notion de localisation lésionnelle et considéré qu'une lésion entraîne une dissolution, suivie d'une nouvelle intégration à un niveau inférieur du fonctionnement du système nerveux. On lui doit la description de l'épilepsie motrice unilatérale.

JACKSON (Mahalia), chanteuse noire américaine (La Nouvelle-Orléans 1911 - Chicago 1972), l'une des plus grandes interprètes de negro spirituals.

JACKSONVILLE, v. des États-Unis (Floride) ; 635 230 h. Tourisme.

JACOB, le dernier des patriarches bibliques, fils d'Isaac, père de douze fils, dont un songe lui apprit qu'ils seraient les ancêtres des douze tribus d'Israël.

JACOB (François), médecin et biologiste français (Nancy 1920), prix Nobel de physiologie et de médecine en 1965, avec Lwoff et Monod, pour ses travaux de biochimie et de génétique.

JACOB (Georges), menuisier et ébéniste français (Cheny, Yonne, 1739 - Paris 1814). Maître à Paris en 1765, créateur de sièges originaux, il est le grand représentant du style « à la grecque » ; il a utilisé l'acajou à l'imitation de l'Angleterre. — Son fils **François Honoré** (Paris 1770 - *id.* 1841) fonda, sous le nom de Jacob-Desmalter, une fabrique dont l'œuvre fut immense au service de l'Empire (pour remeubler les anc. palais royaux).

JACOB (Max), écrivain et peintre français (Quimper 1876 - camp de Drancy 1944), précurseur du surréalisme (*le Cornet à dés,* 1917). Converti au catholicisme, il s'était retiré à Saint-Benoît-sur-Loire.

JACOBI (Carl), mathématicien allemand (Potsdam 1804 - Berlin 1851). Auteur de travaux fondamentaux sur les fonctions elliptiques, il ouvrit la voie à la théorie des fonctions doublement périodiques.

Jacobins *(club des)* [1789-1799], société politique créée à Versailles par des députés bretons, bientôt grossie de représentants d'autres provinces, et qui s'installa peu après sa fondation à Paris, dans l'ancien couvent des Jacobins. D'abord modéré, le club prit une allure plus révolutionnaire avec Pétion et surtout Robespierre, qui l'anima à partir de 1792. Fermé après Thermidor (1794), il fut reconstitué sous le Directoire, aux Tuileries puis à Saint-Thomas-d'Aquin.

JACOBSEN (Arne), architecte et designer danois (Copenhague 1902 - *id.* 1971), auteur notamment d'usines d'une grande qualité plastique.

JACOPO DELLA QUERCIA, sculpteur italien (Sienne v. 1374 - ? 1438). Il a travaillé, dans un style monumental, à Lucques, Sienne (fontaine Gaia) et Bologne (reliefs du portail de S. Petronio).

JACOPONE DA TODI (Jacopo **dei Benedetti,** dit), écrivain italien (Todi v. 1230 - Collazzone 1306). Ses « laudes » dialoguées forment la première ébauche du théâtre sacré italien.

JACQUARD (Joseph Marie), mécanicien français (Lyon 1752 - Oullins, Rhône, 1834), inventeur du métier à tisser qui porte son nom, équipé d'un mécanisme qui permet la sélection des fils de chaîne par un programme inscrit sur des cartons perforés.

JACQUELINE DE BAVIÈRE (Le Quesnoy 1401 - Teilingen 1436), duchesse de Bavière, comtesse de Hainaut, de Hollande, de Frise et de Zélande. En 1428, elle reconnut le duc de Bourgogne, Philippe le Bon, comme héritier.

JACQUEMART de Hesdin, miniaturiste français, au service du duc de Berry de 1384 à 1409, auteur d'une partie des images en pleine page des *Petites Heures* de ce prince (B. N., Paris).

Jacquerie, insurrection paysanne contre les nobles pendant la captivité de Jean le Bon (1358). Partie du Beauvaisis, elle se répandit en Picardie, dans le nord de l'Île-de-France et en Champagne. Elle fut réduite par les troupes de Charles le Mauvais.

SAINTS

JACQUES *(saint),* dit **le Majeur,** apôtre, fils de Zébédée, frère de Jean l'Évangéliste (Bethsaïde, Galilée - Jérusalem 44). Une légende en fait l'apôtre de l'Espagne. Ses reliques, vénérées à Compostelle, devinrent le but, à partir du xe s., d'un des plus célèbres pèlerinages de la chrétienté.

JACQUES *(saint),* dit **le Mineur** ou **le Juste,** membre de la famille de Jésus, chef de la communauté judéo-chrétienne de Jérusalem. Selon Flavius Josèphe, il fut lapidé vers 62. La tradition le confond avec le second apôtre *Jacques, fils d'Alphée,* mentionné dans les Évangiles.

ANGLETERRE ET IRLANDE

JACQUES Ier (Édimbourg 1566 - Theobaldo Park, Hertfordshire, 1625), roi d'Angleterre et d'Irlande (1603-1625) et, sous le nom de Jacques VI, roi d'Écosse (1567-1625), fils de Marie Stuart. Il succéda, en 1603, à Élisabeth Ire sur le trône d'Angleterre. Adversaire des catholiques, il échappa à la Conspiration des poudres (1605) ; persécuteur des puritains, il accéléra ainsi leur émigration vers l'Amérique. Donnant sa confiance à Buckingham, il s'attira l'hostilité des Anglais. — **Jacques II** (Londres 1633 - Saint-Germain-en-Laye 1701), roi d'Angleterre, d'Irlande et, sous le nom de Jacques VII, d'Écosse (1685-1688). Frère de Charles II, il se convertit au catholicisme ; malgré le *Test Act,* il succéda à son frère en 1685. Mais ses maladresses et la naissance d'un fils, héritier catholique, Jacques Édouard (1688), provoquèrent l'opposition whig, qui fit appel au gendre de Jacques II, Guillaume d'Orange. En débarquant en Angleterre, celui-ci obligea Jacques II à s'enfuir en France. Une tentative de restauration échoua après la défaite de Jacques II à la Boyne (1690).

ARAGON

JACQUES Ier le Conquérant (Montpellier v. 1207 - Valence 1276), roi d'Aragon (1213-1276). Il conquit les Baléares, les royaumes de Valence et de Murcie. — **Jacques II le Juste** (Valence v. 1267 - Barcelone 1327), roi d'Aragon (1291-1327) et de Sicile (1285-1295), obtint la Corse et la Sardaigne (1324).

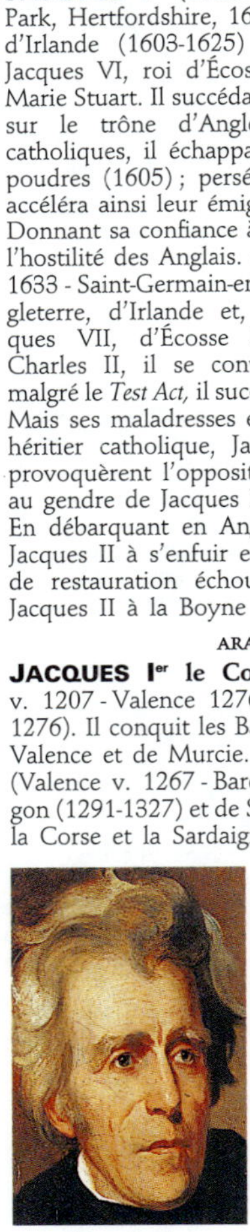

Andrew **Jackson**
(Th. Sully - National Gallery of Arts, Washington)

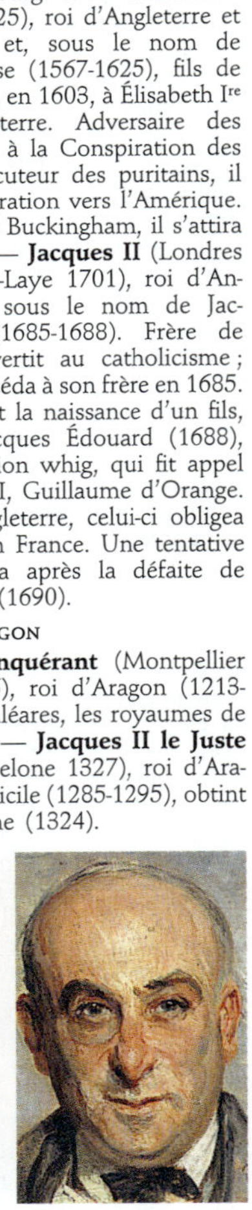

Max **Jacob**
(J. É. Blanche - musée des Beaux-Arts, Rouen)

ÉCOSSE

JACQUES Ier STUART (Dunfermline 1394 - Perth 1437), roi d'Écosse (1406/1424-1437). Il écrasa l'opposition féodale et, face aux Anglais, se rapprocha de la France. — **Jacques II** (Édimbourg 1430 - Roxburgh Castle 1460). Il profita de la guerre des Deux-Roses pour tenter de reprendre les dernières possessions anglaises en Écosse. — **Jacques III** (1452 - près de Stirling 1488), roi d'Écosse (1460-1488). Son mariage avec Marguerite (1469), fille de Christian Ier de Danemark, lui apporta les îles Orcades et Shetland. — **Jacques IV** (1473 - Flodden 1513), roi d'Écosse (1488-1513). La guerre ayant repris contre l'Angleterre (1513), il trouva la mort dans le désastre de Flodden. — **Jacques V** (Linlithgow 1512 - Falkland 1542), roi d'Écosse (1513-1542), père de Marie Ire Stuart. Il se signala par la fidélité de son alliance avec la France. — **Jacques VI**, roi d'Écosse (1567-1625) → ***Jacques Ier***, roi d'Angleterre. — **Jacques VII**, roi d'Écosse (1685-1688) → ***Jacques II***, roi d'Angleterre.

JACQUES BARADAÏ ou **BARADÉE** → ***Baradée.***

JACQUES de Cessoles, dominicain lombard (XIVe s.), auteur d'un *Liber de moribus* qui est une allégorie morale sur le jeu d'échecs.

JACQUES de Voragine *(bienheureux),* hagiographe italien (Varazze, Ligurie, v. 1228 - Gênes 1298), auteur d'une vie des saints, la *Légende dorée.*

JACQUES ÉDOUARD STUART, connu sous le nom du **Prétendant** ou du **Chevalier de Saint-George** (Londres 1688 - Rome 1766). Fils de Jacques II, il fut reconnu roi par Louis XIV à la mort de son père (1701), mais, malgré le soutien de ses partisans, les jacobites, il échoua dans ses tentatives pour recouvrer son trône.

Jacques le Fataliste et son maître, roman de Diderot, écrit en 1771-1773, publié en 1796.

JADE, golfe de la côte allemande, sur la mer du Nord.

JADIDA (El-), anc. **Mazagan,** port du Maroc, sur l'Atlantique ; 56 000 h. Monuments anciens.

JAÉN, v. d'Espagne (Andalousie), ch.-l. de prov. ; 103 260 h. Cathédrale reconstruite à partir de 1548, dans un style classique majestueux, par Andrés de Vandelvira.

JAFFA ou **YAFO,** partie de *Tel-Aviv-Jaffa* (Israël).

JAFFNA, port de Sri Lanka ; 118 000 h.

JAGELLONS, dynastie d'origine lituanienne qui régna en Pologne (1386-1572), sur le grand-duché de Lituanie (1377-1401 et 1440-1572), en Hongrie (1440-1444, 1490-1526) et en Bohême (1471-1526).

JAHVÉ → ***Yahvé.***

JAIPUR, v. de l'Inde, cap. du Rājasthān ; 1 514 425 h. Université. Foyer de la civilisation rajpute. Nombreux monuments (XVIe-XVIIIe s.).

JAKARTA ou **DJAKARTA,** anc. **Batavia,** cap. de l'Indonésie, dans l'ouest de Java ; 7 636 000 h. Plus grande ville de l'Asie du Sud-Est.

JAKOBSON (Roman), linguiste américain d'origine russe (Moscou 1896 - Boston 1982). Après avoir participé aux travaux du Cercle linguistique de Prague, il s'établit en 1941 aux États-Unis. Ses recherches ont porté sur la phonologie, la psycholinguistique, la théorie de la communication, l'étude du langage poétique (*Essais de linguistique générale,* 1963-1973).

JALAPA ou **JALAPA ENRÍQUEZ,** v. du Mexique, cap. de l'État de Veracruz ; 288 331 h. Musée archéologique.

JALGAON, v. de l'Inde (Mahārāshtra) ; 241 603 h.

JALIGNY-SUR-BESBRE (03220), ch.-l. de c. de l'Allier ; 770 h. Château de la Renaissance.

JALISCO, État du Mexique. Cap. *Guadalajara.*

JAMAÏQUE (la), en angl. **Jamaica,** État formé par l'une des Antilles, au sud de Cuba ; 11 425 km² ; 2 500 000 h. *(Jamaïquains).* CAP. *Kingston.* LANGUE : *anglais.* MONNAIE : *dollar de la Jamaïque.* Cette île montagneuse au climat tropical, qui possède d'importantes plantations (canne à sucre, bananiers), est un notable producteur de bauxite et d'alumine, et reçoit de nombreux touristes.

HISTOIRE

1494 : l'île est découverte par Christophe Colomb. 1655 : faiblement colonisée par les Espagnols, elle est conquise par les Anglais, qui développent la culture de la canne à sucre. XVIIIe s. : la Jamaïque devient le centre du trafic des esclaves noirs pour l'Amérique du Sud. 1833 : l'abolition de l'esclavage et des privilèges douaniers (1846) ruine les grandes plantations. 1866-1884 : l'île est placée sous l'administration directe de la Couronne. 1870 : la culture de la banane est introduite tandis qu'apparaissent des grandes compagnies étrangères *(United Fruit).* 1938-1940 : le mouvement autonomiste se développe sous l'impulsion de Norman Washington Manley et d'Alexander Bustamante. 1953 : une nouvelle Constitution donne à l'île un gouvernement autonome. 1962 : la Jamaïque devient indépendante dans le cadre du Commonwealth. 1972 : après dix ans de gouvernement travailliste, Michael Norman Manley devient Premier ministre. 1980 : les travaillistes, dirigés par Edward Seaga, reviennent au pouvoir. 1989 : M. N. Manley (Parti national populaire) est à nouveau Premier ministre. 1992 : après sa démission, Percival Patterson (PNP) lui succède.

JAMBLIQUE, philosophe grec (Chalcis, Cœlésyrie, v. 250 - 330). En rationalisant la religion grecque, il est l'un des derniers néoplatoniciens à s'opposer au christianisme.

JAMBOL, v. de Bulgarie ; 76 000 h.

JAMES *(baie),* vaste baie dans le prolongement de la baie d'Hudson (Canada). Aménagement hydroélectrique de ses tributaires.

JAMES (William), philosophe américain (New York 1842 - Chocorua, New Hampshire, 1910), un des fondateurs du pragmatisme (*les Variétés de l'expérience religieuse,* 1902). — Son frère **Henry** (New York 1843 - Londres 1916) se fit naturaliser britannique. Il est l'auteur de romans d'analyse (*le Tour d'écrou,* 1898 ; *les Ailes de la colombe,* 1902 ; *les Ambassadeurs,* 1903 ; *la Coupe d'or,* 1904).

Jakarta : un aspect de la ville moderne.

Jacques II
(G. Kneller - National Portrait Gallery, Londres)

Jansénius
(L. Dutielt - château de Versailles)

JAMESTOWN, ch.-l. de l'île de Sainte-Hélène.

JAMMES (Francis), écrivain français (Tournay, Hautes-Pyrénées, 1868 - Hasparren 1938), auteur de romans (*Clara d'Ellébeuse,* 1899) et de poésies (*les Géorgiques chrétiennes,* 1911-12) d'inspiration religieuse.

JAMMU, v. de l'Inde, cap. (avec *Srinagar*) de l'État de *Jammu-et-Cachemire* (222 000 km² ; 7 718 700 h.) ; 155 000 h.

JAMNĀ → ***Yamunā.***

JĀMNAGAR, v. de l'Inde (Gujerat) ; 365 464 h.

JAMOT (Eugène), médecin militaire français (Saint-Sulpice-les-Champs, Creuse, 1879 - Sardent, Creuse, 1937). Son nom est attaché à la lutte contre la maladie du sommeil en Afrique.

JAMSHEDPUR, v. de l'Inde (Bihār), à l'ouest de Calcutta ; 834 535 h. Sidérurgie.

JANÁČEK (Leoš), compositeur tchèque (Hukvaldy, près de Sklenov, 1854 - Moravská Ostrava 1928). Il s'est inspiré surtout du folklore et a laissé des opéras *(Jenůfa)* et une *Messe glagolitique.*

JANCSÓ (Miklós), cinéaste hongrois (Vác 1921), auteur de films dépouillés et allégoriques, enracinés dans l'histoire hongroise : *les Sans-Espoir* (1966), *Rouges et Blancs* (1967), *Silence et cri* (1968), *Psaume rouge* (1972), *la Saison des monstres* (1987).

Jane Avril dansant, peinture sur carton de Toulouse-Lautrec (v. 1892, musée d'Orsay). Mise en page inspirée des estampes japonaises pour cet instantané d'une danseuse du Moulin-Rouge dont Lautrec admirait la grâce et l'élégance (à l'opposé du style canaille de la Goulue, également célébrée par l'artiste).

Jane Avril dansant (v. 1892). Peinture (huile sur carton) de Toulouse-Lautrec. (Musée d'Orsay, Paris.)

JANEQUIN (Clément), compositeur français (Châtellerault ? v. 1485 - Paris 1558), un des maîtres de la chanson polyphonique parisienne (*la Guerre, le Chant des oiseaux, les Cris de Paris,* etc.).

JANET (Pierre), médecin et psychologue français (Paris 1859 - *id.* 1947). Fondateur de la psychologie clinique, il fit appel au concept de tension pour rendre compte des conduites pathologiques (*Névroses et idées fixes,* 1898 ; *De l'angoisse à l'extase,* 1927-28).

JANICULE, colline de Rome, sur la rive droite du Tibre. Elle était consacrée à Janus.

JANIN (Jules), écrivain français (Saint-Étienne 1804 - Paris 1874), romancier d'inspiration romantique et critique du *Journal des débats.* (Acad. fr.)

JANKÉLÉVITCH (Vladimir), philosophe français (Bourges 1903 - Paris 1985). Il s'est intéressé aux problèmes posés par l'existentialisme (*Traité des vertus,* 1949) et à la musique (*Ravel,* 1939).

JAN MAYEN *(île),* île norvégienne de l'Arctique, au nord-est de l'Islande.

JANNINA → ***Ioánnina.***

JANSÉNIUS (Cornelius **Jansen,** dit), théologien hollandais (Acquoy, près de Leerdam, 1585 - Ypres 1638). À l'université de Louvain, il se lia avec Du Vergier de Hauranne (Saint-Cyran). Encouragé par celui-ci, Jansénius, devenu évêque d'Ypres (1635), travailla à l'*Augustinus**, dans lequel il exposait, à son point de vue, les doctrines de saint Augustin sur la grâce, le libre arbitre et la prédestination : cet ouvrage est à l'origine de la querelle janséniste.

JANSSEN (Jules), astronome français (Paris 1824 - Meudon 1907). Fondateur de l'observatoire de Meudon (1876), il fut un pionnier de l'astrophysique solaire et découvrit l'hélium en même temps que Lockyer (1868).

JANUS, l'un des anciens dieux de Rome, gardien des portes, dont il surveille les entrées et les sorties ; c'est pourquoi il est représenté avec deux visages. À Rome, le temple de Janus n'était fermé qu'en temps de paix.

JANVIER *(saint),* évêque de Bénévent (Naples ou Bénévent v. 250 - Pouzzoles 305). Le « miracle de saint Janvier » (liquéfaction, à jours fixes, de son sang coagulé) est célèbre à Naples.

JANVILLE (28310), ch.-l. de c. d'Eure-et-Loir ; 1 760 h.

JANZÉ (35150), ch.-l. de c. d'Ille-et-Vilaine ; 4 569 h.

JAPHET, troisième fils de Noé, ancêtre, selon la Bible, de l'humanité d'après le Déluge.

JAPON, en jap. **Nippon** (« pays du Soleil-Levant »), État de l'Asie orientale, formé essentiellement de quatre îles *(Honshū, Hokkaidō, Shikoku* et *Kyūshū)* ; 373 000 km^2 ; 124 800 000 h. *(Japonais).* CAP. *Tōkyō.* LANGUE : *japonais.* MONNAIE : *yen.*

INSTITUTIONS

Monarchie constitutionnelle héréditaire. Constitution de 1946. Empereur : autorité symbolique. Premier ministre : nommé par le Parlement (ou *Diète*) formé de la *Chambre des représentants* élue pour 4 ans et de la *Chambre des conseillers* élue pour 6 ans.

GÉOGRAPHIE

De dimension moyenne (environ les deux tiers de la superficie de la France), mais densément peuplé (plus du double de la population française), le Japon est surtout la deuxième puissance économique mondiale. Le milieu naturel n'est pourtant guère favorable. La montagne domine et la forêt couvre plus de 60 % du territoire ; le volcanisme est parfois actif, alors que les séismes sont souvent accompagnés de raz de marée. L'hiver est rigoureux dans le Nord ; la majeure partie de l'archipel, dans le domaine de la mousson, possède un été doux et humide.

Le développement économique s'explique essentiellement par des conditions historiques, l'ouverture du Japon à l'Occident avec l'ère Meiji (1868). Il a abouti d'abord à une urbanisation croissante (environ 80 % de citadins) avec la formation de quelques grandes mégalopoles dont les centres sont Tōkyō, Ōsaka et Nagoya notamment. Aujourd'hui, la population ne s'accroît plus que lentement en raison de la chute du taux de natalité (environ 10 ‰).

L'industrie est devenue l'une des plus puissantes du monde grâce notamment à la concentration structurelle et financière, à l'agressivité commerciale aussi. Le Japon se situe aux premiers rangs mondiaux pour de nombreuses productions (acier, navires, automobiles et motos, plastiques, téléviseurs, magnétoscopes, appareils photographiques, etc.) dont une part notable est exportée. Aussi la balance commerciale est-elle régulièrement excédentaire malgré de lourdes importations d'énergie (le Japon extrait un peu de houille et le tiers seulement de la production d'électricité est d'origine locale, hydraulique ou nucléaire) et des achats dans le domaine alimentaire (malgré l'importance de la flotte de pêche et le difficile maintien de la production de riz). Ruiné à l'issue de la Seconde Guerre mondiale, le Japon a connu une croissance exceptionnellement rapide ensuite. Le niveau de vie moyen a fortement progressé et le chômage demeure réduit. Il y a cependant quelques contreparties : une évidente dépendance vis-à-vis des marchés extérieurs (avec une concurrence accrue de pays récemment industrialisés et la périodique menace de protectionnisme des autres pays développés), une certaine négligence de l'environnement (pollution urbaine et industrielle), un malaise social plus récent (le traditionnel sacrifice de l'individu à l'entreprise ou à la nation est moins bien supporté).

HISTOIRE

Les origines. IXe millénaire : peuplement par des populations paléolithiques venues du continent nord-asiatique. VIIe millénaire *(période préjōmon)* : culture précéramique en voie de néolithisation. VIe millénaire-IIIe s. av. J.-C. *(période Jōmon)* : poteries décorées, outillage lithique poli, mortiers en pierre. IIIe s. av. J.-C.-IIIe s. apr. J.-C. *(période Yayoi)* : culture du riz, métallurgie du bronze et du fer, tissage et tour de potier. IIIe s.-VIe s. *(période des kofuns)* : grands tumulus à chambre funéraire et décor mural évoquant la vie quotidienne ; autour du tumulus : haniwa en terre cuite en forme d'animaux, de guerriers. Architecture religieuse shintoïste : Ise et Izumo.

L'État antique. Ve-VIe s. : l'État de Yamato bénéficie de l'influence chinoise, qui lui parvient à travers les relais coréens. V. 538 : le Japon entre dans l'histoire avec l'introduction du bouddhisme, venu de Corée. 600-622 : le régent Shōtoku Taishi crée le sanctuaire d'Hōryū-ji. 645 : le clan des Nakatomi élimine celui des Soga et établit un gouvernement imité de celui de la Chine des Tang. 710-794 *(période de Nara) :* six sectes bouddhistes imposent leurs conceptions à la Cour, établie à Nara. 794 : la nouvelle capitale, Heian-kyō (Kyōto), est fondée. 794-1185 *(période de Heian)* : des colons-guerriers s'établissent dans le nord de Honshū. 858-milieu du XIIe s. : les Fujiwara détiennent le pouvoir. 1185 : le clan des Taira est vaincu par celui des Minamoto.

Le shogunat. 1192 : le chef du clan Minamoto, Yoritomo, est nommé général *(shogun).* Désormais il y a un double pouvoir central : celui de l'empereur *(tennō)* et de la Cour, et celui du shogun et de son gouvernement *(bakufu).* 1185/1192-1333 *(période de Kamakura)* : le bakufu, établi à Kamakura, est dominé par Yoritomo et ses fils, puis par les Hōjō. 1274-1281 : les tentatives d'invasion mongoles sont repoussées. 1333-1582 *(période de Muromachi) :* les shoguns Ashigaka sont établis à Kyōto. Des guerres civiles ensanglantent le pays : guerre des Deux Cours (1336-1392), puis d'incessants conflits entre seigneurs *(daimyo).* Cependant, des marchands portugais pénètrent au Japon (1542), que François Xavier, arrivé en 1549, commence à évangéliser. 1582 : après neuf ans de luttes, Oda Nobunaga écarte les Ashikaga. 1585-1598 : Toyotomi Hideyoshi, Premier ministre de l'empereur, unifie le Japon en soumettant les *daimyo* indépendants. 1603-1616 : Tokugawa Ieyasu s'installe à Edo (Tōkyō), se déclare shogun héréditaire et dote le Japon d'institutions stables. 1616-1867 *(période d'Edo* ou *des Tokugawa) :* le pays est fermé aux étrangers (sauf aux Chinois et aux Hollandais) après la rébellion de 1637. La classe des marchands et les villes se développent. 1854-1864 : les Occidentaux interviennent militairement pour obliger le Japon à s'ouvrir au commerce international.

Le Japon contemporain. 1867 : le dernier shogun, Yoshinobu, démissionne et l'empereur Mutsuhito (1867-1912) s'installe à Tōkyō. 1868-1912 *(ère Meiji) :* les techniques et les institutions occidentales sont adoptées (Constitution de 1889) afin de faire du Japon une grande puissance économique et politique. C'est une période d'expansion extérieure : au terme de la guerre sino-japonaise (1894-95), le Japon acquiert Formose ; sorti vainqueur de la guerre russo-japonaise (1905), il s'impose en Mandchourie et en Corée, pays qu'il annexe en 1910. 1912-1926 : pendant le règne de Yoshihito *(ère Taishō),* le Japon entre dans la Première Guerre mondiale aux côtés des Alliés et obtient les possessions allemandes du Pacifique. 1926 : Hirohito succède à son père, ouvrant l'*ère Shōwa.* 1931 : l'extrême droite nationaliste au pouvoir fait occuper la Mandchourie. 1937-38 : le Japon occupe le nord-est de la Chine. 1940 : il signe un traité tripartite avec l'Allemagne et l'Italie. 1941-42 : le Japon occupe la majeure partie de l'Asie du Sud-Est et le Pacifique. Août 1945 : il capitule après les bombardements atomiques d'Hiroshima et de Nagasaki. 1946 : une nouvelle Constitution instaure une monarchie constitutionnelle. 1951 : le traité de paix de San Francisco restaure la souveraineté du Japon. Dès lors, la vie politique est dominée par le parti libéral-démocrate (P.L.D.). 1960 : un traité d'alliance militaire avec les États-Unis est signé. 1960-1970 : le Japon devient une des premières puissances économiques du monde. 1978 : il signe avec la Chine un traité de paix et d'amitié. 1982 : Nakasone Yasuhiro est nommé Premier ministre. 1987 : Takeshita Noboru lui succède à la tête du gouvernement. 1989 : après la mort de Hirohito, son fils Akihito lui succède et inaugure l'*ère Heisei* (janv.). Des scandales politico-financiers entraînent la démission de Takeshita Noboru. 1992 : le Parlement adopte le projet de loi permettant la participation de soldats japonais aux missions de paix de l'O.N.U. 1993 : lors des élections législatives, le P.L.D. perd la majorité absolue. Un gouvernement de coalition, regroupant plusieurs partis de l'opposition, est formé sous la direction d'Hosokawa Morihiro. 1994 : un socialiste, Murayama Tomiichi, dirige un nouveau gouvernement de coalition, dominé par le P.L.D. 1996 : la coalition est reconduite avec pour Premier ministre le président du P.L.D., Hashimoto Ryutaro.

CULTURE ET CIVILISATION

□ ART DU JAPON ANCIEN

VIe-VIIe s. *(période Asuka) :* influence de la Corée et du Japon, avec l'apparition en architecture des caractères nippons : adaptation à la configuration du terrain et disposition asymétrique des bâtiments. Fondation du Hōryū-ji*. VIIe-VIIIe s. *(période de Nara) :* capitale Nara. Plan canonique du sanctuaire avec notamment le kondo et la pagode (Yakushi-ji*) ; persistance de l'apport chinois (décor mural du Hōryū-ji) ; sculpture : laque sec sur âme en bois (moine Ganjin*). IXe-XIIe s. *(période Heian) :* capitale Heian-kyō (Kyōto). Architecture palatiale et affirmation des caractéristiques nationales (pilotis, toit en écorce d'arbre, galerie, ouverture sur le jardin [Uji : le Byōdō-in]) ; peinture (décor mural du pavillon du Phénix du Byōdō-in), rouleaux horizontaux (makimono) illustrant écrits religieux ou littéraires : *Genji* monogatari.* Sous le règne des Fujiwara : épanouissement de l'art pictural national : le *Yamato-e ;* sculpture : Jōchō. 1185-1333 *(période de Kamakura) :* cap. Kamakura. Regain de l'apport chinois et premières influences du zen. Reconstruction de Nara. Essor du *Yamato-e ;* sculpture : réalisme, pléiade d'artistes autour d'Unkei. 1333-1582 *(période Ashikaga* ou *Muromachi) :* capitale Muromachi, faubourg de Kyōto. Officialisation des relations avec la Chine. Forte empreinte du zen : jardins ésotériques (Kyōto : jardin des mousses du Saihō-ji, v. 1339 ; jardin de pierres et de sable du Ryōan-ji, v. 1499) ; peinture : écoles Tosa et Kanō, et peinture à l'encre monochrome avec Sesshū, premiers kakemonos ; sculpture : apogée des masques de nô. Floraison des arts mineurs : laques et tsubas. 1582-1616 *(période des dictateurs) :* cap. à Momoyama, env. de Kyōto. Forteresses aux puissants remparts (Himeji ; Nijō près de Kyōto), aux décors intérieurs dus aux Kanō dont Eitoku ou Sanraku. Architecture privée : Katsura. Céramique pour la cérémonie du thé. 1616-1868 *(période des Tokugawa* ou *d'Edo) :* capitale Edo, actuelle Tōkyō. Chefs-d'œuvre de Sōtatsu auquel s'associe parfois Kōetsu, ou de Kōrin et de Kenzan. Ike* no Taiga pratique la peinture de lettrés. Porcelaines de Kakiemon et des fours d'Arita. Estampes de Moronobu, Harunobu, Utamaro, Sharaku, Hokusai *(la Manga*, la Vague*),* Hiroshige *(le Tokaido).* [*V. illustration p. 1428.*]

□ LITTÉRATURE

Du IVe au IXe s. : le *Manyō-shū.* Du IXe au XIIe s. : *Genji monogatari* de Murasaki Shikibu, Sei Shōnagon. Du XIIe au XVe s. : Kenkō Hōshi. Du XVe s. à 1750 : Saikaku, Chikamatsu Monzaemon, Bashō. De 1750 à 1868 : Ueda Akinari, Kyōkutei Bakin. De 1868 à nos jours : Tsubouchi Shōyō, Shimazaki Tōson, Mori Ōgai, Natsume Sōseki, Tanizaki Junichirō, Akutagawa Ryūnosuke, Kinoshita Junji, Kawabata Yasunari, Mishima Yukio, Abe Kōbō, Ōe Kenzaburō.

JAPON

RUSSIE
CHINE
Khabarovsk
Hegang
Jixi
Mudanjiang
Lac Khanka
Oussouri
Sikhote-Aline
Mt Oblatchnaïa 1855
Vladivostok
Nakhodka
Golfe Petra Velikogo
Chongjin
CORÉE DU NORD
Kimchaek
CORÉE DU SUD
Taegu
Pusan
Sakhaline
Ioujno-Sakhalinsk
Détroit de La Pérouse
Mer d'Okhotsk
Mer du Japon
OCÉAN PACIFIQUE
HOKKAIDŌ
HONSHŪ
SHIKOKU
KYŪSHŪ
TŌKYŌ
0 100 200 km
200 1000 2000 m
aéroport
route
voie ferrée
plus de 5 000 000 h.
de 1 000 000 à 5 000 000 h.
de 100 000 à 1 000 000 h.
moins de 100 000 h.

Guerrier. Partie supérieure d'un haniwa. Terre cuite ; ve s. environ. (Musée Guimet, Paris.) Les haniwa qui cernent les grands tombeaux sous tumulus de chefs locaux de la période kofun sont rangés selon un ordre précis. Ils nous renvoient l'image de la société traditionnelle et probablement celle du cortège lors de l'inhumation, pratiquée selon le rituel chamanique. Celui-ci disparaîtra peu à peu avec l'arrivée du bouddhisme et de la crémation.

Amida Nyorai ou bouddha Amida. Statue en bois laqué et doré commandée à Jōchō par Fujiwara Yorimichi pour le pavillon* du Phénix du Byōdō-in à Uji, où elle est encore conservée. Œuvre maîtresse de Jōchō, de 1053, elle traduit autant le renouveau technique du sculpteur — qui ne taille plus un seul bloc de bois, mais assemble plusieurs parties — que la parfaite assimilation de l'influence chinoise, ainsi que l'élégance et la sérénité de l'art sous les Fujiwara.

Le Ginkaku-ji, ou Temple du Pavillon d'argent, à Kyōto. Cette résidence (1482) du shogun Ashikaga Yoshimasa (transformée en temple) illustre parfaitement l'empreinte austère du zen sur l'architecture profane. Elle est installée au cœur de l'un des plus beaux jardins, attribué à Sōami, qui abrite le plus ancien pavillon destiné à la cérémonie du thé.

Paysage d'hiver. Kakemono de Sesshū. Encre sur papier. (Musée national, Tōkyō.) Initié au lavis dans un monastère zen, Sesshū, dans sa pleine maturité, effectue (1467-1469) le voyage en Chine. Il en revient vivifié, mais dégagé du maniérisme chinois. Trait large, ferme, angulaire et extrême fluidité se répondent ; sa liberté d'expression est totale et participe de la gestuelle.

« Pont et iris. » Détail d'un paravent à 6 panneaux de Kōrin. Peinture et or sur papier. (Metropolitan Museum of Art, New York.) Virtuosité, rythme, sens de la nature mais aussi abstraction : autant de caractères qui font de Kōrin le flamboyant héritier du grand style décoratif des Kanō et particulièrement d'Eitoku.

Bol Kakiemon à décor de fleurs et d'oiseaux. Porcelaine, XVIIe s. (Musée national, Tōkyō.) La légèreté de ses motifs, la transparence des émaux et la beauté de son rouge vif firent la réputation du potier Kakiemon, établi à Arita, centre porcelainier dès le milieu du XVIe s. grâce à la proximité de gisements de kaolin, et dont la production fut exportée dès 1650 vers l'Europe à partir du port voisin d'Imari.

Portrait de l'acteur de kabuki Matsumoto Yonesaburō. Estampe polychrome à fond micacé de Sharaku. (Musée Guimet, Paris.) Véritable météore dans l'art de l'estampe, Sharaku, lui-même acteur de nô, réalise tout son œuvre gravé entre 1794 et 1795, immortalisant par un trait vif et acéré, parfois proche de la caricature, l'extraordinaire mobilité expressive des acteurs de kabuki.

l'art du Japon ancien

□ CINÉMA
Mizoguchi, Ozu, Kurosawa, Ichikawa, Oshima, Imamura.

JAPON *(mer du),* dépendance de l'océan Pacifique, entre la Russie, la Corée et le Japon.

JAPURÁ → ***Yapurá.***

JAQUES-DALCROZE (Émile), compositeur et pédagogue suisse (Vienne 1865 - Genève 1950), auteur de mélodies populaires et inventeur de la gymnastique rythmique.

Jardin des délices (*triptyque* dit du), œuvre célèbre de J. Bosch, l'une des plus énigmatiques (v. 1500-1505 ?, Prado).

JARGEAU (45150), ch.-l. de c. du Loiret, sur la Loire ; 3 586 h. *(Gergoliens).* Église des xe, xiie et xvie s. Victoire de Jeanne d'Arc sur les Anglais (1429).

JARNAC (16200), ch.-l. de c. de la Charente, sur la Charente ; 4 887 h. Eaux-de-vie. Église romane et gothique.

JARNAC (Guy **Chabot,** *baron* **de**), capitaine français, neveu de l'amiral Philippe de Chabot (1509 - apr. 1584). En 1547, il vainquit en duel François de Vivonne, seigneur de La Châtaigneraie, par un coup imprévu au jarret : d'où l'expression *coup de Jarnac,* coup décisif et surtout inattendu.

JARNY (54800), comm. de Meurthe-et-Moselle ; 8 703 h. Triage ferroviaire.

JARRE (Maurice), compositeur français (Lyon 1924). Directeur de la musique au T. N. P., il a composé de la musique de film (*le Docteur Jivago,* 1965). — Son fils **Jean-Michel** (Lyon 1948) compose de la musique électronique et des spectacles audiovisuels destinés à un large public (*Oxygène,* 1978).

Jarretière *(ordre de la),* ordre de chevalerie anglais, institué par Édouard III en 1348. (Devise : « Honni soit qui mal y pense. »)

JARRIE (La) [17220], ch.-l. de c. de la Charente-Maritime ; 2 437 h.

JARRY (Alfred), écrivain français (Laval 1873 - Paris 1907), créateur du personnage d'Ubu *(Ubu* roi, Ubu enchaîné, Ubu sur la butte)* et de la « pataphysique » *(Gestes et opinions du docteur Faustroll),* l'un des ancêtres du surréalisme.

JARUZELSKI (Wojciech), général et homme politique polonais (Kurów 1923). Premier ministre (1981-1985) et premier secrétaire du parti ouvrier unifié polonais (1981-1989), il instaure l' « état de guerre » (déc. 1981 - déc. 1982) et met hors la loi le syndicat Solidarité (1982). Président du Conseil d'État à partir de 1985, il est élu à la présidence de la République par le nouveau Parlement en 1989. Son mandat s'achève avec l'élection présidentielle de 1990.

JARVILLE-LA-MALGRANGE (54140), ch.-l. de c. de Meurthe-et-Moselle ; 10 392 h. Triage ferroviaire. Musée nancéien du Fer.

JASMIN (Jacques **Boé,** dit), poète français d'expression occitane (Agen 1798 - *id.* 1864).

JASON. *Myth. gr.* Héros thessalien qui organisa l'expédition des Argonautes pour conquérir la Toison d'or, en Colchide, et réussit grâce aux sortilèges de Médée.

JASPAR (Henri), homme politique belge (Schaerbeek 1870 - Uccle 1939). Premier ministre de 1926 à 1931, il stabilisa le franc et fit voter l'enseignement en flamand à l'université de Gand (1930).

Jasper *(parc national de),* site touristique des Rocheuses canadiennes (Alberta).

JASPERS (Karl), philosophe et psychiatre allemand (Oldenburg 1883 - Bâle 1969), l'un des principaux représentants de l'existentialisme chrétien.

JĀT, peuple du Pakistan et de l'Inde.

JAUCOURT (Louis, *chevalier* **de**), érudit français (Paris 1704 - Compiègne 1780), un des collaborateurs les plus actifs de l'*Encyclopédie* de Diderot.

JAUFRÉ RUDEL, *prince* **de Blaye,** troubadour du xiie s. Sa chanson d'un « amor de lonh » (amour lointain) est à l'origine de la légende de *la Princesse lointaine.*

JAUNE *(fleuve)* → ***Huang He.***

JAUNE *(mer),* dépendance de l'océan Pacifique, entre la Chine et la Corée.

JAURÉGUIBERRY (Jean Bernard), amiral français (Bayonne 1815 - Paris 1887). Membre du gouvernement de Tours en 1870, il fut ministre de la Marine en 1879 et 1882.

JAURÈS (Jean), homme politique français (Castres 1859 - Paris 1914). Brillant universitaire, journaliste et député républicain (1885-1889), il fut député socialiste de 1893 à 1898 puis de 1902 à sa mort. Fondateur (1904) de *l'Humanité,* historien (*Histoire socialiste* [*1789-1900*], 1901-1908), Jaurès fut le véritable leader du socialisme français, surtout après la création de la S. F. I. O. en 1905. Pacifiste militant, il s'attira l'hostilité des milieux nationalistes. Il fut assassiné, le 31 juill. 1914, à la veille de la Première Guerre mondiale.

JAVA, île d'Indonésie ; 130 000 km^2 ; 108 millions d'h. *(Javanais).* Cette île allongée, au climat équatorial, formée de plaines et de plateaux dominés par une longue chaîne montagneuse volcanique, est la plus peuplée d'Indonésie. L'agriculture y est intensive (riz, canne à sucre, tabac).

JAVA *(mer de),* dépendance du Pacifique, entre Java, Sumatra et Bornéo.

JAVARI (le), affl. de l'Amazone (r. dr.), frontière entre le Pérou et le Brésil ; 1 000 km env.

JAY (John), homme politique américain (New York 1745 - Bedford, État de New York, 1829). Après avoir joué un rôle capital dans l'indépendance des États-Unis, il présida la Cour suprême (1789-1795), négociant, en 1794, un traité de délimitations *(traité Jay)* avec la Grande-Bretagne.

JAYADEVA, poète indien (xiie s.), auteur du poème mystique *Gīta Govinda.*

JAYAPURA, anc. **Hollandia,** v. d'Indonésie, ch.-l. de l'Irian Jaya (Nouvelle-Guinée occidentale) ; 88 000 h.

JAYAWARDENE (Junius Richard), homme politique srilankais (Colombo 1906), président de la République de 1978 à 1989.

JDANOV → ***Marioupol.***

JDANOV (Andreï Aleksandrovitch), homme politique soviétique (Marioupol 1896 - Moscou 1948). Membre du Politburo (1939), il dirigea la politique culturelle de l'ère stalinienne.

SAINTS

JEAN ou **JEAN l'Évangéliste** *(saint),* apôtre, frère de Jacques le Majeur, un des premiers disciples du Christ (m. à Éphèse v. 100). Il évangélisa l'Asie Mineure. La tradition fait de lui l'auteur de l'Apocalypse, de trois Épîtres et du quatrième Évangile. Il est souvent représenté, dans la sculpture et la peinture, accompagné d'un aigle.

JEAN BERCHMANS *(saint),* novice jésuite (Diest, Brabant, 1599 - Rome 1621), mort au Collège romain. Il est un des patrons de la jeunesse.

JEAN BOSCO *(saint),* prêtre italien (Becchi Castelnuovo d'Asti 1815 - Turin 1888), fondateur des salésiens (1859) et des salésiennes (1872), congrégations vouées à l'éducation des enfants pauvres.

JEAN Chrysostome *(saint),* Père de l'Église grecque (Antioche v. 344 - près de Comana de Cappadoce 407), évêque de Constantinople ; son éloquence lui a valu le surnom de **Chrysostome** (« Bouche d'or »). Sa rigueur et son zèle réformateur le firent envoyer en exil, où il mourut.

JEAN DE BRÉBEUF *(saint),* jésuite et missionnaire français (Condé-sur-Vire 1593 - Saint-Ignace, Canada, 1649), martyrisé par les Iroquois.

JEAN de Capistran *(saint),* franciscain italien (Capestrano 1386 - Villacum, Croatie, 1456). Il réorganisa son ordre et évangélisa l'Europe centrale.

JEAN de Damas ou **Damascène** *(saint),* Père de l'Église grecque (Damas v. 650 - Saint-Sabas, près de Jérusalem, v. 749). Il défendit le culte des images. Son œuvre a marqué la théologie et l'hymnologie byzantines.

JEAN de Dieu *(saint),* religieux portugais (Montemor-o-Novo 1495 - Grenade 1550). Il fonda l'ordre des Frères hospitaliers, dit « de Saint-Jean-de-Dieu ».

JEAN de la Croix *(saint),* religieux espagnol, docteur de l'Église (Fontiveros, prov. d'Ávila, 1542 - Ubeda 1591). Réformateur de l'ordre des Carmes, ses poèmes et ses traités (*le Cantique spirituel,* 1584) font de lui l'un des grands mystiques chrétiens.

JEAN DE LA LANDE *(saint),* missionnaire français (Dieppe v. 1620 - Andagaron, Canada, 1646), massacré avec le P. Isaac Jogues par les Iroquois.

JEAN DE MATHA *(saint),* fondateur de l'ordre des Trinitaires (Faucon, Provence, 1160 - Rome 1213), voué au rachat des captifs.

JEAN EUDES *(saint),* prêtre français (Ri, Orne, 1601 - Caen 1680), fondateur de la Société des prêtres de Jésus-et-Marie (eudistes).

JEAN FISHER *(saint),* cardinal anglais (Beverley v. 1469 - Londres 1535). Brillant humaniste, ami d'Érasme, il fut décapité sous le règne d'Henri VIII pour s'être opposé au divorce du roi.

JEAN GUALBERT *(saint),* abbé italien (Petroio, près de Florence, v. 995 - Passignano 1073). Il fonda à Vallombreuse une congrégation inspirée des bénédictins, mais avec une règle plus sévère.

PAPES

JEAN Ier *(saint)* pape de 523 à 526 [en Toscane 470 ? - Ravenne 526]. Envoyé en mission par Théodoric auprès de l'empereur d'Orient Justin, il couronna celui-ci, et fut jeté en prison à son retour. — **Jean V** (Antioche ? - Rome 686), pape de 685 à 686. Il fut le premier pape à se faire sacrer sans attendre l'autorisation de l'empereur d'Orient. — **Jean VIII** (Rome 820 ? - *id.* 882), pape de 872 à 882. Il sacra empereur, à Rome, Charles le Chauve (875), puis, en France, Charles le Gros (881), et mourut empoisonné. — **Jean XII (Ottaviano)** [Rome 937 - *id.* 964], pape de 955 à 964. Élu pape à 18 ans, il fut surtout un politique, et couronna empereur Otton Ier (962), qui chercha néanmoins à le faire remplacer. — **Jean XV** (Rome ? - *id.* 996), pape de 985 à 996. On lui doit l'institution de la *trêve de Dieu.* — **Jean XXI** (Pietro **di Giuliano**) [Lisbonne v. 1220 - Viterbe 1277], pape de 1276 à 1277. Il donna l'investiture des Deux-Siciles à Charles d'Anjou. — **Jean XXII** (Jacques **Duèse** ou **d'Euze**) [Cahors 1245 - Avignon 1334], pape de 1316 à 1334. Il résida à Avignon et travailla à la centralisation de l'administration pontificale,

Alfred **Jarry** (F.A. Cazals - B.N.F., Paris)

Jean **Jaurès** (F. Batut - musée Jean-Jaurès Castres)

saint **Jean** Chrysostome (B.N.F., Paris)

Jean XXIII

s'attirant l'hostilité des franciscains spirituels et celle de l'empereur, qui lui opposa un antipape. — **Jean XXIII** (Baldassare **Cossa**) [Naples v. 1370 - Florence 1419] fut antipape à Pise à l'époque du Grand Schisme. — **Jean XXIII** (Angelo Giuseppe **Roncalli**) [Sotto il Monte, près de Bergame, 1881 - Rome 1963], pape de 1958 à 1963. Nonce à Paris puis patriarche de Venise et cardinal, il marqua son court pontificat par l'*aggiornamento* (mise à jour) de l'Église romaine et par la convocation du deuxième concile du Vatican (1962). Il a promulgué plusieurs encycliques majeures (*Pacem in terris,* 1963). [*V. illustration p. 1429.*]

ANGLETERRE

JEAN sans Terre (Oxford 1167 - Newark, Nottinghamshire, 1216), roi d'Angleterre (1199-1216), cinquième fils d'Henri II, frère et successeur de Richard Cœur de Lion. Cité par Philippe Auguste devant la Cour des pairs pour avoir enlevé Isabelle d'Angoulême, il fut déclaré déchu de ses fiefs français (1202), qu'il essaya vainement de reprendre. Ses alliés, dont l'empereur germanique Otton IV, furent battus à Bouvines (1214), et il fut lui-même défait à La Roche-aux-Moines. L'année précédente, il avait été obligé d'inféoder son royaume au pape. Ces échecs provoquèrent une vive opposition en Angleterre, et la révolte des barons le contraignit à accepter la Grande Charte (1215).

ARAGON ET NAVARRE

JEAN II (Medina del Campo 1397 - Barcelone 1479), roi de Navarre (1425-1479) et d'Aragon (1458-1479), fils cadet de Ferdinand Ier. Il s'empara du pouvoir en Navarre après la mort de sa femme (1441) et prépara le règne brillant de son fils Ferdinand II, à qui il fit épouser Isabelle de Castille.

BOHÊME

JEAN Ier DE LUXEMBOURG l'Aveugle (1296 - Crécy 1346), roi de Bohême (1310-1346), fils de l'empereur Henri VII. Il fut tué dans les rangs français à la bataille de Crécy, où, malgré sa cécité, il avait vaillamment combattu.

BOURGOGNE

JEAN sans Peur, fils et successeur de Philippe le Hardi (Dijon 1371 - Montereau 1419), duc de Bourgogne (1404-1419). Il entra en lutte contre Louis, duc d'Orléans, chef des Armagnacs, qu'il fit assassiner en 1407. Chef du parti bourguignon, il s'empara de Paris après Azincourt (1418). Inquiet des succès anglais, il cherchait à se rapprocher de Charles VI quand il fut assassiné par Tanneguy Duchâtel.

BRETAGNE

JEAN IV DE MONTFORT (1295 - Hennebont 1345), duc de Bretagne, frère du duc Jean III. Il conquit le duché contre sa nièce Jeanne de Penthièvre, mais son règne se passa en captivité ou en combats.

BYZANCE

JEAN Ier TZIMISKÈS (Hiérapolis, Arménie, 925 - Constantinople 976), empereur byzantin (969-976). Il annexa la Bulgarie orientale. — **Jean II Comnène** (1087 - Taurus 1143), empereur byzantin (1118-1143). Il pacifia les Balkans et rétablit la suzeraineté byzantine sur les Francs de Syrie. — **Jean III Doukas Vatatzès** (Didymotique, Thrace, 1193 - Nymphaion, auj. Kemalpaşa, 1254), empereur byzantin de Nicée de 1222 à 1254. — **Jean IV Doukas Lascaris** (né v. 1250), empereur byzantin de Nicée (1254, en droit 1258-1261). — **Jean V Paléologue** (1332-1391), empereur byzantin (1341-1354 ; 1355-1376 ; 1379-1391). Sa minorité fut troublée par l'action de Jean VI Cantacuzène. — **Jean VI Cantacuzène** (Constantinople v. 1293 - Mistra 1383), empereur byzantin (1341-1355). Tuteur de Jean V Paléologue, combattu par Anne de Savoie, il fut associé au jeune empereur ; ayant abdiqué, il se retira dans un monastère, où il rédigea son *Histoire,* qui couvre les années 1320-1356. — **Jean VII Paléologue** (v. 1360 - mont Athos v. 1410), empereur byzantin (1399-1402). — **Jean VIII Paléologue** (1390 - Constantinople 1448), empereur byzantin (1425-1448). Au concile de Florence (1439), il conclut avec le pape l'union des Églises, qui fut éphémère.

EMPIRE LATIN D'ORIENT

JEAN DE BRIENNE (v. 1148 - Constantinople 1237), roi de Jérusalem (1210-1225), empereur latin de Constantinople (1231-1237).

FRANCE

JEAN Ier le Posthume (Paris 1316), roi de France et de Navarre, fils posthume de Louis X le Hutin. Il ne vécut que quelques jours.

JEAN II le Bon, fils et successeur de Philippe VI de Valois (château du Gué de Maulny, près du Mans, 1319 - Londres 1364), roi de France (1350-1364). Son règne est marqué au début par ses démêlés avec Charles le Mauvais, roi de Navarre, et par des embarras financiers nécessitant plusieurs convocations d'états généraux. Vaincu à Poitiers par le Prince Noir (1356), il fut emmené à Londres. Après avoir signé les préliminaires de Brétigny et le traité de Calais (1360), il revint en France, laissant deux de ses fils en otage. Il donna en apanage à son fils Philippe le Hardi le duché de Bourgogne, fondant ainsi la seconde maison de Bourgogne. Il mourut prisonnier des Anglais, ayant repris la place de son fils Louis d'Anjou, qui s'était évadé.

LUXEMBOURG

JEAN (Berg, cant. de Mersch, 1921), souverain du grand-duché de Luxembourg. Il succéda à sa mère, la grande-duchesse Charlotte, en 1964.

POLOGNE

JEAN II CASIMIR ou **CASIMIR V** (Cracovie 1609 - Nevers 1672), roi de Pologne (1648-1668). Il ne put éviter la perte de l'Ukraine orientale et l'invasion suédoise (1655) et abdiqua.

JEAN III SOBIESKI (Olesko 1629 - Wilanów 1696), roi de Pologne (1674-1696). Il vainquit les Ottomans à Chocim (auj. Khotine) en 1673, puis au Kahlenberg lors du siège de Vienne (1683).

PORTUGAL

JEAN Ier le Grand (Lisbonne 1357 - *id.* 1433), roi de Portugal (1385-1433), fils naturel de Pierre Ier le Justicier. La victoire qu'il remporta à Aljubarrota (1385) consacra l'indépendance du Portugal. — **Jean II le Parfait** (Lisbonne 1455 - Alvor 1495), roi de Portugal (1481-1495). Il conclut le traité de Tordesillas (1494). — **Jean III le Pieux** (Lisbonne 1502 - *id.* 1557), roi de Portugal (1521-1557). Il introduisit l'Inquisition au Portugal. — **Jean IV le Fortuné** (Vila Viçosa 1604 - Lisbonne 1656), duc de Bragance. Il devint roi de Portugal (1640-1656). — **Jean V le Magnanime** (Lisbonne 1689 - *id.* 1750), roi de Portugal (1707-1750). — **Jean VI le Clément** (Lisbonne 1767 - *id.* 1826), roi de Portugal (1816-1826). Régent de 1792 à 1816, il s'enfuit au Brésil lors de l'invasion française (1807). De retour au Portugal (1821), il inaugura le régime constitutionnel.

Jean (le Prêtre), personnage fabuleux du Moyen Âge, chef d'un État chrétien, et identifié soit au khan des Mongols, soit au négus.

JEAN de Leyde (Jan **Beukelsz,** dit), chef anabaptiste (Leyde 1509 - Münster 1536). Il fonda à Münster un royaume théocratique ; après la prise de la ville par les troupes épiscopales, il mourut dans les supplices.

JEAN de Meung [mœ] ou **de Meun,** écrivain français (Meung-sur-Loire v. 1240 - Paris v. 1305), auteur de la seconde partie du *Roman* de la Rose.*

JEAN-BAPTISTE ou **JEAN** *(saint),* chef d'une secte juive du Ier s. de notre ère, contemporain de Jésus, fils d'Élisabeth, tante de celui-ci, considéré par la tradition chrétienne comme le précurseur du Messie. Il fut décapité v. 28 sur l'ordre d'Hérode Antipas. Ayant gagné le désert dès son enfance, il prêcha sur les bords du Jourdain un message de pénitence et pratiqua un baptême de purification pour la venue du Royaume de Dieu.

JEAN-BAPTISTE DE LA SALLE *(saint),* prêtre français (Reims 1651 - Rouen 1719). Il fonda, en 1682, la congrégation des frères des Écoles chrétiennes, vouée à l'éducation des enfants pauvres. Ses ouvrages en font l'un des précurseurs de la pédagogie moderne.

JEAN BODEL, trouvère de la région d'Arras (m. v. 1210), auteur du *Jeu* de saint Nicolas* et d'un poème épique, *la Chanson des Saisnes.*

JEANBON SAINT-ANDRÉ (André **Jeanbon,** *baron*), homme politique français (Montauban 1749 - Mayence 1813). Conventionnel, membre du Comité de salut public, il fut nommé en 1801 commissaire général des départements de la rive gauche du Rhin.

Jean-Christophe, roman-fleuve de Romain Rolland (1904-1912).

JEAN FRANÇOIS RÉGIS *(saint),* surnommé **l'Apôtre du Vivarais,** jésuite français (Fontcouverte, Aude, 1597 - Lalouvesc, Ardèche, 1640), évangélisateur du Vivarais et du Velay.

JEAN HYRCAN → ***Hyrcan.***

JEAN-MARIE VIANNEY *(saint),* prêtre français (Dardilly, près de Lyon, 1786 - Ars-sur-Formans 1859). Curé d'Ars durant quarante et un ans, il attira les foules par sa sainteté. Il est le patron des curés de paroisse.

SAINTES

JEANNE D'ARC *(sainte),* dite **la Pucelle d'Orléans,** héroïne française (Domrémy 1412 - Rouen 1431). Fille de modestes paysans, très pieuse, à 13 ans elle entendit des voix qui l'engageaient à délivrer la France, ravagée par l'invasion anglaise. Robert de Baudricourt, capitaine de Vaucouleurs, ne voulut pas d'abord déférer à son désir d'être conduite auprès de Charles VII ; il n'y consentit qu'à l'époque du siège d'Orléans (1429). Jeanne vit le roi de France à Chinon et réussit à le convaincre de sa mission. Mise à la tête d'une petite armée, elle obligea les Anglais à lever le siège d'Orléans, les vainquit à Patay et fit sacrer Charles VII à Reims (17 juill.), mais échoua devant Paris. À Compiègne, elle tomba aux mains des Bourguignons (23 mai 1430). Jean de Luxembourg la vendit aux Anglais. Ceux-ci, l'ayant déclarée sorcière, la firent juger par un tribunal ecclésiastique présidé par l'évêque de Beauvais, Pierre Cauchon. Déclarée hérétique et relapse, elle fut brûlée vive le 30 mai 1431. En 1450, un procès aboutit à une réhabilitation solennelle, qui fut proclamée en 1456. Jeanne a été béatifiée en 1909 et canonisée en 1920. — Jeanne d'Arc a inspiré de nombreuses œuvres, en particulier le poème de Christine de Pisan (*Ditié de Jeanne d'Arc,* 1429), la tragédie

Jeanne d'Arc (Ingres - Louvre, Paris)

Jean III Sobieski
(J. Tretko-Tricius - musée de l'Université, Cracovie)

de Schiller (*la Pucelle d'Orléans,* 1801), la trilogie dramatique *Jeanne d'Arc* de Charles Péguy (1897), la *Sainte Jeanne* de G. B. Shaw (1923), le film de Carl Dreyer, *la Passion de Jeanne d'Arc* (1928), *l'Alouette* de J. Anouilh (1953) et *Jeanne d'Arc au bûcher,* oratorio de P. Claudel, musique d'A. Honegger (1938).

JEANNE DE FRANCE ou **DE VALOIS** *(sainte)* [1464-1505], fille de Louis XI, épouse de Louis XII, qui la répudia. Conseillée par François de Paule, elle fonda l'ordre de l'Annonciade de Bourges.

ANGLETERRE

JEANNE GREY, *lady* **Dudley** (Bradgate, Leicestershire, v. 1537 - Londres 1554), reine d'Angleterre (1553). Petite-nièce d'Henri VIII, elle succéda à Édouard VI grâce aux intrigues de John Dudley, mais fut rapidement détrônée par Marie Ire Tudor, qui la fit décapiter.

JEANNE SEYMOUR (1509 - Hampton Court 1537), troisième femme d'Henri VIII, roi d'Angleterre, mère du futur Édouard VI.

BRETAGNE

JEANNE DE PENTHIÈVRE, dite **la Boiteuse** (1319-1384), duchesse de Bretagne (1341-1365). Elle entra en compétition avec Jean de Montfort puis avec le fils de celui-ci, Jean IV, à qui elle céda ses droits par le traité de Guérande (1365).

CASTILLE

JEANNE la Folle (Tolède 1479 - Tordesillas 1555), reine de Castille (1504-1555), épouse de l'archiduc d'Autriche Philippe le Beau et mère de Charles Quint. Elle perdit la raison à la mort de son mari (1506).

FRANCE

JEANNE Ire DE NAVARRE (Bar-sur-Seine v. 1272 - Vincennes 1305), reine de Navarre et de France, épouse du roi Philippe IV le Bel.

NAPLES

JEANNE Ire D'ANJOU (Naples 1326 - Aversa, Campanie, 1382), reine de Naples (1343-1382). Elle se maria quatre fois et fut mise à mort sur l'ordre de son cousin et héritier Charles de Durazzo. — **Jeanne II** (Naples v. 1371 - *id.* 1435), reine de Naples (1414-1435). Elle désigna pour lui succéder René d'Anjou, qu'elle avait adopté.

NAVARRE

JEANNE III D'ALBRET (Pau 1528 - Paris 1572), reine de Navarre (1555-1572), femme d'Antoine de Bourbon et mère d'Henri IV, roi de France. Elle fit du calvinisme la religion officielle de son royaume.

JEANNE (la Papesse), femme qui, selon une légende, aurait exercé le pontificat sous le nom de Jean l'Anglais, pendant les deux années qui suivirent la mort de Léon IV (855).

JEANNE-FRANÇOISE FRÉMYOT DE CHANTAL *(sainte)* [Dijon 1572 - Moulins 1641], fondatrice, avec saint François de Sales, de l'ordre de la Visitation. Elle est la grand-mère de Mme de Sévigné.

JEANNIN (Pierre), dit **le Président Jeannin,** magistrat et diplomate français (Autun 1540 - Paris v. 1622). Conseiller d'État, il signa l'alliance entre la France et la Hollande (1608), et la trêve de Douze Ans entre les Pays-Bas et l'Espagne (1609). Il fut surintendant des Finances de 1616 à 1619.

Jean-Paul II

Thomas **Jefferson** (château de Blérancourt)

JEAN-PAUL Ier (Albino **Luciani**), pape en 1978 (Canale d'Agordo 1912 - Rome 1978). Patriarche de Venise (1969), il fut pape pendant 33 jours (1978).

JEAN-PAUL II (Karol **Wojtyła**) [Wadowice, Pologne, 1920], élu pape en 1978. Archevêque de Cracovie (1964), il est le premier pape non italien depuis Adrien VI (1522-1523). Il a échappé (1981) à une tentative d'assassinat et imposé sa personnalité vigoureuse à l'occasion de nombreux voyages à travers le monde.

JEAN-PAUL → ***Richter.***

JEANS (*sir* James Hopwood), astronome, mathématicien et physicien britannique (Londres 1877 - Dorking, Surrey, 1946). Il fut l'un des premiers à présenter au grand public les théories de la relativité et des quanta, la transmutation des éléments et la notion d'énergie nucléaire.

JÉBUSÉENS, peuple préisraélite de la région de Jérusalem, soumis par David.

JEFFERSON (Thomas), homme politique américain (Shadwell, Virginie, 1743 - Monticello, Virginie, 1826). Principal auteur de la Déclaration d'indépendance des États-Unis (1776), fondateur du parti antifédéraliste (1797), il prôna une politique physiocratique qui ferait des États-Unis une république très décentralisée. Vice-président (1797), puis président des États-Unis (1801-1809), il acheta la Louisiane à la France. En architecture, l'« ère jeffersonnienne » est marquée par l'avènement du néoclassicisme.

JEGUN (32360), ch.-l. de c. du Gers ; 1 058 h.

Jehan de Saintré, roman d'Antoine de La Sale (1456), glorification du chevalier modèle.

JEHOL, REHE ou **JO-HO,** anc. province de la Chine, partagée entre le Hebei et le Liaoning.

JÉHOVAH, prononciation déformée du nom de Yahvé.

Jéhovah *(Témoins de),* groupe religieux fondé aux États-Unis, vers 1874, par Ch. Taze Russell. Les témoins voient dans la Bible la seule source de vérité, et affirment qu'au terme du combat entre Satan et Yahvé la Terre deviendra le séjour des vivants et des ressuscités.

JÉHU, 10e roi du royaume d'Israël (841-814 av. J.-C.).

JELAČIĆ (Josip) ou **JELATCHITCH,** ban de Croatie (Peterwardein, auj. Petrovaradin, 1801 - Zagreb 1859), célèbre par sa répression de la révolution en Hongrie en 1848.

JELENIA GÓRA, v. de Pologne, ch.-l. de voïévodie ; 88 000 h.

JELEV (Jeliou) → ***Želev (Želju).***

JELGAVA, anc. **Mitau,** v. de Lettonie ; 69 000 h. Elle fut la cap. du duché de Courlande (1561-1725).

JELLICOE (John), amiral britannique (Southampton 1859 - Londres 1935). Commandant la « grande flotte » (1914-1916), il livra la bataille du Jütland, et fut chef de l'Amirauté (1916-17).

JEMEPPE-SUR-SAMBRE, comm. de Belgique (prov. de Namur) ; 17 255 h.

Jemmapes *(bataille de)* [6 nov. 1792], victoire remportée (près de Mons, Belgique) par Dumouriez sur les Autrichiens du duc Albert de Saxe-Teschen et du comte de Clerfayt.

JENA → ***Iéna.***

JENNER (Edward), médecin britannique (Berkeley 1749 - *id.* 1823). Il réalisa la première vaccination en découvrant que l'inoculation de l'exsudat des lésions de la vaccine (maladie bénigne) conférait l'immunité contre la variole.

JENSEN (Johannes Vilhelm), écrivain danois (Farsø 1873 - Copenhague 1950), auteur d'essais d'anthropologie et glorificateur des races « gothiques » et de la morale païenne *(le Long Voyage).* [Prix Nobel 1944.]

JEPHTÉ, l'un des Juges d'Israël (XIIe s. av. J.-C.). Vainqueur des Ammonites, il fut contraint, à la suite d'un vœu imprudent, de sacrifier sa fille.

JÉRÉMIE, prophète biblique (Anatot v. 650/645 - en Égypte v. 580 av. J.-C.). Il fut le témoin de la fin du royaume de Juda et de la chute de Jérusalem (587). Sa prédication a préparé le peuple juif à traverser l'épreuve de l'Exil en conservant sa cohésion et son âme. Les *Lamentations de Jérémie* sont une suite de complaintes sur Jérusalem dévastée ; leur traditionnelle attribution à Jérémie est sans fondement historique.

JEREZ DE LA FRONTERA, anc. **Xeres,** v. d'Espagne (Andalousie) ; 183 316 h. Vins. Monuments de l'époque mauresque au baroque.

JÉRICHO, en ar. **Arīḥā,** v. de Palestine dans la vallée du Jourdain. Habitée dès le VIIIe millénaire, elle fut un des premiers sites dont s'emparèrent les Hébreux au XIIIe s. av. J.-C. : leurs trompettes auraient fait s'écrouler les murs de la ville. Occupée par Israël à partir de 1967, comme le reste de la Cisjordanie, Jéricho est dotée en 1994 d'un régime d'autonomie, conformément au plan fixé par l'accord israélo-palestinien de 1993.

JÉROBOAM Ier, fondateur et premier souverain du royaume d'Israël, de 931 à sa mort en 910 av. J.-C. — **Jéroboam II** (m. en 743 av. J.-C.), roi d'Israël de 783 à 743 av. J.-C. Son long règne fut une période de prospérité.

JÉRÔME *(saint),* Père de l'Église latine (Stridon, Dalmatie, v. 347 - Béthléem 419 ou 420). Son activité fut surtout consacrée aux études bibliques : commentaires exégétiques et traduction en latin (Vulgate). Il fut aussi un propagateur de l'idéal monastique. On le représente comme pénitent au désert ou retirant l'épine de la patte d'un lion.

JERSEY, la plus grande (116 km²) et la plus peuplée (77 000 h.) des îles Anglo-Normandes. Ch.-l. *Saint-Hélier.* Tourisme. Place financière. Cultures maraîchères et florales.

JERSEY CITY, v. des États-Unis (New Jersey), sur l'Hudson, en face de New York ; 228 537 h.

JÉRUSALEM, ville sainte de Palestine et lieu de pèlerinage pour les chrétiens, les juifs et les musulmans, proclamée capitale d'Israël par la Knesset en 1980. La ville est apparue dans l'histoire v. 2000 av. J.-C. Conquise par David (Xe s. av. J.-C.), qui en fait sa capitale et le centre religieux des Hébreux, célèbre par la somptuosité du Temple édifié par Salomon (v. 969 - v. 962 av. J.-C.), elle est détruite par Nabuchodonosor (587 av. J.-C.) puis par les Romains (70, 135 apr. J.-C.). Passée aux mains des Arabes (638), elle est reconquise par les croisés et devient la capitale d'un royaume chrétien (1099-1187 puis 1229-1244), avant de repasser sous la domination musulmane (Mamelouks, de 1260 à 1517, puis Ottomans de 1517 à 1917). Siège de l'administration de la Palestine placée en 1922 sous mandat britannique, la ville est partagée en 1948 entre le nouvel État d'Israël et la Transjordanie. Lors de la guerre des Six-Jours, en 1967, l'armée israélienne s'empare des quartiers arabes qui constituaient la « Vieille Ville ». — Monuments célèbres : « mur des Lamentations » ; Coupole du Rocher, le plus ancien monument de l'islam (VIIe s.) ; mosquée al-Aqṣā (XIe s.) ; etc.

Jérusalem : le « mur des Lamentations » et la Coupole du Rocher (VIIe s.).

JÉRUSALEM *(royaume latin de),* royaume fondé en 1099 par les croisés et détruit en 1291 par les Mamelouks.

Jérusalem délivrée (la), poème épique du Tasse, publié en 1581.

JESPERSEN (Otto), linguiste danois (Randers 1860 - Copenhague 1943). Ses travaux ont porté sur la grammaire anglaise, la phonétique, la pédagogie des langues, la théorie linguistique (*Language,* 1922 ; *Philosophie de la grammaire,* 1924).

JÉSUS ou **JÉSUS-CHRIST,** Juif de Palestine, fondateur du christianisme, dont la naissance correspond théoriquement avec le début de l'ère chrétienne. Pour les chrétiens, il est le Messie, fils de Dieu et rédempteur de l'humanité. En mettant en regard les données des Évangiles et les rares documents non chrétiens qui le mentionnent au Ier s., on peut établir le schéma chronologique suivant : naissance de Jésus sous Hérode, avant l'an 4 précédant notre ère ; début de l'activité apostolique v. 28 ; passion et mort, sans doute en avr. 30. La prédication de Jésus eut d'abord pour cadre la Galilée, d'où il était originaire. Au terme de cette période, Jésus se heurta définitivement à l'incompréhension de ses contemporains ; les deux principaux partis juifs, pharisiens et sadducéens, voyaient dans son message d'instauration du Royaume de Dieu un ferment sacrilège de dangereuse agitation. Après la venue de Jésus à Jérusalem pour la Pâque, l'atmosphère se tendit ; à l'instigation des éléments dirigeants juifs, Jésus fut arrêté, condamné à mort et crucifié sur l'ordre du procurateur romain Ponce Pilate. Le témoignage des Apôtres proclame qu'il est ressuscité trois jours après. La résurrection de Jésus, tenue par les chrétiens pour un fait historique et un dogme, transcende en réalité le domaine de l'histoire pour atteindre à celui de la foi.

Jésus *(Compagnie* ou *Société de),* ordre fondé en 1540 à Rome, autour de saint Ignace de Loyola pour la conversion des hérétiques et le service de l'Église.

Jésus prêchant, eau-forte de Rembrandt (v. 1652). À côté de la « Pièce aux cent florins », c'est, dans sa saveur intime et populaire, l'une des gravures les plus heureuses de l'artiste consacrées à la tradition christique.

JETTE, comm. de Belgique, dans la banlieue nord de Bruxelles ; 38 423 h.

Jeu d'Adam, drame semi-liturgique (seconde moitié du XIIe s.), le premier en langue française.

Jeu de la feuillée, œuvre dramatique d'Adam le Bossu, représentée à Arras vers 1276 : la première des sotties et l'ancêtre des revues satiriques modernes.

Jeu de l'amour et du hasard (le), comédie de Marivaux, en trois actes, en prose (1730). Déguisés en domestiques pour mieux s'observer, Dorante et Silvia, fiancés par leurs parents, s'éprennent l'un de l'autre.

Jeu de paume *(serment du)* [20 juin 1789], serment que prêtèrent les députés du tiers état « de ne pas se séparer avant d'avoir donné une Constitution à la France ». Le roi leur ayant interdit l'accès de la salle des Menus-Plaisirs à Versailles, où ils délibéraient habituellement, ils s'étaient transportés dans une salle voisine, celle du Jeu de paume.

Jeu de Robin et Marion, pastorale dramatique d'Adam le Bossu (v. 1275).

Jeu de saint Nicolas, pièce de Jean Bodel, représentée à Arras vers 1200 : premier exemple d'un théâtre profane et bourgeois.

Jeu du prince des sots, trilogie dramatique de P. Gringore (1512), composée d'une farce, d'une sottie et d'une moralité, et qui soutient la politique de Louis XII à l'égard du pape.

JEUMONT (59460), comm. du Nord, sur la Sambre ; 11 131 h. Gare de triage. Métallurgie.

Jeune Captive (la), élégie d'A. de Chénier, écrite pendant sa captivité et inspirée par Mlle de Coigny.

Jeunes Gens en colère, mouvement littéraire et artistique fondé sur une critique des valeurs traditionnelles de la société britannique, qui se développa en Grande-Bretagne dans les années 1955-1965.

JEUNESSE *(île de la),* anc. **île des Pins,** dépendance de Cuba.

Jeunesse ouvrière chrétienne → ***J. O. C.***

Jeunesses musicales de France → ***J. M. F.***

Jeunes-Turcs, groupe d'intellectuels et d'officiers ottomans, libéraux et réformateurs, d'abord rassemblés en diverses sociétés secrètes. Ils contraignirent le sultan Abdülhamid II à restaurer la Constitution (1908) puis à abdiquer (1909) et dominèrent la vie politique ottomane jusqu'en 1918.

jeux Floraux, nom donné au concours poétique annuel, et dont les prix sont des fleurs d'orfèvrerie, institué à Toulouse en 1323 par un groupe de poètes (Consistoire du Gai Savoir) désireux de maintenir les traditions du lyrisme courtois.

JEVONS (William Stanley), économiste britannique (Liverpool 1835 - Bexhill, près de Hastings, 1882), un des fondateurs de l'école marginaliste. On lui doit par ailleurs des travaux de logique.

JÉZABEL, épouse d'Achab, roi d'Israël, et mère d'Athalie (IXe s. av. J.-C.). Son action religieuse fut stigmatisée par le prophète Élie.

JHĀNSI, v. de l'Inde (Uttar Pradesh) ; 368 580 h. Métallurgie.

JHELAM ou **JHELUM** (la), l'une des « cinq rivières » du Pendjab, affl. de la Chenāb (r. dr.) ; 725 km.

JIAMUSI ou **KIA-MOU-SSEU,** v. de Chine (Heilongjiang) ; 250 000 h.

JIANG JIESHI, TSIANG KIAI-CHE ou **TCHANG KAÏ-CHEK,** généralissime et homme politique chinois (dans le Zhejiang 1887 - Taibei 1975). Il prend part à la révolution de 1911, dirige après 1926 l'armée du Guomindang et, rompant avec les communistes (1927), établit un gouvernement nationaliste à Nankin. Il lutte contre le P. C. C., qu'il contraint à la Longue Marche (1934) avant de former avec lui un front commun contre le Japon (1936). Il combat pendant la guerre civile (1946-1949) puis s'enfuit à Taïwan, où il préside le gouvernement jusqu'à sa mort. — Son fils, **Jiang Jingguo,** ou **Tsiang King-Kouo** (dans le Zhejiang 1910 - Taibei 1988), lui a succédé à la tête du Guomindang (1975) et du gouvernement (1978).

JIANG QING → ***Mao Zedong.***

JIANGSU ou **KIANG-SOU,** prov. de la Chine centrale ; 100 000 km² ; 60 521 000 h. Cap. *Nankin.*

JIANGXI ou **KIANG-SI,** prov. de la Chine méridionale ; 160 000 km² ; 33 200 000 h. Cap. *Nanchang.*

JIANG ZEMIN ou **TSIANG TSÖ-MIN,** homme politique chinois (Yangzhou 1926). Secrétaire général du parti communiste chinois (depuis 1989), il est aussi chef de l'État (depuis 1993).

JIAYI ou **KIA-YI,** v. de Taïwan ; 253 000 h.

JIJEL, anc. **Djidjelli,** port d'Algérie, ch.-l. de wilaya ; 50 000 h.

JILIN ou **KI-LIN,** prov. de la Chine du Nord-Est ; 180 000 km² ; 22 600 000 h. Cap. *Changchun.* Au centre de la prov., la ville de *Jilin* (ou *Ki-lin*) a 1 071 000 h.

JILOLO → ***Halmahera.***

JILONG → ***Keelung.***

JIMÉNEZ (Juan Ramón), poète espagnol (Moguer 1881 - San Juan de Porto Rico 1958), d'inspiration symboliste, et étranger à tout engagement philosophique ou social *(Âmes de violette, Éternités).* [Prix Nobel 1956.]

JINA → ***Mahāvīra.***

JINAN ou **TSI-NAN,** v. de Chine, cap. du Shandong, sur le Huang He ; 1 320 000 h. Centre industriel.

JINJA, v. de l'Ouganda ; 53 000 h. Centre industriel.

JINNAH (Muhammad Ali), homme politique pakistanais (Karāchi 1876 - *id.* 1948). Véritable créateur du Pakistan, il milita au sein de la Ligue musulmane pour sa création et devint son premier chef d'État (1947-48).

JINZHOU ou **KIN-TCHEOU,** v. de la Chine du Nord-Est (Liaoning) ; 735 000 h.

JITOMIR, v. d'Ukraine ; 292 000 h.

JIVARO, Indiens d'Amazonie. Ils coupaient et réduisaient la tête de leurs ennemis morts.

JIXI ou **KI-SI,** v. de la Chine du Nord-Est (Heilongjiang) ; 793 000 h.

J. M. F. (Jeunesses musicales de France), association française (loi 1901) fondée en 1940 par R. Nicoly.

JOACHIM, époux de sainte Anne et père de la Vierge Marie.

JOACHIM ou **ÉLIACIN,** 18e roi de Juda (609 - Jérusalem 598 av. J.-C.), mort pendant le siège de Jérusalem par les Assyriens.

JOACHIM DE FLORE, mystique italien (Celico, Calabre, v. 1130 - San Martino di Giove, près de Cosenza, 1202). Abbé cistercien, il rompit avec son ordre pour fonder une congrégation nouvelle. Révolté par les abus ecclésiastiques, il élabora une doctrine mystique qui annonçait le règne de l'Esprit et qui, accordant un rôle privilégié aux humbles, influença bientôt la doctrine des spirituels.

JOACHIN ou **JÉCHONIAS,** 19e roi de Juda (598 - Babylone 597 av. J.-C.). Il fut détrôné et déporté par Nabuchodonosor.

JOAD ou **JOIADA,** chef des prêtres de Jérusalem (fin du IXe-VIIIe s. av. J.-C.). Il organisa un coup d'État contre Athalie et plaça sur le trône le jeune Joas.

JOANNE (Adolphe), géographe français (Dijon 1813 - Paris 1881), auteur de *Guides* et d'un *Dictionnaire géographique et administratif de la France.*

JOÃO PESSOA, v. du Brésil, cap. de l'État du Paraíba, sur le Paraíba ; 497 214 h.

JOB, personnage du livre biblique rédigé au Ve s. av. J.-C. et qui porte son nom. Son histoire pose le problème du mal qui, s'attaquant au

Jésus prêchant (v. 1652). Eau-forte de Rembrandt. (B.N.F., Paris.)

Jiang Jieshi

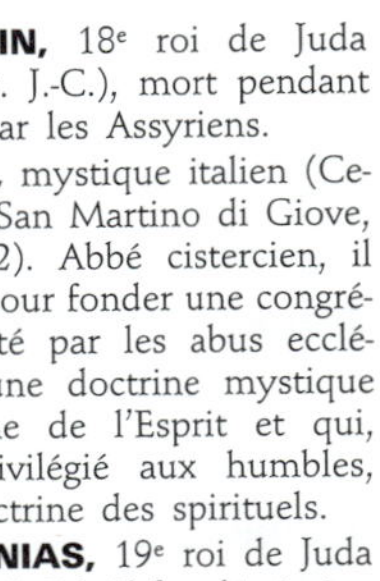

le maréchal **Joffre** (Calderé - musée de l'Armée, Paris)

juste, l'invite à s'incliner devant la volonté de Dieu.

JOBOURG *(nez de),* cap du dép. de la Manche, en face de l'île d'Aurigny.

J. O. C. (Jeunesse ouvrière chrétienne), mouvement d'action catholique, propre au monde ouvrier, fondé en 1925 par le prélat belge Cardijn, et introduit en France, en 1926, par l'abbé Guérin et par Georges Quiclet. Il s'est, depuis, répandu dans le monde entier.

JOCASTE. *Myth. gr.* Femme de Laïos, roi de Thèbes, et mère d'Œdipe. Elle épousa ce dernier sans savoir qu'il était son fils ; instruite de la vérité, elle se tua.

Jocelyn, poème de Lamartine (1836). Journal, en vers, d'un prêtre, ce poème devait être le dernier d'une vaste épopée philosophique dont le début est *la Chute d'un ange.*

JŌCHŌ, sculpteur japonais (m. en 1057), créateur d'un style national dégagé de l'influence chinoise (bouddha Amida, bois laqué et doré, dans le pavillon du Phénix au Byōdō-in d'Uji).

Joconde (la), surnom d'un tableau de Léonard de Vinci, acheté à l'artiste par François Ier (Louvre). Ce serait le portrait, peint sur bois vers 1503-1507, de la Florentine Monna Lisa, épouse d'un certain Francesco del Giocondo.

JODELLE (Étienne), poète français (Paris 1532 - *id.* 1573), membre de la Pléiade. Sa tragédie *Cléopâtre captive* (1553) marque le point de départ d'une forme dramatique nouvelle, d'où sortira la tragédie classique.

JODHPUR, v. de l'Inde (Rājasthān) ; 648 621 h. Forteresse et enceinte du XVIe s.

JODL (Alfred), général allemand (Würzburg 1890 - Nuremberg 1946). Chef du bureau des opérations de la Wehrmacht de 1938 à 1945, il signa à Reims, le 7 mai 1945, l'acte de reddition des armées allemandes. Condamné à mort comme criminel de guerre, il fut exécuté.

JOËL, dernier des prophètes d'Israël (IVe s. av. J.-C.).

JOERGENSEN ou **JØRGENSEN** (Anker), homme politique danois (Copenhague 1922). Social-démocrate, il fut chef du gouvernement (1972-73 et 1975-1982).

JŒUF (54240), comm. de Meurthe-et-Moselle ; 7 920 h. *(Joviciens).* Métallurgie.

JOFFRE (Joseph), maréchal de France (Rivesaltes 1852 - Paris 1931). Après s'être distingué au Tonkin (1885), au Soudan (1892), puis, sous Gallieni, à Madagascar (1900), il devint en 1911 chef d'état-major général. Commandant en chef des armées du Nord et du Nord-Est en 1914, il remporta la victoire décisive de la Marne ; commandant en chef des armées françaises (déc. 1915), il livra la bataille de la Somme ; il fut remplacé par Nivelle à la fin de 1916 et promu maréchal. (Acad. fr.)

JOFFREY (Robert), danseur, chorégraphe et pédagogue américain (Seattle 1930 - New York 1988). Il a dirigé à partir de 1954 une troupe qui deviendra en 1966 le City Center Joffrey Ballet (New York).

JOGJAKARTA, v. d'Indonésie (Java) ; 428 000 h. Université.

JOHANNESBURG, la plus grande ville de l'Afrique du Sud, dans le Witwatersrand, ch.-l. de la prov. de Gauteng ; 1 566 000 h. Centre industriel, commercial et intellectuel. Zoo.

JOHANNOT (Tony), peintre et graveur français (Offenbach, Hesse, 1803 - Paris 1852), l'un des maîtres de l'illustration romantique.

John Bull → ***Bull** (John).*

JOHNS (Jasper), peintre américain (Augusta, Géorgie, 1930), représentant majeur du courant « néodadaïste » à côté de Rauschenberg.

JOHNSON (Andrew), homme politique américain (Raleigh, Caroline du Nord, 1808 - Carter's Station, Tennessee, 1875), président républicain des États-Unis (1865-1869), après l'assassinat de Lincoln. Pour s'être opposé en fait à l'égalité raciale, il fut traduit devant le Sénat pour trahison, et acquitté.

JOHNSON (Benjamin, dit **Ben**), athlète canadien d'origine jamaïquaine (Falmouth, Jamaïque, 1961). Champion du monde (1987) et olympique (1988), recordman du monde sur 100 m, il a perdu titres et record pour dopage.

JOHNSON (Daniel), homme politique canadien (Danville, prov. de Québec, 1915 - Manic 5, prov. de Québec, 1968). Chef de l'Union nationale (1961), il fut Premier ministre du Québec de 1966 à sa mort. — Son fils **Pierre Marc** (Montréal 1946) succède à René Lévesque et devient Premier ministre d'octobre à décembre 1985. — Son autre fils, **Daniel** (Montréal 1944), chef du parti libéral, succède à R. Bourassa à la tête du gouvernement québécois (janv.-sept. 1994).

JOHNSON (Lyndon Baines), homme politique américain (Stonewall, Texas, 1908 - Johnson City, près d'Austin, Texas, 1973). Démocrate, vice-président des États-Unis (1961), il devint président à la suite de l'assassinat de J. F. Kennedy (1963), puis fut président élu (1964-1968). Il dut faire face au développement de la guerre du Viêt Nam.

JOHNSON (Philip), architecte américain (Cleveland 1906). Il est passé du style international à une sorte de néoclassicisme (théâtre du Lincoln Center, New York, 1962), voire au postmodernisme.

JOHNSON (Samuel), écrivain britannique (Lichfield 1709 - Londres 1784), défenseur de l'esthétique classique (*Dictionnaire de la langue anglaise,* 1755).

JOHNSON (Uwe), écrivain allemand (Cammin, Poméranie, 1934 - Sheerness, Kent, 1984). Son œuvre est dominée par le déchirement de l'Allemagne en deux États et deux modes de pensée *(Une année dans la vie de Gesine Cresspahl).*

JO-HO → ***Jehol.***

JOHORE, État de la Malaisie ; 1 602 000 h. Cap. *Johore Baharu* (250 000 h.).

JOIGNY (89300), ch.-l. de c. de l'Yonne, sur l'Yonne ; 10 592 h. *(Joviniens).* Trois églises des XVe-XVIIe s.

JOINVILLE, v. du Brésil, au S.-E. de Curitiba ; 346 095 h.

JOINVILLE (52300), ch.-l. de c. de la Haute-Marne ; 5 050 h. Manoir du XVIe s.

JOINVILLE (François **d'Orléans,** *prince* **de**), troisième fils de Louis-Philippe (Neuilly-sur-Seine 1818 - Paris 1900). Vice-amiral, il ramena en France les restes de Napoléon (1840).

JOINVILLE (Jean, *sire* **de**), chroniqueur français (v. 1224-1317). Sénéchal de Champagne, il participa, avec Saint Louis dont il était devenu l'ami, à la septième croisade. Son *Livre des saintes paroles et des bons faits de notre roi Louis* (v. 1309) est une source précieuse pour l'histoire de ce roi.

JOINVILLE-LE-PONT (94340), ch.-l. de c. du Val-de-Marne, sur la Marne ; 16 908 h. *(Joinvillais).* Studios de cinéma.

JÓKAI (Mór), romancier et publiciste hongrois (Komárom 1825 - Budapest 1904), d'inspiration romantique *(le Nabab hongrois).*

JOLIETTE, v. du Canada (Québec), sur l'Assomption ; 17 396 h.

JOLIOT-CURIE (Irène), fille de Pierre et de Marie Curie (Paris 1897 - *id.* 1956), et son mari, **Jean Frédéric Joliot-Curie** (Paris 1900 - *id.* 1958), physiciens français. Ils sont les auteurs de nombreuses recherches en physique nucléaire et sur la structure de l'atome. Ils démontrèrent l'existence du neutron et découvrirent la radioactivité artificielle (1934), ce qui leur valut le prix Nobel de chimie (1935). En 1936, Irène Joliot-Curie fut sous-secrétaire d'État à la Recherche scientifique. Frédéric Joliot-Curie fut le premier haut-commissaire à l'Énergie atomique (1946-1950) ; il dirigea la construction de la première pile atomique française (1948) et participa à la création du centre de physique nucléaire d'Orsay.

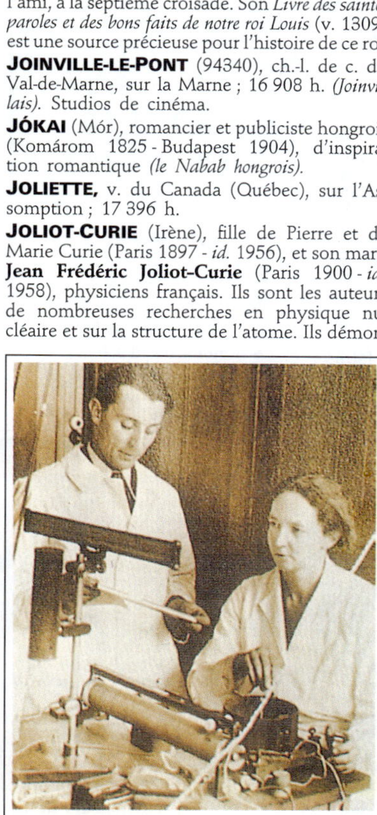

Irène et Frédéric **Joliot-Curie**

JOLIVET (André), compositeur français (Paris 1905 - *id.* 1974). On lui doit des œuvres pour piano (*Mana,* 1935 ; *Cinq Danses rituelles,* 1939), des concertos et des symphonies.

JOLLIET ou **JOLIET** (Louis), explorateur français (région de Québec 1645 - Canada 1700). Avec le P. Marquette, il reconnut le cours du Mississippi (1672).

JOMINI (Henri, *baron* **de**), général et écrivain militaire suisse (Payerne 1779 - Paris 1869). Au service de la France (1804-1813), puis de la Russie (1813-1843), où il créa une Académie militaire, il a laissé un *Précis de l'art de la guerre* (1837).

JONAS, personnage du livre biblique qui porte son nom. Cet écrit est une fiction littéraire du IVe s. av. J.-C., admis traditionnellement parmi les livres prophétiques. Le prophète Jonas de l'histoire a vécu au VIIIe s. av. J.-C. Celui du livre passe trois jours dans le ventre d'une baleine.

JONES (Ernest), médecin et psychanalyste britannique (Gowerton, Glamorgan, 1879 - Londres 1958), principal artisan de la diffusion de la psychanalyse dans le monde anglo-saxon et biographe de S. Freud.

JONES (Everett **LeRoi**), poète et auteur dramatique américain (Newark 1934), qui revendique pour les Noirs l'autonomie culturelle et politique *(le Métro fantôme).* Il a adopté le nom d'**Imamu Amiri Baraka.**

JONES (Inigo), architecte anglais (Londres 1573 - *id.* 1652). Intendant des bâtiments royaux après avoir été un décorateur des fêtes de la Cour, il voyagea en Italie (1613) et introduisit le palladianisme en Angleterre.

JONES (James), écrivain américain (Robinson, Illinois, 1921 - Southampton, État de New York, 1977). Ses romans relatent son expérience de la guerre (*Tant qu'il y aura des hommes,* 1951).

JONGEN (Joseph), compositeur belge (Liège 1873 - Sart-lès-Spa 1953), dont l'œuvre s'apparente à l'école française de Debussy.

JONGKIND (Johan Barthold), peintre et graveur néerlandais (Lattrop 1819 - Grenoble 1891). Paysagiste, installé en France, il est un des précurseurs de l'impressionnisme.

JÖNKÖPING, v. de Suède, sur le lac Vättern ; 111 486 h. Allumettes. Musée provincial.

JONQUIÈRE, v. du Canada (Québec), dans la région du Saguenay ; 54 559 h.

JONSON (Ben), auteur dramatique anglais (Westminster 1572 ? - Londres 1637), ami et rival de Shakespeare, auteur de tragédies et de comédies « de caractère » (*Volpone* ou le Renard,* 1606).

JONTE (la), riv. du Massif central, affl. du Tarn (r. g.) ; 40 km. Gorges.

JONZAC (17500), ch.-l. d'arr. de la Charente-Maritime, sur la Seugne ; 4 389 h. Eau-de-vie. Château des XIVe-XVIIe s.

JOPLIN (Janis), chanteuse américaine (Port Arthur 1943 - Hollywood 1970). Son talent en a fait la plus grande chanteuse blanche de blues et de rock.

JORASSES (Grandes), sommets du massif du Mont-Blanc ; 4 208 m à la pointe Walker.

JORAT, partie sud-occidentale du plateau suisse, dominant le lac Léman.

JORDAENS (Jacob), peintre flamand (Anvers 1593 - *id.* 1678). Influencé par Rubens et par le caravagisme, il devint dans sa maturité le représentant le plus populaire du naturalisme flamand (*Le roi boit,* diverses versions).

JORDAN (Camille), mathématicien français (Lyon 1838 - Paris 1922), l'un des fondateurs de la théorie des groupes.

JORDAN (Michael), basketteur américain (New York 1963). Deux fois champion olympique (1984 et 1992), il a remporté trois fois (1991, 1992, 1993), avec l'équipe des Bulls de Chicago, le championnat de la NBA (National Basketball Association).

JORDANIE, État de l'Asie occidentale, à l'est d'Israël ; 92 000 km² ; 3 800 000 h. *(Jordaniens).* CAP. *'Ammān.* LANGUE : *arabe.* MONNAIE : *dinar jordanien.*

GÉOGRAPHIE

La dépression du Ghor (drainée par le Jourdain) et les hauteurs périphériques constituent les parties vitales du pays, fournissant du blé, de l'orge, des vins, de l'huile d'olive. L'élevage nomade (ovins et caprins) est la seule forme d'exploitation de la Jordanie orientale, plateau calcaire, aride. Le sous-sol recèle des phosphates. L'industrialisation est inexistante et la balance commerciale déficitaire ; le pays est très endetté. La guerre du Golfe a encore aggravé les difficultés économiques.

HISTOIRE

1949 : le royaume de Jordanie est créé par la réunion du royaume hachémite de Transjordanie (créé en 1921) et de la Cisjordanie (qui faisait partie de l'État arabe prévu par le plan de partage de la Palestine de 1947). 1951 : le roi Abdullah est assassiné par un Palestinien. 1952 : Ḥusayn accède au pouvoir. 1956 : le Britannique Glubb Pacha doit démissionner du commandement de la Légion arabe. 1967 : la Jordanie est engagée dans la 3ᵉ guerre israélo-arabe, au cours de laquelle Israël occupe Jérusalem-Est et la Cisjordanie ; un pouvoir palestinien armé concurrence l'autorité royale. 1970 : les troupes royales interviennent contre les Palestiniens qui sont expulsés vers le Liban et la Syrie. 1978 : à la suite des accords de Camp David entre Israël et l'Égypte, la Jordanie se rapproche des Palestiniens. 1984 : la Jordanie renoue des relations avec l'Égypte. 1988 : le roi Ḥusayn rompt les liens légaux et administratifs entre son pays et la Cisjordanie. 1991 : une charte nationale consacre le pluralisme. 1993 : à la suite de la signature de l'accord israélo-palestinien, des négociations s'engagent entre la Jordanie et Israël. 1994 : la Jordanie signe un traité de paix avec Israël.

JØRGENSEN (Anker) → ***Joergensen.***

JORN (Asger **Jørgensen,** dit **Asger**), peintre, graveur et écrivain danois (Vejrum 1914 - Århus 1973). Cofondateur de Cobra, puis d'une des branches de l'« Internationale situationniste », esprit aigu, expérimentateur aux initiatives multiples, il a laissé une œuvre plastique d'une grande liberté.

JOS, v. du Nigeria, sur le *plateau de Jos ;* 123 000 h.

JOSAPHAT, 4ᵉ roi de Juda (870-848 av. J.-C.), au règne prospère.

JOSAPHAT *(vallée de),* nom symbolique de l'endroit où Dieu, selon le livre de Joël, jugera les peuples au dernier jour. On l'identifia plus tard avec la vallée du Cédron, à l'est de Jérusalem.

JOSEPH, patriarche biblique, fils de Jacob. Vendu par ses frères et conduit en Égypte, il devint ministre du pharaon. Grâce à sa protection, les Hébreux purent s'établir en Égypte.

SAINTS

JOSEPH *(saint),* époux de la Vierge Marie, charpentier et père nourricier de Jésus-Christ. Il est honoré le 1ᵉʳ mai comme patron des travailleurs.

JOSEPH d'Arimathie *(saint)* [Iᵉʳ s.], Juif de Jérusalem, membre du Sanhédrin. Il prêta son propre tombeau pour ensevelir Jésus.

EMPIRE ET AUTRICHE

JOSEPH Iᵉʳ (Vienne 1678 - *id.* 1711), roi de Hongrie (1687), roi des Romains (1690), archiduc d'Autriche et empereur germanique (1705-1711), fils de Léopold Iᵉʳ. — **Joseph II** (Vienne 1741 - *id.* 1790), empereur germanique et corégent des États des Habsbourg (1765-1790), fils aîné de François Iᵉʳ et de Marie-Thérèse. Devenu seul maître, à la mort de sa mère (1780), il voulut, en despote éclairé, rationaliser et moderniser le gouvernement de ses États et abolit le servage (1781). Il pratiqua à l'égard de l'Église une politique de surveillance et de contrôle (« joséphisme »).

ESPAGNE

JOSEPH, roi d'Espagne → ***Bonaparte.***

PORTUGAL

JOSEPH Iᵉʳ le Réformateur (Lisbonne 1714 - *id.* 1777), roi de Portugal (1750-1777). Despote éclairé, il eut pour ministre le marquis de Pombal.

JOSEPH (François Joseph **Le Clerc du Tremblay,** dit **le Père**), surnommé **l'Éminence grise,** capucin français (Paris 1577 - Rueil 1638). Fondateur des filles du Calvaire, et surtout confident et conseiller de Richelieu. Son influence fut prédominante de 1630 à 1635.

JOSÈPHE (Flavius) → ***Flavius Josèphe.***

JOSÉPHINE (Marie-Josèphe **Tascher de La Pagerie**), impératrice des Français (Trois-Îlets, Martinique, 1763 - Malmaison 1814). Elle épousa en 1779 le vicomte de Beauharnais, dont elle eut deux enfants (Eugène et Hortense). Veuve en 1794, elle devint la femme du général Bonaparte (1796). L'Empereur, n'ayant pas d'héritier d'elle, la répudia en 1809.

JOSEPHSON (Brian David), physicien britannique (Cardiff 1940). Il a découvert en 1962 que le courant électrique peut franchir une mince barrière isolante placée entre deux métaux supraconducteurs. (Prix Nobel 1973.)

JOSIAS (m. en 609 av. J.-C.), 16ᵉ roi de Juda (640-609 av. J.-C.). Sous son règne eut lieu une importante rénovation religieuse.

JOSPIN (Lionel), homme politique français (Meudon 1937). Ministre de l'Éducation nationale (1988-1992), il est premier secrétaire du parti socialiste de 1981 à 1988 et depuis 1995.

JOSQUIN DES PRÉS, compositeur français (Beaurevoir, Picardie, v. 1440 - Condé-sur-l'Escaut v. 1521/1524). Attaché à la chapelle pontificale, il resta plus de vingt ans en Italie, avant de devenir musicien de Louis XII. Auteur de messes et de motets, il est l'un des créateurs de la chanson polyphonique.

JOSSELIN (56120), ch.-l. de c. du Morbihan ; 2 558 h. Château et église remaniés à la fin de l'époque gothique.

JOSUÉ, successeur de Moïse (fin du XIIIᵉ s. av. J.-C.). Il conduisit les Hébreux dans la conquête de la Terre promise. Le livre biblique dit « de Josué » retrace, sur un mode épique, l'installation des Hébreux en Canaan.

JOTUNHEIM, massif de la Norvège méridionale, portant le point culminant de la Scandinavie (2 470 m).

JOUARRE (77640), comm. de Seine-et-Marne ; 3 292 h. D'une abbatiale mérovingienne disparue subsistent deux chapelles annexes (sarcophages sculptés des VIIᵉ et VIIIᵉ s.).

JOUBERT (Barthélemy), général français (Pont-de-Vaux 1769 - Novi 1799). Il commanda en Hollande, puis en Italie (1798), où il occupa le Piémont et Turin.

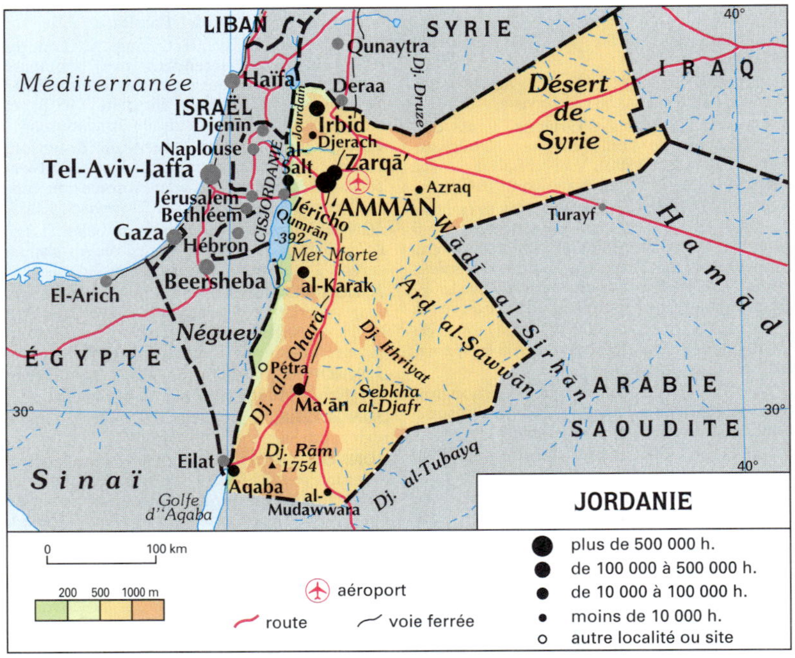

Asger **Jorn :** *Kyotosmorama* (1969-70).
[M.N.A.M., C.N.A.C. Georges-Pompidou, Paris.]

Les Joueurs de cartes (v. 1890-1895), par Cézanne. (Musée d'Orsay, Paris.)

JOUBERT (Joseph), moraliste français (Montignac, Périgord, 1754 - Villeneuve-sur-Yonne 1824), auteur des *Pensées, essais, maximes* (1838-1842).

JOUBERT (Petrus Jacobus), général boer (colonie du Cap 1831 ? - Pretoria 1900), commandant en chef contre les Anglais en 1881 et en 1899.

JOUÉ-LÈS-TOURS (37300), ch.-l. de c. d'Indre-et-Loire, banlieue de Tours ; 37 114 h. *(Jocondiens).* Caoutchouc.

Joueurs de cartes (les), toile de Cézanne au musée d'Orsay, sans doute la plus connue des 5 exécutées par le peintre sur le même thème, v. 1890-1895. Dans le discours critique de l'époque, la stylisation antiacadémique recherchée par les artistes d'avant-garde était souvent comparée au schématisme des cartes à jouer.

JOUFFROY D'ABBANS (Claude François, *marquis* **de**), ingénieur français (Roches-sur-Rognon, Champagne, 1751 - Paris 1832). Il est le premier à avoir fait fonctionner un bateau à vapeur (Lyon, 15 juill. 1783).

JOUGNE (25370), comm. du Doubs ; 1 164 h. Sports d'hiver près de la frontière suisse.

JOUGUET (Émile), mathématicien français (Bessèges 1871 - Montpellier 1943). Il étudia les fluides, la propagation des ondes et donna une théorie de la détonation des explosifs.

JOUHANDEAU (Marcel), écrivain français (Guéret 1888 - Rueil-Malmaison 1979), auteur de romans *(Monsieur Godeau intime),* d'essais et de récits autobiographiques *(Journaliers).*

JOUHAUX (Léon), syndicaliste français (Paris 1879 - *id.* 1954). Secrétaire général de la C. G. T. (1909-1940), il dirigea, à partir de 1948, la C. G. T.-F. O., issue de la scission de la C. G. T. (Prix Nobel de la paix 1951.)

JOUKOV (Gueorgui Konstantinovitch), maréchal soviétique (Strelkovka 1896 - Moscou 1974). Vainqueur à Moscou (1941), puis à Leningrad (1943), il conduisit un groupe d'armées de Varsovie à Berlin, où il reçut la capitulation de la Wehrmacht (1945). Sa popularité lui valut d'être disgracié par Staline. Il fut ministre de la Défense de 1955 à 1957.

JOUKOVSKI (Nikolaï Iegorovitch), aérodynamicien russe (Orekhovo 1847 - Moscou 1921). Il construisit l'une des premières souffleries (1902).

JOUKOVSKI (Vassili Andreïevitch), poète russe (près de Michenskoïe 1783 - Baden-Baden 1852). Il fit connaître au public russe le romantisme anglais et allemand et fut le précepteur du tsar Alexandre II.

JOULE (James Prescott), physicien britannique (Salford, près de Manchester, 1818 - Sale, Cheshire, 1889). Il étudia la chaleur dégagée par les courants électriques dans les conducteurs et détermina l'équivalent mécanique de la calorie (1842). Il énonça le principe de conservation de l'énergie mécanique et, utilisant la théorie cinétique des gaz, calcula la vitesse moyenne des molécules gazeuses.

JOUMBLATT (Kamal), homme politique libanais (Moukhtara 1917 - près de Baaklin 1977). Chef de la communauté druze et fondateur en 1949 du parti progressiste socialiste. Après son assassinat, son fils **Walid** (Beyrouth 1947) lui succède à la tête de la communauté druze et du parti.

JOUQUES (13490), comm. des Bouches-du-Rhône ; 3 081 h. Centrale sur la Durance.

JOURDAIN (le), fl. du Proche-Orient ; 360 km. Né au Liban, il traverse le lac de Tibériade et se jette dans la mer Morte. Il sépare Israël de la Syrie, puis de la Jordanie.

JOURDAIN (Frantz), architecte français d'origine belge (Anvers 1847 - Paris 1935). Il pratiqua l'architecture du fer et fut un des fondateurs du Salon d'automne, où il réserva une large place aux arts appliqués. — Son fils **Francis,** artiste décorateur, peintre et écrivain (Paris 1876 - *id.* 1958), s'attacha à la production de meubles et d'objets rationnels, de grande diffusion.

Jourdain *(Monsieur),* principal personnage du *Bourgeois gentilhomme* de Molière.

JOURDAN (Jean-Baptiste, *comte*), maréchal de France (Limoges 1762 - Paris 1833). Vainqueur à Fleurus (1794), il fit voter la loi sur la conscription (1798) et commanda l'armée d'Espagne (1808-1814).

Journal de Genève, quotidien suisse de tendance libérale, fondé en 1826.

Journal des débats (le), quotidien français fondé en 1789. Racheté en 1799 par les frères Bertin, le journal, de tendance libérale, connut un grand rayonnement. Il cessa de paraître en 1944.

Journal des savants (le), le plus ancien recueil littéraire français (1665). Depuis 1908, il est rédigé par les membres de l'Académie des inscriptions et belles-lettres et publie des travaux d'érudition.

Journal d'un curé de campagne, roman de G. Bernanos (1936), porté à l'écran par Robert Bresson (1951).

Journal officiel de la République française (J. O.), publication officielle qui a succédé, en 1848, au *Moniteur universel.* Pris en régie par l'État en 1880, le *Journal officiel* publie chaque jour les lois, décrets, arrêtés, ce qui les rend opposables au public, des circulaires et divers textes administratifs (avis, communications, informations, annonces). Il publie également d'autres textes, dont le compte rendu des débats parlementaires.

JOUVE (Pierre Jean), écrivain français (Arras 1887 - Paris 1976), auteur de romans et de recueils poétiques (*Sueur de sang,* 1933 ; *Moires,* 1962).

JOUVENEL → ***Juvénal.***

JOUVENET (Jean), peintre français (Rouen 1644 - Paris 1717). Il exécuta des travaux décoratifs divers (notamment à Versailles) et fut le meilleur peintre religieux de son temps.

JOUVET (Louis), acteur et directeur de théâtre français (Crozon 1887 - Paris 1951). L'un des animateurs du Cartel, directeur de l'Athénée (1934), il s'est distingué par ses mises en scène et ses interprétations de J. Romains (*Knock,* 1923), Molière, Giraudoux. Il joua également plusieurs rôles importants au cinéma.

JOUVET (Michel), médecin français (Lons-le-Saunier 1925), auteur de recherches de neurobiologie sur le sommeil paradoxal et les états de vigilance.

Joux *(fort de),* fort du Doubs dans le Jura, près de Pontarlier, qui commandait les routes vers Neuchâtel et Lausanne.

JOUX *(vallée de),* partie suisse de la haute vallée de l'Orbe, qui y forme le *lac de Joux.*

JOUY-EN-JOSAS (78350), comm. des Yvelines, sur la Bièvre ; 7 701 h. *(Jovaciens).* Centre national de recherches zootechniques. École des hautes études commerciales. Oberkampf y avait installé ses ateliers d'impression sur toile ; ces *toiles de Jouy* font l'objet d'un musée.

JOUY-LE-MOUTIER (95000), ch.-l. de c. du Val-d'Oise, sur l'Oise ; 16 928 h.

JOVIEN, en lat. **Flavius Claudius Iovianus** (Singidunum, Mésie, v. 331 - Dadastana, Bithynie, 364), empereur romain (363-364). Succédant à Julien, il restaura les privilèges de l'Église.

JOYCE (James), écrivain irlandais (Rathgar, Dublin, 1882 - Zurich 1941). Poète *(Musique de chambre),* nouvelliste (*Gens de Dublin,* 1914), il est l'auteur de deux récits doués d'un symbolisme multiple et dont le personnage principal est en définitive le langage : *Ulysse** (1922), *Finnegans Wake* (1939). Il est à l'origine de nombreuses recherches de la littérature moderne.

JOYEUSE (07260), ch.-l. de c. de l'Ardèche ; 1 435 h. Château Renaissance.

JOYEUSE (Anne, *duc* **de**), homme de guerre français et favori d'Henri III (Joyeuse 1561 - Coutras 1587). Commandant de l'armée royale, il mourut au combat, vaincu par le futur Henri IV. — Son frère **François** (1562-1615), cardinal, négocia la réconciliation d'Henri IV avec la cour de Rome. — **Henri,** frère des précédents (1567 - Rivoli 1608), capucin, se rallia à Henri IV, moyennant le bâton de maréchal.

Joyeuses Commères de Windsor (les), comédie de Shakespeare (v. 1600-01).

JÓZSEF (Attila), poète hongrois (Budapest 1905 - Balatonszárszó 1937), un des grands lyriques de la Hongrie moderne, d'inspiration populaire (*le Mendiant de la beauté,* 1922).

JUAN *(golfe),* golfe des Alpes-Maritimes.

JUAN D'AUTRICHE *(don),* prince espagnol (Ratisbonne 1545 - Bouges, près de Namur, 1578), fils naturel de Charles Quint. Vainqueur des Turcs à Lépante (1571), il fut gouverneur des Pays-Bas (1576-1578), où il se livra à des excès contre les calvinistes.

JUAN CARLOS Ier de Bourbon (Rome 1938), roi d'Espagne, petit-fils d'Alphonse XIII. En

Louis **Jouvet** interprétant *Dom Juan* de Molière (théâtre de l'Athénée, Paris, 1947).

Joseph II
(P. Batoni - Kunsthistorisches Museum, Vienne)

Joséphine
(F. Gérard - château de Versailles)

le maréchal **Joukov** (en 1945)

James Prescott **Joule**

James **Joyce**

Juan Carlos Ier de Bourbon

1969, il est désigné par Franco pour lui succéder, avec le titre de roi. Après la mort de ce dernier (1975), il préside à la démocratisation du pays.

JUAN DE FUCA, détroit qui sépare l'île de Vancouver (Canada) des États-Unis.

JUAN DE JUNI, sculpteur espagnol d'origine française (Joigny ? 1507 ? - Valladolid 1577). Il fit sans doute un voyage en Italie et s'établit en 1541 à Valladolid, où ses bois polychromes, d'un style animé, influencèrent la sculpture castillane.

Juan de Juni : détail d'une *Mise au tombeau* (1545). Bois polychrome. (Musée national de Sculpture, Valladolid.)

JUAN DE NOVA, petite île française de l'océan Indien, dans le canal de Mozambique.

JUAN FERNÁNDEZ *(îles),* archipel chilien du Pacifique. Théâtre des aventures du matelot anglais A. Selkirk, qui y séjourna de 1704 à 1709 et qui a servi de type pour *Robinson Crusoé.*

JUAN JOSÉ D'AUTRICHE *(don),* prince espagnol (Madrid 1629 - *id.* 1679), fils naturel de Philippe IV, légitimé en 1641. Ministre de Charles II (1677), il négocia la paix de Nimègue (1678).

JUAN-LES-PINS (06160), station balnéaire des Alpes-Maritimes (comm. d'Antibes).

JUÁREZ GARCÍA (Benito), homme politique mexicain (San Pablo Guelatao 1806 - Mexico 1872). Président de la République (1861), il lutta en 1863 contre l'intrusion française au Mexique et fit fusiller l'empereur Maximilien d'Autriche (1867).

JUBA Ier (m. à Zama en 46 av. J.-C.), roi de Numidie, battu par César à Thapsus (46). — Son fils **Juba II** (v. 52 av. J.-C. - v. 23/24 apr. J.-C.), roi de Mauritanie (25 av. J.-C. - v. 23/24 apr. J.-C.), dota sa capitale, *Caesarea* (auj. Cherchell), de nombreux monuments.

JUBBULPORE → ***Jabalpur.***

JUBY *(cap),* promontoire du sud-ouest du Maroc.

JÚCAR (le), fl. d'Espagne, qui se jette dans la Méditerranée ; 498 km.

JUDA, personnage biblique, fils de Jacob. C'est l'ancêtre éponyme de la *tribu de Juda,* qui eut un rôle prépondérant dans l'histoire des Hébreux.

JUDA *(royaume de)* [931-587 av. J.-C.], royaume constitué par les tribus du sud de la Palestine après la mort de Salomon. Cap. *Jérusalem.* Rival du royaume d'Israël, contre lequel il s'épuisa en luttes fratricides, le royaume de Juda s'appuya sur l'Égypte pour parer au danger assyrien et plus tard babylonien. Mais il ne put résister à la puissance de Babylone, et, après la prise de Jérusalem par Nabuchodonosor (587), sa population fut déportée à Babylone.

JUDAS Iscariote, apôtre. Il livra Jésus à ses ennemis pour trente deniers et, pris de remords, se pendit.

JUDAS MACCABÉE → ***Maccabée.***

JUDE ou **THADDÉE** *(saint),* apôtre. L'Épître de Jude, qui lui est attribuée, est une mise en garde contre les innovations qui mettent la foi en péril.

JUDÉE, province du sud de la Palestine à l'époque gréco-romaine.

JUDICAËL *(saint)* [m. v. 638], roi de Bretagne. Il est vénéré comme un saint par les Bretons.

JUDITH, héroïne du livre biblique de Judith, qui reflète l'affrontement entre le judaïsme et l'hellénisme au temps de la révolte des Maccabées.

JUDITH DE BAVIÈRE (v. 800 - Tours 843), seconde femme de Louis le Pieux, empereur d'Occident. Elle exerça une grande influence sur son époux, au seul profit de son fils, Charles le Chauve.

Juges, chez les Hébreux, chefs temporaires qui exercèrent leur autorité sur un groupe de tribus réunies sous la pression d'un danger extérieur. La « période des Juges » va de la mort de Josué à l'institution de la monarchie (v. 1200-v. 1030). Le livre biblique dit « des Juges » rend compte de ces événements dans un ensemble où se mêlent histoire, légende et folklore.

JUGLAR (Clément), médecin et économiste français (Paris 1819 - *id.* 1905). Il constata la périodicité des crises économiques et éclaira le rôle de la monnaie dans le déclenchement de celles-ci.

JUGON-LES-LACS (22270), ch.-l. de c. des Côtes-d'Armor ; 1 295 h. Maisons anciennes.

JUGURTHA (v. 160 av. J.-C. - Rome 104), roi de Numidie (118-105 av. J.-C.). Il lutta contre Rome, fut vaincu par Marius (107 av. J.-C.) et livré à Sulla (105). Il mourut en prison.

Juif errant (le), d'Eugène Sue (1844-45), un des premiers grands romans-feuilletons.

JUILLAC (19350), ch.-l. de c. de la Corrèze ; 1 120 h.

Juillet *(fête du 14-),* fête nationale française, instituée en 1880, qui commémore à la fois la prise de la Bastille, le 14 juillet 1789, et la fête de la Fédération, le 14 juillet 1790.

Juillet *(monarchie de)* [1830-1848], régime de la France sous le roi Louis-Philippe, issu des journées de juillet 1830 et aboli par la révolution républicaine de févr. 1848.

juillet 1789 *(journée du 14),* première insurrection des Parisiens pendant la Révolution, qui entraîna la prise de la Bastille.

juillet 1830 *(révolution* ou *journées de),* ou **les Trois Glorieuses** (27-29 juill.) → ***révolution de 1830.***

JUILLY (77230), comm. de Seine-et-Marne ; 1 833 h. Collège fondé par les oratoriens (1638).

JUIN (Alphonse), maréchal de France (Bône 1888 - Paris 1967). Commandant le corps expéditionnaire français en Italie (1943), vainqueur au Garigliano (1944), il devint résident général au Maroc (1947-1951) et fut fait maréchal en 1952. De 1953 à 1956, il commanda les forces atlantiques du secteur Centre-Europe. (Acad. fr.)

juin 1792 *(journée du 20),* émeute parisienne causée par le renvoi des ministres brissotins et au cours de laquelle fut envahi le palais des Tuileries, où résidait alors Louis XVI.

juin 1848 *(journées de)* [23-26 juin], insurrection parisienne provoquée par le licenciement des ouvriers des Ateliers nationaux. Elle fut réprimée par Cavaignac et suivie d'une réaction conservatrice.

juin 1940 *(appel du 18),* discours prononcé par le général de Gaulle à la radio de Londres, incitant les Français à refuser l'armistice et à continuer le combat aux côtés de la Grande-Bretagne.

JUIZ DE FORA, v. du Brésil (Minas Gerais) ; 385 756 h.

JULES II (Giuliano **Della Rovere**) [Albissola 1443 - Rome 1513], pape de 1503 à 1513. Prince temporel plutôt que guide des âmes, il restaura la puissance politique des papes en Italie et fut l'âme de la *ligue de Cambrai* contre Venise (1508), puis de la *Sainte Ligue* contre la France (1511-12). Il fit travailler les artistes : Bramante, Michel-Ange, Raphaël. Le Ve concile du Latran, qu'il réunit (1512), ne réussit guère à réformer l'Église. — **Jules III** (Giovan Maria **de' Ciocchi del Monte**) [Rome 1487 - *id.* 1555], pape de 1550 à 1555. Il clôtura le concile de Trente et soutint l'action des jésuites.

JULIA ou **IULIA** *(gens),* illustre famille de Rome, à laquelle appartenait Jules César et qui prétendait descendre d'Iule, fils d'Énée.

JULIANA (Louise Emma Marie Wilhelmine) [La Haye 1909], reine des Pays-Bas (1948-1980). Elle épousa en 1937 le prince Bernard de Lippe-Biesterfeld. En 1980, elle a abdiqué en faveur de sa fille Béatrice.

JULIE (Ottaviano 39 av. J.-C. - Reggio di Calabria 14 apr. J.-C.), fille d'Auguste. Elle épousa successivement Marcellus, Agrippa et Tibère. Elle fut reléguée dans l'île de Pandateria pour son inconduite (2 av. J.-C.).

JULIE, nom de plusieurs princesses romaines d'origine syrienne. — **Julia Domna** (Émèse v. 158 - Antioche 217) fut l'épouse de Septime Sévère. — Sa sœur **Julia Mœsa** (Émèse - 226) fut la grand-mère d'Élagabal. Toutes deux ont favorisé l'extension des cultes venus de Syrie.

Julie, ou la Nouvelle Héloïse, ou *Lettres de deux amants d'une petite ville au pied des Alpes,* roman épistolaire de J.-J. Rousseau (1761).

JULIEN de Brioude *(saint),* soldat romain martyrisé (Vienne-en-Dauphiné - Brioude IIIe s.). Il était l'objet d'un culte important en Gaule.

JULIEN L'HOSPITALIER *(saint)* [dates indéterminées], assassin involontaire de ses parents. Son histoire est connue surtout par la *Légende dorée* et un conte de Flaubert. Patron des bateliers, des voyageurs et des aubergistes.

JULIEN, dit **l'Apostat,** en lat. **Flavius Claudius Julianus** (Constantinople 331 - en Mésopotamie 363), empereur romain (361-363). Neveu de Constantin, successeur de Constance II, il abandonna la religion chrétienne et favorisa un paganisme marqué par le néoplatonisme. Il fut tué lors d'une campagne contre les Perses.

JULIÉNAS [-na] (69840), comm. du Rhône, dans le Beaujolais ; 717 h. Vins rouges.

JULIERS, en all. **Jülich,** v. d'Allemagne (Rhénanie-du-Nord-Westphalie) ; 32 000 h. Anc. cap. d'un comté puis d'un duché (1356), réuni au duché de Clèves en 1511.

JULIO-CLAUDIENS, membres de la première dynastie impériale romaine issue de César. Ce furent : Auguste, Tibère, Caligula, Claude et Néron.

JULLIAN (Camille), historien français (Marseille 1859 - Paris 1933), auteur d'une *Histoire de la Gaule* (1907-1928). [Acad. fr.]

JULLUNDUR, v. de l'Inde (Pendjab) ; 519 530 h.

JUMIÈGES (76480), comm. de la Seine-Maritime, sur la Seine ; 1 644 h. Ruines d'une abbaye (imposante abbatiale romane du milieu du XIe s.).

JUMILHAC-LE-GRAND (24630), ch.-l. de c. de la Dordogne ; 1 302 h. Château des XIVe-XVIIe s.

JUNEAU, cap. de l'Alaska ; 26 751 h.

le maréchal **Juin**

Jules II (Raphaël - Offices, Florence)

Carl Gustav **Jung**

Ernst **Jünger**

JUNG (Carl Gustav), psychiatre suisse (Kesswil, Turgovie, 1875 - Küsnacht, près de Zurich, 1961). Le plus proche disciple de Freud, il fut le premier à s'écarter des thèses de son maître en créant la « psychologie analytique » : il désexualisa la libido, la considérant comme une forme d'énergie vitale, puis introduisit les concepts d'inconscient collectif et d'archétype (*Métamorphoses et symboles de la libido,* 1912 ; *les Types psychologiques,* 1920 ; *Psychologie et religion,* 1939 ; *Psychologie et alchimie,* 1944).

JÜNGER (Ernst), écrivain allemand (Heidelberg 1895). Il est passé d'une conception nietzschéenne de la vie (*Orages d'acier,* 1920) à un esthétisme éclectique (*Sur les falaises de marbre,* 1939 ; *Approches, drogues et ivresse,* 1970 ; *Eumeswil,* 1977).

JUNGFRAU (la), sommet des Alpes bernoises (4 166 m), en Suisse. Station d'altitude et de sports d'hiver sur le *plateau du Jungfraujoch* (3 457 m). Laboratoires de recherches scientifiques en haute montagne.

JUNKERS (Hugo), ingénieur allemand (Rheydt 1859 - Gauting 1935). Il réalisa le premier avion entièrement métallique (1915) et construisit de nombreux appareils militaires. En 1929 sortit de ses usines le premier moteur Diesel destiné à l'aviation.

JUNON, divinité italique, épouse de Jupiter, protectrice des femmes, assimilée à l'*Héra* grecque.

JUNOT (Jean Andoche), *duc* **d'Abrantès,** général français (Bussy-le-Grand, Côte-d'Or, 1771 - Montbard 1813). Aide de camp de Bonaparte en Italie (1796), général en Égypte (1799), il commanda au Portugal (1807), mais dut capituler à Sintra (1808). Il se tua dans un accès de folie. — Sa femme, Laure **Permon,** *duchesse* **d'Abrantès** (Montpellier 1784 - Paris 1838), est l'auteur de *Mémoires.*

JUPITER, le père et le maître des dieux dans le panthéon romain, assimilé au *Zeus* grec. Il était le dieu du Ciel, de la Lumière, de la Foudre et du Tonnerre, dispensateur des biens terrestres, protecteur de la cité et de l'État romains. À Rome, le Capitole lui était consacré.

JUPITER, la plus grosse et la plus massive des planètes du système solaire (11,2 fois le diamètre équatorial de la Terre ; 317,9 fois sa masse). Elle est constituée essentiellement d'hydrogène et d'hélium. On lui connaît 16 satellites, dont 4 ont des dimensions planétaires.

Jupiter (photographie prise par Voyager 1, le 24 janvier 1979, d'une distance de 40 millions de km).

JUPPÉ (Alain), homme politique français (Mont-de-Marsan 1945). Secrétaire général (1988-1994) puis président du R.P.R., ministre du Budget (1986-1988) puis des Affaires étrangères (1993-1995), il est nommé Premier ministre en 1995. La même année, il est élu maire de Bordeaux.

JURA, chaîne de montagnes de France et de Suisse, qui se prolonge en Allemagne par des plateaux calcaires ; 1 718 m au *crêt de la Neige.* Le *Jura franco-suisse* comprend un secteur oriental plissé, plus élevé au sud qu'au nord, et un secteur occidental tabulaire, au-dessus des plaines de la Saône. L'orientation et l'altitude expliquent l'abondance des précipitations, favorables à l'extension des forêts et des prairies. Aussi l'exploitation forestière et les produits laitiers (fromages) y constituent-ils les principales ressources, complétées par le tourisme et surtout par de nombreuses petites industries. Le *Jura allemand* est formé d'un plateau calcaire, au climat rude, souvent recouvert par la lande et dont l'altitude s'abaisse du sud (*Jura souabe*) vers le nord (*Jura franconien*).

JURA (39), dép. de la Région Franche-Comté ; ch.-l. de dép. *Lons-le-Saunier ;* ch.-l. d'arr. *Dole, Saint-Claude ;* 3 arr., 34 cant., 545 comm. ; 4 999 km² ; 248 759 h. (*Jurassiens*). Le dép. est rattaché à l'académie et à la cour d'appel de Besançon, à la région militaire Nord-Est. En dehors du Nord (traversé par l'autoroute), occupant une partie des plateaux de la haute Saône, couverts de forêts ou de cultures de céréales, le dép. s'étend sur la *montagne jurassienne.* L'exploitation de la forêt, l'élevage bovin (fromages) et, localement, le vignoble (Arbois, Poligny) y constituent les ressources essentielles. L'industrie est surtout développée dans la montagne, autour de Saint-Claude et de Morez (travail du bois, horlogerie, lunetterie), ainsi que le tourisme (Les Rousses).

JURA (*canton du*), canton de Suisse, créé en 1979, englobant trois districts francophones jurassiens appartenant auparavant au canton de Berne ; 837 km² ; 66 163 h. Ch.-l. *Delémont.*

Jura (*parc naturel régional du* **Haut-**), parc régional créé en 1986, dans le dép. du Jura, à la frontière suisse ; env. 62 000 ha.

JURANÇON (64110), comm. des Pyrénées-Atlantiques, sur le gave de Pau ; 7 867 h. Vins.

JURIEN DE LA GRAVIÈRE (Jean Edmond), amiral français (Brest 1812 - Paris 1892). Il commanda les forces françaises au Mexique (1861), fut aide de camp de Napoléon III (1864) et devint directeur des Cartes et Plans de la marine (1871). [Acad. fr.]

JURIEU (Pierre), théologien protestant français (Mer, Orléanais, 1637 - Rotterdam 1713). Réfugié en Hollande, il s'opposa à Bossuet en une longue polémique.

JURIN (James), médecin et physicien anglais (Londres 1684 - *id.* 1750), auteur de la loi relative à l'ascension des liquides dans les tubes capillaires.

JURUÁ, riv. de l'Amazonie, affl. de l'Amazone (r. dr.) ; env. 3 000 km.

JUSSAC (15250), ch.-l. de c. du Cantal ; 1 877 h.

JUSSEY (70500), ch.-l. de c. de la Haute-Saône ; 1 918 h.

JUSSIEU (de), famille de botanistes français, qui a compté parmi ses membres : **Antoine,** (Lyon 1686 - Paris 1758) ; — **Bernard** (Lyon 1699 - Paris 1777), frère du précédent ; — **Joseph** (Lyon 1704 - Paris 1779), frère des précédents ; — **Antoine Laurent** (Lyon 1748 - Paris 1836), neveu des trois précédents, promoteur de la classification « naturelle » des plantes ; — **Adrien** (Paris 1797 - *id.* 1853), fils du précédent.

JUSTE, surnom francisé d'une famille de sculpteurs italiens (les *Betti*), établie en France en 1504. Leur œuvre la plus importante, due surtout à **Jean Ier** (San Martino a Mensola,

Florence, 1485 - Tours 1549), est le tombeau de Louis XII et d'Anne de Bretagne, à Saint-Denis, achevé en 1531.

JUSTIN *(saint),* philosophe, martyr et apologiste (Flavia Neapolis, Samarie, v. 100 - Rome v. 165), auteur de deux *Apologies* et d'une controverse avec le judaïsme, le *Dialogue avec Tryphon.*

JUSTIN, historien romain de l'époque des Antonins. Ses *Histoires philippiques* sont le résumé d'une œuvre aujourd'hui perdue.

JUSTIN Ier (Bederiana, Illyrie, v. 450 - Constantinople 527), empereur byzantin (518-527), oncle de Justinien, dont il fit son conseiller. Il persécuta les monophysites. — **Justin II** (m. en 578), empereur byzantin (565-578), neveu et successeur de Justinien. Il ne put empêcher l'invasion de l'Italie par les Lombards.

JUSTINIEN Ier, en lat. **Flavius Petrus Sabbatius Justinianus** (Tauresium ? 482 - Constantinople 565), empereur byzantin (527-565). Il chassa les Vandales d'Afrique puis reprit l'Italie aux Ostrogoths et une partie de l'Espagne aux Wisigoths ; en Orient, il dut se contenter de maintenir les Perses à distance. Son œuvre législative est importante : le *Code Justinien,* le *Digeste,* ou *Pandectes,* les *Institutes* et les *Novelles.* Parmi les monuments qu'il fit élever, il faut citer San Vitale de Ravenne et Sainte-Sophie de Constantinople. Sous son règne, Byzance devint un remarquable foyer intellectuel et artistique. — **Justinien II** (669 - Sinope 711), empereur byzantin (685-695 et 705-711).

JUTES, peuple germanique qui s'établit dans le sud-est de l'Angleterre au Ve s. apr. J.-C.

JÜTLAND → ***Jylland.***

Jütland *(bataille du)* [31 mai - 1er juin 1916], seul grand choc naval de la Première Guerre mondiale. Bien que la flotte allemande soit apparue comme supérieure en qualité, les Britanniques restèrent maîtres du champ de bataille.

JUVARRA ou **JUVARA** (Filippo), architecte et décorateur italien (Messine 1678 - Madrid 1736). Formé à Rome, il est appelé à Turin en 1714 et accomplit en vingt ans, surtout en Piémont, une œuvre considérable, d'un baroque retenu, dont la basilique de Superga et le palais de Stupinigi (près de Turin) marquent les sommets.

Justinien Ier et sa cour.
Mozaïque byzantine du VIe s. dans l'église San Vitale à Ravenne.

JUVÉNAL, en lat. **Decimus Junius Juvenalis,** poète latin (Aquinum v. 60 - v. 130), auteur de *Satires* où il attaque les mœurs corrompues de Rome.

JUVÉNAL ou **JOUVENEL DES URSINS,** famille champenoise. Ses membres les plus connus sont : **Jean,** magistrat (Troyes 1360 - Poitiers 1431), prévôt des marchands en 1389. En 1408, il fit donner la régence du royaume à Isabeau de Bavière ; — **Jean II,** son fils, magistrat lui aussi, prélat et historien (Paris 1388 - Reims 1473), auteur d'une *Chronique de Charles VI ;* — **Guillaume** (Paris 1401 - *id.* 1472), frère du précédent, chancelier de Charles VII (1445) et de Louis XI (1466). Son portrait a été peint par Fouquet v. 1460 (Louvre).

JUVIGNY-LE-TERTRE (50520), ch.-l. de c. de la Manche ; 748 h.

JUVIGNY-SOUS-ANDAINE (61140), ch.-l. de c. de l'Orne ; 1 109 h.

JUVISY-SUR-ORGE (91260), ch.-l. de c. de l'Essonne ; 11 852 h. *(Juvisiens).* Centre ferroviaire et industriel.

JYLLAND, en all. **Jütland,** région continentale du Danemark, plate et basse, couverte de cultures et de prairies au sud et à l'est, portant des landes et des forêts au nord et à l'ouest.

JYVÄSKYLÄ, v. de la Finlande centrale ; 64 000 h. Édifices publics par Aalto.

K

K2, deuxième sommet du monde, dans l'Himalaya (Karakorum) ; 8 611 m.

Ka'ba ou **Kaaba,** édifice cubique au centre de la Grande Mosquée de La Mecque, vers lequel les musulmans se tournent pour prier. Dans sa paroi est scellée la Pierre noire, apportée, selon le Coran, à Abraham par l'ange Gabriel.

KABALEVSKI (Dmitri Borissovitch), compositeur soviétique (Saint-Pétersbourg 1904 - Moscou 1987). Il est influencé par la musique populaire de son pays (*Colas Breugnon,* opéra, 1938).

KABARDES, peuple musulman du Caucase du Nord habitant la *République de Kabardino-Balkarie* (Russie) [760 000 h. Cap. *Naltchik*].

KABĪR, mystique indien (Bénarès 1440 - v. 1518). Il prêcha l'union de l'islam et de l'hindouisme et l'abolition des castes.

KABOUL ou **KĀBUL,** cap. de l'Afghanistan depuis 1774, sur la *rivière de Kaboul ;* 1 424 000 h.

KABWE, anc. **Broken Hill,** v. de la Zambie ; 147 000 h. Centre métallurgique.

KABYLES, peuple berbère sédentaire de Kabylie, dont la langue propre est le tamazight.

KABYLIE, terme qui désigne plusieurs massifs du nord de l'Algérie. On distingue, de l'ouest à l'est : la *Grande Kabylie* ou *Kabylie du Djurdjura* (2 308 m), la *Kabylie des Babors* et la *Kabylie d'El-Qoll.* (Hab. *Kabyles.*)

KACHGAR ou **KASHI,** v. de Chine (Xinjiang), oasis sur le Kaxgar He ; 100 000 h.

KACHIN, peuple de Chine (Yunnan), de Birmanie et de l'Inde (Assam) parlant une langue tibéto-birmane.

KÁDÁR (János), homme politique hongrois (Fiume 1912 - Budapest 1989). Ministre de l'Intérieur (1948-1951), chef du gouvernement après l'écrasement de l'insurrection hongroise (1956-1958, 1961-1965), il a dirigé de 1956 à 1988 le parti (avec le titre de secrétaire général depuis 1985).

KADARÉ (Ismaïl), écrivain albanais (Gjirokastër 1936), un maître de la nouvelle et du roman (*le Général de l'armée morte ; le Palais des rêves ; le Concert*).

KADESH → ***Qadesh.***

KADHAFI ou **QADHDHĀFĪ** (Mu'ammar **al-**), homme politique libyen (Syrte 1942). Principal instigateur du coup d'État qui renversa le roi Idrīs Ier (1969), président du Conseil de la révolution (1969-1977) puis du Secrétariat général du Congrès général du Peuple (1977), il abandonne en 1979 ses fonctions officielles, mais demeure le véritable chef de l'État. Rêvant d'un empire du désert, créateur (1980) d'une « nationalité arabe », il poursuit en vain une politique d'union (successivement avec l'Égypte, la Syrie, la Tunisie) et d'expansion (au Tchad).

KADIEVKA, de 1978 à 1991 **Stakhanov,** v. d'Ukraine ; 112 000 h. Centre houiller.

KADUNA, v. du Nigeria septentrional ; 202 000 h. Automobiles.

KAESONG, v. de la Corée du Nord ; 265 000 h.

KĀFIRISTĀN → ***Nurestān.***

KAFKA (Franz), écrivain tchèque de langue allemande (Prague 1883 - sanatorium de Kierling, près de Vienne, 1924), auteur de romans (*la Métamorphose,* 1915 ; *le Procès,* 1925 ; *le Château,* 1926) et d'un *Journal intime,* qui expriment le désespoir de l'homme devant l'absurdité de l'existence.

KAFR EL-DAWAR, v. d'Égypte, près d'Alexandrie ; 161 000 h.

KAGEL (Mauricio), compositeur argentin (Buenos Aires 1931). Il s'est consacré au « théâtre instrumental » (*Staatstheater,* 1971 ; *Mare nostrum,* 1975 ; *la Trahison orale,* 1983) en renouvelant beaucoup le matériau sonore (sons électroacoustiques et d'origines très diverses).

KAGERA (la), riv. d'Afrique, tributaire du lac Victoria, considérée comme la branche mère du Nil ; 400 km.

KAGOSHIMA, port du Japon, dans l'île de Kyūshū ; 536 752 h. À proximité, centre spatial Kagoshima de l'université de Tōkyō.

KAHN (Gustave), poète français (Metz 1859 - Paris 1936). Membre du groupe symboliste, il a été un des théoriciens du vers libre.

KAHN (Louis Isadore), architecte américain d'origine estonienne (île de Sarema 1901 - New York 1974). L'audace et la rigueur des formes, la qualité des rapports spatiaux, jointes à des références historiques (antiques ou médiévales), caractérisent son œuvre.

KAHRAMANMARAŞ, anc. **Maraş,** v. de Turquie, à l'E. du Taurus ; 228 129 h.

KAIFENG ou **K'AI-FONG,** v. de Chine (Henan) ; 300 000 h. Capitale impériale sous les Cinq Dynasties et les Song avant leur repli dans le Sud. Monuments anciens (pagode de fer, XIe s.). Musée.

KAIFU TOSHIKI, homme politique japonais (Aichi 1931). Président du parti libéral-démocrate, il a été Premier ministre de 1989 à 1991.

KAINJI, site du Nigeria, sur le Niger. Aménagement hydroélectrique.

KAIROUAN, v. de la Tunisie centrale ; 55 000 h. Fondée en 670, capitale de l'Ifrīqiya, elle fut ruinée au XIe s. et reconstruite aux XVIIe-XVIIIe s. Grande Mosquée de Sīdī 'Uqba fondée en 670 et dont les bâtiments actuels (VIIIe-IXe s.) comptent parmi les chefs-d'œuvre de l'art de l'islam. Beaux monuments anciens. Centre artisanal (tapis).

Kairouan : cour et façade de la salle de prière de la Grande Mosquée de Sīdī 'Uqba.

KAISER (Georg), auteur dramatique allemand (Magdebourg 1878 - Ascona, Suisse, 1945). Ses drames historiques et philosophiques sont une des meilleures illustrations de l'expressionnisme (*les Bourgeois de Calais,* 1914 ; *Gaz,* 1918).

KAISER (Henry John), industriel américain (Sprout Brook 1882 - Honolulu 1967). Pendant la Seconde Guerre mondiale, il appliqua la préfabrication à la construction navale. Il a créé la Jeep.

KAISERSLAUTERN, v. d'Allemagne (Rhénanie-Palatinat) ; 97 625 h.

KAKIEMON ou **SAKAIDA KAKIEMON,** potier japonais (1596 - 1660 ou 1666). Établi à Arita, il est célèbre pour ses porcelaines aux légers décors naturalistes et à la belle couverte laiteuse.

KĀKINĀDĀ ou **COCANĀDA,** port de l'Inde, sur le golfe du Bengale ; 327 407 h.

KAKOGAWA, v. du Japon, dans le sud de Honshū ; 239 803 h.

Mu'ammar al-**Kadhafi**

Franz **Kafka**

KALAHARI, désert de l'Afrique australe, entre les bassins du Zambèze et de l'Orange.

KALAMÁTA, port de Grèce (Péloponnèse) ; 43 838 h.

KALDOR (Nicholas), économiste britannique (Budapest 1908 - Papworth Everard, Cambridgeshire, 1986). On lui doit des travaux sur les fluctuations cycliques, la croissance et la distribution des revenus.

Kalevala (le), épopée finnoise, composée de fragments recueillis par Elias Lönnrot de la bouche des bardes populaires (1833-1849).

KALGAN, en chin. **Zhangjiakou** ou **Tchang-kia-k'eou,** v. de Chine (Hebei) ; 750 000 h.

KĀLĪ, divinité redoutable du panthéon hindouiste, épouse de Śiva, déesse de la Mort.

KĀLIDĀSA, poète indien (IVe-Ve s.), auteur du drame *Śakuntalā.*

KALIMANTAN, nom indonésien de **Bornéo,** désignant parfois aussi seulement la partie administrativement indonésienne de l'île.

KALININE → *Tver.*

KALININE (Mikhaïl Ivanovitch), homme politique soviétique (Verkhniaïa Troïtsa, près de Tver, 1875 - Moscou 1946), président du Tsik (Comité exécutif central des soviets) de 1919 à 1936, puis du praesidium du Soviet suprême (1938-1946).

KALININGRAD, anc. **Königsberg,** port de Russie, autref. en Prusse-Orientale ; 401 000 h. Cathédrale du XIVe s.

KALININGRAD, v. de Russie, banlieue de Moscou ; 160 000 h.

KALISZ, v. de Pologne, ch.-l. de voïévodie ; 106 500 h.

KALMAR, port de la Suède méridionale ; 56 206 h. Château des XIIIe-XVIe s.

Kalmar *(Union de),* union, sous un même sceptre, du Danemark, de la Suède et de la Norvège (1397). Réalisée sous l'impulsion de Marguerite Valdemarsdotter, elle fut rompue en 1521-1523 lors de l'insurrection suédoise de Gustave Vasa.

KALMOUKS, peuple mongol vivant en Russie, en Mongolie et dans le Xinjiang. Une de leurs tribus s'établit en 1643 sur la basse Volga, où est située la *République de Kalmoukie* (Russie) [322 000 h. Cap. *Elista*].

KALMTHOUT, comm. de Belgique (prov. d'Anvers) ; 15 864 h.

KALOUGA, v. de Russie, sur l'Oka ; 312 000 h.

KAMA (la), riv. de Russie, affl. de la Volga (r. g.) ; 2 032 km.

KĀMA, dieu indien de l'Amour ; époux de Ratī, déesse de la Volupté.

KAMAKURA, v. du Japon (Honshū) ; 174 307 h. Statue colossale en bronze du bouddha Amida (XIIIe s.). Temples (XIIe-XIVe s.). Musée. La cité a donné son nom à une période (1185/1192-1333) marquée par le shogunat de Minamoto no Yoritomo et de ses fils, dont elle fut la capitale, puis par la régence des Hōjō.

KĀMĀRHĀTI, v. de l'Inde (Bengale-Occidental) ; 169 000 h.

Kāma-sūtra, traité de l'art d'aimer, écrit en sanskrit entre le IVe et le VIIe s.

KAMBA, peuple du Kenya, parlant une langue bantoue.

KAMECHLIYÉ, v. du nord-est de la Syrie ; 93 000 h.

KAMENEV (Lev Borissovitch **Rozenfeld,** dit), homme politique soviétique (Moscou 1883 - *id.* 1936). Proche collaborateur de Lénine depuis 1902-03, membre du bureau politique du parti (1919-1925), il rejoignit Trotski dans l'opposition à Staline (1925-1927). Jugé lors des procès de Moscou (1936), il fut exécuté. En 1988, il a été réhabilité.

KAMENSK-OURALSKI, v. de Russie, au pied de l'Oural ; 209 000 h. Métallurgie.

KAMERLINGH ONNES (Heike), physicien néerlandais (Groningue 1853 - Leyde 1926). Il a liquéfié l'hélium (1908), étudié les phénomènes physiques au voisinage du zéro absolu et découvert la supraconductivité (1911). [Prix Nobel 1913.]

KAMINALJUYÚ, site archéologique des hautes terres mayas, près de Guatemala. Occupé dès le début du préclassique (1500 av. J.-C.), il a livré de nombreux vestiges du préclassique récent (300 av. - 300 apr. J.-C.).

KAMLOOPS, v. du Canada (Colombie-Britannique) ; 57 466 h. Nœud ferroviaire.

KAMPALA, cap. de l'Ouganda ; 550 000 h.

KAMPUCHÉA → *Cambodge.*

KAMTCHATKA, péninsule volcanique de la Sibérie, entre les mers de Béring et d'Okhotsk. Pêcheries.

KANAK ou **CANAQUES,** peuple habitant essentiellement la Nouvelle-Calédonie, mais aussi Vanuatu, l'Australie et la Papouasie-Nouvelle-Guinée.

KANAMI → *Zeami.*

KANANGA, anc. **Luluabourg,** v. du Zaïre, sur la Lulua, affl. du Kasaï ; 704 000 h.

KANÁRIS ou **CANARIS** (Konstandínos), amiral et homme politique grec (Psará v. 1790 - Athènes 1877). Il joua un grand rôle dans la guerre de l'Indépendance (1822-1825).

KANAZAWA, port du Japon (Honshū) ; 442 868 h.

KĀNCHĪPURAM, v. de l'Inde (Tamil Nadu) ; 169 813 h. Anc. cap. des Pallava jusqu'au IXe s. Temples brahmaniques, dont le Kailāsanātha (VIIIe s.).

KANDAHAR ou **QANDAHĀR,** v. du sud de l'Afghanistan ; 209 000 h.

KANDERSTEG, station de sports d'hiver de Suisse (Berne) [alt. 1 200-2 000 m].

KANDINSKY (Wassily), peintre russe naturalisé allemand, puis français (Moscou 1866 - Neuilly-sur-Seine 1944). L'un des fondateurs du Blaue* Reiter à Munich et l'un des grands initiateurs de l'art abstrait (à partir de 1910), professeur au Bauhaus en 1922, il s'installa à Paris en 1933, fuyant le nazisme. Il a notamment écrit *Du spirituel dans l'art* (1911), qui fonde la liberté inventive et le lyrisme sur la « nécessité intérieure ».

KANDY, v. de Sri Lanka ; 103 000 h. Anc. cap. (XVIe-XIXe s.). Jardin botanique. Centre religieux (pèlerinage bouddhique). Monuments anciens.

KANE (Cheikh Hamidou), écrivain sénégalais (Matam 1928), auteur du roman *l'Aventure ambiguë* (1961).

KANEM *(royaume du),* ancien royaume africain situé à l'est du lac Tchad, dont la population était formée de Kanouri et qui connut un premier épanouissement entre le XIe et le XIVe s., avant de se fondre, au XVIe s., dans le royaume du Bornou.

KANGCHENJUNGA, troisième sommet du monde, dans l'Himalaya, entre le Sikkim et le Népal ; 8 586 m.

KANGGYE, v. de la Corée du Nord ; 130 000 h.

KANGXI ou **K'ANG-HI** (Pékin 1654 - *id.* 1722), empereur de Chine de la dynastie Qing (1662-1722). Homme de lettres tolérant, il accepta des jésuites à sa cour.

KANKAN, v. de Guinée ; 85 000 h.

KANO, v. du Nigeria. 399 000 h. Aéroport. Université. Anc. cap. d'un royaume haoussa (Xe s. env. - début du XIXe s.).

KANŌ, lignée de peintres japonais ayant travaillé entre le XVe et le XIXe s. et dont les principaux représentants sont : **Kanō Masanobu** (1434-1530), fondateur de l'école ; — **Kanō Motonobu** (Kyōto 1476 - *id.* 1559), qui créa de vastes compositions murales aux lignes vigoureuses et au coloris brillant (Kyōto, temple du Daitoku-ji et du Myōshin-ji) ; — **Kanō Eitoku** (Yamashiro 1543 - Kyōto 1590), petit-fils du précédent, qui eut, par son style grandiose et décoratif, une influence considérable, notamment sur son fils adoptif Sanraku.

KĀNPUR ou **CAWNPORE,** v. de l'Inde (Uttar Pradesh), sur le Gange ; 2 111 284 h.

KANSAI ou **KINKI,** région du Japon (Honshū), dont Ōsaka, Kōbe et Kyōto sont les principales villes.

KANSAS (le), riv. des États-Unis, affl. du Missouri (r. dr.) ; 247 km.

KANSAS, un des États unis d'Amérique ; 213 063 km^2 ; 2 477 574 h. Cap. *Topeka.*

KANSAS CITY, nom donné à deux villes jumelles des États-Unis (Missouri et Kansas) [respectivement 435 146 h. et 149 767 h., et 1 566 280 h. pour la conurbation], sur le Missouri. Aéroport. Grand marché agricole. Musée d'art.

KAN-SOU → *Gansu.*

KANT (Immanuel, en fr. **Emmanuel**), philosophe allemand (Königsberg 1724 - *id.* 1804). Sa philosophie, influencée par Hume, Leibniz et Rousseau, tente de répondre aux questions : « Que puis-je savoir ? » ; « Que dois-je faire ? » ; « Que puis-je espérer ? ». Kant place la raison au centre du monde comme Copernic le Soleil au centre du système planétaire. Pour qu'une connaissance universelle et nécessaire soit possible, il faut que les objets de la connaissance se règlent sur la nature du sujet pensant et non sur l'expérience (*Critique de la raison pure,* 1781). L'entendement, en traçant les limites de la sensibilité et de la raison, rend possibles une physique *a priori* et le système des lois qui gouvernent la nature (*Premiers Principes métaphysiques de la science de la nature,* 1786). Et, pour que l'homme ne soit pas plus déterminé dans son action morale que dans sa connaissance par les objets extérieurs, Kant forme l'hypothèse d'une âme libre animée d'une volonté autonome (*Critique de la raison pratique,* 1788). Tout principe d'action doit alors pouvoir être érigé en maxime universelle (*Critique du jugement,* 1790) et le progrès de l'homme passe par la vertu individuelle et la liberté sociale garantie par une constitution politique (*Métaphysique des mœurs,* 1797).

KANTARA (El-), gorges d'Algérie, à l'ouest de l'Aurès, ouvrant sur l'oasis de Beskra.

KAN-TCHEOU → *Ganzhou.*

KANTŌ, région du Japon (Honshū), qui englobe notamment Tōkyō.

KANTOR (Tadeusz), artiste, écrivain et metteur en scène polonais (Wielopole, Cracovie, 1915 - Cracovie 1990). À l'avant-garde du théâtre, les happenings et spectacles de « théâtre de la mort » du groupe Cricot 2 sont devenus des références (*la Classe morte,* de Witkiewicz, 1976).

KANTOROVITCH (Leonid Vitalievitch), mathématicien et économiste soviétique (Saint-Pétersbourg 1912 - Moscou 1986). Il a restauré en U. R. S. S. une certaine conception du profit. (Prix Nobel 1975.)

KAOHSIUNG ou **GAOXIONG,** port de Taïwan ; 1 253 000 h. Centre industriel.

KAOLACK, v. du Sénégal, sur le Saloum ; 117 000 h. Exportation d'arachides. Huileries.

Wassily **Kandinsky :** *Jaune-Rouge-Bleu* (1925). [M.N.A.M., C.N.A.C. Georges-Pompidou, Paris.]

KAPELLEN, comm. de Belgique (prov. d'Anvers) ; 24 246 h.

KAPILAVASTU, auj. **Lumbinī,** site du Népal à 250 km à l'O. de Katmandou, anc. cap. des Śākya et ville natale du bouddha Śākyamuni.

KAPITSA (Petr Leonidovitch), physicien soviétique (Kronchtadt 1894 - Moscou 1984). Pionnier de la fusion thermonucléaire soviétique, il étudia les très basses températures, découvrant la superfluidité de l'hélium liquide. (Prix Nobel 1978.)

KAPLAN (Jacob), rabbin français (Paris 1895 - *id.* 1994). Il a été grand rabbin de France de 1955 à 1981.

KAPLAN (Viktor), ingénieur autrichien (Mürzzuschlag 1876 - Unterach 1934). On lui doit les turbines-hélices hydrauliques à pas variable qui portent son nom, adaptées aux grands débits sous de faibles hauteurs de chute.

KAPNIST (Vassili Vassilievitch), poète russe (Oboukhovka 1757 ou 1758 - *id.* 1823), auteur de *la Chicane,* comédie satirique (1798).

KAPOSVÁR, v. de Hongrie ; 71 788 h.

Kapoustine Iar, base de lancement de missiles et d'engins spatiaux, en Russie, au nord-ouest de la mer Caspienne, en bordure de la Volga.

KAPUAS, principal fl. de Bornéo ; 1 150 km.

KARA *(mer de),* mer de l'océan Arctique, entre la Nouvelle-Zemble et le continent et reliée à la mer de Barents par le *détroit de Kara.*

KARABAKH (HAUT-), région de l'Azerbaïdjan ; 4 400 km² ; 165 000 h. Ch.-l. *Stepanakert.* Il est peuplé majoritairement d'Arméniens qui revendiquent son rattachement à l'Arménie. De graves troubles s'y produisent depuis 1988. Après l'accession de l'Arménie et de l'Azerbaïdjan à l'indépendance, les combats s'intensifient et les Arméniens du Haut-Karabakh y proclament unilatéralement une République (1991). En 1993, leurs forces armées prennent le contrôle du sud-ouest de l'Azerbaïdjan.

KARA-BOGAZ, golfe en voie d'assèchement sur la côte est de la Caspienne, dans le Turkménistan. Salines.

KARABÜK, v. du nord de la Turquie ; 105 373 h. Sidérurgie.

KARĀCHI, port et plus grande ville du Pakistan, sur la mer d'Oman ; 5 103 000 h. Centre industriel. Musée national du Pakistan. Cap. du pays jusqu'en 1959.

KARADJORDJEVIĆ, dynastie serbe fondée par Karageorges, qui a donné à la Serbie le prince **Alexandre Karadjordjević** (1842-1858) et le roi **Pierre Ier** (1903-1921), puis à la Yougoslavie les rois **Alexandre Ier** (1921-1934) et **Pierre II** (1934-1945), dont **Paul Karadjordjević** assuma la régence (1934-1941).

KARADŽIĆ (Vuk), écrivain serbe (Tršić 1787 - Vienne 1864), réformateur de la langue serbe.

KARAGANDA, v. du Kazakhstan, au cœur du *bassin houiller de Karaganda ;* 614 000 h. Sidérurgie.

KARAGEORGES ou **KARADJORDJE** (Djordje Petrović), fondateur de la dynastie des Karadjordjević (Viševac v. 1768 - Radovanje 1817). D'origine paysanne, il fut le chef de l'insurrection contre les Ottomans (1804). Proclamé prince héréditaire des Serbes (1808), il dut s'exiler (1813) et fut assassiné.

KARAJAN (Herbert **von**), chef d'orchestre autrichien (Salzbourg 1908 - *id.* 1989). Chef à vie, depuis 1954, de l'Orchestre philharmonique de Berlin, il a démissionné de ce poste en 1989.

Kant

Herbert von **Karajan**

KARAKALPAK, peuple turc et musulman de l'Asie centrale habitant, au sud de la mer d'Aral, la *république autonome de Karakalpakie* (Ouzbékistan) [1 214 000 h. Cap. *Noukous*].

KARAKORUM ou **KARAKORAM,** massif du Cachemire, portant des sommets très élevés (K2, Gasherbrum) et de grands glaciers.

KARAKOUM, partie la plus aride de la dépression aralo-caspienne (Turkménistan).

KARAMANLÍS (Konstandínos) ou **CARAMANLIS** (Constantin), homme politique grec (Proti, Serrai, 1907). Trois fois Premier ministre de 1955 à 1963, puis à nouveau au pouvoir après la restauration de la démocratie (1974), il est ensuite président de la République (de 1980 à 1985, puis de 1990 à 1995).

KARAMZINE (Nikolaï Mikhaïlovitch), écrivain et publiciste russe (Mikhaïlovka, gouvern. de Simbirsk, 1766 - Saint-Pétersbourg 1826), auteur du premier grand ouvrage historique publié en Russie, *Histoire de l'État russe* (1816-1829).

KARATCHAÏS, peuple turc et musulman du Caucase du Nord, habitant la *République des Karatchaïs-Tcherkesses* (Russie) [418 000 h. Cap. *Tcherkessk*]. Déportés en 1943-44, les Karatchaïs purent rentrer d'exil à partir de 1957.

KARAVELOV (Ljuben), écrivain bulgare (Koprivštica 1834 - Ruse 1879). Journaliste, auteur de nouvelles, il joua un rôle déterminant dans le Comité central révolutionnaire bulgare de Bucarest.

KARAWANKEN, massif des Alpes orientales (Autriche et Slovénie).

KARBALĀ' ou **KERBELA,** v. de l'Iraq, au sud-ouest de Bagdad ; 108 000 h. Cité sainte chiite (tombeau de Ḥusayn).

KARCHI, v. d'Ouzbékistan ; 156 000 h.

KARDEC (Denisard Léon Hippolyte **Rivail**, dit **Allan**), occultiste français (Lyon 1804 - Paris 1869), fondateur de la doctrine du spiritisme (*le Livre des esprits,* 1857).

KARDINER (Abram), psychologue américain (New York 1891 - Easton, Connecticut, 1981). Représentant de l'école culturaliste en psychanalyse, il a introduit le concept de personnalité de base.

KARELLIS (les) [73870 Montricher Albanne], station de sports d'hiver (alt. 1 650-2 450 m) de la Savoie, en Maurienne.

KAREN, peuple de Birmanie et de Thaïlande.

KARIBA, site de la vallée du Zambèze, entre la Zambie et le Zimbabwe. Important aménagement hydroélectrique.

KĀRIKĀL, port de l'Inde, sur le golfe du Bengale, anc. établissement français (1739-1954) ; 61 875 h.

KARKEMISH, v. de la Syrie ancienne, sur l'Euphrate. Le pharaon d'Égypte Néchao II y fut battu par Nabuchodonosor II, roi de Babylone, en 605 av. J.-C. Ruines de la citadelle néohittite.

KARKONOSZE, en tchèque **Krkonoše,** en all. **Riesengebirge,** nom polonais des monts des Géants, formant la bordure nord-est de la Bohême ; 1 602 m.

KARLFELDT (Erik Axel), poète suédois (Folkärna 1864 - Stockholm 1931), peintre de la vie paysanne et provinciale *(Chansons de Fridolin).* [Prix Nobel 1931.]

KARL-MARX-STADT → ***Chemnitz.***

KARLOVY VARY, en all. **Karlsbad,** v. de la République tchèque (Bohême) ; 56 291 h. Station thermale. Cathédrale baroque du XVIIIe s.

Karlowitz *(traité de)* [26 janv. 1699], traité signé entre l'Empire ottoman et l'Autriche, la Pologne, la Russie et Venise, par lequel les Ottomans abandonnaient la Hongrie, la Transylvanie, la Podolie et la Morée.

KARLSKRONA, port de la Suède, sur la Baltique ; 59 054 h. Église de la Trinité, par Tessin le Jeune. Musée de la Marine.

KARLSRUHE, v. d'Allemagne (Bade-Wurtemberg) ; 270 659 h. Siège de la Cour suprême. Anc. cap. du pays de Bade, fondée en 1715. Musées.

KARLSTAD, v. de Suède, sur le lac Vänern ; 76 467 h.

KARMAN (Theodor **von**), ingénieur américain d'origine hongroise (Budapest 1881 - Aix-la-Chapelle 1963). Il a résolu de nombreux problèmes d'hydrodynamique et d'aérodynamique. La première soufflerie supersonique des États-Unis fut construite à son initiative (1938).

KARNAK ou **CARNAC,** village élevé sur les ruines de Thèbes, en Égypte. Temple d'Amon au cœur du plus vaste ensemble d'édifices religieux du pays, dont la construction s'échelonne du XXe s. au IVe s. av. J.-C.

KARNĀTAKA, anc. **Mysore,** État du sud de l'Inde ; 192 000 km² ; 44 817 398 h. Cap. *Bangalore.*

KÁROLYI (Mihály), homme politique hongrois (Budapest 1875 - Vence 1955). Président de la République (janv. 1919), il ne voulut pas entériner les frontières fixées par les Alliés.

KARR (Alphonse), écrivain français (Paris 1808 - Saint-Raphaël 1890), pamphlétaire de la revue satirique *les Guêpes.*

KARRER (Paul), biochimiste suisse (Moscou 1889 - Zurich 1971). Il détermina la structure de plusieurs vitamines (A et E, notamment) et réalisa la synthèse de la vitamine B2. (Prix Nobel 1937.)

KARROO ou **KAROO,** ensemble de plateaux étagés de l'Afrique du Sud.

KARS, v. de la Turquie orientale ; 78 455 h.

KARSAVINA (Tamara), danseuse russe (Saint-Pétersbourg 1885 - Beaconsfield, près de Londres, 1978). Étoile des Ballets russes, créatrice des œuvres de Fokine, elle fut une grande interprète du répertoire classique. Elle se fixa à Londres en 1917.

KARST, en ital. **Carso,** en slovène **Kras,** nom allemand d'une région de plateaux calcaires de Slovénie.

KARVINÁ, v. de la République tchèque, près d'Ostrava ; 68 368 h.

KASAÏ ou **KASSAÏ** (le), riv. d'Afrique (Angola et surtout Zaïre), affl. du Zaïre (r. g.) ; 2 200 km.

KASHI → ***Kachgar.***

KASHIWARA ou **KASHIMA,** port et centre industriel du Japon (Honshū), sur le Pacifique ; 166 000 h.

KASPAR (Jean), syndicaliste français (Mulhouse 1941). Succédant à E. Maire, il a été secrétaire général de la C. F. D. T. de 1988 à 1992.

KASSEL, v. d'Allemagne (Hesse), anc. cap. de la Hesse, sur la Fulda ; 191 598 h. Musées. Depuis 1955, exposition quadriennale d'art contemporain « Documenta ».

KASSEM ('Abd al-Karīm), homme politique irakien (Bagdad 1914 - *id.* 1963). Leader de la révolution de 1958, qui renversa les Hachémites d'Iraq, il se heurta à de multiples oppositions et fut assassiné en 1963.

KASSERINE, localité de la Tunisie. Combats en 1943 entre Allemands et Alliés.

KASSITES, peuple du Zagros central, à l'ouest de l'Iran. Une dynastie kassite régna sur Babylone de 1595 env. à 1153 av. J.-C.

KASTERLEE, comm. de Belgique (prov. d'Anvers) ; 16 246 h.

KASTLER (Alfred), physicien français (Guebwiller 1902 - Bandol 1984). Spécialiste de l'optique physique, il a mis au point le procédé de « pompage optique », qui a trouvé d'importantes applications dans les lasers et les masers. (Prix Nobel 1966.)

KÄSTNER (Erich), écrivain allemand (Dresde 1899 - Munich 1974), évocateur de la fantaisie de l'enfance (*Émile et les détectives,* 1929) et critique féroce de la société allemande qui accepta le nazisme.

Kastrup, aéroport de Copenhague.

KASUGAI, v. du Japon (Honshū) ; 266 599 h.

KATAÏEV (Valentine Petrovitch), écrivain russe (Odessa 1897 - Moscou 1986), auteur de romans qui unissent le réalisme au mouvement poétique (*Au loin, une voile,* 1936).

Karnak : vue partielle du grand temple d'Amon et du lac sacré. Nouvel Empire, XVIIIe dynastie.

KATANGA → ***Shaba.***

KATAR → ***Qatar.***

KATEB (Yacine), écrivain algérien d'expression française et arabe (Constantine 1929 - La Tronche 1989). Son œuvre poétique, romanesque *(Nedjma)* et dramatique *(le Cadavre encerclé, la Guerre de deux mille ans)* analyse le destin politique et humain de son pays.

KATHARINA VON BORA → ***Bora** (Katharina von).*

KĀTHIĀWĀR, presqu'île de l'Inde, sur la mer d'Oman.

KATMANDOU ou **KĀTMĀNDŪ,** cap. du Népal à env. 1 300 m d'alt. ; 393 000 h. Monuments (XVIe-XVIIIe s.). Musée.

KATONA (József), écrivain hongrois (Kecskemét 1791 - *id.* 1830), créateur de la tragédie nationale magyare (*Bánk bán,* 1821).

KATOWICE, v. de Pologne (Silésie) ; 366 900 h. Centre industriel.

Katsura, villa impériale japonaise près de Kyōto, construite à la fin du XVIe s. ; elle est l'exemple type de l'intégration de l'architecture japonaise au paysage ; célèbre jardin.

KATTEGAT → ***Cattégat.***

KATYN, village de Russie, à l'ouest de Smolensk. Les cadavres de 4 500 officiers polonais abattus en 1940-1941 par les Soviétiques y furent découverts par les Allemands. Ce massacre a été perpétré sur un ordre de Staline (mars 1940) en vertu duquel près de 26 000 Polonais, civils et militaires, furent exécutés.

KATZ (Elihu), psychosociologue américain (Brooklyn 1926). Il a développé la thèse selon laquelle l'action des médias s'exerce à travers les leaders d'opinion.

KAUNAS, v. de Lituanie, sur le Niémen ; 423 000 h. Industries textiles et alimentaires.

KAUNDA (Kenneth David), homme politique zambien (Lubwa 1924). Premier président de la République de Zambie, il a été au pouvoir de 1964 à 1991.

KAUNITZ-RIETBERG (Wenzel Anton, *comte,* puis *prince* **von**), homme d'État autrichien (Vienne 1711 - *id.* 1794), chancelier d'État (1753-1792), partisan de l'alliance française et de la politique centralisatrice de Marie-Thérèse et de Joseph II.

KAUTSKY (Karl), homme politique autrichien (Prague 1854 - Amsterdam 1938). Secrétaire d'Engels (1881), marxiste rigoureux (il publia le 3e tome du *Capital*), il s'opposa au révisionnisme de Bernstein. Il dirigea jusqu'en 1917 *Die Neue Zeit,* organe théorique de la social-démocratie allemande.

KAVÁLA, port de Grèce (Macédoine) ; 58 576 h.

KĀVIRI (la) ou **KAVERĪ** ou **CAUVERY,** fl. de l'Inde, tributaire du golfe du Bengale ; 764 km.

KAWABATA YASUNARI, écrivain japonais (Ōsaka 1899 - Zushi 1972). Son œuvre, qui mêle réalisme et fantastique, est une méditation sur la souffrance et la mort *(Pays de neige, Nuée d'oiseaux blancs, Kyōto).*[Prix Nobel 1968.]

KAWAGOE, v. du Japon (Honshū) ; 304 854 h.

KAWAGUCHI, v. du Japon (Honshū) ; 438 680 h. Sidérurgie. Textile.

KAWASAKI, port du Japon (Honshū) ; 1 173 603 h. Centre industriel.

KAYES, v. du Mali, sur le fleuve Sénégal ; 45 000 h.

KAYL, v. du Luxembourg, près d'Esch-sur-Alzette ; 6 288 h. Métallurgie.

Kawabata Yasunari

KAYSERI, v. de Turquie, au sud-est d'Ankara ; 421 362 h. C'est l'ancienne **Césarée de Cappadoce.** Citadelle et monuments (XIIIe s.). Musée.

KAYSERSBERG (68240), ch.-l. de c. du Haut-Rhin ; 2 763 h. Restes de fortifications, église des XIIe-XVe s., vieilles maisons.

KAZAKHS, peuple turc et musulman vivant principalement au Kazakhstan, en Ouzbékistan et au Xinjiang.

KAZAKHSTAN, État de l'Asie centrale, entre la mer Caspienne et la Chine ; 2 717 000 km^2 ; 17 200 000 h. *(Kazakhs).* CAP. *Alma-Ata* (ou *Almaty*). LANGUES : *kazakh* et *russe.* MONNAIE : *tenge.*

GÉOGRAPHIE

Vaste comme cinq fois la France, le Kazakhstan, au climat semi-aride, est peuplé majoritairement, et à parts presque égales, de Kazakhs de souche (40 %) et de Russes (38 %). L'étendue du pays explique l'importance de la production agricole (céréales et élevage, surtout ovins) et extractive (charbon et minerai de fer à la base d'une importante métallurgie).

HISTOIRE

La région est progressivement intégrée à l'Empire russe à partir du XVIIIe s. 1920 : elle est érigée en république autonome de Kirghizie, au sein de la R. S. S. de Russie. 1925 : cette république prend le nom de Kazakhstan. 1936 : elle devient une république fédérée. 1990 : les communistes remportent les premières élections républicaines libres. 1991 : le Soviet suprême proclame l'indépendance du pays (déc.), qui adhère à la C.E.I. Noursoultan Nazarbaïev est élu à la présidence de la République.

KAZAKOV (Iouri Pavlovitch), écrivain russe (Moscou 1927 - *id.* 1982), auteur de nouvelles qui peignent les gens simples et les petites villes *(la Petite Gare, le Nord maudit).*

KAZAN, v. de Russie, cap. du Tatarstan, sur la Volga ; 1 094 000 h. Centre industriel. Kremlin de 1555. Musée central de Tatarstan.

KAZAN (Elia **Kazanjoglous,** dit **Elia**), cinéaste américain (Istanbul 1909). Venu du théâtre, il a construit une œuvre lyrique et tourmentée, menant de front l'exploration des conflits intérieurs et la peinture de la société américaine : *Sur les quais* (1954), *À l'est d'Eden* (1955), *America, America* (1963), *l'Arrangement* (1969).

KAZANLĂK, v. de la Bulgarie ; 60 000 h. Centre de la « vallée des roses ».

KAZANTZÁKIS (Níkos), écrivain grec (Iráklion 1883 - près de Fribourg-en-Brisgau 1957), qui use de thèmes antiques et populaires pour définir une sagesse moderne *(Alexis Zorba,* 1946 ; *le Christ recrucifié,* 1954).

KAZBEK, un des points culminants du Caucase central ; 5 033 m.

KAZVIN → ***Qazvin.***

K. D. → ***constitutionnel-démocrate** (parti).*

KEATING (Paul John), homme politique australien (Sydney 1944). Leader du parti travailliste, il est Premier ministre de 1991 à 1996.

KEATON (Joseph Francis, dit **Buster**), acteur et cinéaste américain (Piqua, Kansas, 1895 - Los Angeles 1966). Auteur effectif de la plupart de ses films, il interpréta un personnage faussement impassible, profondément poétique et subtilement comique *(la Croisière du « Navigator »,* 1924 ; *le Mécano de la « General »,* 1926 ; *l'Opérateur* [ou *le Cameraman*], 1928).

Buster **Keaton** dans *la Croisière du « Navigator »* (1924).

KEATS (John), poète britannique (Londres 1795 - Rome 1821), un des grands romantiques anglais, qui se distingue par son sensualisme esthétique *(Endymion, Ode à un rossignol).*

Keban, barrage et aménagement hydroélectrique de Turquie, sur l'Euphrate.

KEBNEKAISE → ***Kjølen.***

KECSKEMÉT, v. de Hongrie, au sud-est de Budapest ; 102 516 h.

KEDAH, un des États de la Malaisie. Cap. *Alor Setar.*

KEDIRI, v. d'Indonésie (Java) ; 222 000 h.

KEELING *(îles)* → ***Cocos.***

KEELUNG ou **JILONG,** port du nord de Taïwan ; 351 000 h.

KEESOM (Willem Hendrik), physicien néerlandais (île de Texel 1876 - Leyde 1956). Il a signalé deux variétés d'hélium liquide et a réussi à solidifier ce corps en le maintenant sous pression.

KEEWATIN, district du Canada (Territoires du Nord-Ouest), au nord du Manitoba.

KEF (Le), v. de Tunisie ; 28 000 h.

KEFLAVÍK, v. d'Islande ; 6 000 h. Un accord permet l'utilisation de la base aérienne à 9 pays de l'Alliance atlantique depuis 1951.

KÉGRESSE (Adolphe), ingénieur français (Héricourt 1879 - Croissy-sur-Seine 1943), inventeur de la propulsion des automobiles par chenilles.

KEHL, v. d'Allemagne (Bade-Wurtemberg), sur le Rhin, en face de Strasbourg ; 30 000 h.

KEIHIN (le), conurbation du Japon, regroupant Tōkyō, Yokohama et leurs banlieues.

KEISER (Reinhard), compositeur allemand (Teuchern 1674 - Hambourg 1739). Il fut un des créateurs, à Hambourg, de l'opéra classique allemand.

KEITA (Modibo), homme politique malien (Bamako 1915 - *id.* 1977), président de la République du Mali et chef du gouvernement (1960-1968).

KEITEL (Wilhelm), maréchal allemand (Helmscherode 1882 - Nuremberg 1946). Chef du commandement suprême allemand de 1938 à 1945, il signa la capitulation de son pays à Berlin (8 mai 1945). Condamné à mort comme criminel de guerre à Nuremberg, il fut exécuté.

KEKKONEN (Urho Kaleva), homme politique finlandais (Pielavesi 1900 - Helsinki 1986). Premier ministre de 1950 à 1956, puis président de la République jusqu'en 1981, il mena une action diplomatique importante.

KEKULÉ VON STRADONITZ (August), chimiste allemand (Darmstadt 1829 - Bonn 1896). Il utilisa le premier les formules développées en chimie organique, créa la théorie de la quadrivalence du carbone et établit en 1865 la formule hexagonale du benzène.

KELDERMANS, famille d'architectes flamands de la fin de l'époque gothique, dont le plus connu est **Rombout** (Malines v. 1460 - Anvers 1531), qui travailla à divers monuments de Malines, Bruxelles, Anvers, Gand, Hoogstraten.

KELLER (Gottfried), écrivain suisse d'expression allemande (Zurich 1819 - *id.* 1890), auteur de poèmes, de nouvelles *(les Gens de Seldwyla)* et de romans qui marquent la liaison entre le romantisme et le réalisme (*Henri le Vert,* 1854-55).

KELLERMANN (François Christophe), *duc* **de Valmy,** maréchal de France (Strasbourg 1735 - Paris 1820). Vainqueur à Valmy (1792), il commanda ensuite l'armée des Alpes et fut fait maréchal en 1804. — Son fils **François Étienne** (Metz 1770 - Paris 1835) se distingua à Lützen et à Waterloo.

KELLOGG (Frank Billings), homme politique américain (Potsdam, État de New York, 1856 - Saint Paul, Minnesota, 1937). Secrétaire d'État du président Coolidge (1927-1929), il négocia avec Aristide Briand un pacte de renonciation à la guerre, signé par soixante nations (*pacte Briand-Kellogg,* 1928). [Prix Nobel de la paix 1929.]

KELLY (Eugene Patrick, dit **Gene**), acteur, chorégraphe et cinéaste américain (Pittsburgh 1912 - Los Angeles 1996). Avec la collaboration de S. Donen (*Chantons sous la pluie,* 1952) ou V. Minnelli (*Un Américain à Paris,* 1950), il a renouvelé la comédie musicale au cinéma.

KELOWNA, v. du Canada (Colombie-Britannique) ; 57 945 h.

KELSEN (Hans), juriste américain d'origine autrichienne (Prague 1881 - Orinda, Californie, 1973). Fondateur de l'école normativiste, il fut chargé en 1920 de la rédaction de la Constitution autrichienne.

KELVIN *(lord)* → ***Thomson*** *(sir William).*

KEMAL (Mustafa) → ***Atatürk.***

KEMAL (Yachar) → ***Yaşar Kemal.***

KEMBS (68680), comm. du Haut-Rhin ; 3 028 h. Centrale hydroélectrique sur le grand canal d'Alsace.

KEMEROVO, v. de Russie, en Sibérie occidentale ; 520 000 h. Houille.

KEMMEL *(mont),* hauteur de Belgique, près d'Ypres (151 m). Ludendorff y déclencha, en avr. 1918, l'une des dernières grandes offensives.

KEMPFF (Wilhelm), pianiste allemand (Jüterbog 1895 - Positano, Italie, 1991), célèbre interprète de Beethoven.

KEMPIS (Thomas **a**) → ***Thomas a Kempis.***

KENDALL (Edward Calvin), biochimiste américain (South Norwalk, Connecticut, 1886 - Princeton 1972), prix Nobel (1950) pour ses recherches sur les hormones corticosurrénales.

KENITRA, anc. **Port-Lyautey,** port du Maroc, au nord de Rabat ; 139 000 h.

KENKŌ HŌSHI (**Urabe Kaneyoshi,** dit), écrivain japonais (v. 1283-1350), auteur du *Tsurezuregusa (les Heures oisives),* où il déplore la disparition de la civilisation courtoise.

KENNEDY (John Fitzgerald), homme politique américain (Brookline, près de Boston, 1917 - Dallas 1963). Député puis sénateur démocrate, il fut élu président des États-Unis en 1960. Sa politique se caractérisa par son dynamisme dans le domaine intérieur (suppression des discriminations à l'égard des Noirs) et par sa fermeté à l'égard de l'U.R.S.S. (dans la crise de Berlin en 1961 ; à Cuba, où il obtint en 1962 le retrait des missiles soviétiques). Il proposa aux Américains d'atteindre et de dépasser une double « Nouvelle Frontière » : celle d'une plus grande justice sociale ; celle, technologique, de la course à la Lune. Il fut assassiné à Dallas. — Son frère **Robert** (Brookline, près de Boston, 1925 - Los Angeles 1968), sénateur démocrate (1964), fut assassiné après avoir remporté les primaires de Californie comme candidat à la présidence.

Kennedy *(centre spatial J. F.),* base de lancement de missiles intercontinentaux et d'engins spatiaux située au cap Canaveral (États-Unis). [Celui-ci porta de 1964 à 1973 le nom de *cap Kennedy.*]

Kennedy *(J. F.),* aéroport international de New York, à Idlewild.

KENT, royaume jute fondé au Ve s. Il fut, jusqu'au VIIe s., le premier grand foyer de la civilisation anglo-saxonne (cap. *Canterbury*). — Comté d'Angleterre, sur le pas de Calais ; ch.-l. *Maidstone.*

KENT (William), architecte, dessinateur de jardins, décorateur et peintre britannique (Bridlington, Yorkshire, 1685 - Londres 1748). Collaborateur d'un riche amateur, Richard Boyle, comte de Burlington, il fut l'un des champions du palladianisme et l'un des créateurs du jardin paysager à l'anglaise.

KENTUCKY, un des États unis de l'Amérique du Nord ; 104 623 km² ; 3 685 296 h. Cap. *Frankfort.*

KENYA, État de l'Afrique orientale ; 583 000 km² ; 27 700 000 h. *(Kenyans).* CAP. *Nairobi.* LANGUE : *swahili.* MONNAIE : *shilling du Kenya.*

August **Kekulé von Stradonitz**

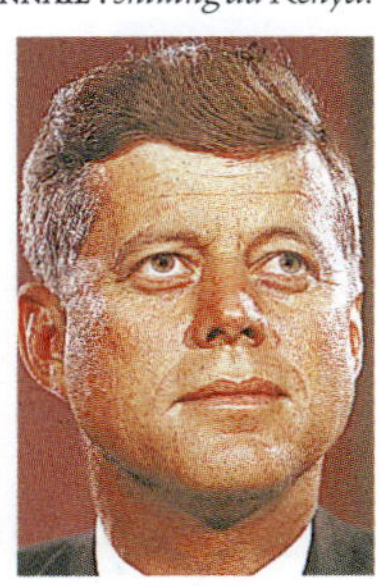

John Fitzgerald **Kennedy**

GÉOGRAPHIE

L'Ouest, montagneux et volcanique, est le domaine des cultures du café et du thé (principaux produits des exportations, qui s'effectuent par Mombasa). Dans l'Est, formé de plaines, se localisent des plantations de canne à sucre, de bananiers et de sisal. L'élevage (bovins, ovins, caprins) est développé, mais revêt souvent une plus grande valeur sociale qu'économique. Le tourisme comble une partie du déficit de la balance commerciale.

HISTOIRE

Pays où l'on a découvert les plus anciens restes de préhominiens, le Kenya est occupé par des populations proches des Bochimans. 500 av. J.-C. - XVIe s. apr. J.-C. : des populations venues du nord ou de l'est se substituent à ce peuplement primitif ; le littoral est occupé par les Bantous, par les Arabes, qui y installent des comptoirs, et, après 1497, par les Portugais. 1888 : la Grande-Bretagne obtient du sultan de Zanzibar une concession sur l'essentiel du pays. 1895 : le Kenya devient protectorat britannique. 1920 : il forme une colonie de la Couronne. 1925 : Jomo Kenyatta se place à la tête du mouvement nationaliste. 1952-1956 : la révolte des Mau-Mau est sévèrement réprimée ; Kenyatta est arrêté. 1961 : libération de Kenyatta. 1963 : le Kenya devient indépendant dans le cadre du Commonwealth. 1964-1978 : Kenyatta, président de la République. 1978 : à la mort de Kenyatta, Daniel Arap Moi lui succède. Il instaure à partir de 1982 le système du parti unique. 1991 : le multipartisme est rétabli. 1992 : lors des élections pluralistes, face à une opposition divisée, D. Arap Moi est élu à la présidence de la République et son parti obtient la majorité au Parlement.

KENYA *(mont),* sommet du centre du Kenya ; 5 199 m.

KENYATTA (Jomo), homme politique kenyan (Ichaweri v. 1893 - Mombasa 1978). Dès 1925, il lutta pour la restitution des terres aux Kikuyu. Il devint chef du premier gouvernement du Kenya (1963). Président de la République en 1964, il fut constamment réélu jusqu'à sa mort.

KENZAN, de son vrai nom **Ogata Shinsei**, céramiste, peintre et calligraphe japonais (région de Kyōto 1663-1743). Il est l'initiateur d'un nouvel art céramique pour lequel son frère Kōrin a dessiné des croquis.

KEPLER (Johannes), astronome allemand (Weil der Stadt, Wurtemberg, 1571 - Ratisbonne 1630). Partisan convaincu du système héliocentrique de Copernic, il découvrit, grâce aux observations précises de Tycho Brahe, dont il fut l'assistant puis le successeur, les lois du mouvement des planètes *(lois de Kepler)* : 1° les orbites des planètes sont des ellipses dont le Soleil occupe l'un des foyers (1609) ; 2° les aires balayées par le rayon vecteur joignant le centre du Soleil au centre d'une planète sont proportionnelles aux temps mis à les décrire (1609) ; 3° les carrés des périodes de révolution sidérale des planètes sont proportionnels aux cubes des grands axes de leurs orbites (1619).

KERALA, État de l'Inde, sur la côte sud-ouest du Deccan ; 39 000 km^2 ; 29 011 237 h. Cap. *Trivandrum.* Regroupant les États de Travancore et de Cochin, l'État de Kerala a été constitué en 1956.

KERBELA → *Karbalā'.*

KERENSKI (Aleksandr Fedorovitch), homme politique russe (Simbirsk 1881 - New York 1970). Membre du parti social-révolutionnaire, il devint en 1917 ministre de la Justice, de la Guerre puis chef du gouvernement provisoire qui fut renversé par les bolcheviks (oct.-nov. 1917).

Johannes **Kepler**

lord **Keynes**

KERGOMARD (Pauline), pédagogue française (Bordeaux 1838 - Saint-Maurice, Val-de-Marne, 1925), une des fondatrices de l'école maternelle en France.

KERGUELEN *(îles),* archipel français du sud de l'océan Indien ; env. 7 000 km^2. Station de recherches scientifiques.

KERGUELEN DE TRÉMAREC (Yves **de**), marin français (Quimper 1734 - Paris 1797). Il découvrit en 1772 les îles *Kerguelen.*

KERKENNAH, petit archipel tunisien en face de Sfax.

KERMĀN ou **KIRMĀN,** v. d'Iran ; 141 000 h. Mausolées et mosquées (XIIe-XIVe s.).

KERMĀNCHĀH, anc. **Bākhtarān,** v. de l'Iran, dans le Kurdistān ; 291 000 h.

KEROUAC (Jack), écrivain américain (Lowell, Massachusetts, 1922 - Saint Petersburg, Floride, 1969), l'un des chefs de file de la « beat* generation » (*Sur la route,* 1957 ; *les Anges vagabonds,* 1965).

KEROULARIOS (Michel), en fr. **Cérulaire,** patriarche de Constantinople de 1043 à 1059 (Constantinople v. 1000 - *id.* 1059). En 1054, il consacra le schisme qui sépare encore les Églises d'Orient et d'Occident.

KERR (John), physicien britannique (Ardrossan, Strathclyde, Écosse, 1824 - Glasgow 1907). Il découvrit, en 1875, la biréfringence des isolants soumis à un champ électrique.

KERSCHENSTEINER (Georg), pédagogue allemand (Munich 1854 - *id.* 1932). Il est le promoteur d'une pédagogie fondée sur le travail en groupe et partisan du travail manuel comme fondement de l'éducation.

KERTCH, port d'Ukraine, en Crimée, sur le *détroit de Kertch* (qui relie la mer Noire et la mer d'Azov) ; 174 000 h.

KERTÉSZ (André), photographe américain d'origine hongroise (Budapest 1894 - New York 1985). Sensibilité poétique et sens de l'humour alliés à l'invention formelle dominent son œuvre *(Soixante Ans de photographie, 1912-1972).*

KESSEL (Joseph), écrivain et journaliste français (Clara, Argentine, 1898 - Avernes, Val-d'Oise, 1979). Grand reporter, il exalte, dans ses romans, la fraternité virile dans la guerre *(l'Équipage, l'Armée des ombres)* et dans l'aventure *(Fortune carrée, le Lion, les Cavaliers).* Il est également l'auteur, avec son neveu Maurice Druon, du *Chant des partisans.* (Acad. fr.)

KESSELRING (Albert), maréchal allemand (Marktsteft 1885 - Bad Nauheim 1960). Chef d'état-major de l'armée de l'air (1936), il commanda de 1941 à 1944 les forces allemandes de Méditerranée et d'Italie, puis le front de l'ouest en 1945.

KETTELER (Wilhelm Emmanuel, *baron* **von**), prélat et homme politique allemand (Münster 1811 - Burghausen, Bavière, 1877). Il lutta contre le Kulturkampf et donna au catholicisme social allemand un grand dynamisme.

KEY (Ellen), féministe et pédagogue suédoise (Sundsholm 1849 - près du lac Vättern 1926). Elle fut une des pionnières de l'éducation nouvelle et elle milita activement pour l'émancipation des femmes.

KEYNES (John Maynard, *lord*), économiste et financier britannique (Cambridge 1883 - Firle, Sussex, 1946). Il prôna l'action du gouvernement pour assurer le plein emploi de la main-d'œuvre grâce à une relance des investissements. Sa doctrine a eu une influence considérable sur la pensée et les politiques économiques du XXe s.

KEY WEST, v. des États-Unis (Floride) ; 24 000 h. Station balnéaire.

KGB (sigle de *Komitet Gossoudarstvennoï Bezopasnosti,* comité de sécurité de l'État), nom donné aux services chargés du renseignement et du contre-espionnage à l'intérieur et à l'extérieur de l'U. R. S. S. (1954-1991).

KHABAROVSK, v. de Russie, en Sibérie, sur l'Amour ; 601 000 h. Centre administratif et industriel.

KHADĪDJA (m. en 619 à La Mecque), première femme de Mahomet.

KHAJURĀHO, site de l'Inde centrale (Madhya Pradesh). Anc. cap. de la dynastie Candella (IXe-XIIIe s.). Important ensemble de temples brahmaniques et jaina aux toitures en sikhara et au foisonnant décor sculpté.

Khajurāho : le temple à sikhara de Lakṣmaṇa. Art Candella ; Xe-XIe s.

KHAKASSES, peuple altaïen habitant, à l'est du Kazakhstan, la *République de Khakassie* (Russie) [569 000 h. Cap. *Abakan*].

KHANIÁ ou **LA CANÉE,** port de Grèce, sur la côte nord de la Crète ; 50 077 h. Musée.

KHARAGPUR, v. de l'Inde (Bengale-Occidental) ; 279 736 h.

KHARBIN → *Harbin.*

KHĀREZM, ancien État d'Asie centrale, situé sur le cours inférieur de l'Amou-Daria (Oxus). Héritier de la Chorasmie antique, il fut conquis par les Arabes en 712. Il est souvent appelé khanat de Khiva (1512-1920).

KHĀREZMĪ (Muḥammad ibn Mūsā **al-**), mathématicien arabe de la fin du VIIIe s. et du début du IXe s. Il indiqua les premières règles du calcul algébrique dans son ouvrage *Précis sur le calcul de al-djabr et de al-muqābala.*

KHARG *(île),* île iranienne du golfe Persique. Terminal pétrolier.

KHARKOV, v. d'Ukraine, sur un affl. du Donets ; 1 611 000 h. Centre métallurgique. Textile.

KHARTOUM, cap. du Soudan, au confluent du Nil Blanc et du Nil Bleu ; 600 000 h. Musée. La ville, prise par les mahdistes en 1884-85, fut reconquise par les Anglais en 1898.

KHATCHATOURIAN (Aram), compositeur soviétique (Tiflis 1903 - Moscou 1978). Son œuvre (*Gayaneh,* 1942 ; *Spartacus,* 1952-1954) est d'inspiration patriotique et folklorique.

KHAYBAR ou **KHYBER** *(passe de),* défilé entre le Pakistan et l'Afghanistan.

KHAYYĀM (Omar ou 'Umar), poète et mathématicien persan (Nichāpur v. 1047 - *id.* v. 1122). Son angoisse lui fait célébrer dans ses *Quatrains* la jouissance immédiate de la vie.

KHAZARS, peuple turc qui, du VIIe au Xe s., domina la région de la mer Caspienne puis de la Crimée et les steppes entre le Don et le Dniepr. Le prince de Kiev Sviatoslav anéantit sa puissance en 969.

KHEMIS MELYANA, v. d'Algérie, dans la vallée du Cheliff ; 58 000 h.

KHEOPS, roi d'Égypte de la IVe dynastie (v. 2600 av. J.-C). Il fit élever la grande pyramide de Gizeh.

KHEPHREN, roi d'Égypte de la IVe dynastie (v. 2500 av. J.-C.). Successeur de Kheops, il fit construire la deuxième pyramide de Gizeh.

KHERSON, port d'Ukraine, sur le Dniepr inférieur ; 355 000 h.

l'imam **Khomeyni**

Nikita **Khrouchtchev**

KHIEU SAMPHAN, homme politique cambodgien (Svay Rieng 1931). Dirigeant khmer rouge, il est chef de l'État du Kampuchéa démocratique de 1976 à 1979. Il fait ensuite partie du Conseil national suprême (1991-1993).

KHINGAN (Grand), massif de Chine, entre le désert de Gobi et la plaine de la Chine du Nord-Est ; 2 091 m. — Le **Petit Khingan** sépare cette plaine du bassin de l'Amour.

KHMELNITSKI (Bogdan) [v. 1595 - Tchiguirine 1657], hetman (1648-1657) des Cosaques d'Ukraine qui se soulevèrent contre la Pologne. Il reconnut la suzeraineté du tsar de Russie.

KHMERS, peuple majoritaire du Cambodge, habitant également la Thaïlande et le Viêt Nam.

Khmers rouges, nom donné aux résistants communistes khmers dans les années 1960, puis aux partisans de Pol Pot et de Khieu Samphan après 1976.

KHODJENT, de 1936 à 1991 **Leninabad,** v. du Tadjikistan ; 150 000 h.

KHOMEYNI (Ruḥollāh), chef religieux et homme politique iranien (Khomeyn 1902 - Téhéran 1989). Exilé à Nadjaf après 1964 puis en France (1978-79), il canalisa l'opposition aux réformes du chah qui triompha avec la révolution de févr. 1979 et instaura une république islamique.

KHORĀSĀN ou **KHURĀSĀN,** région du nord-est de l'Iran. V. pr. *Mechhed.*

KHORSABAD → ***Khursabād.***

KHORRAMCHAHR ou **KHURRAMCHAHR,** port d'Iran, près du Chaṭṭ al-'Arab ; 147 000 h.

KHOSRÔ Ier ou **CHOSROÊS Ier,** roi sassanide d'Iran (531-579). Ses guerres contre Justinien se terminèrent en 562 par une paix sans vainqueur ni vaincu. Il réorganisa l'administration de l'Empire. — **Khosrô II** ou **Chosroês II,** roi sassanide d'Iran (591-628). Il reprit la lutte contre les Byzantins (pillage de Jérusalem en 614, siège de Constantinople en 626), mais fut battu par Héraclius en 628.

KHOTAN, en chin. **Hotan,** v. de Chine (Xinjiang) ; 134 000 h. Oasis.

Khotine *(bataille de)* [11 nov. 1673], victoire remportée par Jean Sobieski sur les Turcs en Ukraine, à Khotine (en polon. Chocim), sur le Dniestr.

KHOURIBGA, v. du Maroc, sur les plateaux du Tadla ; 127 000 h. Phosphates.

KHROUCHTCHEV (Nikita Sergueïevitch), homme politique soviétique (Kalinovka, prov. de Koursk, 1894 - Moscou 1971). Premier secrétaire du Comité central du parti communiste (1953-1964), président du Conseil des ministres de l'U. R. S. S. de 1958 à 1964, il se fit à partir du XXe Congrès (1956) le champion de la « déstalinisation » et de la coexistence pacifique.

KHULNĀ, v. du Bangladesh, au sud-ouest de Dacca ; 623 000 h.

KHURĀSĀN → ***Khorāsān.***

KHURRAMCHAHR → ***Khorramchahr.***

KHURSABĀD ou **KHORSABAD,** village d'Iraq où a été dégagée la ville de Dour-Sharroukên, bâtie par Sargon II vers 713 av. J.-C. et abandonnée après sa mort.

KHUZESTĀN ou **KHŪZISTĀN,** région d'Iran, sur le golfe Persique. Pétrole.

KHYBER → ***Khaybar.***

KIA-MOU-SSEU → ***Jiamusi.***

KIANG-SI → ***Jiangxi.***

KIANG-SOU → ***Jiangsu.***

KICHINEV → ***Chişinău.***

KIEFER (Anselm), peintre allemand (Donaueschingen 1945). Ses toiles sombres et imposantes, chargées de matière, de collages divers, d'inscriptions, interrogent selon une dramaturgie angoissée l'histoire, la culture et les mythes de l'Allemagne.

KIEL, port d'Allemagne, cap. du Schleswig-Holstein, sur la Baltique ; 243 579 h. Métallurgie. — Le *canal de Kiel,* de Kiel à l'embouchure de l'Elbe, unit la Baltique à la mer du Nord.

KIELCE, v. de Pologne, ch.-l. de voïévodie ; 215 000 h. Cathédrale et palais du XVIIe s.

KIENHOLZ (Edward), artiste américain (Fairfield, État de Washington, 1927 - Hope, Idaho, 1994). Ses environnements, figures faites de matériaux divers avec meubles et accessoires, composent depuis 1960 une satire à la fois réaliste et mythique de la vie américaine.

KIERKEGAARD (Søren), philosophe et théologien danois (Copenhague 1813 - *id.* 1855). Il défend le christianisme contre ceux qui le caricaturent (l'Église, selon lui), s'oppose à l'idéalisme hégélien et fait de l'angoisse l'expérience fondamentale de l'homme (*Ou bien... ou bien,* 1843 ; *le Journal du séducteur,* 1843).

KIESINGER (Kurt Georg), homme politique allemand (Ebingen 1904 - Tübingen 1988). Chrétien-démocrate, il a été chancelier de l'Allemagne fédérale (1966-1969).

KIEŚLOWSKI (Krzysztof), cinéaste polonais (Varsovie 1941 - *id.* 1996). Narrateur exemplaire, son œuvre se caractérise par la vérité des personnages et le lyrisme de la mise en scène : *le Personnel* (1975), *le Hasard* (1981), *le Décalogue* (1988), *la Double Vie de Véronique* (1991), *Trois Couleurs : Bleu, Blanc, Rouge* (1993-94).

KIEV, cap. de l'Ukraine, sur le Dniepr ; 2 587 000 h. Université. Centre industriel. Cathédrale Ste-Sophie (XIe-XVIIIe s.), conservant des mosaïques et peintures byzantines. Monastère des Grottes, remontant lui aussi au XIe s., auj. musée national. — Capitale de la « Russie kiévienne » (IXe-XIIe s.), centre commercial prospère et métropole religieuse, Kiev fut conquise par les Mongols en 1240. Rattachée à la Lituanie (1362) puis à la Pologne (1569), elle revint à la Russie en 1654. Foyer du nationalisme ukrainien, elle devint en 1918 la capitale de la République indépendante d'Ukraine. Définitivement intégrée à la République soviétique d'Ukraine en 1920, elle devint sa capitale en 1934.

KIGALI, cap. du Rwanda ; 155 000 h.

KIKUYU, peuple du Kenya, de langue bantoue.

KIKWIT, v. du Zaïre ; 172 000 h.

KILIMANDJARO ou **PIC UHURU,** massif volcanique de l'Afrique (Tanzanie), portant le point culminant du continent ; 5 895 m.

KI-LIN → ***Jilin.***

KILLY (Jean-Claude), skieur français (Saint-Cloud 1943), triple champion olympique en 1968.

KILPATRICK (William Heard), pédagogue américain (White Plains 1871 - New York 1965), promoteur de la méthode des projets, selon laquelle tout enseignement doit procéder de l'expérience.

KIMBERLEY, v. de l'Afrique du Sud, ch.-l. de la prov. du Cap-Nord ; 145 000 h. Diamants.

KIMCHAEK, port de la Corée du Nord, sur la mer du Japon ; 180 000 h.

KIM IL-SUNG ou **KIM IL-SŎNG,** maréchal et homme politique nord-coréen (près de Pyongyang 1912 - Pyongyang 1994). Organisateur de l'armée de libération contre l'occupant japonais (1931-1945), fondateur du parti du travail (1946), il devint Premier ministre de la Corée du Nord en 1948. Il fut ensuite chef de l'État de 1972 à sa mort.

KIMURA MOTOO, généticien japonais (Okazaki 1924-Mishima, préf. de Shizuoka, 1994). Spécialiste de génétique des populations, il est l'auteur du modèle neutraliste de l'évolution.

KIM YOUNG-SAM, homme politique sud-coréen (Kojae, prov. de Kyongsang-Sud, 1927). Principal chef de l'opposition de 1961 à 1990, il est élu président de la République en 1992.

KINABALU, point culminant de Bornéo (Sabah) et de l'Insulinde ; 4 175 m.

KINDĪ (al-), philosophe arabe (fin du VIIIe s. - milieu du IXe s.). Il a essayé de concilier philosophie et religion pour atteindre l'unité divine. Il s'est également intéressé aux problèmes de la traduction (grec-arabe).

KINDIA, v. de Guinée ; 85 000 h.

KINECHMA, v. de Russie, sur la Volga ; 101 000 h. Automobiles.

KING (Ernest), amiral américain (Lorain, Ohio, 1878 - Portsmouth 1956), chef de l'état-major naval américain pendant la Seconde Guerre mondiale (1942-1945).

KING (Martin Luther), pasteur noir américain (Atlanta 1929 - Memphis 1968). Son action pacifique a visé à l'intégration des Noirs. Il fut assassiné. (Prix Nobel de la paix 1964.)

KING (William Lyon **Mackenzie**), homme politique canadien (Berlin, auj. Kitchener, Ontario, 1874 - Kingsmere, près d'Ottawa, 1950). Chef du parti libéral, Premier ministre de 1921 à 1930 et de 1935 à 1948, il renforça l'autonomie du Canada vis-à-vis de Londres.

KINGERSHEIM (68260), comm. du Haut-Rhin ; 11 291 h.

KINGSLEY (Charles), écrivain britannique (Holne, Devon, 1819 - Eversley 1875), un des promoteurs du mouvement socialiste chrétien.

KINGSTON, v. du Canada (Ontario), sur le Saint-Laurent ; 56 597 h. École militaire. Archevêché. Université.

KINGSTON, cap. et port de la Jamaïque, sur la côte sud de l'île ; 662 000 h. Centre commercial, industriel et touristique.

KINGSTON-UPON-HULL ou **HULL,** v. du nord de l'Angleterre, sur l'estuaire du Humber ; 252 200 h. Port de pêche et de commerce.

KINGSTOWN → ***Dun Laoghaire.***

KINKI → ***Kansai.***

KINOSHITA JUNJI, auteur dramatique japonais (Tōkyō 1914), rénovateur du théâtre japonais contemporain (*Une grue un soir,* 1949).

KINSHASA, anc. **Léopoldville,** cap. du Zaïre, sur la rive sud du Zaïre ; 3 500 000 h. Centre administratif, commercial et industriel.

Kinshasa : l'immeuble du Centre de Commerce international du Zaïre. (Au fond, le fleuve Zaïre.)

Søren
Kierkegaard

Martin Luther
King

le **Kilimandjaro**

KIN-TCHEOU → ***Jinzhou.***

KIPLING (Rudyard), écrivain britannique (Bombay 1865 - Londres 1936). Ses poésies et ses romans (*le Livre de la jungle,* 1894 ; *Kim,* 1901) célèbrent les qualités viriles et l'impérialisme anglo-saxon. (Prix Nobel 1907.)

Kippour *(guerre du)* → ***israélo-arabes*** *(guerres).*

KIRCHHOFF (Gustav Robert), physicien allemand (Königsberg 1824 - Berlin 1887). Il inventa le spectroscope, qu'il utilisa, avec Bunsen, pour montrer que chaque élément chimique possède un spectre caractéristique, fondant ainsi l'analyse spectrale. En électricité, il énonça les lois générales des courants dérivés.

KIRCHNER (Ernst Ludwig), peintre et graveur allemand (Aschaffenburg 1880 - Frauenkirch 1938). Un des maîtres de l'expressionnisme, inspirateur de Die Brücke, il s'exprime par la couleur pure et par un trait aigu, nerveux.

KIRGHIZ, peuple musulman de langue turque, vivant surtout au Kirghizistan et en Chine.

KIRGHIZISTAN, État de l'Asie centrale, à la frontière du Xinjiang chinois ; 199 000 km² ; 4 600 000 h. *(Kirghiz).* CAP. *Bichkek.* LANGUE : *kirghiz.* MONNAIE : *som.*

GÉOGRAPHIE

Les Kirghiz sont à peine majoritaires, dans une population comptant d'importantes minorités d'Ouzbeks et surtout de Russes. Dans ce pays montagneux, en dehors de zones irriguées (fruits, légumes) domine l'élevage ovin. (V. carte ***Kazakhstan.***)

HISTOIRE

Conquise par les Russes, la région est intégrée au Turkestan organisé en 1865-1867. 1924 : elle est érigée en région autonome des Kara-Kirghiz, au sein de la R. S. F. S. de Russie. 1926 : elle devient la république autonome du Kirghizistan. 1936 : elle reçoit le statut de république fédérée. 1990 : les communistes remportent les premières élections républicaines libres. 1991 : le Soviet suprême proclame l'indépendance du pays (août), qui adhère à la C.E.I.

KIRIBATI, anc. **îles Gilbert,** État de Micronésie, englobant notamment l'archipel des *Gilbert* et couvrant au total 900 km² ; 70 000 h. CAP. *Tarawa* (22 000 h.). LANGUES : *anglais* et *gilbertain.* MONNAIE : *dollar australien.* Cette ancienne colonie britannique est devenue indépendante en 1979. (V. carte ***Océanie.***)

KIRIKKALE, v. de Turquie, à l'E. d'Ankara ; 185 431 h.

KI-RIN → ***Jilin.***

KIRITIMATI, anc. **Christmas,** atoll du Pacifique, dépendance de Kiribati.

KIRKŪK, v. du nord de l'Iraq ; 207 000 h. Centre pétrolier.

KIROV → ***Viatka.***

KIROVABAD → ***Gandja.***

KIROVAKAN, v. d'Arménie ; 159 000 h.

KIROVOGRAD, anc. **Ielizavetgrad,** v. d'Ukraine ; 263 000 h.

KIRSTEIN (Lincoln), chorégraphe et écrivain de la danse américain (Rochester, État de New York, 1907 - *id.* 1996). Cofondateur de l'American School of Ballet, fondateur des Archives de la danse, il est à l'origine de la fondation du New York City Ballet.

KIRUNA, v. de Suède, en Laponie ; 26 149 h. Fer. Base de lancement de ballons et de fusées-sondes.

KIRYŪ, v. du Japon (Honshū) ; 126 446 h.

KISANGANI, anc. **Stanleyville,** v. du Zaïre, sur le fleuve Zaïre ; 350 000 h.

KISARAZU, v. du Japon (Honshū), près de Tōkyō ; 123 433 h. Aciérie.

KISFALUDY (Sándor), poète hongrois (Sümeg 1772 - *id.* 1844). — Son frère **Károly** (Tét 1788 - Pest 1830) a été l'initiateur du théâtre et du romantisme en Hongrie.

KISH, anc. cité sumérienne (près de Babylone, Iraq), florissante au IIIe millénaire.

KISHIWADA, port du Japon (Honshū) ; 188 563 h.

KI-SI → ***Jixi.***

KISSELEVSK, v. de Russie, dans le Kouzbass ; 128 000 h.

KISSINGER (Henry), homme politique américain (Fürth, Allemagne, 1923). Chef du département d'État de 1973 à 1977, il fut l'artisan de la paix avec le Viêt Nam. (Prix Nobel de la paix 1973.)

KISTNĀ → ***Krishnā.***

KITA-KYŪSHŪ, port du Japon, dans le nord de l'île de Kyūshū ; 1 026 455 h. Centre industriel.

KITCHENER, v. du Canada (Ontario) ; 168 282 h. (332 235 dans l'agglomération).

KITCHENER (Herbert, *lord*), maréchal britannique (Bally Longford 1850 - en mer 1916). Il reconquit le Soudan, occupant Khartoum et Fachoda (1898), et mit fin à la guerre des Boers (1902). Ministre de la Guerre en 1914, il organisa l'armée de volontaires envoyée sur le front français.

KITIMAT, localité du Canada (Colombie-Britannique). Aluminium.

KITWE-NKANA, centre minier (cuivre) de la Zambie ; 314 000 h.

KITZBÜHEL, v. d'Autriche (Tyrol) ; 8 000 h. Station de sports d'hiver (alt. 762-2 000 m).

K'IU YUAN → ***Qu Yuan.***

KIVI (Aleksis **Stenvall,** dit **Aleksis**), écrivain finlandais (Nurmijärvi 1834 - Tuusula 1872). Créateur du théâtre finnois *(Kullervo)* et auteur d'un roman paysan (*les Sept Frères,* 1870), il est le grand classique de la littérature finlandaise.

KIVU *(lac),* lac d'Afrique, aux confins du Zaïre et du Rwanda ; 2 700 km².

KIZIL IRMAK (le), fl. de Turquie, tributaire de la mer Noire ; 1 182 km.

KJØLEN ou **KÖLEN,** massif du nord de la Scandinavie ; 2 117 m au Kebnekaise.

KLADNO, v. de la République tchèque (Bohême) ; 71 735 h. Métallurgie.

KLAGENFURT, v. d'Autriche, ch.-l. de la Carinthie ; 87 000 h. Monuments anciens. Musées.

KLAÏPEDA, en all. **Memel,** port de Lituanie, sur la Baltique ; 204 000 h.

KLAPROTH (Martin Heinrich), chimiste allemand (Wernigerode 1743 - Berlin 1817). Il découvrit l'uranium, le titane et le cérium.

KLARSFELD (Serge), avocat français (Bucarest 1935). Avec sa femme **Beate** (Berlin 1939), il s'est consacré à la poursuite des criminels de guerre nazis.

KLAUS (Václav), économiste et homme politique tchèque (Prague 1941). Ministre des Finances (1989) et vice-Premier ministre (1991) de la Tchécoslovaquie, nommé en 1992 à la tête du gouvernement tchèque, il négocie avec son homologue slovaque la partition de la Fédération et devient en 1993 Premier ministre de la République tchèque indépendante.

KLÉBER (Jean-Baptiste), général français (Strasbourg 1753 - Le Caire 1800). Engagé volontaire en 1792, général en 1793, il commanda en Vendée, se battit à Fleurus (1794), puis dirigea l'armée du Rhin. Successeur de Bonaparte en Égypte (1799), il défit les Turcs à Héliopolis, mais fut assassiné au Caire.

KLEE (Paul), peintre et théoricien suisse (Münchenbuchsee, près de Berne, 1879 - Muralto-Locarno 1940). Il exposa en 1912 avec le groupe du Blaue Reiter et professa de 1921 à 1930 au Bauhaus. Avec une invention formelle constante, il a créé un monde onirique et gracieux, qui participe de l'abstraction et du surréalisme. Il a laissé un *Journal* et des écrits théoriques.

KLEENE (Stephen Cole), logicien américain (Hartford, Connecticut, 1909), auteur d'une théorie de métamathématique.

Paul **Klee** : *Pleine Lune* (1939).
[Coll. priv.]

KLEIN (Felix), mathématicien allemand (Düsseldorf 1849 - Göttingen 1925). Chef de l'école mathématique allemande, il présenta en 1872 le « programme d'Erlangen », remarquable classification des géométries fondée sur la notion de groupe de transformations.

KLEIN (Lawrence Robert), économiste américain (Omaha, Nebraska, 1920). On lui doit d'importantes contributions à l'économétrie et la construction de modèles de prévision économique. (Prix Nobel 1980.)

KLEIN (Melanie), psychanalyste britannique, d'origine autrichienne (Vienne 1882 - Londres 1960). Pionnière de la psychanalyse des enfants, elle suppose dès la naissance un Moi beaucoup plus élaboré que ne le fait Freud, le complexe d'Œdipe se nouant plus tôt que ce dernier ne l'avait pensé (*la Psychanalyse des enfants,* 1932).

KLEIN (William), photographe et cinéaste américain (New York 1928). Rapidité d'écriture, lecture multiple de l'image, flou font de lui l'un des rénovateurs du langage photographique.

KLEIN (Yves), peintre français (Nice 1928 - Paris 1962), pionnier d'un art expérimental avec ses « monochromes » bleus (ou roses, ou or), ses « peintures de feu », ses « anthropométries » (empreintes de corps nus enduits de peinture), ses « reliefs planétaires ».

KLEIST (Ewald **von**), maréchal allemand (Braunfels 1881 - Vladimir 1954). Un des créateurs de l'arme blindée allemande, il dirigea la percée des Ardennes (1940).

KLEIST (Heinrich **von**), écrivain allemand (Francfort-sur-l'Oder 1777 - Wannsee 1811), auteur de comédies (*la Cruche cassée,* 1808) et de drames historiques (*le Prince de Hombourg,* 1810). Méconnu, il se suicida avec son amie, Henriette Vogel.

KLEMPERER (Otto), chef d'orchestre d'origine allemande, naturalisé israélien (Breslau 1885 - Zurich 1973), spécialiste du répertoire austro-allemand de J. Haydn à G. Mahler.

KLENZE (Leo **von**), architecte allemand (Bockenem, près de Hildesheim, 1784 - Munich 1864). Il a notamment construit à Munich, en style néogrec, la Glyptothèque (v. 1816-1830) et les Propylées.

KLESTIL (Thomas), diplomate et homme politique autrichien (Vienne 1932). Candidat du parti populiste, il est élu président de la République en 1992.

KLIMT (Gustav), peintre autrichien (Vienne 1862 - *id.* 1918), figure clé de l'Art nouveau et du symbolisme viennois.

Gustav **Klimt** : *le Baiser* (1907-1908).
[Österreichische Galerie, Vienne.]

Rudyard **Kipling**
(Ph. Burne-Jones - National Portrait Gallery, Londres)

Henry **Kissinger**

KLINE (Franz), peintre américain (Wilkes Barre, Pennsylvanie, 1910 - New York 1962). D'abord figuratif, il devint vers la fin des années 40 un des principaux représentants de l'expressionnisme abstrait.

KLINGER (Friedrich Maximilian **von**), poète allemand (Francfort-sur-le-Main 1752 - Dorpat 1831). Son drame *Sturm und Drang* (1776) a donné son nom à la période de la littérature allemande qui inaugure la réaction contre le classicisme.

Klingsor, magicien qui apparaît dans le *Parzival* du poète allemand Wolfram von Eschenbach et dans le *Parsifal* de Wagner.

KLONDIKE, riv. du Canada, affl. du Yukon (r. dr.) ; 150 km. Gisements d'or découverts en 1896, mais aujourd'hui épuisés.

KLOPSTOCK (Friedrich Gottlieb), poète allemand (Quedlinburg 1724 - Hambourg 1803), auteur de *la Messiade,* épopée biblique (1748-1773), et artisan du retour aux sources nationales *(la Bataille d'Arminius).*

KLOSTERNEUBURG, v. d'Autriche, dans la banlieue de Vienne ; 23 300 h. Célèbre monastère d'augustins remontant au XIIe s. (décors baroques ; œuvres d'art, dont un « retable » émaillé de Nicolas de Verdun [1181]). Vignobles.

KLOTEN, v. de Suisse ; 16 148 h. Aéroport de Zurich.

KLUCK (Alexander **von**), général allemand (Münster 1846 - Berlin 1934). Commandant la Ire armée allemande, il fut battu devant Paris puis sur la Marne en 1914.

KLUGE (Hans **von**), maréchal allemand (Posen, auj. Poznań, 1882 - près de Metz 1944). Il commanda une armée en France (1940), un groupe d'armées en Russie, puis en Normandie. Après son échec à Mortain (1944), il se suicida.

Knesset, Parlement de l'État d'Israël, à chambre unique, composé de 120 députés.

KNIASEFF (Boris), danseur, chorégraphe et pédagogue russe (Saint-Pétersbourg 1900 - Paris 1975). Sa méthode de la « barre à terre » fut à la base du perfectionnement artistique de nombreuses étoiles qui suivirent ses cours.

KNOB LAKE, localité du Canada (Québec), aux confins du Labrador. Minerai de fer.

Knock ou le Triomphe de la médecine, comédie de Jules Romains (1923).

KNOKKE-HEIST, comm. de Belgique (Flandre-Occidentale) ; 31 787 h. Station balnéaire sur la mer du Nord.

Knox *(Fort),* camp militaire des États-Unis (Kentucky), au sud-ouest de Louisville. Abri contenant les réserves d'or des États-Unis.

KNOX (John), réformateur écossais (près de Haddington ? , Écosse, 1505 ou 1514 - Édimbourg 1572). Il participa à l'établissement de la Réforme en Angleterre avant l'avènement de Marie Tudor et fut l'un des fondateurs de l'Église presbytérienne en Écosse.

KNOXVILLE, v. des États-Unis (Tennessee) ; 165 121 h.

KNUD ou **KNUT,** nom de plusieurs souverains scandinaves ; les plus célèbres sont : **Knud le Grand** (995 - Shaftesbury 1035), roi d'Angleterre (1016-1035), de Danemark (1018-1035) et de Norvège (1028-1035), qui, respectueux des lois anglo-saxonnes, favorisa la fusion entre Danois et Anglo-Saxons. – **Knud II le Saint** (1040 - Odense 1086), roi de Danemark (1080-1086), mort martyr, patron du Danemark.

KŌBE, port du Japon (Honshū) ; 1 477 410 h. Centre industriel (chantiers navals). Séisme en 1995.

KOCH (Robert), médecin et microbiologiste allemand (Clausthal, Hanovre, 1843 - Baden-Baden 1910). Il a découvert le bacille de la tuberculose (1882), auquel son nom reste attaché, celui du choléra, et a réalisé la préparation de la tuberculine. (Prix Nobel 1905.)

KOCHANOWSKI (Jan), poète polonais (Sycyna 1530 - Lublin 1584). Ses élégies *(Thrènes)* sur la mort de sa fille inaugurèrent la poésie lyrique en Pologne.

KOCHER (Theodor Emil), chirurgien suisse (Berne 1841 - *id.* 1917). Il étudia la physiologie de la glande thyroïde et créa la chirurgie des goitres. (Prix Nobel 1909.)

KŌCHI, v. du Japon (Shikoku) ; 317 069 h.

KODÁLY (Zoltán), compositeur, folkloriste et pédagogue hongrois (Kecskemét 1882 - Budapest 1967), auteur d'œuvres symphoniques et chorales (*Psalmus hungaricus,* 1923), et de musique de chambre, ainsi que d'une méthode d'enseignement musical, fondée sur la pratique du chant populaire.

KŒCHLIN (Charles), compositeur et théoricien français (Paris 1867 - Rayol-Canadel-sur-Mer 1950), auteur d'un *Traité de l'orchestration,* d'œuvres symphoniques et de musique de chambre.

KOEKELBERG, comm. de Belgique, banlieue ouest de Bruxelles ; 16 136 h.

KŒNIG (Marie Pierre), maréchal de France (Caen 1898 - Neuilly-sur-Seine 1970). Vainqueur à Bir Hakeim (1942), il commanda les Forces françaises de l'intérieur (1944). Il fut ministre de la Défense en 1954-55.

KOESTLER (Arthur), écrivain hongrois d'expression anglaise, naturalisé britannique (Budapest 1905 - Londres 1983). Ses romans peignent l'individu aux prises avec les systèmes politiques ou scientifiques modernes (*le Zéro et l'Infini,* 1940). Il se suicida.

KŌETSU HONAMI, peintre, calligraphe et décorateur japonais (région de Kyōto 1558-1637). Superbe calligraphe, il a puisé son inspiration dans la période Heian et a réalisé avec Sōtatsu des œuvres d'une parfaite harmonie.

KOFFKA (Kurt), psychologue américain d'origine allemande (Berlin 1886 - Northampton 1941), l'un des fondateurs de la théorie de la forme *(Gestalttheorie),* avec Köhler et Wertheimer.

KŌFU, v. du Japon (Honshū) ; 200 626 h.

KOHL (Helmut), homme politique allemand (Ludwigshafen 1930). Président de la CDU à partir de 1973, il est chancelier de la République fédérale depuis 1982. Il a joué un rôle majeur dans la réalisation de l'unification des deux États allemands.

KÖHLER (Wolfgang), psychologue américain d'origine allemande (Reval, auj. Tallinn, 1887 - Enfield, New Hampshire, 1967), fondateur du gestaltisme avec Koffka et Wertheimer.

KOHLRAUSCH (Rudolf), physicien allemand (Göttingen 1809 - Erlangen 1858). Il a défini la résistivité des conducteurs électriques.

KOHOUT (Pavel), écrivain tchèque (Prague 1928). Poète (*le Temps de l'amour et du combat,* 1954) et auteur dramatique (*Auguste, Auguste, Auguste,* 1967), il évoque les épreuves de son pays.

KOIVISTO (Mauno), homme politique finlandais (Turku 1923). Social-démocrate, Premier ministre (1968-1970 ; 1979-1981), il est président de la République de 1982 à 1994.

KOK (Wim), homme politique néerlandais (Bergambacht, Hollande-Méridionale, 1938). Leader du parti du travail à partir de 1986, il est nommé Premier ministre en 1994.

KOKAND, v. d'Ouzbékistan ; 182 000 h.

KOKOSCHKA (Oskar), peintre et écrivain autrichien (Pöchlarn, Basse-Autriche, 1886 - Montreux 1980). D'un expressionnisme tourmenté dans ses figures (*la Fiancée du vent,* 1914, musée de Bâle), il a exalté le lyrisme de la couleur dans ses vues urbaines et ses paysages.

KOKSIJDE, comm. de Belgique (Flandre-Occidentale) ; 17 804 h.

KOLA *(presqu'île de),* péninsule de Russie, au nord de la Carélie. Fer. Nickel. Phosphates. Bases aérienne et sous-marine.

KOLAMBA → ***Colombo.***

KOLĀR GOLD FIELDS, v. de l'Inde (Karnātaka) ; 156 398 h. Mines d'or.

KOLAROVGRAD → ***Šumen.***

KOLHĀPUR, v. de l'Inde (Mahārāshtra) ; 417 286 h.

KOLLÁR (Ján), poète slovaque de langue tchèque (Mošovce 1793 - Vienne 1852). Il recueillit les chants populaires slovaques et fit l'apologie du panslavisme (*la Fille de Slava,* 1824-1852).

KOLMOGOROV (Andreï Nikolaïevitch), mathématicien soviétique (Tambov 1903 - Moscou 1987). Il établit les bases axiomatiques du calcul des probabilités (1933).

KOLOKOTRÓNIS (Theódhoros) ou **COLOCOTRONIS** (Théodore), homme politique grec (Ramavoúni 1770 - Athènes 1843) et chef militaire de la guerre de l'Indépendance (1821-1831).

KOLOMNA, v. de Russie, au confluent de l'Oka et de la Moskova ; 162 000 h.

KOLTCHAK (Aleksandr Vassilievitch), amiral russe (Saint-Pétersbourg 1874 - Irkoutsk 1920). Ayant pris à Omsk la tête des Russes blancs (fin de 1918), il fut battu par l'Armée rouge et fusillé.

KOLWEZI, v. du Zaïre, dans le Shaba ; 80 000 h. Centre minier (cuivre, cobalt). En 1978, les troupes aéroportées françaises ont libéré la ville investie par des rebelles appuyés par l'Angola.

KOLYMA (la), fl. de Russie, en Sibérie, tributaire de l'océan Arctique ; 2 129 km.

Kominform (abrév. de « Bureau d'information des partis communistes et ouvriers »), organisation qui regroupa de 1947 à 1956 les partis communistes des pays de l'Europe de l'Est, de France et d'Italie.

Komintern (abréviation russe d'Internationale communiste), nom russe de la IIIe Internationale* (1919-1943).

KOMIS ou **ZYRIANES,** peuple finno-ougrien habitant, sur la vallée de la Petchora, la *République des Komis* (Russie) [1 263 000 h. Cap. *Syktyvkar*].

KOMMOUNARSK, anc. **Vorochilovsk,** v. d'Ukraine, dans le Donbass ; 126 000 h. Métallurgie.

KOMOTINÍ, v. de Grèce (Thrace) ; 40 522 h.

le général **Kléber** (Paulin-Guérin - château de Versailles)

Melanie **Klein**

Heinrich von **Kleist** (par W. Zenge)

Robert **Koch**

Helmut **Kohl**

KOMPONG SOM → ***Sihanoukville.***

KOMSOMOLSK-SUR-L'AMOUR, v. de Russie, en Sibérie, sur l'*Amour ;* 315 000 h.

KONGO ou **BAKONGO,** peuple habitant le Zaïre et le Congo, parlant une langue bantoue.

KONGO ou **CONGO** *(royaume du),* anc. royaume africain aux confins du bas Congo et de l'Angola ; fondé au XIVe s., en relation avec les Portugais après la fin du XVe s., il déclina après 1568 au profit du royaume d'Angola.

KONIEV ou **KONEV** (Ivan Stepanovitch), maréchal soviétique (Lodeïno 1897 - Moscou 1973). Il se distingua devant Moscou (1941) et libéra Prague (1945). Il fut commandant des forces du pacte de Varsovie (1955-1960).

KÖNIGSBERG → ***Kaliningrad.***

KÖNIGSMARCK (Hans Christoffer, *comte* **von**), général suédois d'origine allemande (Kötzlin 1600 - Stockholm 1663). — Sa petite nièce **Aurora** (Stade 1662 - Quedlinburg 1728) fut la favorite d'Auguste II de Pologne, dont elle eut un fils, Maurice de Saxe.

KÖNIZ, banlieue de Berne ; 37 309 h.

KONSTANTINOVKA, v. d'Ukraine ; 108 000 h. Métallurgie.

KONTICH, comm. de Belgique (prov. d'Anvers) ; 18 794 h.

KONYA, v. de Turquie, au nord du Taurus ; 513 346 h. Musées. Beaux monuments du XIIIe s.

KOPA (Raymond), footballeur français (Nœux-les-Mines 1931), meneur de jeu, trois fois champion d'Europe des clubs avec le Real Madrid de 1957 à 1959.

KÖPRÜLÜ, famille d'origine albanaise, dont cinq membres furent, de 1656 à 1710, grands vizirs de l'Empire ottoman.

KORAÏCHITES → ***Quraychites.***

KORÇË, v. d'Albanie ; 50 000 h.

KORČULA, en ital. **Curzola,** île croate de l'Adriatique. Monuments du Moyen Âge et de la Renaissance.

KORDA (Sándor, dit *sir* **Alexander**), cinéaste et producteur britannique d'origine hongroise (Pusztaturpaszto, près de Túrkeve, 1893 - Londres 1956). Il contribua à la renaissance de la production britannique et réalisa lui-même plusieurs films historiques (*la Vie privée de Henry VIII,* 1933).

KORDOFAN, région du Soudan, à l'ouest du Nil Blanc. V. pr. *El-Obeïd.*

KŌRIN, peintre japonais (Kyōto 1658 - *id.* 1716). Ses laques représentent l'apogée du style décoratif de l'époque des Tokugawa.

KŌRIYAMA, v. du Japon (Honshū) ; 314 642 h.

KÖRNER (Theodor), poète allemand (Dresde 1791 - près de Gadebusch 1813), l'un des chantres du soulèvement contre Napoléon *(Lyre et épée).*

KORNILOV (Lavr Gueorguievitch), général russe (Oust-Kamenogorsk 1870 - Iekaterinodar 1918). Nommé généralissime par Kerenski (1917), il rompit avec lui et fut tué en luttant contre les bolcheviks.

KOROLENKO (Vladimir Galaktionovitch), écrivain russe (Jitomir 1853 - Poltava 1921), auteur de récits et d'une autobiographie, *Histoire de mon contemporain* (1906-1922).

KORTENBERG, comm. de Belgique (Brabant flamand) ; 16 045 h.

KORTRIJK → ***Courtrai.***

KOSCIUSKO *(mont),* point culminant de l'Australie ; 2 228 m.

KOŚCIUSZKO (Tadeusz), patriote polonais (Mereczowszczyźna 1746 - Soleure, Suisse, 1817). Réfugié en France après 1792, il y fut fait citoyen d'honneur. Il dirigea en 1794 l'insurrection polonaise contre les Russes, qui le gardèrent prisonnier (1794-1796).

KOŠICE, v. de l'est de la Slovaquie ; 234 840 h. Sidérurgie. Cathédrale gothique.

KOSOVO, en albanais **Kosovë,** région de la Yougoslavie (Serbie), formée des plaines de la Metohija et du Kosovo ; 10 887 km² ; 1 585 000 h. *(Kosovars) ;* ch.-l. *Priština.* Elle est peuplée majoritairement d'Albanais (plus de 90 % de la population).

HISTOIRE

Après avoir fait partie de la Serbie à partir de la fin du XIIe s., la région fut dominée par les Ottomans de 1389 à 1912. Elle était alors peuplée majoritairement de Turcs et d'Albanais convertis à l'islam. Reconquise en 1912-13 par la Serbie, à laquelle elle est à nouveau réunie, la région est dotée en 1945-46 du statut de province autonome. Opposée à la montée du nationalisme serbe et à la réduction de son autonomie, elle se proclame en 1990 République du Kosovo et milite pour son indépendance.

Kosovo *(bataille de)* [15 juin 1389], bataille que remportèrent les Ottomans dans la plaine de Kosovo et qui leur permit de vassaliser la Serbie.

KOSSEL (Albrecht), biochimiste allemand (Rostock 1853 - Heidelberg 1927), auteur de travaux sur les dérivés des acides nucléiques et sur la formation de l'urée. (Prix Nobel de médecine 1910.) — Son fils **Walther** (Berlin 1888 - Kassel 1956) créa la théorie de l'électrovalence et étudia la structure des cristaux grâce aux rayons X.

Kossou, aménagement hydraulique de la Côte d'Ivoire, sur la Bandama.

KOSSUTH (Lajos), homme politique hongrois (Monok 1802 - Turin 1894). Pendant la révolution de 1848, il devint président du Comité de défense nationale et proclama la déchéance des Habsbourg (1849) et l'indépendance de la Hongrie ; vaincu par les Russes, il fut contraint à l'exil (1849).

KOSSYGUINE (Alekseï Nikolaïevitch), homme politique soviétique (Saint-Pétersbourg 1904 - Moscou 1980), président du Conseil des ministres (1964-1980).

KOSTROMA, v. de Russie, sur la Volga ; 278 000 h. Cathédrale de l'Assomption, fondée au XIIIe s.

KOSZALIN, v. de Pologne, ch.-l. de voïévodie ; 109 800 h.

KOTA, v. de l'Inde (Rājasthān) ; 536 444 h.

KOTA BAHARU, v. de Malaisie, cap. du Kelantan ; 171 000 h.

KOTA KINABALU, anc. **Jesselton,** v. de Malaisie, cap. du Sabah ; 46 000 h.

KOTKA, port de Finlande, sur le golfe de Finlande ; 61 000 h.

KOTOR, en ital. **Cattaro,** port de Yougoslavie (Monténégro), sur l'Adriatique, dans le golfe appelé *bouches de Kotor ;* 6 000 h. Cathédrale en partie romane.

KOTZEBUE (August **von**), écrivain allemand (Weimar 1761 - Mannheim 1819), auteur de drames et de comédies d'intrigues. — Son fils **Otto** (Tallinn 1788 - *id.* 1846) explora la mer de Béring et l'ouest de l'Alaska.

KOUANG-SI → ***Guangxi.***

KOUANG-TCHEOU → ***Canton.***

KOUANG-TONG → ***Guangdong.***

KOUBAN (le), fl. de Russie, tributaire de la mer d'Azov ; 906 km.

KOUEI-LIN → ***Guilin.***

KOUEI-TCHEOU → ***Guizhou.***

KOUEI-YANG → ***Guiyang.***

K'OUEN-LOUEN → ***Kunlun.***

K'OUEN-MING → ***Kunming.***

KOUFRA, oasis de Libye. Conquise par les Français de Leclerc en 1941.

KOUÏBYCHEV → ***Samara.***

KOU K'AI-TCHE → ***Gu Kaizhi.***

KOUKOU NOR → ***Qinghai.***

KOULDJA, en chin. **Yining,** v. de Chine (Xinjiang) ; 108 000 h.

KOULECHOV (Lev Vladimirovitch), cinéaste soviétique (Tambov 1899 - Moscou 1970). Il fonda le *Laboratoire expérimental* (1920). Ses théories sur le rôle créateur du montage influencèrent profondément les cinéastes soviétiques. Il réalisa lui-même plusieurs films (*le Rayon de la mort,* 1925 ; *Dura Lex,* 1926).

KOULIKOV (Viktor), maréchal soviétique (prov. d'Orel 1921). Commandant en chef des forces du pacte de Varsovie de 1977 à 1989.

KOUMASSI ou **KUMASI,** v. du Ghana, anc. cap. des Achanti ; 352 000 h.

KOUMYKS, peuple turc et musulman du Daguestan.

Kouo-min-tang → ***Guomindang.***

KOUO MO-JO → ***Guo Moruo.***

KOURA (la), fl. du Caucase, tributaire de la Caspienne ; 1 510 km.

KOURGAN, v. de Russie, en Sibérie occidentale ; 356 000 h.

KOURILES (les), archipel russe, longue chaîne d'îles, du Kamtchatka à l'île d'Hokkaidō. Pêcheries et conserveries. Depuis son annexion par l'U.R.S.S., en 1945, le Japon en revendique les îles méridionales.

KOUROPATKINE (Alekseï Nikolaïevitch), général russe (Kholmski 1848 - Chechourino 1925). Commandant en chef en Mandchourie pendant la guerre russo-japonaise, il fut battu à Moukden (1905).

KOUROU (97310), comm. de la Guyane française ; 13 962 h. Centre spatial du C. N. E. S. ; base de lancement des fusées Ariane (près de l'embouchure du petit fleuve *Kourou*).

KOURSK, v. de Russie, au nord de Kharkov ; 424 000 h. Important gisement de fer. Centrale nucléaire. Défaite décisive de la Wehrmacht en juill. 1943.

KOUSTANAÏ, v. du Kazakhstan ; 224 000 h.

KOUTAÏSSI, v. de Géorgie, sur le Rion ; 235 000 h.

Tadeusz **Kościuszko**
(Ch. Josi - B.N.F., Paris)

Lajos **Kossuth**
(J. Tyroler - Musée hongrois de la guerre)

Koutouzov
(Bollinger - B.N.F., Paris)

Vue du **Kremlin** de Moscou avec notamment, entre le Grand Palais (XIXe s., à gauche) et le clocher d'Ivan le Grand (XVIe s.), les cathédrales de la Dormition (XVe s.), de l'Archange-Michel (XVIe s.) et de l'Annonciation (XVe s.).

KOUTOUZOV ou **KOUTOUSOV** (Mikhaïl Illarionovitch), *prince* **de Smolensk,** feld-maréchal russe (Saint-Pétersbourg 1745 - Bunzlau, Silésie, 1813). Il se battit contre les Turcs (1788-1791 et 1809-1811), à Austerlitz (1805) et commanda victorieusement les forces opposées à Napoléon en Russie (1812).

KOUZBASS, anc. **Kouznetsk,** importante région houillère et métallurgique de Russie, en Sibérie occidentale.

KOVALEVSKAÏA (Sofia ou Sonia Vassilievna), mathématicienne russe (Moscou 1850 - Stockholm 1891). Analyste, élève de Weierstrass, elle a étudié pour la première fois la rotation d'un corps asymétrique autour d'un point fixe.

KOVROV, v. de Russie, au nord-est de Moscou ; 160 000 h.

KOWALSKI (Piotr), artiste plasticien français d'origine polonaise (Lvov 1927). Il utilise la technologie pour visualiser et faire ressentir des concepts relatifs à l'espace, aux énergies, aux rayonnements.

KOWEÏT, en ar. **al-Kuwayt,** État d'Arabie, sur la côte du golfe Persique ; 17 800 km² ; 1 700 000 h. *(Koweïtiens).* CAP. *Koweït* (900 000 h.). LANGUE : *arabe.* MONNAIE : *dinar koweïtien.* Importante production de pétrole (la Kuwait Oil Company [KOC] a été nationalisée en 1975). Protectorat britannique en 1914, le Koweït accède à l'indépendance en 1961. Le 2 août 1990, l'émirat est envahi par l'Iraq, qui l'annexe peu après. Cette invasion, condamnée par l'O.N.U., provoque une grave crise internationale et l'entrée en guerre (janv. 1991) contre l'Iraq de la coalition, conduite par les États-Unis, qui libère le Koweït (févr.). [→ ***guerre du Golfe*****.**] (V. carte ***Arabie.***)

KOWLOON, v. et territoire situés en face de l'île de Hongkong, cédés aux Britanniques par la Chine en 1861, partie du territoire britannique de Hongkong.

KOYRÉ (Alexandre), philosophe français (Taganrog, Russie, 1882 - Paris 1964). Il a étudié les cosmologies classiques et analysé la formation du concept d'univers infini (*Études galiléennes,* 1940 ; *Du monde clos à l'univers infini,* 1957).

KOZHIKODE → ***Calicut.***

KOZINTSEV (Grigori Mikhaïlovitch), cinéaste soviétique (Kiev 1905 - Leningrad 1973). Avec Leonid Trauberg, il fonda (1921) la FEKS (Fabrique de l'acteur excentrique), mouvement théâtral futuriste, et réalisa plusieurs films dont la trilogie des *Maxime* (1935-1939).

KRA, isthme de Thaïlande qui unit la péninsule de Malacca au continent.

KRAEPELIN (Emil), psychiatre allemand (Neustrelitz 1856 - Munich 1926), auteur de travaux sur la démence précoce et la psychose maniaco-dépressive.

KRAFFT-EBING (Richard **von**), psychiatre allemand (Mannheim 1840 - Graz 1902). Il a publié d'importants travaux sur les perversions sexuelles et la criminologie (*Psychopathia sexualis,* 1886).

KRAGUJEVAC, v. de Yougoslavie (Serbie) ; 87 000 h. Automobiles.

KRAJINA, régions de Croatie et de Bosnie-Herzégovine à fort peuplement serbe, correspondant aux anciens confins militaires organisés par l'Autriche pour protéger la frontière contre les Turcs. En Croatie, les Serbes proclament unilatéralement, en 1991, une République serbe de Krajina, mais la région est reconquise par l'armée croate en 1995.

KRAKATOA ou **KRAKATAU,** île de l'Indonésie, partiellement détruite en 1883 par l'explosion de son volcan, le *Perbuatan.*

KRAKÓW → ***Cracovie.***

KRAMATORSK, v. d'Ukraine, dans le Donbass ; 198 000 h.

KRASICKI (Ignacy), prélat et écrivain polonais (Dubiecko 1735 - Berlin 1801). Auteur de poèmes héroï-comiques, de romans *(les Aventures de Nicolas l'Expérience,* 1776), et de *Satires* (écrites de 1778 à 1784), il est le meilleur représentant du siècle des Lumières en Pologne.

KRASIŃSKI (Zygmunt, *comte*), poète polonais (Paris 1812 - *id.* 1859), d'inspiration patriotique.

KRASNODAR, anc. **Iekaterinodar,** v. de Russie, au nord du Caucase ; 620 000 h. Ch.-l. du *territoire de Krasnodar* (pétrole et surtout gaz naturel).

KRASNOÏARSK, v. de Russie, sur l'Ienisseï ; 912 000 h. Centrale hydroélectrique. Métallurgie. Aluminium. Raffinage du pétrole.

KRASUCKI (Henri), syndicaliste français (Wołomin, Pologne, 1924). Membre du comité central du P. C. F. (1956), il a été secrétaire général de la C. G. T. de 1982 à 1992.

KRAUS (Karl), écrivain autrichien (Jičín 1874 - Vienne 1936), critique de la société autrichienne (*les Derniers Jours de l'humanité,* 1919).

KREBS (*sir* Hans Adolf), biochimiste britannique, d'origine allemande (Hildesheim 1900 - Oxford 1981). Auteur de travaux fondamentaux sur le métabolisme des glucides dans l'organisme, il a décrit un ensemble de phénomènes d'oxydation et de réduction *(cycle de Krebs).* [Prix Nobel 1953.]

KREFELD, v. d'Allemagne (Rhénanie-du-Nord-Westphalie), près du Rhin ; 240 208 h. Textiles. Métallurgie.

KREISKY (Bruno), homme politique autrichien (Vienne 1911 - *id.* 1990). Chef du parti socialiste (1967-1983), il fut chancelier de la République autrichienne (1970-1983).

KREISLER (Fritz), violoniste autrichien naturalisé américain (Vienne 1875 - New York 1962), auteur du *Tambourin chinois* et de célèbres pastiches.

KREMENTCHOUG, v. d'Ukraine, sur le Dniepr ; 236 000 h. Port fluvial. Centrale hydroélectrique.

Kremikovci, centre sidérurgique de Bulgarie, près de Sofia.

Kremlin (le), à Moscou, anc. forteresse et quartier central de la capitale russe, dominant la rive gauche de la Moskova. Nombreux monuments, notamm. ceux de la fin du XVe s. et du début du XVIe, dus à des architectes italiens.

KREMLIN-BICÊTRE (Le) [94270], ch.-l. de c. du Val-de-Marne ; 19 591 h. Sur son territoire est situé l'*hospice de Bicêtre.*

KRETSCHMER (Ernst), psychiatre allemand (Wüstenrot, Bade-Wurtemberg, 1888 - Tübingen 1964). Frappé par les affinités électives de certains types morphologiques pour des troubles psychiques bien précis, il a élaboré un système complet de caractérologie.

KREUGER (Ivar), homme d'affaires suédois (Kalmar 1880 - Paris 1932). Industriel et financier, il s'intéressa à de multiples affaires. Son empire s'effondrant, il se suicida.

KREUTZBERG (Harald), danseur, chorégraphe et mime allemand (Reichenberg, auj. Liberec, Rép. tchèque, 1902 - Gümlingen, près de Berne, 1968), un des meilleurs représentants de l'école expressionniste et de la danse moderne allemandes.

KREUTZER (Rodolphe), violoniste et compositeur français (Versailles 1766 - Genève 1831), à qui Beethoven dédia une sonate célèbre.

KREUZLINGEN, comm. de Suisse (Thurgovie), sur le lac de Constance ; 17 239 h.

KRIENS, comm. de Suisse, banlieue de Lucerne ; 23 079 h.

KRISHNĀ ou **KISTNĀ** (la), fl. de l'Inde péninsulaire, tributaire du golfe du Bengale ; 1 280 km.

KRIṢṆA ou **KRISHNA,** divinité très populaire du panthéon hindouiste, un des avatars de Viṣṇu.

KRISTIANSAND, port du sud de la Norvège ; 66 347 h.

KRISTIANSTAD, v. de Suède ; 71 750 h.

KRIVOÏ-ROG, v. d'Ukraine, sur l'Ingoulets ; 713 000 h. Importantes mines de fer. Sidérurgie et métallurgie. Les Allemands y soutinrent un siège de cinq mois (oct. 1943 - févr. 1944).

KRK, île croate de l'Adriatique. Cathédrale romane.

KRLEŽA (Miroslav), écrivain croate (Zagreb 1893 - *id.* 1981), rénovateur de la littérature croate (*Ces messieurs Glembaïev,* 1929 ; *le Retour de Filip Latinovicz,* 1932).

KROEBER (Alfred Louis), ethnologue américain (Hoboken, New Jersey, 1876 - Paris 1960). Auteur de travaux sur l'Amérique, il a développé une conception de l'ethnologie fondée sur les rapports interpersonnels.

KROGH (August), physiologiste danois (Grenå 1874 - Copenhague 1949). Il étudia les échanges respiratoires et le rôle des capillaires dans la circulation. (Prix Nobel 1920.)

KRONCHTADT ou **KRONSTADT,** île et base navale de Russie, dans le golfe de Finlande, à l'ouest de Saint-Pétersbourg. Mutineries de marins en 1905, 1917 et insurrection contre le gouvernement soviétique (févr.-mars 1921).

KRONECKER (Leopold), mathématicien allemand (Liegnitz, auj. Legnica, 1823 - Berlin 1891), un des principaux algébristes du XIXe s. Son apport est fondamental pour la théorie des corps.

KRONOS → ***Cronos.***

KRONPRINZ (Frédéric-Guillaume, dit **le**), prince de Prusse (Potsdam 1882 - Hechingen 1951), fils aîné de l'empereur Guillaume II. Il abdiqua avec son père à la fin de 1918.

KROPOTKINE (Petr Alekseïevitch, *prince*), révolutionnaire russe (Moscou 1842 - Dimitrov 1921), théoricien de l'anarchisme (*Paroles d'un révolté,* 1885 ; *la Conquête du pain,* 1888 ; *l'Anarchie, sa philosophie, son idéal,* 1896).

KROUMIRIE, région des confins algéro-tunisiens.

KRU, peuple de la Côte d'Ivoire et du Liberia.

KRÜDENER (Barbara Juliane **von Vietinghoff,** *baronne* **von**), mystique russe (Riga 1764 - Karassoubazar 1824). Elle exerça une forte influence sur le tsar Alexandre Ier.

KRÜGER (Johannes), géodésien allemand (Elze, Hanovre, 1857 - *id.* 1923), créateur de la projection UTM (Universal Transverse Mercator).

KRUGER (Paul), homme politique sud-africain (prov. du Cap 1825 - Clarens, Suisse, 1904). Fondateur du Transvaal (1852), il organisa la résistance aux Britanniques après l'annexion du pays par ces derniers (1877). Quand fut proclamée la République du Transvaal (1881), il en fut quatre fois président (1883, 1888, 1893, 1898). Il dirigea la guerre des Boers contre la Grande-Bretagne (1899-1902), puis se retira en Suisse.

KRUGERSDORP, v. de l'Afrique du Sud, près de Johannesburg ; 103 000 h. Centre minier.

KRUPP, famille d'industriels allemands. — **Alfred** (Essen 1812 - *id.* 1887) mit au point un procédé de production de l'acier (1847), fabriqua les premiers canons lourds en acier dont le tube était coulé d'une seule pièce et introduisit le procédé Bessemer sur le continent (1862). — Sa petite-fille **Bertha** (Essen 1886 - *id.* 1957) épousa **Gustav,** *baron* **von Bohlen und Halbach** (La Haye 1870 - Blühnbach, près de Salzbourg, 1950), qui développa l'entreprise.

KRUŠNÉ HORY → ***Erzgebirge.***

KRYLOV (Ivan Andreïevitch), fabuliste russe (Moscou 1769 - Saint-Pétersbourg 1844).

KSAR EL-KÉBIR (El-), v. du Maroc septentrional ; 48 000 h.

KSOUR *(mont des),* massif de l'Atlas saharien (Algérie).

KUALA LUMPUR, cap. de la Malaisie ; 1 103 000 h.

KUALA TERENGGANU, port de la côte est de la Malaisie ; 187 000 h.

KUBA ou **BAKUBA,** peuple du Zaïre.

KŪBĪLĀY KHĀN (1214-1294), empereur mongol (1260-1294), petit-fils de Gengis Khān, fondateur de la dynastie des Yuan de Chine. Après avoir établi sa capitale à Pékin (1264), il acheva la conquête de la Chine (1279). Il se montra tolérant à l'égard du bouddhisme et du christianisme. C'est lui qui reçut Marco Polo et lui confia des missions administratives et diplomatiques.

KUBRICK (Stanley), cinéaste américain (New York 1928). Mêlant la satire, le fantastique, l'horreur, son œuvre apparaît comme une création visionnaire et pessimiste, d'une grande maîtrise formelle : *les Sentiers de la gloire* (1957), *Docteur Folamour* (1963), *2001 : l'Odyssée de l'espace* (1968), *Orange mécanique* (1971), *Barry Lyndon* (1975), *Full Metal Jacket* (1987).

KUCHING, v. de Malaisie, dans l'île de Bornéo, cap. du Sarawak ; 120 000 h.

KUFSTEIN, v. d'Autriche (Tyrol) ; 13 000 h. Tourisme.

KUHLMANN (Frédéric), chimiste et industriel français (Colmar 1803 - Lille 1881). On lui doit la préparation de l'acide sulfurique par le procédé de contact (1833) et celle de l'acide nitrique par oxydation catalytique de l'ammoniac (1838).

KUIPER (Gerard Pieter), astronome américain d'origine néerlandaise (Harenkarspel 1905 - Mexico 1973), auteur de nombreuses découvertes en planétologie.

Ku Klux Klan, société secrète nord-américaine, créée après la guerre de Sécession (1867) ; d'une xénophobie violente, cette société est essentiellement dirigée contre l'intégration des Noirs.

Kulturkampf (« combat pour la civilisation »), lutte menée, de 1871 à 1878, par Bismarck contre les catholiques allemands, afin d'affaiblir le parti du Centre, accusé de favoriser le particularisme des États. Cette lutte s'exprima notamment par des lois (1873-1875) d'inspiration anticléricale et joséphiste. Après l'avènement du pape Léon XIII (1878), Bismarck fit abroger la plupart de ces mesures (1880-1887).

KUMAMOTO, v. du Japon, dans l'île de Kyūshū ; 579 306 h.

KUMĀON, région de l'Himalaya indien.

KUMASI → *Koumassi.*

KUMMER (Ernst Eduard), mathématicien allemand (Sorau, auj. Żary, 1810 - Berlin 1893). Il a étendu les concepts de l'arithmétique à l'étude des nombres algébriques.

KUN (Béla), révolutionnaire hongrois (Szilágycseh 1886 - en U. R. S. S. 1938). Il instaura en Hongrie la république des Conseils (1919), qui ne put résister à l'invasion roumaine. Réfugié en U. R. S. S., membre du Komintern, Béla Kun fut exécuté. Il fut réhabilité en 1956.

KUNCKEL (Johann), chimiste allemand (Hütten 1638 - Stockholm 1703). Il prépara le phosphore et découvrit l'ammoniac.

KUNDERA (Milan), écrivain tchèque naturalisé français (Brno 1929). Ses romans et son théâtre démontent le mécanisme des aliénations et des exils du monde contemporain *(la Plaisanterie, La vie est ailleurs, l'Insoutenable Légèreté de l'être, l'Immortalité, la Lenteur).*

KUNDT (August), physicien allemand (Schwerin 1839 - Israelsdorf, auj. dans Lübeck, 1894). Il étudia les ondes stationnaires dues aux vibrations d'un fluide.

KÜNG (Hans), théologien catholique suisse (Sursee, cant. de Lucerne, 1928). Professeur à l'université de Tübingen, il a publié de nombreux ouvrages dont certains l'ont exposé à la censure de l'épiscopat allemand et de la Congrégation romaine pour la doctrine de la foi.

KUNHEIM (68320), comm. du Haut-Rhin ; 1 319 h. Carton et cellulose.

KUNLUN ou **K'OUEN-LOUEN,** massif de Chine, entre le Tibet et le Qinghai ; 7 724 m.

KUNMING ou **K'OUEN-MING,** v. de Chine, cap. du Yunnan ; 1 430 000 h. Plusieurs fois cap. notamment au XIIIe s. Nombreux monuments anciens. Musée.

KUNSAN, port de la Corée du Sud ; 165 000 h.

Kunsthistorisches Museum (« musée d'histoire de l'art »), à Vienne, un des plus importants musées d'Europe, constitué à partir des collections des Habsbourg (archéologie ; objets d'art ; peintures : les Bruegel, Dürer, Giorgione, Titien, Velázquez, Rubens, etc.).

KUOPIO, v. de Finlande ; 75 000 h.

Béla **Kun**

Milan **Kundera**

KUPKA (František, dit **Frank**), peintre, dessinateur et graveur tchèque (Opočno 1871 - Puteaux 1957), un des initiateurs vers 1911, à Paris, de l'art abstrait.

Frank **Kupka** : *Lignes animées* (1921). [M.N.A.M., C.N.A.C. Georges-Pompidou, Paris.]

KURASHIKI, v. du Japon (Honshū) ; 414 693 h.

KURDES, peuple de langue iranienne, musulman (sunnite) et habitant principalement la Turquie, l'Iran, l'Iraq et la Syrie. Les Kurdes furent privés en 1923 de l'État souverain que leur avait promis le traité de Sèvres (1920). Au nombre de 20 millions, ils s'efforcent d'obtenir des États dont ils dépendent, par la négociation ou la rébellion, une autonomie effective. Ils ont beaucoup souffert des conflits de la région (guerre Iran-Iraq, guerre du Golfe).

KURDISTĀN, région d'Asie partagée entre la Turquie, l'Iran, l'Iraq et la Syrie et peuplée en majorité de Kurdes.

KURE, port du Japon (Honshū) ; 216 723 h.

KURNOOL, v. de l'Inde (Andhra Pradesh) ; 274 795 h. — Aux environs, à Alampur, temples des VIIe-VIIIe s.

KUROSAWA AKIRA, cinéaste japonais (Tōkyō 1910). Ses films, d'une grande beauté plastique, expriment une vision humaniste du monde, qu'ils abordent des sujets historiques ou contemporains : *Rashōmon* (1950), *les Sept Samouraïs* (1954), *Dersou Ouzala* (1975), *Ran* (1985), *Rêves* (1990), *Madadayo* (1993).

KUROSHIO, courant chaud de l'océan Pacifique, qui longe la côte orientale du Japon.

KURUME, v. du Japon (Kyūshū) ; 228 347 h.

KURYŁOWICZ (Jerzy), linguiste polonais (Stanisławow, auj. Ivano-Frankovsk, Ukraine, 1895 - Cracovie 1978). Il est l'auteur de nombreux travaux sur l'indo-européen.

KUṢĀNA *(empire),* empire créé par les Kuṣāna, nomades originaires de l'Asie centrale, dans la région de Kaboul et en Inde (Ier-IIe s. apr. J.-C.).

KUSHIRO, port du Japon (Hokkaidō) ; 205 639 h.

Kutchuk-Kaïnardji *(traité de)* [21 juill. 1774], traité signé à Kutchuk-Kaïnardji (auj. en Bulgarie) entre les Empires russe et ottoman, qui donnait à la Russie la plaine entre le Boug et le Dniepr, le droit de naviguer dans la mer Noire et les Détroits, et la protection des chrétiens orthodoxes de l'Empire ottoman.

Kutubiyya (ar. *Kutubiyyun,* libraire), principale mosquée de Marrakech, élevée au XIIe s., au minaret sobrement décoré de briques, exemplaire de l'art de l'islam en Afrique du Nord.

La **Kutubiyya** (XIIe s.), à Marrakech.

KUWAYT (al-) → *Koweït.*

KUZNETS (Simon), économiste américain (Kharkov 1901 - Cambridge, Massachusetts, 1985). Ses travaux portent notamment sur les mécanismes de la croissance. (Prix Nobel 1971.)

KVARNER, en ital. **Quarnaro,** golfe de l'Adriatique (Croatie), site de Rijeka.

KWAKIUTL, peuple indien qui vivait en Colombie-Britannique.

KWANGJU, v. de la Corée du Sud ; 728 000 h.

KWANZA → *Cuanza.*

KWAŚNIEWSKI (Aleksander), homme politique polonais (Białogard, voïévodie de Koszalin, 1954). Président du parti social-démocrate, il est président de la République depuis 1995.

KWAZULU-NATAL, prov. d'Afrique du Sud, sur l'océan Indien ; 91 481 km² ; 8 549 000 h. Ch.-l. *Ulundi.* V. pr. *Durban.*

KYD (Thomas), auteur dramatique anglais (Londres 1558 - *id.* 1594), un des initiateurs du théâtre élisabéthain.

KYLIÁN (Jiří), danseur et chorégraphe tchèque (Prague 1947). Directeur artistique du Nederlands Dans Theater depuis 1978, il s'impose avec des créations où s'expriment un néoclassicisme lyrique et une extrême sensibilité musicale (*Sinfonietta,* 1978).

KYŌKUTEI BAKIN (**Takizawa Kai,** dit), écrivain japonais (Edo 1767 - *id.* 1848), auteur de romans à succès (*Histoire des huit chiens de Satomi,* 1814-1841).

KYŌTO, v. du Japon (Honshū), anc. capitale ; 1 461 103 h. Ville-musée, aux nombreux monuments et jardins du VIIIe au XIXe s.

KYPRIANOÚ (Spýros), homme politique chypriote (Limassol 1932), président de la République de 1977 à 1988.

KYŪSHŪ, la plus méridionale des grandes îles du Japon ; 42 000 km² ; 13 295 859 h. V. pr. *Kita-kyūshū* et *Fukuoka.*

KYZYLKOUM, désert de l'Ouzbékistan.

KZYL-ORDA ou **KYZYL-ORDA,** v. du Kazakhstan ; 153 000 h.

Kurosawa Akira : une scène des *Sept Samouraïs* (1954).

L

LAALAND → ***Lolland.***

Laatste Nieuws *(Het),* quotidien libéral belge de langue flamande créé en 1888 à Bruxelles.

LABAN (Rudolf **von**), chorégraphe et théoricien de la danse autrichien d'origine hongroise (Bratislava 1879 - Weybridge, Surrey, 1958), initiateur de la danse expressionniste moderne. Il inventa un système de notation utilisé sous le nom de *labanotation.*

La Barre *(affaire de)* [1765-66], affaire judiciaire dont la victime fut **Jean François Le Febvre,** *chevalier de* **La Barre,** gentilhomme français (Abbeville 1747 - *id.* 1766). Accusé d'impiété (il aurait mutilé un crucifix et ne se serait pas découvert au passage d'une procession du Saint-Sacrement), il fut décapité. Voltaire réclama sa réhabilitation, qui fut décrétée par la Convention en 1793.

LABASTIDE-MURAT (46240), ch.-l. de c. du Lot, sur le causse de Gramat ; 616 h.

LABAT (Jean-Baptiste), dominicain et voyageur français (Paris 1663 - *id.* 1738). Missionnaire aux Antilles, il a décrit ces îles.

LABÉ, v. de Guinée, dans le Fouta-Djalon ; 80 000 h.

LABÉ (Louise), surnommée **la Belle Cordière,** poétesse française (Lyon 1524 - Parcieux-en-Dombes 1566).

LA BÉDOYÈRE (Charles **Huchet,** *comte* **de**), général français (Paris 1786 - *id.* 1815). Rallié à Napoléon, qu'il devait arrêter à Grenoble au retour de l'île d'Elbe, il fut fusillé.

LABICHE (Eugène), auteur dramatique français (Paris 1815 - *id.* 1888), auteur de comédies de mœurs et de vaudevilles (*Un chapeau de paille d'Italie,* 1851 ; *le Voyage de M. Perrichon,* 1860 ; *la Cagnotte,* 1864). [Acad. fr.]

LABIENUS (Titus), chevalier romain (100 - Munda 45 av. J.-C.). Principal lieutenant de César en Gaule, il prit ensuite le parti de Pompée.

LA BOÉTIE [-bɔesi] (Étienne **de**), écrivain français (Sarlat 1530 - Germignan 1563), ami de Montaigne, auteur de sonnets et du *Discours de la servitude volontaire,* ou *Contr'un* (1574-1576).

LABORI (Fernand), avocat français (Reims 1860 - Paris 1917). Il fut le défenseur de Dreyfus et de Zola, lors de l'Affaire Dreyfus.

LA BOURDONNAIS (Bertrand François **Mahé,** *comte* **de**), marin et administrateur français (Saint-Malo 1699 - Paris 1753). Gouverneur des îles de France et de Bourbon, il contribua à l'implantation de comptoirs français dans l'Inde.

LA BOURDONNAYE (François Régis **de**), *comte* **de La Bretèche,** homme politique français (La Brenne, Anjou, 1767 - château de Mésangeau, Maine-et-Loire, 1839). Il émigra pendant la Révolution (1791), puis rentra se battre avec les vendéens. Il fut ministre de l'Intérieur dans le gouvernement Polignac (1829).

LABOUREUR (Jean Émile), graveur français (Nantes 1877 - Pénestin, Morbihan, 1943). Il a gravé sur bois et sur cuivre, et donné des illustrations de nombreux livres.

Labour Party, nom anglais du parti travailliste.

LABRADOR, nom donné autref. à la péninsule du Canada entre l'Atlantique, la baie d'Hudson et le Saint-Laurent, longée par le *courant* froid *du Labrador.* — Aujourd'hui, ce nom désigne seulement la partie orientale de cette péninsule (appartenant à la province de Terre-Neuve). Minerai de fer.

LABRÈDE → ***Brède (La).***

LA BROSSE (Gui **de**), médecin de Louis XIII (Rouen ? - 1641). Botaniste, il conseilla la création du Jardin des Plantes, qu'il aménagea.

LABROUSSE (Ernest), historien français (Barbezieux 1895 - Paris 1988). Militant socialiste actif, il a renouvelé profondément l'historiographie économique en France.

LABROUSTE (Henri), architecte français (Paris 1801 - Fontainebleau 1875). Rationaliste, il utilisa la fonte et le fer à la bibliothèque Ste-Geneviève (1843) et à la Bibliothèque nationale, à Paris.

LABRUGUIÈRE (81290), ch.-l. de c. du Tarn, sur le Thoré ; 5 555 h. Industries du bois. Monuments médiévaux.

LA BRUYÈRE (Jean **de**), écrivain français (Paris 1645 - Versailles 1696), précepteur, puis secrétaire du petit-fils du Grand Condé. Ses *Caractères* (1688-1696), conçus à partir d'une traduction du Grec Théophraste, peignent la société de son temps en pleine transformation (décadence des traditions morales et religieuses ; mœurs nouvelles des magistrats ; puissance des affairistes), en un style elliptique, nerveux, qui contraste avec la phrase périodique classique. Reçu à l'Académie française en 1693, il prit parti dans la querelle des Anciens et des Modernes en faisant l'éloge des partisans des Anciens.

Jean de **La Bruyère** (château de Versailles)

Jacques **Lacan**

Labyrinthe, demeure du Minotaure, en Crète, selon la légende ; en réalité, palais de Minos à Cnossos. — Ruines du temple et de la pyramide funéraires d'Amenemhat III, dans le Fayoum.

Lac (le), une des *Méditations* de Lamartine (1820), mise en musique par Niedermeyer.

LA CAILLE (*abbé* Nicolas Louis **de**), astronome et géodésien français (Rumigny 1713 - Paris 1762). Il participa à la vérification de la méridienne de France (1739) et se livra à une étude approfondie du ciel austral, au cap de Bonne-Espérance (1750-1754), relevant les positions de plus de 10 000 étoiles et créant 14 constellations nouvelles.

Lac des cygnes (le), ballet de M. Petipa et L. Ivanov, musique de Tchaïkovski, créé à Saint-Pétersbourg en 1895.

LA CALPRENÈDE (Gautier **de Costes de**), écrivain français (Toulgou-en-Périgord 1610 - Le Grand-Andely 1663), auteur de tragédies et de romans précieux *(Cassandre, Cléopâtre).*

LACAN (Jacques), médecin et psychanalyste français (Paris 1901 - *id.* 1981). Il a contribué, tout en prônant le retour à Freud, à ouvrir le champ de la psychanalyse, en se référant à la linguistique et à l'anthropologie structurale : pour lui, l'inconscient s'interprète comme un langage. (*Écrits,* 1966 ; *Séminaire,* 1975.)

LACANAU (33680), comm. de la Gironde, sur l'*étang de Lacanau ;* 2 414 h. Station balnéaire et climatique à Lacanau-Océan.

LACAPELLE-MARIVAL (46120), ch.-l. de c. du Lot ; 1 287 h. Château des XIIIe-XVIIe s.

LACAUNE (81230), ch.-l. de c. du Tarn ; 3 207 h. Industrie alimentaire.

LACAUNE *(monts de),* hauts plateaux du sud du Massif central ; 1 259 m.

LACAZE-DUTHIERS (Henri **de**), zoologiste français (Montpezat 1821 - Las-Fons, Dordogne, 1901), spécialiste des mollusques.

LACÉDÉMONE → ***Sparte.***

LACEPÈDE (Étienne **de La Ville,** *comte* **de**), naturaliste français (Agen 1756 - Épinay-sur-Seine 1825). Il continua l'*Histoire naturelle* de Buffon, se spécialisant dans les reptiles et les poissons.

LA CHAISE ou **LA CHAIZE** (François **d'Aix de**), dit **le P. La Chaise,** jésuite français (château d'Aix, près de Saint-Martin-la-Sauveté, Forez, 1624 - Paris 1709), confesseur de Louis XIV (1675). Son nom a été donné au principal cimetière de Paris, créé sur l'emplacement de ses jardins.

LA CHALOTAIS (Louis René **de Caradeuc de**), magistrat français (Rennes 1701 - *id.* 1785), procureur général au parlement de Bretagne. Adversaire des jésuites, chef de l'opposition parlementaire, il lutta contre le duc d'Aiguillon, gouverneur de Bretagne.

LA CHAUSSÉE (Pierre Claude **Nivelle de**), auteur dramatique français (Paris 1692 - *id.* 1754), créateur de la « comédie larmoyante » (*le Préjugé à la mode,* 1735 ; *Mélanide,* 1741). [Acad. fr.]

LACHINE, v. du Canada (Québec), banlieue de Montréal ; 35 266 h.

LA CIERVA Y CODORNÍU (Juan **de**), ingénieur espagnol (Murcie 1895 - Croydon 1936). Inventeur de l'autogire (1923), il réussit, en 1934, le décollage sur place à la verticale.

LACLOS (Pierre **Choderlos de**), officier et écrivain français (Amiens 1741 - Tarente 1803), auteur des *Liaisons* dangereuses* (1782). Il est l'inventeur du « boulet creux ».

LA CONDAMINE (Charles Marie **de**), géodésien et naturaliste français (Paris 1701 - *id.* 1774). Avec Bouguer, il dirigea l'expédition du Pérou (1735), qui détermina la longueur d'un arc de méridien. (Acad. fr.)

LACONIE, anc. contrée du sud-est du Péloponnèse, dont Sparte était le centre.

LACORDAIRE (Henri), religieux français (Recey-sur-Ource, Côte-d'Or, 1802 - Sorèze 1861). Prêtre (1827), disciple de La Mennais et collaborateur de *l'Avenir,* il ne suivit pas son maître dans sa rupture avec Rome. Après avoir prêché à Notre-Dame de Paris les carêmes de 1835 et de 1836, il prit l'habit des dominicains (1839) et rétablit leur ordre en France. En 1848, élu député de Marseille, il fonda *l'Ère nouvelle,* organe démocrate-chrétien, mais les troubles de mai-juin l'amenèrent à abandonner politique et journalisme pour se consacrer au seul rétablissement des frères prêcheurs en France. (Acad. fr.)

LACOSTE (René), joueur de tennis français (Paris 1904), vainqueur à Wimbledon (1925, 1928), à Paris (1925, 1927, 1929), gagnant de deux coupes Davis (1927 et 1928).

LACQ (64170), comm. des Pyrénées-Atlantiques, sur le gave de Pau ; 664 h. Gisement de gaz naturel. Production de soufre, sous-produit du gaz.

LACRETELLE (Jacques **de**), écrivain français (Cormatin, Saône-et-Loire, 1888 - Paris 1985), auteur de *Silbermann* (1922). [Acad. fr.]

LACRETELLE (Pierre Louis **de**), dit **l'Aîné**, jurisconsulte français (Metz 1751 - Paris 1824). Membre du corps législatif (1801-02), il prit part, avec B. Constant, à la rédaction de *la Minerve française* (1818-1820). [Acad. fr.]

LACROIX (Alfred), minéralogiste français (Mâcon 1863 - Paris 1948), auteur de travaux sur la volcanologie et les roches éruptives.

LACROIX (Christian), couturier français (Arles 1951). Références au passé teintées d'humour, d'extravagance et couleurs éclatantes le situent aux antipodes de la haute couture classique.

LACTANCE, apologiste chrétien d'expression latine (près de Cirta v. 260 - Trèves v. 325). Rhéteur converti, il a donné dans ses *Institutions divines* le premier exposé d'ensemble de la religion chrétienne.

LADAKH (le), région du Cachemire ; ch.-l. *Leh.*

LADISLAS, nom de plusieurs rois de Hongrie, de Bohême et de Pologne ; les plus célèbres sont : **Ladislas Ier Árpád** *(saint)* [v. 1040-1095], roi de Hongrie (1077-1095), héros de la lutte contre les Coumans. — **Ladislas Ier (ou IV) Łokietek** (1260 - Cracovie 1333), roi de Pologne (1320-1333). Il reprit la couronne de Pologne confisquée en 1300 par Venceslas II, roi de Bohême. — **Ladislas II (ou V) Jagellon Ier** (v. 1351 - Gródek 1434), grand-duc de Lituanie (1377-1401), roi de Pologne (1386-1434), vainqueur des Teutoniques à Grunwald (1410).

LADISLAS le Magnanime (Naples 1377 - *id.* 1414), roi de Naples (1386-1414) et roi titulaire de Hongrie (1403-1414), fils de Charles III. Il eut constamment à défendre ses États contre Louis II d'Anjou.

LADOGA *(lac),* lac du nord-ouest de la Russie, que la Neva fait communiquer avec Saint-Pétersbourg et le golfe de Finlande ; 17 700 km^2.

LADOUMÈGUE (Jules), athlète français (Bordeaux 1906 - Paris 1973), spécialiste de demi-fond, deuxième du 1 500 m olympique en 1928, disqualifié en 1932 pour professionnalisme.

LAEKEN, anc. comm. de Belgique, réunie à Bruxelles en 1921. Domaine royal (parc et château).

LAENNEC (René), médecin français (Quimper 1781 - Kerlouanec, Finistère, 1826). Il a inventé le stéthoscope et vulgarisé la méthode d'auscultation. Il est le fondateur de la médecine anatomoclinique.

LAETHEM-SAINT-MARTIN, en néerl. **Sint-Martens-Latem,** comm. de Belgique (Flandre-Orientale) ; 8 203 h. À la fin du XIXe s. s'y constitua un groupe de tendance symboliste avec, notamment, l'écrivain Karel Van de Woestijne, son frère Gustaaf, peintre, et le sculpteur G. Minne. Un second groupe, après la Première Guerre mondiale, marque l'essor de l'expressionnisme pictural belge, avec notamm. Permeke, Gustave De Smet (1877-1943), aux sujets populaires et mélancoliques, et Frits Van den Berghe (1883-1939), dont l'art coloré se teinte de fantastique.

LAFARGUE (Paul), homme politique français (Santiago de Cuba 1842 - Draveil 1911), disciple et gendre de Karl Marx, fondateur, avec Guesde, du parti ouvrier français (1882).

LAFAYETTE, v. des États-Unis, dans le sud de la Louisiane ; 94 440 h. Principal foyer francophone de la Louisiane.

LA FAYETTE (Marie Joseph Gilbert **Motier,** *marquis* **de**), général et homme politique français (Chavaniac, Haute-Loire, 1757 - *id.* 1834). Dès 1777, il prit une part active à la guerre de l'Indépendance en Amérique aux côtés des *Insurgents.* Député aux États généraux (1789), commandant de la Garde nationale, il apparut comme le chef de la noblesse libérale, désireuse de réconcilier la royauté avec la Révolution. Émigré de 1792 à 1800, il refusa tout poste officiel sous l'Empire. Député libéral sous la Restauration, mis à la tête de la Garde nationale en juillet 1830, il fut l'un des fondateurs de la monarchie de Juillet, dont il se détacha bientôt.

LA FAYETTE ou **LAFAYETTE** (Marie-Madeleine **Pioche de La Vergne,** *comtesse* **de**), femme de lettres française (Paris 1634 - *id.* 1693), auteur de *la Princesse* de Clèves,* de nouvelles *(Zayde)* et de *Mémoires de la cour de France pour les années 1688 et 1689* (1731).

LA FEUILLADE (François **d'Aubusson de**), maréchal de France (1625 - Paris 1691). Il joua un grand rôle pendant les guerres de Louis XIV.

LAFFEMAS (Barthélemy **de**), *sieur* **de Beausemblant,** économiste français (Beausemblant, Drôme, 1545 - Paris v. 1612). Contrôleur général du commerce (1602), il favorisa, sous le règne d'Henri IV, l'établissement de nombreuses manufactures (Gobelins) et inspira le colbertisme. — Son fils **Isaac,** magistrat (Beausemblant 1587 - Paris 1657), fut surnommé « le Bourreau du Cardinal », sous Richelieu, pour la sévérité de ses jugements contre les nobles rebelles.

LAFFITTE (Jacques), banquier et homme politique français (Bayonne 1767 - Paris 1844). Gouverneur de la Banque de France (1814-1819), député libéral sous la Restauration, il joua un rôle actif dans la révolution de 1830 et forma le premier ministère de la monarchie de Juillet (nov. 1830 - mars 1831). Chef du parti du Mouvement, il fut vite écarté par Louis-Philippe.

LA FOLLETTE (Robert Marion), homme politique américain (Primrose, Wisconsin, 1855 - Washington 1925). Sénateur républicain (1906), isolationniste et adversaire de Wilson, il s'opposa à l'entrée des États-Unis à la S. D. N. (1919).

LA FONTAINE (Jean **de**), poète français (Château-Thierry 1621 - Paris 1695). Faute de la générosité de Louis XIV, qui ne l'aimait guère, il fut successivement le protégé de Fouquet, de la duchesse douairière d'Orléans, de Mme de La Sablière et de M. et Mme d'Hervart. Ses *Contes* en vers (1665-1682) lui avaient déjà donné la célébrité lorsqu'il commença à publier ses *Fables*,* qui parurent de 1668 à 1694. Sensuel et aimant les chastes bergeries, volage et célébrant la fidélité, courtisan mais ami sincère, sa vie est l'image même de son œuvre, qui unit en une harmonie parfaite l'art et le naturel. (Acad. fr.)

LAFONTAINE (*sir* Louis Hippolyte), homme politique canadien (Boucherville 1807 - Montréal 1864), chef du premier ministère parlementaire du Canada (1848-1851).

LA FORCE (Jacques **Nompar,** *duc* **de**), maréchal de France (1558 - Bergerac 1652). Protestant, compagnon d'Henri IV, il se mit au service de Louis XIII, contre lequel il avait d'abord défendu Montauban révoltée.

LAFORGUE (Jules), poète français (Montevideo 1860 - Paris 1887), auteur de poèmes (*les Complaintes,* 1885) et de contes en prose (*les Moralités légendaires,* 1887), de style précieux et impressionniste ; l'un des créateurs du vers libre.

LA FOSSE (Charles **de**), peintre français (Paris 1636 - *id.* 1716). Élève de Le Brun, au style souple et brillant, il a contribué à infléchir la doctrine de l'Académie en matière de peinture d'histoire (influence de Rubens : victoire de la couleur sur le dessin, à la fin du siècle).

LAFRANÇAISE (82130), ch.-l. de c. de Tarn-et-Garonne ; 2 709 h.

LA FRESNAYE [-frɛnɛ] (Roger **de**), peintre français (Le Mans 1885 - Grasse 1925). Après avoir côtoyé le cubisme (*l'Homme assis,* 1913-14, M. N. A. M., Paris), il est revenu à une sorte de réalisme stylisé.

LAGACHE (Daniel), médecin et psychanalyste français (Paris 1903 - *id.* 1972), auteur d'importants travaux de psychanalyse et de psychologie clinique (*la Jalousie amoureuse,* 1947 ; *l'Unité de la psychologie,* 1949).

LA GALISSONIÈRE (Roland Michel **de**), marin français (Rochefort 1693 - Montereau 1756). Gouverneur de la Nouvelle France de 1747 à 1749, il dirigea ensuite l'attaque de Minorque (avril 1756) à la veille de la guerre de Sept Ans.

LAGASH, auj. **Tell al-Hibā,** anc. cité-État de Mésopotamie, près du confluent du Tigre et de l'Euphrate (Iraq). Les fouilles, pratiquées à partir de 1877, y ont fait découvrir la civilisation sumérienne du IIIe millénaire av. J.-C.

Pierre Choderlos de **Laclos** (musée de Picardie, Amiens)

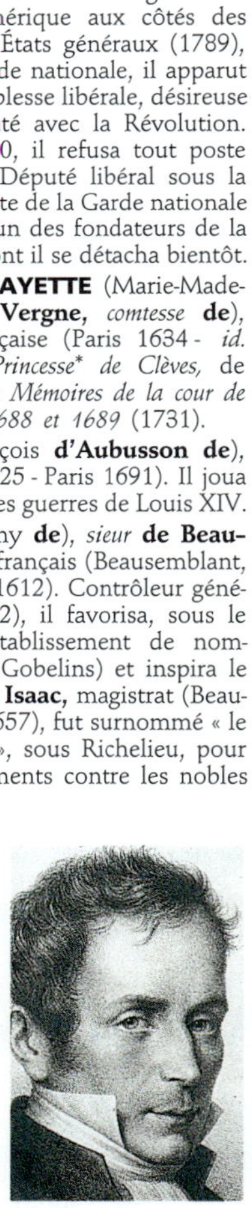

René **Laennec**

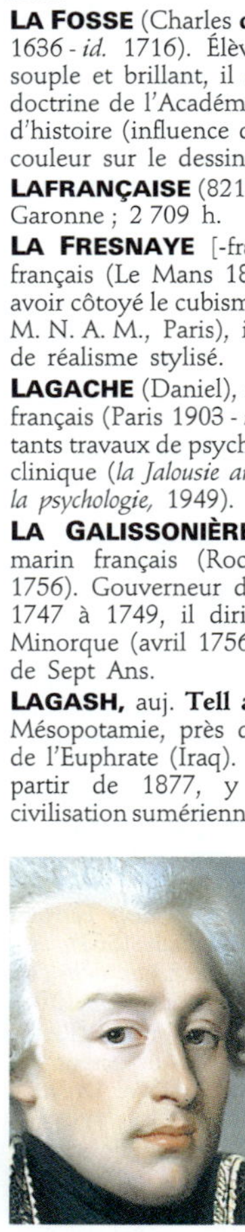

La Fayette (J. D. Court - château de Versailles)

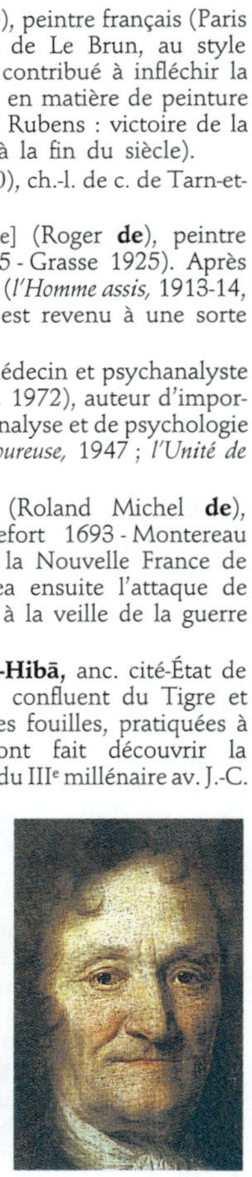

Jean de **La Fontaine** (H. Rigaud - château de Versailles)

LAGERKVIST (Pär), écrivain suédois (Växjö 1891 - Stockholm 1974), auteur de poèmes, de drames et de romans (*le Nain,* 1944 ; *Barabbas,* 1950). [Prix Nobel 1951.]

LAGERLÖF (Selma), femme de lettres suédoise (Mårbacka 1858 - *id.* 1940), auteur de romans d'inspiration romantique (*la Saga de Gösta Berling,* 1891 ; *le Charretier de la mort,* 1912) et de romans pour enfants (*le Merveilleux Voyage de Nils Holgersson à travers la Suède,* 1906-07). [Prix Nobel 1909.]

LAGHOUAT, oasis du Sahara algérien, ch.-l. de wilaya ; 59 000 h.

LAGIDES, dynastie qui a régné sur l'Égypte hellénistique de 305 à 30 av. J.-C. Tous ses souverains mâles ont porté le nom de *Ptolémée.*

LAGNIEU (01150), ch.-l. de c. de l'Ain ; 5 717 h. Verrerie.

LAGNY-SUR-MARNE (77400), ch.-l. de c. de Seine-et-Marne ; 18 804 h. *(Latignaciens* ou *Laniaques).* Imprimerie. Constructions mécaniques. Agroalimentaire. Église du XIIIe s., anc. abbatiale.

LAGOR (64150), ch.-l. de c. des Pyrénées-Atlantiques ; 1 303 h.

LAGORD (17140), comm. de la Charente-Maritime, banlieue de La Rochelle ; 5 315 h.

LAGOS, anc. cap. du Nigeria, sur le golfe du Bénin ; 4 500 000 h. Principal port du pays.

LAGOYA (Alexandre), guitariste égyptien naturalisé français (Alexandrie 1929), professeur au Conservatoire de Paris et soliste international.

LAGRANGE (Albert), en relig. **frère Marie-Joseph,** dominicain français (Bourg-en-Bresse 1855 - Saint-Maximin-la-Sainte-Baume 1938). Fondateur (1890) de l'École pratique d'études bibliques de Jérusalem et (1892) de la *Revue biblique.*

LA GRANGE (Charles **Varlet,** *sieur* **de**), comédien français (Amiens v. 1639 - Paris 1692). Son registre sur le fonctionnement financier et matériel de la troupe de Molière est un document précieux pour l'histoire du Théâtre-Français.

LAGRANGE (Léo), homme politique français (Bourg-sur-Gironde 1900 - Evergnicourt, Aisne, 1940). Sous-secrétaire d'État aux Sports et aux Loisirs (1936-37 et 1938), il favorisa le développement du sport populaire.

LAGRANGE (*comte* Louis **de**), mathématicien français (Turin 1736 - Paris 1813). Il s'efforça de fonder le calcul différentiel et intégral indépendamment de toute référence aux infiniment petits et en utilisant le développement en série de Taylor. Il constitua le calcul des variations en branche autonome. Il présida la commission chargée d'établir le système des poids et mesures demandé par l'Assemblée constituante (1790). Ses traités fondamentaux, en analyse et en mécanique, synthétisent les connaissances antérieures.

LAGUENNE (19150), ch.-l. de c. de la Corrèze ; 1 566 h.

LAGUERRE (Edmond), mathématicien français (Bar-le-Duc 1834 - *id.* 1886). Il a éclairci le lien entre les géométries projective et métrique.

LAGUIOLE (12210), ch.-l. de c. de l'Aveyron ; 1 284 h. Marché. Coutellerie. Ski.

LA HARPE (Frédéric César **de**), homme politique suisse (Rolle, Vaud, 1754 - Lausanne 1838). Membre du Directoire de la République helvétique (1798-1800), il obtint en 1815 l'émancipation du canton de Vaud.

LA HARPE (Jean François **Delharpe** ou **Delaharpe,** dit **de**), critique français (Paris 1739 - *id.* 1803), auteur du *Lycée ou Cours de littérature ancienne et moderne* (1799), d'esprit classique. (Acad. fr.)

LA HIRE (Étienne **de Vignolles,** dit), gentilhomme français (Vignolles, Charente, v. 1390 - Montauban 1443). Il fut le fidèle compagnon de Jeanne d'Arc. Le valet de cœur, dans les jeux de cartes, porte son nom.

LA HIRE ou **LA HYRE** (Laurent **de**), peintre français (Paris 1606 - *id.* 1656), un des fondateurs de l'Académie royale de peinture et de sculpture. De formation maniériste, puis influencé par Vouet, il en vint vers 1640 à un classicisme délicat, d'inspiration élégiaque.

LA HIRE (Philippe **de**), astronome et mathématicien français (Paris 1640 - *id.* 1718), fils du précédent. Son nom est resté attaché aux grands travaux géodésiques de l'époque.

LA HONTAN (Louis Armand **de Lom d'Arce,** *baron* **de**), voyageur et écrivain français (Lahontan 1666 - Hanovre v. 1715), auteur de récits relatant ses voyages au Canada.

LAHORE, v. du Pakistan, cap. du Pendjab ; 2 922 000 h. Anc. résidence du Grand Moghol (fort, 1565 ; Grande Mosquée, 1627 ; tombeau de Djahāngīr, 1627 ; célèbre jardin).

Lahore : le Jardin de l'Amour (Chālīmār Bāgh) entourant le fort moghol. Art islamique, XVIIe s.

LAHTI, v. de Finlande ; 95 000 h. Industries du bois. Centre touristique.

Laibach *(congrès de)* [26 janv. - 12 mai 1821], congrès de la Sainte-Alliance, réuni à Laibach (auj. Ljubljana), qui réaffirma le principe de l'intervention armée et décida d'agir contre la révolution napolitaine.

LAING (Ronald), psychiatre britannique (Glasgow 1927 - Saint-Tropez 1989). Il est un des fondateurs, avec D. Cooper, de l'antipsychiatrie (*le Moi divisé,* 1960 ; *Raison et Violence,* en collab. avec D. Cooper, 1964 ; *l'Équilibre mental, la folie et la famille,* 1964).

LAÏS, nom de plusieurs courtisanes grecques, dont la plus connue fut l'amie d'Alcibiade.

LAISSAC (12310), ch.-l. de c. de l'Aveyron ; 1 419 h. Foires.

LA JONQUIÈRE (Pierre Jacques **de Taffanel,** *marquis* **de**), marin français (château de Lasgraïsses, près de Graulhet, 1685 - Québec 1752). En 1747, il livra aux Anglais une bataille au cap Finisterre et, en 1749, devint gouverneur du Canada.

LAJTHA (László), compositeur hongrois (Budapest 1892 - *id.* 1963). Il participa aux recherches folkloriques de Bartók et Kodály. Il est l'auteur d'une œuvre abondante de musique symphonique et de chambre.

LAKANAL (Joseph), homme politique français (Serres, comté de Foix, 1762 - Paris 1845). Conventionnel, il attacha son nom à de nombreuses mesures relatives à l'instruction publique (1793-1795).

LAKE DISTRICT, région touristique, parsemée de lacs, du nord-ouest de l'Angleterre.

LAKE PLACID, station de sports d'hiver des États-Unis (État de New York).

LAKSHADWEEP, territoire de l'Inde, regroupant les archipels des Laquedives, Minicoy et Amindives ; 51 681 h.

LALANDE (Joseph Jérôme **Lefrançois de**), astronome français (Bourg-en-Bresse 1732 - Paris 1807). On lui doit l'une des premières mesures précises de la parallaxe de la Lune (1751), des travaux de mécanique céleste et un catalogue d'étoiles (1801).

LA LANDE (Michel Richard **de**) → ***Delalande.***

LA LAURENCIE (Lionel **de**), musicologue français (Nantes 1861 - Paris 1933), auteur d'études sur la musique française du XVIe au XVIIIe s.

LALIBELA ou **LALIBALA,** cité monastique du N. de l'Éthiopie (prov. de Wollo), célèbre pour ses églises rupestres creusées à partir du XIIIe s. (surtout pour celle de St-Georges, entièrement dégagée de la roche).

LALINDE (24150), ch.-l. de c. de la Dordogne ; 3 050 h. Bois. Bastide du XIIIe s.

LALIQUE (René), joaillier et verrier français (Ay 1860 - Paris 1945). Après s'être illustré dans le bijou (de style Art nouveau), il se consacra entièrement à la production d'objets en verre ou en cristal (en général moulé).

LALLAING (59167), comm. du Nord ; 8 023 h.

LALLEMAND (André), astronome français (Cirey-lès-Pontailler, Côte-d'Or, 1904 - Paris 1978). Auteur de nombreuses recherches sur les applications de la photoélectricité à l'astronomie, il a inventé la caméra électronique (1936).

LALLY (Thomas, *baron* **de Tollendal,** *comte* **de**), gouverneur général des Établissements français dans l'Inde (Romans 1702 - Paris 1766). Vaincu par les Anglais, il capitula à Pondichéry. Accusé de trahison, il fut condamné à mort et exécuté. Voltaire participa à sa réhabilitation.

LALO (Édouard), compositeur français (Lille 1823 - Paris 1892), auteur de *Namouna* (1882) et du *Roi d'Ys* (1888). Son œuvre, d'inspiration surtout romantique (*Concerto* pour violoncelle, 1877) ou folklorique (*Symphonie espagnole,* 1875), vaut par la richesse de l'orchestration.

LALOUBÈRE (65310), ch.-l. de c. des Hautes-Pyrénées, banlieue de Tarbes ; 1 331 h.

LALOUVESC (07520), comm. de l'Ardèche ; 525 h. Station d'altitude (1 050 m). Pèlerinage au tombeau de Jean François Régis.

LAM (Wifredo), peintre cubain (Sagua la Grande 1902 - Paris 1982). Influencé par le surréalisme, il a élaboré une œuvre faite de créatures hybrides, qui transpose en les universalisant l'exubérance, le mystère, la violence d'un monde primitif.

Wifredo **Lam :** *Ogoun dieu de la ferraille* (v. 1945). [Coll. priv.]

LAMALOU-LES-BAINS (34240), comm. de l'Hérault ; 2 220 h. Station thermale (maladies nerveuses, rhumatismes).

LAMARCHE (88320), ch.-l. de c. des Vosges ; 1 270 h. Église des XIIe-XIIIe s.

LA MARCHE (Olivier **de**), poète français (v. 1425-1502). Ses chroniques et ses romans allégoriques célèbrent les ducs de Bourgogne.

LA MARCK (Guillaume **de**), en néerl. **Willem Van der Mark,** surnommé **le Sanglier des Ardennes,** baron flamand (v. 1446 - Utrecht ou Maastricht 1485). Il souleva les Liégeois en faveur du roi de France Louis XI, avant de le trahir : celui-ci lui rendit la pareille en le livrant à l'empereur Maximilien, qui le fit exécuter.

LAMARCK (Jean-Baptiste **de Monet,** *chevalier* **de**), naturaliste français (Bazentin, Somme,

Lefrançois de **Lalande** (E. Massé - Observatoire de Paris)

Lamarck

1744 - Paris 1829). Il se fit connaître par une *Flore française* (1778) et publia l'*Encyclopédie botanique* et l'*Illustration des genres* (1783-1817). Il créa le système de la division dichotomique et fut nommé au Muséum professeur du cours sur les « animaux sans vertèbres ». Par ses deux ouvrages la *Philosophie zoologique* (1809) et l'*Histoire naturelle des animaux sans vertèbres* (1815-1822), il apparaît comme le fondateur des théories de la génération spontanée et du transformisme, dont l'ensemble a été appelé *lamarckisme*.

LA MARMORA (Alfonso **Ferrero**), général et homme politique italien (Turin 1804 - Florence 1878). Commandant des forces sardes pendant les campagnes de Crimée (1855) et d'Italie (1859), président du Conseil (1864), il s'allia à la Prusse contre l'Autriche en 1866.

LAMARQUE (Jean Maximilien, *comte*), général et homme politique français (Saint-Sever 1770 - Paris 1832). Après avoir combattu de 1794 à 1815, il fut élu député en 1828 et milita dans l'opposition libérale. Ses obsèques donnèrent lieu à une insurrection républicaine.

LAMARTINE (Alphonse **de**), poète et homme politique français (Mâcon 1790 - Paris 1869). Son premier recueil lyrique, les *Méditations poétiques* (1820), lui assura une immense célébrité et, entre 1820 et 1830, la jeune génération des poètes romantiques le salua comme son maître. Il publia ensuite les *Harmonies poétiques et religieuses* (1830), *Jocelyn** (1836), *la Chute d'un ange* (1838), puis mit son talent au service des idées libérales (*Histoire des Girondins,* 1847). Membre du Gouvernement provisoire et ministre des Affaires étrangères en février 1848, il fut en fait, durant quelques semaines, le véritable maître de la France, mais il perdit une part de son prestige lors des journées de juin 1848. Candidat malheureux aux élections présidentielles du 10 décembre, il n'écrivit plus alors que des récits autobiographiques (*les Confidences,* 1849 ; *Graziella,* 1852) et, pour payer ses dettes, un *Cours familier de littérature* (1856-1869). [Acad. fr.]

LAMASTRE (07270), ch.-l. de c. de l'Ardèche ; 2 770 h.

LAMB (Charles), écrivain britannique (Londres 1775 - Edmonton 1834), auteur des *Essais d'Elia* (1823-1833), un des meilleurs exemples de l'« humour ».

LAMBALLE (22400), ch.-l. de c. des Côtes-d'Armor ; 10 346 h. *(Lamballais).* Haras. Anc. cap. du Penthièvre. Églises médiévales.

LAMBALLE (Marie-Thérèse **Louise de Savoie-Carignan,** *princesse* **de**) [Turin 1749 - Paris 1792], amie de Marie-Antoinette, victime des massacres de Septembre.

LAMBARÉNÉ, v. du Gabon, sur l'Ogooué ; 24 000 h. Centre hospitalier créé par le docteur A. Schweitzer.

LAMBERSART (59130), comm. du Nord, banlieue de Lille ; 28 462 h. *(Lambersartois).* Textile.

LAMBERT (Anne Thérèse **de Marguenat de Courcelles,** *marquise* **de**), femme de lettres française (Paris 1647 - *id.* 1733). Elle tint un salon célèbre.

LAMBERT (Johann Heinrich), mathématicien d'origine française (Mulhouse 1728 - Berlin 1777). Il démontra que π est irrationnel (1768), développa la géométrie de la règle, calcula les trajectoires des comètes et s'intéressa à la cartographie. Il fut l'un des créateurs de la photométrie et l'auteur de travaux innovateurs sur les géométries non euclidiennes. Il a joué un rôle précurseur dans la logique symbolique.

LAMBERT (John), général anglais (Calton, West Riding, Yorkshire, 1619 - île Saint-Nicholas 1684). Lieutenant de Cromwell, il fut emprisonné lors de la restauration de Charles II (1660).

LAMBESC (13410), ch.-l. de c. des Bouches-du-Rhône ; 6 768 h. Monuments des XIVe-XVIIe s.

LAMBÈSE → ***Tazoult.***

Lambeth *(conférences de),* assemblées des évêques anglicans tenues, tous les dix ans, depuis 1867 dans le palais archiépiscopal de Lambeth, à Londres.

LAMBIN (Denis), humaniste français (Montreuil-sur-Mer 1516 - Paris 1572).

LAMBRES-LEZ-DOUAI (59552), comm. du Nord ; 5 065 h. Industrie automobile.

LAMECH, patriarche biblique, père de Noé.

LA MEILLERAYE (Charles, *duc* **de**), maréchal de France (Paris 1602 - *id.* 1664). Il se distingua lors de la guerre de Trente Ans.

LA MENNAIS ou **LAMENNAIS** (Félicité **de**), écrivain français (Saint-Malo 1782 - Paris 1854). Prêtre en 1816, il se fit l'apologiste de l'ultramontanisme et de la liberté religieuse, face à l'Église gallicane ; en 1830, il groupa autour du journal *l'Avenir* la jeunesse libérale catholique. Désavoué par Grégoire XVI (1832), il rompit avec Rome (1834) et inclina vers un humanitarisme socialisant et mystique (*Paroles d'un croyant,* 1834). Il fut député en 1848 et 1849. — Son frère aîné **Jean-Marie** (Saint-Malo 1780 - Ploërmel 1860), prêtre lui aussi, fonda la congrégation des Frères de l'Instruction chrétienne, dits « de Ploërmel » (1817).

LAMENTIN (97129), comm. de la Guadeloupe ; 11 429 h.

LAMENTIN (Le) [97232], comm. de la Martinique ; 30 596 h. Aéroport.

LAMETH (Alexandre, *comte* **de**), général et homme politique français (Paris 1760 - *id.* 1829). Il forma avec Barnave et Du Port un « triumvirat » qui prit parti contre Mirabeau, puis émigra avec La Fayette. Fonctionnaire sous l'Empire, il fut député libéral sous la Restauration.

LA METTRIE (Julien **Offroy de**), médecin et philosophe matérialiste français (Saint-Malo 1709 - Berlin 1751). Il publia une *Histoire naturelle de l'âme* (1745), dont le matérialisme fit scandale. Frédéric II l'invita à continuer son œuvre à la cour de Prusse.

LAMÍA, v. de Grèce, en Phtiotide, près du golfe de Lamía ; 43 898 h. — La *guerre lamiaque,* insurrection des cités grecques après la mort d'Alexandre (323-322 av. J.-C.), se termina par la défaite des Grecs, à Crannon.

LAMOIGNON (Guillaume **de**), magistrat français (Paris 1617 - *id.* 1677). Premier président au parlement de Paris (1658-1664), il présida avec impartialité au procès de Fouquet. Il joua un rôle capital dans l'unification de la législation pénale. — Son petit-fils **Guillaume** (Paris 1683 - *id.* 1772), chancelier de France sous Louis XV, fut le père de Malesherbes.

LAMORICIÈRE (Louis **Juchault de**), général français (Nantes 1806 - près d'Amiens 1865). Il reçut en Algérie la soumission d'Abd el-Kader (1847), puis fut exilé pour son opposition à l'Empire (1852) et commanda les troupes pontificales (1860).

LAMORLAYE (60260), comm. de l'Oise ; 7 748 h.

LA MOTHE LE VAYER (François **de**), écrivain français (Paris 1588 - *id.* 1672), opposé au purisme de Vaugelas et philosophe sceptique. (Acad. fr.)

LA MOTTE (Jeanne **de Saint-Rémy,** *comtesse* **de**), aventurière française (Fontette, Aube, 1756 - Londres 1791). Elle fut impliquée dans l'affaire du Collier*.

LAMOTTE-BEUVRON (41600), ch.-l. de c. de Loir-et-Cher, en Sologne ; 4 296 h.

LA MOTTE-FOUQUÉ (Friedrich, *baron* **de**), écrivain allemand (Brandebourg 1777 - Berlin 1843), auteur de drames, de romans et de contes romantiques *(Ondine).*

LA MOTTE-PICQUET (Toussaint, *comte* **Picquet de La Motte,** connu sous le nom de),

Lamartine
(F. Gérard - château de Versailles)

Félicité de **La Mennais**
(Paulin-Guérin - château de Versailles)

marin français (Rennes 1720 - Brest 1791). Il se signala à la prise de la Grenade, puis à la Martinique contre les Anglais, et fut nommé en 1781 lieutenant général des armées navales.

LAMOURETTE (Adrien), prélat et homme politique français (Frévent, Pas-de-Calais, 1742 - Paris 1794). Membre de la Législative, il demanda, face au péril extérieur, l'union de tous les députés, qu'il amena à se donner l'accolade (7 juill. 1792) ; cette fraternité sans lendemain est restée célèbre sous le nom de *baiser Lamourette.*

LAMOUREUX (Charles), violoniste et chef d'orchestre français (Bordeaux 1834 - Paris 1899), fondateur des concerts qui portent son nom.

LAMPEDUSA, île italienne de la Méditerranée, entre Malte et la Tunisie.

LAMPRECHT (Karl), historien allemand (Jessen, Saxe, 1856 - Leipzig 1915), un des maîtres de l'histoire économique européenne.

LAMURE-SUR-AZERGUES (69870), ch.-l. de c. du Rhône ; 1 037 h.

LAMY (François), officier et explorateur français (Mougins 1858 - Kousseri 1900). Il explora la région du lac Tchad et fut tué en la pacifiant. Il donna son nom à la ville de *Fort-Lamy* (auj. N'Djamena).

LANAKEN, comm. de Belgique (Limbourg) ; 22 110 h.

LANCASHIRE, comté d'Angleterre, sur la mer d'Irlande. Ch.-l. *Preston.*

LANCASTRE, famille anglaise titulaire du comté, puis du duché de Lancastre. Ses membres les plus célèbres sont issus de **Jean de Gand** (Gand 1340 - Londres 1399), quatrième fils d'Édouard III. Elle fut la rivale de la maison d'York dans la guerre des Deux-Roses (elle portait dans ses armes la rose rouge). Elle a fourni à l'Angleterre les rois Henri IV, Henri V et Henri VI. Le dernier Lancastre, Édouard, fils unique d'Henri VI, fut exécuté en 1471, après la victoire des York à Tewkesbury.

LANCASTRE (Jean **de**), *duc* **de Bedford** (1389 - Rouen 1435), frère d'Henri V. Il fut lieutenant en Angleterre (1415), puis régent de France pour son neveu Henri VI (1422). Le traité d'Arras (1435) ruina ses entreprises en France.

LANCELOT (*dom* Claude), l'un des Messieurs de Port-Royal (Paris v. 1615 - Quimperlé 1695). Il contribua à la fondation des Petites Écoles de Port-Royal et écrivit une *Grammaire générale et raisonnée,* dite *Grammaire de Port-Royal.*

Lancelot du lac, un des chevaliers de la Table ronde. Élevé par la fée Viviane au fond d'un lac, il s'éprit de la reine Guenièvre, femme du roi Artus, et subit par amour pour elle toutes sortes d'épreuves, contées par Chrétien de Troyes dans *Lancelot ou le Chevalier à la charrette.*

LANCRET (Nicolas), peintre français (Paris 1690 - *id.* 1743). Il travailla avec brio dans le goût de Watteau (*la Camargo dansant,* v. 1730, diverses versions).

LANCY, comm. de Suisse, banlieue de Genève ; 22 960 h.

LANDAU, v. d'Allemagne (Rhénanie-Palatinat) ; 36 766 h. Fondée en 1224, la ville fut acquise par la France (1648) et revint au Palatinat bavarois en 1815.

LANDAU (Lev Davidovitch), physicien soviétique (Bakou 1908 - Moscou 1968), spécialiste de la théorie quantique des champs et auteur d'une théorie de la superfluidité. (Prix Nobel 1962.)

LANDERNEAU (29800), ch.-l. de c. du Finistère, sur l'estuaire de l'Élorn ; 15 035 h. *(Landernéens).* Anc. cap. du Léon. Coopérative agricole. Vieilles maisons.

LANDERSHEIM (67700), comm. du Bas-Rhin ; 151 h. Articles de sports.

LANDES, région du Sud-Ouest, sur l'Atlantique, entre le Bordelais et l'Adour. Le tourisme estival, la pêche, l'ostréiculture (Arcachon, Capbreton, Hossegor, Mimizan, Seignosse) animent localement le littoral, rectiligne, bordé de cordons de dunes qui enserrent des étangs. L'intérieur est une vaste plaine triangulaire, dont les sables s'agglutinent parfois en un grès dur, l'alios, qui retient l'eau en marécages insalubres. Cette plaine, autrefois déshéritée, a été transformée à la fin du XVIIIe s. (par Brémontier) et sous le second Empire (par J. Chambrelent [1817-1893]) par des plantations de pins (fixant les dunes littorales avant de coloniser l'intérieur) et par drainages systématiques. Une partie de la forêt (exploitée surtout pour la papeterie) est englobée dans le *parc naturel régional des Landes de Gascogne,* créé en 1970 et qui correspond approximativement au bassin de l'Eyre.

LANDES (40), dép. de la Région Aquitaine, sur l'Atlantique ; ch.-l. de dép. *Mont-de-Marsan ;* ch.-l. d'arr. *Dax ;* 2 arr., 30 cant., 331 comm. ; 9 243 km² ; 311 461 h. *(Landais).* Le dép. est rattaché à l'académie de Bordeaux, à la cour d'appel de Pau et à la région militaire Atlantique. Il s'étend, au nord, sur la région des *Landes* (la forêt couvre près des deux tiers de la superficie du dép.), au sud, sur la Chalosse, région de collines où l'on pratique la polyculture (blé, maïs, vigne ; volailles).

Landes *(Centre d'essais des),* centre militaire d'expérimentation des missiles, créé en 1962, entre Biscarrosse et Mimizan.

LANDIVISIAU (29400), ch.-l. de c. du Finistère, dans le Léon ; 8 413 h. *(Landivisiens).* Base aéronavale.

LANDIVY (53190), ch.-l. de c. de la Mayenne ; 1 394 h.

LANDOUZY (Louis), neurologue français (Reims 1845 - Paris 1917). Il a étudié en particulier la myopathie atrophique progressive.

LANDOWSKA (Wanda), claveciniste polonaise (Varsovie 1877 - Lakeville, Connecticut, 1959), à qui l'on doit la résurrection du clavecin.

LANDOWSKI (Marcel), compositeur français (Pont-l'Abbé 1915). Il a été directeur de la musique (1970-1974) au ministère des Affaires culturelles. Il est l'auteur d'un opéra (*le Fou,* 1954) et d'un ballet *(le Fantôme de l'Opéra).*

LANDRECIES (59550), ch.-l. de c. du Nord ; 4 058 h. Anc. ville forte, reconstruite au XVIIIe s.

Landru *(affaire),* grand procès criminel (1921). Après la découverte de restes humains calcinés dans sa villa, Henri Désiré Landru (1869-1922) fut accusé du meurtre de dix femmes et d'un jeune garçon. Il a toujours nié ces meurtres, mais reconnut avoir escroqué les victimes présumées. Il fut condamné à mort et exécuté.

LANDRY (Adolphe), économiste et homme politique français (Ajaccio 1874 - Paris 1956). Ardent promoteur de la lutte contre la dénatalité, il est l'auteur d'un *Traité de démographie* (1945).

LAND'S END, cap de l'extrémité sud-ouest de l'Angleterre, en Cornouailles.

LANDSHUT, v. d'Allemagne (Bavière), sur l'Isar ; 58 125 h. Monuments gothiques et Renaissance.

LANDSTEINER (Karl), médecin américain d'origine autrichienne (Vienne 1868 - New York 1943). Il a découvert en 1900 les groupes sanguins du système ABO et en 1940 le facteur Rhésus. (Prix Nobel 1930.)

LANESTER (56600), ch.-l. de c. du Morbihan, banlieue de Lorient ; 23 163 h.

LANEUVEVILLE-DEVANT-NANCY (54410), comm. de Meurthe-et-Moselle ; 4 931 h. Chimie. Aux environs, anc. chartreuse de Bosserville (XVIIe s.).

LANFRANC, archevêque de Canterbury (Pavie v. 1005 - Canterbury 1089). Prieur et écolâtre de l'abbaye normande du Bec, dont il fit un grand centre intellectuel, ami de Guillaume le Conquérant, il devint archevêque de Canterbury (1070) et primat d'Angleterre.

LANFRANCO (Giovanni), peintre italien (Terenzo, près de Parme, 1582 - Rome 1647). Élève des Carrache, il fut l'un des premiers créateurs de décors à effets baroques de perspective et de trompe-l'œil, à Rome (coupole de S. Andrea della Valle, 1625) et à Naples.

LANG (Fritz), cinéaste autrichien, naturalisé américain (Vienne 1890 - Hollywood 1976). En Allemagne, puis aux États-Unis, où il émigra en 1934, il s'imposa par la puissance de son style et la rigueur de son inspiration (*le Docteur Mabuse,* 1922 ; *les Nibelungen,* 1924 ; *Metropolis,* 1927 ; *M le Maudit,* 1931 ; *Furie,* 1936).

LANG (Jack), homme politique français (Mirecourt 1939). Socialiste, ministre de la Culture (1981-1986 ; 1988-1993), il élargit les cadres traditionnels de la culture par des manifestations populaires (fêtes de la musique, du cinéma, etc.).

LANGDON (Harry), acteur américain (Council Bluffs, Iowa, 1884 - Hollywood 1944). Incarnation du rêveur, lunaire et insolite, il fut un des grands comiques du muet (*Sa dernière culotte,* de F. Capra, 1927).

LANGEAC (43300), ch.-l. de c. de la Haute-Loire, sur l'Allier ; 4 303 h. Matières plastiques. Église du XVe s.

LANGEAIS (37130), ch.-l. de c. d'Indre-et-Loire, sur la Loire ; 3 978 h. Château du XVe s., propriété de l'Institut de France (tapisseries, mobilier).

LANGEVIN (Paul), physicien français (Paris 1872 - *id.* 1946), auteur de travaux sur les ions, le magnétisme, la relativité et les ultrasons. Il s'est efforcé d'améliorer l'enseignement des sciences et de populariser les théories de la relativité et de la physique quantique.

LANGLADE → ***Saint-Pierre-et-Miquelon.***

LANGLAIS (Jean), compositeur français (La Fontenelle, Ille-et-Vilaine, 1907 - Paris 1991). Organiste de Ste-Clotilde de Paris, il perpétua la tradition de Tournemire.

LANGLAND (William), poète anglais (dans le Herefordshire v. 1332 - v. 1400), auteur du poème allégorique *la Vision de Pierre le Laboureur* (1362).

LANGLE DE CARY (Fernand **de**), général français (Lorient 1849 - Pont-Scorff 1927). Il commanda la IVe armée (1914-15), puis le groupe d'armées du Centre (1916).

LANGLOIS (Henri), cofondateur et secrétaire général de la Cinémathèque française (Smyrne 1914 - Paris 1977). Il joua un rôle essentiel pour la connaissance du cinéma et la sauvegarde de son patrimoine.

LANGMUIR (Irving), chimiste et physicien américain (Brooklyn 1881 - Falmouth 1957). Il inventa les ampoules électriques à atmosphère gazeuse, perfectionna la technique des tubes électroniques et créa les théories de l'électrovalence et de la catalyse hétérogène. (Prix Nobel de chimie 1932.)

Karl **Landsteiner**

Fritz **Lang :** une scène de *M le Maudit* (1931), avec Peter Lorre.

LANGOGNE (48300), ch.-l. de c. de la Lozère, sur l'Allier ; 3 645 h. Église du XIe s.

LANGON (33210), ch.-l. d'arr. de la Gironde, sur la Garonne ; 6 322 h. Vins.

LANGREO, v. d'Espagne (Asturies) ; 51 710 h.

LANGRES (52200), ch.-l. d'arr. de la Haute-Marne, sur le *plateau de Langres,* qui sert de limite de partage des eaux entre les tributaires de la Manche et ceux de la Méditerranée ; 11 026 h. *(Langrois).* Évêché. Constructions mécaniques. Matières plastiques. Remparts d'origine romaine. Cathédrale romano-gothique. Musées.

LANG SON, v. du nord du Viêt Nam (Tonkin), près de la frontière chinoise ; 7 400 h. La ville fut occupée en 1885 par les Français, qui l'évacuèrent bientôt sous la pression des Chinois (l'incident provoqua la chute du cabinet Jules Ferry). Les Français s'y battirent encore en 1940 et en 1945 contre les Japonais, et en 1953 contre le Viêt-minh.

LANGTON (Étienne ou Stephen), prélat anglais (v. 1150 - Slindon 1228). Archevêque de Canterbury (1207), opposé à l'arbitraire de Jean sans Terre, il participa à l'établissement de la *Grande Charte* (1215).

LANGUEDOC, pays du sud-ouest de l'ancienne France, qui correspondait aux territoires ayant fait partie du comté de Toulouse. Après l'écrasement du catharisme, qui y trouva sa terre d'élection, le Languedoc passa sous l'autorité directe des rois de France (XIIIe s.), mais garda, jusqu'à la Révolution, ses institutions propres. Il a formé les départements de la Haute-Garonne, de l'Aude, du Tarn, de l'Hérault, du Gard, de l'Ardèche, de la Lozère et de la Haute-Loire. (Hab. *Languedociens.*) — Sur le plan géographique, le terme s'applique seulement au *Languedoc méditerranéen,* ou *bas Languedoc,* qui s'étend entre les Corbières, le Massif central, la Camargue et la Méditerranée. Les Garrigues, plateaux calcaires déserts, au pied des Cévennes, dominent la plaine recouverte par la vigne et où sont les grandes villes (Montpellier, Béziers, Nîmes). Les dangers de la monoculture ont amené la création de la *Compagnie nationale d'aménagement du bas Rhône et du Languedoc,* destinée à diversifier, par l'irrigation, la production agricole (extension des cultures fruitières et maraîchères). L'aménagement du littoral (dont Sète est le principal port) a développé le tourisme.

Languedoc *(canal du)* → ***Midi*** *(canal du).*

Languedoc (*parc naturel régional du* **Haut-**), parc régional couvrant environ 150 000 ha sur les dép. du Tarn et de l'Hérault.

Languedocienne (la), autoroute partant d'Orange et dirigée vers l'Espagne (par Nîmes et Montpellier).

LANGUEDOC-ROUSSILLON, Région administrative regroupant les dép. de l'Aude, du Gard, de l'Hérault, de la Lozère et des Pyrénées-Orientales ; 27 376 km² ; 2 114 985 h. ; ch.-l. *Montpellier.*

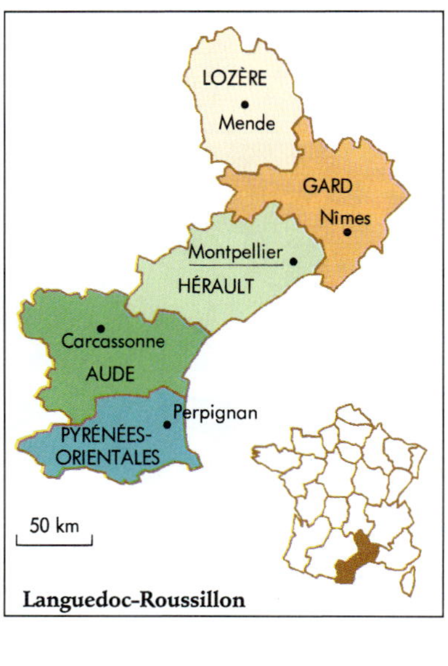

Languedoc-Roussillon

LANGUEUX (22360), ch.-l. de c. des Côtes-d'Armor, près de Saint-Brieuc ; 6 205 h.

LANGUIDIC (56440), comm. du Morbihan ; 6 386 h. Industries alimentaires.

LANJUINAIS (Jean Denis, *comte*), homme politique français (Rennes 1735 - Paris 1827). Avocat, député aux États généraux (1789), fondateur du Club breton (Jacobins), il prit une grande part à l'établissement de la Constitution civile du clergé (1790).

LANMEUR (29620), ch.-l. de c. du Finistère ; 2 098 h. Chapelle des XIIe-XVIe s.

Lann-Bihoué, aéroport de Lorient. Base aéronavale.

LANNEMEZAN (65300), ch.-l. de c. des Hautes-Pyrénées ; 6 897 h. Hôpital psychiatrique. Usine d'aluminium. — Le *plateau de Lannemezan,* au pied des Pyrénées, est un immense cône de déjection fluvio-glaciaire, d'où divergent notamment la Baïse, le Gers, la Gimone et la Save.

LANNES (Jean), *duc* **de Montebello,** maréchal de France (Lectoure 1769 - Vienne 1809). Volontaire en 1792, général dans l'armée d'Italie (1796) et en Égypte, il commanda la Garde consulaire (1800) et fut vainqueur à Montebello. Il se distingua à Austerlitz et à Iéna, mais fut mortellement blessé à Essling.

LANNILIS (29870), ch.-l. de c. du Finistère, dans le Léon ; 4 370 h.

LANNION (22300), ch.-l. d'arr. des Côtes-d'Armor, port sur le Léguer ; 17 738 h. *(Lannionnais).* Centre national d'études des télécommunications (C. N. E. T.). Électronique. Église de Brélévenez, surtout romane.

LANNOY (59390), ch.-l. de c. du Nord ; 1 676 h.

LANNOY (Charles **de**), général flamand (Valenciennes v. 1487 - Gaète 1527). Vice-roi de Naples et généralissime des troupes espagnoles, il vainquit François Ier à Pavie (1525) et négocia le traité de Madrid.

LA NOUE (François **de**), dit **Bras de Fer,** gentilhomme français (Nantes 1531 - Moncontour 1591). Calviniste, il fut lieutenant de Coligny, se rallia à Henri IV et rédigea les *Discours politiques et militaires* (1587), histoire des trois premières guerres de Religion.

LANREZAC (Charles), général français (Pointe-à-Pitre 1852 - Neuilly-sur-Seine 1925). Commandant la Ve armée en 1914, il fut remplacé par Franchet d'Esperey en raison de sa mésentente avec French.

LANS-EN-VERCORS (38250), comm. de l'Isère ; 1 482 h. Station climatique et de sports d'hiver à 1 020 m d'altitude.

LANSING, v. des États-Unis, cap. du Michigan ; 432 674 h. Université.

LANSLEBOURG-MONT-CENIS (73480), ch.-l. de c. de la Savoie ; 647 h. (→ ***Val-Cenis.***)

LANSLEVILLARD (73480), comm. de la Savoie ; 392 h. Chapelle avec peintures murales du XVe s. (→ ***Val-Cenis.***)

LANSON (Gustave), professeur de lettres français (Orléans 1857 - Paris 1934). Il appliqua la méthode historique et comparative à l'étude des œuvres littéraires.

LANTA (31570), ch.-l. de c. de la Haute-Garonne ; 1 151 h.

LAN-TCHEOU → ***Lanzhou.***

Lanterne (la), pamphlet politique hebdomadaire créé en 1868 par H. Rochefort. Le journal cessa de paraître en 1928.

LANÚS, banlieue de Buenos Aires ; 466 755 h.

LANVAUX *(landes de),* ligne de hauteurs du sud de la Bretagne (Morbihan).

LANVÉOC (29160), comm. du Finistère, sur la rade de Brest ; 2 552 h. École navale.

LANVOLLON (22290), ch.-l. de c. des Côtes-d'Armor ; 1 489 h.

LANZAROTE, l'une des îles Canaries ; 42 000 h.

LANZHOU ou **LAN-TCHEOU,** v. de Chine, cap. du Gansu, sur le Huang He ; 1 430 000 h. Chimie. Métallurgie.

LAO CHE → ***Lao She.***

LAOCOON, héros troyen étouffé avec ses fils par deux serpents monstrueux. Cet épisode est le sujet d'un célèbre groupe sculpté au IIe s. av. J.-C. (musée du Vatican), qui, à la suite de sa découverte (1506), a marqué nombre de sculpteurs.

Laocoon. Groupe en marbre de la seconde moitié du IIe s. av. J.-C. (Musée Pio Clementino, le Vatican.)

LAODICE, nom de plusieurs princesses de l'époque hellénistique.

LAODICÉE, nom de plusieurs villes hellénistiques de Syrie et d'Asie Mineure, par ex. l'actuelle Lattaquié*.

LAON [lɑ̃] (02000), anc. cap. du Laonnois, ch.-l. du dép. de l'Aisne, sur une butte allongée ; 28 670 h. *(Laonnois).* Câbles. Emballage. Dans la ville haute, ceinte de remparts, monuments, dont la cathédrale, chef-d'œuvre gothique des années 1160-1230, et musée.

Laon : la cathédrale (v. 1160-1230).

LAOS, État de l'Asie du Sud-Est, à l'ouest du Viêt Nam ; 236 800 km² ; 4 600 000 h. *(Laotiens).* CAP. *Vientiane.* LANGUE : *laotien.* MONNAIE : *kip.*

GÉOGRAPHIE

Couvert par la forêt et la savane, le Laos est formé de plateaux et de montagnes recevant des pluies en été (mousson). Ces régions sont traversées par le Mékong, qui a édifié quelques plaines alluviales, cultivées en riz (base de l'alimentation). [V. carte ***Asie du Sud-Est continentale.***]

HISTOIRE

Du royaume du Lan Xang à la fin du protectorat français. Le pays lao, situé de part et d'autre du Mékong, a une histoire mal connue jusqu'au XIIIe s. 1353 : le prince Fa Ngum fonde le royaume de Lan Xang et fixe sa capitale à Luang Prabang. 1373-1548 : ses successeurs repoussent les Thaïs et annexent le royaume du Lan Na. 1563 : Vientiane devient la capitale. 1574-1591 : suzeraineté birmane. XVIIe s. : période d'anarchie suivie du règne réparateur de Souligna Vongsa (1637-1694). XVIIIe s. : le pays est divisé entre les royaumes de Champassak, de Luang Prabang et de Vientiane. 1778 : le Siam, qui domine déjà le

Champassak, impose sa suzeraineté au roi de Luang Prabang et envahit Vientiane. 1887 : le roi de Luang Prabang, Oun Kham (1869-1895), demande la protection de la France. 1893-1904 : le Siam signe plusieurs traités reconnaissant le protectorat français sur le Laos. 1904 : début du règne de Sisavang Vong, qui durera jusqu'en 1959. 1940 : hostilités franco-thaïlandaises ; le Japon impose à la France l'abandon de la rive droite du Mékong. 1945 : coup de force japonais ; l'indépendance est proclamée. 1946 : la France chasse les nationalistes, rétablit le roi et accorde l'autonomie.

Le Laos indépendant. 1949 : le Laos devient indépendant au sein de l'Union française. 1950 : le prince Souphanouvong crée le Pathet Lao, lié au Viêt-minh. 1954-1957 : le Pathet Lao obtient lors des accords de Genève le contrôle de plusieurs provinces, alors que Souvanna Phouma demeure Premier ministre. 1957-1964 : plusieurs gouvernements d'union nationale réunissent neutralistes (Souvanna Phouma), communistes (Souphanouvong) et partisans de l'autorité royale (Boun Oum). 1964-1973 : le Laos, impliqué dans la guerre du Viêt Nam, subit les bombardements américains et les interventions des Vietnamiens du Nord et des Thaïlandais. 1975 : la République populaire démocratique du Laos est proclamée. Elle est présidée par Souphanouvong. 1977 : elle signe un traité d'amitié avec le Viêt Nam. 1980 : un Front national de libération lao, soutenu par la Chine, est constitué. 1986 : Souphanouvong démissionne. Kaysone Phomvihane, secrétaire général du parti unique et Premier ministre depuis 1975, engage son pays sur la voie de l'ouverture politique et économique. 1991 : il devient chef de l'État. 1992 : après sa mort, Nouhak Phoumsavane lui succède ; Khamtay Siphandone, Premier ministre depuis 1991, est nommé à la tête du parti unique.

LAO SHE ou **LAO CHE** (Shu Qingchun, dit), écrivain chinois (Pékin 1899 - *id.* 1966). L'un des principaux romanciers modernes (*la Cité des chats,* 1930), il se suicida lors de la Révolution culturelle.

LAOZI ou **LAO-TSEU,** philosophe chinois (VIe-Ve s. av. J.-C.), contemporain de Confucius. Il est à l'origine du taoïsme.

LA PALICE (Jacques II **de Chabannes,** *seigneur* **de**), maréchal de France (v. 1470 - Pavie 1525). Il participa aux guerres d'Italie de Louis XII et de François Ier. Ses soldats composèrent en son honneur une chanson *(Un quart d'heure avant sa mort, Il était encore en vie...),* ce qui voulait dire que jusqu'à sa dernière heure La Palice s'était bien battu ; mais la postérité n'a retenu que la naïveté des vers.

LAPALISSE (03120), ch.-l. de c. de l'Allier ; 3 716 h. Château des XVe-XVIe s.

LAPAOURI (Aleksandr), danseur et chorégraphe soviétique (Moscou 1926 - *id.* 1975). Modèle du danseur de la tradition moscovite, il enseigna au Bolchoï.

LA PASTURE (Rogier **de**) → ***Van der Weyden.***

LA PÉROUSE (Jean François **de Galaup,** *comte* **de**), navigateur français (château du Guo, près d'Albi, 1741 - île de Vanikoro 1788). Chargé par Louis XVI d'une expédition de découverte (1785), il aborda aux îles de Pâques et aux Hawaii (1786), d'où il gagna Macao, les Philippines, la Corée et le Kamtchatka (1787). Son bateau, l'*Astrolabe,* fit naufrage alors qu'il redescendait vers le sud. On a retrouvé, en 1962, les restes de la *Boussole,* autre frégate de l'expédition.

La Pérouse
(N. Monsiau - château de Versailles)

Pierre Simon de **Laplace**
(A. Carrière - Observatoire de Paris)

LAPERRINE (Henry), général français (Castelnaudary 1860 - au Sahara 1920). Ami du P. de Foucauld, il pacifia les territoires des Oasis, puis les territoires sahariens (1902-1919).

LAPICQUE (Louis), physiologiste français (Épinal 1866 - Paris 1952). Il a étudié la physiologie du système nerveux et a découvert la chronaxie. — Son fils **Charles,** peintre (Theizé, Rhône, 1898 - Orsay 1988), est parvenu à une expression lyrique et dynamique personnelle par une étude scientifique du pouvoir de la couleur.

LAPITHES, peuple légendaire de Thessalie, célèbre pour avoir vaincu les Centaures lors du mariage de leur roi Pirithoos.

LAPLACE (Pierre Simon, *marquis* **de**), astronome, mathématicien et physicien français (Beaumont-en-Auge 1749 - Paris 1827). Auteur de travaux se rapportant à la mécanique céleste et au calcul des probabilités, il est surtout célèbre par son hypothèse cosmogonique (1796) selon laquelle le système solaire serait issu d'une nébuleuse en rotation. (Acad. fr.)

LAPLANCHE (Jean), médecin et psychanalyste français (Paris 1924). Il a établi avec J.-B. Pontalis un *Vocabulaire de la psychanalyse* (1967) ; depuis 1988, il dirige une nouvelle traduction des œuvres de S. Freud.

LAPLUME (47310), ch.-l. de c. de Lot-et-Garonne ; 1 053 h. Église gothique du XVIe s.

LAPONIE, région la plus septentrionale de l'Europe, au nord du cercle polaire, partagée entre la Norvège, la Suède, la Finlande et la Russie. Les *Lapons* (env. 45 000) vivent de l'élevage, de plus en plus sédentarisé, du renne.

LA POPELINIÈRE ou **LA POUPLINIÈRE** (Alexandre Joseph **Le Riche de**), financier français (Chinon 1693 - Passy 1762). Fermier général, il reçut dans sa maison de Passy les écrivains et les musiciens.

LAPOUTROIE (68650), ch.-l. de c. du Haut-Rhin, dans les Vosges ; 1 987 h.

LAPPARENT (Albert **Cochon de**), géologue et géographe français (Bourges 1839 - Paris 1908), auteur d'un *Traité de géologie* (1882). — Son fils **Jacques** (Paris 1883 - *id.* 1948) est l'auteur de *Leçons de pétrographie* (1923).

LAPPEENRANTA, v. de Finlande ; 54 000 h.

LAPTEV *(mer des),* partie de l'océan Arctique, bordant la Sibérie.

LAQUEDIVES *(îles),* archipel indien de la mer d'Oman.

LA QUINTINIE (Jean **de**), agronome français (Chabanais, Charente, 1626 - Versailles 1688). Ses travaux permirent d'améliorer la culture des arbres fruitiers et les techniques horticoles.

LARAGNE-MONTÉGLIN (05300), ch.-l. de c. des Hautes-Alpes ; 3 428 h.

LARBAUD (Valery), écrivain français (Vichy 1881 - *id.* 1957). Poète, romancier (*Fermina Marquez,* 1911 ; *A. O. Barnabooth,* 1913) et essayiste, il révéla au public français les grands écrivains étrangers contemporains (Butler, Joyce).

LARCHE (19600), ch.-l. de c. de la Corrèze ; 1 350 h.

LARCHE *(col de),* col des Alpes-de-Haute-Provence, à la frontière italienne, entre Barcelonnette et Cuneo ; 1 991 m.

LARDERELLO, village d'Italie (Toscane) ; 1 000 h. Vapeurs naturelles *(soffioni)* utilisées pour la production d'électricité.

LARDIN-SAINT-LAZARE (Le) [24570], comm. de la Dordogne, sur la Vézère ; 2 059 h. Papeterie.

LAREDO, station balnéaire d'Espagne, sur le golfe de Gascogne ; 12 950 h.

LA RÉVELLIÈRE-LÉPEAUX (Louis Marie **de**), homme politique français (Montaigu, Vendée, 1753 - Paris 1824). Conventionnel, puis membre du Directoire (1795-1799), il lutta contre la réaction royaliste, contribua au coup d'État du 18 fructidor et protégea la théophilanthropie.

LA REYNIE (Gabriel Nicolas **de**), premier lieutenant de police de Paris (Limoges 1625 - Paris 1709). À partir de 1667, il contribua à l'organisation de la police et à l'assainissement de Paris.

LARGENTIÈRE (07110), ch.-l. d'arr. de l'Ardèche ; 2 117 h. Église du XIIIe s., château du XVe.

LARGILLIÈRE ou **LARGILLIERRE** (Nicolas **de**), peintre français (Paris 1656 - *id.* 1746). Formé à Anvers, il collabora avec P. Lely à Londres et, de retour en France (1682), devint le portraitiste favori de la bourgeoisie, au style souple et brillant.

LARGO CABALLERO (Francisco), homme politique espagnol (Madrid 1869 - Paris 1946). Socialiste, il fut l'un des artisans du Front populaire (1936) et chef du gouvernement républicain de sept. 1936 à mai 1937.

LARIBOISIÈRE (Jean Ambroise **Baston,** *comte* **de**), général français (Fougères 1759 - Königsberg 1812). Il se distingua à Wagram (1809) et mourut durant la retraite de Russie. — Son fils **Charles,** député et pair de France (Fougères 1788 - Paris 1868), épousa Élisa Roy, qui devait fonder à Paris, rue Ambroise-Paré, l'*hôpital Lariboisière* (1846).

LARIONOV (Mikhaïl), peintre russe naturalisé français (Tiraspol 1881 - Fontenay-aux-Roses 1964). Avec sa femme, N. Gontcharova, il créa en 1912 l'abstraction « rayonniste », puis collabora de 1918 à 1922, à Paris, aux Ballets russes.

LÁRISSA, v. de Grèce (Thessalie) ; 113 426 h. Musée archéologique.

LARIVEY (Pierre **de**), écrivain français (Troyes v. 1540 - v. 1612), auteur de comédies inspirées du théâtre italien (*les Esprits,* 1579).

LARMOR-PLAGE (56260), comm. du Morbihan ; 8 117 h. Station balnéaire. Église des XVe-XVIe s. (œuvres d'art).

LÁRNAKA, v. de Chypre, sur le *golfe de Lárnaka ;* 61 000 h. Aéroport.

LA ROCHEFOUCAULD, famille poitevine, dont le membre le plus connu, **François,** *duc* **de La Rochefoucauld** (Paris 1613 - *id.* 1680), fut, aux côtés du prince de Condé, un des frondeurs les plus ardents ; il fréquenta les salons de Mme de Sablé et de Mme de La Fayette. Ses *Réflexions ou Sentences et Maximes* morales* expriment son dégoût d'un monde où les meilleurs sentiments sont, malgré les apparences, dictés par l'intérêt.

LA ROCHEFOUCAULD-DOUDEAUVILLE (Ambroise Polycarpe, *duc* **de**), homme politique français (Paris 1765 - *id.* 1841). Ministre de la Maison du roi sous Charles X (1824), il créa l'École de Grignon.

LA ROCHEFOUCAULD-LIANCOURT (François, *duc* **de**), philanthrope et homme politique français (La Roche-Guyon 1747 - Paris 1827). Fondateur d'une ferme modèle et d'une école (à l'origine de l'école d'arts et métiers de Châlons), initiateur de l'enseignement mutuel, il lutta pour l'abolition de l'esclavage.

LA ROCHEJAQUELEIN (Henri **du Vergier,** *comte* **de**), chef vendéen (La Durbellière, Poitou, 1772 - Nuaillé, Maine-et-Loire, 1794). Ayant soulevé les Mauges, il fut battu à Cholet (1793). Devenu général en chef des vendéens, il échoua à Savenay ; dès lors, il se livra à la guérilla et fut tué au combat.

LAROCHE-SAINT-CYDROINE → ***Migennes.***

LA ROCQUE (François, *comte* **de**), homme politique français (Lorient 1885 - Paris 1946). Président des Croix-de-Feu (1931), il créa, en 1936, le parti social français (P. S. F.). Il fut déporté par les Allemands.

LAROQUE (Pierre), juriste français (Paris 1907). Il a joué un rôle essentiel dans l'élaboration du système français de sécurité sociale issu de l'ordonnance de 1945.

LAROQUEBROU (15150), ch.-l. de c. du Cantal ; 1 071 h. Église du XIVe s.

LAROQUE-TIMBAUT (47340), ch.-l. de c. de Lot-et-Garonne ; 1 307 h. Chapelle du XVe s.

LAROSIÈRE (Jacques **de**), financier français (Paris 1929). Directeur général du Fonds monétaire international (1978-1987), gouverneur de la Banque de France (1987-1993), il est président de la B.E.R.D. depuis 1993.

LAROUSSE (Pierre), lexicographe et éditeur français (Toucy 1817 - Paris 1875). Il fonda en 1852, avec Augustin Boyer, la *Librairie Larousse et Boyer,* devenue la *Librairie Larousse* (auj. *Larousse*). Il édita des livres scolaires qui renouvelaient les méthodes de l'enseignement primaire. Puis il entreprit la publication du *Grand Dictionnaire universel du XIXe siècle,* en 15 volumes (1866-1876), qui dès 1863 parut en fascicules.

LARRA (Mariano José **de**), écrivain espagnol (Madrid 1809 - *id.* 1837), pamphlétaire et auteur de drames romantiques.

LARREY (Dominique, *baron*), chirurgien militaire français (Beaudéan, près de Bagnères-de-Bigorre, 1766 - Lyon 1842). Chirurgien en chef de la Grande Armée, il suivit Napoléon dans toutes ses campagnes.

LARTET (Édouard), géologue et préhistorien français (Saint-Guiraud, Gers, 1801 - Seissan, Gers, 1871). Il a jeté les bases de la paléontologie humaine.

LARTIGUE (Jacques-Henri), photographe français (Courbevoie 1894 - Nice 1986). Toute son œuvre demeure le reflet de la joie de vivre et de la spontanéité de l'enfant qu'il était lorsqu'il réalisa ses premières images (*Instants de ma vie,* 1973).

LARUNS (64440), ch.-l. de c. des Pyrénées-Atlantiques ; 1 480 h.

Larzac *(camp du),* camp militaire (3 000 ha).

LARZAC *(causse du),* haut plateau calcaire du sud du Massif central, dans la région des Grands Causses. Élevage des moutons.

LA SABLIÈRE (Marguerite **Hessein,** Mme **de**), femme de lettres française (Paris 1636 - *id.* 1693), protectrice de La Fontaine.

LA SALE (Antoine **de**), écrivain français (v. 1385 - 1460), auteur de l'*Histoire du Petit Jehan* de Saintré.* On lui attribue *les Quinze Joyes de mariage* et les *Cent Nouvelles nouvelles.*

LASALLE, v. du Canada (Québec), banlieue de Montréal ; 73 804 h.

LASALLE (30460), ch.-l. de c. du Gard ; 1 011 h.

LASALLE (Antoine, *comte* **de**), général français (Metz 1775 - Wagram 1809). Hussard célèbre par ses faits d'armes, il participa à la plupart des campagnes de la Révolution et de l'Empire.

LA SALLE (Robert **Cavelier de**), voyageur français (Rouen 1643 - au Texas 1687). Il reconnut la Louisiane et le cours du Mississippi.

LASCARIS, famille byzantine qui régna sur l'empire de Nicée (1204-1261).

LASCARIS ou **LASKARIS** (Jean), surnommé **Rhyndacenus,** érudit grec (Constantinople v. 1445 - Rome 1534), bibliothécaire de Laurent de Médicis et animateur des études grecques à Rome.

LAS CASAS (Bartolomé **de**), prélat espagnol (Séville 1474 - Madrid 1566). Dominicain (1522), puis évêque de Chiapa au Mexique (1544), il défendit les Indiens contre l'oppression brutale des conquérants espagnols.

LAS CASES (Emmanuel, *comte* **de**), historien français (château de Las Cases, près de Revel, 1766 - Passy-sur-Seine 1842). Il accompagna Napoléon Ier dans l'exil et rédigea le *Mémorial de Sainte-Hélène* (1823).

LASCAUX *(grotte de),* grotte de la comm. de Montignac (Dordogne). On y a découvert en 1940 un important ensemble de gravures et de peintures pariétales datées entre la fin du solutréen et le début du magdalénien (v. 15000 av. J.-C.). Depuis 1963, la grotte est fermée au public et un traitement a résorbé, sur les parois, la prolifération de micro-organismes et de calcite, alors qu'à proximité une reconstitution en fac-similé de la salle des Taureaux est accessible aux visiteurs.

LASHLEY (Karl Spencer), neuropsychologue américain (Davis, Virginie, 1890 - Poitiers 1958). Il a étudié chez l'animal les liaisons entre les organes des sens et leur projection corticale.

LASKINE (Lily), harpiste française (Paris 1893 - *id.* 1988). Elle a fait de la harpe un instrument soliste à part entière.

LASSALLE (Ferdinand), philosophe et économiste allemand (Breslau 1825 - Genève 1864). Il milita pour les réformes socialistes, prônant l'association productive et dénonçant « la loi d'airain des salaires ».

LASSAY-LES-CHÂTEAUX (53110), ch.-l. de c. de la Mayenne ; 2 472 h. Château fort du XVe s.

LASSEUBE (64290), ch.-l. de c. des Pyrénées-Atlantiques ; 1 506 h.

LASSIGNY (60310), ch.-l. de c. de l'Oise ; 1 057 h. Produits de beauté.

LASSUS (Roland **de**), musicien de l'école franco-flamande (Mons v. 1532 - Munich 1594). Maître de chapelle du duc de Bavière, il fut particulièrement inspiré dans ses motets, ses madrigaux et ses chansons françaises, œuvres dans lesquelles il synthétise les tendances de son époque. Ses 53 messes sont également des chefs-d'œuvre de la polyphonie.

LASSWELL (Harold Dwight), sociologue américain (Donnellson, Illinois, 1902 - New York 1978). Il a étudié l'influence des organes d'information sur la formation de l'opinion publique.

LA SUZE (Henriette **de Coligny,** *comtesse* **de**), femme de lettres française (Paris 1618 - *id.* 1673). Ses *Poésies* (1666) tranchent, par la sincérité, sur la littérature précieuse.

LAS VEGAS, v. des États-Unis (Nevada) ; 258 295 h. Centre touristique (jeux de hasard).

LATÉCOÈRE (Pierre), industriel français (Bagnères-de-Bigorre 1883 - Paris 1943). Constructeur d'avions, il créa la ligne aérienne reliant Toulouse à Barcelone (1918), puis à Dakar (1925) et à l'Amérique du Sud (1930).

LATHAM (Hubert), aviateur français (Paris 1883 - Fort-Archambault 1912). Pilote de l'*Antoinette,* il échoua dans la traversée de la Manche (1909) mais atteignit le premier l'altitude de 1 000 m (1910).

LATIMER (Hugh), évêque de Worcester (Thurcaston v. 1490 - Oxford 1555). Passé à la Réforme, il devint chapelain d'Henri VIII, fut disgracié en 1539 et brûlé sous Marie Tudor.

LATINA, v. d'Italie (Latium), ch.-l. de prov., dans les anc. marais Pontins ; 105 543 h.

LATIN DE CONSTANTINOPLE *(Empire),* État fondé en 1204 par les chefs de la quatrième croisade, à la suite de la prise de Constantinople. Rapidement réduit territorialement par les rivalités et les partages, l'Empire fut détruit dès 1261 par Michel VIII Paléologue, qui restaura l'Empire byzantin.

LATINI (Brunetto), érudit et homme politique italien (Florence v. 1220 - *id.* 1294), ami et maître de Dante, auteur d'un *Livre du Trésor,* encyclopédie des connaissances scientifiques de son temps.

LATINS, nom des habitants du *Latium.* Les anciens Latins font partie des peuples indo-européens qui, dans la seconde moitié du IIe millénaire, envahirent l'Italie. Constitués en cités-États réunies en confédérations dont la principale est la *Ligue latine* (Ve-IVe s. av. J.-C.), ils subirent d'abord la domination étrusque (VIe s. av. J.-C.) , puis celle de Rome, qui abolit la *Ligue latine* en 338-335 av. J.-C.

LATINUS, roi légendaire du Latium et héros éponyme des Latins.

LATIUM, région de l'Italie centrale, sur la mer Tyrrhénienne, formée des prov. de Frosinone, Latina, Rieti, Rome et Viterbe ; 17 203 km^2 ; 5 031 230 h. Cap. *Rome.*

LATONE, nom latin de la déesse grecque Léto.

LATOUCHE (Hyacinthe **Thabaud de Latouche,** dit **Henri de**), écrivain français (La Châtre 1785 - Val d'Aulnay 1851), précurseur du journalisme moderne *(Mémoires de Mme Manson)* et éditeur d'André Chénier.

LA TOUR (Georges **de**), peintre français (Vic-sur-Seille 1593 - Lunéville 1652). Maître d'un caravagisme dépouillé, intériorisé, il a laissé des œuvres tantôt diurnes, tantôt nocturnes, religieuses *(Saint Sébastien et sainte Irène,* versions de Berlin et du Louvre ; *la Madeleine* à la veilleuse)* ou de genre (*la Diseuse de bonne aventure,* New York ; *la Femme à la puce,* Nancy).

LA TOUR (Maurice **Quentin de**), pastelliste français (Saint-Quentin 1704 - *id.* 1788), célèbre pour ses portraits pleins de vie.

LA TOUR D'AUVERGNE (Théophile Malo Corret **de**), officier français (Carhaix 1743 - Oberhausen 1800). Illustre combattant des guerres de la Révolution, tué au combat, il fut surnommé le « premier grenadier de France ». Son cœur est aux Invalides, son corps au Panthéon.

LATOUR-DE-CAROL (66760), comm. des Pyrénées-Orientales ; 400 h. Gare internationale.

LA TOUR DU PIN CHAMBLY (René, *marquis* **de**), sociologue français (Arrancy, Aisne, 1834 - Lausanne 1924). Officier, il se consacra, avec Albert de Mun, aux cercles catholiques d'ouvriers et à l'élaboration d'une doctrine sociale chrétienne, d'inspiration corporative.

LA TOUR MAUBOURG (Marie Victor Nicolas **de Fay,** *vicomte,* puis *marquis* **de**) [La Motte-Galaure, Drôme, 1768 - Farcy-lès-Lys, près de Melun, 1850]. Aide de camp de Kléber en Égypte, il fit toutes les campagnes de l'Empire, puis fut ministre de la Guerre de Louis XVIII (1819-1821).

Latran *(accords du)* [11 févr. 1929], accords passés entre le Saint-Siège et le chef du gouvernement italien, Mussolini. Ils établirent la pleine souveraineté du pape sur l'État du Vatican et reconnurent le catholicisme comme religion d'État en Italie (ce dernier principe a été annulé par le concordat de 1984).

Latran *(conciles du),* nom donné à cinq conciles œcuméniques qui se tinrent dans le palais contigu à la basilique du Latran (v. *concile,* partie langue).

Latran *(palais du),* palais de Rome, qui fut pendant dix siècles la résidence des papes ; la *basilique St-Jean-de-Latran* (cathédrale de Rome), près du palais, fut fondée par Constantin et a été plusieurs fois rebâtie.

Pierre **Larousse**

Georges de **La Tour :** *le Tricheur à l'as de carreau* (v. 1635 ?). [Louvre, Paris).]

Le palais du **Latran** (à droite ; reconstruit en 1586 par D. Fontana) et la basilique Saint-Jean (façade principale [1785] par Alessandro Galilei).

LATREILLE (André), prêtre et naturaliste français (Brive-la-Gaillarde 1762 - Paris 1833), un des fondateurs de l'entomologie.

LA TRÉMOILLE (**de**) [-tremuj], famille poitevine, dont les plus importants représentants sont : **Georges** (1382 - Sully-sur-Loire 1446), favori du roi Charles VII, qui le nomma grand chambellan. Il prit part à la Praguerie (1440) ; — **Louis II,** son petit-fils (Thouars 1460 - Pavie 1525), qui fut tué au combat.

LATTAQUIÉ, principal port de Syrie, sur la Méditerranée ; 197 000 h. C'est l'ancienne **Laodicée.**

LATTES (34970), ch.-l. de c. de l'Hérault, près de Montpellier ; 10 223 h. Ce fut un port actif dès 700 av. J.-C. Musée, laboratoire et centre de documentation archéologiques.

LATTRE DE TASSIGNY (Jean-Marie **de**), maréchal de France (Mouilleron-en-Pareds 1889 - Paris 1952). Il commanda la Ire armée française, qu'il mena de la Provence au Rhin et au Danube (1944-45), puis devint haut-commissaire et commandant en chef en Indochine (1950-1952).

LATUDE (Jean Henry **de**), aventurier français (Montagnac, Hérault, 1725 - Paris 1805). À la suite de machinations contre Mme de Pompadour, il fut enfermé dans diverses prisons et, malgré plusieurs évasions, resta prisonnier trente-cinq ans.

LAUBE (Heinrich), écrivain allemand (Sprottau 1806 - Vienne 1884), l'un des chefs de la « Jeune-Allemagne » libérale.

Lauberhorn → ***Wengen.***

LAUBEUF (Maxime), ingénieur français (Poissy 1864 - Cannes 1939). Il réalisa le *Narval,* prototype des submersibles, mis en service en 1904.

LAUD (William), prélat anglais (Reading 1573 - Londres 1645). Évêque de Londres (1628), archevêque de Canterbury (1633), favori de Charles Ier avec Strafford, il persécuta les puritains ; en Écosse, il se heurta à une telle opposition que Charles Ier l'abandonna ; il mourut sur l'échafaud.

LAUE (Max **von**), physicien allemand (Pfaffendorf 1879 - Berlin 1960). Il découvrit en 1912 la diffraction des rayons X par les cristaux, qui permit de déterminer la structure des milieux cristallisés. (Prix Nobel 1914.)

LAUENBURG, anc. duché d'Allemagne, auj. intégré au Schleswig-Holstein. Il appartint au Danemark (1816-1864) puis fut rattaché à la Prusse (1865) après la guerre des Duchés.

LAUGERIE-HAUTE, gisement paléolithique situé près des Eyzies-de-Tayac-Sireuil (Dordogne). Sa séquence stratigraphique a servi de référence pour l'établissement de la chronologie préhistorique en Europe occidentale.

LAUGHTON (Charles), acteur britannique naturalisé américain (Scarborough 1899 - Hollywood 1962). Grand acteur de théâtre, monstre sacré de l'écran (*la Vie privée d'Henry VIII,* de A. Korda, 1933), il réalisa un unique film, ténébreux et onirique, *la Nuit du chasseur* (1955).

LAUNAY (Bernard **Jordan de**), gouverneur de la Bastille (Paris 1740 - *id.* 1789), massacré lors de la prise de la forteresse.

LAURAGAIS, petite région du Languedoc, entre le bas Languedoc et le bassin d'Aquitaine (reliés par le *seuil du Lauragais*).

LAURANA (Francesco), sculpteur croate de l'école italienne (Zadar v. 1420/1430 - Avignon? v. 1502), actif à Naples, en Sicile et en Provence. — L'architecte **Luciano Laurana** (Zadar v. 1420/1425 - Pesaro 1479), qui reconstruisit autour de 1470 le palais d'Urbino, était peut-être son frère.

le maréchal de **Lattre de Tassigny**

François de Montmorency **Laval** (C. François - Séminaire de Québec)

LAURASIE ou **LAURASIA** (la), partie septentrionale de la Pangée qui s'est formée vers la fin du paléozoïque et qui s'est ensuite divisée en Amérique du Nord et en Eurasie.

LAUREL et **HARDY,** acteurs américains (Arthur Stanley **Jefferson, dit Stan Laurel** [Ulverston, Lancashire, 1890 - Santa Monica 1965], et Oliver **Hardy** [Atlanta 1892 - Hollywood 1957]). Ils formèrent à partir de 1926 le tandem comique le plus célèbre de l'histoire du cinéma.

LAURENCIN (Marie), peintre français (Paris 1885 - *id.* 1956). Amie d'Apollinaire et des cubistes, elle est l'auteur de compositions d'une stylisation élégante, d'un coloris suave.

LAURENS (Henri), sculpteur et dessinateur français (Paris 1885 - *id.* 1954). Parti du cubisme, il a soumis les formes du réel à sa conception de l'harmonie plastique (série des *Sirènes,* 1937-1945).

LAURENT *(saint),* martyr (en Espagne v. 210 - Rome 258). Diacre à Rome, il distribua aux pauvres les richesses de l'Église plutôt que de les livrer au préfet, et fut supplicié sur un gril ardent.

LAURENT (Auguste), chimiste français (La Folie, près de Langres, 1807 - Paris 1853). Il fut l'un des pionniers de la théorie atomique et un précurseur de la chimie structurale.

LAURENT (Jacques), écrivain français (Paris 1919). Essayiste, romancier (*les Bêtises,* 1971), il est l'auteur de la série des *Caroline chérie* sous le nom de **Cécil Saint-Laurent.** (Acad. fr.)

LAURENTIDES, ligne de hauteurs du Canada oriental, limitant au sud-est le bouclier canadien. Réserves naturelles. Tourisme.

LAURIER (*sir* Wilfrid), homme politique canadien (Saint-Lin, Québec, 1841 - Ottawa 1919). Chef du parti libéral à partir de 1887, Premier ministre du Canada de 1896 à 1911, il renforça l'autonomie du pays par rapport à la Grande-Bretagne.

LAURION, région montagneuse de l'Attique où, depuis l'Antiquité, on exploite des mines de plomb.

LAURISTON (Jacques **Law,** *marquis* **de**), maréchal de France (Pondichéry 1768 - Paris 1828). Aide de camp de Napoléon en 1800 et 1805, ambassadeur en Russie (1811), prisonnier à Leipzig (1813), il fut nommé maréchal par Louis XVIII et participa à l'expédition d'Espagne (1823).

LAUSANNE, v. de Suisse, ch.-l. du cant. de Vaud, sur le lac Léman ; 128 112 h. *(Lausannois)* [250 000 h. avec les banlieues]. Université. Tribunal fédéral. Siège du C. I. O. Cathédrale du XIIIe s. (porche sculpté des Apôtres) et autres monuments. Musées des Beaux-Arts, de l'Élysée (gravure ; photographie) et Collection de l'Art brut.

Lausanne *(traité de)* [24 juill. 1923], traité conclu entre les Alliés et le gouvernement d'Ankara, qui avait refusé le traité de Sèvres (1920). Il garantit l'intégrité territoriale de la Turquie, à qui fut attribuée la Thrace orientale.

LAUSSEDAT (Aimé), officier et savant français (Moulins 1819 - Paris 1907). On lui doit l'application de la photographie aux levés topographiques.

LAUTARET *(col du),* col des Alpes (2 058 m) qui relie l'Oisans au Briançonnais.

LAUTER (la), riv. sur la frontière franco-allemande, affl. du Rhin (r. g.) ; 82 km.

LAUTERBOURG (67630), ch.-l. de c. du Bas-Rhin, sur la *Lauter ;* 2 378 h. Anc. place forte. Chimie.

LAUTERBRUNNEN, comm. de Suisse (cant. de Berne) ; 3 207 h. Station touristique.

LAUTRÉAMONT (Isidore **Ducasse,** dit **le comte de**), écrivain français (Montevideo 1846 - Paris 1870), considéré par les surréalistes et les critiques contemporains comme un précurseur pour sa violence parodique et pour avoir pris pour sujet de sa création les procédés mêmes de la littérature (*les Chants de Maldoror,* 1869 ; *Poésies,* 1870).

LAUTREC (81440), ch.-l. de c. du Tarn ; 1 544 h. Église des XVe-XVIIIe s.

LAUTREC (Odet **de Foix,** *vicomte* **de**), maréchal de France (1485 - Naples 1528). Gouverneur du Milanais, battu à La Bicoque, il reçut cependant le commandement de l'armée d'Italie en 1527 et mourut au siège de Naples.

LAUZERTE (82110), ch.-l. de c. de Tarn-et-Garonne ; 1 566 h.

LAUZUN (Antonin **Nompar de Caumont La Force,** *duc* **de**), officier français (Lauzun 1633 - Paris 1723). Courtisan ayant joué un rôle aventureux à la cour de Louis XIV, il épousa la duchesse de Montpensier (la Grande Mademoiselle), cousine germaine du roi.

Lauzun *(hôtel),* demeure parisienne construite dans l'île Saint-Louis par Le Vau (1656), aux luxueux décors intérieurs. Elle appartient à la Ville de Paris depuis 1928.

LAVAL (53000), ch.-l. du dép. de la Mayenne, sur la Mayenne, à 274 km à l'ouest de Paris ; 53 479 h. *(Lavallois).* Évêché. Constructions mécaniques et électriques. Vieux-Château des XIIe-XVIe s. (musée : archéologie ; histoire ; collection d'art naïf). Églises romanes et gothiques.

LAVAL, v. du Canada, banlieue nord-ouest de Montréal ; 314 398 h.

LAVAL (François **de Montmorency**), prélat français (Montigny-sur-Avre 1623 - Québec 1708). Vicaire apostolique en Nouvelle-France (1658), il fut à Québec le premier évêque du Canada (1674-1688).

LAVAL (Pierre), homme politique français (Châteldon 1883 - Fresnes 1945). Député socialiste (1914-1919), puis socialiste indépendant, maire d'Aubervilliers (1923-1944), deux fois président du Conseil (1931-32, 1935-36), il mena une politique de rapprochement avec l'Italie et chercha dans la déflation une solution à la crise financière. Ministre d'État et vice-président du Conseil lors de l'établissement du régime de Vichy (juin-juill. 1940), il fut écarté du pouvoir en décembre. Nommé président du Conseil sous la pression des Allemands en avr. 1942, il accentua la politique de collaboration avec l'Allemagne. Condamné à mort en 1945, il fut exécuté.

LA VALETTE (Jean **Parisot de**), grand maître de l'ordre de Malte (1494 - Malte 1568), célèbre par sa défense de Malte contre les Turcs (1565).

LA VALLIÈRE (Louise **de La Baume Le Blanc,** *duchesse* **de**), favorite de Louis XIV (Tours 1644 - Paris 1710). Elle entra au Carmel en 1674, après avoir donné au roi deux enfants légitimés.

LAVAN, île et port pétrolier iraniens du golfe Persique.

LAVANDOU (Le) [83980], comm. du Var ; 5 232 h. Station balnéaire sur la côte des Maures.

LAVARDAC (47230), ch.-l. de c. de Lot-et-Garonne ; 2 466 h.

LAVATER (Johann Kaspar), philosophe, poète et théologien suisse (Zurich 1741 - *id.* 1801), inventeur de la *physiognomonie.*

LA VAULX (*comte* Henry **de**), aéronaute français (Bierville, Seine-Maritime, 1870 - près de Jersey City, New Jersey, 1930). Célèbre par ses ascensions et voyages en ballon, il fonda l'Aéro-Club de France (1898) et la Fédération aéronautique internationale (1906).

LAVAUR (81500), ch.-l. de c. du Tarn, sur l'Agout ; 8 459 h. *(Vauréens).* Anc. cathédrale des XIIIe-XVe s. Musée du pays vaurais.

LAVEDAN (le), région des Pyrénées (haute vallée du gave de Pau).

LAVELANET (09300), ch.-l. de c. de l'Ariège ; 7 860 h. *(Lavelanétiens).* Textile.

LAVELLI (Jorge), metteur en scène de théâtre et d'opéra français d'origine argentine (Buenos Aires 1932). En Argentine, puis en France, il se consacre à la défense du répertoire contemporain (Gombrowicz, Arrabal, Copi). Il a dirigé le Théâtre national de la Colline de 1988 à 1996.

LAVENTIE (62840), ch.-l. de c. du Pas-de-Calais ; 4 426 h.

LAVER (Rodney, dit **Rod**), joueur de tennis australien (Rockhampton 1938), vainqueur en 1962 et 1969 des quatre grands tournois mondiaux (Internationaux de France, de Grande-Bretagne, des États-Unis et d'Australie).

LAVÉRA (13117), écart de la comm. de Martigues (Bouches-du-Rhône), sur le golfe de

Fos. Port pétrolier. Raffinage du pétrole et chimie.

LAVERAN (Alphonse), savant et médecin militaire français (Paris 1845 - *id.* 1922). Il a découvert l'hématozoaire responsable du paludisme. (Prix Nobel 1907.)

LA VÉRENDRYE (Pierre **Gaultier de Varennes de**), explorateur canadien (Trois-Rivières 1685 - Montréal 1749). Il reconnut l'intérieur du continent, et deux de ses fils atteignirent les Rocheuses.

LA VIEUVILLE (Charles, *marquis,* puis *duc* **de**), homme d'État français (Paris 1582 - *id.* 1653). Surintendant des Finances sous Louis XIII, il fut l'adversaire de Richelieu.

LAVIGERIE (Charles), prélat français (Bayonne 1825 - Alger 1892). Évêque de Nancy (1863), archevêque d'Alger (1867) et de Carthage (1884), cardinal (1882), il fonda, en 1868, les Missionnaires d'Afrique, dits « pères blancs ». Il fut, par le toast qu'il prononça à Alger en 1890, l'instrument du ralliement des catholiques français à la République, souhaité par Léon XIII.

LAVINIUM, v. du Latium, dont Énée était regardé comme le fondateur.

LAVISSE (Ernest), historien français (Le Nouvion-en-Thiérache 1842 - Paris 1922). Professeur en Sorbonne (1888), directeur de l'École normale supérieure (1904-1919), il dirigea une vaste *Histoire de France* (1900-1912). [Acad. fr.]

LAVIT (82120), ch.-l. de c. de Tarn-et-Garonne ; 1 619 h.

LAVOISIER (Antoine Laurent **de**), chimiste français (Paris 1743 - *id.* 1794), l'un des créateurs de la chimie moderne. On lui doit la nomenclature chimique, la connaissance de la composition de l'air et de l'eau, la découverte du rôle de l'oxygène dans les combustions et dans la respiration animale, l'énoncé des lois de conservation de la masse et de conservation des éléments. En physique, il effectua les premières mesures calorimétriques. Député suppléant, il fit partie de la commission chargée d'établir le système métrique. Lavoisier fut exécuté avec les fermiers généraux, dont il faisait partie.

LA VRILLIÈRE (Louis **Phélypeaux,** *comte* **de Saint-Florentin** et *marquis* **de**), homme d'État français (Paris 1672 - *id.* 1725), secrétaire du Conseil de régence (1715). — Son fils **Louis** (Paris 1703 - *id.* 1777) lui succéda dans la charge de secrétaire d'État à la maison du roi.

LAVROV (Petr Lavrovitch), théoricien socialiste russe (Melekhovo 1823 - Paris 1900). L'un des principaux représentants du populisme, il participa à la Commune de Paris puis s'établit à Zurich.

LAVROVSKI (Leonid Mikhaïlovitch Ivanov), danseur, chorégraphe et pédagogue soviétique (Saint-Pétersbourg 1905 - Paris 1967). Il a joué un rôle essentiel dans la vie chorégraphique soviétique (théâtres Malyï et Kirov de Leningrad, Bolchoï de Moscou) et signé d'importants ballets (*Roméo et Juliette,* 1940 ; *le Pavot rouge,* 1949 ; *la Fleur de pierre,* 1954).

LAW (John), financier écossais (Édimbourg 1671 - Venise 1729). Venu en France, il fut le créateur de la Compagnie des Indes et organisa en 1716 la Banque générale, banque de dépôt et d'escompte, devenue banque d'émission, qui connut la banqueroute (1720).

Lawfeld *(bataille de)* [2 juill. 1747], victoire remportée à Lawfeld (à l'O. de Maastricht) par le maréchal de Saxe sur le duc de Cumberland, pendant la guerre de la Succession d'Autriche.

LAWRENCE (David Herbert), écrivain britannique (Eastwood 1885 - Vence, France, 1930). Il exalte, dans ses romans, les élans de la nature et l'épanouissement de toutes les facultés humaines, à commencer par la sexualité (*Amants et fils,* 1913 ; *l'Amant de lady Chatterley,* 1928).

LAWRENCE (Ernest Orlando), physicien américain (Canton, Dakota du Sud, 1901 - Palo Alto, Californie, 1958). Prix Nobel en 1939 pour son invention du cyclotron, il mit au point un procédé de séparation de l'uranium 235.

LAWRENCE (*sir* Thomas), peintre britannique (Bristol 1769 - Londres 1830). Élève de Reynolds, il fut nommé premier peintre du roi en 1792. Son brio de portraitiste, d'une intensité parfois romantique, lui valut un immense succès.

LAWRENCE (Thomas Edward), dit **Lawrence d'Arabie,** orientaliste et agent politique britannique (Tremadoc, pays de Galles, 1888 - Clouds Hill, Dorset, 1935). Archéologue passionné par les pays du Proche-Orient, il conçut le projet d'un empire arabe sous influence britannique et anima la révolte des Arabes contre les Turcs (1917-18). Déçu dans ses ambitions, il s'engagea dans la RAF comme simple soldat. Il est l'auteur des *Sept Piliers de la sagesse* (1926).

LAXNESS (Halldór Kiljan **Gudjónsson,** dit), écrivain islandais (Reykjavík 1902). Il est l'auteur de romans sociaux et historiques (*Salka Valka,* 1931-32 ; *la Cloche d'Islande,* 1943-1946). [Prix Nobel 1955.]

LAXOU [laksu ou lasu] (54520), ch.-l. de c. de Meurthe-et-Moselle, banlieue de Nancy ; 16 078 h. *(Laxoviens).*

LAY (le), fl. côtier de la Vendée, qui se jette dans le pertuis Breton ; 125 km.

LAYE (Camara), écrivain guinéen (Kouroussa 1928 - Dakar 1980), auteur du roman *l'Enfant noir* (1953).

LAYON (le), affl. de la Loire (r. g.) ; 90 km. Vignobles sur les coteaux de sa vallée.

LAZARE *(saint),* frère de Marthe et de Marie, ressuscité par Jésus. Une légende en a fait le premier évêque de Marseille.

LAZARSFELD (Paul Felix), sociologue américain d'origine autrichienne (Vienne 1901 - New York 1976). Il s'est surtout intéressé aux problèmes de communication de masse (*Philosophie des sciences sociales,* 1970).

LAZZINI (Joseph), danseur et chorégraphe français (Nice 1926). Aux frontières de l'académisme et d'un modernisme visionnaire, il a donné des œuvres d'une grande originalité (*$E = mc^2$,* 1964 ; *Ecce homo,* 1968).

LÉA ou **LIA,** première épouse de Jacob.

LEACH (Edmund Ronald), anthropologue britannique (Sidmouth, Devon, 1910 - Cambridge 1989). Il est l'auteur d'une théorie fonctionnaliste et dynamique de la structure sociale (*Critique de l'anthropologie,* 1961).

LEAHY (William Daniel), amiral américain (Hampton, Iowa, 1875 - Bethesda, Maryland, 1959). Ambassadeur à Vichy (1940-1942), il fut chef d'état-major particulier de Roosevelt (1942-1945).

LEAKEY (Louis Seymour Bazett), paléontologue britannique (Kabete, Kenya, 1903 - Londres 1972). Ses campagnes de fouilles au Kenya et en Tanzanie ont renouvelé les connaissances sur l'origine de l'homme.

LEAMINGTON, v. de Grande-Bretagne (Warwickshire), sur la *Leam ;* 43 000 h. Station thermale.

LEAN (David), cinéaste britannique (Croydon 1908 - Londres 1991). Auteur notamment de *Brève Rencontre* (1945), il trouva une consécration internationale avec des productions prestigieuses et spectaculaires : *le Pont de la rivière Kwaï* (1957), *Lawrence d'Arabie* (1962), *Docteur Jivago* (1965).

LÉANDRE *(saint),* prélat espagnol (Carthagène début du VIe s. - Séville v. 600). Frère de saint Isidore, évêque de Séville, il convertit les Wisigoths ariens au catholicisme.

LEANG K'AI → *Liang Kai.*

LEAO-NING → *Liaoning.*

LEAO-TONG → *Liaodong.*

LÉAU, en néerl. **Zoutleeuw,** v. de Belgique (Brabant flamand), à l'O. de Saint-Trond ; 7 721 h. Collégiale gothique des XIIIe-XVIe s., conservant de nombreuses œuvres d'art.

LÉAUTAUD (Paul), écrivain français (Paris 1872 - Robinson 1956), auteur d'un *Journal littéraire* (19 vol., 1954-1966).

LÉAUTÉ (Henry), ingénieur français (Belize 1847 - Paris 1916). Ses travaux concernent les transmissions et la régulation du mouvement des machines.

LEAVITT (Henrietta), astronome américaine (Lancaster, Massachusetts, 1868 - Cambridge, Massachusetts, 1921). La relation qu'elle découvrit, en 1912, entre la luminosité des céphéides et leur période de variation d'éclat est à la base d'une méthode d'évaluation des distances des amas stellaires et des galaxies.

LE BAS (Philippe), homme politique français (Frévent, Pas-de-Calais, 1764 - Paris 1794). Député à la Convention, membre du Comité de sûreté générale, ami de Robespierre, il fit preuve d'une grande énergie auprès des armées du Rhin et de Sambre-et-Meuse. Arrêté au 9-Thermidor, il se suicida.

LEBBEKE, comm. de Belgique (Flandre-Orientale) ; 16 708 h.

LEBEAU (Joseph), homme politique belge (Huy 1794 - *id.* 1865). Un des promoteurs de la révolution de 1830, il fut président du Conseil en 1840-41.

LE BEL (Achille), chimiste français (Pechelbronn 1847 - Paris 1930). Créateur, avec Van't Hoff, de la stéréochimie, il est l'auteur de la théorie du carbone tétraédrique.

LEBESGUE (Henri), mathématicien français (Beauvais 1875 - Paris 1941). Il est l'auteur d'une théorie de l'intégration placée dans le cadre d'une théorie de la mesure.

LEBLANC (Maurice), écrivain français (Rouen 1864 - Perpignan 1941). Il créa, dans ses romans policiers, le type du gentleman cambrioleur, Arsène Lupin.

LE BON (Gustave), médecin et sociologue français (Nogent-le-Rotrou 1841 - Paris 1931). Il interprète les comportements collectifs comme le résultat de la juxtaposition des psychologies individuelles (*la Psychologie des foules,* 1895).

LEBON (Philippe), ingénieur français (Brachay, Champagne, 1767 - Paris 1804). Le premier, il utilisa le gaz provenant de la distillation du bois pour l'éclairage et le chauffage (1799).

LEBRET (Louis-Joseph), religieux et économiste français (Le Minihic-sur-Rance 1897 - Paris 1966). Il fonda, à Lyon en 1942, la revue *Économie et humanisme* et se spécialisa dans les problèmes du développement.

LE BRIX (Joseph), officier de marine et aviateur français (Baden, Morbihan, 1899 - Oufa, Bachkirie, 1931). Il réussit, avec Costes, le tour du monde aérien par Rio de Janeiro, San Francisco et Tōkyō (1927-28), et conquit huit records mondiaux en 1931.

LEBRUN (Albert), homme politique français (Mercy-le-Haut, Meurthe-et-Moselle, 1871 - Paris 1950). Plusieurs fois ministre (1911-1920), président du Sénat (1931), puis de la République (1932-1940), il se retira en juill. 1940.

Lavoisier
(Boze - Académie des sciences, Paris)

Lawrence d'Arabie

le maréchal **Leclerc**

J.-M. G. **Le Clézio**

LE BRUN ou **LEBRUN** (Charles), peintre français (Paris 1619 - *id.* 1690). Il étudia à Rome en compagnie de Poussin. Protégé par Colbert et Louis XIV, premier peintre du roi, directeur des Gobelins et chancelier de l'Académie (1663), il présida à la décoration de Versailles et exerça, jusqu'à la mort de Colbert, une quasi-dictature sur les arts.

Charles **Le Brun :** *la Comédie* (v. 1659). Détail du plafond du salon des Muses au château de Vaux-le-Vicomte.

LEBRUN (Charles François), *duc* **de Plaisance,** homme politique français (Saint-Sauveur-Lendelin 1739 - Sainte-Mesme, Yvelines, 1824). Il fut troisième consul après le 18-Brumaire. Architrésorier d'Empire (1804), il créa la Cour des comptes.

LEBRUN (Ponce Denis **Écouchard**), poète français (Paris 1729 - *id.* 1807), auteur d'odes qui lui valurent le surnom de **Pindare.** (Acad. fr.)

LECANUET (Jean), homme politique français (Rouen 1920 - Neuilly-sur-Seine 1993). Président du Mouvement républicain populaire (1963-1965), sa candidature à l'élection présidentielle de 1965 contribua à mettre le général de Gaulle en ballottage. Président (1978-1988) de l'Union pour la démocratie française (U. D. F.), il a été plusieurs fois ministre.

LECCE, v. d'Italie (Pouille), ch.-l. de prov. ; 100 233 h. Édifices d'époque baroque (des années 1650-1730), au décor exubérant.

LECCO, v. d'Italie (Lombardie), sur le *lac de Lecco,* branche du lac de Côme ; 45 859 h.

LECH (le), riv. d'Allemagne et d'Autriche, affl. du Danube (r. dr.) ; 263 km.

LE CHAPELIER (Isaac René Guy), homme politique français (Rennes 1754 - Paris 1794). Député du tiers état, il rapporta la loi (14 juin 1791) qui interdit toute association entre gens de même métier et toute coalition.

LE CHATELIER (Henry), chimiste et métallurgiste français (Paris 1850 - Miribel-les-Échelles, Isère, 1936). Il créa l'analyse thermique et la métallographie microscopique. Il étudia les équilibres physico-chimiques, énonçant le principe qui régit leur stabilité, et s'intéressa à l'organisation scientifique des entreprises.

LÉCHÈRE (La) [73260], comm. de la Savoie ; 1 951 h. Station thermale. Sports d'hiver.

LECH-OBERLECH, station de sports d'hiver (alt. 1 447-2 492 m) d'Autriche (Vorarlberg).

LECLAIR (Jean-Marie), violoniste et compositeur français (Lyon 1697 - Paris 1764). Il domine l'école française de violon au XVIIIe s. (sonates, concertos).

LECLANCHÉ (Georges), ingénieur français (Paris 1839 - *id.* 1882). Il inventa la pile électrique qui porte son nom (1868), utilisant comme électrolyte le chlorure d'ammonium et comme dépolarisant le bioxyde de manganèse.

LECLERC (Charles), général français (Pontoise 1772 - Cap-Français, Saint-Domingue, 1802). Compagnon de Bonaparte, mari de sa sœur Pauline (1797), il commanda l'expédition de Saint-Domingue, où il obtint la soumission de Toussaint-Louverture.

LECLERC (Félix), auteur-compositeur et chanteur canadien (La Tuque 1914 - Saint-Pierre, île d'Orléans, Québec, 1988). Venu à Paris en 1950, il a été l'un des pionniers de la chanson canadienne d'expression française *(Le P'tit Bonheur, Moi mes souliers).*

LECLERC (Philippe **de Hauteclocque,** dit), maréchal de France (Belloy-Saint-Léonard 1902 - près de Colomb-Béchar 1947). Il se distingua au Gabon, au Fezzan et en Tunisie (1940-1943). Débarqué en Normandie (1944), il entra à Paris à la tête de la 2e division blindée, qu'il conduisit jusqu'à Berchtesgaden. Commandant les troupes d'Indochine (1945), inspecteur des troupes d'Afrique du Nord, il périt dans un accident d'avion.

LE CLÉZIO (Jean-Marie Gustave), écrivain français (Nice 1940). Il cherche à traduire dans ses romans la diversité du vivant dans ses manifestations les plus quotidiennes ou les plus insolites, multipliant les recherches d'écriture (*le Procès-Verbal,* 1963 ; *Mydriase,* 1973 ; *Mondo et autres histoires,* 1978 ; *le Chercheur d'or,* 1985 ; *Onitsha,* 1991 ; *la Quarantaine,* 1995).

LÉCLUSE (Charles **de**), botaniste français (Arras 1526 - Leyde 1609). Il introduisit en Europe la pomme de terre, qui eut peu de succès en France, mais fut largement cultivée dans divers pays.

LECOCQ (Charles), compositeur français (Paris 1832 - *id.* 1918), habile auteur d'opérettes (*la Fille de Mme Angot,* 1872 ; *le Petit Duc,* 1878).

LECOMTE DU NOÜY (Pierre), biologiste français (Paris 1883 - New York 1947). Il a proposé la conception d'un temps biologique propre à la substance vivante.

LECONTE DE LISLE (Charles Marie), poète français (Saint-Paul, la Réunion, 1818 - Louveciennes 1894). Adepte d'une poésie impersonnelle (*Poèmes antiques,* 1852 ; *Poèmes barbares,* 1862), il groupa autour de lui les écrivains qui constituèrent l'école parnassienne. (Acad. fr.)

LECOQ DE BOISBAUDRAN (François), chimiste français (Cognac 1838 - Paris 1912). Il isola le gallium et le samarium.

LE CORBUSIER (Charles Édouard **Jeanneret,** dit), architecte, urbaniste, théoricien et peintre français d'origine suisse (La Chaux-de-Fonds 1887 - Roquebrune-Cap-Martin 1965). Formé par sa fréquentation des ateliers de T. Garnier, d'A. Perret et de Behrens, il eut le souci de renouveler l'architecture en fonction de la vie sociale et d'utiliser des volumes simples, articulés selon des plans d'une grande liberté, qui tendent à l'interpénétration des espaces. Il a exprimé ses conceptions, très discutées, dans des revues comme *l'Esprit nouveau* (1920-1925) et dans une vingtaine d'ouvrages qui ont exercé leur influence dans le monde entier (*Vers une architecture,* 1923 ; *la Ville radieuse,* 1935 ; *la Charte d'Athènes,* 1942 ; *le Modulor,* 1950). Il est passé de l'angle droit (villa Savoye à Poissy, 1929 ; « unité d'habitation » de Marseille, 1947) à une expression plus lyrique (chapelle de Ronchamp ou Capitole de Chandigarh, à partir de 1950).

LECOURBE (Claude, *comte*), général français (Besançon 1758 - Belfort 1815). Il se distingua en Allemagne (1796) puis en Suisse contre Souvorov (1799).

LECOUVREUR (Adrienne), actrice française (Damery, près d'Épernay, 1692 - Paris 1730), l'une des premières tragédiennes à s'exprimer de façon naturelle et nuancée.

LECQUES (les), station balnéaire du Var (comm. de Saint-Cyr-sur-Mer).

LECTOURE (32700), ch.-l. de c. du Gers ; 4 543 h. Anc. cap. de l'Armagnac. Église, autref. cathédrale, reconstruite à partir de la fin du XVe s. Musée (archéologie).

LÉDA. *Myth. gr.* Femme de Tyndare. Aimée de Zeus, qui prit la forme d'un cygne pour la séduire, elle eut de lui Castor et Pollux, Hélène et Clytemnestre.

LE DAIN ou **LE DAIM** (Olivier), barbier et confident de Louis XI (Tielt ? - Paris 1484). Ses exactions lui valurent le gibet sous Charles VIII.

LE DANTEC (Félix), biologiste français (Plougastel-Daoulas 1869 - Paris 1917). Partisan convaincu des doctrines de Lamarck, il est l'auteur de la notion d'assimilation fonctionnelle.

LEDE, comm. de Belgique (Flandre-Orientale) ; 17 080 h.

LEDOUX (Claude Nicolas), architecte français (Dormans 1736 - Paris 1806). Son œuvre, dont il reste peu (château de Bénouville, près de Caen, 1768 ; quelques pavillons des barrières de Paris, 1783 et suiv.), est dominée par les salines d'Arc-et-Senans (1775-1779, inachevées) et les plans de la ville qui devait les entourer. Son langage associe répertoire antique, symbolisme des formes géométriques simples et anticipations romantiques.

LEDRU-ROLLIN (Alexandre Auguste **Ledru,** dit), homme politique français (Paris 1807 - Fontenay-aux-Roses 1874). Avocat démocrate, député à partir de 1841, il lança *la Réforme* (1843), organe du radicalisme. Ministre de l'Intérieur en févr. 1848, il dut après les journées de juin céder ses pouvoirs à Cavaignac. Député à l'Assemblée législative (mai 1849), il participa à la journée — dite « du Conservatoire des arts et métiers » — contre l'Assemblée et dut s'exiler jusqu'en 1870.

LÊ DUAN, homme politique vietnamien (Hâu Kiên 1907 - Hanoi 1986). Secrétaire général du Lao Dông (parti communiste nord-vietnamien), il succéda à Hô Chi Minh (1960-1986).

LEDUC (René), ingénieur et constructeur d'avions français (Saint-Germain-lès-Corbeil 1898 - Istres 1968). Il retrouva, entre 1930 et 1937, le principe du statoréacteur, qu'il appliqua à partir de 1947 à plusieurs prototypes.

LÊ DUC THO, homme politique vietnamien (prov. de Nam Ha 1911 - Hanoi 1990). L'un des fondateurs du parti communiste indochinois (1930) et du Viêt-minh (1941), il négocia avec les États-Unis le retrait de leurs troupes (1973). Il refusa le prix Nobel de la paix qui lui avait été attribué en 1973.

LEE (Robert Edward), général américain (Stratford, Virginie, 1807 - Lexington, Virginie, 1870). Chef des armées sudistes pendant la

Le Corbusier : détail intérieur de la villa Savoye (1929-1931), à Poissy (Yvelines).

guerre de Sécession, vainqueur à Richmond (1862), il dut capituler à Appomattox en 1865.

LEEDS, v. de Grande-Bretagne ; 450 000 h. Centre lainier. Confection. Musées.

LEERS (59115), comm. du Nord ; 9 640 h.

LEEUWARDEN, v. des Pays-Bas, ch.-l. de la Frise ; 85 693 h. Monuments des XVIe-XVIIIe s. Musées.

LEEUWENHOEK (Antonie **Van**) → ***Van Leeuwenhoek.***

LEEWARD ISLANDS → ***Sous-le-Vent*** *(îles).*

LEFEBVRE (François Joseph), *duc* **de Dantzig,** maréchal de France (Rouffach 1755 - Paris 1820). Il se distingua à Fleurus (1794), fit capituler Dantzig (1807) et commanda la Vieille Garde (1812-1814). — Sa femme, **Catherine Hubscher,** ancienne blanchisseuse, fut popularisée par Sardou sous le nom de *Madame Sans-Gêne.*

LEFEBVRE (Georges), historien français (Lille 1874 - Boulogne-Billancourt 1959). Il étudia la Révolution française en analysant les structures sociales et les faits économiques qui marquèrent la France rurale (*les Paysans du Nord pendant la Révolution,* 1924).

LEFEBVRE (Henri), philosophe et sociologue français (Hagetmau, Landes, 1901 - Pau 1991). Son œuvre (*Critique de la vie quotidienne,* 1947-1962 ; *le Droit à la ville,* 1973) tente de promouvoir un marxisme humaniste.

LEFEBVRE (Marcel), prélat français (Tourcoing 1905 - Martigny 1991). Archevêque de Dakar en 1948, fondateur du séminaire d'Écône, en Suisse (1971), il prit la tête du courant intégriste opposé aux réformes de l'Église catholique depuis le IIe concile du Vatican (1962-1965). En 1988, il fut excommunié pour avoir consacré quatre évêques.

LEFÈVRE (Théo), homme politique belge (Gand 1914 - Woluwe-Saint-Lambert 1973). Président du parti social-chrétien (1950-1961), il fut Premier ministre de 1961 à 1965.

LEFÈVRE D'ÉTAPLES (Jacques), humaniste et théologien français (Étaples v. 1450 - Nérac 1536). Il fut la cheville ouvrière, avec Briçonnet, du « cénacle de Meaux ». Sa traduction et ses commentaires de la Bible le firent soupçonner de favoriser les idées de la Réforme.

LEFFRINCKOUCKE (59240), comm. du Nord ; 4 659 h. Métallurgie.

LEFOREST [-rɛ] (62790), ch.-l. de c. du Pas-de-Calais ; 7 219 h.

LE GAC (Jean), peintre français (Tamaris, près d'Alès, 1936). À la fois conceptuelle et narrative, sa démarche offre une réflexion sur les processus de la création, sujet, depuis 1971, de séries (photos, textes « distanciés », grands dessins en couleurs) consacrées au « Peintre ».

LEGÉ (44650), ch.-l. de c. de la Loire-Atlantique ; 3 561 h.

LÈGE-CAP-FERRET (33950), comm. de la Gironde ; 5 578 h. (V. *Cap-Ferret.*)

Légende des siècles (la), recueil de poèmes de Victor Hugo publié en trois séries (1859, 1877, 1883). C'est une épopée évoquant l'évolution de l'humanité.

Légende dorée (la), nom donné au XVe s. au recueil de vies de saints composé par Jacques de Voragine au XIIIe s.

LEGENDRE (Adrien Marie), mathématicien français (Paris 1752 - *id.* 1833), auteur de nombreux travaux en théorie des nombres et d'une classification des intégrales elliptiques.

LEGENDRE (Louis), homme politique français (Versailles 1752 - Paris 1797). Boucher à Paris, député montagnard à la Convention (1792), il fut l'un des chefs de la réaction thermidorienne.

LÉGER *(saint),* évêque d'Autun (Neustrie v. 616 - Sarcinium, auj. Saint-Léger, Pas-de-Calais, v. 677). Il fut assassiné par le maire du palais Ébroïn.

LÉGER (Fernand), peintre français (Argentan 1881 - Gif-sur-Yvette 1955). Après avoir pratiqué une forme de cubisme (*la Noce,* 1910, M. N. A. M.), il a élaboré un langage essentiellement plastique fondé sur le dynamisme de la vie moderne (*les Disques,* 1918, M. A. M. de la Ville de Paris), sur les contrastes de formes et de signification (*la Joconde aux clés,* 1930, musée national F.-Léger, Biot), pour réintégrer finalement les valeurs morales et sociales (*les Loisirs**, 1949 ; *les Constructeurs,* 1950, Biot ; etc.). Il s'est intéressé à la décoration monumentale (mosaïque, vitrail, céramique).

Fernand **Léger** : *les Disques* (1918).
[Musée d'Art moderne de la Ville de Paris.]

Légion d'honneur *(ordre de la),* ordre national français, institué en 1802 par Bonaparte en récompense de services militaires et civils. Cinq classes : grand-croix, grand officier, commandeur, officier, chevalier. Ruban rouge. La discipline de l'ordre est régie par une grande chancellerie.

Légion des volontaires français contre le bolchevisme (L. V. F.), organisation militaire fondée en 1941 et rassemblant des Français volontaires pour combattre sur le front russe, dans les rangs et sous l'uniforme de la Wehrmacht.

législative *(Assemblée),* assemblée qui succéda à la Constituante le 1er oct. 1791 et qui fut remplacée par la Convention le 21 sept. 1792. (V. ***Révolution française.***)

LEGNANO, v. d'Italie (Lombardie) ; 50 068 h.

LEGNICA, v. de Pologne, ch.-l. de voïévodie, en basse Silésie ; 106 100 h.

LE GOFF (Jacques), historien français (Toulon 1924). C'est un spécialiste de l'histoire du Moyen Âge (*la Civilisation de l'Occident médiéval,* 1964 ; *Pour un autre Moyen Âge,* 1977 ; *Saint Louis,* 1996).

LEGRENZI (Giovanni), compositeur italien (Clusone 1626 - Venise 1690). Maître de chapelle de St-Marc de Venise, il écrivit beaucoup de sonates et des opéras.

LEGROS (Pierre), sculpteur français (Chartres 1629 - Paris 1714). Il a notamment travaillé pour le parc de Versailles. — Son fils **Pierre II** (Paris 1666 - Rome 1718), également sculpteur, se fixa à Rome, travaillant pour les églises.

LÉGUEVIN (31490), ch.-l. de c. de la Haute-Garonne ; 4 282 h.

LEHÁR (Franz), compositeur austro-hongrois (Komárom 1870 - Bad Ischl 1948), auteur de *la Veuve joyeuse* (1905) et du *Pays du sourire* (1929).

LEHN (Jean-Marie), chimiste français (Rosheim 1939). Professeur au Collège de France depuis 1979, il a partagé, avec D. J. Cram et Ch. J. Pedersen, le prix Nobel de chimie en 1987 pour la synthèse de molécules creuses.

LEIBL (Wilhelm), peintre allemand (Cologne 1844 - Würzburg 1900), un des chefs de l'école réaliste.

LEIBNIZ (Gottfried Wilhelm), philosophe et mathématicien allemand (Leipzig 1646 - Hanovre 1716). Toute son œuvre est écrite en latin ou en français. Il publie *De arte combinatoria* (1666), où il tente de définir une logique et une combinatoire des pensées humaines. Il invente le calcul infinitésimal en 1676, s'initie à la jurisprudence, préconise l'unification de l'Allemagne autour de la Prusse. Pour lui, tout part de Dieu, dont l'existence est parfaitement démontrable. C'est Dieu qui conçoit les essences possibles, dites *monades,* et leurs combinaisons ; ces dernières constituent l'harmonie du monde, qui est préétablie, et relèvent d'une métamathématique accessible à l'homme (*Nouveaux Essais sur l'entendement humain,* 1704 ; *Essais de théodicées,* 1710 ; *Monadologie,* 1714).

LEIBOWITZ (René), compositeur polonais naturalisé français (Varsovie 1913 - Paris 1972). Il a joué un rôle important pour la connaissance, en France, de la musique dodécaphonique (*Introduction à la musique de douze sons,* 1949).

LEICESTER, v. de Grande-Bretagne, ch.-l. du comté du même nom ; 270 600 h. Industries mécaniques et chimiques. Vestiges romains et monuments médiévaux.

LEICESTER *(comte* **de**) → ***Montfort*** *(Simon de).*

LEICESTER (Robert **Dudley,** *comte* **de**) → ***Dudley.***

LEINE (la), riv. d'Allemagne, affl. de l'Aller (r. g.) ; 281 km. Elle passe à Hanovre.

LEINSTER, prov. orientale de la République d'Irlande ; 1 860 037 h. V. pr. *Dublin.*

LEIPZIG, v. d'Allemagne (Saxe), sur l'Elster blanche ; 530 010 h. Université. Foire internationale. Centre industriel. Monuments anciens et musées.

Leipzig *(bataille de)* [16-19 oct. 1813], défaite de Napoléon devant les Russes, les Autrichiens, les Prussiens, auxquels s'était joint Bernadotte, dite « bataille des Nations ».

LEIRIS (Michel), écrivain et ethnologue français (Paris 1901 - Saint-Hilaire, Essonne, 1990). Il fut membre du groupe surréaliste. L'exploration ethnographique fut surtout pour lui un moyen de partir à la recherche de lui-même (*l'Afrique fantôme,* 1934 ; *l'Âge d'homme,* 1939 ; *Biffures,* 1948 ; *Fourbis,* 1955 ; *Fibrilles,* 1966 ; *Frêle Bruit,* 1976).

LEITHA (la), riv. qui divisait l'Autriche-Hongrie en *Cisleithanie* et en *Transleithanie.* Elle se jette dans le Danube (r. dr.) ; 180 km.

LE JEUNE (Claude), compositeur français (Valenciennes v. 1530 - Paris 1600), auteur de motets, de psaumes et de chansons polyphoniques, dont certaines écrites suivant les lois de la « musique mesurée » (*le Printemps,* 1603).

LEJEUNE (Jérôme), médecin français (Montrouge 1926 - Paris 1994). Il a découvert que le mongolisme est dû à la trisomie 21 (présence d'un chromosome 21 surnuméraire).

LEK (le), branche septentrionale du Rhin inférieur, aux Pays-Bas.

LEKAIN (Henri Louis **Cain,** dit), acteur français (Paris 1729 - *id.* 1778). Interprète favori de Voltaire, il introduisit plus de naturel dans la déclamation et la mise en scène.

LEKEU (Guillaume), compositeur belge (Heusy 1870 - Angers 1894), auteur de musique de chambre et symphonique.

LELOUCH (Claude), cinéaste français (Paris 1937). Auteur prolifique et populaire, il a réalisé notamment *Un homme et une femme* (1966), *le Voyou* (1976), *les Uns et les Autres* (1981), *Itinéraire d'un enfant gâté* (1988), *Il y a des jours... et des lunes* (1990), *les Misérables du XXe siècle* (1995).

LELY (Pieter **Van der Faes,** dit **sir Peter**), peintre anglais d'origine néerlandaise (Soest, Westphalie, 1618 - Londres 1680). Fixé à Londres en 1641, il succéda à Van Dyck en tant que portraitiste de la Cour.

LELYSTAD, ch.-l. de la province néerlandaise de Flevoland ; 61 000 h.

Leibniz
(gravure de J.F. Bause)

Lénine
(en 1920)

LEMAIRE de Belges (Jean), poète et chroniqueur d'expression française (Belges, auj. Bavay, 1473 - v. 1515). Sa poésie (*la Couronne margaritique*, 1504 ; *Épîtres de l'amant vert*, 1505) marque la transition entre les grands rhétoriqueurs et la Pléiade.

LEMAISTRE (Isaac), dit **Lemaistre de Sacy**, écrivain français (Paris 1613 - Pomponne 1684). Il fut le directeur spirituel des religieuses de Port-Royal. Sa traduction française de la Vulgate eut un grand succès jusqu'au XIXe s.

LEMAÎTRE (Antoine Louis Prosper, dit **Frédérick**), acteur français (Le Havre 1800 - Paris 1876). Révélé par son rôle de Robert Macaire dans *l'Auberge des Adrets*, il triompha dans le mélodrame et le drame romantique.

LEMAÎTRE (Mgr Georges), astrophysicien et mathématicien belge (Charleroi 1894 - Louvain 1966). Auteur d'un modèle relativiste d'Univers en expansion (1927), il formula ensuite la première théorie cosmologique selon laquelle l'Univers, primitivement très dense, serait entré en expansion à la suite d'une explosion (1931).

LEMAN (Gérard), général belge (Liège 1851 - *id.* 1920). Il défendit Liège en 1914.

LÉMAN *(lac)*, lac d'Europe, au nord des Alpes de Savoie, traversé par le Rhône. Situé à 375 m d'altitude, long de 72 km, il a une superficie de 582 km² (348 km² en Suisse). La rive sud est française ; la rive nord, suisse. — On donne parfois le nom de *lac de Genève* à la partie du lac proche de cette ville.

LE MAY (Pamphile), écrivain canadien d'expression française (Lotbinière, Québec, 1837 - Saint-Jean-Deschaillons 1918), auteur de poèmes rustiques *(les Gouttelettes)* et de contes.

LEMBERG → ***Lvov.***

LEMDIYYA, anc. **Médéa**, v. d'Algérie, ch.-l. de wilaya ; 72 000 h.

LEMELIN (Roger), écrivain canadien d'expression française (Québec 1919), peintre satirique du Canada *(les Plouffe)*.

LEMERCIER (Jacques), architecte français (Pontoise v. 1585 - Paris 1654). Strictement classique, il a notamment construit le pavillon de l'Horloge au Louvre, la chapelle de la Sorbonne, la ville et l'ancien château de Richelieu.

LEMERCIER (Népomucène), écrivain français (Paris 1771 - *id.* 1840). Il orienta la tragédie vers les sujets nationaux. (Acad. fr.)

LÉMERY (Nicolas), apothicaire et chimiste français (Rouen 1645 - Paris 1715). Il s'est particulièrement occupé des sels extraits des végétaux et des poisons.

LEMIRE (Jules), ecclésiastique français (Vieux-Berquin 1853 - Hazebrouck 1928). Prêtre (1878), porte-parole de la démocratie chrétienne, il fut député d'Hazebrouck à partir de 1893.

LEMNOS ou **LÍMNOS**, île grecque de la mer Égée ; 476 km² ; 23 000 h. Ch.-l. *Kástro.*

LEMOINE (Jean), cardinal français (Crécy-en-Ponthieu v. 1250 - Avignon 1313). Le collège parisien auquel il donna son nom disparut en 1793.

LEMOND (Greg), coureur cycliste américain (Lakewood 1960), double champion du monde sur route (1983, 1989) et triple vainqueur du Tour de France (1986, 1989 et 1990).

LEMONNIER (Camille), écrivain belge d'expression française (Ixelles 1844 - Bruxelles 1913), auteur de romans naturalistes (*Happechair,* 1886).

LÉMOVICES, peuple gaulois établi dans le *Limousin* actuel.

LEMOYNE, famille de sculpteurs français, dont le plus connu est **Jean-Baptiste II** (Paris 1704 - *id.* 1778). Artiste officiel, de style rocaille, il est l'auteur de bustes d'une remarquable vivacité.

LEMOYNE (François), peintre français (Paris 1688 - *id.* 1737). Il donna à la grande décoration française un style plus lumineux, plus frémissant (plafond du salon d'Hercule, à Versailles, 1733-1736) et fut le maître de Boucher et de Natoire.

LE MOYNE DE BIENVILLE (Jean-Baptiste), administrateur français (Ville-Marie, auj. Montréal, 1680 - Paris 1767). Il joua un rôle important dans le développement de la Louisiane, dont il fut plusieurs fois gouverneur.

LE MOYNE D'IBERVILLE (Pierre), marin et explorateur français (Ville-Marie, auj. Montréal, 1661 - La Havane 1706), frère du précédent. Il combattit les Anglais au Canada et à Terre-Neuve (1686-1697), puis fonda la colonie de la Louisiane (1698).

LEMPDES (63370), comm. du Puy-de-Dôme, banlieue de Clermont-Ferrand ; 9 257 h.

LENA (la), fl. de Sibérie, tributaire de l'océan Arctique (mer des Laptev) ; 4 270 km (bassin de 2 490 000 km²).

LE NAIN, nom de trois frères, **Antoine** (m. en 1648), **Louis** (m. en 1648) et **Mathieu** (m. en 1677), peintres français nés à Laon, installés à Paris vers 1629. Malgré des différences évidentes de « mains », les historiens d'art ne sont pas parvenus à répartir entre chacun des trois frères les quelque soixante tableaux qui leur sont attribués avec certitude. Il s'agit d'œuvres mythologiques ou religieuses (*Nativité de la Vierge,* Notre-Dame de Paris), de scènes de genre (*la Tabagie,* 1643, Louvre), de portraits et surtout de scènes de la vie paysanne qui représentent un sommet du réalisme français (*la Famille* de paysans,* Louvre).

Les **Le Nain** :
Paysans dans un paysage (1642).
[National Gallery, Washington.]

LE NAIN DE TILLEMONT (Louis Sébastien), historien français (Paris 1637 - *id.* 1698). Élève des solitaires de Port-Royal, il est l'auteur de *Mémoires pour servir à l'histoire ecclésiastique des six premiers siècles* (1693-1712).

LENARD (Philipp), physicien allemand (Presbourg 1862 - Messelhausen 1947), prix Nobel en 1905 pour ses travaux sur les rayons cathodiques et l'effet photoélectrique.

LENAU (Nikolaus), poète autrichien (Csátad, près de Timişoara, 1802 - Oberdöbling 1850), auteur de poésies élégiaques *(Chants des joncs)* et d'un poème dramatique où il fait de Faust un héros révolté.

LENCLOÎTRE (86140), ch.-l. de c. de la Vienne ; 2 229 h. Anc. abbatiale des XIIe et XVe s.

LENCLOS (Anne, dite **Ninon de**), femme de lettres française (Paris 1616 - *id.* 1705). Son salon fut fréquenté par les libres penseurs.

LENDL (Ivan), joueur de tennis américain, d'origine tchèque (Ostrava 1960), vainqueur à Roland-Garros (1984, 1986, 1987), à Flushing Meadow (1985, 1986, 1987) et aux Internationaux d'Australie (1989, 1990).

LENGLEN (Suzanne), joueuse de tennis française (Paris 1899 - *id.* 1938), notamment six fois vainqueur à Wimbledon (1919 à 1923, 1925) et à Paris (1920 à 1923, 1925 et 1926).

LENINABAD → ***Khodjent.***

LENINAKAN → ***Gumri.***

LÉNINE (Vladimir Ilitch **Oulianov,** dit), homme politique russe (Simbirsk 1870 - Gorki 1924). Il adhère dès 1888 à un cercle marxiste, passe trois ans en déportation en Sibérie (1897-1900) puis gagne la Suisse, où il fonde le journal *Iskra* et expose dans *Que faire ?* (1902) sa conception centralisée du parti révolutionnaire. Celle-ci l'emporte au IIe Congrès du P. O. S. D. R. (1903) et les partisans de Lénine forment désormais la fraction bolchevique du parti, opposée à sa fraction menchevique. Fixé un temps à Paris (1908-1911), puis à Cracovie, il retourne en Suisse en 1914 et trace aux révolutionnaires russes leur objectif : combattre la guerre et la transformer en révolution. En avr. 1917, il traverse l'Allemagne et rentre à Petrograd, où il impose ses vues au P. O. S. D. R. et aux soviets, et dirige l'insurrection d'octobre. Président du Conseil des commissaires du peuple (oct.-nov. 1917-1924), il fait signer avec l'Allemagne la paix de Brest-Litovsk et songe à l'extension internationale du mouvement révolutionnaire, créant l'Internationale communiste (1919). Mais la guerre civile en Russie et l'échec des mouvements révolutionnaires en Europe l'amènent à se consacrer à la construction du socialisme dans l'U. R. S. S., qu'il fonde en 1922. Après la période du « communisme de guerre » (1918-1921), il adopte, devant les difficultés économiques et les résistances intérieures, la Nouvelle Politique économique, ou « N.E.P. ». En 1922, Lénine est frappé d'hémiplégie. Homme d'action, il a été aussi un théoricien (*Matérialisme et empiriocriticisme,* 1909 ; *l'Impérialisme, stade suprême du capitalisme,* 1916 ; *l'État et la Révolution,* 1917 ; *la Maladie infantile du communisme, le « gauchisme »,* 1920).

Lénine *(ordre de),* ordre russe. Créé en 1930, il a été le plus élevé des ordres civils et militaires soviétiques.

Lénine *(prix),* prix fondés par le gouvernement soviétique (1957) pour remplacer les prix Staline, destinés à récompenser savants, artistes et écrivains de l'U. R. S. S.

LENINGRAD → ***Saint-Pétersbourg.***

LENINSK-KOUZNETSKI, v. de Russie, dans le Kouzbass ; 165 000 h. Centre minier et métallurgique.

LENOIR (Alexandre), archéologue français (Paris 1761 - *id.* 1839). Il collecta et préserva nombre de sculptures et de monuments funéraires pendant la Révolution, créant un premier « musée des Monuments français ».

LENOIR (Étienne), ingénieur français d'origine wallonne (Mussy-la-Ville, Luxembourg, 1822 - La Varenne-Saint-Hilaire 1900). On lui doit la réalisation pratique, à partir de 1860, des premiers moteurs à combustion interne.

LENOIR-DUFRESNE (Joseph), industriel français (Alençon 1768 - Paris 1806). Avec F. Richard, il introduisit en France la filature du coton au moyen de la *mule-jenny,* connue alors seulement en Angleterre.

LE NÔTRE (André), dessinateur de jardins et architecte français (Paris 1613 - *id.* 1700). Caractéristiques de ses travaux, le schéma géométrique, les vastes perspectives, l'usage des plans et jeux d'eau ainsi que des statues créèrent le cadre imposant du Grand Siècle et firent la célébrité du jardin* « à la française » (Vaux-le-Vicomte, Versailles, Sceaux, etc.).

LENS [lɑ̃s] (62300), ch.-l. d'arr. du Pas-de-Calais ; 35 278 h. *(Lensois) ;* l'agglomération compte plus de 320 000 h. Métallurgie. Victoire de Condé, qui amena la paix de Westphalie (20 août 1648).

LENZ (Heinrich), physicien russe (Dorpat 1804 - Rome 1865), auteur, en 1833, de la loi qui donne le sens des courants induits.

LENZ (Jakob Michael Reinhold), écrivain allemand (Sesswegen 1751 - Moscou 1792). Il fut par ses drames l'un des principaux représentants du Sturm* und Drang *(le Précepteur, les Soldats).*

LEOBEN, v. d'Autriche (Styrie), dans la haute vallée de la Mur ; 32 000 h. Les préliminaires du traité de Campoformio y furent signés en 1797.

LÉOCHARÈS, sculpteur athénien (IVe s. av. J.-C.). Son travail, avec Scopas, au mausolée d'Halicarnasse est significatif du dynamisme de la sculpture du IVe s.

LÉOGNAN (33850), comm. de la Gironde ; 8 081 h. Vins.

LEÓN, région du nord-ouest de l'Espagne, conquise aux IXe-Xe s. par les rois des Asturies, qui prirent le titre de rois de León (914), et réunie définitivement à la Castille en 1230. Elle appartient aujourd'hui à la communauté autonome de *Castille-León.*

LEÓN, v. d'Espagne (Castille-León), ch.-l. de prov. ; 144 021 h. Monuments du Moyen Âge (basilique S. Isidoro, romane, des XIe-XIIe s. ; cathédrale gothique) et de la Renaissance.

LEÓN, v. du Mexique central ; 875 453 h. Métallurgie.

LEÓN, v. du Nicaragua ; 91 000 h.

LÉON (le), région de l'extrémité nord-ouest de la Bretagne (Finistère). Cultures maraîchères. (Hab. *Léonards.*)

LÉON Ier *(saint),* dit **le Grand** (Volterra ? - Rome 461), pape de 440 à 461. En 452, il persuada Attila d'évacuer l'Italie, mais ne put, en 455, empêcher le sac de Rome par les Vandales de Geiséric. Au concile de Chalcédoine (451), il obtint la condamnation de l'hérésie monophysite. Il est l'auteur du premier missel. — **Léon III** *(saint)* [Rome v. 750 - *id.* 816], pape de 795 à 816. Il couronna Charlemagne empereur d'Occident le 25 déc. 800. — **Léon IX** *(saint)* [Bruno **d'Eguisheim-Dagsburg**] (Eguisheim, Alsace, 1002 - Rome 1054), pape de 1049 à 1054. En excommuniant le patriarche Keroularios, il donna un caractère définitif au schisme de l'Église orthodoxe. Ami d'Hildebrand, c'est un des précurseurs de la réforme de l'Église. Il jeta aussi les premières bases du droit canonique. — **Léon X** (Jean **de Médicis**) [Florence 1475 - Rome 1521], pape de 1513 à 1521. Admirateur des chefs-d'œuvre de l'Antiquité, il protégea les arts, les lettres et les sciences. Prince fastueux, pratiquant le népotisme, il clôtura le Ve concile du Latran par des mesures de détail, l'année où se déclencha le schisme de Luther (1517) ; il condamna ce dernier par la bulle *Exsurge Domine* (1520). Il signa avec François Ier le concordat de 1516. — **Léon XIII** (Vincenzo Gioacchino **Pecci**) [Carpineto Romano 1810 - Rome 1903], pape de 1878 à 1903. Il préconisa en France le ralliement à la République (1892) et, dans une série d'encycliques sur la société moderne, encouragea le catholicisme social et la pénétration religieuse du monde ouvrier (*Rerum novarum,* 15 mai 1891). On lui doit aussi le renouveau des études exégétiques, historiques et théologiques (néothomisme).

LÉON Ier, empereur byzantin (457-474). Il fut le premier empereur couronné par le patriarche de Constantinople. — **Léon III l'Isaurien** (Germaniceia, Commagène, v. 675 - Constantinople 741), empereur byzantin (717-741). Il rétablit la situation de l'Empire en battant les Arabes (717-18). Il se montra résolument iconoclaste. — **Léon IV le Khazar** (v. 750-780), empereur byzantin (775-780). Il combattit les Arabes en Syrie et en Anatolie. — **Léon V l'Arménien** (m. en 820), empereur byzantin (813-820). Il sauva Constantinople de l'assaut bulgare. — **Léon VI le Philosophe** (866-912), empereur byzantin (886-912). Il publia les *Basiliques,* œuvre législative commencée par Basile.

LÉON l'Africain, géographe arabe (Grenade v. 1483 - Tunis v. 1552), auteur d'une *Description de l'Afrique* (1550).

LÉONARD de Noblat *(saint),* ermite (m. v. 559). Seigneur franc de la cour de Clovis, il se convertit au catholicisme, se retira à Noblat, en Limousin, où le monastère qu'il fonda devint bientôt un lieu de pèlerinage.

LÉONARD (Nicolas Germain), écrivain français (Basse-Terre, Guadeloupe, 1744 - Nantes 1793), auteur d'élégies et de romans sentimentaux.

LÉONARD de Vinci, peintre, sculpteur, architecte, ingénieur et savant italien (Vinci, près de Florence, 1452 - château de Cloux, auj. Clos-Lucé, près d'Amboise, 1519). Il vécut surtout à Florence et à Milan, avant de partir pour la France, en 1516, à l'invitation de François Ier. Il est d'abord célèbre comme peintre, auteur de *la Joconde**, de *la Vierge** *aux rochers,* de *la Cène* (Milan), de *la Vierge, l'Enfant Jésus et sainte Anne* (Louvre), etc. Mais ce grand initiateur de la seconde Renaissance s'intéressa à toutes les branches de l'art et de la science, ainsi qu'en témoignent ses écrits et ses étonnants carnets de dessins.

Léonard de Vinci : *Jeune Homme et Vieillard.* Étude à la sanguine.
(Cabinet des dessins, Florence.)

LEONCAVALLO (Ruggero), compositeur italien (Naples 1858 - Montecatini 1919). Représentant du vérisme, il est l'auteur de *Paillasse* (1892).

LEONE (Sergio), cinéaste italien (Rome 1929 - *id.* 1989), spécialiste du « western-spaghetti » (*Il était une fois dans l'Ouest,* 1968).

LEONHARDT (Gustav), claveciniste, organiste et chef d'orchestre néerlandais (s'-Graveland 1928). Fondateur du Leonhardt Consort (1955), spécialiste de J. S. Bach, il a profondément renouvelé l'approche musicologique et l'interprétation de la musique baroque et préclassique.

LEONI (Leone), sculpteur, bronzier et médailleur italien (Menaggio, près de Côme, 1509 - Milan 1590). Il travailla pour Charles Quint et exécuta le mausolée de Jean-Jacques de Médicis à la cathédrale de Milan, inspiré de Michel-Ange. — Son fils **Pompeo** (Pavie v. 1533 - Madrid 1608) est l'auteur des magistrales statues en bronze doré des tombeaux de l'Escurial.

LÉONIDAS (m. aux Thermopyles en 480 av. J.-C.), roi de Sparte de 490 à 480, héros des Thermopyles, qu'il défendit contre les Perses et où il périt avec 300 hoplites.

LEONOV (Alekseï Arkhipovitch), cosmonaute russe (Listvianka, région de Novossibirsk, 1934). Il est le premier homme à avoir effectué une sortie en scaphandre dans l'espace (le 18 mars 1965).

LEONOV (Leonid Maksimovitch), écrivain russe (Moscou 1899 - *id.* 1994), auteur de romans qui peignent la société issue de la révolution *(les Blaireaux, la Forêt russe).*

LEONTIEF (Wassily), économiste américain d'origine russe (Saint-Pétersbourg 1906). Ses travaux, consacrés en particulier aux relations interindustrielles, lui valurent, en 1973, le prix Nobel.

LEOPARDI (Giacomo, *comte*), écrivain italien (Recanati, Marches, 1798 - Naples 1837). Il passa des rêves d'héroïsme (*À l'Italie,* 1818) à l'expression de la douleur et de l'angoisse (*Chant nocturne,* 1831 ; *le Genêt,* 1836).

EMPEREURS

LÉOPOLD Ier (Vienne 1640 - *id.* 1705), roi de Hongrie (1655-1705), archiduc d'Autriche et empereur (1658-1705), roi de Bohême (1656-1705). Il accepta la paix de Nimègue (1679), entra dans la ligue d'Augsbourg (1686), signa le traité de Ryswick (1697), obtint des Ottomans l'abandon de la Hongrie (traité de Karlowitz, 1699) et engagea l'Empire dans la guerre de la Succession d'Espagne. — **Léopold II** (Vienne 1747 - *id.* 1792), empereur, archiduc d'Autriche, roi de Bohême et de Hongrie (1790-1792), fils de François Ier et de Marie-Thérèse. Frère de Marie-Antoinette, il publia avec Frédéric-Guillaume II, roi de Prusse, la déclaration de Pillnitz (1791) mais mourut avant le début des hostilités contre la France révolutionnaire.

BELGIQUE

LÉOPOLD Ier (Cobourg 1790 - Laeken 1865), roi des Belges (1831-1865), fils de François de Saxe-Cobourg. Il fut appelé au trône de Belgique aussitôt après l'indépendance reconnue de ce pays (1831). Tout en renforçant l'amitié des Belges avec la France — il épousa en 1832 Louise d'Orléans, fille de Louis-Philippe —, il s'employa à maintenir le royaume dans la neutralité. À l'intérieur, il laissa la monarchie constitutionnelle évoluer vers la monarchie parlementaire. — **Léopold II** (Bruxelles 1835 - Laeken 1909), roi des Belges (1865-1909), fils du précédent. Il fit reconnaître en 1885 comme étant sa propriété personnelle l'État indépendant du Congo, qu'il céda en 1908 à la Belgique. — **Léopold III** (Bruxelles 1901 - *id.* 1983), roi des Belges (1934-1951), fils d'Albert Ier. L'ordre qu'il donna à l'armée, le 28 mai 1940, de déposer les armes ouvrit une interminable controverse. Déporté en Allemagne (1944-45), il se retira en Suisse et il dut, malgré un plébiscite favorable à son retour, déléguer en 1950 ses pouvoirs royaux à son fils Baudouin et abdiquer en 1951.

Léopold *(ordre de),* ordre belge créé en 1832.

LEOPOLDSBURG → ***Bourg-Léopold.***

LÉOPOLDVILLE → ***Kinshasa.***

LÉOVIGILD ou **LIUVIGILD** (m. à Tolède en 586), roi wisigoth (567 ou 568-586). Il a été l'unificateur du territoire espagnol.

Lépante *(bataille de)* [7 oct. 1571], bataille navale que don Juan d'Autriche remporta sur les Turcs près de Lépante (auj. **Naupacte**).

LEPAUTE (Jean André), horloger français (Mogues, Ardennes, 1720 - Saint-Cloud 1787 ou 1789). Il construisit des pendules de précision pour la plupart des observatoires d'Europe et inventa l'échappement à chevilles.

LEPAUTRE, artistes parisiens des XVIIe et XVIIIe s. **Antoine** (1621-1691), architecte et graveur, construisit à Paris la chapelle du couvent (auj. hôpital) de Port-Royal et l'hôtel de Beauvais. — Son frère **Jean** (1618-1682), graveur, publia des recueils de modèles d'ornements qui font de lui un des créateurs du style Louis XIV. — **Pierre** (1660-1744), sans doute fils du précédent, sculpteur, est l'auteur de l'*Énée et Anchise* du jardin des Tuileries.

LE PELETIER DE SAINT-FARGEAU (Louis Michel), homme politique français (Paris 1760 - *id.* 1793). Président de l'Assemblée constituante en 1790, puis élu à la Convention (1792), il fut assassiné par un royaliste pour avoir voté la mort de Louis XVI.

LE PEN (Jean-Marie), homme politique français (La Trinité-sur-Mer 1928). Député à l'Assemblée nationale en 1956, de 1958 à 1962 et de 1986 à 1988, il est président du Front national depuis 1972.

LEPÈRE (Auguste), graveur français (Paris 1849 - Domme 1918). Il a rendu un caractère d'art original à la gravure sur bois.

LE PICHON (Xavier), géophysicien français (Qui Nhon, Annam, 1937). Spécialiste de la géodynamique de la croûte terrestre, il est, dans

Léon XIII

Léopold Ier
de Belgique
(P. Beaufaux - musée royal de l'Armée, Bruxelles)

les années 1960, l'un des promoteurs de la théorie de la tectonique des plaques, qu'il confirme ensuite par l'exploration des fonds océaniques en submersible.

LÉPIDE ou **LEPIDUS** → ***Aemilius Lepidus.***

LÉPINE (Louis), administrateur français (Lyon 1846 - Paris 1933). Préfet de police de 1893 à 1913, il se signala par la création des brigades cyclistes et fluviales ainsi que par l'organisation du *concours Lépine* (1902), destiné à récompenser les créations d'artisans ou d'inventeurs.

LÉPINE (Pierre), médecin français (Lyon 1901 - Paris 1989). Il a mis au point le vaccin français contre la poliomyélite.

LE PLAY (Frédéric), économiste et ingénieur français (La Rivière-Saint-Sauveur, près d'Honfleur, 1806 - Paris 1882). Sa doctrine, fondée sur une méthode d'investigation sociale dite « enquête directe », influença, dans un sens paternaliste, le catholicisme social.

LE PRIEUR (Yves), officier de marine français (Lorient 1885 - Nice 1963). On lui doit de multiples inventions, notamment le premier scaphandre entièrement autonome (1926).

LEPRINCE, peintres verriers français du XVIe s., dont l'atelier était à Beauvais (*Arbre de Jessé* de St-Étienne de Beauvais, v. 1522-1524, par **Engrand** Leprince).

LEPRINCE DE BEAUMONT (Jeanne Marie), femme de lettres française (Rouen 1711 - Chavanod 1780). Elle composa des contes pour la jeunesse *(la Belle et la Bête).*

LEPRINCE-RINGUET (Louis), physicien français (Alès 1901), spécialiste de l'étude des rayons cosmiques. (Acad. fr.)

LEPTIS MAGNA, colonie phénicienne puis romaine de l'Afrique du Nord, ville natale de Septime Sévère. Importantes ruines romaines. (Auj. **Lebda,** à l'est de Tripoli.)

LÉRÉ (18240), ch.-l. de c. du Cher ; 1 172 h.

LERICHE (René), chirurgien français (Roanne 1879 - Cassis 1955). Pionnier de la chirurgie vasculaire, il a fait également des travaux sur la chirurgie du sympathique.

LE RICOLAIS (Robert), ingénieur français (La Roche-sur-Yon 1894 - Paris 1977). À partir d'études sur les cristaux et les radiolaires, il créa dans les années 1940 les premières structures spatiales en architecture.

LÉRIDA, v. d'Espagne (Catalogne), ch.-l. de prov. ; 112 093 h. Majestueuse cathédrale Ancienne, romano-gothique.

LÉRINS *(îles de),* îles de la Méditerranée (Alpes-Maritimes). Les deux principales sont Sainte-Marguerite et Saint-Honorat. Centre monastique et théologique important aux Ve et VIe s., elles conservent aujourd'hui un monastère cistercien en activité.

LERMA (Francisco **de Sandoval y Rojas,** *duc* **de**), homme d'État espagnol (1553 - Tordesillas 1625). Premier ministre du roi d'Espagne Philippe III (1598-1618), il expulsa les Morisques (1609-10).

LERMONTOV (Mikhaïl Iourievitch), poète russe (Moscou 1814 - Piatigorsk 1841). Ses poèmes unissent la tradition des « bylines » à l'inspiration romantique *(le Boyard Orcha, le Démon).* On lui doit aussi un roman d'aventures psychologique, *Un héros de notre temps* (1839-40).

LERNE, marais du Péloponnèse auquel se rattache la légende de l'*Hydre de Lerne.*

LEROI-GOURHAN (André), ethnologue et préhistorien français (Paris 1911 - *id.* 1986). Ses travaux sur l'art préhistorique et celui des peuples sans écriture, associés à l'observation, lors de fouilles archéologiques, des matériaux laissés en place, lui ont permis une approche nouvelle des mentalités préhistoriques (*les Religions de la préhistoire,* 1964 ; *le Geste et la Parole,* 1964-65).

LEROUX (Gaston), journaliste et écrivain français (Paris 1868 - Nice 1927), créateur, dans ses romans policiers, du reporter-détective Rouletabille *(le Mystère de la chambre jaune, le Parfum de la dame en noir).*

LEROUX (Pierre), socialiste français (Paris 1797 - *id.* 1871). Fondateur du *Globe* (1824), organe du saint-simonisme, il rompit avec Enfantin avant de lancer l'*Encyclopédie nouvelle* (1836-1843) et la *Revue indépendante* (1841-1848), imprégnées de déisme et d'évangélisme. Député en 1848 et 1849, il s'exila après le coup d'État du 2 décembre.

LEROY (André Max), zootechnicien français (Le Raincy 1892 - Eaubonne, Val-d'Oise, 1978). Ses travaux sur l'alimentation et la sélection animales ont reçu de nombreuses applications dans l'élevage des animaux domestiques.

LE ROY (Julien), horloger français (Tours 1686 - Paris 1759). Il perfectionna les engrenages et l'échappement à cylindres, et améliora la marche des montres en compensant les variations de température. – Son fils aîné **Pierre** (Paris 1717 - Vitry 1785) contribua à l'essor de la chronométrie de marine.

LE ROY LADURIE (Emmanuel), historien français (Les Moutiers-en-Cinglais, Calvados, 1929). Utilisant des méthodes quantitatives (séries statistiques), il a enrichi « le territoire de l'historien » : *les Paysans de Languedoc* (1966) ; *Histoire du climat depuis l'an mil* (1967) ; *Montaillou, village occitan de 1294 à 1324* (1975).

LESAGE (Alain René), écrivain français (Sarzeau 1668 - Boulogne-sur-Mer 1747), auteur de romans (*le Diable boiteux,* 1707 ; *Gil* Blas de Santillane,* 1715-1735), où il peint avec réalisme les mœurs de son temps, et de comédies (*Crispin rival de son maître,* 1707 ; *Turcaret,* 1709).

LESAGE (Jean), homme politique canadien (Montréal 1912 - Sillery 1980). Premier ministre libéral du Québec de 1960 à 1966, il entreprit de moderniser les structures de la province.

LESBOS ou **MYTILÈNE,** île grecque de la mer Égée, près du littoral turc ; 1 631 km² ; 97 000 h. *(Lesbiens).* Ch.-l. *Mytilène* (25 440 h.). Oliveraies. Aux VIIe-VIe s. av. J.-C., elle fut, avec Alcée et Sappho, la capitale de la poésie lyrique.

LESCAR (64230), ch.-l. de c. des Pyrénées-Atlantiques ; 6 228 h. Anc. cathédrale romane, remaniée au XVIIe s.

LESCOT (Pierre), architecte français (Paris 1515 - *id.* 1578). Il est l'auteur du premier état de l'hôtel Carnavalet, à Paris, et de l'aile sud-ouest de la cour Carrée du Louvre (1547-1559), chef-d'œuvre de la Renaissance classique. Il eut J. Goujon pour collaborateur habituel.

LESDIGUIÈRES (François **de Bonne,** *duc* **de**), connétable de France (Saint-Bonnet-en-Champsaur 1543 - Valence 1626). Chef des huguenots du Dauphiné, il combattit les catholiques, puis le duc de Savoie. Il fut créé maréchal de France (1609), duc (1611) puis connétable (1622) après avoir abjuré le protestantisme.

LÉSIGNY (77150), comm. de Seine-et-Marne ; 7 873 h.

LESNEVEN [lɛsnəvɛ̃] (29260), ch.-l. de c. du Finistère, dans le Léon ; 6 930 h. Église du XVIIIe s.

LESOTHO, anc. **Basutoland,** État de l'Afrique australe, enclavé dans la République d'Afrique du Sud ; 30 355 km² ; 1 800 000 h. CAP. *Maseru.* LANGUES : *anglais* et *sotho.* MONNAIE : *loti.* Créé au XIXe s., le Basutoland, placé sous l'autorité du roi Moshoeshoe Ier, puis devenu protectorat britannique en 1868, acquiert son indépendance en 1966 sous le nom de Lesotho. Mais, dès 1970, le roi Moshoeshoe II perd la réalité du pouvoir au profit du Premier ministre, Joseph Leabua Jonathan. En 1986, Jonathan est renversé. Dès lors, les militaires, qui en 1990 déposent Moshoeshoe II au profit de son fils Letsie III, se succèdent à la tête du pays. En 1993, à l'issue des élections législatives, ils remettent le pouvoir aux civils. En 1995, Moshoeshoe II est rétabli sur le trône, mais il meurt accidentellement en 1996. (V. carte ***Afrique du Sud.***)

LESPARRE-MÉDOC (33340), ch.-l. d'arr. de la Gironde ; 4 730 h. *(Lesparrains).* Vins. Donjon du XIVe s.

LESPINASSE (Julie **de**), femme de lettres française (Lyon 1732 - Paris 1776). Dame de compagnie de Mme du Deffand, elle ouvrit à son tour un salon, où se réunirent les Encyclopédistes.

LESPUGUE (31350), comm. de la Haute-Garonne ; 85 h. Station préhistorique où l'on découvrit une statuette féminine (musée de l'Homme, Paris) en ivoire de mammouth, connue sous le nom de « Vénus de Lespugue » et datée de la fin du gravettien (27000-20000 av. J.-C.).

LESQUIN (59810), comm. du Nord, au sud-est de Lille ; 5 726 h. Aéroport. Appareils ménagers.

LESSAY (50430), ch.-l. de c. de la Manche ; 1 731 h. Anc. abbatiale des XIe-XIIe s., très restaurée. Agroalimentaire.

LESSEPS [lɛsɛps] (Ferdinand, *vicomte* **de**), diplomate français (Versailles 1805 - La Chênaie 1894). Il fit percer le canal de Suez (1869) et commença celui de Panamá sans réussir à mener à bien son entreprise, dont l'échec provoqua le scandale politique et financier de Panamá. (Acad. fr.)

LESSEPS (Jean-Baptiste, *baron* **de**), diplomate français (Sète 1766 - Libourne 1834). Il accompagna La Pérouse (1784-1787) et ramena du Kamtchatka les documents de l'expédition, publiés en 1790. Il assura plusieurs missions diplomatiques, notamm. en Russie.

LESSINES, en néerl. **Lessen,** v. de Belgique (Hainaut) ; 16 076 h.

LESSING (Doris), femme de lettres britannique (Kermānchāh, Iran, 1919). Son théâtre et ses récits analysent les conflits humains et sociaux (*les Enfants de la violence,* 1952-1966 ; *la Terroriste,* 1985) à travers l'expérience des minorités raciales (l'apartheid) ou de la condition féminine (*le Carnet d'or,* 1962).

LESSING (Gotthold Ephraim), écrivain allemand (Kamenz, Saxe, 1729 - Brunswick 1781). Dans ses essais critiques *(la Dramaturgie* de Hambourg, Laocoon),* il condamna l'imitation du classicisme français, auquel il opposait Shakespeare, et proposa une nouvelle esthétique dramatique, qu'il illustra par ses tragédies bourgeoises et philosophiques (*Nathan le Sage,* 1779).

L'ESTOILE (Pierre **de**), chroniqueur français (Paris 1546 - *id.* 1611), auteur de *Mémoires journaux,* notes prises au jour le jour, de 1574 à 1610.

LESTREM (62136), comm. du Pas-de-Calais ; 3 765 h. Agroalimentaire.

LE SUEUR (Eustache), peintre français (Paris 1616 - *id.* 1655). Élève de Vouet, admirateur de Raphaël, il exécuta notamment une suite de la *Vie de saint Bruno* pour la chartreuse de Paris (Louvre) et les décors mythologiques de deux pièces de l'hôtel Lambert, à Paris également (en partie au Louvre).

LE SUEUR (Jean-François), compositeur français (Drucat, près d'Abbeville, 1760 - Paris 1837), auteur d'opéras *(Ossian ou les Bardes)* et de musique religieuse. Il eut Berlioz et Gounod pour élèves.

Léopold II de Belgique (P. Tossyn - musée de la Dynastie, Bruxelles)

Jean **Lesage**

Ferdinand de **Lesseps** (H. Fourau - Compagnie de Suez)

Doris **Lessing**

LESZCZYŃSKI, famille polonaise illustrée notamment par le roi **Stanislas*** et par sa fille **Marie* Leszczyńska.**

LE TELLIER (Michel), *seigneur* **de Chaville,** homme d'État français (Paris 1603 - *id.* 1685). Secrétaire d'État à la Guerre à partir de 1643, il fut nommé chancelier en 1677 ; il signa la révocation de l'édit de Nantes (1685). Avec son fils Louvois, il fut le créateur de l'armée monarchique.

LE TELLIER (Michel), jésuite français (Le Vast, Manche, 1643 - La Flèche 1719). Dernier confesseur de Louis XIV, il obtint du roi la destruction de Port-Royal-des-Champs.

LETHBRIDGE, v. du Canada (Alberta) ; 60 974 h.

LÉTHÉ. *Myth. gr.* Un des fleuves des Enfers, dont les eaux apportaient l'oubli aux âmes des morts.

LÉTO. *Myth. gr.* Mère d'Artémis et d'Apollon, appelée *Latone* par les Romains.

LETTONIE, en letton **Latvija,** État d'Europe, sur la Baltique ; 64 000 km² ; 2 700 000 h. *(Lettons).* CAP. *Riga.* LANGUE : *letton.* MONNAIE : *lats.*

GÉOGRAPHIE

Peuplé d'une faible majorité (52 %) de Lettons de souche et comptant un tiers de Russes, le pays est fortement urbanisé (plus du tiers de la population à Riga) et industrialisé (constructions mécaniques et électriques, sylviculture).

HISTOIRE

Début de l'ère chrétienne : des peuples du groupe finno-ougrien et du groupe balte s'établissent dans la région. Fin du XIIe s. - début du XIIIe s. : les chevaliers Porte-Glaive et Teutoniques conquièrent le pays. 1237-1561 : ayant fusionné pour former l'ordre livonien, ceux-ci le gouvernent et le christianisent. 1561 : la Livonie est annexée par la Pologne, et la Courlande érigée en duché sous suzeraineté polonaise. 1721-1795 : la totalité du pays est intégrée à l'Empire russe. 1918 : la Lettonie proclame son indépendance. 1920 : celle-ci est reconnue par la Russie soviétique au traité de Riga. 1940 : conformément au pacte germano-soviétique, la Lettonie est annexée par l'U. R. S. S. 1941-1944 : elle est occupée par l'Allemagne. 1944 : la Lettonie redevient république soviétique. 1991 : l'indépendance, restaurée, est reconnue par l'U.R.S.S. et par la communauté internationale (sept.). 1994 : les troupes russes achèvent leur retrait du pays. 1995 : la Lettonie dépose une demande d'adhésion à l'Union européenne.

Lettres de la religieuse portugaise, nom donné à cinq lettres d'amour passionné, attribuées à Mariana Alcoforado, religieuse portugaise, et adressées au comte de Chamilly. Présentées comme une traduction (1669), elles sont considérées aujourd'hui comme l'œuvre du comte de Guilleragues (1628-1685).

Lettres de mon moulin (les), recueil de contes d'A. Daudet (1869). Ils ont presque tous pour décor la Provence : *la Chèvre de M. Seguin, l'Élixir du R. P. Gaucher, les Trois Messes basses...*

Lettres persanes, roman philosophique de Montesquieu (1721). La correspondance imaginaire de deux Persans venus en Europe sert de prétexte à une critique des mœurs parisiennes et de la société française.

Lettres philosophiques sur l'Angleterre ou **Lettres anglaises,** par Voltaire (1734). Il y vante la liberté de conscience et la liberté politique qui règnent en Grande-Bretagne.

Lettre sur les aveugles à l'usage de ceux qui voient, opuscule de Diderot (1749). Partant d'une opération réussie sur l'œil par Réaumur, Diderot subordonne nos idées aux sensations et propose une explication matérialiste de l'origine du monde.

LEU *(saint)* ⟶ ***Loup*** *(saint).*

LEUCADE, une des îles Ioniennes (Grèce), auj. rattachée à la terre ; 20 900 h.

LEUCATE ou **SALSES** *(étang de),* étang de la côte méditerranéenne (Aude et Pyrénées-Orientales) ; env. 11 000 ha. Stations balnéaires et ports de plaisance sur le cordon littoral.

LEUCIPPE, philosophe grec (v. 460-370 av. J.-C.), fondateur de la théorie atomiste.

Leucopetra *(bataille de)* [146 av. J.-C.], victoire remportée, près de Corinthe, par les Romains sur la ligue Achéenne et qui marqua la fin de l'indépendance grecque.

Leuctres *(bataille de)* [371 av. J.-C.], victoire d'Épaminondas sur les Spartiates en Béotie, qui assura à Thèbes l'hégémonie sur la Grèce.

LEVALLOIS-PERRET (92300), ch.-l. de c. des Hauts-de-Seine ; 47 788 h. *(Levalloisiens).* Centre industriel et résidentiel. Gisement préhistorique de silex éponyme de la technique Levallois (v. partie langue).

LEVANT, nom donné aux pays de la côte orientale de la Méditerranée.

LEVANT, en esp. **Levante,** région de l'Espagne orientale, célèbre pour ses abris-sous-roche ornés de peintures pariétales (scènes de chasse, de cueillette, de danse), réalisées à partir du VIIe millénaire durant l'épipaléolithique.

LEVANT *(île du)* [83400 Hyères], une des îles d'Hyères. Centre naturiste. Centre d'expérimentation des missiles de la marine.

LEVASSEUR, famille de sculpteurs québécois du XVIIIe s., dont le plus connu est **Noël** (Québec 1680 - *id.* 1740), auteur du décor intérieur de la chapelle des Ursulines de Québec.

LEVASSOR (Émile), ingénieur et industriel français (Marolles-en-Hurepoix 1843 - Paris 1897). Associé à René Panhard, il créa en France l'industrie des moteurs automobiles.

LE VAU (Louis), architecte français (Paris 1612 - *id.* 1670). Après avoir élevé divers hôtels à Paris, le château de Vaux-le-Vicomte, l'actuel Institut, etc., il établit pour le roi les grandes lignes du palais de Versailles. Moins raffiné que F. Mansart, il a le sens de la mise en scène somptueuse.

LEVENS [levɛ̃s] (06670), ch.-l. de c. des Alpes-Maritimes ; 2 692 h.

LEVERKUSEN, v. d'Allemagne (Rhénanie-du-Nord-Westphalie), sur le Rhin ; 159 325 h. Centre chimique.

LE VERRIER (Urbain), astronome français (Saint-Lô 1811 - Paris 1877). Spécialiste de mécanique céleste, il fut, par ses calculs, à l'origine de la découverte (par l'Allemand Galle) de la planète Neptune (1846). Directeur de l'Observatoire de Paris (1854-1870 et 1873-1877), il élabora une théorie du mouvement de la Lune et il organisa la centralisation et la diffusion des informations météorologiques en France et en Europe.

LEVERTIN (Oscar), écrivain suédois (Gryt 1862 - Stockholm 1906). Poète (*Légendes et Chansons,* 1891) et romancier, il s'opposa au naturalisme (*les Maîtres d'Österås,* 1900).

LÉVESQUE (René), homme politique canadien (New Carlisle, Québec, 1922 - Montréal 1987). Fondateur (1968) et chef du parti québécois, organisation préconisant l'indépendance politique du Québec et son association économique avec le reste du Canada, il devient Premier ministre du Québec (1976). Malgré l'échec du référendum sur le mandat de négocier la souveraineté-association (1980), il est reconduit au pouvoir avec une majorité accrue (1981). Il en vient cependant à mettre en veilleuse l'option indépendantiste (1984), provoquant une crise qui le conduit à abandonner la direction de son parti et du gouvernement (1985).

LEVET (18340), ch.-l. de c. du Cher ; 1 361 h.

LÉVÉZOU ou **LÉVEZOU,** plateau du Massif central, entre les vallées du Tarn et de l'Aveyron.

LÉVI, troisième fils de Jacob, ancêtre éponyme d'une tribu d'Israël dont les membres *(lévites)* étaient traditionnellement chargés du culte.

LÉVIATHAN, monstre aquatique de la mythologie phénicienne mentionné dans la Bible, où il devient le symbole du paganisme.

Léviathan (le), ouvrage de Hobbes (1651). L'auteur élabore une conception matérialiste et absolutiste de l'État, qu'il définit comme le pouvoir de créer et de casser toute loi.

LEVI BEN GERSON, mathématicien et philosophe français (Bagnols-sur-Cèze 1288 - Perpignan v. 1344). Il écrivit un manuel de trigonométrie et proposa une philosophie qui fait la synthèse entre Aristote et Maimonide.

LEVI-CIVITA (Tullio), mathématicien italien (Padoue 1873 - Rome 1941), créateur avec Ricci-Curbastro de l'analyse tensorielle.

LEVIER (25270), ch.-l. de c. du Doubs ; 2 055 h.

LEVINAS (Emmanuel), philosophe français (Kaunas, Lituanie, 1905 - Paris 1995). On lui doit une grande part du renouveau de la pensée juive contemporaine (*le Temps et l'Autre,* 1948 ; *Totalité et Infini,* 1961).

LÉVIS, v. du Canada (Québec), banlieue de Québec ; 39 452 h.

LÉVIS (François Gaston, *duc* **de**), maréchal de France (Ajac, Languedoc, 1720 - Arras 1787). Il défendit le Canada après la mort de Montcalm.

LÉVIS-MIREPOIX (Antoine Pierre Marie, *duc* **de**), historien français (Léran, Ariège, 1884 -

Louis **Le Vau :** façade sur jardin du château de Vaux-le-Vicomte (1656-1661).

Urbain **Le Verrier** (F. E. Giacomotti - Observatoire de Paris)

René **Lévesque**

Claude **Lévi-Strauss**

Michel de **L'Hospital** (musée Condé, Chantilly)

Lavelanet, 1981), auteur d'ouvrages sur le Moyen Âge français. (Acad. fr.)

LÉVI-STRAUSS (Claude), anthropologue français (Bruxelles 1908). Marqué par Durkheim et Mauss, il découvre sa vocation ethnographique lors d'un séjour au Brésil (*Tristes Tropiques,* 1955). En 1941, il rencontre Jakobson à New York ; il a alors l'idée d'appliquer le concept de structure aux phénomènes humains : parenté (*les Structures élémentaires de la parenté,* 1949), mode de pensée classificatoire (*la Pensée sauvage,* 1962), enfin et surtout mythe (« *Mythologiques* », 1964-1971 ; *Histoire de lynx,* 1991). Il a donné au structuralisme la dimension d'un humanisme. (Acad. fr.)

Lévitique (le), livre de l'Ancien Testament, le troisième du Pentateuque. Il traite du culte israélite, dont le soin était confié aux membres de la tribu de Lévi.

LEVROUX (36110), ch.-l. de c. de l'Indre ; 3 060 h. Mégisserie. Église du XIIIe s.

LÉVY-BRUHL (Lucien), philosophe français (Paris 1857 - *id.* 1939). Il définit les mœurs en fonction de la morale (*la Morale et la Science des mœurs,* 1903) et émit l'hypothèse d'une évolution de l'esprit humain (*la Mentalité primitive,* 1922).

LEWIN (Kurt), psychosociologue américain d'origine allemande (Mogilno, région de Bydgoszcz, 1890 - Newtonville, Massachusetts, 1947). Promoteur d'une psychologie sociale fondée sur la topologie mathématique, il s'est intéressé à la dynamique des groupes.

LEWIS (Carl), athlète américain (Birmingham, Alabama, 1961), quadruple champion olympique en 1984 (100 m, 200 m, longueur et 4 × 100 m) et double champion olympique en 1988 (100 m et longueur) et en 1992 (longueur et 4 × 100 m).

LEWIS (Clarence Irving), logicien américain (Stoneham, Massachusetts, 1883 - Cambridge, Massachusetts, 1964). Sa réflexion sur la notion d'implication est à l'origine de la logique modale.

LEWIS (Gilbert Newton), physicien et chimiste américain (Weymouth, Massachusetts, 1875 - Berkeley 1946). Auteur, en 1916, de la théorie de la covalence, il a donné une définition générale des acides et a proposé, en 1926, le terme de « photon » pour désigner le quantum d'énergie rayonnante.

LEWIS (Joseph **Levitch,** dit **Jerry**), acteur et cinéaste américain (Newark, New Jersey, 1926), héritier de la tradition burlesque américaine (*le Tombeur de ces dames,* 1961 ; *Dr. Jerry et Mr. Love,* 1963).

LEWIS (Matthew Gregory), écrivain britannique (Londres 1775 - en mer 1818). Son roman fantastique *le Moine* (1796) lança la mode du « roman noir ».

LEWIS (Sinclair), écrivain américain (Sauk Centre, Minnesota, 1885 - Rome 1951), auteur de romans qui donnent une satire de la bourgeoisie américaine et de ses préoccupations sociales et religieuses (*Babbitt,* 1922 ; *Elmer Gantry,* 1927). [Prix Nobel 1930.]

LEWIS (*sir* William Arthur), économiste britannique (Castries, Sainte-Lucie, 1915 - île de la Barbade 1991). Il s'est surtout consacré aux problèmes du développement. (Prix Nobel 1979.)

LEXINGTON-FAYETTE, v. des États-Unis (Kentucky) ; 225 366 h.

LEYDE, en néerl. **Leiden,** v. des Pays-Bas (Hollande-Méridionale) ; 111 949 h. Université. Musées scientifiques et musée national des Antiquités ; musée municipal du Lakenhal.

LEYRE (la) → ***Eyre.***

LEYSIN, comm. de Suisse (Vaud) ; 2 842 h. Station climatique et de sports d'hiver (alt. 1 250 - 2 185 m).

LEYTE, île des Philippines ; 8 003 km² ; 1 362 000 h. Occupée par les Japonais de 1942 à 1944, elle vit la défaite de la flotte japonaise (oct. 1944), qui y engagea pour la première fois les avions-suicides kamikazes.

LÉZARDRIEUX (22740), ch.-l. de c. des Côtes-d'Armor ; 1 731 h.

LEZAY (79120), ch.-l. de c. des Deux-Sèvres ; 2 303 h.

LEZGUIENS, peuple caucasien et musulman vivant au Daguestan et en Azerbaïdjan.

LÉZIGNAN-CORBIÈRES (11200), ch.-l. de c. de l'Aude ; 8 029 h. (*Lézignannais*). Vins.

LEZOUX (63190), ch.-l. de c. du Puy-de-Dôme ; 4 892 h. Centre de fabrication de céramique sigillée à l'époque gallo-romaine.

LHASSA, cap. du Tibet (Chine), à 3 600 m d'alt. ; 105 000 h. Nombreuses lamaseries. Ancienne résidence du dalaï-lama, le Potala* (XVIIe s.).

L'HERBIER (Marcel), cinéaste français (Paris 1888 - *id.* 1979). Principal représentant de l'avant-garde impressionniste, fondateur (1943) de l'Institut des hautes études cinématographiques (I. D. H. E. C.), il réalisa notamment *Eldorado* (1921), *l'Inhumaine* (1924), *l'Argent* (1929), *la Nuit fantastique* (1942).

L'HERMITE (Tristan), homme d'État français (XVe s.). Il fut un des agents de Louis XI, qui le fit grand chambellan et l'employa à des missions diplomatiques et d'espionnage.

LHOMOND (*abbé* Charles François), grammairien français (Chaulnes 1727 - Paris 1794), auteur de textes latins pour débutants (*De viris illustribus urbis Romae*).

L'HOSPITAL (Guillaume **de**), *marquis* **de Sainte-Mesme,** mathématicien français (Paris 1661 - *id.* 1704). Il publia le premier manuel de calcul infinitésimal.

L'HOSPITAL [lopital] (Michel **de**), homme d'État français (Aigueperse v. 1505 - Belesbat 1573). Conseiller au parlement de Paris, premier président de la Chambre des comptes (1554), puis chancelier de France (1560), il s'efforça de calmer les haines religieuses et simplifia le fonctionnement de la justice. Mais il se heurta à l'opposition des catholiques et quitta la Cour en 1568.

LHOTE (André), peintre et théoricien de l'art français (Bordeaux 1885 - Paris 1962). Il se rattache au cubisme, mais aussi à la tradition. Son enseignement et ses écrits ont exercé une influence notable.

LHOTSE, quatrième sommet du monde, dans l'Himalaya, proche de l'Everest ; 8 545 m.

LI, peuple de l'île de Hainan (Chine), parlant une langue thaïe.

Liaisons dangereuses (les), roman épistolaire de Choderlos de Laclos (1782).

LIAKHOV (*îles*), archipel russe de l'océan Arctique.

LIANCOURT (60140), ch.-l. de c. de l'Oise ; 6 210 h. Produits de beauté.

LIANG KAI ou **LEANG K'AI,** peintre chinois (originaire de Dongping, Shandong) actif à Hangzhou au milieu du XIIIe s. avant de devenir l'un des plus brillants représentants de la peinture de la secte bouddhique *Chan.* (V. *zen.*)

LIANYUNGANG ou **LIEN-YUN-KANG,** port de Chine (Jiangsu), sur la mer Jaune ; 210 000 h.

LIAODONG ou **LEAO-TONG,** partie du Liaoning (Chine).

LIAONING ou **LEAO-NING,** prov. de la Chine du Nord-Est ; 140 000 km² ; 36 290 000 h. Cap. *Shenyang.*

LIAOYANG ou **LEAO-YANG,** v. de la Chine du Nord-Est (Liaoning) ; 200 000 h.

LIAQAT 'ALĪ KHĀN, homme politique pakistanais (Karnal, Inde, 1895 - Rāwalpindī 1951). Secrétaire général de la Ligue musulmane (1936-1947), puis Premier ministre du Pakistan (1947-1951), il fut assassiné.

LIBAN (*mont*), montagne de la République du Liban, autrefois fameuse par ses cèdres magnifiques ; 3 083 m.

LIBAN, État du Proche-Orient, sur la Méditerranée ; 10 400 km² ; 3 600 000 h. (*Libanais*). CAP. *Beyrouth.* LANGUE : *arabe.* MONNAIE : *livre libanaise.*

GÉOGRAPHIE

Le mont Liban (dont les versants portent du blé, de la vigne, des arbres fruitiers et des oliviers) domine une étroite plaine littorale, qui, intensément mise en valeur, concentre la majeure partie de la population, très dense, aujourd'hui à dominante musulmane. À l'est, la Beqaa est une dépression aride, limitée vers l'est par l'Anti-Liban.

HISTOIRE

Des origines à l'indépendance. À partir du IIIe millénaire : la côte est occupée par les Cananéens, puis par les Phéniciens, qui fondent les cités-États de Byblos, Berytos (auj. Beyrouth), Sidon et Tyr. Début du Ier millénaire : les Phéniciens dominent le commerce méditerranéen. VIIe - Ier s. av. J.-C. : le pays connaît les dominations assyrienne, égyptienne, perse, babylonienne puis grecque. 64-63 av. J.-C.-636 : le Liban fait partie de la province romaine puis byzantine de Syrie. 636 : il est conquis par les Arabes. VIIe - XIe s. : la côte et la montagne servent de refuge à diverses communautés chrétiennes, chiites, puis druzes. 1099-1289/1291 : les Latins du royaume de Jérusalem et du comté de Tripoli dominent le littoral jusqu'à sa conquête par les Mamelouks d'Égypte. 1516 : le Liban est annexé à l'Empire ottoman. 1593-1840 : les émirs druzes, notamm. Fakhr al-Dīn (1593-1633) et Chihāb Bachīr II (1788-1840), unifient la montagne libanaise et cherchent à obtenir son autonomie. 1858-1860 : des affrontements opposent les druzes et les maronites (qui sont en plein essor démographique et économique). 1861 : la France obtient la création de la province du Mont-Liban, dotée d'une certaine autonomie. 1918 : le Liban est libéré des Turcs. Il forme avec la plaine de la Beqaa le « Grand Liban ». 1920-1943 : il est placé par la S. D. N. sous mandat français.

La République libanaise. 1943 : l'indépendance est proclamée. Le « pacte national » institue un système politique confessionnel répartissant les pouvoirs entre les maronites, les sunnites, les chiites, les grecs orthodoxes, les druzes et les grecs catholiques. 1952-1958 : C. Chamoun pratique une politique pro-occidentale. 1958 : les nationalistes arabes favorables à Nasser déclenchent la guerre civile, que fait cesser l'intervention américaine. 1958-1970 : la République est présidée par F. Chehab (1958-1964) puis par C. Hélou. 1967 : les Palestiniens, réfugiés au Liban depuis 1948, s'organisent de façon autonome. 1970-1976 : sous la présidence de S. Frangié, des affrontements avec les Palestiniens se produisent. 1976 : ils dégénèrent en guerre civile ; la Syrie intervient. S'affrontent alors une coalition de « gauche » (favorable aux Palestiniens, en majorité sunnite, druze puis chiite et dont les principales forces armées sont les fedayins, les milices druzes et celles du mouvement Amal) et une coalition de « droite » (en majorité maronite et favorable à Israël, dont les principales forces sont les Phalanges et l'Armée du

Liban-Sud, alliée à Israël). 1978 : création d'une Force intérimaire des Nations unies au Liban (F. I. N. U. L.). 1982 : l'armée israélienne fait le blocus de Beyrouth, dont elle chasse les forces armées palestiniennes. A. Gemayel succède à son frère Bachir, assassiné, comme président de la République. 1984 : un gouvernement d'union nationale est constitué, appuyé par la Syrie. 1985 : l'armée israélienne se retire du Liban. La guerre civile se poursuit, compliquée par des affrontements à l'intérieur de chaque camp, notamm. entre diverses tendances musulmanes : sunnites, chiites modérés du mouvement Amal, chiites partisans de l'Iran (Hezbollah). Ces derniers à partir de 1985 prennent en otage des Occidentaux (notamm. Français et Américains). Cette situation conduit au retour, en 1987, des troupes syriennes à Beyrouth-Ouest. 1988 : le mandat de A. Gemayel s'achève sans que l'élection de son successeur ait eu lieu. Deux gouvernements (l'un civil et musulman à Beyrouth-Ouest dirigé par Selim Hoss ; l'autre militaire et chrétien à Beyrouth-Est présidé par le général Michel Aoun, hostile à la présence syrienne) sont mis en place. 1989 : René Moawad, élu à la présidence de la République, est assassiné ; Elias Hraoui lui succède. 1990 : une nouvelle Constitution entérine les accords, signés à Ṭā'if en 1989, qui prévoient un rééquilibrage du pouvoir en faveur des musulmans. L'armée libanaise, aidée par la Syrie, met fin à la résistance du général Aoun. 1991 : le désarmement des milices et le déploiement de l'armée libanaise dans le Grand Beyrouth et le sud du pays marquent l'amorce d'une restauration de l'autorité de l'État, sous tutelle syrienne (entérinée par la signature, en mai, d'un « traité de fraternité » entre les deux pays). La situation économique est désastreuse. 1992 : à l'issue des élections législatives, fortement contestées et marquées par l'abstention massive des chrétiens, un nouveau Parlement se réunit. Rafic Hariri devient Premier ministre. 1995 : sous la pression de la Syrie, le mandat présidentiel de E. Hraoui est prorogé de trois ans par le Parlement, sans élection.

LIBBY (Willard Frank), chimiste américain (Grand Valley, Colorado, 1908 - Los Angeles 1980). Spécialiste de la radioactivité, il a créé la méthode de datation des objets par dosage du carbone 14. (Prix Nobel 1960.)

Libération, quotidien français créé en 1973, dirigé d'abord par J.-P. Sartre et depuis 1974 par S. July. Au sein de la presse de gauche, il se démarque par son humour et son souci de lier l'information au vécu quotidien.

Libération *(campagnes de la),* actions menées en 1944-45 par les forces alliées et la Résistance pour chasser les Allemands des territoires qu'ils occupaient en Europe.

Libération *(ordre de la),* ordre français créé en nov. 1940 par le général de Gaulle pour récompenser les services exceptionnels rendus dans l'œuvre de délivrance de la France. L'ordre, qui cessa d'être décerné le 24 janv. 1946, comptait 1 057 compagnons, 5 villes et 18 unités combattantes.

LIBERCOURT (62820), comm. du Pas-de-Calais ; 9 797 h.

LIBÈRE *(saint)* [Rome ? - *id.* 366], pape de 352 à 366. Il lutta de façon décisive contre l'arianisme.

LIBEREC, v. de la République tchèque (Bohême) ; 101 934 h.

LIBERIA (le), État de l'Afrique occidentale ; 110 000 km² ; 2 800 000 h. *(Libériens).* CAP. : *Monrovia.* LANGUE : *anglais.* MONNAIE : *dollar libérien.*

GÉOGRAPHIE

En grande partie recouvert par la forêt dense, le pays possède des plantations de palmiers à huile, de caféiers et surtout d'hévéas. Le sous-sol recèle des diamants et surtout du fer, devenu le principal produit d'exportation d'un pays dont l'économie a été ruinée par la guerre civile mais qui tire d'importants revenus du prêt de son pavillon (la flotte libérienne est la deuxième du monde).

HISTOIRE

XVe-XVIIIe s. : la région est occupée par des populations de langues mandingue et kwa, pour l'essentiel. Le littoral (Côte de Malaguette ou Côte des Graines), découvert par les Portugais, est fréquenté par des marchands européens. 1822 : la Société américaine de colonisation, fondée en 1816, commence à y établir des esclaves noirs libérés, malgré l'hostilité des autochtones. 1847 : la République du Liberia, indépendante, est proclamée ; la capitale est nommée Monrovia en l'honneur du président Monroe. 1857 : fusion avec l'établissement voisin du Maryland. 1885-1910 : les frontières du pays sont définitivement fixées par des accords avec la Grande-Bretagne et la France. 1926 : début des grandes concessions aux entreprises américaines. 1943-1971 : William Tubman, président de la République. 1980 : un coup d'État militaire renverse le président Tolbert (à la tête de l'État depuis 1971) et amène au pouvoir le sergent-chef Samuel K. Doe. 1984 : une Constitution, prévoyant le retour à un régime civil, est approuvée par référendum. Mais Doe maintient une politique autoritaire. 1990 : le développement de la guérilla, conduite notamment par Charles Taylor, aboutit à la guerre civile (Doe est tué au cours de violents combats). 1991 : une force ouest-africaine d'interposition est déployée dans le pays. Depuis 1993 : en dépit de la conclusion de plusieurs accords de paix et de la mise en place d'institutions de transition, les combats entre les diverses factions continuent.

Liberté éclairant le monde (la), statue gigantesque (93 m avec son piédestal) offerte par la France aux États-Unis et érigée en 1886 dans la rade de New York. Œuvre de Bartholdi, elle est en cuivre martelé sur charpente de fer (due à Eiffel).

Liberté guidant le peuple (la), grande toile de Delacroix, inspirée à celui-ci par les journées de juillet 1830 (1830, Louvre).

LI BO ou **LI PO,** dit aussi **Li Taibo** ou **Li T'ai-po,** poète chinois (Turkestan 701 - Jiangsu 762), l'un des grands poètes de la dynastie des Tang.

LIBOURNE (33500), ch.-l. d'arr. de la Gironde, au confl. de la Dordogne et de l'Isle ; 21 931 h. *(Libournais).* Centre de recherches du courrier. Anc. bastide du XIIIe s.

Libre Belgique (la), quotidien belge de tendance catholique fondé en 1884.

LIBREVILLE, cap. et port du Gabon, sur l'estuaire du Gabon ; 257 000 h. Elle fut fondée en 1849.

LIBYE, État d'Afrique, sur la Méditerranée ; 1 760 000 km² ; 4 900 000 h. *(Libyens).* CAP. *Tripoli.* LANGUE : *arabe.* MONNAIE : *dinar libyen.*

GÉOGRAPHIE

L'économie était autrefois fondée sur un élevage nomade (ovins, chameaux), imposé par l'étendue du désert, et sur une agriculture sédentaire (blé, orge, palmier-dattier, fruits), réfugiée dans les oasis et sur la bordure littorale, moins aride. Elle a été, au moins localement, transformée par l'exploitation du pétrole, dont les revenus expliquent le poids politique du pays, vaste (plus du triple de la superficie française) mais encore peu peuplé.

HISTOIRE

Des origines à la domination ottomane. XIIIe s. av. J.-C. : les habitants de la région, appelés « Libyens » par les Grecs, participent aux invasions des Peuples de la Mer en Égypte. VIIe s. : les Grecs fondent en Cyrénaïque les cinq colonies de la Pentapole. Ve s. : Carthage domine les comptoirs créés par les Phéniciens en Tripolitaine. IVe s. : la Cyrénaïque est rattachée à l'Égypte lagide. 106-19 av. J.-C. : le pays est conquis par Rome. IIIe s. : la

La Liberté éclairant le monde, statue de Bartholdi.

La Liberté guidant le peuple (1830), par Delacroix. (Louvre, Paris.)

romanisation est à son apogée. 642-643 : conquête arabe. VIIe-XVIe s. : le pays est soumis aux Omeyyades, aux Abbassides puis à diverses dynasties maghrébines ou égyptiennes. 1510 : les Espagnols s'emparent de Tripoli. 1517 : les Ottomans conquièrent la Cyrénaïque. 1551 : ils se rendent maîtres de la Tripolitaine.

La Libye contemporaine. 1911-12 : l'Italie conquiert le pays, auquel les Ottomans doivent renoncer (paix d'Ouchy). 1912-1931 : la confrérie des Senousis dirige en Cyrénaïque la résistance armée à la conquête italienne. 1934 : création de la colonie italienne de Libye. 1940-1943 : la « campagne de Libye » oppose aux forces germano-italiennes (notamm. l'Afrikakorps de Rommel) les troupes britanniques, aidées par des détachements alliés, parmi lesquels les Français. À son issue, la France administre le Fezzan ; la Grande-Bretagne, la Tripolitaine et la Cyrénaïque. 1951 : ces trois territoires sont réunis en un État fédéral indépendant dont Idrīs Ier (1951-1969) devient le roi. 1961 : l'exploitation du pétrole commence. 1963 : l'organisation fédérale est abolie. 1969 : le coup d'État des « officiers libres » fait de Kadhafi le maître du pays. 1971 : nationalisation des compagnies pétrolières. 1973 : Kadhafi lance la révolution culturelle islamique. 1977 : il institue l'État des masses (la *Djamāhīriyya*). 1980 : la Libye intensifie son engagement au Tchad. 1986 : son soutien aux organisations terroristes lui vaut de subir des bombardements de représailles américains. 1987 : défaites militaires au Tchad. 1988 : la Libye rétablit ses relations diplomatiques avec le Tchad. 1989 : la Libye se rapproche des pays du Maghreb. 1992 : le Conseil de sécurité de l'O.N.U. décrète un embargo aérien et militaire (renforcé en 1993) à l'encontre de la Libye devant le refus du gouvernement libyen de collaborer aux enquêtes sur des attentats terroristes. 1994 : les Libyens se retirent de la bande d'Aozou, qu'ils occupaient depuis 1973.

LICHNEROWICZ (André), mathématicien français (Bourbon-l'Archambault 1915). Il a présidé la commission de réforme de l'enseignement des mathématiques (1967-1972).

LICHTENSTEIN (Roy), peintre américain (New York 1923). Représentant du pop art, il utilise, pour les transposer, des images de bandes dessinées ou des œuvres d'art appartenant surtout à un passé récent.

LICINIUS CRASSUS DIVES (Marcus) → ***Crassus.***

LICINIUS LICINIANUS (Flavius Valerius) [Illyrie v. 250 - Thessalonique 324], empereur romain (308-324). Auguste en 308, il devint maître de tout l'Orient en 313, après sa victoire sur Maximin Daia. Persécuteur des chrétiens, il fut tué par Constantin.

LICINIUS STOLON (Caius), tribun du peuple à Rome (376 et 377 av. J.-C.), auteur des lois dites « liciniennes » qui atténuèrent le conflit entre patriciens et plébéiens.

L. I. C. R. A. (Ligue internationale contre le racisme et l'antisémitisme), association fondée en 1927, dans le but de combattre le racisme et l'antisémitisme dans tous les pays du monde.

LIDDELL HART (*sir* Basil), théoricien militaire britannique (Paris 1895 - Marlow 1970), auteur de nombreux ouvrages de stratégie et d'histoire.

LIDO, île allongée près de Venise, qui abrite la *rade du Lido.* Station balnéaire.

LIE (Jonas), écrivain norvégien (Eker 1833 - Stavern 1908). Son art impressionniste exerça une grande influence sur le roman scandinave (*le Pilote et sa femme,* 1874).

LIE (Sophus), mathématicien norvégien (Nordfjordeid 1842 - Christiania, auj. Oslo, 1899). Il fit de la théorie des groupes un outil puissant de la géométrie et de l'analyse.

LIEBIG (Justus, *baron* **von**), chimiste allemand (Darmstadt 1803 - Munich 1873). Il isola le titane et découvrit le chloroforme, mais il est surtout connu pour sa méthode d'analyse organique. Il est à l'origine du remarquable développement de la chimie en Allemagne.

LIEBKNECHT (Wilhelm), homme politique allemand (Giessen 1826 - Charlottenburg 1900). Fondateur (1869) du parti ouvrier social-démocrate allemand, il fut député au Reichstag (1874-1887 ; 1890-1900). — Son fils, **Karl** (Leipzig 1871 - Berlin 1919), fut l'un des leaders du groupe social-démocrate opposé à la guerre, puis du spartakisme. Il participa à la fondation du parti communiste allemand (déc. 1918 - janv. 1919) et fut assassiné au cours de l'insurrection spartakiste.

LIECHTENSTEIN, État de l'Europe centrale, entre l'Autriche (Vorarlberg) et la Suisse (Saint-Gall) ; 160 km² ; 26 000 h. CAP. *Vaduz.* LANGUE : *allemand.* MONNAIE : *franc suisse.* Tourisme. Place financière et commerciale. — Le Liechtenstein, constitué par la réunion des seigneuries de Vaduz et de Schellenberg, est érigé en principauté en 1719. Il est rattaché à la Confédération du Rhin (1806-1814), puis à la Confédération germanique (1815-1866). Doté d'une Constitution démocratique en 1921, il est lié économiquement à la Suisse (Union douanière et financière de 1923). Le Liechtenstein est devenu membre de l'O. N. U. en 1990 et de l'A. E. L. E. en 1991. [V. carte ***Suisse.***]

LIEDEKERKE, comm. de Belgique (Brabant flamand) ; 11 503 h.

LIÈGE, v. de Belgique, ch.-l. de la prov. de ce nom, au confl. de la Meuse et de l'Ourthe ; 194 596 h. *(Liégeois)* [environ 500 000 h. dans l'agglomération]. Évêché. Université. Observatoire. Port fluvial (relié à Anvers par le canal Albert). Centre administratif, commercial, industrialisé surtout en banlieue. — Nombreuses églises, dont certaines remontent à l'époque de l'évêque Notger (fin du Xe s.) [à St-Barthélemy, célèbres fonts baptismaux de Renier* de Huy]. Anc. palais des princes-évêques (XVIe et XVIIIe s.). Nombreux musées, dont celui de la maison Curtius (archéologie et arts décoratifs). — Port fluvial mérovingien, évêché dès le VIIIe s., Liège devint, à la fin du Xe s., la capitale d'une importante principauté ecclésiastique. Possession des ducs de Bourgogne, à la mort de Charles le Téméraire elle recouvra son indépendance (1477). Au patriciat de la ville et au prince-évêque s'opposèrent longtemps les gens de métiers, soutenus par la France. À partir du XVIIe s., Liège devint l'une des capitales industrielles de l'Europe. La principauté disparut en 1792.

Un aspect de **Liège.**

LIÈGE *(province de),* prov. de l'est de la Belgique ; 3 876 km² ; 999 646 h. ; ch.-l. *Liège ;* 4 arr. *(Huy, Liège, Verviers, Waremme)* et 84 comm. La vallée encaissée de la Meuse, artère industrielle, où s'étire l'agglomération liégeoise, sépare la Hesbaye, surtout céréalière et betteravière, du pays de Herve, à prédominance herbagère, et de l'extrémité nord de l'Ardenne : ici, en dehors de la région de Verviers, l'exploitation forestière et l'élevage constituent les principales ressources.

LIÉNART (Achille), prélat français (Lille 1884 - *id.* 1973). Évêque de Lille de 1928 à 1968, cardinal en 1930, il mena une politique sociale hardie et milita pour un véritable *aggiornamento* de l'Église lors du deuxième concile du Vatican.

LIEOU CHAO-K'I → ***Liu Shaoqi.***

LIEPAJA ou **LIEPAÏA,** en all. **Libau,** port de Lettonie, sur la Baltique ; 108 000 h.

LIER, en fr. **Lierre,** v. de Belgique (prov. d'Anvers) ; 31 203 h. Église de style gothique flamboyant (jubé, vitraux).

LIESTAL, comm. de Suisse, ch.-l. du demi-canton de Bâle-Campagne ; 12 853 h.

LIEUVIN (le), région herbagère et céréalière de Normandie, à l'ouest de la Risle.

LIÉVIN (62800), ch.-l. de c. du Pas-de-Calais ; 34 012 h. *(Liévinois).* Engrais.

LIFAR (Serge), danseur et chorégraphe français d'origine russe (Kiev 1905 - Lausanne 1986). Promoteur du ballet néoclassique, maître de ballet à l'Opéra de Paris (1930), auteur du *Manifeste du chorégraphe* (1935), il a imposé son style dans *Bacchus et Ariane* (mus. d'A. Roussel, 1931), *Salade* (mus. de D. Milhaud, 1935), *les Mirages* (mus. de H. Sauguet, 1949).

LIFFRÉ (35340), ch.-l. de c. d'Ille-et-Vilaine ; 5 679 h. Forêt. Électronique.

LIGETI (György), compositeur autrichien d'origine hongroise (Dicsöszentmárton, auj. Tîrnăveni, Transylvanie, 1923). Son écriture est très statique (*Atmosphères,* 1961) ou très pointilliste, très « hachée » (*Nouvelles Aventures,* 1966) ou encore une synthèse de ces deux tendances (*Requiem ; Lontano,* 1967 ; *le Grand Macabre,* opéra, 1978).

LIGNE *(îles de la)* → ***Line Islands.***

LIGNE (Charles Joseph, *prince* **de**), maréchal autrichien (Bruxelles 1735 - Vienne 1814). Ami de Joseph II, diplomate et écrivain en français, il a incarné le cosmopolitisme brillant et cultivé du XVIIIe s.

LIGNÉ (44850), ch.-l. de c. de la Loire-Atlantique ; 2 791 h.

LIGNIÈRES (18160), ch.-l. de c. du Cher ; 1 705 h. Château d'env. 1660.

LIGNON (le), riv. du Forez, affl. de la Loire (r. g.) ; 59 km. Il fut illustré par *l'Astrée.*

LIGNY, anc. comm. de Belgique, au nord-est de Charleroi. Napoléon Ier y battit les Prussiens de Blücher le 16 juin 1815.

LIGNY-EN-BARROIS (55500), ch.-l. de c. de la Meuse, sur l'Ornain ; 5 504 h. *(Linéens).* Lunetterie et optique. Église des XIIIe-XVIIe s.

LIGNY-LE-CHÂTEL (89144), ch.-l. de c. de l'Yonne ; 1 125 h. Église romane et Renaissance.

Ligue *(Sainte),* nom donné à plusieurs coalitions dans l'histoire moderne occidentale. Les deux premières (1495-96 et 1508-1512) furent formées respectivement contre la France de Charles VIII et celle de Louis XII, à cause des affaires d'Italie ; la troisième (1576-1594), contre les calvinistes, est dite aussi Sainte Union ou Ligue ; les dernières (1570-71 et 1684-1699) étaient dirigées contre les Turcs. Elles aboutirent à la victoire de Lépante et à la reconquête de la Hongrie (paix de Karlowitz).

Ligue *(Sainte)* ou **Sainte Union** ou **Ligue,** mouvement religieux et politique catholique (1576-1594) qui eut pour centre Paris et pour principal animateur Henri Ier, duc de Guise. Le meurtre des Guises à Blois (1588) déclencha la rébellion ouverte contre Henri III, tandis que Paris se donnait un gouvernement révolutionnaire (le conseil des Seize) appuyé par les grandes villes de France. Mais l'assassinat d'Henri III (1589) divisa la Ligue. Paris ouvrit ses portes à Henri IV en 1594 et les chefs ligueurs de province se soumirent l'un après l'autre (1594-1598).

Ligue arabe → ***arabe** (Ligue).*

LIGUEIL (37240), ch.-l. de c. d'Indre-et-Loire ; 2 294 h.

Ligue internationale contre le racisme et l'antisémitisme → *L. I. C. R. A.*

Ligue musulmane, parti politique créé en 1906 qui défendit les intérêts de la communauté musulmane dans l'Inde britannique et milita à partir de 1940 pour la création du Pakistan.

LIGUGÉ (86240), comm. de la Vienne ; 2 780 h. Le premier monastère français y fut fondé en 361 par saint Martin ; auj. abbaye bénédictine.

LIGURES, peuple ancien établi sur la côte méditerranéenne entre Marseille et La Spezia, soumis ou exterminé par les Romains au IIe s. av. J.-C.

LIGURIE, région du nord de l'Italie, en bordure du golfe de Gênes ; 5 400 km² ; 1 668 078 h. *(Liguriens).* Elle a formé les provinces de *Gênes, Imperia, Savone* et *La Spezia.* Cap. *Gênes.*

LIGURIENNE *(République),* État substitué à la République de Gênes en 1797 et incorporé à l'Empire français en 1805.

LIKASI, v. du Zaïre, dans le Shaba ; 146 000 h.

Likoud, coalition politique israélienne regroupant depuis 1973 plusieurs formations du centre et de la droite.

LILAS (Les) [93260], ch.-l. de c. de la Seine-Saint-Denis ; 20 532 h. *(Lilasiens).*

LILIENCRON (Detlev, *baron* **von**), écrivain allemand (Kiel 1844 - Alt-Rahlstedt 1909), auteur d'une épopée humoristique, *Poggfred* (1896).

LILIENTHAL (Otto), ingénieur allemand (Anklam 1848 - Berlin 1896). Pionnier du vol à voile, dont il eut l'idée par l'observation des oiseaux, il effectua 2 000 vols. L'expérience ainsi acquise fut mise à profit par les frères Wright dans leurs recherches.

LILLE, ch.-l. de la Région Nord-Pas-de-Calais et du dép. du Nord, en Flandre, sur la Deûle, à 218 km au nord de Paris ; 178 301 h. (Environ 1 million d'h. dans l'agglomération.) [*Lillois*]. Académie et université. Évêché. Centre commercial. Industries textiles et métallurgiques. — Anc. Bourse de 1652, citadelle de Vauban et autres monuments. Riche musée des Beaux-Arts et musée de l'hospice Comtesse. — Grande cité drapière dès le XIIe s., ville forte, l'une des capitales des ducs de Bourgogne, Lille fut incorporée à la France en 1667. En 1792, elle soutint victorieusement un siège contre les Autrichiens. Devenue le chef-lieu du département du Nord (1804), elle prit rang, au XIXe s., parmi les grandes métropoles industrielles.

LILLEBONNE (76170), ch.-l. de c. de la Seine-Maritime ; 9 426 h. *(Lillebonnais).* Textile. Chimie. Vestiges d'un théâtre romain. Donjon du XIIIe s. Musée.

LILLEHAMMER, v. de Norvège, au N. d'Oslo ; 23 120 h. Sports d'hiver. Musée ethnographique de plein air.

LILLERS [-lɛr] (62190), ch.-l. de c. du Pas-de-Calais ; 9 724 h. Collégiale romane du XIIe s.

Lilliput [-pyt], pays imaginaire dans *les Voyages de Gulliver,* de Swift ; les hommes n'y ont pas plus de six pouces de haut.

LILLO (George), auteur dramatique britannique (Londres 1693 - *id.* 1739), l'un des créateurs du drame moral et bourgeois, qui inspirera Diderot.

LILONGWE, cap. du Malawi (depuis 1975) ; 103 000 h.

LILYBÉE, colonie carthaginoise de l'anc. Sicile. (Auj. **Marsala.**)

LIMA, cap. du Pérou, sur le Rimac, fondée par Pizarro en 1535 ; 6 510 500 h. Principal centre administratif, commercial et culturel du pays. Cathédrale entreprise à la fin du XVIe s. et beaux monuments des XVIIe-XVIIIe s. Musées, dont celui de l'Or du Pérou.

Lima : la place d'Armes et la cathédrale (fin du XVIe-XVIIIe s.)

LIMAGNES (les), parfois **LIMAGNE** (la), plaines du Massif central, drainées par l'Allier et constituant le cœur de l'Auvergne.

LIMASSOL, port de Chypre ; 107 000 h.

LIMAY (78520), ch.-l. de c. des Yvelines, sur la Seine ; 12 699 h. Cimenterie. Église des XIIe-XVIe s.

LIMBOURG, région historique de l'Europe du Nord-Ouest. Duché acquis en 1288 par le Brabant, le Limbourg fut partagé à la paix de Westphalie (1648) entre les Provinces-Unies et les Pays-Bas espagnols.

LIMBOURG, en néerl. **Limburg,** prov. du nord-est de la Belgique ; 2 421 km² ; 750 435 h. ; ch.-l. *Hasselt ;* 3 arr. *(Hasselt, Tongres, Maaseik)* et 44 comm. Le Nord, industriel, s'oppose au Sud, prolongeant la Hesbaye, à vocation agricole.

LIMBOURG, prov. méridionale des Pays-Bas ; 2 172 km² ; 1 086 000 h ; ch.-l. *Maastricht.*

LIMBOURG (les frères **de**) [**Pol, Herman** et **Jean**], enlumineurs néerlandais du début du XVe s., neveux de J. Malouel. Ils sont les auteurs, notamment, des *Très* Riches Heures du duc de Berry* (v. 1413-1416, musée Condé, Chantilly), une des expressions les plus précieuses de l'art gothique international.

LIMEIL-BRÉVANNES (94450), comm. du Val-de-Marne ; 16 247 h. Centre hospitalier.

Les frères de **Limbourg** : *le Mois d'août* (à l'arrière-plan, le château d'Étampes), une des miniatures des *Très Riches Heures du duc de Berry* (v. 1413-1416).
[Musée Condé, Chantilly.]

Serge **Lifar**

Lille : le centre de la ville.

LIMERICK, en gaél. **Luimneach,** port de la République d'Irlande (Munster), au début de l'estuaire du Shannon ; 52 040 h. Château entrepris vers l'an 1200.

LIMOGES, ch.-l. de la Région Limousin et du dép. de la Haute-Vienne, sur la Vienne, à 374 km au sud de Paris ; 136 407 h. *(Limougeauds).* Évêché. Académie et université. Cour d'appel. Centre de production de la porcelaine. Industries mécaniques et électriques. Chaussures. Cathédrale surtout des XIIIe-XVIe s. Musée municipal (archéologie ; émaillerie limousine) et musée national de Céramique.

Limoges : chevet (XIVe s.) de la cathédrale Saint-Étienne (XIIIe-XIXe s.).

LIMOGNE *(causse de),* le plus méridional des Causses du Quercy (sud du dép. du Lot).

LIMÓN, port du Costa Rica ; 51 000 h.

LIMÓN (José), danseur, chorégraphe et pédagogue américain d'origine mexicaine (Culiacán, Sinaloa, 1908 - Flemington, New Jersey, 1972). Un des meilleurs représentants de la modern dance, tant interprète (*Lament for Ignacio Sánchez Mejías,* de D. Humphrey) que chorégraphe *(la Malinche, The Moor's Pavane, Psalm, Carlota).*

LIMONEST [-nɛ] (69760), ch.-l. de c. du Rhône ; 2 604 h.

LIMOSIN, famille de peintres émailleurs français de Limoges, dont le plus connu est **Léonard Ier** (v. 1505 - v. 1577), interprète, pour la Cour, des modèles de l'école de Fontainebleau (*Apôtres* de la chapelle d'Anet, v. 1547, musée de Chartres ; portraits ; etc.).

LIMOURS (91470), ch.-l. de c. de l'Essonne ; 6 410 h. Église du XVIe s. (vitraux).

LIMOUSIN, Région administrative groupant les dép. de la Corrèze, de la Creuse et de la Haute-Vienne ; 16 942 km² ; 722 850 h. ; ch.-l. *Limoges.* Elle correspond essentiellement à la partie nord-ouest du Massif central, formée de plateaux granitiques étagés, entourant les hauteurs centrales, la « Montagne ». Ces plateaux bocagers, dont l'élevage bovin constitue la ressource essentielle, sont entaillés par de profondes vallées (Vienne, Creuse, Vézère, Corrèze), où se sont établies les villes (Limoges, Tulle, Uzerche, Guéret). — Longtemps fief anglo-angevin, le Limousin fut annexé définitivement au domaine de la Couronne par Henri IV (1607). Il bénéficia au XVIIIe s. de l'administration de grands intendants (Tourny, Turgot).

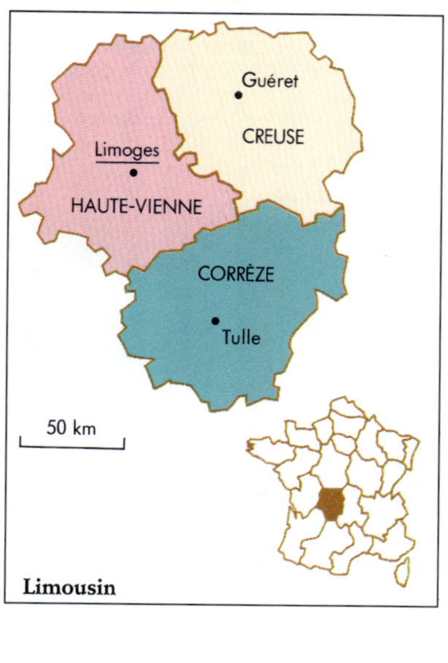

Limousin

LIMOUX (11300), ch.-l. d'arr. de l'Aude, sur l'Aude ; 10 217 h. *(Limouxins).* Vin blanc mousseux, la *blanquette de Limoux.* Église des XIIe-XVIe s.

LIMPOPO (le), fl. de l'Afrique australe, tributaire de l'océan Indien ; 1 600 km.

LINARES, v. d'Espagne (Andalousie) ; 59 249 h.

LINAS (91310), comm. de l'Essonne, près de Montlhéry ; 5 258 h. Autodrome dit « de Montlhéry » ; laboratoire d'essais routiers. Église des XIIIe-XVIe s.

LIN BIAO ou **LIN PIAO,** maréchal et homme politique chinois (Huanggang, Hubei, 1908 - 1971). Membre du P. C. C., il fut l'un des chefs militaires de la Longue Marche (1935) et de la guerre civile (1946-1949). Ministre de la Défense (1959), il joua un rôle important pendant la Révolution culturelle. Il disparut en 1971. Son avion aurait été abattu alors qu'il tentait de s'enfuir en U. R. S. S. après une tentative de coup d'État.

LINCOLN, v. des États-Unis, cap. du Nebraska ; 191 972 h. Université.

LINCOLN, v. de Grande-Bretagne, ch.-l. du *Lincolnshire ;* 81 900 h. Belle cathédrale du XIIIe s.

LINCOLN (Abraham), homme politique américain (près de Hodgenville, Kentucky, 1809 - Washington 1865). L'élection à la présidence des États-Unis, en 1860, de ce député républicain, antiesclavagiste militant, fut le signal de la guerre de Sécession. Réélu en 1864, Lincoln fut assassiné par un fanatique peu après la victoire nordiste (14 avr. 1865).

LINDAU, v. d'Allemagne (Bavière), dans une île du lac de Constance ; 23 999 h. Centre touristique. Vieille ville pittoresque.

LINDBERGH (Charles), aviateur américain (Detroit 1902 - Hana, Hawaii, 1974). Il réussit le premier la traversée sans escale de l'Atlantique nord (1927), à bord du *Spirit of Saint Louis,* entre Roosevelt Field (New York) et Le Bourget.

LINDBLAD (Bertil), astronome suédois (Örebro 1895 - Stockholm 1965). Il détermina en 1927, en même temps que J. Oort, les principales caractéristiques du mouvement de rotation de la Galaxie.

LINDE (Carl **von**), industriel allemand (Berndorf, Bavière, 1842 - Munich 1934). Il construisit la première machine de réfrigération à compression (1873) et réussit la liquéfaction de l'air (1895).

LINDEMANN (Ferdinand **von**), mathématicien allemand (Hanovre 1852 - Munich 1939). Il démontra la transcendance du nombre π (1882), établissant ainsi l'impossibilité de la quadrature du cercle.

LINDER (Gabriel **Leuvielle,** dit **Max**), acteur et cinéaste français (Saint-Loubès 1883 - Paris 1925). Première grande vedette comique du cinéma, il imposa son personnage de dandy spirituel et débrouillard dans les nombreux films qu'il tourna en France (série des *Max*) ou aux États-Unis (*l'Étroit Mousquetaire,* 1922).

LINDSAY (*sir* David) → ***Lyndsay.***

LÍNEA (La), v. d'Espagne (Andalousie) ; 58 315 h. Centre commercial à la frontière du territoire de Gibraltar.

LINE ISLANDS (« îles de la Ligne [l'équateur] ») ou **SPORADES ÉQUATORIALES,** archipel du Pacifique, de part et d'autre de l'équateur, partagé entre les États-Unis et Kiribati.

LING (Per Henrik), poète suédois (Ljunga 1776 - Stockholm 1839). Auteur de poèmes épiques et de drames, il fut également le fondateur de la *gymnastique suédoise.*

LINGOLSHEIM (67380), comm. du Bas-Rhin ; 16 496 h.

LINGONS, anc. peuple de la Gaule, dans le pays de Langres.

LINKÖPING, v. de la Suède méridionale ; 122 268 h. Constructions aéronautiques. Cathédrale et château des XIIIe-XVe s. Musées.

LINNÉ (Carl **von**), naturaliste suédois (Råshult 1707 - Uppsala 1778). Plus que sa classification des plantes, auj. abandonnée, c'est la description qu'il fit de plusieurs dizaines de milliers d'espèces et sa nomenclature dite « binominale », appliquée aux deux règnes, qui lui ont valu la célébrité.

LIN PIAO → ***Lin Biao.***

LINSELLES (59126), comm. du Nord ; 7 726 h. Textile.

LINTH (la), riv. de Suisse, qui draine le *Linthal,* tributaire du lac de Zurich ; 53 km.

LINZ, v. d'Autriche, ch.-l. de la Haute-Autriche, sur le Danube ; 200 000 h. Sidérurgie. Églises médiévales et baroques. Musée du Château.

LION (le), constellation zodiacale. — Cinquième signe du zodiaque, que le Soleil traverse du 22 juillet au 23 août.

LION *(golfe du),* golfe de la Méditerranée, à l'ouest du delta du Rhône.

LION-D'ANGERS (Le) [49220], ch.-l. de c. de Maine-et-Loire ; 3 137 h. Église en partie romane (peintures du XVIe s.).

LIONNE (Hugues **de**), *marquis* **de Berny,** diplomate français (Grenoble 1611 - Paris 1671). Ministre d'État (1659), puis secrétaire aux Affaires étrangères (1663), il engagea la France dans la guerre de Dévolution (1666) et prépara la guerre de Hollande.

Lionne blessée, orthostate en albâtre gypseux sculpté en bas-relief (British Museum), provenant de la décoration du palais (VIIe s. av. J.-C.) d'Assourbanipal à Ninive.

Lion néerlandais *(ordre du),* ordre néerlandais fondé en 1815. Trois classes.

LIONS (Jacques Louis), mathématicien français (Grasse 1928). Spécialiste de l'analyse mathématique des systèmes et de leur contrôle, il a été le promoteur en France des mathématiques appliquées et industrielles. — Son fils **Pierre-Louis** (Grasse 1956), par ses travaux, fondés sur l'étude des équations aux dérivées partielles non-linéaires, a renouvelé l'approche de nombreux modèles mathématiques issus de domaines variés des sciences, des techniques ou de l'économie. (Médaille Fields 1994.)

LION-SUR-MER (14780), comm. du Calvados ; 2 086 h. Station balnéaire.

LIORAN (15300 Laveissière), écart de la comm. de Laveissière (Cantal). Sports d'hiver à Superlioran (alt. 1 250-1 855 m). Tunnel routier et ferroviaire, entre Clermont-Ferrand et Aurillac, sous le *col du Lioran* (1 294 m).

LIOTARD (Jean Étienne), peintre suisse (Genève 1702 - *id.* 1789). Artiste itinérant (Rome, Constantinople, Vienne, Paris, Londres...), il est

Abraham **Lincoln**

Charles **Lindbergh** (en 1927)

Max **Linder**

Carl von **Linné** (A. Roslin - Nationalmuseum, Stockholm)

surtout l'auteur de portraits au pastel d'un rendu scrupuleux.

LIOUBERTSY, v. de Russie, banlieue de Moscou ; 165 000 h.

LIOUVILLE (Joseph), mathématicien français (Saint-Omer 1809 - Paris 1882). Il démontra l'existence des nombres transcendants (1851) et étudia les fonctions doublement périodiques.

LIPARI *(île)*, la principale des îles Éoliennes, qui donne parfois son nom à l'archipel.

LIPATTI (Constantin, dit **Dinu**), pianiste et compositeur roumain (Bucarest 1917 - Genève 1950). Il s'est distingué par le raffinement, la sensibilité et la précision de ses interprétations du répertoire romantique et classique.

LIPCHITZ (Jacques), sculpteur d'origine lituanienne (Druskieniki 1891 - Capri 1973), établi en France (1909) puis aux États-Unis (1941), passé de la synthèse cubiste à un lyrisme d'une expressivité puissante.

LI PENG ou **LI P'ENG**, homme politique chinois (Chengdu 1928), Premier ministre depuis 1987.

LIPETSK, v. de Russie, au sud de Moscou ; 450 000 h. Métallurgie.

LI PO → *Li Bo.*

LIPPE, anc. principauté puis république (1918) de l'Allemagne septentrionale.

LIPPI, peintres italiens du quattrocento. — **Fra Filippo** (Florence v. 1406 - Spolète 1469), moine jusqu'en 1457, est l'héritier de Fra Angelico et de Masaccio (tableaux d'autel ; fresques de la cathédrale de Prato, 1452-1464). — Son fils **Filippino** (Prato 1457 - Florence 1504) associe un chromatisme délicat à des rythmes décoratifs issus de Botticelli (fresques de la chapelle Strozzi à S. Maria Novella, Florence, terminées en 1503).

LIPPMANN (Gabriel), physicien français (Hollerich, Luxembourg, 1845 - en mer, à bord du *France*, 1921). Il étudia les phénomènes électrocapillaires, la piézoélectricité, et inventa un procédé interférentiel de photographie des couleurs. (Prix Nobel 1908.)

LIPSE (Juste), en néerl. **Joost Lips**, humaniste flamand (Overijse, Brabant, 1547 - Louvain 1606), dont la philosophie s'inspire du stoïcisme.

LIRÉ (49530), comm. de Maine-et-Loire, près de la Loire ; 2 215 h. Vignobles. Petit musée J. du Bellay.

LISBONNE, en port. **Lisboa**, cap. du Portugal, à l'embouchure du Tage ; 677 790 h. (1 200 000 h. dans l'agglomération). Archevêché. Bibliothèques. Port et centre industriel. Cathédrale en partie romane. Tour de Belém, sur le Tage, et monastère des Hiéronymites, typiques du style manuélin (début du XVIe s.). Place du Commerce, de la fin du XVIIIe s. Importants musées. — Fondée par les Phéniciens, Lisbonne est aux mains des Maures de 716 à 1147. Capitale du Portugal depuis le XIIIe s., elle connaît au XVe s. une fabuleuse prospérité liée à l'activité maritime et coloniale du Portugal. Elle fut ravagée par un tremblement de terre en 1755 et reconstruite par Pombal. Son centre historique a été gravement endommagé par un incendie en 1988.

LI SHIMIN ou **LI CHE-MIN** → *Tang Taizong.*

LI SIEN-NIEN → *Li Xiannian.*

LISIEUX (14100), ch.-l. d'arr. du Calvados, sur la Touques ; 24 506 h. *(Lexoviens).* Industries mécaniques, électriques et alimentaires. Travail du bois. Anc. cathédrale des XIIe-XIIIe s. Pèlerinage à sainte Thérèse de l'Enfant-Jésus (basilique construite de 1929 à 1952).

LISLE-SUR-TARN [lil-] (81310), ch.-l. de c. du Tarn ; 3 607 h. Vins.

LISS (Johann), peintre allemand (Oldenburg v. 1597 - Venise 1630). Formé aux Pays-Bas, il s'installa à Venise en 1621 et enrichit la tradition vénitienne par un langage baroque dynamique et lumineux, annonciateur de l'art du XVIIIe s.

LISSAJOUS (Jules), physicien français (Versailles 1822 - Plombières-lès-Dijon 1880). Il étudia la composition des mouvements vibratoires par un procédé optique.

LISSITCHANSK, v. d'Ukraine ; 127 000 h. Houille. Sidérurgie.

LISSITZKY (Lazar, dit **El**), peintre, designer graphique et théoricien russe (Potchinok, région de Smolensk, 1890 - Moscou 1941), adepte du « suprématisme » de Malevitch.

LIST (Friedrich), économiste allemand (Reutlingen 1789 - Kufstein 1846). Il eut le premier l'idée du Zollverein et défendit le protectionnisme, garant du démarrage économique.

LISTER (Joseph, *baron*), chirurgien britannique (Upton, Essex, 1827 - Walmer, Kent, 1912), créateur de l'asepsie dans la chirurgie opératoire.

LISZT (Franz), compositeur et pianiste hongrois (Doborján, auj. Raiding, dans le Burgenland, 1811 - Bayreuth 1886). Artiste puissant, virtuose incomparable, il est l'auteur de poèmes symphoniques (*les Préludes*, v. 1854), de *Faust-Symphonie* (1854-1857), d'une grande sonate (1853), d'*Études d'exécution transcendante* et de 19 *Rhapsodies hongroises* pour le piano, d'oratorios *(Christus)*, de messes et de pages pour orgue. Il a renouvelé la technique pianistique et innové dans le domaine de l'harmonie.

LI TAIBO ou **LI T'AI-PO** → *Li Bo.*

LI TANG ou **LI T'ANG**, peintre chinois (Heyang, Henan, v. 1050 - région de Hangzhou apr. 1130). Son œuvre — véritable lien entre la vision austère du Nord et celle, plus intime et lyrique, du Sud — a profondément influencé les artistes qui lui ont succédé.

LITTAU, comm. de Suisse, banlieue de Lucerne ; 15 432 h.

LITTLE ROCK, v. des États-Unis, cap. de l'Arkansas ; 175 795 h. Bauxite.

LITTRÉ (Émile), lexicographe français (Paris 1801 - *id.* 1881). Positiviste, disciple indépendant d'A. Comte, il est l'auteur d'un monumental *Dictionnaire de la langue française* (4 volumes et 1 supplément, 1863-1873). [Acad. fr.]

LITUANIE, en lituanien **Lietuva**, État d'Europe, sur la Baltique ; 65 000 km² ; 3 800 000 h. *(Lituaniens).* CAP. *Vilnius.* LANGUE : *lituanien.* MONNAIE : *litas.*

GÉOGRAPHIE

Comptant 80 % de Lituaniens de souche et moins de 10 % de Russes, c'est le plus vaste et surtout le plus peuplé des États baltes. Il juxtapose surtout élevage (bovins et porcins) et industries (constructions mécaniques et électronique).

HISTOIRE

Ve s. env. : des tribus balto-slaves de la région s'organisent pour lutter contre les invasions scandinaves. V. 1240 : Mindaugas fonde le grand-duché de Lituanie. Seconde moitié du XIIIe s. - XIVe s. : cet État combat les chevaliers Teutoniques et étend sa domination sur les principautés russes du Sud-Ouest, notamm. sous Gédymin (1316-1341). 1385-86 : la Lituanie s'allie à la Pologne ; le grand-duc Jagellon devient roi de Pologne sous le nom de Ladislas II (1386-1434) et la Lituanie embrasse le catholicisme. 1392-1430 : sous Vytautas, la Lituanie s'étend jusqu'à la mer Noire. 1569 : l'Union de Lublin crée l'État polono-lituanien. 1795 : la majeure partie du pays est annexée par l'Empire russe. 1915-1918 : la Lituanie est occupée par les Allemands. 1918 : elle proclame son indépendance. 1920 : la Russie soviétique la reconnaît. 1940 : conformément au pacte germano-soviétique, la Lituanie est annexée par l'U. R. S. S. 1941-1944 : elle est occupée par les Allemands. 1948-49 : la résistance à la soviétisation est durement réprimée. 1990 : les Lituaniens proclament l'indépendance de leur république. 1991 : l'indépendance est reconnue par l'U.R.S.S. et par la communauté internationale (sept.). 1992 : le parti démocratique du travail (ex-parti communiste) remporte les élections législatives. 1993 : Algirdas Brazauskas est élu à la présidence de la République. Les troupes russes achèvent leur retrait du pays.

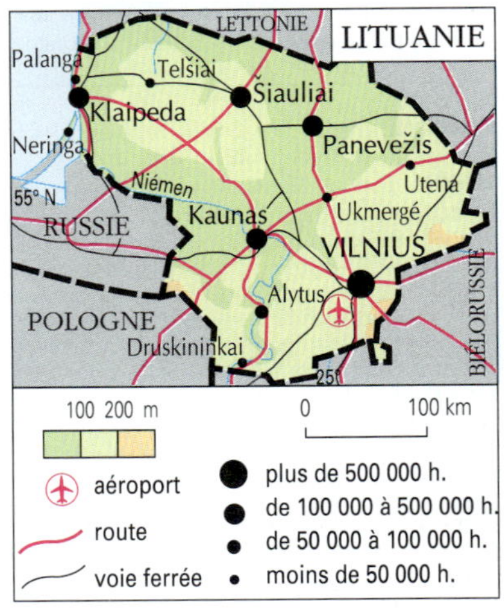

LITVINOV (Maksim Maksimovitch), homme politique soviétique (Białystok 1876 - Moscou 1951). Commissaire du peuple aux Affaires étrangères (1930-1939), il se rapprocha des États-Unis et de la France (1935) pour lutter contre les États fascistes. Staline le remplaça par Molotov en 1939.

LIU-CHOUEN → *Port-Arthur.*

LIU SHAOQI ou **LIEOU CHAO-K'I**, homme politique chinois (Hunan 1898 - Yinsho 1972). Membre du P. C. C. depuis 1921, président de la République (1959), il est emprisonné lors de la Révolution culturelle (1969). Il a été réhabilité en 1979.

LIU-TA → *Lüda.*

Un aspect de **Lisbonne**, avec, à droite, la cathédrale, en partie du XIIe s.

Franz **Liszt** (Musée civique, Bologne)

Émile **Littré**

LIUTPRAND (m. en 744), roi des Lombards (712-744). Il occupa Ravenne (732-733) et assiégea Rome.

LIUTPRAND, chroniqueur lombard (Pavie v. 920-972), évêque de Crémone (961-972). Son œuvre, souvent partisane, est un témoignage notable de l'histoire du Xe s.

LIVAROT (14140), ch.-l. de c. du Calvados, dans le pays d'Auge ; 2 528 h. Fromages.

LIVERDUN (54460), comm. de Meurthe-et-Moselle ; 6 449 h. Métallurgie. Alimentation. Église du XIIe s.

LIVERPOOL, port de Grande-Bretagne, sur l'estuaire de la Mersey ; 448 300 h. Centre industriel (mais en déclin). Musées.

LIVIE, en lat. **Livia Drusilla** (58 av. J.-C. - 29 apr. J.-C.), épouse d'Auguste. Elle avait eu d'un mariage précédent Tibère et Drusus. Elle fit adopter Tibère par Auguste.

LIVINGSTONE (David), explorateur britannique (Blantyre, Écosse, 1813 - Chitambo, Zambie, 1873). Missionnaire protestant, il inaugura, en 1849, une série de voyages en Afrique centrale et australe. Puis, avec Stanley, il rechercha en vain les sources du Nil. Il fut un adversaire décidé de l'esclavagisme.

Living Theatre, troupe théâtrale américaine, fondée en 1951 par Julian Beck et Judith Malina, et qui pratiqua une forme d'expression corporelle proche du happening.

LIVIUS ANDRONICUS, poète latin (v. 280 - 207 av. J.-C.). Il fit représenter la première tragédie de langue latine.

LIVONIE, région historique comprise entre la Baltique, le cours de la Dvina et le lac des Tchoudes (Républiques actuelles de Lettonie et d'Estonie). Elle fut gouvernée de 1237 à 1561 par les chevaliers Porte-Glaive (ordre livonien).

LIVOURNE, en ital. **Livorno,** port d'Italie (Toscane), ch.-l. de prov., sur la Méditerranée ; 167 445 h. Métallurgie. Raffinage du pétrole et chimie.

LIVRADOIS (le), région montagneuse de l'Auvergne, entre les vallées de l'Allier et de la Dore, partie du *parc régional Livradois-Forez* (au total environ 300 000 ha).

Livre de la jungle (le), titre de deux recueils de R. Kipling (1894-95), récits des aventures de Mowgli, le « petit d'homme », au milieu des animaux de la jungle.

Livre des morts, ensemble de textes qui constituaient le rituel funéraire de l'Égypte pharaonique, et qui étaient consignés sur un papyrus déposé dans la tombe.

LIVRON-SUR-DRÔME (26250), comm. de la Drôme ; 7 474 h. Chimie.

LIVRY-GARGAN (93190), ch.-l. de c. de la Seine-Saint-Denis, au nord-est de Paris ; 35 471 h.

LI XIANNIAN ou **LI SIEN-NIEN,** général et homme politique chinois (Huang'an, Hubei, entre 1905 et 1909 - Pékin 1992), président de la République de 1983 à 1988.

LIZARD *(cap),* cap constituant l'extrémité sud de la Grande-Bretagne.

LIZY-SUR-OURCQ (77440), ch.-l. de c. de Seine-et-Marne ; 3 089 h.

LJUBLJANA, en all. **Laibach,** cap. de la Slovénie ; 303 000 h. Université. Métallurgie. Château reconstruit au XVIe s. et autres monuments. Musées.

LLANO ESTACADO, haute plaine aride des États-Unis, dans l'ouest du Texas.

LLIVIA, village et enclave de territoire espagnol dans le dép. français des Pyrénées-Orientales ; 12 km^2 ; 854 h.

LLOBREGAT (le), fl. côtier d'Espagne (Catalogne), tributaire de la Méditerranée ; 157 km.

LLOYD (Harold), acteur américain (Burchard, Nebraska, 1893 - Hollywood 1971). Son personnage de jeune homme timide et emprunté derrière ses grosses lunettes d'écaille fut l'une des figures les plus populaires de l'école burlesque américaine (*Monte là-dessus,* 1923).

LLOYD GEORGE (David), 1er *comte* **Lloyd-George of Dwyfor,** homme politique britannique (Manchester 1863 - Llanystumdwy 1945). Chef de l'aile gauche du parti libéral, il préconisa des réformes sociales que sa nomination au poste de chancelier de l'Échiquier lui permit de réaliser (1908-1915) ; il fut l'auteur de la loi restreignant le pouvoir des Lords (1911). Pendant la Première Guerre mondiale, il fut ministre des Munitions, puis de la Guerre et enfin chef d'un cabinet de coalition (1916-1922). Il joua un rôle prépondérant dans les négociations du traité de Versailles (1919). En 1921, il reconnut l'État libre d'Irlande.

Lloyd's, la plus ancienne et la plus importante institution mondiale dans le domaine de l'assurance. Créée à Londres v. 1688, elle fut officialisée en 1871.

Lloyd's Register of Shipping, la plus importante société de classification des navires, créée à Londres en 1760.

LOANGO, royaume situé au nord du bas Congo (XVe-XVIIIe s. env.)

LOBATCHEVSKI (Nikolaï Ivanovitch), mathématicien russe (Nijni Novgorod 1792 - Kazan 1856). Il élabora la géométrie hyperbolique non euclidienne.

LOBAU *(île),* île du Danube, près de Vienne.

LOBI, peuple du Burkina et de la Côte d'Ivoire, parlant une langue voltaïque.

LOBITO, port de l'Angola ; 60 000 h.

LOB NOR, lac peu profond de Chine, dans le Xinjiang, où aboutit le Tarim ; 3 000 km^2. Dans la région, base d'expériences nucléaires.

LOCARNO, station touristique de Suisse (Tessin), sur le lac Majeur, au pied des Alpes ; 13 796 h. Château surtout des XVe-XVIe s. (musée). Églises médiévales et baroques. — Accords signés en 1925 par la France, la Belgique, la Grande-Bretagne, l'Allemagne et l'Italie, qui reconnaissaient les frontières des pays signataires et visaient à établir une paix durable en Europe. L'Allemagne put alors être admise à la S. D. N. (1926).

LOCATELLI (Pietro Antonio), violoniste et compositeur italien (Bergame 1695 - Amsterdam 1764), novateur dans la technique du violon, compositeur de sonates et de concertos *(L'arte del violino).*

LOCHES (37600), ch.-l. d'arr. d'Indre-et-Loire, sur l'Indre ; 7 133 h. *(Lochois).* Anc. forteresse englobant donjon (XIe-XIIe s.), logis du roi (XIVe-XVe s.), collégiale St-Ours (XIIe s.), etc.

Loches *(paix de)* → ***Monsieur*** *(paix de).*

LOCHNER (Stephan), peintre allemand (Meersburg, Haute-Souabe, v. 1410 - Cologne 1451), l'un des premiers et le plus connu des maîtres de l'école de Cologne, réputé pour sa suavité majestueuse.

LOCHRISTI, comm. de Belgique (Flandre-Orientale) ; 17 305 h.

LOCKE (John), philosophe anglais (Wrington, Somerset, 1632 - Oates, Essex, 1704). Il expose un matérialisme sensualiste : en rejetant les idées innées de Descartes, il place la source de nos connaissances dans l'expérience sensible (*Essai sur l'entendement humain,* 1690). Il considère que la société repose sur un contrat et que le souverain doit obéir aux lois ; sinon l'insurrection du peuple est légitime (*Lettres sur la tolérance,* 1689).

LOCKYER (*sir* Joseph Norman), astronome britannique (Rugby, Warwickshire, 1836 - Salcombe Regis, Devon, 1920). Spécialiste de la spectroscopie solaire, il découvrit la chromosphère du Soleil et, en 1868, dans le spectre des protubérances, en même temps que Janssen, la présence d'un nouvel élément, alors inconnu sur la Terre, l'hélium. Il a fondé la revue scientifique *Nature* (1869).

LOCLE (Le), v. de Suisse (Neuchâtel) dans le Jura ; 11 313 h. Centre horloger.

LOCMARIAQUER [-kɛr] (56740), comm. du Morbihan, sur le golfe du Morbihan ; 1 316 h. Ensemble mégalithique, dont un menhir (auj. brisé) qui mesurait plus de 20 m.

LOCMINÉ (56500), ch.-l. de c. du Morbihan ; 3 657 h. Agroalimentaire. Église, chapelle et ossuaire de la Renaissance.

LOCRIDE, contrée de la Grèce continentale ancienne ; on distinguait la *Locride orientale,* sur la mer Égée en bordure du golfe de Lamia, et la *Locride occidentale,* sur le golfe de Corinthe. (Hab. *Locriens.*)

LOCRONAN (29180), comm. du Finistère ; 797 h. Place avec église, chapelle et maisons en granite des XVe-XVIIe s. Célèbre pardon.

LOCTUDY (29750), comm. du Finistère ; 3 644 h. Station balnéaire. Pêche. Église en partie romane.

LOCUSTE, femme romaine (m. en 68 apr. J.-C.). Elle empoisonna Claude pour le compte d'Agrippine, et Britannicus pour le compte de Néron. Galba la fit mettre à mort.

LOD ou **LYDDA,** v. d'Israël ; 39 000 h. Aéroport de Tel-Aviv-Jaffa.

LODÈVE (34700), ch.-l. d'arr. de l'Hérault ; 7 777 h. *(Lodévois).* Anc. cathédrale et ses dépendances (XIIIe-XVIIIe s.). Musée. À proximité, gisements d'uranium.

LODI, v. d'Italie (Milan), sur l'Adda ; 42 170 h. Église octogonale de l'Incoronata (fin du XVe s.) et autres monuments. Victoire de Bonaparte sur les Autrichiens de Beaulieu en 1796.

LODS (Marcel), architecte et urbaniste français (Paris 1891 - *id.* 1978). De son association avec Eugène Beaudouin (1898-1983) sont issues des réalisations exemplaires dans le domaine de la préfabrication (marché couvert-maison du peuple de Clichy, 1937, avec collab. de J. Prouvé).

ŁÓDŹ, v. de Pologne, ch.-l. de voïévodie ; 844 900 h. Centre textile. Galerie d'art moderne.

LOÈCHE-LES-BAINS, en all. **Leukerbad,** comm. de Suisse (Valais) ; 1 442 h. Centre touristique et thermal.

LOEWI (Otto), pharmacologue allemand (Francfort-sur-le-Main 1873 - New York 1961). Il a identifié les substances actives (acétylcholine, adrénaline) sur le système nerveux autonome. (Prix Nobel 1936.)

LOEWY (Raymond), esthéticien industriel américain d'origine française (Paris 1893 - Monaco 1986). Installé aux États-Unis en 1919, il y a fondé dix ans plus tard sa société de design, s'attachant à doter d'une beauté fonctionnelle les produits les plus divers (du paquet de cigarettes à l'automobile et à la navette spatiale).

LOFOTEN *(îles),* archipel des côtes de Norvège ; 1 425 km^2 ; 25 000 h. Pêcheries.

LOGAN *(mont),* point culminant du Canada (Yukon), à la frontière de l'Alaska ; 6 050 m.

Loges *(les),* section de la forêt de Saint-Germain-en-Laye. Camp militaire abritant le quartier général du commandement militaire de l'Île-de-France.

logique *(Science de la),* ouvrage de Hegel (1812-1816), dans lequel l'auteur expose une théorie de l'être, une théorie de l'essence et une théorie du concept.

Logique formelle, œuvre d'A. De Morgan (1847), dans laquelle il élabore l'algèbre des relations.

Logique ou l'Art de penser (la), ouvrage également appelé *Logique de Port-Royal,* composé par A. Arnauld et P. Nicole (1662), exposé complet de la syllogistique, qui situe la logique par rapport à la grammaire.

LOGIS-NEUF (le), section de la comm. de La Coucourde (Drôme). Centrale hydroélectrique sur une dérivation du Rhône.

LOGNES (77185), comm. de Seine-et-Marne ; 12 985 h.

LOGONE (le), riv. de l'Afrique équatoriale, affl. du Chari (r. g.) ; 900 km.

LOGROÑO, v. d'Espagne, ch.-l. de la prov. de La Rioja, sur l'Èbre ; 122 254 h.

Lohengrin, héros d'une légende germanique rattachée au cycle des romans courtois sur la quête du Graal. Cette légende a inspiré à R. Wagner l'opéra *Lohengrin* (1850), dont il écrivit le livret et la musique.

Livingstone

Lloyd George

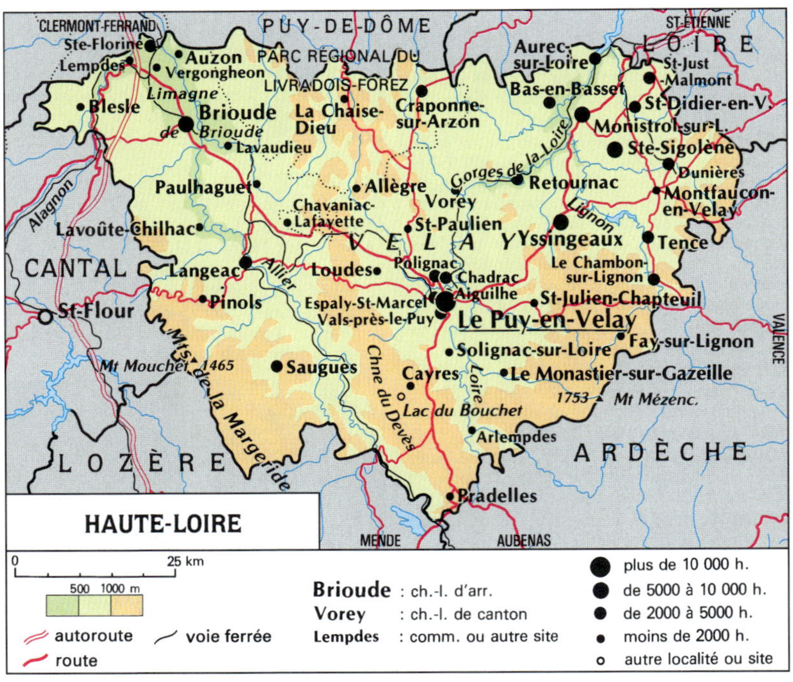

LOIGNY-LA-BATAILLE (28140), comm. d'Eure-et-Loir ; 181 h. La Ire armée de la Loire y fut battue par les Prussiens en 1870.

LOING [lwɛ̃], affl. de la Seine (r. g.), qui passe à Montargis, Nemours et Moret ; 166 km. — Sa vallée, en aval de Montargis, est empruntée par le *canal du Loing.*

LOIR (le), affl. de la Sarthe (r. g.), qui passe à Châteaudun, Vendôme et La Flèche ; 311 km.

LOIRE (la), le plus long fleuve de France ; 1 020 km. Son bassin, couvrant 115 120 km^2 (environ le cinquième de la France), s'étend sur l'est du Massif central *(Loire supérieure),* le sud du Bassin parisien *(Loire moyenne)* et le sud-est du Massif armoricain *(Loire inférieure).* La Loire, née à 1 408 m d'alt. au mont Gerbier-de-Jonc, se dirige d'abord vers le nord, raccordant par des gorges étroites de petites dépressions (bassins du Puy et du Forez, plaine de Roanne), avant de recevoir l'Allier (r. g.) en aval de Nevers. Le fleuve, sorti du Massif central, décrit alors une vaste boucle, dont Orléans constitue le sommet. Il coule dans une vallée élargie, le *Val de Loire* ou *Val,* encombrée de bancs de sable, et reçoit successivement, après Tours, le Cher, l'Indre, la Vienne (grossie de la Creuse), à gauche, issus du Massif central, et la Maine à droite (en pénétrant dans le Massif armoricain). En aval de Nantes commence le long estuaire qui se termine dans l'Atlantique. La Loire a un régime irrégulier (sauf en aval), aux crues surtout hivernales et aux basses eaux estivales très marquées. La navigation n'est active qu'en aval de Nantes, mais en amont les eaux du fleuve servent au refroidissement de centrales nucléaires (Belleville-sur-Loire, Dampierre-en-Burly, Saint-Laurent-des-Eaux, et Avoine).

LOIRE (42), dép. de la Région Rhône-Alpes ; ch.-l. de dép. *Saint-Étienne ;* ch.-l. d'arr. *Montbrison, Roanne ;* 3 arr., 40 cant., 327 comm. ; 4 781 km^2 ; 746 288 h. Le dép. est rattaché à l'académie et à la cour d'appel de Lyon, à la région militaire Méditerranée. Entre les hautes terres de la Madeleine et du Forez à l'ouest (en voie de dépeuplement), du Beaujolais et du Lyonnais à l'est (où se développe l'élevage bovin), s'allongent les plaines du Forez et de Roanne, où se concentre l'essentiel des cultures (blé, plantes fourragères) et des prairies d'élevage. L'industrie, parfois en difficulté, implantée surtout dans les agglomérations de Saint-Étienne (plus de 40 % de la population du dép.) et de Roanne, est représentée principalement par la métallurgie et le textile.

Loire *(armées de la),* forces organisées dans la région de la Loire à la fin de 1870 par le gouvernement de la Défense nationale pour tenter de débloquer Paris, assiégé par les Allemands.

Loire *(châteaux de la),* ensemble de demeures royales, seigneuriales ou bourgeoises édifiées dans l'Anjou, la Touraine, le Blésois et l'Orléanais aux XVe et XVIe s. Les principaux sont ceux de Langeais, du Plessis-Bourré, Azay-le-Rideau, Villandry, Amboise, Chenonceaux, Chaumont, Blois, Chambord et Valençay.

LOIRE (HAUTE-) [43], dép. de la Région Auvergne ; ch.-l. de dép. *Le Puy-en-Velay ;* ch.-l. d'arr. *Brioude, Yssingeaux ;* 3 arr., 35 cant., 260 comm. ; 4 977 km^2 ; 206 568 h. Le dép. est rattaché à l'académie de Clermont-Ferrand, à la cour d'appel de Riom et à la région militaire Méditerranée. En dehors de son extrémité occidentale (à l'ouest de l'Allier), constituée par le rebord granitique de la Margeride, le dép. s'étend sur les hautes terres volcaniques du Velay (élevage bovin), entaillées par la vallée de la Loire. Celle-ci ouvre le bassin du Puy, qui, avec la Limagne de Brioude, drainée par l'Allier, est le plus riche secteur agricole (céréales, arbres fruitiers, pomme de terre, lentille verte). L'industrie est représentée surtout par la petite métallurgie, assez dispersée, mais son développement est insuffisant pour absorber le traditionnel exode rural.

LOIRE (Pays de la), Région administrative, regroupant les dép. suivants : Loire-Atlantique, Maine-et-Loire, Mayenne, Sarthe et Vendée ; 32 082 km^2 ; 3 059 112 h. ; ch.-l. *Nantes.*

LOIRE-ATLANTIQUE (**44**), dép. de la Région Pays de la Loire ; ch.-l. de dép. *Nantes ;* ch.-l. d'arr. *Ancenis, Châteaubriant, Saint-Nazaire ;* 4 arr., 59 cant., 221 comm. ; 6 815 km² ; 1 052 183 h. Le dép. appartient à l'académie de Nantes, à la cour d'appel de Rennes et à la région militaire Atlantique. Partie méridionale de la Bretagne historique, le dép. est essentiellement formé de collines et de bas plateaux, en dehors du littoral, parfois marécageux (Grande Brière). La polyculture (blé, plantes fourragères associées à l'élevage bovin) domine, cédant localement la place au vignoble (muscadet) et aux cultures maraîchères (près de Nantes). L'industrie tient une place importante grâce à l'activité de la basse Loire, entre Nantes (45 % de la population du dép. dans l'agglomération) et Saint-Nazaire, où sont implantés la métallurgie (constructions navales), des usines chimiques et alimentaires, le raffinage du pétrole, etc. Le tourisme estival anime surtout le littoral (La Baule).

LOIRE-SUR-RHÔNE (69700), comm. du Rhône ; 1 933 h. Centrale thermique sur le Rhône.

LOIRET (**45**), dép. de la Région Centre ; ch.-l. de dép. *Orléans ;* ch.-l. d'arr. *Montargis, Pithiviers ;* 3 arr., 41 cant., 334 comm. ; 6 775 km² ; 580 612 h. Le dép. appartient à l'académie d'Orléans-Tours, à la cour d'appel d'Orléans et à la région militaire Atlantique. Il est formé de régions naturelles variées, aux aptitudes agricoles inégales. À la Sologne, pays de landes et de marécages, partiellement mise en valeur, et à la vaste forêt d'Orléans s'opposent le Gâtinais, où domine l'élevage, l'extrémité de la Beauce, céréalière, et surtout le riche Val de Loire (pépinières, cultures fruitières et légumières). L'industrie tient aujourd'hui une place importante. Elle est surtout représentée dans l'agglomération d'Orléans, qui concentre près de la moitié de la population totale du dép., en accroissement constant. Centrale nucléaire à Dampierre-en-Burly.

LOIR-ET-CHER (**41**), dép. de la Région Centre ; ch.-l. de dép. *Blois ;* ch.-l. d'arr. *Romorantin-Lanthenay, Vendôme ;* 3 arr., 31 cant., 291 comm. ; 6 343 km² ; 305 937 h. Le dép. est rattaché à l'académie d'Orléans-Tours, à la cour d'appel d'Orléans et à la région militaire Atlantique. Le riche Val de Loire (pépinières, cultures fruitières et légumières) sépare la Sologne, marécageuse, pays de chasses et d'étangs, prolongée à l'ouest par des terres plus sèches (arbres fruitiers, vigne), du Blésois, céréalier (dépendance de la Beauce), et de l'extrémité méridionale des collines du Perche (polyculture associée à l'élevage). L'industrie est représentée par les constructions mécaniques et électriques, l'alimentation et les textiles. Une centrale nucléaire est implantée à Saint-Laurent-des-Eaux. La présence de magnifiques châteaux (Blois, Chambord, Cheverny) stimule le tourisme. *(V. carte p. 1476.)*

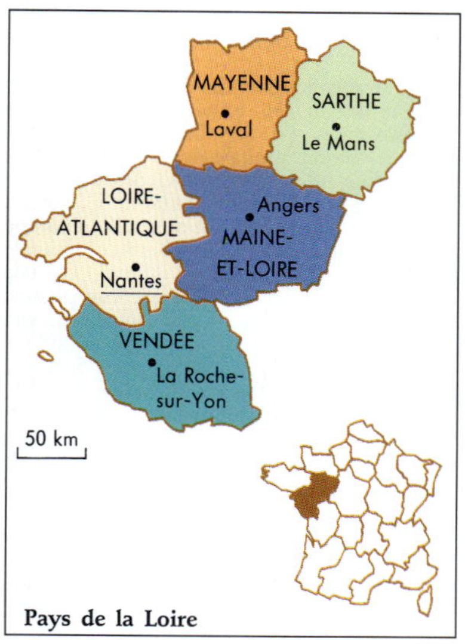

Pays de la Loire

LOIRON (53320), ch.-l. de c. de la Mayenne ; 1 249 h.

Lois (les), dialogue de Platon dans lequel il passe en revue les meilleures lois possibles, à partir d'exemples réels (Sparte, Athènes).

Lois *(école des),* école de pensée chinoise (VIIe s. av. J.-C.), qui préconisait un gouvernement autoritaire et rationnel dans le domaine économique.

Loisirs (les) ou **Hommage à Louis David,** grande toile de F. Léger (1948/49, M. N. A. M., Paris), une des compositions qui, dans la dernière période de l'artiste, greffent un contenu social sur les acquis du langage plastique. *(V. illustration p. 1476.)*

LOISON-SOUS-LENS (62218), comm. du Pas-de-Calais, banlieue de Lens ; 5 718 h.

LOISY (Alfred), exégète français (Ambrières, Marne, 1857 - Ceffonds, Haute-Marne, 1940). Prêtre (1879), professeur à l'Institut catholique de Paris, il fut excommunié pour ses idées modernistes (1908) ; il devint professeur d'histoire des religions au Collège de France (1909-1931). Sa philosophie religieuse s'efforçait de rassembler les croyants au-delà des divisions confessionnelles.

LOKEREN, v. de Belgique (Flandre-Orientale) ; 34 942 h. Monuments du XVIIIe s.

LOKMAN → ***Luqmān.***

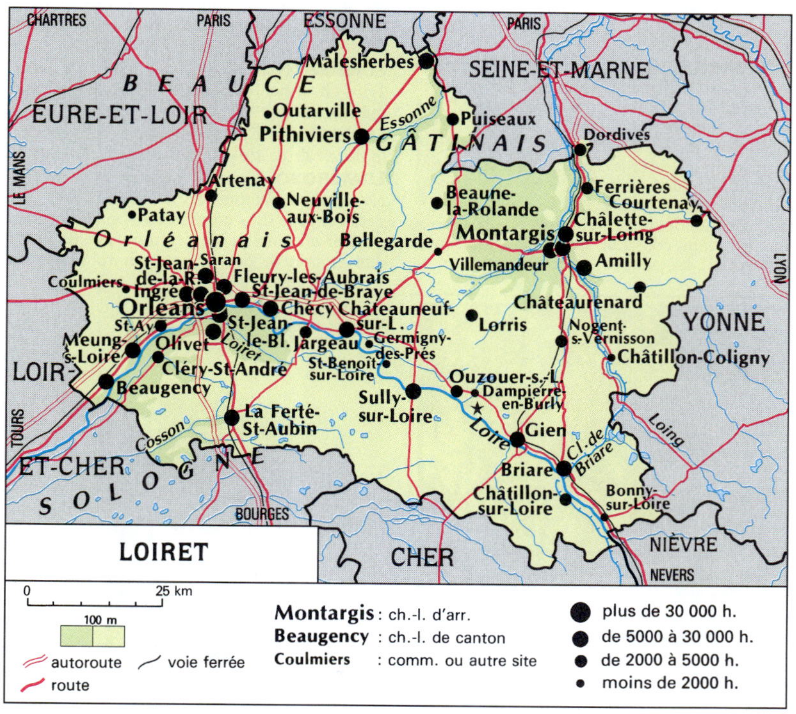

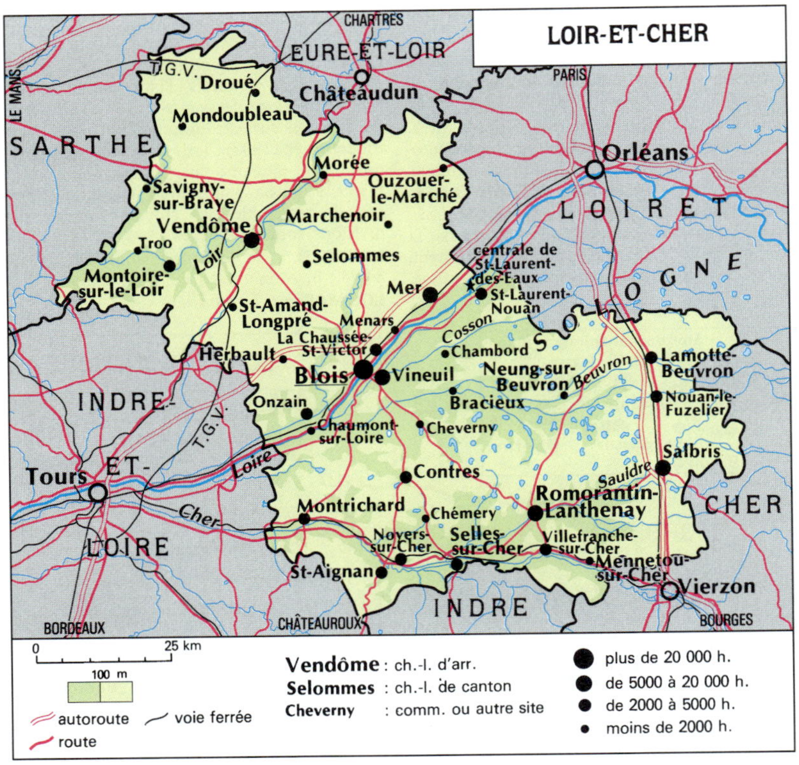

Lola Montes, film français de M. Ophuls (1955), évocation flamboyante et somptueuse de la vie agitée de la favorite du roi Louis de Bavière, interprétée par Martine Carol.

LOLLAND ou **LAALAND,** île du Danemark, dans la Baltique, reliée à l'île de Falster par deux ponts ; 1 243 km² ; 82 000 h. Ch.-l. *Maribo.*

LOLLOBRIGIDA (Luigina, dite **Gina**), actrice italienne (Subiaco 1927). Sa beauté pulpeuse, sa vivacité et son charme lui valurent une popularité internationale : *Fanfan la Tulipe* (Christian-Jaque, 1952), *Pain, Amour et Fantaisie* (L. Comencini, 1953).

LOMAGNE (la), petite région du Sud-Ouest. V. pr. *Beaumont-de-Lomagne.*

LOMAS DE ZAMORA, banlieue de Buenos Aires ; 572 769 h.

lombarde *(Ligue),* ligue formée en 1167 par des villes guelfes, sous le patronage du pape Alexandre III, pour combattre Frédéric Ier Barberousse, à qui elle imposa la trêve de Venise-Grado (1177).

LOMBARDIE, région du nord de l'Italie, située au pied des Alpes, constituant les prov. de *Bergame, Brescia, Côme, Crémone, Mantoue, Milan, Pavie, Sondrio* et *Varèse ;* 23 850 km² ; 8 831 264 h. *(Lombards).* Cap. *Milan.* On y distingue : les *Alpes lombardes,* bordées, au sud, par un chapelet de grands lacs (lacs Majeur, de Côme, de Garde, etc.) ; la *plaine lombarde,* qui associe de riches cultures à un élevage intensif et qui constitue surtout un grand foyer industriel : métallurgie, textile, chimie.

Les Loisirs ou ***Hommage à David*** (1948-49), par Fernand Léger. (M.N.A.M., C.N.A.C. Georges-Pompidou, Paris.)

LOMBARDO, sculpteurs et architectes italiens, dont les plus importants sont : **Pietro** (Carona, Lugano, v. 1435 - Venise 1515), surtout actif à Venise (monuments funéraires ; décors de marbres de l'église S. Maria dei Miracoli) ; — son fils et aide **Tullio** (? v. 1455 - Venise 1532), auteur du gisant de Guidarello Guidarelli à Ravenne.

LOMBARDS, peuple germanique établi entre l'Elbe et l'Oder, puis au sud du Danube. Les Lombards envahirent l'Italie au VIe s. et y fondèrent un État dont la capitale était Pavie (572). Battus par Charlemagne, qui prit le titre de roi des Lombards, ils maintinrent une dynastie à Bénévent jusqu'en 1047.

LOMBARD-VÉNITIEN *(Royaume),* nom porté de 1815 à 1859 par les possessions autrichiennes en Italie du Nord (Milanais, Vénétie) ; le royaume éclata en 1859, quand la Lombardie revint au Piémont. Son autre composante, la Vénétie, fut annexée en 1866 au royaume d'Italie.

LOMBEZ [-bɛs] (32220), ch.-l. de c. du Gers ; 1 336 h. Anc. cathédrale de style gothique méridional (XIVe-XVe s.).

LOMBOK, île d'Indonésie, séparée de Bali par le *détroit de Lombok ;* 5 435 km² ; 1 300 000 h.

LOMBROSO (Cesare), médecin et criminologiste italien (Vérone 1835 - Turin 1909). Il a décrit le type du « criminel-né », sujet destiné à devenir criminel par le déterminisme de l'hérédité et porteur de stigmates morphologiques.

Jack **London**

LOMÉ, cap. et port du Togo, sur le golfe de Guinée ; 247 000 h. Université.

Lomé *(conventions de),* accords de coopération et d'aide au développement signés à Lomé en 1975, 1979, 1984 et 1989 (appelés Lomé I, II, III et IV) entre les Communautés européennes et un certain nombre de pays (auj. 70) d'Afrique, des Caraïbes et du Pacifique (A.C.P.).

LOMÉNIE DE BRIENNE (Étienne **de**), prélat et homme d'État français (Paris 1727 - Sens 1794). Archevêque de Toulouse (1763), ministre des Finances en 1787, il entra en conflit avec le parlement de Paris, qu'il exila à Troyes (août-sept.), et avec les notables, dont il menaçait les privilèges ; il dut se retirer dès 1788 et fut nommé archevêque de Sens et cardinal. Il prêta serment à la Constitution civile du clergé. (Acad. fr.)

LOMME (59160), ch.-l. de c. du Nord, banlieue de Lille ; 26 807 h.

LOMMEL, comm. de Belgique (Limbourg) ; 27 925 h. Métallurgie.

LOMONOSSOV (Mikhaïl Vassilievitch), écrivain et savant russe (Denissovka, gouvern. d'Arkhangelsk, 1711 - Saint-Pétersbourg 1765). Réformateur de la poésie russe et de la langue littéraire (*Grammaire russe,* 1755), il fit créer l'université de Moscou.

LOMONT (le), partie du Jura (Doubs) ; 840 m.

LONDE-LES-MAURES (La) [83250], comm. du Var ; 7 260 h.

LONDERZEEL, comm. de Belgique (Brabant flamand) ; 17 011 h.

LONDINIÈRES (76660), ch.-l. de c. de la Seine-Maritime ; 1 133 h.

LONDON, v. du Canada (Ontario) ; 303 165 h. Centre financier. Constructions mécaniques et électriques.

LONDON (John Griffith **London**, dit **Jack**), écrivain américain (San Francisco 1876 - Glen Ellen, Californie, 1916), auteur de nombreux romans d'aventures (*le Loup des mers,* 1904 ; *Croc-Blanc,* 1905). Célèbre et riche, mais révolté par la société moderne, il se suicida.

LONDONDERRY, port d'Irlande du Nord, sur le Foyle ; 88 000 h. Textile. Chimie.

LONDRES, en angl. **London,** cap. de la Grande-Bretagne, sur la Tamise ; 2 349 900 h. (6 378 600 h. pour le *Grand Londres*) [*Londoniens*]. Comme Paris, Londres doit sa naissance à un passage du fleuve, lieu d'échanges entre le Nord et le Sud. La *Cité (City),* au cœur de la ville, demeure le centre des affaires. Aux quartiers résidentiels de l'ouest, parsemés de parcs, s'opposent encore les zones ouvrières de l'est, industriel, de part et d'autre de la Tamise. Principal port britannique, où le rôle d'entrepôt a reculé devant la fonction régionale, Londres est surtout une importante métropole politique, financière, culturelle et aussi industrielle. La croissance de l'agglomération a été freinée après 1945 par la création de « villes nouvelles » dans un large rayon autour de Londres. Les principaux monuments anciens sont la Tour de Londres (XIe s.), l'abbatiale de Westminster* (XIIIe-XVIe s.), la cathédrale Saint Paul (fin du XVIIe s.). Célèbres musées (British* Museum, National* Gallery, Tate* Gallery, Victoria* and Albert Museum, etc.).

HISTOIRE

Centre stratégique et commercial de la Bretagne romaine *(Londinium),* ruinée par les invasions anglo-saxonnes (Ve s.), Londres renaît aux VIe-VIIe s. comme capitale du royaume d'Essex et siège d'un évêché (604). Enjeu des luttes entre les rois anglo-saxons et danois (Xe-XIe s.), elle est, à partir du XIIe s., la capitale de fait du royaume anglo-normand. Dotée d'une charte communale (1191), siège du Parlement (1258), capitale officielle du royaume (1327), elle connaît une remarquable extension, due à l'activité de son port et à l'essor de l'industrie drapière (XVe s.). Elle est ravagée par la peste en 1665 et par l'incendie en 1666, mais, au XVIIIe et au XIXe s., le rythme de son développement s'accélère et Londres devient la capitale de la finance et du commerce internationaux. Pendant la Seconde Guerre mondiale, elle est durement atteinte par les bombardements allemands.

LONDRES (Albert), journaliste français (Vichy 1884 - dans l'océan Indien, lors de l'incendie du *Georges-Philippar,* 1932). Un prix de journalisme fondé en 1933 et décerné annuellement porte le nom de ce grand reporter.

LONDRINA, v. du Brésil (Paraná) ; 388 331 h.

LONG (Marguerite), pianiste française (Nîmes 1874 - Paris 1966). Interprète de Debussy, Fauré, Ravel, elle a fondé une école et un concours international avec le violoniste Jacques Thibaud (1946).

LONG BEACH, port des États-Unis (Californie), banlieue de Los Angeles ; 429 433 h. Aéronautique.

Longchamp *(hippodrome de),* hippodrome situé dans le bois de Boulogne.

LONGEMER [-mɛr], petit lac des Vosges ; 79 ha.

LONGFELLOW (Henry Wadsworth), poète américain (Portland 1807 - Cambridge, Massachusetts, 1882), influencé par la culture et le romantisme européens (*Evangeline,* 1847).

LONGHENA (Baldassare), architecte italien (Venise 1598 - *id.* 1682). Il a su combiner, à Venise, la dynamique du baroque et la noblesse palladienne (église de la Salute, à plan central, entreprise en 1631 ; palais Pesaro, v. 1650).

LONGHI (Pietro **Falca,** dit **Pietro**), peintre italien (Venise 1702 - *id.* 1785), auteur de scènes familières de la vie vénitienne.

LONGIN *(saint),* martyr du Ier s. (m. à Césarée de Cappadoce). Ce centurion romain aurait été converti pendant la Passion, après qu'il eut percé de sa lance le flanc du Christ.

LONG ISLAND, île sur laquelle est bâti Brooklyn, quartier de New York.

longitudes *(Bureau des),* organisme scientifique institué en 1795 en vue de perfectionner l'astronomie et les sciences qui lui sont liées. Il publie chaque année la *Connaissance des temps* et des éphémérides.

LONGJUMEAU (91160), ch.-l. de c. de l'Essonne, dans la vallée de l'Yvette ; 19 955 h. *(Longjumellois).* Produits pharmaceutiques. Anc. relais de poste. Une paix y fut signée en 1568 entre les catholiques et les protestants.

LONGMEN ou **LONG-MEN,** fondations bouddhiques rupestres de Chine (Henan) creusées à partir de 494 sous les Wei du Nord, et en activité jusqu'au Xe s. Intensité spirituelle et élégance des reliefs.

LONGNY-AU-PERCHE (61290), ch.-l. de c. de l'Orne ; 1 586 h. Église et chapelle des XVe-XVIe s.

LONGO (Jeannie), cycliste française (Annecy 1958). Vainqueur de trois Tours de France (1987, 1988 et 1989) et détentrice de dix titres de championne du monde (dont cinq remportés dans l'épreuve sur route : 1985, 1986, 1987, 1989 et 1995, et trois en poursuite), elle a également battu à plusieurs reprises le record du monde de l'heure.

LONGO (Luigi), homme politique italien (Fubine Monferrato 1900 - Rome 1980), secrétaire général (1964) puis président (1972) du parti communiste italien.

LONGUE *(île),* bande de terre de la partie nord de la presqu'île de Crozon (Finistère), sur la rade de Brest. Base, depuis 1970, des sous-marins nucléaires lanceurs d'engins.

Londres : Piccadilly, une des grandes artères du centre de la ville.

LONGUEAU (80330), comm. de la Somme, près d'Amiens ; 4 957 h. Gare de triage. Aérodrome.

LONGUÉ-JUMELLES (49160), ch.-l. de c. de Maine-et-Loire ; 6 837 h.

Longue Marche *(la),* mouvement de retraite des communistes chinois (1934-35) sous l'égide de Mao Zedong. Pour échapper aux nationalistes, ils traversèrent la Chine du sud au nord (Shanxi) en faisant un long crochet par le Sud-Ouest, perdant plus des trois quarts de leurs effectifs.

LONGUENESSE (62219), comm. du Pas-de-Calais ; 13 317 h. Matériel téléphonique.

LONGUEUIL, v. du Canada (Québec), banlieue de Montréal, sur le Saint-Laurent ; 129 874 h.

LONGUEVILLE (Anne, *duchesse* **de**), sœur du Grand Condé (Vincennes 1619 - Paris 1679). Ennemie de Mazarin, elle joua un rôle important pendant la Fronde.

LONGUS, écrivain grec (Lesbos ? IIe ou IIIe s. apr. J.-C.). On lui attribue le roman pastoral de *Daphnis et Chloé.*

LONGUYON (54260), ch.-l. de c. de Meurthe-et-Moselle ; 6 109 h. Église du XIIIe s.

LONGVIC [lɔ̃vi] (21600), comm. de la Côte-d'Or ; 8 499 h. Aéroport. Électroménager.

Longwood, résidence de Napoléon Ier à Sainte-Hélène, de 1815 à sa mort (1821).

LONGWY [lɔ̃wi] (54400), ch.-l. de c. de Meurthe-et-Moselle ; 15 647 h. *(Longoviciens).* Métallurgie.

LON NOL, maréchal et homme politique cambodgien (Kompong-Leau 1913 - Fullerton, Californie, 1985). Commandant en chef des forces armées (1959), puis Premier ministre (1966 et 1969), il destitua le prince Norodom Sihanouk (1970) puis, président de la République, établit une dictature militaire (1972-1975).

LÖNNROT (Elias), écrivain finlandais (Sammatti 1802 - *id.* 1884). Il recueillit les chants populaires de Carélie et les publia sous le titre de *Kalevala*.*

LONS (64140) comm. des Pyrénées-Atlantiques, banlieue de Pau ; 9 443 h.

LONS-LE-SAUNIER [lɔ̃-] (39000), ch.-l. du dép. du Jura, à 400 km au sud-est de Paris ; 20 140 h. *(Lédoniens).* Centre administratif et commercial. Fromagerie. Église St-Désiré, en partie du XIe s. Musée.

LOON-PLAGE (59279), comm. du Nord ; 6 454 h. Station balnéaire.

LOOS [los] (59120), comm. du Nord, sur la Deûle ; 21 358 h. *(Loossois).* Prison. Textile. Chimie. Imprimerie.

LOOS (Adolf), architecte autrichien (Brno 1870 - Kalksburg, auj. dans Vienne, 1933). Sa conférence *Ornement et Crime,* prononcée en 1908 à Vienne, où il était établi, a été le manifeste du fonctionnalisme intégral.

LOOS-EN-GOHELLE (62750), comm. du Pas-de-Calais ; 6 592 h.

LOPBURI, v. de Thaïlande, ch.-l. de prov. ; 37 000 h. Temples (prang ou hautes tours-reliquaires) des XIIIe-XIVe s. Importantes fouilles archéologiques (mésolithique, âge du bronze, art de Dvāravatī [VIIe-VIIIe s.]).

LOPE DE VEGA → ***Vega Carpio*** *(Felix Lope de).*

LÓPEZ ARELLANO (Osvaldo), homme politique hondurien (né en 1921), chef du gouvernement (1963), puis président de la République (1965-1971, 1972-1975).

LORCA, v. d'Espagne (Murcie) ; 65 919 h. Monuments surtout de style baroque.

lords *(Chambre des),* chambre haute du Parlement britannique, composée de pairs héréditaires et de pairs à vie, ainsi que d'évêques et d'archevêques anglicans. Elle joue le rôle de tribunal supérieur d'appel. Ses pouvoirs législatifs ont été réduits par la loi de 1911.

Lorelei (la), personnage féminin fabuleux qui, de la falaise de la Lorelei, attirait par son charme les bateliers du Rhin et provoquait des naufrages.

LOREN (Sofia **Scicolone,** dite **Sophia**), actrice italienne (Rome 1934). Elle a marqué tous ses rôles d'un style qui mêle élégance et passion : *la Ciociara* (V. De Sica, 1960), *Une journée particulière* (E. Scola, 1977).

LORENTZ (Hendrik Antoon), physicien néerlandais (Arnhem 1853 - Haarlem 1928), prix Nobel en 1902 pour sa théorie électronique de la matière, qui décrit le comportement individuel des électrons et complète la théorie macroscopique de Maxwell. Pour interpréter le résultat négatif de l'expérience de Michelson, il énonça les formules de transformation liant les longueurs, les masses et le temps de deux systèmes en mouvement rectiligne uniforme l'un par rapport à l'autre.

LORENZ (Edward Norton), météorologue américain (West Hartford, Connecticut, 1917). Mathématicien, il a appliqué à la prévision météorologique la modélisation et les techniques informatiques. Ses travaux ont mis en évidence les phénomènes liés à la théorie du chaos et à la non-prédictibilité des systèmes dynamiques, notion vulgarisée sous le nom de « effet papillon ».

LORENZ (Konrad), éthologiste et zoologiste autrichien (Vienne 1903 - Altenberg, Basse Autriche, 1989). Un des fondateurs de l'éthologie moderne, il a approfondi la notion d'empreinte et développé une théorie sur les aspects innés et acquis du comportement. Il s'est aussi interrogé sur les fondements biologiques de l'ordre social. (*Il parlait avec les mammifères, les oiseaux et les poissons,* 1949 ; *l'Agression,* 1963 ; *Essais sur le comportement animal et humain,* 1965 ; *les Huit Péchés capitaux de notre civilisation,* 1973.) [Prix Nobel 1973.]

Lorenzaccio, drame d'A. de Musset (1834 ; représenté en 1896), qui met en scène l'assassinat du duc Alexandre de Médicis par son cousin Lorenzo.

LORENZETTI (les frères), peintres italiens : **Pietro** (Sienne v. 1280 - *id.* 1348 ?) et **Ambrogio** (documenté à Sienne de 1319 à 1347). S'écartant de la pure élégance gothique, ils innovent en empruntant à l'exemple de Giotto et de la sculpture toscane (retables ; fresques de Pietro dans la basilique inférieure d'Assise, d'Ambrogio au palais public de Sienne).

LORENZO VENEZIANO → ***Paolo Veneziano.***

LORESTĀN ou **LURISTĀN,** région de l'Iran, qui fut le centre d'une civilisation apparue dès le IIIe millénaire et qui s'épanouit entre le XIVe et le VIIe s. av. J.-C., avec de remarquables pièces de bronze où triomphe la stylisation animalière.

LORETTE (42420), comm. de la Loire ; 5 105 h. Métallurgie.

LORETTE, en ital. **Loreto,** v. d'Italie (Ancône) ; 10 797 h. Basilique de pèlerinage de la Santa Casa, des XVe-XVIe s.

LORETTEVILLE, v. du Canada (Québec), banlieue de Québec ; 14 219 h.

LORGUES (83510), ch.-l. de c. du Var ; 6 664 h. Église du XVIIIe s.

LORIENT (56100), ch.-l. d'arr. du Morbihan, sur la ria formée par les embouchures du Scorff et du Blavet ; 61 630 h. *(Lorientais).* Important port de pêche. Conserveries. Constructions mécaniques. Port militaire et, à l'ouest, base aéronavale de Lann-Bihoué.

LORIN (René), ingénieur et inventeur français (? 1877 - Paris 1933). Il est l'inventeur du concept de statoréacteur (1907).

LORIOL-SUR-DRÔME (26270), ch.-l. de c. de la Drôme ; 5 657 h. Barrage alimentant une dérivation du Rhône.

LORME (Marion **de**) [Baye, Champagne, 1611 - Paris 1650], femme célèbre par sa beauté et ses aventures galantes.

LORMES (58140), ch.-l. de c. du nord-est de la Nièvre ; 1 510 h.

LORMONT (33310), ch.-l. de c. de la Gironde, banlieue de Bordeaux ; 21 771 h.

Konrad **Lorenz**

LOROUX-BOTTEREAU (Le) [44430], ch.-l. de c. de la Loire-Atlantique ; 4 365 h.

LORQUIN (57790), ch.-l. de c. de la Moselle ; 1 355 h. Appareils ménagers.

LORRAIN ou **LE LORRAIN** (Claude **Gellée,** dit **Claude**), peintre et dessinateur français (Chamagne, près de Mirecourt, 1600 - Rome 1682). L'essentiel de sa carrière se déroule à Rome. Empruntant aux écoles du Nord comme aux Italiens, maniant la lumière de façon féerique, il est un des grands maîtres du paysage « historique » (*Ulysse* remet Chryséis à son père,* Louvre ; *Jacob, Laban et ses filles,* château de Petworth, Grande-Bretagne).

Claude **Lorrain :** *Berger et bergère.* Plume et lavis. (Musée Bonnat, Bayonne.)

LORRAIN (Le) [97214], comm. de la Martinique ; 8 116 h.

LORRAINE, région de l'est de la France, qui s'étend sur le versant ouest des Vosges (vaste plateau parsemé de forêts et d'étangs) et sur la partie orientale du Bassin parisien (les Côtes de Meuse et de Moselle y dominent des dépressions : Woëvre, Vermois, Xaintois, Bassigny). Le paysage de campagne, l'habitat groupé, la petite exploitation et le faire-valoir direct sont des traits classiques de l'agriculture lorraine. Les céréales (blé surtout) ont reculé devant l'élevage bovin, stimulé par la proximité de marchés urbains. L'exploitation de la forêt (un tiers du sol) est importante. L'industrie lourde a été fondée sur la houille et surtout sur le fer. Mais la métallurgie, comme les branches extractives, a connu un déclin sensible. L'industrie chimique est implantée sur les mines de sel (à l'est et au nord-est de Nancy), et l'industrie textile (coton) dans la partie vosgienne.

La Lorraine donne son nom à un *parc naturel régional* (environ 205 000 ha).

HISTOIRE

Ier millénaire av. J.-C. : installation de tribus celtes, les Leuques (au sud) et les Médiomatrices (dans le Nord). Ier s. av. J.-C. - IVe s. apr. J.-C. : la Lorraine romaine connaît la prospérité. 511-751 : l'Austrasie (cap. Metz), première entité politique où s'exprime la Lorraine, est le berceau de la dynastie carolingienne. 843 : le traité de Verdun donne la région à Lothaire Ier. 855 : la Lotharingie est constituée en royaume par Lothaire II (855-869). 870 : le traité de Meerssen la partage entre Charles le Chauve et Louis le Germanique. 925 : disputée entre la France et la Germanie, la Lotharingie est finalement rattachée à la Germanie. V. 960 : elle est partagée en Basse-Lotharingie (Lothier) et Haute-Lotharingie (Lorraine). De ce dernier duché se détachent des principautés, parmi lesquelles les Trois-Évêchés (Metz, Toul et Verdun). 1301-1532 : au temps des ducs, la Lorraine est déchirée entre les influences rivales de la France, de la Bourgogne et de l'Empire. René II, duc de 1473 à 1508, s'oppose à l'annexion de la Lorraine par la Bourgogne (mort de Charles le Téméraire devant Nancy, 1477). 1532 : Charles Quint reconnaît l'indépendance du duché de Lorraine. 1552 : la France s'empare des Trois-Évêchés. 1545-1608 : le duc Charles III assure la prospérité du duché. 1624-1738 : l'Empire et la France se disputent le duché. 1738-1766 : Stanislas Leszczyński, beau-père de Louis XV, cède à celui-ci la Toscane contre le duché. 1766 : Louis XV hérite de la Lorraine à la mort de Stanislas. 1815 : la Sarre, incluse dans la Lorraine depuis Louis XIV, entre dans la Confédération germanique. 1871 : le département de la Moselle est annexé par l'Allemagne (→ ***Alsace-Lorraine***). 1919 : il fait retour à la France. 1940 : la Lorraine est occupée et la Moselle est à nouveau annexée par l'Allemagne. 1944 : elle est libérée.

LORRAINE, Région administrative groupant les dép. suivants : Meurthe-et-Moselle, Meuse, Moselle et Vosges ; 23 547 km² ; 2 305 726 h. ; ch.-l. *Metz.*

LORRAINE BELGE → ***Gaume.***

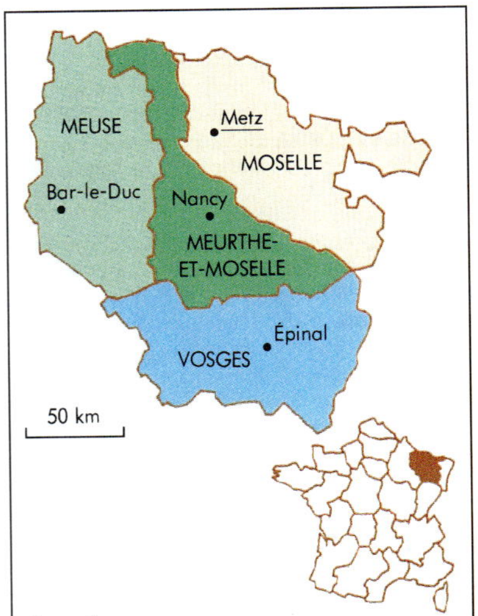

Lorraine

LORREZ-LE-BOCAGE-PRÉAUX (77710), ch.-l. de c. de Seine-et-Marne ; 1 196 h.

LORRIS (45260), ch.-l. de c. du Loiret ; 2 704 h. Église des XIIe-XVe s.

LORRIS (Guillaume **de**) → ***Guillaume de Lorris.***

LOS ALAMOS, localité des États-Unis (Nouveau-Mexique), centre de recherches nucléaires. La première bombe atomique y fut assemblée.

LOS ANGELES, port des États-Unis (Californie) ; 3 485 398 h. (8 863 164 dans l'agglomération, la deuxième des États-Unis, avec d'importantes minorités, hispanophone et noire). Centre culturel et artistique (universités, musées), financier et aussi industriel. Hollywood est l'un de ses quartiers.

Los Angeles Times, quotidien américain fondé en 1881, qui appartient au groupe *Times Mirror.*

LOSCHMIDT (Joseph), physicien autrichien (Putschirn, auj. dans Karlovy Vary, 1821 - Vienne 1895). Il a donné en 1865 une première évaluation du nombre d'Avogadro, mais ses principaux travaux ont porté sur la théorie cinétique des gaz et la thermodynamique.

LOSEY (Joseph), cinéaste américain (La Crosse, Wisconsin, 1909 - Londres 1984). Moraliste lucide et intransigeant, contraint par le maccarthysme à l'exil, il acquit en Angleterre une réputation internationale : *The Servant* (1963), *Accident* (1967), *le Messager* (1971), *Monsieur Klein* (1976).

LOT (le), riv. du Massif central et du bassin d'Aquitaine, née près du mont Lozère et affluent de la Garonne (r. dr.) ; 480 km. Il passe à Mende, Cahors et Villeneuve-sur-Lot.

LOT [lɔt] (**46**), dép. de la Région Midi-Pyrénées, formé par la majeure partie du Quercy ; ch.-l. de dép. *Cahors ;* ch.-l. d'arr. *Figeac, Gourdon ;* 3 arr., 31 cant., 340 comm. ; 5 217 km² ; 155 816 h. *(Lotois).* Le dép. est rattaché à l'académie de Toulouse, à la cour d'appel d'Agen et à la région militaire Atlantique. En dehors des bassins de Saint-Céré et de Figeac à l'est (portant des cultures céréalières et fruitières) et des collines du sud-ouest (où domine la traditionnelle polyculture aquitaine), le dép. s'étend sur les causses du Quercy, plateaux arides, entaillés par des vallées plus verdoyantes (Dordogne, Lot), où se concentrent les activités agricoles (céréales, fruits, élevage, parfois vignobles et tabac) et la population (Cahors). La faiblesse de l'urbanisation et de l'industrie explique la faible densité moyenne et la persistance de l'émigration, que

ne peut arrêter l'activité touristique (Rocamadour, Padirac).

LOT ou **LOTH,** personnage biblique, neveu d'Abraham. Établi à Sodome, il échappa à la destruction de la ville. L'histoire de la femme de Lot, changée en statue de sel pour avoir regardé en arrière, est une explication populaire des blocs salins aux formes étranges des bords de la mer Morte.

LOT-ET-GARONNE (**47**), dép. de la Région Aquitaine ; ch.-l. de dép. *Agen ;* ch.-l. d'arr. *Marmande, Nérac, Villeneuve-sur-Lot ;* 4 arr., 40 cant., 317 comm. ; 5 361 km² ; 305 989 h. Le dép. est rattaché à l'académie de Bordeaux, à la cour d'appel d'Agen et à la région militaire Atlantique. Il est formé de collines, domaines d'une polyculture à base fruitière (prune, chasselas), entaillées par les larges vallées du Lot et de la Garonne, riches secteurs agricoles (céréales, primeurs, fruits, tabac, élevage bovin), et axes de circulation, jalonnés de marchés régionaux (Agen, Marmande, Villeneuve-sur-Lot). L'industrie, peu importante, est surtout liée à la vie rurale (agroalimentaire).

LOTHAIRE Ier (795 - Prüm 855), empereur d'Occident (840-855), fils de Louis Ier le Pieux. Il voulut garder l'intégralité de l'Empire pour lui-même, mais se vit imposer par ses frères le partage de Verdun (843). — **Lothaire II** (v. 835 - Plaisance 869), roi de Lotharingie (855-869), fils du précédent.

LOTHAIRE III (v. 1075-1137), empereur germanique (1125-1137). Il s'appuya sur les Guelfes pour lutter contre Conrad III de Hohenstaufen.

LOTHAIRE (Laon 941 - Compiègne 986), roi de France (954-986), fils de Louis IV d'Outremer. Il subit d'abord la tutelle germanique, puis se lança dans des guerres ambitieuses, contre les Otton puis contre Hugues Capet.

LOTHARINGIE, royaume créé pour Lothaire II (855-869), qui s'étendait des Vosges à la Frise. Il fut divisé après 960 en *Haute-Lotharingie,* future Lorraine, et en *Basse-Lotharingie,* qui se réduisit au duché de Brabant.

LOTHIAN, région de l'Écosse au sud du golfe de Forth. Ch.-l. *Édimbourg.*

LOTI (Julien **Viaud,** dit **Pierre**), écrivain français (Rochefort 1850 - Hendaye 1923), officier de marine et romancier impressionniste, attiré par les paysages et les civilisations exotiques (*le Mariage de Loti,* 1880 ; *Pêcheur d'Islande,* 1886 ; *Madame Chrysanthème,* 1887 ; *Ramuntcho,* 1897). [Acad. fr.]

Lötschberg *(chemin de fer du),* chemin de fer reliant les vallées du Rhin (par l'Aar) et du Rhône par un tunnel de 14 611 m sous les Alpes bernoises.

LOTTO (Lorenzo), peintre italien (Venise 1480 - Lorette 1556). Artiste tourmenté, à la vie vagabonde (Trévise, les Marches, Bergame, Venise), il est l'auteur de retables et de portraits qui unissent intensité expressive et poésie subtile.

LOUANG PRABANG → ***Luang Prabang.***

LOUBET (Émile), homme politique français (Marsanne, Drôme, 1838 - Montélimar 1929), président du Conseil (1892), du Sénat (1896-1899), puis de la République (1899-1906).

LOUCHEUR (Louis), homme politique français (Roubaix 1872 - Paris 1931). Ministre du Travail et de la Prévoyance sociale (1926-1930), il fit voter, en 1928, une loi relative à l'aide de l'État en matière d'habitations populaires.

LOUDÉAC (22600), ch.-l. de c. des Côtes-d'Armor ; 10 569 h. Forêt. Agroalimentaire.

LOUDUN (86200), ch.-l. de c. de la Vienne ; 8 204 h. Donjon des XIe-XIIe s., églises médiévales.

LOUE (la), affl. du Doubs (r. g.) ; 125 km. Formée sur les plateaux jurassiens par une résurgence.

LOUÉ (72540), ch.-l. de c. de la Sarthe ; 1 935 h. Aviculture.

LOUGANSK, de 1935 à 1990 **Vorochilovgrad,** v. d'Ukraine, dans le Donbass ; 497 000 h. Centre houiller et industriel.

LOUHANS [luɑ̃] (71500), ch.-l. d'arr. de Saône-et-Loire, dans la Bresse, sur la Seille ; 6 581 h. *(Louhannais).* Marché. Maisons des XVIIe-XVIIIe s.

SAINTS

LOUIS *(Saint)* → ***Louis IX.***

LOUIS DE GONZAGUE *(saint),* novice jésuite italien (Castiglione delle Stiviere 1568 - Rome 1591), mort au service des pestiférés. Patron de la jeunesse.

EMPEREURS

LOUIS Ier le Pieux ou **le Débonnaire** (Chasseneuil 778- près d'Ingelheim 840), empereur d'Occident (814 à 840), fils et successeur de Charlemagne. Par l'*Ordinatio Imperii* (817), il régla sa succession entre ses fils Lothaire — qu'il associa à l'Empire —, Pépin et Louis. Mais son mariage avec Judith de Bavière (819) et la naissance de Charles le Chauve (823), en compromettant le règlement de 817, provoquèrent la révolte de Lothaire. — **Louis II** (v. 825 - près de Brescia 875), roi d'Italie dès 844, empereur d'Occident (855 à 875), fils de Lothaire Ier. — **Louis III l'Aveugle** (Autun 880 - Arles 928), roi d'Italie (900) et empereur d'Occident (901 à 905), petit-fils du précédent. — **Louis IV de Bavière** (Munich 1287 - Fürstenfeld 1347), roi des Romains (1314-1346), empereur germanique (1328-1346). Il fut excommunié par Jean XXII, à qui il opposa un antipape, Nicolas V.

BAVIÈRE

LOUIS Ier DE WITTELSBACH (Strasbourg 1786 - Nice 1868), roi de Bavière (1825-1848). Il fit construire la glyptothèque de Munich. Sa liaison avec Lola Montez l'obligea à abdiquer en faveur de son fils Maximilien II. — **Louis II de Wittelsbach** (Nymphenburg 1845 - lac de Starnberg 1886), roi de Bavière (1864-1886), fils aîné de Maximilien II. Il fit construire des châteaux fantastiques (dont Neuschwanstein), et se consacra au mécénat en faveur de Wagner. Considéré comme fou, il fut interné et se noya.

Vue de **Los Angeles** (montrant immeubles anciens et modernes, plan en damier et autoroutes intra-urbaines).

Pierre **Loti**

Louis II de Wittelsbach (G. Schachinger - Munich)

Saint Louis (musée de Cluny, Paris)

FRANCE

LOUIS Ier → *Louis Ier le Pieux,* empereur.

LOUIS II le Bègue (846 - Compiègne 879), roi des Francs (877-879), fils de Charles le Chauve.

LOUIS III (v. 863 - Saint-Denis 882), roi des Francs (879-882), fils de Louis II. Il abandonna la Lotharingie à son compétiteur Louis le Jeune, roi de Germanie.

LOUIS IV d'Outremer (v. 921 - Reims 954), roi de France (936-954), fils de Charles le Simple. Arrivé au trône grâce à l'appui d'Hugues le Grand, il lutta ensuite contre celui-ci, qu'il vainquit en 948, puis contre les Normands, qu'il rallia.

LOUIS V le Fainéant (v. 967 - Compiègne 987), roi de France (986-987), fils de Lothaire. Avec lui finit la branche française de la dynastie carolingienne.

LOUIS VI le Gros (v. 1080 - Paris 1137), roi de France (1108-1137), fils de Philippe Ier et de Berthe de Hollande. Aidé par Suger, il rétablit l'ordre dans le domaine royal, combattit Henri Ier, roi d'Angleterre, et repoussa l'empereur germanique Henri V, qui menaçait d'envahir la France.

LOUIS VII le Jeune (1120 - Paris 1180), roi de France (1137-1180), fils du précédent. Il participe à la croisade prêchée par saint Bernard (1147-1149) et soutient le pape Alexandre III contre Frédéric Barberousse. En 1152, il répudie Aliénor d'Aquitaine, qui, en épousant Henri II Plantagenêt, apporte en dot l'Aquitaine au futur roi d'Angleterre. Louis VII épouse ensuite Constance de Castille (1154) puis Adèle de Champagne (1160).

Louis VII le Jeune lors de la deuxième croisade (à gauche, saint Bernard) [détail d'une miniature du XVe s. - B.N.F., Paris]

LOUIS VIII le Lion (Paris 1187 - Montpensier, Auvergne, 1226), roi de France (1223-1226), fils et successeur de Philippe Auguste et d'Isabelle de Hainaut. Il vainc Jean sans Terre (1214) et le poursuit en Angleterre. Devenu roi, il enlève aux Anglais le Poitou, la Saintonge, l'Angoumois, le Limousin, le Périgord et une partie du Bordelais, participe à la croisade contre les albigeois et soumet tout le Languedoc, moins Toulouse.

LOUIS IX ou **SAINT LOUIS** (Poissy 1214 ou 1215 - Tunis 1270), roi de France (1226-1270), fils de Louis VIII et de Blanche de Castille. Il règne d'abord sous la régence de sa mère (1226-1236), qui réprime une révolte des grands vassaux, termine la guerre contre les albigeois par le traité de Paris (1229) et lui fait épouser Marguerite de Provence (1234). Lors de sa majorité, le comte de la Marche, aidé par l'Angleterre, dirige contre lui une nouvelle ligue, qu'il écrase à Taillebourg et à Saintes (1242) ; ce conflit prend fin par le traité de Paris (1259), qui donne au roi la Normandie, l'Anjou, le Maine et le Poitou. Pour libérer la Palestine du sultan d'Égypte, Louis IX prend la croix, débarque à Damiette en 1249, mais est battu et fait prisonnier à Mansourah (1250). Ayant racheté sa liberté, il reste en Syrie de 1250 à 1254. De retour en France, il réorganise ses États, fortifie l'autorité royale et réforme profondément la justice en jetant les fondements de l'institution parlementaire. Il fait construire la Sainte-Chapelle, la Sorbonne et les Quinze-Vingts. Sa réputation d'intégrité et de vertu lui vaut l'estime universelle et fait de lui l'arbitre désigné de nombreux conflits. En 1270, malgré l'opposition de son entourage, il entreprend la huitième croisade et fait voile vers Tunis dans l'espoir de convertir le souverain de ce pays et d'en faire une base d'attaque contre l'Égypte, mais il meurt à peine débarqué devant Carthage. Il fut canonisé en 1297.

LOUIS X le Hutin (Paris 1289 - Vincennes 1316), roi de France (1314-1316) et de Navarre (Louis Ier) [1305-1316], fils de Philippe IV le Bel et de Jeanne de Navarre. Il fait exécuter sa femme Marguerite de Bourgogne, accusée d'adultère, entreprend contre la Flandre une expédition non couronnée de succès et doit, après le « mouvement des chartes », concéder aux nobles droits et immunités.

LOUIS XI (Bourges 1423 - Plessis-lez-Tours 1483), roi de France (1461-1483), fils de Charles VII et de Marie d'Anjou. Il prend part au mouvement féodal de la Praguerie contre son père (1440). Charles VII lui confie néanmoins le gouvernement du Dauphiné, mais la réconciliation dure peu. Devenu roi, Louis XI renvoie les conseillers de son père mais soulève contre lui la haute noblesse, rassemblée autour de Charles le Téméraire (*ligue du Bien public,* 1465). Il cède, mais reprend l'offensive dès 1468. Son principal adversaire est alors Charles le Téméraire, devenu duc de Bourgogne. Celui-ci l'attire et le retient prisonnier à Péronne (1468). Libéré à de très dures conditions, qu'il ne respecte pas, Louis XI dénoue l'alliance de l'Angleterre et de la Bourgogne (traité de Picquigny, 1475), et réalise l'union des cantons suisses et de la Lorraine contre Charles, qui est vaincu et tué (1477). Le roi hérite du comté d'Anjou et de la Provence en 1481 et obtient le duché de Bourgogne par le traité d'Arras (1482). Il affermit le pouvoir royal aux dépens des grands corps politiques et du clergé, poursuit l'œuvre de réorganisation militaire entreprise par Charles VII et favorise le renouveau économique du royaume, notamm. dans le Sud-Est (Lyon).

LOUIS XII (Blois 1462 - Paris 1515), roi de France (1498-1515), fils de Charles d'Orléans et de Marie de Clèves. Révolté contre la régence d'Anne de Beaujeu *(Guerre folle)* et fait prisonnier à Saint-Aubin-du-Cormier (1488), puis libéré, il se rallie à Charles VIII et combat en Italie (1494-95). Devenu roi de France au décès (1498) de son cousin Charles VIII, mort sans héritier, il fait casser son mariage avec Jeanne, fille de Louis XI, et épouse Anne de Bretagne, veuve de Charles VIII, afin d'empêcher que le duché de Bretagne n'échappe à la France. Petit-fils de Valentine Visconti, il revendique le duché de Milan et le conquiert (1499-1500) ; mais les Français sont expulsés du royaume de Naples et doivent capituler devant Gaète (1504). Louis XII, entré dans la ligue de Cambrai contre Venise (1508), remporte la victoire d'Agnadel (1509) ; abandonné par ses alliés, il résiste victorieusement à la *Sainte Ligue,* grâce à Gaston de Foix ; mais, à la mort de celui-ci, tué à Ravenne (1512), et après la défaite de Novare (1513), les Français sont chassés d'Italie. À son tour, la France doit soutenir l'invasion des Espagnols, des Suisses, d'Henri VIII et de Maximilien (les troupes anglo-germaniques sont victorieuses à Guinegatte). L'avènement du pape Léon X permet à Louis XII de faire la paix (1514). Veuf, le roi épouse Marie d'Angleterre la même année. Il meurt en laissant la couronne à son cousin François (Ier), à qui il a marié sa fille Claude.

LOUIS XIII le Juste (Fontainebleau 1601 - Saint-Germain-en-Laye 1643), roi de France

Louis XII et sa cour (à droite, « la Raison » ; en bas, Anne de Bretagne) [miniature du XVIe s. - B.N.F., Paris]

(1610-1643), fils d'Henri IV et de Marie de Médicis. Il règne d'abord sous la régence de sa mère, qui laisse le pouvoir à Concini. Celui-ci est assassiné en 1617, à l'instigation du roi, et remplacé par Luynes. Alors se produisent de nouvelles révoltes des grands, appuyés par la reine mère, et une nouvelle guerre de Religion, marquée par le siège de Montauban (1621). Luynes étant mort (1621), et après plusieurs années de troubles (1621-1624), le roi donne le pouvoir à Richelieu, dont il suit les conseils malgré les intrigues de sa mère et de Gaston d'Orléans (*journée des Dupes,* 1630). À l'intérieur, Louis XIII et son ministre travaillent à rétablir l'autorité royale en créant le corps des intendants, développent le commerce et la marine et luttent contre les protestants et les féodaux. Toutefois, en engageant la France dans la guerre de Trente Ans (1635), ils déséquilibrent le budget : la multiplication des impôts et la misère provoquent des jacqueries sanglantes. De son mariage avec l'infante Anne d'Autriche (1615) Louis XIII eut deux fils, Louis (XIV) et Philippe d'Orléans.

LOUIS XIV le Grand (Saint-Germain-en-Laye 1638 - Versailles 1715), roi de France (1643-1715), fils de Louis XIII et d'Anne d'Autriche, dit **le Roi-Soleil.** À la mort de son père, Louis XIV n'a que cinq ans. Le conseil de régence organisé par Louis XIII comprend Anne d'Autriche et Mazarin. La minorité royale est marquée par les troubles et les humiliations de la Fronde. Majeur en 1651, Louis XIV reste sous l'influence de Mazarin qui, en 1660, lui fait épouser Marie-Thérèse d'Autriche, qui lui donne l'année suivante un fils, le Grand Dauphin. Mazarin mort, le jeune souverain se révèle monarque absolu : il se donne passionnément à son « métier de roi » et se montre soucieux de la gloire et de l'étiquette, dont Versailles reste le témoin prestigieux. Il s'entoure aussi d'utiles auxiliaires et préside avec assiduité les conseils. Colbert, appelé au contrôle général des Finances (1661), protège l'agriculture, encourage le commerce, l'industrie, les travaux publics, la marine, pendant qu'une commission de jurisconsultes élabore d'utiles ordonnances, que Louvois réorganise l'armée et que Vauban fortifie les frontières. L'ambition de Louis XIV est d'imposer à l'extérieur la prédominance française. De là cette longue suite de guerres qui jalonnent son règne : guerre aux Pays-Bas contre l'Espagne au nom du droit de dévolution, terminée par le traité d'Aix-la-Chapelle, qui donne à la France une partie notable de la Flandre (1668) ; guerre de Hollande, à laquelle mettent fin les traités de Nimègue, par lesquels Louis XIV acquiert la Franche-Comté (1678 et 1679) ; guerre de la ligue d'Augsbourg, conclue par les traités de Ryswick (1697) ; guerre de la Succession d'Espagne, terminée par les traités d'Utrecht (1713) et de Rastatt (1714) : la France y perd l'Acadie, la baie d'Hudson et Terre-Neuve, mais Philippe V, petit-fils de Louis XIV, garde l'Espagne et ses colonies. Après la mort de Marie-Thérèse (1683), Louis XIV, qui, de ses différentes maîtresses, a eu plusieurs enfants bâtards ou légitimés, épouse secrètement Mme de Maintenon. Jusqu'à ses derniers jours, attristés par des deuils familiaux, le roi se considère comme un monarque de droit divin. La centralisation administrative, l'obéissance passive, le culte de la personne royale ont pour conséquence l'abaissement de la noblesse. Le souci de l'unité religieuse le fait entrer en conflit avec la papauté (affaire de la régale), le pousse à révoquer l'édit de Nantes (1685), à permettre les dragonnades, à persécuter les jansénistes. Ce long règne glorieux exténua le pays.

LOUIS DE FRANCE, dit **le Grand Dauphin,** fils de Louis XIV et de Marie-Thérèse (Fontainebleau 1661 - Meudon 1711). Son père l'écarta des affaires. Marié à Marie-Anne de Bavière, il en eut trois fils, dont Louis, duc de Bourgogne, héritier du trône, qui mourut en 1712, et Philippe, duc d'Anjou, devenu Philippe V d'Espagne.

LOUIS XV le Bien-Aimé (Versailles 1710 - *id.* 1774), roi de France (1715-1774), fils de Louis de Bourgogne et de Marie-Adélaïde de Savoie, et arrière-petit-fils de Louis XIV. Il règne d'abord sous la régence de Philippe d'Orléans, neveu de Louis XIV, puis, après sa majorité, sous l'influence du duc de Bourbon (1723-1726), qui lui fait épouser Marie Leszczyńska (1725). Après le renvoi du duc devenu impopulaire, Louis XV choisit, pour gouverner, le cardinal de Fleury (1726-1743). Celui-ci engage la France dans la guerre de la Succession de Pologne (1733-1738), que termine le traité de Vienne, puis dans la guerre de la Succession d'Autriche, à laquelle met fin la paix d'Aix-la-Chapelle (1748). L'excellente gestion du contrôleur général Orry (1730-1745) favorise l'expansion économique. À la mort de Fleury (1743), le roi gouverne personnellement tout en subissant l'influence politique de Mme de Pompadour (1745-1764). Entreprise à la suite du « renversement des alliances » pour faire échec aux desseins ambitieux de la Prusse et de l'Angleterre, la guerre de Sept Ans (1756-1763) aboutit, malgré le pacte de famille conclu par Choiseul en 1761 entre les quatre branches de la maison de Bourbon, à la perte des possessions de l'Inde et du Canada (traité de Paris, 1763). Les parlements imposent au roi la dissolution de la Compagnie de Jésus (1764). Choiseul réorganise la marine et l'armée, annexe la Lorraine et la Corse, mais, trop favorable aux parlementaires, doit céder sa place au triumvirat Maupeou, Terray et d'Aiguillon (1770-1774). Le premier supprime les parlements et les remplace par des conseils, le deuxième réorganise les finances, le troisième ne peut empêcher le partage de la Pologne. Les dernières années du règne sont ainsi marquées par un redressement intérieur et par le renforcement de l'alliance autrichienne, en même temps que par une réaction absolutiste.

LOUIS (Versailles 1729 - Fontainebleau 1765), Dauphin de France, fils de Louis XV et de Marie Leszczyńska. Tenu à l'écart des affaires par le roi, il est, par son mariage avec Marie-Josèphe de Saxe, le père des futurs Louis XVI, Louis XVIII et Charles X.

LOUIS XVI (Versailles 1754 - Paris 1793), roi de France (1774-1791), puis roi des Français (1791-92). Fils du Dauphin Louis et de Marie-Josèphe de Saxe, et époux (1770) de Marie-Antoinette d'Autriche, il en a quatre enfants, dont Madame Royale (1778) et le second Dauphin (1785), dit Louis XVII. Conseillé par Maurepas, il choisit comme ministres des hommes de talent : Turgot, Saint-Germain, Malesherbes ; mais, dominé par son épouse et influencé par les privilégiés, le roi, dès 1776, abandonne Turgot, qu'il remplace par Necker, renvoyé à son tour après sa publication du *Compte rendu au roi* sur l'état des finances (1781). La politique extérieure pratiquée par Vergennes, notamm. en apportant l'appui de la France aux colonies américaines devenues les États-Unis (1783), restaure le prestige de la France. Mais, à l'intérieur, l'opposition des privilégiés s'accroît ; Calonne (1783) puis Loménie de Brienne (1787) tentent en vain de résoudre la crise financière. Louis XVI doit rappeler Necker (1788) et promettre la convocation des états généraux, qui sont réunis à Versailles en 1789. Mais les députés du tiers, en provoquant la formation de l'Assemblée nationale, puis constituante, ôtent toute influence à Louis XVI, qui, déconsidéré par sa tentative de fuite (Varennes, 20 juin 1791) et par ses négociations avec l'étranger, perd toute popularité. Réduit, par la Constitution de 1791, au rang de roi des Français, le souverain constitutionnel s'efforce, sous la Législative, en appliquant son veto suspensif, de freiner la Révolution, mais ne fait qu'aggraver le mécontentement, alors que, en déclarant la guerre à son neveu François II (20 avr. 1792), il espère une victoire de ce dernier. En fait, les premiers revers français se retournent contre lui. Prisonnier de la Commune insurrectionnelle (10-Août), enfermé au Temple et accusé de trahison, il est jugé par la Convention, condamné à mort et guillotiné (21 janv. 1793).

LOUIS XVII (Versailles 1785 - Paris 1795), fils de Louis XVI et de Marie-Antoinette, Dauphin en 1789 à la mort de son frère aîné. Enfermé avec sa famille au Temple, il y est confié à la garde du cordonnier Simon jusqu'en janv. 1794. L'année suivante, il fut enterré secrètement. Les doutes émis sur sa mort suscitèrent des imposteurs. Le plus célèbre est Naundorff.

LOUIS XVIII (Versailles 1755 - Paris 1824), roi de France (1814-15, 1815-1824), petit-fils de Louis XV, fils du Dauphin Louis et de Marie-Josèphe de Saxe, et époux de Louise de Savoie. Comte de Provence, il émigre dès juin 1791 et réside successivement à Coblence, Vérone, Mitau, puis en Angleterre. La chute de l'Empire lui permet de rentrer à Paris, où Talleyrand lui a préparé les voies. Impotent, sans prestige personnel, il a suffisamment d'intelligence pour sentir qu'en rejetant tout l'héritage de la Révolution et de l'Empire il perdrait à jamais sa dynastie. Il se résigne donc à octroyer la Charte de 1814. D'autre part, il négocie avec les Alliés le traité de Paris, qui conserve à la France ses frontières de 1792. Réfugié à Gand pendant les Cent-Jours, il doit accepter ensuite le second traité de Paris (nov. 1815). À l'intérieur, les mesures réactionnaires de la *Chambre introuvable* (1815) et la *Terreur blanche* qui sévit dans le Midi le décident à dissoudre la Chambre (sept. 1816). Les ministères Richelieu, puis surtout Decazes impriment aux affaires un sens plus libéral, cependant que le baron Louis donne à la France des finances prospères. Mais l'assassinat du duc de Berry (1820) est exploité par les ultras, qui imposent au roi de nouvelles mesures réactionnaires (ministère Villèle, 1821), auxquelles répondent plusieurs conspirations, fomentées par le *carbonarisme*. La guerre d'Espagne, où la France intervient pour sauver le régime des Bourbons (1823), est le dernier événement important du règne.

GERMANIE

LOUIS Ier (ou **II**) **le Germanique** (v. 805 - Francfort-sur-le-Main 876), roi des Francs orientaux (817-843), roi de Germanie (843-876), fils de Louis le Pieux. Il obligea Lothaire Ier à accepter le partage de Verdun (843). — **Louis III** (ou **IV**) **l'Enfant** (Oettingen 893 - Ratisbonne 911), roi de Germanie et de Lotharingie (900-911). Il fut le dernier Carolingien à régner sur la Germanie.

HONGRIE

LOUIS Ier le Grand (Visegrád 1326 - Nagyszombat 1382), roi de Hongrie (1342-1382) et de Pologne (1370-1382), fils de Charles Ier Robert, de la maison d'Anjou. — **Louis II** (Buda 1506 - Mohács 1526), roi de Hongrie et de Bohême (1516-1526). Il fut vaincu par les Ottomans et tué à Mohács.

PORTUGAL

LOUIS Ier (Lisbonne 1838 - Cascais 1889), roi de Portugal (1861-1889). Il refusa en 1868 la couronne espagnole.

SICILE

LOUIS Ier (Vincennes 1339 - Bisceglie 1384), duc d'Anjou (1360-1384), roi de Sicile, comte de Provence et de Forcalquier (1383-84). Fils de Jean II le Bon, roi de France, il fut désigné par Jeanne Ire de Sicile pour lui succéder. — **Louis II** (Toulouse 1377 - Angers 1417), roi titulaire de Naples, de Sicile et de Jérusalem, duc d'Anjou, comte du Maine et de Provence (1384-1417). Héritier de Louis Ier, il réussit difficilement à se rendre maître de la Provence, mais ne parvint pas à s'imposer à Naples. — **Louis III** (1403 - Cosenza 1434), roi titulaire d'Aragon, de Naples, de Sicile, de Jérusalem (1417-1434). Il parvint difficilement à conquérir le royaume de Naples, hérité de son père Louis II, et le laissa à sa mort à son frère, René d'Anjou.

LOUIS (Joseph Dominique, *baron*), financier français (Toul 1755 - Bry-sur-Marne 1837). Ministre des Finances sous la Restauration et au début de la monarchie de Juillet, il rétablit le crédit public en reconnaissant les dettes de l'Empire et simplifia la comptabilité officielle.

LOUIS (Nicolas, dit **Victor**), architecte français (Paris 1731 - ? v. 1811). Il se perfectionna à Rome et donna, avec le Grand-Théâtre de Bordeaux (1773), un des prototypes de l'art néoclassique.

Louise, roman musical, livret et musique de G. Charpentier (1900), rattaché au mouvement musical naturaliste.

LOUISE DE MARILLAC *(sainte)* [Paris 1591 - *id.* 1660], fondatrice, avec saint Vincent de Paul, et première supérieure des Filles de la Charité.

LOUISE DE MECKLEMBOURG-STRELITZ (Hanovre 1776 - Hohenzieritz 1810), reine de Prusse. Elle épousa (1793) Frédéric-Guillaume III, futur roi de Prusse, et soutint, après l'écrasement de la Prusse (1806), les ministres réformateurs.

LOUISE DE SAVOIE, régente de France (Pont-d'Ain 1476 - Grez-sur-Loing 1531), fille de Philippe, duc de Savoie, et de Marguerite de Bourbon. Elle épousa Charles d'Orléans, comte d'Angoulême, fut la mère de François Ier et exerça la régence pendant que son fils guerroyait en Italie. En 1529, elle négocia avec Marguerite d'Autriche la paix de Cambrai, ou paix des Dames.

LOUISE-MARIE D'ORLÉANS (Palerme 1812 - Ostende 1850), reine des Belges. Fille du roi Louis-Philippe, elle épousa en 1832 Léopold Ier.

Louis Harris and Associates, institut de sondages d'opinion créé à New York en 1956 par L. Harris.

LOUISIANE, un des États unis d'Amérique, sur le golfe du Mexique ; 125 674 km^2 ; 4 219 973 h. Cap. *Baton Rouge.* V. pr. *La Nouvelle-Orléans.* Pétrole et gaz naturel. La Louisiane, occupée au nom de la France par Cavelier de La Salle en 1682, et baptisée de ce nom en l'honneur de Louis XIV, fut cédée par Bonaparte aux États-Unis en 1803.

Louis XI
(Brooklyn Museum, New York)

Louis XIII
(Ph. de Champaigne - Prado, Madrid)

Louis XIV
(A. Benoist - château de Versailles)

Louis XV
(Quentin de La Tour - Louvre, Paris)

Louis XVI
(musée Carnavalet, Paris)

Louis XVIII
(F. Gérard - château de Versailles)

LOUIS-MARIE GRIGNION DE MONTFORT *(saint),* missionnaire français (Montfort, Ille-et-Vilaine, 1673 - Saint-Laurent-sur-Sèvre, Vendée, 1716). Son action évangélisatrice a eu pour cadre l'ouest de la France. Il inspira la fondation d'une société religieuse, la Compagnie de Marie, dite des Pères montfortains.

LOUIS-PHILIPPE Ier (Paris 1773 - Claremont, Grande-Bretagne, 1850), roi des Français (1830-1848). Fils de Louis-Philippe d'Orléans, dit Philippe Égalité, et de Louise-Marie de Bourbon-Penthièvre, le duc de Chartres grandit dans un milieu cosmopolite gagné aux idées libérales. Après avoir pris part aux combats de Valmy et de Jemmapes (1792), il mène à l'étranger une vie précaire, épouse (1809) Marie-Amélie de Bourbon des Deux-Siciles, rentre en France sous Louis XVIII, est proclamé lieutenant général du royaume lors de la révolution de 1830, puis roi des Français (7/9 août) après révision de la Charte. D'abord secondé par des ministres libéraux (parti du Mouvement), il s'appuie de plus en plus sur le parti de la Résistance. Le gouvernement de Louis-Philippe triomphe de l'insurrection démocratique des 5 et 6 juin 1832, de la tentative légitimiste de la duchesse de Berry en Vendée (1832), des insurrections de Lyon et de Paris (1834), de celle de Barbès et de Blanqui (1839), et des deux tentatives de Louis Napoléon Bonaparte à Strasbourg (1836) et à Boulogne (1840). Le roi lui-même échappe à plusieurs attentats (Fieschi, 1835). Mais sa politique extérieure, qui vise à ne pas heurter l'Angleterre, mécontente la nation. À la suite des affaires d'Orient et du traité de Londres (1840), le roi, qui veut maintenir la paix avec la Grande-Bretagne, sacrifie Thiers et appelle Guizot, qui devient pour huit ans le vrai maître du pays et signe la convention des Détroits (1841). L'entente avec la Grande-Bretagne, ébranlée par l'Affaire Pritchard, est rompue en 1846. À l'intérieur, une politique ultraconservatrice favorise les « affaires » ; inversement, la grande crise financière et économique de 1846-47 entame le prestige du roi, et favorise le développement de l'opposition libérale (campagne des banquets). Lors de la révolution de févr. 1848, Louis-Philippe abdique en faveur de son petit-fils le comte de Paris et se réfugie en Angleterre.

LOUISVILLE, v. des États-Unis (Kentucky), sur l'Ohio ; 269 063 h.

LOUP (le), fl. des Alpes-Maritimes ; 48 km.

Loup (le), ballet en trois tableaux de R. Petit (argument J. Anouilh et G. Neveux ; mus. H. Dutilleux ; déc. et cost. Carzou), créé en 1953.

LOUP ou **LEU** *(saint)* [Toul v. 383 - Troyes 479]. Évêque de Troyes v. 426, il préserva sa ville des Huns d'Attila (451).

LOUPE (La) [28240], ch.-l. de c. d'Eure-et-Loir, dans le Perche ; 3 841 h.

LOUPOT (Charles), affichiste français (Nice 1892 - Les Arcs 1962) [*St Raphaël,* 1937-1960].

LOUQSOR ou **LOUXOR,** v. d'Égypte, sur le Nil ; 40 000 h. Riche musée. La ville moderne recouvre un faubourg de l'antique Thèbes. Temple d'Amon, édifié par Aménophis III, l'une des réussites de la XVIIIe dynastie, qui fut agrandi et flanqué de deux obélisques par Ramsès II ; l'un de ceux-ci orne, depuis 1836, la place de la Concorde à Paris.

LOURDES (65100), ch.-l. de c. des Hautes-Pyrénées, sur le gave de Pau ; 16 581 h. *(Lourdais).* Évêché (avec Tarbes). Électroménager. Centre important de pèlerinage consacré à la Vierge depuis les visions, en 1858, de Bernadette Soubirous. Château médiéval (Musée pyrénéen). Basilique (1876) et basilique souterraine (1958).

LOURENÇO MARQUES → ***Maputo.***

LOUROUX-BÉCONNAIS (Le) [49370], ch.-l. de c. de Maine-et-Loire ; 2 032 h.

LOU SIUN → ***Lu Xun.***

LOU-TCHEOU → ***Luzhou.***

LOUVAIN, en néerl. **Leuven,** v. de Belgique, ch.-l. du Brabant flamand, sur la Dyle ; 85 018 h. Importants monuments du Moyen Âge (hôtel de ville, XVe s.) et de l'époque baroque. Musée. La célébrité de Louvain est liée en grande partie à son université, créée en 1425. Supprimée par l'État en 1830, elle est reconstituée en 1835 comme université catholique. En 1968, la querelle linguistique provoqua la partition de l'université et l'installation de la section francophone près de Wavre (Ottignies-Louvain-la-Neuve).

LOUVECIENNES (78430), comm. des Yvelines ; 7 470 h. *(Louveciennois* ou *Luciennois).* Église du XIIIe s., petits châteaux des XVIIe ou XVIIIe s.

LOUVEL (Louis Pierre), ouvrier sellier français (Versailles 1783 - Paris 1820). Assassin du duc de Berry (1820), il mourut sur l'échafaud.

LOUVERTURE (Toussaint) → ***Toussaint Louverture.***

LOUVIÈRE (La), v. de Belgique (Hainaut) ; 76 432 h. Métallurgie.

LOUVIERS (27400), ch.-l. de c. de l'Eure, sur l'Eure ; 19 047 h. *(Lovériens).* Textiles. Matériel audiovisuel. Église des XIIIe-XVIe s. Musée.

LOUVIGNÉ-DU-DÉSERT (35420), ch.-l. de c. d'Ille-et-Vilaine ; 4 310 h. Granite. Confection.

LOUVOIS (François Michel **Le Tellier,** *seigneur* **de Chaville,** *marquis* **de**), homme d'État français (Paris 1639 - Versailles 1691), fils du chancelier Michel Le Tellier. Associé à son père dès 1661 au Conseil des dépêches et dès 1662 au secrétariat d'État à la Guerre, il fut, avec lui, le réorganisateur de l'armée française ; il améliora le recrutement et l'intendance, établit l'*ordre du tableau,* qui réglait le commandement, dota l'infanterie de la baïonnette, organisa un corps d'ingénieurs et des écoles de cadets. Il créa l'hôtel des Invalides. Véritable ministre des Affaires étrangères de 1672 à 1689, il dirigea une diplomatie brutale qui conduisit à l'attaque des Provinces-Unies (1672), à la politique des « réunions » à partir de 1679 et à la dévastation du Palatinat (1689). Il fut aussi l'instigateur des dragonnades à l'encontre des huguenots. Surintendant des bâtiments, arts et manufactures (1683), il se montra mécène fastueux.

Louvre *(palais,* puis *musée du),* anc. résidence royale, à Paris (sur la rive droite de la Seine), commencée sous Philippe Auguste, continuée sous Charles V, François Ier, Catherine de Médicis, Henri IV, Louis XIII, Louis XIV, Napoléon Ier, achevée sous Napoléon III. Les principaux architectes du Louvre ont été Lescot, Jacques II Androuet Du Cerceau, Lemercier, Le Vau, Cl. Perrault, Percier et Fontaine, Visconti, Lefuel. Devenu musée en 1791-1793, le palais abrite une des plus riches collections publiques du monde (sept départements : antiquités orientales ; antiquités égyptiennes ; antiquités grecques et romaines ; peintures ; sculptures ; objets d'art ; arts graphiques). Les collections de la 2e moitié du XIXe s. ont été transférées en 1986 au musée d'Orsay*. La « pyramide » de verre de I. M. Pei (1989) éclaire de nouveaux locaux souterrains du musée, qui s'est encore agrandi (1993) d'une aile précédemment occupée par le ministère des Finances. Une autre aile du palais abrite le musée des Arts* décoratifs.

Lourdes : la basilique supérieure (1876).

LOUVRES (95380), comm. du Val-d'Oise ; 7 597 h. Église reconstruite au XVIe s.

LOUVROIL (59720), comm. du Nord ; 7 404 h. Métallurgie.

LOUXOR → ***Louqsor.***

LOUŸS [lwis] (Pierre **Louis,** dit **Pierre**), écrivain français (Gand 1870 - Paris 1925), auteur de poèmes en prose *(les Chansons de Bilitis),* de contes *(les Aventures du roi Pausole),* de romans de mœurs antiques *(Aphrodite).*

LOVECRAFT (Howard Phillips), écrivain américain (Providence, Rhode Island, 1890 - *id.* 1937), l'un des maîtres du fantastique et l'un des précurseurs de la science-fiction *(la Couleur tombée du ciel, le Cauchemar d'Innsmouth, Démons et merveilles).*

Lovelace, personnage de *Clarisse Harlowe,* roman de Richardson ; séducteur cynique.

LÖW (*le* rabbin Judah), dit **le Maharal de Prague,** talmudiste et mathématicien tchèque (v. 1525 - Prague 1609). Il est à l'origine d'une théologie qui, unissant Aristote et Maimonide, annonce la dialectique hégélienne, et qui aura une influence considérable. Il est l'auteur d'une version du Golem.

LOWE (*sir* Hudson), général britannique (Galway 1769 - Chelsea 1844), geôlier de Napoléon à Sainte-Hélène.

LOWENDAL ou **LŒWENDAHL** (Ulrich, *comte* **de**), maréchal de France d'origine danoise (Hambourg 1700 - Paris 1755). Il se distingua pendant la guerre de la Succession d'Autriche et prit Bergen op Zoom et Maastricht.

LOWIE (Robert), anthropologue américain (Vienne 1883 - Berkeley, Californie, 1957). Il a donné une perspective fonctionnaliste à l'anthropologie culturelle (*Société primitive,* 1920).

LOWLANDS (« Basses Terres »), région déprimée du centre de l'Écosse (par opp. à *Highlands,* « Hautes Terres »), de Glasgow à Édimbourg.

LOWRY (Malcolm), écrivain britannique (Birkenhead, Cheshire, 1909 - Ripe, Sussex, 1957), romancier désespéré de la solitude (*Au-dessous du volcan,* 1947 ; *Lunar Caustic,* 1963).

LO-YANG → ***Luoyang.***

LOYAUTÉ *(îles),* archipel français de l'Océanie, dépendance de la Nouvelle-Calédonie ; 2 095 km² ; 17 912 h.

LOYSON (Charles), dit **le P. Hyacinthe,** prédicateur français (Orléans 1827 - Paris 1912). Successivement sulpicien, novice domi-

Louis-Philippe Ier
(Winterhalter - château de Versailles)

Louqsor :
vue d'ensemble du temple d'Amon.

nicain, carme, il rompit avec l'Église et s'efforça d'organiser une Église catholique non romaine.

LOZÈRE *(mont),* point culminant des Cévennes, dans le dép. du même nom ; 1 699 m.

LOZÈRE (48), dép. de la Région Languedoc-Roussillon ; ch.-l. de dép. *Mende ;* ch.-l. d'arr. *Florac ;* 2 arr., 25 cant., 185 comm. ; 5 167 km² ; 72 825 h. *(Lozériens).* Le dép. est rattaché à l'académie de Montpellier, à la cour d'appel de Nîmes et à la région militaire Méditerranée. S'étendant sur les hautes terres de la Margeride, des Cévennes, du Gévaudan et de l'Aubrac et sur une partie des Grands Causses (Sauveterre, Méjean), le dép. est presque exclusivement rural, voué à l'élevage. L'industrie est inexistante. L'activité touristique (gorges du Tarn et Cévennes surtout) ne ralentit guère l'émigration dans ce dép., le moins peuplé de France, où Mende est la seule ville dépassant 7 000 h.

LOZI ou **ROTSÉ,** peuple de Zambie, parlant une langue bantoue.

LUALABA (le), nom du cours supérieur du Zaïre.

LUANDA, cap. de l'Angola, sur l'Atlantique ; 1 200 000 h.

LUANG PRABANG ou **LOUANG PRABANG,** v. du Laos, sur le haut Mékong, anc. résidence royale ; 44 000 h. Nombreux temples bouddhiques (XVIᵉ-XIXᵉ s.).

LUANSHYA, v. de Zambie ; 132 000 h. Centre minier (cuivre).

LUBA ou **BALUBA,** peuple du Zaïre, parlant une langue bantoue.

LUBAC (Henri **de**), théologien jésuite français (Cambrai 1896 - Paris 1991). Cardinal en 1983, il est l'un des artisans du renouveau théologique (*Catholicisme, les aspects sociaux du dogme,* 1938 ; *Méditation sur l'Église,* 1953).

LUBBERS (Rudolf), homme politique néerlandais (Rotterdam 1939). Chrétien-démocrate, il a été Premier ministre de 1982 à 1994.

LUBBOCK, v. des États-Unis (Texas) ; 186 206 h.

LUBBOCK (*sir* John), *lord* **Avebury,** naturaliste, préhistorien et homme politique britannique (Londres 1834 - Kingsgate, Kent, 1913). Il a étudié notamment les insectes.

LÜBECK, port d'Allemagne (Schleswig-Holstein), près de la Baltique ; 212 932 h. Métallurgie. Agroalimentaire. Imposants monuments médiévaux en brique. Musées. Fondée en 1143, ville impériale dès 1226, Lübeck fut à la tête de la Hanse de 1230 à 1535.

LUBERON ou **LUBÉRON** (le), chaîne calcaire du Vaucluse, au nord de la Durance ; 1 125 m. Parc naturel régional (environ 130 000 ha).

LUBERSAC (19210), ch.-l. de c. de la Corrèze ; 2 263 h. Église romane.

LUBIN (Germaine), cantatrice française (Paris 1890 - *id.* 1979). Appartenant à l'Opéra de Paris, elle fut la première Française à chanter à Bayreuth.

LUBITSCH (Ernst), cinéaste américain d'origine allemande (Berlin 1892 - Hollywood 1947). Après quelques films satiriques ou historiques réalisés en Allemagne (*Madame du Barry,* 1919), il se fixa aux États-Unis en 1923, imposant un nouveau style de comédies ironiques (*Haute Pègre,* 1932 ; *To be or not to be,* 1942).

LÜBKE (Heinrich), homme politique allemand (Enkhausen 1894 - Bonn 1972), président de la République fédérale d'Allemagne (1959-1969).

LUBLIN, v. de Pologne, ch.-l. de voïévodie, au sud-est de Varsovie ; 352 500 h. Textile. Métallurgie. Nombreux monuments des XIVᵉ-XVIIIᵉ s. Siège du gouvernement provisoire de la Pologne en 1918 et en 1944.

Lublin *(Union de)* [1ᵉʳ juill. 1569], union de la Pologne et du grand-duché de Lituanie en une « république » gouvernée par un souverain élu en commun.

LUBUMBASHI, anc. **Élisabethville,** v. du Zaïre, ch.-l. du Shaba ; 550 000 h. Centre de l'industrie du cuivre.

LUC (Le) [83340], ch.-l. de c. du Var ; 6 976 h.

LUC *(saint),* l'un des quatre évangélistes. Compagnon de saint Paul, auteur du troisième Évangile et des Actes des Apôtres, il met l'accent sur l'universalisme du message évangélique. Patron des peintres et des médecins. Dans la sculpture et la peinture, il apparaît accompagné du bœuf (emprunté à la vision d'Ézéchiel).

LUCAIN, en lat. **Marcus Annaeus Lucanus,** poète latin (Cordoue 39 - Rome 65), neveu de Sénèque le Philosophe. Compromis dans la conspiration de Pison, il s'ouvrit les veines. Il est l'auteur d'une épopée sur la lutte entre César et Pompée *(la Pharsale).*

LUCANIE, région de l'Italie ancienne, qui s'étendait du golfe de Tarente à la Campanie, habitée par une population proche des Samnites.

LUCAS (George), cinéaste et producteur américain (Modesto, Californie, 1944). Réalisateur de *American Graffiti* (1973) et de *la Guerre des étoiles* (1977), œuvre de science-fiction célèbre pour ses effets spéciaux, il a bâti un véritable empire reposant sur la production de films (de S. Spielberg, R. Zemeckis, etc.) et sur le développement des technologies les plus avancées en matière de création d'images et de sons.

LUCAS (Robert E.), économiste américain (Yakima, Washington, 1937). Professeur à l'université de Chicago, il est l'auteur de travaux sur les anticipations rationnelles qui ont profondément modifié l'analyse macroéconomique. (Prix Nobel 1995.)

LUCAS de Leyde, peintre et graveur néerlandais (Leyde 1489 ou 1494 - *id.* 1533). Élève à Leyde du maniériste gothique Cornelis Engebrechtsz., il a peint des panneaux de genre, bibliques et religieux, et a gravé, surtout sur cuivre, des planches qui, à la fois capricieuses et très abouties, firent de lui un rival de Dürer.

LUCAYES *(îles)* → ***Bahamas.***

LUCE *(sainte)* → ***Lucie*** *(sainte).*

LUCÉ (28110), ch.-l. de c. d'Eure-et-Loir ; 19 044 h. Métallurgie. Équipements industriels.

LUCERNE, en all. **Luzern,** v. de Suisse, ch.-l. du canton du même nom, au bord du *lac des Quatre-Cantons ;* 61 034 h. (plus de 150 000 h. dans l'agglomération). Station touristique. Ville pittoresque ; monuments du Moyen Âge à l'époque baroque. Musées. — Le canton couvre 1 492 km² et compte 326 268 h.

LUCHON → ***Bagnères-de-Luchon.***

LUCIE ou **LUCE** *(sainte),* vierge et martyre (Syracuse IIIᵉ s. ?). La légende veut qu'on lui ait arraché les yeux.

Lucie → ***Lucy.***

Louvois
(Ch. A. Hérault - château de Versailles)

Palais du **Louvre** : la cour Napoléon, avec la pyramide de verre de Ieoh Ming Pei.

LUCIEN d'Antioche *(saint),* prêtre et martyr (Samosate v. 235 - Antioche 312). Il fonda à Antioche une école chrétienne. L'orientation théologique de son enseignement ouvrit la voie à l'hérésie de son élève, Arius.

LUCIEN de Samosate, écrivain grec (Samosate, Syrie, v. 125 - v. 192), auteur de dialogues et de romans satiriques *(Histoire vraie).*

Lucien Leuwen, roman de Stendhal, inachevé, publié en 1894.

LUCIFER, autre nom de **Satan.** C'est l'ange de Lumière, déchu après sa révolte contre Dieu.

LUCILIUS (Caius), poète latin (Suessa Aurunca v. 180 - Naples v. 102 av. J.-C.), créateur de la satire romaine.

LUCKNER (Nicolas, *comte*), maréchal de France (Cham, Bavière, 1722 - Paris 1794). Il commanda successivement les armées du Rhin (1791), du Nord et du Centre (1792). Nommé général en chef et soupçonné de trahison, il fut arrêté et exécuté.

LUCKNOW, v. de l'Inde, cap. de l'Uttar Pradesh ; 1 642 134 h. Métallurgie. Textile.

LUÇON ou **LUZON,** la plus grande et la plus peuplée des îles des Philippines ; 108 172 km^2 ; 21 millions d'h. V. pr. *Manille.* Elle fut occupée par les Japonais de 1942 à 1944.

LUÇON (85400) ch.-l. de c. de la Vendée ; 9 483 h. *(Luçonnais).* Évêché. Cathédrale des XIIe, XIIIe-XIVe et XVIIIe s.

LUCQUES, en ital. **Lucca,** v. d'Italie (Toscane), ch.-l. de prov. ; 86 188 h. Huilerie. Remparts reconstruits aux XVe-XVIe s. Églises romanes et gothiques à arcatures pisanes, riches en œuvres d'art. Musées. Du XIe s. au XIVe s., la ville fut un grand centre de l'industrie de la soie.

LUCRÈCE (m. v. 509 av. J.-C.), femme romaine qui se tua après avoir été violée par un fils de Tarquin le Superbe ; ce fut l'occasion de la chute de la royauté à Rome.

LUCRÈCE, en lat. **Titus Lucretius Carus,** poète latin (Rome ? v. 98-55 av. J.-C.), auteur du *De natura rerum,* épopée inspirée de la science et de la philosophie épicuriennes. Le poète expose, sur un mode poétique, sa morale du plaisir, ou bien suprême, et discerne dans la peur de la mort l'entrave principale au bonheur de l'homme.

LUCRÈCE BORGIA → ***Borgia.***

LUC-SUR-MER (14530), comm. du Calvados ; 2 914 h. Station balnéaire.

LUCULLUS (Lucius Licinius), général romain (v. 106 - v. 57 av. J.-C.). Il dirigea avant Pompée la guerre contre Mithridate (74-66) ; il est resté célèbre pour son raffinement gastronomique.

Lucy, nom familier donné à un squelette d'australopithèque gracile vieux de 3 millions d'années, trouvé dans la Rift Valley éthiopienne en 1974 (on écrit aussi *Lucie*).

LÜDA ou **LIU-TA,** conurbation de Chine (Liaoning), regroupant Dalian et Port-Arthur.

LUDE (Le) [72800], ch.-l. de c. de la Sarthe ; 4 448 h. Marché. Tourisme. Château des XVe-XVIIIe s.

LUDENDORFF (Erich), général allemand (Kruszewnia, Posnanie, 1865 - Tutzing 1937). Chef d'état-major de Hindenburg sur le front russe (1914), puis son adjoint au commandement suprême (1916-1918), il dirigea la stratégie allemande en 1917-18.

LÜDENSCHEID, v. d'Allemagne (Rhénanie-du-Nord-Westphalie) ; 77 620 h. Métallurgie.

LÜDERITZ, anc. **Angra Pequena,** port de la Namibie ; 7 000 h. Pêcheries.

LUDHIĀNA, v. de l'Inde (Pendjab) ; 1 012 062 h. Textile.

LUDOVIC SFORZA le More (Vigevano 1452 - Loches 1508), duc de Milan (1494-1500). Il obtint le Milanais avec l'aide de la France, mais l'avènement de Louis XII ruina son pouvoir. Capturé à Novare (1500), il mourut interné en France.

LUDRES (54710), comm. de Meurthe-et-Moselle ; 6 255 h. Laiterie.

LUDWIGSBURG, v. d'Allemagne (Bade-Wurtemberg), sur le Neckar ; 81 306 h.

LUDWIGSHAFEN AM RHEIN, v. d'Allemagne (Rhénanie-Palatinat), en face de Mannheim ; 159 567 h. Centre chimique.

Luftwaffe (mot all. signif. *arme aérienne*), nom donné depuis 1935 à l'aviation militaire allemande.

LUGANO, v. de Suisse (Tessin), sur le *lac de Lugano ;* 25 334 h. Tourisme. Cathédrale médiévale à façade Renaissance. Église S. Maria degli Angioli (fresques de Luini). Musée.

LUGDUNUM, nom latin de **Lyon.**

LUGNÉ-POE (Aurélien Marie **Lugné,** dit), acteur, directeur de théâtre et écrivain français (Paris 1869 - Villeneuve-lès-Avignon 1940). Fondateur du théâtre de l'Œuvre (1893), il fit connaître en France les grands dramaturges étrangers (Ibsen, Strindberg).

LUGO, v. d'Espagne (Galice), ch.-l. de prov. ; 83 242 h. Enceinte en partie romaine (IIIe s.). Cathédrale des XIIe-XVIIIe s.

LUGONES (Leopoldo), écrivain et homme politique argentin (Santa María del Río Seco 1874 - Buenos Aires 1938), représentant du « modernisme » *(la Guerra gaucha).*

LUINI (Bernardino), peintre italien (Luino ?, lac Majeur, v. 1485 - Milan ? 1532). Influencé par le milieu lombard (Foppa, A. Solario, etc.) et par Léonard de Vinci, il excelle dans l'art de la fresque (Milan, Lugano, Saronno).

LUKÁCS (György), écrivain et philosophe hongrois (Budapest 1885 - *id.* 1971). Il interpréta les thèses de Marx dans une perspective humaniste par le recours au concept d'aliénation (*Histoire et conscience de classe,* 1923). Il a défini les bases d'une esthétique marxiste (*la Théorie du roman,* 1920).

ŁUKASIEWICZ (Jan), logicien polonais (Lemberg, auj. Lvov, 1878 - Dublin 1956). Il est le premier à avoir énoncé une logique trivalente, admettant le vrai, le faux et le possible.

LULEÅ, port de Suède, sur le golfe de Botnie, à l'embouchure du *Lule älv ;* 68 412 h. Exportation du fer. Aciérie.

LULLE (*bienheureux* Raymond), théologien et écrivain espagnol (Palma v. 1235 - Bougie ou Palma 1315). D'un savoir encyclopédique, il a écrit, en latin, en catalan et en arabe, de nombreux ouvrages de philosophie, de théologie, de mystique et d'alchimie. Il a élevé la prose catalane au rang de langue littéraire.

LULLY ou **LULLI** (Jean-Baptiste), violoniste et compositeur italien naturalisé français (Florence 1632 - Paris 1687). Il passa la plus grande partie de sa vie en France. Devenu surintendant de la Musique, il obtint une sorte de monopole de la production musicale. Il fut le créateur de l'opéra français et composa une douzaine de tragédies lyriques (*Alceste,* 1674 ; *Atys,* 1676 ; *Armide,* 1686), des ballets, des divertissements pour les comédies de Molière *(le Bourgeois gentilhomme)* et de grands motets *(Miserere).* Son style influença Bach et Händel.

Lulu, opéra inachevé d'A. Berg en un prologue et trois actes sur un livret du compositeur, d'après Wedekind (créé à Zurich en 1937, puis à Paris, achevé par F. Cerha, en 1979). Cette œuvre est entièrement dodécaphonique.

LULUABOURG → ***Kananga.***

LUMBRES (62380), ch.-l. de c. du Pas-de-Calais ; 4 117 h. Cimenterie. Papeterie.

LUMIÈRE (Louis), chimiste et industriel français (Besançon 1864 - Bandol 1948). Aidé de son frère **Auguste** (Besançon 1862 - Lyon 1954), il inventa le Cinématographe (1895), pour lequel il tourna de très nombreux films. On lui doit également la mise au point du premier procédé commercial de photographie en couleurs (1903).

Auguste et Louis **Lumière**

LUMUMBA (Patrice), homme politique congolais (Katako Kombé 1925 - Élisabethville 1961). Fondateur du Mouvement national congolais, il milita pour l'indépendance du Congo belge (Zaïre). Premier ministre en 1960, il lutta contre la sécession du Katanga. Destitué par Kasavubu, il fut assassiné.

LUNA (Álvaro **de**), connétable de Castille (Cañete 1388 - Valladolid 1453), ministre et favori du roi Jean II. La noblesse obtint sa disgrâce. Il fut décapité.

LUND, v. de la Suède méridionale ; 87 681 h. Université. Cathédrale romane. Musées.

LUNDEGÅRDH (Henrik), botaniste suédois (Stockholm 1888 - Penningby 1969), auteur de travaux sur la photosynthèse, le cycle du gaz carbonique, etc.

LUNDSTRÖM (Johan Edvard), industriel suédois (Jönköping 1815-1888), inventeur de l'allumette de sûreté, dite « suédoise » (1852).

LÜNEBURG, v. d'Allemagne (Basse-Saxe), dans les *landes de Lüneburg ;* 60 937 h. Hôtel de ville des XIIIe-XVIIIe s. Maisons anciennes en brique.

LUNEL (34400), ch.-l. de c. de l'Hérault ; 18 501 h. *(Lunellois).* Vins. Conserverie.

LÜNEN, v. d'Allemagne, dans la Ruhr ; 86 363 h. Métallurgie.

LUNÉVILLE (54300), ch.-l. d'arr. de Meurthe-et-Moselle, sur la Meurthe ; 22 393 h. *(Lunévillois).* Constructions mécaniques et électriques. Textile. Faïence. Château par Boffrand (1702, musée) ; église St-Jacques par Boffrand et Héré (1730). En 1801 y fut conclu, entre la France et l'Autriche, un traité confirmant celui de Campoformio et consacrant l'accroissement de la puissance française en Italie.

LUOYANG ou **LO-YANG,** v. de Chine (Henan) ; 171 000 h. Riche musée archéologique. Cap. sous les Shang, les Zhou, les Han, les Wei et enfin les Tang, elle a été un important foyer culturel et possède des quartiers anciens et pittoresques. Nécropole han ; temple du Cheval blanc, fondé en 68, avec une pagode du XIIe s. Aux env. grottes de Longmen.

LUPERCUS, dieu de l'Italie ancienne ; on célébrait en son honneur les *lupercales.*

Lupin (Arsène), type du gentleman cambrioleur créé, en 1905, par Maurice Leblanc.

LUQMĀN ou **LOKMAN,** sage de la tradition arabe préislamique.

LURÇAT (Jean), peintre français (Bruyères, Vosges, 1892 - Saint-Paul-de-Vence 1966). Il a contribué dès les années 30 à rénover l'art de la tapisserie (*le Chant du monde,* dix pièces, 1956-1965, Angers).

LURCY-LÉVIS (03320), ch.-l. de c. de l'Allier ; 2 100 h. Église romane.

LURE (70200), ch.-l. d'arr. de la Haute-Saône ; 10 049 h. *(Lurons).* Textile. Chimie.

LURE *(montagne de),* chaîne des Alpes françaises du Sud, au sud-ouest de Sisteron ; 1 826 m.

LURISTĀN → ***Lorestān.***

LUSACE, en all. **Lausitz,** région aux confins de l'Allemagne et de la République tchèque, culminant aux *monts de Lusace* (1 010 m).

LUSAKA, cap. de la Zambie, à environ 1 300 m d'alt. ; 691 000 h.

LÜSHUN → ***Port-Arthur.***

Jean-Baptiste **Lully** (théâtre de la Scala, Milan)

Martin **Luther** (Cranach l'Ancien - Offices, Florence)

Lusiades (les), poème épique de Camões (1572) ; cette épopée nationale a pour sujet les découvertes des Portugais dans les Indes orientales et pour héros principal Vasco de Gama.

LUSIGNAN (86600), ch.-l. de c. de la Vienne ; 2 754 h. Église romane et gothique.

LUSIGNAN, famille originaire du Poitou, qui fit souche dans l'Orient latin, notamm. avec Gui* de Lusignan, fondateur de la dynastie des Lusignan à Chypre en 1192.

LUSIGNY-SUR-BARSE (10270), ch.-l. de c. de l'Aube ; 1 291 h.

Lusitania, paquebot britannique qui fut torpillé près des côtes d'Irlande, le 7 mai 1915, par un sous-marin allemand. 1 200 personnes (dont 118 Américains) périrent.

LUSITANIE, province de l'Espagne romaine, couvrant, pour une part, l'actuel territoire du Portugal. (Hab. *Lusitains* ou *Lusitaniens.*)

LUSSAC (33570), ch.-l. de c. de la Gironde ; 1 466 h. Vins.

LUSSAC-LES-CHÂTEAUX (86320), ch.-l. de c. de la Vienne ; 2 322 h.

LUSTIGER (Jean-Marie), prélat français (Paris 1926). Né de parents d'origine polonaise et israélite, prêtre en 1954, il est nommé archevêque de Paris en 1981, cardinal en 1983. (Acad. fr.)

LUTÈCE, ville de Gaule, capitale des *Parisii,* dont l'emplacement correspond au cœur de Paris (île de la Cité et pente de la montagne Sainte-Geneviève).

LUTHER (Martin), théologien et réformateur allemand (Eisleben 1483 - *id.* 1546). Moine augustin très préoccupé par l'idée du salut, il s'astreint à de sévères mortifications et joue aussi un rôle diplomatique dans son ordre, qui le délègue à Rome en 1510. Docteur en théologie, il obtient, en 1513, la chaire d'Écriture sainte à l'université de Wittenberg, où à partir de 1515 il enseigne les épîtres de saint Paul. En référence à la doctrine paulinienne de la justification par la foi, il s'élève contre le trafic des indulgences *(querelle des Indulgences),* puis contre le principe même de celles-ci dans ses 95 thèses (1517), considérées comme le point de départ de la Réforme. Condamné par Rome en 1520, il poursuit son œuvre ; à cette date paraissent les « trois grands écrits réformateurs » : le manifeste *À la noblesse allemande* (sur la suprématie romaine), *la Captivité de Babylone* (sur les sacrements), *De la liberté du chrétien* (sur l'Église). Mis au ban de l'Empire après la diète de Worms, où il refuse de se rétracter (1521), caché au château de la Wartburg par son protecteur l'Électeur de Saxe, il peut revenir à Wittenberg en 1522. Marié en 1525 à Katharina von Bora, il consacre le reste de sa vie à structurer son œuvre et à la défendre ; il lutte à la fois contre le catholicisme, que soutient la puissance politique, contre les révoltes sociales (guerre des Paysans), les déviations des illuminés et des anabaptistes et contre ceux qui, tel Zwingli en Suisse, donnent à sa réforme une orientation nouvelle. Luther, initiateur d'un grand mouvement religieux, est aussi un écrivain : ses œuvres, et principalement sa traduction de la Bible (1521-1534), font de lui un des premiers grands prosateurs de l'allemand moderne.

LUTHULI ou **LUTULI** (Albert John), homme politique sud-africain (en Rhodésie 1898 - Stanger, Natal, 1967), Zoulou, adversaire de la ségrégation raciale. (Prix Nobel de la paix 1960.)

LUTON, v. de Grande-Bretagne, près de Londres ; 167 300 h. Aéroport. Industrie automobile.

LUTOSŁAWSKI (Witold), compositeur polonais (Varsovie 1913 - *id.* 1994), auteur d'un *Concerto pour orchestre* et des *Trois Poèmes d'Henri Michaux.*

LUTTERBACH (68460) comm. du Haut-Rhin, banlieue de Mulhouse ; 5 341 h.

Luttes de classes en France (1848-1850) [les], œuvre de K. Marx (1850) fondant la méthode d'analyse matérialiste de l'histoire.

LÜTZEN, v. de l'Allemagne, au sud-ouest de Leipzig ; 4 102 h. Théâtre de deux batailles : l'une le 16 nov. 1632, où fut tué Gustave-Adolphe, dont l'armée battit Wallenstein ; l'autre le 2 mai 1813, où Napoléon Ier battit les Russes et les Prussiens.

LUXEMBOURG, État de l'Europe occidentale ; 2 586 km² ; 380 000 h. *(Luxembourgeois).* CAP. *Luxembourg.* LANGUES : *luxembourgeois, allemand, français.* MONNAIE : *franc luxembourgeois.*

INSTITUTIONS

Monarchie constitutionnelle (grand-duché de Luxembourg). Constitution de 1868. Souverain : le grand-duc, qui nomme le *président du gouvernement* pour 5 ans. *Chambre des députés* élue pour 5 ans.

GÉOGRAPHIE

La région septentrionale *(Ösling)* appartient au plateau ardennais, souvent forestier, entaillé par des vallées encaissées (Sûre), et dont la mise en valeur est limitée par des conditions naturelles défavorables. Elle s'oppose au Sud (*Gutland,* « Bon Pays »), prolongement de la Lorraine, où la fertilité des sols et un climat moins rude ont favorisé l'essor d'une agriculture variée (céréales, cultures fruitières et florales, vigne, tabac) et de l'élevage bovin. La présence de fer dans le Sud-Ouest (dont l'extraction a cessé) a favorisé le développement de la sidérurgie et de la métallurgie. L'économie est encore tributaire de cette industrie lourde malgré l'extension des services (financiers notamment). Les exportations sont surtout dirigées vers les deux partenaires du Benelux et vers les autres pays de la C.E.E.

HISTOIRE

963 : issu du morcellement de la Lotharingie, le comté de Luxembourg se constitue. 1308 : le comte Henri VII est élu empereur. 1354 : son petit-fils Charles IV érige le comté en duché pour son frère Venceslas. 1441 : le Luxembourg passe à Philippe le Bon, duc de Bourgogne. 1506 : il devient possession des Habsbourg d'Espagne. 1659-1697 : il est progressivement occupé par la France. 1714 : au traité de Rastatt, le Luxembourg est cédé à l'Autriche. 1795 : il est annexé par la France. 1815 : le congrès de Vienne en fait un grand-duché, lié à titre personnel au roi des Pays-Bas et membre de la Confédération germanique. 1831 : la moitié occidentale du grand-duché devient belge. 1831-1839 : le reste demeure sous la domination du roi des Pays-Bas. 1867 : le traité de Londres fait du Luxembourg un État neutre, sous la garantie des grandes puissances. 1890 : la couronne passe à Adolphe de Nassau. 1912 : la loi salique est abrogée et Marie-Adélaïde devient grande-duchesse. 1914-1918 : le Luxembourg est occupé par les Allemands. 1919 : la grande-duchesse Charlotte donne une Constitution démocratique au pays. 1922 : union économique avec la Belgique. 1940-1944 : nouvelle occupation allemande. 1947 : le Luxembourg devient membre du Benelux. 1948 : il abandonne sa neutralité. 1949 : il adhère à l'O. T. A. N. 1957 : il entre dans la C.E.E. 1964 : la grande-duchesse Charlotte abdique en faveur de son fils Jean.

LUXEMBOURG, prov. du sud-est de la Belgique ; 4 418 km² ; 232 813 h. Ch.-l. *Arlon ;* 5 arr. *(Arlon, Bastogne, Marche-en-Famenne, Neufchâteau, Virton)* et 44 comm. La prov. s'étend presque entièrement sur l'Ardenne, ce qui explique la faiblesse relative de l'occupation humaine (densité voisine de 50 h./km²), de l'urbanisation et de l'activité économique (élevage, exploitation de la forêt, tourisme).

LUXEMBOURG, cap. du grand-duché de Luxembourg, sur l'Alzette ; 75 377 h. Centre intellectuel, financier (Banque européenne d'investissement), administratif (Cour des comptes et Cour de justice des Communautés européennes) et industriel (métallurgie de transformation). Cathédrale des XVIIe et XXe s. Musée d'État.

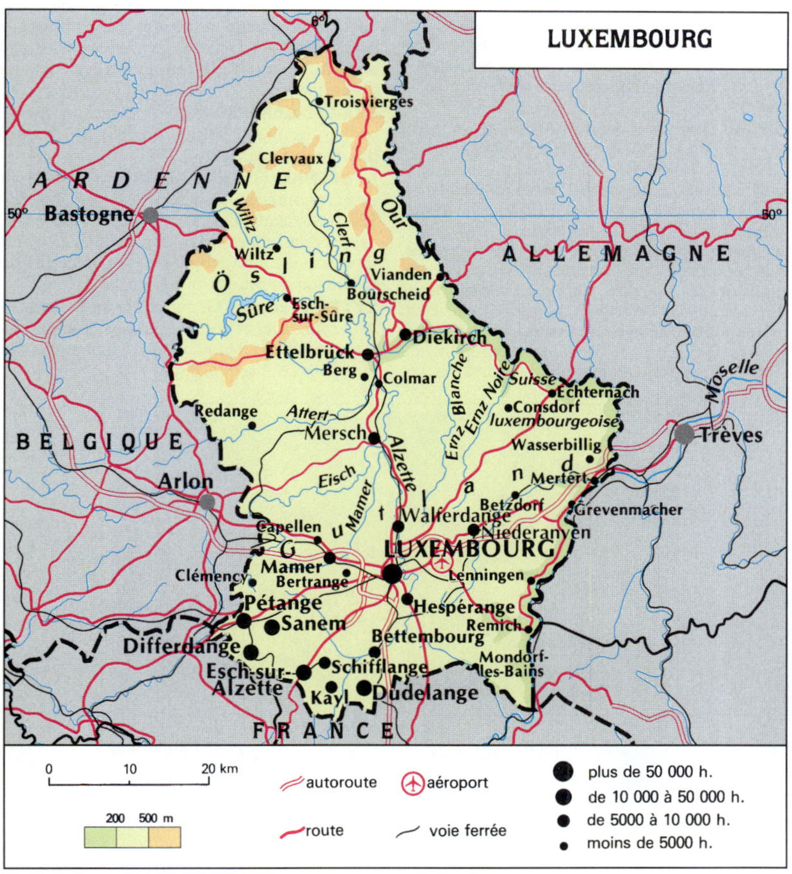

Luxembourg : vue partielle de la vieille ville et des fortifications.

LUXEMBOURG (François Henri **de Montmorency-Bouteville,** *duc* **de**), maréchal de France (Paris 1628 - Versailles 1695). Il décida de la victoire de Cassel (1677), fut victorieux à Neerwinden (1693), où il prit tant de drapeaux qu'on l'appela *le Tapissier de Notre-Dame.*

LUXEMBOURG *(maisons de),* maisons qui régnèrent sur le Luxembourg à partir de 963 ; la troisième accéda à l'Empire (1308), aux trônes de Bohême (1310), puis de Hongrie (1387). À la mort de Sigismond (1437), la majeure partie de ses possessions passa aux Habsbourg.

Luxembourg *(palais du),* à Paris, palais construit de 1612 à 1620, par S. de Brosse, pour Marie de Médicis ; Rubens en décora la galerie (grandes toiles auj. au Louvre). Il est affecté au Sénat. Grand jardin public.

LUXEMBURG (Rosa), révolutionnaire allemande (Zamość 1870 - Berlin 1919). Leader, avec Karl Liebknecht, de la social-démocratie allemande, en désaccord avec Lénine sur la question de l'organisation du parti, elle rédigea *Grève de masse, parti et syndicats* (1906) et l'*Accumulation du capital* (1913). Elle fut assassinée lors de l'insurrection spartakiste.

LUXEUIL-LES-BAINS (70300), ch.-l. de c. de la Haute-Saône ; 9 364 h. *(Luxoviens).* Station thermale (affections veineuses et gynécologiques). Métallurgie. Textile. Un monastère y fut fondé par saint Colomban au VIe s. Monuments des XIVe-XVIe s. Musée.

LU XUN ou **LOU SIUN,** écrivain chinois (Shaoxing 1881 - Shanghai 1936). Il est le premier écrivain de la Chine moderne (*la Véridique Histoire de Ah Q,* 1921).

LUYNES (37230) ch.-l. de c. d'Indre-et-Loire ; 4 226 h. Château des XIIIe-XVIIe s.

LUYNES (Charles, *marquis* **d'Albert,** *duc* **de**), homme d'État français (Pont-Saint-Esprit 1578 - Longueville 1621). Favori de Louis XIII, il poussa au meurtre de Concini (1617). Connétable (1621), il lutta contre les huguenots.

LUZARCHES (95270), ch.-l. de c. du Val-d'Oise ; 3 377 h. Église des XIIe-XVIe s.

LUZECH [-zɛʃ] (46140), ch.-l. de c. du Lot, dans un méandre du Lot ; 1 564 h. Vestiges gallo-romains et médiévaux.

LUZENAC (09250), comm. de l'Ariège ; 705 h. Carrière de talc.

LUZHOU ou **LOU-TCHEOU,** v. de Chine (Sichuan) ; 289 000 h. Chimie.

LUZI (Mario), écrivain italien (Florence 1914), poète (*la Barque,* 1935 ; *Nel magma,* 1964) et critique littéraire.

LUZON → ***Luçon.***

LUZ-SAINT-SAUVEUR [lyz-] (65120), ch.-l. de c. des Hautes-Pyrénées ; 1 181 h. Église romane. Établissement thermal à *Saint-Sauveur.* Sports d'hiver à *Luz-Ardiden.*

LUZY (58170), ch.-l. de c. de la Nièvre ; 2 470 h.

L. V. F. → ***Légion des volontaires français contre le bolchevisme.***

LVOV, en polon. **Lwów,** en all. **Lemberg,** v. d'Ukraine, près de la Pologne ; 790 000 h. Textile. Métallurgie. Monuments religieux du XIIIe au XVIIIe s. La ville, fondée au XIIIe s., appartint à la Pologne de 1349 à 1772 et de 1920 à 1939 ; elle fut attribuée à l'Autriche en 1772.

LWOFF (André), médecin et biologiste français (Ainay-le-Château, Allier, 1902 - Paris 1994), prix Nobel de physiologie et de médecine en 1965 (avec F. Jacob et J. Monod) pour ses travaux de physiologie microbienne et de génétique moléculaire.

Rosa **Luxemburg**

le maréchal **Lyautey** (Calderé - musée de l'Armée, Paris)

LYALLPUR → ***Faisalabad.***

LYAUTEY (Louis Hubert), maréchal de France (Nancy 1854 - Thorey, Meurthe-et-Moselle, 1934). Collaborateur de Gallieni au Tonkin et à Madagascar (1894-1897), il créa de 1912 à 1925 le protectorat français du Maroc, qu'il maintint aux côtés de la France pendant la Première Guerre mondiale. Il fut ministre de la Guerre en 1916-17 et organisa l'Exposition coloniale de Paris (1927-1931). [Acad. fr.]

LYCABETTE (le), colline de l'Attique, intégrée dans Athènes, au pied de laquelle était situé le *Lycée* (où s'élevait un temple d'Apollon Lycéen).

LYCAONIE, anc. pays de l'Asie Mineure, dont la ville principale était Iconium (auj. Konya).

LYCIE, anc. région du sud-ouest de l'Asie Mineure, au sud du Taurus occidental (v. princ. *Xanthos*).

LYCOPHRON, poète grec (Chalcis fin du IVe s. - début du IIIe s. av. J.-C.), auteur du poème *Alexandra,* dont l'obscurité était proverbiale.

LYCURGUE, législateur mythique de Sparte, à qui furent attribuées les sévères institutions spartiates (IXe s. av. J.-C. ?).

LYCURGUE, orateur et homme politique athénien (v. 390 - v. 324 av. J.-C.), allié de Démosthène contre Philippe II de Macédoine.

LYDGATE (John), poète anglais (Lidgate, Suffolk, v. 1370 - Bury Saint Edmunds v. 1450), imitateur et adaptateur de poèmes historiques ou satiriques français et italiens.

LYDIE, royaume de l'Asie Mineure, dont la capitale était Sardes. Ses rois les plus célèbres furent Gygès et Crésus. La Lydie tomba au pouvoir des Perses en 547 av. J.-C.

LYELL (*sir* Charles), géologue britannique (Kinnordy, Écosse, 1797 - Londres 1875), auteur de *Principes de géologie* (1833).

LYLY (John), écrivain anglais (Canterbury v. 1554 - Londres 1606), auteur du roman *Euphues ou l'Anatomie de l'esprit* (1578), dont le style précieux devint le modèle de l'euphuisme.

LYNCH (John, dit **Jack**), homme politique irlandais (Cork 1917), leader du Fianna Fáil, Premier ministre de 1966 à 1973 et de 1977 à 1979.

LYNDSAY ou **LINDSAY** (*sir* David), poète écossais (près de Haddington v. 1490 - Édimbourg v. 1555). Auteur de la *Satire des trois états,* il détermina un fort courant en faveur de la Réforme.

LYON, ch.-l. de la Région Rhône-Alpes et du dép. du Rhône, au confluent du Rhône et de la Saône, à 460 km au sud-est de Paris et à 314 km au nord de Marseille ; 422 444 h. (1 260 000 avec la banlieue) [*Lyonnais*]. Archevêché, cour d'appel, académie et université, siège de la région militaire Méditerranée. Centre universitaire, commercial (foire internationale) et industriel (chimie, constructions mécaniques et électriques, textiles), bénéficiant d'une remarquable desserte autoroutière, ferroviaire (T. G. V.) et aérienne (aéroport de Satolas). — Cathédrale gothique (XIIe-XVe s.) et autres églises médiévales. Demeures de la Renaissance. Monuments des XVIIe et XVIIIe s. Musée de la Civilisation gallo-romaine, intégré à la colline de Fourvière ; riche musée des Beaux-Arts ; musée des Tissus. Centre d'histoire de la Résistance et de la Déportation. — Capitale de la Lyonnaise (27 av. J.-C.) puis de la Gaule romaine, *Lugdunum* (Lyon) fut christianisée dès le IIe s. L'une des capitales des Burgondes (Ve s.), commune indépendante en 1193, siège de deux conciles œcuméniques (1245, 1274), Lyon devint française en 1307. L'introduction de l'industrie de la soie (XVIe s.) lui donna un nouvel essor. Châtiée par la Convention pour son royalisme (1793), la ville fut le théâtre, en 1831 et 1834, d'une double révolte des canuts.

LYONNAIS *(monts du),* massif de l'est du Massif central.

LYONNAISE, une des divisions de la Gaule romaine ; sa capitale était *Lugdunum* (Lyon).

LYONS-LA-FORÊT [-ɔ̃s-] (27480), ch.-l. de c. de l'Eure ; 703 h. Forêt. Monuments anciens.

LYOT (Bernard), astronome français (Paris 1897 - Le Caire 1952). Inventeur du *coronographe* (1930), qui permet l'étude de la couronne solaire en dehors des éclipses, il est l'un de ceux qui ont le plus fait progresser, avant l'ère spatiale, la connaissance des surfaces planétaires et de l'atmosphère solaire.

LYS (la), en néerl. **Leie,** riv. de France et de Belgique, affl. de l'Escaut (r. g.) à Gand ; 214 km. Elle traverse Armentières et Courtrai.

LYSANDRE, général spartiate (m. en 395 av. J.-C.). Il défit les Athéniens à l'embouchure de l'Aigos-Potamos (405 av. J.-C.) et prit Athènes (404).

Lys dans la vallée (le), roman d'H. de Balzac (1835).

LYSIAS, orateur athénien (v. 440 - v. 380 av. J.-C.). Il fut l'adversaire des Trente. Son art oratoire est un modèle de l'atticisme.

LYSIMAQUE, roi de Thrace (Pella v. 360 - Couroupédion, Lydie, 281 av. J.-C.). Lieutenant d'Alexandre, il se proclama roi en 306. Il fut tué par Séleucos Ier Nikatôr.

LYSIPPE, sculpteur grec (né à Sicyone v. 390 av. J.-C.). Attaché au rendu du mouvement et de la musculature athlétique, il a allongé le canon de Polyclète et a été, avec son *Apoxyomène,* à l'origine de la conception hellénistique du corps viril.

LYS-LEZ-LANNOY (59390), comm. du Nord, sur la frontière belge ; 12 398 h. Produits pharmaceutiques.

LYSSENKO (Trofim Denissovitch), biologiste et agronome soviétique (Karlovka, Poltava, 1898 - Moscou 1976). Il étudia la vernalisation. Ses idées erronées sur la transmission de caractères acquis furent promues théorie officielle par le pouvoir soviétique (jusqu'en 1955).

LYTTON (Edward George **Bulwer-Lytton,** *baron*), romancier et homme politique britannique (Londres 1803 - Torquay 1873), auteur des *Derniers Jours de Pompéi* (1834).

Lyon : quartiers bordant la Saône. (Au fond, tour du nouveau quartier de la Part-Dieu.)

M

M6 (Métropole 6), chaîne de télévision française. Issue de la chaîne thématique musicale (TV6) créée en 1986, elle a été attribuée en 1987 à un groupe piloté par la *Compagnie luxembourgeoise de télédiffusion.*

MAASEIK, v. de Belgique, ch.-l. d'arr. du Limbourg, sur la Meuse ; 21 326 h. Monuments et ensemble urbain anciens.

MAASMECHELEN, comm. de Belgique (Limbourg) ; 34 143 h.

MAASTRICHT ou **MAËSTRICHT,** v. des Pays-Bas, ch.-l. du Limbourg, sur la Meuse ; 117 417 h. Églises St-Servais et Notre-Dame, remontant aux Xe-XIe s. Musée.

Maastricht *(traité de)* [7 févr. 1992], traité signé par les États membres de la C. E. E. (qui devient C. E., Communauté européenne) et instituant l'Union européenne. Ce traité prévoit l'établissement d'une Union économique et monétaire (U. E. M.) [mise en place d'une monnaie unique au plus tard en 1999], la mise en œuvre d'une politique étrangère et de sécurité commune ainsi que d'une coopération dans le domaine de la justice et des affaires intérieures. Il instaure en outre une citoyenneté européenne. Soumis à des procédures de ratification dans chaque pays membre de la C. E. E., le traité est approuvé, en 1992-93, par tous les États (avec d'importantes clauses d'exception pour le Danemark et la Grande-Bretagne). Il entre en vigueur le 1er novembre 1993.

MAAZEL (Lorin), chef d'orchestre américain (Neuilly 1930). Directeur de l'Opéra de Vienne de 1982 à 1986, il prend ensuite la direction musicale de l'orchestre national de France (1988-1991) et de l'orchestre de Pittsburgh (depuis 1988).

MABILLON (Jean), bénédictin français (Saint-Pierremont 1632 - Paris 1707), moine de la congrégation de Saint-Maur, à Paris. On lui doit les *Acta sanctorum ordinis sancti Benedicti* et surtout le *De re diplomatica* (1681), qui fonda la diplomatique.

MABLY (42300), comm. de la Loire ; 8 325 h.

MABLY (Gabriel **Bonnot de**), philosophe français (Grenoble 1709 - Paris 1785). Hostile aux physiocrates, opposé à la propriété, il proposa la communauté des biens (*De la législation ou Principes des lois,* 1776).

MABUSE → ***Gossart*** *(Jean).*

MCADAM [makadam] (John Loudon), ingénieur britannique (Ayr, Écosse, 1756 - Moffat 1836). Il inventa le système de revêtement des routes à l'aide de pierres cassées, dit *macadam.*

MACAIRE d'Égypte *(saint)* [v. 301 - v. 394], solitaire du désert d'Égypte. Les écrits mystiques qu'on lui a attribués ont exercé une grande influence sur la spiritualité orientale.

MACAIRE, prélat russe (v. 1482-1563). Métropolite de Moscou (1542), conseiller du tsar Ivan IV le Terrible, il scella l'union de l'Église et de l'État moscovites.

MACAO, territoire portugais sur la côte sud de la Chine ; 16 km² ; 285 000 h. Port. Centre industriel et touristique. Possession du Portugal depuis 1557, il doit être rétrocédé à la Chine en 1999.

MACAPÁ, port du Brésil, ch.-l. de l'État de l'Amapá ; 179 609 h.

MACARTHUR (Douglas), général américain (Fort Little Rock 1880 - Washington 1964). Commandant en chef allié dans le Pacifique, il fut vainqueur du Japon (1944-45), puis commanda les forces de l'O. N. U. en Corée (1950-51).

MACASSAR → ***Ujungpandang.***

MACAULAY (Thomas Babington), historien et homme politique britannique (Rothley Temple 1800 - Campden Hill, Londres, 1859), auteur d'une *Histoire d'Angleterre* (1848-1861) qui connut un énorme succès et lui valut la pairie.

MACBETH (m. en 1057), roi d'Écosse (1040-1057). Il parvint au trône par l'assassinat de Duncan Ier, mais il fut tué par le fils de ce dernier, Malcolm III.

Macbeth, drame de Shakespeare (v. 1605).

MACCABÉES ou **MACABÉES** (les), famille de patriotes juifs qui est à l'origine d'un soulèvement national (167 av. J.-C.) contre la politique d'hellénisation du roi séleucide Antiochos IV Épiphane. Elle compte parmi ses membres les plus remarquables **Mattathias,** prêtre (m. v. 166 av. J.-C.), qui donna le signal de la révolte, et ses fils **Judas** (m. en 160 av. J.-C.), qui obtint pour son peuple la liberté religieuse, **Jonathan,** grand prêtre, assassiné en 143 av. J.-C., et **Simon,** assassiné en 134 av. J.-C., qui obtint en 142 l'indépendance de la Judée et fonda, par son fils Jean Hyrcan, la dynastie des Asmonéens. L'histoire de la révolte des Maccabées est retracée dans les quatre livres bibliques des *Maccabées,* composés entre 100 av. J.-C. et le IIe s. de notre ère.

MCCAREY (Leo), cinéaste américain (Los Angeles 1898 - Santa Monica 1969), auteur de comédies burlesques (*Soupe au canard,* 1933 ; *l'Extravagant Mr. Ruggles,* 1935 ; *Cette sacrée vérité,* 1937).

MCCARTHY (Joseph), homme politique américain (près d'Appleton, Wisconsin, 1908 - Bethesda, Maryland, 1957). Sénateur républicain, il mena une virulente campagne anticommuniste dans les années 50 *(maccarthysme).* Il fut désavoué par le Sénat en 1954.

MCCLINTOCK (Barbara), généticienne américaine (Hartford 1902 - Huntington, État de New York, 1992). Ses travaux sur les transposons, dont elle avait suggéré l'existence dès les années 1940, lui ont valu le prix Nobel en 1983.

MCCLINTOCK (*sir* Francis Leopold), marin britannique (Dundalk, Irlande, 1819 - Londres 1907), explorateur des régions arctiques.

MCCLURE (*sir* Robert John **Le Mesurier**), amiral britannique (Wexford, Irlande, 1807 - Londres 1873). Il découvrit le passage du Nord-Ouest, entre le détroit de Béring et l'Atlantique (1851-1853).

MCCORMICK (Cyrus Hall), industriel américain (Walnute Grove, Virginie, 1809 - Chicago 1884). Il mit au point la première faucheuse fabriquée en grande série et fonda en 1847 la firme de machines agricoles qui porte son nom, devenue en 1902 l'International Harvester Company.

MCCULLERS (Carson Smith), femme de lettres américaine (Columbus, Géorgie, 1917 - Nyack, État de New York, 1967). Ses romans, marqués par le freudisme, traitent de la solitude de l'être humain (*Le cœur est un chasseur solitaire,* 1940 ; *Reflets dans un œil d'or,* 1941 ; *la Ballade du café triste,* 1951).

MACDONALD (Alexandre), maréchal de France, *duc* **de Tarente** (Sedan 1765 - Courcelles, Loiret, 1840). Il se distingua à Wagram et à Leipzig, mais, en 1814, poussa Napoléon à abdiquer et se rallia à Louis XVIII.

MACDONALD (James Ramsay), homme politique britannique (Lossiemouth, Écosse, 1866 - en mer 1937). Leader du parti travailliste (1911-1914, 1922-1937), il se montra partisan d'un socialisme réformiste. Chef du premier cabinet travailliste (1924), de nouveau au pouvoir de 1929 à 1931, il préconisa le désarmement et la coopération internationale. À la tête d'un gouvernement de coalition (1931-1935), il s'efforça de réduire la crise économique.

MACDONALD (*sir* John Alexander), homme politique canadien (Glasgow 1815 - Ottawa 1891). Après la formation du dominion canadien, il en présida le premier cabinet (1867-1873). De nouveau au pouvoir (1878-1891), il assura la colonisation des Territoires du Nord-Ouest.

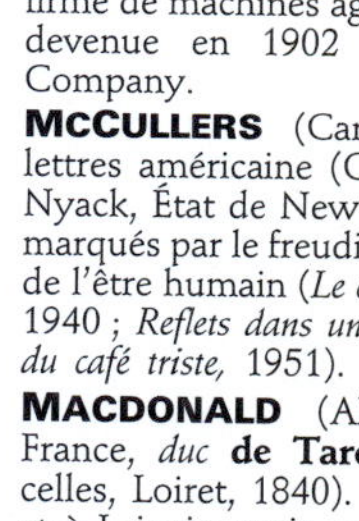

le général **MacArthur**

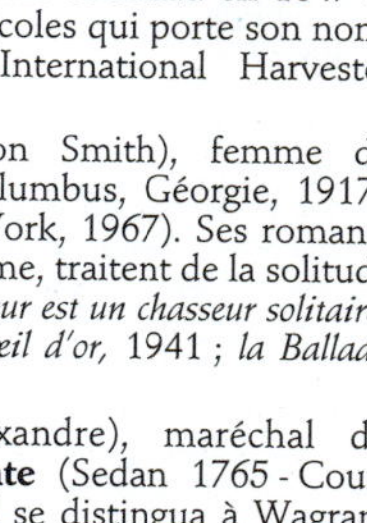

Carson Smith **McCullers**

MACÉ (Jean), écrivain français (Paris 1815 - Monthiers, Aisne, 1894), fondateur de la Ligue française de l'enseignement.

MACÉDOINE, région historique de la péninsule des Balkans, auj. partagée entre la Bulgarie, la Grèce (34 177 km² ; 2 263 099 h. V. pr. *Thessalonique*) et la République de Macédoine.

HISTOIRE

VIIe-VIe av. J.-C. : les tribus de Macédoine sont unifiées. 359-336 : Philippe II porte le royaume à son apogée et impose son hégémonie à la Grèce. 336-323 : Alexandre le Grand conquiert l'Égypte et l'Orient. 323-276 : après sa mort, les diadoques se disputent la Macédoine. 276-168 : les Antigonides règnent sur le pays. 168 : la victoire romaine de Pydna met un terme à l'indépendance macédonienne. 148 : la Macédoine devient province romaine. IVe s. apr. J.-C. : elle est rattachée à l'Empire romain d'Orient. VIIe s. : les Slaves occupent la région. IXe-XIVe s. : Byzantins, Bulgares et Serbes se disputent le pays. 1371-1912 : la Macédoine fait partie de l'Empire ottoman. 1912-13 : la première guerre balkanique la libère des Turcs. 1913 : la question du partage de la Macédoine oppose la Serbie, la Grèce et la Bulgarie au cours de la seconde guerre balkanique. 1915-1918 : la région est le théâtre d'une campagne menée par les Alliés contre les forces austro-germano-bulgares. 1945 : la république fédérée de Macédoine est créée au sein de la Yougoslavie. 1991 : elle se déclare indépendante.

MACÉDOINE, en macédonien **Makedonija,** État de l'Europe balkanique ; 25 700 km² ; 2 100 000 h. *(Macédoniens).* CAP. *Skopje.* LANGUE : *macédonien.* MONNAIE : *denar.*

GÉOGRAPHIE

En grande partie montagneux, ouvert cependant par quelques bassins et vallées (dont celle du Vardar), le pays associe élevage et cultures (bénéficiant parfois de l'irrigation et d'un climat localement méditerranéen) et quelques activités extractives (plomb, zinc). Skopje concentre environ 20 % d'une population comptant une notable minorité d'Albanais de souche, localisés dans la partie occidentale. (V. carte ***Yougoslavie et Macédoine.***)

HISTOIRE

La partie de la Macédoine historique attribuée en 1913 à la Serbie est occupée pendant la Première et la Seconde Guerre mondiale par la Bulgarie. Érigée en République fédérée de Yougoslavie en 1945, elle proclame son indépendance en 1991. La nouvelle République, en butte à l'opposition de la Grèce à la constitution d'un État indépendant portant ce nom, est cependant admise à l'O.N.U., en 1993, sous le nom d'ex-République yougoslave de Macédoine. La Grèce lui impose un blocus économique (1994-95), avant de parvenir à un compromis (notamm. sur la question du drapeau national).

MACÉDONIENNE *(dynastie),* famille byzantine qui, de 867 à 1057, donna à Byzance huit empereurs et deux impératrices.

MACEIÓ, port du Brésil, cap. de l'État d'Alagoas, sur l'Atlantique ; 628 209 h.

MCENROE (John), joueur de tennis américain (Wiesbaden 1959), vainqueur trois fois à Wimbledon (1981, 1983 et 1984), quatre fois à Flushing Meadow (1979 à 1981, 1984).

MACERATA, v. d'Italie (Marches), ch.-l. de prov. ; 43 437 h.

MACH (Ernst), physicien autrichien (Chirlitz-Turas, Moravie, 1838 - Haar, près de Munich, 1916). Il mit en évidence le rôle de la vitesse du son en aérodynamique et fit la première critique des principes de la mécanique newtonienne. Sa philosophie des sciences, l'« empiriocriticisme », soutient que seul existe ce qui peut être exprimé dans les lois expérimentales ; elle eut une grande influence sur la pensée d'Einstein.

MÁCHA (Karel Hynek), écrivain tchèque (Prague 1810 - Litoměřice 1836). Son poème romantique *Mai* (1836) marque le début de la littérature tchèque moderne.

MACHADO (Antonio), poète espagnol (Séville 1875 - Collioure 1939). Il mêle les thèmes décadents à l'inspiration terrienne *(Solitudes, les Paysages de Castille).*

MACHADO DE ASSIS (Joaquim Maria), écrivain brésilien (Rio de Janeiro 1839 - *id.* 1908), poète parnassien mais romancier réaliste *(Quincas Borba, Dom Casmurro).*

MACHAULT D'ARNOUVILLE (Jean-Baptiste **de**), homme d'État et financier français (Paris 1701 - *id.* 1794). Il fut contrôleur général des Finances (1745-1754), garde des Sceaux (1750) et ministre secrétaire d'État de la Marine (1754-1757). Il essaya d'établir l'égalité devant l'impôt, en créant un impôt du vingtième sur tous les revenus, nobles et roturiers.

MACHAUT (Guillaume **de**) → ***Guillaume de Machaut.***

MACHECOUL (44270), ch.-l. de c. de la Loire-Atlantique ; 5 243 h. Constructions mécaniques. C'est de Machecoul que partit en mars 1793 le mouvement insurrectionnel royaliste dirigé par Charette.

MACHEL (Samora Moises), homme politique mozambicain (Madragoa 1933 - dans un accident d'avion 1986), président de la République du Mozambique (1975-1986).

MACHIAVEL, en ital. **Niccolo Machiavelli,** homme politique, écrivain et philosophe italien (Florence 1469 - *id.* 1527). Secrétaire de la République de Florence, il remplit de nombreuses missions diplomatiques (en Italie, en France et en Allemagne) et réorganisa l'armée. Le renversement de la république par les Médicis (1513) l'éloigna du pouvoir. Il mit à profit cette retraite forcée pour écrire la majeure partie de son œuvre d'historien et d'écrivain : *le Prince* (1513, publié en 1532), *Discours sur la première décade de Tite-Live* (1513-1519), *Discours sur l'art de la guerre* (1519-1521), *l'Histoire de Florence* (1525), les comédies *la Mandragore* (1520) et *la Clizia* (1525). L'œuvre théorique de Machiavel constitue un retournement de la philosophie politique héritée des Grecs. Machiavel ne se préoccupe pas de concevoir le meilleur régime possible : démasquant les prétentions de la religion en matière politique, il part des réalités contemporaines pour définir un « ordre nouveau » (moral, libre et laïque) où la raison d'État a pour objectif ultime l'amélioration de l'homme et de la société.

MACHINE (La) [58260], ch.-l. de c. de la Nièvre ; 4 238 h.

MACHU PICCHU, anc. cité inca du Pérou, située dans les Andes (alt. 2 045 m), à 130 km au nord de Cuzco. Ignorée des conquérants espagnols, elle a été découverte en 1911. Vestiges importants.

MACÍAS NGUEMA (Francisco), homme politique de Guinée équatoriale (Nsegayong 1922 - Malabo 1979). Président de la République (1968-1979), il exerça le pouvoir en tyran avant d'être renversé et exécuté (1979).

MACINA, région du Mali, traversée par le Niger et mise en valeur (cultures du riz et du coton) par l'Office du Niger.

MACKENSEN (August **von**), maréchal allemand (Haus Leipnitz 1849 - Burghorn, Celle, 1945). Il conquit la Pologne (1915) puis la Roumanie (1916), mais fut battu par Franchet d'Esperey en Macédoine (1918).

MACKENZIE (le), fl. du Canada ; 4 600 km. Il naît dans les montagnes Rocheuses sous le nom d'*Athabasca,* traverse le Grand Lac de l'Esclave et se jette dans l'océan Arctique.

MACKENZIE (William Lyon), homme politique canadien (près de Dundee, Écosse, 1795 - Toronto 1861). Il dirigea la rébellion de 1837 dans le Haut-Canada.

MACKENZIE KING (William Lyon) → ***King.***

MCKINLEY *(mont),* point culminant de l'Amérique du Nord (Alaska) ; 6 194 m.

MCKINLEY (William), homme politique américain (Niles, Ohio, 1843 - Buffalo, État de New York, 1901). Élu président des États-Unis (1896), il développa une politique impérialiste (Cuba, Hawaii). Réélu en 1900, il fut assassiné par un anarchiste.

MACKINTOSH (Charles Rennie), architecte et décorateur britannique (Glasgow 1868 - Londres 1928), leader, à l'époque de l'Art nouveau, d'une originale « école de Glasgow ».

MCLAREN (Norman), cinéaste canadien d'origine britannique (Stirling 1914 - Montréal 1987). Il a mis au point une technique de dessin animé qui consiste à dessiner directement sur la pellicule et a utilisé les procédés les plus divers dans ses films d'animation.

MACLAURIN (Colin), mathématicien écossais (Kilmodan 1698 - Édimbourg 1746). Son *Traité des fluxions* (1742) est le premier exposé systématique des méthodes de Newton. On y trouve la série qui porte son nom.

MACLEOD (John), médecin britannique (près de Dunkeld, Écosse, 1876 - Aberdeen 1935), prix Nobel en 1923 pour la découverte de l'insuline.

MACLOU *(saint)* → ***Malo.***

MCLUHAN (Herbert Marshall), sociologue canadien (Edmonton 1911 - Toronto 1980). Selon lui, les moyens de communication audiovisuelle modernes (télévision, radio, etc.) mettent en cause la suprématie de l'écrit (*la Galaxie Gutenberg,* 1962 ; *Pour comprendre les médias,* 1964).

MAC-MAHON (Edme Patrice, *comte* **de**), *duc* **de Magenta,** maréchal de France et homme politique français (Sully, Saône-et-Loire, 1808 - château de La Forêt, Loiret, 1893). Il se signala pendant les guerres de Crimée (prise de Malakoff) et d'Italie (victoire de Magenta), et fut gouverneur général de l'Algérie de 1864 à 1870. Lors de la guerre de 1870, il fut battu à Frœschwiller, puis blessé à Sedan. Prisonnier, il fut libéré pour former l'armée de Versailles, qui écrasa la Commune de Paris (mai 1871). Après la chute de Thiers (24 mai 1873), il fut élu président de la République, devenant pour les monarchistes l'instrument pour rétablir, à terme, la royauté. Avec le duc de Broglie comme Premier ministre, il établit un régime d'ordre moral. En nov., ses pouvoirs furent prorogés pour sept ans. Après 1876, les républicains étant en majorité à la Chambre, il entra en conflit avec Jules Simon, chef du gouvernement, et l'obligea à démissionner (16 mai 1877) : cette crise n'empêcha pas les républicains de remporter de nouveau les élections législatives d'octobre. Leur succès définitif aux élections sénatoriales de janvier 1879 détermina Mac-Mahon à se retirer.

MCMILLAN (Edwin Mattison), physicien américain (Redondo Beach, Californie, 1907 - El Cerrito, Californie, 1991). Il a découvert le neptunium et isolé le plutonium. (Prix Nobel 1951.)

MACMILLAN (Harold), homme politique britannique (Londres 1894 - Birch Grove 1986). Député conservateur (1924), leader de son parti, chancelier de l'Échiquier (1955), il fut Premier ministre de 1957 à 1963.

MACMILLAN (Kenneth), danseur et chorégraphe britannique (Dunfermline, Écosse, 1929 - Londres 1992). Chorégraphe de tradition classique, il s'est imposé par son originalité et son sens musical. Directeur du Royal Ballet, il a signé d'importants ballets (*le Sacre du printemps, The Song of the Earth, Anastasia, Manon,* etc.).

Machiavel (le Rosso - coll. priv. Florence)

William Lyon **Mackenzie**

Herbert Marshall **McLuhan**

le maréchal de **Mac-Mahon** (H. Vernet - château de Versailles)

MACON, v. des États-Unis (Géorgie) ; 106 612 h.

MÂCON (71000), ch.-l. du dép. de Saône-et-Loire, sur la Saône, à 393 km au sud-est de Paris ; 38 508 h. *(Mâconnais).* Port fluvial. Centre commercial. Constructions mécaniques. Anc. cap. du *Mâconnais.* Hôtel-Dieu et divers hôtels du XVIIIe s. Musées.

MÂCONNAIS, partie de la bordure orientale du Massif central ; 758 m. Viticulture.

MAC ORLAN (Pierre **Dumarchey,** dit **Pierre**), écrivain français (Péronne 1882 - Saint-Cyr-sur-Morin 1970), évocateur de la bohème et de l'aventure quotidienne ou exotique *(le Quai des brumes, la Bandera, Villes).*

MACPHERSON (James) → ***Ossian.***

MACRIN, en lat. **Marcus Opellius Macrinus** (Césarée, auj. Cherchell, 164 - Chalcédoine 218). Empereur romain (217-218), meurtrier et successeur de Caracalla, il fut lui-même tué sur l'ordre d'Élagabal.

MACROBE, en lat. **Ambrosius Theodosius Macrobius,** écrivain latin (v. 400 apr. J.-C.), auteur d'un commentaire sur *le Songe de Scipion,* de Cicéron, et des *Saturnales.*

MACTA (la), région marécageuse d'Algérie, formée par la réunion du Sig et de l'Habra.

MADÁCH (Imre), écrivain hongrois (Alsósztregova 1823 - Balassagyarmat 1864), auteur du poème dramatique *la Tragédie de l'homme* (1861).

MADAGASCAR, État constitué par une grande île de l'océan Indien, séparée de l'Afrique par le canal de Mozambique ; 587 000 km² ; 13 300 000 h. *(Malgaches).* CAP. *Antananarivo.* LANGUES : *malgache* et *français.* MONNAIE : *franc malgache.*

GÉOGRAPHIE

L'île est formée, au centre, de hauts plateaux granitiques, parfois surmontés de massifs volcaniques, souvent latéritiques, au climat tempéré par l'altitude, qui retombent brutalement à l'est sur une étroite plaine littorale, chaude, humide et forestière. L'ouest est occupé par des plateaux et des collines sédimentaires, calcaires et gréseux, au climat plus sec, domaines de la forêt claire, de la savane et de la brousse. Le manioc et le riz, avec l'élevage bovin, constituent les bases de l'alimentation. Les plantations de caféiers surtout, de girofliers, de vanilliers, de canne à sucre assurent l'essentiel des exportations, complétées par les produits du sous-sol (graphite, mica, chrome, pierres précieuses) et de la pêche.

HISTOIRE

Les origines. XIIe-XVIIe s. : des commerçants arabes s'installent sur les côtes de l'île, peuplée d'un mélange de Négro-Africains et de Polynésiens ; les Européens (en premier lieu les Portugais à partir de 1500) ne parviennent pas à créer des établissements durables. Fort-Dauphin, fondé par les Français en 1643, est abandonné en 1674. Fin du XVIIe-XVIIIe s. : l'île est divisée en royaumes à base tribale. 1787 : l'un d'eux, l'Imerina (capitale Antananarivo), unifie l'île à son profit. 1817 : son souverain Radama Ier (1810-1828) reçoit de la Grande-Bretagne le titre de roi de Madagascar. 1828-1861 : Ranavalona Ire ferme les écoles et chasse les Européens. 1865-1895 : le pouvoir réel est aux mains de Rainilaiarivony, époux de trois reines successives, qui modernise le pays, se convertit au protestantisme, mais doit accepter le protectorat français (1883). 1895-96 : l'expédition Duchesne aboutit à la déchéance de la dernière reine, Ranavalona III, et à l'annexion de l'île par la France, qui abolit l'esclavage. 1896-1905 : Gallieni, gouverneur de l'île, travaille à sa pacification et exile la reine.

L'indépendance. 1946 : Madagascar devient territoire d'outre-mer. 1947-48 : une violente rébellion est durement réprimée. 1956 : l'île devient autonome, sous la présidence de Ph. Tsiranana. 1960 : elle constitue un État indépendant, la République malgache. 1972 : à la suite de troubles importants, Tsiranana doit se retirer. 1975 : après deux années mouvementées, D. Ratsiraka devient président de la République démocratique de Madagascar. Vers la fin des années 80, reconnaissant l'échec d'une expérience socialiste de plus de dix ans, il engage son pays sur la voie d'un libéralisme prudent. 1991 : l'opposition se développe et les troubles se multiplient. L'état d'urgence est proclamé. Un gouvernement de transition, chargé d'organiser la démocratisation des institutions, est mis en place. 1993 : l'approbation, par référendum, de la nouvelle Constitution (1992) est suivie par l'élection à la présidence de la République du principal candidat de l'opposition, Albert Zafy.

Madame Angot, type populaire créé sous le Directoire par l'auteur dramatique Maillot. Il a été porté à la scène dans l'opérette de Lecocq *la Fille de Mme Angot* (1872).

Madame Bovary, roman de G. Flaubert (1857). Le romantisme stéréotypé d'Emma Bovary vient se briser contre la médiocrité de la vie et des hommes ; elle est entraînée vers la déchéance et le suicide.

Madame Butterfly, drame lyrique en trois actes de Puccini, livret de Illica et Giacosa (1904).

Madame Sans-Gêne, comédie en trois actes et un prologue, de V. Sardou et E. Moreau (1893), dont l'héroïne est la maréchale Lefebvre.

MADEIRA (le), riv. de l'Amérique du Sud, affl. de l'Amazone (r. dr.) ; 3 350 km.

MADELEINE *(abri de la),* abri-sous-roche de la Dordogne, situé sur la comm. de Tursac, éponyme de l'un des faciès du paléolithique supérieur : le magdalénien.

MADELEINE *(îles de la),* archipel du golfe du Saint-Laurent (Canada, prov. de Québec).

MADELEINE (La) [59110], comm. du Nord, banlieue de Lille ; 21 788 h. Textile. Chimie.

MADELEINE *(monts de la),* hauteurs du Massif central dominant la plaine de Roanne ; 1 165 m.

MADELEINE *(sainte)* → ***Marie-Madeleine.***

La Madeleine à la veilleuse (v. 1640-1645), par Georges de La Tour. (Louvre, Paris.)

Madeleine à la veilleuse (la), toile de G. de La Tour, au Louvre, la plus dépouillée des trois *Madeleine* conservées de l'artiste. Datation possible vers 1640-1645, en raison de la présence concrète des formes et de l'espace, de la puissance des volumes (par contraste avec une tendance ultérieure du peintre à l'abstraction). [V. illustration page 1489.]

MADELEINE-SOPHIE BARAT *(sainte),* religieuse française (Joigny 1779 - Paris 1865), fondatrice de la congrégation enseignante du Sacré-Cœur de Jésus, dite « des dames du Sacré-Cœur » (1800).

Madelon (la), chanson créée à Paris en 1914, popularisée par les soldats français et alliés pendant la Première Guerre mondiale.

MADÈRE, en port. **Madeira,** île portugaise de l'Atlantique, à l'ouest du Maroc, découverte en 1419 par les Portugais ; 740 km^2 ; 263 306 h. Cap. *Funchal.* Vigne. Canne à sucre. Tourisme.

MADERNA (Bruno), chef d'orchestre et compositeur italien (Venise 1920 - Darmstadt 1973), l'un des principaux représentants du mouvement sériel et postsériel (*Hypérion,* 1964 ; *Grande Aulodia,* 1970 ; *Satyricon,* 1973).

MADERNO (Carlo), architecte originaire du Tessin (Capolago 1556 - Rome 1629). Neveu de D. Fontana et précurseur du baroque romain, il a notamment achevé la basilique St-Pierre (allongement de la nef et façade, autour de 1610).

MADHYA PRADESH, État du centre de l'Inde ; 443 000 km^2 ; 66 135 862 h. Cap. *Bhopāl.*

MADISON, v. des États-Unis, cap. du Wisconsin ; 191 262 h. Université.

MADISON (James), homme politique américain (Port Conway, Virginie, 1751 - *id.* 1836), un des créateurs du parti républicain, président des États-Unis (1809-1817).

MADIUN, v. d'Indonésie (Java) ; 136 000 h.

MADONNA DI CAMPIGLIO, station de sports d'hiver (alt. 1 520-2 520 m) d'Italie, dans le Trentin.

MADRAS, v. de l'Inde, cap. du Tamil Nadu, sur la côte de Coromandel ; 5 361 468 h. Port. Industries textiles *(madras)* et chimiques. Monuments anciens. Important musée.

MADRE *(sierra),* nom des deux rebords montagneux qui limitent le plateau mexicain au-dessus du Pacifique et du golfe du Mexique.

MADRID, cap. de l'Espagne et de la *communauté autonome de Madrid* (8 028 km^2 ; 4 935 642 h.), en Castille, sur le Manzanares ; 3 010 492 h. *(Madrilènes).* Capitale de l'Espagne depuis 1561, Madrid est un centre administratif où la fonction industrielle s'est développée. — Plaza Mayor (1617). Églises et couvents classiques ou baroques. Palais royal du XVIIIe s. Riches musées, dont celui du Prado*. — Violents combats pendant la guerre civile (1936-1939).

MADURA, île d'Indonésie, au nord de Java ; 5 290 km^2.

MADURAI, anc. **Madurā,** v. de l'Inde (Tamil Nadu) ; 1 093 702 h. Université. Vaste ensemble brahmanique développé entre le Xe et le XVIIe s., dont le temple Mīṇākṣī (XVIIe s.), aux nombreuses enceintes rythmées de gopura monumentaux.

MAEBASHI, v. du Japon (Honshū) ; 286 261 h. Industries textiles (soieries).

MAËL-CARHAIX [maelkarɛ] (22340), ch.-l. de c. des Côtes-d'Armor ; 1 637 h.

MAELSTRÖM ou **MALSTROM,** chenal de la mer de Norvège, où se produisent de rapides courants tourbillonnaires, près des îles Lofoten.

MAELZEL ou **MÄLZEL** (Johann), mécanicien autrichien (Ratisbonne 1772 - en mer, au large du Panamá, 1838). Il construisit en 1816 le métronome, dont le principe était dû au mécanicien néerlandais D. N. Winkel (1776-1826).

MAËSTRICHT → ***Maastricht.***

MAETERLINCK [mɛtɛrlɛ̃k] (Maurice), écrivain belge d'expression française (Gand 1862 - Nice 1949). Il unit le symbolisme au mysticisme dans ses drames (*la Princesse Maleine,* 1889 ; *Pelléas et Mélisande,* 1892 ; *l'Oiseau bleu,* 1909) et ses essais (*la Vie des abeilles,* 1901). [Prix Nobel 1911.]

MAGADAN, v. de Russie, sur la mer d'Okhotsk ; 152 000 h.

MAGDALENA (le), fl. de Colombie, tributaire de la mer des Antilles ; 1 550 km.

MAGDEBOURG, v. d'Allemagne, cap. du Land de Saxe-Anhalt, sur l'Elbe ; 288 355 h. Port fluvial. Métallurgie. Anc. abbaye Notre-Dame, romane ; cathédrale gothique des XIIIe-XIVe s. Siège d'un archevêché dès 968, Magdebourg fut une des principales villes hanséatiques et fut attribuée au Brandebourg en 1648.

MAGDELEINE *(grotte de la),* grotte située à Penne (Tarn). Sculptures paléolithiques en bas relief (magdalénien).

MAGELANG, v. d'Indonésie (Java) ; 110 000 h.

MAGELLAN *(détroit de),* bras de mer entre l'extrémité sud de l'Amérique et la Terre de Feu.

MAGELLAN (Fernand **de**), en port. **Fernão de Magalhães,** navigateur portugais (Sabrosa 1480 - îlot de Mactan, Philippines, 1521). Passé au service de Charles Quint, il entreprit le premier voyage autour du monde et découvrit en 1520 le détroit qui porte son nom. Il fut tué aux Philippines et un seul des cinq navires de son expédition rentra en Espagne (1522).

MAGENDIE (François), physiologiste et neurologue français (Bordeaux 1783 - Sannois 1855). On lui doit la distinction entre racines sensitives et racines motrices des nerfs rachidiens.

Magenta *(bataille de)* [4 juin 1859], victoire en Lombardie des Français de Mac-Mahon sur les Autrichiens de Gyulai.

MAGHNIYYA, anc. **Marnia,** v. d'Algérie, à la frontière marocaine ; 51 000 h.

MAGHREB [le *Couchant*], ensemble des pays du nord-ouest de l'Afrique : Maroc, Algérie, Tunisie. Le *Grand Maghreb* (ou *Maghreb*) recouvre, outre ces trois pays, la Libye et la Mauritanie. En 1989, les pays du Grand Maghreb ont créé une union économique, l'Union du Maghreb arabe (U.M.A.).

Maginot (ligne), système fortifié construit de 1927 à 1936 sur la frontière française du Nord-Est, à l'initiative d'André Maginot (Paris 1877 - *id.* 1932), ministre de la Guerre de 1922 à 1924 et de 1929 à 1932. Laissant la frontière belge sans protection, la ligne Maginot ne put jouer en 1940 le rôle escompté.

magistrature *(École nationale de la)* [E. N. M.], établissement public créé en 1970 (issu du Centre national d'études judiciaires, créé en 1958) et relevant du ministère de la Justice, chargé d'assurer la formation des futurs magistrats professionnels de l'ordre judiciaire.

MAGNAC-LAVAL (87190), ch.-l. de c. de la Haute-Vienne ; 2 426 h. Église du XIIe s.

MAGNAN (Valentin), psychiatre français (Perpignan 1835 - Paris 1916). Ses travaux portent surtout sur la paralysie générale et sur l'alcoolisme. Il est l'auteur d'une conception d'ensemble de la psychiatrie fondée sur l'idée de dégénérescence.

MAGNANI (Anna), actrice italienne (Alexandrie, Égypte, 1908 - Rome 1973). Pathétique ou truculente, elle fut une des grandes comédiennes du cinéma : *Rome, ville ouverte* (R. Rossellini, 1945), *Bellissima* (L. Visconti, 1951), *le Carrosse d'or* (J. Renoir, 1953).

MAGNANVILLE (78200), comm. des Yvelines, à 4 km au S.-S.-O. de Mantes-la-Jolie ; 6 397 h.

MAGNARD (Albéric), compositeur français (Paris 1865 - manoir des Fontaines, Baron, Oise, 1914), auteur de symphonies, de poèmes symphoniques et de tragédies lyriques.

MAGNASCO (Alessandro), peintre italien (Gênes 1667 - *id.* 1749). Influencé notamm. par S. Rosa et Callot, il a campé, dans des ambiances sombres, d'une touche capricieuse et scintillante, des groupes de moines, de bohémiens, etc., qui composent autant de visions fantastiques ou macabres.

MAGNE ou **MAÏNA,** région de Grèce, dans le sud du Péloponnèse. (Hab. *Maïnotes.*)

MAGNELLI (Alberto), peintre italien (Florence 1888 - Meudon 1971), maître d'un art très épuré, voire abstrait, installé en France en 1931.

MAGNENCE, en lat. **Flavius Magnus Magnentius** (Amiens v. 303 - Lyon 353), empereur romain de 350 à 353.

MAGNÉSIE du Méandre, colonie thessalienne d'Ionie, puissante à l'époque hellénistique et romaine. Vestiges à Berlin et au Louvre.

MAGNÉSIE du Sipyle, v. de Lydie où Antiochos III fut battu par les Romains en 189 av. J.-C. (Auj. **Manisa,** en Turquie.)

MAGNITOGORSK, v. de Russie, au pied de l'Oural méridional ; 440 000 h. Gisement de fer. Sidérurgie.

MAGNOL (Pierre), médecin et botaniste français (Montpellier 1638 - *id.* 1715). Il conçut l'idée du classement des plantes par familles.

MAGNUS, nom de plusieurs rois de Suède, de Danemark et de Norvège du XIe au XIVe s. Le plus célèbre est **Magnus VII Eriksson** (1316-1374), roi de Norvège (1319-1355) et de Suède (1319-1363), qui réalisa l'union de la péninsule.

MAGNY (Olivier **de**), poète lyrique français (Cahors v. 1529 - v. 1561).

MAGNY-COURS (58470), comm. de la Nièvre ; 1 774 h. Circuit automobile.

MAGNY-EN-VEXIN (95420), ch.-l. de c. du Val-d'Oise ; 5 059 h. Église des XVe-XVIe s.

MAGNY-LES-HAMEAUX (78470), comm. des Yvelines ; 7 809 h. Aéronautique. Église en partie du XIIe s. Musée national des Granges-de-Port-Royal.

MAGOG, v. du Canada (Québec), dans les cantons de l'Est ; 14 034 h.

MAGOG → ***Gog.***

MAGON, nom de plusieurs généraux carthaginois, dont le plus célèbre (m. en 203 av. J.-C.) fut le frère d'Hannibal.

MAGRITTE (René), peintre belge (Lessines 1898 - Bruxelles 1967). Exécutées avec une précision impersonnelle, les œuvres de ce surréaliste sont d'étranges « collages » visuels, des rébus poétiques qui scrutent les multiples rapports existant entre les images, la réalité, les concepts, le langage.

MAGUELONNE ou **MAGUELONE,** hameau de la côte du Languedoc (Hérault), au sud de Montpellier. Ville importante au Moyen Âge, détruite par Louis XIII en 1633. Anc. cathédrale romane des XIe-XIIe s.

MAGYARS, peuple finno-ougrien qui s'est établi dans les plaines de Pannonie (Hongrie) au IXe s.

MAHĀBALIPURAM, site archéologique de l'Inde sur le golfe du Bengale, l'un des hauts lieux de l'architecture des Pallava avec ses temples brahmaniques, pour la plupart rupestres, associés à des sculptures monolithes et à

Madrid : la Plaza Mayor (1617).

René **Magritte :** *Éloge de la dialectique* (1936). Aquarelle. (Musée des Beaux-Arts, Ixelles.)

des reliefs pariétaux. Temple du Rivage (VIIIe s.), premier temple indien maçonné.

Mahābhārata, épopée sanskrite de plus de 200 000 vers, qui retrace les guerres des Kaurava contre les Pāṇḍava, les exploits de Kriṣṇa et d'Arjuna *(Bhagavad-Gītā).*

MAHAJANGA, anc. **Majunga,** port du nord-ouest de Madagascar ; 71 000 h.

MAHĀRĀSHTRA, État de l'Inde, dans l'ouest du Deccan ; 307 500 km² ; 78 706 719 h. *(Marathes).* Cap. *Bombay.*

MAHAUT → ***Mathilde.***

MAHĀVĪRA ou **JINA** ou **VARDHAMĀNA,** prophète, fondateur présumé du jaïnisme (VIe s. av. J.-C.).

MAHDĪ (Muḥammad Aḥmad ibn 'Abd Allāh, dit **al-**) [près de Khartoum 1844 - Omdurman 1885]. S'étant proclamé mahdi (1881), il déclara la guerre sainte contre les Britanniques et s'empara de Khartoum (1885). Le pouvoir anglo-égyptien ne fut rétabli au Soudan qu'en 1898.

MAHÉ, v. du sud de l'Inde, sur la côte de Malabār ; 33 425 h. Établissement français de 1721-1727 à 1954-1956.

MAHÉ, principale île des Seychelles.

MAḤFŪẒ (Nadjīb), romancier égyptien (Le Caire 1912), évocateur de sa ville natale *(Rue du Pilon, le Voleur et les Chiens, les Fils de la médina).* [Prix Nobel 1988.]

MAHLER (Gustav), compositeur et chef d'orchestre autrichien (Kalischt, Bohême, 1860 - Vienne 1911), auteur de lieder et de dix symphonies au lyrisme postromantique.

MAḤMŪD de Ghazni (971-1030), souverain ghaznévide (999-1030). Investi par le calife de Bagdad, il entreprit dix-sept expéditions en Inde et régna sur la majeure partie de l'Iran, de l'Afghanistan et du Pendjab.

MAHMUD Ier (Edirne 1696 - Istanbul 1754), sultan ottoman (1730-1754). — **Mahmud II** (Istanbul 1784 - *id.* 1839), sultan ottoman (1808-1839). Il massacra les janissaires (1826), dut faire face à la révolution grecque (1821-1830) et, attaqué par Méhémet-Ali, fut secouru par Nicolas Ier (1833).

MAHOMET, en ar. **Muḥammad,** fondateur de la religion musulmane (La Mecque v. 570 - Médine 632). Fils de parents caravaniers, marié à la riche veuve Khadīdja et, après la mort de celle-ci, à plusieurs autres épouses, Mahomet, au terme d'une évolution religieuse, se sentit appelé à être le prophète d'un renouveau spirituel et social. La tradition musulmane rapporte que, v. 610, il eut une vision de l'archange Gabriel l'investissant d'une mission divine. Sous la dictée de cet ange, qui lui transmettait la parole divine à l'occasion d'extases, il se mit à prêcher la foi en un Dieu unique (Allāh), le renoncement à une vie égoïste et facile, l'imminence du jour terrible du jugement. Son message (recueilli dans le Coran) fit des adeptes mais déchaîna l'hostilité des dirigeants de La Mecque, ce qui força Mahomet et ses fidèles à chercher refuge à Médine. Cette fuite à Médine (ou *hégire*) en 622 marque le début de l'ère musulmane. En dix ans, Mahomet organisa un État et une société dans lesquels la loi de l'islam se substitua aux anciennes coutumes de l'Arabie. L'institution de la guerre sainte *(djihad),* devoir de combattre ceux qui n'adhéraient pas à la foi nouvelle, a donné à l'islam le fondement de son expansion future. La Mecque, après de durs affrontements (624, 625, 627), se rallia en 630. Quand Mahomet mourut, l'Arabie était acquise à l'islam.

MAHOMET, sultans ottomans → ***Mehmed.***

MAHÓN, port des Baléares (Minorque) ; 21 541 h.

mai 1877 *(crise du 16),* crise politique qui menaça les débuts de la IIIe République et naquit de la volonté du président de la République, Mac-Mahon, de donner à sa charge une place prépondérante dans le pouvoir exécutif, afin de préserver la possibilité d'une restauration monarchique. Amorcée par la démission forcée du chef du gouvernement, Jules Simon (16 mai) et par la dissolution de la Chambre (25 juin), elle se termina par un nouveau succès des républicains aux élections d'octobre.

mai 1958 *(crise du 13),* insurrection déclenchée à Alger par les partisans de l'Algérie française ; elle provoqua le retour au pouvoir du général de Gaulle.

mai 1968 *(événements de),* vaste mouvement de contestation politique, sociale et culturelle qui se développa en France, puis en Europe, en mai-juin 1968.

MAÏAKOVSKI (Vladimir Vladimirovitch), écrivain russe (Bagdadi, auj. Maïakovski, Géorgie, 1893 - Moscou 1930). Après avoir participé au mouvement futuriste *(le Nuage en pantalon),* il célébra la révolution d'Octobre *(150 000 000, Octobre),* mais fit dans son théâtre *(la Punaise, les Bains)* un tableau satirique du nouveau régime. Il se suicida.

MAIANO (Giuliano et Benedetto **da**) → ***Giuliano da Maiano.***

MAÎCHE (25120), ch.-l. de c. du Doubs ; 4 248 h. Mécanique de précision.

MAIDANEK → ***Majdanek.***

MAIDSTONE, v. de Grande-Bretagne, ch.-l. du comté de Kent ; 72 000 h. Église de style gothique perpendiculaire.

MAIDUGURI, v. du nord-est du Nigeria ; 168 000 h.

MAIGNELAY-MONTIGNY (60420), ch.-l. de c. de l'Oise ; 2 284 h.

Maigret, personnage de commissaire bonhomme mais perspicace, créé en 1929 par G. Simenon.

MAÏKOP, v. de Russie, cap. de la République des Adyguéens, dans le Caucase ; 149 000 h. Foyer, dès le IIIe millénaire, d'une brillante civilisation.

MAILER (Norman Kingsley), écrivain américain (Long Branch, New Jersey, 1923). Ses romans analysent avec humour la « névrose sociale de l'Amérique » (*les Nus et les Morts,* 1948 ; *Un rêve américain,* 1965 ; *le Prisonnier du sexe,* 1971).

MAILLANE (13910), comm. des Bouches-du-Rhône, au N. des Alpilles ; 1 668 h. Musée Mistral.

MAILLART (Robert), ingénieur suisse (Berne 1872 - Genève 1940), novateur dans le domaine des ouvrages de génie civil en béton armé (ponts, entrepôts, etc.). Il a mis au point l'arc-caisson à trois articulations (1901) et la dalle champignon (1908).

MAILLET (Antonine), romancière canadienne d'expression française (Bouctouche, Nouveau-Brunswick, 1929), chantre de l'Acadie (*Pélagie la Charrette,* 1979).

MAILLEZAIS (85420), ch.-l. de c. de la Vendée ; 980 h. Ruines d'une anc. abbatiale, puis cathédrale, des XIe-XVIe s.

MAILLOL (Aristide), peintre puis sculpteur français (Banyuls-sur-Mer 1861 - *id.* 1944). Son œuvre sculpté, presque entièrement fondé sur l'étude du corps féminin, allie la fermeté synthétique à la grâce. Statues ou monuments à Perpignan, Banyuls, Port-Vendres, Céret, Puget-Théniers, Paris (jardin des Tuileries et musée de la fondation Dina Vierny).

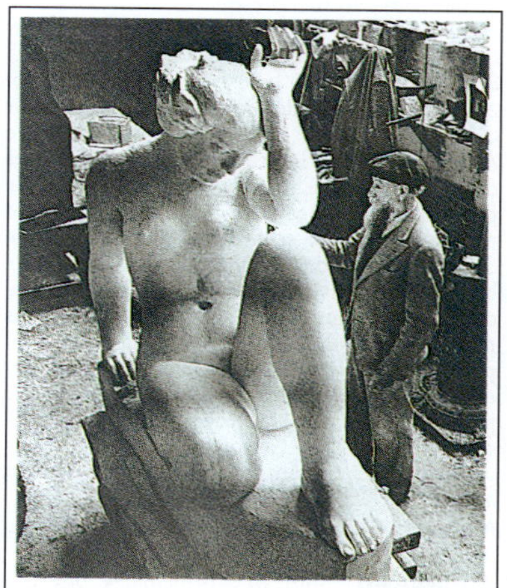

Maillol photographié par Brassaï dans son atelier, à côté du plâtre de *la Montagne* (v. 1937).

MAILLY-LE-CAMP (10230), comm. de l'Aube, dans la Champagne crayeuse ; 2 662 h. Camp militaire de 12 000 ha.

MAIMONIDE (Moïse), médecin, théologien et philosophe juif (Cordoue 1135 - Fusṭāṭ 1204). Il a cherché à montrer l'accord entre la foi et la raison et à rapprocher le judaïsme de la pensée d'Aristote. Ses trois plus grands ouvrages sont le *Luminaire* (1168), le *Mishne Tora* (1180) et le *Guide des égarés* (1190).

MAIN (le), riv. d'Allemagne, passant à Bayreuth et à Francfort, affl. du Rhin (r. dr.) à Mayence ; 524 km. Important trafic fluvial sur le Main relié au Danube par un canal.

MAÏNA → ***Magne.***

MAINARD ou **MAYNARD** (François), poète français (Toulouse 1582 - Aurillac 1646), disciple de Malherbe *(À la Belle Vieille).* [Acad. fr.]

MAINE, un des États unis d'Amérique (Nouvelle-Angleterre) ; 1 227 928 h. Cap. *Augusta.*

MAINE (la), affl. de la Loire (r. dr.), formée par la Sarthe (grossie du Loir) et la Mayenne ; 10 km. Elle passe à Angers.

MAINE (le), anc. prov. de France, érigée en comté en 955. Duché, le Maine fut réuni à la Couronne en 1481 ; cap. *Le Mans.* — Le Maine s'étend sur les dép. de la Sarthe (haut Maine) et de la Mayenne (bas Maine).

MAINE (Louis Auguste **de Bourbon,** *duc* **du**), fils légitimé de Louis XIV et de Mme de Montespan (Saint-Germain-en-Laye 1670 - Sceaux 1736). En 1714, il reçut rang immédiatement après les princes légitimes et fut reconnu apte à succéder au roi à défaut de ceux-ci ; mais le testament royal fut cassé après la mort de

Maurice **Maeterlinck** (J.-E. Blanche - musée des Beaux-Arts, Rouen)

Magellan (Musée maritime, Séville)

Gustav **Mahler**

Maïakovski

Norman **Mailer**

Antonine **Maillet**

Louis XIV. Le duc participa alors à la conspiration dite « de Cellamare », qui s'acheva par son internement (1718-1720). — Sa femme, **Louise de Bourbon-Condé** (Paris 1670 - *id.* 1753), petite-fille du Grand Condé, tint à Sceaux une cour brillante.

MAINE DE BIRAN (Marie François Pierre **Gontier de Biran,** dit), philosophe français (Bergerac 1766 - Paris 1824), de tendance spiritualiste.

MAINE-ET-LOIRE (49), dép. de la Région Pays de la Loire, formé presque exclusivement de l'Anjou ; ch.-l. de dép. *Angers ;* ch.-l. d'arr. *Cholet, Saumur, Segré ;* 4 arr., 41 cant., 364 comm. ; 7 166 km² ; 705 882 h. Le dép. est rattaché à l'académie de Nantes, à la cour d'appel d'Angers et à la région militaire Atlantique. Au sud-ouest, les collines bocagères des Mauges (ou Choletais) sont une région de polyculture associée à l'élevage bovin. Elles se prolongent, entre Layon et Loire, dans le Saumurois, par des coteaux portant des vignobles. Les régions du Beaugeois et du Segréen, où domine l'élevage bovin, sont séparées des premières par la riche vallée de la Loire, qui porte cultures fruitières et légumières, vignes et prairies d'élevage. L'industrie, représentée principalement par les constructions mécaniques et électriques, l'agroalimentaire, le textile, est implantée notamment à Cholet et surtout à Angers.

Mainichi Shimbun, le plus ancien quotidien japonais, créé en 1872.

MAINLAND, nom des principales îles des Shetland et des Orcades.

Mains sales (les), pièce en sept tableaux, de J.-P. Sartre (1948), qui traite de la signification de l'action politique à travers le conflit des morales bourgeoise et révolutionnaire.

MAINTENON (28130), ch.-l. de c. d'Eure-et-Loir, sur l'Eure ; 4 182 h. Château des XIIIe-XVIIe s.

MAINTENON (Françoise **d'Aubigné,** *marquise* **de**), petite-fille d'Agrippa d'Aubigné (Niort 1635 - Saint-Cyr 1719). Élevée dans la religion calviniste, elle se convertit au catholicisme et épousa le poète Scarron (1652). Veuve, elle fut chargée de l'éducation des enfants de Louis XIV et de Mme de Montespan, et, après la mort de Marie-Thérèse, épousa le roi (1683). Elle exerça sur lui une influence notable, notamm. dans le domaine religieux. Après la mort du roi (1715), elle se retira dans la maison de Saint-Cyr, qu'elle avait fondée pour l'éducation des jeunes filles nobles et pauvres.

MAINVILLIERS (28300), ch.-l. de c. d'Eure-et-Loir, banlieue de Chartres ; 10 138 h.

MAINZ → ***Mayence.***

MAIQUETÍA, v. du Venezuela ; 62 834 h. Aéroport de Caracas.

MAIRE (Edmond), syndicaliste français (Épinay-sur-Seine 1931), secrétaire général de la C. F. D. T. de 1971 à 1988.

MAIRET (Jean), poète dramatique français (Besançon 1604 - *id.* 1686), auteur de *Sophonisbe* (1634), une des premières tragédies conformes à la règle des trois unités.

MAISON (Nicolas Joseph), maréchal de France (Épinay-sur-Seine 1771 - Paris 1840). Il commanda en 1828 l'expédition de Grèce et devint ministre des Affaires étrangères (1830), puis de la Guerre (1835-36).

Maison-Blanche (la), résidence des présidents des États-Unis à Washington, édifiée à partir de 1792.

Maison carrée, temple de style corinthien construit à Nîmes par les Romains (16 av. J.-C.) et dédié aux petits-fils d'Auguste. Auj. musée.

MAISONNEUVE (Paul **de Chomedey de**), gentilhomme français (Neuville-sur-Vannes, Aube, 1612 - Paris 1676). En 1642, il fonda, au Canada, Ville-Marie, la future Montréal.

MAISONS-ALFORT (94700), ch.-l. de c. du Val-de-Marne, sur la Marne ; 54 065 h. École vétérinaire. Biscuiterie.

MAISONS-LAFFITTE (78600), ch.-l. de c. des Yvelines, sur la Seine ; 22 553 h. *(Mansonniens).* Hippodrome. Château de Maisons (musée du cheval de course), chef-d'œuvre de F. Mansart (1642).

MAISTRE (Joseph, *comte* **de**), écrivain savoyard (Chambéry 1753 - Turin 1821). Il se fit le héraut et le théoricien de la contre-révolution chrétienne et ultramontaine (*Considérations sur la France,* 1796 ; *Du pape,* 1819 ; *les Soirées de Saint-Pétersbourg,* 1821).

MAISTRE (Xavier **de**), frère du précédent (Chambéry 1763 - Saint-Pétersbourg 1852), auteur du *Voyage autour de ma chambre* (1795).

Maître Jacques, personnage de *l'Avare,* de Molière, cocher et cuisinier d'Harpagon. Son nom a passé dans la langue pour désigner un homme à tout faire.

Maîtres chanteurs de Nuremberg (les), comédie lyrique de Richard Wagner (Munich, 1868).

MAIZIÈRES-LÈS-METZ (57210), ch.-l. de c. de la Moselle ; 8 937 h. Parc d'attractions. Matériel électrique.

MAJDANEK, camp de concentration et d'extermination allemand (1941 - 1944), proche de Lublin ; 50 000 Juifs y périrent.

MAJEUR *(lac),* lac de la bordure sud des Alpes entre l'Italie et la Suisse ; 216 km². Il renferme les îles Borromées. Tourisme.

MAJOR (John), homme politique britannique (Merton, banlieue de Londres, 1943). Chancelier de l'Échiquier en 1989, il succède, en 1990, à Margaret Thatcher à la tête du parti conservateur et au poste de Premier ministre.

MAJORELLE (Louis), décorateur et ébéniste français (Toul 1859 - Nancy 1926), un des représentants de l'école de Nancy. Ses meubles, à base de bois précieux, s'inspirent des formes de la nature.

MAJORIEN, en lat. **Flavius Julius Valerius Majorianus** (m. près de Tortona en 461), empereur d'Occident (457-461). Il échoua contre les Vandales d'Afrique.

MAJORQUE, en esp. **Mallorca,** la plus grande des Baléares ; 3 640 km² ; 530 000 h. Ch.-l. *Palma de Majorque.* Tourisme actif. — Le royaume de Majorque, détaché de la couronne d'Aragon, ne dura que de 1276 à 1343 : il comprenait les Baléares, les comtés de Roussillon et de Cerdagne, la seigneurie de Montpellier ; sa capitale était Perpignan.

MAKAL (Mahmut), écrivain turc (Demirci 1930), évocateur des paysans anatoliens *(Notre village).*

MAKĀLŪ (le), sommet de l'Himalaya central ; 8 515 m. Gravi par l'expédition française de J. Franco (1955).

MAKARENKO (Anton Semenovitch), pédagogue soviétique (Bielopolie, Ukraine, 1888 - Moscou 1939). Il se consacra à l'éducation et à la réadaptation des adolescents.

MAKÁRIOS III, prélat et homme politique cypriote (Anó Panaghiá 1913 - Nicosie 1977). Archevêque et ethnarque de la communauté grecque de Chypre (1950), il se fit le défenseur de l'*Enôsis* (union avec la Grèce) puis le champion de l'indépendance de l'île. Il fut président de la République de Chypre (1959-1977).

MAKAROVA (Natalia), danseuse américaine, d'origine russe (Leningrad 1940). Elle dansa le répertoire romantique *(Giselle),* mais créa également des œuvres modernes (*Mephisto valse* de M. Béjart, 1979).

MAKEÏEVKA ou **MAKEEVKA,** v. d'Ukraine ; 430 000 h. Métallurgie.

MAKHATCHKALA, v. de Russie, cap. du Daguestan, sur la Caspienne ; 315 000 h.

MAKONDÉ ou **MAKONDA,** peuple de Tanzanie et du Mozambique, parlant une langue bantoue.

MALABĀR *(côte de),* partie de la côte sud-ouest du Deccan (Inde).

MALABO, anc. **Santa Isabel,** cap. de la Guinée-Équatoriale, sur la côte nord de l'île Bioco ; 37 000 h.

MALACCA → ***Melaka.***

la marquise de **Maintenon**
(P. Mignard - château de Versailles)

Makários III

MALACCA *(presqu'île de)* ou **PRESQU'ÎLE MALAISE,** presqu'île au sud de l'Indochine, entre la mer de Chine méridionale et l'océan Indien, unie au continent par l'isthme de Kra, et séparée de Sumatra par le *détroit de Malacca.*

MALACHIE [-ʃi ou -ki] *(saint),* primat d'Irlande (Armagh v. 1094 - Clairvaux 1148). La *Prophétie sur les papes* qu'on lui attribue est un apocryphe du XVIe s.

Malachie (livre de), livre prophétique de l'Ancien Testament, en fait anonyme (v. 460 av. J.-C.). Il dénonce les négligences apportées au culte de Yahvé.

Malade imaginaire (le), comédie en trois actes et en prose, de Molière (1673).

MALADETA *(massif de la),* massif des Pyrénées espagnoles ; 3 404 m au *pic d'Aneto* (point culminant des Pyrénées). — Le *pic de la Maladeta* a 3 312 m.

MÁLAGA, port d'Espagne (Andalousie), ch.-l. de prov., sur la Méditerranée ; 522 108 h. Vins. Raisins secs. Double forteresse mauresque (musée). Cathédrale des XVIe-XVIIIe s. Musée.

MALAIS, peuple occupant la presqu'île de Malacca et les îles de la Sonde.

Malaise dans la civilisation, œuvre de Freud (1930), dans laquelle l'auteur montre que la civilisation est soumise aux nécessités économiques et qu'elle paie un lourd tribut à la sexualité et à l'agressivité.

MALAISIE, en angl. **Malaysia,** État fédéral de l'Asie du Sud-Est, formé d'une partie continentale (*Malaisie occidentale* ou *péninsulaire*) et insulaire (*Malaisie orientale,* correspondant à deux régions de Bornéo, le Sabah et le Sarawak) ; 330 000 km^2 ; 18 300 000 h. CAP. *Kuala Lumpur.* LANGUE : *malais.* MONNAIE : *dollar de la Malaisie.* (V. carte ***Asie du Sud-Est continentale.***)

GÉOGRAPHIE

L'État, au climat tropical, est le premier producteur mondial de caoutchouc (naturel) et d'étain. Le sous-sol recèle encore de la bauxite et surtout du pétrole. Le riz est la base de l'alimentation d'une population concentrée en Malaisie occidentale, où vivent de fortes minorités indiennes et chinoises.

HISTOIRE

VIIIe-XIVe s : les royaumes indianisés de la péninsule Malaise sont dominés par les souverains de Sumatra, puis de Java et par les rois du Siam. 1419 : le prince de Malacca se convertit à l'islam et prend le titre de sultan. 1511 : les Portugais s'emparent de Malacca. 1641 : les Hollandais évincent les Portugais. 1795 : occupation britannique. 1819 : fondation de Singapour. 1830 : Malacca, Penang et Singapour constituent les Établissements des Détroits, érigés en colonie de la Couronne britannique en 1867. 1867-1914 : l'administration britannique s'étend à tous les sultanats malais. Développement de l'exportation de l'étain et du caoutchouc. 1942-1945 : le Japon occupe la péninsule. 1946 : la Grande-Bretagne crée l'Union malaise. 1957 : la Fédération malaise accède à l'indépendance dans le cadre du Commonwealth. Abdul Rahman devient Premier ministre. 1963 : la Fédération de Malaisie regroupe la Malaisie continentale, Singapour, Sarawak et le nord de Bornéo (Sabah). 1963-1966 : l'Indonésie mène contre la Malaisie une guerre larvée. 1965 : Singapour se retire de la Fédération. 1970 : Abdul Razak succède à Abdul Rahman. La Malaisie est troublée par les conflits entre les Malais et la communauté chinoise, l'insurrection communiste, l'afflux des réfugiés du Cambodge et du Viêt Nam (partic. à partir de 1979). 1981 : Mahathir bin Mohamad devient Premier ministre.

MALAKOFF (92240), ch.-l. de c. des Hauts-de-Seine, au sud de Paris ; 31 135 h. *(Malakoffiots).* Constructions électriques.

Malakoff *(ouvrage de),* point central de la défense de Sébastopol, enlevé par Mac-Mahon (8 sept. 1855).

MALAMUD (Bernard), écrivain américain (New York 1914 - *id.* 1986), l'un des romanciers les plus originaux de l'école juive nord-américaine (*le Tonneau magique,* 1958 ; *l'Homme de Kiev,* 1966).

MALANG, v. d'Indonésie (Java) ; 560 000 h.

MALAPARTE (Kurt **Suckert,** dit **Curzio**), écrivain italien (Prato 1898 - Rome 1957), auteur de tableaux vigoureux et cyniques de la guerre et de la vie moderne dans ses romans (*Kaputt,* 1944 ; *la Peau,* 1949 ; *Ces sacrés Toscans,* 1956) et son théâtre (*Das Kapital,* 1949).

MÄLAREN *(lac),* lac de Suède, au débouché duquel est bâtie Stockholm ; 1 140 km^2.

Malassis *(Coopérative des),* association de peintres fondée en 1970, après cinq années de travail collectif (notamm. dans le cadre du Salon parisien de la Jeune Peinture), et comprenant Henri Cuéco, Lucien Fleury, Jean-Claude Latil, Michel Parré, Gérard Tisserand. Ils ont peint, sur divers thèmes socio-politiques, de grands panneaux satiriques d'une technique froide, caractéristiques de la nouvelle figuration (*Onze Variations sur « le Radeau de la Méduse »,* 1974-75, centre commercial et culturel de Grenoble-Échirolles).

MALATESTA, famille de condottieri italiens, originaire de Rimini, qui contrôla du XIIe au XIVe s., outre cette ville, une grande partie de la marche d'Ancône et de la Romagne.

MALATYA, v. de Turquie, près de l'Euphrate ; 281 776 h. À *Eski Malatya,* Grande Mosquée du XIIIe s. Non loin, à *Arslān Tepe,* vestiges hittites (reliefs à Istanbul et au Louvre).

MALAUCÈNE (84340), ch.-l. de c. de Vaucluse ; 2 185 h. Église romano-gothique.

MALAUNAY (76770), comm. de la Seine-Maritime, banlieue de Rouen ; 5 791 h. Matériel électrique.

MALAWI, anc. **Nyassaland,** État de l'Afrique orientale, sur la rive ouest du *lac Malawi ;* 118 000 km^2 ; 9 400 000 h. CAP. *Lilongwe.* LANGUE : *anglais.* MONNAIE : *kwacha.* C'est un pays de hauts plateaux presque exclusivement agricole, où le maïs constitue la base de l'alimentation. Le sucre, le thé, et surtout le tabac assurent l'essentiel des exportations. (V. carte ***Zambie.***)

HISTOIRE

1859 : Livingstone découvre le lac Malawi, où les populations bantoues font l'objet, depuis 1840, des razzias des négriers de Zanzibar. 1889 : des traités constituent le protectorat britannique d'Afrique-Centrale. 1907 : l'Afrique-Centrale prend le nom de Nyassaland. 1953 : la Grande-Bretagne fédère le Nyassaland et la Rhodésie. Le Nyassaland African Congress, parti dirigé par Hastings Kamuzu Banda, réclame l'indépendance. 1958 : le Nyassaland accède à l'autonomie. 1962 : il quitte la fédération. 1964 : il accède à l'indépendance sous le nom de Malawi. 1966 : la république est proclamée. Dirigé par Hastings Kamuzu Banda (président à vie à partir de 1971, il instaure un système de parti unique), le Malawi entretient des relations étroites avec l'Afrique du Sud. 1993 : confronté à une contestation intérieure grandissante, le président Banda doit organiser un référendum sur l'introduction du multipartisme, qui est largement approuvée. La présidence à vie est abrogée. 1994 : Elson Bakili Muluzi, principal chef de l'opposition, devient président de la République à l'issue des premières élections pluralistes.

MALAWI *(lac),* anc. **lac Nyassa,** grand lac de l'Afrique orientale, à l'ouest du Mozambique ; 30 800 km^2.

MALBAIE (La) ou **MURRAY BAY,** centre touristique et industriel du Canada (Québec) ; 3 091 h.

MALCOLM, nom de plusieurs rois d'Écosse. — **Malcolm II** (m. en 1034) régna de 1005 à 1034 et réalisa l'unité de l'Écosse. — **Malcolm III** (m. près d'Alnwick en 1093), roi de 1058 à 1093. Sa victoire sur Macbeth lui restitua la couronne. Il échoua dans ses campagnes contre l'Angleterre.

MALDEGEM, comm. de Belgique (Flandre-Orientale) ; 21 418 h.

MALDIVES *(îles),* État insulaire de l'océan Indien, au sud-ouest de Sri Lanka ; 300 km^2 ; 200 000 h. CAP. *Male.* LANGUE : *divehi.* MONNAIE : *roupie maldive.* Protectorat britannique à partir de 1887, indépendantes depuis 1965, elles constituent une république depuis 1968. (V. carte ***Inde.***)

MALE, île et cap. des Maldives ; 55 000 h. Aéroport.

MÂLE (Émile), historien d'art français (Commentry 1862 - Chaalis 1954), spécialiste du Moyen Âge. (Acad. fr.)

MALEBO POOL, anc. **Stanley Pool,** lac formé par un élargissement du fleuve Zaïre. Sur ses rives sont établies les villes de Brazzaville et de Kinshasa.

MALEBRANCHE (Nicolas), oratorien et philosophe français (Paris 1638 - *id.* 1715). Sa métaphysique idéaliste, issue du cartésianisme, résout le problème de la communication de l'âme et du corps par la vision en Dieu et les causes occasionnelles (*De la recherche de la vérité,* 1674-75 ; *Entretiens sur la métaphysique et la religion,* 1688).

MALEC (Ivo), compositeur français d'origine croate (Zagreb 1925). Il réussit une synthèse entre la musique traditionnelle et la technique électroacoustique.

MALEGAON, v. de l'Inde (Mahārāshtra) ; 342 431 h.

MALEMORT-SUR-CORRÈZE (19360), ch.-l. de c. de la Corrèze ; 6 567 h. Mécanique. Agroalimentaire.

MALENKOV (Gueorgui Maksimilianovitch), homme politique soviétique (Orenbourg 1902 - Moscou 1988). Il succéda à Staline comme président du Conseil (1953-1955).

MALESHERBES (45330), ch.-l. de c. du Loiret ; 5 812 h. Édition. Château des XVe et XVIIe s.

MALESHERBES [malzɛrb] (Chrétien Guillaume **de Lamoignon de**), magistrat et homme d'État français (Paris 1721 - *id.* 1794). Premier président de la Cour des aides et directeur de la Librairie (1750), il adoucit la censure. Secrétaire de la Maison du roi (1775), il tenta quelques réformes, mais dut démissionner dès 1776. Il défendit Louis XVI devant la Convention et fut exécuté sous la Terreur. (Acad. fr.)

MALESTROIT [maletrwa] (56140), ch.-l. de c. du Morbihan ; 2 439 h. Église romane et gothique.

MALET (Claude François **de**), général français (Dole 1754 - Paris 1812). En octobre 1812, il tenta à Paris un coup d'État en annonçant la mort de Napoléon, alors en Russie. Il fut fusillé.

MALEVILLE (Jacques, *marquis* **de**), homme politique et juriste français (Domme, Dordogne, 1741 - *id.* 1824). Membre du Conseil des Anciens (1795-1799), il fut l'un des rédacteurs du Code civil.

MALEVITCH (Kazimir), peintre russe (près de Kiev 1878 - Leningrad 1935). D'inspiration spiritualiste, il a créé une catégorie de l'art abstrait dénommée « suprématisme », qui culmine en 1918 avec son tableau *Carré blanc sur fond blanc* (M. A. M. de New York).

MALHERBE (François **de**), poète français (Caen 1555 - Paris 1628). D'abord poète baroque *(les Larmes de saint Pierre),* il rompit avec la poésie savante de la Pléiade et imposa, comme poète de cour et chef d'école, un idéal de clarté et de rigueur qui est à l'origine du goût classique *(Consolation à Dupérier).*

MALI, État de l'Afrique occidentale, s'étendant sur l'ancien Soudan français ; 1 240 000 km^2 ; 8 900 000 h. *(Maliens).* CAP. *Bamako.* LANGUE OFFICIELLE : *français.* MONNAIE : *franc C. F. A.*

GÉOGRAPHIE

Le Nord et le Centre appartiennent au Sahara et à sa bordure ; c'est le domaine de l'élevage nomade (bovins et surtout ovins et caprins), fondement de l'économie d'un pays très pauvre, qui souffre notamment de l'absence de débouché maritime et de ressources minérales notables. Le Sud, plus humide et mis partiellement en valeur par les travaux réalisés dans les vallées du Sénégal et du Niger (Macina), fournit du mil et du sorgho, du riz, du coton, de l'arachide.

HISTOIRE

VIIe-XVIe s. : le Mali est le berceau des grands empires du Niger, du Ghāna, du Mali, puis de Gao (capitale Tombouctou). XVIIe-XIXe s. : divers pouvoirs se succèdent, celui du Maroc, des Touareg, des Bambaras et des Peuls (capitale Ségou). À partir de 1857, les Français entreprennent l'occupation du pays, empêchant ainsi la constitution dans le Sud d'un nouvel État à l'initiative de Samory Touré (fait prisonnier en 1898). 1904 : la colonie du Haut-Sénégal-Niger est créée dans le cadre de l'A.-O. F. 1920 : amputé de la Haute-Volta, le Haut-Sénégal-Niger devient le Soudan français. 1958 : la République soudanaise est proclamée. 1959 : avec le Sénégal, elle forme la fédération du Mali. 1960 : la fédération se dissout. Le Soudan devient la République du Mali, présidée par

Modibo Keita. 1968 : un coup d'État porte au pouvoir Moussa Traoré. 1974 : une nouvelle Constitution établit un régime présidentiel et un parti unique. À partir de 1990 : le gouvernement doit faire face à la rébellion touarègue. 1991 : l'armée renverse Moussa Traoré. Un gouvernement de transition, comprenant des militaires et des civils, est mis en place. 1992 : le multipartisme est restauré. Alpha Oumar Konaré est élu à la présidence de la République.

MALI *(empire du),* empire de l'Afrique noire (XIe-XVIIe s.) dont le noyau initial est la région de Bamako. À son apogée (XIIIe-XIVe s.), il s'étendit sur les États actuels du Mali, du Sénégal, de la Gambie, de la Guinée et de la Mauritanie.

MALIA, site archéologique crétois sur la côte nord, à l'est de Cnossos. Vestiges d'un complexe palatial des alentours de 1700-1600 av. J.-C. et d'une nécropole royale au riche mobilier funéraire (musée d'Iráklion).

MALIBRAN (María de la Felicidad **García,** dite **la**), cantatrice espagnole (Paris 1808 - Manchester 1836), sœur de Pauline Viardot. Elle fut très célèbre, épousa le violoniste Charles de Bériot, et inspira A. de Musset.

MALICORNE-SUR-SARTHE (72270), ch.-l. de c. de la Sarthe ; 1 668 h. Céramique. Église romane, château du XVIIe s.

MALINCHE ou **MARINA,** Indienne du Mexique (1re moitié du XVIe s.). Concubine de Cortés, dont elle eut un fils, elle l'aida dans la conquête du Mexique par sa connaissance de la société et des langues locales.

MALINES, en néerl. **Mechelen,** v. de Belgique, ch.-l. d'arr. de la prov. d'Anvers, sur la Dyle ; 75 313 h. Archevêché créé en 1559, Malines partage ce titre avec Bruxelles depuis 1962. Dentelles renommées. Industries mécaniques et chimiques. Belle cathédrale des XIIIe-XVe s. (mobilier baroque) et autres monuments, du gothique au baroque. Vieilles maisons. Musées.

Malines *(ligue de)* [1513-14], ligue conclue contre la France entre le pape Léon X, l'empereur Maximilien Ier, Ferdinand le Catholique et Henri VIII d'Angleterre.

MALINKÉ, peuple du Mali, également présent au Sénégal, en Guinée et en Gambie, parlant une langue nigéro-congolaise.

MALINOVSKI (Rodion Iakovlevitch), maréchal soviétique (Odessa 1898 - Moscou 1967). Commandant le second front d'Ukraine, il occupa la Roumanie en 1944, puis entra à Budapest et à Vienne (1945). Ministre de la Défense de 1957 à sa mort.

MALINOWSKI (Bronisław), anthropologue britannique d'origine polonaise (Cracovie 1884 - New Haven, Connecticut, 1942). Il est le principal représentant du fonctionnalisme* (*les Argonautes du Pacifique occidental,* 1922).

MALINVAUD (Edmond), économiste français (Limoges 1923). Il a dirigé (1974-1987) l'Institut national de la statistique et des études économiques. Ses travaux portent notamment sur la croissance.

MALIPIERO (Gian Francesco), compositeur et musicologue italien (Venise 1882 - Trévise 1973), auteur d'œuvres symphoniques et de musique de chambre.

MALLARMÉ (Stéphane), poète français (Paris 1842 - Valvins 1898). Professeur d'anglais, il a publié quelques poèmes dans *le Parnasse* contemporain* de 1866, une scène d'*Hérodiade* (1871) et *l'Après-midi d'un faune* (1876), lorsque son éloge par Huysmans, dans le roman *À rebours,* lui apporte brusquement la célébrité. Son poème *Un coup de dés jamais n'abolira le hasard* (1897) forme le premier mouvement de son projet de « Livre » absolu. Son œuvre, malgré sa brièveté et son inachèvement, a été déterminante pour l'évolution de la littérature au cours du XXe s.

MALLE (Louis), cinéaste français (Thumeries 1932 - Los Angeles 1995). Il s'est voulu le témoin multiple de son temps : *Ascenseur pour l'échafaud* (1958), *Zazie dans le métro* (1960), *Lacombe Lucien* (1974), *Atlantic City* (1980), *Au revoir les enfants* (1987), *Milou en mai* (1990), *Fatale* (1992).

MALLEMORT (13370), comm. des Bouches-du-Rhône ; 4 452 h. Barrage et centrale hydroélectrique sur la Durance canalisée.

MALLET DU PAN (Jacques), publiciste suisse d'expression française (Céligny 1749 - Richmond, Angleterre, 1800). Il fut, sous la Révolution française, le porte-parole de la Cour et de l'émigration.

MALLET-JORIS (Françoise), romancière française d'origine belge (Anvers 1930). Son œuvre fait de la famille le laboratoire de l'analyse des bouleversements sociaux et culturels modernes *(le Rempart des Béguines, l'Empire céleste, le Rire de Laura).*

MALLET-STEVENS (Robert), architecte français (Paris 1886 - *id.* 1945). Fonctionnaliste, mais attentif à l'agencement expressif des volumes, il a bâti notamment, à Paris, les immeubles de la rue qui porte son nom (1926).

MALMAISON → ***Rueil-Malmaison.***

MALMÉDY, comm. de Belgique (prov. de Liège) ; 10 291 h. La ville fut rattachée à la Prusse en 1815 et devint belge en 1919.

MALMÖ, port de la Suède méridionale, sur le Sund ; 233 887 h. Chantiers navals. Musée dans la vieille forteresse.

MALO ou **MACLOU** *(saint)* [Llancarvan, Galles, fin du VIe s. - Saintes v. 640]. Il aurait fondé l'évêché d'Alet, après avoir été moine en Armorique.

MALO-LES-BAINS (59240 Dunkerque), anc. comm. du Nord intégrée à Dunkerque en 1969. Station balnéaire.

MALORY (*sir* Thomas), écrivain anglais (Newbold Revell 1408 - Newgate 1471), auteur de *la Mort d'Arthur* (1469), première épopée en prose anglaise.

MALOT (Hector), écrivain français (La Bouille, Seine-Maritime, 1830 - Fontenay-sous-Bois 1907), auteur du roman *Sans famille* (1878).

MALOUEL ou **MAELWAEL** (Jean), peintre néerlandais (Nimègue av. 1370 - Dijon 1415). Il travailla notamment pour les ducs de Bourgogne (chartreuse de Champmol).

MALOUINES *(îles)* → ***Falkland.***

MALPIGHI (Marcello), médecin et anatomiste italien (Crevalcore 1628 - Rome 1694). Il utilisa le premier le microscope pour ses recherches sur les tissus humains. Les glomérules du rein portent son nom.

Malplaquet *(bataille de)* [11 sept. 1709], bataille qui se déroula au hameau de ce nom, près de Bavay. Marlborough et le Prince Eugène y battirent le maréchal de Villars.

MALRAUX (André), écrivain et homme politique français (Paris 1901 - Créteil 1976). Son œuvre romanesque (*la Voie royale,* 1930 ; *la Condition humaine,* 1933 ; *l'Espoir,* 1937), critique (*les Voix du silence,* 1951 ; *l'Homme précaire et la littérature,* 1977) et autobiographique (*le Miroir des limbes,* 1967-1975) cherche dans l'art le moyen de lutter contre la corruption du temps et l'instinct de mort de l'homme. Écrivain engagé, il combattit aux côtés des républicains lors de la guerre d'Espagne et fut ministre des Affaires culturelles de 1959 à 1969.

MALSTROM → ***Maelström.***

MALTE, île principale (246 km²) d'un petit archipel (comprenant aussi Gozo et Comino)

Stéphane **Mallarmé** (É. Manet - musée d'Orsay, Paris)

André **Malraux**

de la Méditerranée, entre la Sicile et l'Afrique. L'État couvre 316 km² et compte 360 000 h. *(Maltais).* CAP. *La Valette.* LANGUES : *maltais* et *anglais.* MONNAIE : *livre maltaise.* (V. carte **Italie.**)

HISTOIRE

IVe-IIe millénaire (du néolithique à l'âge du bronze) : Malte est le centre d'une civilisation mégalithique (Mnajdra, Ggantija, Tarxien, et l'île de Gozo) aux temples de plan complexe et aux décors sculptés évoquant la déesse mère. IXe s. av. J.-C. : elle devient un poste phénicien. Elle est occupée ensuite par les Grecs (VIIIe s.) puis par les Carthaginois (VIe s.). 218 av. J.-C. : au début de la deuxième guerre punique, Malte est annexée par les Romains. 870 : l'île est occupée par les Arabes et islamisée. 1090 : Roger de Sicile s'empare de Malte dont le sort est lié au royaume de Sicile jusqu'au XVIe s. 1530 : Charles Quint cède l'île aux chevaliers de Saint-Jean de Jérusalem, à condition qu'ils s'opposent à l'avance ottomane. 1798 : Bonaparte occupe l'île. 1800 : la Grande-Bretagne s'y installe et en fait une base stratégique. 1940-1943 : Malte joue un rôle déterminant dans la guerre en Méditerranée. 1964 : l'île accède à l'indépendance, dans le cadre du Commonwealth. 1974 : l'État de Malte devient une république. 1990 : il dépose une demande d'adhésion à la C.E.E.

MALTE *(ordre souverain de),* ordre issu des Frères de l'hôpital Saint-Jean de Jérusalem, fondés v. 1070, réfugiés à Rhodes en 1309, puis à Malte de 1530 à 1798. Reconstitué après la Révolution, l'ordre, qui a été doté d'un nouveau statut en 1961, dirige des œuvres hospitalières.

MALTE-BRUN (Konrad), géographe danois (Thisted 1775 - Paris 1826). Il vécut en France. Auteur d'une *Géographie universelle,* et un des fondateurs de la Société de géographie en 1821.

MALTHUS (Thomas Robert), économiste britannique (près de Dorking, Surrey, 1766 - Claverton, près de Bath, 1834), Auteur d'un *Essai sur le principe de population* (1798), il y présente l'augmentation de la population comme un danger pour la subsistance du monde et recommande la restriction volontaire des naissances *(malthusianisme).*

MALUS (Étienne Louis), physicien français (Paris 1775 - *id.* 1812). Il a découvert la polarisation de la lumière et établi les lois de propagation des faisceaux lumineux.

MALVÉSI, écart de la comm. de Narbonne (Aude). Traitement de l'uranium.

MALVOISIE, en gr. **Monembasía,** v. de Grèce (Péloponnèse).

MÄLZEL (Johann) → ***Maelzel.***

MALZÉVILLE (54220), comm. de Meurthe-et-Moselle ; 8 454 h. Brasserie.

MAMAIA, station balnéaire de Roumanie, sur la mer Noire, au nord de Constanţa.

MAMELOUKS, dynastie qui régna sur l'Égypte et la Syrie (1250-1517), dont les sultans étaient choisis parmi les milices de soldats esclaves (mamelouks).

MAMER, comm. du Luxembourg dont une section *(Capellen)* a donné son nom à un canton du grand-duché ; 6 268 h.

MAMERS [mamɛrs] (72600), ch.-l. d'arr. de la Sarthe ; 6 424 h. *(Mamertins).* Appareils ménagers. Deux églises médiévales.

MAMERT *(saint),* évêque de Vienne en Gaule (m. v. 475), instigateur de la procession des rogations.

MAMMON, mot araméen qui, dans la littérature judéo-chrétienne, personnifie les biens matériels dont l'homme se fait l'esclave.

MAMMOTH CAVE, système de grottes des États-Unis (Kentucky), l'un des plus étendus du globe (env. 240 km de galeries), protégé par un parc national.

MAMORÉ (le), l'une des branches mères du río Madeira ; 1 800 km.

MAN *(île de),* île de la mer d'Irlande, dépendance de la Couronne britannique ; 570 km² ; 64 000 h. V. pr. *Douglas.*

MAN, v. de la Côte d'Ivoire ; 53 000 h.

MANADO ou **MENADO,** port d'Indonésie (Célèbes) ; 170 000 h.

MANAGE, comm. de Belgique (Hainaut) ; 21 490 h.

MANAGUA, cap. du Nicaragua, sur le *lac de Managua* (1 234 km²), détruite par un tremblement de terre en 1972, puis reconstruite ; 620 000 h.

MANĀMA, cap. de l'État de Bahreïn, dans l'île de Bahreïn ; 122 000 h.

MANASLU, sommet de l'Himalaya du Népal ; 8 156 m.

MANASSÉ, fils aîné de Joseph. Il donna son nom à l'une des tribus d'Israël établie en Transjordanie.

MANAUS, anc. **Manáos,** port du Brésil, cap. de l'État d'Amazonas, sur le río Negro, près du confluent avec l'Amazone ; 1 010 558 h.

MANCHE (la), large bras de mer formé par l'Atlantique entre la France et l'Angleterre. À son extrémité nord, un tunnel ferroviaire franchit le pas de Calais.

MANCHE (la), région dénudée et aride d'Espagne (v. ***Castille-La Manche***) que Cervantès a immortalisée dans son *Don Quichotte.*

MANCHE (**50**), dép. de la Région Basse-Normandie ; ch.-l. de dép. *Saint-Lô ;* ch.-l. d'arr. *Avranches, Cherbourg, Coutances ;* 4 arr., 52 cant., 602 comm. ; 5 938 km² ; 479 636 h. Le dép. est rattaché à l'académie et à la cour d'appel de Caen, à la région militaire Atlantique. Il occupe la péninsule du Cotentin et l'extrémité occidentale du Bocage normand. Encore largement rurale, l'économie est orientée vers l'élevage bovin (les pommiers sont cependant souvent associés aux herbages). Certains secteurs littoraux (autour de Granville, de Barfleur et de Cherbourg) sont consacrés aux cultures maraîchères. La pêche et le tourisme estival (Mont-Saint-Michel) fournissent des ressources d'appoint. L'industrie est représentée surtout par quelques usines textiles et de petite métallurgie, en dehors de l'usine atomique de la Hague (à proximité de Cherbourg) et de la centrale nucléaire construite à Flamanville.

MANCHESTER, v. de Grande-Bretagne, sur l'Irwell, affl. de la Mersey ; 397 400 h. (2 445 200 dans le comté urbain du *Grand Manchester*). Université. Musées. Cathédrale en partie du XVe s. Centre financier, commercial et industriel.

MANCINI, famille italienne. Les plus célèbres de ses représentants furent les nièces de Mazarin, qui avaient suivi celui-ci en France, parmi lesquelles : **Laure** (Rome 1636 - Paris 1657), épouse de Louis de Vendôme, duc de

Mercœur ; — sa sœur **Olympe,** *comtesse* **de Soissons** (Rome 1639 - Bruxelles 1708), mère du prince Eugène de Savoie ; — enfin **Marie,** *princesse* **Colonna** (Rome v. 1640 - Pise 1715), sœur des premières, qui inspira une vive passion à Louis XIV.

MANCO CÁPAC Ier, fondateur légendaire de l'empire des Incas (XIIe s.).

MANDALAY, v. de la Birmanie centrale, sur l'Irrawaddy ; 533 000 h. Aéroport. Centre commercial. Nombreux temples bouddhiques.

MANDCHOUKOUO (le), nom de la Mandchourie sous domination japonaise (1932-1945).

MANDCHOURIE, anc. nom d'une partie de la Chine, formant auj. la majeure partie de la « Chine du Nord-Est ». (Hab. *Mandchous.*) V. pr. *Shenyang (Moukden), Harbin.*

HISTOIRE

Fin du XVIe s. : les tribus de Mandchourie sont fédérées par un chef d'origine toungouse, Nurhaci. 1644-fin du XIXe s. : une dynastie mandchoue, les Qing, règne sur la Chine où les Mandchous constituent l'aristocratie militaire alors que la Mandchourie est submergée par l'immigration chinoise. 1896-97 : la Russie obtient le droit de relier Vladivostok au Transsibérien à travers la Mandchourie et la concession du territoire de Port-Arthur et Dairen. 1904-05 : le succès du Japon dans le conflit avec la Russie assure à celui-ci une influence prépondérante. 1931 : le Japon occupe la Mandchourie et y organise un État vassal, le Mandchoukouo. 1945 : l'U.R.S.S. s'établit à Port-Arthur et à Dairen tandis que la Chine récupère la région.

MANDÉ ou **MANDINGUES,** groupe de peuples comprenant notamment les Malinké, les Sarakolé, les Bambara, les Soninké, les Dioula, et parlant des langues de la famille nigéro-congolaise.

MANDEL (Georges), homme politique français (Chatou 1885 - Fontainebleau 1944). Chef de cabinet de Clemenceau (1917), ministre des P. T. T. (1934-1936), puis des Colonies (1938-1940), il fut assassiné par la Milice de Vichy.

MANDELA (Nelson), homme politique sud-africain (Mvezo, district d'Umtata, 1918). Chef historique de l'ANC, organisateur de la lutte armée après l'interdiction de son mouvement en 1960, il est arrêté en 1962 et condamné à la détention à perpétuité en 1964. Libéré en 1990, nommé vice-président de l'ANC, puis président (1991), il est l'un des principaux artisans du processus de démocratisation en Afrique du Sud. En 1994, à l'issue des premières élections multiraciales, il est élu à la présidence de la République. (Prix Nobel de la paix 1993.)

MANDELBROT (Benoît), mathématicien français d'origine polonaise (Varsovie 1924). Il a développé, en 1975, la théorie des objets fractals. Sur ordinateur, il a construit les *ensembles de Mandelbrot,* qui trouvent des applications dans l'étude du « chaos déterministe ».

MANDELIEU-LA-NAPOULE (06210), ch.-l. de c. des Alpes-Maritimes, près de Cannes ; 16 538 h. Station balnéaire. Château de la Napoule, remontant au XIVe s.

MANDELSTAM (Ossip Emilievitch), poète russe (Varsovie 1891-? 1938). L'un des animateurs du « mouvement acméiste » (*Pierre,* 1913 ; *le Sceau égyptien,* 1928), il fut déporté dans l'Oural *(Cahiers de Voronej).*

MANDEURE (25350), comm. du Doubs ; 5 437 h. Vestiges gallo-romains.

MANDINGUES → ***Mandé.***

MANDRIN (Louis), aventurier français (Saint-Étienne-de-Saint-Geoirs 1724 - Valence 1755). Marchand ruiné, il devint chef de contrebandiers et s'attaqua aux fermiers de l'impôt. Arrêté et roué vif à Valence en 1755, il devint un héros populaire.

MANÉ-KATZ (Emanuel **Katz,** dit), peintre français d'origine ukrainienne (Krementchoug 1894 - Tel-Aviv 1962), auteur de scènes de la vie juive ainsi que de paysages et de tableaux de fleurs.

MANÈS → ***Mani.***

MANESSIER (Alfred), peintre français (Saint-Ouen, Somme, 1911 - Orléans 1993). Coloriste vibrant, il a traduit en peintures abstraites les grands thèmes de l'art sacré.

MANET (Édouard), peintre français (Paris 1832 - *id.* 1883). Souvent inspiré par les maîtres classiques, en particulier les Espagnols du Siècle d'or, il fut, par la probité de son naturalisme et par ses audaces picturales, un des pères de l'impressionnisme et de l'art moderne (*le Déjeuner* sur l'herbe* [1862], *Olympia** [1863], *le Fifre* [1866], *le Balcon* [1868], portrait de *Mallarmé* [1876], etc., au musée d'Orsay ; *l'Exécution de Maximilien* [1867], Mannheim ; *Un bar* aux Folies-Bergère* [1882], Londres).

MANÉTHON, prêtre et historien égyptien (Sébennytos IIIe s. av. J.-C.). Il a écrit en grec une histoire d'Égypte, dont il reste des fragments. Les historiens ont adopté sa division en dynasties.

MANFRED (1232 - Bénévent 1266), roi de Sicile (1258-1266), fils naturel légitimé de l'empereur Frédéric II. Il fut tué en défendant son royaume contre Charles d'Anjou.

Manga (la) [*les Dessins foisonnants*], ensemble de dessins d'Hokusai (13 vol., 1814-1848 et 2 vol. posthumes), constituant une sorte d'encyclopédie en images qui donne toute la mesure et la variété du talent de son auteur, qui avait choisi pour pseudonyme « le Fou de dessin ».

MANGALIA, station balnéaire de Roumanie, sur la mer Noire.

MANGALORE ou **MANGALUR,** v. de l'Inde (Karnātaka) ; 425 785 h.

MANGIN (Charles), général français (Sarrebourg 1866 - Paris 1925). Membre de la mission Congo-Nil en 1898, il prit une part décisive à la victoire de Verdun (1916) et aux offensives de 1918.

MANGIN (Louis), botaniste français (Paris 1852 - Orly 1937). Il étudia les cryptogames.

MANGUYCHLAK *(presqu'île de),* plateau désertique du Kazakhstan, à l'est de la Caspienne. Pétrole.

MANHATTAN, île des États-Unis, entre l'Hudson, l'East River et la rivière de Harlem, constituant un borough au centre de la ville de New York ; 1 428 000 h.

MANI ou **MANÈS,** fondateur du manichéisme (216-274 ou 277). Il se voulut le missionnaire d'une religion universelle de salut, et fut mis à mort par le roi de Perse Bahrâm Ier.

MANICOUAGAN (la), riv. du Canada (Québec), qui rejoint l'estuaire du Saint-Laurent (r. g.) ; 500 km. Importants aménagements hydroélectriques.

Manifeste du parti communiste, ouvrage de Karl Marx et Friedrich Engels, publié en 1848.

Manifeste du surréalisme (1924), écrit d'A. Breton qui compose une théorie et une justification du surréalisme. Ce manifeste a été complété en 1929, 1930, 1942, 1962.

MANILLE, cap. des Philippines, dans l'île de Luçon, sur la *baie de Manille ;* 1 598 918 h. (plus de 4 millions avec les banlieues). Principal centre intellectuel, commercial et industriel des Philippines.

MANIN (Daniele), avocat et patriote italien (Venise 1804 - Paris 1857). Président de la République de Venise en 1848, il dut capituler devant les Autrichiens l'année suivante.

MANIPUR, État du nord-est de l'Inde ; 1 826 714 h. Cap. *Imphāl.*

MANITOBA, prov. du Canada, dans la Prairie ; 650 000 km² ; 1 091 942 h. Cap. *Winnipeg.* Grande région agricole (culture du blé).

MANITOBA *(lac),* lac du Canada, dans la province du même nom ; 4 700 km².

MANITOULIN, île canadienne (Ontario) du lac Huron ; 2 766 km².

MANIZALES, v. de Colombie, sur le Cauca ; 237 000 h.

MANKIEWICZ (Joseph Leo), cinéaste américain (Wilkes Barre, Pennsylvanie, 1909 - Mount Kisco, près de Bedford, État de New York, 1993), auteur de films qui rappellent l'atmosphère du théâtre de Pirandello : *Ève* (1950), *la Comtesse aux pieds nus* (1954), *le Limier* (1972).

MANLIUS CAPITOLINUS (Marcus) [m. à Rome en 384 av. J.-C.], consul romain en 392 av. J.-C. Éveillé par les cris des oies, il sauva le Capitole, attaqué de nuit par les Gaulois (390 av. J.-C.).

MANLIUS TORQUATUS (Titus), consul et dictateur romain (IVe s. av. J.-C.). Son surnom lui vient de ce qu'il tua, en combat singulier, un chef gaulois qu'il dépouilla de son *torque.* Trois fois consul, il fut dictateur en 349 av. J.-C.

MANN (Emil Anton **Bundmann,** dit **Anthony),** cinéaste américain (San Diego 1906 - Berlin 1967). Il fut l'un des grands réalisateurs de westerns : *l'Appât* (1953), *Du sang dans le désert* (1957), *l'Homme de l'Ouest* (1958).

MANN (Heinrich), écrivain allemand (Lübeck 1871 - Santa Monica 1950), auteur du *Professeur Unrat* (1905), adapté à l'écran par J. von Sternberg *(l'Ange bleu).*

MANN (Thomas), écrivain allemand (Lübeck 1875 - Zurich 1955), frère du précédent. Il est l'auteur de romans qui opposent le culte de l'action et la vie de l'esprit (*les Buddenbrook,* 1901 ; *la Mort à Venise,* 1912 ; *la Montagne magique,* 1924 ; *le Docteur Faustus,* 1947). [Prix Nobel 1929.]

MANNAR *(golfe de),* golfe de l'océan Indien entre l'Inde et Sri Lanka.

MANNERHEIM (Carl Gustaf, *baron*), maréchal et homme politique finlandais (Villnäs 1867 - Lausanne 1951). Après sa victoire sur les bolcheviks, il fut élu régent en 1918. Pendant la Seconde Guerre mondiale, il lutta contre l'U. R. S. S. (1939-40 et 1941-1944). Il fut président de la République de 1944 à 1946.

MANNHEIM, v. d'Allemagne (Bade-Wurtemberg), sur le Rhin ; 305 974 h. Port fluvial. Centre industriel. Château du XVIIIe s. Musées.

MANNING (Henry), cardinal britannique (Totteridge 1808 - Londres 1892). Prêtre anglican converti au catholicisme, il devint archevêque de Westminster en 1865, et cardinal en 1875. Il intervint en faveur des ouvriers.

MANNONI (Maud), psychanalyste française (Courtrai 1923). Elle a étendu le champ de la psychanalyse aux enfants psychotiques (*l'Enfant, sa maladie et les autres,* 1967).

MANOLETE (Manuel **Rodríguez Sánchez,** dit), matador espagnol (Cordoue 1917 - Linares 1947). Adepte d'une stylisation des attitudes, il triompha jusqu'à sa 508e corrida, au cours de laquelle il fut blessé mortellement.

Manon Lescaut, roman de l'abbé Prévost (1731) ; récit des amours du chevalier Des Grieux et de Manon. C'est de ce roman que sont tirés les sujets de l'opéra-comique *Manon,* de Massenet (1884), et de l'opéra *Manon Lescaut,* de Puccini (1893).

Nelson **Mandela** (en 1991)

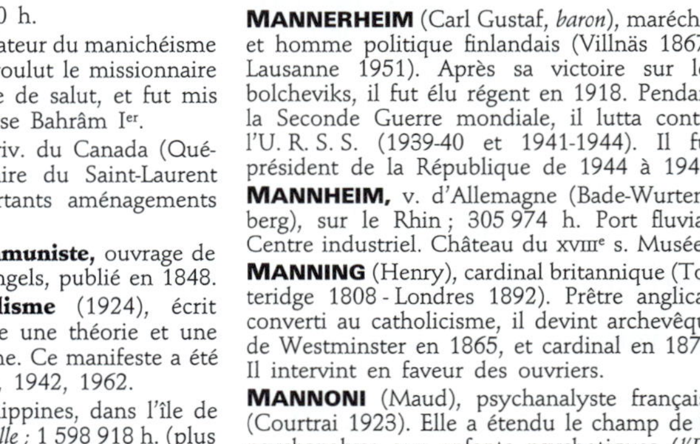

François **Mansart :** vue perspective du château de Berny à Fresnes (1623). Encre, lavis, rehauts d'or et de craie blanche. (Archives nationales, Paris.)

MANOSQUE (04100), ch.-l. de c. des Alpes-de-Haute-Provence ; 19 537 h. *(Manosquins).* Monuments médiévaux. Centrale hydroélectrique sur une dérivation de la Durance.

MAN RAY (Emmanuel **Rudnitsky,** dit), peintre et photographe américain (Philadelphie 1890 - Paris 1976). Il participe à l'activité dada à New York, puis s'intalle à Paris (1921). Ses *rayographes* (silhouettes d'objets, à partir de 1922) comptent parmi les premières photographies « abstraites ». L'influence du surréalisme marque ses quelques films de court métrage (*l'Étoile de mer,* sur un poème de Desnos, 1928), de même que ses peintures et ses assemblages, d'une libre fantaisie poétique.

MANRESA, v. d'Espagne (Catalogne) ; 66 320 h. Église gothique des XIVe-XVIe s.

MANRIQUE (Jorge), poète espagnol (Paredes de Nava 1440 - près du château de Garci-Muñoz 1479), l'un des premiers poètes lyriques des cancioneros du XVe s.

MANS [mɑ̃] **(Le),** ch.-l. du dép. de la Sarthe, sur la Sarthe, à son confluent avec l'Huisne, à 211 km à l'ouest de Paris ; 148 465 h. *(Manceaux).* Université. Évêché. Centre industriel (matériel agricole et automobiles), commercial et financier. Enceinte gallo-romaine. Cathédrale romane et gothique (chœur du XIIIe s., vitraux) et autres églises. Musées. À proximité immédiate, circuit de la course automobile des Vingt-Quatre Heures du Mans.

MANSART (François), architecte français (Paris 1598 - *id.* 1666). Chez lui s'ordonnent toutes les qualités d'un classicisme affranchi de la tutelle des modèles antiques et italiens. Il travaille à Paris pour les congrégations (église devenue le temple Ste-Marie, 1632) et les particuliers (nombreuses demeures, dont peu subsistent, tel l'hôtel Guénégaud-des-Brosses), élève l'aile Gaston-d'Orléans de Blois (1635), le château de Maisons (1642). Il entreprend en 1645 la chapelle du Val-de-Grâce, mais, trop lent par perfectionnisme, est remplacé par Lemercier, qui suivra ses plans. — Son petit-neveu **Jules Hardouin,** dit **Hardouin-Mansart** (Paris 1646 - Marly 1708), premier architecte de Louis XIV, a agrandi le château de Versailles à partir de 1678 (galerie des Glaces, chapelle, etc.). On lui doit encore la chapelle des Invalides, avec son dôme à deux coupoles emboîtées (d'après une idée de F. Mansart ; 1676-1706), les places Vendôme et des Victoires à Paris, le Grand Trianon, divers châteaux, des travaux pour Arles et pour Dijon. D'une grande diversité, incluant des dessins de fortifications aussi bien qu'un modèle nouveau de maison urbaine, son œuvre connaîtra pendant plus d'un siècle un rayonnement dépassant les frontières de la France.

MANSFELD (Ernst, *comte* **von**), homme de guerre allemand (Luxembourg 1580 - Rakovica, près de Sarajevo, 1626). Il prit le parti des protestants pendant la guerre de Trente Ans, et combattit Tilly puis Wallenstein.

MANSFIELD (Kathleen **Mansfield Beauchamp,** dite **Katherine**), femme de lettres britannique (Wellington, Nouvelle-Zélande, 1888 - Fontainebleau 1923), auteur de nouvelles (*la Garden Party,* 1922), de *Lettres* et d'un *Journal.*

MANSHOLT (Sicco Leendert), homme politique néerlandais (Ulrum 1908 - Wapserveen, prov. de Drenthe, 1995). Vice-président (1967-1972) puis président (1972-73) de la Commission exécutive de la Communauté économique européenne, il a préconisé la modernisation des agricultures européennes.

le maréchal **Mannerheim** (en 1942)

Mao Zedong

MANSLE [mɑ̃l] (16230), ch.-l. de c. de la Charente ; 1 618 h.

MANSOURAH, v. d'Égypte, près de la Méditerranée ; 259 000 h. Saint Louis y fut fait prisonnier en 1250.

MANSTEIN (Erich **von Lewinski,** dit **Erich von**), maréchal allemand (Berlin 1887 - Irschenhausen, Bavière, 1973). Chef d'état-major du groupe d'armées de Rundstedt, il est l'auteur du plan d'opérations contre la France en 1940. Il conquit la Crimée en 1942 puis commanda un groupe d'armées sur le front russe jusqu'en 1944.

MANṢŪR (Abū Dja'far **al-**) [m. en 775], deuxième calife abbasside (754-775), fondateur de Bagdad v. 760.

MANṢŪR (Muḥammad ibn Abī Amīr, surnommé **al-**), en esp. **Almanzor,** homme d'État et chef militaire du califat de Cordoue (Torrox v. 938 - Medinaceli 1002). Il combattit avec succès les royaumes chrétiens du nord de l'Espagne.

MANTEGNA (Andrea), peintre et graveur italien (Isola di Carturo, Padoue, 1431 - Mantoue 1506). Formé à Padoue (au moment où Donatello y travaille), il fait l'essentiel de sa carrière à Mantoue (fresques de la *Camera degli Sposi* au palais ducal, achevées en 1474). Son puissant langage plastique (relief sculptural, effets de perspective, netteté d'articulation) et son répertoire décoratif antiquisant lui vaudront une grande influence dans toute l'Italie du Nord.

Mantegna : *le Christ mort* (v. 1506), célèbre exemple de « raccourci » anatomique. (Pinacothèque de Brera, Milan.)

MANTES-LA-JOLIE (78200), ch.-l. d'arr. des Yvelines, sur la Seine ; 45 254 h. *(Mantais).* Constructions mécaniques. Chimie. Importante collégiale gothique (1170-XIVe s.).

MANTES-LA-VILLE (78200), ch.-l. de c. des Yvelines ; 19 125 h. *(Mantevillois).*

MANTEUFFEL (Edwin, *baron* **von**), maréchal prussien (Dresde 1809 - Karlsbad 1885), gouverneur de l'Alsace-Lorraine de 1879 à 1885.

Mantinée *(bataille de)* [362 av. J.-C.], victoire, en Arcadie, du Thébain Épaminondas sur les Spartiates, au cours de laquelle il trouva la mort.

MANTOUE, en ital. **Mantova,** v. d'Italie (Lombardie), ch.-l. de prov., entourée de trois lacs formés par le Mincio ; 52 948 h. Palais ducal des XIIIe-XVIIe s. (musée). Deux églises de L. B. Alberti. Palais du Te, chef-d'œuvre maniériste de J. Romain. La ville fut gouvernée de 1328 à 1708 par les Gonzague.

MANUCE, en ital. **Manuzio,** famille d'imprimeurs italiens, plus connus sous le nom de **Aldes.** — **Alde l'Ancien,** abrév. de *Tebaldo Manuzio* (Bassiano v. 1449 - Venise 1515), fonda à Venise une imprimerie que rendirent célèbre ses éditions *princeps* des chefs-d'œuvre grecs et latins. On lui doit le caractère *italique* (1500) et le format in-octavo. — Son petit-fils, **Alde le Jeune** (Venise 1547 - Rome 1597), dirigea l'imprimerie vaticane.

MANUEL Ier COMNÈNE (v. 1118-1180), empereur byzantin (1143-1180). Il combattit les Normands de Sicile et lutta avec succès contre les Serbes, mais il se heurta aux Vénitiens et fut battu par les Turcs (1176).

MANUEL II PALÉOLOGUE (1348-1425), empereur byzantin (1391-1425). Il lutta vainement contre le sultan ottoman, dont il dut reconnaître la suzeraineté (1424).

MANUEL Ier le Grand et **le Fortuné** (Alcochete 1469 - Lisbonne 1521), roi de Portugal (1495-1521), grand colonisateur et constructeur. — **Manuel II** (Lisbonne 1889 - Twickenham 1932), roi de Portugal (1908-1910), détrôné par une révolution.

MANUEL (Jacques Antoine), homme politique français (Barcelonnette 1775 - Maisons-Laffitte 1827). Député libéral, il fut expulsé de la Chambre pour son opposition à la guerre d'Espagne en 1823.

MANUEL DEUTSCH (Niklaus), peintre, graveur, poète et homme d'État suisse (Berne 1484 - *id.* 1530), artiste de transition entre l'héritage gothique et l'italianisme (*Décollation de saint Jean-Baptiste,* toile d'env. 1520, musée de Bâle).

Manyō-shū, premier recueil officiel de poésies japonaises (808), qui rassemble des poèmes composés aux VIIe et VIIIe s.

MANYTCH (le), riv. de Russie, au nord du Caucase, à écoulement intermittent vers la mer d'Azov (par le Don) et vers la Caspienne (par la Koura).

MANZANARES (le), riv. d'Espagne, sous-affl. du Tage ; 85 km. Il passe à Madrid.

MANZAT (63410), ch.-l. de c. du Puy-de-Dôme ; 1 554 h.

MANZONI (Alessandro), écrivain italien (Milan 1785 - *id.* 1873), auteur d'un roman historique (*les Fiancés,* 1825-1827) qui fut un modèle pour le romantisme italien.

MAO DUN ou **MAO TOUEN,** écrivain et homme politique chinois (Wu, Zhejiang, 1896 - Pékin 1981). L'un des fondateurs de la Ligue des écrivains de gauche (1930), il fut ministre de la Culture de 1949 à 1965.

MAORIS, peuple de la Nouvelle-Zélande.

MAO ZEDONG ou **MAO TSÖ-TONG** ou **MAO TSÉ-TOUNG,** homme politique chinois (Shaoshan, Hunan, 1893 - Pékin 1976). Il participe à la fondation du parti communiste chinois (1921). Préconisant une tactique qui utilise le potentiel révolutionnaire des masses paysannes, il dirige l'insurrection du Hunan (1927) : son échec lui vaut d'être exclu du Bureau politique du P. C. C. Gagnant le Jiangxi, il fonde la République soviétique chinoise (1931), mais doit battre en retraite (la Longue Marche, 1934-35) devant les nationalistes. Réintégré au Bureau politique (1935), il s'impose comme le chef du mouvement communiste chinois, tout en s'alliant avec Jiang Jieshi (Tchang Kaï-chek) contre les Japonais. Il rédige alors, à Yan'an, ses textes fondamentaux (*Problèmes stratégiques de la guerre révolutionnaire en Chine,* 1936 ; *De la contradiction, De la pratique,* 1937 ; *De la démocratie nouvelle,* 1940), dans lesquels il adapte le marxisme aux réalités chinoises. Après trois ans de guerre civile (1946-1949), il contraint Jiang Jieshi à abandonner le continent et proclame à Pékin la République populaire de Chine (1er oct. 1949). Président du Conseil puis président de la République (1954-1959) et président du parti, il veut accélérer l'évolution du pays lors du Grand Bond en avant (1958) et de la Révolution culturelle (1966-1976) dont le programme est donné par son « Petit Livre rouge ». Mais cette politique est très largement remise en cause après sa mort. — Sa femme, **Jiang Qing** ou **Kiang Ts'ing** (Zhucheng, prov. du Shandong, v. 1914 - Pékin 1991), joue un rôle actif durant la Révolution culturelle et devient membre du Comité central du parti communiste chinois (1969). Arrêtée en 1976, jugée et condamnée à mort (1980), elle voit sa peine commuée en détention à perpétuité.

MAPUTO, anc. **Lourenço Marques,** cap., principale v. et port du Mozambique, sur l'océan Indien ; 1 007 000 h.

MAR *(serra do),* extrémité méridionale du Plateau brésilien.

MARACAIBO, v. du Venezuela, à l'extrémité nord-ouest du *lac de Maracaibo,* formé par la mer des Antilles ; 1 249 670 h. Centre pétrolier.

Maracanã, plus vaste stade du monde, situé à Rio de Janeiro.

MARACAY, v. du Venezuela, à l'ouest de Caracas ; 354 196 h.

MARADI, v. du sud du Niger ; 46 000 h.

MARADONA (Diego Armando), footballeur argentin (Buenos Aires 1960), principal artisan de la victoire de son pays dans la Coupe du monde des nations en 1986.

MARAIS (le), anc. quartier de Paris (IIIe et IVe arr.). Hôtels particuliers des XVIe-XVIIIe s.

(Lamoignon, Carnavalet, Sully, Guénégaud, Salé, Soubise, etc.).

Marais (le), terme péjoratif désignant, à la Convention, le Tiers Parti (ou la Plaine), entre les Girondins et les Montagnards.

MARAIS (Jean **Villain-Marais,** dit **Jean**), acteur français (Cherbourg 1913). Lancé au théâtre par Jean Cocteau, il devint après *l'Éternel Retour* (J. Delannoy, 1943) l'une des vedettes les plus populaires du cinéma français : *la Belle et la Bête* (J. Cocteau, 1946), *le Bossu* (A. Hunebelle, 1959).

MARAIS (Marin), violiste et compositeur français (Paris 1656 - *id.* 1728), auteur de pièces pour viole et de l'opéra *Alcyone.*

MARAIS BRETON ou **VENDÉEN,** région littorale de la Loire-Atlantique et de la Vendée.

Marais du Cotentin et du Bessin *(parc naturel régional des),* parc régional couvrant environ 120 000 ha, sur les dép. du Calvados et de la Manche.

MARAIS POITEVIN, région de la Vendée et de la Charente-Maritime, en bordure de la baie de l'Aiguillon, partie du *parc naturel régional du Marais poitevin, du Val de Sèvre et de la Vendée* (environ 200 000 ha).

MARAJÓ, grande île du Brésil, située à l'embouchure de l'Amazone ; 40 000 km^2.

MARAMUREŞ, massif montagneux des Carpates, en Roumanie ; 2 305 m.

MARANGE-SILVANGE (57159), ch.-l. de c. de la Moselle ; 5 702 h.

MARANHÃO, État du nord-est du Brésil ; 4 922 339 h. Cap. *São Luís do Maranhão.*

MARAÑÓN (le), riv. du Pérou, l'une des branches mères de l'Amazone ; 1 800 km.

MARAÑÓN Y POSADILLO (Gregorio), médecin et écrivain espagnol (Madrid 1887 - *id.* 1960), un des créateurs de l'endocrinologie.

MARANS [marɑ̃] (17230), ch.-l. de c. de la Charente-Maritime ; 4 187 h. Aviculture *(race de Marans).* Anc. port.

MARAT (Jean-Paul), homme politique français (Boudry, canton de Neuchâtel, 1743 - Paris 1793). Médecin aux gardes du corps du comte d'Artois (1777), rédacteur de *l'Ami du peuple,* journal préféré des sans-culottes, membre actif du club des Cordeliers, il se fit l'avocat virulent des intérêts populaires. Deux fois exilé, son journal supprimé, il rentra en France en août 1792. Député de Paris à la Convention, il décida de la condamnation de Louis XVI. Puis il entra en conflit avec les Girondins, qu'il parvint à éliminer (2 juin 1793), mais quelques semaines plus tard, il fut assassiné dans sa baignoire par Charlotte Corday.

MARATHES, population du Mahārāshtra. Les Marathes créèrent un royaume hindou puissant (1674) et résistèrent aux Britanniques de 1779 à 1812.

Marathon *(bataille de)* [490 av. J.-C.], victoire remportée par le général athénien Miltiade sur les Perses près du village de Marathon, à 40 km d'Athènes. Un coureur, dépêché à Athènes pour annoncer la victoire, mourut d'épuisement à son arrivée.

MARBELLA, station balnéaire d'Espagne, sur la Costa del Sol ; 80 599 h.

MARBORÉ *(pic du),* sommet des Pyrénées centrales, à la frontière espagnole ; 3 253 m.

MARBOT (Jean-Baptiste, *baron* **de**), général français (Altillac, Quercy, 1782 - Paris 1854). Il participa à toutes les campagnes de l'Empire, qu'il relata dans des *Mémoires* controversés (1891).

MARBURG, v. d'Allemagne (Hesse), sur la Lahn ; 72 656 h. Université. Église Ste-Élisabeth, du XIIIe s., prototype de la halle à trois vaisseaux. Musées.

Marburg *(école de),* mouvement philosophique néokantien (v. 1875-1933). Principaux représentants : H. Cohen, P. Natorp et E. Cassirer.

MARC *(saint),* un des quatre évangélistes (Ier s.). Compagnon de Paul, de Barnabé, puis de Pierre, il est, selon la tradition, l'auteur du second Évangile et le fondateur de l'Église d'Alexandrie. Ses reliques auraient été transportées à Venise, dont il devint ainsi le patron, au IXe s. Il est représenté accompagné d'un lion ailé.

MARC (Franz) → ***Blaue Reiter*** *(Der).*

MARC AURÈLE, en lat. **Marcus Aurelius Antoninus** (Rome 121 - Vindobona 180), empereur romain (161-180). Adopté par Antonin, il lui succéda. Son règne, durant lequel il renforça la centralisation administrative, fut dominé par les guerres : campagnes contre les Parthes (161-166) et contre les Germains qui avaient franchi le Danube et atteint l'Italie (168-175 et 178-180). Il associa son fils Commode au pouvoir en 177. Empereur philosophe, il a laissé des *Pensées,* écrites en grec, où s'exprime son adhésion au stoïcisme.

Marc Aurèle *(statue équestre de l'empereur),* statue en bronze autrefois doré. Érigée au Latran du vivant de Marc Aurèle, elle fut restaurée par Michel-Ange et transportée sur la place du Capitole réaménagée par lui (1536-1538). Elle a été le prototype de toutes les statues équestres de la Renaissance.

Statue équestre en bronze de l'empereur **Marc Aurèle,** place du Capitole à Rome.

MARCEAU (François Séverin **Marceau-Desgraviers,** dit), général français (Chartres 1769 - Altenkirchen 1796). Il commanda l'armée de l'Ouest contre les vendéens (1793), se distingua à Fleurus (1794) et battit les Autrichiens à Neuwied (oct. 1795).

MARCEAU (Marcel **Mangel,** dit **Marcel**), mime français (Strasbourg 1923). Créateur du personnage de *Bip,* bouffon lunaire, il a renouvelé l'art de la pantomime en exprimant la poésie des situations quotidiennes. En 1958, il a fondé à Paris une école de mimes.

MARCEL II (Marcello **Cervini**) [Montepulciano 1501 - Rome 1555], pape en 1555. Il a joué en 1545, comme légat pontifical, un rôle déterminant au concile de Trente.

MARCEL (Étienne), marchand drapier français (v. 1316 - Paris 1358). Prévôt des marchands de Paris à partir de 1355, il joua un rôle considérable aux états généraux de 1356 et 1357, manifesta une opposition très vive au Dauphin Charles (Charles V) dont il fit tuer les principaux conseillers, et fut pendant quelque temps, avec l'aide des Anglo-Navarrais (1358), maître de Paris, auquel il rêvait de donner une constitution communale. Il fut assassiné par un partisan du Dauphin.

MARCEL (Gabriel), philosophe et écrivain français (Paris 1889 - *id.* 1973), représentant de l'existentialisme chrétien.

MARCELLIN *(saint)* [m. à Rome en 304], pape de 296 à 304. Martyr sous Dioclétien.

MARCELLO (Benedetto), compositeur italien (Venise 1686 - Brescia 1739), auteur de concertos, de sonates, de paraphrases de psaumes et d'un écrit satirique, *le Théâtre à la mode.*

MARCELLUS (Marcus Claudius), général romain (v. 268-208 av. J.-C.). Pendant la deuxième guerre punique, il prit Syracuse (212 av. J.-C.), où fut tué Archimède.

MARCHAIS (Georges), homme politique français (La Hoguette, Calvados, 1920), secrétaire général du parti communiste français de 1972 à 1994.

MARCHAL (Henri), archéologue français (Paris 1875 - Siem Réap, Cambodge, 1970). On lui doit le dégagement et le rétablissement de la plupart des monuments d'Angkor, dont il fut conservateur à partir de 1916.

MARCHAND (Jean-Baptiste), général et explorateur français (Thoissey 1863 - Paris 1934). Parti du Congo, en 1897, il atteignit Fachoda, sur le Nil, mais dut l'évacuer peu après, sur ordre (7 nov. 1898), au profit de Kitchener, arrivé après lui.

MARCHAND (Louis), compositeur et organiste français (Lyon 1669 - Paris 1732). Il a composé pour le clavecin et l'orgue.

MARCHE (la), prov. de l'anc. France, réunie à la Couronne en 1527. Cap. *Guéret.*

Marché commun → ***Communautés européennes.***

MARCHE-EN-FAMENNE, v. de Belgique, ch.-l. d'arr. de la prov. du Luxembourg ; 15 425 h.

MARCHENOIR (41370), ch.-l. de c. de Loir-et-Cher ; 638 h. Vestiges féodaux. À proximité, forêt.

MARCHES (les), région d'Italie, comprenant les prov. de Pesaro et Urbino, Ancône, Macerata et Ascoli Piceno ; 9 692 km^2 ; 1 427 666 h. Cap. *Ancône.*

Marche sur Rome (la) [27-30 oct. 1922], épisode décisif de la conquête du pouvoir par Mussolini. Cette marche spectaculaire de 40 000 Chemises noires vers la capitale italienne, organisée sur une idée de D'Annunzio, contraignit le roi Victor-Emmanuel III à charger Mussolini de former le gouvernement.

MARCHIENNES (59870), ch.-l. de c. du Nord ; 4 176 h.

MARCIAC (32230), ch.-l. de c. du Gers ; 1 225 h. Église des XIVe-XVIe s.

MARCIANO (Rocco Francis **Marchegiano,** dit **Rocky**), boxeur américain (Brockton, Massachusetts, 1923 - près de Des Moines 1969), champion du monde des poids lourds (1952 à 1956), invaincu dans les rangs professionnels.

MARCIGNY (71110), ch.-l. de c. de Saône-et-Loire ; 2 279 h. Musée (faïences) dans la « tour du Moulin », du XVe s.

MARCILLAC-VALLON (12330), ch.-l. de c. de l'Aveyron ; 1 529 h. Vins. Église des XIVe-XVe s.

MARCINELLE, partie de la comm. belge de Charleroi. Catastrophe minière en 1956.

MARCION, docteur hétérodoxe chrétien. (Sinope v. 85 - v. 160). Il vint à Rome vers 140, mais son enseignement provoqua son excommunication en 144. Sa doctrine, le *marcionisme,* combattue par Tertullien, laissa des traces en Syrie jusqu'au Ve s.

MARCK (62730), comm. du Pas-de-Calais ; 9 103 h.

MARCKOLSHEIM (67390), ch.-l. de c. du Bas-Rhin ; 3 313 h. Centrale hydroélectrique sur une dérivation du Rhin.

MARCOING (59159), ch.-l. de c. du Nord ; 2 157 h.

MARCOMANS, anc. peuple germain apparenté aux Suèves. Installés d'abord en Bohême, ils envahirent l'Empire romain sous le règne de Marc Aurèle.

MARCONI (Guglielmo), physicien italien (Bologne 1874 - Rome 1937). Il réalisa les premières liaisons, d'abord de courte portée, puis transatlantiques, par ondes hertziennes. (Prix Nobel 1909.)

MARCOS (Ferdinand), homme politique philippin (Sarrat 1917 - Honolulu 1989). Président de la République (1965-1986), il combattit la guérilla communiste et musulmane. Il dut abandonner le pouvoir en 1986 et s'exila à Honolulu.

MARCOULE, lieu-dit du Gard (comm. de Codolet et de Chusclan), sur le Rhône. Surgénérateur.

MARCOUSSIS (91460), comm. de l'Essonne ; 5 763 h. Centre de recherches électriques.

MARCQ-EN-BARŒUL (59700), ch.-l. de c. du Nord ; 36 898 h. Industries électroniques, textiles et alimentaires.

MARCUSE (Herbert), philosophe américain d'origine allemande (Berlin 1898 - Starnberg, près de Munich, 1979). Il est l'auteur d'une critique radicale de la civilisation industrielle à partir du freudo-marxisme (*Éros et civilisation,* 1955 ; *l'Homme unidimensionnel,* 1964).

MARCY-L'ÉTOILE (69280), comm. du Rhône ; 2 634 h. Produits pharmaceutiques.

MARDĀN, v. du Pakistan ; 115 000 h.

MAR DEL PLATA, port d'Argentine, sur l'Atlantique ; 415 000 h.

MARDIKH *(tell)* → ***Ebla.***

MARDOCHÉE, personnage légendaire du livre biblique d'Esther.

MARDONIOS, général perse, vaincu et tué à Platées (479 av. J.-C.).

MARDOUK, dieu de Babylone.

MARÉ (Rolf **de**), mécène suédois (Stockholm 1888 - Kiambu, Kenya, 1964), cofondateur des Ballets suédois (1920) et des Archives internationales de la danse (1931).

Mare au diable (la), roman de George Sand (1846), idylle rustique dans la campagne berrichonne.

MAREMME (la), région de l'Italie centrale, le long de la mer Tyrrhénienne.

Marengo *(bataille de)* [14 juin 1800], victoire de Bonaparte sur les Autrichiens de Melas, près d'Alexandrie (Piémont).

MARENNES (17320), ch.-l. de c. de la Charente-Maritime, près de la Seudre ; 4 664 h. Parcs à huîtres. Église à haut clocher gothique.

MARÉOTIS *(lac)* → ***Mariout.***

MARET (Hugues), *duc* **de Bassano,** homme politique français (Dijon 1763 - Paris 1839), ministre des Affaires étrangères (1811-1813), il fut fait pair de France par Louis-Philippe. (Acad. fr.)

MAREUIL (24340), ch.-l. de c. de la Dordogne ; 1 198 h. Château surtout du XVe s.

MAREUIL-SUR-LAY-DISSAIS (85320), ch.-l. de c. de la Vendée ; 2 277 h.

MAREY (Étienne Jules), physiologiste et inventeur français (Beaune 1830 - Paris 1904). Il a généralisé l'enregistrement graphique des phénomènes physiologiques et créé la chronophotographie, d'où dérive le cinéma.

MARGARITA, île des côtes du Venezuela ; 1 072 km².

MARGATE, v. de Grande-Bretagne (Kent) ; 49 000 h. Station balnéaire.

MARGAUX (33460), comm. de la Gironde, dans le Médoc ; 1 396 h. Vins rouges.

MARGERIDE *(monts de la),* massif granitique du sud-est de l'Auvergne ; 1 551 m au signal de Randon.

MARGERIE (Emmanuel **Jacquin de**), géologue français (Paris 1862 - *id.* 1953), auteur, avec G. de La Noë, d'un ouvrage sur *les Formes du terrain* (1888).

MARGGRAF (Andreas), chimiste allemand (Berlin 1709 - *id.* 1782). Il obtint le sucre de betterave à l'état solide et découvrit les acides formique et phosphorique.

MARGNY-LÈS-COMPIÈGNE (60200), comm. de l'Oise ; 5 967 h.

SAINTES

MARGUERITE ou **MARINE** *(sainte),* vierge et martyre (Antioche de Pisidie IIIe s.), morte décapitée pour avoir avoué sa foi plutôt que d'épouser le préfet Olybrius. Patronne des femmes enceintes.

MARGUERITE BOURGEOYS *(sainte),* religieuse française (Troyes 1620 - Montréal 1700). Elle créa la première école à Montréal et fonda au Canada la congrégation de Notre-Dame, destinée à l'enseignement. Elle a été canonisée en 1982.

ANGLETERRE

MARGUERITE D'ANJOU, reine d'Angleterre (Pont-à-Mousson 1430 - château de Dampierre, Anjou, 1482). Fille de René le Bon, roi de Sicile, elle épousa (1445) Henri VI. Elle défendit avec énergie le parti des Lancastre pendant la guerre des Deux-Roses.

Marat
(J. Boze - musée Carnavalet, Paris)

Marie de Médicis
(Rubens - Prado, Madrid)

DANEMARK, NORVÈGE, SUÈDE

MARGUERITE Ire Valdemarsdotter, reine de Danemark, de Norvège et de Suède (Søborg 1353 - Flensburg 1412). Fille de Valdemar IV de Danemark, elle épousa (1363) le roi de Norvège Haakon VI et devint reine à la mort de son fils Olav (1387). Elle imposa l'Union de Kalmar aux États de Danemark, de Norvège et de Suède (1397) au profit de son neveu Erik de Poméranie. — **Marguerite II,** reine de Danemark (Copenhague 1940). Fille de Frédéric IX, elle lui succéda en 1972. Elle a épousé (1967) un Français, le comte Henri de Montpezat.

FRANCE

MARGUERITE D'ÉCOSSE → ***Marguerite Stuart.***

MARGUERITE DE PROVENCE, reine de France (1221 - Saint-Marcel, près de Paris, 1295). Elle épousa (1234) Louis IX, à qui elle donna onze enfants. Elle chercha à jouer un rôle politique sous le règne de son fils Philippe III.

MARGUERITE STUART (v. 1424 - Châlons-sur-Marne 1445). Fille de Jacques Ier, roi d'Écosse, elle épousa en 1436 le Dauphin Louis, futur Louis XI.

NAVARRE

MARGUERITE D'ANGOULÊME, reine de Navarre (Angoulême 1492 - Odos, Bigorre, 1549), fille de Charles d'Orléans, sœur aînée de François Ier, roi de France. Veuve en 1525 de Charles IV, duc d'Alençon, elle épousa en 1527 Henri d'Albret, roi de Navarre. Elle protégea les réformés et se distingua par son goût passionné pour les lettres et les arts. Elle a laissé un recueil de nouvelles (*l'Heptaméron**) et des poésies *(les Marguerites de la Marguerite des princesses).*

MARGUERITE DE VALOIS, dite **la reine Margot,** reine de Navarre, puis de France (Saint-Germain-en-Laye 1553 - Paris 1615). Fille d'Henri II, elle épousa Henri de Navarre (Henri IV), qui la répudia en 1599. Elle a laissé des *Mémoires* et des *Poésies.*

PARME

MARGUERITE DE PARME (Oudenaarde 1522 - Ortona, Abruzzes, 1586). Fille naturelle de Charles Quint, elle épousa le duc de Parme Octave Farnèse et fut gouvernante des Pays-Bas de 1559 à 1567.

SAVOIE

MARGUERITE D'AUTRICHE, duchesse de Savoie (Bruxelles 1480 - Malines 1530). Fille de l'empereur Maximilien et de Marie de Bourgogne, elle épousa Philibert II le Beau, en l'honneur de qui elle fit élever l'église de Brou. Gouvernante des Pays-Bas (1507-1515, 1519-1530), elle joua un grand rôle diplomatique.

MARGUERITE-MARIE ALACOQUE *(sainte),* religieuse française (Lautecourt, près de Verosvres, Saône-et-Loire, 1647 - Paray-le-Monial 1690). Visitandine à Paray-le-Monial, elle fut favorisée d'apparitions du Sacré-Cœur de Jésus (1673-1675), dont elle répandit le culte.

MARGUERITTE (Jean), général français (Manheulles, Meuse, 1823 - château de Beauraing, Belgique, 1870). Il se distingua par une charge célèbre à la bataille de Sedan (1870).

MARGUERITTES (30320), ch.-l. de c. du Gard ; 7 597 h.

MARI, auj. **Tell Ḥarīrī** (Syrie), cité antique de la Mésopotamie sur le moyen Euphrate. Ce fut une des grandes villes de l'Orient ancien du IVe millénaire au XVIIIe s. av. J.-C. ; elle fut détruite par Hammourabi. Les fouilles, commencées par André Parrot, ont confirmé l'importance de Mari entre le IVe millénaire et le IIIe s. av. J.-C.

Maria Chapdelaine, roman de Louis Hémon (1916). Il décrit l'existence d'une famille de défricheurs canadiens.

Mariage de Figaro (le) *ou la Folle Journée,* comédie en cinq actes et en prose, de Beaumarchais (1784). Elle fait suite au *Barbier de Séville* et montre les vains efforts du comte Almaviva pour empêcher Figaro d'épouser Suzanne. Malgré les incartades de Chérubin, Figaro l'emportera sur le comte.

MARIAMNE ou **MIRIAM,** deuxième femme d'Hérode le Grand (Jérusalem v. 60 - 29 av. J.-C.), qui la fit mourir ainsi que les deux fils qu'elle lui avait donnés.

MARIANA DE LA REINA (Juan **de**), jésuite espagnol (Talavera de la Reina 1536 - Tolède 1624), auteur d'une *Histoire générale d'Espagne* (1592) et du traité *Du roi et de la royauté* (1599).

Marianne, surnom de la République française, représentée par un buste de femme coiffée d'un bonnet phrygien.

MARIANNES *(fosse des),* fosse très profonde (– 11 034 m) du Pacifique, en bordure de l'archipel des Mariannes.

MARIANNES *(îles),* archipel volcanique du Pacifique, à l'est des Philippines. Découvertes par Magellan en 1521, ces îles furent annexées par l'Espagne à partir de 1668. À l'exception de Guam, cédée aux États-Unis en 1898, les autres îles furent vendues à l'Allemagne en 1899, passèrent en 1919 sous mandat japonais et, en 1945, sous tutelle des Nations unies, qui en confièrent l'administration aux États-Unis (1947). Elles forment, depuis 1977, un État associé aux États-Unis, le *Commonwealth des Mariannes du Nord* (477 km² ; 45 200 h. ; cap. *Saipan*). En 1986, la tutelle américaine a été levée. — Elles furent le théâtre d'une violente bataille aéronavale en juin 1944.

MARIÁNSKÉ LÁZNĚ, en all. **Marienbad,** v. de la République tchèque (Bohême) ; 15 378 h. Station thermale.

MARIAZELL, v. d'Autriche (Styrie) ; 2 300 h. Centre de pèlerinage. Station de sports d'hiver (alt. 868-1 624 m).

MARIBOR, v. de Slovénie, sur la Drave ; 105 000 h. Construction automobile. Château des XVe et XVIIIe s. (musée).

MARICA (la) ou **MARITZA** (la), en gr. **Evros,** fl. né en Bulgarie, tributaire de la mer Égée et dont le cours inférieur sépare la Grèce et la Turquie ; 490 km. C'est l'*Hèbre* des Anciens.

MARICOURT → ***Pèlerin.***

SAINTES

MARIE, mère de Jésus, épouse de Joseph, appelée aussi la Sainte Vierge. Dès les premiers temps de l'Église apparut la croyance en la conception virginale de Jésus dans le sein de Marie. Le développement de la foi chrétienne mit en valeur le rôle de la Vierge, et le concile d'Éphèse, en 431, proclama Marie *Mère de Dieu.* Le Moyen Âge donna un grand essor à la piété mariale. Malgré la contestation de la Réforme (XVIe s.) se constitua une théologie de la Vierge, la *mariologie.* Pie IX définit le dogme de l'*Immaculée Conception* en 1854 et Pie XII le dogme de l'*Assomption* en 1950.

MARIE L'ÉGYPTIENNE *(sainte)* [Égypte v. 345 - Palestine v. 422], courtisane repentie après une vision, elle passa le reste de sa vie retirée dans le désert.

BOURGOGNE

MARIE DE BOURGOGNE (Bruxelles 1457 - Bruges 1482), duchesse titulaire de Bourgogne, fille unique de Charles le Téméraire. Son mariage avec Maximilien d'Autriche (1477) fit des Pays-Bas et de la Franche-Comté des possessions des Habsbourg.

FRANCE

MARIE DE MÉDICIS, reine de France (Florence 1573 - Cologne 1642). Fille du grand-duc de Toscane, elle épousa en 1600 le roi de France Henri IV. Au décès de celui-ci (1610), elle fut reconnue régente par le Parlement. Elle renvoya les ministres d'Henri IV et mena une politique catholique et proespagnole : elle fit épouser à son fils Louis XIII l'infante Anne d'Autriche et resta toute-puissante jusqu'à l'assassinat de Concini (1617). En guerre avec son fils de 1619 à 1620, elle revint à la Cour à la mort du duc de Luynes et parvint à donner au roi son aumônier, Richelieu, pour principal ministre (1624). Elle chercha ensuite vainement à faire disgracier ce dernier *(journée des Dupes)* et dut finalement s'exiler.

MARIE LESZCZYŃSKA, reine de France (Breslau 1703 - Versailles 1768). Fille du roi de Pologne Stanislas Leszczyński, elle épousa en 1725 le roi de France Louis XV et lui donna dix enfants.

GRANDE-BRETAGNE

MARIE Ire STUART (Linlithgow 1542 - Fotheringay 1587), reine d'Écosse (1542-1567). Fille de Jacques V, reine à sept jours, elle épousa (1558) le futur roi de France François II. Veuve en 1560, elle revint en Écosse, où elle eut à lutter à la fois contre la Réforme et contre les agissements secrets de la reine d'Angleterre Élisabeth Ire. Son mariage avec Bothwell, assassin de son second mari, lord Darnley, son autoritarisme et son catholicisme provoquèrent une insurrection et son abdication (1567). Réfugiée en Angleterre, elle se laissa impliquer dans plusieurs complots contre Élisabeth, qui la fit emprisonner et exécuter. — **Marie II Stuart** (Londres 1662 - *id.* 1694), reine d'Angleterre, d'Irlande et d'Écosse (1689-1694), fille de Jacques II et femme de Guillaume III de Nassau.

MARIE Ire TUDOR (Greenwich 1516 - Londres 1558), reine d'Angleterre et d'Irlande (1553-1558), fille d'Henri VIII et de Catherine d'Aragon. Adversaire de la Réforme, elle persécuta les protestants et fut surnommée Marie la Sanglante. Son mariage avec Philippe II d'Espagne (1554) provoqua une guerre désastreuse avec la France.

PORTUGAL

MARIE Ire DE BRAGANCE (Lisbonne 1734 - Rio de Janeiro 1816), reine de Portugal (1777-1816), fille du roi Joseph et femme de son oncle Pierre III. Atteinte de troubles mentaux, elle dut abandonner le pouvoir à son fils, le futur Jean VI, régent à partir de 1792. — **Marie II de Bragance** (Rio de Janeiro 1819 - Lisbonne 1853), reine de Portugal (1826-1853), fille de Pierre Ier, empereur du Brésil, et épouse de Ferdinand de Saxe-Cobourg-Gotha.

DIVERS

MARIE DE FRANCE, poétesse française (1154-1189), auteur de *Fables* et de *Lais.*

MARIE DE L'INCARNATION *(bienheureuse),* [Barbe **Avrillot, Mme Acarie**], religieuse française (Paris 1566 - Pontoise 1618). Veuve de Pierre Acarie, elle entra dans l'ordre des Carmélites, qu'elle avait introduit en France en 1604.

MARIE DE L'INCARNATION (Marie **Guyard,** en religion **Mère**), religieuse française (Tours 1599 - Québec 1672). Elle implanta l'ordre des Ursulines au Canada (1639). Ses *Relations* et ses *Lettres* constituent un document important sur l'histoire de la Nouvelle-France.

MARIE (Pierre), neurologue français (Paris 1853 - Cannes 1940), auteur de travaux sur l'aphasie et l'ataxie cérébelleuse.

MARIE-AMÉLIE DE BOURBON, reine des Français (Caserte 1782 - Claremont 1866). Fille de Ferdinand Ier de Bourbon-Sicile, elle épousa, en 1809, le duc d'Orléans, futur Louis-Philippe.

MARIE-ANTOINETTE, reine de France (Vienne 1755 - Paris 1793). Fille de François Ier, empereur germanique, et de Marie-Thérèse, elle épousa en 1770 le Dauphin Louis, qui devint Louis XVI en 1774. Imprudente, prodigue au point qu'on put lui attribuer tous les scandales *(affaire du Collier)* et ennemie des réformes, elle se rendit impopulaire. Elle poussa Louis XVI à résister à la Révolution. On lui reprocha ses rapports avec l'étranger et de pratiquer la politique du pire. Incarcérée au Temple après le 10 août 1792, puis à la Conciergerie après la mort du roi, elle fut guillotinée (16 oct. 1793).

MARIE-CAROLINE, reine de Naples (Vienne 1752 - Hötzendorf, près de Vienne, 1814). Fille de l'empereur François Ier et femme de Ferdinand IV de Naples (Ferdinand Ier de Bourbon), qu'elle épousa en 1768, elle gouverna en réalité le pays et l'entraîna dans une lutte farouche contre la France républicaine et napoléonienne.

MARIE-CHRISTINE DE BOURBON, reine d'Espagne (Naples 1806 - Sainte-Adresse 1878). Fille de François Ier des Deux-Siciles, elle épousa en 1829 Ferdinand VII. Régente pour sa fille Isabelle II en 1833, elle dut faire face à la première guerre carliste (1833-1839).

MARIE-CHRISTINE DE HABSBOURG-LORRAINE, reine d'Espagne (Gross-Seelowitz 1858 - Madrid 1929). Seconde femme d'Alphonse XII, elle fut régente de 1885 à 1902.

Mariée mise à nu par ses célibataires, même (la), peinture sur verre de M. Duchamp (1915-1923, musée de Philadelphie). Celui-ci y résume sa conception du travail artistique : refus des valeurs purement plastiques et du plaisir de l'œil, jeu intellectuel à base d'érotisme, de scientisme, voire d'ésotérisme, humour délirant et minutieux.

MARIE-GALANTE, île des Antilles françaises, au sud-est de la Guadeloupe, dont elle dépend ; 157 km^2 ; 13 757 h. Canne à sucre.

Marie-Louise (les), nom familier donné aux conscrits appelés en 1813 sous la régence de l'impératrice Marie-Louise.

MARIE-LOUISE DE HABSBOURG-LORRAINE, impératrice des Français (Vienne 1791 - Parme 1847). Fille de François II, empereur germanique, elle épousa en 1810 Napoléon Ier et donna naissance au roi de Rome (1811). Régente en 1813, elle quitta Paris en mars 1814 avec son fils. Duchesse de Parme (1815), elle épousa successivement les Autrichiens Neipperg et Bombelles.

MARIE MADELEINE *(sainte)* ou **MARIE DE MAGDALA** ou **LA MAGDALÉENNE,** nom sous lequel la tradition chrétienne occidentale a honoré, longtemps, de façon collective, trois personnages en réalité distincts cités dans les Évangiles : la pécheresse anonyme du récit de Luc, qui lava les pieds de Jésus au cours du banquet chez Simon, d'une part ; Marie de Béthanie et Marie de Magdala, d'autre part, qui virent le Christ ressuscité.

MARIENBAD → ***Mariánské Lázně.***

MARIE-THÉRÈSE (Vienne 1717 - *id.* 1780), archiduchesse d'Autriche (1740-1780), reine de Hongrie (1741-1780) et de Bohême (1743-1780). Fille de Charles VI, elle devait, selon la pragmatique sanction (1713), recevoir la totalité des États des Habsbourg. Elle dut cependant mener, contre la Prusse et la Bavière aidées par la France, la guerre de la Succession* d'Autriche (1740-1748), qui lui coûta la Silésie. En 1745, elle fit élire son époux, François III de Lorraine, empereur germanique et porta dès lors le titre d'impératrice. Elle s'engagea contre Frédéric II dans la guerre de Sept Ans (1756-1763), mais ne put récupérer la Silésie. Elle entreprit d'importantes réformes centralisatrices et fut une adepte du mercantilisme. À partir de 1765, elle associa au pouvoir son fils Joseph II. Elle eut dix filles, dont Marie-Antoinette.

MARIE-THÉRÈSE D'AUTRICHE, reine de France (Madrid 1638 - Versailles 1683). Fille de Philippe IV, roi d'Espagne, elle épousa Louis XIV en 1660 et lui donna six enfants, parmi lesquels survécut seulement Louis de France, dit le Grand Dauphin.

MARIETTE (Auguste), égyptologue français (Boulogne-sur-Mer 1821 - Le Caire 1881). Il a dégagé et sauvegardé la plupart des grands sites d'Égypte et de Nubie, et a fondé un musée devenu le noyau de celui du Caire.

MARIETTE (Pierre Jean), éditeur d'estampes, collectionneur et écrivain d'art français (Paris 1694 - *id.* 1774). Une partie de sa collection de dessins est auj. au Louvre.

MARIE-VICTORIN (Conrad **Kirouac,** en religion **frère**), religieux et naturaliste canadien (Kingsey Falls, Québec, 1885 - près de Saint-Hyacinthe 1944), fondateur du jardin botanique de Montréal.

Marignan *(bataille de)* [13-14 sept. 1515], victoire de François Ier (à Marignan, Lombardie) sur les Suisses, pendant les guerres d'Italie. Le roi de France se fit armer chevalier par Bayard sur le lieu de la bataille, qui ouvrit aux Français la voie de la reconquête du Milanais.

MARIGNANE (13700), ch.-l. de c. des Bouches-du-Rhône, près de l'étang de Berre ; 32 542 h. Aéroport de Marseille (Marseille-Provence). Construction aéronautique.

MARIGNY (50570), ch.-l. de c. de la Manche ; 1 679 h. Cimetière militaire allemand.

MARIGNY (Enguerrand **de**), homme d'État français (Lyons-la-Forêt v. 1260 - Paris 1315). Conseiller de Philippe IV le Bel, il tenta une réforme des finances. Après la mort du roi, il fut pendu à Montfaucon pour prévarication.

MARIGOT (97150 St Martin), ch.-l. d'arr. de la Guadeloupe, dans l'île de Saint-Martin.

MARILLAC (*famille* **de**), famille française qui joua un rôle important au XVIe et au XVIIe s., et dont les plus illustres représentants sont : **Charles,** diplomate et prélat (Riom v. 1510 - Melun 1560), archevêque de Vienne (1557), qui fut ambassadeur à Constantinople, à Londres et à la cour de Charles Quint entre 1535 et 1549 ; — son neveu **Michel,** homme d'État (Paris 1563 - Châteaudun 1632). Garde des Sceaux en 1629, il rédigea le *code Michau,* visant à abolir les vestiges de la féodalité, que le parlement ne voulut pas enregistrer. L'un des chefs du parti dévot, il conspira contre Richelieu et dut s'exiler après la journée des Dupes (1630) ; — enfin **Louis,** frère du précédent, maréchal de France (en Auvergne 1573 - 1632), qui mourut décapité pour avoir conspiré contre Richelieu.

MARIN (Le) [97290)], comm. de la Martinique ; 6 429 h.

MARIN DE TYR, géographe grec de la fin du Ier s. apr. J.-C.

Marine *(musée de la),* musée d'histoire maritime créé à Paris et installé au Louvre en 1827 ; il fut transféré au palais de Chaillot en 1943. Il renferme de nombreuses maquettes de bateaux.

MARINES (95640), ch.-l. de c. du Val-d'Oise ; 2 527 h.

Marie Ire Stuart (Museum of Art, Glasgow)

Marie Ire Tudor (A. Moro - Prado, Madrid)

Marie-Antoinette (A.U. Wertmüller - château de Versailles)

l'impératrice **Marie-Louise** (F. Gérard - château de Versailles)

l'impératrice **Marie-Thérèse** (M. Meytens - Kunsthistorisches Museum, Vienne)

MARINETTI (Filippo Tommaso), écrivain italien (Alexandrie, Égypte, 1876 - Bellagio 1944), initiateur du *futurisme.*

MARINGÁ, v. du Brésil (Paraná) ; 239 930 h.

MARINGUES (63350), ch.-l. de c. du Puy-de-Dôme ; 2 429 h. Église des XIe-XVe s.

MARINIDES ou **MÉRINIDES,** dynastie berbère qui régna au Maroc de 1269 à 1465.

MARIN LA MESLÉE (Edmond), officier aviateur français (Valenciennes 1912 - près de Dessenheim, Haut-Rhin, 1945). Classé premier chasseur français avec 20 victoires en 1940, il fut abattu en combat aérien lors de sa 105e mission.

MARINO ou **MARINI** (Giambattista), poète italien (Naples 1569 - *id.* 1625), connu en France sous le nom de **Cavalier Marin.** Son style précieux influa sur le goût français au début du XVIIe s.

MARIOTTE (*abbé* Edme), physicien français (? v. 1620 - Paris 1684). Il étudia la compressibilité des gaz et énonça, en 1676, la loi, dite de Boyle-Mariotte : *À température constante, le volume d'une masse gazeuse varie en raison inverse de sa pression.* L'un des fondateurs de la physique expérimentale en France, il a aussi étudié l'hydrodynamique, les déformations élastiques des solides et l'optique.

MARIOUPOL, de 1948 à 1989 **Jdanov,** port d'Ukraine, sur la mer d'Azov ; 517 000 h. Sidérurgie.

MARIOUT *(lac),* anc. **Maréotis,** lagune du littoral égyptien, séparée de la mer par une langue de terre sur laquelle s'élève Alexandrie.

MARIS ou **TCHÉRÉMISSES,** peuple finno-ougrien habitant, au N. de la Volga, la *République des Maris* (Russie) [750 000 h. Cap. *Iochkar-Ola*].

MARITAIN (Jacques), philosophe français (Paris 1882 - Toulouse 1973), défenseur du néothomisme (*Primauté du spirituel,* 1927).

MARITZA (la) → ***Marica*** *(la).*

MARIUS (Caius), général et homme politique romain (Cereatae, près d'Arpinum, 157 - Rome 86 av. J.-C.). Plébéien, il rompt avec Metellus, l'un des chefs aristocrates, et se pose en champion du peuple. Il obtient, en 107, le consulat et le commandement de l'armée d'Afrique ; il constitue une véritable armée de métier, grâce à laquelle il vient à bout de Jugurtha, des Teutons à Aix (102) et des Cimbres à Verceil (101). Mais le parti aristocratique reprend l'avantage avec Sulla, qui, vainqueur en Orient, marche sur Rome (88). Marius doit s'exiler en Afrique. Sulla étant reparti pour l'Orient, Marius rentre à Rome (86) avec l'aide de Cinna. Consul pour la septième fois, il meurt peu après.

MARIVAUX (Pierre **Carlet de Chamblain de**), écrivain français (Paris 1688 - *id.* 1763). Auteur de parodies, rédacteur de journaux, il est ruiné par la banqueroute de Law et se consacre au théâtre. Il renouvelle la comédie en la fondant sur l'amour naissant, traduit en un langage délicat, qu'on a appelé le « marivaudage » : *la Surprise de l'amour* (1722), *la Double Inconstance* (1723), *le Jeu* de l'amour et du hasard* (1730), *la Mère confidente* (1735), *le Legs* (1736), *les Fausses Confidences* (1737), *l'Épreuve* (1740). On lui doit également deux romans : *la Vie de Marianne* (1731-1741), *le Paysan parvenu* (1735). [Acad. fr.]

Marivaux
(château de Versailles)

le duc de **Marlborough**
(A. Van der Werff - galerie Palatine, Florence)

MARKHAM, v. du Canada (Ontario) ; 137 591 h.

MARKHAM *(mont),* l'un des points culminants de l'Antarctique ; 4 350 m.

MARKOV (Andreï Andreïevitch), mathématicien russe (Riazan 1856 - Petrograd 1922). En théorie des probabilités, il introduisit les chaînes d'événements dites « chaînes de Markov ».

MARKSTEIN (le), sommet des Vosges méridionales ; 1 266 m. Sports d'hiver.

MARL, v. d'Allemagne, dans la Ruhr ; 90 725 h. Chimie.

MARLBOROUGH (John **Churchill,** *duc* **de**), général anglais (Musbury 1650 - Granbourn Lodge 1722). En 1688, il passa du camp de Jacques II au parti de Guillaume d'Orange. À l'avènement de la reine Anne (1702), il devint commandant en chef des troupes britanniques. Généralissime des armées alliées, il remporta les victoires de Blenheim (1704) et de Malplaquet (1709), au cours de la guerre de la Succession d'Espagne. Il fut disgracié en 1710. Son nom est devenu légendaire grâce à la chanson burlesque dont il est le héros sous le nom de **Malbrough.**

MARLE (02250), ch.-l. de c. de l'Aisne ; 2 678 h. Sucrerie. Église gothique des XIIe-XIIIe s.

MARLES-LES-MINES (62540), comm. du Pas-de-Calais ; 6 821 h.

MARLOWE (Christopher), poète dramatique anglais (Canterbury 1564 - Deptford, Londres, 1593), auteur de *la Tragique Histoire du D*^{r} *Faust.*

Marlowe (Philip), personnage de détective privé créé, en 1939, par Raymond Chandler.

MARLY (57157), comm. de la Moselle ; 9 582 h.

MARLY (59770), comm. du Nord ; 12 112 h. Métallurgie.

MARLY-LA-VILLE (95670), comm. du Val-d'Oise ; 5 135 h.

MARLY-LE-ROI (78160), ch.-l. de c. des Yvelines, près de la Seine ; 16 775 h. *(Marlychois).* — Louis XIV y avait fait construire par J. H.-Mansart un petit château accompagné de douze pavillons, qui fut détruit sous la Révolution ; beau parc avec plans d'eau, copies des *Chevaux* de Coustou et « musée-promenade » de Marly-Louveciennes.

MARMANDE (47200), ch.-l. d'arr. de Lot-et-Garonne, sur la Garonne ; 18 326 h. *(Marmandais).* Centre de production maraîchère. Alimentation. Bois. Constructions mécaniques. Église des XIIIe-XVIe s.

MARMARA *(mer de),* mer intérieure du bassin de la Méditerranée, entre les parties européenne et asiatique de la Turquie ; env. 11 500 km^2. C'est l'anc. **Propontide.**

MARMOLADA (la), point culminant des Dolomites (Italie) ; 3 342 m.

MARMONT (Auguste **Viesse de**), *duc* **de Raguse,** maréchal de France (Châtillon-sur-Seine 1774 - Venise 1852). Il commanda en Dalmatie (1806), au Portugal et en Espagne (1811-12) puis devant Paris, dont il négocia la capitulation avec les Alliés.

MARMONTEL (Jean-François), écrivain français (Bort-les-Orgues 1723 - Habloville, Eure, 1799), célèbre dans les salons philosophiques pour ses romans *(Bélisaire, les Incas)* et ses *Contes moraux.* (Acad. fr.)

MARMOUTIER (67440), ch.-l. de c. du Bas-Rhin ; 2 248 h. Remarquable église, anc. abbatiale, à façade romane (milieu du XIIe s.) de tradition carolingienne.

Marmoutier, anc. abbaye située à 3 km de Tours, fondée par saint Martin (372). Vestiges.

MARNAY (70150), ch.-l. de c. de la Haute-Saône ; 1 212 h. Église des XIVe-XVIe s.

MARNE (la), riv. qui naît sur le plateau de Langres, passe à Chaumont, Saint-Dizier, Vitry-le-François, Châlons-en-Champagne, Épernay, Château-Thierry, Meaux et se jette dans la Seine (r. dr.) entre Charenton et Alfortville ; 525 km. Près de Saint-Dizier, une retenue *(réservoir Marne)* forme un lac de près de 5 000 ha. Le *canal de la Marne au Rhin* relie Vitry-le-François à Strasbourg.

MARNE (**51**), dép. de la Région Champagne-Ardenne, formé d'une partie de la Champagne et traversé par la Marne ; ch.-l. de dép. *Châlons-en-Champagne ;* ch.-l. d'arr. *Épernay, Reims, Sainte-Menehould, Vitry-le-François ;* 5 arr., 44 cant., 619 comm. ; 8 162 km^2 ; 558 217 h. *(Marnais).* Le dép. est rattaché à l'académie et à la cour d'appel de Reims, à la région militaire Nord-Est. Les plaines de la Champagne crayeuse, mises en valeur (céréales), font place, à l'est, aux terres argileuses de la Champagne humide, pays de bois et de prairies (élevage laitier). À l'ouest s'élève la côte de l'Île-de-France, qui, autour de Reims et d'Épernay,

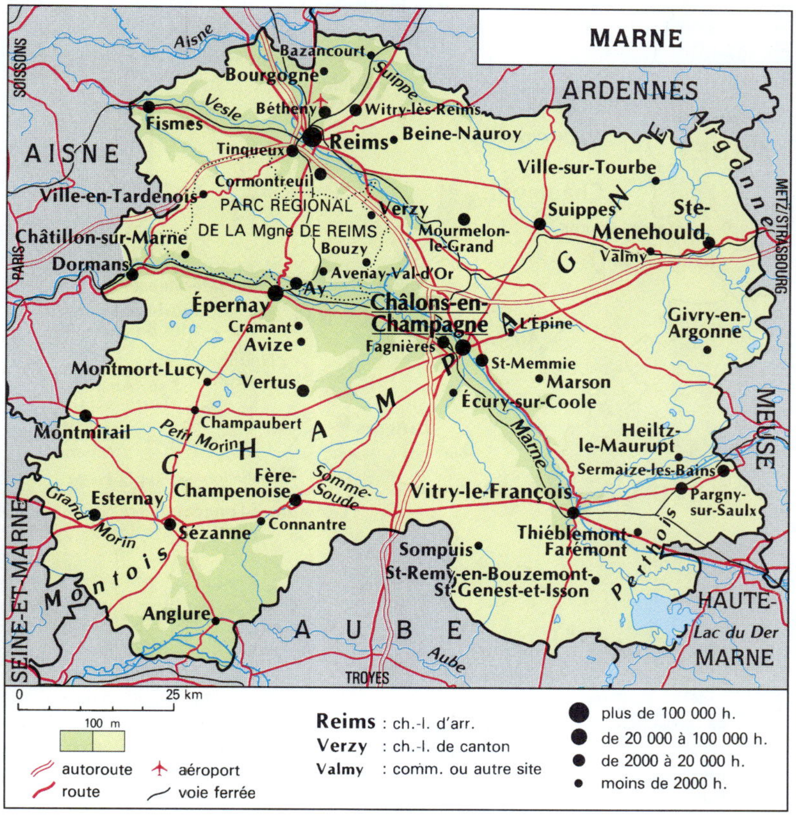

porte le célèbre vignoble champenois. L'industrie est représentée par l'agroalimentaire, le textile et les constructions mécaniques et électriques et est localisée surtout à Reims, dont l'agglomération concentre près de 40 % de la population totale du département.

Marne *(bataille de la),* ensemble des manœuvres et des combats victorieux dirigés par Joffre en sept. 1914, qui arrêtèrent l'invasion allemande et contraignirent Moltke à la retraite. Foch remporta dans la région une deuxième victoire en août 1918.

MARNE (HAUTE-) [52], dép. de la Région Champagne-Ardenne ; ch.-l. de dép. *Chaumont ;* ch.-l. d'arr. *Langres, Saint-Dizier ;* 3 arr., 32 cant., 424 comm. ; 6 211 km² ; 204 067 h. Le dép. est rattaché à l'académie de Reims, à la cour d'appel de Dijon et à la région militaire Nord-Est. Il est formé de régions variées (Vallage, Bassigny, Châtillonnais, plateau de Langres), où l'élevage bovin et, localement, l'exploitation forestière constituent les fondements de l'économie rurale. La vallée de la Marne est jalonnée par les principales villes (Saint-Dizier, Chaumont). L'industrie est représentée par la métallurgie de transformation (du matériel agricole à la coutellerie), de tradition ancienne à Saint-Dizier et à Nogent-en-Bassigny. Le travail du bois et l'alimentation sont plus dispersés. Peu peuplé (densité voisine du tiers de la moyenne nationale), le dép. subit une constante émigration.

MARNE-LA-VALLÉE, ville nouvelle à l'est de Paris, sur la rive gauche de la Marne. Parc de loisirs (Disneyland Paris) et cité scientifique Descartes.

MARNES-LA-COQUETTE (92430), comm. des Hauts-de-Seine, à l'ouest de Paris ; 1 598 h. Annexe de l'Institut Pasteur.

MAROC, État de l'extrémité nord-ouest de l'Afrique, sur l'Atlantique et la Méditerranée ; 710 000 km² (avec l'ancien Sahara espagnol) ; 28 millions d'h. *(Marocains).* CAP. *Rabat.* V. pr. *Casablanca, Marrakech, Fès, Meknès.* LANGUE : *arabe.* MONNAIE : *dirham.*

INSTITUTIONS

Monarchie constitutionnelle. Constitution de 1972, révisée en 1992. Roi : chef spirituel et temporel. Premier ministre : responsable devant le roi et la *Chambre des représentants,* élue pour 6 ans.

GÉOGRAPHIE

Le Maroc offre des paysages variés. Les chaînes de l'Atlas séparent le Maroc oriental, plateau dominant la dépression de la Moulouya, du Maroc atlantique, formé de plateaux et de plaines (en bordure du littoral). Le Nord est occupé par la chaîne du Rif, qui retombe brutalement sur la Méditerranée. Le Sud appartient déjà au Sahara. La latitude et la disposition des reliefs expliquent la relative humidité du Maroc atlantique et l'aridité de la partie orientale et méridionale.

La population islamisée à dominante arabe (malgré la présence de Berbères) s'accroît très rapidement. L'agriculture juxtapose céréales (blé), élevage (ovins surtout) et cultures commerciales (agrumes essentiellement). Les phosphates assurent l'essentiel des exportations. L'industrie de transformation est peu développée et le sous-emploi notable, générateur de tensions sociales. Le réel essor touristique et les envois des émigrés ne peuvent combler le déficit commercial, alors que pèse le fardeau des dépenses militaires liées au problème du Sahara occidental. *(V. carte p. 1503.)*

HISTOIRE

Le Maroc antique. IXᵉ-VIIIᵉ s. av. J.-C. : les Phéniciens créent des comptoirs sur le littoral. VIᵉ s. : ceux-ci passent sous le contrôle de Carthage. 146 av. J.-C. : Carthage est détruite mais son influence se prolonge dans le royaume de Mauritanie. 40 apr. J.-C. : la Mauritanie est annexée par Rome et divisée en deux provinces : la Césarienne (cap. Cherchell) et la Tingitane (cap. Tanger). 435-442 : celles-ci sont occupées par les Vandales. 534 : Justinien rétablit la domination byzantine.

De l'islam à la domination française. 700-710 : les Arabes conquièrent le pays et imposent l'islam aux tribus berbères, chrétiennes, juives ou animistes. 739-740 : révolte des Berbères kharidjites. 789-985 : la dynastie idriside gouverne le pays. 1061-1147 : les Almoravides unifient le Maghreb et l'Andalousie en un vaste empire. 1147-1269 : sous le gouvernement des Almohades, une brillante civilisation arabo-andalouse s'épanouit. 1269-1420 : le Maroc est aux mains des Marinides, qui doivent renoncer à l'Espagne (1340). 1415 : les Portugais conquièrent Ceuta. 1472-1554 : sous les Wattassides, la vie urbaine recule. Le nomadisme, les particularismes tribaux et la dévotion pour les marabouts se développent. 1554-1659 : sous les Sadiens, les Portugais sont défaits à Alcaçar Quivir (1578) par al-Manṣūr (1578-1603). 1591 : Tombouctou est conquise. 1666 : Mūlāy Rachīd fonde la dynastie alawite. XVIIᵉ-XVIIIᵉ s. : le pays connaît des querelles successorales et une sévère décadence économique. XIXᵉ s. : les puissances européennes (Grande-Bretagne, Espagne, France) obligent les sultans à ouvrir le pays à leurs produits. 1873-1912 : sous les règnes de Ḥasan Iᵉʳ (1873-1894), ʿAbd al-ʿAzīz (1900-1908) et Mūlāy Ḥafīẓ (1908-1912), le Maroc sauvegarde son indépendance grâce à la rivalité entre les grandes puissances. 1906-1912 : après les accords d'Algésiras, la France occupe la majeure partie du pays.

L'époque contemporaine. 1912 : le traité de Fès établit le protectorat français. L'Espagne obtient une zone nord (le Rif) et une zone sud (Ifni). 1912-1925 : Lyautey, résident général, entreprend la pacification du pays. 1921-1926 : Abd el-Krim anime la guerre du Rif. 1933-34 : fin de la résistance des Berbères du Haut Atlas ; la France contrôle l'ensemble du pays. 1944 : le parti de l'Istiqlāl réclame l'indépendance. 1953-1955 : le sultan Muḥammad V (1927-1961) est déposé et exilé par les autorités françaises. 1956 : l'indépendance est proclamée. 1957 : le Maroc est érigé en royaume. 1961 : Ḥasan II accède au trône. 1975-1979 : le Maroc, à la suite de la « Marche verte », recouvre le nord de l'ex-Sahara espagnol (la totalité après le retrait de la Mauritanie de la partie sud en 1979), contesté par le Front Polisario. 1986 : Ḥasan II rencontre le Premier ministre israélien S. Peres et s'efforce de jouer un rôle actif dans le rétablissement de la paix au Moyen-Orient. 1988 : le Maroc rétablit ses relations diplomatiques avec l'Algérie.

MAROILLES (59550), comm. du Nord ; 1 460 h. Fromages dits *maroilles.*

MAROLLES-LES-BRAULTS (72260), ch.-l. de c. de la Sarthe ; 2 005 h.

MAROMME (76150), ch.-l. de c. de la Seine-Maritime ; 12 780 h. Constructions mécaniques. Produits laitiers.

MARONI (le), fl. séparant la Guyane française et le Suriname ; 680 km.

MAROS → ***Mureş.***

MAROT (Clément), poète français (Cahors 1496 - Turin 1544). Valet de chambre de François Iᵉʳ, il fut soupçonné de sympathie pour la Réforme et dut s'exiler à plusieurs reprises. Fidèle aux formes traditionnelles du Moyen Âge (rondeau, ballade), il est aussi un poète de cour plein d'élégance dans ses *Épîtres,* ses *Épigrammes* et ses *Élégies.*

MARQUENTERRE (le), région de Picardie (Somme surtout) entre les estuaires de la Somme et de l'Authie.

MARQUET (Albert), peintre français (Bordeaux 1875 - Paris 1947). Issue du fauvisme, son œuvre de paysagiste se distingue par son caractère synthétique et la délicatesse du coloris.

MARQUETTE (Jacques), jésuite français (Laon 1637 - sur les bords du lac Michigan 1675). Il découvrit le Mississippi (1673).

MARQUETTE-LEZ-LILLE (59520), comm. du Nord ; 11 031 h. Matériel agricole.

MARQUISE (62250), ch.-l. de c. du Pas-de-Calais ; 4 469 h. Marbre. Église des XIIe-XVIe s.

MARQUISES *(îles)*, archipel de la Polynésie française ; 1 274 km² ; 7 358 h. *(Marquésans* ou *Marquisiens).*

MARRAKECH, v. du Maroc, au pied du Haut Atlas ; 549 000 h. Fondée en 1062, Marrakech fut, jusqu'en 1269, la capitale des Almoravides puis des Almohades. Centre commercial et touristique. Nombreux monuments, dont la Kutubiyya*, mosquée du XIIe s., et les tombeaux des Sadiens (XVIe s).

MARRAST (Armand), journaliste et homme politique français (Saint-Gaudens 1801 - Paris 1852). Il fut membre du gouvernement provisoire de 1848, maire de Paris et, comme député de la gauche à la Constituante, un des principaux auteurs de la Constitution de 1848.

MARROU (Henri Irénée), historien français (Marseille 1904 - Bourg-la-Reine 1977). Spécialiste du christianisme antique, il fut l'un des fondateurs de la revue *Esprit* et des *Études augustiniennes.*

MARS, planète du système solaire, située au-delà de la Terre, par rapport au Soleil (diamètre : 6 794 km). Sa surface, rocailleuse et désertique, offre une teinte rougeâtre caractéristique, due à la présence d'un oxyde de fer. Elle abrite les plus grands volcans (éteints) du système solaire. Elle est entourée d'une atmosphère ténue de gaz carbonique et possède deux petits satellites, Phobos et Deimos.

MARS, dieu de la Guerre à Rome, identifié avec l'*Arès* des Grecs.

MARS (Anne **Boutet,** dite **M**lle), actrice française (Paris 1779 - *id.* 1847), interprète des grands drames romantiques.

MARSA EL-BREGA, port pétrolier et gazier de la Libye (Cyrénaïque). Raffinage.

MARSAIS (César **Chesneau,** *sieur* **Du**) → ***Dumarsais.***

MARSALA, port de Sicile, sur la Méditerranée ; 77 218 h. Vins.

MARSANNAY-LA-CÔTE (21160), comm. de la Côte-d'Or ; 5 240 h. Vins rouges.

Marseillaise (la), chant patriotique devenu en 1795, puis en 1879, l'hymne national français. Composé en 1792 pour l'armée du Rhin, ce chant, dû à un officier du génie, Claude Joseph Rouget de Lisle, en garnison à Strasbourg, reçut le titre de *Chant de guerre pour l'armée du Rhin ;* mais les fédérés marseillais l'ayant fait connaître les premiers à Paris, il prit le nom de *Marseillaise.*

Marseillaise (la), surnom du *Départ des volontaires de 1792,* haut-relief colossal de Rude (1832-1835) à l'arc de triomphe de l'Étoile, à Paris, caractérisé par son souffle épique et romantique.

Vue du sol de **Mars** prise par la sonde américaine Viking 2.

MARSEILLE, ch.-l. de la Région Provence-Alpes-Côte d'Azur et du dép. des Bouches-du-Rhône, à 774 km au sud de Paris ; 807 726 h. *(Marseillais)* [plus de 1,2 million d'h. dans l'agglomération]. Principal port français de commerce (importation de pétrole de l'Afrique du Nord et du Moyen-Orient) et port de voyageurs. Centre administratif, commercial (foire internationale), universitaire et religieux, archevêché, Marseille est la plus peuplée des communes de province en même temps que l'élément essentiel d'une agglomération industrialisée. Équipée d'un métro, elle est bien desservie par le rail (T. G. V.), l'autoroute et la voie aérienne (aéroport à Marignane). — Vestiges hellénistiques et romains. Églises,

Marseille : le fort Saint-Jean (XVIIe s.), à l'entrée du Vieux-Port, et la cathédrale (XIXe s.).

notamment romanes. Hôtel de ville du XVIIe s. Anc. hospice de la Charité (chapelle sur plans de P. Puget). Importants musées. — Colonie fondée au VIe s. av. J.-C. par les Phocéens, *Massalia* connut une longue prospérité au temps des Romains. Siège d'une vicomté dépendant du comte de Provence au IXe s., la ville retrouva son activité au temps des croisades (XIIe-XIIIe s.). Française en 1481, elle devint un grand centre d'affaires après l'ouverture du canal de Suez.

MARSES, anc. peuple d'Italie centrale. Il lutta contre Rome pendant la *guerre sociale* (91-88).

MARSHALL *(îles),* archipel et État de Micronésie ; 181 km² ; 41 000 h. CAP. *Majuro.* LANGUES : *anglais* et *marshallais.* MONNAIE : *dollar.* Allemandes de 1885 à 1914, sous mandat japonais jusqu'en 1944, placées par l'O.N.U. sous tutelle américaine en 1947, les îles Marshall deviennent en 1986 un État librement associé aux États-Unis. En 1991, elles sont admises au sein de l'O.N.U. (V. carte ***Océanie***.)

MARSHALL (Alfred), économiste britannique (Londres 1842 - Cambridge 1924). Auteur des *Principes d'économie politique* (1890-1907), il est considéré comme le chef de file de l'école néoclassique.

MARSHALL (George Catlett), général et homme politique américain (Uniontown, Pennsylvanie, 1880 - Washington 1959). Chef d'état-major de l'armée (1939-1945), secrétaire d'État du président Truman (1947-1949), il a donné son nom au plan américain d'aide économique à l'Europe. (Prix Nobel de la paix 1953.)

MARSILE DE PADOUE, théologien italien et théoricien politique (Padoue v. 1275/1280 - Munich v. 1343), auteur du *Defensor pacis* (1324), qui combat les prétentions de la papauté (Jean XXII) dans le domaine temporel.

MARSOULAS (31260), comm. de la Haute-Garonne ; 100 h. Grotte paléolithique (nombreuses peintures pariétales).

MARSTON (John), poète dramatique anglais (Coventry v. 1575 - Londres 1634), auteur de satires et de tragi-comédies *(le Mécontent).*

MARSYAS. *Myth. gr.* Silène phrygien, inventeur de la flûte. Il fut écorché vif par Apollon, qu'il avait osé défier dans un tournoi musical.

MARTABAN, golfe de la Birmanie.

Marteau sans maître (le), œuvre de P. Boulez, pour voix d'alto et 6 instruments, sur des textes de R. Char (1954-1957). — Symbolisation chorégraphique de M. Béjart (1973).

MARTEL (46600), ch.-l. de c. du Lot, sur le *causse de Martel ;* 1 515 h. Monuments et maisons du Moyen Âge.

MARTEL (Édouard), spéléologue français (Pontoise 1859 - près de Montbrison 1938), fondateur de la spéléologie et auteur de *la France ignorée* (2 vol., 1928-1930).

MARTEL (Thierry **de**), chirurgien français (Maxéville 1875 - Paris 1940). Un des créateurs de la neurochirurgie en France.

MARTELLANGE (Étienne Ange **Martel**, dit), architecte et jésuite français (Lyon 1569 - Paris 1641). Il fut le principal constructeur, influencé par l'église du Gesù à Rome, des chapelles et collèges de son ordre (Avignon, Vienne, Lyon, La Flèche, Paris, etc.).

MARTENOT (Maurice), ingénieur français (Paris 1898 - Neuilly-sur-Seine 1980). Il imagina un instrument de musique électronique à clavier, appelé *ondes Martenot* (1928).

MARTENS (Wilfried), homme politique belge (Sleidinge 1936). Président du parti social-chrétien flamand de 1972 à 1979, il est Premier ministre de 1979 à 1992.

MARTHE *(sainte),* sœur de Lazare et de Marie de Béthanie (dite Marie-Madeleine), dans l'Évangile. La légende en a fait la patronne de Tarascon (qu'elle débarrassa d'une bête malfaisante, la Tarasque) et celle des hôteliers.

MARTÍ (José), écrivain et patriote cubain (La Havane 1853 - Dos Ríos 1895), héros de l'indépendance hispano-américaine.

MARTIAL *(saint),* apôtre du Limousin et premier évêque de Limoges (IIIe s. ?).

MARTIAL, en lat. **Marcus Valerius Martialis,** poète latin (Bilbilis, Espagne, v. 40 - *id.* v. 104). Le mordant de ses *Épigrammes* a fait prendre à ce type de poésies courtes le sens de raillerie satirique.

MARTIGNAC (Jean-Baptiste **Gay,** *comte* **de**), homme politique français (Bordeaux 1778 - Paris 1832), ministre de l'Intérieur et véritable chef du gouvernement de janv. 1828 à août 1829.

MARTIGNAS-SUR-JALLE (33127), comm. de la Gironde ; 4 999 h. Industrie aéronautique.

MARTIGNY, comm. de Suisse (Valais) ; 13 481 h. Aluminium. Musée gallo-romain d'*Octodurum* et fondation Pierre-Gianadda.

MARTIGUES (13500), ch.-l. de c. des Bouches-du-Rhône ; 42 922 h. *(Martégaux).* Port pétrolier (Lavéra), près de l'étang de Berre. Raffinage du pétrole. Chimie. Églises du XVIIe s. Musée.

MARTIN *(cap),* cap de la Côte d'Azur, entre Monaco et Menton. Tourisme.

MARTIN *(saint),* évêque de Tours (Sabaria, Pannonie, v. 315 - Candes, Indre-et-Loire, 397). Soldat, il se fit baptiser à Amiens, où la tradition veut qu'il ait partagé son manteau avec un pauvre. Fondateur de nombreux monastères, entre autres Ligugé et Marmoutier, évêque de Tours en 370 ou 371, il fut l'artisan de l'apostolat rural en Gaule au IVe s.

MARTIN V (Oddone **Colonna**) [Genazzano 1368 - Rome 1431], pape de 1417 à 1431. Son élection mit fin au grand schisme.

MARTIN (Frank), compositeur suisse (Genève 1890 - Naarden, Pays-Bas, 1974), auteur de musiques symphoniques, d'oratorios *(Golgotha, le Mystère de la Nativité)* et de concertos.

MARTIN (Nicolas Jean-Blaise), chanteur français (Paris 1768 - Ronzières, Lyon, 1837). Il a donné son nom à un type de voix de baryton léger *(baryton Martin).*

MARTIN (Pierre), ingénieur et industriel français (Bourges 1824 - Fourchambault 1915). Il mit au point le procédé d'élaboration de l'acier sur sole par fusion de ferraille avec addition de fonte (1865) qui porte son nom.

MARTIN DU GARD (Roger), écrivain français (Neuilly-sur-Seine 1881 - Sérigny 1958), peintre des crises intellectuelles et sociales de son temps (*Jean Barois,* 1913 ; *les Thibault,* 1922-1940). [Prix Nobel 1937.]

MARTINET (André), linguiste français (Saint-Albans-des-Villards 1908), auteur de travaux en phonologie et en linguistique générale.

MARTÍNEZ CAMPOS (Arsenio), maréchal et homme politique espagnol (Ségovie 1831 - Zarauz 1900). Il contribua à l'écrasement de l'insurrection carliste (1870-1876). Il échoua dans sa tentative de pacification de Cuba (1895).

MARTÍNEZ DE LA ROSA (Francisco), homme politique et écrivain espagnol (Grenade 1787 - Madrid 1862), auteur de pièces de théâtre et d'ouvrages historiques.

MARTÍNEZ MONTAÑÉS (Juan), sculpteur espagnol (Alcalá la Real, Jaén, 1568 - Séville 1649). Il fut, à Séville, le grand maître de la sculpture religieuse (bois polychromes).

MARTINI (Arturo), sculpteur italien (Trévise 1889 - Milan 1947), novateur subtil sous des dehors classiques.

MARTINI (Francesco **di Giorgio**) → ***Francesco di Giorgio Martini.***

MARTINI (*Padre* Giovanni Battista), moine franciscain italien (Bologne 1706 - *id.* 1784). Compositeur et théoricien de la musique, il eut Mozart pour élève.

MARTINI (Simone), peintre italien (Sienne v. 1284 - Avignon 1344). Maître d'un style gothique d'une grande élégance, actif à Sienne, Naples, Assise (fresques de la *Vie de saint Martin*), Avignon, il exerça une influence considérable.

MARTINIQUE *(île de la)* **[972]**, une des Petites Antilles, formant (depuis 1946) un dép. français d'outre-mer ; 1 100 km² ; 359 572 h. *(Martiniquais).* Ch.-l. *Fort-de-France ;* ch.-l. d'arr. *Le Marin* et *La Trinité ;* 3 arr. et 34 comm. L'île, au climat tropical, est constituée par un massif volcanique dominé par la montagne Pelée. L'agriculture est tournée vers la production de la canne à sucre et des bananes. L'émigration vers la France n'a pas enrayé la montée du chômage et l'île demeure économiquement très dépendante de l'aide de la métropole. Parc naturel régional (env. 70 000 ha). — Découverte par Christophe Colomb en 1502, l'île fut colonisée par la France à partir de 1635. Domaine de la Compagnie des Indes occidentales (1664), elle devint colonie de la Couronne en 1763. En 1982, dans le cadre de la loi sur la décentralisation, un conseil régional a été créé.

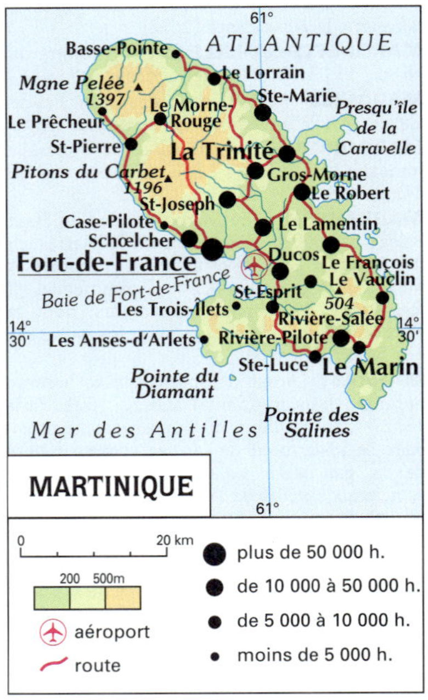

MARTINON (Jean), chef d'orchestre et compositeur français (Lyon 1910 - Paris 1976). Il dirigea tous les grands orchestres français ainsi que celui de Chicago.

MARTINSON (Harry), écrivain suédois (Jämshög 1904 - Stockholm 1978). Poète et romancier réaliste *(le Chemin de Klockrike).* [Prix Nobel 1974.]

MARTINŮ (Bohuslav), compositeur tchèque (Polička, Bohême, 1890 - Liestal, Bâle, 1959), auteur d'opéras, ballets, symphonies et concertos nourris de folklore morave.

MARTONNE (Emmanuel **de**), géographe français (Chabris 1873 - Sceaux 1955), auteur d'un *Traité de géographie physique* (1909).

MARTY (André), homme politique français (Perpignan 1886 - Toulouse 1956). Il participa à une mutinerie en mer Noire au cours des opérations menées par l'armée française contre les bolcheviks (1919). Il adhéra au parti communiste en 1923. Il en fut exclu en 1953.

Martyrs canadiens (les), missionnaires français massacrés par des Iroquois et un Huron entre 1642 et 1649. Ils furent canonisés en 1930.

MARVEJOLS [-vəʒɔl] (48100), ch.-l. de c. de la Lozère ; 6 010 h. Anc. cap. du Gévaudan. Portes du XIVe s.

Simone **Martini :** *Saint Martin renonce aux armes,* une fresque de la *Vie de saint Martin* (v. 1330) dans l'église inférieure de San Francesco à Assise.

MARVELL (Andrew), écrivain anglais (Winestead, Yorkshire, 1621 - Londres 1678), adversaire de Dryden et défenseur de Milton.

MARX (Karl), philosophe, économiste et théoricien du socialisme allemand (Trèves 1818 - Londres 1883). S'inspirant de la dialectique de Hegel, tout en critiquant sa philosophie de l'histoire, il découvre la critique de la religion chez Feuerbach, le socialisme chez Saint-Simon et l'économie chez Adam Smith. Il élabore ainsi progressivement le « matérialisme historique », c'est-à-dire la théorie scientifique de toute science sociale (*Thèses sur Feuerbach,* 1845 ; *l'Idéologie allemande,* 1846 ; *Misère de la philosophie,* 1847). Entré en contact avec les milieux ouvriers, il rédige avec F. Engels le *Manifeste du parti communiste* (1848). Expulsé d'Allemagne, puis de France, il se réfugie en Grande-Bretagne, où il rédige *les Luttes de classes en France* (1850), *Fondements de la critique de l'économie politique* (écrit en 1858 ; édité en 1939-1941) et jette les bases de son grand ouvrage, *le Capital**. En 1864, il est l'un des principaux dirigeants de la Ire Internationale et lui donne son objectif : l'abolition du capitalisme. Pour Marx, l'histoire humaine repose sur la lutte des classes : le prolétariat, s'il veut faire disparaître l'exploitation dont il est victime, doit s'organiser à l'échelle internationale, s'emparer du pouvoir et, au cours de cette phase (dictature du prolétariat), abolir les classes elles-mêmes, ce qui amènera la phase ultérieure, où l'État s'éteindra de lui-même (le communisme). La doctrine de Marx a été baptisée contre son gré le marxisme*.

MARX BROTHERS, nom pris par un quatuor, puis trio d'acteurs américains formé par : **Leonard,** dit **Chico** (New York 1886 - Los Angeles 1961), **Adolph Arthur,** dit **Harpo** (New York 1888 - Los Angeles 1964), **Julius,** dit **Groucho** (New York 1890 - Los Angeles 1977), et, jusqu'en 1935, **Herbert,** dit **Zeppo** (New York 1901 - Palm Springs 1979). Célèbres au music-hall, les frères Marx triomphèrent au cinéma, renouvelant le genre burlesque par leur humour délirant fondé sur le « nonsense » : *Monnaie de singe* (1931), *Soupe au canard* (1933), *Une nuit à l'Opéra* (1935), *Go West* (1940).

MARY, anc. **Merv,** v. du Turkménistan ; 87 000 h. Coton.

MARY *(puy),* sommet du massif du Cantal ; 1 787 m.

MARYLAND, un des États unis d'Amérique (Atlantique) ; 4 781 468 h. Cap. *Annapolis.* V. pr. *Baltimore.*

MASACCIO (Tommaso **di Ser Giovanni,** dit), peintre italien (San Giovanni Valdarno, prov. d'Arezzo, 1401 - Rome 1428). Égal de Brunelleschi et de Donatello, il a pratiqué un art caractérisé par les qualités spatiales, la plénitude des formes, le réalisme expressif et dont l'influence fut considérable (fresques de l'église S. Maria del Carmine, à Florence, exécutées aux côtés de Masolino en 1426-27).

MASAI ou **MASSAÏ,** peuple du Kenya et de Tanzanie.

MASAN, port de la Corée du Sud, sur le détroit de Corée ; 387 000 h.

MASANIELLO (Tommaso **Aniello,** dit), tribun populaire napolitain (Naples 1620 - *id.* 1647). Chef d'une insurrection contre le vice-roi d'Espagne, il devint maître de Naples, mais fut assassiné par ses amis.

MASARYK (Tomáš), homme politique tchécoslovaque (Hodonín 1850 - château de Lány 1937). Il fonda, en 1918, la République tchécoslovaque, dont il fut le premier président. Il démissionna en 1935. — Son fils **Jan** (Prague 1886 - *id.* 1948), ministre des Affaires étrangères (1945-1948), se suicida après le coup d'État communiste de févr. 1948.

MASBATE, île des Philippines.

MASCAGNI (Pietro), compositeur italien (Livourne 1863 - Rome 1945), auteur de *Cavalleria rusticana* (1890).

MASCARA → ***Mouaskar.***

MASCAREIGNES *(îles),* anc. nom d'un archipel de l'océan Indien formé principalement par la *Réunion** (anc. *île Bourbon*) et *l'île Maurice** (anc. *île de France*).

MASCARON (Jules), prédicateur français (Marseille 1634 - Agen 1703). Il prêcha plusieurs fois l'Avent et le Carême à la Cour, et prononça les oraisons funèbres du chancelier Séguier et de Turenne.

MASCATE, cap. de l'Oman, sur le golfe d'Oman ; 30 000 h.

MAS-D'AGENAIS [mas-] **(Le)** [47430], ch.-l. de c. de Lot-et-Garonne ; 1 228 h. Église romane (*Christ en croix* de Rembrandt).

MAS-D'AZIL [mas-] **(Le)** [09290], ch.-l. de c. de l'Ariège, sur l'Arize, au pied du Plantaurel ; 1 314 h. Grotte renfermant des vestiges préhistoriques (magdalénien et épipaléolithique), éponyme de l'azilien.

MASDJED-E SOLEYMĀN ou **MASDJID-I SULAYMĀN,** v. d'Iran (Khuzestān) ; 77 000 h. Centre pétrolier. Ruines de l'époque achéménide à l'époque sassanide.

MASERU, v. de l'Afrique australe, cap. du Lesotho ; 109 000 h.

MASEVAUX (68290), ch.-l. de c. du Haut-Rhin ; 3 279 h. Vestiges d'une abbaye.

MASINISSA ou **MASSINISSA,** roi de Numidie (v. 238 - Cirta 148 av. J.-C.). Il s'allia aux Romains lors de la deuxième guerre punique (218-201) et put ainsi constituer un royaume puissant. Ses empiétements amenèrent Carthage à lui déclarer la guerre (150). Ce fut pour Rome le prétexte de la troisième guerre punique.

MASOLINO da Panicale, peintre italien (Panicale in Valdarno 1383 ? - ? v. 1440). Il combine l'influence de Masaccio à celle du style gothique international (fresques du baptistère de Castiglione Olona, prov. de Varèse, 1435).

MASPERO (Gaston), égyptologue français (Paris 1846 - *id.* 1916). Il a poursuivi l'œuvre de sauvegarde de Mariette, dégageant notamment le grand Sphinx de Gizeh et le temple de Louqsor. — Son fils **Henri,** sinologue (Paris 1883 - Buchenwald 1945), est l'auteur de nombreux ouvrages sur l'Asie du Sud-Est, les religions extrême-orientales *(la Chine antique,* 1927*).*

MASQUE DE FER *(l'homme au),* personnage demeuré inconnu (m. à Paris en 1703), enfermé dans la forteresse de Pignerol en 1679, puis à la Bastille. Il fut contraint, sa vie durant, de porter un masque.

MASSA, v. d'Italie (Toscane), ch.-l. de la prov. de *Massa e Carrara ;* 65 287 h. Cap. d'un anc. duché.

MASSACHUSETTS, un des États unis d'Amérique, en Nouvelle-Angleterre ; 21 500 km^2 ; 6 016 425 h. Cap. *Boston.*

Karl
Marx

Tomáš
Masaryk

le maréchal
Masséna
(L. Hersent - musée Masséna, Nice)

Léonide
Massine

massacres de Scio *(Scènes des),* grande toile de Delacroix sur un épisode de la guerre de l'Indépendance grecque (Salon de 1824, auj. au Louvre).

Massada ou **Masada,** forteresse de Palestine, près de la mer Morte, dernier bastion de la résistance juive aux Romains (66-73 apr. J.-C.). Fouilles importantes.

MASSAGÈTES, peuple iranien nomade de l'est du Caucase. Au cours d'une expédition contre les Massagètes, Cyrus II trouva la mort (530 av. J.-C.).

MASSAÏ → ***Masai.***

MASSAOUA, port d'Érythrée, sur la mer Rouge ; 29 000 h. Salines.

MASSÉ (Victor), compositeur français (Lorient 1822 - Paris 1884), auteur des *Noces de Jeannette* (1853).

MASSÉNA (André), *duc* **de Rivoli,** *prince* **d'Essling,** maréchal de France (Nice 1758 - Paris 1817). Il se distingua à Rivoli (1797), à Zurich (1799), à Essling et à Wagram (1809). Napoléon le surnomma « l'Enfant chéri de la Victoire ».

MASSENET (Jules), compositeur français (Montaud, près de Saint-Étienne, 1842 - Paris 1912). Son art, séduisant et sensible, dénote un sens réel du théâtre *(Hérodiade, Manon, Werther, Thaïs, le Jongleur de Notre-Dame, Don Quichotte).*

MASSEUBE (32140), ch.-l. de c. du Gers ; 2 043 h. Bastide du XIIIe s.

MASSEY (Vincent), homme politique canadien (Toronto 1887 - Londres 1967). Premier gouverneur général du Canada d'origine canadienne (1952-1959).

MASSIAC (15500), ch.-l. de c. du Cantal ; 2 188 h. Église du XVe s.

MASSIF CENTRAL, vaste ensemble de hautes terres du centre et du sud de la France ; 1 885 m au puy de Sancy. C'est un massif primaire « rajeuni » par le contrecoup du plissement alpin, qui l'a basculé vers le nord-ouest. Les bordures orientale et méridionale (Morvan, Charolais, Mâconnais, Beaujolais, monts du Lyonnais, Vivarais, Cévennes, Montagne Noire), essentiellement cristallines, ont été fortement soulevées. Le centre (Auvergne et Velay) a été affecté par le volcanisme (chaîne des Puys, monts Dore, Cantal) et disloqué par des fractures qui ont délimité des bassins d'effondrement (Limagnes). L'ouest (Limousin), plus éloigné des Alpes, a été moins bouleversé. L'ensemble a un climat assez rude, avec une tendance océanique à l'ouest, continentale au centre et à l'est, méditerranéenne au sud-est. La région, massive, offre des conditions de vie difficiles et subit depuis plus d'un siècle une émigration intense. La vie agricole se caractérise encore parfois par la polyculture et l'autoconsommation, malgré le développement de l'élevage. L'industrie est présente surtout dans les grandes villes (Clermont-Ferrand, Limoges). Le tourisme et le thermalisme animent certains centres (dont Vichy). Couvrant plus du septième de la superficie de la France (80 000 km^2), le Massif central compte moins du quinzième de sa population.

MASSIGNON (Louis), orientaliste français (Nogent-sur-Marne 1883 - Paris 1962). Il est l'auteur d'importants travaux sur la mystique de l'islam, notamm. sur le soufisme.

MASSILLON (Jean-Baptiste), prédicateur français (Hyères 1663 - Beauregard-l'Évêque, Puy-de-Dôme, 1742). Oratorien, évêque de Clermont (1717), il prononça plusieurs oraisons funèbres, dont celle de Louis XIV (1715). Son chef-d'œuvre reste le *Petit Carême* de 1718. (Acad. fr.)

MASSINE (Léonide), danseur et chorégraphe russe, naturalisé américain (Moscou 1896 - Borken, Westphalie, 1979). Il fut le collaborateur de Diaghilev et d'I. Rubinstein. La plupart de ses œuvres connurent un succès international (*le Tricorne,* 1919 ; *Choreartium,* 1933 ; la *Symphonie fantastique,* 1936, etc.). Il fut maître de ballet à l'Opéra-Comique (1957).

MASSINGER (Philip), auteur dramatique anglais (Salisbury 1583 - Londres v. 1640), le dernier représentant important de l'époque élisabéthaine (*la Fille d'honneur,* 1621).

MASSON (André), peintre et dessinateur français (Balagny-sur-Thérain, Oise, 1896 - Paris 1987), un des pionniers et maîtres du surréalisme. Par son séjour aux États-Unis (1941-1945), il est de ceux qui ont influencé l'école américaine (Pollock, l'expressionnisme abstrait).

MASSON (Antoine), physicien français (Auxonne 1806 - Paris 1860). Il construisit, en 1841, la première bobine d'induction et l'utilisa pour produire des décharges à travers les gaz raréfiés.

MAS-SOUBEYRAN (le), écart de la comm. de Mialet (Gard), dans les Cévennes. Maison du chef protestant Pierre Laporte, dit « Roland », qui reprit le combat contre les troupes royales en 1704. Une grande assemblée protestante s'y tient chaque année.

MASSY (91300), ch.-l. de c. de l'Essonne ; 38 972 h. *(Massicois).* Ensemble résidentiel. Constructions électriques.

MASSYS (Quinten) → ***Metsys.***

MASTROIANNI (Marcello), acteur italien (Fontana Liri 1924). Il débuta au théâtre dans la troupe de Visconti avant de s'imposer au cinéma, jouant notamment avec F. Fellini (*La Dolce Vita,* 1960 ; *Huit et demi,* 1963), M. Antonioni (*la Nuit,* 1961), E. Scola (*Une journée particulière,* 1977), T. Angelopoulos (*le Pas suspendu de la cigogne,* 1991).

MAS'ŪDĪ (Abū al-Ḥasan 'Alī **al-**), voyageur et encyclopédiste arabe (Bagdad v. 900 - Fusṭāṭ v. 956).

MASUKU, anc. **Franceville,** v. du sud-est du Gabon ; 16 500 h. Proche de gisements de manganèse et d'uranium, elle est reliée par chemin de fer à Libreville.

MATABÉLÉ ou **MATABELELAND,** région du Zimbabwe, peuplée par les *Matabélé,* ou *Ndébélé.* V. princ. *Bulawayo.*

MATADI, port du Zaïre, sur le Zaïre ; 162 000 h. Exportation de cuivre.

MATA HARI (Margaretha Geertruida **Zelle,** dite), danseuse et aventurière néerlandaise (Leeuwarden 1876 - Vincennes 1917). Convaincue d'espionnage en faveur de l'Allemagne, elle fut fusillée.

MATAMOROS, v. du Mexique, sur le río Grande del Norte ; 303 392 h.

MATANZA, banlieue de Buenos Aires ; 1 121 164 h.

MATANZAS, port de la côte nord de Cuba ; 99 000 h.

MATANZAS, centre métallurgique du Venezuela, près de l'Orénoque.

MATAPAN *(cap)* ou **TÉNARE** *(cap),* cap du sud du Péloponnèse. Victoire navale britannique sur les Italiens (28 mars 1941).

MATARÓ, port d'Espagne (Catalogne), sur la Méditerranée ; 101 510 h.

MATELLES (Les) [34270], ch.-l. de c. de l'Hérault ; 1 151 h.

MATERA, v. d'Italie (Basilicate), ch.-l. de prov. ; 53 775 h.

MATHA (17160), ch.-l. de c. de la Charente-Maritime ; 2 234 h. Église à façade romane sculptée.

MATHÉ (Georges), médecin cancérologue français (Sermages, Nièvre, 1922), directeur de l'Institut de cancérologie et d'immunogénétique de Villejuif, auteur de travaux sur la greffe de moelle osseuse et la chimiothérapie du cancer.

MATHIAS *(saint)* → ***Matthias.***

MATHIAS (Vienne 1557 - *id.* 1619), empereur germanique (1612-1619), roi de Hongrie (1608) et de Bohême (1611), fils de Maximilien II.

MATHIAS Ier Corvin (Kolozsvár 1440 ou 1443 - Vienne 1490), roi de Hongrie (1458-1490). Il obtint en 1479 la Moravie et la Silésie et s'établit en 1485 à Vienne. Il favorisa la diffusion de la Renaissance italienne dans son royaume.

MATHIEU (Georges), peintre français (Boulogne-sur-Mer 1921). Théoricien de l'abstraction lyrique, il a donné pour fondement à sa peinture le signe calligraphique jeté sur la toile à grande vitesse. Il s'est intéressé aux arts appliqués.

MATHIEZ (Albert), historien français (La Bruyère, Haute-Saône, 1874 - Paris 1932). Il se spécialisa dans l'étude de la Révolution française, notamm. dans la période jacobine, et entreprit de réhabiliter Robespierre.

MATHILDE *(sainte)* [en Westphalie v. 890 - Quedlinburg, Saxe, 968], reine de Germanie. Elle consacra sa vie aux œuvres de charité.

ANGLETERRE

MATHILDE ou **MAHAUT de Flandre** (m. en 1083), reine d'Angleterre par son mariage en 1053 avec Guillaume Ier le Conquérant.

MATHILDE ou **MAHAUT** (Londres 1102 - Rouen 1167), impératrice du Saint Empire puis reine d'Angleterre. Elle épousa (1114) l'empereur germanique Henri V, puis (1128) Geoffroi V Plantagenêt, comte d'Anjou, dont elle eut un fils, le roi Henri II. Elle lutta contre Étienne de Blois pour la couronne d'Angleterre.

ARTOIS

MATHILDE ou **MAHAUT** (m. en 1329), comtesse d'Artois (1302-1329). Fille du comte Robert II d'Artois, elle lui succéda malgré les prétentions de son neveu Robert.

TOSCANE

MATHILDE ou **MAHAUT** (1046 - Bondeno di Roncore 1115), comtesse de Toscane (1055-1115). Elle reçut à Canossa le pape Grégoire VII et l'empereur Henri IV venu faire amende honorable (1077) et légua ses États à la papauté.

MATHILDE *(princesse)* → ***Bonaparte.***

MATHURĀ, v. de l'Inde (Uttar Pradesh) ; 233 235 h. Centre politique, religieux et culturel sous la dynastie Kuṣāṇa, qui a donné son nom à une célèbre école de sculpture (IIe-IIIe s.). Mathurā est considérée comme le lieu de naissance du dieu Kṛṣṇa.

MATHUSALEM, patriarche biblique antédiluvien. Il passe pour avoir vécu 969 ans.

MATIGNON (22550), ch.-l. de c. des Côtes-d'Armor ; 1 626 h.

Matignon *(accords)* [7 juin 1936], accords conclus entre le patronat français et la C. G. T. Ils aboutirent à la reconnaissance du droit syndical, à l'octroi de la semaine de 40 heures et des congés payés.

Matignon *(hôtel),* à Paris, rue de Varenne (VIIe arr.). Construit en 1721, il abrite les services du Premier ministre.

MATISSE (Henri), peintre français (Le Cateau-Cambrésis 1869 - Nice 1954). Maître du fauvisme, qu'il dépassa amplement, utilisant de larges aplats de couleur sur un dessin savamment elliptique (*la Danse**, 1910), il est un des plus brillants plasticiens du XXe s. Son œuvre comporte dessins, gravures, sculptures (*la Serpentine,* 1909), collages de papiers découpés de couleur (*la Tristesse** *du roi,* 1952), vitraux (chapelle des Dominicaines de Vence, 1950, dont il a réalisé le décor entier). Il est représenté dans les musées du monde entier ; deux lui sont consacrés en France, au Cateau et à Nice.

Matisse : *la Leçon de piano* (1916).
[Museum of Modern Art, New York.]

Guy de **Maupassant**
(F. Feyen-Perrin - château de Versailles)

François **Mauriac**

MATO GROSSO et **MATO GROSSO DO SUL,** États du Brésil occidental ; 1 230 000 km² (2 020 581 h., cap. *Cuiabá* pour le premier ; 1 778 494 h., cap. *Campo Grande* pour le second).

MATOUR (71520), ch.-l. de c. de Saône-et-Loire ; 1 019 h.

MATOURY (97300 Cayenne), comm. de la Guyane française ; 10 157 h.

MÁTRA, massif de la Hongrie du Nord ; 1 015 m.

MATSUDO, v. du Japon (Honshū) ; 456 210 h.

MATSUE, v. du Japon (Honshū) ; 142 956 h.

MATSUMOTO, v. du Japon (Honshū) ; 200 715 h. Donjon du XVIe s.

MATSUSHIMA, baie et archipel du Japon, sur la côte orientale de Honshū. Tourisme. Temple de 1610 (statues d'époque Heian).

MATSUYAMA, v. du Japon (Shikoku) ; 443 322 h.

MATTA (Roberto), peintre chilien (Santiago 1911). Lié aux surréalistes, à Paris, dès 1934, il s'est livré à une exploration de l'inconscient et des pulsions primitives, qu'il transcrit dans un expressionnisme monumental.

MATTATHIAS, père des Maccabées.

MATTEI (Enrico), homme d'affaires et homme politique italien (Acqualagne 1906 - Bascape, près de Pavie, 1962). Son influence fut déterminante dans l'élaboration de la politique énergétique et industrielle de l'Italie après 1945. Il périt dans un accident d'avion.

MATTEOTTI (Giacomo), homme politique italien (Fratta Polesine 1885 - Rome 1924). Secrétaire général du parti socialiste (1922), il fut assassiné par les fascistes.

MATTERHORN → ***Cervin.***

MATTHIAS ou **MATHIAS** *(saint),* disciple de Jésus (m. en 61 ou 64). Il fut désigné pour remplacer Judas dans le collège des Apôtres. Il aurait évangélisé la Cappadoce.

MATTHIEU *(saint),* apôtre et évangéliste (Ier s.), auteur du premier Évangile, dans l'ordre canonique (v. 80-90). Appelé Lévi dans les Évangiles de Marc et Luc, il était employé d'octroi lorsque Jésus l'appela à le rejoindre. Il aurait exercé son apostolat en Palestine, en Éthiopie puis en Perse, où il serait mort martyr. Patron de Salerne. Il est souvent représenté sous la forme, ou accompagné, d'un homme ailé, symbole de la généalogie du Christ qui sert d'introduction à son évangile.

MATURÍN, v. du Venezuela ; 206 654 h.

MATURIN (Charles Robert), écrivain irlandais (Dublin 1782 - *id.* 1824), l'un des maîtres du roman noir et du récit fantastique (*Melmoth, ou l'Homme errant,* 1820).

MATUTE (Ana María), femme de lettres espagnole (Barcelone 1926). Ses romans évoquent les fantasmes d'enfants ou d'adolescents aux prises avec les bouleversements de la guerre civile ou du monde moderne (*Fête au Nord-Ouest,* 1953 ; *la Trappe,* 1968).

MAUBEUGE (59600), ch.-l. de c. du Nord, sur la Sambre ; 35 225 h. *(Maubeugeois)* [plus de 100 000 h. dans l'agglomération]. Métallurgie. Restes de fortifications de Vauban. Anc. collège des jésuites, baroque.

MAUBOURGUET (65700), ch.-l. de c. des Hautes-Pyrénées ; 2 483 h. Église en partie romane.

MAUDUIT (Jacques), compositeur français (Paris 1557 - *id.* 1627), auteur d'œuvres polyphoniques religieuses et de chansons « mesurées à l'antique ».

MAUER, village de Bade-Wurtemberg (Allemagne), dans l'Odenwald. En 1907 y fut découverte une mandibule constituant l'un des plus anciens fossiles humains connus en Europe (pléistocène ancien). L'*homme de Mauer,* encore appelé *homme d'Heidelberg,* est actuellement rapporté à l'espèce *Homo erectus.*

MAUGES (les) ou **CHOLETAIS,** partie sud-ouest de l'Anjou.

MAUGHAM (William Somerset), écrivain britannique (Paris 1874 - Saint-Jean-Cap-Ferrat 1965), peintre de la haute société anglaise et de l'Extrême-Orient *(le Fil du rasoir).*

MAUGUIO (34130), ch.-l. de c. de l'Hérault, près de l'*étang de Mauguio* (ou *étang de l'Or*) ; 11 541 h.

MAULBERTSCH (Franz Anton), peintre autrichien (Langenargen, lac de Constance, 1724 - Vienne 1796). Un des meilleurs représentants du baroque germanique, il a décoré des abbayes d'Autriche, de Moravie, de Hongrie.

MAULE (78580), comm. des Yvelines ; 5 819 h. Église avec crypte du XIe s.

MAULÉON (79700), ch.-l. de c. des Deux-Sèvres ; 8 883 h. Autocars. Anc. abbaye

MAULÉON-LICHARRE (64130 Mauléon Soule), ch.-l. de c. des Pyrénées-Atlantiques ; 3 793 h. Articles chaussants. Anc. cap. du pays de Soule.

MAULNIER (Jacques Louis **Talagrand,** dit **Thierry**), écrivain et journaliste français (Alès 1909 - Marnes-la-Coquette 1988), défenseur d'un idéal classique. (Acad. fr.)

MAUMUSSON *(pertuis de),* passage entre l'île d'Oléron et la côte.

MAUNA KEA, volcan éteint, point culminant de l'île d'Hawaii (4 208 m), au nord-est du *Mauna Loa,* volcan actif (4 170 m). Observatoire astronomique (télescopes Keck, les deux plus grands du monde [10 m de diamètre] ; le premier est entré en service en 1993).

MAUNOURY (Joseph), maréchal de France (Maintenon 1847 - près d'Artenay 1923). Il prit, en 1914, une part déterminante à la victoire de la Marne.

MAUPAS (Philippe), vétérinaire et médecin français (Toulon 1939 - Tours 1981). Il dirigea une équipe de chercheurs qui mit au point le vaccin contre le virus de l'hépatite B.

MAUPASSANT (Guy **de**), écrivain français (château de Miromesnil, Tourville-sur-Arques, 1850 - Paris 1893). Encouragé par Flaubert, il collabora aux *Soirées de Médan* en publiant *Boule-de-Suif* (1880). Il écrivit ensuite des contes et des nouvelles réalistes, évoquant la vie des paysans normands, des petits-bourgeois, narrant des aventures amoureuses ou les hallucinations de la folie : *la Maison Tellier* (1881), *les Contes de la bécasse* (1883), *le Horla* (1887). Il publia également des romans (*Une Vie,* 1883 ; *Bel-Ami**, 1885). Atteint de troubles nerveux, il mourut dans un état voisin de la démence.

MAUPEOU [mopu] (René Nicolas **de**), chancelier de France (Montpellier 1714 - Le Thuit, Eure, 1792). Chancelier en 1768, il constitua avec Terray et le duc d'Aiguillon un triumvirat antiparlementaire. Il exila le parlement de Paris en 1771, amorçant une réforme judiciaire et politique. Dès 1774, Louis XVI rappela le parlement, ruinant ainsi l'œuvre de Maupeou.

MAUPERTUIS (Pierre Louis **Moreau de**), mathématicien français (Saint-Malo 1698 - Bâle 1759). Il dirigea l'expédition qui mesura un arc de méridien en Laponie (1736). Il énonça le principe de moindre action (1744), qu'il érigea en loi universelle de la nature. Appelé par Frédéric le Grand, il fut directeur de l'Académie royale de Prusse. (Acad. fr.)

MAUR *(saint),* abbé (VIe s.), disciple de saint Benoît.

MAURE-DE-BRETAGNE (35330), ch.-l. de c. d'Ille-et-Vilaine ; 2 566 h.

MAUREPAS (78310), ch.-l. de c. des Yvelines ; 19 791 h.

MAUREPAS (Jean Frédéric **Phélypeaux,** *comte* **de**), homme d'État français (Versailles 1701 - *id.* 1781). Secrétaire d'État à la Maison du roi (1718-1749), puis à la Marine et aux Colonies sous Louis XV (1723-1749), il devint ministre d'État sous Louis XVI (1774).

MAURES (les), massif côtier de Provence (Var) [780 m], en partie boisé et dominant de nombreuses stations balnéaires.

MAURÉTANIE → ***Mauritanie.***

MAURIAC (15200), ch.-l. d'arr. du Cantal, près de la Dordogne ; 4 776 h. Basilique romane.

MAURIAC (François), écrivain et journaliste français (Bordeaux 1885 - Paris 1970). Auteur de romans sur la vie provinciale, dans lesquels il évoque les conflits de la chair et de la foi (*Genitrix,* 1923 ; *Thérèse Desqueyroux,* 1927 ; *le Nœud** *de vipères,* 1932), il a écrit également des pièces de théâtre (*Asmodée,* 1938 ; *les Mal-Aimés,* 1945), des articles critiques et politiques, des recueils de souvenirs. (Acad. fr. ; prix Nobel 1952.)

MAURICE *(île),* en angl. **Mauritius,** État insulaire de l'océan Indien, à l'est de Madagascar ; 2 040 km^2 ; 1 100 000 h. *(Mauriciens).* CAP. *Port-Louis.* LANGUE : *anglais.* MONNAIE : *roupie mauricienne.* Grande production de sucre de canne.

HISTOIRE

Début du XVIe s. : l'île est reconnue par les Portugais (Afonso de Albuquerque). 1598 : les Néerlandais en prennent possession et lui donnent son nom, en l'honneur de Maurice de Nassau. 1638-1710 : un établissement néerlandais est fondé dans l'île, qui devient centre de déportation. 1715 : l'île tombe sous la domination française et prend le nom d'*île de France.* 1810 : la Grande-Bretagne s'empare de l'île. 1814 : le traité de Paris confirme la domination britannique sur l'île, qui redevient *Maurice.* 1833 : l'affranchissement des esclaves a pour conséquence l'immigration massive de travailleurs indiens. 1947 : la Constitution, caduque, est remplacée. 1961 : l'île devient semi-autonome, avec pour Premier ministre Seewoosagur Ramgoolam. 1968 : elle devient indépendante, mais conserve des liens étroits avec la Grande-Bretagne. 1982 : Aneerood Jugnauth est nommé Premier ministre. 1992 : l'île Maurice devient une république tout en restant au sein du Commonwealth. 1995 : Navin Ramgoolam est nommé Premier ministre.

MAURICE *(saint),* légionnaire romain martyr (m. à Agaunum, auj. Saint-Maurice, Valais, fin du IIIe s.). Il aurait été massacré avec certains de ses soldats pour avoir refusé de persécuter les chrétiens.

MAURICE, en lat. **Flavius Mauricius Tiberius** (Arabissos v. 539 - en Chalcédoine 602), empereur byzantin (582-602). Il réorganisa l'administration de l'Empire, qu'il défendit sur toutes ses frontières.

MAURICE, *comte* **de Saxe,** dit **le Maréchal de Saxe,** général français (Goslar 1696 - Chambord 1750), fils naturel d'Auguste II, Électeur de Saxe et roi de Pologne, et d'Aurora von Königsmarck. Vainqueur à Fontenoy (1745), à Rocourt (1746), à Lawfeld (1747), créé maréchal de France en 1744, il fut l'un des plus grands capitaines de son temps.

MAURICE DE NASSAU (Dillenburg 1567 - La Haye 1625), stathouder de Hollande et de Zélande (1585-1625), de Groningue et de Drenthe (1620-1625), fils de Guillaume Ier le Taciturne. Il combattit victorieusement la domination espagnole et fit exécuter le grand pensionnaire Oldenbarnevelt (1619). Il devint prince d'Orange en 1618.

MAURICIE, partie du Québec (Canada), entre Montréal et Québec, dans la région du Saint-Maurice. V. pr. *Trois-Rivières.*

MAURIENNE (la), région des Alpes, en Savoie, correspondant à la vallée de l'Arc. Aménagements hydroélectriques. Électrométallurgie et électrochimie. Tourisme.

MAURITANIE ou **MAURÉTANIE,** anc. pays de l'ouest de l'Afrique du Nord, habité par les Maures, tribus berbères qui formèrent vers le Ve s. av. J.-C. un royaume passé au IIe s. av. J.-C. sous la dépendance de Rome. Province romaine en 40 apr. J.-C., divisée, en 42, en Mauritanie Césarienne et Mauritanie Tingitane, la région, occupée par les Vandales au Ve s. puis par les Byzantins (534), fut conquise par les Arabes au VIIIe s.

MAURITANIE, en ar. **Mūrītāniyya,** État de l'Afrique occidentale ; 1 080 000 km^2 ; 2 100 000 h. *(Mauritaniens).* CAP. *Nouakchott.* LANGUES : *arabe* et *français.* MONNAIE : *ouguiya.*

GÉOGRAPHIE

Appartenant au Sahara occidental, la Mauritanie est un pays désertique, domaine de l'élevage nomade des ovins, des caprins et des chameaux. Les gisements de fer (autour de F'Derick) assurent l'essentiel des exportations, expédiées par Nouadhibou.

HISTOIRE

Fin du néolithique : le dessèchement de la région entraîne la migration vers le sud des premiers habitants, négroïdes. Début de l'ère chrétienne : ils sont progressivement remplacés par des pasteurs berbères. VIIIe-IXe s. : terre de

contact entre Afrique noire et Maghreb, la Mauritanie est convertie à l'islam. XIe s. : 'Abd Allāh ibn Yāsīn suscite la conquête almoravide et constitue un immense empire allant du Sénégal à l'Espagne. XVe-XVIIIe s. : les Arabes Hassanes organisent le pays en émirats ; les Européens, et tout d'abord les Portugais, s'installent sur les côtes. 1902 : la conquête française, entreprise avec Faidherbe au milieu du siècle précédent, s'affirme avec Coppolani. 1920 : la Mauritanie devient colonie au sein de l'A.-O. F. 1934 : tout le territoire mauritanien est sous domination française. 1946 : la Mauritanie devient territoire d'outre-mer. 1957 : Nouakchott est fondée. 1958 : la République islamique de Mauritanie est proclamée avec Moktar Ould Daddah pour président (1958-1978). 1960 : elle devient indépendante. 1976 : elle occupe la partie sud du Sahara occidental, inaugurant ainsi le conflit avec les Sahraouis du Front Polisario. 1979 : elle renonce à toute prétention sur le Sahara occidental. 1984 : le colonel Ould Taya, qui s'est imposé par un coup d'État, gouverne le pays. 1989 : des affrontements interethniques entre Sénégalais et Mauritaniens provoquent une vive tension avec le Sénégal. 1991 : une nouvelle Constitution est adoptée et le multipartisme est instauré. 1992 : le colonel Ould Taya est élu à la présidence de la République ; son parti obtient une large victoire aux législatives, boycottées par l'opposition. La Mauritanie rétablit ses relations diplomatiques avec le Sénégal.

MAUROIS (André), écrivain français (Elbeuf 1885 - Neuilly 1967), auteur de souvenirs de guerre *(les Silences du colonel Bramble)*, de romans *(Climats)*, de biographies romancées *(Ariel ou la Vie de Shelley)*. [Acad. fr.]

MAURON (56430), ch.-l. de c. du Morbihan ; 3 426 h.

MAUROY (Pierre), homme politique français (Cartignies 1928). Socialiste, député, puis sénateur du Nord (depuis 1992) et maire de Lille (depuis 1973), il est Premier ministre de 1981 à 1984 et premier secrétaire du P. S. de 1988 à 1992.

MAURRAS (Charles), écrivain et homme politique français (Martigues 1868 - Saint-Symphorien 1952). Monarchiste et antidreyfusard, admirateur de Mistral et défenseur d'une esthétique néoclassique (*les Amants de Venise*, 1902 ; *l'Avenir de l'intelligence*, 1905), il fit de l'Action française à partir de 1899 le fer de lance d'un triple combat : contre la Réforme, la Révolution et le Romantisme. Mais son agnosticisme et son utilisation politique de l'Église firent condamner le mouvement par Rome en 1926. Violemment opposé à la fois au monde germanique et à la puissance anglo-saxonne, il soutint le régime de Vichy et fut condamné, en 1945, à la détention perpétuelle. (Acad. fr., radié en 1945.)

MAURS (15600), ch.-l. de c. du Cantal ; 2 506 h. Église gothique.

MAURYA, dynastie indienne fondée par Candragupta v. 320 av. J.-C. et renversée v. 185 av. J.-C.

MAUSOLE (m. en 353 av. J.-C.), satrape de Carie (v. 377-353 av. J.-C.), célèbre par son tombeau, à Halicarnasse (le *Mausolée*).

MAUSS (Marcel), sociologue et anthropologue français (Épinal 1872 - Paris 1950). Il a étudié les phénomènes de prestations et de contre-prestations (*Essai sur le don*, 1925).

MAUTHAUSEN, localité d'Autriche, près de Linz, sur le Danube. Camp de concentration allemand de 1938 à 1945 (env. 150 000 morts).

MAUVEZIN (32120), ch.-l. de c. du Gers ; 1 690 h. Anc. bastide.

MAUZÉ-SUR-LE-MIGNON (79210), ch.-l. de c. des Deux-Sèvres ; 2 397 h. Église romane.

MAVROCORDATO ou **MAVROKORDHÁTOS** (Aléxandhros), *prince*, homme politique grec (Constantinople 1791 - Égine 1865). Défenseur de Missolonghi (1822-23), principal leader du parti probritannique, il fut Premier ministre en 1833, 1841, 1844, 1854-55.

MAXE (La) [57140], comm. de la Moselle ; 738 h. Centrale thermique.

MAXENCE, en lat. **Marcus Aurelius Valerius Maxentius** (v. 280 - pont Milvius 312), empereur romain (306-312), fils de Maximien, vaincu par Constantin au pont Milvius (312), où il trouva la mort.

MAXÉVILLE [maksevil ou maʃəvil] (54320), comm. de Meurthe-et-Moselle ; 8 865 h.

MAXIM (*sir* Hiram Stevens), industriel américain (Brockway's Mills, Maine, 1840 - Streatham, près de Londres, 1916). Il réalisa en Angleterre le premier fusil automatique (1884).

MAXIME, en lat. **Magnus Clemens Maximus** (m. en 388), usurpateur romain (383-388). Il régna en Gaule, en Espagne et en Bretagne, conquit l'Italie mais fut vaincu et tué par Théodose Ier.

Maximes, titre donné couramment aux *Réflexions ou Sentences et maximes morales*, de La Rochefoucauld (1664).

MAXIMIEN, en lat. **Marcus Aurelius Valerius Maximianus** (Pannonie v. 250 - Marseille 310), empereur romain (286-305 et 306-310). Associé à l'Empire par Dioclétien, il abdiqua avec lui en 305. Dans l'anarchie qui suivit, il reprit le pouvoir. Il entra en conflit avec son gendre Constantin, qui le fit disparaître.

EMPEREURS

MAXIMILIEN Ier (Wiener Neustadt 1459 - Wels 1519), archiduc d'Autriche, empereur germanique (1508-1519). Ayant épousé Marie de Bourgogne (1477), il hérita des Pays-Bas et de la Bourgogne, dont il ne conserva que l'Artois et la Franche-Comté (1493) à l'issue d'une longue lutte contre Louis XI puis Charles VIII. S'il dut reconnaître l'indépendance des cantons suisses (1499), il unifia ses États héréditaires et les dota d'institutions centralisées. — **Maximilien II** (Vienne 1527 - Ratisbonne 1576), empereur germanique (1564-1576), fils de Ferdinand Ier.

BAVIÈRE

MAXIMILIEN Ier (Munich 1573 - Ingolstadt 1651), duc (1597) puis Électeur (1623-1651) de Bavière, allié de Ferdinand II dans la guerre de Trente Ans. Il battit l'Électeur palatin à la Montagne Blanche (1620).

MAXIMILIEN Ier JOSEPH (Mannheim 1756 - Nymphenburg, Munich, 1825), Électeur (1799) puis roi de Bavière (1806-1825). Il obtint de Napoléon le titre de roi (1806), Bayreuth et Salzbourg (1809). — **Maximilien II Joseph** (Munich 1811 - *id.* 1864), roi de Bavière (1848-1864).

MEXIQUE

MAXIMILIEN (Vienne 1832 - Querétaro 1867), archiduc d'Autriche (Ferdinand Joseph de Habsbourg) puis empereur du Mexique (1864-1867). Frère cadet de l'empereur François-Joseph, choisi comme empereur du Mexique par Napoléon III en 1864, il ne put triompher du sentiment nationaliste incarné par Juárez. Abandonné en 1867 par la France, il fut pris et fusillé.

MAXIMILIEN ou **MAX DE BADE** *(prince)*, homme politique allemand (Baden-Baden 1867 - près de Constance 1929). Il fut nommé chancelier par Guillaume II (3 oct. 1918), mais dut s'effacer devant Ebert (10 nov.).

MAXIMIN Ier, en lat. **Caius Julius Verus Maximinus** (173 - Aquilée 238), empereur romain (235-238). La fin de son règne ouvrit une période d'anarchie militaire. — **Maximin II Daia**, en lat. **Galerius Valerius Maximinus** (m. à Tarse en 313), empereur romain (309-313), vaincu par Licinius en Thrace. Il persécuta les chrétiens.

MAXWELL (James Clerk), physicien britannique (Édimbourg 1831 - Cambridge 1879). Il fut le premier à unifier les théories de l'électricité et du magnétisme en donnant en 1873 les lois générales du champ électromagnétique. Il identifia ensuite la lumière à un champ électro-magnétique, théorie confirmée peu après par la constatation expérimentale de l'identité entre vitesse de la lumière et vitesse d'une onde électromagnétique. Il contribua également à l'élaboration de la thermodynamique par ses travaux sur la répartition des vitesses des molécules gazeuses.

MAXWELL (Robert), homme d'affaires britannique (Selo Slatina, auj. en Ukraine, 1923 - en mer, au large des Canaries, 1991). Propriétaire de *Pergamon Press*, il avait racheté en 1984 le groupe *Mirror Group Newspapers (Daily Mirror, Sunday Mirror)* et avait des participations dans plusieurs secteurs de la communication européenne. À sa mort, son empire se disloque.

MAYAPÁN, centre cérémoniel maya du Mexique (État de Yucatán), qui prit le relais de Chichén Itzá et fut la dernière grande capitale maya (XIIIe-XVe s.).

MAYAS, groupe d'Amérindiens localisés au Guatemala, au Mexique (État de Chiapas et presqu'île du Yucatán) et à l'ouest du Honduras. Parmi les civilisations précolombiennes, celle des Mayas témoigne du raffinement d'une société fortement hiérarchisée dominée par une aristocratie dirigeante de cités-États, régie par un système théocratique. Trois périodes principales définissent la chronologie maya. Le préclassique (2000 av. J.-C. - 250 apr. J.-C.), ou les origines : Altar de Sacrificios, Kaminaljuyú, etc. Le classique (250-950), ou l'apogée, marqué par la création d'une écriture hiéroglyphique et d'un calendrier solaire de 365 jours, le développement de l'architecture et des pyramides, et celui de décorations peintes et sculptées des temples funéraires (Copán, Tikal, Palenque, Bonampak, Uxmal, etc.). Le postclassique (950-1500), ou le déclin, malgré une certaine renaissance due aux Toltèques dans le Yucatán (Chichén-Itzá, Mayapán). Principaux dieux du panthéon maya : Chac, le dieu de la Pluie, Kinich Ahau, le Soleil, qui, dans sa révolution nocturne, devient jaguar, Kukulcán, le héros civilisateur assimilé à Quetzalcóatl.

MAYENCE, en all. **Mainz**, v. d'Allemagne, cap. du Land de Rhénanie-Palatinat, sur la rive gauche du Rhin ; 177 062 h. Cathédrale romane (XIIe-XIIIe s.) et autres monuments. Musées Romain-Germanique, du Rhin moyen et Gutenberg.

MAYENNE (la), riv. du Maine, qui se joint à la Sarthe pour former la Maine ; 185 km. Elle passe à Mayenne, Laval, Château-Gontier.

Charles **Maurras**

l'empereur **Maximilien Ier** (Dürer - Kunsthistorisches Museum, Vienne)

Mayas : vue partielle de la cité de Tikal (Guatemala). Période classique.

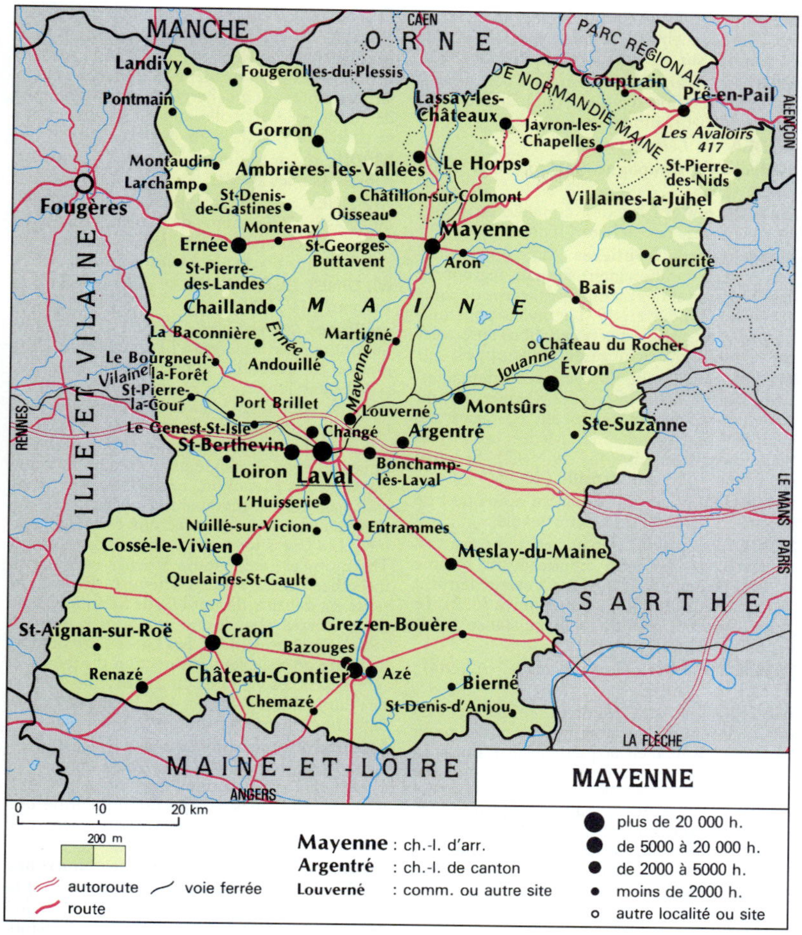

MAYENNE (53100), ch.-l. d'arr. de la Mayenne, sur la Mayenne ; 14 583 h. Imprimerie. Électroménager. Monuments du XIIe au XVIIe s.

MAYENNE (53), dép. de la Région Pays de la Loire ; ch.-l. de dép. *Laval ;* ch.-l. d'arr. *Mayenne, Château-Gontier ;* 3 arr., 32 cant., 261 comm. ; 5 175 km^2 ; 278 037 h. *(Mayennais).* Le dép. est rattaché à l'académie de Nantes, à la cour d'appel d'Angers et à la région militaire Atlantique. Il s'étend sur le bas Maine, pays bocager dont l'altitude décroît vers le sud. L'économie agricole est orientée vers l'élevage : bovins (pour le lait et la viande) et porcins (région de Craon). Aux activités industrielles traditionnelles (textiles, chaussures, imprimerie) se sont ajoutées des branches nouvelles (constructions mécaniques et électriques), à Laval notamment, atteint aujourd'hui par l'autoroute.

MAYENNE (Charles **de Lorraine,** *marquis* puis *duc* **de**), prince français (Alençon 1554 - Soissons 1611). Chef de la Ligue à la mort de son frère Henri de Guise, il fut vaincu à Arques (1589) et à Ivry (1590) par Henri IV et fit sa soumission en 1595.

MAYER (Robert **von**), physicien et médecin allemand (Heilbronn 1814 - *id.* 1878). Il calcula l'équivalent mécanique de la calorie (1842) et énonça le principe de la conservation de l'énergie.

MAYERLING, localité d'Autriche, à 40 km au sud de Vienne. Pavillon de chasse où, le 30 janv. 1889, l'archiduc Rodolphe et la baronne Marie Vetsera furent trouvés morts.

MAYET (72360), ch.-l. de c. de la Sarthe ; 2 883 h.

MAYET-DE-MONTAGNE (Le) [03250], ch.-l. de c. de l'Allier ; 1 883 h.

Mayflower *(Fleur de mai),* vaisseau parti de Southampton (1620) avec les puritains anglais qui fondèrent Plymouth en Nouvelle-Angleterre.

MAYOL (Félix), chanteur fantaisiste français (Toulon 1872 - *id.* 1941). Il devint propriétaire du Concert parisien (1909) auquel il donna son nom. Il créa quelque 500 chansons (*la Cabane Bambou, Viens Poupoule, Cousine,* etc.).

MAYOTTE (976), île française de l'océan Indien, dans l'archipel des Comores ; 374 km^2 ; 94 410 h. *(Mahorais).* Ch.-l. *Mamoudzou.* En 1976, sa population s'est prononcée pour le maintien de l'île dans le cadre français.

MAYR (Ernst), zoologiste américain d'origine allemande (Kempten, Allemagne, 1904). Il a étudié le mécanisme de l'apparition d'espèces nouvelles et proposé une définition de l'espèce fondée sur l'interfécondité de ses représentants. C'est un des initiateurs du néodarwinisme.

MA YUAN, peintre chinois (actif de 1190 à 1235), auteur de paysages classés parmi les chefs-d'œuvre de la peinture des Song du Sud.

MAZAGAN → ***Jadida (El-).***

MAZAMET (81200), ch.-l. de c. du Tarn, au pied de la Montagne Noire ; 12 125 h. *(Mazamétains).* Délainage. Constructions mécaniques.

MAZĀR-E CHARIF, v. de l'Afghanistan ; 103 000 h. Pèlerinage islamique au sanctuaire (XVe s.) du calife 'Alī.

MAZARIN (Jules), prélat et homme d'État français d'origine italienne (Pescina, Abruzzes, 1602 - Vincennes 1661). Capitaine dans l'armée pontificale, puis diplomate, il rencontra Richelieu en 1630 et négocia la paix de Cherasco (1631). Il reçut la tonsure en 1632 et, bien qu'il ne fût jamais ordonné prêtre, devint nonce à Paris (1635-36). Il se fit naturaliser français en 1639. Richelieu obtint pour lui en déc. 1641 le chapeau de cardinal et, en mourant, le recommanda à Louis XIII. Mazarin devint principal ministre de la régente Anne d'Autriche et demeura jusqu'à sa mort le maître absolu du royaume. Il arbitra la guerre du Nord (1645) et mit fin à la guerre de Trente Ans par les traités de Westphalie (1648). Mais il déclencha contre lui la Fronde et dut s'exiler pour que soit rétablie la paix intérieure. De nouveau affermi dans son pouvoir (1653), il entra dans la ligue du Rhin, formée contre l'Autriche, et imposa à l'Espagne le traité des Pyrénées (1659) ; il arbitra la paix du Nord (1660-61). À sa mort, il possédait une fortune colossale et de très riches collections d'art dans ses résidences du palais Mazarin (plus tard Bibliothèque royale, puis nationale) et du château de Vincennes.

Mazarin
(P. Mignard - musée Condé, Chantilly)

Giuseppe **Mazzini**
(galerie d'Art moderne, Florence)

Mazarine *(bibliothèque),* bibliothèque publique située dans l'aile gauche du palais de l'Institut, à Paris. Formée sur l'ordre de Mazarin, elle fut ouverte au public en 1643 et rattachée à la Bibliothèque nationale en 1930.

MAZATLÁN, port du Mexique, sur le Pacifique ; 312 429 h.

MAZENOD (Charles Eugène **de**), prélat français (Aix-en-Provence 1782 - Marseille 1861), fondateur des missionnaires oblats de Marie-Immaculée, évêque de Marseille (1837). Canonisé en 1995.

MAZEPPA ou **MAZEPA** (Ivan Stepanovitch), hetman des Cosaques d'Ukraine orientale (1639 ou 1644 - Bendery, auj. Bender, 1709). Il servit d'abord le tsar Pierre le Grand, puis se tourna contre lui, s'alliant à Charles XII, qui s'engageait à reconnaître l'indépendance de l'Ukraine. Défait à Poltava (1709), il se réfugia en pays tatar.

MAZINGARBE (62670), comm. du Pas-de-Calais ; 7 853 h. Industrie chimique.

MAZOVIE, région de Pologne, sur la Vistule moyenne. La Mazovie fut duché héréditaire de 1138 à 1526, date de son rattachement au royaume de Pologne.

MAZOWIECKI (Tadeusz), homme politique polonais (Płock 1927). Membre influent de Solidarność, il est nommé Premier ministre en août 1989, devenant le premier chef de gouvernement non communiste de l'Europe de l'Est depuis quarante ans. En novembre 1990, après son échec à l'élection présidentielle, il démissionne de ses fonctions.

MAZURIE, région du nord-est de la Pologne, autref. en Prusse-Orientale.

MAZZINI (Giuseppe), patriote italien (Gênes 1805 - Pise 1872). Il fonda, en exil, une société secrète *(la Jeune-Italie),* élément moteur du Risorgimento, qui visait à l'établissement d'une république italienne unitaire (1831), et mena une vie errante jusqu'à ce que la révolution de 1848 lui permît de transformer la Jeune-Italie en Association nationale italienne. En mars 1849, il fit proclamer la république à Rome et fit partie du triumvirat qui la dirigeait, mais l'expédition française (juill.) l'obligea à s'exiler.

M'BA (Léon), homme politique gabonais (Libreville 1902 - Paris 1967), premier président de la République du Gabon (1961-1967).

MBABANE, cap. du Swaziland ; 30 000 h.

MBANDAKA, anc. **Coquilhatville,** v. du Zaïre, sur le Zaïre ; 150 000 h.

MBINI, anc. **Río Muni,** partie continentale de la Guinée équatoriale.

MBUJI-MAYI, v. du Zaïre (Kasaï) ; 383 000 h.

MBUTI, l'un des principaux groupes de Pygmées, vivant au Zaïre.

MEAD (Margaret), anthropologue américaine (Philadelphie 1901 - New York 1978). Elle a étudié les problèmes de l'adolescence et les changements culturels.

MEADE (James Edward), économiste britannique (Swanage, Dorset, 1907 - Cambridge 1995). Ses travaux ont notamment porté sur la croissance et sur l'échange international. (Prix Nobel 1977.)

MÉANDRE → ***Menderes.***

MEANY (George), syndicaliste américain (New York 1894 - Washington 1980). Il fut l'artisan de la constitution de l'AFL-CIO, dont il devint le premier président (1955-1979).

MÉAULTE (80810), comm. de la Somme ; 1 281 h. Industrie aéronautique.

MEAUX [mo] (77100), ch.-l. d'arr. de Seine-et-Marne, sur la Marne ; 49 409 h. *(Meldois)*. Métallurgie. Produits chimiques. — Restes de remparts gallo-romains et médiévaux. Cathédrale surtout du XIIIe s. Musée Bossuet dans l'anc. évêché, des XIIe et XVIIe s. — Siège d'un évêché dès le IVe s., Meaux fut, au XVIe s., grâce à son évêque Briçonnet, ami de Lefèvre d'Étaples, un foyer d'humanisme chrétien influencé par la Réforme (« cénacle de Meaux », 1523-1525).

Mécano de la « General » (le), film américain de B. Keaton et C. Bruckman (1926), l'un des chefs-d'œuvre de la comédie burlesque.

MÉCÈNE, en lat. **Caius Cilnius Maecenas,** chevalier romain (Arezzo ? v. 69 - 8 av. J.-C.). Ami personnel d'Auguste, il encouragea les lettres et les arts. Virgile, Horace, Properce bénéficièrent de sa protection.

MÉCHAIN (Pierre), astronome et géodésien français (Laon 1744 - Castellón de la Plana 1804). Il mesura avec Delambre l'arc de méridien compris entre Dunkerque et Barcelone (1792-1799) pour déterminer l'étalon du mètre, découvrit une dizaine de comètes et compléta le catalogue de nébuleuses et d'amas stellaires de Messier.

MECHELEN → ***Malines.***

MECHHED ou **MACHHAD,** v. d'Iran (Khorāsān) ; 1 120 000 h. Centre de pèlerinage chiite. Mausolée de l'imam Rezā, fondé au IXe s., et monuments des XVe-XVIIe s. Riche musée.

MÉCHITHAR → ***Mékhithar.***

MEČIAR (Vladimir), homme politique slovaque (Zvolen, Slovaquie, 1942). Nommé à la tête du gouvernement slovaque en 1990, il doit démissionner en 1991. Ayant retrouvé son poste en 1992, il négocie la partition de la Tchécoslovaquie et devient en 1993 Premier ministre de la Slovaquie indépendante.

MECKLEMBOURG, en all. **Mecklenburg,** région historique d'Allemagne qui constitue une partie du Land de Mecklembourg* - Poméranie - Occidentale. Elle fut divisée en 1520 en deux duchés : celui de Mecklembourg-Schwerin et celui de Mecklembourg-Güstrow puis de Mecklembourg-Strelitz (constitué en 1701).

MECKLEMBOURG-POMÉRANIE-OCCIDENTALE, en all. **Mecklenburg-Vorpommern,** Land d'Allemagne, sur la Baltique ; 23 600 km² ; 1 963 909 h. Cap. *Schwerin.*

MECQUE (La), v. d'Arabie saoudite, cap. du Hedjaz ; 618 000 h. Patrie de Mahomet et ville sainte de l'islam. Le pèlerinage à La Mecque est obligatoire pour tout musulman, s'il en a les moyens, une fois au cours de sa vie.

Médaille d'honneur, la plus haute décoration militaire des États-Unis, décernée par le Congrès depuis 1862.

Médaille militaire, décoration française créée en 1852, accordée pour actions d'éclat ou longs services aux sous-officiers et hommes du rang ainsi qu'à certains généraux ayant commandé en chef.

MEDAN, port de l'Indonésie, dans l'île de Sumatra, sur le détroit de Malacca ; 1 380 000 h.

MÉDAN (78670), comm. des Yvelines ; 1 391 h. Maison de Zola.

MÉDARD *(saint),* évêque de Noyon et de Tournai (Salency, Oise, v. 456 - Tournai v. 560).

MEDAWAR (Peter Brian), biologiste britannique (Rio de Janeiro 1915 - Londres 1987), auteur de travaux sur les greffes. (Prix Nobel 1960.)

MÈDE (la), écart de la comm. de Châteauneuf-les-Martigues (Bouches-du-Rhône). Raffinage du pétrole et pétrochimie.

MÉDÉA → ***Lemdiyya.***

Médecin de campagne (le), roman d'H. de Balzac (1833).

Médecin malgré lui (le), comédie en prose, en trois actes, de Molière (1666).

Médecins sans frontières (M. S. F.), association privée à vocation internationale, regroupant des médecins et des membres du corps de santé bénévoles, fondée en 1971 et ayant pour mission de venir en aide aux populations éprouvées par la guerre ou victimes de catastrophes.

MÉDÉE, magicienne du cycle des Argonautes. Elle s'enfuit avec Jason ; ce dernier l'ayant abandonnée, elle se vengea en égorgeant ses enfants. La légende de Médée a inspiré notamment Euripide (431 av. J.-C.), Sénèque (Ier s. apr. J.-C.) et Corneille (1635).

MEDELLÍN, v. de Colombie, au nord-ouest de Bogotá ; 1 750 000 h. Centre textile.

MÈDES, peuple de l'Iran ancien, qui constitua, au VIIe s. av. J.-C., un empire ayant comme capitale Ecbatane. Leur roi Cyaxare détruisit Assour en 614 av. J.-C., puis Ninive (612). Le Perse Cyrus II mit fin à la puissance mède (v. 550 av. J.-C.).

MEDICINE HAT, v. du Canada (Alberta) ; 43 625 h. Chimie.

MÉDICIS, en ital. **Medici,** famille de banquiers florentins, qui domina Florence à partir de 1434, avant d'en acquérir le titre ducal en 1532. Ses principaux membres furent : **Cosme l'Ancien** (Florence 1389 - Careggi 1464), chef de Florence à partir de 1434 ; — **Laurent Ier,** dit **le Magnifique** (Florence 1449 - Careggi 1492), petit-fils du précédent, protecteur des arts et des lettres, poète lui-même, qui dirigea Florence (1469-1492) et réalisa l'idéal de la Renaissance ; — **Julien** (Florence 1478 - Rome 1516), fait duc de Nemours par le roi de France François Ier. Avec l'aide des troupes pontificales et espagnoles (1512), ce dernier restaura à Florence le pouvoir des Médicis, chassés depuis la révolution de Savonarole ; — **Laurent II,** *duc* **d'Urbino** (Florence 1492 - *id.* 1519), père de Catherine de Médicis ; — **Alexandre,** premier duc de Florence (Florence v. 1510 - *id.* 1537), assassiné par son cousin Lorenzino *(Lorenzaccio)* ; — **Cosme Ier,** premier grand-duc de Toscane (Florence 1519 - Villa di Castello, près de Florence, 1574) ; — **Ferdinand Ier** (Florence 1549 - *id.* 1609), grand-duc de Toscane (1587-1609) ; — **Ferdinand II** (Florence 1610 - *id.* 1670), grand-duc de Toscane (1621-1670) ; — **Jean-Gaston** (Florence 1671 - *id.* 1737), après qui le grand-duché de Toscane passa à la maison de Lorraine.

Médicis, Medici ou **Medici-Riccardi** *(palais),* à Florence, palais élevé en 1444 par Michelozzo pour les Médicis (fresques de Gozzoli dans la chapelle), agrandi au XVIIe s. pour un marquis Riccardi.

Médicis *(prix),* prix littéraire français fondé en 1958 et décerné à un roman ou à un recueil de nouvelles d'un auteur encore peu connu. Depuis 1970, il couronne également un écrivain étranger.

Médicis *(villa),* villa du XVIe s., à Rome, occupée depuis 1803 par l'Académie de France ; beaux jardins. Après avoir hébergé les lauréats des prix de Rome, elle accueille auj. de jeunes artistes et chercheurs choisis sur dossier.

MÉDIE, région du nord-ouest de l'Iran ancien habitée par les Mèdes.

MÉDINE, v. d'Arabie saoudite (Hedjaz) ; 500 000 h. Ville sainte de l'islam ; Mahomet s'y réfugia en 622 lors de l'*hégire.* Mosquée du Prophète (tombeau de Mahomet).

MÉDINET EL-FAYOUM, v. d'Égypte, dans le Fayoum ; 167 000 h.

médiques *(guerres)* [490-479 av. J.-C.], conflits qui ont opposé les Grecs à l'Empire perse. L'origine en est le soutien apporté par Athènes à la révolte des Ioniens (499), dont Darios vient à bout en 495. Pour assurer sa domination sur l'Égée, il s'attaque ensuite aux cités de la Grèce d'Europe. En 490 *(première guerre médique),* Darios traverse l'Égée et malgré des forces importantes est vaincu à Marathon. En 481 *(seconde guerre médique),* Xerxès, reprenant la politique de son père, envahit la Grèce avec une formidable armée. Les Grecs tentent en vain de l'arrêter aux Thermopyles (août 480), Athènes est prise et incendiée ; mais, grâce à Thémistocle, la flotte perse est détruite devant l'île de Salamine (sept. 480). Xerxès abandonne son armée, qui est vaincue à Platées (479). Les Grecs portent alors la guerre en Asie sous la direction d'Athènes et remportent les victoires du cap Mycale (479) et de l'Eurymédon (468). En 449, la paix de Callias entérine la liberté des cités grecques d'Asie.

Méditations métaphysiques, ouvrage de Descartes, rédigé en latin (1641) puis en français (1647), où l'auteur montre que l'on peut douter de tout, sauf du sujet qui doute, affirme que Dieu existe (preuve ontologique*) et qu'il garantit la vérité du monde.

Méditations poétiques (1820) et **Nouvelles Méditations poétiques** (1823), recueils lyriques de Lamartine.

MÉDITERRANÉE, mer bordière de l'Atlantique, entre l'Europe méridionale, l'Afrique du Nord et l'Asie occidentale, couvrant 2,5 millions de km². Elle communique avec l'Océan par le détroit de Gibraltar et avec la mer Rouge par le canal de Suez. C'est une mer chaude, à forte salinité et à faibles marées. L'étranglement compris entre la Sicile et la Tunisie la divise en deux bassins : la *Méditerranée occidentale,* avec son annexe la mer Tyrrhénienne, et la *Méditerranée orientale,* plus ramifiée, avec ses dépendances (mer Ionienne, mer Adriatique et mer Égée). Profondeur maximale : 5 093 m. Cette mer a été le centre vital de l'Antiquité. Elle perdit une partie de son importance à la suite des grandes découvertes des XVe et XVIe s. ; mais elle redevint l'une des principales routes mondiales de navigation grâce au percement du canal de Suez (1869).

MEDJERDA (la), fl. de l'Afrique du Nord, né en Algérie et débouchant dans le golfe de Tunis ; 365 km.

MÉDOC, région viticole du Bordelais, sur la rive gauche de la Gironde.

MÉDUSE. *Myth. gr.* Une des trois Gorgones, la seule dont le regard était mortel. Persée lui trancha la tête, et de son sang naquit Pégase.

MEERUT, v. de l'Inde (Uttar Pradesh) ; 846 954 h.

MÉES (Les) [04190], ch.-l. de c. des Alpes-de-Haute-Provence ; 2 619 h.

MÉE-SUR-SEINE (Le) [77350], ch.-l.de c. de Seine-et-Marne, près de Melun ; 20 971 h.

MEGALOPOLIS, anc. v. de l'Arcadie fondée en 368 av. J.-C. avec l'aide d'Épaminondas. Ce fut le centre de la Confédération arcadienne. Ruines.

MÉGARE, v. de Grèce, sur l'isthme de Corinthe ; 26 562 h. — Prospère aux VIIe et VIe s. av. J.-C., elle fonda de nombreuses colonies, dont Byzance. Ses démêlés avec Athènes déclenchèrent la guerre du Péloponnèse. Son école de philosophes, à la suite d'Aristote, contribua au développement de la logique.

MÉGÈRE. *Myth. gr.* Une des trois Érinyes ; elle personnifie la colère.

Mégère apprivoisée (la), comédie de Shakespeare (1594).

La **Mecque :** la Grande Mosquée avec, au centre, la Ka'ba*.

Méhémet-Ali
(A. Couder - château de Versailles)

MEGÈVE [məʒɛv] (74120), comm. de la Haute-Savoie ; 4 876 h. Station de sports d'hiver (alt. 1 113-2 040 m).

MEGHALAYA, État de l'Inde du Nord-Est ; 1 760 626 h. Cap. *Shillong.*

MEGIDDO, cité cananéenne du nord de la Palestine. Située sur la route reliant l'Égypte à l'Assyrie, elle fut conquise par plusieurs pharaons (Thoutmosis III, Néchao II).

MÉHALLET EL-KOBRA, v. d'Égypte, dans le delta du Nil ; 239 000 h. Textile.

MÉHÉMET-ALI, en ar. **Muḥammad 'Alī** (Kavála 1769 - Alexandrie 1849), vice-roi d'Égypte (1805-1848). Il massacra les Mamelouks (1811) et réorganisa, avec le concours de techniciens européens, l'administration, l'économie et l'armée égyptiennes. Il apporta son soutien aux Ottomans en Arabie (1811-1819) puis en Grèce (1824-1827), mais conquit le Soudan pour son compte (1820-1823) et, fort de l'alliance française, chercha à supplanter le sultan, que son fils Ibrāhīm Pacha vainquit en Syrie (1831-1839). Les puissances européennes lui imposèrent le traité de Londres (1840), qui ne lui laissa que l'Égypte et le Soudan à titre héréditaire.

MEHMED II, dit **Fatih,** « le Conquérant » (Edirne 1432 - Tekfur Çayırı 1481), sultan ottoman (1444-1446 et 1451-1481). Il s'empara de Constantinople (1453), dont il fit sa capitale, avant de conquérir la Serbie (1459), l'empire de Trébizonde (1461), la Bosnie (1463), et de vassaliser la Crimée (1475). — **Mehmed IV** (Istanbul 1642 - Edirne 1692), sultan ottoman (1648-1687). Il présida au redressement de l'Empire grâce à l'œuvre des Köprülü. — **Mehmed V Reşad** (Istanbul 1844 - *id.* 1918), sultan ottoman (1909-1918). Il laissa le pouvoir aux Jeunes-Turcs. — **Mehmed VI** (Istanbul 1861 - San Remo 1926), sultan ottoman (1918-1922). Il fut renversé par Mustafa Kemal.

MEHRGARH, site archéologique du Baloutchistan pakistanais reliant la vallée de l'Indus à l'Iran et l'Asie centrale. Occupée d'env. 7000 à 2000 av. J.-C., cette agglomération avec économie agricole est sans doute à l'origine de la civilisation de l'Indus.

MÉHUL (Étienne), compositeur français (Givet 1763 - Paris 1817), auteur de partitions dramatiques *(Joseph),* de sonates pour piano et de la musique du *Chant du départ* (1794).

MEHUN-SUR-YÈVRE (18500), ch.-l. de c. du Cher ; 7 255 h. *(Mehunois).* Porcelaine. Église des XIe-XIIe s. Vestiges d'un fastueux château de Jean de Berry et de Charles VII.

MEIER (Richard), architecte américain (Newark 1934). Il puise aux sources du style international et de Le Corbusier, y adaptant une sensibilité contemporaine pour produire un impeccable classicisme (musée des Arts décoratifs de Francfort-sur-le-Main, 1980-1985 ; siège de Canal Plus à Paris, 1989-1992).

MEIJE [mɛʒ] (la), montagne des Alpes françaises, dans l'Oisans ; 3 983 m.

MEIJI TENNŌ, nom posthume de **Mutsuhito** (Kyōto 1852 - Tōkyō 1912), empereur du Japon (1867-1912). En 1868, inaugurant l'ère Meiji, il proclama sa volonté de réforme et d'occidentalisation dans la charte des Cinq Articles, puis supprima le shogunat et le régime féodal et s'installa à Tōkyō. En 1889, il donna au Japon une constitution. Il mena victorieusement les guerres sino-japonaise (1895) et russo-japonaise (1905) puis annexa la Corée (1910).

MEILHAC [mɛjak] (Henri), auteur dramatique français (Paris 1831 - *id.* 1897). Il composa, seul ou avec Ludovic Halévy, des opéras bouffes *(la Belle Hélène, la Vie parisienne)* et des comédies *(Froufrou).* [Acad. fr.]

MEILHAN-SUR-GARONNE [mɛjɑ̃-] (47200), ch.-l. de c. de Lot-et-Garonne ; 1 323 h.

MEILLERAIE-TILLAY (La) [85700], comm. de la Vendée ; 1 511 h. Conserverie de viande.

MEILLET (Antoine), linguiste français (Moulins 1866 - Châteaumeillant 1936), auteur de travaux de grammaire comparée et de linguistique générale.

Meilleur des mondes (le), roman d'A. Huxley (1932), un des classiques de la science-fiction.

Mein Kampf *(Mon combat),* ouvrage écrit en prison (1923-24) par Adolf Hitler et publié en 1925. Il expose les principes du national-socialisme : antisémitisme, supériorité de la race germanique, qui a besoin pour s'épanouir d'un « espace vital », culte de la force.

MEIR (Golda), femme politique israélienne (Kiev 1898 - Jérusalem 1978), Premier ministre de 1969 à 1974.

MEIRINGEN, comm. de Suisse (Berne), sur l'Aar ; 4 346 h. Centre d'excursions.

MEISE, comm. de Belgique (Brabant flamand) ; 17 062 h.

MEISSEN, v. d'Allemagne (Saxe), sur l'Elbe ; 35 662 h. Cathédrale gothique. Château du XVe s., où fut installée en 1710 la première manufacture européenne de porcelaine dure.

MEISSONIER (Ernest), peintre français (Lyon 1815 - Paris 1891), auteur de petits tableaux de genre à l'ancienne et de scènes militaires.

MEISSONNIER (Juste Aurèle), décorateur et orfèvre français (Turin v. 1693 - Paris 1750), un des plus brillants représentants du style rocaille.

MÉJEAN *(causse),* l'un des Grands Causses (Lozère).

MÉKHITHAR ou **MÉCHITHAR** (Pierre **Manouk,** dit), théologien arménien (Sıvas, Anatolie, 1676 - Venise 1749), fondateur de la congrégation des Mékhitharistes (moines catholiques arméniens).

MEKNÈS, v. du Maroc, au sud-ouest de Fès ; 320 000 h. Monuments anciens (XIVe-XVIIIe s.) et murailles aux portes magnifiques (Bāb al-Manṣūr). Elle fut capitale de 1672 à 1727.

MÉKONG (le), fl. d'Indochine ; 4 200 km. Il naît au Tibet, traverse le Yunnan par des gorges profondes, puis le Laos (qu'il sépare de la Thaïlande), le Cambodge et le sud du Viêt Nam, passe à Vientiane et à Phnom Penh, et se jette dans la mer de Chine méridionale.

MELAKA ou **MALACCA,** port de Malaisie, cap. de l'État de Melaka, sur le *détroit de Malacca ;* 88 000 h.

MELANCHTHON (Philipp **Schwarzerd,** dit), réformateur allemand (Bretten 1497 - Wittenberg 1560). Collaborateur de Luther, il rédigea la *Confession d'Augsbourg* (1530) et devint le principal chef du luthéranisme après la mort du réformateur.

Mélancolie, gravure au burin de Dürer (1514), qui semble avoir voulu y symboliser les limites de la pensée logique et scientifique (géométrie, arts faisant appel aux mesures). Mais la mélancolie est aussi, pour le Moyen Âge tardif et la Renaissance, la maladie spécifique du créateur, dont la vie est faite de l'alternance du doute et du génie.

Mélancolie (1514), gravure en taille-douce (burin) de Dürer. (Petit Palais, Paris.)

MÉLANÉSIE (c'est-à-dire « îles des Noirs »), partie de l'Océanie, comprenant la Nouvelle-Guinée, l'archipel Bismarck, les îles Salomon, la Nouvelle-Calédonie, Vanuatu, les îles Fidji. (Hab. *Mélanésiens.*)

MELBOURNE, port d'Australie, fondé en 1835, cap. de l'État de Victoria ; 3 002 300 h. Centre commercial, industriel et culturel. Musée d'art.

MELBOURNE (William **Lamb,** *vicomte*), homme politique britannique (Londres 1779 - près de Hatfield 1848). Premier ministre (1834, 1835-1841), il assura l'éducation politique de la jeune reine Victoria.

MELCHIOR, nom de l'un des trois Rois mages, selon une tradition qui en fait un Africain.

MELCHISÉDECH, personnage biblique contemporain d'Abraham, prêtre-roi de Salem, ville que la tradition juive identifie à Jérusalem.

MÉLIÈS (Georges), cinéaste français (Paris 1861 - *id.* 1938), pionnier du spectacle cinématographique. Illusionniste, inventeur des premiers trucages, constructeur des premiers studios, il réalisa entre 1896 et 1913 plus de 500 petits films, remarquables par leur fantaisie poétique et ingénieuse (*le Voyage dans la Lune,* 1902 ; *20 000 Lieues sous les mers,* 1907).

MELILLA, port et enclave espagnole sur la côte méditerranéenne du Maroc ; 56 600 h.

MÉLINE (Jules), homme politique français (Remiremont 1838 - Paris 1925). Ministre de l'Agriculture (1883-1885 et 1915-16), il pratiqua une politique protectionniste. Il fut chef du gouvernement de 1896 à 1898.

MELISEY (70270), ch.-l. de c. de la Haute-Saône ; 1 827 h.

MELITOPOL, v. d'Ukraine ; 174 000 h.

MELK, v. d'Autriche (Basse-Autriche), sur le Danube ; 6 000 h. Abbaye bénédictine reconstruite au début du XVIIIe s. par l'architecte Jakob Prandtauer (1660-1726), œuvre baroque grandiose.

MELKART → ***Melqart.***

MELLE (79500), ch.-l. de c. des Deux-Sèvres ; 4 349 h. Chimie. Trois églises romanes.

MELLONI (Macedonio), physicien italien (Parme 1798 - Portici 1854). Il inventa la pile thermoélectrique, qu'il employa pour étudier la chaleur rayonnante (rayonnement infrarouge).

Meloria *(batailles de la),* nom donné à deux batailles qui se produisirent auprès de l'île de la Meloria dans le golfe de Gênes et au cours desquelles les forces navales génoises détruisirent les flottes pisane (1284) et angevine (1410).

MELOZZO da Forli, peintre italien (Forli 1438 - *id.* 1494). Il introduisit à Rome l'art des architectures feintes en perspective et des figures plafonnantes.

MELPOMÈNE, muse de la Tragédie.

MELQART ou **MELKART,** principal dieu de Tyr, honoré aussi à Carthage.

MELSENS (Louis), physicien belge (Louvain 1814 - Bruxelles 1886). Il a réalisé le premier paratonnerre (1865), construit sur le principe de la cage de Faraday.

MELUN (77000), ch.-l. du dép. de Seine-et-Marne, sur la Seine, à 46 km au sud-est de Paris ; 36 489 h. *(Melunais)* [plus de 100 000 h. dans l'agglomération]. École des officiers de la gendarmerie. Constructions mécaniques. Industries alimentaires. Églises Notre-Dame (en partie des XIe et XIIe s.) et St-Aspais (gothique du XVIe s.). Musée municipal. Au nord, aérodrome d'essais de *Melun-Villaroche.*

MELUN-SÉNART, ville nouvelle entre Melun et la forêt de Sénart.

Mélusine, personnage fabuleux des romans de chevalerie, qui pouvait se métamorphoser partiellement en serpent, et aïeule légendaire de la maison de Lusignan.

MELVILLE, baie de la mer de Baffin, sur la côte du Groenland. — Presqu'île de la partie septentrionale du Canada (océan Arctique). — Île de l'archipel Arctique canadien, au nord du *détroit de Melville.* — Île australienne, sur la côte nord de l'Australie.

MELVILLE (Herman), écrivain américain (New York 1819 - *id.* 1891). Ancien marin, il est l'auteur de romans où l'aventure prend une signification symbolique *(Moby* Dick,* 1851 ; *Billy Budd).*

MELVILLE (Jean-Pierre **Grumbach,** dit **Jean-Pierre**), cinéaste français (Paris 1917 - *id.* 1973). Après *le Silence de la mer* (d'après Vercors, 1949), il s'imposa comme l'auteur de films noirs, rigoureux et dépouillés : *le Doulos* (1963), *le Deuxième Souffle* (1966), *le Samouraï* (1967).

MEMEL → ***Klaïpeda.***

MEMLING ou **MEMLINC** (Hans), peintre flamand (Seligenstadt, près d'Aschaffenburg, v. 1433 - Bruges 1494). Sa carrière s'est déroulée à Bruges, où sont conservées ses œuvres principales : compositions religieuses d'un style doux et calme, portraits dont le modèle est représenté dans son cadre familier.

MEMNON, héros du cycle troyen tué par Achille. Les Grecs l'identifièrent à un des deux colosses du temple d'Aménophis III, à Thèbes. Cette statue, fissurée en 27 av. J.-C. par une secousse tellurique, faisait entendre au lever du soleil une vibration, « le chant de Memnon », qui cessa après la restauration de Septime Sévère.

Mémoires d'outre-tombe, par Chateaubriand, publiés après sa mort dans *la Presse* (1848-1850). L'auteur fait revivre son époque et fixe le rôle qu'il a joué en littérature et en politique, dans la perspective continue de la vanité des actions et du temps humains.

Mémorables, ouvrage de Xénophon, consacré à ses souvenirs sur Socrate.

Mémorial de Sainte-Hélène, ouvrage de Las Cases (1823). C'est le journal des entretiens de Napoléon Ier avec son secrétaire.

MEMPHIS, v. de l'anc. Égypte, sur le Nil, en amont du Delta, cap. de l'Ancien Empire. Elle était le centre du culte de Ptah. Concurrencée par Alexandrie, fondée en 331 av. J.-C., elle fut détruite par les Arabes.

MEMPHIS, v. des États-Unis (Tennessee), sur le Mississippi ; 610 337 h.

MENADO → ***Manado.***

MÉNAGE (Gilles), écrivain français (Angers 1613 - Paris 1692), auteur de poèmes latins et d'ouvrages de philologie, raillé par Boileau et Molière.

MÉNAM (le) → ***Chao Phraya*** (la).

MÉNANDRE, poète comique grec (Athènes v. 342 - *id.* v. 292 av. J.-C.), le principal représentant de la « comédie nouvelle », connu surtout à travers les imitations de Plaute et de Térence.

MENANT (Joachim), assyriologue français (Cherbourg 1820 - Paris 1899). Il a contribué au déchiffrement du cunéiforme et est l'un des fondateurs de l'assyriologie en France.

MENCHIKOV (Aleksandr Danilovitch, *prince*), homme d'État et feld-maréchal russe (Moscou 1673 - Berezovo 1729). Il dirigea la construction de Saint-Pétersbourg. Il détint sous Catherine Ire la réalité du pouvoir puis fut exilé en Sibérie (1728).

MENCHIKOV (Aleksandr Sergueïevitch, *prince*), amiral russe (Saint-Pétersbourg 1787 - *id.* 1869). Il commanda en Crimée, où il fut battu par les Franco-Britanniques (1854).

MENCIUS, en chin. **Mengzi** ou **Mong-tseu,** philosophe chinois (v. 371-289 av. J.-C.). Pour lui, l'homme est bon à sa naissance et c'est son éducation qui le corrompt. Il s'inscrit dans la ligne de Confucius.

MENDE (48000), ch.-l. du dép. de la Lozère, sur le Lot, à 576 km au sud de Paris ; 12 667 h. *(Mendois).* Évêché. Cathédrale des XIVe-XVIe s. Pont du XIVe s. Musée.

MENDÉ, peuple de Sierra Leone, parlant une langue du groupe mandé.

MENDEL (Johann, en relig. **Gregor**), religieux et botaniste autrichien (Heinzendorf, Silésie, 1822 - Brünn 1884). Il a réalisé des expériences sur l'hybridation des plantes et l'hérédité chez les végétaux et a dégagé les lois qui portent son nom.

MENDELEÏEV (Dmitri Ivanovitch), chimiste russe (Tobolsk 1834 - Saint-Pétersbourg 1907), auteur de la classification périodique des éléments chimiques (1869), dont certaines cases, qu'il laissa vides, furent remplies par la suite, au fur et à mesure de la découverte de nouveaux éléments.

MENDELE MOCHER SEFARIM (Chalom Jacob **Abramovitz,** dit), écrivain russe d'expression yiddish et hébraïque (Kopyl, gouv. de Minsk, 1835 - Odessa 1917), peintre de la vie des ghettos d'Europe orientale (*les Voyages de Benjamin III,* 1878).

MENDELSSOHN (Moses), philosophe allemand (Dessau 1729 - Berlin 1786). Il a cherché vainement une reconnaissance par la Prusse protestante de la spécificité des communautés juives et a développé une philosophie fondée sur la Loi mosaïque, en relation avec la philosophie des Lumières (*Jerusalem...,* 1783).

MENDELSSOHN-BARTHOLDY (Felix), compositeur allemand (Hambourg 1809 - Leipzig 1847), petit-fils du précédent. Il s'est fait connaître en étant, très jeune, un des meilleurs pianistes de son temps, puis en dirigeant l'intégrale de la *Passion selon saint Matthieu* de Bach (1829). Directeur du Gewandhaus et fondateur du Conservatoire de Leipzig, il a laissé une œuvre considérable appuyée sur la tradition allemande, dont le romantisme est discret (*Concerto* pour violon, 1822 ; *Lieder sans paroles* pour piano, 1830-1850), l'écriture moderne (*Variations sérieuses,* 1841) et l'orchestration raffinée (*le Songe d'une nuit d'été,* 1843 ; cinq symphonies dont « la Réformation », 1832, « l'Italienne », 1833, et « l'Écossaise », 1842).

MENDERES (le), anc. **Méandre,** fl. de la Turquie d'Asie, qui rejoint la mer Égée ; 500 km.

MENDERES (Adnan), homme politique turc (Aydın 1899 - île d'Imralı 1961). Premier ministre (1950-1960), il fut renversé par l'armée, condamné à mort et exécuté. Il a été réhabilité en 1990.

MENDÈS FRANCE (Pierre), homme politique français (Paris 1907 - *id.* 1982). Avocat, député radical-socialiste à partir de 1932, il fut président du Conseil en 1954-55 ; il mit alors fin à la guerre d'Indochine (accords de Genève) et accorda l'autonomie interne à la Tunisie.

MENDES PINTO (Fernão) → ***Pinto*** *(Fernão Mendes).*

MÉNDEZ DE HARO Y SOTOMAYOR (Luis), homme d'État espagnol (Valladolid 1598 - Madrid 1661). Premier ministre de 1643 à 1651 et généralissime, il négocia la paix des Pyrénées (1659).

MENDOZA, v. d'Argentine, au pied des Andes ; 121 696 h. Archevêché. Centre viticole.

MENDOZA (Diego **Hurtado de**) → ***Hurtado de Mendoza.***

MENDOZA (Iñigo **López de**), *marquis* **de Santillana** → ***Santillana.***

MENÉ ou **MÉNÉ** *(monts* ou *landes du),* hauteurs de Bretagne (Côtes-d'Armor) ; 339 m.

MÉNÉLAS, héros du cycle troyen, frère d'Agamemnon, roi de Sparte et époux d'Hélène.

MÉNÉLIK II (Ankober 1844 - Addis-Abeba 1913), négus d'Éthiopie. Roi du Choa (1865), il fonda Addis-Abeba (1887). Négus en 1889, il signa avec l'Italie un accord que celle-ci considéra comme un traité de protectorat (1889). Dénonçant cet accord (1893), Ménélik écrasa les troupes italiennes à Adoua (1896). Il se retira en 1907.

MENEM (Carlos Saúl), homme politique argentin (Anillaco, prov. de La Rioja [Arg.], 1935), président de la République depuis 1989.

MENEN, en fr. **Menin,** v. de Belgique (Flandre-Occidentale), sur la Lys ; 32 645 h.

MENÉNDEZ PIDAL (Ramón), critique littéraire et linguiste espagnol (La Corogne 1869 - Madrid 1968), auteur de travaux sur la langue et la littérature espagnoles.

MENENIUS AGRIPPA, consul romain en 502 av. J.-C. Il aurait réconcilié la plèbe avec les patriciens par son apologue *les Membres et l'Estomac* (494 av. J.-C.).

MÉNEPTAH → ***Mineptah.***

MÉNÈS, nom donné par les Grecs au pharaon Narmer.

MENEZ HOM, sommet à l'extrémité occidentale de la Montagne Noire, au-dessus de la baie de Douarnenez ; 330 m.

Gregor **Mendel** (B.N.F., Paris)

Mendelssohn-Bartholdy (A. Talarico - conservatoire de musique de San Pietro, Naples)

MENGER (Carl), économiste autrichien (Neusandez, auj. Nowy Sącz, Galicie, 1840 - Vienne 1921). On le considère comme l'un des fondateurs de l'école marginaliste et le premier représentant de l'école psychologique autrichienne.

MENGISTU (Hailé Mariam), homme politique éthiopien (région de Harar 1937). Il participe à la révolution de 1974 et devient vice-président (1974) puis président (1977) du Derg (Comité de coordination militaire) [dissous en 1987]. Élu à la présidence de la République en 1987, il doit abandonner le pouvoir en 1991.

MENGS (Anton Raphael), peintre allemand (Aussig, auj. Ústí nad Labem, Bohême, 1728 - Rome 1779). Il vécut surtout à Rome et fut un précurseur du néoclassicisme.

MENGZI → ***Mencius.***

MENIA (El-), anc. **El-Goléa,** oasis du Sahara algérien ; 24 000 h.

MÉNIGOUTE (79340), ch.-l. de c. des Deux-Sèvres ; 898 h. Église et chapelle médiévales.

MÉNILMONTANT, quartier de l'est de Paris (XXe arr.).

MENIN → ***Menen.***

Ménines (les), en esp. **las Meninas,** grande toile de Velázquez (v. 1656, Prado), célèbre pour son rendu spatial, ses qualités d'atmosphère, son caractère d'instantané captant une réalité familière et fugitive.

MÉNIPPE, poète et philosophe grec de l'école des cyniques (Gadara IVe - IIIe s. av. J.-C. ?), auteur de satires.

MENNECY (91540), ch.-l. de c. de l'Essonne ; 11 098 h.

MENOTTI (Gian Carlo), compositeur italien naturalisé américain (Cadegliano 1911). Il se rattache à la tradition de l'opéra vériste (*le Médium,* 1946, *le Consul,* 1950). Il fonda le festival de Spolète.

MENS [mɛ̃s] (38710), ch.-l. de c. de l'Isère ; 1 188 h.

MENTANA, v. d'Italie, au nord-est de Rome ; 30 419 h. Garibaldi y fut défait par les troupes pontificales et françaises (1867).

MENTHON-SAINT-BERNARD (74290), comm. de la Haute-Savoie, sur le lac d'Annecy ; 1 527 h. Station estivale. Château des XIIIe-XVIe s.

MENTON (06500), ch.-l. de c. des Alpes-Maritimes, sur la Méditerranée ; 29 474 h. *(Mentonnais).* Centre touristique. Église et chapelle baroques de la place Saint-Michel. Musées.

MENTOR, ami d'Ulysse et précepteur de Télémaque. Il est le symbole du sage conseiller.

MENUHIN (*sir* Yehudi), violoniste d'origine russe possédant la double nationalité américaine et britannique (New York 1916). Il a présidé le Conseil international de la musique à l'Unesco (1969-1975) et défend les causes humanitaires.

MENUIRES ou **MÉNUIRES** (les), station de sports d'hiver de Savoie, dans le massif de la Vanoise (comm. de Saint-Martin-de-Belleville). Alt. 1 800-2 880 m.

MENZEL (Adolf **von**), peintre et lithographe allemand (Breslau 1815 - Berlin 1905), au style d'un réalisme précis.

MENZEL-BOURGUIBA, anc. **Ferryville,** v. de Tunisie, sur le lac de Bizerte ; 42 000 h. Arsenal. Sidérurgie. Pneumatiques.

MÉOTIDE *(marais),* en lat. **Palus Maeotica,** nom antique de la mer d'Azov.

Méphistophélès, incarnation du diable, popularisée par le *Faust* de Goethe.

MER (41500), ch.-l. de c. de Loir-et-Cher ; 5 982 h. Literie. Église en partie du XIe s.

Mer (la), ensemble de trois « esquisses symphoniques » de Claude Debussy créées en 1905 : *De l'aube à midi sur la mer, Jeux de vagues, Dialogue du vent et de la mer.*

MERANO, v. d'Italie (prov. de Bolzano) ; 32 600 h. Station thermale. Monuments des XIVe-XVe s. Musée.

MÉRANTE (Louis), danseur et chorégraphe français (Paris 1828 - Courbevoie 1887), auteur des ballets *Sylvia* (1876) et *les Deux Pigeons* (1886).

MERCANTOUR (le), massif cristallin des Alpes-Maritimes ; 3 143 m. Parc national (env. 68 500 ha).

MERCATOR (Gerhard **Kremer,** dit **Gerard**), mathématicien et géographe flamand (Rupelmonde 1512 - Duisburg 1594). Il a donné son nom à un système de projection dans lequel les méridiens sont représentés par des droites parallèles équidistantes, et les parallèles par des droites perpendiculaires aux méridiens.

MERCATOR (Nikolaus **Kauffman,** dit), mathématicien allemand (Eutin v. 1620 - Paris 1687). Il fut l'un des premiers à utiliser les séries entières.

Mercenaires *(guerre des)* [241-238 av. J.-C.], guerre soutenue par Carthage après la première guerre punique, contre ses mercenaires révoltés. Ce conflit, dit « guerre inexpiable », a inspiré à Flaubert son roman *Salammbô.*

Merci *(ordre de la),* ordre religieux fondé en 1218 à Barcelone par saint Pierre Nolasque et saint Raymond de Peñafort, et qui se consacrait au rachat des prisonniers faits par les infidèles. Ses membres, les mercédaires, s'adonnent maintenant à l'apostolat missionnaire, paroissial ou auprès des prisonniers.

MERCIE, royaume angle fondé entre 632 et 654, qui sombra au IXᵉ s. sous les coups des Danois.

MERCIER (Désiré Joseph), cardinal belge (Braine-l'Alleud 1851 - Bruxelles 1926). À l'université de Louvain, il fut un des pionniers du néothomisme. Archevêque de Malines (1906), cardinal (1907), il ouvrit la voie à l'œcuménisme par les « conversations de Malines » (1921-1926) avec l'anglican lord Halifax. Durant l'occupation allemande (1914-1918), il fut le défenseur de ses concitoyens.

MERCIER (Louis Sébastien), écrivain français (Paris 1740 - *id.* 1814), auteur d'un récit d'anticipation *(l'An 2440, rêve s'il en fut jamais),* de drames populaires *(la Brouette du vinaigrier)* et d'une peinture de la société française à la fin de l'Ancien Régime *(Tableau de Paris).*

MERCKX (Eddy), coureur cycliste belge (Meensel-Kiezegem, Brabant, 1945), vainqueur notamment de cinq Tours de France (1969 à 1972 et 1974) et d'Italie (1968, 1970, 1972 à 1974), de trois championnats du monde (1967, 1971 et 1974), recordman du monde de l'heure (de 1972 à 1984).

MERCŒUR (Philippe Emmanuel **de Vaudémont,** *duc* **de**) [Nomeny, Meurthe-et-Moselle, 1558 - Nuremberg 1602], beau-frère d'Henri III, chef de la Ligue après la mort des Guises.

Mercosur (MERcado COmún del SUR), marché commun de l'Amérique du Sud. Il regroupe l'Argentine, le Brésil, le Paraguay et l'Uruguay, qui forment, à partir de 1995, une zone de libre-échange.

MERCURE, planète du système solaire la plus proche du Soleil (diamètre : 4 878 km). Sa surface (aux nombreux cratères) rappelle beaucoup celle de la Lune.

Mercure (mosaïque de photographies prises par la sonde américaine Mariner 10, en 1974, d'une distance de 200 000 km environ).

MERCURE, dieu romain du Commerce et des Voyageurs, identifié à l'*Hermès* des Grecs.

Mercure attachant sa talonnière, marbre de J.-B. Pigalle, son morceau de réception à l'Académie de peinture et de sculpture (1744, Louvre) : un jeune corps aux inflexions complexes, mais élégantes, plein d'ardeur contenue.

Mercure attachant sa talonnière (v. 1739-1744). Marbre de Jean-Baptiste Pigalle. (Louvre, Paris.)

Mercure de France, revue littéraire fondée en 1889 par A. Vallette et des écrivains favorables au symbolisme. Elle cessa de paraître en 1965. En 1894, A. Vallette fonda une maison d'édition du même nom.

MERCUREY (71640), comm. de Saône-et-Loire ; 1 505 h. Vins.

MERDRIGNAC (22230), ch.-l. de c. des Côtes-d'Armor ; 2 942 h.

MÉRÉ (Antoine **Gombaud,** *chevalier* **de**), écrivain français (en Poitou v. 1607 - Baussay, Poitou, 1685). Dans ses essais, il définit les règles de conduite que doit respecter l'« honnête homme ».

Mère (la), film soviétique de V. Poudovkine (1926), d'après le roman de M. Gorki, magistrale évocation de la prise de conscience d'un individu face à la Révolution.

Mère Courage et ses enfants, pièce de B. Brecht (1939 ; créée en 1941) : le drame d'une cantinière qui s'obstine à vivre de la guerre qui détruit sa famille et la ruine.

MEREDITH (George), écrivain britannique (Portsmouth 1828 - Box Hill 1909), auteur de romans psychologiques (*l'Épreuve de Richard Feverel,* 1859 ; *l'Égoïste,* 1879).

MEREJKOVSKI (Dmitri Sergueïevitch), écrivain russe (Saint-Pétersbourg 1866 - Paris 1941). Il publia le manifeste du symbolisme russe et tenta de concilier christianisme et paganisme (*Julien l'Apostat,* 1894).

MERELBEKE, comm. de Belgique (Flandre-Orientale) ; 20 345 h.

MÉRÉVILLE (91660), ch.-l. de c. de l'Essonne ; 2 860 h. Parc paysager du XVIIIᵉ s.

MERGENTHALER (Ottmar), inventeur américain d'origine allemande (Hachtel, Wurtemberg, 1854 - Baltimore 1899). Il conçut en 1884 le principe de la Linotype.

MÉRIBEL-LES-ALLUES (73550), station de sports d'hiver de Savoie (comm. des Allues), en Tarentaise (alt. 1 450-2 700 m).

MÉRICOURT (62680), comm. du Pas-de-Calais ; 12 386 h.

MÉRIDA, v. d'Espagne, cap. de l'Estrémadure et ch.-l. de prov., sur le Guadiana ; 49 284 h. Ensemble de ruines romaines. Musée archéologique.

MÉRIDA, v. du Mexique, cap. du Yucatán ; 557 340 h. Université. Textile.

sir Yehudi **Menuhin**

Prosper **Mérimée** (S. Rochart - musée Carnavalet, Paris)

MÉRIGNAC (33700), ch.-l. de c. de la Gironde, banlieue de Bordeaux ; 58 684 h. Aéroport. Aéronautique. Produits pharmaceutiques.

MÉRIMÉE (Prosper), écrivain français (Paris 1803 - Cannes 1870). Auteur de supercheries littéraires (*Théâtre de Clara Gazul,* 1825 ; *la Guzla,* 1827), de romans historiques (*Chronique du règne de Charles IX,* 1829), il doit sa célébrité à ses nouvelles *(Mateo Falcone, Tamango, la Vénus d'Ille, Colomba*, Carmen, la Chambre bleue).* Inspecteur des monuments historiques, il fut, sous l'Empire, un des familiers des souverains. Il traduisit alors les écrivains russes. Romantique par le choix des sujets et le goût de la couleur locale, Mérimée appartient à l'art classique par la concision de son style. (Acad. fr.)

MERINA, peuple de Madagascar.

MÉRINIDES → ***Marinides.***

Mérite *(ordre national du),* ordre français créé en 1963 pour récompenser les mérites distingués acquis dans une fonction publique ou privée. Il a remplacé les anciens ordres particuliers du Mérite ainsi que ceux de la France d'outre-mer. Les ordres du *Mérite agricole* (créé en 1883) et du *Mérite maritime* (créé en 1930) ont seuls été maintenus. — Il existe à l'étranger de nombreux ordres du Mérite. On citera notamment l'ancien ordre prussien *Pour le Mérite* (créé en 1740) et les ordres actuels du Mérite de la République fédérale d'Allemagne et de la République italienne (créés en 1951).

MERLEAU-PONTY (Maurice), philosophe français (Rochefort 1908 - Paris 1961). Il a cherché à définir la démarche psychologique qui fonde la pratique scientifique (*Phénoménologie de la perception,* 1945).

MERLEBACH, section de *Freyming-Merlebach.*

Merlin, dit **l'Enchanteur,** magicien des légendes celtiques et du cycle d'Arthur.

MERLIN (Philippe Antoine, *comte*), dit **Merlin de Douai,** homme politique français (Arleux 1754 - Paris 1838). Député aux États généraux (1789) et à la Convention (1792), directeur en 1797, il dut se retirer en juin 1799. Il s'exila de 1815 à 1830. (Acad. fr.)

MERMOZ (Jean), aviateur français (Aubenton 1901 - dans l'Atlantique sud 1936). Pilote de l'Aéropostale, il s'illustra par l'établissement de la ligne Buenos Aires-Rio de Janeiro (1928) et le franchissement de la cordillère des Andes (1929), puis réussit en 1930 la première liaison aérienne France-Amérique du Sud. Il disparut en mer au large de Dakar à bord de l'hydravion *Croix-du-Sud.*

MÉROÉ, v. du Soudan, sur le Nil, qui fut la cap. du royaume de Koush, au N. de la Nubie. Elle disparut sous la poussée du royaume éthiopien d'Aksoum au IVᵉ s. apr. J.-C. Vestiges archéologiques de grande importance.

MÉROVÉE, chef franc (Vᵉ s.). Ce personnage plus ou moins légendaire a donné son nom à la première dynastie des rois de France *(les Mérovingiens).*

MÉROVINGIENS, nom donné à la première dynastie de rois francs. Elle n'apparut dans l'histoire qu'avec Chlodion (m. v. 460), qui fut roi de Cambrai, et Childéric Iᵉʳ (m. v. 481), qui fut roi de Tournai et dont il n'est pas sûr qu'il ait été le fils de Chlodion. En fait, le fondateur de la dynastie fut Clovis Iᵉʳ (m. en 511). Le dernier Mérovingien, Childéric III, roi en 743, fut enfermé en 751 dans un monastère par Pépin le Bref, fondateur des Carolingiens.

MERSCH, ch.-l. de cant. du Luxembourg, sur l'Alzette ; 5 965 h.

MERSEBURG, v. d'Allemagne (Saxe-Anhalt), sur la Saale ; 44 367 h. Centre industriel. Cathédrale reconstruite aux XIIIᵉ et XVIᵉ s.

MERS EL-KÉBIR, auj. **El-Marsa El-Kebir,** port d'Algérie ; 23 600 h. Base navale sur le golfe d'Oran, créée par la France en 1935. Le 3 juillet 1940, une escadre française y refusa la sommation des Britanniques de se joindre à eux pour continuer la lutte contre l'Axe ou d'aller désarmer en Grande-Bretagne (ou aux Antilles). Elle fut bombardée par la Royal Navy, ce qui causa la mort de 1 300 personnes.

Les accords d'Évian (1962) concédèrent la jouissance de la base pendant quinze ans à la France, qui l'évacua en 1967.

MERSENNE (*père* Marin), savant français (près d'Oizé, Maine, 1588 - Paris 1648), ami et correspondant de Descartes et de nombreux autres savants. Il détermina les rapports des fréquences des notes de la gamme et mesura la vitesse du son (1636).

MERSEY (la), fl. de Grande-Bretagne, qui rejoint la mer d'Irlande par un estuaire, sur lequel se trouve Liverpool ; 110 km.

MERSIN, port de Turquie, sur la Méditerranée ; 422 357 h. Raffinage du pétrole.

MERS-LES-BAINS [mɛrs-] (80350), comm. de la Somme ; 3 555 h. Station balnéaire. Verrerie.

MERTERT, port du Luxembourg, sur la Moselle canalisée ; 2 923 h.

MERTHYR TYDFIL, v. de Grande-Bretagne (Galles) ; 55 000 h. Métallurgie.

MERTON (Robert King), sociologue américain (Philadelphie 1910). Sa théorie, le fonctionnalisme structuraliste, voit dans les comportements la résultante des informations et des motivations induites par la structure sociale (*Éléments de théorie et de méthode sociologiques,* 1949).

MÉRU (60110), ch.-l. de c. de l'Oise ; 11 986 h. Électronique. Plastiques. Église des XIIIe et XVIe s.

MERV → ***Mary.***

MERVILLE (59660), ch.-l. de c. du Nord ; 9 077 h.

MERYON (Charles), aquafortiste français (Paris 1821 - Charenton 1868), célèbre pour ses vues de Paris, teintées de fantastique.

MÉRY-SUR-OISE (95540), comm. du Val-d'Oise ; 6 200 h. Château des XVIe-XVIIIe s.

MÉRY-SUR-SEINE (10170), ch.-l. de c. de l'Aube ; 1 340 h. Bonneterie.

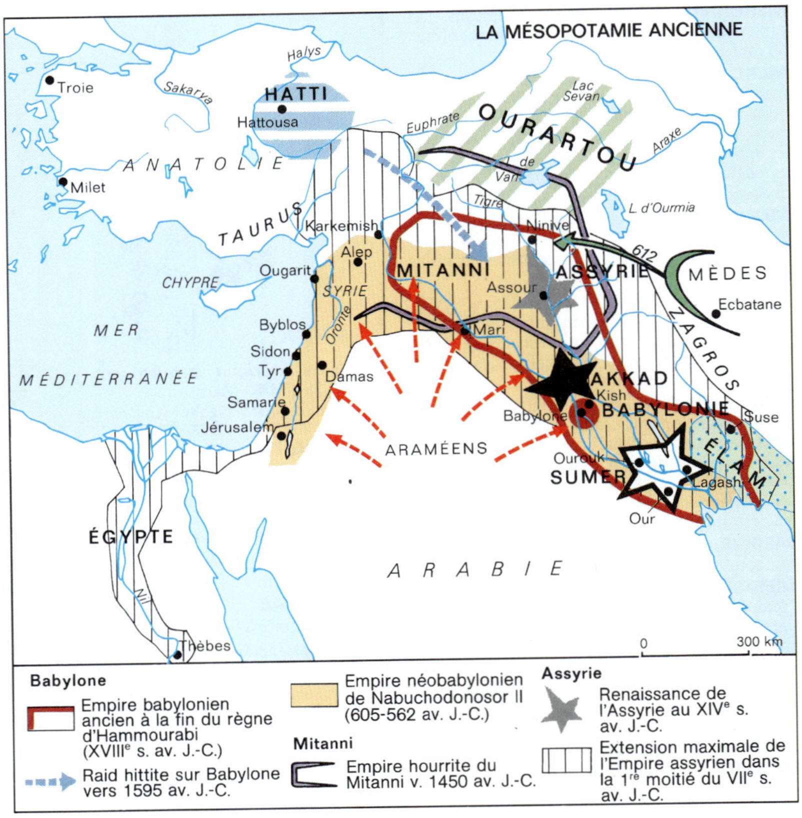

Détail de l'Étendard d'Our, mosaïque de coquille de lapis-lazuli et de calcaire rouge. Vers 2500 av. J.-C. (British Museum, Londres.) Ce panneau décoratif, improprement dit étendard, a été recueilli dans l'une des tombes royales d'Our de la période des dynasties archaïques des cités-États. D'un côté, libations et réjouissances fêtent la paix ; de l'autre, la guerre. Véritable bande dessinée qui nous décrit, au fil des registres, l'infanterie et probablement le plus ancien combat de chars, avec un attelage au pas, puis au galop.

Stèle en grès rose célébrant la victoire de Narām-Sin. Vers 2250 av. J.-C. (Louvre, Paris.) Que d'évolution depuis l'« étendard » d'Our, tant dans la manière (abandon des registres pour cette composition pyramidale pleine de fougue) que dans l'esprit : le souverain, coiffé, tel un dieu, de la tiare à cornes, domine l'ensemble et piétine l'adversaire vaincu. L'art sert le pouvoir royal et véhicule désormais l'idéologie de l'empire d'Akkad. L'inscription de droite, en cunéiforme, nous apprend que cette stèle fit partie du butin emporté à Suse, au XIIe s. av. J.-C., par le roi d'Élam.

La ziggourat d'Our ; fin du IIIe millénaire av. J.-C. Au sein d'une vaste enceinte, le temple comprenait plusieurs éléments, dont la ziggourat (tour à étages), probable évocation de la montagne primordiale et lieu d'union du ciel et de la terre. Témoignage de la renaissance néo-sumérienne, après la domination d'Akkad, cette tour a été le prototype de celles de Babylonie immortalisées par la célèbre tour de Babel de la Bible.

« Déesse au vase jaillissant. » Pierre blanche. (Musée d'Alep.) Bien que découverte dans les vestiges d'époque amorrite (première moitié du XVIIIe s. av. J.-C.) du palais de Mari, cette statue, sorte de fontaine sacrée, illustre la pérennité, depuis l'époque néo-sumérienne, du thème de l'eau bénéfique et fertilisante, présent partout, du cylindre-sceau* (v. partie langue) à la peinture murale.

l'art de la Mésopotamie

MERZ (Mario), artiste italien (Milan 1925). Un des initiateurs de l'art pauvre, il a développé, à partir de matériaux bruts, d'inscriptions au néon, etc., divers thèmes symboliques, tel celui de *l'Igloo*.

MESABI RANGE, chaîne de collines des États-Unis (Minnesota). Gisements de fer.

MESA VERDE, plateau des États-Unis (Colorado). Parc national, musée archéologique ; imposants vestiges de l'apogée (1000-1300) de la culture pueblo.

MESETA (la), socle hercynien rigide de l'Espagne centrale (Castille).

MESETA MAROCAINE, région du Maroc, à l'ouest du Moyen Atlas, où affleure en majeure partie le socle ancien.

MÉSIE, contrée balkanique de l'Europe ancienne, entre le Danube et la Macédoine.

MESLAY-DU-MAINE (53170), ch.-l. de c. de la Mayenne ; 2 509 h.

MESMER (Franz), médecin allemand (Iznang 1734 - Meersburg 1815). Fondateur de la théorie du magnétisme animal, dite *mesmérisme,* ses expériences sur le *baquet* autour duquel se groupaient ses malades le rendirent célèbre.

MESNIL-ESNARD (Le) [76240] comm. de la Seine-Maritime ; 6 365 h.

MESNIL-LE-ROI (Le) [mɛnil-] (78600), comm. des Yvelines ; 6 216 h.

MESNIL-SAINT-DENIS (Le) [78320], comm. des Yvelines ; 6 546 h.

MÉSO-AMÉRIQUE, aire culturelle occupée par les civilisations précolombiennes au nord de l'isthme de Panamá, comprenant le Mexique et le nord de l'Amérique centrale.

MÉSOPOTAMIE, région de l'Asie occidentale, entre le Tigre et l'Euphrate. La Mésopotamie fut, entre le VIe et le Ier millénaire av. J.-C., un des plus brillants foyers de civilisation.
IXe-VIIe millénaire : néolithisation avec premiers villages d'agriculteurs (Mureybat). VIe millénaire : néolithique ; villages, systèmes d'irrigation, céramique. Ve millénaire : floraison de cultures (Sāmarrā, Halaf, Obeïd) avec parfois villages fortifiés, céramique peinte et outils en cuivre. Entre 2950 et 2350 la région entre dans l'histoire : au sud, en pays de Sumer, naissance des cités-États — grandes agglomérations de type urbain — qui créent un système d'écriture, le cunéiforme, et utilisent le cylindre-sceau (Eridou, Nippour, Kish, Our, Ourouk, Girsou, et au nord Mari et Ebla). V. 2340 : hégémonie de Sargon d'Akkad puis de Narām-Sin (stèle de victoire au Louvre). Fin du IIIe millénaire : IIIe dynastie d'Our et construction de la ziggourat ; Goudéa souverain de Lagash. IIe millénaire : suprématie de Babylone (code d'Hammourabi). Ier millénaire : domination de l'Assyrie. Architecture palatiale (Nimroud, Khursabād, Ninive) décorée d'orthostates. 612 : chute de Ninive. 539 : chute de Babylone.

MESSAGER (André), compositeur et chef d'orchestre français (Montluçon 1853 - Paris 1929). Il a écrit des opérettes et des opéras-comiques de la plus séduisante facture *(les P'tites Michu, Véronique* [1898], *la Basoche, Fortunio)* et des ballets *(les Deux Pigeons).*

MESSAGIER (Jean), peintre, graveur et sculpteur français (Paris 1920). Il a fourni une contribution originale au « paysagisme abstrait ».

MESSALI HADJ (Ahmed), nationaliste algérien (Tlemcen 1898 - Paris 1974), fondateur du parti populaire algérien (1937) puis du Mouvement national algérien (1954).

MESSALINE, en lat. **Valeria Messalina** (v. 25 apr. J.-C. - 48), femme de l'empereur Claude et mère de Britannicus et d'Octavie. Ambitieuse et dissolue, elle fut tuée à l'instigation de Narcisse.

MESSEI (61440), ch-l. de c. de l'Orne ; 1 979 h. Métallurgie.

MESSÉNIE, anc. contrée du sud-ouest du Péloponnèse. Conquise par Sparte (guerres de Messénie, VIIIe-VIIe s. av. J.-C.), elle retrouva son indépendance après la bataille de Leuctres (371 av. J.-C.).

MESSERER (Assaf Mikhaïlovitch), danseur, chorégraphe et pédagogue soviétique (Vilnius 1903 - Moscou 1992). Il enseigna à l'école du Bolchoï et signa de nombreuses chorégraphies *(École de ballet, la Reine des neiges, Grand Pas classique).*

MESSERSCHMITT (Willy), ingénieur allemand (Francfort-sur-le-Main 1898 - Munich 1978). Il conçut en 1938 le premier chasseur à réaction, engagé au combat en 1944.

MESSIAEN [mesjã] (Olivier), compositeur français (Avignon 1908 - Paris 1992). Son langage musical, d'inspiration souvent mystique, s'est affirmé au contact d'une rythmique nouvelle, d'éléments exotiques et des chants d'oiseaux (*l'Ascension* [1934], pour orgue ; *Vingt Regards sur l'Enfant-Jésus* [1945], pour piano ; *Turangalîla-Symphonie* [1946-1948], *Catalogue d'oiseaux* [1956-1958] ; *Et exspecto resurrectionem mortuorum* [1965] ; *Des canyons aux étoiles* [1974]). Il renoua également avec la tradition de l'opéra avec *Saint François d'Assise* (1983).

Messie (le), oratorio de Händel (1742), contenant le célèbre *Alleluia.*

MESSIER (Charles), astronome français (Badonviller 1730 - Paris 1817). Il découvrit 16 comètes et en observa 41, mais reste surtout célèbre pour son catalogue de 103 nébulosités galactiques ou extragalactiques (1781).

MESSINE, v. d'Italie (Sicile), ch.-l. de prov., sur le *détroit de Messine,* qui, séparant l'Italie péninsulaire et la Sicile, relie les mers Tyrrhénienne et Ionienne ; 272 461 h. Cathédrale remontant à l'époque normande. Musée. — La ville tire son nom des Messéniens chassés de leur patrie en 486 av. J.-C. Elle fut occupée par les Mamertins (288 av. J.-C.). Son alliance avec Rome (264 av. J.-C.) fut à l'origine de la première guerre punique. Elle fut détruite en 1908 par un tremblement de terre.

MESSMER (Pierre), homme politique français (Vincennes 1916), Premier ministre de 1972 à 1974.

MESSNER (Reinhold), alpiniste italien (Bolzano 1944). Il a gravi les 14 sommets de plus de 8 000 m entre 1970 et 1986.

MESTGHANEM, anc. **Mostaganem,** port d'Algérie, ch.-l. de wilaya ; 102 000 h.

MEŠTROVIĆ (Ivan), sculpteur yougoslave (Vrpolje, Croatie, 1883 - South Bend, États-Unis, 1962). Les légendes et l'histoire de son pays inspirent son œuvre, d'un lyrisme puissant (musée à Split, atelier de l'artiste à Zagreb).

MÉTABIEF [-bje] (25370), comm. du Doubs, dans le Jura ; 506 h. Sports d'hiver (alt. 1 010-1 463 m).

MÉTALLIFÈRES *(monts),* nom de plusieurs massifs montagneux riches en minerais : en Toscane (1 059 m) ; en Slovaquie, au sud des Tatras (1 480 m) ; aux confins de l'Allemagne et de la Bohême (→ ***Erzgebirge***).

Métamorphose de Narcisse, titre d'un poème et d'un tableau (1937, Tate Gallery) de S. Dalí, premières œuvres obtenues « d'après l'application intégrale de la méthode paranoïaque critique ». La toile figure l'image de Narcisse transformée (« image double ») en celle d'une main tenant « un œuf, une semence, l'oignon duquel naît le nouveau Narcisse — la fleur. »

Métamorphoses (les), poème mythologique en quinze livres d'Ovide (an 1 ou 2 apr. J.-C.).

Métaphysique, ouvrage d'Aristote (IVe s. av. J.-C.) écrit après la *Physique.* Dieu y est conçu comme la cause première du mouvement des êtres de la nature.

MÉTASTASE (Pierre), nom francisé de **Pietro Trapassi,** dit **Metastasio,** poète, librettiste et compositeur italien (Rome 1698 - Vienne 1782), auteur d'oratorios, de cantates et de mélodrames avec lesquels il devint très célèbre (*Didon abandonnée,* 1724). Mozart utilisa ses textes.

MÉTAURE (le), en ital. **Metauro,** fl. d'Italie centrale, qui se jette dans l'Adriatique ; 110 km. Sur ses bords, les Romains vainquirent Hasdrubal, frère d'Hannibal (207 av. J.-C.).

METAXÁS (Ioánnis), général et homme politique grec (Ithaque 1871 - Athènes 1941). Président du Conseil en 1936, il assuma, jusqu'à sa mort, des pouvoirs dictatoriaux.

METCHNIKOV (Ilia) ou **METCHNIKOFF** (Élie), zoologiste et microbiologiste russe (Ivanovka, près de Kharkov, 1845 - Paris 1916). Sous-directeur de l'Institut Pasteur, il a découvert le phénomème de la phagocytose et écrit *l'Immunité dans les maladies infectieuses* (1901). [Prix Nobel 1908.]

MÉTEZEAU, architectes français, dont le plus connu est **Clément II** (Dreux 1581 - Paris 1652), qui dessina la place ducale de Charleville (1611) et travailla à Paris, où il semble avoir notamm. construit la façade de l'église St-Gervais (1616), avec ses trois ordres classiques superposés.

MÉTHODE *(saint)* → ***Cyrille*** et ***Méthode*** *(saints).*

METRAUX (Alfred), anthropologue français d'origine suisse (Lausanne 1902 - Paris 1963). Spécialiste des mythologies des Indiens d'Amérique du Sud.

Metropolitan Museum of Art, à New York, vaste musée consacré aux beaux-arts, à l'archéologie et aux arts décoratifs. Il a pour complément le « musée des Cloîtres ».

METSU (Gabriel), peintre néerlandais (Leyde 1629 - Amsterdam 1667). Il manifeste souvent de hautes qualités picturales dans des scènes de genre d'une vérité familière.

METSYS, METSIJS ou **MASSYS** (Quinten ou Quentin), peintre flamand (Louvain v. 1466 - Anvers 1530). Installé à Anvers, auteur de

Quinten **Metsys** : *le Prêteur et sa femme* (1514). [Louvre, Paris.]

Olivier **Messiaen**

Métamorphose de Narcisse (1937), peinture de Salvador Dalí. (Tate Gallery, Londres.)

grands retables, puis portraitiste et promoteur du sujet de genre (*le Prêteur et sa femme,* Louvre), il réalise un compromis entre l'art flamand du XVe s. et les influences italiennes. — Il eut deux fils peintres, **Jan** (Anvers 1509 - *id.* v. 1573), qui s'imprégna d'esprit maniériste en Italie (*Loth et ses filles,* musée des Beaux-Arts de Bruxelles), et **Cornelis** (Anvers 1510 - ? apr. 1562), observateur de la vie populaire et des paysages ruraux.

METTERNICH-WINNEBURG (Klemens, *prince* **von**), homme d'État autrichien (Coblence 1773 - Vienne 1859). Ambassadeur à Paris (1806-1809) puis ministre des Affaires extérieures, il négocia le mariage de Marie-Louise avec Napoléon Ier (1810). En 1813, il fit entrer l'Autriche dans la coalition contre la France. Âme du congrès de Vienne (1814-15), il restaura l'équilibre européen et la puissance autrichienne en Allemagne et en Italie. Grâce à la Quadruple-Alliance (1815) et au système des congrès européens, il put intervenir partout où l'ordre établi était menacé par le libéralisme. Chancelier depuis 1821, il fut renversé par la révolution de mars 1848.

METZ [mɛs], ch.-l. de la Région Lorraine et du dép. de la Moselle, sur la Moselle, à 329 km à l'est-nord-est de Paris ; 123 920 h. *(Messins)* [près de 200 000 h. dans l'agglomération]. Évêché. Cour d'appel. Académie (Nancy-Metz) et université. Siège de la région militaire Nord-Est. Centre industriel (industrie automobile). — Vestiges gallo-romains. Cathédrale des XIIIe-XVIe s. (vitraux) et autres églises. Place d'Armes (XVIIIe s.). Musée d'Art et d'Histoire. — Sous les Mérovingiens, Metz fut la capitale de l'Austrasie. Elle fut acquise par la France en fait en 1559 (traité du Cateau-Cambrésis), en droit en 1648 (traités de Westphalie). Bazaine y capitula en 1870. Metz fut annexée par l'Allemagne de 1871 à 1918 et de 1940 à 1944.

METZERVISSE (57940), ch.-l. de c. de la Moselle ; 1 169 h.

MEUDON (92190), ch.-l. de c. des Hauts-de-Seine, au sud-ouest de Paris, en bordure de la *forêt* (ou *bois*) *de Meudon ;* 46 173 h. *(Meudonnais).* Soufflerie aérodynamique (Chalais-Meudon). Agglomération résidentielle à *Meudon-la-Forêt* (92360). Constructions mécaniques dans le *bas Meudon.* Restes du château du XVIIIe s., abritant un observatoire d'astrophysique. Villa de Rodin (musée).

MEULAN (78250), ch.-l. de c. des Yvelines, sur la Seine ; 8 119 h. *(Meulanais).*

MEUNG (Jean **de**) → ***Jean de Meung.***

MEUNG -SUR-LOIRE [mœ̃-] (45130), ch.-l. de c. du Loiret ; 6 065 h. *(Magdunois).* Église des XIe-XIIIe s.

MEUNIER (Constantin), peintre et sculpteur belge (Etterbeek, Bruxelles, 1831 - Ixelles 1905). Il a évoqué, en réaliste, la vie des travailleurs (musée dans sa maison, à Ixelles).

MEURSAULT (21190), comm. de la Côte-d'Or ; 1 550 h. Vins blancs (côte de Beaune).

MEURTHE (la), riv. de Lorraine, affl. de la Moselle (r. dr.) ; 170 km. Née dans les Vosges, elle passe à Saint-Dié, Lunéville et Nancy.

MEURTHE *(département de la),* ancien département français, aujourd'hui partagé entre la Meurthe-et-Moselle et la Moselle, à laquelle ont été rattachés les arrondissements de Sarrebourg et de Château-Salins, cédés à l'Allemagne en 1871 et redevenus français en 1919.

MEURTHE-ET-MOSELLE (**54**), dép. de la Région Lorraine, formé en 1871 avec les deux fractions des dép. de la Meurthe et de la Moselle laissées à la France par le traité de Francfort ; ch.-l. de dép. *Nancy ;* ch.-l. d'arr. *Briey, Lunéville, Toul ;* 4 arr., 41 cant., 593 comm. ; 5 241 km² ; 711 822 h. Le dép. est rattaché à l'académie de Nancy-Metz, à la cour d'appel de Nancy et à la région militaire Nord-Est. Au sud de l'Orne, le dép. s'étend sur le Plateau lorrain, orienté vers l'élevage, la forêt de Haye et la Woëvre, boisée ou céréalière (sur les limons). Au nord, il occupe le revers des Côtes de Moselle, dont l'importance économique a été liée à la richesse du sous-sol. C'est aux mines de fer des bassins de Briey et de Longwy (celui de Nancy, au sud, est moins important) que le dép. a dû l'ampleur de son industrie, métallurgie surtout (en déclin aujourd'hui comme l'extraction du fer). Les mines de sel du sud-est fournissent la matière première aux usines chimiques, alors que se maintiennent les activités traditionnelles (brasserie à Nancy, cristallerie à Baccarat, etc.).

MEUSE (la), en néerl. **Maas,** fl. de France, de Belgique et des Pays-Bas ; 950 km. Née dans le Bassigny, elle passe à Verdun, à Sedan et à Charleville-Mézières, traverse l'Ardenne au fond d'une vallée encaissée. En Belgique, elle passe à Namur et à Liège. Son cours inférieur, à travers les Pays-Bas, s'achève par un delta dont les branches se mêlent à celui du Rhin. C'est une importante voie navigable, accessible jusqu'à Givet (en amont) aux chalands de 1 350 t.

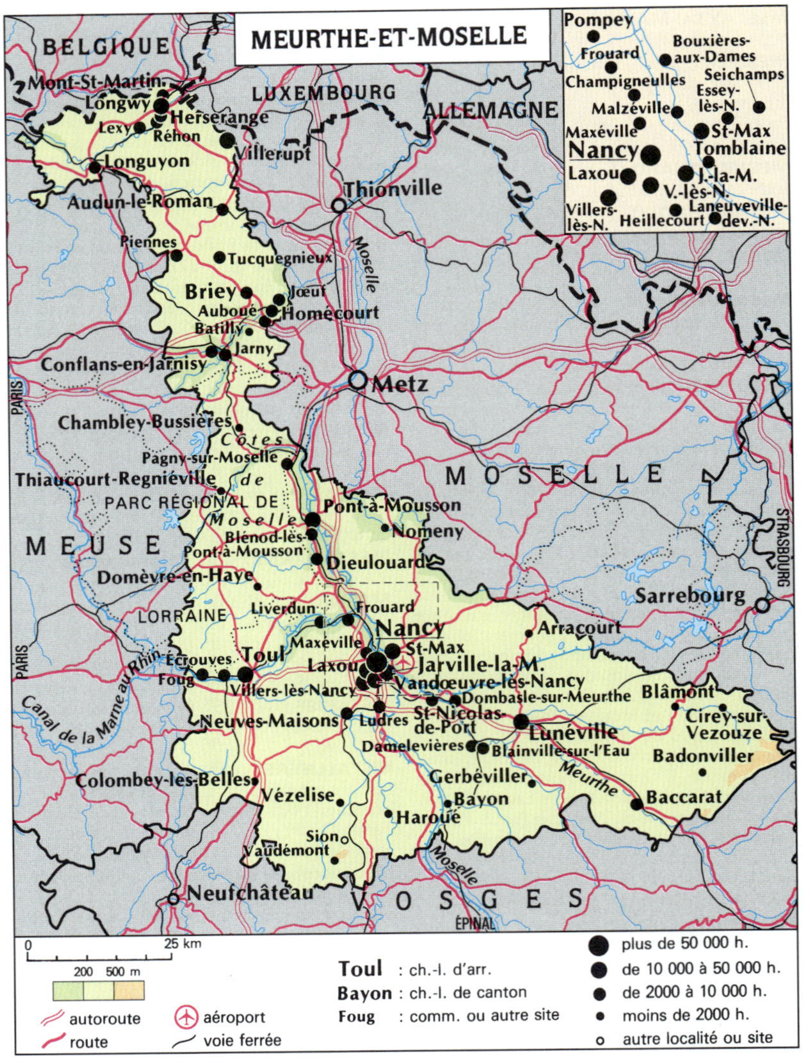

Metternich-Winneburg
(Th. Lawrence - Chancellerie, Vienne)

Metz : la porte des Allemands (XIIIe-XVe s.).

Mexico : la cathédrale (XVIe-XVIIIe s.), sur la place du Zócalo (centre historique de la ville coloniale).

MEUSE (55), dép. de la Région Lorraine ; ch.-l. de dép. *Bar-le-Duc ;* ch.-l. d'arr. *Commercy, Verdun ;* 3 arr., 31 cant., 499 comm. ; 6 216 km² ; 196 344 h. *(Meusiens).* Le dép. est rattaché à l'académie de Nancy-Metz, à la cour d'appel de Nancy et à la région militaire Nord-Est. La vallée de la Meuse, région d'élevage bovin, est jalonnée de petites villes (Vaucouleurs, Commercy, Saint-Mihiel, Verdun). Elle entaille le plateau des Côtes (ou Hauts) de Meuse, dévasté par la Première Guerre mondiale et partiellement en friche, qui domine la dépression marneuse de la Woëvre, boisée (portant des céréales sur les revêtements limoneux). L'élevage constitue la principale ressource des hauteurs de l'Argonne (souvent forestière) et du plateau du Barrois (où les céréales ont reculé). La petite métallurgie, les branches alimentaires (fromageries) demeurent les secteurs dominants d'une industrie dont la faiblesse explique la persistance du dépeuplement.

MEXICALI, v. du Mexique, à la frontière des États-Unis ; 602 391 h.

MEXICO, cap. du Mexique, dans le district fédéral, à 2 250 m d'alt., sur le plateau de l'Anáhuac ; 8 236 960 h. (13 636 127 h. avec les banlieues). Archevêché. Université. Grand centre commercial et touristique. — Fondée sous le nom de Tenochtitlán en 1325 (ou 1345) par les Aztèques, détruite par Cortés en 1521 puis reconstruite selon un plan en damier, la ville est la capitale du Mexique depuis 1824. — Vestiges de l'anc. cité aztèque. Cathédrale des XVIe-XVIIIe s. et nombreux autres monuments de la période coloniale (riches décors baroques). Musées, dont le moderne musée national d'Anthropologie (remarquables collections précolombiennes et indiennes).

MEXIMIEUX (01800), ch.-l. de c. de l'Ain ; 6 255 h.

MEXIQUE, en esp. **México,** État d'Amérique, limitrophe des États-Unis ; 1 970 000 km² ; 90 millions d'h. *(Mexicains).* CAP. *Mexico.* LANGUE : *espagnol.* MONNAIE : *peso mexicain.*

INSTITUTIONS

République fédérale (31 États et un district fédéral). Constitution de 1917. Président de la République, élu pour 6 ans. *Congrès : Chambre des députés* élue pour 3 ans et *Sénat* élu pour 6 ans.

GÉOGRAPHIE

Le Mexique se situe au 2e rang en Amérique latine pour la population (qui s'accroît annuellement à un rythme proche de 3 %), au 3e pour la superficie (plus du triple de celle de la France). Coupé par le tropique, c'est un pays de hautes terres, où l'altitude modère les températures sur les plateaux du centre, qui concentrent la majeure partie d'une population fortement métissée. Le Nord est aride, semi-désertique, alors que le Sud a un climat tropical humide, domaine parfois de la forêt. Le volcanisme est localement présent et les séismes sont fréquents.

Le pétrole, dont le pays est l'un des grands producteurs mondiaux, est devenu la principale richesse, loin devant les autres ressources du sous-sol (argent, cuivre, fer, etc.) et les plantations (agrumes, canne à sucre, caféiers, cotonniers). Le maïs et l'élevage bovin sont destinés au marché intérieur. L'exode rural et la forte natalité expliquent la rapidité de l'urbanisation (les deux tiers des Mexicains sont des citadins, une cinquantaine de villes dépassent 100 000 h. et Mexico est l'une des plus grandes agglomérations du monde) et la persistance de l'émigration (souvent clandestine) vers les États-Unis. Celle-ci n'empêche pas le sous-emploi, alors que la baisse des revenus pétroliers a entraîné la dégradation de la balance des paiements (malgré l'essor du tourisme) et un endettement extérieur préoccupant.

HISTOIRE

Le Mexique précolombien. V. 10000 av. J.-C. : chasseurs-collecteurs. 5200 et 3400 : Tehuacán, première utilisation du maïs. 2000-1000 av. J.-C. : période préclassique. Villages d'agriculteurs ; origines de la civilisation maya. 1500-300 av. J.-C. : civilisation des Olmèques. 250 apr. J.-C.-950 : période classique. Civilisations de Teotihuacán, El Tajín, des Zapotèques avec pour capitale Monte Albán, puis Mitla. Épanouissement des Mayas. 950-1500 : période postclassique. Incursions des Chichimèques. Hégémonie des Toltèques avec Tula. 1168 : Tula est détruite par des Chichimèques. XIIIe s. : suprématie des Mixtèques. Épanouissement des Totonaques et de Cempoala, ainsi que des Huaxtèques. Renaissance maya. Dernière vague d'envahisseurs chichimèques dont sont issus les Aztèques qui ont fondé (1325 ou 1345) Tenochtitlán, auj. Mexico.

La conquête et la période coloniale. 1519-1521 : Cortés détruit l'Empire aztèque et devient gouverneur de la Nouvelle-Espagne (1522). Les Indiens sont décimés par les épidémies et le travail forcé. La domination espagnole s'accompagne d'une conversion massive au catholicisme. XVIIe-XVIIIe s. : le Mexique s'enrichit par l'exploitation des mines d'argent, tandis que l'agriculture et l'élevage se développent.

L'indépendance et le XIXe s. 1810-1815 : conduites par les prêtres Hidalgo et Morelos, les classes pauvres se soulèvent contre les Espagnols et les créoles. 1821 : l'indépendance du Mexique est proclamée. Agustín de Iturbide devient empereur (1822). 1823 : après l'abdication de ce dernier, le général Santa Anna instaure la république (Constitution de 1824). 1824-1855 : véritable maître du pays, il arbitre la lutte entre conservateurs centralistes et libéraux fédéralistes. 1836 : le Texas fait sécession et devient une république indépendante. 1846-1848 : après la guerre avec les États-Unis, le Mexique perd la Californie, le Nouveau-Mexique et l'Arizona. 1858-1861 : la Constitution de 1857 entraîne une guerre entre conservateurs et libéraux. 1861 : le libéral Benito Juárez devient président de la République. 1862-1867 : la France intervient au Mexique et crée un empire catholique au profit de Maximilien d'Autriche (1864). Abandonné par les troupes françaises, celui-ci est fusillé sur l'ordre de Juárez. 1867 : la république est restaurée. Le pays entre dans une période d'instabilité politique constante. 1876 : le général Porfirio Díaz s'empare du pouvoir et gouverne autoritairement jusqu'en 1911 (porfiriat). Il pacifie le pays et modernise l'économie en faisant appel aux capitaux étrangers.

La révolution mexicaine et le XXe s. 1911 : Díaz est renversé par Francisco Madero, assassiné en 1913. 1913-14 : la tentative contre-révolutionnaire du général Victoriano Huerta provoque l'intervention militaire des États-Unis. 1914-1917 : la guerre civile déchire le pays. Les constitutionnalistes, conduits par Venustiano Carranza et Alvaro Obregón, l'emportent sur Pancho Villa (1915), tandis qu'au sud s'étend la révolution agraire d'Emiliano Zapata. 1917 : Carranza impose une Constitution socialisante et centralisatrice. 1920 : il est assassiné par Obregón, qui lui succède à la

présidence. 1924-1928 : le général Plutarco Elias Calles développe une politique anticléricale, qui provoque le soulèvement des « cristeros » (1926-1929). 1934-1940 : le président Lázaro Cárdenas étend la réforme agraire et nationalise la production pétrolière (1938). 1940-1946 : son successeur, Ávila Camacho, engage le Mexique dans l'industrialisation. 1946-1952 : son œuvre est poursuivie par Miguel Alemán. 1952-1958 : le président Ruiz Cortines doit faire face à une intense agitation ouvrière. 1958-1964 : López Mateos multiplie les nationalisations. 1964-1970 : sous la présidence de Díaz Ordaz, le pays entre dans la crise politique et économique. 1970-1976 : Luis Echeverría choisit une ligne politique démocratique. 1976-1982 : José López Portillo lui succède. La découverte d'immenses réserves pétrolières permet une brève relance. 1982 : Miguel De la Madrid est élu président de la République. 1988 : Carlos Salinas de Gortari poursuit la politique de modernisation entreprise par son prédécesseur. 1994 : tandis que la zone de libre-échange, créée avec les États-Unis et le Canada en 1992, est instaurée, une révolte des paysans indiens éclate dans l'État de Chiapas. Ernesto Zedillo est élu à la présidence de la République. Dès son entrée en fonctions, il doit faire face à une grave crise financière.

CULTURE ET CIVILISATION

☐ BEAUX-ARTS

Période précolombienne → HISTOIRE.

Principales villes d'intérêt artistique : Guadalajara, Mexico, Morelia, Oaxaca, Puebla, Queretaro, San Luis Potosí, Taxco.

Quelques peintres du XXe s. : les muralistes Orozco, Rivera, Siqueiros ; Tamayo.

☐ LITTÉRATURE

Période contemporaine : Mariano Azuela, Martín Luis Guzmán, Alfonso Reyes, Octavio Paz, Carlos Fuentes.

Mexique *(campagne du)* [1862-1867], intervention militaire décidée par Napoléon III, avec l'appui initial de la Grande-Bretagne et de l'Espagne, pour obliger le Mexique à reprendre le paiement de sa dette extérieure et pour créer un empire équilibrant la puissance croissante des États-Unis, déchirés alors par la guerre de Sécession. Après le désintéressement de ses alliés, la France mena seule une coûteuse campagne (combats de Camerone, Puebla) et fit proclamer, en 1864, l'archiduc Maximilien d'Autriche empereur du Mexique. Mais la guérilla mexicaine, soutenue par les États-Unis, et la lassitude de l'opinion française contraignirent Napoléon III à abandonner Maximilien, qui fut fusillé à Querétaro le 19 juin 1867.

MEXIQUE *(golfe du)*, golfe à l'extrémité occidentale de l'océan Atlantique, entre les États-Unis, le Mexique et Cuba. Hydrocarbures.

MEYER (Conrad Ferdinand), écrivain suisse d'expression allemande (Zurich 1825 - Kilchberg 1898), auteur de poèmes et de romans *(Jürg Jenatsch).*

MEYER (Viktor), chimiste allemand (Berlin 1848 - Heidelberg 1897). Ses recherches concernent les densités des vapeurs et la chimie organique.

MEYERBEER (Jakob **Beer**, dit **Giacomo**), compositeur allemand (Berlin 1791 - Paris 1864). Il vécut à Paris et se consacra au grand opéra historique. Il est l'auteur de *Robert le Diable* (1831), *les Huguenots* (1836), *le Prophète* (1849), *l'Africaine* (1865), etc.

MEYERHOF (Otto), physiologiste allemand (Hanovre 1884 - Philadelphie 1951), prix Nobel en 1922 pour ses recherches sur les muscles.

MEYERHOLD (Vsevolod Emilievitch), metteur en scène soviétique (Penza 1874 - Moscou 1940). Il débuta avec Stanislavski, puis fut metteur en scène des théâtres impériaux, avant de devenir le premier animateur du théâtre révolutionnaire, affirmant son constructivisme et sa conception « biomécanique » de la vie scénique.

MEYERSON (Émile), philosophe français d'origine polonaise (Lublin 1859 - Paris 1933). Antipositiviste, il met la causalité, conçue sur la base de l'identité, au centre de l'analyse scientifique (*Identité et Réalité,* 1908).

MEYLAN (38240), ch.-l. de c. de l'Isère ; 17 938 h.

MEYMAC (19250), ch.-l. de c. de la Corrèze ; 3 029 h. École forestière. Église du XIIe s. Centre d'art contemporain.

MEYRIN, comm. de Suisse (canton de Genève) ; 19 519 h. Siège du Cern.

MEYRUEIS [mɛrɥɛjs] (48150), ch.-l. de c. de la Lozère ; 1 039 h.

MEYSSAC (19500), ch.-l. de c. de la Corrèze ; 1 241 h.

MEYTHET (74000), comm. de la Haute-Savoie ; 7 640 h.

MEYZIEU (69330), ch.-l. de c. du Rhône ; 28 212 h. Matières plastiques.

MÈZE (34140), ch.-l. de c. de l'Hérault, sur l'étang de Thau ; 6 541 h.

MÉZENC [mezɛ̃k] *(mont),* massif volcanique, aux confins du Velay et du Vivarais ; 1 753 m.

MEZERAY (François **Eudes de**), historien français (Ri, près d'Argenton, 1610 - Paris 1683), auteur d'une *Histoire de la France* (1643-1651) qui connut un très grand succès. (Acad. fr.)

MÉZIDON-CANON (14270), ch.-l. de c. du Calvados ; 4 641 h. Gare de triage.

MÉZIÈRES, anc. ch.-l. du dép. des Ardennes, partie, depuis 1966, de la comm. de *Charleville-Mézières.*

MÉZIÈRES-EN-BRENNE (36290), ch.-l. de c. de l'Indre ; 1 212 h. Église du XIVe s. (chapelle du XVIe).

MÉZIN (47170), ch.-l. de c. de Lot-et-Garonne ; 1 489 h.

MEZZOGIORNO (le), ensemble des régions méridionales de l'Italie péninsulaire et insulaire (sud du Latium, Abruzzes, Molise, Campanie, Pouille, Basilicate, Calabre, Sicile, Sardaigne), caractérisé par un relatif sous-développement.

MIAJA MENANT (José), général espagnol (Oviedo 1878 - Mexico 1958). Commandant en chef des forces républicaines pendant la guerre civile (1936-1939), il dirigea la défense de Madrid.

MIAMI, v. des États-Unis (Floride) ; 358 548 h. (1 937 094 h. dans l'agglomération). Grande station balnéaire. Aéroport.

MIAO ou **MÉO,** peuple de Chine, de Thaïlande, du Laos du Nord et du Viêt Nam, et parlant une langue du groupe sino-tibétain.

MIASS, v. de Russie, sur le *Miass,* dans le sud de l'Oural ; 160 000 h. Métallurgie.

MICHALS (Duane), photographe américain (Mac Keesport, Pennsylvanie, 1932). Reflets, transparences, superpositions, textes, dessins, rehauts peints, « séquences » engendrent son univers onirique (*Vrais Rêves,* 1977).

MICHAUX (Henri), poète et peintre français d'origine belge (Namur 1899 - Paris 1984). Son œuvre picturale et poétique est un témoignage sur ses voyages réels ou imaginaires, ses rêves ou ses hallucinations *(Plume, Un barbare en Asie, l'Espace du dedans, Connaissance par les gouffres, Poteaux d'angle).*

MICHAUX (Pierre), mécanicien français (Bar-le-Duc 1813 - Bicêtre 1883). Il conçut le principe du pédalier de la bicyclette, idée qui fut réalisée en 1861 par son fils **Ernest** (1842-1882).

MICHÉE, prophète biblique, contemporain d'Isaïe. Il exerça son ministère entre 740 et 687 av. J.-C.

SAINT

MICHEL *(saint),* le plus grand des anges dans les traditions juive et chrétienne. Protecteur d'Israël dans la Bible, il devint le protecteur de l'Église et on le représente soit en guerrier combattant le dragon, soit en peseur des âmes.

EMPIRE BYZANTIN

MICHEL Ier Rangabé (m. apr. 840), empereur byzantin (811-813). Favorable au culte des images, il provoqua l'opposition du parti iconoclaste. Vaincu par les Bulgares, il fut déposé. — **Michel II le Bègue** (Amorion ? - 829), empereur byzantin (820-829), fondateur de la dynastie d'Amorion. — **Michel III l'Ivrogne** (838-867), empereur byzantin (842-867). Il obtint la conversion des Bulgares. Son règne fut marqué par le schisme avec Rome (concile de Constantinople, 869-870). — **Michel IV le Paphlagonien** (m. à Constantinople en 1041), empereur byzantin (1034-1041). — **Michel V le Calfat,** empereur byzantin (1041-42). — **Michel VI Stratiôtikos** (m. en 1059), empereur byzantin de 1056 à 1057. — **Michel VII Doukas,** empereur byzantin (1071-1078). Il dut faire face aux attaques des Normands. — **Michel VIII Paléologue** (1224-1282), empereur byzantin à Nicée (1258-1261), puis à Constantinople (1261-1282). Il détruisit l'Empire latin de Constantinople (1261) et provoqua les Vêpres siciliennes (1282). — **Michel IX Paléologue** (1277-1320), empereur byzantin (1295-1320), fils aîné et associé d'Andronic II.

PORTUGAL

MICHEL ou **DOM MIGUEL** (Queluz 1802 - Brombach, Allemagne, 1866), roi de Portugal (1828-1834), il fut contraint de s'exiler après deux ans de guerre civile.

ROUMANIE

MICHEL Ier (Sinaia 1921), roi de Roumanie (1927-1930 et 1940-1947).

RUSSIE

MICHEL Fedorovitch (Moscou 1596 - *id.* 1645), tsar de Russie (1613-1645), fondateur de la dynastie des Romanov, élu en 1613 par le *zemski sobor.*

SERBIE

MICHEL OBRENOVIĆ → ***Obrenović.***

VALACHIE

MICHEL le Brave (1557-1601), prince de Valachie (1593-1601). Il défit les Turcs (1595) et réunit sous son autorité la Moldavie et la Transylvanie (1599-1600).

MICHEL (Louise), anarchiste française (Vroncourt-la-Côte, Haute-Marne, 1830 - Marseille 1905). Institutrice, affiliée à l'Internationale, elle prit part à la Commune (1871) et fut déportée en Nouvelle-Calédonie (1873-1880).

MICHEL-ANGE (Michelangelo **Buonarroti,** dit en fr.), sculpteur, peintre, architecte et poète italien (Caprese, près d'Arezzo, 1475 - Rome 1564). Nul n'a égalé l'originalité, la puissance de ses conceptions, et ses œuvres frappent par leur diversité autant que par leur caractère grandiose. On lui doit notamment plusieurs *Pietà,* le *David**, les tombeaux de Laurent II et Julien de Médicis dans la nouvelle sacristie qu'il édifia pour San Lorenzo à Florence (v. 1520-1533), les diverses statues destinées au tombeau de Jules II (pathétiques *Esclaves* du Louvre [1513-1515], *Moïse* [1516, église S. Pietro in Vincoli à Rome], *la Victoire* à l'étonnante torsion [Palazzo Vecchio de Florence]), les fresques de la chapelle Sixtine*, la partie sous coupole de la basilique St-Pierre de Rome (à partir de 1547) et d'autres travaux d'architecture dans la ville papale, dont l'ordonnance de la place du Capitole. Ses lettres et ses poèmes témoignent de sa spiritualité tourmentée.

Michel-Ange : détail de la *Pietà de Palestrina* (1553-1555). [Accademia, Florence.]

MICHELET (Jules), historien français (Paris 1798 - Hyères 1874). Chef de la section historique aux Archives nationales (1831), professeur au Collège de France (1838), il fait de son enseignement une tribune pour ses idées libérales et anticléricales. Parallèlement, il amorce sa monumentale *Histoire de France* (1833-1846, dont il reprendra la publication de 1855 à 1867) et son *Histoire de la Révolution française* (1847-1853). Suspendu en janvier 1848, privé de sa chaire et de son poste aux Archives après le coup d'État du 2 décembre, il complète son œuvre historique tout en multipliant les ouvrages consacrés aux mystères de la nature et à l'âme humaine (*l'Insecte,* 1857 ; *la Sorcière,* 1862).

Michelin, société française dont les origines remontent à 1863 et qui aborda dès 1894 la production de pneumatiques pour les automobiles. Second producteur mondial (après l'Américain Goodyear), elle est présente dans de nombreux pays.

MICHELIN (les frères), industriels français. **André** (Paris 1853 - *id.* 1931) et **Édouard** (Clermont-Ferrand 1859 - Orcines, Puy-de-Dôme, 1940) ont lié leur nom à l'application du pneumatique aux cycles et à l'automobile. Édouard inventa en 1891 le pneumatique démontable pour les bicyclettes, adapté en 1894 aux automobiles. André créa en 1900 le *Guide Michelin,* puis les cartes routières Michelin.

MICHELOZZO, sculpteur, ornemaniste et architecte italien (Florence 1396 - *id.* 1472). Son œuvre la plus connue est le palais Médicis à Florence (1444). Grand bâtisseur, il s'est inspiré de Brunelleschi et a élaboré une syntaxe décorative d'une grande élégance.

MICHELSON (Albert), physicien américain (Strelno, auj. Strzelno, Pologne, 1852 - Pasadena 1931), auteur, avec E. W. Morley, d'expériences sur la vitesse de la lumière, qui jouèrent un rôle important dans l'élaboration de la théorie de la relativité. (Prix Nobel 1907.)

Henri **Michaux**

Jules **Michelet** (Th. Couture - musée Renan, Paris)

MICHIGAN, un des cinq Grands Lacs de l'Amérique du Nord ; 58 300 km².

MICHIGAN, un des États unis d'Amérique (Centre-Nord-Est) ; 150 780 km² ; 9 295 297 h. Cap. *Lansing.* V. pr. *Detroit.*

MICIPSA (m. en 118 av. J.-C.), roi de Numidie (148-118 av. J.-C.), fils de Masinissa et oncle de Jugurtha, qu'il adopta.

Mickey Mouse, personnage de dessin animé, créé par Walt Disney en 1928, figurant un souriceau anthropomorphe, espiègle et rusé.

MICKIEWICZ (Adam), poète polonais (Zaosie, auj. Novogroudok, 1798 - Constantinople 1855). Représentant le plus prestigieux du romantisme polonais *(Ode à la jeunesse, Pan Tadeusz)* et de la lutte pour l'indépendance nationale *(Konrad Wallenrod).*

MICOQUE (la), abri-sous-roche situé sur la commune des Eyzies-de-Tayac-Sireuil (Dordogne), éponyme du faciès *micoquien* (paléolithique moyen).

MICRONÉSIE, ensemble d'îles du Pacifique, de superficie très réduite, entre l'Indonésie et les Philippines à l'ouest, la Mélanésie au sud et la Polynésie à l'est (à laquelle on le rattache parfois). La Micronésie comprend notamment les Mariannes, les Carolines, les Marshall, Kiribati.

MICRONÉSIE *(États fédérés de),* archipel et État de Micronésie, regroupant les îles Truk, Yap, Kosrae et Ponape ; 707 km² ; 80 000 h. CAP. *Palikir* (Ponape). LANGUE : *anglais.* MONNAIE : *dollar.* Placé par l'O.N.U. sous tutelle américaine en 1947, l'archipel devient en 1986 un État librement associé aux États-Unis. En 1991, il est admis au sein de l'O.N.U. (V. carte ***Océanie.***)

MIDAS, roi de Phrygie (738-696 ou 675 av. J.-C.). Son royaume fut détruit par les Cimmériens. La légende veut qu'il ait reçu de Dionysos le pouvoir de changer en or tout ce qu'il touchait. D'autre part, choisi comme juge dans un concours musical entre Marsyas et Apollon, il aurait préféré la flûte du Silène à la lyre du dieu. Apollon, irrité, lui fit pousser des oreilles d'âne.

MIDDELBURG, v. des Pays-Bas, ch.-l. de la Zélande ; 39 617 h. Hôtel de ville gothique des XVe-XVIe s.

MIDDELKERKE, comm. de Belgique (Flandre-Occidentale) ; 15 346 h.

MIDDLESBROUGH, port de Grande-Bretagne, sur l'estuaire de la Tees ; 141 100 h. Métallurgie.

MIDDLETON (Thomas), écrivain anglais (Londres v. 1570 - Newington Butts 1627), auteur de comédies et de drames réalistes.

MIDDLE WEST → ***Midwest.***

MIDI *(aiguille du),* sommet du massif du Mont-Blanc ; 3 842 m. Téléphérique.

Midi *(canal du),* canal de navigation reliant par la Garonne (et le canal latéral à la Garonne) l'Atlantique à la Méditerranée. Il commence à Toulouse et aboutit, après Agde, à l'étang de Thau ; 241 km. Le canal du Midi fut creusé par Paul Riquet de 1666 à 1681.

MIDI *(dents du),* massif des Alpes suisses, dans le Valais ; 3 257 m.

MIDI *(pic du),* nom de deux sommets des Pyrénées : le *pic du Midi de Bigorre* (Hautes-Pyrénées) [2 865 m], où se trouve un observatoire, et le *pic du Midi d'Ossau* (Pyrénées-Atlantiques) [2 884 m].

Midi libre (le), quotidien régional français créé à Montpellier en 1944.

MIDI-PYRÉNÉES, Région administrative groupant les dép. suivants : Ariège, Aveyron, Haute-Garonne, Gers, Lot, Hautes-Pyrénées, Tarn, Tarn-et-Garonne ; 45 348 km² ; 2 430 663 h. ; ch.-l. *Toulouse.* *(V. carte p. 1520.)*

MIDLANDS, région du centre de l'Angleterre. V. pr. *Birmingham.*

MIDOU (le), riv. de l'Aquitaine ; 105 km. À Mont-de-Marsan, il se réunit à la Douze pour former la *Midouze,* affl. de l'Adour ; 43 km.

Midway *(bataille de)* [3-5 juin 1942], victoire aéronavale américaine sur les Japonais au large de l'archipel des Midway, au N.-O. des îles Hawaii.

MIDWEST ou **MIDDLE WEST,** vaste région des États-Unis, entre les Appalaches et les Rocheuses.

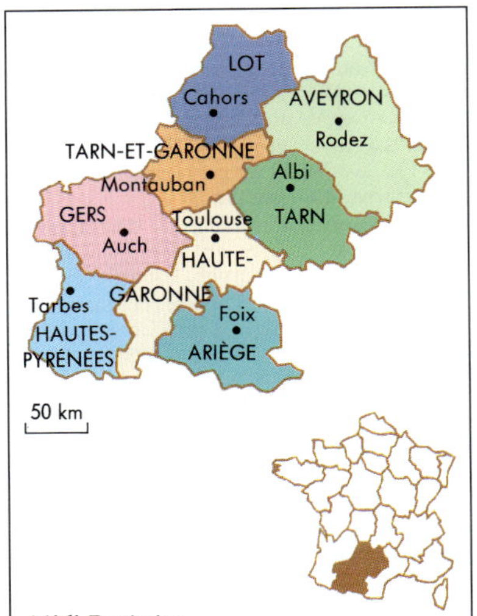

Midi-Pyrénées

MIÉLAN (32170), ch.-l. de c. du Gers ; 1 335 h.

MIERES, v. d'Espagne (Asturies) ; 53 482 h. Métallurgie.

MIEROSŁAWSKI (Ludwik), général polonais (Nemours 1814 - Paris 1878). Il commanda les insurgés polonais en 1848 et en 1863. Battu, il se retira en France.

MIESCHER (Johannes Friedrich), biochimiste et nutritionniste suisse (Bâle 1844 - Davos 1895). Il a isolé l'acide nucléique des noyaux des cellules et rationalisé l'alimentation des collectivités humaines. Il a réuni à Bâle le premier Congrès international de physiologie (1889).

MIES VAN DER ROHE (Ludwig), architecte allemand naturalisé américain (Aix-la-Chapelle 1886 - Chicago 1969). Élève notamm. de Behrens, rationaliste, il est l'un des pères du « style international ». Directeur du Bauhaus de Dessau (1930-1933), il émigra aux États-Unis, où il édifia, en particulier à Chicago, des immeubles caractérisés par de grands pans de verre sur ossature d'acier. Son influence sur l'architecture moderne n'a eu d'égale que celle de Wright et de Le Corbusier.

MIESZKO Ier (m. en 992), duc de Pologne (v. 960-992). Par son baptême (966), il fit entrer la Pologne dans la chrétienté romaine. Il donna à son État les frontières que la Pologne a approximativement retrouvées en 1945.

MI FU ou **MI FOU,** calligraphe, peintre et collectionneur chinois (1051-1107). Sa calligraphie héritée des Tang et son art subjectif et dépouillé du paysage ont été le ferment de la peinture dite « de lettrés ».

MIGENNES (89400), ch.-l. de c. de l'Yonne ; 8 338 h. Nœud ferroviaire, dit « de *Laroche-Migennes* ».

MIGNARD (Nicolas), dit **Mignard d'Avignon,** peintre français (Troyes 1606 - Paris 1668). Il travailla surtout à Avignon, mais fut appelé, après 1660, à décorer un appartement du roi aux Tuileries. — Son frère **Pierre,** dit **le Romain** (Troyes 1612 - Paris 1695), travailla plus de 20 ans à Rome, puis s'installa à Paris. Il fut chargé de peindre la coupole du Val-de-Grâce (1663), devint le portraitiste attitré de la noblesse et succéda à Le Brun dans toutes ses charges (1690).

MIGNE (Jacques Paul), ecclésiastique et publiciste français (Saint-Flour 1800 - Paris 1875), éditeur et imprimeur de la *Bibliothèque universelle du clergé,* encyclopédie théologique qui comporte notamm. la *Patrologie latine* (218 vol., 1844-1855) et la *Patrologie grecque* (166 vol., 1857-1866).

MIGNET (Auguste), historien français (Aix-en-Provence 1796 - Paris 1884), auteur d'une *Histoire de la Révolution française* (1824). [Acad. fr.]

MIHAILOVIĆ (Draža), officier serbe (Ivanjica 1893 - Belgrade 1946). Il lutta contre les Allemands après la défaite de 1941 en organisant le mouvement de résistance serbe des tchetniks et s'opposa aussi aux partisans de Tito. Accusé de trahison, il fut fusillé.

MIHALOVICI (Marcel), compositeur roumain naturalisé français (Bucarest 1898 - Paris 1985). Élève de V. d'Indy, membre de l'école de Paris, il est l'auteur de l'opéra *Phèdre* (1949).

MIJOUX, comm. de l'Ain, dans le Jura ; 260 h. Station de sports d'hiver *(Mijoux-la-Faucille)* [alt. 1 000-1 650 m].

MIKHALKOV (Nikita), cinéaste et acteur russe (Moscou 1945). Son talent s'affirme dans des films d'inspiration intimiste ou des adaptations d'œuvres littéraires : *l'Esclave de l'amour* (1975), *Partition inachevée pour piano mécanique* (1976), *Cinq Soirées* (1978), *les Yeux noirs* (1987), *Urga* (1991), *Soleil trompeur* (1994).

MILAN, en ital. **Milano,** v. d'Italie, cap. de la Lombardie, anc. cap. du Milanais ; 1 371 008 h. *(Milanais)* [près de 4 millions dans l'agglomération]. Métropole économique de l'Italie, grand centre industriel, commercial, intellectuel (université, édition) et religieux (archevêché). — Cathédrale gothique (le *Duomo*) entreprise à la fin du XIVe s. Églises d'origine paléochrétienne (S. Ambrogio) ou médiévale. Ensemble de S. Maria delle Grazie, en partie de Bramante (*Cène* de Léonard de Vinci). Castello Sforzesco (1450 ; musée). Théâtre de la Scala (XVIIIe s.). Bibliothèque Ambrosienne. Riche pinacothèque de Brera et autres musées. — Fondée v. 400 av. J.-C. par les Gaulois Insubres, romaine dès 222 av. J.-C., Milan fut, au Bas-Empire, capitale du diocèse d'Italie et métropole religieuse. Ravagée par les Barbares et par les luttes du Sacerdoce et de l'Empire, elle devint indépendante en 1183. Aux XIVe-XVe s., elle connut une grande prospérité sous les Visconti et les Sforza. L'occupation espagnole provoqua ensuite son déclin. Capitale du royaume d'Italie (1805-1814) puis du royaume lombard-vénitien (1815), elle entra en 1861 dans le royaume d'Italie.

MILANAIS (le), région du nord de l'Italie, autour de Milan, qui fut sa capitale.

MILAN OBRENOVIĆ → ***Obrenović.***

MILET, cité ionienne de l'Asie Mineure, qui fut, à partir du VIIIe s. av. J.-C., une grande métropole colonisatrice, un important centre de commerce et un foyer de culture grecque (école philosophique). La ville était l'une des réussites de l'urbanisme hellénistique. Imposants vestiges, dont certains (porte de l'agora sud) conservés au musée de Berlin.

MILFORD HAVEN, port de Grande-Bretagne (pays de Galles) ; 14 000 h. Importation et raffinage du pétrole. Pétrochimie.

MILHAUD (Darius), compositeur français (Marseille 1892 - Genève 1974). Membre du groupe des Six, il en illustre l'esthétique avec *le Bœuf sur le toit* (1920). Son œuvre aborde tous les genres : opéras (*Christophe Colomb,* 1930), cantates, ballets (*la Création du monde,* 1923), symphonies, musique de chambre et le célèbre *Scaramouche* pour deux pianos (1937).

Milice (la), formation paramilitaire créée par le gouvernement de Vichy en janv. 1943 et qui collabora avec les Allemands aux diverses opérations de répression et de lutte contre la Résistance.

MILIEU *(empire du),* nom donné jadis à la Chine (considérée comme le centre du monde).

MILIOUKOV (Pavel Nikolaïevitch), historien et homme politique russe (Moscou 1859 - Aix-les-Bains 1943). L'un des principaux leaders du parti constitutionnel-démocrate, il fut ministre des Affaires étrangères (mars-mai 1917) du gouvernement provisoire.

Military Cross, Military Medal, décorations militaires britanniques créées en 1914.

MILL (James), philosophe et économiste britannique (Northwater Bridge, Écosse, 1773 - Londres 1836), continuateur de Hume et de Bentham (*Principes d'économie politique,* 1821).

MILL (John **Stuart**), philosophe et économiste britannique (Londres 1806 - Avignon 1873), fils de James Mill. Partisan de l'associationnisme, il fonde l'induction sur la loi de la causalité universelle. Il préconise une morale utilitariste et se rattache au courant de l'économie libérale (*Principes d'économie politique,* 1848 ; *l'Utilitarisme,* 1863).

MILLAIS (*sir* John Everett), peintre britannique (Southampton 1829 - Londres 1896). Membre fondateur de la confrérie préraphaélite (*Ophélie,* 1852, Tate Gallery), il devint une des figures les plus populaires de l'art victorien.

MILLARDET (Alexis), botaniste français (Montmirey-la-Ville 1838 - Bordeaux 1902). On lui doit la première idée de l'hybridation des cépages français et américains, et le traitement cuprique du mildiou.

MILLAS (66170), ch.-l. de c. des Pyrénées-Orientales ; 3 103 h.

MILLAU (12100), ch.-l. d'arr. de l'Aveyron, sur le Tarn ; 22 458 h. *(Millavois).* Mégisserie et ganterie. Beffroi et église des XIIe-XVIIe s. Musées.

mille *(an),* année que les historiens du XVIIe au XIXe s. ont présentée comme ayant été attendue par les chrétiens d'Occident dans la terreur de la fin du monde et du jugement dernier. Les historiens contemporains ont dénoncé cette légende. (On écrit aussi **an mil.**)

MILLE (De) → ***De Mille.***

Mille *(expédition des),* expédition menée, en 1860, par Garibaldi et ses compagnons, contre le royaume des Deux-Siciles, dont elle provoqua l'effondrement.

Mille et Une Nuits (les), recueil de contes arabes d'origine persane, traduits en français par A. Galland (1704-1717) et par J. C. Mardrus (1899-1904). Le roi de Perse Châhriyâr a décidé de prendre chaque soir une nouvelle épouse et de la faire étrangler le lendemain. La fille de son vizir, Schéhérazade, s'offre pour cette union, mais au milieu de la nuit commence un

Mies van der Rohe : Crown Hall (1952-1956) de l'Institut de technologie de l'Illinois, à Chicago.

Milan : la cathédrale, commencée en 1386, achevée au début du XIXe s.

conte qui passionne le roi, au point qu'il remet l'exécution au lendemain pour connaître la suite de l'histoire : les contes d'Aladin, d'Ali Baba, de Sindbad charmeront le monarque pendant mille autres nuits et le feront renoncer à son dessein cruel.

MILLE-ÎLES, archipel du Canada, dans le Saint-Laurent, à sa sortie du lac Ontario.

MILLER (Arthur), auteur dramatique américain (New York 1915). Ses pièces mettent en scène des héros qui luttent pour être reconnus et acceptés par la société (*Mort d'un commis voyageur,* 1949 ; *les Sorcières de Salem,* 1953 ; *Vu du pont,* 1955).

MILLER (Henry), écrivain américain (New York 1891 - Los Angeles 1980), auteur de récits qui dénoncent les contraintes sociales et morales et exaltent la recherche de l'épanouissement humain et sensuel *(Tropique du Cancer, Tropique du Capricorne).*

MILLERAND [milrɑ̃] (Alexandre), homme politique français (Paris 1859 - Versailles 1943). Député socialiste, il accomplit, comme ministre du Commerce et de l'Industrie (1899-1902), d'importantes réformes sociales. Mais sa participation au gouvernement l'éloigna de la S. F. I. O. Ministre de la Guerre (1914-15), président du Conseil (1920), puis président de la République (1920-1924), il démissionna devant l'opposition du Cartel des gauches.

MILLET (Jean-François), peintre, dessinateur et graveur français (Gruchy, près de Gréville-Hague, Manche, 1814 - Barbizon 1875). C'est un des maîtres de l'école de Barbizon, d'un réalisme sensible et puissant (au musée d'Orsay : *les Glaneuses* et *l'Angélus,* 1857 ; *la Grande Bergère,* 1863 ; *le Printemps,* 1868-1873).

MILLEVACHES *(plateau de),* haut plateau du Limousin, culminant à 977 m, où naissent la Vienne, la Creuse, la Vézère et la Corrèze.

MILLEVOYE (Charles Hubert), poète français (Abbeville 1782 - Paris 1816), auteur d'élégies *(la Chute des feuilles).*

MILLIKAN (Robert Andrews), physicien américain (Morrison, Illinois, 1868 - San Marino, Californie, 1953). Il mesura la charge de l'électron en 1911 et fit de nombreuses études sur les ultraviolets et les rayons cosmiques. (Prix Nobel 1923.)

MILLOSS (Aurél **Milloss de Miholý,** dit **Aurel**), danseur, chorégraphe et pédagogue hongrois, naturalisé italien (Ozora, Hongrie, 1906 - Rome 1988). Il a été maître de ballet dans tous les plus grands théâtres du monde et a signé 170 chorégraphies (*Sisyphe révolté,* 1977).

MILLY-LA-FORÊT (91490), ch.-l. de c. de l'Essonne, sur la bordure ouest de la forêt de Fontainebleau ; 4 330 h. Halle du XVe s. Petite chapelle décorée par J. Cocteau. En forêt, le *Cyclop,* sculpture-édifice composite due à J. Tinguely, N. de Saint Phalle et autres artistes (1969-1993).

MILLY-LAMARTINE (71960), comm. de Saône-et-Loire ; 274 h. Maison de Lamartine.

MILNE-EDWARDS (Henri), naturaliste et physiologiste français (Bruges 1800 - Paris 1885), auteur de travaux sur les mollusques et les crustacés. — Son fils **Alphonse,** naturaliste (Paris 1835 - *id.* 1900), a étudié les mammifères et la faune abyssale.

MILO, en gr. **Mílos,** île grecque de la mer Égée, une des Cyclades ; 161 km².

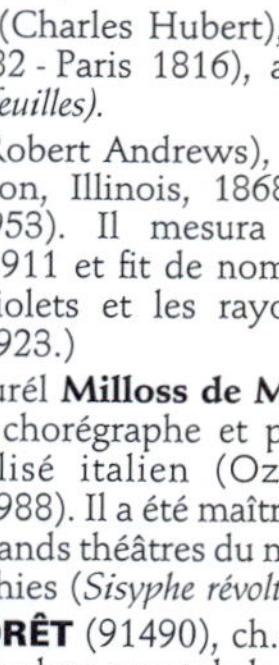

Aphrodite dite ***Vénus de Milo.***
Marbre grec, IIe s. av. J.-C. (Louvre, Paris.)

Milo (Aphrodite, dite **Vénus de**), marbre grec (Louvre) découvert en 1820 dans l'île de Milo. La déesse est sereine et à demi dévêtue selon la tradition classique du IVe s. av. J.-C., mais la torsion du corps dénote une œuvre hellénistique du IIe s.

MILON, en lat. **Titus Annius Papianus Milo,** homme politique romain (Lanuvium v. 95 - Compsa 48 av. J.-C.), gendre de Sulla, il contribua comme tribun (57) au retour d'exil de Cicéron. Accusé du meurtre de Clodius en 52, il fut défendu par Cicéron *(Pro Milone).*

MILON de Crotone, athlète grec (Crotone fin du VIe s. av. J.-C.), disciple et gendre de Pythagore, célèbre pour ses nombreuses victoires aux jeux Olympiques. N'ayant pu dégager son bras de la fente d'un tronc d'arbre qu'il tentait d'arracher, il serait mort dévoré par les bêtes sauvages (sujet d'un marbre célèbre de Puget, qui figura dans les jardins de Versailles).

Milon *de Crotone.*
Groupe en marbre (1672-1682)
de Pierre Puget. (Louvre, Paris.)

MILOŠEVIĆ (Slobodan), homme politique yougoslave (Požarevac, Serbie, 1941). Membre de la Ligue communiste yougoslave à partir de 1959, il est élu à la présidence de la République de Serbie en 1990. Il est réélu, en 1992, à la présidence de la Serbie, qui forme désormais avec le Monténégro la République fédérale de Yougoslavie.

MILOŠ OBRENOVIĆ → ***Obrenović.***

MIŁOSZ (Czesław), écrivain polonais naturalisé américain (Szetejnie, Lituanie, 1911). Poète, romancier et essayiste (*la Pensée captive,* 1953), exilé aux États-Unis. (Prix Nobel 1980.)

MILOSZ [milɔʃ] (Oscar Vladislas **de Lubicz-Milosz,** dit **O. V. de L.**), écrivain français d'origine lituanienne (Tchereïa 1877 - Fontainebleau 1939), auteur de poèmes d'inspiration élégiaque et mystique, de pièces de théâtre, de recueils de contes lituaniens.

MILTIADE, général athénien (540 - Athènes v. 489 av. J.-C.), vainqueur des Perses à Marathon.

MILTON (John), poète anglais (Londres 1608 - Chalfont Saint Giles 1674). Auteur de poèmes philosophiques et pastoraux, il prit parti pour Cromwell, dont il devint le pamphlétaire. Après la restauration des Stuarts, il rentra dans la vie privée, et, ruiné et aveugle, il dicta son grand poème biblique le *Paradis* perdu* (1667), que prolonge le *Paradis reconquis* (1671).

Milvius *(pont),* pont sur le Tibre, à 3 km au N. de Rome, où Constantin battit Maxence (312 apr. J.-C.).

MILWAUKEE, port des États-Unis (Wisconsin), sur le lac Michigan ; 628 088 h. (1 432 149 avec les banlieues).

MIMIZAN (40200), ch.-l. de c. des Landes ; 6 827 h. *(Mimizannais).* Papeterie. — Station balnéaire à *Mimizan-Plage.*

MIMOUN (Alain), athlète français (Telagh, Algérie, 1921), champion olympique du marathon en 1956.

MĪNĀ' AL-AḤMADĪ, port pétrolier du Koweït.

MINAMOTO, famille japonaise qui fonda en 1192 le shogunat de Kamakura.

MINAS DE RÍOTINTO ou **RÍO TINTO,** v. d'Espagne (Andalousie), au pied de la sierra Morena ; 5 480 h. Mines de cuivre.

MINAS GERAIS, État de l'intérieur du Brésil méridional ; 587 172 km² ; 15 746 200 h. Cap. *Belo Horizonte.* Importantes ressources minières (fer, manganèse, etc.).

MINATITLÁN, port du Mexique, sur le golfe de Campeche ; 199 840 h. Raffinage du pétrole. Pétrochimie.

MINCIO (le), riv. d'Italie, affl. du Pô (r. g.) ; 194 km. Il traverse le lac de Garde.

MINDANAO, île des Philippines ; 99 000 km² ; 9 millions d'h. (en majeure partie musulmans).

MINDEN, v. d'Allemagne (Rhénanie-du-Nord-Westphalie), sur la Weser ; 76 321 h. Cathédrale romane et gothique.

MINDORO, île des Philippines ; 472 000 h.

MINDSZENTY (József), prélat hongrois (Csehimindszent 1892 - Vienne 1975). Archevêque d'Esztergom et primat de Hongrie (1945), cardinal (1946), il fut emprisonné de 1948 à 1955. Après la révolution d'oct. 1956, et jusqu'en 1971, il trouva refuge à l'ambassade des États-Unis à Budapest. Il a été réhabilité en 1990.

MINEPTAH ou **MÉNEPTAH,** pharaon du Nouvel Empire (1235-1224 av. J.-C.), successeur de Ramsès II. Il vainquit les Peuples de la Mer. Il fut sans doute contemporain de l'Exode.

MINERVE, déesse italique, protectrice de Rome et patronne des artisans, assimilée à l'*Athéna* grecque.

MINERVOIS (le), région du Languedoc (Aude et Hérault). Vignobles.

MING, dynastie impériale chinoise (1368-1644). Elle installa sa capitale à Pékin (1409) et eut comme principaux représentants Hongwu (1368-1398) et Yongle (1403-1424). Affaiblie à partir de 1450, elle fut remplacée par la dynastie mandchoue des Qing.

MINGUS (Charles, dit **Charlie**), contrebassiste, compositeur et chef d'orchestre de jazz noir américain (Nogales, Arizona, 1922 - Cuernavaca, Mexique, 1979). Il s'imposa au cours des années 50 comme un accompagnateur et un soliste particulièrement doué.

MINHO (le), en esp. **Miño,** fl. du nord-ouest de la péninsule Ibérique, qui constitue la frontière entre l'Espagne et le Portugal, avant de rejoindre l'Atlantique ; 310 km.

MINHO, région du Portugal septentrional. V. pr. *Braga.* Berceau de la nation portugaise.

MINÎEH, v. d'Égypte, sur le Nil ; 146 000 h.

MINKOWSKI (Hermann), mathématicien allemand (Kovno 1864 - Göttingen 1909), auteur d'une interprétation géométrique de la relativité restreinte de son ancien élève A. Einstein.

MINNE (George, *baron*), sculpteur et dessinateur belge (Gand 1866 - Laethem-Saint-Martin 1941). Il est l'auteur d'ouvrages à la fois symbolistes et d'accent monumental (*Fontaine aux agenouillés* [1898], devant le Sénat, à Bruxelles).

MINNEAPOLIS, v. des États-Unis (Minnesota), sur le Mississippi ; 368 383 h. Université. Musées. Centre tertiaire et industriel. Avec Saint Paul, sur l'autre rive du fleuve, elle constitue (banlieues incluses) une agglomération de 2 464 124 h.

MINNELLI (Vincente), cinéaste américain (Chicago 1910 - Los Angeles 1986), l'un des meilleurs spécialistes de la comédie musicale : *Ziegfeld Follies* (1946), *Un Américain à Paris* (1951), *Tous en scène* (1953).

MINNESOTA, un des États unis d'Amérique (Centre-Nord-Ouest) ; 217 735 km² ; 4 375 099 h. Cap. *Saint Paul.* V. pr. *Minneapolis, Duluth.* Minerai de fer.

MIÑO → ***Minho.***

MINO da Fiesole, sculpteur italien (Fiesole 1429 - Florence 1484). Il pratiqua un style épuré et délicat (*tombeau du comte Ugo* à la Badia de Florence ; bustes).

MINORQUE, en esp. **Menorca,** l'une des îles Baléares ; 702 km² ; 60 000 h. Ch.-l. *Mahón.* Tourisme. L'île fut anglaise de 1713 à 1756 et de 1799 à 1802.

MINOS, roi légendaire de Crète, célèbre par sa justice et sa sagesse, qui lui valurent, après sa mort, d'être juge des Enfers avec Éaque et Rhadamanthe. Les historiens voient en Minos un titre royal ou dynastique des souverains crétois : d'où l'expression de « civilisation minoenne ».

MINOTAURE, monstre mi-homme et mi-taureau, né des amours de Pasiphaé, épouse de Minos, et d'un taureau blanc envoyé par Poséidon. Minos l'enferma dans le Labyrinthe, où on lui faisait des offrandes de chair humaine. Thésée le tua.

MINSK, cap. de la Biélorussie ; 1 589 000 h. Centre industriel (automobiles, tracteurs).

Minsk *(bataille de)* [28 juin-3 juill. 1941], combats au cours desquels le général von Bock s'empara de 300 000 prisonniers, de 3 000 chars et de 3 000 canons de l'Armée rouge.

MINTOFF (Dominic), homme politique maltais (Cospicua 1916). Leader du parti travailliste, Premier ministre de 1955 à 1958 puis de nouveau de 1971 à 1984.

MINUCIUS FELIX, apologiste chrétien du IIIe s., auteur d'un dialogue, *l'Octavius,* remarquable par son objectivité.

MIONS (69780), comm. du Rhône ; 9 156 h.

MIQUE (Richard), architecte français (Nancy 1728 - Paris 1794). Il succéda à Gabriel comme premier architecte de Louis XVI et créa le Hameau de la reine (1783-1786) dans le parc du Petit Trianon, à Versailles.

MIQUELON → ***Saint-Pierre-et-Miquelon.***

Mir, station orbitale russe satellisée en 1986.

MIRABEAU (Honoré Gabriel **Riqueti,** *comte* **de**), homme politique français (Le Bignon, Loiret, 1749 - Paris 1791), fils du marquis de Mirabeau. Après une jeunesse marquée surtout par ses aventures amoureuses, il fut élu, quoique noble, représentant du tiers état d'Aix en 1789. Orateur prestigieux, il plaida en vain pour une monarchie constitutionnelle, suscita la méfiance des députés mais ne fut pas suivi par le roi, qui payait pourtant ses conseils.

MIRABEAU (Victor **Riqueti,** *marquis* **de**), économiste français (Pertuis, Vaucluse, 1715 - Argenteuil 1789), disciple de Quesnay et de l'école physiocratique, auteur de *l'Ami des hommes ou Traité sur la population* (1756).

MIRABEL, v. du Canada (Québec) ; 6 067 h. Aéroport de Montréal.

Miracle de Théophile (le), de Rutebeuf : mise en scène de la légende de saint Théophile d'Adana, qui, ayant vendu son âme au diable, fut sauvé par la Vierge (v. 1260).

MIRAMAS (13140), comm. des Bouches-du-Rhône ; 21 882 h.

MIRAMBEAU (17150), ch.-l. de c. de la Charente-Maritime ; 1 448 h.

MIRAMONT-DE-GUYENNE (47800), comm. de Lot-et-Garonne ; 3 599 h. Chaussures.

MIRANDA (Francisco **de**), général vénézuélien (Caracas 1750 - Cadix 1816). Il combattit au service de la Révolution française. Chef du premier mouvement indépendantiste du Venezuela (1811), il fut battu par les Espagnols (1812) et emprisonné à Cadix.

MIRANDE (32300), ch.-l. d'arr. du Gers, sur la Baïse ; 3 940 h. *(Mirandais).* Eaux-de-vie. Bastide du XIIIe s., avec église du XVe s. Musée.

MIRANDOLE (Pic de La) → ***Pic de La Mirandole.***

MIRBEAU (Octave), écrivain français (Trévières 1848 - Paris 1917). Auteur de romans *(Journal d'une femme de chambre)* et de comédies réalistes *(Les affaires sont les affaires),* il créa le « roman de l'automobile » (*la 628-E8,* 1907).

MIRCEA le Vieux (m. en 1418), prince de Valachie (1386-1418). Grand chef militaire, il participa à la bataille de Nicopolis (1396) contre les Ottomans.

MIREBEAU-SUR-BÈZE (21310), anc. **Mirebeau,** ch.-l. de c. de la Côte-d'Or ; 1 472 h. Église des XIIIe et XVIe s.

MIREBEAU (86110), ch.-l. de c. de la Vienne ; 2 305 h. *(Mirebalais).* Vestiges féodaux.

MIRECOURT (88500), ch.-l. de c. des Vosges, sur le Madon ; 7 434 h. *(Mirecurtiens).* Textile. Mobilier. Centre de lutherie.

Mireille, poème provençal de Mistral (1859). Épopée sentimentale en Camargue. — Sur un livret tiré de ce poème, Gounod a composé la musique d'un opéra-comique (1864).

MIREPOIX (09500), ch.-l. de c. de l'Ariège, sur l'Hers Vif ; 3 335 h. Anc. cathédrale gothique des XVe-XVIe s.

MIRIBEL (01700), ch.-l. de c. de l'Ain ; 7 710 h.

MIRÓ (Joan), peintre et sculpteur espagnol (Barcelone 1893 - Palma de Majorque 1983). Surréaliste, il a mis au jour, par la pratique de l'automatisme, un monde d'une liberté, d'un dynamisme et d'un humour exemplaires (musée à Barcelone).

Joan **Miró** : *l'Air* (1938).
[Coll. priv.]

MIROMESNIL (Armand Thomas **Hue de**), homme d'État français (Mardié, Loiret, 1723 - Miromesnil, Seine-Maritime, 1796). Magistrat, il prit systématiquement la défense des parlements contre la politique royale. Il fut garde des Sceaux de 1774 à 1787.

MIRON (François), magistrat français (Paris 1560 - *id.* 1609). Son intervention contre la réduction des rentes lui valut le surnom de **Père du peuple.**

MIRZĀPUR, v. de l'Inde (Uttar Pradesh), sur le Gange ; 169 368 h. Pèlerinage. Tapis.

Misanthrope (le), comédie de Molière, en cinq actes et en vers (1666). L'atrabilaire Alceste ne peut mettre en accord sa franchise avec le scepticisme souriant de Philinte, le bel esprit d'Oronte, la pruderie d'Arsinoé, la coquetterie de Célimène, et décide d'aller vivre loin du monde.

MISÈNE *(cap),* promontoire d'Italie, fermant à l'ouest le golfe de Naples. Base navale sous l'Empire romain.

Misérables (les), roman de Victor Hugo (1862) qui forme, à travers ses personnages (le forçat Jean Valjean qui se réhabilite par sa générosité et ses sacrifices, le gamin de Paris Gavroche) et les événements qui lui servent de toile de fond (Waterloo, l'émeute de 1832), une véritable épopée populaire.

Misères et malheurs de la guerre, ensemble de deux séries d'eaux-fortes de Callot, gravées en 1633. D'une grande virtuosité, elles constituent un réquisitoire contre les exactions qui marquèrent l'invasion de la Lorraine par les armées de Louis XIII.

MISHIMA YUKIO (**Hiraoka Kimitake,** dit), écrivain japonais (Tōkyō 1925 - *id.* 1970). Romancier de la fascination du néant *(le Marin rejeté par la mer),* et auteur dramatique *(Cinq Nō modernes),* il se suicida publiquement après l'échec d'une tentative de coup d'État.

Mishna ou **Michna** (mot hébr. signif. *enseignement oral*), ensemble de soixante-trois traités du judaïsme rabbinique. Compilation des lois non écrites transmises par la tradition, la *Mishna,* avec ses deux commentaires *(Gemara),* constitue le *Talmud**.

MISKITO ou **MOSQUITO,** Indiens d'Amérique centrale (Nicaragua, Honduras), parlant une langue chibcha.

MISKOLC, v. du nord de la Hongrie ; 196 442 h. Métallurgie. Monuments gothiques, baroques et néoclassiques.

MISNIE, en all. **Meissen,** anc. margraviat allemand, intégré à la Saxe en 1423.

MISOURATA ou **MISURATA,** port de Libye ; 285 000 h.

MI SON, village du Viêt Nam central. Vestiges (les plus remarquables remontent au Xe s.) d'une importante cité religieuse sivaïte, qui en font l'un des hauts lieux de l'anc. royaume du Champa.

MIṢR → ***Égypte.***

Mission de France, communauté de clercs et de prêtres séculiers, fondée à Lisieux en 1941 et réorganisée en 1954, dans le but d'évangéliser les régions les plus déchristianisées.

Missions étrangères *(société* et *séminaire des),* œuvre missionnaire constituée en 1664 à Paris par Mgr François Pallu et par Mgr Lambert de La Motte pour préparer les prêtres au service des missions et qui dessert les missions catholiques de l'Extrême-Orient.

Missions évangéliques de Paris *(société des),* œuvre missionnaire, fondée en 1822, commune au protestantisme français.

MISSISSAUGA, v. du Canada (Ontario), banlieue de Toronto ; 430 770 h.

MISSISSIPPI (le), fl. drainant la partie centrale des États-Unis ; 3 780 km (6 210 km avec le Missouri ; 3 222 000 km² drainés par cet ensemble). Né dans le Minnesota, le Mississippi passe à Saint Paul, Minneapolis, Saint Louis, Memphis, La Nouvelle-Orléans, et se jette dans le golfe du Mexique par un vaste delta. Important trafic fluvial.

MISSISSIPPI, un des États unis d'Amérique (Centre-Sud-Est) ; 123 500 km² ; 2 573 216 h. Cap. *Jackson.*

MISSOLONGHI, v. de Grèce, sur la mer Ionienne ; 12 674 h. Elle est célèbre par la défense héroïque qu'elle opposa aux Turcs en 1822-23 et en 1826.

MISSOURI (le), riv. des États-Unis, affl. du Mississippi (r. dr.) ; 4 370 km.

MISSOURI, un des États unis d'Amérique (Centre-Nord-Ouest) ; 180 500 km² ; 5 117 073 h. Cap. *Jefferson City.* V. pr. *Saint Louis, Kansas City.*

MISTASSINI *(lac),* lac du Canada (Québec) ; 2 335 km². Il se déverse par le Rupert dans la baie James.

MISTI, volcan du Pérou, près d'Arequipa ; 5 822 m.

MISTINGUETT (Jeanne **Bourgeois,** dite), actrice de music-hall française (Enghien-les-Bains 1875 - Bougival 1956). Elle triompha dans de multiples revues au Moulin-Rouge, aux Folies-Bergère et au Casino de Paris. Elle interpréta de nombreuses chansons à succès (*Mon homme,* 1920 ; *la Java,* 1922 ; *C'est vrai,* 1935).

MISTRA, village de Grèce (Péloponnèse), qui conserve de nombreux monuments byzantins (églises ornées de fresques des XIVe-XVe s., remparts et forteresse du XIIIe s.). C'est l'anc. cap. du despotat de Mistra.

MISTRA *(despotat de)* ou **DESPOTAT DE MORÉE,** principauté fondée en 1348 par

Mirabeau (J. Boze - château de Versailles)

La Pendaison, eau-forte de Jacques Callot pour les suites des ***Misères et malheurs de la guerre*** (1633).
[B.N.F., Paris.]

l'empereur Jean VI Cantacuzène au profit de son fils cadet, Manuel, qui comprenait tout le Péloponnèse byzantin. En 1383, elle tomba entre les mains des Paléologues, qui la gardèrent jusqu'en 1460, date de la prise de Mistra par Mehmed II.

MISTRAL (Frédéric), écrivain français d'expression provençale (Maillane, Bouches-du-Rhône, 1830 - *id.* 1914), auteur de *Mireille**, de *Calendal,* des *Îles d'or.* L'un des fondateurs du félibrige, il en reste le plus illustre représentant. (Prix Nobel 1904.)

MISTRAL (Lucila **Godoy Alcayaga,** dite **Gabriela**), poétesse chilienne (Vicuña 1889 - Hempstead, près de New York, 1957), auteur de recueils d'inspiration chrétienne et populaire (*Sonnets de la mort,* 1914 ; *Desolación,* 1922). [Prix Nobel 1945.]

MITANNI, Empire hourrite qui, du XVIe au XIVe s. av. J.-C., domina la haute Mésopotamie et la Syrie du Nord. Il disparut sous les coups des Hittites et des Assyriens (XIIIe s. av. J.-C.).

MITAU → ***Jelgava.***

MITCHELL *(mont),* point culminant des Appalaches ; 2 037 m.

MITCHELL (Arthur), danseur et chorégraphe américain (New York 1934). Premier artiste noir à être engagé dans une compagnie américaine (New York City Ballet, 1955), il est le fondateur (1970) de la première troupe de ballet classique noire (Dance Theatre of Harlem).

MITCHELL (Margaret), romancière américaine (Atlanta 1900 - *id.* 1949), auteur d'*Autant* en emporte le vent* (1936).

MITCHOURINE (Ivan Vladimirovitch), agronome russe (Verchina, près de Dolgoïe, 1855 - Kozlov, auj. Mitchourinsk, 1935). Auteur de recherches sur la sélection des plantes à partir d'idées affirmant l'hérédité générale des caractères acquis.

MITCHUM (Robert), acteur américain (Bridgeport, Connecticut, 1917). Il a imposé de film en film son personnage d'aventurier désabusé, fataliste ou cynique : *Feux croisés* (E. Dmytryk, 1947), *la Nuit du chasseur* (Ch. Laughton, 1955).

MITHRA, dieu iranien que l'on retrouve dans la religion indienne à l'époque védique (v. 1300 av. J.-C.). Son culte se répandit à l'époque hellénistique en Asie Mineure. De là, il passa au Ier s. av. J.-C. à Rome, où il compta parmi les cultes à mystères les plus importants. Mithra était couramment représenté coiffé d'un bonnet phrygien et sacrifiant un taureau. Son culte, dont les éléments essentiels étaient une initiation comprenant sept degrés, des banquets sacrés et des sacrifices d'animaux, fut un temps le rival du christianisme.

MITHRIDATE ou **MITHRADATE,** nom de divers princes et souverains de l'époque hellénistique et romaine.

Mithridate, tragédie de J. Racine (1673).

MITHRIDATE VI Eupator, dit **le Grand** (v. 132 - Panticapée 63 av. J.-C.), roi du Pont (111-63 av. J.-C.). Le plus grand et le dernier souverain du royaume du Pont. Il lutta contre la domination romaine en Asie : ses trois guerres (88-85 ; 83-81 ; 74-66) furent des échecs. Ce monarque cultivé était célèbre par son immunité aux poisons.

MITIDJA, plaine de l'Algérie centrale, aux riches cultures (agrumes, tabac, fourrages).

MITLA, centre cérémoniel (Mexique, État d'Oaxaca) des Zapotèques (900-1200), occupé à partir du XIIIe s. par les Mixtèques. Vestiges.

MITO, v. du Japon (Honshū) ; 234 968 h.

Frédéric **Mistral** (musée de Maillane)

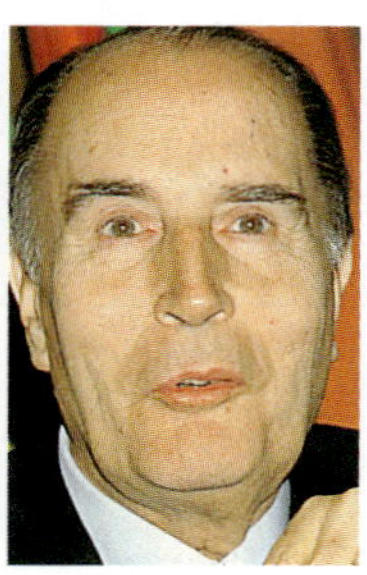

François **Mitterrand**

MITRE (Bartolomé), homme politique argentin (Buenos Aires 1821 - *id.* 1906). Président de la République (1862-1868), il favorisa le développement économique.

MITRY-MORY (77290), comm. de Seine-et-Marne ; 15 239 h.

MITSCHERLICH (Eilhard), chimiste allemand (Neuende, Oldenburg, 1794 - Schöneberg, auj. dans Berlin, 1863). Il a énoncé la loi de l'isomorphisme, suivant laquelle deux corps possédant des formes cristallines semblables ont des structures chimiques analogues.

MITSOTÁKIS (Konstandínos), homme politique grec (Khaniá 1918). Président de la Nouvelle Démocratie (1984-1993), il a été Premier ministre de 1990 à 1993.

Mitsubishi, trust japonais créé en 1870, spécialisé dès son origine dans les transports, les mines et les chantiers navals. Reconstitué après la Seconde Guerre mondiale, il occupe dans l'industrie japonaise une place de premier plan (constructions mécaniques, navales et aéronautiques, chimie, automobiles, etc.).

MITTELLAND → ***Plateau.***

Mittellandkanal, voie d'eau d'Allemagne, unissant l'Elbe au canal Dortmund-Ems.

MITTERRAND (François), homme politique français (Jarnac 1916 - Paris 1996). Député de la Nièvre, il est plusieurs fois ministre sous la IVe République. En 1965, candidat de la gauche à la présidence de la République, il met en ballottage le général de Gaulle. Premier secrétaire du parti socialiste (1971), et l'un des instigateurs de l'union de la gauche, il est élu président de la République en mai 1981. Son premier septennat, commencé avec des gouvernements socialistes, s'achève par une période de cohabitation avec la droite (1986-1988). Réélu en 1988, il nomme à nouveau des Premiers ministres socialistes. Mais, à partir de 1993, il s'engage dans une seconde période de cohabitation qui se termine avec la fin de son mandat en 1995.

MIXTÈQUES, groupe amérindien du Mexique précolombien (État d'Oaxaca). Les Mixtèques conquirent le pays des Zapotèques, mais durent se défendre eux-mêmes contre les Aztèques (XIe-XVIe s.). Les mosaïques de pierres en relief de leur capitale, Mitla, leur céramique polychrome, leur orfèvrerie et leurs codex attestent le raffinement de leur civilisation, qui a marqué celle des Aztèques.

MIYAZAKI, v. du Japon (Kyūshū) ; 287 352 h.

MIZOGUCHI KENJI, cinéaste japonais (Tōkyō 1898 - Kyōto 1956), auteur de près de 100 films (*la Vie d'Oharu femme galante,* 1952 ; *Contes de la lune vague après la pluie,* 1953). Son art lumineux et raffiné se caractérise par une constante poésie alliée à un réalisme minutieux.

MIZORAM, État du nord-est de l'Inde ; 686 217 h. Cap. *Aijal.*

MJØSA, le plus grand lac de Norvège, au nord d'Oslo ; 360 km².

M le Maudit, film allemand de F. Lang (1931), d'une grande intensité dramatique, inspiré de l'histoire réelle du vampire de Düsseldorf.

M. L. F. (Mouvement de libération des femmes), mouvement féministe français créé en 1968, qui lutte pour l'égalité et l'indépendance économique, sexuelle et culturelle des femmes.

MNÉMOSYNE, déesse grecque de la Mémoire et mère des Muses.

MNÉSICLÈS, architecte du Ve s. av. J.-C. Il a construit les propylées de l'Acropole d'Athènes.

MNOUCHKINE (Ariane), actrice et directrice de théâtre française (Boulogne-sur-Seine 1939). Animatrice du Théâtre du Soleil, elle a renouvelé le rapport entre comédien et texte, public et scène (*1789,* 1971). On lui doit aussi un film sur Molière (1978).

MOAB, ancêtre éponyme du peuple des *Moabites,* dont la Bible fait un fils de Lot.

MOABITES, peuple nomade établi à l'est de la mer Morte (XIIIe s. av. J.-C.) et apparenté aux Hébreux, avec lesquels ils entrèrent souvent en conflit. Ils furent absorbés aux IIIe-IIe s. av. J.-C. par les Nabatéens.

MOBILE, v. des États-Unis (Alabama), sur la *baie de Mobile ;* 196 278 h.

MÖBIUS (August Ferdinand), astronome et mathématicien allemand (Schulpforta 1790 - Leipzig 1868). Il développa l'un des premiers aspects du calcul vectoriel (1827) et inventa une surface à un seul côté *(ruban de Möbius).*

MOBUTU *(lac),* anc. **lac Albert,** lac de l'Afrique équatoriale (Ouganda et Zaïre), traversé par le Nil ; 4 500 km².

MOBUTU (Sese Seko), maréchal et homme politique zaïrois (Lisala 1930). Colonel et chef d'état-major (1960), il prend le pouvoir lors d'un coup d'État (1965) et se proclame président de la République.

Moby Dick, roman de H. Melville (1851) : combat symbolique entre la Baleine blanche et le capitaine Achab.

MOCENIGO, famille noble vénitienne, qui a fourni cinq doges à la République de 1474 à 1778.

MOCHE *(culture de la vallée de la)* ou **MOCHICA,** nom donné à une culture précolombienne qui s'est développée du IIe au VIIIe s. sur la côte nord du Pérou, dans la vallée de la Moche, où ont été retrouvés nombre de vestiges : pyramides à degrés, installations hydrauliques, riches nécropoles abritant une céramique ornée, véritable illustration de la vie quotidienne.

MOCKY (Jean-Paul **Mokiejewski,** dit **Jean-Pierre**), cinéaste et acteur français (Nice 1929). Il est l'auteur de nombreuses comédies satiriques (*les Dragueurs,* 1959 ; *le Miraculé,* 1987 ; *Ville à vendre,* 1992).

MOCTEZUMA ou **MONTEZUMA II** (Mexico 1466 - *id.* 1520), 9e empereur aztèque (1502-1520).

MODANE (73500), ch.-l. de c. de la Savoie, sur l'Arc ; 4 373 h. Gare internationale à l'entrée du tunnel du Fréjus. Soufflerie.

MODEL (Walter), maréchal allemand (Genthin 1891 - près de Duisburg 1945). Commandant en chef du front ouest d'août à septembre 1944, puis d'un groupe d'armées de ce front, il se suicida après avoir capitulé.

MODÈNE, v. d'Italie (Émilie), ch.-l. de prov. ; 176 148 h. Université. Constructions mécaniques. Cathédrale romane entreprise en 1099 et autres monuments. Musées. — Le *duché de Modène,* érigé en 1452, fut supprimé par Bonaparte en 1796. Reconstitué en 1814 au profit d'un Habsbourg, il vota sa réunion au Piémont en 1860.

MODIANO (Patrick), écrivain français (Boulogne-Billancourt 1945). Ses romans forment une quête de l'identité à travers un passé douloureux ou énigmatique *(la Place de l'Étoile, Rue des boutiques obscures, Fleurs de ruine, Du plus loin de l'oubli).*

MODIGLIANI (Amedeo), peintre italien de l'école de Paris (Livourne 1884 - Paris 1920). Son œuvre, vouée à la figure humaine, se distingue par la hardiesse et la pureté de la ligne.

Modigliani : *Femme aux yeux bleus* (1918). [Musée d'Art moderne de la Ville de Paris.]

MOËLAN-SUR-MER (29350), comm. du Finistère, en Cornouaille ; 6 654 h.

MŒRIS, lac de l'anc. Égypte, dans le Fayoum.

MOERO ou **MWERU,** lac d'Afrique, entre le Zaïre (Shaba) et la Zambie ; 4 340 km².

MOGADISCIO, MOGADISHU → ***Muqdisho.***

MOGADOR → ***Essaouira.***

MOGHOLS *(Grands),* dynastie qui régna sur l'Inde de 1526 à 1857 et qui compta deux empereurs exceptionnels, Akbar et Aurangzeb. On lui doit un style d'architecture islamique qui atteignit son apogée sous le règne de Chāh Djahān (de 1628 à 1657), caractérisé par des édifices en marbre blanc (Tādj Maḥall ; mosquée de la Perle à Delhi), grès rouge (fort de Delhi), où arcs polylobés, ajours finement sculptés sont associés aux incrustations de pierres précieuses et semi-précieuses des coupoles bulbeuses.

MOGODS *(monts des),* région montagneuse et boisée de la Tunisie septentrionale.

MOGUILEV, v. de Biélorussie, sur le Dniepr ; 356 000 h. Métallurgie.

Mohács *(bataille de)* [29 août 1526], bataille au cours de laquelle Louis II de Hongrie fut vaincu par Soliman le Magnifique à Mohács, v. de Hongrie, sur le Danube.

MOHAMMADIA (El-), anc. **Perrégaux,** v. d'Algérie, à l'E. d'Oran ; 54 000 h.

MOHAMMED → ***Muḥammad.***

MOHAMMEDIA, anc. **Fédala,** port du Maroc ; 105 000 h. Raffinerie de pétrole.

MOḤAMMAD REZĀ ou **MUḤAMMAD RIZĀ** (Téhéran 1919 - Le Caire 1980), chah d'Iran (1941-1979) de la dynastie Pahlavi. Il fut renversé par la révolution islamique (1979).

MOHAVE ou **MOJAVE** *(désert),* région désertique des États-Unis, dans le sud-est de la Californie.

MOHAVE, peuple indien d'Amérique du Nord, parlant une langue uto-aztèque, habitant auj. des réserves en Californie et en Arizona.

MOHAWK (la), riv. des États-Unis (New York), affl. de l'Hudson (r. dr.) ; 238 km. Sa vallée est suivie par le canal Érié.

MOHAWK, Indiens d'Amérique du Nord, qui appartiennent à la confédération iroquoise.

MOHÉLI → ***Moili.***

MOHENJO-DARO, site protohistorique de l'Inde (Sind), abritant les vestiges de l'une des villes les plus importantes de la civilisation de l'Indus*.

MOHICAN, ancien peuple algonquin d'Amérique du Nord.

MOHOLY-NAGY (László), plasticien hongrois (Bácsborsód 1895 - Chicago 1946). Professeur au Bauhaus de 1923 à 1928, il fonda en 1939 l'Institute of Design de Chicago. Constructiviste, précurseur du cinétisme, il a utilisé toutes les techniques (dessin, peinture, photo, collage, assemblage, cinéma).

MOHOROVIČIĆ (Andrija), géophysicien yougoslave (Volosko 1857 - Zagreb 1936). Il a découvert la *discontinuité,* qui marque un changement dans les propriétés des roches entre 30 et 70 km sous les continents et 5 km sous les océans.

MOÏ, peuple du Viêt Nam et du Laos.

MOI (Daniel Arap), homme politique kenyan (Sacho 1924), président de la République depuis 1978.

MOILI, anc. **Mohéli,** l'une des Comores.

MOIRANS [-rɑ̃] (38430), comm. de l'Isère ; 7 241 h.

MOIRANS-EN-MONTAGNE (39260), ch.-l. de c. du Jura ; 2 184 h.

MOIRE, en gr. **Moira,** divinité grecque personnifiant le Destin. Les trois sœurs, Clotho, Lachésis et Atropos, qui président à la naissance, à la vie et à la mort des humains sont aussi appelées les *Moires ;* elles correspondent aux *Parques** latines.

MOISDON-LA-RIVIÈRE (44520), ch.-l. de c. de la Loire-Atlantique ; 1 830 h.

MOÏSE, en hébr. **Moché,** libérateur et législateur d'Israël (XIIIe s. av. J.-C.). La Bible le présente comme le chef charismatique qui a donné aux Hébreux leur patrie, leur religion et leur loi. Né en Égypte, il fut l'âme de la résistance à l'oppression que subissaient les Hébreux : il les fit sortir d'Égypte (l'Exode, v. 1250) et fut le chef qui unit leurs divers groupes en un même peuple autour du culte de Yahvé. Il posa les éléments de base de la Loi *(Torah),* dont vit encore le peuple juif.

MOISSAC (82200), ch.-l. de c. de Tarn-et-Garonne, sur le Tarn ; 12 213 h. *(Moissagais).* Chasselas. Caoutchouc. Église des XIIe et XVe s. avec célèbres portail roman et cloître aux chapiteaux historiés.

Moïse de Michel-Ange
(Église San Pietro
in Vincoli, Rome)

MOISSAN (Henri), chimiste français (Paris 1852 - *id.* 1907). Il a développé l'usage du four électrique et isolé le fluor et le silicium. (Prix Nobel 1906.)

MOÏSSEÏEV (Igor), danseur et chorégraphe russe (Kiev 1906), fondateur du plus important groupe folklorique de l'U. R. S. S.

MOISSY-CRAMAYEL (77550) comm. de Seine-et-Marne ; 12 275 h. Aéronautique.

MOIVRE (Abraham **de**), mathématicien britannique d'origine française (Vitry-le-François 1667 - Londres 1754). Il précisa les principes du calcul des probabilités.

MOJAVE *(désert)* → ***Mohave.***

MOKA, en ar. **al-Mukhā,** port du Yémen, sur la mer Rouge ; 6 000 h. Il exportait un café renommé aux XVIIe et XVIIIe s.

MOKPO, port de la Corée du Sud, sur la mer Jaune ; 222 000 h.

MOL, comm. de Belgique (prov. d'Anvers) ; 30 763 h. Centre d'études nucléaires.

MOLAY (Jacques **de**), dernier grand maître des Templiers (Molay, Franche-Comté, v. 1243 - Paris 1314). Il défendit son ordre contre Philippe le Bel, qui le fit torturer, l'emprisonna pendant six ans et l'envoya au bûcher.

MOLDAU → ***Vltava.***

MOLDAVIE, en roum. **Moldova,** région historique de Roumanie, auj. partagée entre la Roumanie et la République de Moldavie.

HISTOIRE

V. 1352-1354 : Louis Ier d'Anjou, roi de Hongrie, crée la marche de Moldavie. 1359 : celle-ci s'émancipe de la tutelle de la Hongrie sous l'égide de Bogdan. 1538 : la Moldavie devient un État autonome vassal de l'Empire ottoman. 1774 : elle est placée sous la protection de la Russie. 1775 : l'Autriche annexe la Bucovine. 1812 : la Russie se fait céder la Bessarabie. 1829-1831 : la Moldavie est placée sous le double protectorat ottoman et russe. 1859 : Alexandre Cuza est élu prince de Moldavie et de Valachie. 1862 : l'union de ces deux principautés est proclamée définitive. 1918 - 1940 : la Bessarabie est rattachée à la Roumanie.

MOLDAVIE, État de l'Europe orientale, limitrophe de la Roumanie ; 34 000 km² ; 4 400 000 h. *(Moldaves).* CAP. *Chişinău.* LANGUES : *moldave* et *russe.* MONNAIE : *leu.*

GÉOGRAPHIE

Peuplé pour les deux tiers de Moldaves de souche (mais avec de notables minorités, ukrainienne, russe et gagaouze), c'est un pays au climat assez doux et humide, propice à l'élevage (bovins et porcins) et surtout aux cultures (céréales, betteraves, fruits et légumes, vins).

HISTOIRE

1918 : la Bessarabie est annexée par la Roumanie. 1924 : sur la rive gauche du Dniestr, les Soviétiques créent une république autonome de Moldavie, rattachée à l'Ukraine. 1940 : conformément au pacte germano-soviétique, les Soviétiques annexent la Bessarabie dont le sud est rattaché à l'Ukraine. Le reste de la Bessarabie et une partie de la république autonome de Moldavie forment, au sein de l'U.R.S.S., la république socialiste soviétique de Moldavie. 1941 : celle-ci est occupée par la Roumanie alliée à l'Allemagne. 1944 : la Moldavie est réintégrée dans l'U.R.S.S. 1989-1990 : les aspirations nationales antagonistes des Moldaves, des Russes et des Gagaouzes de Moldavie se radicalisent. 1991 : le Soviet suprême de Moldavie proclame l'indépendance du pays (août) qui adhère à la C.E.I. 1992 : de violents combats se produisent en Transnistrie, peuplée de russophones séparatistes. 1994 : les Moldaves se prononcent par référendum pour le maintien d'un État indépendant, rejetant ainsi l'éventualité d'un rattachement de la Moldavie à la Roumanie. Une nouvelle Constitution, qui prévoit un statut d'autonomie pour la Transnistrie et la minorité gagaouze, est adoptée.

MOLÉ (Louis Mathieu, *comte*), homme politique français (Paris 1781 - Champlâtreux 1855). Un des chefs du parti de la Résistance, il fut ministre des Affaires étrangères (1830) puis président du Conseil (1836-1839). [Acad. fr.]

MOLÉ (Mathieu), magistrat français (Paris 1584 - *id.* 1656). Président au parlement de Paris, garde des Sceaux, il joua le rôle de conciliateur entre la régente et le parlement pendant la Fronde.

MOLENBEEK-SAINT-JEAN, en néerl. **Sint-Jans-Molenbeek,** comm. de Belgique, banlieue ouest de Bruxelles ; 68 759 h.

MOLÈNE *(île)* [29259], île et comm. du Finistère, entre Ouessant et la pointe Saint-Mathieu ; 277 h.

MOLFETTA, port d'Italie (Pouille), sur l'Adriatique ; 66 658 h. Cathédrale des XIIe-XIIIe s.

MOLIÈRE (Jean-Baptiste **Poquelin,** dit), auteur dramatique français (Paris 1622 - *id.* 1673). Fils d'un tapissier, valet de chambre du roi, il fut l'élève des jésuites du collège de Clermont, puis fit des études de droit avant de se tourner vers le théâtre. Il créa avec une famille de comédiens, les Béjart, l'Illustre-Théâtre (1643), qui échoua. Il dirigea alors pendant quinze ans (1643-1658) une troupe de comédiens ambulants qui interprétèrent ses premières comédies, inspirées de la farce italienne (*l'Étourdi,* 1655 ; *le Dépit amoureux,* 1656). À partir de 1659, installé à Paris, protégé de Louis XIV, il donna pour les divertissements de la Cour ou pour le public parisien de nombreuses pièces en vers ou en prose : comédies-ballets, comédies pastorales, comédies héroïques, comédies de caractère. Acteur, directeur de troupe, il créa véritablement la mise en scène et dirigea avec précision le jeu des acteurs. Auteur, il a utilisé toute la gamme des effets comiques, de la farce la plus bouffonne jusqu'à

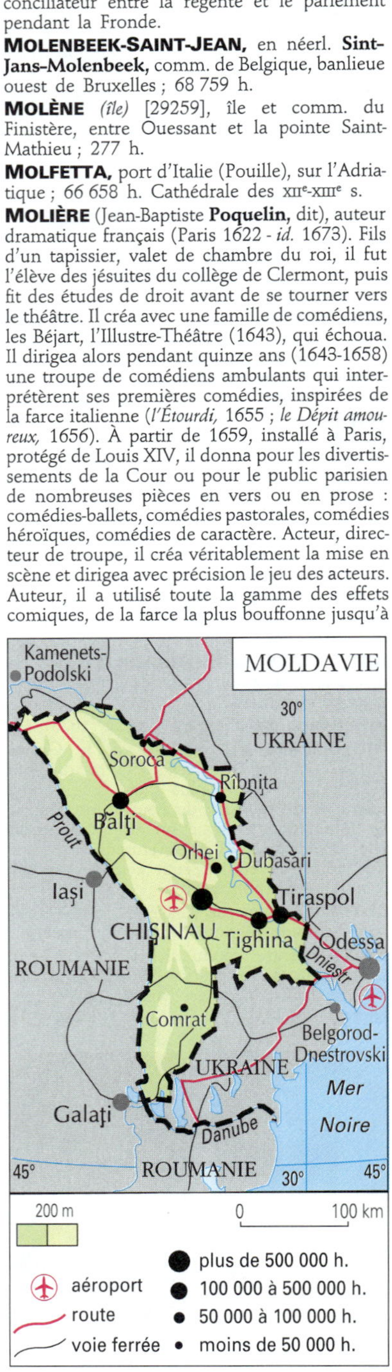

la psychologie la plus élaborée. Ses chefs-d'œuvre sont celles de ses pièces où, s'attaquant à un vice de l'esprit ou de la société, il campe des personnages qui forment des types. Ses principales comédies sont *les Précieuses ridicules* (1659), *l'École des maris, les Fâcheux* (1661), *l'École des femmes* (1662), *Dom Juan, l'Amour médecin* (1665), *le Misanthrope, le Médecin malgré lui* (1666), *Amphitryon, George Dandin, l'Avare* (1668), *Tartuffe, Monsieur de Pourceaugnac* (1669), *le Bourgeois gentilhomme* (1670), *les Fourberies de Scapin, la Comtesse d'Escarbagnas* (1671), *les Femmes savantes* (1672), *le Malade imaginaire* (1673). Molière mourut quelques heures après la quatrième représentation de cette dernière pièce.

MOLIÈRES (82220), ch.-l. de c. de Tarn-et-Garonne ; 1 039 h.

MOLINA (La), station de sports d'hiver (alt. 1 700-2 537 m) des Pyrénées espagnoles (Catalogne).

MOLINA (Luis), jésuite espagnol (Cuenca 1535 - Madrid 1601). Son ouvrage sur le libre arbitre (1588) provoqua la naissance d'une doctrine sur la grâce, le *molinisme,* que les jansénistes taxèrent de laxisme.

MOLINA (Mario José), chimiste américain d'origine mexicaine (Mexico 1943). Les travaux de chimie atmosphérique qu'il a menés avec F. S. Rowland ont montré le rôle des C.F.C. dans la destruction de l'ozone stratosphérique. (Prix Nobel 1995.)

MOLINOS (Miguel **de**), théologien espagnol (Muniesa 1628 - Rome 1696), dans les ouvrages duquel se révèle le germe du quiétisme. Son œuvre principale, *la Guide spirituelle,* lui valut de mourir dans les prisons de l'Inquisition.

MOLISE, région de l'Italie péninsulaire, correspondant aux prov. de Campobasso et d'Isernia ; 4 438 km^2 ; 327 893 h. Cap. *Campobasso.*

MOLITG-LES-BAINS [mɔlitʃ] (66500), comm. des Pyrénées-Orientales ; 186 h. Station thermale (dermatologie).

MOLITOR (Gabriel Jean Joseph, *comte*), maréchal de France (Hayange 1770 - Paris 1849). Il défendit la Hollande en 1813, commanda en Espagne (1823) et fut fait maréchal par Louis XVIII.

MOLLET (Guy), homme politique français (Flers 1905 - Paris 1975). Secrétaire général de la S. F. I. O. de 1946 à 1969, il a été président du Conseil en 1956-57. Son gouvernement réalisa des réformes sociales et eut à faire face aux difficultés provoquées par l'aggravation de la situation en Algérie et par la nationalisation, par l'Égypte, du canal de Suez.

MOLLIEN (François Nicolas, *comte*), homme politique français (Rouen 1758 - Paris 1850). Ministre du Trésor sous l'Empire (1806-1814 et mars-juin 1815).

MOLNÁR (Ferenc), écrivain hongrois (Budapest 1878 - New York 1952), auteur de romans réalistes (*les Garçons de la rue Pál,* 1907) et de comédies (*Liliom,* 1909).

MOLOCH, selon l'opinion courante, divinité cananéenne et phénicienne à qui étaient offerts des sacrifices humains. Certains historiens voient en ce terme non pas le nom du dieu mais le nom donné à ces sacrifices.

MOLOSSES, peuple de l'Épire, au nord du golfe d'Ambracie. Leur centre était le sanctuaire de Dodone.

MOLOTOV (Viatcheslav Mikhaïlovitch **Skriabine,** dit), homme politique soviétique (Koukarki 1890 - Moscou 1986). Membre du Politburo (1926), commissaire du peuple aux Affaires étrangères (1939-1949 et 1953-1957), il signa le pacte germano-soviétique (1939). Premier vice-président du Conseil (1941-1957), il fut écarté du pouvoir en 1957 après avoir participé à la tentative d'élimination de Khrouchtchev.

MOLSHEIM (67120), ch.-l. d'arr. du Bas-Rhin, sur la Bruche ; 8 055 h. Industries aéronautique et électrique. Metzig, anc. hôtel de la corporation des bouchers (XVIe s. ; musée). Église construite en 1615 par les jésuites.

MOLTKE (Helmuth, *comte* **von**), maréchal prussien (Parchim 1800 - Berlin 1891). Chef du grand état-major de 1857 à 1888, il commanda en 1864 lors de la guerre des Duchés, en 1866 durant la guerre austro-prussienne, en 1870-71 pendant la guerre franco-allemande. — Son neveu **Helmuth,** général (Gersdorff 1848 - Berlin 1916), chef de l'état-major allemand de 1906 à 1914, fut battu sur la Marne.

MOLUQUES *(îles),* archipel d'Indonésie, séparé de Célèbes par la mer de Banda et la *mer des Moluques ;* 75 000 km^2 ; 1 589 000 h. Les principales îles sont *Halmahera, Ceram* et *Amboine.*

MOMBASA ou **MOMBASSA,** v. et principal port du Kenya, dans l'*île de Mombasa ;* 341 000 h.

MOMMSEN (Theodor), historien allemand (Garding 1817 - Charlottenburg 1903). Par ses études d'épigraphie et de philologie et par son *Histoire romaine* (1854-1885), il a renouvelé l'étude de l'Antiquité latine. (Prix Nobel 1902.)

MON, île danoise, au sud-est de Sjaelland.

MONACO, État et ville du littoral de la Méditerranée, enclavés dans le dép. français des Alpes-Maritimes ; 2 km^2 ; 28 000 h. *(Monégasques).* CAP. *Monaco.* LANGUE : *français.* MONNAIE : *franc (français).* Grand centre touristique. Casino. Musée océanographique. (V. carte ***Alpes-Maritimes.***)

INSTITUTIONS

Monarchie constitutionnelle. Constitution de 1962. Souverain : le prince, qui exerce le pouvoir exécutif et partage le pouvoir législatif avec le *Conseil national* élu pour 5 ans.

HISTOIRE

Colonie phénicienne dans l'Antiquité, la ville passa au XIe s. sous la domination génoise. Les Grimaldi en firent leur seigneurie en 1297, la conservèrent définitivement après 1419, en firent reconnaître l'indépendance par la France en 1512. En fait, la principauté s'est toujours trouvée dans l'orbite de la France, avec laquelle elle a constitué une union douanière (1865). En 1911, un régime libéral y remplaça l'absolutisme princier. Rainier III, prince de Monaco depuis 1949, introduisit, en 1962, de profondes réformes dans la Constitution. En 1993, la principauté est admise à l'O. N. U.

Monadologie (la), ouvrage de Leibniz, écrit en français en 1714, dans lequel est exposée la théorie des monades et de l'harmonie préétablie.

MONASTIER-SUR-GAZEILLE (Le) [43150], ch.-l. de c. de la Haute-Loire ; 1 899 h. Anc. abbatiale romane et gothique.

MONASTIR, port de Tunisie, sur le golfe de Hammamet ; 27 000 h. Ribat (couvent fortifié) de 796 ; Grande Mosquée, casbah des IXe-Xe s.

MONASTIR → ***Bitola.***

MONATTE (Pierre), syndicaliste français (Monlet 1881 - Paris 1960), l'un des leaders du syndicalisme révolutionnaire, fondateur de *la Vie ouvrière* (1909).

MONBAZILLAC (24240), comm. de la Dordogne ; 1 041 h. Vins blancs. Château fort du XVIe s.

MONCADE (Hugues **de**), capitaine espagnol (Valence v. 1476 - Capo d'Orso, Campanie, 1528). Vice-roi de Sicile en 1522, il fut battu et fait prisonnier par Andrea Doria (1524-1526). Au service du connétable de Bourbon, il fut tué devant Naples.

MONCEY (Bon Adrien **Jeannot de**), *duc* **de Conegliano,** maréchal de France (Moncey, Doubs, 1754 - Paris 1842). Premier inspecteur de la gendarmerie (1801), il se distingua en Espagne (1794 et 1808) et défendit Paris en 1814.

MÖNCHENGLADBACH, v. d'Allemagne (Rhénanie-du-Nord-Westphalie), à l'ouest de Düsseldorf ; 255 905 h. Métallurgie. Musée d'art moderne.

MONCLAR-DE-QUERCY (82230), ch.-l. de c. de Tarn-et-Garonne ; 1 093 h.

MONCONTOUR (22510), ch.-l. de c. des Côtes-d'Armor ; 909 h. Restes de fortifications. Maisons et monuments anciens.

MONCONTOUR (86330), ch.-l. de c. de la Vienne ; 935 h. Donjon des XIIe et XVe s.

MONCOUTANT (79320), ch.-l. de c. des Deux-Sèvres ; 3 145 h.

MONCTON, v. du Canada (Nouveau-Brunswick) ; 54 841 h.

Monde (le), quotidien fondé en 1944 par Hubert Beuve-Méry. Son audience le place aux premiers rangs de la presse française.

MONDEGO (le), fl. du Portugal central, tributaire de l'Atlantique ; 225 km.

MONDELANGE (57300), comm. de la Moselle ; 5 831 h. Métallurgie.

MONDEVILLE (14120), comm. du Calvados ; 9 710 h. *(Mondevillais).* Industrie automobile.

MONDONVILLE (Jean Joseph **Cassanéa de**), compositeur et violoniste français (Narbonne 1711 - Belleville 1772), auteur de sonates pour violon, de concertos, d'opéras et de grands motets pour le *Concert spirituel,* qu'il dirigea.

MONDOR (Henri), chirurgien et écrivain français (Saint-Cernin, Cantal, 1885 - Neuilly-sur-Seine 1962), auteur de traités de chirurgie et d'ouvrages de critique littéraire, surtout consacrés à Mallarmé. [Acad. fr.]

MONDORF-LES-BAINS, station thermale du Luxembourg, sur l'Albach ; 2 878 h.

MONDOUBLEAU (41170), ch.-l. de c. de Loir-et-Cher ; 1 602 h. Ruines d'un château féodal.

MONDOVI, v. d'Italie (Piémont) ; 21 910 h. Bonaparte y vainquit les Piémontais le 21 avr. 1796.

MONDRIAN (Pieter Cornelis **Mondriaan,** dit **Piet**), peintre néerlandais (Amersfoort 1872 - New York 1944). L'exemple du cubisme analytique le fait passer d'une figuration à la Van Gogh à une abstraction géométrique qui, à travers l'ascèse spirituelle du *néoplasticisme* et la fondation de De Stijl*, parvient à une extrême rigueur (jeu des trois couleurs primaires, du blanc et du gris sur une trame orthogonale de lignes noires). Il vit à Paris de 1919 à 1938, puis à New York, où son style évolue (*New York City I,* 1942).

Molière
(P. Mignard - musée Condé, Chantilly)

Monaco : vue générale de la principauté, avec le port de plaisance.

Piet **Mondrian** : *Composition* (1913).
[Musée Kröller-Müller, Otterlo.]

RÉPARTITION DES FUSEAUX HORAIRES

ligne de changement de date

nombre d'heures à soustraire du fuseau 0 pour obtenir l'heure locale

DIFFÉRENCE D'HEURE À PARTIR DU FUSEAU

pour la France et les pays limitrophes concernés, l'heure d'hiver a été retenue

• capitale d'État

ET LES FUSEAUX HORAIRES

DEPUIS LA LIGNE DE CHANGEMENT DE DATE

ligne de changement de date

nombre d'heures à ajouter à l'heure de fuseau 0 pour obtenir l'heure locale

AXÉ SUR LE MÉRIDIEN ORIGINE (GREENWICH)

MONEIN (64360), ch.-l. de c. des Pyrénées-Atlantiques ; 4 061 h. Gaz naturel.

MONESTIÉS (81640), ch.-l. de c. du Tarn ; 1 373 h.

MONET (Claude), peintre français (Paris 1840 - Giverny, Eure, 1926). Ce fut du titre de son tableau *Impression, soleil levant* (1872) que vint le nom de l'école « impressionniste », dont il est le représentant le plus typique : *Femmes au jardin,* (1867), *le Déjeuner* (v. 1873), musée d'Orsay ; *la Grenouillère* (1869), New York ; paysages d'Argenteuil et de Vétheuil ; séries des « Gare Saint-Lazare », des « Meules », « Peupliers » et « Cathédrale de Rouen », observés aux différentes heures du jour ; « Nymphéas* » de Giverny (1898-1926).

Claude **Monet :** *Essai de figure en plein air* (1886). [Musée d'Orsay, Paris.]

MONÊTIER-LES-BAINS (Le) [05220], ch.-l. de c. des Hautes-Alpes ; 995 h. Sports d'hiver. Église du XVe s.

MONFLANQUIN (47150), ch.-l. de c. de Lot-et-Garonne ; 2 461 h. Bastide du XIIIe s.

MONGE (Gaspard), *comte* **de Péluse,** mathématicien français (Beaune 1746 - Paris 1818), créateur de la géométrie descriptive et l'un des fondateurs de l'École polytechnique. Ses cendres ont été transférées au Panthéon en 1989.

MONGIE (la) [65200 Bagnères de Bigorre], station de sports d'hiver des Hautes-Pyrénées, sur la route du Tourmalet (alt. 1 800-2 360 m).

MONGKUT ou **RĀMA IV** (Bangkok 1804 - *id.* 1868), roi de Siam (1851-1868). Il ouvrit son pays à l'influence étrangère et évita la colonisation en renonçant au Cambodge, au Laos et à la Malaisie.

MONGOLIE, région de l'Asie centrale, souvent aride, aux étés chauds, mais aux hivers très rigoureux, correspondant au désert de Gobi et à sa bordure montagneuse (Grand Khingan, Altaï, Tian Shan).

MONGOLIE, anc. **Mongolie-Extérieure,** État de l'Asie centrale ; 1 565 000 km² ; 2 300 000 h. *(Mongols).* CAP. *Oulan-Bator.* LANGUE : *khalkha.* MONNAIE : *tugrik.* S'étendant sur la partie septentrionale de la Mongolie, c'est un pays d'élevage (ovins surtout) dont la population est en voie de sédentarisation. Autonome en 1911, la Mongolie-Extérieure, aidée à partir de 1921 par la Russie soviétique, devient une république populaire en 1924 et accède à l'indépendance en 1945. Elle est dirigée successivement par Tchoibalsan* (1939-1952), puis par Ioumjaguine Tsedenbal (1952-1984) et Jambyn Batmönkh (1984-1990). En 1990, le parti unique renonce au monopole du pouvoir.

MONGOLIE-INTÉRIEURE, région autonome de la Chine septentrionale ; 1 200 000 km² ; 19 560 000 h. Cap. *Houhehot.*

MONGOLS, peuple de haute Asie vivant auj. princ. en République de Mongolie, en Russie et en Chine. Avant la fondation de l'Empire mongol par Gengis Khān (XIIIe s.), les peuples de langue mongole sont appelés « Proto-Mongols ». Parmi eux, les Xianbei (IIe-IIIe s.), les Ruanruan (Ve-VIe s.), les Kitan (Xe-XIIe s.) ont fondé des royaumes en Mandchourie ou en Chine. Fédérés par Gengis Khān (1206), les Mongols entreprennent des conquêtes sauvages et destructrices : conquête de la Chine du Nord (1211-1216), du Khārezm et de la Transoxiane (1219-1221), du Khorāsān et de l'Afghanistan (1221-22) par Gengis Khān ; campagnes de Bātū Khān en Russie et en Hongrie (1236-1242) ; soumission de l'Iran, de l'Iraq et de la Syrie par Hūlāgū (1256-1260) ; conquête de la Chine du Sud (1236-1279) achevée par Kūbīlāy Khān. L'empire ainsi constitué est gouverné par le grand khan. Il se transforme à la fin du XIIIe s. en une fédération d'États dont les dirigeants (mongols) assimilent la civilisation de leurs sujets : Horde d'Or (1236, 1240-1502), qui domine la Russie, la Crimée et la Sibérie, Ilkhans d'Iran (1256-1335), Yuan de Chine (1279-1368). Après la dislocation de l'empire, les tribus de Mongolie n'émergent de l'anarchie que sous le règne de quelques khans : Dayan Khān (1481-1543), Altan Khān (1543-1583). Les Mongols orientaux (Khalkhas) se soumettent entre 1627 et 1691 aux Mandchous, fondateurs de la dynastie chinoise des Qing, qui écrasent l'empire des Dzoungars en 1754-1756. Le sud-est de la Mongolie (Mongolie-Intérieure) reste chinois après l'avènement de la république en Chine (1911). La Mongolie-Extérieure devient autonome la même année.

MONG-TSEU → ***Mencius.***

MONICELLI (Mario), cinéaste italien (Viareggio 1915), auteur de comédies pleines de verve satirique : *le Pigeon* (1958), *la Grande Guerre* (1959), *Un bourgeois tout petit petit* (1977).

MONIQUE *(sainte)* [Thagaste v. 331 - Ostie 387]. Mère de saint Augustin, elle se consacra à la conversion de son fils.

MONISTROL-SUR-LOIRE (43120), ch.-l. de c. de la Haute-Loire ; 6 497 h. Constructions mécaniques. Anc. château des évêques du Puy (XVe et XVIIe s.).

Moniteur universel (le) ou **Gazette nationale,** journal lancé par Panckoucke en 1789 pour publier les débats de l'Assemblée constituante. En 1799, il publia les actes du gouvernement et devint en 1848 le *Journal* officiel de la République française.*

MONIZ (António Caetano **Egas**), médecin portugais (Avanca 1874 - Lisbonne 1955), promoteur de l'angiographie cérébrale. Il a reçu le prix Nobel en 1949 pour ses travaux sur la lobotomie.

MONK (George), *duc* **d'Albemarle,** général anglais (Potheridge 1608 - White Hall 1670). Lieutenant de Cromwell, il combattit les royalistes. Maître du pays après la mort du lord-protecteur, il prépara le retour de Charles II (1660).

MONK (Thelonious Sphere), pianiste, compositeur et chef d'orchestre de jazz noir américain (Rocky Mount, Caroline du Nord, 1917 - Englewood, New Jersey, 1982). Pionnier du style be-bop dans les années 40, il exerça une influence prépondérante sur le jazz moderne.

MONLUC ou **MONTLUC** (Blaise **de Lasseran Massencome,** *seigneur* **de),** maréchal de France (Saint-Puy, Gers, v. 1502 - Estillac, Lot-et-Garonne, 1577). Il combattit dans l'armée de François Ier (Pavie, 1525) et de Henri II, capitula à Sienne après une défense héroïque (1555) et lutta en France contre les huguenots. Il est l'auteur de *Commentaires* (1592).

MONMOUTH (James **Scott,** *duc* **de**), fils naturel de Charles II Stuart (Rotterdam 1649 - Londres 1685). Chef de l'opposition protestante après l'accession au trône de Jacques II (1685), il tenta vainement de le renverser et fut exécuté.

Monnaie *(hôtel de la),* à Paris, quai de Conti, siège de l'administration française des Monnaies et Médailles ainsi que d'un Musée monétaire. C'est le chef-d'œuvre (achevé en 1777), typique du style Louis XVI, de l'architecte Jacques Denis Antoine (1733-1801).

MONNERVILLE (Gaston), homme politique français (Cayenne 1897 - Paris 1991), président du Conseil de la République de 1947 à 1958, puis du Sénat jusqu'en 1968.

MONNET (Jean), homme politique et économiste français (Cognac 1888 - Bazoches-sur-Guyonne, Yvelines, 1979). De 1915 à 1944, il alterne la gestion d'entreprises privées et le service public français et international (britannique pendant la Seconde Guerre mondiale). Auteur du premier plan de modernisation et d'équipement français, il en assure la mise en œuvre (1945-1952). Initiateur de la C. E. C. A., il la préside de 1952 à 1955, et demeure jusqu'en 1975 l'un des principaux artisans de la construction européenne. Ses cendres ont été transférées au Panthéon en 1988.

MONNIER (Henri), écrivain et caricaturiste français (Paris 1799 - *id.* 1877), créateur de *Joseph Prudhomme,* type de bourgeois inepte et sentencieux.

MONNOYER (Jean-Baptiste), peintre français (Lille v. 1636 - Londres 1699), l'un des décorateurs du château de Versailles, spécialiste des compositions florales.

MONOD (Jacques), biochimiste français (Paris 1910 - Cannes 1976). Auteur de travaux de biologie moléculaire, il a reçu le prix Nobel de physiologie et de médecine (avec F. Jacob et A. Lwoff) en 1965 pour avoir élucidé le mécanisme de la régulation génétique au niveau cellulaire.

MONOD (Théodore), naturaliste français (Rouen 1902). Il a décrit la géologie, la faune et la flore de la partie la plus désertique du Sahara. Humaniste, défenseur de la nature, militant pacifiste, il est aussi un écrivain scientifique dans la lignée des encyclopédistes.

MONOMOTAPA *(empire du),* ancien État de la région du Zambèze qui s'est constitué au XVe s. Il avait Zimbabwe pour capitale et éclata en quatre territoires au XVIe s.

MONORY (Jacques), peintre français (Paris 1934). Il a pris pour matériau de base de ses compositions, à partir de 1965, des images photographiques qu'il interprète à l'aide d'une touche froide, neutre, souvent en monochromie bleue (*Meurtre nº 10,* 1968, M. N. A. M.).

MONORY (René), homme politique français (Loudun 1923). Centriste, ministre de l'Industrie, du Commerce et de l'Artisanat (1977-78), de l'Économie (1978-1981), puis de l'Éducation nationale (1986-1988), il est élu à la présidence du Sénat en 1992.

MONPAZIER (24540), ch.-l. de c. de la Dordogne ; 534 h. Bastide fondée par les Anglais à la fin du XIIIe s. (belle place à cornières).

MONREALE, v. d'Italie (Sicile) ; 25 537 h. Cathédrale du XIIe s. (riches mosaïques byzantines ; cloître).

MONROE (James), homme politique américain (Monroe's Creek, Virginie, 1758 - New York 1831), président républicain des États-Unis de 1817 à 1825. Son nom est resté attaché à la doctrine qu'il énonça en 1823 et qui repousse toute intervention européenne dans les affaires de l'Amérique comme de l'Amérique dans les affaires européennes.

MONROE (Norma Jean **Baker** ou **Mortenson,** dite **Marilyn**), actrice américaine (Los Angeles 1926 - *id.* 1962). Elle incarna le mythe de la star hollywoodienne dans toute sa beauté et sa vulnérabilité : *Les hommes préfèrent les blondes* (H. Hawks, 1953); *Sept Ans de réflexion* (B. Wilder, 1955), *les Misfits* (J. Huston, 1961).

MONROVIA, cap. et principal port du Liberia ; 306 000 h.

MONS [mɔ̃s], en néerl. **Bergen,** v. de Belgique, ch.-l. du Hainaut ; 91 726 h. Centre administratif et commercial. Université. Collégiale Ste-Waudru, des XVe-XVIIe s. (œuvres d'art), et autres monuments. Musées. Siège du SHAPE.

MONSÉGUR (33580), ch.-l. de c. de la Gironde ; 1 544 h. Bastide du XIIIe s.

MONS-EN-BARŒUL (59370), comm. du Nord ; 23 626 h. Textile.

MONS-EN-PÉVÈLE (59246), comm. du Nord ; 2 069 h.

Monsieur *(paix de),* dite aussi **paix de Beaulieu** ou **paix de Loches** (1576), paix signée au château de Beaulieu, près de Loches, par l'intermédiaire du duc d'Alençon, chef du parti catholique (les « politiques »). Henri III y accordait certains avantages aux protestants.

MONSIGNY (Pierre Alexandre), compositeur français (Fauquembergues 1729 - Paris 1817), un des fondateurs de l'opéra-comique (*le Déserteur,* 1769).

MONSTRELET (Enguerrand **de**), chroniqueur français (Montrelet ?, Picardie, v. 1390 - v. 1453), auteur d'une *Chronique* qui s'étend de 1400 à 1444.

MONTAGNAC (34530), ch.-l. de c. de l'Hérault ; 2 977 h. Église gothique.

MONTAGNAIS, Indiens algonquins d'Amérique du Nord.

Montagnards, députés membres du groupe de la Montagne.

Montagne, groupe politique, né de la Révolution française, qui connut son apogée au printemps 1793, avec 300 députés, pour la plupart élus de Paris et des villes, et que dirigèrent Danton, Marat et Robespierre. Membres des clubs des Cordeliers ou des Jacobins, adversaires de la monarchie, favorables à un régime centralisateur, les Montagnards préconisèrent des mesures sociales et s'appuyèrent sur les sans-culottes pour triompher de leurs adversaires de la Gironde, qu'ils éliminèrent les 31 mai et 2 juin 1793. Maîtres du pouvoir sous la Convention, ils imposèrent une politique de salut public (seconde Terreur) qui dura jusqu'à leur chute, le 9 thermidor. — Sous la IIe République, les députés de l'extrême gauche reprirent pour désigner leur groupe politique le nom de « Montagne ».

MONTAGNE (La) [44620], comm. de la Loire-Atlantique, sur la Loire (r. g.) ; 5 627 h. Armement.

Montagne (la), quotidien régional français créé à Clermont-Ferrand en 1919.

Montagne Blanche *(bataille de la)* [8 nov. 1620], défaite infligée près de Prague à l'armée des États de Bohême par Ferdinand II.

MONTAGNE NOIRE, massif montagneux de la bordure méridionale du Massif central, culminant au pic de Nore (1 210 m). — Ligne de hauteurs de la Bretagne occidentale (Finistère et Morbihan).

MONTAGNIER (Luc), médecin français (Chabris, Indre, 1932). Il a découvert en 1983 avec son équipe de l'Institut Pasteur le virus LAV (dénomination internationale HIV) associé au sida.

MONTAIGNE (Michel **Eyquem de**), écrivain français (château de Montaigne, auj. comm. de Saint-Michel-de-Montaigne, Dordogne, 1533 - *id.* 1592). Conseiller à la cour des aides de Périgueux, puis au parlement de Bordeaux, où il rencontre Étienne de La Boétie, il se démet de sa charge (1570) pour se consacrer au loisir de sa bibliothèque (sa « librairie »). Au fil de ses lectures, il note ses réflexions, ses réactions : ainsi se font les *Essais**, dont la première édition paraît en 1580. Jusqu'à sa mort, il ne cessera d'enrichir cet ouvrage, qui, dès 1588, comportera trois livres et dont l'édition définitive paraîtra en 1595 grâce à sa « fille d'alliance » Mlle de Gournay et à Pierre de Brach. Il s'y peint lui-même, mais, à travers les contradictions de sa propre nature, il découvre l'impuissance de l'homme à trouver la vérité et la justice. Le voyage que Montaigne accomplit à travers l'Europe en 1580 et en 1581, et dont il laisse un *Journal,* ne fait que lui confirmer la relativité des choses humaines. Il juge que l'« art de vivre » doit se fonder sur une sagesse prudente, inspirée par le bon sens et la tolérance.

MONTAIGU (85600), ch.-l. de c. de la Vendée ; 4 379 h. Mobilier. Musée du Nord de la Vendée.

MONTAIGU-DE-QUERCY (82150), ch.-l. de c. de Tarn-et-Garonne ; 1 640 h.

MONTAIGUT (63700), ch.-l. de c. du Puy-de-Dôme ; 1 272 h.

MONTAIGU-ZICHEM → ***Scherpenheuvel-Zichem.***

MONTALE (Eugenio), poète italien (Gênes 1896 - Milan 1981). Son œuvre, à l'origine de l'« hermétisme », est une longue résistance à l'égard des conventions de la rhétorique et de la vie (*Os de seiche,* 1925 ; *les Occasions,* 1939 ; *Satura,* 1971). [Prix Nobel 1975.]

MONTALEMBERT (Charles **Forbes,** *comte* **de**), publiciste et homme politique français (Londres 1810 - Paris 1870). Disciple de La Mennais, qu'il ne suivit pas dans sa rupture avec Rome (1834), il lutta pour les libertés de l'Église. Chef du parti catholique de 1848 à 1851, il se rallia d'abord à Louis Napoléon ; puis membre du corps législatif (1852-1857) et chef du catholicisme libéral, il s'opposa au despotisme impérial comme au catholicisme intransigeant (Louis Veuillot) à travers le journal *le Correspondant.* [Acad. fr.]

MONTALEMBERT (Marc René, *marquis* **de**), général français (Angoulême 1714 - Paris 1800). Précurseur de la fortification du XIXe s., il inaugura le tracé polygonal.

MONTALIVET (33930 Vendays Montalivet), station balnéaire de la côte landaise (Gironde). Centre naturiste.

MONTAN → ***Montanus.***

MONTANA, un des États unis d'Amérique (Rocheuses) ; 381 000 km² ; 799 065 h. Cap. *Helena.*

MONTANA-VERMALA, station de sports d'hiver de Suisse, dans le Valais.

MONTAND (Ivo **Livi**, dit **Yves**), chanteur et acteur français d'origine italienne (Monsummano, Toscane, 1921 - Senlis 1991). Dans la lignée de ses chansons chaleureuses et de ses rôles au cinéma (*le Salaire de la peur,* 1953 ; *Z,* 1969 ; *l'Aveu,* 1970), il a voulu faire de son engagement la prise de conscience des bouleversements du monde contemporain.

MONTANUS ou **MONTAN,** prêtre phrygien de Cybèle, converti au christianisme, fondateur du *montanisme* (IIe s.). Il prétendit être la voix de l'Esprit Saint venu compléter la Révélation de Jésus-Christ et, à ce titre, développa une doctrine, dite aussi « hérésie phrygienne », qui prophétisait l'imminence de la fin du monde. Tertullien (v. 207) se rallia à ses idées.

MONTARGIS (45200), ch.-l. d'arr. du Loiret, sur le Loing ; 16 570 h. *(Montargois)* [plus de 50 000 h. dans l'agglomération, industrialisée]. Église des XIIe-XVIe s. Musée Girodet.

MONTASTRUC-LA-CONSEILLÈRE (31380), ch.-l. de c. de la Haute-Garonne ; 2 113 h.

MONTATAIRE (60160), ch.-l. de c. de l'Oise, près de Creil ; 12 390 h. Métallurgie. Chimie. Église des XIIe-XVe s.

MONTAUBAN (82000), ch.-l. du dép. de Tarn-et-Garonne, sur le Tarn, à 629 km au sud de Paris ; 53 278 h. *(Montalbanais).* Évêché. Centre administratif et commercial. Agroalimentaire. Cathédrale des XVIIe-XVIIIe s. Musée Ingres (Ingres, Bourdelle, etc.). Place de sûreté protestante en 1570, Montauban résista héroïquement aux troupes royales du duc de Luynes en 1621.

MONTAUBAN-DE-BRETAGNE (35360), ch.-l. de c. d'Ille-et-Vilaine ; 3 936 h. Fromagerie.

MONTAUSIER (Charles **de Sainte-Maure,** *marquis,* puis *duc* **de**), général français (1610 - Paris 1690), gouverneur du Dauphin, fils de Louis XIV. Pour sa future femme, **Julie d'Angennes** (Paris 1607 - *id.* 1671), il fit composer *la Guirlande* de Julie.*

MONTBARD (21500), ch.-l. d'arr. de la Côte-d'Or ; 7 397 h. *(Montbardois).* Métallurgie. Musée archéologique et musée Buffon dans les restes du château.

MONTBAZENS [-zɛ̃s] (12220), ch.-l. de c. de l'Aveyron ; 1 410 h.

MONTBAZON (37250), ch.-l. de c. d'Indre-et-Loire ; 3 367 h. Donjon des XIe-XIIe s.

MONTBÉLIARD (25200), ch.-l. d'arr. du nord du Doubs ; 30 639 h. *(Montbéliardais)* [près de 120 000 h. dans l'agglomération]. Centre métallurgique. Château des XVe-XVIIIe s. Musées.

MONT-BLANC *(massif du)* → ***Blanc (mont).***

MONTBRISON (42600), ch.-l. d'arr. de la Loire ; 14 591 h. *(Montbrisonnais).* Jouets. Constructions mécaniques. Importante église des XIIIe-XVe s.

MONTBRON (16220), ch.-l. de c. de la Charente ; 2 438 h. Textile. Église romane.

MONTCALM *(pic de),* sommet des Pyrénées ariégeoises ; 3 078 m.

MONTCALM DE SAINT-VÉRAN (Louis Joseph, *marquis* **de**), général français (Candiac, près de Nîmes, 1712 - Québec 1759). Commandant des troupes de Nouvelle-France, il fut tué au combat.

MONTCEAU-LES-MINES (71300), ch.-l. de c. de Saône-et-Loire, sur la Bourbince ; 23 308 h. *(Montcelliens).* Caoutchouc. Constructions mécaniques. Bonneterie.

MONTCENIS (71710), ch.-l. de c. de Saône-et-Loire ; 2 359 h. Église gothique.

MONTCHANIN (71210), ch.-l. de c. de Saône-et-Loire ; 5 998 h. Gare de triage.

MONTCHRESTIEN (Antoine **de**), auteur dramatique et économiste français (Falaise v. 1575 - les Tourailles, près de Domfront, 1621). Auteur de tragédies *(l'Écossaise),* on lui doit également un *Traité de l'économie politique* (1615). Il aurait créé l'expression « économie politique ».

MONTCUQ [-kyk] (46800), ch.-l. de c. du Lot ; 1 250 h.

MONT-DAUPHIN (05600), comm. des Hautes-Alpes ; 73 h. Forteresse de Vauban, dominant le confluent de la Durance et du Guil.

MONT-DE-MARSAN (40000), ch.-l. du dép. des Landes, au confl. du Midou et de la Douze, à 687 km au sud-ouest de Paris ; 31 864 h. *(Montois).* Centre administratif et commercial. Musée du donjon Lacataye. Base aérienne militaire.

Jean **Monnet**

Marilyn **Monroe**

Montaigne
(E. Martellange - coll. priv.)

Montcalm de Saint-Véran
(Archives publiques du Canada)

MONTDIDIER (80500), ch.-l. d'arr. de la Somme, sur une colline ; 6 506 h. *(Montdidériens).* Articles de voyages.

Montdidier *(bataille de)* [1918], nom donné à l'offensive allemande du 21 mars (qui enfonça le front franco-anglais, créant la « poche de Montdidier ») et à la contre-offensive de Foch du 8 août qui amorça le repli général de l'armée allemande.

MONT-DORE *(massif du)* → ***Dore*** *(monts).*

MONT-DORE ou **LE MONT-DORE** (63240), comm. du Puy-de-Dôme ; 2 006 h. Station thermale (asthme et affections respiratoires). Sports d'hiver (alt. 1 050-1 846 m).

MONTE (Philippus **de**), compositeur flamand (Malines 1521 - Prague 1603), un des maîtres de la musique polyphonique, auteur de messes, motets et madrigaux.

MONTE ALBÁN, centre religieux puis urbain des Zapotèques*, près d'Oaxaca, florissant entre 300 et 900. Vestiges architecturaux et nécropoles ayant livré des peintures murales et d'innombrables urnes funéraires décorées d'effigies modelées de dieux. Le site a été réutilisé comme nécropole par les Mixtèques.

MONTEBELLO DELLA BATTAGLIA, village d'Italie (Lombardie) ; 1 556 h. Victoires françaises sur les Autrichiens le 9 juin 1800 et le 20 mai 1859.

MONTEBOURG (50310), ch.-l. de c. de la Manche ; 2 277 h. Église du XVe s.

MONTE-CARLO, quartier de la principauté de Monaco, où se trouve le casino. Il a donné son nom à un important rallye automobile annuel.

Monte-Carlo *(Radio-* et *Télé-),* société et stations de radiodiffusion et de télévision créées en 1942, dont les studios sont à Monaco et à Paris.

MONTECATINI-TERME, station thermale d'Italie (Toscane) ; 20 209 h.

MONTECH (82700), ch.-l. de c. de Tarn-et-Garonne ; 3 122 h. Église du XIVe s.

MONTECRISTO, îlot italien, situé au sud de l'île d'Elbe, rendu célèbre par le roman d'Alexandre Dumas père *le Comte de Monte-Cristo.*

MONTECUCCOLI ou **MONTECUCCULI** (Raimondo, *prince*), maréchal italien au service de l'Empire (près de Modène 1609 - Linz 1680). Il commanda les impériaux contre les Turcs (Saint-Gotthard, 1664) puis lors de la guerre de Hollande.

MONTEGO BAY, station balnéaire de la Jamaïque ; 43 000 h. Aéroport.

MONTÉLIMAR (26200), ch.-l. de c. de la Drôme, près du Rhône ; 31 386 h. *(Montiliens).* Nougats. Château fort.

MONTEMAYOR (Jorge **de**), poète espagnol (Montemor-o-Velho, Portugal, v. 1520 - au Piémont 1561), auteur de *la Diane* (1559), roman pastoral.

MONTEMBŒUF (16310), ch.-l. de c. de la Charente ; 741 h. Tumulus.

MONTEMOLÍN (Charles, *comte* **de**) → ***Charles de Bourbon.***

MONTENDRE (17130), ch.-l. de c. de la Charente-Maritime ; 3 185 h.

MONTÉNÉGRO, République fédérée de la Yougoslavie ; 13 812 km² ; 600 000 h. *(Monténégrins).* Cap. *Podgorica.*

HISTOIRE

XIe s. : la région, appelée Dioclée puis Zeta, devient le centre d'un État. XIIIe-XIVe s. : elle est incluse dans le royaume serbe. 1360-1479 : elle est à nouveau indépendante. 1479-1878 : le Monténégro est sous la domination ottomane. 1782-1918 : sous les princes Pierre Ier (1782-1830), Pierre II (1830-1851), Danilo Ier (1851-1860) et Nicolas Ier (1860-1918), un État moderne est organisé. 1918 : il est rattaché à la Serbie. 1945 : le Monténégro devient une des six Républiques fédérées de la Yougoslavie. 1992 : il s'unit à la Serbie pour former la nouvelle République fédérale de Yougoslavie.

Montenotte *(bataille de)* [12 avr. 1796], victoire de Bonaparte sur les Autrichiens dans la localité de Montenotte (comm. de Cairo-Montenotte, Ligurie), sur la Bormida.

MONTÉPIN (Xavier **de**), écrivain français (Apremont, Haute-Saône, 1823 - Paris 1902), auteur de romans-feuilletons et de drames populaires *(la Porteuse de pain).*

MONTEREAU-FAULT-YONNE ou **MONTEREAU** (77130), ch.-l. de c. de Seine-et-Marne, au confluent de la Seine et de l'Yonne ; 18 936 h. *(Monterelais).* Centrale thermique. Métallurgie. Électronique. Église des XIVe-XVIe s.

MONTERÍA, v. du nord-ouest de la Colombie ; 172 000 h.

MONTERREY, v. du Mexique septentrional ; 2 521 697 h. Sidérurgie. Chimie.

MONTES → ***Montez.***

MONTES CLAROS, v. du Brésil (Minas Gerais) ; 247 286 h.

MONTESPAN (31260), comm. de la Haute-Garonne ; 401 h. Grotte ornée de gravures pariétales et de figures modelées en argile (magdalénien).

MONTESPAN (Françoise Athénaïs **de Rochechouart,** *marquise* **de**) [Lussac-les-Châteaux, Vienne, 1640 - Bourbon-l'Archambault 1707], maîtresse (1667-1679) de Louis XIV, dont elle eut huit enfants.

MONTESQUIEU (Charles **de Secondat,** *baron* **de La Brède et de**), écrivain français (château de La Brède, près de Bordeaux, 1689 - Paris 1755), auteur des *Lettres* persanes* (1721), des *Considérations* sur les causes de la grandeur des Romains et de leur décadence* (1734) et de *De l'esprit* des lois* (1748). Ce dernier ouvrage inspira la Constitution de 1791 et fut à l'origine des doctrines constitutionnelles libérales, qui reposent sur la séparation des pouvoirs législatif, exécutif et judiciaire. (Acad. fr.)

MONTESQUIEU-VOLVESTRE (31310), ch.-l. de c. de la Haute-Garonne ; 2 146 h. Église fortifiée des XIVe-XVIe s.

MONTESQUIOU-FEZENSAC (François, *duc* **de**), homme politique français (Marsan, Gascogne, 1756 - Cirey-sur-Blaise 1832). Député du clergé aux États généraux, il s'opposa à la Constitution civile du clergé (1798), puis émigra ; il fut ministre de l'Intérieur (1814-15). [Acad. fr.]

MONTESSON (78360), comm. des Yvelines, sur la Seine ; 12 403 h.

MONTESSORI (Maria), médecin et pédagogue italienne (Chiaravalle, près d'Ancône, 1870 - Noordwijk, Pays-Bas, 1952). Elle est l'auteur d'une méthode destinée à favoriser le développement des enfants par la manipulation d'objets, de matériels et par le jeu et la maîtrise de soi (*Pédagogie scientifique,* 1909).

MONTEUX (84170), comm. de Vaucluse ; 8 232 h. Pyrotechnie.

MONTEUX (Pierre), chef d'orchestre et violoniste français naturalisé américain (Paris 1875 - Hancock, Maine, 1964). Il dirigea l'Orchestre symphonique de Paris. Il a créé *le Sacre du printemps,* de Stravinsky.

MONTEVERDI (Claudio), compositeur italien (Crémone 1567 - Venise 1643), un des créateurs de l'opéra en Italie, auteur de *l'Orfeo* (1607), d'*Arianna* (1608), du *Retour d'Ulysse* (1641), du *Couronnement de Poppée* (1642) et de neuf livres de madrigaux et cantates, qui ont, pour une part, révolutionné le langage musical. Il fut maître de chapelle de St-Marc de Venise (messes, psaumes).

MONTEVIDEO, cap. de l'Uruguay, sur le río de la Plata ; 1 346 000 h. Exportation de viandes, laines, peaux. Industries alimentaires et textiles.

MONTEYNARD (38135), comm. de l'Isère ; 331 h. Centrale hydroélectrique sur le Drac.

MONTEZ ou **MONTES** (Maria Dolores Eliza **Gilbert,** dite **Lola**), aventurière irlandaise (Limerick 1818 - New York 1861). Elle séduisit le roi Louis Ier de Bavière, dont elle provoqua l'abdication (1848). Sa vie a inspiré à Max Ophuls le film *Lola* Montes.*

MONTEZUMA → ***Moctezuma.***

MONTFAUCON, localité située jadis hors de Paris, entre La Villette et les Buttes-Chaumont, où s'élevait un gibet construit au XIIIe s.

MONTFAUCON (Bernard **de**), bénédictin de la congrégation de Saint-Maur (Soulage, Languedoc, 1655 - Paris 1741), fondateur de la paléographie.

MONTFAUCON-D'ARGONNE (55270), anc. **Montfaucon,** ch.-l. de c. de la Meuse ; 320 h. Victoire franco-américaine (sept. 1918). Mémorial militaire.

MONTFAUCON-EN-VELAY (43290), ch.-l. de c. de la Haute-Loire ; 1 416 h.

MONTFERMEIL (93370), ch.-l. de c. de la Seine-Saint-Denis ; 25 695 h. Métallurgie.

MONTFERRAND, faubourg de Clermont-Ferrand. Maisons gothiques et Renaissance.

MONTFERRAT (*maison* **de**), famille lombarde, issue d'Aleran, premier marquis de Montferrat (m. v. 991) et qui joua un rôle important dans les croisades, avec **Conrad Ier*** et **Boniface Ier de Montferrat** (m. en Anatolie en 1207), roi de Thessalonique (1204-1207), l'un des chefs de la 4e croisade.

MONTFORT (35160), ch.-l. de c. d'Ille-et-Vilaine ; 4 772 h. *(Montfortais).* Abattoir.

MONTFORT (Jean **de Bretagne,** *comte* **de**) → ***Jean de Montfort.***

MONTFORT (**Simon IV le Fort,** *sire* **de**), seigneur français (v. 1150 - Toulouse 1218), chef de la croisade contre les albigeois, tué au combat. — Son fils aîné, **Amaury VI,** *comte* **de Montfort** (1192 - Otrante v. 1241), fut connétable de France (1230). — **Simon de Montfort,** *comte* **de Leicester** (v. 1208 - Evesham 1265), 3e fils de Simon IV, fut le chef de la révolte des barons contre Henri III d'Angleterre (1258).

MONTFORT-EN-CHALOSSE (40380), ch.-l. de c. des Landes ; 1 126 h.

MONTFORT-L'AMAURY (78490), ch.-l. de c. des Yvelines ; 2 762 h. Église de la fin du XVe s. (vitraux). Musée Maurice-Ravel, dans la maison du compositeur.

MONTFORT-LE-GESNOIS (72450), ch.-l. de c. de la Sarthe ; 2 673 h.

MONTGAILLARD (09000), ch.-l. de c. de l'Ariège ; 1 323 h.

MONTGENÈVRE (05100), comm. des Hautes-Alpes, près du *col de Montgenèvre* (1 850 m) ; 521 h. Sports d'hiver (jusqu'à 2 800 m).

MONTGERON (91230), ch.-l. de c. de l'Essonne ; 21 818 h.

MONTGISCARD (31450), ch.-l. de c. de la Haute-Garonne ; 1 803 h.

MONTGOLFIER (les frères **de**), industriels et inventeurs français. — **Joseph** (Vidalon-lès-Annonay, Ardèche, 1740 - Balaruc-les-Bains, Hérault, 1810) et **Étienne** (Vidalon-lès-Annonay 1745 - Serrières, Ardèche, 1799) inventèrent le ballon à air chaud, ou *montgolfière* (1783), et une machine servant à élever l'eau, dite « bélier hydraulique », et rénovèrent la technique française de la papeterie.

MONTGOMERY, v. des États-Unis, cap. de l'Alabama ; 187 106 h.

la marquise de **Montespan** (P. Mignard - musée du Berry, Bourges)

Montesquieu (château de Versailles)

Claudio **Monteverdi** (musée régional du Tyrol, Innsbruck)

Montgomery of Alamein

MONTGOMERY (Gabriel, *seigneur* **de Lorges,** *comte* **de**), homme de guerre français (v. 1530 - Paris 1574). Capitaine de la garde écossaise sous Henri II, il blessa mortellement ce roi dans un tournoi (1559), devint un des chefs protestants et fut décapité.

MONTGOMERY OF ALAMEIN (Bernard **Law Montgomery,** 1er *vicomte*), maréchal britannique (Londres 1887 - Isington Mill, Hampshire, 1976). Il vainquit Rommel à El-Alamein (1942), puis commanda un groupe d'armées en Normandie, en Belgique et en Allemagne (1944-45). Il fut adjoint au commandant suprême des forces atlantiques en Europe de 1951 à 1958.

MONTGUYON (17270), ch.-l. de c. de la Charente-Maritime ; 1 654 h. Argiles. Ruines féodales.

MONTHERLANT (Henry **Millon de**), écrivain français (Paris 1895 - *id.* 1972). Auteur de romans qui exaltent la vigueur physique et morale *(les Bestiaires)* ou expriment une vision de moraliste désabusé *(les Célibataires, les Jeunes Filles),* il a tenté dans son théâtre de retrouver l'austérité de la tragédie classique (*la Reine* morte,* 1942 ; *le Maître de Santiago,* 1948 ; *Port-Royal,* 1954). [Acad. fr.]

MONTHERMÉ (08800), ch.-l. de c. des Ardennes ; 2 906 h. Église des XIIe-XVe s.

MONTHEY, comm. de Suisse (Valais) ; 13 790 h. Taillerie de pierres précieuses. Mécanique. Château reconstruit au XVIIe s.

MONTHOLON (Charles Tristan, *comte* **de**), général français (Paris 1783 - *id.* 1853). Chambellan du palais, il accompagna Napoléon Ier à Sainte-Hélène (1815-1821). Il publia des *Mémoires* (1822-1825) et en 1847 des *Récits sur la captivité de Napoléon.*

MONTHUREUX-SUR-SAÔNE (88410), ch.-l. de c. des Vosges ; 1 070 h.

MONTI (Vincenzo), poète italien néoclassique (Alfonsine 1754 - Milan 1828).

MONTICELLI (Adolphe), peintre français (Marseille 1824 - *id.* 1886), auteur de compositions d'une imagination souvent féerique, à la matière triturée et au riche coloris.

MONTIER-EN-DER (52220), ch.-l. de c. de la Haute-Marne ; 2 125 h. *(Dervois).* Haras. Église remontant à la fin du Xe s., anc. abbatiale.

MONTIGNAC (24290), ch.-l. de c. de la Dordogne, sur la Vézère ; 2 983 h. Grotte de Lascaux*.

MONTIGNY-EN-GOHELLE (62640), ch.-l. de c. du Pas-de-Calais ; 10 655 h.

MONTIGNY-EN-OSTREVENT (59182), comm. du Nord ; 5 536 h.

MONTIGNY-LE-BRETONNEUX (78180), ch.-l. de c. des Yvelines, partie de Saint-Quentin-en-Yvelines ; 31 744 h. Agroalimentaire. Électronique.

MONTIGNY-LÈS-CORMEILLES (95370), comm. du Val-d'Oise ; 17 110 h.

MONTIGNY-LÈS-METZ (57158), ch.-l. de c. de la Moselle ; 23 482 h.

MONTIVILLIERS (76290), ch.-l. de c. de la Seine-Maritime ; 17 126 h. Anc. abbatiale des XIe-XIIe et XVe s.

Montjoie !, cri de ralliement des troupes du roi de France, apparu au XIIe s.

MONTLHÉRY (91310), ch.-l. de c. de l'Essonne ; 5 545 h. Ruines d'un château fort (tour). Bataille indécise entre Louis XI et la ligue du Bien public (1465). L'autodrome dit « de Montlhéry » est sur la comm. de Linas.

MONTLIEU-LA-GARDE (17210), ch.-l. de c. de la Charente-Maritime ; 1 330 h.

MONTLOSIER (François **de Reynaud,** *comte* **de**), polémiste et homme politique français (Clermont-Ferrand 1755 - *id.* 1838), auteur d'écrits contre les jésuites, d'inspiration gallicane.

MONT-LOUIS (66210), ch.-l. de c. des Pyrénées-Orientales ; 395 h. Station touristique. Four solaire. Citadelle de Vauban.

MONTLOUIS-SUR-LOIRE (37270), ch.-l. de c. d'Indre-et-Loire ; 8 393 h. Vins blancs.

MONTLUC → ***Monluc.***

MONTLUÇON (03100), ch.-l. d'arr. de l'Allier, sur le Cher ; 46 660 h. *(Montluçonnais).* Pneumatiques. Constructions mécaniques et électriques. Confection. Deux églises et château (musée) du Moyen Âge.

MONTLUEL (01120), ch.-l. de c. de l'Ain ; 6 049 h. Équipements industriels.

MONTMAGNY (95360), comm. du Val-d'Oise ; 11 564 h.

MONTMAJOUR, écart de la comm. d'Arles. Anc. abbaye fondée au Xe s. (église romane du XIIe s., cloître, donjon du XIVe s.).

MONTMARAULT (03390), ch.-l. de c. de l'Allier ; 1 616 h.

MONTMARTRE, anc. comm. de la Seine, annexée à Paris en 1860. La *colline de Montmartre,* ou *butte Montmartre,* porte l'église St-Pierre (fondée en 1134) et la basilique du Sacré-Cœur (fin XIXe s.).

MONTMAURIN (31350), comm. de la Haute-Garonne ; 208 h. Vestiges d'une villa gallo-romaine. La grotte de la Terrasse a livré en 1949 une mandibule datée de la glaciation de Mindel. Ce vestige humain, attribué à un archanthropien, serait, avec l'homme de Tautavel, l'un des plus anciens de France.

MONTMÉDY (55600), ch.-l. de c. de la Meuse ; 2 024 h. Anc. place forte.

MONTMÉLIAN (73800), ch.-l. de c. de la Savoie ; 4 001 h. Matériel électrique. Anc. place forte.

MONTMIRAIL (51210), ch.-l. de c. de la Marne ; 3 826 h. Château reconstruit aux XVIe et XVIIe s. Victoire de Napoléon sur les Prussiens (11 févr. 1814).

MONTMOREAU-SAINT-CYBARD (16190), ch.-l. de c. de la Charente ; 1 202 h. Église romane (XIIe s.). Château du XVe s. avec chapelle romane.

MONTMORENCY (95160), ch.-l. d'arr. du Val-d'Oise, en bordure de la *forêt de Montmorency* (3 500 ha) au nord de Paris ; 21 003 h. *(Montmorencéens).* Église du XVIe s. (vitraux). Maison qui fut habitée par J.-J. Rousseau (musée).

MONTMORENCY, famille française dont les membres les plus célèbres furent : **Mathieu II** (v. 1174-1230), connétable de France, qui prit part à la bataille de Bouvines ; — **Anne** (Chantilly 1493 - Paris 1567), *duc* **de Montmorency,** maréchal et pair de France (1522), connétable (1537), blessé mortellement à Saint-Denis dans un combat contre les calvinistes. Il fut un des principaux conseillers d'Henri II ; — **Henri Ier,** connétable de France (Chantilly 1534 - Agde 1614), qui fut gouverneur du Languedoc ; — **Henri II,** son fils, maréchal de France (1595 - Toulouse 1632), qui se révolta avec Gaston d'Orléans contre Richelieu et fut décapité.

MONTMORENCY-BOUTEVILLE (François **de**), gentilhomme français (1600 - Paris 1627), père du maréchal de Luxembourg. Il se battit en duel en plein midi, place Royale, malgré les édits de Richelieu, et fut décapité.

MONTMORILLON (86500), ch.-l. d'arr. de la Vienne, sur la Gartempe ; 7 276 h. *(Montmorillonnais).* Église Notre-Dame, des XIIe-XIVe s. (peintures murales). Anc. couvent des Augustins, avec parties romanes (musée).

MONTOIR-DE-BRETAGNE (44550), comm. de la Loire-Atlantique ; 6 629 h. Terminal méthanier. Chimie.

MONTOIRE-SUR-LE-LOIR (41800), ch.-l. de c. de Loir-et-Cher ; 4 315 h. Chapelle St-Gilles, avec peintures romanes. Entrevue de Pétain avec Hitler (24 oct. 1940).

MONTPARNASSE, quartier du sud de Paris (essentiellement sur le XIVe arr.). Gare. Centre commercial et de services *(Tour Montparnasse).*

MONTPELLIER [-pə-], ch.-l. de la Région Languedoc-Roussillon et du dép. de l'Hérault, à 753 km au sud de Paris ; 210 866 h. *(Montpelliérains).* Académie et université. Cour d'appel. Évêché. Électronique. Chimie. Cathédrale remontant au XIVe s., anc. abbatiale. Beau centre urbain des XVIIe-XVIIIe s. (promenade du Peyrou, par Daviler et les Giral). Ensemble Antigone de R. Bofill. Musée des Beaux-Arts portant le nom de F.-X. Fabre. École militaire d'administration (1948) et École d'application de l'infanterie (1967). La ville fut dotée, en 1221, d'une école de médecine de grande renommée. Possession du roi d'Aragon puis du roi de Majorque, elle devint française en 1349.

MONTPELLIER-LE-VIEUX, site du causse Noir (Aveyron). Rochers dolomitiques aux formes étranges.

MONTPENSIER (Catherine Marie **de Lorraine,** *duchesse* **de**), fille de François de Guise (Joinville 1551 - Paris 1596). Elle prit une part active aux guerres de la Ligue. — **Anne Marie Louise d'Orléans,** *duchesse* **de Montpensier,** connue sous le nom de **la Grande Mademoiselle** (Paris 1627 - *id.* 1693). Elle prit part aux troubles de la Fronde et, lors de la bataille du faubourg Saint-Antoine, fit tirer le canon de la Bastille sur les troupes royales pour protéger la retraite de Condé (1652). Elle épousa secrètement Lauzun (v. 1682).

MONTPEZAT-DE-QUERCY (82270), ch.-l. de c. de Tarn-et-Garonne ; 1 425 h. Église du XIVe s. (œuvres d'art).

MONTPON-MÉNESTÉROL (24700), ch.-l. de c. de la Dordogne ; 5 509 h. Aux environs, anc. chartreuse de Vauclaire (XIVe s.).

MONTPONT-EN-BRESSE (71470), ch.-l. de c. de Saône-et-Loire ; 1 034 h.

Montrachet [mɔ̃raʃɛ], vignoble de la Côte-d'Or. Vins blancs.

MONTRÉAL [mɔ̃real], v. du Canada (Québec), sur le Saint-Laurent ; 1 017 666 h. *(Montréalais)*

Montherlant
(J.-E. Blanche - musée des Beaux-Arts, Rouen)

Montpellier : un aspect du nouveau quartier *Antigone* (1983 et suiv.), conçu par l'atelier Bofill.

Vue de **Montréal.**
(À droite, le Saint-Laurent.)

[2 905 695 h. dans l'agglomération]. Principal centre industriel du Québec. Aéroports. Port fluvial. Métropole culturelle (deuxième ville francophone du monde). Universités. Musées. La ville a été fondée en 1642, sous le nom de Ville-Marie, près des rapides de Lachine, qui interrompaient la navigation, et en contrebas des hauteurs du mont Royal. Au XIXe s., elle devint le principal centre commercial, puis industriel, du Canada oriental.

MONTRÉAL (11290), ch.-l. de c. de l'Aude ; 1 677 h. Église du XIVe s. (beaux décors).

MONTRÉAL (32250), ch.-l. de c. du Gers ; 1 235 h. Bastide du XIIIe s.

MONTREDON-LABESSONNIÉ [mɔ̃rədɔ̃-] (81360), ch.-l. de c. du Tarn ; 2 131 h. Restes d'un château fort.

MONTRÉJEAU [mɔ̃reʒo] (31210), ch.-l. de c. de Haute-Garonne ; 2 912 h. Marché agricole. Bastide du XIIIe s.

MONTREUIL ou **MONTREUIL-SOUS-BOIS** (93100), ch.-l. de c. de la Seine-Saint-Denis, à l'est de Paris ; 95 038 h. *(Montreuillois).* Centre industriel. Église gothique. Musée historique (mouvement socialiste). Salon du livre de jeunesse.

MONTREUIL ou **MONTREUIL-SUR-MER** (62170), ch.-l. d'arr. du Pas-de-Calais ; 2 676 h. Citadelle et enceinte des XIIIe-XVIIe s. Anc. abbatiale St-Saulve, remontant au XIe s.

MONTREUIL-BELLAY (49260), ch.-l. de c. de Maine-et-Loire, au-dessus du Thouet ; 4 305 h. Fortifications, château et église du Moyen Âge.

MONTREUIL-JUIGNÉ (49460), comm. de Maine-et-Loire ; 6 469 h. Métallurgie.

MONTREUX, v. de Suisse (Vaud), sur le lac Léman ; 22 917 h. Centre touristique et culturel. Une Convention internationale sur le régime juridique international du Bosphore et des Dardanelles y fut signée le 20 juill. 1936.

MONTREVAULT [mɔ̃travo] (49110), ch.-l. de c. de Maine-et-Loire ; 1 307 h.

MONTREVEL-EN-BRESSE [mɔ̃rəvɛl-] (01340), ch.-l. de c. de l'Ain ; 1 992 h.

MONTRICHARD [mɔ̃triʃar] (41400), ch.-l. de c. de Loir-et-Cher, sur le Cher ; 3 814 h. Deux églises en partie du XIIe s. Restes d'un château fort (XIIe-XVe s.).

MONTROND-LES-BAINS [mɔ̃rɔ̃-] (42210), comm. de la Loire ; 3 694 h. Station thermale.

MONTROSE (James **Graham,** *marquis* **de**), général écossais (Montrose 1612 - Édimbourg 1650), partisan de Charles Ier, puis de Charles II. Il fut exécuté.

MONTROUGE [mɔ̃ruʒ] (92120), ch.-l. de c. des Hauts-de-Seine, au sud de Paris ; 38 333 h. *(Montrougiens).* Électronique.

MONT-ROYAL, v. du Canada (Québec), banlieue de Montréal ; 18 212 h.

MONTS (37260), comm. d'Indre-et-Loire ; 6 259 h. Produits pharmaceutiques.

MONTS (Pierre **du Gua,** *sieur* **de**), colonisateur français (en Saintonge v. 1568 - v. 1630), créateur du premier établissement français en Acadie.

MONT-SAINT-AIGNAN (76130), ch.-l. de c. de la Seine-Maritime ; 20 329 h. Centre universitaire.

MONT-SAINT-MARTIN (54350), ch.-l. de c. de Meurthe-et-Moselle ; 8 730 h. Église romane sur une hauteur.

MONT-SAINT-MICHEL (Le) [50116], comm. de la Manche ; 72 h. C'est un îlot rocheux au fond de la *baie du Mont-Saint-Michel,* à l'embouchure du Couesnon, et relié à la côte par une digue depuis 1879. Abbaye bénédictine (966) avec église abbatiale, salles « des Chevaliers » et « des Hôtes », réfectoire, cloître, pour l'essentiel des XIe-XVIe s. Grand centre touristique.

MONTSALVY (15120), ch.-l. de c. du Cantal ; 1 013 h. Église en partie du XIIe s.

MONTSÉGUR (09300), comm. de l'Ariège ; 125 h. Sur un piton, ruines du château qui fut la dernière place forte des albigeois (tombée en 1244).

MONTSERRAT, une des Antilles britanniques ; 106 km^2 ; 12 000 h. Ch.-l. *Plymouth.*

MONTSERRAT, petit massif montagneux de la Catalogne. Monastère bénédictin ; pèlerinage de la Vierge noire.

MONTSÛRS (53150), ch.-l. de c. de la Mayenne ; 2 090 h.

MONTT (Manuel), homme politique chilien (Petorca 1809 - Santiago 1880). Président de la République de 1851 à 1861, il modernisa le pays.

MONTVILLE (76710), anc. **Monville,** comm. de la Seine-Maritime ; 4 258 h. Constructions électriques.

MONTYON (Jean-Baptiste Antoine **Auget,** *baron* **de**), philanthrope français (Paris 1733 - *id.* 1820), fondateur de plusieurs prix de vertu et de littérature, décernés chaque année par l'Académie française.

Monuments français *(musée des),* au palais de Chaillot, à Paris. Remontant à 1937 sous sa forme actuelle, il comprend surtout des moulages de sculptures monumentales et des répliques de peintures murales.

MONZA, v. d'Italie (Lombardie) ; 121 151 h. Cathédrale des XIIe-XVIIIe s. Circuit automobile.

MOORE (Henry), sculpteur et graveur britannique (Castleford, Yorkshire, 1898 - Much Hadham, Hertfordshire, 1986). À partir de 1935 env., son style, biomorphique et monumental, s'est distingué par le jeu des creux et des vides (*Figure étendue,* siège de l'Unesco, Paris).

MOORE (Lillian), danseuse américaine et écrivain de la danse (Chase City, Virginie, 1915 - New York 1967). Son œuvre a fait découvrir les premiers danseurs classiques américains (XIXe s.).

MOORE (Thomas), poète irlandais (Dublin 1779 - Sloperton, Wiltshire, 1852). Chantre de son pays natal *(Mélodies irlandaises),* il composa un grand poème oriental, *Lalla Rookh.*

MOOREA, île de la Polynésie française, à l'ouest de Tahiti ; 9 032 h.

MOOSE JAW, v. du Canada (Saskatchewan), à l'ouest de Regina ; 33 593 h.

MOPTI, v. du Mali, sur le Niger ; 54 000 h.

MORĀDĀBĀD, v. de l'Inde (Uttar Pradesh) ; 432 434 h. Métallurgie. Mosquée du XVIIe s.

MORAIS (Francisco **de**), écrivain portugais (Lisbonne v. 1500 - Évora 1572), auteur du roman de chevalerie *Palmerin d'Angleterre.*

MORALES (Cristóbal **de**), compositeur espagnol (Séville v. 1500 - Málaga ou Marchena 1553). Maître de chapelle à Salamanque, puis à Tolède, il résida longtemps à Rome et devint le polyphoniste religieux le plus représentatif de l'école andalouse. Il est l'auteur de 25 messes (*Missarum Liber* I et II, Rome 1544), de 18 magnificat, de 91 motets.

MORALES (Luis **de**), peintre espagnol (Badajoz v. 1515/1520 - *id.* 1586). Influencé par le maniérisme, il a exécuté de nombreux retables et tableaux de dévotion.

MORAND (Paul), écrivain français (Paris 1888 - *id.* 1976), grand voyageur, peintre mondain et sceptique de la vie moderne *(Ouvert la nuit, Venises).* [Acad. fr.]

MORANDI (Giorgio), peintre et aquafortiste italien (Bologne 1890 - *id.* 1964). Subtiles et économes, ses œuvres, surtout des natures mortes, sont empreintes de poésie contemplative.

MORANE (les frères), industriels et aviateurs français : **Léon** (Paris 1885 - *id.* 1918) et **Robert** (Paris 1886 - *id.* 1968) fondèrent, vers 1910, avec Saulnier, une des premières firmes de construction aéronautique.

MORANGIS (91420), comm. de l'Essonne ; 10 077 h. *(Morangissois).*

MORANTE (Elsa), romancière italienne (Rome 1912 - *id.* 1985), d'inspiration réaliste *(l'Île d'Arturo, la Storia, Aracoeli).*

MORAT, en all. **Murten,** v. de Suisse (cant. de Fribourg), sur le *lac de Morat ;* 4 601 h. Château des XIIIe-XVe s., remparts, maisons anciennes. Victoire des Suisses au service de Louis XI sur Charles le Téméraire (22 juin 1476).

MORATÍN (Nicolás **Fernández de**), poète dramatique espagnol (Madrid 1737 - *id.* 1780). — Son fils **Leandro** (Madrid 1760 - Paris 1828), dit **Moratín le Jeune,** écrivit des comédies inspirées de Molière *(le Oui des jeunes filles).*

MORAVA (la), nom de plusieurs rivières d'Europe centrale : l'une, affl. de g. du Danube (Rép. tchèque, Slovaquie et Autriche), 365 km ; l'autre en Yougoslavie, affl. de dr. du Danube (320 km), formée elle-même par la réunion de la *Morava occidentale* (298 km) et de la *Morava méridionale* (318 km).

MORAVIA (Alberto **Pincherle,** dit **Alberto**), écrivain italien (Rome 1907 - *id.* 1990). Il use des techniques de la philosophie et de la psychologie modernes pour évoquer les problèmes intellectuels et sociaux contemporains *(les Indifférents, l'Ennui).*

MORAVIE, partie orientale de la République tchèque, traversée par la Morava. (Hab. *Moraves.*) V. pr. *Brno* et *Ostrava.*

HISTOIRE

Ier s. av. J.-C. : les Celtes de la région sont refoulés par le peuple germain des Quades. Ve s. apr. J.-C. : les Slaves occupent la région. IXe s. : elle est le centre de l'empire de Grande-Moravie, fondé par Mojmir Ier (m. en 846) et qui englobe la Moravie, la Slovaquie occidentale, la Pannonie, la Bohême, la Silésie et une partie de la Lusace. 902-908 : il est détruit par les Hongrois. 1029 : la Moravie est rattachée à la Bohême. 1182 : elle est érigée en margraviat d'Empire. À partir du milieu du XIIe s., des colons

Le **Mont-Saint-Michel.**
(Abbaye bénédictine fondée en 966.)

Henry **Moore :** *Hill Arches.* Bronze, 1973.
(Exposition à l'Orangerie des Tuileries à Paris en 1977.)

allemands s'établissent dans le nord du pays et dans les villes. 1411 : la Moravie passe sous le gouvernement direct des rois de Bohême.

MORAVSKÁ OSTRAVA → *Ostrava.*

MORAX (René), écrivain suisse d'expression française (Morges 1873 - *id.* 1963), créateur du théâtre populaire suisse.

MORAY *(golfe de),* golfe du nord-est de l'Écosse.

MORAY ou **MURRAY** (Jacques **Stuart,** *comte* **de**), prince écossais (v. 1531 - Linlithgow 1570), fils naturel du roi Jacques V, conseiller de sa demi-sœur Marie Stuart, puis régent d'Écosse (1567-1570).

MORBIHAN (**56**), dép. de la Région Bretagne ; ch.-l. de dép. *Vannes ;* ch.-l. d'arr. *Lorient, Pontivy ;* 3 arr., 42 cant., 261 comm. ; 6 823 km² ; 619 838 h. *(Morbihannais).* Le dép. est rattaché à l'académie et à la cour d'appel de Rennes, à la région militaire Atlantique. Le littoral, précédé d'îles (Groix, Belle-Île), est découpé par des rias (rivières d'Étel, d'Hennebont) et ouvert par le *golfe du Morbihan.* L'intérieur est formé de collines et de plateaux, accidentés seulement par les landes de Lanvaux. L'agriculture est fondée sur une polyculture, à base céréalière, associée à l'élevage (bovins, porcins, volailles), auxquels s'ajoutent quelques secteurs maraîchers. En dehors du tourisme estival (Quiberon, Carnac, etc.), la pêche (Lorient) anime le littoral et fournit la matière première à des conserveries. L'agroalimentaire est, en dehors de Lorient et Vannes (les principales villes), la branche industrielle dominante.

MORBIHAN *(golfe du),* golfe de la côte du dép. du Morbihan. Il renferme de nombreuses îles.

MORCENX [-sɑ̃s] (40110), ch.-l. de c. des Landes ; 4 637 h. Triage ferroviaire.

MORDACQ (Jean Henri), général français (Clermont-Ferrand 1868 - Paris 1943), chef du cabinet militaire de Clemenceau de 1917 à 1920.

MORDELLES (35310), ch.-l. de c. d'Ille-et-Vilaine ; 5 399 h.

MORDVES, peuple finno-ougrien habitant, sur la Volga moyenne, la *République de Mordovie* (Russie) [964 000 h. Cap. *Saransk*].

MORE → ***Thomas More*** *(saint).*

MORÉAS (Ioánnis **Papadiamandopoúlos,** dit **Jean**), poète français (Athènes 1856 - Paris 1910). D'abord symboliste (*Cantilènes,* 1886), il fonda l'école romane et revint à un art classique (*Stances,* 1899-1901).

MOREAU (Gustave), peintre français (Paris 1826 - *id.* 1898). Créateur d'une mythologie symbolique (*Jupiter et Sémélé* [1895], musée Gustave-Moreau, Paris), il fut le maître de Matisse, de Marquet, de Rouault.

Gustave **Moreau :** *les Licornes.*
(Musée Gustave-Moreau, Paris.)

MOREAU (Jeanne), actrice française (Paris 1928). Comédienne de théâtre, elle s'est imposée au cinéma par sa présence et le modernisme de son jeu : *le Journal d'une femme de chambre* (L. Buñuel, 1961), *la Nuit* (M. Antonioni, 1961), *Jules et Jim* (F. Truffaut, 1962), *la Vieille qui marchait dans la mer* (Laurent Heynemann, 1991).

MOREAU (Jean Victor), général français (Morlaix 1763 - Laun, auj. Louny, Bohême, 1813). Il commanda, en 1796, l'armée de Rhin-et-Moselle et, en 1800, l'armée du Rhin, avec laquelle il vainquit les Autrichiens à Hohenlinden. Ses intrigues avec les royalistes, sa rivalité avec Bonaparte amenèrent son arrestation en 1804 puis son exil aux États-Unis. Conseiller militaire du tsar en 1813, il fut mortellement blessé à Dresde dans les rangs de l'armée russe.

MOREAU le Jeune (Jean-Michel), dessinateur et graveur français (Paris 1741 - *id.* 1814). Il a décrit la société élégante de son temps et illustré les œuvres de J.-J. Rousseau, Molière, Voltaire.

— Son frère **Louis Gabriel** (Paris 1740 - *id.* 1806), dit **Moreau l'Aîné,** était un peintre paysagiste.

MORÉE, nom donné au Péloponnèse après la 4e croisade.

MORÉE (41160), ch.-l. de c. de Loir-et-Cher ; 1 065 h.

MORELIA, v. du Mexique ; 489 758 h. Cathédrale des XVIIe-XVIIIe s.

MORELLET (André), écrivain et philosophe français (Lyon 1727 - Paris 1819), collaborateur de l'*Encyclopédie.* (Acad. fr.)

MORELLET (François), peintre et plasticien français (Cholet 1926), représentant d'une abstraction cinétique et minimale.

MORELOS Y PAVÓN (José María), patriote mexicain (Valladolid, auj. Morelia, 1765 - San Cristóbal Ecatepec, auj. Ecatepec Morelos, 1815). Curé métis, il fit proclamer l'indépendance du pays (1813). Iturbide le fit fusiller.

MORENA *(sierra),* chaîne de l'Espagne méridionale ; 1 323 m.

MORENO (Jacob Levy), psychosociologue américain d'origine roumaine (Bucarest 1892 - Beacon, État de New York, 1974). Il a inventé le psychodrame et mis au point les techniques de la sociométrie (*Fondements de la sociométrie,* 1934).

MORENO (Roland), industriel français (Le Caire 1945). Il est l'inventeur de la carte à microcircuit (carte à puce) [1975].

MORESTEL (38510), ch.-l. de c. de l'Isère ; 2 987 h. Donjon du XIVe s.

MORETO Y CABAÑA (Agustín), poète dramatique espagnol (Madrid 1618 - Tolède 1669). Continuateur de Calderón, il est l'auteur de comédies (*Dédain pour dédain, le Beau Don Diègue)* et de pièces historiques.

MORET-SUR-LOING (77250), ch.-l. de c. de Seine-et-Marne ; 4 217 h. Deux portes fortifiées du XIVe s. Église des XIIIe-XVe s.

MOREUIL (80110), ch.-l. de c. de la Somme ; 4 168 h. Bonneterie. Papiers peints.

MOREZ [-re] (39400), ch.-l. de c. du Jura, sur la Bienne ; 7 209 h. *(Moréziens).* Lunetterie.

MORGAGNI (Giambattista), anatomiste italien (Forli 1682 - Padoue 1771). Ses principales observations, qui ouvrirent à la médecine une voie nouvelle, ont été réunies sous le titre d'*Opera omnia* (1762).

MORGAN, famille de financiers américains. — **John Pierpont,** industriel américain (Hartford, Connecticut, 1837 - Rome 1913), créa un gigantesque trust de la métallurgie et fonda de nombreuses œuvres philanthropiques. — Son fils **John Pierpont** (Irvington, État de New York, 1867 - Boca Grande, Floride, 1943) soutint pendant la Première Guerre mondiale l'effort financier des Alliés. En 1924, il légua à la ville de New York la bibliothèque-musée de son père (Pierpont Morgan Library). — **Anne Tracy** (New York 1873 - *id.* 1952), sœur du précédent, consacra sa fortune à des œuvres, notamment au profit des combattants français des deux guerres mondiales.

MORGAN (Lewis Henry), anthropologue américain (près d'Aurora, État de New York, 1818 - Rochester 1881). Auteur d'une conception évolutionniste de l'anthropologie sociale, il s'intéressa particulièrement aux systèmes de parenté (*la Société archaïque,* 1877).

MORGAN (Simone **Roussel,** dite **Michèle**), actrice française (Neuilly-sur-Seine 1920). Sa beauté limpide et son jeu émouvant lui ont valu une grande popularité au cinéma : *le Quai des brumes* (M. Carné, 1938), *Remorques* (J. Grémillon, 1941), *la Symphonie pastorale* (J. Delannoy, 1946).

MORGAN (Thomas Hunt), biologiste américain (Lexington, Kentucky, 1866 - Pasadena 1945). Par ses expériences sur la drosophile, il fut le créateur de la théorie chromosomique de l'hérédité. (Prix Nobel 1933.)

Morgarten *(bataille du)* [15 nov. 1315], bataille qui se déroula au N. de Schwyz (Suisse) et au cours de laquelle les Suisses des Trois-Cantons résistèrent à Léopold Ier d'Autriche et assurèrent ainsi leur indépendance.

MORGAT, station balnéaire du Finistère (comm. de Crozon).

MORGE (la), riv. de l'Aube, sous-affl. de la Seine par la Barse ; 15 km. Son bassin est utilisé pour former un réservoir recueillant les crues de la Seine (réservoir « Seine »).

MORGENSTERN (Oskar), économiste américain d'origine autrichienne (Görlitz 1902 - Princeton 1977). Il est l'auteur, avec J. von Neumann, d'une théorie mathématique du comportement économique.

MORGES, v. de Suisse (Vaud) ; 13 891 h. Station touristique, sur le lac Léman. Château des XIIIe et XVIe s. (musée militaire).

MORHANGE (57340), comm. de la Moselle ; 5 398 h. Caoutchouc.

MÓRICZ (Zsigmond), écrivain hongrois (Tiszacsécse 1879 - Budapest 1942), romancier et dramaturge réaliste *(Fange et or, le Sanglier),* peintre de la vie paysanne.

MORIENVAL (60127), comm. de l'Oise ; 1 041 h. Église du début du XIIe s. (voûtes d'ogives précoces dans le déambulatoire).

MORIÈRES-LÈS-AVIGNON (84310), comm. de Vaucluse ; 6 436 h.

MÖRIKE (Eduard), écrivain allemand (Ludwigsburg 1804 - Stuttgart 1875), auteur de poèmes et de romans d'inspiration populaire et romantique *(le Peintre Nolten).*

MORIN (**Grand** [112 km] et **Petit** [90 km]), riv. du Bassin parisien, affl. de la Marne (r. g.).

MORIN (Edgar), sociologue français (Paris 1921). Il s'est intéressé aux problèmes de la culture, de ses moyens de diffusion, et à l'imaginaire social (*l'Esprit du temps,* 1962 ; *la Rumeur d'Orléans,* 1970 ; *la Méthode,* 4 vol., 1977-1991 ; *Terre-Patrie,* 1993).

MORIN (Paul), poète canadien d'expression française (Montréal 1889 - *id.* 1963), d'inspiration symboliste *(Poèmes de cendre et d'or).*

MORINS, peuple celtique établi dans le Boulonnais et soumis par César (56-55 et 52 av. J.-C.).

MORI ŌGAI (**Mori Rintārō,** dit), écrivain japonais (Tsuwano 1862 - Tōkyō 1922). Son œuvre romanesque (*l'Oie sauvage,* 1911-1913) est une réaction contre l'école naturaliste.

MORIOKA, v. du Japon (Honshū) ; 235 434 h.

MORISOT (Berthe), peintre français (Bourges 1841 - Paris 1895). Belle-sœur de Manet, elle prit une part importante au mouvement impressionniste.

MORITZ (Karl Philipp), écrivain allemand (Hameln 1756 - Berlin 1793), dont les essais critiques influencèrent le *Sturm* und Drang.*

MORLAÀS [-lɑs] (64160), ch.-l. de c. des Pyrénées-Atlantiques ; 3 322 h. *(Morlans).* Église romane.

MORLAIX [-lɛ] (29600), ch.-l. d'arr. du Finistère, sur la *rivière de Morlaix ;* 17 607 h. *(Morlaisiens).* Constructions électriques. Cigares. Édition. Église gothique St-Melaine, de la fin du XVe s. Vieilles maisons. Musée.

MORLANWELZ, comm. de Belgique (Hainaut) ; 18 019 h. Musée royal dans le parc de Mariemont.

MORLEY (Thomas), compositeur anglais (Norwich 1557 ou 1558 - *id.* 1602). Maître de la musique vocale, il introduisit le style italien en Angleterre et composa des madrigaux et des ballets.

MORMANT (77720), ch.-l. de c. de Seine-et-Marne ; 3 608 h. Église des XIIIe-XVe s.

MORMOIRON (84570), ch.-l. de c. de Vaucluse ; 1 273 h.

MORNANT (69440), ch.-l. de c. du Rhône ; 3 975 h.

MORNAY (Philippe **de**), dit **Duplessis-Mornay,** chef calviniste (Buhy, Val-d'Oise, 1549 - La Forêt-sur-Sèvre 1623). Conseiller de Coligny, puis d'Henri IV avant sa conversion, il fonda à Saumur la première académie protestante (1599). Son influence le fit surnommer le **Pape des huguenots.**

MORNE-À-L'EAU (97111), comm. de la Guadeloupe ; 16 058 h.

MORNY (Charles, *duc* **de**), homme politique français (Paris 1811 - *id.* 1865). Fils naturel de la reine Hortense et du comte de Flahaut, et donc frère utérin de Napoléon III, il fut le principal instrument du coup d'État du 2 déc. 1851 et devint aussitôt ministre de l'Intérieur. Président du Corps législatif (1854-1865), il participa à toutes les grandes opérations industrielles et financières du second Empire et lança la station balnéaire de Deauville.

MORO, peuple des Philippines (Mindanao et Sulu), de religion musulmane.

MORO (Aldo), homme politique italien (Maglie 1916 - Rome 1978). Chef de la Démocratie chrétienne, il présida deux fois le gouvernement (1963-1968, 1974-1976) et fut deux fois ministre des Affaires étrangères (1969-70, 1973-74). Il fut enlevé et assassiné par un commando terroriste des « Brigades rouges ».

MORO (Antoon **Mor Van Dashorst,** dit **Antonio**), peintre néerlandais (Utrecht v. 1519 - Anvers 1576). Il fut portraitiste de cour en Espagne ainsi qu'à Bruxelles, au Portugal, à Londres.

MORO-GIAFFERI (Vincent **de**), avocat et homme politique français (Paris 1878 - Le Mans 1956). Il plaida des affaires célèbres (Caillaux, Landru, etc.). Député de la Corse, il fut sous-secrétaire d'État à l'Enseignement technique (1924-25).

MORÓN, banlieue industrielle de Buenos Aires ; 641 541 h.

MORONI, cap. des Comores, sur l'île de Ngazidja (anc. Grande Comore) ; 20 000 h.

MORONI (Giovanni Battista), peintre italien (Albino, près de Bergame, v. 1528 - Bergame 1578), auteur d'excellents portraits typiques du réalisme lombard.

MORONOBU (**Hishikawa Moronobu,** dit), peintre et graveur japonais (Hota, préf. de Chiba, v. 1618 - Edo v. 1694). Libéré de l'influence chinoise, c'est le premier des grands maîtres de l'estampe japonaise.

MOROSINI (Francesco), noble vénitien (Venise 1619 - Nauplie 1694), célèbre par sa défense de Candie contre les Turcs (1667-1669), doge en 1688.

MORPHÉE, dieu grec des Songes, fils de la Nuit et du Sommeil.

MORRICE (James Wilson), peintre canadien (Montréal 1864 - Tunis 1924), proche de Whistler, des nabis, puis de Marquet et de Matisse.

MORRIS (Robert), artiste américain (Kansas City 1931). Pionnier d'un art minimal ou « pauvre », il a mis l'accent sur les processus constitutifs de l'œuvre et sur une poétique de l'espace, associée plus tard à une vision morale touchant au destin de l'homme.

MORRIS (William), artiste et écrivain britannique (Walthamstow, Essex, 1834 - Hammersmith, près de Londres, 1896). Il a œuvré pour la renaissance des arts décoratifs (papiers de tenture, etc.) et du livre illustré.

MORRISON (Toni), femme de lettres américaine (Lorain, Ohio, 1931). Ses romans (*Sula,* 1973 ; *Beloved,* 1987 ; *Jazz,* 1992) font entendre la voix d'une femme noire dans la société américaine. Son écriture réaliste et onirique opère une reconstruction mythique de la mémoire culturelle afro-américaine. (Prix Nobel 1993.)

MORSANG-SUR-ORGE (91390), ch.-l. de c. de l'Essonne ; 19 461 h.

MORSE (Samuel), peintre et inventeur américain (Charlestown, Massachusetts, 1791 - New York 1872). On lui doit l'invention du télégraphe électrique qui porte son nom, conçu en 1832 et breveté en 1840.

MORT *(Vallée de la),* en angl. **Death Valley,** profonde dépression aride de Californie.

MORTAGNE-AU-PERCHE (61400), ch.-l. d'arr. de l'Orne ; 4 943 h. *(Mortagnais).* Église de style gothique flamboyant. Musée percheron et musée Alain.

MORTAGNE-SUR-SÈVRE (85290), ch.-l. de c. de la Vendée ; 5 776 h.

MORTAIN (50140), ch.-l. de c. de la Manche ; 2 612 h. Plastiques. Monuments religieux du Moyen Âge.

Mort aux trousses (la), film américain d'A. Hitchcock (1959). Cette course poursuite, rythmée par l'humour et le suspense, est devenue l'un des classiques du genre.

Mort de Sardanapale (la), grande toile de Delacroix, au Louvre. Sa fougue romantique déclencha les passions (le plus souvent contraires) des visiteurs du Salon parisien, en janvier 1828.

Mort de Virgile (la), roman de H. Broch (1945) : le monologue intérieur d'un artiste mourant qui s'interroge sur les exigences opposées de la vie et de la création.

MORTE *(mer),* lac de Palestine, entre Israël et la Jordanie, où débouche le Jourdain ; 1 015 km² ; 390 m environ au-dessous du niveau de la mer. Salure exceptionnellement forte (de l'ordre de 30 %).

Morte *(manuscrits de la mer),* manuscrits écrits en hébreu et en araméen, découverts entre 1946 et 1956 dans des grottes sur les rives de la mer Morte, près du site de Qumrān. Ces documents, dont la rédaction s'échelonne entre le IIe s. av. J.-C. et le Ier s. de notre ère, comprennent des textes bibliques et apocryphes juifs et des écrits propres à une secte religieuse juive vivant à Qumrān et en laquelle la majorité des historiens reconnaît des esséniens. Ces manuscrits sont d'une grande importance pour l'histoire du judaïsme et des origines chrétiennes.

MORTEAU (25500), ch.-l. de c. du Doubs, sur le Doubs ; 6 791 h. *(Mortuaciens).* Horlogerie. Saucisses.

MORTEFONTAINE (60128), comm. de l'Oise ; 766 h. Parc.

MORT-HOMME (le), hauteurs dominant la rive gauche de la Meuse, au nord de Verdun. Violents combats en 1916 et 1917.

MORTIER (Adolphe), *duc* **de Trévise,** maréchal de France (Le Cateau-Cambrésis 1768 - Paris 1835). Il servit en Espagne (1808-1811), commanda la Jeune Garde en Russie (1812) et défendit Paris (1814). Ministre de la Guerre (1834), il périt dans l'attentat de Fieschi.

MORTILLET (Gabriel **de**), préhistorien français (Meylan, Isère, 1821 - Saint-Germain-en-Laye 1898). Il établit le premier système de référence chronologique de la préhistoire française.

MORTIMER de Wigmore, importante famille galloise, dont le principal représentant fut **Roger,** *comte* **de La Marche** (1286 ou 1287 - Tyburn, Londres, 1330). Amant de la reine Isabelle, il prit la tête de l'insurrection qui aboutit à l'abdication et au meurtre du roi Édouard II (1327). Maître de l'Angleterre, il fut exécuté sous Édouard III.

MORTON (James **Douglas,** *comte* **de**) [v. 1516 - Édimbourg 1581]. Ayant obligé Marie Stuart à abdiquer, il fut régent du jeune Jacques VI d'Écosse (1572-1578). Accusé de complicité dans le meurtre de Darnley, il fut décapité.

MORTRÉE (61570), ch.-l. de c. de l'Orne ; 1 029 h. Château d'O, des XVe, XVIe et XVIIIe s.

MORTSEL, comm. de Belgique (prov. d'Anvers) ; 25 958 h. Produits photographiques.

MORUS → ***Thomas More (saint).***

MORVAN, massif montagneux formant l'extrémité nord-est du Massif central ; 901 m. (Hab. *Morvandiaux.*) Grandes forêts. Parc naturel régional (env. 175 000 ha).

MORZINE (74110), comm. de la Haute-Savoie ; 3 014 h. Station de sports d'hiver (alt. 960-2 460 m). [V. ***Avoriaz.***]

MOSCOU, en russe **Moskva,** cap. de la Russie, dans la plaine russe, sur la Moskova ; 8 967 000 h. *(Moscovites).* Centre administratif, culturel, commercial et industriel. Au centre, le Kremlin* forme un ensemble de bâtiments administratifs et de monuments historiques (cathédrale, églises, palais). Citons aussi les églises Basile-le-Bienheureux (XVIe s.) et St-Nico-

Moscou : l'église Basile-le-Bienheureux (XVIe s.), sur la place Rouge.

las-des-Tisserands (XVIIe s.), le vaste monastère Novodevitchi (icônes, trésor). Un nouvel essor architectural se situe dans la seconde moitié du XVIIIe s. et, plus encore, après 1812. Musée historique, galerie Tretiakov (art russe), musée Pouchkine (beaux-arts), etc. — Mentionnée en 1147, centre de la principauté de Moscovie à partir du XIIIe s., la ville fut abandonnée comme capitale au profit de Saint-Pétersbourg en 1712. Elle fut incendiée lors de l'entrée des Français en 1812. Elle devint, en 1918, le siège du gouvernement soviétique et fut la capitale de l'U. R. S. S. de 1922 à 1991. En 1941, les Allemands ne purent s'en emparer.

MOSCOVIE, région historique de la Russie où s'est développée la grande-principauté de Moscou, dont les souverains devinrent les tsars de Russie (1547). On parle encore de Moscovie ou d'État moscovite jusqu'à la fondation de l'Empire russe (1721).

MOSELEY (Henry Gwyn Jeffreys), physicien britannique (Weymouth 1887 - Gallipoli, Turquie, 1915). En 1913, il établit une relation entre le spectre de rayons X d'un élément et son numéro atomique.

MOSELLE (la), riv. de l'Europe occidentale ; 550 km. Née dans les Vosges, elle coule vers le nord, passant à Épinal et à Metz, avant de former la frontière entre l'Allemagne et le Luxembourg. En aval de Trèves, elle s'encaisse dans le Massif schisteux rhénan et rejoint le Rhin (r. g.) à Coblence. Aménagée jusqu'à Neuves-Maisons en amont, la Moselle facilite la liaison entre la Lorraine industrielle et les pays rhénans.

MOSELLE (57), dép. de la Région Lorraine ; ch.-l. de dép. *Metz ;* ch.-l. d'arr. *Boulay-Moselle, Château-Salins, Forbach, Sarrebourg, Sarreguemines, Thionville ;* 9 arr. (Metz et Thionville sont le ch.-l. de deux arr.), 51 cant., 727 comm. ; 6 216 km² ; 1 011 302 h. *(Mosellans).* Le dép. est rattaché à l'académie de Nancy-Metz, à la cour d'appel de Metz et à la région militaire Nord-Est. La majeure partie du dép. s'étend sur le Plateau lorrain, souvent gréseux, où l'élevage se substitue aux céréales. Mais les secteurs vitaux sont les extrémités, méridionale (Saulnois), septentrionale (région de Petite-Rosselle et de Saint-Avold), occidentale (au-delà de la Moselle), qui recèlent des gisements de sel gemme et de fer. Mais la sidérurgie a connu un profond déclin, pallié partiellement seulement par la métallurgie de transformation. La population, dense encore, stagne aujourd'hui et le sous-emploi est important. Centrale nucléaire à Cattenom.

MOSKOVA (la), riv. de Russie, qui passe à Moscou (à laquelle elle a donné son nom), affl. de l'Oka (r. dr.) ; 502 km.

Moskova *(bataille de la)* [7 sept. 1812], victoire de Napoléon sur les Russes de Koutouzov.

MOSQUITO → ***Miskito.***

MOSSADEGH (Moḥammad **Hedāyat,** dit), homme politique iranien (Téhéran 1881 - *id.* 1967). Fondateur du Front national (1949), il milita pour la nationalisation du pétrole. Premier ministre (1951), il s'opposa au chah, qui le fit arrêter (1953).

MÖSSBAUER (Rudolf), physicien allemand (Munich 1929). Il a découvert un effet de résonance nucléaire qui a permis de préciser la structure des transitions nucléaires. (Prix Nobel 1961.)

MOSSI, peuple du Burkina, habitant aussi la Côte d'Ivoire, parlant une langue voltaïque.

MOSSOUL ou **MOSUL,** v. de l'Iraq, sur le Tigre ; 600 000 h.

MOST, v. de la République tchèque (Bohême) ; 70 675 h. Lignite.

MOSTAGANEM → ***Mestghanem.***

MOSTAR, v. de Bosnie-Herzégovine, sur la Neretva ; 63 000 h. Vieilles mosquées turques.

MOTALA, v. de Suède, sur le lac Vättern ; 41 994 h. Station de radiodiffusion.

MOTHE-ACHARD (La) [85150], ch.-l. de c. de la Vendée ; 2 148 h.

MOTHERWELL, v. de Grande-Bretagne (Écosse) ; 75 000 h.

MOTHERWELL (Robert), peintre américain (Aberdeen, Washington, 1915 - Provincetown, Massachusetts, 1991), un des principaux expressionnistes abstraits (« Élégies » à la République espagnole, 1948 et suiv.).

MOTHE-SAINT-HÉRAY (La) [79800], ch.-l. de c. des Deux-Sèvres ; 1 871 h. Restes d'un château de style Louis XIII.

Mots et les Choses (les), œuvre de Michel Foucault (1966), dans laquelle l'auteur analyse la portée et la valeur des sciences humaines.

MOTTA (Giuseppe), homme politique suisse (Airolo 1871 - Berne 1940). Plusieurs fois président de la Confédération entre 1915 et 1937, responsable des Affaires étrangères au sein du Conseil fédéral (1920-1940), il maintint la neutralité de la Suisse.

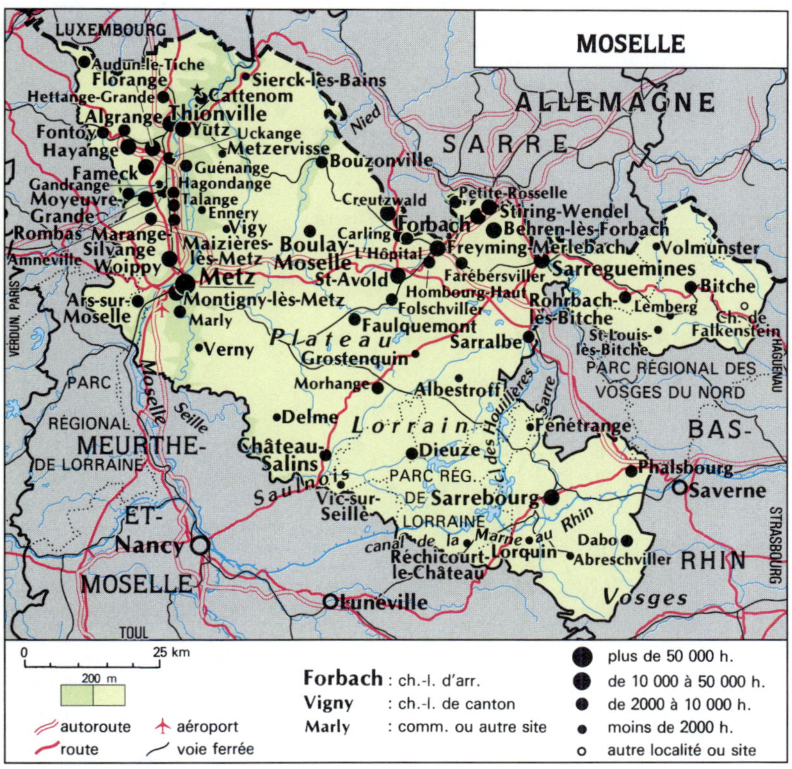

MOTTE-SERVOLEX (La) [73290], ch.-l. de c. de la Savoie ; 9 913 h. *(Motterains).*

MOTTEVILLE (Françoise **Bertaut de**), femme de lettres française (Paris ? v. 1621 - *id.* 1689), auteur de *Mémoires* sur Anne d'Autriche.

MOUANS-SARTOUX (06370), comm. des Alpes-Maritimes ; 8 081 h.

MOUASKAR, anc. **Mascara,** v. de l'ouest de l'Algérie, ch.-l. de wilaya ; 62 000 h.

MOUBARAK (Hosni), homme politique égyptien (Kafr al-Muṣīlha 1928). Vice-président de la République (1975), il a été élu à la tête de l'État égyptien après l'assassinat de Sadate (1981).

MOUCHET *(mont),* sommet de la partie nord de la Margeride (Haute-Loire) ; 1 465 m. Combat entre les Forces françaises de l'intérieur et les Allemands (juin 1944).

MOUCHEZ (Ernest), officier de marine et astronome français (Madrid 1821 - Wissous, Essonne, 1892). Hydrographe, il établit plus de cent cartes côtières ou marines en Asie, en Afrique et en Amérique. Nommé directeur de l'Observatoire de Paris en 1878, il fut à l'origine de la réalisation de la Carte photographique du ciel (1887).

MOUCHOTTE (René), officier aviateur français (Saint-Mandé 1914 - en combat aérien 1943), commandant un groupe de chasse dans la Royal Air Force. Ses *Carnets* ont été publiés en 1949-50.

Mouette (la), pièce de Tchekhov (1896) : trois êtres se brisent dans la conquête d'un idéal qui dépasse leur volonté et leurs forces.

MOUGINS (06250), ch.-l. de c. des Alpes-Maritimes, au nord de Cannes ; 13 091 h. Musée de l'Automobiliste.

MOUILLARD (Louis), ingénieur français (Lyon 1834 - Le Caire 1897). L'un des précurseurs de l'aviation, il construisit plusieurs planeurs.

MOUILLERON-EN-PAREDS (85390), comm. de la Vendée ; 1 222 h. Patrie de Clemenceau et du maréchal de Lattre de Tassigny. (Musée national.)

Moukden *(bataille de)* [20 févr. - 11 mars 1905], victoire remportée par le Japon sur la Russie, pendant la guerre russo-japonaise.

Moulay → ***Mūlāy.***

MOULE (Le) [97160], comm. de la Guadeloupe, sur la côte est de la Grande-Terre ; 18 086 h.

MOULIN (Jean), administrateur et résistant français (Béziers 1899 - en déportation 1943). Préfet d'Eure-et-Loir (1940), il refusa de se plier aux exigences des Allemands lorsque ceux-ci occupèrent Chartres. Ayant gagné Londres, il devint, en 1943, le premier président du Conseil national de la Résistance. Après son retour en France, trahi, il fut arrêté par la Gestapo (juin 1943), torturé, et mourut au cours de son transfert en Allemagne. Ses cendres ont été déposées au Panthéon en 1964.

Jean **Moulin**

Moulin de la Galette (le), un des chefs-d'œuvre de Renoir (1876, musée d'Orsay), grande toile qui évoque la danse en plein air dans une guinguette de Montmartre.

Moulin-Rouge *(bal du),* anc. bal devenu théâtre de variétés (où Mistinguett, Joséphine Baker et Maurice Chevalier animèrent des revues). Il se doublait d'un cabaret dont les œuvres de Toulouse-Lautrec perpétuent le souvenir (*Moulin-Rouge/La Goulue,* affiche de 1891 ; *Au Moulin-Rouge,* toile de 1892, musée de Chicago).

MOULINS (03000), ch.-l. du dép. de l'Allier, dans le Bourbonnais, sur l'Allier, à 292 km au sud de Paris ; 23 353 h. *(Moulinois).* Évêché. Constructions mécaniques et électriques. Chaussures. Cathédrale des XVe et XIXe s.

MOULINS *(le Maître de)* [peut-être le Néerlandais Jean **Hey**], peintre actif en Bourbonnais à la fin du XVe s., auteur du célèbre triptyque de la *Vierge en gloire* de la cathédrale de Moulins, de divers portraits des Bourbons (Louvre).

MOULINS-ENGILBERT (58290), ch.-l. de c. de la Nièvre ; 1 743 h. Église du XVIe s.

MOULINS-LÈS-METZ (57160), comm. de la Moselle ; 4 856 h.

MOULMEIN, en birman **Mawlamyaing,** port de Birmanie, sur la Salouen ; 322 000 h.

MOULOUYA (la), fl. du Maroc oriental, tributaire de la Méditerranée ; 450 km.

MOUM ou **BAMOUM,** peuple du Cameroun, parlant une langue bantoue.

MOUNANA, localité du Gabon. Uranium.

MOUNET-SULLY (Jean Sully **Mounet,** dit), acteur français (Bergerac 1841 - Paris 1916). Il interpréta à la Comédie-Française les grands rôles du répertoire tragique. — Son frère **Jean-Paul,** dit **Paul Mounet** (Bergerac 1847 - Paris 1922), fut également acteur.

MOUNIER (Emmanuel), philosophe français (Grenoble 1905 - Châtenay-Malabry 1950). Son aspiration à la justice et sa foi chrétienne sont à l'origine du personnalisme, mouvement qu'il anima notamment grâce à la revue *Esprit,* qu'il fonda en 1932.

MOUNIER (Jean-Joseph), homme politique français (Grenoble 1758 - Paris 1806). Il provoqua la réunion à Vizille des états du Dauphiné (1788), prélude à la Révolution. Député du tiers aux États généraux, il proposa le serment du Jeu de paume (20 juin 1789) et fut un des créateurs du groupe des *monarchiens,* partisans d'une monarchie à l'anglaise. Découragé par l'évolution de la Révolution, il démissionna dès nov. 1789 et s'exila jusqu'en 1801.

MOUNTBATTEN OF BURMA (Louis, 1er *comte*), amiral britannique (Windsor 1900 - en mer 1979). Commandant à Ceylan les forces alliées du Sud-Est asiatique (1943), il conquit la Birmanie et reçut la capitulation des Japonais à Saigon en 1945. Dernier vice-roi des Indes en 1947, il fut le premier chef d'état-major de la défense (1959-1965). Il périt sur son yacht, que firent sauter des terroristes de l'IRA.

MOUNT VERNON, lieu-dit des États-Unis (Virginie), sur le Potomac. Anc. domaine et tombeau de Washington.

MOUNYCHIA ou **MOUNIKHIA,** en fr. **Munychie,** une des baies du Pirée, dont les Athéniens firent un port militaire.

MOURAD → ***Murad.***

MOURENX [murɛ̃s] (64150), comm. des Pyrénées-Atlantiques ; 7 509 h. Ville créée près du gisement de gaz naturel de Lacq. Chimie.

MOURET (Jean Joseph), compositeur français (Avignon 1682 - Charenton 1738), musicien de la duchesse du Maine à Sceaux, auteur de symphonies, opéras, ballets, concerts, motets. Il figure parmi les précurseurs de l'opéra-comique.

MOURÈZE (34800), comm. de l'Hérault ; 101 h. Rochers ruiniformes pittoresques *(cirque de Mourèze).*

MOURMANSK, port de Russie, sur la mer de Barents ; 468 000 h.

MOURMELON-LE-GRAND (51400), comm. de la Marne ; 6 460 h. Camp militaire (11 836 ha).

MOURTIS (Le), station de sports d'hiver (alt. 1 300-1 860 m) de la Haute-Garonne (comm. de Boutx).

MOUSCRON, v. de Belgique, ch.-l. d'arr. du Hainaut ; 53 513 h. Textile.

MOUSSEY (57770), comm. de la Moselle ; 730 h. Chaussures.

MOUSSORGSKI (Modest Petrovitch), compositeur russe (Karevo 1839 - Saint-Pétersbourg 1881), auteur des opéras *Boris Godounov* (1868-1872) et *la Khovanchtchina* (1872-1880), de mélodies d'un puissant réalisme et de pièces pour piano (*Tableaux d'une exposition,* 1874).

MOUSTIER (le), écart de la comm. de *Peyzac-le-Moustier* (Dordogne), sur la Vézère (r. dr.). Site préhistorique, éponyme du faciès moustérien (paléolithique moyen), souvent associé à l'homme de Neandertal.

MOUSTIERS-SAINTE-MARIE (04360), ch.-l. de c. des Alpes-de-Haute-Provence ; 589 h. Station touristique. Église romane et gothique. Faïences (importante production au XVIIIe s. surtout).

MOU-TAN-KIANG → ***Mudanjiang.***

MOUTHE (25240), ch.-l. de c. du Doubs ; 919 h. Sports d'hiver (alt. 940-1 180 m).

MOUTHE (la), grotte proche des Eyzies-de-Tayac-Sireuil (Dordogne). Gravures préhistoriques.

MOÛTIERS (73600), ch.-l. de c. de la Savoie, en Tarentaise, sur l'Isère ; 4 904 h. Cathédrale surtout du XVe s.

MOUTIERS-LES-MAUXFAITS (85540), ch.-l. de c. de la Vendée ; 1 427 h. Monuments anciens.

MOUTON (Georges), *comte* **de Lobau,** maréchal français (Phalsbourg 1770 - Paris 1838). Aide de camp de Napoléon (1805), il s'illustra à Friedland (1807) et dans l'île Lobau (1809). Commandant la Garde nationale de Paris (1830), il fut fait maréchal par Louis-Philippe.

MOUTON-DUVERNET (Régis Barthélemy, *baron*), général français (Le Puy 1769 - Lyon 1816). Rallié à Louis XVIII en 1814, il se joignit à Napoléon durant les Cent-Jours et fut fusillé.

MOUVAUX (59420), comm. du Nord ; 13 613 h.

Mouvement *(parti du),* tendance politique libérale qui, au début de la monarchie de Juillet, s'opposa au parti de la Résistance*. Ses principaux chefs étaient La Fayette, Laffitte et O. Barrot.

Mouvement de libération des femmes → ***M. L. F.***

Mouvement républicain populaire → ***M. R. P.***

MOUY (60250), ch.-l. de c. de l'Oise ; 5 052 h. Constructions électriques.

MOUZON (08210), ch.-l. de c. des Ardennes, sur la Meuse ; 2 656 h. *(Mouzonnais).* Revêtements de sol. Église du XIIIe s., anc. abbatiale.

MOŸ-DE-L'AISNE (02610), ch.-l. de c. de l'Aisne ; 1 020 h. Textile.

MOYEN-CONGO, anc. territoire de l'A.-É. F. (V. ***Congo.***)

Moyen Empire → ***Égypte.***

MOYEN-ORIENT, ensemble formé par l'Égypte et par les États d'Asie occidentale. L'expression englobe parfois aussi l'Afghanistan, le Pakistan et la Libye. Elle recouvre partiellement l'ensemble désigné sous le nom de *Proche-Orient**.

MOYEN-PAYS → ***Plateau.***

MOYEUVRE-GRANDE (57250), ch.-l. de c. de la Moselle ; 9 237 h. Métallurgie.

MOYNIER (Gustave), juriste et philanthrope suisse (Genève 1826 - *id.* 1910), l'un des fondateurs de la Croix-Rouge (1863).

MOẒAFFAR AL-DIN ou **MUẒAFFAR AL-DĪN** (Téhéran 1853 - *id.* 1907), chah d'Iran (1896-1907), de la dynastie des Qādjār.

MOZAMBIQUE, État de la côte est de l'Afrique ; 785 000 km² ; 16 100 000 h. *(Mozambicains).* CAP. *Maputo.* LANGUE : *portugais.* MONNAIE : *metical.*

GÉOGRAPHIE

Le pays, bien arrosé, est formé essentiellement d'une vaste plaine côtière, s'élevant vers l'inté-

rieur. L'économie est à dominante agricole (manioc, canne à sucre, coton, thé, noix de cajou). La situation économique catastrophique du pays (endettement, sécheresse, famine), qui est l'un des plus pauvres d'Afrique, a été encore aggravée par la guerre civile.

HISTOIRE

X^e-XVe s. : le pays, peuplé de Bantous, est organisé en petites chefferies dirigées par des dynasties héréditaires, les royaumes Maravi. Il exporte vers le sud l'ivoire local. 1490 : les Portugais s'installent le long des côtes ; les commerçants arabes détournent le commerce vers le Zambèze. 1544 : Lourenço Marques fonde une ville à qui il donne son nom (auj. Maputo). XVIIe-XVIIIe s. : l'influence portugaise s'affirme dans les basses vallées orientales. 1886-1893 : les frontières de la nouvelle colonie portugaise sont fixées par des accords avec l'Allemagne et la Grande-Bretagne. 1951 : le Mozambique devient « province portugaise » d'outre-mer. 1964 : le Front de libération du Mozambique (Frelimo), fondé deux ans auparavant, entame la guérilla contre la domination portugaise. 1975 : l'indépendance est proclamée. Le président du Frelimo, Samora Machel, devient président de la République populaire. La situation économique s'aggrave dans les années qui suivent et, à partir de 1979, une rébellion armée anticommuniste se développe avec le soutien de l'Afrique du Sud. 1986 : S. Machel meurt dans un accident d'avion. Joaquim Chissano lui succède. 1990 : une nouvelle Constitution met fin à quinze ans de régime de parti unique et instaure le pluralisme. 1992 : J. Chissano et le chef de la rébellion signent un accord de paix. 1994 : la première élection présidentielle pluraliste confirme J. Chissano à la tête de l'État. 1995 : le Mozambique devient membre du Commonwealth.

MOZAMBIQUE *(canal de* ou *du),* bras de mer de l'océan Indien, entre l'Afrique *(Mozambique)* et Madagascar.

MOZART (Wolfgang Amadeus), compositeur autrichien (Salzbourg 1756 - Vienne 1791). Un des plus grands maîtres de l'opéra, il est l'auteur de *l'Enlèvement au sérail* (1782), des *Noces de Figaro* (1786), de *Don Giovanni* (1787), de *Così fan tutte* (1790), de *la Flûte enchantée* (1791). On lui doit en outre des symphonies, des sonates et concertos pour piano, des œuvres de musique religieuse et de musique de chambre, et un magnifique *Requiem* (1791). Maître de la mélodie, il recherche la pureté, l'élégance, et sait atteindre la grandeur à travers la simplicité et la grâce. Mais derrière la clarté et la fantaisie transparaissent l'ironie et le tremblement d'une âme inquiète.

Mozart (maison Mozart, Salzbourg)

MOZI ou **MO-TSEU,** philosophe chinois (v. 479 - v. 381 av. J.-C.). Il s'opposa à Confucius et proposa une philosophie pessimiste. Sa logique eut une grande influence sur la pensée chinoise.

MPUMALANGA, prov. d'Afrique du Sud, limitrophe du Swaziland et du Mozambique ; 81 816 km² ; 2 838 500 h. Ch.-l. *Nelspruit.*

MROŻEK (Sławomir), écrivain polonais (Borzęcin 1930). Nouvelliste satirique *(l'Éléphant,* 1957), il use, dans son théâtre, du grotesque pour montrer le tragique de la condition humaine.

M. R. P. (Mouvement républicain populaire), parti politique français créé en 1944 et qui regroupa les démocrates-chrétiens. Après avoir connu, dès 1945, un grand succès électoral au point de devenir le premier parti français, le M. R. P. fut abandonné par une partie de ses électeurs lors de la formation du R. P. F. (1947). Au cours de la IVe République, il participa à la plupart des gouvernements ; en 1958, il donna son appui au général de Gaulle. Il s'effaça, à partir de 1967, devant le Centre démocrate.

M'SILA, v. d'Algérie, ch.-l. de wilaya ; 49 000 h.

MU'ĀWIYA Ier (La Mecque v. 603 - Damas 680), calife (661-680), fondateur de la dynastie omeyyade.

MUCHA (Alfons), peintre et dessinateur tchèque (Ivančice, Moravie, 1860 - Prague 1939). Établi à Paris de 1888 à 1904, il fut un des promoteurs de l'Art nouveau (affiches pour Sarah Bernhardt, etc.).

MUCIUS SCAEVOLA (Caius), héros légendaire romain (fin du VIe s. av. J.-C.). Il pénétra de nuit dans le camp des Étrusques pour tuer le roi Porsenna. Démasqué, il mit sa main sur un brasier pour se punir de son échec (d'où son nom de Scaevola, « le gaucher »).

MUDANJIANG ou **MOU-TAN-KIANG,** v. de Chine (Heilongjiang) ; 251 000 h. Centre industriel.

MUFULIRA, v. de Zambie ; 150 000 h. Cuivre.

MUGABE (Robert Gabriel), homme politique du Zimbabwe (Kutama 1924). Premier ministre depuis l'indépendance (1980), il est élu à la présidence de la République en déc. 1987.

MUGELLO (le), région de la Toscane.

MUGRON (40250), ch.-l. de c. des Landes ; 1 337 h.

MUḤAMMAD V IBN YŪSUF (Fès 1909 - Rabat 1961). Sultan du Maroc en 1927, déposé par la France en 1953, exilé jusqu'en 1955, il fut alors rétabli dans ses droits. Après la proclamation de l'indépendance du Maroc (1956), il devint roi (1957).

MUḤAMMAD 'ABDUH, réformateur musulman (en Égypte 1849 - Alexandrie 1905). Disciple de Djamāl al-Din al-Afghāni et mufti d'Égypte à partir de 1889, il insista sur le retour aux sources de l'islam et la nécessité de l'instruction.

MUḤAMMAD AḤMAD IBN 'ABD ALLĀH → ***Mahdī*** (al-).

MUḤAMMAD AL-ṢADŪQ (Tunis 1812 - *id.* 1882), bey de Tunis (1859-1882). Il signa le traité du Bardo instituant le protectorat français en Tunisie (1881).

MUḤAMMAD IBN 'ABD AL-WAHHĀB, fondateur du courant réformiste puritain wahhabite (dans le Nadjd 1703-1792). Il fonda avec les Saoudiens un État indépendant en Arabie (1744).

Mühlberg *(bataille de)* [24 avr. 1547], victoire que Charles Quint remporta sur les protestants de la ligue de Smalkalde à Mühlberg an der Elbe.

MUISCA ou **CHIBCHA,** peuple précolombien des hautes terres de Colombie, dont la civilisation s'épanouit entre 1000 et 1500 apr. J.-C.

MUKALLĀ (al-), port du Yémen, sur le golfe d'Aden ; 50 000 h.

MULATIÈRE (La) [69350], comm. du Rhône ; 7 401 h.

Mūlāy ou **Moulay** (mot ar. signif. *mon seigneur*), titre porté par les sultans du Maroc de la dynastie alawite.

MULHACÉN, point culminant de l'Espagne (Andalousie), dans la sierra Nevada ; 3 478 m.

MÜLHEIM AN DER RUHR, v. d'Allemagne, dans la Ruhr ; 176 149 h. Métallurgie.

MULHOUSE, ch.-l. d'arr. du Haut-Rhin, sur l'Ill ; 109 905 h. *(Mulhousiens)* [l'agglomération compte plus de 220 000 h.]. Université. Industries mécaniques, électriques, chimiques et textiles. Musées techniques et artistiques. — À proximité, potasse.

MULLER (Hermann Joseph), biologiste américain (New York 1890 - Indianapolis 1967). Ses recherches sur la génétique, en particulier sur les mutations obtenues par l'action des rayons X, lui valurent le prix Nobel en 1946.

MÜLLER (Johannes **von**), historien suisse (Schaffhouse 1752 - Kassel 1809), auteur de la première *Histoire de la Confédération suisse* (1786-1808).

MÜLLER (Paul Hermann), biochimiste suisse (Olten 1899 - Bâle 1965), inventeur du D. D. T. (Prix Nobel 1948.)

MULLIKEN (Robert Sanderson), chimiste américain (Newburyport 1896 - Arlington, Virginie, 1986). Pour rendre compte de la structure électronique et de la liaison des molécules, il a introduit les notions d'orbitales atomiques et d'orbitales moléculaires. (Prix Nobel 1966.)

MULRONEY (Brian), homme politique canadien (Baie-Comeau, Québec, 1939). Chef du parti conservateur, il est Premier ministre de 1984 à 1993.

MULTĀN, v. du Pakistan ; 730 000 h. Centre industriel.

MULTATULI (Eduard **Douwes Dekker,** dit), écrivain néerlandais (Amsterdam 1820 - Nieder-Ingelheim 1887). Son œuvre influença de façon décisive le renouveau littéraire de 1880 *(Max Havelaar,* 1860).

MULTIEN (le), région d'Île-de-France entre la Marne et l'Ourcq.

MUMMIUS (Lucius), consul romain en 146 av. J.-C. Il fut le destructeur de Corinthe.

MUN (Albert, *comte* **de**), homme politique français (Lumigny, Seine-et-Marne, 1841 - Bordeaux 1914). Officier, il se consacra, après avoir participé à la répression de la Commune de Paris, à l'action sociale. Fondateur des Cercles catholiques d'ouvriers (1871), il se fit, à la Chambre, à partir de 1876, le défenseur d'une législation sociale avancée. (Acad. fr.)

MUNCH (Charles), chef d'orchestre français (Strasbourg 1891 - Richmond, Virginie, 1968). Il a dirigé les orchestres de la Société des concerts du Conservatoire, puis ceux de Boston et de Paris.

MUNCH (Edvard), peintre et graveur norvégien (Løten 1863 - près d'Oslo 1944). Ses thèmes dominants sont l'angoisse, la difficulté de vivre (*le Cri,* 1893, Galerie nationale, Oslo ; *Vigne vierge rouge,* 1900, musée Munch, *ibid.*). Précurseur de l'expressionnisme, il a exercé une forte influence en Allemagne.

MÜNCHHAUSEN (Karl Hieronymus, *baron* **von**), officier allemand (Gut Bodenwerder, Hanovre, 1720 - *id.* 1797). Ses fanfaronnades en ont fait un personnage de légende, dont les aventures inspirèrent en France celles du baron de Crac.

MUNDA, anc. v. d'Espagne, en Bétique, où César battit les lieutenants de Pompée (45 av. J.-C.).

MUNDĀ, groupe de peuples de l'Inde centrale et orientale, parlant le munda.

MUNDOLSHEIM (67450), ch.-l. de c. du Bas-Rhin ; 4 709 h.

MUNIA *(pic de la),* sommet de la frontière franco-espagnole (Hautes-Pyrénées) ; 3 133 m.

MUNICH, en all. **München,** v. d'Allemagne, cap. de la Bavière, sur l'Isar ; 1 206 363 h. *(Munichois).* Métropole culturelle, commerciale et industrielle (constructions électriques et mécaniques, agroalimentaire, chimie) du sud de l'Allemagne. — Cathédrale (XVe s.) et église St-Michel (fin du XVIe s.). Résidence (palais royal) des XVe-XIXe s. Monuments baroques du XVIIIe s. par les Asam ou par Cuvilliés, néoclassiques par Klenze. Université, Vieille Pinacothèque, Glyptothèque, musée des Sciences et Techniques. — Fondée en 1158,

Munich : la cathédrale (XVe s.) [à gauche] et le nouvel hôtel de ville (XIXe s.).

Munich devint en 1255 la résidence des Wittelsbach. Elle fut dans les années 1920 l'un des principaux foyers du national-socialisme.

Munich *(accords de)* [29-30 sept. 1938], accords signés entre la France, la Grande-Bretagne, l'Allemagne et l'Italie qui prévoyaient l'évacuation du territoire des Sudètes par les Tchèques et son occupation par les troupes allemandes. L'acceptation par les démocraties des exigences allemandes amena un soulagement dans l'opinion publique européenne, qui crut avoir échappé à la guerre, mais encouragea Hitler dans sa politique d'expansion.

MUNK (Andrzej), cinéaste polonais (Cracovie 1921 - Łowicz 1961). S'élevant contre le schématisme et le formalisme idéologiques, il a réalisé *Un homme sur la voie* (1956), *Eroïca* (1958), *De la veine à revendre* (1960), *la Passagère* (1961-1963, achevé après sa mort).

MÜNSTER, v. d'Allemagne (Rhénanie-du-Nord-Westphalie), dans le *bassin de Münster ;* 253 123 h. Université. Monuments anciens. C'est à Münster, en 1648, que furent signés les préliminaires des traités de Westphalie.

MUNSTER (68140), ch.-l. de c. du Haut-Rhin, sur la Fecht ; 4 702 h. Textile. Fromages.

MUNSTER, prov. de la République d'Irlande ; 1 008 443 h. Cap. *Cork.*

MUNTANER (Ramon), chroniqueur catalan (Perelada 1265 - Ibiza 1336), auteur d'une *Chronique* des règnes de Jacques Ier, Pierre III, Alphonse III et Jacques II.

MUNTÉNIE, région de Roumanie, à l'est de l'Olt, partie orientale de la Valachie. Cap. *Bucarest.*

MÜNTZER ou **MÜNZER** (Thomas), réformateur allemand (Stolberg, Harz, v. 1489 - Mühlhausen, Thuringe, 1525). L'un des fondateurs de l'anabaptisme, il prit les armes à la tête d'une armée de paysans, fut battu par les princes à Frankenhausen (1525) et exécuté.

MUQDISHO, anc. **Mogadishu** et, en ital., **Mogadiscio,** cap. de la Somalie, sur l'océan Indien ; 1 000 000 d'h.

MUR (la), riv. de l'Europe centrale (Autriche, Slovénie et Croatie), qui passe à Graz, affl. de la Drave (r. g.) ; 445 km. Aménagements hydroélectriques.

MURAD Ier (v. 1326 - Kosovo 1389), sultan ottoman (1359-1389), fils d'Orhan. Il installa sa capitale à Andrinople, soumit la Thrace, la Macédoine, la Bulgarie et écrasa les Serbes et leurs alliés à Kosovo (1389). — **Murad II** (Amasya 1404 - Andrinople 1451), sultan ottoman (1421-1451). Il rétablit l'autorité ottomane dans les Balkans et en Asie Mineure. — **Murad III** (Manisa 1546 - Istanbul 1595), sultan de 1574 à 1595. — **Murad IV** (Istanbul 1612 - *id.* 1640), sultan de 1623 à 1640.

MURĀD BEY, chef des Mamelouks (en Circassie v. 1750 - près de Talsta 1801). Il fut battu par Bonaparte aux Pyramides en 1798.

Muraille *(la Grande),* muraille longue de plus de 5 000 km, dont la construction entre la Chine et la Mongolie a commencé au IIIe s. av. J.-C. Son tracé actuel date de l'époque de la dynastie Ming (XVe-XVIIe s.).

MURANO, agglomération de la comm. de Venise, sur une île de la lagune. Église du XIIe s. Verrerie d'art.

MURASAKI SHIKIBU, romancière japonaise (v. 978 - v. 1014), auteur du *Genji* monogatari.*

MURAT (15300), ch.-l. de c. du Cantal ; 2 744 h. Église du XVe s.

MURAT (Joachim), maréchal de France (Labastide-Fortunière, auj. Labastide-Murat, 1767 - Pizzo, Calabre, 1815). Aide de camp de Bonaparte en Italie (1796), il épousa Caroline Bonaparte (1800). Fait maréchal en 1804, grand-duc de Berg et de Clèves (1806-1808), cavalier prestigieux, il commanda en chef en Espagne (1808) puis devint roi de Naples en 1808. À la tête de la cavalerie de la Grande Armée en Russie (1812), il tenta, après la défaite française, de faire garantir ses États par les Alliés (1814). En 1815, il chercha à revenir dans son royaume, mais il fut arrêté en Calabre et fusillé.

MURATORI (Lodovico Antonio), historien italien (Vignola, près de Modène, 1672 - Modène 1750), fondateur de l'historiographie médiévale italienne, notamm. par la publication des *Rerum Italicarum scriptores* (25 vol., 1723-1751).

MURCIE, v. du S.-E. de l'Espagne (328 100 h.) ; ch.-l. d'une province constituant une communauté autonome (1 046 561 h.). Cathédrale des XVe, XVIe et XVIIIe s. Musée consacré au sculpteur Francisco Salzillo (XVIIIe s.).

MUR-DE-BARREZ [-rɛz] (12600), ch.-l. de c. de l'Aveyron ; 1 176 h. Église en partie romane.

MÛR-DE-BRETAGNE (22530), ch.-l. de c. des Côtes-d'Armor ; 2 087 h.

Mur des lamentations, vestiges de l'enceinte occidentale du temple d'Hérode à Jérusalem, où les Juifs viennent pleurer la destruction du Temple et la dispersion d'Israël.

MURDOCH (*Dame* Iris), femme de lettres irlandaise (Dublin 1919). Ses récits décrivent les déchirements d'êtres qui n'aspirent cependant qu'à l'union *(Dans le filet, la Gouvernante italienne, l'Élève du philosophe).*

MURDOCH (Rupert), homme d'affaires australien naturalisé américain (Melbourne 1931). Magnat de la presse britannique *(The Sun, The Times),* à la tête du groupe *News Corporation,* il a également développé ses activités dans le secteur de l'audiovisuel (aux États-Unis notamm.).

MURE (La) [38350], ch.-l. de c. de l'Isère ; 5 699 h. Anthracite.

MUREAUX (Les) [78130], comm. des Yvelines, sur la Seine ; 33 365 h. *(Muriautins).* Industrie aérospatiale.

MUREȘ (le), en hongr. **Maros,** riv. de Roumanie et de Hongrie, affl. de la Tisza (r. g.) ; 803 km.

MURET (31600), ch.-l. d'arr. de la Haute-Garonne, sur la Garonne ; 18 604 h. *(Murétains).* Église des XIIe-XVe s. En 1213, pendant la croisade des albigeois, le comte Raimond VI de Toulouse et le roi Pierre II d'Aragon y furent vaincus par Simon de Montfort.

MURET (Marc-Antoine), humaniste français (Muret 1526 - Rome 1585), auteur de poésies latines *(Juvenilia).*

MUREYBAT, site archéologique de Syrie, recouvert par les eaux d'un barrage sur le cours du moyen Euphrate, et où l'on a découvert la plus ancienne (v. 8000 av. J.-C.) activité agricole volontaire.

MURGER (Henri), écrivain français (Paris 1822 - *id.* 1861), auteur des *Scènes de la vie de bohème* (1848).

MURILLO (Bartolomé Esteban), peintre espagnol (Séville 1618 - *id.* 1682). Son œuvre comprend à la fois des compositions religieuses d'une dévotion tendre (grands cycles destinés aux couvents de Séville ; Immaculées ; Saintes Familles) et des tableaux réalistes.

MURNAU (Friedrich Wilhelm **Plumpe,** dit **Friedrich Wilhelm**), cinéaste allemand (Bielefeld 1888 - Santa Barbara, Californie, 1931). Hanté par les thèmes de la fatalité et de la mort, il a porté le cinéma muet à la plénitude de sa puissance expressive : *Nosferatu le vampire* (1922), *le Dernier des hommes* (1924), *l'Aurore* (1927), *Tabou* (1931, avec Flaherty).

Muromachi *(période de)* [1333-1582], période de l'histoire du Japon dominée par le gouvernement des shoguns Ashikaga, dont la cour était établie à Muromachi, faubourg de Kyōto.

MURORAN, port du Japon (Hokkaidō) ; 117 855 h. Métallurgie.

Alfred de **Musset**
(Ch. Landelle - château de Versailles)

Mussolini
(en 1940)

MURPHY (Robert), ornithologue américain (New York 1887 - *id.* 1973). Explorateur de tous les rivages du Pacifique, il a rassemblé à l'American Museum plus d'un million de spécimens.

MURRAY (le), principal fl. d'Australie, né dans la Cordillère australienne, tributaire de l'océan Indien austral ; 2 589 km (bassin de 1 073 000 km²).

MURRAY (Jacques **Stuart,** *comte* **de**) → ***Moray.***

MURRAY (James), général britannique (Ballencrief, Écosse, 1721 - Battle, Sussex, 1794). Premier gouverneur du Canada (1763-1766), il respecta les traditions des Canadiens français.

MÜRREN, station d'été et de sports d'hiver de Suisse, dans l'Oberland bernois, à 1 645 m d'alt.

MURRUMBIDGEE (le), riv. d'Australie, affl. du Murray (r. dr.) ; 1 680 km. Irrigation.

MURUROA, atoll des îles Tuamotu (Polynésie française). De 1966 à 1996, base française d'expérimentations de charges nucléaires.

MURVIEL-LÈS-BÉZIERS (34490), ch.-l. de c. de l'Hérault ; 2 281 h.

MUSALA *(pic),* anc. **pic Staline,** point culminant de la Bulgarie et du Rhodope ; 2 925 m.

Muséum national d'histoire naturelle, établissement scientifique fondé à Paris en 1793 à partir du *Jardin du roi* (1635). Il comprend, au *Jardin des Plantes,* des laboratoires de recherche en sciences de la Terre, de la vie et de l'homme, des collections de sciences naturelles, une ménagerie et un vivarium et plusieurs galeries présentant des expositions. La Grande Galerie de l'Évolution est consacrée à la diversité du monde vivant et à l'action de l'homme sur la nature. Dépendent aussi du Muséum *le Parc zoologique de Paris* (zoo de Vincennes) et le *musée de l'Homme.*

Muséum national d'histoire naturelle : la Grande Galerie de l'Évolution (après rénovation, 1994).

MUSIL (Robert), écrivain autrichien (Klagenfurt 1880 - Genève 1942). Il analysa la crise sociale et spirituelle de la civilisation européenne (*les Désarrois de l'élève Törless,* 1906) et chercha dans la création littéraire le moyen de retrouver une unité personnelle et une communion humaine (*l'Homme sans qualités,* 1930-1943).

MUSSCHENBROEK (Petrus **Van**) → ***Van Musschenbroek.***

MUSSET (Alfred **de**), écrivain français (Paris 1810 - *id.* 1857). Introduit dans le cénacle de Nodier, il se fait connaître par ses *Contes d'Espagne et d'Italie* (1830). Des essais malheureux au théâtre puis une liaison orageuse avec George Sand bouleversent sa vie. Il publie des pièces destinées à la lecture, dont *les Caprices de Marianne* (1833), *Fantasio, On ne badine pas avec l'amour, Lorenzaccio** (1834), *le Chandelier* (1835), *Il ne faut jurer de rien* (1836), des poèmes (*les Nuits,* 1835-1837), un roman autobiographique (*la Confession d'un enfant du siècle,* 1836). À partir de 1838, malade et usé par les excès, il donnera encore des contes *(Mimi Pinson),* des proverbes (*Il faut qu'une porte soit ouverte ou fermée,* 1845), des fantaisies poétiques, exprimant les contradictions de sa personnalité : poète de la douleur et des sentiments exacerbés, il est aussi celui de la fantaisie légère. (Acad. fr.) — Son frère **Paul** (Paris 1804 - *id.* 1880) fut romancier et essayiste.

MUSSIDAN (24400), ch.-l. de c. de la Dordogne, sur l'Isle ; 3 009 h.

MUSSOLINI (Benito), homme politique italien (Dovia di Predappio, Romagne, 1883 - Giulino di Mezzegra, Côme, 1945). Instituteur, maçon, puis journaliste et militant socialiste, il préconise en 1914 une politique nationaliste et militariste. Après la Première Guerre mondiale, il fonde les Faisceaux italiens de combat, noyau du parti fasciste (1919). Il convainc le roi, après la marche sur Rome, de lui confier le gouvernement (1922). À partir de 1925, ayant obtenu les pleins pouvoirs, il devient véritablement le *duce,* qui exerce une dictature absolue ; les accords du Latran (1929) lui attirent la reconnaissance des catholiques. Il rompt avec les démocraties occidentales après la conquête de l'Éthiopie (1935-36) et forme l'axe Rome-Berlin (1936), renforcé par le pacte d'Acier (1939). En 1940, il lance l'Italie dans la guerre aux côtés de l'Allemagne hitlérienne. Désavoué par les chefs fascistes, arrêté sur l'ordre du roi (1943), il est délivré par les parachutistes allemands et constitue, dans le nord de l'Italie, à Salo, une « République sociale italienne » qui ne survit pas à la défaite allemande. Reconnu par des partisans alors qu'il cherche à fuir vers la Suisse, il est exécuté avec sa maîtresse Clara Petacci le 28 avr. 1945.

MUSSY-SUR-SEINE (10250), ch.-l. de c. de l'Aube ; 1 489 h. Église du XIIIe s.

MUSTAFA KEMAL PAŞA → ***Atatürk.***

MUTANABBĪ (al-), poète arabe (Kūfa 915 - près de Bagdad 965), auteur d'un *Divan* poétique.

MUTARE, anc. **Umtali,** v. de l'est du Zimbabwe ; 70 000 h.

MUTSUHITO → ***Meiji tennō.***

MUTTENZ, v. de Suisse, banlieue de Bâle ; 17 181 h.

MUTZIG (67190), comm. du Bas-Rhin ; 5 353 h. Brasserie.

MUY (Le) [83490], ch.-l. de c. du Var ; 7 283 h.

MUYBRIDGE (Edward James **Muggeridge,** dit **Eadweard**), inventeur britannique (Kingston-on-Thames 1830 - *id.* 1904). Pionnier de la photographie animée, il enregistra les différentes phases du galop d'un cheval (1872-1878), inventa le zoopraxinoscope et confirma les vues théoriques de Marey.

MUẒAFFAR AL-DĪN → ***Mozaffar al-Din.***

MUZAFFARPUR, v. de l'Inde (Bihār) ; 240 450 h. Université.

MUZILLAC (56190), ch.-l. de c. du Morbihan ; 3 509 h.

MWANZA, v. de Tanzanie, sur le lac Victoria ; 111 000 h.

MWERU → ***Moero.***

MYANMAR, nom officiel de la Birmanie.

Mycale *(bataille du cap)* [479 av. J.-C.], victoire navale des Grecs sur les Perses en mer Égée, en face de Samos.

MYCÈNES, village de Grèce, dans le Péloponnèse (nome de l'Argolide) [*Mycéniens*]. Capitale légendaire des Atrides, Mycènes fut, à partir du XVIe s. av. J.-C., le centre d'une civilisation historique dite *mycénienne,* attestée par de nombreux vestiges (enceinte, quartiers d'habitations, cercles de tombes, tholos d'Atrée), ainsi que par l'orfèvrerie et des céramiques, qui témoignent toutes d'une esthétique originale, dégagée de l'influence minoenne. La ville fut ruinée par l'invasion des Doriens (fin du IIe millénaire).

MYINGYAN, v. de Birmanie, sur l'Irrawaddy ; 220 000 h.

MYKERINUS ou **MYKÉRINOS,** pharaon de la IVe dynastie (v. 2600 av. J.-C.), constructeur de la troisième pyramide de Gizeh.

MÝKONOS, île grecque de la partie nord-est des Cyclades ; 3 000 h. Centre touristique.

MYRDAL (Karl Gunnar), économiste et homme politique suédois (Gustafs, Dalécarlie, 1898 - Stockholm 1987). Il a notamment étudié le problème des pays sous-développés. (Prix Nobel 1974.)

MYRMIDONS, anc. peuplade de Thessalie, qui prit part à la guerre de Troie.

MYRON, sculpteur grec (né en Attique au 2e quart du Ve s. av. J.-C.), auteur du *Discobole* (copie au musée des Thermes, Rome).

MYSIE, anc. contrée du nord-ouest de l'Asie Mineure, où les Grecs fondèrent des colonies. V. pr. *Pergame* et *Lampsaque.*

MYSORE, anc. État de l'Inde qui a pris, en 1973, le nom de **Karnātaka.**

MYSORE ou **MAISŪR,** v. de l'Inde (Karnātaka) ; 652 246 h. Textiles. Anc. capitale de l'État. Palais de style indo-musulman (XIXe s.) devenu musée. Centre de pèlerinage sivaïte.

Mystères de Paris (les), roman-feuilleton d'Eugène Sue (1842-43).

MY THO, v. du Viêt Nam méridional ; 120 000 h.

MYTILÈNE → ***Lesbos.***

MYZEQE, plaine littorale de l'Albanie.

MZAB, groupe d'oasis du nord du Sahara algérien. (Hab. *Mzabites* ou *Mozabites.*) V. pr. *Ghardaïa.*

N

NABATÉENS, peuple de l'Arabie septentrionale, dont la capitale était *Pétra.* Leur royaume fut annexé à l'Empire romain en 106, par Trajan.

NABEREJNYIE TCHELNY, v. de Russie, en Tatarie, sur la Kama ; 501 000 h. Industrie automobile.

NABEUL, v. de Tunisie ; 30 000 h. Poterie.

NABIS, tyran de Sparte (207-192 av. J.-C.). Ennemi de la Macédoine, il tenta d'imposer une réforme sociale.

NABOKOV (Vladimir), écrivain américain d'origine russe (Saint-Pétersbourg 1899 - Montreux, Suisse, 1977), peintre ironique des obsessions, des ridicules ou des vices de son époque (*la Vraie Vie de Sébastien Knight,* 1941 ; *Lolita,* 1955 ; *Ada ou l'Ardeur,* 1969).

NABONIDE, dernier roi de Babylone (556-539 av. J.-C.). Il fut vaincu par Cyrus.

NABOPOLASSAR, roi de Babylone (626-605 av. J.-C.), fondateur de la dynastie chaldéenne. Allié aux Mèdes, il détruisit l'Empire assyrien (chute de Ninive en 612).

Nabucco, opéra en 4 actes de Giuseppe Verdi (1842) sur un livret de Temistocle Solera d'après l'histoire du roi Nabuchodonosor. Premier opéra patriotique du compositeur, il est célèbre pour son chœur des exilés « Va pensiero ».

NABUCHODONOSOR II, roi de Babylone (605-562 av. J.-C.), fils de Nabopolassar. La victoire de Karkemish (605) sur les Égyptiens et la prise de Jérusalem (587) lui assurèrent la domination de la Syrie et de la Palestine. Il fit de Babylone, embellie, la métropole du monde oriental.

NACHTIGAL (Gustav), explorateur allemand (Eichstedt 1834 - dans le golfe de Guinée 1885). Il reconnut le Bornou et les abords du lac Tchad (1869-1875).

NADAR (Félix **Tournachon,** dit), photographe et caricaturiste français (Paris 1820 - *id.* 1910). Il photographia les célébrités de son époque *(le Panthéon de Nadar),* réalisa les premières photographies aériennes prises en ballon (1858) et fut l'un des premiers utilisateurs de la lumière artificielle en 1861 dans les catacombes.

NADAUD (Gustave), chansonnier français (Roubaix 1820 - Paris 1893), auteur de près de trois cents chansons *(les Deux Gendarmes).*

NADER (Ralph), économiste et avocat américain (Winsted, Connecticut, 1934). Dénonçant les abus de la société de consommation, il a notamment fait imposer de nouvelles normes de sécurité à l'industrie automobile américaine.

NĀDER CHĀH ou **NĀDIR CHĀH** (près de Kalāt 1688 - Fathābād 1747), roi d'Iran (1736-1747). Après avoir chassé les Afghans et rétabli les Séfévides en Iran, il s'empara du pouvoir (1736). Il conquit l'Afghanistan et envahit l'Inde des Moghols (1739) ; il fut assassiné.

Nadja, roman d'A. Breton (1928).

NADJAF (al-), v. de l'Iraq, au sud de Bagdad ; 128 000 h. Pèlerinage chiite.

NADJD ou **NEDJD,** anc. émirat, partie de l'Arabie saoudite. V. pr. *Riyāḍ.* Le Nadjd a été au XVIIIe s. le centre du mouvement wahhabite.

NADOR, v. du Maroc septentrional, ch.-l. de prov. ; 36 000 h.

NAEVIUS (Cneius), poète latin (en Campanie v. 270 - Utique v. 201 av. J.-C.), auteur d'une épopée sur la première guerre punique et créateur de la tragédie à sujet national.

NAFTA (North American Free Trade Agreement), en fr. **A.L.E.N.A.** (Accord de libre-échange nord-américain), accord signé en 1992 entre les États-Unis, le Canada et le Mexique, créant une zone de libre-échange entre ces trois pays. Il entre en vigueur en 1994.

NAGALAND, État de l'Inde orientale ; 16 527 km² ; 1 215 573 h. Cap. *Kohīma.*

NAGANO, v. du Japon (Honshū) ; 347 026 h. Temple bouddhique (Zenkō-ji) restauré au XVIIe s. (statues de bois du VIIe s.).

NAGANO OSAMI, amiral japonais (Kōchi 1880 - Tōkyō 1947). Ministre de la Marine (1936), il fut le chef d'état-major de la marine pendant la Seconde Guerre mondiale.

NAGAOKA, v. du Japon (Honshū) ; 185 938 h.

NĀGĀRJUNA, philosophe bouddhiste, en grande partie légendaire. Il aurait vécu en Inde à la fin du Ier s. ou au début du IIe s. apr. J.-C., et serait l'un des fondateurs du bouddhisme du Grand Véhicule.

NAGASAKI, port du Japon (Kyūshū) ; 444 599 h. Chantiers navals. Monuments anciens (XVIIe-XVIIIe s.). La deuxième bombe atomique y fut lancée par les Américains le 9 août 1945 et fit environ 70 000 victimes (décédées en 1945).

NAGELMACKERS (Georges), homme d'affaires belge (Liège 1845 - Villepreux, Yvelines, 1905). Il fonda à Bruxelles, en 1876, la Compagnie internationale des wagons-lits et des grands express européens.

NĀGERCOIL, v. de l'Inde (Tamil Nadu) ; 189 482 h.

NAGOYA, port du Japon (Honshū), sur le Pacifique ; 2 154 793 h. Métallurgie. Chimie. Sanctuaire shintoïste d'Atsuta. Château reconstruit ; musée d'art Tokugawa.

NĀGPUR, v. de l'Inde (Mahārāshtra) ; 1 661 409 h. Centre industriel.

NAGY (Imre), homme politique hongrois (Kaposvár 1896 - Budapest 1958). Communiste, Premier ministre (1953-1955), partisan d'une politique libérale, il se heurta aux staliniens Rákosi et Gerő, qui l'expulsèrent du parti (1956). Rappelé au pouvoir lors de l'insurrection d'oct. 1956, il fut arrêté et exécuté (1958). Il a été réhabilité en 1989.

NAHA, cap. de l'archipel des Ryūkyū, dans l'île d'Okinawa ; 304 836 h.

NAḤḤĀS PACHA (Muṣṭafā **al-**), homme politique égyptien (Samannud 1876 - Le Caire 1965). Chef du Wafd, il fut cinq fois Premier ministre entre 1928 et 1944.

NAHUA, peuple d'Amérique centrale, formant le groupe ethnique le plus important du Mexique, et parlant une langue aztèque.

NAHUEL HUAPÍ, lac andin de l'Argentine ; 544 km². Site touristique.

NAHUM, prophète biblique de la fin du VIIe s. av. J.-C. Il chante la chute de Ninive (612), qui marque le triomphe de la justice divine.

NAILLOUX (31560), ch.-l. de c. de la Haute-Garonne ; 1 032 h.

NAIPAUL (Vidiadhar Surajprasad), écrivain britannique, originaire de la Trinité (Chaguanas 1932). Ses romans évoquent la double impossibilité, pour les Indiens et les Noirs, de l'intégration à la civilisation britannique et du retour aux origines.

NAIROBI, cap. du Kenya, à 1 660 m d'alt. ; 1 104 000 h. Aéroport. Université.

Naissance d'une nation (la), film américain de D. W. Griffith (1915), premier chef-d'œuvre épique du cinéma, retraçant plusieurs épisodes de la guerre de Sécession.

NAJAC (12270), ch.-l. de c. de l'Aveyron, au-dessus de l'Aveyron ; 859 h. Ruines d'un puissant château féodal. Maisons gothiques.

NAKASONE YASUHIRO, homme politique japonais (Takasaki 1918). Président du parti libéral démocrate, il fut Premier ministre de 1982 à 1987.

NAKHITCHEVAN, république autonome de l'Azerbaïdjan ; 295 000 h. Cap. *Nakhitchevan* (37 000 h.).

NAKHODKA, port de Russie, sur le Pacifique ; 165 000 h.

NAKHON PATHOM, v. de Thaïlande, à l'ouest de Bangkok ; 45 000 h. Musée archéologique. Célèbre stupa (XIXe s.) en briques émaillées, objet de nombreux pèlerinages.

NAKURU, v. du Kenya ; 93 000 h.

NALTCHIK, v. de Russie, cap. de la République de Kabardino-Balkarie, au nord du Caucase ; 235 000 h.

NAMANGAN, v. d'Ouzbékistan ; 308 000 h.

NAMAQUA, peuple hottentot de la Namibie *(Namaqualand).*

NAMAQUALAND, région côtière aride, aux confins de l'Afrique du Sud et de la Namibie.

NAMBICUARA ou **NAMBIKWARA,** peuple indien du Brésil (Mato Grosso).

NAM DINH, v. du Viêt Nam, sur le fleuve Rouge ; 90 000 h. Textile.

NAMIB *(désert du),* région côtière aride de la Namibie.

NAMIBIE, État de l'Afrique australe, sur l'Atlantique ; 825 000 km^2 ; 1 500 000 h. *(Namibiens).* CAP. *Windhoek.* LANGUES : *afrikaans* et *anglais.* MONNAIE : *dollar namibien.*

GÉOGRAPHIE

Formée principalement de hauts plateaux dominant le désert du Namib, la Namibie a un sous-sol riche (diamants, uranium). Peuplée surtout de Bantous, elle a été, longtemps, dominée par la minorité blanche.

HISTOIRE

Fin du XVe-XVIIIe s. : de rares Européens, Portugais puis Hollandais, s'aventurent sur les côtes. Cependant, les Bantous (Herero et Hottentots) occupent le pays, refoulant Bochiman et Namaqua. 1892 : l'Allemagne s'assure la domination de la région (sauf une enclave devenue colonie britannique en 1878), qu'elle baptise Sud-Ouest africain. 1904-1906 : elle doit lutter contre le soulèvement des Herero. 1914-15 : l'Union sud-africaine conquiert la région. 1920 : elle la reçoit en mandat de la S. D. N. 1922 : l'enclave britannique est rattachée au Sud-Ouest africain. 1949 : l'O. N. U. refuse l'annexion de la région à l'Union sud-africaine, qui conserve son mandat sur elle et y étend le système de l'apartheid. 1966 : l'O. N. U. révoque le mandat de l'Afrique du Sud. 1968 : l'O. N. U. change le nom du Sud-Ouest africain en Namibie. L'Afrique du Sud ignore cette décision, mais ne peut empêcher la formation d'un parti indépendantiste, la SWAPO (South West Africa People's Organization). 1974 : celle-ci engage des opérations de guérilla contre l'Afrique du Sud. 1988 : des accords entre l'Afrique du Sud, l'Angola et Cuba entraînent un cessez-le-feu dans le nord de la Namibie et ouvrent la voie à l'indépendance du territoire. 1990 : la Namibie accède à l'indépendance. Le leader de la SWAPO, Sam Nujoma, devient président de la République.

NAMPO, port et centre industriel de la Corée du Nord.

NAMPULA, v. du Mozambique ; 126 000 h.

NAMUR, v. de Belgique, cap. de la Région wallonne et ch.-l. de la *prov. de Namur,* au confl. de la Meuse et de la Sambre ; 103 443 h. *(Namurois).* Centre administratif et commercial. Université. Citadelle. Église baroque St-Loup. Musées (archéologie, trésors religieux).

NAMUR *(province de),* prov. du sud de la Belgique ; 3 660 km^2 ; 423 317 h. ; ch.-l. *Namur ;* 3 arr. *(Dinant, Namur, Philippeville)* et 38 comm. Le sillon de la Sambre et de la Meuse (métallurgie) sépare l'avant-pays ardennais (exploitation forestière et élevage) de l'extrémité nord de la prov., plateau limoneux où dominent les cultures céréalières.

Nana, roman d'É. Zola (1880) ; histoire d'une courtisane qui corrompt une société en décadence.

NANAIMO, v. du Canada (Colombie-Britannique), dans l'île de Vancouver ; 60 129 h.

NĀNAK ou **GURU NĀNAK,** maître spirituel indien (Talvandī, Lahore, 1469 - Kartarpur 1538), fondateur du sikhisme.

NANA SAHIB, prince indien (v. 1825 - v. 1860), qui prit part à l'insurrection des cipayes en 1857.

NANÇAY (18330), comm. du Cher, en Sologne ; 834 h. Centre de radioastronomie.

NANCHANG ou **NAN-TCH'ANG,** v. de Chine, cap. du Jiangxi ; 1 061 000 h. Centre industriel. Musées.

NANCHONG ou **NAN-TCH'ONG,** v. de Chine (Sichuan) ; 206 000 h.

NANCY, ch.-l. du dép. de Meurthe-et-Moselle, sur la Meurthe et le canal de la Marne au Rhin, à 306 km à l'est de Paris ; 102 410 h. *(Nancéiens)* [près de 330 000 h. dans l'agglomération]. Évêché. Cour d'appel. Académie (Nancy-Metz) et université. Centre administratif, commercial et industriel (constructions mécaniques, textile, chaussures). — La ville garde d'intéressants monuments : église des Cordeliers (XVe s.), porte de la Craffe (XIVe-XVe s.), palais ducal (début du XVIe s., Musée historique lorrain), cathédrale (XVIIIe s.) ; la place de la Carrière, le palais du Gouvernement et la gracieuse place Stanislas, limitée par des grilles dues à Jean Lamour, sont l'œuvre d'E. Héré (XVIIIe s.). Un petit musée est consacré aux maîtres de l'« école de Nancy » (v. ***Art nouveau,*** partie langue). — Capitale des ducs de Lorraine, Nancy fut convoitée par Charles le Téméraire, qui périt sous ses murs en 1477. Agrandie par Charles III (1588), elle connut une nouvelle période faste sous le roi-duc Stanislas Leszczyński (1738-1766).

Nancy : vue partielle de la place Stanislas avec, au premier plan, un élément des grilles de Jean Lamour.

NANDA DEVI (la), sommet de l'Himalaya (Inde) ; 7 816 m.

NĀNGA PARBAT (le), sommet de l'Himalaya occidental ; 8 126 m.

NANGIS [nɑ̃ʒi] (77370), ch.-l. de c. de Seine-et-Marne ; 7 223 h. Chimie. Église gothique. — Aux environs, église gothique (XIIIe s.) de Rampillon, au remarquable portail sculpté.

NANGIS (Guillaume **de**) → ***Guillaume de Nangis.***

NANKIN ou **NANJING,** v. de la Chine centrale, cap. du Jiangsu, port sur le Yangzi Jiang ; 2 290 000 h. Métallurgie. Textile. Chimie. — Riches musées. Aux environs, tombeau de l'empereur Ming Hongwu (1381) et falaise des Mille Bouddhas, ensemble monastique rupestre fondé au Ve s. Plusieurs fois capitale, la ville connut son apogée sous les Ming. Le traité de Nankin (29 août 1842) céda Hongkong aux Britanniques et ouvrit certains ports chinois au commerce européen.

NANNING ou **NAN-NING,** v. de Chine, cap. du Guangxi ; 876 000 h.

NANSEN (Fridtjof), explorateur norvégien (Store-Fröen, près d'Oslo, 1861 - Lysaker 1930). Il traversa le Groenland (1888), explora l'Arctique en se laissant dériver à bord du *Fram* et tenta d'atteindre le pôle en traîneau (1893-1896). Il joua un grand rôle dans les entreprises humanitaires de la S. D. N., notamment au profit des réfugiés. En 1922, il fit établir le *passeport Nansen,* qui permettait à ces derniers de s'installer dans le pays qui l'avait délivré. (Prix Nobel de la paix 1922.)

NAN-TCH'ANG → ***Nanchang.***

NAN-TCH'ONG → ***Nanchong.***

NANTERRE (92000), ch.-l. du dép. des Hauts-de-Seine, dans la banlieue ouest de Paris ; 86 627 h. *(Nanterriens).* Évêché. Université. École de danse de l'Opéra de Paris (depuis 1987). Hospice. Industries diverses.

NANTES, ch.-l. de la Région Pays de la Loire et du dép. de la Loire-Atlantique, sur la Loire et l'Erdre, à 383 km au sud-ouest de Paris ; 252 029 h. *(Nantais)* [près de 500 000 h. dans l'agglomération]. Évêché. Académie et université. L'activité du port est partiellement à la base de la fonction industrielle (métallurgie, industries alimentaires et chimiques, etc.). — Château des ducs de Bretagne, surtout des XVe-XVIe s. (musées). Cathédrale en partie du XVe s. Urbanisme du XVIIIe s. Musées des Beaux-Arts et Dobrée. — Seconde capitale des ducs de Bretagne, qui y résidèrent au XVe s., française en 1491, Nantes atteignit son apogée au XVIIIe s. avec le trafic triangulaire. Elle déclina au cours de la Révolution pendant laquelle, d'oct. 1793 à févr. 1794, elle fut livrée au régime de terreur imposé par Carrier (« noyades de Nantes »).

Nantes *(édit de)* [13 avr. 1598], édit rendu à Nantes par Henri IV, afin de régler la condition légale de l'Église réformée en France. Du point de vue religieux, les protestants étaient libres de pratiquer leur culte partout où il avait déjà été autorisé, et dans deux villes ou villages par bailliage. Du point de vue politique, l'État considérait les protestants comme un corps organisé et leur donnait des garanties juridiques (chambres mi-parties), politiques (accès à toutes les charges) et militaires (une centaine de places de sûreté pour huit ans).

Nantes *(révocation de l'édit de)* [18 oct. 1685], édit signé par Louis XIV à Fontainebleau, qui supprima tous les avantages accordés par Henri IV aux protestants. Cette révocation entraîna la démolition des temples, l'interdiction des assemblées et l'instauration de mesures policières *(dragonnades).* Elle priva la France de 200 000 à 300 000 sujets, qui émigrèrent notamm. en Suisse et en Allemagne.

Nantes à Brest *(canal de),* voie navigable de la Bretagne méridionale, désaffectée à l'ouest du barrage de Guerlédan.

NANTEUIL (Célestin), peintre, dessinateur, lithographe et graveur français (Rome 1813 - Bourron-Marlotte 1873). Il a illustré les œuvres des écrivains romantiques.

NANTEUIL (Robert), graveur au burin et pastelliste français (Reims v. 1623 - Paris 1678). Il est l'auteur de portraits des grands personnages de son temps.

NANTEUIL-LE-HAUDOUIN (60440), ch.-l. de c. de l'Oise ; 2 839 h.

NANTIAT (87140), ch.-l. de c. de la Haute-Vienne ; 1 580 h. Constructions mécaniques.

NANTONG ou **NAN-T'ONG,** v. de Chine (Jiangsu), sur le Yangzi Jiang ; 260 000 h.

NANTUA, ch.-l. d'arr. de l'Ain, sur le *lac de Nantua* (1,4 km^2) ; 3 678 h. *(Nantuatiens).* Centre touristique. Église en partie romane.

NANTUCKET, île des États-Unis (Massachusetts). Base de baleiniers jusqu'au XIXe s.

NAO *(cap de la),* cap d'Espagne, sur la Méditerranée, entre Valence et Alicante.

NAPATA, anc. v. du Soudan, d'où est issue la XXVe dynastie, dite koushite, qui domina l'Égypte. Nécropole royale. Vestiges de temples pharaoniques.

NAPIER ou **NEPER** (John), *baron* **de Merchiston,** mathématicien écossais (Merchiston, près d'Édimbourg, 1550 - *id.* 1617). On lui doit l'invention des logarithmes (1614).

Nantes :
le château des ducs de Bretagne et, au fond, la cathédrale.

NAPLES, en ital. **Napoli,** v. d'Italie, cap. de la Campanie et ch.-l. de prov., sur le *golfe de Naples* (formé par la mer Tyrrhénienne) et près du Vésuve ; 1 054 601 h. *(Napolitains).* Université. Port de commerce. Industries métallurgiques, textiles, chimiques et alimentaires. — Castel Nuovo (XIIIe-XVe s.). Nombreuses églises d'origine médiévale. Palais royal (XVIIe-XVIIIe s.). Théâtre San Carlo (1737). Anc. chartreuse de S. Martino (décors baroques ; musée). Galerie de Capodimonte (peinture ; porcelaines...). Musée national (prestigieuses collections d'art romain provenant de Pompéi et Herculanum). — Naples (Neapolis) est fondée, au Ve s. av. J.-C., par des Athéniens et des Chalcidiens. En 326 av. J.-C., elle devient romaine. Prise par les Byzantins en 353, elle forme, en 661, la capitale d'un duché byzantin. En 1139, elle tombe aux mains des Normands de Sicile, et devient, en 1282, la capitale du royaume de Naples. De 1734 à 1860, les Bourbons d'Espagne — remplacés momentanément par les Français de 1806 à 1815 — en font un centre culturel brillant.

NAPLES *(royaume de),* anc. royaume d'Italie, partie péninsulaire du royaume de Sicile, que la dynastie angevine conserva après son expulsion de la Sicile insulaire (1282). Occupé par les Aragonais (XVe s.), qui, après l'invasion française (1495), l'annexèrent (1504), le royaume de Naples subit durant deux siècles la domination espagnole. Il fut gouverné par les Bourbons à partir de 1734. En 1799, les Français y instaurèrent l'éphémère République Parthénopéenne ; confisqué par Napoléon Ier, le royaume de Naples fut attribué à Joseph Bonaparte (1806), puis à Murat (1808), qui tenta vainement de s'y maintenir (1814-15). Ferdinand IV, restauré en 1815, rétablit en 1816 l'union avec la Sicile (royaume des Deux-Siciles).

NAPLOUSE, en ar. **Nābulus,** v. de Cisjordanie ; 50 000 h. Anc. **Flavia Neapolis,** colonie romaine fondée en 72 à proximité de l'antique Sichem.

Napoléon, film français d'A. Gance (1927), œuvre grandiose et lyrique, riche en innovations techniques, évoquant les principaux épisodes de la Révolution et le début de l'épopée de Bonaparte pendant la campagne d'Italie.

NAPOLÉON Ier (Ajaccio 1769 - Sainte-Hélène 1821), empereur des Français (1804-1814 et 1815), deuxième fils de Charles Marie Bonaparte et de Maria Letizia Ramolino. Une bourse royale lui permet de faire son éducation militaire à Brienne. Partisan des Jacobins, il se distingue comme capitaine d'artillerie à Toulon, contre les Anglais (1793). Il tombe en disgrâce après le 9-Thermidor, mais, après avoir réprimé l'émeute du 13-Vendémiaire (1795), il obtient, grâce à Barras, le commandement de l'armée d'Italie et se marie avec Joséphine de Beauharnais. À la suite d'une campagne fulgurante contre les Piémontais et les Autrichiens, il leur impose la paix (Campoformio, 1797), détruit la République de Venise et crée la République Cisalpine. Le Directoire l'éloigne en lui confiant le commandement de l'expédition d'Égypte (1798-99) : sa flotte détruite à Aboukir par Nelson, Bonaparte organise l'Égypte et bat les Turcs en Syrie. En oct. 1799, il rentre en France, où les modérés (Sieyès) lui confient le soin de se débarrasser du Directoire. Premier consul après le coup d'État du 18 brumaire (9-10 nov. 1799), il impose au pays une Constitution autoritaire. L'hiver 1800 lui suffit pour réorganiser dans un sens centralisateur la justice, l'administration (préfets) et l'économie. À l'issue d'une seconde campagne d'Italie, il impose à l'Autriche la paix de Lunéville (1801), qui rend à la France la maîtrise de l'Italie et de la rive gauche du Rhin ; la même année, il signe avec l'Église un concordat. En 1802, la paix générale est conclue avec l'Angleterre à Amiens. Consul à vie par la Constitution de l'an X (1802), président de la République italienne, médiateur de la Confédération helvétique, réorganisateur de l'Allemagne (1803), Bonaparte doit très vite affronter de nouveau la guerre contre l'Angleterre ; cette nouvelle menace et la découverte du complot royaliste de Cadoudal (qui lui fournit le prétexte de l'exécution du duc d'Enghien) incitent Bonaparte à se faire proclamer empereur des Français, à recevoir le sacre (2 déc. 1804) et à prendre le titre de roi d'Italie (1805). Devenu Napoléon Ier, il établit une monarchie héréditaire dotée d'une noblesse d'Empire et poursuit la réorganisation et la centralisation de la France révolutionnaire (Code civil, Université impériale, Légion d'honneur, Banque de France, Institut de France, etc.). Cependant la guerre accapare une bonne partie de son règne. Ayant échoué contre l'Angleterre (camp de Boulogne, Trafalgar, 1805), il démantèle les 3e et 4e coalitions continentales (Austerlitz, 1805 ; Iéna, 1806 ; Friedland, 1807), réduit la Prusse à la moitié de son territoire, ampute l'Autriche, s'allie avec la Russie. Après le traité de Tilsit (1807), Napoléon se consacre à l'édification du Grand Empire, qui compte jusqu'à 132 départements et une série d'États vassaux. En ordonnant le Blocus continental contre l'Angleterre (1806), il s'oblige à intervenir contre Pie VII — ce qui lui aliène les catholiques — et dans la péninsule Ibérique ; mais la guerre d'Espagne (1808-1814) s'avère une terrible épreuve. Encore vainqueur de l'Autriche (Wagram, 1809), qui a déclenché la 5e coalition, l'Empereur veut assurer l'avenir : il répudie Joséphine de Beauharnais (1809) et épouse en 1810 Marie-Louise d'Autriche, qui, l'année suivante, lui donne un fils, le roi de Rome. Le tsar, son allié, ayant pris une attitude belliqueuse, Napoléon le précède (1812), dirigeant sur la Russie la Grande Armée, qui, après la victoire de la Moskova et l'entrée dans Moscou, doit opérer une retraite désastreuse. L'Europe orientale se réveille alors, et la Prusse devient l'âme d'une 6e coalition, à laquelle adhère l'Autriche : à l'issue de la campagne d'Allemagne et de la défaite de Leipzig (1813), la France est envahie et vaincue. Napoléon, abdique (4-6 avr. 1814), reçoit la dérisoire souveraineté de l'île d'Elbe, tandis que le congrès de Vienne s'apprête à détruire le Grand Empire. Échappant à la surveillance anglaise, Napoléon rentre en France (mars 1815), inaugurant les Cent-Jours, mais il doit de nouveau faire face à la coalition : battu à Waterloo (18 juin), il abdique une seconde fois (22 juin). Il est interné à Sainte-Hélène, où il meurt le 5 mai 1821. Ses cendres ont été ramenées en France en 1840 et déposées aux Invalides.

NAPOLÉON II (François Charles Joseph **Bonaparte**), fils de Napoléon Ier et de Marie-Louise (Paris 1811 - Schönbrunn 1832). Proclamé roi de Rome lors de sa naissance et reconnu empereur par les Chambres lors de la seconde abdication de Napoléon Ier (1815), il fut emmené à Vienne par sa mère, passa sa vie au château de Schönbrunn, fut fait duc de Reichstadt (1818) et mourut de tuberculose. Ses cendres ont été transférées aux Invalides, à Paris, en 1940. — E. Rostand en a fait le héros de son drame *l'Aiglon.*

NAPOLÉON III, empereur des Français (Charles Louis Napoléon **Bonaparte**) [Paris 1808 - Chislehurst, Kent, 1873], troisième fils de Louis Bonaparte et d'Hortense de Beauharnais. Après une jeunesse aventureuse en Suisse et en Italie, il tente en 1836 à Strasbourg, en 1840 à Boulogne de se faire proclamer empereur et de renverser Louis-Philippe. Condamné à la détention perpétuelle, il est enfermé au fort de Ham, où il élabore une doctrine sociale (*Extinction du paupérisme,* 1844) et d'où il s'enfuit pour Londres (1846). Il revient en France après la révolution de 1848, est élu représentant dans plusieurs départements et arrive à la présidence de la République le 10 déc. 1848. Le 2 déc. 1851, il déclare l'Assemblée dissoute et fait réprimer le soulèvement qui se dessine à Paris ; un plébiscite ratifie le coup d'État et lui permet d'instaurer, en s'appuyant sur la Constitution du 14 janv. 1852, un régime autoritaire et centralisé qui, tout naturellement, se transforme en monarchie héréditaire, ratifiée, elle aussi, par plébiscite. Proclamé empereur des Français, le 2 déc. 1852, sous le nom de Napoléon III, il épouse, en 1853, Eugénie de Montijo. De 1852 à 1860, Napoléon III exerce un pouvoir absolu : c'est l'Empire autoritaire. Par la suite, le régime se libéralise, et en janv. 1870 la désignation d'Émile Ollivier comme Premier ministre débouche sur un Empire parlementaire. Pour se ménager l'appui des classes laborieuses, par goût personnel et sous l'influence du saint-simonisme, l'empereur fait entreprendre de nombreux travaux publics, à Paris notamm. (Haussmann), encourage l'agriculture, l'industrie et le commerce, crée des institutions de bienfaisance, favorise les institutions de crédit et renonce au protectionnisme. À l'extérieur, Napoléon III, voulant exercer l'hégémonie en Europe, engage la guerre de Crimée (1854-1856), envoie, avec l'Angleterre, des troupes en Chine (1857-1860), s'empare de la Cochinchine (1859-1867), aide l'Italie à se libérer de la domination autrichienne (1859), gagne à la France la Savoie et Nice (1860). Il intervient avec moins de bonheur au Mexique (1862-1867), et, craignant une initiative de Bismarck, déclare inconsidérément la guerre à la Prusse (juill. 1870). Prisonnier lors du désastre de Sedan (2 sept. 1870), l'empereur est déclaré déchu le 4 sept. à Paris et emmené en captivité en Allemagne, pays qu'il quitte le 19 mars 1871 pour rejoindre l'impératrice en Angleterre.

NAPOLÉON (Eugène Louis) → ***Bonaparte.***

Napoléon *(route),* route allant de Golfe-Juan à Grenoble par Gap et le col Bayard ; 325 km. Elle reconstitue le trajet suivi par Napoléon à son retour de l'île d'Elbe (1815).

NAPOULE (La) → ***Mandelieu-la-Napoule.***

NAQSH-I ROUSTEM, lieu de sépulture de la dynastie achéménide dominant la plaine de Persépolis en Iran, où, à partir de Darios Ier,

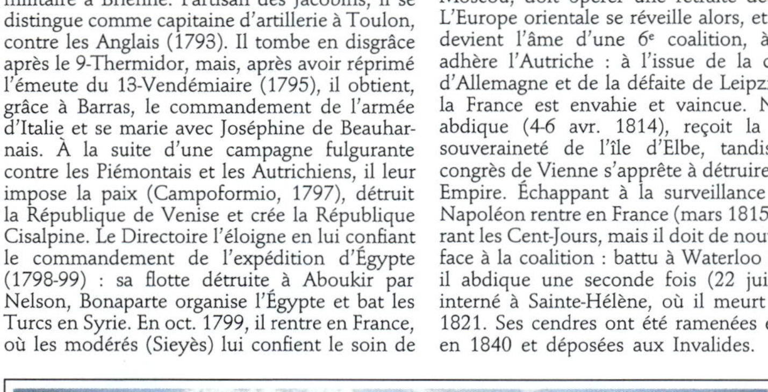

Naples : vue de la ville et du port. À l'arrière-plan, le Vésuve.

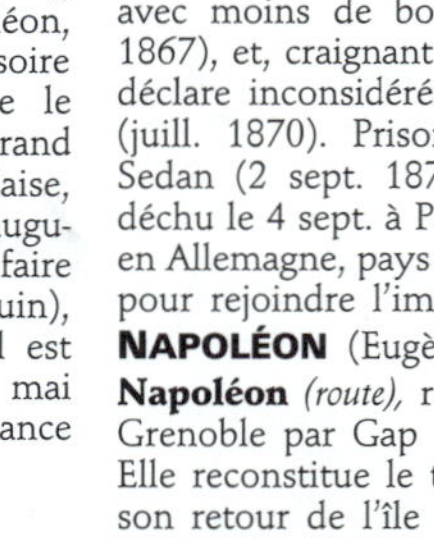

Napoléon Ier (David - musée Bonnat, Bayonne)

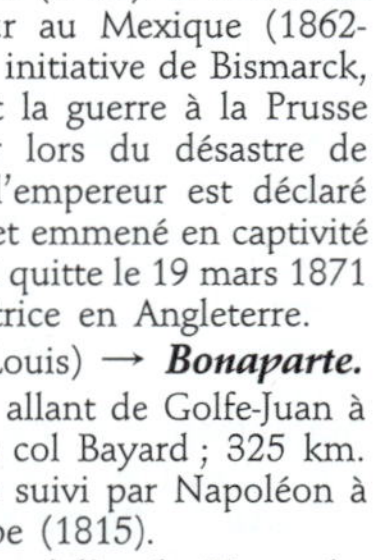

Napoléon III (château de Compiègne)

furent aménagés des hypogées rupestres aux façades ornées de reliefs.

NARA, v. du Japon (Honshū) ; 349 349 h. Première cap. fixe du Japon de 710 à 784, construite sur le modèle chinois de Changan, la cap. des Tang. Nombreux temples dont le *Hōryū-ji** abritant des trésors d'art remontant à la « période de Nara », âge d'or de la civilisation japonaise.

NARĀM-SIN, roi d'Akkad (v. 2225 - 2185 av. J.-C.). Petit-fils de Sargon, il étendit son empire du Zagros à la Syrie du Nord. Une stèle (musée du Louvre) immortalise l'une de ses victoires.

NARASIMHA RAO (P. V.), homme politique indien (Karimnagar, Andhra Pradesh, 1921). Il est depuis 1991 le président du parti du Congrès et le Premier ministre de l'Inde.

NARĀYANGANJ, port fluvial du Bangladesh ; 425 000 h. Coton et jute.

NARBADĀ (la), fl. de l'Inde, tributaire de la mer d'Oman, limite entre la plaine indo-gangétique et le Deccan ; 1 290 km.

NARBONNAISE, prov. de la Gaule romaine, fondée à la fin du IIe s. av. J.-C. Province impériale (27 av. J.-C.), puis sénatoriale (22 av. J.-C.), elle s'étendait de la région de Toulouse au lac Léman, englobant la Savoie, le Dauphiné, la Provence et le Languedoc. Au IVe s., la Narbonnaise fut divisée en *Viennoise* (ch.-l. *Vienne*), *Narbonnaise Ire* (ch.-l. *Narbonne*) et *Narbonnaise IIe* (ch.-l. *Aix*).

NARBONNE (11100), ch.-l. d'arr. de l'Aude ; 47 086 h. *(Narbonnais).* Nœud autoroutier. Marché des vins. Raffinage de l'uranium (Malvési). Station balnéaire à *Narbonne-Plage.* Cathédrale gothique de style septentrional, dont seul le chœur a été construit (fin du XIIIe - début du XIVe s.). Musées. Important port de mer à l'époque romaine et au Moyen Âge. La modification du cours de l'Aude au XIVe s. mit fin à son activité portuaire.

NARCISSE. *Myth. gr.* Jeune homme d'une grande beauté, il fut séduit par sa propre image reflétée par l'eau d'une fontaine et mourut d'une passion qu'il ne pouvait apaiser. À l'endroit de sa mort poussa la fleur qui porte son nom.

NARCISSE (m. en 54 apr. J.-C.), affranchi de l'empereur Claude. Il prit une grande part au gouvernement de l'Empire. Agrippine le poussa au suicide à l'avènement de Néron.

NAREW (le), en russe **Narev,** riv. d'Europe orientale, affl. de la Vistule (r. dr.) ; 484 km.

Narita, aéroport de Tōkyō.

Narmer *(palette de),* palette en schiste (musée du Caire), de la fin du IVe millénaire et provenant de Hiéraconpolis (Haute-Égypte), la cap. du royaume du Sud à cette époque. Sculptée en méplat, elle est le plus ancien document attestant l'unification des deux royaumes de Haute- et Basse-Égypte.

NARSÈS, général byzantin (v. 478 - Rome 568). Arménien d'origine et eunuque, il fit avorter la sédition Nika (532). Il chassa les Francs et les Alamans de l'Italie, dont il réorganisa l'administration.

Narva *(bataille de)* [30 nov. 1700], victoire de Charles XII sur Pierre le Grand qui eut lieu à Narva (Estonie) pendant la guerre du Nord.

NARVÁEZ (Ramón María), *duc* **de Valence,** général et homme politique espagnol (Loja 1800 - Madrid 1868). Partisan de la reine Marie-Christine, il renversa Espartero en 1843.

NARVIK, port de la Norvège septentrionale ; 18 733 h. Exportation du minerai de fer suédois. Combats navals et terrestres entre Allemands et Franco-Britanniques (avr.-mai 1940).

NASA (National Aeronautics and Space Administration), organisme américain fondé en 1958, chargé de diriger et de coordonner les recherches aéronautiques et spatiales civiles aux États-Unis.

NASBINALS (48260), ch.-l. de c. de la Lozère, dans l'Aubrac ; 509 h. Marché.

NASH (John), architecte et urbaniste britannique (Londres ? 1752 - île de Wight 1835), représentant du néoclassicisme et d'un éclectisme « pittoresque ».

NASHE ou **NASH** (Thomas), écrivain anglais (Lowestoft 1567 - Yarmouth v. 1601), auteur de pamphlets, d'un roman picaresque *(le Voyageur malheureux)* et de pièces de théâtre.

NASHVILLE, v. des États-Unis, cap. du Tennessee ; 488 374 h. Édition musicale et religieuse.

NĀSIK, v. de l'Inde (Mahārāshtra) ; 722 139 h. Sanctuaires bouddhiques rupestres (Ier-IIe s. apr. J.-C.).

NASRIDES, dynastie arabe du royaume de Grenade (1238-1492).

NASSAU, cap. des Bahamas ; 133 000 h.

NASSAU *(famille de),* famille qui s'établit en Rhénanie au XIIe s. et qui se subdivisa en plusieurs branches après 1255 : la *branche de Walram,* dont l'un des rameaux régna sur la Hesse-Nassau ; la *branche ottonienne ;* et la *branche d'Orange-Nassau,* issue de la précédente au XVIe s., qui s'illustra à la tête des Provinces-Unies.

NASSAU (Frédéric-Henri **de**) → ***Frédéric-Henri.***

NASSAU (Guillaume Ier **de**) → ***Guillaume Ier de Nassau.***

NASSAU (Maurice **de**) → ***Maurice de Nassau.***

NASSER *(lac),* retenue formée sur le Nil en Égypte (et au Soudan) par le haut barrage d'Assouan.

NASSER (Gamal Abdel), homme politique égyptien (Beni Mor 1918 - Le Caire 1970). Il organise dès 1943 le mouvement des officiers libres qui réussit le putsch contre le roi Farouk (1952) et proclame la république (1953). Ayant écarté Néguib (1954), Nasser détient tous les pouvoirs. Il nationalise en 1956 le canal de Suez, ce qui provoque l'intervention israélienne et franco-britannique. Il accélère le processus d'étatisation de l'économie et met en chantier le haut barrage d'Assouan avec l'aide soviétique (1957). Dans le même temps, il se fait le champion de l'unité arabe. Après la défaite de l'Égypte devant Israël en 1967, il démissionne, mais, plébiscité, il reprend les rênes du pouvoir.

NAT (Yves), pianiste français (Béziers 1890 - Paris 1956), grand interprète de Beethoven et de Schumann.

NATAL, anc. prov. d'Afrique du Sud, ayant pris, en 1994, le nom de *Kwazulu-Natal.* Conquis par les Britanniques en 1843, le Natal devient une colonie séparée du Cap en 1856. Il adhère à l'Union sud-africaine en 1910. (Situé au Natal, le Kwazulu a formé un bantoustan au temps de l'apartheid.)

NATAL, port du Brésil, sur l'Atlantique, cap. de l'État du Rio Grande do Norte ; 606 541 h.

NATHAN, prophète hébreu contemporain de David. Il fut chargé par Yahvé de réprimander le roi après son adultère avec Bethsabée.

National Gallery de Londres, un des plus grands musées d'Europe (peintures).

National Gallery of Art de Washington, important musée américain.

Nations unies *(Organisation des)* → ***O. N. U.***

NATITINGOU, v. du Bénin ; 51 000 h.

NATO (North Atlantic Treaty Organization) → ***O. T. A. N.***

NATOIRE (Charles), peintre décorateur français (Nîmes 1700 - Castelgandolfo 1777). Il a travaillé à Paris (hôtel de Soubise), au château de Versailles et à Rome (voûte de St-Louis-des-Français).

NATORP (Paul), philosophe allemand (Düsseldorf 1854 - Marburg 1924), principal représentant de l'école néokantienne de Marburg.

NATSUME SŌSEKI, écrivain japonais (Tōkyō 1867 - *id.* 1916), auteur de romans psychologiques (*Ombre et Lumière,* 1916).

NATTIER (Jean-Marc), peintre français (Paris 1685 - *id.* 1766). Spécialisé dans le portrait à prétexte mythologique, il devint à partir de 1740 le peintre attitré de la famille royale.

natura rerum *(De)* [*la Physique*], poème philosophique en six livres de Lucrèce. C'est l'un des textes fondamentaux de l'épicurisme.

NAUCELLE (12800), ch.-l. de c. de l'Aveyron ; 2 218 h.

NAUCRATIS, anc. ville égyptienne du Delta. Devenue la seule résidence des étrangers, principalement des Grecs (VIe s. av. J.-C.), elle fut la métropole commerciale de l'Égypte jusqu'à la fondation d'Alexandrie en 331 av. J.-C.

NAUDIN (Charles), biologiste français (Autun 1815 - Antibes 1899), auteur de travaux sur les hybrides annonçant ceux de Mendel.

NAUMAN (Bruce), artiste américain (Fort Wayne 1941). À travers une multiplicité de moyens d'expression (sculpture, performance, jeux de langage, néons, vidéo, installation) qui visent à impliquer personnellement le spectateur, il se livre à une exploration aiguë, voire dénonciatrice, des comportements humains.

NAUMBURG, v. d'Allemagne (Saxe-Anhalt), sur la Saale ; 30 706 h. Cathédrale romane et gothique (célèbres sculptures du XIIIe s.).

NAUNDORFF ou **NAUNDORF** (Karl), aventurier d'origine allemande (m. à Delft en 1845). Horloger, condamné en Allemagne pour fabrication de fausse monnaie, il se fit passer pour Louis XVII, vint en France en 1833 et en fut expulsé trois ans plus tard.

NAUPACTE, en gr. **Náfpaktos,** v. de Grèce, à l'entrée du golfe de Corinthe ; 11 000 h. Base navale des Athéniens au Ve s. av. J.-C. Connue depuis le Moyen Âge sous le nom de **Lépante.**

NAUPLIE, v. de Grèce, dans le Péloponnèse (Argolide) ; 11 453 h. Citadelle. Tourisme. C'était le port de la ville d'Argos.

NAUROUZE *(seuil* ou *col de),* passage du sud de la France, reliant le Bassin aquitain au Midi méditerranéen, entre Villefranche-de-Lauragais et Castelnaudary ; alt. 194 m. Obélisque à la mémoire de Riquet.

NAURU, atoll de Micronésie, au sud des Marshall, formant un État indépendant depuis 1968 ; 21 km² ; 8 000 h. CAP. *Yaren.* LANGUES : *anglais* et *nauruan.* MONNAIE : *dollar australien.* Phosphates. (V. carte ***Océanie.***)

Nausée (la), roman de J.-P. Sartre (1938). Le journal intime d'Antoine Roquentin révèle le drame d'un être incapable de conquérir sa liberté.

NAUSICAA. *Myth. gr.* Fille d'Alcinoos, roi des Phéaciens, qui accueillit Ulysse naufragé.

NAVACELLES *(cirque de),* méandre recoupé de la Vis, encaissé dans les calcaires du causse du Larzac (Hérault).

NAVAHO ou **NAVAJO,** Indiens de l'Amérique du Nord (auj. dans l'Arizona et le Nouveau-Mexique), parlant une langue du groupe athabascan.

Nasser

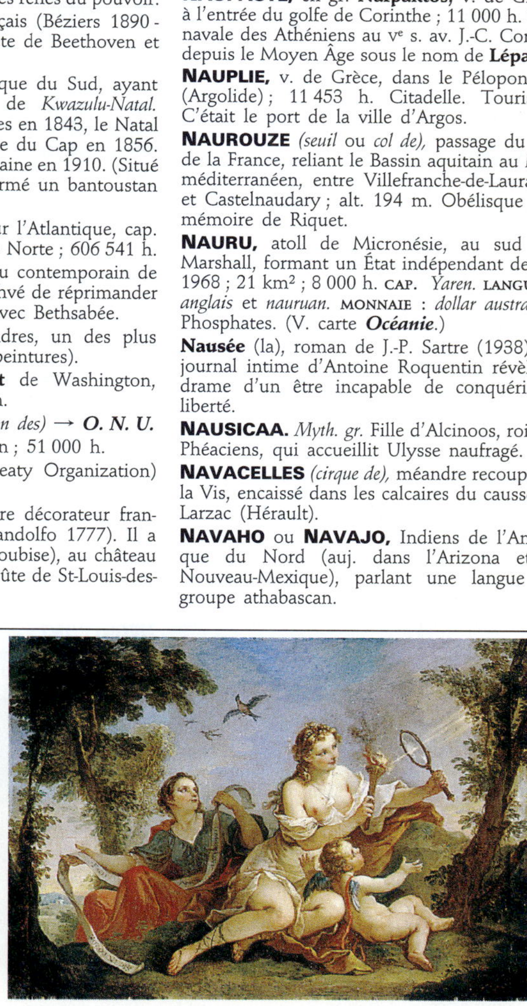

Charles **Natoire :** *La Beauté rallume le flambeau de l'Amour* (1739). [Musée du château de Versailles.]

NAVARIN, auj. **Pýlos,** port de Grèce, dans le Péloponnèse, sur la mer Ionienne ; 3 000 h. Ruines du palais de Nestor.

Navarin *(bataille de)* [20 oct. 1827], défaite d'une flotte turco-égyptienne par une escadre anglo-franco-russe au cours de la guerre d'indépendance grecque.

NAVARRE, communauté autonome d'Espagne (10 400 km² et 521 940 h.) correspondant à la province de Pampelune.

NAVARRE *(royaume de),* anc. royaume du sud-ouest de la France et du nord de l'Espagne. IXe **s.** : centre de résistance contre les envahisseurs wisigoths, francs et arabes, la région de Pampelune devient un royaume. 1000-1035 : par conquête ou par succession, Sanche III le Grand se rend maître de toute l'Espagne chrétienne. À sa mort, son héritage est divisé entre ses fils. 1234 : un changement de dynastie intervient avec le comte de Champagne Thibaud Ier. 1284 : la Navarre est unie à la France. Elle passe ensuite à la maison d'Évreux (1328), à celle de Foix (1479), puis à celle d'Albret (1484). 1512 : Ferdinand II d'Aragon s'empare de la Haute-Navarre espagnole. 1589 : l'accession d'Henri III de Navarre au trône de France (Henri IV) unit définitivement la Basse-Navarre à la France.

NAVARRE FRANÇAISE ou **BASSE-NAVARRE,** pays de l'ancienne France, au N. des Pyrénées et à l'O. de la vallée de la Soule, auj. comprise dans le dép. des Pyrénées-Atlantiques. Elle fut rattachée à la France par Henri IV.

NAVARRENX [-rɛ̃s] (64190), ch.-l. de c. des Pyrénées-Atlantiques ; 1 110 h. Fortifications des XVIe-XVIIe s.

Navas de Tolosa *(bataille de Las)* [16 juill. 1212], victoire des rois d'Aragon, de Castille et de Navarre sur les Almohades, un des épisodes les plus célèbres de la Reconquête chrétienne de l'Espagne sur les Maures.

NAVES (19460), ch.-l. de c. de la Corrèze ; 2 527 h.

NAVEZ (François Joseph), peintre belge (Charleroi 1787 - Bruxelles 1869). Disciple de David, il fut directeur de l'Académie des beaux-arts de Bruxelles de 1835 à 1862.

NAVRATILOVA (Martina), joueuse de tennis américaine d'origine tchèque (Řevnice, près de Prague, 1956). Elle a notamment remporté neuf fois le tournoi de Wimbledon (1978, 1979, 1982 à 1987, et 1990).

NÁXOS, la plus grande des îles Cyclades (Grèce) ; 428 km² ; 14 000 h. V. pr. *Náxos* (3 000 h.).

NAXOS, anc. cité grecque de Sicile, fondée dès 735 av. J.-C.

NAY-BOURDETTES (64800), ch.-l. de c. des Pyrénées-Atlantiques ; 3 886 h. *(Nayais).* Bérets. Église du XVe s.

NAZARÉ, port de pêche et centre touristique du Portugal ; 10 180 h.

NAZARETH, v. d'Israël, en Galilée ; 39 400 h. *(Nazaréens).* Jésus y vécut avec sa famille jusqu'au début de son ministère. Église de l'Annonciation (XVIIIe s.).

NAZCA, culture précolombienne classique (200 av. J.-C. - 600 apr. J.-C.) de la côte sud du Pérou, célèbre pour ses nécropoles, au matériel funéraire abondant (tissus polychromes notamment), et pour d'énigmatiques lignes enchevêtrées tracées (500 m à 8 km) sur le sol.

NAZOR (Vladimir), écrivain yougoslave d'expression croate (Postire 1876 - Zagreb 1949), auteur de romans *(Stoimena)* et de poésies lyriques et épiques.

N'DJAMENA, anc. **Fort-Lamy,** cap. du Tchad, sur le Chari ; 303 000 h. Université.

NDOLA, v. de Zambie ; 282 000 h. Cuivre.

NDZOUANI, anc. **Anjouan,** l'une des îles des Comores ; 148 000 h.

NEAGH *(lough),* lac de l'Irlande du Nord ; 388 km².

Neandertal *(homme de),* squelette humain, découvert en 1856 dans la vallée du Neander près de Düsseldorf. C'est le premier fossile humain qui ait été reconnu comme différent de l'homme actuel. Les néandertaliens vivaient entre 80000 et 35000 av. J.-C. et sont associés au faciès moustérien*.

NÉARQUE, navigateur crétois, amiral de la flotte d'Alexandre le Grand (IVe s. av. J.-C.). Il a laissé un récit de sa navigation *(Périple),* des bouches de l'Indus à la mer Rouge.

NEBBIO (le), région du nord de la Corse.

NÉBO, montagne de Palestine, au nord-est de la mer Morte, lieu traditionnel de la mort de Moïse.

NEBRASKA, un des États unis d'Amérique ; 200 000 km² ; 1 578 385 h. Cap. *Lincoln.*

NECHAKO (la), riv. du Canada occidental, affl. du Fraser (r. dr.) ; 400 km.

NÉCHAO ou **NÉKAO Ier,** l'un des princes de la ville de Saïs (VIIe s. av. J.-C.). Il régna sur le Delta. — **Néchao II** (609-594 av. J.-C.), roi d'Égypte de la XXVIe dynastie. Il vainquit Josias, roi de Juda, à Megiddo, mais, vaincu à Karkemish (605) par Nabuchodonosor, il dut renoncer à la Palestine et à la Syrie.

NECKAR (le), riv. d'Allemagne, qui traverse Tübingen, Heidelberg et rejoint le Rhin (r. dr.) à Mannheim ; 371 km.

NECKARSULM, v. d'Allemagne (Bade-Wurtemberg), sur le Neckar ; 22 109 h. Automobiles.

NECKER (Jacques), financier et homme politique d'origine suisse (Genève 1732 - Coppet 1804). Banquier à Paris (1762), devenu directeur général des Finances en 1777, il souleva l'opposition des parlements et de la Cour en créant des assemblées provinciales chargées d'établir l'impôt et en recourant à l'emprunt. Ayant révélé l'étendue de la dette publique et les dépenses des privilégiés, il dut démissionner (1781), se créant une immense popularité auprès du tiers état. Rappelé en 1788, il ne put rétablir la situation financière et fit décider la réunion des États généraux. Son renvoi (11 juill. 1789) déclencha les troubles du 14 juillet 1789. Rappelé (16 juill.), il ne put maîtriser les événements et quitta le pouvoir (sept. 1790). — Sa fille devint Mme de Staël.

NECTANEBO Ier, premier pharaon de la XXXe dynastie (378-360 av. J.-C.). Il défendit avec succès l'Égypte contre Artaxerxès II et fut un grand constructeur. — **Nectanebo II,** pharaon de la XXXe dynastie (359-341 av. J.-C.). Vaincu par Artaxerxès III, il fut le dernier roi indigène de l'Égypte.

NEDERLAND → ***Pays-Bas.***

NÉEL (Louis), physicien français (Lyon 1904). Il a découvert de nouveaux types de magnétisme, le ferrimagnétisme et l'antiferromagnétisme, complétant les théories de P. Curie, P. Weiss et P. Langevin. (Prix Nobel 1970.)

Neerwinden *(batailles de),* batailles qui eurent lieu à Neerwinden (Brabant) : le 29 juill. 1693, le maréchal de Luxembourg y battit Guillaume d'Orange ; le 18 mars 1793, Frédéric de Saxe-Cobourg y vainquit Dumouriez.

Nef des fous (la), titre d'un poème satirique de Sebastian Brant (1494) ainsi que d'un tableau de J. Bosch (auj. au Louvre).

NÉFERTARI, reine d'Égypte, épouse du pharaon Ramsès II.

NÉFERTITI, reine d'Égypte, épouse d'Aménophis IV Akhenaton (XIVe s. av. J.-C.). Les musées de Berlin, du Caire et du Louvre conservent d'elle de très belles représentations sculptées.

NEFOUD → ***Nufūd.***

NÈGREPELISSE (82800), ch.-l. de c. de Tarn-et-Garonne ; 3 346 h.

NÈGREPONT → ***Eubée.***

NEGRI (Cesare), maître à danser italien (Milan 1530 - m. après 1604), auteur de *Nuove Inventioni di Balli* (1604), où il mentionne les cinq positions fondamentales de la danse académique.

NÉGRIER (François **de**), général français (Le Mans 1788 - Paris 1848). Député en 1848, il fut tué à Paris dans les journées de juin. — Son neveu **François Oscar,** général (Belfort 1839 - sur les côtes de Norvège 1913), combattit en Algérie et au Tonkin.

NÉGRITOS, ensemble de peuples de petite taille, habitant l'archipel malais.

NEGRO *(río),* riv. de l'Amérique du Sud, affl. de l'Amazone (r. g.) ; 2 000 km.

NEGROS, île des Philippines, au nord-ouest de Mindanao ; 13 000 km² ; 2 700 000 h.

NEGRUZZI (Costache), écrivain roumain (Trifeşti 1808 - Iaşi 1868), l'un des initiateurs de la littérature nationale roumaine.

NÉGUEV, région désertique du sud d'Israël, débouchant sur le golfe d''Aqaba. Cultures irriguées.

NÉHÉMIE, Juif de Perse qui organisa (445 av. J.-C.) avec le prêtre Esdras la restauration de Jérusalem et de la communauté juive après l'Exil. Le livre biblique de Néhémie (IIIe av. J.-C.) relate cette restauration.

NEHRU (Jawaharlāl), homme politique indien (Allāhābād 1889 - New Delhi 1964). Disciple de Gāndhī, président du Congrès national indien à partir de 1929, Premier ministre (1947-1964), il devint un des principaux dirigeants du monde neutraliste. Il joua un rôle important lors des conférences de Colombo (1950), de Bandung (1955) et de Belgrade (1961). Son prestige et sa popularité furent atteints par la défaite de l'Inde devant la Chine (1962).

NEIGE *(crêt de la),* point culminant du Jura (Ain) ; 1 718 m.

NEIGES *(piton des),* point culminant de l'île de la Réunion ; 3 069 m.

NEILL (Alexander Sutherland), pédagogue britannique (Forfar, auj. Angus, Écosse, 1883 - Aldeburgh, Suffolk, 1973). Il fonda une école, qu'il décrit dans *Libres Enfants de Summerhill* (1960) et dans laquelle il mit en pratique l'idée que les enfants sont capables de s'éduquer avec le minimum d'intervention des adultes.

NEIPPERG (Adam Albrecht, *comte* **von**), (Vienne 1775 - Parme 1829). Grand maître du palais et amant de Marie-Louise, il épousa en 1821 cette dernière, devenue duchesse de Parme.

NEISSE de Lusace, en polon. **Nysa Łużycka,** riv. de l'Europe centrale, née dans la République tchèque, qui sert de frontière entre l'Allemagne et la Pologne, avant de rejoindre l'Oder (r. g.) ; 256 km.

NEIVA, v. de Colombie, sur le Magdalena ; 193 000 h.

NÉKAO → ***Néchao.***

NEKRASSOV (Nikolaï Alekseïevitch), poète et publiciste russe (Iouzvino 1821 - Saint-Pétersbourg 1877). Il dirigea des revues libérales *(le Contemporain, les Annales de la patrie)* qui exercèrent une grande influence sur l'évolution politique et littéraire de la Russie.

NÉLATON (Auguste), chirurgien français (Paris 1807 - *id.* 1873), chirurgien de Garibaldi et de Napoléon III, inventeur de sondes utilisées en urologie.

NELLIGAN (Émile), écrivain canadien d'expression française (Montréal 1879 - *id.* 1941). Ses poèmes révèlent l'influence de Rimbaud et des symbolistes *(le Vaisseau d'or).*

Necker
(J. S. Duplessis - coll. priv.)

Néfertiti
(Musée égyptien, Le Caire)

Nehru

l'amiral **Nelson**
(F. Abbott - National Portrait Gallery, Londres)

NELSON (le), fl. du Canada central, émissaire du lac Winnipeg et tributaire de la baie d'Hudson (à *Port Nelson*) ; 650 km. Aménagement hydroélectrique.

NELSON (Horatio, *vicomte*), *duc* **de Bronte,** amiral britannique (Burnham Thorpe 1758 - en mer 1805). Il remporta sur les Français les victoires navales décisives d'Aboukir (1798) et de Trafalgar, où il fut tué.

NÉMÉE, vallée de l'Argolide, où étaient célébrés les *jeux Néméens.* Héraclès y tua un lion qui désolait le pays et se revêtit de sa peau.

NÉMÉSIS, déesse grecque de la Vengeance.

NEMEYRI → ***Nimayrī.***

NEMOURS (77140), ch.-l. de c. de Seine-et-Marne, sur le Loing ; 12 115 h. Verrerie. Château remontant au XIIe s. (musée municipal). Musée de Préhistoire d'Île-de-France.

NEMOURS (Louis Charles Philippe **d'Orléans,** *duc* **de**), prince français (Paris 1814 - Versailles 1896). Second fils de Louis-Philippe, il se distingua au siège d'Anvers (1832), puis comme lieutenant général en Algérie (1834-1842).

NEMROD, personnage de la Bible *(vaillant chasseur devant l'Éternel),* transposition dans le folklore hébreu d'un héros ou d'un dieu mésopotamien.

NENNI (Pietro), homme politique italien (Faenza 1891 - Rome 1980). Secrétaire général du parti socialiste italien en exil (1931), il participa à la guerre d'Espagne (1936-1938). Vice-président du Conseil italien (1945), ministre des Affaires étrangères (1946-47), il dirigea la majorité socialiste désireuse de maintenir l'union avec les communistes. De nouveau vice-président du Conseil (1963), il fut élu, en 1966, président du parti socialiste réunifié. Ministre des Affaires étrangères (1968-69), il ne put éviter en 1969 une nouvelle scission du parti socialiste.

NÉOPTOLÈME → ***Pyrrhos.***

NÉOUVIELLE *(massif du),* massif des Pyrénées françaises, entre l'Adour et la Garonne, culminant au pic de Néouvielle ; 3 091 m. Réserve naturelle.

NEP, sigle des mots russes signifiant « Nouvelle Politique Économique », politique économique, plus libérale, établie en Russie soviétique en 1921 et poursuivie jusqu'en 1929.

NÉPAL, État d'Asie, au nord de l'Inde ; 140 000 km^2 ; 19 600 000 h. *(Népalais).* CAP. *Katmandou.* LANGUE : *népalais.* MONNAIE : *roupie népalaise.* Le Népal s'étend sur le sud de l'Himalaya. Sa frontière avec le Tibet passe par l'Everest. (V. carte ***Himalaya.***)

HISTOIRE

IVe-VIIIe s. : les Newar de la vallée de Katmandou adoptent la civilisation indienne. À partir du XIIe s. : le reste du pays, sauf les vallées du Nord occupées par des Tibétains, est peu à peu colonisé par des Indo-Népalais. 1744-1780 : la dynastie de Gorkha unifie le pays. 1816 : par le traité de Segowlie, elle doit accepter une sorte de protectorat de la Grande-Bretagne. 1846-1951 : une dynastie de Premiers ministres, les Rānā, détient le pouvoir effectif. 1923 : la Grande-Bretagne reconnaît formellement l'indépendance du Népal. 1951 : Tribhuvana Bir Bikram (1911-1955) rétablit l'autorité royale. 1955-1972 : Mahendra Bir Bikram est roi. 1972 : Birendra Bir Bikram lui succède. 1990 : il autorise la formation de partis politiques. 1991 : les premières élections multipartites ont lieu.

Néron
(musée du Capitole, Rome)

Gérard de **Nerval**
(par Nadar)

Deux partis, le Congrès népalais et le parti communiste, dominent la vie politique.

NEPEAN, v. du Canada (Ontario), banlieue d'Ottawa ; 105 684 h.

NEPER (John) → ***Napier.***

NEPHTALI, tribu du nord de la Palestine, dont l'ancêtre éponyme était un fils de Jacob.

NEPOS (Cornelius) → ***Cornelius Nepos.***

NEPTUNE, dieu de l'Eau chez les Romains. Il devint le dieu de la Mer lorsqu'il fut assimilé au dieu grec *Poséidon.*

NEPTUNE, planète située au-delà d'Uranus, découverte en 1846 par l'astronome allemand Galle, grâce aux calculs de Le Verrier (diamètre équatorial : 49 500 km). Elle présente de nombreux traits de similitude avec Uranus, mais son atmosphère est beaucoup plus turbulente. Elle est entourée d'anneaux de matière. On lui connaît huit satellites.

NÉRAC (47600), ch.-l. d'arr. de Lot-et-Garonne, sur la Baïse ; 7 571 h. *(Néracais).* Eaux-de-vie d'Armagnac. Musée de l'anc. château. — Jeanne d'Albret et Henri de Navarre y tinrent leur cour.

NÉRÉE, dieu grec de la Mer, père des *Néréides.*

NÉRÉIDES, divinités marines grecques, filles de Nérée, au nombre de cinquante. Elles venaient en aide aux marins.

NERI (*saint* Philippe) → ***Philippe Neri.***

NÉRIS-LES-BAINS (03310), comm. de l'Allier ; 2 926 h. Station thermale (affections nerveuses). Vestiges gallo-romains et mérovingiens. Église romane.

NERNST (Walther), physicien et chimiste allemand (Briesen, Prusse, 1864 - près de Muskau 1941). Inventeur d'une des premières lampes électriques à incandescence, il a imaginé la méthode de détermination des chaleurs spécifiques à très basse température. (Prix Nobel de chimie 1920.)

NÉRON, en lat. **Lucius Domitius Tiberius Claudius Nero** (Antium 37 apr. J.-C. - Rome 68), empereur romain (54-68), fils de Domitius Ahenobarbus et d'Agrippine la Jeune. Adopté par l'empereur Claude, il lui succéda. Malgré des drames de palais (assassinat de Britannicus [55] et d'Agrippine [59]), les débuts du règne furent prometteurs. Mais, après la mort de Burrus et la disgrâce de Sénèque (62), Néron s'abandonna à un despotisme peut-être marqué par la folie : suicide d'Octavie (62), remplacée par Poppée ; condamnation à mort des riches citoyens, dont les fortunes vinrent alimenter le trésor vidé par les extravagances impériales ; première persécution des chrétiens, accusés de l'incendie de Rome (64). Ce régime de terreur suscita de nombreux complots (conjuration de Pison en 65) et, en 68, l'armée, avec Galba en Espagne et Vindex en Gaule, se souleva. Proclamé ennemi public par le sénat, Néron se donna la mort.

NÉRONDES (18350), ch.-l. de c. du Cher ; 1 528 h. Église romane. Châteaux.

NERUDA (Neftalí Ricardo **Reyes,** dit **Pablo**), poète chilien (Parral 1904 - Santiago 1973), auteur de poèmes d'inspiration sociale et révolutionnaire (*le Chant général,* 1950). [Prix Nobel 1971.]

NERVA (Marcus Cocceius) (Narni v. 30 - Rome 98), empereur romain (96-98), fondateur de la dynastie des Antonins. Succédant à Domitien, il pratiqua une politique de collaboration avec le sénat, et il adopta Trajan (97) pour lui succéder.

NERVAL (Gérard **Labrunie,** dit **Gérard de**), écrivain français (Paris 1808 - *id.* 1855). Lié avec les grands écrivains romantiques, traducteur prodige du *Faust* de Goethe (1828), il marque sa prédilection pour l'épanchement du rêve dans la réalité, et du passé dans la vie présente (*Voyage en Orient,* 1851 ; *les Filles du feu,* 1854). Ses sonnets des *Chimères* et son roman *Aurélia* (1855) font de lui le double précurseur de Baudelaire et de l'exploration surréaliste de l'inconscient. Sujet à des crises de démence, il fut trouvé pendu dans une rue du centre de Paris.

NERVI (Pier Luigi), ingénieur et architecte italien (Sondrio, Lombardie, 1891 - Rome, 1979). Utilisateur du béton et du métal, il a notamment construit, avec Breuer et Zehrfuss, la maison de l'Unesco à Paris (1954-1958).

NESLE (80190), ch.-l. de c. de la Somme ; 2 730 h. Huilerie.

Nesle [nɛl] *(hôtels* et *tour de),* anc. monuments de Paris. Il y eut deux hôtels de Nesle. L'emplacement de l'un est auj. occupé par l'hôtel de la Monnaie et l'Institut de France ; sur le site de l'autre s'élève la Bourse de commerce. La *tour de Nesle* faisait partie de l'enceinte de Philippe Auguste, sur la rive gauche de la Seine, en face de la tour du Louvre.

NESS *(loch),* lac d'Écosse, au sud-ouest d'Inverness. Il doit sa célébrité à la présence dans ses eaux d'un monstre hypothétique.

NESSELRODE (Karl Robert, *comte* **von**), homme d'État russe (Lisbonne 1780 - Saint-Pétersbourg 1862). Ministre des Affaires étrangères (1816-1856), il servit brillamment Alexandre Ier et Nicolas Ier.

NESSOS ou **NESSUS.** *Myth. gr.* Centaure qui fut tué par Héraclès pour avoir tenté de faire violence à Déjanire, femme du héros. En mourant, Nessos donna sa tunique, trempée de sang, à Déjanire, comme un talisman qui devait assurer à celle-ci la fidélité de son époux. Héraclès, lorsqu'il l'eut revêtue, éprouva de telles douleurs qu'il mit fin à ses jours.

NESTE D'AURE ou **GRANDE NESTE** (la), riv. des Pyrénées centrales, affl. de la Garonne (r. g.) ; 65 km. Drainant la *vallée d'Aure,* elle alimente, avec ses affluents (*Nestes de Louron, de Couplan,* etc.), outre des centrales hydrauliques, le *canal de la Neste* ou de Lannemezan, qui, à son tour, maintient en été le niveau de plusieurs rivières de la Haute-Garonne et du Gers.

Nestlé, société suisse créée en 1867, spécialisée dans diverses productions alimentaires (laits concentrés, chocolat, cafés solubles). Le groupe, avec ses multiples entreprises, est présent dans les cinq continents.

NESTOR, roi légendaire de Pylos, héros de la guerre de Troie, type du sage conseiller.

NESTORIUS, moine et prêtre d'Antioche (Germanica Cesarea, auj. Kahramanmaraş, v. 380 - Khargueh apr. 451), patriarche de Constantinople (428-431). Sa doctrine, dite *nestorianisme,* sur le rapport de la divinité et de l'humanité en Jésus-Christ lui valut d'être déposé par le concile d'Éphèse et par la suite exilé.

NETANYA, port d'Israël, sur la Méditerranée ; 93 000 h.

NETCHAÏEV (Sergueï Guennadievitch), révolutionnaire russe (Ivanovo 1847 - Saint-Pétersbourg 1882). Il rédigea avec Bakounine le *Catéchisme révolutionnaire* (1869). Ayant fait assassiner un membre d'une société secrète qu'il venait de fonder, il fut désavoué par la Ire Internationale (1871) et condamné à la détention perpétuelle (1873).

NETO (Agostinho), homme politique angolais (Cachicane 1922 - Moscou 1979), président de la République populaire d'Angola de 1975 à sa mort.

NETZAHUALCÓYOTL, banlieue de Mexico ; env. 3 millions d'h.

NEUBOURG (Le) [27110], ch.-l. de c. de l'Eure, dans la *plaine du Neubourg ;* 3 840 h. Emballages. Aux environs, château du Champ-de-Bataille (fin du XVIIe s.).

NEUBRANDENBURG, v. d'Allemagne (Mecklembourg-Poméranie-Occidentale) ; 90 953 h.

NEUCHÂTEL, v. de Suisse, ch.-l. du *cant. de Neuchâtel,* sur le *lac de Neuchâtel ;* 33 579 h.

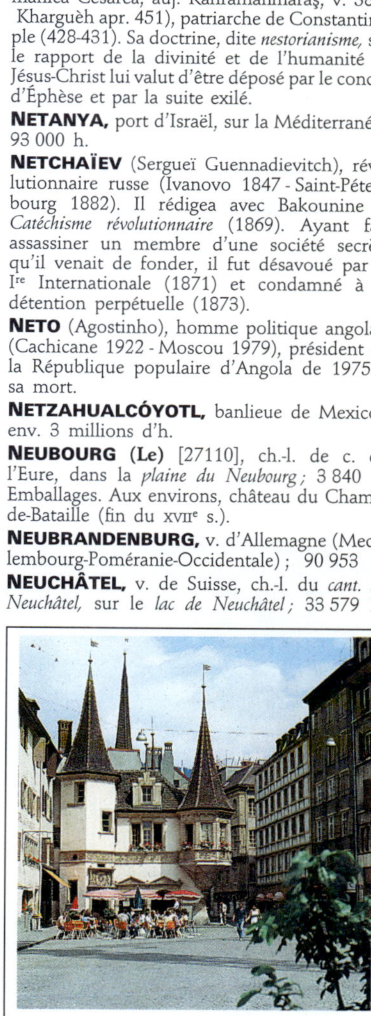

Neuchâtel : la place du Marché.

Université. Horlogerie. Agroalimentaire. Tourisme. Collégiale des XIIe-XIVe s. Château. Musées. — La ville fut le siège d'une principauté qui, souveraine en 1648, appartint au roi de Prusse de 1707 à 1798 et de 1814 à 1857, tout en demeurant membre de la Confédération suisse. — Le cant. couvre 797 km^2 et compte 163 985 h.

NEUCHÂTEL *(lac de),* lac de la Suisse, au pied du Jura. Long de 38 km sur 3 à 8 km de large ; 218 km^2.

NEUENGAMME, localité d'Allemagne, au sud-est de Hambourg. Camp de concentration allemand (1938-1945).

Neue Zürcher Zeitung, quotidien suisse de langue allemande créé en 1780.

NEUF-BRISACH [nøbrizak] (68600), ch.-l. de c. du Haut-Rhin, port sur le grand canal d'Alsace ; 2 101 h. Aluminium. Anc. place forte de Vauban.

NEUFCHÂTEAU [nø-], v. de Belgique, ch.-l. d'arr. de la prov. de Luxembourg ; 5 937 h.

NEUFCHÂTEAU [nø-] (88300), ch.-l. d'arr. des Vosges, sur la Meuse ; 8 419 h. *(Néocastriens).* Deux églises médiévales.

NEUFCHÂTEL-EN-BRAY [nø-] (76270), ch.-l. de c. de la Seine-Maritime ; 5 593 h. Constructions mécaniques. Produits laitiers. Église des XIIe-XVIe s. Musée.

NEUHOF ou **NEUHOFF** (Théodore, *baron* **de**), aventurier allemand (Cologne 1694 - Londres 1756). En 1736, il se fit proclamer roi de Corse sous le nom de *Théodore Ier*.

NEUILLÉ-PONT-PIERRE (37360), ch.-l. de c. d'Indre-et-Loire ; 1 574 h. *(Noviliaciens).*

NEUILLY-EN-THELLE (60530), ch.-l. de c. de l'Oise ; 2 691 h.

NEUILLY-LE-RÉAL (03340), ch.-l. de c. de l'Allier ; 1 301 h.

NEUILLY-PLAISANCE (93360), ch.-l. de c. de la Seine-Saint-Denis, à l'est de Paris ; 18 235 h. *(Nocéens).*

NEUILLY-SAINT-FRONT (02470), ch.-l. de c. de l'Aisne ; 2 002 h.

NEUILLY-SUR-MARNE (93330), ch.-l. de c. de la Seine-Saint-Denis ; 31 603 h. *(Nocéens).* Hôpitaux psychiatriques de Ville-Évrard et de Maison-Blanche. Église gothique d'env. 1200. Musée d'Art brut.

NEUILLY-SUR-SEINE (92200), ch.-l. de c. des Hauts-de-Seine, en bordure du bois de Boulogne ; 62 033 h. *(Neuilléens).* Agglomération résidentielle. Traité signé en 1919 entre les Alliés et la Bulgarie.

NEUMANN (Johann ou John **von**), mathématicien américain (Budapest 1903 - Washington 1957). Auteur d'une théorie des jeux, il a défini la structure possible d'une machine automatique de traitement de l'information.

NEUMANN (Johann Balthasar), architecte et ingénieur allemand (Cheb, Bohême, 1687 - Würzburg 1753), maître de l'illusionnisme baroque (Résidence de Würzburg, église de Vierzehnheiligen en Bavière).

Johann Balthasar **Neumann :** chapelle (1732-1741) de la Résidence des princes évêques à Würzburg (Bavière).

NEUMEIER (John), chorégraphe américain (Milwaukee 1942). Créateur inventif et original, il renouvelle la conception et la mise en scène chorégraphique *(Dammern ; Roméo et Juliette).*

NEUMÜNSTER, v. d'Allemagne (Schleswig-Holstein) ; 80 294 h.

NEUNG-SUR-BEUVRON [nœ̃-] (41210), ch.-l. de c. de Loir-et-Cher ; 1 165 h. *(Nugdunois).*

NEUNKIRCHEN, v. d'Allemagne (Sarre) ; 51 277 h. Centre industriel.

NEURATH (Konstantin, *baron* **von**), homme politique allemand (Kleinglattbach 1873 - Leinfelder Hof 1956). Ministre des Affaires étrangères (1932-1938), puis protecteur de Bohême-Moravie (1939-1941), il fut condamné à 15 ans de prison par le tribunal de Nuremberg.

NEUSIEDL *(lac),* en hongr. **Fertö,** lac de l'Europe centrale, aux confins de l'Autriche et de la Hongrie ; 350 km^2.

NEUSS, v. d'Allemagne (Rhénanie-du-Nord-Westphalie), sur le Rhin ; 145 665 h. Église du XIIIe s. (crypte du XIe).

NEUSTRIE, l'un des royaumes de la France mérovingienne, constitué lors du partage de 561 au profit de Chilpéric Ier. La Neustrie comprenait les pays situés entre Loire, Bretagne, Manche et Meuse, et fut en rivalité avec l'Austrasie. Pépin de Herstal fit l'unité des deux royaumes.

NEUTRA (Richard Joseph), architecte américain d'origine autrichienne (Vienne 1892 - Wuppertal 1970). Pionnier de la préfabrication métallique, attaché à la rigueur du style international, il a recherché, dans ses maisons individuelles, la continuité de l'espace et la liaison avec le cadre naturel.

NEUVES-MAISONS (54230), ch.-l. de c. de Meurthe-et-Moselle, sur la Moselle ; 6 458 h. *(Néodomiens).* Métallurgie.

NEUVIC (19160), ch.-l. de c. de la Corrèze ; 2 294 h. Église des XIIe et XVe s.

NEUVIC (24190), ch.-l. de c. de la Dordogne ; 2 829 h. Chaussures. Château de la Renaissance.

NEUVILLE-AUX-BOIS (45170), ch.-l. de c. du Loiret, près de la forêt d'Orléans ; 3 906 h.

NEUVILLE-DE-POITOU (86170), ch.-l. de c. de la Vienne ; 3 862 h.

NEUVILLE-EN-FERRAIN (59960), comm. du Nord ; 9 923 h. Bureautique.

NEUVILLE-SUR-SAÔNE (69250), ch.-l. de c. du Rhône ; 6 824 h. Industrie chimique.

NEUVY-LE-ROI (37370), ch.-l. de c. d'Indre-et-Loire ; 1 023 h. Église des XIIe-XVIe s.

NEUVY-SAINT-SÉPULCHRE (36230), ch.-l. de c. de l'Indre ; 1 752 h. Église des XIe-XIIe s., avec rotonde inspirée du Saint-Sépulcre de Jérusalem. Pèlerinage.

NEVA (la), fl. de Russie. Elle sort du lac Ladoga, passe à Saint-Pétersbourg et se jette dans le golfe de Finlande ; 74 km.

NEVADA, un des États unis d'Amérique (montagnes Rocheuses) ; 295 000 km^2 ; 1 201 833 h. Cap. *Carson City.* Tourisme.

NEVADA *(sierra),* massif du sud de l'Espagne ; 3 478 m au *Mulhacén.*

NEVADA *(sierra),* chaîne de montagnes de l'ouest des États-Unis (Californie) ; 4 418 m au *mont Whitney.*

NEVADO DEL RUIZ → ***Ruiz*** *(Nevado del).*

NEVERS (58000), anc. cap. du Nivernais, ch.-l. du dép. de la Nièvre, sur la Loire, à 238 km au sud-sud-est de Paris ; 43 889 h. *(Nivernais).* Évêché. Constructions mécaniques. Faïencerie. Cathédrale des XIe-XVIe s. ; église St-Étienne, anc. abbatiale consacrée en 1097 ; église St-Pierre, du XVIIe s. Anc. palais ducal des XVe -XVIe s. Musée archéologique et Musée municipal (beaux-arts, faïences...).

Neveu de Rameau (le), roman de Diderot, composé en 1762 et publié après sa mort (en allemand en 1805 ; en français en 1821).

NEVILLE (Richard), *comte* **de Warwick,** dit **le Faiseur de rois** (1428 - Barnet 1471). Neveu de Richard d'York, il le poussa à revendiquer le trône d'Angleterre, et contribua à la victoire de Saint Albans (1455). En juillet 1460, victorieux à Northampton, il captura le roi Henri VI. L'année suivante, il fit couronner roi Édouard IV, son cousin. En 1470, il rétablit Henri sur le trône, mais fut vaincu par Édouard et tué.

NEVIS, île des Petites Antilles ; 93 km^2 ; 10 000 h. Ch.-l. *Charlestown.* Elle forme avec Saint Christopher un État indépendant depuis 1983 dans le cadre du Commonwealth.

New Age, courant de religiosité, diffus et multiforme, né aux États-Unis vers 1970 et qui annonce l'entrée dans un *âge nouveau* de l'humanité, l'« ère du Verseau ». Il s'inspire de l'ésotérisme, de la théosophie, de croyances extraordinaires propres à d'autres groupes religieux contemporains.

NEWARK, port des États-Unis (New Jersey), sur la *baie de Newark,* près de New York ; 275 221 h. Aéroport.

NEWCASTLE, port d'Australie (Nouvelle-Galles du Sud) ; 422 100 h. Université. Sidérurgie.

NEWCASTLE, v. du Canada (Ontario) ; 49 079 h.

NEWCASTLE UPON TYNE ou **NEWCASTLE,** port de Grande-Bretagne, sur la Tyne ; 204 000 h. Université. Métallurgie.

NEWCOMB (Simon), mathématicien et astronome américain (Wallace, Nouvelle-Écosse, 1835 - Washington 1909). Il a perfectionné la théorie et les tables des mouvements de la Lune et des planètes.

NEWCOMEN (Thomas), mécanicien britannique (Dartmouth 1663 - Londres 1729). Il construisit en 1712 la première machine à vapeur vraiment utilisable.

New Deal (« Nouvelle Donne »), nom donné aux réformes mises en œuvre par Roosevelt aux États-Unis, à partir de 1933, et consacrant une certaine intervention de l'État dans les domaines économique et social.

NEW DELHI, cap. de l'Inde, englobée dans l'espace urbain de Delhi.

NEWFOUNDLAND → ***Terre-Neuve.***

NEW HAMPSHIRE, un des États unis d'Amérique, en Nouvelle-Angleterre ; 24 000 km^2 ; 1 109 252 h. Cap. *Concord.*

NEW HAVEN, port des États-Unis (Connecticut) ; 130 474 h. Université Yale (avec musée d'Art).

NEWHAVEN, port de Grande-Bretagne, sur la Manche ; 10 000 h. Liaisons maritimes avec Dieppe. Station balnéaire.

NE WIN (Maung Shu Maung, dit **Bo**), général et homme politique birman (Paungdale 1911). Premier ministre après le coup d'État de 1962, puis chef de l'État (1974-1981), il conserva jusqu'en 1988, avec la direction du parti unique, la réalité du pouvoir.

NEW JERSEY, un des États unis d'Amérique (Atlantique) ; 7 730 188 h. Cap. *Trenton.* V. pr. *Newark.*

NEWMAN (Barnett), peintre américain d'origine polonaise (New York 1905 - *id.* 1970), maître, depuis 1946 env., d'une *abstraction chromatique* rigoureuse.

NEWMAN (John Henry), cardinal et théologien britannique (Londres 1801 - Birmingham 1890). Curé anglican, il entra dans l'Église catholique (1845) et devint prêtre (1847). Fondateur de l'Oratoire anglais, recteur de l'université catholique de Dublin (1851-1858), cardinal (1879), il développa dans ses ouvrages (*Grammaire de l'assentiment,* 1870) une spiritualité élevée et ouverte aux besoins du temps.

NEWMAN (Paul), acteur américain (Cleveland 1925). Il a imposé son personnage ouvert et complexe dans de nombreux films : *le Gaucher* (A. Penn, 1958), *l'Arnaqueur* (R. Rossen, 1961).

sir Isaac **Newton**

le maréchal **Ney** (E. Bataille - château de Versailles)

NEW MEXICO → ***Nouveau-Mexique.***

NEW ORLEANS → ***Nouvelle-Orléans*** *(La).*

NEWPORT, port de Grande-Bretagne (Galles), sur l'estuaire de la Severn ; 117 000 h. Église en partie romane, auj. cathédrale.

NEWPORT NEWS, v. des États-Unis (Virginie), sur la baie de Chesapeake ; 170 045 h. Chantiers navals.

NEW PROVIDENCE, île la plus peuplée (135 000 h.) des Bahamas. V. pr. *Nassau.*

NEWTON (*sir* Isaac), physicien, mathématicien et astronome anglais (Woolsthorpe, Lincolnshire, 1642 - Londres 1727). Il donna en 1669 une théorie de la composition de la lumière blanche, qu'il pensait formée de corpuscules. Sa mécanique, exposée en 1687 dans les *Principes mathématiques de philosophie naturelle,* restera la base de tous les développements ultérieurs de cette science ; elle est fondée sur le principe de l'inertie, la proportionnalité de la force à l'accélération et l'égalité de l'action et de la réaction. Il découvrit la loi de l'attraction universelle, en identifiant pesanteur terrestre et attraction entre les corps célestes. Il inventa le télescope (1671) et, en même temps que Leibniz, il trouva les bases du calcul différentiel.

Newton *(pomme de),* allusion à la circonstance qui mit Newton sur la voie de la loi de l'attraction universelle. Ayant observé la chute d'une pomme sous l'effet de son poids, il pensa que le mouvement de la Lune pouvait s'expliquer par une force de même nature. Il étendit cette théorie aux planètes du système solaire, et ses calculs lui permirent de retrouver les lois de Kepler.

NEW WESTMINSTER, v. du Canada (Colombie - Britannique) ; 43 585 h.

NEW WINDSOR → ***Windsor.***

NEW YORK, un des États unis d'Amérique (Atlantique) ; 128 400 km² ; 17 990 455 h. Cap. *Albany.* V. pr. *New York, Buffalo, Rochester.*

NEW YORK, v. des États-Unis (État de New York), sur l'Atlantique, à l'embouchure de l'Hudson ; 7 322 564 h. *(New-Yorkais)* [18 087 251 pour le *Grand New York*]. La ville a été fondée à la pointe sud de l'île de Manhattan, où s'étend le quartier des affaires (Wall Street). Elle s'est développée au XIXe s. vers le nord (Bronx, au-delà du quartier noir de Harlem), débordant sur le New Jersey au-delà de l'Hudson et sur les îles voisines : Long Island (quartiers de Brooklyn et de Queens, au-delà de l'East River) et Staten Island (Richmond). Cité cosmopolite, New York reste le premier centre financier du monde ; c'est un très grand port, un nœud aérien et ferroviaire, un centre industriel et surtout tertiaire (commerces, administrations, tourisme). C'est encore une métropole culturelle (universités, musées : Metropolitan*, d'Art moderne, Guggenheim*). — Hollandaise en 1626, la colonie de La Nouvelle-Amsterdam devint New York (en l'honneur du duc d'York, le futur Jacques II) quand elle passa aux Anglais en 1664. L'indépendance des États-Unis et l'ouverture du canal Érié (1825) firent sa fortune. La ville est le siège de l'O. N. U. depuis 1946.

New York City I, toile de Mondrian (1942, M. N. A. M., Paris), œuvre de sa dernière manière, ou comment le néoplasticisme épouse le rythme gai et trépidant de la ville.

New York Times, l'un des plus importants quotidiens américains, fondé en 1851.

NEXØ (Martin Andersen) → ***Andersen Nexø.***

NEXON (87800), ch.-l. de c. de la Haute-Vienne ; 2 311 h. Église des XIIe et XVe s.

NEY [nɛ] (Michel), *duc* **d'Elchingen,** *prince* **de la Moskova,** maréchal de France (Sarrelouis 1769 - Paris 1815). Surnommé **le Brave des braves,** il s'illustra dans les guerres de la Révolution et de l'Empire, notamm. à Elchingen (1805) et pendant la campagne de Russie à la Moskova (1812). Nommé pair de France par Louis XVIII, rallié à Napoléon durant les Cent-Jours, il combattit à Waterloo. Condamné à mort par la Cour des pairs, il fut fusillé.

NEẒĀMI ou **NIẒĀMĪ,** poète persan (Gandja v. 1140 - *id.* v. 1209), auteur d'épopées romanesques *(Leyla et Madjnun).*

NEZVAL (Vítězslav), poète tchèque (Biskupovice 1900 - Prague 1958), d'inspiration tour à tour lyrique et sociale.

NGAN-CHAN → ***Anshan.***

NGAN-HOUEI → ***Anhui.***

NGAN-TONG → ***Andong.***

NGAN-YANG → ***Anyang.***

NGAZIDJA, anc. **Grande Comore,** la plus grande (1 148 km²) et la plus peuplée (190 000 h.) des Comores.

NGEOU-YANG SIEOU → ***Ouyang Xiu.***

NGÔ DINH DIÊM, homme politique vietnamien (Quang Binh 1901 - Saigon 1963). Premier ministre du Viêt Nam du Sud (1954), il y proclama la république (1955). Chef de l'État (1956-1963), appuyé par les États-Unis, il établit un régime autoritaire. Il fut tué au cours d'un putsch.

NGONI, ensemble de peuples bantous habitant la Zambie, la Tanzanie et le Mozambique.

NGUYÊN VAN LINH, homme politique vietnamien (Hanoi 1915), secrétaire général du parti communiste vietnamien de 1986 à 1991.

NGUYÊN VAN THIÊU, général et homme politique vietnamien (Phan Rang 1923), président de la République du Viêt Nam du Sud de 1967 à 1975.

NHA TRANG, port du Viêt Nam ; 216 000 h.

NIAGARA (le), riv. de l'Amérique du Nord, séparant le Canada des États-Unis et unissant les lacs Érié et Ontario. Elle est coupée par les *chutes du Niagara* (hautes d'env. 50 m), haut lieu touristique et site d'un grand aménagement hydroélectrique.

NIAGARA FALLS, v. des États-Unis (État de New York), sur le *Niagara ;* 73 077 h. — La ville homonyme, sur la rive canadienne (Ontario), a 61 840 h.

NIAMEY, cap. du Niger, sur le moyen Niger ; 360 000 h.

NIAUX (09400), comm. de l'Ariège ; 229 h. Grotte ornée de peintures pariétales (magdalénien).

Nibelung *(l'Anneau du)* → ***Tétralogie.***

NIBELUNGEN, nains de la mythologie germanique, possesseurs de grandes richesses souterraines et qui ont pour roi *Nibelung.* Les guerriers du héros Siegfried, puis les Burgondes dans les poèmes héroïques médiévaux, prirent le nom de « Nibelungen » après s'être emparés de leurs trésors.

Nibelungen *(Chanson des),* épopée germanique, écrite vers 1200 en moyen haut allemand. Elle raconte les exploits de Siegfried, maître du trésor des Nibelungen, pour aider Gunther à conquérir la main de Brunhild, son mariage avec Kriemhild, sœur de Gunther, sa mort sous les coups du traître Hagen et la vengeance de Kriemhild.

NICAISE *(saint),* premier évêque de Reims probablement légendaire (m. à Reims v. 407 ?). Il aurait été assassiné par les Vandales ou par les Huns.

NICARAGUA, État de l'Amérique centrale, entre le Costa Rica et le Honduras ; 148 000 km² ; 3 900 000 h. *(Nicaraguayens).* CAP. *Managua.* LANGUE : *espagnol.* MONNAIE : *córdoba oro.*

GÉOGRAPHIE

L'intérieur, montagneux, est ouvert par les dépressions occupées par les lacs Nicaragua (8 262 km²) et Managua. Cette région sépare deux plaines littorales, l'une, étroite mais fertile (coton, café), sur le Pacifique, l'autre, plus large, surtout forestière, sur l'Atlantique (côte des Mosquitos). [V. carte ***Amérique centrale.***]

HISTOIRE

De la colonisation au XIXe s. XVIe s. : reconnu par les Espagnols dès 1521, le Nicaragua est rattaché à la capitainerie générale du Guatemala. 1821 : l'indépendance du pays est proclamée. 1838 : après la disparition des Provinces-Unies d'Amérique centrale, le Nicaragua devient une république. 1850 : les États-Unis et la Grande-Bretagne renoncent à toute conquête territoriale dans la région. 1855-1857 : un aventurier américain, William Walker, conquiert le pays. 1858-1893 : les conservateurs se succèdent au pouvoir. 1893-1909 : le dictateur José Santos Zelaya mène une politique anticléricale et nationaliste.

Le XXe s. 1909 : un coup d'État conservateur, appuyé par les États-Unis, donne le pouvoir à Adolfo Díaz. 1912-1926 : celui-ci demande l'aide militaire des Américains, qui occupent le pays. 1934 : Augusto César Sandino, qui a dirigé la guérilla contre l'occupation américaine, est assassiné. 1936-1956 : Anastasio Somoza s'empare du pouvoir et impose sa dictature jusqu'à son assassinat. 1956-1979 : le Nicaragua vit sous la domination du clan Somoza. 1978 : l'opposition, rassemblée dans le Front sandiniste, déclenche l'insurrection. 1979 : Anastasio Somoza Debayle abandonne le pouvoir ; un nouveau régime est mis en place. 1980 : les modérés quittent le gouvernement. Le Nicaragua se rapproche de Cuba et de l'U. R. S. S. 1983 : les États-Unis soutiennent financièrement et militairement les contre-révolutionnaires (« contras »). 1984 : le sandiniste Daniel Ortega est élu à la présidence de la République. À partir de 1987 : le Nicaragua signe avec quatre pays d'Amérique centrale (Costa Rica, Guatemala, Honduras, Salvador) des accords (1987 et 1989) visant à rétablir la paix dans la région. 1990 : la candidate de l'opposition, Violeta Chamorro, est élue à la présidence de la République. Elle met en œuvre une politique de réconciliation nationale vis-à-vis des sandinistes. 1995 : une nouvelle Constitution est adoptée, qui consolide le processus de démocratisation.

NICE, ch.-l. du dép. des Alpes-Maritimes, sur la Côte d'Azur, dominé par les *Préalpes de Nice,* à 933 km au sud-est de Paris ; 345 674 h. *(Niçois).* Évêché. Université. Grande station touristique. Aéroport. Port de voyageurs. Constructions électriques. — Vieille Ville des XVIIe-XVIIIe s. Musée des Beaux-Arts, musée Masséna et musée d'Art moderne et d'Art contemporain. À Cimiez, vestiges romains, église avec panneaux des Brea, musées Matisse et du *Message biblique* (Chagall). — Fondée au Ve s. av. J.-C. par les Massaliotes, annexée au comté de Provence (Xe s.), ville libre (XIe s.), Nice passa sous la domination des Angevins

New York : la pointe de l'île de Manhattan vue de Brooklyn. (Au fond, le pont de Brooklyn sur l'East River.)

Les chutes du **Niagara** (vues des États-Unis).

de Provence (1246), puis sous celle de la maison de Savoie (1388). Française de 1793 à 1814, elle fut définitivement cédée à la France par le Piémont en 1860.

Nice : la Promenade des Anglais, sur le front de mer.

NICÉE, auj. **Iznik,** ville de Turquie ; 1 200 h. Monuments byzantins et ottomans ; faïence. — Anc. ville d'Asie Mineure (Bithynie), où se tinrent deux conciles œcuméniques, l'un convoqué par Constantin en 325, qui condamna l'arianisme et élabora un symbole de foi, ou *symbole de Nicée,* l'autre, en 787, réuni à l'instigation de l'impératrice Irène, qui définit contre les iconoclastes la doctrine orthodoxe sur le culte des images. — De 1204 à 1261, Nicée fut la capitale des empereurs byzantins dépossédés de Constantinople par les croisés. L'*empire de Nicée,* fondé par Théodore Ier Lascaris, eut comme dernier titulaire Michel VIII Paléologue, qui reprit Constantinople.

Nice Matin, quotidien régional créé en 1945.

NICÉPHORE *(saint)* [Constantinople v. 758 - ? 829], patriarche de Constantinople (806-815). Il fut déposé à cause de sa résistance à l'iconoclasme et mourut en exil. Il a laissé plusieurs traités sur le culte des images et une histoire de l'Empire byzantin de 602 à 769.

NICÉPHORE Ier le Logothète (Séleucie, Pisidie - en Bulgarie 811), empereur byzantin (802-811). Il restaura l'autorité byzantine dans les Balkans. Il fut battu par Hārūn al-Rachīd puis par les Bulgares, qui le massacrèrent avec son armée. — **Nicéphore II Phokas** (en Cappadoce 912 - Constantinople 969), empereur byzantin (963-969). Il conquit la Cilicie, Chypre (964-965) et une partie de la Syrie (966 et 968). Il fut assassiné par Jean Tzimiskès. — **Nicéphore III Botanéiatès** (m. apr. 1081), empereur byzantin (1078-1081). Alexis Comnène l'enferma dans un couvent.

NICHIREN, moine bouddhiste japonais (Kominato 1222 - distr. d'Ikegami, auj. Tōkyō, 1282), fondateur de la secte qui porte son nom. Il voulait faire du bouddhisme une religion universelle. Sa pensée a exercé une assez forte influence nationaliste sur le Japon du XXe s.

NICHOLSON (William), chimiste et physicien britannique (Londres 1753 - *id.* 1815). Il découvrit, avec Carlisle, l'électrolyse de l'eau et inventa un aréomètre.

NICIAS, général athénien (v. 470 - Syracuse 413 av. J.-C.). Il se distingua pendant la guerre du Péloponnèse, négocia la paix avec Sparte (421) et périt dans l'expédition de Sicile, qu'il avait désapprouvée.

NICOBAR *(îles),* archipel indien du golfe du Bengale.

NICODÈME *(saint)* [Ier s.], notable juif, membre du sanhédrin. Pharisien, il fut secrètement le disciple de Jésus, duquel, avec Joseph d'Arimathie, il alla demander le corps à Pilate.

NICOL (William), physicien britannique (en Écosse v. 1768 - Édimbourg 1851). En 1828, il inventa le prisme polariseur qui porte son nom.

NICOLA Pisano, sculpteur italien (m. entre 1278 et 1284), instigateur de la première Renaissance pisane (chire du baptistère de Pise, d'esprit antiquisant, 1260). — Son fils **Giovanni** (? v. 1248 - Sienne apr. 1314), sculpteur et architecte actif surtout à Pise et à Sienne, d'un tempérament non moins puissant, adhère largement à la culture gothique : statues de la cathédrale de Sienne, chaires de Pistoia (terminée en 1301) et de la cathédrale de Pise.

NICOLAS *(saint)* [IVe s.], évêque de Myra en Lycie, patron de la Russie et des petits enfants. Son culte est très populaire en Orient et en Europe, notamm. en Italie, à Bari, où se trouvent ses reliques.

NICOLAS DE FLUE *(saint),* ermite suisse (Flüeli ob Sachseln 1417 - Ranft 1487), qui vécut dans la solitude et les macérations de 1467 à sa mort. En 1481, il sut trouver une solution de compromis à un conflit qui menaçait d'entraîner une guerre civile au sein de la Confédération.

NICOLAS Ier *(saint),* dit **le Grand** (Rome v. 800 - *id.* 867), pape de 858 à 867. Il contribua à affirmer la primauté de la papauté, face aux grands dignitaires ecclésiastiques et aux rois, et il accueillit les Bulgares dans l'Église romaine. — **Nicolas II** (Gérard **de Bourgogne**) [Chevron, Savoie, v. 980 - Florence 1061], pape de 1059 à 1061. Il combattit la simonie et le nicolaïsme, lutta contre l'influence impériale en Italie en se faisant le défenseur des Normands. — **Nicolas IV** (Girolamo **Masci**) [Lisciano v. 1230 - Rome 1292], pape de 1288 à 1292. Il couronna Charles II d'Anjou roi de Sicile (1289) et octroya le royaume de Hongrie à Charles Martel. — **Nicolas V** (Tommaso **Parentucelli**) [Sarzana 1397 - Rome 1455], pape de 1447 à 1455. Il mit fin au schisme de Félix V (Amédée de Savoie) et fonda la Bibliothèque vaticane.

NICOLAS Ier (Tsarskoïe Selo 1796 - Saint-Pétersbourg 1855), empereur de Russie (1825-1855), troisième fils de Paul Ier. Il succéda à son frère Alexandre Ier et se consacra à la défense de l'orthodoxie, de l'autocratie et de la « nationalité ». Il réprima la révolte polonaise de 1830-31 et écrasa la révolution hongroise en 1849, ce qui lui valut le surnon de « gendarme de l'Europe ». Voulant en finir avec l'Empire ottoman (1853), il se heurta à la France et à la Grande-Bretagne, qui s'engagèrent contre la Russie dans la guerre de Crimée (1854). — **Nicolas II** (Tsarskoïe Selo 1868 - Iekaterinbourg 1918), empereur de Russie (1894-1917), fils et successeur d'Alexandre III. Il renforça avec son ministre Witte l'alliance franco-russe et engagea son pays dans la guerre contre le Japon (1904-05) qui se termina par la défaite russe. Contraint d'accorder lors de la révolution de 1905 le manifeste d'octobre promettant la réunion d'une douma d'État, il refusa de transformer la Russie en une véritable monarchie constitutionnelle. Il prit en 1915 le commandement suprême des armées et laissa son épouse, Alexandra Fedorovna, soumise à l'influence de Raspoutine, jouer un rôle croissant dans le gouvernement. L'insurrection de Petrograd l'obligea à abdiquer (mars 1917). Transféré à Iekaterinbourg, il y fut massacré avec sa famille (17 juill. 1918).

NICOLAS NIKOLAÏEVITCH ROMANOV *(grand-duc),* général russe (Saint-Pétersbourg 1856 - Antibes 1929). Oncle du tsar Nicolas II, généralissime des armées russes en 1914-15 puis commandant le front du Caucase (1915-1917), il se retira en France après la révolution de 1917.

NICOLAS ou **NIKITA Ier PETROVIĆ NJEGOŠ** (Njegoš 1841 - Antibes 1921), prince, puis roi (1910-1918) de Monténégro.

NICOLAS de Cues (Nikolaus **Krebs** dit), théologien allemand (Kues, diocèse de Trèves, 1401 - Todi 1464). Il soutint l'action des papes, défendit le principe de l'infaillibilité pontificale contre les conciles, et laissa une importante œuvre théologique et philosophique (*la Docte Ignorance,* 1440).

NICOLAS de Verdun, orfèvre qui a signé et daté l'ambon ou retable de Klosterneuburg (1181) ainsi que la châsse de Notre-Dame de Tournai (1205), et qui est sans doute l'auteur de la châsse des Rois mages de Cologne, toutes œuvres d'un style antiquisant souple et puissant, concurrent du style gothique contemporain.

NICOLE (Pierre), écrivain français (Chartres 1625 - Paris 1695), janséniste et professeur à Port-Royal, auteur d'*Essais de morale* (1671-1678).

NICOLLE (Charles), bactériologiste français (Rouen 1866 - Tunis 1936), directeur de l'institut Pasteur de Tunis. Ses travaux ont porté sur le typhus exanthématique, la fièvre de Malte, les fièvres récurrentes, etc. (Prix Nobel 1928.)

NICOLLIER (Claude), astronome et astronaute suisse (Vevey 1944). Sélectionné comme astronaute par l'Agence spatiale européenne (1978), il a effectué deux vols (1992, 1993) à bord de la navette américaine, jouant notamment un rôle majeur dans la mission de réparation du télescope spatial Hubble.

NICOMÈDE, nom de quatre rois de Bithynie.

NICOMÉDIE, v. d'Asie Mineure (auj. **Izmit**), fondée v. 264 av. J.-C. Capitale du royaume de Bithynie, résidence impériale au temps de Dioclétien, elle fut au IVe s. un des bastions de l'arianisme.

Nicopolis *(bataille de)* [25 sept. 1396], victoire de Bayezid Ier à Nicopolis (auj. **Nikopol,** en Bulgarie) sur les croisés commandés par Sigismond de Luxembourg.

NICOSIE, cap. de Chypre, dans l'intérieur de l'île ; 161 000 h. Monuments gothiques des XIIIe et XIVe s., enceinte vénitienne du XVIe.

NICOT (Jean), diplomate français (Nîmes v. 1530 - Paris 1600). Il introduisit le tabac en France.

NIDWALD → ***Unterwald.***

NIEDERBRONN-LES-BAINS (67110), ch.-l. de c. du Bas-Rhin ; 4 393 h. Station thermale (arthrites et arthroses). Matériel de chauffage.

NIEDERMEYER (Louis), compositeur français (Nyon 1802 - Paris 1861). Il a fondé à Paris une école de musique classique et religieuse, et a composé des opéras et des romances *(le Lac).*

NIEL (Adolphe), maréchal de France (Muret 1802 - Paris 1869). Ministre de la Guerre en 1867, il tenta de réorganiser l'armée et institua la garde nationale mobile.

NIELSEN (Carl), compositeur danois (Nørre-Lyndelse 1865 - Copenhague 1931), auteur de six symphonies, de concertos, d'opéras (*la Mère,* 1920).

NIEMCEWICZ (Julian Ursyn), patriote et écrivain polonais (Skoki, Lituanie, 1757 - Paris 1841), auteur des *Chants historiques* (1816).

NIÉMEN (le), fl. de Biélorussie et de Lituanie, tributaire de la Baltique ; 937 km.

NIEMEYER (Oscar), architecte brésilien (Rio de Janeiro 1907). Utilisant avec virtuosité les possibilités du béton armé, il a édifié le centre de loisirs de Pampulha, près de Belo Horizonte (v. 1943), les principaux monuments de Brasília et, à l'étranger, l'université de Constantine (1969), le siège du P. C. F. à Paris (1971), la maison de la culture du Havre (1982).

Nicolas II de Russie (Verechtchaguine - musée de Petrodvorets)

Nicéphore **Niepce** (L.F. Berger - musée Denon, Chalon-sur-Saône)

Nietzsche

NIEPCE (Nicéphore), physicien français (Chalon-sur-Saône 1765 - Saint-Loup-de-Varennes 1833), inventeur de la photographie (1816). — Son neveu **Abel Niepce de Saint-Victor** (Saint-Cyr, près de Chalon-sur-Saône, 1805 - Paris 1870) imagina un procédé de photographie sur verre.

NIEPPE (59850), comm. du Nord ; 7 460 h.

NIETZSCHE (Friedrich), philosophe allemand (Röcken, près de Lützen, 1844 - Weimar 1900). Solitaire, influencé par Schopenhauer et Wagner, malade (il sera atteint de crises de démence à partir de 1889), Nietzsche a marqué la pensée occidentale du XXe s. Il établit une critique radicale des bases kantiennes de la connaissance et du rationalisme scientiste : pour lui, ce n'est pas l'amour de la vérité qui anime l'homme, ce sont les passions du vouloir-vivre. Les institutions, la religion cachent la vraie nature de l'homme, faite du combat entre la mort et la vie. Son unité, bien comprise par les présocratiques, a été cassée par Socrate, qui a inventé la coupure entre l'essence et l'apparence, puis par le christianisme qui a institué une « morale d'esclave ». Contre le christianisme, le socialisme, le nihilisme, Nietzsche établit sa philosophie de la volonté de puissance, née de l'accroissement continu des forces vitales. Le monde, ne parvenant jamais à son point d'équilibre, se déroule sur lui-même en un « éternel retour ». Ainsi l'homme qui veut se réaliser tend-il vers le surhomme. Nietzsche s'est exprimé par des aphorismes cinglants (*Gai* Savoir,* 1882 ; *Par-delà bien et mal,* 1886), des dissertations d'un style étincelant (*la Naissance de la tragédie,* 1871 ; *le Crépuscule des idoles,* 1889), des poèmes (*Ainsi* parlait Zarathoustra,* 1883).

NIEUL (87510), ch.-l. de c. de la Haute-Vienne ; 1 356 h.

NIEUPORT (Édouard **de Niéport,** dit **Édouard**), aviateur et ingénieur français (Blida 1875 - sur l'aérodrome de Charny, près de Verdun, 1911), l'un des premiers constructeurs d'avions (biplan *Nieuport 11* de la Première Guerre mondiale).

NIEUWPOORT, en fr. **Nieuport,** v. de Belgique (Flandre-Occidentale) ; 9 572 h. Tourisme.

NIÈVRE (la), affl. de la Loire (r. dr.), rejointe à Nevers ; 53 km.

NIÈVRE (**58**), dép. de la Région Bourgogne ; ch.-l. de dép. *Nevers ;* ch.-l. d'arr. *Château-Chinon, Clamecy, Cosne-Cours-sur-Loire ;* 4 arr., 32 cant., 312 comm. ; 6 817 km² ; 233 278 h. *(Nivernais).* Le dép. est rattaché à l'académie de Dijon, à la cour d'appel de Bourges et à la région militaire Nord-Est. Il est formé de régions variées (extrémité amont du Val de Loire ; dépression du Bazois, entre les collines du Nivernais et la partie occidentale du Morvan). L'élevage bovin (pour la viande) et l'exploitation forestière y constituent les principales ressources de l'économie rurale ; les cultures ne jouent un grand rôle que très localement (vignobles de Pouilly-sur-Loire). L'industrie est représentée par le travail du bois, disséminé, et surtout par la métallurgie de transformation. Le thermalisme anime quelques localités (Pougues-les-Eaux, Saint-Honoré).

NIGER (le), principal fl. de l'Afrique occidentale. Né en Guinée, au pied du mont Loma, le Niger décrit une longue courbe, traversant le Mali (Bamako) puis le sud-ouest du Niger (Niamey) avant de rejoindre au Nigeria le golfe de Guinée, par un vaste delta ; 4 200 km (bassin de 1 100 000 km²). Navigable par biefs, il est aussi utilisé pour l'irrigation.

NIGER, État d'Afrique occidentale ; 1 267 000 km² ; 8 500 000 h. *(Nigériens).* CAP. *Niamey.* LANGUE : *français.* MONNAIE : *franc C. F. A.* Très étendu, mais steppique ou désertique en dehors de la vallée du Niger, le pays, enclavé, vit très pauvrement de l'élevage, de quelques cultures (millet et arachide). Le sous-sol recèle de l'uranium.

HISTOIRE

L'occupation humaine de la région est fort ancienne. On ne peut déterminer l'importance respective des Blancs et des Noirs. Ier millénaire av. J.-C. : les Berbères s'introduisent par une des routes transsahariennes, refoulant vers le sud les populations sédentaires ou se métissant avec elles. VIIe s. apr. J.-C. : l'empire des Songhaï, bientôt islamisé, se constitue. Xe s. : il a pour capitale Gao. 1591 : il est détruit par les Marocains. XVIIe-XIXe s. : Touareg et Peuls contrôlent le pays. 1897 : la pénétration française, amorcée à partir de 1830, s'affirme avec l'installation des premiers postes sur le Niger. 1922 : la résistance touarègue apaisée, le Niger, « IIIe territoire militaire » puis territoire du Niger, devient colonie de l'A.-O. F. 1960 : le Niger, autonome depuis 1956, république depuis 1958, devient indépendant. Hamani Diori en est le président. 1974 : un coup d'État militaire lui substitue le lieutenant-colonel Seyni Kountché. 1987 : mort de S. Kountché. Le colonel Ali Seibou lui succède. 1990 : le pouvoir engage la transition vers le multipartisme. Parallèlement, il doit faire face à la rébellion touarègue et à une situation économique catastrophique. 1992 : une nouvelle Constitution est approuvée par référendum. 1993 : Mahamane Ousmane, un des chefs de file de l'opposition démocratique, est élu à la présidence de la République. 1995 : une coalition dominée par l'ancien parti unique remporte les élections législatives. 1996 : le pouvoir civil est renversé par un coup d'État militaire.

NIGERIA (le), État d'Afrique occidentale, sur le golfe de Guinée, traversé par le Niger ; 924 000 km² ; 95 100 000 h. *(Nigérians).* CAP. *Abuja.* V. pr. *Lagos, Ibadan.* LANGUE : *anglais.* MONNAIE : *naira.*

GÉOGRAPHIE

Pays le plus peuplé d'Afrique, le Nigeria est un État fédéral formé d'ethnies variées (Haoussa, Ibo, Yoruba, etc.), mais en majorité islamisées. Le Sud, plus humide, a des cultures de plantation (cacao, caoutchouc, arachide) ; le Nord, plus sec, est le domaine de la savane, où domine l'élevage. Le pétrole (dont le pays est le premier producteur africain) demeure la richesse essentielle du pays et la base des exportations.

HISTOIRE

Les origines. 900 av. J.-C.-200 apr. J.-C. : la civilisation de Nok s'épanouit, et diffuse sans doute vers Ife et le Bénin. VIIe-XIe s. : les Haoussa s'installent dans le Nord, les Yoruba dans le Sud-Ouest. XIe-XVIe s. : dans le Nord, des royaumes, bientôt islamisés, s'organisent. Les plus brillants sont ceux du Kanem (à son apogée au XIVe s.) puis du Kanem-Bornou (XVIe s.). Dans le Sud, Ife constitue le centre religieux et culturel commun du royaume d'Oyo et de celui du Bénin, qui entre en relation avec les Portugais à partir de 1486.

La colonisation. 1553 : l'Angleterre élimine le Portugal (destruction des vaisseaux portugais), s'assurant ainsi le monopole de la traite des Noirs dans la région. XVIIIe - début du XIXe s. : les Peuls musulmans interviennent dans le Nord, et constituent finalement un empire autour de Sokoto. 1851 : les Britanniques occupent Lagos. 1879 : la création de l'United African Company, qui devient bientôt la Royal Niger Company, permet à la Grande-Bretagne d'évincer les sociétés étrangères et d'assurer la pénétration et l'administration de territoires de plus en plus étendus. 1900 : le Nigeria passe sous la juridiction du Colonial Office. 1914 : la colonie et le protectorat du Nigeria sont créés, englobant le nord et le sud du pays, plus une partie du Cameroun. 1951 : la colonie est dotée d'un gouvernement représentatif. 1954 : une Constitution fédérale est promulguée. 1960 : le Nigeria accède à l'indépendance.

Le Nigeria indépendant. 1963 : le Nigeria adopte une Constitution républicaine et choisit de rester dans le Commonwealth. 1966 : un coup d'État impose au pouvoir un Ibo, le général Ironsi, qui est assassiné quelques mois plus tard. Des émeutes raciales sanglantes contre les Ibo s'ensuivent. 1967-1970 : la sécession de la région sud-est, où les Ibo sont majoritaires, déclenche la guerre du Biafra. La République du Biafra capitule en janv. 1970. Depuis lors, sauf une brève période de retour à la démocratie (1979-1983), les coups d'État militaires se sont succédé. À partir de 1985 : le général Babangida dirige le pays. 1993 : le processus de transition, engagé en 1989, qui devait aboutir au transfert du pouvoir aux civils, est suspendu. Après la démission de Babangida, le général Sani Abacha prend le pouvoir ; il doit faire face à une très forte opposition. 1995 : après l'exécution de plusieurs opposants, le Nigeria, condamné par la communauté internationale, est suspendu du Commonwealth.

NIIGATA, port du Japon (Honshū) ; 486 097 h. Centre industriel.

NIIHAMA, port du Japon (Shikoku) ; 129 149 h. Métallurgie. Chimie.

NIJINSKI (Vaslav), danseur russe d'origine polonaise (Kiev 1889 - Londres 1950). Le plus grand danseur de son époque, il créa *Schéhérazade,* puis pour les Ballets russes *le Spectre de la rose,* et *Petrouchka* (sur des chorégraphies de M. Fokine). Devenu chorégraphe, il régla *l'Après-midi d'un faune* et *le Sacre du printemps* (1913). — Sa sœur **Bronislava Nijinska** (Minsk 1891 - Pacific Palisades, Los Angeles, 1972), danseuse (théâtre Mariinski ; Ballets russes) et chorégraphe, est l'auteur des *Noces* (1923).

NIJLEN, comm. de Belgique (prov. d'Anvers) ; 19 589 h.

NIJNEKAMSK, v. de Russie, sur la Kama ; 191 000 h. Centrale hydraulique. Chimie.

NIJNEVARTOVSK, v. de Russie, en Sibérie occidentale, sur l'Ob ; 242 200 h. Centre pétrolier.

NIJNI NOVGOROD, de 1932 à 1990 **Gorki,** v. de Russie, au confluent de la Volga et de l'Oka ; 1 438 000 h. Port fluvial et centre industriel. Fondée en 1221. Vieux kremlin. Cathédrales et églises du XIIIe au XIXe s.

NIJNI TAGUIL, v. de Russie, dans l'Oural ; 440 000 h. Centre minier et métallurgique.

Nika *(sédition)* [532], soulèvement populaire de Constantinople sous Justinien Ier. Il fut réprimé par Narsès et Bélisaire, grâce à l'énergie de l'impératrice Théodora. Son nom vient du cri de ralliement des séditieux : *Nika !* (Victoire !)

NIKKŌ, v. du Japon (Honshū) ; 20 128 h. Parc national. Temples (XVIe-XVIIe s.) et mausolées des Tokugawa (Ieyasu et Iemitsu).

NIKOLAÏEV, port d'Ukraine, sur la mer Noire ; 503 000 h. Centre industriel.

NIKOLAIS (Alwin), compositeur et chorégraphe américain (Southington, Connecticut, 1912 - New York 1993). À la danse moderne, il adjoint lumières, couleurs et accessoires, jouant avec les formes, les volumes et l'espace, « théâtre total » où ses danseurs évoluent *(Kaleidoscope, Imago, Structures Mechanical organ).*

NIKON (Nikita **Minov,** dit), prélat russe (Veldemanovo, près de Nijni Novgorod, 1605 - Iaroslavl 1681). Patriarche de Moscou (1652), partisan du retour de l'orthodoxie russe à ses sources grecques, il fit adopter des réformes qui provoquèrent le mouvement schismatique des vieux-croyants *(raskol).* Il fut déposé en 1666.

NIKOPOL, v. d'Ukraine ; 158 000 h.

NIL (le), principal fl. d'Afrique ; 6 700 km (5 600 depuis le lac Victoria) [bassin d'environ 3 millions de km²]. Sorti du lac Victoria (sous le nom de *Nil Victoria*), où s'est jetée sa branche mère, la Kagera, le Nil s'écoule vers le nord. Traversant les lacs Kioga et Mobutu, il prend le nom de *Nil Blanc* (Bahr el-Abiad) au sortir de la cuvette marécageuse du Soudan méridional. À Khartoum, le Nil reçoit le *Nil Bleu* (Bahr el-Azrak), puis, en aval, l'Atbara. Il traverse ensuite la Nubie et l'Égypte, atteint Le Caire, où commence le delta sur la Méditerranée. Le barrage de Sadd al-ʿĀlī (haut barrage d'Assouan) régularise son cours inférieur et crée en amont un vaste lac artificiel, long de 500 km (en partie au Soudan), qui a permis d'étendre une irrigation utilisant, depuis l'Antiquité, les crues estivales.

NĪLGIRI *(monts),* massif montagneux du sud de l'Inde ; 2 636 m.

Nijinski (dans *le Spectre de la rose,* de M. Fokine, en 1911).

Nil : un aspect du cours du fleuve aux environs de Louqsor, en Haute-Égypte.

NILVANGE (57240), comm. de la Moselle ; 5 615 h. Métallurgie.

NIMAYRĪ (Dja'far **al-**) ou **NEMEYRI** (Gaafar **el-**), officier et homme politique soudanais (Omdurman 1930). Chef de l'État depuis 1969, il est renversé en 1985.

NIMBA *(monts),* massif d'Afrique, aux confins de la Côte d'Ivoire, de la Guinée et du Liberia ; 1 752 m. Gisements de fer.

NIMÈGUE, en néerl. **Nijmegen,** v. des Pays-Bas (Gueldre), sur le Waal ; 145 782 h. Chapelle-baptistère du VIIIe s. Hôtel de ville et *Waag* des XVIe et XVIIe s. Musée d'archéologie.

Nimègue *(traités de),* traités conclus en 1678 entre la France, les Provinces-Unies et l'Espagne, et en 1679 entre la France et le Saint Empire, à la fin de la guerre de Hollande. Donnant à la France la Franche-Comté, le Cambrésis et plusieurs villes du Hainaut (Valenciennes, Condé, etc.), de l'Artois (Aire, Saint-Omer) et de Flandre (Bailleul, Cassel, Ypres, Warneton, etc.), ces traités firent de Louis XIV l'arbitre de l'Europe.

NÎMES (30000), ch.-l. du dép. du Gard, à 704 km au sud de Paris ; 133 607 h. *(Nîmois).* Évêché. Cour d'appel. Confection. Beaux monuments romains des Ier-IIe s. : Maison carrée, arènes, temple de Diane. Près de ce dernier, jardin de la Fontaine, du XVIIIe s. Musées divers et Carré d'art construit par N. Foster. — Nîmes fut l'une des cités les plus brillantes de l'Empire romain. Elle fut rattachée au comté de Toulouse en 1185, puis à la France en 1229. Fief protestant, elle souffrit de la révocation de l'édit de Nantes.

Nîmes : la Maison carrée et le Carré d'art.

NIMIER (Roger), écrivain français (Paris 1925 - dans un accident d'automobile 1962). Ses romans procèdent d'une lucidité désenchantée (*les Épées,* 1948 ; *le Hussard bleu,* 1950).

NIMITZ (William), amiral américain (Fredericksburg, Texas, 1885 - San Francisco 1966). Commandant les forces aéronavales alliées dans le Pacifique de 1942 à 1945, il vainquit la flotte japonaise.

NIMROUD, site d'Assyrie, sur le Tigre, à l'emplacement de l'anc. Kalhou (ou Calach), fondée au XIIIe s. av. J.-C. et cap., au IXe s., d'Assournazirpal. Importants vestiges.

NIN (Anaïs), femme de lettres américaine (Neuilly-sur-Seine 1903 - Los Angeles 1977). Ses romans (*les Miroirs dans le jardin,* 1946 ; *Séduction du Minotaure,* 1961) et son *Journal* composent l'analyse d'une personnalité écartelée entre des cultures et des passions différentes.

NINGBO ou **NING-PO,** port de Chine (Zhejiang) ; 240 000 h. Monuments anciens.

NINGXIA ou **NING-HIA,** région autonome de la Chine du Nord-Ouest ; 170 000 km^2 ; 3 896 000 h. Cap. *Yinchuan.*

NINIVE, v. de l'anc. Mésopotamie, sur le Tigre. (Hab. *Ninivites.*) Fondée au VIe millénaire, elle devint sous Sennachérib (705-680 av. J.-C.) la capitale de l'Assyrie. Sa destruction, en 612 av. J.-C., marqua la fin de l'Empire assyrien. Vestiges (nombreux objets, dont les orthostates ornés de scènes de chasse « Lionne blessée » au British Museum et au musée de Bagdad).

NINOVE, v. de Belgique (Flandre-Orientale) ; 33 489 h. Église, anc. abbatiale de prémontrés, des XVIIe-XVIIIe s.

NIOBÉ. *Myth. gr.* Reine légendaire de Thèbes. Fière de ses quatorze enfants, elle se moqua de Léto, qui n'avait enfanté qu'Apollon et Artémis. Ceux-ci vengèrent leur mère en tuant avec leurs flèches les sept fils et les sept filles de Niobé. Zeus changea Niobé en rocher d'où jaillissait une source.

NIORT (79000), ch.-l. du dép. des Deux-Sèvres, sur la Sèvre Niortaise, à 403 km au sud-ouest de Paris ; 58 660 h. *(Niortais).* Siège de sociétés d'assurances mutuelles. Constructions mécaniques et électriques. Agroalimentaire. Ganterie. Donjon double des XIIe-XVe s. (Musée poitevin).

NIPIGON, lac du Canada (Ontario), se déversant dans le lac Supérieur par le *Nipigon ;* 4 480 km^2.

NIPPON, nom japonais du Japon.

NIPPOUR, anc. v. de basse Mésopotamie. Centre religieux sumérien, occupé dès le VIe millénaire, florissant entre le IIIe et le Ier millénaire, qui a livré de nombreuses tablettes cunéiformes. Ruines.

NIŠ, anc. **Nissa,** v. de Yougoslavie (Serbie) ; 161 000 h. Vestiges antiques ; anc. forteresse turque.

NISHINOMIYA, v. du Japon (Honshū), sur la baie d'Ōsaka ; 426 909 h.

NISIBIS, v. de la Perse ancienne. Place commerciale et stratégique, elle fut, au point de vue religieux, un centre de rayonnement du nestorianisme. (Auj. **Nusaybin.**)

NITERÓI, port du Brésil, sur la baie de Guanabara ; 416 123 h. Centre résidentiel et industriel.

NITHARD, historiographe franc (fin VIIIe s. - 844 ou 845), bâtard d'Angilbert et de Berthe, fille de Charlemagne. Il est l'auteur d'une *Histoire des fils de Louis le Pieux.*

NITRA, v. de Slovaquie ; 89 888 h.

NIUE, île du Pacifique (259 km^2 ; 3 300 h.), territoire associé à la Nouvelle-Zélande.

NIVE (la), riv. des Pyrénées-Atlantiques, qui rejoint l'Adour (r. g.) à Bayonne ; 75 km.

NIVELLE (Robert), général français (Tulle 1856 - Paris 1924). Commandant la IIe armée à Verdun (1916), puis commandant en chef en 1917, il dirigea la vaine offensive du Chemin des Dames, dont l'échec entraîna son remplacement par Pétain.

NIVELLES, v. de Belgique (Brabant wallon) ; 23 127 h. Collégiale mosane des XIe-XIIe s., très restaurée.

NIVERNAIS, anc. prov. de France qui a formé la majeure partie du département de la Nièvre.

NIXON (Richard), homme politique américain (Yorba Linda, Californie, 1913 - New York 1994). Républicain, vice-président des États-Unis (1953-1961), il fut élu président en 1968. Réélu en 1972, il noua des relations avec la Chine populaire et mit fin à la guerre du Viêt Nam (1973). Il dut démissionner en 1974 à la suite du scandale du Watergate*.

NIẒĀMĪ → ***Neẓāmi.***

NI ZAN ou **NI TSAN,** peintre, calligraphe et poète chinois (Wuxi, Jiangsu, 1301 - 1374). Son détachement intérieur et son style dépouillé en firent l'un des brillants représentants de l'esthétique lettrée de l'époque Yuan.

NIZAN (Paul), écrivain français (Tours 1905 - Audruicq 1940). Auteur d'essais et de romans (*la Conspiration,* 1938), il rompit avec le communisme lors du pacte germano-soviétique.

NKOLÉ ou **NKOLLÉ,** peuple de l'Ouganda, parlant une langue bantoue.

N'KONGSAMBA, v. du Cameroun ; 71 000 h.

NKRUMAH (Kwame), homme politique ghanéen (Nkroful 1909 - Bucarest 1972). Il obtint l'indépendance de la Gold Coast (1957) et présida la République du Ghana de 1960 à 1966. Partisan du panafricanisme, il joua un rôle important dans la création de l'O. U. A. (1963).

NKVD, sigle des mots russes signifiant « Commissariat du peuple aux Affaires intérieures », organisme auquel fut intégrée la Guépéou chargée des services spéciaux soviétiques (1934-1943/1946).

NO *(lac),* dépression marécageuse du Soudan méridional.

NOAILLES [nɔaj] (60430), ch.-l. de c. de l'Oise ; 2 425 h.

NOAILLES (Anna, *princesse* **Brancovan,** *comtesse* **Mathieu de**), femme de lettres française (Paris 1876 - *id.* 1933), auteur de recueils lyriques (*le Cœur innombrable,* 1901).

NOAILLES *(maison de),* famille française originaire du Limousin, et dont les membres les plus notables sont : **Anne Jules,** *comte d'Ayen* puis *duc de Noailles,* pair et maréchal de France (Paris 1650 - Versailles 1708). Gouverneur du Languedoc, il appliqua sévèrement le système des dragonnades ; — son fils **Adrien Maurice,** maréchal de France (Paris 1678 - *id.* 1766), qui se distingua en Catalogne et en Allemagne. Ministre des Affaires étrangères (1744), il conclut l'alliance prussienne ; — **Louis Antoine,** cardinal (Teissières, près d'Aurillac, 1651 - Paris 1729), frère d'Anne Jules. Archevêque de Paris en 1695, il s'opposa un moment, par attachement au gallicanisme, à l'application de la bulle *Unigenitus,* qui visait les jansénistes ; — **Louis Marie,** *vicomte de Noailles* (Paris 1756 - La Havane 1804), petit-fils d'Adrien Maurice. Beau-frère de La Fayette, il combattit en Amérique. Député de la noblesse aux États généraux, il prit l'initiative de l'abolition des privilèges (nuit du 4 août 1789).

NOBEL (Alfred), industriel et chimiste suédois (Stockholm 1833 - San Remo 1896). Il consacra toute sa vie à l'étude des poudres et des explosifs et inventa la dynamite. Il fonda, par son testament, des prix au profit des auteurs d'œuvres littéraires, scientifiques et philanthropiques. (V. liste des lauréats du ***prix Nobel*** en fin de volume.)

NOBILE (Umberto), général, aviateur et explorateur italien (Lauro, Avellino, 1885 - Rome 1978). En 1928, il explora le pôle Nord à bord d'un dirigeable ; perdu au large du Spitzberg, il fut recueilli par un aviateur suédois.

NOBILI (Leopoldo), physicien italien (Trassilico 1787 - Florence 1835). Il inventa en 1826 le système dit « astatique » pour galvanomètre et imagina en 1830 une pile thermoélectrique avec laquelle il étudia le rayonnement infrarouge.

NOBUNAGA → ***Oda Nobunaga.***

NOCARD (Edmond), vétérinaire et biologiste français (Provins 1850 - Saint-Maurice, Val-de-Marne, 1903). Auteur de nombreuses découvertes sur les maladies microbiennes des animaux domestiques (péripneumonie bovine, mammite, tuberculose aviaire), il a démontré la propagation de la tuberculose à l'homme par le lait ou la chair des bovins atteints.

Noces (les), ballet de Bronislava Nijinska, musique de Stravinsky, décors et costumes de N. Gontcharova, créé en 1923 par les Ballets russes — Versions de M. Béjart (1962) et de J. Robbins (1965).

Noces de Cana (les), toile monumentale de Véronèse, exécutée pour le réfectoire des bénédictins de S. Giorgio Maggiore à Venise (1563, Louvre). L'opulence de l'aristocratie vénitienne d'alors y habille le thème biblique.

Noces de Figaro (les), opéra bouffe en quatre actes de Mozart, sur un livret de Lorenzo Da Ponte d'après *le Mariage de Figaro* de Beaumarchais (1786).

NODIER (Charles), écrivain français (Besançon 1780 - Paris 1844). Ses œuvres, qui tiennent du roman noir et du conte fantastique (*Jean Sbogar ; Trilby ou le Lutin d'Argail ; la Fée aux miettes,* 1832), ont préparé la voie à Nerval et au surréalisme. Ses soirées de l'Arsenal, à Paris, réunissaient les écrivains romantiques. (Acad. fr.)

Richard **Nixon**

Alfred **Nobel**

NOÉ, en hébr. **Noah,** héros du Déluge biblique. Son nom et son histoire sont une transposition du mythe mésopotamien du déluge. Une autre tradition fait de Noé le premier vigneron de l'humanité, rendu ivre par son vin.

NOËL (Marie **Rouget,** dite **Marie**), poétesse française (Auxerre 1883 - *id.* 1967), d'inspiration chrétienne *(les Chansons et les Heures, Chants d'arrière-saison).*

NOËL CHABANEL *(saint),* jésuite français (Saugues 1613 - au Canada 1649). Missionnaire en Nouvelle-France, il fut tué par un Huron.

NOETHER (Emmy), mathématicienne allemande (Erlangen 1882 - Bryn Mawr, Pennsylvanie, 1935). Elle a joué un rôle de premier plan dans la création de l'algèbre moderne.

Nœud de vipères (le), roman de F. Mauriac (1932).

NŒUX-LES-MINES (62290), ch.-l. de c. du Pas-de-Calais ; 12 421 h. Textile. Mécanique.

NOGARET (Guillaume **de**), légiste français (m. en 1313). Juge à la cour de Philippe le Bel (1296), il dirigea la politique du roi contre le pape Boniface VIII, qu'il insulta à Anagni. Il joua un rôle capital dans la disparition de l'ordre des Templiers.

NOGARO (32110), ch.-l. de c. du Gers ; 2 209 h. Eau-de-vie (armagnac). Église en partie romane.

NOGENT (52800), anc. **Nogent-en-Bassigny,** ch.-l. de c. de la Haute-Marne ; 4 800 h. Coutellerie.

NOGENT-LE-ROI (28210), ch.-l. de c. d'Eure-et-Loir ; 3 845 h. Flaconnage. Église des XVe-XVIe s.

NOGENT-LE-ROTROU (28400), ch.-l. d'arr. d'Eure-et-Loir, sur l'Huisne ; 12 556 h. *(Nogentais).* Électronique. Plastiques. Château avec donjon du XIe s.

NOGENT-SUR-MARNE (94130), ch.-l. d'arr. du Val-de-Marne, sur la Marne ; 25 386 h. *(Nogentais).* Église des XIIe-XVe s.

NOGENT-SUR-OISE (60180), ch.-l. de c. de l'Oise ; 20 053 h. *(Nogentais).* Mécanique. Église du XIIIe s.

NOGENT-SUR-SEINE (10400), ch.-l. d'arr. de l'Aube ; 5 566 h. Minoterie. Centrale nucléaire. Église des XVe-XVIe s.

NOGENT-SUR-VERNISSON (45290), comm. du Loiret ; 2 516 h. Équipement automobile. Arboretum. École des eaux et forêts.

NOGUÈRES (64150), comm. des Pyrénées-Atlantiques ; 162 h. Usine d'aluminium.

NOGUÈS (Charles), général français (Monléon-Magnoac 1876 - Paris 1971). Disciple de Lyautey, résident général au Maroc (1936), il s'opposa au débarquement allié de nov. 1942, puis se rallia à Darlan et à Giraud et démissionna (1943).

NOGUÈS (Maurice), aviateur français (Rennes 1889 - Corbigny 1934). Il effectua les premiers vols commerciaux de nuit vers Belgrade et Bucarest, puis le premier vol régulier Paris-Saigon (1931).

NOHANT-VIC (36400), comm. de l'Indre ; 483 h. Maison de George Sand. À Vic, église romane avec ensemble de peintures murales.

NOIR *(causse),* l'un des Grands Causses, entre la Jonte et la Dourbie.

NOIR (Yvan **Salmon,** dit **Victor**), journaliste français (Attigny, Vosges, 1848 - Paris 1870). Il fut tué d'un coup de pistolet par Pierre Bonaparte. Ses funérailles donnèrent lieu à une manifestation républicaine.

NOIRE *(mer),* anc. **Pont-Euxin,** mer intérieure entre l'Europe et l'Asie, limitée par le Bosphore ; 461 000 km^2 avec sa dépendance, la mer d'Azov.

NOIRET (Philippe), acteur de théâtre et de cinéma français (Lille 1930). Sa personnalité faussement bonhomme s'est imposée dans des rôles aussi bien dramatiques que comiques *(l'Horloger de Saint-Paul,* de B. Tavernier, 1974 ; *les Ripoux,* de Claude Zidi, 1984 ; *Cinema Paradiso,* de Giuseppe Tornatore, 1989).

NOIRÉTABLE (42440), ch.-l. de c. de la Loire ; 1 777 h.

NOIRMOUTIER, île de l'Atlantique, qui forme un cant. du dép. de la Vendée ; 9 170 h. Depuis 1971, un pont la relie au continent. Tourisme. Cultures légumières et florales. Marais salants. Pêche. V. pr. *Noirmoutier-en-l'Île* (85330) [ch.-l. de c.] ; 5 353 h. *(Noirmoutrins).* Château avec donjon du XIe s. Crypte du VIIIe s. de l'église.

NOISIEL (77186), ch.-l. de c. de la Seine-et-Marne ; 16 544 h.

NOISY-LE-GRAND (93160), ch.-l. de c. de la Seine-Saint-Denis, dans la banlieue est de Paris ; 54 112 h. *(Noiséens).*

NOISY-LE-ROI (78590), comm. des Yvelines ; 8 124 h.

NOISY-LE-SEC (93130), ch.-l. de c. de la Seine-Saint-Denis ; 36 402 h. Gare de triage. Métallurgie.

NOK, localité du Nigeria, au nord du pays, éponyme d'une culture ouest-africaine datant du Ier millénaire av. J.-C., et caractérisée par des statuettes en terre cuite anthropomorphes et zoomorphes très stylisées, dues à une population d'agriculteurs qui fut la première au S. du Sahara à réaliser la fonte du fer.

Culture **Nok :** tête en terre cuite.
(Musée de N'Djamena.)

NOLAY (21340), ch.-l. de c. de la Côte-d'Or ; 1 559 h. Halle en charpente du XIVe s.

NOLDE (Emil **Hansen,** dit **Emil**), peintre et graveur allemand (Nolde, Schleswig, 1867 - Seebüll, Frise du Nord, 1956), un des principaux représentants de l'expressionnisme.

NOLLET *(abbé* Jean Antoine), physicien français (Pimprez, Oise, 1700 - Paris 1770). Vulgarisateur célèbre, il a découvert la diffusion des liquides, étudié la transmission du son dans l'eau et inventé l'électroscope (1747).

Nombres *(livre des),* quatrième livre du Pentateuque, qui raconte l'errance des Hébreux depuis le Sinaï jusqu'au début de la conquête de la Terre promise.

NOMENY (54610), ch.-l. de c. de Meurthe-et-Moselle ; 1 077 h.

NOMINOË, roi de Bretagne (fin du VIIIe s. - Vendôme 851). Il imposa à Charles le Chauve la reconnaissance d'un royaume breton indépendant (846).

noms *(école des),* courant de pensée philosophique chinoise (IVe-IIIe s. av. J.-C.) qui cherchait à faire coïncider les dénominations des choses avec les choses elles-mêmes.

NONANCOURT (27320), ch.-l. de c. de l'Eure ; 2 225 h. Église gothique du XVIe s.

NONIUS (Pedro **Nunes,** dit), astronome et mathématicien portugais (Alcácer do Sal 1492 - Coimbra 1577). Il inventa un procédé pour graduer des instruments destinés à mesurer avec précision les petits angles (1542).

NONO (Luigi), compositeur italien (Venise 1924 - *id.* 1990), représentant du mouvement postsériel et compositeur engagé *(Il canto sospeso, Canti di Vita e d'Amore),* il s'est consacré à l'électroacoustique *(Journal polonais. « Quand ils sont mourants, les hommes chantent », Prometeo).*

non-prolifération *(traité de),* traité élaboré en 1968, ratifié en 1970 et signé auj. par près de 180 pays s'engageant à refuser de fournir ou d'accepter des armements nucléaires. Sa reconduction illimitée a été décidée en 1995.

NONTRON (24300), ch.-l. d'arr. du nord de la Dordogne ; 3 665 h. Articles chaussants.

NORBERT *(saint)* [Gennep ou Xanten, Rhénanie, v. 1080 - Magdebourg 1134], fondateur en 1120, à Prémontré, près de Laon, de l'ordre des Chanoines réguliers prémontrés, et archevêque de Magdebourg.

NORD (**59**), dép. de la Région Nord-Pas-de-Calais, formé partiellement de la Flandre française ; ch.-l. de dép. *Lille ;* ch.-l. d'arr. *Avesnes-sur-Helpe, Cambrai, Douai, Dunkerque, Valenciennes ;* 6 arr., 79 cant., 652 comm. ; 5 742 km^2 ; 2 531 855 h. Le dép. est rattaché à l'académie de Lille, à la cour d'appel de Douai et à la région militaire Nord-Est. S'élevant progressivement vers le sud-est (aux confins de l'Ardenne), accidenté seulement par les monts des Flandres, le dép. associe les cultures céréalières et betteravières (dominantes dans la Flandre intérieure et le Cambrésis), les cultures maraîchères (répandues surtout dans la Flandre maritime), celles du houblon, du tabac, du lin, à un élevage bovin disséminé (développé surtout dans le Hainaut et l'Avesnois). L'industrie, fondée initialement sur le textile (surtout dans la conurbation Lille-Roubaix-Tourcoing) et l'extraction (auj. arrêtée) de la houille (Pays noir, de Douai à Valenciennes), a souffert du recul de ces deux branches, malgré le développement de la métallurgie de transformation, activité largement dominante aujourd'hui. Le département, fortement urbanisé, est le plus peuplé de France, mais son expansion paraît bien freinée, malgré une situation géographique remarquable au cœur de l'Union européenne, valorisée par une bonne desserte routière, ferroviaire et fluviale.

Nord *(autoroute du),* autoroute reliant Paris à Lille, sur laquelle se greffe une antenne dirigée vers Valenciennes (et Bruxelles).

Nord *(canal du),* détroit entre l'Écosse et l'Irlande.

Nord *(canal du),* voie navigable reliant l'Oise (Noyon) à la Sensée (Arleux).

NORD *(cap),* promontoire d'une île des côtes de la Norvège, le point le plus septentrional de l'Europe.

Nord *(guerre du)* [1700-1721], guerre entre la Suède, qui cherchait à contrôler la totalité des rives méridionales de la Baltique, et une coalition comprenant le Danemark, la Russie, la Saxe et la Pologne. La Suède, malgré les premières victoires de Charles XII, en sortit très affaiblie.

NORD *(île du),* l'une des deux grandes îles de la Nouvelle-Zélande ; 114 600 km^2 ; 2 414 000 h. V. pr. *Auckland* et *Wellington.*

NORD *(mer du),* mer du nord-ouest de l'Europe, formée par l'Atlantique. Elle borde la France, la Grande-Bretagne, la Norvège, le Danemark, l'Allemagne, les Pays-Bas et la Belgique. Sur les estuaires qui y débouchent est établie la majeure partie des grands ports européens (Rotterdam, Londres, Anvers, Hambourg). Le sous-sol recèle des gisements d'hydrocarbures.

NORD *(province du),* prov. de l'extrémité nord-est de l'Afrique du Sud ; 119 606 km^2 ; 5 120 600 h. Ch.-l. *Pietersburg.*

NORD *(Territoire du),* en angl. **Northern Territory,** territoire désertique de l'Australie ; 1 346 000 km^2 ; 175 253 h. Cap. *Darwin.*

NORDENSKJÖLD (Adolf Erik, *baron*), explorateur suédois (Helsinki 1832 - Dalbyö 1901). Il découvrit le passage du Nord-Est (1878-79). — Son neveu **Otto** (Sjögelö 1869 - Göteborg 1928) explora la Patagonie et la Terre de Feu (1895-1897), puis dirigea une expédition dans l'Antarctique (1902-03).

NORD-EST *(passage du),* route maritime de l'océan Arctique au nord de la Sibérie, conduisant de l'Atlantique au Pacifique par le détroit de Béring, ouverte par A. E. Nordenskjöld.

NORDESTE, région du Brésil, entre les États de Bahia et de Pará, couvrant plus de 1,5 million de km^2 et comptant près de 40 millions d'h. Les aléas climatiques (alternance de sécheresses et d'inondations) contribuent à un fort exode rural.

Nördlingen *(bataille de),* pendant la guerre de Trente Ans, victoire des Impériaux sur les Suédois (5-6 sept. 1634), puis des Français sur les Impériaux (3 août 1645).

NORD-OUEST *(passage du),* route maritime reliant l'Atlantique au Pacifique à travers l'archipel Arctique canadien. Amundsen l'utilisa pour la première fois (1903-1906).

NORD-OUEST *(province du),* prov. d'Afrique du Sud, limitrophe du Botswana ; 118 710 km² ; 3 506 800 h. Ch.-l. *Mmabatho.*

NORD-OUEST *(Territoires du),* en angl. **Northwest Territories,** territoire fédéré du Nord canadien, entre la baie d'Hudson et le Yukon ; 3 380 000 km² ; 57 649 h. ; cap. *Yellowknife.*

NORD-PAS-DE-CALAIS, Région administrative groupant les dép. du Nord et du Pas-de-Calais ; 12 414 km² ; 3 965 058 h. ; ch.-l. *Lille.* Elle donne son nom à un parc naturel régional couvrant 1 460 km² sur les deux départements.

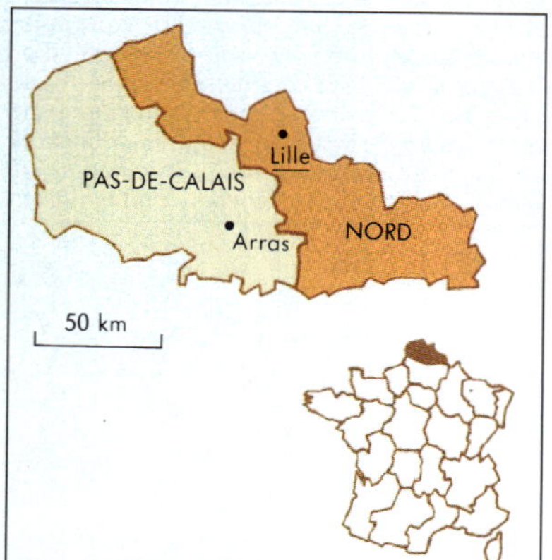

Nord-Pas-de-Calais

NORFOLK, port des États-Unis (Virginie) ; 261 229 h.

NORFOLK, comté de Grande-Bretagne, sur la mer du Nord ; 686 000 h ; ch.-l. *Norwich.*

NORFOLK (Thomas **Howard,** 4e *duc* **de**), seigneur anglais (1538 - Londres 1572). Il conspira contre Élisabeth Ire et fut décapité.

NORIEGA (Antonio), général et homme politique panaméen (Panamá 1940). Commandant en chef des forces armées depuis 1983, homme fort du régime, il est renversé en 1989 par une intervention militaire des États-Unis.

NORILSK, v. de Russie, en Sibérie ; 180 000 h. Centre minier et métallurgique.

NORIQUE, anc. prov. de l'Empire romain, entre le Danube et les Alpes Carniques.

NORMA (la), station de sports d'hiver de la Savoie (Maurienne), près de Modane.

Norma, opéra de Bellini (1831). La cavatine *(Casta diva),* très chantée par Maria Callas, est célèbre.

NORMANDIE, prov. de l'anc. France. Elle a formé cinq dép. (Calvados, Manche, Orne, Eure et Seine-Maritime) et deux Régions : Basse-Normandie et Haute-Normandie.

GÉOGRAPHIE

Le climat humide et l'extension de l'élevage bovin (pour les produits laitiers surtout) donnent une certaine unité à la province, dont l'ouest appartient au Massif armoricain et l'est au Bassin parisien. La *basse Normandie* groupe autour de Caen : le Cotentin et le Bocage normand, le Bessin, le pays d'Auge et la campagne de Caen. La *haute Normandie,* dont Rouen est la capitale, est formée du pays de Caux, du pays de Bray et du Vexin normand au nord de la Seine, du Roumois, du Lieuvin, du pays d'Ouche, des campagnes du Neubourg et de Saint-André au sud. L'industrie s'est implantée surtout dans la vallée de la basse Seine (raffinage du pétrole, industries mécaniques, textiles et chimiques), autour de Rouen et du Havre, avant-ports de Paris. Quelques autres ports (Cherbourg, Fécamp, Dieppe) et des stations balnéaires, ainsi que trois centrales nucléaires (Paluel, Penly et Flamanville) et le centre de retraitement des combustibles nucléaires de la Hague, jalonnent le littoral.

HISTOIRE

Ve s. : la région est conquise par les Francs. VIIe s. : le monachisme bénédictin s'étend (Saint-Wandrille, Jumièges, Fécamp, Mont-Saint-Michel). IXe s. : les invasions normandes dévastent le pays. 911 : par le traité de Saint-Clair-sur-Epte, Charles III le Simple cède la Normandie à Rollon. 1066 : Guillaume le Bâtard conquiert l'Angleterre. 1087 : l'État anglo-normand est partagé. 1135-1144 : après la mort d'Henri Ier Beauclerc et neuf années de lutte, la Normandie passe aux Plantagenêts. 1204 : Philippe Auguste confisque la Normandie, que l'Angleterre continue à revendiquer. 1420 : l'Angleterre annexe la région. 1436-1450 : la France la reconquiert. 1468 : la province est rattachée au domaine royal.

Normandie *(autoroute de),* autoroute reliant Paris à Caen et passant au sud de Rouen.

NORMANDIE (BASSE-), Région formée des dép. du Calvados, de la Manche et de l'Orne ; 17 589 km² ; 1 391 318 h. Ch.-l. *Caen.*

Normandie *(bataille de)* [6 juin - 21 août 1944], bataille livrée par les forces alliées du général Eisenhower, qui débarquèrent entre Ouistreham et la région de Carentan et parvinrent, en deux

mois, à rompre le front allemand de l'Ouest (batailles de Caen, Avranches, Mortain, Falaise).

NORMANDIE (HAUTE-), Région formée des dép. de l'Eure et de la Seine-Maritime ; 12 317 km² ; 1 737 247 h. Ch.-l. *Rouen.*

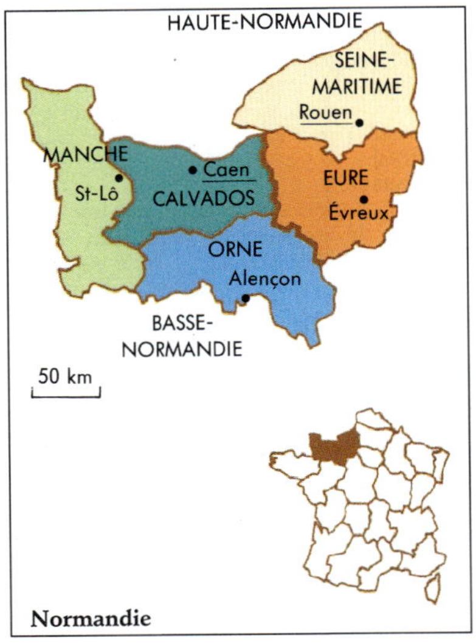

Normandie *(pont de),* pont routier enjambant l'estuaire de la Seine, près de Honfleur.

Normandie-Maine, parc naturel régional, couvrant environ 230 000 ha, aux confins des dép. de la Manche, de la Mayenne, de l'Orne et de la Sarthe.

NORMANDS, nom donné, à l'époque carolingienne, aux pillards venus par mer de Scandinavie (Norvégiens, Danois, Suédois), qui se nommaient eux-mêmes *Vikings.* Poussés hors de chez eux par la surpopulation et la recherche de débouchés commerciaux et de butins, ils déferlèrent sur l'Europe à partir du VIIIe s. Sous le nom de « Varègues », les Suédois occupèrent, vers le milieu du IXe s., la vallée supérieure du Dniepr, et poussèrent même jusqu'à Constantinople. Ils furent les intermédiaires entre Byzance et l'Occident, entre chrétiens et musulmans. Ils découvrirent l'Islande (v. 860) et le Groenland (Xe s.). Les Norvégiens colonisèrent le nord de l'Écosse et l'Irlande. Les Danois s'installèrent dans le nord-est de l'Angleterre (IXe s.). Dans l'Empire carolingien, les Normands se livrèrent à des actes de piraterie fréquents après la mort de Charlemagne. Organisés en petites bandes, montés sur des flottilles de grandes barques, les *snekkja* (ou *drakkar*), ils menèrent des raids dévastateurs dans l'arrière-pays. Charles le Chauve dut acheter plus d'une fois leur retraite. En 885-886, ils assiégèrent Paris, qui fut vaillamment défendu par le comte Eudes et l'évêque Gozlin ; mais Charles le Gros leur versa une énorme rançon et les autorisa à piller la Bourgogne. En 911, au traité de Saint-Clair-sur-Epte, Charles III le Simple abandonna à leur chef, Rollon, le pays actuellement connu sous le nom de *Normandie,* et d'où les Normands, au XIe s., partirent pour conquérir l'Angleterre. Rollon et ses sujets reçurent le baptême, et Charles le Simple fut reconnu par eux comme suzerain. Les Normands fondèrent également des principautés en Italie du Sud et en Sicile aux XIe et XIIe s.

NORODOM Ier ou **ANG VODDEY** (1835-1904), roi du Cambodge (1859-1904). En 1863, il signa avec la France un traité de protectorat.

NORODOM SIHANOUK (Phnom Penh 1922), roi (1941-1955 et depuis 1993) puis chef d'État (1960-1970) du Cambodge. Il fait reconnaître par la France l'indépendance de son pays (1953). Renversé en 1970 par un coup d'État militaire, en exil à Pékin, il s'allie aux Khmers rouges mais est écarté après leur prise du pouvoir (1975). Hostile au régime provietnamien mis en place en 1979, il regroupe en 1982 dans une coalition les diverses tendances de la résistance cambodgienne. Acceptant à partir de 1987 de négocier un règlement politique du conflit, il est nommé en 1991 président du Conseil national suprême chargé d'administrer le Cambodge et regagne Phnom Penh. En 1993, après l'adoption de la Constitution qui rétablit la monarchie parlementaire, il redevient roi du Cambodge.

NORRENT-FONTES (62120), ch.-l. de c. du Pas-de-Calais ; 1 510 h.

NORRIS (Frank), écrivain américain (Chicago 1870 - San Francisco 1902), le représentant le plus systématique du roman réaliste et social américain (*McTeague,* 1899 ; *la Pieuvre,* 1901).

NORRKÖPING, port de Suède, sur la Baltique ; 120 522 h.

NORRLAND, partie septentrionale de la Suède.

NORTHAMPTON, v. de Grande-Bretagne, ch.-l. du *Northamptonshire ;* 156 000 h. Église circulaire du XIIe s.

NORTH BAY, v. du Canada (Ontario), sur le lac Nipissing ; 53 068 h.

NORTHUMBERLAND, détroit séparant l'île du Prince-Édouard du Nouveau-Brunswick et de la Nouvelle-Écosse (Canada).

NORTHUMBERLAND, comté de Grande-Bretagne, sur la mer du Nord ; ch.-l. *Newcastle upon Tyne.*

NORTHUMBRIE, royaume angle (VIe-IXe s.), dont la capitale était York ; il sombra sous les coups des envahisseurs scandinaves.

NORTH YORK, v. du Canada (Ontario), banlieue de Toronto ; 562 564 h.

NORTON (Thomas), auteur dramatique anglais (Londres 1532 - Sharpenhoe 1584). Il composa, en collaboration avec Th. Sackville, la première tragédie régulière anglaise, *Gorboduc ou Ferrex et Porrex* (1561).

NORT-SUR-ERDRE (44390), ch.-l. de c. de la Loire-Atlantique ; 5 447 h.

NORVÈGE, en norv. **Norge,** État de l'Europe septentrionale, sur la *mer de Norvège ;* 325 000 km² ; 4 300 000 h. *(Norvégiens).* CAP. *Oslo.* LANGUE : *norvégien.* MONNAIE : *couronne.*

INSTITUTIONS

Monarchie constitutionnelle. Constitution de 1814. Souverain : autorité symbolique. Premier ministre, responsable devant le Parlement *(Storting)* comprenant une chambre basse *(Odelsting)* et une chambre haute *(Lagting)* élues pour 4 ans.

GÉOGRAPHIE

Occupant la partie occidentale de la péninsule scandinave, la Norvège, étirée sur plus de 1 500 km, est une région montagneuse (en dehors du Nord, où dominent les plateaux) et forestière, au littoral découpé de fjords sur lesquels se sont établies les principales villes, Oslo, Bergen, Trondheim, Stavanger. Malgré la latitude, le climat, adouci par les influences atlantiques, autorise, au moins dans le Sud, les cultures (céréales, pommes de terre). Toutefois l'élevage (bovins et ovins) revêt une plus grande importance. Il constitue l'un des fondements de l'économie, qui repose encore sur l'exploitation de la forêt et les industries qui en dérivent, sur la pêche (hareng surtout), sur les profits tirés de la marine marchande et surtout sur l'exploitation des gisements de pétrole et de gaz naturel de la mer du Nord. La métallurgie et la chimie (liées à l'abondante production hydroélectrique) sont les branches industrielles dominantes.

HISTOIRE

Les origines. VIIIe-XIe s. : les Vikings s'aventurent vers les îles Britanniques, l'Empire carolingien, le Groenland. Ces expéditions mettent la Norvège en contact avec la culture occidentale et contribuent à sa constitution en État. 995-1000 : le roi Olav Ier commence la conversion au christianisme de ses sujets. 1016-1030 : son œuvre est poursuivie par Olav II Haraldsson ou saint Olav, qui meurt en combattant les Danois.

Le Moyen Âge. XIIe s. : les querelles dynastiques affaiblissent le pouvoir royal. 1163 : Magnus V Erlingsson est sacré roi de Norvège. L'Église donne ainsi une autorité spirituelle à la monarchie norvégienne. 1223-1263 : Haakon IV Haakonsson établit son autorité sur les îles de l'Atlantique (Féroé, Orcades, Shetland) ainsi que sur l'Islande et le Groenland. 1263-1280 : son fils Magnus VI Lagaböte améliore la législation et l'administration. XIIIe s. : les marchands de la Hanse établissent leur suprématie économique sur le pays. 1319-1343 : Magnus VII Eriksson unit momentanément la Norvège et la Suède. 1363 : son fils Haakon VI Magnusson (1343-1380) épouse Marguerite, fille de Valdemar, roi de Danemark. 1380-1387 : Marguerite, régente, gouverne le Danemark et la Norvège au nom de son fils mineur Olav. 1389 : elle rétablit les droits de son mari en Suède.

De l'Union à l'indépendance. 1396 : Erik de Poméranie est proclamé souverain des trois royaumes, dont l'union est consacrée à Kalmar (1397). 1523 : la Suède retrouve son indépendance. La Norvège, pour trois siècles, tombe sous la domination des rois de Danemark, qui lui imposent le luthéranisme et la langue danoise. XVIIe s. : la Norvège est entraînée dans les conflits européens ; elle perd le Jämtland (1645) et Trondheim (1658) au profit de la Suède. XVIIIe s. : l'économie norvégienne prend un réel essor. Bois, métaux, poissons s'exportent en grande quantité. 1814 : par le traité de Kiel, le Danemark cède la Norvège à la Suède. Les Norvégiens dénoncent aussitôt cet accord, mais l'invasion suédoise les oblige à accepter l'union. La Norvège obtient une Constitution propre, avec une Assemblée, ou *Storting,* chaque État constituant un royaume autonome sous l'autorité d'un même roi. 1884 : le chef de la résistance nationale, Johan Sverdrup, obtient un régime parlementaire. 1898 : le suffrage universel est institué.

La Norvège indépendante. 1905 : après un plébiscite décidé par le Storting, c'est la rupture

avec la Suède. La Norvège choisit un prince danois, qui devient roi sous le nom de Haakon VII. Rapidement, le pays devient une démocratie ; une importante législation sociale est mise en place. 1935 : l'importance de la classe ouvrière amène les travaillistes au pouvoir. 1940-1945 : les Allemands occupent la Norvège. Le roi et son gouvernement s'embarquent pour l'Angleterre, tandis qu'un partisan du nazisme, Quisling, prend le pouvoir à Oslo. 1945-1965 : les travaillistes pratiquent une politique interventionniste. 1957 : Olav V succède à son père Haakon VII. 1965-1971 : une coalition groupant conservateurs, libéraux et agrariens accède au pouvoir. 1972 : un référendum repousse l'entrée de la Norvège dans le Marché commun. 1991 : Harald V succède à son père Olav V. La vie politique est dominée par les travaillistes et les conservateurs, qui alternent au pouvoir. 1994 : les Norvégiens se prononcent par référendum contre l'adhésion de leur pays à l'Union européenne.

NORWICH, v. de Grande-Bretagne, ch.-l. du Norfolk ; 121 000 h. Cathédrale fondée en 1096, et autres monuments. Musées.

NORWID (Cyprian), poète polonais (Laskowo-Głuchy 1821 - Paris 1883), dont le lyrisme exprime son désespoir de prophète incompris (*Rhapsodie funèbre à la mémoire de Bem, les Sibéries*).

NOSSI-BÉ → ***Nosy Be.***

NOSTRADAMUS (Michel **de Nostre-Dame,** ou), astrologue et médecin français (Saint-Rémy-de-Provence 1503 - Salon 1566). Les prophéties de ses *Centuries astrologiques* (1555) sont restées célèbres. Appelé à la cour par Catherine de Médicis, il fut médecin de Charles IX.

NOSY BE, anc. **Nossi-Bé,** île de l'océan Indien, au nord-ouest de Madagascar, dont elle dépend.

NOTAT (Nicole), syndicaliste française (Châtrices, Marne, 1947). Succédant à J. Kaspar, elle devient secrétaire générale de la C. F. D. T. en 1992.

NOTRE-DAME-DE-BELLECOMBE (73590), comm. de Savoie ; 460 h. Station de sports d'hiver (alt. 1 134-2 030 m).

NOTRE-DAME-DE-BONDEVILLE (76960), ch.-l. de c. de la Seine-Maritime ; 7 595 h. Matériel médical.

NOTRE-DAME-DE-GRAVENCHON (76330), comm. de la Seine-Maritime ; 8 957 h. Raffineries de pétrole.

Notre-Dame de la belle verrière, surnom d'une Vierge à l'Enfant de la vitrerie de la cathédrale de Chartres. Datant du milieu du XIIe s., elle échappa à l'incendie de 1194 et fut remontée au milieu d'une verrière du XIIIe s. (collatéral sud du chœur). L'œuvre associe des caractères romans et gothiques.

Notre-Dame de la belle verrière (milieu du XIIe s. ; détail). [Cathédrale de Chartres.]

Notre-Dame de Paris, roman historique de V. Hugo (1831-32).

Notre-Dame-du-Mont-Carmel *(ordre de),* ordre de chevalerie fondé en 1606 par Henri IV et réuni à celui de Saint-Lazare en 1608, puis aboli en 1789.

NOTTINGHAM, v. de Grande-Bretagne, sur la Trent, ch.-l. du *Nottinghamshire ;* 261 500 h. Centre industriel. Château reconstruit au XVIIe s. (musée).

NOUADHIBOU, anc. **Port-Étienne,** port de Mauritanie ; 22 000 h. Exportation de minerai de fer. Base de pêche.

NOUAKCHOTT, cap. de la Mauritanie, près de l'Atlantique ; 600 000 h. Ville créée en 1958.

NOUER → ***Nuer.***

NOUMÉA, port et ch.-l. de la Nouvelle-Calédonie ; 65 110 h. Centre administratif et commercial. Traitement du nickel.

NOUREÏEV (Rudolf), danseur d'origine russe, naturalisé autrichien en 1982 (Razdolnaia 1938 - Paris 1993). Doté d'une technique exemplaire, il a été l'un des meilleurs interprètes du répertoire classique *(Giselle, le Lac des cygnes),* mais il a affirmé également son talent dans la modern dance. Il a été, de 1983 à 1989, directeur de la danse à l'Opéra de Paris.

Rudolf **Noureïev** (dans *Tristan* de Glen Tetley [Paris, 1974]).

Nourritures terrestres (les), poème en prose d'A. Gide (1897). L'exaltation d'un être jeune qui se libère de toutes les contraintes et cherche le bonheur dans l'obéissance à tous les désirs.

NOUVEAU (Germain), poète français (Pourrières 1851 - *id.* 1920), bohème vagabond et mystique (*Poésies d'Humilis,* 1904).

NOUVEAU-BRUNSWICK, en angl. **New Brunswick,** une des Provinces maritimes du Canada, sur l'Atlantique ; 73 437 km² ; 723 900 h. Cap. *Fredericton.*

NOUVEAU-MEXIQUE, en angl. **New Mexico,** l'un des États unis d'Amérique ; 315 000 km² ; 1 515 069 h. Cap. *Santa Fe.* Il a fait partie du Mexique jusqu'en 1848.

NOUVEAU-QUÉBEC ou, parfois, **UNGAVA,** région du Canada (Québec), à l'est de la baie d'Hudson. Minerai de fer.

NOUVEL (Jean), architecte français (Fumel 1945), coauteur, notamment, de l'Institut du monde arabe à Paris (1983-1987) et du Palais des Congrès de Tours (1991-1993).

Nouvel Empire → ***Égypte.***

NOUVELLE-AMSTERDAM (la) ou **AMSTERDAM,** île française du sud de l'océan Indien. Station météorologique.

NOUVELLE-AMSTERDAM (La), nom que les Hollandais, en 1626, donnèrent à la future *New York.*

NOUVELLE-ANGLETERRE, nom donné aux six États américains qui correspondent aux colonies anglaises fondées au XVIIe s. sur la côte atlantique : Maine, New Hampshire, Vermont, Massachusetts, Rhode Island, Connecticut ; 13 206 943 h.

NOUVELLE-BRETAGNE, en angl. **New Britain,** île de la Mélanésie, dans l'archipel Bismarck ; 35 000 km² ; 223 000 h. V. pr. *Rabaul.* Découverte en 1606, ce fut un protectorat allemand de 1884 à 1914, sous le nom de *Neupommern (Nouvelle-Poméranie).* Confiée en mandat à l'Australie en 1921, elle fit partie du Commonwealth australien de 1946 à 1975. Depuis, elle appartient à la Papouasie-Nouvelle-Guinée.

NOUVELLE-CALÉDONIE, île de la Mélanésie, constituant un territoire français d'outre-mer ; 16 750 km² pour l'île (19 103 km² avec les dépendances administratives) ; 164 173 h. pour le territoire *(Néo-Calédoniens) ;* ch.-l. *Nouméa.* C'est une île allongée, montagneuse, entourée d'un récif-barrière, peuplée de Mélanésiens (Kanak : entre 40 et 45 % de la population), d'Européens (un peu moins nombreux), d'autres Océaniens et d'Asiatiques (nettement minoritaires). Le nickel constitue sa principale ressource.

HISTOIRE

1774 : peuplée par les Kanak, l'île est découverte par Cook. 1853 : elle est officiellement rattachée à la France. 1864-1896 : un pénitencier est installé dans l'île, ses condamnés servent de main-d'œuvre dans les plantations et dans les mines de nickel, découvertes v. 1865. 1860-1879 : insurrections kanakes. 1884 : l'administration militaire est remplacée par un gouverneur civil. 1946 : la Nouvelle-Calédonie obtient un statut de territoire d'outre-mer. 1984 : un nouveau statut ouvre la voie à l'autodétermination. 1985 : des incidents meurtriers opposent les indépendantistes du F. L. N. K. S. (Front de libération nationale kanak et socialiste) aux anti-indépendantistes (notamm. le R. P. C. R., Rassemblement pour la Calédonie dans la République). 1987 : un référendum confirme le maintien de l'île au sein de la République française et ouvre la voie à un nouveau statut d'autonomie interne. 1988 : un accord est conclu entre le F. L. N. K. S., le R. P. C. R. et le gouvernement français (approuvé par référendum national) sur un statut

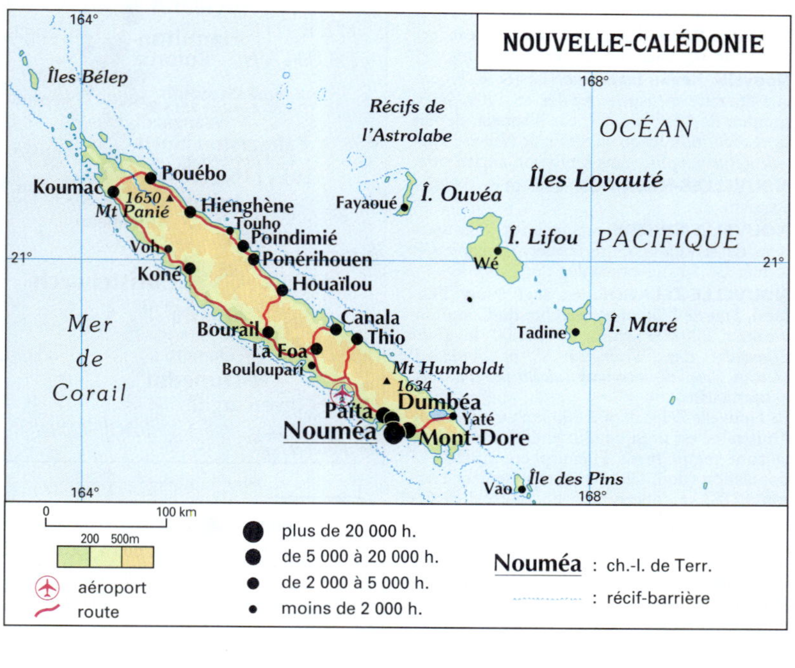

intérimaire pour 10 ans (un scrutin d'autodétermination est prévu en 1998). 1989 : la mise en œuvre de cet accord est poursuivie malgré l'assassinat des deux dirigeants indépendantistes, Jean-Marie Tjibaou et Yeiwéné Yeiwéné.

NOUVELLE-ÉCOSSE, en angl. **Nova Scotia,** une des Provinces maritimes du Canada, sur l'Atlantique ; 55 490 km² ; 899 942 h. Cap. *Halifax.*

NOUVELLE-ESPAGNE, en esp. **Nueva España,** nom donné au Mexique pendant l'époque coloniale.

NOUVELLE-FRANCE, nom porté jusqu'en 1763 par les possessions françaises du Canada.

NOUVELLE-GALLES DU SUD, en angl. **New South Wales,** un des États du Commonwealth australien, sur le littoral est ; 801 428 km² ; 5 731 926 h. Cap. *Sydney.*

NOUVELLE-GRENADE, anc. nom de la **Colombie.**

NOUVELLE-GUINÉE, grande île (800 000 km² env.), au nord de l'Australie. Sa partie occidentale est indonésienne et sa partie orientale constitue, avec quelques îles voisines, la Papouasie-Nouvelle-Guinée. Montagneuse, très humide, l'île est surtout forestière.

HISTOIRE

XVIᵉ s. : l'île est découverte par les Portugais. XVIIIᵉ s : Cook reconnaît l'insularité de son territoire. 1828 : les Hollandais occupent la partie occidentale de la Nouvelle-Guinée. 1884 : l'Allemagne établit un protectorat sur le Nord-Est, tandis que la Grande-Bretagne annexe le Sud-Est, qu'elle cède (1906) à l'Australie. 1921 : la zone allemande est confiée par mandat de la S. D. N. à l'Australie. 1946 : elle est confirmée dans cette tutelle par l'O. N. U. 1969 : la Nouvelle-Guinée occidentale néerlandaise est définitivement rattachée à l'Indonésie. 1975 : la partie orientale accède à l'indépendance, sous le nom de Papouasie-Nouvelle-Guinée, État membre du Commonwealth.

Nouvelle Héloïse (la) → ***Julie.***

NOUVELLE-IRLANDE, en angl. **New Ireland,** île de l'archipel Bismarck (Mélanésie), proche de la Nouvelle-Guinée ; 9 600 km² ; 66 000 h. ; ch.-l. *Kavieng.* C'est l'anc. *Neumecklenburg (Nouveau-Mecklembourg)* des Allemands, qui l'occupèrent en 1884. De 1921 à 1975, elle fut sous tutelle australienne. Depuis, elle appartient à la Papouasie-Nouvelle-Guinée.

NOUVELLE-ORLÉANS (La), en angl. **New Orleans,** v. du sud des États-Unis, en Louisiane, sur le Mississippi ; 496 938 h. (1 238 816 h. dans l'agglomération). Grand centre commercial et industriel. La ville s'est développée à partir de son ancien noyau français, le *Vieux Carré.* Fondée en 1718 par les Français, capitale de la Louisiane, La Nouvelle-Orléans fut espagnole de 1762 à 1800 ; en 1803, elle fut vendue (avec la Louisiane) par la France aux États-Unis.

Nouvelle République du Centre-Ouest (la), quotidien régional créé en 1944 à Tours.

Nouvelle Revue française (la) [N. R. F.], revue littéraire mensuelle fondée en 1909. Interrompue de 1943 à 1953, elle s'appela, depuis sa réapparition jusqu'en 1959, *la Nouvelle Nouvelle Revue française,* puis reprit son ancien titre.

NOUVELLES-HÉBRIDES, anc. nom des îles Vanuatu.

NOUVELLE-SIBÉRIE, archipel des côtes arctiques de la Russie, entre la mer des Laptev et la mer de Sibérie orientale.

NOUVELLE-ZÉLANDE, en angl. **New Zealand,** État de l'Océanie, membre du Commonwealth ; 270 000 km² ; 3 500 000 h. *(Néo-Zélandais).* CAP. *Wellington.* V. pr. *Auckland.* LANGUE : *anglais.* MONNAIE : *dollar néo-zélandais.*

GÉOGRAPHIE

La Nouvelle-Zélande, à 2 000 km au sud-est de l'Australie, est presque tout entière située dans la zone tempérée de l'hémisphère austral. La population (dont les Maoris représentent environ 12 %) se concentre pour les trois quarts dans l'île du Nord. L'élevage (ovins surtout) demeure le fondement de l'économie et ses dérivés (laine, viande, produits laitiers), la base des exportations et des industries (agroalimentaire et textile). Celles-ci bénéficient d'une notable production hydroélectrique.

HISTOIRE

1642 : le Hollandais Tasman découvre l'archipel, peuplé de Maoris. 1769-70 : James Cook en explore le littoral. 1814 : des missionnaires catholiques et protestants entreprennent l'évangélisation du pays. 1841 : un gouverneur anglais est nommé. 1843-1847, 1860-1870 : la brutale politique d'expansion menée par la Grande-Bretagne provoque les guerres maories. 1852 : une Constitution donne à la colonie une large autonomie. 1870 : le retour au calme et la découverte de l'or (1861) favorisent la prospérité du pays. 1889 : le suffrage universel est instauré. 1891-1912 : les libéraux mènent une politique sociale avancée. 1907 : la Nouvelle-Zélande devient un dominion britannique. 1914-1918 : elle participe aux combats de la Première Guerre mondiale. 1929 : le pays est durement touché par la crise mondiale. 1945 : après avoir pris une part active à la défaite japonaise, la Nouvelle-Zélande entend être un partenaire à part entière dans l'Asie du Sud-Est et dans le Pacifique. 1951-1971 : la Nouvelle-Zélande appuie la politique américaine dans le Sud-Est asiatique et envoie des troupes en Corée et au Viêt Nam. 1972 : elle noue des relations diplomatiques avec la République populaire de Chine. 1974 : après l'entrée de la Grande-Bretagne dans le Marché commun européen, la Nouvelle-Zélande doit diversifier ses activités et chercher des débouchés vers l'Asie, notamm. le Japon. À partir des années 1980, la Nouvelle-Zélande prend la tête du mouvement antinucléaire dans le Pacifique sud. 1985 : sa participation à l'ANZUS est suspendue.

NOUVELLE-ZEMBLE, en russe **Novaïa Zemlia** (« Terre nouvelle »), archipel des côtes arctiques de la Russie, entre les mers de Barents et de Kara.

Nouvel Observateur (le), hebdomadaire français (newsmagazine) de gauche créé en 1950.

NOUVION (80860), ch.-l. de c. de la Somme ; 1 249 h.

NOUVION-EN-THIÉRACHE (Le) [02170], ch.-l. de c. de l'Aisne ; 2 923 h. Laiterie. Verrerie.

NOUZONVILLE (08700), ch.-l. de c. des Ardennes, sur la Meuse ; 7 004 h. Métallurgie.

NOVAÏA ZEMLIA → ***Nouvelle-Zemble.***

NOVA IGUAÇU, v. du Brésil, près de Rio de Janeiro ; 1 286 337 h.

NOVALIS (Friedrich, *baron* **von Hardenberg,** dit), écrivain allemand (Wiederstedt 1772 - Weissenfels 1801). Membre du groupe romantique d'Iéna, il unit le mysticisme à une explication allégorique de la nature, dans ses poèmes *(Hymnes à la nuit, les Disciples à Saïs)* et son roman inachevé *(Henri d'Ofterdingen).*

NOVA LISBOA → ***Huambo.***

NOVARE, v. d'Italie (Piémont) ; 102 473 h. Édition. Monuments (du Moyen Âge à l'époque néoclassique). Musées.

NOVATIEN, prêtre et théologien romain (IIIᵉ s.). Trouvant le pape Corneille trop indulgent à l'égard des chrétiens qui avaient apostasié durant la persécution, il prit la tête d'un parti rigoriste et se fit élire pape. Ce schisme des *novatiens* dura jusqu'au VIIᵉ s.

NOVERRE (Jean Georges), maître de ballet français (Paris 1727 - Saint-Germain-en-Laye 1810). Instigateur du ballet d'action, il est l'auteur des *Lettres sur la danse et sur les ballets* (1760).

NOVES (13550), comm. des Bouches-du-Rhône ; 4 034 h. Patrie de Laure de Sade, chantée par Pétrarque.

NOVGOROD, v. de Russie, au sud de Saint-Pétersbourg ; 229 000 h. Se libérant de la tutelle de Kiev au XIIᵉ s., Novgorod fut une cité marchande libre (1136-1478) où fut créé un comptoir de la Hanse (XIIIᵉ s.). Annexée par Ivan III (1478), elle fut ruinée par Ivan IV (1570). La ville conserve de nombreux édifices religieux du Moyen Âge (XIᵉ-XVᵉ s.) et est célèbre pour ses icônes.

NOVI SAD, v. de Yougoslavie, ch.-l. de la Vojvodine, sur le Danube ; 170 000 h.

NOVOKOUZNETSK, de 1932 à 1961 **Stalinsk,** v. de Russie, en Sibérie, dans le Kouzbass ; 600 000 h. Houille. Sidérurgie. Métallurgie (aluminium).

NOVOMOSKOVSK, de 1934 à 1961 **Stalinogorsk,** v. de Russie, au sud de Moscou ; 146 000 h. Chimie.

NOVOROSSISK, port de Russie, sur la mer Noire ; 186 000 h. Terminal pétrolier.

NOVOSSIBIRSK, v. de Russie, en Sibérie occidentale, sur l'Ob ; 1 436 000 h. Centre industriel, culturel et scientifique.

NOVOTCHERKASSK, v. de Russie, au nord-est de Rostov-sur-le-Don ; 187 000 h. Matériel ferroviaire.

NOVOTNÝ (Antonín), homme politique tchécoslovaque (Letňany 1904 - Prague 1975). Premier secrétaire du parti communiste (1953), président de la République (1957), il fut écarté du pouvoir lors du Printemps de Prague (1968).

Novum Organum ou **Nouvelle Méthode pour l'interprétation de la nature** (1620), traité où Francis Bacon énonce les règles de la méthode expérimentale et inductive.

NOWA HUTA, centre sidérugique de Pologne, dans la banlieue de Cracovie.

NOYANT (49490), ch.-l. de c. de Maine-et-Loire ; 1 730 h.

NOYELLES-GODAULT (62950), comm. du Pas-de-Calais ; 5 672 h. Métallurgie du plomb et du zinc.

NOYELLES-SOUS-LENS (62221), ch.-l. de c. du Pas-de-Calais ; 7 717 h.

NOYERS [nwajɛr] (89310), ch.-l. de c. de l'Yonne ; 764 h. Restes d'enceinte. Église gothique de la fin du XVᵉ s. Maisons anciennes.

NOYON [nwajɔ̃] (60400), ch.-l. de c. de l'Oise ; 14 628 h. *(Noyonnais).* Métallurgie. Biscuiterie. Anc. cathédrale gothique des XIIᵉ-XIIIᵉ s. Musée du Noyonnais et musée Calvin. Aux environs, restes de l'abbaye cistercienne d'Ourscamps. François Iᵉʳ et Charles Quint signèrent à Noyon un traité d'alliance en 1516.

NOZAY (44170), ch.-l. de c. de la Loire-Atlantique ; 3 082 h.

NUBIE, contrée d'Afrique, correspondant à la partie septentrionale de l'État du Soudan et à l'extrémité sud de l'Égypte. (Hab. *Nubiens.*) La Nubie, appelée par les Égyptiens « pays de Koush », commençait au sud de la 1ʳᵉ cataracte ; elle fut progressivement conquise par les pharaons. Au VIIIᵉ s. av. J.-C., une dynastie koushite domina l'Égypte. Au VIᵉ s. av. J.-C., les Nubiens fondèrent le royaume de Méroé, qui disparut v. 350 apr. J.-C. sous la poussée du royaume d'Aksoum. Les importants vestiges des civilisations pharaonique, koushite et chrétienne, menacés de submersion par la mise en eau (1970) du barrage de Sadd al-'Ālī, en amont d'Assouan, ont fait l'objet d'une campagne de sauvegarde.

Nuées (les), comédie d'Aristophane (423 av. J.-C.).

NUER ou **NOUER,** peuple du Soudan, parlant une langue nilotique.

NUEVO LAREDO, v. du Mexique, sur le río Grande ; 217 914 h.

NUFŪD ou **NEFOUD** (le), désert de sable du nord-ouest de l'Arabie centrale.

Nuit et Brouillard, en all. **Nacht und Nebel,** système créé en 1941 par les nazis dans le but de faire périr sans laisser de traces certains déportés dans les camps de concentration.

Nuit étoilée (la), toile de Van Gogh (1889, M. A. M. de New York) : à Saint-Rémy-de-Provence, associé à l'ondoiement des cyprès et des collines, le tournoiement fou des constellations, en jaune de cadmium sur outremer.

Nuits (les), poèmes d'A. de Musset (1835-1837), sur l'amour et la souffrance, après sa rupture avec George Sand.

Nuits (les), poème d'Edward Young (1742-1745), méditations sur la mort.

NUITS-SAINT-GEORGES (21700), ch.-l. de c. de la Côte-d'Or ; 5 596 h. *(Nuitons).* Vignoble de la *côte de Nuits.* Église romane du XIIIe s. Musée.

NUJOMA (Sam), homme politique namibien (Ongandjera, Ovamboland, 1929). Président de la SWAPO à partir de 1960, il devient, en 1990, le premier président de la République de la Namibie indépendante.

NUKU-HIVA, la plus grande des îles Marquises ; 482 km^2 ; 2 100 h.

NUMANCE, v. de l'anc. Espagne, près de l'actuelle Soria. Capitale des Ibères, elle fut prise et détruite par Scipion Émilien, après un long siège (134-133 av. J.-C.). Ruines.

NUMA POMPILIUS, roi légendaire de Rome (v. 715 - v. 672 av. J.-C.) successeur de Romulus. La tradition lui attribue l'organisation des institutions religieuses de Rome. Il se disait inspiré par la nymphe Égérie.

NUMAZU, v. du Japon (Honshū) ; 211 732 h. Centre industriel.

Numéris, nom commercial du réseau numérique à intégration de services développé par France Télécom.

NUMIDIE, contrée de l'anc. Afrique du Nord qui allait du territoire de Carthage jusqu'à la Moulouya. Les Numides, peuple berbère nomade, constituèrent au IIIe s. av. J.-C. deux royaumes qui furent réunis en 203 av. J.-C. sous l'autorité de Masinissa, allié des Romains. La Numidie, affaiblie par des querelles dynastiques, fut progressivement conquise par Rome (défaites, de Jugurtha par Marius en 105, de Juba en 46 par César), et devint une province romaine. L'invasion vandale (429) et la conquête arabe (VIIe-VIIIe s.) entraînèrent sa ruine économique.

NUMITOR, roi légendaire d'Albe, père de Rhéa Silvia, qui devint mère de Romulus et de Remus.

NÚÑEZ (Álvar) → ***Cabeza de Vaca*** *(Álvar Núñez).*

NUNGESSER (Charles), officier et aviateur français (Paris 1892 - Atlantique nord ? 1927). As de la chasse aérienne en 1914-1918 (45 victoires homologuées), il disparut avec Coli à bord de l'*Oiseau-blanc,* lors d'une tentative de liaison Paris-New York sans escale.

NŪR AL-DĪN MAḤMŪD (1118 - Damas 1174), haut dignitaire (atabek) d'Alep (1146-1174). Il réunifia la Syrie, lutta contre les Francs et envoya Chīrkūh et Saladin conquérir l'Égypte (1163-1169).

NUREMBERG, en all. **Nürnberg,** v. d'Allemagne (Bavière), sur la Pegnitz ; 485 717 h. Centre industriel (constructions mécaniques et électriques, chimie), universitaire et culturel. — Quartiers médiévaux très restaurés après la Seconde Guerre mondiale (églises conservant de remarquables sculptures). Musée national germanique. — Ville libre impériale en 1219, foyer actif de la Renaissance aux XVe-XVIe s., elle souffrit beaucoup de la guerre de Trente Ans. Nuremberg fut l'une des citadelles du national-socialisme et le siège du procès des grands criminels de guerre nazis (1945-46).

NURESTĀN ou **NŪRISTĀN,** anc. **Kāfiristān,** région montagneuse de l'Afghanistan.

NURMI (Paavo), athlète finlandais (Turku 1897 - Helsinki 1973). Il domina la course à pied de fond entre 1920 et 1930.

NUUK, anc. **Godthåb,** cap. du Groenland ; 10 000 h.

NYASSA *(lac)* → ***Malawi*** *(lac).*

NYASSALAND, nom porté par le Malawi avant son indépendance (1964).

NYERERE (Julius), homme politique tanzanien (Butiama 1922). Président de la République du Tanganyika (1962), il négocia la formation de l'État fédéral de Tanzanie (1964), qu'il présida jusqu'en 1985 et orienta dans la voie d'un socialisme original.

NYIRAGONGO (le), volcan actif de l'est du Zaïre ; 3 470 m.

NYÍREGYHÁZA, v. de Hongrie ; 114 152 h.

NYKÖPING, port de Suède ; 65 908 h.

Nymphéas, titre et sujet (emprunté au jardin de Giverny) de nombreuses compositions chromatiques de la fin de la carrière de Monet, notamm. de l'ensemble monumental peint pour deux salles de l'Orangerie des Tuileries, à Paris (1915-1926).

NYON, comm. de Suisse (Vaud), sur le lac Léman ; 14 747 h. Château reconstruit au XVIe s. (musée : porcelaines et faïences de Nyon). Vestiges romains (musée).

NYONS [njɔ̃s] (26110), ch.-l. d'arr. de la Drôme, sur l'Eygues ; 6 570 h. Industries alimentaires.

NYSA ŁUŻYCKA → ***Neisse.***

Nystad *(paix de)* [10 sept. 1721], traité signé à Nystad (auj. **Uusikaupunki,** Finlande) qui mit fin à la guerre du Nord. La Suède cédait à la Russie ses provinces baltiques.

O

OAHU, île la plus peuplée de l'archipel des Hawaii, où se localisent la capitale de l'État des Hawaii, *Honolulu,* et le port militaire de *Pearl Harbor ;* 1 564 km^2 ; 763 000 h.

OAKLAND, port des États-Unis (Californie), sur la baie de San Francisco ; 372 242 h. Centre industriel.

OAK RIDGE, v. des États-Unis (Tennessee) ; 24 743 h. Premier centre de recherches nucléaires.

OAKVILLE, v. du Canada (Ontario) ; 112 948 h.

O. A. S. (Organisation armée secrète), mouvement clandestin qui tenta par la violence de s'opposer à l'indépendance de l'Algérie après l'échec du putsch militaire d'Alger (1961-1963). Il fut dirigé par les généraux Salan et Jouhaud jusqu'à leur arrestation.

OATES (Joyce Carol), femme de lettres américaine (Lockport 1938), peintre des violences et des injustices de l'Amérique contemporaine *(Corps, Eux, Désirs exaucés).*

OATES (Titus), aventurier anglais (Oakham 1649 - Londres 1705). Il inventa en 1678 un complot papiste qui motiva la condamnation de nombreux catholiques.

OAXACA, v. du Mexique méridional ; 212 943 h. Monuments des XVIIe-XVIIIe s. Musée (collections provenant de Monte Albán).

OB, fl. de Russie, né dans l'Altaï, qui draine la Sibérie occidentale. Il reçoit l'Irtych et se jette dans l'océan Arctique en formant le long *golfe de l'Ob ;* 4 345 km (bassin de 3 millions de km^2).

OBEÏD (El-), site archéologique de basse Mésopotamie à 6 km à l'ouest d'Our. Par la richesse de sa nécropole, il est devenu éponyme de la « culture d'Obeïd », florissante entre 4500 et 3500 av. J.-C., fondée sur l'agriculture et l'élevage et caractérisée par des figurines en terre cuite et une céramique à décor polychrome.

OBEÏD (El-), v. du Soudan (Kordofan) ; 140 000 h.

OBERAMMERGAU, v. d'Allemagne (Bavière) ; 5 175 h. Elle est célèbre par son théâtre populaire (représentation de la *Passion* tous les dix ans).

OBERHAUSEN, v. d'Allemagne, dans la Ruhr ; 222 419 h. Sidérurgie.

OBERKAMPF (Christophe Philippe), industriel français d'origine allemande (Wiesenbach, Bavière, 1738 - Jouy-en-Josas 1815). Il fonda à Jouy la première manufacture de toiles imprimées (1759) et à Essonnes l'une des premières filatures françaises de coton.

OBERLAND BERNOIS, massif des Alpes suisses, entre le Rhône et le bassin supérieur de l'Aar, comprenant le Finsteraarhorn, la Jungfrau, le Mönch, etc. Tourisme.

OBERNAI (67210), ch.-l. de c. du Bas-Rhin ; 10 077 h. Brasserie. Bonneterie. Équipements industriels. Halle aux blés du XVIe s. Maisons anciennes.

Oberon, roi des elfes, dans les chansons de geste *(Huon de Bordeaux)* et dans les œuvres de Chaucer, Spenser, Shakespeare, Wieland.

OBERTH (Hermann), ingénieur allemand (Hermannstadt, auj. Sibiu, Roumanie, 1894 - Nuremberg 1989), l'un des précurseurs de l'astronautique.

OBIHIRO, v. du Japon (Hokkaidō) ; 167 384 h.

OBJAT (19130), comm. de la Corrèze ; 3 242 h. Mobilier. Industries alimentaires.

OBODRITES, tribu slave établie depuis les Ve-VIe s. entre l'Elbe inférieur et la côte balte, et dont le territoire fut conquis par Henri le Lion v. 1160.

OBRADOVIĆ (Dositej), écrivain serbe (Čakovo v. 1740 - Belgrade 1811), organisateur de l'enseignement et l'un des rénovateurs de la littérature serbe.

OBRENOVIĆ ou **OBRÉNOVITCH,** dynastie qui a régné en Serbie de 1815 à 1842 et de 1858 à 1903 et fut la rivale des Karadjordjević. Fondée par **Miloš Obrenović Ier** (Dobrinja 1780 - Topčider 1860), prince de Serbie (1815-1839 ; 1858-1860), elle compta comme souverains : **Michel Obrenović III** (Kragujevac 1829 - Topčider 1868), fils du précédent, prince de Serbie (1839-1842 et 1860-1868) ; — **Milan Obrenović IV** (Mărăşeşti 1854 - Vienne 1901), cousin de Michel, prince (1868-1882) puis roi de Serbie (1882-1889). La Serbie ayant obtenu son indépendance au congrès de Berlin (1878), il prit le titre de roi (1882). Il dut abdiquer (1889) ; — **Alexandre Ier Obrenović** → ***Alexandre.***

O'BRIEN (William Smith), homme politique irlandais (Dromoland 1803 - Bangor 1864). Il s'associa à partir de 1843 à la campagne de O'Connell pour l'abrogation de l'Union et tenta d'organiser un soulèvement en 1848.

Observatoire de Paris, établissement de recherche astronomique fondé en 1667 par Louis XIV. Il fut longtemps orienté vers la mécanique céleste et l'astrométrie. On lui a rattaché en 1926 l'observatoire d'astrophysique de Meudon et en 1954 la station de radioastronomie de Nançay. Il abrite l'horloge parlante.

OBWALD → ***Unterwald.***

O. C. A. M. (Organisation commune africaine et mauricienne), organisme créé en 1965 sous le nom d'« Organisation commune africaine et malgache », qui réunissait les États francophones de l'Afrique noire (moins la Mauritanie) et Madagascar. L'île Maurice y adhéra en 1970 et l'organisation changea de nom après le retrait de Madagascar (1973). Elle a été dissoute en 1985.

O'CASEY (Sean), auteur dramatique irlandais (Dublin 1880 - Torquay, Devon, 1964). Son théâtre, qui traite des problèmes politiques et sociaux de son pays (*la Charrue et les Étoiles,* 1926 ; *la Coupe d'argent,* 1929), s'oriente ensuite vers une représentation symbolique de la vie (*Roses rouges pour moi,* 1946).

OCCAM (Guillaume **d'**) → ***Guillaume d'Occam.***

OCCIDENT *(Empire d'),* partie occidentale de l'Empire romain issue du partage de l'Empire à la mort de Théodose (395 apr. J.-C.). Il disparut en 476 avec la déposition de Romulus Augustule par Odoacre.

OCCITANIE, ensemble des pays de langue d'oc.

Occupation (l'), période pendant laquelle la France a été occupée par les troupes allemandes (1940-1944).

O. C. D. E. (Organisation de coopération et de développement économiques), groupe constitué à Paris en 1961 par les dix-neuf États européens membres de l'ex-O. E. C. E. (Organisation européenne de coopération économique : Allemagne fédérale, Autriche, Belgique, Danemark, Espagne, Finlande, France, Grèce, Irlande, Islande, Italie, Luxembourg, Norvège, Pays-Bas, Portugal, Royaume-Uni, Suède, Suisse et Turquie) et par quelques pays non européens (Australie, Canada, États-Unis, Nouvelle-Zélande), rejoints ensuite par le Japon (1964), le Mexique (1994) et la République tchèque (1995), en vue de favoriser l'expansion des États membres et des États en voie de développement.

Océane (l'), autoroute reliant Paris à Nantes (par Le Mans, d'où se détache une antenne vers Rennes).

OCÉANIDES, nymphes grecques de la mer et des eaux.

OCÉANIE, une des cinq parties du monde, comprenant le continent australien et divers groupements insulaires situés dans le Pacifique, entre l'Asie à l'ouest et l'Amérique à l'est. L'Océanie se divise en trois grandes parties : la *Mélanésie**, la *Micronésie** et la *Polynésie**. Ces divisions sont plus ethnographiques que géographiques. L'Océanie compte environ 28 millions d'h. *(Océaniens)* et a une superficie de près de 9 millions de km^2. En dehors de l'Australie, de la Nouvelle-Guinée, de la Nouvelle-Zélande, résultant de l'émergence du socle, souvent affecté de mouvements tectoniques récents, et des atolls, d'origine corallienne, la plupart des

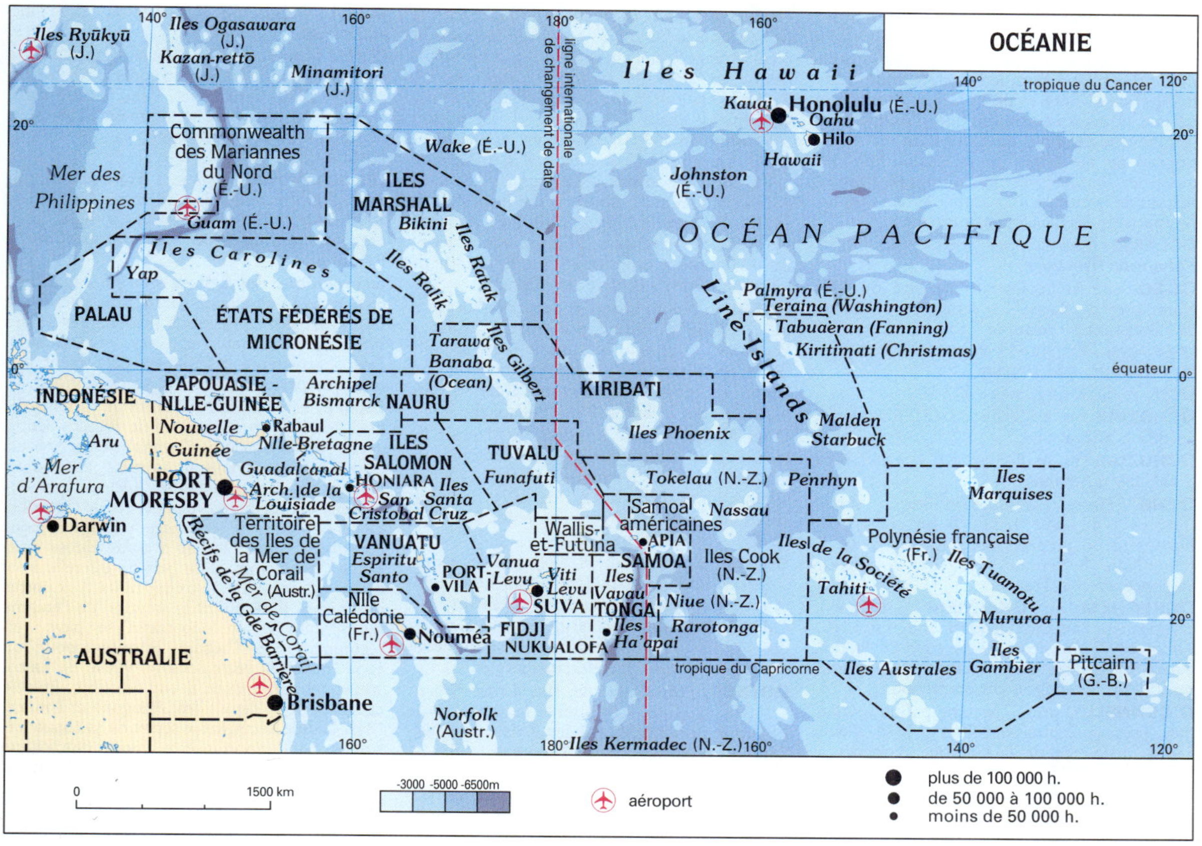

Toute la région avoisinante du fleuve Sepik, en Nouvelle-Guinée, est célèbre pour la qualité de sa production artistique d'une grande diversité. Ici, une grande case de chefferie, destinée aux cérémonies rituelles des hommes de Maprik. La paroi de façade est constituée de peintures sur feuilles de palmier, où têtes humaines et oiseaux s'ordonnent avec complexité.

Linteau de bois sculpté, orné d'une figure d'ancêtre, provenant de Nouvelle-Zélande (Brooklyn Museum, New York).

Visage et corps humain ont été la principale source d'inspiration de toutes les populations. Mais quel contraste entre l'austère schématisation de ce tambour monumental de 4,20 m de haut (à droite) et la luxuriance des entrelacs, spirales et tatouages enchevêtrés de cet ancêtre mythique des Maoris (ci-dessus).

Tambour monumental provenant de l'ouest de l'île d'Ambrym à Vanuatu (musée d'Ethnographie, Bâle).

Effigie de Ku, le dieu de la Guerre à Hawaii, réalisée en plumes multicolores sur un support de vannerie, dont le caractère terrible est accentué par les yeux en nacre et les crocs de chien garnissant la bouche. Avec de grandes capes en plume, ces représentations sont les vestiges de l'ancienne société féodale qui gouvernait l'île. (British Museum, Londres.)

les arts de l'Océanie

îles de l'Océanie doivent leur existence à des phénomènes volcaniques. Les archipels jouissent d'un climat tropical, influencé par l'insularité, qui explique aussi le caractère endémique marqué de la flore et de la faune. Aux points de vue humain et économique, l'Australie et la Nouvelle-Zélande, au niveau de vie élevé, s'opposent au reste de l'Océanie, où les indigènes (Mélanésiens et Polynésiens) vivent surtout de la culture du cocotier et de la pêche. Le tourisme se développe localement.

OCÉANIE *(Établissements français de l')* → ***Polynésie française.***

OC-ÈO, site archéologique du sud du Viêt Nam, près de Rach Gia, dont l'étude atteste de florissantes relations commerciales (Ier-VIIIe s.) avec l'Extrême- et le Proche-Orient, ainsi qu'avec le monde romain.

OCH, v. du Kirghizistan ; 213 000 h.

OCHOZIAS (m. en 852 av. J.-C.), roi d'Israël de 853 à 852 av. J.-C.

OCHOZIAS (m. en 843 av. J.-C.), roi de Juda (843), fils d'Athalie.

OCHS (Pierre), homme politique suisse (Nantes 1752 - Bâle 1821). Il fut chargé par Bonaparte de préparer la Constitution de la République helvétique (1797) et il négocia l'alliance avec la France.

OCKEGHEM ou **OKEGHEM** (Johannes), compositeur flamand (Dendermonde ? v. 1410 - Tours 1497), musicien de la cour de France, auteur de messes et de chansons polyphoniques, l'un des maîtres du contrepoint.

O'CONNELL (Daniel), homme politique irlandais (près de Cahirciveen, Kerry, 1775 - Gênes 1847). À la tête de la Catholic Association, fondée en 1823, il pratiqua à l'égard de l'Angleterre la résistance passive. Élu député — bien qu'inéligible — en 1828, il obtint le Bill d'émancipation des catholiques (1829) ; lord-maire de Dublin (1841), il refusa l'épreuve de force avec le gouvernement de Londres.

O'CONNOR, clan irlandais qui régna sur le Connacht, et pratiquement sur l'Irlande, aux XIe et XIIe s. Le plus célèbre de ses membres, **Rory** ou **Roderic** (1116-1198), dut reconnaître la suzeraineté du roi d'Angleterre (1175).

O'CONNOR (Feargus), chef chartiste irlandais (Connorville 1796 - Londres 1855).

O'CONNOR (Flannery), femme de lettres américaine (Savannah 1925 - Milledgeville, Géorgie, 1964), qui allie l'inspiration catholique à l'imaginaire sudiste *(l'Habitude d'être).*

OCTAVE → ***Auguste.***
nom d'*Auguste** avant son adoption par César.

OCTAVIE, sœur d'Auguste (v. 70-11 av. J.-C.). Elle épousa en secondes noces Marc Antoine (40), qui la répudia en 32.

OCTAVIE (? - 62 apr. J.-C.), fille de Claude et de Messaline et femme de Néron, qui la répudia en 62 pour épouser Poppée et l'exila, l'acculant au suicide.

OCTAVIEN → ***Auguste.***

OCTEVILLE (50130), ch.-l. de c. de la Manche, banlieue de Cherbourg ; 18 322 h.

Octobre *(révolution d')* → ***Révolution russe de 1917.***

octobre 1789 *(journées des 5 et 6),* journées révolutionnaires marquées par le soulèvement du peuple de Paris, qui marcha sur Versailles, et à la suite desquelles Louis XVI dut venir habiter les Tuileries. L'Assemblée nationale le suivit peu après.

ODA NOBUNAGA, homme d'État japonais (Owari 1534 - Kyōto 1582). Remplaçant le dernier Ashikaga au shogunat (1573), il unifia le Japon sous son inflexible autorité.

ODAWARA, v. du Japon (Honshū) ; 193 417 h.

ODENATH (Septimius), prince de Palmyre (m. en 267). Il défendit l'Empire romain en Orient contre les Sassanides. Sa femme Zénobie lui succéda (267-272).

ODENSE, port du Danemark, dans l'île de Fionie ; 171 000 h. Cathédrale du XIIIe s.

ODENWALD, massif d'Allemagne (Hesse), dominant le fossé du Rhin ; 626 m.

Odéon, monument de Paris dû aux architectes Charles De Wailly (1730-1798) et Marie Joseph Peyre (1730-1785), inauguré en 1782. Le théâtre de l'Odéon y fut fondé en 1797. Incendié et réédifié deux fois, il abrita diverses troupes puis devint, en 1841, le second théâtre national. Rattaché en 1946 à la Comédie-Française sous le nom de *Salle Luxembourg,* il reprit son autonomie en 1959 sous le nom de *Théâtre de France.* Devenu le *Théâtre national de l'Odéon* en 1971, il est à nouveau placé sous l'autorité de l'administrateur de la Comédie-Française de 1978 à 1983 et de 1986 à 1990. Lieu d'accueil de spectacles étrangers, l'Odéon est, à partir de 1990, occupé uniquement par le Théâtre de l'Europe (Odéon-Théâtre de l'Europe).

ODER, en polon. **Odra,** fl. né près d'Ostrava, qui traverse la Silésie polonaise (passant à Wrocław) et rejoint la Baltique dans le golfe de Szczecin ; 854 km. Son cours inférieur (sur lequel est établi Francfort-sur-l'Oder) sépare partiellement la Pologne et l'Allemagne.

Oder-Neisse *(ligne),* frontière occidentale de la Pologne, approuvée par les accords de Potsdam (1945). Reconnue par la R.D.A. en 1950, puis par la R.F.A. en 1970, elle est entérinée par un traité germano-polonais conclu en 1990 et ratifié en 1991.

Odes, de Ronsard (1550-1552), poésies tantôt solennelles, tantôt familières, dont les thèmes et les rythmes s'inspirent de la poésie antique.

Odes et Ballades, recueil de poésies lyriques de V. Hugo (1826), inspirées des lieder allemands et des légendes médiévales.

ODESSA, port d'Ukraine, sur la mer Noire ; 1 115 000 h. Centre culturel et industriel. Base navale et port fondés par les Russes en 1794, Odessa devint le centre de l'exportation des céréales et le second port de l'Empire russe (fin du XIXe s.). Ce fut un foyer révolutionnaire en 1905.

ODILE *(sainte),* religieuse alsacienne (v. 660 - Hohenburg v. 720), fille d'un duc d'Alsace. Fondatrice d'un monastère sur le Hohenburg dans les Vosges (mont Saint-Odile), elle est patronne de l'Alsace.

ODILON *(saint),* cinquième abbé de Cluny (Mercœur 962 - Souvigny 1049). Véritable chef de la chrétienté médiévale à partir de son accession à l'abbatiat (994), il établit la « trêve de Dieu » et institua la fête des Morts, le 2 nov.

ODIN, nom scandinave du dieu germanique Wotan.

ODOACRE, roi des Hérules (v. 434 - Ravenne 493). Il détrôna Romulus Augustule (476), mettant fin ainsi à l'Empire d'Occident. L'empereur d'Orient Zénon, inquiet de sa puissance, envoya contre lui Théodoric. Assiégé dans Ravenne (490-493), il dut capituler et fut assassiné.

ODON *(saint),* deuxième abbé de Cluny (dans le Maine v. 879 - Tours 942). Avec lui commence le rayonnement de l'abbaye de Cluny, appelée à devenir le centre de la puissante congrégation clunisienne.

O'DONNELL (Leopoldo), *duc* **de Tétouan,** général et homme politique espagnol (Santa Cruz, Tenerife, 1809 - Biarritz 1867). Chef du gouvernement en 1856, 1858-1863 et 1865-66, il dirigea une expédition au Maroc et s'empara de Tétouan (1860).

ODORIC DA PORDENONE *(bienheureux),* théologien franciscain (Pordenone, Frioul, v. 1265 - Udine 1331). Après un voyage en Mongolie, en Chine et en Inde, il rédigea une *Descriptio terrarum* ou *Itinerarium.*

ODRA → ***Oder.***

Odyssée (l'), poème épique en vingt-quatre chants, attribué, comme *l'Iliade,* à Homère. Tandis que Télémaque va à la recherche de son père (chants I-IV), Ulysse, recueilli après un naufrage par Alcinoos, roi des Phéaciens, raconte ses aventures depuis son départ de Troie (chants V-XIII) : il est passé du pays des Lotophages à celui des Cyclopes, a séjourné dans l'île de Circé, navigué dans la mer des Sirènes et a été pendant des années retenu par Calypso. La troisième partie du poème (chants XIV-XXIV) raconte l'arrivée d'Ulysse à Ithaque et la ruse qu'il employa pour se débarrasser des prétendants qui courtisaient sa femme, Pénélope.

O. E. A., sigle de Organisation* des États américains.

ŒBEN (Jean François), ébéniste français d'origine allemande (Heinsberg, près d'Aix-la-Chapelle, v. 1720 - Paris 1763). Venu jeune à Paris, ébéniste du roi, il est notamment l'auteur de nombreux meubles « mécaniques » (bureau de Louis XV, Versailles).

ŒCOLAMPADE (Johannes **Hausschein,** dit en fr.), réformateur suisse allemand (Weinsberg 1482 - Bâle 1531). Professeur à Bâle, il y organisa l'Église selon les principes de la Réforme.

œcuménique des Églises *(Conseil),* organisme créé en 1948 en vue de coordonner l'action de la plupart des confessions protestantes et des orthodoxes orientaux ; son siège est à Genève. Des observateurs catholiques participent aux réunions périodiques de ce Conseil.

ŒDIPE, héros légendaire du cycle thébain, fils de Laïos, roi de Thèbes, et de Jocaste. Laïos, averti par un oracle qu'il serait tué par son fils et que celui-ci épouserait sa mère, abandonna l'enfant sur une montagne. Recueilli par des bergers, Œdipe fut élevé par le roi de Corinthe. Devenu adulte, il se rendit à Delphes pour consulter l'oracle sur le mystère de sa naissance ; en chemin, il se prit de querelle avec un voyageur qu'il tua : c'était Laïos. Aux portes de Thèbes, il découvrit la solution de l'énigme du sphinx, et en débarrassa le pays ; en récompense, les Thébains le prirent pour roi, et il épousa la reine Jocaste, veuve de Laïos, sa propre mère, dont il eut deux fils, Étéocle et Polynice, et deux filles, Antigone et Ismène. Mais Œdipe découvrit le secret de sa naissance, son parricide et son inceste. Tandis que Jocaste se pendait, Œdipe se creva les yeux. Banni de Thèbes, il mena une vie errante, guidé par sa fille Antigone, et mourut près d'Athènes, à Colone. — Le mythe d'Œdipe a notamment inspiré à Sophocle deux tragédies (*Œdipe roi,* v. 425 av. J.-C. ; *Œdipe à Colone,* 401 av. J.-C.).

OEHLENSCHLÄGER (Adam Gottlob), écrivain danois (Copenhague 1779 - *id.* 1850). Par ses poèmes et ses drames, il fut le représentant du romantisme danois (*les Cornes d'or,* 1802).

OEHMICHEN (Étienne), ingénieur français (Châlons-sur-Marne 1884 - Paris 1955). Il effectua avec son hélicoptère le premier circuit fermé avec décollage et atterrissage à la verticale (1924).

ŌE KENZABURŌ, écrivain japonais (Ose 1935). Son œuvre traduit les angoisses du monde contemporain (*Gibier d'élevage,* 1958 ; *le Jeu du siècle,* 1967). [Prix Nobel 1994.]

ŒRSTED ou **ØRSTED** (Hans Christian), physicien danois (Rudkøbing 1777 - Copenhague 1851). Il découvrit en 1820 l'existence du champ magnétique créé par les courants électriques.

OERTER (Al), athlète américain (New York 1936), quatre fois champion olympique du disque (1956, 1960, 1964 et 1968).

ŒTA, montagne de Grèce (Thessalie) ; 2 152 m.

OFFEMONT (90300), ch.-l. de c. du Territoire de Belfort ; 4 233 h.

OFFENBACH, v. d'Allemagne (Hesse), près de Francfort-sur-le-Main ; 113 990 h.

OFFENBACH (Jacques), compositeur allemand naturalisé français (Cologne 1819 - Paris 1880). Il est l'auteur d'opérettes qui reflètent avec humour la joie de vivre du second Empire. (*Orphée aux enfers,* 1858 et 1874 ; *la Belle Hélène,*

Jacques **Offenbach** (par Nadar)

1864 ; *la Vie parisienne,* 1866) et d'un opéra fantastique, *les Contes d'Hoffmann.*

Offices *(palais des),* à Florence, édifice construit à partir de 1560 par G. Vasari. Il est occupé par une galerie de peintures et de sculptures créée par les Médicis, particulièrement riche en tableaux des écoles italiennes.

OFFRANVILLE (76550), ch.-l. de c. de la Seine-Maritime ; 3 351 h. Plastiques. Câbles.

OGADEN, plateau steppique, constituant l'extrémité orientale de l'Éthiopie, aux confins de la Somalie, et parcouru par des pasteurs somalis.

ŌGAKI, v. du Japon (Honshū) ; 148 281 h.

OGBOMOSHO, v. du Nigeria ; 387 000 h.

OGINO KIUSAKU, médecin japonais (Toyohashi 1882 - Niigata 1975), inventeur d'une méthode de contrôle naturel des naissances tombée en désuétude (méthode d'Ogino-Knaus).

OGLIO, riv. d'Italie (Lombardie), affl. du Pô (r. g.) ; 280 km.

OGNON, affl. de la Saône (r. g.) ; 190 km.

OGODAY (v. 1185-1241), souverain mongol (1229-1241), troisième fils de Gengis Khān. Il annexa la Corée, le nord de la Chine, l'Azerbaïdjan, la Géorgie et envoya Bātū conquérir l'Occident.

OGOOUÉ, fl. de l'Afrique équatoriale, qui se jette dans l'Atlantique, au Gabon ; 1 170 km.

OHANA (Maurice), compositeur français (Casablanca 1914 - Paris 1992). Héritier de Manuel de Falla *(Études chorégraphiques),* il affirme un tempérament poétique et dramatique, avec un langage postsériel mais au lyrisme méditerranéen (*Syllabaire pour Phèdre,* 1967 ; *Trois Contes de l'Honorable Fleur,* 1978 ; *la Célestine,* 1988).

O'Hare, aéroport de Chicago.

O. HENRY (William Sydney **Porter,** dit), écrivain américain (Greensboro, Caroline du Nord, 1862 - New York 1910), auteur de nouvelles humoristiques *(les Quatre Millions).*

O'HIGGINS (Bernardo), homme politique chilien (Chillán 1776 - Lima 1842). Lieutenant de San Martín, il proclama l'indépendance du Chili (1818) et exerça la dictature de 1817 à 1823.

OHIO, riv. des États-Unis, affl. du Mississippi (r. g.). Formé à Pittsburgh par la réunion de l'Allegheny et de la Monongahela, il passe à Cincinnati ; 1 570 km.

OHIO, un des États unis d'Amérique (Centre-Nord-Est) ; 107 000 km² ; 10 847 115 h. Cap. *Columbus.* V. pr. *Cleveland, Cincinnati, Toledo.*

OHM (Georg Simon), physicien allemand (Erlangen 1789 - Munich 1854). Il a découvert en 1827 les lois fondamentales des courants électriques et introduit les notions de quantité d'électricité et de force électromotrice.

OHŘE, en all. **Eger,** riv. de l'Europe centrale (Allemagne et Rép. tchèque), affl. de l'Elbe (r. g.) ; 316 km.

OHRID, v. de Macédoine sur le *lac d'Ohrid* (367 km²), qui est situé à la frontière de l'Albanie et de la République de Macédoine ; 26 000 h. Églises byzantines ornées de fresques, dont l'anc. cathédrale Ste-Sophie (XIe s.) et l'église St-Clément (XIIIe s.).

Ohrid : *Dormition de la Vierge,* une des fresques (XIIIe s.) de l'église Saint-Clément.

OIGNIES (62590), comm. du Pas-de-Calais ; 10 698 h. *(Oigninois).*

OIRON (79100), comm. des Deux-Sèvres ; 1 016 h. Château des XVIe-XVIIe s. (peintures murales ; collection d'art contemporain). Église du XVIe s.

OISANS, région des Alpes (Dauphiné), correspondant à la vallée de la Romanche (hydroélectricité) et aux montagnes qui l'encadrent (élevage et tourisme surtout hivernal [Alpe-d'Huez, Deux-Alpes]).

OISE, riv. du nord de la France, née en Belgique ; 302 km. Elle passe à Compiègne, Creil et Pontoise, avant de rejoindre la Seine (r. dr.) à Conflans-Sainte-Honorine. C'est une importante voie navigable. La vallée de l'Oise fut fréquemment empruntée par les armées envahissant la France.

OISE (**60**), dép. de la Région Picardie ; ch.-l. de dép. *Beauvais ;* ch.-l. d'arr. *Clermont, Compiègne, Senlis ;* 4 arr., 41 cant., 693 comm. ; 5 860 km² ; 725 603 h. Le dép. est rattaché à l'académie et à la cour d'appel d'Amiens, et à la région militaire Nord-Est. Il est formé essentiellement de plateaux, souvent limoneux, domaines de la grande culture céréalière et betteravière (Valois, sud de la Picardie), entaillés par la vallée de l'Oise, où dominent les cultures fruitières et maraîchères et l'élevage bovin. Celui-ci constitue la principale activité du pays de Thelle et de l'extrémité orientale du pays de Bray. L'industrie, présente notamment dans la vallée de l'Oise, est représentée surtout par la métallurgie, la verrerie, la chimie. Son développement a contribué à un rapide accroissement de population lié aussi à la proximité de Paris.

Oiseau de feu (l'), ballet d'Igor Stravinsky (1910) ; chorégraphie de M. Fokine. — Version de M. Béjart (1970).

Oiseaux (les), comédie d'Aristophane (414 av. J.-C.).

OISEMONT (80140), ch.-l. de c. de la Somme ; 1 314 h.

OISSEL (76350), comm. de la Seine-Maritime ; 12 697 h. Chimie.

OÏSTRAKH (David Fedorovitch), violoniste soviétique (Odessa 1908 - Amsterdam 1974).

O. I. T. → ***Organisation internationale du travail.***

ŌITA, port du Japon (Kyūshū) ; 408 501 h.

O. J. D. (Office de justification de la diffusion des supports de publicité), association ayant pour but de calculer la diffusion réelle des organes de presse. Créé en 1922, l'O.J.D. a pris la dénomination de Diffusion Contrôle O.J.D. en 1992.

OJIBWA ou **CHIPPEWA,** Indiens Algonquins de l'Amérique du Nord, présents aux États-Unis et au Canada.

OJOS DEL SALADO, sommet des Andes, à la frontière de l'Argentine et du Chili ; 6 880 m.

OKA, riv. de Russie, affl. de la Volga (r. dr.) ; 1 480 km.

OKAYAMA, v. du Japon (Honshū) ; 593 730 h. Centre industriel. Parc paysager fondé au XVIIIe s.

OKAZAKI, v. du Japon (Honshū) ; 306 822 h.

O'KEEFFE (Georgia), peintre américain (Sun Prairie, Wisconsin, 1887 - Santa Fe, Nouveau-Mexique, 1986). Elle a transfiguré le réel jusqu'à une vision quasi extatique.

OKEGHEM (Johannes) → ***Ockeghem.***

OKHOTSK *(mer d'),* mer formée par l'océan Pacifique, au nord-est de l'Asie.

OKINAWA, principale île (1 183 km²) de l'archipel japonais des Ryūkyū. V. pr. *Naha.* En 1945, elle fut l'enjeu d'une lutte acharnée entre Japonais et Américains.

OKLAHOMA, un des États unis d'Amérique, au nord du Texas ; 181 000 km² ; 3 145 585 h. Cap. *Oklahoma City* (444 719 h.). Pétrole.

OKW (Oberkommando der Wehrmacht), commandement suprême des armées allemandes de 1938 à 1945.

OLAF → ***Olav, Olof*** et ***Oluf.***

ÖLAND, île de Suède, dans la Baltique, reliée au continent par un pont routier ; 1 344 km² ; 24 931 h. V. pr. *Borgholm.*

OLAUS PETRI (Olof **Petersson,** dit), réformateur suédois (Örebro 1493 - Stockholm 1552), propagateur de la Réforme en Suède (1520-1525), auteur d'une traduction du Nouveau Testament et d'une *Chronique suédoise.*

OLAV Ier Tryggvesson (v. 969 - Svolder 1000), roi de Norvège (995-1000). Il contribua à implanter le christianisme dans son royaume. — **Olav II Haraldsson** le Saint (v. 995 - Stiklestad 1030), roi de Norvège (1016-1028). Il restaura la royauté et imposa le christianisme. Attaqué par Knud le Grand, il dut s'exiler en 1028 et fut tué en tentant de reconquérir son royaume. Il fut, dès 1031, considéré comme un saint et un héros national. — **Olav V** (Appleton House, près de Sandringham, Angleterre, 1903 - Oslo 1991), régent en 1955, roi de Norvège de 1957 à sa mort.

OLBRACHT (Kamil **Zeman,** dit **Ivan**), écrivain tchèque (Semily 1882 - Prague 1952). Il évolua dans ses romans de l'analyse psychologique à l'engagement politique (*Nikola Šuhaj, bandit,* 1933).

OLDENBARNEVELT (Johan **Van**), homme d'État hollandais (Amersfoort 1547 - La Haye 1619). Grand pensionnaire de Hollande (1586), il obtint de la France, de l'Angleterre (1596), puis de l'Espagne (1609) la reconnaissance des Provinces-Unies. Maurice de Nassau le fit exécuter.

OLDENBURG, en fr. **Oldenbourg,** anc. État de l'Allemagne du Nord. Comté à la fin du XIe s., il fut rattaché au Danemark (1667) puis passa aux Holstein-Gottorp (1773). Érigé en duché (1777) puis en grand-duché (1815), l'Oldenburg devint, en 1871, État de l'Empire allemand. Le dernier grand-duc abdiqua en 1918.

OLDENBURG, v. d'Allemagne (Basse-Saxe) ; 142 233 h. Château des XVIIe-XIXe s. (musée).

OLDENBURG (Claes), artiste américain d'origine suédoise (Stockholm 1929), un des représentants du pop art (objets mous, monuments incongrus, etc.).

OLDOWAY ou **OLDUVAI,** site de Tanzanie, près du lac Eyasi, riche en gisements préhistoriques dont les plus anciens remontent à plus d'un million d'années (horizon I). Leakey y a découvert, en 1959 et 1960, deux types d'australanthropiens, le *zinjanthrope* et l'*Homo habilis,* respectivement datés de 1 750 000 et 1 850 000 ans.

OLEN, comm. de Belgique (prov. d'Anvers) ; 10 362 h. Métallurgie.

OLENEK ou **OLENIOK,** fl. de Russie, en Sibérie, tributaire de la mer des Laptev ; 2 292 km (bassin de 222 000 km^2).

OLÉRON *(île d'),* île de la Charente-Maritime, formant deux cantons *(Le Château-d'Oléron* et *Saint-Pierre-d'Oléron),* à l'embouchure de la Charente, séparée du continent par le pertuis de Maumusson, et de l'île de Ré par celui d'Antioche ; 175 km^2 ; 18 452 h. Un pont relie l'île au continent. Ostréiculture. Vigne. Pêche. Tourisme.

OLIBRIUS → ***Olybrius.***

OLIER (Jean-Jacques), ecclésiastique français (Paris 1608 - *id.* 1657). Curé de la paroisse de Saint-Sulpice à Paris (1642-1652), il fonda la Compagnie des prêtres de Saint-Sulpice et le séminaire de ce nom.

OLINDA, v. du nord-est du Brésil, banlieue de Recife ; 340 673 h. Monuments religieux des XVIIe-XVIIIe s.

Oliva *(traité de)* [3 mai 1660], traité signé à Oliva (auj. **Oliwa,** Pologne), par lequel le roi de Pologne renonçait à ses prétentions sur la Suède, et la Prusse devenait État souverain.

OLIVARES (Gaspar **de Guzmán,** *comte-duc* **d'**), homme d'État espagnol (Rome 1587 - Toro 1645). Favori de Philippe IV, qui lui abandonna la réalité du pouvoir (1621-1643), il s'efforça de défendre la place de l'Espagne en Europe. Il fut disgracié en 1643.

OLIVER (Joe, dit **King**), compositeur et chef d'orchestre de jazz noir américain (La Nouvelle-Orléans 1885 - Savannah 1938). Pionnier du jazz, il popularisa le style dit *Nouvelle-Orléans.*

OLIVER (Raymond), cuisinier français (Langon 1909 - Paris 1990). Rénovateur de l'art culinaire français, il a exercé ses talents au Grand Véfour et diffusé son savoir dans de célèbres émissions de télévision.

OLIVET (45160), ch.-l. de c. du Loiret, sur le Loiret ; 18 406 h. *(Olivetains).* Aux environs, parc floral de la Source.

Olivetti, société italienne, fondée en 1908, spécialisée à l'origine dans la production de machines à écrire, puis de machines à calculer. Elle a pris, depuis les années 1980, la place de leader européen dans les domaines de l'informatique et de la bureautique.

Olivier, héros légendaire de *la Chanson de Roland.* En face de Roland, il est le symbole de la sagesse et de la modération.

OLIVIER (Juste), écrivain suisse d'expression française (Eysins 1807 - Genève 1876). Il fut lié avec Sainte-Beuve.

OLIVIER (*sir* Laurence), acteur, metteur en scène de théâtre et cinéaste britannique (Dorking, Surrey, 1907 - Ashurst, Sussex, 1989). Brillant interprète de Shakespeare, directeur (1962-1973) du Théâtre national, il a réalisé plusieurs films (*Henri V,* 1944 ; *Richard III,* 1955).

OLIVIERS *(mont des),* colline à l'est de Jérusalem, au pied de laquelle se trouvait le jardin de Gethsémani, où Jésus alla prier la veille de sa mort.

Olivier Twist, roman de Ch. Dickens (1838).

OLLIERGUES (63880), ch.-l. de c. du Puy-de-Dôme, sur la Dore ; 1 069 h.

OLLIOULES (83190), ch.-l. de c. du Var ; 10 441 h. Édition. Église romane.

OLLIVIER (Émile), homme politique français (Marseille 1825 - Saint-Gervais-les-Bains 1913). Avocat républicain, député de l'opposition, il se rallia au Tiers Parti et à l'Empire parlementaire. Placé à la tête du ministère du 2 janv. 1870, il poursuivit la transformation du régime mais endossa la responsabilité de la guerre franco-allemande. [Acad. fr.]

OLMEDO (José Joaquín), homme politique et poète équatorien (Guayaquil 1780 - *id.* 1847). Ami de Bolívar, il rédigea la Constitution de l'Équateur (1830).

OLMÈQUES, peuple ancien du Mexique dont la culture, née aux alentours du IIe millénaire dans la région côtière du golfe, connut une période d'épanouissement entre 1200 et 600 av. J.-C. Des stèles gravées permettent de leur attribuer l'invention du calendrier méso-américain et celle d'une première écriture, perfectionnée par les Mayas. Tres* Zapotes et La Venta* témoignent de l'architecture de leurs centres cérémoniels, auxquels sont associées des têtes colossales, probables portraits dynastiques, ainsi que des statuettes en jade représentant l'enfant-jaguar, leur principale divinité.

Olmèques : tête colossale en basalte. (Musée national d'Anthropologie, Mexico.)

OLMETO (20113), ch.-l. de c. de la Corse-du-Sud ; 1 030 h. Tourisme.

OLMI (Ermanno), cinéaste italien (Bergame 1931), témoin attentif de la crise des valeurs morales : *Il Posto* (1961), *les Fiancés* (1963), *Un certain jour* (1969), *l'Arbre aux sabots* (1978), *la Légende du saint buveur* (1988).

Olmütz *(reculade d')* [29 nov. 1850], conférence qui se tint à Olmütz (auj. **Olomouc**) et au cours de laquelle le roi de Prusse Frédéric-Guillaume IV s'inclina devant les exigences autrichiennes, renonçant à ses visées hégémoniques en Allemagne.

OLOF Skötkonung (m. en 1022), roi de Suède (994-1022). Il favorisa la pénétration du christianisme dans son pays.

OLOMOUC, en all. **Olmütz,** v. de la République tchèque (Moravie) ; 105 690 h. Monuments anciens (XIIe-XVIIIe s.).

OLONNE-SUR-MER (85340), comm. de la Vendée ; 9 087 h.

OLONZAC (34210), ch.-l. de c. de l'Hérault ; 1 585 h. Vins.

OLORON *(gave d'),* riv. des Pyrénées, formée par les gaves d'Aspe et d'Ossau, qui se rejoignent à Oloron-Sainte-Marie, et qui se jette dans le gave de Pau (r. g.) ; 120 km.

OLORON-SAINTE-MARIE (64400), ch.-l. d'arr. des Pyrénées-Atlantiques, au confluent des gaves d'Aspe et d'Ossau ; 11 770 h. *(Oloronais).* Construction aéronautique. Chocolaterie. Églises Ste-Marie (anc. cathédrale, gothique avec portail roman) et Ste-Croix (romane).

O. L. P. (Organisation de libération de la Palestine), organisation de la résistance palestinienne, fondée en 1964 par le Conseil national palestinien réuni à Jérusalem. La Ligue arabe, qui la subventionne depuis sa création, lui a donné en 1976 le même statut qu'à un État. D'abord dirigée par Aḥmad Chuqayrī, elle est présidée, depuis 1969, par Yasser ʿArafāt.

OLSZTYN, v. du nord-est de la Pologne, ch.-l. de voïévodie ; 164 800 h.

OLT, riv. de Roumanie, affl. du Danube (r. g.) ; 690 km.

OLTEN, v. de Suisse (Soleure), sur l'Aar ; 17 805 h. Constructions mécaniques.

OLTÉNIE, région de Roumanie, en Valachie, à l'ouest de l'Olt.

OLUF Ier Hunger (1052-1095), roi de Danemark (1086-1095). — **Oluf II Haakonsson** (Akershus 1370 - Falsterbo 1387), roi de Danemark (1376-1387) et de Norvège (Olav) [1380-1387]. Fils du roi de Norvège Haakon VI et de Marguerite Valdemarsdotter de Danemark, qui gouverna en son nom.

OLYBRIUS, gouverneur des Gaules au IVe s., à qui une légende attribue la mort de sainte Reine. Il figurait dans certains mystères comme le type du fanfaron.

OLYMPE, en gr. **Ólimbos,** massif de la Grèce, aux confins de la Macédoine et de la Thessalie (alt. 2 917 m). Les Grecs en avaient fait la résidence des dieux.

Olympia, toile de Manet (1863, musée d'Orsay), qui fit scandale au Salon de 1865 par sa crudité, son détournement des conventions académiques, tandis que sa valeur essentiellement picturale était peu sensible aux contemporains.

OLYMPIAS, princesse d'Épire (v. 375 - Pydna 316 av. J.-C.), épouse de Philippe II de Macédoine et mère d'Alexandre le Grand. À la disparition de son fils (323), elle tenta de disputer le pouvoir aux diadoques et fut assassinée par Cassandre.

OLYMPIE, v. du Péloponnèse, centre religieux panhellénique où se célébraient tous les quatre ans les jeux Olympiques. Nombreux vestiges,

Olympia (1863), peinture de Manet. (Musée d'Orsay, Paris.)

Julius Robert **Oppenheimer**

dont ceux du temple de Zeus (Ve s. av. J.-C.) ; métopes au musée local et au Louvre.

Olympie : vestiges de l'Héraïon (v. 600 av. J.-C.) [le plus ancien exemple de temple monumental en Grèce].

Olympio, nom poétique sous lequel V. Hugo se désigne lui-même dans certains poèmes *(Tristesse d'Olympio).*

olympique *(Comité international)* ou **C. I. O.,** organisme, fondé en 1894, à l'instigation de Pierre de Coubertin, et assurant l'organisation des jeux Olympiques.

OLYNTHE, v. grecque de Chalcidique, détruite par Philippe de Macédoine en 348 av. J.-C.

OMAHA, v. des États-Unis (Nebraska), sur le Missouri ; 335 795 h.

OMAN, en ar. **'Umān,** État de l'extrémité orientale de l'Arabie, sur le *golfe* et la *mer d'Oman* ; 212 000 km² ; 1 600 000 h. *(Omanais).* CAP. *Mascate.* LANGUE : *arabe.* MONNAIE : *riyal d'Oman.* Pétrole. (V. carte ***Arabie.***) — Du XVIIe s. au XIXe s., les sultans d'Oman gouvernèrent un empire maritime, acquis aux dépens du Portugal et dont le centre était Zanzibar. Depuis 1970, le sultan Qābūs ibn Sa'īd a entrepris de moderniser le pays.

OMAN *(mer d'),* partie nord-ouest de l'océan Indien, parfois appelée aussi « mer Arabique » ou « mer d'Arabie ». Le *golfe d'Oman,* en bordure du *sultanat d'Oman,* en forme la partie la plus resserrée et communique par le détroit d'Ormuz avec le golfe Persique.

OMAR → ***'Umar.***

OMBRIE, région de l'Italie centrale, traversée par le Tibre, formée des prov. de Pérouse et de Terni ; 8 456 km² ; 804 054 h. *(Ombriens).* Cap. *Pérouse.*

O. M. C. (Organisation mondiale du commerce), organisation internationale mise en place en janvier 1995. Elle est chargée de veiller à la bonne application des accords commerciaux internationaux (dont ceux conclus dans le cadre du GATT) et, en cas de non-respect, elle peut imposer des sanctions commerciales. Son siège est à Genève.

OMDURMAN ou **OMDOURMAN,** v. du Soudan, sur le Nil, banlieue de Khartoum ; 526 000 h. Capitale du Mahdī, elle fut reconquise par les Anglo-Égyptiens de lord Kitchener en 1898.

OMEYYADES ou **UMAYYADES,** dynastie de califes arabes, qui régna à Damas de 661 à 750. Elle agrandit l'empire musulman de la plaine de l'Indus (710-713), de la Transoxiane (709-711) et de l'Espagne (711-714). Grands bâtisseurs, les Omeyyades embellirent Damas, Jérusalem, Kairouan. Miné par des querelles intestines et par l'opposition chiite, l'Empire omeyyade tomba sous les coups des Abbassides. Mais un rescapé de la famille, 'Abd al-Raḥmān Ier, fonda l'émirat de Cordoue (756-1031), érigé en califat rival de Bagdad (929).

O. M. I. → ***Organisation maritime internationale.***

ŌMIYA, v. du Japon (Honshū) ; 403 776 h.

OMO, riv. du sud de l'Éthiopie, affl. du lac Turkana. Sa vallée a livré des gisements riches en fossiles d'hominidés (australopithèques).

OMPHALE, reine de Lydie chez laquelle Héraclès fut pour un temps esclave ; la légende représente le héros filant la laine aux pieds d'Omphale.

O. M. P. I. → ***Organisation mondiale de la propriété intellectuelle.***

OMRI, souverain du royaume d'Israël (885-874 av. J.-C.). Il fonda Samarie.

O. M. S. (Organisation mondiale de la santé), organisation créée en 1946, institution spécialisée des Nations unies depuis 1948, elle a pour but d'amener tous les peuples au niveau de santé le plus élevé possible. Siège : Genève.

OMSK, v. de Russie, en Sibérie occidentale, sur l'Irtych ; 1 148 000 h. Centre industriel.

ŌMUTA, v. du Japon (Kyūshū) ; 150 453 h. Aluminium.

ONEGA *(lac),* lac du nord-ouest de la Russie, qui se déverse dans le lac Ladoga par la Svir ; 9 900 km².

O'NEILL, dynastie royale irlandaise qui, à partir de la seconde moitié du Ve s., conquit la majeure partie de l'Ulster. Elle compte parmi ses membres **Hugh O'Neill,** comte de Tyrone (v. 1540 - Rome 1616). Devenu le plus puissant chef de l'Ulster, il vainquit les Anglais au Yellow Ford (1598) — et **Owen Roe O'Neill** (v. 1590-1649), son neveu, chef du parti de l'Indépendance et commandant de l'armée de l'Ulster (1642).

O'NEILL (Eugene), auteur dramatique américain (New York 1888 - Boston 1953). Son théâtre passe du réalisme (*Anna Christie,* 1922 ; *le Désir sous les ormes,* 1924) à une vision poétique de l'effort humain pour s'intégrer au monde (*l'Empereur Jones,* 1921) que ne dominent que des êtres d'exception capables d'assumer leur destin (*Le deuil sied à Électre,* 1931). [Prix Nobel 1936.]

ONET-LE-CHÂTEAU (12850), comm. de l'Aveyron ; 10 199 h.

ONETTI (Juan Carlos), écrivain uruguayen (Montevideo 1909 - Madrid 1994). Son œuvre romanesque traduit l'inquiétude existentielle d'êtres désenchantés (*le Puits,* 1939).

ONEX, comm. de Suisse, banlieue de Genève ; 15 736 h.

ONITSHA, v. du Nigeria, sur le Niger ; 220 000 h.

ONK *(djebel)* → ***Elounq*** *(djebel).*

ONNAING (59264), comm. du Nord ; 9 212 h. Métallurgie.

On ne badine pas avec l'amour, proverbe d'Alfred de Musset (1834 ; représenté en 1861).

ONSAGER (Lars), chimiste américain d'origine norvégienne (Christiania 1903 - Miami 1976). Il a jeté les bases de la thermodynamique des transformations irréversibles qui a, en particulier, des applications en biologie. (Prix Nobel 1968.)

ONTARIO, lac de l'Amérique du Nord, entre le Canada et les États-Unis. Il reçoit par le Niagara les eaux du lac Érié, qu'il déverse par le Saint-Laurent ; 18 800 km².

ONTARIO, province la plus riche et la plus peuplée du Canada ; 1 068 582 km² ; 10 084 885 h. Cap. *Toronto.* V. pr. *Hamilton, Ottawa, Windsor, London.*

O. N. U. (Organisation des Nations unies), organisation internationale constituée en 1945 (pour succéder à la Société des Nations, créée par le traité de Versailles en 1919) par les États qui ont accepté de remplir les obligations prévues par la Charte des Nations unies (signée à San Francisco le 26 juin 1945), en vue de sauvegarder la paix et la sécurité internationales, et d'instituer entre les nations une coopération économique, sociale et culturelle. L'O. N. U., dont le siège est à New York, commença à exister officiellement le 24 oct. 1945. La Chine, les États-Unis, la France, la Grande-Bretagne et la Russie ont un siège permanent et un droit de veto au Conseil de sécurité.

Organes principaux :

— *l'Assemblée générale* (tous les États membres), principal organe de délibération qui émet les recommandations.

— *le Conseil de sécurité* (5 membres permanents et 10 élus tous les 2 ans par l'Assemblée générale), organe exécutif qui a pour but le maintien de la paix internationale.

— *le Conseil économique et social,* qui coordonne les activités économiques et sociales de l'O. N. U., sous l'autorité de l'Assemblée générale.

— *le Conseil de tutelle,* organe en déclin en raison de la décolonisation.

— *la Cour internationale de justice* → ***Cour.***

— *le Secrétariat,* qui assure les fonctions administratives de l'O. N. U. Il est dirigé par le *secrétaire général* nommé par l'Assemblée générale tous les 5 ans sur recommandation du Conseil de sécurité.

OÔ *(lac d'),* lac des Pyrénées, formé par la *Neste d'Oô,* à 1 504 m d'alt.

OORT (Jan Hendrik), astronome néerlandais (Franeker 1900 - Wassenaar 1992). Il a mis en évidence la rotation (1927) et la structure spirale (1952) de notre galaxie. On lui doit la théorie selon laquelle il existerait, aux confins du système solaire, une vaste concentration de comètes (nuage de Oort).

OOSTKAMP, comm. de Belgique (Flandre-Occidentale) ; 20 423 h.

OPARINE (Aleksandr Ivanovitch), chimiste et biologiste soviétique (Ouglitch, Russie, 1894 - Moscou 1980). Il est l'auteur d'une théorie de l'origine de la vie à partir des composés chimiques de l'atmosphère terrestre primitive (1924).

OPAVA, en all. **Troppau,** v. de la République tchèque ; 63 601 h. Monuments anciens.

O. P. E. P. (Organisation des pays exportateurs de pétrole), organisation créée en 1960 et regroupant aujourd'hui douze États (Algérie, Arabie saoudite, Émirats arabes unis, Gabon, Indonésie, Iran, Iraq, Koweït, Libye, Nigeria, Qatar et Venezuela).

Opéra-Comique *(théâtre de l'),* dit **salle Favart,** théâtre lyrique construit à Paris en 1898.

Opéra de la Bastille, théâtre lyrique national, construit par le Canadien Carlos Ott, place de la Bastille à Paris, et inauguré en 1989.

Opéra de la Bastille

Opéra de quat' sous (l'), pièce de B. Brecht (1928), inspirée de *l'Opéra du gueux* (1728) de John Gay ; musique de Kurt Weill. G.W. Pabst en tira un film (1931).

Opéra Garnier, monument construit, à Paris, par Ch. Garnier de 1862 à 1874. Il est considéré comme une des œuvres les plus brillantes de l'architecture éclectique. Haut lieu traditionnel de l'art lyrique, l'Opéra Garnier s'est récemment ouvert plus largement à la danse.

Opéra Garnier

OPHULS (Max **Oppenheimer,** dit **Max**), cinéaste et metteur en scène de théâtre français d'origine allemande (Sarrebruck 1902 - Hambourg 1957). Créateur baroque et raffiné, il a consacré son œuvre à une quête passionnée et désespérée du bonheur : *la Ronde* (1950), *le Plaisir* (1952), *Madame de...* (1953), *Lola Montes* (1955).

OPITZ (Martin), poète allemand (Bunzlau 1597 - Dantzig 1639), réformateur de la métrique.

Opium *(guerre de l')* [1839-1842], conflit qui éclata entre la Grande-Bretagne et la Chine, qui avait interdit l'importation de l'opium. Les Britanniques occupèrent Shanghai et imposèrent à la Chine le traité de Nankin*.

OPOLE, v. de Pologne, ch.-l. de voïévodie, sur l'Odra ; 128 900 h. Monuments anciens.

OPPENHEIM (Dennis), artiste américain (Mason City, Washington, 1938). Pionnier du land art puis de l'art corporel, il a conçu à partir de 1972 des « installations » mettant en jeu divers matériaux, éléments et énergies.

OPPENHEIMER (Julius Robert), physicien américain (New York 1904 - Princeton 1967). Auteur de travaux sur la théorie quantique de l'atome, il joua un grand rôle dans les recherches nucléaires. *(V. illustration p. 1562.)*

OPPENORDT (Gilles Marie), architecte et ornemaniste français (Paris 1672 - *id.* 1742). Fils d'Alexandre Jean Oppenordt, un ébéniste d'origine néerlandaise collaborateur de Boulle, il fut l'un des initiateurs du style rocaille.

Opus Dei, institution catholique fondée en Espagne en 1928 par J. M. Escrivá de Balaguer, afin de donner à ses membres, laïcs et ecclésiastiques, les moyens d'agir selon l'Évangile dans leur vie familiale, sociale, professionnelle ou politique.

ORADEA, v. du nord-ouest de la Roumanie ; 220 848 h. Centre industriel. Monuments baroques du XVIIIe s.

ORADOUR-SUR-GLANE (87520), comm. de la Haute-Vienne ; 2 010 h. Massacre de la population entière (642) par les SS le 10 juin 1944.

ORADOUR-SUR-VAYRES (87150), ch.-l. de c. de la Haute-Vienne ; 1 825 h.

ORAISON (04700), comm. des Alpes-de-Haute-Provence ; 3 559 h. Centrale hydroélectrique sur la Durance.

ORAN, en ar. **Wahrān,** v. d'Algérie, ch.-l. de wilaya ; 663 000 h. *(Oranais).* Université. Port sur la Méditerranée. Centre administratif, commercial et industriel.

ORANAIS, région occidentale de l'Algérie.

ORANGE, fl. de l'Afrique australe, tributaire de l'Atlantique ; 2 250 km. Aménagements pour l'hydroélectricité et l'irrigation.

ORANGE (84100), ch.-l. de c. de Vaucluse, à la jonction de l'autoroute du Soleil et de la Languedocienne ; 28 136 h. *(Orangeois).* Théâtre et arc de triomphe romains (Ier s.). Cathédrale romane. Musée. Base aérienne militaire.

ORANGE *(État libre d'),* anc. nom – jusqu'en 1995 – de la prov. de l'*État libre* (Afrique du Sud). Fondé par des Boers qui s'y sont établis lors du Grand Trek (1834-1839), l'État libre d'Orange est reconnu indépendant par les Britanniques (1854). Annexé par ces derniers en 1902 à l'issue de la guerre des Boers, il adhère à l'Union sud-africaine en 1910.

ORANGE-NASSAU, famille noble d'Allemagne, dont sont issus les souverains des Pays-Bas (v. ***Nassau***).

Orange-Nassau *(ordre d'),* ordre néerlandais civil et militaire créé en 1892.

ORANIENBURG, v. d'Allemagne (Brandebourg) ; 28 978 h. Camp de concentration allemand (Oranienburg - Sachsenhausen) [1933-1945].

Oratoire (l'), anc. chapelle des oratoriens, à Paris, transformée en 1811 en un temple protestant et devenue le siège du Consistoire réformé.

ORB, fl. du Languedoc, qui passe à Béziers et rejoint la Méditerranée ; 145 km.

ORBAY (D') → ***D'Orbay.***

ORBE, riv. de Suisse, née en France, près de Morez ; 57 km. Elle traverse le lac de Joux et, sous le nom de *Thièle,* rejoint le lac de Neuchâtel à Yverdon.

ORBEC (14290), ch.-l. de c. du Calvados ; 2 650 h. Église des XVe-XVIe s. Demeures anciennes.

ORBIGNY (Alcide **Dessalines d'**), naturaliste français (Couëron 1802 - Pierrefitte-sur-Seine 1857), disciple de Cuvier, auteur d'une *Paléontologie française.* — Son frère **Charles** (Couëron 1806 - Paris 1876), botaniste et géologue, est l'auteur du *Dictionnaire universel d'histoire naturelle* (1839-1849).

ORCADES, en angl. **Orkney,** archipel britannique, au nord de l'Écosse, comprenant 90 îles, dont la plus grande est *Mainland.* Élevage. Pêche. Les Orcades forment une région de 19 000 h. ; ch.-l. *Kirkwall* (sur Mainland). Terminal pétrolier.

ORCADES DU SUD, archipel britannique de l'Atlantique sud.

ORCAGNA (Andrea **di Cione,** dit **l'**), peintre, sculpteur et architecte italien, documenté à Florence de 1343 à 1368. En retrait par rapport aux innovations de Giotto, il apparaît dans son œuvre peint et sculpté comme le dernier grand représentant du gothique florentin. — Il eut deux frères peintres, Nardo et Iacopo di Cione.

ORCHIES [ɔrʃi] (59310), ch.-l. de c. du Nord ; 7 080 h.

ORCHOMÈNE [ɔrkɔ-], v. de Béotie, dont elle fut le centre le plus important à l'époque mycénienne. Imposants remparts (VIIe-IVe s. av. J.-C.).

ORCIÈRES (05170), ch.-l. de c. des Hautes-Alpes ; 845 h. Sports d'hiver (alt. 1 820-2 665 m).

ORCIVAL (63210), comm. du Puy-de-Dôme ; 284 h. Église romane du XIIe s. (chapiteaux ; Vierge à revêtement d'orfèvrerie). Château de Cordès (XVe s.).

ORDENER (Michel, *comte*), général français (L'Hôpital, Moselle, 1755 - Compiègne 1811). Il fut chargé d'arrêter le duc d'Enghien (1804).

ORDERIC VITAL, historien anglo-normand (Attingham, Angleterre, 1075 - apr. 1143), auteur d'une *Histoire ecclésiastique,* riche d'enseignements, en partic. sur les Normands.

ORDJONIKIDZE → ***Vladikavkaz.***

ORDOS, plateau de la Chine, dans la grande boucle du Huang He.

Ordre moral, nom donné à la politique conservatrice et cléricale définie par le duc de Broglie le 26 mai 1873 après la chute de Thiers. Cette politique avait pour but de préparer une restauration monarchique, qui ne put intervenir. Mac-Mahon en fut l'incarnation.

Or du Rhin (l') → ***Tétralogie.***

ÖREBRO, v. de Suède, à l'ouest de Stockholm ; 120 944 h. Église St-Nicolas, remontant aux XIIe-XIIIe s. Musées.

OREGON, un des États unis d'Amérique (Pacifique), bordé au nord par le fl. Columbia (anc. *Oregon*) ; 251 000 km² ; 2 842 321 h. Cap. *Salem.* V. pr. *Portland.*

OREL, v. de Russie, sur l'Oka ; 337 000 h. Aciérie.

ORENBOURG, v. de Russie, sur l'Oural ; 547 000 h. Gaz naturel.

ORÉNOQUE, en esp. **Orinoco,** fl. du Venezuela, qui se jette dans l'Atlantique par un vaste delta ; 2 160 km (bassin de 900 000 km²).

ORENSE, v. d'Espagne (Galice), ch.-l. de prov. ; 102 758 h. Cathédrale romano-gothique (beaux portails sculptés).

ORESME (Nicole), prélat français (en Normandie v. 1325 - Lisieux 1382). Évêque de Lisieux, érudit, il est un des premiers écrivains à avoir plié la langue française à l'expression de la philosophie et de la technique.

ORESTE. *Myth. gr.* Fils d'Agamemnon et de Clytemnestre, frère d'Électre. Pour venger la mort de son père, il tua sa mère et l'amant de celle-ci, Égisthe, meurtrier d'Agamemnon.

Orestie (l'), trilogie dramatique d'Eschyle, jouée à Athènes (458 av. J.-C.) et comprenant les trois tragédies *(Agamemnon, les Choéphores, les Euménides)* dont les aventures d'Oreste sont le sujet.

ØRESUND ou **SUND,** détroit reliant le Cattégat à la Baltique, entre l'île danoise de Sjaelland et le littoral suédois.

OREZZA, station thermale de la Haute-Corse (comm. de Rapaggio). Eaux de table.

Orfeo (l'), drame lyrique en 5 actes de Monteverdi (1607), l'un des premiers opéras. Le récitatif expressif y alterne avec des airs, des madrigaux et des ritournelles instrumentales.

ORFF (Carl), compositeur allemand (Munich 1895 - *id.* 1982), auteur de la cantate *Carmina burana* (1937). Il mit au point une méthode d'éducation musicale fondée sur le rythme.

ORFILA (Mathieu), médecin et chimiste français (Mahón, Minorque, 1787 - Paris 1853), auteur de travaux sur la toxicologie. Il a écrit notamm. un célèbre *Traité des poisons* (1813-1815).

Organisation commune africaine et mauricienne → ***O. C. A. M.***

Organisation de coopération et de développement économiques → ***O. C. D. E.***

Organisation de l'aviation civile internationale (O. A. C. I.), organisme créé par la convention de Chicago en 1944. Institution spécialisée de l'O. N. U. depuis 1947, elle a pour but notamm. de développer et de réglementer les transports aériens internationaux et leur sécurité. Siège : Montréal.

Organisation de libération de la Palestine → ***O. L. P.***

Organisation de l'unité africaine → ***O. U. A.***

Organisation des États américains (O. E. A.), en angl. **Organization of American States** (OAS), organisation intergouvernementale fondée en 1948 pour régler les problèmes communs à l'ensemble des États du continent américain.

Organisation des Nations unies → ***O. N. U.***

Organisation des Nations unies pour l'alimentation et l'agriculture → ***FAO.***

Organisation des Nations unies pour l'éducation, la science et la culture → ***Unesco.***

Organisation des pays exportateurs de pétrole → ***O. P. E. P.***

Organisation du traité de l'Atlantique Nord → ***O. T. A. N.***

Organisation internationale de police criminelle (O. I. P. C.) → ***Interpol.***

Organisation internationale du travail (O. I. T.), organisation créée en 1919 par le traité de Versailles, institution spécialisée de l'O. N. U. depuis 1946. Ses États membres sont représentés par des délégués des gouvernements, des employeurs et des travailleurs. Elle a pour but de promouvoir la justice sociale par l'amélioration des conditions de vie et de travail dans le monde. Son secrétariat permanent, le *Bureau international du travail (B. I. T.),* siège à Genève. (Prix Nobel de la paix 1969.)

Organisation maritime internationale (O. M. I.), nom donné depuis 1982 à une organisation créée en 1948. Institution spécialisée de l'O. N. U. depuis 1959, elle a pour but

Orange : le théâtre antique (fin du Ier s. av. J.-C. - début du Ier s. apr. J.-C.).

Gaston d'**Orléans** (château de Versailles)

d'assister les gouvernements dans la réglementation technique de la navigation maritime. Siège : Londres.

Organisation mondiale de la propriété intellectuelle (O. M. P. I.), organisation créée en 1967, institution spécialisée de l'O.N.U. depuis 1974, qui a pour but de promouvoir la protection de la propriété intellectuelle dans le monde. Siège : Genève.

Organisation mondiale de la santé → ***O. M. S.***

Organisation mondiale du commerce → ***O. M. C.***

Organisation pour la sécurité et la coopération en Europe → ***O. S. C. E.***

Organon, ensemble des traités de logique d'Aristote.

ORGELET (39270), ch.-l. de c. du Jura ; 1 727 h. Église des XIIIe-XVIe s.

ORGÈRES-EN-BEAUCE (28140), ch.-l. de c. d'Eure-et-Loir ; 1 063 h.

ORGON (13660), ch.-l. de c. des Bouches-du-Rhône, sur la Durance ; 2 468 h. Église du XIVe s.

ORHAN GAZI (1281-1359 ou 1362), souverain ottoman (1326-1359 ou 1362). Il fit de Brousse sa capitale, et prit pied en Europe (près de Gallipoli, 1354).

ORIBASE, médecin grec (Pergame v. 325 - Byzance 403). Attaché à l'empereur Julien, il rassembla les écrits des anciens médecins.

ORIENT *(Empire romain d'),* partie orientale de l'Empire romain, qui s'organisa, à partir de 395, en État indépendant. (V. ***byzantin*** [*Empire*].)

ORIENT *(forêt d'),* massif forestier de Champagne (Aube), à l'est de Troyes, qui donne son nom à un parc naturel régional (70 000 ha). Lac (2 300 ha) dit « réservoir Seine ».

Orient *(question d'),* ensemble des problèmes posés, à partir du XVIIIe s., par le démembrement de l'Empire ottoman et la lutte des grandes puissances pour dominer l'Europe balkanique ainsi que la Méditerranée orientale.

ORIGÈNE, exégète et théologien, Père de l'Église grecque (Alexandrie v. 185 - Césarée ou Tyr v. 252/254). Il fit de l'école d'Alexandrie une école de théologie célèbre, mais ses idées, très personnelles, reprises et systématisées aux siècles suivants dans un courant de pensée appelé l'*origénisme,* suscitèrent de vives controverses et furent finalement condamnées.

Origine de la famille, de la propriété privée et de l'État (l'), œuvre de F. Engels (1884), où il esquisse une histoire des formations sociales qui ont abouti à la société moderne.

origine des espèces par voie de sélection naturelle (De l'), livre de Ch. Darwin, démontrant le rôle de la lutte pour la vie et de la sélection naturelle dans l'évolution des faunes et des flores (1859).

ORIGNY-SAINTE-BENOÎTE (02390), comm. de l'Aisne ; 1 833 h. Cimenterie.

ORIOLA (Christian **d'**), escrimeur français (Perpignan 1928), quatre fois champion du monde (1947, 1949, 1953 et 1954) et deux fois champion olympique (1952 et 1956) au fleuret, en individuel.

ORION. *Myth. gr.* Chasseur géant tué par Artémis qu'il avait offensée. Il fut changé en constellation.

ORISSA, État du nord-est de l'Inde ; 156 000 km² ; 31 512 070 h. Cap. *Bhubaneswar.*

Louis Philippe Joseph d'**Orléans** dit Philippe Égalité (sir Josuah Reynolds - musée Condé, Chantilly)

Philippe d'**Orléans,** dit le Régent (J.-B. Santerre - château de Versailles)

ORIZABA, v. du Mexique, dominée par le *volcan d'Orizaba,* ou Citlaltépetl (5 700 m), point culminant du Mexique ; 115 000 h.

ORKNEY → ***Orcades.***

ORLANDO, v. des États-Unis (Floride) ; 164 693 h. À proximité, parc d'attractions de Walt Disney World.

ORLANDO (Vittorio Emanuele), homme politique italien (Palerme 1860 - Rome 1952). Président du Conseil de 1917 à 1919, il représenta son pays à la conférence de Versailles (1919).

ORLÉANAIS, anc. prov. de France, qui, à plusieurs reprises et pour la dernière fois en 1661, constitua un duché, apanage de la famille d'Orléans. Cap. *Orléans.* Il a formé trois départements : Loiret, Loir-et-Cher, Eure-et-Loir.

ORLÉANS, anc. cap. de l'Orléanais, ch.-l. de la Région Centre et du dép. du Loiret, sur la Loire, à 115 km au sud de Paris ; 107 965 h. *(Orléanais)* [plus de 240 000 h. dans l'agglomération]. Évêché. Académie et université. Cour d'appel. Industries mécaniques, électriques et alimentaires. — Métropole religieuse dès le IVe s., ville capétienne, Orléans fut le principal foyer loyaliste durant la guerre de Cent Ans. Jeanne d'Arc la délivra des Anglais en 1429. Très endommagée en 1940, la ville conserve cependant sa cathédrale gothique (XIIIe-XVIIIe s.) et plusieurs églises médiévales. Musées. — La *forêt d'Orléans* (35 000 ha env.) s'étend sur la rive droite de la Loire en amont d'Orléans.

ORLÉANS, nom de quatre familles princières de France. **La première maison (Orléans-Valois)** eut pour fondateur et unique membre Philippe Ier, fils du roi Philippe VI, mort sans héritier en 1375. **La deuxième maison (Orléans-Valois)** est représentée par Louis Ier, frère du roi Charles VI, mort en 1407, son fils Charles d'Orléans, le poète, mort en 1465, et son petit-fils Louis II, devenu en 1498 le roi Louis XII. **La troisième maison (Orléans-Bourbon)** eut pour chef et unique membre Gaston d'Orléans, frère du roi Louis XIII, mort en 1660. **La quatrième maison (Orléans-Bourbon)** [v. aussi ***Bourbon*** (*maisons de*)] commence avec Philippe Ier, frère du roi Louis XIV, mort en 1701. Ses principaux membres furent Philippe II, le Régent, mort en 1723 ; Louis Philippe Joseph, dit Philippe Égalité, guillotiné en 1793 ; Louis-Philippe II, devenu en 1830 le roi Louis-Philippe Ier. Le représentant actuel en est Henri d'Orléans, comte de Paris, né en 1908.

ORLÉANS (Charles **d'**), poète français (Paris 1394 - Amboise 1465), fils de Louis d'Orléans, frère de Charles VI. Il fut fait prisonnier à Azincourt et resta captif en Angleterre pendant un quart de siècle. À son retour en France, il épousa, en troisièmes noces, Marie de Clèves, qui lui donna un fils, le futur Louis XII, et tint à Blois une cour raffinée. Son œuvre poétique, qui unit l'esprit chevaleresque, l'amour courtois et la nostalgie du temps enfui, comprend surtout des rondeaux et des ballades.

Orléans : la cathédrale Sainte-Croix (XIIIe - XVIIIe s.).

ORLÉANS (Gaston, *comte* **d'Eu,** *duc* **d'**) [Fontainebleau 1608 - Blois 1660], fils d'Henri IV et de Marie de Médicis. Frère cadet de Louis XIII, il resta l'unique héritier du trône jusqu'à la naissance du futur Louis XIV. Il prit part aux complots contre Richelieu, puis contre Mazarin. Il fut lieutenant général de 1644 à 1646.

ORLÉANS (Louis Philippe Joseph, *duc* **d'**), dit **Philippe Égalité** (Saint-Cloud 1747 - Paris 1793). Duc d'Orléans en 1785, ouvert aux idées nouvelles, il fut député aux États généraux (1789) et à la Convention (1792), où, sous le nom de Philippe Égalité, il vota la mort de Louis XVI (1793). Lui-même périt sur l'échafaud. Il fut le père de Louis-Philippe.

ORLÉANS (Philippe, *duc* **d'**) [Saint-Germain-en-Laye 1640 - Saint-Cloud 1701], fils de Louis XIII et d'Anne d'Autriche, frère de Louis XIV, il épousa Henriette d'Angleterre (1661), puis Charlotte-Élisabeth, princesse Palatine (1671).

ORLÉANS (Philippe, *duc* **d'**), dit **le Régent** (Saint-Cloud 1674 - Versailles 1723), né du second mariage du précédent. Ayant fait casser le testament de Louis XIV, il se fit désigner comme régent de France (1715). Il présida à l'épanouissement de l'esprit Régence, caractérisé par une réaction contre l'austérité de la fin du règne de Louis XIV. Appuyé sur le cardinal Dubois, il conduisit une politique étrangère opposée à celle de Louis XIV, qui amena à de graves démêlés avec Philippe V d'Espagne. À l'intérieur, il échoua dans l'application de la polysynodie et dans la réforme financière préconisée par Law.

ORLÉANSVILLE → ***Cheliff*** *(Ech-).*

ORLOV (Grigori Grigorievitch, *comte*), feld-maréchal russe (1734 - Moscou 1783). Favori de la future Catherine II, il participa avec son frère **Alekseï Grigorievitch** (Lioublino 1737 - Moscou 1807) au complot contre Pierre III (1762). A. G. Orlov remporta sur les Ottomans la victoire navale de Çeşme (1770).

ORLY (94310), ch.-l. de c. du Val-de-Marne, au sud de Paris ; 21 824 h. Aéroport.

ORMESSON (Lefèvre d'), famille française issue de la magistrature. Elle compta parmi ses membres **Olivier III** (1617 - Paris 1686), qui fut le rapporteur intègre du procès de Fouquet.

ORMESSON (Jean **Lefèvre,** *comte* **d'**), écrivain et journaliste français (Paris 1925), dont les romans font revivre des êtres ou des périodes héroïques *(Au plaisir de Dieu, le Vent du soir)* ou proposent une explication du monde *(la Douane de mer, Presque rien sur presque tout).* [Acad. fr.]

ORMESSON-SUR-MARNE (94490), ch.-l. de c. du Val-de-Marne ; 10 057 h. *(Ormessonnais).* Golf. Château des XVIe et XVIIIe s.

ORMONDE (James **Butler,** 1er *duc* **d'**), homme d'État irlandais (Londres 1610 - 1688). Protestant mais royaliste fervent, il s'efforça, comme lord-lieutenant d'Irlande (1641-1647, 1662-1669, 1677-1684), de défendre les intérêts irlandais.

ORMUZ ou **HORMUZ,** île iranienne du golfe Persique, sur le *détroit d'Ormuz,* qui relie le golfe Persique au golfe d'Oman.

ORMUZD → ***Ahura-Mazdâ.***

ORNAIN, riv. du Bassin parisien, sous-affl. de la Marne (r. dr.) par la Saulx ; 120 km. Il passe à Bar-le-Duc.

ORNANO *(famille d'),* famille d'origine corse qui s'illustra au service de la France dans l'art de la guerre. Elle compte parmi ses membres : **Sampiero d'Ornano** ou **Sampiero Corso** (Bastelica 1498 - La Rocca 1567), qui favorisa l'intervention française contre la domination génoise et mourut assassiné ; — son fils **Alphonse,** maréchal de France (Ajaccio 1548 - Bordeaux 1610), qui fut un des meilleurs lieutenants d'Henri IV ; — **Jean-Baptiste** (Sisteron 1581 - Vincennes 1626), fils du précédent, maréchal de France en 1626, compromis la même année dans le complot de Chalais, qui mourut en prison ; enfin **Philippe Antoine** (Ajaccio 1784 - Paris 1863), comte d'Ornano, maréchal de France en 1861.

ORNANS [-nɑ̃] (25290), ch.-l. de c. du Doubs ; 4 080 h. Moteurs. Église du XVIe s. Petit musée Courbet.

ORNE, fl. côtier de Normandie, qui passe à Caen ; 152 km.

ORNE (61), dép. de la Région Basse-Normandie ; ch.-l. de dép. *Alençon ;* ch.-l. d'arr. *Argentan, Mortagne-au-Perche ;* 3 arr., 40 cant., 507 comm. ;

6 103 km² ; 293 204 h. *(Ornais).* Le dép. est rattaché à l'académie et à la cour d'appel de Caen et à la région militaire Atlantique. Les campagnes d'Alençon et d'Argentan, surtout céréalières, séparent le Bocage normand, vallonné (417 m à la forêt d'Écouves), des collines du Perche et des extrémités méridionales des pays d'Auge et d'Ouche, régions d'élevage bovin pour la viande et les produits laitiers (fromage, beurre). L'industrie est représentée surtout par les constructions mécaniques et électriques (appareils ménagers), qui ont largement relayé les activités traditionnelles comme la quincaillerie ou la dentelle. L'exode rural persiste malgré la croissance (relative) des villes, d'importance moyenne.

ORONTE, en ar. **Nahr al-'Āṣī,** fl. du Proche-Orient (Liban, Syrie, Turquie), tributaire de la Méditerranée ; 570 km. Il traverse Homs et Antioche.

OROSE (Paul), prêtre et apologiste espagnol (Tarragone ou Braga v. 390 - Hippone ? v. 418), disciple de saint Augustin et auteur d'*Histoires contre les païens* (417-418).

OROZCO (José Clemente), peintre mexicain (Ciudad Guzmán, Jalisco, 1883 - Mexico 1949), muraliste d'un expressionnisme puissant (*l'Homme,* coupole de l'hôpital Cabañas à Guadalajara, 1939).

ORPHÉE. *Myth. gr.* Prince thrace, fils de la muse Calliope, poète, musicien et chanteur. Son génie était tel qu'il charmait même les bêtes sauvages. Descendu aux Enfers pour chercher Eurydice, morte de la morsure d'un serpent, Orphée charma les gardiens du séjour infernal et obtint le retour d'Eurydice dans le monde des vivants ; mais il ne devait pas tourner ses regards vers elle avant d'avoir franchi le seuil des Enfers. Orphée oublia la condition imposée et perdit Eurydice pour toujours. Inconsolable, il fut tué par les Bacchantes furieuses de son amour exclusif. Le mythe d'Orphée a donné naissance à un courant religieux, l'*orphisme.*

Orphée, drame lyrique en trois actes, de Gluck (1762 ; version française, 1774) sur un poème de Calzabigi. Traduite en français par Moline, cette œuvre reflète l'essentiel de la réforme du drame lyrique, prônée par le compositeur.

ORRES (Les) [05200], comm. des Hautes-Alpes ; 456 h. Station de sports d'hiver (1 550-2 770 m).

ORRY (Philibert), homme d'État français (Troyes 1689 - La Chapelle, près de Nogent-sur-Seine, 1747). Contrôleur général des Finances (1730-1745), colbertiste convaincu, il mit à contribution les privilégiés et encouragea l'industrie nationale et le commerce extérieur.

ORS Y ROVIRA (Eugenio **d'**), écrivain espagnol (Barcelone 1882 - Villanueva y Geltrú 1954). Ses essais traitent du rapport entre baroque et classicisme et cherchent à définir une philosophie de la culture (*l'Art de Goya, les Idées et les Formes,* 1928 ; *la Philosophie de l'intelligence,* 1950).

ORSAY (91400), ch.-l. de c. de l'Essonne, sur l'Yvette ; 14 931 h. *(Orcéens).* Établissements d'enseignement scientifique.

Orsay *(musée d'),* à Paris, musée national ouvert en 1986 dans l'anc. gare d'Orsay (1898), sur la rive g. de la Seine, face aux Tuileries. Chaînon entre le Louvre et le M. N. A. M., il réunit les œuvres des années 1848 à 1905 env. (fin du romantisme, académisme, réalisme, impressionnisme, symbolisme, nabis). Les collections ne se limitent pas à la peinture, à la sculpture et aux arts graphiques, mais abordent les arts appliqués, la photographie, l'architecture.

ORSINI, famille romaine guelfe, longtemps rivale des Colonna. Elle fournit à l'Église trois papes : **Célestin III, Nicolas III** et **Benoît XIII.**

Orsini *(attentat d')* [14 janv. 1858], attentat commis à Paris par le patriote italien Felice Orsini (Meldola 1819 - Paris 1858), membre du mouvement Jeune-Italie, contre la personne de Napoléon III, qu'il considérait comme traître à la cause italienne. Défendu par Jules Favre, Orsini fut condamné à mort et exécuté.

ORSK, v. de Russie, sur l'Oural ; 271 000 h. Sidérurgie.

ØRSTED (Christian) → **Œrsted.**

O. R. S. T. O. M. (ancien Office de la recherche scientifique et technique outre-mer devenu en 1984 Institut français de recherche scientifique pour le développement en coopération), établissement public national à caractère scientifique et technologique chargé de réaliser et de promouvoir des travaux susceptibles de contribuer au progrès économique, social et culturel des pays en voie de développement.

ORTEGA (Daniel), homme politique nicaraguayen (La Libertad 1945). Membre du Front sandiniste, coordinateur de la junte de gouvernement à partir de 1981, il a été président de la République de 1985 à 1990.

ORTEGA Y GASSET (José), écrivain espagnol (Madrid 1883 - *id.* 1955), auteur d'essais et fondateur de la *Revue de l'Occident.*

ORTHEZ [-tɛs] (64300), ch.-l. de c. des Pyrénées-Atlantiques, sur le gave de Pau ; 10 760 h. *(Orthéziens).* Chimie. Donjon, église, pont des XIIIe-XVe s.

ORTLER ou **ORTLES,** massif des Alpes italiennes (Trentin) ; 3 899 m.

ORURO, v. de Bolivie ; 183 194 h. Centre minier et métallurgique (étain).

Orval *(abbaye d'),* abbaye de Belgique (prov. du Luxembourg), fondée v. 1070 par des bénédictins, occupée ensuite par des cisterciens (XIIe s.) puis par des trappistes (XVIIe s.). Elle a été relevée en 1926.

ORVAULT (44700), ch.-l. de c. de la Loire-Atlantique ; 23 327 h. Matériel téléphonique.

ORVIETO, v. d'Italie (Ombrie) ; 21 362 h. Cathédrale romano-gothique (fresques de Signorelli) et autres monuments. Musée municipal (collections étrusques).

ORWELL (Eric **Blair,** dit **George**), écrivain britannique (Motihāri, Inde, 1903 - Londres 1950), auteur de récits satiriques (*la Ferme des animaux,* 1945) et d'anticipation (*1984,* 1949), description d'un monde totalitaire.

ORZESZKOWA (Eliza), femme de lettres polonaise (Milkowszczyzna 1841 - Grodno 1910), auteur de récits d'inspiration sociale et humanitaire *(Martha).*

ŌSAKA, port du Japon, dans le sud de Honshū, sur le Pacifique ; 2 623 801 h. Deuxième pôle économique du Japon, et centre industriel diversifié. Aéroport dans la *baie d'Ōsaka.* Musées.

OSASCO, banlieue industrielle de São Paulo ; 563 419 h.

OSBORNE (John), écrivain britannique (Londres 1929 - Shrewsbury 1994), chef de file des « Jeunes Gens en colère » (*la Paix du dimanche,* 1956 ; *Témoignage irrecevable,* 1964).

Musée d'**Orsay :** un aspect de l'aménagement intérieur dû à l'architecte italienne Gae Aulenti.

Ōsaka : vue du port et de la ville

OSBORNE (Thomas) → ***Danby*** (Thomas **Osborne,** *lord*).

OSCAR Iᵉʳ (Paris 1799 - Stockholm 1859), roi de Suède et de Norvège (1844-1859), fils de Charles XIV (Bernadotte). Frappé d'aliénation mentale en 1857, il laissa la régence à son fils aîné, Charles (XV). — **Oscar II** (Stockholm 1829 - *id.* 1907), roi de Suède (1872-1907) et de Norvège (1872-1905). Frère et successeur de Charles XV, il dut accepter la rupture de l'union suédo-norvégienne (1905).

O. S. C. E. (Organisation pour la sécurité et la coopération en Europe), organisation issue en 1995 de l'ensemble de négociations tenues à partir de 1973 (sous l'appellation de C.S.C.E. [Conférence sur la sécurité et la coopération en Europe]) entre les États européens, le Canada et les États-Unis, afin d'établir un système de sécurité et de coopération en Europe. Lors du sommet de 1975, la C.S.C.E. adopte l'Acte final d'Helsinki, qui précise les principes régissant les relations entre les États signataires (notamm. l'inviolabilité des frontières et le respect des droits de l'homme). Lors du deuxième sommet (Paris, 1990) est signée la Charte pour une nouvelle Europe. En 1991, l'Albanie et les trois pays Baltes rejoignent la C.S.C.E., suivis en 1992 par les autres Républiques de l'ex-U.R.S.S. et par les États indépendants nés de l'éclatement de la Yougoslavie (Croatie, Slovénie et Bosnie-Herzégovine, rejointes en 1995 par la Macédoine).

OSÉE, prophète biblique. Il exerça son ministère durant les années qui précédèrent la chute de Samarie (722-721 av. J.-C.).

OSÉE, dernier roi d'Israël (732-724 av. J.-C.). Il conspira avec l'Égypte contre l'Assyrie, fut fait prisonnier et mourut en exil.

OSHAWA, port du Canada (Ontario), sur le lac Ontario ; 127 082 h. Industrie automobile.

ŌSHIMA NAGISA, cinéaste japonais (Kyōto 1932). Il s'attaque avec violence aux valeurs traditionnelles et aux tabous de la société japonaise : *la Pendaison* (1968), *la Cérémonie* (1971), *l'Empire des sens* (1976), *Furyo* (1983), *Max mon amour* (1986).

OSHOGBO, v. du sud-ouest du Nigeria ; 282 000 h.

OSIANDER (Andreas **Hosemann,** dit **Andreas**), théologien protestant et savant allemand (Gunzenhausen, Brandebourg, 1498 - Königsberg 1552). Il signa les articles de Smalkalde et publia l'astronomie de Copernic.

OSIJEK, v. de Croatie, sur la Drave ; 104 000 h.

OSIRIS, dieu de l'anc. Égypte, époux d'Isis et père d'Horus. Sa mort et sa résurrection ont fait de lui un dieu sauveur qui garantit la survie dans l'au-delà. Son culte, associé à celui d'Isis, se répandit dans le monde gréco-romain.

ÖSLING ou **OESLING,** région nord du Luxembourg.

OSLO, cap. de la Norvège, au fond d'un golfe formé par le Skagerrak ; 467 441 h. Centre administratif et industriel. Port actif. Château d'Akershus (v. 1300 et XVIIᵉ s.). Musées, dont celui de folklore, en plein air, dans l'île de Bygdøy. — Incendiée au XVIIᵉ s., la ville fut rebâtie par Christian IV de Danemark sous le nom de *Christiania.* Capitale de la Norvège indépendante en 1905, elle reprit son nom d'Oslo en 1925.

Oslo *(accord d')* → ***Washington*** *(accord de).*

OSMAN Iᵉʳ Gazi (Söğüt v. 1258 - ? 1326), fondateur de la dynastie ottomane.

OSMOND (Floris), métallurgiste français (Paris 1849 - Saint-Leu 1912), l'un des fondateurs de la métallographie en France, avec Charpy et Le Chatelier.

OSNABRÜCK, v. d'Allemagne (Basse-Saxe) ; 161 317 h. Monuments d'époque gothique. La ville fut le siège, en même temps que Münster, des négociations de la paix de Westphalie (1644-1648), qui mit fin à la guerre de Trente Ans.

OSNY (95520), ch.-l. de c. du Val-d'Oise ; 12 346 h.

OSORNO, v. du Chili méridional ; 128 709 h.

OSQUES, peuple de l'Italie ancienne, dans l'Apennin central. Établis en Campanie vers la fin du Vᵉ s. av. J.-C., les Osques furent soumis par les Samnites vers la fin du IIIᵉ s. av. J.-C. Leur langue a profondément influencé le latin.

OSSA, montagne de Thessalie (1 978 m).

OSSAU *(vallée d'),* vallée des Pyrénées, parcourue par le *gave d'Ossau* (branche mère du gave d'Oloron) [80 km].

Osservatore Romano (L'), quotidien du Vatican, fondé en 1861.

OSSÈTES, peuple de langue iranienne du Caucase central, habitant la *République d'Ossétie du Nord* (Russie) [637 000 h. Cap. *Vladikavkaz*] et l'*Ossétie du Sud* (Géorgie) [99 000 h. Cap. *Tskhinvali*]. Des combats opposent, depuis 1991, les Géorgiens aux Ossètes du Sud, qui aspirent à leur réunification avec les Ossètes du Nord.

OSSIAN, barde écossais légendaire du IIIᵉ s. Sous son nom, le poète James Macpherson (Ruthven, Inverness, 1736 - Belville, Inverness, 1796) publia en 1760 des *Fragments de poésie ancienne,* traduits du gaélique et de l'erse, et dont l'influence fut considérable sur la littérature romantique.

OSSUN [ɔsœ̃] (65380), ch.-l. de c. des Hautes-Pyrénées ; 2 092 h. Aéronautique. Aéroport.

OSTENDE, en néerl. **Oostende,** v. de Belgique, ch.-l. d'arr. de la Flandre-Occidentale, sur la mer du Nord ; 68 500 h. Station balnéaire. Port. Musée des Beaux-Arts et musée provincial d'Art moderne ; maison de J. Ensor.

OSTIAKS → ***Ostyaks.***

OSTIE, station balnéaire sur le site du port de la Rome antique (auj. comblé), près de l'embouchure du Tibre. D'abord port militaire (IIIᵉ s. av. J.-C.), Ostie fut sous l'Empire un grand port de commerce par où passait tout le ravitaillement de Rome. Importants vestiges antiques (IVᵉ s. av. J.-C. - IVᵉ s. apr. J.-C.) qui témoignent de l'urbanisme romain.

OSTRAVA, v. de la République tchèque (Moravie), sur l'Odra ; 327 553 h. Centre houiller et métallurgique.

OSTRICOURT (59162), comm. du Nord ; 6 096 h.

OSTROGORSKI (Georgije), historien yougoslave (Saint-Pétersbourg 1902 - Belgrade 1976), spécialiste de Byzance.

OSTROGOTHS, anc. peuple germanique constituant l'une des grandes fractions des Goths. Le royaume qu'ils avaient constitué de part et d'autre du Dniepr fut détruit par les Huns vers 375. La mort d'Attila (453) fit renaître leur puissance. Fédérés à Rome, dominant une partie des Balkans, ils pénétrèrent en Italie avec Théodoric en 489. Devenu seul maître de l'Italie, roi en 493, celui-ci s'installa à Ravenne. Après sa mort (526), son royaume ne put résister à la reconquête byzantine et disparut en 555.

OSTROŁĘKA, v. de Pologne, sur le Narew ; 51 800 h. Victoire des Français sur les Russes en 1807. Victoire des Russes sur les Polonais insurgés (1831).

OSTROVSKI (Aleksandr Nikolaïevitch), auteur dramatique russe (Moscou 1823 - Chtchelykovo 1886), fondateur du répertoire national (*Entre amis, on s'arrangera,* 1850).

OSTROVSKI (Nikolaï Alekseïevitch), écrivain russe (Vilia, Volhynie, 1904 - Moscou 1936), l'un des modèles du réalisme socialiste (*Et l'acier fut trempé,* 1932-1935).

OSTWALD (67540), comm. du Bas-Rhin ; 10 211 h.

OSTWALD (Wilhelm), chimiste allemand (Riga 1853 - Grossbothen, près de Leipzig, 1932). Il obtint le prix Nobel en 1909 pour ses travaux sur les électrolytes et la catalyse.

OSTYAKS ou **OSTIAKS,** peuple finno-ougrien de la Sibérie occidentale.

OŚWIĘCIM → ***Auschwitz.***

OTAKAR II ou **OTTOKAR PŘEMYSL** (1230 - près de Dürnkrut 1278), roi de Bohême (1253-1278). Il s'empara de l'Autriche (1251) et brigua la couronne impériale. Il fut évincé par Rodolphe de Habsbourg (1273), qui le vainquit et le tua.

O. T. A. N. (Organisation du traité de l'Atlantique Nord), traité d'alliance signé à Washington le 4 avril 1949 par la Belgique, le Canada, le Danemark, les États-Unis, la France, la Grande-Bretagne, l'Islande, l'Italie, le Luxembourg, la Norvège, les Pays-Bas et le Portugal, rejoints en 1952 par la Grèce (qui s'est retirée de son organisation militaire de 1974 à 1980) et la Turquie, en 1955 par l'Allemagne fédérale et en 1982 par l'Espagne. La France a quitté l'organisation militaire de l'O. T. A. N. en 1966 (réintégrant toutefois certaines de ses structures en 1995). Après la dissolution du pacte de Varsovie (1991), le Conseil de coopération nord-atlantique (COCONA) est créé, dans le but d'établir des liens de confiance avec les États de l'Europe de l'Est et ceux issus de l'ex-U.R.S.S. En 1994, l'O.T.A.N. signe avec ces pays des accords de partenariat pour la paix. En 1995, l'Organisation est chargée du commandement de la force d'application de la paix (IFOR) dans l'ex-Yougoslavie.

OTARU, port du Japon (Hokkaidō) ; 163 211 h.

O. T. A. S. E. (Organisation du traité de l'Asie du Sud-Est), alliance défensive conclue à Manille le 8 sept. 1954 entre l'Australie, les États-Unis, la France, la Grande-Bretagne, la Nouvelle-Zélande, le Pakistan, les Philippines et la Thaïlande. Elle fut dissoute en 1977.

Otello, opéra en 3 actes de Rossini sur un livret italien du comte Berio, tiré de l'*Othello* de Shakespeare (1816). — Drame lyrique en 4 actes de G. Verdi sur un livret d'Arrigo Boito, d'après Shakespeare (1887).

OTHE *(pays* ou *forêt d'),* massif boisé du Bassin parisien, au sud-ouest de Troyes.

Othello *ou* **le Maure de Venise,** drame en cinq actes de Shakespeare (v. 1604). Othello, général maure au service de Venise, est aimé de Desdémone, qu'il étouffe dans un accès de jalousie, provoqué par la ruse du traître Iago.

OTHON (Ferentinum 32 apr. J.-C. - Brixellum 69), empereur romain en 69 après la mort de Galba. Il fut vaincu à Bedriac par les légions de Vitellius et se tua.

OTHON → ***Otton.***

Otopeni, aéroport de Bucarest.

OTRANTE, v. de l'Italie méridionale (Pouille), sur le *canal d'Otrante* (qui joint l'Adriatique et la mer Ionienne) ; 5 152 h. Cathédrale remontant au XIᵉ s.

ŌTSU, v. du Japon (Honshū) ; 260 018 h.

OTTAWA, cap. fédérale du Canada (Ontario) depuis 1867, sur la *rivière des Outaouais (Ottawa River),* affl. de g. du Saint-Laurent (1 120 km) ; 313 987 h. (750 710 dans l'agglomération). Centre administratif et culturel avec quelques

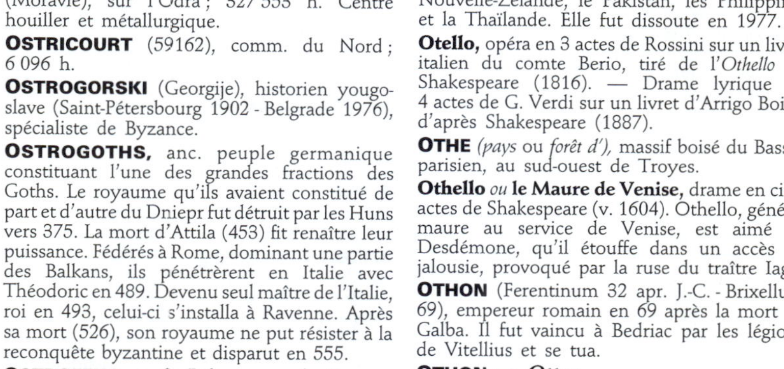

Un aspect d'**Ottawa.**

industries (imprimerie, édition, télécommunications). Musées.

Ottawa *(accords d')* [1932], série de traités commerciaux signés par le Royaume-Uni, les dominions et l'Inde, à la suite de la conférence d'Ottawa. Ils favorisaient, par le jeu des tarifs douaniers, les échanges commerciaux à travers les divers pays du Commonwealth.

OTTERLO, section de la comm. d'Ede (Pays-Bas). Dans le parc de la haute Veluwe, musée Kröller-Müller (peintures, notamment de Van Gogh ; parc de sculptures modernes).

OTTIGNIES-LOUVAIN-LA-NEUVE, comm. de Belgique (Brabant wallon) ; 22 816 h. Université.

OTTMARSHEIM (68490), comm. du Haut-Rhin ; 1 901 h. Centrale hydroélectrique sur le grand canal d'Alsace. Port fluvial. Métallurgie. Chimie. Église octogonale du XIe s.

OTTO (Nikolaus), ingénieur allemand (Holzhausen 1832 - Cologne 1891). Il mit au point le moteur à quatre temps (1876).

OTTO (Rudolf), philosophe et historien des religions allemand (Peine 1869 - Marburg 1937). Il a appliqué l'analyse phénoménologique au sentiment religieux (*le Sacré,* 1917).

OTTOBEUREN, v. d'Allemagne (Bavière), dans les Préalpes de l'Allgäu ; 7 525 h. Abbaye bénédictine fondée au VIIIe s., reconstruite en style baroque au XVIIIe s. (abbatiale de J. M. Fischer, richement décorée).

OTTOKAR → *Otakar.*

OTTOMAN *(Empire),* ensemble des territoires sur lesquels le sultan ottoman exerçait son autorité.

La formation et l'apogée. V. 1299 : Osman se rend indépendant des Seldjoukides. 1326 : Orhan conquiert Brousse dont il fait sa capitale. 1354 : il prend pied en Europe à Gallipoli. 1359-1389 : Murad Ier conquiert Andrinople, la Thrace, la Macédoine et la Bulgarie. 1402 : Bayezid Ier (1389-1403) est défait par Tīmūr Lang (Tamerlan). 1413-1421 : Mehmed Ier reconstitue l'Empire anatolien. 1421-1451 : Murad II reprend l'expansion en Europe. 1453 : Mehmed II (1451-1481) conquiert Constantinople, qui devient une des métropoles de l'islam. 1454-1463 : il soumet la Serbie et la Bosnie. 1475 : il vassalise la Crimée. 1512-1520 : Selim Ier conquiert l'Anatolie orientale, la Syrie, l'Égypte. Le dernier calife abbasside se rend à Constantinople. Les sultans ottomans portent à partir du XVIIIe s. le titre de calife. 1520-1566 : Soliman le Magnifique établit sa domination sur la Hongrie après la victoire de Mohács (1526), sur l'Algérie, la Tunisie et la Tripolitaine, et assiège Vienne (1529). L'Empire est à son apogée.

La stagnation et le déclin. 1570-1571 : la conquête de Chypre est suivie du désastre de Lépante. 1669 : la Crète est conquise. 1683 : l'échec devant Vienne entraîne la formation d'une ligue contre les Turcs (Autriche, Venise, Pologne, Russie). 1699 : le traité de Karlowitz marque le premier recul des Ottomans. 1718 : le traité de Passarowitz consacre la victoire autrichienne. 1774 : celui de Kutchuk-Kaïnardji entérine l'ascension de l'Empire russe. 1808-1839 : Mahmud II supprime les janissaires (1826) mais il doit reconnaître l'indépendance de la Grèce (1830) et accepter la conquête de l'Algérie par la France. 1839 : Abdülmecid (1839-1861) promulgue le rescrit qui ouvre l'ère des réformes, le *Tanzimat* (1839-1876). 1840 : l'Égypte devient autonome. 1856 : le congrès de Paris place l'Empire sous la garantie des Puissances. 1861-1909 : sous Abdülaziz (1861-1876) et Abdülhamid II (1876-1909), l'endettement de l'Empire entraîne une plus grande ingérence des Occidentaux. Le sultan perd la Serbie, la Roumanie, la Tunisie et la Bulgarie. 1909 : les Jeunes-Turcs prennent le pouvoir. 1912-13 : à la suite des guerres balkaniques, les Ottomans ne conservent plus en Europe que la Thrace orientale. 1914 : l'Empire s'engage dans la Première Guerre mondiale aux côtés de l'Allemagne. 1918-1920 : après l'armistice de Moúdhros, il est morcelé et occupé par les Alliés, qui imposent le traité de Sèvres. 1922 : Mustafa Kemal abolit le sultanat. 1924 : il supprime le califat. (V. ***Turquie.***)

OTTOMANS, dynastie de souverains turcs issus d'Osman qui régnèrent sur l'Empire ottoman.

OTTON Ier le Grand (912 - Memleben 973), roi de Germanie (936-973), roi d'Italie (951/961-973), premier empereur du Saint Empire romain germanique (962-973), fils d'Henri Ier. Maître en Allemagne, il se tourna vers l'Italie pour réaliser son idéal de reconstitution de l'Empire carolingien. Il arrêta les Hongrois au

Otton Ier le Grand et son épouse Édith (effigies présumées) [cathédrale de Magdebourg]

Lechfeld (955) et reçut la couronne impériale des mains de Jean XII (962), fondant ainsi le Saint Empire romain germanique. — **Otton II** (955 - Rome 983), fils du précédent, roi de Germanie (961-973), empereur germanique (973-983). Il fut battu par les musulmans au cap Colonne (982). — **Otton III** (980 - Paterno 1002), roi de Germanie (983), empereur germanique (996-1002), fils d'Otton II. Il transféra le siège de son gouvernement à Rome et, influencé par le savant français Gerbert, dont il fit le pape Sylvestre II, il rêva d'établir un empire romain universel et chrétien. — **Otton IV de Brunswick** (en Normandie 1175 ou 1182 - Harzburg, Saxe, 1218), empereur germanique (1209-1218). Excommunié par Innocent III (1210), qui soutenait la candidature de Frédéric II de Hohenstaufen, il fut défait à Bouvines (juill. 1214) par Philippe Auguste, et ne conserva en fait que le Brunswick.

OTTON Ier (Salzbourg 1815 - Bamberg 1867), roi de Grèce (1832-1862), fils de Louis Ier de Bavière. Il dut abdiquer en 1862.

OTWAY (Thomas), auteur dramatique anglais (Trotton 1652 - Londres 1685). Il garde, dans une construction inspirée des classiques français, la puissance du théâtre élisabéthain (*Venise sauvée,* 1682).

ÖTZTAL, massif des Alpes autrichiennes, dans le Tyrol ; 3 774 m.

O. U. A. (Organisation de l'unité africaine), organisation intergouvernementale, créée en 1963, destinée à renforcer l'unité, la solidarité et la stabilité des États africains indépendants.

OUADDAÏ ou **OUADAÏ,** région du Tchad, à l'est du lac Tchad.

OUAD-MÉDANI, v. du Soudan, sur le Nil bleu ; 141 000 h.

OUAGADOUGOU, cap. du Burkina ; 248 000 h.

OUARGLA → *Wargla.*

OUARSENIS, massif d'Algérie, au sud du Cheliff ; 1 985 m.

OUARZAZATE, v. du Maroc, ch.-l. de prov. ; 17 000 h. Tourisme.

OUBANGUI, riv. de l'Afrique équatoriale, affl. du Zaïre (r. dr.) ; 1 160 km.

OUBANGUI-CHARI, anc. territoire de l'Afrique-Équatoriale française, constituant auj. la République centrafricaine.

Ou bien... ou bien, œuvre de Kierkegaard (1843), dans laquelle l'auteur analyse les fondements éthique et esthétique de l'existence.

OUCHE *(pays d'),* région de Normandie, parcourue par la Risle.

OUDENAARDE, en fr. **Audenarde,** v. de Belgique, ch.-l. d'arr. de la Flandre-Orientale, sur l'Escaut ; 27 162 h. Textile. Brasserie. Hôtel de ville gothique (1526) et autres monuments. Musée. Production de tapisseries aux XVe-XVIIIe s. Défaite du duc de Vendôme devant le Prince Eugène et Marlborough (1708).

OUDH → *Aoudh.*

OUDINOT (Nicolas Charles), *duc* **de Reggio,** maréchal de France (Bar-le-Duc 1767 - Paris 1847). Il se distingua à Austerlitz, Friedland, Wagram et Bautzen. — Son fils **Nicolas Charles Victor,** général (Bar-le-Duc 1791 - Paris 1863), rétablit le pouvoir du pape à Rome en 1849.

OUDMOURTES ou **VOTYAKS,** peuple finno-ougrien habitant, sur la Kama, la *République d'Oudmourtie* (Russie) [1 609 000 h. Cap. *Ijevsk*].

OUDONG, localité du Cambodge, près du Mékong (prov. de Kompong Speu). Anc. cap. du royaume du Cambodge. Nécropole royale.

OUDRY (Jean-Baptiste), peintre et dessinateur français (Paris 1686 - Beauvais 1755). Principalement animalier, il devint peintre des chiens et des chasses du roi (1726). Directeur artistique des manufactures de Beauvais (1734) et des Gobelins, il influença l'évolution de la tapisserie.

OUED (El-) → *Wad* *(El-).*

OUED-ZEM, v. du Maroc ; 59 000 h.

OUENZA → *Wanza* *(djebel El-).*

OUESSANT, île de Bretagne, constituant un canton du Finistère correspondant à la seule comm. d'Ouessant (29242) ; 15 km² ; 1 081 h. *(Ouessantins).* Élevage ovin.

Ouest-France, quotidien régional français, créé à Rennes en 1944, qui a le plus fort tirage national.

OUEZZANE, v. du Maroc, près du Sebou ; 40 000 h.

OUFA, v. de Russie, cap. de la Bachkirie, au confluent de la Bielaïa et de l'*Oufa* (918 km) ; 1 083 000 h. Raffinage du pétrole.

OUGANDA, État de l'Afrique orientale ; 237 000 km² ; 18 700 000 h. *(Ougandais).* CAP. *Kampala.* LANGUE : *anglais.* MONNAIE : *shilling ougandais.* Au nord du lac Victoria, l'Ouganda est un pays de plateaux, couverts de savanes, dont l'élevage, le coton, le thé et surtout le café constituent les principales ressources.

HISTOIRE

La population de l'actuel Ouganda résulte du métissage ancien de Bantous et de populations nilotiques. XVIe-XIXe s. : ces populations constituent de petits États faiblement structurés. 1856-1884 : Mutesa, roi, ou *kabaka,* du Buganda, accueille favorablement les Européens. 1894 : malgré l'attitude plus réticente de son fils Mwanga, qui lutte contre les influences religieuses étrangères, musulmanes et chrétiennes, la Grande-Bretagne établit son protectorat sur l'Ouganda. 1953-1955 : le *kabaka* Mutesa II, qui réclame l'indépendance pour le Buganda, est déporté en Grande-Bretagne. 1962 : l'Ouganda, qui regroupe le Buganda, le Bunyoro, l'Ankole, le Toro et le Busoga, devient un État fédéral indépendant, avec à sa tête (1963) Mutesa. 1966 : Milton Obote succède à Mutesa par un coup d'État et met fin à la fédération des royaumes. 1967 : la république est proclamée. 1971 : un nouveau coup d'État amène au pouvoir le général Idi Amin Dada, qui instaure un régime tyrannique. 1979 : aidée par l'armée tanzanienne, l'opposition prend le pouvoir avec Yusuf Lule, bientôt éliminé par Godefrey Binaisa. 1980 : Obote retrouve le pouvoir à la faveur d'élections contestées. 1985-86 : après plusieurs années d'anarchie, de rébellions tribales et de répression, deux coups d'État se succèdent. Le dernier porte au pouvoir Yoweri Museveni. À partir de 1993 : le pays connaît un certain redressement économique. 1995 : une nouvelle Constitution est adoptée, qui maintient une démocratie autoritaire.

OUGARIT ou **UGARIT,** cité antique de la côte syrienne, à 16 km au nord de Lattaquié, sur le tell de Ras Shamra. Agglomération fondée v. 6000 av. J.-C., ce fut un important centre commercial et culturel au IIe millénaire, détruit vers le XIIe s. av. J.-C. par les Peuples de la Mer.

Dégagés, quartiers d'habitations, palais, et temples ont livré des textes littéraires et des archives, parmi lesquels des spécimens d'écriture alphabétique phénicienne.

OUGRÉE, banlieue de Liège. Métallurgie.

OUÏGOURS, tribu turque qui domina l'empire de Mongolie de 745 env. à 840. Aujourd'hui, les Ouïgours constituent la population majoritaire du Xinjiang.

OUISTREHAM (14150), ch.-l. de c. du Calvados ; 6 734 h. Station balnéaire.

OUJDA, v. du Maroc, ch.-l. de prov. près de la frontière algérienne ; 260 000 h.

OULAN-BATOR, anc. **Ourga,** cap. de la Mongolie, sur la Tola ; 470 000 h.

OULAN-OUDE, v. de Russie, cap. de la Bouriatie ; 353 000 h.

OULED NAÏL *(monts des),* massif de l'Algérie méridionale, dans l'Atlas saharien, habité par des tribus du même nom.

OULIANOVSK → ***Simbirsk.***

Oulipo (OUvroir de LIttérature POtentielle), groupe d'écrivains créé par François Le Lionnais et Raymond Queneau en 1960, et qui constitue un atelier de littérature expérimentale.

OULLINS (69600), ch.-l. de c. du Rhône, banlieue de Lyon ; 26 400 h.

OULU, port de Finlande, sur le golfe de Botnie ; 96 000 h.

OUM ER-REBIA, fl. du Maroc occidental, coupé de barrages, tributaire de l'Atlantique ; 556 km.

OUM KALSOUM → ***Umm Kulthūm.***

OUOLOF ou **WOLOF,** peuple du Sénégal et de la Gambie, parlant une langue nigéro-congolaise.

OUPEYE, comm. de Belgique (prov. de Liège) ; 23 257 h.

OUR ou **UR,** cité antique de la basse Mésopotamie, et, selon la Bible, patrie d'Abraham. La période historique commence au IIIe millénaire avec les deux premières dynasties d'Our, à la puissance desquelles vint mettre fin l'empire d'Akkad (v. 2325-v. 2200). La IIIe dynastie d'Our (2111-v. 2003) étend son empire sur toute la Mésopotamie. Mais, ruinée par les Amorrites et les Élamites, elle ne retrouva plus son prestige. D'innombrables trésors (British Museum et musée de Bagdad) ont été recueillis dans les ruines (ziggourat, palais, etc.) et dans la nécropole de 60 ha, au cours de fouilles menées depuis 1919.

OURAL, fl. de Russie et du Kazakhstan, qui naît dans l'Oural et rejoint la Caspienne ; 2 428 km (bassin de 231 000 km²).

OURAL, chaîne de montagnes de Russie, qui s'étend du nord au sud sur 2 000 km et constitue une traditionnelle limite entre l'Europe et l'Asie ; 1 894 m. La richesse du sous-sol de la montagne et de sa bordure (fer, charbon, pétrole, etc.) a fait de la région l'un des grands foyers industriels de Russie (sidérurgie et métallurgie, industries chimiques), parsemé de grandes villes (Iekaterinbourg, Tcheliabinsk, Magnitogorsk, Oufa, Perm, etc.).

OURALSK, v. du Kazakhstan, sur l'Oural ; 200 000 h.

OURANOS, dieu grec personnifiant le Ciel. Il joue un grand rôle dans la théogonie d'Hésiode et dans l'orphisme.

OURARTOU, royaume de l'Orient ancien (IXe-VIIe s. av. J.-C.), dont le centre était le bassin du lac de Van, en Arménie. Rival des Assyriens au VIIIe s. av. J.-C., il fut affaibli par les invasions cimmériennes ; devenu protectorat assyrien, il fut finalement occupé par les Arméniens (VIIe s. av. J.-C.). Citadelles en ruine, bronzes, peintures murales et poteries témoignent de l'originalité de sa civilisation, malgré des influences assyriennes et scythes.

OURCQ, riv. de France, née dans le dép. de l'Aisne, qui se jette dans la Marne (r. dr.) et communique avec la Seine par le *canal de l'Ourcq* (108 km) ; 80 km. Victoire de Maunoury sur les Allemands de A. von Kluck (sept. 1914).

OURGA → ***Oulan-Bator.***

OURMIA, anc. **Rezāye,** v. du nord-ouest de l'Iran, sur le *lac d'Ourmia ;* 164 000 h.

OURO PRETO, v. du Brésil (Minas Gerais) ; 62 483 h. Ville d'art (églises baroques du XVIIIe s.).

OUROUK, cité antique de la basse Mésopotamie. Le légendaire Gilgamesh aurait été son premier roi (v. 2700). L'apogée de la puissance d'Ourouk se situe entre 2375 et 2350 env. Elle a toujours été un grand centre religieux. Les vestiges des temples, les premières rondes-bosses, une glyptique remarquable, etc., ont été découverts dans les tells de cette cité, qui fut l'un des creusets de la civilisation urbaine et où apparut, dès la fin du IVe millénaire, le premier exemple d'écriture pictographique.

OUROUMTSI, en chin. **Wulumuqi,** v. de Chine, cap. du Xinjiang ; 947 000 h.

OURS *(grand lac de l'),* lac du Canada septentrional (Territoires du Nord-Ouest) ; 31 100 km².

OURSE *(Grande* et *Petite),* nom de deux constellations boréales voisines du pôle céleste Nord, appelées aussi *Grand Chariot* et *Petit Chariot.* La Petite Ourse renferme l'*étoile Polaire,* très voisine du pôle ; cette étoile se trouve à peu près dans le prolongement d'une ligne joignant les deux étoiles qui représentent les roues arrière du Grand Chariot, et à une distance égale à cinq fois celle de ces deux étoiles.

OURTHE, riv. de Belgique, qui se jette dans la Meuse (r. dr.) à Liège ; 165 km.

OUSMANE DAN FODIO, lettré musulman (Marata 1754 - ? 1817), fondateur de l'Empire peul du Sokoto. Il déclara en 1804 la guerre sainte *(djihad)* et se rendit maître des cités haoussa.

OUSSOURI, affl. de l'Amour (r. dr.), long de 897 km, frontière entre la Chine et la Russie.

OUSSOURISK, v. de Russie, au nord de Vladivostok ; 162 000 h. Carrefour ferroviaire.

OUST, riv. de Bretagne, affl. de la Vilaine (r. dr.) ; 155 km.

Oustacha, société secrète croate, fondée en 1929. Elle organisa l'attentat contre Alexandre Ier (1934). Ses membres, les *Oustachi,* dirigèrent l'État croate indépendant (1941-1945), allié aux puissances de l'Axe.

OUSTIOURT, plateau désertique de l'Asie centrale (Kazakhstan et Ouzbékistan), situé entre les mers Caspienne et d'Aral.

OUST-KAMENOGORSK, v. du Kazakhstan ; 324 000 h. Métallurgie.

OUTAOUAIS → ***Ottawa.***

OUTARVILLE (45480), ch.-l. de c. du Loiret ; 1 316 h. Batteries.

OUTREAU (62230), ch.-l. de c. du Pas-de-Calais, banlieue de Boulogne-sur-Mer ; 15 414 h. Métallurgie.

OUTRE-MER *(France d'),* ensemble des régions françaises dispersées dans le monde et comprenant quatre départements d'outre-mer (D. O. M.) [Guadeloupe, Guyane, Martinique, Réunion], quatre territoires d'outre-mer (T. O. M.) [Nouvelle-Calédonie, Polynésie française, Terres australes et antarctiques françaises, Wallis-et-Futuna], Saint-Pierre-et-Miquelon, l'île de Mayotte et quelques îlots de l'océan Indien et du Pacifique.

OUTREMONT, v. du Canada (Québec), dans l'agglomération de Montréal ; 22 935 h.

OUVÉA → ***Uvéa.***

OUVRARD (Gabriel Julien), homme d'affaires français (près de Clisson 1770 - Londres 1846). Soumissionnaire des fournitures de l'armée du Directoire à la Restauration, banquier de Napoléon, il fut plusieurs fois disgracié et emprisonné pour bénéfices frauduleux.

OUYANG XIU ou **NGEOU-YANG SIEOU,** écrivain et haut fonctionnaire chinois (Luling 1007 - Yingzhou 1072), un des plus grands poètes de la dynastie Song.

OUZBÉKISTAN, État de l'Asie centrale, entre le Turkménistan et le Kazakhstan ; 447 000 km² ; 21 700 000 h. *(Ouzbeks).* CAP. *Tachkent.* V. pr. *Samarkand, Boukhara.* LANGUE : *ouzbek.* MONNAIE : *soum.*

GÉOGRAPHIE

Du pourtour de la mer d'Aral aux montagnes du Tian Shan et du Pamir, le pays est, pour près des trois quarts, peuplé d'Ouzbeks de souche. Le climat est souvent aride, mais l'irrigation permet la production de coton, de fruits et de vins, à côté de l'élevage (bovins et surtout ovins). Le sous-sol recèle du cuivre, du charbon, du pétrole et principalement du gaz naturel. *(V. carte p.1570.)*

HISTOIRE

1918 : une république autonome du Turkestan, rattachée à la république de Russie, est créée dans la partie occidentale de l'Asie centrale conquise par les Russes à partir des années 1860. 1924 : la république socialiste soviétique d'Ouzbékistan est instaurée sur le territoire de la république du Turkestan et de la majeure partie des anciens khanats de Boukhara et de Khiva (Khārezm). 1929 : le Tadjikistan s'en sépare pour former une république fédérée de l'U. R. S. S. 1936 : la république autonome de Karakalpakie est rattachée à l'Ouzbékistan.

1990 : les communistes remportent les premières élections républicaines libres. 1991 : le Soviet suprême proclame l'indépendance de l'Ouzbékistan (août), qui adhère à la C.E.I. Islam Karimov est élu à la présidence de la République.

OUZBEKS, peuple turc et musulman de l'Asie centrale habitant principalement l'Ouzbékistan et l'Afghanistan.

OUZOUER-LE-MARCHÉ [uzwe-] (41240), ch.-l. de c. de Loir-et-Cher ; 1 452 h.

OUZOUER-SUR-LOIRE (45570), ch.-l. de c. du Loiret ; 2 334 h.

OVERIJSE, comm. de Belgique (Brabant flamand) ; 23 028 h. Monuments anciens.

OVERIJSSEL, prov. de l'est des Pays-Bas ; 1 045 000 h. ; ch.-l. *Zwolle.*

OVIDE, en lat. **Publius Ovidius Naso,** poète latin (Sulmona 43 av. J.-C. - Tomes, auj. Constanţa, Roumanie, 17 ou 18 apr. J.-C.). Auteur favori de la société mondaine des débuts de l'Empire, par ses poèmes légers ou mythologiques *(l'Art d'aimer, les Héroïdes, les Métamorphoses, les Fastes),* il fut banni pour une raison restée mystérieuse, et mourut en exil malgré les supplications de ses dernières élégies *(les Tristes, les Pontiques).*

OVIEDO, v. d'Espagne, cap. de la communauté autonome des Asturies ; 196 051 h. Université. Centre administratif et industriel. Monuments du IXe s. du mont Naranco. Cathédrale gothique. Musée.

OWEN (*sir* Richard), naturaliste britannique (Lancaster 1804 - Londres 1892). Il étudia les animaux vertébrés actuels et fossiles.

OWEN (Robert), théoricien socialiste britannique (Newtown 1771 - *id.* 1858). Riche manufacturier, il créa les premières coopératives de consommation et s'intéressa au trade-unionisme naissant. Ses idées ont imprégné le mouvement chartiste.

OWENS (James **Cleveland,** dit **Jesse**), athlète américain (Danville, Alabama, 1913 - Tucson 1980), quadruple champion olympique (100 m, 200 m, relais 4 × 100 m, saut en longueur) à Berlin, en 1936.

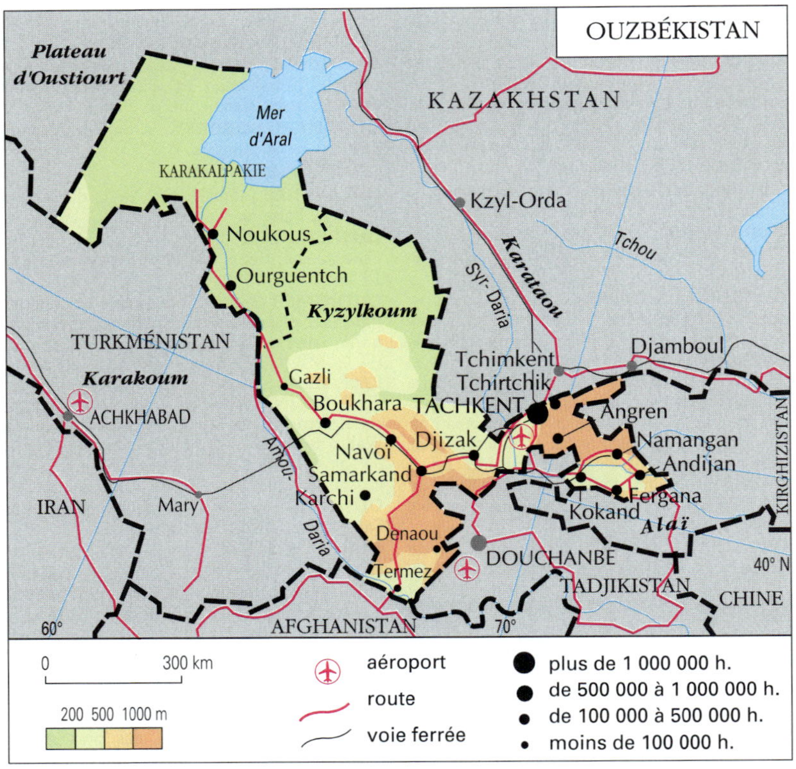

OXENSTIERNA (Axel), *comte* **de Södermöre,** homme d'État suédois (Fånö 1583 - Stockholm 1654). Chancelier (1612), il fut le conseiller du roi Gustave-Adolphe et le chef du Conseil de régence de la reine Christine (1632). Il imposa au Danemark le traité de Brömsebro (1645).

OXFORD, v. de Grande-Bretagne (Angleterre), au confl. de la Tamise et du Cherwell, ch.-l. de l'*Oxfordshire ;* 109 000 h. *(Oxoniens* ou *Oxfordiens).* Ville pittoresque grâce à ses nombreux collèges. Cathédrale romane et gothique. Musées. L'université d'Oxford a été fondée au XIIe s.

Oxford *(mouvement d'),* mouvement ritualiste, né à l'université d'Oxford au XIXe s. et qui porta des clergymen à rénover l'Église anglicane établie. Les uns, comme Edward Pusey et John Keble, lui restèrent fidèles ; d'autres, comme Newman, passèrent à l'Église romaine.

Oxford *(provisions* ou *statuts d')* [10 juin 1258], conditions imposées à Henri III à Oxford par les barons anglais menés par Simon de Montfort. Elles confirmaient la Grande Charte et exigeaient la réunion du Parlement trois fois par an. Les statuts d'Oxford furent supprimés par Henri III dès 1266.

OXUS → ***Amou-Daria.***

ŌYAMA IWAO, maréchal japonais (Kagoshima 1842 - Tōkyō 1916). Victorieux de la Chine à Port-Arthur (1894), il commanda en chef pendant la guerre russo-japonaise (1904-05).

OYAPOCK ou **OYAPOC,** fl. de Guyane, tributaire de l'Atlantique, entre la Guyane française et le Brésil ; 370 km.

OYASHIO, courant froid du Pacifique, longeant les côtes nord-est de l'Asie.

OYO, v. du sud-ouest du Nigeria ; 152 000 h.

OYONNAX [ɔjɔna] (01100), ch.-l. de c. de l'Ain ; 23 992 h. *(Oyonnaxiens).* Centre de l'industrie des matières plastiques et de la lunetterie.

ÖZAL (Turgut), homme politique turc (Malatya 1927 - Ankara 1993). Premier ministre de 1983 à 1989, il a été ensuite président de la République de 1989 à sa mort.

OZANAM (Frédéric), historien et écrivain français (Milan 1813 - Marseille 1853). Auteur de travaux sur Dante et sur les *Poètes franciscains,* ainsi que d'*Études germaniques,* il fut, en 1833, le principal fondateur de la Société Saint-Vincent-de-Paul. Rallié à la république en 1848, il créa avec Lacordaire le journal démocrate-chrétien *l'Ère nouvelle* (1848-49).

OZARK *(monts),* massif des États-Unis, à l'O. du Mississippi. Bauxite.

OZOIR-LA-FERRIÈRE (77330), comm. de Seine-et-Marne ; 19 067 h. Golf.

OZU YASUJIRŌ, cinéaste japonais (Tōkyō 1903 - *id.* 1963). Il débuta par des films comiques avant de s'orienter vers des peintures subtiles et dépouillées de la vie familiale : *Je suis né, mais...* (1932), *Printemps tardif* (1949), *Voyage à Tokyo* (1953), *le Goût du saké* (1962).

P

PABLO (Luis **de**), compositeur espagnol (Bilbao 1930). Fondateur d'un studio de musique électronique à Madrid, il compose beaucoup cependant en gardant les formes et les instruments traditionnels (*Éléphants ivres I à IV, Concerto da Camera, Retratos de la Conquista, Figura en el mar*).

PABST (Georg Wilhelm), cinéaste autrichien (Raudnitz, auj. Roudnice, Rép. tchèque, 1885 - Vienne 1967). Il s'imposa avec *la Rue sans joie* (1925), inaugurant un réalisme social fortement marqué par l'expressionnisme : *Loulou* (1929), *Quatre de l'infanterie* (1930), *l'Opéra de quat' sous* (1931).

P.A.C. (abrév. de politique agricole commune), ensemble des dispositions prises par les institutions de la Communauté européenne en matière agricole (production et fonctionnement des marchés).

PACA, abréviation désignant la Région Provence-Alpes-Côte d'Azur.

PACAUDIÈRE (La) [42310], ch.-l. de c. de la Loire ; 1 189 h.

Pacem in terris [11 avr. 1963], encyclique de Jean XXIII. C'est un appel à « tous les hommes de bonne volonté » en faveur de la paix et de la justice.

PACHE (Jean Nicolas), homme politique français (Paris 1746 - Thin-le-Moutier, Ardennes, 1823). Montagnard, il fut maire de Paris en 1793-94.

PACHECO (Francisco), peintre espagnol (Sanlúcar de Barrameda 1564 - Séville 1654). Portraitiste et théoricien, il fut le maître et le beau-père de Velázquez.

PACHELBEL (Johann), organiste et claveciniste allemand (Nuremberg 1653 - *id.* 1706), auteur de pièces pour clavier, de motets et de cantates.

PACHER (Michael), peintre et sculpteur autrichien (Bruneck, Haut-Adige, v. 1435 - Salzbourg 1498), auteur du retable de l'église de Sankt Wolfgang (Salzkammergut).

PACHTO, PACHTOU ou **PATHAN,** peuple dont la majorité des représentants habitent l'Afghanistan, mais également le Pakistan. Les Pachto sont musulmans en majorité sunnites.

PACHUCA DE SOTO, v. du Mexique, cap. de l'État d'Hidalgo ; 179 440 h.

PACIFIQUE *(océan),* la plus grande masse maritime du globe, entre l'Amérique, l'Asie et l'Australie ; 180 millions de km^2 (la moitié de la superficie occupée par l'ensemble des océans). Il fut découvert par Balboa en 1513 et traversé pour la première fois par Magellan en 1520. De forme grossièrement circulaire, largement ouvert au sud vers l'Antarctique, communiquant avec l'Arctique par l'étroit passage de Béring, parcouru de dorsales dont les sommets sont des îles (Hawaii, Tuamotu, île de Pâques), le Pacifique est bordé au nord et à l'ouest par une guirlande insulaire et volcanique, longeant de profondes fosses marines, et parsemé, entre les tropiques, de constructions coralliennes (atolls, récifs-arrières).

Pacifique *(Centre d'expérimentation du),* organisme aménagé en 1964 à Papeete et comprenant les sites de tir de Mururoa et de Fangataufa, où ont été réalisées, de 1966 à 1996, les expérimentations nucléaires françaises.

Pacifique *(Conseil du),* organisme réunissant les représentants de l'Australie, de la Nouvelle-Zélande et des États-Unis, dit aussi ANZUS, chargé depuis septembre 1951 d'étudier l'évolution politique et les conditions de défense dans le Pacifique. La participation de la Nouvelle-Zélande est suspendue depuis 1985.

Pacifique *(guerre du)* [déc. 1941 - août 1945], ensemble des opérations aéronavales et amphibies qui ont opposé, après Pearl Harbor, le Japon et les États-Unis assistés de leurs alliés. Les épisodes les plus marquants sont les batailles de la mer de Corail (mai 1942), des Midway (juin 1942), de Guadalcanal (août 1942), de Leyte (octobre 1944), d'Iwo Jima (février 1945) et les bombardements atomiques d'Hiroshima et de Nagasaki (6 et 9 août 1945).

PACIOLI (Luca), mathématicien italien (Borgo San Sepolcro 1445 - Rome v. 1510). Algébriste, il a rassemblé l'ensemble des acquis arabes dans la *Summa* (1494). Il a également étudié la section d'or.

PACÔME *(saint)* [en Haute-Égypte 287 - *id.* 347], fondateur, avec saint Antoine, du cénobitisme. Soldat converti au christianisme, il fonda le premier monastère de l'histoire chrétienne à Tabennisi, sur le Nil. Sa règle, traduite en latin par saint Jérôme, a influencé le monachisme occidental.

PACTOLE (le), riv. de Lydie, sur laquelle était bâtie Sardes. Elle roulait des paillettes d'or, origine de la richesse de Crésus.

PACY-SUR-EURE (27120), ch.-l. de c. de l'Eure ; 4 433 h. Électronique. Église du XIIIe s.

PADANG, port d'Indonésie, sur la côte ouest de Sumatra ; 481 000 h.

PADERBORN, v. d'Allemagne (Rhénanie-du-Nord-Westphalie) ; 116 604 h. Résidence fréquente de Charlemagne, qui y réunit la diète de 777. Cathédrale surtout du XIIIe s. (église-halle).

PADEREWSKI (Ignacy), compositeur, pianiste et homme politique polonais (Kuryłowka 1860 - New York 1941). Il fut le premier président du Conseil de la République polonaise en 1919.

PADIRAC (46500), comm. du Lot, sur le causse de Gramat ; 167 h. Gouffre profond de 75 m et rivière souterraine.

PADMA (la), principal bras du delta du Gange.

PADOUE, en ital. **Padova,** v. d'Italie (Vénétie), ch.-l. de prov. ; 215 025 h. *(Padouans).* Évêché. Université. Basilique dite *il Santo,* du XIIIe s. (œuvres d'art), et autres monuments. Fresques de Giotto à la chapelle de l'*Arena.* Musée.

PAÉA, comm. de la Polynésie française (Tahiti) ; 9 052 h.

PAESIELLO → ***Paisiello.***

PAESTUM, v. de l'Italie ancienne, sur le golfe de Salerne. Colonie grecque (VIIe s. av. J.-C.), elle devint romaine en 273 av. J.-C. Monuments antiques, dont plusieurs temples grecs qui comptent parmi les principaux exemples de l'ordre dorique. Musée archéologique (peintures murales du Ve s. av. J.-C., provenant de la nécropole grecque).

PÁEZ (José Antonio), homme politique vénézuélien (Acarigua 1790 - New York 1873). Dictateur (1826), il donna au Venezuela son indépendance effective (1830). Il fut trois fois président de la République, entre 1831 et 1863.

PAGALU → ***Annobón.***

PAGAN, anc. cap. des Birmans (XIe-XIIIe s.), en Birmanie centrale, sur l'Irrawaddy, célèbre par ses milliers de stupas, dits pagodes.

PAGANINI (Niccolo), violoniste italien (Gênes 1782 - Nice 1840). D'une prodigieuse virtuosité, il est l'auteur de *Vingt-Quatre Caprices* (1820) et de concertos pour violon.

PAGNOL (Marcel), écrivain et cinéaste français (Aubagne 1895 - Paris 1974), auteur de comédies *(Topaze, Marius, Fanny),* de recueils de souvenirs *(la Gloire de mon père)* et de films (*Angèle,* 1934 ; *César,* 1936 ; *la Femme du boulanger,* 1938). [Acad. fr.]

PAGNY-SUR-MOSELLE (54530), comm. de Meurthe-et-Moselle ; 4 244 h. Chimie. Constructions électriques.

PAHĀRĪ, peuple du Népal.

PAHLAVI, dynastie qui régna sur l'Iran de 1925 à 1979. Elle fut fondée par Rezā Chāh (1925-1941) à qui succéda son fils Moḥammad Rezā (1941-1979).

PAHOUINS → ***Fang.***

Marcel **Pagnol**

PAIK (Nam Jun-paek, dit **Nam June**), artiste coréen de l'école américaine (Séoul 1932), auteur d'actions et d'environnements faisant intervenir l'électronique (dès les années 60) et la vidéo (*Moon is the oldest TV,* 1976).

Paillasse, personnage de farce de l'ancien théâtre napolitain. En France, bouffon des théâtres forains. Le compositeur Leoncavallo l'a popularisé dans un opéra (1892).

PAIMBŒUF (44560), ch.-l. de c. de la Loire-Atlantique ; 2 928 h. *(Paimblotins).* Métallurgie.

PAIMPOL (22500), ch.-l. de c. des Côtes-d'Armor, sur la *baie de Paimpol ;* 8 251 h. *(Paimpolais).* Tourisme.

PAIMPONT *(forêt de),* forêt de Bretagne (Ille-et-Vilaine), au nord-est de Ploërmel. C'est sans doute la forêt de Brocéliande de la légende.

PAIN DE SUCRE, en port. **Pão de Açúcar,** relief granitique, à l'entrée de la baie de Guanabara à Rio de Janeiro ; 395 m.

PAINE ou **PAYNE** (Thomas), publiciste américain d'origine britannique (Thetford 1737 - New York 1809). Après avoir lutté pour l'indépendance des États-Unis, il se réfugia en France et, naturalisé français, fut nommé membre de la Convention (1792). Mais, emprisonné sous la Terreur, il retourna aux États-Unis.

PAINLEVÉ (Paul), mathématicien et homme politique français (Paris 1863 - *id.* 1933). Spécialiste de l'analyse et de la mécanique, il fut aussi un pionnier en aéronautique. Il fut président du Conseil en 1917 et en 1925.

PAÏOLIVE *(rochers* ou *bois de),* site pittoresque de l'Ardèche, sur le plateau des Vans.

PAIR-NON-PAIR, grotte située sur le territoire de la commune de Prignac-et-Marcamps (Gironde). Gravures pariétales (gravettien et aurignacien).

País (El), quotidien espagnol créé à Madrid en 1976.

PAISIELLO ou **PAESIELLO** (Giovanni), compositeur italien (Tarente 1740 - Naples 1816), auteur d'opéras (*Il Barbiere di Siviglia,* 1782).

PAISLEY, v. de Grande-Bretagne ; 85 000 h. Aéroport de Glasgow. Église du XVe s., anc. abbatiale.

PAIX *(rivière de la),* riv. du Canada, affl. de la riv. de l'Esclave (r. dr.) ; 1 600 km. env. Aménagement hydroélectrique.

PAJOU (Augustin), sculpteur français (Paris 1730 - *id.* 1809). Artiste officiel, bon portraitiste, il perpétue jusqu'à une date tardive la grâce classique du milieu du XVIIIe s. (*Psyché abandonnée,* marbre de 1790, Louvre).

PAKANBARU, v. d'Indonésie, dans l'intérieur de Sumatra ; 186 000 h.

PA KIN → ***Ba Jin.***

PAKISTAN, État de l'Asie méridionale ; 803 000 km² ; 122 400 000 h. *(Pakistanais).* CAP. *Islāmābād.* V. pr. *Karāchi* et *Lahore.* LANGUES : *urdu* et *anglais.* MONNAIE : *roupie pakistanaise.*

GÉOGRAPHIE

Les secteurs irrigués du Sud et surtout du Nord-Est (Pendjab), correspondant à la plaine alluviale de l'Indus et de ses affluents, constituent les parties vitales du Pakistan, fournissant du blé, du sorgho, du riz et du coton (principal produit d'exportation et base de la seule industrie notable, le textile). Le pourtour est surtout formé de montagnes peu peuplées (Baloutchistan à l'ouest, partie de l'Hindū Kūch au nord). Les problèmes économiques (endettement important) s'ajoutent à la tension persistante avec l'Inde.

HISTOIRE

1940 : Ali Jinnah réclame la création d'un État regroupant les musulmans du sous-continent indien. 1947 : lors de l'indépendance et de la partition de l'Inde, le Pakistan est créé. Il est constitué de deux provinces : le *Pakistan occidental* et le *Pakistan oriental,* formés respectivement par les anciens territoires du Sind, du Baloutchistan, du Pendjab oriental et de la Province du Nord-Ouest d'une part, du Bengale oriental d'autre part. Ali Jinnah est son premier gouverneur général. 1947-1949 : un conflit oppose l'Inde au Pakistan à propos du Cachemire. 1956 : la Constitution établit la République islamique du Pakistan, fédération des deux provinces qui la constituent. Iskander Mirza est son premier président. 1958 : la loi martiale est instaurée. Ayyūb Khān s'empare du pouvoir et devient président de la République. 1962 : il fait adopter une Constitution de type présidentiel. 1965 : une deuxième guerre indo-pakistanaise éclate. 1966 : Mujibur Rahman, chef de la ligue Awami, réclame l'autonomie du Pakistan oriental. 1969 : le général Yaḥyā Khān succède au maréchal Ayyūb Khān. 1971 : le Pakistan oriental fait sécession et devient le Bangladesh. L'Inde intervient militairement pour le soutenir. 1971-1977 : Ali Bhutto met en œuvre le « socialisme islamique ». L'agitation conservatrice et religieuse se développe. 1977 : un coup d'État renverse Ali Bhutto. 1978 : le général Zia ul-Haq devient président de la République. 1979 : Bhutto est exécuté. La loi islamique est instaurée. 1986 : la loi martiale est levée, mais l'opposition au régime, émanant surtout des milieux chiites, demeure forte. 1988 : Zia ul-Haq meurt dans un accident d'avion. Ghulam Ishaq Khan lui succède à la tête de l'État et Benazir Bhutto devient Premier ministre. 1990 : B. Bhutto est destituée. L'Alliance démocratique islamique remporte les élections législatives anticipées ; son leader, Mian Nawaz Sharif, est nommé Premier ministre. 1993 : une grave crise politique entraîne la démission du Premier ministre et du chef de l'État. Après des élections législatives anticipées, B. Bhutto revient à la tête du gouvernement. Farooq Legahri est élu à la présidence de la République.

PALACKÝ (František), historien et homme politique tchèque (Hodslavice 1798 - Prague 1876). Son *Histoire de la Bohême* (1836-1867) contribua au réveil national tchèque. Il présida le congrès panslave en 1848.

PALADRU (38137), comm. de l'Isère, sur le *lac de Paladru* (390 ha) ; 775 h. Centre touristique. Vestiges de palafittes.

PALAFOX (José **Rebolledo de**), *duc* **de Saragosse,** général espagnol (Saragosse 1776 - Madrid 1847) qui s'illustra par son héroïque défense de Saragosse (1808-09). Il rallia ensuite le parti de Marie-Christine.

PALAIS (Le) [56360], comm. du Morbihan, sur la côte est de Belle-Île ; 2 457 h *(Palantins).* Port. Anc. citadelle des XVIe-XVIIe s.

PALAISEAU (91120), ch.-l. d'arr. de l'Essonne, sur l'Yvette ; 29 398 h. *(Palaisiens).* École polytechnique. Église des XIIe-XVe s.

Palais idéal (le), édifice d'inspiration fantastique élevé à Hauterives (Drôme), de 1879 à 1912, par le facteur des postes Ferdinand Cheval (1836-1924), à l'aide de cailloux recueillis durant ses tournées.

Un aspect du ***Palais idéal*** construit par le « Facteur Cheval ».

Palais-Royal à Paris, ensemble de bâtiments construits en 1633 par Lemercier pour Richelieu et nommés *Palais-Cardinal* jusqu'en 1643, date à laquelle ils furent légués au roi. Celui-ci les attribua en 1661 aux princes de la maison d'Orléans. Ces bâtiments (dont une des annexes est le théâtre de la Comédie-Française) et ces jardins ont fait l'objet de profondes modifications successives, par Contant d'Ivry, V. Louis, Fontaine. Les maisons d'habitation à arcades datent de Philippe d'Orléans, futur Philippe Égalité. La *galerie de Bois* du Palais-Royal fut longtemps un lieu de rendez-vous mondain et intellectuel. Sous la Révolution,

l'Empire et la Restauration, le Palais-Royal fut le quartier général de la prostitution et du jeu. Le Conseil d'État, le Conseil constitutionnel et le ministère de la Culture y sont auj. installés.

PALAIS-SUR-VIENNE (Le) [87410], comm. de la Haute-Vienne ; 6 154 h. Raffinage du cuivre.

PALAMAS (Grégoire), théologien de l'Église grecque (Constantinople v. 1296 - Thessalonique 1359). Moine au Mont-Athos et archevêque de Thessalonique (1347-1359), il consacra sa vie à la défense et à un approfondissement original de l'hésychasme.

PALAMÁS (Kostís), écrivain grec (Patras 1859 - Athènes 1943). Partisan de l'emploi littéraire de la langue populaire, il est l'auteur de recueils lyriques *(le Tombeau, les Nuits de Phémius).*

PALATIN *(mont),* une des sept collines de Rome, la plus anciennement habitée (VIIIe s. av. J.-C.). Le Palatin, quartier aristocratique sous la République, devint sous l'Empire la résidence des empereurs. Importants vestiges, avec peintures murales.

PALATINAT, en all. **Pfalz,** région de l'Allemagne, située sur le Rhin, au nord de l'Alsace. Elle constitue depuis 1946 une partie de l'État de *Rhénanie-Palatinat**. Dans le cadre du Saint Empire, le terme palatinat désignait le domaine des comtes palatins. À partir du XIIe s., il fut réservé à celui du comte palatin du Rhin (cap. Heidelberg). Passé aux Wittelsbach de Bavière (1214), le Palatinat fut doté de la dignité électorale en 1356. Limité en 1648 au Palatinat rhénan, le Haut-Palatinat étant attribué à la Bavière, il fut, après 1795, partagé entre la France et les duchés de Bade et de Hesse-Darmstadt. Puis une partie du Palatinat revint à la Bavière en 1815.

PALATINE *(princesse),* titre de Charlotte Élisabeth de Bavière et d'Anne de Gonzague.

PALAU ou **BELAU,** archipel et État de Micronésie ; 487 km² ; 15 000 h. CAP. *Koror.* LANGUES : *anglais* et *palauan.* MONNAIE : *dollar.* Placé par l'O.N.U. sous tutelle américaine en 1947, l'archipel devient indépendant en 1994 et est admis au sein de l'O.N.U.

PALAUAN ou **PALAWAN,** île du sud-ouest des Philippines ; 14 000 km².

PALAVAS-LES-FLOTS (34250), comm. de l'Hérault ; 4 760 h. Station balnéaire. Casino.

PALE, v. de Bosnie-Herzégovine, à l'E.-S.-E. de Sarajevo ; env. 25 000 h.

PALEMBANG, port d'Indonésie, dans le sud de Sumatra ; 787 000 h. Exportation du pétrole. Engrais.

PALENCIA, v. d'Espagne (Castille-León), ch.-l. de prov. ; 77 863 h. Cathédrale des XIVe-XVIe s. (œuvres d'art).

PALENQUE, important centre cérémoniel maya du Mexique (État de Chiapas), dont le temple dit « des Inscriptions » dressé au sommet d'une pyramide, où a été découverte la sépulture souterraine d'un dignitaire (période classique) accompagnée de riches offrandes.

Palenque : le « palais ».
Art maya classique (290-950).

PALÉOLOGUE, famille de l'aristocratie byzantine qui régna sur l'Empire byzantin de 1258 à 1453. Elle fournit en outre des souverains au despotat de Mistra (1383-1460).

PALÉOLOGUE (Maurice), diplomate français (Paris 1859 - *id.* 1944). Il fut ambassadeur de France en Russie durant la Première Guerre mondiale. (Acad. fr.)

PALERME, port d'Italie, cap. de la Sicile et ch.-l. de prov., sur la côte nord de l'île ; 697 162 h. Archevêché. Université. Centre administratif et touristique. Remarquables monuments, notamment de styles byzantino-arabe (chapelle palatine de Roger II, 1132) et baroque (églises et palais des XVIIe-XVIIIe s.). Riche musée archéologique. Galerie nationale de Sicile.

Palerme : cloître de l'église
Saint-Jean-des-Ermites (1132).

PALESTINE, région du Proche-Orient, entre le Liban au nord, la mer Morte au sud, la Méditerranée à l'ouest et le désert de Syrie à l'est.

HISTOIRE

1220-1200 av. J.-C. : les Hébreux conquièrent le pays de Canaan. 64-63 : Rome soumet la région. 132-135 apr. J.-C. : à la suite de la révolte de Bar-Kokhba, de nombreux Juifs sont déportés. IVe s. : après la conversion de Constantin, la Palestine devient pour les chrétiens la Terre sainte. 634-640 : la conquête arabe arrache la région aux Byzantins et l'intègre à l'Empire musulman. 1099 : les croisés fondent le royaume latin de Jérusalem. 1291 : les Mamelouks d'Égypte s'emparent des dernières possessions latines et dominent le pays jusqu'à la conquête ottomane. 1516 : l'Empire ottoman établit pour quatre siècles sa domination sur la région. À partir de 1882 : les pogroms russes provoquent l'immigration juive encouragée par le mouvement sioniste. 1916 : la révolte arabe contre les Ottomans est soutenue par la Grande-Bretagne. 1917-18 : celle-ci occupe la région. 1922 : elle se fait confier par la S. D. N. un mandat sur la Palestine, lequel stipule l'établissement dans la région d'un foyer national juif, conformément à la déclaration Balfour de nov. 1917. 1928-1939 : des troubles sanglants opposent les Palestiniens arabes aux immigrants juifs. 1939 : le *Livre blanc* britannique impose des restrictions à l'immigration juive et provoque l'opposition du mouvement sioniste (action terroriste de l'Irgoun). 1947 : l'O. N. U. décide le partage de la Palestine entre un État juif et un État arabe, partage rejeté par les Arabes. 1948-49 : l'État d'Israël est créé et, après la défaite arabe dans la première guerre israélo-arabe, les Palestiniens fuient massivement vers les États limitrophes. 1950 : la Cisjordanie est intégrée dans le royaume de Jordanie. 1964 : l'Organisation de libération de la Palestine (O. L. P.) est fondée. 1967 : la Cisjordanie et la bande de Gaza sont occupées par Israël. 1979 : le traité de paix israélo-égyptien prévoit une certaine autonomie pour ces deux régions. À partir de 1987 : les territoires occupés sont le théâtre d'un soulèvement populaire palestinien *(intifāḍa).* 1988 : le roi Ḥusayn rompt les liens légaux et administratifs entre son pays et la Cisjordanie, reconnaissant l'O. L. P. comme unique et légitime représentant du peuple palestinien (juill.). L'O. L. P. proclame la création d'un État indépendant « en Palestine » (nov.). 1991 : les Palestiniens et les pays arabes participent avec Israël à la conférence de paix sur le Proche-Orient, ouverte à Madrid en octobre. 1993 : la reconnaissance mutuelle d'Israël et de l'O.L.P. est suivie par la signature de l'accord israélo-palestinien de Washington. 1994 : conformément à cet accord, un régime d'autonomie (retrait de l'armée et de l'administration israéliennes, à l'exception des colonies de peuplement juif) est mis en place à Gaza et à Jéricho. L'Autorité nationale palestinienne, présidée par Y. 'Arafāt, s'installe à Gaza. 1995 : l'autonomie est étendue aux principales villes arabes de Cisjordanie. 1996 : les premières élections palestiniennes (janv.) désignent le Conseil de l'autonomie palestinienne et son président (Y. 'Arafāt).

PALESTRINA (Giovanni Pierluigi **da**), compositeur italien (Palestrina 1525 - Rome 1594). Il fut l'un des plus grands maîtres de la musique polyphonique ; on lui doit une centaine de messes *(Messe du pape Marcel),* des motets, des hymnes, des madrigaux.

Palestro *(bataille de)* [30 et 31 mai 1859], victoire des Franco-Piémontais sur l'Autriche en Lombardie, près de Pavie.

PĀLGHĀT *(trouée de),* dépression du Deccan, entre la côte de Malabār et le golfe du Bengale.

PALIKAO, en chin. **Baliqiao,** bourg de Chine, à l'est de Pékin. Victoire franco-anglaise sur les Chinois, en 1860, où se distingua le général Cousin-Montauban.

PALINGES (71430), ch.-l. de c. de Saône-et-Loire ; 1 650 h.

PALISSY (Bernard), potier émailleur, savant et écrivain français (Agen v. 1510 - Paris 1589 ou 1590), célèbre pour ses terres cuites émaillées, ornées d'animaux moulés au naturel, de plantes et de fruits, dites « rustiques figulines » dont il revêt des grottes (château d'Écouen, et, v. 1566-1571, celle des jardins des Tuileries). On lui doit d'insignes progrès dans la variété des glaçures notamment avec ses poteries jaspées, décorées dans l'esprit de l'école de Fontainebleau.

Bernard **Palissy :** grand plat ovale
en céramique, du type « rustique figuline ».
(Musée national de Céramique, Sèvres.)

PALK *(détroit de),* bras de mer séparant l'Inde et le Sri Lanka.

PALLADIO (Andrea **di Pietro,** dit), architecte italien (Padoue 1508 - Vicence 1580). Il a construit à Vicence (« Basilique », à partir de 1545 ; divers palais ; théâtre « Olympique »), à Venise (églises S. Giorgio Maggiore [1566-1580], du *Redentore,* etc.) et dans les environs de ces deux villes (villas *la Rotonda**, *la Malcontenta, Barbaro,* etc.). Il manie les formes classiques, qu'il teinte de maniérisme, avec une admirable variété. Auteur d'un traité, les *Quatre Livres d'architecture* (1570), il a exercé une très forte influence sur l'architecture européenne, et notamment anglaise.

PALLANZA, station touristique d'Italie, sur le lac Majeur.

PALLAS, affranchi et favori de l'empereur Claude (m. en 63 apr. J.-C.). Sur son conseil, Claude épousa Agrippine et adopta Néron. De concert avec Agrippine, il fit empoisonner son maître, mais fut lui-même empoisonné par Néron.

PALLAVA, dynastie de l'Inde qui régna (IIIe-IXe s.) dans le Deccan oriental.

PALLICE (La), port de commerce de La Rochelle, en face de l'île de Ré.

PALMA (La), l'une des Canaries ; 65 000 h. Observatoire astronomique.

PALMA (Ricardo), écrivain péruvien (Lima 1833 - Miraflores 1919), auteur des *Traditions péruviennes* (1872-1918).

PALMA DE MAJORQUE ou **PALMA,** cap. de la communauté autonome des îles Baléares et ch.-l. de prov., dans l'*île de Majorque ;* 296 754 h. Port, aéroport et centre touristique. Anc. palais royaux, gothiques, de l'*Almudaina* et de *Bellver ;* imposante cathédrale gothique des XIIIe-XVIe s., Lonja (anc. Bourse) du XVe s., et autres monuments. Musées.

PALMA le Vieux (Iacopo **Nigretti,** dit), peintre italien (Serina, Bergame, v. 1480 - Venise 1528). Installé à Venise, il a peint des scènes religieuses, des portraits et des nus d'une plénitude sereine. — Son petit-neveu **Iacopo Nigretti,** dit **Palma le Jeune** (Venise 1544 - *id.* 1628), fut le plus actif des peintres décorateurs vénitiens de la fin du XVIe s.

PALMAS (Las), v. de la Grande Canarie, ch.-l. de prov. ; 354 877 h.

PALM BEACH, station balnéaire des États-Unis, en Floride ; 67 625 h.

PALME (Olof), homme politique suédois (Stockholm 1927 - *id.* 1986). Président du parti social-démocrate, il fut Premier ministre de 1969 à 1976 et de 1982 à 1986, date à laquelle il fut assassiné.

PALMER *(péninsule de)* → ***Graham*** *(terre de).*

PALMERSTON (Henry **Temple,** *vicomte*), homme politique britannique (Broadlands 1784 - Brocket Hall 1865). Ministre des Affaires étrangères (1830-1841 ; 1846-1851), il combattit l'influence de la France et de la Russie, notamm. au cours du conflit turco-égyptien (1839-40). Premier ministre de 1855 à 1858 et de 1859 à 1865, il ne put empêcher Napoléon III d'intervenir en faveur de l'indépendance italienne (1860).

Palmes académiques *(ordre des),* décoration française, instituée en 1808 et transformée en ordre en 1955 pour récompenser les services rendus à l'enseignement, aux lettres et aux arts.

PALMIRA, v. de Colombie ; 214 000 h.

PALMYRE (« Ville des palmiers »), site historique de Syrie, entre Damas et l'Euphrate. Oasis du désert syrien et carrefour des caravanes, elle monopolisa après la chute de Pétra (106 apr. J.-C.) la plus grande partie du commerce avec l'Inde. Avec Odenath (m. en 267) et la reine Zénobie (v. 267-272), elle devint la capitale d'un État qui contrôlait avec la Syrie une partie de l'Asie Mineure. Sa domination fut brisée par l'empereur Aurélien, et Palmyre, dévastée (273), fut détruite par les Arabes (634). Impressionnants vestiges hellénistiques et romains. Riche nécropole.

PALOMAR *(mont),* montagne des États-Unis (Californie) ; 1 871 m. Observatoire astronomique (télescope de 5,08 m d'ouverture).

PALOS, cap du sud-est de l'Espagne, sur la Méditerranée.

PALOS, bourg du sud-ouest de l'Espagne (prov. de Huelva), près de l'estuaire du río Tinto. Port, auj. ensablé, d'où Colomb s'embarqua à la découverte de l'Amérique (3 août 1492).

PALUEL (76450), comm. de la Seine-Maritime ; 383 h. Centrale nucléaire sur la Manche.

PAMIERS (09100), ch.-l. d'arr. de l'Ariège, sur l'Ariège ; 14 731 h. *(Appaméens).* Évêché. Métallurgie. Église N.-D.-du-Camp, à puissante façade en brique du XIVe s.

PAMIR (le), région montagneuse de l'Asie centrale, partagée entre le Tadjikistan (7 495 m au pic du Communisme) et la Chine (7 719 m au Kongur Tagh).

PAMPA (la), région de l'Argentine centrale, constituant une grande zone de culture (blé) et surtout d'élevage (bovins).

PAMPELUNE, en esp. **Pamplona,** v. d'Espagne, ch.-l. de prov. et cap. de la communauté autonome de Navarre ; 180 372 h. Cathédrale gothique des XIVe-XVIe s. Musée diocésain et musée de Navarre.

PAMPHYLIE, contrée méridionale de l'Asie Mineure, entre la Lycie et la Cilicie. V. princ. *Aspendos.*

PAMUKKALE, site archéologique de Turquie, à l'emplacement de l'anc. Hiérapolis, ville de Phrygie. Importants vestiges antiques à proximité de pittoresques sources d'eau chaude.

PAN, dieu grec des Bergers et des Troupeaux. Il devint, chez les poètes et les philosophes, une des grandes divinités de la Nature.

PANAJI ou **PANJIM,** v. de l'Inde, cap. de l'État de Goa ; 43 000 h.

PANAMÁ, État de l'Amérique centrale ; 77 000 km^2 ; 2 500 000 h. *(Panaméens).* CAP. *Panamá.* LANGUE : *espagnol.* MONNAIE : *balboa.* Les zones montagneuses sont forestières et peu peuplées. Les bassins et les plaines côtières produisent du maïs, du riz et des bananes (exportées). La zone du canal est la région vitale du pays. (V. carte ***Amérique centrale.***)

HISTOIRE

XVIe s. : colonisé par l'Espagne dès 1510, le Panamá devient la base de départ pour la colonisation du Pérou. 1519 : Pedrarias Dávila fonde la ville de Panamá. 1739 : la ville et sa région sont rattachées à la vice-royauté de Nouvelle-Grenade. 1819 : le pays reste lié à Bogotá après l'indépendance de la Grande-Colombie. 1855 : le rush de l'or en Californie amène la construction du chemin de fer Colón-Panamá. 1881-1889 : Ferdinand de Lesseps entreprend le percement d'un canal interocéanique ; faute de capitaux suffisants, les travaux sont suspendus. 1903 : le Panamá proclame son indépendance et la république est établie, à la suite d'une révolte encouragée par les États-Unis. Souhaitant reprendre le projet du canal, ceux-ci se font concéder une *zone* large de 10 miles allant d'un océan à l'autre. 1914 : le canal est achevé. 1959, 1964, 1966 : la tutelle américaine provoque la montée du nationalisme, et des émeutes secouent le pays. 1968-1981 : le général Omar Torrijos domine la vie politique du pays. 1977 : il obtient de J. Carter la signature d'un traité qui prévoit la restitution définitive de la zone du canal à Panamá en 1999. 1984 : N. Ardito Barletta est élu président de la République. 1985 : après sa démission, Eric Delvalle lui succède. 1987-88 : des manifestations ont lieu contre le général Noriega, l'homme fort du régime. E. Delvalle est destitué. Noriega place à la tête de l'État des hommes de son choix. 1989 : une intervention militaire américaine renverse Noriega en décembre ; Guillermo Endara, qui avait été élu en mai, prend alors ses fonctions de président de la République. 1994 : Ernesto Pérez Balladares est élu à la présidence de la République.

PANAMÁ, cap. de la République de Panamá, port sur le Pacifique *(golfe de Panamá)* ; 413 505 h.

Panamá *(canal de),* canal interocéanique traversant l'*isthme de Panamá.* Long de 79,6 km, il est coupé par six écluses. Son trafic est de l'ordre de 150 Mt par an. La zone du canal, revenue sous souveraineté panaméenne en 1979 (les États-Unis conservant cependant des bases militaires), couvrait 1 676 km^2. Les travaux commencèrent en 1881 sur l'initiative de Ferdinand de Lesseps. Mais ils furent arrêtés en 1888, et la mise en liquidation de la Compagnie universelle du canal interocéanique (1889) fut suivie, en France, par un grave scandale financier et politique (1891-1893), qui écarta momentanément du pouvoir certains hommes de gauche (Rouvier, Clemenceau) mais n'ébranla pas le régime républicain. Après l'indépendance de la République de Panamá (1903), les États-Unis obtinrent par traité la concession de la *zone du canal de Panamá.* Les travaux engagés en 1904 aboutirent à l'ouverture du canal en 1914.

PANAMÁ *(isthme de),* isthme qui unit les deux Amériques, long de 250 km, large au minimum d'une cinquantaine de kilomètres.

PANAME, nom populaire donné à *Paris.*

Panaméricaine *(route),* itinéraire routier reliant entre elles les principales villes d'Amérique latine.

Panathénées *(frise des),* bandeau en marbre sculpté couronnant le mur du naos du Parthénon et représentant les différentes phases de la fête d'Athéna. Probablement réalisé entre 443 et 438 av. J.-C. sous la direction de Phidias, l'ensemble est l'exemple parfait du classicisme grec harmonieux et serein. (La frise occidentale est conservée sur place ; la majeure partie du reste a été partagée entre le musée de l'Acropole, le British Museum et le Louvre.)

PANAY, île des Philippines ; 12 500 km^2 env. ; 1 600 000 h.

PANAZOL (87350), comm. de la Haute-Vienne, banlieue de Limoges ; 8 631 h.

PANČEVO, v. de Yougoslavie (Vojvodine) ; 70 000 h. Chimie.

PANCKOUCKE, famille d'éditeurs et de libraires français des XVIIIe et XIXe s., qui publia notamment, en association, l'*Encyclopédie* de Diderot et créa *le Moniteur universel.*

PANDATERIA, îlot de la côte de Campanie. Julie, Agrippine l'Aînée et Octavie y furent exilées.

PANDORE. *Myth. gr.* La première femme de l'humanité. Offerte aux hommes pour les punir de leur orgueil, elle devint la femme d'Épiméthée, le frère de Prométhée. Elle est responsable de la venue du Mal sur la Terre, car elle ouvrit le vase où Zeus avait enfermé les misères humaines. Dans la *boîte de Pandore,* seule resta l'Espérance.

PANE (Gina), artiste française d'origine italienne (Biarritz 1939 - Paris 1990). Elle a été, par ses actions (à partir de 1968), un des principaux créateurs de l'art corporel.

PANGÉE, en gr. **Pangaion,** massif montagneux de Grèce (Macédoine), à l'E. de Thessalonique, célèbre dans l'Antiquité pour ses mines d'or et d'argent.

PANGÉE (la), continent unique de la fin du paléozoïque qui regroupait toutes les terres émergées et qui s'est ensuite divisé entre le Gondwana au sud et la Laurasie au nord.

PANHARD (René), constructeur automobile français (Paris 1841 - La Bourboule 1908). Il s'associa en 1886 avec É. Levassor pour fonder la société Panhard et Levassor, qui construisit en 1891 la première voiture automobile à essence et en 1899 la première automitrailleuse.

PANINE (Nikita Ivanovitch, *comte*), homme d'État russe (Dantzig 1718 - Saint-Pétersbourg 1783). Il dirigea, sous Catherine II, les Affaires étrangères de 1763 à 1781.

PĀṆINI, grammairien indien (nord-ouest de l'Inde, Ve ou IVe s. av. J.-C.). Il est l'auteur d'un traité de grammaire sanskrite, remarquable par la précision et la rigueur de l'analyse morphologique et phonétique.

PANKHURST (Emmeline **Goulden,** Mrs.), suffragette britannique (Manchester 1858 - Londres 1928), fondatrice de l'Union féminine sociale et politique (1903).

PANKOW, quartier de Berlin, sur la *Panke.* Anc. siège du gouvernement de la République démocratique allemande.

PANMUNJOM, localité de Corée, près de Kaesong, dans la zone démilitarisée créée à l'issue de la guerre de Corée, où eurent lieu les pourparlers (1951-1953) qui mirent fin à celle-ci.

PANNE (La), en néerl. **De Panne,** comm. de Belgique (Flandre-Occidentale) ; 9 717 h. Station balnéaire.

PANNINI ou **PANINI** (Giovanni Paolo), peintre italien (Plaisance v. 1691 - Rome 1765). Élève des Bibiena, il fut, avant Canaletto, le premier des grands « védutistes » avec ses vues de Rome, ses arrangements de ruines, ses représentations de cortèges et de fêtes.

PANNONIE, anc. région de l'Europe centrale, sur le Danube moyen, conquise par les Romains entre 35 av. J.-C. et 10 apr. J.-C.

PANNONIEN *(Bassin),* ensemble de plaines, entre les Alpes orientales et les Carpates.

PANOFSKY (Erwin), historien d'art américain d'origine allemande (Hanovre 1892 - Princeton 1968), maître de la méthode iconologique de

Olof **Palme**

Palmerston (J. Partridge - National Portrait Gallery, Londres)

Denis **Papin** (Bildarchiv Preussischer Kulturbesitz)

Louis Joseph **Papineau** (Archives publiques du Canada)

« lecture » de l'œuvre d'art (*Essais d'iconologie, thèmes humanistes dans l'art de la Renaissance,* 1939 ; *Albrecht Dürer,* 1943).

Pantagruel *(Horribles et Épouvantables Faits et Prouesses du très renommé),* roman de Rabelais (1532). Le récit des aventures de Pantagruel précède celui des prouesses de son père, Gargantua*, et campe la figure majeure de Panurge*.

Pantalon, personnage de la comédie italienne. Il porte la culotte longue qui a pris son nom.

PANTELLERIA, île italienne entre la Sicile et la Tunisie ; 83 km² ; 7 316 h.

PANTHALASSA (la), océan unique de la fin du paléozoïque qui entourait la Pangée.

Panthéon, temple de Rome, dédié aux sept divinités planétaires, construit en 27 av. J.-C. par Agrippa. Détruit en 80, et restauré par Hadrien, consacré au culte chrétien au VIIe s., il demeure l'un des chefs-d'œuvre de l'architecture romaine : son plan circulaire et sa vaste coupole surbaissée ont profondément influencé l'architecture occidentale, de la Renaissance à l'époque classique.

Panthéon, monument de Paris, sur la montagne Sainte-Geneviève (Ve arrond.). Construit à partir de 1764 par Soufflot, achevé v. 1790 par Jean-Baptiste Rondelet, ce devait être une église dédiée à la patronne de Paris. La Révolution en fit un temple destiné à abriter les tombeaux des grands hommes et lui donna ce nom de *Panthéon.* Il fut église sous la Restauration et le second Empire. La IIIe République l'a rendu au culte des hommes illustres à l'occasion des funérailles de Victor Hugo. Peintures murales, dont celles de Puvis de Chavannes.

PANTIN (93500), ch.-l. de c. de la Seine-Saint-Denis, au nord-est de Paris ; 47 444 h. *(Pantinois).* Centre industriel. Triage ferroviaire. Cimetière parisien.

Panurge, personnage créé par Rabelais dans *Pantagruel**. Paillard, cynique, poltron, mais d'esprit fertile, il est le compagnon fidèle de Pantagruel.

PAOLI (Pascal), patriote corse (Morosaglia 1725 - Londres 1807). Proclamé chef de l'île en 1755, il ne laissa que le littoral au pouvoir des Génois, puis, après que Gênes eut cédé à la France ses droits sur la Corse au traité de Versailles (1768), il lutta contre les Français. Défait à Ponte-Novo en 1769, il se retira en Angleterre. Il rentra en Corse en 1790, fit une nouvelle tentative de sécession avec l'aide des Britanniques, et repartit pour Londres en 1795.

PAOLO VENEZIANO, peintre italien, actif à Venise de 1310 à 1360 env. Amorçant une réaction contre la tradition byzantine, il est considéré comme le fondateur de l'école vénitienne. Son art, précieux, se retrouve avec plus de souplesse chez ses disciples, qui, tel **Lorenzo Veneziano** (documenté à Venise de 1357 à 1372), se rapprochent du « gothique international ».

PAO-T'EOU → ***Baotou.***

PAO-TING → ***Baoding.***

PAOUSTOVSKI (Konstantine Gueorguievitch), écrivain russe (Moscou 1892 - *id.* 1968), auteur de romans d'aventures *(Nuages étincelants)* et de récits autobiographiques *(Histoire d'une vie).*

PAPADHÓPOULOS (Gheórghios), officier et homme politique grec (Eleokhorion 1919). Il organisa le coup d'État militaire d'avril 1967. Véritable chef du « gouvernement des colonels », il fit proclamer la république (1973) dont il fut président avant d'être renversé et emprisonné.

PAPÁGHOS ou **PAPAGOS** (Aléxandhros), maréchal et homme politique grec (Athènes 1883 - *id.* 1955). Ministre de la Guerre en 1935, il dirigea avec succès la défense contre les Italiens (1940), puis les opérations contre les communistes au cours de la guerre civile (1949-1951). Il fut Premier ministre (1952-1955).

PAPANDHRÉOU (Gheórghios), homme politique grec (Patras 1888 - Athènes 1968). Républicain, il fut le chef du gouvernement grec en exil (1944). Il fut président du Conseil de 1963 à 1965. — Son fils, **Andhréas** (Chio 1919), a été Premier ministre de 1981 à 1989, puis à nouveau de 1993 à 1996.

PAPANINE (Ivan), amiral et explorateur soviétique (Sébastopol 1894 - Moscou 1986). Il se laissa dériver, sur une banquise, du pôle Nord aux côtes du Groenland (1937-38).

PAPE-CARPANTIER (Marie), pédagogue française (La Flèche 1815 - Villiers-le-Bel 1878). Elle organisa en France les premières écoles maternelles.

PAPEETE, ch.-l. de la Polynésie française, sur la côte nord-ouest de Tahiti ; 23 555 h. (plus de 80 000 h. dans l'agglomération). Port. Aéroport. Centre touristique.

PAPEN (Franz **von**), homme politique allemand (Werl 1879 - Obersasbach 1969). Député du Centre catholique, chancelier du Reich en 1932, vice-chancelier (1933-34), il soutint le nazisme, croyant pouvoir partager le pouvoir avec Hitler. Ambassadeur à Vienne (1934-1938) puis à Ankara (1939-1944), il fut jugé et acquitté à Nuremberg (1946).

PAPHLAGONIE, anc. région côtière du nord de l'Asie Mineure. (V. princ. *Sinope.*)

PAPHOS, v. anc. du sud de l'île de Chypre, célèbre pour son temple d'Aphrodite.

PAPIN (Denis), inventeur français (Chitenay, près de Blois, 1647 - Londres ? v. 1712). En 1679, il imagina son *digesteur,* ancêtre de l'autocuiseur. En 1690, il réalisa un prototype de machine à vapeur à piston.

PAPINEAU (Louis Joseph), homme politique canadien (Montréal 1786 - Montebello 1871). Chef du parti patriote, il défendit les droits des Canadiens français et fut l'un des instigateurs de la rébellion de 1837.

PAPINI (Giovanni), écrivain italien (Florence 1881 - *id.* 1956), polémiste et satiriste d'inspiration catholique (*Un homme fini,* 1912 ; *le Diable,* 1953).

PAPINIEN, en lat. **Aemilius Papinianus,** un des plus grands jurisconsultes romains (m. à Rome en 212 apr. J.-C.). Préfet du prétoire, il fut mis à mort par Caracalla.

PAPOUASIE, nom français de l'anc. territoire de Papua, partie sud-est de la Nouvelle-Guinée*, anc. dépendance de l'Australie.

PAPOUASIE-NOUVELLE-GUINÉE, État de l'Océanie, formé essentiellement par la moitié est de l'île de la Nouvelle-Guinée, à laquelle s'ajoutent plusieurs îles ; 463 000 km². 3 900 000 h. CAP. *Port Moresby.* LANGUE : *néo-mélanésien.* MONNAIE : *kina.* C'est un pays montagneux au nord, marécageux au sud, humide, en grande partie couvert par la forêt, habitée par des tribus éparses. Plantations (café, cacao, etc.) près du littoral. Le sous-sol recèle du cuivre, de l'or, de l'argent et des hydrocarbures. Cet État est indépendant depuis 1975 dans le cadre du Commonwealth. (V. carte ***Océanie.***)

PAPOUS ou **PAPOUA,** groupe de peuples mélanésiens et malais-polynésiens de la Nouvelle-Guinée et des îles voisines, dont les langues très diverses ne se rattachent pas au groupe mélanésien.

PAPPUS, mathématicien grec d'Alexandrie (IVe s.). Sa *Collection mathématique* est une des sources les plus riches de notre connaissance des mathématiques grecques.

PÂQUES *(île de),* île du Pacifique, à l'ouest du Chili, dont elle dépend ; 162,5 km² ; 2 770 h. Vers le Ve s. de notre ère, elle a été colonisée par des populations d'origine polynésienne, dont la civilisation, qui se développe dans l'isolement, jusqu'à l'arrivée des Européens en 1722, a pour support le culte des ancêtres avec des sanctuaires *(ahu)* et surtout des statues géantes, monolithiques (les *moai*).

PARÁ, État du nord du Brésil ; 1 250 000 km² ; 5 084 726 h. Cap. *Belém.*

PARACAS, culture précolombienne de la côte sud du Pérou qui se développa à partir du XIIIe s. av. J.-C., connue par le mobilier funéraire (beaux textiles) de ses nécropoles, *Paracas Cavernas* et *Paracas Necropolis,* probablement à l'origine des agglomérations de la culture de Nazca*.

PARACEL *(îles),* groupe d'îlots de la mer de Chine méridionale, au large du Viêt Nam. Ils sont revendiqués par la Chine et le Viêt Nam.

PARACELSE (Theophrastus **Bombastus von Hohenheim,** dit), alchimiste et médecin suisse (Einsiedeln v. 1493 - Salzbourg 1541), père de la médecine hermétique. Sa doctrine a pour fondement une correspondance entre le monde extérieur *(macrocosme)* et les différentes parties de l'organisme humain *(microcosme).*

PARADIS (Grand), massif des Alpes occidentales italiennes ; 4 061 m. Parc national.

Paradis perdu (le), poème épique de Milton. Publié en dix chants en 1667 et en douze en 1674, il a pour sujet la chute d'Adam et Ève. — *Le Paradis reconquis* (1671) est une suite où l'on voit Satan tenter le Christ.

PARADJANOV (Sergueï), cinéaste soviétique (Tbilissi 1924 - Erevan 1990). Géorgien d'origine arménienne, il a connu un triomphe international avec les *Chevaux de feu* (1965). Il a ensuite réalisé notamment *Sayat Nova ou la Couleur de la grenade* (1968-1971).

PARAGUAY (le), riv. de l'Amérique du Sud. Elle naît dans le Mato Grosso brésilien, traverse et limite le Paraguay et l'Argentine, et rejoint le Paraná (r. dr.) ; 2 500 km.

PARAGUAY [-gwɛ], État de l'Amérique du Sud ; 407 000 km² ; 4 200 000 h. *(Paraguayens).* CAP. *Asunción.* LANGUE : *espagnol.* MONNAIE : *guaraní.*

GÉOGRAPHIE

Le Paraguay est un pays au relief peu accidenté, où l'élevage bovin, l'exploitation de la forêt (acajou, quebracho), les plantations de tabac, de coton, de soja et de canne à sucre constituent les principales ressources commercialisables. La population est formée en majeure partie d'Amérindiens. L'hydroélectricité (sur le Paraná) a suscité un modeste développement industriel. La capitale est la seule ville notable.

HISTOIRE

Début du XVIe s. : peuplé par les Indiens Guarani, le bassin du Paraguay est exploré par

Île de **Pâques :**
moai de l'un des sanctuaires de l'île.

les Espagnols. 1585 : les jésuites colonisent la région, dont ils font une province séparée (1604). Les Indiens sont rassemblés dans des « réductions » (villages indigènes interdits aux colons) où leurs activités sont dirigées par les missionnaires qui les évangélisent. 1767 : les jésuites sont expulsés ; les réductions sont ravagées et les Indiens dispersés. 1813 : l'indépendance de la République du Paraguay est proclamée. Le pays connaît dès lors une succession de dictatures. 1865-1870 : une guerre contre l'Argentine, l'Uruguay et le Brésil ruine le pays. Ce désastre favorise l'implantation du système oligarchique, marqué par la rivalité entre les *azules* (libéraux et anticléricaux) et les *colorados* (conservateurs et catholiques). 1932-1935 : la guerre du Chaco contre la Bolivie est remportée par le Paraguay. Des officiers nationalistes prennent en main les rênes du pays. 1954-1989 : le général Stroessner s'empare du pouvoir. Constamment réélu, il gouverne en maître absolu. 1989 : Stroessner est renversé par un soulèvement militaire dirigé par le général Andrès Rodríguez. Confirmé à la tête de l'État par une élection présidentielle, ce dernier engage son pays sur la voie de la démocratisation. 1992 : une nouvelle Constitution est adoptée. 1993 : les civils retrouvent le pouvoir avec l'élection de Juan Carlos Wasmosy à la présidence de la République.

PARAÍBA, État du Brésil ; 3 200 620 h. Cap. *João Pessoa.*

PARAMARIBO, cap. et port du Suriname, sur le fl. Suriname ; 152 000 h.

PARAMÉ (35400 St Malo), anc. comm. d'Ille-et-Vilaine, rattachée à Saint-Malo. Station balnéaire. Thalassothérapie.

PARANÁ (le), grand fl. de l'Amérique du Sud, qui traverse et limite le Brésil, le Paraguay et l'Argentine, et rejoint le fleuve Uruguay pour former le Río de la Plata ; 3 000 km env. Aménagements hydroélectriques.

PARANÁ, État du Brésil méridional ; 200 000 km² ; 8 415 659 h. Cap. *Curitiba.* Café.

PARANÁ, port de l'Argentine, sur le *Paraná ;* 277 338 h.

PARAT (Pierre) → ***Andrault*** *(Michel).*

PARAY (Paul), chef d'orchestre français (Le Tréport 1886 - Monte-Carlo 1979). Il a révélé et divulgué la musique française écrite de 1920 à 1960.

PARAY-LE-MONIAL (71600), ch.-l. de c. de Saône-et-Loire ; 10 568 h. *(Parodiens).* Céramique. Belle basilique romane d'influence clunisienne. Pèlerinage du Sacré-Cœur.

PARAY-VIEILLE-POSTE (91550), comm. de l'Essonne, près d'Orly ; 7 235 h.

Parc des Princes, stade de Paris, au S. du bois de Boulogne, dont la reconstruction a été achevée en 1972.

Par-delà bien et mal, œuvre de Nietzsche (1886), dans laquelle l'auteur dénonce l'esprit scientifique et l'humanisme chrétien.

PARDIES (64150), comm. des Pyrénées-Atlantiques ; 1 035 h. Chimie.

PARDUBICE, v. de la République tchèque (Bohême), sur l'Elbe ; 94 857 h. Château Renaissance.

PARÉ (Ambroise), chirurgien français (Bourg-Hersent, près de Laval, v. 1509 - Paris 1590). Chirurgien d'Henri II, de François II, de Charles IX et d'Henri III, il découvrit la ligature des artères, qu'il substitua à la cautérisation, dans les amputations. Il est considéré comme le père de la chirurgie moderne.

Ambroise **Paré**
(Académie de chirurgie, Paris)

PARELOUP *(lac de),* vaste plan d'eau (1 260 ha) du centre du dép. de l'Aveyron.

PARENTIS-EN-BORN (40160), ch.-l. de c. des Landes ; 4 249 h. Étang. Gisement de pétrole.

PARETO (Vilfredo), sociologue et économiste italien (Paris 1848 - Céligny, Suisse, 1923). Successeur de Walras à Lausanne, il fonda l'économie sur les méthodes mathématiques et approfondit le concept d'optimum économique.

PARICUTÍN, volcan du Mexique, à l'ouest de Mexico (alt. 2 808 m). Il a surgi en février 1943.

PARINI (Giuseppe), poète italien (Bosisio 1729 - Milan 1799), auteur de *la Journée,* satire de la noblesse milanaise.

PARIS, cap. de la France et ch.-l. de la Région Île-de-France, sur la Seine, constituant un dép. formé de 20 arr. (**75**) ; 2 152 423 h. *(Parisiens).* Plus de 9 millions d'habitants avec la banlieue. La ville seule couvre 105 km², mais l'agglomération, environ 2 000.

GÉOGRAPHIE

Paris, indissociable de l'agglomération dont il est le centre, s'est développé au cœur du Bassin parisien, à un point de convergence des fleuves et des routes. Il s'est établi originellement dans une plaine édifiée par la Seine, et où s'élèvent des restes de plateaux (Ménilmontant, Montmartre, butte Sainte-Geneviève, etc.). Le site était très favorable : le fleuve permettait la navigation, les îles (Cité, Saint-Louis) facilitaient le passage, les hauteurs aidaient à la défense, la plaine, fertile, assurait aisément le ravitaillement des habitants.
Les fonctions actuelles sont multiples. Capitale politique et intellectuelle de la France, Paris est le siège du gouvernement et des grandes administrations, du commandement militaire de défense d'Île-de-France, d'un archevêché, de nombreux établissements universitaires et culturels. Principal port fluvial, Paris est encore le premier centre financier, commercial et industriel de la France, grâce à l'abondance de la main-d'œuvre, à l'importance du marché de consommation, à la convergence des voies de communication et à la concentration des capitaux. Les industries se localisent surtout en banlieue ; la ville elle-même, qui s'est dépeuplée, est de plus en plus un centre de services. La croissance de l'agglomération, qui groupe près du sixième de la population du pays, a repris. Les problèmes (transports et logements notamment) liés à cette concentration démographique et économique demeurent aigus. *(V. cartes pp. 1577-1578.)*

HISTOIRE

52 av. J.-C. : Lutèce, principale agglomération des *Parisii,* conquise par les Romains, entre dans l'histoire. Ier s. apr. J.-C. : les Romains en transfèrent le centre sur les pentes de la montagne Sainte-Geneviève. IIIe s. : au moment des invasions germaniques, la ville se replie dans l'île de la Cité et prend le nom de Paris. 360 : Julien s'y fait proclamer Auguste. 451 : grâce à sainte Geneviève, Paris résiste aux Huns. VIe s. : les Francs en font leur résidence. 857 : Paris est incendié par les Normands. 886 : le comte Eudes, ancêtre des Capétiens, leur résiste. 987 : l'avènement des Capétiens favorise l'essor de la ville. XIe s. : celle-ci est fortifiée. Les « marchands de l'eau » s'arrogent le monopole du commerce fluvial. XIIe s. : le grand commerce connaît une considérable extension. C'est l'époque de la construction des premières Halles et de Notre-Dame. Philippe Auguste ordonne l'érection d'une seconde enceinte ; le prévôt des marchands devient le véritable maire de Paris. 1215 : l'Université de Paris est créée. 1257 : la Sorbonne est fondée. 1356-1358 : Étienne Marcel prend la tête d'une révolte communale contre le dauphin Charles. XVe s. : Paris, dont se méfient les rois, pactise un moment avec les Bourguignons. 1572 (24 août) : les protestants sont massacrés lors de la Saint-Barthélemy. 1588 : Paris, favorable aux ligueurs, contraint Henri III à s'enfuir. 1594 : Henri IV entre à Paris. 1648 (26 août) : la journée des Barricades inaugure les troubles de la Fronde. 1682 : Louis XIV s'installe à Versailles. XVIIIe s. : Paris, avec 600 000 h., constitue le principal foyer culturel de l'Europe. 1789 : la prise de la Bastille (14 juill.) marque symboliquement la fin de l'arbitraire royal. Louis XVI réintègre la capitale (5-6 oct.), bientôt suivi par l'Assemblée. 1793 : le roi est exécuté (21 janv.). La Commune de Paris impose ses vues à la Convention. 1794 : après Thermidor, elle perd de son pouvoir. 1814-15 : les Alliés entrent dans Paris. 1830 (27, 28, 29 juill.) : les Trois Glorieuses déterminent un changement de régime. 1833-1848 : Rambuteau est préfet de la Seine. Une nouvelle enceinte (dite de Thiers) est construite (1841-1845). 1848 : le Paris révolutionnaire renaît en févr. et en juin. 1859 : les onze communes périphériques sont annexées au territoire parisien. 1860 (1er janv.) : les arrondissements passent de 12

La place Charles-de-Gaulle avec l'Arc de triomphe et, en haut à droite, l'avenue des Champs-Élysées (VIIIe arrondissement).

La cathédrale Notre-Dame (IVe arrondissement), dans l'île de la Cité.

Un aspect du quartier de Bercy (XIIe arrondissement), avec le Palais omnisports et le ministère de l'Économie et des Finances.

Paris

PARIS

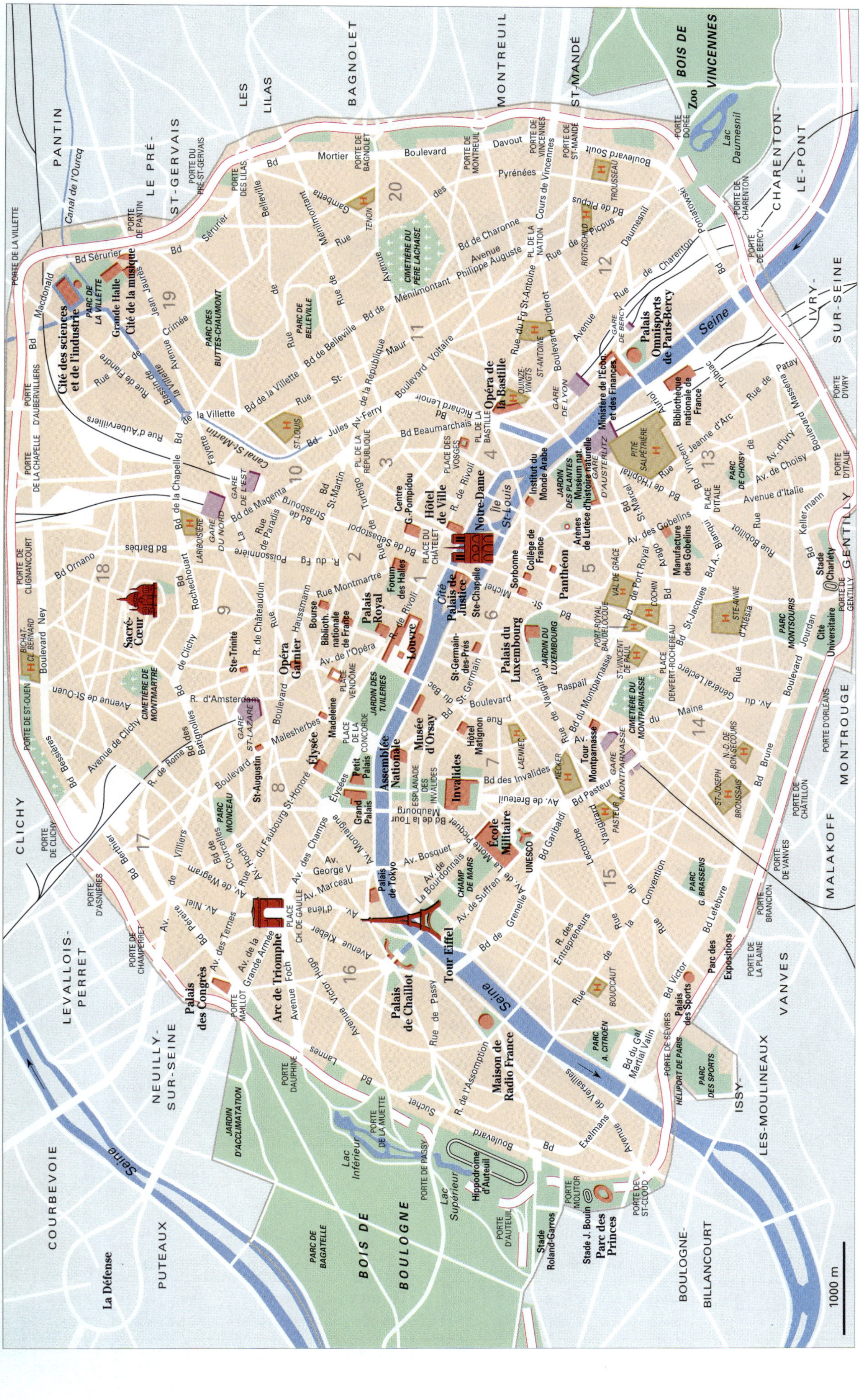

PANTIN
LE PRÉ-ST-GERVAIS
LES LILAS
BAGNOLET
MONTREUIL
ST-MANDÉ
BOIS DE VINCENNES
Zoo
Lac Daumesnil
CHARENTON-LE-PONT
IVRY-SUR-SEINE
GENTILLY
MONTROUGE
MALAKOFF
VANVES
ISSY-LES-MOULINEAUX
BOULOGNE-BILLANCOURT
BOIS DE BOULOGNE
PUTEAUX
COURBEVOIE
La Défense
NEUILLY-SUR-SEINE
LEVALLOIS-PERRET
CLICHY
Seine
Canal de l'Ourcq
Canal St-Martin
Cité des sciences et de l'industrie
Grande Halle
Cité de la musique
PARC DE LA VILLETTE
PARC DES BUTTES-CHAUMONT
PARC DE BELLEVILLE
CIMETIÈRE DU PÈRE LACHAISE
Opéra de la Bastille
Palais Omnisports de Paris-Bercy
Ministère de l'Écon. et des Finances
Bibliothèque nationale de France
PITIÉ SALPÊTRIÈRE
JARDIN DES PLANTES
Muséum nat. d'histoire naturelle
Institut du Monde Arabe
Arènes de Lutèce
Manufacture des Gobelins
PARC DE CHOISY
PARC MONTSOURIS
Cité Universitaire
Stade Charléty
Centre G.-Pompidou
Hôtel de Ville
Notre-Dame
Île St-Louis
Cité
Palais de Justice
Ste-Chapelle
Sorbonne
Collège de France
Panthéon
Palais du Luxembourg
JARDIN DU LUXEMBOURG
Forum des Halles
Palais Royal
Louvre
Bourse
Biblioth. nationale de France
Opéra Garnier
JARDIN DES TUILERIES
PLACE VENDÔME
PLACE DE LA CONCORDE
Madeleine
Élysée
Sacré-Cœur
CIMETIÈRE DE MONTMARTRE
PARC MONCEAU
Ste-Trinité
St-Augustin
GARE DU NORD
GARE DE L'EST
GARE ST-LAZARE
GARE DE LYON
GARE D'AUSTERLITZ
GARE MONTPARNASSE
GARE DE BERCY
Musée d'Orsay
Assemblée Nationale
Petit Palais
Grand Palais
Invalides
Hôtel Matignon
St-Germain-des-Prés
Tour Montparnasse
CIMETIÈRE DU MONTPARNASSE
École Militaire
UNESCO
CHAMP DE MARS
Tour Eiffel
Palais de Tokyo
Palais de Chaillot
Arc de Triomphe
Palais des Congrès
Maison de Radio France
Parc des Expositions
Palais des Sports
PARC G. BRASSENS
PARC A. CITROËN
HÉLIPORT DE PARIS
PARC DES SPORTS
JARDIN D'ACCLIMATATION
PARC DE BAGATELLE
Lac Inférieur
Lac Supérieur
Hippodrome d'Auteuil
Stade Roland-Garros
Stade J. Bouin
Parc des Princes
1000 m

RÉGION PARISIENNE

0 — 5 km

autoroute — route — aéroport

grande route — voie ferrée

Drancy : plus de 50 000 h.

Bezons : de 20 000 à 50 000 h.

Orsay : de 10 000 à 20 000 h.

Saclay : moins de 10 000 h.

à 20. 1853-1870 : Haussmann, préfet de la Seine, donne à la ville ses grandes perspectives. 1870 (19 sept.) - 1871 (28 janv.) : les Allemands assiègent Paris. 1871 (18 mars - 28 mai) : l'échec de la Commune de Paris transforme le statut municipal de la capitale, la privant de son maire. 1940-1944 : les Allemands occupent Paris. 1975 (31 déc.) : Paris devient une collectivité territoriale, à la fois commune et département. 1977 : un maire de Paris est élu (J. Chirac, puis [1995] Jean Tiberi). 1982 : la ville est dotée de conseils d'arrondissements présidés chacun par un maire.

BEAUX-ARTS

De l'époque gallo-romaine subsistent principalement les thermes « de Cluny », de l'époque romane la structure essentielle de l'abbatiale de St-Germain-des-Prés. C'est avec l'art gothique que les réalisations parisiennes deviennent exemplaires de l'art français : cathédrale Notre-Dame (1163-1260 pour l'essentiel), chœur de St-Germain-des-Prés, Sainte-Chapelle*, parties du XIVe s. de la Conciergerie (restes du palais de l'île de la Cité). La fin du gothique (XVe-XVIe s.) se signale par les églises St-Germain-l'Auxerrois, St-Gervais, St-Séverin, St-Étienne-du-Mont, etc., et par l'hôtel des abbés de Cluny ; la Renaissance, par l'entreprise de l'église St-Eustache (1532) et du nouveau palais du Louvre*. Du XVIIe s. subsistent des hôpitaux ou hospices (Val-de-Grâce, Invalides*, etc.), le collège des Quatre-Nations (auj. Institut*), les développements du Louvre (et l'idée d'axe est-ouest qui s'y relie), le Luxembourg*, quatre « places royales », des églises et chapelles (façade de St-Gervais, St-Paul - St-Louis, St-Roch, Sorbonne, dôme des Invalides, etc.), de nombreux hôtels particuliers de l'île Saint-Louis et du Marais. Le XVIIIe s. voit l'achèvement de la vaste église St-Sulpice (commencée en 1646), la création de la place Louis-XV (auj. de la Concorde*), la construction de l'École* militaire, du futur Panthéon*, de l'hôtel de la Monnaie*, du théâtre de l'Odéon*, etc., tous édifices d'esprit classique ou néoclassique. La construction aristocratique est active, notamment au faubourg Saint-Germain et c'est là (ainsi qu'aux hôtels de Rohan et de Soubise*) que l'on peut constater la vogue du décor rocaille dans la première moitié du siècle. À partir de la fin du XVIIIe s. s'urbanise le secteur de la Chaussée-d'Antin, au nord des Grands Boulevards. Après l'œuvre esquissée par Napoléon (rue de Rivoli, arcs de triomphe du Carrousel et de l'Étoile, église de la Madeleine), l'histoire de l'architecture parisienne se confond avec celle de l'éclectisme (Opéra* Garnier) ainsi qu'avec celle de l'emploi du fer (gares, bibliothèques, tour Eiffel ; Centre* national d'art et de culture G.-Pompidou) et du béton (Théâtre des Champs-Élysées* ; maison de l'Unesco ; Opéra* de la Bastille ; la Grande Arche*).

Principaux musées. Musées d'art nationaux : du Louvre*, d'Orsay*, de Cluny*, Guimet*, des arts d'Afrique* et d'Océanie, Rodin, Picasso, d'Art* moderne, des Arts* et Traditions populaires. Musées municipaux : Carnavalet*, du Petit Palais, Cernuschi*, d'Art moderne. Musées à gestion semi-publique : Jacquemart-André et Marmottan (qui dépendent de l'Institut), des Arts* décoratifs. Musées scientifiques nationaux : Muséum* d'histoire naturelle et musée de l'Homme*, palais de la Découverte*, Cité* des sciences et de l'industrie du parc de la Villette* (qui accueille également la Cité de la musique). La Bibliothèque* nationale de France possède un fonds considérable de manuscrits, d'estampes, de monnaies et médailles et de photographies.

Paris *(école de)*, appellation créée vers 1925 et désignant les artistes venus à Paris de différents pays pour s'associer à l'école française : Brancusi, Modigliani, Soutine, Chagall, Pascin, Foujita, Kisling, Poliakoff, Bram Van Velde, etc.

PARIS (Henri **d'Orléans,** *comte* **de**) → ***Orléans.***

PARIS [-ris] (Paulin), érudit français (Avenay 1800 - Paris 1881), auteur d'études sur la littérature du Moyen Âge. — Son fils **Gaston** (Avenay 1839 - Cannes 1903) a publié aussi des travaux sur la poésie du Moyen Âge. (Acad. fr.)

Paris *(traités de)*, traités signés à Paris, dont les plus importants sont ceux de 1229 (conclusion de la guerre des albigeois), 1259 (paix entre Louis IX et Henri III d'Angleterre), 1763 (fin de la guerre de Sept Ans ; ruine de l'empire colonial français), 1814 et 1815 (fin des guerres napoléoniennes), 1856 (fin de la guerre de Crimée), 1898 (fin de la guerre hispano-américaine) et 1947 (traités signés par les puissances victorieuses avec les anciens alliés de l'Axe : Italie, Roumanie, Hongrie, Bulgarie, Finlande).

PÂRIS [-ris]. *Myth. gr.* Héros du cycle troyen, fils de Priam et d'Hécube. Pris comme arbitre entre Héra, Athéna et Aphrodite, qui se disputaient la pomme d'or destinée par les dieux à la plus belle, Pâris trancha en faveur d'Aphrodite, qui lui avait promis l'amour d'Hélène. Fort de cette promesse, Pâris enleva Hélène et fut cause de la guerre de Troie.

PÂRIS [-ris] (François **de**), dit **le diacre Pâris** (Paris 1690 - *id.* 1727). Janséniste ardent, il se rendit populaire, de son vivant, par son austérité et sa charité. Les guérisons « miraculeuses » qui se seraient produites sur sa tombe, au cimetière de St-Médard, donnèrent lieu au mouvement des *convulsionnaires.*

PÂRIS [-ri] *(les frères)*, financiers français : **Antoine** (Moirans 1668 - Sampigny 1733), **Claude** (Moirans 1670 - *id.* 1745), **Joseph,** dit **Duverney** (Moirans 1684 - Paris 1770), **Jean,** dit **de Montmartel** (Moirans 1690 - ? 1766). Ils firent fortune comme fournisseurs aux armées et jouèrent un grand rôle dans la chute de Law.

PARISIEN *(Bassin)*, unité géologique, couvrant environ 140 000 km², formée de sédiments, s'étendant entre le Massif central, les Vosges, l'Ardenne, l'Artois et le Massif armoricain. L'est (Lorraine et Champagne), partie la plus élevée, aux reliefs de côtes marqués, s'oppose à l'ouest (haut Maine, Perche), à la topographie plus confuse. Le sud est une région basse (Berry), parfois marécageuse (Sologne). Le nord est formé de plateaux crayeux (Picardie, pays de Caux). Le centre, enfin, est constitué de terrains tertiaires. Le Bassin parisien est drainé par quatre systèmes fluviaux : la Seine, la Loire, la Meuse et la Moselle.

Parisien (le), quotidien français créé en 1944 *(le Parisien libéré)*, premier quotidien national à utiliser la couleur.

PARISIS, anc. pays de l'Île-de-France, correspondant au comté féodal de Paris.

PARIZEAU (Jacques), homme politique canadien (Montréal 1930). Chef du parti québécois (1988-1996), il devient Premier ministre du Québec en septembre 1994. N'ayant pu assurer la victoire des indépendantistes lors du référendum sur la souveraineté de la province (oct. 1995), il annonce immédiatement sa démission (qui prend effet en janv. 1996).

PARK (Mungo), voyageur britannique (Foulshiels, près de Selkirk, Écosse, 1771 - Bussa, Nigeria, 1806). Il fit deux grands voyages d'exploration en Afrique et se noya dans le Niger.

PARK CHUNG-HEE, général et homme politique sud-coréen (Sonsan-gun 1917 - Séoul 1979), président de la République de Corée de 1963 jusqu'à son assassinat.

PARKER (Charles **Christopher,** dit **Charlie**), saxophoniste américain (Kansas City 1920 - New York 1955). Surnommé **Bird** ou **Yardbird,** il fut à la fois le pionnier et le plus grand soliste du be-bop, qui transforma radicalement le jazz en 1945 *(Lover Man ; Parker's Mood,* 1948 ; *Love for Sale,* 1954).

Parlement européen, organe de la Communauté européenne, composé de parlementaires élus pour 5 ans, au suffrage universel direct (depuis 1979), dans chacun des États membres. En 1995, il compte 626 membres après l'élargissement de l'Union européenne. Il contrôle notamment la Commission et le Conseil et vote le budget.

PARLER, famille de maîtres d'œuvre allemands, dont le plus connu est **Peter,** architecte et sculpteur (Schwäbisch Gmünd 1330 - Prague 1399), qui, succédant à Mathieu d'Arras, fit œuvre originale à la cathédrale de Prague.

PARME, v. d'Italie (Émilie), ch.-l. de prov. ; 168 905 h. *(Parmesans).* Ensemble romano-gothique de la cathédrale (coupole peinte par le Corrège) et du baptistère, avec sculptures d'Antelami. Églises, dont la *Steccata* (coupole du Parmesan). Palais de la *Pilotta,* des XVIe-XVIIe s. (musées ; théâtre Farnèse). — Ville de fondation étrusque, cédée au Saint-Siège en 1512, Parme en fut détachée en 1545 par Paul III, qui l'érigea en duché au profit de son neveu Pier Luigi Farnèse, dont la dynastie dura jusqu'en 1731. En 1748, la ville et le duché passèrent à Philippe de Bourbon ; français en 1802, ils furent donnés en 1815, à titre viager, à l'ex-impératrice Marie-Louise (m. en 1847). Ils furent réunis en 1860 au Piémont.

PARMÉNIDE, philosophe grec (Élée v. 515 - v. 440 av. J.-C.). Dans son poème *De la nature,* il formule la proposition fondamentale de l'ontologie : l'être est un, continu et éternel.

PARMÉNION, général macédonien (v. 400 - Ecbatane v. 330 av. J.-C.). Lieutenant de Philippe II, puis d'Alexandre, il fut exécuté parce qu'il s'opposait à l'extension des conquêtes vers l'Orient.

PARMENTIER (Antoine Augustin), pharmacien militaire français (Montdidier 1737 - Paris 1813). Il vulgarisa en France la culture de la pomme de terre.

PARMESAN (Francesco **Mazzola,** dit en fr. **le**), peintre italien (Parme 1503 - Casalmaggiore, prov. de Crémone, 1540). Dessinateur d'une exquise élégance, coloriste raffiné, poursuivant une recherche angoissée de la perfection, il fut un des maîtres du maniérisme européen.

PARNASSE, en gr. **Parnassós,** mont de la Grèce, au nord-est de Delphes ; 2 457 m. Dans l'Antiquité, le Parnasse, montagne des Muses, était consacré à Apollon.

Parnasse contemporain (le), titre de trois recueils de vers parus de 1866 à 1876, qui forment le manifeste et l'illustration de l'école poétique, dite *parnassienne* (Leconte de Lisle, Banville, Heredia, Sully Prudhomme, Coppée), qui défendait le lyrisme impersonnel et la théorie de l'art pour l'art (Th. Gautier).

PARNELL (Charles Stewart), homme politique irlandais (Avondale 1846 - Brighton 1891). Élu aux Communes (1875), il prit la direction du parti nationaliste (1877) et pratiqua avec efficacité l'obstruction parlementaire. Chef de la Ligue agraire irlandaise (1879), il fit avancer, avec Gladstone, l'idée de *Home Rule.* Un drame privé lui fit perdre son influence.

PARNY (Évariste Désiré **de Forges,** *chevalier,* puis *vicomte* **de**), poète français (île Bourbon, auj. la Réunion, 1753 - Paris 1814), auteur de poésies amoureuses. (Acad. fr.)

Paroles d'un croyant, livre de La Mennais (1834), écrit en versets imités du style biblique, où l'auteur préconise la foi dans le Christ, le travail et la concorde.

PAROPAMISUS, en afghan **Firuz koh,** chaîne de montagnes de l'Afghanistan ; 3 135 m.

PÁROS, une des îles Cyclades, dont les carrières ont fourni aux artistes de la Grèce antique le plus beau marbre statuaire ; 7 000 h. Tourisme.

PARQUES, divinités latines du Destin, identifiées aux *Moires* grecques Clotho, Lachésis et Atropos (en lat. Nona, Decima et Morta) qui présidaient successivement à la naissance, à la vie et à la mort des humains.

PARRHASIOS, peintre grec (Éphèse fin du Ve s. av. J.-C.), rival de Zeuxis, connu seulement

Le **Parthénon** (447-432 av. J.-C.), sur l'Acropole d'Athènes.

par des textes qui célèbrent la puissance expressive de ses œuvres.

PARROCEL (les), famille de peintres français, dont les principaux sont : **Joseph,** dit **Parrocel des Batailles** (Brignoles 1646 - Paris 1704), artiste à la technique libre et vigoureuse, qui peignit des tableaux à sujets militaires pour la salle à manger du roi à Versailles ; — son fils **Charles** (Paris 1688 - *id.* 1752), lui aussi peintre de batailles et de scènes militaires (campagnes de Louis XV).

PARROT (André), archéologue français (Désandans, Doubs, 1901 - Paris 1980). Découvreur de Mari dont il dirigea la fouille de 1933 à 1974, il a mis en évidence l'apport de l'archéologie aux récits bibliques. (*Mission archéologique de Mari* 1956-1968 ; *Sumer,* 1960).

PARRY *(îles),* partie de l'archipel arctique canadien.

PARRY (*sir* William Edward), marin et explorateur britannique (Bath 1790 - Bad Ems 1855). Il conduisit plusieurs expéditions dans l'Arctique.

Parsifal, drame musical en trois actes, poème et musique de R. Wagner (Bayreuth 1882). Dans cette action mi-sacrée, mi-profane se combinent la solennité rituelle et le sentiment poétique *(Prélude, Enchantement du vendredi saint).*

PARSONS (*sir* Charles), ingénieur britannique (Londres 1854 - Kingston, Jamaïque, 1931). Il réalisa la première turbine à vapeur (1884), fonctionnant par réaction.

PARSONS (Talcott), sociologue américain (Colorado Springs 1902 - Munich 1979). Il a fondé une sociologie définie comme science de l'action, pour laquelle il a emprunté certaines thèses du fonctionnalisme (*Structure sociale et personnalité,* 1964).

PARTHENAY (79200), ch.-l. d'arr. des Deux-Sèvres, sur le Thouet ; 11 163 h. *(Parthenaisiens).* Foires (bovins). Restes de fortifications du XIIIe s. Églises romanes ou en partie romanes.

Parthénon, temple d'Athéna Parthénos, bâti à l'initiative de Périclès, au Ve s. av. J.-C., sur l'Acropole d'Athènes par Phidias, qui, assisté de nombreux artistes, dont les architectes Ictinos et Callicratès, en assuma la riche décoration sculptée (frise des Panathénées*). Ce temple périptère, en marbre pentélique, représente la perfection et l'équilibre de l'ordre dorique. *(V. illustration p. 1579.)*

PARTHÉNOPÉENNE *(République),* République fondée par la France à Naples en janvier 1799 et qui disparut dès le mois de juin, Nelson en ayant chassé les troupes françaises.

PARTHES, anc. peuple apparenté aux Scythes, installé au IIIe s. av. J.-C. dans la région nord-est de l'Iran (auj. Khorāsān). Leur chef Arsace (v. 250), profitant de la faiblesse de l'Empire séleucide, constitua un royaume ; à la fin du IIe s. av. J.-C., celui-ci s'étendait sur l'Iran et une partie de la Mésopotamie et mit en échec les armées romaines. La dynastie parthe des Arsacides fut renversée par les Sassanides (224 apr. J.-C.).

PARTICELLI → ***Emery.***

PASADENA, v. des États-Unis (Californie), près de Los Angeles ; 131 591 h. Centre de recherches spatiales (*Jet Propulsion Laboratory*). Musée. — À proximité, observatoire du mont Wilson (alt. 1 740 m).

PASARGADES, une des capitales de l'Empire achéménide, fondée v. 550 av. J.-C. par Cyrus le Grand ; on y a retrouvé son tombeau.

PASAY, v. des Philippines, banlieue de Manille ; 288 000 h. Aéroport international.

PASCAL II (Bieda, Ravenne, v. 1050 - Rome 1118), pape de 1099 à 1118. Son pontificat fut marqué par une recrudescence de la lutte du Sacerdoce et de l'Empire, à l'occasion de laquelle il s'opposa aux empereurs Henri IV et Henri V.

PASCAL (Blaise), mathématicien, physicien, philosophe et écrivain français (Clermont, auj. Clermont-Ferrand, 1623 - Paris 1662). À seize ans, il écrivit un *Essai sur les coniques ;* à dix-huit ans, il inventa une machine arithmétique. Jusqu'en 1652, il se livra à de nombreux travaux sur la pression atmosphérique et l'équilibre des liquides, la presse hydraulique, le triangle arithmétique, la théorie de la cycloïde. Avec Fermat, il créa le calcul des probabilités. Dès 1646, Pascal était en relation avec les jansénistes. En 1652, sa sœur Jacqueline entra en religion à Port-Royal. Le 23 nov. 1654, Pascal connut une nuit d'extase mystique, à la suite de laquelle il décida de consacrer sa vie à la foi et la piété. Il prit alors le parti des jansénistes. Dans les *Provinciales* (1656-57), publiées sous un nom d'emprunt, il attaqua leurs adversaires, les jésuites. Il mourut avant d'avoir achevé une *Apologie de la religion chrétienne,* dont les fragments ont été publiés sous le titre de *Pensées**.

PASCAL (Jacqueline), religieuse française, *sœur* **Sainte-Euphémie** (Clermont, auj. Clermont-Ferrand, 1625 - Paris 1661), sœur de Blaise Pascal. Elle se retira à Port-Royal en 1652. — Sa sœur aînée **Gilberte** (Mme **Périer**) [Clermont 1620 - Paris 1685] a publié une *Vie de Blaise Pascal.*

PASCH (Moritz), logicien et mathématicien allemand (Wrocław 1843 - Bad Homburg 1930), auteur d'une des premières axiomatisations de la géométrie (1882).

PASCIN (Julius **Pinkas,** dit **Jules**), peintre et dessinateur bulgare naturalisé américain (Vidin 1885 - Paris 1930). Il fut, avant et après la guerre de 1914-1918, une des personnalités de la bohème parisienne. Ses compositions associent acuité graphique et délicatesse du coloris au service d'un érotisme subtil.

PASCOLI (Giovanni), poète italien (San Mauro, Romagne, 1855 - Bologne 1912), auteur de poèmes d'inspiration mystique *(Myricae).*

PAS DE CALAIS → ***Calais*** *(pas de).*

PAS-DE-CALAIS (**62**), dép. de la Région Nord-Pas-de-Calais ; ch.-l. de dép. *Arras ;* ch.-l. d'arr. *Béthune, Boulogne-sur-Mer, Calais, Lens, Montreuil, Saint-Omer ;* 7 arr., 76 cant., 897 comm. ; 6 671 km² ; 1 433 203 h. Le dép. est rattaché à l'académie de Lille, à la cour d'appel de Douai et à la région militaire Nord-Est. Les secteurs littoraux (Marquenterre et Boulonnais), où domine l'élevage, sont animés par la pêche (Boulogne-sur-Mer) et le tourisme estival (Berck, Le Touquet-Paris-Plage). Les autres régions sont tournées vers les cultures des céréales et des betteraves (Artois, Flandre méridionale, Cambrésis occidental). L'industrie a été fondée sur l'extraction du charbon qui a donné naissance à la métallurgie et à l'industrie chimique (mais a disparu aujourd'hui). Ces deux branches se sont ajoutées aux traditionnelles activités alimentaires et textiles. Les difficultés de l'industrie expliquent l'actuelle stagnation démographique.

PAS DE LA CASE, site touristique (et commercial) à la frontière des Pyrénées-Orientales et de l'Andorre, à 2 091 m d'alt.

PASDELOUP (Jules), chef d'orchestre français (Paris 1819 - Fontainebleau 1887), créateur des Concerts populaires de musique classique (1861), devenus en 1916 « concerts Pasdeloup ».

Pas de quatre (le), divertissement chorégraphique composé par J. Perrot, musique de C. Pugni, créé à Londres en 1845 par les danseuses romantiques M. Taglioni, C. Grisi, F. Cerrito et L. Grahn. Reconstitué à plusieurs reprises (A. Dolin, 1941), il est encore dansé actuellement par les plus grandes étoiles contemporaines.

PASIPHAÉ. *Myth. gr.* Épouse de Minos, mère d'Ariane, de Phèdre et du Minotaure.

PASKEVITCH ou **PASKIEVITCH** (Ivan Fedorovitch), maréchal russe (Poltava 1782 - Varsovie 1856). Gouverneur en Pologne après avoir réprimé l'insurrection polonaise de 1831, il imposa aux insurgés hongrois la capitulation de Vilàgos (1849).

PASOLINI (Pier Paolo), écrivain et cinéaste italien (Bologne 1922 - Ostie 1975). Ses poèmes (*les Cendres de Gramsci,* 1957), ses romans (*Une vie violente,* 1959), ses films (*Accattone,* 1961 ; *l'Évangile selon Matthieu,* 1964 ; *Œdipe roi,* 1967 ; *Théorème,* 1968 ; *le Décaméron,* 1971 ; *Salo ou les Cent Vingt Journées de Sodome,* 1976) portent la marque d'une personnalité déchirée et contradictoire, qui puise son inspiration aussi bien dans la réalité prolétarienne des faubourgs de Rome (où il mourra assassiné), que dans les mythes universels ou dans les textes saints.

PASQUIER (Étienne), juriste français (Paris 1529 - *id.* 1615). Il défendit la royauté contre la Ligue et écrivit une gigantesque encyclopédie méthodique, les *Recherches de la France* (1560-1621).

PASQUIER (Étienne, *duc*), homme politique français (Paris 1767 - *id.* 1862). Il servit la Restauration puis fut président de la Chambre des pairs sous Louis-Philippe, chancelier en 1837. (Acad. fr.)

PASSAGE (Le) [47520], comm. de Lot-et-Garonne, près d'Agen ; 8 920 h.

PASSAIS (61350), ch.-l. de c. de l'Orne ; 924 h. Église du XVe s.

PASSAMAQUODDY *(baie de),* golfe de la côte orientale des États-Unis (Maine) et du Canada (Nouveau-Brunswick).

Passarowitz *(paix de)* [21 juill. 1718], traité signé à Passarowitz (auj. Požarevac, en Yougoslavie) qui consacrait la victoire de l'Autriche et de Venise sur les Ottomans et l'expansion territoriale autrichienne en Valachie et en Serbie.

PASSAU, v. d'Allemagne (Bavière), sur le Danube ; 49 846 h. Université. Cathédrale gothique et baroque, et autres monuments.

PASSERO, cap au sud-est de la Sicile, dans l'*île de Capo Passero.*

Passion de Jeanne d'Arc (la), film français de C. Dreyer (1928), reconstitution épurée du procès de Jeanne, réduit à une liturgie des gestes et des regards intensément dramatique.

PASSY, quartier de Paris (XVIe arr.).

PASSY, comm. de la Haute-Savoie ; 9 491 h. Centrale hydroélectrique sur l'Arve. Station climatique au *plateau d'Assy* (74480).

PASSY (Hippolyte Philibert), homme politique et économiste français (Garches 1793 - Paris 1880). Il milita en faveur du libre-échange. — Son neveu **Frédéric,** économiste (Paris 1822 - Neuilly-sur-Seine 1912), fut un ardent pacifiste. (Prix Nobel de la paix 1901.)

PASTERNAK (Boris Leonidovitch), écrivain russe (Moscou 1890 - Peredelkino 1960). Poète d'inspiration futuriste (*Ma sœur la vie,* 1922 ; *Seconde Naissance,* 1932), il fit paraître, hors d'U. R. S. S., en 1957, un roman, *le Docteur Jivago,* qui déclencha contre lui une campagne de critiques et de tracasseries policières : il dut décliner le prix Nobel qui lui fut décerné en 1958. Exclu de l'Union des écrivains d'U. R. S. S. la même année, il est réhabilité en 1987.

Pasteur *(Institut),* établissement scientifique, fondé en 1888, par souscription internationale, qui poursuit l'œuvre de Pasteur dans le domaine des sciences biologiques (bactériologie, virologie, immunologie, allergologie, biochimie, biologie moléculaire). Centre de recher-

Pascal (château de Versailles)

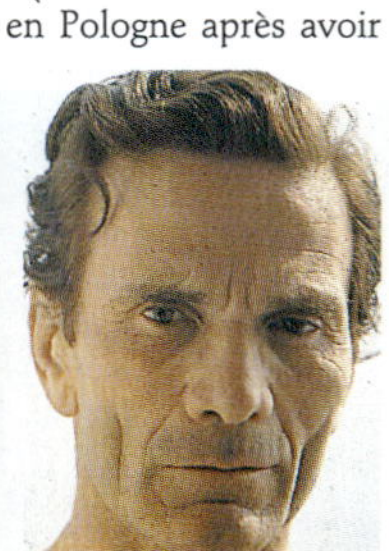

Pier Paolo **Pasolini**

Boris **Pasternak**

Louis **Pasteur** (par L.E. Fournier)

che et d'enseignement, il est aussi un des grands centres de production de vaccins et de sérums.

PASTEUR (Louis), chimiste et biologiste français (Dole 1822 - Villeneuve-l'Étang 1895). Il effectua de remarquables travaux sur la stéréochimie, puis se tourna vers l'étude des fermentations. Il montra que celles-ci étaient dues à l'action de micro-organismes, et que la « génération spontanée » des microbes n'existait pas. Il étudia la maladie des vers à soie (1865), puis, après une étude sur les vins, réalisa une méthode de conservation des bières, la *pasteurisation.* De 1870 à 1886 se déroula la partie la plus importante de son œuvre consacrée aux maladies infectieuses. Il montra la nature microbienne du charbon, découvrit le vibrion septique, le staphylocoque, le streptocoque, réalisa le vaccin contre le charbon et, après d'innombrables difficultés, le vaccin contre la rage, qui lui valut la gloire (1885). [Acad. fr.]

PASTEUR VALLERY-RADOT (Louis), médecin et écrivain français (Paris 1886 - *id.* 1970). Petit-fils de Louis Pasteur, il a étudié les maladies des reins et les affections allergiques. (Acad. fr.)

PASTO ou **SAN JUAN DE PASTO,** v. de la Colombie méridionale ; 159 000 h.

PASTURE (Rogier de La) → ***Van der Weyden.***

PATAGONIE, région du sud du Chili et de l'Argentine.

PĀṬALIPUTRA, anc. cap. bouddhique des dynasties indiennes Maurya et Gupta (près de Paṭnā), florissante sous Aśoka, qui y éleva l'enceinte et le palais, dont on a dégagé les vestiges.

PĀTAN, anc. cap. du Népal ; 49 000 h. Temples et monastères bouddhiques et brahmaniques. Palais du XVIIe s., devenu musée.

PATAÑJALI, grammairien indien (IIe s. av. J.-C.), continuateur de Pāṇini.

PATAUD, abri-sous-roche situé aux Eyzies-de-Tayac-Sireuil (Dordogne). Ses quatorze niveaux archéologiques constituent, avec Laugerie-Haute et La Ferrassie, la référence chronologique du paléolithique supérieur.

PATAY (45310), ch.-l. de c. du Loiret ; 1 953 h. *(Patichons).* Jeanne d'Arc y vainquit les Anglais (18 juin 1429).

PATCH (Alexander), général américain (Fort Huachuca, Arizona, 1889 - San Antonio, Texas, 1945). Il commanda la VIIe armée américaine, qui débarqua en Provence en août 1944 avec les forces françaises.

PATENIER → ***Patinir.***

PATER (Jean-Baptiste), peintre français (Valenciennes 1695 - Paris 1736). Élève de Watteau, il a exécuté, en s'inspirant de celui-ci, des scènes galantes et champêtres.

PATER (Walter Horatio), écrivain et critique britannique (Londres 1839 - Oxford 1894), auteur d'études sur la Renaissance italienne et les romantiques anglais.

PATERSON, v. des États-Unis (New Jersey) ; 137 970 h. Centre industriel.

PATHÉ, nom de deux ingénieurs français, créateurs, avec Henri Lioret, de l'industrie phonographique française : **Émile** (Paris 1860 - *id.* 1937) et **Charles** (Chevry-Cossigny, Seine-et-Marne, 1863 - Monte-Carlo 1957), qui fut le premier fabricant de pellicules pour le cinéma et le créateur du journal d'actualités cinématographiques (1909).

Pathelin *(la Farce de Maître),* farce composée entre 1461 et 1469 et qui établit en France le modèle du genre. L'intrigue, fondée sur le principe du trompeur-trompé, met en scène un avocat marron qui a extorqué une pièce de drap à un marchand et qui est à son tour berné par un simple berger.

Pathet Lao, mouvement nationaliste et progressiste laotien, fondé en 1950 pour lutter contre la France avec l'appui du Viêt-minh.

PATIĀLA, v. de l'Inde (Pendjab) ; 268 521 h. Riches palais du XVIIIe s.

PATIN (Gui), médecin et écrivain français (Hodenc-en-Bray 1602 - Paris 1672), auteur de *Lettres* qui constituent une chronique de son époque.

PATINIR ou **PATENIER** (Joachim), peintre des anc. Pays-Bas du Sud (Dinant ou Bouvignes v. 1480 - Anvers 1524). Inscrit à la gilde d'Anvers en 1515, il fut le premier à donner une importance majeure au paysage dans ses tableaux, aux sujets bibliques.

PATINKIN (Don), économiste israélien (Chicago 1922). Il a présenté un modèle d'équilibre prenant en considération les marchés du travail, des biens et des services, de la monnaie, des titres.

PÁTMOS ou **PATHMOS,** l'une des îles Sporades, où, selon la tradition, saint Jean écrivit l'Apocalypse (v. 96).

PAṬNĀ, v. de l'Inde, cap. du Bihār, sur le Gange ; 1 098 572 h. Université. Musée.

PATOU (Jean), couturier français (Paris 1887 - *id.* 1936). En 1919, il ouvrit une maison de couture, et fut à l'origine d'une ligne particulièrement longue et fluide.

PATRAS, port de Grèce (Péloponnèse), sur le *golfe de Patras,* formé par la mer Ionienne ; 155 180 h.

PATRICK ou **PATRICE** *(saint),* apôtre de l'Irlande (en Grande-Bretagne v. 385 - en Irlande v. 461), premier évêque de l'île, et son patron (fête le 17 mars).

PATROCLE. *Myth. gr.* Héros du cycle troyen, compagnon d'Achille. Il fut tué par Hector sous les remparts de Troie.

PATRU (Olivier), avocat et écrivain français (Paris 1604 - *id.* 1681), ami de Boileau. Élu à l'Académie française en 1640, il prononça un discours de remerciement si goûté que cette tradition fut désormais suivie par tous les académiciens.

PATTI (Adelina), cantatrice italienne (Madrid 1843 - Craig-y-Nos Castle, pays de Galles, 1919). Elle a triomphé à l'Opéra de Paris dans Mozart, Rossini, Verdi.

PATTON (George), général américain (San Gabriel, Californie, 1885 - Heidelberg 1945). Spécialiste des blindés, il conduisit la IIIe armée américaine d'Avranches à Metz (1944) et du Rhin jusqu'en Bohême (1945).

PAU (64000), ch.-l. des Pyrénées-Atlantiques, sur le *gave de Pau,* à 751 km au sud-ouest de Paris ; 83 928 h. *(Palois)* [plus de 140 000 h. dans l'agglomération]. Université. Cour d'appel. Chaussures. Anc. cap. du Béarn. Château des XIIIe-XVIe s., très restauré (tapisseries ; Musée béarnais). Musées des Beaux-Arts et Bernadotte.

PAU *(gave de),* riv. de France, issue des Pyrénées, qui passe à Lourdes, Pau et rejoint l'Adour (r. g.) ; 120 km.

PAUILLAC (33250), ch.-l. de c. de la Gironde, sur la Gironde ; 5 855 h. Grands vignobles (Château-Lafite, Château-Latour, Château-Mouton-Rothschild) du Médoc.

PAUL *(saint),* surnommé **l'Apôtre des gentils** (Tarse, Cilicie, entre 5 et 15 apr. J.-C. - Rome entre 62 et 67). Une vision du Christ sur le chemin de Damas (v. 36) fit de ce pharisien fervent, dont le nom hébraïque était Saul, un apôtre de Jésus-Christ. Son activité missionnaire s'articula autour de trois grands voyages (46-48, 49-52 et 53-58) au cours desquels il visita Chypre, l'Asie Mineure, la Macédoine et la Grèce, établissant des Églises dans les villes importantes. En 58, Paul, arrêté à l'instigation des autorités juives, fut déféré, en sa qualité de citoyen romain, au tribunal de l'empereur et envoyé à Rome, où il passa deux années en liberté surveillée. Certains auteurs pensent que Paul serait mort à Rome vers 64 ; d'autres, se fondant sur une très ancienne tradition romaine, tiennent qu'il mourut en 67, après de nouveaux voyages missionnaires en Espagne. Les lettres écrites par saint Paul aux communautés qu'il avait fondées donnent un aperçu de sa personnalité et de sa pensée. La tradition a retenu quatorze épîtres de saint Paul : aux Romains, aux Corinthiens (2), aux Galates, aux Éphésiens, aux Philippiens, aux Colossiens, aux Thessaloniciens (2), à Timothée (2), à Tite, à Philémon et aux Hébreux. L'authenticité de certaines épîtres (à Timothée, à Tite, aux Hébreux) est contestée.

PAUL de la Croix *(saint)* [Ovada, Ligurie, 1694 - Rome 1775], fondateur de la congrégation missionnaire des Passionistes.

PAUL III (Alessandro **Farnèse**) [Canino 1468 - Rome 1549], pape de 1534 à 1549. Il commanda à Michel-Ange le *Jugement dernier* de la chapelle Sixtine et inaugura la Réforme catholique en convoquant le concile de Trente (1545). — **Paul IV** (Gian Pietro **Carafa**) [Sant'Angelo della Scala 1476 - Rome 1559], pape de 1555 à 1559. Il fonda avec Gaëtan de Thiene l'ordre des Théatins. — **Paul VI** (Giovanni Battista **Montini**) [Concesio, près de Brescia, 1897 - Castel Gandolfo 1978], pape de 1963 à 1978. Prosecrétaire d'État (1952) et proche collaborateur de Pie XII, archevêque de Milan (1954) et cardinal (1958), il succéda en 1963 à Jean XXIII, dont il approfondit l'œuvre réformatrice et d'abord au sein du IIe concile du Vatican, qu'il clôtura en 1965. Sa rencontre, en 1964, à Jérusalem, avec le patriarche Athênagoras illustra sa volonté de recherche œcuménique.

PAUL Ier (Athènes 1901 - *id.* 1964), roi de Grèce (1947-1964), successeur de son frère Georges II.

PAUL Ier (Saint-Pétersbourg 1754 - *id.* 1801), empereur de Russie (1796-1801), fils de Pierre III et de la future Catherine II. Après avoir envoyé Souvorov combattre en Italie du Nord aux côtés des Autrichiens (1799), il se rapprocha de la France. Il mourut assassiné.

PAUL-BONCOUR (Joseph), homme politique français (Saint-Aignan 1873 - Paris 1972). Membre de la S. F. I. O. de 1916 à 1931, il fut ministre de la Guerre (1932), président du Conseil (déc. 1932-janv. 1933) et ministre des Affaires étrangères (1933 et 1938). Il signa, pour la France, la Charte des Nations unies.

PAUL DIACRE (Paul **Warnefried,** connu sous le nom de), historien et poète de langue latine (dans le Frioul v. 720 - Mont-Cassin v. 799), auteur d'une *Histoire des Lombards* et de l'hymne *Ut queant laxis.*

PAUL ÉMILE, général romain (m. en 216 av. J.-C.). Consul en 219 av. J.-C., puis en 216, il fut tué à la bataille de Cannes. — Son fils **Paul Émile le Macédonique** (v. 228-160 av. J.-C.), consul en 182 et en 168, remporta sur Persée, dernier roi de Macédoine, la victoire de Pydna (168).

Paul et Virginie, roman de Bernardin de Saint-Pierre (1788) : innocente idylle de deux enfants de l'île de France (île Maurice), qui inaugura en France le genre *exotique.*

PAULHAN (Jean), écrivain et critique français (Nîmes 1884 - Neuilly-sur-Seine 1968), directeur de la *Nouvelle Revue française* à partir de 1925. (Acad. fr.)

PAULI (Wolfgang), physicien américain d'origine autrichienne (Vienne 1900 - Zurich 1958), prix Nobel en 1945 pour ses travaux sur les électrons des atomes. Il émit l'hypothèse, en 1931, de l'existence du neutrino.

PAULIN de Nola *(saint),* prélat et poète franc (Bordeaux 353 - Nola 431), évêque de Nola en Campanie. Ses poèmes témoignent d'un goût délicat et sa *Correspondance* est précieuse pour l'histoire de son temps.

PAULING (Linus Carl), chimiste américain (Portland, Oregon, 1901 - près de Big Sur, Californie, 1994), auteur de travaux sur les macromolécules organiques et les liaisons chimiques. (Prix Nobel de chimie 1954 ; prix Nobel de la paix 1962.)

PAULUS (Friedrich), maréchal allemand (Breitenau 1890 - Dresde 1957). Commandant la VIe armée en Russie, il capitula à Stalingrad (31 janv. 1943). Prisonnier en U. R. S. S., libéré en 1953, il avait adressé au peuple allemand, en 1944, un appel contre Hitler.

PAUSANIAS, prince lacédémonien (m. v. 467 av. J.-C.). Vainqueur des Perses à Platées (479), il occupa Chypre et Byzance (478). Revenu à Sparte, convaincu de collusion avec les Perses, il fut emmuré dans le temple d'Athéna où il s'était réfugié.

PAUSANIAS, écrivain grec (IIe s. apr. J.-C.), auteur d'une *Description de la Grèce,* précieuse pour la connaissance de la Grèce antique.

PAVAROTTI (Luciano), ténor italien (Modène 1935). Depuis ses débuts à la Scala de Milan en 1965, il triomphe sur les plus grandes scènes du monde, dans le répertoire romantique italien.

PAVELIĆ (Ante), homme politique croate (Bradina 1889 - Madrid 1959). Il fut chef de l'État croate indépendant créé en 1941 sous contrôle allemand et italien.

PAVESE (Cesare), écrivain italien (San Stefano Belbo, Piémont, 1908 - Turin 1950), auteur de romans (*la Plage,* 1942 ; *le Bel Été,* 1949) et d'un journal intime *(le Métier de vivre)* où le réalisme de l'observation s'allie à l'angoisse créée par l'évolution du monde contemporain.

PAVIE, v. d'Italie (Lombardie), ch.-l. de prov., sur le Tessin ; 76 418 h. Université. Églises, notamment de style roman lombard. Château des Visconti (XIVe-XVe s.). Aux environs, chartreuse des XVe-XVIe s. François Ier y fut battu et fait prisonnier par les troupes de Charles Quint (24 févr. 1525).

PAVIE (Auguste), diplomate et explorateur français (Dinan 1847 - Thourie, Ille-et-Vilaine, 1925). En poste au Laos de 1886 à 1895, il fit reconnaître par le Siam le protectorat français sur le Laos (1893) et fixa les frontières de ce territoire.

PAVILLON (Nicolas), prélat français (Paris 1597 - Alet 1677). Évêque d'Alet (1639), ami des jansénistes, il s'opposa à Louis XIV à propos de la régale et refusa de signer le formulaire antijanséniste.

pavillon du Phénix (ou **Hōō-dō**), sanctuaire dans l'enceinte du Byōdō-in, temple bouddhique, à Uji (Japon). Devenu sanctuaire en 1053, ce pavillon de la villa de Fujiwara Yorimichi, dont la forme évoque le phénix aux ailes déployées, est l'un des plus beaux exemples de l'intégration de l'architecture médiévale japonaise dans le paysage. Beau décor peint intérieur, typique du yamato-e.

Le **pavillon du Phénix** (Hōō-dō), dans l'enceinte du Byōdō-in à Uji.

Pavillons-Noirs, soldats irréguliers chinois, combattus par la France au Tonkin, notamment en 1883-1885.

PAVILLONS-SOUS-BOIS (Les) [93320], ch.-l. de c. de la Seine-Saint-Denis ; 17 423 h.

PAVILLY (76570), ch.-l. de c. de la Seine-Maritime ; 5 737 h. Textile.

PAVIN *(lac),* lac volcanique d'Auvergne, de forme circulaire (Puy-de-Dôme) ; 44 ha.

PAVLODAR, v. du Kazakhstan ; 331 000 h. Aluminium.

PAVLOV (Ivan Petrovitch), physiologiste russe (Riazan 1849 - Leningrad 1936). Auteur de travaux sur la digestion et la « sécrétion psychique », il a découvert ainsi les réflexes conditionnés et formulé sa conception générale de l'activité nerveuse supérieure. (Prix Nobel 1904.)

PAVLOVA (Anna), danseuse russe (Saint-Pétersbourg 1881 - La Haye 1931), créatrice du *Cygne* (C. Saint-Saëns - M. Fokine).

Pavot rouge *(le),* ballet en trois actes, musique de Glier, chorégraphie de V. Tikhomirov, créé à Moscou en 1927. Première œuvre inscrite au répertoire soviétique, ce ballet est resté très populaire en U. R. S. S. dans la version de L. Lavrovski (1949) et sous le titre *la Fleur rouge* (1957).

PAXTON (*sir* Joseph), jardinier, ingénieur et architecte britannique (Milton Bryant, Bedfordshire, 1801 - Sydenham, près de Londres, 1865). La construction, pour l'Exposition de 1851 à Londres, du *Crystal Palace* (auj. détruit) fait de lui un pionnier de l'architecture du fer.

Paul VI

Wolfgang **Pauli**

Linus Carl **Pauling**

PAYEN (Anselme), chimiste français (Paris 1795 - *id.* 1871). Il identifia la cellulose comme le constituant essentiel des cellules végétales.

PAYERNE, en all. **Peterlingen,** comm. de Suisse (Vaud) ; 7 393 h. Église (XIe-XIIe s.) et bâtiments divers d'un anc. monastère clunisien.

PAYNE (Thomas) → ***Paine.***

PAYSANDÚ, v. de l'Uruguay, sur le fl. Uruguay ; 80 000 h.

Paysans *(guerre des)* [1524-1526], insurrections paysannes et urbaines qui agitèrent le Saint Empire. Dirigée par certains réformateurs radicaux (dont Müntzer en Thuringe), elle fut réprimée par les princes catholiques et luthériens coalisés.

PAYS-BAS, nom donné au cours de l'histoire à des territoires d'étendue variable du nord-ouest de l'Europe, situés entre l'Ems, la mer du Nord, les collines de l'Artois et le massif des Ardennes.

HISTOIRE

Des origines à l'Empire carolingien. La présence ancienne de l'homme dans cette région est attestée par des monuments mégalithiques (dolmens) et des tumulus de l'âge du bronze. 57 av. J.-C. : César conquiert le pays, peuplé par des tribus celtes et germaniques (Bataves, Frisons). 15 av. J.-C. : les futurs Pays-Bas forment la province de Gaule Belgique. IVe s. : les invasions germaniques submergent la contrée. Les Saxons s'établissent à l'est, tandis que les Francs occupent les territoires méridionaux. VIIe-VIIIe s. : la christianisation de ces peuples ne s'achève qu'avec Charlemagne.

De Charlemagne à l'époque bourguignonne. IXe s. : les invasions normandes et les divisions territoriales (traité de Verdun, 843) affaiblissent le pays. Xe-XIIe s. : il se décompose en de multiples principautés féodales (duchés de Gueldre et de Brabant, comtés de Hollande, de Flandre et de Hainaut, évêchés d'Utrecht et de Liège). XIIe-XIIIe s. : tandis que de nouvelles terres sont gagnées sur la mer, les villes connaissent un essor remarquable, notamm. grâce au commerce du drap (Gand, Ypres, Bruges). XIVe s. : en Flandre, les travailleurs du textile s'opposent au patriciat urbain, qui s'allie avec le roi de France. 1369 : le duc de Bourgogne Philippe le Hardi épouse la fille du comte de Flandre Louis de Mâle. 1382 : les milices communales sont vaincues à Rozebeke par le roi de France Charles VI.

Période bourguignonne et période espagnole. XVe s. : par achats, mariages, héritages, les ducs de Bourgogne incorporent peu à peu tous les Pays-Bas. 1477 : Marie de Bourgogne, fille et héritière de Charles le Téméraire, épouse Maximilien d'Autriche. Le pays fait désormais partie des possessions des Habsbourg. 1515 : Charles Quint hérite des Pays-Bas. Pendant son règne, il porte à dix-sept le nombre des provinces qui les constituent et érige l'ensemble en cercle d'Empire (1548). Deux gouvernantes se succèdent : Marguerite d'Autriche (1519-1530), et Marie de Hongrie (1531-1555). Le pays connaît une forte expansion économique, les idées de la Réforme s'y diffusent largement.

La révolte des Pays-Bas et la naissance des Provinces-Unies. 1555 : Philippe II succède à son père comme prince des Pays-Bas. 1559-1567 : par l'intermédiaire de la gouvernante, Marguerite de Parme, il conduit une politique absolutiste et hostile aux protestants, qui dresse contre lui le peuple et la noblesse. 1566 : la Flandre, le Hainaut, puis les provinces du Nord se soulèvent. 1567-1573 : succédant à Marguerite de Parme, le duc d'Albe mène une répression impitoyable, qui débouche sur la révolte générale de la Hollande et de la Zélande (1568), dirigée par Guillaume d'Orange. Les révoltés gagnent à leur cause le Brabant, le Hainaut, la Flandre et l'Artois. 1576 : la pacification de Gand marque l'expulsion des troupes espagnoles et le retour à la tolérance religieuse. 1579 : les provinces du Sud, en majorité catholiques, se soumettent à l'Espagne (Union d'Arras) ; celles du Nord, calvinistes, proclament l'Union d'Utrecht, qui pose les bases des Provinces-Unies*.

Les Pays-Bas aux XVIIe et XVIIIe s. 1581 : après avoir répudié solennellement l'autorité de Philippe II, les Provinces-Unies poursuivent la lutte contre l'Espagne, sauf l'interruption de la trêve de Douze-Ans (1609-1621). 1648 : le traité de Münster reconnaît officiellement l'indépendance des Provinces-Unies. Les Pays-Bas méridionaux restent espagnols. 1714 : à l'issue de la guerre de la Succession d'Espagne, ils sont remis à l'Autriche. 1795 : les Pays-Bas méridionaux sont annexés par la France ; les Provinces-Unies deviennent la République batave. 1815 : le congrès de Vienne décide de réunir l'ensemble des provinces en un royaume des Pays-Bas.

PAYS-BAS *(royaume des),* en néerl. **Nederland,** État de l'Europe, sur la mer du Nord ; 34 000 km² ; 15 200 000 h. *(Néerlandais).* CAP. *Amsterdam.* Siège des pouvoirs publics et de la Cour, *La Haye.* LANGUE : *néerlandais.* MONNAIE : *florin.*

INSTITUTIONS

Monarchie parlementaire. Constitution de 1815. Le souverain exerce certains pouvoirs notamm. lors de la formation des gouvernements. Premier ministre, responsable devant le Parlement comportant une *Première Chambre* élue pour 6 ans et une *Deuxième Chambre* élue pour 4 ans.

GÉOGRAPHIE

L'histoire, la faible superficie et l'exceptionnelle densité (plus de 400 h. au km²) expliquent l'ouverture économique de ce pays, nation commerçante, qui exporte plus de la moitié de sa production. Les services surtout (finances et transports) et l'industrie (constructions électriques, agroalimentaire, chimie auxquels s'ajoute un très important gisement de gaz naturel) occupent plus de 90 % d'une population, fortement urbanisée, concentrée dans un quadrilatère délimité par les quatre principales villes (Amsterdam, La Haye, Rotterdam [premier port mondial] et Utrecht). L'agriculture, très intensive, exploite l'abondance des terrains plats (parfois gagnés, par poldérisation, sur la mer) et bénéficie d'un climat doux et humide. Elle associe élevage (bovins et porcins) et cultures traditionnelles florales et légumières. Le commerce extérieur s'effectue principalement avec les partenaires de l'Union européenne (Allemagne et Belgique en tête). Il est équilibré, mais son importance rend le pays tributaire du marché mondial, vulnérabilité qui constitue, avec le chômage, un souci majeur d'un pays aux réserves de changes abondantes en regard d'un endettement extérieur modéré.

HISTOIRE

Le royaume des Pays-Bas jusqu'en 1830. 1815 : le royaume est constitué des anciennes Provinces-Unies, des anciens Pays-Bas autrichiens et du grand-duché de Luxembourg. Guillaume d'Orange, devenu Guillaume Ier, roi des Pays-Bas, accorde une constitution à ses sujets. Mais l'union belgo-hollandaise se heurte à de multiples antagonismes. 1830 : la Belgique se révolte et proclame son indépendance.

De 1830 à 1945. 1839 : Guillaume Ier reconnaît l'indépendance de la Belgique. 1840 : il abdique en faveur de son fils Guillaume II. 1848 : une nouvelle constitution établit un mode de scrutin censitaire pour les deux chambres. 1849 : Guillaume III accède au pouvoir. Sous son règne, libéraux (Thorbecke) et conservateurs alternent au pouvoir. 1851 : la reconstitution de la hiérarchie de leur clergé permet aux catholiques de s'intégrer à la vie politique du pays. 1862 : l'instauration du libre-échange favorise l'essor économique. 1872 : après la mort de Thorbecke, l'éventail politique se diversifie et se complique, du fait notamm. de la question scolaire. 1890 : Wilhelmine, âgée de 10 ans, succède à Guillaume III et règne sous la régence de la reine mère Emma jusqu'à son couronnement (1898). 1894 : Troelstra fonde un parti socialiste. 1897-1901 : sous l'influence des libéraux, une importante législation sociale est mise en place tandis qu'un puissant syndicalisme se développe. 1905-1913 : le fractionnement des partis rend la vie politique difficile. 1913-1918 : un gouvernement extraparlementaire maintient la neutralité néerlandaise pendant la Première Guerre mondiale. 1917 : le suffrage universel est instauré, ainsi que le vote des femmes (1918). 1925 : rupture des relations diplomatiques avec le Vatican. 1925-26, 1933-1939 : H. Colijn, leader du parti antirévolutionnaire, accède au pouvoir ; il doit faire face aux retombées de la crise économique mondiale et aux progrès du nationalisme en Indonésie. 1939 : la montée des périls permet

la reconstitution de la coalition chrétienne. 1940-1945 : les Pays-Bas envahis par les Allemands subissent une occupation pesante. ***Depuis 1945.*** 1944-1948 : le pays participe à la formation du Benelux. 1948 : la reine Wilhelmine abdique en faveur de sa fille Juliana. 1949 : l'Indonésie accède à l'indépendance. 1951-1953 : les Pays-Bas adhèrent à la C. E. C. A. 1957 : ils entrent dans la C. E. E. 1973-1977 : un gouvernement de coalition dirigé par le travailliste Joop Den Uyl doit faire face aux effets du premier choc pétrolier. 1980 : la reine Juliana abdique en faveur de sa fille Béatrice. 1982-1994 : le chrétien-démocrate Rudolf Lubbers dirige des gouvernements de coalition de centre droit puis, à partir de 1989, de centre gauche. 1994 : le travailliste Wim Kok devient Premier ministre.

CULTURE ET CIVILISATION

□ BEAUX-ARTS

Principales villes d'intérêt artistique : Alkmaar, Amsterdam, Bois-le-Duc, Delft, Gouda, Haarlem, La Haye, Leyde, Maastricht, Middelburg, Nimègue, Rotterdam, Utrecht.

Quelques peintres, sculpteurs et architectes célèbres. XIVe-XVe s. : Sluter, Malouel, les frères de Limbourg. — XVIe s. : Lucas de Leyde, Van Scorel, Van Heemskerck, Aertsen, Vredeman de Vries, Goltzius. — XVIIe s. : Bloemaert, Hals, Avercamp, Terbrugghen, les Van de Velde, H. Seghers, Van Goyen, P. Claesz., Saenredam, Van Laer, les Ruisdael, Rembrandt, les Van Ostade, G. Dou, Terborch, Wouwerman, Berchem, A. Cuyp, J. B. Weenix, Dujardin, Potter, Steen, Metsu, P. De Hooch, Vermeer, Hobbema. — XIXe et XXe s. : Jongkind, Van Gogh, Berlage, Mondrian, B. Van Velde. (Voir aussi le groupe De Stijl*.)

□ LITTÉRATURE

Moyen Âge : Thomas a Kempis, Jan Van Ruusbroec. — XVIe s. : Carel Van Mander. — XVIIe s. : Hooft, Joost Van den Vondel. — XIXe s. : Multatuli, Louis Couperus. — XXe s. : A. Van Schendel, S. Vestdijk, J. J. Slauerhoff.

PAZ (La), cap. de la Bolivie, à 3 658 m d'alt. et à l'est du lac Titicaca ; 1 115 403 h. Musée national d'art.

PAZ (Octavio), écrivain mexicain (Mexico 1914). Poète et essayiste, son œuvre unit l'inspiration populaire à la diversité des expériences humaines et littéraires de son existence vagabonde (*le Labyrinthe de la solitude,* 1950 ; *Courant alternatif,* 1967). [Prix Nobel 1990.]

PAZ ESTENSSORO (Víctor), homme politique bolivien (Tarija 1907). Président de la République de 1952 à 1956, il engagea une véritable révolution sociale, économique et politique. Il fut à nouveau à la tête de l'État de 1960 à 1964 et de 1985 à 1989.

PAZZI, famille guelfe de Florence, rivale des Médicis. En 1478, un de ses membres, **Iacopo,** ourdit contre Laurent et Julien de Médicis la *conspiration* dite *des Pazzi.* Le meurtre de Julien de Médicis entraîna une répression immédiate : les Pazzi furent exécutés ou bannis.

P. C. C. → ***communiste chinois*** *(parti).*

P. C. F. → ***communiste français*** *(parti).*

P. C. I. → ***communiste italien*** *(parti).*

P. C. U. S. → ***communiste de l'Union soviétique*** *(parti).*

PEACOCK (Thomas Love), écrivain britannique (Weymouth 1785 - Lower Halliford 1866), peintre satirique des excès du romantisme (*l'Abbaye de Cauchemar,* 1818).

PÉAGE-DE-ROUSSILLON (Le) [38550], comm. de l'Isère, près du Rhône ; 5 925 h. *(Péageois).* Chimie.

PÉAN (Jules), chirurgien gynécologue français (Marboué, Eure-et-Loir, 1830 - Paris 1898). Il a donné son nom à des techniques opératoires et inventé plusieurs instruments de chirurgie.

PEANO (Giuseppe), logicien et mathématicien italien (Cuneo 1858 - Turin 1932). Son *Formulaire de mathématique* (1895-1908), qui utilise un langage formalisé, est un exposé axiomatique et déductif de l'arithmétique, de la géométrie projective, de la théorie générale des ensembles, du calcul infinitésimal et du calcul vectoriel.

PEARL HARBOR, rade des îles Hawaii (île d'Oahu). La flotte américaine du Pacifique y fut détruite, par surprise, par les Japonais le 7 déc. 1941, ce qui provoqua l'intervention des États-Unis dans la Seconde Guerre mondiale.

PEARSON (Lester Bowles), homme politique canadien (Toronto 1897 - Ottawa 1972). Leader du parti libéral (1958), il fut Premier ministre de 1963 à 1968. (Prix Nobel de la paix 1957.)

PEARY (Robert), explorateur américain (Cresson Springs, Pennsylvanie, 1856 - Washington 1920). Il reconnut l'insularité du Groenland et atteignit, le premier, le pôle Nord, le 6 avril 1909.

Peau-d'Âne, conte de Perrault, en vers.

PEAUX-ROUGES, nom donné parfois aux Indiens de l'Amérique du Nord.

PECH-DE-L'AZE, groupe de grottes situé à Carsac-Aillac (Dordogne). C'est là que fut entreprise, en 1816, la première fouille archéologique d'une grotte préhistorique.

Pechiney, société française dont les origines remontent à 1855 et qui entreprit rapidement la production de l'aluminium. Cette industrie représente environ la moitié de son chiffre d'affaires, mais la production du groupe (nationalisé en 1982 et retourné au secteur privé en 1995) tend à se diversifier.

PECH-MERLE, site du Quercy (Lot, comm. de Cabrerets). Caverne ornée de peintures préhistoriques.

PECKINPAH (Sam), cinéaste américain (Madera County, Californie, 1926 - Inglewood, Californie, 1984). Il a inauguré un nouveau genre de western, violent et dépouillé de l'optimisme conventionnel : *Coups de feu dans la Sierra* (1962), *Major Dundee* (1965), *la Horde sauvage* (1969), *Chiens de paille* (1971).

P.E.C.O. (les), abréviation désignant les pays d'Europe centrale et orientale.

PECQ (Le) [78230], ch.-l. de c. des Yvelines, sur la Seine ; 17 063 h.

PECQUENCOURT (59146), comm. du Nord, sur la Scarpe ; 6 951 h.

PECQUET (Jean), médecin et anatomiste français (Dieppe 1622 - Paris 1674). Il montra que les vaisseaux chylifères aboutissent dans le renflement du canal thoracique *(citerne de Pecquet),* découvrant ainsi la circulation lymphatique.

PECQUEUR (Constantin), économiste français (Arleux, Nord, 1801 - Taverny 1887). Il dénonça les conséquences de la propriété privée et de la concentration industrielle.

PÉCS, v. de la Hongrie méridionale ; 170 039 h. Université. Centre industriel. Monuments de l'époque paléochrétienne au baroque.

PEDRELL (Felipe), compositeur et musicologue espagnol (Tortosa 1841 - Barcelone 1922). Il a publié des anthologies d'œuvres classiques (Cabezón, Victoria) et folkloriques.

PEEL (*sir* Robert), homme politique britannique (Chamber Hall, près de Bury, 1788 - Londres 1850). Député tory (1809), secrétaire pour l'Irlande (1812-1818), deux fois ministre de l'Intérieur (1822-1830), il humanisa la législation criminelle et fit passer la loi d'émancipation des catholiques (1829). Premier ministre (1834-35, 1841-1846), favorable au libre-échange, il accomplit de nombreuses réformes et fit voter en 1846 la loi abolissant les droits de douane sur les blés.

PEENEMÜNDE, port d'Allemagne (Mecklembourg-Poméranie-Occidentale) sur l'estuaire de la *Peene* (tributaire de la Baltique ; 180 km). Base d'expérimentation d'engins téléguidés (V1 et V2) pendant la Seconde Guerre mondiale.

Peer Gynt, drame lyrique et satirique d'Ibsen, musique de scène de Grieg (1867).

PÉGASE. *Myth. gr.* Cheval ailé, né du sang de Méduse. Il servit de monture à Bellérophon, qui est le symbole de l'inspiration poétique.

PÉGOUD (Adolphe), aviateur français (Montferrat, Isère, 1889 - Petit-Croix, près de Belfort, 1915). Pionnier de l'aviation, il réussit, en 1913, le premier saut en parachute à partir d'un avion et le premier looping.

PEGU, v. de Birmanie ; 255 000 h. Monuments bouddhiques.

PÉGUY (Charles), écrivain français (Orléans 1873 - Villeroy 1914). Dreyfusard militant, il professa un socialisme personnel et fonda les *Cahiers de la quinzaine* (1900). Profondément mystique, il revint à la foi catholique et fit, de 1912 à 1914, plusieurs pèlerinages à Notre-Dame de Chartres. Tué dès le début de la bataille de la Marne, il laisse une œuvre de poète, de polémiste (*l'Argent,* 1913) et d'essayiste où la prose ample, les vers redondants ont un mouvement épique et prophétique (*le Mystère de la charité de Jeanne d'Arc,* 1910).

PEI ou **PEI IEOH MING,** architecte et urbaniste américain d'origine chinoise (Canton 1917). Adepte d'un modernisme assoupli, il est l'auteur des aménagements souterrains du musée du Louvre, à Paris (cour Napoléon, 1986-88), coiffés par une pyramide de verre.

PEÏPOUS *(lac)* → ***Tchoudes*** *(lac des).*

PEIRCE (Charles Sanders), philosophe et logicien américain (Cambridge, Massachusetts, 1839 - Milford, Pennsylvanie, 1914). Il a contribué au développement du calcul des relations et est le principal créateur de la sémiotique. Il est le fondateur du pragmatisme logique (*Collected Papers,* 1931).

PEISEY-NANCROIX (73210), comm. de la Savoie, en Tarentaise ; 523 h. Sports d'hiver (alt. 1 350-2 400 m).

PEIXOTO (Floriano), homme politique et maréchal brésilien (Maceió 1842 - près de Rio de Janeiro 1895), un des auteurs de la révolution de 1889. Il fut président de la République de 1891 à 1894.

PEKALONGAN, port d'Indonésie (Java) ; 133 000 h.

PÉKIN, en chin. **Beijing** ou **Pei-king,** cap. de la Chine, constituant une municipalité autonome d'environ 17 000 km² et comptant 9 830 000 h. Centre administratif, universitaire et industriel. Les quartiers centraux sont formés de la juxtaposition de la *ville chinoise,* ou *extérieure,* et de la *ville tartare,* ou *intérieure ;* au centre de cette dernière, la *ville impériale* renferme l'ancienne *Cité interdite,* qui était réservée à la famille impériale. Riches musées. — Située près de la capitale de l'État Yan (IVe s. av. J.-C.), Pékin fut à partir de la domination mongole (XIIIe s.) la capitale de la Chine hormis quelques périodes où Nankin lui fut préférée. Elle fut le théâtre du sac du Palais d'Été (1860), de la révolte des Boxers (1900), de la proclamation de la République populaire de Chine par Mao Zedong (1949).

PÉLADAN (Joseph, dit **Joséphin** ou **le Sâr**), écrivain français (Lyon 1858 - Neuilly-sur-Seine 1918). Mêlant la mystique chrétienne à l'occultisme, il est l'auteur de romans, de drames et d'une « éthopée » en 19 vol., *la Décadence latine.*

PÉLAGE Ier (Rome v. 500 - *id.* 561), pape de 556 à 561. Il fut imposé comme pape par Justinien.

PÉLAGE (m. à Cangas en 737), roi des Asturies. Il fonda son royaume avec des réfugiés wisigoths et remporta contre les musulmans la première victoire de la Reconquista (718).

PÉLAGE, moine d'origine brittonique (en Grande-Bretagne v. 360 - en Palestine v. 422). Il séjourna à Rome, en Égypte et en Palestine. Sa doctrine sur le rôle de la grâce divine et de la volonté humaine *(pélagianisme)* trouva en saint Augustin un adversaire redoutable.

PÉLASGES, premiers habitants de la Grèce avant l'arrivée des Indo-Européens, selon la tradition grecque.

PÉLASGIQUE *(golfe),* auj. **golfe de Vólos,** au sud-est de la Thessalie.

PELÉ (Edson Arantes **do Nascimento,** dit), footballeur brésilien (Três Corações, Minas Gerais, 1940). Stratège et buteur, il a remporté deux finales de la Coupe du monde avec l'équipe du Brésil (1958 et 1970).

PÉLÉE, roi thessalien légendaire, père d'Achille.

PELÉE *(montagne),* sommet volcanique (1 397 m) de la Martinique, dans le nord de l'île. L'éruption de 1902 s'accompagna d'une « nuée ardente » qui détruisit Saint-Pierre.

Pèlerinage à l'île de Cythère, ou **l'Embarquement pour Cythère,** grande toile de Watteau (1717, Louvre), son chef-d'œuvre en même temps que son morceau de réception à l'Académie comme « peintre de fêtes galantes ». Autre version, de 1718, à Berlin.

PÈLERIN de Maricourt (Pierre), philosophe français (Maricourt, Somme, XIIIe s.) Il donna les lois fondamentales du magnétisme.

PELETIER (Jacques), écrivain français (Le Mans 1517 - Paris 1582), membre de la Pléiade* et auteur d'un *Art poétique français* (1555).

PÉLION, massif de Thessalie ; 1 548 m.

PELISSANNE (13330), ch.-l. de c. des Bouches-du-Rhône ; 7 382 h.

PÉLISSIER (Aimable), *duc* **de Malakoff,** maréchal de France (Maromme 1794 - Alger 1864). Il prit Sébastopol (1855) et fut ambassadeur à Londres (1858), puis gouverneur de l'Algérie (1860).

PELLA, cap. de la Macédoine du ve s. à 168 av. J.-C. Ruines et belles mosaïques (fin IVe-IIIe s. av. J.-C.).

PELLA, anc. ville de Palestine, en Pérée.

PELLAN (Alfred), peintre canadien (Québec 1906 - Laval, Québec, 1988). Il a travaillé à Paris de 1926 à 1940, puis a contribué, à Montréal, à l'essor de l'art canadien moderne.

Pelléas et Mélisande, drame lyrique en cinq actes de Debussy (1902) sur un livret du compositeur d'après Maeterlinck. Partition remarquable par la nouveauté de la conception théâtrale, du style vocal (récitatif continu) et de l'atmosphère orchestrale.

PELLEGRUE (33790), ch.-l. de c. de la Gironde ; 1 054 h. Vins.

PELLERIN (Jean Charles), imprimeur français (Épinal 1756 - *id.* 1836). Il édita à partir de 1800 et sous l'Empire un grand nombre d'images populaires, diffusées dans toute la France par colporteurs.

PELLERIN (Le) [44640], ch.-l. de c. de la Loire-Atlantique ; 3 770 h.

PELLETAN (Camille), homme politique français (Paris 1846 - *id.* 1915). Député radical (1881-1912), ministre de la Marine de Combes (1902-1905), il prit une part active à la politique anticléricale.

PELLETIER (Joseph), chimiste et pharmacien français (Paris 1788 - Clichy 1842). Avec Caventou, il découvrit la strychnine (1818) et la quinine (1820) et mit au point un procédé de fabrication du sulfate de quinine.

PELLETIER-DOISY (Georges), aviateur et général français (Auch 1892 - Marrakech 1953). Surnommé familièrement **Pivolo,** il fut un pionnier des grandes liaisons aériennes (notamment Paris-Tōkyō, 1924).

PELLICO (Silvio), écrivain italien (Saluces 1789 - Turin 1854). Le récit de son emprisonnement au Spielberg (*Mes prisons,* 1832) contribua à gagner l'opinion internationale à la cause des patriotes italiens.

PELLIOT (Paul), sinologue français (Paris 1878 - *id.* 1945). Il découvrit d'importants manuscrits (VIe-XIe s.) dans les grottes de Dunhuang.

PELLISSON (Paul), écrivain français (Béziers 1624 - Versailles 1693). Défenseur de Fouquet, il fut embastillé. Devenu historiographe de Louis XIV, il rédigea une *Histoire de l'Académie française.* (Acad. fr.)

PELLOUTIER (Fernand), syndicaliste français (Paris 1867 - Sèvres 1901), secrétaire de la Fédération des Bourses du travail (1895). Défenseur de l'anarchisme, il prôna aussi un syndicalisme libre de toute attache politique.

PÉLOPIDAS, général thébain (v. 410 - Cynoscéphales 364 av. J.-C.). Il contribua avec Épaminondas à libérer Thèbes du joug lacédémonien (379) et rétablit la démocratie.

PÉLOPONNÈSE, presqu'île du sud de la Grèce, découpée en plusieurs péninsules, rattachée au continent par l'isthme de Corinthe, et comprenant l'Argolide, la Laconie, la Messénie, l'Élide, l'Achaïe, l'Arcadie ; 21 500 km² ; 1 077 002 h. Au IIe millénaire, le Péloponnèse fut le siège de la civilisation mycénienne. Son histoire, à l'époque classique, se confondit avec celle de Sparte et de la Grèce. Le démembrement de l'Empire byzantin fit du Péloponnèse le despotat de Mistra (ou de Morée).

Péloponnèse *(guerre du)* [431 - 404 av. J.-C.], conflit qui opposa Sparte à Athènes pour l'hégémonie du monde grec. Dans un premier temps (431-421), les belligérants équilibrèrent succès et défaites et cette période confuse se termina par la paix de Nicias, qui ne fut qu'une trêve. Après quelques années de guerre larvée, les hostilités reprirent en 415 avec la désastreuse expédition de Sicile, qui se termina en 413 par l'écrasement de l'armée et de la flotte athéniennes devant Syracuse. La troisième période (413-404) marqua la fin du conflit et la chute d'Athènes, dont la flotte, malgré les succès d'Alcibiade (410 et 408) et la victoire des Arginuses (406), fut anéantie par Lysandre en 405 à l'embouchure de l'Aigos-Potamos. En 404, Athènes, assiégée, dut signer une paix qui la dépouilla de son empire.

PÉLOPS. *Myth. gr.* Héros éponyme du Péloponnèse, ancêtre des Atrides.

PELOTAS, v. du Brésil (Rio Grande do Sul) ; 289 494 h.

PELOUZE (Théophile Jules), chimiste et pharmacien français (Valognes 1807 - Paris 1867). Il découvrit les nitriles.

PELTIER (Jean), physicien français (Ham 1785 - Paris 1845). Il découvrit l'effet thermoélectrique dû au passage d'un courant électrique d'un métal dans un autre.

PELTON (Lester Allen), ingénieur américain (Vermilion, Ohio, 1829 - Oakland, Californie, 1908), inventeur d'une turbine hydraulique à action qui porte son nom, utilisée pour des chutes d'eau de grande hauteur et de faible débit.

PÉLUSE anc. v. d'Égypte, sur la branche E. du delta du Nil.

PÉLUSSIN (42410), ch.-l. de c. de la Loire ; 3 311 h.

PELVOUX ou **MASSIF DES ÉCRINS,** massif cristallin des Alpes dauphinoises ; 4 102 m à la *barre des Écrins.* Parc national.

PEMATANGSIANTAR, v. d'Indonésie (Sumatra) ; 150 000 h.

PEMBA, île de l'océan Indien (Tanzanie), au nord de Zanzibar ; 984 km² ; 206 000 h. Principal centre mondial de la culture du giroflier.

PENANG, État de la Malaisie, comprenant l'*île de Penang* (anc. Prince of Wales) ; 912 000 h. Cap. *George Town.*

PEÑARROYA-PUEBLONUEVO, v. d'Espagne (Andalousie) ; 14 035 h. Centre minier.

PENCK (Albrecht), géographe allemand (Leipzig 1858 - Prague 1945). Il a défini les grandes glaciations des Alpes.

PENDERECKI (Krzysztof), compositeur polonais (Dębica 1933), l'un des initiateurs du mouvement « tachiste » en musique (*Threnos à la mémoire des victimes d'Hiroshima,* 1960 ; *Passion selon saint Luc,* 1965 ; *les Diables de Loudun,* 1969 ; *le Paradis perdu,* 1978).

PENDJAB, région de l'Asie méridionale, arrosée par les affluents de l'Indus (les « cinq rivières » : Jhelum, Chenāb, Rāvī, Sutlej, Biās) et divisée depuis 1947 entre l'Inde (États du *Pendjab* [50 362 km² ; 20 190 975 h.] et de l'*Haryana*) et le Pakistan (v. pr. *Lahore*). Cultures irriguées du riz, du coton et de la canne à sucre.

PÉNÉLOPE. *Myth. gr.* Femme d'Ulysse et mère de Télémaque. Pendant les vingt ans d'absence d'Ulysse, elle résista, en usant de ruse, aux demandes en mariage des prétendants, remettant sa réponse au jour où elle aurait terminé la toile qu'elle tissait : chaque nuit, elle défaisait le travail de la veille. Elle est le symbole de la fidélité conjugale.

PENG-POU → ***Bengbu.***

PEN-HI → ***Benxi.***

PÉNICAUD (Léonard, dit **Nardon**), émailleur français (m. v. 1542). Mentionné dès 1493, consul à Limoges en 1513, il est le premier peintre sur émail limougeaud identifié (*Couronnement de la Vierge,* panneau de triptyque, Louvre). Son atelier fut maintenu durant le XVIe s. par ses parents Jean Ier, Jean II, Jean III et Pierre.

PEN-K'I → ***Benxi.***

PENLY (76630), comm. de la Seine-Maritime ; 306 h. Centrale nucléaire sur la Manche.

PENMARCH [pɛ̃mar] (29760), comm. du Finistère, près de la *pointe de Penmarch ;* 6 315 h. Pêche. Conserves. Église gothique du XVIe s. — À l'extrémité de la *pointe de Penmarch* se trouve le phare d'Eckmühl.

PENN (Arthur), cinéaste américain (Philadelphie 1922). Il fut un des premiers à rompre avec les schémas stylistiques et thématiques de Hollywood : *le Gaucher* (1958), *Miracle en Alabama* (1962), *la Poursuite impitoyable* (1966), *Little Big Man* (1970), *Georgia* (1981).

PENN (William), quaker anglais (Londres 1644 - Jordans 1718). Fondateur (1681) de la *Pennsylvanie,* il la dota d'une législation qui fut le modèle des institutions américaines. Il créa Philadelphie.

PENNE-D'AGENAIS (47140), ch.-l. de c. de Lot-et-Garonne ; 2 420 h. Ruines féodales.

PENNES-MIRABEAU (Les) [13170], ch.-l. de c. des Bouches-du-Rhône ; 18 729 h.

PENNE-SUR-HUVEAUNE (La) [13821], comm. des Bouches-du-Rhône ; 5 907 h.

PENNINES (les), ligne de hauteurs de Grande-Bretagne, s'allongeant du nord au sud entre l'Écosse et les Midlands. Le massif culmine au *Cross Fell* (893 m).

PENNSYLVANIE, un des États unis d'Amérique, du lac Érié à la Delaware ; 117 400 km² ; 11 881 643 h. Cap. *Harrisburg.* V. pr. *Philadelphie, Pittsburgh.*

Charles **Péguy**
(J.-P. Laurens - musée Péguy, Orléans)

Pékin : vue partielle de la Cité interdite (élevée en 1406 ; restaurée du XVIIe au XIXe s.), avec la porte centrale d'accès à la cour du palais impérial.

Pèlerinage à l'île de Cythère (1717), par Watteau.
(Louvre, Paris.)

Pensées, de Pascal, titre sous lequel ont été publiées (1670), après sa mort, les notes qu'il avait rédigées pour écrire une *Apologie de la religion chrétienne.* La première partie devait démontrer la *misère de l'homme sans Dieu :* Pascal y souligne les faiblesses de la nature humaine. La seconde partie cherche à faire connaître la *félicité de l'homme avec Dieu,* c'est-à-dire la vérité de la religion chrétienne.

Pensée sauvage (la), œuvre de Claude Lévi-Strauss (1962), dans laquelle l'auteur montre comment les logiques des peuples sont fondamentalement les mêmes, quelles que soient leur civilisation et leur culture matérielle.

Pentagone (le), édifice, ainsi nommé en raison de sa forme, qui abrite à Washington, depuis 1942, le secrétariat à la Défense et l'état-major des forces armées des États-Unis.

Pentateuque [pɛ̃-] (le) [du gr. *pente,* cinq, et *teukhos,* livre], nom donné par les traducteurs grecs aux cinq premiers livres de la Bible : Genèse, Exode, Lévitique, Nombres et Deutéronome. Les juifs le désignent sous le nom de *Torah* (la Loi), parce qu'il contient l'essentiel de la législation israélite.

PENTÉLIQUE, montagne de l'Attique, célèbre par ses carrières de marbre blanc.

PENTHÉSILÉE. *Myth. gr.* Reine des Amazones, tuée par Achille devant Troie.

PENTHIÈVRE, ancien comté, puis duché breton. Il s'étendait de Guingamp à Lamballe, qui furent alternativement ses capitales.

PENTHIÈVRE (Louis **de Bourbon,** *duc* **de**) (Rambouillet 1725 - Bizy, près de Vernon, 1793), fils du comte de Toulouse, beau-père de Mme de Lamballe et de Philippe Égalité. Il se signala à Fontenoy et fut le protecteur de Florian.

PENZA, v. de Russie, au sud-est de Moscou ; 543 000 h.

PENZIAS (Arno), radioastronome américain (Munich 1933). En 1965, il découvrit fortuitement, avec R. Wilson, le rayonnement thermique du fond du ciel à 3 kelvins, confortant ainsi la théorie cosmologique du big-bang. (Prix Nobel 1978.)

PEORIA, v. des États-Unis (Illinois) ; 113 504 h. Centre industriel.

PEPE (Guglielmo), général napolitain (Squillace 1783 - Turin 1855). Il dirigea l'insurrection napolitaine de 1820, mais fut vaincu à Rieti par les Autrichiens.

PÉPIN de Landen ou **l'Ancien** *(saint)* [v. 580-640], maire du palais d'Austrasie sous Clotaire II, Dagobert Ier et Sigebert III. — **Pépin de Herstal** (**Pépin le Jeune,** dit) [v. 635/640 - Jupille 714), maire du palais d'Austrasie en 680, fils d'Ansegisel, maire d'Austrasie, et petit-fils de Pépin de Landen. Ayant battu à Tertry Thierry III, roi de Neustrie (687), il s'empara de ce pays. Il est le père de Charles Martel.

PÉPIN Ier (803 - Poitiers 838), roi d'Aquitaine (817-838), fils de Louis Ier le Pieux, contre lequel il lutta. — **Pépin II** (v. 823 - Senlis v. 865), roi d'Aquitaine (838-848/856), fils de Pépin Ier. Il lutta contre son oncle Charles le Chauve, qui avait obtenu l'Aquitaine au traité de Verdun (843).

PÉPIN, dit **le Bref** (Jupille v. 715 - Saint-Denis 768), fils de Charles Martel. Duc de Neustrie, de Bourgogne et de Provence en 741, il reçut l'Austrasie après l'abdication de son frère Carloman (747). Il mena la guerre contre les Aquitains, les Alamans, les Bavarois et les Saxons. Proclamé roi des Francs en 751 avec l'accord du pape Zacharie, il reçut l'onction de saint Boniface à Soissons, déposa Childéric III et obligea les Lombards à donner au pape Étienne II l'exarchat de Ravenne (756). À sa mort, son royaume, agrandi de la Septimanie, fut partagé entre ses deux fils : Charlemagne et Carloman.

PÉPIN (773 ou 777 - Milan 810), roi d'Italie (781-810), second fils de Charlemagne.

PEPYS (Samuel), écrivain anglais (Londres 1633 - Clapham 1703), auteur d'un *Journal,* avec pour toile de fond la vie à Londres.

PERAK, État de la Malaisie, sur le détroit de Malacca ; 1 762 000 h. Cap. *Ipoh.*

PERCÉ *(rocher),* falaise, creusée d'arches naturelles, de la côte de Gaspésie (Québec).

Perceval ou **le Conte du Graal,** roman inachevé de Chrétien de Troyes (av. 1190). Une suite de ce roman a été écrite au XIIIe s. par Gerbert de Montreuil, et le poète allemand Wolfram von Eschenbach a repris le sujet dans son *Parzival,* qui inspira Wagner.

PERCHE *(col de la),* col des Pyrénées-Orientales, entre le Conflent et la Cerdagne ; 1 579 m.

PERCHE (le), région de l'ouest du Bassin parisien formée de collines humides et boisées. (Hab. *Percherons.*) Autrefois réputé pour ses chevaux *(percherons),* il se consacre surtout à l'élevage des bovins.

PERCIER (Charles), architecte et décorateur français (Paris 1764 - *id.* 1838). Avec Fontaine, il construisit l'arc de triomphe du Carrousel et fut chargé d'importants travaux au Louvre et aux Tuileries. C'est un des maîtres du style Empire.

PERCY (50410), ch.-l. de c. de la Manche ; 2 182 h.

PERDICCAS, nom de trois rois de l'ancien royaume de Macédoine.

PERDICCAS, général macédonien (m. en 321 av. J.-C.). Il s'efforça de conserver son unité à l'empire d'Alexandre. Il fut assassiné par les diadoques.

PERDIGUIER (Agricol), dit **Avignonnais la Vertu,** homme politique français (Morières-lès-Avignon, Vaucluse, 1805 - Paris 1875). Menuisier de profession, il s'attacha à développer la solidarité du compagnonnage français. Député de 1848 à 1851, proscrit au 2-Décembre, il est l'auteur d'un *Livre du compagnonnage* (1839) et des *Mémoires d'un compagnon* (1855).

PERDU *(mont),* un des plus hauts sommets des Pyrénées (Espagne) ; 3 355 m.

PEREC (Georges), écrivain français (Paris 1936 - *id.* 1982). Les contraintes formelles auxquelles il s'est astreint dans son œuvre romanesque traduisent la difficulté d'être (*la Vie, mode d'emploi,* 1978).

PÉREC (Marie-José), athlète française (Basse-Terre, Guadeloupe, 1968). Championne du monde du 400 m en 1991 et 1995, elle a été, sur la même distance, championne olympique en 1992 et championne d'Europe en 1994.

Père Duchesne (le) → ***Duchesne*** *(le Père).*

PÉRÉE, anc. province juive, à l'est du Jourdain ; c'est l'ancien pays des Ammonites.

PÉRÉFIXE (Hardouin **de Beaumont de**), prélat français (Beaumont, près de Châtellerault, 1605 - Paris 1670). Précepteur de Louis XIV (1644), archevêque de Paris (1662), il se heurta violemment aux jansénistes et aux religieuses de Port-Royal (1665). [Acad. fr.]

Père Goriot (le), roman d'H. de Balzac (1834-35). Un père se voit peu à peu dépouillé de tous ses biens par ses filles, qu'il aime d'une tendresse aveugle.

PEREIRA, v. de Colombie ; 309 000 h.

PEREIRE, nom de deux frères **Jacob Émile** (Bordeaux 1800 - Paris 1875) et **Isaac** (Bordeaux 1806 - Armainvilliers 1880), tous deux banquiers et parlementaires. Ils fondèrent en 1852 le *Crédit mobilier,* banque spécialisée dans les prêts à long terme aux industriels, et jouèrent un rôle important dans le développement des chemins de fer.

PEREKOP *(isthme de),* isthme, large de 8 km, qui unit la Crimée au continent.

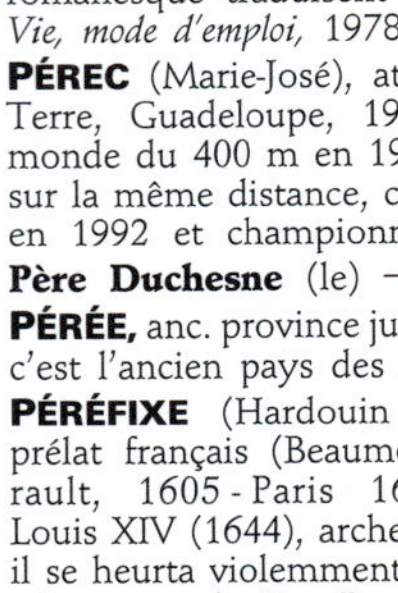

Périclès
(British Museum, Londres)

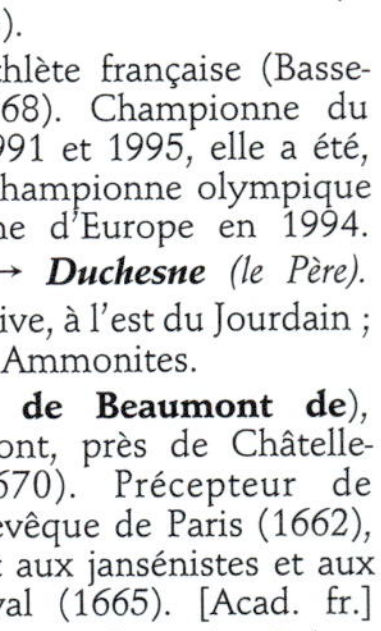

Juan **Perón**
(en 1973)

Père-Lachaise *(cimetière du),* cimetière de Paris, ouvert en 1804, à Ménilmontant, sur l'emplacement d'un ancien domaine du P. de La Chaise, confesseur de Louis XIV.

PÉRENCHIES (59840), comm. du Nord ; 7 206 h. Textile.

PERES (Shimon), homme politique israélien (en Pologne 1923). Président du parti travailliste (1977-1992), il est Premier ministre de 1984 à 1986. Il occupe ensuite plusieurs postes ministériels (Affaires étrangères, 1986-1988 et 1992-1995 ; Finances, 1988-1990). Il est l'un des principaux artisans de l'accord israélo-palestinien, signé à Washington en 1993. Après l'assassinat de Y. Rabin (1995), il redevient Premier ministre. (Prix Nobel de la paix 1994.)

PÉRET (Benjamin), poète français (Rezé 1899 - Paris 1959). Il fut l'un des principaux représentants du surréalisme (*le Grand Jeu,* 1928).

PÉREZ DE AYALA (Ramón), écrivain espagnol (Oviedo 1880 - Madrid 1962), évocateur pittoresque et satirique de la vie espagnole *(Belarmino y Apolonio).*

PÉREZ DE CUÉLLAR (Javier), diplomate péruvien (Lima 1920), secrétaire général de l'O. N. U. de 1982 à 1991. Candidat à l'élection présidentielle de 1995, il est battu.

PÉREZ GALDÓS (Benito), écrivain espagnol (Las Palmas 1843 - Madrid 1920), auteur des *Épisodes nationaux,* épopée romancée de l'Espagne du XIXe s., et de romans de mœurs (*Doña Perfecta,* 1876).

PERGAME, anc. v. de Mysie, qui fut la capitale du royaume des Attalides, dit aussi *royaume de Pergame* (v. 282-133 av. J.-C.). Le royaume fut légué à Rome par son dernier roi, Attalos III. La ville était célèbre pour sa bibliothèque de 400 000 volumes ; ses monuments, dont le grand autel de Zeus et son impressionnante frise sculptée (Pergamonmuseum, Berlin), comptent parmi les grandes réalisations de l'urbanisme et de la sculpture hellénistiques.

PERGAUD (Louis), écrivain français (Belmont, Doubs, 1882 - Marchéville-en-Woëvre 1915), observateur savoureux de la vie des bêtes *(De Goupil à Margot)* et des mœurs paysannes (*la Guerre des boutons,* 1912).

PERGOLÈSE (Jean-Baptiste), en ital. **Giovanni Battista Pergolesi,** compositeur italien (Iesi 1710 - Pouzzoles 1736), l'un des maîtres de l'école napolitaine, auteur d'ouvrages dramatiques *(la Servante maîtresse),* de musique concertante et d'œuvres religieuses.

PÉRI (Gabriel), homme politique français (Toulon 1902 - Paris 1941). Membre du Comité central du parti communiste (1929), député (1932), et journaliste à *l'Humanité.* Résistant, il fut arrêté et fusillé par les Allemands.

PÉRIANDRE, tyran de Corinthe de 627 à 585 av. J.-C., qui porta la puissance de sa ville à son apogée. Il fut l'un des Sept Sages de la Grèce.

PÉRIBONKA (la), riv. du Canada (Québec), tributaire du lac Saint-Jean ; 480 km.

PÉRICLÈS, homme d'État athénien (v. 495 - Athènes 429 av. J.-C.). Chef du parti démocratique en 461 av. J.-C., réélu stratège pendant trente ans, il s'attacha à la démocratisation de la vie politique, ouvrant à tous l'accès aux hautes magistratures. Il fit de la Confédération de Délos un empire athénien, dont les ressources servirent notamment à un programme de grands travaux. Autour de lui se groupa une équipe d'artistes, dont Phidias, son ami ; les œuvres dont ceux-ci dotèrent l'art grec, la brillante vie intellectuelle qui s'épanouit à Athènes valurent à ce temps le nom de *siècle de Périclès.* En politique extérieure, Périclès voulut développer la puissance d'Athènes, en luttant à la fois contre les Perses et contre Sparte. Rendu responsable des premiers déboires de la guerre du Péloponnèse, il fut écarté du pouvoir. Réélu stratège en 429, il mourut peu après de la peste.

PERIER (Casimir), banquier et homme politique français (Grenoble 1777 - Paris 1832). Député et membre de l'opposition libérale sous la Restauration, il devint président du Conseil en 1831, réprima durement les insurrections de Paris et de Lyon, soutint la Belgique contre les Pays-Bas et arrêta les Autrichiens par l'expédition d'Ancône. Il fut emporté par le choléra. Il est le père d'**Auguste Casimir-Perier** et le grand-père de **Jean Casimir-Perier,** hommes politiques.

PÉRIERS (50190), ch.-l. de c. de la Manche ; 2 664 h.

PÉRIGNON (Dominique Catherine, *marquis* **de**), maréchal de France (Grenade-sur-Garonne 1754 - Paris 1818). Il se distingua contre les Espagnols (1794) et fut ambassadeur à Madrid (1795). Maréchal en 1804, il commanda l'armée de Naples (1808).

PÉRIGNON (*dom* Pierre), bénédictin français (Sainte-Menehould 1639 - abbaye d'Hautvillers, près d'Épernay, 1715). Il améliora les techniques de fabrication du champagne.

PÉRIGNY (17180), comm. de la Charente-Maritime ; 4 138 h. Construction automobile.

PÉRIGORD, comté français, constitué au XIe s., qui passa au XVe s. entre les mains de diverses maisons. Son dernier possesseur, Henri IV, réunit le comté au domaine royal. Il forme la majeure partie du dép. de la Dordogne. (Hab. *Périgourdins.*) Constituant l'extrémité nord-est du bassin d'Aquitaine, le Périgord est formé de plateaux arides et peu peuplés, entaillés par des vallées fertiles (Isle, Dordogne, Vézère), où, depuis la préhistoire, se sont concentrées populations et activités agricoles et urbaines.

PERIGOT (François), industriel français (Lyon 1926), président du C.N.P.F. de 1986 à 1994.

PÉRIGUEUX (24000), ch.-l. du dép. de la Dordogne et anc. cap. du Périgord, sur l'Isle, à 473 km au sud-ouest de Paris ; 32 848 h. *(Périgourdins).* [L'agglomération compte plus de 60 000 h.] Évêché. Industries alimentaires. Chaussures. Atelier d'impression de timbres-poste. Vestiges romains (« tour de Vésone »). Église St-Étienne et cathédrale St-Front (très restaurée), romanes, à files de coupoles. Vieilles demeures. Musée du Périgord.

PERIM, île fortifiée du détroit de Bāb al-Mandab (dépendance du Yémen).

PERKIN (*sir* William Henry), chimiste britannique (Londres 1838 - Sudbury 1907). Il découvrit en 1856 la première couleur d'aniline (mauvéine).

PERM, de 1940 à 1957 **Molotov,** v. de Russie, dans l'Oural, sur la Kama ; 1 091 000 h. Grand centre industriel (mécanique, pétrochimie).

PERMEKE (Constant), peintre et sculpteur belge (Anvers 1886 - Ostende 1952). Plasticien puissant, chef de file de l'expressionnisme flamand, il est l'auteur de paysages, de marines, de scènes de la vie des paysans et des pêcheurs. (Musée dans sa maison, à Jabbeke.)

PERMOSER (Balthasar), sculpteur allemand (Kammer bei Traunstein 1651 - Dresde 1732). Formé à Vienne et en Italie, il devint sculpteur de la cour de Dresde en 1689. Son art est d'un baroque complexe et tourmenté (*Apothéose du prince Eugène,* musée du Baroque, Vienne).

PERNAMBOUC, État du Brésil du Nord-Est ; 7 109 626 h. Cap. *Recife* (anc. *Pernambouc).*

PERNES-LES-FONTAINES (84210), ch.-l. de c. de Vaucluse ; 8 350 h. Église romane et gothique. Fortifications du XVIe s.

PERNIK, de 1949 à 1962 **Dimitrovo,** v. de Bulgarie, au sud-ouest de Sofia ; 96 000 h. Métallurgie.

PERNIS, localité des Pays-Bas, banlieue de Rotterdam. Raffinage du pétrole et pétrochimie.

PERÓN (Juan Domingo), homme politique argentin (Lobos 1895 - Buenos Aires 1974). Officier, vice-président (1944), puis président de la République (1946), il mit en application la doctrine du « justicialisme », qui alliait les projets de justice sociale au dirigisme économique. Les premières mesures du régime (vote des femmes, nationalisation de certaines grandes industries) valurent au président une grande popularité. Mais l'opposition de l'Église et de l'armée et les difficultés économiques l'obligèrent à démissionner (1955). La victoire de ses partisans aux élections de 1973 le ramena à la présidence de la République, mais il mourut peu après. — Sa deuxième femme, **Eva Duarte** (Los Toldos 1919 - Buenos Aires 1952), se rendit populaire en prenant la défense des plus déshérités, les *descamisados.* — Sa troisième femme, **María Estela,** dite **Isabel Martínez** (prov. de La Rioja 1931), lui succéda à la présidence (1974), mais fut déposée par l'armée en 1976.

PÉRONNAS (01960), ch.-l. de c. de l'Ain ; 5 644 h.

PÉRONNE (80200), ch.-l. d'arr. de la Somme, sur la Somme ; 9 159 h. *(Péronnais).* Textile. Agroalimentaire. Château médiéval et fortifications des XVIe-XVIIe s. Historial de la Grande Guerre. Charles le Simple, enfermé dans son château (923), y mourut en 929. Charles le Téméraire et Louis XI y eurent une entrevue, et ce dernier dut y signer un traité humiliant (1468). La ville fut détruite durant la Première Guerre mondiale.

PÉROTIN, compositeur français du début du XIIIe s., maître de l'école polyphonique de Notre-Dame de Paris.

PÉROU, en esp. **Perú,** État de l'Amérique du Sud, sur l'océan Pacifique ; 1 285 000 km² ; 22 900 000 h. *(Péruviens).* CAP. *Lima.* LANGUE : *espagnol.* MONNAIE : *sol.*

INSTITUTIONS

République présidentielle. Constitution de 1993. Président de la République élu pour 5 ans. Parlement à chambre unique élu pour 5 ans.

GÉOGRAPHIE

La pêche et la culture irriguée du coton constituent les ressources de l'étroite plaine littorale, au climat désertique, mais bordée par les principales villes dont Lima. La pression démographique contribue à expliquer la rapide urbanisation et pénalise une économie confrontée à des problèmes internes (bidonvilles, guerre civile larvée) et externes (poids de la dette). L'est du Pérou, région amazonienne humide, couverte par la forêt dense, est peuplé par quelques tribus d'Indiens. Au centre, sur les hautes terres andines, entaillées par de profondes vallées, les cultures s'étagent avec l'altitude (céréales, café, canne à sucre) et se juxtaposent à l'élevage (ovins surtout). Le sous-sol fournit de l'argent, du plomb, du zinc, du cuivre, du fer et du pétrole. Ces produits miniers, avec ceux de la pêche, assurent l'essentiel des exportations.

HISTOIRE

Les premières civilisations. Le Pérou fut le centre de nombreuses civilisations amérindiennes (Chavín, Moche, Chimú, Nazca, Paracas). XIIe-XVIe s. : les Incas étendent leur domination sur les plateaux andins, faisant épanouir une remarquable civilisation.

La conquête espagnole et l'époque coloniale. 1532 : Francisco Pizarro s'empare de Cuzco et fait exécuter Atahualpa (1533). 1537 : la puissance inca est définitivement brisée. 1545 : la découverte des gisements d'argent de Potosí permet un enrichissement rapide de la société coloniale. 1569-1581 : le vice-roi Francisco Toledo organise le système colonial et entreprend l'intégration de la population indienne. Après 1630 : le déclin de la production d'argent et la chute démographique provoquent une longue dépression économique. 1780-81 : une grave révolte indienne secoue le pays.

L'indépendance et le XIXe s. 1821 : San Martín proclame l'indépendance du Pérou, consacrée par la victoire de Sucre à Ayacucho (1824). Le pays connaît alors une succession de coups d'État militaires. 1836-1839 : éphémère confédération du Pérou et de la Bolivie. 1845-1851, 1855-1862 : sous la dictature du président Ramón Castilla, l'économie se développe, avec l'exploitation du nitrate et du guano. 1879-1883 : la guerre du Pacifique contre le Chili se termine par la défaite du Pérou, qui doit céder la province littorale de Tarapacá, riche en nitrates. 1879-1881, 1895-1899 : soutenu par l'oligarchie commerçante, le président Nicolás de Piérola met en place une administration civile et rétablit les finances.

Le XXe s. 1908-1912, 1919-1930 : Augusto Bernardino Leguía impose sa dictature et poursuit la modernisation du pays. 1924 : la vie politique est marquée par la fondation de l'Alliance populaire révolutionnaire américaine (A. P. R. A.). 1939-1945 : le président Manuel Prado y Ugarteche rétablit la légalité constitutionnelle. 1945-1948 : José Luis Bustamante tente une politique réformiste. 1956-1962 : soutenu par l'A. P. R. A., Prado y Ugarteche revient au pouvoir. 1963-1968 : Belaúnde Terry, élu président, est débordé par la montée de l'opposition révolutionnaire et renversé par l'armée. 1968-1975 : le général Velasco Alvarado nationalise les mines et les banques et entreprend une réforme agraire. 1975-1980 : il est remplacé par le général Francisco Morales Bermúdez. 1980-1985 : Belaúnde Terry remporte les élections. Il doit faire face à la guérilla du « Sentier lumineux ». 1985 : l'A. P. R. A. remporte les élections générales ; son chef, Alan García, élu président de la République, est confronté à une crise économique et politique qui ne cesse de s'aggraver. 1990 : Alberto Fujimori est élu président de la République. 1992 : il dissout le Parlement et suspend les garanties constitutionnelles. Son parti obtient la majorité lors de l'élection de l'Assemblée constituante. 1993 : une nouvelle Constitution est approuvée par référendum. 1995 : un conflit frontalier oppose le Pérou à l'Équateur. A. Fujimori est réélu à la tête de l'État.

PÉROU ET DU CHILI *(courant du)* ou **COURANT DE HUMBOLDT,** courant froid du Pacifique remontant la côte sud-américaine.

PÉROUGES (01800), comm. de l'Ain ; 856 h. Bourg médiéval fortifié.

PÉROUSE, en ital. **Perugia,** v. d'Italie, cap. de l'Ombrie et ch.-l. de prov. ; 143 698 h. Vestiges étrusques et romains. Importants monuments du Moyen Âge et de la Renaissance. Musée national archéologique et Galerie nationale de l'Ombrie.

PERPENNA (Marcus Ventus), général romain (m. à Osca, auj. Huesca, en 72 av. J.-C.). Fidèle au parti de Marius, il se rallia à Sertorius, puis le fit assassiner. Pompée le fit exécuter.

PERPIGNAN (66000), ch.-l. du dép. des Pyrénées-Orientales, sur la Têt, à 915 km au sud de Paris ; 108 049 h. *(Perpignanais).* Université. Évêché. Marché de fruits et de légumes. Papeterie. — Palais des rois de Majorque, des XIIIe-XIVe s. Cathédrale des XIVe-XVe s. (*Dévot Christ ;* retables catalans sculptés). Loge de mer de 1397 et hôtel de ville des XIIIe-XVIIe s. (bronzes de Maillol). Musée Hyacinthe-Rigaud. — Perpignan fut la capitale du royaume de Majorque de 1276 à 1344. Occupée à plusieurs reprises par la France au XVe s., elle lui fut cédée par l'Espagne en 1659.

PERRAULT (Charles), écrivain français (Paris 1628 - *id.* 1703). Contrôleur général de la surintendance des Bâtiments, il entra en 1671 à l'Académie française, où il se signala dans la « querelle des Anciens et des Modernes » en prenant parti pour les Modernes *(le Siècle de Louis le Grand ; Parallèle des Anciens et des Modernes).* Sa célébrité vient des contes recueillis pour l'amusement des enfants (*Contes de ma mère l'Oye,* 1697) et qu'il publia sous le nom de son fils **Perrault d'Armancour.**

PERRAULT (Claude), médecin, physicien et architecte français (Paris 1613 - *id.* 1688), frère du précédent. On lui attribue, peut-être en collaboration avec F. D'Orbay, la colonnade du Louvre (1667). Il a construit l'Observatoire de Paris et a publié, en 1673, une traduction illustrée de Vitruve.

PERRAULT (Pierre), poète et cinéaste canadien (Montréal 1927). L'un des pionniers du « cinéma direct » québécois, il a réalisé *le Règne du jour* (1966), *l'Acadie, l'Acadie* (1971), *le Pays de la terre sans arbre* (1980).

PERRÉAL (Jean), peintre, dessinateur, décorateur et poète français (connu à partir de 1483 - m. en 1530). Il fut employé par la ville de Lyon, fut peintre en titre de trois rois de France et conseiller de Marguerite d'Autriche dans son entreprise de Brou ; mais on n'a de lui presque aucune œuvre certaine.

PERREAUX (Louis Guillaume), ingénieur français (Almenêches, Orne, 1816 - Paris 1889). Il inventa (1871) et réalisa un vélocipède à vapeur, premier ancêtre de la moto.

PERRET *(les frères),* architectes et entrepreneurs français. **Auguste** (Bruxelles 1874 - Paris 1954), secondé par ses frères **Gustave** (Ixelles 1876 - Paris 1952) et **Claude** (Ixelles 1880 - Paris 1960), a édifié le Théâtre des Champs-Élysées à Paris (1911, adaptation d'un projet de H. Van de Velde), l'église du Raincy (1922), le Garde-Meuble national (1934), et a dirigé la reconstruction du Havre. Il a mis le béton armé au service de formes néoclassiques.

PERREUX (42120), ch.-l. de c. de la Loire ; 2 293 h.

PERREUX-SUR-MARNE (Le) [94170], ch.-l. de c. du Val-de-Marne ; 28 540 h.

PERRIER (Edmond), naturaliste français (Tulle 1844 - Paris 1921), auteur de travaux sur les invertébrés.

PERRIN (Jean), physicien français (Lille 1870 - New York 1942). Il montra que les rayons cathodiques étaient constitués de corpuscules d'électricité négative et détermina le nombre d'Avogadro de plusieurs façons, apportant ainsi une preuve décisive de l'existence des atomes. Il créa le palais de la Découverte en 1937. (Prix Nobel 1926.) — Son fils **Francis** (Paris 1901 - *id.* 1992), qui établit la possibilité de réactions nucléaires en chaîne, fut haut-commissaire à l'énergie atomique de 1951 à 1970.

PERRONET (Jean Rodolphe), ingénieur français (Suresnes 1708 - Paris 1794). Il conçut et fit exécuter de nombreux ponts : de Mantes, de Nogent et de Neuilly, sur la Seine (1768-1774) ; de Pont-Sainte-Maxence, sur l'Oise (1774-1785) ; de la Concorde, à Paris (1787-1791). Il créa, avec Trudaine, l'École des ponts et chaussées (1747).

PERRONNEAU (Jean-Baptiste), peintre français (Paris 1715 - Amsterdam 1783), auteur de portraits à l'huile et surtout au pastel.

PERROS-GUIREC (22700), ch.-l. de c. des Côtes-d'Armor ; 7 582 h. *(Perrosiens).* Station balnéaire. Thalassothérapie.

PERROT (Jules), danseur et chorégraphe français (Lyon 1810 - Paramé 1892), auteur, en collaboration avec Jean Coralli, du ballet *Giselle* (1841).

PERROUX (François), économiste français (Lyon 1903 - Stains 1987). On lui doit un renouvellement de l'analyse des faits économiques, mettant en valeur les phénomènes de domination et de pouvoir.

PERSAN (95340), comm. du Val-d'Oise, sur l'Oise ; 10 703 h. Constructions mécaniques. Chimie.

PERSE, anc. nom de l'**Iran.** Les Perses, peuple de langue aryenne du sud-ouest de l'Iran, constituèrent la base de deux empires, celui des Achéménides (VIe-IVe s. av. J.-C.) et celui des Sassanides (IIIe-VIIe s. apr. J.-C.), qui imposèrent leur culture à tout l'ensemble iranien.

PERSE, en lat. **Aulus Persius Flaccus,** poète latin (Volterra 34 - Rome 62). Ses *Satires* s'inspirent de la morale stoïcienne.

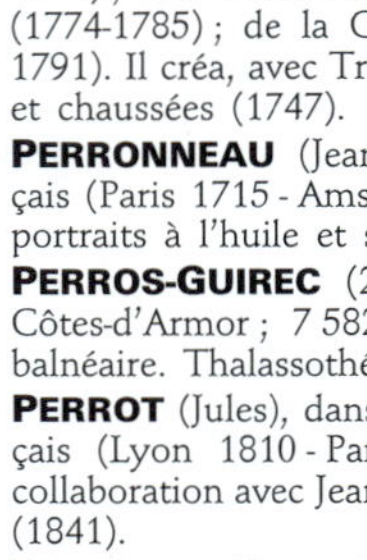

Jean **Perrin**

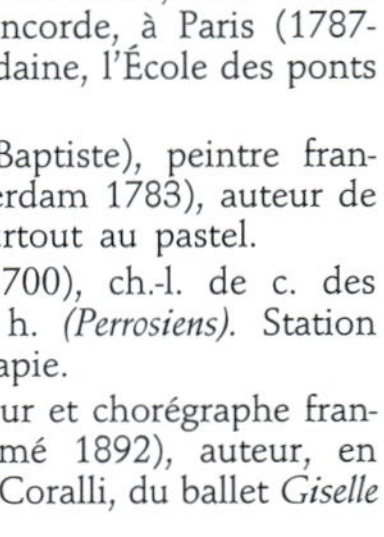

le maréchal **Pétain**

PERSÉE. *Myth. gr.* Héros, fils de Zeus et de Danaé. Il coupa la tête de Méduse, délivra Andromède, qu'il épousa, et régna sur Tirynthe et Mycènes.

PERSÉE (v. 212 - Alba Fucens v. 165 av. J.-C.), dernier roi de Macédoine (179 à 168 av. J.-C.). Il fut vaincu à Pydna par Paul Émile en 168, et mourut captif en Italie.

PERSEIGNE *(forêt de),* forêt située entre Mamers et Alençon, dans la Sarthe ; 5 100 ha.

PERSÉPHONE ou **CORÉ,** divinité grecque du monde souterrain, fille de Déméter. Les Romains l'adoraient sous le nom de *Proserpine.*

PERSÉPOLIS, une des capitales de l'Empire perse achéménide, fondée par Darios Ier. Elle fut incendiée lors de la conquête d'Alexandre en 330 av. J.-C. Ruines du vaste complexe palatial. Importante décoration sculptée.

Perses (les), tragédie d'Eschyle (472 av. J.-C.), tableau du désespoir de Xerxès à la suite du désastre de Salamine.

PERSHING (John Joseph), général américain (près de Laclede, Missouri, 1860 - Washington 1948). Il commanda les troupes américaines engagées sur le front français en 1918.

PERSIGNY (Jean Gilbert Victor **Fialin,** *duc* **de**), homme politique français (Saint-Germain-l'Espinasse, Loire, 1808 - Nice 1872). Il s'attacha dès 1834 au jeune Louis Napoléon et organisa les tentatives de prise de pouvoir de Strasbourg (1836) et de Boulogne (1840). Il participa au coup d'État du 2 déc. 1851, fut ministre de l'Intérieur (1852-1854, 1860-1863) et ambassadeur à Londres (1855-1858, 1859-60).

PERSIQUE *(golfe),* parfois appelé **golfe Arabo-Persique,** ou simplement **Golfe,** dépendance de l'océan Indien, entre l'Arabie et l'Iran. Importants gisements de pétrole.

Persona, film suédois d'I. Bergman (1966), jeu de miroirs vertigineux entre une actrice et son infirmière, entre le masque et le visage, entre le réel et l'apparence.

PERTH, v. d'Australie, cap. de l'État de l'Australie-Occidentale ; 1 118 800 h. Centre industriel.

PERTH, v. de Grande-Bretagne (Écosse) ; 43 000 h. Tourisme.

PERTHARITE (m. en 688), roi des Lombards (661 et 671-688). Sous son règne, les Lombards se convertirent au catholicisme.

PERTHES (77930), ch.-l. de c. de Seine-et-Marne ; 1 713 h.

PERTHOIS (le), région de la Champagne, entre la Marne et l'Ornain.

PERTHUS [-tys] *(col du),* passage des Pyrénées-Orientales, à 290 m d'alt. à la frontière franco-espagnole. Il est dominé par la forteresse de Bellegarde.

PERTINAX (Publius Helvius) [Alba Pompeia 126 - Rome 193], empereur romain (193). Successeur de Commode, il fut tué par les prétoriens après trois mois de règne.

PERTINI (Alessandro), homme politique italien (Stella, près de Gênes, 1896 - Rome 1990). Socialiste, il a été président de la République de 1978 à 1985.

PERTUIS (84120), ch.-l. de c. de Vaucluse ; 15 861 h. Église gothique et Renaissance.

PERTUSATO *(cap),* extrémité sud de la Corse.

PÉRUGIN (Pietro **Vannucci,** dit en fr. **le**), peintre italien (Città della Pieve, Pérouse, v. 1448 - Fontignano, Pérouse, 1523), actif à Florence, Rome, Pérouse. Il fut élève de Verrocchio et l'un des maîtres de Raphaël. Ses compositions valent par la douceur du sentiment, l'équilibre, la suavité du coloris.

PERUWELZ, v. de Belgique (Hainaut) ; 16 538 h.

PERUZZI (Baldassare), architecte, ingénieur, peintre et décorateur italien (Sienne 1481 - Rome 1536), actif principalement à Rome *(la Farnésine* ; palais *Massimo alle Colonne).*

PERVOOURALSK, v. de Russie, dans l'Oural ; 142 000 h.

PESARO, v. d'Italie (Marches), ch.-l. de prov., sur l'Adriatique ; 88 500 h. Station balnéaire. Palais et forteresse des Sforza. Musée (peintures, majoliques). Festival Rossini.

PESCADORES *(« Pêcheurs »),* en chin. **Penghu** ou **P'eng-hou,** archipel du détroit de Taïwan (dépendance de Taïwan).

PESCARA, v. d'Italie (Abruzzes), ch.-l. de prov., sur l'Adriatique ; 121 367 h. Station balnéaire.

PESHĀWAR, v. du Pakistan, place forte à l'entrée de la passe de Khaybar, qui mène en Afghanistan ; 555 000 h. Musée riche en art du Gāndhāra.

PESMES [pɛm] (70140), ch.-l. de c. de la Haute-Saône ; 1 040 h. Église gothique.

PESSAC (33600), ch.-l. de c. de la Gironde ; 51 424 h. Grands vins rouges (haut-brion). Atelier de frappe de la Monnaie. Matériel électrique. Centre universitaire. Cité-jardin par Le Corbusier (1925).

PESSOA (Fernando), poète portugais (Lisbonne 1888 - *id.* 1935). Il publia sous divers pseudonymes une œuvre qui exerça, après sa mort, une grande influence sur le lyrisme portugais *(Poésies d'Álvaro de Campos, Poèmes d'Alberto Caeiro, Odes de Ricardo Reis, le Livre de l'intranquillité de Bernardo Soarès).*

PESSÕA CÂMARA (Hélder), prélat brésilien (Fortaleza 1909). Archevêque de Recife (1964-1985), il s'est fait le défenseur des pauvres et des opprimés du tiers monde.

PEST, partie basse de Budapest, sur le Danube (r. g.).

PESTALOZZI (Johann Heinrich), pédagogue suisse (Zurich 1746 - Brugg 1827). Influencé par J.-J. Rousseau, il établit une pédagogie fondée sur le travail manuel et sur l'enseignement mutuel. Il s'intéressa à l'éducation des enfants pauvres.

Peste (la), roman d'Albert Camus (1947) : la ville d'Oran, envahie par une épidémie meurtrière, est une évocation symbolique de la condition humaine.

Peste noire ou **Grande Peste,** épidémie de peste qui ravagea l'Europe entre 1347 et 1351-52. Propagée par des navires génois, en provenance de Crimée, la peste frappa d'abord la Sicile (1347) et se répandit en 1348-49 en France, en Angleterre, en Italie, en Espagne et en Europe centrale. Elle gagna ensuite la Scandinavie et les confins polono-russes. Elle tua environ 25 millions de personnes en Europe occidentale, soit le tiers de la population.

PETAḤ-TIKVA, v. d'Israël, près de Tel-Aviv-Jaffa ; 124 000 h.

PÉTAIN (Philippe), maréchal de France et homme politique français (Cauchy-à-la-Tour, Pas-de-Calais, 1856 - Port-Joinville, île d'Yeu, 1951). Enseignant à l'École de guerre (1901-1910), où il insiste sur le rôle des feux d'artillerie et d'infanterie combinés, il a pratiquement achevé sa carrière lorsque éclate la Première Guerre mondiale. Promu général en 1914, vainqueur de la bataille de Verdun en 1916, commandant en chef des armées françaises en 1917, il est nommé maréchal au lendemain de la victoire (nov. 1918). Après avoir rétabli la situation dans la guerre du Rif (1925), il devient ministre de la Guerre (1934). Ambassadeur à Madrid (1939), il est appelé au gouvernement après la rupture du front français (18 mai) puis, nommé président du Conseil (16 juin), il décide de conclure un armistice avec l'Allemagne. Investi des pleins pouvoirs par l'Assemblée nationale le 10 juillet 1940, il devient, à 84 ans, chef de l'État français, à Vichy. À l'intérieur, il lance la politique de la « Révolution nationale » ; à l'extérieur, il s'engage sur la voie de la collaboration. (V. ***Vichy*** [*gouvernement de*].) Resté à son poste après l'occupation de la zone libre, en novembre 1942, il est de plus en plus dépendant des Allemands qui l'emmènent dans leur retraite en août 1944. Transféré à Sigmaringen, il rentre en France en août 1945. Jugé par la Haute Cour de justice, condamné à mort, il voit sa peine commuée en détention perpétuelle à l'île d'Yeu. (Acad. fr., 1929 ; radié, 1945.)

PÉTANGE, v. du Luxembourg ; 12 345 h. Métallurgie.

Pétaud *(cour du roi).* Jadis, les mendiants se nommaient un chef, appelé par plaisanterie le *roi Pétaud* et dénué de toute autorité, d'où la locution *C'est la cour du roi Pétaud,* qui désigne une maison où chacun veut commander.

PETCHENÈGUES, peuple turc qui s'établit à la fin du IXe s. dans les steppes entre le Dniepr et le Danube. Il fut écrasé en 1091 par les Byzantins, aidés des Coumans.

PETCHORA (la), fl. de Russie, originaire de l'Oural, tributaire de la mer de Barents ; 1 790 km (bassin de 322 000 km²).

PETERBOROUGH, v. du Canada (Ontario), près du lac Ontario ; 68 371 h.

PETERBOROUGH, v. de Grande-Bretagne, au nord de Londres ; 115 000 h. Cathédrale romane et gothique.

PETERHOF → ***Petrodvorets.***

PETERMANN (August), géographe allemand (Bleicherode 1822 - Gotha 1878), promoteur d'expéditions en Afrique et fondateur d'une revue, les *Petermanns Mitteilungen.*

PETERS (Carl), voyageur et colonisateur allemand (Neuhaus an der Elbe 1856 - Woltorf 1918), qui fut l'un des artisans de l'Afrique-Orientale allemande.

PÉTION (Anne Alexandre **Sabès**, dit), homme politique haïtien (Port-au-Prince 1770 - *id.* 1818). Ayant participé à la révolte contre les Blancs (1791), il fonda la République d'Haïti (1807), dont il fut le premier président.

PÉTION [petjɔ̃] **DE VILLENEUVE** (Jérôme), homme politique français (Chartres 1756 - Saint-Émilion 1794). Maire de Paris et président de la Convention (1792), englobé dans les proscriptions des 31 mai - 2 juin 1793 comme Girondin, il tenta vainement de soulever la Normandie, et finit par se suicider.

PETIPA (Marius), danseur et chorégraphe français (Marseille 1818 - Saint-Pétersbourg 1910), l'un des créateurs de l'école russe de ballet. En collaboration avec Tchaïkovski, il réalisa *la Belle au bois dormant* (1890) et *Casse-Noisette,* achevé par L. Ivanov (1892), avec lequel il signa la version intégrale du *Lac des cygnes* (1895). Il imposa la pure tradition de l'école française de ballet.

PETIT (Alexis Thérèse), physicien français (Vesoul 1791 - Paris 1820). Il fit, avec Dulong, des travaux sur les dilatations et les chaleurs spécifiques.

PETIT (Roland), danseur et chorégraphe français (Villemomble 1924). Il est à l'origine du renouveau chorégraphique après 1945 *(les Forains, Carmen, le Loup).* Il créa le Ballet national de Marseille, avec lequel il a donné une version de *Coppélia,* puis *Nana* (1976). Il a signé la *Symphonie fantastique, Fascinating Rhythm, le Fantôme de l'Opéra, les Amours de Franz.* Il a également dirigé, avec sa femme Zizi Jeanmaire, le Casino de Paris de 1969 à 1975.

PETIT-BOURG (97170), comm. de la Guadeloupe, sur la côte de Basse-Terre ; 14 935 h.

PETIT-CANAL (97131), comm. de la Guadeloupe ; 6 594 h.

Petit Chaperon rouge (le), personnage et titre d'un conte de Perrault.

PETIT-COURONNE (76650), comm. de la Seine-Maritime ; 8 133 h. Raffinage du pétrole. Pétrochimie. Maison de Pierre Corneille.

Petite Fadette (la), roman de George Sand (1849).

PETITE-ÎLE (97429), comm. de la Réunion ; 8 868 h.

PETITE-ROSSELLE (57540), comm. de la Moselle ; 6 970 h. Houille.

PETITPIERRE (Max), homme politique suisse (Neuchâtel 1899 - *id.* 1994), président de la Confédération en 1950, 1955 et 1960.

Petit Poucet (le), principal personnage et titre d'un conte de Perrault.

Petit Prince (le), conte de Saint-Exupéry (1943).

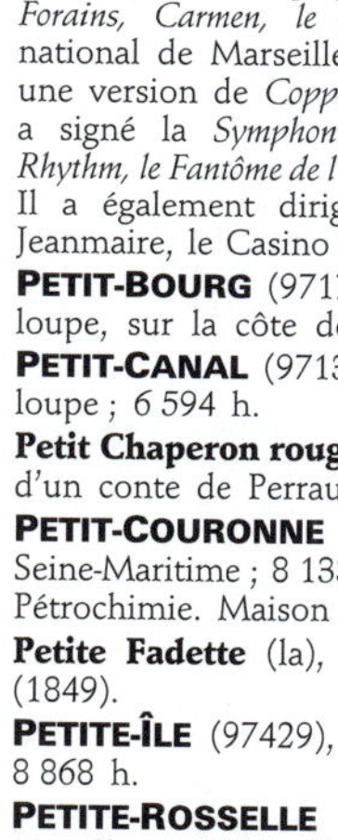

Roland **Petit**

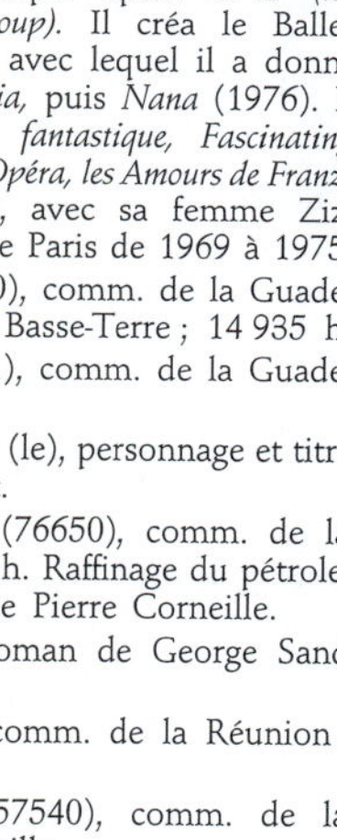

Pétrarque (galerie Borghèse, Rome)

PETIT-QUEVILLY (Le) [76140], ch.-l. de c. de la Seine-Maritime, sur la Seine ; 22 718 h. *(Quevillais).* Métallurgie. Matériel électrique. Chimie. Textile. Chapelle St-Julien, avec peintures d'env. 1200.

PETLIOURA (Simon Vassilievitch), homme politique ukrainien (Poltava 1879 - Paris 1926). Militant nationaliste, commandant en chef et président du directoire ukrainien (1919), il s'allia à la Pologne et fut battu par les bolcheviks (1920). Il fut assassiné.

PETŐFI (Sándor), poète hongrois (Kiskőrös 1823 - Segesvár 1849), héros de la lutte révolutionnaire et patriotique de 1848-49.

PÉTRA, v. de l'Arabie ancienne, à 70 km au sud de la mer Morte. Capitale du royaume des Nabatéens, elle fut un important centre caravanier et une riche cité commerçante. Les Romains l'occupèrent en 106 apr. J.-C. Remarquable architecture rupestre hellénistico-romaine (temples, tombes, etc.).

PÉTRARQUE, en ital. **Francesco Petrarca,** poète et humaniste italien (Arezzo 1304 - Arqua, Padoue, 1374). Historien, archéologue, chercheur de manuscrits anciens, il fut le premier des grands humanistes de la Renaissance. Mais sa gloire repose surtout sur ses poèmes en toscan, les sonnets des *Rimes* et des *Triomphes,* composés en l'honneur de Laure de Noves et réunis dans le *Canzoniere,* publié en 1470.

PETRASSI (Goffredo), compositeur italien (Zagarolo 1904). Professeur à l'Académie de Sainte-Cécile et au conservatoire de Rome, il a écrit 8 célèbres *Concertos pour orchestre* (1934-1972).

PETRODVORETS, anc. **Peterhof,** v. de Russie, sur le golfe de Finlande, près de Saint-Pétersbourg ; 43 000 h. Fondée par Pierre le Grand, ce fut une résidence des tsars. Palais, parc, pavillons divers et jeux d'eaux inspirés de Versailles.

PETROGRAD → ***Saint-Pétersbourg.***

pétroles *(Compagnie française des)* → ***C. F. P.***

PÉTRONE, en lat. **Caius Petronius Arbiter,** écrivain latin (m. à Cumes en 66 apr. J.-C.), auteur du *Satiricon**. Compromis dans la conspiration de Pison, il s'ouvrit les veines.

PETROPAVLOVSK, v. du Kazakhstan ; 241 000 h.

PETROPAVLOVSK-KAMTCHATSKI, port de Russie, sur la côte du Kamtchatka ; 269 000 h.

PETRÓPOLIS, v. du Brésil (Rio de Janeiro) ; 255 211 h. Cathédrale et anc. palais impérial.

Petrouchka, ballet de M. Fokine, musique d'I. Stravinsky, décors et costumes d'A. Benois, créé en 1911 à Paris par les Ballets russes. Partition colorée qui anime des scènes populaires russes.

PETROZAVODSK, v. de Russie, cap. de la Carélie ; 270 000 h.

PETRUCCI (Ottaviano), imprimeur italien (Fossombrone 1466 - Venise 1539). Il publia en 1501 le premier livre de musique imprimé *(Odhecaton).*

PETSAMO, en russe **Petchenga,** localité de Russie, en Laponie, cédée par la Finlande à l'U. R. S. S. en 1944.

Peugeot, société française dont les origines remontent aux implantations industrielles qu'exploita, dès 1810, la famille Peugeot dans la région de Montbéliard, et qui se spécialisa dans la production d'automobiles. Le groupe Peugeot, outre cette production, s'adonne à des activités de mécanique et de services (cycles et motocycles, outillages, aciers spéciaux, matériels militaires, sociétés financières).

PEUGEOT (Armand), industriel français (Valentigney 1849 - Neuilly-sur-Seine 1915). Il fonda, en 1897, la *Société des automobiles Peugeot.*

PEULS ou **FOULBÉ,** ensemble de peuples nomades et sédentarisés, dispersés en Afrique de l'Ouest, du Sénégal au Cameroun, et parlant une langue nigéro-congolaise.

PEUPLES DE LA MER ou « Barbares du Nord », nom donné par les Égyptiens à des envahisseurs indo-européens qui, venus de la zone de la mer Égée, déferlèrent sur le

Proche-Orient aux XIIIᵉ-XIIᵉ s. av. J.-C. Tous les États furent bouleversés, certains détruits (Empire hittite, Ougarit). Par deux fois, les Égyptiens les repoussèrent.

Peur *(la Grande)* [20 juill.-août 1789], ensemble des troubles et des phénomènes de panique nés, au lendemain de la révolution parisienne de juill. 1789, dans les campagnes françaises, de la crainte d'une réaction nobiliaire.

PEUTINGER (Konrad), humaniste allemand (Augsbourg 1465 - *id.* 1547). Il publia une copie médiévale de la carte des voies de l'Empire romain (IIIᵉ et IVᵉ s.), dite *Table de Peutinger,* auj. à Vienne.

PÉVÈLE (la ou le), région de la Flandre française, entre les vallées de la Deûle et de la Scarpe.

PEVSNER (Anton ou Antoine), sculpteur et peintre français d'origine russe (Orel 1886 - Paris 1962). Installé à Paris en 1923, il s'est notamment signalé par ses monumentales « surfaces développées » en cuivre ou en bronze. Il est bien représenté au M. N. A. M. — Son frère **Naoum,** dit **Naum Gabo,** sculpteur et peintre américain (Briansk 1890 - Waterbury, Connecticut, 1977), installé en Grande-Bretagne puis aux États-Unis, avait publié avec lui à Moscou, en 1920, un manifeste rejetant cubisme et futurisme au profit d'une appréhension de la réalité essentielle du monde par les « rythmes cinétiques » et le constructivisme. Il est célèbre en particulier pour ses sculptures à base de fils de Nylon.

PEYER (Bernhard), paléontologiste suisse (Schaffhouse 1885 - Zurich 1963). Il a découvert de nombreux reptiles marins fossiles, sur les rives du lac de Lugano.

PEYREHORADE (40300), ch.-l. de c. des Landes ; 3 203 h. Château de Montréal, du XVIᵉ s. Aux environs, anc. abbayes d'Arthous (église romane ; musée) et de Sorde-l'Abbaye.

PEYRIAC-MINERVOIS (11160), ch.-l. de c. de l'Aude ; 1 060 h.

PEYROLLES-EN-PROVENCE (13860), ch.-l. de c. des Bouches-du-Rhône ; 2 922 h. Monuments anciens.

PEYRONNET ou **PEYRONET** (Charles Ignace, *comte* **de**), homme politique français (Bordeaux 1778 - Montferrand, Gironde, 1854). Député ultraroyaliste, garde des Sceaux (1821-1828), il inspira la loi sur la presse (1822) et celle sur le sacrilège (1825). Ministre de l'Intérieur le 16 mai 1830, il signa les ordonnances de juillet, qui furent à l'origine de la révolution. Il fut emprisonné de 1830 à 1836.

PEYRONY (Denis), préhistorien français (Cussac, Dordogne, 1869 - Sarlat 1954). Instituteur aux Eyzies-de-Tayac, il découvrit les gravures pariétales des Combarelles, de Font-de-Gaume, de Teyjat. Ses travaux ont contribué à l'établissement de la chronologie des paléolithiques moyen et supérieur.

PEYRUIS [perɥi] (04310), ch.-l. de c. des Alpes-de-Haute-Provence ; 2 058 h.

PÉZENAS [-nɑs] (34120), ch.-l. de c. de l'Hérault ; 7 921 h. *(Piscénois).* Commerce des vins. Chaussures. Belles demeures des XVᵉ-XVIIIᵉ s. Musée. Aux environs, nécropole hallstattienne.

PFASTATT (68120), comm. du Haut-Rhin ; 8 100 h. Textile.

PFORZHEIM, v. d'Allemagne (Bade-Wurtemberg), au nord de la Forêt-Noire ; 110 865 h. Bijouterie. Musée de la Bijouterie.

PHAÉTON. *Myth. gr.* Fils du Soleil, il voulut conduire le char de son père et manqua, par son inexpérience, embraser l'Univers. Zeus, irrité, le foudroya.

PHAISTOS, site archéologique du sud-ouest de la Crète. Vestiges d'un complexe palatial (détruit au XVᵉ s. av. J.-C.) au plan plus clairement organisé qu'à Cnossos.

Phalange espagnole, en esp. **Falange Española,** groupement politique espagnol paramilitaire, fondé à Madrid (29 oct. 1933) par José Antonio Primo de Rivera avec un programme d'inspiration fasciste. Il fusionna en 1937 avec différents mouvements de droite et devint le parti unique dont Franco fut le *caudillo.* Son influence baissa à partir de 1942 et en 1957 la Phalange se consacra aux problèmes sociaux.

Phalanges libanaises, en ar. **Katā'ib,** mouvement politique et militaire maronite fondé en 1936 par Pierre Gemayel.

PHALARIS, tyran d'Agrigente (v. 570-554 av. J.-C.). On raconte qu'il faisait brûler ses victimes dans un taureau d'airain.

PHALSBOURG (57370), ch.-l. de c. de la Moselle ; 4 408 h. Restes de fortifications de Vauban. Musée.

PHAM VAN DÔNG, homme politique vietnamien (Mô Duc 1906), Premier ministre du Viêt Nam du Nord à partir de 1955 puis du Viêt Nam réunifié (1976-1987).

PHANAR, quartier grec d'Istanbul. Il a donné son nom au groupe social grec des *Phanariotes,* particulièrement actif dans l'Empire ottoman du XVIIᵉ s. à la première moitié du XIXᵉ s.

PHARAMOND, chef franc légendaire, descendant du Troyen Priam.

PHARNACE II, fils de Mithridate VI (v. 97-47 av. J.-C.), roi du Bosphore Cimmérien (63-47). Avec l'appui des Romains, il reconquit le royaume du Pont, mais fut vaincu par César en 47.

PHAROS, île de l'Égypte ancienne, près d'Alexandrie. Ptolémée II Philadelphe y fit ériger une tour de 135 m, au sommet de laquelle brûlait un feu qui, réfléchi par des miroirs, était visible en mer à grande distance ; elle s'écroula en 1302.

PHARSALE, v. de Grèce (Thessalie) ; 6 000 h. César y vainquit Pompée (48 av. J.-C.).

PHÉACIENS, peuple mentionné dans *l'Odyssée.* L'île des Phéaciens, où Nausicaa accueillit Ulysse naufragé, est identifiée à *Corcyre* (auj. Corfou).

PHÉBUS, autre nom d'*Apollon**.

Phédon, dialogue de Platon qui traite de l'immortalité de l'âme.

PHÈDRE. *Myth. gr.* Épouse de Thésée et fille de Minos et de Pasiphaé. Sa passion coupable pour Hippolyte, son beau-fils, a été le thème de plusieurs tragédies (Euripide, Sénèque, Racine).

Phèdre, tragédie de Racine (1677). Le poète s'y inspire d'Euripide et de Sénèque. Retrouvant le sens du sacré, essentiel à la tragédie grecque, il met en relief le personnage de Phèdre, dévorée de passion, consciente de ses fautes, mais incapable d'en assumer la responsabilité.

PHÈDRE, en lat. **Caius Julius Phaedrus,** fabuliste latin (en Macédoine v. 10 av. J.-C. - v. 54 apr. J.-C.), auteur de fables imitées d'Ésope.

PHÉLYPEAUX → ***Maurepas*** et ***Pontchartrain.***

PHÉNICIE, région du littoral syro-palestinien, limitée au sud par le mont Carmel et au nord par la région d'Ougarit (auj. Ras Shamra, au nord de Lattaquié). Du IIIᵉ millénaire au XIIIᵉ s. av. J.-C., l'aire côtière du couloir syrien fut occupée par des populations sémitiques, désignées du nom de Cananéens. Au XIIᵉ s., l'arrivée de nouveaux peuples (Araméens, Hébreux, Philistins) réduisit à une bande côtière le domaine cananéen auquel les Grecs donnèrent le nom de Phénicie. Les Phéniciens formaient alors un ensemble de cités-États, où prédominaient Byblos, Tyr et Sidon ; acculés à la mer, ils devinrent, par nécessité vitale, navigateurs, et fondèrent sur le pourtour méditerranéen, jusqu'à l'Espagne, de nombreux comptoirs et colonies, dont Carthage (IXᵉ s.), qui s'imposa à l'Occident méditerranéen. Les cités phéniciennes tombèrent sous la tutelle des Empires assyrien et babylonien, puis sous celle des Perses et des Grecs, mais elles continuèrent à jouer un rôle capital dans les échanges économiques de la Méditerranée orientale. Héritières de la culture cananéenne, elles conservèrent les cultes de Baal et d'Ashtart ; elles ont légué au monde antique l'usage de l'écriture alphabétique.

PHÉNIX, oiseau fabuleux de la mythologie égyptienne. Comme la légende lui attribuait le pouvoir de renaître de ses propres cendres, il devint le symbole de l'immortalité.

Phénoménologie de l'esprit (la), ouvrage de Hegel, paru en 1807 et qui décrit l'histoire du savoir réel par la dialectique, qui part de la certitude sensible pour aboutir au Savoir absolu.

PHIDIAS, sculpteur grec du Vᵉ s. av. J.-C., qui, chargé par Périclès de diriger les travaux du Parthénon, en assuma la décoration sculptée (frise des Panathénées*), apogée du style classique grec.

Phidias : détail de la frise des Panathénées, exécutée pour le Parthénon d'Athènes entre 442 et 438 av. J.-C. (Louvre, Paris.)

PHILADELPHIE, port des États-Unis (Pennsylvanie), sur la Delaware ; 1 685 577 h. (4 856 881 h. dans l'agglomération). Université. Centre industriel. Importants musées. — La ville, fondée par William Penn en 1682, fut le siège du congrès où les colons américains, en 1776, proclamèrent l'indépendance de leur fédération. Le gouvernement fédéral y siégea entre 1790 et 1800.

PHILAE, île du Nil, en amont d'Assouan, important centre du culte d'Isis du IVᵉ s. av. J.-C. au Vᵉ s. de notre ère. À la suite de la construction du barrage de Sadd al-'Ālī, ses monuments ptolémaïques (temples d'Isis, d'Hathor, mammisi [temple de la naissance] de Nectanebo Iᵉʳ, kiosque de Trajan) ont été transférés sur l'îlot voisin d'Agilkia.

PHILÉMON et **BAUCIS.** *Myth. gr.* Couple de pauvres paysans phrygiens, récompensé, par Zeus et Hermès, de leur hospitalité : dans leur vieillesse, ils furent métamorphosés en deux arbres qui mêlaient leurs branches. Ils symbolisent l'amour conjugal.

PHILIBERT Iᵉʳ le Chasseur (Chambéry 1465 - Lyon 1482), duc de Savoie (1472-1482). Il régna sous la tutelle de sa mère, Yolande de France. — **Philibert II le Beau** (Pont-d'Ain 1480 - *id.* 1504), duc de Savoie (1497-1504). Il avait épousé Marguerite d'Autriche, qui éleva à sa mémoire l'église de Brou.

PHILIDOR (François André **Danican-**), compositeur français et célèbre joueur d'échecs (Dreux 1726 - Londres 1795), un des créateurs de l'opéra-comique en France *(Blaise le savetier, Ernelinde, Tom Jones).*

PHILIPE (Gérard **Philip,** dit **Gérard**), acteur français (Cannes 1922 - Paris 1959). Révélé par sa création de *Caligula,* d'A. Camus (1945), il triompha au Théâtre national populaire, notamment dans *le Cid* et *le Prince de Hombourg.* Meilleur jeune premier de sa génération, il fut aussi une vedette de l'écran (*le Diable au corps,* de C. Autant-Lara, 1947 ; *Fanfan la Tulipe,* de Christian-Jaque, 1952).

Gérard **Philipe** (dans le rôle du *Cid* [festival d'Avignon, 1951]).

SAINTS

PHILIPPE *(saint),* un des douze apôtres de Jésus (Ier s.). Une légende veut qu'il ait évangélisé la Phrygie, où il serait mort crucifié.

PHILIPPE *(saint),* un des sept premiers diacres (m. au Ier s.). Il évangélisa la Samarie et baptisa l'eunuque de la reine d'Éthiopie, Candace.

PHILIPPE NERI *(saint),* prêtre italien (Florence 1515 - Rome 1595), fondateur de l'Oratoire d'Italie.

ANTIQUITÉ

PHILIPPE II (v. 382 - Aigai 336 av. J.-C.), régent (359), puis roi de Macédoine (356-336). Il rétablit l'autorité royale, réorganisa les finances et créa la phalange. Ayant affermi ses positions du côté de l'Illyrie et de la Thrace, il se tourna vers la Grèce. Les Athéniens, malgré les avertissements de Démosthène, réagirent tardivement à la conquête des cités de Thrace et de Chalcidique. Devenu maître de Delphes, Philippe dut lutter contre la coalition d'Athènes et de Thèbes. Vainqueur à Chéronée (338), il établit pour deux siècles la tutelle macédonienne sur la Grèce. Il s'apprêtait à marcher contre les Perses, lorsqu'il fut assassiné à l'instigation de sa femme Olympias ; son fils Alexandre lui succéda.

PHILIPPE V (v. 237-179 av. J.-C.), roi de Macédoine (221-179 av. J.-C.). Il fut battu par le consul romain Quinctius Flamininus à Cynoscéphales (197). Ce fut le commencement du déclin de la Macédoine.

PHILIPPE l'Arabe, en lat. **Marcus Julius Philippus** (en Trachonitide, Arabie, v. 204 - Vérone 249), empereur romain (244-249). Il célébra le millénaire de Rome (248), un an avant d'être vaincu et tué par Decius.

EMPEREUR GERMANIQUE

PHILIPPE DE SOUABE (v. 1177 - Bamberg 1208), antiroi de Germanie (1198-1208), dernier fils de Frédéric Barberousse, mort assassiné.

BOURGOGNE

PHILIPPE Ier DE ROUVRES (Rouvres 1346 - *id.* 1361), duc de Bourgogne (1349-1361). À sa mort, ses possessions furent démembrées.

PHILIPPE II le Hardi (Pontoise 1342 - Hal 1404), duc de Bourgogne (1363-1404), fils du roi Jean II le Bon. Il reçut en apanage le duché de Bourgogne (1363) et devint ainsi le chef de la deuxième maison de Bourgogne. Ayant épousé Marguerite de Flandre, veuve de Philippe de Rouvres (1369), il hérita, en 1384, des comtés de Flandre, d'Artois, de Rethel, de Nevers, de Bourgogne (Franche-Comté). Durant la minorité de Charles VI, il dirigea la politique de la France dans l'intérêt de son duché.

PHILIPPE III le Bon (Dijon 1396 - Bruges 1467), fils de Jean sans Peur, duc de Bourgogne (1419-1467). Il épousa, en 1409, la fille de Charles VI, Michelle de France (m. en 1422), qui lui apporta les villes de la Somme, le Boulonnais et la Picardie. Après le meurtre de son père (1419), il s'allia à Henri V d'Angleterre, qu'il contribua à faire reconnaître comme héritier du trône de France en participant au traité de Troyes (1420). Il se réconcilia au traité d'Arras avec Charles VII (1435). « Grand-duc du Ponant », il se constitua un immense et riche État, couvrant notamm. les Bourgognes, les Pays-Bas et la Picardie : ayant unifié ces provinces, il les dota d'institutions puissantes. Il institua l'ordre de la Toison d'or (1429).

ESPAGNE

PHILIPPE Ier le Beau (Bruges 1478 - Burgos 1506), souverain des Pays-Bas (1482-1506), roi de Castille (1504-1506) et archiduc d'Autriche. De son mariage avec Jeanne la Folle naquirent Charles Quint et Ferdinand Ier.

PHILIPPE II (Valladolid 1527 - Escurial 1598), roi d'Espagne et de ses dépendances (1556-1598), roi de Naples, de Sicile, de Portugal (1580-1598), fils et successeur de Charles Quint. Très attaché au catholicisme, il s'employa à le faire triompher au moyen des armées espagnoles. En 1559, par le traité du Cateau-Cambrésis, il mit fin au conflit franco-espagnol, mais, après la mort d'Henri III (1589), il soutint les ligueurs français contre les protestants et Henri de Navarre jusqu'en 1598 (traité de Vervins). Époux de Marie Tudor (1554-1558), il échoua dans ses tentatives contre l'Angleterre d'Élisabeth Ire (dispersion de l'Invincible Armada, 1588). S'il débarrassa l'Espagne de ses protestants (1559) et de ses morisques (1568-1571), s'il battit les Turcs à Lépante (1571) et put s'emparer du Portugal (1580), son sectarisme aboutit à la révolte des Pays-Bas (1572) et à la sécession des Provinces-Unies (1579). À l'intérieur de son immense empire, il fit régner une bureaucratie tatillonne ; de ses territoires américains, il tira le maximum de ressources en métaux précieux.

PHILIPPE III (Madrid 1578 - *id.* 1621), roi d'Espagne, de Portugal, de Naples, de Sicile, de Sardaigne (1598-1621), fils de Philippe II. Sous son règne, la décadence politique de l'Espagne s'accéléra ; mais, du point de vue culturel, celle-ci connut son second âge d'or (Cervantès, Lope de Vega).

PHILIPPE IV (Valladolid 1605 - Madrid 1665), roi d'Espagne, de Naples, de Sicile, de Sardaigne (1621-1665) et de Portugal (1621-1640). Dominé par Olivares, il prit une part malheureuse à la guerre de Trente Ans. En 1640, le Portugal retrouva son indépendance. Lors de la paix des Pyrénées (1659), il dut céder le Roussillon, l'Artois et plusieurs villes flamandes à la France, et donner sa fille Marie-Thérèse à Louis XIV.

PHILIPPE V (Versailles 1683 - Madrid 1746), roi d'Espagne (1700-1746), petit-fils de Louis XIV. Il fut tout de suite affronté à la guerre de la Succession d'Espagne (1701-1714), à l'issue de laquelle il dut céder les Pays-Bas, la Sicile, la Sardaigne, Minorque et Gibraltar. À l'intérieur, il favorisa la centralisation à la française. Sous l'influence de sa seconde femme, Élisabeth Farnèse, et d'Alberoni, il tenta vainement de reconquérir les anciens territoires espagnols en Italie (1717-1720). Le 10 janv. 1724, il abdiqua en faveur de son fils aîné, Louis, mais la mort de ce dernier, le 31 août suivant, l'obligea à reprendre le pouvoir. Son alliance avec la France l'entraîna dans la guerre de la Succession de Pologne (1733-1738) et dans celle de la Succession d'Autriche (1740-1748).

FRANCE

PHILIPPE Ier (v. 1053 - Melun 1108), roi de France (1060-1108), fils et successeur d'Henri Ier et d'Anne de Kiev. Il règne d'abord sous la tutelle de Baudouin V, comte de Flandre. En 1068, il s'empare — au détriment de Guillaume le Conquérant, dont la puissance devient menaçante — du Vermandois, du Gâtinais, puis du Vexin français (1077). En 1071, son intervention dans les affaires de Flandre s'achève par sa défaite près de Cassel. En 1095, il est excommunié pour avoir répudié sa femme, Berthe de Hollande, et enlevé Bertrade de Montfort, épouse du comte d'Anjou.

Philippe III le Bon
(R. Van der Weyden - palais des États de Bourgogne, Dijon)

Philippe II d'Espagne (Titien - palais Barberini, Rome)

Philippe V d'Espagne (coll. priv., Madrid)

Philippe IV le Bel (basilique de Saint-Denis)

PHILIPPE II Auguste (Paris 1165 - Mantes 1223), roi de France (1180-1223), fils de Louis VII et d'Adèle de Champagne. De 1180 à 1199, il s'emploie à triompher d'Henri II, puis de Richard Cœur de Lion, avec lequel il mène cependant la troisième croisade. Cette rivalité, marquée par l'échec de Philippe à Fréteval (1194), se termine à la mort de Richard (1199) par le triomphe des Capétiens sur les Plantagenêts, Philippe Auguste ne reconnaissant Jean sans Terre comme roi qu'en échange d'une partie du Vexin normand et du pays d'Évreux. De 1199 à 1216, la lutte reprend entre le roi de France et Jean sans Terre ; celui-ci ayant refusé de se reconnaître le vassal du roi de France, Philippe s'empare de la Normandie (1202-1204), vainc Jean à La Roche-aux-Moines et démantèle la coalition suscitée par le roi d'Angleterre en battant l'empereur et le comte de Flandre à Bouvines (1214). Parallèlement, le roi acquiert l'Auvergne (1189) et contrôle la Champagne (1213). On doit à Philippe Auguste d'importantes mesures d'ordres administratif, judiciaire et financier, la création des baillis et des sénéchaux, le nouveau mur d'enceinte de Paris, l'organisation de la *curia regis.* Il favorisa le commerce et le développement urbain (chartes). À partir de 1200, ses démêlés conjugaux l'opposèrent au Saint-Siège.

Philippe II Auguste
(Archives nationales, Paris.)

PHILIPPE III le Hardi (Poissy 1245 - Perpignan 1285), roi de France (1270-1285), fils de Louis IX et de Marguerite de Provence, sacré seulement le 15 août 1271. Il réunit à la Couronne le comté de Toulouse (1271) et déclare la guerre à Pierre III d'Aragon, instigateur des Vêpres siciliennes (1282). Le pape ayant excommunié le roi d'Aragon et donné son royaume à Charles de Valois, fils de Philippe le Hardi, ce dernier lance la « croisade d'Aragon », qui se solde par un échec (1285).

PHILIPPE IV le Bel (Fontainebleau 1268 - *id.* 1314), roi de France (1285-1314), fils de Philippe III le Hardi et d'Isabelle d'Aragon. Conseillé par ses légistes (Pierre Flote, Enguerrand de Marigny, Guillaume de Nogaret), il pratique une politique d'indépendance à l'égard du Saint-Siège, s'opposant à Boniface VIII à propos de la levée des décimes (1296), puis de l'arrestation de l'évêque de Pamiers (1301). Le pape ayant adressé des remontrances au roi (bulle *Ausculta fili*), celui-ci convoque les états généraux : ils prennent parti en sa faveur contre Boniface VIII (1302), que les envoyés de Philippe vont insulter à Anagni (1303). La réconciliation du Saint-Siège et de la France n'a lieu qu'après l'avènement de Clément V (1305), qui s'installe à Avignon. Dans l'intervalle, Philippe, voulant imposer sa suzeraineté à la Flandre, envoie une armée qui est écrasée à Courtrai par les milices flamandes (1302). Il prend sa revanche à Mons-en-Pévèle, bataille suivie du traité d'Athis-sur-Orge (1305). Philippe, aux prises avec de graves difficultés financières, fait aux Templiers un procès dans l'espoir de s'emparer de leurs richesses. Ce procès se termine en 1312 par la suppression de l'ordre. Premier des souverains modernes, Philippe le Bel tint tête à la féodalité, accrut le domaine royal et favorisa le développement des institutions administratives et judiciaires. Il augmenta l'importance de la chancellerie et de l'hôtel du roi et précisa le rôle des parlements.

PHILIPPE V le Long (v. 1293 - Longchamp 1322), roi de France (1316-1322), deuxième fils de Philippe IV le Bel. À la mort de son frère Louis X le Hutin (1316), il devient régent du royaume ; mais Jean Ier, son neveu, n'ayant vécu que quelques jours, il monte sur le trône (1316) au détriment de Jeanne, fille de Louis le Hutin. En renonçant à ses droits peu après, celle-ci crée un précédent qui écarte les femmes du trône de France. Philippe perfectionna l'administration financière et consulta fréquemment les trois ordres. Il réunit momentanément au domaine royal Lille, Douai et Orchies.

PHILIPPE VI DE VALOIS (1293 - Nogent-le-Roi 1350), roi de France (1328-1350). Fils de Charles de Valois (frère de Philippe le Bel) et de Marguerite de Sicile, il devient roi au détriment d'Édouard III d'Angleterre, qui réclame la couronne comme petit-fils de Philippe le Bel par sa mère. Il intervient, au début de son règne, en Flandre en faveur de Louis de Nevers et vainc les Flamands à Cassel (1328). Bientôt éclate la guerre de Cent Ans, Édouard III s'étant proclamé roi de France. Sur mer, Philippe est vaincu à L'Écluse en 1340, sur terre à Crécy (1346). Calais est pris en 1347. La Peste noire s'étend alors en France (1347-48). La médiation du pape permet de conclure une trêve. Philippe acheta le Dauphiné et la seigneurie de Montpellier (1349).

PHILIPPE ÉGALITÉ → ***Orléans*** (Louis Philippe Joseph, *duc* **d'**).

GRANDE-BRETAGNE

PHILIPPE DE GRÈCE ET DE DANEMARK (*prince*), *duc* **d'Édimbourg** (Corfou 1921), fils du prince André de Grèce. Ayant renoncé à tous ses droits à la succession hellénique, il épousa (1947) la future reine Élisabeth II d'Angleterre.

HESSE

PHILIPPE le Magnanime (Marburg 1504 - Kassel 1567), landgrave de Hesse. Chef de la ligue de Smalkalde (1530-31), il fut vaincu par Charles Quint.

PHILIPPE (Charles-Louis), écrivain français (Cérilly, Allier, 1874 - Paris 1909), auteur de récits réalistes, nourris de souvenirs autobiographiques (*Bubu de Montparnasse,* 1901 ; *le Père Perdrix,* 1902).

PHILIPPE de Vitry, évêque de Meaux, compositeur français (Vitry, Champagne, 1291 - Meaux ou Paris 1361), théoricien du mouvement polyphonique dit de l'*Ars nova.*

PHILIPPES, v. macédonienne de Thrace. Antoine et Octave y vainquirent Brutus et Cassius en 42 av. J.-C. Saint Paul y séjourna en 50.

PHILIPPEVILLE → ***Skikda.***

PHILIPPEVILLE, v. de Belgique, ch.-l. d'arr. de la prov. de Namur ; 7 223 h. Anc. place forte du XVIe s.

PHILIPPINES, État et archipel de l'Asie du Sud-Est ; 300 000 km² ; 64 600 000 h. *(Philippins).* CAP. *Manille.* LANGUE : *tagalog (pilipino).* MONNAIE : *peso philippin.*

GÉOGRAPHIE

L'archipel, au climat tropical, est formé de plus de 7 000 îles et îlots, souvent montagneux et volcaniques. Les deux plus grandes terres, Luçon et Mindanao, regroupent les deux tiers de la superficie et de la population totales. La population en accroissement rapide est à forte majorité catholique. Malgré les progrès de l'urbanisation, le pays demeure essentiellement agricole, avec encore une prépondérance de la grande propriété. Le riz et le maïs sont destinés à l'alimentation. La canne à sucre, le coprah, le tabac, l'abaca (chanvre de Manille) sont, en partie, exportés. Quelques ressources minières (or, chrome, cuivre) sont exploitées. Mais le commerce extérieur est déficitaire, l'endettement est lourd, le sous-emploi important, alors que demeurent les tensions sociales, politiques et ethniques.

HISTOIRE

VIIIe millénaire - XIIIe s. apr. J.-C. : l'archipel est peuplé par vagues successives de Négritos, de Proto-Indonésiens et de Malais. Fin du XIVe s. : l'islam s'implante, surtout à Mindanao. 1521 : Magellan découvre l'archipel. 1565 : les Philippines passent sous la suzeraineté espagnole. 1571 : Manille devient leur capitale. 1896 : une insurrection nationaliste éclate. L'écrivain José Rizal est fusillé. 1898 : E. Aguinaldo appelle à l'aide les États-Unis, qui entrent en guerre contre l'Espagne et se font céder les Philippines. Une guérilla antiaméricaine s'y oppose. 1901 : Aguinaldo, qui en a pris la direction, se soumet. 1916 : le *Philippine Autonomy Act* institue un système bicaméral à l'américaine. 1935 : Manuel Quezón devient président du « Commonwealth des Philippines ». 1941-42 : le Japon occupe l'archipel. 1944-45 : les États-Unis reconquièrent le pays. 1946 : l'indépendance et la république sont proclamées ; la guérilla des Huks (résistance paysanne à direction communiste) s'étend sur plusieurs provinces. Les États-Unis obtiennent de conserver 23 bases militaires. 1948-1957 : Ramon Magsaysay écrase la rébellion des Huks puis devient président (1953). Il préside la conférence de Manille qui donne naissance à l'O. T. A. S. E. 1965 : le nationaliste Ferdinand Marcos est élu à la présidence de la République. D'abord très populaire, Marcos doit, après 1969, faire face au mécontentement de la paysannerie et au développement d'un parti communiste d'obédience chinoise. 1972 : la loi martiale est proclamée. 1981 : la loi martiale est levée, mais la guérilla communiste et celle des Moros musulmans se développent. 1986 : C. Aquino, chef de l'opposition après l'assassinat de son mari, remporte les élections. Marcos doit s'exiler. 1987 : une nouvelle Constitution est approuvée par référendum. C. Aquino doit faire face à plusieurs tentatives de coups d'État militaires. 1992 : le général Fidel Ramos est élu à la présidence de la République. Les États-Unis évacuent leur dernière base aux Philippines.

PHILIPPINES (*mer des),* partie de l'océan Pacifique, entre l'archipel des Philippines et les îles Mariannes.

Philippiques (les), harangues politiques de Démosthène contre Philippe de Macédoine.

PHILIPPOPOLIS → ***Plovdiv.***

Philips, société néerlandaise fondée en 1891 à Eindhoven. D'abord très important producteur de lampes électriques puis de tubes électroniques et d'appareils de radio, elle est l'un des principaux fabricants mondiaux de matériels électriques, se diversifiant dans l'électronique et dans les composants.

PHILISTINS, Indo-Européens participant au mouvement des Peuples de la Mer. Ils s'installèrent au XIIe s. av. J.-C. sur la côte de la Palestine (qui leur doit son nom). Ennemis légendaires des Israélites, ils furent soumis par David.

PHILOCTÈTE. *Myth. gr.* Célèbre archer de la guerre de Troie, à qui Héraclès avait légué son arc et ses flèches ; d'abord abandonné par les Grecs à cause d'une blessure purulente, il fut soigné et aida à la prise de Troie en tuant Pâris.

PHILOMÈLE, fille légendaire de Pandion, roi d'Athènes, et sœur de Procné. Son beau-frère Térée la viola, puis lui coupa la langue pour l'empêcher de parler. Elle fut vengée par sa sœur, à qui elle révéla son secret en brodant son aventure sur une tapisserie. Poursuivies par Térée, les deux sœurs furent sauvées par les dieux, qui métamorphosèrent Procné en rossignol et Philomèle en hirondelle.

PHILON d'Alexandrie, philosophe juif de la diaspora grecque (Alexandrie entre 13 et 20 av. J.-C. - *id.* v. 50 apr. J.-C.). Il a cherché à montrer la complémentarité de la Bible et de

la pensée platonicienne ; son commentaire allégorique de la Genèse et de la loi de Moïse a influencé les premiers Pères de l'Église.

PHILOPŒMEN, réorganisateur de la ligue Achéenne (Megalopolis 253 - Messène 183 av. J.-C.). Champion de la liberté de la Grèce, contre l'hégémonie de Sparte puis de Rome, il mérita d'être appelé *le Dernier des Grecs.*

Philosophie de la misère (la), ouvrage de Proudhon (1846), où l'auteur propose une réforme du capitalisme. Il a été critiqué par Marx dans *Misère de la philosophie* (1847).

PHLÉGRÉENS *(champs),* région volcanique d'Italie, à l'ouest de Naples.

PHNOM PENH, cap. du Cambodge, au confluent du Mékong et du Tonlé Sap ; 400 000 h.

PHOCÉE, anc. v. d'Asie Mineure (Ionie), qui eut dès le VIIe s. av. J.-C. une grande importance commerciale. Massilia (Marseille) fut un des comptoirs qu'elle fonda en Occident.

PHOCIDE, région de la Grèce centrale, au nord du golfe de Corinthe. C'est dans ce pays que s'élevait le sanctuaire d'Apollon de Delphes.

PHOCION, général et homme d'État athénien (v. 402 - Athènes 318 av. J.-C.). Partisan d'une politique prudente à l'égard de la Macédoine, il fut l'adversaire de Démosthène. Après la mort d'Alexandre (323 av. J.-C.), son attitude pacifiste lui valut d'être condamné à mort.

PHOENIX, v. des États-Unis, cap. de l'Arizona, dans une oasis irriguée par la Salt River ; 983 403 h. (2 122 101 h. dans l'agglomération). Centre industriel, universitaire et touristique.

PHOENIX *(îles),* petit archipel de Polynésie. Il fait partie de Kiribati.

PHOKAS, famille byzantine, originaire de Cappadoce, qui fournit deux empereurs : **Nicéphore II Phokas** (963-969) et **Bardas Phokas** (971 et 987-989).

PHOTIOS ou **PHOTIUS,** théologien et érudit byzantin (Constantinople v. 820 - ? v. 895), patriarche de Constantinople de 858 à 867 et de 877 à 886. Ayant été déposé par le pape Nicolas Ier, il le fit déposer à son tour. Le schisme passager que ce conflit provoqua entre Rome et Constantinople est à l'origine de celui du XIe s.

PHRAATÈS, nom de plusieurs rois des Parthes.

PHRYGIE, région occidentale de l'Asie Mineure, séparée de la mer Égée par la Lydie. Au XIIe s. av. J.-C., des envahisseurs venus des Balkans constituèrent dans cette région un royaume dont les souverains, résidant à Gordion, portaient alternativement les noms de Gordias et de Midas ; l'invasion des Cimmériens (VIIe s. av. J.-C.) détruisit le royaume qui fut annexé au VIe s., par Crésus, à la Lydie.

PHRYNÉ, courtisane grecque (Thespies IVe s. av. J.-C.). Elle fut la maîtresse de Praxitèle, qui la prit souvent comme modèle. Accusée d'impiété, elle fut défendue par Hypéride, qui obtint l'acquittement de sa cliente en dévoilant sa beauté.

PHRYNICHOS, poète grec (fin du VIe s. - en Sicile début du Ve s. av. J.-C.), l'un des créateurs de la tragédie et à qui on attribue l'invention du masque.

PHTAH → ***Ptah.***

PHUKET, île de Thaïlande. Étain. Tourisme.

Physiologie du goût, traité de gastronomie humoristique, par Brillat-Savarin (1826).

PIAF (Édith Giovanna **Gassion,** dite **Édith**), chanteuse française (Paris 1915 - *id.* 1963). Elle devint très populaire par ses chansons, interprétées avec force et émotion. Elle écrivit quelques-unes de ses chansons *(la Vie en rose, l'Hymne à l'amour)* et fit surtout appel à R. Asso *(Mon légionnaire),* G. Moustaki *(Milord),* C. Dumont *(Non, je ne regrette rien).*

PIAGET (Jean), psychologue suisse (Neuchâtel 1896 - Genève 1980). Il a mis en lumière les stades du développement intellectuel de l'enfant et fondé l'épistémologie génétique.

PIALAT (Maurice), cinéaste français (Cunlhat 1925). Cinéaste de la souffrance et de l'affrontement passionnel, il a réalisé *l'Enfance nue* (1969), *Nous ne vieillirons pas ensemble* (1972), *Loulou* (1980), *À nos amours* (1983), *Sous le soleil de Satan* (d'après Bernanos, 1987), *Van Gogh* (1991), *le Garçu* (1995).

PIANA (20115), ch.-l. de c. de la Corse-du-Sud, près du golfe de Porto ; 506 h. Tourisme.

PIANO (Renzo), architecte italien (Gênes 1937). De son association avec le Britannique Richard Rogers (né à Florence en 1933) est né le Centre* national d'art et de culture Georges-Pompidou à Paris (1971-1976), structure en acier, exemplaire du courant *high-tech.*

PIAST, dynastie fondatrice du premier État polonais (Xe-XIVe s.).

PIATRA NEAMŢ, v. de Roumanie (Moldavie) ; 123 175 h. Église de style byzantin moldave (1498). Musées.

PIAU-ENGALY (65170 Aragnouet), station de sports d'hiver (alt. 1 420-2 340 m) des Hautes-Pyrénées.

PIAUÍ, État du nord-est du Brésil ; 251 000 km² ; 2 581 054 h. Cap. *Teresina.*

PIAVE (la ou le), fl. d'Italie (Vénétie), né dans les Alpes, qui se jette dans l'Adriatique ; 220 km. Combats entre Italiens et Autrichiens (1917).

PIAZZA ARMERINA, v. d'Italie (Sicile) ; 22 384 h. À 6 km, villa romaine de Casale (3 000 m² de décor mosaïque du IVe s.).

PIAZZETTA (Giovanni Battista), peintre et dessinateur italien (Venise 1682 - *id.* 1754). Formé en partie à Bologne, il a pratiqué au sein de l'école vénitienne un art d'une grande fermeté, au vigoureux clair-obscur (la *Devineresse,* musée de l'Accademia).

PIBRAC (31820), comm. de la Haute-Garonne ; 5 889 h. Pèlerinage au tombeau de sainte Germaine Cousin.

PIBRAC (Guy **du Faur,** *seigneur* **de**), magistrat et diplomate français (Toulouse 1529 - Paris 1584). Il a laissé des *Quatrains contenant préceptes et enseignements* d'inspiration stoïcienne et chrétienne (1574).

PICABIA (Francis), peintre français de père cubain (Paris 1879 - *id.* 1953). Après des débuts impressionnistes, il fut attiré par le cubisme, puis devint un des pionniers de l'art abstrait et l'un des principaux animateurs, à New York et à Paris, du mouvement dada. (*Udnie* ou *la Danse,* 1913, M. N. A. M.)

PICARD (Charles), archéologue français (Arnay-le-Duc 1883 - Paris 1965), auteur d'importants travaux d'archéologie grecque.

PICARD (Émile), mathématicien français (Paris 1856 - *id.* 1941), auteur de travaux se rapportant à l'analyse mathématique. (Acad. fr.)

PICARD (*abbé* Jean), astronome et géodésien français (La Flèche 1620 - Paris 1682). Il mesura un arc du méridien de Paris (1669-70) et, avec La Hire, détermina, par des opérations géodésiques, les coordonnées géographiques de plusieurs villes de France (1679-1682).

PICARDIE, anc. prov. de France, comprenant le Vermandois, la région d'Amiens, le Valois, le Santerre, le Ponthieu, le Boulonnais et la Thiérache. Cap. *Amiens.* Partiellement occupée par Philippe Auguste en 1185, enjeu des rivalités franco-anglaises puis franco-bourguignonnes, durant la guerre de Cent Ans, elle fut réunie définitivement à la Couronne après la mort de Charles le Téméraire (1477). Théâtre, pendant la Première Guerre mondiale, de batailles en 1914 (Course à la mer), 1916 (Somme) et en 1918 (Montdidier). — La région géographique de Picardie est située entre la Canche, l'Oise, le Thérain et la Bresle. Constituant le nord du Bassin parisien, elle est formée d'un plateau crayeux, surmonté de limon, portant de riches cultures (blé, betterave à sucre). Le plateau est entaillé par des vallées (Somme) couvertes de tourbières et de marécages en partie convertis en jardins maraîchers (hortillonnages) et qui sont également le site de la vie urbaine (Amiens, Abbeville). Le littoral est jalonné de stations balnéaires (Le Touquet-Paris-Plage) et climatiques (Berck).

Édith **Piaf**

PICARDIE, Région administrative groupant les dép. de l'Aisne, de l'Oise et de la Somme ; 19 399 km² ; 1 810 687 h. *(Picards) ;* ch.-l. *Amiens.*

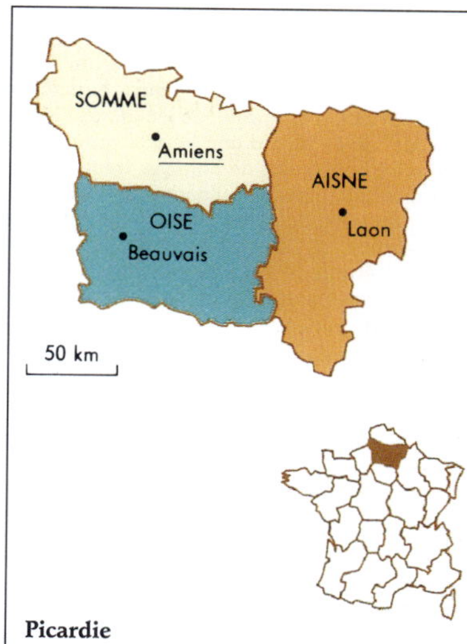

Picardie

PICASSO (Pablo **Ruiz**), peintre, dessinateur, graveur et sculpteur espagnol (Málaga 1881 - Mougins 1973). Il s'installa à Paris en 1904. Son œuvre, qui a bouleversé l'art moderne, marque, à travers d'étonnantes métamorphoses graphiques et plastiques, la richesse de ses dons : époques bleue et rose (1901-1905), cubisme* (*les Demoiselles d'Avignon,* 1906-07, M. A. M. de New York), néoclassicisme (v. 1920), tentations surréaliste et abstraite (1925-1936), expressionnisme (*Guernica**, 1937). Musées à Paris (hôtel Salé, dans le Marais) et à Barcelone.

Picasso : *Portrait de Dora Maar* (1937).
[Musée Picasso, Paris.]

Piccadilly, grande artère de Londres, entre Hyde Park et Regent Street.

PICCARD (Auguste), physicien suisse (Bâle 1884 - Lausanne 1962). Il explora le premier la stratosphère en 1931 et dépassa l'altitude de 16 000 m. Il mit au point un bathyscaphe pour l'exploration des grandes profondeurs sous-marines. *(V. illustration p. 1594.)*

PICCINNI (Niccolo), compositeur italien (Bari 1728 - Paris 1800). Auteur d'opéras *(Roland, Iphigénie, Didon),* sa rivalité avec Gluck donna lieu à la fameuse querelle des *gluckistes* (partisans de l'opéra en français et d'une musique sobre) et des *piccinnistes* (tenants de la virtuosité et de la langue italienne).

PICCOLI (Michel), acteur français (Paris 1925). Il s'est imposé au cinéma dans des rôles tour à tour cyniques, tendres ou loufoques : *le Mépris* (J.-L. Godard, 1963), *Belle de jour* (L. Buñuel, 1967), *les Choses de la vie* (C. Sautet, 1969).

PICCOLOMINI (Enea Silvio) → ***Pie II.***

PICCOLOMINI (Ottavio), prince du Saint Empire (Pise 1600 - Vienne 1656). Général italien au service des Habsbourg, il dévoila à l'empereur les projets de Wallenstein et contribua ainsi à l'assassinat de ce dernier (1634).

PIC DE LA MIRANDOLE (Giovanni **Pico Della Mirandola,** dit en fr. **Jean**), humaniste italien (Mirandola, prov. de Modène, 1463 - Florence 1494). Issu d'une famille princière, il se forma à l'université de Bologne, fréquenta les cercles aristotéliciens de Padoue et les milieux néoplatoniciens de Florence, où il bénéficia de la protection de Laurent le Magnifique. Son immense érudition et sa tolérance font de lui l'un des plus grands esprits de la Renaissance.

PICENUM, région de l'Italie ancienne, sur l'Adriatique. (Auj. dans les Marches.)

PICHEGRU (Charles), général français (Arbois 1761 - Paris 1804). Commandant l'armée du Nord, il conquit les Pays-Bas (1794-95), prit contact avec les émigrés et démissionna (1796). Président du Conseil des Cinq-Cents (1797), arrêté et déporté, il s'évada, puis participa au complot de Cadoudal (1804). De nouveau arrêté, il fut trouvé mort dans la prison du Temple.

Pickwick *(les Aventures de M.),* roman de Dickens (1837), groupant un club d'originaux autour de M. Pickwick et de son domestique Sam Weller.

PICQUIGNY (80310), ch.-l. de c. de la Somme ; 1 401 h. Château ruiné, église des XIIIe-XVe s.

Picquigny *(traité de)* [29 août 1475], ensemble des conventions résultant de l'entrevue de Louis XI et d'Édouard IV, roi d'Angleterre, et qui mirent fin à la guerre de Cent Ans.

PICTAVES → ***Pictons.***

PICTES, peuple de l'Écosse ancienne.

PICTET (Raoul), physicien suisse (Genève 1846 - Paris 1929). Il a réussi la liquéfaction de l'azote et de l'oxygène (1877) par l'action simultanée d'une haute pression et d'une basse température.

PICTONS ou **PICTAVES,** anc. peuple de la Gaule, établi au S. de la basse Loire (Poitou).

PIE II (Enea Silvio **Piccolomini**) [Corsignano, auj. Pienza, 1405 - Ancône 1464], pape de 1458 à 1464. Il a laissé une importante œuvre poétique et historique. Il avait cherché à susciter une nouvelle croisade contre les Turcs. — **Pie IV** (Jean Ange **de Médicis**) [Milan 1499 - Rome 1565], pape de 1559 à 1565. Il a attaché son nom à la profession de foi du concile de Trente, dont il présida la dernière session (1562-63). — **Pie V** *(saint)* [Antonio **Ghislieri**] (Bosco Marengo 1504 - Rome 1572), pape de 1566 à 1572. Dominicain, inquisiteur général, et successeur de Pie IV, il exigea l'application des décrets du concile de Trente dont il publia le *Catéchisme* (1566), travailla ainsi à la réforme de l'Église, et suscita contre l'Empire ottoman la Sainte Ligue dont les forces remportèrent la victoire de Lépante (1571). — **Pie VI** (Giannangelo **Braschi**) [Cesena 1717 - Valence, France, 1799], pape de 1775 à 1799. Pour combattre la politique de Joseph Ier *(joséphisme),* il fit à Vienne, en 1782, une visite inutile ; il condamna le jansénisme en la personne de l'évêque de Pistoia, Scipione de' Ricci. Après avoir longtemps hésité, il condamna en France la Constitution civile du clergé (10 mars 1791). Sous le Directoire, la France ayant envahi les États de l'Église, il dut signer avec elle le traité de Tolentino (1797). En 1798 il fut arrêté, sur l'ordre du Directoire, par le général Berthier, et conduit à Valence où il mourut le 29 août de l'année suivante. — **Pie VII** (Gregorio Luigi Barnaba **Chiaramonti**) [Cesena 1742 - Rome 1823], pape de 1800 à 1823. Il signa avec la France un Concordat (15 juill. 1801), que Bonaparte accompagna, de sa propre initiative, d'« articles organiques », et vint à Paris sacrer l'empereur Napoléon (2 déc. 1804). Ayant refusé d'entrer dans le système du Blocus continental, il vit la France occuper (1808) puis annexer ses États. Pie VII excommunia l'Empereur, qui le fit interner à Savone (1809), puis (1812) à Fontainebleau, où le pape refusa de se dédire. Il rentra à Rome le 25 mai 1814. — **Pie IX** (Giovanni Maria **Mastai Ferretti**) [Senigallia 1792 - Rome 1878], pape de 1846 à 1878. Rendu populaire par des mesures démocratiques, il refusa de prendre, en 1848, la tête du mouvement unitaire italien, ce qui provoqua à Rome de graves troubles. Il se réfugia à Gaète avant d'être rétabli dans son pouvoir temporel par les troupes françaises (1849-50). Dès lors, Pie IX apparut comme le défenseur de l'ordre et de la religion face à la révolution, au libéralisme, au laïcisme, au socialisme. Il proclama le dogme de l'Immaculée Conception en 1854 et manifesta son intransigeance à l'égard des idées modernes par le *Syllabus* (1864). En déc. 1869, il réunit le premier concile du Vatican, qui, en 1870, définit le dogme de l'infaillibilité pontificale. Durant vingt ans se développa, entre le pape et le Piémont, une lutte qui aboutit à la prise de Rome (20 sept. 1870) et à l'annexion des États pontificaux par le royaume d'Italie. Le pape se considéra alors comme prisonnier au Vatican. — **Pie X** *(saint)* [Giuseppe **Sarto**] (Riese 1835 - Rome 1914), pape de 1903 à 1914. En 1906, il condamna la rupture du Concordat par le gouvernement français. Peu favorable à la démocratie, il condamna le Sillon en 1910. Mais son principal adversaire fut le modernisme, qu'il condamna en 1907 par le décret *Lamentabili* et l'encyclique *Pascendi.* Il rénova la musique sacrée (1903), favorisa la communion quotidienne et celle des enfants, réforma le bréviaire et fit opérer une refonte du droit canon. Canonisé en 1954. — **Pie XI** (Achille **Ratti**) [Desio 1857 - Rome 1939], pape de 1922 à 1939. Il signa de nombreux concordats, dont un avec l'Allemagne (1933), et, avec le gouvernement italien, les accords du Latran (1929), qui rendaient au Saint-Siège son indépendance territoriale en créant l'État du Vatican. Il donna un vigoureux essor au clergé indigène et aux missions, et définit et encouragea l'action catholique spécialisée. Il condamna l'Action française (1926), le fascisme italien (1931), le communisme athée et le national-socialisme (1937). — **Pie XII** (Eugenio **Pacelli**) [Rome 1876 - Castel Gandolfo 1958], pape de 1939 à 1958, après avoir été secrétaire d'État (1930-1939). Diplomate, mêlé très tôt aux affaires de la Curie, il s'intéressa de près à tous les aspects du monde moderne qu'il s'efforça de christianiser. Durant la Seconde Guerre mondiale, il donna asile à de nombreux Juifs, mais certains lui reprocheront son « silence » officiel face aux atrocités nazies. Il eut une importante activité dogmatique et proclama notamment (1950) le dogme de l'Assomption de la Vierge.

PIECK (Wilhelm), homme politique allemand (Guben 1876 - Berlin 1960), président de la République démocratique allemande de 1949 à sa mort.

PIÉMONT, région du nord-ouest de l'Italie, formée des prov. d'Alexandrie, d'Asti, de Cuneo, de Novare, de Turin et de Verceil ; 25 399 km² ; 4 290 412 h. *(Piémontais).* Cap. *Turin.* Occupant la majeure partie du bassin supérieur du Pô, le Piémont, au climat continental, comprend une partie montagneuse *(Alpes piémontaises),* domaine de l'élevage, de la forêt (localement du tourisme hivernal), et une partie plus basse, formée de collines et de plaines, où se sont développées les cultures (blé, maïs, vigne [Asti]). Turin, la seule grande ville, capitale régionale, rassemble plus du quart de la population du Piémont. — Centre des États de la maison de Savoie, le Piémont fut annexé par la France en 1799 et rendu à Victor-Emmanuel Ier en 1814-15.

PIERNÉ (Gabriel), compositeur et chef d'orchestre français (Metz 1863 - Ploujean 1937), auteur de *Cydalise et le Chèvrepied* (1923), *Fragonard* (1934), et de nombreuses pages de musique de piano et de chambre, ainsi que d'oratorios (*l'An Mil,* 1897 ; *la Croisade des enfants,* 1902).

PIERO DELLA FRANCESCA, peintre italien (Borgo San Sepolcro, prov. d'Arezzo, v. 1416 - *id.* 1492). Son œuvre est considérée comme la plus haute synthèse de l'art pictural du quattrocento (fresques de la *Légende de la Croix,* 1452-1459, S. Francesco d'Arezzo ; *Madone de Senigallia,* Galerie nationale d'Urbino).

PIERO DI COSIMO (Piero **di Lorenzo,** dit), peintre italien (Florence 1461/62 - *id.* 1521), auteur de portraits et de scènes mythologiques d'une sensibilité tourmentée.

PIÉRON (Henri), psychologue français (Paris 1881 - *id.* 1964). Il est l'un des fondateurs en France de la psychologie scientifique (*la Sensation, guide de vie,* 1945).

SAINTS

PIERRE *(saint),* apôtre de Jésus (m. à Rome entre 64 et 67). Chef du collège apostolique selon les Évangiles, considéré comme le premier pape. Pêcheur galiléen, il s'appelait en réalité Simon, et son nom de « Pierre », qui lui fut donné par Jésus, symbolise le fondement de l'Église chrétienne (Évangile de Matthieu). Son activité missionnaire s'exerça en Palestine, à Antioche et à Rome, où la tradition veut qu'il soit mort martyrisé lors de la persécution de Néron. Son influence s'étendit aussi à la communauté de Corinthe. Les fouilles entreprises entre 1939 et 1949 sous la basilique Saint-Pierre au Vatican ont montré que vers 120 le souvenir de l'apôtre Pierre était déjà vénéré à cet endroit.

PIERRE CANISIUS *(saint),* jésuite hollandais (Nimègue 1521 - Fribourg, Suisse, 1597), doc-

Auguste **Piccard**

Pie V (coll. priv.)

Pie VII (David - Louvre, Paris)

Pie IX (musée du Risorgimento, Milan)

Pie X

Pie XI

teur de l'Église. Provincial d'Allemagne, il fut l'animateur de la Réforme catholique dans les pays germaniques. Canonisé en 1925.

PIERRE CÉLESTIN *(saint)* → ***Célestin V*** *(saint).*

PIERRE d'Alcántara *(saint)* [Pedro **Garavito**], réformateur franciscain espagnol (Alcántara 1499 - Las Arenas, Ávila, 1562). Ses ouvrages de spiritualité, qui font de lui un des grands mystiques espagnols (*Traité sur l'oraison,* 1556), ont influencé sainte Thérèse d'Ávila.

PIERRE DAMIEN *(saint),* docteur de l'Église (Ravenne 1007 - Faenza 1072). Moine camaldule, cardinal-évêque d'Ostie, légat à Milan, il fut, en Italie du Nord, le promoteur de la réforme du clergé, aux côtés d'Hildebrand, le futur Grégoire VII.

PIERRE FOURIER *(saint),* prêtre français (Mirecourt 1565 - Gray 1640), fondateur de la congrégation enseignante de Notre-Dame.

PIERRE NOLASQUE *(saint),* religieux d'origine française (en Languedoc v. 1182 ou 1189 - Barcelone 1249 ou 1256). Il suivit Simon de Montfort dans sa croisade contre les albigeois, se chargea de l'éducation du jeune Jacques Ier d'Aragon, fait prisonnier pendant cette croisade, et fonda avec lui, en 1218, l'ordre de la Merci, consacré au rachat des captifs.

EMPIRE LATIN D'ORIENT

PIERRE II de Courtenay (v. 1167-1217), empereur latin d'Orient (1217), époux de Yolande de Flandre.

ARAGON

PIERRE Ier (v. 1070-1104), roi d'Aragon et de Navarre (1094-1104). — **Pierre II** (v. 1176 - Muret 1213), roi d'Aragon (1196-1213), tué en combattant Simon de Montfort. — **Pierre III le Grand** (v. 1239 - Villafranca del Panadés, Barcelone, 1285), roi d'Aragon (1276-1285) et de Sicile (Pierre Ier) [1282-1285], instigateur des Vêpres siciliennes (1282). Il fut excommunié. — **Pierre IV le Cérémonieux** (Balaguer 1319 - Barcelone 1387), roi d'Aragon (1336-1387). Il reconquit Majorque et le Roussillon (1344).

BRÉSIL

PIERRE Ier (Queluz, Portugal, 1798 - *id.* 1834), empereur du Brésil (1822-1831), roi de Portugal (1826) sous le nom de Pierre IV. Fils de Jean VI de Portugal, il suivit au Brésil sa famille, chassée par l'invasion française (1807). Quand son père rentra à Lisbonne (1821), il devint prince-régent du Brésil, dont il proclama l'indépendance et devint l'empereur (1822). Roi de Portugal à la mort de son père (1826), il laissa ce royaume à sa fille Marie II. Mais il renonça à la couronne brésilienne en 1831, reconquit (1834) au Portugal le pouvoir qu'avait confisqué son frère en 1828, et restaura sa fille Marie. — **Pierre II** (Rio de Janeiro 1825 - Paris 1891), empereur du Brésil (1831-1889). Il abolit l'esclavage (1888) ; son libéralisme l'accula à l'abdication (1889).

BRETAGNE

PIERRE Ier Mauclerc (m. en 1250), duc de Bretagne (1213-1237), de la maison capétienne de Dreux. Il fut l'auxiliaire dévoué de Philippe Auguste et de Louis VIII.

CASTILLE

PIERRE Ier le Cruel ou **le Justicier** (Burgos 1334 - Montiel 1369), roi de Castille et de León (1350-1369), tué par son frère naturel Henri de Trastamare.

MONTÉNÉGRO

PIERRE II PETROVIĆ NJEGOŠ, prince-évêque et poète monténégrin (Njegoš 1813 - Cetinje 1851). Par son poème dramatique *les Lauriers de la montagne* (1847), il est un des créateurs de la littérature nationale de son pays.

PORTUGAL

PIERRE Ier le Justicier (Coimbra 1320 - Estremoz 1367), roi de Portugal (1357-1367). Il affermit le pouvoir royal. — **Pierre II** (Lisbonne 1648 - *id.* 1706), roi de Portugal (1683-1706). Régent, il obtint de l'Espagne la reconnaissance de l'indépendance portugaise (1668). Roi, il signa avec l'Angleterre un traité d'alliance et de coopération (1703). — **Pierre III** (Lisbonne 1717 - *id.* 1786), roi de Portugal (1777-1786). Il épousa la fille de son frère (1760) et régna avec elle (Marie Ire). — **Pierre IV,** roi de Portugal en 1826 → ***Pierre Ier,*** empereur du Brésil. — **Pierre V** (Lisbonne 1837 - *id.* 1861), roi de Portugal (1853-1861). Il modernisa le pays.

RUSSIE

PIERRE LE GRAND (Moscou 1672 - Saint-Pétersbourg 1725), tsar (1682-1725) et empereur (1721-1725) de Russie. Relégué à la campagne par la régente Sophie, il élimine cette dernière en 1689. Au retour d'un premier voyage en Europe occidentale (1697-98), il se consacre avec une énergie exceptionnelle à la modernisation et à l'occidentalisation de la Russie. Ayant vaincu Charles XII de Suède à Poltava (1709), il conserve ses conquêtes sur la Baltique (traité de Nystadt, 1721). Il dote la Russie d'une nouvelle capitale, Saint-Pétersbourg (1712), qui devient le siège des institutions qu'il crée : le Sénat, les collèges spécialisés dont le Saint-Synode. Il transforme la Russie en un empire (1721) dont le gouvernement est confié à sa mort à Catherine Ire, son épouse.

PIERRE III Fedorovitch (Kiel 1728 - château de Ropcha, près de Saint-Pétersbourg, 1762), empereur de Russie (1762). Il fut assassiné à l'instigation de sa femme, Catherine II.

SERBIE

PIERRE Ier KARADJORDJEVIĆ (Belgrade 1844 - *id.* 1921), roi de Serbie (1903-1918), puis des Serbes, Croates et Slovènes (1918-1921).

PIERRE II KARADJORDJEVIĆ (Belgrade 1923 - Los Angeles 1970), roi de Yougoslavie (1934-1945), fils d'Alexandre Ier. Il se réfugia à Londres (1941), d'où il ne put rentrer en Yougoslavie.

DIVERS

PIERRE (Henri **Grouès,** dit **l'abbé**), capucin français (Lyon 1912), fondateur en 1949 de l'association Emmaüs qui se voue à la construction d'abris provisoires pour les sans-logis, financés par la revente de biens usagés.

PIERRE de Cortone (Pietro **Berrettini,** dit **Pietro da Cortona,** en fr.), peintre et architecte italien (Cortona, prov. d'Arezzo, 1596 - Rome 1669). Héritier du maniérisme, fixé à Rome en 1612, il devint le grand maître, baroque, des décors commandés par l'Église et la haute société (plafond du palais Barberini, 1636, coupole et voûte de S. Maria in Vallicella, etc.). La façade mouvementée de S. Maria della Pace (1656) illustre son œuvre bâti.

PIERRE de Montreuil, architecte français (m. à Paris en 1267). Un des maîtres du gothique rayonnant, il apparaît sur les chantiers de l'abbaye de Saint-Germain-des-Prés, de Saint-Denis, et dirige en 1265 l'œuvre de Notre-Dame de Paris (façade du croisillon sud, commencée par Jean de Chelles).

PIERRE des Vaux-de-Cernay, chroniqueur français (XIIIe s.). Moine à l'abbaye des Vaux-de-Cernay, près de Paris, il dédia à Innocent III une histoire de la croisade contre les albigeois, à laquelle il avait pris part.

PIERRE l'Ermite, prédicateur français (Amiens v. 1050 - abbaye du Neufmoustier, Huy, 1115). Il fut le principal prédicateur de la 1re croisade. Son éloquence fit partir des foules de pauvres gens, qui furent massacrés par les Turcs en 1096.

PIERRE le Vénérable, bénédictin français (Montboissier, Auvergne, v. 1092 - Cluny 1156). Huitième abbé de Cluny (1222), il rétablit la discipline et porta à 2 000 le nombre des maisons clunisiennes, mais il s'opposa à saint Bernard, dont il jugeait le zèle excessif. Il accueillit Abélard après sa condamnation par le concile de Sens. Grand érudit et esprit universel, il fit traduire le Coran pour le réfuter.

PIERRE Lombard, théologien d'origine lombarde (Novare v. 1100 - Paris 1160), auteur des *Quatre Livres des sentences,* qui servirent de texte de base pour l'enseignement de la théologie entre le XIIe et le XVIe s.

PIERRE-BÉNITE (69310), comm. du Rhône ; 9 590 h. Centrale hydroélectrique sur le Rhône. Chimie.

PIERRE-BUFFIÈRE (87260), ch.-l. de c. de la Haute-Vienne ; 1 074 h.

PIERRE-DE-BRESSE (71270), ch.-l. de c. de Saône-et-Loire ; 2 000 h. Château du XVIIe s. (écomusée).

Pierre du Soleil (la), monolithe aztèque de 20 tonnes et de 3,60 m de diamètre (musée

La **Pierre du Soleil** (au centre, visage du dieu-soleil Tonatiuh). Postclassique récent. (Musée national d'Anthropologie, Mexico.)

Pie XII

Piero della Francesca : *la Mort d'Adam,* une des fresques de la *Légende de la Croix* (v. 1452-1459) à San Francesco d'Arezzo.

Pierre le Grand (Rijksmuseum, Amsterdam)

Pierre Ier

national d'Anthropologie, Mexico). Daté du postclassique récent, il est entièrement sculpté de représentations évoquant la cosmologie et le calendrier aztèque de 365 jours, avec au centre soit le visage du dieu soleil Tonatiuh, soit celui de Tlaltecuhtli, le monstre de la terre.

PIERREFITTE-SUR-SEINE (93380), ch.-l. de c. de la Seine-Saint-Denis ; 23 882 h.

PIERREFONDS, v. du Canada (Québec), près de Montréal ; 48 735 h.

PIERREFONDS (60350), comm. de l'Oise ; 1 663 h. Château (XIe-XIVe s.) reconstitué par Viollet-le-Duc pour Napoléon III.

PIERREFONTAINE-LES-VARANS (25510), ch.-l. de c. du Doubs ; 1 518 h.

PIERREFORT (15230), ch.-l. de c. du Cantal ; 1 057 h.

PIERRELATTE (26700), ch.-l. de c. de la Drôme ; 11 918 h. Enrichissement de l'uranium.

PIERRELAYE (95480), comm. du Val-d'Oise ; 6 317 h.

PIERREPONT (54620), comm. de Meurthe-et-Moselle ; 1 068 h. Accessoires d'automobiles.

PIERRE-SAINT-MARTIN (la), gouffre très profond (– 1 358 m) des Pyrénées occidentales, à la frontière espagnole.

Pierrot, personnage de la comédie italienne (Pedrolino) puis des pantomimes, habillé de blanc et la figure enfarinée.

PIETERMARITZBURG, v. de l'Afrique du Sud (Kwazulu-Natal) ; 114 000 h. Université. Centre industriel.

PIETRO DA CORTONA → ***Pierre de Cortone.***

PIEUX (Les) [50340], ch.-l. de c. de la Manche ; 3 218 h.

PIEYRE DE MANDIARGUES (André), écrivain français (Paris 1909 - *id.* 1991). Romancier influencé par le surréalisme (*la Marge,* 1967), il mêle le fantastique au quotidien dans ses nouvelles (*Soleil des loups,* 1951) et sa poésie.

PIGALLE (Jean-Baptiste), sculpteur français (Paris 1714 - *id.* 1785). Il a pratiqué un art équilibré entre baroquisme et tradition classique (*Mercure* attachant sa talonnière ;* mausolée de Maurice de Saxe à Strasbourg ; bustes).

PIGAULT-LEBRUN (Charles Antoine Guillaume **Pigault de L'Épinoy,** dit), écrivain français (Calais 1753 - La Celle-Saint-Cloud 1835), auteur de comédies et de romans libertins *(Monsieur Botte).*

PIGNAN (34570), ch.-l. de c. de l'Hérault ; 4 110 h.

PIGNEROL, en ital. **Pinerolo,** v. d'Italie (Piémont) ; 35 112 h. Clef du Piémont, la ville a été française à diverses reprises. Forteresse où furent enfermés, notamm., Fouquet, Lauzun et l'homme au Masque de fer. Cathédrale et église S. Maurizio, des XIVe-XVe s.

PIGOU (Arthur Cecil), économiste britannique (Ryde, île de Wight, 1877 - Cambridge 1959). Représentant de l'école néoclassique, il a analysé l'« économie de bien-être » et les problèmes du sous-emploi.

PILAT *(mont),* massif de la bordure orientale du Massif central ; 1 432 m. Parc naturel régional (env. 65 000 ha).

PILATE *(mont),* montagne près de Lucerne (Suisse) ; 2 129 m. Funiculaire. Panorama.

PILATE (Ponce), chevalier romain (Ier s. apr. J.-C.), procurateur de Judée de 26 à 36. Il est mentionné dans les Évangiles pour avoir prononcé la sentence de mort contre Jésus, sur proposition du sanhédrin. On le représente en train de se laver les mains, en signe d'irresponsabilité.

PILAT-PLAGE, station balnéaire de la Gironde (comm. de La Teste), au pied de la *dune du Pilat* (103 m).

PILÂTRE DE ROZIER (François), chimiste et aéronaute français (Metz 1754 - Wimille, Pas-de-Calais, 1785). Il effectua le 21 nov. 1783, avec le marquis d'Arlandes, le premier vol humain dans l'atmosphère, en montgolfière, entre le château de la Muette et la Butte-aux-Cailles.

PILCOMAYO (le), riv. de l'Amérique du Sud, affl. du Paraguay (r. dr.) ; 2 500 km. Il sépare l'Argentine et le Paraguay.

Pillnitz *(déclaration de)* [août 1791], déclaration commune signée à Pillnitz (Saxe) par l'empereur Léopold II et Frédéric-Guillaume II, roi de Prusse, afin de lutter contre la Révolution, qui menaçait le trône de Louis XVI.

PILNIAK (Boris Andreïevitch **Vogau,** dit **Boris**), écrivain russe (Mojaïsk 1894 - Moscou 1938). Il célébra la révolution d'Octobre (*l'Année nue,* 1921) et le réalisme socialiste, avant de disparaître lors d'une purge stalinienne.

PILON (Germain), sculpteur français (Paris v. 1528 - *id.* 1590). Tempérament puissant, à la fois réaliste et maniériste, il est l'auteur du tombeau de Henri II et de Catherine de Médicis à Saint-Denis, du priant de René de Birague (bronze, Louvre), d'un *Christ ressuscité* (marbre, Louvre), d'une *Vierge de douleur* et de remarquables médailles.

Germain **Pilon** : *Christ ressuscité.*
(Louvre, Paris.)

PILSEN → ***Plzeň.***

PIŁSUDSKI (Józef), maréchal et homme politique polonais (Zułowo 1867 - Varsovie 1935). Il joua un rôle déterminant dans la restauration de la Pologne de 1918 à 1922 en tant que chef de l'État et commandant en chef (1919-1923). Il reprit le pouvoir en 1926 à la suite d'un coup d'État et, ministre de la Guerre, il fut jusqu'en 1935 le véritable maître du pays.

PINARD (Adolphe), médecin français (Méry-sur-Seine 1844 - *id.* 1934). Professeur de clinique obstétricale, député de la Seine, il fut l'un des initiateurs de la législation familiale.

PINAR DEL RÍO, v. de l'ouest de Cuba ; 95 000 h.

PINATUBO, volcan des Philippines, dans l'île de Luçon. Éruption en 1991.

PINAY (Antoine), homme politique français (Saint-Symphorien-sur-Coise, Rhône, 1891 - Saint-Chamond 1994). Maire de Saint-Chamond (1929-1977), président du Conseil et ministre des Finances (1952), il prit d'importantes mesures pour stabiliser les prix. De nouveau ministre des Finances (1958-1960), il procéda à l'institution du franc lourd. En 1973-74, il fut médiateur.

PINCEVENT, site préhistorique de Seine-et-Marne, en amont du confluent de la Seine et du Loing. Vestiges d'un campement magdalénien saisonnier, étudié par A. Leroi-Gourhan. Centre de recherches auquel a été adjoint un musée.

PINCUS (Gregory Goodwin), médecin américain (Woodbine, New Jersey, 1903 - Boston 1967). Il mit au point le premier contraceptif oral (la pilule) en 1956.

PINDARE, poète grec (Cynoscéphales 518 - Argos ? 438 av. J.-C.). De famille aristocratique, il fut l'hôte de plusieurs tyrans de Sicile et mourut comblé d'honneurs. Ses poésies appartiennent à tous les genres du lyrisme choral et développent, à travers des récits mythiques, une vérité religieuse et morale. Le seul recueil qui nous soit parvenu intact est celui des *Épinicies.*

PINDE (le), massif montagneux de la Grèce occidentale ; 2 636 m.

PINEL (Philippe), médecin français (près de Gibrondes, auj. Jonquières, Tarn, 1745 - Paris 1826). Il s'engagea sur la voie du « traitement moral » de la folie, considérant que l'aliénation mentale est une maladie au même titre que les maladies organiques. Il préconisa l'isolement de l'aliéné de son milieu de vie et son enfermement dans des institutions spécialisées. Il est considéré comme le fondateur de la psychiatrie moderne.

PINEY (10220), ch.-l. de c. de l'Aube ; 1 139 h.

PINGET (Robert), écrivain français (Genève 1919), représentatif du « nouveau roman » (*Graal Flibuste,* 1956 ; *l'Inquisitoire,* 1962 ; *la Manivelle,* 1986).

PINGTUNG ou **PINGDONG,** v. de Taïwan ; 250 000 h.

Pinocchio, héros d'un roman pour la jeunesse (1883) de l'écrivain italien Collodi. Une marionnette se métamorphose en un jeune garçon espiègle.

PINOCHET UGARTE (Augusto), général et homme politique chilien (Valparaíso 1915). Commandant en chef des forces armées (1973), il prend la tête de la junte militaire qui renverse Allende en sept. 1973 et instaure un régime dictatorial. Nommé président de la République en 1974, son mandat s'achève en 1990. Il conserve ses fonctions de commandant en chef de l'armée de terre.

PINS *(île des),* île française de la Mélanésie, au sud-est de la Nouvelle-Calédonie ; 135 km^2 ; 1 287 h.

PINTER (Harold), acteur et auteur dramatique britannique (Londres 1930). Ses pièces (*le Gardien,* 1960 ; *la Collection,* 1962 ; *le Retour,* 1965), qui dénoncent la difficulté de communiquer avec autrui dans le monde moderne, illustrent le « théâtre de l'absurde ».

PINTO (Fernão Mendes) voyageur portugais (Montemor-o-Velho v. 1510 - Almada 1583). Il explora les Indes orientales et rédigea une relation de ses voyages, *Peregrinaço* (1614).

PINTURICCHIO (Bernardino **di Betto,** dit **il**), peintre italien (Pérouse 1454 - Sienne 1513), auteur d'ensembles décoratifs d'un style animé, d'un coloris brillant (Vatican, cathédrale de Sienne).

PINZÓN (Martín), navigateur espagnol (Palos de Moguer 1440 - La Rábida 1493). Il commanda, en 1492, l'une des caravelles de Colomb, la *Pinta.* — Son frère **Vicente** (m. en 1519) découvrit l'embouchure de l'Amazone (1500).

PIOMBINO, port d'Italie (Toscane), en face de l'île d'Elbe ; 36 527 h. Sidérurgie.

PIOMBO (Sebastiano **del**) → ***Sebastiano del Piombo.***

PIONSAT (63330), ch.-l. de c. du Puy-de-Dôme ; 1 117 h.

PIOTRKÓW TRYBUNALSKI, v. de Pologne, ch.-l. de voïévodie ; 81 000 h. Centre industriel.

PIPRIAC (35550), ch.-l. de c. d'Ille-et-Vilaine ; 2 841 h.

PIQUET (Nelson), coureur automobile brésilien (Rio de Janeiro 1952), champion du monde des conducteurs en 1981, 1983 et 1987.

PIRAE, comm. de la Polynésie française, près de Papeete ; 13 366 h.

PIRANDELLO (Luigi), écrivain italien (Agrigente 1867 - Rome 1936). Auteur de romans, de nouvelles dans la tradition du vérisme (*l'Exclue,* 1901), il montre, dans son théâtre, la personnalité humaine disloquée en facettes et opinions contradictoires, incapable de se recomposer logiquement (*Chacun* sa vérité, la Volupté de l'honneur,* 1917 ; *Six Personnages en quête d'auteur,* 1921 ; *Ce soir on improvise,* 1930). [Prix Nobel 1934.]

PIRANÈSE (Giovanni Battista **Piranesi,** dit en fr.), graveur et architecte italien (Mogliano Veneto, près de Venise, 1720 - Rome 1778). Il est l'auteur de plus de deux mille eaux-fortes (*Prisons*, Antiquités de Rome,* etc.) d'un caractère souvent visionnaire, dont s'inspirèrent les artistes néoclassiques, mais qui font également de lui un précurseur du romantisme.

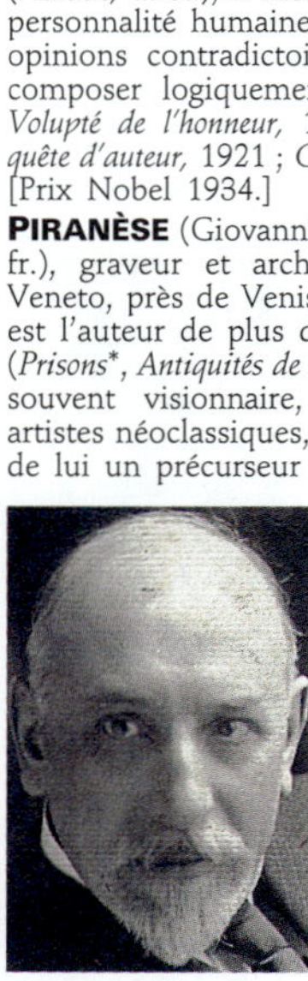

Luigi **Pirandello**

William **Pitt,** dit le Second Pitt
(G. Healy - château de Versailles)

PIRATES *(Côte des),* nom français des **Trucial States,** auj. **Émirats arabes unis.**

PIRE (Dominique), dominicain belge (Dinant 1910 - Louvain 1969). Il se consacra au problème des réfugiés. (Prix Nobel de la paix 1958.)

PIRÉE (Le), port et banlieue industrielle d'Athènes ; 169 622 h. Le Pirée devint à l'époque des guerres médiques (Vᵉ s. av. J.-C.) le principal port d'Athènes, à laquelle il était relié par un système défensif, les *Longs Murs.* — L'expression « prendre Le Pirée pour un homme » (commettre une erreur grossière) est une allusion à la fable de La Fontaine *le Singe et le Dauphin,* dans laquelle le Singe parle du Pirée comme étant un de ses amis.

PIRENNE (Henri), historien belge (Verviers 1862 - Uccle 1935). Il traça des voies nouvelles pour l'histoire économique et sociale du Moyen Âge. Il a laissé une monumentale *Histoire de la Belgique* (1899-1932).

PIRIAC-SUR-MER (44420), comm. de la Loire-Atlantique ; 1 453 h. Station balnéaire.

PIRITHOOS. *Myth. gr.* Roi des Lapithes, ami de Thésée. Ses noces avec Hippodamie furent ensanglantées par le combat des Centaures et des Lapithes.

PIRMASENS, v. d'Allemagne (Rhénanie-Palatinat) ; 47 178 h. Chaussures.

PIRON (Alexis), écrivain français (Dijon 1689 - Paris 1773), auteur de la comédie *la Métromanie* (1738) et de monologues pour le théâtre de la Foire.

PIRQUET (Clemens **von**), médecin autrichien (Hirschstetten, près de Vienne, 1874 - Vienne 1929). Il a étudié les réactions à la tuberculine et a créé en 1906 le terme d'« allergie ».

PISANELLO (Antonio **Pisano, dit il**), peintre et médailleur italien (Pise av. 1395 - ? v. 1455). Appelé dans toutes les cours d'Italie (Vérone, Venise, Rome, Ferrare, Mantoue), il illustre l'alliance, propre au style gothique international, de la recherche réaliste (dessins d'animaux, portraits) et d'une féerie imaginative (fresque de l'église S. Anastasia, Vérone). Ses médailles ont fait date par leur style large et franc.

PISANO (Andrea et Nino) → ***Andrea Pisano.***

PISANO (Nicola et Giovanni) → ***Nicola Pisano.***

PISCATOR (Erwin), metteur en scène et directeur de théâtre allemand (Ulm 1893 - Starnberg 1966). Directeur de la Volksbühne à Berlin, il usa d'innovations techniques (scène tournante, projections cinématographiques) pour montrer l'imbrication des problèmes esthétiques, sociaux et politiques. Émigré aux États-Unis, il revint en Allemagne fédérale après la Seconde Guerre mondiale.

PISE, en ital. **Pisa,** v. d'Italie (Toscane), ch.-l. de prov., sur l'Arno ; 98 006 h. Archevêché. Université. Prestigieux ensemble de la « place des Miracles », aux monuments décorés d'arcatures caractéristiques du style pisan : cathédrale romane (XIᵉ-XIIᵉ s.), baptistère roman et gothique (XIIᵉ-XIVᵉ s.), campanile dit « Tour penchée » et Camposanto, cimetière à galeries gothiques décorées de fresques. Monuments divers. Musée national. — Grande puissance méditerranéenne au XIᵉ s., Pise déclina après la destruction de sa flotte par Gênes en 1284. Elle fut annexée par Florence en 1406. En 1409 s'y tint un concile destiné à mettre fin au schisme d'Occident.

PISISTRATE, tyran d'Athènes (v. 600-527 av. J.-C.). Il établit la tyrannie en 560. Continuateur de l'œuvre de Solon, il encouragea le commerce et l'industrie, et favorisa les classes populaires. Il donna à Athènes ses premiers grands monuments et développa les grandes fêtes religieuses (Panathénées et Dionysies).

PISON → ***Calpurnius Pison.***

PISSARRO (Camille), peintre et graveur de l'école française (Saint-Thomas, Antilles, 1830 - Paris 1903), un des maîtres de l'impressionnisme*. Installé en Île-de-France, il se consacra à des paysages et à des thèmes surtout ruraux.

PISTOIA, v. d'Italie (Toscane), ch.-l. de prov. ; 87 275 h. Centre industriel. Monuments médiévaux, dont la cathédrale (XIIᵉ-XIIIᵉ s.) et d'autres églises, riches en œuvres d'art.

PITCAIRN, île britannique d'Océanie, au sud-est de Tahiti.

PITE ÄLV (le), fl. de Suède, se jetant dans le golfe de Botnie, au port de *Piteå* (39 000 h.) ; 370 km.

PITEŞTI, v. de Roumanie, en bordure des Carpates ; 179 479 h. Centre industriel.

PITHIVIERS (45300), ch.-l. d'arr. du Loiret, sur l'Œuf, branche de l'Essonne ; 9 596 h. *(Pithivériens).* Agroalimentaire. Église surtout du XVIᵉ s. Musée municipal et musée des Transports.

PITOËFF (Georges), acteur et directeur de théâtre français d'origine russe (Tiflis 1884 - Genève 1939). Un des fondateurs du Cartel, il mit en scène et interpréta avec sa femme, **Ludmilla** (Tiflis 1895 - Rueil 1951), Tchekhov qu'il fit connaître en France, Ibsen, Anouilh, Pirandello, en fondant son esthétique sur la primauté de l'acteur.

PITOT (Henri), ingénieur et physicien français (Aramon, Languedoc, 1695 - *id.* 1771). On lui doit de nombreux ouvrages d'art ainsi que le *tube de Pitot,* qui permet de mesurer la pression dans un fluide en écoulement et, combiné avec une prise de pression statique, de calculer la vitesse de l'écoulement d'un fluide, notamment de l'air.

PITT (William), 1ᵉʳ *comte* **de Chatham,** dit **le Premier Pitt,** homme politique britannique (Londres 1708 - Hayes 1778). Député whig à partir de 1735, il devint le leader du nationalisme anglais face aux Bourbons français et espagnols. Premier ministre et ministre de la Guerre (1756), au début de la guerre de Sept Ans, il conduisit le pays à la victoire. Démissionnaire en 1761, il fut rappelé au pouvoir de 1766 à 1768.

PITT (William), dit **le Second Pitt,** homme politique britannique (Hayes 1759 - Putney 1806), fils du précédent. Chancelier de l'Échiquier (1782) puis Premier ministre (1783-1801), il dirigea la lutte contre la France révolutionnaire à partir de 1793. Cette guerre, malgré de beaux succès (Aboukir, 1798), étant un gouffre financier, Pitt décida une pause : ce fut la paix d'Amiens (1802), signée alors qu'il n'était plus au pouvoir. Face au nationalisme irlandais, Pitt obtint l'intégration politique de l'île dans le royaume britannique (Acte d'Union, 1800). De nouveau Premier ministre (1804), il combattit Napoléon Iᵉʳ, dont la flotte subit un nouveau désastre à Trafalgar (1805).

PITTACOS, tyran de Mytilène, dans l'île de Lesbos (v. 650 - v. 570 av. J.-C.). Il exerça le pouvoir pendant dix ans (v. 595-585), et abdiqua. Il figure au nombre des Sept Sages de la Grèce.

PITTI, famille florentine, rivale des Médicis. — Le *palais Pitti,* à Florence, commencé en 1458, est aujourd'hui un musée riche en tableaux et objets d'art provenant en partie de la collection des Médicis (qui l'acquirent et l'agrandirent au XVIᵉ s.).

PITTSBURGH, v. des États-Unis (Pennsylvanie), sur l'Ohio ; 369 879 h. (2 056 705 h. dans l'agglomération). Centre sidérurgique et métallurgique. Musée d'art de l'institut Carnegie ; musée Warhol.

PIURA, v. du nord du Pérou ; 186 000 h.

PIXERÉCOURT (René Charles **Guilbert de**), auteur dramatique français (Nancy 1773 - *id.* 1844), le « père du mélodrame » *(Victor ou l'Enfant de la forêt, Latude ou Trente-Cinq Ans de captivité).*

PIZARRO (Francisco), en fr. **François Pizarre,** conquistador espagnol (Trujillo v. 1475 - Lima 1541), qui, avec l'aide de ses frères **Gonzalo** (Trujillo v. 1502 - près de Cuzco 1548) et **Hernando** (Trujillo v. 1478 ? - *id.* 1578), conquit l'empire des Incas. Il s'empara de Cuzco et fit mettre à mort Atahualpa (1533). Mais le désaccord éclata entre les conquérants : il fut tué par les partisans de son rival Almagro.

PLA (Josep), journaliste et écrivain espagnol d'expression catalane (Palafrugell 1897 - Llofrin, Gérone, 1981), auteur de récits autobiographiques *(le Cahier gris).*

PLABENNEC (29860), ch.-l. de c. du Finistère ; 6 895 h.

PLAGNE (La) [73210 Macôt la Plagne], station de sports d'hiver (alt. 1 970-3 250 m) de Savoie, dans la Tarentaise.

Plaideurs (les), comédie en trois actes et en vers de Racine (1668).

PLAISANCE (32160), ch.-l. de c. du Gers ; 1 683 h. Bastide du XIVᵉ s.

PLAISANCE, en ital. **Piacenza,** v. d'Italie (Émilie), ch.-l. de prov., près du Pô ; 102 252 h. Palais communal gothique. Cathédrale romane et gothique. Palais Farnèse, du XVIᵉ s. (musée). En 1545, Plaisance constitua, avec Parme, un duché qui disparut au XIXᵉ s.

PLAISANCE-DU-TOUCH (31830), comm. de la Haute-Garonne ; 10 132 h. Bastide du XIIIᵉ s.

PLAISIR (78370), ch.-l. de c. des Yvelines ; 25 949 h. Industrie aérospatiale.

PLAN CARPIN (Jean **du**), en ital. **Giovanni da Pian del Carpine,** franciscain italien (Pian del Carpine, Ombrie, v. 1182 - Antivari, Monténégro, 1252), légat d'Innocent IV auprès du khan des Mongols (1245-46), et auteur de la plus ancienne description historico-géographique de l'Asie centrale.

PLANCHE (Gustave), critique littéraire français (Paris 1808 - *id.* 1857). Il passa du romantisme au dogmatisme de *la Revue des Deux Mondes.*

PLANCHON (Roger), metteur en scène, directeur de théâtre et auteur dramatique français (Saint-Chamond 1931), codirecteur, à partir de 1972, du Théâtre national populaire. Il a réinterprété, dans une perspective politique et sociale, le répertoire classique (*George Dandin* et *Tartuffe,* de Molière).

PLANCK (Max), physicien allemand (Kiel 1858 - Göttingen 1947). Pour résoudre le problème du « corps noir » (équilibre thermique du rayonnement), insoluble dans le cadre de la mécanique classique, il émit l'hypothèse selon laquelle les échanges d'énergie s'effectuent de façon discontinue, créant ainsi la théorie quantique. (La *constante de Planck,* qui en est à la base, a pour valeur $h = 6{,}626 \times 10^{-34}$ joule-seconde.) [Prix Nobel 1918.]

PLANCOËT (22130), ch.-l. de c. des Côtes-d'Armor ; 2 547 h.

PLAN-DE-CUQUES (13380), comm. des Bouches-du-Rhône ; 9 867 h.

PLANIOL (Marcel), juriste français (Nantes 1853 - Paris 1931), auteur d'un *Traité élémentaire de droit civil* (1899-1901).

PLANS DE PROVENCE (les), plateaux calcaires de Provence, au sud du moyen Verdon.

PLANTAGENÊT, surnom du comte d'Anjou Geoffroi V, employé pour désigner sa descendance constituée par la lignée des rois d'Angleterre de Henri II à Richard III (1154-1485).

Pise : la cathédrale (XIᵉ-XIIᵉ s. pour l'essentiel) et le campanile ou « Tour penchée » (XIIᵉ-XIIIᵉ s.).

Max **Planck**

L'histoire des Plantagenêts, maîtres d'une partie importante de l'Ouest français, fut d'abord dominée par le conflit entre France et Angleterre, puis, au XVe s., par la rivalité entre les branches collatérales des Lancastres et des Yorks (guerre des Deux-Roses). Celle-ci aboutit, en 1485, à l'élimination des Plantagenêts par les Tudors.

PLANTAUREL, avant-monts pyrénéens (Ariège), culminant à 830 m.

PLANTÉ (Gaston), physicien français (Orthez 1834 - Bellevue 1889). En 1859, il inventa l'accumulateur électrique.

Plantes *(Jardin des),* jardin botanique de Paris. (V. ***Muséum national d'histoire naturelle.***)

PLANTIN (Christophe), imprimeur anversois d'origine française (Saint-Avertin, près de Tours, v. 1520 - Anvers 1589). Établi à Anvers, il édita en 1572 la célèbre *Biblia Regia* (ou *Biblia Poliglotta*).

PLANUDE (Maximos), écrivain byzantin (Nicomédie v. 1260 - Constantinople 1310), compilateur de l'*Anthologie grecque* et des *Fables d'Ésope.*

PLATA (La), v. de l'Argentine, ch.-l. de la prov. de Buenos Aires, près du *Río de la Plata ;* 542 567 h. Centre administratif, culturel et industriel.

PLATA *(Río de la),* estuaire d'Amérique du Sud, sur l'Atlantique, formé par les fleuves Paraná et Uruguay et séparant l'Uruguay de l'Argentine. Sur ses rives, Buenos Aires et Montevideo.

PLATEAU *(État du),* État du Nigeria central ; 3 076 000 h. Cap. *Jos.*

PLATEAU ou **MITTELLAND** ou **MOYEN-PAYS,** région de Suisse, entre le Jura et les Alpes, partie vitale du pays, du lac Léman au lac de Constance.

Platées *(bataille de)* [août 479 av. J.-C.], victoire remportée sur les Perses par la Confédération des Grecs dirigée par Pausanias sous les murs de Platées, en Béotie.

PLATINI (Michel), footballeur français (Jœuf, Meurthe-et-Moselle, 1955), stratège et buteur, notamment champion d'Europe en 1984.

PLATON, philosophe grec (Athènes v. 427 - *id.* 348/347 av. J.-C.). Disciple de Socrate, il voyagea en Égypte, en Sicile, revint à Athènes où il fonda v. 387 une école, l'Académie, puis tenta vainement de conseiller le tyran Denys de Syracuse. Son œuvre philosophique est constituée d'une trentaine de dialogues qui mettent en scène disciples et adversaires face à Socrate. Par la dialectique, celui-ci leur fait découvrir, au travers de leurs contradictions, des idées qu'ils avaient en eux sans le savoir, les fait progresser vers un idéal où le beau, le juste et le bien sont les vérités ultimes de l'existence terrestre de l'âme humaine, et dont l'homme n'aperçoit sur terre que les apparences. Il s'agit enfin de faire naître dans ce monde une cité idéale, où l'ordre de justice sera garanti par les philosophes. Les principales œuvres de Platon, *le Banquet, Phédon, la République, Phèdre, Parménide, le Sophiste, Timée, les Lois,* ont marqué la pensée occidentale, en passant par Aristote, les Pères de l'Église, la philosophie de l'islam, le Moyen Âge et la Renaissance, jusqu'à certains aspects de l'idéalisme logique contemporain.

PLATONOV (Andreï Platonovitch **Klimentov,** dit), écrivain russe (Voronej 1899 - Moscou 1951), auteur de récits en marge du réalisme socialiste *(les Écluses d'Épiphane).*

PLAUEN, v. d'Allemagne (Saxe) ; 73 971 h. Centre industriel.

PLAUTE, en lat. **Maccius** (ou **Maccus**) **Plautus,** poète comique latin (Sarsina, Ombrie, 254 - Rome 184 av. J.-C.). Des cent trente pièces qu'on lui attribuait, Varron n'en reconnaissait que vingt et une comme authentiques. Les plus connues sont : *Amphitryon, Aulularia, les Ménechmes, le Soldat fanfaron.* Plaute en emprunte les sujets aux auteurs grecs de la comédie nouvelle. Ses personnages annoncent déjà les types de la commedia dell'arte.

PLEAUX [plo] (15700), ch.-l. de c. du Cantal ; 2 183 h. Maisons anciennes.

PLÉDRAN (22960), comm. des Côtes-d'Armor, au S. de Saint-Brieuc ; 5 437 h.

Pléiade (la), nom de deux groupes de poètes : le premier, au IIIe s. av. J.-C., rassemblait, dans l'Alexandrie des Ptolémées, Lycophron de Chalcis, Alexandre l'Étolien, Philiscos de Corcyre, Sosiphanes de Syracuse, Homère de Byzance, Sosithée d'Alexandrie et Dionysiades de Tarse ; le second réunit, sous Henri II, autour de Ronsard et de Du Bellay, Rémi Belleau, Jodelle, Baïf, Pontus de Tyard, J. Peletier du Mans, remplacé à sa mort par Dorat.

PLÉIADES. *Myth. gr.* Nom des sept filles d'Atlas, que Zeus métamorphosa en étoiles pour les soustraire aux poursuites d'Orion.

PLEINE-FOUGÈRES (35610), ch.-l. de c. d'Ille-et-Vilaine ; 1 818 h.

PLEKHANOV (Gueorgui Valentinovitch), socialiste russe (Goudalovka 1856 - Terijoki 1918). Populiste puis marxiste, il fonda à Genève le groupe « Libération du travail » (1883). Principal divulgateur des idées marxistes en Russie, il rallia en 1903 les mencheviks.

PLÉLAN-LE-GRAND (35380), ch.-l. de c. d'Ille-et-Vilaine ; 2 582 h.

PLÉLAN-LE-PETIT (22980), ch.-l. de c. des Côtes-d'Armor ; 1 544 h.

PLÉNEUF-VAL-ANDRÉ (22370), ch.-l. de c. des Côtes-d'Armor ; 3 695 h. Station balnéaire au *Val-André.*

PLÉRIN (22190), ch.-l. de c. des Côtes-d'Armor ; 12 277 h.

Plesetsk ou **Plessetsk,** base russe de lancement d'engins spatiaux, surtout militaires, au sud de la mer Blanche.

PLESSIS (Joseph Octave), prélat canadien (Montréal 1763 - Québec 1825), premier archevêque de Québec.

PLESSIS-BELLEVILLE (Le) [60330], comm. de l'Oise ; 2 581 h. Constructions mécaniques.

PLESSIS-BOUCHARD (Le) [95130], comm. du Val-d'Oise ; 6 152 h.

PLESSIS-LÈS-TOURS, village d'Indre-et-Loire (comm. de La Riche, près de Tours). Restes d'un château de Louis XI, sa résidence de prédilection.

PLESSIS-ROBINSON (Le) [92350], ch.-l. de c. des Hauts-de-Seine ; 21 349 h. Constructions mécaniques.

PLESSIS-TRÉVISE (Le) [94420], comm. du Val-de-Marne ; 14 609 h.

PLESTIN-LES-GRÈVES (22310), ch.-l. de c. des Côtes-d'Armor, sur la Manche ; 3 573 h. Église du XVIe s.

PLEUMARTIN (86450), ch.-l. de c. de la Vienne ; 1 165 h.

PLEUMEUR-BODOU (22560), comm. des Côtes-d'Armor ; 3 711 h. Centre de télécommunications spatiales.

PLEURTUIT (35730), comm. d'Ille-et-Vilaine ; 4 463 h. Aéroport de Dinard.

PLEVEN, anc. **Plevna,** v. du nord de la Bulgarie ; 136 000 h.

PLEYBEN (29190), ch.-l. de c. du Finistère ; 3 713 h. Bel enclos paroissial avec église du XVIe s., calvaire des XVIe-XVIIe.

PLEYEL (Ignaz), compositeur autrichien (Ruppersthal, Basse-Autriche, 1757 - Paris 1831), fondateur d'une fabrique de pianos à Paris (1807). On lui doit des symphonies, des concertos et des quatuors.

PLINE l'Ancien, naturaliste et écrivain latin (Côme 23 apr. J.-C. - Stabies 79). Il était amiral de la flotte de Misène quand survint, en 79, l'éruption du Vésuve, au cours de laquelle il périt. Il est l'auteur d'une *Histoire naturelle,* vaste compilation scientifique en 37 livres.

PLINE le Jeune, écrivain latin (Côme 61 ou 62 apr. J.-C. - v. 114), neveu du précédent. Avocat célèbre, il fut consul. Il est l'auteur d'un *Panégyrique de Trajan* et de *Lettres,* document de valeur sur la société de son temps.

PLISNIER (Charles), romancier belge d'expression française (Ghlin 1896 - Bruxelles 1952), auteur de récits de mœurs *(Faux Passeports,* 1937 ; *Meurtres ; Mères).*

PLISSETSKAÏA (Maïa Mikhaïlovna), danseuse russe (Moscou 1925), interprète et technicienne hors pair *(la Mort du cygne, le Lac des cygnes, Carmen-Suite).*

PŁOCK, v. de Pologne, ch.-l. de voïévodie, sur la Vistule ; 125 300 h. Raffinerie de pétrole. Pétrochimie.

PLOEMEUR [plɔe-] (56270), ch.-l. de c. du Morbihan ; 18 031 h.

PLOËRMEL [plɔɛrmɛl] (56800), ch.-l. de c. du Morbihan ; 7 561 h. Parfums. Anc. place forte. Église gothique et Renaissance, maisons anciennes.

PLŒUC-SUR-LIÉ (22150), ch.-l. de c. des Côtes-d'Armor ; 2 967 h.

PLOGASTEL-SAINT-GERMAIN (29710), ch.-l. de c. du Finistère ; 1 715 h.

PLOIEŞTI ou **PLOEŞTI,** v. de Roumanie, au nord de Bucarest ; 252 073 h. Centre pétrolier et industriel.

PLOMB DU CANTAL → ***Cantal.***

PLOMBIÈRES-LES-BAINS (88370), ch.-l. de c. des Vosges ; 2 100 h. Station thermale (maladies de l'appareil digestif). Napoléon III y rencontra Cavour (1858) pour jeter les bases d'une alliance destinée à réaliser l'unité italienne.

Plombs (les), prisons de Venise, sous les combles du palais ducal recouverts de lames de plomb.

PLOTIN, philosophe alexandrin (Lycopolis, auj. Assiout, Égypte, v. 205 - en Campanie 270). Sa philosophie néoplatonicienne influença les Pères de l'Église *(les Ennéades).*

PLOUAGAT (22170), ch.-l. de c. des Côtes-d'Armor ; 2 192 h.

PLOUARET (22420), ch.-l. de c. des Côtes-d'Armor ; 2 131 h. Église gothique du XVIe s.

PLOUAY (56240), ch.-l. de c. du Morbihan ; 4 916 h.

PLOUBALAY (22650), ch.-l. de c. des Côtes-d'Armor ; 2 348 h.

PLOUDALMÉZEAU (29830), ch.-l. de c. du Finistère ; 4 898 h. (V. ***Portsall.***)

PLOUESCAT (29430), ch.-l. de c. du Finistère ; 3 721 h.

PLOUFRAGAN (22440), ch.-l. de c. des Côtes-d'Armor ; 10 779 h. Chaudières.

PLOUGASNOU [-gɑnu] (29630), comm. du Finistère ; 3 561 h. Église du XVIe s. Station balnéaire.

PLOUGASTEL-DAOULAS (29470), comm. du Finistère, sur une presqu'île de la rade de Brest ; 11 170 h. *(Plougastels).* Fraises. Calvaire du début du XVIIe s.

PLOUGUENAST (22150), ch.-l. de c. des Côtes-d'Armor ; 1 797 h.

PLOUGUERNEAU (29880), comm. du Finistère ; 5 275 h.

PLOUHA (22580), ch.-l. de c. des Côtes-d'Armor ; 4 235 h. — Aux environs, chapelle de Kermaria (peintures murales du XVe s.).

PLOUHINEC (29780), comm. du Finistère ; 4 776 h.

Edgar Allan **Poe**
(Lefort - B.N.F., Paris)

Henri **Poincaré**

Raymond **Poincaré**

PLOUIGNEAU (29610), ch.-l. de c. du Finistère ; 4 154 h.

PLOUMANAC'H [-nak] (22700 Perros Guirec), station balnéaire des Côtes-d'Armor (comm. de Perros-Guirec).

PLOUTOS ou **PLUTUS,** dieu grec des Richesses.

PLOUZANÉ (29280), comm. du Finistère ; 11 428 h. Centre océanologique de Bretagne.

PLOUZÉVÉDÉ (29440), ch.-l. de c. du Finistère ; 1 422 h.

PLOVDIV, anc. **Philippopolis,** v. de Bulgarie, sur la Marica ; 367 000 h. Centre agricole et industriel. Foire internationale. Pittoresque vieille ville. Musées archéologique et ethnographique.

PLÜCKER (Julius), mathématicien et physicien allemand (Elberfeld, auj. dans Wuppertal, 1801 - Bonn 1868). Il proposa une approche algébrique de la géométrie projective et étendit la notion de coordonnées.

PLUTARQUE, écrivain grec (Chéronée v. 50 apr. J.-C. - *id.* v. 125). Il voyagea en Égypte, séjourna plusieurs fois à Rome, et fit partie du collège sacerdotal de Delphes. Il écrivit un grand nombre de traités, que l'on divise, depuis l'Antiquité, en deux groupes : les *Œuvres morales* et les *Vies* parallèles,* rendues populaires par la traduction d'Amyot.

PLUTON, épithète rituelle (le Riche) du dieu grec des Enfers, Hadès.

PLUTON, planète située au-delà de Neptune, découverte en 1930 par l'Américain Clyde Tombaugh. C'est la plus petite des planètes principales du système solaire (2 200 km de diamètre). En 1978, on lui a découvert un satellite.

PLUVIGNER (56330), ch.-l. de c. du Morbihan ; 4 911 h. Monuments anciens.

PLYMOUTH, port de Grande-Bretagne (Devon) ; 238 800 h. Base militaire. Centre industriel.

PLZEŇ, en all. **Pilsen,** v. de la République tchèque (Bohême) ; 173 129 h. Brasserie. Métallurgie. Monuments anciens.

PNYX (la), colline à l'ouest d'Athènes, où se tenait l'assemblée des citoyens.

PÔ (le), principal fl. d'Italie, né dans les Alpes, au mont Viso, tributaire de l'Adriatique, qu'il rejoint en un vaste delta ; 652 km. De direction générale ouest-est, entré très tôt en plaine (en amont de Turin), le Pô draine avec ses affluents (Tessin, Adda), entre les Alpes et l'Apennin, une vaste région basse, la *plaine du Pô,* partie vitale de l'Italie.

POBEDONOSTSEV (Konstantine Petrovitch), homme politique russe (Moscou 1827 - Saint-Pétersbourg 1907). Précepteur d'Alexandre III (1865), sur lequel il exerça une influence réactionnaire, il fut haut procureur du Saint-Synode (1880-1905).

POBEDY ou **POBIEDY** *(pic),* point culminant du Tian Shan, à la frontière sino-kirghize ; 7 439 m.

Poblet *(monastère Santa María de),* monastère cistercien d'Espagne, en Catalogne (comm. de Vimbodí, prov. de Tarragone), fondé en 1153 (ensemble roman et gothique des XIIe-XVe s.).

PODENSAC (33720), ch.-l. de c. de la Gironde ; 2 269 h. Vins.

PODGORICA, anc. **Titograd,** v. de Yougoslavie, cap. du Monténégro ; 96 000 h. Centre industriel.

PODGORNYÏ (Nikolaï Viktorovitch), homme politique soviétique (Karlovka, Ukraine, 1903 - Moscou 1983). Il fut président du Praesidium du Soviet suprême de 1965 à 1977.

PODOLIE, région de l'ouest de l'Ukraine, bordée au sud par le Dniestr.

PODOLSK, v. de Russie, au sud de Moscou ; 210 000 h.

POE (Edgar Allan), écrivain américain (Boston 1809 - Baltimore 1849). Poète (*le Corbeau,* 1845), il donne dans ses nouvelles et ses récits, qui déploient un monde fantastique et morbide (*les Aventures d'Arthur Gordon Pym,* 1838), le modèle des constructions paralogiques qu'imiteront les romans policiers (*Histoires extraordinaires,* 1840-1845).

Poèmes antiques et modernes, par A. de Vigny (1822-1826). Les trois parties du recueil (poèmes mystiques, poèmes antiques, poèmes modernes) composent une fresque épique des âges successifs de l'humanité.

Poèmes barbares, par Leconte de Lisle (1862), dont la matière est empruntée aux récits bibliques, celtiques et scandinaves.

Poétique (la), ouvrage d'Aristote (IVe s. av. J.-C.), qui traite de la poésie en général, de la tragédie et de l'épopée.

POGGE (le), en ital. **Gian Francesco Poggio Bracciolini,** humaniste italien (Terranuova, Florence, 1380 - Florence 1459). Il découvrit de nombreuses œuvres de l'Antiquité romaine. Il est l'auteur d'une *Histoire de Florence* de 1350 à 1455 et de *Facéties,* traduites sous le titre de *Contes de Pogge Florentin.*

POGGENDORFF (Johann Christian), physicien allemand (Hambourg 1796 - Berlin 1877). Directeur des *Annales de physique et chimie,* il inventa la pile au bichromate et un dispositif à miroir permettant d'évaluer les faibles rotations.

PO-HAI → ***Bohai*** *(golfe du).*

POHANG, port de la Corée du Sud ; 201 000 h.

POHER (Alain), homme politique français (Ablon-sur-Seine 1909). Président du Sénat (1968-1992), il a été président de la République par intérim après la démission du général de Gaulle (avr.-juin 1969) et après la mort de G. Pompidou (avr.-mai 1974).

POINCARÉ (Henri), mathématicien français (Nancy 1854 - Paris 1912). Au cœur de ses nombreux travaux se trouve la théorie des équations différentielles et son usage en physique mathématique et en mécanique céleste. Il peut être considéré comme le fondateur de la topologie algébrique.

POINCARÉ (Raymond), avocat et homme politique français (Bar-le-Duc 1860 - Paris 1934), cousin du précédent. Député de la Meuse dès 1887, il assuma, de 1893 à 1906, différents postes ministériels. À la tête d'un cabinet d'union nationale (1912-13), il se réserva les Affaires étrangères et adopta une politique de fermeté à l'égard de l'Allemagne. Président de la République de 1913 à 1920, il fut président du Conseil et ministre des Affaires étrangères de 1922 à 1924, fit occuper la Ruhr, mais s'inclina devant le plan Dawes. Il fut rappelé au pouvoir après l'échec financier du Cartel des gauches (1926-1929) et dut dévaluer le franc (25 juin 1928). [Acad. fr.]

POINSOT (Louis), mathématicien français (Paris 1777 - *id.* 1859). Après Monge, il est à l'origine du regain d'intérêt pour la géométrie.

Point (le), hebdomadaire français créé en 1972.

POINT (Fernand), cuisinier français (Louhans 1897 - Vienne, Isère, 1955). Son restaurant « La Pyramide », à Vienne, a été le creuset de la majeure partie de la nouvelle école culinaire française de l'après-guerre.

POINTE-À-PITRE (97110), ch.-l. d'arr. de la Guadeloupe, dans l'île de Grande-Terre ; 26 083 h. *(Pointus).* Principal débouché maritime de la Guadeloupe. Aéroport.

POINTE-AUX-TREMBLES, v. du Canada (Québec), dans l'île de Montréal ; 36 000 h. Raffinerie de pétrole.

POINTE-CLAIRE, v. du Canada (Québec), dans l'île de Montréal ; 27 647 h.

POINTE-NOIRE (97116), comm. de la Guadeloupe ; 7 561 h.

POINTE-NOIRE, port et centre économique du Congo ; 185 000 h. Tête de ligne du chemin de fer Congo-Océan.

POINTIS (Jean Bernard **Desjean** ou de **Saint-Jean,** *baron* **de**), marin français (Loches 1645 - Champigny-sur-Marne 1707). En 1697, il razzia, en Amérique du Sud, Cartagena (auj. en Colombie).

POIRÉ-SUR-VIE (Le) [85170], ch.-l. de c. de la Vendée ; 5 392 h.

POIRET (Paul), couturier et décorateur français (Paris 1879 - *id.* 1944). Formé chez Doucet et Worth, et inspiré par un Orient fabuleux, il fut le premier à libérer la silhouette féminine de l'étranglement du corset.

Poirot (Hercule), personnage de détective de certains romans policiers d'A. Christie (*la Mystérieuse Affaire de Styles,* 1920).

POISEUILLE (Jean-Louis), médecin et physicien français (Paris 1799 - *id.* 1869). Il a donné les lois de l'écoulement laminaire des fluides visqueux (1844).

Poisons *(affaire des)* [1679-1682], série d'affaires d'empoisonnement à Paris dans lesquelles furent impliqués des membres de l'aristocratie versaillaise et qui nécessitèrent la création d'une *Chambre ardente :* elle eut notamment à juger la Brinvilliers et la Voisin.

POISSON (Siméon Denis), mathématicien français (Pithiviers 1781 - Paris 1840). L'un des créateurs de la physique mathématique, il est l'auteur de travaux sur la mécanique céleste, l'élasticité et sur le calcul des probabilités.

POISSONS (les), constellation zodiacale. — Douzième signe du zodiaque, que le Soleil quitte à l'équinoxe de printemps.

POISSY (78300), ch.-l. de c. des Yvelines, sur la Seine ; 36 864 h. *(Pisciacais).* Automobiles. Église des XIIe-XVIe s. Villa Savoye (1929), de Le Corbusier. Musée du Jouet.

Poissy *(colloque de)* [sept.-oct. 1561], assemblée de théologiens qui se tint à Poissy, sous la présidence de Catherine de Médicis et de Michel de L'Hospital, en vue d'un rapprochement entre catholiques et calvinistes. Ce colloque échoua.

POITIERS (86000), ch.-l. de la Région Poitou-Charentes et du dép. de la Vienne, sur un promontoire dominant le Clain, à 329 km au sud-ouest de Paris ; 82 507 h. *(Poitevins)* [près de 110 000 h. dans l'agglomération]. Évêché. Cour d'appel. Académie et université. Constructions mécaniques et électriques. À 8 km au N. de Poitiers, Futuroscope. — Baptistère St-Jean, des IVe et VIIe s. Remarquables églises romanes, dont St-Hilaire et N.-D.-la-Grande. Cathédrale gothique (XIIe-XIIIe s.) à trois vaisseaux presque d'égale hauteur. Grande salle du palais des Comtes (XIIIe s., embellie pour Jean de Berry). Musée Sainte-Croix. — Anc. capitale des Pictaves, Poitiers devint très vite l'un des grands foyers religieux de la Gaule. La victoire que Charles Martel y remporta sur les Arabes en 732 brisa l'offensive musulmane en Occident. Près de Poitiers, à Maupertuis, le Prince Noir vainquit Jean le Bon et le fit prisonnier (1356).

POITOU, anc. prov. de France. Cap. *Poitiers.* Duché du IXe au Xe s., le Poitou passa à l'Angleterre avec l'Aquitaine lors du mariage d'Aliénor avec Henri II Plantagenêt (1152). Repris une première fois par Philippe Auguste en 1204, il fut annexé par Charles V en 1369-1373. Il a constitué les dép. des Deux-Sèvres, de la Vendée et de la Vienne. (Hab. *Poitevins.*) — Au point de vue géographique, le *Poitou* désigne le seuil reliant les Bassins aquitain et parisien ; il est formé de plaines portant des céréales sur les calcaires décomposés (terres de groie), consacrées à l'élevage sur les placages argileux (terres de brandes).

POITOU-CHARENTES, Région administrative, formée des dép. de la Charente, de la Charente-Maritime, des Deux-Sèvres et de la Vienne ; 25 810 km² ; 1 595 109 h. ; ch.-l. *Poitiers.*

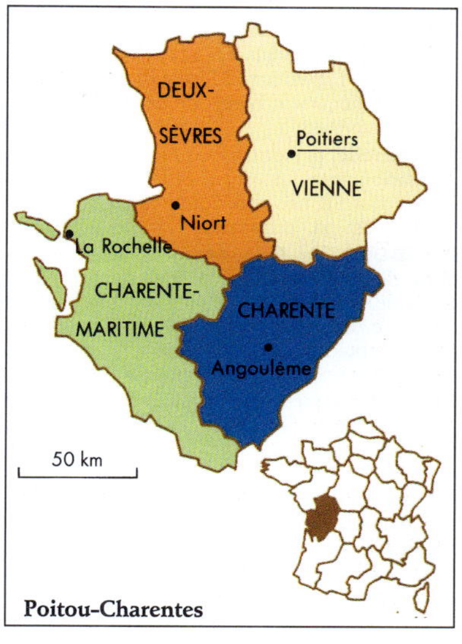

Poitou-Charentes

POIVILLIERS (Georges), ingénieur français (Draché, Indre-et-Loire, 1892 - Neuilly-sur-Seine 1968). Il a inventé de nombreux appareils pour la restitution photogrammétrique des photographies aériennes.

POIX-DE-PICARDIE (80290), ch.-l. de c. de la Somme ; 2 200 h. Église de style gothique flamboyant.

PO KIU-YI → ***Bo Juyi.***

POKROVSK, de 1931 à 1991 **Engels,** v. de Russie, sur la Volga ; 182 000 h.

POLA → ***Pula.***

POLABÍ, plaine de la République tchèque, en Bohême, de part et d'autre du Labe (Elbe), région agricole et industrielle.

POLAIRE *(étoile)* ou **LA POLAIRE,** étoile la plus brillante de la constellation de la Petite Ourse. Elle doit son nom à sa proximité (moins de 1°) du pôle céleste Nord.

POLAIRES *(régions),* régions proches des pôles. On leur donne souvent pour limite l'isotherme de 10 °C pour le mois le plus chaud. La plus grande partie est occupée par la mer dans l'Arctique et par la terre dans l'Antarctique. Les régions polaires ont été l'objet de nombreuses expéditions, entreprises surtout à des fins de découverte et de recherche scientifique, mais aussi, plus tard, avec des préoccupations d'ordre stratégique. Le développement des moyens d'accès a fait naître des rivalités entre les différents « secteurs » du continent antarctique. — Parmi les principales expéditions vers le pôle Nord, il faut citer celles de Parry (1827), de Nordenskjöld (1879), de Nansen (1893-1896), de Peary (qui atteignit le pôle en 1909), et, vers le pôle Sud, celles de Dumont d'Urville (1840), de R. F. Scott (1902), de Shackleton (1909), d'Amundsen (qui atteignit le pôle en 1911, précédant Scott d'un mois).

POLANSKI (Roman), cinéaste polonais naturalisé français (Paris 1933). Il débuta en Pologne avant d'entreprendre une carrière internationale, développant un univers à la fois ironique et inquiétant : *Répulsion* (1965), *le Bal des vampires* (1967), *Rosemary's Baby* (1968), *Chinatown* (1974), *Pirates* (1986), *Frantic* (1988), *la Jeune Fille et la Mort* (1995).

POLANYI (Karl), économiste britannique d'origine hongroise (Vienne 1886 - Pickering, Ontario, 1964). Ses recherches ont porté, notamment, sur les systèmes économiques précapitalistes. Il a prôné une économie planifiée, inspirée par un humanisme socialiste.

POLE (Reginald), prélat anglais (Stourton Castle 1500 - Lambeth 1558). Cardinal (1536), il présida, en 1545, le concile de Trente ; archevêque de Canterbury (1556), il joua un rôle important dans la réforme catholique.

POLÉSIE, région de Biélorussie et d'Ukraine, traversée par le Pripiat.

POLIAKOFF (Serge), peintre français d'origine russe (Moscou 1900 - Paris 1969). Installé à Paris en 1923, musicien converti à la peinture, il parvient vers 1950 à la maturité de son style : une abstraction chromatique à mi-chemin entre géométrie et informel.

Police nationale, ensemble des services de police de l'État placés sous l'autorité du ministre de l'Intérieur (Police judiciaire, Renseignements généraux, Direction de la surveillance du territoire, etc.).

Polichinelle, personnage comique des théâtres de marionnettes. Bossu, il diffère du *Pulcinella* italien, dont il tire son nom ; celui-ci, vêtu de blanc, n'est pas difforme.

POLIDORO da Caravaggio (Polidoro **Caldara,** dit), peintre italien (Caravaggio, prov. de Bergame, v. 1490/1500 - Messine 1546 ?). De tendance expressionniste, il est l'auteur de décors (notamm. en grisaille, pour des façades de palais romains) et de tableaux d'église.

POLIERI (Jacques), metteur en scène et scénographe français (Toulouse 1928). On lui doit de nombreuses mises en scène d'avant-garde et l'édification de lieux scéniques ou de communication de conception révolutionnaire.

POLIGNAC (Jules Auguste Armand, *prince* **de**), homme politique français (Versailles 1780 - Paris 1847). Élevé dans l'émigration, il participa au complot de Cadoudal (1804). Pair de France (1814), il fut ambassadeur à Londres (1823-1829). Président du Conseil en 1829, il fit entreprendre l'expédition d'Algérie et signa, le 25 juill. 1830, les ordonnances qui amenèrent la révolution de Juillet. Condamné à la prison perpétuelle et à la déchéance civique par la Chambre des pairs, il fut amnistié en 1836.

POLIGNY (39800), ch.-l. de c. du Jura ; 5 234 h. Collégiale du XVe s. (statues de l'école bourguignonne) et autres monuments.

Polisario *(Front)* [abrév. de *Front pour la libération de la Saguía El-Hamra et du Río de Oro*], mouvement armé, constitué en mai 1973, pour la création d'un État sahraoui indépendant dans l'ancien Sahara espagnol (Sahara occidental), aujourd'hui administré par le Maroc.

Politburo, bureau politique du Comité central du parti communiste de la Russie (créé en 1917), puis de l'U. R. S. S.

POLITIEN (Angelo **Ambrogini,** dit **il Poliziano,** appelé en fr. **Ange**), humaniste italien (Montepulciano 1454 - Florence 1494), auteur des *Stances pour le tournoi* (1478) et de la *Fable d'Orphée,* qui inspira Monteverdi.

Politique, ouvrage d'Aristote, dans lequel l'auteur analyse trois formes de gouvernement (monarchie, aristocratie et démocratie), à partir desquelles il montre la supériorité d'une démocratie sans démagogie.

POLÍTIS (Nikólaos), juriste et diplomate grec (Corfou 1872 - Cannes 1942). Professeur à la faculté de droit de Paris, puis ministre des Affaires étrangères de Grèce (1917-1920), il fut président de la S. D. N. en 1932 et président de l'Institut de droit international de 1937 à sa mort.

POLITZER (Georges), philosophe et psychologue français (Nagyvárad, auj. Oradea, 1903 - fusillé par les nazis au mont Valérien, Suresnes, 1942). Marxiste, il proposa une « psychologie concrète » où le déterminisme psychologique agit à travers le déterminisme social.

POLK (James Knox), homme politique américain (comté de Mecklenburg, Caroline du Nord, 1795 - Nashville 1849). Président démocrate des États-Unis (1845-1849), il réalisa le rattachement du Texas à l'Union (1845), provoquant la guerre contre le Mexique (1846-1848).

POLLACK (Sydney), cinéaste américain (South Bend, Indiana, 1934). Ses films perpétuent un cinéma humaniste et nostalgique : *Propriété interdite* (1966), *On achève bien les chevaux* (1969), *Jeremiah Johnson* (1972), *les Trois Jours du Condor* (1975), *Out of Africa* (1985), *la Firme* (1993).

POLLAIOLO (Antonio **Benci,** dit **Antonio del**), peintre, sculpteur, graveur et orfèvre italien (Florence v. 1432 - Rome 1498), attaché aux recherches de mouvement et de précision anatomique, en peinture *(Travaux d'Hercule),* en sculpture (petits bronzes ; tombeaux de Sixte IV et d'Innocent VIII) et en gravure. — Son frère **Piero** (Florence v. 1443 - Rome 1496) collabora avec lui, surtout en peinture.

POLLENSA, port de l'île de Majorque (Baléares) ; 11 334 h. Station balnéaire.

POLLOCK (Jackson), peintre américain (Cody, Wyoming, 1912 - Springs, Long Island, 1956). Influencé par les muralistes mexicains, par Picasso, par la culture amérindienne, puis (v. 1942, à New York) par l'automatisme surréaliste, il aboutit vers 1947 à une peinture gestuelle *(action painting),* exemplaire de l'expressionnisme abstrait et se distinguant par la pratique du *dripping* (projection de couleur liquide sur la toile posée au sol).

Jackson **Pollock** réalisant l'une de ses œuvres (pratique du *dripping*) en 1952.

POLLUX → ***Castor.***

POLO (Marco), voyageur vénitien (Venise 1254 - *id.* 1324). À partir de 1271, il traversa toute l'Asie par la Mongolie et revint par Sumatra, après être resté seize ans au service de Kūbīlāy Khān. Le récit de ses voyages, fait en français *(le Livre des merveilles du monde,* ou *Il Milione),* le premier document européen sur la Chine mongole, accrédita le mythe d'un Extrême-Orient fabuleusement riche.

POLOGNE, en polon. **Polska,** État d'Europe centrale, sur la Baltique ; 313 000 km² ; 38 200 000 h. *(Polonais).* CAP. *Varsovie.* LANGUE : *polonais.* MONNAIE : *złoty.*

INSTITUTIONS

République. Loi constitutionnelle de 1992 (série d'amendements modifiant la Constitution de 1952, déjà amendée en 1989 et en 1990).

GÉOGRAPHIE

Pays limitrophe de l'U. R. S. S., la Pologne s'était individualisée dans le camp socialiste par le maintien de la prépondérance du secteur privé dans le domaine agricole. Les céréales, la pomme de terre, la betterave à sucre restent les grandes productions agricoles, conditionnées par un climat froid en hiver (de plus en plus rude vers l'E.) et parfois associées à l'élevage (bovins et porcins).

L'industrie bénéficie de quelques ressources minières : cuivre, zinc, sel gemme et surtout charbon, richesse essentielle et principal produit d'exportation. Sidérurgie et métallurgie, chimie et textile sont les branches dominantes. Les échanges demeurent encore importants avec les autres pays de l'Europe orientale. Cela n'empêche pas un notable endettement vis-à-vis de l'Occident, lié au marasme d'une économie secouée par les conflits socio-politiques pendant les années 1980. Le passage à l'économie de marché (provoquant une extension du chômage) pose, à partir de 1990, de nouveaux problèmes.

HISTOIRE

De la protohistoire aux Piast. Occupé dès le IIIe millénaire, le pays connaît les civilisations lusacienne (XIIIe-IVe s. av. J.-C.) et poméranienne (VIe-IIe s. av. J.-C.). Ier-IIe s. apr. J.-C. : traversé par la route de l'ambre, le territoire polonais entre en contact avec le monde romain. Ve-VIe s. : les Slaves s'établissent entre l'Oder et l'Elbe. 966 : le duc Mieszko Ier (v. 960-992), fondateur de la dynastie des Piast, fait entrer la Pologne dans la chrétienté romaine. 1025 : Boleslas Ier le Vaillant (992-1025) est couronné roi. 1034-1058 : Casimir Ier installe sa capitale à Cracovie. XIIe s. : les Germains mettent à profit le morcellement du pays, l'anarchie politique et sociale pour reprendre leur poussée vers le nord et l'est. 1226 : Conrad de Mazovie donne en fief la terre de Chełmno aux chevaliers Teutoniques. 1230-1283 : ceux-ci conquièrent la Prusse. 1308-1309 : ils s'emparent de la Poméranie orientale. 1320-1333 : Ladislas Ier Łokietek restaure l'unité du pays dont le territoire demeure amputé de la Silésie et de la Poméranie. 1333-1370 : Casimir III le Grand lance l'expansion vers l'est (Ruthénie, Volhynie) et fonde l'université de Cracovie (1364). 1370 : la couronne passe à Louis Ier d'Anjou, roi de Hongrie.

Les Jagellons et la république nobiliaire. 1385-86 : l'acte de Krewo établit une union personnelle entre la Lituanie et la Pologne ; Jogaila, grand-duc de Lituanie, roi de Pologne sous le nom de Ladislas II (1386-1434), fonde la dynastie des Jagellons. 1410 : il remporte sur les chevaliers Teutoniques la victoire de Grunwald. 1466 : Casimir IV (1445-1492) leur enlève la Poméranie de Gdańsk et la Warmie. 1506-1572 : les règnes de Sigismond Ier le Vieux (1506-1548) et de Sigismond II Auguste (1548-1572) voient l'apogée de la Pologne, marqué par la diffusion de l'humanisme, la tolérance religieuse et l'essor économique. 1526 : le duché de Mazovie est incorporé au royaume. 1569 : l'Union de Lublin assure la fusion de la Pologne et de la Lituanie en une « république » gouvernée par une Diète unique et un souverain élu en commun. 1572-73 : après la mort de Sigismond II, dernier des Jagellons, la noblesse impose un contrôle rigoureux de l'autorité royale. 1587-1632 : Sigismond III Vasa mène des guerres ruineuses contre la Russie, les Ottomans et la Suède. 1632-1648 : sous le règne de Ladislas IV Vasa, les Cosaques se soulèvent (1648). 1648-1660 : la Russie conquiert la Biélorussie et la Lituanie, tandis que la Suède occupe presque tout le pays. Ce sont les années du déluge *(potop)* dont la Pologne libérée sort ruinée. 1674-1696 : Jean III Sobieski repousse les Turcs qui assiègent Vienne. Après son règne, la pratique du *liberum veto* institué en 1652 entraîne une grande anarchie ; les puissances étrangères interviennent dans les affaires intérieures du pays. 1697-1733 : l'Électeur de Saxe, Auguste II, soutenu par la Russie, est chassé par Stanislas Ier Leszczyński, appuyé par la Suède (1704), puis il rentre à Varsovie (1709) grâce à Pierre le Grand. 1733-1738 : la guerre de la Succession de Pologne se termine par la défaite de Stanislas Ier (soutenu par la France) devant Auguste III (candidat de la Russie). 1733-1763 : sous le règne d'Auguste III le pays commence à se redresser économiquement.

Les trois partages et la domination étrangère. 1764-1795 : pendant le règne de Stanislas II Auguste Poniatowski se forme la confédération de Bar dirigée contre la Russie (1768-1772). 1772 : la Russie, l'Autriche et la Prusse procèdent au premier partage de la Pologne. 1788-1791 : les patriotes réunissent la Grande Diète et adoptent la Constitution du 3 mai 1791. 1793 : la Russie et la Prusse procèdent au deuxième partage de la Pologne. 1794 : l'insurrection de Kościuszko est écrasée. 1795 : le troisième partage supprime le pays. 1807-1813 : Napoléon crée le grand-duché de Varsovie. 1815 : le congrès de Vienne cède la Posnanie à la Prusse, érige Cracovie en république libre et forme un royaume de Pologne réuni à l'Empire russe. 1830 : l'insurrection de Varsovie est sévèrement réprimée, ce qui entraîne la « grande émigration » vers l'Occident. 1863-64 : nouvelle insurrection, durement réprimée. 1864-1918 : la partie prussienne et la partie russe de la Pologne sont soumises à une politique d'assimilation ; la Galicie-Ruthénie autrichienne sert de refuge à la culture polonaise. 1918 : Piłsudski proclame à Varsovie la République indépendante de Pologne.

La Pologne indépendante. 1918-1920 : Dantzig est érigée en ville libre, la Silésie partagée entre la Tchécoslovaquie et la Pologne. 1920-21 : à l'issue de la guerre polono-soviétique, la frontière est reportée à 200 km à l'est de la ligne Curzon. 1926-1935 : Piłsudski, démissionnaire en 1922, reprend le pouvoir par un coup d'État et le conserve jusqu'en 1935. La Pologne signe des pactes de non-agression avec l'U. R. S. S. (1932) et avec l'Allemagne (1934). 1938 : elle obtient de la Tchécoslovaquie la Silésie de Teschen. 1939 : refusant de céder Dantzig et son corridor, elle est envahie par les troupes allemandes, qui franchissent la frontière le 1er sept. ; l'Allemagne et l'U. R. S. S. se partagent la Pologne conformément au pacte germano-soviétique. 1940 : le gouvernement en exil, dirigé par Sikorski, s'établit à Londres. Staline fait exécuter des milliers de militaires et de civils polonais (massacre de Katyn). 1943 : insurrection et anéantissement du ghetto de Varsovie. 1944 : l'insurrection de Varsovie échoue faute de soutien soviétique. La ville est détruite et la population, déportée. 1945 : les troupes soviétiques pénètrent à Varsovie et y installent le comité de Lublin, qui se transforme en gouvernement provisoire. Les frontières du pays sont fixées à Yalta et à Potsdam.

La Pologne depuis 1945. L'organisation du pays s'accompagne de transferts massifs de population (les Polonais des régions annexées par l'U. R. S. S. sont dirigés sur les territoires enlevés à l'Allemagne). 1948 : Gomułka, partisan d'une voie polonaise vers le socialisme, est écarté au profit de Bierut, qui devient premier secrétaire du P. O. U. P. (parti ouvrier unifié polonais). Celui-ci s'aligne sur le modèle soviétique. 1953-1956 : la lutte de l'État contre l'Église catholique culmine avec l'internement du cardinal Wyszyński. 1956 : après le XXe congrès du P. C. U. S. et les émeutes ouvrières de Poznań, le parti fait appel à Gomułka pour éviter un soulèvement anticommuniste et antisoviétique. C'est l'« Octobre polonais ». 1970 : Gomułka est remplacé par Gierek. Celui-ci veut remédier aux problèmes de la société polonaise en modernisant l'économie avec l'aide de l'Occident. 1978 : l'élection de Karol Wojtyła, archevêque de Cracovie, à la papauté sous le nom de Jean-Paul II encourage les aspirations des Polonais à la liberté intellectuelle et politique. 1980 : à la suite des grèves et de l'accord de Gdańsk, le syndicat Solidarité (Solidarność) est créé avec à sa tête L. Wałęsa. 1981 : les Soviétiques font peser des menaces d'intervention militaire. Le général Jaruzelski, premier secrétaire du P. O. U. P., instaure l'« état de guerre ». Celui-ci est suspendu en déc. 1982. 1988 : des grèves se développent pour protester contre les hausses de prix et réclamer la légalisation du syndicat Solidarność. 1989 : des négociations entre le pouvoir et l'opposition aboutissent au rétablissement du pluralisme syndical (relégalisation de Solidarność) et à la démocratisation des institutions (avr.). Le nouveau Parlement issu des élections (juin), où l'opposition remporte un très large succès, élit le général Jaruzelski à la présidence de la République (juill.). Tadeusz Mazowiecki, un des dirigeants de Solidarność, devient chef d'un gouvernement de coalition (août). Le rôle dirigeant du parti est aboli ; le pays reprend officiellement le nom de République de Pologne (déc.). 1990 : Lech Wałęsa est élu à la présidence de la République au suffrage universel (déc.). 1991 : à l'issue des premières élections législatives entièrement libres, une trentaine de partis sont représentés à la Diète. 1993 : la Diète est dissoute. Les élections sont remportées par les ex-communistes et le parti paysan. Les troupes russes achèvent leur retrait du pays. 1994 : la Pologne dépose une demande d'adhésion à l'Union européenne. 1995 : le social-démocrate (ex-communiste) Aleksander Kwaśniewski est élu à la présidence de la République.

CULTURE ET CIVILISATION

□ BEAUX-ARTS

Principales villes d'intérêt artistique : Cracovie, Gdańsk, Kielce, Lublin, Poznań, Sandomierz, Toruń, Varsovie, Wrocław.

□ LITTÉRATURE

XVIe s. : M. Rej, J. Kochanowski, P. Skarga. XVIIIe s. : I. Krasicki. XIXe s. : A. Mickiewicz, J. Słowacki, C. Norwid, B. Prus, E. Orzeszkowa, H. Sienkiewicz. XXe s. : S. Wyspiański, W. Reymont, S. Żeromski, S. I. Witkiewicz, M. Dąbrowska, W. Gombrowicz, J. Iwaszkiewicz, J. Andrzejewski, A. Rudnicki, T. Różewicz, C. Miłosz, S. Mrożek.

□ MUSIQUE

XIXe s. : Chopin. XXe s. : Szymanowski, Lutosławski, Penderecki.

□ CINÉMA

A. Ford, J. Kawalerowicz, A. Munk, A. Wajda, W. Has, R. Polanski, J. Skolimowski, K. Zanussi, K. Kieślowski.

POLONCEAU (Barthélemy Camille), ingénieur français (Chambéry 1813 - Viry-Châtillon 1859). Il construisit la ligne de chemin de fer de Paris à Versailles. Il a inventé, pour les halles rectangulaires, un système de couverture avec arbalétriers en bois ou en fer et tirants en fer.

POLONNARUWA, anc. cap. de Ceylan (Sri Lanka) au VIIIe s. et du XIe au XIIIe s. Nombreux temples bouddhiques des XIIe-XIIIe s., dont le Vaṭadāgē et les statues rupestres du Gal Vihara.

Polonnaruwa : le Laṅkātilaka (XIIe s.), un des temples du site.

polono-soviétique *(guerre),* conflit qui, en 1920, opposa la Russie soviétique à la Pologne. Marqué par l'avance polonaise en Ukraine puis par la menace soviétique sur Varsovie, il se termina par le traité de Riga (1921), qui fixa jusqu'en 1939 la frontière orientale de la Pologne.

POL POT (**Saloth Sor** ou **Sar,** dit), homme politique cambodgien (prov. de Kompong Thom 1928). Secrétaire général du parti communiste khmer (1962), Premier ministre (1976-1979), il est le principal responsable des atrocités commises par les Khmers rouges.

POLTAVA, v. d'Ukraine, au sud-ouest de Kharkov ; 315 000 h. Charles XII, roi de Suède, y fut vaincu le 8 juill. 1709 par Pierre le Grand.

POLTROT (Jean **de**), *seigneur* **de Méré,** gentilhomme français protestant (en Angoumois v. 1537 - Paris 1563). Il blessa mortellement, en 1563, François de Guise devant Orléans, fut mis à la question et affirma avoir agi sur l'ordre de Coligny.

POLYBE, historien grec (Megalopolis, Arcadie, v. 200 - v. 120 av. J.-C.). Il fit partie, après Pydna (168), des mille otages livrés aux Romains et vécut seize ans à Rome. Ses *Histoires,* par le souci qu'il a d'analyser méthodiquement les faits et d'en rechercher les causes, le classent parmi les grands historiens grecs.

POLYCARPE *(saint),* évêque de Smyrne et martyr (v. 69 - Smyrne v. 167). Le récit de son martyre est le plus ancien témoignage de la mort d'un martyr.

POLYCLÈTE, sculpteur et architecte grec du ve s. av. J.-C., né à Sicyone ou à Argos. Sa théorie du canon (v. part. langue), qu'il appliqua à ses statues viriles (Diadumène, Doryphore), est l'une des bases du classicisme grec.

POLYCRATE, tyran de Samos (m. à Magnésie du Méandre en 522 av. J.-C.). Samos connut sous son règne (533/532-522 av. J.-C.) une grande prospérité. Il attira à sa cour des artistes et des écrivains, dont Anacréon.

Polyeucte, tragédie de Corneille (1641-42).

POLYEUCTE *(saint),* officier romain, martyr (m. à Mélitène, Arménie, v. 250). Converti par Néarque, son ami, il fut supplicié pour avoir renversé les idoles, un jour de fête. Son histoire inspira la tragédie de Corneille.

POLYGNOTE, peintre grec (île de Thasos ve s. av. J.-C. - Athènes). Auteur de vastes compositions mythologiques connues par les descriptions qu'en ont faites Pausanias et Pline, il est considéré comme le fondateur de la peinture murale grecque.

POLYMNIE. *Myth. gr.* Muse des hymnes sacrés.

POLYNÉSIE, partie de l'Océanie, comprenant les îles et archipels situés entre la Nouvelle-Zélande, les îles Hawaii et l'île de Pâques ; 26 000 km² (dont les deux tiers pour les Hawaii). Les plantations de cocotiers, la pêche et le tourisme sont les principales ressources de ces îles, souvent volcaniques et coralliennes.

POLYNÉSIE FRANÇAISE, archipels du Pacifique Sud, formant un territoire français d'outre-mer ; 4 000 km² ; 188 814 h. ; ch.-l. *Papeete* (île de Tahiti). Ce sont les îles de la Société (avec Tahiti), les Marquises, les Tuamotu et les Gambier, les îles Australes. Le statut de 1977 accorde au territoire (appelé jusqu'en 1957 Établissement français de l'Océanie) l'autonomie interne qui est accrue par de nouveaux statuts en 1984, 1990 et 1996.

POLYNICE, frère d'Étéocle*, dans la légende thébaine.

POLYPHÈME, Cyclope qui, dans *l'Odyssée,* retint prisonniers Ulysse et ses compagnons. Pour se libérer, Ulysse l'enivra et lui creva son œil unique.

polytechnique *(École),* appelée familièrement l'X, école d'enseignement supérieur fondée à Paris en 1794 et relevant du ministère de la Défense. Auj. située à Palaiseau, elle forme à des emplois de haute qualification dans les grands corps civils et militaires de l'État.

POMARÉ, nom d'une dynastie qui régna à Tahiti à partir de la fin du XVIIIe s. — **Pomaré IV,** de son vrai nom **Aïmata** (1813-1877), reine de 1827 à 1877, dut accepter en 1847 le protectorat de la France, qu'elle avait vivement combattue. — Le dernier roi de ce nom, **Pomaré V** (1842-1891), roi de Tahiti en 1877, abdiqua en 1880 pour laisser la place à l'administration directe de la France.

POMBAL (Sebastião José **de Carvalho e Melo,** *marquis* **de**), homme d'État portugais (Lisbonne 1699 - Pombal 1782). Secrétaire aux Affaires étrangères et à la Guerre (1750), puis secrétaire aux Affaires du royaume (1756) — c'est-à-dire Premier ministre —, il appliqua, durant le règne de Joseph Ier (1750-1777), une politique de despotisme éclairé. Il développa l'économie nationale et entreprit de grands travaux. En 1759, il fit expulser les jésuites. Il fut disgracié à l'avènement de Marie Ire.

POMÉRANIE, région historique en bordure de la Baltique, partagée par l'Oder en une *Poméranie occidentale* et une *Poméranie orientale.* La Poméranie fut longtemps disputée entre le Brandebourg et la Pologne. Attribuée en grande partie à la Suède en 1648, elle fut cédée à la Prusse en 1815 ; la majeure partie est devenue polonaise en 1945. L'ouest constitue depuis 1990 une partie du Land de Mecklembourg* - Poméranie - Occidentale.

POMEROL (33500), comm. de la Gironde ; 878 h. Vins rouges.

POMIANE (Edward Pomian **Pożerski,** dit **Édouard de**), médecin et gastronome français (Paris 1875 - *id.* 1964). On lui doit des livres de cuisine où, dans un style alerte, il allie diététique, raffinement et sens de l'humour.

POMMARD (21630), comm. de la Côte-d'Or ; 555 h. Vins rouges de la côte de Beaune.

POMONE, divinité romaine des Fruits et des Jardins.

POMPADOUR (Jeanne Antoinette **Poisson,** *marquise* **de**), favorite de Louis XV (Paris 1721 - Versailles 1764), épouse du fermier général Charles Le Normant d'Étiolles. Maîtresse déclarée du roi (1745-1750), elle joua un rôle politique important, contribuant au renversement des alliances (1756) et faisant la fortune de Choiseul. Elle eut aussi un rôle culturel, protégeant philosophes, artistes et écrivains.

POMPÉE, en lat. **Cnaeus Pompeius Magnus,** général et homme d'État romain (106 - Péluse 48 av. J.-C.). Il fit campagne en Sicile et en Afrique contre les fidèles de Marius (82) et rétablit l'ordre en Espagne, où il termina la guerre de Sertorius (77-72). Vainqueur de Spartacus, consul en 70 avec M. Licinius Crassus, il débarrassa la Méditerranée des pirates (67). Il acheva la guerre contre Mithridate VI, roi du Pont (66), et conquit l'Asie Mineure, la Syrie et la Palestine où il prit Jérusalem (63). Rentré en Italie, mais bientôt en butte à la défiance du sénat, qu'inquiétait son prestige, Pompée forma avec Crassus et César un triumvirat (60) renouvelé en 56 ; la mort de Crassus, en 53, le laissa face à face avec César. Alors que César était en Gaule, Pompée reçut en 52 les pleins pouvoirs pour lutter contre l'anarchie qui s'installait à Rome (meurtre de Clodius). L'ambition des deux hommes rendit inévitable la guerre civile. César franchit le Rubicon (janv. 49) et marcha sur Rome. Vaincu à Pharsale (48), Pompée se réfugia en Égypte, où il fut assassiné sur l'ordre de Ptolémée XIII.

POMPÉI, v. anc. de Campanie, au pied du Vésuve, près de Naples. Fondée au VIe s. av. J.-C., colonie romaine en 89 av. J.-C., elle devint lieu de plaisance de riches Romains. Ensevelie avec ses habitants sous une épaisse couche de cendres lors de l'éruption du Vésuve en 79, elle a été redécouverte et fouillée à partir du XVIIIe s. Temples, édifices civils, quartiers d'habitation, demeures patriciennes, ainsi que de nombreuses peintures murales en font l'une des plus saisissantes évocations de l'Antiquité.

POMPEY [-pɛ] (54340), comm. de Meurthe-et-Moselle, sur la Moselle ; 5 187 h.

Pompidou *(Centre)* → ***Centre national d'art et de culture Georges-Pompidou.***

POMPIDOU (Georges), homme politique français (Montboudif, Cantal, 1911 - Paris 1974). Directeur du cabinet du général de Gaulle (1958-59), Premier ministre (1962-1968), il succéda au général de Gaulle en 1969, à la présidence de la République, mais mourut au cours de son mandat. Passionné d'art moderne, il est à l'origine de la création, à Paris, du Centre national d'art et de culture, qui porte son nom.

POMPIGNAN (Jean-Jacques **Lefranc,** *marquis* **de**), écrivain français (Montauban 1709 - Pompignan 1784). Auteur d'*Odes chrétiennes et*

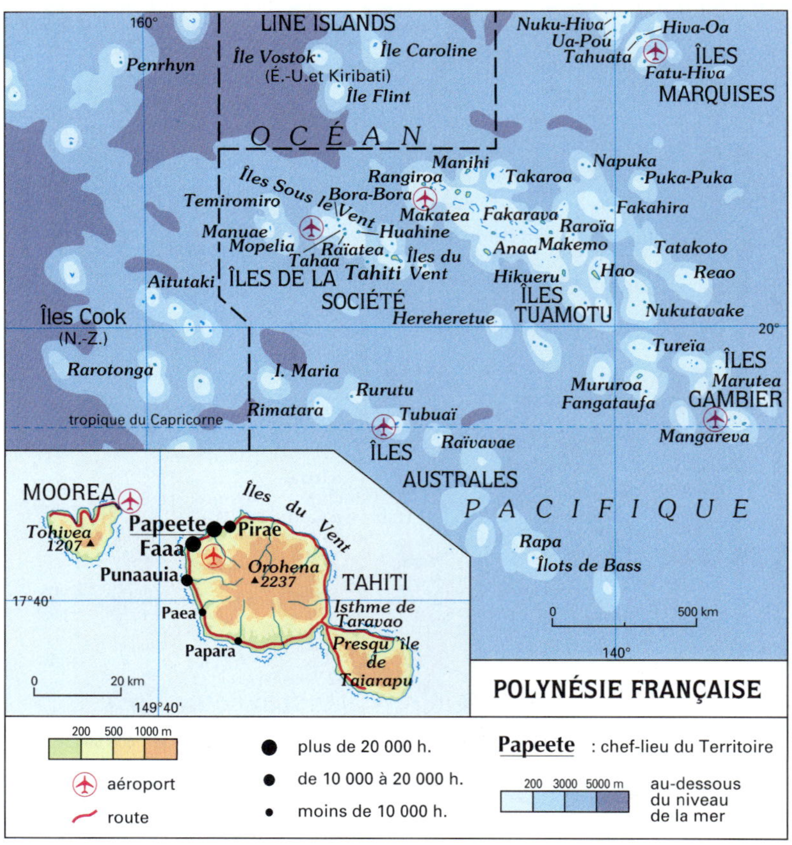

philosophiques, il fut un adversaire des philosophes. (Acad. fr.)

POMPONNE (Simon **Arnauld,** *marquis* **de**), homme d'État français (Paris 1618 - Fontainebleau 1699), fils de Robert Arnauld d'Andilly. Secrétaire d'État aux Affaires étrangères (1671), puis ministre d'État (1672), il dirigea la diplomatie française. Rappelé au Conseil en 1691, il seconda son gendre Torcy.

PONCE, port de Porto Rico ; 190 000 h.

PONCELET (Jean Victor), général et mathématicien français (Metz 1788 - Paris 1867). Il jeta les bases de la géométrie projective, dont il est considéré comme l'un des fondateurs.

PONCIN (01450), ch.-l. de c. de l'Ain ; 1 299 h.

PONDICHÉRY, v. de l'Inde, anc. ch.-l. des Établissements français dans l'Inde, sur la côte de Coromandel ; 401 337 h. Acquise par les Français en 1674, Pondichéry devint le siège de la Compagnie des Indes orientales. Conquise par les Britanniques à plusieurs reprises dans la seconde moitié du XVIIIe s., elle fut restituée à la France en 1815. Elle fut cédée à l'Inde en 1956. — Le *territoire de Pondichéry* a 480 km^2 et 789 416 h.

PONGE (Francis), poète français (Montpellier 1899 - Le Bar-sur-Loup 1988). Son œuvre fait des objets, explorés dans leur intégralité physique, le moule concret d'un langage (*le Parti pris des choses,* 1942 ; *le Savon,* 1967).

PONIATOWSKI (Józef ou Joseph, *prince*), général polonais et maréchal de France (Vienne 1763 - Leipzig 1813). Il commanda en 1809 les Polonais contre les Autrichiens, en 1812 le 5e corps de la Grande Armée en Russie et fut fait maréchal par Napoléon (1813).

PONS [pɔ̃] (17800), ch.-l. de c. de la Charente-Maritime ; 4 903 h.. Monuments médiévaux. Château Renaissance d'Usson.

PONSARD (François), écrivain français (Vienne, Isère, 1814 - Paris 1867). Il réagit contre le romantisme et tenta, dans ses tragédies, un retour aux règles classiques (*Lucrèce,* 1843). [Acad. fr.]

PONSON DU TERRAIL (Pierre Alexis, *vicomte*), écrivain français (Montmaur, Hautes-Alpes, 1829 - Bordeaux 1871), un des maîtres du roman-feuilleton (*les Exploits de Rocambole,* 1859).

PONT, pays du nord-est de l'Asie Mineure, en bordure du Pont-Euxin. Devenu royaume (301 av. J.-C.), le Pont devint, sous Mithridate VI (111-63), l'État le plus puissant de l'Asie Mineure.

PONT-À-CELLES, comm. de Belgique (Hainaut) ; 15 381 h.

PONTACQ (64530), ch.-l. de c. des Pyrénées-Atlantiques ; 2 705 h.

PONTA DELGADA, port et cap. des Açores, dans l'île de São Miguel ; 22 000 h.

PONTA GROSSA, v. du Brésil (Paraná) ; 233 517 h.

PONTAILLER-SUR-SAÔNE (21270), ch.-l. de c. de la Côte-d'Or ; 1 333 h.

PONT-À-MARCQ (59710), ch.-l. de c. du Nord, sur la *Marcq ;* 2 019 h. Produits photographiques.

PONT-À-MOUSSON (54700), ch.-l. de c. de Meurthe-et-Moselle ; 15 294 h. *(Mussipontains).* Tuyaux en fonte. Monuments et maisons des XVe-XVIIIe s.

PONTANO (Giovanni ou Gioviano), en lat. **Pontanus,** homme d'État et humaniste italien (Cerreto, Ombrie, v. 1426 - Naples 1503). Il servit la dynastie d'Aragon et publia plusieurs ouvrages en latin.

PONTARLIER (25300), ch.-l. d'arr. du Doubs, sur le Doubs ; 18 884 h. *(Pontissaliens).* Isolants acoustiques. Constructions mécaniques. Électronique.

PONT-AUDEMER (27500), ch.-l. de c. de l'Eure, sur la Risle ; 9 358 h. *(Pontaudemériens).* Papeterie. Église des XIe-XVIe s. Maisons anciennes.

PONTAULT-COMBAULT (77340), ch.-l. de c. de Seine-et-Marne ; 26 834 h.

PONT-AUX-DAMES, écart de la comm. de *Couilly-Pont-aux-Dames* (Seine-et-Marne). Maison de retraite des vieux comédiens.

PONT-AVEN (29930), ch.-l. de c. du Finistère ; 3 054 h. Industries alimentaires. — *L'école de Pont-Aven* groupa autour de Gauguin, v. 1886-1891, des peintres comme É. Bernard et Sérusier (esthétique *synthétiste*). Petit musée.

PONTCHARRA (38530), comm. de l'Isère, près du confluent de l'Isère et du Bréda ; 5 903 h. Centrale hydroélectrique. Papeterie.

PONTCHARTRAIN (Louis **Phélypeaux,** *comte* **de**), homme d'État français (Paris 1643 - Pontchartrain 1727). Intendant (1687), contrôleur général des Finances (1689-1699), secrétaire d'État à la Marine et à la Maison du roi (1690-1699), chancelier (1699-1714), il créa la capitation (1695).

PONTCHÂTEAU (44160), ch.-l. de c. de la Loire-Atlantique ; 7 645 h. Pèlerinage.

PONT-CROIX (29790), ch.-l. de c. du Finistère ; 1 779 h. Église des XIIIe-XVIe s.

PONT-D'AIN (01160), ch.-l. de c. de l'Ain, sur l'Ain ; 2 300 h.

PONT-DE-BEAUVOISIN (Le) [38480], ch.-l. de c. de l'Isère, sur le Guiers (r. g.) ; 2 461 h.

PONT-DE-BEAUVOISIN (Le) [73330], ch.-l. de c. de la Savoie, sur le Guiers (r. dr.) ; 1 435 h.

PONT-DE-BUIS-LÈS-QUIMERCH (29590), comm. du Finistère ; 3 629 h. Électronique.

PONT-DE-CHÉRUY (38230), ch.-l. de c. de l'Isère ; 4 724 h. Câbles. Plastiques.

PONT-DE-CLAIX (Le) [38800], comm. de l'Isère, sur le Drac ; 11 980 h. Chimie. Constructions mécaniques.

PONT-DE-L'ARCHE (27340), ch.-l. de c. de l'Eure, sur la Seine ; 3 029 h. Chaussures. Église du XVIe s.

PONT-DE-ROIDE (25150), ch.-l. de c. du Doubs, sur le Doubs ; 5 013 h. *(Rudipontains).* Métallurgie.

PONT-DE-SALARS (12290), ch.-l. de c. de l'Aveyron ; 1 502 h.

PONT-DE-VAUX (01190), ch.-l. de c. de l'Ain ; 1 929 h.

PONT-DE-VEYLE (01290), ch.-l. de c. de l'Ain ; 1 480 h. Château surtout du XVIIIe s.

PONT-DU-CHÂTEAU (63430), ch.-l. de c. du Puy-de-Dôme ; 8 769 h. Monuments anciens.

PONTE-LECCIA (20218), hameau de la Haute-Corse, sur le Golo. Nœud routier.

PONTET (Le) [84130], comm. de Vaucluse, banlieue d'Avignon ; 15 917 h. Chimie. Produits réfractaires.

PONT-EUXIN, nom grec anc. de la **mer Noire.**

le marquis de **Pombal** (archives de la Torre del Tombo, Lisbonne)

la marquise de **Pompadour** (F. H. Drouais - musée Condé, Chantilly)

Georges **Pompidou** (en 1972)

PONTEVEDRA, v. d'Espagne (Galice), ch.-l. de prov. ; 71 491 h. Églises et demeures anciennes.

PONT-ÉVÊQUE (38780), comm. de l'Isère ; 5 405 h. Électroménager.

PONTHIEU (le), région de Picardie, entre les basses vallées de la Somme et de l'Authie.

PONTI (Giovanni, dit **Gio**), architecte, designer et publiciste italien (Milan 1891 - *id.* 1979). Pionnier du mouvement moderne en Italie, il a fondé la revue *Domus* (1928).

PONTIAC, chef indien (dans l'Ohio v. 1720 - près de Saint Louis 1769). Allié des Français, il tenta de soulever l'ensemble des Indiens contre les Anglais (1763-1766).

PONTIANAK, port d'Indonésie (Bornéo) ; 305 000 h.

PONTIGNY (89230), comm. de l'Yonne ; 784 h. Église romane et gothique du XIIe s., anc. abbatiale cistercienne. Siège de réunions culturelles (les *décades de Pontigny*) animées par P. Desjardins (1910-1914 ; 1922-1939), l'abbaye est occupée de nouveau par des religieux. La paroisse de Pontigny est, depuis 1954, le siège de la Mission de France.

PONTINE *(plaine),* anc. **marais Pontins,** plaine d'Italie, dans le Latium. Agriculture et élevage. Elle a été assainie à partir de 1928.

PONTIVY (56300), ch.-l. d'arr. du Morbihan, sur le Blavet ; 14 512 h. *(Pontivyens).* Agroalimentaire. Au sud de la cité médiévale, Napoléon fit édifier une ville nouvelle, appelée Napoléonville de 1805 à 1814 et de 1848 à 1871. Château des Rohan (XVe s.).

PONT-L'ABBÉ (29120), ch.-l. de c. du Finistère ; 7 892 h. *(Pont-l'Abbistes).* Tourisme et artisanat. Musée bigouden dans le donjon de l'anc. château.

PONT-L'ÉVÊQUE (14130), ch.-l. de c. du Calvados ; 3 885 h. *(Pontépiscopiens).* Fromages. Monuments anciens.

PONT-L'ÉVÊQUE (60400), comm. de l'Oise ; 660 h. Constructions mécaniques.

PONTMAIN (53220), comm. de la Mayenne ; 943 h. Pèlerinage à la Vierge.

PONTOISE (95300), ch.-l. du Val-d'Oise, sur l'Oise, à 27 km au N.-O. de Paris ; 28 463 h. *(Pontoisiens).* Évêché. Cet anc. ch.-l. du Vexin est devenu le principal élément de la ville nouvelle de *Cergy-Pontoise.* Église St-Maclou (XIIe-XVIe s.), auj. cathédrale. Musées.

PONTOPPIDAN (Henrik), écrivain danois (Fredericia 1857 - Copenhague 1943), auteur de romans naturalistes *(Pierre le Chanceux).* [Prix Nobel 1917.]

PONTORMO (Iacopo **Carucci,** dit **le**), peintre italien (Pontormo, prov. de Florence, 1494 - Florence 1556). S'inspirant de Michel-Ange, voire de Dürer, il a élaboré un art tendu, contrasté, aux effets étranges, qui fait de lui la personnalité dominante du maniérisme florentin (*Déposition de Croix,* église S. Felicità).

PONTORSON (50170), ch.-l. de c. de la Manche, près du Mont-Saint-Michel ; 4 410 h. Confection. Église romane et gothique.

PONTRESINA, comm. de Suisse (Grisons) ; 1 604 h. Station de sports d'hiver à 1 800 m d'alt.

PONTRIEUX [pɔ̃trijø] (22260), ch.-l. de c. des Côtes-d'Armor ; 1 193 h.

PONT-SAINTE-MARIE (10150), comm. de l'Aube, banlieue de Troyes ; 5 085 h.

PONT-SAINTE-MAXENCE (60700), ch.-l. de c. de l'Oise, sur l'Oise ; 11 001 h. *(Pontois* ou *Maxipontins).* Église des XVe-XVIe s.

PONT-SAINT-ESPRIT (30130), ch.-l. de c. du Gard ; 9 402 h. *(Spiripontains).* Pont de 25 arches sur le Rhône, remontant au XIIIe s.

PONT-SCORFF (56620), ch.-l. de c. du Morbihan ; 2 358 h.

PONTS-DE-CÉ (Les) [49130], ch.-l. de c. de Maine-et-Loire, sur la Loire ; 11 448 h. Victoire de Louis XIII sur les partisans de sa mère (1620).

PONT-SUR-YONNE (89140), ch.-l. de c. de l'Yonne ; 3 233 h. Église des XIIe-XVe s.

PONTVALLAIN (72510), ch.-l. de c. de la Sarthe ; 1 255 h.

POOLE, port de Grande-Bretagne (Dorset) ; 130 900 h.

POOL MALEBO → ***Malebo Pool.***

POONA → ***Pune.***

POOPÓ, lac de Bolivie, à 3 686 m d'alt. ; 2 600 km^2 env.

POPARD (Irène), pédagogue française (Paris 1894 - *id.* 1950), créatrice d'une méthode de danse rythmique, dite eurythmique.

POPAYÁN, v. de Colombie, dans la vallée du Cauca ; 180 000 h. Vestiges de l'époque coloniale.

POPE (Alexander), écrivain britannique (Londres 1688 - Twickenham 1744). Ses poèmes didactiques *(Essai sur la critique, Essai sur l'homme),* héroï-comiques *(la Boucle volée)* et satiriques *(la Dunciade)* font de lui le théoricien et le meilleur représentant du classicisme.

POPERINGE, v. de Belgique (Flandre-Occidentale) ; 19 290 h. Trois églises des XIIIe-XVe s.

POPOCATÉPETL, volcan du Mexique ; 5 452 m.

POPOV (Aleksandr Stepanovitch), ingénieur russe (Tourinskie Roudniki, auj. Krasnotourinsk, près d'Iekaterinbourg, 1859 - Saint-Pétersbourg 1906). Il inventa l'antenne radioélectrique en perfectionnant le cohéreur de Branly.

POPPÉE, impératrice romaine (m. en 65 apr. J.-C.). Femme d'Othon puis maîtresse de Néron, qui l'épousa en 62. Néron la tua d'un coup de pied dans un accès de colère, puis la fit diviniser.

PÖPPELMANN (Matthäus Daniel) → ***Dresde.***

POPPER (*sir* Karl Raimund), philosophe britannique d'origine autrichienne (Vienne 1902 - Londres 1994). D'abord proche des néopositivistes, il rompt avec eux en montrant la spécificité de la théorie scientifique (*la Logique de la découverte scientifique,* 1934). Il a critiqué l'école de Francfort (*Misère de l'historicisme,* 1956) et retracé la démarche épistémologique qu'il préconise dans *la Quête inachevée* (1974).

POQUELIN → ***Molière.***

PORCHEVILLE (78440), comm. des Yvelines, sur la Seine ; 2 602 h. Centrales thermiques.

PORCIEN (le), région du dép. des Ardennes, entre l'Aisne et la dépression qui borde l'Ardenne.

PORDENONE, v. d'Italie (Vénétie), ch.-l. de prov. ; 49 746 h.

PORDENONE (Giovanni Antonio **de' Sacchis,** dit **il,** en fr. **le**), peintre italien (Pordenone v. 1484 - Ferrare 1539). Actif à Trévise, Crémone, Plaisance, Venise, etc., c'est un peintre d'église au style robuste et impétueux, qui exerça une influence sur le Tintoret.

Porgy and Bess, opéra en 3 actes de G. Gershwin sur un livret d'Ira Gershwin et DuBose Heymard (1935). Premier opéra écrit pour des chanteurs noirs, contenant la célèbre berceuse *Summertime an' the Livin' is easy.*

PORI, port de Finlande, sur le golfe de Botnie ; 79 000 h.

PORNIC (44210), ch.-l. de c. de la Loire-Atlantique ; 9 908 h. *(Pornicais).* Station balnéaire.

PORNICHET (44380), comm. de la Loire-Atlantique ; 8 165 h. Station balnéaire. Thalassothérapie.

PÔROS, nom grec (en lat. **Porus**) donné au roi indien Paurava (m. v. 317 av. J.-C.), vaincu par Alexandre (326).

PORPHYRE, philosophe grec (Tyr 234 - Rome 305). Platonicien, il édita les *Ennéades* de son maître Plotin et combattit les chrétiens.

PORQUEROLLES (83400 Hyères), une des îles d'Hyères ; 12,5 km^2. Tourisme.

PORRENTRUY, en all. **Pruntrut,** v. de Suisse (cant. du Jura) ; 6 857 h. Anc. château des princes-évêques de Bâle (XVe-XVIIe s.).

PORSENNA, roi étrusque du VIe s. av. J.-C. Il tenta de rétablir les Tarquins à Rome.

PORT (Le) [97420], comm. de la Réunion, sur la côte nord-ouest ; 34 806 h.

PORTA (La) [20237], ch.-l. de c. de la Haute-Corse ; 251 h. Église baroque au riche campanile.

PORTAL (Antoine, *baron*), médecin français (Gaillac 1742 - Paris 1832). Médecin de Louis XVIII, il fit créer en 1820 l'Académie royale de médecine.

PORTALIS (Jean), jurisconsulte français (Beausset 1746 - Paris 1807). Instigateur du Concordat de 1801, ministre des Cultes sous l'Empire, il fut l'un des rédacteurs du Code civil. (Acad. fr.)

PORT ARTHUR, v. du Canada → ***Thunder Bay.***

PORT-ARTHUR, en chin. **Lüshun** ou **Liuchouen,** port de la Chine du Nord-Est (Liaoning), partie de la conurbation de Lüda. Territoire cédé à bail à la Russie (1898), puis conquis par le Japon (1905), il passa sous administration sino-soviétique (1946) puis fut cédé à la Chine en 1954.

PORT-AU-PRINCE, cap. et port de la République d'Haïti, sur la *baie de Port-au-Prince ;* 1 144 000 h. (pour l'agglomération).

Port-aux-Français, base scientifique des îles Kerguelen.

PORT BLAIR, ch.-l. du territoire indien des îles Andaman et Nicobar ; 50 000 h.

PORT-BOU, port d'Espagne (Catalogne) ; 1 913 h. Station frontière, en face du village français de Cerbère.

Port-Bouët, site de l'aéroport d'Abidjan.

PORT-CAMARGUE (30240 Le Grau du Roi), écart de la comm. du Grau-du-Roi (Gard). Station balnéaire. Port de plaisance.

PORT-CARTIER, port du Canada (Québec), sur l'estuaire du Saint-Laurent ; 5 613 h. Exportation de fer.

PORT-CROS (83400 Hyères), une des îles d'Hyères ; 6,4 km^2. Parc national.

PORT-DE-BOUC (13110), comm. des Bouches-du-Rhône, sur le golfe de Fos ; 18 861 h. *(Port-de-Boucains).* Métallurgie. Chimie.

PORT-DES-BARQUES (17730), comm. de la Charente-Maritime, à l'embouchure de la Charente ; 1 465 h. Ostréiculture. Station balnéaire.

PORTE ou **SUBLIME-PORTE** (la), nom donné autref. au gouvernement ottoman.

Porte-Glaive *(chevaliers),* ordre de chevalerie fondé en 1202 par l'évêque de Riga, Albert von Buxhœveden, pour mener la croisade contre les païens de Livonie. En 1237, il fusionna avec l'ordre Teutonique, mais conserva son grand maître. En 1561, l'ordre fut sécularisé.

PORTEL (Le) [62480], ch.-l. de c. du Pas-de-Calais ; 10 711 h.

PORT ELIZABETH, port de l'Afrique du Sud (prov. du Cap-Est) ; 585 000 h. Centre industriel.

PORT-EN-BESSIN-HUPPAIN (14520), comm. du Calvados ; 2 328 h. Station balnéaire. Pêche.

PORTER (Katherine Anne), femme de lettres américaine (Indian Creek, Texas, 1890 - Silver Spring, Maryland, 1980), auteur de nouvelles (*l'Arbre de Judée,* 1930) et de romans (*la Nef des fous,* 1962) qui peignent le conflit entre valeurs sociales et valeurs spirituelles.

PORTES DE FER, nom de plusieurs défilés, notamment celui du Danube, à l'extrémité des Carpates, site d'un important aménagement hydroélectrique ; ceux d'affluents de la Soummam, en Algérie.

PORTES-LÈS-VALENCE (26800), ch.-l. de c. de la Drôme ; 7 932 h. Gare de triage.

PORT-ÉTIENNE → ***Nouadhibou.***

PORTET-SUR-GARONNE (31120), comm. de la Haute-Garonne ; 8 045 h.

PORT-GENTIL, port du Gabon, à l'embouchure de l'Ogooué ; 77 000 h. Centre de la zone d'exploitation pétrolière.

PORT-GRIMAUD (83310 Cogolin), écart de la comm. de *Grimaud* (Var), sur le golfe de Saint-Tropez. Station balnéaire.

PORT HARCOURT, port du Nigeria, sur le delta du Niger ; 335 000 h. Raffinage et pétrochimie.

PORTICCIO (20166), station balnéaire de la Corse-du-Sud, sur le golfe d'Ajaccio.

PORTICI, port d'Italie, en Campanie ; 67 824 h.

PORTIER (Paul), physiologiste français (Bar-sur-Seine 1866 - Bourg-la-Reine 1962). Spécialiste des animaux marins, il découvrit en 1902 l'anaphylaxie avec Charles Richet.

PORTILLON *(lac du),* petit lac des Pyrénées (Haute-Garonne). Usine hydroélectrique.

PORTINARI (Cândido), peintre brésilien (Brodósqui, État de São Paulo, 1903 - Rio de Janeiro 1962), auteur de vastes compositions murales d'inspiration sociale ou historique.

PORT-JÉRÔME, localité de la Seine-Maritime (comm. de Notre-Dame-de-Gravenchon), sur la basse Seine. Raffinerie de pétrole. Pétrochimie.

PORT-JOINVILLE (85350 L Île d Yeu), port de l'île d'Yeu (Vendée). C'est le principal centre de l'île. Pêche et station balnéaire.

PORTLAND, péninsule anglaise de la Manche (Dorset). Calcaire argileux ayant donné son nom à une variété de ciment.

PORTLAND, v. des États-Unis (Oregon) ; 437 319 h. (1 239 842 h. dans l'agglomération). Centre culturel et industriel.

PORT-LA-NOUVELLE (11210), comm. de l'Aude ; 4 842 h. Port. Station balnéaire. Cimenterie.

PORT-LOUIS (56290), ch.-l. de c. du Morbihan ; 3 006 h. Musée naval dans la citadelle, des XVIe-XVIIe s.

PORT-LOUIS (97117), comm. de la Guadeloupe ; 5 653 h.

PORT-LOUIS, cap. de l'île Maurice ; 144 000 h.

PORT-LYAUTEY → ***Kenitra.***

PORT MORESBY, cap. de la Papouasie-Nouvelle-Guinée, sur la mer de Corail ; 144 000 h.

PORT-NAVALO (56440 Arzon), port et station balnéaire du Morbihan (comm. d'Arzon), à l'extrémité de la presqu'île de Rhuys.

PORTO *(golfe de),* golfe de la côte occidentale de la Corse.

PORTO, port du Portugal, près de l'embouchure du Douro ; 310 637 h. (près d'un million dans l'agglomération). Centre industriel. Commercialisation des vins de Porto. Cathédrale, romane, et église S. Francisco, gothique, toutes deux à riches décors baroques. Musées.

PORTO ALEGRE, v. du Brésil, cap. du Rio Grande do Sul ; 1 262 631 h. (3 015 960 h. dans l'agglomération). Métropole économique du Brésil méridional.

PORTOFERRAIO, ch.-l. de l'île d'Elbe (Italie) ; 11 050 h. Napoléon Ier y résida de mai 1814 à février 1815.

PORT OF SPAIN, v. de l'île de la Trinité, cap. de l'État de Trinité-et-Tobago ; 56 000 h.

PORTO-NOVO, cap. du Bénin, sur le golfe de Guinée ; 144 000 h.

PORTO RICO ou **PUERTO RICO,** une des Antilles, à l'est d'Haïti ; 8 897 km^2 ; 3 522 000 h. *(Portoricains).* Cap. *San Juan.* De climat chaud et humide, cette île au relief modéré fournit des produits tropicaux (sucre principalement) et possède des industries de montage. Mais la pression démographique et le sous-emploi entraînent une forte émigration vers les États-Unis.

HISTOIRE

1493 : l'île est découverte par Christophe Colomb. 1508 : le nom de « Porto Rico » est donné à une baie, où est fondée (1511) San Juan. L'importance stratégique de l'île en fait le cœur de l'Empire espagnol. 1873 : l'esclavage est aboli. 1898 : après la défaite des Espagnols, les États-Unis occupent l'île. 1917 : les Portoricains reçoivent la nationalité américaine. 1947 : ils sont autorisés à élire leur gouverneur. 1952 : une nouvelle constitution, approuvée par référendum, fait de Porto Rico un « État libre associé » aux États-Unis.

PORTO-VECCHIO (20137), ch.-l. de c. de la Corse-du-Sud, sur le *golfe de Porto-Vecchio ;* 9 391 h. Port. Centre touristique.

PORTO VELHO, v. du Brésil, cap. du Rondônia ; 286 400 h.

PORTOVIEJO, v. de l'Équateur, près du Pacifique ; 132 937 h.

Port-Royal, abbaye de femmes, fondée en 1204 près de Chevreuse (Yvelines), réformée à partir de 1608 par l'abbesse Angélique Arnauld, et dédoublée en Port-Royal des Champs et Port-Royal de Paris en 1625. Passée en 1635 sous la direction religieuse de Saint-Cyran, elle devint le foyer du jansénisme. Autour de la maison de Chevreuse, où une grande partie de la communauté parisienne revint s'établir en 1648, se groupèrent des solitaires, dits « les messieurs de Port-Royal » (Lemaistre de Sacy, Nicole, Arnauld, Lancelot, Hamon), qui fondèrent les Petites Écoles ; Racine fut leur élève. À partir de 1656, la persécution s'abattit sur Port-Royal des Champs ; les religieuses furent expulsées en 1709, l'abbaye démolie en 1710. Un oratoire-musée a été édifié en 1891 sur l'emplacement de l'ancienne chapelle. À proximité, musée national du « château des Granges » de Port-Royal.

PORT-SAÏD, port d'Égypte, sur la Méditerranée, à l'entrée du canal de Suez ; 320 000 h.

PORT-SAINTE-MARIE (47130), ch.-l. de c. de Lot-et-Garonne ; 1 885 h. Église gothique du XVIe s.

PORT-SAINT-LOUIS-DU-RHÔNE (13230), ch.-l. de c. des Bouches-du-Rhône ; 8 648 h. Port. Chimie.

PORTSALL, hameau de la comm. de Ploudalmézeau (Finistère), sur la Manche. Marée noire en 1978.

PORTSMOUTH, port des États-Unis (Virginie) ; 103 907 h. Chantiers navals.

PORTSMOUTH, port du sud de la Grande-Bretagne (Hampshire) ; 174 700 h. Constructions navale, civile et militaire. Musée du *Victory,* navire amiral de Nelson.

Portsmouth *(traité de)* [5 sept. 1905], traité signé à Portsmouth (États-Unis, New Hampshire), entre le Japon et la Russie. Il mit fin à la guerre russo-japonaise.

PORT-SOUDAN, principal port du Soudan, sur la mer Rouge ; 207 000 h.

PORT-SUR-SAÔNE (70170), ch.-l. de c. de la Haute-Saône ; 2 552 h. Tréfilerie.

PORT TALBOT, port de Grande-Bretagne (Galles) sur le canal de Bristol ; 55 000 h. Sidérurgie.

PORTUGAL, État de l'Europe méridionale, dans l'ouest de la péninsule Ibérique, sur l'Atlantique ; 92 000 km² ; 10 400 000 h. *(Portugais).* CAP. *Lisbonne.* LANGUE : *portugais.* MONNAIE : *escudo.*

INSTITUTIONS

République. Constitution de 1976, amendée en 1982 et en 1989. Président de la République, élu pour 5 ans. Premier ministre nommé par le président de la République. *Assemblée de la République,* élue pour 4 ans.

GÉOGRAPHIE

Membre de l'Union européenne, le Portugal demeure encore un pays largement rural. Le climat est souvent chaud et sec, au moins en été et dans le Sud. L'agriculture associe cultures méditerranéennes comme la vigne et l'olivier, céréales (blé) et élevage ovin. L'industrie valorise surtout ces productions. Le littoral est animé par la pêche et plus encore par le tourisme, cette dernière ressource contribuant, avec les envois des émigrés, à combler le traditionnel déficit commercial. Lisbonne et Porto sont, de loin, les principales villes. Le pays est encore sous-industrialisé. L'émigration et, plus récemment, le recul de la natalité n'ont pas résolu le problème de l'emploi, souci essentiel, devant l'endettement extérieur.

HISTOIRE

La formation de la nation. Le pays est occupé par des tribus en rapport avec les Phéniciens, les Carthaginois et les Grecs. IIe s. av. J.-C. : la province romaine de Lusitanie est créée. Ve s. apr. J.-C. : elle est envahie par les Suèves et les Alains, puis par les Wisigoths qui s'y installent durablement. 711 : les musulmans conquièrent le pays. 866-910 : Alphonse III, roi des Asturies, reprend le contrôle de la région de Porto. 1064 : Ferdinand Ier, roi de Castille, libère la région située entre Douro et Mondego. Fin du XIe s. : Alphonse VI, roi de Castille et de León, confie le comté de Portugal à son gendre, Henri de Bourgogne. 1139-1185 : Alphonse Henriques, fils d'Henri de Bourgogne, prend le titre de roi de Portugal après sa victoire d'Ourique sur les Maures (1139) et fait reconnaître l'indépendance du Portugal. 1211 : la première réunion des Cortes se tient à Coimbra. 1249 : Alphonse III (1248-1279) parachève la Reconquête en occupant l'Algarve. 1290 : Denis Ier (1279-1325) fonde l'université de Lisbonne, qui sera transférée, en 1308, à Coimbra. 1383 : avec Ferdinand Ier (1367-1383) s'éteint la dynastie de Bourgogne. 1385 : Jean Ier (1385-1433) fonde la dynastie d'Aviz et remporte sur les Castillans la victoire d'Aljubarrota.

L'âge d'or. Le Portugal poursuit au XVe s. et au début du XVIe s. son expansion maritime et joue un grand rôle dans les voyages de découvertes, animés par Henri le Navigateur (1394-1460). 1487 : Bartolomeu Dias double le cap de Bonne-Espérance. 1494 : le traité de Tordesillas établit une ligne de partage entre les possessions extraeuropéennes de l'Espagne et celles du Portugal. 1497 : Vasco de Gama découvre la route des Indes. 1500 : Cabral prend possession du Brésil. 1505-1515 : l'Empire portugais des Indes est constitué. 1521-1557 : sous Jean III, la culture intellectuelle et artistique connaît le même essor que l'économie.

Les crises et le déclin. 1578 : Sébastien Ier (1557-1578) est tué à la bataille d'Alcaçar-Quivir, au Maroc. 1580 : à l'extinction de la dynastie d'Aviz, Philippe II d'Espagne devient roi de Portugal, unissant ainsi les deux royaumes. 1640 : les Portugais se soulèvent contre l'Espagne et proclament roi le duc de Bragance, Jean IV (1640-1656). 1668 : au traité de Lisbonne, l'Espagne reconnaît l'indépendance du Portugal, moyennant la cession de Ceuta. Fin du XVIIe s. : se résignant à l'effondrement de ses positions en Asie et à son recul en Afrique, le Portugal se consacre à l'exploitation du Brésil. 1703 : le traité de Methuen lie économiquement le Portugal et la Grande-Bretagne. 1707-1750 : sous Jean V, l'or du Brésil ne parvient pas à stimuler l'économie métropolitaine. 1750-1777 : Joseph Ier fait appel à Pombal qui impose un énergique régime de despotisme éclairé et reconstruit Lisbonne après le tremblement de terre de 1755. 1792 : Marie Ire (1777-1816) laisse le pouvoir à son fils, le futur Jean VI. 1801 : « guerre des Oranges » entre le Portugal et l'Espagne. 1807 : le pays est envahi par les troupes françaises de Junot ; la famille royale gagne le Brésil. 1808 : Wellesley débarque au Portugal. 1811 : le pays est libéré des Français ; la Cour reste au Brésil et le Portugal est soumis à un régime militaire sous contrôle de l'Angleterre. 1822 : Jean VI (1816-1826) revient à Lisbonne à la demande des Cortes et accepte une constitution libérale. Son fils aîné, Pierre Ier, se proclame empereur du Brésil dont l'indépendance est reconnue en 1825. 1826 : à la mort de Jean VI, Pierre Ier devient roi de Portugal sous le nom de Pierre IV ; il abdique en faveur de sa fille Marie II et confie la régence à son frère Miguel. 1828 : Miguel se proclame roi sous le nom de Michel Ier et tente de rétablir l'absolutisme. 1832-1834 : Pierre Ier débarque au Portugal et rétablit Marie II (1826-1853). 1834-1853 : la tension politique et les luttes civiles persistent. 1852-1908 : après l'établissement du suffrage censitaire, le Portugal connaît sous les rois Pierre V (1853-1861), Louis Ier (1861-1889) et Charles Ier (1889-1908) un véritable régime parlementaire ; le pays tente d'entreprendre sa « régénération » et de se reconstituer un empire colonial autour de l'Angola et du Mozambique. 1907-08 : João Franco instaure une dictature. Charles Ier est assassiné avec son fils aîné. 1908-1910 : Manuel II renonce au régime autoritaire mais est chassé par la révolution.

La république. 1910-11 : la république est proclamée. Le gouvernement provisoire décrète la séparation de l'Église et de l'État et accorde le droit de grève. 1911-1926 : une grande instabilité politique sévit pendant la Ire République ; le Portugal ne retire pas d'avantages substantiels de sa participation, aux côtés des Alliés, à la Première Guerre mondiale. 1926 : le coup d'État du général Gomes da Costa renverse le régime. 1928 : Carmona, président de la République, appelle aux Finances Salazar qui opère un redressement spectaculaire. 1933-1968 : Salazar, maître du pays, gouverne selon la Constitution de 1933 qui instaure « l'État nouveau », corporatiste et nationaliste. 1968-1974 : le président Caetano combat les rébellions de la Guinée, du Mozambique et de l'Angola. 1974 : une junte, dirigée par le général de Spínola, prend le pouvoir et inaugure la « révolution des œillets » ; elle est éliminée par les forces de gauche. 1975 : le Conseil national de la révolution applique un programme socialiste. Les anciennes colonies portugaises accèdent à l'indépendance. 1976-1986 : A. Eanes préside la République, tandis que se succèdent les gouvernements de M. Soares (socialiste, 1976-1978) puis de Sá Carneiro (centre droit, 1979-80), de F. Pinto Balsemão (social-démocrate, 1981-1983), de M. Soares (1983-1985), puis d'A. Cavaco Silva (social-démocrate, 1985-1995). 1986 : M. Soares devient président de la République. Le Portugal entre dans la C.E.E. Lors des élections de 1987 et de 1991, le parti social-démocrate, toujours conduit par Cavaco Silva, obtient la majorité absolue. 1995 : le parti socialiste remporte les élections ; son leader, António Guterres, devient Premier ministre. 1996 : le socialiste Jorge Sampaio est élu président de la République.

CULTURE ET CIVILISATION

☐ BEAUX-ARTS

Principales villes d'intérêt artistique : Alcobaça, Batalha, Belém, Braga, Coimbra, Évora, Guimarães, Lisbonne, Porto, Santarém, Setúbal, Sintra, Tomar.

☐ LITTÉRATURE

XVIe s. : Sá de Miranda, G. Vicente, F. de Morais, Camões. XVIIe s. : A. Vieira. XIXe s. : Almeida Garrett, A. Herculano, Castelo Branco, J. M. Eça de Queirós. XXe s. : F. Pessoa.

PORT-VENDRES (66660), ch.-l. de c. des Pyrénées-Orientales ; 5 444 h. Port de pêche. Station balnéaire.

PORT-VILA ou **VILA,** cap. de l'archipel de Vanuatu ; 15 000 h.

PORTZAMPARC (Christian [Urvoy] **de**), architecte français (Casablanca 1944), auteur de la Cité de la musique au parc de la Villette (1985-1995).

PORTZMOGUER (Hervé **de**), dit **Primauguet,** marin breton (Plouarzel v. 1470 - en mer, près de Brest, 1512). Il mourut en protégeant la retraite de sa flotte contre les Anglais.

POSADAS, v. d'Argentine, sur le Paraná ; 219 824 h.

P. O. S. D. R. → ***social-démocrate de Russie*** *(parti ouvrier).*

POSÉIDON, dieu grec de la Mer, le *Neptune* des Romains. On le représente armé d'un trident.

POSIDONIUS, historien et philosophe stoïcien grec (Apamée, Syrie, v. 135 - Rome 51 av. J.-C.). Il enseigna à Rhodes, où il eut comme auditeurs Cicéron et Pompée, puis à Rome.

POSNANIE, ancienne province de Prusse ayant pour capitale Poznań, qui fut attribuée au royaume de Prusse lors du deuxième partage de la Pologne (1793) et fut rendue à la Pologne en 1919.

POSSESSION (La) [97419], comm. de la Réunion ; 15 623 h.

Poste (La), établissement autonome de droit public chargé de l'acheminement, de la distribution du courrier et de certaines activités bancaires spécifiques. Elle a le monopole sur l'émission des timbres.

POSTEL (Guillaume), humaniste français (Barenton, Normandie, 1510 - Paris 1581). Il voyagea en Orient, la première fois comme membre de l'ambassade de François Ier à Constantinople, et prêcha la réconciliation avec les musulmans *(concordia mundi).* Il fut emprisonné par l'Inquisition.

POSTUMUS (Marcus Cassianus Latinius), officier gaulois (m. en 268), qui se fit proclamer empereur des Gaules par ses troupes (258). Gallien dut tolérer l'usurpateur, qui fut assassiné par ses propres soldats.

POT (Philippe), homme d'État bourguignon (1428 - Dijon 1494), un des conseillers de Charles le Téméraire, puis de Louis XI, grand sénéchal de Bourgogne. Son tombeau est au Louvre.

Potala (le), palais du dalaï-lama à Lhassa évoquant le séjour divin d'Avalokiteśvara, le protecteur du Tibet. Fondé au VIIe s., l'édifice actuel (auj. musée), de 13 étages de 178 m de haut, a été construit v. 1645, et constitue une véritable ville forte qui abrite sanctuaires, pagodes funéraires, appartements, bibliothèques.

Potemkine, cuirassé de la flotte russe de la mer Noire, dont les marins se mutinèrent en juin 1905. Ces derniers gagnèrent Constanţa, où ils capitulèrent. Cette révolte a été célébrée par Eisenstein dans le film *le Cuirassé* Potemkine.*

POTEMKINE (Grigori Aleksandrovitch, *prince*), homme d'État et feld-maréchal russe (près de Smolensk 1739 - près de Iaşi 1791). Favori de Catherine II, il rallia l'impératrice à son projet de restauration de l'Empire byzantin au profit de la Russie. Il réalisa l'annexion de la Crimée (1783) et commanda en chef les troupes de la guerre russo-turque (1787-1791).

POTENZA, v. d'Italie (Basilicate), ch.-l. de prov. ; 65 603 h. Églises des XIe-XVIIIe s. Musée archéologique.

POTEZ [-tɛz] (Henry), ingénieur et constructeur aéronautique français (Méaulte, Somme, 1891 - Paris 1981). De ses usines sont sortis plus de 7 000 avions.

POTHIER (*dom* Joseph), musicologue et religieux français (Bouzemont 1835 - Conques 1923). Abbé de Saint-Wandrille, il contribua à la restauration du chant grégorien.

POTHIER (Robert Joseph), jurisconsulte français (Orléans 1699 - *id.* 1772), dont les travaux (notamm. *la Théorie des contrats*) ont inspiré les auteurs du Code civil.

POTHIN *(saint),* martyr (m. à Lyon en 177). Premier évêque de Lyon, il fut mis à mort sous Marc Aurèle, en même temps que d'autres chrétiens lyonnais, parmi lesquels sainte Blandine.

POTIDÉE, v. de Macédoine. Sa révolte contre Athènes, en 432 av. J.-C., fut une des causes de la guerre du Péloponnèse.

POTOCKI, famille de magnats polonais, qui compta plusieurs hommes d'État et un écrivain, **Jan** (Pików 1761 - Uładówka 1815), qui étudia l'origine des civilisations slaves et écrivit en français un récit fantastique, *Manuscrit trouvé à Saragosse* (1804-05).

POTOMAC (le), fl. des États-Unis, qui passe à Washington et se jette dans la baie de Chesapeake ; 460 km.

POTOSÍ, v. de la Bolivie andine, à 4 000 m d'altitude env. ; 112 291 h. Anc. centre minier.

POTSDAM, v. d'Allemagne, cap. du Brandebourg, au sud-ouest de Berlin ; 141 430 h. Centre industriel. Autref. surnommée le *Versailles prussien,* elle conserve divers monuments, des musées et surtout, dans le parc de Sans-Souci, le petit château du même nom (joyau de l'art rococo construit en 1745 par Georg Wenzeslaus von Knobelsdorff pour Frédéric II) ainsi que l'immense Nouveau Palais (1763).

Potsdam *(conférence de)* [juill.-août 1945], conférence entre Truman, Staline et Churchill (puis Attlee) où furent définis les principes politiques et économiques qui devaient permettre le contrôle de l'Allemagne après sa capitulation. L'U. R. S. S. s'associa également à l'ultimatum anglo-américain au Japon.

POTT (Percival), chirurgien britannique (Londres 1713 - *id.* 1788). Il est surtout connu pour ses recherches sur la tuberculose des vertèbres, maladie qui porte son nom.

POTTER (Paulus), peintre néerlandais (Enkhuizen 1625 - Amsterdam 1654), le plus célèbre animalier de l'école hollandaise.

POTTIER (Eugène), révolutionnaire et chansonnier français (Paris 1816 - *id.* 1887). Ouvrier, membre de la Commune de Paris (1871), il est l'auteur, notamm., des paroles du chant de *l'Internationale.*

POUANCÉ (49420), ch.-l. de c. de Maine-et-Loire ; 3 324 h. Industrie automobile. Ruines d'un château des XIIIe-XVe s.

POUCHKINE → ***Tsarskoïe Selo.***

POUCHKINE (Aleksandr Sergueïevitch), écrivain russe (Moscou 1799 - Saint-Pétersbourg 1837). Fonctionnaire impérial, il s'attira par ses idées libérales de nombreuses sanctions, mais connut rapidement la gloire, que lui apportèrent une épopée fantastique *(Rouslan et Lioudmila),* un roman en vers (*Eugène Onéguine,* 1825-1833), un drame historique (*Boris Godounov,* 1825, publié en 1831), des nouvelles *(la Dame de pique, la Fille du capitaine).* Il est le fondateur de la littérature russe moderne. Il fut tué en duel.

POUDOVKINE (Vsevolod), cinéaste soviétique (Penza 1893 - Moscou 1953). Théoricien du montage, qu'il érigea en loi absolue, il illustra avec un lyrisme remarquable le thème révolutionnaire de la prise de conscience : *la Mère* (1926), *la Fin de Saint-Pétersbourg* (1927), *Tempête sur l'Asie* (1929).

POUGATCHEV ou **POUGATCHIOV** (Iemelian Ivanovitch), chef de l'insurrection populaire russe de 1773-74 (Zimoveïskaïa v. 1742 - Moscou 1775). Se faisant passer pour le tsar Pierre III, il rassembla des troupes nombreuses d'insurgés cosaques, paysans et allogènes contre lesquelles Catherine II envoya l'armée. Il fut exécuté.

POUGNY (Ivan ou Jean), peintre français d'origine russe (Kuokkala, auj. Repino, Carélie, 1894 - Paris 1956), auteur, après une phase constructiviste, de petits tableaux intimistes dans la lignée des nabis.

POUGUES-LES-EAUX (58320), ch.-l. de c. de la Nièvre ; 2 387 h. Station thermale (affections digestives et diabète).

POUILLE (la) ou **POUILLES** (les), anc. **Apulie,** région de l'Italie méridionale, formée par les prov. de Bari, Brindisi, Foggia, Lecce et Tarente ; 19 347 km² ; 3 986 430 h. Cap. *Bari.*

POUILLET (Claude), physicien français (Cusance, Doubs, 1790 - Paris 1868). Il établit les lois des courants, introduisit les notions de force électromotrice et de résistance interne des générateurs, et inventa la boussole des tangentes.

POUILLON (40350), ch.-l. de c. des Landes ; 2 614 h.

POUILLY-EN-AUXOIS (21320), ch.-l. de c. de la Côte-d'Or ; 1 477 h. Chapelle des XIIIe-XVe s.

POUILLY-SUR-LOIRE (58150), ch.-l. de c. de la Nièvre ; 1 752 h. Vins blancs.

POULBOT (Francisque), dessinateur français (Saint-Denis 1879 - Paris 1946). Il a créé un type célèbre de gosse de Montmartre.

POULENC [-lɛ̃k] (Francis), compositeur français (Paris 1899 - *id.* 1963). Il écrivit des drames (*Dialogues des carmélites,* 1957, d'après Bernanos ; *la Voix humaine,* 1959, d'après Cocteau), mais aussi des œuvres bouffonnes (*les Mamelles de Tirésias,* 1947, d'après Apollinaire) ou des pages religieuses (*Litanies à la Vierge noire,* 1936) ainsi que des ballets (*les Biches,* 1924) et de la musique pour piano.

POULIGUEN [-gɛ̃] **(Le)** [44510], comm. de la Loire-Atlantique ; 5 001 h. Station balnéaire.

POULO CONDOR, auj. **Côn Dao,** archipel du sud du Viêt Nam.

POUND (Ezra Loomis), poète américain (Hailey, Idaho, 1885 - Venise 1972). Il chercha dans la réunion des cultures (*l'Esprit des littératures romanes,* 1910) et des langages l'antidote à l'usure et à la désagrégation que le monde moderne impose à l'homme (*Cantos,* 1919-1969).

POUNT, mot qui, dans l'Égypte ancienne, désignait la côte des Somalis.

POURBUS, famille de peintres flamands. — **Pieter** (Gouda 1523 - Bruges 1584) est l'auteur de tableaux religieux italianisants et de portraits. — Son fils **Frans,** dit **l'Ancien** (Bruges 1545 - Anvers 1581), élève de F. Floris à Anvers, fut surtout un bon portraitiste de tendance maniériste. — **Frans II,** dit **le Jeune** (Anvers 1569 - Paris 1622), fils du précédent, fit une carrière de portraitiste dans diverses cours d'Europe, dont Paris, où Marie de Médicis l'appela en 1609.

POURRAT (Henri), écrivain français (Ambert 1887 - *id.* 1959), peintre des paysages et de la vie ancestrale de l'Auvergne (*Gaspard des Montagnes,* 1922-1931 ; *Vent de mars,* 1941).

POURTALET *(col du),* passage pyrénéen entre les vallées d'Ossau (France) et de Sallent (Espagne) ; 1 794 m.

POUSSEUR (Henri), compositeur belge (Malmédy 1929). Il est directeur du Conservatoire royal de Liège. Parti de la technique sérielle, il s'est tourné vers l'électroacoustique (*Votre*

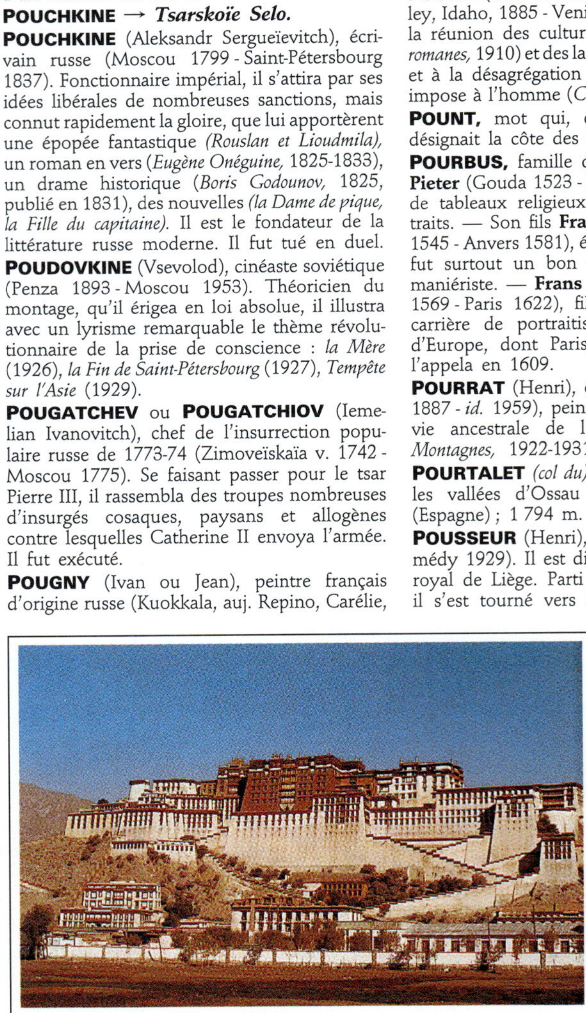

Vue du **Potala** à Lhassa (Tibet)
[fondé au VIIe s., reconstruit au XVIIe s.]

Pouchkine (Kiprenski - galerie Tretiakov)

Faust, 1967 ; *Procès du jeune chien,* 1978 ; *la Seconde Apothéose de Rameau,* 1981).

POUSSIN (Nicolas), peintre français (Villers, près des Andelys, 1594 - Rome 1665). Il passa la majeure partie de sa vie à Rome. Ses premières œuvres italiennes (*l'Inspiration* du poète, des Bacchanales,* etc.) reflètent l'influence de Titien. Il évolua vers un classicisme érudit de plus en plus dépouillé (deux séries de *Sacrements ; Éliézer et Rébecca,* 1648, Louvre ; *les Bergers d'Arcadie,* v. 1650/55, *ibid.*). Ses derniers paysages (*les Quatre Saisons,* Louvre) témoignent d'un lyrisme large et puissant. Son influence fut considérable sur la peinture classique des XVIIe et XVIIIe s.

P'OU-YI → ***Puyi.***

POUZAUGES (85700), ch.-l. de c. de la Vendée ; 5 528 h. Conserverie. Donjon du XIIIe s.

POUZZOLES, en ital. **Pozzuoli,** port d'Italie, sur le golfe de Naples ; 75 706 h. Station thermale et balnéaire. Vestiges antiques, dont l'amphithéâtre du Ier s., l'un des mieux conservés du monde romain.

POWELL (Earl, dit **Bud**), pianiste de jazz noir américain (New York 1924 - *id.* 1966). Il s'imposa au cours des années 40 comme le chef de file du piano bop *(Bouncing with Bud).*

POWELL (Cecil Frank), physicien britannique (Tonbridge 1903 - Casargo, Italie, 1969), prix Nobel (1950) pour sa découverte du « méson pi », grâce à l'emploi de la plaque photographique appliquée à l'étude des rayons cosmiques.

POWELL (John Wesley), géologue, ethnologue et linguiste américain (Mount Morris, État de New York, 1834 - Haven, Maine, 1902). Explorateur de l'Ouest américain, il organisa le service géologique et le bureau d'ethnologie des États-Unis. Il est l'auteur de la première classification des langues indiennes d'Amérique du Nord.

POWYS (John Cowper), écrivain britannique (Shirley, Derbyshire, 1872 - Blaenau Ffestiniog, pays de Galles, 1963). Son œuvre, mystique et sensuelle, cherche à dégager le fonctionnement de la pensée au contact des êtres, des paysages, des objets (*les Enchantements de Glastonbury,* 1932 ; *Autobiographie,* 1934).

POYANG ou **P'O-YANG,** lac de Chine dans la vallée moyenne du Yangzi Jiang ; 2 700 km² à son extension maximale.

POYET (Guillaume), homme d'État français (Les Granges, Maine-et-Loire, 1473 - Paris 1548), chancelier de France sous François Ier, rédacteur de l'ordonnance de Villers-Cotterêts (1539).

POZA RICA, v. du Mexique, près du golfe du Mexique ; 150 201 h. Raffinage du pétrole et pétrochimie.

POZNAŃ, v. de Pologne, en Posnanie, ch.-l. de voïévodie, sur la Warta ; 589 700 h. Centre commercial (foire internationale) et industriel. Hôtel de ville de la Renaissance. Églises gothiques ou baroques. Musées.

POZZO DI BORGO (Charles André), diplomate corse (Alata, près d'Ajaccio, 1764 - Paris 1842). Député à la Constituante, puis à la Législative, il rompit avec la Révolution par amour pour la cause de l'indépendance corse, et s'exila (1796). Passé au service du tsar Alexandre Ier, il le poussa à exiger la déchéance de Napoléon (1814). Il fut ambassadeur de Russie à Paris (1815-1834), puis à Londres (1834-1839).

PRADES (66500), ch.-l. d'arr. des Pyrénées-Orientales, sur la Têt ; 6 445 h. *(Pradéens).* Église du XVIIe s. (clocher du XIIe). — À 3 km, abbaye de Saint-Michel-de-Cuxa, remontant au Xe s. Festival de musique.

PRADES (Jean, *abbé* **de**), écrivain français (Castelsarrasin 1720 - Glogau, auj. Głogów, 1782). Collaborateur de l'*Encyclopédie,* connu pour ses démêlés avec le pape et la Sorbonne, il passa en 1752 au service de Frédéric II de Prusse.

PRADET (Le) [83220], comm. du Var ; 9 765 h.

PRADIER (Jean-Jacques, dit **James**), sculpteur genevois (Genève 1790 - Rueil 1852). Il fit preuve de noblesse dans de nombreuses commandes monumentales (*Victoires* du tombeau de Napoléon), de charme dans ses statues et statuettes féminines.

PRADINES (Maurice), philosophe français (Gloveller, Suisse, 1874 - Paris 1958). Il est l'auteur d'une philosophie qui sépare la morale de la religion.

Prado *(musée national du),* à Madrid. Célèbre musée riche en œuvres de Bosch, le Greco, Ribera, Velázquez, Murillo, Goya, Titien, le Tintoret, Rubens, Van Dyck.

PRAETORIUS (Michael), compositeur, organiste et théoricien allemand (Creuzburg an der Werra v. 1571 - Wolfenbüttel 1621). Auteur de motets, hymnes, psaumes, danses et chansons polyphoniques fortement teintés d'italianisme et dont l'accompagnement instrumental évolua vers la basse continue.

pragmatique sanction de Bourges (7 juill. 1438), acte promulgué par Charles VII. La pragmatique sanction régla unilatéralement la discipline générale de l'Église de France et ses rapports avec Rome. Elle consacra, sous réserve de la confirmation pontificale, le principe électif pour les dignités ecclésiastiques ; elle interdit les annates. Le concordat de 1516 maintint les principales dispositions de la pragmatique sanction, qui resta jusqu'en 1790 la charte de l'Église gallicane.

pragmatique sanction de 1713, acte rédigé par l'empereur Charles VI, le 19 avr. 1713, établissant l'indivisibilité de tous les royaumes et pays dont le souverain Habsbourg avait hérité et réglant la succession au trône par ordre de primogéniture pour les descendants directs, masculins ou féminins. C'est en vertu de cet acte que sa fille Marie-Thérèse lui succéda.

PRAGUE, en tchèque **Praha,** cap. de la République tchèque, sur la Vltava ; 1 212 010 h. Métropole historique et intellectuelle de la Bohême, centre commercial et industriel. — Ensemble du Hradčany (château et ville royale), cathédrale gothique, pont Charles, monuments civils et religieux de style baroque. Nombreux musées, dont la riche Galerie nationale. — Résidence des ducs de Bohême (1061-1140), puis capitale d'Empire sous le règne de Charles IV (1346-1378), Prague déclina après la Défenestration de Prague (1618) et la bataille de la Montagne Blanche (1620). Elle fut de 1918 à 1992 la capitale de la Tchécoslovaquie.

Prague *(cercle de),* groupe de linguistes (dont R. Jakobson et N. Troubetskoï), actif de 1926 à 1939, se rattachant au courant structuraliste. Ses travaux sont importants, surtout dans le domaine de la phonologie.

Praguerie (févr. 1440), nom donné, par association avec la révolte des hussites de Prague, au soulèvement qui éclata en France contre les réformes de Charles VII, et que celui-ci étouffa ; le Dauphin, le futur Louis XI, en fut l'instigateur.

PRAHECQ (79230), ch.-l. de c. des Deux-Sèvres ; 1 623 h.

PRAIA, cap. de l'archipel du Cap-Vert, dans l'île de São Tiago ; 50 000 h.

prairial an III *(journée du 1er)* [20 mai 1795], tentative des sans-culottes parisiens, aux prises avec la crise économique et sociale, pour se saisir du pouvoir. Ils envahirent la Convention, massacrèrent le député Féraud et présentèrent au bout d'une pique sa tête au président Boissy d'Anglas : celui-ci, imperturbable, la salua. Le mouvement fut réprimé, la Garde nationale épurée, les sociétés populaires et les clubs fermés.

PRAIRIE (la), nom donné aux régions (autrefois couvertes d'herbe) des États-Unis, comprises entre le Mississippi et les Rocheuses (elle correspond au Midwest).

PRALOGNAN-LA-VANOISE (73710), comm. de Savoie ; 670 h. Station de sports d'hiver (alt. 1 470-2 360 m).

PRA-LOUP (04400 Uvernet Fours), station de sports d'hiver des Alpes-de-Haute-Provence (alt. 1 630-2 502 m), au sud-ouest de Barcelonnette, au-dessus de l'Ubaye.

PRANDTAUER (Jakob) → ***Melk.***

PRANDTL (Ludwig), physicien allemand (Freising, Bavière, 1875 - Göttingen 1953), auteur de travaux sur la mécanique des fluides. Il établit la théorie hydrodynamique de l'aile portante.

PRASLIN [pralɛ̃] (Gabriel **de Choiseul-Chevigny,** *duc* **de**), officier et diplomate français (Paris 1712 - *id.* 1785). Secrétaire d'État aux Affaires étrangères (1761-1770) et à la Marine (1766-1770), il réorganisa la marine française en vue d'une guerre contre la Grande-Bretagne.

PRAT (Jean), joueur de rugby français (Lourdes 1923), troisième ligne, capitaine, puis sélectionneur de l'équipe nationale.

PRATO, v. d'Italie (Toscane), près de Florence ; 165 364 h. Centre textile. Cathédrale romano-gothique (fresques de Lippi). Musées.

PRATOLINI (Vasco), écrivain italien (Florence 1913 - Rome 1991), auteur de romans sociaux (*Un héros de notre temps,* 1949).

PRATS-DE-MOLLO-LA-PRESTE [prats-] (66230), ch.-l. de c. des Pyrénées-Orientales, sur le Tech ; 1 107 h. Station thermale à *la Preste.* Anc. place forte.

PRATTELN, comm. de Suisse (Bâle-Campagne) ; 15 486 h. Chimie.

PRAVAZ (Charles Gabriel), médecin orthopédiste français (Le Pont-de-Beauvoisin 1791 - Lyon 1853), inventeur de la seringue hypodermique.

Pravda, quotidien russe dont l'origine remonte à 1912. Il a été l'organe du Comité central du parti communiste d'U.R.S.S. de 1922 à 1991.

PRAXITÈLE, sculpteur grec, actif surtout à Athènes au IVe s. av. J.-C. Ses œuvres *(Apollon Sauroctone, Aphrodite de Cnide, Hermès portant Dionysos enfant),* au rythme sinueux, à la grâce

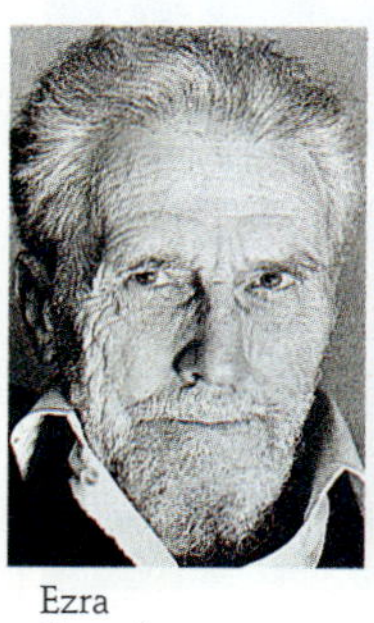

Ezra **Pound**

Nicolas **Poussin :** *Orphée et Eurydice* (apr. 1650). [Louvre, Paris.]

Prague : le pont Charles et ses deux tours (XVe s.) sur la rive gauche de la Vltava.

nonchalante, qui ne sont connues que par des répliques, ont exercé une influence considérable sur les artistes de l'époque hellénistique.

Praxitèle : *Hermès portant Dionysos enfant.* Réplique antique ; marbre, vers 340-330 av. J.-C. (Musée national, Olympie.)

PRAZ-SUR-ARLY (74120), comm. de la Haute-Savoie ; 926 h. Sports d'hiver (alt. 1 035-1 900 m).

PRÉALPES, ensemble de massifs montagneux, essentiellement calcaires, qui bordent les Alpes centrales au nord et à l'ouest.

PRÉAULT (Auguste), sculpteur français (Paris 1809 - *id.* 1879), représentant du courant romantique (*la Tuerie,* musée de Chartres).

Pré-aux-Clercs, prairie située devant Saint-Germain-des-Prés, qui servait de lieu de rendez-vous pour les duels des étudiants de l'ancienne Université de Paris.

Précieuses ridicules (les), comédie en un acte, en prose, de Molière (1659).

PRÉ-EN-PAIL (53140), ch.-l. de c. de la Mayenne ; 2 435 h. Engrais.

PRÉFAILLES (44770), comm. de la Loire-Atlantique ; 861 h. Station balnéaire.

PREM CAND (Dhanpat Rāy, dit **Nawāb Rāy,** ou), écrivain indien d'expression urdu, hindi et anglaise (Lamahī 1880 - Bénarès 1936). Il combattit le système des castes et soutint le mouvement nationaliste de Gāndhī dans des récits influencés par le roman russe (*Godān,* 1936).

PRÉMERY (58700), ch.-l. de c. de la Nièvre ; 2 395 h. Église (XIIIe-XIVe s.) et château (XIVe-XVIIe s.).

PREMINGER (Otto), cinéaste américain d'origine autrichienne (Vienne 1906 - New York 1986). Venu du théâtre, il a affirmé, tout au long d'une œuvre abondante et diverse, un constant souci d'objectivité allié à un style fluide et subtil : *Laura* (1944), *Carmen Jones* (1954), *l'Homme au bras d'or* (1955), *Exodus* (1960).

PRÉMONTRÉ (02560), comm. de l'Aisne ; 1 076 h. Bel ensemble, reconstruit au XVIIIe s., de l'abbaye mère de l'ordre des Prémontrés (auj. hôpital psychiatrique).

PŘEMYSLIDES, dynastie tchèque qui régna sur la Bohême de 900 à 1306.

PRÉNESTE, anc. v. du Latium. (Auj. **Palestrina.**) Ruines du temple de la Fortune (IIe-Ier s. av. J.-C.). Musée archéologique.

PRÉ-SAINT-GERVAIS (Le) [93310], comm. de la Seine-Saint-Denis, banlieue nord-est de Paris ; 15 644 h.

PRESBOURG, forme fr. de **Pressburg,** nom all. de **Bratislava.**

Presbourg *(traité de)* [26 déc. 1805], traité imposé après la victoire d'Austerlitz par Napoléon à l'Autriche, qui cédait à la France la Vénétie, une partie de l'Istrie et la Dalmatie, à la Bavière, le Tyrol, le Voralberg et le Trentin.

PRESLEY (Elvis), chanteur et acteur de cinéma américain (Tupelo 1935 - Memphis 1977). Chanteur de rock and roll, inspiré aussi par le blues, il connut une immense popularité à partir de 1956 et influença profondément les goûts musicaux de la jeunesse de son époque.

PREŠOV, v. de l'est de la Slovaquie ; 87 788 h.

Presse (la), quotidien fondé en 1836 par É. de Girardin, qui inaugura l'ère de la presse quotidienne à bon marché.

Presse (la), quotidien canadien fondé en 1884, l'un des plus forts tirages des quotidiens canadiens de langue française.

Presses de la Cité (les), groupe d'édition français créé en 1947 par S. Nielsen. En 1988, un rapprochement s'est opéré entre les activités d'édition de C. E. P. Communication et celles des Presses de la Cité (rassemblant notamment les éditions Plon, Julliard, 10-18, Olivier Orban, Bordas, Dunod, Gauthier-Villars) pour former le Groupe* de la Cité.

PRESTON, v. de Grande-Bretagne, ch.-l. du Lancashire ; 144 000 h. Centre industriel.

prêt-bail *(loi du)* ou **Lend-Lease Act,** loi adoptée par le Congrès des États-Unis en mars 1941 et appliquée jusqu'en août 1945, qui autorisait le président à vendre, céder, échanger, prêter le matériel de guerre et toutes marchandises aux États en guerre contre l'Axe.

PRÉTEXTAT *(saint),* évêque de Rouen (m. à Rouen en 586), assassiné dans sa cathédrale sur l'ordre de Frédégonde.

PRETI (Mattia), peintre italien (Taverna, Calabre, 1613 - La Valette, île de Malte, 1699). Surtout actif à Rome, à Naples et à Malte, il a élaboré un langage dramatique et passionné, aux vigoureux effets de clair-obscur.

PRETORIA, siège du gouvernement de l'Afrique du Sud, dans la prov. de Gauteng ; 528 000 h. Archevêché. Centre universitaire et industriel.

PRETORIUS (Andries), homme politique sud-africain (près de Graaff Reinet 1798 - Magaliesberg 1853), l'un des fondateurs de la République du Transvaal. — Son fils **Marthinus** (Graaff Reinet 1819 - Potchefstroom 1901), président du Transvaal (1857-1871) et de l'Orange (1859-1863). Il forma, en 1880, avec Kruger et Joubert, le triumvirat qui fit reconnaître au Transvaal une large autonomie (1881).

PREUILLY-SUR-CLAISE (37290), ch.-l. de c. d'Indre-et-Loire ; 1 431 h. Église romane (XIe-XIIe s.), anc. abbatiale.

PRÉVERT (Jacques), poète français (Neuilly-sur-Seine 1900 - Omonville-la-Petite, Manche, 1977). Il allie l'image insolite à la gouaille populaire (*Paroles,* 1946 ; *Spectacle,* 1951 ; *la Pluie et le Beau Temps,* 1955 ; *Fatras,* 1966). Il fut le scénariste de plusieurs films célèbres (*Drôle de drame, les Visiteurs du soir, les Enfants du paradis* de Carné ; *Remorques, Lumière d'été* de Grémillon).

PRÉVOST (Antoine François **Prévost d'Exiles,** dit **l'abbé**), écrivain français (Hesdin 1697 - Courteuil, Oise, 1763). Auteur de romans de mœurs et d'aventures, il est célèbre pour sa vie aventureuse et pour *Manon* Lescaut* (1731), un des chefs-d'œuvre du roman psychologique.

PRÉVOST-PARADOL (Lucien Anatole), journaliste et homme politique français (Paris 1829 - Washington 1870). Opposé au second Empire, il se rallia tardivement au régime et devint ambassadeur aux États-Unis. Il se suicida à l'annonce de la déclaration de la guerre à la Prusse. (Acad. fr.)

PRIAM. *Myth. gr.* Dernier roi de Troie. De sa femme Hécube, il eut notamm. Hector, Pâris et Cassandre.

PRIAPE, dieu gréco-romain de la Fécondité, de la Fertilité et de la Virilité physique. Ses fêtes, les *priapées,* prirent à Rome un caractère licencieux.

PRIBILOF *(îles),* archipel de la mer de Béring (dépendance de l'Alaska).

PRIÈNE, v. anc. d'Ionie (auj. **Samsun Kalesi**). Vestiges (fin IVe s. av. J.-C.) parmi les plus intéressants de l'urbanisme hellénistique sur plan orthogonal.

PRIESTLEY (Joseph), chimiste et philosophe britannique (Birstall Fieldhead, près de Leeds, 1733 - Northumberland, Pennsylvanie, 1804). Il découvrit la respiration des végétaux et isola l'oxygène (1774).

PRIEUR-DUVERNOIS (Claude Antoine, *comte*), dit **Prieur de la Côte-d'Or,** Conventionnel français (Auxonne 1763 - Dijon 1832). Il fit adopter l'unification des poids et mesures.

PRIGOGINE (Ilya), chimiste et philosophe belge d'origine russe (Moscou 1917). Il a mis en lumière la valeur créative des phénomènes aléatoires et a construit une nouvelle méthodologie pour la démarche scientifique (*la Nouvelle Alliance,* 1979). [Prix Nobel de chimie 1977.]

PRIMATICE (Francesco **Primaticcio,** dit en fr. **le**), peintre, stucateur et architecte italien (Bologne 1504 - Paris 1570). Élève de J. Romain, il arrive en 1532 sur le chantier de Fontainebleau, qu'il dirigera après la mort du Rosso. Son rôle fut celui d'un véritable directeur des beaux-arts des Valois. Le Louvre conserve un ensemble de ses dessins, d'une grande élégance.

PRIMAUGUET ou **PRIMOGUET** (Hervé **de Portzmoguer,** dit) → ***Portzmoguer.***

Primatice : *la Mascarade de Persépolis* (dessin pour un décor, disparu, du château de Fontainebleau). Plume et lavis. (Louvre, Paris.)

Le Printemps (v. 1478), par Botticelli. (Offices, Florence.)

PRIMEL-TRÉGASTEL, station balnéaire du Finistère (comm. de Plougasnou), sur la Manche.

PRIMO DE RIVERA Y ORBANEJA (Miguel), général et homme politique espagnol (Jerez de la Frontera 1870 - Paris 1930). Capitaine général de Catalogne, il s'empara du pouvoir en 1923. Chef du gouvernement, il forma un directoire militaire qui supprima les libertés démocratiques. Au Maroc, avec l'aide de la France, il mit fin à la rébellion d'Abd el-Krim (1925). Face à l'opposition de l'armée et de l'université, il dut démissionner en 1930. — Son fils **José Antonio** (Madrid 1903 - Alicante 1936), fondateur de la Phalange (1933), fut fusillé par les républicains en 1936.

PRIM Y PRATS (Juan), homme politique et général espagnol (Reus 1814 - Madrid 1870). Après avoir commandé le corps expéditionnaire au Mexique (1862), il contribua à chasser la reine Isabelle II (1868). Il périt victime d'un attentat.

PRINCE *(île du)* ou **ILHA DO PRÍNCIPE,** île du golfe de Guinée ; 128 km². (V. aussi ***São Tomé et Príncipe.***)

Prince (le), œuvre de Machiavel (écrite en 1513 et publiée en 1532), dans laquelle l'auteur défend l'idée de l'armée nationale et expose le principe suivant lequel l'État doit d'abord se fixer une fin, quels que soient les moyens pour l'atteindre.

PRINCE ALBERT, v. du Canada (Saskatchewan), sur la Saskatchewan du Nord ; 34 181 h. Parc national à proximité.

PRINCE-DE-GALLES *(île du),* en angl. **Prince of Wales Island,** île de l'archipel arctique canadien, à proximité de laquelle se trouve le pôle magnétique.

PRINCE-ÉDOUARD *(île du),* en angl. **Prince Edward Island,** île et province maritime (Île-du-Prince-Édouard) du Canada ; 5 657 km² ; 129 765 h. Cap. *Charlottetown.* La pêche, l'agriculture et l'élevage sont complétés par le tourisme.

PRINCE-ÉDOUARD *(îles du),* archipel du sud de l'océan Indien, dépendance de l'Afrique du Sud.

PRINCE GEORGE, v. du Canada (Colombie-Britannique) ; 62 713 h.

Prince Igor (le), opéra inachevé de Borodine (1887), terminé par Glazounov et Rimski-Korsakov (1890), et comprenant *les Danses polovtsiennes* (chorégr. de Michel Fokine, 1909).

PRINCE NOIR (le) → ***Édouard.***

PRINCE RUPERT, port du Canada (Colombie-Britannique) ; 16 495 h. Pêche. Terminus du Canadian National.

Princesse de Clèves (la), roman de Mme de La Fayette (1678), qui inaugure l'ère du roman psychologique moderne.

PRINCETON, v. des États-Unis (New Jersey) ; 25 718 h. Université fondée en 1746. Musées.

Principes de la philosophie, œuvre de Descartes (1644), dans laquelle l'auteur établit une classification rationnelle des sciences.

Principes de la philosophie de l'histoire, œuvre de Vico (1725), dans laquelle l'auteur analyse les trois stades par lesquels passerait la civilisation : divin, héroïque, humain. Cette œuvre a exercé une grande influence sur les économistes du XIXe s.

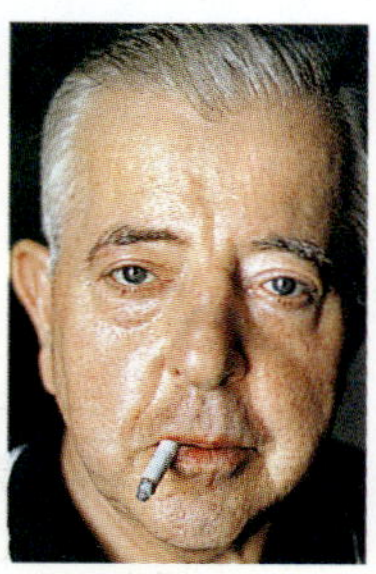

Jacques **Prévert** (v. 1963)

Prokofiev (Opéra de Paris)

Principes de la philosophie du droit, œuvre de Hegel (1821), dans laquelle l'auteur décrit le passage du droit de l'esprit subjectif à l'esprit objectif, c'est-à-dire du personnel à l'historique.

Principia mathematica, œuvre de Russell et Whitehead (1910-1913), qui marque le sommet de la théorie des types en logique.

Printemps (le), grand panneau de Botticelli (v. 1478, Offices, Florence) sur un thème mythologique et symbolique.

PRIPIAT ou **PRIPET** (le), riv. de Biélorussie et d'Ukraine, affl. du Dniepr (r. dr.) ; 775 km (bassin de 114 300 km²).

PRISCILLIEN, évêque espagnol (en Espagne v. 335 -Trèves 385). Sa doctrine *(priscillianisme)* fut déclarée hérétique. Lui-même, premier hérétique à être confié au bras séculier, fut exécuté.

Prismes électriques, grande toile de Sonia Delaunay (1914, M. N. A. M.). Contemporaine des « Formes circulaires » de R. Delaunay, elle exalte la poésie lumineuse de la modernité, dans la suite du cubisme « orphique ».

Prismes électriques (1914), par Sonia Delaunay. (M.N.A.M., C.N.A.C. Georges-Pompidou, Paris.)

Prisons (les), suite d'eaux-fortes de Piranèse publiées une première fois en 1750 : versant « noir » de la scénographie baroque, annonciateur du romantisme.

PRIŠTINA, v. de Yougoslavie, cap. du Kosovo ; 70 000 h. Noyau ancien de caractère oriental (mosquées turques).

PRITCHARD (George), missionnaire britannique (Birmingham 1796 - îles Samoa 1883). Missionnaire protestant et consul à Tahiti (1824), il fit expulser, par Pomaré IV, les missionnaires catholiques (1836). Après l'établissement du protectorat français, il poursuivit son action contre la France. Son arrestation en 1844 — suivie d'une prompte libération — amena Londres à exiger de Louis-Philippe des excuses et une indemnité.

PRIVAS [-va] (07000), ch.-l. de l'Ardèche, sur l'Ouvèze, à 595 km au sud-sud-est de Paris ; 10 490 h. *(Privadois).* Confiserie.

PRJEVALSKI (Nikolaï Mikhaïlovitch), officier et voyageur russe (Kimborovo 1839 - Karakol, auj. Prjevalsk, 1888). Il dirigea de nombreuses expéditions dans l'Asie centrale et les confins tibétains.

PROBUS (Marcus Aurelius) [Sirmium 232 - *id.* 282], empereur romain (276-282). Bon administrateur, il contint la poussée des Barbares. Ses soldats, lassés de sa discipline, le massacrèrent.

Procès (le), roman inachevé de Kafka, publié en 1925 : Joseph K., sur qui pèse une accusation obscure, ne sait plus lui-même s'il est innocent ou coupable.

PROCHE-ORIENT, ensemble des pays riverains de la Méditerranée orientale (Turquie, Syrie, Liban, Israël, Égypte). On y inclut parfois la Jordanie et les pays du pourtour du golfe Persique.

PROCIDA, île d'Italie (golfe de Naples) ; 10 440 h.

PROCLUS, philosophe grec (Constantinople 412 - Athènes 485), auteur d'une *Théologie platonicienne.*

PROCOPE, historien byzantin (Césarée, Palestine, fin du Ve s. - Constantinople v. 562), le principal historien de l'époque de Justinien, sur le règne duquel il écrivit le *Livre des guerres.* Ses *Anecdota* ou *Histoire secrète* sont un libelle où il ne ménage ni l'empereur ni surtout l'impératrice Théodora.

PROCUSTE ou **PROCRUSTE,** brigand légendaire de l'Attique qui torturait les voyageurs. Il les étendait sur un lit (il en avait deux, un court et un long) et raccourcissait ou étirait leurs membres à la mesure exacte du lit *(lit de Procuste).* Thésée lui fit subir le même supplice.

Progrès (le), quotidien régional créé en 1859 à Lyon.

PROKOFIEV (Sergueï Sergueïevitch), compositeur et pianiste russe (Sontsovka 1891 - Moscou 1953). Dans ses œuvres pour piano et pour orchestre (sept symphonies), ainsi que dans sa musique de chambre, ses ballets (*Roméo et Juliette,* 1936, créé en 1938) et ses opéras (*l'Ange de feu,* 1927, créé en 1954), on dénote une grande puissance rythmique et un langage tantôt ouvert aux conceptions occidentales avancées, tantôt fidèle à la tradition russe.

PROKOP le Grand, chef hussite des taborites (v. 1380 - Lipany 1434). Il défendit la Bohême contre les croisades catholiques de 1426, 1427 et 1431 et fut vaincu.

PROKOPIEVSK, v. de Russie, dans le Kouzbass ; 274 000 h. Centre houiller et industriel.

PROME, en birman **Pyi,** v. de Birmanie, sur l'Irrawaddy ; 148 000 h.

PROMÉTHÉE. *Myth. gr.* Personnage de la race des Titans, l'initiateur de la première civilisation humaine. Il déroba le feu du ciel et le transmit aux hommes. Zeus, pour le punir, l'enchaîna sur le Caucase, où un aigle lui rongeait le foie, qui repoussait sans cesse ; Héraclès le délivra. Le mythe de Prométhée a inspiré de nombreuses œuvres picturales et littéraires.

Planche XIII de la suite des ***Prisons*** (1745-1761) de Piranèse. Eau-forte. (B.N.F., Paris.)

Prométhée enchaîné, tragédie d'Eschyle.

PRONY (Marie **Riche,** *baron* **de**), ingénieur français (Chamelet, Rhône, 1755 - Asnières 1839). Il imagina le frein dynamométrique (1821) et mesura avec Arago la vitesse du son dans l'air (1822).

propagation de la foi *(Congrégation de la),* ou, depuis 1967, **Congrégation pour l'évangélisation des peuples.** Congrégation romaine *(de propaganda fide),* elle fut fondée dans sa forme définitive par Grégoire XV (1622). Présidée par un cardinal-préfet, elle a le gouvernement des missions.

PROPERCE, poète latin (Ombrie v. 47 - v. 15 av. J.-C.), auteur d'*Élégies* imitées des poètes alexandrins.

PROPONTIDE, nom grec anc. de la **mer de Marmara***.

PROPRIANO (20110), comm. de la Corse-du-Sud, sur le golfe de Valinco ; 3 238 h. Station balnéaire.

propriété industrielle *(Institut national de la)* [I. N. P. I.], établissement public créé en 1951 où sont déposées les demandes de brevets d'invention et les marques.

PROSERPINE, déesse romaine, assimilée très tôt à la déesse grecque *Perséphone.*

PROSPER d'Aquitaine *(saint),* théologien et moine gaulois (près de Bordeaux v. 390 - entre 455 et 463). Il défendit la doctrine de saint Augustin sur la grâce et la prédestination. Auteur d'une *Chronique universelle* qui va de 412 à 455.

PROST (Alain), coureur automobile français (Lorette 1955), champion du monde des conducteurs en 1985, 1986, 1989 et 1993, recordman du nombre des victoires en Grands Prix (51).

PROTAGORAS, philosophe grec (Abdère v. 486 - v. 410 av. J.-C.). Il affirme que « l'homme est la mesure de toute chose » ; il est l'auteur de *Sur l'être,* auj. perdu.

PROTAIS *(saint)* → ***Gervais.***

PROTÉE, dieu grec marin qui avait reçu de Poséidon, son père, le don de changer de forme à volonté, ainsi que celui de prédire l'avenir à ceux qui pouvaient l'y contraindre.

PROUDHON (Pierre Joseph), théoricien socialiste français (Besançon 1809 - Paris 1865). Il publia en 1840 *Qu'est-ce que la propriété ?,* où se manifeste un individualisme teinté d'anarchisme et où il montre que seuls la disparition du profit capitaliste et le crédit gratuit mettront fin aux injustices sociales. Proudhon énonça ensuite des thèses ouvriéristes et fédéralistes (*la Philosophie de la misère,* 1846) qui mirent un terme à l'estime que Marx lui portait. Journaliste *(le Peuple, la Voix du peuple),* il se fit, à partir de 1850, le théoricien du fédéralisme.

PROUSIAS ou **PRUSIAS Ier** (m. v. 182 av. J.-C.), roi de Bithynie (v. 230/227 - 182 av. J.-C.). Pour obtenir l'appui de Rome, il voulut lui livrer Hannibal, qui avait cherché asile auprès de lui ; mais ce dernier s'empoisonna. — Son fils **Prusias II** (m. à Nicomédie en 149 av. J.-C.), roi de Bithynie (v. 182 - 149 av. J.-C.), se mit sous la protection de Rome, mais fut assassiné par son fils Nicomède II.

PROUST (Joseph Louis), chimiste français (Angers 1754 - *id.* 1826), un des fondateurs de l'analyse par voie humide. Il énonça, en 1808, la loi des proportions définies.

PROUST (Marcel), écrivain français (Paris 1871 - *id.* 1922). Auteur de traductions, d'essais (*Contre Sainte-Beuve,* publié en 1954), de récits (*Jean Santeuil,* publié en 1952), il domine l'histoire du roman français au XXe s. par l'ensemble d'*À la recherche du temps perdu* (1913-1927) : le bonheur que son héros — le Narrateur — a recherché vainement dans la vie mondaine, l'amour, la contemplation des œuvres d'art, il le découvre dans le pouvoir d'évocation de la mémoire instinctive qui réunit le passé et le présent en une même sensation retrouvée (la petite madeleine trempée dans le thé fait revivre, par le rappel d'une saveur oubliée, toute son enfance) ; il vit ainsi un événement sous l'aspect de l'éternité, qui est aussi celui de l'art et de la création littéraire.

PROUT ou **PRUT,** affl. du Danube (r. g.), qui sert de frontière entre la Moldavie et la Roumanie ; 989 km.

PROUT (William), chimiste et médecin britannique (Horton 1785 - Londres 1850). Il supposa, en 1815, que tous les éléments chimiques étaient formés d'hydrogène condensé.

PROUVÉ (Victor), peintre, graveur, sculpteur et décorateur français (Nancy 1858 - Sétif 1943), successeur de Gallé comme président de l'école de Nancy. — Son fils **Jean** (Nancy 1901 - *id.* 1984) a été un pionnier de la construction métallique industrialisée (murs-rideaux, etc.).

Provençal (le), quotidien régional de tendance socialiste créé en 1944 à Marseille, et contrôlé depuis 1987 par Hachette.

Provençale (la), autoroute reliant Aix-en-Provence à Nice (et à la frontière italienne).

PROVENCE, anc. prov. de France, dont la cap. était *Aix-en-Provence.* Des colonies grecques (Marseille) furent fondées en Provence dès le VIe s. av. J.-C. Les Romains y intervinrent au début du IIe s. av. J.-C. ; en 27 av. J.-C., ils créèrent la province sénatoriale de Narbonnaise, qui, à la fin du IIIe s. apr. J.-C., fut scindée en Narbonnaise, à l'ouest, et en Viennoise, à l'est. La Provence, christianisée très tôt, fut intégrée à l'Empire franc par Pépin le Bref et annexée à la France en 1481, après la mort de René d'Anjou, roi de Naples, dernier comte de Provence. Le 15 août 1944, les forces franco-américaines y débarquèrent sur les côtes des Maures et de l'Esterel (Cavalaire, Saint-Tropez, Sainte-Maxime, Saint-Raphaël). — Géographiquement, on rattache à la Provence historique le Comtat Venaissin (région d'Avignon) et le comté de Nice. On distingue alors : la *Provence rhodanienne* (Comtat Venaissin, Crau, Camargue), pays de plaines ; la *Provence intérieure,* au relief varié, formé de chaînons calcaires (Sainte-Victoire, Sainte-Baume), de massifs anciens (Maures, Esterel), des Plans de Provence, du plateau de Valensole et de l'ensemble des Préalpes du Sud ; la *Provence maritime,* entre l'embouchure du Rhône et la frontière italienne. Le littoral, à vocation surtout touristique à l'est (Côte d'Azur), commerciale et industrielle à l'ouest (région marseillaise), densément peuplé, s'oppose à l'intérieur, essentiellement agricole (élevage ovin dans la montagne ; cultures céréalières et fruitières, vigne dans les bassins intérieurs), localement revivifié par l'irrigation à partir des eaux de la Durance et surtout du Verdon (*canal de Provence,* destiné aussi à l'alimentation de grandes villes).

PROVENCE *(comte* **de**) → ***Louis XVIII.***

PROVENCE-ALPES-CÔTE D'AZUR (PACA), Région administrative du sud-est de la France, regroupant six dép. (Alpes-de-Haute-Provence, Hautes-Alpes, Alpes-Maritimes, Bouches-du-Rhône, Var et Vaucluse) ; 31 400 km² ; 4 257 907 h. ; ch.-l. *Marseille.*

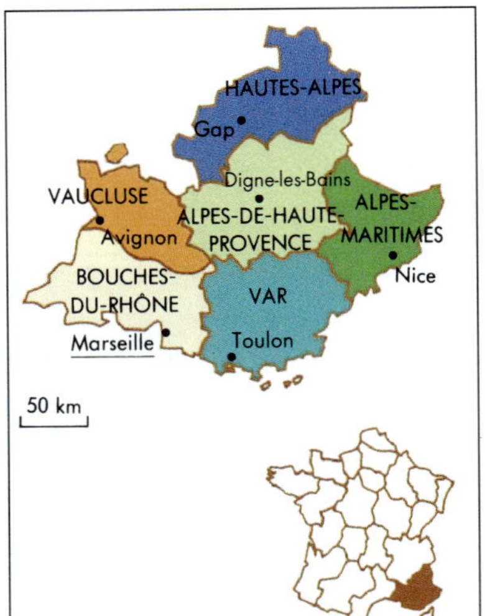

Provence-Alpes-Côte d'Azur

PROVIDENCE, v. des États-Unis, cap. du Rhode Island ; 160 728 h.

PROVINCES DES PRAIRIES, ensemble formé par les provinces canadiennes de l'Alberta, de Saskatchewan et du Manitoba.

PROVINCES MARITIMES, ensemble formé par les trois provinces canadiennes du Nouveau-Brunswick, de la Nouvelle-Écosse et de l'Île-du-Prince-Édouard.

PROVINCES-UNIES, nom porté par la partie septentrionale des Pays-Bas de 1579 à 1795. 1579 : l'Union d'Utrecht consacre la sécession des sept provinces calvinistes du Nord (Zélande, Overijssel, Hollande, Gueldre, Frise, Groningue, Utrecht), qui répudient solennellement (1581) l'autorité de Philippe II d'Espagne. 1585-1625 : le stathouder Maurice de Nassau poursuit la lutte contre les Espagnols. 1621-1648 : après la trêve de Douze Ans (1609-1621), les Provinces-Unies reprennent les hostilités, désormais liées à la guerre de Trente Ans. 1648 : par le traité séparé de Münster, l'Espagne reconnaît l'indépendance des Provinces-Unies. 1653-1672 : à la mort de Guillaume II d'Orange, les sept provinces décident de ne plus nommer de stathouder. L'oligarchie commerçante arrive au pouvoir avec le grand pensionnaire Jean de Witt. Durant cette période, l'essor de l'empire colonial néerlandais et les interventions des Provinces-Unies contre le Danemark, la Suède et l'Angleterre assurent au pays la maîtrise des mers. 1672 : l'invasion française provoque la chute de Jean de Witt. Guillaume III est nommé stathouder. 1678-79 : les traités de Nimègue mettent fin à la guerre de Hollande. 1689 : devenu roi d'Angleterre, Guillaume III sacrifie les intérêts du pays à sa politique anglaise. 1702 : lorsqu'il meurt, aucun stathouder n'est nommé. Le pouvoir est alors exercé par les grands pensionnaires (Heinsius). 1740-1747 : la guerre de la Succession d'Autriche et l'occupation française provoquent la restauration de la maison d'Orange. 1780-1784 : la guerre contre la Grande-Bretagne est catastrophique pour le commerce néerlandais. 1786 : cet échec aboutit à des troubles révolutionnaires. 1795 : l'invasion française provoque la chute du régime. Les Provinces-Unies deviennent la République Batave, transformée (1806) en royaume de Hollande au profit de Louis Bonaparte, puis placée (1810) sous l'administration directe de la France. (V. ***Pays-Bas.***)

PROVINCES-UNIES D'AMÉRIQUE CENTRALE *(Fédération des),* organisation politique inspirée des idées de Simón Bolívar et de son projet de création de la Grande-Colombie. Elle a regroupé de 1823 à 1838-39 le Costa Rica, le Honduras, le Nicaragua, le Guatemala et le Salvador.

Provinciales (les), ensemble de 18 lettres de Blaise Pascal, publiées d'abord anonymement (1656-57), puis réunies en 1657, dans lesquelles il attaque la casuistique et le laxisme des jésuites pour mieux défendre les jansénistes de Port-Royal.

PROVINS [-vɛ̃] (77160), ch.-l. d'arr. de Seine-et-Marne, dans la Brie ; 12 171 h. *(Provinois).* Centre touristique et commercial. Donjon médiéval (« tour de César ») et remparts des XIIe-XIVe s. Églises (XIe-XVIe s.). Maisons et hôtels anciens (musée du Provinois).

PROXIMA, étoile de la constellation australe du Centaure, la plus proche du système solaire (sa distance est de 4,22 années de lumière).

PRUDENCE, poète latin chrétien (Calahorra 348 - v. 410). Il créa avec la *Psychomachie,* combat entre les vices et les vertus, le poème allégorique.

PRUDHOE BAY, baie de la côte nord de l'Alaska. Gisement de pétrole.

Proudhon
(Courbet - Petit Palais, Paris)

Joseph Louis **Proust**
(B.N.F., Paris)

Prudhomme (M. Joseph), personnage créé par Henri Monnier pour caricaturer le petit-bourgeois conformiste, borné et satisfait de soi.

PRUD'HON (Pierre Paul), peintre français (Cluny 1758 - Paris 1823). Son art jette un pont entre un classicisme plein de grâce et le romantisme. Pour le Palais de Justice de Paris, il peignit en 1808 *la Justice et la Vengeance divine poursuivant le Crime* (Louvre). Beaux dessins au Louvre, à Chantilly, au musée de Gray.

PRUNELLI-DI-FIUMORBO (20240), ch.-l. de c. de la Haute-Corse ; 2 661 h.

PRUS (Aleksander **Głowacki,** dit **Bolesław**), écrivain polonais (Hrubieszów 1847 - Varsovie 1912), auteur de romans sociaux *(la Poupée)* et historiques *(le Pharaon).*

PRUSSE, ancien État de l'Allemagne du Nord. Cap. *Berlin.*

Des origines au royaume de Prusse. Le territoire originel de la Prusse, situé entre la Vistule et le Niémen, est occupé depuis les IVe-Ve s. par un peuple balte, les Borusses ou Prussiens. 1230-1280 : il est conquis par l'ordre des chevaliers Teutoniques qui y installe des colons allemands. 1410 : les Polono-Lituaniens remportent sur l'ordre la victoire de Grunwald (Tannenberg). 1466 : par la paix de Toruń, l'ordre reconnaît la suzeraineté de la Pologne. 1525 : son grand maître, Albert de Brandebourg, dissout l'ordre et fait de son territoire un duché héréditaire de la Couronne de Pologne. 1618 : celui-ci passe à Jean-Sigismond, Électeur de Brandebourg. 1660 : Frédéric-Guillaume, le Grand Électeur (1640-1688), obtient de la Pologne qu'elle renonce à sa suzeraineté sur la Prusse. 1701 : son fils, Frédéric III de Brandebourg, devient « roi en Prusse ». 1713-1740 : Frédéric-Guillaume Ier, le « Roi-Sergent », dote le pays de l'armée la plus moderne d'Europe. 1740-1786 : Frédéric II, le « Roi Philosophe », fait de la Prusse, qu'il agrandit de la Silésie et des territoires qu'il reçoit lors du premier partage de la Pologne, une grande puissance européenne. 1806 : la Prusse est défaite par Napoléon à Auerstedt et à Iéna. 1806-1813 : elle accomplit un spectaculaire « redressement moral » sous l'égide des ministres Stein et Hardenberg et des généraux Scharnhorst et Gneisenau. 1813-14 : la Prusse joue un rôle déterminant dans la lutte contre Napoléon.

L'hégémonie prussienne en Allemagne. 1814-15 : la Prusse obtient au congrès de Vienne le nord de la Saxe, la Westphalie et les territoires rhénans au-delà de la Moselle. Elle devient l'État le plus puissant de la Confédération germanique. 1834 : par l'Union douanière *(Zollverein),* elle prépare l'unité des États de l'Allemagne du Nord sous son égide. 1862 : Guillaume Ier (1861-1888) appelle Bismarck à la présidence du Conseil. 1866 : l'Autriche est battue à Sadowa. 1867 : la Confédération de l'Allemagne du Nord est créée. 1871 : à l'issue de sa victoire dans la guerre franco-allemande, Guillaume Ier est proclamé empereur d'Allemagne à Versailles. 1933-1935 : le national-socialisme met fin à l'existence de la Prusse en tant qu'État autonome.

PRUSSE-OCCIDENTALE, anc. prov. allemande. Cap. *Dantzig.* Organisée en 1815, elle regroupait les territoires échus à la Prusse lors des deux premiers partages de la Pologne (1772, 1793). Elle fut attribuée, sauf Dantzig, à la Pologne en 1919.

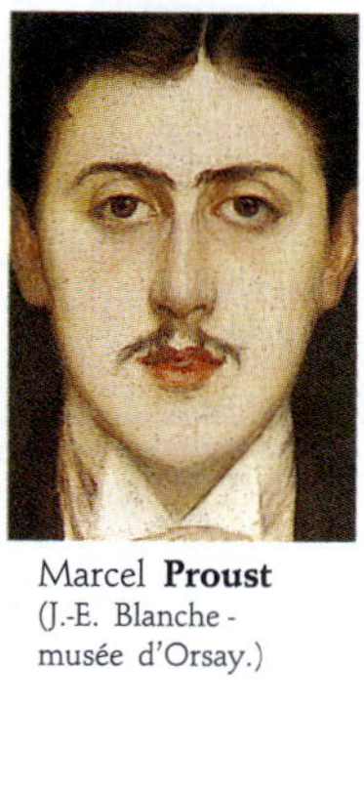

Marcel **Proust**
(J.-E. Blanche - musée d'Orsay.)

PRUSSE-ORIENTALE, anc. prov. allemande partagée en 1945 entre l'U. R. S. S. et la Pologne. Cap. *Königsberg.*

PRUSSE-RHÉNANE, anc. prov. allemande constituée au sein du royaume de Prusse en 1824 et qui est auj. partagée entre les États de Rhénanie-du-Nord-Westphalie et de Rhénanie-Palatinat. V. pr. *Coblence.*

PRUT → ***Prout.***

PRZEMYŚL, v. de Pologne (Galicie), ch.-l. de voïévodie ; 69 200 h. Cathédrale des XVe-XVIIIe s.

P. S. (parti socialiste), parti politique français né de la fusion entre 1969 et 1971 de la S. F. I. O. et de divers clubs.

PSAMMÉTIQUE, nom de plusieurs pharaons de la XXVIe dynastie égyptienne. **Psammétique Ier** (v. 663-609 av. J.-C.), fondateur de la dynastie, libéra l'Égypte des Assyriens. — **Psammétique III** (526-525 av. J.-C.) fut vaincu et tué par le Perse Cambyse, conquérant de l'Égypte.

Psaumes *(livre des),* livre biblique, recueil des 150 chants liturgiques *(psaumes)* de la religion d'Israël. Sa composition s'échelonne de la période monarchique à celle qui suit la restauration du Temple après l'Exil (Xe-IVe s. av. J.-C.).

PSELLOS (Mikhail ou Michel), homme d'État et écrivain byzantin (Constantinople 1018 - *id.* 1078). Conseiller d'Isaac Ier Comnène et de ses successeurs, il contribua à diffuser la philosophie platonicienne dans l'Empire byzantin. Sa *Chronographie,* chronique des événements survenus entre 976 et 1077, est une source historique importante.

PSKOV, v. de Russie, au sud-ouest de Saint-Pétersbourg ; 204 000 h. Enceinte fortifiée. Nombreuses églises médiévales.

P. S. U. (parti socialiste unifié), parti politique français constitué en 1960 par des dissidents de la S. F. I. O. et du parti communiste. Il a prononcé sa dissolution en 1989.

PSYCHÉ. *Myth. gr.* Jeune fille d'une grande beauté, aimée par Éros. Une nuit, elle alluma une lampe, désobéissant au dieu qui lui avait interdit de voir son visage ; Éros la quitta et elle ne le retrouva qu'au terme d'une longue suite d'aventures. Le *mythe de Psyché* a figuré par la suite le destin de l'âme déchue, qui, après des épreuves purificatrices, s'unit pour toujours à l'amour divin.

Psyché, tragi-comédie-ballet de Molière (1671), écrite en collaboration avec Corneille et Quinault ; musique de Lully ; chorégraphie de Beauchamp.

PTAH, dieu de l'Égypte ancienne, adoré à Memphis, considéré comme le Verbe créateur, et représenté sous forme humaine, le corps serré dans un linceul.

PTOLÉMAÏS, nom de plusieurs villes fondées à l'époque hellénistique par/ou en l'honneur des Ptolémées.

PTOLÉMÉE, nom des souverains grecs de la dynastie des Lagides, qui régnèrent sur l'Égypte après la mort d'Alexandre (323). Seize souverains ont porté ce nom. Les plus célèbres sont : **Ptolémée Ier Sôtêr** (en Macédoine v. 367 - 283 av. J.-C.), fondateur de la dynastie, maître de l'Égypte après la mort d'Alexandre le Grand (323). Roi en 305, il conquit la Palestine, la Syrie, Chypre et la Cyrénaïque. Il fit d'Alexandrie une grande capitale. — **Ptolémée II Philadelphe** (Cos v. 309-246 av. J.-C.), roi d'Égypte (283-246 av. J.-C.). Il donna à l'Égypte l'hégémonie sur la Méditerranée orientale. Il fit construire le phare d'Alexandrie. — **Ptolémée III Évergète** (v. 280-221 av. J.-C.), roi d'Égypte (246-221 av. J.-C.). Sous son règne, l'Égypte lagide atteignit son apogée. — **Ptolémée IV Philopatôr Ier** (v. 244-203 av. J.-C.), roi d'Égypte (221-204/203 av. J.-C.). — **Ptolémée V Épiphane** (v. 210-181 av. J.-C.), roi d'Égypte (204-181 av. J.-C.). Il perdit définitivement la Syrie et la Palestine. — **Ptolémée VI Philométôr** (186-145 av. J.-C.), roi d'Égypte (181-145 av. J.-C.). — **Ptolémée VIII** (ou **VII**) **Évergète II** (m. en 116 av. J.-C.), roi d'Égypte (143-116 av. J.-C.). Son règne achève la grande période de l'Égypte lagide. — À la fin du IIe s. et au Ier s. av. J.-C., les Ptolémées sont soumis à la politique romaine. — **Ptolémée XIV** (ou **XV**) [59-44 av. J.-C.], roi d'Égypte (47-44 av. J.-C.), fut l'époux de sa sœur, Cléopâtre VII. — **Ptolémée XV** (ou **XVI**) **Césarion** (47-30 av. J.-C.), fils de César et de Cléopâtre VII, roi nominal d'Égypte de 44 à 30 av. J.-C., fut tué par Octavien après Actium.

PTOLÉMÉE (Claude), astronome, géographe et mathématicien grec (Ptolémaïs de Thébaïde v. 100 - Canope v. 170), auteur d'une *Grande Syntaxe mathématique* (ou *Almageste*), vaste compilation des connaissances astronomiques des Anciens, et d'une *Géographie* qui ont fait autorité jusqu'à la fin du Moyen Âge et à la Renaissance. Il imaginait la Terre fixe au centre de l'Univers et développa un système cosmologique ingénieux, apte à rendre compte des mouvements astronomiques observés à son époque par une combinaison de mouvements circulaires.

P. T. T., sigle de l'anc. Administration des Postes et Télécommunications et de la Télédiffusion. Il est encore utilisé pour désigner le ministère et les services chargés des opérations postales (La Poste*) et des télécommunications (France Télécom*).

Publicis, société française, fondée par M. Bleustein-Blanchet et dont l'origine remonte à 1927 : elle exerce ses activités dans la publicité, les médias et la distribution (drugstores).

PUBLICOLA → ***Valerius Publicola.***

PUCCINI (Giacomo), compositeur italien (Lucques 1858 - Bruxelles 1924), auteur de *la Bohème* (1896), de *Tosca* (1900), de *Madame Butterfly* (1904) et de *Turandot* (créé en 1926), de conception vériste et d'une riche couleur orchestrale et harmonique.

PUCELLE (Jean), miniaturiste français (m. à Paris en 1334). Chef d'un important atelier, à Paris, v. 1320-1330, il introduisit la mode des figurations naturalistes et anecdotiques dans les marges des manuscrits, ainsi que l'illusion de la troisième dimension (*Heures de Jeanne d'Évreux,* musée des Cloîtres, New York).

PUEBLA, v. du Mexique, cap. de l'*État de Puebla ;* 1 054 921 h. Centre commercial et industriel. Cathédrale des XVIe-XVIIe s. ; églises baroques ; musées.

PUEBLO, v. des États-Unis (Colorado) ; 98 640 h.

PUEBLO, Indiens du sud-ouest des États-Unis. Les principaux sont les Hopi et les Zuñi.

PUEBLO BONITO, site archéologique de la région de Chaco Canyon (Nouveau-Mexique). Imposants vestiges d'une cité précolombienne appartenant à la fin de la séquence Anasazi, et abandonnée v. 1300.

PUERTO CABELLO, port du Venezuela ; 128 825 h.

PUERTO LA CRUZ, port du Venezuela ; 155 731 h.

PUERTOLLANO, v. d'Espagne, au S. de Ciudad Real ; 50 910 h. Centre industriel.

PUERTO MONTT, port du Chili méridional ; 130 730 h.

PUERTO RICO → ***Porto Rico.***

PUFENDORF (Samuel, *baron* **von**), juriste et historien allemand (Chemnitz 1632 - Berlin 1694). Il a écrit notamment *Du droit de la nature et des gens* (1672), ouvrage dans lequel il fonde le droit sur un contrat social.

PUGET (Pierre), sculpteur, peintre et architecte français (Marseille 1620 - *id.* 1694). Baroque et réaliste, en contradiction avec l'art officiel de son temps, il est l'auteur des *Atlantes* de l'ancien hôtel de ville de Toulon, d'œuvres religieuses à Gênes, des groupes de *Milon* de Crotone* et *Persée délivrant Andromède* pour Versailles (Louvre). Comme architecte, il a notamment donné les plans de la chapelle de l'hospice de la Charité à Marseille.

PUGET SOUND (le), fjord de la côte ouest des États-Unis (État de Washington).

PUGET-THÉNIERS (06260), ch.-l. de c. des Alpes-Maritimes ; 1 792 h. Église romane. Monument à Blanqui par Maillol.

PUIGCERDÁ, v. d'Espagne (Catalogne), près de la frontière française, cap. de la Cerdagne espagnole ; 6 329 h. Tourisme.

PUISAYE [-zɛ] (la), région bocagère et humide du sud du Bassin parisien, au nord du Nivernais. Élevage. (Hab. *Poyaudins.*)

PUISEAUX (45390), ch.-l. de c. du Loiret ; 2 929 h. Église des XIIIe et XVe s.

PUJOL I SOLEY (Jordi), homme politique espagnol (Barcelone 1930). Chef de la coalition *Convergència i Unió,* il est président de la Généralité de Catalogne depuis 1980.

PULA, en ital. **Pola,** v. de Croatie, en Istrie ; 56 000 h. Monuments romains. Cathédrale reconstruite au XVIIe s. Musée archéologique.

PULCHÉRIE [-ke-] *(sainte),* impératrice d'Orient (Constantinople 399-453). Fille d'Arcadius, elle s'empara du pouvoir à la mort de son frère Théodose II (450). Elle défendit l'orthodoxie contre les nestoriens et les monophysites.

PULCI (Luigi), poète italien (Florence 1432 - Padoue 1484), auteur d'une épopée burlesque qui parodie les romans de chevalerie *(Morgant).*

PULIGNY-MONTRACHET (21190), comm. de la Côte-d'Or ; 469 h. Vins.

Pulitzer *(prix),* prix institués par le journaliste américain Joseph *Pulitzer* (1847-1911). Les prix récompensant des journalistes, des écrivains et des compositeurs de musique sont décernés chaque année, depuis 1917, par le conseil d'administration de l'université Columbia.

PULLMAN (George Mortimer), industriel américain (Brocton, État de New York, 1831 - Chicago 1897). Avec son ami Ben Field, il créa les voitures-lits (1863-1865).

PULLY, v. de Suisse (cant. de Vaud), près de Lausanne ; 15 612 h.

PUNAAUIA, comm. de la Polynésie française (Tahiti) ; 15 781 h.

PUNĀKHA, v. de l'ouest du Bhoutan. Anc. cap.

Punch (The) ou **The London Charivari,** journal satirique illustré anglais, fondé en 1841.

PUNE ou **POONA,** v. de l'Inde (Mahārāshtra). 2 485 014 h. Centre universitaire et industriel. Cap. de l'Empire marathe au XVIIIe s.

puniques *(guerres),* long conflit (264-146 av. J.-C.) qui opposa Rome et Carthage et qui aboutit à la ruine de Carthage. La cause en fut la rivalité des deux cités se disputant l'hégémonie de la Méditerranée occidentale. — **La première guerre punique** (264-241 av. J.-C.). Elle a pour théâtre la Sicile, d'où les Romains tentent d'évincer les Carthaginois. Les Romains, forts des succès de leur flotte (Mylae en 260, Ecnome en 256), débarquent en Afrique. Ils connaissent ensuite une série de revers : défaite et mort de Regulus (255) en Afrique, échecs de la flotte (Drepanum, 249) et de l'armée en Sicile contre Hamilcar Barca. Mais la victoire décisive de la flotte romaine aux îles Égates (241) amène Carthage à demander la paix ; la Sicile passe sous le contrôle de Rome. — **La deuxième guerre punique** (218-201 av. J.-C.). Elle est marquée par l'offensive d'Hannibal. Partant d'Espagne (prise de Sagonte, 219), le Carthaginois traverse les Pyrénées et les Alpes et entre en Italie, où il bat les Romains au Tessin et à la Trébie (218), au lac Trasimène (217), à Cannes (216) ; mais, ne recevant pas de renforts, il s'attarde à Capoue et doit renoncer à prendre Rome (211). Cependant les Romains conquièrent la Sicile et l'Espagne. Hasdrubal, qui essaie de rejoindre son frère Hannibal, est vaincu et tué sur les bords du Métaure (207). En 204, Scipion l'Africain porte la guerre en Afrique, après avoir obtenu le soutien du roi numide Masinissa. Hannibal, rappelé d'Italie, est vaincu à Zama (202). La paix de 201 enlève à Carthage ses possessions d'Espagne et en fait un État vassal de Rome. — **La troisième guerre punique** (149-146 av. J.-C.). Elle porte le coup de grâce à la métropole punique. Le sénat romain, qui craint la renaissance de Carthage *(delenda est Carthago),* prend prétexte du conflit qui oppose les Carthaginois à Masinissa, allié de Rome, et envoie Scipion Émilien en Afrique. Après trois ans de siège, Carthage est prise et rasée.

PUNTA ARENAS, port du Chili, sur le détroit de Magellan ; 113 661 h. Ville la plus méridionale du monde (en dehors d'Ushuaia, dans la Terre de Feu).

PUNTA DEL ESTE, v. de l'Uruguay, sur l'Atlantique ; 10 000 h. Station balnéaire.

PUPIN (Michael), physicien américain d'origine serbe (Idvor, Banat, 1858 - New York 1935). Il utilisa des bobines pour améliorer *(pupinisation)* les transmissions téléphoniques.

Purāṇa, épopées anonymes à caractère religieux (IVe-XVe s.), dont l'influence fut aussi considérable que celle des *Veda* pour la diffusion de l'hindouisme. Elles s'adressaient à tous et non aux seuls brahmanes.

PURCELL (Henry), compositeur anglais (Londres 1659 - *id.* 1695), auteur d'ouvrages dramatiques (*Dido and Aeneas,* 1689 ; *King Arthur,* 1691 ; *The Fairy Queen,* 1692), de chants sacrés et profanes *(Odes, Anthems),* de sonates, de fantaisies pour violes, de *suites* pour clavecin, toutes œuvres d'un lyrisme plein de sensibilité.

PURUS, riv. du Pérou et du Brésil, affl. de l'Amazone (r. dr.) ; 3 200 km env.

PUSAN, en jap. **Fusan,** principal port de la Corée du Sud, sur le détroit de Corée ; 3 200 000 h. Centre industriel.

PUSEY (Edward Bouverie), théologien britannique (Pusey, près d'Oxford, 1800 - Ascot Priory, Berkshire, 1882), un des créateurs du mouvement ritualiste, dit *mouvement d'Oxford,* ou *puseyisme,* qui porta une fraction de l'Église anglicane vers le catholicisme. Lui-même resta fidèle à l'anglicanisme.

PUSKAS (Ferenc), footballeur espagnol, d'origine hongroise (Budapest 1927), gaucher, stratège et buteur.

PUSZTA (la), nom donné à la grande plaine de Hongrie, lorsqu'elle n'était pas encore cultivée.

PUTANGES-PONT-ÉCREPIN (61210), ch.-l. de c. de l'Orne ; 1 040 h.

PUTEAUX (92800), ch.-l. de c. des Hauts-de-Seine, sur la Seine ; 42 917 h. *(Putéoliens).*

PUTIPHAR, selon la Bible, commandant de la garde du pharaon, maître de Joseph. Sa femme s'éprit de Joseph et, irritée de son indifférence, l'accusa d'avoir voulu la séduire. Putiphar fit jeter Joseph en prison.

PUTNIK (Radomir), maréchal serbe (Kragujevac 1847 - Nice 1917). Il commanda les forces serbes de 1912 à la fin de 1915.

PUURS, comm. de Belgique (prov. d'Anvers) ; 15 123 h.

PUVIS DE CHAVANNES [-vi-] (Pierre), peintre français (Lyon 1824 - Paris 1898). Il est surtout l'auteur de peintures murales d'esprit symboliste et de style sobrement classique (musées d'Amiens et de Lyon ; palais de Longchamp à Marseille ; Panthéon [*Vie de sainte Geneviève*], Sorbonne [*le Bois sacré*] et Hôtel de Ville à Paris).

PUY DE DÔME, sommet volcanique d'Auvergne, atteint par la route, proche de Clermont-Ferrand ; 1 465 m.

PUY-DE-DÔME (63), dép. de la Région Auvergne ; ch.-l. de dép. *Clermont-Ferrand ;* ch.-l. d'arr. *Ambert, Issoire, Riom, Thiers ;* 5 arr., 61 cant., 470 comm. ; 7 970 km² ; 598 213 h. Le dép. est rattaché à l'académie de Clermont-Ferrand, à la cour d'appel de Riom et à la région militaire Méditerranée. Les plaines fertiles des Limagnes, drainées par l'Allier, portent des cultures céréalières et fruitières. Elles sont dominées à l'est par les hauteurs du Livradois et du Forez, souvent boisées, et à l'ouest par les massifs volcaniques des monts Dôme et des monts Dore, régions d'élevage bovin (pour l'embouche et surtout la production de fromages). L'élevage constitue encore la ressource essentielle des plateaux granitiques de l'extrémité occidentale du dép. L'industrie est représentée notamment par les pneumatiques, la coutellerie et implantée surtout dans l'agglomération de Clermont-Ferrand qui regroupe plus de 40 % de la population départementale. Le thermalisme anime de nombreuses localités (Châtelguyon, Royat, La Bourboule, Le Mont-Dore, Saint-Nectaire), ainsi que le tourisme.

PUY-DU-FOU *(château du),* château et domaine de la commune des Épesses (Vendée), siège de l'écomusée de la Vendée et d'un important spectacle historique estival.

PUY-EN-VELAY (Le) [43000], anc. **Le Puy,** ch.-l. de la Haute-Loire, anc. cap. du Velay, à 519 km au sud-est de Paris ; 23 434 h. *(Aniciens* ou *Ponots).* Évêché. Dans une dépression fertile, le *bassin du Puy,* ville pittoresque, accidentée de pitons volcaniques (rocher Corneille, mont Aiguilhe). Cathédrale romane (peintures murales ; cloître). Églises ou chapelles et maisons anciennes. Musée Crozatier. Centre de fabrication de dentelle depuis le XVe s. « Atelier conservatoire national de la dentelle à la main » fondé en 1976.

PUYI ou **P'OU-YI** (Pékin 1906 - *id.* 1967), dernier empereur de Chine (1908-1912). Il fut nommé par les Japonais régent (1932) puis empereur (1934-1945) du Mandchoukouo. Capturé par les Soviétiques, interné de 1949 à 1959 à Fushun, il devint employé au Jardin botanique de Pékin puis dans un service des affaires culturelles.

PUYLAURENS [-rɛ̃s] (81700), ch.-l. de c. du Tarn ; 2 735 h. Église en partie romane.

PUY-L'ÉVÊQUE (46700), ch.-l. de c. du Lot ; 2 227 h. Église des XIVe-XVIe s. Maisons fortifiées.

PUYMORENS [-rɛ̃s] *(col de),* passage des Pyrénées conduisant d'Ax-les-Thermes (Ariège) en Andorre ou en Cerdagne ; 1 915 m. Tunnel routier.

PUYS *(chaîne des)* → **Dôme** *(monts).*

PUY-SAINT-VINCENT (05290), comm. des Hautes-Alpes ; 239 h. Sports d'hiver (alt. 1 400-2 750 m).

PYDNA, v. de la Macédoine. Paul Émile y vainquit Persée. Cette victoire mit fin à l'indépendance de la Macédoine (168 av. J.-C.).

PYGMALION, roi légendaire de Chypre. Amoureux d'une statue qu'il avait lui-même sculptée, il obtint d'Aphrodite qu'elle lui donnât la vie, et il l'épousa.

PYGMÉES, peuple mythique de nains, que les Anciens localisaient près des sources du Nil.

PYGMÉES, populations africaines, de petite taille, vivant dans la forêt équatoriale et comprenant les Mbuti, les Twa et les Binga (République centrafricaine, Gabon, Cameroun).

PYLADE, héros phocidien, ami d'Oreste. Les tragiques grecs en ont fait le type de l'ami fidèle.

PYLA-SUR-MER (33115), station balnéaire de la Gironde (comm. de La Teste).

PÝLOS → ***Navarin.***

PYM (John), homme d'État anglais (Brymore 1584 - Londres 1643). Député aux Communes, principal auteur de la Pétition de droit (1628), il fut le chef de l'opposition parlementaire à l'arbitraire de Charles Ier et au catholicisme.

PYONGYANG, cap. de la Corée du Nord ; 1 700 000 h. Centre administratif et industriel. Musées. Monuments anciens.

Pyramides *(bataille des)* [21 juill. 1798], victoire remportée par Bonaparte sur les Mamelouks près des pyramides de Gizeh.

PYRÉNÉES, chaîne de montagnes qui s'étend sur 430 km, du golfe de Gascogne au golfe du Lion ; 3 404 m au *pic d'Aneto.* Le versant nord appartient à la France, le versant sud à l'Espagne. Par leur âge, les Pyrénées se rattachent au système alpin, mais elles diffèrent sensiblement des Alpes mêmes. Les sommets sont moins hauts et les cols plus élevés. Il en résulte un aspect massif en rapport avec l'importance des roches cristallines et la faiblesse relative de l'érosion glaciaire (altitudes et latitude plus basses que dans les Alpes). Cependant la chaîne n'a jamais constitué une barrière humaine infranchissable (les Basques et les Catalans peuplent les deux versants). En dehors de leurs extrémités occidentale et orientale, les Pyrénées sont franchies par le rail ou la route (Roncevaux, Somport, Pourtalet, tunnels de Bielsa et de Viella, cols de Puymorens et d'Ares). Mais la circulation ouest-est demeure difficile en raison de la disposition méridienne des cours d'eau, qui explique le cloisonnement du relief. Celui-ci a imposé initialement une économie de subsistance fondée sur les cultures vivrières, l'élevage transhumant, celui des ovins essentiellement (associé à l'industrie textile), l'exploitation de la forêt et du sous-sol et parfois animée par l'industrie (liée à l'hydroélectricité) et surtout le tourisme.

PYRÉNÉES (HAUTES-) [65], dép. de la Région Midi-Pyrénées ; ch.-l. de dép. *Tarbes ;* ch.-l. d'arr. *Argelès-Gazost, Bagnères-de-Bigorre ;* 3 arr., 34 cant., 474 comm. ; 4 464 km² ; 224 759 h. Le dép. est rattaché à l'académie de Toulouse, à la cour d'appel de Pau et à la région militaire Atlantique. Le sud occupe une partie des *Pyrénées centrales,* région très montagneuse, peu peuplée, pays d'élevage. Le nord s'étend sur le plateau de Lannemezan, souvent couvert de landes, et les collines qui lui font suite. À l'ouest, la longue vallée de l'Adour, plus favorisée, juxtapose céréales, vergers et prairies. L'industrie est représentée par l'électrochimie et l'électrométallurgie, les constructions électriques et aéronautiques (vers Tarbes), à côté des activités traditionnelles (textiles, travail du bois, industries extractives [marbre]). Le thermalisme et les sports d'hiver animent localement la montagne, alors que Lourdes demeure l'un des grands centres mondiaux de pèlerinage.

Pyrénées *(parc national des),* parc national créé en 1967, couvrant près de 50 000 ha, dans les Pyrénées françaises, le long de la frontière espagnole.

Pyrénées *(traité* ou *paix des)* [7 nov. 1659], traité signé dans l'île des Faisans, sur la Bidassoa, par Mazarin et Luis Méndez de Haro, et mettant fin, à l'issue de longues négociations, aux hostilités entre la France et l'Espagne. Celle-ci abandonnait à la France d'importants territoires, notamm. le Roussillon, l'Artois et plusieurs places fortes du Nord. Il fut stipulé que Louis XIV épouserait la fille de Philippe IV, Marie-Thérèse, qui renonçait à ses droits sur la couronne d'Espagne moyennant une dot de 500 000 écus d'or.

PYRÉNÉES-ATLANTIQUES (64), dép. de la Région Aquitaine ; ch.-l. de dép. *Pau ;* ch.-l. d'arr. *Bayonne, Oloron-Sainte-Marie ;* 3 arr., 52 cant., 543 comm. ; 7 645 km² ; 578 516 h. Le dép. est rattaché à l'académie de Bordeaux, à la cour d'appel de Pau et à la région militaire Atlantique. Il s'étend au sud sur la partie occidentale de la chaîne pyrénéenne, la plus humide, ce qui explique le développement de l'élevage, tant dans les *Pyrénées béarnaises* (les plus élevées, ouvertes par les vallées d'Aspe et d'Ossau), à l'est, que dans les *Pyrénées basques* (où il est associé à la polyculture : céréales, arbres fruitiers), à l'ouest. Le tourisme est aussi localement présent. Les collines sableuses ou volcaniques du nord-est, aux sols médiocres, sont entaillées par des vallées plus favorisées, herbagères ou céréalières, portant localement

Pyrénées : un aspect de la Mongie, station estivale et de sports d'hiver au sud de Bagnères-de-Bigorre (Hautes-Pyrénées).

des vignobles (Jurançon). L'industrie, représentée traditionnellement par la petite métallurgie, les textiles, le travail du bois, s'est diversifiée avec les constructions aéronautiques et surtout l'exploitation de l'important gisement de gaz naturel de Lacq (autour duquel se sont créées une centrale thermique, l'industrie chimique et l'électrométallurgie), en déclin aujourd'hui. Le littoral (Côte d'Argent) est animé par la pêche (Saint-Jean-de-Luz), le tourisme (Biarritz), alors que Bayonne exporte le soufre, sous-produit de Lacq.

PYRÉNÉES-ORIENTALES (**66**), dép. de la Région Languedoc-Roussillon ; ch.-l. de dép. *Perpignan ;* ch.-l. d'arr. *Céret, Prades ;* 3 arr., 30 cant., 226 comm. ; 4 116 km² ; 363 796 h. Le dép. est rattaché à l'académie et à la cour d'appel de Montpellier, à la région militaire Méditerranée. Le littoral est bas et bordé d'étangs au nord. Il est animé par un important tourisme estival. En arrière (au nord des Albères qui portent des vignobles) se développe la plaine du Roussillon, riche région agricole, où l'irrigation permet la présence de la vigne, des cultures fruitières (surtout) et maraîchères. La plaine est limitée vers l'intérieur par la partie orientale de la chaîne pyrénéenne, formée de lourds massifs (Canigou, Carlitte) ouverts par des bassins d'effondrement (Capcir, Cerdagne, Conflent, Vallespir), qui concentrent l'essentiel des activités (cultures céréalières et légumières, tourisme [Font-Romeu]). L'industrie, peu développée, est liée surtout aux produits du sol (conserveries de fruits et de légumes, apéritifs). L'agglomération de Perpignan concentre plus de 40 % de la population du département.

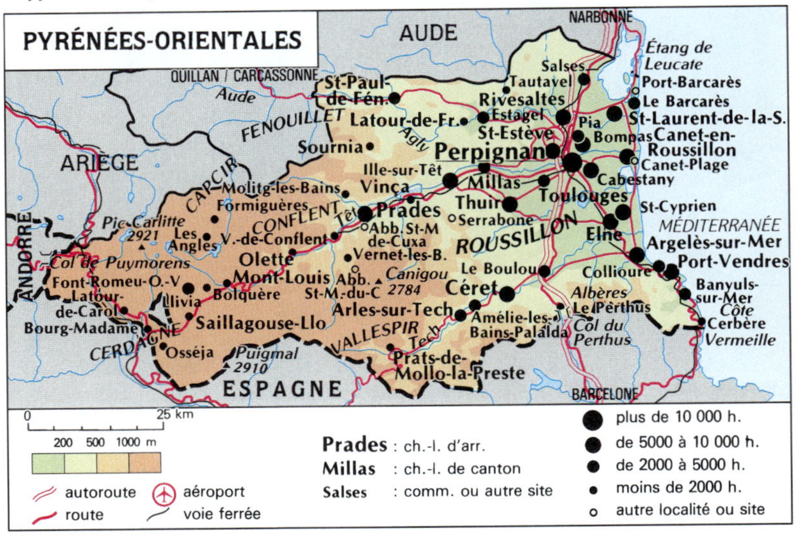

PYRRHA. *Myth. gr.* Fille d'Épiméthée et de Pandore, épouse de Deucalion*, avec lui rescapée du déluge.

PYRRHON, philosophe grec (Elis v. 365 - v. 275 av. J.-C.). Il suivit Alexandre dans son expédition en Asie. Sa philosophie, le « scepticisme », se fonde sur les arguments des sophistes qui estiment qu'on ne peut rien connaître avec certitude, puisque tout change à chaque instant. Elle se caractérise par le refus de toute affirmation dogmatique.

PYRRHOS, aussi appelé **Néoptolème.** *Myth. gr.* Fils d'Achille. Après la prise de Troie, il épousa Andromaque, veuve d'Hector, et mourut victime de la jalousie d'Hermione. Il passait pour le fondateur du royaume d'Épire.

PYRRHOS II, en lat. **Pyrrhus** (v. 318 - Argos 272 av. J.-C.), roi d'Épire (295-272). Après avoir cherché à agrandir son royaume vers la Macédoine, il se tourna vers l'Italie méridionale et, grâce à la surprise que ses éléphants causèrent aux Romains, fut vainqueur à Héraclée en 280 et à Ausculum en 279 (ces succès, obtenus au prix de très lourdes pertes, sont à l'origine de l'expression « victoire à la Pyrrhus ») ; mais, vaincu par les Romains à Bénévent (275), il dut retourner en Épire. Il mourut accidentellement au cours d'une expédition contre Sparte.

PYTHAGORE, philosophe et mathématicien grec (Samos v. 570 av. J.-C. - Métaponte v. 480 av. J.-C.). Il n'a laissé aucune œuvre écrite. Le théorème sur l'hypoténuse, auquel son nom est resté attaché, était connu des Babyloniens un millénaire avant lui. L'arithmétique pythagoricienne, limitée aux nombres entiers, incluait une théorie des proportions. Pythagore considérait que les nombres sont le principe et la source de toutes choses.

PYTHÉAS, navigateur et géographe grec de l'antique Marseille (IVᵉ s. av. J.-C.). Il détermina la latitude de Marseille et explora les côtes du nord de l'Europe.

PYTHON. *Myth. gr.* Serpent monstrueux, premier maître de Delphes. Il fut tué par Apollon, qui s'empara de l'oracle et fonda les *jeux Pythiques.*

Q

QACENTINA → ***Constantine.***

QADESH ou **KADESH,** ville de la Syrie ancienne, près de Homs. Sous ses murs, Ramsès II livra une dure bataille aux Hittites (v. 1299 av. J.-C.).

QĀDJĀR, dynastie qui régna sur l'Iran de 1796 à 1925, créée par Āghā Moḥammad Chāh, chef de la tribu turkmène.

QAL'AT (ou **QALA'AT**) **SIM'ĀN,** site de la Syrie du Nord, où se dressent des vestiges de l'ensemble monumental (basiliques, édifices conventuels, etc.) élevé à la mémoire de saint Siméon le Stylite, chef-d'œuvre de l'art paléochrétien du ve s.

QATAR ou **KATAR,** État de l'Arabie, occupant une péninsule sur le golfe Persique ; 11 400 km² ; 500 000 h. CAP. *al-Dawḥa.* LANGUE : *arabe.* MONNAIE : *riyal du Qatar.* Pétrole et gaz naturel. Sous la dynastie des Āl Thānī, installée au pouvoir en 1868, les différents centres indépendants de la péninsule furent réunis en un État. Lié par le traité de 1868 à la Grande-Bretagne, le Qatar est devenu indépendant en 1971. (V. carte ***Arabie.***)

QAZVIN ou **KAZVIN,** v. d'Iran, au sud de l'Elbourz ; 139 000 h. Capitale de la Perse au XVIe s. Monuments anciens.

QIANLONG ou **K'IEN-LONG** (Pékin 1711 - *id.* 1799), empereur chinois (1736-1796) de la dynastie Qing. Il poursuivit l'expansion en Asie centrale, au Tibet et en Birmanie et porta l'Empire à son apogée.

QING ou **TS'ING,** dynastie chinoise d'origine mandchoue (1644-1911).

QINGDAO ou **TS'ING-TAO,** port de Chine (Shandong) ; 1 500 000 h. Centre culturel et industriel.

QINGHAI ou **TS'ING-HAI,** prov. de la Chine de l'Ouest ; 720 000 km² ; 3 896 000 h. Cap. *Xining.*

QINGHAI, TS'ING-HAI, KUKU NOR ou **KOUKOU NOR,** vaste dépression marécageuse du centre-ouest de la Chine (Qinghai), à 3 200 m d'alt.

QINLING ou **TS'IN-LING,** massif de la Chine centrale, entre les bassins du Huang He et du Yangzi Jiang ; 3 767 m.

QIN SHI HUANGDI ou **TS'IN CHE HOUANG-TI** (259-210 av. J.-C.), empereur chinois (221-210), fondateur de la dynastie Qin (221-206). Il unifia les pays chinois et fonda l'Empire en 221. À proximité de Xi'an, à la périphérie de son tumulus, on a découvert (1974) une réplique en terre cuite de son armée.

QIQIHAR → ***Tsitsihar.***

QOLL (El-), anc. **Collo,** port d'Algérie, au N.-O. de Skikda ; 41 000 h.

QOM ou **QUM,** v. de l'Iran, au sud-sud-ouest de Téhéran ; 247 000 h. Ville sainte de l'islam chiite. Monuments anciens.

QUADES, peuple germanique qui vivait dans l'actuelle Moravie et qui disparut au IVe s. apr. J.-C.

QUANTZ (Johann Joachim), compositeur et flûtiste allemand (Oberscheden 1697 - Potsdam 1773), auteur de sonates, de concertos et d'une méthode de flûte, écrits pour la plupart au service de Frédéric II de Prusse.

QUAREGNON, comm. de Belgique (Hainaut) ; 19 572 h.

QUARENGHI (Giacomo), architecte italien (Valle Imagna, Bergame, 1744 - Saint-Pétersbourg 1817). Il a bâti pour Catherine II, à Saint-Pétersbourg surtout, de nombreux édifices de style néoclassique palladien.

QUARNARO → ***Kvarner.***

QUARTIER LATIN (le), partie de la rive gauche de Paris qui appartient au Ve arrondissement (Panthéon) et au VIe (Luxembourg), et où, depuis le XIIe s., se sont développées les activités universitaires.

QUARTON, CHARONTON ou **CHARRETON** (Enguerrand), peintre français originaire du diocèse de Laon, mentionné en Provence de 1444 à 1466, auteur de la *Vierge de miséricorde* du musée Condé à Chantilly, du *Couronnement* de la Vierge* de Villeneuve-lès-Avignon, sans doute de la *Pietà d'Avignon* du Louvre.

Quasimodo, personnage de *Notre-Dame de Paris,* de Victor Hugo. C'est le sonneur de Notre-Dame, dont la difformité cache la plus sublime délicatesse de sentiment.

QUASIMODO (Salvatore), poète italien (Syracuse 1901 - Naples 1968), représentant de l'école « hermétiste ». (Prix Nobel 1959.)

Quatre Articles *(Déclaration des)* → ***Déclaration du clergé de France.***

QUATRE-BRAS (les), hameau de Belgique (Brabant wallon). Défaite de Ney par les Anglais de Wellington (16 juin 1815).

QUATRE-CANTONS *(lac des),* en all. **Vierwaldstättersee,** appelé aussi **lac de Lucerne,** lac de Suisse, traversé par la Reuss, entre les cantons d'Uri, Unterwald, Schwyz et Lucerne ; 114 km². Tourisme.

Quatre Fils Aymon (les), nom parfois donné à la chanson de geste *Renaut de Montauban* (XIIe s.) et au roman de chevalerie tiré de la même œuvre. C'est le récit de la rébellion contre Charlemagne des quatre fils du duc Aymes, montés sur le cheval Bayard, dont les bonds sont fabuleux.

Quatre-Nations *(collège des),* établissement fondé à Paris par Mazarin, en 1661, pour recevoir soixante « écoliers » originaires de quatre « nations » (Alsace, Pays-Bas, Roussillon, province de Pignerol) récemment réunies à la France. Mazarin lui légua sa bibliothèque : c'est là l'origine de la *bibliothèque Mazarine*.* Le collège des Quatre-Nations fut supprimé par la Révolution et ses locaux affectés, en 1806, à l'Institut* de France.

QUÉBEC, v. du Canada, cap. de la prov. du même nom, sur un escarpement dominant le Saint-Laurent, au confluent du fleuve et de la rivière Saint-Charles ; 167 517 h. (574 397 h. dans l'agglomération) [*Québécois*]. Archevêché. Centre administratif, culturel (université, musées),

Enguerrand **Quarton** : *Pietà d'Avignon* (v. 1454-1456 ?) [Louvre, Paris.]

commercial et industriel. Fondée par le Français Champlain en 1608, Québec fut le berceau de la civilisation française en Amérique. Siège d'un évêché en 1674, elle fut prise par les Britanniques en 1759.

Québec *(Acte de)* [22 juin 1774], loi britannique concernant le statut du Canada. Il délimitait la province de Québec, admettait les catholiques aux fonctions publiques et rétablissait les anciennes lois françaises, tout en maintenant le droit criminel anglais, plus libéral.

Québec : le château Frontenac (fin du XIXᵉ s.), dominant le Saint-Laurent.

QUÉBEC *(province de* ou *du)*, prov. de l'est du Canada ; 1 540 680 km² ; 6 895 963 h. Cap. *Québec*. V. pr. *Montréal*.

GÉOGRAPHIE

La province s'étend sur les bordures orientale (Nouveau-Québec) et méridionale (Laurentides) du bouclier canadien, limité au sud par les basses terres qui s'étendent de part et d'autre du Saint-Laurent. Enfin, le sud-est appartient à l'extrémité septentrionale du système appalachien (Gaspésie). Le climat est rude, de type continental marqué, avec un long enneigement. Sa dégradation progressive vers le nord explique la concentration de l'agriculture (céréales, fourrages, élevage bovin, etc.) et de la population dans le sud, valorisé par la voie maritime du Saint-Laurent, qui est jalonnée par les principales villes (Montréal [près de la moitié de la population provinciale dans l'agglomération], Trois-Rivières, Québec). Le reste de la province est le domaine de l'exploitation de la forêt et surtout du riche sous-sol (fer, cuivre, or, amiante, etc.). La mise en valeur continue du potentiel hydroélectrique considérable a donné naissance à d'importantes industries du bois (papier), ainsi qu'à la métallurgie des non-ferreux.

HISTOIRE

1763 : la Grande-Bretagne s'assure le contrôle de l'Amérique du Nord et crée la province de Québec. 1791 : l'arrivée des « loyalistes » fuyant les États-Unis indépendants aboutit à la séparation du Bas-Canada (avec Québec pour capitale), francophone, et du Haut-Canada (actuel Ontario), anglophone. 1837 : les parlementaires des deux Canadas réclament de réels pouvoirs. La rébellion éclate et est durement réprimée. 1840 : les deux Canadas (auj. Québec et Ontario) sont réunis en une même province. L'anglais devient seule langue officielle. 1848 : le français retrouve son statut. Les ministres deviennent responsables devant le Parlement. 1867 : les provinces de la Nouvelle-Écosse, du Nouveau-Brunswick, du Québec et de l'Ontario sont fédérées par l'Acte de l'Amérique du Nord britannique. La vie politique est marquée par la division entre libéraux et conservateurs cléricaux, qui se succèdent au pouvoir. 1960-1966 : sous le gouvernement libéral de Jean Lesage, des réformes modernisent la société. 1966-1970 : l'Union nationale est au pouvoir ; le courant indépendantiste se développe. 1976 : succédant aux libéraux (1970-1976), le parti québécois, indépendantiste, remporte les élections. 1977 : la loi 101 instaure le français comme la langue officielle. 1980 : les Québécois se prononcent par référendum contre le projet de « souveraineté-association » du parti québécois. 1985 : les libéraux, à nouveau dirigés par Robert Bourassa, reprennent le pouvoir. 1990 : l'échec du

projet d'accord constitutionnel (dit du lac Meech), destiné à satisfaire les demandes minimales du Québec, ouvre une crise politique sans précédent, aggravée par des revendications amérindiennes. 1992 : un nouveau projet de réforme constitutionnelle est élaboré à Charlottetown. Soumis à référendum, il est rejeté. 1993 : un amendement à la loi 101 autorise un usage limité de l'anglais dans l'affichage commercial. 1994 : Robert Bourassa démissionne ; Daniel Johnson, nouveau chef des libéraux, lui succède. Après la victoire des indépendantistes aux élections législatives de septembre, Jacques Parizeau, chef du parti québécois, devient Premier ministre. 1995 : le référendum sur la souveraineté du Québec (oct.) se solde par une très mince victoire des partisans du maintien de la province dans la Confédération canadienne. J. Parizeau annonce immédiatement sa démission. 1996 : il est remplacé à la tête du parti québécois et du gouvernement par Lucien Bouchard.

QUECHUA ou **QUICHUA,** Indiens d'Amérique du Sud (Bolivie, Chili, Argentine).

QUEENS, borough de New York ; 1 891 000 h.

QUEENSLAND, État du nord-est de l'Australie ; 1 727 500 km² ; 2 978 617 h. Cap. *Brisbane.*

Que faire ?, roman de Nikolaï Tchernychevski (1863), bible de la jeunesse révolutionnaire russe de l'époque.

Que faire ?, œuvre de Lénine (1902), dans laquelle l'auteur affirme que la révolution ne se fera pas sans un parti révolutionnaire, fortement organisé et clandestin.

QUEIPO DE LLANO (Gonzalo), général espagnol (Tordesillas 1875 - Séville 1951). Il fut l'un des principaux lieutenants de Franco pendant la guerre civile de 1936-1939.

QUEIRÓS (José Maria **Eça de**), écrivain portugais (Póvoa de Varzim 1845 - Paris 1900), auteur de romans réalistes *(le Cousin Bazilio).*

QUELIMANE, port du Mozambique ; 72 000 h.

QUELLIN, QUELLINUS ou **QUELLIEN,** famille de sculpteurs et de peintres flamands d'Anvers, qui appartiennent surtout au XVIIe s.

QUEMOY, en chin. **Jinmen Dao,** île chinoise du détroit de Taïwan ; 45 000 h. Avant-poste nationaliste.

QUENEAU (Raymond), écrivain français (Le Havre 1903 - Paris 1976). Il a fait de son œuvre romanesque (*Pierrot mon ami,* 1942 ; *Zazie dans le métro,* 1959) et poétique (*les Ziaux,* 1943 ; *Cent Mille Milliards de poèmes,* 1961) une expérience continue sur le fonctionnement du langage.

QUENTAL (Antero Tarquínio **de**), écrivain portugais (Ponta Delgada, Açores, 1842 - *id.* 1891), poète d'inspiration romantique et révolutionnaire.

Quentin Durward, roman historique de Walter Scott (1823) : une intrigue amoureuse mêlée à la lutte de Louis XI contre Charles le Téméraire.

QUERCIA (Jacopo **della**) → ***Jacopo della Quercia.***

QUERCY (le), région du bassin d'Aquitaine, en bordure du Massif central, formée par le *haut Quercy* (ou *Causses du Quercy*), plateau calcaire entaillé par les vallées du Lot et de la Dordogne, et par le *bas Quercy,* autour de Montauban, pays de collines molassiques, vouées à la polyculture. Le Quercy fut réuni au domaine royal au XVe s.

QUERÉTARO, v. du Mexique, cap. d'État au N.-O. de Mexico ; 545 049 h. Noyau urbain d'époque coloniale, bien conservé. L'empereur Maximilien y fut fusillé (1867).

QUERQUEVILLE (50460), comm. de la Manche, banlieue de Cherbourg ; 6 597 h. Chapelle des Xe ou XIe s.

QUESNAY [ke-] (François), médecin et économiste français (Méré 1694 - Versailles 1774), inspirateur de l'école des physiocrates. Dans son *Tableau économique* (1758), il démontre que la terre est source première de la richesse.

QUESNEL [ke-] (Joseph), écrivain canadien d'expression française (Saint-Malo 1749 - Montréal 1809), auteur de poésies champêtres et de comédies en vers.

QUESNEL [ke-] (Pasquier), théologien français (Paris 1634 - Amsterdam 1719). Oratorien (1657), prêtre (1659), il publia des livres de piété imprégnés d'esprit janséniste, et dut pour cela s'exiler. Il passa, après la mort d'Arnauld (1694), pour le chef du jansénisme. Ses *Réflexions morales* (1671) furent condamnées par la bulle *Unigenitus* (1713).

QUESNOY [ke-] **(Le)** [59530], ch.-l. de c. du Nord ; 5 081 h. *(Quercitains).* Électronique. Anc. place forte.

QUESNOY-SUR-DEÛLE (59890), ch.-l. de c. du Nord ; 5 793 h. *(Quesnoysiens).*

QUESTEMBERT [kɛstɑ̃bɛr] (56230), ch.-l. de c. du Morbihan ; 5 334 h. Halle en charpente de 1675.

QUÉTELET (Adolphe), astronome, mathématicien et statisticien belge (Gand 1796 - Bruxelles 1874). Il appliqua la théorie des probabilités aux sciences morales et politiques et à l'anthropométrie.

QUETIGNY (21800), comm. de la Côte-d'Or ; 9 599 h. Produits pharmaceutiques.

QUETTA, v. du Pakistan, cap. du Baloutchistan ; 285 000 h.

QUETTEHOU (50630), ch.-l. de c. de la Manche ; 1 400 h.

QUETZALCÓATL (du nahuatl *quetzal,* nom d'un oiseau, et *cóatl,* serpent), dieu de la Végétation et de son renouveau dans le panthéon du Mexique précolombien des origines, qui, sous les Aztèques, devient le dieu des prêtres, de la pensée religieuse et de l'art. Il est représenté sous la forme d'un serpent au corps recouvert de plumes de quetzal.

QUEUE-EN-BRIE (La) [94510], comm. du Val-de-Marne ; 9 915 h.

QUEUILLE (Henri), homme politique français (Neuvic-d'Ussel, Corrèze, 1884 - Paris 1970). Radical-socialiste, plusieurs fois ministre entre 1924 et 1940 et notamm. de l'Agriculture, il fut trois fois président du Conseil sous la IVe République.

QUEVEDO Y VILLEGAS (Francisco **Gómez de**), écrivain espagnol (Madrid 1580 - Villanueva de los Infantes 1645), auteur de poésies, d'écrits politiques et satiriques et d'un roman picaresque, *Don Pablo de Ségovie* (1626).

QUÉVEN (56530), comm. du Morbihan ; 9 006 h.

QUEYRAS, région et vallée des Hautes-Alpes, que draine le Guil, affl. de la Durance (r. g.). Parc naturel régional (env. 60 000 ha).

QUEZALTENANGO, v. du Guatemala ; 70 000 h.

QUEZÓN (Manuel), homme politique philippin (Baler 1878 - Saranac Lake, État de New York, 1944). Président du Commonwealth des Philippines (1935), il s'exila aux États-Unis lors de l'occupation japonaise (1942).

QUEZÓN CITY, v. fondée en 1948 à 16 km au nord-est de Manille, cap. des Philippines jusqu'en 1976 ; 1 666 766 h.

QUIBERON (56170), ch.-l. de c. du Morbihan, à l'extrémité de la presqu'île du même nom ; 4 647 h. Pêche. Station balnéaire. Thalassothérapie. — En 1795, une petite armée d'émigrés y tenta un débarquement avec l'aide des Anglais, mais elle fut faite prisonnière par Hoche ; 748 émigrés furent fusillés près d'Auray.

QUICHÉ, peuple amérindien du Guatemala parlant une langue maya.

QUICHERAT (Jules), archéologue et historien français (Paris 1814 - *id.* 1882). Il édita *le Procès de condamnation et de réhabilitation de Jeanne d'Arc* (1841-1849).

QUIERZY (02300), comm. de l'Aisne ; 364 h. Charles le Chauve y promulgua un capitulaire admettant l'hérédité de fait des charges comtales (877).

QUIÉVRAIN, comm. de Belgique (Hainaut), à la frontière française ; 6 928 h.

QUIÉVRECHAIN (59920), comm. du Nord ; 6 477 h. Verrerie.

QUILLAN [kijɑ̃] (11500), ch.-l. de c. de l'Aude, sur l'Aude ; 3 937 h. Panneaux d'ameublement. Feutre.

QUILLEBEUF-SUR-SEINE (27680), ch.-l. de c. de l'Eure ; 1 055 h. Église des XIIe-XVIe s. Anc. cap. du Roumois.

QUILMES, banlieue industrielle de Buenos Aires ; 509 445 h.

QUILON, port de l'Inde (Kerala) ; 168 000 h.

QUIMPER (29000), ch.-l. du Finistère, anc. cap. du comté de Cornouaille, sur l'Odet, à 551 km à l'ouest de Paris ; 62 541 h. *(Quimpérois).* Évêché. Centre administratif et commercial. Bonneterie. Cathédrale gothique des XIIIe-XVIe s. Maisons anciennes. Musées.

QUIMPERLÉ (29300), ch.-l. de c. du Finistère, au confluent de l'Ellé et de l'Isole ; 11 417 h. *(Quimperlois).* Papeterie. Églises Ste-Croix, remontant au XIe s., et N.-D.-et-St-Michel, des XIIIe-XVe s.

QUINAULT (Philippe), poète français (Paris 1635 - *id.* 1688). Ses tragédies *(Astrate),* entachées de préciosité, lui valurent les attaques de Boileau. À partir de 1672, il composa les livrets des opéras de Lully *(Cadmus et Hermione, Armide).* [Acad. fr.]

QUINCTIUS CINCINNATUS (Lucius) → ***Cincinnatus.***

QUINCTIUS FLAMININUS (Titus) → ***Flamininus.***

QUINCY-SOUS-SÉNART (91480), comm. de l'Essonne ; 7 099 h.

QUINE (Willard **Van Orman,** dit **Willard**), logicien américain (Akron 1908), auteur d'une théorie sur les fondements de la logique, et plus particulièrement sur ses aspects sémantiques (*Logic and the Reification of Universalia,* 1953).

QUINET (Edgar), historien français (Bourg-en-Bresse 1803 - Paris 1875). Spécialiste de l'histoire allemande, professeur au Collège de France, il fit entrer dans son enseignement son libéralisme romantique, son anticléricalisme et son amour de la Révolution. Représentant du peuple en 1848, proscrit après le coup d'État de 1851, rentré en France en 1870, député en 1871, il fut le maître à penser de la république laïque. On lui doit notamm. *les Révolutions d'Italie* (1852).

QUI NHON, port du sud du Viêt Nam ; 214 000 h.

QUINTE-CURCE, historien latin (Ier s. apr. J.-C.), auteur d'une *Histoire d'Alexandre,* plus pittoresque qu'empreinte d'exactitude.

QUINTILIEN, rhéteur latin (Calagurris Nassica, auj. Calahorra, Espagne, v. 30 - v. 100 apr. J.-C.). Dans son ouvrage sur la formation de l'orateur *(De l'institution oratoire),* il réagit contre les tendances nouvelles représentées par Sénèque et proposa l'imitation de Cicéron.

QUINTILIUS VARUS (Publius) → ***Varus.***

QUINTIN (22800), ch.-l. de c. des Côtes-d'Armor ; 2 897 h. Maisons anciennes.

QUINTON (René), physiologiste français (Chaumes-en-Brie 1866 - Paris 1925). Il a introduit l'usage thérapeutique de l'eau de mer (« plasma » ou « sérum » de Quinton).

Quinze-Vingts (les), hospice fondé à Paris par Saint Louis pour les aveugles (auj. services hospitaliers d'ophtalmologie).

QUIRINAL [kui-] *(mont),* l'une des sept collines de Rome, au nord-ouest de la ville.

Quirinal *(palais du),* palais de Rome, sur le mont Quirinal, commencé en 1574 et agrandi à plusieurs reprises. Résidence d'été des papes avant 1870, auj. résidence des présidents de la République italienne.

QUIRINUS, ancienne divinité romaine. La tradition antique lui assimile parfois Romulus.

QUISLING (Vidkun), homme politique norvégien (Fyresdal 1887 - Oslo 1945). Favorable au nazisme, chef du gouvernement après l'invasion allemande (févr. 1942), il fut condamné à mort et exécuté à la Libération.

QUISSAC [kɥisak] (30260), ch.-l. de c. du Gard ; 2 069 h.

QUITO, cap. de l'Équateur, dans les Andes, à 2 500 m d'alt. env. ; 1 100 847 h. Centre culturel, financier et industriel. Beaux monuments d'époque coloniale (XVIe-XVIIIe s.). Musées (archéologie, histoire, art équatorien, etc.).

QUM → ***Qom.***

QUMRĀN, site archéologique près de la rive ouest de la mer Morte. À la suite de la découverte, dans les grottes des alentours, des manuscrits de la mer Morte*, on a mis au jour un ensemble de bâtiments, probables vestiges d'un couvent essénien.

QUNAYṬRA, v. de Syrie, au sud-ouest de Damas ; 29 000 h.

Quotidien du peuple (le), quotidien chinois créé en 1948, organe du parti communiste.

Quo vadis ?, roman de Sienkiewicz (1896). Il a pour cadre la Rome impériale au temps des persécutions des chrétiens par Néron.

QURAYCHITES ou **KORAÏCHITES,** tribu arabe à laquelle appartenait Mahomet.

QU YUAN ou **K'IU YUAN,** poète chinois (Chu v. 340 - v. 278 av. J.-C.), auteur du premier poème signé de la littérature chinoise *(Lisao).*

R

RÂ → ***Rê.***

RAAB (Julius), homme politique autrichien (Sankt Pölten 1891 - Vienne 1964). Président du parti populiste autrichien (1945-1960), il fut chancelier de 1953 à 1961.

RAABE (Wilhelm), écrivain allemand (Eschershausen, Brunswick, 1831 - Brunswick 1910), peintre de la vie des petites gens *(la Chronique de la rue aux Moineaux).*

RAB, île croate de l'Adriatique. Tourisme.

RABAH, souverain africain (prov. de Khartoum v. 1840 - Kousseri, Cameroun, 1900). Chef de guerre musulman, il se constitua un vaste royaume esclavagiste dans les savanes centrafricaines. Il fut défait et tué par les troupes françaises (1900).

RABAN MAUR *(bienheureux),* théologien, poète et homme de science allemand (Mayence v. 780 - Winkel, Rhénanie, 856). Abbé de Fulda (822), archevêque de Mayence (847), il a laissé de nombreux écrits, dont *De rerum naturis* (842-847). On le considère comme l'initiateur des études théologiques en Allemagne.

RABASTENS [-tɛ̃s] (81800), ch.-l. de c. du Tarn ; 3 853 h. Église des XIIIe-XIVe s.

RABASTENS-DE-BIGORRE (65140), ch.-l. de c. des Hautes-Pyrénées ; 1 293 h.

RABAT, cap. du Maroc, port sur l'Atlantique, à l'embouchure du Bou Regreg ; 520 000 h. (plus de 800 000 h. dans l'agglomération). Centre administratif, commercial et industriel. Monuments du XIIe au XVIIIe s. Remarquables remparts (XIIe s.), aux portes fortifiées. Musées.

Rabat : la tour Ḥasan (fin du XIIe s.), minaret d'une mosquée inachevée.

RABAUD (Henri), compositeur et chef d'orchestre français (Paris 1873 - Neuilly-sur-Seine 1949), auteur d'œuvres pour orchestre *(la Procession nocturne)* et pour la scène *(Mârouf, savetier du Caire,* 1914). Il a également composé la musique du film *le Miracle des loups* (1924).

RABAUL, port de Papouasie-Nouvelle-Guinée, en Nouvelle-Bretagne ; 15 000 h. Base aéronavale japonaise de 1942 à 1945.

RABELAIS (François), écrivain français (La Devinière, près de Chinon, v. 1494 - Paris 1553). Franciscain, bénédictin, étudiant errant, médecin, puis curé de Meudon, il est l'auteur d'une œuvre qui s'inscrit dans la lignée de la littérature d'almanach *(Horribles et Épouvantables Faits et Prouesses du très renommé Pantagruel**, 1532 ; *Vie inestimable du grand Gargantua**, *père de Pantagruel,* 1534) et qui marque un effort pour concilier culture savante et tradition populaire (*Tiers Livre,* 1546 ; *Quart Livre,* 1548 ; *Cinquième Livre,* publié en 1564). Rabelais est le parfait modèle des humanistes de la Renaissance, qui luttent avec enthousiasme pour renouveler, à la lumière de la pensée antique, l'idéal philosophique et moral de leur temps. Écrivain concret et pittoresque, Rabelais témoigne d'un don prodigieux de l'invention verbale.

RABIN (Yitzhak), général et homme politique israélien (Jérusalem 1922 - Tel-Aviv-Jaffa 1995). Chef d'état-major (1964-1967), Premier ministre à la tête d'un gouvernement travailliste (1974-1977), il fut ensuite, de 1984 à 1990, ministre de la Défense. En 1992, il prit la direction du parti travailliste et redevint Premier ministre. Il relança les négociations israélo-arabes qui aboutirent à un accord avec l'O.L.P., signé à Washington en 1993. Il fut assassiné en 1995 par un extrémiste israélien. (Prix Nobel de la paix 1994.)

RACAN (Honorat **de Bueil,** *seigneur* **de**), poète français (Aubigné, auj. Aubigné-Racan, Sarthe, 1589 - Paris 1670), auteur de stances élégiaques et des *Bergeries,* pastorale dramatique qui trahit l'influence italienne. (Acad. fr.)

RACHEL, personnage biblique ; épouse de Jacob, mère de Joseph et de Benjamin.

RACHEL (Élisabeth Rachel **Félix,** dite **Mlle**), actrice française (Mumpf, Suisse, 1821 - Le Cannet 1858), qui contribua à faire revivre la tragédie classique.

RACH GIA, port du sud du Viêt Nam, sur le golfe de Thaïlande ; 104 000 h.

RACHI ou **RASHI,** rabbin et commentateur de la Bible et du Talmud (Troyes 1040 - *id.* 1105). Ses commentaires ont eu une importance décisive sur toute la pensée juive et chrétienne médiévale. Il continue de marquer la pensée juive contemporaine.

RACHMANINOV ou **RAKHMANINOV** (Sergueï Vassilievitch), pianiste et compositeur russe (domaine d'Oneg, près de Novgorod, 1873 - Beverley Hills 1943), auteur de préludes et de concertos pour piano.

RACINE (Jean), poète dramatique français (La Ferté-Milon 1639 - Paris 1699). Orphelin, il est recueilli par les religieuses de Port-Royal et devient l'élève des Solitaires. Après avoir tenté de concilier ses aspirations littéraires avec la carrière ecclésiastique, il se consacre tout entier au théâtre. Il fait jouer *la Thébaïde* (1664), puis *Alexandre le Grand* (1665), mais c'est le succès de la tragédie d'*Andromaque** (1667) qui assure sa réputation. Il donne ensuite *Britannicus** (1669), *Bérénice** (1670), *Bajazet** (1672), *Mithridate** (1673), *Iphigénie en Aulide* (1674), *Phèdre** (1677). Nommé historiographe du roi, réconcilié avec les jansénistes, il renonce alors au théâtre. Mais, à la demande de Mme de Maintenon, il écrit pour les élèves de Saint-Cyr les tragédies bibliques *Esther** (1689) et *Athalie** (1691). Le théâtre de Racine peint la passion comme une force fatale, qui détruit celui qui en est possédé. Réalisant l'idéal de la tragédie classique, il présente une action simple, claire, dont les péripéties naissent de la passion même des personnages. On lui doit aussi une comédie, *les Plaideurs** (1668), spirituelle critique des mœurs judiciaires. (Acad. fr.)

RACINE (Louis), fils du précédent (Paris 1692 - *id.* 1763), auteur de poèmes d'inspiration janséniste *(la Religion)* et de *Mémoires* sur son père.

Racine et Shakespeare, pamphlets de Stendhal, où l'auteur définit le romantisme (1823) et défend la tragédie en prose, libérée des règles classiques (1825).

RACOVIȚA (Emil), biologiste roumain (Iași 1868 - Bucarest 1947). Grand explorateur, il a créé la *biospéléologie,* ou étude scientifique des êtres vivants des grottes.

Rabelais
(château de Versailles)

Racine
(château de Versailles)

RADCLIFFE (Ann **Ward,** Mrs.), femme de lettres britannique (Londres 1764 - *id.* 1823), auteur de « romans noirs » à succès (*les Mystères d'Udolphe,* 1794).

RADCLIFFE-BROWN (Alfred Reginald), anthropologue britannique (Birmingham 1881 - Londres 1955). Il a montré les rapports qui existent entre les systèmes de parenté et l'organisation sociale. Sa conception fonctionnaliste est à l'origine du structuralisme (*Structure et fonction dans les sociétés primitives,* 1952).

Radeau de la Méduse (le), grande toile de Géricault (1818-19, Louvre), morceau de bravoure dans lequel le peintre a pris pour sujet le drame consécutif au naufrage de la frégate *Méduse* sur la côte occidentale de l'Afrique (1816).

RADEGONDE *(sainte),* reine des Francs (en Thuringe v. 520 - Poitiers 587). Princesse germanique, elle épousa Clotaire Ier (538). Après l'assassinat de son frère par le roi, elle entra en religion et fonda le monastère de Sainte-Croix, à Poitiers.

RADETZKY VON RADETZ (Joseph, *comte*), maréchal autrichien (Trebnitz, auj. Třebenice, 1766 - Milan 1858). Il vainquit les Piémontais à Custoza (1848) et à Novare (1849).

radical et radical-socialiste *(parti),* parti politique français fondé en 1901, qui a joué un rôle politique de premier plan, principalement sous la IIIe République. En 1973, une partie de ses adhérents a fondé le Mouvement des radicaux de gauche, qui a pris le nom de Radical en 1994. L'autre tendance (parti radical) est devenue en 1978 une des composantes de l'U. D. F.

RADIGUET (Raymond), écrivain français (Saint-Maur-des-Fossés 1903 - Paris 1923), auteur de romans psychologiques d'une facture classique (*le Diable au corps,* 1923 ; *le Bal du comte d'Orgel,* 1924).

radiodiffusion *(Union européenne de)* [U. E. R.], organisation internationale non gouvernementale créée en 1950, qui gère notamment l'Eurovision et la Mondovision. (Siège : Genève.)

Radio France, société nationale de programmes de radiodiffusion (France-Inter, France-Culture, France-Musique, France-Info, Radio bleue et radios locales décentralisées). Les programmes de Radio France Internationale (R. F. I., société autonome depuis 1987) sont destinés à la diffusion internationale et ceux de Radio France Outre-mer (R. F. O., Société nationale de radio-télévision française d'outre-mer, également société publique autonome) aux départements, territoires et collectivités territoriales d'outre-mer.

RADISSON (Pierre), explorateur et marchand de fourrures français (Paris v. 1636 - en Grande-Bretagne v. 1710), promoteur de la fondation de la Compagnie de la baie d'Hudson.

RADOM, v. de Pologne, ch.-l. de voïévodie, au sud de Varsovie ; 229 700 h. Centre industriel.

RADZIWIŁŁ, famille polonaise, originaire de Lituanie, qui joua un rôle important en Lituanie et en Pologne de la fin du xve s. au début du xxe s.

RAEBURN (*sir* Henry), peintre britannique (Stockbridge, près d'Édimbourg, 1756 - Édimbourg 1823). Il fut le portraitiste, au style enlevé, des notabilités écossaises.

RAEDER (Erich), amiral allemand (Wandsbek, auj. dans Hambourg, 1876 - Kiel 1960). Commandant en chef de la marine de 1935 à 1943, il fut condamné en 1946 pour crimes de guerre et libéré en 1955.

RAF (abrév. des mots anglais *Royal Air Force*), nom donné depuis 1918 à l'armée de l'air britannique.

Rainier III
de Monaco

Jean-Philippe **Rameau**
(J. J. Caffieri - musée des Beaux-Arts, Dijon)

RAFFET (Denis Auguste Marie), peintre et dessinateur français (Paris 1804 - Gênes 1860). Élève de Gros et de Nicolas Charlet, il doit sa réputation, comme ce dernier, à ses lithographies de sujets militaires (soldats de la Révolution et de l'Empire).

RAFSANDJANI ('Ali Akbar Hāchemi), homme politique iranien (Bahraman, à 60 km au N.-O. de Rafsandjan, prov. de Kermān, 1934). Hodjatoleslam, il est élu président de la République en 1989.

RAGLAN (*lord* James Henry **Somerset,** *baron*), maréchal britannique (Badminton 1788 - devant Sébastopol 1855), commandant des troupes britanniques de Crimée (1854).

RAGUSE, v. d'Italie (Sicile), ch.-l. de prov. ; 64 195 h. Monuments baroques du xviiie s.

RAGUSE → ***Dubrovnik.***

RAGUSE (*duc* **de**) → ***Marmont.***

RAHMAN (Mujibur), homme politique du Bangladesh (Tongipara 1920 - Dacca 1975). Artisan de la sécession en 1971 du Pakistan oriental qui devient le Bangladesh, il est incarcéré en 1971 et forme le premier gouvernement bengali en 1972. Président de la République (1975), il est renversé par un coup d'État et assassiné.

RAHNER (Karl), théologien et jésuite allemand (Fribourg 1904 - Innsbruck 1984). Il a mis en lumière la valeur pastorale de la théologie et replacé l'homme dans le message historique de la loi (*Écrits théologiques,* 1954-1975). Il a contribué à faire mûrir les idées qui se sont imposées à Vatican II.

RAÏATEA, île de la Polynésie française, au nord-ouest de Tahiti ; 8 560 h.

RAIMOND de Peñafort *(saint)* → ***Raymond de Peñafort*** *(saint).*

RAIMOND, nom de sept comtes de Toulouse, dont : **Raimond IV,** dit **Raimond de Saint-Gilles** (Toulouse 1042 - Tripoli 1105), comte de Toulouse (1093-1105), qui participa à la première croisade et entreprit (1102) la conquête du futur comté de Tripoli ; — **Raimond VI** (1156 - Toulouse 1222), comte de Toulouse (1194-1222), protecteur des albigeois et adversaire de Simon de Montfort ; — **Raimond VII** (Beaucaire 1197 - Millau 1249), comte de Toulouse (1222-1249). Saint Louis lui fit signer le traité de Lorris, qui marque la fin effective de l'indépendance du comté (1243).

RAIMOND BÉRENGER, nom de plusieurs comtes de Barcelone et de Provence (xie-xiiie s.). Le plus célèbre, **Raimond Bérenger III** (1082-1131), comte de Barcelone (1096-1131) et de Provence (1112/13-1131), étendit son État en Méditerranée (Baléares) et au-delà des Pyrénées.

RAIMONDI (Marcantonio), dit en fr. **Marc-Antoine,** graveur italien (Bologne 1480 - *id.* v. 1534). Buriniste, installé à Rome vers 1510, il reproduisit et diffusa, notamment, les œuvres de Raphaël.

RAIMONDI (Ruggero), baryton italien (Bologne 1941). Sa voix lui permet de s'illustrer dans les rôles de composition (Scarpia, Boris Godounov, Méphisto, Don Juan).

RAIMU (Jules **Muraire,** dit), acteur français (Toulon 1883 - Neuilly-sur-Seine 1946). Célèbre après sa création de César dans la pièce de M. Pagnol, *Marius* (1929), il a marqué de sa personnalité, mélange de naturel et de grandiloquence, de faconde et d'émotion, de nombreux rôles à la scène et à l'écran (*l'Étrange M. Victor,* de J. Grémillon, 1938 ; *la Femme du boulanger,* de M. Pagnol, 1938).

RAINCY (Le) [93340], ch.-l. d'arr. de la Seine-Saint-Denis ; 13 672 h. Église d'A. Perret (vitraux de M. Denis).

RAINIER *(mont),* un des sommets de la chaîne des Cascades, aux États-Unis ; 4 392 m. Parc national.

RAINIER III (Monaco 1923), prince de Monaco depuis 1949.

RAIPUR, v. de l'Inde (Madhya Pradesh) ; 461 851 h. Centre industriel. Monuments anciens.

RAIS, RAYS ou **RETZ** (Gilles **de**), maréchal de France (v. 1400 - Nantes 1440). Compagnon de Jeanne d'Arc, il se retira dans ses terres v. 1435, et les crimes innombrables qu'il y commit sur des enfants conduisirent à son exécution.

Raisins de la colère (les), roman de J. Steinbeck (1939), popularisé par un film de John Ford (1940) : la grande dépression américaine vécue par les paysans.

RAISMES [rɛm] (59590), comm. du Nord ; 14 158 h. Métallurgie.

Raizet (le), aéroport de Pointe-à-Pitre.

RAJAHMUNDRY, port de l'Inde (Andhra Pradesh) sur l'estuaire de la Godāvari ; 403 781 h.

RĀJASTHĀN, État du nord-ouest de l'Inde ; 342 000 km^2 ; 43 880 640 h. Cap. *Jaipur.*

RĀJKOT, v. de l'Inde (Gujerat) ; 651 007 h.

RĀJPUT, peuple de l'Inde du Nord, habitant principalement le Rājasthān, formé de propriétaires fonciers, qui se considèrent comme appartenant à la classe des *kṣatriya* (guerriers).

RĀJSHĀHĪ, v. du Bangladesh, sur le Gange ; 172 000 h.

RAKHMANINOV → ***Rachmaninov.***

RÁKÓCZI, famille d'aristocrates hongrois. L'un de ses membres, **Ferenc** ou **François II** (Borsi 1676 - Rodosto 1735), fut porté en 1703 à la tête de la révolte des Hongrois contre les Habsbourg. Il dut s'exiler après la signature de la paix de Szatmár (1711).

RÁKOSI (Mátyás), homme politique hongrois (Ada 1892 - Gorki 1971). Premier secrétaire du parti communiste (1945-1956), il lutta après 1953 contre la ligne libérale d'I. Nagy. Il se réfugia en U. R. S. S. après l'insurrection de 1956.

RALEIGH, v. des États-Unis, cap. de la Caroline du Nord ; 207 951 h. Université.

RALEIGH ou **RALEGH** (*sir* Walter), navigateur et écrivain anglais (Hayes v. 1554 - Londres 1618), favori d'Élisabeth Ire. En 1584-85, il tenta de coloniser la Virginie. Tenant d'une stratégie navale offensive, il multiplia, contre l'Espagne, les expéditions et les raids d'interception (Cadix, 1596). Il tomba en disgrâce sous Jacques Ier, de 1603 à 1616. Son œuvre écrite est dominée par son *History of the World* (1614).

RĀMA, une des incarnations de Viṣṇu dans la mythologie hindoue et le héros du *Rāmāyaṇa.*

RĀMAKRISHNA ou **RĀMAKRIṢṆA** (**Gadadhar Chattopadhyaya,** dit), brahmane bengali (Kamarpukur, Bengale-Occidental, 1836 - Calcutta 1886). Il mena une vie d'ascèse et de retraite. Il prétendit avoir contemplé dans des visions Jésus puis Mahomet, et prêcha l'unité de toutes les religions.

RAMAN (*sir* **Chandrasekhara Venkata**), physicien indien (Trichinopoly 1888 - Bangalore 1970). Il a découvert l'*effet Raman,* concernant la diffusion de la lumière par les molécules, les atomes et les ions, dans les milieux transparents. (Prix Nobel 1930.)

RĀMĀNUJA, philosophe indien (m. v. 1137). Il a insisté sur le culte de Viṣṇu, et préconisé la méditation et la dévotion ou *bhakti.* Il eut une influence considérable sur l'hindouisme.

RAMAT GAN, v. d'Israël, banlieue de Tel-Aviv-Jaffa ; 120 000 h.

Rāmāyaṇa, épopées sacrées hindoues (ve s. av. J.-C. - iiie s. apr. J.-C.), qui relatent la vie de Rāma, roi d'Ayodhyā, incarnation de Viṣṇu.

RAMBERT (Miriam **Ramberg,** dite **Marie**), danseuse britannique d'origine polonaise (Varsovie 1888 - Londres 1982), fondatrice du Ballet Rambert, la plus ancienne compagnie anglaise de ballet. Le Nouveau Ballet Rambert qu'elle a créé en 1967 se consacre à la production d'œuvres modernes.

RAMBERVILLERS [-le] (88700), ch.-l. de c. des Vosges ; 6 036 h. Papeterie. Forêt domaniale. Hôtel de ville de 1581.

RAMBOUILLET (78120), ch.-l. d'arr. des Yvelines, dans la *forêt de Rambouillet* (13 200 ha) ; 25 293 h. *(Rambolitains).* Ferme nationale créée par Louis XVI ; école des bergers. Électronique. Château des xive-xviiie s., auj. une des résidences des présidents de la République.

Rambouillet *(hôtel de),* hôtel construit à Paris, rue Saint-Thomas-du-Louvre, sur les plans de la marquise de Rambouillet (1588-1665), qui y réunissait une société choisie, modèle de la préciosité.

RAMBUTEAU (Claude Philibert **Barthelot,** *comte* **de**), administrateur français (Mâcon 1781 - Champgrenon, près de Charnay-lès-Mâcon, 1869). Préfet de la Seine (1833-1848), il entreprit, à Paris, d'importants travaux d'assainissement et d'édilité.

RAMEAU (Jean-Philippe), compositeur français (Dijon 1683 - Paris 1764). Claveciniste et organiste, il contribua à fixer la science de l'harmonie (*Traité de l'harmonie,* 1722) et, dans ses opéras (*Hippolyte et Aricie,* 1733 ; *Castor et Pollux,* 1737 ; *Dardanus,* 1739 ; *Zoroastre,* 1749) et ses opéras-ballets (*les Indes galantes,* 1735 ; *les Fêtes d'Hébé,* 1739), porta l'émotion, le sentiment dramatique à leur plus haut point grâce à la souplesse de sa rythmique, le relief et la vigueur de son style instrumental, la puissance ou la tendresse de ses thèmes. On lui doit, en outre, des cantates, des *Livres de pièces de clavecin,* des suites et des *Pièces de clavecin en concerts* (1741).

Ramillies *(bataille de)* [23 mai 1706], victoire de Marlborough sur le maréchal de Villeroi à Ramillies, près de Louvain.

RAMIRE, nom de deux rois d'Aragon et de trois rois de León (IXe s.-XIIe s.).

RAMON (Gaston), biologiste et vétérinaire français (Bellechaume, Yonne, 1886 - Garches 1963). Il a transformé les toxines microbiennes en anatoxines et fut le précurseur des vaccinations associées.

RAMONVILLE-SAINT-AGNE (31520), comm. de la Haute-Garonne ; 12 014 h.

RAMÓN Y CAJAL (Santiago), médecin et biologiste espagnol (Petilla, Navarre, 1852 - Madrid 1934). Prix Nobel en 1906 pour la découverte de la structure neuronale du système nerveux.

RAMPAL (Jean-Pierre), flûtiste français (Marseille 1922). Il fait une brillante carrière internationale de soliste virtuose dans un répertoire ancien et contemporain, tout en se consacrant à l'enseignement.

RĀMPUR, v. de l'Inde (Uttar Pradesh) ; 242 752 h.

RAMSAY (*sir* William), chimiste britannique (Glasgow, Écosse, 1852 - High Wycombe 1916). Il a attribué le mouvement brownien aux chocs moléculaires et a participé à la découverte des gaz rares. (Prix Nobel 1904.)

RAMSDEN (Jesse), physicien britannique (Salterhebble 1735 - Brighton 1800), inventeur du théodolite et d'une machine électrostatique.

RAMSÈS, nom porté par onze pharaons des XIXe et XXe dynasties égyptiennes. Les plus importants sont : **Ramsès Ier** (v. 1314-1312 av. J.-C.), fondateur de la XIXe dynastie. — **Ramsès II** (1301-1235 av. J.-C.). Il fit pièce à la puissance des Hittites en Palestine et en Syrie puis conclut avec eux un traité d'alliance (1284). Il a multiplié les grands travaux dans la vallée du Nil (salle hypostyle de Karnak, temples d'Abou-Simbel). — **Ramsès III** (1198-1166 av. J.-C.). Il arrêta l'invasion des Peuples de la Mer et fit construire le temple de Médinet Habou.

Ramsès II (Musée égyptien, Turin)

RAMSGATE, v. de Grande-Bretagne (Kent), près de l'embouchure de la Tamise ; 40 000 h. Station balnéaire. Centre de yachting.

RAMUS (Pierre **de La Ramée,** dit), humaniste, mathématicien et philosophe français (Cuts, Oise, 1515 - Paris 1572). Adversaire de l'aristotélisme, il chercha dans la raison le critère de la vérité. Il fut le premier professeur de mathématiques du Collège royal (Collège de France). Converti aux idées de la Réforme, il fut assassiné lors de la Saint-Barthélemy.

RAMUZ (Charles-Ferdinand), écrivain suisse d'expression française (Lausanne 1878 - Pully 1947), auteur de romans exprimant la poésie de la nature et de la vie vaudoises (*la Grande Peur dans la montagne,* 1926 ; *Derborence,* 1934).

RANAVALONA III (Tananarive 1862 - Alger 1917), reine de Madagascar (1883-1897). Sur l'initiative de Gallieni, elle fut déposée par la France (1897) et exilée en Algérie.

RANCAGUA, v. du Chili central ; 187 134 h.

RANCE (la), fl. de Bretagne, qui passe à Dinan et se jette dans la Manche ; 100 km. Usine marémotrice sur son estuaire.

RANCÉ (Armand Jean **Le Bouthillier de**), religieux français (Paris 1626 - Soligny, près de Mortagne, 1700). Grand seigneur libertin, il se convertit (1660) et réforma l'abbaye cistercienne normande de Notre-Dame-de-la-Trappe, origine de l'ordre cistercien de la stricte observance, dit « des trappistes ».

RĀNCHĪ, v. de l'Inde (Bihār) ; 614 454 h. Centre agricole et industriel.

RANDAN (63310), ch.-l. de c. du Puy-de-Dôme ; 1 506 h.

RANDERS, port du Danemark (Jylland) ; 62 000 h. Noyau urbain ancien.

RANDON (Jacques César, *comte*), maréchal de France (Grenoble 1795 - Genève 1871). Collaborateur de Bugeaud, il fut ministre de la Guerre (1851, 1859-1867).

RANDSTAD HOLLAND, région de l'ouest des Pays-Bas, englobant notamment les villes d'Amsterdam, La Haye, Rotterdam et Utrecht. Densément peuplée, elle regroupe la majeure partie des activités du pays.

RANGOON, en birman **Yangoun,** cap. de la Birmanie, près de l'embouchure de l'Irrawaddy ; 2 459 000 h. Port et principal centre économique du pays. Pèlerinage bouddhiste. Célèbre pagode Shwedagon. Musée national.

Rangoon : la pagode Shwedagon (remaniée à différentes époques).

RANGPUR, v. du nord du Bangladesh ; 156 000 h.

RANJĪT SINGH, fondateur de l'empire des sikhs (au Pendjab 1780 - Lahore 1839). Il annexa Lahore (1799), Amritsar (1802) et le Cachemire (1819), mais fut arrêté dans son expansion vers le sud-est par les Britanniques.

RANK (Otto **Rosenfeld,** dit **Otto**), psychanalyste autrichien (Vienne 1884 - New York 1939), auteur du *Traumatisme de la naissance* (1924), où il récuse le complexe d'Œdipe au profit de l'angoisse de la naissance.

RANKE (Leopold **von**), historien allemand (Wiehe 1795 - Berlin 1886), de confession luthérienne et de tendance conservatrice, auteur des *Papes romains* (1834-1836) et d'une *Histoire d'Allemagne au temps de la Réforme* (1839-1847). Il fut un des grands initiateurs de la science historique allemande au XIXe s.

RANKINE (William), ingénieur et physicien britannique (Édimbourg 1820 - Glasgow 1872). Il a créé l'énergétique, en distinguant les énergies mécanique, potentielle et cinétique.

RANTIGNY (60290), comm. de l'Oise ; 2 510 h. Produits de beauté. Fibre de verre.

RANTZAU (Josias, *comte* **de**), maréchal de France (Bothkamp, Holstein, 1609 - Paris 1650). Il s'illustra à Rocroi.

RANVIER (Louis), histologiste français (Lyon 1835 - Vendranges, Loire, 1922). Professeur d'anatomie générale au Collège de France, il est l'auteur d'importants traités d'histologie et d'anatomie et a laissé son nom à plusieurs éléments cellulaires.

RAON-L'ÉTAPE [rɑ̃] (88110), ch.-l. de c. des Vosges, sur la Meurthe ; 6 927 h. Textile.

RAOUL ou **RODOLPHE** (m. à Auxerre en 936), duc de Bourgogne (921-923) et roi de France (923-936). Successeur par élection du roi Robert Ier, il lutta contre les Normands et les battit définitivement en 930.

Raoul de Cambrai, chanson de geste du XIIe s., poème de la révolte féodale.

RAOULT (François), chimiste et physicien français (Fournes-en-Weppes, Nord, 1830 - Grenoble 1901), créateur, en 1882, de la cryoscopie, de la tonométrie et de l'ébulliométrie.

Rapaces (les), film américain d'E. von Stroheim (1923-1925) : drame réaliste et cruel sur une triple déchéance.

Rapallo *(traité de)* [16 avr. 1922], traité signé à Rapallo (prov. de Gênes) entre l'Allemagne et la Russie soviétique, qui prévoyait le rétablissement des relations diplomatiques et économiques entre les deux pays.

RAPHAËL, un des sept anges principaux de la tradition juive, dont la religion chrétienne fera des archanges. Il apparaît dans le livre biblique de Tobie.

RAPHAËL (Raffaello **Sanzio** ou **Santi,** dit en fr.), peintre italien (Urbino 1483 - Rome 1520). Élève du Pérugin, il travailla à Pérouse, Florence, Rome et fut, à la cour des papes Jules II et Léon X, architecte en chef et surintendant des édifices (villa Madama, 1517, etc.). L'art de ce maître du classicisme allie précision du dessin, harmonie des lignes, délicatesse du coloris avec une ampleur spatiale et expressive toute nouvelle. Parmi ses chefs-d'œuvre, outre des portraits et des madones célèbres, signalons *le Mariage de la Vierge* (1504, Brera, Milan), *le Triomphe de Galatée* (1511, Farnésine), *la Transfiguration* (1518-1520, Pinacothèque vaticane) et une partie des fresques des « chambres » du Vatican (*le Triomphe de l'eucharistie, l'École* d'Athènes, le Parnasse, Héliodore chassé du Temple,* etc.) [1509-1514], le reste de la décoration (comme celle des « loges ») étant exécuté, sous sa direction, par ses élèves, dont J. Romain. On lui doit encore les cartons de tapisserie des *Actes des apôtres.* Son influence a été considérable jusqu'à la fin du XIXe s.

Raphaël : *la Madone de Foligno* (1511-12). [Musée du Vatican.]

RAPP (Jean, *comte*), général français (Colmar 1772 - Rheinweiler, Bade, 1821). Gouverneur de Dantzig, il défendit la ville pendant un an en 1813.

RAQQA, v. de Syrie, près de l'Euphrate ; 87 000 h.

RAROTONGA, île de Polynésie, dans l'archipel des îles Cook ; 9 000 h.

RA'S AL-KHAYMA, l'un des Émirats arabes unis ; 1 625 km^2 ; 74 000 h. Cap. *Ra's al-Khayma.*

RASHI → *Rachi.*

Rashōmon, film japonais de Kurosawa (1950), qui contribua à faire connaître en Occident le cinéma japonais.

RASK (Rasmus), linguiste danois (Brøndekilde, près d'Odense, 1787 - Copenhague 1832). Il a établi la parenté de nombreuses langues indo-européennes ; c'est un des fondateurs de la grammaire comparée.

RASMUSSEN (Knud), explorateur danois (Jakobshavn, Groenland, 1879 - Copenhague 1933). Il dirigea plusieurs expéditions dans l'Arctique et étudia les Esquimaux.

RASMUSSEN (Poul Nyrup), homme politique danois (Esbjerg, Jylland, 1943). Leader du parti social-démocrate à partir de 1992, il est Premier ministre depuis 1993.

RASPAIL (François), chimiste et homme politique français (Carpentras 1794 - Arcueil 1878). Vulgarisateur d'une médecine populaire, gagné aux idées républicaines, il prit part aux journées de 1830 ; son adhésion aux sociétés secrètes, sous la monarchie de Juillet, le fit emprisonner. Fondateur de *l'Ami du peuple* le 27 févr. 1848, il retourna en prison après la journée du 15 mai. Lors de l'élection du président de la République (10 déc.), il recueillit 36 000 voix. Après son exil à Bruxelles (1853-1863), il fut élu député en 1869 ; de nouveau emprisonné (1874), il redevint député républicain en 1876.

RASPOUTINE (Grigori Iefimovitch), aventurier russe (Pokrovskoïe 1864 ou 1865 - Petrograd 1916). Ayant acquis une réputation de *starets* et guéri le tsarévitch Alexis atteint d'hémophilie, il fut protégé par l'impératrice Aleksandra Fedorovna. Il contribua à jeter le discrédit sur la cour et fut assassiné par le prince Ioussoupov.

Rassemblement du peuple français → *R. P. F.*

Rassemblement pour la République → *R. P. R.*

RAS SHAMRA → *Ougarit.*

RA'S TANNŪRA, port pétrolier d'Arabie saoudite, sur le golfe Persique.

RASTATT ou **RASTADT,** v. d'Allemagne (Bade-Wurtemberg), au nord de Baden-Baden ; 41 322 h. Le *traité de Rastatt* (6 mars 1714) mit fin à la guerre de la Succession d'Espagne. Le *congrès de Rastatt* (9 déc. 1797 - 23 avr. 1799) qui devait fixer le nouveau statut territorial de l'Allemagne et de l'Italie n'aboutit pas et deux des envoyés du Directoire furent massacrés.

Rastignac, personnage créé par Balzac dans *le Père Goriot.* Type de l'arriviste élégant, il reparaît dans la plupart des romans qui se déroulent dans la société parisienne.

RASTRELLI (Bartolomeo Francesco), architecte d'origine italienne (Paris ? v. 1700 - Saint-Pétersbourg 1771), dont la carrière s'est déroulée en Russie. Il a élaboré pour la tsarine Élisabeth, à partir de 1741, une architecture brillante et animée (cathédrale Smolnyï et palais d'Hiver à Saint-Pétersbourg, Grand Palais à Tsarskoïe Selo).

RATEAU (Auguste), ingénieur français (Royan 1863 - Neuilly-sur-Seine 1930). Spécialiste des turbomachines, il conçut la turbine multicellulaire (1901) à laquelle son nom est resté attaché.

Charles-Ferdinand **Ramuz** (C. Cingria - coll. priv.)

Maurice **Ravel** (H. Manguin - M.N.A.M., Paris)

RATHENAU (Walther), industriel et homme politique allemand (Berlin 1867 - *id.* 1922). Ministre des Affaires étrangères en 1922, il fut assassiné.

RĀTIKON (le), massif des Alpes, aux confins de la Suisse, du Liechtenstein et de l'Autriche ; 2 965 m.

RATISBONNE, en all. **Regensburg,** v. d'Allemagne (Bavière), sur le Danube ; 120 006 h. Université. Centre commercial. Cathédrale gothique entreprise au XIIIe s. ; anc. hôtel de ville des XIVe-XVe s. ; église St-Emmeram, romane à décor baroque. Musées. — Ville libre en 1245, Ratisbonne, où se tint la diète de 1541 entre catholiques et protestants, devint en 1663 le siège permanent de la Diète d'Empire *(Reichstag).* Elle fut annexée à la Bavière en 1810.

R. A. T. P. (Régie autonome des transports parisiens), établissement public industriel et commercial, fondé en 1948, exploitant le métro, le R. E. R., conjointement avec la S. N. C. F., et les transports de surface en région parisienne.

RATSIRAKA (Didier), homme politique malgache (Vatomandry 1936). Officier de marine, il a été président du Conseil suprême de la révolution puis de la République de Madagascar de 1975 à 1993.

RATZEL (Friedrich), géographe allemand (Karlsruhe 1844 - Ammerland 1904), auteur d'une *Anthropogéographie* (1882-1891).

RATZINGER (Joseph), prélat allemand (Marktl, Bavière, 1927). Archevêque de Munich et cardinal (1977), préfet de la Congrégation romaine pour la doctrine de la foi (depuis 1981), il impose le strict respect de la tradition. Il a présidé la commission de rédaction du « catéchisme universel » publié en 1992.

R. A. U., sigle de République arabe* unie.

RAUSCHENBERG (Robert), peintre, assemblagiste et lithographe américain (Port Arthur, Texas, 1925). Il a fait la liaison entre expressionnisme abstrait et pop art, a utilisé les matériaux de rebut et le report photographique, et s'est intéressé aux rapports de l'art et de la technologie.

Robert **Rauschenberg** : *Tracer* (1964). Impression sérigraphique sur toile. (Coll. priv.)

RAVACHOL (François Claudius **Kœnigstein,** dit), anarchiste français (Saint-Chamond 1859 - Montbrison 1892). Auteur de nombreux attentats, il fut guillotiné.

RAVAILLAC (François), domestique français devenu frère convers (Touvre, près d'Angoulême, 1578 - Paris 1610). Assassin d'Henri IV, il mourut écartelé.

RAVAISSON-MOLLIEN (Félix **Lacher**), philosophe français (Namur 1813 - Paris 1900), auteur d'un ouvrage sur *l'Habitude* (1839).

RAVEL (Maurice), compositeur français (Ciboure 1875 - Paris 1937), le plus classique des créateurs modernes français. On lui doit des partitions lyriques : *l'Heure espagnole* (1911), *l'Enfant et les sortilèges* (1920-1925). Attiré par la musique symphonique (*la Valse,* 1919-20 ; *Boléro,* 1928 ; suites de *Daphnis et Chloé,* 1909-1912), il a également écrit pour le piano (*Jeux d'eau,* 1901 ; *Gaspard de la nuit,* 1908 ; *Concerto pour la main gauche,* 1931) ainsi que des cycles de mélodies (*Shéhérazade,* 1903). Son œuvre est remarquable par la précision de son dessin mélodique et la richesse de son orchestration.

RAVELLO, v. d'Italie (Campanie) ; 2 422 h. Monuments de style arabo-normand (XIe-XIIIe s.) et jardins dans un site remarquable, au-dessus du golfe de Salerne.

RAVENNE, v. d'Italie (Émilie), ch.-l. de prov., près de l'Adriatique ; 135 435 h. Ville riche en monuments byzantins des Ve et VIe s. (S. Vitale, S. Apollinare Nuovo, mausolée de Galla Placidia, S. Apollinare in Classe, deux baptistères), célèbres pour leurs remarquables mosaïques, dont certaines à fonds d'or. Tombeau de Dante. — Centre de l'Empire romain d'Occident sous Honorius (402), Ravenne fut ensuite la capitale du roi des Ostrogoths Théodoric Ier (493). Reprise par Byzance (540), elle devint en 584 le siège d'un exarchat qui groupait les possessions byzantines d'Italie. Conquise par les Lombards (751), elle fut donnée au pape par Pépin le Bref (756). Ravenne fut rattachée au Piémont en 1860.

Ravenne : l'église Sant'Apollinare in Classe (VIe s.).

RAVENSBRÜCK, village d'Allemagne (Brandebourg). Camp de concentration allemand réservé aux femmes (1939-1945).

RĀVI (la), l'une des cinq grandes rivières du Pendjab, affl. de la Chenāb (r. g.) ; 725 km.

RAVOIRE (La) [73490], ch.-l. de c. de la Savoie ; 7 083 h.

RĀWALPINDĪ, v. du Pakistan septentrional ; 928 000 h. Centre universitaire et touristique avec quelques industries.

RAWA RUSKA, nom polonais de la ville ukrainienne de **Rava-Rousskaïa,** au nord de Lvov. Camp de représailles allemand pour prisonniers de guerre (1940-1945).

RAWLINGS (Jerry), militaire et homme politique ghanéen (Accra 1947). Ayant pris une première fois le pouvoir en 1979, il dirige le pays, à la suite d'un second coup d'État, depuis 1981.

RAWLS (John), philosophe américain (Baltimore 1921), auteur d'une analyse des rapports difficiles entre la justice sociale et l'efficacité économique (*Théorie de la justice,* 1971).

RAY ou **WRAY** (John), naturaliste anglais (Black-Notley, Essex, 1627 - *id.* 1705). Il a distingué entre plantes monocotylédones et dicotylédones et classé les oiseaux, les poissons et les insectes.

RAY (Man) → *Man Ray.*

RAY (Raymond Nicholas **Kienzle,** dit **Nicholas**), cinéaste américain (Galesville, Wisconsin, 1911 - New York 1979), peintre de la violence et de la solitude : *les Amants de la nuit* (1949), *Johnny Guitare* (1954), *la Fureur de vivre* (1955), *la Forêt interdite* (1958).

RAY (Satyājit), cinéaste indien (Calcutta 1921 - *id.* 1992). Avec un grand sens plastique, il peint l'homme indien entre les traditions du passé et la réalité contemporaine : *Pāther Pancāli* (1955), *l'Invaincu (Aparājito)* [1956], *le Salon de musique* (1958), *le Monde d'Apu* (1959), *la Maison et le Monde* (1984), *Ganashatru* (1989).

RAYET (Jacqueline), danseuse française (Paris 1933). Type de la danseuse classique française *(Giselle),* elle s'est imposée dans des créations contemporaines (*le Sacre du printemps,* de M. Béjart).

RAYLEIGH (John William **Strutt,** *lord*), physicien britannique (près de Maldon, Essex, 1842 - Witham, Essex, 1919). Il découvrit l'argon avec Ramsay, étudia la diffusion de la lumière et donna une valeur du nombre d'Avogadro. (Prix Nobel 1904.)

RAYMOND de Peñafort *(saint),* religieux espagnol (près de Barcelone v. 1175 - Barcelone 1275). Général des dominicains (1238), il fonda l'ordre de Notre-Dame-de-la-Merci (mercédaires), pour le rachat des chrétiens captifs des musulmans. Il fut le plus grand canoniste de son temps.

RAYNAL (*abbé* Guillaume), historien et philosophe français (Lapanouse-de-Sévérac, Aveyron, 1713 - Paris 1796). Dans son *Histoire philosophique et politique des établissements et du commerce des Européens dans les deux Indes* (1770), il s'élève contre la colonisation et le clergé.

RAYNAUD (Jean-Pierre), artiste français (Colombes 1939). Froide et obsessionnelle, son œuvre poursuit une exploration des rapports du monde mental et du monde réel (« psycho-objets », assemblages des années 1963-1970 env. ; environnements en carrelages blancs à joints noirs, depuis 1973).

RAYNOUARD (François), écrivain français (Brignoles 1761 - Paris 1836). Il écrivit des tragédies historiques et prépara par ses travaux la renaissance occitane. (Acad. fr.)

RAYOL-CANADEL-SUR-MER (83820), comm. du Var, sur la côte des Maures ; 872 h. Stations balnéaires.

Rayons et les Ombres (les), recueil poétique, de V. Hugo (1840), qui contient notamment la « Tristesse d'Olympio » et « Oceano Nox ».

RAYS (Gilles **de**) → ***Rais.***

RAYSSE (Martial), peintre français (Golfe-Juan 1936). L'un des « nouveaux réalistes », il a donné à partir de 1959, dans ses panneaux et ses assemblages, une image à la fois clinquante et lyrique de la « société de consommation ». Dans les années 70, il a renoué avec la tradition d'une peinture sensible, libre et chatoyante.

RAZ [rɑ] *(pointe du),* cap de Bretagne (Finistère), à l'extrémité de la Cornouaille, en face de l'île de Sein. Passage dangereux pour la navigation.

RAZÈS, comté de France, cap. *Limoux.* Réuni à la Couronne en 1247.

RAZILLY (Isaac **de**), administrateur français (Oisseaumelle, près de Chinon, 1587 - La Hève, Acadie, 1635). Gouverneur de l'Acadie, il développa la colonisation jusqu'aux rives du Saint-Laurent.

RAZINE (Stepan Timofeïevitch, dit **Stenka**), cosaque du Don (Zimoveïskaïa v. 1630 - Moscou 1671), chef de la révolte paysanne de 1670-71. Capturé, il fut écartelé.

R. D. A., sigle de République démocratique allemande*.

RÉ *(île de),* île de l'océan Atlantique (Charente-Maritime), qui forme 2 cant., dont les ch.-l. sont *Ars-en-Ré* et *Saint-Martin-de-Ré* ; 85 km² ; 13 969 h. *(Rétais).* Tourisme. Un pont relie l'île au continent depuis 1988.

RÊ, anc. **Râ,** grand dieu solaire de l'ancienne Égypte, représenté sous la forme d'un homme à tête de faucon, portant un disque en guise de coiffure. Son culte et sa théologie, qui se développèrent à Héliopolis, eurent une influence considérable dans l'histoire de l'Égypte.

READE (Charles), écrivain britannique (Ipsden, Oxfordshire, 1814 - Londres 1884), auteur de romans réalistes (*Tentation terrible,* 1871).

READING, v. de Grande-Bretagne, ch.-l. du Berkshire ; 122 600 h. Université. Centre européen de météorologie.

REAGAN (Ronald Wilson), homme politique américain (Tampico, Illinois, 1911). D'abord acteur de cinéma, il devient gouverneur de la Californie (1967-1974). Républicain, il est président des États-Unis de 1981 à 1989. Son gouvernement se caractérise d'abord par une relance de l'économie, une diminution des impôts et la fermeté de la politique étrangère (Moyen-Orient, Amérique centrale). Réélu en 1984, il est contesté, en 1987, à l'occasion du scandale créé par la livraison d'armes à l'Iran. En décembre de la même année, il signe, avec M. Gorbatchev, un accord sur les missiles à moyenne portée.

RÉALMONT (81120), ch.-l. de c. du Tarn ; 2 662 h.

RÉAUMUR (René Antoine **Ferchault de**), physicien et naturaliste français (La Rochelle 1683 - Saint-Julien-du-Terroux 1757). Il montra la possibilité de transformer la fonte en acier et fonda, en 1722, la métallographie. Il s'intéressa également aux sciences naturelles, étudiant les mollusques, les crustacés et les insectes.

REBAIS (77510), ch.-l. de c. de Seine-et-Marne ; 1 754 h. Église en partie romane, anc. abbatiale.

RÉBECCA, personnage biblique, femme d'Isaac, mère d'Esaü et de Jacob.

REBEL (Jean Ferry), compositeur et violoniste français (Paris 1666 - *id.* 1747), un des créateurs de la sonate pour violon et l'un des maîtres de la symphonie chorégraphique *(les Caractères de la danse).*

REBEYROLLE (Paul), peintre français (Eymoutiers 1926). Son œuvre exprime, dans l'éloquence du travail de la matière picturale, un rapport généreux à la nature, à la vie.

RÉCAMIER (Jeanne Françoise Julie Adélaïde **Bernard,** Mme), femme de lettres française (Lyon 1777 - Paris 1849). Amie de Mme de Staël et de Chateaubriand, elle tint sous la Restauration, à l'Abbaye-aux-Bois, un salon célèbre.

RECCARED Ier (m. à Tolède en 601), roi des Wisigoths d'Espagne (586-601). Il abjura l'arianisme en 589, et l'Espagne obéit désormais à l'Église.

recherche du temps perdu (À la) → ***À la recherche du temps perdu.***

RECHT, v. de l'Iran, près de la Caspienne ; 190 000 h.

RECIFE, anc. **Pernambuco,** port du Brésil, cap. de l'État de Pernambouc, sur l'Atlantique ; 1 290 149 h. (2 859 469 h. dans l'agglomération). Centre commercial et industriel. Églises baroques du XVIIIe s.

RECKLINGHAUSEN, v. d'Allemagne, dans la Ruhr ; 123 528 h. Centre industriel. Musée d'icônes.

RECLUS (Élisée), géographe français (Sainte-Foy-la-Grande 1830 - Thourout, près de Bruges, 1905), auteur d'une *Géographie universelle* (1875-1894). — Son frère, **Élie** (Sainte-Foy-la-Grande 1827 - Bruxelles 1904), républicain convaincu, participa avec Élisée à la Commune.

Reconquista, mot espagnol désignant la reconquête de la péninsule Ibérique par les chrétiens sur les musulmans. Cette entreprise débuta au milieu du VIIIe s., dans les Asturies. Elle s'acheva par la prise de Grenade (1492).

RED DEER, v. du Canada (Alberta) ; 58 134 h.

REDON (35600), ch.-l. d'arr. d'Ille-et-Vilaine, sur la Vilaine ; 10 452 h. *(Redonnais).* Briquets. Constructions mécaniques. Église St-Sauveur, romane et gothique.

REDON (Odilon), peintre, dessinateur et graveur français (Bordeaux 1840 - Paris 1916). Il a pratiqué un art symboliste et visionnaire dans ses « noirs » (*l'Araignée souriante,* 1881, Louvre), comme dans ses œuvres colorées d'après 1890 (série des *Chars d'Apollon*).

REDOUTÉ (Pierre Joseph), aquarelliste et graveur belge (Saint-Hubert, près de Liège, 1759 - Paris 1840). Il se spécialisa, à Paris, dans les planches de botanique et de fleurs.

Redoute (la), entreprise française de distribution par correspondance créée en 1922. Leader français dans ce domaine, elle pratique la vente par catalogue et exploite des réseaux de magasins spécialisés.

Ronald **Reagan**

RED RIVER, fl. des États-Unis, tributaire du golfe du Mexique ; 1 638 km. — Riv. des États-Unis et du Canada, tributaire du lac Winnipeg ; 860 km.

REED (*sir* Carol), cinéaste britannique (Londres 1906 - *id.* 1976). Il a réalisé ses meilleurs films sur le thème de l'homme traqué (*Huit Heures de sursis,* 1947 ; *le Troisième Homme,* 1949).

REED (John), écrivain et journaliste américain (Portland 1887 - Moscou 1920). Il est l'auteur d'un reportage qui est aussi un essai sur la révolution d'Octobre : *Dix Jours qui ébranlèrent le monde* (1919).

REEVES (Hubert), astrophysicien canadien (Montréal 1932). Spécialiste d'astrophysique nucléaire et de cosmologie, il contribue aussi très largement à la vulgarisation de l'astronomie.

Réforme (la), mouvement religieux qui, au XVIe s., a donné naissance en Europe aux Églises protestantes. La Réforme, qui fut au départ l'œuvre personnelle de Martin Luther, déborda rapidement le cadre de l'Allemagne avec Zwingli et Bucer. Zurich et Strasbourg en devinrent les pôles importants, par lesquels furent diffusées en Alsace et en Suisse les idées nouvelles. Les pays francophones, tôt touchés, trouvèrent en Calvin l'homme capable de mener à bien ce renouvellement religieux ; son action, à Genève et auprès des huguenots français, fit de la Suisse et de la France les bastions d'un nouveau type de protestantisme, dont le rayonnement atteignit ensuite la Pologne, la Bohême, la Hongrie et les îles Britanniques où il inspira la Réforme anglicane. Ainsi se constituèrent, au sein du protestantisme, trois grandes familles, luthérienne, calviniste et anglicane.

Réforme catholique ou **Contre-Réforme,** mouvement de réforme qui se produisit au XVIe s. au sein de l'Église catholique, en réaction à la Réforme protestante. Ayant pour but la correction des abus qui ternissaient l'image de l'Église, elle eut pour étape doctrinale essentielle le concile de Trente (1545-1563). Elle s'efforça d'organiser la reconquête religieuse des régions passées au protestantisme, notamm. en Europe centrale, en s'appuyant sur un nouvel ordre religieux, celui des Jésuites, et elle favorisa le développement d'un style artistique nouveau, qui mêle sensibilité, mysticisme et majesté.

Régence (la) [1715-1723], gouvernement de Philippe d'Orléans pendant la minorité de Louis XV, après la mort de Louis XIV. Cette période fut caractérisée par le relâchement des mœurs, un essai de polysynodie puis la nomination de l'abbé Guillaume Dubois comme Premier ministre (1722), l'échec du système de Law (1716-1720) pour régler le problème financier et la signature (1718) de la Quadruple-Alliance, à laquelle Philippe V d'Espagne dut adhérer (1720).

RÉGENCES BARBARESQUES, nom donné du XVIe au XIXe s. aux États musulmans du nord-ouest de l'Afrique : régences d'Alger, de Tunis et de Tripoli.

REGENSBURG → ***Ratisbonne.***

RÉGENT (le) → ***Orléans*** *(Philippe, duc d').*

Régents (les), toile de Hals, chef-d'œuvre de la vieillesse du peintre, d'une grande liberté expressive comme son pendant, *les Régentes* (les deux tableaux de 1664, musée Frans-Hals, anc. hospice des vieillards, Haarlem [dont ils portraiturent les dirigeants]).

REGER (Max), compositeur allemand (Brand, Bavière, 1873 - Leipzig 1916). Il a su adapter les formes classiques (chorals, sonates, suites, quatuors, pièces d'orgue) au langage romantique.

REGGAN, anc. **Reggane,** oasis du Sahara algérien, dans le Touat ; 22 700 h. Anc. centre d'expérimentation nucléaire français, maintenu à la France par les accords d'Évian jusqu'en 1967 (la première bombe atomique française y explosa le 13 févr. 1960).

REGGIO (*duc* **de**) → ***Oudinot.***

REGGIO DI CALABRIA, v. d'Italie (Calabre), ch.-l. de prov., sur le détroit de Messine ; 169 709 h. Musée national d'archéologie. Un séisme détruisit la ville en 1908.

REGGIO NELL'EMILIA, v. d'Italie (Émilie), ch.-l. de prov. ; 131 419 h. Monuments des XIIIe-XVIIIe s.

Régie autonome des transports parisiens → *R. A. T. P.*

RÉGILLE *(lac),* en lat. **Regillus lacus,** petit lac du Latium (auj. disparu) près duquel les Romains défirent les Latins révoltés (v. 496 av. J.-C.).

REGINA, v. du Canada, cap. de la Saskatchewan ; 179 178 h. Archevêché. Université. Raffinage du pétrole. Métallurgie.

REGIOMONTANUS (Johann **Müller,** dit), astronome et mathématicien allemand (Königsberg 1436 - Rome 1476). Il perfectionna la trigonométrie, introduisant l'usage des tangentes et créant le terme de « sinus ».

Règle du jeu (la), film français de J. Renoir (1939). Cette œuvre, légère et grave à la fois, entremêle les intrigues des maîtres et celles des valets dans un cruel jeu de rôles.

REGNARD (Jean-François), auteur dramatique français (Paris 1655 - château de Grillon, près de Dourdan, 1709). Après une vie aventureuse (il fut esclave à Alger et voyagea en Laponie), il écrivit pour le Théâtre-Italien et le Théâtre-Français des comédies restées célèbres (*le Joueur,* 1696 ; *le Légataire universel,* 1708).

REGNAULT (Victor), physicien français (Aix-la-Chapelle 1810 - Paris 1878). Ses travaux, d'une grande précision, portent sur la compressibilité et la dilatation des fluides, les densités et les chaleurs spécifiques des gaz.

REGNAULT (ou **REGNAUD**) **DE SAINT-JEAN-D'ANGÉLY** (Michel, *comte*), homme politique (Saint-Fargeau 1762 - Paris 1819). Arrêté en 1793, il s'évada et s'exila jusqu'après Thermidor. [Acad. fr.] — Son fils **Auguste,** maréchal de France (Paris 1794 - Cannes 1870), commanda la Garde impériale (1854-1869) et se distingua à Magenta.

RÉGNIER (Henri **de**), écrivain français (Honfleur 1864 - Paris 1936). Romancier et poète, il évolua de l'esthétique symboliste à un art plus classique *(les Médailles d'argile).* [Acad. fr.]

RÉGNIER (Mathurin), poète français (Chartres 1573 - Rouen 1613). Neveu de Desportes et vigoureux satiriste, il défendit contre Malherbe la libre inspiration et la fantaisie.

RÉGNIER-DESMARAIS (François), écrivain français (Paris 1632 - *id.* 1713), auteur d'une *Grammaire,* destinée à compléter le *Dictionnaire de l'Académie.* (Acad. fr.)

REGNITZ (la), riv. d'Allemagne, affl. du Main (r. g.) ; 168 km. Elle passe à Fürth, où elle reçoit la Pegnitz, et à Bamberg. En amont de Fürth, elle porte aussi le nom de *Rednitz.*

Regrets (les), recueil de sonnets de J. du Bellay (1558). À une satire de la vie de la cour pontificale s'ajoute la nostalgie du pays natal.

REGULUS (Marcus Atilius), général romain, célèbre pour sa fidélité à la foi jurée. Pris par les Carthaginois (256 av. J.-C.) lors de la première guerre punique, il fut envoyé à Rome, sur parole, pour négocier un rachat des prisonniers et la paix. Il dissuada le sénat d'accepter les conditions de l'adversaire et retourna à Carthage, où il mourut dans les tortures.

REHE → ***Jehol.***

Reich, mot all. signif. *empire.* — On distingue le *Ier Reich,* ou Saint Empire romain germanique (962-1806), le *IIe Reich* (1871-1918), réalisé par Bismarck, et le *IIIe Reich* (1933-1945), ou régime national-socialiste.

REICH (Wilhelm), médecin et psychanalyste autrichien (Dobrzcynica, Galicie, 1897 - pénitencier de Lewisburg, Pennsylvanie, 1957). Il tenta une synthèse entre marxisme et psychanalyse (*Matérialisme dialectique et psychanalyse,* 1929), critiqua la morale bourgeoise (*la Lutte sexuelle des jeunes,* 1932) et analysa le fascisme (*Psychologie de masse du fascisme,* 1933).

REICHA (Anton), compositeur et théoricien tchèque, naturalisé français (Prague 1770 - Paris 1836), maître de Gounod, C. Franck, Berlioz, Liszt.

REICHENBACH (Hans), philosophe et logicien allemand (Hambourg 1891 - Los Angeles 1953), un des fondateurs du cercle de Vienne et du néopositivisme américain. Il précisa le concept de probabilité.

REICHSHOFFEN (67110), comm. du Bas-Rhin ; 5 119 h. Tréfilerie. Câblerie. Literie.

Reichshoffen *(charges de)* [6 août 1870], nom donné improprement aux charges de cuirassiers français exécutées sur les villages voisins de Morsbronn et Elsasshausen lors de la bataille de Frœschwiller.

Reichsrat, Conseil d'Empire (1848-1861) puis Parlement (1861-1918) de l'Empire d'Autriche. — En Allemagne, sous la République de Weimar, Conseil d'Empire (1919-1934).

REICHSTADT *(duc de)* → ***Napoléon II.***

Reichstag, Diète du Saint Empire romain germanique jusqu'en 1806. — Parlement de l'Empire allemand, siégeant à Berlin (1867-1945). L'incendie du palais du Reichstag (1933) servit de prétexte aux nazis pour interdire le parti communiste allemand.

REICHSTETT (67116), comm. du Bas-Rhin ; 4 653 h. Raffinage du pétrole.

Reichswehr (mot allem. signif. *défense de l'Empire*), appellation donnée, de 1921 à 1935, à l'armée de 100 000 hommes concédée à l'Allemagne par le traité de Versailles.

REID (Thomas), philosophe britannique (Strachan, Écosse, 1710 - Glasgow 1796). Il établit sa philosophie sur la certitude du sens commun.

REID (Thomas **Mayne**), écrivain britannique (Ballyroney 1818 - Londres 1883), auteur de récits d'aventures qui ont pour héros les Indiens (*les Chasseurs de scalp,* 1851).

REIGNIER (74930), ch.-l. de c. de la Haute-Savoie ; 4 091 h.

REILLANNE (04110), ch.-l. de c. des Alpes-de-Haute-Provence ; 1 200 h.

REILLE (Honoré, *comte*), maréchal de France (Antibes 1775 - Paris 1860). Il se distingua à Wagram et à Waterloo, et fut fait maréchal en 1847.

REIMS [rɛ̃s] (51100), ch.-l. d'arr. de la Marne, sur la Vesle, affl. de l'Aisne ; 185 164 h. *(Rémois).* Archevêché. Académie et université. Cour d'appel. Constructions mécaniques et électriques. Verrerie. Chimie. Préparation du vin de Champagne. — La ville conserve sa cathédrale, chef-d'œuvre d'architecture et de sculpture gothiques (XIIIe s.), l'abbatiale St-Remi (XIe-XIIIe s.), un arc romain (« porte de Mars »), etc. Musées. — Métropole de la province romaine de Gaule Belgique, Reims fut le siège d'un évêché dès 290. Clovis y fut baptisé (v. 498) et la plupart des rois de France y furent sacrés. Reims fut le siège d'une université de 1548 à 1793. La ville et sa cathédrale furent sévèrement bombardées pendant la Première Guerre mondiale. À Reims fut signée le 7 mai 1945 la capitulation de la Wehrmacht.

Reims : la cathédrale de Notre-Dame (XIIIe s., tours des XIVe-XVe s.).

REIMS *(Montagne de),* plateau du dép. de la Marne, entre Reims et Épernay. Vignobles sur les pentes. Parc naturel régional (env. 50 000 ha).

REINACH, comm. de Suisse, banlieue de Bâle ; 17 905 h.

REINE-CHARLOTTE *(îles de la),* archipel canadien (Colombie-Britannique) du Pacifique.

REINE-ÉLISABETH *(îles de la),* partie de l'archipel Arctique canadien, au N. des détroits de Lancaster et de Melville.

Reine morte (la), drame en trois actes d'H. de Montherlant (1942). Le roi Ferrante fait périr Inés de Castro, que le prince héritier don Pedro a épousée secrètement. Mais Ferrante meurt, et Pedro couronne une reine morte.

REINHARDT (Jean-Baptiste, dit **Django**), guitariste, compositeur et chef d'orchestre de jazz français (Liberchies, Belgique, 1910 - Samois-sur-Seine 1953). D'origine tsigane et autodidacte, il s'imposa comme l'un des très rares virtuoses de la guitare qui ne fût pas d'origine négro-américaine.

REINHARDT (Max **Goldmann,** dit **Max**), metteur en scène de théâtre autrichien (Baden, près de Vienne, 1873 - New York 1943). Directeur notamment du Deutsches Theater de Berlin (1905), il fut un des grands novateurs de la technique théâtrale.

REISER (Jean Marc), dessinateur humoriste français (Réhon, Meurthe-et-Moselle, 1941 - Paris 1983). Dénonciation de la bêtise et humour anarchisant sont servis, chez lui, par la simplicité comme par la verve du trait (*Ils sont moches,* 1970 ; *Vive les femmes,* 1978).

REISZ (Karel), cinéaste britannique d'origine tchèque (Ostrava 1926). L'un des auteurs marquants du Free Cinema (*Samedi soir et dimanche matin,* 1960), il réalisa ensuite *Morgan* (1966), *les Guerriers de l'enfer* (1978), *la Maîtresse du lieutenant français* (1981), *Chacun sa chance* (1989).

REJ (Mikołaj), écrivain polonais (Żórawno 1505 - Rejowiec 1569), considéré comme le père de la littérature nationale (*le Miroir de tous les états,* 1568).

RÉJANE (Gabrielle **Réju,** dite), actrice française (Paris 1856 - *id.* 1920), qui contribua au succès d'un grand nombre de pièces (*Madame Sans-Gêne,* de V. Sardou).

RELECQ-KERHUON (Le) [29480], comm. du Finistère ; 10 632 h.

Religion *(guerres de)* [1562-1598], conflits armés qui, en France, opposèrent catholiques et protestants. Cette longue période de troubles fut l'aboutissement d'un état de tension dû aux progrès du calvinisme et à la répression systématique de la Réforme qui caractérisa la fin du règne d'Henri II, puis, sous François II, le gouvernement des Guises. C'est le massacre de protestants à Wassy (1562) qui déclencha la révolte armée des protestants. Les épisodes les plus marquants de cette longue suite de guerres furent le massacre de la Saint-Barthélemy (24 août 1572), l'assassinat du duc de Guise (1588) et celui d'Henri III (1589). Converti au catholicisme en 1593, Henri IV mit fin aux guerres de Religion par la paix de Vervins et l'édit de Nantes (1598).

RELIZANE → ***Ghilizane.***

RÉMALARD (61110), ch.-l. de c. de l'Orne, dans le Perche ; 1 358 h.

REMARQUE (E. Paul **Remark,** dit **Erich Maria**), écrivain allemand, naturalisé américain (Osnabrück 1898 - Locarno 1970), célèbre pour ses romans de guerre (*À l'Ouest, rien de nouveau,* 1929 ; *Arc de triomphe,* 1946).

REMBRANDT (Rembrandt Harmenszoon **Van Rijn,** dit), peintre et graveur néerlandais (Leyde 1606 - Amsterdam 1669), fixé à Amsterdam v. 1631. La force expressive de ses

Rembrandt : *le Reniement de saint Pierre* (1660). [Rijksmuseum, Amsterdam.]

compositions comme de ses portraits, servie par sa science du clair-obscur, et la valeur universelle de sa méditation sur la destinée humaine le font considérer comme un des plus grands maîtres de la peinture. Parmi ses chefs-d'œuvre, citons : au Rijksmuseum d'Amsterdam, *la Mère de Rembrandt* (1631), *la Ronde* de nuit* (1642), *le Reniement de saint Pierre* (1660), *les Syndics des drapiers* (1662), *la Fiancée juive* (v. 1665) ; au Louvre, *les Pèlerins d'Emmaüs* (deux versions), *Hendrickje Stoffels* (v. 1652), *Bethsabée* (1654), *le Bœuf écorché* (1655), *Autoportrait au chevalet* (1660). Rembrandt est, en outre, un dessinateur prestigieux, et sans doute l'aquafortiste le plus célèbre qui soit *(les Trois Arbres, la Pièce aux cent florins, Jésus* prêchant).*

REMI ou **REMY** *(saint),* évêque de Reims (Laon ? v. 437 ? - v. 530). Il joua un rôle prépondérant dans la conversion de Clovis, qu'il baptisa (probablement le 25 déc. 498, plutôt qu'en 496 comme le veut la tradition).

REMICH, ch.-l. de cant. du Luxembourg ; 2 590 h. Vins.

REMINGTON (Philo), industriel américain (Litchfield, État de New York, 1816 - Silver Springs, Floride, 1889). Il mit au point un fusil à chargement par la culasse et réalisa pratiquement la machine à écrire de Sholes et de Carlos Glidden dont il entreprit la fabrication en série.

REMIREMONT (88200), ch.-l. de c. des Vosges, sur la Moselle ; 9 931 h. *(Romarimontains).* Textile. Église des XIVe-XVIIIe s. sur crypte du XIe. Palais abbatial de 1752 (hôtel de ville). Deux musées.

RÉMIRE-MONTJOLY (97300 Cayenne), comm. de la Guyane française ; 11 709 h.

REMOULINS (30210), ch.-l. de c. du Gard ; 1 780 h.

REMSCHEID, v. d'Allemagne (Rhénanie-du-Nord-Westphalie) ; 121 786 h.

REMUS. *Myth. rom.* Frère jumeau de Romulus.

RÉMUSAT (Claire Élisabeth **Gravier de Vergennes,** *comtesse* **de**), femme de lettres française (Paris 1780 - *id.* 1821), auteur de *Mémoires* sur la cour de Napoléon Ier et d'un *Essai sur l'éducation des femmes.*

Renaissance, rénovation culturelle qui se produisit en Europe au XVe et au XVIe s., dans les domaines littéraire, artistique et scientifique d'une part, et dans les domaines économique et social d'autre part, avec les grandes découvertes et la naissance du capitalisme moderne.

☐ LITTÉRATURE

La Renaissance prolonge les recherches philologiques et poétiques de Dante, Pétrarque et Boccace et prend son essor au XVe s. avec l'afflux des manuscrits grecs et des érudits chassés de Byzance. La Renaissance fut facilitée par la découverte de l'imprimerie qui fit connaître les œuvres antiques. Elle s'épanouit d'abord en Italie, où elle eut pour protecteurs les papes Jules II et Léon X qui commanditerent les écrivains et les artistes. C'est l'époque de l'Arioste, de Machiavel, de Bembo, du Tasse, de Trissino. Grâce à ses campagnes d'Italie, la France manifeste le même dynamisme rénovateur : François Ier fonde le Collège de France, Ronsard, du Bellay et la Pléiade s'efforcent d'enrichir la langue et prêchent l'imitation des Grecs, des Latins et des Italiens, tandis que s'élabore une morale humaniste, issue à la fois de l'enthousiasme de Rabelais et du scepticisme de Montaigne.

☐ BEAUX-ARTS

Dans les arts, c'est à Florence, dès la première moitié du *quattrocento,* que le retour aux sources antiques commence à se traduire par l'élaboration d'un système cohérent d'architecture et de décoration (plans, tracés modulaires, ordres*) et par l'adoption d'un répertoire nouveau de thèmes mythologiques et allégoriques, où le nu trouve une place importante. Œuvre des Brunelleschi, Donatello, Masaccio, L. B. Alberti, etc., cette *première Renaissance,* d'une robustesse et d'une saveur primitive qui en dénotent la spontanéité, gagne rapidement l'ensemble de l'Italie, trouvant des développements multiples dans les cours princières d'Urbino, Ferrare, Mantoue, Milan...

En 1494, l'arrivée des troupes françaises bouleverse l'équilibre italien, et Rome recueille le flambeau du modernisme, jusqu'à la dispersion des artistes qui suit le pillage de 1527. C'est la *seconde Renaissance,* œuvre d'artistes d'origines diverses rassemblés par les papes et qui réalisent au plus haut degré les aspirations florentines d'universalisme, de polyvalence, de liberté créatrice : Bramante, Raphaël, Michel-Ange (Léonard de Vinci étant, lui, contraint à une carrière nomade). D'autres foyers contribuent à cet apogée *classique* de la Renaissance : Parme, avec le Corrège ; Venise, surtout, avec Giorgione, puis avec le long règne de Titien (qu'accompagnera, un peu plus tard, celui de Palladio en architecture). Cette époque voit le début de la diffusion du nouvel art en Europe. Dürer s'imprègne de la première Renaissance vénitienne (Giovanni Bellini), et le voyage de Gossart à Rome (1508) prépare, pour la peinture des Pays-Bas, la voie du « romanisme ». L'Espagne et la France sont d'abord touchées, surtout par le biais du décor : grotesques et rinceaux, médaillons, pilastres et ordres plaqués sur une architecture traditionnelle tendent à remplacer le répertoire gothique.

Dans le deuxième tiers du XVIe s., environ, se situe la phase *maniériste* de la Renaissance, qui voit une exaspération des acquis antérieurs, en peinture et en sculpture surtout ; elle coïncide souvent, en architecture, avec la simple acquisition progressive du vocabulaire classique (Lescot et Delorme en France). Le désir d'égaler la « manière » des grands découvreurs du début du siècle conduit, dans une atmosphère de crise (crise politique de l'Italie, crise religieuse de la Réforme), à l'irréalisme fiévreux d'un Pontormo, à la grâce sophistiquée d'un Parmesan, à l'emphase d'un J. Romain, aux développements subtils de l'art de cour à Fontainebleau*. Ce dernier centre devient à son tour point d'attraction, au même titre que les capitales italiennes, pour des Flamands comme Jan Metsys. À la fin du siècle, Prague sera un autre centre du maniérisme (Arcimboldo, Spranger). Une dernière phase se joue en Italie avec la conclusion du concile de Trente, en 1563. La réforme de l'art religieux est portée au premier plan, avec le retour d'un classicisme* de tendance puriste en architecture (Vignole ; style grandiose de l'Escurial en Espagne), naturaliste en peinture (les Carrache). Et, tandis que partout en Europe s'est imposé le vocabulaire de la Renaissance, avec ses versions régionales souvent pittoresques, l'Italie, encore, verra naître à la fin du siècle les courants qui marqueront le début d'une ère nouvelle : le réalisme populiste et dramatique du Caravage, la poétique illusionniste du baroque*.

☐ MUSIQUE

La Renaissance se situe du XVe s. au début du XVIIe s. et correspond à l'âge d'or de la polyphonie. Les musiciens italiens, anglais, bourguignons et franco-flamands s'expriment dans la messe, le motet, le madrigal, la chanson. Leur maître est Josquin Des Prés qui représente l'aboutissement d'un style et l'ouverture d'une période marquée par la Réforme, qui apportera de nouvelles formes (psaume, choral) et la prédominance de la chanson française (Janequin). Cette perfection explique que les compositeurs se tournent vers de nouvelles voies, à la fin du XVIe s., en forgeant le style monodique qui aboutira à l'opéra (1600).

RENAIX [-nɛ] → ***Ronse.***

RENAN (Ernest), écrivain et historien français (Tréguier 1823 - Paris 1892). Il se détourna de sa vocation ecclésiastique pour se consacrer à l'étude des langues sémitiques et à l'histoire des religions ; ses travaux d'exégèse l'affermirent dans ses vues rationalistes, qu'il exprima dans *l'Avenir de la science* (publié en 1890) et dans *l'Histoire des origines du christianisme* (1863-1881), dont le premier volume, la *Vie de Jésus,* eut un grand retentissement. Ses *Souvenirs d'enfance et de jeunesse* (1883), dont la *Prière sur l'Acropole* est le morceau le plus célèbre, relatent les circonstances qui le conduisirent à perdre la foi. (Acad. fr.)

RENARD (Charles), officier et ingénieur militaire français (Damblain, Vosges, 1847 - Meudon 1905). Il construisit le premier ballon dirigeable qui ait pu réaliser un parcours en circuit fermé (1884). Il imagina une série de nombres qui devint l'une des bases de la normalisation.

RENARD (Jules), écrivain français (Châlons, Mayenne, 1864 - Paris 1910). Auteur de récits réalistes *(Histoires naturelles, les Philippe),* il créa le type de l'enfant souffre-douleur dans *Poil de carotte* (1894). Son *Journal* est une précieuse source sur la vie littéraire de son époque.

RENAU D'ÉLIÇAGARAY ou **ÉLISSAGARAY** (Bernard), dit **le Petit Renau,** ingénieur naval et militaire français (Armendarits, Pyrénées-Atlantiques, 1652 - Pougues 1719). Il imposa une construction plus scientifique des navires, inventa la galiote à bombes et, avec Vauban, fortifia plusieurs places du Nord.

RENAUD (Madeleine), actrice française (Paris 1900 - Neuilly-sur-Seine 1994). Elle a appartenu à la Comédie-Française (1921-1947) avant de fonder avec son mari J.-L. Barrault la compagnie « Renaud-Barrault ». Interprète du répertoire traditionnel et moderne (Beckett), elle a également tourné de nombreux films.

RENAUD DE CHÂTILLON (m. à Ḥaṭṭīn en 1187), prince d'Antioche (1153-1160), seigneur d'Outre-Jourdain (1177-1187). Il fut capturé par Saladin à la bataille de Ḥaṭṭīn et exécuté.

RENAUDOT (Théophraste), médecin et journaliste français (Loudun 1586 - Paris 1653), fondateur de *la Gazette* en 1631. Son nom a été donné à un prix littéraire fondé en 1925 et décerné chaque année en même temps que le prix Goncourt.

RENAULT (Louis), ingénieur et industriel français (Paris 1877 - *id.* 1944). Il fut un des pionniers de l'industrie automobile. Pendant la Première Guerre mondiale, ses usines travaillèrent pour l'aviation, fabriquèrent des munitions et mirent au point en 1918 le *tank Renault.*

Renault, société française issue des usines fondées en 1898 par les frères Renault. Nationalisée en 1945, la *Régie nationale des usines Renault* a vu l'État se désengager largement de son capital (n'en conservant qu'un peu plus de 50 %) en 1994. L'entreprise, qui a repris le nom de *Renault* en 1995, fabrique des voitures, des véhicules industriels et des matériels agricoles.

René, roman de Chateaubriand, publié en 1802 dans le *Génie du christianisme,* puis à part en 1805. L'auteur y décrit le mal du siècle, le « vague des passions ».

RENÉ GOUPIL *(saint),* missionnaire français (en Anjou 1608 - Ossernenon, auj. Auriesville, État de New York, 1642), il fut tué par les Iroquois après avoir été fait prisonnier avec le père Isaac Jogues.

RENÉ Ier le Bon (Angers 1409 - Aix-en-Provence 1480), duc d'Anjou, de Bar (1430-1480) et de Lorraine (1431-1453), comte de Provence (1434-1480), roi effectif de Naples (1438-1442) et titulaire de Sicile (1434-1480). Il était le second fils de Louis II, roi de Sicile et duc d'Anjou. Emprisonné deux fois par les Bourguignons, ayant dû abandonner Naples aux Aragonais (1442), il se retira, après 1455, à Angers puis à Aix-en-Provence, écrivit des poésies et des traités de morale, et s'entoura de gens de lettres et d'artistes. (Il est resté, pour la postérité, **le bon roi René.**)

RENÉ II (1451 - Fains 1508), duc de Lorraine (1473-1508) et de Bar (1480-1508), petit-fils du précédent. Chassé de ses États par Charles le Téméraire, il s'allia avec les villes alsaciennes et les cantons suisses (1474). Il fut frustré de l'héritage de son grand-père maternel par Louis XI.

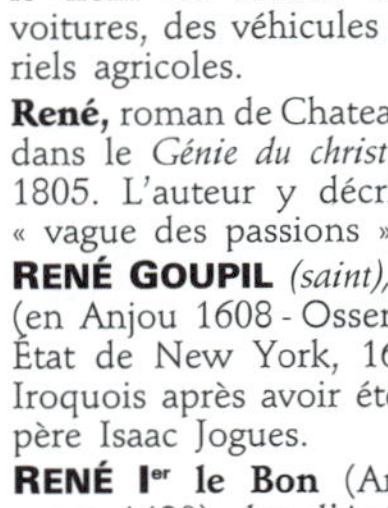

Louis **Renault** (en 1899)

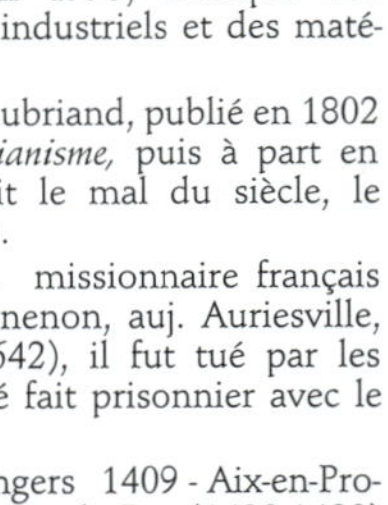

René Ier le Bon (N. Froment [?] - Louvre, Paris)

Saint Pierre et saint Jean distribuant les aumônes. Détail d'une fresque de Masaccio (1426-27) dans la chapelle Brancacci à Santa Maria del Carmine de Florence. Masaccio mène à son accomplissement l'entreprise de conquête du réel amorcée par Giotto plus d'un siècle auparavant et consomme la rupture du quattrocento avec les conventions médiévales de la représentation. Points forts de cette conquête : le réalisme expressif des figures et, surtout, un rendu de l'espace obtenu grâce à l'agencement de la perspective, à l'unification du coloris ainsi qu'au modelé des formes par la lumière et l'ombre.

Détail de la façade du palais Nobili-Tarugi à Montepulciano, édifié par Antonio da Sangallo l'Ancien (v. 1520). Massivité et force, rappelant la Rome antique, caractérisent cette architecture de la seconde Renaissance initiée par L. B. Alberti et Bramante : puissance des colonnes ioniques engagées, à fût lisse, et des encadrements de fenêtres à fronton et appui fortement saillants.

Portail d'entrée du château d'Anet, construit de 1547 à 1555 par Philibert Delorme pour Diane de Poitiers. Transposition aimable, sur un schéma d'arc triomphal, des normes de l'architecture antique, que Delorme connaît par un voyage dans le midi de la France et par un séjour à Rome en 1533-1536. (Au tympan, copie de la *Nymphe* en bronze de B. Cellini [original au Louvre].)

l'art de la Renaissance

Cour du palais Bevilacqua à Bologne (construit vers 1480). Ce « cortile » à portique et loggia est une interprétation gracieuse, par un architecte non identifié, du style de la Renaissance florentine défini par Brunelleschi et Michelozzo. (Délicate frise en terre cuite entre les deux étages.)

Détail du décor en bronze doré, par Lorenzo Ghiberti, de la porte Est — dite *Porte du Paradis* (1425-1452) — du baptistère de Florence (représentant, dans sa totalité, dix épisodes de l'Ancien Testament). Conception d'ensemble très ordonnée des deux vantaux de la porte, chacun superposant cinq scènes quadrangulaires dont le traitement va du haut-relief à un simple frémissement de surface du métal coulé et ciselé. Répertoire décoratif nouveau, avec cet encadrement de petites statuettes imitées de l'antique et de médaillons aux têtes vigoureusement saillantes. Enfin, fascinante qualité des dix reliefs narratifs, qu'ils conservent des traits médiévaux (par exemple, l'étagement conventionnel du paysage dans *Noé et le Déluge universel* [ici, en haut]) ou qu'ils affirment leur modernisme (raffinement de la mise en perspective dans *l'Histoire d'Esaü et de Jacob* [ici, en bas]).

Danaé recevant la pluie d'or. Compartiment décoratif de la galerie de François Ier au château de Fontainebleau (v. 1535-1540). L'accord inédit de fresques allégoriques et de stucs d'une rare vigueur ornementale caractérise le décor de la « Galerie François-Ier », l'un des ensembles majeurs du maniérisme européen composés pour les Valois à Fontainebleau par de grands artistes italiens et leurs aides. La galerie dans son ensemble est due au Rosso ; la fresque de *Danaé,* par exception, est attribuée au Primatice, dont le style est plus élégant, moins capricieux que celui de son compatriote et aîné.

La Nymphe et le berger (v. 1570-1576), peinture de Titien. (Kunsthistorisches Museum, Vienne.) Le sentiment de la nature, particulièrement fort dans l'école vénitienne depuis Giorgione, évolue parallèlement aux innovations de la technique picturale. Ici, à la fin de la carrière de Titien, l'intensité lyrique va de pair avec une extraordinaire souplesse de l'exécution (touche libre et vibrante, fusion chromatique) : on est bien loin de la stylisation formelle et des couleurs pures des maîtres du XVe s. — Mantegna, Lippi, Botticelli, etc. —, loin même de l'art plus avancé de Raphaël, de Léonard de Vinci ou du Corrège.

RENÉE DE FRANCE, duchesse de Ferrare (Blois 1510 - Montargis 1575). Fille de Louis XII, épouse du duc de Ferrare Hercule II d'Este. Elle tint une cour brillante, se convertit à la Réforme, et, rentrée en France après la mort de son époux (1559), protégea les protestants.

RENENS, v. de Suisse (cant. de Vaud), banlieue de Lausanne ; 18 019 h.

RENI (Guido), parfois dit en fr. **le Guide,** peintre italien (Bologne 1575 - *id.* 1642). Actif à Rome et surtout à Bologne, influencé par les Carrache, mais fasciné par Raphaël, il porta le classicisme à un haut degré de raffinement et de lyrisme (*Samson victorieux, le Massacre des Innocents,* pinacothèque de Bologne ; *Nessus et Déjanire,* Louvre).

Guido **Reni :** *Atalante et Hippomène.* (Galerie nationale de Capodimonte, Naples.)

RENIER DE HUY, dinandier (et orfèvre ?) mosan, travaillant à Liège au début du XIIe s., auteur des fonts baptismaux en laiton auj. à l'église St-Barthélemy de Liège, chef-d'œuvre de l'art roman.

Renier de Huy : fonts baptismaux en laiton exécutés vers 1107-1118 pour l'église Notre-Dame de Liège (auj. à Saint-Barthélemy).

RENNEQUIN (René **Sualem,** dit), mécanicien wallon (Jemeppe-sur-Meuse 1645 - Bougival 1708). Il construisit la machine hydraulique de Marly (1676-1682) pour l'alimentation en eau du château de Versailles.

RENNER (Karl), homme politique autrichien (Untertannowitz, Moravie, 1870 - Vienne 1950). Social-démocrate, il fut chancelier (1918-1920), puis président de la République (1945-1950).

RENNES, anc. cap. du duché de Bretagne, ch.-l. de la Région Bretagne et du dép. d'Ille-et-Vilaine, au confl. de l'Ille et de la Vilaine, dans le *bassin de Rennes,* à 344 km à l'ouest de Paris ; 203 533 h. *(Rennais).* Archevêché. Cour d'appel. Académie et université. Constructions mécaniques (automobiles). Édition. Électronique. Siège de l'École supérieure d'électronique de l'armée de terre. — Palais de justice du XVIIe s. (gravement endommagé lors d'un incendie en 1994), hôtel de ville du XVIIIe et autres monuments. Demeures anciennes. Musée des Beaux-Arts et musée de Bretagne. — C'est à Rennes, en 1532, avec la réception de François, Dauphin de France et duc de Bretagne, que fut consommée l'union du duché de Bretagne avec la France. En 1554, la ville devint le siège du parlement de Bretagne, hostile aux ingérences du pouvoir royal.

RENNES-LES-BAINS (11190), comm. de l'Aude ; 222 h. Station thermale.

RENO, v. des États-Unis (Nevada) ; 254 667 h. Centre touristique. Divorces rapides.

RENOIR (Auguste), peintre français (Limoges 1841 - Cagnes-sur-Mer 1919). Parmi les maîtres de l'impressionnisme, il est celui qui a exécuté le plus d'œuvres d'après la figure humaine et

Auguste **Renoir :** *la Danse à Bougival* (1883). [Museum of Fine Arts, Boston.]

les scènes d'une vie contemporaine heureuse (*la Balançoire* et *le Moulin de la Galette,* 1876, musée d'Orsay ; *Mme Charpentier et ses enfants,* 1878, Metropolitan Museum, New York). Par-delà la phase « ingresque » ou « acide » des années 1884-1887, sa vitalité sensuelle s'est particulièrement affirmée dans ses portraits féminins et ses nus (*Jeunes Filles au piano,* diverses versions [1892] ; *Gabrielle à la rose* [1911], *les Baigneuses* [v. 1918], musée d'Orsay).

RENOIR (Jean), cinéaste français (Paris 1894 - Beverly Hills, Californie, 1979), fils du précédent. Par la sensualité lumineuse de son style, mélange de réalisme et de fantaisie, il demeure l'un des plus grands auteurs du cinéma français : *la Chienne* (1931), *Une partie de campagne* (1936), *la Grande Illusion* (1936), *la Bête humaine* (1938), *la Règle du jeu* (1939), *le Fleuve* (1951), *le Carrosse d'or* (1952).

RENOU (Louis), orientaliste français (Paris 1896 - Vernon 1966). Spécialiste du sanskrit (*Histoire de la langue sanskrite,* 1955) et auteur d'importants travaux dans le domaine indo-aryen ancien (*l'Inde classique,* en collab., 1947).

RENWEZ [rãwe] (08150), ch.-l. de c. des Ardennes ; 1 339 h. Église de style gothique flamboyant.

RÉOLE (La) [33190], ch.-l. de c. de la Gironde, sur la Garonne ; 4 360 h. Anc. hôtel de ville du XIIe s. Anc. abbaye reconstruite au XVIIIe s.

REPENTIGNY, v. du Canada (Québec), près de Montréal ; 49 630 h.

REPINE (Ilia Iefimovitch), peintre russe (Tchougouiev, Ukraine orientale, 1844 - Kuokkala, auj. Repino, Carélie, 1930). Membre de la Société des « ambulants », qui se donnait pour but de toucher l'ensemble du peuple, il est connu pour ses œuvres à sujet historique ou social (*les Haleurs de la Volga* [1873], Musée russe, Saint-Pétersbourg) et pour ses portraits.

Repubblica (La), quotidien italien de gauche créé à Rome en 1976.

républicain *(parti),* un des deux grands partis qui dominent la vie politique aux États-Unis, fondé à Pittsburgh en 1856 sous le signe de l'abolitionnisme. L'issue de la guerre de Sécession consacre la supériorité des républicains sur les démocrates et leur maintien au pouvoir, pratiquement sans interruption de 1861 à 1913 puis de 1921 à 1933. Le parti républicain a depuis lors donné plusieurs présidents aux États-Unis : Eisenhower (1953-1961), Nixon (1969-1974), G. Ford (1974-1977), R. Reagan (1981-1989), G. Bush (1989-1993).

Républicain lorrain (le), quotidien régional créé en 1919 à Metz.

RÉPUBLIQUE *(col de la),* col routier de la Loire, au S.-E. de Saint-Étienne ; 1 161 m.

République (la), dialogue de Platon, dans lequel il s'interroge sur la justice et sur le meilleur régime politique possible.

république *(les Six Livres de la)* ou **la République,** ouvrage de philosophie politique de Jean Bodin (1576).

République (Ire), régime politique de la France de sept. 1792 à mai 1804.

République (IIe), régime politique de la France du 25 févr. 1848 au 2 déc. 1852.

République (IIIe), régime politique de la France du 4 sept. 1870 au 10 juill. 1940.

République (IVe), régime politique de la France du 13 oct. 1946 au 4 oct. 1958.

République (Ve), régime politique de la France depuis le 4 oct. 1958.

REQUESENS Y ZÚÑIGA (Luis **de**), général et homme d'État espagnol (Barcelone 1528 - Bruxelles 1576). Gouverneur des Pays-Bas en 1573, il ne put dompter l'insurrection des provinces du Nord.

RÉQUISTA (12170), ch.-l. de c. de l'Aveyron ; 2 360 h.

Rerum novarum (15 mai 1891), encyclique promulguée par Léon XIII et relative à la condition des ouvriers, véritable charte du catholicisme social.

Résistance, nom donné à l'action clandestine menée, au cours de la Seconde Guerre mondiale, par des organisations civiles et militaires de plusieurs pays d'Europe, qui se sont opposées à l'occupation de leur territoire par l'Allemagne. En France, les mouvements de résistance furent fédérés en 1943 par le *Conseil national de la Résistance* (C. N. R.). Par son activité (informations transmises aux Alliés, maquis, sabotages, etc.), la Résistance a contribué fortement à la libération du territoire.

Résistance *(médaille de la),* décoration française, créée à Alger en 1943 pour récompenser les services rendus dans la Résistance.

Résistance *(parti de la),* nom donné aux orléanistes de tendance conservatrice, menés par Guizot, de Broglie et Casimir Périer, et dont les idées triomphèrent auprès de Louis-Philippe, contre celles du parti du Mouvement, de 1831 à 1848.

RESISTENCIA, v. d'Argentine, ch.-l. de prov., sur le Paraná ; 144 761 h.

REŞIŢA, v. de l'ouest de la Roumanie ; 102 000 h.

RESNAIS (Alain), cinéaste français (Vannes 1922). Ses courts-métrages (*Nuit et brouillard,* 1955), puis ses longs-métrages (*Hiroshima mon amour,* 1959 ; *l'Année dernière à Marienbad,* 1961 ; *Mon oncle d'Amérique,* 1980 ; *La vie est un roman,* 1983 ; *Mélo,* 1986 ; *I Want to Go Home,* 1989 ;

Rennes : le théâtre municipal, place de la Mairie.

le cardinal de **Retz**
(R. Nanteuil - coll. priv.)

Smoking/No Smoking, 1993) témoignent de l'originalité de sa démarche créatrice.

RESPIGHI (Ottorino), compositeur italien (Bologne 1879 - Rome 1936), auteur de poèmes symphoniques (*les Fontaines de Rome,* 1916 ; *les Pins de Rome,* 1924) et d'œuvres lyriques.

RESSONS-SUR-MATZ [-ma] (60490), ch.-l. de c. de l'Oise ; 1 431 h.

Restauration, régime politique de la France d'avr. 1814 à juillet 1830. On distingue la première Restauration (avr. 1814 - mars 1815) et la seconde, après les Cent-Jours (juill. 1815 - juill. 1830).

RESTIF (ou **RÉTIF**) **DE LA BRETONNE** (Nicolas **Restif,** dit), écrivain français (Sacy, Yonne, 1734 - Paris 1806). Il se révéla, dans plus de 200 ouvrages qu'il imprima lui-même, un observateur aigu des mœurs de la fin du XVIIIe s. (*le Paysan perverti ou les Dangers de la ville,* 1775 ; *la Vie de mon père,* 1779 ; *Monsieur Nicolas ou le Cœur humain dévoilé,* 1794-1797).

RESTOUT, famille de peintres français, dont le plus important est **Jean II** (Rouen 1692 - Paris 1768). Neveu de Jouvenet, académicien, il est l'auteur de tableaux surtout religieux, d'un style frémissant.

RETHEL (08300), ch.-l. d'arr. des Ardennes, sur l'Aisne ; 8 639 h. Église des XIIIe-XVIIe s. Turenne prit la ville en 1653.

RETHONDES (60153), comm. de l'Oise, sur l'Aisne ; 593 h. Les armistices du 11 novembre 1918 et du 22 juin 1940 furent signés dans une clairière de la forêt de Compiègne proche de Rethondes.

RETIERS (35240), ch.-l. de c. d'Ille-et-Vilaine ; 3 340 h. Laiterie.

RETOURNAC (43130), ch.-l. de c. de la Haute-Loire ; 2 294 h. Église romane.

RETOURNEMER *(lac de),* petit lac des Vosges, au pied du Hohneck ; 5,5 ha.

RETZ (Gilles **de**) → ***Rais.***

RETZ [rɛ] (Jean-François Paul **de Gondi,** *cardinal* **de**), homme politique et écrivain français (Montmirail 1613 - Paris 1679). Coadjuteur de son oncle archevêque de Paris, il joua un rôle important dans les troubles de la Fronde. Prisonnier au château de Vincennes, puis à Nantes, il s'échappa et ne rentra en France qu'après avoir démissionné de l'archevêché de Paris, dont il était titulaire depuis 1654. Il a laissé un récit de la *Conjuration de Fiesque* et des *Mémoires,* l'un des premiers chefs-d'œuvre de la prose classique.

RETZ *(pays de),* région de l'ouest de la France, au sud de l'estuaire de la Loire.

REUBELL (Jean-François) → ***Rewbell.***

REUCHLIN (Johannes), humaniste allemand (Pforzheim 1455 - Bad Liebenzell ou Stuttgart 1522), un des promoteurs des études hébraïques et grecques en Occident, inquiété par l'Inquisition.

RÉUNION (la) [**974**], île de l'océan Indien, à l'est de l'Afrique, formant un dép. français d'outre-mer ; 2 511 km² ; 597 823 h. *(Réunionnais).* Ch.-l. *Saint-Denis.* Ch.-l. d' arr. *Saint-Benoît, Saint-Paul* et *Saint-Pierre ;* 4 arr. et 24 comm.

GÉOGRAPHIE

L'île, au climat tropical tempéré par l'insularité et, dans l'intérieur, par le relief (mais affecté par des cyclones), est formée par un grand massif volcanique (culminant à 3 069 m au piton des Neiges), au pied duquel s'étendent les cultures : vanilliers, plantes à parfum et surtout canne à sucre, qui fournit les deux grands produits d'exportation, le sucre (principalement) et le rhum. Le rapide essor démographique a aggravé le surpeuplement, combattu par l'émigration.

HISTOIRE

1528 : l'île est découverte par les Portugais. 1638 : elle est occupée par la France et baptisée (1649) île Bourbon. 1664-1767 : concédée à la Compagnie des Indes orientales, elle voit se développer la culture du caféier, qui fait appel à une main-d'œuvre servile venue d'Afrique. 1793 : l'île prend son nom actuel. Début du XIXe s. : la culture de la canne à sucre est introduite à la Réunion. 1848 : l'esclavage y est aboli. 1946 : l'île devient département d'outre-mer. 1983 : le premier conseil régional est élu.

Réunions *(politique des)* [1679-1684], politique d'annexions menée par Louis XIV, en pleine paix, au lendemain des traités de Nimègue, dans le but de renforcer la frontière du nord-est de la France. Elles permirent notamm. l'annexion de l'Alsace, de Strasbourg et en partie de la Décapole. Cette politique, qui inquiéta l'Europe, est la cause lointaine de la guerre de la Ligue d'Augsbourg (1688-1697).

REUS, v. d'Espagne (Catalogne) ; 87 670 h.

REUSS (la), riv. de Suisse, qui traverse le lac des Quatre-Cantons et se jette dans l'Aar (r. dr.) ; 160 km.

Reuters, agence de presse britannique créée en 1851 à Londres par J. Reuter, l'une des plus grandes agences mondiales d'information (nom du siège à Paris : **Reuter**).

REUTLINGEN, v. d'Allemagne (Bade-Wurtemberg) ; 101 987 h.

REVAL ou **REVEL** → ***Tallinn.***

REVARD *(mont),* plateau des Préalpes, dominant Aix-les-Bains, à 1 537 m d'alt. Sports d'hiver.

Rêve dans le Pavillon rouge (le), roman chinois de Cao Xueqin (XVIIIe s.), chef-d'œuvre du genre, où l'intrigue amoureuse s'inscrit dans une vaste fresque sociale de l'époque.

Réveil (le), ensemble des mouvements religieux qui, avec pour foyer principal Genève, marquèrent le renouveau protestant dans les pays de langue française (France, Suisse) au début du XIXe s.

REVEL (31250), ch.-l. de c. de la Haute-Garonne ; 7 810 h. Agroalimentaire. Bastide du XIVe s.

REVERDY (Pierre), poète français (Narbonne 1889 - Solesmes 1960). Salué comme un maître par les surréalistes (*la Guitare endormie,* 1919 ; *les Épaves du ciel,* 1924), il se retira dès 1925 près de l'abbaye de Solesmes.

Rêveries du promeneur solitaire (les), ouvrage posthume de J.-J. Rousseau (1782). L'auteur évoque les souvenirs les plus doux de son passé et les plus marquantes de ses impressions actuelles.

REVERMONT (le), rebord occidental du Jura.

REVERS (Georges), général français (Saint-Malo 1891 - Saint-Mandé 1974). Chef de l'état-major de Darlan (1941-42), puis de l'Organisation de résistance de l'armée (1943-44), il fut chef d'état-major général de l'armée (1947-1950).

REVIGNY-SUR-ORNAIN (55800), ch.-l. de c. de la Meuse ; 3 561 h. Métallurgie. Cimetière militaire. Église gothique des XVe-XVIe s.

REVIN (08500), ch.-l. de c. des Ardennes, sur la Meuse ; 9 523 h. Électroménager. Centrale hydroélectrique.

Révolution culturelle prolétarienne *(Grande)* [1966-1976], période de l'histoire de la Chine pendant laquelle les autorités administratives et politiques traditionnelles furent évincées, tels Deng Xiaoping et Liu Shaoqi, alors que les jeunes des écoles et des universités (fermées de 1966 à 1972) s'organisaient en associations de « gardes rouges », se réclamant de la pensée de Mao Zedong. Marquée par le déplacement massif de populations des campagnes vers les villes et des villes vers les champs, par des affrontements sanglants dans les provinces, l'incarcération ou la mise à mort d'artistes et d'intellectuels, la destruction d'œuvres d'art traditionnelles (monuments et livres), la Révolution culturelle prit fin avec la mort de Mao et l'arrestation de la « Bande* des Quatre » en 1976.

Révolution française (1789-1799), ensemble des mouvements révolutionnaires qui mirent fin, en France, à l'Ancien Régime.

Les États généraux et l'Assemblée constituante. 1789 : réunion des États généraux (5 mai) ; l'Assemblée nationale se déclare constituante (9 juill.) ; prise de la Bastille (14 juill.) ; abolition des privilèges (4 août) ; Déclaration des droits de l'homme et du citoyen (26 août) ; retour forcé du roi à Paris (5-6 oct.) ; les biens du clergé déclarés nationaux (2 nov.) ; création des départements (22 déc.). — 1790 : Constitution civile du clergé (12 juill.) ; fête de la Fédération (14 juill.). — 1791 : loi Le Chapelier interdisant les coalitions et les grèves (14 juin) ; fuite du roi, arrêté à Varennes (juin) ; fusillade du Champ-de-Mars (17 juill.) ; le roi accepte la Constitution (13 sept.).

L'Assemblée législative. 1791 : 1re séance de l'Assemblée législative (1er oct.). Veto du roi au décret contre les prêtres réfractaires (29 nov.). — 1792 : ministère girondin (mars) ; déclaration de guerre (20 avr.) ; premiers revers. Renvoi des Girondins (13 juin). Invasion des Tuileries (20 juin). La patrie en danger (11 juill.). Arrestation du roi et fin de la royauté (10 août). Élections pour la Convention (2 sept.). Massacres de septembre. Victoire de Valmy qui arrête l'invasion étrangère (20 sept.).

La Convention nationale. 1792 : proclamation de la république (22 sept.). Victoire de Jemmapes et occupation de la Belgique (6 nov.). — 1793 : exécution de Louis XVI (21 janv.). Levée de 300 000 hommes (24 févr.). Coalition contre la France et insurrection dans l'Ouest (mars). Création du Comité de salut public (6 avr.). Arrestation des Girondins (2 juin). Constitution de l'an I, ratifiée par référendum (24 juin). Emprunt forcé (3 sept.). Loi des suspects (17 sept.). Le gouvernement déclaré révolutionnaire jusqu'à la paix. Terreur (10 oct.). Culte de la Raison (nov.). — 1794 : Robespierre élimine les hébertistes, qui veulent poursuivre plus loin la Révolution (mars) puis les dantonistes, qui veulent la fin de la Terreur (avr.). Grande Terreur. Fête de l'Être suprême (8 juin). La victoire de Fleurus élimine tout péril

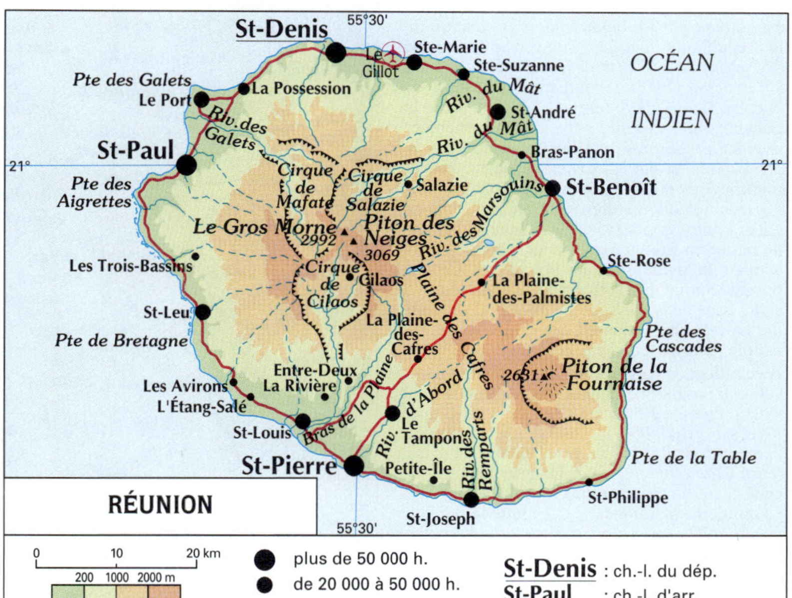

extérieur (26 juin). Chute et exécution de Robespierre et de ses amis (9 thermidor ou 27 juill.). Réveil royaliste et vague contre-révolutionnaire, misère populaire. — 1795 : rappel des Girondins (8 mars). Traités de Bâle (5 avr. et 22 juill.) et de La Haye (16 mai), avantageux pour la France. Émeute de la misère (1er avr.). Suppression du Tribunal révolutionnaire (31 mai). Vote de la Constitution de l'an III, ratifiée par référendum (22 août). Révolte royaliste écrasée par Bonaparte (5 oct.). **Le Directoire.** 1795 : 1re réunion du Directoire (2 nov.). — 1796 : Bonaparte à la tête de l'armée d'Italie (2 mars). Victoire d'Arcole (17 nov.). — 1797 : exécution de Babeuf, chef de la conspiration des Égaux (27 mai). Coup d'État de fructidor contre les royalistes (4 sept.). Traité de Campoformio qui donne à la France la rive gauche du Rhin (18 oct.). — 1798 : coup d'État de floréal contre les Jacobins (11 mai). Départ de Bonaparte pour l'Égypte (19 mai). Défaite d'Aboukir (1er août). Deuxième coalition contre la France (déc.). — 1799 : Bonaparte quitte l'Égypte (22 août). Victoire de Zurich (25-27 sept.). Coup d'État de Bonaparte. Le début du Consulat (9-10 nov.) marque la fin de la Révolution.

révolution française de 1830 (27, 28, 29 juill. 1830), mouvement révolutionnaire étendu sur trois journées, appelées les Trois Glorieuses, qui aboutit à l'abdication de Charles X et à l'instauration de la monarchie de Juillet, avec pour roi Louis-Philippe Ier.

révolution française de 1848 (22, 23 et 24 févr. 1848), mouvement révolutionnaire qui aboutit à l'abdication de Louis-Philippe (24 févr.) et à la proclamation de la IIe République. Il s'agit de la face française d'un mouvement qui touche l'ensemble de l'Europe.

revolutionibus orbium coelestium *(De)*, ouvrage de Copernic, publié en 1543, dans lequel il expose sa conception héliocentrique de l'Univers.

révolution russe de 1905, ensemble des manifestations qui ébranlèrent la Russie en 1905. Fin 1904, l'agitation lancée par les zemstvos gagne les milieux ouvriers qui réclament une constitution. Après le Dimanche rouge (9 [22] janv. 1905) au cours duquel l'armée tire sur les manifestants, les grèves se multiplient et des mutineries éclatent (celle du cuirassé *Potemkine* en juin). Aggravée par les défaites de la guerre russo-japonaise, cette crise oblige Nicolas II à promulguer le manifeste d'octobre promettant la réunion d'une douma d'État élue au suffrage universel. Les soviets de députés ouvriers tentent une insurrection qui est écrasée en déc. 1905-janv. 1906.

révolution russe de 1917, ensemble des mouvements révolutionnaires qui, en Russie, amenèrent l'abdication de Nicolas II, la prise du pouvoir par les bolcheviks et la création de la République socialiste soviétique fédérative de Russie. La *révolution de février* qui se déroula à Petrograd abattit le tsarisme (abdication de Nicolas II le 2 [15] mars 1917). Dès lors, le pouvoir fut détenu par le gouvernement provisoire, dominé par les constitutionnels-démocrates, et par les soviets, majoritairement mencheviks et sociaux-révolutionnaires. Ouvriers et soldats manifestèrent en avril puis en juillet contre la poursuite de la guerre. Lénine, de retour en Russie depuis avril, parvint à faire adopter sa tactique par les bolcheviks. Ceux-ci prirent le pouvoir à Petrograd le 25 oct. (7 nov.) et, à l'issue de la *révolution d'octobre,* le IIe congrès des soviets élut le conseil des commissaires du peuple, présidé par Lénine.

révolutions d'Angleterre, ensemble des mouvements antimonarchistes en Angleterre au XVIIe s. *Première Révolution d'Angleterre* ou *Grande Rébellion* (1642-1649). 1640 : afin d'obtenir l'argent dont il a besoin pour vaincre l'Écosse, le roi Charles Ier convoque le Parlement. 1641 : celui-ci refuse tout subside et adresse au roi la « Grande Remontrance », qui limite le pouvoir royal. 1642 : ne pouvant obtenir l'arrestation des chefs de l'opposition parlementaire, le roi se retire à York, déclenchant la guerre civile. 1644 : la victoire des parlementaires à Marston Moor est suivie de la réorganisation de leur armée qui écrase celle du roi à Naseby (1645). 1646 : le roi se rend aux presbytériens écossais. 1647 : ceux-ci le remettent aux représentants du Parlement anglais. Le roi s'échappe. 1648 : une seconde guerre civile éclate alors. Cromwell, victorieux, marche sur Londres et épure le Parlement, prêt à négocier avec le roi. 1649 : le Parlement vote la mise en accusation de Charles Ier qui est exécuté (janv.). Cromwell est dès lors le maître du pays. *Seconde Révolution d'Angleterre,* dite *la Glorieuse Révolution* (1688-89). 1688 : Jacques II, catholique, octroie la liberté du culte aux catholiques et aux protestants dissidents (mai). La naissance d'un héritier, Jacques Édouard (juin), permet l'établissement d'une dynastie catholique. À l'appel de plusieurs notables whigs et tories, Guillaume d'Orange, gendre de Jacques II, débarque le 5 nov. Jacques II s'enfuit en France. 1689 : le Parlement reconnaît conjointement comme nouveaux souverains Marie II et Guillaume III. Cette révolution aboutit à instaurer en Angleterre une monarchie constitutionnelle.

révolutions de 1848, ensemble des mouvements libéraux et nationaux qui agitèrent l'Europe en 1848 et en 1849. Les principales étapes du « printemps des peuples », hormis les journées de février à Paris, sont : l'insurrection de Palerme (12 janv. 1848), la promulgation de constitutions à Naples (10 févr.), en Toscane (17 févr.) et au Piémont (5 mars), la déclaration de guerre à l'Autriche par Charles-Albert (24 févr.), les révolutions qui éclatent à Vienne (13 mars), à Venise (17-22 mars), à Berlin (18 mars), à Milan (18-22 mars), à Munich (19 mars), la reconnaissance par Vienne du Statut hongrois (11 avr.), l'ouverture du Parlement de Francfort (18 mai), du Congrès panslave de Prague (2 juin) et de l'Assemblée constituante à Vienne (22 juill.). La réaction s'organise à partir de juin ; elle est victorieuse dans les États allemands, à Vienne (30-31 oct. 1848) et en Hongrie (capitulation de Világos, 13 août 1849). En Italie, Ferdinand II rétablit son pouvoir en Sicile (15 mai 1848) et Charles-Albert est défait par les Autrichiens (Custoza, 25 juill. 1848 ; Novare 23 mars 1849). Les révolutions de 1848 ont aboli les derniers liens serviles en Europe centrale et accéléré le processus de formation d'ensembles nationaux.

révolutions démocratiques de 1989, ensemble des évènements qui aboutirent à la chute des régimes communistes en Europe du Centre et de l'Est. L'U.R.S.S. ne s'y opposa pas, acceptant ainsi la perte du contrôle qu'elle exerçait sur cette partie de l'Europe. Initiés par la Pologne (victoire de Solidarité aux élections de juin), poursuivis par la Hongrie (qui ouvrit le rideau de fer en mai), par la R.D.A. (démantèlement du mur de Berlin en novembre) et par la Tchécoslovaquie, les mouvements de contestation des régimes en place et de lutte pour l'instauration de la démocratie furent dans l'ensemble pacifiques. Des évolutions plus confuses conduisirent au renversement des gouvernements communistes de Bulgarie et de Roumanie.

Revue blanche (la), recueil bimensuel illustré, fondé à Liège et à Paris en 1889. Elle défendit le mouvement symboliste.

Revue des Deux Mondes (la), périodique littéraire, historique et artistique, fondé en 1829, avec F. Buloz comme rédacteur en chef.

Revue historique, revue fondée par G. Monod en 1876. Elle contribua à l'élaboration des normes de l'histoire positiviste et reflète auj. les tendances majeures de l'historiographie française.

REWBELL ou **REUBELL** (Jean-François), homme politique français (Colmar 1747 - *id.* 1807). Conventionnel, représentant en mission sur le Rhin (1793), membre des Cinq-Cents, puis directeur (1795-1799), il fut l'un des auteurs du coup d'État du 18-Fructidor (1797).

REY (Jean), chimiste et médecin français (Le Bugue v. 1583 - ? 1645). Il observa l'augmentation de masse de l'étain et du plomb chauffés au contact de l'air.

REYBAUD (Louis), économiste et homme politique français (Marseille 1799 - Paris 1879). On lui doit notamment un roman satirique et social : *Jérôme Paturot à la recherche d'une position sociale* (1843) et des ouvrages sur l'industrie.

REYES (Alfonso), écrivain mexicain (Monterrey 1889 - Mexico 1959). Il est revenu aux sources de l'inspiration nationale et de la civilisation aztèque (*Vision de l'Anáhuac,* 1917).

REYKJAVÍK, cap. et principal port de l'Islande ; 120 000 h. (la moitié de la population du pays) dans l'agglomération.

REYMONT (Władysław Stanisław), écrivain polonais (Kobiele Wielkie 1867 - Varsovie 1925), auteur de romans sur la campagne polonaise (*les Paysans,* 1902-1909) et de récits historiques *(l'Année 1794).* [Prix Nobel 1924.]

REYNAUD (Émile), inventeur et dessinateur français (Montreuil-sous-Bois 1844 - Ivry-sur-Seine 1918). Créateur du « praxinoscope » (1876) et du « théâtre optique » avec lequel il assura de 1892 à 1900 plus de 10 000 projections publiques, il fut l'un des pionniers du dessin animé.

REYNAUD (Paul), homme politique français (Barcelonnette 1878 - Neuilly 1966). Plusieurs fois ministre sous la IIIe République, il succéda à Daladier comme président du Conseil en mars 1940 ; n'ayant pu conjurer la défaite, il démissionna dès le 16 juin. Arrêté en juill., il fut déporté en Allemagne de 1942 à 1945.

REYNOLDS (*sir* Joshua), peintre britannique (Plympton, Devon, 1723 - Londres 1792). Portraitiste fécond, admirateur des grands Italiens et de Rembrandt, il fut en 1768 cofondateur et président de la Royal Academy.

REYNOLDS (Osborne), ingénieur et physicien britannique (Belfast 1842 - Watchet, Somerset, 1912). Il étudia les régimes d'écoulement des fluides visqueux, montra l'existence d'une vitesse critique et souligna l'importance d'un coefficient sans dimension, le « nombre de Reynolds ».

REYNOSA, v. du nord du Mexique ; 206 000 h.

REYRIEUX (01600), ch.-l. de c. de l'Ain, dans la Dombes ; 3 065 h.

REZĀ CHĀH PAHLAVI (Sevād Kuh 1878 - Johannesbourg 1944), chah d'Iran (1925-1941). Colonel du régiment iranien des Cosaques, Rezā Khān organisa le coup d'État de 1921 et se fit proclamer chah en déc. 1925. S'inspirant des réformes de Mustafa Kemal, il imposa la modernisation et l'occidentalisation de l'Iran. Il dut abdiquer en 1941.

REZĀYE → ***Ourmia.***

REZÉ (44400), ch.-l. de c. de la Loire-Atlantique, banlieue sud de Nantes ; 33 703 h. *(Rezéens).* Unité d'habitation de Le Corbusier (1953).

REZONVILLE (57130), comm. de la Moselle ; 288 h. Bataille du 16 août 1870 entre Français et Allemands.

R. F., sigle de République française.

R. F. A., sigle de République fédérale d'Allemagne*.

R. G. (Renseignements généraux), service de la Police nationale chargé de procéder à la recherche et à la centralisation des renseignements d'ordre politique et social à l'échelon national.

RHĀB → ***Ghāb.***

RHADAMANTHE. *Myth. gr.* Un des trois juges des Enfers avec Minos et Éaque.

RHADAMÈS → ***Ghadamès.***

RHARB → ***Gharb.***

RHAZNÉVIDES → ***Ghaznévides.***

RHÉA. *Myth. gr.* Épouse de Cronos, mère de Zeus et des dieux olympiens.

RHEA SILVIA. *Myth. rom.* Mère de Romulus et de Remus.

RHEE (Syngman), homme politique coréen (prov. de Hwanghae 1875 - Honolulu 1965), président de la République de Corée du Sud de 1948 à 1960.

RHÉNAN *(Massif schisteux),* massif ancien d'Allemagne, de part et d'autre du Rhin, dans le prolongement de l'Ardenne. Il est composé de plateaux boisés entaillés de vallées (Rhin, Moselle, Lahn) qui portent des cultures et des vignobles. Tourisme.

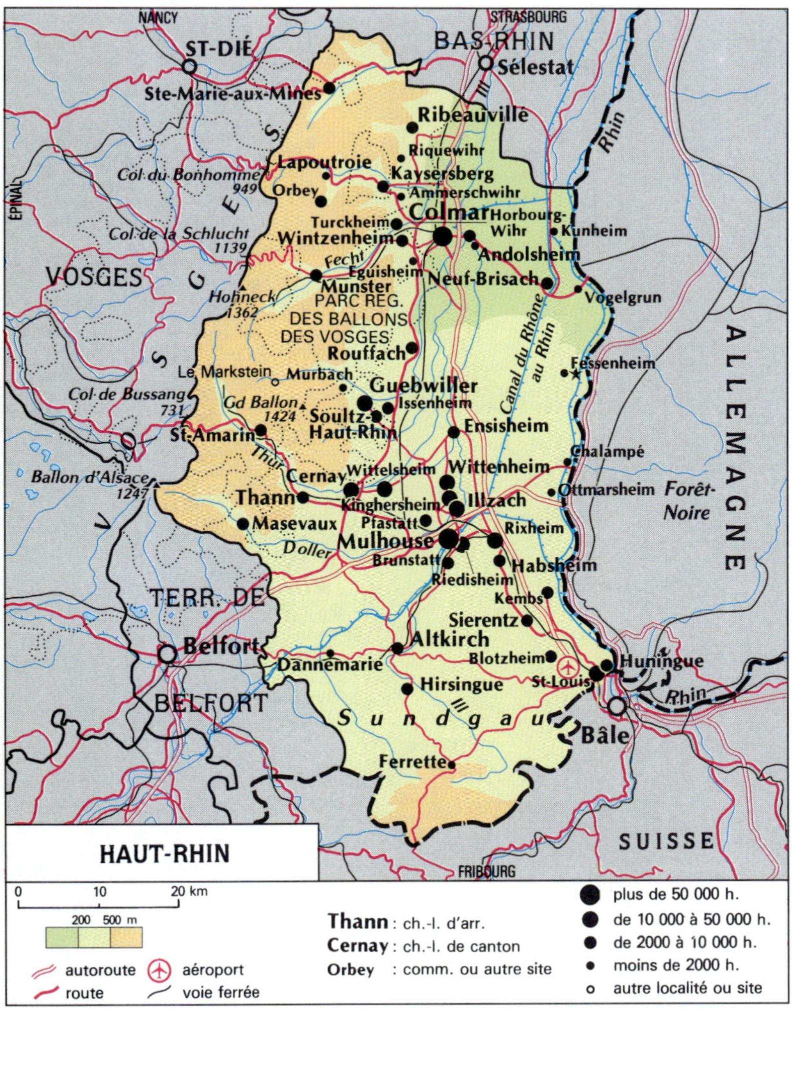

RHÉNANIE, en all. **Rheinland,** région d'Allemagne, sur le Rhin, de la frontière française à la frontière néerlandaise. Annexée par la France (1793-1814), la région fut attribuée en 1815 à la Prusse. Après la Première Guerre mondiale, la France favorisa un mouvement séparatiste rhénan, qui échoua (1921-1923). Démilitarisée à la suite du traité de Versailles (1919), la Rhénanie fut réoccupée par Hitler en 1936.

RHÉNANIE-DU-NORD-WESTPHALIE, en all. **Nordrhein-Westfalen,** Land d'Allemagne ; 34 000 km^2 ; 17 103 588 h. Cap. *Düsseldorf.* Le Land, de loin le plus peuplé de l'Allemagne, s'étend au sud sur l'extrémité du Massif schisteux rhénan, au centre sur la grande région industrielle et urbaine de la Ruhr, au nord sur le bassin de Münster.

RHÉNANIE-PALATINAT, en all. **Rheinland-Pfalz,** Land d'Allemagne, s'étendant sur le Massif schisteux rhénan ; 20 000 km^2 ; 3 701 661 h. Cap. *Mayence.*

RHÉTIE, anc. région des Alpes centrales correspondant au Tyrol et au S. de la Bavière, soumise aux Romains par Tibère et Drusus en 15 av. J.-C.

RHÉTIQUES *(Alpes),* partie des Alpes centrales qui comprend les massifs de l'Albula, de la Bernina et de l'Ortler.

RHIN (le), en all. **Rhein,** en néerl. **Rijn,** fl. de l'Europe occidentale ; 1 320 km. Formé en Suisse par la réunion de deux torrents alpins (le *Rhin antérieur,* né dans le massif du Saint-Gothard, et le *Rhin postérieur,* issu du massif de l'Adula), le fleuve traverse le lac de Constance, franchit le Jura (chutes de Schaffhouse), reçoit l'Aar (r. g.) avant d'atteindre Bâle. En aval, le Rhin s'écoule vers le nord, dans une vallée élargie, en suivant le fossé d'effondrement d'Alsace et de Bade, et reçoit l'Ill (r. g.), le Neckar (r. dr.) et le Main (r. dr.). Au-delà de Mayence, le lit se resserre à travers le Massif schisteux rhénan : c'est le « Rhin héroïque », qui se grossit de la Moselle (r. g.) et de la Lahn (r. dr.). À Bonn, le Rhin entre définitivement en plaine, reçoit la Ruhr (r. dr.) et la Lippe (r. dr.), pénètre aux Pays-Bas, où il rejoint la mer du Nord par trois bras principaux (dont le Lek prolongé par la Nieuwe Waterweg est le plus important). Le régime se modifie d'amont en aval : hautes eaux d'été et maigres d'hiver en amont de Bâle, débit plus étale en aval, très régulier même à partir de Cologne. Le rôle économique du fleuve est considérable. C'est la plus importante artère navigable de l'Europe occidentale, desservant la Suisse, la France de l'Est, une partie de l'Allemagne (dont la Ruhr) et les Pays-Bas. Il est relié au Danube par un canal empruntant partiellement la vallée du Main. Accessible aux convois poussés de 5 000 t jusqu'à Bâle, le fleuve est jalonné de ports actifs, dont les principaux, mis à part Rotterdam, sont Duisburg, Mannheim et Ludwigshafen, Strasbourg, Bâle. Le Rhin alimente aussi des centrales hydroélectriques et fournit l'eau de refroidissement des centrales nucléaires.

RHIN (BAS-) [67], dép. de la Région Alsace ; ch.-l. de dép. *Strasbourg ;* ch.-l. d'arr. *Haguenau, Molsheim, Saverne, Sélestat, Wissembourg ;* 7 arr. (Strasbourg est le ch.-l. de deux arr.), 44 cant., 522 comm. ; 4 755 km^2 ; 953 053 h. *(Bas-Rhinois).* Le dép. est rattaché à l'académie de Strasbourg, à la cour d'appel de Colmar et à la région militaire Nord-Est. Il comprend une partie du Plateau lorrain (au nord-ouest) et des Vosges (au sud-ouest), régions d'élevage, localement de vignobles (collines sous-vosgiennes entre la Liepvrette et la Zorn). Le reste correspond à la moitié nord de la plaine d'Alsace, portant des cultures céréalières et industrielles (tabac, houblon) sur les sols lœssiques, des forêts (Haguenau) sur les terres sableuses et caillouteuses. L'industrie est représentée par la métallurgie, les activités alimentaires et textiles ; elle est surtout développée dans l'agglomération de Strasbourg (qui regroupe près de la moitié de la population totale du dép.), où elle bénéficie de l'énergie fournie par les centrales du grand canal d'Alsace et par le pétrole, raffiné à proximité (Reichstett).

RHIN (HAUT-) [**68**], dép. de la Région Alsace ; ch.-l. de dép. *Colmar ;* ch.-l. d'arr. *Altkirch, Guebwiller, Mulhouse, Ribeauvillé, Thann ;* 6 arr., 31 cant., 377 comm. ; 3 525 km² ; 671 319 h. *(Haut-Rhinois).* Le dép. est rattaché à l'académie de Strasbourg, à la cour d'appel de Colmar et à la région militaire Nord-Est. Les collines sous-vosgiennes, couvertes de vignobles renommés, séparent la partie la plus élevée des Vosges, région de forêts et d'élevage, de la moitié sud de la plaine d'Alsace, portant des cultures de céréales, de tabac, de houblon, en dehors de secteurs marécageux (le Ried, entre Ill et Rhin, partiellement assaini et mis en valeur) ou forestiers (Hardt). Le Sundgau, pays céréalier aux sols lœssiques, occupe le sud du dép. L'industrie, développée, est représentée, en dehors de l'extraction de la potasse, des aménagements hydroélectriques du grand canal d'Alsace et de la centrale nucléaire de Fessenheim, par les constructions mécaniques, le textile, les produits alimentaires, et localisée principalement dans les vallées vosgiennes, à Colmar et dans l'agglomération de Mulhouse. *(V. carte p. 1629.)*

RHINAU (67860), comm. du Bas-Rhin ; 2 295 h. Centrale hydroélectrique sur le grand canal d'Alsace.

RHINE (Joseph Banks), parapsychologue américain (Waterloo, Pennsylvanie, 1895 - Hillsborough, Caroline du Nord, 1980).

RHODANIEN *(Sillon* ou *Couloir),* région déprimée, correspondant à la vallée du Rhône, entre le Massif central et les Préalpes.

RHODE ISLAND, un des États unis d'Amérique, en Nouvelle-Angleterre ; 3 144 km² ; 1 003 464 h. Cap. *Providence.*

RHODES, île grecque de la mer Égée (Dodécanèse), près de la Turquie ; 1 400 km² ; 67 000 h. Escale commerciale importante entre l'Égypte, la Phénicie et la Grèce, Rhodes connut dans l'Antiquité une grande prospérité, contrariée au IVe s. av. J.-C. par des querelles intestines et qui reprit durant la période hellénistique (IIIe-Ier s. av. J.-C.). En 1309, les hospitaliers de Saint-Jean-de-Jérusalem, chassés de Chypre, s'y installèrent. Devenue turque après le long siège de 1522, l'île passa à l'Italie en 1912 et à la Grèce en 1947. — La ville de *Rhodes* (43 619 h.), ch.-l. du Dodécanèse, est un centre touristique (vestiges antiques, remparts et quartiers médiévaux). Elle soutint un siège opiniâtre en 1522 contre Soliman II.

RHODES (Cecil), homme politique britannique (Bishop's Stortford 1853 - Muizenberg, près du Cap, 1902). Homme d'affaires établi en Afrique du Sud, il fonda la British South Africa Company qui obtint une charte royale en 1889 sur une partie du bassin du Zambèze, les futures Rhodésies. Premier ministre du Cap (1890), il échoua dans une opération contre les Boers (1895) et dut démissionner.

Rhodes *(Colosse de),* une des Sept Merveilles du monde antique. Cette statue d'Hélios, en bronze, haute de 32 m, à l'entrée du golfe de Rhodes, commémorait la victoire des Rhodiens sur Démétrios Poliorcète (304 av. J.-C.). Elle fut renversée par un séisme en 227 av. J.-C.

RHODE-SAINT-GENÈSE → ***Sint-Genesius-Rode.***

RHODÉSIE, région de l'Afrique orientale, dans le bassin du Zambèze. Elle avait constitué deux territoires du Commonwealth, qui, en 1953, furent intégrés en une Fédération, avec le Nyassaland, jusqu'en 1963. Auj., la *Rhodésie du Nord* est devenue indépendante sous le nom de *Zambie,* et le Nyassaland a pris le nom de *Malawi ;* la *Rhodésie du Sud* constitue le *Zimbabwe.*

RHODES-INTÉRIEURES et **RHODES-EXTÉRIEURES,** subdivisions du canton suisse d'Appenzell.

RHODOPE (le) ou **RHODOPES** (les), massif de Bulgarie et de Grèce.

RHÔMANOS ou **ROMANOS le Mélode,** poète byzantin (VIe s. apr. J.-C.). Ses hymnes ont fait de lui un classique de la poésie liturgique.

RHÖN, petit massif volcanique d'Allemagne, à l'ouest de la Thuringe ; 950 m.

RHONDDA, v. de Grande-Bretagne (Galles) ; 82 000 h.

RHÔNE (le), fl. de Suisse et de France ; 812 km (dont 522 en France). Né à 1 750 m d'altitude, dans le massif du Saint-Gothard, le Rhône draine le couloir du Valais, où il est alimenté par de grands glaciers, puis entre dans le lac Léman, où ses eaux se décantent. Au sortir du lac, il reçoit l'Arve (r. g.), entre en France, traverse le Jura par des défilés (Bellegarde), remonte vers le nord-ouest, se grossit de l'Ain (r. dr.), puis vient se heurter, à Lyon (au confluent de la Saône [r. dr.]), au Massif central. Il coule alors du nord au sud entre le Massif central et les Alpes, tantôt s'encaissant, tantôt s'élargissant, et reçoit l'Isère (r. g.), puis, en aval d'Avignon, la Durance (r. g.). Sa vallée est ici un grand axe de circulation. À partir d'Arles commence le delta. Le Rhône, le plus abondant des fleuves français, possède un régime complexe, de type glaciaire en amont du confluent de l'Ain, avec atténuation des maigres hivernaux après Lyon et crues automnales dans le cours aval, avec l'apport des torrents cévenols. En raison de la rapidité de son cours, le fleuve a posé des problèmes difficiles à la navigation. La *Compagnie nationale du Rhône,* créée en 1934, a accompli une œuvre considérable, au triple point de vue de l'amélioration des conditions de navigation (en aval de Lyon), de la fourniture d'hydroélectricité (les centrales hydrauliques rhodaniennes sont les plus productives de France) et de l'extension de l'irrigation dans la vallée. Le fleuve alimente aussi partiellement les canaux d'irrigation des plaines du Languedoc et, surtout, fournit de l'eau de refroidissement à plusieurs centrales nucléaires.

RHÔNE (**69**), dép. de la Région Rhône-Alpes ; ch.-l. de dép. *Lyon ;* ch.-l. d'arr. *Villefranche-sur-Saône ;* 2 arr., 51 cant., 293 comm. ; 3 249 km² ; 1 508 966 h. *(Rhodaniens).* Le dép. est rattaché à l'académie et à la cour d'appel de Lyon, à la région militaire Méditerranée. Il s'étend sur le Beaujolais et le Lyonnais, régions d'élevage, de petites industries textiles et mécaniques et, localement, de vignobles (côte beaujolaise). Il doit son importance économique et la répartition socioprofessionnelle de sa population active à l'agglomération de Lyon, qui concentre la quasi-totalité des activités industrielles et de services et plus de 80 % de la population totale du département.

RHÔNE *(Côtes du),* coteaux de la vallée du Rhône, au sud de Lyon. Vignobles.

RHÔNE-ALPES, Région administrative groupant les dép. suivants : Ain, Ardèche, Drôme,

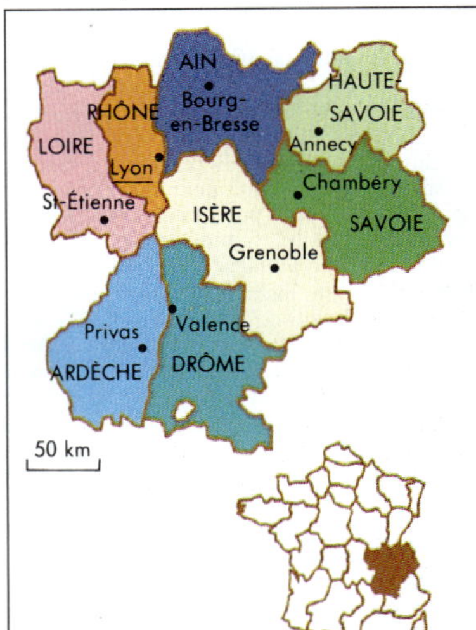

Rhône-Alpes

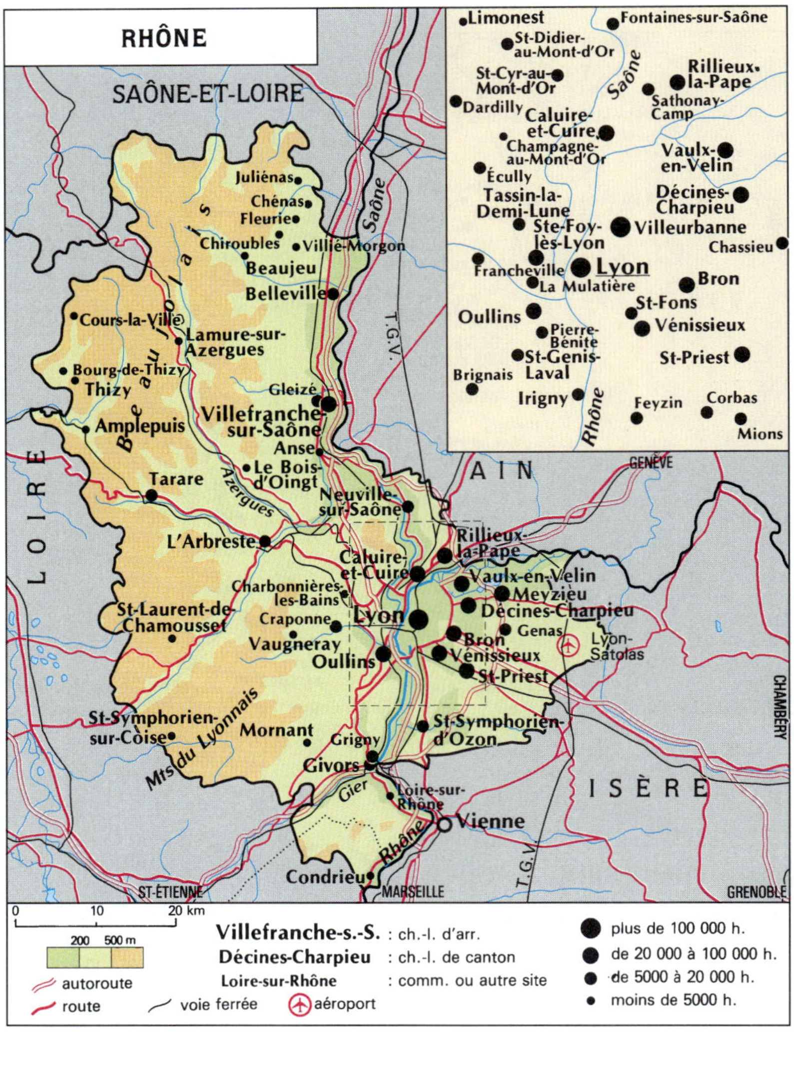

Isère, Loire, Rhône, Savoie, Haute-Savoie ; 43 698 km² ; 5 350 701 h. ; ch.-l. *Lyon.*

Rhône au Rhin *(canal du),* canal de l'est de la France, de faible gabarit, joignant les deux fleuves par les vallées du Doubs et de l'Ill ; 320 km.

Rhône-Poulenc, société française née du rapprochement, en 1928, des établissements *Poulenc frères* et de la *Société chimique des usines du Rhône.* Rhône-Poulenc est un des leaders de la chimie et de la pharmacie. En 1993, la société est privatisée.

RHUNE (la), massif des Pyrénées-Atlantiques, dans le Pays basque, à la frontière espagnole ; 900 m. Chemin de fer à crémaillère.

RHURIDES → ***Ghurides.***

RHUYS [rɥis] *(presqu'île de),* presqu'île fermant le golfe du Morbihan vers le sud.

RIABOUCHINSKI (Dimitri Pavlovitch), aérodynamicien russe (Moscou 1882 - Paris 1962). Il fonda à Koutchino, près de Moscou, le premier institut d'aérodynamique d'Europe (1904).

RIAILLÉ (44440), ch.-l. de c. de la Loire-Atlantique ; 1 784 h.

Rialto *(pont du),* à Venise, pont du XVIᵉ s. sur le Grand Canal.

RIANS (83560), ch.-l. de c. du Var ; 2 733 h.

RIANTEC (56670), comm. du Morbihan ; 4 903 h. Station balnéaire.

RIAZAN, v. de Russie, au sud-est de Moscou ; 515 000 h. Métallurgie. Chimie. Anciens monastères du kremlin, auj. musées.

RIBALTA (Francisco), peintre espagnol (Solsona, prov. de Lérida, 1565 - Valence 1628), actif à Madrid, puis à Valence, où il régénéra l'école locale de peinture religieuse.

RIBBENTROP (Joachim **von**), homme politique allemand (Wesel 1893 - Nuremberg 1946). Ministre des Affaires étrangères du IIIᵉ Reich (1938-1945), il fut condamné à mort par le tribunal de Nuremberg.

RIBEAUVILLÉ (68150), ch.-l. d'arr. du Haut-Rhin ; 4 882 h. *(Ribeauvilléens).* Textile. Vins. Électronique. Nombreux souvenirs médiévaux.

RIBÉCOURT-DRESLINCOURT (60170), ch.-l. de c. de l'Oise ; 3 956 h. Industrie chimique.

RIBEIRÃO PRETO, v. du Brésil (São Paulo) ; 430 805 h.

RIBEMONT (02240), ch.-l. de c. de l'Aisne, sur l'Oise ; 2 237 h.

RIBERA (José **de**), dit en ital. **lo Spagnoletto,** peintre et graveur espagnol (Játiva, prov. de Valence, 1591 - Naples 1652). Il travailla surtout à Naples, où son art, interprétation riche et nuancée du caravagisme, fit école. (Au Louvre : *le Pied-Bot, Adoration des bergers ;* au musée d'Amiens : *Miracle de saint Donat.*)

RIBERA (Pedro de), architecte espagnol (Madrid 1683 - *id.* 1742), grand maître de l'art baroque « churriguéresque » à Madrid (façade-retable de l'hospice S. Fernando, 1722, etc.).

RIBÉRAC (24600), ch.-l. de c. de la Dordogne ; 4 424 h.

RIBOT (Alexandre), homme politique français (Saint-Omer 1842 - Paris 1923). Un des chefs du parti républicain modéré, ministre des Affaires étrangères (1890-1893), artisan de l'alliance franco-russe, il fut cinq fois président du Conseil entre 1892 et 1917. (Acad. fr.)

RIBOT (Théodule), psychologue français (Guingamp 1839 - Paris 1916), un des fondateurs de la psychologie expérimentale en France.

RICAMARIE (La) [42150], comm. de la Loire ; 10 269 h. Métallurgie.

RICARDO (David), économiste britannique (Londres 1772 - Gatcomb Park, Gloucestershire, 1823). Un des premiers théoriciens de l'économie politique classique, il établit notamment la loi de la rente foncière et vit dans le travail la source de toute valeur.

RICCI (Lorenzo), général des jésuites (Florence 1703 - Rome 1775). Général en 1758, il vit son ordre expulsé de divers pays catholiques et supprimé par Clément XIV (1773), qui le fit emprisonner au château Saint-Ange, où il mourut.

RICCI (Matteo), savant et missionnaire italien (Macerata 1552 - Pékin 1610). Jésuite, fondateur de la mission catholique en Chine, astronome et mathématicien de l'empereur, il adopta une attitude syncrétiste qui fut à l'origine de la querelle des rites chinois.

RICCI (Scipione **de'**), prélat italien (Florence 1741 - *id.* 1809). Évêque de Pistoia et Prato (1780-1794), il fut, en Italie, le principal représentant du jansénisme.

RICCI (Sebastiano), peintre italien (Belluno 1659 - Venise 1734). Il est à Venise, au début du XVIIIᵉ s., le créateur (avec Giovanni Antonio Pellegrini) d'une nouvelle peinture décorative, lumineuse, animée, qui influencera tout le rococo européen. — Son neveu **Marco,** peintre et graveur (Belluno 1676 - Venise 1730), est, avec ses paysages composés, l'initiateur de la peinture vénitienne de paysage du XVIIIᵉ s.

RICCIARELLI (Daniele), dit aussi **Daniele da Volterra,** peintre et sculpteur italien (Volterra 1509 - Rome 1566). Il travailla, à Rome, sous l'influence de Michel-Ange et de Raphaël.

RICCI-CURBASTRO (Gregorio), mathématicien italien (Lugo 1853 - Bologne 1925), créateur, avec son élève Levi-Civita, du calcul tensoriel.

RICCOBONI (Luigi), acteur et écrivain italien (Modène 1676 - Paris 1753). Il reconstitua la Comédie-Italienne à l'hôtel de Bourgogne.

RICEYS (Les) [10340], ch.-l. de c. de l'Aube ; 1 484 h. Vins. Églises du XVIᵉ s.

RICHARD Iᵉʳ Cœur de Lion (Oxford 1157 - Châlus 1199), roi d'Angleterre (1189-1199), fils d'Henri II. Il prit une part importante à la 3ᵉ croisade et, au retour, fut retenu en captivité (1192-1194) par l'empereur Henri VI, qui le libéra en échange d'une énorme rançon. Remis en liberté, il entreprit de récupérer ce qui lui avait pris sur le continent Philippe Auguste et périt devant le château de Châlus.

RICHARD II (Bordeaux 1367 - Pontefract 1400), roi d'Angleterre (1377-1399), fils d'Édouard, le Prince Noir. Il subit d'abord la régence de son oncle, Jean de Lancastre, puis (1389) gouverna en souverain absolu. En 1399, son cousin Henri de Lancastre prit l'offensive. Capturé, il dut abdiquer et mourut en prison.

José de **Ribera** : *Archimède* (1630). [Prado, Madrid.]

David **Ricardo** (Th. Phillips - coll. priv.)

le cardinal de **Richelieu** (Ph. de Champaigne - rectorat de Paris)

Richard II, drame historique de Shakespeare (v. 1595), tableau de la faiblesse d'un roi dominé par de néfastes conseillers.

RICHARD III (Fotheringhay 1452 - Bosworth 1485), roi d'Angleterre (1483-1485), à la suite du meurtre des enfants de son frère Édouard IV, dont il était le tuteur. Il régna par la terreur mais fut vaincu et tué à Bosworth par Henri Tudor.

Richard III, drame historique de Shakespeare (v. 1592), peinture de l'ambition qui pousse aux dernières violences le criminel souverain.

RICHARD (François), dit **Richard-Lenoir,** industriel français (Épinay-sur-Odon 1765 - Paris 1839). Associé avec le négociant J. Lenoir-Dufresne (1797), il fonda la première filature de coton en France.

RICHARD (Maurice), joueur de hockey canadien, surnommé **le Rocket** (Montréal 1921). Véritable héros populaire du Québec, il fut le joueur vedette du club Le Canadien de Montréal de 1942 à 1960.

RICHARD'S BAY, port et centre industriel d'Afrique du Sud (Kwazulu-Natal), sur l'océan Indien.

RICHARDSON (*sir* Owen), physicien britannique (Dewsbury, Yorkshire, 1879 - Alton, Hampshire, 1959), prix Nobel en 1928 pour sa découverte des lois de l'émission des électrons par les métaux incandescents.

RICHARDSON (Samuel), écrivain anglais (Macworth, Derbyshire, 1689 - Parson's Green 1761). Ses romans, qui allient le réalisme à une sentimentalité moralisante, enchantèrent toute l'Europe du XVIIIᵉ s. (*Paméla ou la Vertu récompensée,* 1740 ; *Clarisse Harlowe,* 1747-48).

RICHARDSON (Tony), cinéaste britannique (Shipley 1928 - Los Angeles 1991). L'un des fondateurs, avec L. Anderson et K. Reisz, du mouvement Free Cinema, il a réalisé *Un goût de miel* (1961), *la Solitude du coureur de fond* (1962), *Tom Jones* (1963).

RICHE (La) [37520], comm. d'Indre-et-Loire, près de Tours ; 7 862 h. Château de Plessis-lès-Tours.

RICHELET (César Pierre), lexicographe français (Cheminon, près de Châlons-en-Champagne, 1626 - Paris 1698). Il est l'auteur du premier *Dictionnaire françois* (1680).

RICHELIEU (le), riv. du Canada (Québec), émissaire du lac Champlain et affl. du Saint-Laurent (r. dr.) ; 130 km.

RICHELIEU (37120), ch.-l. de c. d'Indre-et-Loire ; 2 296 h. Ville bâtie sur un plan régulier par J. Lemercier pour le cardinal de Richelieu.

RICHELIEU (Armand Emmanuel **du Plessis,** *duc* **de**), homme politique français (Paris 1766 - *id.* 1822), petit-fils du duc Louis François Armand de Richelieu. Il émigra en 1789 et servit le tsar, qui lui confia le gouvernement de la province d'Odessa. Devenu Premier ministre à la Restauration (1815), il obtint des Alliés des concessions ; ayant dissous la « Chambre introuvable » (1816), il s'appuya sur les constitutionnels ; en 1818, au congrès d'Aix-la-Chapelle, il obtint l'évacuation anticipée du territoire ; il put faire entrer la France dans la Quadruple-Alliance. Démissionnaire en déc. 1818, il fut rappelé au pouvoir en 1820, mais dut se retirer dès 1821 sous la pression des ultras. (Acad. fr.)

RICHELIEU (Armand Jean **du Plessis,** *cardinal* **de**), prélat et homme d'État français (Paris 1585 - *id.* 1642). Évêque de Luçon (1606), député du clergé aux états généraux de 1614, il est soutenu par le « parti dévot » et par Marie de Médicis, qu'il suit en exil (1617-18). Rappelé par Luynes, cardinal (1622), il entre au Conseil du roi en 1624 et en devient rapidement le chef. Il s'efforce de soumettre les nobles, à qui il interdit les duels (édit de 1626), et brise les complots tramés contre lui (exécution de Chalais en 1626, de Cinq-Mars et de De Thou en 1642). Il entreprend la lutte contre la maison d'Autriche en occupant la Valteline (1624-25), Mantoue et Pignerol (1630) ; il s'assure contre elle l'alliance de la Suède (1631), déclare la guerre à l'Espagne (1635) et conquiert le Roussillon (1642). En obtenant la reddition de La Rochelle (1628), Richelieu réduit le parti protestant auquel il accorde la grâce d'Alès (1629). Le parti catholique, irrité par sa politique extérieure, ne peut obtenir son renvoi (journée des Dupes, 1630). À l'intérieur, Richelieu réforme les finances, l'armée, la législation (code Michau), intervient dans tous les secteurs de l'activité politique, économique et culturelle (création de l'Académie française, 1634). Cependant, l'effort de guerre aggrave après 1642 les difficultés financières de la France ; des expédients fiscaux provoquent le mécontentement des corps locaux et de nombreuses jacqueries. Cet effort gêne également la politique mercantiliste du cardinal, que l'on peut cependant créditer du développement de la flotte marchande, de l'encouragement aux manufactures royales et de la constitution de compagnies à monopole, qui posent les jalons du premier empire colonial français (Canada, Sénégal, Madagascar).

RICHELIEU (Louis François Armand **de Vignerot du Plessis,** *duc* **de**), maréchal de France (Paris 1696 - *id.* 1788), petit-neveu du cardinal. Il se distingua à Fontenoy (1745), dirigea la conquête de Minorque (1756) et obtint la reddition du duc de Cumberland à Kloster Zeven (1757). Ami de Voltaire, il incarna le libertin du XVIIIe s. (Acad. fr.)

RICHEMONT (57270), comm. de la Moselle ; 1 823 h. Port fluvial. Centrale thermique.

RICHEMONT (Arthur **de Bretagne,** *comte* **de**) → ***Arthur III.***

RICHEPIN (Jean), écrivain français (Médéa, Algérie, 1849 - Paris 1926), auteur de poèmes (*la Chanson des gueux,* 1876), de romans et de drames. (Acad. fr.)

RICHER (Edmond), théologien français (Chaource 1559 - Paris 1631). Il fut le théoricien d'une tendance dure du gallicanisme (*De la puissance ecclésiastique et politique* [1611]), qui alimenta l'argumentation antiromaine des états généraux de 1614.

richesse des nations *(Recherches sur la nature et les causes de la),* œuvre d'Adam Smith (1776), considérée comme l'un des fondements de l'économie politique. L'auteur y développe l'idée que l'intérêt personnel est le moteur principal de l'activité économique, conduisant à l'intérêt général.

RICHET (Charles), physiologiste français (Paris 1850 - *id.* 1935). Il découvrit avec Portier le phénomène de l'anaphylaxie et s'intéressa aussi à la parapsychologie. (Prix Nobel 1913.) — Son fils **Charles** (Paris 1882 - *id.* 1966), spécialiste de la nutrition, a laissé d'importants travaux sur la pathologie de la déportation.

RICHIER (Germaine), sculpteur français (Grans, Bouches-du-Rhône, 1904 - Montpellier 1959). Son œuvre, expressionniste, est une sorte de poème de la genèse et de la métamorphose (*la Montagne,* bronze, 1956).

RICHIER (Ligier), sculpteur français (Saint-Mihiel v. 1500 ? - Genève 1567). Son chef-d'œuvre est la statue funéraire, dressée et décharnée, de René de Chalon (1547, église St-Étienne, Bar-le-Duc) ; dans le *Sépulcre* de Saint-Mihiel se manifeste une influence de l'art italien. — Son fils **Gérard** (Saint-Mihiel 1534 - *id.* v. 1600) et deux de ses petits-fils furent également sculpteurs.

RICHMOND, v. du Canada (Colombie-Britannique), banlieue de Vancouver ; 126 624 h.

RICHMOND, v. des États-Unis, cap. de la Virginie, sur la James River ; 203 056 h. Capitole construit sur plans de Th. Jefferson. Capitale des sudistes pendant la guerre de Sécession, elle fut conquise par Grant en 1865.

RICHMOND UPON THAMES, borough résidentiel de la banlieue ouest de Londres. Parc.

RICHTER (Gerhard), peintre allemand (Waltersdorf, près de Dresde, 1932). Dans une sorte d'enquête sur les rapports de l'image et de la réalité, il a exploité toutes les variétés esthétiques de l'art contemporain.

RICHTER (Hans Werner), écrivain allemand (Bansin 1908), romancier (*les Vaincus,* 1949), fondateur du *Groupe* 47.*

RICHTER (Jeremias Benjamin), chimiste allemand (Hirschberg, Silésie, 1762 - Berlin 1807). Il découvrit la loi des nombres proportionnels.

RICHTER (Johann Paul Friedrich), dit **Jean-Paul,** écrivain allemand (Wunsiedel 1763 - Bayreuth 1825). Un des représentants les plus originaux du romantisme allemand, il joint à la sensibilité l'humour et l'ironie (*Hesperus,* 1795 ; *le Titan,* 1800-1803).

RICHTER (Sviatoslav), pianiste russe (Jitomir 1915). Il a enregistré l'intégrale du *Clavier bien tempéré* de J. S. Bach, mais ne néglige pas la musique contemporaine.

RICHTHOFEN (Ferdinand, *baron* **von**), géographe allemand (Carlsruhe, haute Silésie, 1833 - Berlin 1905). Il voyagea en Asie orientale et publia des études sur la Chine.

RICIMER, général romain d'origine suève (m. en 472). Il fut de 456 à 472 le maître de l'Italie, nommant et déposant à son gré les empereurs.

RICŒUR (Paul), philosophe français (Valence 1913). Marqué par la phénoménologie, il définit le bon usage de Nietzsche et de Freud dans la perspective morale d'un humanisme chrétien (*Finitude et culpabilité,* 1960 ; *De l'interprétation. Essai sur Freud,* 1965 ; *Temps et récit,* 1983-1985).

RICORD (Philippe), chirurgien français (Baltimore 1800 - Paris 1889). Il étudia la syphilis et préconisa pour son traitement des pilules à base d'iodure mercureux et d'opium qui portaient son nom.

RIDGWAY (Matthew), général américain (Fort Monroe, Virginie, 1895 - Fox Chapel, banlieue de Pittsburgh, 1993). Il commanda les forces de l'O. N. U. en Corée (1951-52), puis les forces alliées du Pacte atlantique en Europe (1952-53).

RIEC-SUR-BELON [rjɛk-] (29340), comm. du Finistère ; 4 055 h. Ostréiculture.

RIEDISHEIM (68400), comm. du Haut-Rhin ; 11 993 h.

RIEGO (Rafael **del**), général espagnol (Santa María de Tuñas 1785 - Madrid 1823). Après avoir combattu Napoléon, il dirigea le soulèvement militaire de Cadix (1820) puis lutta contre l'expédition française (1823). Battu, il fut livré à Ferdinand VII, qui le fit pendre.

RIEHEN, comm. de Suisse (banlieue de Bâle) ; 19 914 h.

RIEL (Louis), métis canadien (Saint-Boniface 1844 - Regina 1885). Il dirigea la résistance des métis de la région de la rivière Rouge (Manitoba) [1869-1873], opposés au lotissement des terres, puis participa à un nouveau soulèvement de l'Ouest (1884-85). Vaincu, il fut pendu.

RIEMANN (Bernhard), mathématicien allemand (Breselenz, Hanovre, 1826 - Selasca, lac Majeur, 1866). Ses travaux, d'une profonde originalité, ont eu une influence durable, notamment sur la théorie des fonctions de variables complexes, sur la théorie de l'intégration et sur les fondements de la géométrie. Il établit également les bases de la topologie.

RIEMENSCHNEIDER (Tilman), sculpteur allemand (Heiligenstadt ?, district d'Erfurt, v. 1460 - Würzburg 1531). Installé à Würzburg, c'est un maître de la dernière floraison gothique.

RIEMST, comm. de Belgique (Limbourg) ; 15 204 h.

RIENZO ou **RIENZI** → ***Cola di Rienzo.***

RIESENER [rjesnɛr] (Jean-Henri), ébéniste français d'origine allemande (Gladbeck, près d'Essen, 1734 - Paris 1806). Formé dans l'atelier d'Œben, personnel et raffiné, il est l'un des principaux maîtres du style Louis XVI. — Son fils **Henri François** (1767-1828) et son petit-fils **Léon** (1808-1878) furent peintres.

RIESENGEBIRGE → ***Karkonosze.***

RIEUMES (31370), ch.-l. de c. de la Haute-Garonne ; 2 448 h.

RIEUPEYROUX (12240), ch.-l. de c. de l'Aveyron ; 2 401 h.

RIEUX (31310), ch.-l. de c. de la Haute-Garonne ; 1 726 h. Anc. cathédrale gothique.

RIEZ (04500), ch.-l. de c. des Alpes-de-Haute-Provence ; 1 726 h. Commerce de l'essence de lavande. Vestiges antiques, baptistère mérovingien et autres monuments.

RIF, massif du nord du Maroc qui s'étire sur 350 km de longueur environ. (Hab. *Rifains.*)

Rif *(guerre du),* soulèvement des Rifains, conduits par Abd el-Krim, contre les Espagnols (1921-1924) puis contre les Français (1925-26).

RIFBJERG (Klaus), écrivain danois (Copenhague 1931). Il enregistre les crises sociales et esthétiques de son temps, pratiquant tous les genres : poèmes (*l'Arbre qui se balance,* 1984), romans (*l'Amateur d'opéra,* 1966), pièces (*Ça marche,* 1985), comédies musicales.

RIFT VALLEY, nom donné par les géologues à une série de fossés d'effondrement (partiellement occupés par des lacs) correspondant à un accident majeur de l'écorce terrestre que l'on peut suivre depuis la vallée du Jourdain jusqu'au cours inférieur du Zambèze. Gisements préhistoriques, dont celui d'Oldoway.

RIGA, cap. de la Lettonie, port sur la Baltique, au fond du *golfe de Riga ;* 915 000 h. Centre industriel.

RIGAUD (Hyacinthe **Rigau y Ros,** dit **Hyacinthe**), peintre français (Perpignan 1659 - Paris 1743), auteur de portraits d'apparat : *Louis XIV, Bossuet, Louis XV* (Louvre et Versailles).

RIGI ou **RIGHI,** montagne de Suisse, entre les lacs des Quatre-Cantons et de Zoug ; 1 798 m.

RIGIL KENTARUS, la 3e des étoiles les plus brillantes du ciel, dans la constellation du Centaure.

RIGNAC (12390), ch.-l. de c. de l'Aveyron ; 1 792 h.

Rigoletto, opéra en trois actes, de Verdi (1851), sur un livret de Piave et dont le sujet est tiré du drame de Victor Hugo *Le roi s'amuse* (1832).

Rigveda, le plus ancien des recueils d'hymnes sacrés du védisme.

RIJEKA, anc. **Fiume,** principal port de la Croatie, sur l'Adriatique ; 158 000 h. Monuments (du Moyen Âge au baroque). Musées.

RILA (le), montagne de l'ouest de la Bulgarie, prolongeant le Rhodope ; 2 925 m. Célèbre monastère médiéval, reconstruit au XIXe s.

RILEY (Terry), compositeur américain (Colfax, Californie, 1935). L'un des initiateurs de la musique répétitive, il fut ensuite influencé par la musique indienne.

RILKE (Rainer Maria), écrivain autrichien (Prague 1875 - Montreux 1926). Il séjourna longtemps à Paris et fut secrétaire de Rodin. Il passa du symbolisme à la recherche de la signification concrète de l'art et de la mort dans ses poèmes (*le Livre d'heures,* 1905 ; *Élégies de Duino, Sonnets à Orphée,* 1923) et son roman (*les Cahiers de Malte Laurids Brigge,* 1910).

RILLIEUX-LA-PAPE (69140), ch.-l. de c. du Rhône ; 31 149 h. Services bancaires. Jouets.

RIMAILHO [rimajo] (Émile), officier et ingénieur français (Paris 1864 - Pont-Érambourg, Calvados, 1954). Il conçut en 1904 un matériel d'artillerie lourde à tir rapide. Il s'intéressa à l'organisation du travail et à celle des entreprises.

RIMBAUD (Arthur), poète français (Charleville 1854 - Marseille 1891). Génie précoce, il vient à Paris à l'âge de dix-sept ans, apportant, avec *le Bateau ivre,* l'idée que la poésie naît d'une « alchimie du verbe » et des sens. Son amitié avec Verlaine se termine par une scène de rupture : blessé d'un coup de revolver, Rimbaud compose, sous le choc de l'aventure, les poèmes en prose d'*Une saison en enfer* (1873), où il exprime ses « délires ». À vingt ans, son œuvre est achevée. Il mène alors une existence errante (soldat, déserteur, trafiquant d'armes) à Java, au Harar. En 1886, *la Vogue* publie son recueil de proses et de vers libres *Illuminations.* Il meurt à l'hôpital de Marseille au moment où sa poésie commence à être reconnue comme l'aboutissement des recherches romantiques et baudelairiennes. Nourrie de révolte, auréolée de légende, revendiquée par le surréalisme, l'œuvre de Rimbaud a profondément influencé la poésie moderne.

RIMINI, v. d'Italie (Émilie), sur l'Adriatique ; 128 119 h. Station balnéaire. Arc d'Auguste.

Rainer Maria **Rilke**
(E. Orlik - B.N., Vienne)

Arthur **Rimbaud**
(Fantin-Latour - Louvre, Paris)

Temple Malatesta, église du XIIIe s., rhabillée au XVe s. par L. B. Alberti.

RIMOUSKI, v. du Canada (Québec), sur le Saint-Laurent ; 29 538 h. Université.

RIMSKI-KORSAKOV (Nikolaï Andreïevitch), compositeur russe (Tikhvine 1844 - Lioubensk, près de Saint-Pétersbourg, 1908). Il révéla l'école russe à Paris au cours de l'exposition de 1889. Ses pages orchestrales *(Ouverture de la Grande Pâque russe, Shéhérazade)* témoignent d'une grande maîtrise des sonorités. Hormis son concerto pour piano (1882) et quelques œuvres de musique de chambre, il excella dans l'opéra, où, attaché aux mythes de la Russie païenne, il recherche cependant le réalisme populaire cher au groupe des Cinq dont il faisait partie (*le Coq d'or,* 1909).

RINGUET (Philippe **Panneton,** dit), écrivain canadien d'expression française (Trois-Rivières 1895 - Lisbonne 1960), auteur de contes et de romans réalistes qui évoquent la vie des paysans (*30 Arpents,* 1938).

RINTALA (Paavo), écrivain finlandais (Viipuri 1930), auteur de romans sociaux et de « romans-documents » où la reconstitution épique d'un événement s'unit aux procédés de l'enquête journalistique ou scientifique (*Sur la ligne des tanneurs,* 1976-1979).

RIO DE JANEIRO, anc. cap. du Brésil, cap. de l'*État de Rio de Janeiro* (qui compte 12 584 108 h.) ; 5 336 179 h. (9 600 528 h. avec les banlieues) [*Cariocas*]. Archevêché. Université. Musées. Ce grand port, établi sur la baie de Guanabara, est dominé par des pitons abrupts. Centre commercial, industriel et culturel. Célèbre carnaval.

RÍO DE LA PLATA → ***Plata*** *(Río de la).*

RÍO DE ORO, anc. protectorat espagnol du Sahara, sur l'Atlantique, qui constitue auj. la partie sud du Sahara* occidental.

RIO GRANDE ou **RÍO BRAVO,** fl. d'Amérique du Nord, long de 3 060 km, qui sert de frontière entre les États-Unis et le Mexique (en aval d'El Paso) avant de rejoindre le golfe du Mexique.

RIO GRANDE DO NORTE, État du nord-est du Brésil ; 53 000 km² ; 2 413 618 h. Cap. *Natal.*

RIO GRANDE DO SUL, État du Brésil méridional ; 282 000 km² ; 9 127 611 h. Cap. *Porto Alegre.*

RIOJA *(la),* région historique et actuelle communauté autonome de l'Espagne, correspondant à la province de Logroño ; 265 323 h. Vignobles.

RIOM (63200), anc. cap. des ducs d'Auvergne, ch.-l. d'arr. du Puy-de-Dôme ; 19 302 h. *(Riomois).* Cour d'appel. Constructions électriques. Chimie. Tabac. Églises médiévales ; vieux hôtels ; deux musées. — De févr. à avr. 1942 s'y déroula le procès des personnalités de la IIIe République (L. Blum, É. Daladier, le général Gamelin...) accusées d'être responsables de la défaite de 1940. Le procès, dont la tournure mécontentait Hitler, fut interrompu avant sa conclusion, mais les inculpés furent maintenus en prison puis livrés aux autorités allemandes. — À Mozac, à l'ouest de la ville, remarquable église, anc. abbatiale romane (chapiteaux).

RIOM-ÈS-MONTAGNES (15400), ch.-l. de c. du Cantal ; 3 332 h. Église romane.

RÍO MUNI → ***Mbini.***

RIONI ou **RION** (le), fl. de Géorgie, qui descend du Caucase et se jette dans la mer Noire ; 327 km. Son bassin inférieur constitue l'anc. Colchide.

RIOPELLE (Jean-Paul), peintre canadien (Montréal 1923), représentant d'un art non-figuratif lyrique ou paysagiste.

RIORGES (42153), comm. de la Loire, banlieue de Roanne ; 9 929 h.

RÍO TINTO → ***Minas de Ríotinto.***

RIOURIK, chef varègue, maître de Novgorod à partir de 862.

RIOURIKIDES, dynastie issue de Riourik, qui régna en Russie de 882 à 1598.

RIPERT (Georges), juriste français (La Ciotat 1880 - Paris 1958). On lui doit d'importantes contributions au droit maritime et commercial, ainsi qu'un *Traité pratique de droit civil.*

RIQUET (Pierre Paul **de**), ingénieur français (Béziers 1604 - Toulouse 1680), constructeur du canal du Midi (1666-1681).

Riquet à la houppe, conte en prose, de Perrault. Le prince Riquet, intelligent mais laid, épouse une princesse belle, mais bête. L'amour aidant, il lui trouvera de l'esprit et elle le verra beau.

RIQUEWIHR (68340), comm. du Haut-Rhin ; 1 080 h. Vins blancs. Enceinte médiévale et nombreuses maisons anciennes.

RISCLE (32400), ch.-l. de c. du Gers ; 1 821 h.

RISI (Dino), cinéaste italien (Milan 1916), auteur de comédies caustiques et grinçantes (*Une vie difficile,* 1961 ; *le Fanfaron,* 1962 ; *les Monstres,* 1963 ; *Parfum de femme,* 1974).

RISLE [ril] (la), riv. de Normandie, affl. de la Seine (r. g.) ; 140 km.

RIS-ORANGIS (91130), ch.-l. de c. de l'Essonne ; 24 788 h. Maison de retraite des artistes lyriques.

Risorgimento, mot ital. signif. *Renaissance,* appliqué au mouvement idéologique et politique qui a permis l'unification et la démocratisation de l'Italie, entre la seconde moitié du XVIIIe s. et 1860.

RIST (Charles), économiste français (Lausanne 1874 - Versailles 1955), auteur d'ouvrages sur l'histoire des doctrines économiques et sur les problèmes monétaires. Il se montra partisan de l'économie libérale.

rites chinois *(querelle des)* [1610-1742], grand débat qui opposa aux dominicains et aux pouvoirs ecclésiastiques les jésuites français et italiens de Chine qui voulaient qu'on permît aux Chinois convertis au christianisme de continuer à pratiquer certains rites traditionnels. Le débat dura de la mort du père M. Ricci, qui avait autorisé la pratique de ces rites, à la condamnation des jésuites par le pape Benoît XIV.

RÍTSOS (Ghiánnis), poète grec (Malvoisie 1909 - Athènes 1990). Il réinterprète les mythes antiques, à la lumière des luttes sociales et politiques modernes (*Épitaphe,* 1936 ; *Hélène,* 1972 ; *Erotica,* 1981).

RITTER (Carl), géographe allemand (Quedlinburg 1779 - Berlin 1859). Il a étudié les rapports entre les phénomènes physiques et humains.

RIVA-BELLA, station balnéaire du Calvados (comm. d'Ouistreham).

RIVALZ (Antoine), peintre français (Toulouse 1667 - *id.* 1735). Peintre de la ville de Toulouse (comme son père, **Jean-Pierre** [1625-1706]), il s'est distingué dans la peinture d'histoire autant que dans le portrait.

RIVAROL (Antoine **Rivarol,** dit **le Comte de**), écrivain et journaliste français (Bagnols-sur-Cèze 1753 - Berlin 1801), auteur d'un *Discours sur l'universalité de la langue française* (1784).

RIVAS (Ángel **de Saavedra,** *duc* **de**), homme politique et écrivain espagnol (Cordoue 1791 - Madrid 1865), auteur du drame romantique *Don Alvaro ou la Force du destin* (1835).

RIVE-DE-GIER [-ʒje] (42800), ch.-l. de c. de la Loire ; 15 699 h. *(Ripagériens).* Métallurgie.

RIVERA (Diego), peintre mexicain (Guanajuato 1886 - Mexico 1957), auteur de compositions murales à tendance sociale, de style à la fois moderne et primitiviste.

RIVERS (William Halse Rivers), anthropologue britannique (Luton, Kent, 1864 - Londres 1922). Partisan du diffusionnisme, il a replacé les problèmes de parenté dans le contexte de la société globale (*Histoire de la société mélanésienne,* 1914).

RIVES (38140), ch.-l. de c. de l'Isère ; 5 431 h. Papeterie. Constructions mécaniques.

RIVESALTES (66600), ch.-l. de c. des Pyrénées-Orientales ; 7 348 h. Vins liquoreux.

RIVET (Paul), ethnologue français (Wassigny, Ardennes, 1876 - Paris 1958). Il a créé le musée de l'Homme (1937).

RIVET (Pierre Louis), général français (Montalieu, Isère, 1883 - Paris 1958), chef des services français de renseignements de 1936 à 1944.

RIVETTE (Jacques), cinéaste français (Rouen 1928). Il poursuit de film en film ses recherches sur le récit, la durée, l'improvisation, le thème du complot : *Paris nous appartient* (1961), *l'Amour fou* (1967-68), *Céline et Julie vont en bateau* (1974), *l'Amour par terre* (1984), *la Bande des Quatre* (1989), *la Belle Noiseuse* (1991), *Jeanne la Pucelle* (1994), *Haut Bas Fragile* (1995).

RIVIERA (la), nom donné au littoral italien du golfe de Gênes, de la frontière française à La Spezia. On distingue la *Riviera di Ponente,* à l'ouest de Gênes, et la *Riviera di Levante,* à l'est. (Le nom de Riviera est parfois étendu à la Côte d'Azur française, surtout entre Nice et la frontière italienne.)

RIVIÈRE (Henri), marin français (Paris 1827 - Hanoi 1883). Il prit et défendit la citadelle de Hanoi (1882), mais fut tué dans une sortie.

RIVIÈRE (Jacques), écrivain français (Bordeaux 1886 - Paris 1925), directeur de *la Nouvelle Revue française* de 1919 à 1925.

RIVIÈRE-PILOTE (97211), comm. du sud de la Martinique ; 12 678 h.

RIVIÈRE-SALÉE (97215), comm. de la Martinique ; 8 785 h.

Rivoli *(bataille de)* [14 janv. 1797], victoire de Bonaparte sur les Autrichiens en Vénétie, sur l'Adige.

RIXENSART, comm. de Belgique (Brabant wallon) ; 20 934 h. Château (XVIIe s.) de la famille de Mérode.

RIXHEIM (68170), comm. du Haut-Rhin, banlieue de Mulhouse ; 11 738 h.

RIYĀḌ ou **RIAD,** cap. de l'Arabie saoudite ; 1 308 000 h.

RIZAL (José), patriote philippin (Calamba 1861 - Manille 1896). Auteur de romans critiquant la situation coloniale, accusé à tort d'être l'instigateur de l'insurrection de 1896, il fut exécuté par les Espagnols.

R. M. C., sigle de Radio Monte-Carlo*.

ROANNE (42300), ch.-l. d'arr. de la Loire, sur la Loire, dans la *plaine de Roanne* ou *Roannais* (entre les monts de la Madeleine et du Beaujolais) ; 42 848 h. *(Roannais).* Musée. Textile. Métallurgie.

ROBBE-GRILLET (Alain), écrivain français (Brest 1922). Théoricien *(Pour un nouveau roman)* et chef de file du « nouveau roman », il est l'auteur de récits d'où est bannie la psychologie traditionnelle et qui opposent l'homme à une réalité impénétrable (*les Gommes,* 1953 ; *la*

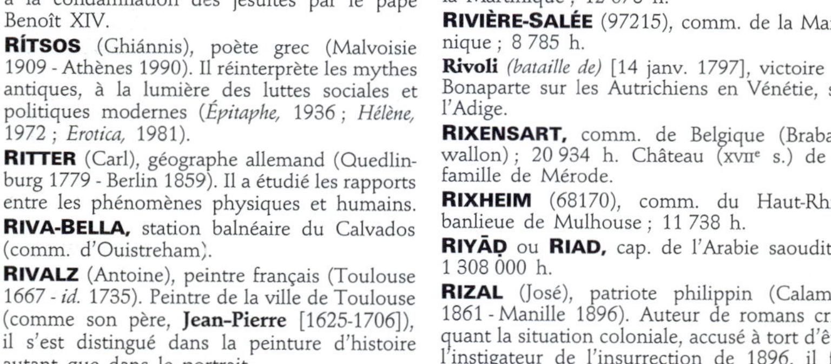

Rio de Janeiro : statue du Christ (par Paul Landowski), érigée au sommet du Corcovado et dominant le lac Rodrigo de Freitas.

Jalousie, 1957 ; *Dans le labyrinthe,* 1959 ; *Topologie d'une cité fantôme,* 1976). Scénariste du film d'A. Resnais *l'Année dernière à Marienbad,* il est aussi réalisateur (*l'Immortelle,* 1963 ; *Trans-Europ-Express,* 1966 ; *Glissements progressifs du plaisir,* 1974).

ROBBINS (Jerome), danseur et chorégraphe américain (New York 1918). Il a suscité dans le ballet américain l'alliance des styles classique et moderne (*la Cage,* 1951 ; *Afternoon of a Faun,* 1953 ; *West Side Story,* 1957), tout en s'affirmant un maître dans la composition académique (*Dances at a Gathering,* 1969 ; *In the Night,* 1970 ; *The Goldberg Variations,* 1971 ; *Piano concerto en « sol »,* 1975 ; *In Memory of...,* 1985).

ROBERT (Le) [97231], comm. de la Martinique, sur la côte est ; 17 746 h.

SAINTS

ROBERT *(saint),* moine français (m. à La Chaise-Dieu en 1067), fondateur du monastère de La Chaise-Dieu.

ROBERT BELLARMIN *(saint),* théologien, docteur de l'Église et cardinal italien (Montepulciano 1542 - Rome 1621). Jésuite, archevêque de Capoue (1602), il fut un des théologiens les plus marquants de la Réforme catholique. Lors du premier procès de Galilée, il fut l'intermédiaire entre celui-ci et les autorités de l'Église.

ARTOIS

ROBERT Ier le Vaillant (1216 - Mansourah 1250), comte d'Artois (1237-1250), frère de Saint Louis, mort pendant la 7e croisade. — **Robert II le Noble** (1250 - Courtrai 1302), comte d'Artois (1250-1302). Régent en Sicile pendant la captivité de Charles II, il fut ensuite un des chefs de l'armée de Philippe le Bel, et le responsable du désastre de Courtrai. — **Robert III** (1287-1342), comte d'Artois (1302-1309). Débouté de ses droits par sa tante Mathilde (1309), il ne put reconquérir son comté, malgré les révoltes qu'il y provoqua et l'appui qu'il chercha auprès du roi d'Angleterre, contre le roi de France Philippe VI, son beau-frère, qui ne l'avait pas soutenu.

ÉCOSSE

ROBERT Ier BRUCE (Turnberry 1274 - château de Cardross, près de Dumbarton, 1329), roi d'Écosse (1306-1329). Ayant pris la tête de la résistance écossaise (1306), il anéantit l'armée anglaise à Bannockburn (1314).

EMPIRE LATIN DE CONSTANTINOPLE

ROBERT DE COURTENAY (m. en Morée en 1228), empereur latin de Constantinople (1221-1228).

FRANCE

ROBERT le Fort (m. à Brissarthe, Maine-et-Loire, en 866), comte d'Anjou et de Blois, marquis de Neustrie. Il lutta contre les Normands. On le considère comme l'ancêtre des Capétiens.

ROBERT Ier (v. 866 - Soissons 923), roi de France (922-923), second fils de Robert le Fort. Élu par les grands à Reims, il fut tué en combattant Charles III. — **Robert II le Pieux** (Orléans v. 972 - Melun 1031), roi de France (996-1031), fils et successeur d'Hugues Capet. Malgré sa piété, il fut excommunié pour avoir répudié sa femme (Rozala, fille de Bérenger, roi d'Italie) et épousé sa cousine (Berthe, veuve du comte Eudes Ier de Blois). Il se maria une troisième fois avec Constance de Provence. Robert lutta contre l'anarchie féodale et annexa au domaine royal le duché de Bourgogne, les comtés de Dreux et de Melun.

NAPLES

ROBERT le Sage (1278 - Naples 1343), duc d'Anjou et roi de Naples (1309-1343). Chef du parti guelfe, il s'opposa avec succès à l'empereur Henri VII (1310-1313). Nommé vicaire impérial par le pape Clément V (1314), il fut jusqu'en 1324 maître de l'Italie.

NORMANDIE

ROBERT Ier le Magnifique ou **le Diable** (v. 1010 - Nicée, Asie Mineure, 1035), duc de Normandie (1027-1035). Père de Guillaume (le futur Conquérant), son fils naturel et héritier.

ROBERT II Courteheuse (v. 1054 - Cardiff 1134), duc de Normandie (1087-1106). Il participa à la première croisade et refusa la couronne de Jérusalem.

SICILE

ROBERT GUISCARD (v. 1015-1085), comte (1057-1059), puis duc de Pouille, de Calabre et de Sicile (1059-1085). Ayant obtenu du pape Nicolas II l'investiture ducale, il chassa les Byzantins d'Italie (1071) et enleva la Sicile aux Sarrasins.

DIVERS

ROBERT d'Arbrissel, moine français (Arbrissel, Bretagne, v. 1047 - Orsan, Berry, 1117), fondateur de l'abbaye de Fontevraud.

ROBERT de Courçon, théologien et cardinal français d'origine anglaise (Kedleston, Derby, v. 1160 - Damiette 1219). Il prépara le quatrième concile de Latran ainsi que la croisade contre les albigeois, et réorganisa les études à l'université de Paris.

ROBERT (Hubert), peintre français (Paris 1733 - *id.* 1808). Ses vues de ruines ou de monuments romains librement regroupés s'agrémentent de scènes familières. Il s'occupa d'aménagement de parcs (Méréville, Versailles...).

ROBERT (Léopold), peintre suisse (Les Éplatures, près de La Chaux-de-Fonds, 1794 - Venise 1835), élève de David et de Gros.

ROBERT (Paul Charles Jules), lexicographe et éditeur français (Orléansville, auj. Ech-Cheliff, Algérie, 1910 - Mougins 1980). Il a dirigé la rédaction du *Dictionnaire alphabétique et analogique de la langue française* (1953-1964) et du *Petit Robert* (1967).

ROBERT-HOUDIN (Jean Eugène), prestidigitateur français (Blois 1805 - Saint-Gervais-la-Forêt 1871), également connu pour ses automates.

ROBERTIENS, dynastie française issue de Robert le Fort, ancêtre de celle des Capétiens, et qui régna par intermittence de 888 (avènement d'Eudes, fils de Robert) à 936.

ROBERTS (*lord* Frederick **Sleigh**), maréchal britannique (Cawnpore 1832 - Saint-Omer 1914). Il se distingua en Afghanistan (1880) et commanda, en 1899, les forces engagées contre les Boers.

ROBERTSON (*sir* William Robert), maréchal britannique (Welbourn 1860 - Londres 1933). Il fut chef de l'état-major impérial britannique de 1916 à 1918.

ROBERVAL (Gilles **Personne** ou **Personnier de**), mathématicien et physicien français (Roberval 1602 - Paris 1675). Pionnier de la géométrie infinitésimale, il donna la règle de composition des forces et imagina une balance à deux fléaux et plateaux libres (1670).

ROBESPIERRE (Augustin **de**) [Arras 1763 - Paris 1794]. Conventionnel, il mourut sur l'échafaud avec son frère Maximilien.

ROBESPIERRE (Maximilien **de**), homme politique français (Arras 1758 - Paris 1794). Avocat (1781), il est élu au tiers état en Artois (1789). À l'Assemblée constituante, il est l'un des rares députés démocrates. Surnommé l'« Incorruptible », il impose au club des Jacobins son idéal politique, inspiré de J.-J. Rousseau ; adversaire des aristocrates, il l'est aussi de la guerre, attitude qui, dès 1792, l'oppose aux Girondins. Député de Paris à la Convention, il s'appuie sur la Commune de Paris, siège à la Montagne et contribue à éliminer les Girondins (mai-juin 1793). Entré au Comité de salut public (27 juill.), il y devient tout-puissant ; la gravité des dangers qui menacent la Révolution et la patrie l'amène à promouvoir un pouvoir dictatorial qui se réclame de la vertu et de la terreur. En mars 1794, il obtient de la Convention l'élimination des enragés, ou hébertistes, en avr. celle des modérés, ou dantonistes. Robespierre est alors, pour peu de temps, le maître de la France : il instaure la Grande Terreur et veut imposer le culte de l'Être suprême. Mais une coalition allant des membres du Comité de salut public aux conventionnels modérés décide le 9 thermidor an II (27 juill.) de mettre fin aux excès de Robespierre, qui est guillotiné le 10 thermidor.

Robespierre (musée Carnavalet, Paris)

Robin Hood *(Robin des bois),* héros légendaire du Moyen Âge anglais, qui symbolise la résistance des Saxons aux envahisseurs normands.

ROBINSON (Walker **Smith,** dit **Ray Sugar**), boxeur américain (Detroit 1920 - Culver City, banlieue de Los Angeles, 1989), plusieurs fois champion du monde (dans les poids welters et moyens).

ROBINSON (*sir* Robert), chimiste britannique (Bufford, près de Chesterfield, 1886 - Great Missenden, près de Londres, 1975). Prix Nobel (1947) pour sa synthèse de la pénicilline.

Robinson Crusoé *(la Vie et les Étranges Aventures de),* roman de Daniel Defoe (1719), inspiré par l'histoire réelle d'un marin écossais, Alexander Selkirk, abandonné pendant cinq ans sur une des îles Juan Fernández. Robinson, naufragé sur une île déserte, vivra vingt-huit ans dans un bonheur relatif avant de rencontrer le Noir *Vendredi* qui le suivra lorsqu'il regagnera sa patrie.

Robinson suisse (le), de Johann David Wyss (1812-1827), adaptation, à l'usage de l'enfance, du thème du roman de Defoe.

ROBOAM Ier, roi de Juda (931-913 av. J.-C.), fils et successeur de Salomon. Son manque de sens politique provoqua la sécession des tribus du Nord et la division du pays en deux royaumes : Israël et Juda.

ROB ROY (Robert **MacGregor,** dit), montagnard écossais (Buchanan 1671 - Balquhidder 1734), célèbre par ses brigandages.

ROCA *(cabo da),* cap du Portugal, à l'O. de Lisbonne, promontoire le plus occidental de l'Europe.

ROCAMADOUR (46500), comm. du Lot ; 631 h. Site pittoresque. Célèbre pèlerinage à la Vierge. Fortifications médiévales, sanctuaires divers.

Rocambole, héros, aux aventures extraordinaires, d'une trentaine de romans de Ponson du Terrail.

ROCARD (Michel), homme politique français (Courbevoie 1930). Secrétaire général du parti socialiste unifié (P. S. U.) de 1967 à 1973, il adhère au parti socialiste en 1974. Ministre du Plan et de l'Aménagement du territoire (1981-1983), ministre de l'Agriculture (1983-1985), il est ensuite Premier ministre de 1988 à 1991. Il a dirigé le P.S. d'avril 1993 à juin 1994.

ROCH [rɔk] *(saint)* [Montpellier v. 1295 - *id.* v. 1327]. On l'invoque contre la peste et les maladies contagieuses.

ROCHA (Glaúber), cinéaste brésilien (Vitória da Conquista, Bahia, 1938 - Rio de Janeiro 1981). Auteur de films lyriques, symboliques, baroques et contestataires (*le Dieu noir et le Diable blond,* 1964 ; *Terre en transes,* 1967 ; *Antônio das Mortes,* 1969), il fut l'un des fondateurs du mouvement Cinema nôvo.

Rochambeau, aéroport de Cayenne.

ROCHAMBEAU (Jean-Baptiste **de Vimeur,** *comte* **de**), maréchal de France (Vendôme 1725 - Thoré 1807). Commandant des troupes royales pendant la guerre d'Amérique, il fut placé à la tête de l'armée du Nord en 1790, mais fut arrêté pendant la Terreur.

ROCHDALE, v. de Grande-Bretagne (Lancashire) ; 93 000 h.

ROCHECHOUART (87600), ch.-l. d'arr. de la Haute-Vienne ; 4 053 h. *(Rochechouartais).* Travail du cuir. Château surtout du XVe s. (peintures médiévales ; musée départemental d'Art contemporain).

ROCHEFORT, comm. de Belgique (prov. de Namur) ; 11 226 h. Centre touristique.

ROCHEFORT (17300), ch.-l. d'arr. de la Charente-Maritime, sur la Charente ; 26 949 h. *(Rochefortais).* Anc. base navale, devenue port de commerce. Constructions aéronautiques.

Édifices des XVIIe (Corderie royale) et XVIIIe s. Musée des Beaux-Arts, Musée naval et maison de P. Loti. La base navale, créée en 1666 par Colbert et fortifiée par Vauban, demeura importante jusqu'à la fin de la marine à voile.

ROCHEFORT (Henri, *marquis* **de Rochefort-Luçay,** dit **Henri**), journaliste et homme politique français (Paris 1831 - Aix-les-Bains 1913). Il fut successivement adversaire de l'Empire (contre lequel il fonda l'hebdomadaire *la Lanterne*), partisan de la Commune (il fut déporté en Nouvelle-Calédonie) puis, rallié au général Boulanger, un des animateurs de l'action nationaliste.

ROCHEFORT-EN-TERRE (56220), ch.-l. de c. du Morbihan ; 646 h. Centre d'excursions. Église surtout des XVIe-XVIIe s. et vieilles maisons en granite.

ROCHEFORT-MONTAGNE (63210), ch.-l. de c. du Puy-de-Dôme ; 1 093 h.

ROCHEFOUCAULD (La) [16110], ch.-l. de c. de la Charente ; 3 544 h. *(Rupificaldiens).* Textile. Château des XIIe-XVe, XVIe et XVIIIe s., et autres monuments.

ROCHE-LA-MOLIÈRE (42230), comm. de la Loire ; 10 122 h. Constructions mécaniques.

ROCHELLE (La) [17000], anc. cap. de l'Aunis, ch.-l. de la Charente-Maritime, sur l'Atlantique, à 466 km au sud-ouest de Paris ; 73 744 h. *(Rochelais)* [plus de 100 000 h. dans l'agglomération]. Évêché. Port de pêche. Constructions mécaniques. — Tours du vieux port, des XIVe et XVe s. Hôtel de ville Renaissance. Cathédrale et divers hôtels du XVIIIe s. Musées. — Grâce à son port, La Rochelle prit de l'importance durant la guerre de Cent Ans puis avec la découverte de l'Amérique. Dès 1534, les idées de Calvin se répandirent dans l'Aunis, et La Rochelle fut vite gagnée à la Réforme. En 1573, le duc d'Anjou (futur Henri III) ne put forcer ses remparts, mais, en 1627-28, le cardinal de Richelieu triompha de l'opiniâtre résistance du maire Guiton.

ROCHEMAURE (07400), ch.-l. de c. de l'Ardèche ; 1 830 h. Vestiges féodaux dans un site escarpé.

ROCHE-POSAY (La) [86270], comm. de la Vienne ; 1 454 h. Station thermale (maladies de la peau).

ROCHESERVIÈRE (85620), ch.-l. de c. de la Vendée ; 2 254 h.

ROCHESTER, v. des États-Unis (État de New York) ; 231 636 h. (1 002 410 dans l'agglomération). Industrie photographique. Musée de la photographie.

ROCHE-SUR-FORON (La) [74800], ch.-l. de c. de la Haute-Savoie ; 7 770 h. Vestiges féodaux.

ROCHE-SUR-YON (La) [85000], ch.-l. de la Vendée, à 419 km au sud-ouest de Paris ; 48 518 h. *(Yonnais).* Constructions électriques. Pneumatiques. — Cette ville, créée par Napoléon Ier et appelée *Napoléon,* a porté le nom de *Napoléon-Vendée* sous le second Empire et celui de *Bourbon-Vendée* sous le gouvernement de la Restauration.

ROCHET (Waldeck), homme politique français (Sainte-Croix, Saône-et-Loire, 1905 - Nanterre 1983), secrétaire général du parti communiste français de 1964 à 1972.

ROCHETTE (La) [73110], ch.-l. de c. de la Savoie ; 3 209 h. Cartonnerie.

ROCHEUSES *(montagnes),* massif montagneux de l'ouest de l'Amérique du Nord. On étend parfois cette appellation à l'ensemble des hautes terres de l'Ouest américain de la frontière du Mexique à l'Alaska, mais, en fait, elle s'applique seulement à sa partie orientale, dominant les Grandes Plaines.

ROCKEFELLER (John Davison), industriel américain (Richford, État de New York, 1839 - Ormond Beach, Floride, 1937). L'un des premiers à avoir pressenti l'avenir du pétrole, il fonda la Standard Oil (1870) et acquit l'une des plus grosses fortunes du monde, dont il distribua une partie à plusieurs institutions, notamment à l'université de Chicago.

ROCKFORD, v. des États-Unis (Illinois) ; 139 426 h.

ROCQUENCOURT (78150), comm. des Yvelines ; 3 877 h. Siège du quartier général du Shape de 1951 à 1967.

ROCROI (08230), ch.-l. de c. des Ardennes ; 2 565 h. Enceinte bastionnée des XVIe-XVIIe s. En 1643, le duc d'Enghien (futur prince de Condé) y écrasa l'infanterie espagnole de Philippe IV.

ROD (Édouard), écrivain suisse d'expression française (Nyon 1857 - Grasse 1910). Il évolua de l'observation naturaliste à l'analyse psychologique *(L'ombre s'étend sur la montagne).*

RODENBACH (Georges), écrivain belge d'expression française (Tournai 1855 - Paris 1898), auteur de recueils symbolistes *(les Vies encloses)* et de romans *(Bruges-la-Morte,* 1892).

RODEZ [-dɛz] (12000), ch.-l. de l'Aveyron, sur l'Aveyron, à 615 km au sud de Paris ; 26 794 h. *(Ruthénois).* Évêché. Centre administratif et commercial. Industries mécanique et alimentaire. Anc. cap. du Rouergue. Cathédrale des XIIIe-XVIe s. Musées Fenaille (archéologie) et des Beaux-Arts.

RODIN (Auguste), sculpteur français (Paris 1840 - Meudon 1917). Il est l'auteur, réaliste et puissant, de figures ou de monuments représentatifs d'une science impeccable et d'une inspiration fiévreusement expressive, qui le font considérer comme un des maîtres de la sculpture de tous les temps (*Fugit amor, le Baiser**, marbre ; *les Bourgeois de Calais,* le *Balzac,* bronze ; *le Penseur,* une des figures de la *Porte de l'Enfer*). Sa dernière résidence parisienne, l'hôtel Biron (VIIe arrond.), est devenue le musée Rodin.

RODOGUNE, princesse parthe (IIe s. av. J.-C.). Elle épousa Démétrios II de Syrie, prisonnier de son père Mithridate Ier.

RODOLPHE *(lac)* → ***Turkana.***

RODOLPHE, nom porté par trois marquis ou ducs, puis rois de Bourgogne entre 865 et 1032.

RODOLPHE Ier DE HABSBOURG (Limburg an der Lahn 1218 - Spire 1291), roi des Romains (1273-1291). Il étendit son domaine (Autriche, Styrie, Carniole) au détriment d'Otakar II de Bohême et fonda ainsi la puissance des Habsbourg. — **Rodolphe II** (Vienne 1552 - Prague 1612), empereur germanique (1576-1612), roi de Hongrie (1572-1608) et de Bohême (1575-1611), fils de Maximilien II. Il favorisa la Réforme catholique. Il résida à Prague, entouré de savants et d'artistes, et fut peu à peu évincé par son frère Mathias, qui ne lui laissa que le titre impérial.

RODOLPHE DE HABSBOURG, archiduc d'Autriche (Laxenburg 1858 - Mayerling 1889), fils unique de François-Joseph Ier. Il se suicida avec Marie Vetsera dans le pavillon de chasse de Mayerling.

RODRIGUE ou **RODÉRIC,** dernier roi des Wisigoths d'Espagne (710-711), tué par les Arabes lors de la conquête de l'Espagne.

RODTCHENKO (Aleksandr), peintre et photographe russe (Saint-Pétersbourg 1891 - Moscou 1956). Constructiviste, il participe à partir de 1920 à l'animation des nouveaux instituts d'art de Moscou. À partir de 1924, il se consacre au design et à la photographie, pour laquelle il crée un style réaliste rehaussé d'inhabituelles perspectives dynamiques.

ROENTGEN, famille d'ébénistes allemands, dont l'un, **David** (Herrnhaag, près de Francfort, 1743 - Wiesbaden 1807), ouvrit une succursale à Paris et travailla pour Marie-Antoinette. On lui doit des meubles à secret, à inventions mécaniques, ornés de marqueterie.

ROESELARE, en fr. **Roulers,** v. de Belgique, ch.-l. d'arr. de la Flandre-Occidentale ; 52 872 h. Centre commercial et industriel.

ROGER Ier (Normandie 1031 - Mileto, Calabre, 1101), comte de Sicile (1062-1101), fils de Tancrède de Hauteville. Avec son frère Robert Guiscard, il conquit la Calabre (1061) puis la Sicile (1091). — **Roger II** (v. 1095 - Palerme 1154), fils du précédent, fut le premier roi de Sicile (1130-1154).

ROGERS (Carl Ransom), psychopédagogue américain (Oak Park, Illinois, 1902 - La Jolla, Californie, 1987). Il a défini une méthode psychothérapique sans distanciation médicale entre le thérapeute et le malade, et sans intervention (non-directivisme).

ROGIER (Charles Latour), homme politique belge (Saint-Quentin, France, 1800 - Bruxelles 1885). Libéral, chef du gouvernement de 1847 à 1852 et de 1857 à 1868, il pratiqua une politique économique favorable au libre-échange.

ROGNAC (13340), comm. des Bouches-du-Rhône, près de l'étang de Berre ; 11 129 h.

ROHAN (56580), ch.-l. de c. du Morbihan, sur le *plateau de Rohan ;* 1 621 h.

ROHAN (Henri, *duc* **de**), général français (Blain 1579 - Königsfelden 1638), gendre de Sully, chef des calvinistes sous Louis XIII, contre les troupes duquel il défendit Montauban puis Montpellier. Après la paix d'Alès (1629), il se mit au service de Venise, puis des impériaux. Il est l'auteur de *Mémoires.*

Rohan *(hôtel de),* à Paris, demeure bâtie par Delamair, en 1705-1708, pour le cardinal de Rohan et qui, conjointement à l'hôtel de Soubise, est affectée aux Archives nationales.

ROHAN (Louis René Édouard, *prince* **de**), cardinal français et grand aumônier de France (Paris 1734 - Ettenheim, Bade, 1803). Évêque de Strasbourg (1779), il fut compromis dans l'affaire du Collier de la reine (1785-86). [Acad. fr.]

ROHAN-CHABOT → ***Chabot.***

RÓHEIM (Géza), anthropologue et psychanalyste hongrois (Budapest 1891 - New York 1953). Il a affirmé que le complexe est une structure universelle (*Origine et fonction de la culture,* 1943 ; *Psychanalyse et Anthropologie,* 1950).

RÖHM (Ernst), officier et homme politique allemand (Munich 1887 - *id.* 1934). Créateur en 1921 des Sections d'assaut (SA) du parti nazi, il fut assassiné sur l'ordre d'Hitler lors de la « Nuit des longs couteaux ».

ROHMER (Jean-Marie Maurice **Scherer,** dit **Éric**), cinéaste français (Nancy 1920). Organisée en trois cycles, « Six Contes moraux » (1962-1972), « Comédies et Proverbes » (1980-1987) et « Contes des quatre saisons » (depuis 1990), son œuvre se présente comme une série de variations sur les comportements affectifs et sociaux de ses contemporains : *Ma nuit chez Maud* (1969), *la Marquise d'O* (1976), *les Nuits de la pleine lune* (1984), *l'Ami de mon amie* (1987), *Conte de printemps* (1990), *Conte d'hiver* (1992).

ROHRBACH-LÈS-BITCHE [-bak-] (57410), ch.-l. de c. de la Moselle ; 2 135 h.

ROH TAE-WOO, homme politique sud-coréen (Dalsung, prov. de Kyongsang du Nord, 1932), président de la République de 1988 à 1993.

ROHTAK, v. de l'Inde (Haryana) ; 215 844 h.

ROI DE ROME → ***Napoléon II.***

ROI-GUILLAUME *(terre du),* île de l'archipel arctique canadien.

Roi Lear (le), drame en cinq actes, de Shakespeare (v. 1606). Tragédie de l'absurde et du pouvoir : un roi qui a déshérité sa plus jeune fille au profit des deux aînées est payé d'ingratitude.

Rois *(livres des),* nom donné à deux livres bibliques rédigés entre le VIIe s. et la fin du VIe s. av. J.-C., qui retracent l'histoire du règne de Salomon et celle des royaumes d'Israël et de Juda, et où se côtoient des éléments légendaires, historiques et hagiographiques.

ROIS *(Vallée des),* vallon d'Égypte, sur la rive occidentale du Nil, en face de Louqsor. Site choisi comme lieu de sépulture par les souverains du Nouvel Empire. Un important mobilier funéraire, dont celui de Toutankhamon*, a été tiré de ses hypogées.

ROISEL (80240), ch.-l. de c. de la Somme ; 2 024 h.

roi se meurt (Le), pièce d'E. Ionesco (1962) : une tragédie pathétique qui va de la prise de conscience intolérable de la mort à l'acceptation de son rituel.

ROISSY-EN-BRIE (77680), ch.-l. de c. de Seine-et-Marne ; 18 763 h.

ROISSY-EN-FRANCE (95700), comm. du Val-d'Oise, au nord-est de Paris ; 2 149 h. Aéroport Charles-de-Gaulle.

ROJAS (Fernando **de**), écrivain espagnol (Puebla de Montalbán v. 1465 - Talavera de la

Reina 1541), auteur présumé de la tragicomédie *la Célestine**.

ROJAS ZORRILLA (Francisco **de**), poète dramatique espagnol (Tolède 1607 - Madrid 1648). Ses drames *(Hormis le roi, personne, ou Garcia del Castañar)* et ses comédies influencèrent le théâtre français du XVIIe s.

ROKOSSOVSKI (Konstantine Konstantinovitch), maréchal soviétique (Velikie Louki, près de Poltava, 1896 - Moscou 1968). Ayant mené plusieurs offensives victorieuses pendant la Seconde Guerre mondiale, il fut ministre de la Défense de Pologne de 1949 à 1956, puis vice-ministre de la Défense d'U. R. S. S. (1958-1962).

Roland, l'un des douze « pairs » légendaires de Charlemagne, immortalisé par *la Chanson* de Roland* et les poèmes épiques de Boiardo et de l'Arioste : c'est le modèle du chevalier chrétien.

ROLAND (Marie Désirée Pauline, dite **Pauline**), militante française (Falaise 1805 - Lyon 1852). Saint-simonienne, socialiste, engagée dans le mouvement d'émancipation de la femme, elle prit part à la révolution de 1848.

Roland amoureux, poème inachevé de Boiardo (1495), mais poursuivi par l'Arioste *(Roland furieux),* qui s'inspire à la fois de l'épopée carolingienne et des romans bretons.

ROLAND DE LA PLATIÈRE (Jean-Marie), homme politique français (Thizy, Rhône, 1734 - Bourg-Beaudouin, Eure, 1793). Ministre de l'Intérieur (1792-93) et ami des Girondins, il se donna la mort en apprenant l'exécution de sa femme. C'est lui qui tria les documents contenus dans l'Armoire* de fer.

ROLAND DE LA PLATIÈRE (Manon **Phlipon,** Mme), épouse du précédent (Paris 1754 - *id.* 1793). Elle assura la carrière de son mari et tint à Paris un salon dont l'influence politique fut considérable et que fréquentaient surtout les Girondins. Elle périt sur l'échafaud.

Roland furieux, poème héroï-comique de l'Arioste (publié en 1516 puis sous sa forme définitive en 1532), qui prolonge le poème de Boiardo ; une des œuvres les plus représentatives de la Renaissance italienne.

Roland-Garros, stade (tennis) de Paris, au sud du bois de Boulogne.

ROLIN (Nicolas), homme d'État bourguignon (Autun 1376 - *id.* 1462). Chancelier de Bourgogne, il fit construire l'hôtel-Dieu de Beaune. Jan Van Eyck avait peint pour lui la *Vierge au donateur* du Louvre.

ROLLAND (Eugène), ingénieur français (Metz 1812 - Paris 1885). Inventeur de machines pour l'industrie des tabacs qui placèrent la France au premier rang mondial de la technique, il fut aussi un homme préoccupé de justice sociale (création de caisses de retraites, de crèches, de cours de perfectionnement).

ROLLAND (Romain), écrivain français (Clamecy 1866 - Vézelay 1944). Le culte des héros et des êtres d'exception *(Beethoven, Tolstoï),* sa sympathie pour tous les hommes animent son œuvre dramatique *(Danton),* philosophique et romanesque (*Jean-Christophe,* 1904-1912 ; *l'Âme enchantée,* 1922-1934). Il fonda la revue *Europe.* (Prix Nobel 1915.)

ROLLE (Michel), mathématicien français (Ambert 1652 - Paris 1719). Sa *méthode des cascades* est utilisée pour séparer les racines des équations algébriques.

ROLLIN (Charles), pédagogue français (Paris 1661 - *id.* 1741), partisan d'un enseignement humaniste (*Traité des études,* 1726-1728).

Rolling Stones, groupe vocal et instrumental de rock britannique composé du chanteur Mick Jagger (né en 1943), de Keith Richard (né en 1943), Brian Jones (1942-1969), remplacé par Mick Taylor (né en 1949) jusqu'en 1974, Bill Wyman (né en 1941) jusqu'en 1993, et Charlie Watts (né en 1941). Ils marquèrent la renaissance du rock après la période Elvis Presley.

ROLLON, chef normand (m. v. 930/932 ?). Charles III le Simple lui accorda une partie de la Neustrie, déjà occupée par les Normands et qui prit le nom de *Normandie* (traité de Saint-Clair-sur-Epte, 911).

ROMAGNAT (63540), comm. du Puy-de-Dôme ; 8 639 h.

ROMAGNE, anc. prov. d'Italie, sur l'Adriatique, qui forme auj., avec l'Émilie, la région d'*Émilie-Romagne**. Donnée à la papauté par Pépin le Bref (756), elle fut annexée en 1860 au royaume de Sardaigne

ROMAIN Ier LÉCAPÈNE (m. à Proti en 944), empereur byzantin (920-944). Il fut renversé par ses fils. — **Romain II** (939-963), empereur byzantin (959-963). Il laissa gouverner sa femme, Théophano. — **Romain III Argyre** (v. 970-1034), empereur byzantin (1028-1034). — **Romain IV Diogène** (m. en 1072), empereur byzantin (1068-1071). Il fut battu et aveuglé par Michel VII.

ROMAIN (Giulio **Pippi,** dit **Giulio Romano,** en fr. **Jules**), peintre et architecte italien (Rome 1499 - Mantoue 1546). Élève de Raphaël, maniériste, il a notamment construit et décoré le palais du Te, à Mantoue (1525-1534).

romaine *(Question),* ensemble des problèmes posés, au XIXe s., par l'existence des États pontificaux, ou États de l'Église, dans une Italie en voie d'unification.

romaine *(Ire République)* [15 févr. 1798 - 29 sept. 1799], république sœur fondée à Rome par le Directoire à la place des États de l'Église.

romaine *(IIe République)* [9 févr. - 4 juill. 1849], régime républicain instauré par Mazzini dans les États de l'Église et qui disparut à la suite de l'intervention d'un corps militaire français.

ROMAINS (Jules), écrivain français (Saint-Julien-Chapteuil 1885 - Paris 1972). Principal représentant de l'unanimisme, il est l'auteur de poèmes, d'essais, de pièces de théâtre (*Knock,* 1923) et de la série romanesque *les Hommes de bonne volonté* (1932-1947). [Acad. fr.]

ROMAINVILLE (93230), ch.-l. de c. de la Seine-Saint-Denis ; 23 615 h. Produits pharmaceutiques. Parc départemental. Église de 1787 par A. Th. Brongniart.

Roman bourgeois (le), de Furetière (1666), satire de la petite bourgeoisie et des gens de loi.

ROMANCHE (la), riv. des Alpes françaises du Nord, affl. du Drac (r. dr.) ; 78 km. Vallée industrialisée.

ROMANCHES, population de la Suisse (Grisons), parlant le *romanche.*

Roman comique (le), de Scarron (1651-1657), récit inachevé des aventures d'une troupe de comédiens ambulants, terminé en 1679 par Preschas.

Roman d'Alexandre le Grand, histoire romancée d'Alexandre le Grand (XIIe - XIIIe s.), écrite en vers de 12 syllabes (d'où le nom d'*alexandrins*).

Roman de la Rose, poème allégorique et didactique, en deux parties : la première, attribuée à Guillaume de Lorris (1230-1235), est un art d'aimer selon les règles de la société courtoise ; la seconde, satirique et encyclopédique, est due à Jean de Meung (1275-1280).

Roman de Renart, suite de récits, ou « branches », en vers (XIIe et XIIIe s.), dont le personnage central est le goupil Renart : ils évoluent de la parodie du roman de chevalerie à la satire sociale et politique.

ROMANDIE, partie francophone de la Suisse correspondant à l'ouest du pays, du Valais au canton du Jura.

ROMANÈCHE-THORINS (71570), comm. de Saône-et-Loire ; 1 729 h. Vins rouges.

ROMANIA, ensemble des pays de langue latine, puis romane, résultant du démembrement de l'Empire romain.

ROMANO (Giulio) → ***Romain*** (Jules).

ROMANOS le Mélode → ***Rhômanos le Mélode.***

ROMANOV, dynastie qui régna sur la Russie de 1613 à 1917. Famille de boyards russes, elle accéda au trône de Russie avec Michel Fedorovitch (1613-1645) et y fut relayée par la branche des Holstein-Romanov, de Pierre III à Nicolas II (1762-1917).

ROMANS-SUR-ISÈRE [-mɑ̃-] (26100), ch.-l. de c. de la Drôme, sur l'Isère ; 33 546 h. *(Romanais).* Industrie de la chaussure. Combustibles nucléaires. Église des XIIe-XIVe s., anc. abbatiale.

ROMBAS (57120), ch.-l. de c. de la Moselle, sur l'Orne ; 10 889 h. Métallurgie.

ROME, cap. de l'Italie, cap. du Latium et ch.-l. de prov., sur le Tibre ; 2 693 383 h. *(Romains).* Résidence papale et ville remarquable par l'abondance des monuments anciens et des

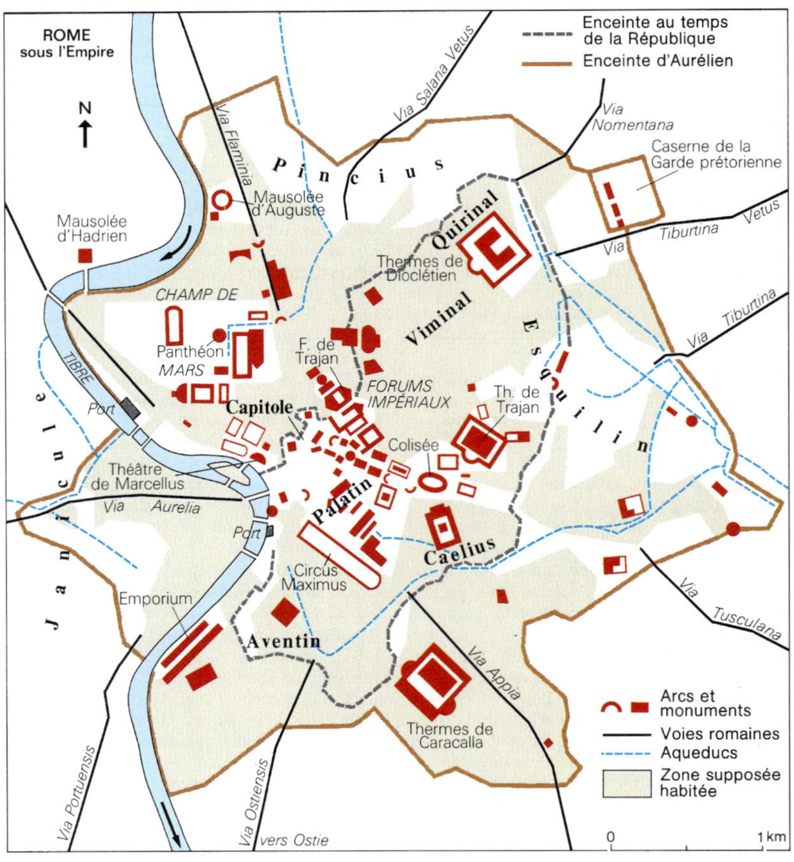

œuvres d'art. La ville, cap. de l'Italie depuis 1870, est un centre politique, intellectuel, artistique, religieux et touristique, avec quelques industries.

HISTOIRE

Rome est née au VIIIe s. av. J.-C. du regroupement de plusieurs villages latins et sabins établis sur des collines, sept selon la tradition. Les Étrusques contribuèrent largement (VIIe-VIe s. av. J.-C.) à faire de Rome une cité bien organisée, pourvue de remparts et de monuments. La ville devint bientôt la capitale d'un empire immense ; sous les empereurs, elle compta un million d'habitants. L'apparition des Barbares l'amena à organiser sa défense (IIIe s.) et à se replier dans l'enceinte fortifiée d'Aurélien. Constantin lui porta un coup fatal en faisant de Constantinople une seconde capitale (330). Privée de la présence impériale, Rome déclina avant d'être mise à sac par les Barbares (en 410, 455, 472). Centre du christianisme, capitale des États pontificaux et siège de la papauté (sauf à l'époque de la papauté d'Avignon et du Grand Schisme, entre 1309 et 1420), elle connut ensuite un regain de prestige. Mais ce ne fut qu'à partir du XVe s. que les papes renouvelèrent son visage, Rome devenant le rendez-vous des grands artistes de la Renaissance. Au XIXe s., à partir de 1848, se posa la Question romaine* ; cette dernière, apparemment bloquée par l'entrée des troupes italiennes — qui firent de Rome la capitale du royaume d'Italie (1870) —, fut réglée par les accords du Latran (1929), qui créèrent l'État indépendant du Vatican.

BEAUX-ARTS

La Rome républicaine laisse peu de vestiges en dehors des temples de Vesta et de la Fortune, au pied du Capitole. La Rome impériale s'épanouit autour des forums, avec les diverses basiliques (Aemilia, Julia, de Maxence), les arcs de triomphe de Septime Sévère, de Titus et de Constantin, l'immense Colisée* et, non loin, le théâtre de Marcellus. Citons encore le Panthéon*, les thermes de Dioclétien (église Ste-Marie-des-Anges et Musée national), ceux de Caracalla, aux belles mosaïques, et, parmi plusieurs demeures, la *Domus aurea* de Néron, dont les peintures murales ont pour parentes celles des débuts de l'art paléochrétien dans les catacombes (de saint Callixte, de saint Sébastien, de sainte Priscille, etc.). Les premières basiliques chrétiennes (en général très remaniées par la suite) sont imprégnées de la grandeur impériale : St-Jean-de-Latran, Ste-Marie-Majeure (mosaïques des IVe, Ve et XIIIe s.), St-Paul-hors-les-Murs, St-Laurent-hors-les-Murs (décors « cosmatesques », cloître roman), S. Clemente (mosaïques et fresques). Beaucoup de petites églises associent les traditions antique, paléochrétienne et byzantine : S. Sabina (Ve s.), S. Maria in Cosmedin (campanile du XIIe s.), S. Maria Antiqua (fresques des VIe-VIIIe s.), S. Prassede (IXe s.), S. Maria in Trastevere (mosaïques, certaines dues à P. Cavallini), etc. La première manifestation de la Renaissance est la construction du palais de Venise (v. 1455), suivie des décors initiaux de la chapelle Sixtine*. Les entreprises du pape Jules II, confiées au génie de Bramante, de Raphaël ou de Michel-Ange, font de Rome le grand foyer de la Renaissance classique : travaux du Vatican*, début de la reconstruction de la basilique Saint-Pierre*, esquisse d'un nouvel urbanisme où s'insèrent églises et demeures nobles (palais Farnèse). Entreprise en 1568 par Vignole, l'église du Gesù sera le monument typique de la Contre-Réforme. C'est à Rome que le style baroque* se dessine avec les œuvres de Maderno, puis explose dans celles de Bernin, de Borromini et de P. de Cortone (le palais Barberini, 1625-1639, doit aux quatre artistes). Un des lieux caractéristiques de l'expression baroque est la piazza Navona (anc. cirque de Domitien), avec les fontaines de Bernin et l'église S. Agnese. Le XVIIIe s. et le début du XIXe font écho aux créations antérieures en multipliant fontaines, perspectives, façades et escaliers monumentaux : fontaine de Trevi, 1732 ; piazza del Popolo, au pied des jardins du Pincio, 1816. — Principaux musées de Rome (outre ceux du Vatican) : musées de l'ensemble du Capitole, conçu par Michel-Ange (antiques) ; musée national des Thermes de Dioclétien (antiques) ; musée de la villa Giulia (art étrusque) ; galerie et musée Borghèse (peinture et sculpture) ; galerie nationale d'Art ancien, dans les palais Barberini et Corsini ; galerie Doria-Pamphili.

Rome : la place d'Espagne, l'escalier et l'église de la Trinité-des-Monts (XVIe s., très restaurée au XIXe).

ROME, un des principaux États de l'Antiquité, issu de la ville du même nom.

HISTOIRE

Rome des origines et de la royauté (753-509 av. J.-C.). VIIIe-VIIe s. : premiers établissements sur le Palatin (753, date légendaire de la fondation de Rome par Romulus), qui s'étendent au VIIe s. sur les sept collines. Règne des rois latins et sabins. VIe s. : les rois étrusques organisent la cité et lui donnent ses premiers monuments. **La République romaine (509-27 av. J.-C.).** Ve-IIIe s. : Rome conquiert l'Italie péninsulaire. 264-146 : les guerres puniques lui permettent d'anéantir sa grande rivale, Carthage. IIe-Ier s. : elle réduit la Grèce en province romaine, puis conquiert l'Asie Mineure, la Judée, la Syrie, l'Espagne et la Gaule. Mais les luttes intestines ne tardent pas à affaiblir la République. 107-86 : Marius, puis Sulla (82-79) gouvernent avec l'appui de l'armée. 60 : Pompée, Crassus et Jules César imposent une alliance à trois (triumvirat) renouvelée en 55. 49-48 : guerre civile. Pompée est vaincu par César à Pharsale (48). 48-44 : César, dictateur, est assassiné aux ides de mars 44. 43 : second triumvirat : Antoine, Octave, Lépide. 31 : vainqueur d'Antoine à Actium, Octavien, neveu et fils adoptif de César, demeure le seul maître du monde romain. 27 : il reçoit du sénat le titre d'Auguste. **L'Empire romain (27 av. J.-C. - 476 apr. J.-C.).** Ier - IIe s. : *le Haut-Empire.* L'empereur gouverne avec l'appui d'une forte administration, mais les apparences des institutions républicaines sont sauvegardées *(principat).* Quatre grandes dynasties vont se succéder : 27 av. J.-C. - 68 apr. J.-C. : les Julio-Claudiens, d'Auguste à Néron ; c'est une période capitale pour l'organisation de l'Empire. 69-96 : les Flaviens, de Vespasien à Domitien ; la bourgeoisie des provinces accède au pouvoir. 96-192 : les Antonins, de Nerva à Commode ; c'est le siècle d'or de l'Empire romain grâce à Trajan, Hadrien, Antonin et Marc Aurèle. 193-235 : les Sévères, de Septime Sévère à Sévère Alexandre. 212 : l'édit de Caracalla donne le droit de cité à tous les hommes libres de l'Empire. IIIe-IVe s. : *le Bas-Empire.* 235-284 : pressé par les Germains et par les Perses, l'Empire manque de se disloquer. Dans cette période d'anarchie militaire, les empereurs Gallien (260-268) puis Aurélien (270-275) sauvent la situation. 284-305 : un redressement durable s'opère avec Dioclétien, qui établit le régime de la *tétrarchie* (293), système collégial de gouvernement par deux Augustes et deux Césars. Les chrétiens sont persécutés. 306-337 : devenu empereur, Constantin accorde aux chrétiens le droit de pratiquer leur religion (313). 324-330 : il crée une nouvelle capitale, Constantinople, désormais rivale de Rome. 395 : à la mort de Théodose, l'Empire romain est définitivement partagé entre l'Empire d'Occident (cap. Rome) et l'Empire d'Orient (cap. Constantinople). Ve s. : les invasions barbares touchent durement l'Empire d'Occident ; sac de Rome par Alaric (410). 476 : le roi barbare Odoacre dépose le dernier empereur, Romulus Augustule ; c'est la fin de l'Empire d'Occident. En Orient, l'Empire byzantin va durer jusqu'en 1453. *(V. cartes p. 1638.)*

CULTURE ET CIVILISATION

□ **ARCHÉOLOGIE ET ART**

Les Étrusques jusqu'aux alentours du IIIe s. av. J.-C., puis directement le monde hellénistique sont à l'origine de l'art romain marqué avant tout par les desseins politiques de l'État.

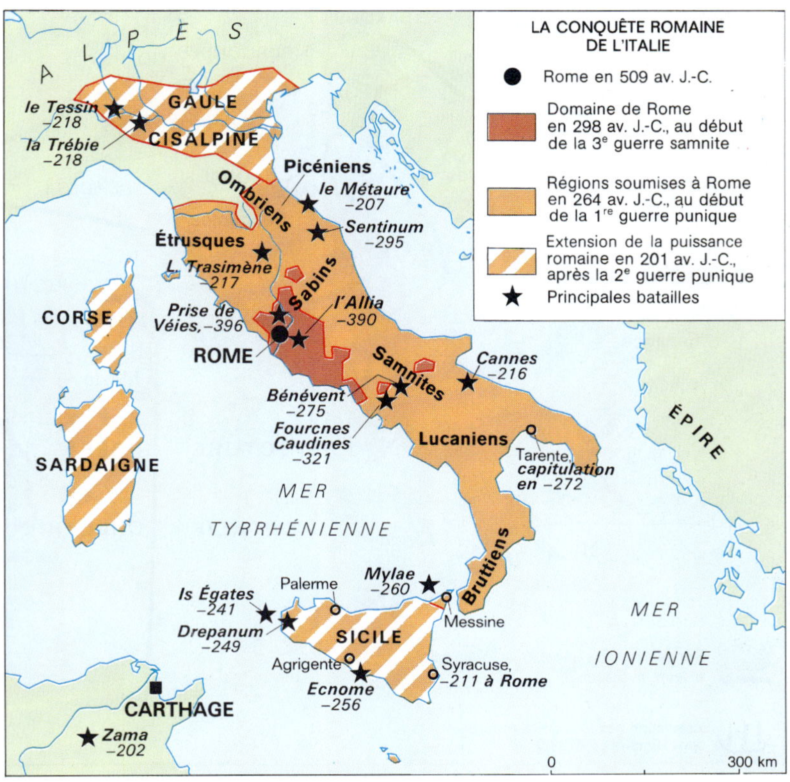

IIe s. av. J.-C. aux premiers siècles de l'Empire. Temples construits selon deux formules : temple rond (Rome, temple de Vesta) et temple pseudo-périptère aux colonnes engagées dans la cella (Rome, temple de la Fortune virile) ; création des ordres dorique romain, toscan et composite. Un réalisme viril gouverne les arts plastiques qui à l'époque d'Auguste évoluent vers un classicisme attique (autel de l'*Ara Pacis*). Des décors muraux peints (imitation de revêtement de marbre, puis introduction d'espaces imaginaires) ornent la domus à atrium de Pompéi et d'Herculanum ou la villa rurale. ***L'art impérial.*** Essor de l'architecture désormais régie par l'urbanisme : villes construites selon un plan orthogonal (Timgad), agrémentées d'arcs de triomphe et de théâtres (Orange), de temples (Nîmes, Maison carrée), de vastes thermes (Rome, Paris), d'arènes (Arles). La mise au point d'un appareil constitué d'un blocage de pierres noyées dans un ciment permet de

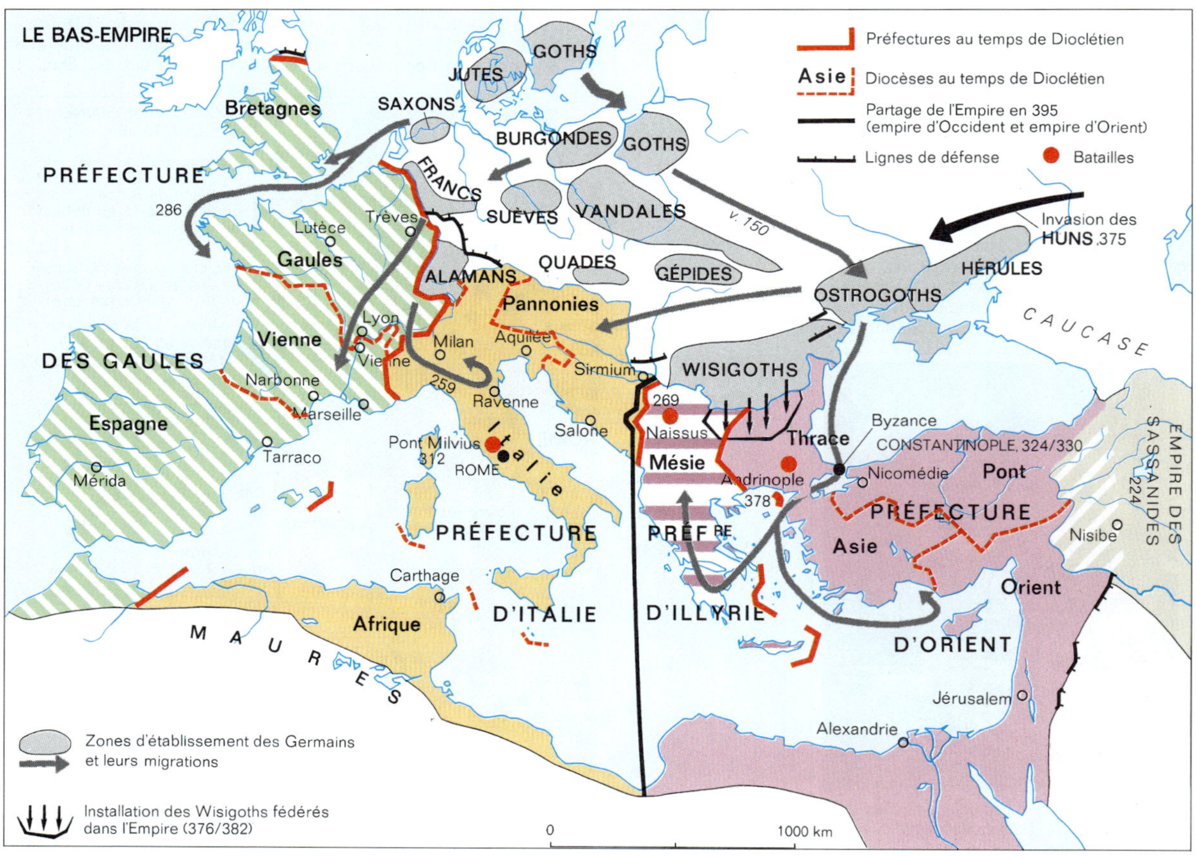

lancer arcs, voûtes et coupoles de grandes dimensions (pont du Gard, Colisée, Panthéon). À Rome, jouxtant le Forum, aménagement de nouveaux forums dont celui de Trajan avec la colonne Trajane. Les deux derniers siècles de l'Empire sont marqués par un goût du colossal (thermes de Caracalla, palais de Dioclétien à Split, basilique de Maxence à Rome). Pour résister à la poussée des Barbares se déploient les enceintes aux portes fortifiées (Trèves, Porta Nigra).
Un style pictural sobre s'épanouit, faisant place, sous Néron, à une juxtaposition d'architectures baroques et de paysages imaginaires : très nombreux décors de mosaïques (Rome, Ostie, piazza Armerina) ; brillante école en Afrique du Nord (Cherchell, Sousse, etc.). L'art plastique reste dominé par l'efficacité psychologique, tempérée par l'hellénisme ou exaltée par la tendance à un réalisme plébéien, avant de privilégier un sentiment du pathétique à son apogée sous Antonin et Marc Aurèle pour enfin revenir à un classicisme annonciateur de la renaissance constantinienne, orientée avec l'art paléochrétien vers un nouvel idéal spirituel.

□ LITTÉRATURE ET PHILOSOPHIE

La République romaine. Livius Andronicus, Naevius, Plaute, Ennius, Caton l'Ancien, Cicéron, César, Salluste, Térence, Lucilius, Accius, Varron, Lucrèce, Catulle.

L'Empire romain. *Le Haut-Empire :* Virgile, Horace, Tibulle, Properce, Ovide, Phèdre, Sénèque, Quintilien, Tacite, Suétone, Pline l'Ancien, Perse, Lucain, Martial, Stace, Pétrone, Columelle, Juvénal, Pline le Jeune, Apulée. *Le Bas-Empire :* Aulu-Gelle, Ausone, Claudien, Macrobe, Végèce.

L'Empire chrétien. Justin, Tertullien, Origène, Arnobe, Jérôme, Prudence, Sidoine Apollinaire, Cassiodore, Fortunat.

Rome *(club de),* groupe créé en 1968, et qui rassemble des économistes et des savants, préoccupés par les problèmes de l'avenir de l'humanité.

Rome *(concours de),* concours qui fut organisé annuellement pour les jeunes artistes français par les autorités académiques, de 1664 à 1968 exclu. Le premier grand prix, dans chaque discipline, devenait pensionnaire pour trois ans de l'Académie de France à Rome (à la villa Médicis* depuis 1803).

Rome *(sac de)* [mai 1527], conquête et pillage de Rome, accomplis par les troupes impériales de Charles Quint menées par le connétable de Bourbon, à la suite de l'engagement du pape Clément VII contre l'empereur aux côtés du roi de France François Ier. Cet événement, qui provoqua un retournement des alliances pontificales, marque la fin de la Renaissance romaine, avec la dispersion des artistes, que la papauté avait attirés auprès d'elle depuis le milieu du XVe s.

Rome *(traité de)* [25 mars 1957], traité qui a créé la Communauté économique européenne (C. E. E.).

ROMÉ DE L'ISLE (Jean-Baptiste), minéralogiste français (Gray 1736 - Paris 1790), l'un des créateurs de la cristallographie.

Roméo et Juliette, drame en cinq actes, de Shakespeare (1594-95). Malgré la haine qui sépare leurs deux familles, les Capulets et les Montaigus, Roméo et Juliette s'aiment et se marient secrètement ; mais la fatalité des

C'est aux Étrusques que l'on doit les premiers aménagements de la plaine marécageuse au pied du Palatin, qui va devenir le Forum : cœur, dès les origines, de la vie religieuse, politique, judiciaire et économique de Rome. Cette vue (axée N.-O./S.-E.) montre : au premier plan à gauche, les colonnes du temple de Saturne ; au centre, les vestiges de la basilique Julia ; au second plan à droite, les trois colonnes de marbre du temple de Castor et Pollux ; dans le fond, le temple de Vesta et la via Sacra qui traversait tout le Forum.

La maison du Faune, à Pompéi (elle doit son nom à la statuette de faune qui orne son impluvium). Construite vers le IIe s. av. J.-C., c'est l'un des exemples les plus parfaits de la demeure (domus) patricienne où s'allient harmonieusement éléments italiques et hellénistiques.

Malgré sa transformation en église, le Panthéon de Rome (117-138 apr. J.-C.) a conservé son aspect original. À la différence du temple grec, il a été conçu pour être vu de l'intérieur : arcs de décharge et pilastres supportent la coupole et les exèdres animent l'énorme circonférence, recouverte de précieux placages de marbre.

À droite : à l'opposé de la domus, l'insula, l'immeuble de rapport romain, ici situé à Ostie. Destiné au peuple, sa construction était régie par des règlements, mais il ne présentait aucun confort. (Sa hauteur pouvait atteindre 20 m.)

Détail du décor de la colonne Trajane* à Rome — réussite de l'art triomphal —, illustrant une scène de sacrifice au pied d'un pont construit par l'armée sur le Danube (on distingue les puissants piliers de pierre et les parties hautes en charpente). Réalisme et pragmatisme se font écho ; dégagé de l'hellénisme, l'art romain est à son apogée.

Statue en marbre d'un patricien portant deux bustes, dite « statue Barberini ». Fin du Ier s. av. J.-C. (tête de la statue d'époque postérieure). [Palais des Conservateurs, Rome.] Alors que le portrait apparaît tardivement en Grèce, à Rome il participe du rituel funéraire et du culte rendu aux ancêtres, notamment dans la caste patricienne, pour aboutir à un réalisme plus incisif fait pour séduire les classes moyennes montantes.

l'art dans l'Empire romain

circonstances les entraîne dans la mort. — Berlioz (1839) et Gounod (1867) ont mis ce drame en musique. Prokofiev a composé une partition de ballet sur ce thème (1938), qu'ont empruntée les chorégraphes L. Lavrovski (1940), F. Ashton (1955), P. Van Dijk (1961). La version intemporelle de M. Béjart (1966) utilise la partition de Berlioz et divers bruitages.

RÖMER (Olaus), astronome danois (Århus 1644 - Copenhague 1710). Grâce à ses observations des satellites de Jupiter, il établit, en 1676, à l'Observatoire de Paris, que la lumière se propage à une vitesse finie et fournit la première évaluation de cette vitesse.

ROMILLY (Jacqueline **de**), universitaire française (Chartres 1913), spécialiste de la civilisation grecque, professeur au Collège de France (1973-1984). [Acad. fr.]

ROMILLY-SUR-SEINE (10100), ch.-l. de c. de l'Aube ; 15 838 h. *(Romillons).* Industries mécaniques. Bonneterie.

ROMMEL (Erwin), maréchal allemand (Heidenheim, Wurtemberg, 1891 - Herrlingen, près d'Ulm, 1944). Commandant le quartier général de Hitler en 1939, il se distingua en France (1940), en Libye et en Égypte, où il fut battu à El-Alamein (1942). Il commanda en 1944 le front de Normandie, mais sa sympathie pour les conjurés du 20 juillet entraîna son arrestation et son suicide sur ordre de Hitler.

ROMNEY (George), peintre anglais (Dalton in Furness, Lancashire, 1734 - Kendal, Westmorland, 1802), portraitiste au talent ferme et direct.

ROMORANTIN-LANTHENAY (41200), ch.-l. d'arr. de Loir-et-Cher, en Sologne, sur la Sauldre ; 18 472 h. *(Romorantinais).* Construction automobile. Restes d'un château royal et demeures des XVe-XVIe s. Musée de Sologne. En 1560, François II y promulgua un édit de tolérance.

ROMUALD *(saint),* moine italien (Ravenne v. 950 - Val-di-Castro, près de Fabriano, 1027), fondateur de la congrégation des Camaldules.

ROMULUS, fondateur légendaire de Rome (753 av. J.-C.), dont il fut le premier roi. Après sa mort, il fut identifié au dieu Quirinus.

ROMULUS AUGUSTULE (né v. 461), dernier empereur romain d'Occident (475-476), déposé par Odoacre.

RONARC'H (Pierre), amiral français (Quimper 1865 - Paris 1940). Il se distingua à la tête des fusiliers marins à Dixmude (1914).

Roncevaux *(bataille de)* [15 août 778], bataille qui eut lieu dans un vallon boisé des Pyrénées proche du col de Roncevaux (en esp. **Roncesvalles**) ou d'Ibañeta, et où l'arrière-garde de l'armée de Charlemagne, avec le comte Roland, fut taillée en pièces par les Vascons alliés aux Sarrasins.

RONCHAMP (70250), comm. de la Haute-Saône ; 3 146 h. Chapelle par Le Corbusier (1950-1955).

RONCHIN (59790), comm. du Nord ; 18 055 h. Métallurgie.

RONCQ (59223), comm. du Nord ; 12 078 h. Textile.

Ronde de nuit (la), titre donné à tort (à la fin du XVIIIe s.) à une grande et célèbre toile exécutée par Rembrandt pour l'association des arquebusiers d'Amsterdam, représentation (diurne) de *la Sortie du capitaine Frans Banning Cocq et de son lieutenant* [...] (1642, Rijksmuseum d'Amsterdam).

RONDÔNIA, État de l'ouest du Brésil ; 243 000 km^2 ; 1 130 400 h. Cap. *Porto Velho.*

RONSARD (Pierre **de**), poète français (château de la Possonnière, Couture-sur-Loir, 1524 - Saint-Cosme-en-l'Isle, près de Tours, 1585). Une surdité précoce lui fait abandonner la carrière des armes. Il s'adonne alors à l'étude des lettres latines et grecques, et se propose, avec le groupe de la Pléiade*, de renouveler l'inspiration et la forme de la poésie française. D'abord érudite (*Odes**, 1550-1552) puis lyrique (*Amours**, 1552-1555), sa poésie se fait épique dans les *Hymnes* (1555-56). Poète de la cour de Charles IX, hostile à la Réforme (*Discours des misères de ce temps,* 1562-63), il laisse inachevée son épopée de *la Franciade** (1572). Critiquée par Malherbe, oubliée, son œuvre fut réhabilitée par Sainte-Beuve.

RONSE, en fr. **Renaix,** v. de Belgique (Flandre-Orientale) ; 23 998 h. Textile. Église gothique sur crypte romane. Musée.

RONSIN (Charles), général français (Soissons 1752 - Paris 1794). Chef de l'armée révolutionnaire en Vendée (1793), il fut arrêté pour ses exactions, condamné à mort et guillotiné.

RÖNTGEN (Wilhelm Conrad), physicien allemand (Lennep 1845 - Munich 1923). Il découvrit les rayons X en 1895. (Prix Nobel 1901.)

ROODEPOORT, v. de l'Afrique du Sud, près de Johannesburg ; 165 000 h.

ROON (Albrecht, *comte* **von**), maréchal prussien (Pleushagen, près de Kołobrzeg, 1803 - Berlin 1879). Ministre de la Guerre de 1859 à 1873, il fut avec Moltke le réorganisateur de l'armée prussienne.

ROOSEVELT (Franklin Delano), homme politique américain (Hyde Park, État de New York, 1882 - Warm Springs 1945), cousin et neveu par alliance de Theodore Roosevelt. Démocrate, secrétaire adjoint à la Marine (1913-1920), gouverneur de l'État de New York (1929-1933), il devint président des États-Unis en 1933 et fut réélu en 1936, 1940 et 1944. Il tenta de redresser l'économie des États-Unis *(New Deal)* après la crise de 1929-1932, décida les États-Unis à participer à la Seconde Guerre mondiale (1941) et fut l'un des principaux artisans de la victoire alliée.

ROOSEVELT (Theodore), homme politique américain (New York 1858 - Oyster Bay, État de New York, 1919). Républicain, il participa à la guerre hispano-américaine (1898). Gouverneur de l'État de New York (1898), il devint vice-président des États-Unis en 1900, puis président en 1901 par la mort de McKinley, et fut réélu en 1904. À l'extérieur, il pratiqua une politique impérialiste et interventionniste (Panamá, Philippines, Saint-Domingue). [Prix Nobel de la paix 1906.]

ROOST-WARENDIN [rostvarɑ̃dɛ̃] (59286), comm. du Nord ; 6 434 h.

ROPARTZ (Guy), compositeur français (Guingamp 1864 - Lanloup, Côtes-d'Armor, 1955), élève de Franck. On lui doit de la musique de chambre, des mélodies, cinq symphonies, un *Requiem* (1938) et l'opéra *le Pays* (1910).

ROPS (Félicien), peintre et graveur belge (Namur 1833 - Essonnes, France, 1898). D'une imagination fantasque et souvent érotique, il est notamment connu pour ses illustrations de Péladan, Barbey d'Aurevilly, etc.

ROQUEBILLIÈRE (06450), ch.-l. de c. des Alpes-Maritimes ; 1 636 h.

ROQUEBRUNE-CAP-MARTIN (06190), comm. des Alpes-Maritimes, sur la Méditerranée ; 12 564 h. *(Roquebrunois).* Station balnéaire. Un donjon du XIIe s. domine le vieux bourg.

ROQUEBRUNE-SUR-ARGENS (83520), comm. du Var ; 10 422 h. Bourg pittoresque.

ROQUEBRUSSANNE (La) [83136], ch.-l. de c. du Var ; 1 245 h.

ROQUECOURBE (81210), ch.-l. de c. du Tarn ; 2 279 h. Pont du XIVe s.

ROQUEFORT (40120), ch.-l. de c. des Landes ; 1 834 h. Église du XIIIe s.

ROQUEFORT-SUR-SOULZON (12250), comm. de l'Aveyron ; 796 h. On y affine de célèbres fromages au lait de brebis dans des grottes calcaires.

ROQUEMAURE (30150), ch.-l. de c. du Gard, sur le Rhône ; 4 669 h. Église du XIIIe s.

Roquette (la), ou **Grande-Roquette,** anc. prison de Paris (1837-1900). Elle servit de dépôt pour les condamnés à mort. — La **Petite-Roquette** fut destinée aux jeunes, puis aux femmes (1832-1974).

ROQUEVAIRE (13360), ch.-l. de c. des Bouches-du-Rhône ; 7 081 h.

RORAIMA, État du nord du Brésil ; 215 790 h.

RORSCHACH (Hermann), psychiatre suisse (Zurich 1884 - Herisau 1922), créateur en 1921 d'un test psychodiagnostique, fondé sur l'interprétation de taches d'encre.

ROSA (Salvator), peintre italien (Arenella, près de Naples, 1615 - Rome 1673). Ses tableaux (paysages composés, marines, batailles) sont pleins de fougue et d'un chaleureux coloris.

ROSARIO, v. de l'Argentine, sur le Paraná ; 1 078 374 h. Centre commercial et industriel.

ROSAS (Juan Manuel **de**), militaire et homme politique argentin (Buenos Aires 1793 - Southampton, Angleterre, 1877). Gouverneur de Buenos Aires (1829-1833) puis dictateur de l'Argentine (1835-1852), il fut renversé par une coalition sud-américaine.

Rosati (les) [anagramme d'*Artois*], société littéraire fondée près d'Arras en 1778.

ROSCELIN, philosophe français (Compiègne v. 1050 - Tours ou Besançon v. 1120). Fondateur du nominalisme, maître d'Abélard, il relia les trois termes de la Trinité, mais dut abjurer sous la pression de saint Anselme.

ROSCOFF (29680), comm. du Finistère ; 3 735 h. *(Roscovites).* Port. Station balnéaire. Laboratoire de biologie marine. Thalassothérapie. Église de style gothique flamboyant.

ROSE *(mont),* massif des Alpes Pennines, partagé entre la Suisse et l'Italie ; 4 638 m à la *pointe Dufour.*

Rose blanche *(ordre de la),* ordre national finlandais, créé en 1919.

Rose-Croix *(fraternité de la),* mouvement mystique dont le fondateur présumé est Christian Rosencreutz (XVe s.), et dont émanent plusieurs sociétés, toujours vivantes aujourd'hui. En France, à la fin du XIXe s., le sâr Péladan* a tenté de favoriser le développement d'une Rose-Croix fidèle à l'orthodoxie catholique, dont il espérait un renouveau de l'art et de la philosophie.

ROSEGGER (Peter), écrivain autrichien (Alpl, Styrie, 1843 - Krieglach 1918), auteur de romans sur la vie et les mœurs de l'Autriche.

ROSEMONDE ou **ROSAMONDE** (VIe s.), fille de Cunimond, roi des Gépides. Mariée de force à Alboïn, roi des Lombards, qui avait tué son père, elle l'assassina.

Rosenberg *(affaire),* affaire judiciaire américaine qui déclencha une campagne d'opinion internationale en faveur des époux Julius et Ethel Rosenberg, accusés d'avoir livré des secrets atomiques à l'U. R. S. S. et qui, condamnés à mort en 1951, furent exécutés en 1953.

ROSENBERG (Alfred), théoricien nazi et homme politique allemand (Revel 1893 - Nu-

le maréchal **Rommel** (J. Gietze - Bildarchiv Preussischer Kulturbesitz)

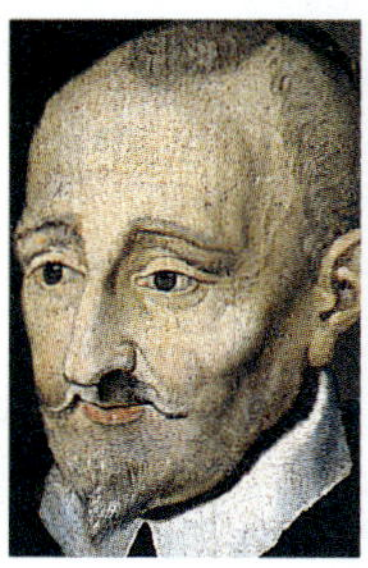
Ronsard (musée de Blois)

Franklin **Roosevelt**

Gioacchino **Rossini** (Académie Rossini, Bologne)

remberg 1946). L'un des principaux idéologues du national-socialisme (*le Mythe du XXe siècle,* 1930), il fut condamné à mort par le tribunal de Nuremberg et exécuté.

ROSENQUIST (James), peintre américain (Grand Forks, Dakota du Nord, 1933), un des principaux représentants du pop art.

ROSENZWEIG (Franz), philosophe allemand (Kassel 1886 - Francfort-sur-le-Main 1929). Il est à l'origine du renouveau de la pensée juive, et son œuvre marque une date dans les relations entre juifs et chrétiens (*l'Étoile de la Rédemption,* 1921).

ROSES *(vallée des),* partie de la vallée de la Tundža, en Bulgarie, autour de Kazanlăk.

Rosette *(pierre de),* fragment d'une stèle (British Museum) découverte à Rosette (en ar. Rachīd, sur la branche ouest du Nil), lors de la campagne de Bonaparte en Égypte en 1799. Comportant le texte gravé en hiéroglyphes, en démotique et en grec d'un décret de Ptolémée V, elle est à l'origine du déchiffrement (1822) des hiéroglyphes par Champollion.

ROSHEIM (67560), ch.-l. de c. du Bas-Rhin ; 4 036 h. L'église est un chef-d'œuvre de l'art roman alsacien.

ROSI (Francesco), cinéaste italien (Naples 1922). Spécialiste d'un cinéma d'analyse politique et sociale, il a réalisé *Salvatore Giuliano* (1961), *Main basse sur la ville* (1963), *l'Affaire Mattei* (1972), *Cadavres exquis* (1975), *Carmen* (1984), *Chronique d'une mort annoncée* (1987), *Oublier Palerme* (1990).

ROSIÈRE (la) [73700 Bourg St Maurice], station de sports d'hiver (alt. 1 850-2 350 m) de la Savoie, en Tarentaise.

ROSIÈRES-EN-SANTERRE (80170), ch.-l. de c. de la Somme ; 3 119 h.

ROSKILDE, v. du Danemark (Sjaelland) ; 49 000 h. Capitale du pays du Xe au XVe s. Cathédrale romane et gothique (sépultures royales). Musée des bateaux vikings.

ROSLIN (Alexander), peintre suédois (Malmö 1718 - Paris 1793). Portraitiste de talent, il s'établit à Paris en 1752.

ROSNY (Joseph Henri et son frère Séraphin Justin **Boex,** dits **J.-H.**), écrivains français. Le premier, dit **Rosny aîné** (Bruxelles 1856 - Paris 1940), est l'auteur de *la Guerre du feu* (1911) ; le second, dit **Rosny jeune** (Bruxelles 1859 - Ploubazlanec 1948), écrivit avec son frère des romans réalistes ou fantastiques *(les Xipéhuz).*

ROSNY-SOUS-BOIS [ro-] (93110), ch.-l. de c. de la Seine-Saint-Denis, à l'est de Paris ; 37 779 h. *(Rosnéens).* Centre national d'information routière.

ROSPORDEN [rɔspɔrdɛ̃] (29140), ch.-l. de c. du Finistère ; 6 561 h. Église des XIVe-XVIIe s.

ROSS *(barrière de),* falaises de glace de l'Antarctique, en bordure de la *mer de Ross,* limitées par l'*île de Ross* (qui porte les volcans *Erebus* et *Terror*).

ROSS (*sir* John), marin britannique (Dumfries and Galloway, Écosse, 1777 - Londres 1856). Il découvrit l'extrémité nord du continent américain. — Son neveu *sir* **James Clarke** (Londres 1800 - Aylesbury 1862) localisa le pôle magnétique de l'hémisphère Nord (1831), longea la mer qui porte son nom et découvrit la terre Victoria (1841).

ROSS (*sir* Ronald), médecin britannique (Almora, Inde, 1857 - Putney Heath, Londres, 1932). Ses recherches sur la transmission du paludisme par les moustiques permirent d'en mettre au point la prophylaxie. (Prix Nobel 1902.)

Rossbach *(bataille de)* [5 nov. 1757], bataille que remporta Frédéric II sur les Français et les impériaux à Rossbach (Saxe).

ROSSELLINI (Roberto), cinéaste italien (Rome 1906 - *id.* 1977). Révélé par *Rome, ville ouverte* (1945) et *Paisà* (1946), films phares du néoréalisme, il s'imposa comme l'un des grands maîtres du cinéma italien : *Europe 51* (1952), *Voyage en Italie* (1954), *le Général Della Rovere* (1959), *la Prise du pouvoir par Louis XIV* (1967, pour la télévision), *le Messie* (1976).

ROSSELLINO (Bernardo), architecte et sculpteur italien (Settignano, près de Florence, 1409 - Florence 1464). Disciple d'Alberti, il construisit le palais Rucellai à Florence et travailla à Pienza pour Pie II. — Son frère et élève **Antonio** (Settignano 1427 - Florence 1479), sculpteur, est l'auteur de la chapelle du cardinal de Portugal à S. Miniato de Florence.

ROSSETTI (Dante Gabriel), peintre et poète britannique d'origine italienne (Londres 1828 - Birchington-on-Sea, Kent, 1882). Un des initiateurs du mouvement préraphaélite, il s'est inspiré de légendes médiévales et de la poésie ancienne anglaise et italienne.

ROSSI (Aldo), architecte et théoricien italien (Milan 1931). Il défend un concept d'architecture *rationnelle* incluant des composantes historiques, régionales et symboliques.

ROSSI (Luigi), compositeur italien (Torremaggiore, près de Foggia, v. 1598 - Rome 1653), un des maîtres de la cantate, de l'oratorio et de l'opéra naissant *(Orfeo).*

ROSSI (Pellegrino, *comte*), homme politique italien naturalisé français (Carrare 1787 - Rome 1848). Ambassadeur de France à Rome (1845), il contribua à l'élection de Pie IX, influença celui-ci dans le sens des idées libérales et milita pour une fédération sous la présidence pontificale. Appelé à former à Rome un gouvernement constitutionnel (sept. 1848), il fut assassiné.

ROSSI (Constantin, dit **Tino**), chanteur de charme français (Ajaccio 1907 - Neuilly-sur-Seine 1983). Son succès populaire ne s'est pas démenti depuis son triomphe au Casino de Paris en 1934.

ROSSINI (Gioacchino), compositeur italien (Pesaro 1792 - Paris 1868). Il a écrit notamment des opéras : *le Barbier de Séville, Otello* (1816), *la Pie voleuse* (1817), *le Comte Ory* (1828), *Guillaume Tell* (1829) et un *Stabat Mater.* Son sens inné de la mélodie et de l'effet théâtral lui a valu, à Paris, de grands succès sous la Restauration.

ROSSO (Giovanni Battista **de Rossi,** dit **le**), peintre italien (Florence 1494 - Paris 1540). François Ier confia à ce grand artiste maniériste, en 1531, la direction des travaux de décoration du château de Fontainebleau (fresques et stucs de la *galerie François-Ier*).

ROSTAND (Edmond), auteur dramatique français (Marseille 1868 - Paris 1918), célèbre pour ses comédies et ses drames héroïques (*Cyrano* de Bergerac,* 1897 ; *l'Aiglon,* 1900). [Acad. fr.]

ROSTAND (Jean), biologiste (Paris 1894 - Ville-d'Avray 1977), fils d'Edmond Rostand. Il est l'auteur d'importants travaux sur la parthénogenèse expérimentale et de livres sur la place de la biologie dans la culture humaniste, dont il se réclamait. (Acad. fr.)

ROSTOCK, port d'Allemagne (Mecklembourg-Poméranie-Occidentale), sur la Warnow ; 252 956 h. (avec son avant-port *Warnemünde,* sur la Baltique). Centre industriel. Église des XIIIe-XVe s. et autres monuments.

ROSTOPCHINE (Fedor Vassilievitch, *comte*), général et homme politique russe (dans le gouvern. d'Orel 1763 - Moscou 1826). Gouverneur de Moscou en 1812, il fit, dit-on, incendier cette ville lors de l'entrée des Français. Il est le père de la comtesse de Ségur*.

ROSTOV-SUR-LE-DON, v. de Russie, près de la mer d'Azov ; 1 020 000 h. Port fluvial. Centre administratif, culturel et industriel.

ROSTOW (Walt Whitman), économiste américain (New York 1916). Il étudie, dans *les Étapes de la croissance économique* (1960), les stades conduisant l'économie à l'industrialisation.

ROSTRENEN [-nɛ̃] (22110), ch.-l. de c. des Côtes-d'Armor ; 4 079 h.

ROSTROPOVITCH (Mstislav), violoncelliste et chef d'orchestre russe (Bakou 1927). Interprète remarquable, il inspire les compositeurs contemporains (Chostakovitch, Dutilleux, Britten, Lutosławski).

ROTH (Joseph), journaliste et écrivain autrichien (Brody, Galicie, 1894 - Paris 1939), peintre de la civilisation autrichienne à son déclin (*la Marche de Radetzky,* 1932).

ROTH (Philip), écrivain américain (Newark 1933), l'un des romanciers les plus représentatifs de l'« école juive » nord-américaine (*Portnoy et son complexe,* 1969 ; *la Leçon d'anatomie,* 1983).

ROTHARI ou **ROTHARIS** (m. en 652), roi des Lombards (636-652). Il promulgua un Édit (643) qui fut la base de la législation lombarde.

ROTHENBURG OB DER TAUBER, v. d'Allemagne (Bavière), à l'O. de Nuremberg ; 11 350 h. Enceinte, monuments et ensemble de maisons de l'époque gothique et de la Renaissance.

ROTHÉNEUF, station balnéaire d'Ille-et-Vilaine (comm. de Saint-Malo). Rochers sculptés au début du siècle par l'abbé Adolphe Julien Fouéré.

ROTHKO (Mark), peintre américain d'origine russe (Dvinsk, auj. Daougavpils, 1903 - New York 1970). Il est célèbre pour la formule d'abstraction chromatique qu'il a établie vers 1950.

ROTHSCHILD (Meyer Amschel), banquier allemand (Francfort-sur-le-Main 1743 - *id.* 1812), fondateur d'une puissante dynastie financière de rayonnement international.

Rotonda (la), surnom d'une villa construite près de Vicence par Palladio (v. 1569). Chef-d'œuvre d'harmonie, elle doit son appellation à la salle circulaire sous coupole (avec éclairage zénithal) qui en marque le centre, cantonnée par quatre appartements et s'ouvrant sur le paysage par quatre portiques ioniques parfaitement symétriques.

La Rotonda,
villa édifiée par Palladio
près de Vicence vers 1569.

ROTROU (Jean **de**), poète dramatique français (Dreux 1609 - *id.* 1650), auteur de comédies dans la tradition de Plaute et des Italiens *(la Sœur),* de tragi-comédies *(Venceslas)* et de tragédies *(le Véritable Saint Genest).*

ROTSÉ → ***Lozi.***

ROTTERDAM, port des Pays-Bas (Hollande-Méridionale), sur la « Nouvelle Meuse » (Nieuwe Maas), branche du delta commun au Rhin et à la Meuse ; 582 266 h. (1 040 000 h. dans l'agglomération). Rotterdam prit son essor au XIXe s. avec l'aménagement du Rhin pour la navigation et le développement industriel de la Ruhr. Premier port du monde (transit vers l'Allemagne et la Suisse) et centre industriel (raffinage du pétrole et chimie principalement),

Rotterdam : un aspect
des nouveaux quartiers.

commercial et financier. Riche musée Boymans-Van Beuningen.

ROTY (Oscar), médailleur français (Paris 1846 - *id.* 1911), créateur du type monétaire (1897), puis philatélique de la *Semeuse.*

ROUAULT (Georges), peintre français (Paris 1871 - *id.* 1958). Il a pratiqué, en puissant coloriste, un expressionnisme tour à tour satirique et mystique. Il a gravé, notamment, la suite en noir et blanc du *Miserere* (1922-1927). Important fonds au M. N. A. M.

ROUBAIX (59100), ch.-l. de c. du Nord, au nord-est de Lille ; 98 179 h. *(Roubaisiens).* Centre textile (laine surtout). Vente par correspondance.

ROUBLEV ou **ROUBLIOV** (Andreï), peintre russe (? v. 1360 - Moscou 1427 ou 1430). Grand représentant de l'école médiévale moscovite, il est surtout célèbre pour son icône de la *Trinité* (les trois anges à la table d'Abraham) [galerie Tretiakov]. Il a été canonisé par l'Église orthodoxe russe en 1988.

Andreï **Roublev :** icône de la *Trinité* (Galerie Tretiakov, Moscou.)

ROUBTSOVSK, v. de Russie, au pied de l'Altaï ; 172 000 h.

ROUCH (Jean), cinéaste français (Paris 1917). Ethnologue, il a renouvelé la technique du film documentaire : *Moi, un Noir,* 1958 ; *Chronique d'un été,* 1960 ; *Cocorico, Monsieur Poulet,* 1974.

ROUEN, anc. cap. de la Normandie, ch.-l. de la Région Haute-Normandie et du dép. de la Seine-Maritime, sur la Seine, à 123 km au nord-ouest de Paris ; 105 470 h. *(Rouennais)* [l'agglomération compte plus de 380 000 h.]. Cour d'appel. Archevêché. Académie et université. Centre d'une agglomération industrielle (métallurgie, textile, produits chimiques et alimentaires), dont l'activité est liée à celle du port (trafic d'hydrocarbures, céréales, produits tropicaux). — La ville conserve de remarquables monuments : la cathédrale gothique (XIIe-XVIe s.), les églises St-Ouen (vitraux des XIVe et XVIe s.) et St-Maclou (flamboyante), le Gros-Horloge (XIVe et XVIe s.), le palais de justice gothique, très restauré, etc. Église Ste-Jeanne-d'Arc (1979). Importants musées. Centre de production de faïence du XVIe au XVIIIe s. — Évêché dès le IIIe s., Rouen fut, au Moyen Âge et encore au XVIe s., une importante ville drapière et un grand port fluvial. Résidence principale des ducs de Normandie, elle reçut des Plantagenêts une charte avant d'être rattachée au domaine royal (1204-1419). Jeanne d'Arc y fut brûlée (1431) durant l'occupation anglaise (1419-1449). Érigée en cour souveraine en 1499, sa cour de justice, ou Échiquier, fut transformée en parlement par François Ier (1515).

Rouen : « tour couronnée » de l'église Saint-Ouen (XIVe-XVIe s.), dans la vieille ville.

ROUERGUE, anc. pays du midi de la France ; cap. *Rodez.* Il a été réuni à la Couronne en 1607 par Henri IV et correspond au dép. de l'Aveyron.

ROUFFACH [-fak] (68250), ch.-l. de c. du Haut-Rhin ; 4 560 h. Matériel de chauffage. Église Notre-Dame, des XIIe-XIVe s., et autres monuments.

ROUFFIGNAC *(grotte de),* grotte située à Rouffignac-Saint-Cernin-de-Reilhac (Dordogne). Ensemble de figures pariétales datant du magdalénien.

rouge *(Armée),* nom usuel d'Armée rouge des ouvriers et paysans, appellation des forces armées soviétiques de 1918 à 1946.

ROUGE *(fleuve),* en vietnamien **Sông Hông** ou **Sông Nhi Ha,** fl. du Viêt Nam, né au Yunnan (Chine), qui rejoint le golfe du Tonkin en un vaste delta (riziculture) ; 1 200 km.

ROUGE *(mer),* anc. **golfe Arabique** ou **mer Érythrée,** long golfe de l'océan Indien, entre l'Arabie et l'Afrique, relié à la Méditerranée par le canal de Suez. C'est un fossé d'effondrement envahi par les eaux.

Rouge *(place),* place principale de Moscou, en bordure du Kremlin. Mausolée de Lénine.

ROUGÉ (44660), ch.-l. de c. de la Loire-Atlantique ; 2 200 h. Minerai de fer.

Rouge et le Noir (le), roman de Stendhal (1830). Enfant du peuple et admirateur de Napoléon sous la Restauration, Julien Sorel choisit par ambition la voie de l'hypocrisie et du calcul, mais sa sensibilité sera la plus forte : démasqué — et révélé à lui-même — par une ancienne maîtresse, il abandonne sa tragédie de ruse sociale pour le plaisir — et la libération — que lui apporte la vengeance.

ROUGEMONT (25680), ch.-l. de c. du Doubs ; 1 279 h.

ROUGEMONT (Denis **de**), écrivain suisse d'expression française (Neuchâtel 1906 - Genève 1985), analyste des composantes de la civilisation européenne (*l'Amour et l'Occident,* 1939) et défenseur du fédéralisme européen.

ROUGEMONT-LE-CHÂTEAU (90110), ch.-l. de c. du Territoire de Belfort ; 1 259 h.

ROUGET DE LISLE (Claude), officier et compositeur français (Lons-le-Saunier 1760 - Choisy-le-Roi 1836). Capitaine à Strasbourg, il composa en 1792 les paroles et peut-être la musique du *Chant de guerre pour l'armée du Rhin,* qui devint *la Marseillaise.*

Rougon-Macquart (les), série de 20 romans d'É. Zola, publiés de 1871 à 1893, et qui constituent l'« Histoire naturelle et sociale d'une famille sous le second Empire » : *la Fortune des Rougon, la Curée* (1871), *le Ventre de Paris* (1873), *la Conquête de Plassans* (1874), *la Faute de l'abbé Mouret* (1875), *Son Excellence Eugène Rougon* (1876), *l'Assommoir** (1877), *Une page d'amour* (1878), *Nana** (1880), *Pot-Bouille* (1882), *Au Bonheur des dames* (1883), *la Joie de vivre* (1884), *Germinal** (1885), *l'Œuvre* (1886), *la Terre* (1887), *le Rêve* (1888), *la Bête humaine* (1890), *l'Argent* (1891), *la Débâcle* (1892), *le Docteur Pascal* (1893).

ROUHER (Eugène), homme politique français (Riom 1814 - Paris 1884). Avocat, député républicain (1848-49), il servit la cause de Louis Napoléon, devenu en 1852 Napoléon III. Plusieurs fois ministre, président du Sénat (1869), il exerça une influence prépondérante à la fin du second Empire. De 1872 à 1881, il fut le véritable chef du parti bonapartiste.

ROUIBA, v. d'Algérie, dans la Mitidja ; 38 000 h. Centre industriel.

ROUILLAC (16170), ch.-l. de c. de la Charente ; 1 747 h.

ROUJAN (34320), ch.-l. de c. de l'Hérault ; 1 385 h. Église gothique.

ROULERS → ***Roeselare.***

ROUMANIE, en roumain **România,** État de l'Europe orientale ; 237 500 km² ; 23 400 000 h. *(Roumains).* CAP. *Bucarest.* LANGUE : *roumain.* MONNAIE : *leu.*

GÉOGRAPHIE

La partie orientale des Carpates forme un arc de cercle qui enserre le bassin de Transylvanie d'où émergent les monts Apuseni. Plateaux et plaines (Moldavie, Munténie, Dobroudja, Valachie) entourent cet ensemble. Le climat est continental. Le secteur agricole fournit surtout du blé, du maïs et de la betterave à sucre. Les ressources énergétiques (gaz, pétrole, lignite, hydroélectricité) alimentent une industrie où les branches dominantes sont la métallurgie, la pétrochimie et la mécanique. Le tourisme est

surtout implanté sur la mer Noire. Mais le régime politique a ruiné l'économie.

HISTOIRE

Les principautés de Moldavie, de Valachie et de Transylvanie. Les Daces sont les premiers habitants connus de l'actuelle Roumanie. Ier s. av. J.-C. : Burebista jette les bases de l'État dace. 106 apr. J.-C. : Trajan conquiert la Dacie. 271 : celle-ci est évacuée par les Romains. VIe s. : les Slaves s'établissent dans la région. XIe s. : le christianisme s'y répand ; l'Église adopte la liturgie slavonne. Xe-XIIIe s. : les invasions turco-mongoles perturbent la région, tandis que les Hongrois conquièrent la Transylvanie (XIe s.). XIVe s. : les principautés de Valachie et de Moldavie sont créées ; elles s'émancipent de la suzeraineté hongroise, la première v. 1330 sous Basarab Ier, la seconde v. 1359 sous Bogdan Ier. 1386-1418 : sous Mircea le Vieux, la Valachie doit accepter de payer un tribut aux Ottomans. 1455 : la Moldavie connaît le même sort. 1457-1504 : Étienne le Grand ne l'en libère que momentanément. 1526 : après la victoire de Mohács, la Transylvanie devient une principauté vassale des Ottomans. 1599-1600 : Michel le Brave (1593-1601) parvient à réunir sous son autorité la Valachie, la Transylvanie et la Moldavie. 1691 : la Transylvanie est annexée par les Habsbourg. 1711 : après l'échec de D. Cantemir qui s'était allié à la Russie contre les Ottomans, les Turcs imposent un régime plus dur à la Moldavie et à la Valachie, gouvernées désormais par des Phanariotes. 1775 : la Bucovine est annexée par l'Autriche. 1812 : la Bessarabie est cédée à la Russie. 1829-1856 : la Moldavie et la Valachie sont soumises à un double protectorat, ottoman et russe. 1859 : ces principautés élisent un seul prince, Alexandre-Jean Cuza (1859-1866), et Napoléon III soutient leur union.

La Roumanie contemporaine. 1866 : le pays prend le nom de Roumanie. Le pouvoir est confié au prince Charles de Hohenzollern-Sigmaringen (Charles Ier). 1878 : l'indépendance du pays est reconnue. 1881 : Charles Ier devient roi de Roumanie. 1914 : Ferdinand Ier (1914-1927) lui succède. 1916 : la Roumanie s'engage dans la Première Guerre mondiale aux côtés des Alliés. Elle est occupée par l'Allemagne. 1918 : les troupes roumaines pénètrent en Transylvanie. 1919-20 : les traités de Neuilly, de Saint-Germain et de Trianon attribuent à la Roumanie la Dobroudja, la Bucovine, la Transylvanie et le Banat. 1921 : la Roumanie adhère à la Petite-Entente, patronnée par la France. 1930-1940 : sous Charles II se développe un mouvement fasciste, encadré par la Garde de fer. 1940 : Antonescu instaure la dictature. Bien qu'alliée de l'Allemagne, la Roumanie est dépouillée de la Bessarabie et de la Bucovine du Nord (annexées par l'U. R. S. S.), d'une partie de la Transylvanie (récupérée par la Hongrie), de la Dobroudja méridionale (donnée à la Bulgarie). 1941 : la Roumanie entre en guerre contre l'U. R. S. S. 1944 : Antonescu est renversé. Un armistice est signé avec l'U. R. S. S. 1947 : le traité de Paris entérine l'annexion de la Bessarabie et de la Bucovine du Nord par l'U. R. S. S. Le roi Michel (1927-1930 ; 1940-1947) abdique fin déc. et une république populaire est proclamée. 1965 : Ceauşescu devient secrétaire général du parti communiste roumain. 1967 : il accède à la présidence du Conseil d'État. 1968 : il refuse de participer à l'invasion de la Tchécoslovaquie. 1974 : Ceauşescu est président de la République. Le pays connaît des difficultés économiques qui engendrent un climat social d'autant plus sombre que le régime demeure centralisé et répressif. 1985 : Ceauşescu relance le « programme de systématisation du territoire » (destruction de milliers de villages d'ici à l'an 2000). 1987 : la contestation se développe (émeutes ouvrières de Braşov). 1989 : une insurrection (déc.) renverse le régime ; Ceauşescu et son épouse sont arrêtés et exécutés. Un Conseil du Front de salut national, présidé par Ion Iliescu, assure la direction du pays, qui prend officiellement le nom de République de Roumanie. 1990 : les premières élections libres (mai) sont remportées par le Front de salut national ; Iliescu est élu à la présidence de la République. 1992 : Iliescu est réélu à la tête de l'État. À l'issue des élections législatives, de nombreuses formations politiques sont représentées au Parlement, au sein duquel le parti du président Iliescu ne détient plus la majorité.

ROUMANILLE (Joseph), écrivain français d'expression provençale (Saint-Rémy-de-Provence 1818 - Avignon 1891), un des fondateurs du félibrige.

ROUMÉLIE, nom donné par les Ottomans à l'ensemble de leurs provinces européennes jusqu'au milieu du XVIe s. Le congrès de Berlin (1878) créa une province de *Roumélie-Orientale* qui s'unit en 1885 à la Bulgarie.

ROUMOIS, région de Normandie, entre la Seine et la Risle.

ROURKELA, v. de l'Inde (Orissa) ; 398 692 h. Sidérurgie.

ROUSSEAU (Jean-Baptiste), poète français (Paris 1671 - Bruxelles 1741), auteur d'*Odes* et de *Cantates.*

ROUSSEAU (Jean-Jacques), écrivain et philosophe de langue française (Genève 1712 - Ermenonville 1778). Orphelin de mère, abandonné à dix ans par son père, il poursuit son éducation en autodidacte. Accueilli puis rejeté par Mme de Warens, précepteur chez M. de Mably, il souffre de solitude et d'incompréhension et tire de cette expérience le principe de sa philosophie : celle d'un sujet libre (la conscience, le cœur). Il poursuit dès lors dans la quête de soi-même le secret du bonheur des autres et de leur compréhension mutuelle. Le mal dont souffrent les hommes est, selon lui, linguistique et politique *(Essai sur l'origine des langues).* Cette recherche d'une harmonie entre les hommes s'exprime par une critique des fondements d'une société corruptrice *(Discours* sur les sciences et les arts, Discours* sur l'origine et les fondements de l'inégalité parmi les hommes, Lettre à d'Alembert sur les spectacles),* à travers un exposé des principes éthiques de la vie publique et privée dans des œuvres philosophiques *(Du contrat* social, Émile*),* romanesques *(Julie* ou la Nouvelle Héloïse)* et autobiographiques *(Confessions*, Rêveries* du promeneur solitaire).*

Jean-Jacques **Rousseau**
(Quentin de La Tour - Louvre, Paris.)

ROUSSEAU (Henri, dit **le Douanier**), peintre français (Laval 1844 - Paris 1910). Les tableaux, au dessin naïf, de cet autodidacte sont souvent d'une invention poétique étrange et d'une grande sûreté plastique (*la Charmeuse* de serpents* ; *le Rêve,* 1910, M. A. M. de New York). Apollinaire, Delaunay, Picasso reconnurent ses dons.

ROUSSEAU (Théodore), peintre français (Paris 1812 - Barbizon 1867). Interprète des beautés de la forêt de Fontainebleau, à la fois réaliste et romantique, il fut une personnalité dominante de l'école de Barbizon.

ROUSSEL (Albert), compositeur français (Tourcoing 1869 - Royan 1937), l'un des maîtres de la symphonie, du poème symphonique (*Évocations,* 1911), du ballet (*le Festin de l'araignée,* 1913 ; *Bacchus et Ariane,* 1931 ; *Aeneas,* 1935), de la suite (*Suite en « fa »,* 1926), de la musique de chambre, de la mélodie, de l'opéra-ballet (*Padmâvatî,* 1923).

ROUSSEL (Raymond), écrivain français (Paris 1877 - Palerme 1933). Son œuvre, saluée par les surréalistes pour l'exubérance de ses fantasmes et par les adeptes du « nouveau roman » pour sa combinatoire formelle, constitue une exploration systématique du mécanisme de la création littéraire (*Impressions d'Afrique,* 1910 ; *Locus solus,* 1914).

ROUSSES (Grandes), massif cristallin des Alpes françaises, entre l'Arc et la Romanche ; 3 468 m.

ROUSSES (Les) [39220], comm. du Jura ; 3 008 h. Sports d'hiver (alt. 1 120-1 680 m).

ROUSSILLON, anc. prov. de France, espagnole à partir de 1172 (comté de Barcelone, royaume de Majorque, puis royaume d'Aragon), annexée par la France de 1463 à 1493, réunie définitivement à la Couronne en 1659 (traité des Pyrénées). Cap. *Perpignan.* Le Roussillon s'étend sur la majeure partie du dép. des Pyrénées-Orientales. Les cultures irriguées des fruits et légumes, le vignoble et le tourisme constituent les principales ressources de la région.

ROUSSILLON (38150), ch.-l. de c. de l'Isère ; 7 408 h. Textiles. Chimie.

ROUSSILLON (84220), comm. de Vaucluse ; 1 170 h. Centre touristique.

ROUSSIN (André), auteur dramatique français (Marseille 1911 - Paris 1987), auteur de pièces à succès *(la Petite Hutte, Lorsque l'enfant paraît).* [Acad. fr.]

ROUSSY (Gustave), médecin anatomopathologiste français (Vevey, Suisse, 1874 - Paris 1948), auteur d'importants travaux de cancérologie, fondateur de l'Institut du cancer à Villejuif.

ROUSTAN, mamelouk de Napoléon Ier (Tiflis 1780 - Dourdan 1845). Esclave donné à Bonaparte par le cheikh du Caire, il fut son valet jusqu'au départ de l'Empereur pour l'île d'Elbe.

ROUSTAVI, v. de Géorgie ; 159 000 h. Métallurgie.

ROUTOT (27350), ch.-l. de c. de l'Eure ; 1 096 h. Église en partie du XIIe s.

ROUVIER (Maurice), homme politique français (Aix-en-Provence 1842 - Neuilly 1911). Président du Conseil (1887), ministre des Finances (1889-1892, 1902-1905), mis en cause dans le scandale des décorations, puis dans celui de Panamá, il revint à la présidence du Conseil en 1905-06.

ROUVRAY *(forêt du),* forêt de la rive gauche de la Seine, en face de Rouen.

ROUVROY (62320), ch.-l. de c. du Pas-de-Calais ; 9 236 h.

ROUX (Émile), médecin français (Confolens 1853 - Paris 1933). Collaborateur de Pasteur, il est l'auteur de travaux sur les toxines. On lui doit l'introduction en France de la sérothérapie dans le traitement de la diphtérie. Il dirigea l'Institut Pasteur de 1904 jusqu'à sa mort.

ROUYN-NORANDA, v. du Canada (Québec) ; 23 811 h. Centre minier et métallurgique.

ROVIGO, v. d'Italie (Vénétie) ; 52 058 h.

ROVNO, v. d'Ukraine ; 228 000 h.

ROWLAND (Frank Sherwood), chimiste américain (Delaware, Ohio, 1927). Il a découvert et expliqué, en 1974, avec M. J. Molina, les mécanismes chimiques qui conduisent à la destruction de l'ozone stratosphérique par les C.F.C. (Prix Nobel 1995.)

ROWLAND (Henry Augustus), physicien américain (Honesdale, Pennsylvanie, 1848 - Baltimore 1901). Il construisit des réseaux de diffraction qu'il employa à l'étude du spectre solaire et montra qu'une charge électrique mobile crée un champ magnétique.

ROWLANDSON (Thomas), peintre, dessinateur et graveur britannique (Londres 1756 - *id.* 1827). Il est le grand maître du dessin satirique et humoristique, genre florissant à son époque en Angleterre.

ROXANE ou **RHÔXANE,** épouse d'Alexandre le Grand (m. à Amphipolis v. 310 av. J.-C.), mise à mort avec son fils par ordre de Cassandre.

ROXELANE (v. 1505 - Edirne v. 1558), épouse préférée de Soliman II, mère de Selim II.

ROY (*Mgr* Camille), prélat et écrivain canadien d'expression française (Berthier-en-Bas, Québec, 1870 - Québec 1943), auteur d'essais critiques prônant une langue épurée et une littérature à l'image des classiques français.

ROY (Gabrielle), femme de lettres canadienne d'expression française (Saint-Boniface, Manitoba, 1909 - Québec 1983), auteur de romans psychologiques *(Bonheur d'occasion)* et de terroir *(la Route d'Altamont).*

ROY (René), économiste français (Paris 1894 - *id.* 1977), auteur de nombreux ouvrages de théorie économique et de statistique.

ROYA (la), riv. des Alpes (France et Italie), tributaire de la Méditerranée ; 60 km.

Royal Dutch-Shell, groupe pétrolier international (2e rang mondial) dont les origines remontent à la création aux Pays-Bas en 1890 de la Royal Dutch Company, unie en 1907 à la société britannique Shell Transport and Trading Co. Ses activités, outre le pétrole (exploration, raffinage, transport, distribution), sont l'extraction de charbon et de métaux et l'industrie chimique.

Royale *(place),* à Paris → **Vosges** *(place des).*

ROYAN [rwajɑ̃] (17200), ch.-l. de c. de la Charente-Maritime, à l'entrée de la Gironde ; 17 500 h. *(Royannais).* La ville, bombardée par erreur lors de sa libération en 1945 et reconstruite selon des conceptions modernes, est une grande station balnéaire. Église (1954) par Guillaume Gillet.

ROYAT [rwaja] (63130), ch.-l. de c. du Puy-de-Dôme ; 3 995 h. Station thermale (maladies du cœur et des artères). Église romane fortifiée.

ROYAUME-UNI DE GRANDE-BRETAGNE ET D'IRLANDE, nom officiel du royaume formé le 1er janv. 1801 par l'union de la Grande-Bretagne et de l'Irlande (Acte de 1800). Après la sécession de la majeure partie de l'Irlande en 1922, le titre officiel est devenu *Royaume-Uni de Grande-Bretagne et d'Irlande du Nord* (1er janv. 1923).

Royaumes combattants, période de l'histoire de Chine (481-221 av. J.-C.) pendant laquelle celle-ci était morcelée en principautés qui se faisaient la guerre.

ROYAUMONT [rwajomɔ̃], écart de la comm. d'Asnières-sur-Oise (Val-d'Oise). Importants restes d'une abbaye cistercienne fondée par Louis IX en 1228, auj. centre culturel.

ROYBON (38940), ch.-l. de c. de l'Isère ; 1 313 h.

ROYE (80700), ch.-l. de c. de la Somme ; 6 384 h. *(Royens).* Sucrerie.

ROYER-COLLARD (Pierre Paul), homme politique français (Sompuis 1763 - Châteauvieux, Loir-et-Cher, 1845), avocat, député (1815), chef des *doctrinaires* sous la Restauration. (Acad. fr.)

ROZAY-EN-BRIE (77540), ch.-l. de c. de Seine-et-Marne ; 2 415 h. Église des XIIIe-XVIe s.

Rozebeke *(bataille de)* [1382], victoire de Charles VI sur les Gantois, révoltés contre le comte de Flandre. Leur chef, Filips Van Artevelde, trouva la mort dans la bataille.

RÓŻEWICZ (Tadeusz), écrivain polonais (Radomsko 1921). Sa poésie et son théâtre *(le Laocoon, le Mariage blanc)* dénoncent le système absurde des conventions sociales et psychologiques.

ROZOY-SUR-SERRE (02360), ch.-l. de c. de l'Aisne ; 1 097 h. Église des XIIe-XVIe s.

R. P. F. (Rassemblement du peuple français), mouvement fondé en avr. 1947 par le général de Gaulle et qui joua un rôle politique important sous la IVe République.

R. P. R. (Rassemblement pour la République), formation politique française, issue de l'U. D. R., fondée par Jacques Chirac en déc. 1976 ; elle se présente comme l'héritière du gaullisme.

R. T. L. (Radio-Télé-Luxembourg), station de radiodiffusion de la *Compagnie luxembourgeoise de télédiffusion* (C. L. T.) fondée en 1931, dont le capital est détenu essentiellement par des groupes français et belges. La C. L. T. exploite également *R. T. L.-Télévision* ; elle est aussi l'opérateur principal de la chaîne française M6.

RUANDA → ***Rwanda.***

RUB' AL-KHĀLĪ (le), désert du sud de la péninsule arabique.

RUBBIA (Carlo), physicien italien (Gorizia 1934). Il a été à l'origine de la découverte au Cern, en 1983, des bosons intermédiaires W et Z. (Prix Nobel 1984.)

RUBEN, tribu israélite située à l'est du Jourdain. Son ancêtre éponyme est l'aîné des douze fils de Jacob.

RUBENS (Petrus Paulus), peintre flamand (Siegen, Westphalie, 1577 - Anvers 1640). Il travailla pour les Gonzague, pour l'archiduc Albert, pour Marie de Médicis (galerie du Luxembourg, 1622-1625, transférée au Louvre), pour Charles Ier d'Angleterre et pour Philippe IV d'Espagne. Chef d'un important atelier à Anvers, il a affirmé sa personnalité dans un style fougueux et coloré, aussi expressif dans la plénitude sensuelle que dans la violence, et qui répondait au goût de la Contre-Réforme. Exemplaire du courant baroque, son œuvre réalise une synthèse du réalisme flamand et de la grande manière italienne : *Saint Grégoire pape* (1607, musée de Grenoble), *la Descente de croix* (1612, cathédrale d'Anvers), *la Mise au tombeau* (1616, église St-Géry, Cambrai), *le Combat des Amazones* (1617, Munich), *l'Adoration des Mages* (versions de Bruxelles, Malines, Lyon, Anvers), *le Coup de lance* (1620, Anvers), *le Jardin d'amour* (1635, Prado), *la Kermesse* (1636, Louvre), les divers portraits d'*Hélène* Fourment.*

Rubens : *la Toilette de Vénus* (v. 1613). [Coll. Liechtenstein, Vaduz.]

RUBICON (le), riv. séparant l'Italie de la Gaule Cisalpine. César le franchit avec son armée dans la nuit du 11 au 12 janv. 49 av. J.-C., sans l'autorisation du sénat : ce fut le commencement de la guerre civile ; *franchir le Rubicon* signifie prendre une décision grave et en accepter les conséquences.

RUBINSTEIN (Anton Grigorievitch), pianiste et compositeur russe (Vykhvatintsy 1829 - Peterhof 1894), fondateur du conservatoire de Saint-Pétersbourg.

RUBINSTEIN (Artur), pianiste polonais naturalisé américain (Łódź 1887 - Genève 1982), célèbre par ses interprétations de Chopin.

RUBINSTEIN (Ida), danseuse et mécène russe (Kharkov v. 1885 - Vence 1960), commanditaire du *Boléro* de M. Ravel.

RUBROEK, RUYSBROEK ou **RUBRUQUIS** (Guillaume **de**), franciscain flamand (Rubroek v. 1220 - apr. 1293). Envoyé par Saint Louis en mission en Mongolie auprès du grand khan qu'il rencontra en 1254, il a laissé une intéressante relation de voyage.

Ruchard *(camp du),* camp militaire d'Indre-et-Loire (comm. d'Avon-les-Roches).

Ruche (la), cité d'artistes sise à Paris, passage de Dantzig (XVe arr.). Des artistes à leurs débuts (Léger) ou nouvellement installés en France (Archipenko, Zadkine, Chagall, Soutine, Lipchitz...) en ont fait un des hauts lieux de l'art de notre siècle.

RÜCKERT (Friedrich), poète et orientaliste allemand (Schweinfurt 1788 - Neuses, près de Cobourg, 1866), auteur de poèmes patriotiques et lyriques (*Kindertotenlieder,* mis en musique par G. Mahler).

RUDAKI (Abu 'Abd Allāh Dja'far), poète persan (près de Rudak, région de Samarkand, fin du IXe s. - 940), le premier grand poète lyrique de son pays.

RUDA ŚLĄSKA, v. de Pologne, en haute Silésie ; 171 600 h. Houille. Métallurgie.

RUDE (François), sculpteur français (Dijon 1784 - *id.* 1855). Un des maîtres de l'école romantique, bien que nourri de tradition classique, il est l'auteur de *la Marseillaise** (arc de triomphe de l'Étoile, à Paris), d'une statue du maréchal Ney, d'un *Napoléon s'éveillant à l'immortalité.*

RUDNICKI (Adolf), écrivain polonais (Varsovie 1912 - *id.* 1990), auteur de chroniques *(les Feuillets bleus)* et de nouvelles *(le Marchand de Lodz, Têtes polonaises).*

RUE (80120), ch.-l. de c. de la Somme ; 3 115 h. Sucrerie. Chapelle flamboyante du St-Esprit, des XVe-XVIe s. ; beffroi des XVe et XIXe s.

Ruée vers l'or (la), film américain de Ch. Chaplin (1925), où le personnage de Charlot, chercheur d'or au Klondyke en 1898, accède à une grandeur à la fois bouffonne et tragique.

RUEFF (Jacques), économiste français (Paris 1896 - *id.* 1978), auteur d'ouvrages sur les problèmes monétaires. (Acad. fr.)

RUEIL-MALMAISON (92500), ch.-l. de c. des Hauts-de-Seine ; 67 323 h. *(Ruellois).* Institut français du pétrole. Électronique. Château et musée de Malmaison, qui fut le séjour préféré du Premier consul, puis de l'impératrice Joséphine après son divorce.

RUELLE-SUR-TOUVRE (16600), ch.-l. de c. de la Charente ; 7 338 h. Armement.

RUFFEC (16700), ch.-l. de c. de la Charente ; 4 445 h. Église à façade romane sculptée.

RUFFIÉ (Jacques), médecin français (Limoux 1921). Professeur au Collège de France, spécialiste de l'hématologie, de l'immunologie et de la génétique, il a créé une science nouvelle, *l'hémotypologie,* qui étudie les facteurs héréditaires du sang.

RUFIN, en lat. **Flavius Rufinus,** homme politique romain (Elusa, auj. Eauze, v. 335 - Constantinople 395). Préfet du prétoire de Théodose Ier et régent d'Arcadius, il fut le rival de Stilicon, qui le fit assassiner.

RUFISQUE, port du Sénégal, près de Dakar ; 50 000 h.

RUGBY, v. de Grande-Bretagne, sur l'Avon ; 59 000 h. Collège célèbre (où naquit le *rugby* en 1823).

RÜGEN, île d'Allemagne (Mecklembourg-Poméranie-Occidentale), dans la Baltique, reliée au continent par une digue ; 926 km².

RUGGIERI (Cosimo), astrologue florentin (m. à Paris en 1615), favori de Catherine de Médicis, auteur, après 1604, d'almanachs annuels réputés.

RUGLES (27250), ch.-l. de c. de l'Eure ; 2 428 h. Tréfilerie. Église des XIIIe-XVIe s.

RUHLMANN (Jacques Émile), décorateur français (Paris 1879 - *id.* 1933). Son mobilier Arts déco, d'une grande élégance, est traité dans des bois et des matières rares (ivoire, écaille...).

RUHMKORFF (Heinrich Daniel), mécanicien et électricien allemand (Hanovre 1803 - Paris 1877). Il réalisa, en 1851, la bobine d'induction qui porte son nom.

RUHR (la), riv d'Allemagne, affl. du Rhin (r. dr.), qu'elle rejoint à Duisburg ; 218 km.

RUHR, région d'Allemagne (Rhénanie-du-Nord-Westphalie), traversée par la *Ruhr,* fortement industrialisée (houille, métallurgie, chimie), avec un développement plus récent de services, et urbanisée (Essen, Duisburg, Düsseldorf, Dortmund). — La Ruhr fut occupée par la France et la Belgique (1923-1925) à la suite de la non-exécution des clauses du traité de Versailles. Sévèrement bombardée pendant la Seconde Guerre mondiale, elle fut pourvue d'un organisme allié de contrôle économique (1948-1952).

RUISDAEL ou **RUYSDAEL** (Jacob **Van**), peintre néerlandais (Haarlem 1628/29 - *id.* 1682). Son œuvre marque à la fois un sommet de l'école paysagiste hollandaise et le dépassement de celle-ci par la force d'une vision dramatique ou lyrique qui préfigure le romantisme (*le Cimetière juif,* versions de Dresde et de Detroit ; *le Coup de soleil,* Louvre). Il était le neveu d'un autre paysagiste, **Salomon Van Ruysdael** (Naarden v. 1600 - Haarlem 1670).

RUITZ (62620), comm. du Pas-de-Calais ; 1 603 h. Industrie automobile.

RUIZ *(Nevado del)*, volcan des Andes de Colombie ; 5 400 m. Éruption meurtrière en 1985.

RUIZ (Juan), plus souvent nommé **l'Archiprêtre de Hita,** écrivain espagnol (Alcalá de Henares ? v. 1285 - v. 1350), auteur d'un poème autobiographique *(Libro de buen amor)*, mêlé de légendes, d'allégories et de satires sur la société du temps.

RUIZ DE ALARCÓN Y MENDOZA (Juan), poète dramatique espagnol (Mexico 1581 - Madrid 1639), auteur de comédies *(la Vérité suspecte)* et du drame *le Tisserand de Ségovie.*

RUMFORD (Benjamin **Thompson,** *comte*), physicien américain (Woburn, Massachusetts, 1753 - Auteuil, France, 1814). Il étudia les chaleurs de combustion et de vaporisation, et détruisit la théorie du calorique en montrant que la glace fondante garde une masse constante.

RUMILLY (74150), ch.-l. de c. de la Haute-Savoie ; 10 307 h. Agroalimentaire.

RUMMEL (le), fl. d'Algérie, tributaire de la Méditerranée, dont les gorges entourent Constantine et qui prend plus en aval le nom d'*oued el-Kebir ;* 250 km.

RUNDSTEDT (Gerd **von**), maréchal allemand (Aschersleben 1875 - Hanovre 1953). Il commanda un groupe d'armées en Pologne, en France et en Russie (1939-1941). En déc. 1944, il dirigea l'ultime offensive de la Wehrmacht dans les Ardennes.

RUNEBERG (Johan Ludvig), écrivain finlandais d'expression suédoise (Pietarsaari 1804 - Porvoo 1877). Ses poèmes lyriques et patriotiques (*Récits de l'enseigne Stål,* 1848-1860) lui valurent le titre de « poète national de Finlande ».

RUNGIS (94150), comm. du Val-de-Marne ; 2 939 h. Depuis 1969, un marché-gare y remplace les Halles de Paris.

RUOLZ-MONTCHAL (*comte* Henri **de**), savant français (Paris 1808 - Neuilly-sur-Seine 1887). Avec l'Anglais Elkington, il découvrit un procédé de dorure de l'argent par galvanoplastie (1840).

RUPEL (le), riv. de Belgique, affl. de l'Escaut (r. dr.) ; 12 km. Il est formé par la réunion de la Dyle et de la Nèthe.

RUPERT (le), fl. du Canada (Québec), tributaire de la baie James ; 610 km.

RUPERT (Robert, *comte palatin,* dit **le Prince**), amiral anglais (Prague 1619 - Londres 1682). Il participa brillamment à la guerre contre les impériaux (1638-1641) avant de servir sous les ordres de son oncle Charles Ier lors de la première révolution anglaise.

RUṢĀFA ou **RÉSAFÉ,** site de Syrie, au S.-E. du lac Asad. Vestiges (basiliques, martyrium, etc.) élevés au VIe s. en ce lieu de pèlerinage à saint Serge.

RUSE, v. de Bulgarie, sur le Danube ; 179 000 h. Port fluvial et centre industriel.

RUSHDIE (Salman), écrivain britannique d'origine indienne (Bombay 1947). Magicien du verbe, il place l'imagination au centre de ses récits (*les Enfants de minuit,* 1980 ; *Haroun et la mer des histoires,* 1990 ; *le Dernier Soupir du Maure,* 1995). Son roman *les Versets sataniques* (1988), jugé blasphématoire contre l'islam, lui a valu d'être « condamné » à mort par une décision « juridique » *(fatwa)* de R. Khomeyni.

RUSHMORE *(mont)*, site des États-Unis, au S.-O. de Rapid City (Dakota du Sud). Les visages des présidents Washington, Jefferson, Lincoln et Th. Roosevelt y sont sculptés, hauts d'une vingtaine de mètres, sur une paroi granitique.

RUSKIN (John), critique et historien d'art, sociologue et écrivain britannique (Londres 1819 - Brantwood, Cumberland, 1900). Alliant la prédication morale et les initiatives pratiques à la réflexion sur l'art, il exalta l'architecture gothique et soutint le mouvement préraphaélite ainsi que la renaissance des métiers d'art.

RUSSELL (Bertrand, 3e *comte*), philosophe et logicien britannique (Trelleck, pays de Galles, 1872 - Penrhyndeudraeth, pays de Galles, 1970). Il a fondé une école sur des bases pédagogiques de liberté en 1927 ; de 1916 jusqu'à sa mort il a milité en faveur du pacifisme. Son activité la plus marquante s'est située dans le domaine scientifique et logique : il a fondé le logicisme et la théorie des types. Il a écrit *Principia mathematica,* en collab. avec Whitehead (1910-1913). [Prix Nobel de littérature 1950.]

RUSSELL (Edward), amiral anglais (1653-1727), vainqueur de Tourville en 1692 à la Hougue.

RUSSELL (Henry Norris), astronome américain (Oyster Bay, New York, 1877 - Princeton, New Jersey, 1957). Ses travaux de physique stellaire l'amenèrent à établir, indépendamment de Hertzsprung, une classification des étoiles en fonction de leur luminosité et de leur type spectral, qui se traduit par le *diagramme* dit *de Hertzsprung-Russell* (1913) universellement utilisé à présent.

RUSSELL (John, *comte*), homme politique britannique (Londres 1792 - Pembroke Lodge, Richmond Park, 1878). Chef du parti whig, Premier ministre (1846-1852 ; 1865-66) et ministre des Affaires étrangères (1852-1855 ; 1860-1865), il lutta contre l'influence russe en Europe (guerre de Crimée, 1854) et compléta l'œuvre libre-échangiste de Peel.

RUSSELL (Ken), cinéaste britannique (Southampton 1927), auteur de films baroques (*Love,* 1969 ; *Music Lovers,* 1971).

RÜSSELSHEIM, v. d'Allemagne (Hesse), sur le Main ; 58 849 h. Automobiles.

RUSSEY (Le) [25210], ch.-l. de c. du Doubs ; 1 912 h.

RUSSIE, État d'Europe et d'Asie ; 17 075 000 km² ; 150 000 000 h. *(Russes).* CAP. *Moscou.* LANGUE : *russe.* MONNAIE : *rouble.*

INSTITUTIONS

Constitution fédérale de 1993 (chaque République doit se doter d'une Constitution conforme à la Constitution fédérale). Fédération comprenant 89 entités territoriales : 21 Républiques, 6 territoires, 49 régions, 10 districts autonomes, une région autonome, deux villes d'importance fédérale (Moscou et Saint-Pétersbourg). Assemblée fédérale formée de deux chambres élues pour 4 ans : *Douma d'État* (450 députés) et *Conseil de la Fédération* (178 membres, 2 par entité territoriale de la Fédération). Président de la Fédération élu pour 4 ans au suffrage universel direct ; rééligible une fois. Chef du gouvernement responsable devant la Douma d'État.

GÉOGRAPHIE

La Russie est, de loin, le plus vaste pays du monde (plus de trente fois la superficie de la France), s'étendant sur environ 10 000 km d'ouest en est, de la Baltique au Pacifique (onze fuseaux horaires). Elle est formée essentiellement de plaines et de plateaux, la montagne apparaissant toutefois dans le Sud (Caucase, confins de la Mongolie et de la Chine) et l'Est (en bordure du Pacifique). L'Oural constitue une barrière traditionnelle entre la Russie d'Europe à l'O. et la Russie d'Asie (la Sibérie) à l'E. La latitude, mais surtout l'éloignement de l'océan et la disposition du relief expliquent la continentalité du climat, marquée vers l'est, avec des hivers très rigoureux, ainsi que la disposition zonale des formations végétales : du nord au sud se succèdent la toundra, la taïga, les feuillus et les steppes herbacées.

La dureté des conditions climatiques explique la relative faiblesse moyenne du peuplement (moins de 10 h. au km²), sa localisation préférentielle à l'O. de l'Oural et souvent à des latitudes méridionales. Les Russes de souche constituent un peu plus de 80 % de la population totale, les minorités totalisent toutefois près de 30 millions d'individus, bénéficiant parfois d'un statut, au moins théorique, d'autonomie. Il est vrai qu'un nombre presque égal de Russes vivent dans les territoires périphériques (au Kazakhstan et en Ukraine notamment). La majeure partie de la population est aujourd'hui urbanisée. Moscou et Saint-Pétersbourg dominent le réseau urbain, mais une dizaine d'autres villes comptent plus d'un million d'habitants.

Les ressources naturelles sont à la mesure de l'étendue du territoire. La Russie se situe parmi les premiers producteurs mondiaux de pétrole et de gaz naturel, de minerai de fer (et aussi d'acier). Mais la situation est moins brillante dans les branches élaborées (électronique, chimie, plastique, automobiles), dans l'agriculture aussi où le volume de la production (blé et pomme de terre notamment), du cheptel (bovins et porcins) ne doit pas masquer la faiblesse des rendements.

En réalité, la Russie paie la rançon d'une planification excessivement centralisée et dirigiste (liée au développement tentaculaire de la bureaucratie), ainsi que le manque de stimulation, d'innovation, de responsabilité propre à l'appropriation collective des moyens de production et à leur gestion, ignorant les lois du marché dans un espace qui a été longtemps isolé commercialement. Elle subit les conséquences du déclin des échanges avec les territoires limitrophes et l'ancienne Europe de l'Est, à la fois clients et fournisseurs obligés. Elle souffre enfin de causes plus « naturelles » : les aléas climatiques, la distance (cause d'une fréquente dissociation spatiale des ressources, notamment minérales et énergétiques, et des besoins). Après la dissolution de l'U.R.S.S., elle a engagé un processus de passage à l'économie de marché.

HISTOIRE

Les origines et les principautés médiévales.

Ve s. apr. J.-C. : les Slaves de l'Est descendent vers le sud-est, où ils recueillent les vestiges des civilisations scythe et sarmate. VIIIe-IXe s. : des Normands, les Varègues, dominent les deux voies du commerce entre Baltique et mer Noire, le Dniepr et la Volga. V. 862 : Riourik s'établit à Novgorod. 882 : Oleg, prince riourikide, fonde l'État de Kiev. 989 : Vladimir Ier (v. 980-1015) impose à ses sujets le « baptême de la Russie ». 1019-1054 : sous Iaroslav le Sage, la Russie kiévienne connaît une brillante civilisation, inspirée de Byzance. XIe s. : les incursions des nomades (Petchenègues puis Coumans) provoquent la fuite d'une partie de la population vers la Galicie, la Volhynie ou le Nord-Est. 1169 : Vladimir est choisie pour capitale du second État russe, la principauté de Vladimir-Souzdal. 1238-1240 : les Mongols conquièrent tout le pays, à l'exception des principautés de Pskov et de Novgorod. La Russie centrale passe pour plus de deux siècles sous la domination de la Horde d'Or. 1242 : Alexandre Nevski arrête les chevaliers Porte-

Jacob Van **Ruisdael** : *la Cascade.* (Rijksmuseum, Amsterdam.)

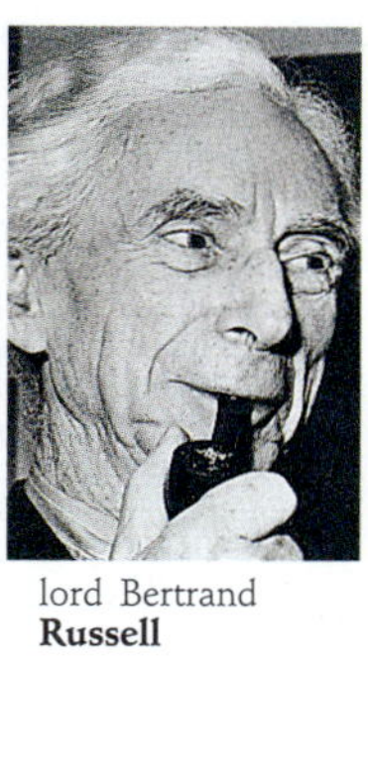

lord Bertrand **Russell**

Glaive. XIVᵉ s. : la différenciation entre Biélorusses, Petits-Russes (ou Ukrainiens) et Grands-Russiens commence à se préciser.
L'État moscovite. XIVᵉ s. : la principauté de Moscou acquiert la suprématie sur les autres principautés russes. 1326 : le métropolite s'établit à Moscou. 1380 : Dimitri Donskoï (1362-1389) est victorieux des Mongols à Koulikovo. 1425-1462 : sous le règne de Vassili II, l'Église russe refuse l'union avec Rome. 1462-1505 : Ivan III, qui prend le titre d'autocrate, organise un État puissant et centralisé et met fin à la suzeraineté mongole (1480). 1547 : Ivan IV (1533-1584) est proclamé tsar. 1552-1556 : il reconquiert les khanats de Kazan et d'Astrakhan. 1582 : Iermak amorce l'expansion en Sibérie. 1598 : à la mort de Fedor Iᵉʳ, la dynastie riourikide s'éteint. 1605-1613 : après le règne de Boris Godounov (1598-1605), la Russie connaît des troubles politiques et sociaux et est envahie par les Suédois et les Polonais. 1613 : Michel Fedorovitch (1613-1645) fonde la dynastie des Romanov. 1645-1676 : sous Alexis Mikhaïlovitch, l'annexion de l'Ukraine orientale entraîne une guerre avec la Pologne (1654-1667). 1649 : le Code fait du servage une institution. 1666-67 : la condamnation des vieux-croyants par l'Église orthodoxe russe provoque le schisme, ou *raskol.*
L'Empire russe. 1682-1725 : ayant écarté du pouvoir la régente Sophie (1689), Pierre le Grand entreprend l'occidentalisation du pays à qui il donne un accès à la Baltique et une nouvelle capitale, Saint-Pétersbourg. Il crée l'Empire russe en 1721. 1725-1741 : sous ses successeurs, Catherine Iʳᵉ (1725-1727), Pierre II (1727-1730) et Anna Ivanovna (1730-1740), son œuvre n'est pas remise en cause. 1741-1762 : sous Élisabeth Petrovna, l'influence française se développe. 1762 : Pierre III restitue à Frédéric II les territoires conquis en Prusse par l'armée russe ; il est assassiné. 1762-1796 : Catherine II mène une politique d'expansion et de prestige. Au traité de Kutchuk-Kaïnardji (1774), la Russie obtient un accès à la mer Noire ; à l'issue des trois partages de la Pologne, elle acquiert la Biélorussie, l'Ukraine occidentale et la Lituanie. Mais l'aggravation du servage provoque la révolte de Pougatchev (1773-74). 1796-1801 : règne de Paul Iᵉʳ et adhésion de la Russie aux deux premières coalitions contre la France. 1807 : Alexandre Iᵉʳ (1801-1825) conclut avec Napoléon le traité de Tilsit. 1809 : il annexe la Finlande. 1812 : il engage « la guerre patriotique » contre l'envahisseur français. 1815 : Alexandre Iᵉʳ participe au congrès de Vienne et adhère à la Sainte-Alliance. 1825 : le complot décabriste échoue. 1825-1855 : Nicolas Iᵉʳ poursuit l'expansion au Caucase (1828), réprime la révolution polonaise de 1831 et l'insurrection hongroise de 1849. L'intelligentsia se divise en slavophiles et occidentalistes. 1854-1856 : la Russie est battue par la France et la Grande-Bretagne, alliées de l'Empire ottoman pendant la guerre de Crimée.
La modernisation et le maintien de l'autocratie. 1860 : la Russie annexe la région comprise entre l'Amour, l'Oussouri et le Pacifique, puis conquiert l'Asie centrale (1865-1897). 1861-1864 : Alexandre II (1855-1881) affranchit les serfs, qui représentaient encore un tiers de la population paysanne, et institue les zemstvos. Ces réformes ne satisfont pas l'intelligentsia révolutionnaire qui adhère au nihilisme puis dans les années 1870 au populisme. 1878 : le congrès de Berlin limite l'influence que la Russie a acquise dans les Balkans grâce à ses victoires sur les Ottomans. 1881 : Alexandre II est assassiné. 1881-1894 : Alexandre III limite l'application des réformes du règne précédent et poursuit à l'égard des allogènes une politique de russification et de prosélytisme orthodoxe. Le pays connaît une rapide industrialisation à la fin des années 1880. L'alliance franco-russe est conclue. 1894 : Nicolas II accède au pouvoir. 1898 : le parti ouvrier social-démocrate de Russie (P. O. S. D. R.) est fondé. 1901 : le parti social-révolutionnaire (S.-R.) est créé. 1904-05 : la guerre russo-japonaise est un désastre pour la Russie. 1905 : l'agitation pour l'obtention d'une constitution et les grèves amènent le tsar à promettre la réunion d'une douma d'État. 1907 : la modification de la loi électorale permet l'élection de la troisième douma, dite « douma des seigneurs ». La Russie se rapproche de la Grande-Bretagne pour former avec elle et la France la Triple-Entente. 1915 : la Russie, engagée dans la Première Guerre mondiale, subit de lourdes pertes lors des offensives austro-allemandes en Pologne, en Galicie et en Lituanie. 1917 : la révolution de février abat le tsarisme ; la révolution d'octobre donne le pouvoir aux bolcheviks.
La Russie soviétique. 1918-1920 : le nouveau régime se défend contre les armées blanches dirigées par Denikine, Koltchak, Ioudenitch et Wrangel. Il reconnaît l'indépendance de la Finlande, de la Pologne et des pays Baltes. La République socialiste fédérative soviétique de Russie (R. S. F. S. R.), créée en 1918, organise sur son territoire des Républiques ou régions autonomes en Crimée, au Caucase du Nord, dans l'Oural et en Asie centrale. 1922 : la R. S. F. S. R. adhère à l'U. R. S. S. Constituant dès lors le centre de l'Union soviétique, la Russie joue un rôle fédérateur à l'égard des Républiques périphériques (au nombre de 14 depuis la Seconde Guerre mondiale), dans lesquelles l'emploi de la langue russe et l'établissement des Russes sont considérés comme les vecteurs de la consolidation des valeurs soviétiques. Cependant, après 1985, les aspirations à la démocratie se développent rapidement, entraînant une rupture avec le système soviétique. 1990 : le Soviet suprême issu des premières élections républicaines libres de la R.S.F.S.R. élit Boris Ieltsine à sa présidence et proclame la souveraineté de la Russie. 1991 : B. Ieltsine, élu président de la République de Russie au suffrage universel, s'oppose au putsch tenté contre M. Gorbatchev (août).
La Fédération de Russie. Après la dissolution de l'U.R.S.S. (déc. 1991), la Russie adhère à la C.E.I., au sein de laquelle elle cherche à jouer un rôle prépondérant, et prend le nom officiel de Fédération de Russie. Elle succède à l'U.R.S.S. comme puissance nucléaire et comme membre permanent du Conseil de sécurité de l'O.N.U. Des conflits d'intérêts l'opposent à l'Ukraine (statut de la Crimée, contrôle de la flotte de la mer Noire) et à la Géorgie qui refuse d'adhérer à la C.E.I. À l'intérieur, l'introduction de l'économie de marché entraîne une forte hausse des prix et l'aggravation de la pauvreté et de la corruption. Le gouvernement central est confronté à la volonté d'indépendance de divers peuples de la région de la Volga et du Caucase du Nord (particulièrement des Tchétchènes) et au développement des pouvoirs régionaux dans toute la Fédération. 1993 : le traité Start II est signé par les États-Unis et la Russie. B. Ieltsine dissout le Soviet suprême (sept.), puis, face à la rébellion des députés, fait intervenir l'armée (oct.). En décembre, il organise des élections législatives et un référendum sur un projet de Constitution, qui est adopté. Les élections consacrent la montée de l'extrême droite nationaliste, qui arrive en deuxième position après la coalition rassemblant les réformateurs partisans de B. Ieltsine. Le parti communiste et ses alliés remportent près d'un tiers des sièges. La Russie obtient l'adhésion de la Géorgie à la C.E.I. 1994 : la Russie, l'Ukraine et les États-Unis signent un accord sur le démantèlement de l'arsenal nucléaire stationné en Ukraine. B. Ieltsine procède à un recentrage de la politique économique (recherche d'un équilibre entre le rythme des réformes et leur coût social) et renforce le rôle de la Russie dans l'ancien espace soviétique et dans les Balkans. À partir de décembre, il fait intervenir l'armée contre les indépendantistes de Tchétchénie. 1995 : les élections législatives (déc.) sont marquées par un retour en force des communistes qui, avec leurs alliés, contrôlent près de la moitié de la Douma.

CULTURE ET CIVILISATION

□ BEAUX-ARTS

Principales villes d'intérêt artistique : Iaroslavl, Kazan, Kostroma, Moscou, Nijni Novgorod, Novgorod, Petrodvorets, Pskov, Rostov, Saint-Pétersbourg, Saratov, Serguiev-Possad, Souzdal, Tsarskoïe Selo, Vladimir.
Quelques peintres célèbres : Roublev, Repine, Vroubel, Kandinsky, Malevitch, Gontcharova, Larionov, Tatline, El Lissitzky, Rodtchenko. (Voir aussi *constructivisme.*)

□ LITTÉRATURE

XVIIᵉ s. : Avvakoum. XVIIIᵉ s. : Lomonossov, Soumarokov, Fonvizine, Derjavine. 1ʳᵉ moitié du XIXᵉ s. : Karamzine, Joukovski, Krylov, Griboïedov, Pouchkine, Lermontov, Belinski, Gogol. Fin du XIXᵉ s. : Tourgueniev, Dostoïevski, Tolstoï, Saltykov-Chtchedrine, Herzen, A. N. Ostrovski, Gontcharov, Nekrassov, Tchernychevski. De 1880 à 1917 : Tchekhov, Gorki, Bounine, Andreïev, Balmont, Blok, Merejkovski. De la révolution de 1917 à la Seconde Guerre mondiale : Zamiatine, Mandelstam, Akhmatova, Essenine, Maïakovski, Pilniak, Belyï, Babel, Platonov, Boulgakov, N. A. Ostrovski, A. N. Tolstoï, Kataïev, Fadeïev, Simonov. L'époque contemporaine : Leonov, Ehrenbourg, Pasternak, Cholokhov, Fedine, Paoustovski, Kazakov, Evtouchenko, Soljenitsyne.

□ MUSIQUE

XIXᵉ s. : Balakirev, Borodine, Cui, Dargomyjski, Glinka, Moussorgski, Rimski-Korsakov, Tchaïkovski. XXᵉ s. : Chostakovitch, Glazounov, Kabalevski, Khatchatourian, Prokofiev, Rachmaninov, Scriabine.

□ CINÉMA RUSSE ET SOVIÉTIQUE

D. Vertov, L. Koulechov, G. Kozintsev, S. Eisenstein, V. Poudovkine, A. Dovjenko, B. Barnet, M. Donskoï, G. Tchoukhraï, S. Bondartchouk, A. Tarkovski, A. Mikhalkov-Kontchalovski, S. Paradjanov, G. Panfilov, N. Mikhalkov.

Russie *(campagne de)* [24 juin - 30 déc. 1812], expédition menée en Russie par les armées de Napoléon (600 000 hommes dont 300 000 Français). Après avoir remporté la bataille de la Moskova et pris Moscou, ces armées durent entamer une longue et désastreuse retraite, marquée par le passage de la Berezina.

RUSSIE BLANCHE → ***Biélorussie.***

russo-japonaise *(guerre)* [févr. 1904 - sept. 1905], guerre entre le Japon et la Russie marquée par le siège de Port-Arthur et les défaites russes de Moukden et de Tsushima. Le traité de Portsmouth contraignit les Russes à évacuer la Mandchourie et établit le protectorat japonais sur la Corée.

russo-polonaise *(guerre)* → ***polono-soviétique*** *(guerre).*

russo-turques *(guerres),* guerres que se livrèrent les Empires ottoman et russe, particulièrement en 1736-1739, 1768-1774, 1787-1791 (à l'issue desquelles la Russie acquit le littoral septentrional de la mer Noire) ; en 1828-29 (intervention en faveur de l'indépendance grecque) ; en 1853/54-1856 (guerre de Crimée) ; en 1877-78 (intervention dans les Balkans).

RUSTENBURG, v. d'Afrique du Sud (prov. du Nord-Ouest). Centre minier (platine, chrome).

RUTEBEUF, poète français (XIIIᵉ s.), auteur de poèmes satiriques, d'une branche du *Roman* de Renart (Renart le Bestourné)* et d'un des plus anciens « miracles de Notre-Dame », *le Miracle de Théophile* (v. 1260).

RUTH, jeune Moabite, épouse de Booz, et, par le fils qu'elle eut de celui-ci, ancêtre de Jésus. Son histoire est racontée dans le livre biblique qui porte son nom (Vᵉ s. av. J.-C.).

RUTHÉNIE SUBCARPATIQUE → ***Ukraine subcarpatique.***

RUTHERFORD OF NELSON (Ernest, *lord*), physicien britannique (Nelson, Nouvelle-Zélande, 1871 - Cambridge 1937). Il découvrit en 1899 la radioactivité du thorium et donna, avec Soddy, la loi des transformations radioactives. Il distingua les rayons bêta et alpha, utilisant ces derniers, en 1919, pour réaliser la première transmutation provoquée, celle de l'azote en oxygène. Il proposa un modèle d'atome composé d'un noyau central et d'électrons satellites. (Prix Nobel de chimie 1908.)

RÜTLI ou **GRÜTLI** (le), prairie de la Suisse, sur la bordure sud-est du lac des Quatre-Cantons, célèbre par le serment prêté, probablement le 1ᵉʳ août 1291, par les patriotes des cantons d'Uri, de Nidwald et de Schwyz, qui voulaient se débarrasser de la tyrannie d'Albert d'Autriche.

RUTULES, anc. peuple du Latium.

RUWENZORI, massif montagneux de l'Afrique, entre le Zaïre et l'Ouganda ; 5 119 m au pic Marguerite.

RUSSIE

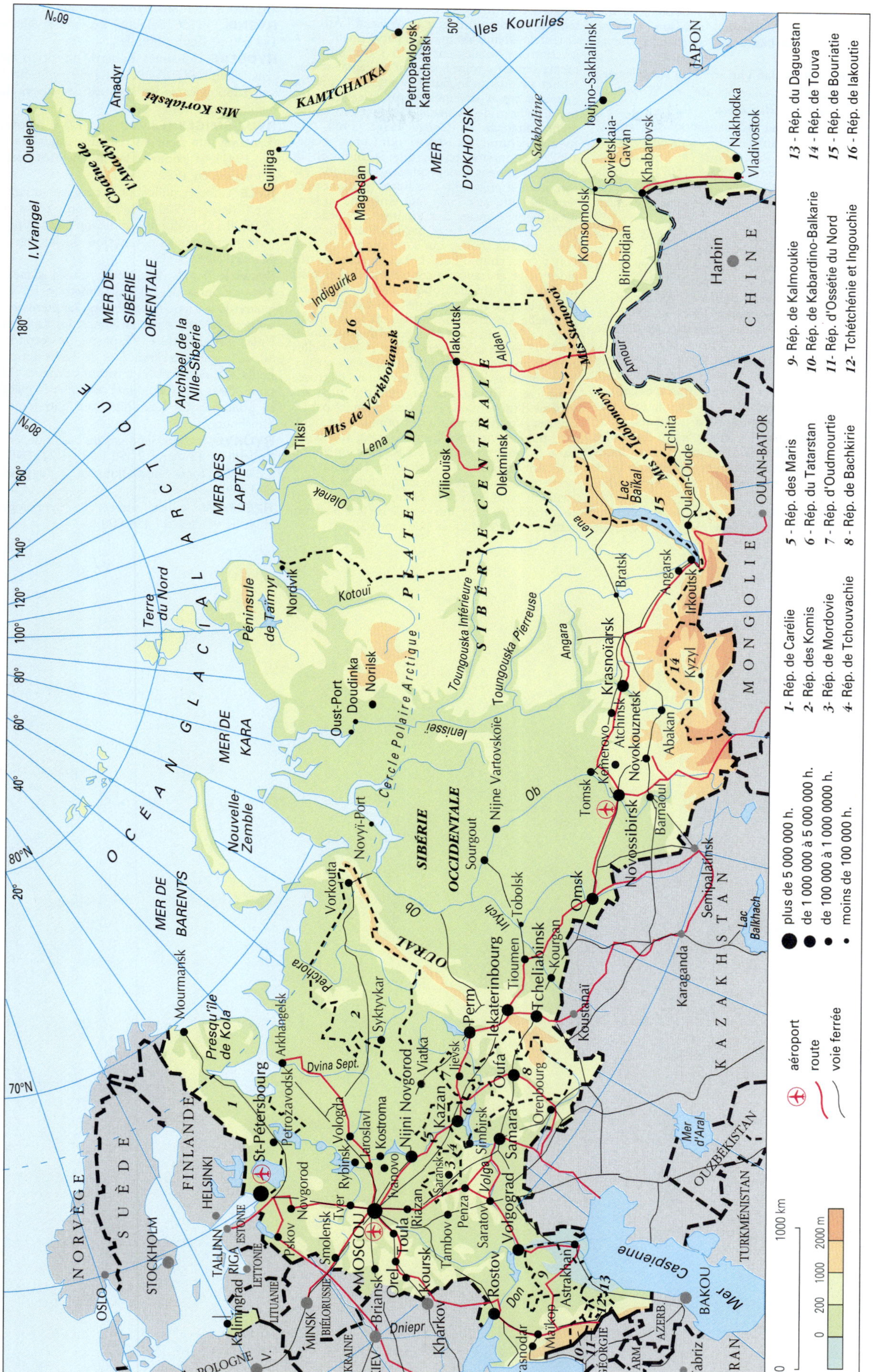
aéroport
route
voie ferrée
plus de 5 000 000 h.
de 1 000 000 à 5 000 000 h.
de 100 000 à 1 000 0000 h.
moins de 100 000 h.
1- Rép. de Carélie
2- Rép. des Komis
3- Rép. de Mordovie
4- Rép. de Tchouvachie
5 - Rép. des Maris
6 - Rép. du Tatarstan
7 - Rép. d'Oudmourtie
8 - Rép. de Bachkirie
9- Rép. de Kalmoukie
10- Rép. de Kabardino-Balkarie
11- Rép. d'Ossétie du Nord
12- Tchétchénie et Ingouchie
13 - Rép. du Daguestan
14 - Rép. de Touva
15 - Rép. de Bouriatie
16 - Rép. de Iakoutie
0 200 1000 2000 m
0 1000 km
OCÉAN GLACIAL ARCTIQUE
MER DE BARENTS
MER DE KARA
MER DES LAPTEV
MER DE SIBÉRIE ORIENTALE
MER D'OKHOTSK
Mer Caspienne
Mer d'Aral
Lac Balkhach
Lac Baïkal
OURAL
SIBÉRIE OCCIDENTALE
PLATEAU DE SIBÉRIE CENTRALE
KAMTCHATKA
Mts de Verkhoïansk
Mts Koriaksk
Chaîne de l'Anadyr
Mts Stanovoï
Mts Iablonovy
Cercle Polaire Arctique
Nouvelle-Zemble
Terre du Nord
Péninsule de Taïmyr
Archipel de la Nlle-Sibérie
I. Vrangel
Presqu'île de Kola
Sakhaline
Iles Kouriles
NORVÈGE
SUÈDE
FINLANDE
POLOGNE
UKRAINE
BIÉLORUSSIE
LITUANIE
LETTONIE
ESTONIE
GÉORGIE
ARM.
AZERB.
IRAN
TURKMÉNISTAN
OUZBÉKISTAN
KAZAKHSTAN
MONGOLIE
CHINE
JAPON
OSLO
STOCKHOLM
HELSINKI
TALLINN
RIGA
MINSK
KIEV
BAKOU
OULAN-BATOR
Harbin
Tabriz
Karaganda
Semipalatinsk
Koustanaï
Kaliningrad
St-Pétersbourg
MOSCOU
Novgorod
Pskov
Smolensk
Tver
Rybinsk
Iaroslavl
Vologda
Kostroma
Ivanovo
Nijni Novgorod
Riazan
Toula
Orel
Briansk
Koursk
Kharkov
Tambov
Penza
Saransk
Simbirsk
Kazan
Samara
Saratov
Volgograd
Rostov
Krasnodar
Maïkop
Astrakhan
Orenbourg
Oufa
Ijevsk
Perm
Iekaterinbourg
Tcheliabinsk
Kourgan
Tioumen
Tobolsk
Omsk
Novossibirsk
Tomsk
Kemerovo
Novokouznetsk
Barnaoul
Atchinsk
Abakan
Krasnoïarsk
Kyzyl
Irkoutsk
Angarsk
Bratsk
Oulan-Oude
Tchita
Iakoutsk
Vilioüisk
Olekminsk
Magadan
Khabarovsk
Komsomolsk
Birobidjan
Vladivostok
Nakhodka
Sovietskaïa-Gavan
Ioujno-Sakhalinsk
Petropavlovsk-Kamtchatski
Anadyr
Ouelen
Guijiga
Tiksi
Nordvik
Norilsk
Doudinka
Oust-Port
Novyï-Port
Vorkouta
Sourgout
Nijne Vartovskoïe
Syktyvkar
Arkhangelsk
Mourmansk
Petrozavodsk
Viatka
Ob
Irtych
Ienisseï
Lena
Angara
Toungouska Inférieure
Toungouska Pierreuse
Aldan
Indiguirka
Olenek
Kotouï
Petchora
Dvina Sept.
Volga
Don
Dniepr
Amour

Ruy Blas, drame en cinq actes, en vers, de V. Hugo (1838). Un valet, amoureux d'une reine, devient un puissant ministre, puis se sacrifie pour ne pas compromettre la souveraine.

RUYSBROECK (Jan **Van**) → ***Van Ruusbroec.***

RUYSBROEK (Guillaume **de**) → ***Rubroek.***

RUYSDAEL → ***Ruisdael.***

RUYTER (Michiel Adriaanszoon **de**), amiral néerlandais (Flessingue 1607 - près de Syracuse 1676). Il sema la panique à Londres en incendiant les navires anglais (1667), arrêta la flotte anglo-française en Zélande (1673) et fut vaincu par Duquesne en 1676 devant le port sicilien d'Augusta.

RUŽIČKA (Leopold), chimiste suisse d'origine croate (Vukovar, Croatie, 1887 - Zurich 1976), auteur de recherches sur les terpènes et les hormones stéroïdes. (Prix Nobel 1939.)

RUZZANTE (Angelo **Beolco,** dit), acteur et auteur dramatique italien (Padoue 1502 - *id.* 1542), qui composa des comédies en dialecte padouan.

RWANDA ou **RUANDA,** État de l'Afrique centrale ; 26 338 km² ; 7 500 000 h. *(Rwandais).* CAP. *Kigali.* LANGUES : *français, rwanda* et *anglais.* MONNAIE : *franc rwandais.* La population, très dense, est composée de Tutsi (pasteurs) et de Hutu (cultivateurs). Le café et le thé étaient les ressources commerciales de ce pays de hauts plateaux, avant les massacres ethniques de 1994, qui ont ruiné l'économie. (V. carte ***Afrique.***)

HISTOIRE

XIVe-XIXe s. : le Rwanda entre dans l'histoire, avec la dynastie des rois Nyiginya issus de l'ethnie guerrière des Tutsi. 1894 : les Allemands mènent une première expédition militaire. Ils tentent ensuite d'intégrer la région à l'Afrique-Orientale allemande mais ne parviennent pas à la contrôler totalement. 1916 : des affrontements germano-belges obligent l'Allemagne à se replier sur l'Urundi (Burundi actuel). 1923 : la Belgique reçoit un mandat sur la région, qui prend le nom de Rwanda-Urundi et est rapidement rattachée au Congo belge. 1960 : le Rwanda-Urundi est séparé du Congo belge. 1962 : en même temps que le Burundi, le Rwanda devient indépendant. Kayibanda est son premier président. Des luttes tribales opposent les Hutu aux Tutsi, qui émigrent ou sont totalement évincés des affaires. À partir de 1973 : le pays est dirigé par le général Juvénal Habyarimana (hutu), qui s'est imposé au pouvoir par un coup d'État. 1991 : en échange des aides belge et française contre les rebelles tutsi du F.P.R. (Front patriotique rwandais), le régime s'engage sur la voie de la démocratisation (nouvelle Constitution restaurant le multipartisme). 1994 : en dépit de l'accord de paix conclu en 1993 entre le gouvernement et les rebelles tutsi, la mort du président Habyarimana (probablement dans un attentat) est suivie d'atroces massacres. Tandis que la minorité tutsi est victime d'un véritable génocide, organisé par les milices extrémistes hutu, les populations hutu, elles-mêmes victimes de massacres, fuient devant la progression du F.P.R. Une opération militaire française (« opération Turquoise ») porte assistance aux réfugiés qui fuient à l'intérieur du pays et vers le Zaïre. Le F.P.R. prend le contrôle du pays, qui reste le théâtre d'affrontements interethniques permanents.

RYBINSK, v. de Russie, sur la Volga ; 252 000 h. Centrale hydroélectrique.

RYBNIK, v. de Pologne, en haute Silésie ; 144 800 h. Centre houiller.

RYDBERG (Johannes Robert), physicien suédois (Halmstad 1854 - Lund 1919), qui établit une relation entre les spectres des divers éléments chimiques.

RYDZ-ŚMIGŁY (Edward), maréchal polonais (Brzeżany, auj. Berejany, Ukraine, 1886 - Varsovie 1941). Il commanda en chef les forces polonaises en 1939.

RYLE (Gilbert), philosophe et logicien britannique (Brighton 1900 - Whitby, North Yorkshire, 1976). Il a approfondi la philosophie analytique britannique par sa conception du langage (*la Notion d'esprit,* 1949).

Ryswick *(traités de)* [1697], traités signés à Ryswick, près de La Haye, mettant fin à la guerre de la Ligue d'Augsbourg. Le premier fut signé le 20 sept. entre la France, les Provinces-Unies, l'Angleterre et l'Espagne ; le second, le 30 oct., entre la France et le Saint Empire. Louis XIV restituait les territoires occupés (Lorraine, Palatinat, Catalogne) ou annexés grâce à sa politique des Réunions, sauf Sarrelouis et Strasbourg.

RYŪKYŪ, archipel japonais du Pacifique, entre Kyūshū et Taïwan ; 2 250 km² ; 1 222 398 h. Ch.-l. *Naha* (dans l'île d'Okinawa, la plus grande de l'archipel).

RZESZÓW, v. du sud-est de la Pologne, ch.-l. de voïévodie ; 154 800 h.

S

SA (abrév. de ***Sturmabteilung***, section d'assaut), formation paramilitaire de l'Allemagne nazie, créée en 1921 par Röhm. Comptant environ 3 millions de membres en 1933, les SA perdirent leur importance après l'élimination de Röhm et de plusieurs centaines de ses subordonnés (Nuit des longs couteaux, 30 juin 1934).

SAADI → ***Sa'di.***

SAALE (la), riv. d'Allemagne, affl. de l'Elbe (r. g.) ; 427 km. Elle traverse Iéna et Halle.

SAALES (67420), ch.-l. de c. du Bas-Rhin, dans les Vosges, près du *col de Saales* (556 m) ; 787 h.

SAAREMAA, île de l'Estonie, fermant le golfe de Riga ; 2 714 km².

SAARINEN (Eero), architecte et designer américain d'origine finlandaise (Kirkkonummi 1910 - Ann Arbor, Michigan, 1961). Avec son père, **Eliel** (1873-1950), établi aux États-Unis en 1923, il joua un rôle important dans l'évolution de l'architecture américaine moderne (aérogare TWA à Idlewild, 1956).

SAAS FEE, station d'été et de sports d'hiver de Suisse (Valais) [alt. 1 800-3 200 m] ; 1 242 h.

SABA, en ar. **Saba',** anc. royaume du sud-ouest de la péninsule arabique (Yémen) [cap. *Mā'rib*]. Il fut très prospère entre le VIIIe et le Ier s. av. J.-C.

Saba *(reine de),* reine légendaire d'Arabie, dont la Bible mentionne la visite au roi Salomon. Le Coran reprend cet épisode. Elle est aussi connue sous le nom de Balkis dans la littérature arabe.

SABA (Umberto **Poli,** dit **Umberto**), poète italien (Trieste 1883 - Gorizia 1957), dont l'œuvre, marquée par la double expérience de la psychanalyse et de la persécution raciste, se fonde sur les rêves de l'enfance *(Il Canzoniere).*

SABADELL, v. d'Espagne (prov. de Barcelone) ; 189 404 h. Textile.

SABAH, anc. **Bornéo-Septentrional,** État de la Malaisie, au nord de Bornéo ; 73 700 km² ; 1 176 000 h. Cap. *Kota Kinabalu.* Colonie britannique de 1877 à 1963.

SABATIER (Auguste), théologien protestant français (Vallon-Pont-d'Arc 1839 - Paris 1901), un des fondateurs de la faculté théologique de Paris (1877).

SABATIER (Paul), chimiste français (Carcassonne 1854 - Toulouse 1941), auteur de travaux sur les hydrogénations catalytiques réalisées grâce au nickel réduit, et de synthèses d'hydrocarbures. (Prix Nobel 1912.)

SÁBATO (Ernesto), écrivain argentin (Rojas 1911). Physicien, il est l'auteur d'essais sociopolitiques et de romans qui unissent le rythme du roman policier à la méditation philosophique *(Alejandra, l'Ange des ténèbres).*

SABELLIUS, hérésiarque du IIIe s., initiateur d'une doctrine tendant à réduire la distinction des trois personnes de la Trinité *(sabellianisme, modalisme* ou *monarchianisme).*

SABIN (Albert Bruce), médecin américain d'origine russe (Białystok 1906 - Washington 1993), qui mit au point le vaccin antipoliomyélitique buvable.

SABINE, anc. région de l'Italie centrale, habitée par les Sabins.

Sabines (les), grande toile du milieu de la carrière de L. David (1795-1799), au Louvre. Elle témoigne d'une recherche accentuée de perfection stylistique (plus inspirée de la Grèce que de Rome) et plaide pour un apaisement des divisions de l'époque entre Français.

SABINS, anc. peuple d'Italie centrale. Mêlés aux Latins, les Sabins ont formé la première population de Rome. Après Romulus, deux rois sabins y ont régné : Numa Pompilius (v. 715-672) et Ancus Martius (v. 640-616 av. J.-C.).

SABINS *(monts),* massif d'Italie (Latium).

SABINUS (Julius) [m. à Rome en 79 apr. J.-C.], chef gaulois qui tenta en 69-70 de rendre à la Gaule son indépendance. Vespasien l'envoya au supplice.

SABLÉ (Madeleine **de Souvré,** *marquise* **de**), femme de lettres française (en Touraine 1599 - Port-Royal 1678). Elle tint un salon célèbre et lança la mode des portraits et des maximes.

SABLES-D'OLONNE (Les) [85100], ch.-l. d'arr. de la Vendée, sur l'Atlantique ; 16 245 h. *(Sablais).* Station balnéaire et port de pêche. Musée de l'anc. abbaye Ste-Croix.

SABLES-D'OR-LES-PINS (les) [22240 Fréhel], station balnéaire des Côtes-d'Armor.

SABLÉ-SUR-SARTHE (72300), ch.-l. de c. de la Sarthe ; 12 972 h. *(Saboliens).* Château du début du XVIIIe s.

SABRES (40630), ch.-l. de c. des Landes ; 1 181 h. Dans la forêt, à Marquèze (5 km par chemin de fer), écomusée du parc régional des Landes de Gascogne.

SABUNDE, SEBOND, SEBONDE ou **SIBIUDA** (Ramon), médecin et philosophe espagnol (Barcelone ? - Toulouse 1436). Sa *Théologie naturelle* fut traduite par Montaigne, qui consacra à son *Apologie* un chapitre des *Essais.*

SACCHETTI (Franco), écrivain italien (Raguse, Dalmatie, v. 1330 - San Miniato 1400), auteur de contes réalistes *(les Trois Cents Nouvelles).*

Sacco et Vanzetti *(affaire),* affaire judiciaire américaine. L'exécution, en 1927, de deux anarchistes italiens immigrés, Nicola Sacco (né en 1891) et Bartolomeo Vanzetti (né en 1888), condamnés à mort (1921) sans preuves certaines pour un double assassinat, provoqua de vives protestations dans le monde.

S. A. C. E. M. (Société des auteurs, compositeurs et éditeurs de musique), organisme professionnel fondé en 1851, qui a pour objet principal de percevoir les droits d'exécution publique et de représentation des œuvres de ses membres.

Sacerdoce et de l'Empire *(lutte du)* [1157-1250], conflit qui opposa, en Allemagne et en

Les Sabines (1799), par David.
(Louvre, Paris.)

Italie, l'autorité pontificale (Sacerdoce) à l'autorité laïque (Empire). Commencée par la lutte entre le pape Alexandre III et l'empereur Frédéric Ier Barberousse, elle se termina par la victoire apparente du pape Innocent IV sur l'empereur Frédéric II ; en fait l'influence de la papauté en sortit diminuée.

SACHER-MASOCH (Leopold, *chevalier* **von**), écrivain autrichien (Lemberg 1836 - Lindheim, Hesse, 1895), auteur de contes et de romans *(Vénus à la fourrure)* où s'exprime un érotisme dominé par la volupté de la souffrance (le *masochisme*).

SACHS (Hans), poète allemand (Nuremberg 1494 - *id.* 1576), auteur de pièces lyriques *(le Rossignol de Wittenberg),* de farces et de drames qui se rattachent à la tradition médiévale. Wagner en a fait le héros de ses *Maîtres chanteurs de Nuremberg.*

SACHS (Leonie, dite **Nelly**), femme de lettres suédoise d'origine allemande (Berlin 1891 - Stockholm 1970), auteur de poèmes et de drames inspirés de la tradition biblique et juive. (Prix Nobel 1966.)

SACKVILLE (Thomas), *baron* **de Buckhurst** et *comte* **de Dorset,** homme d'État et poète anglais (Buckhurst, Sussex, v. 1536 - Londres 1608), auteur, avec Thomas Norton, de la première tragédie anglaise en vers blancs, *Gorboduc ou Ferrex et Porex* (1561).

SACLAY (91400), comm. de l'Essonne ; 2 897 h. Centre d'études nucléaires.

SACRAMENTO, v. des États-Unis, cap. de la Californie, sur le *Sacramento* (620 km) ; 369 365 h. (1 481 102 h. dans l'agglomération).

SACRÉ *(mont),* colline au nord-est de Rome, où les plébéiens firent sécession en 494 av. J.-C., jusqu'à la création des tribuns de la plèbe.

Sacré-Cœur *(basilique du),* à Paris, église construite sur la butte Montmartre d'après les plans de Paul Abadie (1876-1912). Décidée par l'Assemblée nationale en 1873, sa construction visait à expier l'effondrement spirituel et moral qui aurait conduit à la défaite de 1870.

Sacre du printemps (le), ballet en deux parties, musique d'I. Stravinsky, chorégraphie de Nijinski, créé par les Ballets russes (1913). Version de M. Béjart (1959).

sacrées *(guerres),* nom donné à quatre guerres entre les cités grecques, qui eurent lieu entre 590 et 339 av. J.-C. Déclenchées par l'amphictyonie de Delphes pour défendre les droits du temple d'Apollon, elles avaient pour véritable but de s'assurer le contrôle des richesses du sanctuaire. Elles se terminèrent par l'intervention de Philippe de Macédoine, qui soumit les cités grecques à son pouvoir.

SADATE (Anouar **el-**), en ar. **Anwar al-Sādāt,** homme politique égyptien (gouvernorat de Ménoufieh 1918 - Le Caire 1981). Après avoir participé au coup d'État de 1952, il devint président de l'Assemblée nationale (1960-1969). Il succéda à Nasser à la tête de l'État en 1970. Après la quatrième guerre israélo-arabe (1973), il rompit totalement avec l'U. R. S. S. (1976) et se rapprocha d'Israël avec qui il signa en 1979 le traité de Washington. Il fut assassiné en 1981. (Prix Nobel de la paix 1978.)

Sadd al-'Ālī (« haut barrage »), nom ar. du **second** ou **haut barrage d'Assouan.**

SADE (Donatien Alphonse François, *comte* **de Sade,** dit **le Marquis de**), écrivain français (Paris 1740 - Charenton 1814). Son œuvre, qui est à la fois la théorie et l'illustration du *sadisme,* forme le double pathologique des philosophies naturalistes et libérales du siècle des Lumières (*les Cent Vingt Journées de Sodome,* 1782-1785 ; *Justine ou les Malheurs de la vertu,* 1791 ; *la Philosophie dans le boudoir,* 1795).

SÁ DE MIRANDA (Francisco **de**), humaniste et écrivain portugais (Coimbra v. 1480 - Quinta de Tapada 1558). Son œuvre théâtrale et poétique est marquée par l'influence italienne.

SA'DI ou **SAADI** (Mocharrafoddin), poète persan (Chirāz v. 1213 - *id.* 1292), auteur des recueils lyriques et didactiques le *Golestān* et le *Bostān.*

SADIENS ou **SAADIENS,** dynastie qui régna sur le Maroc de 1554 à 1659.

SADOLET (Jacques), en ital. **Iacopo Sadoleto,** cardinal et humaniste italien (Modène 1477 - Rome 1547). Il prôna la conciliation à l'égard des protestants.

SADOUL (Georges), critique et historien français (Nancy 1904 - Paris 1967), spécialiste de l'histoire du cinéma (*Histoire générale du cinéma,* 1946-1954).

SADOVEANU (Mihail), écrivain roumain (Paşcani, Moldavie, 1880 - Bucarest 1961). Ses romans évoquent la vie des campagnes moldaves.

Sadowa *(bataille de)* [3 juill. 1866], victoire de l'armée prussienne de Frédéric-Charles sur les Autrichiens de Benedek à Sadowa (en tchèque Sadová) en Bohême orientale. Révélant la puissance des armements prussiens, la bataille eut un grand retentissement en Europe.

SAENREDAM (Pieter), peintre et dessinateur néerlandais (Assendelft, Hollande-Septentrionale, 1597 - Haarlem 1665). Ses tableaux sont des paysages urbains et surtout des intérieurs d'églises, remarquables par leur simplicité, leur transparence, leur poésie silencieuse.

SAFI, en ar. **Asfī,** port du Maroc, sur l'Atlantique ; 197 000 h. Monuments anciens. Centre commercial et industriel.

SAGA, v. du Japon (Kyūshū) ; 169 963 h.

SAGAMIHARA, v. du Japon (Honshū) ; 531 542 h.

SAGAN (Carl), astrophysicien américain (New York 1934). Spécialiste de planétologie et d'exobiologie, il a joué un rôle majeur dans la mise au point des programmes américains de sondes planétaires. Il est aussi l'auteur d'ouvrages de vulgarisation.

SAGAN (Françoise **Quoirez,** dite **Françoise**), femme de lettres française (Cajarc, Lot, 1935), auteur de romans *(Bonjour tristesse)* et de pièces de théâtre *(Château en Suède).*

SĀGAR ou **SAUGOR,** v. de l'Inde (Madhya Pradesh) ; 256 878 h.

SAGASTA (Práxedes Mateo), homme politique espagnol (Torrecilla de Cameros 1825 - Madrid 1903). Plusieurs fois Premier ministre de 1881 à 1902, il instaura le suffrage universel et dut liquider l'empire colonial après la guerre contre les États-Unis (1898).

SAGES *(les Sept),* nom donné par la tradition grecque à sept personnages, philosophes ou hommes d'État du VIe s. av. J.-C. : les plus célèbres sont Solon d'Athènes et Thalès de Milet.

Sagesse *(livre de la),* livre de l'Ancien Testament rédigé en grec v. 50 av. J.-C. par un Juif d'Alexandrie, exhortation à la recherche de la véritable sagesse qui vient de Dieu.

SAGITTAIRE (le), constellation zodiacale dont la direction correspond à celle du centre de la Galaxie. — Neuvième signe du zodiaque, que le Soleil quitte au solstice d'hiver.

SAGONE (20118), port de Corse (comm. de Vico), sur le *golfe de Sagone.*

SAGONTE, v. de l'Espagne ancienne, auj. **Sagunto** (prov. de Valence) ; 55 457 h. Sidérurgie. Le siège de Sagonte, alliée de Rome, par Hannibal (219 av. J.-C.) déclencha la deuxième guerre punique.

SAGUENAY (le), riv. du Canada (Québec), affl. du Saint-Laurent (r. g.) ; 200 km. Installations hydroélectriques.

SAHARA (le), le plus vaste désert du monde, en Afrique. Il couvre plus de 8 millions de km² entre l'Afrique du Nord méditerranéenne et l'Afrique noire, l'Atlantique et la mer Rouge. De part et d'autre du tropique du Cancer, il s'étend sur le Maroc, l'Algérie, la Tunisie, la Libye, l'Égypte, le Soudan, le Tchad, le Niger, le Mali, la Mauritanie et le Sahara occidental. L'unité du Sahara est due à la sécheresse extrême du climat (moins de 100 mm d'eau par an), qui rend les cultures impossibles en dehors des oasis. Seul le Nil traverse le désert. Le relief présente des aspects variés : au centre et à l'est, les grands massifs, en partie volcaniques, du *Hoggar,* de l'*Aïr* et du *Tibesti ;* au nord, les dunes du *Grand Erg ;* dans de nombreuses autres régions, de vastes plaines et des plateaux couverts de pierres (les regs). Un million et demi de personnes environ vivent au Sahara, où le nomadisme a reculé, alors que s'est développée l'industrie extractive (hydrocarbures essentiellement).

HISTOIRE

L'abondance des fossiles et de l'outillage néolithique atteste une ère de vie foisonnante. Dans l'Antiquité, la sécheresse imposa l'abandon du cheval et son remplacement par le dromadaire à partir du IIe s. av. J.-C. Les Arabes s'infiltrèrent au Sahara à partir du VIIe s., implantant l'islam. À la fin du XIXe s., le Sahara fut, dans sa majeure partie, conquis par la France qui prit Tombouctou en 1894. L'Espagne organisa à partir de 1884 sa colonie du Sahara occidental et l'Italie s'établit en Cyrénaïque et en Tripolitaine en 1911-12. La décolonisation intervint entre 1951 et 1976.

Anouar
el-Sadate

SAHARA OCCIDENTAL, territoire correspondant à l'anc. Sahara espagnol ; 266 000 km² ; 200 000 h. Phosphates. Il est administré aujourd'hui par le Maroc (auquel s'est opposé le Front Polisario). Un référendum sur l'autodétermination de ses habitants est envisagé.

SAHĀRANPUR, v. de l'Inde (Uttar Pradesh) ; 373 904 h. Centre commercial et industriel.

SAHEL (le) [ar. *sāḥil,* rivage], terme désignant à la fois les régions proches des côtes en Algérie et en Tunisie et, surtout, aujourd'hui, la zone de transition entre le Sahara et les régions tropicales humides, affectée de désastreuses sécheresses.

SAÏAN, ensemble montagneux de Russie, dans le sud de la Sibérie occidentale.

SAIDA, v. d'Algérie, ch.-l. de wilaya, au pied des *monts de Saida ;* 62 000 h.

SAIDA, v. du Liban → ***Ṣaydā.***

SA'ĪD PACHA (Muḥammad) [Le Caire 1822 - Alexandrie 1863]. Fils de Méhémet-Ali, vice-roi d'Égypte (1854-1863), il soutint le projet français du canal de Suez.

SAIGNES (15240), ch.-l. de c. du Cantal ; 1 024 h.

SAIGON → ***Hô Chi Minh-Ville.***

SAIKAKU (**Ihara Saikaku,** dit), écrivain japonais (Ōsaka 1642 - *id.* 1693). Il créa dans son pays le roman de mœurs réaliste et satirique (*Vie d'une femme libertine,* 1686).

SAILER (Toni), skieur autrichien (Kitzbühel 1935), triple champion olympique en 1956.

SAILLAT-SUR-VIENNE (87720), comm. de la Haute-Vienne ; 972 h. Cellulose et extraits tannants.

SAINCAIZE-MEAUCE (58470), comm. de la Nièvre ; 424 h. Nœud ferroviaire.

SAINGHIN-EN-WEPPES [-wɛp] (59184), comm. du Nord ; 5 130 h.

SAINS-EN-GOHELLE [sɛ̃-] (62114), ch.-l. de c. du Pas-de-Calais ; 6 045 h.

SAINS-RICHAUMONT (02530), ch.-l. de c. de l'Aisne ; 1 062 h.

SAINT-ACHEUL, faubourg d'Amiens, station préhistorique, éponyme du faciès *acheuléen* (paléolithique inférieur).

SAINT-AFFRIQUE (12400), ch.-l. de c. de l'Aveyron, sur la Sorgues ; 8 322 h.

SAINT-AGNANT (17620), ch.-l. de c. de la Charente-Maritime ; 1 853 h.

SAINT-AGRÈVE (07320), ch.-l. de c. de l'Ardèche ; 2 783 h.

SAINT-AIGNAN (41110), ch.-l. de c. de Loir-et-Cher, sur le Cher ; 3 785 h. Église en partie romane (peintures). Château Renaissance.

SAINT-ALBAN-LEYSSE (73230), ch.-l. de c. de la Savoie ; 4 029 h.

SAINT ALBANS, v. de Grande-Bretagne, au nord de Londres ; 51 000 h. Cathédrale des

XIe-XIIe s., anc. église d'une abbaye bénédictine fondée en 793 et qui donna à l'Angleterre quelques-uns de ses historiens médiévaux (Roger of Wendover, John Wheathampstead). Pendant la guerre des Deux-Roses, deux batailles s'y déroulèrent : l'une gagnée par le parti d'York (1455), l'autre par le parti de Lancastre (1461).

SAINT-ALBAN-SUR-LIMAGNOLE (48120), ch.-l. de c. de la Lozère ; 1 954 h.

SAINT-AMAND-EN-PUISAYE (58310), ch.-l. de c. de la Nièvre ; 1 394 h. Poterie. Parqueterie. Château Renaissance.

SAINT-AMAND-LES-EAUX (59230), ch.-l. de c. du Nord, sur la Scarpe ; 16 898 h. *(Amandinois).* Clocher-porche baroque (1626) de l'anc. abbaye. Station thermale (rhumatismes et arthroses).

SAINT-AMAND-MONTROND (18200), ch.-l. d'arr. du Cher, sur le Cher ; 12 377 h. *(Saint-Amandois).* Imprimerie. Église romane. Musée. — Aux environs, anc. abbaye cistercienne de Noirlac (fondée en 1136) et château de Meillant (XIVe-XVIe s.).

SAINT-AMANS-SOULT [-sult] (81240), ch.-l. de c. du Tarn ; 1 734 h. Patrie du maréchal Soult.

SAINT-AMANT (Marc Antoine **Girard,** *sieur* **de**), poète français (Quevilly 1594 - Paris 1661), auteur de poèmes bachiques *(le Melon),* satiriques et lyriques *(la Solitude).* [Acad. fr.]

SAINT-AMANT-DE-BOIXE (16330), ch.-l. de c. de la Charente ; 1 002 h. Église romane et gothique, anc. abbatiale.

SAINT-AMANT-TALLENDE (63450), ch.-l. de c. du Puy-de-Dôme ; 1 525 h.

SAINT-AMARIN (68550), ch.-l. de c. du Haut-Rhin ; 2 411 h.

SAINT-AMBROIX (30500), ch.-l. de c. du Gard ; 3 551 h.

SAINT-AMOUR (39160), ch.-l. de c. du Jura ; 2 387 h. Vins.

SAINT-AMOUR (Guillaume **de**) → ***Guillaume de Saint-Amour.***

SAINT-ANDRÉ (59350), comm. du Nord ; 10 128 h. Industries textiles, alimentaires et chimiques.

SAINT-ANDRÉ (97440), comm. du nord-est de la Réunion ; 35 375 h.

Saint-André *(ordre de),* le plus élevé des ordres militaires de la Russie tsariste (créé en 1698).

SAINT-ANDRÉ-DE-CUBZAC (33240), ch.-l. de c. de la Gironde, près de la Dordogne ; 6 362 h. Vins.

SAINT-ANDRÉ-DE-L'EURE (27220), ch.-l. de c. de l'Eure, dans la *plaine de Saint-André ;* 3 139 h.

SAINT-ANDRÉ-LES-VERGERS (10120), comm. de l'Aube ; 11 389 h. *(Driats).* Bonneterie. Église du XVIe s. (sculptures).

SAINT ANDREWS, v. de Grande-Bretagne (Écosse), sur la mer du Nord ; 12 000 h. Université. Golf. Cathédrale en ruine (XIIe-XIVe s.).

Saint-Ange *(château),* à Rome, mausolée d'Hadrien, achevé en 139. Il servit de sépulture aux empereurs jusqu'à Septime Sévère. Fortifié dès le Bas-Empire, il fut tour à tour citadelle papale, caserne, prison d'État. Il a été plusieurs fois altéré et remanié (seule la structure cylindrique centrale date de l'époque romaine).

SAINT-ANTOINE *(faubourg),* quartier de Paris (XIe-XIIe arrond.) qui s'étend de la Bastille à la Nation et que traverse la rue du Faubourg-Saint-Antoine. Depuis le Moyen Âge, c'est le quartier des professionnels du meuble.

SAINT-ANTON → ***Sankt Anton am Arlberg.***

SAINT-ANTONIN-NOBLE-VAL (82140), ch.-l. de c. de Tarn-et-Garonne ; 1 882 h. Anc. hôtel de ville en partie d'époque romane.

SAINT-APOLLINAIRE (21850), comm. de la Côte-d'Or ; 5 588 h. Électronique.

SAINT-ARNAUD (Arnaud Jacques, dit **Jacques Achille Leroy de**), maréchal de France (Paris 1798 - en mer Noire 1854). Ministre de la Guerre, il organisa le coup d'État du 2 décembre 1851, puis fut vainqueur des Russes à l'Alma (1854).

SAINT-ARNOULT-EN-YVELINES (78730), ch.-l. de c. des Yvelines ; 5 824 h. Église des XIIe et XVIe s. Fondation Elsa Triolet - Louis Aragon.

SAINT-ASTIER (24110), ch.-l. de c. de la Dordogne ; 5 254 h. Carrières. Église surtout des XVe-XVIe s.

SAINT-AUBAN (04600) → ***Château-Arnoux.***

SAINT-AUBIN (de), artistes parisiens du XVIIIe s., dont les plus connus sont trois frères, fils d'un brodeur du roi : **Charles Germain** (1721-1786), dessinateur en broderie et graveur, auteur de dessins de fleurs et du recueil plein de fantaisie *Essai de papillonneries humaines ;* **Gabriel Jacques** (1724-1780), peintre, dessinateur et graveur, auteur de vivants tableaux à l'eau-forte de la vie parisienne ; **Augustin** (1736-1807), dessinateur et graveur, qui excella dans la vignette, l'ornement, le portrait.

SAINT-AUBIN-D'AUBIGNÉ (35250), ch.-l. de c. d'Ille-et-Vilaine ; 2 256 h.

SAINT-AUBIN-DU-CORMIER (35140), ch.-l. de c. d'Ille-et-Vilaine ; 2 741 h. Ruines d'un château fort.

SAINT-AUBIN-LÈS-ELBEUF (76410), comm. de la Seine-Maritime ; 8 691 h. Industrie chimique. Crayons.

SAINT-AUBIN-SUR-MER (14750), comm. du Calvados ; 1 531 h. Station balnéaire.

SAINT-AULAYE (24410), ch.-l. de c. de la Dordogne ; 1 537 h. Église du XIIe s.

SAINT-AVÉ (56890), comm. du Morbihan ; 6 973 h. Chapelle du XVe s.

SAINT-AVERTIN (37550), ch.-l. de c. d'Indre-et-Loire, banlieue de Tours ; 12 225 h.

SAINT-AVOLD (57500), ch.-l. de c. de la Moselle ; 17 079 h. *(Naboriens).* Cimetière militaire américain. Chimie. Église du XVIIIe s.

SAINT-AYGULF (83600 Fréjus), station balnéaire du Var, sur la côte des Maures.

SAINT-BARTHÉLEMY (97133), une des Antilles françaises, dépendant de la Guadeloupe ; 25 km² ; 5 043 h. Ch.-l. *Gustavia.* Suédoise de 1784 à 1876.

Saint-Barthélemy (la) [nuit du 23-24 août 1572], massacre des protestants exécuté, à Paris et en province, à l'instigation de Catherine de Médicis et des Guises, inquiets de l'ascendant pris par l'amiral de Coligny sur le roi Charles IX et de sa politique de soutien aux Pays-Bas révoltés contre l'Espagne. Il y eut environ 3 000 victimes. Le roi de Navarre (le futur Henri IV), qui venait d'épouser (le 18 août) Marguerite de Valois, sauva sa vie en abjurant. Affaire politique, la Saint-Barthélemy, célébrée comme une victoire par le roi d'Espagne Philippe II et le pape Grégoire XIII, est restée le symbole de l'intolérance religieuse.

SAINT-BARTHÉLEMY-D'ANJOU (49124), comm. de Maine-et-Loire ; 9 763 h. Industrie automobile. Liqueurs.

SAINT-BÉAT (31440), ch.-l. de c. de la Haute-Garonne ; 554 h. Marbre. Église romane.

SAINT-BENIN-D'AZY (58270), ch.-l. de c. de la Nièvre ; 1 259 h.

SAINT-BENOÎT (97470), ch.-l. d'arr. de la Réunion, sur l'océan Indien ; 26 457 h.

SAINT-BENOÎT (86280), comm. de la Vienne, banlieue de Poitiers ; 6 024 h.

SAINT-BENOÎT-SUR-LOIRE (45730), comm. du Loiret ; 1 893 h. Abbaye, fondée vers 650, où fut déposé le corps de saint Benoît. Une communauté bénédictine s'y est reformée en 1947. L'église est un remarquable édifice à clocher-porche et chœur romans du XIe s.

SAINT-BERNARD (GRAND-), col des Alpes, entre la Suisse (Valais) et l'Italie (Val d'Aoste), à 2 469 m d'alt., franchi par une route. Tunnel routier à 1 915 m d'alt. Hospice fondé au Xe s. par saint Bernard de Menthon. Bonaparte franchit le col en 1800.

SAINT-BERNARD (PETIT-), col des Alpes entre la France (Tarentaise) et l'Italie (Val d'Aoste), à 2 188 m d'alt. Couvent et hospice fondés par saint Bernard de Menthon.

SAINT-BERTHEVIN (53940), ch.-l. de c. de la Mayenne ; 6 487 h. Constructions électriques.

SAINT-BERTRAND-DE-COMMINGES (31510), comm. de la Haute-Garonne ; 217 h. Vestiges gallo-romains. Anc. cathédrale romane (XIIe s. ; cloître) et gothique (XIVe s. ; jubé et stalles du XVIe). — À Valcabrère, église St-Just, anc. cathédrale romane des XIe-XIIe s.

SAINT-BLAISE, site des Bouches-du-Rhône, dominant la Crau (comm. de Saint-Mitre-les-Remparts). Comptoir étrusque dès le VIIe s. av. J.-C., l'oppidum fut très fréquenté au IVe s. av. J.-C. Vestiges paléochrétiens.

SAINT-BONNET-DE-JOUX (71220), ch.-l. de c. de Saône-et-Loire ; 857 h. Château de Chaumont, en partie des XVIe et XVIIe s. (écuries).

SAINT-BONNET-EN-CHAMPSAUR (05500), ch.-l. de c. des Hautes-Alpes ; 1 433 h.

SAINT-BONNET-LE-CHÂTEAU (42380), ch.-l. de c. de la Loire ; 1 749 h. Boules à jouer. Constructions électriques. Bourg pittoresque à l'église des XVe-XVIe s.

SAINT-BRÉVIN-LES-PINS (44250), comm. de la Loire-Atlantique, à l'entrée de l'estuaire de la Loire (r. g.) ; 8 756 h. Station balnéaire.

SAINT-BRIAC-SUR-MER (35800), comm. d'Ille-et-Vilaine ; 1 832 h. Station balnéaire.

SAINT-BRICE-EN-COGLÈS (35460), ch.-l. de c. d'Ille-et-Vilaine ; 2 501 h.

SAINT-BRICE-SOUS-FORÊT (95350), comm. du Val-d'Oise ; 11 714 h.

SAINT-BRIEUC (22000), ch.-l. des Côtes-d'Armor, sur la Manche, à 443 km à l'ouest de Paris ; 47 370 h. *(Briochins).* Évêché. Métallurgie. Chauffe-eau. Brosserie. Agroalimentaire. Cathédrale reconstruite aux XIVe-XVe s. Musée.

SAINT-BRUNO-DE-MONTARVILLE, v. du Canada (Québec) ; 23 849 h.

SAINT-CALAIS (72120), ch.-l. de c. de la Sarthe ; 4 307 h. Anc. abbatiale des XVe-XVIe s.

SAINT-CAST-LE-GUILDO (22380), comm. des Côtes-d'Armor ; 3 178 h. Station balnéaire.

SAINT CATHARINES, v. du Canada (Ontario), au sud de Toronto ; 129 300 h.

SAINT-CÉRÉ (46400), ch.-l. de c. du Lot ; 3 872 h. Château médiéval dit « les tours de St-Laurent ». À proximité, château Renaissance de Montal.

SAINT-CERNIN (15310), ch.-l. de c. du Cantal ; 1 172 h. Église romane. À 4 km, château-donjon d'Anjony (XVe s.).

SAINT-CHAMAS (13250), comm. des Bouches-du-Rhône ; 5 419 h. Centrale hydroélectrique sur la Durance canalisée. Église du XVIIe s.

SAINT-CHAMOND (42400), ch.-l. de c. de la Loire ; 39 262 h. *(Saint-Chamonais* ou *Couramiauds).* Métallurgie. Textile. Chimie.

SAINT-CHÉLY-D'APCHER [-apʃe] (48200), ch.-l. de c. de la Lozère ; 5 516 h. *(Barrabans).* Métallurgie.

SAINT-CHÉRON (91530), ch.-l. de c. de l'Essonne ; 4 107 h.

SAINT-CHINIAN (34360), ch.-l. de c. de l'Hérault ; 1 721 h.

SAINT-CHRISTOL (84390), comm. de Vaucluse ; 1 413 h. Centre du commandement de la base des missiles stratégiques du plateau d'Albion.

SAINT CHRISTOPHER AND NEVIS ou **SAINT-KITTS-ET-NEVIS,** État insulaire des Antilles ; 261 km² ; 50 000 h. CAP. *Basseterre.* LANGUE : *anglais.* MONNAIE : *dollar des Caraïbes orientales.* Il est formé des îles de Saint Christopher (168 km²), ou Saint-Kitts, et de Nevis. Canne à sucre. État indépendant dans le cadre du Commonwealth depuis 1983. (V. carte ***Antilles.***)

SAINT-CIERS-SUR-GIRONDE (33820), ch.-l. de c. de la Gironde ; 2 913 h.

SAINT-CIRQ-LAPOPIE (46330), comm. du Lot, au-dessus du Lot ; 188 h. Vieux bourg pittoresque.

SAINT CLAIR, fl. et lac (1 270 km²) de l'Amérique du Nord, séparant le Canada (Ontario) et les États-Unis (Michigan).

Saint-Clair-sur-Epte *(traité de)* [911], traité signé dans la commune de l'actuel Val-d'Oise qui porte ce nom et par lequel Charles III le

Simple donnait en fief la Normandie au chef normand Rollon.

SAINT-CLAUD (16450), ch.-l. de c. de la Charente ; 1 145 h.

SAINT-CLAUDE (39200), ch.-l. d'arr. du Jura, sur la Bienne ; 13 265 h. *(Sanclaudiens).* Évêché. Centre français de la fabrication des pipes. Matières plastiques. Cathédrale des XIVe-XVe s.

SAINT-CLAUDE (97120), comm. de la Guadeloupe ; 10 370 h.

SAINT-CLOUD (92210), ch.-l. de c. des Hauts-de-Seine, sur la Seine ; 28 673 h. *(Clodoaldiens).* Aéronautique. Hippodrome. École normale supérieure. Bureau international des poids et mesures. Anc. résidence royale et impériale, détruite en majeure partie en 1870 (beau parc). Musées.

SAINT-CYPRIEN (24220), ch.-l. de c. de la Dordogne ; 1 631 h. Église des XIIe et XIVe s.

SAINT-CYPRIEN (66750), comm. des Pyrénées-Orientales ; 6 922 h. Station balnéaire à *Saint-Cyprien-Plage.*

SAINT-CYRAN (*abbé* **de**) → ***Du Vergier de Hauranne.***

SAINT-CYR-AU-MONT-D'OR (69450), comm. du Rhône ; 5 439 h. École nationale supérieure de police fondée en 1941.

SAINT-CYR-L'ÉCOLE (78210), ch.-l. de c. des Yvelines, près de Versailles ; 15 838 h. *(Saint-Cyriens).* Siège, de 1808 à 1940, de l'École spéciale militaire, installée dans l'ancienne maison d'éducation de jeunes filles créée en 1686 par Mme de Maintenon. Bombardée en 1940 et 1944, l'école fut transférée à Coëtquidan en 1946. Un collège militaire a été bâti à cet emplacement en 1964.

SAINT-CYR-SUR-LOIRE (37540), ch.-l. de c. d'Indre-et-Loire ; 15 274 h. Mécanique de précision.

SAINT-CYR-SUR-MER (83270), comm. du Var ; 7 083 h. Station balnéaire.

SAINT-DENIS (93200), ch.-l. d'arr. de la Seine-Saint-Denis, sur le *canal de Saint-Denis,* au nord de Paris ; 90 806 h. *(Dionysiens).* Évêché. Centre industriel. Stade de France, en construction (pour la Coupe du monde de football de 1998). Maison d'éducation des jeunes filles de la Légion d'honneur. Église abbatiale (XIIe-XIIIe s.), cathédrale depuis 1966, abritant les sépultures des rois de France. Construite sur l'emplacement d'une première fondation de Dagobert (vers 630), l'abbaye connut un grand essor grâce à Suger, abbé en 1122 ; elle fut quelque peu saccagée pendant la Révolution ; admirables tombeaux, notamment de la Renaissance. Musée d'art et d'histoire.

SAINT-DENIS (97400), ch.-l. de la Réunion, sur la côte nord de l'île ; 122 875 h. Cour d'appel. Évêché.

SAINT DENIS (Ruth **Dennis,** dite **Ruth**), danseuse américaine (Newark 1877 - Hollywood 1968), créatrice avec Ted Shawn (son mari) de la Denishawn School (1915), centre de formation des premiers chefs de file de la *modern dance.*

SAINT-DENIS-D'OLÉRON (17650), comm. de la Charente-Maritime, dans le nord de l'île d'Oléron ; 1 113 h. Station balnéaire.

SAINT-DIDIER-AU-MONT-D'OR (69370), comm. du Rhône ; 5 980 h.

SAINT-DIDIER-EN-VELAY (43140), ch.-l. de c. de la Haute-Loire ; 2 910 h. Textile.

SAINT-DIÉ (88100), ch.-l. d'arr. des Vosges, sur la Meurthe ; 23 670 h. *(Déodatiens).* Évêché. Constructions mécaniques. Cathédrale en partie romane, cloître gothique et église romane.

SAINT-DIZIER (52100), ch.-l. d'arr. de la Haute-Marne, sur la Marne ; 35 558 h. *(Bragards).* Matériel agricole. Agroalimentaire.

SAINT-DOMINGUE, anc. nom de l'île d'**Haïti***.

SAINT-DOMINGUE, en esp. **Santo Domingo,** anc. **Ciudad Trujillo,** cap. de la République Dominicaine ; 1 318 000 h. (1 556 000 h. dans l'agglomération). Noyau urbain d'époque coloniale.

SAINT-DONAT-SUR-L'HERBASSE (26260), ch.-l. de c. de la Drôme ; 2 675 h. Église remontant au XIIe s.

SAINT-DOULCHARD (18230), ch.-l. de c. du Cher, banlieue de Bourges ; 9 245 h. Pneumatiques.

SAINTE-ADRESSE (76310), comm. de la Seine-Maritime ; 8 193 h. Station balnéaire.

SAINTE-ANNE (97180), comm. de la Guadeloupe ; 16 954 h.

SAINTE-ANNE-D'AURAY (56400), comm. du Morbihan, près d'*Auray ;* 1 758 h. Pèlerinage.

SAINTE-ANNE-DE-BEAUPRÉ, localité du Canada (Québec), sur le Saint-Laurent ; 3 142 h. Important pèlerinage.

Sainte-Barbe *(collège),* établissement d'enseignement fondé à Paris, sur la montagne Sainte-Geneviève, par un professeur, Geoffroy Le Normant (1460).

SAINTE-BAUME (la), chaîne calcaire de la Provence, culminant à 1 147 m. Lieu de pèlerinage (sainte Marie-Madeleine).

SAINTE-BEUVE (Charles Augustin), écrivain français (Boulogne-sur-Mer 1804 - Paris 1869). Il fit d'abord partie du cénacle romantique, publia des recueils de poésies (*Vie, poésies et pensées de Joseph Delorme,* 1829) et un roman (*Volupté,* 1834), puis il se consacra à la critique et à l'histoire littéraires en saisissant les écrivains dans leur milieu biologique, historique et social (*Port-Royal,* 1840-1859 ; *Portraits littéraires,* 1836-1839 ; *Causeries du lundi*). [Acad. fr.]

Sainte-Chapelle de Paris, chapelle à deux étages bâtie dans le palais de la Cité sous Saint Louis (1241-1248), auj. dans l'enceinte du Palais de Justice. Chef-d'œuvre d'architecture gothique rayonnante (vitraux, très restaurés).

SAINTE-CLAIRE DEVILLE (Étienne), général et ingénieur militaire français (Paris 1857 - *id.* 1944). Il réalisa le frein qui fit la valeur du canon de 75 modèle 1897.

SAINTE-CLAIRE DEVILLE (Henri), chimiste français (île Saint Thomas, Antilles, 1818 - Boulogne-sur-Seine 1881). Il étudia les dissociations thermiques des gaz et inventa un procédé de fabrication de l'aluminium.

SAINTE-CROIX, en angl. **Saint Croix,** la plus grande des îles Vierges américaines ; 217 km² ; 50 000 h.

SAINTE-CROIX-DE-VERDON (04500), comm. des Alpes-de-Haute-Provence ; 88 h. Barrage et centrale hydroélectrique sur le Verdon.

SAINTE-ENIMIE (48210), ch.-l. de c. de la Lozère ; 515 h. Centre touristique de la région des gorges du Tarn. Souvenirs médiévaux.

SAINTE-FOY, v. du Canada (Québec), banlieue de Québec ; 71 133 h.

SAINTE-FOY-LA-GRANDE (33220), ch.-l. de c. de la Gironde, sur la Dordogne ; 2 900 h. *(Foyens).* Bastide du XIIIe s.

SAINTE-FOY-LÈS-LYON (69110), ch.-l. de c. du Rhône, près de la Saône ; 21 550 h.

Sainte-Geneviève *(abbaye),* anc. abbaye parisienne fondée à l'emplacement d'une basilique érigée par Clovis et où fut déposé le corps de sainte Geneviève. En 1764 fut commencée, sous la direction de Soufflot, l'église monumentale qui allait devenir le Panthéon*. En 1802, les bâtiments de l'abbaye furent affectés à un lycée Napoléon, actuel lycée Henri-IV. Sur une autre partie des bâtiments s'élève la bibliothèque publique Sainte-Geneviève, construite par Labrouste en 1850, qui contient de nombreux manuscrits, incunables et le fonds Jacques-Doucet de littérature contemporaine.

SAINTE-GENEVIÈVE-DES-BOIS (91700), ch.-l. de c. de l'Essonne ; 31 372 h. *(Génovéfains).*

SAINTE-GENEVIÈVE-SUR-ARGENCE (12420), ch.-l. de c. de l'Aveyron ; 1 152 h.

SAINT-ÉGRÈVE (38120), ch.-l. de c. de l'Isère, banlieue de Grenoble ; 15 920 h. Électronique.

SAINTE-HÉLÈNE, en angl. **Saint Helena Island,** île britannique de l'Atlantique sud, à 1 850 km des côtes d'Afrique ; 122 km² ; 5 300 h. Ch.-l. *Jamestown.* L'île est célèbre par la captivité de Napoléon Ier de 1815 à sa mort, en 1821.

Sainte-Hélène *(médaille de),* décoration française, créée en 1857 pour les anciens soldats des campagnes de 1792 à 1815.

SAINTE-HERMINE (85210), ch.-l. de c. de la Vendée ; 2 300 h.

SAINT ELIAS, en fr. **Saint-Élie,** massif d'Amérique du Nord, aux confins du Canada et de l'Alaska ; 6 050 m au *mont Logan,* le point culminant du Canada.

SAINTE-LIVRADE-SUR-LOT (47110), ch.-l. de c. de Lot-et-Garonne ; 6 153 h.

SAINT-ÉLOY-LES-MINES (63700), comm. du Puy-de-Dôme ; 5 089 h.

SAINTE-LUCE-SUR-LOIRE (44980), comm. de la Loire-Atlantique ; 9 696 h.

SAINTE-LUCIE, en angl. **Saint Lucia,** une des Antilles ; 616 km² ; 145 000 h. CAP. *Castries.* LANGUE : *anglais.* MONNAIE : *dollar des Caraïbes orientales.* État indépendant, dans le cadre du Commonwealth, depuis 1979. (V. carte ***Antilles.***)

SAINTE-MARIE (97230), comm. de la Martinique ; 19 760 h.

SAINTE-MARIE (97438), comm. de la Réunion ; 20 334 h.

SAINTE-MARIE-AUX-MINES (68160), ch.-l. de c. du Haut-Rhin ; 5 958 h. Anc. mines d'argent. Tunnel routier.

SAINTE-MARTHE (de), famille d'humanistes et d'érudits français, dont les plus célèbres sont : **Charles** (Fontevrault 1512 - Alençon 1555), théologien, hébraïsant et helléniste, ennemi de Rabelais ; — **Gaucher II,** dit **Scévole Ier,** son neveu, poète et administrateur (Loudun 1536 - *id.* 1623) ; — et **Gaucher III,** dit **Scévole II,** fils du précédent (Loudun 1571 - Paris 1650), qui publia, avec son frère jumeau **Louis** (Loudun 1571 - Paris 1656), le *Gallia christiana.*

SAINTE-MAURE-DE-TOURAINE (37800), ch.-l. de c. d'Indre-et-Loire, sur le *plateau de Sainte-Maure ;* 3 996 h. Vestiges médiévaux.

SAINTE-MAXIME (83120), comm. du Var ; 10 047 h. Station balnéaire. Un des lieux du débarquement franco-américain le 15 août 1944.

SAINTE-MENEHOULD [-mənu] (51800), anc. cap. de l'Argonne, ch.-l. d'arr. de la Marne, sur l'Aisne ; 5 410 h. *(Ménehildiens).* Cimetière militaire. Mécanique de précision. Plastiques. Église des XIIIe-XIVe s.

SAINTE-MÈRE-ÉGLISE (50480), ch.-l. de c. de la Manche ; 1 564 h. Une division aéroportée américaine y fut larguée le 6 juin 1944.

SAINT-ÉMILION (33330), comm. de la Gironde ; 2 845 h. *(Saint-Émilionnais).* Vins rouges. Monuments médiévaux, dont une église rupestre des XIe-XIIe s.

SAINT EMPIRE ROMAIN GERMANIQUE, désignation officielle de l'empire fondé en 962 par Otton Ier, comprenant les royaumes de Germanie, d'Italie, et à partir de 1032 celui de Bourgogne. Affaibli par la querelle des Investitures (1076-1122) et la lutte du Sacerdoce et de l'Empire (1157-1250), le Saint Empire perdit, de la fin du XIIIe s. au XVe s., ses possessions italiennes, bourguignonnes et suisses, tendant à se confondre avec le domaine germanique. Les sept Électeurs institués par la Bulle d'or (1356) devinrent les arbitres du pouvoir impérial. Les traités de Westphalie (1648) consacrèrent le morcellement territorial de l'Empire. Celui-ci ne put résister aux conquêtes napoléoniennes et fut dissous en 1806 lors de la renonciation de François II à la couronne impériale d'Allemagne.

Sainte-Odile *(abbaye de),* abbaye vosgienne fondée au VIIe s. par sainte Odile.

Sainte-Pélagie, anc. prison de Paris, ouverte en 1792 et démolie en 1898.

SAINTE-ROSE (97115), comm. de la Guadeloupe ; 14 077 h.

SAINTE-ROSE (97439), comm. de la Réunion ; 5 768 h.

SAINTES (17100), ch.-l. d'arr. de la Charente-Maritime, sur la Charente ; 27 546 h. *(Saintais).* Matériel téléphonique. École technique de l'armée de l'air. Vestiges romains. Belles églises en partie romanes. Musées.

SAINTES *(îles des),* îlots des Antilles françaises, dépendant de la Guadeloupe ; 15 km² ; 3 050 h. *(Saintois).* Pêche.

SAINTE-SAVINE (10300), ch.-l. de c. de l'Aube, banlieue de Troyes ; 9 841 h. Bonneterie. Industrie automobile. Église du XVIe s.

SAINTE-SIGOLÈNE (43600), ch.-l. de c. de la Haute-Loire ; 5 262 h. Matières plastiques.

SAINTES-MARIES-DE-LA-MER (13460), ch.-l. de c. des Bouches-du-Rhône, en Camargue ; 2 239 h. Église romane fortifiée. Pèlerinages, en particulier celui des gitans autour du tombeau de Sara, servante noire des saintes Marie Jacobé et Marie Salomé.

Sainte-Sophie, église de Constantinople, dédiée à la Sagesse divine, chef-d'œuvre de l'architecture byzantine avec son immense coupole centrale de 31 m de diamètre, à 55 m du sol, unique en son genre. Bâtie (532-537), sur l'ordre de Justinien, par Anthémios de Tralles et Isidore de Milet, elle a été transformée par les Turcs en mosquée. Auj. musée.

SAINT-ESPRIT (97270), comm. de la Martinique ; 7 799 h.

Saint-Esprit *(ordre du),* le plus illustre des ordres de chevalerie de l'ancienne France, créé par Henri III en 1578, supprimé en 1791, rétabli de 1815 à 1830.

SAINT-ESTÈPHE (33250), comm. de la Gironde ; 1 921 h. Vins rouges.

SAINT-ESTÈVE (66240), ch.-l. de c. des Pyrénées-Orientales ; 9 895 h.

SAINTE-SUZANNE (53270), ch.-l. de c. de la Mayenne ; 940 h. Château et remparts.

SAINTE-SUZANNE (97441), comm. de l'île de la Réunion ; 14 731 h.

SAINTE-THÉRÈSE, v. du Canada (Québec) ; 24 158 h.

SAINT-ÉTIENNE, ch.-l. du dép. de la Loire, sur le Furan, à 517 m d'alt., à 462 km au sud-est de Paris ; 201 569 h. *(Stéphanois)* [environ 310 000 h. dans l'agglomération]. Université. Évêché. Métallurgie. Textile. Musée d'Art et d'Industrie et musée d'Art moderne.

SAINT-ÉTIENNE-DE-BAÏGORRY [-bai-] (64430), ch.-l. de c. des Pyrénées-Atlantiques ; 1 580 h.

SAINT-ÉTIENNE-DE-MONTLUC (44360), ch.-l. de c. de la Loire-Atlantique ; 5 912 h.

SAINT-ÉTIENNE-DE-SAINT-GEOIRS [-ʒwar] (38590), ch.-l. de c. de l'Isère ; 2 216 h. Vestiges médiévaux.

SAINT-ÉTIENNE-DE-TINÉE (06660), ch.-l. de c. des Alpes-Maritimes ; 2 041 h. Station d'altitude (1 144 m) et de sports d'hiver *(Auron).*

SAINT-ÉTIENNE-DU-ROUVRAY (76800), ch.-l. de c. de la Seine-Maritime, dans la vallée de la Seine ; 31 012 h. Métallurgie. Papeterie.

SAINT-ÉTIENNE-LES-ORGUES (04230), ch.-l. de c. des Alpes-de-Haute-Provence ; 1 096 h.

SAINT-ÉTIENNE-LÈS-REMIREMONT (88200), comm. des Vosges ; 4 111 h. Constructions électriques. Textile.

Saint-Eustache *(église),* grande église de Paris, jouxtant le site des anciennes Halles, élevée de 1532 à 1637 ; vitraux et œuvres d'art.

SAINTE-VICTOIRE *(chaîne de la),* massif calcaire de Provence, à l'est d'Aix-en-Provence ; 1 011 m. Motif de nombreuses œuvres de Cézanne.

SAINT-ÉVREMOND (Charles **de Marguetel de Saint-Denis de**), écrivain français (Saint-Denis-le-Gast, Manche, v. 1614 - Londres 1703). Compromis dans le procès de Fouquet, il dut s'exiler à Londres. Il est l'auteur de la satire *Comédie des académistes* et d'essais qui témoignent de son scepticisme religieux et de son sens de l'histoire.

SAINT-EXUPÉRY (Antoine **de**), aviateur et écrivain français (Lyon 1900 - disparu en mission en 1944). Ses romans (*Vol* de nuit,* 1931 ; *Terre des hommes,* 1939 ; *Pilote de guerre,* 1942) et ses récits symboliques (*le Petit* Prince,* 1943) cherchent à définir le sens de l'action et des valeurs morales dans la société moderne vouée au progrès technique.

SAINT-FARGEAU (89170), ch.-l. de c. de l'Yonne ; 1 901 h. Château médiéval et du XVIIe s.

SAINT-FARGEAU-PONTHIERRY (77310), comm. de Seine-et-Marne, sur la Seine ; 10 670 h.

SAINT-FÉLICIEN (07410), ch.-l. de c. de l'Ardèche ; 1 252 h.

SAINT-FERRÉOL, écart de la comm. de Revel (Haute-Garonne). Centre touristique sur le *lac de Saint-Ferréol.*

SAINT-FLORENT (20217), comm. de la Haute-Corse, sur le *golfe de Saint-Florent ;* 1 365 h. Tourisme. À proximité, anc. cathédrale romane de Nebbio.

SAINT-FLORENTIN (89600), ch.-l. de c. de l'Yonne, sur l'Armançon ; 6 462 h. Église gothique et Renaissance.

SAINT-FLORENT-LE-VIEIL (49410), ch.-l. de c. de Maine-et-Loire ; 2 529 h. Combats entre vendéens et républicains (1793). Dans l'église, tombeau par David d'Angers du marquis de Bonchamps qui mourut en faisant grâce aux prisonniers de l'armée républicaine.

SAINT-FLORENT-SUR-CHER (18400), comm. du Cher ; 7 534 h. Tôlerie.

SAINT-FLOUR (15100), anc. cap. de la haute Auvergne, ch.-l. d'arr. du Cantal ; 8 347 h. *(Sanflorains).* Évêché. Centre commercial. Cathédrale du XVe s. Musées.

SAINT-FONS [-fɔ̃] (69190), ch.-l. de c. du Rhône, banlieue sud de Lyon ; 15 785 h. *(Saint-Foniards).* Produits chimiques.

SAINT-FRANÇOIS, riv. du Canada (Québec), émissaire du *lac Saint-François,* affl. du Saint-Laurent (r. dr.) ; 260 km.

SAINT-FRANÇOIS (97118), comm. de la Guadeloupe ; 8 002 h.

SAINT-FRANÇOIS-LONGCHAMP (73130), comm. de la Savoie ; 236 h. Sports d'hiver (alt. 1 450-2 300 m).

SAINT-FULGENT (85250), ch.-l. de c. de la Vendée ; 3 007 h.

SAINT-GALL, en all. **Sankt Gallen,** v. de Suisse, ch.-l. du cant. du même nom ; 75 237 h. Centre commercial et industriel. Anc. abbaye bénédictine, fondée au VIIIe s., qui connut un grand essor littéraire et artistique aux Xe-XIIe s. En 1451-1454, les abbés puis la ville de Saint-Gall se rattachèrent à la Confédération suisse. En 1846, l'abbaye fut transformée en évêché. Cathédrale, anc. abbatiale, reconstruite au XVIIIe s. (riches décors rococo). Musées. — Le cant. de Saint-Gall a 2 014 km² et 427 501 h.

SAINT-GALMIER (42330), ch.-l. de c. de la Loire ; 4 417 h. Eaux minérales. Église des XIVe-XVIe s.

SAINT-GAUDENS [-dɛ̃s] (31800), ch.-l. d'arr. de la Haute-Garonne, sur la Garonne ; 11 888 h. *(Saint-Gaudinois).* Industries du bois. Église des XIe-XIIe s.

SAINT-GAULTIER (36800), ch.-l. de c. de l'Indre, sur la Creuse ; 2 050 h.

SAINT-GELAIS (Mellin **de**), poète français (Angoulême 1491 - Paris 1558). Poète de cour, il fut l'ami de Clément Marot et l'adversaire de Ronsard et de Du Bellay.

SAINT-GENEST-LERPT [-ʒənɛlɛrpt] (42530), comm. de la Loire, banlieue de Saint-Étienne ; 5 511 h.

SAINT-GENEST-MALIFAUX (42660), ch.-l. de c. de la Loire ; 2 536 h.

SAINT-GENGOUX-LE-NATIONAL (71460), ch.-l. de c. de Saône-et-Loire ; 1 026 h. Vins. Église des XIIe et XVe s.

SAINT-GENIEZ-D'OLT [-njedɔlt] (12130), ch.-l. de c. de l'Aveyron ; 2 037 h. Fraises. Monuments anciens.

SAINT-GENIS-DE-SAINTONGE (17240), ch.-l. de c. de la Charente-Maritime ; 1 020 h.

SAINT-GENIS-LAVAL (69230), ch.-l. de c. du Rhône ; 19 153 h.

SAINT-GENIX-SUR-GUIERS [-nisyrgjɛr] (73240), ch.-l. de c. de la Savoie ; 1 755 h.

SAINT-GEOIRE-EN-VALDAINE [-ʒwar-] (38620), ch.-l. de c. de l'Isère ; 1 844 h. Église reconstruite aux XVe-XVIe s.

SAINT GEORGE ou **SAINT-GEORGES** *(canal),* détroit entre la Grande-Bretagne et l'Irlande, et qui unit la mer d'Irlande à l'océan Atlantique.

Saint-Georges *(ordre de),* ordre militaire russe, créé en 1769 et disparu en 1917.

SAINT-GEORGES-DE-DIDONNE (17110), comm. de la Charente-Maritime, sur la Gironde ; 4 730 h. Station balnéaire.

SAINT-GEORGES-DES-GROSEILLERS (61100), comm. de l'Orne ; 3 382 h. Équipements automobiles.

SAINT-GEORGES-D'OLÉRON (17190), comm. de la Charente-Maritime, dans l'île d'Oléron ; 3 153 h. Station balnéaire. Église en partie romane.

SAINT-GEORGES-LÈS-BAILLARGEAUX (86130), ch.-l. de c. de la Vienne ; 2 863 h.

SAINT-GEORGES-SUR-LOIRE (49170), ch.-l. de c. de Maine-et-Loire ; 3 112 h. Vins. Château de Serrant (XVIe-XVIIIe s.).

SAINT-GERMAIN (Claude Louis, *comte* **de**), général et homme d'État français (Vertamboz, Jura, 1707 - Paris 1778). Ministre de la Guerre sous Louis XVI, il réorganisa l'armée.

SAINT-GERMAIN (*comte* **de**), aventurier d'origine espagnole ou portugaise (1707 ? - Eckernförde, Schleswig-Holstein, 1784), qui prétendait vivre depuis plusieurs siècles. À Paris et dans les diverses cours européennes, il obtint un vif succès.

SAINT-GERMAIN-AU-MONT-D'OR (69650), comm. du Rhône ; 2 436 h. Gare de triage.

SAINT-GERMAIN-DES-FOSSÉS (03260), comm. de l'Allier ; 3 780 h. Gare de triage.

Saint-Germain-des-Prés *(abbaye de),* anc. abbaye parisienne, fondée sur la rive gauche de la Seine par Childebert Ier (558). Elle fut, de 1631 à 1790, le centre de la congrégation de Saint-Maur. Son église (auj. paroissiale), une

Sainte-Sophie de Constantinople, édifiée au VIe s. par Anthémios de Tralles et Isidore de Milet (minarets construits par les Turcs au XVe s.).

Saint-Étienne

Saint-Exupéry

des plus anciennes de Paris, remonte aux XIe et XIIe s. — Le quartier de Saint-Germain-des-Prés accueillit du XIIe au XVe s. une foire célèbre et fut au lendemain de la Seconde Guerre mondiale le lieu de rendez-vous, dans ses cafés littéraires *(Flore, Deux-Magots),* de la génération existentialiste.

SAINT-GERMAIN-DU-BOIS (71330), ch.-l. de c. de Saône-et-Loire ; 1 887 h.

SAINT-GERMAIN-DU-PLAIN (71370), ch.-l. de c. de Saône-et-Loire ; 1 706 h.

SAINT-GERMAIN-DU-PUY (18390), comm. du Cher ; 5 115 h.

SAINT-GERMAIN-EN-LAYE [-lɛ] (78100), ch.-l. d'arr. des Yvelines, au-dessus de la Seine ; 41 710 h. *(Saint-Germanois).* Forêt de plus de 3 500 ha, bordée par la terrasse de Le Nôtre. Château reconstruit par P. Chambiges pour François Ier, englobant la chapelle et le donjon d'époque gothique, et très restauré au XIXe s. Le musée des Antiquités nationales y est installé (riches collections allant de la préhistoire à l'époque gallo-romaine). C'est à Saint-Germain que fut signé, le 10 sept. 1919, le traité de paix entre les Alliés et l'Autriche ; il consacrait l'effondrement de la monarchie austro-hongroise.

SAINT-GERMAIN-LAVAL (42260), ch.-l. de c. de la Loire ; 1 530 h. Vieux bourg pittoresque.

SAINT-GERMAIN-LEMBRON (63340), ch.-l. de c. du Puy-de-Dôme ; 1 687 h.

SAINT-GERMAIN-LÈS-ARPAJON (91180), comm. de l'Essonne ; 7 661 h.

SAINT-GERMAIN-LES-BELLES (87380), ch.-l. de c. de la Haute-Vienne ; 1 097 h. Église fortifiée du XIVe s.

SAINT-GERMAIN-LÈS-CORBEIL (91250), ch.-l. de c. de l'Essonne ; 6 163 h.

SAINT-GERMER-DE-FLY (60850), comm. de l'Oise ; 1 593 h. Église et chapelle d'une anc. abbaye (XIIe-XIIIe s.).

SAINT-GERVAIS-D'AUVERGNE (63390), ch.-l. de c. du Puy-de-Dôme ; 1 576 h.

SAINT-GERVAIS-LES-BAINS (74170), ch.-l. de c. de la Haute-Savoie ; 5 176 h. *(Saint-Gervelins).* Station thermale (dermatologie, voies respiratoires) et de sports d'hiver (alt. 900-2 150 m).

SAINT-GERVAIS-LES-TROIS-CLOCHERS (86230), ch.-l. de c. de la Vienne ; 1 195 h.

SAINT-GHISLAIN, v. de Belgique (Hainaut) ; 22 098 h.

SAINT-GILDAS [-da] *(pointe),* cap de la Loire-Atlantique, au sud de l'embouchure de la Loire.

SAINT-GILDAS-DE-RHUYS [-is] (56730), comm. du Morbihan, sur la côte sud de la *presqu'île de Rhuys ;* 1 180 h. Église en partie du XIe s., anc. abbatiale.

SAINT-GILDAS-DES-BOIS (44530), ch.-l. de c. de la Loire-Atlantique ; 3 380 h. Église des XIIe et XIIIe s., anc. abbatiale.

SAINT-GILLES, en néerl. **Sint-Gillis,** comm. de Belgique, banlieue de Bruxelles ; 42 684 h.

SAINT-GILLES ou **SAINT-GILLES-DU-GARD** (30800), ch.-l. de c. du Gard, sur la *Costière de Saint-Gilles ;* 11 765 h. *(Saint-Gillois).* Église romane et gothique, anc. abbatiale (façade sculptée antiquisante, milieu du XIIe s.).

SAINT-GILLES-CROIX-DE-VIE (85800), ch.-l. de c. de la Vendée ; 6 490 h. *(Gillocruciens).* Pêche. Station balnéaire.

SAINT-GIRONS [-rɔ̃] (09200), ch.-l. d'arr. de l'Ariège, sur le Salat ; 7 065 h. *(Saint-Gironnais).* Papeterie. Fromages. Église St-Valier, des XIIe-XVe s.

SAINT-GOBAIN (02410), comm. de l'Aisne ; 2 338 h. Site originel de la Compagnie de Saint-Gobain. — Forêt de 4 200 ha.

Saint-Gobain *(Compagnie de),* société française de production de glaces dont les origines remontent à 1665. Abordant la chimie au XIXe s., Saint-Gobain fusionne, en 1970, avec Pont-à-Mousson. C'est actuellement un des premiers producteurs mondiaux de vitrages, de flacons, de tuyaux en fonte, de produits isolants, de matériaux de construction.

SAINT-GOND *(marais de),* anc. marais au pied de la côte de l'Île-de-France, drainés par le Petit Morin. Combat victorieux de l'armée Foch pendant la bataille de la Marne (1914).

SAINT-GOTHARD, anc. **Gothard,** en all. **Sankt Gotthard,** massif des Alpes suisses, percé par un tunnel ferroviaire long de 15 km emprunté par la ligne Bâle-Milan et par un tunnel routier long de 16,9 km. Une route touristique utilise, en été, le *col du Saint-Gothard* (2 112 m).

SAINT-GRATIEN (95210), ch.-l. de c. du Val-d'Oise ; 19 377 h. *(Saint-Gratiennois).*

Saint-Grégoire-le-Grand *(ordre de),* ordre pontifical créé en 1831.

SAINT-GUÉNOLÉ (29760), port de pêche et station balnéaire du Finistère (comm. de Penmarch).

SAINT-GUILHEM-LE-DÉSERT [-gijɛm-] (34150), comm. de l'Hérault ; 194 h. Église des XIe-XIIe s., anc. abbatiale.

SAINT-HAON-LE-CHÂTEL [sɛ̃taɔ̃-] (42370), ch.-l. de c. de la Loire ; 539 h. Bourg fortifié ; église du XIIe s.

SAINT-HÉAND (42570), ch.-l. de c. de la Loire ; 3 636 h. Optique. Mécanique.

SAINT HELENS, v. de Grande-Bretagne (Angleterre), près de Liverpool ; 99 000 h. Verrerie.

SAINT HELENS *(mont),* volcan actif du nord-ouest des États-Unis (Washington).

SAINT-HÉLIER, cap. de l'île de Jersey ; 28 000 h. Tourisme. Château des XVIe-XVIIe s.

SAINT-HERBLAIN (44800), ch.-l. de c. de la Loire-Atlantique, banlieue de Nantes ; 43 439 h. Agroalimentaire. Stylos.

SAINT-HILAIRE (11250), ch.-l. de c. de l'Aude ; 662 h. Église des XIIe-XIIIe s., anc. abbatiale ; cloître du XIVe s.

SAINT-HILAIRE ou **SAINT-HILAIRE-DU-TOUVET** (38720), comm. de l'Isère, sur le plateau des Petites-Roches (chartreuse) ; 1 432 h. Station climatique à 960 m d'alt.

SAINT-HILAIRE-DE-RIEZ (85270), comm. de la Vendée ; 7 461 h.

SAINT-HILAIRE-DES-LOGES (85240), ch.-l. de c. de la Vendée ; 1 755 h.

SAINT-HILAIRE-DE-VILLEFRANCHE (17770), ch.-l. de c. de la Charente-Maritime ; 1 014 h.

SAINT-HILAIRE-DU-HARCOUËT (50600), ch.-l. de c. de la Manche ; 5 051 h. Marché.

SAINT-HIPPOLYTE (25190), ch.-l. de c. du Doubs ; 1 138 h.

SAINT-HIPPOLYTE-DU-FORT (30170), ch.-l. de c. du Gard ; 3 571 h. Chaussures.

SAINT-HONORAT *(île),* île du groupe des Lérins (Alpes-Maritimes). Monastère avec vestiges du haut Moyen Âge.

SAINT-HONORÉ-LES-BAINS (58360), comm. de la Nièvre ; 762 h. Station thermale.

SAINT-HUBERT, v. de Belgique (Luxembourg) ; 5 689 h. Tourisme. Basilique gothique du XVIe s.

SAINT-HUBERT, v. du Canada (Québec), près de Montréal ; 74 027 h. Base aérienne.

SAINT-HYACINTHE, v. du Canada (Québec), à l'est de Montréal ; 39 292 h.

SAINT-IMIER, v. de Suisse (Berne), dans le *val de Saint-Imier ;* 4 921 h. Horlogerie.

SAINT-ISMIER (38330), ch.-l. de c. de l'Isère ; 5 456 h.

SAINT-JACQUES-DE-COMPOSTELLE, en esp. **Santiago de Compostela,** v. d'Espagne, cap. de la Galice ; 87 807 h. L'un des pèlerinages les plus fréquentés de la chrétienté occidentale, autour de la dépouille de saint Jacques le Majeur, qui aurait été déposée là miraculeusement. Ce pèlerinage prit de l'ampleur au XIe s. avec la Reconquista. Cathédrale romane construite de 1078 à 1130 (porche de la Gloire, 1188 ; cloître gothique [musées] ; façade baroque du XVIIIe s.). Églises et monastères.

SAINT-JACQUES-DE-LA-LANDE (35136), comm. d'Ille-et-Vilaine ; 6 599 h. Aéroport de Rennes. Station météorologique.

Saint-Jacques-de-l'Épée *(ordre de)* ou **de Santiago,** ordre militaire et religieux castillan, fondé en 1170. — Ordre, du même nom, institué au Portugal en 1725.

SAINT-JACUT-DE-LA-MER (22750), comm. des Côtes-d'Armor ; 803 h. Station balnéaire.

SAINT-JAMES (50240), ch.-l. de c. de la Manche ; 3 025 h.

SAINT-JEAN, fl. des États-Unis (Maine) et du Canada (Nouveau-Brunswick), tributaire de la baie de Fundy ; 700 km env.

SAINT-JEAN, en angl. **Saint John,** port du Canada (Nouveau-Brunswick), au fond de la baie de Fundy, à l'embouchure du *fleuve Saint-Jean ;* 68 254 h.

SAINT-JEAN (31240), comm. de la Haute-Garonne ; 7 183 h.

SAINT-JEAN *(lac),* lac du Canada (Québec), qui se déverse dans le Saint-Laurent par le Saguenay ; 1 000 km² env.

SAINT-JEAN-BONNEFONDS (42650), comm. de la Loire ; 6 445 h.

SAINT-JEAN-BRÉVELAY (56660), ch.-l. de c. du Morbihan ; 2 467 h.

SAINT-JEAN-CAP-FERRAT (06230), comm. des Alpes-Maritimes ; 2 253 h. Station balnéaire. Villa-musée « Île-de-France ».

SAINT-JEAN-D'ACRE → ***Acre.***

SAINT-JEAN-D'ANGÉLY (17400), ch.-l. d'arr. de la Charente-Maritime, sur la Boutonne ; 8 687 h. *(Angériens).* Centre commercial. Beffroi médiéval (« tour de l'Horloge »). Restes d'une anc. abbaye.

SAINT-JEAN-D'AULPS (74430), comm. de la Haute-Savoie, dans le Chablais ; 920 h. Sports d'hiver (alt. 800-1 800 m).

SAINT-JEAN-DE-BOURNAY (38440), ch.-l. de c. de l'Isère ; 3 865 h.

SAINT-JEAN-DE-BRAYE (45800), ch.-l. de c. du Loiret, banlieue d'Orléans ; 16 739 h. Électronique. Parfums.

SAINT-JEAN-DE-LA-RUELLE (45140) ch.-l. de c. du Loiret, banlieue d'Orléans ; 16 656 h. Industrie automobile. Électroménager.

SAINT-JEAN-DE-LOSNE [-lon] (21170), ch.-l. de c. de la Côte-d'Or, sur la Saône ; 1 354 h. *(Losnais).* Port fluvial. Sièges mémorables (1636 et 1814).

SAINT-JEAN-DE-LUZ [-lyz] (64500), ch.-l. de c. des Pyrénées-Atlantiques, sur la Nivelle ; 13 181 h. *(Luziens).* Pêche. Station balnéaire. Église basque typique, où fut célébré le mariage de Louis XIV (1660). Demeures anciennes.

SAINT-JEAN-DE-MAURIENNE (73300), ch.-l. d'arr. de la Savoie, sur l'Arc ; 9 830 h. Aluminium. Cathédrale des XIe-XVe s.

SAINT-JEAN-DE-MONTS (85160), ch.-l. de c. de la Vendée ; 6 042 h. Station balnéaire.

SAINT-JEAN-DU-GARD (30270), ch.-l. de c. du Gard ; 2 657 h. Textile.

SAINT-JEAN-EN-ROYANS [-rwajɑ̃] (26190), ch.-l. de c. de la Drôme ; 2 923 h.

SAINT-JEAN-LE-BLANC (45650), ch.-l. de c. du Loiret ; 6 870 h.

SAINT-JEAN-PIED-DE-PORT (64220), ch.-l. de c. des Pyrénées-Atlantiques ; 1 649 h. Tourisme. Place forte ancienne et pittoresque.

SAINT-JEAN-SUR-RICHELIEU, v. du Canada (Québec), au sud-est de Montréal ; 37 607 h.

Saint-Jacques-de-Compostelle : la cathédrale (XIe-XVIIIe s.).

SAINT-JEOIRE [-ʒwar] (74490), ch.-l. de c. de la Haute-Savoie ; 2 293 h.

SAINT-JÉRÔME, v. du Canada (Québec), dans les Laurentides ; 23 384 h.

SAINT-JOHN PERSE (Alexis **Léger,** dit **Alexis Saint-Léger Léger,** puis), diplomate et poète français (Pointe-à-Pitre 1887 - Giens 1975). Ses recueils lyriques présentent, parallèlement à la conquête d'un nouveau langage, une méditation sur le destin de l'homme et ses rapports à la nature (*Éloges,* 1911 ; *Anabase,* 1924 ; *Exil,* 1942 ; *Amers,* 1957 ; *Chronique,* 1960 ; *Oiseaux,* 1963). [Prix Nobel 1960.]

SAINT JOHN'S, cap. de l'île et de l'État d'Antigua (Antilles) ; 30 000 h.

SAINT JOHN'S, v. du Canada, cap. de la prov. de Terre-Neuve ; 95 770 h.

SAINT-JOSEPH (97212), comm. de la Martinique ; 14 054 h.

SAINT-JOSEPH (97480), comm. de la Réunion ; 25 852 h.

SAINT-JOSSE-TEN-NOODE, en néerl. **Sint-Joost-ten-Noode,** comm. de Belgique, banlieue nord de Bruxelles ; 21 317 h.

SAINT-JOUIN-DE-MARNES (79600), comm. des Deux-Sèvres ; 659 h. Église (XIe-XIIIe s.) d'une anc. abbaye.

SAINT-JUÉRY (81160), comm. du Tarn ; 6 782 h. — Métallurgie au *Saut-du-Tarn.*

SAINT-JULIEN-CHAPTEUIL (43260), ch.-l. de c. de la Haute-Loire ; 1 700 h.

SAINT-JULIEN-DE-CONCELLES (44550), comm. de la Loire-Atlantique ; 5 436 h.

SAINT-JULIEN-DU-SAULT (89330), ch.-l. de c. de l'Yonne ; 2 219 h. Église des XIIIe-XVIe s.

SAINT-JULIEN-EN-GENEVOIS (74160), ch.-l. d'arr. de la Haute-Savoie, près de Genève ; 8 048 h. *(Juliénois).*

SAINT-JULIEN-L'ARS [-lar] (86800), ch.-l. de c. de la Vienne ; 1 921 h.

SAINT-JULIEN-LES-VILLAS (10800), comm. de l'Aube ; 6 058 h.

SAINT-JUNIEN (87200), ch.-l. de c. de la Haute-Vienne, sur la Vienne ; 10 962 h. *(Saint-Juniauds).* Ganterie. Feutre. Carton. Belle église romane (tombeau de saint Junien).

SAINT-JUST (Louis Antoine), homme politique français (Decize 1767 - Paris 1794). Député à la Convention (1792), admirateur de Robespierre, membre de la Montagne et du club des Jacobins, il demande l'exécution sans jugement du roi et prône une république égalitaire et vertueuse. Membre du Comité de salut public (30 mai 1793), il précipite la chute des Girondins et devient le théoricien et l'« Archange » de la Terreur. Commissaire aux armées, il se montre implacable à l'égard des responsables pusillanimes ou corrompus et contribue à la victoire de Fleurus (26 juin 1794). Entraîné dans la chute de Robespierre (9-Thermidor), il est guillotiné.

Saint-Just (L. David - coll. priv.)

SAINT-JUST-EN-CHAUSSÉE (60130), ch.-l. de c. de l'Oise ; 4 955 h.

SAINT-JUST-EN-CHEVALET (42430), ch.-l. de c. de la Loire ; 1 540 h.

SAINT-JUST-SAINT-RAMBERT (42170), ch.-l. de c. de la Loire ; 12 389 h. Église romane.

SAINT KILDA, petite île britannique inhabitée de l'Atlantique, au large de l'Écosse.

SAINT-KITTS-ET-NEVIS → ***Saint Christopher and Nevis.***

SAINT-LAMBERT, v. du Canada (Québec), banlieue de Montréal ; 20 976 h. Biscuiterie.

SAINT-LAMBERT (Jean François **de**), écrivain français (Nancy 1716 - Paris 1803), ami des Encyclopédistes et auteur du poème descriptif *les Saisons.* (Acad. fr.)

SAINT-LARY-SOULAN (65170), comm. des Hautes-Pyrénées ; 1 113 h. Sports d'hiver (alt. 830-2 450 m).

SAINT-LAURENT, fl. de l'Amérique du Nord, émissaire du lac Ontario, tributaire de l'Atlantique rejoint par un long estuaire qui s'ouvre dans le *golfe du Saint-Laurent ;* 1 140 km. Drainant le sud-est du Canada, il passe à Montréal et à Québec. De grands travaux l'ont rendu accessible aux navires de 25 000 t huit mois par an.

SAINT-LAURENT, v. du Canada (Québec), banlieue de Montréal ; 72 402 h.

SAINT-LAURENT (Louis Stephen), homme politique canadien (Compton, Québec, 1882 - Québec 1973). Leader du parti libéral (1948-1958), Premier ministre (1948-1957), il obtint pour le Canada le droit de modifier sa constitution en toute souveraineté (1949).

SAINT LAURENT (Yves), couturier français (Oran 1936). Merveilleux coloriste, il a donné une interprétation originale du vêtement quotidien (caban, tailleur-pantalon).

SAINT-LAURENT-BLANGY (62223), comm. du Pas-de-Calais ; 5 389 h. *(Imercuriens).* Textiles synthétiques.

SAINT-LAURENT-DE-CHAMOUSSET (69930), ch.-l. de c. du Rhône ; 1 601 h.

SAINT-LAURENT-DE-LA-SALANQUE (66250), ch.-l. de c. des Pyrénées-Orientales ; 7 200 h.

SAINT-LAURENT-DES-EAUX → ***Saint-Laurent-Nouan.***

SAINT-LAURENT-DU-MARONI (97320), ch.-l. d'arr. de la Guyane française ; 13 894 h. Port sur le *Maroni.* Anc. établissement pénitentiaire.

SAINT-LAURENT-DU-PONT (38380), ch.-l. de c. de l'Isère ; 4 083 h. Métallurgie.

SAINT-LAURENT-DU-VAR (06700), ch.-l. de c. des Alpes-Maritimes, à l'ouest de l'embouchure du Var ; 24 475 h.

SAINT-LAURENT-EN-GRANDVAUX (39150), ch.-l. de c. du Jura ; 1 843 h.

SAINT-LAURENT-MÉDOC (33112), ch.-l. de c. de la Gironde ; 3 376 h. Vins.

SAINT-LAURENT-NOUAN (41220), comm. de Loir-et-Cher ; 3 412 h. Centrale nucléaire *(Saint-Laurent-des-Eaux)* sur la Loire.

SAINT-LAURENT-SUR-GORRE (87310), ch.-l. de c. de la Haute-Vienne ; 1 582 h.

Saint-Lazare *(enclos,* puis *prison),* léproserie attestée à Paris dès le XIIe s., donnée en 1632 aux prêtres de la Mission *(lazaristes),* devenue maison de détention en 1779 et réservée aux femmes depuis la fin de la Révolution jusqu'à sa disparition, en 1935.

Saint-Lazare-de-Jérusalem *(ordre de),* ordre hospitalier et militaire, fondé à Jérusalem (v. 1120), réuni à l'ordre de Notre-Dame-du-Mont-Carmel (1608). Sécularisé par Clément XIV (1772), il survécut à la Révolution française.

SAINT-LÉON (Arthur), danseur et chorégraphe français (Paris 1821 - *id.* 1870), auteur des ballets *le Petit Cheval bossu* et *Coppelia.*

SAINT-LÉONARD, v. du Canada (Québec), banlieue de Montréal ; 73 120 h.

SAINT-LÉONARD-DE-NOBLAT (87400), ch.-l. de c. de la Haute-Vienne, près de la Vienne ; 5 134 h. Petit centre industriel. Église romane au beau clocher limousin.

SAINT-LEU (97436), comm. de la Réunion ; 20 987 h.

SAINT-LEU-D'ESSERENT (60340), comm. de l'Oise ; 4 368 h. Église gothique du XIIe s.

SAINT-LEU-LA-FORÊT (95320), ch.-l. de c. du Val-d'Oise ; 14 530 h. Dans l'église, tombeau de Louis Bonaparte.

SAINT-LIZIER, ch.-l. de c. de l'Ariège ; 1 661 h. Anc. cathédrale romane et gothique ; cloître à étage (XIIe et XVe s.) ; trésor.

SAINT-LÔ (50000), ch.-l. du dép. de la Manche, sur la Vire, à 286 km à l'ouest de Paris ; 22 819 h. *(Saint-Lois).* Marché. Électroménager. La ville avait été détruite lors de la bataille de Normandie en 1944.

SAINT-LOUBÈS (33450), comm. de la Gironde, dans l'Entre-deux-Mers ; 6 269 h.

SAINT LOUIS, v. des États-Unis (Missouri), près du confluent du Mississippi et du Missouri ; 396 685 h. (2 444 099 h. dans l'agglomération). Port fluvial, nœud ferroviaire, centre commercial et industriel. Musées.

SAINT-LOUIS (68300), comm. du Haut-Rhin, près de Bâle ; 19 728 h. *(Ludoviciens).* Constructions mécaniques. Aéroport.

SAINT-LOUIS (97450), comm. de la Réunion ; 37 798 h.

SAINT-LOUIS, port du Sénégal ; 88 000 h. Point de transit avec la Mauritanie.

SAINT-LOUIS *(île),* île de la Seine, à Paris, en amont de l'île de la Cité. Hôtels particuliers et église du XVIIe s.

Saint-Louis *(ordre royal et militaire de),* ordre créé par Louis XIV en 1693. Fondé sur le mérite, il était accessible à la bourgeoisie et aux officiers sortis du rang. Supprimé en 1792, il fut rétabli de 1814 à 1830.

SAINT-LOUIS-LÈS-BITCHE (57620), comm. de la Moselle ; 646 h. Cristallerie.

SAINT-LOUP-LAMAIRÉ (79600), ch.-l. de c. des Deux-Sèvres ; 1 169 h. *(Lupéens).* Château des XIVe et XVIIe s.

SAINT-LOUP-SUR-SEMOUSE (70800), ch.-l. de c. de la Haute-Saône ; 4 724 h. *(Lupéens).* Meubles.

Saint Luc peignant la Vierge, tableau de Van der Weyden dont on conserve plusieurs versions très semblables (Boston, Munich, Saint-Pétersbourg), toutes sur panneau de bois. L'original, sans doute d'env. 1440, décorait la chapelle de la corporation des peintres à Bruxelles. La composition s'inspire de la *Vierge au chancelier Rolin* de J. Van Eyck.

SAINT-LUNAIRE (35800), comm. d'Ille-et-Vilaine ; 2 173 h. Station balnéaire. Église en partie romane.

SAINT-LYS [-lis] (31470), ch.-l. de c. de la Haute-Garonne ; 4 589 h.

SAINT-MACAIRE (33490), ch.-l. de c. de la Gironde ; 1 549 h. Portes fortifiées. Église romane et gothique. Maisons anciennes.

SAINT-MACAIRE-EN-MAUGES (49450), comm. de Maine-et-Loire ; 5 575 h.

SAINT-MAIXENT-L'ÉCOLE (79400), ch.-l. de c. des Deux-Sèvres, sur la Sèvre Niortaise ; 8 564 h. *(Saint-Maixentais).* École militaire d'infanterie (1874-1940) et, depuis 1963, École nationale des sous-officiers de l'armée de terre.

SAINT-MALO (35400), ch.-l. d'arr. d'Ille-et-Vilaine, à l'embouchure de la Rance, sur une presqu'île ; 49 274 h. *(Malouins).* Saint-Malo fut, au XVIe s., le point de départ d'expéditions vers le Nouveau Monde. Aux XVIIe et XVIIIe s., la ville s'enrichit dans le commerce lointain et dans la course. Grand port de pêche (morue de Terre-Neuve) au XIXe s. et au début du XXe, Saint-Malo est surtout, aujourd'hui, un important centre touristique. La vieille ville, partiellement détruite pendant la Seconde Guerre mondiale, a été reconstruite. Elle conserve de beaux remparts, en partie des XIIe-XIIIe s., une anc. cathédrale remontant au XIIe s. et un château du XVe (musée).

SAINT-MAMET-LA-SALVETAT (15220), ch.-l. de c. du Cantal ; 1 363 h.

SAINT-MANDÉ (94160), ch.-l. de c. du Val-de-Marne ; 18 963 h.

SAINT-MANDRIER-SUR-MER (83430), ch.-l. de c. du Var, sur la rade de Toulon ; 6 271 h. Siège du Centre d'instruction navale.

SAINT-MARCELLIN (38160), ch.-l. de c. de l'Isère ; 6 838 h. Fromages. Matériel électrique.

SAINT-MARC GIRARDIN (Marc **Girardin,** dit), écrivain et homme politique français (Paris 1801 - Morsang-sur-Seine 1873). Son *Cours de littérature dramatique* est un réquisitoire contre le romantisme. (Acad. fr.)

SAINT-MARIN, en ital. **San Marino,** État indépendant d'Europe enclavé dans le territoire italien, à l'est de Florence ; 61 km² ; 25 000 h. CAP. *Saint-Marin* (5 000 h.). LANGUE : *italien.* MONNAIE : *lire.* La ville fut autonome dès le IXe s. Son territoire devint *république* au XIIIe s. Celle-ci, dont les rapports avec l'Italie sont régis par diverses conventions, est dirigée par un Grand Conseil (60 membres) et deux capitaines-régents élus par lui pour six mois. En 1992, la république de Saint-Marin est admise à l'O.N.U. (V. carte **Italie**.)

SAINT-MARS-LA-JAILLE [-mar-] (44540), ch.-l. de c. de la Loire-Atlantique ; 2 122 h. Machines agricoles.

SAINT-MARTIN, une des Petites Antilles, partagée entre la France (97150) [ch.-l. *Marigot*] et les Pays-Bas (ch.-l. *Philipsburg*) ; 53 km² et 28 524 h. (pour la partie française).

Saint-Martin *(canal),* canal qui traverse Paris, de la Villette à la Seine.

SAINT-MARTIN (Louis Claude **de**), écrivain et philosophe français (Amboise 1743 - Aulnay-sous-Bois 1803). Il contribua à répandre l'illuminisme et surtout le martinisme*.

SAINT-MARTIN-BOULOGNE (62200), comm. du Pas-de-Calais ; 11 324 h.

SAINT-MARTIN-D'AUXIGNY (18110), ch.-l. de c. du Cher ; 1 927 h.

SAINT-MARTIN-DE-BELLEVILLE (73440), comm. de la Savoie, en Tarentaise ; 2 346 h. Sports d'hiver aux Menuires.

SAINT-MARTIN-DE-CRAU (13310), comm. des Bouches-du-Rhône ; 11 111 h.

SAINT-MARTIN-DE-LONDRES (34380), ch.-l. de c. de l'Hérault ; 1 633 h. Église romane.

SAINT-MARTIN-DE-RÉ (17410), ch.-l. de c. de la Charente-Maritime, dans l'île de Ré ; 2 520 h. Pêche. Station balnéaire. Église en partie du XVe s. Prison dans la citadelle, du XVIIe s.

SAINT-MARTIN-DES-CHAMPS (29600), comm. du Finistère ; 5 009 h.

SAINT-MARTIN-DE-SEIGNANX (40390), ch.-l. de c. des Landes ; 3 067 h.

SAINT-MARTIN-DE-VALAMAS (07310), ch.-l. de c. de l'Ardèche ; 1 399 h.

SAINT-MARTIN-D'HÈRES (38400), ch.-l. de c. de l'Isère ; 34 501 h. Centre universitaire.

SAINT-MARTIN-EN-BRESSE (71620), ch.-l. de c. de Saône-et-Loire ; 1 629 h.

SAINT-MARTIN-LE-VINOUX (38950), comm. de l'Isère ; 5 150 h.

SAINT-MARTIN-VÉSUBIE (06450), ch.-l. de c. des Alpes-Maritimes ; 1 046 h. Station d'altitude (960 m). Église de la fin du XVIIe s.

SAINT-MATHIEU (87440), ch.-l. de c. de la Haute-Vienne ; 1 283 h.

SAINT-MATHIEU *(pointe),* cap à l'extrémité ouest du Finistère.

Saint-Maur *(congrégation bénédictine de),* congrégation créée à Paris en 1618 et dont le premier supérieur général fut dom Tarrisse. Ses membres, les *mauristes,* se consacrèrent à des travaux d'érudition, notamm. à Saint-Germain-des-Prés, qui devint, en 1631, le centre de la congrégation. Elle disparut en 1790.

SAINT-MAUR-DES-FOSSÉS (94100), ch.-l. de c. du Val-de-Marne, dans une boucle de la Marne ; 77 492 h. *(Saint-Mauriens).* Lunetterie. Église des XIIe-XIVe s.

SAINT-MAURICE (le), riv. du Canada (Québec), affl. du Saint-Laurent (r. g.), à Trois-Rivières ; 520 km.

SAINT-MAURICE (94410), comm. du Val-de-Marne, au sud-est de Paris ; 11 195 h. *(Mauriciens).* Studios de cinéma.

SAINT-MAURICE, v. de Suisse (Valais), sur le Rhône ; 3 731 h. Abbaye d'Agaune, fondée au VIe s. (église des XVIIe-XXe s. ; trésor).

SAINT-MAURICE-L'EXIL (38550), comm. de l'Isère ; 5 319 h. Centrale nucléaire sur le Rhône.

SAINT-MAX [-mɑ] (54130), comm. de Meurthe-et-Moselle ; 11 131 h.

SAINT-MAXIMIN-LA-SAINTE-BAUME (83470), ch.-l. de c. du Var ; 9 693 h.. Basilique gothique Ste-Madeleine (XIIIe-XVIe s.) ; centre culturel dans l'anc. couvent.

SAINT-MÉDARD-EN-JALLES (33160), comm. de la Gironde ; 22 121 h. Vins rouges du Médoc. Industrie aérospatiale. Armement.

SAINT-MÉEN-LE-GRAND [-meẽ] (35290), ch.-l. de c. d'Ille-et-Vilaine ; 3 821 h. Église des XIIe-XIVe s., anc. abbatiale.

SAINT-MEMMIE (51470), comm. de la Marne ; 6 127 h.

Saint-Michel *(ordre de),* ordre de chevalerie français, créé en 1469, supprimé par la Révolution, rétabli de 1815 à 1830.

SAINT-MICHEL-DE-MAURIENNE (73140), ch.-l. de c. de la Savoie, sur l'Arc ; 3 045 h. Centrales hydroélectriques. Métallurgie.

SAINT-MICHEL-L'OBSERVATOIRE ou **SAINT-MICHEL-DE-PROVENCE** (04870), comm. des Alpes-de-Haute-Provence ; 851 h. Observatoire d'astrophysique du C. N. R. S.

SAINT-MICHEL-SUR-ORGE (91240), ch.-l. de c. de l'Essonne ; 20 845 h.

SAINT-MIHIEL (55300), ch.-l. de c. de la Meuse, sur la Meuse ; 5 435 h. *(Sammiellois).* Lunetterie. Fort. Groupe sculpté de L. Richier dans chacune des deux églises de la ville.

Saint-Mihiel *(batailles de),* nom donné aux opérations qui permirent aux Allemands de s'emparer de la ville pour isoler Verdun (sept. 1914), puis à la vaine tentative des Français pour récupérer la position (avr. 1915) et, enfin, à la victoire américaine de sept. 1918.

SAINT-MORITZ, en all. **Sankt Moritz,** en romanche **San Murezzan,** grande station d'altitude et de sports d'hiver (alt. 1 856-3 303 m) de Suisse (Grisons), dans la haute Engadine, au bord du *lac de Saint-Moritz ;* 5 426 h.

SAINT-NAZAIRE (44600), ch.-l. d'arr. de la Loire-Atlantique, à l'embouchure de la Loire ; 66 087 h. *(Nazairiens).* Avant-port de Nantes et principal centre français de constructions navales. Constructions aéronautiques.

SAINT-NECTAIRE (63710), comm. du Puy-de-Dôme ; 664 h. Station thermale (affections des reins). Fromages. Belle église romane auvergnate (XIIe s. ; trésor).

SAINT-NICOLAS → ***Sint-Niklaas.***

SAINT-NICOLAS (62223), comm. du Pas-de-Calais ; 6 137 h.

SAINT-NICOLAS-D'ALIERMONT (76510), comm. de la Seine-Maritime ; 4 229 h. Constructions électriques.

SAINT-NICOLAS-DE-LA-GRAVE (82210), ch.-l. de c. de Tarn-et-Garonne ; 2 044 h..

SAINT-NICOLAS-DE-PORT (54210), ch.-l. de c. de la Meurthe-et-Moselle, sur la Meurthe ; 7 766 h. *(Portois).* Sel gemme. Brasserie. Basilique de pèlerinage des XVe-XVIe s.

SAINT-NICOLAS-DE-REDON (44460), ch.-l. de c. de la Loire-Atlantique ; 2 939 h. Équipements pour l'automobile.

SAINT-NICOLAS-DU-PÉLEM (22480), ch.-l. de c. des Côtes-d'Armor ; 1 993 h. Église et manoir du XVIe s.

SAINT-NIZIER-DU-MOUCHEROTTE (38250), comm. de l'Isère ; 576 h. Sports d'hiver (alt. 1 162-1 900 m).

SAINT-NOM-LA-BRETÈCHE (78860), ch.-l. de c. des Yvelines ; 5 085 h. Golf.

Saint-Office *(congrégation du),* congrégation romaine créée par Paul III en 1542 sous le nom de *Congrégation de la Suprême Inquisition* pour combattre les progrès du protestantisme. Elle constituait un tribunal universel, siégeant à Rome, et qui désignait des juges allant sur place. En 1965, la congrégation du Saint-Office est devenue *Congrégation pour la doctrine de la foi.*

SAINT-OMER (62500), ch.-l. d'arr. du Pas-de-Calais, sur l'Aa ; 15 304 h. *(Audomarois).* Constructions mécaniques et électriques. Textile. Basilique des XIIIe-XVe s. (œuvres d'art). Ruines de l'abbatiale St-Bertin. Musées.

SAINTONGE, anc. province de l'ouest de la France ; cap. *Saintes.* Réunie à la Couronne en 1375 par Charles V, la Saintonge correspond au sud du dép. de la Charente-Maritime. (Hab. *Saintongeais.*)

SAINT-ORENS-DE-GAMEVILLE (31650), comm. de la Haute-Garonne ; 9 719 h.

SAINT-OUEN [sɛ̃twɛ̃] (93400), ch.-l. de c. de la Seine-Saint-Denis, sur la Seine ; 42 611 h. *(Audoniens).* Centre industriel.

SAINT-OUEN-L'AUMÔNE (95310), ch.-l. de c. du Val-d'Oise, sur l'Oise ; 18 822 h. Métallurgie et chimie. Restes de l'abbaye de Maubuisson (XIIIe s.).

SAINT-PALAIS (64120), ch.-l. de c. des Pyrénées-Atlantiques ; 2 231 h.

SAINT-PALAIS-SUR-MER (17420), comm. de la Charente-Maritime ; 2 800 h. Station balnéaire.

SAINT-PARDOUX-LA-RIVIÈRE (24470), ch.-l. de c. de la Dordogne ; 1 199 h.

SAINT-PATERNE (72610), ch.-l. de c. de la Sarthe ; 1 890 h.

SAINT PAUL, v. des États-Unis, cap. du Minnesota, sur le Mississippi ; 272 235 h. Elle forme avec Minneapolis une conurbation de 2 464 124 h.

SAINT-PAUL, île française du sud de l'océan Indien. Formée par un volcan, elle est inhabitée.

SAINT-PAUL ou **SAINT-PAUL-DE-VENCE** (06570), comm. des Alpes-Maritimes, au sud de Vence ; 2 936 h. Anc. bourg fortifié. Centre touristique et artistique (fondation Maeght).

SAINT-PAUL (97460), ch.-l. d'arr. de la Réunion ; 71 952 h.

SAINT-PAUL-DE-FENOUILLET (66220), ch.-l. de c. des Pyrénées-Orientales ; 2 223 h.

SAINT-PAULIEN (43350), ch.-l. de c. de la Haute-Loire ; 1 894 h. Église romane.

SAINT-PAUL-LÈS-DAX (40990), comm. des Landes ; 9 564 h. Église à chevet roman sculpté.

SAINT-PAUL-TROIS-CHÂTEAUX (26130), ch.-l. de c. de la Drôme ; 6 947 h. Église romane, anc. cathédrale.

SAINT-PÉ-DE-BIGORRE (65270), ch.-l. de c. des Hautes-Pyrénées ; 1 768 h. Restes d'une anc. abbaye.

SAINT-PÉRAY (07130), ch.-l. de c. de l'Ardèche ; 5 932 h. Vins blancs.

SAINT-PÈRE (89450), comm. de l'Yonne, au pied de la colline de Vézelay ; 353 h. Église gothique. Fouilles gallo-romaines des Fontaines-Salées (musée).

SAINT-PÈRE-EN-RETZ [-rɛ] (44320), ch.-l. de c. de la Loire-Atlantique ; 3 312 h.

SAINT-PÉTERSBOURG, de 1914 à 1924 **Petrograd** et de 1924 à 1991 **Leningrad,** port et anc. cap. de la Russie, à l'embouchure de la Neva ; 5 020 000 h. Centre industriel : constructions mécaniques, industries textiles et chimiques, etc. — Saint-Pétersbourg, fondée par Pierre le Grand en 1703, devint la capitale de la Russie en 1712. Les principales construc-

Saint-Pétersbourg : le palais d'Hiver, élevé de 1754 à 1762 par Bartolomeo Francesco Rastrelli.

tions du XVIIIe s. et du début du XIXe sont l'œuvre des Italiens Rastrelli (palais d'Hiver) et Quarenghi (théâtre de l'Ermitage), des Français Vallin de La Mothe (académie des Beaux-Arts, Petit Ermitage) et Thomas de Thomon (Bourse), des Russes Adrian Zakharov (Amirauté) et Karl Rossi, etc. Musée de l'Ermitage* et Musée russe. — La ville fut le théâtre principal des révolutions de 1905 et de 1917. Le Conseil des commissaires du peuple l'évacua (1918) pour s'établir à Moscou. Elle soutint un dur siège contre les Allemands de 1941 à 1944.

SAINT PETERSBURG, port des États-Unis (Floride), sur la baie de Tampa ; 238 629 h.

SAINT PHALLE (Marie Agnès, dite **Niki de**), peintre et sculpteur français (Neuilly-sur-Seine 1930). Membre du groupe des Nouveaux Réalistes dans les années 60, elle est surtout connue pour ses « Nanas » hautes en couleur, opulentes jusqu'au gigantisme.

SAINT-PHILBERT-DE-GRAND-LIEU (44310), ch.-l. de c. de la Loire-Atlantique ; 5 176 h. Église des IXe-XIe s., anc. abbatiale.

SAINT-PIERRE, ch.-l. de Guernesey ; 16 000 h. Port. Centre touristique. Église et château du XIIIe s. Hauteville House, maison de Victor Hugo.

SAINT-PIERRE (97250), comm. de la Martinique, près de la mer des Antilles, où s'élevait la ville la plus peuplée de l'île (26 000 h. ; auj. 5 045 h.). Elle fut détruite le 8 mai 1902 par une « nuée ardente » lors de l'éruption de la montagne Pelée.

SAINT-PIERRE (97410), ch.-l. d'arr. de la Réunion ; 59 645 h.

SAINT-PIERRE, ch.-l. de l'archipel de Saint-Pierre-et-Miquelon ; 5 415 h. Port de pêche.

Saint-Pierre, basilique de Rome (Vatican), le plus vaste des temples chrétiens. Des fouilles (1940-1949) ont permis de reconnaître dans ses fondations une tombe sacrée qui serait celle de saint Pierre. Consacrée en 326 sous Constantin, la basilique fut reconstruite à partir de 1506 sur les plans grandioses de Bramante, puis de Michel-Ange (édifice en croix grecque sous coupole) et enfin de Maderno (nef prolongée en croix latine et façade). Nombreuses œuvres d'art. Place avec colonnade de Bernin.

Saint-Pierre de Rome : façade, par C. Maderno, sur la place Saint-Pierre (dôme de Michel-Ange et G. Della Porta).

SAINT-PIERRE (Charles Irénée **Castel,** *abbé* **de**), théoricien politique français (Saint-Pierre-Église 1658 - Paris 1743), auteur d'un *Projet de paix perpétuelle* (1713), où il propose la création d'une confédération des États européens, et d'un *Discours sur la polysynodie* (1718), qui est une attaque contre l'absolutisme de Louis XIV. (Acad. fr., exclu en 1718.)

SAINT-PIERRE (Eustache **de**) → ***Eustache de Saint-Pierre.***

SAINT-PIERRE-D'ALBIGNY (73250), ch.-l. de c. de la Savoie ; 3 210 h.

SAINT-PIERRE-DE-CHARTREUSE (38380), comm. de l'Isère ; 651 h. Sports d'hiver (alt. 900-1 800 m).

SAINT-PIERRE-DES-CORPS (37700), ch.-l. de c. d'Indre-et-Loire, banlieue de Tours ; 18 235 h. *(Corpopétrussiens).* Gare de triage. Mécanique.

SAINT-PIERRE-D'IRUBE (64990), ch.-l. de c. des Pyrénées-Atlantiques ; 3 690 h.

SAINT-PIERRE-D'OLÉRON (17310), ch.-l. de c. de la Charente-Maritime, au centre de l'île d'Oléron ; 5 382 h. Lanterne des morts du XIIIe s.

SAINT-PIERRE-DU-MONT (40000), comm. des Landes ; 7 226 h.

SAINT-PIERRE-ÉGLISE (50330), ch.-l. de c. de la Manche ; 1 780 h. Château du XVIIIe s.

SAINT-PIERRE-ET-MIQUELON (97500), archipel français voisin de Terre-Neuve ; 242 km^2 ; 6 277 h. L'archipel est formé de *l'île Saint-Pierre* (26 km^2 ; 5 580 h.) et de *Miquelon* (216 km^2 ; 697 h.), qui est constituée en fait de deux îles : *Miquelon,* ou *Grande Miquelon,* et *Langlade,* ou *Petite Miquelon,* reliées par un isthme sableux. Ch.-l. *Saint-Pierre,* sur *l'île Saint-Pierre.* Pêcheries et conserveries. Département d'outre-mer après 1976, l'archipel est devenu en 1985 une collectivité territoriale à statut particulier.

SAINT-PIERRE-LE-MOÛTIER (58240), ch.-l. de c. de la Nièvre ; 2 107 h. Église des XIIe-XIIIe s., anc. abbatiale.

SAINT-PIERRE-LÈS-ELBEUF (76320), comm. de la Seine-Maritime ; 8 439 h.

SAINT-PIERRE-QUIBERON (56510), comm. du Morbihan, dans la *presqu'île de Quiberon ;* 2 224 h. Centre touristique.

SAINT-PIERRE-SUR-DIVES (14170), ch.-l. de c. du Calvados ; 4 012 h. Industrie du bois. Anc. abbatiale (XIIIe s.).

SAINT-POINT (71630), comm. de Saône-et-Loire ; 286 h. Séjour de prédilection de Lamartine. Le poète y est enterré.

SAINT-POL-DE-LÉON (29250), ch.-l. de c. du Finistère ; 7 473 h. *(Saint-Politains* ou *Léonards).* Marché des primeurs. Anc. cathédrale (XIIIe-XVIe s.) et chapelle du Kreisker (XIVe-XVe s.).

SAINT-POL ROUX (Paul **Roux,** dit), poète français (Saint-Henry, près de Marseille, 1861 - Brest 1940). Considéré par les surréalistes comme un précurseur de la poésie moderne, il conserve cependant une part de l'héritage romantique et symboliste (*la Dame à la faulx,* 1899 ; *Féeries intérieures,* 1907).

SAINT-POL-SUR-MER (59430), comm. du Nord, banlieue ouest de Dunkerque ; 24 013 h. Plage.

SAINT-POL-SUR-TERNOISE (62130), ch.-l. de c. du Pas-de-Calais ; 5 725 h. Agroalimentaire.

SAINT-PONS-DE-THOMIÈRES [-pɔ̃s-] (34220), ch.-l. de c. de l'Hérault ; 2 720 h. Église fortifiée en partie du XIIe s., anc. abbatiale, puis cathédrale.

SAINT-PORCHAIRE (17250), ch.-l. de c. de la Charente-Maritime ; 1 296 h. Château de la Roche-Courbon (XVe-XVIIe s.).

SAINT-POURÇAIN-SUR-SIOULE (03500), ch.-l. de c. de l'Allier ; 5 395 h. *(Saint-Pourcinois* ou *Sanpourcinois).* Vins. Église des XIe-XVIIIe s., anc. abbatiale.

SAINT-PRIEST [sɛ̃pri] (69800), ch.-l. de c. du Rhône, banlieue de Lyon ; 42 131 h. Construction automobile.

SAINT-PRIVAT [-va] (19220), ch.-l. de c. de la Corrèze ; 1 143 h. Église des XIIIe et XVIe s.

SAINT-PRIVAT-LA-MONTAGNE (57124), comm. de la Moselle ; 1 402 h. Défaite des Français par les Prussiens le 18 août 1870.

SAINT-PRIX (95390), comm. du Val-d'Oise ; 5 688 h.

SAINT-QUAY-PORTRIEUX (22410), comm. des Côtes-d'Armor ; 3 379 h. Station balnéaire.

SAINT-QUENTIN (02100), ch.-l. d'arr. de l'Aisne, sur la Somme ; 62 085 h. *(Saint-Quentinois).* Industries mécaniques, électriques, alimentaires et textiles. Grande église collégiale des XIIIe-XVe s. Au musée, collection de pastels de La Tour. La ville fut prise d'assaut et ravagée en 1557 par les Espagnols,

Saint-Quentin *(canal de),* canal unissant l'Escaut à l'Oise, de Cambrai à Chauny ; 92 km.

SAINT-QUENTIN-EN-YVELINES, ville nouvelle de la région parisienne, entre Versailles et Rambouillet. Golf.

SAINT-RAMBERT-EN-BUGEY (01230), ch.-l. de c. de l'Ain, sur l'Albarine ; 2 125 h.

SAINT-RAPHAËL (83700), ch.-l. de c. du Var, sur la Méditerranée ; 26 799 h. *(Raphaëlois).* Station balnéaire. Musée (archéologie sous-marine). Un des lieux du débarquement franco-américain du 15 août 1944. Mémorial de l'armée française d'Afrique (1975).

SAINT-RÉMY (71100), comm. de Saône-et-Loire ; 5 667 h.

SAINT-RÉMY-DE-PROVENCE (13210), ch.-l. de c. des Bouches-du-Rhône ; 9 429 h. Vestiges du centre romain de *Glanum ;* arc et mausolée du « plateau des Antiques ». Anc. monastère de St-Paul-de-Mausole (XIIe-XIIIe s. ; cloître). Musée.

SAINT-RÉMY-LÈS-CHEVREUSE (78470), comm. des Yvelines ; 5 617 h.

SAINT-RÉMY-SUR-DUROLLE (63550), ch.-l. de c. du Puy-de-Dôme ; 2 044 h.

SAINT-RENAN (29290), ch.-l. de c. du Finistère ; 6 749 h. Gisement d'étain. Vieilles maisons.

SAINT-RIQUIER (80135), comm. de la Somme ; 1 175 h. Église, rebâtie au XVIe s., d'une anc. abbaye d'origine carolingienne.

SAINT-ROMAIN-DE-COLBOSC (76430), ch.-l. de c. de la Seine-Maritime ; 3 612 h.

SAINT-ROMAIN-EN-GAL (69560), comm. du Rhône, en face de Vienne ; 1 449 h. Vestiges d'un remarquable ensemble urbain allant du Ier s. au début du IIIe.

Saint-Sacrement *(Compagnie du),* congrégation de laïques et de prêtres, fondée vers 1630 par Henri de Lévis, duc de Ventadour, dans un dessein de charité et pour réagir contre le libertinage ambiant. Ses excès de zèle provoquèrent sa disparition en 1665.

SAINT-SAËNS [-sɑ̃s] (76680), ch.-l. de c. de la Seine-Maritime ; 2 142 h.

SAINT-SAËNS [-sɑ̃s] (Camille), compositeur, pianiste et organiste français (Paris 1835 - Alger 1921), auteur d'ouvrages lyriques (*Samson et Dalila,* 1877), d'une symphonie avec orgue, de poèmes symphoniques (*Danse macabre ; le Carnaval des animaux,* 1886), de cinq concertos pour piano, de pages pour orgue et de musique de chambre. L'œuvre de cet improvisateur-né, partisan de la « musique pure », toute française d'inspiration, vaut par la clarté et la perfection de la forme.

SAINT-SAULVE [-solv] (59880), comm. du Nord ; 11 161 h. Métallurgie.

SAINT-SAUVEUR (70300), ch.-l. de c. de la Haute-Saône ; 2 873 h.

SAINT-SAUVEUR-EN-PUISAYE (89520), ch.-l. de c. de l'Yonne ; 1 019 h. Musée Colette dans le château.

SAINT-SAUVEUR-LENDELIN (50490), ch.-l. de c. de la Manche ; 1 397 h.

SAINT-SAUVEUR-LE-VICOMTE (50390), ch.-l. de c. de la Manche ; 2 297 h. Restes d'un château féodal (souvenirs de Barbey-d'Aurevilly).

SAINT-SAVIN (33920), ch.-l. de c. de la Gironde ; 1 895 h. Vins.

SAINT-SAVIN (86310), ch.-l. de c. de la Vienne, sur la Gartempe ; 1 099 h. Anc. abbatiale (2e moitié du XIe s.) à trois vaisseaux d'égale hauteur, offrant le plus important ensemble de peintures pariétales romanes conservé en France (v. 1100).

SAINT-SAVINIEN (17350), ch.-l. de c. de la Charente-Maritime ; 2 483 h. Bourg pittoresque ; église gothique.

SAINT-SÉBASTIEN, en esp. **San Sebastián,** v. d'Espagne, ch.-l. de la province basque de Guipúzcoa ; 171 439 h. Port et station balnéaire.

SAINT-SÉBASTIEN-SUR-LOIRE (44230), comm. de la Loire-Atlantique, sur la Loire (r. g.) ; 22 763 h.

Saint-Sépulcre, le plus important sanctuaire chrétien de Jérusalem, élevé sur le lieu où, selon la Tradition, fut enseveli Jésus. La basilique construite par Constantin (IVe s.) est aujourd'hui disparue. L'actuel édifice (en partie du XIXe s.) conserve des éléments de l'époque des croisés.

Saint-Sépulcre *(ordre du),* le plus ancien des ordres pontificaux (fin du XVe s.).

SAINT-SERVAN (35400 St Malo), section de la comm. de Saint-Malo. Station balnéaire.

SAINT-SEVER [-səve] (40500), ch.-l. de c. des Landes, sur l'Adour ; 4 666 h. Église en partie romane, anc. abbatiale.

SAINT-SEVER-CALVADOS [-səvɛr-] (14380), ch.-l. de c. du Calvados ; 1 512 h. Église des XIIIe-XVe s., anc. abbatiale.

SAINT-SIMON (Claude Henri **de Rouvroy,** *comte* **de**), philosophe et économiste français (Paris 1760 - *id.* 1825). Il prit part à la guerre de l'Indépendance américaine et dès le début de la Révolution française rompit avec son état nobiliaire. Se fondant sur une religion de la science et la constitution d'une nouvelle classe d'industriels, il chercha à définir un socialisme planificateur et technocratique (*le Catéchisme des industriels,* 1823-24), qui eut une grande influence sur certains industriels du second Empire (les frères Pereire, F. de Lesseps).

SAINT-SIMON (Louis **de Rouvroy,** *duc* **de**), écrivain français (Paris 1675 - *id.* 1755). Dans ses *Mémoires,* qui vont de 1694 à 1723, il relate, dans un style imagé et elliptique, les incidents de la vie à la cour de Louis XIV, ses efforts pour défendre les prérogatives des ducs et pairs, et fait le portrait des grands personnages de son temps.

SAINT-SORLIN-D'ARVES (73530), comm. de la Savoie ; 293 h. Sports d'hiver (alt. 1 550-3 460 m).

Saint-Sulpice *(Compagnie des prêtres de),* société de prêtres séculiers *(sulpiciens),* fondée à Vaugirard, en 1641, par Jean-Jacques Olier, futur curé de la paroisse Saint-Sulpice, à Paris, et dont le siège devint le séminaire de Saint-Sulpice. Sa fonction essentielle est la formation des futurs prêtres.

Saint-Sulpice *(église),* à Paris (VIe arr.), commencée en 1646 et terminée par Servandoni, pour l'essentiel, en 1745. Sculptures du XVIIIe s., chapelle peinte par Delacroix.

SAINT-SULPICE-LES-FEUILLES (87160), ch.-l. de c. de la Haute-Vienne ; 1 439 h.

SAINT-SYMPHORIEN (33113), ch.-l. de c. de la Gironde ; 1 398 h.

SAINT-SYMPHORIEN-DE-LAY [-lɛ] (42470), ch.-l. de c. de la Loire ; 1 495 h.

SAINT-SYMPHORIEN-D'OZON (69360), ch.-l. de c. du Rhône ; 5 188 h.

SAINT-SYMPHORIEN-SUR-COISE (69590), ch.-l. de c. du Rhône ; 3 262 h. Église des XIe et XVe s.

SAINT-THÉGONNEC (29410), ch.-l. de c. du Finistère ; 2 153 h. Bel enclos paroissial des XVIe-XVIIIe s. Pardon en septembre.

SAINT THOMAS *(île),* la plus peuplée des îles Vierges américaines (Antilles) ; 44 000 h. Cap. *Charlotte Amalie.*

SAINT-TRIVIER-DE-COURTES (01560), ch.-l. de c. de l'Ain ; 1 075 h.

SAINT-TRIVIER-SUR-MOIGNANS (01990), ch.-l. de c. de l'Ain ; 1 478 h.

SAINT-TROJAN-LES-BAINS (17370), comm. de la Charente-Maritime, dans l'île d'Oléron ; 1 505 h. Station balnéaire. Thalassothérapie.

SAINT-TROND, en néerl. **Sint-Truiden,** v. de Belgique (Limbourg) ; 36 994 h. Collégiale Notre-Dame, gothique, et autres monuments.

SAINT-TROPEZ [-pe] (83990), ch.-l. de c. du Var, sur le *golfe de Saint-Tropez ;* 5 790 h. *(Tropéziens).* Importante station balnéaire et touristique. Armement. Citadelle des XVIe-XVIIe s. (musée naval). Musée de l'Annonciade (peinture moderne). Un des lieux du débarquement franco-américain du 15 août 1944.

Saint-Vaast *(abbaye),* ancienne abbaye fondée à Arras, au VIIe s., et qui fut l'une des plus prospères de l'Occident médiéval. Reconstruits au XVIIIe s., ses bâtiments abritent le musée municipal d'Arras.

SAINT-VAAST-LA-HOUGUE [-va-] (50550), comm. de la Manche ; 2 148 h. Station balnéaire. Ostréiculture. Citadelle du XVIIe s.

SAINT-VALERY-EN-CAUX (76460), ch.-l. de c. de la Seine-Maritime ; 4 735 h. Port de pêche et plage.

SAINT-VALERY-SUR-SOMME (80230), ch.-l. de c. de la Somme ; 2 783 h. Port et station balnéaire. Fortifications médiévales de la ville haute.

SAINT-VALLIER (26240), ch.-l. de c. de la Drôme ; 4 292 h. Bonneterie.

SAINT-VALLIER (71230), comm. de Saône-et-Loire ; 10 083 h.

SAINT-VALLIER-DE-THIEY (06460), ch.-l. de c. des Alpes-Maritimes ; 1 544 h.

SAINT-VARENT (79330), ch.-l. de c. des Deux-Sèvres ; 2 580 h.

SAINT-VAURY (23320), ch.-l. de c. de la Creuse ; 2 326 h.

SAINT-VENANT (Adhémar **Barré,** *comte* **de**), ingénieur français (Villiers-en-Bière, Seine-et-Marne, 1797 - Saint-Ouen, près de Vendôme, 1886). Il effectua les premières expériences précises sur l'écoulement des gaz à grande vitesse (1839).

SAINT-VÉRAN (05490), comm. des Hautes-Alpes, dans le Queyras ; 261 h. Village entre 1 990 et 2 040 m d'altitude. Sports d'hiver. Chalets alpestres typiques.

SAINT-VICTORET (13730), comm. des Bouches-du-Rhône ; 6 058 h.

SAINT-VINCENT *(cap),* en port. **São Vicente,** cap du Portugal, à l'extrémité sud-ouest de la péninsule Ibérique.

Saint-Vincent-de-Paul *(Société),* organisation internationale de laïques catholiques, vouée à l'action charitable, fondée à Paris, en 1833, par Frédéric Ozanam et six autres jeunes gens.

SAINT-VINCENT-DE-TYROSSE (40230), ch.-l. de c. des Landes ; 5 097 h. Travail du bois. Articles de sport.

SAINT-VINCENT-ET-LES GRENADINES, État des Antilles, indépendant depuis 1979, dans le cadre du Commonwealth ; 388 km^{2} ; 100 000 h. CAP. *Kingstown.* LANGUE : *anglais.* MONNAIE : *dollar des Caraïbes orientales.* (V. carte ***Antilles.***)

SAINT-VIVIEN-DE-MÉDOC (33590), ch.-l. de c. de la Gironde ; 1 284 h. Vins.

SAINT-VRAIN (91770), comm. de l'Essonne ; 2 315 h. Parc zoologique.

SAINT-VULBAS (01150), comm. de l'Ain, sur le Rhône ; 712 h. Centrale nucléaire, dite « du Bugey ».

SAINT-YORRE (03270), comm. de l'Allier ; 3 033 h. Eaux minérales. Conditionnement.

SAINT-YRIEIX-LA-PERCHE [-irje-] (87500), ch.-l. de c. de la Haute-Vienne ; 8 148 h. *(Arédiens).* Ancien centre de l'extraction du kaolin. Collégiale romane et gothique.

SAINT-YRIEIX-SUR-CHARENTE (16710), comm. de la Charente ; 6 553 h.

SAÏS, v. ancienne de la Basse-Égypte, dont les princes fondèrent la XXVIe dynastie (663-525 av. J.-C.).

SAISIES *(col des),* col routier des Alpes (Savoie), à 1 603 m d'alt. Sports d'hiver.

SAISSET (Bernard), prélat français (m. en 1314), évêque de Pamiers, célèbre par ses démêlés avec Philippe le Bel, contre lequel il soutint le pape.

SAKAI, v. du Japon (Honshū) ; 807 765 h. Centre industriel.

SAKALAVES ou **SAKALAVA,** peuple de l'ouest de Madagascar, parlant une langue malayo-polynésienne.

SAKARYA (le), fl. de Turquie, qui se jette dans la mer Noire ; 790 km. Aménagement hydroélectrique.

SAKHA → ***Iakoutie.***

SAKHALINE *(île),* île montagneuse de la Russie, à l'est de l'Asie, entre la mer d'Okhotsk et celle du Japon ; 87 100 km^{2} ; 693 000 h. Pêcheries. Houille et pétrole. Partagée en 1905 entre le Japon et la Russie — qui l'occupait depuis les années 1850 — elle a été entièrement annexée par l'U. R. S. S. en 1945.

SAKHAROV (Andreï Dmitrievitch), physicien soviétique (Moscou 1921 - *id.* 1989). Il a joué un grand rôle dans la mise au point de la bombe H soviétique. Défenseur des droits de l'homme en U. R. S. S., il fut, de 1980 à 1986, assigné à résidence à Gorki. En 1989, il a été élu député au Congrès des députés du peuple. (Prix Nobel de la paix 1975.)

SAKKARAH → ***Saqqarah.***

Śakuntalā ou **Çakuntalā,** drame sanskrit de Kālidāsa (IVe-Ve s. apr. J.-C.).

ŚĀKYAMUNI → ***Bouddha.***

SALABERRY (Charles-Michel **de**), officier canadien (Beauport 1778 - Chambly 1829). Il défit les Américains à Châteaugay (1813).

SALABERRY-DE-VALLEYFIELD, anc. **Valleyfield,** v. du Canada (Québec), sur le Saint-Laurent ; 27 598 h. Centre industriel.

SALACROU (Armand), auteur dramatique français (Rouen 1899 - Le Havre 1989). Ses pièces traitent sur un rythme boulevardier les problèmes humains et sociaux du monde moderne *(l'Inconnue d'Arras, l'Archipel Lenoir, Comme les chardons...).*

SALADIN Ier, en ar. **Ṣalāḥ al-Dīn Yūsuf** (Takrīt 1138 - Damas 1193), premier sultan ayyubide (1171-1193). Il réunit sous son autorité l'Égypte, le Hedjaz, la Syrie et la Mésopotamie et se fit le champion de la guerre sainte. Il reprit Jérusalem aux Latins (1187) puis signa avec eux une paix de compromis (1192).

SALADO *(río),* nom de deux riv. d'Argentine, longues de 2 000 km chacune, dont l'une rejoint le Paraná (r. dr.) et l'autre le Colorado (r. g.) [à la saison des pluies seulement].

Salagou, barrage et retenue (couvrant env. 1 000 ha) du dép. de l'Hérault, au pied des Cévennes.

SALAM (Abdus), physicien pakistanais (Jhang 1926). Il proposa en 1967 une théorie qui permet d'unifier l'interaction électromagnétique et l'interaction faible. (Prix Nobel 1979.)

SALAMANQUE, en esp. **Salamanca,** v. d'Espagne, ch.-l. de prov., en Castille-León ; 162 888 h. Université. L'une des villes d'Espagne les plus riches en monuments du Moyen Âge, de la Renaissance et des époques classique et baroque. Célèbre Plaza Mayor (XVIIIe s.).

SALAMINE, ancienne v. de Chypre. Elle fut au Ier millénaire la cité la plus importante de l'île. Nécropole des VIIIe-VIIe s. av. J.-C. et ruines du IIe s. au VIe s. apr. J.-C.

SALAMINE, île de la Grèce, sur la côte ouest de l'Attique. En sept. 480 av. J.-C., Thémistocle, à la tête de la flotte grecque, remporta près de ses côtes une victoire décisive sur la flotte de Xerxès Ier (seconde guerre médique).

Salammbô, roman de Flaubert (1862), qui évoque la guerre de Carthage contre ses mercenaires révoltés après la première guerre punique, et l'impossible amour de Salammbô et de Mâtho.

SALAN (Raoul), général français (Roquecourbe, Tarn, 1899 - Paris 1984). Commandant en chef en Indochine (1952-53), puis en Algérie (1956-1958), il joua un rôle important dans l'appel au général de Gaulle (1958), puis s'opposa à sa politique algérienne. En 1961, il participa au putsch d'Alger, puis fonda l'O. A. S. Arrêté en 1962 et condamné à la détention perpétuelle, il fut libéré en 1968 et amnistié en 1982.

SALANG *(col du),* col de l'Afghanistan, au N. de Kaboul. Tunnel routier.

SALAVAT, v. de Russie, en Bachkirie ; 150 000 h. Pétrochimie.

SALAZAR (António **de Oliveira**), homme politique portugais (Vimieiro, près de Santa Comba Dão, 1889 - Lisbonne 1970). Professeur d'économie politique, ministre des Finances (1928), président du Conseil en 1932, il dirigea la politique portugaise à partir de 1933. Il institua l'« État nouveau », régime autoritaire fondé sur le nationalisme, le catholicisme, le corporatisme et l'anticommunisme. Après 1953, il dut compter avec une opposition intérieure grandissante et, à partir de 1960, avec les mouvements nationaux en Afrique portugaise. Il démissionna en 1968 pour raisons de santé.

SALAZIE (97433), comm. de l'île de la Réunion ; 7 007 h. Tourisme.

SALBRIS [-bri] (41300), ch.-l. de c. de Loir-et-Cher ; 6 172 h. Armement. Industrie automobile.

SALDANHA (João **d'Oliveira e Daun,** *duc* **de**), homme politique et maréchal portugais (Azinhaga 1790 - Londres 1876). Il fut en 1835-36, puis de 1846 à 1849 et de 1851 à 1856, le véritable maître du pays.

SALÉ, v. du Maroc, à l'embouchure du Bou Regreg, faubourg de Rabat ; 290 000 h. Aéroport. Fortifications du XIIIe s.

SALEM, v. des États-Unis, cap. de l'Oregon ; 107 786 h.

SALEM, v. de l'Inde (Tamil Nadu) ; 573 685 h. Centre industriel.

SALERNE, v. d'Italie (Campanie), ch.-l. de prov., sur le *golfe de Salerne ;* 153 436 h. Centre commercial, industriel et touristique. Cathédrale remontant à la fin du XIe s. Musées. École de médecine célèbre au Moyen Âge.

SALERNES (83690), ch.-l. de c. du Var ; 3 064 h. Céramique.

SALERS [-lɛr] (15410), ch.-l. de c. du Cantal ; 440 h. Tourisme. La localité a donné son nom à une race bovine. Restes d'enceinte, église et maisons surtout du XVe s.

SALETTE-FALLAVAUX (La) [38970], comm. de l'Isère ; 87 h. Pèlerinage à la basilique *Notre-Dame-de-la-Salette,* construite sur le lieu où la Vierge serait apparue à deux jeunes bergers en 1846.

SALÈVE *(mont),* montagne de la Haute-Savoie (Genevois) ; 1 375 m. Téléphérique.

SALFORD, v. de Grande-Bretagne, banlieue de Manchester ; 98 000 h.

SALICETI ou **SALICETTI** (Antoine), homme politique français (Saliceto, Corse, 1757 - Naples 1809). Député de la Corse (1789 et 1792), favorable au rattachement à la France, il est ensuite membre du Conseil des Cinq-Cents et ministre de Joseph Bonaparte à Naples.

SALIERI (Antonio), compositeur italien (Legnago 1750 - Vienne 1825), directeur des théâtres de Vienne, auteur d'opéras (*les Danaïdes,* 1784 ; *Falstaff,* 1799) et de musique religieuse. La légende selon laquelle il aurait empoisonné son rival à Vienne, Mozart, est sans fondement.

SALIES-DE-BÉARN [salis-] (64270), ch.-l. de c. des Pyrénées-Atlantiques ; 5 117 h. Station thermale. Literie.

SALIES-DU-SALAT (31260), ch.-l. de c. de la Haute-Garonne ; 2 131 h. Station thermale.

SALIGNAC-EYVIGUES (24590), ch.-l. de c. de la Dordogne ; 1 047 h. Château (XIIe-XVIe s.).

SALINAS DE GORTARI (Carlos), homme politique mexicain (Mexico 1948), président de la République de 1988 à 1994.

SALIN-DE-GIRAUD (13129), écart de la comm. d'Arles, dans la Camargue. Salines et industries chimiques.

SALINDRES (30340), comm. du Gard ; 3 269 h. Alumine.

SALINGER (Jerome David), écrivain américain (New York 1919). Ses récits et son roman (*l'Attrape-cœur,* 1951) expriment les obsessions et les préoccupations de la jeunesse américaine.

SALINS-LES-BAINS (39110), ch.-l. de c. du Jura ; 3 828 h. Station thermale. Église du XIIIe s., de type cistercien, et autres monuments. Galeries souterraines (XIIe s.) des salines.

SALIOUT, famille de stations orbitales soviétiques satellisées entre 1971 et 1982.

SALISBURY, v. de Grande-Bretagne (Wiltshire), sur l'Avon ; 36 000 h. Importante cathédrale de style gothique primitif (XIIIe s.). Maisons anciennes.

SALISBURY → ***Harare.***

SALISBURY (Robert **Cecil,** *marquis* **de**), homme politique britannique (Hatfield 1830 - *id.* 1903). Chef du parti conservateur après la mort de Disraeli (1881), ministre des Affaires étrangères et Premier ministre (1885-1892, 1895-1902), il combattit le nationalisme irlandais et eut à faire face à la crise franco-anglaise née de Fachoda (1898). Il mena la guerre contre les Boers (1899-1902).

SALLANCHES (74700), ch.-l. de c. de la Haute-Savoie ; 13 024 h. Centre touristique et industriel (skis).

SALLAUMINES (62430), comm. du Pas-de-Calais ; 11 103 h. Industrie automobile.

SALLÉ (Marie), danseuse française (? 1707 - Paris 1756), favorite de la Cour. Elle rénova le costume féminin.

SALLES-CURAN (12410), ch.-l. de c. de l'Aveyron ; 1 298 h. Vieux bourg pittoresque.

SALLUSTE, en lat. **Caius Sallustius Crispus,** historien romain (Amiternum, Sabine, 86 av. J.-C. - v. 35 av. J.-C.). Protégé de César, gouverneur de Numidie (46), où il fit fortune, il se fit construire à Rome, sur le Quirinal, une maison superbe *(Horti Sallustiani).* À la mort du dictateur, en 44, il se retira de la vie politique et se consacra aux études historiques *(Guerre de Jugurtha, Conjuration de Catalina, Histoires).*

SALM, anc. comté du Saint Empire, rattaché à la France en 1793, pour sa partie sud-est (dép. des Vosges).

SALMANASAR, nom de cinq rois d'Assyrie dont le plus important est **Salmanasar III** (858-823 av. J.-C.), qui continua les conquêtes de son père, Assournazirpal (883-858) ; les fouilles, notamment celles de Nimroud, témoignent de son œuvre de grand constructeur.

Salo *(République de)* ou **République sociale italienne** (sept. 1943 - avr. 1945), régime politique établi par Mussolini après sa libération par les Allemands et qui avait pour centre la ville de Salo, sur la rive occidentale du lac de Garde.

SALOMÉ, princesse juive (m. v. 72 apr. J.-C.), fille d'Hérodiade. Poussée par sa mère, elle obtint de son beau-père, Hérode Antipas, la tête de saint Jean-Baptiste pour prix de sa danse.

SALOMON *(îles),* en angl. **Solomon Islands,** archipel de la Mélanésie, partagé, en 1899, entre la Grande-Bretagne (partie orientale) et l'Allemagne (Bougainville et Buka). Aujourd'hui, l'ancienne partie allemande, sous tutelle australienne depuis 1921, dépend de la Papouasie-Nouvelle-Guinée. Théâtre, de 1942 à 1945, de violents combats entre Américains et Japonais. La partie britannique a accédé à l'indépendance en 1978 ; 30 000 km² ; 300 000 h. CAP. *Honiara.* LANGUE : *anglais.* MONNAIE : *dollar des Salomon.* (V. carte ***Océanie.***)

SALOMON, troisième roi des Hébreux (v. 970-931 av. J.-C.), fils et successeur de David. Il fortifia et organisa le royaume de son père, lui assura la prospérité économique et, surtout, fit bâtir le Temple de Jérusalem. Le réveil de l'antagonisme entre les tribus du Nord et celles du Sud amena, à sa mort, la scission en deux royaumes : Juda et Israël.

SALOMON (Erich), photographe allemand (Berlin 1886 - Auschwitz 1944). Son utilisation du petit format, ses instantanés à la lumière ambiante en intérieur et son souci de la vérité font de lui le créateur du reportage photographique moderne.

SALON-DE-PROVENCE (13300), ch.-l. de c. des Bouches-du-Rhône ; 35 041 h. École de l'Air et École militaire de l'Air. Centrale hydroélectrique sur la Durance canalisée. Monuments médiévaux et classiques. Musées.

SALONE ou **SALONA,** auj. **Solin,** anc. cap. de la province romaine de Dalmatie, dans la banlieue de l'actuelle Split. Vestiges romains et paléochrétiens.

SALONIQUE → ***Thessalonique.***

SALOUEN (la ou le), fl. de l'Asie du Sud-Est, né au Tibet, qui sépare la Birmanie de la Thaïlande et rejoint l'océan Indien ; 2 800 km.

SALOUM (le), fl. du Sénégal qui se jette dans l'Atlantique ; 250 km.

Salpêtrière (la), hôpital parisien (XIIIe arr.) à orientation neurologique. Bâtiments du XVIIe s. (chapelle par Bruant).

SALSES → ***Leucate*** *(étang de).*

SALSIGNE (11600), comm. de l'Aude, dans la Montagne Noire ; 375 h. Mine d'or.

SALT *(Strategic Arms Limitation Talks),* négociations menées de 1969 à 1979 entre les États-Unis et l'U. R. S. S. sur la limitation des armements stratégiques.

SALTA, v. d'Argentine ; 373 857 h.

SALTILLO, v. du nord-est du Mexique, cap. d'État ; 440 845 h. Centre industriel.

SALT LAKE CITY, v. des États-Unis, cap. de l'Utah, près du Grand Lac Salé ; 159 936 h. Centre commercial et industriel fondé en 1847 par les mormons.

SALTO, port fluvial de l'Uruguay, sur l'Uruguay ; 80 000 h.

SALTYKOV-CHTCHEDRINE (Mikhaïl Ievgrafovitch **Saltykov,** dit), écrivain russe (Spas-Ougol 1826 - Saint-Pétersbourg 1889), peintre satirique de la société provinciale russe (*la Famille Golovlev,* 1880).

SALUCES, en ital. **Saluzzo,** v. d'Italie (Piémont), jadis chef-lieu d'un marquisat fondé en 1142, conquis par la Savoie en 1601 ; 15 829 h.

salut *(Armée du),* association religieuse d'origine méthodiste, qui joint le prosélytisme à l'action charitable et sociale. Elle fut fondée par W. Booth, à Londres, en 1865.

SALUT *(îles du),* petit archipel de la Guyane française, au nord de Cayenne (île du Diable, etc.). Ancien établissement pénitentiaire.

SALVADOR, en esp. **El Salvador,** République de l'Amérique centrale ; 21 000 km² ; 5 400 000 h. *(Salvadoriens).* CAP. *San Salvador.* LANGUE : *espagnol.* MONNAIE : *colón.* Ce pays, au climat tropical, formé de massifs volcaniques ouverts par la vallée du Lempa, a pour ressources essentielles des cultures vivrières (maïs, riz) et commerciales (coton et surtout café). (V. carte ***Amérique centrale.***)

HISTOIRE

XVIe s. : conquise par l'Espagne, la région est rattachée à la capitainerie générale du Guatemala. 1822 : après la proclamation de l'indépendance (1821), le pays est rattaché au Mexique. 1823/24-1838 : il constitue une des Provinces-Unies d'Amérique centrale. 1841 : le Salvador devient une république. Fin du XIXe s. : le pays connaît une succession de conflits entre libéraux et conservateurs. 1931-1944 : le général Maximiliano Hernández Martínez impose sa dictature. 1950-1956 : sous la présidence du colonel Óscar Osorio, des réformes sociales sont entreprises. 1960-1980 : les militaires se succèdent au pouvoir. 1969 : la « guerre du football » oppose le Salvador au Honduras. 1972 : les militaires imposent leur candidat contre celui de l'opposition, José Napoleón Duarte. Dès lors sévissent guérilla et terrorisme. 1980-1982 : un putsch installe Duarte à la tête de l'État. 1984-1989 : élu président de la République, il essaie d'engager un processus de paix dans le pays. À partir de 1987 : le Salvador signe avec le Costa Rica, le Guatemala, le Honduras et le Nicaragua des accords (1987 et 1989) visant à rétablir la paix en Amérique centrale. 1989 : Alfredo Cristiani, candidat de l'extrême droite, est élu à la présidence de la République. 1992 : les négociations entre le gouvernement et la guérilla aboutissent à un accord de paix qui met fin à onze ans de guerre civile. 1994 : Armando Calderón Sol (extrême droite) est élu à la tête de l'État.

SALVADOR, anc. **Bahia,** port du Brésil, cap. de l'État de Bahia ; 2 056 013 h. (2 472 131 h. dans l'agglomération). Centre industriel et commercial. Nombreuses églises baroques (XVIIe-XVIIIe s.) de la ville haute.

SALVETAT-PEYRALÈS (La) [12440], ch.-l. de c. de l'Aveyron ; 1 173 h.

SALVETAT-SUR-AGOUT (La) [34330], ch.-l. de c. de l'Hérault ; 1 160 h.

SALVIAC (46340), ch.-l. de c. du Lot ; 1 004 h.

SALVIATI (Francesco **de' Rossi,** dit **Cecchino**), peintre italien (Florence 1510 - Rome 1563), maniériste de la seconde génération et décorateur fécond.

SALZACH (la), riv. d'Autriche et d'Allemagne, affl. de l'Inn (r. dr.), qui passe à Salzbourg ; 220 km.

SALZBOURG, en all. **Salzburg,** v. d'Autriche, ch.-l. de la *prov. de Salzbourg,* au pied des *Préalpes de Salzbourg,* sur la Salzach ; 139 000 h. Archevêché. Université. Monuments médiévaux et baroques. Musées. Patrie de Mozart, en l'honneur de qui est organisé un festival de musique annuel.

Salzbourg : un aspect de la vieille ville, sur la rive gauche de la Salzach, dominée par la forteresse du Hohensalzburg (XIe-XVIe s.).

SALZGITTER, v. d'Allemagne (Basse-Saxe) ; 112 689 h. Métallurgie.

SALZKAMMERGUT, région montagneuse d'Autriche, sur le cours supérieur de la Traun. Salines.

Sam *(Oncle)* ou **Uncle Sam**, personnification ironique des États-Unis, dont le nom est tiré des lettres *U. S. Am (United States of America).*

SAMANIDES, dynastie iranienne, qui régna en Transoxiane et au Khorāsān de 874 à 999.

SAMAR, île des Philippines ; 470 000 h.

SAMARA, de 1935 à 1990 **Kouïbychev**, v. de Russie, sur la Volga ; 1 257 000 h. Port fluvial. Centrale hydroélectrique. Centre industriel.

SAMARIE, région de la Palestine centrale. (Hab. *Samaritains.*) La ville de Samarie, fondée v. 880 av. J.-C., fut la capitale du royaume d'Israël. Prise et détruite en 721 av. J.-C. par Sargon II, elle fut relevée par Hérode, qui lui donna le nom de *Sébastè,* qu'elle a conservé jusqu'à nos jours (Sabasṭiyya).

SAMARINDA, port d'Indonésie, dans l'est de Bornéo ; 265 000 h.

Samaritain *(le Bon),* personnage principal d'une parabole de l'Évangile, donné comme modèle de la véritable charité envers le prochain.

SAMARKAND, v. d'Ouzbékistan, en Asie centrale ; 366 000 h. Agroalimentaire. Tourisme. Monuments des XIVe-XVIIe s., dont les mausolées à coupole de la nécropole de Chāh-e Zendeh et celui de Tīmūr Lang, le Gur-e Mir. Tīmūr Lang en fit sa capitale à la fin du XIVe s. Elle fut conquise par les Russes en 1868.

SĀMARRĀ, v. de l'Iraq, au nord de Bagdad. Capitale des califes abbassides au IXe s. Importants vestiges de mosquées et de palais.

SAMATAN (32130), ch.-l. de c. du Gers ; 1 871 h.

SAMBIN (Hugues), menuisier, sculpteur, décorateur et architecte français (Gray 1518 - Dijon v. 1601), un des principaux protagonistes de la Renaissance en Bourgogne.

SAMBRE (la), riv. de France et de Belgique, qui passe à Maubeuge, à Charleroi et rejoint la Meuse à Namur (r. g.) ; 190 km.

SAMBREVILLE, comm. de Belgique (prov. de Namur) ; 27 372 h.

SAMER [-me] (62830), ch.-l. de c. du Pas-de-Calais ; 3 090 h.

SAMMARTINI (Giovanni Battista), compositeur italien (Milan 1700 ou 1701 - *id.* 1775). Il a grandement contribué au développement de l'art instrumental classique (sonates, symphonies, concertos).

SAMNITES, peuple italique établi dans le Samnium. Les Samnites furent soumis par Rome au IIIe s. av. J.-C., après trois longues guerres de 343 à 290 ; c'est au cours de cette lutte que les Romains subirent l'humiliante défaite des *fourches Caudines* (321 av. J.-C.).

SAMNIUM, dans l'Antiquité, région montagneuse de l'Italie centrale.

SAMOA, archipel d'Océanie, partagé entre l'*État des Samoa* (ou *Samoa occidentales*) [2 842 km² ; 170 000 h. ; CAP. *Apia* ; LANGUES : *samoan* et *anglais* ; MONNAIE : *tala (dollar des Samoa)*] et les *Samoa orientales,* ou *Samoa américaines,* qui appartiennent aux États-Unis (197 km² ; 32 000 h.). Découvert en 1722 par les Hollandais, l'archipel est partagé en 1900 entre les Américains (Samoa orientales) et les Allemands (Samoa occidentales). En 1920, les Samoa occidentales passent sous tutelle néo-zélandaise ; elles deviennent indépendantes en 1962, entrent dans le Commonwealth en 1970 et font partie de l'O. N. U. depuis 1976. Les Samoa orientales sont, depuis 1951, administrées par un gouverneur dépendant de Washington. (V. carte ***Océanie.***)

SAMOËNS [-mɔɛ̃] (74340), ch.-l. de c. de la Haute-Savoie ; 2 156 h. Sports d'hiver (alt. 800 à 2 300 m). Église des XVe et XVIe s.

SAMORY TOURÉ, chef malinké (Manyambaladougou v. 1830 - N'Djolé 1900). Il se constitua à partir de 1861 un empire à l'est du Niger, mais sa politique d'islamisation forcée provoqua l'insurrection de 1888-1890. Après la reprise de l'offensive française (1891), il abandonna son ancien domaine et conquit une partie de la Côte d'Ivoire et du Ghana. Il fut arrêté par les Français en 1898.

SAMOS, île grecque de la mer Égée, dans les Sporades ; 472,5 km² ; 7 828 h. Ch.-l. *Samos.* Riche musée. Vins doux. Un des principaux centres commerciaux et culturels de la mer Égée. Elle connut sa plus grande prospérité sous la tyrannie de Polycrate (VIe s. av. J.-C.).

SAMOTHRACE, île grecque de la mer Égée, près des côtes de la Thrace ; 178 km² ; 3 000 h. En 1863 y fut mise au jour la célèbre statue de la *Victoire** (Louvre).

SAMOYÈDES, peuple de langue finno-ougrienne, habitant les régions du cours inférieur de l'Ob et de l'Ienisseï.

SAMPIERO D'ORNANO ou **SAMPIERO CORSO** → ***Ornano.***

SAMSON, juge des Hébreux (XIIe s. av. J.-C.), dont l'histoire est racontée dans le livre des Juges. Âme de la résistance contre les Philistins, il aurait succombé à cause de son amour pour une de leurs femmes, Dalila, qui lui coupa les cheveux, gage de sa force herculéenne. Il recouvra sa puissance à mesure que sa chevelure repoussait et, captif dans un temple philistin, provoqua son écroulement.

Samson et Dalila, opéra biblique en trois actes de Saint-Saëns, sur un livret de F. Lemaire (1877).

SAMSONOV (Aleksandr Vassilievitch), général russe (Iekaterinoslav 1859 - Willenberg 1914). Commandant la IIe armée russe en 1914, il fut battu à Tannenberg et se suicida.

SAMSUN, port de Turquie, sur la mer Noire ; 303 979 h.

SAMUEL, dernier juge d'Israël (XIe s. av. J.-C.). Il joua un rôle important dans l'institution de la monarchie chez les Hébreux. Les deux livres bibliques dits « de Samuel » couvrent la période qui va de l'institution de la monarchie à la fin du règne de David.

SAMUEL, tsar de Bulgarie (v. 997-1014). Basile II lui infligea une terrible défaite qui lui permit d'annexer la Bulgarie à l'Empire byzantin.

SAMUELSON (Paul Anthony), économiste américain (Gary, Indiana, 1915), auteur de travaux où la formulation mathématique apporte son concours à la science économique. (Prix Nobel 1970.)

SANAA ou **ṢAN'Ā'**, cap. du Yémen ; 500 000 h.

SANAGA (la), principal fl. du Cameroun ; 520 km. Aménagements hydroélectriques.

SAN AGUSTÍN, v. de Colombie (Cordillère centrale), éponyme d'une culture précolombienne (VIe s. av. J.-C. - v. XIIe s. apr. J.-C.) célèbre pour ses sculptures mégalithiques.

SAN ANDREAS *(faille de),* fracture de l'écorce terrestre allant du golfe de Californie au nord de San Francisco.

SAN ANTONIO, v. des États-Unis (Texas) ; 935 933 h. Centre touristique et industriel.

San-Antonio, personnage de policier truculent et peu conformiste d'une série de romans policiers de Frédéric Dard.

SANARY-SUR-MER (83110), comm. du Var ; 14 889 h. Station balnéaire.

SAN BERNARDINO, col des Alpes suisses, entre la haute vallée du Rhin postérieur et un affl. du Tessin, la Moesa ; 2 060 m. Tunnel routier à 1 600 m d'alt.

SAN BERNARDINO, v. des États-Unis, en Californie ; 164 164 h. Alimentation. Aéronautique.

SANCERRE (18300), ch.-l. de c. du Cher, près de la Loire ; 2 211 h.

SANCERROIS, région de collines s'étendant à l'ouest de Sancerre. Vins blancs.

SANCHE, nom porté (XIe-XIIIe s.) par de nombreux souverains d'Aragon, de Castille, de León, de Navarre et de Portugal. Les plus célèbres sont : **Sanche Ier Ramírez** (1043 - Huesca 1094), roi d'Aragon (1063-1094) et de Navarre (Sanche V) [1076-1094]. Il mena vigoureusement la Reconquista ; — **Sanche III Garcés el Grande** ou **el Mayor** (v. 992-1035), roi de Navarre (v. 1000-1035), comte de Castille (1028-29). Dominant presque toute l'Espagne chrétienne, il prit, le premier, le titre de *rex Iberorum* ; — **Sanche Ier o Povoador** (Coimbra 1154 - *id.* 1211), roi de Portugal (1185-1211). Il colonisa et organisa les territoires du Sud (Algarve) pris sur les Almohades.

Sancho Pança, écuyer de Don Quichotte, dont le bon sens s'oppose aux folles imaginations de son maître.

SĀÑCĪ, haut lieu de l'art bouddhique indien (Madhya Pradesh). Nombreux stupas aux vedika et torana sculptées, sanctuaires et monastères, du IIe s. av. J.-C. au XIe s. apr. J.-C. Riche musée.

SANCOINS (18600), ch.-l. de c. du Cher ; 3 666 h. Marché.

SAN CRISTÓBAL, v. du Venezuela, cap. de l'État de Táchira ; 220 675 h.

SANCY (Nicolas **Harlay de**), homme d'État français (1546 - Paris 1629). Réformé converti au catholicisme, il recruta des soldats en Suisse pour Henri III et fut surintendant des Finances sous Henri IV (1594). — Son fils, **Achille** (1581-1646), prélat et diplomate, fut ambassadeur à Constantinople (1610) et, après son entrée à l'Oratoire, devint évêque de Saint-Malo (1632). Sa collection de manuscrits orientaux est à la B. N.

SANCY *(puy de),* point culminant du Massif central, dans les monts Dore ; 1 885 m. Téléphérique.

SAND (Aurore **Dupin**, *baronne* **Dudevant**, dite **George**), femme de lettres française (Paris 1804 - Nohant 1876). Sa vie et son œuvre évoluèrent au gré de ses passions (Sandeau, Musset, Pierre Leroux, Chopin). Ses romans sont ainsi d'inspiration sentimentale (*Indiana,* 1832 ; *Lélia,* 1833), sociale (*le Compagnon du tour de France,* 1840 ; *Consuelo,* 1842-43) et rustique (*la Mare* au diable,* 1846 ; *François* le Champi,* 1847-48 ; *la Petite Fadette,* 1849).

George **Sand**
(A. Charpentier - musée Carnavalet, Paris)

SANDAGE (Allan Rex), astrophysicien américain (Iowa City 1926). Il a découvert le premier quasar (1960).

SANDBURG (Carl), poète américain (Galesburg, Illinois, 1878 - Flat Rock, Caroline du Sud, 1967). Son œuvre trouve son inspiration dans la civilisation urbaine et industrielle de l'Amérique moderne (*Fumée et acier,* 1920).

SANDEAU (Julien, dit **Jules**), écrivain français (Aubusson, 1811 - Paris 1883), ami de George Sand, à qui il donna son nom de plume, et romancier *(Mademoiselle de La Seiglière ; la Roche aux mouettes).* [Acad. fr.]

SANDER (August), photographe allemand (Herdorf, Rhénanie-Palatinat, 1876 - Cologne 1964). Le rendu réaliste, parfois féroce, de la personnalité est le support de son infaillible témoignage sur toutes les couches sociales de l'Allemagne prénazie.

SANDGATE, station balnéaire de Grande-Bretagne, sur le pas de Calais.

Sandhurst *(école militaire de),* école militaire britannique interarmes créée en 1801 à Sandhurst et transférée en 1947 à Camberley (auj. **Frimley Camberley).**

SAN DIEGO, port des États-Unis (Californie), sur le Pacifique *(baie de San Diego)* ; 1 110 549 h. (2 498 016 h. dans l'agglomération). Base navale et port de pêche (thon). Constructions aéronautiques. Institut océanographique. Musée des Beaux-Arts.

SANDOMIERZ, v. du sud-est de la Pologne, sur la Vistule ; 24 700 h. Cathédrale et hôtel de ville des XIVe-XVIIe s.

SANDOUVILLE (76430), comm. de la Seine-Maritime ; 705 h. Automobiles.

SANDWICH *(îles)* → ***Hawaii.***

SANEM, v. du Luxembourg méridional ; 11 534 h. Métallurgie.

SAN FRANCISCO, v. des États-Unis (Californie), sur la *baie de San Francisco,* qui débouche dans le Pacifique par la Golden Gate ; 723 959 h. (1 603 678 h. dans l'agglomération). Port important, débouché de la région ouest des États-Unis. Centre industriel (raffinage du pétrole, construction navale et automobile). Musées d'art. — Fondée en 1776 par les Espagnols, la ville devint américaine en 1846 et prit le nom de San Francisco en 1847. Elle connut un grand essor avec la ruée vers l'or (1849). Détruite par un tremblement de terre en 1906, elle fut rapidement reconstruite. En 1989, la région est de nouveau touchée par un séisme.

San Francisco *(conférence de)* [25 avr.-26 juin 1945], réunion internationale qui établit la charte des Nations unies.

San Francisco *(traité de)* [8 sept. 1951], traité de paix signé entre le Japon et les Alliés de la Seconde Guerre mondiale.

SANGALLO (les), architectes florentins, maîtres de la Renaissance classique. — **Giuliano Giamberti**, dit **Giuliano da Sangallo** (Florence v. 1443 - *id.* 1516), donna les deux édifices les plus représentatifs de la fin du XVe s., la villa de Poggio a Caiano (entre Florence et Pistoia), qui annonce Palladio, et l'église S. Maria delle Carceri de Prato. — **Antonio**, dit **Antonio da Sangallo l'Ancien** (Florence v. 1453 - *id.* v. 1534), frère du précédent, collabora avec celui-ci (par ex. à St-Pierre de Rome), réalisa des forteresses, puis construisit à Montepulciano l'église S. Biagio (1518). — **Antonio Cordini,** dit **Antonio da Sangallo le Jeune** (Florence 1484 - Rome 1546), neveu des précédents, développa l'agence familiale au service des papes Médicis. Son palais Farnèse, à Rome, montre une maîtrise totale des leçons antiques.

SANGATTE (62231), comm. du Pas-de-Calais ; 3 382 h. Station balnéaire.

SANGHA (la), riv. de l'Afrique équatoriale, affl. du Zaïre (r. dr.) ; 1 700 km. env.

SAN GIMIGNANO, v. d'Italie (Toscane) ; 7 043 h. Cité médiévale bien conservée, que dominent treize tours sévères de palais. Cathédrale remontant au XIIe s. ; églises, dont S. Agostino (fresques de Gozzoli).

SĀNGLI, v. de l'Inde (Mahārāshtra) ; 363 728 h.

SANGNIER (Marc), journaliste et homme politique français (Paris 1873 - *id.* 1950). Il développa dans le Sillon, mouvement créé en 1894, les idées d'un catholicisme social et démocratique. Désavoué par Pie X (1910), il fonda la Jeune République (1912). Il fut le créateur de la Ligue française des auberges de la jeunesse (1929).

SANGUINAIRES *(îles),* îles de la Corse, à l'entrée du golfe d'Ajaccio.

ṢANHĀDJA, important groupe berbère de l'Afrique du Nord.

SAN JOSÉ, cap. du Costa Rica, à plus de 1 100 m d'alt. ; 500 000 h.

SAN JOSE, v. des États-Unis (Californie) ; 782 248 h. (1 497 577 h. dans l'agglomération).

SAN JOSÉ DE CÚCUTA → ***Cúcuta.***

SAN JUAN, v. d'Argentine, en bordure des Andes ; 119 399 h.

SAN JUAN, cap. de Porto Rico ; 435 000 h. (plus de 800 000 h. dans l'agglomération). Monuments remontant au XVIe s.

SAN JUAN DE PASTO → ***Pasto.***

SANJURJO (José), général espagnol (Pampelune 1872 - Estoril 1936). Il prépara le soulèvement militaire de 1936 avec Franco, mais périt dans un accident d'avion.

SANKT ANTON AM ARLBERG, station de sports d'hiver d'Autriche (Tyrol) [alt. 1 304-2 811 m] ; 2 100 h.

SANKT FLORIAN, v. d'Autriche (Haute-Autriche), au S.-E. de Linz ; 15 000 h. Célèbre abbaye reconstruite en style baroque (1686-1751) par Carlo Antonio Carlone et Jakob Prandtauer.

SANKT PÖLTEN, v. d'Autriche, ch.-l. de la Basse-Autriche ; 51 000 h. Monuments baroques, dont la cathédrale (d'origine romane).

SAN LUIS POTOSÍ, v. du Mexique, cap. de l'État du même nom ; 525 819 h. Métallurgie. Cathédrale baroque.

SAN MARTÍN (José **de**), général et homme politique argentin (Yapeyú 1778 - Boulogne-sur-Mer 1850). En 1817-18, il libéra le Chili et contribua à l'indépendance du Pérou, dont il devint Protecteur (1821). En désaccord avec Bolívar, il démissionna (1822) et s'exila en Europe.

SAN-MARTINO-DI-LOTA (20200), ch.-l. de c. de la Haute-Corse ; 2 467 h.

SAN MIGUEL, v. du Salvador ; 161 000 h.

SAN MIGUEL DE TUCUMÁN, v. du nord-ouest de l'Argentine ; 473 014 h. Université. Tourisme.

SANNAZZARO (Iacopo), poète et humaniste italien (Naples 1455 - *id.* 1530). Son roman en prose et en vers, *l'Arcadie,* eut une influence capitale sur le genre *pastoral.*

SANNOIS (95110), ch.-l. de c. du Val-d'Oise, au pied des *buttes de Sannois ;* 25 658 h.

SAN PEDRO, port du sud-ouest de la Côte d'Ivoire ; 32 000 h.

SAN PEDRO SULA, v. du nord-ouest du Honduras ; 151 000 h.

SANRAKU ou **KANŌ SANRAKU,** peintre japonais (Ōmi 1559 - Kyōto 1635), dernier représentant avec de grandes décorations intérieures du style brillant et coloré de l'époque Momoyama.

SAN REMO ou **SANREMO,** v. d'Italie (Ligurie), sur la Méditerranée ; 55 786 h. Station touristique et balnéaire.

San Remo *(conférence de)* [19-26 avr. 1920], réunion du conseil suprême allié à San Remo pour discuter de l'exécution du traité de Versailles et préparer le traité de Sèvres avec l'Empire ottoman.

SAN SALVADOR, cap. du Salvador, au pied du *volcan San Salvador ;* 1 million d'h. environ. Plusieurs fois ravagée par des séismes.

SAN SALVADOR DE JUJUY, v. du nord-ouest de l'Argentine ; 167 000 h.

SAN SEVERO, v. d'Italie (Pouille) ; 55 376 h.

SANSON, famille de bourreaux parisiens, d'origine florentine, dont les membres furent, de 1688 à 1847, exécuteurs des hautes œuvres dans la capitale. Le plus célèbre d'entre eux est **Charles** (Paris 1740 - ? 1806), qui guillotina Louis XVI.

SANSOVINO (Andrea **Contucci, dit il**), sculpteur italien (Monte San Savino, Arezzo, 1460 - *id.* 1529). D'un classicisme délicat, il a travaillé à Florence (*Baptême du Christ* du baptistère, 1502-1505), Rome, Lorette. — Son fils adoptif **Jacopo Tatti,** dit aussi **il Sansovino,** sculpteur et architecte (Florence 1486 - Venise 1570), travailla surtout à Venise (*loggetta* du campanile de St-Marc [1536-1540], Libreria Vecchia).

San Stefano *(traité de)* [3 mars 1878], traité conclu à San Stefano (auj. **Yeşilköy,** près d'Istanbul) entre la Russie victorieuse et l'Empire ottoman vaincu, à l'issue de la guerre russo-turque (1877-78). Il fut révisé au congrès de Berlin.

SANTA ANA, v. des États-Unis (Californie) ; 293 742 h.

SANTA ANA, v. du Salvador, au pied du volcan homonyme (2 386 m) ; 208 000 h.

SANTA ANNA (Antonio **López de**), général et homme politique mexicain (Jalapa 1794 - Mexico 1876). Président de la République (1833), battu et fait prisonnier par les Texans (San Jacinto, 1836), il dut reconnaître l'indépendance du Texas. De nouveau battu (1847), il se retira avant la signature du traité (1848) consacrant la perte du Nouveau-Mexique et de la Californie. Il se proclama, en 1853, dictateur à vie, mais fut évincé en 1855.

SANTA CATARINA, État du Brésil méridional ; 4 536 433 h. Cap. *Florianópolis.*

SANTA CLARA, v. de Cuba ; 172 000 h.

SANTA CRUZ, archipel de Mélanésie, dépendance des Salomon ; 3 000 h.

SANTA CRUZ, v. de Bolivie, à l'est des Andes ; 694 616 h.

SANTA CRUZ DE TENERIFE, port et ch.-l. de l'archipel des Canaries (Tenerife) ; 186 000 h. Raffinerie de pétrole.

SANTA FE, v. d'Argentine, sur un affl. du Paraná ; 442 214 h.

SANTA FE, v. des États-Unis, cap. du Nouveau-Mexique ; 55 859 h. Musées, dont celui du Nouveau-Mexique.

SANTA FE DE BOGOTÁ → ***Bogotá.***

SANTA ISABEL → ***Malabo.***

SANTA MARTA, port de Colombie, sur la mer des Antilles ; 152 000 h.

SANTA MONICA, v. des États-Unis (Californie), sur l'océan Pacifique ; 88 000 h. Station balnéaire. Constructions aéronautiques.

SANTANDER, port d'Espagne, ch.-l. de la Cantabrique, sur le golfe de Gascogne ; 191 079 h. Musée de Préhistoire et d'Archéologie.

SANTANDER (Francisco **de Paula**), homme politique colombien (Rosario de Cúcuta 1792 - Bogotá 1840). Vice-président de la Grande-Colombie (1821-1828), il conspira contre Bolívar et dut s'exiler. Il fut ensuite président de la République de la Nouvelle-Grenade (1833-1837). On le considère comme le fondateur de la Colombie moderne.

SANTARÉM, port fluvial du Brésil, au confluent de l'Amazone et du Tapajós ; 265 105 h.

SANTARÉM, v. du Portugal (Ribatejo), sur le Tage ; 23 690 h. Cité historique.

SANTER (Jacques), homme politique luxembourgeois (Wasserbillig 1937). Premier ministre du Luxembourg (1984-1995), il devient président de la Commission européenne en janvier 1995.

SANTERRE (Antoine), révolutionnaire français (Paris 1752 - *id.* 1809). Il commanda la Garde nationale de Paris (1792-93) et fut général de division en Vendée.

SANTIAGO, cap. du Chili ; 4 233 060 h. Archevêché. Université. Centre commercial et industriel, qui regroupe près du tiers de la population du Chili. La ville fut fondée en 1541.

Santiago (Chili) :
la ville vue du Cerro San Cristóbal.

SANTIAGO, port de Cuba ; 345 000 h. Monuments de l'époque coloniale. Le 3 juill. 1898, une escadre espagnole y fut détruite par la flotte américaine.

SANTIAGO ou **SANTIAGO DE LOS CABALLEROS,** v. de la République Dominicaine ; 279 000 h. Centre commercial et industriel.

SANTIAGO DEL ESTERO, v. du nord de l'Argentine ; 201 709 h.

SANTILLANA (Íñigo **López de Mendoza,** *marquis* **de**), homme de guerre et écrivain espagnol (Carrión de los Condes 1398 - Guadalajara 1458). Il introduisit le sonnet dans la poésie espagnole.

SÄNTIS (le), sommet des Alpes suisses ; 2 502 m. Téléphérique.

SANTO ANDRÉ, v. du Brésil, banlieue industrielle de São Paulo ; 613 672 h.

SANTORIN, archipel grec de la partie méridionale des Cyclades, dont l'île principale est *Santorin* ou *Thíra.* Volcan actif. Vestiges (habitat, peinture murale) d'Akrotíri, principal centre de la civilisation cycladique, détruit v. 1500 av. J.-C. par une éruption volcanique.

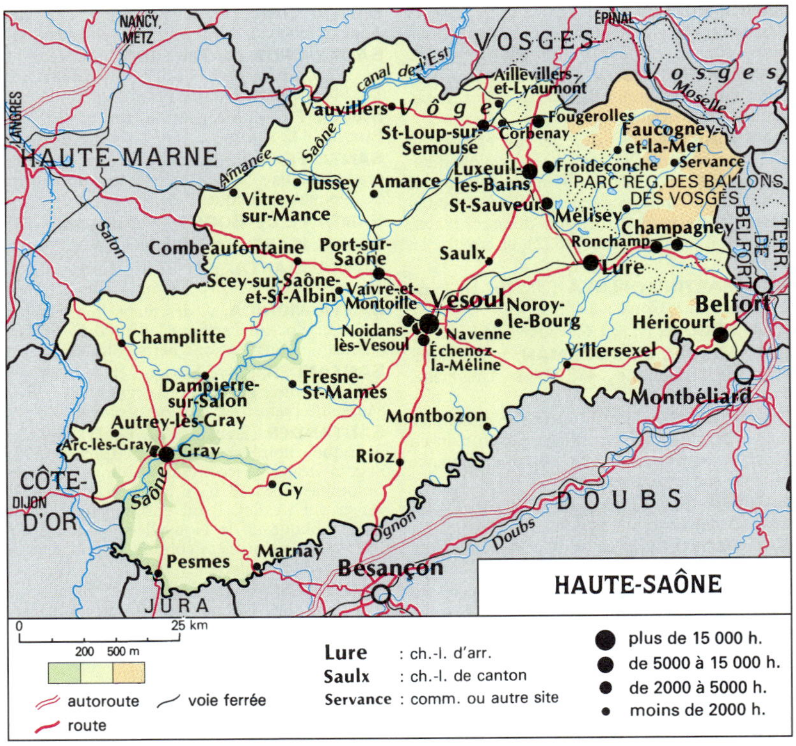

SANTOS, port du Brésil (São Paulo) ; 428 526 h. Exportation du café.

SANTOS-DUMONT (Alberto), aéronaute et aviateur brésilien (Palmyra, auj. Santos Dumont, Minas Gerais, 1873 - São Paulo 1932). Après avoir créé plusieurs modèles de dirigeables (1898-1905), il s'illustra comme pionnier de l'aviation, effectuant le 23 octobre 1906 le premier vol propulsé homologué en Europe.

SANVIGNES-LES-MINES (71410), comm. de Saône-et-Loire ; 4 967 h.

SAO, ancienne population africaine non musulmane, constituée de groupes distincts par leur langue et leur mode de vie, qui, à partir du Ier s., s'établit au S. du lac Tchad et dont les tumulus ont livré des statuettes d'argile et des bronzes.

SÃO BERNARDO DO CAMPO, banlieue industrielle de São Paulo (Brésil) ; 565 171 h.

SÃO FRANCISCO (le), fl. du Brésil, né dans le Minas Gerais ; 2 624 km. Aménagements hydroélectriques.

SÃO GONÇALO, v. du Brésil, banlieue de Rio de Janeiro ; 747 891 h.

SÃO JOÃO DE MERITI, v. du Brésil, banlieue de Rio de Janeiro ; 425 038 h.

SÃO JOSÉ DOS CAMPOS, v. du Brésil, entre São Paulo et Rio ; 442 728 h.

SÃO LUÍS ou **SÃO LUÍS DO MARANHÃO,** v. du Brésil septentrional, cap. de l'État de *Maranhão,* sur l'Atlantique ; 695 780 h. Cathédrale du XVIIe s.

SÃO MIGUEL, la plus grande (747 km^2) des Açores ; 150 000 h. Ch.-l. *Ponta Delgada.*

SAÔNE [son] (la), riv. de l'est de la France, née dans le dép. des Vosges, qui passe à Chalon-sur-Saône et Mâcon et se jette dans le Rhône (r. dr.) à Lyon ; 480 km (bassin de près de 30 000 km^2). Elle régularise le régime du Rhône grâce à ses hautes eaux hivernales.

SAÔNE (HAUTE-) [**70**], dép. de la Région Franche-Comté ; ch.-l. de dép. *Vesoul ;* ch.-l. d'arr. *Lure ;* 2 arr., 32 cant., 546 comm. ; 5 360 km^2 ; 229 650 h. Le dép. est rattaché à l'académie et à la cour d'appel de Besançon, à la région militaire Nord-Est. Aux confins des Vosges et de la Lorraine, le dép. s'étend principalement sur les plateaux et les plaines encadrant le cours supérieur de la Saône, souvent boisés, domaines d'une polyculture à base céréalière et surtout de l'élevage (plus riche cependant dans les fonds de vallée). Bien qu'employant plus des deux cinquièmes de la population active (moins du septième dans l'agriculture), l'industrie demeure modeste. Représentée surtout par les textiles, la petite métallurgie, le travail du bois, elle est localisée en dehors de Vesoul, dans l'est, près de la porte d'Alsace. La densité de population n'atteint pas la moitié de la moyenne nationale.

SAÔNE-ET-LOIRE [**71**], dép. de la Région Bourgogne ; ch.-l. de dép. *Mâcon ;* ch.-l. d'arr. *Autun, Chalon-sur-Saône, Charolles, Louhans ;* 5 arr., 57 cant., 574 comm. ; 8 575 km^2 ; 559 413 h. Le dép. appartient à l'académie et à la cour d'appel de Dijon, à la région militaire Nord-Est. En dehors de la partie septentrionale de la Bresse, où l'élevage (bovins et volailles) est associé à la polyculture, et de la vallée de la Saône, qui juxtapose cultures céréalières, betteravières, maraîchères et prairies, le dép. occupe le nord-est du Massif central. Le vignoble s'étend sur la côte chalonnaise et couvre le pied des monts du Mâconnais. L'élevage pour l'embouche demeure la principale ressource du Charolais, séparé par le sillon Bourbince-Dheune des hauteurs boisées de l'Autunois, elles-mêmes limitées par le Morvan, également forestier. L'industrie tient une place importante et emploie environ les deux cinquièmes de la population active (le septième pour l'agriculture). Elle est représentée surtout par la métallurgie de transformation, développée dans le sillon Bourbince-Dheune et dans la vallée de la Saône (grand axe de circulation).

SÃO PAULO, v. du Brésil, cap. de *l'État de São Paulo ;* 9 480 427 h. (15 199 423 h. dans l'agglomération). Université. Plus grande ville et métropole économique du Brésil (textile, métallurgie, constructions mécaniques et électriques, chimie, alimentation, édition). Musées. Biennale d'art moderne. — *L'État de São Paulo,* en bordure de l'Atlantique, le plus peuplé du Brésil, est toujours un grand producteur de café, malgré le recul relatif de cette culture ; 248 000 km^2 ; 31 192 818 h.

São Paulo : vue de la ville moderne.

SÃO TOMÉ ET PRÍNCIPE, État insulaire du golfe de Guinée, formé des îles de *São Tomé* (836 km^2) et de *Príncipe* (ou île du Prince ; 128 km^2) ; 120 000 h. CAP. *São Tomé.* LANGUE : *portugais.* MONNAIE : *dobra.* Production de cacao, café, huile de palme et coprah. Ancienne colonie portugaise, indépendante depuis 1975.

SAPIR (Edward), linguiste américain (Lauenburg, Allemagne, 1884 - New Haven, Connecticut, 1939). Parti de la description des langues amérindiennes, il a dégagé la notion de phonème et proposé une nouvelle typologie des langues fondée sur des critères formels (syntaxe et sémantique) et non plus historiques. C'est un des initiateurs du courant structuraliste.

SAPOR → ***Châhpuhr.***

SAPPHO ou **SAPHO,** poétesse grecque (Lesbos fin du VIIe - *id.* VIe s. av. J.-C.). De ses neuf livres de poèmes, très célèbres dans l'Antiquité, il ne reste que des fragments.

SAPPORO, v. du Japon, ch.-l. de l'île de Hokkaidō ; 1 671 742 h. Centre administratif, commercial et industriel.

SAQQARAH ou **SAKKARAH,** village d'Égypte. Faubourg de l'anc. Memphis. Immense nécropole, riche de nombreuses pyramides, dont celle à degrés, impressionnant élément du complexe funéraire de Djoser (XXVIIIe s. av. J.-C.). L'époque tardive est illustrée par le Serapeum*.

Saqqarah : entrée de l'enceinte à redans qui entourait le complexe funéraire du roi Djoser et sa pyramide à degrés. Ancien Empire, IIIe dynastie.

SARAGAT (Giuseppe), homme politique italien (Turin 1898 - Rome 1988). Fondateur du parti socialiste démocratique italien (1947), il fut président de la République de 1964 à 1971.

SARAGOSSE, en esp. **Zaragoza,** v. d'Espagne, cap. de la communauté autonome d'Aragon et anc. cap. du royaume d'Aragon, sur l'Èbre ; 594 394 h. Archevêché (1317). Université (1474). Centre administratif, commercial et industriel. Aljafería, anc. palais des souverains musulmans, puis des Rois Catholiques ; cathédrale au riche mobilier (musée de tapisseries) ; basilique du Pilar (XVIIe-XVIIIe s.). Musée provincial. La ville soutint un siège héroïque contre les Français (1808-09).

SARAH ou **SARA,** personnage biblique, épouse d'Abraham et mère d'Isaac.

SARAJEVO, cap. de la Bosnie-Herzégovine ; 448 000 h. Université. Centre artisanal et industriel. Mosquées turques. Musées. La ville, assiégée par les forces serbes de Bosnie-Herzégovine, a été ravagée par la guerre de 1992 à 1995.

Sarajevo *(attentat de)* [28 juin 1914], attentat perpétré par le Serbe G. Princip contre l'archiduc François-Ferdinand, qui préluda à la Première Guerre mondiale.

SARAKOLLÉ ou **SARAKOLÉ** ou **SONINKÉ,** peuple du Sénégal, de Mauritanie et surtout du Mali.

SARAN (45770), comm. du Loiret ; 13 573 h. Constructions mécaniques. Vente par correspondance.

SARANSK, v. de Russie, cap. de la Mordovie, à l'ouest de la Volga ; 312 000 h.

SARASATE (Pablo **de**), violoniste espagnol (Pampelune 1844 - Biarritz 1908).

SARASIN (Jean-François), poète français (Caen v. 1615 - Pézenas 1654). Rival de Voiture, il fut un des meilleurs poètes de la société précieuse.

SARATOGA SPRINGS ou **SARATOGA,** v. des États-Unis (État de New York), au nord d'Albany ; 23 906 h. Capitulation du général britannique Burgoyne, qui assura l'indépendance des États-Unis (17 oct. 1777).

SARATOV, v. de Russie, sur la Volga ; 905 000 h. Port fluvial et centre industriel. Monuments des XVIIe-XIXe s. Musées.

SARAWAK, État de la Malaisie, dans le nord-ouest de Bornéo ; 125 000 km² ; 1 295 000 h. Ch.-l. *Kuching.* Pétrole et gaz naturel.

SARAZIN ou **SARRAZIN** (Jacques), sculpteur français (Noyon 1588 - Paris 1660). Il travailla à Rome, puis à Paris, où il prépara la voie du classicisme officiel (caryatides du pavillon de l'Horloge, au Louvre).

SARCELLES (95200), ch.-l. de c. du Val-d'Oise ; 57 121 h. *(Sarcellois).* Vaste ensemble résidentiel. Église des XIIe-XVIe s.

SARDAIGNE, île et région italienne, au sud de la Corse, formée des prov. de Cagliari, Nuoro, Oristano et Sassari ; 24 090 km² ; 1 637 705 h. *(Sardes).* Cap. *Cagliari.*

GÉOGRAPHIE

L'île est formée surtout de plateaux et de moyennes montagnes, le Campidano est la seule plaine notable. Quelques activités industrielles et le tourisme ne suffisent pas à combler le retard économique de l'île ni à enrayer l'émigration.

HISTOIRE

1400-900 av. J.-C. : à l'âge du cuivre et surtout du bronze, ses mines assurent une grande prospérité à la Sardaigne, où se développe la civilisation des *nuraghi**. V. 700 av. J.-C. (âge du fer) : la métallurgie est à son apogée, les Phéniciens installent leurs premiers comptoirs sur les côtes (Tharros). 238 av. J.-C. : l'île est conquise par Rome. Ve s. : elle est occupée par les Vandales. VIe-VIIe s. : après sa reconquête par Bélisaire pour le compte de Byzance (534), l'île, où l'Église romaine prend une grande influence, est en butte aux incursions sarrasines. XIe-XIIIe s. : Gênes et Pise se disputent la Sardaigne, où Pise s'impose de 1239 à 1284, date à laquelle elle est défaite par Gênes à la Meloria. 1323-24 : Jacques II, roi d'Aragon, conquiert l'île. 1478 : celle-ci, transformée en vice-royauté, est de plus en plus coupée de l'Italie et hispanisée. 1718 : l'île, conquise par la Grande-Bretagne en 1708 et remise aux Habsbourg d'Autriche (1714), est échangée par eux contre la Sicile et passe à la maison de Savoie sous le nom d'« États sardes ». Dès lors, son destin se confond avec celui de l'Italie. 1861 : elle est intégrée au royaume d'Italie. 1948 : elle est érigée en région autonome.

SARDANAPALE, roi légendaire assyrien de la tradition grecque ; corruption du nom d'*Assourbanipal.*

SARDES, anc. v. de l'Asie Mineure, dans la vallée du Pactole, résidence des rois de Lydie, puis capitale d'une satrapie. Vestiges hellénistiques du temple d'Artémis.

SARDOU (Victorien), auteur dramatique français (Paris 1831 - *id.* 1908), auteur de comédies et de pièces historiques (*la Tosca,* 1887 ; *Madame Sans-Gêne,* 1893). [Acad. fr.]

SARGASSES *(mer des),* vaste région de l'Atlantique, au nord-est des Antilles, couverte d'algues.

SARGODHA, v. du Pakistan ; 294 000 h.

SARGON d'Akkad, fondateur de l'empire d'Akkad (début du XXIIIe s. av. J.-C.).

SARGON II, roi d'Assyrie (722/721-705 av. J.-C.). Il prit Samarie en 721, conquit Israël, la Syrie et l'Ourartou et rétablit l'autorité assyrienne sur Babylone. Il a fait construire le palais de Dour-Sharroukên (auj. **Khursabād**).

SARH, anc. **Fort-Archambault,** v. du Tchad méridional ; 37 000 h. Textile.

SARINE (la), en all. **Saane,** riv. de Suisse, affl. de l'Aar (r. g.) ; 128 km.

SARLAT-LA-CANÉDA (24200), anc. **Sarlat,** ch.-l. d'arr. de la Dordogne, dans le Périgord ; 10 648 h. *(Sarladais).* Industries alimentaires. Vieille ville pittoresque (maisons et hôtels du Moyen Âge et de la Renaissance).

SARMATES, peuple nomade d'origine iranienne, qui occupa le pays des Scythes et atteignit le Danube (Ier s. apr. J.-C.). Il se fondit ensuite dans le flot des migrations germaniques.

SARMATIE, anc. contrée de la Russie méridionale, occupée autref. par les *Sarmates.*

SARMIENTO (Domingo Faustino), homme politique et écrivain argentin (San Juan 1811 - Asunción, Paraguay, 1888). Premier civil élu président de la République (1868-1874), il mit fin à la guerre du Paraguay (1870). Il est l'auteur du roman *Facundo* (1845), pamphlet politique où il oppose la « barbarie » des gauchos à la « civilisation » des centres urbains en Argentine.

SĀRNĀTH, l'un des hauts lieux du bouddhisme (Inde, au nord de Bénarès), où le Bouddha effectua sa première prédication. Pilier commémoratif de l'empereur Aśoka (chapiteau sculpté, dans le musée).

SARNEN, comm. de Suisse, ch.-l. du demi-canton d'Obwald (Unterwald) ; 8 398 h.

SARNEY (José), homme politique brésilien (São Luís 1930). Vice-président, puis président de la République (1985-1990) après la mort de Tancredo Neves.

SARNIA, v. du Canada (Ontario), sur le lac Huron ; 70 938 h. Pétrochimie.

SAROYAN (William), écrivain américain (Fresno 1908 - *id.* 1981), auteur de romans et de pièces de théâtre (*Voilà vous savez qui,* 1962), d'inspiration à la fois romantique et ironique.

SARRAIL [-raj] (Maurice), général français (Carcassonne 1856 - Paris 1929). Commandant de la IIIe armée à la Marne (1914), puis des forces françaises d'Orient (1915-1917), il fut haut-commissaire en Syrie en 1924.

SARRALBE (57430), ch.-l. de c. de la Moselle, sur la Sarre ; 4 626 h. Chimie.

SARRANCOLIN (65410), comm. des Hautes-Pyrénées ; 686 h. Marbres. Église romane.

Sarrans, aménagement hydroélectrique sur la Truyère, avec retenue d'env. 1 000 ha.

SARRAUT (Albert), homme politique français (Bordeaux 1872 - Paris 1962). Député, puis sénateur radical-socialiste, il fut gouverneur général de l'Indochine (1911-1914 et 1916-1919), ministre de l'Intérieur (1926-1928 et 1934-35) et président du Conseil (oct.-nov. 1933 et janv.-juin 1936).

SARRAUTE (Nathalie), femme de lettres française (Ivanovo, Russie, 1900). Son refus de la psychologie traditionnelle et sa recherche des sensations à l'état naissant (*Tropismes,* 1939 ; *Ici,* 1995) font d'elle l'un des initiateurs du « nouveau roman » (*Portrait d'un inconnu,* 1949 ; *l'Ère du soupçon,* 1956 ; *le Planétarium,* 1959 ; *Enfance,* 1983).

SARRE (la), en all. **Saar,** riv. de France et d'Allemagne, née dans les Vosges, au pied du Donon, qui passe à Sarreguemines, Sarrebruck et Sarrelouis avant de rejoindre la Moselle (r. dr.) ; 246 km.

SARRE, en all. **Saarland,** Land d'Allemagne ; 2 570 km² ; 1 064 906 h. *(Sarrois).* Cap. *Sarrebruck.* La région devint en grande partie française sous Louis XIV, puis prussienne en 1814-15. Les gisements houillers y furent exploités à partir de 1871. À la suite du traité de Versailles en 1919, elle fut séparée pendant quinze ans de l'Allemagne et confiée à la S. D. N., la propriété des gisements houillers étant transférée à la France. Le 13 janv. 1935, un plébiscite décida son retour à l'Allemagne. En 1947, la Sarre, autonome, fut rattachée économiquement à la France, mais elle fit retour à l'Allemagne le 1er janv. 1957 à la suite d'un référendum (oct. 1955).

SARREBOURG (57400), ch.-l. d'arr. de la Moselle, sur la Sarre ; 14 523 h. Verrerie. Mobilier métallique. Musée régional.

SARREBRUCK, en all. **Saarbrücken,** v. d'Allemagne, cap. de la Sarre ; 359 056 h. *(Sarrebruckois).* Centre administratif, culturel et industriel.

SARREGUEMINES (57200), ch.-l. d'arr. de la Moselle, sur la Sarre ; 23 684 h. *(Sarregueminois).* Pneumatiques. Faïencerie. Batteries.

SARRELOUIS, en all. **Saarlouis,** v. d'Allemagne (Sarre) ; 38 059 h.

SARRETTE (Bernard), musicien français (Bordeaux 1765 - Paris 1858), capitaine de la Garde nationale. Il fonda en 1795 le Conservatoire national de musique.

SARRE-UNION (67260), ch.-l. de c. du Bas-Rhin, sur la Sarre ; 3 175 h. Métallurgie. Église du XVe s., hôtel de ville de 1648.

SARRIANS (84260), comm. de Vaucluse, dans le Comtat ; 5 118 h.

SARTÈNE (20100), ch.-l. d'arr. de la Corse-du-Sud ; 3 649 h. *(Sartenais).*

SARTHE (la), riv. de l'ouest de la France, née dans le Perche, qui passe à Alençon, au Mans et se joint à la Mayenne pour former la Maine ; 285 km.

SARTHE (**72**), dép. de la Région Pays de la Loire ; ch.-l. de dép. *Le Mans ;* ch.-l. d'arr. *La Flèche, Mamers ;* 3 arr., 40 cant., 375 comm. ; 6 206 km² ; 513 654 h. *(Sarthois).* Le dép. est rattaché à l'académie de Nantes, à la cour d'appel d'Angers et à la région militaire Atlantique. Correspondant au haut Maine, le dép., bocager, au relief peu accidenté (en dehors de ses confins septentrionaux), est formé de terrains souvent sableux (forêts de Bercé, de Vibraye) ou argileux. L'élevage (bovins, porcins, aviculture) a progressé aux dépens du blé. L'industrie emploie plus du tiers de la population active. Elle est représentée par les textiles, le travail du bois et les constructions mécaniques, électriques et électroniques et implantée au Mans, qui concentre, avec ses banlieues, 40 % de la population du dép.

SARTILLY (50530), ch.-l. de c. de la Manche ; 1 159 h.

SARTINE (Antoine **de**), *comte* **d'Alby,** homme politique français (Barcelone 1729 - Tarragone 1801). Lieutenant général de police (1759-1774), il améliora la sécurité de Paris puis, comme secrétaire d'État à la Marine (1774-1780), réorganisa la marine.

SARTO (Andrea **del**) → ***Andrea del Sarto.***

SARTRE (Jean-Paul), philosophe et écrivain français (Paris 1905 - *id.* 1980). Marquée par la phénoménologie et par Heidegger, la philosophie sartrienne connaît deux phases sans coupure chronologique nette. La première, axée sur l'existentialisme, considère la liberté comme le fondement de l'« être-au-monde », l'homme, et décrit son existence comme un combat moral entre cette liberté et son refus, la fuite vers l'en-soi, grâce notamment à la mauvaise foi (*l'Être* et le Néant,* 1943). La seconde s'inspire du matérialisme dialectique et préconise l'engagement comme le seul comportement authentique de l'homme (*Critique de la raison dialectique,* 1960-1985). L'impossibilité de concilier engagement social et authenticité personnelle ronge Sartre dans sa vie comme dans ses héros. Sartre a développé ses idées dans des romans (*la Nausée,* 1938 ; *les Chemins de la liberté,* 1945-1949), des drames (*Huis* clos,* 1944 ; *les Mains sales,* 1948 ; *le Diable et le Bon Dieu,* 1951), des nouvelles *(le Mur),* des essais (*Situations,* 1947-1976), un récit autobiographique (*les Mots,* 1964), une étude sur Flaubert *(l'Idiot de la famille).* En 1964, il refusa le prix Nobel de littérature. Après sa mort ont paru notamment *Cahiers pour une morale* (1983), *Carnets de la drôle de guerre* (1983) et *Vérité et Existence* (1989).

Jean-Paul
Sartre

SARTROUVILLE (78500), ch.-l. de c. des Yvelines ; 50 440 h. Électronique.

SARZEAU (56370), ch.-l. de c. du Morbihan ; 5 049 h. Château de Suscinio (XIIIe-XVe s.).

SASEBO, port du Japon (Kyūshū) ; 244 677 h. Chantiers navals. Base militaire.

SASKATCHEWAN (la), riv. de la Prairie canadienne, formée par l'union de la *Saskatchewan du Nord* et de la *Saskatchewan du Sud,* qui rejoint le lac Winnipeg.

SASKATCHEWAN, prov. du centre du Canada ; 652 000 km² ; 988 928 h. Cap. *Regina.* Ressources agricoles (céréales, plantes fourragères, élevage) et minières (pétrole et gaz naturel, charbon, uranium, potasse).

SASKATOON, v. du Canada (Saskatchewan) ; 186 058 h.

SASOLBURG, v. de l'Afrique du Sud (État libre). Chimie.

SASSANIDES, dynastie perse qui régna sur un empire qui s'étendait de la Mésopotamie à l'Indus, de 224/226 à la conquête arabe (651).

SASSARI, v. d'Italie (Sardaigne), ch.-l. de prov. ; 116 989 h. Musée national (archéologie, etc.).

SASSENAGE (38360), comm. de l'Isère ; 10 097 h. Grottes, dites *Cuves de Sassenage.* Fromages. Cimenterie. Château du XVIIe s.

SASSETTA (Stefano **di Giovanni,** dit **il**), peintre italien (Sienne v. 1400 - *id.* 1450). Il adopta certains principes de la Renaissance tout en conservant le sentiment religieux et le goût précieux de la fin du Moyen Âge.

SATAN, prince des démons, dans la tradition judéo-chrétienne.

SĀTAVĀHANA, autre nom de la dynastie Andhra.

SATHONAY-CAMP (69580), comm. du Rhône ; 5 740 h. Camp militaire.

SATIE (Alfred Erik **Leslie Satie,** dit **Erik**), compositeur français (Honfleur 1866 - Paris 1925), précurseur du dadaïsme et du surréalisme (ballet *Parade,* 1917). Il prôna d'abord le dépouillement (*Trois Gymnopédies,* 1888 ; *Trois Gnossiennes,* 1890) puis s'intéressa à la forme, mais avec humour *(Morceaux en forme de poire),* avant de nier l'art pour expérimenter la « musique d'ameublement », entouré chez lui de quelques disciples qui constituent l'école d'Arcueil.

SATILLIEU (07290), ch.-l. de c. de l'Ardèche ; 1 838 h.

Satire Ménippée, pamphlet politique (1594) rédigé par plusieurs auteurs, prosateurs et poètes, pour se moquer des chefs ligueurs et soutenir la royauté légitime (Henri IV).

Satires d'Horace, au nombre de dix-huit (v. 41-35 et 35-30 av. J.-C.). D'abord inspirées du réalisme de Lucilius, elles prennent le ton d'un badinage de poète courtisan. L'auteur y propose la morale épicurienne de l'honnête homme de la cour d'Auguste.

Satires de Boileau, au nombre de douze (1666-1668 ; 1694-1705). Leurs sujets touchent non seulement à la morale et à la littérature *(le Repas ridicule, les Embarras de Paris),* mais aussi aux querelles religieuses *(Sur l'équivoque).*

Satiricon, roman de Pétrone, mêlé de prose et de vers (Ier s. apr. J.-C.) : peinture réaliste des vagabondages d'un jeune libertin sous Néron.

SATLEDJ (la) → ***Sutlej.***

SATŌ EISAKU, homme politique japonais (Tabuse, préf. de Yamaguchi, 1901 - Tōkyō 1975), Premier ministre de 1964 à 1972. (Prix Nobel de la paix 1974.)

Satolas, aéroport de Lyon, à l'est de la ville.

SATORY, plateau au sud-ouest de Versailles (Yvelines). Établissement d'expériences des armements terrestres (notamment blindés). Les chefs de la Commune y furent fusillés en 1871.

SĀTPURA *(monts),* massif du nord du Deccan ; 1 350 m env.

SATU MARE, v. de Roumanie, sur le Someş ; 131 859 h.

SATURNE, très ancienne divinité italique, assimilée au *Cronos* des Grecs. Chassé du ciel par Jupiter, Saturne se réfugia dans le Latium, où il fit régner l'*âge d'or.* Les fêtes célébrées en son honneur étaient les *saturnales.*

SATURNE, planète du système solaire située au-delà de Jupiter (9,4 fois le diamètre équatorial de la Terre ; 95,2 fois sa masse). Comme Jupiter, elle est constituée principalement d'hydrogène et d'hélium. Elle est entourée d'un vaste système d'anneaux formés d'une multitude de blocs de glace mêlée à des poussières, des fragments minéraux, etc. On lui connaît 18 satellites.

Saturne et ses anneaux (photographie prise par la sonde américaine Voyager 1, en 1980, d'une distance de 21 millions de km).

SATURNIN ou **SERNIN** *(saint),* martyr (m. à Toulouse v. 250). Il aurait été le premier évêque de Toulouse.

SAUERLAND (le), région d'Allemagne, au sud de la Ruhr.

SAUGUES (43170), ch.-l. de c. de la Haute-Loire ; 2 220 h. Donjon. Église gothique.

SAUGUET (Henri), compositeur français (Bordeaux 1901 - Paris 1989). Il est l'auteur de nombreux ballets *(les Forains)* et d'ouvrages lyriques *(la Chartreuse de Parme, Boule de suif).*

SAUJON (17600), ch.-l. de c. de la Charente-Maritime ; 4 918 h.

SAÜL, premier roi des Hébreux (v. 1030 - 1010 av. J.-C.). Simple chef local, ses succès assurèrent son autorité sur l'ensemble des tribus israélites. Mais son échec contre les Philistins compromit l'unité nationale, qui fut réalisée par son successeur, David.

SAULDRE (la), affl. du Cher (r. dr.) ; 166 km.

SAULIEU (21210), ch.-l. de c. de la Côte-d'Or ; 3 014 h. Église St-Andoche, en partie romane (chapiteaux). Musée (archéologie ; artisanat morvandiau ; œuvres du sculpteur animalier François Pompon).

SAULT [so] (84390), ch.-l. de c. de Vaucluse ; 1 215 h. Église des XIIe-XVIe s.

SAULT-SAINTE-MARIE, nom de deux villes jumelles — l'une canadienne, centre sidérurgique de l'Ontario (72 822 h.) ; l'autre américaine, du Michigan (14 000 h.) — situées sur la *rivière Sainte-Marie.* Métallurgie. — Le *canal de Sault-Sainte-Marie,* ou *Soo Canal,* relie le lac Supérieur au lac Huron.

SAULXURES-SUR-MOSELOTTE [sosyr-] (88290), ch.-l. de c. des Vosges ; 3 373 h.

SAUMAISE (Claude), érudit français (Semur-en-Auxois 1588 - Spa 1653). Protestant, il se fixa à Leyde, où son enseignement et ses publications lui valurent une grande célébrité.

SAUMUR (49400), ch.-l. d'arr. de Maine-et-Loire, dans le *Saumurois,* au confluent du Thouet et de la Loire ; 31 894 h. *(Saumurois).* Vins blancs mousseux. Emballages. Château des XIVe-XVIe s. (musées des Arts décoratifs et du Cheval). Églises N.-D.-de-Nantilly (en partie romane ; tapisseries), St-Pierre (gothique) et N.-D.-des-Ardilliers (rotonde du XVIIe s.). École nationale d'équitation ; école d'application de l'arme blindée et cavalerie (musée des blindés).

SAURA (Carlos), cinéaste espagnol (Huesca 1932). Observateur corrosif de la société franquiste, il a réalisé *le Jardin des délices* (1970), *Ana et les loups* (1972), *Cría cuervos* (1975), *Elisa vida mía* (1977), *Noces de sang* (1981), *Carmen* (1983), *El Dorado* (1988).

SAUSSURE (Ferdinand **de**), linguiste suisse (Genève 1857 - Vufflens, canton de Vaud, 1913). Après des études à Leipzig, où il soutient une thèse sur l'*Emploi du génitif absolu en sanskrit* (1880), il enseigne la grammaire comparée à Paris puis à Genève. C'est là que, de 1907 à 1911, il donne un cours de linguistique générale, dont les éléments seront publiés après sa mort d'après des notes d'étudiants (*Cours de linguistique générale,* 1916). Par la définition rigoureuse qu'il donne des concepts de la linguistique (la langue conçue comme une structure, l'opposition synchronie-diachronie, etc.), Saussure peut être considéré comme le fondateur de la linguistique structurale moderne.

SAUSSURE (Horace Bénédict **de**), naturaliste et physicien suisse (Conches, près de Genève, 1740 - *id.* 1799). Inventeur de nombreux instruments de physique, il découvrit divers minéraux et posa les principes d'une météorologie rationnelle. Il réalisa, avec Balmat, la deuxième ascension du mont Blanc.

SAUTERNES (33210), comm. de la Gironde ; 593 h. Vins blancs.

SAUTET (Claude), cinéaste français (Montrouge 1924), auteur de films doux-amers où se reflètent les incertitudes de la société contemporaine (*les Choses de la vie,* 1970 ; *César et Rosalie,* 1972 ; *Vincent, François, Paul et les autres,* 1974 ; *Quelques Jours avec moi,* 1988 ; *Un cœur en hiver,* 1992 ; *Nelly et Mr. Arnaud,* 1995).

SAUTY (Joseph), syndicaliste français (Ametttes, Pas-de-Calais, 1906 - Lille 1970). Secrétaire général (1937) puis président (1962) de la C. F. T. C., dont il maintint l'existence après la scission de la C. F. D. T. (1964).

SAUVAGE (Frédéric), inventeur français (Boulogne-sur-Mer 1786 - Paris 1857). Il eut l'idée d'utiliser l'hélice pour la propulsion des navires (1832), mais c'est le constructeur Augustin Normand (1792-1871) qui concrétisa cette idée en substituant une hélice à trois pales à l'hélice à spirale entière qu'il préconisait.

SAUVE (30610), ch.-l. de c. du Gard ; 1 618 h.

SAUVE (La) [33670], comm. de la Gironde ; 1 155 h. Ruines d'une abbatiale romane.

SAUVETERRE, l'un des Grands Causses, entre le Tarn et le Lot.

SAUVETERRE-DE-BÉARN (64390), ch.-l. de c. des Pyrénées-Atlantiques ; 1 464 h. Église des XIIe et XIVe s.

SAUVETERRE-DE-GUYENNE (33540), ch.-l. de c. de la Gironde ; 1 717 h. Bastide de la fin du XIIIe s.

SAUVEUR (Joseph), mathématicien et physicien français (La Flèche 1653 - Paris 1716), créateur de l'acoustique musicale.

SAUVY (Alfred), démographe et économiste français (Villeneuve-de-la-Raho, Pyrénées-Orientales, 1898 - Paris 1990). Il a écrit d'importants ouvrages sur la population et sur la croissance économique.

SAUXILLANGES (63490), ch.-l. de c. du Puy-de-Dôme ; 1 120 h.

SAUZE (le) [04400 Enchastrayes], station de sports d'hiver (alt. 1 400-2 400 m) des Alpes-de-Haute-Provence.

SAUZÉ-VAUSSAIS (79190), ch.-l. de c. des Deux-Sèvres ; 1 772 h.

SAVAII, la plus vaste des îles Samoa ; 1 715 km².

SAVANNAH, v. des États-Unis (Géorgie), sur le fleuve du même nom, tributaire de l'Atlantique (505 km) ; 137 560 h.

SAVANNAKHET, v. du Laos, sur le Mékong ; 51 000 h.

SAVARD (Félix Antoine), prélat et écrivain canadien d'expression française (Québec 1895 - *id.* 1982). Ses romans peignent la vie des paysans *(Menaud, maître-draveur ; l'Abatis).*

SAVART (Félix), physicien français (Mézières 1791 - Paris 1841). Il étudia les cordes vibrantes et, avec Biot, les champs magnétiques créés par les courants.

SAVARY (Anne), *duc* **de Rovigo,** général français (Marcq, Ardennes, 1774 - Pau 1833). Il se distingua à Ostrołęka (1807) et fut ministre de la Police de 1810 à 1814.

SAVARY (Jérôme), metteur en scène de théâtre et acteur français (Buenos Aires 1942). Fondateur (1966) et animateur de la troupe du Grand Magic Circus, il est depuis 1988 directeur du Théâtre national de Chaillot.

SAVE (la), riv. d'Aquitaine, qui descend du plateau de Lannemezan et se jette dans la Garonne (r. g.) ; 150 km.

SAVE (la), riv. de la Slovénie, de la Croatie, de la Bosnie-Herzégovine et de la Yougoslavie, affl. du Danube (r. dr.) à Belgrade ; 945 km.

SAVENAY (44260), ch.-l. de c. de la Loire-Atlantique ; 5 353 h. Victoire de Kléber sur les vendéens (22 déc. 1793).

SAVERDUN (09700), ch.-l. de c. de l'Ariège ; 3 762 h.

SAVERNE (67700), ch.-l. d'arr. du Bas-Rhin, sur la Zorn, près de l'autoroute de l'Est ; 10 448 h. *(Savernois).* Constructions mécaniques. Équipements de sport. Somptueux palais Rohan (fin du XVIIIe s.). Maisons anciennes. — Le *col* ou « trouée » *de Saverne* (à 410 m d'alt.) relie la Lorraine et l'Alsace.

SAVIGNAC (Raymond), affichiste français (Paris 1907). L'humour graphique moderne est à la base de son œuvre.

SAVIGNY (Friedrich Karl **von**), juriste allemand (Francfort-sur-le-Main 1779 - Berlin 1861). Il fut chargé de la révision du droit prussien et créa l'école historique allemande. (*Traité de droit romain,* 1840-1849.)

SAVIGNY-LE-TEMPLE (77176), ch.-l. de c. de Seine-et-Marne ; 18 542 h.

SAVIGNY-SUR-BRAYE (41360), ch.-l. de c. de Loir-et-Cher ; 2 055 h.

SAVIGNY-SUR-ORGE (91600), ch.-l. de c. de l'Essonne ; 33 651 h.

SAVINES-LE-LAC (05160), ch.-l. de c. des Hautes-Alpes, sur le lac de Serre-Ponçon ; 823 h.

SAVOIE, région du sud-est de la France, à la frontière de l'Italie, anc. prov. des États sardes ; cap. *Chambéry.* (Hab. *Savoyards.*)

HISTOIRE

122-118 av. J.-C. : la conquête romaine, menée par le consul Domitius Ahenobarbus, intègre la future Savoie dans la province de Narbonnaise. 443 apr. J.-C. : les Burgondes vaincus par Aetius sont installés dans la région, dont la christianisation commence. 534 : l'annexion du royaume burgonde par les fils de Clovis intègre la Savoie dans le royaume mérovingien. IXe-Xe s. : alors que la région appartient successivement à Lothaire (843), au royaume de Bourgogne (IXe-Xe s.) puis au Saint Empire (1032), deux familles seigneuriales prennent de l'importance : celle des comtes de Genève, dans le nord ; celle des comtes humbertiens, dans le sud. XIIe-XVe s. : la seconde de ces familles accroît son emprise sur le pays et pratique une politique d'expansion, en particulier sous Pierre II (1263-1268). XVe-XVIe s. : au sein des États de la maison de Savoie, dont les chefs portent après 1416 le titre de duc, le Piémont acquiert la prédominance, tandis que la Savoie proprement dite, qui conserve sa langue, le français, et ses institutions, n'en constitue plus qu'une petite partie. XVIIe s. : la France mène une politique d'annexion en Savoie, obtenant la Bresse et le pays de Gex (1601) ainsi que, pour un temps, Pignerol (1631-1696). 1720 : le duc de Savoie devient roi de Sardaigne. 1792-1814 : la Savoie est annexée par la France. 1815-1860 : elle fait retour à l'État piémontais. 1860 : un plébiscite, entérinant le traité de Turin, rend définitivement la Savoie à la France, alors que la maison de Savoie commence son règne sur l'Italie unifiée. 1947 : le traité de Paris modifie très légèrement la frontière de la Savoie avec l'Italie, au profit de la France.

SAVOIE (73), dép. de la Région Rhône-Alpes, formé de la partie sud du duché de Savoie ; ch.-l. de dép. *Chambéry ;* ch.-l. d'arr. *Albertville, Saint-Jean-de-Maurienne ;* 3 arr., 37 cant., 305 comm. ; 6 028 km² ; 348 261 h. Le dép. est rattaché à l'académie de Grenoble, à la cour d'appel de Chambéry et à la région militaire Méditerranée. Le dép., montagneux, s'étend d'ouest en est sur : une partie des Préalpes du Nord (Bauges et Chartreuse), régions d'élevage et d'exploitation forestière ; le nord du Sillon alpin (Val d'Arly et Combe de Savoie), où apparaissent les cultures céréalières et fruitières, le tabac ; les massifs centraux (Beaufortin) et la zone intra-alpine (Vanoise), ouverte par les vallées de l'Isère supérieure (Tarentaise) et de l'Arc (Maurienne). L'importance de l'agriculture, dominée par l'élevage, a beaucoup reculé devant celle de l'industrie, représentée surtout (en dehors des branches alimentaires et du travail du bois) par l'électrométallurgie (aluminium) et l'électrochimie ; ces activités sont implantées en Tarentaise et principalement en Maurienne, à proximité des aménagements hydroélectriques (La Bâthie). Le tourisme, très actif, anime le pourtour du lac du Bourget (Aix-les-Bains) et surtout la haute montagne (stations de sports d'hiver de Tignes, Courchevel, Val-d'Isère, etc.).

SAVOIE (HAUTE-) [74], dép. de la Région Rhône-Alpes, formé de la partie nord du duché de Savoie ; ch.-l. de dép. *Annecy ;* ch.-l. d'arr. *Bonneville, Thonon-les-Bains, Saint-Julien-en-Genevois ;* 4 arr., 33 cant., 292 comm. ; 4 388 km² ;

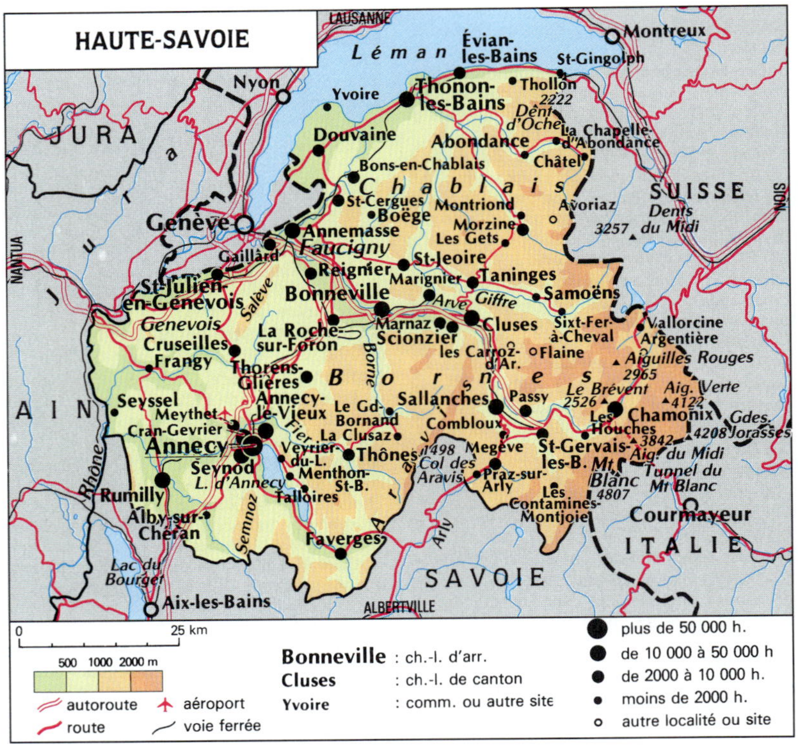

568 286 h. Le dép. est rattaché à l'académie de Grenoble, à la cour d'appel de Chambéry et à la région militaire Méditerranée. Le dép. s'étend à l'est sur une partie des massifs centraux alpins (massif du Mont-Blanc, portant le point culminant de la chaîne, 4 807 m). À l'ouest, il occupe l'extrémité des massifs préalpins du Nord (Chablais et Bornes), régions d'élevage, ouvertes par les vallées du Fier (cluse d'Annecy), de l'Arve et du Giffre (Faucigny), où apparaissent les cultures céréalières et les vergers. Aux branches traditionnelles de l'industrie (horlogerie, travail du bois, produits alimentaires) se sont ajoutées des activités modernes (roulements à billes, décolletage, électrométallurgie). Le tourisme tient une place importante, surtout sur les rives du Léman et du lac d'Annecy ainsi que dans l'intérieur de la chaîne alpestre (stations de sports d'hiver de Chamonix-Mont-Blanc, de Megève, etc.).

SAVOIE (*maison* **de**), famille qui posséda la Savoie à titre de comté (XIe s.), puis de duché (1416), gouverna le Piémont-Sardaigne et régna sur l'Italie de 1860 à 1946.

SAVONAROLE (Jérôme), en ital. **Girolamo Savonarola,** dominicain italien (Ferrare 1452 - Florence 1498). Prieur du couvent de Saint-Marc, à Florence (1491), prédicateur ardent dont les sermons combattaient l'art et toutes les vanités, il établit à Florence, d'où les Français de Charles VIII avaient chassé Pierre de Médicis, une nouvelle constitution, moitié théocratique, moitié démocratique (1494-1497). Excommunié par Alexandre VI, abandonné par le peuple lassé de ses excès, il fut pendu puis brûlé.

SAVONE, port d'Italie (Ligurie), ch.-l. de prov., sur le golfe de Gênes ; 67 137 h.

Savonnerie (la), manufacture parisienne de tapis, créée en 1604 avec privilège royal, transportée dans une anc. savonnerie de la colline de Chaillot en 1627, réunie aux Gobelins en 1826.

SAX (Antoine Joseph, dit **Adolphe**), facteur d'instruments de musique belge (Dinant 1814 - Paris 1894). Il améliora les instruments à vent et créa les *saxophones.*

SAXE, en all. **Sachsen,** Land d'Allemagne, s'étendant sur le versant nord-ouest de l'Erzgebirge et sur son avant-pays ; 18 300 km^2 ; 4 900 675 h. *(Saxons).* Cap. *Dresde.* Il est parsemé de centres urbains (Leipzig, Dresde, Chemnitz, Zwickau), où les industries se sont développées à partir des ressources du sous-sol, aujourd'hui partiellement épuisées.

HISTOIRE

IXe s. : la Saxe s'organise en duché. 843 : elle est intégrée au royaume de Germanie. 919 : le duc de Saxe, Henri l'Oiseleur, élu roi de Germanie, fonde la dynastie saxonne. 962-1024 : la dynastie saxonne règne sur le Saint Empire. 1142-1180 : Henri le Lion porte le duché à son maximum d'extension. 1180 : Frédéric Ier Barberousse brise sa puissance. 1260 : le duché est partagé entre les duchés de Saxe-Lauenburg (Basse-Saxe) et de Saxe-Wittenberg (Haute-Saxe). 1356 : le duc de Saxe-Wittenberg devient Électeur d'Empire. 1485 : à l'issue d'un nouveau partage naissent les branches ernestine (Thuringe, électorat de Wittenberg) et albertine (Misnie). 1547 : la dignité électorale passe à la branche albertine. 1697-1763 : les Électeurs de Saxe sont en même temps rois de Pologne (Auguste Ier et Auguste II). 1806 : Napoléon Ier fait Frédéric-Auguste roi de Saxe. 1815 : au congrès de Vienne, le royaume de Saxe est amputé au profit de la Prusse. 1871 : il est intégré à l'Empire allemand. 1918 : la république est proclamée. 1949-1990 : la Saxe est intégrée à la R. D. A. et divisée à partir de 1952 entre divers districts.

SAXE (BASSE-), en all. **Niedersachsen,** Land d'Allemagne, sur la mer du Nord ; 47 400 km^2 ; 7 283 795 h. Cap. *Hanovre.*

SAXE (Maurice, *comte* **de**) → ***Maurice de Saxe.***

SAXE-ANHALT, en all. **Sachsen-Anhalt,** Land d'Allemagne ; 20 600 km^2 ; 2 964 971 h. Cap. *Magdebourg.*

SAXE-COBOURG (Frédéric Josias, *prince* **de**), maréchal autrichien (Cobourg 1737 - *id.* 1815), vainqueur de Dumouriez à Neerwinden (1793), puis vaincu par Jourdan à Fleurus (1794).

SAXE-WEIMAR (Bernard, *duc* **de**), général allemand (Weimar 1604 - Neuenburg 1639). Pendant la guerre de Trente Ans, il succéda à Gustave-Adolphe à la tête de l'armée suédoise ; vaincu à Nördlingen (1634), il passa au service de la France et enleva Brisach (1638) aux impériaux.

SAXONS, peuple germanique qui habitait la Frise et les pays de l'embouchure de l'Elbe. Au Ve s., les Saxons entreprirent la colonisation du sud de l'île de Bretagne. En Germanie, ils s'étendirent jusqu'à la Saale. Charlemagne les soumit (772-804) et leur imposa le christianisme.

SAY (Jean-Baptiste), économiste français (Lyon 1767 - Paris 1832). Un des maîtres de la doctrine libre-échangiste, vulgarisateur d'Adam Smith, il publia un *Traité d'économie politique* (1803).

ṢAYDĀ ou **SAÏDA,** anc. **Sidon***, port du Liban, sur la Méditerranée ; 70 000 h. Ruines d'un château des croisés (XIIIe s.). — Elle fut prise par les Arabes (637) qui en firent un des ports de Damas.

SCAËR (29390), ch.-l. de c. du Finistère ; 5 587 h. Papeterie.

SCAEVOLA (Mucius) → ***Mucius Scaevola*** *(Caius).*

SCALA (Della) ou **SCALIGERI** → ***Della Scala.***

SCALIGER [-ʒɛr] (Jules César), en ital. **Giulio Cesare Scaligero,** philologue et médecin italien (Riva del Garda 1484 - Agen 1558), auteur d'une *Poétique* qui pose les principes du classicisme. — Son fils **Joseph Juste,** en ital. **Giuseppe Giusto** (Agen 1540 - Leyde 1609), humaniste et philosophe, se forma à Bordeaux et passa à la Réforme. Exilé après la Saint-Barthélemy, il se fixa à Leyde.

SCAMANDRE ou **XANTHE,** fl. de la Troade.

SCANDERBEG → ***Skanderbeg.***

SCANDINAVIE, région du nord de l'Europe qui englobe, au sens large : le Danemark, la Norvège, la Suède, la Finlande et l'Islande. Des conditions naturelles rudes, les fonctions maritimes, la présence de la forêt, une faible densité de population (surtout au nord), des régimes politiques libéraux sont les principaux traits communs de ces États.

SCANIE (la), extrémité méridionale et partie la plus fertile de la Suède. V. pr. *Malmö.*

Scapa Flow, base de la flotte britannique, aménagée en 1914 dans l'archipel des Orcades, au nord de l'Écosse ; la flotte allemande y fut rassemblée après la victoire alliée de 1918 et s'y saborda le 21 juin 1919.

Scapin, valet de la comédie italienne repris par Molière dans *les Fourberies de Scapin.*

Scaramouche, personnage de la comédie italienne, tout de noir vêtu, tenant du capitan et de l'arlequin, créé par l'acteur Tiberio Fiorilli (Naples v. 1600 - Paris 1694).

SCARBOROUGH, v. du Canada (Ontario), banlieue de Toronto ; 524 598 h.

SCARLATTI (Alessandro), compositeur italien (Palerme 1660 - Naples 1725), un des fondateurs de l'école napolitaine, maître de chapelle à la Cour, auteur d'opéras remarquables par leurs ouvertures et la qualité mélodique de leurs airs. Il laissa également beaucoup de cantates, oratorios et pièces pour clavecin. — Son fils **Domenico** (Naples 1685 - Madrid 1757), claveciniste réputé et compositeur, vécut à la cour de Lisbonne, puis à Madrid. Il écrivit, outre des opéras, quelque 600 « Essercizi » ou sonates pour son instrument, qui constituent son plus précieux message.

Alessandro **Scarlatti**
(Bibliothèque musicale, Bologne)

SCARPA (Antonio), chirurgien et anatomiste italien (Motta di Livenza, Vénétie, 1752 - Pavie 1832). Il a décrit de nombreuses structures anatomiques, surtout vasculaires et nerveuses, qui portent son nom.

SCARPE (la), riv. du nord de la France, partiellement canalisée, affl. de l'Escaut (r. g.), qui passe à Arras et à Douai ; 100 km.

SCARRON (Paul), écrivain français (Paris 1610 - *id.* 1660). Il lança la mode du burlesque *(le Virgile travesti),* puis donna des comédies imitées du théâtre espagnol *(Dom Japhet d'Arménie).* Mais il reste surtout l'auteur du *Roman** *comique.* Il épousa la petite-fille d'Agrippa d'Aubigné, future Mme de Maintenon.

SCEAUX (92330), ch.-l. de c. des Hauts-de-Seine ; 18 202 h. *(Scéens).* Ville surtout résidentielle. Institut universitaire de technologie. Colbert y construisit un château, où la duchesse du Maine tint une cour brillante au XVIIIe s. ; il fut remplacé en 1856 par un édifice qui abrite le musée de l'Île-de-France. Beau parc.

Scènes de la vie de bohème, récit de Henri Murger (1848), peinture de la vie des artistes et des grisettes.

SCÈVE (Maurice), poète français (Lyon 1501 - *id.* v. 1560), auteur d'une épopée *(Microcosme)* et de poésies amoureuses *(Délie).*

SCEY-SUR-SAÔNE-ET-SAINT-ALBIN (70360), ch.-l. de c. de la Haute-Saône ; 1 565 h.

SCHACHT (Hjalmar), financier et homme politique allemand (Tingleff, Schleswig, 1877 - Munich 1970). Président de la Reichsbank de 1924 à 1930, puis de 1933 à 1939, ministre de l'Économie du Reich (1934-1937). Incarcéré (1944-45), il fut acquitté au procès de Nuremberg (1946).

SCHAEFFER (Pierre), compositeur français (Nancy 1910 - Les Milles, comm. d'Aix-en-Provence, 1995). Il fonda le Groupe de recherches musicales de Radio France (en 1958) et à ce titre reste l'initiateur de la musique concrète *(Traité des objets musicaux).* Il anima ensuite le Service de la recherche, devenu en 1975 l'I. N. A. (Institut national de l'audiovisuel).

SCHAERBEEK, en néerl. **Schaarbeek,** comm. de Belgique, banlieue nord de Bruxelles ; 102 702 h.

SCHAFFHOUSE, en all. **Schaffhausen,** v. de Suisse, ch.-l. du cant. du même nom, en amont de l'endroit où le Rhin forme une chute ; 34 225 h. Cathédrale romane et autres témoins de la ville médiévale. Riche musée. — Le cant. couvre 298 km^2 et compte 72 160 h.

SCHARNHORST (Gerhard **von**), général prussien (Bordenau, Hanovre, 1755 - Prague 1813). Avec Gneisenau, il réorganisa l'armée prussienne de 1807 à 1813.

SCHATZMAN (Evry), astrophysicien français (Neuilly-sur-Seine 1920). Auteur d'importantes contributions à la théorie des étoiles, il a créé, en 1954, la première chaire d'astrophysique en France.

SCHEEL (Walter), homme politique allemand (Solingen 1919). Président du parti libéral (1968), vice-chancelier et ministre des Affaires étrangères (1969), il a été président de la République fédérale de 1974 à 1979.

SCHEELE (Carl Wilhelm), chimiste suédois (Stralsund 1742 - Köping 1786). Il découvrit l'oxygène en 1773, le chlore, la glycérine, l'acide cyanhydrique et isola divers acides organiques, dont l'acide lactique.

SCHÉHADÉ (Georges), écrivain libanais d'expression française (Alexandrie 1907 - Paris 1989). Poète, il a également créé un « théâtre de poésie » teinté d'humour (*Monsieur Bob'le,* 1951 ; *l'Émigré de Brisbane,* 1965).

Schéhérazade ou **Shéhérazade,** personnage des *Mille** *et Une Nuits.*

SCHEIDT (Samuel), compositeur allemand (Halle 1587 - *id.* 1654). On lui doit des œuvres de musique vocale et des pages pour orgue (*Tabulatura nova,* 1624).

SCHEIN (Johann Hermann), compositeur allemand (Grünhain, Saxe, 1586 - Leipzig 1630), auteur d'une importante œuvre vocale profane et religieuse.

SCHEINER (Christoph), jésuite et astronome allemand (Wald, Souabe, 1575 - Neisse, Silésie, 1650). Il fut l'un des premiers à observer les taches solaires à la lunette et étudia ainsi la rotation du Soleil. On lui doit l'invention du pantographe (1603).

SCHELER (Max), philosophe allemand (Munich 1874 - Francfort-sur-le-Main 1928). Il est l'auteur d'analyses phénoménologiques ainsi que d'une approche nouvelle de la sympathie, l'empathie (*Nature et formes de la sympathie,* 1923).

SCHELLING (Friedrich Wilhelm Joseph **von**), philosophe allemand (Leonberg, Wurtemberg, 1775 - Bad Ragaz, Suisse, 1854). Panthéiste, il inaugure, contre les philosophies du sujet (Kant, Fichte), les philosophies de l'absolu en ressaisissant le sens de l'art, des mythes et des rites (*Idées pour une philosophie de la nature,* 1797 ; *Philosophie de la mythologie,* 1842).

Schengen *(accords de),* accords signés en 1985 — et complétés en 1990 — à Schengen (Luxembourg) par cinq pays de la C.E. (Allemagne, Belgique, France, Luxembourg et Pays-Bas), auxquels se sont joints par la suite l'Italie, l'Espagne, le Portugal, la Grèce et l'Autriche, et visant à supprimer progressivement les contrôles aux frontières pour permettre la libre circulation des personnes à l'intérieur de l'espace communautaire ainsi défini *(espace Schengen).* Ces accords sont entrés en vigueur en 1995 dans sept des dix pays signataires (hors la Grèce, l'Italie et l'Autriche).

SCHERCHEN (Hermann), chef d'orchestre allemand (Berlin 1891 - Florence 1966), promoteur de la musique contemporaine.

SCHERPENHEUVEL-ZICHEM, en fr. **Montaigu-Zichem,** comm. de Belgique (Brabant flamand) ; 20 700 h.

SCHIAPARELLI (Giovanni), astronome italien (Savigliano 1835 - Milan 1910). Il est resté célèbre pour la découverte qu'il crut faire de canaux sur Mars (1877). Il a montré que les essaims de météorites sont formés de débris cométaires (1886).

SCHICKARD ou **SCHICKHARDT** (Wilhelm), savant allemand (Herrenberg 1592 - Tübingen 1635). Il inventa une machine à calculer (1623).

SCHIEDAM, v. des Pays-Bas (Hollande-Méridionale) ; 70 207 h.

SCHIELE (Egon), peintre et dessinateur autrichien (Tulln, près de Vienne, 1890 - Vienne 1918). Son graphisme d'une exceptionnelle tension, notamment dans l'érotisme et la morbidité, fait de lui un maître de l'expressionnisme.

SCHIFFLANGE, v. du Luxembourg méridional ; 6 859 h. Métallurgie.

SCHILDE, comm. de Belgique (prov. d'Anvers) ; 18 801 h.

SCHILLER (Friedrich **von**), écrivain allemand (Marbach 1759 - Weimar 1805), auteur de drames historiques (*les Brigands,* 1782 ; *la Conjuration de Fiesque,* 1783 ; *Don Carlos,* 1787 ; *Wallenstein,* 1798-99 ; *Marie Stuart,* 1800 ; *la Pucelle d'Orléans,* 1801 ; *la Fiancée de Messine,* 1803 ; *Guillaume Tell,* 1804), d'une *Histoire de la guerre de Trente Ans* (1791-1793) et de poésies lyriques (*l'Hymne à la joie,* 1785 ; *Ballades,* 1798). Les drames de Schiller apparaissent comme un compromis entre la tragédie classique et le drame shakespearien. Les écrivains romantiques français ont subi l'influence de ses théories dramatiques.

SCHILTIGHEIM (67300), ch.-l. de c. du Bas-Rhin, banlieue de Strasbourg ; 29 330 h. *(Schilikois).* Brasserie. Métallurgie.

SCHINER (Matthäus), prince évêque de Sion, cardinal (Mühlebach, Valais, v. 1465 - Rome 1522). Il engagea les Suisses aux côtés de l'empereur Maximilien et du pape Jules II, mais, après Marignan, il ne put empêcher ses compatriotes de conclure avec François Ier la paix perpétuelle de 1516.

Schiller
(F. Kugelpen - Francfort)

Victor **Schœlcher**
(par Carjat)

SCHINKEL (Karl Friedrich), architecte et peintre allemand (Neuruppin 1781 - Berlin 1841). Élève des architectes David et Friedrich Gilly, néoclassique (Corps de garde et Musée Ancien à Berlin), il évolua vers un éclectisme d'inspiration romantique.

SCHIPA (Raffaele Tito, dit **Tito**), ténor italien (Lecce 1889 - New York 1965). Il fit surtout carrière aux États-Unis, au Civic Opera de Chicago (1920-1932) et au Metropolitan Opera jusqu'en 1941.

Schiphol, aéroport d'Amsterdam.

SCHIRMECK (67130), ch.-l. de c. du Bas-Rhin, sur la Bruche ; 2 198 h. Textile. Industrie automobile. Camp de concentration allemand pendant la Seconde Guerre mondiale.

schisme d'Occident *(grand)* [1378-1417], conflit qui divisa l'Église et durant lequel il y eut plusieurs papes à la fois. À l'origine se situe une double élection, en 1378 : au choix d'Urbain VI s'opposent la plupart des cardinaux non italiens, qui élisent un Français, Clément VII. Celui-ci s'établit à Avignon. La chrétienté se divise. Diverses solutions de règlement ayant échoué, le schisme s'aggrave, en 1409, quand un troisième pape, Alexandre V, est élu à Pise. Jean XXIII lui succède en 1410. Finalement, le concile de Constance (1414-1418) dépose les trois papes et provoque un conclave qui aboutit à l'élection d'un pape unique, Martin V (1417).

schisme d'Orient, conflit qui aboutit à la séparation entre l'Église orientale et l'Église romaine. Une première rupture eut lieu de 863 à 867 sous le patriarche Photios. La scission définitive intervint en 1054, quand le patriarche Keroularios excommunia le pape Léon IX après avoir été excommunié par lui. Ces mesures ont été levées de part et d'autre en 1965, mais l'union n'a pas été rétablie.

SCHLEGEL (August Wilhelm **von**), écrivain allemand (Hanovre 1767 - Bonn 1845), membre du premier groupe romantique allemand et auteur d'un *Cours de littérature dramatique,* où il condamne la tragédie classique. — Son frère **Friedrich** (Hanovre 1772 - Dresde 1829), écrivain et orientaliste, fonda, avec lui, la revue *Athenäum* (1798).

SCHLEICHER (August), linguiste allemand (Meiningen 1821 - Iéna 1868). Spécialiste de grammaire comparée, il a tenté de reconstruire l'indo-européen primitif. Il est l'auteur d'un *Abrégé de grammaire comparée des langues indo-germaniques* (1861).

SCHLEIERMACHER (Friedrich), théologien protestant allemand (Breslau 1768 - Berlin 1834). Sa théologie de l'expérience religieuse, fondée sur le sentiment et l'intuition, rencontra de vives résistances ; mais elle influença les courants théologiques modernes, tant catholiques que protestants.

SCHLESWIG-HOLSTEIN, Land d'Allemagne, dans la plaine du Nord et la partie méridionale du Jylland ; 15 720 km² ; 2 594 606 h. Cap. *Kiel.* Le duché de Schleswig (ou Slesvig) devint propriété personnelle du roi de Danemark, en 1460, ainsi que le comté de Holstein (duché en 1474). En 1815, le congrès de Vienne donna les duchés de Holstein et de Lauenburg au roi de Danemark, à titre personnel, en compensation de la perte de la Norvège. Ils furent dans le même temps intégrés dans la Confédération germanique. Les tentatives faites à partir de 1843-1845 par le Danemark pour annexer les duchés aboutirent à la guerre des Duchés (1864), puis à la guerre austro-prussienne (1866). La Prusse, victorieuse, annexa les duchés. En 1920, le nord du Schleswig fut rendu au Danemark après plébiscite.

SCHLICK (Moritz), logicien allemand (Berlin 1882 - Vienne 1936). Néopositiviste, il est l'un des représentants les plus marquants du *cercle de Vienne**.

SCHLIEFFEN (Alfred, *comte* **von**), maréchal allemand (Berlin 1833 - *id.* 1913). Chef de l'état-major de 1891 à 1906, il donna son nom au plan de campagne appliqué par l'Allemagne en 1914.

SCHLIEMANN (Heinrich), archéologue allemand (Neubukow 1822 - Naples 1890). Il découvrit les ruines de Troie et de Mycènes.

SCHLŒSING (Jean-Jacques Théophile), chimiste et agronome français (Marseille 1824 - Paris 1919). Il a élucidé la fixation de l'azote du sol par les végétaux.

SCHLÖNDORFF (Volker), cinéaste allemand (Wiesbaden 1939). Révélé par *les Désarrois de l'élève Törless* (1966), qui affirmait le renouveau du cinéma allemand, il a réalisé également *l'Honneur perdu de Katharina Blum* (1975), *le Tambour* (1979), *Un amour de Swann* (1984), *Mort d'un commis voyageur* (1985), *The Voyager* (1991).

SCHLUCHT [ʃlurt] *(col de la),* col des Vosges (1 139 m). Sports d'hiver.

SCHLÜTER (Poul), homme politique danois (Tønder 1929). Président du parti conservateur (1974-1993), il a été Premier ministre de 1982 à 1993.

SCHMIDT (Bernhard), opticien allemand (Naissaar, Estonie, 1879 - Hambourg 1935), inventeur d'un télescope photographique à grand champ (1930).

SCHMIDT (Helmut), homme politique allemand (Hambourg 1918). Social-démocrate, ministre de la Défense (1969-1972) et des Finances (1972-1974), il fut chancelier de la République fédérale de 1974 à 1982.

SCHMITT (Florent), compositeur français (Blâmont, Meurthe-et-Moselle, 1870 - Neuilly-sur-Seine 1958), auteur du *Psaume XLVII* (1904), d'un *Quintette* (1908) avec piano, de *la Tragédie de Salomé* (1907), d'un grand lyrisme.

SCHNABEL (Artur), pianiste autrichien naturalisé américain (Lipnik 1882 - Morschach, Suisse, 1951), interprète privilégié de Beethoven.

SCHNEBEL (Dieter), compositeur et théoricien allemand (Lahr 1930). Il impose des moyens de composition très personnels (participation collective, matériaux optiques, libération de la voix) : *Glossolalie,* 1961 ; *Mo-No,* 1969 ; *Maulwerke,* 1974).

SCHNEIDER *(famille),* dynastie d'industriels français, qui dirigea, à partir de 1836, les usines métallurgiques du Creusot. Son fondateur fut **Eugène,** industriel et homme politique (Bidestroff 1805 - Paris 1875), ministre du Commerce et de l'Agriculture en 1851, président du Corps législatif de 1867 à 1870. Il dirigea les usines du Creusot avec son frère **Adolphe** (Nancy 1802 - Le Creusot 1845).

SCHNEIDER (Hortense), actrice et chanteuse française (Bordeaux 1833 - Paris 1920). Pleine d'entrain et d'esprit, elle fut l'interprète préférée d'Offenbach.

SCHNEIDER (Rosemarie **Albach-Retty,** dite **Romy**), actrice autrichienne (Vienne 1938 - Paris 1982). Révélée au cinéma par la série des *Sissi* (1955-1958), elle s'imposa ensuite comme une grande comédienne et une vedette internationale (*le Procès,* d'O. Welles, 1962 ; *les Choses de la vie,* de C. Sautet, 1970).

SCHNITZLER (Arthur), écrivain autrichien (Vienne 1862 - *id.* 1931). Son théâtre *(Amourette, la Ronde)* et ses romans *(Mademoiselle Else)* évoquent la Vienne d'autrefois.

SCHOBERT (Johann), compositeur allemand (Silésie v. 1735 - Paris 1767), auteur de sonates et concertos pour clavier. Il influença le jeune Mozart.

SCHŒLCHER (97233), comm. de la Martinique ; 19 874 h.

SCHŒLCHER (Victor), homme politique français (Paris 1804 - Houilles 1893). Député de la Martinique et de la Guadeloupe, sous-secrétaire d'État à la Marine (mars-mai 1848), il prépara le décret d'abolition de l'esclavage dans les colonies (27 avr. 1848). Député montagnard (1849), il s'opposa au coup d'État du 2 déc. 1851 et fut proscrit.

SCHÖFFER (Nicolas), plasticien et théoricien français d'origine hongroise (Kalocsa 1912 - Paris 1992), tenant de l'art cinétique et « luminodynamique ».

SCHÖFFER (Peter), imprimeur allemand (Gernsheim, Hesse-Darmstadt, v. 1425 - Mayence 1502 ou 1503). Associé de Fust et de Gutenberg, il perfectionna avec eux l'imprimerie.

Schola cantorum, école de musique fondée à Paris, en 1894, par Ch. Bordes en collaboration avec A. Guilmant et V. d'Indy. D'abord spécialisée dans l'étude du chant liturgique et de la musique religieuse, elle devint une école supérieure d'enseignement musical.

SCHOLASTIQUE *(sainte),* sœur de saint Benoît (Nursie v. 480 - Piumarola, près du mont Cassin, v. 543 ou 547). Elle fonda un monastère de femmes près du monastère du Mont-Cassin. Son corps aurait été donné à la ville du Mans.

SCHOLEM (Gershom), philosophe israélien (Berlin 1897 - Jérusalem 1982), auteur de nombreuses recherches sur la kabbale (*le Livre Bahir,* 1923).

SCHOMBERG ou **SCHONBERG** (Frédéric Armand, *duc* **de**), maréchal de France d'origine allemande (Heidelberg 1615 - près de la Boyne 1690). Il servit le prince d'Orange, puis la France (1635) contre le Portugal, l'Espagne et les Pays-Bas. Protestant, il s'exila à la révocation de l'édit de Nantes et fut tué en servant Guillaume III d'Orange contre Jacques II.

SCHÖNBERG (Arnold), compositeur autrichien (Vienne 1874 - Los Angeles 1951), théoricien de l'atonalité, fondée sur le dodécaphonisme sériel. Il est l'auteur des *Gurrelieder* (1900-1911), du *Pierrot lunaire* (1912), de musique de chambre (quatuors à cordes), d'opéras (*Erwartung,* 1909 ; *Moïse et Aaron,* inachevé). Il influença profondément la musique du XXᵉ s.

Schönbrunn, château du XVIIIᵉ s. dans un faubourg de Vienne, anc. résidence d'été des Habsbourg. Appartements décorés ; jardins.

SCHONGAUER (Martin), graveur et peintre alsacien (Colmar v. 1450 - Brisach 1491). Il est l'auteur de célèbres burins *(la Mort de la Vierge, la Tentation de saint Antoine),* que Dürer admira.

Schongauer : *Jeune Homme respirant une fleur.* Gravure (burin). [Louvre, Paris.]

SCHOPENHAUER (Arthur), philosophe allemand (Dantzig 1788 - Francfort-sur-le-Main 1860). Il distingue un vouloir-vivre commun à tous les vivants et qui est source de souffrance. Il considère l'œuvre d'art comme la suspension de cette souffrance. Son esthétique a marqué Nietzsche et le XXᵉ s. (*le Monde comme volonté et comme représentation,* 1818).

SCHOTEN, comm. de Belgique (Anvers) ; 31 094 h.

SCHRIBAUX (Émile), agronome et botaniste français (Richebourg, Haute-Marne, 1857 - Paris 1951). Auteur de travaux sur le contrôle et l'essai des graines, il fut à l'origine de la création de plusieurs variétés de blé et d'avoine.

SCHRÖDINGER (Erwin), physicien autrichien (Vienne 1887 - *id.* 1961). Dans quatre mémoires publiés en 1926, il a donné une formalisation nouvelle de la théorie quantique, introduisant en particulier l'équation fondamentale qui porte son nom et qui est à la base de tous les calculs de la spectroscopie. (Prix Nobel 1933.)

SCHUBERT (Franz), compositeur autrichien (Lichtental, auj. dans Vienne, 1797 - Vienne 1828). Il doit sa célébrité à plus de 600 lieder, dont l'inspiration spontanée et profonde est proche de la veine populaire (*le Roi des aulnes,* 1815 ; *la Truite,* 1817 ; *la Jeune Fille et la Mort,* id. ; *la Belle Meunière,* 1823 ; le *Voyage d'hiver,* 1827). Il est aussi l'auteur de dix symphonies (dont l'*« Inachevée »*), de pages pour piano et de musique de chambre (quatuors, quintettes).

SCHUMAN (Robert), homme politique français (Luxembourg 1886 - Scy-Chazelles, Moselle, 1963). Député démocrate-populaire (1919-1940), puis M. R. P. (1945-1962), ministre des Finances (1946), président du Conseil (1947-48), ministre des Affaires étrangères (1948-1953), il fut l'auteur du plan de la Communauté européenne du charbon et de l'acier (1951) et l'initiateur de la réconciliation franco-allemande. Ministre de la Justice (1955-56), il fut président du Parlement européen (1958-1960).

SCHUMANN (Robert), compositeur allemand (Zwickau 1810 - Endenich, près de Bonn, 1856). Il étudia le droit puis se consacra à la composition. Il écrivit tout d'abord des pièces pour piano (de 1829 à 1840) de caractère spontané, poétique et lyrique : *Carnaval* (1835), *Études symphoniques, Scènes d'enfants, Kreisleriana* (1838), *Novelettes* (1838). Puis il se consacra au lied, au moment de son mariage avec Clara Wieck, période la plus sereine de son existence : *l'Amour et la vie d'une femme.* À partir de 1841, il élargit son horizon, écrivant de la musique pour orchestre et de la musique de chambre (concertos pour piano, pour violon).

SCHUMPETER (Joseph), économiste autrichien (Třešť', Moravie, 1883 - Salisbury, Connecticut, 1950). Il a donné de très importantes contributions sur l'entrepreneur, l'innovation et la croissance.

SCHUSCHNIGG (Kurt **von**), homme politique autrichien (Riva, lac de Garde, 1897 - Muters 1977). Chancelier d'Autriche en 1934, il lutta contre l'Anschluss (1938) et fut emprisonné de 1938 à 1945.

SCHÜTZ (Heinrich), compositeur allemand (Köstritz 1585 - Dresde 1672), maître de chapelle de l'Électeur de Saxe à Dresde. Il a composé de nombreuses œuvres religieuses *(Psaumes de David,* 1619 ; *la Résurrection,* 1623 ; *Musikalische Exequien,* 1636 ; *les Sept Paroles du Christ,* v. 1645 ; trois *Passions)* en lesquelles fusionnent le style polyphonique du motet protestant et le langage nouveau de Monteverdi.

SCHWÄBISCH GMÜND, v. d'Allemagne (Bade-Wurtemberg) ; 58 892 h. Église-halle Ste-Croix (XIVᵉ s.), prototype du gothique allemand tardif, par Heinrich Parler.

SCHWANN (Theodor), biologiste allemand (Neuss am Rhein 1810 - Cologne 1882). Il est l'auteur de la théorie cellulaire (1839).

SCHWARTZ (Laurent), mathématicien français (Paris 1915). Ses travaux d'analyse fonctionnelle lui ont valu la médaille Fields (1950). Il est le fondateur de la théorie des distributions.

SCHWARZ (Berthold), moine allemand (Fribourg-en-Brisgau v. 1310 - Venise 1384). On lui a attribué, à tort, l'invention de la poudre à canon, mais il fondit les premiers canons de bronze des Vénitiens.

SCHWARZENBERG (Karl Philipp, *prince* **zu**), général et diplomate autrichien (Vienne 1771 - *id.* 1820). Il commanda les armées alliées qui vainquirent Napoléon à Leipzig (1813) et envahirent la France (1814). — Son neveu **Felix** (Krumau 1800 - Vienne 1852), chancelier d'Autriche (1848-1852), restaura l'autorité des Habsbourg et s'opposa à l'hégémonie de la Prusse en Allemagne (Olmütz, 1850).

SCHWARZKOPF (Elisabeth), cantatrice allemande naturalisée britannique (Jarotschin 1915). Elle chanta surtout Mozart et R. Strauss.

SCHWARZKOPF (Norman), général américain (Trenton, New Jersey, 1932), commandant de la force multinationale coalisée contre l'Iraq durant la guerre du Golfe* (1990-91).

Schwechat, aéroport de Vienne (Autriche).

SCHWEDT, v. d'Allemagne (Brandebourg), sur l'Oder ; 52 569 h. Raffinerie de pétrole. Pétrochimie.

SCHWEINFURT, v. d'Allemagne (Bavière), sur le Main ; 53 636 h. Centre industriel.

SCHWEINFURTH (Georg), voyageur allemand (Riga 1836 - Berlin 1925). Il explora les pays du Nil, l'Érythrée, l'Arabie du Sud et fonda l'Institut égyptien du Caire.

SCHWEITZER (Albert), médecin, théologien protestant et musicologue français (Kaysersberg 1875 - Lambaréné 1965). Il fonda l'hôpital de Lambaréné, au Gabon. (Prix Nobel de la paix 1952.)

SCHWERIN, v. d'Allemagne, cap. du Land de Mecklembourg-Poméranie-Occidentale ; 129 492 h. Centre industriel. Cathédrale gothique. Musée.

SCHWITTERS (Kurt), peintre, sculpteur et écrivain allemand (Hanovre 1887 - Ambleside, Grande-Bretagne, 1948). Sa contribution à dada et au constructivisme réside dans ses collages, assemblages et constructions « Merz », faits de déchets divers et dont il transposa le principe dans la poésie phonétique.

SCHWYZ, v. de Suisse, ch.-l. du *cant. de Schwyz* (908 km² ; 111 964 h.) ; 12 872 h. (Le nom de la « Suisse » *[Schweiz]* dérive de celui du canton.) Monuments anciens.

SCIASCIA (Leonardo), écrivain italien (Racalmuto 1921 - Palerme 1989). Son œuvre compose, dans les registres historique (*les Oncles de Sicile,* 1958 ; *le Cliquet de la folie,* 1970), romanesque (*Todo Modo,* 1974) ou dramatique (*l'Évêque, le Vice-Roi et les Pois chiches,* 1970), une analyse satirique des oppressions sociales et politiques à travers l'exemple de l'histoire de la Sicile.

Science chrétienne, en angl. **Christian Science,** Église fondée en 1879, à Boston, par Mary Baker-Eddy (1821-1910) et qui s'attache à guérir les maladies par des moyens spirituels. Depuis Boston, la Science chrétienne s'est répandue rapidement dans le monde.

SCILLY, en fr. **Sorlingues** *(îles),* îles anglaises, au sud-ouest de la Grande-Bretagne.

SCIONZIER (74300), ch.-l. de c. de la Haute-Savoie ; 5 966 h.

SCIPION, en lat. **Scipio,** famille de la Rome antique, de la *gens Cornelia.* Ses deux membres les plus illustres sont : **Scipion l'Africain** (235 - Liternum 183 av. J.-C.). Il mit un terme à la domination de Carthage en Espagne (prise de Carthagène, 209). Consul en 205, il débarqua en Afrique et, par sa victoire de Zama (202) sur Hannibal, mit fin à la deuxième guerre punique. — **Scipion Émilien** (185 ou 184 - Rome 129 av. J.-C.), fils de Paul Émile et petit-fils adoptif du précédent. Consul en 147, il acheva la troisième guerre punique par la destruction de Carthage (146). En 133, il fut le destructeur de Numance. Aristocrate, il s'opposa aux lois agraires des Gracques. Grand lettré, adepte du stoïcisme et de la culture grecque, il entretint un cercle brillant, où figurèrent Polybe et Térence.

SCOLA (Ettore), cinéaste italien (Trevico, Campanie, 1931). Il concilie la comédie et la critique sociale (*Drame de la jalousie,* 1970 ; *Nous nous sommes tant aimés,* 1974 ; *Une journée particulière,* 1977 ; *la Famille,* 1987 ; *Splendor,* 1989 ; *le Voyage du Capitaine Fracasse,* 1990).

SCOPAS, sculpteur grec, né à Paros, actif au IVᵉ s. av. J.-C. Le rythme et l'intensité d'expression de ses œuvres (*Ménade,* Dresde) sont l'une

Arnold **Schönberg** (par P. Gartmann)

Franz **Schubert** (par W.A. Rieder)

Robert **Schumann** (par G.A. Mossa)

Scipion l'Africain (Musée national, Naples)

des sources d'inspiration de la plastique hellénistique.

SCORPION (le), constellation zodiacale, située entre la Balance et le Sagittaire. — Huitième signe du zodiaque, que le Soleil traverse du 23 octobre au 22 novembre.

SCORSESE (Martin), cinéaste américain (New York 1942). Il situe la plupart de ses actions dans l'Amérique urbaine et nocturne des marginaux (*Taxi Driver,* 1976 ; *New York New York,* 1977 ; *la Couleur de l'argent,* 1986 ; *les Affranchis,* 1990 ; *les Nerfs à vif,* 1992). La sortie en 1988 de *la Dernière Tentation du Christ* suscita de nombreuses polémiques.

SCOT (John Duns) → ***Duns Scot.***

SCOT ÉRIGÈNE (Jean), théologien irlandais (en Irlande v. 810 - v. 877). Son œuvre, néoplatonicienne, est à l'origine d'un courant qui détache la philosophie de la théologie, notamment par sa réflexion sur les rapports de Dieu et de la nature.

SCOTLAND, nom angl. de l'**Écosse.**

Scotland Yard, siège de la police londonienne le long de la Tamise, près de Westminster Bridge. L'organisation de cette police en 1829 est due au ministre R. Peel.

SCOTS, nom générique des pirates et des aventuriers irlandais du haut Moyen Âge, et plus particulièrement des colons irlandais établis en Écosse au VIe s. et qui donnèrent leur nom au pays *(Scotland).*

SCOTT (Robert Falcon), explorateur britannique (Devonport 1868 - dans l'Antarctique 1912). Il dirigea deux expéditions dans l'Antarctique (1901-1904 et 1910-1912) et périt au retour d'un raid au cours duquel il avait, peu après Amundsen, atteint le pôle Sud.

SCOTT (*sir* Walter), écrivain britannique (Édimbourg 1771 - Abbotsford 1832). Avocat, puis poète passionné de légendes écossaises *(le Lai du dernier ménestrel, la Dame du lac),* il devint célèbre dès la parution de *Waverley* (1814) pour ses romans historiques, qui exercèrent une profonde influence sur les écrivains romantiques *(la Fiancée de Lammermoor, Ivanhoé, Quentin Durward, la Jolie Fille de Perth).*

SCRANTON, v. des États-Unis (Pennsylvanie) ; 81 805 h. Centre industriel.

SCRIABINE ou **SKRIABINE** (Aleksandr Nikolaïevitch), pianiste et compositeur russe (Moscou 1872 - *id.* 1915). Ses œuvres pour piano et pour orchestre, chargées d'un message mystique, dénotent d'intéressantes recherches d'ordre harmonique. (*Prométhée* ou le *Poème du feu,* 1908-1910.)

SCRIBE (Eugène), auteur dramatique français (Paris 1791 - *id.* 1861). Ses comédies, ses vaudevilles *(Bertrand et Raton, le Verre d'eau)* et ses livrets d'opéras *(la Juive, les Huguenots, l'Étoile du Nord)* s'inspirent des conflits sociaux et moraux de la bourgeoisie de son temps. (Acad. fr.)

Scribe accroupi (le), statue égyptienne en calcaire peint (musée du Louvre), représentant un haut fonctionnaire de la Ve dynastie de l'Ancien Empire.

SCUDÉRY (Georges **de**), écrivain français (Le Havre 1601 - Paris 1667). Auteur de pièces de théâtre, adversaire de Corneille, il publia sous son nom des romans dont la plupart sont dus à sa sœur. (Acad. fr.) — **Madeleine,** sœur du précédent (Le Havre 1607 - Paris 1701), fut une des figures les plus caractéristiques de la société précieuse ; elle est l'auteur des romans *Artamène ou le Grand Cyrus* (1649-1653) et *Clélie**.

Walter **Scott** (National Portrait Gallery, Londres)

Madeleine de **Scudéry** (Bibl. M. Durand, Paris)

SCUTARI, en turc **Üsküdar,** faubourg asiatique d'Istanbul, sur le Bosphore.

SCYLAX DE CARYANDA, navigateur et géographe grec (fin du VIe s. - début du Ve s. av. J.-C.). Sur l'ordre de Darios Ier, il explora la vallée de l'Indus et le golfe Arabique.

SCYLLA, écueil du détroit de Messine, en face de Charybde*.

SCYTHES, peuple de langue iranienne établi entre le Danube et le Don à partir du XIIe s. av. J.-C. Cavaliers et guerriers redoutables, les Scythes disparurent au IIe s. av. J.-C.

SCYTHIE, pour les anciens Grecs, région de la Russie méridionale, habitée par les Scythes.

S. D. E. C. E. → ***D. G. S. E.***

S. D. N. ou **Société des Nations,** organisme créé en 1919 par le traité de Versailles (entré en vigueur en 1920) pour développer la coopération entre les nations et garantir la paix et la sécurité. Elle a été remplacée en 1946 par l'O. N. U., créée l'année précédente. Son siège était à Genève.

SEABORG (Glenn), chimiste américain (Ishpeming, Michigan, 1912). Il a découvert le plutonium et divers éléments transuraniens. (Prix Nobel 1951.)

SEARLE (John Rogers), philosophe américain (Denver, Colorado, 1932). Il est l'auteur d'une théorie qui met en lumière les intentions du discours (*les Actes du langage,* 1969).

SEATTLE, port des États-Unis (État de Washington) ; 516 259 h. (1 972 961 h. dans l'agglomération). Constructions navales et aéronautiques. Musées.

SEBASTIANI DE LA PORTA (Horace, *comte*), maréchal de France (La Porta, Corse, 1772 - Paris 1851), ministre de la Marine puis des Affaires étrangères (1830-1832) de Louis-Philippe.

SEBASTIANO DEL PIOMBO (Sebastiano **Luciano,** dit), peintre italien (Venise ? v. 1485 - Rome 1547). Installé à Rome (1511), ce disciple de Giorgione et ami de Michel-Ange se signale par la puissance monumentale de son style (portraits, tableaux religieux).

SÉBASTIEN *(saint),* martyr romain (IIIe s.). Officier dénoncé comme chrétien, il fut percé de flèches. On le représente souvent jeune et nu, lié à un arbre ou une colonne. Patron des archers.

SÉBASTIEN (Lisbonne 1554 - Alcaçar-Quivir 1578), roi de Portugal (1557-1578). Il chercha à se constituer un grand domaine maghrébin et fut tué en combattant les Maures.

SÉBASTOPOL, port d'Ukraine, en Crimée ; 341 000 h. Constructions navales. Après un long siège, la ville fut prise par les Franco-Britanniques en 1855. Elle le fut de nouveau par les Allemands en 1942.

SEBHA, oasis de Libye, dans le Fezzan ; 36 000 h.

SÉBILLET (Thomas), poète français (Paris v. 1512 - *id.* 1589), auteur d'un *Art poétique français.*

SEBOU *(oued),* fl. du Maroc, né dans le Moyen Atlas, qui rejoint l'Atlantique ; 458 km.

SECCHI (Angelo), jésuite et astronome italien (Reggio Emilia 1818 - Rome 1878). Pionnier de la spectroscopie stellaire, il eut le premier l'idée de classer les étoiles d'après l'aspect de leur spectre (1868).

Sécession *(guerre de)* [1861-1865], guerre civile qui, à propos de la suppression de l'esclavage des Noirs aux États-Unis, opposa les États esclavagistes du Sud — qui formèrent à Richmond une Confédération — aux États abolitionnistes du Nord, dits *fédéraux.* Ceux-ci triomphèrent après une longue lutte qui fit plus de 600 000 morts.

SECLIN (59113), ch.-l. de c. du Nord ; 12 325 h. Textile. Équipements industriels. Église du XIIIe s. ; hôpital en style Renaissance du XVIIe s.

SECOND (Jan **Everaerts,** dit **Jean**), humaniste flamand (La Haye 1511 - Tournai 1536), auteur des *Baisers,* petits poèmes érotiques en latin, souvent imités au XVIe s.

SECONDIGNY [-gɔ̃-] (79130), ch.-l. de c. des Deux-Sèvres ; 1 952 h. Église des XIe et XIIe s.

Secours catholique, organisation caritative française, créée en 1946, qui a pour but de lutter contre la pauvreté et d'organiser des secours d'urgence en cas de catastrophe.

Secours populaire français (S. P. F.), association de solidarité créée en 1945 (issue du Secours populaire de France et des colonies fondé en 1936). Son action humanitaire s'exerce en France et dans le monde.

SECRÉTAN (Charles), philosophe suisse (Lausanne 1815 - *id.* 1895). Il a tenté un rapprochement entre le christianisme et la pensée rationaliste (*la Philosophie de la liberté,* 1848-49).

Section française de l'Internationale ouvrière → ***S. F. I. O.***

SEDAINE (Michel Jean), auteur dramatique français (Paris 1719 - *id.* 1797), le meilleur représentant de la « comédie sérieuse » (*le Philosophe sans le savoir,* 1765). [Acad. fr.]

SEDAN (08200), ch.-l. d'arr. des Ardennes, sur la Meuse ; 22 407 h. *(Sedanais).* Textile. Métallurgie. Brasserie. Point principal de la percée allemande vers l'ouest le 13 mai 1940. Vaste forteresse des XVe-XVIIe s.

Sedan *(bataille de)* [1er sept. 1870], défaite et capitulation de Napoléon III qui entraînèrent la proclamation de la république à Paris.

SÉDÉCIAS, dernier souverain du royaume de Juda (597 - Babylone 587 av. J.-C.). Après la destruction de Jérusalem (587) par Nabuchodonosor, il fut déporté à Babylone.

SÉE (Camille), homme politique français (Colmar 1847 - Paris 1919). Il fut l'initiateur de la loi instituant les lycées pour les jeunes filles (1880) et le créateur de l'École normale supérieure de Sèvres (1881).

SEEBECK (Thomas Johann), physicien allemand (Reval, auj. Tallinn, 1770 - Berlin 1831). Il découvrit la thermoélectricité en 1821 et inventa un polariscope.

SEECKT (Hans **von**), général allemand (Schleswig 1866 - Berlin 1936). Chef de la Reichswehr de 1920 à 1926, il reconstitua l'armée allemande.

SÉES (61500), ch.-l. de c. de l'Orne ; 4 959 h. *(Sagiens).* Évêché. Belle cathédrale des XIIIe-XIVe s. et autres monuments. Musées.

SEFÉRIS (Gheórghios **Seferiádhis,** dit **Georges**), diplomate et poète grec (Smyrne 1900 - Athènes 1971). Il unit les mythes antiques aux problèmes du monde moderne (*Strophe,* 1931 ; *Journal de bord,* 1940-1955). [Prix Nobel 1963.]

SÉFÉVIDES, dynastie qui régna sur l'Iran de 1501 à 1736. Fondée par Ismā'īl Ier, chef de la confrérie ṣafawī (en persan ṣafavi), elle imposa le chiisme duodécimain à l'Iran, qu'elle parvint à protéger des Ottomans à l'ouest et des Ouzbeks à l'est.

SÉGALA (le), plateaux du sud-ouest du Massif central, autref. très pauvres (« pays du seigle »).

SEGALEN (Victor), écrivain français (Brest 1878 - Huelgoat 1919). Il découvrit en Chine les monuments funéraires des Han et le mysticisme oriental, qui inspira ses poèmes (*Stèles,* 1912) et ses romans *(les Immémoriaux).*

SEGANTINI (Giovanni), peintre italien (Arco, prov. de Trente, 1858 - Schafberg, Engadine, 1899). Il est passé d'un naturalisme paysan au néo-impressionnisme et au symbolisme.

SÉGESTE, anc. v. de la Sicile occidentale. Alliée d'Athènes, puis de Carthage, elle fut détruite par Agathocle, tyran de Syracuse, en 307 av. J.-C. Elle fut l'alliée des Romains pendant les guerres puniques. Temple dorique inachevé (fin du Ve s. av. J.-C.) dans un site remarquable. Théâtre hellénistique.

SEGHERS (Netty **Radványi,** dite **Anna**), femme de lettres allemande (Mayence 1900 - Berlin-Est 1983). Adversaire du nazisme, elle s'établit après la guerre en R. D. A., où elle fut une des figures littéraires les plus importantes *(la Septième Croix).*

SEGHERS (Hercules), peintre et graveur néerlandais (Haarlem 1589/90 - Amsterdam v. 1638). L'un des grands paysagistes de son temps, il a, comme aquafortiste, mêlé les procédés jusqu'à obtenir des épreuves d'un caractère visionnaire et dramatique.

SEGONZAC (16130), ch.-l. de c. de la Charente ; 2 186 h. Eaux-de-vie. Église des XIIe et XIVe s.

SÉGOU, v. du Mali, sur le Niger ; 65 000 h. Port fluvial et centre commercial.

SEGOVIA (Andrés), guitariste espagnol (Linares, Andalousie, 1893 - Madrid 1987). Il a rénové la technique de la guitare.

SÉGOVIE, en esp. **Segovia,** v. d'Espagne, ch.-l. de prov., en Castille-León ; 54 375 h. Aqueduc romain. Alcazar très restauré. Églises romanes (XIIe-XIIIe s.) ; cathédrale du XVIe s.

SEGRAIS (Jean **Regnault de**), écrivain français (Caen 1624 - *id.* 1701), poète pastoral et secrétaire de Mme de La Fayette. (Acad. fr.)

SÈGRE (la ou le), riv. d'Espagne (Catalogne), affl. de l'Èbre (r. g.) ; 265 km.

SEGRÉ (49500), ch.-l. d'arr. de Maine-et-Loire, dans le *Segréen ;* 7 078 h. *(Segréens).* Mine de fer.

SEGRÈ (Emilio), physicien américain d'origine italienne (Tivoli 1905 - Lafayette, Californie, 1989). Il a découvert le technétium, premier élément artificiel, l'astate, et a réalisé, à Berkeley, la production de l'antiproton. (Prix Nobel 1959.)

SÉGUIER *(famille),* dynastie de parlementaires français, originaire du Bourbonnais. Ses membres les plus connus sont : **Antoine** (Paris 1552 - *id.* 1624), président à mortier au parlement de Paris ; — **Pierre,** son neveu (Paris 1588 - Saint-Germain-en-Laye 1672), garde des Sceaux (1633), chancelier (1635) et de nouveau garde des Sceaux (1656). Il instruisit le procès de Cinq-Mars puis celui de Fouquet. Son portrait a été peint par Le Brun (musée du Louvre).

SEGUIN (Édouard), médecin américain d'origine française (Clamecy 1812 - New York 1880). Élève d'Itard et d'Esquirol, il s'intéressa à l'éducation des enfants déficients mentaux et différencia l'idiotie de la démence.

SEGUIN (Marc), ingénieur français (Annonay 1786 - *id.* 1875). Il construisit à Tournon le premier pont suspendu à câbles en fil de fer (1824) et adopta la chaudière tubulaire (1827) pour les locomotives.

SÉGUIN (Philippe), homme politique français (Tunis 1943). Membre du R.P.R., ministre des Affaires sociales et de l'Emploi (1986-1988), il est depuis 1993 président de l'Assemblée nationale.

SÉGUR (Philippe Henri, *marquis* **de**), maréchal de France (Paris 1724 - *id.* 1801). Secrétaire d'État à la Guerre (1780-1787), il créa un corps permanent d'officiers d'état-major. — **Philippe Paul,** petit-fils du précédent, général et historien (Paris 1780 - *id.* 1873), a laissé plusieurs ouvrages sur l'histoire militaire napoléonienne. (Acad. fr.)

SÉGUR (Sophie **Rostopchine,** *comtesse* **de**), femme de lettres française (Saint-Pétersbourg 1799 - Paris 1874), auteur d'ouvrages pour la jeunesse (*les Petites Filles modèles,* 1858 ; *les Malheurs de Sophie,* 1864 ; *le Général Dourakine,* 1866).

SÉGUY (Georges), syndicaliste français (Toulouse 1927). Membre du parti communiste, il fut secrétaire général de la C. G. T. (1967-1982).

SEICHES-SUR-LE-LOIR (49140), ch.-l. de c. de Maine-et-Loire ; 2 258 h.

SEIFERT (Jaroslav), poète tchèque (Prague 1901 - *id.* 1986), l'un des chefs de file du « poétisme ». (Prix Nobel 1984.)

SEIGNELAY (89250), ch.-l. de c. de l'Yonne ; 1 545 h. Église des XVe-XVIe s.

SEIGNELAY (Jean-Baptiste **Colbert,** *marquis* **de**), homme d'État français (Paris 1651 - Versailles 1690), fils de Colbert, qu'il remplaça à la Marine (1669) et à la Maison du roi (1683), et dont il poursuivit l'œuvre novatrice.

SEIGNOBOS (Charles), historien français (Lamastre 1854 - Ploubazlanec 1942), auteur d'ouvrages sur l'histoire contemporaine, en partic. française.

Anna **Seghers**

la comtesse de **Ségur**
(par Carjat)

SEIGNOSSE (40510), comm. des Landes ; 1 641 h. Station balnéaire sur le littoral.

Seikan, tunnel ferroviaire du Japon, en partie sous-marin, reliant les îles de Honshū et de Hokkaidō ; 54 km.

SEILHAC [sɛjak] (19700), ch.-l. de c. de la Corrèze ; 1 552 h.

SEILLE (la), riv. de la Bresse, affl. de la Saône (r. g.) ; 110 km.

SEILLE ou **SEILLE LORRAINE** (la), riv. de Lorraine, affl. de la Moselle (r. dr.) à Metz ; 130 km.

SEIN *(île de)* [29990], île et comm. du Finistère ; 358 h. *(Sénans).* Pêche.

SEINE (la), fl. de France, drainant une partie du Bassin parisien ; 776 km. Née sur le plateau de Langres, à 471 m d'alt., la Seine traverse la Champagne, passant à Troyes. Entre son confluent avec l'Aube (r. dr.) et l'Yonne (r. g.) à Montereau, elle longe la côte de l'Île-de-France. Peu en amont de Paris, elle reçoit son affluent le plus long, la Marne (r. dr.). Elle décrit alors de très grands méandres et reçoit l'Oise (r. dr.). Après le confluent de l'Eure (r. g.), elle forme de nouveau des méandres très allongés, passe à Rouen et rejoint la Manche par un vaste estuaire, sur lequel est établi Le Havre. Dans l'ensemble, elle a un régime régulier, avec de modestes écarts de débit. Toutefois, des crues redoutables peuvent se produire par suite de pluies exceptionnelles sur les terrains de son bassin supérieur. Aujourd'hui, la réalisation de plusieurs réservoirs (dits « Seine », « Marne » et bientôt « Aube ») en limite l'intensité. La Seine demeure une voie navigable utilisée essentiellement entre la Manche et Paris.

SEINE *(basse),* région située de part et d'autre de la Seine en aval de Rouen, caractérisée par une navigation intense sur le fleuve et la présence de nombreuses industries dans la vallée (raffineries de pétrole et chimie ; usines métallurgiques et textiles).

SEINE *(dép. de la),* anc. dép. du Bassin parisien, correspondant à la ville de Paris et à sa proche banlieue. La loi de 1964 a amené sa subdivision en quatre nouveaux départements (Hauts-de-Seine, Paris, Seine-Saint-Denis et Val-de-Marne).

SEINE-ET-MARNE (77), dép. de la Région Île-de-France ; ch.-l. de dép. *Melun ;* ch.-l. d'arr., *Fontainebleau, Meaux, Provins ;* 4 arr., 43 cant., 514 comm. ; 5 915 km² ; 1 078 166 h. Le dép. est rattaché à l'académie de Créteil, à la cour d'appel de Paris et au commandement militaire d'Île-de-France. La majeure partie du dép. s'étend sur la Brie, qui porte sur des sols souvent limoneux de riches cultures (blé, maïs, betterave

à sucre) associées à un important élevage bovin pour la viande et les produits laitiers (fromages) ; des forêts s'étendent là où le limon est absent (forêt d'Armainvilliers). Les céréales dominent sur les plateaux du nord (Goële, Multien), et l'élevage dans le Gâtinais, plus verdoyant, qui fait suite, au sud, à la vaste forêt de Fontainebleau (sur sols sableux). L'industrie, en dehors de l'extraction modeste du pétrole, traité sur place (Grandpuits), est représentée par les constructions mécaniques et électriques, l'alimentation, la cimenterie, la verrerie, la chimie. Elle se localise surtout dans les vallées de la Seine et de la Marne, sites des principales villes (Melun et Meaux). L'ouest du dép. (englobant au moins en partie les villes nouvelles de Melun-Sénart et Marne-la-Vallée) appartient déjà à l'agglomération parisienne.

SEINE-ET-OISE *(dép. de),* anc. dép. du Bassin parisien (préf. *Versailles*), partagé, par la loi de 1964, entre les trois dép. de l'Essonne, du Val-d'Oise et des Yvelines, principalement.

SEINE-MARITIME (**76**), dép. de la Région Haute-Normandie ; ch.-l. de dép. *Rouen ;* ch.-l. d'arr. *Dieppe, Le Havre ;* 3 arr., 69 cant., 745 comm. ; 6 278 km² ; 1 223 429 h. Le dép. est rattaché à l'académie et à la cour d'appel de Rouen, à la région militaire Atlantique. Le pays de Bray, dépression argileuse, région d'élevage bovin, limite à l'est le pays de Caux, plateau crayeux, où les fréquents placages limoneux permettent les cultures céréalières, industrielles (betterave à sucre, lin, colza) et fourragères (associées à un important élevage pour les produits laitiers). L'extrémité sud-ouest de la Picardie, où se trouve le même type d'économie, constitue la partie nord-est du dép. L'industrie doit son importance aux usines de la basse Seine. Entre Rouen et Le Havre (deuxième port français) sont implantés les industries chimiques et alimentaires, la métallurgie, les constructions mécaniques, le textile et un grand complexe de raffinage de pétrole. Le littoral est jalonné de ports et de stations balnéaires (Dieppe, Fécamp, Le Tréport).

SEINE-SAINT-DENIS (**93**), dép. créé par la loi de 1964 et s'étendant sur le nord-est de l'anc. dép. de la Seine et sur des comm. de l'anc.

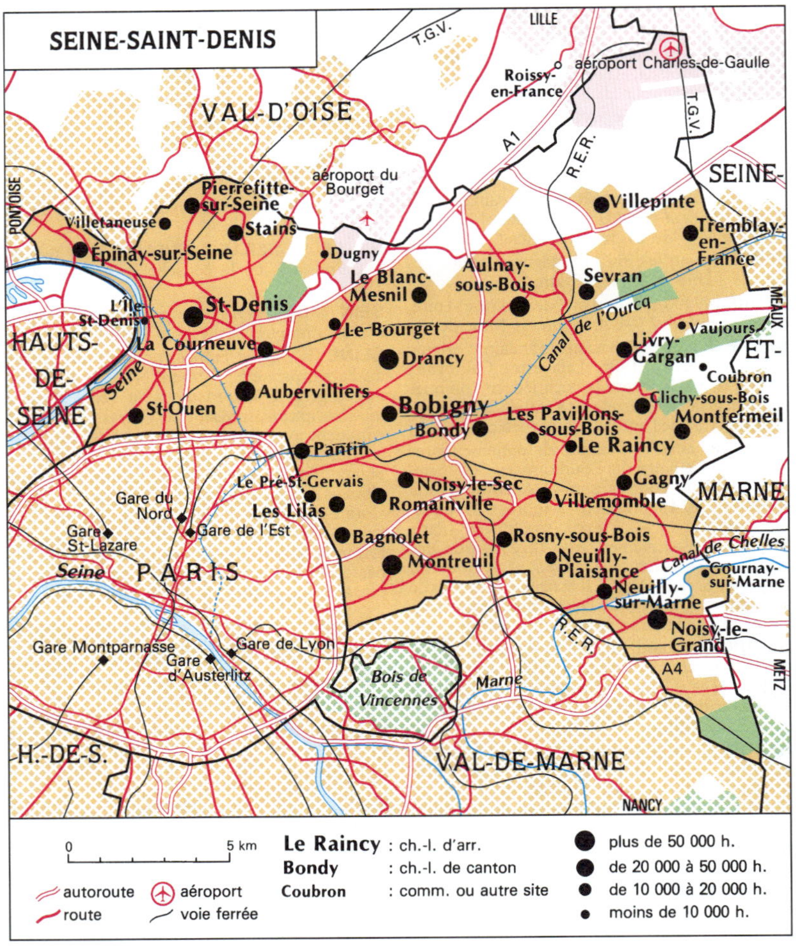

Seine-et-Oise ; ch.-l. de dép. *Bobigny ;* ch.-l. d'arr. *Le Raincy, Saint-Denis ;* 3 arr., 40 cant., 40 comm. ; 236 km² ; 1 381 197 h. Le dép. appartient à l'académie de Créteil, à la cour d'appel de Paris et au commandement militaire d'Île-de-France. Il présente des paysages différents. À l'ouest, près de Paris, de part et d'autre du canal de l'Ourcq, s'imbriquent étroitement usines (métallurgie surtout) et habitations ouvrières (Saint-Denis, Aubervilliers, Pantin). Au sud-est, particulièrement le long de la Marne, la fonction résidentielle prend le pas sur l'activité industrielle, pourtant présente. Dans le nord-est, la grande culture céréalière et betteravière recule devant l'expansion urbaine.

SEIPEL (Ignaz), prélat et homme politique autrichien (Vienne 1876 - Pernitz 1932). Président du parti chrétien-social (1921), il fut chancelier d'Autriche de 1922 à 1924 et de 1926 à 1929.

SEI SHŌNAGON, femme de lettres japonaise (v. 965 - 1020 env.). Elle a laissé une sorte de journal *(Notes de chevet),* premier chef-d'œuvre du genre *zuihitsu* (« écrits au fil du pinceau »).

SÉISTAN → ***Sistān.***

S. E. I. T. A. (Société d'exploitation industrielle des tabacs et allumettes), entreprise française chargée de la fabrication et de la commercialisation des tabacs et allumettes et dont la création remonte à 1926. Elle a été privatisée en 1995.

SÉJAN, en lat. **Lucius Aelius Seianus,** préfet du prétoire et favori de Tibère (Volsinies, auj. Bolsena, entre 20 et 16 av. J.-C. - 31 apr. J.-C.). Il intrigua pour être le successeur de Tibère, qui le fit mettre à mort.

SÉJOURNÉ (Paul), ingénieur français (Orléans 1851 - Paris 1939). Il conçut des formes et des procédés d'exécution nouveaux pour la construction des ponts en maçonnerie.

SEKONDI-TAKORADI, port du Ghana ; 255 000 h.

SELANGOR, un des États de la Malaisie, sur la côte ouest ; 1 467 000 h. Cap. *Shah Alam.*

SELBORNE (Roundell **Palmer,** *comte* **de**), juriste et homme politique britannique (Mixbury 1812 - Petersfield 1895). Lord-chancelier (1872-1874, 1880-1885), il réforma le système judiciaire anglais et créa la Cour suprême.

SELDJOUKIDES ou **SALDJUQIDES,** dynastie turque, qui domina l'Orient musulman du XIᵉ au XIIIᵉ s. L'Empire seldjoukide, qui s'étendit à l'Iran, l'Iraq, la Syrie, l'Arménie et l'Asie Mineure, s'effrita au XIIᵉ s. Seul le sultanat de Rūm survécut en Anatolie jusqu'en 1308.

SÉLÉNÉ ou **SELÊNÊ,** dans la mythologie grecque, personnification de la Lune, fille d'Hypérion, le Feu astral, et sœur d'Hélios.

SÉLESTAT (67600), ch.-l. d'arr. du Bas-Rhin, sur l'Ill ; 15 896 h. *(Sélestadiens).* Métallurgie. Textile. Église Ste-Foy, anc. abbatiale de style roman rhénan, et autres monuments. Demeures du XVIᵉ s. Bibliothèque humaniste.

SÉLEUCIDES, dynastie hellénistique, qui régna de 312/305 à 64 av. J.-C. Son empire, qui s'étendit de l'Indus à la Méditerranée, se réduisit finalement à la Syrie, annexée à Rome par Pompée en 64 av. J.-C.

SÉLEUCIE, nom de diverses villes de l'Orient hellénistique fondées par Séleucos Iᵉʳ, dont les plus importantes sont Séleucie de Piérie, port d'Antioche, et Séleucie du Tigre, qui éclipsa Babylone.

SÉLEUCOS, nom de six rois séleucides dont le plus important fut le fondateur de la dynastie : **Séleucos Iᵉʳ Nikatôr** (Europos v. 355 - près de Lysimacheia 280 av. J.-C.). Roi en 305, il reconstitua l'empire d'Alexandre à l'exception de l'Égypte et de la Grèce. Fondateur de nombreuses cités grecques, il établit sa capitale sur l'Oronte, à Antioche, qu'il fonda en 300.

SELIM Iᵉʳ le Terrible (Amasya 1466 - Çorlu 1520), sultan ottoman (1512-1520). Il conquit la Syrie, la Palestine et l'Égypte (1516-17) et se fit reconnaître protecteur des villes saintes d'Arabie. — **Selim II** (Istanbul 1524 - *id.* 1574), sultan ottoman de 1566 à 1574. — **Selim III** (Istanbul 1761 - *id.* 1808), sultan ottoman de 1789 à 1807.

SÉLINONTE, anc. v. grecque de la Sicile occidentale. Très prospère jusqu'au Vᵉ s. av. J.-C., elle souffrit de la domination carthaginoise et des guerres puniques. Ruines de temples grecs.

SELKIRK *(monts),* chaîne de montagnes du Canada occidental (Colombie-Britannique) ; 3 533 m.

SELKIRK (Alexander), marin écossais (Largo, Fife, 1676 - en mer 1721). S'étant querellé avec son capitaine, il fut débarqué dans l'île inhabitée de Más á Tierra (archipel Juan Fernández), où il survécut pendant quatre ans (1704-1709). Son aventure inspira le *Robinson Crusoé* de Defoe.

SELLES-SUR-CHER (41130), ch.-l. de c. de Loir-et-Cher ; 4 774 h. Céramique. Église en partie romane, anc. abbatiale. Château médiéval et renaissant.

SELONCOURT (25230), comm. du Doubs ; 5 653 h. Métallurgie.

SELONGEY (21260), ch.-l. de c. de la Côte-d'Or ; 2 422 h. Appareils ménagers.

SELTZ (67470), ch.-l. de c. du Bas-Rhin ; 2 592 h. Anc. établissement romain.

SELYE (Hans), médecin canadien d'origine autrichienne (Vienne 1907 - Montréal 1982). Il a décrit le syndrome d'adaptation au stress.

SEM, fils aîné de Noé. Selon la Bible, il est l'ancêtre éponyme des peuples sémitiques.

SEMANG, peuple négrito de la péninsule malaise.

SEMARANG, port d'Indonésie, sur la côte nord de Java ; 1 027 000 h.

SEMBENE (Ousmane), cinéaste et écrivain sénégalais (Ziguinchor 1923). Chef de file du cinéma africain, il a réalisé notamment *la Noire de...* (1966), *le Mandat* (1968), *Emitaï* (1971), *Xala* (1974), *Ceddo* (1977) et *le Camp de Thiaroye* (1988).

SEMBLANÇAY (Jacques **de Beaune,** *baron* **de**), financier français (Tours v. 1445 - Paris 1527). Banquier de Louis XII puis de François Iᵉʳ et membre du conseil des Finances, il fut accusé d'avoir dilapidé l'argent réservé aux armées d'Italie et fut pendu au gibet de Montfaucon.

SÉMÉAC (65600), ch.-l. de c. des Hautes-Pyrénées ; 4 454 h. Électromécanique.

SÉMÉLÉ, déesse grecque aimée de Zeus et mère de Dionysos.

SEMERU, volcan de Java, point culminant de l'île (3 676 m).

SEMIPALATINSK, v. du Kazakhstan, sur l'Irtych ; 334 000 h. Centre industriel.

SÉMIRAMIS, reine légendaire d'Assyrie, épouse de Ninos. La tradition grecque lui attribuait la fondation de Babylone et de ses jardins suspendus.

SEMMELWEIS (Ignác Fülöp), médecin hongrois (Buda 1818 - Vienne 1865). Il préconisa l'asepsie au cours de l'accouchement et reconnut, avant les travaux de Pasteur, le caractère infectieux de la fièvre puerpérale.

SEMMERING (le), col des Alpes autrichiennes, emprunté par la route et la voie ferrée de Vienne à Trieste et Zagreb ; 980 m.

SEMOIS (la), ou, en France, la **SEMOY,** riv. de Belgique et de France, affl. de la Meuse (r. dr.), née dans le Luxembourg belge ; 198 km.

Sempach *(bataille de)* [9 juill. 1386], victoire que remportèrent à Sempach (cant. de Lucerne) les Suisses de la Confédération des huit cantons sur le duc Léopold d'Autriche.

SEMPÉ (Jean-Jacques), dessinateur d'humour français (Bordeaux 1932). D'un graphisme détendu, son œuvre scrute avec acuité, mais aussi tendresse, notre mode de vie compliqué et absurde.

SEMPRUN (Jorge), écrivain espagnol d'expression castillane et française (Madrid 1923). Militant du parti communiste espagnol, déporté en 1943 à Buchenwald, il nourrit de son expérience engagée une œuvre de mémoire (*la Deuxième Mort de Ramón Mercader,* 1969 ; *l'Écriture ou la vie,* 1994). Il est aussi scénariste (*Z* et *l'Aveu,* de Costa-Gavras). Il a été ministre de la Culture de 1988 à 1991.

SEMUR-EN-AUXOIS [-oswa] (21140), ch.-l. de c. de la Côte-d'Or, sur l'Armançon ; 5 085 h. Maroquinerie. Restes de fortifications. Église de style gothique bourguignon. Vieilles maisons. Musée.

SEMUR-EN-BRIONNAIS (71110), ch.-l. de c. de Saône-et-Loire ; 640 h. Église typique de l'art roman du Brionnais (XIIᵉ s.).

SEN (Mrinal), cinéaste indien (Faridpur, Bangladesh, 1923). À l'origine du « nouveau cinéma indien » avec *Mr. Shome* (1969), il s'est livré à une critique radicale de la société indienne (*Calcutta 71,* 1972 ; *les Marginaux,* 1977 ; *Un jour comme un autre,* 1979 ; *les Ruines,* 1984 ; *Genesis,* 1986 ; *Soudain, un jour,* 1988).

SENANAYAKE (Don Stephen), homme politique cinghalais (Colombo 1884 - *id.* 1952). Premier ministre (1947), il demeura à ce poste (1948-1952) après l'accession de Ceylan à l'indépendance.

SENANCOUR (Étienne **Pivert de**), écrivain français (Paris 1770 - Saint-Cloud 1846), auteur d'*Oberman* (1804), roman autobiographique, dont le héros étudie son inadaptation à la vie en analyste idéologue.

Sénanque *(abbaye de),* monastère de la comm. de Gordes (Vaucluse), construit par les cisterciens dans la 2ᵉ moitié du XIIᵉ s.

SENARPONT (80140), comm. de la Somme ; 810 h. Flaconnage.

SÉNART *(forêt de),* forêt du dép. de l'Essonne.

Sénat, assemblée qui, avec l'Assemblée nationale, constitue le Parlement français. Sous le Consulat, le premier et le second Empire (sauf à partir de 1870, quand il devint une seconde chambre), le Sénat ne fut qu'un corps privilégié qui pouvait modifier la constitution par des *sénatus-consultes* inspirés par le pouvoir. Avec les lois constitutionnelles de 1875, le Sénat (300 membres) joua un rôle important : il exerçait le pouvoir législatif avec la Chambre des députés ; son président était le deuxième personnage de l'État. La Constitution de 1946 lui substitua le Conseil de la République, dont le rôle politique et législatif était réduit. Celle de 1958 a rétabli un Sénat comprenant 318 membres (321 depuis 1989), élus au suffrage indirect pour neuf ans et renouvelables par tiers tous les trois ans. Il assure la représentation des collectivités territoriales de la République et des Français établis à l'étranger. (V. ***France.***)

SENDAI, v. du Japon (Honshū) ; 918 398 h. Métropole du nord de l'île.

SENDERENS (Alain), cuisinier français (Hyères 1939). Il a travaillé notamment à *la Tour d'Argent* avant d'ouvrir (1968) son *Archestrate* et d'y créer un art culinaire original et savoureux, que l'on retrouve depuis 1985 chez *Lucas Carton,* qu'il dirige.

SENEFELDER (Alois), inventeur autrichien (Prague 1771 - Munich 1834). On lui doit la technique de la lithographie (1796-1799).

SENEFFE, comm. de Belgique (Hainaut) ; 10 167 h. Victoire de Marceau sur les Autrichiens (1794).

SÉNÉGAL (le), fl. d'Afrique, né dans le Fouta-Djalon, qui rejoint l'Atlantique ; 1 700 km.

SÉNÉGAL, État de l'Afrique occidentale, au sud du fleuve *Sénégal ;* 197 000 km² ; 7 900 000 h. *(Sénégalais).* CAP. *Dakar.* LANGUE : *français.* MONNAIE : *franc C. F. A.*

INSTITUTIONS

République depuis 1958. Constitution de 1963 plusieurs fois amendée. Le président de la République, élu pour 7 ans, nomme le Premier ministre. Assemblée nationale élue pour 5 ans.

GÉOGRAPHIE

C'est un pays plat, au climat tropical, dont la population est concentrée dans l'ouest du pays. Les deux tiers des actifs travaillent dans l'agriculture (arachide, riz, mil, élevage). Les industries sont localisées dans la presqu'île du Cap-Vert. Le sous-sol recèle des phosphates, et le potentiel hydroélectrique est en cours d'aménagement. Le tourisme ne comble pas le déficit commercial.

HISTOIRE

Les origines et l'époque coloniale. Le pays, peuplé dès la préhistoire, a connu le passage de populations successives et des métissages. Des royaumes se constituent, successivement ou alternativement, à partir du IXᵉ s. Le premier connu est celui de Tekrour (qui prend le nom de Fouta au XIVᵉ s.), progressivement islamisé et vassalisé par le Mali. Au XIVᵉ s. se constitue le royaume Dyolof. 1456 ou 1460 : le Cap-Vert est atteint par le Vénitien Ca' da Mosto pour le compte du Portugal, qui installe des comptoirs sur les côtes (Rufisque). XVIᵉ s. : les Hollandais fondent le comptoir de Gorée. XVIIᵉ s. : la France fonde Saint-Louis (1659) et occupe Gorée (1677). 1854-1865 : le général Faidherbe mène une politique d'expansion. 1857 : Dakar est créée. 1879-1890 : la France achève la conquête du pays. 1895 : le

Sénégal, intégré dans l'A.-O. F., dont le gouvernement général est fixé à Dakar, est doté d'un statut privilégié. Les habitants des « quatre communes » (Saint-Louis, Dakar, Rufisque, Gorée) jouissent de la citoyenneté française, tandis que la colonie est représentée par des députés. ***Le Sénégal indépendant.*** 1958 : par référendum, le Sénégal devient république autonome au sein de la Communauté. 1959-60 : il forme avec le Mali une éphémère fédération. 1960 : il devient indépendant, et son premier président est Léopold S. Senghor. 1963 : à la suite de troubles, les partis d'opposition sont interdits. 1970 : Abdou Diouf devient Premier ministre. 1976 : un amendement constitutionnel institue un système à trois partis. Depuis 1980 : un mouvement séparatiste se développe en Casamance. 1981 : Senghor s'étant retiré du pouvoir, Abdou Diouf lui succède ; le multipartisme est légalisé. 1982 : le pays forme avec la Gambie la confédération de Sénégambie (suspendue en 1989). 1989 : des affrontements interethniques entre Sénégalais et Mauritaniens provoquent une vive tension avec la Mauritanie. 1992 : le Sénégal rétablit ses relations diplomatiques avec la Mauritanie. Le mouvement séparatiste de Casamance et l'opposition au pouvoir se développent.

SÉNÉGAMBIE, nom donné à l'union confédérale formée en 1982 entre le Sénégal et la Gambie (suspendue en 1989).

SÉNÈQUE, en lat. **Lucius Annaeus Seneca,** dit **Sénèque le Père** ou **le Rhéteur,** écrivain latin (Cordoue v. 60 av. J.-C. - Rome v. 39 apr. J.-C.), auteur de *Controverses,* précieux documents sur l'éducation oratoire au Ier s.

SÉNÈQUE, en lat. **Lucius Annaeus Seneca,** dit **Sénèque le Philosophe** (Cordoue v. 4 av. J.-C. - 65 apr. J.-C.), fils du précédent, maître du stoïcisme latin. Précepteur de Néron, consul en 57, il fut compromis dans la conspiration de Pison et dut s'ouvrir les veines. Les tragédies (*Médée, les Troyennes, Agamemnon, Phèdre,* etc.) que l'on place quelquefois sous le nom d'un **Sénèque le Tragique** sont considérées comme son œuvre.

SENGHOR (Léopold Sédar), homme politique et écrivain sénégalais (Joal 1906). Agrégé de l'université, député à l'Assemblée nationale française (1946), chef du Bloc démocratique sénégalais (1948), il participe au gouvernement Edgar Faure (1955-56). Président de la République du Sénégal depuis l'indépendance (1960), il quitte volontairement le pouvoir le 31 déc. 1980. Il a publié des essais, où il définit la notion de *négritude,* et des recueils de poèmes (*Éthiopiques,* 1956 ; *Nocturnes,* 1961). [Acad. fr.]

SENLIS (60300), ch.-l. d'arr. de l'Oise, sur la Nonette ; 15 226 h. *(Senlisiens).* Constructions mécaniques. Restes de l'enceinte gallo-romaine. Belle église gothique, anc. cathédrale, des XIIe-XVIe s. Musées Archéologique, des Beaux-Arts et de la Vénerie.

SENNA (Ayrton), coureur automobile brésilien (São Paulo 1960 - Bologne 1994). Champion du monde des conducteurs en 1988, en 1990 et en 1991, il décède des suites d'un accident survenu lors du Grand Prix de Saint-Marin, à Imola.

SENNACHÉRIB, roi d'Assyrie (705-680 av. J.-C.). Il maintint contre les Mèdes et les Araméens l'hégémonie assyrienne et rasa Babylone (689), qui avait repris son indépendance. Il entreprit à Ninive, sa capitale, de grands travaux.

Léopold Sédar **Senghor**

Séoul : porte sud (reconstruite aux XIXe-XXe s.) des anciennes murailles du XVIe s.

SENNE (la), riv. de Belgique, qui passe à Bruxelles et rejoint la Dyle (r. g.) ; 103 km.

SENNECEY-LE-GRAND (71240), ch.-l. de c. de Saône-et-Loire ; 2 586 h.

SENNETT (Michael **Sinnott,** dit **Mack**), cinéaste américain (Richmond, Québec, 1880 - Hollywood 1960). Il fut le grand pionnier du burlesque, produisant et réalisant lui-même d'innombrables petits films comiques. Fondateur de la Keystone Company en 1912, il lança la plupart des vedettes comiques du muet : Chaplin, Langdon, Fatty, W. C. Fields.

SÉNONAIS (le), pays situé près de Sens, sur la rive gauche de la Seine.

SENONCHES (28250), ch.-l. de c. d'Eure-et-Loir ; 3 183 h. Forêt.

SENONES (88210), ch.-l. de c. des Vosges ; 3 169 h. Textile. Bâtiments (XVIIIe s.) d'une anc. abbaye, fondée au VIIe s.

SENONES, SÉNONS ou **SÉNONAIS,** peuple de la Gaule établi dans le bassin supérieur de l'Yonne. V. princ. *Agedincum* ou *Senones* (auj. *Sens*). Ils participèrent avec Vercingétorix à la grande offensive contre César.

SÉNOUFO, peuple de la Côte d'Ivoire, du Mali et du Burkina.

Senousis ou **Sanūsī,** confrérie musulmane fondée en 1837 par Muḥammad ibn ʿAlī al-Sanūsī, qui lutta contre l'Italie en Libye (de 1919-20 à sa dissolution, en 1930).

SÉNOUSRET → ***Sésostris.***

SENS [sɑ̃s] (89100), ch.-l. d'arr. de l'Yonne, sur l'Yonne ; 27 755 h. *(Sénonais).* Archevêché. Constructions mécaniques et électriques. Signalisation routière. Cathédrale gothique précoce, construite de 1130 à la fin du XIIe s. (transept du XVIe ; trésor), palais synodal du XIIIe s., très restauré, et autres monuments. Musée (sculpture gallo-romaine, histoire, beaux-arts).

Sens *(hôtel de),* à Paris, anc. résidence des archevêques de Sens (XVe s.), dans le quartier St-Paul (IVe arr.). Très restauré, il abrite la bibliothèque Forney d'arts et techniques.

SEO DE URGEL, v. d'Espagne (Catalogne) ; 10 374 h. Cathédrale romane du XIIe s. L'évêque d'Urgel est coprince de l'Andorre avec le président de la République française.

SÉOUL, cap. de la Corée du Sud ; 8 400 000 h. Centre administratif et industriel. Musée national.

Sept Ans *(guerre de)* [1756-1763], guerre qui opposa la Grande-Bretagne et la Prusse à la France, à l'Autriche et à leurs alliés. Elle fut marquée par les défaites françaises en Allemagne (Rossbach, 1757), au Canada (chute de Québec et de Montréal) et en Inde (1761). Par le traité de Paris (10 févr. 1763), la France perdait le Canada, l'Inde et la Louisiane. Par le traité de Hubertsbourg (15 févr. 1763), la Prusse gardait la Silésie.

Septante *(version des),* la plus ancienne et la plus importante des versions grecques de l'Ancien Testament, écrite entre 250 et 130 av. J.-C. pour les juifs du monde grec ; elle fut utilisée par l'Église chrétienne ancienne.

Sept Chefs *(guerre des),* conflit légendaire qui opposa les deux fils d'Œdipe, Étéocle et Polynice, pour la possession du trône de Thèbes. Sept chefs grecs participèrent à cette guerre ; six devaient périr et les deux frères s'entre-tuèrent. Ce thème a inspiré notamment Eschyle dans *les Sept contre Thèbes,* Euripide dans *les Phéniciennes,* Racine dans *la Thébaïde.*

Septembre *(massacres de)* [2-6 sept. 1792], massacres de prisonniers politiques (aristocrates, prêtres réfractaires...) qui eurent lieu dans les prisons de Paris, particulièrement à l'Abbaye, à la Force, aux Carmes et au Châtelet. Cette hécatombe fut provoquée par la nouvelle de l'invasion prussienne et les affiches de Marat réclamant la justice directe du peuple à l'égard des « traîtres ».

Septembre 1870 (*révolution du* **4-**), journée révolutionnaire qui suivit l'annonce du désastre de Sedan (2-3 sept. 1870) et qui détermina la chute du second Empire. L'invasion du Palais-Bourbon par la foule permit aux députés républicains (Gambetta, J. Favre et J. Ferry notamm.) de faire acclamer les mesures suivantes : déchéance de la dynastie impériale, proclamation de la république et instauration du gouvernement de la Défense nationale.

SEPTÈMES-LES-VALLONS (13240), comm. des Bouches-du-Rhône ; 10 435 h. Chimie.

SEPT-ÎLES, petit archipel breton de la Manche, au large de Perros-Guirec. Réserve ornithologique.

SEPT-ÎLES, port du Canada (Québec), sur le Saint-Laurent, au débouché de la voie ferrée desservant les mines de fer du Nouveau-Québec et du Labrador ; 23 078 h.

SEPTIMANIE, anc. région côtière de la Gaule méridionale, entre le Rhône et les Pyrénées, où se maintinrent les Wisigoths après la bataille de Vouillé (507). Elle fut rattachée au royaume franc en 759.

SEPTIME SÉVÈRE, en lat. **Lucius Septimius Severus Pertinax** (Leptis Magna 146 - Eburacum, auj. York, 211), empereur romain (193-211). Porté au pouvoir par les légions d'Illyrie, Sévère gouverna en monarque absolu. Il enleva aux Parthes la Mésopotamie et fortifia la frontière nord de la Bretagne. Son règne fut favorable à l'extension des cultes orientaux.

SEPT-LAUX, partie du massif du Belledonne (Isère) parsemée de lacs *(laux),* donnant son nom à une station de sports d'hiver (38190 Brignoud). Ski entre 1 350 et 2 200 m.

Sept Œuvres de miséricorde (les), grande toile du Caravage (1607) à l'église du Pio-Monte de Naples. Réalisme des figures, rythmes instables et dramatisation par l'ombre et la lumière composent une vision hallucinée de la condition humaine.

Les Sept Œuvres de miséricorde (1607), toile du Caravage. (Église du Pio-Monte, Naples.)

SÉQUANES, SÉQUANAIS ou **SÉQUANIENS** [-kwa-], peuple de la Gaule, habitant le pays arrosé par la Saône et le Doubs ; leur capitale était *Vesontio* (Besançon).

SERAING, comm. de Belgique (Liège), sur la Meuse ; 60 838 h. Sidérurgie.

Serapeum, nécropole creusée près de Memphis en Égypte et abritant dans de longues galeries souterraines les sépultures des taureaux Apis. Découverte (1850-51) par A. Mariette, elle a livré nombre de stèles et de sarcophages et du beau mobilier funéraire du Nouvel Empire.

Séraphins *(ordre des),* le plus important des ordres suédois, créé au XIIIe s.

SÉRAPIS ou **SARAPIS,** dieu gréco-égyptien, dont le culte, institué à la fin du IVe s. av. J.-C., unissait les religions grecque et égyptienne ; il tenait à la fois d'Osiris et de Zeus.

SERBIE, République fédérée de la Yougoslavie ; 55 968 km² ; 5 744 000 h. *(Serbes)* [88 361 km² et 9 464 000 h. en englobant les deux régions de la Vojvodine et du Kosovo]. Cap. *Belgrade.*

GÉOGRAPHIE

Situé sur la rive droite du Danube, c'est un pays de collines et de moyennes montagnes, encore largement rural, peuplé à plus de 60 % de Serbes. Il englobe toutefois une importante minorité hongroise en Vojvodine et surtout une large majorité d'origine albanaise dans le Kosovo.

HISTOIRE

La Serbie médiévale et ottomane. La région, peuplée d'Illyriens, de Thraces puis de Celtes, est intégrée au IIe s. av. J.-C. à l'Empire romain. VIe - VIIe s. : elle est submergée par les Slaves. 2e moitié du IXe s. : sous l'influence de Byzance, les Serbes sont christianisés. V. 1170-v. 1196 : Étienne Nemanja émancipe les terres serbes de la tutelle byzantine. 1217 : son fils Étienne Ier Nemanjić (v. 1196-1227) devient roi. Il crée une Église serbe indépendante. 1321-1331 : Étienne VIII assure l'hégémonie serbe dans les Balkans. 1331-1355 : Étienne IX Dušan domine la Macédoine et la Thessalie et prend le titre de tsar (1346). 1389 : les Serbes sont défaits par les Turcs à Kosovo. 1389-1459 : une principauté de Serbie, vassale des Ottomans, subsiste grâce au soutien des Hongrois. 1459 : la Serbie est intégrée à l'Empire ottoman. XVe - XIXe s. : pour protester contre le joug ottoman, certains Serbes rejoignent les « hors-la-loi » *(haïdouks),* d'autres fuient vers le nord, la Hongrie ou l'Adriatique. L'Église serbe maintient la culture nationale. 1690 : les Serbes délaissent le Kosovo pour la Vojvodine.

La libération et l'indépendance. 1804-1813 : les Serbes se révoltent sous la conduite de Karageorges. 1815 : Miloš Obrenović (1815-1839 ; 1858-1860) est reconnu prince de Serbie par les Ottomans. 1830 : il obtient l'autonomie complète. 1842-1889 : des luttes violentes opposent les Karadjordjević et les Obrenović, qui détiennent tour à tour le pouvoir (Alexandre Karadjordjević, 1842-1858 ; Michel Obrenović, 1860-1868 ; Milan Obrenović, 1868-1889). 1867 : les dernières troupes turques évacuent le pays. 1878 : la Serbie obtient son indépendance au congrès de Berlin. 1882 : Milan Obrenović est proclamé roi. 1889 : il abdique en faveur de son fils Alexandre (1889-1903). 1903 : assassinat d'Alexandre Obrenović ; Pierre Karadjordjević (1903-1921) lui succède. Il se rapproche de la Russie. 1908 : il doit accepter l'annexion de la Bosnie-Herzégovine par l'Autriche. 1912-13 : la Serbie participe aux deux guerres balkaniques et obtient la majeure partie de la Macédoine. 1914 : à la suite de l'attentat de Sarajevo, la Serbie rejette l'ultimatum autrichien, déclenchant ainsi la Première Guerre mondiale. 1915-1918 : elle est occupée par les forces des puissances centrales et de la Bulgarie.

La Serbie au sein de la Yougoslavie. 1918 : le royaume des Serbes, Croates et Slovènes est créé. 1921 : Alexandre Karadjordjević, qui en assumait la régence, devient roi. 1929 : le royaume prend le nom de Yougoslavie. 1945 : la Serbie constitue une des républiques fédérées de la Yougoslavie. De nombreux Serbes vivent en dehors de la république de Serbie, particulièrement en Croatie (Slavonie, Krajina) et en Bosnie-Herzégovine. 1986 : Slobodan Milošević devient président de la Ligue communiste serbe. 1989 : une révision de la Constitution réduit l'autonomie du Kosovo et de la Vojvodine. 1990 : les premières élections libres sont remportées par le parti socialiste serbe, continuateur de la Ligue communiste. S. Milošević est élu à la présidence de la République. 1991-92 : favorable au maintien de la fédération yougoslave, la Serbie s'oppose à l'indépendance de la Slovénie, de la Croatie (elle fait intervenir l'armée fédérale aux côtés des milices serbes de Croatie [Slavonie, Krajina]), de la Bosnie-Herzégovine (elle y soutient les Serbes partisans de la partition du pays) et de la Macédoine. Finalement, elle décide de former avec le Monténégro la République fédérale de Yougoslavie (avr. 1992), à l'encontre de laquelle l'O.N.U. décrète un embargo. S. Milošević est réélu à la présidence de la République (déc.). 1995 : au lendemain de la conclusion de l'accord de Dayton sur la Bosnie-Herzégovine (le président Milošević ayant négocié au nom des Serbes de Bosnie), l'embargo imposé à la République fédérale de Yougoslavie est levé.

SERCQ, en angl. **Sark,** une des îles Anglo-Normandes ; 400 h.

SEREIN (le), riv. de Bourgogne, affl. de l'Yonne (r. dr.), passant à Chablis ; 186 km.

SERÉMANGE-ERZANGE (57290), comm. de la Moselle ; 4 182 h.

SEREMBAN, v. de Malaisie ; 136 000 h.

SERENA (La), v. du Chili ; 120 245 h.

SERER ou **SÉRÈRES,** peuple du Sénégal, parlant une langue nigéro-congolaise.

SERGE (m. en 638), patriarche de Constantinople (610-638). Conseiller de Héraclius Ier, il fut l'inspirateur du monothélisme.

SERGE de Radonège, saint orthodoxe russe (près de Rostov v. 1321 - monastère de la Trinité-Saint-Serge, Serguiev Possad, 1391). Il fit du monastère de la Trinité-Saint-Serge le cœur de l'orthodoxie russe.

SERGENTS DE LA ROCHELLE *(les Quatre).* On désigne ainsi quatre sous-officiers du 45e de ligne en garnison à La Rochelle qui, suspects d'avoir des réunions de carbonari dans leur garnison, furent guillotinés sans preuve en 1822.

SERGIPE, État du Brésil oriental ; 1 492 400 h. Cap. *Aracaju.*

SERGUIEV POSSAD, de 1930 à 1991 **Zagorsk,** v. de Russie, au nord de Moscou ; 107 000 h. Important ensemble du monastère de la Trinité-Saint-Serge (XVe-XVIIIe s.).

SÉRIFONTAINE (60590), comm. de l'Oise ; 2 488 h. Métallurgie du cuivre.

SERLIO (Sebastiano), architecte italien (Bologne 1475 - Lyon ou Fontainebleau 1554/55). Auteur d'un important traité d'architecture, il vint en 1541 travailler à Fontainebleau et donna peut-être les plans du château d'Ancy-le-Franc.

Serment des Horaces (le), grande toile peinte par L. David à Rome (1784, auj. au Louvre) et qui apparut, au Salon parisien de 1785, comme un manifeste de la nouvelle école classique.

SERNIN *(saint)* → ***Saturnin*** *(saint).*

SERPA PINTO (Alexandre Alberto **da Rocha**), explorateur portugais (Tendais 1846 - Lisbonne 1900). Il voyagea dans les régions du cours supérieur du Zambèze et développa la colonisation au Mozambique et en Angola.

SERPOLLET (Léon), ingénieur français (Culoz 1858 - Paris 1907). Il réalisa la chaudière à vaporisation instantanée (1881), qu'il appliqua avec succès à des automobiles à vapeur.

SERPOUKHOV, v. de Russie, au sud de Moscou ; 144 000 h. Observatoire astronomique. Centre de recherches nucléaires.

SERRANO Y DOMÍNGUEZ (Francisco), *duc* **de la Torre,** maréchal et homme politique espagnol (Isla de León, auj. San Fernando, Cadix, 1810 - Madrid 1885). Il contribua à la chute d'Isabelle II (1868) et fut régent du royaume (1869-1871), puis président du Conseil.

SERRE (Jean-Pierre), mathématicien français (Bages, Pyrénées-Orientales, 1926). Il étudie surtout la théorie des nombres et la topologie algébrique. Il a obtenu la médaille Fields (1954) pour ses travaux sur les espaces analytiques complexes.

SERRE-CHEVALIER, station de sports d'hiver (alt. 1 350-2 575 m) des Hautes-Alpes, au-dessus de la Guisane.

SERRE-PONÇON, site de la vallée de la Durance, en aval du confluent de l'Ubaye. Grand barrage en terre formant un lac (env. 3 000 ha). Centrale hydroélectrique.

SERRES (05700), ch.-l. de c. des Hautes-Alpes ; 1 124 h. Maisons anciennes.

SERRES (Michel), philosophe français (Agen 1930). Historien des sciences, il s'intéresse notamment aux problèmes de la communication (*Hermès,* 1969-1980) et s'attache à définir une philosophie qui s'adresse autant à la sensibilité qu'à l'intelligence conceptuelle (*les Cinq Sens,* 1985 ; *Statues,* 1987 ; *le Contrat naturel,* 1990). [Acad. fr.]

SERRES (Olivier **de**), agronome français (Villeneuve-de-Berg 1539 - Le Pradel, près de Villeneuve-de-Berg, 1619). Il est l'auteur d'un *Théâtre d'agriculture et mesnage des champs* (1600). Il contribua à l'amélioration de la productivité de l'agriculture en faisant connaître les assolements comprenant des prairies artificielles et des plantes à racines pour l'alimentation du bétail. Il introduisit en France le mûrier, le houblon, la garance.

SERRIÈRES (07340), ch.-l. de c. de l'Ardèche ; 1 180 h. Plastiques. Vestiges gallo-romains.

SERS (16410), comm. de la Charente, à 15 km à l'est d'Angoulême ; 642 h. Groupe d'abris-sous-roche *(Roc de Sers)* qui a livré des blocs sculptés en bas relief du gravettien et du solutréen (musée des Antiquités nationales, Saint-Germain-en-Laye).

SERTORIUS (Quintus), général romain (Nursia v. 123 - en Espagne 72 av. J.-C.). Lieutenant de Marius, il se tailla en Espagne un véritable État. D'abord vainqueur de Pompée, il s'allia à Mithridate mais fut assassiné par son lieutenant Perpenna.

SÉRURIER (Jean Philibert, *comte*), maréchal de France (Laon 1742 - Paris 1819), gouverneur des Invalides.

SÉRUSIER (Paul), peintre et théoricien français (Paris 1864 - Morlaix 1927). Il a assuré la liaison entre les idées de Gauguin, qu'il rencontra à Pont-Aven, et le groupe des *nabis.*

SERVANCE *(ballon de),* un des sommets des Vosges ; 1 216 m.

SERVANDONI (Giovanni Niccolo), architecte, décorateur et peintre italien (Florence 1695 - Paris 1766). Il se fixa à Paris v. 1728. Proche du style rocaille dans ses décors, il fut, en architecture, un des premiers à en prendre le contre-pied (façade de l'église St-Sulpice, 1733 et suiv.).

Servante maîtresse (la), opéra bouffe en deux actes, de Pergolèse (1733), sur un livret italien de Nelli (traduction française de Baurans). Il provoqua en 1752 une polémique entre partisans et adversaires de l'italianisme *(querelle* ou *guerre des Bouffons).*

SERVANTY (Lucien), ingénieur aéronautique français (Paris 1909 - Toulouse 1973). Il a été à l'origine du *Triton,* premier avion à réaction français (1946), du *Trident,* monoplace supersonique (1953) et du long-courrier supersonique *Concorde* (1969).

SERVET (Michel) ou **MICHEL DE VILLANUEVA,** médecin et théologien espagnol (Tudela, Navarre, ou Villanueva de Sigena, Huesca, 1511 - Genève 1553). Niant le dogme de la Trinité et celui de la divinité de Jésus-Christ, il se réfugia, pour échapper à l'Inquisition, à Genève. Mais, ayant attaqué *l'Institution* de Calvin, il fut arrêté et brûlé.

SERVIAN (34290), ch.-l. de c. de l'Hérault, dans le Biterrois ; 3 091 h. Vins.

Service distingué *(ordre du)* → ***Distinguished Service Order.***

Service du travail obligatoire → ***S. T. O.***

Services militaires volontaires *(médaille des),* décoration française, créée en 1975 pour récompenser les services rendus par les militaires des réserves.

SERVIUS TULLIUS, sixième roi de Rome (traditionnellement 578-535 av. J.-C.). On lui attribuait l'organisation du peuple en centuries et les remparts qui enserraient les sept collines de Rome.

SERVRANCKX (Victor), peintre belge (Diegem, près de Bruxelles, 1897 - Vilvoorde 1965). Il a été un pionnier de l'art abstrait dans son pays, avec des phases mécanistes (*Opus 47,* 1923, M. A. M., Bruxelles), géométriques ou surréalisantes.

SÉSOSTRIS ou **SÉNOUSRET,** nom de trois pharaons de la XIIe dynastie (XXe-XIXe s. av. J.-C.), dont le plus marquant est **Sésostris III** (1887-1850), qui fit campagne en Syrie et en Nubie, où il fonda des installations égyptiennes jusqu'à la 3e cataracte.

SESSHŪ, moine peintre japonais (région de Bitchū, prov. d'Okayama, 1420 - Yamaguchi 1506). Lyrisme nippon, réalisme nuancé et spiritualité chinoise sont les composantes de l'œuvre de ce créateur du paysage au Japon (*Paysage d'Amano-hashidate,* Tōkyō, Commission pour la protection des biens culturels).

SESTO SAN GIOVANNI, v. d'Italie (Lombardie), banlieue industrielle de Milan ; 85 175 h.

SESTRIÈRES, en ital. **Sestriere,** station de sports d'hiver d'Italie (Piémont) près du col de Montgenèvre.

SÈTE (34200), ch.-l. de c. de l'Hérault ; 41 916 h. *(Sétois).* École d'hydrographie. Port sur la Méditerranée et l'étang de Thau. Chimie. Musée municipal Paul-Valéry.

SETH, personnage biblique, troisième fils d'Adam et d'Ève, frère de Caïn et d'Abel.

SETI ou **SETHI,** nom de deux pharaons de la XIXe dynastie. Le plus important, **Seti Ier** (1312-1298 av. J.-C.), reconquit la Syrie ; il fut le père de Ramsès II.

SÉTIF → ***Stif.***

SETTAT, v. du Maroc ; 65 000 h.

Settons *(réservoir des),* lac-réservoir situé dans le Morvan et alimenté par la Cure.

SETÚBAL, port du Portugal, sur l'estuaire du Sado ; 83 548 h. Anc. couvent de Jésus (église gothique et manuéline de la fin du XVe s. ; musée).

SEUDRE (la), fl. côtier de la Charente-Maritime ; 69 km. Ostréiculture.

SEURAT (Georges), peintre et dessinateur français (Paris 1859 - *id.* 1891). Initiateur et maître du divisionnisme, il a cherché à reconstruire, selon une harmonie rigoureuse dont les bases se voulaient scientifiques, la forme que Monet dissolvait (*Un dimanche* après-midi à la Grande Jatte,* 1884/85 ; *les Poseuses,* 1888, Merion, Pennsylvanie ; *le Cirque,* 1890/91, musée d'Orsay). Il fut, avec Signac, un des fondateurs du salon des Indépendants (1884).

SEURRE (21250), ch.-l. de c. de la Côte-d'Or ; 2 819 h. Monuments anciens.

SEVAN *(lac),* lac d'Arménie ; 1 416 km^2.

SÉVERAC (Déodat **de**), compositeur français (Saint-Félix-de-Caraman 1872 - Céret 1921). Il a fait part de son attachement au Roussillon dans un opéra *(le Cœur du moulin)* et dans des recueils pour piano *(En Languedoc, Cerdaña).*

SÉVÉRAC-LE-CHÂTEAU (12150), ch.-l. de c. de l'Aveyron ; 2 521 h. Restes d'un château ; vieilles maisons.

SÉVÈRE, en lat. **Flavius Valerius Severus** (en Illyrie - Rome 307), empereur romain (306-307). Nommé César par Dioclétien puis Auguste par Galère, il fut vaincu par Maxence et mis à mort.

SÉVÈRE, en lat. **Libius Severus** (en Lucanie - Rome 465), empereur romain d'Occident (461-465).

SÉVÈRE ALEXANDRE, en lat. **Marcus Aurelius Severus Alexander** (Arca Caesarea, Phénicie, 205 ou 208 - Germanie 235), empereur romain (222-235). Partisan du syncrétisme religieux, il toléra le christianisme. Il fut tué au cours d'une sédition militaire.

SÉVÈRES (les), dynastie romaine (193-235), qui compta les empereurs Septime Sévère, Caracalla, Geta, Élagabal et Sévère Alexandre. À leur règne succéda l'anarchie militaire (235-270).

SÉVERIN *(saint),* apôtre du Norique (m. v. 482), originaire d'Orient. Son corps est vénéré à Naples.

SÉVERIN *(saint),* ermite (m. v. 540). Il vécut sur les bords de la Seine, à Paris, et forma saint Cloud à la vie monastique.

SEVERINI (Gino), peintre italien (Cortona, prov. d'Arezzo, 1883 - Paris 1966). Il s'installa en 1906 à Paris, où il devint le principal représentant du futurisme, également attiré par le cubisme. Après 1920, il se consacra notamment à l'art sacré et à la mosaïque.

SEVERN (la), fl. de Grande-Bretagne, qui se jette par un estuaire dans le canal de Bristol (Atlantique) ; 290 km.

SEVERNAÏA ZEMLIA (« Terre du Nord »), archipel arctique de la Russie, entre la mer de Kara et la mer des Laptev.

SEVERODVINSK, v. de Russie, sur la mer Blanche ; 249 000 h.

SEVESO, v. d'Italie (Lombardie), au nord de Milan ; 17 672 h. Pollution chimique (dioxine) en 1976.

SÉVIGNÉ (Marie **de Rabutin-Chantal,** *marquise* **de**), femme de lettres française (Paris 1626 - Grignan 1696). Elle écrivit, pendant plus de trente ans, des *Lettres,* qui forment un témoignage pittoresque sur les mœurs du temps et qui, par leur style impressionniste, rompent avec le formalisme rhétorique du genre.

la marquise de **Sévigné**
(P. Mignard - musée Carnavalet, Paris)

SÉVILLE, en esp. **Sevilla,** v. d'Espagne, cap. de la communauté autonome d'Andalousie et ch.-l. de prov., sur le Guadalquivir ; 683 028 h. *(Sévillans).* Archevêché. Centre commercial et touristique. — Alcazar, surtout du XIVe s. (art mudéjar ; beaux décors et jardins). Cathédrale du XVe s. (nombreuses œuvres d'art) avec tour de la *Giralda,* minaret de l'anc. Grande Mosquée, surélevé au XVIe s. Édifices civils, palais et églises de l'époque mudéjare au baroque. Musée provincial (Zurbarán, Murillo, Valdés Leal, Martínez Montañés...). — Séville, l'*Hispalis* ibérique puis romaine, fut une des villes les plus florissantes de l'Espagne arabe. Après avoir appartenu au califat omeyyade (712-1031), la ville devint la capitale des Abbadides et connut une grande prospérité à l'époque almohade (XIIe s.). Conquise par Ferdinand III de Castille (1248), elle obtint au XVIe s. le monopole du commerce avec le Nouveau Monde.

Séville : la tour de la Giralda (XIIe s. ; surélevée au XVIe s.).

SEVRAN (93270), ch.-l. de c. de la Seine-Saint-Denis ; 48 564 h. *(Sevranais).* Industrie photographique. Parc forestier.

SÈVRE NANTAISE (la), riv. de France, qui rejoint la Loire (r. g.) à Nantes ; 126 km.

SÈVRE NIORTAISE (la), fl. de France, qui naît dans le dép. des Deux-Sèvres, passe à Niort et rejoint l'Atlantique ; 150 km.

SÈVRES (92310), ch.-l. de c. des Hauts-de-Seine, sur la Seine ; 22 057 h. *(Sévriens).* Pavillon de Breteuil, siège du Bureau international des poids et mesures. Manufacture royale, puis nationale, de porcelaine, installée en 1756 dans le parc de Saint-Cloud (elle fonctionnait avant cette date à Vincennes). Musée national de Céramique.

SÈVRES (DEUX-) [**79**], dép. de la Région Poitou-Charentes ; ch.-l. de dép. *Niort ;* ch.-l. d'arr. *Bressuire, Parthenay ;* 3 arr., 33 cant., 307 comm. ; 5 999 km^2 ; 345 965 h. Le dép. est rattaché à l'académie et à la cour d'appel de Poitiers, à la région militaire Atlantique. La moitié nord, appartenant en majeure partie au Massif armoricain, est une région surtout bocagère, vouée à l'élevage bovin pour la viande et les produits laitiers ; elle s'oppose à la partie méridionale, formée de plaines calcaires, découvertes, consacrées surtout aux céréales. L'industrie est seulement représentée par quelques usines alimentaires et textiles, par des constructions mécaniques et, localement (à Niort, seule ville importante), par le travail du bois et du cuir.

Sèvres *(traité de)* [10 août 1920], traité signé entre l'Empire ottoman et les Alliés qui réduisait considérablement le territoire ottoman ; il fut révisé en 1923 par le traité de Lausanne, consécutif aux victoires turques.

SEXTUS EMPIRICUS, philosophe et médecin grec (Mytilène ? IIe-IIIe s. apr. J.-C.). Il vécut à Alexandrie et à Athènes. Il a développé une forme de scepticisme pratique à l'égard des sciences ; en médecine, il a préconisé l'observation des phénomènes pathologiques pour le choix des remèdes.

SEYCHELLES (les), État insulaire de l'océan Indien, au nord-est de Madagascar, constitué par un archipel granitique ; 410 km² ; 70 000 h. CAP. *Victoria* (dans l'île Mahé). LANGUES : *créole, français* et *anglais.* MONNAIE : *roupie des Seychelles.* Occupées par les Français en 1756, les Seychelles passèrent sous le contrôle britannique en 1814. Depuis 1976, elles forment un État indépendant, membre du Commonwealth.

SEYCHES (47350), ch.-l. de c. de Lot-et-Garonne ; 1030 h.

SEYMOUR (Edward), *duc* **de Somerset** (v. 1500 - Londres 1552), frère de Jeanne Seymour. Il fut protecteur d'Angleterre (régent) pendant la minorité d'Édouard VI. Il consolida la Réforme protestante et s'efforça de soulager les classes populaires. Il fut renversé par Dudley, puis emprisonné et exécuté.

SEYMOUR (Jeanne) → ***Jeanne Seymour.***

SEYNE (04140), ch.-l. de c. des Alpes-de-Haute-Provence ; 1 229 h. Église romane.

SEYNE-SUR-MER (La) [83500], ch.-l. de c. du Var, sur la rade de Toulon ; 60 567 h. *(Seynois).*

SEYNOD (74600), ch.-l. de c. de la Haute-Savoie ; 14 837 h.

SEYSSEL (74910), ch.-l. de c. de la Haute-Savoie, sur le Rhône, en face de *Seyssel* (ch.-l. de c. de l'Ain [01420 ; 825 h.]) ; 1 710 h. Barrage et centrale hydroélectrique.

SEYSSINET-PARISET (38170), comm. de l'Isère ; 13 292 h. Robotique.

SEYSSINS (38180), comm. de l'Isère ; 7 058 h.

SÉZANNE (51120), ch.-l. de c. de la Marne ; 5 950 h.

SFAX, port de Tunisie, sur le golfe de Gabès ; 232 000 h. Chimie. Exportation de phosphates. Remparts du IXe s. Grande Mosquée (IXe-XIe s.).

S. F. I. O., sigle de *Section française de l'Internationale ouvrière,* qui a désigné le parti socialiste français de 1905 à 1971.

SFORZA, seconde dynastie ducale de Milan (1450-1535). Elle est issue de **Muzio** (ou **Giacomo**) **Attendolo** (Cotignola 1369 - près de Pescara 1424), condottiere italien qui servit Milan, puis Florence, Ferrare et Naples. Ses descendants les plus célèbres sont : **François Ier** (San Miniato 1401 - Milan 1466), duc en 1450, fils de Muzio ; — **Galéas-Marie** (Fermo 1444 - Milan 1476), fils du précédent, duc en 1466, mort assassiné ; — **Jean-Galéas** (Abbiategrasso 1469 - Pavie 1494), fils de Galéas-Marie, qui régna sous la régence de sa mère, puis fut évincé par son oncle Ludovic (→ ***Ludovic Sforza** le More*) ; — **Maximilien** (1493 - Paris 1530), fils de Ludovic, duc en 1512, qui fut battu à Marignan (1515) et dut céder ses États au roi de France François Ier ; — **François II** (1495-1535), deuxième fils de Ludovic le More, qui récupéra son duché grâce à Charles Quint, à qui il le légua en mourant.

Sganarelle, personnage comique créé par Molière. Il apparaît en des rôles assez différents : mari jaloux *(Sganarelle ou le Cocu imaginaire),* tuteur *(l'École des maris),* valet *(Dom Juan),* père *(l'Amour médecin),* fagotier *(le Médecin malgré lui).*

SHAANXI ou **CHEN-SI,** prov. de la Chine du Nord ; 200 000 km² ; 28 904 000 h. Cap. *Xi'an.*

SHABA, anc. **Katanga,** région du sud du Zaïre ; 497 000 km² ; 3 874 000 h. Ch.-l. *Lubumbashi.* Production de cuivre (surtout), de manganèse, de plomb et d'uranium.

SHACKLETON (*sir* Ernest), explorateur britannique (Kilkee, Irlande, 1874 - Géorgie du Sud 1922). Il tenta, sans succès, d'atteindre le pôle Sud et mourut au cours d'une expédition.

SHAFTESBURY (Anthony **Ashley Cooper,** *comte* **de**), homme d'État anglais (Wimborne 1621 - Amsterdam 1683). Chef de l'opposition whig à Charles II et partisan de Monmouth, il dut fuir en Hollande en 1682.

SHĀHJAHĀNPUR, v. de l'Inde (Uttar Pradesh) ; 260 260 h.

SHÂHPUR → ***Châhpuhr.***

SHAKESPEARE (William), poète dramatique anglais (Stratford-on-Avon 1564 - *id.* 1616). On possède si peu de renseignements précis sur sa vie que certains lui ont dénié la paternité de son œuvre pour faire de lui le prête-nom de personnages illustres, comme Francis Bacon ou le comte d'Oxford : on sait, cependant, qu'il était fils d'un commerçant ruiné, qu'il se maria à dix-huit ans et qu'en 1594 il était acteur et actionnaire de la troupe du lord chambellan. En 1598, il s'installe au théâtre du Globe et, en 1613, il se retire à Stratford. Son œuvre, qui comprend des poèmes *(Vénus et Adonis)* et un recueil de sonnets, est essentiellement dramatique. On peut distinguer dans son théâtre trois périodes : la jeunesse (1590-1600), marquée par un enthousiasme très élisabéthain, qui est l'époque des comédies légères et des fresques historiques *(Henri VI, Richard* III, la Mégère* apprivoisée, Roméo* et Juliette, le Songe* d'une nuit d'été, le Marchand de Venise, Beaucoup de bruit pour rien, Jules César, Comme* il vous plaira, les Joyeuses* Commères de Windsor, la Nuit des rois)* ; une période (1600-1608) où, sous l'effet des déceptions politiques et personnelles, les tragédies sombres alternent avec quelques comédies *(Hamlet*, Othello*, Macbeth*, le Roi* Lear, Antoine* et Cléopâtre, Coriolan*, Timon d'Athènes)* ; à partir de 1608, le retour à l'apaisement avec les pièces romanesques *(Cymbeline, Conte d'hiver, la Tempête*).* Écrit pour un public composé d'hommes du peuple et d'aristocrates, ce théâtre étonne par la variété et la vigueur du style, par le foisonnement des personnages et leur diversité sociale et psychologique, par la maîtrise de la construction dramatique.

SHAMIR (Yitzhak), homme politique israélien (en Pologne 1915). Ministre des Affaires étrangères (1980-1986), il est Premier ministre en 1983-84 et à nouveau de 1986 à 1992.

SHANDONG ou **CHAN-TONG,** prov. de la Chine orientale ; 150 000 km² ; 74 840 000 h. Cap. *Jinan.*

Shakespeare (portrait présumé - National Portrait Gallery, Londres)

SHANGHAI ou **CHANG-HAI,** premier port de Chine, établi sur le Huangpu au débouché du Yangzi Jiang. Il forme un district municipal (6 000 km², 11 860 000 h.) dépendant du pouvoir central. Premier centre industriel de Chine (chimie, métallurgie, constructions électriques, textile, alimentation).

SHANKAR (Ravi), compositeur et joueur de sitar indien (Bénarès 1920). Il composa notamment des concertos pour sitar et des ballets.

SHANNON (le), principal fl. d'Irlande, tributaire de l'Atlantique ; 368 km. Il forme plusieurs lacs.

SHANNON (Claude Elwood), mathématicien américain (Gaylord, Michigan, 1916), auteur, avec W. Weaver, de la *Théorie mathématique de la communication* (1949).

SHANTOU ou **CHAN-T'EOU,** dit aussi **Swatow,** port de Chine (Guangdong) ; 500 000 h.

SHANXI ou **CHAN-SI,** prov. de la Chine du Nord ; 156 000 km² ; 25 291 000 h. Cap. *Taiyuan.* Mines de fer et de charbon.

SHAPE (abrév. de *Supreme Headquarters Allied Powers Europe*), quartier général européen des forces alliées du pacte de l'Atlantique Nord, installé en 1951 à Rocquencourt (Yvelines) et, depuis 1967, sur le territoire des anc. comm. de Casteau et de Maisières (auj. intégré dans la comm. de Mons).

SHAPLEY (Harlow), astrophysicien américain (Nashville, Missouri, 1885 - Boulder, Colorado, 1972). Il calibra la relation période-luminosité des céphéides, mise en évidence par H. Leavitt, et put ainsi déterminer la distance de nombreux amas globulaires et préciser la structure de la Galaxie.

SHARAKU ou **TŌSHŪSAI SHARAKU,** dessinateur d'estampes japonais, actif en 1794 et 1795, célèbre pour ses portraits d'acteurs, dont la sobriété technique accuse la richesse psychologique.

SHARON, plaine du littoral de l'État d'Israël, au sud du mont Carmel.

SHAW (George Bernard), écrivain irlandais (Dublin 1856 - Ayot Saint Lawrence, Hertfordshire, 1950), auteur de romans, d'essais et de pièces de théâtre (*le Héros et le Soldat,* 1894 ; *Pygmalion,* 1913 ; *Sainte Jeanne,* 1923), où se révèlent son humour et son pessimisme. (Prix Nobel 1925.)

SHAWINIGAN, v. du Canada (Québec), sur le Saint-Maurice ; 19 931 h. Centre industriel.

SHAWN (Ted), danseur et chorégraphe américain (Kansas City, Missouri, 1891 - Orlando, Floride, 1972). Il est un des fondateurs de la danse moderne aux États-Unis.

SHEBELI → ***Chébéli.***

SHEFFIELD, v. de Grande-Bretagne (Yorkshire) ; 536 000 h. Centre métallurgique. Musées.

Shéhérazade, suite symphonique de Rimski-Korsakov (1889), inspirée des *Contes des mille et une nuits.*

SHELLEY (Percy Bysshe), poète britannique (Field Place, Sussex, 1792 - au large de La Spezia 1822), auteur d'essais, de poèmes *(la Reine Mab, Prométhée délivré, l'Ode au vent d'ouest),* de drames *(les Cenci),* où l'inspiration romantique, marquée par le désir de lier l'homme et la nature en un même rythme vital, s'unit à l'influence de Platon. — Sa femme, **Mary Wollstonecraft** (Londres 1797 - *id.* 1851), est l'auteur du roman noir *Frankenstein ou le Prométhée moderne* (1818).

SHENYANG ou **CHEN-YANG,** anc. **Moukden,** v. de la Chine, cap. du Liaoning ; env. 4,5 millions d'h. Métropole de la Chine du Nord-Est, centre administratif, universitaire et industriel.

SHENZHEN ou **CHEN-TCHEN,** v. de Chine (Guangdong), près de Hongkong ; 300 000 h.

SHEN ZHOU ou **CHEN TCHEOU,** peintre chinois (Suzhou 1427-1509). Il est le plus important de l'école Wu (l'école des amateurs lettrés de Suzhou). Son œuvre est une interprétation féconde des maîtres du passé.

SHEPP (Archie), saxophoniste de jazz noir américain (Fort Lauderdale, Floride, 1937). Il s'est imposé comme l'un des plus talentueux représentants du free jazz, mais a opéré un retour aux sources de la musique afro-américaine.

SHERATON (Thomas), ébéniste et ornemaniste britannique (Stockton on Tees, Durham, 1751 - Londres 1806), auteur de recueils dessinés de meubles et de décors.

SHERBROOKE, v. du Canada (Québec), dans les cantons de l'Est ; 76 429 h. Archevêché. Université. Centre commercial et industriel.

SHERIDAN (Richard Brinsley), auteur dramatique et homme politique britannique (Dublin 1751 - Londres 1816). Auteur de comédies *(les Rivaux, l'École de la médisance),* il abandonna les lettres pour la politique et fit partie de plusieurs ministères whigs.

SHERMAN (William), général américain (Lancaster, Ohio, 1820 - New York 1891). Un des meilleurs chefs nordistes de la guerre de Sécession, il reste célèbre par sa « Grande Marche vers la mer » (1864).

SHERPA, peuple montagnard du Népal.

SHERRINGTON (*sir* Charles Scott), physiologiste britannique (Londres 1857 - Eastbourne 1952), prix Nobel en 1932 pour ses recherches sur le système nerveux.

SHETLAND ou **ZETLAND,** archipel au nord de l'Écosse ; 1 425 km² ; 23 000 h. Ch.-l. *Lerwick.* Terminal pétrolier (Sullom Voe).

SHETLAND DU SUD, archipel britannique, au S. des Falkland, dont il dépend.

Shiji ou **Che-ki** *(Mémoires historiques),* histoire de la Chine rédigée par Sima Qian vers la fin du IIe et le début du Ier s. av. J.-C., qui se compose d'*Annales,* de *Tableaux chronologiques,* de monographies et de biographies.

SHIJIAZHUANG ou **CHE-KIA-TCHOUANG,** v. de Chine, cap. du Hebei ; 1 070 000 h. Carrefour ferroviaire et centre industriel.

Shijing ou **Che-king,** un des cinq « classiques » chinois : anthologie de l'ancienne poésie chinoise, rassemblant des chansons d'amour et des hymnes religieux (VIe-IIe s. av. J.-C.).

SHIKOKU, une des îles du Japon, au sud de Honshū ; 18 800 km² ; 4 195 069 h.

SHILLONG, v. de l'Inde, cap. du Meghalaya, sur le *plateau de Shillong ;* 222 273 h.

SHILLUK ou **CHILLOUK,** peuple du Soudan méridional.

SHIMAZAKI TŌSON, écrivain japonais (Magome 1872 - Ōiso 1943). D'abord poète romantique, il devint le chef du mouvement naturaliste avec la publication de son roman *Hakai (Transgression)* [1906].

SHIMIZU, port du Japon (Honshū) ; 241 523 h.

SHIMONOSEKI, port du Japon (Honshū), sur le *détroit de Shimonoseki,* qui sépare Honshū de Kyūshū ; 262 635 h.

Shimonoseki *(traité de)* [17 avr. 1895], traité signé entre le Japon et la Chine à la fin de la guerre sino-japonaise, aux termes duquel la Chine dut reconnaître l'indépendance de la Corée et céder Formose au Japon.

SHISHA PANGMA → ***Xixabangma.***

SHI TAO ou **CHE T'AO,** peintre calligraphe, poète et théoricien chinois (prov. du Guangxi 1641-v. 1720), le plus inventif des « individualistes » de l'époque Qing, qui laisse aussi de célèbres *Propos sur la peinture.*

SHIVA → ***Śiva.***

SHIZUOKA, v. du Japon (Honshū) ; 472 196 h. Centre commercial, industriel et universitaire.

SHKODËR ou **SHKODRA,** v. de l'Albanie septentrionale, sur le *lac de Shkodër ;* 62 000 h. Citadelle médiévale.

SHLONSKY (Abraham), écrivain israélien (Krementchoug, Ukraine, 1900 - Tel Aviv 1973), le chef spirituel de la poésie israélienne moderne *(Pierres de la désolation, le Livre des échelles).*

Shoah (la), mot hébreu, signifiant « catastrophe », désignant plus particulièrement l'entreprise d'extermination du peuple juif par les nazis.

SHOLĀPUR, v. de l'Inde (Mahārāshtra) ; 620 499 h.

SHOLES (Christopher Latham), inventeur américain (Mooresburg, Pennsylvanie, 1819 - Milwaukee, Wisconsin, 1890). Il mit au point avec Samuel Soulé et Carlos Glidden la première machine à écrire (1867).

SHOSHONE, Indiens d'Amérique du Nord (Idaho, Nevada, Utah).

SHŌTOKU TAISHI (573-622), nom donné au prince Umayado, régent du Japon de 600 à 622. Il favorisa la propagation du bouddhisme et fit entrer le Japon dans l'orbite culturelle de la Chine.

SHQIPËRIA, nom albanais de l'**Albanie.**

SHREVEPORT, v. des États-Unis (Louisiane) ; 198 525 h.

SHREWSBURY, v. de Grande-Bretagne (Angleterre), ch.-l. du comté de Salop, sur la Severn ; 56 200 h. Noyau médiéval (églises, maisons à colombages).

SHUMWAY (Norman Edward), chirurgien américain (Kalamazoo, Michigan, 1923), précurseur de la chirurgie à cœur ouvert et des transplantations cardiaques.

SIALKOT, v. du Pakistan, près du Cachemire ; 296 000 h.

SIAM → ***Thaïlande.***

SIAM *(golfe de* ou *du),* anc. nom du golfe de Thaïlande.

SIAN → ***Xi'an.***

SIANG-T'AN → ***Xiangtan.***

SIBELIUS (Johan Julius Christian, dit **Jean**), compositeur finlandais (Hämeenlinna 1865 - Järvenpää 1957). D'une grande richesse d'inspiration, il a écrit un concerto de violon, sept symphonies, des poèmes symphoniques *(Tapiola),* des musiques de scène de caractère romantique.

SIBÉRIE, partie septentrionale de l'Asie.

GÉOGRAPHIE

Comprise entre l'Oural et le Pacifique, l'océan Arctique et les chaînes de l'Asie centrale, la Sibérie qui couvre plus de 12,5 millions de km² est presque exclusivement russe (débordant au Kazakhstan). Les plateaux d'entre Ienisseï et Lena y séparent une partie occidentale, basse et marécageuse, d'une région orientale, montagneuse. La rigueur du climat, aux hivers très froids et très longs, augmente généralement avec la longitude et la latitude. Avec la

Shanghai : vue partielle de l'ancien quartier des « concessions internationales » (XIXe s.), au bord du Huangpu.

George Bernard **Shaw**

disposition des reliefs, elle explique la succession zonale de la végétation : toundra, taïga, steppe. Les conditions climatiques, limitant considérablement les possibilités agricoles (les steppes du Sud-Ouest sont cependant partiellement mises en valeur), ont entravé le peuplement. Celui-ci (environ 25 millions d'habitants), amorcé avec la construction du Transsibérien, s'est développé rapidement, mais très localement, avec l'exploitation d'importantes ressources minières (charbon du Kouzbass, notamment) et, plus récemment, avec l'édification de grandes centrales hydrauliques (Bratsk, Krasnoïarsk) et l'extraction des hydrocarbures, qui ont amené l'implantation de l'industrie lourde.

PRÉHISTOIRE ET HISTOIRE

Progressivement libérée des glaces, la Sibérie a été le foyer de nombreuses cultures préhistoriques, dont celle de Malta (24000-22000 av. J.-C.), qui a produit des statuettes féminines en ivoire comptant parmi les plus anciennes formes d'art mobilier. À l'est, les cultures du Baïkal participent à l'élaboration du néolithique chinois. Au nord de l'Altaï, des sépultures princières (VIe- IIIe s. av. J.-C.) ont livré un riche mobilier funéraire au répertoire décoratif proche de celui des Scythes. 1428 : naissance du khanat mongol de Sibérie, par suite du démembrement de la Horde d'Or. V. 1582 : début de la colonisation russe (expédition d'Iermak). 1598 : les Cosaques détruisent le khanat de Sibérie. 1639 : les Russes atteignent la mer d'Okhotsk. 1860 : la Chine reconnaît la domination russe sur les territoires de l'Amour et de l'Oussouri. 1891-1916 : construction du Transsibérien. 1918-1922 : les Soviétiques éliminent les armées de Koltchak et les Japonais.

SIBIU, v. de Roumanie, en Transylvanie ; 169 696 h. Restes d'enceinte et autres souvenirs médiévaux. Musées.

SIBOUR (Marie-Dominique), prélat français (Saint-Paul-Trois-Châteaux 1792 - Paris 1857). Archevêque de Paris (1848), il fut assassiné par un prêtre interdit et dément.

SICAMBRES, peuple germanique établi dans le bassin de la Ruhr. Une partie s'installa en Gaule, où, à partir du IIIe s., elle se mêla aux Francs.

SICANES, population primitive de la Sicile occidentale, depuis le IIIe millénaire av. J.-C.

SICARD (Ambroise **Cucurron,** dit), pédagogue français (Le Fousseret 1742 - Paris 1822). Prêtre, il s'intéressa à l'éducation des sourds-muets. (Acad. fr.)

SICHEM, cité cananéenne de la Palestine centrale, célèbre dans la Bible par le souvenir des patriarches. Métropole religieuse des Samaritains au retour de l'Exil, elle fut détruite au IIe s. av. J.-C. Vespasien fonda Naplouse en 72 apr. J.-C. à proximité de l'ancienne Sichem.

SICHUAN ou **SSEU-TCH'OUAN,** province la plus peuplée de la Chine ; 569 000 km² ; 99 731 000 h. Cap. *Chengdu.*

SICIÉ *(cap),* cap du dép. du Var ; 358 m.

SICILE, grande île italienne de la Méditerranée, constituant une région formée de neuf provinces : Agrigente, Caltanissetta, Catane, Enna, Messine, Palerme, Raguse, Syracuse et Trapani ; 25 708 km² ; 4 961 383 h. *(Siciliens).* Cap. *Palerme.*

GÉOGRAPHIE

Le nord de l'île, prolongement de l'Apennin, est montagneux, partiellement volcanique (Etna) et assez humide. Le centre et le sud, moins arrosés, sont formés de collines. Quelques petites plaines jalonnent le littoral, site des principales villes (Palerme, Catane, Messine). Malgré l'émigration, la densité de la population reste élevée. L'agriculture est variée, mais l'industrie demeure peu développée, beaucoup moins que le tourisme.

HISTOIRE

La préhistoire et l'Antiquité. IIIe-IIe millénaire : la Sicile est peuplée par les Sicanes (à l'O.), les Sicules (à l'E.) et les Élymes (au N.-O.). IXe s. av. J.-C. : les Phéniciens colonisent l'île. VIIIe s. : les Grecs les suivent, établissent sur la côte est comptoirs commerciaux et colonies de peuplement. Ve-IVe s. : Syracuse, fondée par Corinthe en 734, est la principale cité de l'île sur laquelle elle exerce son hégémonie. 212 av. J.-C. : après l'expulsion définitive des Carthaginois (première guerre punique), la conquête de Syracuse par Marcellus livre à Rome la Sicile, qui devient l'un de ses greniers à blé.

Le Moyen Âge. Ve s. apr. J.-C. : l'île subit successivement les incursions des Vandales et des Ostrogoths. 535 : Bélisaire reconquiert la Sicile pour le compte de Byzance. IXe-Xe s. : la conquête arabe la transforme en un émirat prospère et fait de Palerme un centre brillant de la culture islamique. 1061-1091 : Roger de Hauteville, frère de Robert Guiscard, établit la domination normande sur l'ensemble de l'île. XIIe s. : la Sicile devient le centre d'une monarchie riche et puissante, qui étend ses possessions hors de l'île et voit s'épanouir une civilisation brillante et composite. 1194-1250 : sous le gouvernement de la dynastie impériale des Hohenstaufen, et notamment de Frédéric II (1197-1250), la culture sicilienne connaît toujours le même éclat. 1266 : le pape couronne roi de Sicile Charles Ier d'Anjou, frère de Saint Louis. 1282 : la révolte des Vêpres siciliennes fait passer la Sicile sous le pouvoir de Pierre III d'Aragon. 1442 : les royaumes de Naples et de Sicile sont réunis et forment le royaume des Deux-Siciles.

L'époque moderne et contemporaine. 1458 : séparée de Naples, la Sicile reste à l'Aragon. 1713 : elle est attribuée à la maison de Savoie. 1718 : celle-ci la cède aux Habsbourg contre la Sardaigne. 1734 : le royaume des Deux-Siciles est reconstitué au profit de don Carlos de Bourbon et de sa descendance. 1860 : après l'invasion de l'île par les troupes garibaldiennes et le soulèvement qu'elle suscite, la Sicile est incorporée par plébiscite au royaume d'Italie. 1948 : éprouvée par la pauvreté et la Mafia, la Sicile reçoit un statut particulier d'autonomie.

SICILES (DEUX-) → *Deux-Siciles.*

SICULES, peuple primitif de l'est de la Sicile, qui a donné son nom à l'île.

SICYONE, v. de la Grèce ancienne (Péloponnèse). Elle connut une période brillante de 670 à 570 et au temps de la ligue Achéenne (IIIe s. av. J.-C.). Vestiges hellénistiques et romains.

SIDI BEL ABBES, v. d'Algérie, ch.-l. de wilaya ; 116 000 h. Garnison de base de la Légion étrangère française de 1843 à 1962.

Sidi-Brahim *(combats de)* [23-25 sept. 1845], célèbres combats livrés par le 8e bataillon de chasseurs contre les guerriers d'Abd el-Kader. Leur anniversaire est la fête de tradition des chasseurs à pied.

SIDI-FERRUCH, auj. **Sidi Fredj,** station balnéaire d'Algérie, à l'ouest d'Alger, sur les plages de laquelle débarqua le corps expéditionnaire français le 14 juin 1830.

SIDNEY (*sir* Philip), diplomate et écrivain anglais (Penshurst 1554 - Arnhem 1586), auteur de sonnets et d'un roman pastoral (*l'Arcadie,* 1590).

SIDOBRE (le), plateau granitique du sud-ouest du Massif central (Tarn).

SIDOINE APOLLINAIRE *(saint),* évêque de Clermont (Lyon v. 431 - Clermont-Ferrand v. 487). D'abord préfet de Rome, il défendit l'Auvergne contre les Wisigoths après son retour en Gaule. Il a laissé une œuvre poétique et épistolaire importante.

SIDON, auj. **Ṣaydā,** v. de Phénicie, capitale d'un royaume cananéen (XVe s. av. J.-C.), elle devint la rivale de Tyr et fut à son apogée du XIIe au Xe s. av. J.-C. Elle fut détruite par les Assyriens (677) puis par les Perses (343). Importantes nécropoles.

Siècle de Louis XIV (le), ouvrage historique de Voltaire (1751). Histoire du règne du Roi-Soleil, c'est aussi une critique du despotisme et du fanatisme.

SIEGBAHN (Manne), physicien suédois (Örebro 1886 - Stockholm 1978). Il étudia les spectres de rayons X et découvrit leur réfraction. (Prix Nobel 1924.)

SIEGEN, v. d'Allemagne (Rhénanie-du-Nord-Westphalie) ; 107 039 h.

SIEGFRIED, héros mythique germanique *(Chanson des Nibelungen),* le pendant du Scandinave *Sigurd**.

Siegfried → ***Tétralogie.***

SIEGFRIED (André), géographe et sociologue français (Le Havre 1875 - Paris 1959). Il fut le promoteur de la sociologie électorale. (Acad. fr.)

Siegfried *(ligne),* position fortifiée construite par l'Allemagne de 1936 à 1940 sur sa frontière occidentale. Elle fut conquise par les Alliés au cours de l'hiver 1944-45.

Siemens, société allemande de constructions électriques fondée à Berlin en 1847. Elle est l'un des principaux producteurs de matériels électriques du monde.

SIEMENS (von), famille d'ingénieurs et d'industriels allemands. — **Werner** (Lenthe, près de Hanovre, 1816 - Berlin 1892) établit la première grande ligne télégraphique européenne entre Berlin et Francfort (1848-49), et réalisa la première locomotive électrique (1879). — **Wilhelm** (Lenthe 1823 - Londres 1883), frère du précédent, émigré en 1844 en Grande-Bretagne, perfectionna le procédé d'élaboration de l'acier. — **Friedrich** (Menzendorf 1826 - Dresde 1904), frère des précédents, imagina avec Wilhelm le four à récupérateur de chaleur pour la fonte de l'acier et du verre (1856).

SIENKIEWICZ (Henryk), romancier polonais (Wola Okrzejska 1846 - Vevey, Suisse, 1916), auteur de *Quo vadis ?* (1896). [Prix Nobel 1905.]

SIENNE, v. d'Italie (Toscane), ch.-l. de prov. ; 56 969 h. *(Siennois).* Archevêché. Le visage de la vieille ville demeure celui qu'ont modelé les XIIIe et XIVe s. Cathédrale des XIIe-XIVe s. (chaire de Nicola Pisano, dallage historié et nombreuses œuvres d'art). Sur la célèbre place en éventail du *Campo,* Palais public du XIVe s., au campanile élancé (fresques de S. Martini et d'A. Lorenzetti ; reliefs de la *Fonte Gaia* de Jacopo della Quercia). Églises et palais. Musée de l'Œuvre de la cathédrale (*Maestà* de Duccio). Pinacothèque.

SIERCK-LES-BAINS [sjɛrk-] (57480), ch.-l. de c. de la Moselle ; 1 838 h. Vestiges médiévaux.

SIERENTZ (68510), ch.-l. de c. du Haut-Rhin ; 2 111 h.

SIERPIŃSKI (Wacław), mathématicien polonais (Varsovie 1882 - *id.* 1969), chef de l'école mathématique polonaise moderne.

SIERRA LEONE (la), État de l'Afrique occidentale ; 72 000 km² ; 4 500 000 h. CAP. *Freetown.* LANGUE : *anglais.* MONNAIE : *leone.* Dans ce pays proche de l'équateur, au climat tropical humide, les industries extractives dominent (fer, bauxite et diamants) malgré la présence de cultures commerciales (caféiers, cacaoyers).

HISTOIRE

1462 : le Portugais Pedro de Sintra découvre

la péninsule, que domine alors le royaume Sapes, et lui donne son nom actuel (« Montagne du lion »). XVIe s. : des guerriers d'origine mandé, venus de l'arrière-pays, envahissent la région et fournissent des esclaves aux négriers européens. XVIIe s. : les commerçants britanniques évincent les Portugais. 1787 : à la suite des campagnes antiesclavagistes, le gouvernement britannique crée Freetown pour les premiers esclaves libérés de la Nouvelle-Angleterre et des Antilles. 1808 : la Sierra Leone devient colonie de la Couronne. XIXe s. : l'intérieur du pays constitue un protectorat, entité administrative distincte de la colonie, tandis que la frontière est fixée avec le Liberia et la Guinée. 1924 : la Sierra Leone reçoit une constitution. 1947 : seconde constitution, qui entre en vigueur en 1951. 1961 : la Sierra Leone devient indépendante dans le cadre du Commonwealth. 1971 : après dix années d'instabilité politique, la république est proclamée ; son président, en même temps Premier ministre, est Siaka Stevens, qui instaure en 1978 un système de parti unique. 1985 : le général Joseph Momoh succède à S. Stevens, démissionnaire. 1992 : en dépit de la transition démocratique engagée en 1991, le général Momoh est renversé par un coup d'État militaire. Le nouveau pouvoir, sous la conduite du capitaine Valentine Strasser, doit faire face à une rébellion qui se développe dans l'est du pays, à la frontière du Liberia. 1996 : le capitaine Strasser est écarté par un coup d'État militaire.

SIERRE, comm. de Suisse (Valais) ; 14 143 h. Tourisme.

SIEYÈS [sjejɛs] (Emmanuel Joseph), homme politique français (Fréjus 1748 - Paris 1836). Vicaire général de Chartres, il publia en 1789 une brochure, *Qu'est-ce que le tiers état ?,* qui lui valut une grande popularité. Député du tiers aux États généraux, il se montra partisan d'une monarchie constitutionnelle mais, en 1792, député à la Convention, il vota la mort du roi. Membre et président des Cinq-Cents (1795), puis directeur (mai 1799), il se servit de Bonaparte pour se débarrasser du Directoire et imposer un régime fort. Mais le coup d'État de brumaire an VIII (nov. 1799) profita à Bonaparte, qui fit de Sieyès un deuxième consul provisoire. Après 1800, celui-ci ne joua plus qu'un rôle secondaire. (Acad. fr.)

SIGEAN (11130), ch.-l. de c. de l'Aude ; 3 452 h. Réserve zoologique. — Sur l'*étang de Sigean,* salines.

SIGEBERT Ier (535 - Vitry-en-Artois 575), roi d'Austrasie (561-575), fils de Clotaire Ier et époux de Brunehaut. Il fut assassiné par ordre de Frédégonde. — **Sigebert II** (v. 601-613), roi de Bourgogne et d'Austrasie (613). — **Sigebert III** (631-656), roi d'Austrasie (634-656), fils de Dagobert Ier. Il régna en fait sous la tutelle du maire du palais Grimoald.

SIGEBERT de Gembloux, chroniqueur brabançon (en Brabant v. 1030 - Gembloux 1112). Moine à l'abbaye bénédictine de Gembloux, il est l'auteur de la *Chronicon* ou *Chronographia,* chronique qui s'étend de 381 à 1111 et qui est particulièrement précieuse pour la période contemporaine de l'auteur.

SIGER de Brabant, théologien brabançon (v. 1235 - Orvieto 1281 ou 1284). Professeur à la faculté de Paris, son enseignement profondément empreint d'aristotélisme le fit taxer d'averroïsme par saint Thomas. Il mourut sans doute assassiné.

SIGIRIYA, site archéologique de Sri Lanka (Province centrale). Forteresse royale, dont les salles rupestres sont ornées de fresques (Ve s.).

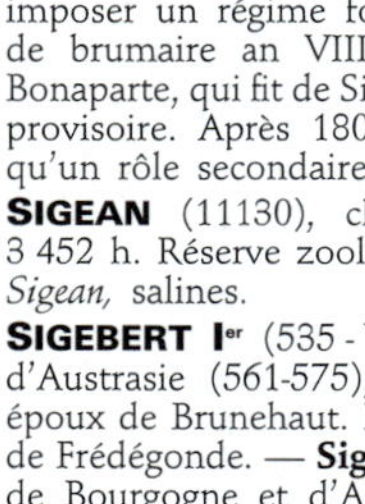

Sieyès (gravure de L.A. Claessens)

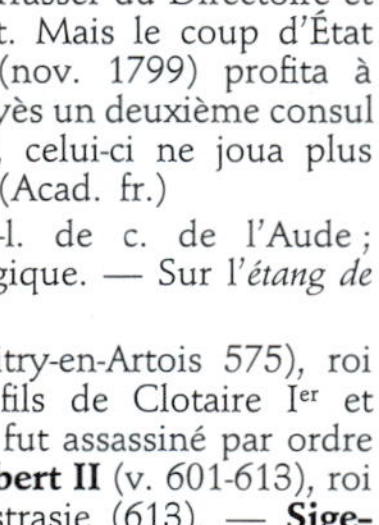

Simone **Signoret**

SIGISMOND *(saint)* [m. près d'Orléans en 523], roi des Burgondes (516-523), fils de Gondebaud. Il fut tué par ordre de Clodomir. Converti de l'arianisme au catholicisme, il fonda le monastère de Saint-Maurice d'Agaune.

SIGISMOND de Luxembourg (Nuremberg 1368 - Znaim 1437), roi de Hongrie (1387-1437), roi des Romains (1411-1433), empereur germanique (1433-1437) et roi de Bohême (1419-1437). Au concile de Constance, qu'il avait convoqué (1414), il laissa condamner le réformateur tchèque Jan Hus. Il ne fut reconnu roi de Bohême qu'en 1436.

SIGISMOND Ier JAGELLON le Vieux (Kozienice 1467 - Cracovie 1548), grand-duc de Lituanie et roi de Pologne de 1506 à 1548. — **Sigismond II Auguste Jagellon** (Cracovie 1520 - Knyszyn 1572), grand-duc de Lituanie et roi de Pologne de 1548 à 1572. Il prépara l'Union de Lublin (1569). — **Sigismond III Vasa** (Gripsholm 1566 - Varsovie 1632), roi de Pologne de 1587 à 1632 et roi de Suède de 1592 à 1599.

SIGMARINGEN, v. d'Allemagne (Bade-Wurtemberg), sur le Danube ; 15 827 h. Cap. de l'anc. principauté de Hohenzollern. Siège du gouvernement de Vichy et résidence de Pétain (1944-45).

SIGNAC (Paul), peintre français (Paris 1863 - *id.* 1935). Ami et continuateur de Seurat, il publia *D'Eugène Delacroix au néo-impressionnisme* (1899). La même recherche de la lumière caractérise ses toiles, divisionnistes, et ses aquarelles, d'une facture plus libre.

SIGNORELLI (Luca), peintre italien (Cortone v. 1445 - *id.* 1523). Héritier de Piero della Francesca, mais aussi d'A. del Pollaiolo, il élabora un style d'une puissante tension, qui fait de lui le plus grand fresquiste toscan de la fin du XVe s. (chapelle Sixtine, à Rome, 1481 ; cloître de Monte Oliveto Maggiore, près de Sienne ; chapelle S. Brizio de la cathédrale d'Orvieto, 1499-1504).

SIGNORET (Simone **Kaminker,** dite **Simone**), actrice française (Wiesbaden 1921 - Autheuil-Authouillet, Eure, 1985). De *Casque d'or* (J. Becker, 1952) à *la Vie devant soi* (M. Mizrahi, 1977) en passant par *Thérèse Raquin* (M. Carné, 1953) ou *la Veuve Couderc* (P. Granier-Deferre, 1971), elle s'est imposée comme l'une des personnalités marquantes du cinéma français. Elle était l'épouse d'Yves Montand.

SIGNY-L'ABBAYE (08460), ch.-l. de c. des Ardennes ; 1 430 h. Articles de sports.

SIGNY-LE-PETIT (08380), ch.-l. de c. des Ardennes ; 1 282 h.

SIGÜENZA, v. d'Espagne (Castille-La Manche), sur le Henares ; 4 775 h. Imposante cathédrale romane et gothique (œuvres d'art). Musée.

SIGURD, héros mythique des Scandinaves, un des personnages de l'*Edda* et des *Nibelungen.* C'est le *Siegfried* germanique.

SIHANOUKVILLE, anc. **Kompong Som,** port du Cambodge ; 14 000 h.

SIKASSO, v. du Mali ; 47 000 h.

SIKELIANÓS (Ángelos), poète grec (Leucade 1884 - Athènes 1951), d'inspiration symboliste *(Prologue à la vie, Dédale en Crète).*

SIKHOTE-ALINE, massif de la Russie, sur le Pacifique ; 2 078 m.

SI-KIANG → ***Xi Jiang.***

SIKKIM, État de l'Inde, dans l'Himalaya oriental ; 7 300 km² ; 403 612 h. Cap. *Gangtok.*

HISTOIRE

V. 1641 : une dynastie tibétaine s'établit au Sikkim et y impose le bouddhisme comme religion d'État. 1774-1816 : le pays est partiellement annexé par le Népal. 1861-1950 : il est sous protectorat britannique. 1950-1974 : il passe sous celui de l'Inde. 1975 : il devient un État de l'Union indienne.

SIKORSKI (Władysław), général et homme politique polonais (Tuszow Narodowy 1881 - Gibraltar 1943). Après la défaite de 1939, il dirigea le gouvernement polonais réfugié en France, puis à Londres (1940), mais il se heurta au gouvernement soviétique. Il périt dans un accident aérien.

SILÈNE, divinité grecque qui fut le père nourricier de Dionysos. Il appartenait à un groupe de divinités des bois, proches des satyres.

SILÉSIE, en pol. **Śląsk,** en all. **Schlesien,** région d'Europe, traversée par l'Odra, partagée entre la Pologne (essentiellement) et la République tchèque (vers Ostrava). En Pologne, la *haute Silésie,* à l'E., est une grande région houillère et industrielle (métallurgie, chimie), centrée sur Katowice. La *basse Silésie,* à l'O., autour de Wrocław, demeure plus rurale.

HISTOIRE

Fin du Xe s. : après une forte poussée tchèque, la Pologne annexe la région. XIIIe s. : des colons allemands assurent sa mise en valeur. XIVe s. : les principautés silésiennes reconnaissent la suzeraineté de la Bohême. 1526 : elles entrent avec cette dernière dans l'État autrichien des Habsbourg. 1742 : la Prusse s'empare de la quasi-totalité de la Silésie. L'Autriche ne conserve que la partie méridionale de la haute Silésie. 1815 : la Silésie s'agrandit d'une partie de la Lusace. L'exploitation des charbonnages lui vaut un essor économique considérable. 1921 : un plébiscite aboutit au partage de l'ancienne Silésie autrichienne entre la Tchécoslovaquie et la Pologne, la Prusse conservant ses possessions. 1939 : Hitler occupe l'ensemble de la Silésie. 1945 : la fixation de la frontière Oder-Neisse inclut la Silésie dans le territoire administré par la Pologne ; la population allemande (3 millions de personnes) est expulsée.

SILHOUETTE (Étienne **de**), homme politique français (Limoges 1709 - Bry-sur-Marne 1767). Contrôleur général des Finances de Louis XV, il voulut restaurer les finances en taxant les privilégiés et les riches (1759). Ses ennemis donnèrent son nom à des dessins le représentant en quelques traits, pour symboliser ainsi l'état auquel ses mesures réduisaient ceux qu'elles touchaient.

SILLANPÄÄ (Frans Eemil), écrivain finlandais (Hämeenkyrö 1888 - Helsinki 1964), auteur de nouvelles et de romans qui peignent la vie et la nature finlandaises *(Sainte Misère, Silja).* [Prix Nobel 1939.]

SILLÉ-LE-GUILLAUME (72140), ch.-l. de c. de la Sarthe ; 2 697 h. Forêt. Constructions électriques. Église en partie du XIIIe s., château du XVe.

SILLERY (Nicolas **Brulart,** *marquis* **de**), diplomate français (Sillery 1544 - *id.* 1624). Il négocia la paix de Vervins (1598) avant d'être garde des Sceaux (1604), puis chancelier (1607-1624).

SILLITOE (Alan), écrivain britannique (Nottingham 1928), l'un des écrivains les plus représentatifs du groupe des « Jeunes Gens en colère » (*Samedi soir, dimanche matin,* 1958 ; *la Solitude du coureur de fond,* 1959).

Sillon (le), mouvement social d'inspiration chrétienne fondé en 1894 par Marc Sangnier et qui, condamné par Pie X, disparut en 1910, non sans avoir préparé la voie à la démocratie chrétienne.

SILLON ALPIN, nom donné à la dépression comprise entre les Préalpes françaises du Nord et les massifs centraux (val d'Arly, Combe de Savoie, Grésivaudan, vallée inférieure du Drac).

SILO, anc. v. de la Palestine, centre religieux des Hébreux jusqu'au règne de David.

SILOÉ (Gil **de**), sculpteur flamand, actif à Burgos dans le dernier quart du XVe s., auteur, à la chartreuse de Miraflores, d'un retable et de tombeaux d'un style gothique exubérant. — Son fils **Diego,** architecte et sculpteur (Burgos v. 1495 - Grenade 1563), séjourna en Italie, travailla à Burgos, puis se fixa à Grenade, où, à partir de 1528, il fit triompher le style de la Renaissance classique dans la construction de la cathédrale. Ce style sera repris aux cathédrales de Jaén, de Málaga, œuvres de D. de Siloé ou de ses continuateurs.

SILONE (Secondo **Tranquilli,** dit **Ignazio**), écrivain italien (Pescina Aquila 1900 - Genève 1978), auteur de romans réalistes *(le Pain et le Vin, le Grain sous la neige, le Renard et les Camélias).*

Silvacane (anc. *abbaye de*), dans le cant. de Lambesc, église et monastère typiques de l'architecture cistercienne provençale de la fin du XIIe s.

Silverstone, circuit automobile de Grande-Bretagne, au S.-O. de Northampton.

SILVESTRE (Israël), dessinateur et graveur français (Nancy 1621 - Paris 1691). Il travailla en Italie, puis fut au service de la Cour, à Paris, à partir de 1662.

SILVESTRE DE SACY (Antoine Isaac), orientaliste français (Paris 1758 - *id.* 1838). Il fut un initiateur dans le domaine des études arabes (*Grammaire arabe,* 1810).

SIMA QIAN ou **SSEU-MA TS'IEN,** écrivain chinois (v. 145 - v. 86 av. J.-C.), auteur du *Shiji**, livre historique de la Chine ancienne.

SIMA XIANGRU ou **SSEU-MA SIANG-JOU,** poète chinois (Chengdu 179 - Muling 117 av. J.-C.), un des auteurs les plus célèbres du genre *fu,* poésie aristocratique et savante.

SIMBIRSK, de 1924 à 1991 **Oulianovsk,** v. de Russie, sur la Volga ; 625 000 h. Patrie de Lénine.

SIMENON (Georges), écrivain belge d'expression française (Liège 1903 - Lausanne 1989), auteur de nouvelles *(le Bateau d'Émile),* de pièces de théâtre *(La neige était sale)* et de nombreux romans policiers reliés par la figure du commissaire Maigret *(Pietr-le-Letton, Maigret et le clochard).*

SIMÉON, tribu méridionale israélite, disparue au temps de David ; son ancêtre éponyme était le deuxième fils de Jacob.

SIMÉON *(saint),* personnage de l'Évangile de saint Luc, qui, lors de la présentation de Jésus au Temple, le proclama comme le Messie prédit par les Prophètes.

SIMÉON Stylite *(saint),* dit **l'Ancien,** ascète syrien (Sis, Cilicie, v. 390 - v. 459), qui vécut de longues années au sommet d'une colonne, partageant sa vie entre la prière et la prédication.

SIMÉON Ier (m. en 927), khan des Bulgares (893-927). Il investit Constantinople (913) pour s'y faire sacrer *basileus* puis envahit la Thrace et la Macédoine et soumit la Serbie (924).

SIMFEROPOL, v. d'Ukraine, en Crimée ; 344 000 h.

SIMIAND (François), sociologue et économiste français (Gières, près de Grenoble, 1873 - Saint-Raphaël 1935). Il est le véritable précurseur de l'histoire économique et sociale en France (*le Salaire, l'évolution sociale et la monnaie,* 1932).

SIMLA, v. de l'Inde, cap. de l'Himāchal Pradesh, à 2 205 m d'alt. ; 109 860 h.

SIMMENTAL, vallée de Suisse, dans les Alpes bernoises, drainée par la *Simme* (53 km).

SIMON *(saint),* dit **le Zélote,** apôtre de Jésus-Christ. La tradition le fait mourir martyr en Perse avec saint Jude.

SIMON STOCK *(saint),* carme anglais (Aylesford, Kent, v. 1165-1185 - Bordeaux 1265). La Vierge, dans une vision, lui aurait révélé la dévotion du scapulaire, dont il se fit le propagateur.

SIMON (Antoine), cordonnier français (Troyes 1736 - Paris 1794). Membre du conseil général de la Commune, il fut désigné comme gardien du Dauphin Louis XVII au Temple (1793-94). Il fut guillotiné après le 9-Thermidor.

SIMON (Claude), écrivain français (Tananarive 1913), l'un des principaux représentants du « nouveau roman » (*la Route des Flandres,* 1960 ; *la Bataille de Pharsale,* 1969 ; *Leçon de choses,* 1975 ; *les Géorgiques,* 1981 ; *l'Acacia,* 1989). [Prix Nobel 1985.]

SIMON (Herbert), économiste américain (Milwaukee 1916). Ses travaux ont porté, notamment, sur le mécanisme de la prise de décision économique. (Prix Nobel 1978.)

SIMON (Jules **Suisse,** dit **Jules**), homme politique français (Lorient 1814 - Paris 1896). Professeur de philosophie à la Sorbonne, attiré par les questions ouvrières, il fut élu député en 1848, et suspendu lors du coup d'État du 2 déc. 1851. Député de l'opposition républicaine (1863-1870), ministre de l'Instruction publique dans le gouvernement de la Défense nationale (1870) et de 1871 à 1873, il dirigea le gouvernement du 12 déc. 1876 au 16 mai 1877. Il mourut sénateur inamovible. (Acad. fr.)

SIMON (François, dit **Michel**), acteur français d'origine suisse (Genève 1895 - Bry-sur-Marne 1975). Il débuta au théâtre (*Jean de la Lune,* de M. Achard, 1929) et triompha au cinéma, imposant son anarchisme goguenard et sa sensibilité : *la Chienne* (J. Renoir, 1931) ; *Boudu sauvé des eaux* (id., 1932) ; *l'Atalante* (J. Vigo, 1934) ; *Drôle de drame* (M. Carné, 1937).

SIMON (Richard), historien et oratorien français (Dieppe 1638 - *id.* 1712), véritable fondateur de l'exégèse biblique (*Histoire critique du Vieux Testament,* 1678). Ses travaux se heurtèrent à l'incompréhension des théologiens contemporains.

SIMON le Mage, personnage des Actes des Apôtres. Magicien converti au christianisme, il voulut acheter à saint Pierre les pouvoirs de l'Esprit-Saint : d'où le nom de *simonie* donné au trafic des choses saintes. Les anciens auteurs ont vu en lui l'initiateur du gnosticisme.

SIMONIDE de Céos, poète lyrique grec (Iulis, île de Céos, v. 556 - Syracuse 467 av. J.-C.), un des créateurs du thrène et de l'ode triomphale.

SIMONOV (Kirill Mikhaïlovitch, dit **Konstantine**), écrivain russe (Petrograd 1915 - Moscou 1979), auteur de poèmes, de romans *(les Jours et les Nuits)* et de pièces de théâtre sur la Seconde Guerre mondiale.

SIMONSTOWN, v. de l'Afrique du Sud, au sud du Cap. Anc. base navale britannique, transférée à l'Afrique du Sud en 1957 et modernisée depuis 1969.

Simplicius Simplicissimus *(la Vie de l'aventurier),* roman picaresque de H. J. C. von Grimmelshausen (1669), sur fond de guerre de Trente Ans.

SIMPLON, passage des Alpes suisses, entre le Valais et le Piémont, à 2 009 m d'alt., utilisé par une route, praticable toute l'année ; elle est complétée par un tunnel ferroviaire de 19,8 km (à 700 m d'alt. de moyenne).

SINAÏ, péninsule montagneuse et désertique d'Égypte, entre les golfes de Suez et d''Aqaba ; 2 641 m. Gisements de pétrole. Une tradition ancienne y a localisé la « montagne de Dieu », où Moïse reçut de Yahvé le Décalogue. Au Ve s., le Sinaï fut un centre du monachisme chrétien. Enjeu de violents combats pendant les guerres israélo-arabes de 1967 et de 1973, la région, occupée par Israël, a été restituée à l'Égypte (1982).

SINAN (Mimar), architecte turc (près de Kayseri 1489 - Istanbul 1588). Sa synthèse géniale des traditions architecturales du Proche-Orient ancien et de Byzance en font le créateur fécond de l'architecture ottomane classique (mosquée Selimiye [1569-1574] à Edirne).

SINATRA (Frank), chanteur et acteur de cinéma américain (Hoboken, New Jersey, 1915). Sa voix chaude et la préférence qu'il donna toujours aux mélodies sentimentales firent de lui le chanteur de charme le plus célèbre du monde.

Georges **Simenon**

Claude **Simon**

Michel **Simon** (dans *l'Atalante*)

SINCLAIR (*sir* John), économiste britannique (Thurso Castle, Highland, Écosse, 1754 - Édimbourg 1835), un des fondateurs de la statistique.

SINCLAIR (Upton), écrivain américain (Baltimore 1878 - Bound Brook, New Jersey, 1968), auteur de romans sociaux (*la Jungle,* 1906 ; *le Pétrole,* 1927 ; *la Fin d'un monde,* 1940).

SIND (le), extrémité sud-est du Pakistan. V. pr. *Karāchi.* Région aride, partiellement mise en culture (riz, coton) grâce à l'irrigation.

SINDELFINGEN, v. d'Allemagne (Bade-Wurtemberg) ; 58 240 h. Construction automobile.

SI-NGAN → ***Xi'an.***

SINGAPOUR, en angl. **Singapore,** île de l'Asie du Sud-Est, formant un État, à l'extrémité sud de la péninsule Malaise ; 618 km² ; 2 700 000 h. CAP. *Singapour.* LANGUES : *anglais, chinois, malais* et *tamoul.* MONNAIE : *dollar de Singapour.* Base navale, important port de transit (caoutchouc, étain), centre financier et industriel dont la population, très dense, est formée d'une forte majorité de Chinois. L'île, britannique à partir de 1819 et occupée par les Japonais de 1942 à 1945, devient un des quatorze États de la Fédération de Malaisie (1963), puis se transforme en république indépendante (1965). Premier ministre à partir de 1959, Lee Kuan Yew préside au brillant essor économique de l'île. En 1990, il cède ses fonctions à Goh Chok Tong. (V. carte ***Asie du Sud-Est continentale.***)

Singapour : aspects traditionnel et moderne de la ville.

SINGER (Isaac Bashevis), écrivain américain d'expression yiddish (Radzymin, près de Varsovie, 1904 - Miami 1991). Ses romans font revivre la Pologne de son enfance sur le rythme des conteurs juifs traditionnels *(la Corne du bélier, le Magicien de Lublin).* [Prix Nobel 1978.]

SINGER (Isaac Merrit), inventeur américain (Pittstown, New York, 1811 - Torquay, Devon, 1875). Il mit au point les premiers modèles pratiques de machine à coudre (1851).

SIN-HIANG → ***Xinxiang.***

SI-NING → ***Xining.***

SIN-KIANG → ***Xinjiang.***

SIN-LE-NOBLE (59450), comm. du Nord ; 16 561 h.

SINNAMARY (le), fl. de la Guyane française ; 260 km.

Sinn Féin, mouvement nationaliste irlandais. Organisé à partir de 1902, notamment par A. Griffith, il est dirigé de 1917 à 1926 par E. De Valera. Après l'insurrection de 1916, il milite pour la création d'une République d'Irlande unie et s'oppose à la partition de l'île selon le traité de Londres (1921). Le Sinn Féin, tout en ne présentant plus de candidats aux élections après 1927 (cela jusqu'en 1957), conserve un certain rôle politique en raison de ses liens avec l'IRA, dont il constitue la tribune politique. Depuis 1982, il participe aux élections en Irlande du Nord.

sino-japonaises *(guerres),* conflits qui opposèrent le Japon et la Chine en 1894-95, puis de 1937 à 1945.

SINOP, anc. **Sinope,** port de Turquie, sur la mer Noire ; 25 537 h. Défaite navale infligée aux Turcs par les Russes (1853).

SINT-GENESIUS-RODE, en fr. **Rhode-Saint-Genèse,** comm. de Belgique (Brabant flamand) ; 17 861 h.

SINT-GILLIS-WAAS, comm. de Belgique (Flandre-Orientale) ; 16 195 h.

SINT-KATELIJNE-WAVER, en fr. **Wavre-Sainte-Catherine,** comm. de Belgique (prov. d'Anvers) ; 18 266 h.

SINT-MARTENS-LATEM → ***Laethem-Saint-Martin.***

SINT-NIKLAAS, en fr. **Saint-Nicolas,** v. de Belgique, ch.-l. d'arr. de la Flandre-Orientale ; 68 203 h. Musée.

SINT-PIETERS-LEEUW, en fr. **Leeuw-Saint-Pierre,** comm. de Belgique (Brabant flamand) ; 28 959 h.

SINTRA, station balnéaire et touristique du Portugal, à l'ouest de Lisbonne ; 16 000 h. Anc. palais royal des XIVe-XVIe s. Junot y signa en 1808, avec les Anglais, une convention prévoyant l'évacuation du Portugal par les Français.

SINUIJU, v. de la Corée du Nord, à la frontière chinoise ; 165 000 h.

SION, une des collines de Jérusalem. Ce terme est souvent synonyme de *Jérusalem.*

SION, v. de Suisse, sur le Rhône, ch.-l. du Valais ; 25 336 h. Cathédrale et église de Valère, romanes et gothiques. Musée historique.

SION-VAUDÉMONT, hauteur de Lorraine (Meurthe-et-Moselle), au S. de Nancy. Pèlerinage. C'est la « Colline inspirée » de Barrès.

SIOUAH ou **SĪWA,** oasis d'Égypte ; 6 000 h. C'est l'*oasis d'Amon* des Anciens.

SIOULE (la), riv. d'Auvergne, affl. de l'Allier (r. g.) ; 150 km.

SIOUX, ensemble de peuples de l'Amérique du Nord (Crow, Hidatsa, Winnebago, Iowa, Omaha, Osage, Dakota, etc.), parlant des langues voisines et qui vivaient dans les plaines s'étendant de l'Arkansas aux Rocheuses.

SIQUEIROS (David **Alfaro**), peintre mexicain (Chihuahua 1896 - Cuernavaca 1974), muraliste d'un expressionnisme violent.

SIRET (le), riv. de Roumanie, née dans les Carpates, affl. du Danube (r. g.) ; 700 km.

SIREY (Jean-Baptiste), jurisconsulte français (Sarlat 1762 - Limoges 1845), auteur en 1791 d'un *Recueil des lois et arrêts* dont la publication s'est toujours poursuivie sous le titre *Recueil Sirey,* puis *Recueil Dalloz-Sirey.*

SIRICE *(saint)* [Rome v. 320 - *id.* 399], pape de 384 à 399. Il est l'auteur de la plus ancienne décrétale de l'histoire de l'Église.

SIRIUS, étoile α de la constellation du Grand Chien, la plus brillante du Ciel.

SIRMIONE, v. d'Italie (Lombardie), sur le lac de Garde ; 5 231 h. Station thermale. Ruines romaines.

Sirven *(affaire)* [1764-1771], affaire judiciaire due à l'intolérance religieuse, dont la victime fut le protestant français Pierre Paul Sirven (Castres 1709 - en Suisse 1777). Il fut accusé d'avoir tué sa fille pour l'empêcher de se convertir au catholicisme. Condamné à mort par contumace, il se réfugia en Suisse, où il sollicita l'aide de Voltaire, qui obtint sa réhabilitation en 1771.

SISLEY (Alfred), peintre britannique de l'école française (Paris 1839 - Moret-sur-Loing 1899), un des principaux maîtres du paysage impressionniste.

SISMONDI (Jean Charles Léonard **Simonde de**), historien et économiste suisse (Genève 1773 - *id.* 1842). Auteur de *Nouveaux Principes d'économie politique* (1819), il a influencé les théoriciens socialistes.

SISSONNE (02150), ch.-l. de c. de l'Aisne ; 3 651 h. Camp militaire. Câbles.

SISTĀN ou **SÉISTAN,** région aride d'Iran et d'Afghanistan.

SISTERON (04200), ch.-l. de c. des Alpes-de-Haute-Provence, sur la Durance ; 6 789 h. Église romane, anc. cathédrale. Citadelle des XIIe-XVIe s.

SISYPHE, roi légendaire de Corinthe, célèbre pour ses crimes. Il fut condamné dans les Enfers à rouler sur la pente d'une montagne un rocher qui retombait toujours avant d'avoir atteint le sommet. Le *mythe de Sisyphe* est considéré comme le symbole de la condition humaine. Albert Camus a repris ce thème dans *le Mythe de Sisyphe* (1942).

SITRUK (Joseph), rabbin français (Tunis 1944). Il est grand rabbin de France depuis 1988.

SITTING BULL (« Taureau assis »), surnom donné à **Tatanka Iyotake,** chef des Sioux du Dakota (Grand River, Dakota du Sud, v. 1831 - *id.* 1890), adversaire des colons américains dans la conquête de l'Ouest.

SITTWE, anc. **Akyab,** port de Birmanie, sur le golfe du Bengale ; 143 000 h.

Situation de la classe laborieuse en Angleterre (la), ouvrage de F. Engels (1845), dont la méthode d'observation et les idées constituent un des fondements du marxisme.

SIUAN-HOUA → ***Xuanhua.***

SIU-TCHEOU → ***Xuzhou.***

ŚIVA, SHIVA ou **ÇIVA,** troisième grande divinité hindoue, dieu de la Destruction.

SIVAS, anc. **Sébaste,** v. de Turquie, sur le Kızıl Irmak ; 221 512 h. Centre industriel. Monuments seldjoukides dont la Gök medrese (1271).

SIWĀLIK, montagnes de l'Inde, avant-monts de l'Himalaya.

Six *(groupe des),* association de six compositeurs français fondée à Paris en 1918. Elle comprenait L. Durey, A. Honegger, D. Milhaud, F. Poulenc, G. Auric et G. Tailleferre qui, en réaction contre l'influence de Debussy, prirent E. Satie comme chef de file.

SIX-FOURS-LES-PLAGES (83140), ch.-l. de c. du Var ; 29 178 h. *(Six-Fournais).*

SIXTE IV (Francesco **Della Rovere**) [Celle Ligure, près de Savone, 1414 - Rome 1484], pape de 1471 à 1484. Il combattit les Turcs. Mécène, humaniste, il embellit Rome et commença notamm. la décoration de la chapelle Sixtine (v. art. suiv.). — **Sixte V** ou **Sixte Quint** (Felice **Peretti**) [Grottammare, Marches, 1520 - Rome 1590], pape de 1585 à 1590. Il travailla à la réforme de l'Église dans l'esprit du concile de Trente, intervint dans les querelles religieuses de la France (il soutint la Ligue et excommunia Henri de Navarre), finança contre l'Angleterre l'Invincible Armada (1588). Il donna au Sacré Collège sa forme définitive, partagea l'administration romaine entre quinze congrégations et fit éditer la Vulgate (1588).

Sixtine *(chapelle),* chapelle du Vatican, construite sur l'ordre de Sixte IV et décorée de fresques par Botticelli, Ghirlandaio, Signorelli, le Pérugin (1481-82), ainsi que par Michel-Ange (célèbres scènes de la Création* à la voûte, 1508-1512 ; pathétique *Jugement dernier* sur le mur du fond, 1536-1541).

SIYAD BARRE (Muḥammad), général et homme politique somalien (dans le district de Lugh 1919 - Abuja, Nigeria, 1995). En 1969, il s'empare du pouvoir et devient chef de l'État somalien. Il est renversé en 1991.

SIZA (Alvaro), architecte portugais (Matosinhos, près de Porto, 1933). À Berlin ou à La Haye comme au Portugal, il s'inspire des divers courants de la modernité internationale tout en respectant site et tradition constructive locale. Après l'incendie de 1988, il dirige la reconstruction du quartier du Chiado à Lisbonne.

SIZUN (29450), ch.-l. de c. du Finistère ; 1 765 h. Bel enclos paroissial (XVIe-XVIIIe s.).

SJAELLAND, en all. **Seeland,** la plus grande des îles danoises, dans la Baltique ; 7 444 km² ; 2 142 000 h. V. pr. *Copenhague.*

SJÖSTRÖM (Victor), cinéaste et acteur suédois (Silbodal 1879 - Stockholm 1960), l'un des grands pionniers de l'art cinématographique. Auteur lyrique et visionnaire, il a réalisé *les Proscrits* (1917), *la Charrette fantôme* (1920), *le Vent* (1928).

SKAGERRAK ou **SKAGERAK,** détroit entre le Jylland danois et la Norvège, qui unit la mer du Nord au Cattégat.

SKANDERBEG ou **SCANDERBEG** (Georges **Castriota,** dit), prince albanais (1405 - Allessio 1468). Chef de la lutte contre les Ottomans, il bénéficia du soutien de la papauté, de Naples et de Venise.

SKELLEFTEÅ, port de la Suède, sur le golfe de Botnie ; 75 258 h.

SKHIRRA (La), port pétrolier de Tunisie, sur le golfe de Gabès.

SKIKDA, anc. **Philippeville,** port de l'Algérie orientale, ch.-l. de wilaya ; 108 000 h. Raffinerie de pétrole et pétrochimie. Liquéfaction et exportation du gaz naturel.

SKINNER (Burrhus Frederic), psychologue américain (Susquehanna, Pennsylvanie, 1904 - Cambridge, Massachusetts, 1990), auteur de travaux sur l'apprentissage et les conditionnements opérants. Il a développé une forme particulière du béhaviorisme.

SKOLEM (Albert), logicien norvégien (Sandsvaer 1887 - Oslo 1963), auteur d'importants travaux en axiomatique.

SKOPJE ou **SKOPLJE,** cap. de la République de Macédoine, sur le Vardar ; 406 000 h. Université. Sidérurgie. Musées nationaux de Macédoine. La ville fut la capitale de l'Empire macédonien de Samuel (Xe s.). Prise par les Bulgares en 1915, elle fut libérée par les Français en 1918. — Aux environs, monastères byzantins, dont, à Nerezi, celui de S. Pantelejmon (XIIe s., remarquables fresques).

SKRIABINE → ***Scriabine.***

SKYE, une des îles Hébrides ; 7 500 h.

Skylab, station spatiale américaine placée en orbite autour de la Terre en 1973, et retombée dans l'atmosphère en 1979 après avoir été occupée en 1973-74 par trois équipages successifs d'astronautes.

SKÝROS, île grecque de la mer Égée.

SLÁNSKÝ (Rudolf), homme politique tchécoslovaque (Nezvěstice, Plzeň, 1901 - Prague 1952). Secrétaire général du parti communiste (1945-1951), il fut accusé d'être le chef d'une conspiration contre l'État et le parti et exécuté (1952). Il a été réhabilité en 1968.

SLAUERHOFF (Jan Jacob), écrivain néerlandais (Leeuwarden 1898 - Hilversum 1936), auteur de romans et de poèmes d'inspiration romantique *(Clair-Obscur).*

SLAVEJKOV (Penčo), écrivain bulgare (Trjavna 1866 - Brunate 1912), influencé par Nietzsche dans ses essais et ses recueils lyriques *(Hymne sanglant).*

SLAVES, groupe ethnolinguistique de la branche orientale de la famille indo-européenne parlant des langues de même origine (les langues slaves) et occupant la majeure partie de l'Europe centrale et orientale. Comptant environ 270 millions de personnes, les Slaves sont différenciés en *Slaves orientaux* (Russes, Ukrainiens, Biélorusses), *Slaves occidentaux* (Polonais, Tchèques, Slovaques, Sorabes de Lusace) et *Slaves méridionaux* (Serbes, Croates, Bulgares, Slovènes, Macédoniens).

SLAVIANSK, v. d'Ukraine ; 135 000 h.

SLAVONIE, région de l'est de la Croatie, entre la Save et la Drave.

SLESVIG → ***Schleswig-Holstein.***

SLIPHER (Vesto Melvin), astronome américain (Mulberry, Indiana, 1875 - Flagstaff, Arizona, 1969). Il appliqua la spectrographie à l'étude des planètes et des nébuleuses et fut le premier à déterminer la vitesse radiale de galaxies (1912-1914).

SLIVEN, v. de Bulgarie orientale ; 101 000 h. Centre industriel.

SLOCHTEREN, v. des Pays-Bas (prov. de Groningue) ; 14 080 h. Gisement de gaz naturel.

SLODTZ, sculpteurs français d'origine flamande. — **Sébastien** (Anvers 1655 - Paris 1726) fut de ceux qui, à la fin du XVIIe s., tendirent à donner à l'art officiel plus de mouvement et d'expression. Il eut trois fils sculpteurs, dont le plus connu est **René Michel,** dit **Michel-Ange Slodtz** (Paris 1705 - *id.* 1764). Pensionnaire de l'Académie de France, celui-ci fut retenu à Rome, par le succès, près de vingt ans. Rentré à Paris en 1747, il fut nommé dessinateur des Menus Plaisirs (décors éphémères pour la Cour) et composa le mausolée, baroque, de Languet de Gergy à l'église St-Sulpice.

SLOUGH, v. de Grande-Bretagne, à l'ouest de Londres ; 98 600 h.

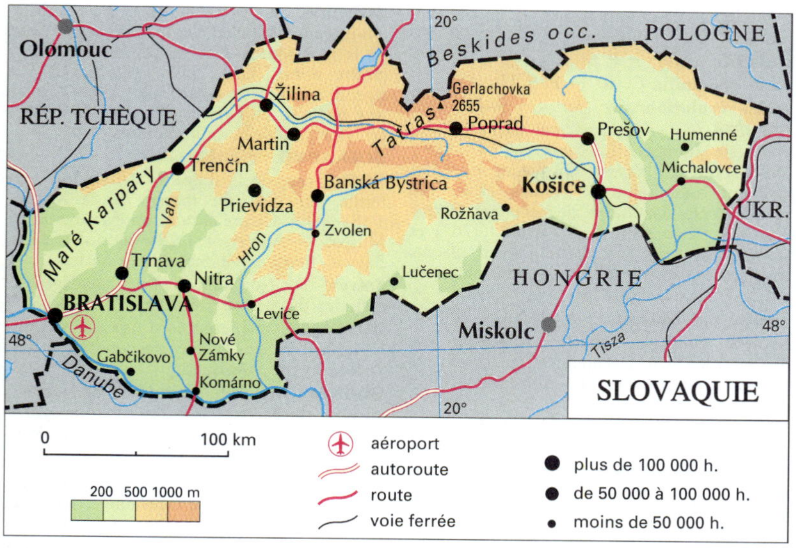

SLOVAQUIE, en slovaque **Slovensko,** État d'Europe ; 49 000 km² ; 5 300 000 h. *(Slovaques).* CAP. *Bratislava.* LANGUE : *slovaque.* MONNAIE : *couronne slovaque.*

GÉOGRAPHIE

Occupant l'extrémité nord-ouest des Carpates, la Slovaquie associe encore largement forêts et pâturages. Les cultures (céréales principalement) sont présentes surtout dans les plaines du Sud-Ouest, proches du Danube. L'industrie autre qu'extractive est implantée à Bratislava et Košice, les principales villes. La population compte une importante minorité de Hongrois de souche (plus de 10 % du total), localisée le long de la frontière méridionale.

HISTOIRE

xe s. : les Hongrois détruisent la Grande-Moravie et annexent la Slovaquie, qui constitue dès lors la Haute-Hongrie. 1526 : celle-ci entre avec le reste de la Hongrie dans le domaine des Habsbourg. Apr. 1540 : la plaine hongroise étant occupée par les Ottomans, le gouvernement hongrois s'établit à Presbourg (auj. Bratislava) et y demeure jusqu'en 1848. XIXe s. : le mouvement national slovaque se développe. 1918 : la Slovaquie est intégrée à l'État tchécoslovaque. 1939 : un État slovaque séparé, sous protectorat allemand et gouverné par Mgr Tiso, est créé. 1945-1948 : la région est réintégrée dans la Tchécoslovaquie, et la centralisation, rétablie. 1969 : la Slovaquie est dotée du statut de république fédérée. 1990 : les députés slovaques obtiennent que la Tchécoslovaquie prenne le nom de République fédérative tchèque et slovaque. 1992 : le chef du gouvernement, Vladimír Mečiar, prépare avec son homologue tchèque la partition de la Fédération tchèque et slovaque. 1993 : la Slovaquie devient un État indépendant (1er janv.). Michal Kováč est élu à la présidence de la République.

SLOVÉNIE, en slovène **Slovenija,** État d'Europe ; 20 226 km² ; 2 millions d'h. *(Slovènes).* CAP. *Ljubljana.* LANGUE : *slovène.* MONNAIE : *tolar.*

GÉOGRAPHIE

Aux confins de l'Italie, de l'Autriche et de la Hongrie, au pied des Alpes, ouvert par les vallées de la Drave et de la Save, le pays est peuplé à près de 95 % de Slovènes de souche.

HISTOIRE

VIe s. : les tribus slaves (Slovènes) s'établissent dans la région. 788 : celle-ci est incorporée à l'empire de Charlemagne. 1278 : elle passe sous la domination des Habsbourg. 1809-1813 : la Slovénie est incorporée aux Provinces Illyriennes dépendant de l'Empire français. 1814 : les régions slovènes sont restituées à l'Autriche ; un mouvement culturel et national se développe. 1918 : la Slovénie entre dans le royaume des Serbes, Croates et Slovènes, qui prend en 1929 le nom de Yougoslavie. 1941-1945 : elle est partagée entre l'Allemagne, l'Italie et la Hongrie. 1945 : la Slovénie devient une des Républiques fédérées de Yougoslavie. 1990 : l'opposition démocratique remporte les premières élections libres. 1991 : la Slovénie proclame son indépendance. 1992 : celle-ci est reconnue par la communauté internationale.

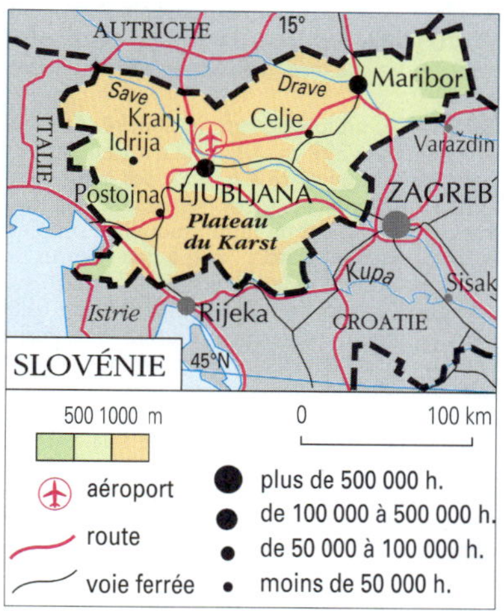

SŁOWACKI (Juliusz), écrivain polonais (Krzemieniec 1809 - Paris 1849), auteur de poèmes *(le Roi-Esprit)* et de drames *(Kordian)* d'inspiration romantique.

SŁUPSK, v. de Pologne, ch.-l. de voïévodie ; 102 400 h.

SLUTER (Claus), sculpteur néerlandais (Haarlem v. 1340/1350 - Dijon 1405/06). Installé à Dijon en 1385, il succède à Jean de Marville (m. en 1389) comme imagier du duc Philippe le Hardi. La plus célèbre de ses œuvres conservées est l'ensemble des six prophètes du *puits de Moïse* (anc. chartreuse de Champmol), sans doute achevé par son neveu Claus de Werve (v. 1380 - 1439). Le génie de Sluter se marque dans une puissance dramatique et un réalisme qui exerceront une influence notable sur l'art européen du XVe s.

Smalkalde *(articles de),* confession de foi rédigée par Luther en 1537. C'est un des textes fondamentaux du luthéranisme.

Smalkalde *(ligue de)* [1531-1547], ligue religieuse et politique formée par des villes et des princes protestants d'Allemagne. Elle fut dissoute après la victoire de Charles Quint à Mühlberg.

S. M. E., abrév. de système monétaire européen. (V. partie langue.)

SMETANA (Bedřich), compositeur et pianiste tchèque (Litomyšl 1824 - Prague 1884), auteur de l'opéra *la Fiancée vendue* (1866) et de poèmes symphoniques (*Ma Patrie,* comprenant *la Moldau,* 1874-1879), principal représentant de la musique romantique de Bohême.

SMITH (Adam), économiste britannique (Kirkcaldy, Écosse, 1723 - Édimbourg 1790). Auteur des *Recherches sur la nature et les causes de la richesse des nations* (1776), il pense que la recherche par les hommes de leur intérêt personnel mène à la réalisation de l'intérêt général : il prône donc la liberté. Il approfondit la notion de valeur en distinguant valeur d'usage et valeur d'échange.

SMITH (Elizabeth, dite **Bessie**), chanteuse de jazz noire américaine (Chattanooga, Tennessee, 1894 - Clarksdale, Mississippi, 1937). Surnommée *l'Impératrice du blues,* elle fut l'une des plus belles voix de l'art négro-américain (*Saint Louis Blues, Nobody Knows when you're down and out,* 1929).

SMITH (David), sculpteur américain (Decatur, Indiana, 1906 - Bennington, Vermont, 1965). Il a abordé en 1933 la sculpture en métal soudé et a atteint, après 1945, une rigueur abstraite annonciatrice de l'art minimal.

SMITH (Ian Douglas), homme politique rhodésien (Selukwe 1919). Premier ministre de Rhodésie (1964-1979), il proclama unilatéralement l'indépendance de son pays (1965), rompant ainsi avec Londres.

SMITH (James), chimiste sud-africain (Graaff Reinet 1897 - Grahamstown 1968). Il identifia le cœlacanthe, seule espèce vivante de poissons crossoptérygiens.

SMITH (Joseph), fondateur du mouvement religieux des mormons (Sharon, Vermont, 1805 - Carthage, Illinois, 1844). Accusé de favoriser la polygamie, il mourut lynché par la foule.

SMOLENSK, v. de Russie, sur le Dniepr ; 341 000 h. Centre industriel. Batailles en 1812, en 1941 et en 1943.

SMOLLETT (Tobias George), écrivain britannique (Dalquhurn, comté de Dumbarton, Écosse, 1721 - Livourne, Italie, 1771). Auteur de comédies, il adapta le roman picaresque à l'Angleterre (*les Aventures de Roderick Random,* 1748).

SMUTS (Jan Christiaan), homme politique sud-africain (Bovenplaats 1870 - Irene 1950). Après avoir combattu dans les rangs des Boers (1899-1902), il participa à l'unification des colonies britanniques d'Afrique du Sud (1910). Il fut Premier ministre de 1919 à 1924 et de 1939 à 1948.

SMYRNE → ***Izmir.***

SNAKE RIVER, riv. des États-Unis, affl. de la Columbia (r. g.) ; 1 600 km. Aménagements pour la production d'électricité et l'irrigation.

S. N. C. F. (Société nationale des chemins de fer français), établissement public industriel et commercial, soumis au contrôle de l'État et dont les origines remontent à 1937. Elle est chargée de gérer l'ensemble du réseau ferroviaire français.

Claus **Sluter :** le prophète Jérémie. Détail du *puits de Moïse,* exécuté de 1395 à 1404 pour la chartreuse de Champmol à Dijon.

SNEL VAN ROYEN (Willebrord), dit **Willebrordus Snellius,** astronome et mathématicien hollandais (Leyde 1580 - *id.* 1626). Il découvrit la loi de la réfraction de la lumière (1620) et introduisit en géodésie la méthode de triangulation.

SNIJDERS ou **SNYDERS** (Frans), peintre flamand (Anvers 1579 - *id.* 1657). Ses natures mortes de victuailles ont une ampleur décorative et un dynamisme qui doivent à l'exemple de Rubens. Il a également peint animaux et scènes de chasse.

SNOILSKY (Carl, *comte*), poète suédois (Stockholm 1841 - *id.* 1903), auteur de sonnets et de poèmes historiques *(Images suédoises).*

SNORRI STURLUSON, poète islandais (Hvammur v. 1179 - Reykjaholt 1241), auteur de l'*Edda prosaïque* et d'une vaste collection de sagas des rois de Norvège.

SNOWDON, massif de Grande-Bretagne, dans le pays de Galles, portant le point culminant de la région (1 085 m).

SOARES (Mario), homme politique portugais (Lisbonne 1924). Secrétaire général du parti socialiste (1973-1986), ministre des Affaires étrangères (1974-75) puis Premier ministre (1976-1978 et 1983-1985), il a été président de la République de 1986 à 1996.

Sobibór, camp d'extermination allemand au nord de Lublin (1942-1943), où périrent 150 000 Juifs.

SOBOUL (Albert), historien français (Ammi Moussa, Algérie, 1914 - Nîmes 1982). Spécialiste de la Révolution française, il s'attacha plus particulièrement à l'étude du mouvement des sans-culottes.

SOCHAUX (25600), ch.-l. de c. du Doubs ; 4 443 h. *(Sochaliens).* Grande usine d'automobiles.

social-chrétien belge *(parti)* [P. S. C.], parti démocrate-chrétien de Belgique. En 1968, il s'est divisé entre une branche wallonne (parti social-chrétien ou P. S. C.) et une branche flamande (Christelijke Volkspartij ou CVP).

social-démocrate allemand *(parti)* ou **SPD,** parti politique allemand fondé en 1875. Mis hors la loi par Hitler (1933), il se reconstitue en 1945. À l'Est, il fusionne avec le parti communiste pour former, en 1946, le SED (parti socialiste unifié d'Allemagne). À l'Ouest, le SPD, anticommuniste, élimine progressivement toute référence au marxisme et est au pouvoir de 1969 à 1982. Le parti social-démocrate est-allemand renaît en 1989 et fusionne en 1990 avec son homologue de R.F.A.

social-démocrate de Russie *(parti ouvrier)* ou **P. O. S. D. R.,** parti politique russe fondé en 1898. Il se scinda en 1903 en bolcheviks et en mencheviks. Les bolcheviks lui donnèrent en mars 1918 le nom de parti communiste (bolchevik) de Russie.

sociale *(guerre)* [du lat. *bellum sociale,* guerre des Alliés] (91-89/88 av. J.-C.), insurrection des cités fédérées italiennes contre la domination romaine. Les Italiens, alliés *(socii)* de Rome, ne jouissaient pas du droit de cité romaine, mais supportaient les mêmes charges que les citoyens. Ils formèrent une confédération et obtinrent, malgré leur défaite, la citoyenneté romaine.

socialiste *(parti)* → ***P. S.***

socialiste unifié *(parti)* → ***P. S. U.***

social-révolutionnaire *(parti)* → ***S.-R.***

SOCIÉTÉ *(îles de la),* principal archipel de la Polynésie française (Océanie) ; 1 647 km² ; 162 573 h. Ch.-l. *Papeete.* On distingue les îles du Vent, avec Tahiti et Moorea, et les îles Sous-le-Vent. Plantations de cocotiers. Pêche. Tourisme. Découvertes par Wallis (1767) et Cook (1769), ces îles furent d'abord placées sous protectorat français (1843), puis annexées par la France (1880-1888).

Société des Nations → ***S. D. N.***

Société générale, banque française fondée en 1864. Un des premiers établissements bancaires français, elle fut nationalisée de 1946 à 1987.

Société nationale des chemins de fer français → ***S. N. C. F.***

Société nationale d'exploitation industrielle des tabacs et allumettes → ***S. E. I. T. A.***

SOCIN (Lelio **Sozzini** ou **Socini,** dit en fr.), réformateur religieux italien (Sienne 1525 - Zurich 1562). Il niait la divinité de Jésus-Christ et le dogme de la Trinité, les estimant contraires au monothéisme. — Son neveu **Faust** (en ital. **Fausto**) [Sienne 1539 - près de Cracovie 1604], qui défendit les mêmes idées, se réfugia en Pologne et y organisa une Église antitrinitaire, celle des « Frères polonais ».

SOCOA, section de la comm. de Ciboure (Pyrénées-Atlantiques). Station balnéaire.

SOCOTORA ou **ṢUQUṬRĀ,** île de l'océan Indien, dépendance du Yémen ; 3 580 km² ; 15 000 h.

SOCRATE, philosophe grec (Alôpekê, Attique, 470 - Athènes 399 av. J.-C.). Il n'a rien écrit et n'est connu que grâce à trois de ses contemporains : Aristophane, qui se moque de lui, Xénophon, qui fait de lui un moraliste simplet, et son disciple Platon, qui a fait de lui le personnage central de ses *Dialogues.* L'image qui subsiste à travers ce triple témoignage est celle d'un homme qui interroge, tout en enseignant (c'est ce qu'on appelle l'*« ironie socratique »*), qui fait découvrir à son interlocuteur ce qu'il croyait ignorer (c'est la *maïeutique,* ou art d'accoucher les esprits) et qui le fait avancer sur la voie de la vérité (c'est la *dialectique*). Dans le contexte de la guerre du Péloponnèse et des désastres d'Athènes, il fut considéré comme un opposant à la Cité : il fut condamné à boire la ciguë, sous l'accusation d'impiété envers les dieux et de corruption de la jeunesse.

SODDY (*sir* Frederick), chimiste britannique (Eastbourne 1877 - Brighton 1956). Il expliqua le mécanisme de désintégration des atomes radioactifs (1902) et découvrit l'isotopie. (Prix Nobel 1921.)

SÖDERTÄLJE, v. de Suède ; 81 786 h.

SODOMA (Giovanni Antonio **Bazzi,** dit **il,** en fr. **le**), peintre italien (Verceil 1477 - Sienne 1549). Il est l'auteur de fresques au couvent de Monte Oliveto Maggiore (succédant à Signorelli), à Rome (villa Farnésine) et à Sienne.

SODOME, anc. v. cananéenne (auj. **Sedom**) qui fut, avec Gomorrhe et d'autres cités du sud de la mer Morte, détruite par un cataclysme au XIXe s. av. J.-C. La Bible rapporte l'histoire légendaire de cette catastrophe, dont elle fait une punition de Dieu contre les habitants de ces villes, infidèles et immoraux.

SOEKARNO → ***Sukarno.***

SOFIA, cap. de la Bulgarie, dans une plaine fertile, au pied du massif de la Vitoša ; 1 183 000 h. Centre administratif et industriel. Musées. — Aux environs, église médiévale de Bojana (fresques) et monastères anciens.

Sofres, société française de sondages et d'études de marché créée en 1963.

SOGDIANE, anc. contrée d'Asie centrale, au N. de la Bactriane. Elle correspond à l'Ouzbékistan. V. pr. *Samarkand.*

SOGNEFJORD, le plus long fjord de Norvège, au nord de Bergen ; 200 km environ.

SOHAG, v. d'Égypte, sur le Nil, ch.-l. de prov. ; 102 000 h.

SOHO, quartier du centre de Londres.

soie *(route de la),* piste caravanière qui reliait la région des capitales chinoises (proches de l'actuelle Xi'an) à l'Europe. Ouverte au IIe s. av. J.-C., elle fut abandonnée à la fin du XIIIe s. Elle a été le lieu d'échanges culturels réciproques entre les traditions hellénistiques (Aï-Khanoum) et celles du monde bouddhique, où elle était jalonnée de monastères (Bāmiyān, Taxila, Yungang, Dunhuang, etc.).

SOIGNIES, v. de Belgique, ch.-l. d'arr. du Hainaut ; 23 793 h. Collégiale romane surtout des Xe-XIe s.

Soïouz ou **Soyouz,** type de vaisseau spatial piloté utilisé pour la desserte des stations orbitales russes.

Soir (le), quotidien belge de langue française fondé à Bruxelles en 1887.

SOISSONS (02200), ch.-l. d'arr. de l'Aisne, sur l'Aisne, dans le *Soissonnais ;* 32 144 h. *(Soissonnais).* Évêché. Construction mécaniques. Caoutchouc. — Belle cathédrale des XIIe-XIIIe s. (très restaurée), anc. abbaye St-Jean-des-Vignes et autres monuments. Musée. — En 486, Clovis y vainquit le Romain Syagrius, victoire qui est à l'origine de l'anecdote célèbre dite du *vase de Soissons :* Clovis ayant réclamé à un soldat, en surplus de sa part de butin, un vase pris dans une église afin de le remettre à l'évêque de Reims, le soldat brisa le vase, rappelant au roi l'égalité des guerriers dans le partage des dépouilles. L'année suivante, alors qu'il passait en revue les troupes, le roi fendit le crâne du soldat en disant « Ainsi as-tu fait du vase de Soissons ». La ville fut, à partir de 561, la capitale du royaume de Neustrie. Soissons fut dévastée pendant la Première Guerre mondiale.

SOISY-SOUS-MONTMORENCY (95230), ch.-l. de c. du Val-d'Oise ; 16 627 h.

SOISY-SUR-SEINE (91450), comm. de l'Essonne ; 7 220 h.

SOKOLOVSKI (Vassili Danilovitch), maréchal soviétique (Kozliki 1897 - Moscou 1968). Commandant les forces soviétiques en Allemagne (1946-1949), il fut chef d'état-major général (1952-1960).

SOKOTO, v. du Nigeria, cap. de l'*État de Sokoto ;* 118 000 h. Elle fut au XIXe s. le centre de l'Empire peul du Sokoto, fondé par Ousmane dan Fodio à partir de 1804.

SOLARIO ou **SOLARI** (Cristoforo), sculpteur et architecte italien, actif entre 1489 et 1520. D'origine lombarde, il travailla à Venise, à la chartreuse de Pavie (tombeaux) et au dôme de Milan. — Son frère **Andrea,** peintre, actif de 1495 à 1520 env., combine des influences vénitiennes et florentines à la tradition lombarde.

Soldat inconnu (le), soldat français d'identité inconnue, tombé pendant la guerre de 1914-1918 et inhumé en 1921 sous l'Arc de triomphe, à Paris, pour honorer en lui les 1 390 000 morts français de la Première Guerre mondiale.

SÖLDEN, station de sports d'hiver (alt. 1 377-3 040 m) d'Autriche (Tyrol).

Soleil *(autoroute du),* autoroute reliant Paris à Marseille par Lyon.

Soleil *(Théâtre du),* troupe fondée en 1964 par

Frans **Snijders :** *Trois Singes voleurs de fruits.* (Louvre, Paris.)

Mario **Soares**

Ariane Mnouchkine et installée depuis 1970 à la Cartoucherie de Vincennes.

SOLENZARA (20145 Sari Solenzara), station balnéaire de la Corse-du-Sud. Au N., base aérienne.

SOLESMES (59730), ch.-l. de c. du Nord ; 5 060 h. Métallurgie.

SOLESMES [sɔlɛm] (72300), comm. de la Sarthe ; 1 284 h. Abbaye bénédictine fondée v. 1010 par Geoffroi de Sablé, vendue en 1790 comme bien national, et reconstituée en 1833 par l'abbé Guéranger. Elle est, depuis 1837, l'abbaye mère de la congrégation bénédictine de France. Foyer de plain-chant grégorien. Célèbres groupes sculptés des XVe-XVIe s.

SOLEURE, en all. **Solothurn,** v. de Suisse, ch.-l. du cant. du même nom (791 km² ; 231 746 h.), sur l'Aar ; 15 748 h. Cathédrale baroque. Musées. — Le canton a été admis dans la Confédération en 1481.

Solferino *(bataille de)* [24 juin 1859], victoire française de Napoléon III sur les Autrichiens de François-Joseph à Solferino, comm. lombarde de la prov. de Mantoue. Le caractère sanglant de cette bataille fut à l'origine de la fondation de la Croix-Rouge.

Solidarność (en fr. *Solidarité*), union de syndicats polonais, constituée à Gdańsk en 1980. Indépendant et autogéré, Solidarność est mis hors la loi en 1982 et passe alors entièrement à la clandestinité. Présidé par Lech Wałęsa de 1981 à 1990, il a été relégalisé en 1989.

SOLIGNAC (87110), comm. de la Haute-Vienne, au S. de Limoges ; 1 359 h. Église romane à coupoles, anc. abbatiale, consacrée en 1143.

SOLIGNAC-SUR-LOIRE (43370), ch.-l. de c. de la Haute-Loire ; 1 047 h.

SOLIGNY-LA-TRAPPE → ***Trappe*** *(Notre-Dame de la).*

SOLIHULL, v. de Grande-Bretagne, près de Birmingham ; 112 000 h.

SOLIMAN Ier le Magnifique, en turc **Süleyman Ier Kanunî « le Législateur »** (Trébizonde 1494 - Szigetvár, Hongrie, 1566). Sultan ottoman (1520-1566), allié de François Ier contre Charles Quint, il prit part personnellement à de nombreuses campagnes tant en Europe (conquête de la Hongrie, 1526 ; siège de Vienne, 1529) qu'en Orient (prise de Bagdad et de Tabriz, 1534). Il fut aussi un grand législateur.

SOLIMENA (Francesco), peintre italien (Canale di Serino, prov. d'Avellino, 1657 - Barra, près de Naples, 1747), une des principales figures, avec L. Giordano, du baroque napolitain (fougueuses fresques pour les églises, allégories, portraits).

SOLINGEN, v. d'Allemagne (Rhénanie-du-Nord-Westphalie) ; 162 928 h. Coutellerie.

SOLÍS Y RIVADENEIRA (Antonio **de**), historien et écrivain espagnol (Alcalá de Henares 1610 - Madrid 1686), auteur de l'*Histoire de la conquête du Mexique* (1684).

SOLJENITSYNE (Aleksandr Issaïevitch), écrivain russe (Kislovodsk 1918). Son œuvre, qui dénonce le régime de Staline et le système de pensée sur lequel il est fondé, lui vaut en 1974 d'être expulsé d'U. R. S. S. (*Une journée d'Ivan Denissovitch,* 1962 ; *le Pavillon des cancéreux,* 1968 ; *l'Archipel du Goulag,* 1973-1976). En 1994, il revient dans son pays après des années d'exil aux États-Unis. [Prix Nobel 1970.]

SOLLERS (Philippe), écrivain français (Talence 1936). Animateur de la revue *Tel quel* (1960-1982), il passe d'une réflexion sur les rapports de la littérature et du réel (*le Parc,* 1961 ; *Nombres,* 1968 ; *Sur le matérialisme,* 1974) à une inspiration plus ouverte aux modes et aux grands courants de consommation culturelle (*Femmes,* 1983 ; *Portrait du joueur,* 1984 ; *la Fête à Venise,* 1991 ; *le Secret,* 1992).

Soliman le Magnifique (Bibl. Millet, Istanbul)

Aleksandr **Soljenitsyne**

SOLLIÈS-PONT (83210), ch.-l. de c. du Var ; 9 607 h.

SOLOGNE (la), région sableuse et argileuse dans la boucle de la Loire, longtemps marécageuse et insalubre, aujourd'hui assainie. Partiellement boisée, c'est surtout aujourd'hui une terre de chasse, reliée à Paris par autoroute.

SOLOMÓS (Dionýsios, *comte*), poète grec (Zante 1798 - Corfou 1857). Après avoir écrit d'abord en italien, il adopta sa langue maternelle, le grec, dès le début de la guerre de l'Indépendance (1821). Son *Hymne à la liberté* (1823) est devenu l'hymne national grec. Il est le premier grand poète de la Grèce moderne.

SOLON, homme d'État athénien (v. 640 - v. 558 av. J.-C.). Son nom est attaché à la réforme sociale et politique qui provoqua l'essor d'Athènes. Solon a établi les bases de ce qui sera plus tard, à partir de Clisthène (fin du VIe s. av. J.-C.), la démocratie athénienne. Il figure au nombre des Sept Sages de la Grèce.

SOLOTHURN → ***Soleure.***

SOLOW (Robert Merton), économiste américain (New York 1924). Il a étudié les rapports de la croissance et du progrès technique. (Prix Nobel 1987.)

SOLRE-LE-CHÂTEAU (59740), ch.-l. de c. du Nord ; 1 961 h. *(Solréziens).* Église gothique du XVIe s. à l'original clocher. Demeures des XVIe-XVIIIe s.

SOLUTRÉ, écart de la commune de *Solutré-Pouilly* (Saône-et-Loire). Gisement paléolithique éponyme du faciès solutréen (paléolithique supérieur). Musée de Préhistoire.

SOLVAY (Ernest), industriel belge (Rebecq-Rognon 1838 - Bruxelles 1922). De 1861 à 1865, il réalise la fabrication industrielle du carbonate de sodium (« soude Solvay »). Il est à l'origine de conseils scientifiques internationaux auxquels participèrent les plus grands physiciens et chimistes du XXe siècle.

SOMAIN (59490), comm. du Nord, à l'E. de Douai ; 12 021 h. Gare de triage. Industrie automobile.

SOMALIE, État occupant la Corne orientale de l'Afrique ; 638 000 km² ; 9 500 000 h. *(Somaliens).* CAP. *Muqdisho.* LANGUE : *somali.* MONNAIE : *shilling.*

GÉOGRAPHIE

Le pays est semi-aride, sauf au sud (cultures irriguées [canne à sucre, coton, banane]). L'élevage nomade (ovins) a reculé, mais permet quelques exportations. Le secteur industriel est très modeste. La Somalie, endettée, à l'économie ruinée, et où sévit la famine, dépend largement de l'aide internationale.

HISTOIRE

La région est occupée par des populations nomades et pastorales, qui ont laissé des peintures rupestres. Fin du IIIe millénaire-IIe millénaire : ce premier peuplement est repoussé vers le sud par le dessèchement de la région. IXe-XIIe s. apr. J.-C. : des commerçants musulmans, puis des pasteurs, les Somalis, repeuplent le pays, à partir des côtes. XVe-XVIe s. : les villes musulmanes se développent. Le royaume d'Ifât combat l'Éthiopie chrétienne. XIXe s. : l'Égypte, la Grande-Bretagne, l'Italie se disputent le pays. Finalement sont constituées la Somalie britannique (Somaliland, cap. Hargeisa, 1887) et la Somalie italienne (Somalia, 1905). 1900-1920 : la Grande-Bretagne doit affronter la révolte des « Derviches ». 1925 : la Somalie italienne s'accroît du Trans-Djouba et de Kismayou. 1936 : avec l'Éthiopie et l'Érythrée, la Somalie est incluse dans l'Afrique-Orientale italienne. 1940 : la Grande-Bretagne doit évacuer le Somaliland. 1941 : elle reconquiert cette région, occupe la Somalie italienne et l'Ogaden. 1950 : après neuf ans d'administration britannique, l'Italie reçoit de l'O. N. U., pour dix ans, la tutelle sur l'ensemble du pays. 1960 : la république indépendante est proclamée ; son premier président est Aden Osman. Formé des anciens Somaliland et Somalia, le nouvel État élève aussitôt des prétentions sur l'Ogaden. 1969 : une junte militaire, avec à sa tête le général Siyad Barre, s'empare du pouvoir. 1977-78 : un conflit oppose l'Éthiopie (soutenue par l'U. R. S. S.) et la Somalie à propos de l'Ogaden que l'armée somalienne doit évacuer. Une guerre larvée continue. 1988 : un accord de paix intervient entre la Somalie et l'Éthiopie. 1991 : le général Siyad Barre est renversé. Le pays est déchiré par la guerre civile et ravagé par la famine. Une République indépendante (Somaliland) est proclamée dans le nord du pays. 1992 : à l'initiative des États-Unis, une force militaire internationale, autorisée par une résolution de l'O.N.U., est déployée sur le territoire somalien pour assurer la distribution de l'aide alimentaire. 1993-94 : les forces de l'O.N.U. qui prennent le relais de cette opération ne parviennent pas à désarmer les milices. La famine est cependant pratiquement jugulée. Les forces américaines et européennes se désengagent. 1995 : la mission de l'O.N.U. prend fin sans que la paix civile ait été rétablie.

SOMALIS, peuple parlant une langue couchitique et vivant en Somalie, en Éthiopie et à Djibouti.

SOMALIS *(Côte française des)* → ***Djibouti*** *(République de).*

SOMBART (Werner), philosophe et économiste allemand (Ermsleben, Halle, 1863 - Berlin 1941). Favorable aux réformes sociales, il a analysé quelques formes du capitalisme (*le Socialisme et le mouvement social au XIXe siècle,* 1896 ; *le Bourgeois,* 1913).

SOMERS ou **SOMMERS** (John, *baron*), homme politique anglais (près de Worcester 1651 - Londres 1716). Un des chefs whigs, il fut lord-chancelier (1697-1700) puis président du Conseil (1708-1710).

SOMERSET, comté de Grande-Bretagne (sud-ouest de l'Angleterre) ; 436 000 h. Ch.-l. *Taunton.*

SOMEŞ (le) ou **SZAMOS,** riv. de Roumanie et de Hongrie, affl. de la Tisza (r. g.) ; 411 km.

SOMME (la), fl. de Picardie, qui se jette dans la Manche *(baie de Somme)* ; 245 km. Elle passe à Saint-Quentin, Péronne, Amiens, Abbeville. Théâtre, de juillet à novembre 1916, d'une offensive franco-britannique victorieuse qui soulagea le front de Verdun. Violents combats en juin 1940.

SOMME (80), dép. de la Région Picardie ; ch.-l. de dép. *Amiens ;* ch.-l. d'arr. *Abbeville, Montdidier, Péronne ;* 4 arr., 46 cant., 783 comm. ; 6 170 km² ; 547 825 h. Le dép. est rattaché à l'académie et à la cour d'appel d'Amiens, à la région militaire Nord-Est. En arrière du littoral, jalonné de petits ports et de stations balnéaires et bordé par des régions basses, où domine l'élevage, le dép.

s'étend sur la plaine crayeuse, recouverte de limon, de la Picardie. Celle-ci porte des cultures céréalières, betteravières et fourragères (associées à l'élevage bovin) ; elle est entaillée par la vallée humide de la Somme. L'industrie, en dehors des usines alimentaires disséminées, est surtout présente dans le Vimeu (petite métallurgie) et dans l'agglomération d'Amiens (qui concentre près du tiers de la population du département).

SOMMERFELD (Arnold), physicien allemand (Königsberg 1868 - Munich 1951). Il a appliqué à l'atome la mécanique relativiste conjointement à la mécanique quantique, expliquant ainsi certaines de ses propriétés.

Somme théologique, en lat. **Summa theologiae,** ouvrage de saint Thomas d'Aquin (v. 1266 - v. 1273). L'auteur, empruntant la forme syllogistique, y expose avec rigueur les principales questions de la théologie.

SOMMIÈRES (30250), ch.-l. de c. du Gard ; 3 306 h. Anc. place forte. Vieilles demeures.

SOMOSIERRA *(col de),* passage de la sierra de Guadarrama, reliant les deux Castilles (1 430 m). Victoire française, le 30 nov. 1808, qui ouvrit la route de Madrid.

SOMPORT *(col du* ou *de),* col routier des Pyrénées-Atlantiques, entre la vallée de l'Aragón et la vallée d'Aspe, à 1 632 m d'alt.

SONDE *(archipel de la),* îles d'Indonésie, prolongeant la presqu'île de Malacca jusqu'aux Moluques. Les principales sont Sumatra et Java, séparées par le *détroit de la Sonde* des *petites îles de la Sonde* (Bali, Timor, etc.).

Sonderbund (le), ligue des sept cantons suisses catholiques, formée en 1845 contre le gouvernement fédéral. Elle fut dissoute après l'intervention de l'armée fédérale commandée par le général Dufour (1847).

SONG, dynastie qui régna sur la Chine de 960 à 1279 et dut en 1127 se réfugier dans le Sud. Elle fut éliminée par les Mongols.

songe de Poliphile *(Discours du),* ouvrage de l'humaniste Francesco Colonna (1433-1527), publié en 1499 par Alde Manuce, qui constitue un bilan esthétique de la Renaissance.

Songe d'une nuit d'été (le), comédie-féerie de Shakespeare (v. 1595). — Partition musicale de Mendelssohn, d'après la pièce de Shakespeare (1826-1842).

Songe du vergier (le), ouvrage anonyme français (parfois attribué à Évrard de Trémaugnon), écrit v. 1378, et composé probablement sur l'ordre de Charles V. C'est la mise en scène d'une dispute entre un chevalier et un clerc qui défendent, respectivement, les prétentions de la monarchie française et celles de la papauté : le chevalier finit par l'emporter.

SONGHAÏ ou **SONRHAÏ,** peuple du Mali, sur les deux rives du Niger, parlant une langue nilo-saharienne et très fortement islamisé.

SONGHAÏ *(Empire),* empire qui lors de son apogée (XVIe s.) s'étendit du Sénégal à la boucle du Niger et disparut après l'occupation marocaine (1591). Ses souverains les plus illustres sont Sonni Ali (1464-1492) et Askia Mohammed (1492-1528).

SÔNG HÔNG → ***Rouge*** *(fleuve).*

SONIS (Gaston **de**), général français (Pointe-à-Pitre 1825 - Paris 1887). Il se distingua à la tête des zouaves pontificaux à Loigny (1870).

SONNINI DE MANONCOURT (Charles), naturaliste français (Lunéville 1751 - Paris 1812), auteur des volumes *poissons* et *cétacés* de l'*Histoire naturelle* de Buffon continuée par Lacepède et d'une *Histoire naturelle des reptiles.*

SOORTS-HOSSEGOR [sort-] (40150), comm. des Landes ; 2 848 h. Station balnéaire à *Hossegor.*

Sophia-Antipolis (nom déposé), complexe culturel et scientifique situé sur le *plateau de Valbonne*.*

SOPHIE ALEKSEÏEVNA (Moscou 1657 - *id.* 1704), régente de Russie (1682-1689). S'étant fait confier la régence de son frère Ivan V (1682), elle fut écartée du pouvoir par son demi-frère Pierre le Grand (1689).

SOPHOCLE, poète tragique grec (Colone v. 495 - Athènes 406 av. J.-C.). Il ne reste de lui que sept pièces *(Ajax, Antigone, Œdipe roi, Électre, les Trachiniennes, Philoctète, Œdipe à Colone)* et un fragment des *Limiers.* Il donna à la tragédie sa forme définitive : il ajouta un troisième acteur et porta de douze à quinze le nombre des choreutes. Il substitua à la trilogie liée (trois épisodes du même mythe) la trilogie libre (chaque drame est autonome). Il modifia le sens du tragique, en faisant de l'évolution du héros et de son caractère une part essentielle de la manifestation du destin et de la volonté des dieux.

SOPHONISBE, reine de Numidie (Carthage 235 av. J.-C. - 203). Épouse de Masinissa, elle s'empoisonna pour ne pas être livrée aux Romains.

Sophonisbe, titre de plusieurs tragédies, notamment de Trissino, de Mairet (1634, première pièce française conforme à la règle des trois unités), de P. Corneille.

SOPOT, v. de Pologne, près de Gdańsk ; 45 800 h. Station balnéaire.

SOPRON, v. de Hongrie, à la frontière autrichienne ; 55 083 h. Monuments et maisons de l'époque gothique au baroque.

SORABES, Slaves de Lusace, tombés au Xe s. sous la domination des Allemands, qui les appelaient *Wendes.* Convertis au christianisme, ils furent réduits au servage.

SORBIERS (42290), comm. de la Loire ; 7 163 h.

SORBON (Robert **de**), théologien français (Sorbon, près de Rethel, 1201 - Paris 1274). Chanoine de Paris (1258), maître de théologie et clerc de Saint Louis, il fonda le collège qui devint la Sorbonne (1253-1257). Il a laissé plusieurs traités.

Sorbonne (la), établissement public d'enseignement supérieur, à Paris (entre le Panthéon et la place Saint-Michel), aujourd'hui partagé en plusieurs universités. Elle a pris le nom de son fondateur, Robert de Sorbon, dont le but avait été de créer un établissement pour faciliter aux écoliers pauvres les études théologiques (1257). Dès 1554, la Sorbonne devint le lieu des délibérations générales de la faculté de théologie, que l'on s'habitua dès lors à désigner sous le nom de « Sorbonne ». Hostile aux jésuites au XVIe s., elle condamna les jansénistes au XVIIe s. Elle intervenait en tant que tribunal ecclésiastique de la censure. La Sorbonne fut rebâtie par Richelieu sur plans de Lemercier ; la chapelle, édifiée de 1635 à 1653, abrite le tombeau du cardinal par Girardon (1694). Les bâtiments des facultés ont été entièrement reconstruits, de 1885 à 1901, par l'architecte Paul Nénot.

SOREL, v. du Canada (Québec), sur le Saint-Laurent ; 18 786 h.

SOREL (Agnès) [Fromenteau, Touraine, ou Froidmantel, Somme, v. 1422 - Anneville, Normandie, 1450], surnommée **la Dame de Beauté,** du nom de la seigneurie de Beauté-sur-Marne, que lui avait donnée Charles VII, dont elle était la favorite. Elle fut la première maîtresse officielle d'un roi de France.

SOREL (Albert), historien français (Honfleur 1842 - Paris 1906), auteur, notamm., de *l'Europe et la Révolution française* (1885-1904). [Acad. fr.]

SOREL (Charles), *sieur* **de Souvigny,** écrivain français (Paris v. 1582 - *id.* 1674), auteur d'un roman réaliste (*la Vraie Histoire comique de Francion,* 1622) et d'une parodie de *l'Astrée (le Berger extravagant).*

SOREL (Georges), sociologue français (Cherbourg 1847 - Boulogne-sur-Seine 1922), auteur de *Réflexions sur la violence* (1908). Sa pensée a influencé le syndicalisme révolutionnaire.

Sorel (Julien), héros du roman de Stendhal *le Rouge et le Noir.* Il lutte contre sa sentimentalité en s'obligeant à l'ambition et à l'énergie.

SØRENSEN (Søren), chimiste danois (Havrebjerg 1868 - Copenhague 1939). Il a défini le pH, indice d'acidité, et a étudié la synthèse des acides aminés.

SORGUE DE VAUCLUSE (la), riv. de France, affl. de l'Ouvèze (r. g.) ; 36 km. Elle sort de la fontaine de Vaucluse.

SORGUES (84700), comm. de Vaucluse ; 17 310 h. Poudrerie. Constructions mécaniques.

SORIA, v. d'Espagne (Castille-León), ch.-l. de prov., sur le Douro ; 32 360 h. Églises romanes.

SORLINGUES *(îles)* → ***Scilly.***

SOROCABA, v. du Brésil (São Paulo) ; 377 270 h.

SOROKIN (Pitirim), sociologue américain d'origine russe (Touria, près de Syktyvkar, 1889 - Winchester, Massachusetts, 1968). Il est à l'origine des études sur le changement social.

SORRENTE, v. d'Italie, célèbre par la beauté de son site, sur le golfe de Naples ; 17 015 h. Tourisme. Musée dans un palais du XVIIIe s.

SŌSEKI → ***Natsume Sōseki.***

Sosie, valet d'Amphitryon dans les pièces de Plaute et de Molière. Mercure réussit à faire douter Sosie, dont il a pris les traits, de sa propre identité.

SOSNOWIEC, v. de Pologne, en haute Silésie ; 259 000 h.

SOSPEL (06380), ch.-l. de c. des Alpes-Maritimes ; 2 647 h. Pont médiéval, vieilles maisons, église classique.

SŌTATSU, peintre japonais (Kyōto, 1re moitié du XVIIe s.). Une inspiration puisée dans la tradition de l'époque Heian, le sens de la couleur et du décor en font le précurseur de Kōrin et de l'art décoratif des Tokugawa.

SOTCHI, v. de Russie, sur la mer Noire ; 337 000 h. Centre touristique.

Sotheby and Co. ou **Sotheby's,** la plus importante entreprise mondiale de vente aux enchères, fondée à Londres en 1733. Spécialisée dans les œuvres d'art, elle est auj. sous contrôle américain.

SOTHO ou **BASSOUTO,** ensemble de peuples bantous de l'Afrique méridionale, comprenant notamment les Pedi, ou Sotho du Nord.

SOTO (Hernando **de**), conquistador espagnol (Barcarrota 1500 - sur les rives du Mississippi 1542). Compagnon de Pizarro, il explora à partir de 1539 la Floride, puis la région du Mississippi.

SOTTEVILLE-LÈS-ROUEN (76300), ch.-l. de c. de la Seine-Maritime, sur la Seine ; 29 957 h. *(Sottevillais).* Gare de triage. Produits cellulosiques. Métallurgie.

SOTTSASS (Ettore), designer italien (Innsbruck 1917). Parti du design industriel, il a manifesté pour le style Arts déco ainsi que pour les formes ludiques et gratuites un goût qui fait de lui un des maîtres du « nouveau design ».

SOUABE, en all. **Schwaben,** région historique d'Allemagne, à cheval sur l'ouest de la Bavière et le Bade-Wurtemberg. Cap. *Augsbourg.* Le duché, créé au début du Xe s., fut acquis par les Hohenstaufen (1079). Après l'extinction de cette famille (1268), l'anarchie s'installa dans le pays. La Grande Ligue souabe, constituée en 1488 avec le soutien des Habsbourg, fut disloquée en 1534. L'ancien duché fut démantelé aux traités de Westphalie (1648).

SOUABE-FRANCONIE *(bassin de),* bassin sédimentaire d'Allemagne (englobant le *Jura* souabe et franconien*), au nord du Danube, entre la Forêt-Noire et le massif de Bohême, partagé entre la Bavière, le Bade-Wurtemberg et la Hesse.

SOUBISE (Benjamin **de Rohan,** *seigneur* **de**), homme de guerre français (La Rochelle 1583 - Londres 1642). Un des chefs du parti protestant sous Louis XIII, il défendit sa ville natale contre les troupes royales.

SOUBISE (Charles **de Rohan,** *prince* **de**), maréchal de France (Versailles 1715 - 1787). Ami de Louis XV et protégé de la marquise de Pompadour puis de Mme du Barry, il contribua à la victoire de Fontenoy (1745), fut vaincu à Rossbach par Frédéric II (1757), mais de nouveau victorieux à Sondershausen (1758).

Soubise *(hôtel de),* à Paris, résidence historique située dans le Marais, auj. occupée par les Archives nationales et par le musée de l'Histoire de France. François de Rohan, prince de Soubise, en fit construire les bâtiments actuels par Pierre Alexis Delamair, puis Boffrand (1705-1745, beaux décors intérieurs).

SOU CHE → ***Su Shi.***

SOUCHEZ (62153), comm. du Pas-de-Calais ; 2 037 h. Un des hauts lieux des combats de l'Artois (1915).

SOUDAN, zone climatique de l'Afrique boréale, intermédiaire entre le Sahel et la zone équatoriale, caractérisée par le passage, du nord au sud, de la steppe à la savane, résultat de l'allongement de la saison des pluies (été).

SOUDAN, en ar. **al-Sūdān,** État de l'Afrique orientale, qui occupe la région du haut Nil ; 2 506 000 km² ; 27 400 000 h. *(Soudanais).* CAP. *Khartoum.* LANGUE : *arabe.* MONNAIE : *livre soudanaise.*

GÉOGRAPHIE

Le pays, le plus vaste d'Afrique, compte plus de 500 ethnies partagées entre des populations blanches, islamisées et arabophones, dans le Nord, et des populations noires, animistes ou chrétiennes, sans unité linguistique, dans le

Sud, diversité qui explique de graves tensions internes. L'irrigation (à partir du Nil et du Nil Bleu) a permis le développement de cultures (coton notamment) dans le Centre, alors que le Nord, désertique, est voué à l'élevage nomade.

HISTOIRE

Antiquité : l'histoire du Soudan se confond avec celle de la Nubie*, qui en couvre la partie septentrionale. VIe s. apr. J.-C. - fin du XIVe s. : des royaumes chrétiens succèdent à Méroé*, mais sont progressivement pénétrés et détruits par les Arabes. XVe-XIXe s. : des sultanats se constituent (celui des Fung, notamm.) ; de vastes zones sont dépeuplées par la traite. 1820-1840 : Méhémet-Ali, vice-roi d'Égypte, conquiert la région. 1883-1898 : la Grande-Bretagne, qui a occupé l'Égypte en 1882, doit affronter l'insurrection du Mahdī*, que Kitchener écrase finalement à Omdurman, avant d'obliger les Français de la colonne Marchand à se retirer de la ville de Fachoda. 1899 : le Soudan devient condominium anglo-égyptien. 1951 : le condominium est dénoncé par l'Égypte. 1953 : des accords passés entre les représentants du Soudan, de l'Égypte et de la Grande-Bretagne prévoient l'autodétermination des Soudanais. 1956 : la République indépendante du Soudan est proclamée. 1958-1964 : après un coup d'État militaire, le pays est dirigé par le général Ibrāhīm ʻAbbūd. 1964-1969 : des gouvernements civils se succèdent au pouvoir. 1969 : Djaf'ar al-Nimayrī dirige un coup d'État militaire et met en place un régime d'inspiration socialiste. 1972 : un accord est signé avec la rébellion sudiste, active depuis l'indépendance. 1977 : un accord de réconciliation nationale permet le retour au Soudan des leaders de l'opposition islamique en exil. 1983 : les combats reprennent dans le Sud après l'adoption de lois inspirées par la charia. 1985 : une insurrection populaire renverse le régime de Nimayrī. 1986 : un gouvernement civil est formé sous la direction de Ṣādiq al-Mahdī. 1989 : les militaires reprennent le pouvoir. Ils instaurent un régime autoritaire à tendance islamiste. À partir de 1992 : l'armée remporte d'importants succès sur la rébellion sudiste. Les populations du Sud sont durement touchées par la famine.

SOUDAN FRANÇAIS, nom qu'a porté le *Mali** avant l'indépendance, de 1920 à 1958.

SOUFFLENHEIM (67620), comm. du Bas-Rhin ; 4 296 h. Poterie et céramique.

SOUFFLOT (Germain), architecte français (Irancy, près d'Auxerre, 1713 - Paris 1780). Il a contribué à l'embellissement de Lyon (hôtel-Dieu), a rempli diverses charges officielles et a construit le Panthéon* à Paris, un des premiers monuments néoclassiques.

SOUFRIÈRE (la), volcan actif de la Guadeloupe ; 1 467 m.

Souge *(camp de),* camp militaire à l'ouest de Bordeaux (3 800 ha).

SOUILLAC (46200), ch.-l. de c. du Lot ; 4 253 h. Église romane, anc. abbatiale (sculptures dont le célèbre relief d'*Isaïe*).

SOUILLY (55220), ch.-l. de c. de la Meuse ; 323 h. Quartier général de Pétain pendant la bataille de Verdun (1916).

SOUK-AHRAS → ***Souq Ahras.***

SOUKHOUMI, port de Géorgie, cap. de l'Abkhazie, sur la mer Noire ; 121 000 h.

SOULAC-SUR-MER (33780), comm. de la Gironde ; 2 862 h. Station balnéaire.

SOULAGES (Pierre), peintre et graveur français (Rodez 1919). Des balafres immenses, associant le noir et la couleur, ont longtemps échafaudé le puissant clair-obscur de ses toiles. Depuis 1979 env., il élabore des monochromes noirs d'une composition rigoureuse.

SOULE *(pays de),* anc. prov. du Pays basque ; la cap. était *Mauléon.*

Soulier de satin (le), drame de P. Claudel, publié en 1929, représenté en 1943. L'impossible amour du conquistador espagnol don Rodrigue pour doña Prouhèze prend une valeur symbolique, qui met en question la destinée totale de l'homme.

SOULOUQUE (Faustin) [Petit-Goâve 1782 - *id.* 1867], empereur d'Haïti (1849-1859) sous le nom de **Faustin Ier**. Son despotisme provoqua sa chute.

SOULT (Jean de Dieu Nicolas), *duc* **de Dalmatie,** maréchal de France (Saint-Amans-la-Bastide, auj. Saint-Amans-Soult, 1769 - *id.* 1851). Engagé en 1785, il prit part aux guerres de la Révolution, puis s'illustra à Austerlitz (1805) et commanda en Espagne (1808-1811 et 1814). Rallié à Louis XVIII en 1814, il devint ministre de la Guerre, mais combattit aux côtés de l'Empereur pendant les Cent-Jours. Banni en 1816, il fut sous Louis-Philippe ministre de la Guerre (1830-1832), puis plusieurs fois président du Conseil. En 1847, il reçut le titre de maréchal général de France.

SOULTZ-HAUT-RHIN [sults-] (68360), ch.-l. de c. du Haut-Rhin ; 5 888 h. Constructions mécaniques. Église des XIVe-XVe s.

SOULTZ-SOUS-FORÊTS (67250), ch.-l. de c. du Bas-Rhin ; 2 193 h. Constructions mécaniques.

SOUMAROKOV (Aleksandr Petrovitch), auteur dramatique russe (Saint-Pétersbourg 1717 - Moscou 1777). Sa pièce *Khorev* (1749) inaugura l'ouverture du premier théâtre russe.

SOUMGAIT, v. d'Azerbaïdjan ; 231 000 h. Centre industriel.

SOUMMAM, nom du cours inférieur de l'oued Sahel (ou Sahel-Soummam), en Algérie.

SOUMY, v. d'Ukraine ; 291 000 h.

SOUNGARI (le), en chin. **Songhua Jiang,** riv. de la Chine du Nord-Est, affl. de l'Amour (r. dr.) ; 1 800 km.

SOUNION ou **COLONNE** *(cap),* promontoire de l'extrémité sud-est de l'Attique (Grèce). Ruines monumentales du temple de Poséidon (milieu du Ve s. av. J.-C.).

SOUPAULT (Philippe), écrivain français (Chaville 1897 - Paris 1990). Lié au mouvement dada, il a participé à la naissance du surréalisme.

SOUPHANOUVONG *(prince),* homme politique laotien (Luang Prabang 1909 - Vientiane 1995). Fondateur du Pathet Lao (1950), il fut président de la République populaire du Laos, de l'abolition de la monarchie (1975) à 1986.

SOUQ AHRAS ou **SOUK-AHRAS,** v. d'Algérie, près de la frontière tunisienne ; 60 000 h.

SOURDEVAL (50150), ch.-l. de c. de la Manche ; 3 232 h.

SOURDIS (François **d'Escoubleau,** *cardinal* **de**), archevêque de Bordeaux à partir de 1599 (1575 - Bordeaux 1628). Il célébra le mariage de Louis XIII et d'Anne d'Autriche et imposa à son diocèse les réformes du concile de Trente. — Son frère **Henri** (1593 - Auteuil, Yvelines, 1645), qui lui succéda à l'archevêché de Bordeaux, prit part au siège de La Rochelle et poursuivit l'œuvre réformatrice de son frère.

SOURGOUT, v. de Russie, en Sibérie occidentale ; 248 000 h. Centre pétrolier.

SOUS *(oued),* fl. du Maroc méridional, qui draine la *plaine du Sous ;* 180 km.

SOUSCEYRAC (46190), ch.-l. de c. du Lot ; 1 070 h.

SOUS-LE-VENT *(îles),* chapelet d'îles des Antilles, s'étendant le long de la côte du Venezuela et comprenant l'île de Curaçao (néerlandaise). — Les Britanniques appellent « îles Sous-le-Vent » *(Leeward Islands)* la partie septentrionale des îles du Vent* (Antigua, Montserrat, îles Vierges).

SOUS-LE-VENT *(îles),* partie nord-ouest de l'archipel de la Société (Polynésie française), au nord de Tahiti, comprenant les îles Bora Bora, Huahine, Maupiti, Raïatea et Tahaa.

SOUSSE, en ar. **Sūsa,** port de Tunisie, sur le golfe de Hammamet ; 84 000 h. Tourisme. Un des plus anciens monuments islamiques : le *ribaṭ* (couvent fortifié), fondé au VIIIe s.

SOUSTONS (40140), ch.-l. de c. des Landes, près de l'étang du même nom ; 5 311 h.

SOU-TCHEOU → ***Suzhou.***

SOUTERRAINE (La) [23300], ch.-l. de c. de la Creuse ; 5 700 h. Chaussures. Église des XIIe-XIIIe s.

SOUTHAMPTON, port de Grande-Bretagne (Hampshire), sur la Manche ; 194 400 h. Port de commerce et de voyageurs. Centre industriel.

SOUTH BEND, v. des États-Unis (Indiana) ; 105 511 h.

SOUTHEND-ON-SEA, station balnéaire de Grande-Bretagne (Essex), à l'embouchure de la Tamise ; 153 700 h.

SOUTHEY (Robert), écrivain britannique (Bristol 1774 - Keswick 1843), auteur de poèmes lyriques et épiques *(Jeanne d'Arc ; Roderick, le dernier des Goths)* et de biographies *(Vie de Nelson).*

SOUTHPORT, station balnéaire de Grande-Bretagne, sur la mer d'Irlande ; 90 000 h.

SOUTH SHIELDS, port de Grande-Bretagne, sur l'estuaire de la Tyne ; 101 000 h. Station balnéaire et centre industriel.

South West Africa People's Organization → ***SWAPO.***

SOUTINE (Chaïm), peintre français d'origine lituanienne (Smilovitchi, près de Minsk, 1893 - Paris 1943). Il a pratiqué, non sans raffinement de palette, un expressionnisme virulent.

SOU TONG-P'O → ***Su Shi.***

SOUVANNA PHOUMA (*prince* Tiao), homme politique laotien (Luang Prabang 1901 - Vientiane 1984). Premier ministre à plusieurs reprises à partir de 1951, il mena une politique neutraliste. Après le cessez-le-feu (1973), il dirigea un gouvernement provisoire d'union nationale puis fut renversé en 1975.

SOUVIGNY (03210), ch.-l. de c. de l'Allier ; 2 053 h. Église des XIe-XIIe et XVe s. (sépultures des premiers ducs de Bourbon).

SOUVOROV (Aleksandr Vassilievitch, *comte,* puis *prince*), général russe (Moscou 1729 ou 1730 - Saint-Pétersbourg 1800). Plusieurs fois vainqueur des Turcs (1787-1789), il réprima l'insurrection polonaise (1794), puis lutta contre les Français en Italie, mais fut arrêté par Masséna à Zurich (1799).

SOUZDAL, v. de Russie, au nord-est de Moscou ; 10 000 h. Un des foyers de civilisation de *la principauté de Vladimir - Souzdal* (églises des XIIe-XVIIIe s.).

SOWETO, banlieue de Johannesburg (Afrique du Sud), comptant environ 2 millions de Noirs. De graves émeutes s'y produisirent en 1976.

SOYAUX (16800), ch.-l. de c. de la Charente ; 10 671 h.

SOYINKA (Wole), écrivain nigérian d'expression anglaise (Abeokuta 1934). Son théâtre, ses poèmes, ses romans et son autobiographie (*Aké, les années d'enfance,* 1981) brossent un tableau satirique de l'Afrique décolonisée et évoquent la disparition de la culture ancestrale. (Prix Nobel 1986.)

SPA, comm. de Belgique (prov. de Liège) ; 10 140 h. Station thermale. Tourisme.

S. P. A. (Société protectrice des animaux), association fondée en 1845, qui a pour but d'apporter assistance aux animaux trouvés, abandonnés ou maltraités.

SPAAK (Paul Henri), homme politique belge (Schaerbeek 1899 - Bruxelles 1972). À partir de 1936, il est à plusieurs reprises ministre des Affaires étrangères et Premier ministre. Président de l'Assemblée consultative du Conseil de l'Europe (1949-1951), secrétaire général de l'O. T. A. N. (1957-1961), il constitue avec Théo Lefèvre un gouvernement socialiste et social-chrétien (1961-1965), tout en détenant le portefeuille des Affaires étrangères (1961-1966).

Spacelab, laboratoire spatial européen modulaire conçu pour fonctionner dans la soute de la navette spatiale américaine. Sa première mission a eu lieu en 1983.

S. P. A. D. E. M. (Société de la propriété artistique et des dessins et modèles), association créée en 1954 pour la défense des intérêts des créateurs dans les arts graphiques, plastiques, photographiques et appliqués.

SPALATO → ***Split.***

SPALLANZANI (Lazzaro), biologiste italien (Scandiano 1729 - Pavie 1799). Il étudia la circulation du sang, la digestion, la fécondation et les animaux microscopiques.

SPANDAU, quartier de Berlin, sur la Spree. Lieu de détention (jusqu'à la mort de R. Hess, 1987) des criminels de guerre allemands condamnés en 1946 au procès de Nuremberg.

SPARTACUS, chef des esclaves révoltés contre Rome (m. en Lucanie en 71 av. J.-C.). Il mena la plus grande révolte des esclaves de l'Antiquité et tint en échec l'armée romaine pendant deux ans (73-71) ; il fut vaincu et tué par Crassus.

SPARTE ou **LACÉDÉMONE,** v. de la Grèce ancienne dans le Péloponnèse, sur l'Eurotas. Organisée au IXe s. av. J.-C. en un État oligarchique et militaire, fondé sur la distinction entre les citoyens « égaux » *(homoioi),* les *ilotes* et les *périèques,* elle pratiqua jusqu'au VIe s. une politique d'expansion qui fit d'elle une puissante cité. Au Ve s. av. J.-C., elle soutint une longue rivalité avec Athènes (guerre du Péloponnèse, 431-404 av. J.-C.) dont elle sortit victorieuse. Mais, après une période d'hégémonie, sa puissance lui fut ravie par Thèbes (Leuctres, 371 av. J.-C.). L'expansion de la Macédoine mit fin à son rôle politique. Intégrée à l'Empire romain en 146 av. J.-C., elle fut détruite par les Wisigoths au IVe s. de notre ère.

SPD → ***social-démocrate allemand*** *(parti).*

SPEARMAN (Charles), psychologue et mathématicien britannique (Londres 1863 - *id.* 1945). Il a introduit l'analyse factorielle en psychologie.

Spectator (The), périodique publié par Addison et Steele de 1711 à 1714, tableau de mœurs de la société anglaise.

Spectre de la rose (le), ballet de M. Fokine, musique de Weber *(l'Invitation à la valse),* créé par Nijinski et Karsavina (1911).

SPEKE (John Hanning), voyageur britannique (Bideford 1827 - près de Corsham 1864). Parti avec Burton (1855), il explora le centre de l'Afrique, où il découvrit le lac qu'il nomma *Victoria.*

SPEMANN (Hans), biologiste allemand (Stuttgart 1869 - Fribourg-en-Brisgau 1941), prix Nobel en 1935 pour ses recherches sur les mécanismes de l'évolution des êtres vivants.

SPENCER (Herbert), philosophe et sociologue britannique (Derby 1820 - Brighton 1903), auteur d'une philosophie qui met en avant le passage de l'homogène à l'hétérogène comme facteur principal de l'évolution.

SPENGLER (Oswald), philosophe et historien allemand (Blankenburg, Harz, 1880 - Munich 1936), auteur du *Déclin de l'Occident* (1918-1922) qui compare les civilisations à des êtres vivants.

SPENSER (Edmund), poète anglais (Londres 1552 - *id.* 1599), auteur du poème pastoral *le Calendrier du berger* et de l'épopée allégorique *la Reine des fées.*

SPERRY (Roger Wolcott), neurophysiologiste américain (Hartford 1913 - Pasadena 1994). Il a notamment étudié le système visuel des vertébrés et les fonctions des hémisphères cérébraux de l'homme après leur séparation chirurgicale. (Prix Nobel 1981.)

SPESSIVTSEVA (Olga), danseuse russe (Rostov-sur-le-Don 1895 - New York 1991), la plus grande danseuse romantique du XXe s.

SPEZIA (La), port d'Italie (Ligurie), ch.-l. de prov., sur le *golfe de La Spezia ;* 101 701 h. Construction navale.

Spielberg (le), en tchèque **Špilberk,** citadelle de Brno, en Moravie. Il servit aux Habsbourg de prison d'État (1742-1855), où furent détenus des patriotes italiens, dont S. Pellico.

SPIELBERG (Steven), cinéaste américain (Cincinnati 1946). Réalisateur de films d'aventures, de terreur ou de science-fiction (*les Dents de la mer,* 1975 ; *Rencontres du troisième type,* 1977 ; *les Aventuriers de l'arche perdue,* 1981 ; *E. T.,* 1982 ; *Indiana Jones et le Temple maudit,* 1984 ; *Empire du Soleil,* 1987 ; *Indiana Jones et la Dernière Croisade,* 1989 ; *Jurassic Park,* 1993), il aborde dans *la Liste de Schindler* (1993) l'histoire de l'Holocauste.

SPILLIAERT (Léon), peintre belge (Ostende 1881 - Bruxelles 1946). Inquiète, imaginative, son œuvre, synthétique dans la forme, est à la charnière du symbolisme et de l'expressionnisme.

SPINELLO ARETINO (Spinello di Luca **Spinelli,** dit), peintre italien (Arezzo v. 1350 - *id.* 1410), auteur de fresques à Arezzo, Florence, Pise, Sienne.

SPINOLA (Ambrogio, *marquis* **de**), homme de guerre italien (Gênes 1569 - Castelnuevo Scrivia 1630). Il se distingua, au service de l'Espagne, dans les Pays-Bas et en Lombardie.

SPÍNOLA (António Sebastião **Ribeiro de**), maréchal et homme politique portugais (Estremoz 1910). Gouverneur de la Guinée (1968-1973), il prend la tête du coup d'État militaire de 1974, devient président de la République, mais, s'opposant aux forces de gauche, il doit démissionner et s'exiler (1975). Revenu au Portugal (1976), il est promu maréchal en 1981.

SPINOZA (Baruch), philosophe hollandais (Amsterdam 1632 - La Haye 1677). Il étudia pour devenir rabbin, mais fut exclu de la communauté juive en 1656. Il devint artisan pour vivre (il polissait des verres de lunettes) et fut toute sa vie en butte aux persécutions des autorités après la publication des *Principes de la philosophie de Descartes* (1663) et du *Tractatus* theologico-politicus* (1670). Ses autres œuvres paraîtront après sa mort : *l'Éthique*,* le *Traité de la réforme de l'entendement,* le *Traité politique.* Spinoza s'est assigné comme objectif fondamental la transmission d'un message libérateur à l'égard de toutes les servitudes, et porteur de la joie que donne la connaissance (béatitude). Pour arriver à la connaissance de la nature, c'est-à-dire de Dieu, il faut accéder à celle des causalités qui donnent à chaque être, dont l'homme, sa spécificité. De cette nature, dite substance, l'homme ne peut percevoir que deux attributs : l'étendue et la pensée. Il existe trois modes de connaissance : la croyance, le raisonnement, l'intuition rationnelle. La vie en société ne peut se concevoir autrement que comme la réunion d'êtres qui se sont mutuellement acceptés ; il existe donc un droit à l'insurrection quand la liberté publique est bafouée.

Spinoza

SPIRE, en all. **Speyer,** v. d'Allemagne (Rhénanie-Palatinat), sur le Rhin ; 45 674 h. Prestigieuse cathédrale du XIe s., très restaurée. Ville libre impériale en 1294, Spire accueillit plusieurs diètes, dont celle de 1529, où les princes réformés « protestèrent » contre la décision de Charles Quint restreignant la liberté religieuse.

SPITTELER (Carl), poète suisse d'expression allemande (Liestal 1845 - Lucerne 1924), auteur de poèmes épiques et allégoriques (*Printemps olympien,* 1900-1905). [Prix Nobel 1919.]

SPITZ (Mark), nageur américain (Modesto, Californie, 1950), sept fois champion olympique en 1972.

SPITZ (René Arpad), médecin et psychanalyste américain d'origine austro-hongroise (Vienne 1887 - Denver, Colorado, 1974). Ses travaux ont porté sur l'importance de la relation mère-enfant et des carences affectives.

SPITZBERG ou **SPITSBERG,** principale île du Svalbard.

Splendeurs et misères des courtisanes, roman d'H. de Balzac (1838-1847), suite des *Illusions perdues.*

SPLIT, en ital. **Spalato,** port de Croatie, sur l'Adriatique ; 169 000 h. Tourisme. Dioclétien y fit construire au début du IVe s. un vaste ensemble palatial rectangulaire, dont les anc. habitants de Salone firent à partir du VIIe s. le noyau d'une nouvelle ville. Petites églises préromanes (IXe-XIe s.). Palais gothiques du XVe s. Musées.

SPLÜGEN (le), col des Alpes, entre Coire et le lac de Côme ; 2 115 m.

SPOERRI (Daniel), artiste suisse d'origine roumaine (Galați 1930). « Tableaux-pièges », « Détrompe-l'œil », « Multiplicateurs d'art », « Conserves de magie à la noix », « Objets ethnosyncrétiques » sont parmi les principales séries d'assemblages, ironiques et corrosifs, de ce signataire, en 1960, du manifeste des Nouveaux Réalistes.

SPOKANE, v. des États-Unis (Washington) ; 177 196 h.

SPOLÈTE, en ital. **Spoleto,** v. d'Italie (Ombrie) ; 37 057 h. Cathédrale romane (remaniée aux XVIe-XVIIe s.) et autres monuments. Siège d'un duché lombard fondé en 571, sur lequel le Saint-Siège établit son autorité au XIIIe s.

SPONDE (Jean **de**), humaniste et poète français (Mauléon 1557 - Bordeaux 1595). Ses sonnets sont un modèle de poésie baroque.

SPONTINI (Gaspare), compositeur italien (Maiolati, Ancône, 1774 - *id.* 1851), auteur de *la Vestale* (1807) et de *Fernand Cortez.*

SPORADES, îles grecques de la mer Égée. On distingue les *Sporades du Nord,* voisines de l'île d'Eubée, et les *Sporades du Sud,* ou Dodécanèse, proches de la Turquie et comprenant notamment Samos et Rhodes.

SPORADES ÉQUATORIALES → ***Line Islands.***

Spot (abrév. de Satellite pour l'Observation de la Terre), famille de satellites français, lancés à partir de 1986 et destinés à l'observation civile et scientifique (cartographie, prospection minière, gestion des forêts, hydrologie, etc.).

Spoutnik, nom donné aux trois premiers satellites artificiels soviétiques. Spoutnik 1, placé sur orbite le 4 oct. 1957, fut le premier satellite artificiel de la Terre.

SPRANGER (Bartholomeus), peintre flamand (Anvers 1546 - Prague 1611), naturalisé tchèque en 1593. Actif à Rome, à Vienne, puis à la cour de Prague (1581), il contribua, par son génie précieux et sensuel, à faire de cette dernière ville une capitale du maniérisme tardif.

SPRATLY *(îles),* archipel de la mer de Chine méridionale, entre les Philippines et le Viêt Nam. Il est revendiqué par ces deux pays ainsi que par le Brunei, la Chine, la Malaisie et Taïwan.

SPREE, riv. d'Allemagne, qui traverse Berlin et se jette dans la Havel (r. dr.) ; 403 km.

Springer Verlag, groupe de presse et d'édition fondé, en 1945, par Axel Caesar Springer (1912-1985), qui contrôle la majorité de la presse allemande (*Bild Zeitung, Die Welt,* etc.).

SPRINGFIELD, v. des États-Unis, cap. de l'Illinois ; 105 227 h.

SPRINGFIELD, v. des États-Unis (Massachusetts) ; 156 983 h. Musée d'art.

SPRINGFIELD, v. des États-Unis (Missouri) ; 140 494 h.

SPRINGS, v. de l'Afrique du Sud, près de Johannesburg ; 154 000 h. Mines d'or. Centre industriel.

SQUAW VALLEY, station de sports d'hiver des États-Unis (Californie), dans la sierra Nevada.

S.-R. ou **social-révolutionnaire** *(parti),* parti politique russe (1901-1922), né du rassemblement de divers groupes populistes. Après oct. 1917, il se scinda en S.-R. de gauche qui soutinrent les bolcheviks et S.-R. de droite qui les combattirent.

SRAFFA (Piero), économiste italien (Turin 1898 - Cambridge 1983). Il a renouvelé l'étude de la formation des prix et diffusé la pensée de Ricardo.

SRI LANKA, jusqu'en 1972 **Ceylan,** État insulaire de l'Asie méridionale au sud-est de l'Inde ; 66 000 km² ; 17 800 000 h. *(Ceylanais* ou *Sri Lankais).* CAP. *Colombo* (ou *Kolamba).* LANGUES : *cinghalais* et *tamoul.* MONNAIE : *roupie de Sri Lanka.*

GÉOGRAPHIE

Formée de plateaux et de collines entourant un massif montagneux central, l'île possède un climat tropical chaud, où la hauteur de pluies varie avec l'exposition à la mousson. L'agriculture, ressource presque exclusive, associe cultures vivrières (riz) et commerciales (caoutchouc et surtout thé). Mais la vie sociale et économique est désorganisée par la lutte entre majorité cinghalaise et minorité tamoule (20 % de la population, concentrés dans le Nord).

HISTOIRE

IIIe s. av. J.-C. : le bouddhisme est introduit dans l'île. Fin du Xe s. apr. J.-C. : la monarchie d'Anurādhapura est renversée par un roi cola. 1070 : l'île est reconquise par un prince cinghalais. XIVe-XVIe s. : un royaume tamoul indépendant occupe la presqu'île de Jaffna. XVIe s. : le Portugal occupe la côte tandis que le roi de Kandy domine le centre de Ceylan. 1658 : les Hollandais évincent les Portugais. 1796 : la Grande-Bretagne annexe l'île. 1815 : elle s'empare du royaume de Kandy. 1931 : Ceylan est doté d'un statut d'autonomie interne. 1948 : l'île accède à l'indépendance. 1948-1956 : les conservateurs sont au pouvoir avec D. S. Senanayake (1948-1952), puis avec son fils, Dudley Senanayake (1952-53), et J. Kotelawala (1953-1956). 1956-1965 : la gauche, dirigée par Salomon Bandaranaike puis, après son assassinat (1959), par sa veuve Sirimavo Bandaranaike, gouverne le pays. 1965-1970 : D. Senanayake revient au pouvoir. 1970-1977 : S. Bandaranaike lui succède. Depuis 1974 : des organisations tamoules militent pour la création d'un État tamoul indépendant. 1977 : le conservateur J. R. Jayawardene devient Premier ministre. 1978 : il est élu président de la République. Ranasinghe Premadasa devient Premier ministre. Depuis 1983 : des affrontements opposant Tamouls et Cinghalais menacent l'unité du pays. 1989 : R. Premadasa devient président de la République. L'intervention des troupes indiennes (1987 - 1990), en accord avec le Sri Lanka, ne parvient pas à résoudre le conflit intérieur lié au séparatisme tamoul. 1993 : R. Premadasa est assassiné. Dingiri Banda Wijetunga lui succède à la tête de l'État. 1994 : Chandrika Kumaratunga, leader de l'opposition de gauche, est élue à la présidence de la République. Sa mère, S. Bandaranaike, redevient Premier ministre. 1995 : un accord de cessez-le-feu est conclu entre le gouvernement et les séparatistes tamouls ; ces derniers ayant rompu la trêve, l'armée sri lankaise lance à leur encontre une vaste offensive (prise de Jaffna, déc.).

SRINAGAR, v. de l'Inde, à plus de 1 500 m d'altitude, cap. (avec Jammu) de l'État de Jammu-et-Cachemire ; 588 000 h. Tourisme. Musée. Monuments anciens dont la mosquée Madani du XVe s. ; jardins fondés par les empereurs moghols.

SS (sigle de *SchutzStaffel,* échelon de protection), police militarisée du parti nazi créée en 1925. Dirigée par Himmler (1929), elle permit à Hitler de briser Röhm et les SA en 1934. Les SS furent chargés de la sécurité intérieure du Reich puis, à partir de 1939, du contrôle des territoires occupés. Ils assurèrent également la gestion et la garde des camps de concentration. Ils constituèrent en outre, à partir de 1940, des unités militaires, dites *Waffen SS,* troupes de choc engagées dans toutes les offensives et contre-offensives décisives et qui encadrèrent les volontaires étrangers de l'armée allemande.

SSEU-MA SIANG-JOU → *Sima Xiangru.*

SSEU-MA TS'IEN → *Sima Qian.*

SSEU-TCH'OUAN → *Sichuan.*

STAAL DE LAUNAY (Marguerite Jeanne **Cordier,** *baronne* **de**), femme de lettres française (Paris 1684 - Gennevilliers 1750), auteur de *Mémoires* et de *Lettres* sur l'époque de la Régence.

STABIES, v. de la Campanie ancienne, voisine de Pompéi, et détruite en 79 apr. J.-C. par l'éruption du Vésuve. (Auj. **Castellammare di Stabia.**) Villas (peintures murales).

STABROEK, comm. de Belgique (prov. d'Anvers) ; 16 409 h.

STACE, en lat. **Publius Papinius Statius,** poète latin (Naples v. 40 - *id.* 96). Il est l'auteur d'épopées *(la Thébaïde, l'Achilléide),* et de poésies de circonstance (les *Silves*).

STAËL [stal] (Germaine **Necker,** *baronne* **de Staël-Holstein,** dite **Mme de**), femme de lettres française (Paris 1766 - *id.* 1817). Fille de Necker, elle épousa le baron de Staël-Holstein, ambassadeur de Suède à Paris. Au début de la Révolution, elle ouvrit son salon à des hommes de tendances politiques différentes, puis émigra et fit la connaissance de B. Constant en 1794. Suspecte au Directoire, elle dut s'exiler à Coppet lorsque Bonaparte témoigna son hostilité à B. Constant. Elle parcourut alors l'Europe. Elle est l'auteur de romans (*Delphine,* 1802 ; *Corinne,* 1807) et du livre *De l'Allemagne** (1810), qui eut une grande influence sur le romantisme français.

STAËL (Nicolas **de**), peintre français d'origine russe (Saint-Pétersbourg 1914 - Antibes 1955). Plasticien audacieux et coloriste raffiné, il est passé de l'abstraction (1943) à une stylisation très personnelle du monde visible (1951).

STAFFA, une des îles Hébrides, où se trouve la grotte de Fingal.

STAFFELFELDEN (68850), comm. du Haut-Rhin ; 3 345 h. Potasse.

STAFFORD, v. de Grande-Bretagne (Angleterre), ch.-l. du *Staffordshire ;* 55 000 h. Église gothique.

STAHL (Georg Ernst), médecin et chimiste allemand (Ansbach 1660 - Berlin 1734), fondateur, en médecine, de la théorie de l'*animisme* et, en chimie, de la théorie du *phlogistique.*

STAINS [stɛ̃] (93240), ch.-l. de c. de la Seine-Saint-Denis, au nord de Saint-Denis ; 35 068 h. *(Stanois).*

STAKHANOV → *Kadievka.*

STALINE (Iossif Vissarionovitch **Djougachvili,** dit **Joseph**), homme politique soviétique (Gori, Géorgie, 1879 - Moscou 1953). Ancien élève du séminaire orthodoxe de Tiflis, il milite à partir de 1898 dans la social-démocratie géorgienne puis prend le parti des bolcheviks. En 1917, il se rallie aux « thèses d'avril » de Lénine et assure avec Sverdlov la direction du parti lorsque Lénine gagne la Finlande. Commissaire du peuple aux nationalités (1917-1922), il met en œuvre une politique de centralisation à l'égard des autres républiques soviétiques. Secrétaire général du parti depuis 1922, il élimine de 1924 à 1929 les autres candidats à la succession de Lénine, s'appuyant d'abord contre Trotski sur Kamenev et Zinoviev : il les évince tous les trois en 1927 avant d'éliminer Boukharine et Rykov (1929). En 1929/30, il engage l'U. R. S. S. dans une politique de collectivisation totale des terres et d'élimination des koulaks. Il lance le premier plan quinquennal et s'attache au développement de l'industrie lourde. Il recourt au travail forcé, accompli dans les camps du Goulag, et fait procéder à des purges massives à l'occasion de procès truqués (fin 1934-1938). Il conclut avec l'Allemagne le pacte germano-soviétique (août 1939), mais après l'attaque allemande de juin 1941, il parvient à redresser une situation initialement compromise en faisant appel au patriotisme russe. Il place sous l'influence soviétique les pays européens libérés par son armée, crée le Kominform (1947) et engage contre l'Occident la « guerre froide ». Objet d'un culte, célébré tant en U. R. S. S. que dans les partis communistes des démocraties populaires et des pays occidentaux, il fait procéder à de nouvelles purges (« procès de Prague », « complot des blouses blanches ») avant de mourir en mars 1953. Le XXe Congrès du parti communiste (1956) amorça la « déstalinisation » et en 1961 le corps de Staline fut retiré du mausolée de Lénine dans lequel il avait été placé.

Stalingrad *(bataille de)* [sept. 1942 - févr. 1943], victoire décisive remportée après de durs combats — qui se sont déroulés autour de Stalingrad (auj. Volgograd) — par les Soviétiques sur la VIe armée allemande (Paulus), qui capitula le 2 février 1943. Elle marqua le tournant de la guerre sur le front russe.

STAMBOLIJSKI (Aleksandăr), homme politique bulgare (Slavovica 1879 - *id.* 1923). Chef de l'Union agrarienne depuis 1905, il fut Premier ministre en 1919-20 puis en 1920-1923. Il fut fusillé lors du coup d'État de 1923.

Mme de **Staël**

Staline
(coll. priv.)

STAMFORD, port des États-Unis (Connecticut) ; 108 056 h.

STAMITZ (Johann Wenzel) ou **STAMIC** (Jan Václav), compositeur tchèque (Německý Brod, Bohême, 1717 - Mannheim 1757), chef de l'école de Mannheim, un des foyers de l'art symphonique en Europe, à l'origine du style galant.

Stampa (la), quotidien italien de tendance libérale progressiste, créé à Turin en 1894.

Stamp Act (1765), loi britannique, qui frappa d'un droit de timbre les actes publics dans les colonies de l'Amérique du Nord. Très impopulaire, elle fut à l'origine de la guerre de l'Indépendance.

Standaard (De), quotidien belge de tendance catholique, créé en 1914 à Anvers.

STANHOPE (James, 1er *comte* **de**), homme politique britannique (Paris 1673 - Londres 1721). L'un des chefs du parti whig, secrétaire d'État (1714-1721), il dirigea la politique étrangère, privilégiant l'alliance avec la France.

STANISLAS *(saint),* martyr polonais (Szczepanow, près de Tarnów, 1030 - Cracovie 1079). Évêque de Cracovie (1072), il fut tué par le roi Boleslas II, qu'il avait excommunié. — Il est le patron de la Pologne.

STANISLAS Ier LESZCZYŃSKI (Lwów 1677 - Lunéville 1766), roi de Pologne en titre de 1704 à 1766, en fait de 1704 à 1709 et de 1733 à 1736. Beau-père de Louis XV, il dut abdiquer à l'issue de la guerre de la Succession de Pologne (1733-1738) et reçut le Barrois et la Lorraine (1738). Il embellit ses capitales : Nancy, Lunéville.

STANISLAS II AUGUSTE PONIATOWSKI (Wołczyn 1732 - Saint-Pétersbourg 1798), dernier roi de Pologne (1764-1795). Ancien favori de Catherine II, imposé par la Russie (1764), il dut accepter le premier partage de la Pologne (1772). Il se consacra au relèvement du pays, arrêté par le deuxième partage de la Pologne (1793), puis abdiqua lors du troisième partage (1795).

STANISLAVSKI (Konstantine Sergueïevitch **Alekseïev,** dit), acteur et metteur en scène de théâtre russe (Moscou 1863 - *id.* 1938). Fondateur et animateur du Théâtre d'art de Moscou, pédagogue et théoricien (*Ma vie dans l'art,* 1925), il entreprit une rénovation systématique de la pratique théâtrale et de l'art dramatique, fondant sa méthode sur la prise de conscience intérieure, par l'acteur, de son personnage.

STANKOVIĆ (Borisav), écrivain serbe (Vranja 1875 - Belgrade 1927), auteur de romans *(le Sang impur)* et de drames qui peignent la Serbie sous la domination turque.

STANLEY (John **Rowlands,** *sir* **Henry Morton**), explorateur britannique (Denbigh, pays de Galles, 1841 - Londres 1904). Journaliste au service du *New York Herald* (1867), il fut envoyé en Afrique à la recherche de Livingstone, qu'il retrouva (1871). Au cours d'un deuxième voyage (1874-1877), il traversa l'Afrique équatoriale d'est en ouest, découvrant le cours du Congo. Il se mit, en 1879, au service du roi des Belges Léopold II, créant pour lui l'État indépendant du Congo (1885).

STANLEY (Wendell Meredith), biochimiste américain (Ridgeville 1904 - Salamanque 1971). Il a obtenu à l'état cristallisé le virus de la mosaïque du tabac. (Prix Nobel de chimie 1946.)

STANLEY POOL → *Malebo Pool.*

STANLEYVILLE → *Kisangani.*

STANOVOÏ *(monts),* chaîne de montagnes de la Sibérie orientale ; 2 412 m.

STANS, comm. de la Suisse, ch.-l. du demi-canton de Nidwald (Unterwald) ; 6 217 h.

STARA PLANINA, nom bulgare du **Balkan.**

STARA ZAGORA, v. de Bulgarie ; 142 000 h.

STARCK (Philippe), designer et architecte d'intérieur français (Paris 1949). Créateur de séries de meubles et d'objets d'une structure simple, mais inventive, il est attaché à l'expression symbolique des formes comme de l'espace.

STARK (Johannes), physicien allemand (Schickenhof 1874 - Traunstein 1957). Il a découvert le dédoublement des raies spectrales sous l'influence d'un champ électrique. (Prix Nobel 1919.)

STAROBINSKI (Jean), critique suisse de langue française (Genève 1920). Une formation de psychiatre et une vision philosophique, fondée sur la « sympathie » pour l'auteur, sous-tendent sa méthode critique (*Jean-Jacques Rousseau, la transparence et l'obstacle).*

START (*STrategic Arms Reduction Talks*), négociations menées de 1982 à 1991 (START I) entre les États-Unis et l'U.R.S.S. sur la réduction des armements stratégiques. (Après la dissolution de l'U.R.S.S., la Russie [1992], puis le Kazakhstan, la Biélorussie et l'Ukraine [1993] adhèrent à START I.) En 1992, de nouvelles négociations sont menées entre les États-Unis et la Russie. Elles aboutissent en 1993 à un nouveau traité (START II), par lequel les deux pays s'engagent à procéder à de nouvelles et importantes réductions de leurs arsenaux dans les dix années à venir.

STASSFURT, v. d'Allemagne (Saxe-Anhalt) ; 26 466 h. Mines de potasse et de sel.

STATEN ISLAND, île des États-Unis, constituant un borough de New York, au S.-O. de Manhattan.

STAUDINGER (Hermann), chimiste allemand (Worms 1881 - Fribourg-en-Brisgau 1965), prix Nobel en 1953 pour ses recherches sur les macromolécules.

STAUDT (Karl Georg Christian **von**), mathématicien allemand (Rothenburg ob der Tauber 1798 - Erlangen 1867). Il essaya de reconstituer l'ensemble de la géométrie projective, indépendamment de toute relation métrique.

STAUFFENBERG (Claus, *comte* **Schenk von**), officier allemand (Jettingen 1907 - Berlin 1944). Il prépara et exécuta l'attentat du 20 juill. 1944, auquel échappa Hitler. Il fut fusillé.

STAVANGER, port de Norvège, sur l'Atlantique ; 99 808 h. Port de pêche, de commerce, de voyageurs et pétrolier. Centre industriel. Cathédrale romane et gothique.

STAVELOT, v. de Belgique (Liège) ; 6 271 h. Restes d'une ancienne abbaye (musées).

Stavisky *(affaire)* [1933-34], scandale financier au Crédit municipal de Bayonne, dévoilé en déc. 1933. Elle contribua à la chute du ministère Chautemps, au réveil de l'extrême droite et aux émeutes du 6 févr. 1934. À son origine se trouvait Alexandre Stavisky (Slobodka, Ukraine, 1886 - Chamonix 1934), dont la mort, suicide ou assassinat, ne fut pas éclaircie.

STAVROPOL, v. de Russie, au nord du Caucase ; 318 000 h. Centre industriel. Gaz naturel et pétrole dans la région.

STEELE (*sir* Richard), écrivain et journaliste irlandais (Dublin 1672 - Carmathen, pays de Galles, 1729). Avec Addison, il fonda *The Tatler (le Babillard),* puis *The Spectator.*

STEEN (Jan), peintre néerlandais (Leyde v. 1626 - *id.* 1679), observateur fécond et varié des scènes de la vie populaire.

STEENVOORDE [stɛ̃vɔrd] (59114), ch.-l. de c. du Nord ; 4 029 h.

STEFAN (Josef), physicien autrichien (Sankt Peter, près de Klagenfurt, 1835 - Vienne 1893). Il a donné la loi du rayonnement du corps noir, reliant la puissance rayonnée à la température.

STEICHEN (Edward), photographe américain (Luxembourg 1879 - West Redding, Connecticut, 1973). L'un des principaux adeptes de la « photographie pure » ; son travail direct, sans manipulations, et son style rigoureux ont puissamment influencé l'expression photographique.

STEIN (Gertrude), femme de lettres américaine (Allegheny, Pennsylvanie, 1874 - Neuilly-sur-Seine 1946). Établie à Paris et mêlée au mouvement littéraire et pictural d'avant-garde, elle a eu une grande influence sur les romanciers de la « génération* perdue » (*Autobiographie d'Alice B. Toklas,* 1933).

STEIN (Karl, *baron* **vom und zum**), homme politique prussien (Nassau 1757 - Kappenberg 1831). Ministre d'État (1804-1808), il fit d'importantes réformes libérales, notamm. l'abolition du servage. Napoléon obtint son renvoi (1808).

STEINBECK (John), écrivain américain (Salinas, Californie, 1902 - New York 1968). Ses romans peignent les milieux populaires californiens (*Tortilla Flat,* 1935 ; *Des souris et des hommes,* 1937 ; *les Raisins de la colère,* 1939 ; *À l'est d'Éden,* 1952). [Prix Nobel 1962.]

STEINBERG (Saul), dessinateur américain d'origine roumaine (Rîmnicu Sărat, Munténie, 1914). Il a renouvelé l'humour et la satire par son exceptionnelle invention plastique, nourrie aussi bien d'anciennes traditions calligraphiques que de l'influence du cubisme.

STEINER (Jakob), mathématicien suisse (Utzenstorf 1796 - Berne 1863), l'un des plus grands spécialistes de la géométrie.

STEINER (Rudolf), philosophe et pédagogue autrichien (Kraljević, Croatie, 1861 - Dornach, près de Bâle, 1925), auteur d'un système, l'anthroposophie, et d'une pédagogie qui décloisonne les matières traditionnelles et intègre l'activité artisanale.

STEINERT (Otto), photographe allemand (Sarrebruck 1915 - Essen 1978). Ses théories sur la *photographie subjective* (objectivité illusoire, irréalité partout présente et perceptible) sont à l'origine du renouveau de la photographie abstraite.

STEINITZ (Ernst), mathématicien allemand (Laurahütte 1871 - Kiel 1928), fondateur de la théorie algébrique des corps.

STEINKERQUE, auj. **Steenkerque,** anc. comm. de Belgique, auj. rattachée à Braine-le-Comte. Le maréchal de Luxembourg y vainquit Guillaume III le 3 août 1692.

STEINLEN (Théophile Alexandre), dessinateur, graveur et peintre français d'origine suisse (Lausanne 1859 - Paris 1923). Il a représenté, dans un esprit libertaire, le peuple de Montmartre et la vie ouvrière.

Steinway, manufacture américaine de pianos fondée à New York en 1853 par le facteur allemand Heinrich Engelhard Steinweg (Wolfshagen 1797 - New York 1871).

STEKEL (Wilhelm), médecin et psychanalyste autrichien (Boian, Bucovine, 1868 - Londres 1940). Il se sépara de Freud et préconisa une cure plus courte où le thérapeute intervient plus activement.

STEKENE, comm. de Belgique (Flandre-Orientale) ; 15 647 h.

Stèle du roi serpent (musée du Louvre), monument comportant, sculpté dans le calcaire, un hiéroglyphe signifiant Djer, le 3e roi de la dynastie, figuré sous la forme du serpent. C'est l'un des plus anciens témoignages (v. 2900 av. J.-C.) de l'architecture pharaonique représentant la façade à redans du palais royal.

STELLA (Frank), peintre américain (Malden, Massachusetts, 1936). Parti d'un strict minimalisme, puis travaillant les formes et les bandes de couleur de ses « toiles découpées » des années 60, il est parvenu au baroque débridé des reliefs métalliques polychromes de la fin des années 70.

STELVIO *(col du),* col routier des Alpes italiennes, entre Milan et Innsbruck ; 2 757 m. Parc national.

STENAY (55700), ch.-l. de c. de la Meuse ; 3 373 h.

STENDHAL (Henri **Beyle**, dit), écrivain français (Grenoble 1783 - Paris 1842). Officier de dragons, puis intendant militaire pendant les guerres de la Révolution et de l'Empire, il découvre l'Italie, qui marque profondément sa sensibilité. À la chute de l'Empire, il va vivre à Milan et commence à écrire des opuscules sur la musique, la peinture et un récit de voyage *Rome, Naples et Florence* (1817-1826) qu'il signe du nom de « Stendhal ». Il publie ensuite *De l'amour* (1822) et un essai sur le romantisme (*Racine et Shakespeare,* 1823-1825). Méconnu, il fait paraître *Armance* (1827), *le Rouge* et le Noir* (1830), puis il retourne en Italie comme consul à Civitavecchia, persuadé que son œuvre ne peut être immédiatement comprise. Pendant un congé à Paris, il publie *les Mémoires d'un touriste* (1838), *la Chartreuse* de Parme* (1839) et les *Chroniques italiennes* (1839). Son œuvre posthume a définitivement consacré sa gloire (*Lamiel,* 1889 ; *Vie de Henry Brulard,* 1890 ; *Lucien Leuwen,* 1894). Son style nerveux fait vivre dans une action rapide des héros lyriques qui dissimulent une grande sensibilité sous un apparent cynisme.

Stendhal (O.J. Södermark - château de Versailles)

STENTOR. *Myth. gr.* Héros de la guerre de Troie, célèbre par la force de sa voix.

STEPHENSON (George), ingénieur britannique (Wylam, près de Newcastle, 1781 - Tapton House, Chesterfield, 1848). Il est considéré comme le véritable créateur de la traction à vapeur sur voie ferrée (locomotive *Rocket,* 1829). Son œuvre principale fut l'établissement du chemin de fer de Liverpool à Manchester (1826-1830).

STERLITAMAK, v. de Russie, au sud d'Oufa ; 248 000 h. Centre industriel.

STERN (Isaac), violoniste russe naturalisé américain (Kremenets, Ukraine, 1920). Il a fondé, avec Eugene Istomin et Leonard Rose, un trio pour défendre le répertoire romantique.

STERN (Otto), physicien américain d'origine allemande (Sohrau, auj. Żory, 1888 - Berkeley 1969). Il a découvert, avec W. Gerlach, les propriétés magnétiques des atomes et vérifié le concept, introduit par de Broglie, d'onde associée à une particule. (Prix Nobel 1943.)

STERNBERG (Josef **von**), cinéaste américain d'origine autrichienne (Vienne 1894 - Los Angeles 1969). Peintre des passions violentes et des atmosphères troubles, magicien de l'image et de la lumière, il a fait de Marlène Dietrich l'archétype de la femme fatale : *l'Ange bleu* (1930), *Cœurs brûlés* (id.), *Shanghai Express* (1932), *l'Impératrice rouge* (1934), *la Femme et le Pantin* (1935).

Josef von **Sternberg**
avec Marlène Dietrich (v. 1931).

STERNE (Laurence), écrivain britannique (Clonmel, Irlande, 1713 - Londres 1768), auteur de *la Vie et les opinions de Tristram Shandy, gentleman* (1759-1767) et du *Voyage sentimental* (1768), qui exercèrent sur Diderot une influence notable.

STÉSICHORE, poète lyrique grec (v. 640-v. 550 av. J.-C.), un des créateurs du lyrisme choral.

STETTIN → ***Szczecin.***

STEVENAGE, v. de Grande-Bretagne, au nord de Londres ; 73 700 h.

STEVENS (Alfred), peintre belge (Bruxelles 1823 - Paris 1906), portraitiste de la femme du monde.

STEVENS (John), industriel américain (New York 1749 - Hoboken, New Jersey, 1838). Il créa la première législation fédérale sur les brevets en Amérique (1790) et construisit (1808) un bateau à vapeur, le *Phœnix,* qui, en reliant New York à Philadelphie, accomplit le premier parcours à vapeur sur l'Atlantique.

STEVENS (Siaka Probyn), homme politique de la Sierra Leone (Moyamba 1905 - Freetown 1988), Premier ministre (1968-1971) puis président de la République (1971-1985).

STEVENS (Stanley Smith), psychophysiologue américain (Ogden 1906 - Vail, Colorado, 1973). Il a établi des échelles de sensation qui gardent une grande importance en psychophysique.

STEVENSON (Robert Louis **Balfour**), écrivain britannique (Édimbourg, Écosse, 1850 - Vailima, îles Samoa, 1894), auteur à succès de romans d'aventures (*l'Île* au trésor,* 1883) et de récits fantastiques (*Docteur Jekyll et Mister Hyde,* 1886).

STEVIN (Simon), dit **Simon de Bruges,** mathématicien et physicien flamand (Bruges 1548 - La Haye 1620). Il étudia l'hydrostatique et les fractions décimales (1585) et démontra l'impossibilité du mouvement perpétuel (1586).

STEWART → ***Stuart.***

STEWART (Jacques), pasteur français (Cannes 1936). Il est à la présidence de la Fédération protestante de France depuis juill. 1987.

STEYR, v. d'Autriche, au confluent de la *Steyr* et de l'Enns ; 40 000 h. Métallurgie. Monuments anciens.

STIEGLITZ (Alfred), photographe américain (Hoboken 1864 - New York 1946). Son œuvre franche et dépouillée est exemplaire de la « photographie pure », non manipulée, dont il fut l'un des ardents défenseurs.

STIERNHIELM (Georg), poète suédois (Vika 1598 - Stockholm 1672). Il donna une forme savante à la poésie suédoise, qui lui valut le titre de « Père de la poésie suédoise ».

STIF, anc. **Sétif,** v. d'Algérie orientale, ch.-l. de wilaya ; 144 000 h. Centre commercial et industriel. Université.

STIFTER (Adalbert), écrivain autrichien (Oberplan, Horní Planá, Bohême, 1805 - Linz 1868). Ses romans offrent une transposition poétique de la réalité quotidienne *(l'Été de la Saint-Martin).*

STIGLER (George Joseph), économiste américain (Renton, État de Washington, 1911 - Chicago 1991). Défenseur de la libre concurrence, il a approfondi les théories de la production et des coûts, des oligopoles, de l'information et des structures industrielles. (Prix Nobel 1982.)

Stijl (De), revue et groupe artistiques néerlandais fondés en 1917 par Mondrian et par un autre peintre, Theo Van Doesburg (1883-1931), sur les bases théoriques d'une abstraction strictement construite, dite *néoplasticisme.* Ont notamment participé au mouvement (qui se désagrège à la mort de Van Doesburg) les architectes Jacobus Johannes Pieter Oud (1890-1963) et Gerrit Thomas Rietveld (1888-1964), le peintre et sculpteur belge Georges Vantongerloo (1886-1965).

STILICON, général romain d'origine vandale (v. 360 - Ravenne 408). Maître de la milice, beau-père et régent d'Honorius, il défendit avec succès l'Italie contre les Barbares. Les troupes romaines, révoltées contre lui, obtinrent sa tête de l'empereur.

STILLER (Mauritz), cinéaste suédois (Helsinki 1883 - Stockholm 1928). Il fut, avec Sjöström, un des maîtres de l'école suédoise, à l'époque du muet : *le Trésor d'Arne* (1919), *À travers les rapides* (1921), *le Vieux Manoir* (1922), *la Légende de Gösta Berling* (1924), qui révéla Greta Garbo.

STILWELL (Joseph), général américain (Palatka, Floride, 1883 - San Francisco 1946). Chef d'état-major de Jiang Jieshi (Tchang Kaï-chek) de 1941 à 1945, il fut en même temps adjoint de Mountbatten au commandement allié du théâtre d'opérations Inde-Chine-Birmanie.

STIRING-WENDEL (57350), ch.-l. de c. de la Moselle ; 13 797 h. Houille. Métallurgie.

Stevenson
(W.B. Richmond - National Portrait Gallery, Londres)

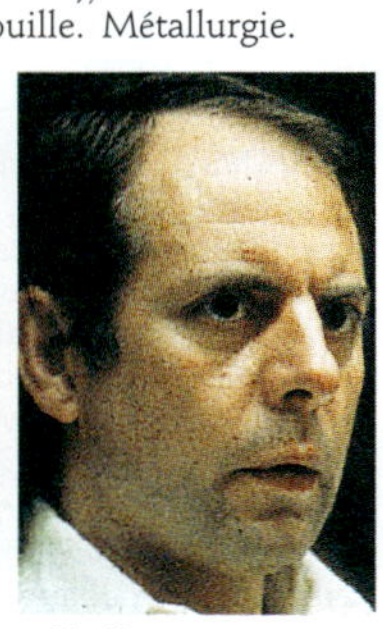

Karlheinz **Stockhausen**

STIRLING, v. de Grande-Bretagne (Écosse) ; 30 000 h. Université. Château fort.

STIRNER (Max), philosophe allemand (Bayreuth 1806 - Berlin 1856), auteur d'une philosophie anarchiste (*l'Unique et sa propriété,* 1845) qui influença Marx malgré l'hostilité que ce dernier lui vouait.

S. T. O. (Service du travail obligatoire), service institué par une loi du gouvernement Laval (16 févr. 1943), pour fournir de la main-d'œuvre à l'effort de guerre allemand. Malgré les nombreux réfractaires qui gagnèrent le maquis, le S. T. O. concerna plus de 1,5 million de Français, dont 875 000 furent envoyés en Allemagne.

STOCKHAUSEN (Karlheinz), compositeur allemand (Mödrath, près de Cologne, 1928). Il débute au Studio de musique électronique de Cologne (*Klavierstücke,* 1952-1962) et réalise la première utilisation simultanée de la bande magnétique et des instruments traditionnels. Avec *Gruppen,* pour 3 orchestres (1958), il s'oriente vers la musique aléatoire. *Stimmung* (1968) est typique de la période méditative, influencée par les musiques de l'Inde. Il fait également appel à la danse : *Inori* (1974). Depuis l'achèvement de *Sirius* (1977), il n'envisage plus qu'une seule œuvre : *Licht,* dont l'exécution durera une semaine.

STOCKHOLM, cap. de la Suède, s'étendant sur des îles et des presqu'îles du lac Mälaren et de la Baltique ; 674 452 h. (1 410 000 h. dans l'agglomération). Résidence du roi. Centre administratif, commercial, culturel et industriel. — Église des Chevaliers (XIIIe s.) ; édifices civils élevés à partir du XVIIe s., dont le château royal (par N. Tessin le Jeune), et, aux environs, celui de Drottningholm. Musées consacrés aux antiquités nationales, au folklore (musée en plein air de Skansen), aux arts suédois et européens (Musée national), à l'art moderne, au sculpteur Carl Milles, etc. — Fondée vers 1250, Stockholm affirma son rôle politique à partir de 1523, avec l'affranchissement du royaume par Gustave Ier Vasa.

Stockholm : un aspect de la vieille ville, sur le lac Mälaren.

STOCKPORT, v. de Grande-Bretagne, sur la Mersey ; 136 000 h.

STOCKTON-ON-TEES, port de Grande-Bretagne, sur la Tees ; 155 000 h.

STODOLA (Aurel), ingénieur suisse d'origine slovaque (Liptovský Mikuláš 1859 - Zurich 1942). Il contribua largement au développement des turbines à vapeur et à gaz.

STOFFLET (Jean), chef vendéen (Bathelémont, Meurthe-et-Moselle, 1753 - Angers 1796). Garde-chasse, il participa à la prise de Cholet (1793), commanda en Anjou, fut capturé et exécuté.

STOKE-ON-TRENT, v. de Grande-Bretagne, près de Manchester ; 244 800 h. Céramiques.

STOKES (*sir* George), physicien irlandais (Skreen 1819 - Cambridge 1903). Célèbre par ses travaux d'hydrodynamique, il a aussi étudié la fluorescence et les rayons X.

STOKOWSKI (Leopold), chef d'orchestre britannique naturalisé américain (Londres 1882 - Nether Wallop, Hampshire, 1977). Il a dirigé longtemps le Philadelphia Orchestra (1912-1938), avec lequel il révéla Stravinsky.

STOLYPINE (Petr Arkadievitch), homme d'État russe (Dresde 1862 - Kiev 1911). Président du Conseil (1906), il réprima durement l'opposition, fit dissoudre la deuxième douma (1907) et favorisa le démantèlement de la commune rurale *(mir)* afin de lutter contre le paupérisme paysan. Il fut assassiné par un révolutionnaire.

STONE (*sir* John Richard Nicholas), économiste britannique (Londres 1913 - Cambridge 1991). Il a notamment analysé les mécanismes de la croissance et les différents systèmes de comptabilité nationale. (Prix Nobel 1984.)

STONEHENGE, localité de Grande-Bretagne (Wiltshire). Monument mégalithique composé de monolithes disposés sur une aire circulaire. Il a subi de nombreux réaménagements successifs entre le néolithique final v. 2400 av. J.-C. et le début de l'âge du bronze. Il est interprété comme un sanctuaire du culte solaire.

Stonehenge : vue du site des IIIe-IIe millénaires av. J.-C.

STONEY CREEK, v. du Canada (Ontario) ; 48 497 h.

STOPH (Willi), homme politique allemand (Berlin 1914). Chef du gouvernement de la R.D.A. de 1964 à 1973, puis de 1976 à 1989 et président du Conseil d'État de 1973 à 1976.

STORM (Theodor), écrivain allemand (Husum 1817 - Hademarschen 1888), auteur de poèmes et de nouvelles qui célèbrent le Schleswig et analysent la difficulté d'être (*Immensee,* 1850).

STOSS (Veit), en polon. **Wit Stwosz,** sculpteur sans doute d'origine souabe (? v. 1448 - Nuremberg 1533). Son chef-d'œuvre, gothique, est l'immense retable en bois polychrome de Notre-Dame de Cracovie (1477-1486, *Dormition de la Vierge* au centre).

STRABON, géographe grec (Amasya v. 58 av. J.-C. - entre 21 et 25 apr. J.-C.). Sa *Géographie* est une présentation du monde antique au début de l'Empire romain.

STRADELLA (Alessandro), compositeur et chanteur italien (Rome 1644 - Gênes 1682), auteur de cantates, d'opéras, d'oratorios (*Suzanna,* 1681) et de symphonies.

STRADIVARI (Antonio), dit **Stradivarius,** célèbre luthier italien (Crémone ? 1644 - *id.* 1737). Ses plus beaux violons sont sortis de son atelier de Crémone entre 1700 et 1725.

STRAFFORD (Thomas **Wentworth,** *comte* **de**), homme d'État anglais (Londres 1593 - *id.* 1641). Lord-député d'Irlande (1632-1639), il y pratiqua une politique arbitraire et brutale. Devenu, avec Laud, le conseiller du roi, il seconda la politique de Charles Ier. Mis en accusation par le Parlement, il fut exécuté.

STRAITS SETTLEMENTS → ***Détroits*** *(Établissement des).*

STRALSUND, port d'Allemagne (Mecklembourg-Poméranie-Occidentale), sur la Baltique ; 74 566 h. Églises et hôtel de ville gothiques imposants.

STRAND (Paul), photographe et cinéaste américain (New York 1890 - Orgeval, France, 1976). Un langage réaliste puissant et hiératique marque son œuvre. Il a notamment réalisé (1935), en collaboration avec Fred Zinnemann et E. Gomez Muriel, le film *les Révoltés d'Alvarado.*

STRASBOURG, cap. de l'Alsace, ch.-l. du dép. du Bas-Rhin, sur l'Ill et le Rhin, à 457 km à l'est de Paris ; 255 937 h. *(Strasbourgeois)* [environ 400 000 h. avec la banlieue]. Siège du Conseil de l'Europe et du Parlement européen.

Strasbourg : un aspect du quartier de la Petite France traversé par l'Ill.

Académie et université. Archevêché. Port fluvial sur le Rhin et centre industriel (métallurgie surtout, produits alimentaires). — Magnifique cathédrale reconstruite du XIIe au XVe s. (flèche haute de 142 m ; sculptures du XIIIe s., vitraux des XIIe-XIVe s.) ; musée de l'Œuvre. Autres monuments et maisons anciennes. Palais Rohan (XVIIIe s.), abritant les musées Archéologique, des Beaux-Arts et des Arts décoratifs. Autres musées (Alsacien, Historique de la ville, d'Art moderne...). — Lotharingienne en 843, allemande en 870, Strasbourg fut dominée par ses évêques jusqu'en 1201 où elle devint ville libre d'Empire. Foyer intense d'humanisme (Gutenberg) et de réforme religieuse (Calvin) aux XVe et XVIe s., siège d'une université (1621), la ville fut annexée par Louis XIV en 1681. Prise par les Allemands en 1870, capitale du Reichsland d'Alsace-Lorraine à partir de 1871, elle revint à la France en 1918. Soumise à une occupation de quatre ans pendant la Seconde Guerre mondiale, elle fut libérée par Leclerc en 1944.

Strasbourg *(serment de)* [842], serment prononcé par Louis le Germanique et Charles le Chauve, ligués contre Lothaire, pour confirmer leur alliance. Les formules de ce serment sont les plus anciens témoins des langues française et allemande.

STRATFORD-UPON-AVON ou **STRATFORD-ON-AVON,** v. d'Angleterre, au sud-est de Birmingham ; 20 000 h. Shakespeare Memorial Theatre. Vieilles maisons, dont celle où naquit le dramaturge (musée).

STRATON de Lampsaque, physicien grec (m. v. 268 av. J.-C.), élève et continuateur d'Aristote.

STRATONICE, reine de Syrie (m. en 254 av. J.-C.), fille de Démétrios Poliorcète, épouse de Séleucos Ier Nikatôr, qui consentit à divorcer pour qu'elle épousât son fils Antiochos Ier Sôtêr.

STRAUSS (David Friedrich), théologien et exégète allemand (Ludwigsburg 1808 - *id.* 1874). Sa *Vie de Jésus* (1835), dont l'idée centrale est que les Évangiles sont des prédications, les éléments narratifs n'ayant qu'un rôle symbolique ou mythique, causa un immense scandale.

Stravinsky
(J.E. Blanche - musée des Beaux-Arts, Rouen)

August **Strindberg**
(musée August-Strindberg, Stockholm)

STRAUSS (Johann II), compositeur autrichien (Vienne 1825 - *id.* 1899), fils de Johann Strauss (1804-1849) directeur des bals de la Cour, il est l'auteur de valses célèbres : *le Beau Danube bleu* (1867), *Aimer, boire et chanter* (1869) et d'opérettes *(la Chauve-Souris).*

STRAUSS (Richard), chef d'orchestre et compositeur allemand (Munich 1864 - Garmisch-Partenkirchen 1949), auteur d'opéras (*Salomé,* 1905 ; *Elektra,* 1909 ; *le Chevalier à la rose,* 1911 ; *Ariane à Naxos,* 1912) et de poèmes symphoniques (*Don Juan,* 1889 ; *Mort et Transfiguration,* 1890 ; *Till Eulenspiegel,* 1895) d'une orchestration des plus colorées. Son romantisme a ensuite fait place à un classicisme de haut style dans les *Métamorphoses* (1945).

STRAVINSKY (Igor), compositeur russe naturalisé français, puis américain (Oranienbaum, près de Saint-Pétersbourg, 1882 - New York 1971). Il fut un grand créateur dans le domaine du rythme, de l'orchestration. Sa musique est essentiellement destinée à la danse. Auteur de *l'Oiseau de feu* (1910), de *Petrouchka* (1911), du *Sacre du printemps* (1913), de *Renard* (1916), de *l'Histoire du Soldat* (1918), de *Noces* (1923), de la *Symphonie de psaumes* (1930) de l'opéra *The Rake's Progress,* de sonates, de concertos, il a touché à différentes esthétiques, du néoclassicisme au dodécaphonisme.

STRAWSON (Peter Frederick), logicien britannique (Londres 1919). Il s'est intéressé aux rapports de la logique et de la grammaire naturelle (*les Individus,* 1959). Il est l'un des principaux représentants de la philosophie analytique.

STREHLER (Giorgio), acteur et metteur en scène de théâtre italien (Barcola, près de Trieste, 1921). Cofondateur (1947) et directeur du Piccolo Teatro de Milan et directeur du Théâtre de l'Europe à Paris de 1983 à 1990, il s'est attaché, à travers notamment Brecht, Goldoni, Shakespeare, à renouveler les formes du spectacle théâtral.

STRESA, v. d'Italie, sur le lac Majeur ; 4 636 h. Centre touristique. — Conférence entre la France, la Grande-Bretagne et l'Italie, visant à faire face au réarmement allemand (11-14 avr. 1935). Elle resta sans lendemain, à la suite du refus par la France et par la Grande-Bretagne de reconnaître la conquête italienne de l'Éthiopie.

STRESEMANN (Gustav), homme politique allemand (Berlin 1878 - *id.* 1929). Ministre des Affaires étrangères (1923-1929), il fit accepter à Poincaré le plan Dawes (1924) et l'évacuation de la Ruhr (1925). Après Locarno (1925), il obtint l'admission de l'Allemagne à la S. D. N. En 1928, il signa le pacte Briand-Kellogg. (Prix Nobel de la paix 1926.)

STRINDBERG (August), écrivain suédois (Stockholm 1849 - *id.* 1912). Après une enfance difficile, qu'il décrit dans *le Fils de la servante,* il publie le premier roman naturaliste suédois (*la Chambre rouge,* 1879). Une vie amoureuse et conjugale mouvementée accentue son déséquilibre nerveux et nourrit ses nouvelles *(Mariés),* ses récits autobiographiques *(Plaidoyer d'un fou, Inferno),* son théâtre (*Père,* 1887 ; *Mademoiselle Julie,* 1888). Auteur de pièces historiques *(Eric XIV, Christine)* et naturalistes (*la Danse de mort,* 1901), introducteur du symbolisme en Suède *(le Songe),* il évolue vers le mysticisme et crée le Théâtre-Intime, où il fait jouer les « Kammarspel » *(la Sonate des spectres, le Pélican).* Son œuvre a fortement influencé le théâtre moderne, notamment l'expressionnisme allemand.

STROHEIM (Erich Oswald **Stroheim,** dit **Erich von**), cinéaste et acteur américain d'origine autrichienne (Vienne 1885 - Maurepas, France, 1957). Le faste et les audaces de ses films (*Folies de femmes,* 1922 ; *les Rapaces,* 1923-1925 ; *la Veuve joyeuse,* 1925 ; *la Symphonie nuptiale,* 1927 ; *Queen Kelly,* 1928), leur réalisme implacable dressèrent contre lui l'industrie hollywoodienne. Il se consacra ensuite à sa carrière d'acteur (*la Grande Illusion,* de J. Renoir, 1937 ; *Boulevard du crépuscule,* de B. Wilder, 1950).

STROMBOLI, une des îles Éoliennes, formée par un volcan actif (926 m).

STROSMAJER ou **STROSSMAYER** (Josip Juraj), prélat croate (Osijek 1815 - Djakovo 1905). Évêque de Djakovo (1849), fondateur de l'université de Zagreb (1874), il fut le promoteur de l'idée yougoslave.

STROZZI, famille florentine rivale des Médicis (XVe-XVIe s.) et qui, comme elle, bâtit sa fortune sur la banque. À partir du XVIe s., elle passa au service de la France. Ses membres les plus connus sont : **Palla di Noferi** (Florence 1373 - Padoue 1462), que le succès de Cosme l'Ancien de Médicis obligea à s'exiler à Padoue ; — **Filippo il Vecchio** (Florence 1428 - *id.* 1491), constructeur du palais Strozzi à Florence ; — **Piero** (Florence 1510 - Thionville 1558), maréchal de France en 1556.

STROZZI (Bernardo), peintre et graveur italien (Gênes 1581 - Venise 1644). Il subit l'influence flamande (*la Cuisinière,* palazzo Rosso, Gênes), puis, fixé à Venise en 1630, s'orienta vers une manière plus claire et plus brillante, d'esprit baroque (décors monumentaux, portraits).

STRUENSEE (Johann Friedrich, *comte* **de**), homme d'État danois (Halle 1737 - Copenhague 1772). Médecin du roi Christian VII, conseiller d'État, il devint l'amant de la reine. Il réalisa d'importantes réformes avant d'être inculpé de complot contre le roi et décapité.

STRUMA (la), fl. de Bulgarie et de Grèce, tributaire de la mer Égée ; 430 km. (Anc. **Strymon.**)

Struthof, camp de concentration établi par les Allemands de 1941 à 1944 dans un écart de la comm. de Natzwiller (Bas-Rhin). Nécropole nationale des victimes du système concentrationnaire nazi (1950).

STRUVE ou **STROUVE,** famille d'astronomes russes. — **Friedrich Georg Wilhelm von Struve** (Altona, Holstein, 1793 - Saint-Pétersbourg 1864) se consacra à l'étude des étoiles doubles et multiples. — Son fils **Otto von Struve** (Dorpat 1819 - Karlsruhe 1905) poursuivit ses travaux. — Le petit-fils de ce dernier, **Otto Struve** (Kharkov 1897 - Berkeley 1963), naturalisé américain en 1927, s'illustra par des travaux d'astrophysique stellaire.

STRYMON → ***Struma.***

STUART, orthographe adoptée en 1542 pour désigner l'ancienne famille écossaise des Stewart. De celle-ci sont issus les rois d'Écosse à partir de 1371, également rois d'Angleterre de 1603 à 1714.

STURE, nom de deux grandes familles suédoises d'origine danoise. Plusieurs de leurs membres furent régents de Suède aux XVe et XVIe s. — **Sten Svantesson,** dit **le Jeune** (1493 ? - près de Stockholm 1520), régent en 1512, vainquit les Danois à Brännkyrka (1518).

STURM (Charles), mathématicien français d'origine suisse (Genève 1803 - Paris 1855). Avec J. D. Colladon (1802-1893), il détermina, dans le lac Léman, la vitesse du son dans l'eau et il établit, avec Liouville, une théorie générale des oscillations.

STURM (Johannes), humaniste et réformateur allemand (Schleiden 1507 - Strasbourg 1589). Il dirigea le *gymnasium* de Strasbourg, future académie, fondé sous son impulsion par Maximilien Ier.

Sturm und Drang (*Tempête et Élan,* titre d'une tragédie de Klinger), mouvement littéraire créé en Allemagne vers 1770 par réaction contre le rationalisme et le classicisme *(Aufklärung).* Goethe et Schiller y participèrent.

STURZO (Luigi), prêtre et homme politique italien (Caltagirone, Sicile, 1871 - Rome 1959). Fondateur du parti populaire italien (1919), il

Eric von **Stroheim** (à gauche), Jean Gabin et Pierre Fresnay dans *la Grande Illusion* (1937) de Jean Renoir.

dut s'exiler en 1924. Rentré en Italie (1946), il fut l'âme et le théoricien de la Démocratie chrétienne.

STUTTGART, v. d'Allemagne, cap. du Bade-Wurtemberg, sur le Neckar ; 570 699 h. Centre industriel (automobile, électronique), tertiaire et culturel. Monuments, très restaurés : collégiale gothique, Château Vieux, Nouveau Château, etc. Musées.

Stuttgart : vue de la Neue Staatsgalerie (musée d'art), construite (1979-1984) par l'architecte britannique James Stirling.

Stutthof, en polon. **Sztutowo,** près de Gdańsk (Pologne). Camp de concentration allemand (1939-1944).

STWOSZ (Wit) → ***Stoss** (Veit).*

STYMPHALE *(lac),* lac de la Grèce ancienne (Arcadie). Sur ses bords, Héraclès aurait tué de ses flèches des oiseaux qui se nourrissaient de chair humaine.

STYRIE, en all. **Steiermark,** prov. du sud-est de l'Autriche ; 16 387 km² ; 1 184 000 h. Ch.-l. *Graz.* Duché en 1180, la Styrie passa aux Habsbourg en 1278. Elle a été amputée en 1919 de ses zones de peuplement slovène.

STYRON (William), écrivain américain (Newport News 1925). Ses romans et ses nouvelles dénoncent l'univers traumatisant de la société américaine *(Un lit de ténèbres, les Confessions de Nat Turner, le Choix de Sophie).*

STYX (le). *Myth. gr.* Le plus grand des fleuves des Enfers. Ses eaux rendaient invulnérable.

SUARÈS (André), écrivain français (Marseille 1868 - Saint-Maur-des-Fossés 1948), auteur d'essais et de récits marqués par la mystique du héros *(le Voyage du condottiere).*

SUÁREZ (Adolfo), homme politique espagnol (Cebreros, prov. d'Ávila, 1932). Il fut chef du gouvernement de 1976 à 1981.

SUÁREZ (Francisco), théologien jésuite espagnol (Grenade 1548 - Lisbonne 1617). Il se soucia d'instituer un droit des peuples à propos des indigènes de l'Amérique espagnole.

SUBIACO, v. d'Italie (Latium) ; 8 981 h. Monastère du XIIIe s. et fresques siennoises des XIIIe-XIVe s. Benoît de Nursie s'y réfugia dans la grotte du Sacro Speco et y fonda l'ordre des Bénédictins à la fin du Ve s. En 1872, Subiaco est devenu le centre d'une congrégation bénédictine.

SUBLEYRAS (Pierre), peintre français (Saint-Gilles-du-Gard 1699 - Rome 1749). D'un classicisme raffiné, surtout peintre religieux et portraitiste, il fit l'essentiel de sa carrière à Rome, où son grand prix de l'Académie royale de Paris (1727) l'avait envoyé.

SUBOTICA, v. de Yougoslavie (Vojvodine) ; 100 000 h.

Succession d'Autriche *(guerre de la)* [1740-1748], conflit qui opposa, en Europe, la Prusse, la France, la Bavière, la Saxe et l'Espagne à l'Autriche et qui fut doublé par une guerre, en partie maritime et coloniale, opposant l'Angleterre, alliée de l'Autriche, à la France, alliée de la Prusse. L'origine de ce conflit est la contestation de la pragmatique sanction de 1713 qui assurait le trône à Marie-Thérèse, fille de l'empereur Charles VI (m. en 1740). L'Autriche céda la Silésie à la Prusse (1742), puis accorda la paix à la Bavière, vaincue (1745). Marie-Thérèse parvint à faire élire son mari, François de Lorraine, à l'Empire (1745). La France continua la guerre en Flandre. La victoire de Fontenoy (1745) lui livra les Pays-Bas, mais elle ne conserva aucune de ses conquêtes à la paix d'Aix-la-Chapelle, qui mit fin au conflit (1748).

Succession de Pologne *(guerre de la)* [1733-1738], conflit qui opposa la France, alliée de l'Espagne, de la Sardaigne et de la Bavière, à la Russie et à l'Autriche, à propos de la succession d'Auguste II (1733). La Russie et l'Autriche soutenaient Auguste III, tandis que Stanislas Leszczyński était proclamé roi de Pologne par la diète de Varsovie, avec l'appui de son gendre Louis XV. Auguste III chassa son compétiteur. La France intervint puis consentit, par la paix de Vienne (1738), à reconnaître Auguste III, roi de Pologne, Stanislas obtenant en compensation les duchés de Lorraine et de Bar.

Succession d'Espagne *(guerre de la)* [1701-1714], conflit qui opposa la France et l'Espagne à une coalition européenne, formée à la suite du testament de Charles II, qui assurait la couronne d'Espagne à Philippe d'Anjou (Philippe V), petit-fils de Louis XIV, lequel prétendait lui laisser ses droits à la couronne de France. La France dut combattre à la fois l'Autriche, l'Angleterre et les Provinces-Unies. Après des succès en Allemagne (1702-03), elle essuya des revers : la proclamation à Barcelone de l'archiduc Charles roi d'Espagne (1705) ; la défaite d'Oudenaarde, qui amena l'invasion de la France du Nord, arrêtée par Villars à la bataille de Malplaquet (1709) et par la victoire de Denain (1712). La guerre prit fin par les traités d'Utrecht (1713) et de Rastatt (1714). La France gardait ses frontières de 1700 mais renonçait à l'Acadie et à Terre-Neuve.

SUCEAVA, v. du nord-est de la Roumanie ; 114 355 h. Église (XVIe s.) du couvent St-Georges, typique de l'art de la Bucovine ; aux environs, monastère de Dragomirna, église d'Arbore, etc.

SUCHET (Louis), *duc* **d'Albufera,** maréchal de France (Lyon 1770 - Marseille 1826). Il se distingua en Italie (1800), à Austerlitz (1805) et en Espagne, où il commanda l'armée de Catalogne (1813).

SUCRE, anc. **Chuquisaca,** cap. constitutionnelle de la Bolivie, dans les Andes, à plus de 2 700 m d'alt. ; 130 952 h. Cathédrale du XVIIe s.

SUCRE (Antonio José **de**), patriote vénézuélien (Cumaná 1795 - Berruecos, Colombie, 1830). Lieutenant de Bolívar, il remporta la victoire d'Ayacucho (1824). Élu président de la Bolivie (1826), il abdiqua en 1828 et défendit la Colombie contre les Péruviens. Il fut assassiné.

SUCY-EN-BRIE (94370), ch.-l. de c. du Val-de-Marne ; 25 924 h. Flaconnage. Église des XIIe-XIIIe s. ; château du XVIIe.

SUD *(île du),* la plus vaste (154 000 km² avec les dépendances), mais la moins peuplée (900 000 h.) des deux grandes îles constituant la Nouvelle-Zélande.

SUD-AFRICAINE *(Union)* → ***Afrique du Sud** (République d').*

SUDBURY, v. du Canada (Ontario) ; 89 255 h. Centre minier (nickel et cuivre).

Süddeutsche Zeitung, quotidien libéral allemand créé à Munich en 1945.

SUDERMANN (Hermann), écrivain allemand (Matzicken 1857 - Berlin 1928), auteur de drames et de romans naturalistes *(l'Honneur, Heimat).*

SUDÈTES *(monts des),* bordure nord-est de la Bohême (Rép. tchèque). — Sur le plan historique, le nom des Sudètes s'est appliqué à toute la bordure de la Bohême (où les Allemands constituaient une partie importante du peuplement) et à sa population allemande. La *région des Sudètes* fut annexée par l'Allemagne de 1938 à 1945. Lors de sa restitution à la Tchécoslovaquie, la population d'origine allemande a été transférée vers l'Allemagne.

SU DONGPO → ***Su Shi.***

Sud-Ouest, quotidien régional français fondé à Bordeaux en 1944.

SUD-OUEST AFRICAIN → ***Namibie.***

Sud-Radio, station de radiodiffusion périphérique créée en 1961, vendue en 1987 par la Sofirad à un groupement d'intérêt économique du Sud-Ouest et dont l'émetteur est situé en Andorre.

SUE [sy] (Marie-Joseph, dit **Eugène**), écrivain français (Paris 1804 - Annecy 1857), auteur de romans-feuilletons qui évoquent les bas-fonds parisiens (*les Mystères* de Paris,* 1842-43 ; *le Juif* errant,* 1844-45).

SUÈDE, en suéd. **Sverige,** État de l'Europe septentrionale ; 450 000 km² ; 8 700 000 h. *(Suédois).* CAP. *Stockholm.* LANGUE : *suédois.* MONNAIE : *couronne suédoise.*

INSTITUTIONS

Monarchie parlementaire. Constitution de 1975. Souverain : autorité symbolique. Premier ministre, responsable devant le Parlement. Une *Assemblée (Riksdag)* élue pour 3 ans.

GÉOGRAPHIE

Vaste, le pays est peu peuplé. La population, qui stagne, se concentre dans le Sud, fortement urbanisé et au climat plus clément. L'industrie bénéficie de l'extension de la forêt (industries du bois), qui couvre environ la moitié du territoire, de la présence de fer et du potentiel hydraulique. Elle est dominée par les constructions mécaniques et électriques. L'agriculture (céréales, pommes de terre, élevage bovin et porcin) satisfait la majeure partie des besoins nationaux. L'importance du commerce extérieur (30 % de la production est exportée), équilibré et effectué en priorité avec les autres pays de la Communauté européenne, tient à l'étroitesse du marché intérieur et à la traditionnelle vocation maritime. Elle lie largement la prospérité du pays aux fluctuations de l'économie mondiale.

HISTOIRE

Les origines. V. 1800 av. J.-C. : peuplée dès le néolithique, la Suède établit des relations avec les pays méditerranéens. IXe-XIe s. : tandis que les Danois et les Norvégiens écument l'Ouest européen, les Suédois, connus sous le nom de Varègues, commercent surtout en Russie. Le christianisme, prêché v. 830 par Anschaire, progresse vraiment après le baptême du roi Olof Skötkonung.

Formation de la nation suédoise. XIe-XIIe s. : après la disparition de la famille de Stenkil, le trône de Suède est disputé entre les Sverker et les Erik. 1157 : Erik le Saint (1156-1160) entreprend une croisade contre les Finnois. 1164 : création de l'archevêché d'Uppsala, qui devient la capitale religieuse de la Suède. 1250-1266 : Birger Jarl, fondateur de la dynastie des Folkung, établit sa capitale à Stockholm et unifie la législation. 1319-1363 : les Folkung unissent la Suède et la Norvège. 1397 : Marguerite de Danemark fait couronner son petit-neveu Erik de Poméranie, corégent, roi de Suède, de Danemark et de Norvège (Union de Kalmar). Le pays devient un acteur important du commerce hanséatique. 1440-1520 : l'opposition suédoise se regroupe autour des Sture. 1520-1523 : Gustave Vasa chasse les Danois de Suède.

L'époque de la Réforme. 1523-1560 : élu roi, Gustave Ier Vasa supprime les privilèges commerciaux de la Hanse et fait reconnaître l'hérédité de la couronne (1544) ; le luthéranisme devient religion d'État. 1568-1592 : Jean III Vasa entreprend la construction d'un empire suédois en Baltique. 1607-1611 : cette politique d'expansion est poursuivie par Charles IX.

La période de grandeur. 1611-1632 : Gustave II Adolphe dote la Suède d'un régime parlementaire et forge une armée puissante, qui lui permet d'intervenir victorieusement dans la guerre de Trente Ans. 1632-1654 : Christine de Suède lui succède sous la régence d'Oxenstierna. 1648 : les traités de Westphalie ratifient l'annexion par la Suède de la Poméranie et des îles danoises. 1654-1660 : Charles X Gustave écrase les Danois, qui doivent signer le traité de Roskilde (1658) ; la Suède est alors maîtresse de la Baltique. 1660-1697 : Charles XI établit une monarchie absolue. 1697-1718 : Charles XII, entraîné dans la guerre du Nord (1700-1721), épuise son pays dans de coûteuses campagnes. Les traités de Frederiksborg (1720) et de Nystad (1721) entérinent le recul suédois en Allemagne et en Baltique.

L'ère de la liberté et l'épopée gustavienne. XVIIIe s. : sous l'influence des idées nouvelles, l'économie et la culture suédoise se développent. Les règnes de Frédéric Ier de Hesse (1720-1751) et d'Adolphe-Frédéric (1751-1771) sont marqués par l'opposition entre le parti pacifiste des Bonnets et le parti des Chapeaux, militaire et profrançais. 1771-1792 : Gustave III règne en despote éclairé puis (1789) restaure l'absolutisme ; il meurt assassiné. 1792-1809 : Gustave IV Adolphe doit abandonner la Finlande à la Russie (1808), ce qui provoque son abdication. 1809-1818 : son oncle Charles XIII poursuit sa politique antifrançaise et adopte (1810) comme successeur le maréchal français Bernadotte (Charles XIV). 1812 : celui-ci s'allie avec l'Angleterre et la Russie contre Napoléon.

L'union avec la Norvège. 1814 : par le traité de Kiel, la Norvège est unie à la Suède. 1818-1844 : Charles XIV pratique une politique résolument pacifiste. 1844-1859 : Oscar Ier accélère la modernisation du pays. 1859-1872 : Charles XV poursuit cette politique et octroie une constitution libérale (1865). 1872-1907 : sous Oscar II, la transformation économique et sociale est favorisée par l'adoption du libre-échange (1888). 1905 : la Norvège se sépare de la Suède.

La démocratie moderne. 1907-1950 : sous le règne de Gustave V, la Suède connaît une période de prospérité économique sans précédent. Une législation politique et sociale très avancée est mise en place, grâce à la domination quasi constante du parti social-démocrate, fondé en 1889 (socialisme « à la suédoise »). La Suède conserve sa neutralité durant les deux guerres mondiales. 1950-1973 : le règne de Gustave VI Adolphe est marqué par l'usure de la social-démocratie et la montée des partis bourgeois. 1973 : Charles XVI Gustave devient roi de Suède. 1975 : la nouvelle Constitution ne laisse au roi qu'une fonction honorifique. 1969-1976 : le social-démocrate Olof Palme, Premier ministre, se heurte à une grave crise sociale et économique. 1976-1982 : les partis conservateurs (libéraux et centristes) accèdent au pouvoir. 1982 : O. Palme est de nouveau Premier ministre. 1986 : il est assassiné ; Ingvar Carlsson lui succède. 1991 : après l'échec des sociaux-démocrates aux élections, Carl Bildt, leader des conservateurs, devient Premier ministre. 1994 : les sociaux-démocrates reviennent au pouvoir. Ingvar Carlsson retrouve la direction du gouvernement. 1995 : la Suède adhère à l'Union européenne. 1996 : I. Carlsson démissionne ; Göran Persson lui succède à la tête du parti social-démocrate et du gouvernement.

SUESS (Eduard), géologue autrichien (Londres 1831 - Vienne 1914), auteur de *la Face de la Terre* (1885-1909).

SUÉTONE, en lat. **Caius Suetonius Tranquillus,** historien latin (fin du Ier s.-IIe s.). Protégé par Pline le Jeune, archiviste de l'empereur Hadrien, il fut disgracié et se consacra à la rédaction des *Vies des douze Césars* et du *De viris illustribus.*

SUÈVES, ensemble de populations germaniques repoussées de Gaule par J. César et qui, au Ier s. av. J.-C., se fixèrent en Souabe (pays des Suèves). Lors des grandes invasions, ils atteignirent l'Espagne, où ils fondèrent un royaume en Galice (409), détruit en 585 par les Wisigoths.

SUEZ, port d'Égypte, sur la mer Rouge, au fond du *golfe de Suez,* à l'entrée sud du *canal de Suez,* qui coupe l'*isthme de Suez ;* 264 000 h.

Suez *(canal de),* voie navigable, perçant l'*isthme de Suez.* Le canal a 161 km de Port-Saïd à Suez (195 km au total y compris les chenaux en Méditerranée et en mer Rouge) ; il abrège de près de moitié le trajet entre le golfe Persique et la mer du Nord. Il fut réalisé de 1859 à 1869 sous la direction de Ferdinand de Lesseps. La Grande-Bretagne en devint le principal actionnaire (1875) et en conserva le contrôle militaire jusqu'en 1954/1956. La nationalisation de la Compagnie du canal par Nasser (juill. 1956) provoqua en oct.-nov. une guerre menée conjointement par Israël, la France et la Grande-Bretagne, que fit cesser l'intervention de l'U. R. S. S., des États-Unis et de l'O. N. U. Le canal a été fermé à la navigation de 1967 à 1975 à la suite des guerres israélo-arabes. Des travaux en cours doivent rendre le canal accessible aux navires de 400 000 t à vide et 220 000 t en charge.

SUEZ *(isthme de),* isthme entre la mer Rouge et la Méditerranée, séparant l'Asie et l'Afrique.

SUFFOLK, comté de l'Angleterre, sur la mer du Nord. Ch.-l. *Ipswich.*

SUFFREN DE SAINT-TROPEZ (Pierre André **de**), dit **le bailli de Suffren,** marin français (Saint-Cannat, près d'Aix-en-Provence, 1729 - Paris 1788). Commandeur et bailli de l'ordre de Malte, il combattit pendant la guerre d'Amérique (1779), avant de servir glorieusement aux Indes contre la Grande-Bretagne (1782-83). Il fut nommé vice-amiral en 1784.

SUGER, moine français (Saint-Denis ou Argenteuil v. 1081 - Saint-Denis 1151). Habile diplomate, il fut à la fois abbé de Saint-Denis (1122) et conseiller des rois Louis VI et Louis VII. Pendant la deuxième croisade, il fut régent du royaume (1147-1149). Il tenta de s'opposer au renvoi d'Aliénor d'Aquitaine, dont il prévoyait les conséquences désastreuses. Il est l'auteur de *Lettres,* d'une *Histoire de Louis le Gros. L'Histoire de Louis VII* lui est simplement attribuée.

SUHARTO, général et homme politique indonésien (près de Jogjakarta 1921). Il évinça progressivement Sukarno en 1966-67 et devint président de la République en 1968.

SUHRAWARDĪ, philosophe mystique de l'islam (v. 1155 - Alep 1191). Il a intégré la gnose, l'hermétisme et le néoplatonisme dans la philosophie de l'islam et a exercé une forte influence.

SUIPPES (51600), ch.-l. de c. de la Marne ; 5 043 h. Camp militaire (13 380 ha).

SUISSE, en all. **die Schweiz,** en ital. **Svizzera,** État d'Europe ; 41 293 km² ; 7 millions d'h. *(Suisses).* CAP. *Berne.* Autres grandes villes : *Zurich, Genève, Bâle* et *Lausanne.* LANGUES : *allemand, français, italien, romanche.* MONNAIE : *franc suisse.* La Suisse est formée de 23 cantons : Appenzell (constitué de deux demi-cantons : Rhodes-Extérieures et Rhodes-Intérieures), Argovie, Bâle (constitué de deux demi-cantons : Bâle-Ville et Bâle-Campagne), Berne, Fribourg, Genève, Glaris, Grisons, Jura, Lucerne, Neuchâtel, Saint-Gall, Schaffhouse, Schwyz, Soleure, Tessin, Thurgovie, Unterwald (constitué de deux demi-cantons : Obwald et Nidwald), Uri, Valais, Vaud, Zoug et Zurich.

INSTITUTIONS

République. Constitution de 1874. État fédéral : chaque canton a une souveraineté interne et une constitution. L'*Assemblée fédérale* (Parlement) formée du *Conseil national* (élu pour 4 ans) et du *Conseil des États* (élu par les cantons) est l'autorité suprême et élit l'exécutif, le *Conseil fédéral.*

GÉOGRAPHIE

Au cœur de l'Europe, comme en témoignent la diversité linguistique (où les germanophones sont toutefois de loin les plus nombreux) et le partage, presque égal, entre catholiques et protestants, la Suisse est un pays densément peuplé, d'étendue restreinte, mais dont le rayonnement déborde largement les frontières. Le support spatial n'est pas toujours favorable à l'homme et la population, fortement urbanisée, se concentre dans le Moyen-Pays entre le Jura et surtout les Alpes (qui occupent 60 % du territoire). L'actuelle prospérité est liée à la tradition commerciale et à la neutralité politique, favorables à une activité financière réputée. L'industrie est liée à la présence de capitaux, à la qualité de la main-d'œuvre et est dominée par la métallurgie de transformation, la chimie, l'agroalimentaire (valorisant notamment la production laitière résultant du développement de l'élevage bovin). Le traditionnel (mais léger) déficit commercial est comblé par l'excédent de la balance des services (en partie grâce au tourisme, principale activité de la montagne, avec l'élevage, et loin devant la fourniture d'hydroélectricité). Les réserves de change sont élevées, la monnaie est forte, le chômage, encore réduit. La Suisse, siège d'organisations internationales, mais non membre de l'O. N. U., bordée par l'Allemagne, la France et l'Italie, mais restée en dehors de l'Union européenne, paraît demeurer un îlot, largement à l'écart des turbulences politiques et économiques.

HISTOIRE

Les origines et la Confédération. VIIIe s.-Ier s. av. J.-C. : à l'âge du fer, les civilisations de Hallstatt et de La Tène se développent. 58-15 av. J.-C. : les Helvètes sont refoulés par César et Rome soumet l'Helvétie. Ve s. : celle-ci est envahie par les Burgondes et les Alamans. VIIe-IXe s. : elle est christianisée. 888 : elle entre dans le royaume de Bourgogne. 1032 : elle est intégrée avec celui-ci dans le Saint Empire. XIe-XIIIe s. : les Habsbourg acquièrent de grandes possessions dans la région. Fin du XIIIe s. : dans des circonstances devenues légendaires (Guillaume Tell), les cantons défendent leurs libertés. 1291 : les trois cantons forestiers *(Waldstätte)* se lient en un pacte perpétuel ; c'est l'acte de naissance de la Confédération suisse. 1315 : les cantons infligent au duc d'Autriche Léopold Ier la défaite de Morgarten. 1353 : la Confédération comprend huit cantons après l'adhésion de Lucerne (1332), Zurich (1351), Glaris, Zoug (1352) et Berne. 1386 : les villes et les communautés montagnardes remportent la victoire de Sempach, après laquelle elles pourront peu à peu éliminer l'Autriche de ses possessions en Suisse. 1386-1450 : des guerres opposent différentes villes dont Zurich et Schwyz. 1476 : la Confédération, soutenue par Louis XI, bat Charles le Téméraire à Grandson et à Morat. 1499 : Maximilien Ier signe la paix de Bâle avec les Confédérés ; le Saint Empire n'exerce plus qu'une suzeraineté nominale. 1513 : la Confédération compte treize cantons après l'adhésion de Soleure et Fribourg (1481), Bâle et Schaffhouse (1501) puis Appenzell (1513). 1516 : après leur défaite à Marignan, les cantons signent avec la France une paix perpétuelle. 1519 : la Réforme est introduite à Zurich par Zwingli. 1531 : les catholiques battent les protestants à Kappel. Un équilibre s'établit entre les cantons : sept sont catholiques, quatre réformés et deux mixtes. 1648 : les traités de Westphalie reconnaissent *de jure* l'indépendance de la Confédération.

L'époque contemporaine. 1798 : le Directoire impose une République helvétique qui devient très vite ingouvernable. 1803 : l'Acte de médiation, reconstituant l'organisation confédérale, est ratifié par Bonaparte. 1813 : il est abrogé. 1815 : vingt-deux cantons, dont ceux du Valais, de Neuchâtel et de Genève, signent le pacte fédéral. À l'issue du congrès de Vienne, la neutralité de la Suisse est reconnue. 1845-1847 : sept cantons catholiques forment une ligue (le *Sonderbund*) qui est réprimée militairement. 1848 : une nouvelle constitution instaure un État fédératif, doté d'un gouvernement

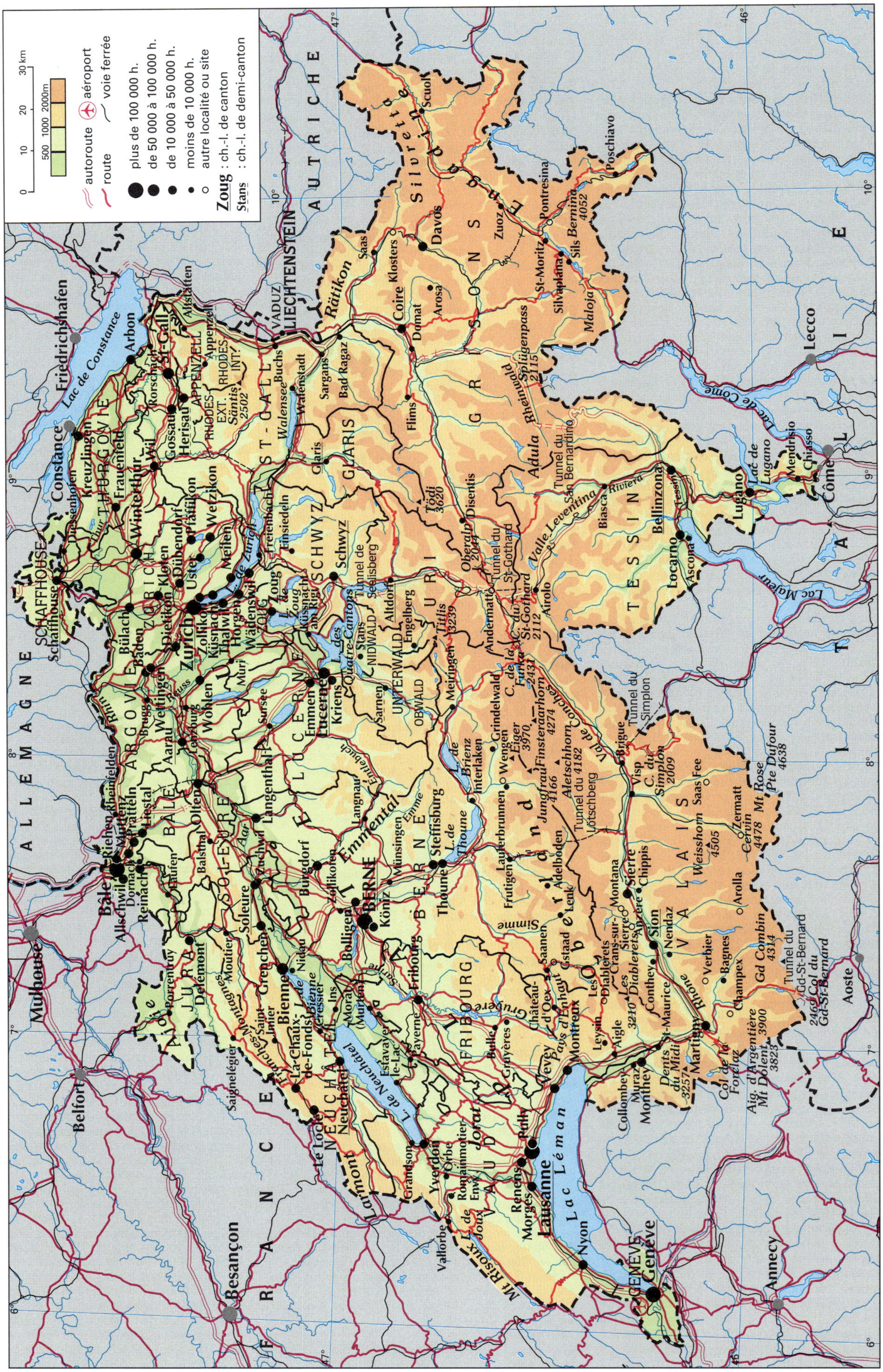
0
10
20
30 km
500
1000
2000m
autoroute
aéroport
route
voie ferrée
plus de 100 000 h.
de 50 000 à 100 000 h.
de 10 000 à 50 000 h.
moins de 10 000 h.
autre localité ou site
Zoug : ch.-l. de canton
Stans : ch.-l. de demi-canton
ALLEMAGNE
FRANCE
AUTRICHE
ITALIE
LIECHTENSTEIN
VADUZ
Lac de Constance
Lac Léman
L. de Neuchâtel
Lac Majeur
Lac de Côme
Lac de Lugano
L. des Quatre-Cantons
L. de Zoug
L. de Brienz
L. de Thoune
Walensee
L. de Zurich
Friedrichshafen
Constance
Mulhouse
Belfort
Besançon
Annecy
Aoste
Côme
Lecco
SCHAFFHOUSE
Schaffhouse
THURGOVIE
Frauenfeld
Kreuzlingen
Arbon
Winterthur
ZURICH
Zurich
Bülach
Kloten
Dübendorf
Uster
Wetzikon
Meilen
Horgen
Wädenswil
ST-GALL
St-Gall
Rorschach
Gossau
Herisau
Wil
Buchs
Sargans
Bad Ragaz
Wallenstadt
APPENZELL
RHODES-EXT.
RHODES-INT.
Säntis
2502
Altstätten
GLARIS
Glaris
SCHWYZ
Schwyz
Einsiedeln
ZOUG
Zoug
Küssnacht am Rigi
ARGOVIE
Aarau
Baden
Wettingen
Brugg
Wohlen
Rheinfelden
BÂLE
Bâle
Riehen
Allschwil
Muttenz
Pratteln
Liestal
Dornach
Reinach
Laufon
SOLEURE
Soleure
Olten
Grenchen
Balsthal
JURA
Delémont
Porrentruy
Moutier
Saignelégier
NEUCHÂTEL
Neuchâtel
La Chaux-de-Fonds
Le Locle
BERNE
Berne
Bienne
Thoune
Berthoud
Burgdorf
Langenthal
Köniz
Münsingen
Steffisburg
Interlaken
Meiringen
Grindelwald
Wengen
Lauterbrunnen
Frutigen
Adelboden
Lenk
Gstaad
Saanen
Eiger
3970
Jungfrau
4166
Finsteraarhorn
4274
Aletschhorn
4182
Tunnel du Lötschberg
LUCERNE
Lucerne
Emmen
Kriens
Sursee
Langnau
Emmental
Entlebuch
OBWALD
Sarnen
NIDWALD
Stans
UNTERWALD
URI
Altdorf
Engelberg
Andermatt
Titlis
3239
Tunnel du Seelisberg
FRIBOURG
Fribourg
Morat
Bulle
Gruyères
Estavayer-le-Lac
Payerne
VAUD
Lausanne
Renens
Morges
Nyon
Vevey
Montreux
Yverdon
Grandson
Orbe
Vallorbe
Aigle
Leysin
Château-d'Œx
Pully
Jorat
Jura
Mt Risoux
Mont Tendre
GENÈVE
Genève
VALAIS
Sion
Sierre
Martigny
Monthey
Brigue
Viège
Zermatt
Saas Fee
Verbier
Bagnes
Champex
Arolla
Chippis
Nendaz
Crans-Montana
Les Diablerets
Dents du Midi
3257
Cervin
4478
Weisshorn
4505
Mt Rose
Pte Dufour
4638
Gd Combin
4314
Mt Dolent
3820
Aig. d'Argentière
3900
Col de la Forclaz
Col du Gd-St-Bernard
2469
Tunnel du Gd-St-Bernard
C. du Simplon
2009
Tunnel du Simplon
C. de la Furka
2431
C. du St-Gothard
2112
Tunnel du St-Gothard
Oberalp
2044
Disentis
Tödi
3620
TESSIN
Bellinzona
Locarno
Ascona
Lugano
Mendrisio
Chiasso
Airolo
Biasca
Valle Leventina
Riviera
Tunnel du San Bernardino
GRISONS
Coire
Davos
Klosters
Arosa
Flims
Domat
St-Moritz
Pontresina
Silvaplana
Sils
Maloja
Zuoz
Scuol
Poschiavo
Saas
Splügenpass
2113
Adula
Bernina
4052
Rätikon
Silvretta
Engadine
Rhin
Rhône
Aar
Emme
Reuss
Sarine
Tessin
Simme
Valais
Oberland bernois
6°
7°
8°
9°
10°
46°
47°

central siégeant à Berne. 1874 : le droit de référendum est introduit. 1891 : celui d'initiative populaire l'est également. 1914-1918, 1939-1945 : la neutralité et la vocation humanitaire de la Suisse sont respectées. 1979 : un nouveau canton de langue française, le Jura, est créé. 1992 : les Suisses se prononcent, par référendum, pour l'adhésion de leur pays au F.M.I. et à la Banque mondiale (mai) et contre la ratification du traité qui prévoyait leur intégration dans l'E.E.E. (déc.). Parallèlement, le gouvernement dépose une demande d'adhésion à la C.E.E. (mai).

CULTURE ET CIVILISATION

□ BEAUX-ARTS

Principales villes d'intérêt artistique : Bâle, Berne, Coire, Einsiedeln, Fribourg, Genève, Lausanne, Lucerne, Lugano, Neuchâtel, Payerne, Saint-Gall, Schaffhouse, Sion, Soleure, Thoune, Wettingen, Zoug, Zurich.

Quelques artistes célèbres : N. Manuel Deutsch, U. Graf, Liotard, Füssli, L. Robert, Calame, Böcklin, Hodler, Vallotton, Klee, A. Giacometti, M. Bill, Tinguely.

□ LITTÉRATURE

Suisse romande : XVIIIe-XIXe s. : C. V. de Bonstetten. XIXe s. : R. Toepffer, J. Olivier, H. F. Amiel, É. Rod. XXe s. : R. Morax, C. F. Ramuz, A. Cohen, D. de Rougemont, M. Zermatten, M. Chappaz, G. Haldas, R. Pinget, Ph. Jaccottet, A. Voisard, J. Chessex.

Suisse alémanique : XVIIIe s. : J. J. Bodmer, S. Gessner, J. K. Lavater, J. D. Wyss. XXe s. : G. Keller, C. F. Meyer, C. Spitteler, R. Walser, M. Frisch, F. Dürrenmatt.

Suisse italienne : F. Chiesa.

Suisse romanche : P. Lansel.

SUISSE NORMANDE, nom de la partie sud-orientale du Bocage normand, la plus élevée de cette région.

SUISSE SAXONNE, région de l'Allemagne et de la République tchèque, de part et d'autre de l'Elbe.

SUITA, v. du Japon (Honshū) ; 345 206 h.

SUKARNO ou **SOEKARNO,** homme politique indonésien (Surabaya, Java, 1901 - Jakarta 1970). Fondateur du parti national indonésien (1927), il proclama en 1945 l'indépendance de la République indonésienne dont il fut le premier président. Il imposa après 1948 une forme de gouvernement dictatorial et chercha à s'imposer comme chef de file de l'Asie du Sud-Est révolutionnaire. Il fut dépossédé de ses titres et fonctions par Suharto (1966-67).

SUKHOTHAI, v. du nord de la Thaïlande ; 15 000 h. Anc. cap. du premier royaume thaï (XIIIe-XVe s.). Musée. Nombreux monuments.

SUKKUR, v. du Pakistan, sur l'Indus ; 159 000 h. Barrage pour l'irrigation.

SULAWESI → ***Célèbes.***

SULLA ou **SYLLA** (Lucius Cornelius), général et homme d'État romain (138 - Cumes 78 av. J.-C.). Lieutenant puis rival de Marius, il fut consul en 88 av. J.-C. et mit fin à la guerre sociale. Vainqueur de Mithridate VI Eupator, roi du Pont (86), il devint le chef du parti aristocratique et écrasa le parti de Marius (82). Il proscrivit les opposants, renforça les pouvoirs du sénat et se fit attribuer une dictature à vie (82). Parvenu à l'apogée de sa puissance, il renonça brusquement à ses pouvoirs et se retira en Campanie (79 av. J.-C.).

SULLANA, v. du nord du Pérou ; 104 000 h.

SULLIVAN (Louis), architecte et théoricien américain (Boston 1856 - Chicago 1924). Son Wainwright Building de Saint Louis (avec l'ingénieur Dankmar Adler, 1890) a apporté la solution type des problèmes du gratte-ciel. Des œuvres comme les magasins Carson, Pirie et Scott de Chicago (1899) associent au fonctionnalisme un décor d'esprit Art nouveau.

Sullom Voe, terminal pétrolier de l'archipel des Shetland.

Sully *(hôtel),* rue Saint-Antoine, dans le Marais, à Paris. Construit dans un style pittoresque vers 1624, il fut acheté par Sully en 1634. Restauré, il abrite auj. la Caisse nationale des monuments historiques.

SULLY (Maurice **de**), évêque de Paris (Sully-sur-Loire v. 1120 - Paris 1196). Il décida la construction de Notre-Dame (1163).

SULLY (Maximilien **de Béthune,** *baron* **de Rosny,** *duc-pair* **de**), ministre d'Henri IV (Rosny-sur-Seine 1559 - Villebon, Eure-et-Loir, 1641). Protestant, il devint, après avoir combattu aux côtés d'Henri IV (1576-1590), surintendant des Finances (1598). Il administra les finances avec économie et protégea l'agriculture et l'élevage du ver à soie. Il dota le pays de routes, de canaux, créa une artillerie, dressa un budget et fit accepter l'édit de la Paulette. Après l'assassinat d'Henri IV (1610), il se consacra à ses *Mémoires des sages et royales économies d'État de Henry le Grand.*

SULLY PRUDHOMME (René François Armand **Prudhomme,** dit), poète français (Paris 1839 - Châtenay-Malabry 1907), d'inspiration intimiste *(Solitudes),* puis didactique *(la Justice, les Vaines Tendresses).* [Prix Nobel 1901 ; Acad. fr.]

SULLY-SUR-LOIRE (45600), ch.-l. de c. du Loiret ; 5 833 h. Constructions mécaniques. Château des XIVe et XVIe s., acquis en 1602 par Maximilien de Béthune (duc de Sully en 1606).

SULPICE *(saint),* évêque de Bourges (m. en 647).

SULPICE SÉVÈRE, historien chrétien d'expression latine (en Aquitaine v. 360-v. 420), auteur d'une *Vie de saint Martin* à laquelle il doit sa renommée.

SULU *(îles),* archipel des Philippines.

SUMATRA, la plus grande des îles de la Sonde (Indonésie) ; 473 600 km^2 ; 28 016 000 h. V. pr. *Medan, Palembang.* Cultures vivrières (riz) et commerciales (épices, café, hévéas). Pétrole et gaz naturel.

ŠUMAVA, en all. **Böhmerwald,** massif de la République tchèque, formant le rebord sud-ouest de la Bohême ; 1 380 m.

SUMBA, île d'Indonésie ; 11 153 km^2.

SUMBAWA ou **SUMBAVA,** île de l'Indonésie, à l'est de Java.

ŠUMEN, anc. **Kolarovgrad,** v. du nord-est de la Bulgarie ; 100 000 h.

SUMÈNE (30440), ch.-l. de c. du Gard ; 1 435 h. Bonneterie.

SUMER, région de la basse Mésopotamie antique, près du golfe Persique.

SUMÉRIENS, peuple d'origine mal déterminée, établi au IVe millénaire en basse Mésopotamie. Ils fondèrent les premières cités-États (Lagash, Ourouk, Our, etc.) où s'épanouit la première architecture religieuse, la statuaire, la glyptique, et où fut utilisée l'écriture à la fin du IVe millénaire. L'établissement des Sémites en Mésopotamie (fin du IIIe millénaire) élimina les Sumériens de la scène politique ; mais leur culture littéraire et religieuse a survécu dans toutes les cultures du Proche-Orient.

Sun (The), quotidien populaire conservateur, issu du *Daily Herald* en 1966, qui a le plus fort tirage des quotidiens britanniques.

SUND → ***Øresund.***

SUNDERLAND, port de Grande-Bretagne, sur la mer du Nord ; 196 000 h.

SUNDGAU (le), pays du sud de l'Alsace.

SUNDSVALL, port de Suède, sur le golfe de Botnie ; 93 808 h.

SUN YAT-SEN ou **SOUEN TCHONG-CHAN** ou **SUN ZHONGSHAN,** homme politique chinois (Xiangshan, Guangdong, 1866 - Pékin 1925). Il fonda l'Association pour le redressement de la Chine (1894), puis la Ligue jurée (1905), dont le programme politique est à l'origine de celui du Guomindang qu'il créa en 1912. Lors de la révolution de 1911, il fut élu président de la République à Nankin, mais dut s'effacer devant Yuan Shikai (1912). Élu président de la République (1921), il s'imposa à Pékin en 1925 après avoir réalisé l'alliance du Guomindang et du parti communiste chinois (1923-24).

SUOCHE → ***Yarkand.***

SUOMI → ***Finlande.***

SUPERBAGNÈRES (31110 Bagnères de Luchon), station de sports d'hiver (alt. 1 800-2 260 m), dans les Pyrénées (Haute-Garonne), au sud-ouest de Bagnères-de-Luchon.

SUPERBESSE → ***Besse-et-Saint-Anastaise.***

SUPERDÉVOLUY (05250 St Étienne en Dévoluy), station de sports d'hiver (alt. 1 500-2 500 m) des Hautes-Alpes.

SUPÉRIEUR *(lac),* le plus vaste et le plus occidental des grands lacs de l'Amérique du Nord, entre les États-Unis et le Canada, communiquant avec le lac Huron par la rivière Sainte-Marie ; 82 700 km^2.

SUPERLIORAN (15300 Laveissière), station de sports d'hiver (alt. 1 250-1 850 m) du Cantal.

Superman, héros d'une bande dessinée créée aux États-Unis en 1938 par le dessinateur Joe Shuster et le scénariste Jerry Siegel.

SUPERVIELLE (Jules), écrivain français (Montevideo, Uruguay, 1884 - Paris 1960). Poète *(Débarcadères, Gravitations),* il humanise le merveilleux dans son théâtre *(la Belle au bois)* et ses nouvelles *(l'Arche de Noé).*

Supports/Surfaces ou **Support/Surface,** nom adopté en 1970 par un groupe de jeunes artistes dont l'action organisée couvre surtout les années 1969-1971. Ces artistes (dont les peintres Louis Cane, Daniel Dezeuze, Claude Viallat, le sculpteur Toni Grand), s'inspirant notamment de Matisse, de la *nouvelle abstraction* et du *minimal art* américains, de Français tels que Hantaï et Buren, ont développé, sur un fond d'engagement politique, des expériences et des théories relatives à la matérialité de l'art.

suprématie *(Acte de)* [1534], loi qui a fait du roi le chef suprême de l'Église d'Angleterre.

SURABAYA ou **SURABAJA,** port d'Indonésie (Java) ; 2 028 000 h. Centre industriel.

SURAKARTA, anc. **Solo,** v. d'Indonésie (Java) ; 470 000 h.

SŪRAT, port de l'Inde (Gujerat) ; 1 517 076 h. Monuments anciens (XVIe - XVIIe s.).

SURCOUF (Robert), marin français (Saint-Malo 1773 - *id.* 1827). Il mena dans l'océan Indien une redoutable guerre de course au commerce britannique (1795-1801 et 1807-1809), puis se retira dans sa ville natale, où il devint un très riche armateur.

SÛRE (la), riv. née en Belgique, qui traverse le Luxembourg et sépare ce pays de l'Allemagne avant de rejoindre la Moselle (r. g.) ; 170 km.

SURÉNA, titre du général parthe qui battit Crassus à Carres (53 av. J.-C.).

SURESNES (92150), ch.-l. de c. des Hauts-de-Seine, sur la Seine ; 36 950 h. *(Suresnois).* Constructions mécaniques et électriques. Cimetière américain. Fort du mont Valérien*.

SURGÈRES (17700), ch.-l. de c. de la Charente-Maritime ; 6 337 h. École de laiterie. Produits laitiers. Église romane ; anc. château.

SURINAME ou **SURINAM** (le), anc. **Guyane hollandaise,** État du nord de l'Amérique du Sud ; 163 265 km^2 ; 400 000 h. *(Surinamiens).* CAP. *Paramaribo.* LANGUE : *néerlandais.* MONNAIE : *guinée de Suriname.* Le territoire, au climat

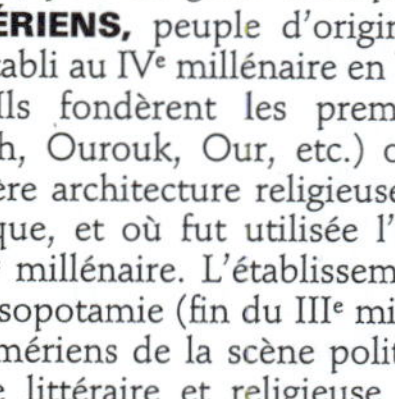

Sully
(F. Quesnel [?] - musée Condé, Chantilly)

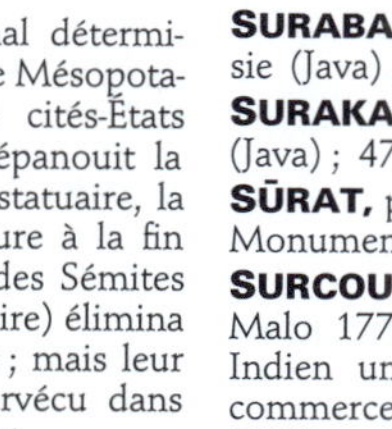

Sun Yat-sen

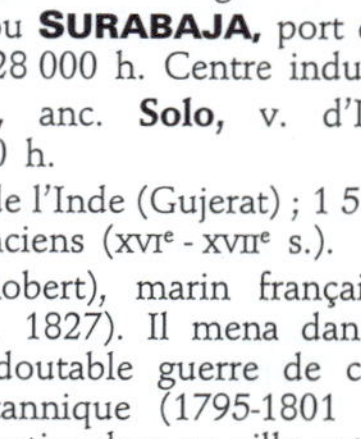

Robert **Surcouf**
(musée de Saint-Malo)

équatorial, occupe l'extrémité orientale du plateau des Guyanes, bordée au nord par une plaine marécageuse. Importants gisements de bauxite.

HISTOIRE

1667 : occupée par les Anglais, la région est cédée aux Hollandais en échange de La Nouvelle-Amsterdam. XVIIIe s. : elle se développe grâce aux plantations de canne à sucre. 1796-1816 : occupation anglaise. 1863 : l'esclavage est aboli ; le pays se peuple d'Indiens et d'Indonésiens. 1954 : une constitution lui confère une large autonomie. 1975 : le Suriname accède à l'indépendance ; Henck Arron devient Premier ministre. 1980 : à la suite d'un coup d'État militaire, Hendrik R. Chin A Sen est à la fois président de la République et Premier ministre. 1982 : après un nouveau coup d'État, le pouvoir est assuré par le lieutenant-colonel Desi Bouterse. La guérilla se développe dans le sud et l'est du pays. 1987 : une nouvelle Constitution est approuvée par référendum. 1988 : Ramsewak Shankar est élu à la présidence de la République. 1990 : les militaires reprennent le pouvoir. 1991 : Ronald Venetiaan, candidat d'une coalition multiethnique hostile aux militaires, est élu chef de l'État. 1992 : un accord de paix est signé entre le gouvernement et la guérilla.

SURREY, comté d'Angleterre, au sud de Londres ; 1 012 000 h. Ch.-l. *Kingston-upon-Thames.*

SURREY, v. du Canada, banlieue de Vancouver ; 189 384 h.

SURREY (Henry **Howard,** *comte* **de**), homme politique et poète anglais (v. 1518 - Londres 1547). Il introduisit l'usage du vers blanc dans la poésie anglaise et créa la forme anglaise du sonnet (trois quatrains et un distique).

SŪRYA, dieu-soleil du panthéon hindou.

SUSE, anc. capitale de l'Élam depuis le IVe millénaire, détruite en 639 av. J.-C. par Assourbanipal. À la fin du VIe s. av. J.-C., Darios Ier en fit la capitale de l'Empire achéménide. Chapiteaux, reliefs, sculptures, orfèvrerie, etc., ont été recueillis, depuis 1884, dans les ruines des cités élamite et achéménide.

SUSE, en ital. **Susa,** v. d'Italie (Piémont), 6 709 h. Suse se trouve au débouché des routes du Mont-Cenis et de Montgenèvre, dit *pas de Suse,* barricadé par le duc de Savoie et forcé par Louis XIII en 1629. Arc romain. Cathédrale du XIe s.

SU SHI ou **SOU CHE,** dit aussi **SU DONGPO** ou **SOU TONG-P'O,** poète chinois (au Sichuan 1036 - Changzhou 1101), le plus grand poète de la dynastie des Song *(la Falaise rouge).*

SUSIANE, nom grec de la satrapie perse, puis séleucide, qui avait Suse pour capitale, correspondant au Khuzestān actuel.

suspects *(loi des)* [17 sept 1793], loi votée par la Convention et abrogée en 1795 (oct.). Par sa définition de la notion de suspect, c'est-à-dire d'ennemi probable de la Révolution, elle fut le moteur de la Terreur jacobine.

SUSQUEHANNA (la), fl. des États-Unis, qui se jette dans la baie de Chesapeake ; 715 km.

SUSSEX, région d'Angleterre, au sud de Londres, sur la Manche, partagée en deux comtés (East Sussex et West Sussex). Le royaume saxon du Sussex, fondé au Ve s., fut conquis par le royaume du Wessex, qui l'annexa définitivement vers la fin du VIIIe s.

SUSTEN *(col du),* col des Alpes suisses, reliant les vallées de l'Aar et de la Reuss ; alt. 2 224 m.

SUTHERLAND (Graham), peintre britannique (Londres 1903 - *id.* 1980), maître d'une tendance néoromantique teintée de surréalisme.

SUTLEJ ou **SATLEDJ** (la), riv. de l'Inde et du Pakistan, l'une des cinq rivières du Pendjab ; 1 600 km.

SUVA, cap. des îles Fidji, sur l'île de Viti Levu ; 71 000 h. Université.

SUWON, v. de la Corée du Sud ; 310 000 h.

SUZANNE, héroïne du livre biblique de Daniel, type de l'innocence calomniée et reconnue grâce à l'intervention divine. L'épisode principal de son histoire, Suzanne au bain épiée par deux vieillards, a souvent été représenté par les artistes.

SUZE-SUR-SARTHE (La) [72210], ch.-l. de c. de la Sarthe ; 3 629 h. Industrie automobile. Église en partie romane.

SUZHOU ou **SOU-TCHEOU,** v. de Chine (Jiangsu), sur le Grand Canal ; 670 000 h. Centre industriel. Célèbres jardins.

SUZUKA, v. du Japon, sur la baie d'Ise ; 174 105 h.

SVALBARD, archipel norvégien de l'océan Arctique, au nord-est du Groenland, comprenant notamment l'archipel du Spitzberg (dont la principale terre est l'île du Spitzberg occidental, qui recèle un gisement houiller) ; 62 700 km² ; 3 500 h. V. pr. *Longyearbyen.*

SVEALAND, partie centrale de la Suède.

SVEN ou **SVEND,** nom de plusieurs rois de Danemark, dont **Sven Ier Tveskägg** ou **Svend Ier Tveskaeg** (« Barbe fourchue ») [v. 960 - Gainsborough 1014], qui s'empara de toute l'Angleterre (1013).

SVERDLOVSK → *Iekaterinbourg.*

SVERDRUP, partie de l'archipel arctique canadien, à l'O. de l'île d'Ellesmere.

SVERDRUP (Harald Ulrik), géophysicien norvégien (Sogndal 1888 - Oslo 1957), auteur de travaux de climatologie, de météorologie et d'océanographie.

SVEVO (Ettore **Schmitz,** dit **Italo**), écrivain italien (Trieste 1861 - Motta di Livenza, Trévise, 1928), l'un des maîtres de la littérature introspective et intimiste *(la Conscience de Zeno,* 1923).

SWAMMERDAM (Jan), naturaliste hollandais (Amsterdam 1637 - *id.* 1680), auteur de travaux sur les insectes.

SWAN (*sir* Joseph Wilson), chimiste britannique (Sunderland 1828 - Warlingham 1914). Reprenant, en 1878, des recherches commencées dans les années 1850, il réalisa une lampe à incandescence à filament de carbone, à la même époque que T. Edison. On lui doit aussi l'invention de plusieurs papiers photographiques.

SWANSEA, port de Grande-Bretagne (pays de Galles), sur le canal de Bristol ; 168 000 h.

SWAPO (South West Africa People's Organization), mouvement de libération de la Namibie, fondé en 1958 et engagé à partir de 1966 dans la lutte armée contre le gouvernement sud-africain. Il arrive au pouvoir avec l'accession de la Namibie à l'indépendance.

SWART (Charles Robberts), homme politique sud-africain (Winburg, Orange, 1894 - Bloemfontein 1982). Il fut le premier président de la République d'Afrique du Sud (1961-1967).

SWATOW → *Shantou.*

SWAZILAND, État d'Afrique, entre la République d'Afrique du Sud et le Mozambique ; 17 363 km² ; 800 000 h. CAP. *Mbabane.* LANGUE : *anglais.* MONNAIE : *lilangeni.* Royaume bantou fondé en 1815, le Swaziland passa en 1902 sous le protectorat britannique. Il devint indépendant en 1968. À Sobhuza II, proclamé roi en 1921, reconnu par la Grande-Bretagne en 1967 et décédé en 1982 ont succédé la reine Ntombi (1983-1986) puis Mswati III.

SWEDENBORG (Emanuel), théosophe suédois (Stockholm 1688 - Londres 1772). À la suite de visions qu'il aurait eues en 1743 et dont il fait le récit dans les *Arcanes célestes,* il développa une doctrine, dite de la Nouvelle Jérusalem, qui enseigne que tout a un sens spirituel, dont Dieu seul a connaissance.

SWEELINCK (Jan Pieterszoon), organiste et compositeur néerlandais (Deventer 1562 - Amsterdam 1621). Il a enrichi la littérature de l'art vocal (psaumes, chansons) mais surtout celle du clavecin et de l'orgue (toccate, variations) de perspectives qui aboutiront à Bach.

SWIFT (Jonathan), écrivain irlandais (Dublin 1667 - *id.* 1745). Secrétaire d'un diplomate, puis précepteur d'une jeune fille à qui il adressa le *Journal à Stella,* il entra dans le clergé anglican et prit parti dans les luttes littéraires *(la Bataille des livres),* religieuses *(le Conte du tonneau)* et politiques *(Lettres de M. B., drapier).* Ses ambitions déçues lui inspirèrent une violente satire de la société anglaise et de la civilisation de son époque, *les Voyages de Gulliver** (1726).

SWINBURNE (Algernon Charles), poète britannique (Londres 1837 - *id.* 1909). Poète érudit, héritier de la tradition romantique *(Atalante en Calydon, Poèmes et ballades),* il évolua vers un idéal humanitaire *(Chants d'avant l'aube).* Il a laissé une œuvre critique importante.

SWINDON, v. de Grande-Bretagne, à l'ouest de Londres ; 91 000 h.

SYAGRIUS (Afranius), chef gallo-romain (v. 430-486). Il gouverna l'étroit territoire qui restait en Gaule aux Romains entre la Somme et la Loire. Vaincu par Clovis à Soissons (486), il lui fut livré peu après.

SYBARIS, anc. v. grecque de l'Italie péninsulaire, sur le golfe de Tarente, dont la prospérité était proverbiale. Sa rivale Crotone la détruisit en 510 av. J.-C.

SYDENHAM (Thomas), médecin anglais (Wynford Eagle 1624 - Londres 1689). Il a décrit la chorée infantile *(chorée de Sydenham)* et a préconisé l'usage du laudanum.

SYDNEY, port de l'Australie, cap. de la Nouvelle-Galles du Sud, sur une baie formée par l'océan Pacifique ; 3 596 000 h. Grand centre industriel et commercial. Université.

SYDNEY, port du Canada (Nouvelle-Écosse) ; 26 063 h.

SYÈNE, v. de l'Égypte ancienne, devenue **Assouan** à l'arrivée des Arabes.

Sykes-Picot *(accord)* [16 mai 1916], accord secret franco-britannique relatif au démembrement et au partage entre les Alliés des provinces non turques de l'Empire ottoman (Syrie, Palestine, etc.).

SYKTYVKAR, v. de Russie, cap. de la République des Komis, à l'ouest de l'Oural ; 233 000 h.

SYLHET, v. du Bangladesh ; 167 000 h.

SYLLA → *Sulla.*

Syllabus (8 déc. 1864), recueil, en 80 propositions, publié par Pie IX, des principales « erreurs » contemporaines (libéralisme, socialisme, naturalisme, etc.).

Sylphide (la), premier ballet romantique, chorégraphie de F. Taglioni, musique de Schneitzhöffer, créé à Paris en 1832 par Maria Taglioni. Reconstitution par P. Lacotte (1972).

SYLT, île d'Allemagne, à l'ouest de la côte du Schleswig-Holstein à laquelle elle est reliée par une digue.

SYLVAIN, divinité romaine, protectrice des bois et des champs.

SYLVESTRE Ier *(saint)* [m. à Rome en 335], pape de 314 à 335. Sous son pontificat, le christianisme accéda avec Constantin Ier au statut de religion d'Empire. — **Sylvestre II** (Gerbert **d'Aurillac**) [en Auvergne v. 938 - Rome 1003], pape de 999 à 1003. Célèbre pour son érudition (notamment en mathématiques), il enseigna à Reims et eut pour élève le futur empereur Otton III. Il joua un rôle important dans la désignation d'Hugues Capet comme roi de France. Archevêque de Reims (991), puis de Ravenne (998), il fut le pape de l'an 1000.

SYMMAQUE, en lat. **Quintus Aurelius Symmachus,** orateur et homme d'État romain (Rome v. 340 - v. 410). Préfet de Rome en 384, consul en 391, il fut un des derniers défenseurs du paganisme contre le christianisme.

Symphonie fantastique *ou Épisode de la vie d'un artiste,* de Berlioz (1830), grande fresque dans laquelle l'auteur a cherché à évoquer sa passion pour Harriet Smithson.

Symphonie pour un homme seul, première œuvre de musique concrète, de Pierre Henry et Pierre Schaeffer, créée à Paris en 1950, sur laquelle Maurice Béjart composa un ballet en 1955.

SYNGE (John Millington), auteur dramatique irlandais (Rathfarnham 1871 - Dublin 1909).

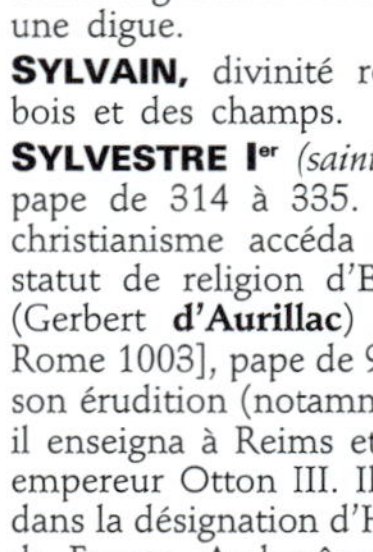

Emanuel **Swedenborg**

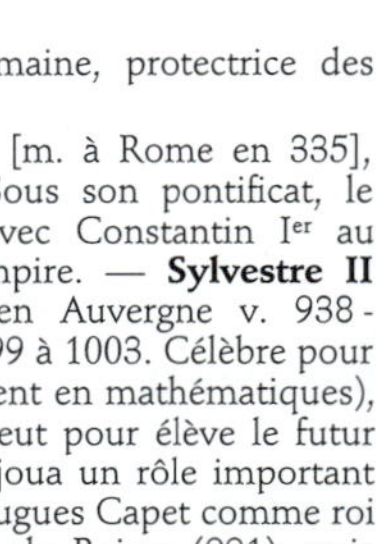

Jonathan **Swift** (Ch. Jervas - National Portrait Gallery, Londres)

Ses drames mêlent les thèmes folkloriques à l'observation réaliste de la vie quotidienne de province (*le Baladin du monde occidental,* 1907).

SYPHAX (m. à Rome v. 202 av. J.-C.), roi de la Numidie occidentale, époux de Sophonisbe. Il fut vaincu par Masinissa en 203 et livré à Scipion l'Africain.

SYRA → ***Sýros.***

SYRACUSE, v. des États-Unis (New York) ; 163 860 h. Université.

SYRACUSE, port d'Italie (Sicile), ch.-l. de prov. ; 126 136 h. Vestiges grecs et romains (temples, théâtre, amphithéâtre, latomies, etc.), et monuments du Moyen Âge et de l'époque baroque. Musées. — Colonie corinthienne fondée v. 734 av. J.-C., Syracuse imposa au Ve s. av. J.-C. son hégémonie sur la Sicile en refoulant les Carthaginois. Avec Denys l'Ancien (405-367 av. J.-C.), son influence s'étendit aux cités grecques de l'Italie méridionale. Elle fut conquise par Rome au cours de la deuxième guerre punique, après un des plus grands sièges de l'Antiquité (213-212 av. J.-C.).

SYR-DARIA (le), anc. **Iaxarte,** fl. de l'Asie centrale ; 3 019 km. Né au Kirghizistan (sous le nom de Naryn), il traverse le Kazakhstan, avant de rejoindre la mer d'Aral.

SYRIE, région historique de l'Asie occidentale, englobant les États actuels de la République de Syrie, du Liban, d'Israël et de Jordanie.

HISTOIRE

La Syrie antique. IIe millénaire : par vagues successives s'infiltrent Cananéens (dont les Phéniciens sont un rameau), Amorrites, Hourrites, Araméens (auxquels appartiennent les Hébreux) et Peuples de la Mer. 539 av. J.-C. : la prise de Babylone par Cyrus II met fin à la domination assyro-babylonienne et fait de la Syrie une satrapie perse. 332 : le pays est conquis par Alexandre, la Syrie appartient au royaume séleucide. 301 : sa capitale, Antioche, est fondée. 64-63 av. J.-C. : après la conquête romaine, la province de Syrie est créée. 395 apr. J.-C. : elle est rattachée à l'Empire d'Orient. 636 : les Arabes, vainqueurs des Byzantins sur la rivière Yarmouk, conquièrent le pays.

La Syrie musulmane. 661-750 : les Omeyyades font de la Syrie et de Damas le centre de l'Empire musulman. VIIIe s. : sous les Abbassides, Bagdad devient la capitale de l'Empire au détriment de Damas. Xe s. : les Hamdanides d'Alep ne peuvent contenir la reconquête byzantine. 1076-77 : les Turcs Seldjoukides prennent Damas puis Jérusalem. XIe-XIIIe s. : les croisés organisent la principauté d'Antioche (1098-1268), le royaume de Jérusalem (1099-1291) et le comté de Tripoli (1109-1289). Saladin (1171-1193) et ses successeurs ayyubides entretiennent des relations pacifiques avec les Francs. 1260-1291 : les Mamelouks arrêtent les Mongols à 'Ayn Djālūt puis reconquièrent les dernières possessions franques de Palestine et de Syrie. Ils gouvernent la région jusqu'à la conquête ottomane (1516). 1400-1401 : Tīmūr Lang (Tamerlan) ravage le pays. 1516 : les Ottomans conquièrent la Syrie qu'ils conserveront jusqu'en 1918. 1831-1840 : ils sont momentanément chassés du pays par Méhémet-Ali et Ibrāhīm Pacha. 1860 : la France intervient au Liban en faveur des maronites. 1916 : les accords Sykes-Picot délimitent les zones d'influence de la France et de la Grande-Bretagne au Moyen-Orient. Les Syriens rallient les forces anglo-françaises et hachémites. 1920 : Fayṣal Ier, élu roi de Syrie, est chassé par les Français. 1920-1943 : la France exerce le mandat que lui a confié la S. D. N. sur le pays y établissant à partir de 1928 une République syrienne (avec Damas et Alep), une République des Alaouites et un État druze.

SYRIE, en ar. **Sūriya,** État de l'Asie occidentale, sur la Méditerranée ; 185 000 km² ; 13 500 000 h. *(Syriens).* CAP. *Damas.* LANGUE : *arabe.* MONNAIE : *livre syrienne.*

GÉOGRAPHIE

Une barrière montagneuse (djabal Anṣariyya, prolongé au sud par les chaînons de l'Anti-Liban et de l'Hermon) sépare une étroite plaine littorale, au climat méditerranéen, des plateaux de l'Est, désertiques. Les principales cultures (blé et orge surtout, coton, tabac, vigne, olivier) sont souvent liées à l'irrigation et proviennent du Ghāb (dépression drainée par l'Oronte), des piémonts montagneux, sites des principales villes (Damas, Alep, Homs et Ḥamā, en dehors du port de Lattaquié) et de la vallée de l'Euphrate (barré à Ṭabqa). L'élevage ovin, pratiqué par les nomades, est (avec, ponctuellement, les hydrocarbures) la ressource essentielle de la Syrie orientale. Le développement économique, réel, est cependant ralenti par la forte croissance démographique et dépend surtout de l'évolution géopolitique régionale.

HISTOIRE

1941 : le général Catroux, au nom de la France libre, proclame l'indépendance du pays. 1943-44 : le mandat français sur la Syrie prend fin. 1946 : les dernières troupes françaises et britanniques quittent le pays. 1948 : la Syrie participe à la première guerre israélo-arabe. 1949-1956 : des putschs portent au pouvoir des chefs d'État favorables ou hostiles aux Hachémites. 1958-1961 : l'Égypte et la Syrie forment la République arabe unie. 1963 : le parti Baath prend le pouvoir. Il le conserve sous les présidences de Amīn al-Ḥāfiẓ (1963-1966), de Nūr al-Dīn al-Atāsī (1966-1970) puis de Ḥāfiẓ al-Asad, au pouvoir depuis 1970. 1967 : la guerre des Six-Jours entraîne l'occupation du Golan par Israël. 1973 : la Syrie s'engage dans la quatrième guerre israélo-arabe. À partir de 1976 : elle intervient au Liban. 1980 : l'opposition islamiste des Frères musulmans se développe. À partir de 1985 : la Syrie renforce sa tutelle sur le Liban, consacrée en 1991 par un traité de fraternité syro-libanais. 1991 : lors de la guerre du Golfe*, la Syrie participe à la force multinationale. Elle prend part à la conférence de paix sur le Proche-Orient, ouverte à Madrid en octobre. Depuis 1994 : des négociations se déroulent entre la Syrie et Israël sur la restitution du Golan et sur la normalisation des relations entre les deux pays.

SYRIE *(désert de),* région aride de l'Asie, aux confins de la Syrie, de l'Iraq et de la Jordanie.

SYRINX, nymphe d'Arcadie, qui, pour échapper à l'amour de Pan, obtint d'être changée en roseau ; de ce roseau Pan fit une flûte.

SÝROS ou **SYRA,** une des îles Cyclades (Grèce). Ch.-l. *Ermoúpolis.*

SYRTE *(golfe de),* échancrure du littoral de la Libye, entre Benghazi et Misourata.

SYZRAN, v. de Russie, sur la Volga ; 174 000 h. Centre d'un bassin pétrolier.

SZASZ (Thomas Stephen), psychiatre et psychanalyste américain d'origine hongroise (Budapest 1920). Ses conceptions sont à l'origine du renouveau de la réflexion sur la maladie mentale (*Fabriquer la folie,* 1970).

SZCZECIN, en all. **Stettin,** important port de Pologne, sur l'Odra ; 414 200 h. Centre industriel. Églises gothiques et château de la Renaissance, très restaurés.

SZEGED, v. de Hongrie, au confluent de la Tisza et du Maros (Mureş) ; 175 301 h. Université.

SZÉKESFEHÉRVÁR, anc. **Albe Royale,** v. de Hongrie, au nord-est du lac Balaton ; 108 958 h. Église gothique. Constructions baroques et néoclassiques.

SZENT-GYÖRGYI (Albert), biochimiste américain d'origine hongroise (Budapest 1893 - Woods Hole, Massachusetts, 1986), prix Nobel de médecine en 1937 pour sa découverte de la vitamine C.

SZIGLIGETI (József **Szathmáry,** dit **Ede**), auteur dramatique hongrois (Váradolaszi 1814 - Budapest 1878), créateur du drame populaire en Hongrie *(le Déserteur, le Prétendant).*

SZILARD (Leo), physicien américain d'origine hongroise (Budapest 1898 - La Jolla, Californie, 1964). Il a réalisé la réaction des rayons γ sur le béryllium et participé à la construction de la première pile atomique.

SZOLNOK, v. de Hongrie, sur la Tisza ; 78 328 h.

SZOMBATHELY, v. de Hongrie ; 85 617 h. Vestiges romains. Monuments gothiques et baroques.

SZYMANOWSKI (Karol), compositeur polonais (Tymoszówka 1882 - Lausanne 1937), un des chefs de l'école symphonique et dramatique polonaise, auteur de deux concertos pour violon.

T

TABARIN (Antoine **Girard,** dit), bateleur français (Paris 1584 - *id.* 1633), célèbre joueur de farces.

TABARLY (Éric), officier de marine et navigateur français (Nantes 1931), vainqueur en 1964 et en 1976 de la course transatlantique en solitaire.

Table ronde *(cycle de la)* → ***Arthur.***

TABORA, v. de Tanzanie ; 67 000 h.

TABOUROT (Jehan), écrivain français (Dijon 1519 ou 1520 - Langres 1595 ou 1596). Il est l'auteur, sous le pseudonyme de **Thoinot Arbeau,** du premier ouvrage de notation chorégraphique (*Orchésographie,* 1588).

Ṭabqa (al-), site d'un important barrage de Syrie, sur l'Euphrate.

TABRIZ, anc. **Tauris,** v. de l'Iran, principal centre de l'Azerbaïdjan iranien ; 600 000 h. Beau décor de céramique émaillée (XVe s.) de la mosquée Bleue.

TACHKENT, cap. de l'Ouzbékistan, en Asie centrale ; 2 073 000 h. Nœud ferroviaire, centre administratif, culturel et industriel.

TACITE, en lat. **Publius Cornelius Tacitus,** historien latin (en Gaule ? v. 55 - v. 120). Tout en remplissant les charges d'une carrière qu'il acheva comme proconsul d'Asie, il écrivit les *Annales,* les *Histoires, la Vie d'Agricola* (qui était son beau-père), *la Germanie* et le *Dialogue des orateurs.* Son style expressif, dense et concis fait de lui un maître de la prose latine.

TACITE, en lat. **Marcus Claudius Tacitus** (Amiternum v. 200 - Tyane 276), empereur romain (275-276). Successeur d'Aurélien, il périt dans une campagne contre les Goths.

TACOMA, v. des États-Unis (État de Washington) ; 176 664 h.

TADEMAÏT *(plateau du),* région du Sahara algérien, au nord d'In Salah.

TADJIKISTAN, État de l'Asie centrale, à la frontière de la Chine et de l'Afghanistan ; 143 000 km^2 ; 5 100 000 h. *(Tadjiks).* CAP. *Douchanbe.* LANGUE : *tadjik.* MONNAIE : *rouble.*

GÉOGRAPHIE

Occupant une partie du Pamir, c'est un territoire montagneux, juxtaposant élevage (ovins surtout) et cultures (coton). Les Tadjiks de souche constituent près des deux tiers de la population, comportant une notable minorité d'Ouzbeks. (V. carte ***Kazakhstan.***)

HISTOIRE

La frontière entre les régions du sud-est de l'Asie centrale conquises par les Russes (à partir de 1865) et le khanat de Boukhara d'une part, l'Afghanistan d'autre part, est fixée de 1886 à 1895 par une commission anglo-russe. 1924 : la république autonome du Tadjikistan est créée au sein de l'Ouzbékistan. 1925 : le Pamir septentrional lui est rattaché. 1929 : le Tadjikistan devient une république fédérée de l'U. R. S. S. 1990 : les communistes remportent les premières élections républicaines libres. 1991 : le Soviet suprême proclame l'indépendance de la république (sept.), qui adhère à la C.E.I. Depuis 1992 : une guerre civile oppose islamistes et démocrates aux procommunistes qui se maintiennent au pouvoir.

TADJIKS, peuple de langue iranienne, musulman, habitant principalement au Tadjikistan.

Tādj Maḥall ou **Tāj Mahal,** mausolée de marbre blanc incrusté de pierres de couleur, élevé au XVIIe s., près d'Āgrā, par l'empereur Chāh Djahān à la mémoire de son épouse, Mumtāz Maḥall. L'une des plus belles réussites de l'architecture moghole.

Le **Tādj Maḥall** (1631-1641), près d'Āgrā.

TADLA, plaine du Maroc occidental.

TAEGU, v. de la Corée du Sud ; 1 607 000 h. Centre commercial et industriel.

TAEJON, v. de la Corée du Sud ; 652 000 h.

TAFILALET ou **TAFILELT,** région du Sahara marocain, au sud du Haut Atlas. Nombreuses oasis.

Tafna *(traité de la)* [30 mai 1837], traité signé entre Bugeaud et Abd el-Kader dont l'autorité était reconnue par la France sur près des deux tiers de l'Algérie.

TAFT (William Howard), homme politique américain (Cincinnati 1857 - Washington 1930), président républicain des États-Unis de 1909 à 1913. — Son fils, **Robert Alfonso** (Cincinnati 1889 - New York 1953), fut l'instigateur de la loi *Taft-Hartley* limitant le droit de grève.

TAGAL ou **TAGALOG,** peuple des Philippines, principal groupe de l'île de Luçon, parlant le tagalog.

TAGANROG, port de Russie, sur la mer d'Azov ; 291 000 h.

TAGE (le), en esp. **Tajo,** en port. **Tejo,** le plus long fl. de la péninsule Ibérique ; 1 120 km (dont 275 au Portugal). Né en Espagne, il passe à Tolède, traverse le Portugal et rejoint l'Atlantique par un estuaire sur lequel est établie Lisbonne. Aménagements hydrauliques.

TAGLIAMENTO (le), fl. de l'Italie septentrionale, tributaire de l'Adriatique ; 172 km. Victoire de Bonaparte en 1797.

TAGLIONI (les), famille de danseurs italiens des XVIIIe et XIXe s. Le père, **Filippo** (Milan 1777 - Côme 1871), chorégraphe, est l'auteur du premier ballet romantique, *la Sylphide,* que sa fille **Maria** ou **Marie** (Stockholm 1804 - Marseille 1884) créa à Paris (1832).

TAGORE (Rabindranāth), écrivain indien (Calcutta 1861 - Śāntiniketan 1941), auteur de poèmes d'inspiration mystique ou patriotique (*Gītāñjalī,* traduit de l'anglais par Gide sous le titre de *l'Offrande lyrique*), de romans et de drames. (Prix Nobel 1913.)

TAHITI, île principale de l'archipel de la Société (Polynésie française) ; 1 042 km^2 ; 131 309 h. Ch.-l. *Papeete.* Coprah. Tourisme. Découverte par S. Wallis en 1767, l'île fut placée en 1843 sous le protectorat français par l'amiral Dupetit-Thouars et devint colonie française en 1880. En 1959, l'île est intégrée au territoire d'outre-mer de la Polynésie française.

Taïba, centre minier (phosphates) du Sénégal.

TAIBEI → ***Taipei.***

TAICHUNG ou **TAIZHONG,** v. de Taïwan ; 626 000 h. Zone franche industrielle.

ṬĀ'IF, v. d'Arabie saoudite, dans le Hedjaz ; 205 000 h.

TAIFAS *(royaumes de),* petits États musulmans de l'Espagne médiévale formés après la disparition du califat de Cordoue (1031).

TAILLAN-MÉDOC (Le) [33320], comm. de la Gironde ; 6 823 h.

Taillebourg *(bataille de)* [21 juill. 1242], victoire de Saint Louis sur Henri III d'Angleterre, à Taillebourg, au nord de Saintes.

TAÏMYR, presqu'île massive de l'Arctique sibérien, recouverte par la toundra.

TAINAN, port de l'île de Taïwan ; 614 000 h.

TAINE (Hippolyte), philosophe, historien et critique français (Vouziers 1828 - Paris 1893). Il a essayé d'expliquer par la triple influence de la race, du milieu et du temps les œuvres artistiques ainsi que les faits historiques (*Origines de la France contemporaine,* 1875-1894) et littéraires (*Essai sur les Fables de La Fontaine,* 1853 ; *les Philosophes français du XIXe siècle,* 1857 ; *Histoire de la littérature anglaise,* 1864 ; *Philosophie de l'art,* 1865 ; *De l'intelligence,* 1870).

TAIN-L'HERMITAGE (26600), ch.-l. de c. de la Drôme ; 5 220 h. Vignobles.

TAIPEI ou **TAIBEI,** cap. de Taïwan ; 2 445 000 h. (env. 5 millions d'h. dans l'agglomération). Centre commercial et industriel. Musée national (l'une des plus riches collections de peinture chinoise ancienne).

Taiping ou **T'ai-p'ing,** mouvement politique et religieux qui agita la Chine de 1851 à 1864. Fondé par Hong Xiuquan (1814-1864), qui voulait sauver la Chine de la décadence, il fut appuyé par les sociétés secrètes hostiles aux Qing. Il fut anéanti en 1864.

TAIROV (Aleksandr Iakovlevitch **Kornblit,** dit), acteur et metteur en scène de théâtre soviétique (Romny, Poltava, 1885 - Moscou 1950). Fondateur du « Théâtre de chambre », inspiré du *Kammerspiel* allemand, il associa à la technique dramatique les autres modes d'expression : danse, musique, cinéma.

TAISHŌ TENNŌ, nom posthume de **Yoshihito** (Tōkyō 1879 - Hayama 1926), empereur du Japon de 1912 à 1926. Dès 1921, il laissa la régence à son fils Hirohito.

TAÏWAN, anc. **Formose,** État insulaire de l'Asie orientale, séparé de la Chine continentale par le *détroit de Taïwan ;* 36 000 km² ; 20 900 000 h. *(Taïwanais).* CAP. *Taipei.* LANGUE : *chinois.* MONNAIE : *dollar de Taïwan.*

GÉOGRAPHIE

L'île, abondamment arrosée par la mousson en été, est formée à l'est de montagnes élevées et à l'ouest de collines et de plaines intensément mises en valeur (canne à sucre, riz, légumes et fruits). Le secteur industriel (textiles, matériel électrique et électronique, plastiques, jouets), à vocation exportatrice, est devenu le moteur de l'économie.

HISTOIRE

Depuis le XIIe s. des marchands et des pirates chinois fréquentent l'île. XVIIe s. : des immigrants chinois peuplent l'île ; les Hollandais s'établissent dans le Sud (1624), les Espagnols dans le Nord (1626-1642). 1683 : l'île passe sous le contrôle des empereurs Qing. 1895 : le traité de Shimonoseki cède Formose au Japon. 1945 : l'île est restituée à la Chine. 1949 : elle sert de refuge au gouvernement du Guomindang, présidé par Jiang Jieshi (Tchang Kaï-chek). 1950-1971 : ce gouvernement représente la Chine au Conseil de sécurité de l'O. N. U. 1975 : Jiang Jingguo succède à son père, Jiang Jieshi. 1979 : les États-Unis reconnaissent la République populaire de Chine et rompent leurs relations diplomatiques avec Taïwan. L'île refuse « l'intégration pacifique » que lui propose la Chine populaire. 1987 : un processus de démocratisation est engagé. 1988 : mort de Jiang Jingguo. Lee Tenghui lui succède. 1991 : l'état de guerre avec la Chine est levé. 1995 : la Chine accentue très fortement sa pression sur Taïwan.

TAIYUAN ou **T'AI-YUAN,** v. de Chine, cap. du Shanxi ; 1 053 000 h. Sidérurgie. Chimie.

Taizé *(Communauté de),* communauté fondée en 1940 à Taizé (Saône-et-Loire) par frère Roger, comprenant des frères catholiques et protestants d'une vingtaine de pays. Elle accueille des jeunes du monde entier et anime des rencontres périodiques sur tous les continents.

TAIZHONG → ***Taichung.***

TA'IZZ, v. du Yémen ; 120 000 h.

TAJÍN (El), centre religieux des Totonaques (Mexique, État de Veracruz). Florissant du Ier s. av. J.-C. au VIe s. apr. J.-C., il connaît un renouveau vers le Xe s., sous l'influence toltèque, avant d'être abandonné (XIIIe s.). Nombreux vestiges, dont la pyramide aux 365 niches.

TAKAMATSU, port du Japon (Shikoku) ; 329 684 h. Célèbre jardin du XVIIIe s. dans le parc de Ritsurin.

TAKAOKA, v. du Japon (Honshū) ; 175 466 h.

TAKASAKI, v. du Japon (Honshū) ; 236 461 h.

TAKATSUKI, v. du Japon (Honshū) ; 359 867 h. Centre industriel.

TAKESHITA NOBORU, homme politique japonais (Kakeya, préfecture de Shimane, 1924). Président du parti libéral-démocrate, il a été Premier ministre de 1987 à 1989.

TA-K'ING → ***Daqing.***

TAKIS (Panayiótis **Vassilákis,** dit), artiste grec (Athènes 1925). Installé en France, il s'est orienté vers une poétique fondée sur les ressources de la technologie : « Sculptures électromagnétiques », « Télélumières », « Sculptures musicales », etc.

TAKLA-MAKAN ou **TAKLIMAKAN,** désert de Chine, dans le sud du Xinjiang.

TAKORADI, principal port du Ghana ; 250 000 h. (avec *Sekondi*).

TALABOT (Paulin), ingénieur français (Limoges 1799 - Paris 1885). Il construisit les premières lignes de chemin de fer du sud-est de la France.

TALANGE (57300), comm. de la Moselle ; 8 113 h.

TALANT (21240), comm. de la Côte-d'Or, banlieue nord-ouest de Dijon ; 12 901 h.

TALAT PAŞA (Mehmed), homme politique ottoman (Edirne 1874 - Berlin 1921). Membre du mouvement jeune-turc, il forma avec Enver et Djamāl le triumvirat qui présida à partir de 1913 aux destinées de l'Empire ottoman et fut grand vizir (1917-18). Il fut assassiné par un Arménien.

TALAUDIÈRE (La) [42350], comm. de la Loire ; 5 975 h.

TALAVERA DE LA REINA, v. d'Espagne (Castille - La Manche), sur le Tage ; 68 700 h. Églises des XIIe - XVe s. Céramiques. En juillet 1809, victoire de Wellington sur les Français.

TALBOT (John **de**), 1er *comte* **de Shrewsbury,** gentilhomme anglais (v. 1384 - Castillon 1453). Il combattit en Normandie et s'empara de Bordeaux. Il fut tué à la bataille de Castillon.

TALBOT (William Henry Fox), physicien britannique (Lacock Abbey, près de Chippenham, 1800 - *id.* 1877). Le premier, il mit au point, de 1835 à 1841, la photographie avec négatif et sur papier *(talbotypie).*

TALCA, v. du Chili central ; 171 467 h.

TALCAHUANO, port du Chili central ; 246 566 h. Pêche et traitement du poisson. Chantiers navals. Université.

TALENCE (33400), ch.-l. de c. de la Gironde, banlieue de Bordeaux ; 36 172 h. Centre universitaire.

TA-LIEN → ***Dalian.***

TALLAHASSEE, v. des États-Unis, cap. de la Floride ; 124 773 h. Université.

TALLARD (05130), ch.-l. de c. des Hautes-Alpes ; 1 236 h. Château des XIVe-XVIe s.

TALLCHIEF (Maria), danseuse américaine d'origine indienne (Fairfax, Oklahoma, 1925). Elle a été considérée comme la plus grande technicienne classique des États-Unis.

TALLEMANT DES RÉAUX (Gédéon), mémorialiste français (La Rochelle 1619 - Paris 1692), dont les *Historiettes* forment un témoignage savoureux sur son époque.

TALLEYRAND-PÉRIGORD [talrɑ̃- ou talɛrɑ̃-] (Charles Maurice **de**), homme politique français (Paris 1754 - *id.* 1838). Évêque d'Autun (1788), député aux États généraux et à l'Assemblée constituante (1789), il quitte l'état ecclésiastique après avoir soutenu la Constitution civile du clergé. Réfugié en Angleterre puis aux États-Unis (1792-1796), il est ensuite ministre des Relations extérieures du Directoire, puis du Consulat et de l'Empire (1797-1807) ; il inspire notamm. le traité de Lunéville (1801), le Concordat (1801), la paix d'Amiens (1802) et le traité de Presbourg (1805). Grand chambellan d'Empire et prince de Bénévent, il quitte les Affaires étrangères parce qu'il est opposé à la rupture avec l'Autriche. Vice-Grand Électeur, il est disgracié en 1809. Chef du gouvernement provisoire le 1er avr. 1814, il est ministre des Affaires étrangères sous la première Restauration et joue un rôle essentiel au congrès de Vienne (1814-15). De nouveau chef du gouvernement de juill. à sept. 1815, il passe, à la fin de la Restauration, dans l'opposition libérale. Louis-Philippe fait de lui son ambassadeur à Londres (1830-1834).

TALLIEN (Jean Lambert), homme politique français (Paris 1767 - *id.* 1820). Député montagnard à la Convention, il revint à des positions plus modérées après sa rencontre avec Thérésa Cabarrus. Il fut l'un des instigateurs du 9-Thermidor. — Sa femme, **Mme Tallien** (Thérésa Cabarrus), marquise **de Fontenay** (Carabanchel Alto, près de Madrid, 1773 - Chimay 1835), fut surnommée *Notre-Dame de Thermidor.*

TALLINN, anc. **Reval** ou **Revel,** cap. de l'Estonie, sur le golfe de Finlande ; 482 000 h. Centre industriel. Université. Citadelle médiévale et autres monuments.

TALLOIRES (74290), comm. de la Haute-Savoie, sur le lac d'Annecy ; 1 292 h. Anc. abbaye bénédictine.

TALLON (Roger), designer français (Paris 1929). Ses réalisations concernent l'ensemble de la production industrielle (équipement ménager ; luminaires ; téléphones ; métro de Mexico [1969] ; T. G. V. Atlantique [1986-1988]).

TALMA (François Joseph), acteur français (Paris 1763 - *id.* 1826). Il fut l'acteur tragique préféré de Napoléon Ier. Soucieux de vérité historique dans les costumes et les décors, il rendit aussi la diction plus naturelle.

TALMONT-SAINT-HILAIRE (85440), ch.-l. de c. de la Vendée ; 4 458 h.

Talmud (mot hébr. signifiant *étude*), compilation de commentaires sur la loi mosaïque fixant l'enseignement des grandes écoles rabbiniques. Il est constitué par la *Mishna* (IIe-IIIe s.), codification de la Loi orale, et la *Gemara* (IVe-VIe s.), commentaire de la Mishna. Le Talmud est un des ouvrages les plus importants du judaïsme.

TALON (Jean), administrateur français (Châlons-sur-Marne 1625 - 1694). Il fut le premier à occuper le poste d'intendant de la Nouvelle-France (1665-1668 et 1670-1672) ; il amorça l'essor du Canada.

Talleyrand
(A. Scheffer - musée Condé, Chantilly)

TALON (Omer), magistrat français (Paris 1595 - *id.* 1652). Avocat général au parlement de Paris (1631), il défendit les droits du parlement contre Mazarin et la royauté.

TAMALE, v. du Ghana ; 168 000 h.

TAMANRASSET → ***Tamenghest.***

TAMARIS, station balnéaire du Var (comm. de La Seyne-sur-Mer).

TAMATAVE → ***Toamasina.***

TAMAYO (Rufino), peintre mexicain (Oaxaca 1899 - Mexico 1991), auteur de toiles d'une riche invention symbolique et chromatique (*Prométhée,* 1958, maison de l'Unesco à Paris).

Tambour (le), roman de Günter Grass (1959) : l'hitlérisme et la guerre à Dantzig, vus par un nain qui fait de l'existence quotidienne une épopée picaresque.

TAMBOV, v. de Russie, au sud-est de Moscou ; 305 000 h. Centre industriel.

TAMENGHEST, anc. **Tamanrasset,** v. d'Algérie, ch.-l. de wilaya, dans le Hoggar ; 23 000 h. Oasis.

TAMERLAN → ***Tīmūr Lang.***

TAMIL NADU, anc. **État de Madras,** État de l'Inde ; 130 000 km² ; 55 638 318 h. Cap. *Madras.*

TAMISE (la), en angl. **Thames,** fl. de Grande-Bretagne, qui traverse Londres et rejoint la mer du Nord par un large estuaire ; 338 km.

TAMMERFORS → ***Tampere.***

TAMMOUZ, dieu suméro-akkadien du Printemps et de la Fertilité. Il fut très populaire en Phénicie et en Syrie sous le nom d'*Adoni* (« mon Seigneur »), dont les Grecs firent *Adonis.*

TAMOUL ou **TAMIL,** peuple de l'Inde méridionale et du Sri Lanka, de religion hindouiste et parlant une langue dravidienne.

TAMPA, port des États-Unis (Floride), sur le golfe du Mexique ; 280 015 h.

TAMPERE, en suéd. **Tammerfors,** v. de Finlande ; 167 000 h. Centre industriel. Monuments des XIXe et XXe s. Musées.

TAMPICO, port du Mexique, sur l'Atlantique ; 271 636 h. Raffinage et exportation du pétrole.

TAMPON (Le) [97430], comm. de la Réunion ; 48 436 h.

TANA (la) ou **TENO** (le), fl. de Laponie, séparant la Finlande et la Norvège ; 310 km.

TANA *(lac),* lac d'Éthiopie (env. 3 000 km²), qui donne naissance au Nil Bleu.

TANAGRA, village de Grèce (Béotie). Centre de production d'élégantes statuettes de terre cuite, principalement au IVe s. av. J.-C.

TANAÏS, nom anc. du **Don.**

Tanaka *(plan),* plan japonais de domination mondiale rédigé par le général Tanaka (1863-1929) et partiellement réalisé pendant la Seconde Guerre mondiale.

TANANARIVE → ***Antananarivo.***

TANCARVILLE (76430), comm. de la Seine-Maritime, sur l'estuaire de la Seine ; 1 330 h. — Le *canal de Tancarville* aboutit à l'arrière-port du Havre (26 km). — Pont routier sur l'estuaire.

TANCRÈDE DE HAUTEVILLE (m. à Antioche en 1112), prince de Galilée (1099-1112), prince d'Antioche (1111-12), petit-fils de Robert Guiscard. Le Tasse en a fait le modèle du chevalier dans *la Jérusalem délivrée.*

TANEGASHIMA, île du Japon, au S. de Kyūshū. Base de lancement d'engins spatiaux.

TANEZROUFT (« Pays de la soif »), région très aride du Sahara, à l'ouest du Hoggar.

TANG ou **T'ANG,** dynastie qui a régné sur la Chine de 618 à 907. Fondée par Tang Gaozu (618-626), elle étendit le territoire de l'Empire en Asie centrale, au Viêt Nam, en Mongolie et en Mandchourie méridionale.

TANGA, port de Tanzanie ; 103 000 h.

TANGANYIKA, anc. territoire de l'Afrique-Orientale allemande, sous tutelle britannique, après 1920, auj. partie principale de la Tanzanie.

TANGANYIKA *(lac),* grand lac de l'Afrique orientale, entre le Zaïre, le Burundi, la Tanzanie et la Zambie, qui se déverse dans le Zaïre (r. dr.) par la Lukuga ; 31 900 km².

TANGE KENZŌ, architecte et urbaniste japonais (Imabari 1913). Utilisateur audacieux du béton armé et adepte d'une architecture « additive », expansible au sein de l'organisme urbain, il a exercé une influence internationale.

TANGER, en ar. **Ṭandja,** port du Maroc, ch.-l. de prov., sur le détroit de Gibraltar ; 312 000 h. Tanger fut ville internationale de 1923 à 1956, sauf pendant l'occupation espagnole (1940-1945). C'est un port franc depuis 1962.

TANGSHAN ou **T'ANG-CHAN,** v. de Chine (Hebei), à l'est de Pékin ; détruite par un tremblement de terre en 1976, elle est en cours de reconstruction ; 400 000 h.

TANG TAIZONG ou **T'ANG T'AI-TSONG,** nom posthume de **Li Shimin,** second empereur Tang (627-649). Il étendit considérablement l'Empire chinois.

TANGUY (Yves), peintre français naturalisé américain (Paris 1900 - Woodbury, Connecticut, 1955). Autodidacte, l'un des plus purs « rêveurs » du surréalisme (*À quatre heures d'été, l'espoir* [1929], M. N. A. M.), il s'installa aux États-Unis en 1939.

TANINGES (74440), ch.-l. de c. de la Haute-Savoie ; 2 806 h.

TANIS, v. de l'Égypte ancienne, dans le Delta. Elle fut peut-être la capitale des Hyksos, et fut sûrement celle des XXIe et XXIIIe dynasties. Dans le temple, tombes inviolées des XXIe et XXIIe dynasties découvertes par Pierre Montet.

TANIT, importante divinité du panthéon carthaginois, déesse de la Fertilité.

TANIZAKI JUNICHIRŌ, écrivain japonais (Tōkyō 1886 - Yugarawa 1965). Influencé par le réalisme occidental, il retrouva les formes d'expression traditionnelles dans des romans qui peignent les conflits du monde moderne et de la civilisation ancestrale (*Neige fine,* 1948).

TANJORE → ***Thanjāvūr.***

TANJUNG KARANG-TELUK BETUNG, port d'Indonésie (Sumatra) ; 284 000 h.

TANLAY (89407), comm. de l'Yonne ; 1 121 h. Important château des XVIe et XVIIe s.

Tannenberg *(bataille de)* [15 juill. 1410] → ***Grunwald.***

Tannenberg *(bataille de)* [26-29 août 1914], victoire décisive des Allemands de Hindenburg sur la IIe armée russe, remportée en Prusse-Orientale, à Tannenberg (auj. Stębark).

TANNER (Alain), cinéaste suisse (Genève 1929). L'une des figures marquantes du nouveau cinéma suisse, il a réalisé *Charles mort ou vif* (1969), *la Salamandre* (1971), *les Années lumière* (1981), *la Vallée fantôme* (1987), *la Femme de Rose Hill* (1989).

TANNERY (Jules), mathématicien français (Mantes 1848 - Paris 1910). Il a approfondi les principes de l'analyse.

TANNHÄUSER, poète allemand (Tannhausen ? v. 1205 - v. 1268). Chanteur errant, auteur de poèmes lyriques et de chansons, il est devenu le héros légendaire de récits populaires.

Tannhäuser, opéra en trois actes de Richard Wagner (quatre versions, de 1845 à 1875) sur un livret du compositeur. Le chœur des pèlerins en est une page célèbre.

TANTAH ou **ṬANṬĀ,** v. d'Égypte, au centre du delta du Nil ; 285 000 h. Carrefour routier et ferroviaire.

TANTALE. *Myth. gr.* Roi de Phrygie ou de Lydie qui, pour avoir offensé les dieux, fut précipité dans les Enfers et condamné à une faim et à une soif dévorantes.

TANUCCI (Bernardo, *marquis*), homme politique napolitain (Stia, Toscane, 1698 - Naples 1783). Premier ministre de Naples (1754-1777), il pratiqua le despotisme éclairé.

TANZANIE, État de l'Afrique orientale ; 940 000 km² ; 27 800 000 h. (*Tanzaniens*). CAP. *Dar es-Salaam.* CAP. DÉSIGNÉE *Dodoma.* LANGUE : *swahili.* MONNAIE : *shilling.*

GÉOGRAPHIE

La partie continentale de l'État (anc. Tanganyika) est formée d'une plaine côtière limitée par un vaste plateau coupé de fossés d'effondrement et dominé par de hauts massifs volcaniques (Kilimandjaro). L'élevage et les cultures vivrières sont complétés par des cultures commerciales (café, coton, sisal, thé, noix de cajou, clous de girofle de Zanzibar et de Pemba). Mais les échanges sont déficitaires et

le pays, à la très forte croissance démographique, est très endetté.

HISTOIRE

Les origines et l'époque coloniale. XIIe s. : dans le pays peuplé de Bantous, la côte, intégrée au commerce arabe, est animée par des ports prospères, Kilwa et Zanzibar. Fin du XIIIe s. : le pouvoir est aux mains de la dynastie Mahdali. 1498 : après la découverte du pays par Vasco de Gama, le Portugal installe des garnisons dans les ports. 1652 - fin du XVIIIe s. : la domination arabe remplace celle du Portugal. XIXe s. : le sultanat d'Oman s'établit à Zanzibar et sur la côte ; les Arabes dominent les routes commerciales de l'intérieur, où les populations échangent ivoire et esclaves contre des armes, et où s'aventurent des explorateurs britanniques (Speke, Burton, Livingstone et Stanley). 1890-91 : le protectorat britannique est établi sur la côte, celui de l'Allemagne sur l'intérieur (Afrique-Orientale allemande).

Le XXe s. 1920-1946 : devenue à la fin de la Première Guerre mondiale le territoire du Tanganyika, l'Afrique-Orientale allemande, amputée de la région nord-ouest (Rwanda-Urundi), confiée à la Belgique, est donnée par la S. D. N. en mandat à la Grande-Bretagne. 1946 : le Tanganyika passe sous tutelle de l'O. N. U. 1958 : le parti nationaliste de Julius Nyerere, la Tanganyika African Nationalist Union (TANU), remporte son premier grand succès électoral. 1961 : l'indépendance est proclamée (elle exclut le sultanat de Zanzibar, qui reste protectorat britannique jusqu'en 1963). 1962 : Nyerere est élu président de la nouvelle république. 1964 : la Tanzanie est créée, par réunion de Zanzibar et du Tanganyika. 1965-1967 : Nyerere instaure un régime socialiste à parti unique et signe un traité d'amitié avec la Chine (1966). 1977 : une nouvelle Constitution instaure un régime plus libéral. 1985 : Nyerere se retire, les élections lui donnent pour successeur Ali Hassan Mwinyi. 1992 : ce dernier restaure le multipartisme et engage le pays sur la voie du libéralisme économique. 1995 : Benjamin Mkapa est élu à la présidence de la République.

TAO QIAN ou **T'AO TS'IEN,** dit aussi **Tao Yuanming,** poète chinois (au Jiangxi v. 365 - *id.* 427). Dans un style lumineux et transparent, il a célébré l'union profonde entre la nature et l'homme. Il est le poète le plus aimé de la littérature chinoise.

TAORMINA, v. d'Italie (Sicile) ; 9 979 h. Ruines antiques (théâtre) dans un site magnifique, sur la mer Ionienne. Tourisme.

Tao-tö-king ou **Daodejing** *(le Livre de la Voie et de la Vertu),* ouvrage chinois attribué à Laozi, principal texte du taoïsme. C'est sans doute la compilation de textes antérieurs, effectuée au IIIe s. av. J.-C.

T'AO TS'IEN → *Tao Qian.*

TAOYUAN, v. de Taïwan ; 196 000 h. Aéroport.

TAO YUANMING → *Tao Qian.*

TAPAJÓS, riv. du Brésil, affl. de l'Amazone (r. dr.) ; 1 992 km (avec le Teles Pires).

TÀPIES (Antoni), peintre espagnol (Barcelone 1923). Son œuvre oscille d'une sorte de mystique du dépouillement (la nudité du mur) à la paraphrase ironique du réel (objets banals piégés dans l'épaisseur de la matière), en passant par l'intensité vitale des graffitis et des lacérations.

TARARE (69170), ch.-l. de c. de l'ouest du Rhône ; 10 846 h. *(Katariens).* Textile.

TARASCON (13150), ch.-l. de c. des Bouches-du-Rhône ; 11 158 h. *(Tarasconnais).* Papeterie. Église des XIIe-XIVe s., château fort reconstruit dans la 1re moitié du XVe s.

TARASCON-SUR-ARIÈGE (09400), ch.-l. de c. de l'Ariège ; 3 584 h. Église gothique reconstruite au XVIIe s.

Tarass Boulba, récit de Gogol (1835). Le vieux chef cosaque Tarass Boulba tue son fils Andreï, qui, par amour pour une Polonaise, a trahi son pays et les siens.

Tarbela, barrage aménagé sur l'Indus, au Pakistan, au N.-O. de Rāwalpindī.

TARBES (65000), ch.-l. du dép. des Hautes-Pyrénées, sur l'Adour, à 771 km au sud-ouest de Paris ; 50 228 h. *(Tarbais)* [près de 80 000 h. dans l'agglomération]. Anc. ch.-l. de la Bigorre. Évêché. Constructions mécaniques et électriques. Armement. Cathédrale en partie romane. Musée.

TARDE (Gabriel **de**), sociologue français (Sarlat 1843 - Paris 1904). Il jeta les bases de la psychosociologie et de l'école française de criminologie.

TARDENOIS, région entre la Vesle et la Marne (dép. de l'Aisne et de la Marne).

TARDIEU (André), homme politique français (Paris 1876 - Menton 1945). Appartenant à la droite, plusieurs fois ministre, président du Conseil (1929-30, 1932), il s'efforça d'appliquer une politique économique et sociale novatrice.

TARDIEU (Jean), poète et auteur dramatique français (Saint-Germain-de-Joux, Ain, 1903 - Créteil 1995). Il conduit une recherche de l'identité à travers une recomposition cocasse du langage et la fascination pour la peinture *(Formeries, Théâtre de chambre, Margeries).*

TARENTAISE, région des Alpes françaises (Savoie), formée par la vallée supérieure de l'Isère. V. pr. *Bourg-Saint-Maurice* et *Moûtiers.* Élevage de bovins (race « tarine »). Aménagements hydroélectriques. Tourisme en amont.

TARENTE, port d'Italie (Pouille), ch.-l. de prov., sur le *golfe de Tarente,* formé par la mer Ionienne ; 232 200 h. Archevêché. Centre industriel. Musée national (archéologie). Fondée v. 708 av. J.-C. par des colons venus de Sparte, ce fut une des villes les plus illustres de la Grèce d'Occident. Elle fut conquise par les Romains en 272 av. J.-C. malgré l'intervention de Pyrrhos d'Épire. Ralliée à Hannibal, elle fut reprise par Rome en 209.

TARGON (33760), ch.-l. de c. de la Gironde, dans l'Entre-deux-Mers ; 1 615 h.

TÂRGOVIŞTE → *Tîrgovişte.*

TÂRGU MUREŞ → *Tîrgu Mureş.*

TARIM (le), fl. de Chine, dans le Xinjiang ; 2 179 km. Il descend du Karakorum et s'achève dans la dépression du Lob Nor.

ṬĀRIQ IBN ZIYĀD, chef d'origine berbère, lieutenant du gouverneur de l'Ifrīqiya Mūsā ibn Nuṣayr, il conquit l'Espagne, franchissant le détroit de Gibraltar et remportant en 711 une victoire sur le roi wisigoth Rodrigue.

TARKOVSKI (Andreï), cinéaste soviétique (Moscou 1932 - Paris 1986). L'un des auteurs les plus originaux du cinéma soviétique, son œuvre est empreinte d'une profonde spiritualité : *l'Enfance d'Ivan* (1962), *Andreï Roublev* (1966), *Solaris* (1972), *le Miroir* (1974), *Stalker* (1979), *Nostalghia* (1983), *le Sacrifice* (1986).

TARN (le), riv. du sud de la France ; 375 km (bassin de plus de 12 000 km²). Né au sud du mont Lozère, il traverse les Grands Causses en de pittoresques cañons, passe à Millau, Albi et Montauban et se jette dans la Garonne (r. dr.).

TARN (**81**), dép. de la Région Midi-Pyrénées ; ch.-l. de dép. *Albi ;* ch.-l. d'arr. *Castres ;* 2 arr., 43 cant., 324 comm. ; 5 758 km² ; 342 723 h. *(Tarnais).* Le dép. est rattaché à l'académie et à la cour d'appel de Toulouse, à la région militaire Atlantique. Le dép. s'étend au nord-est et à l'est sur les confins du Massif central : Ségala, transformé en terre à blé par le chaulage ; monts de Lacaune, où s'est développé l'élevage des brebis ; hauteurs du Sidobre et de la Montagne Noire, souvent forestières, séparées par la vallée du Thoré. Le centre et l'ouest appartiennent au bassin d'Aquitaine (Lauragais et surtout Albigeois). Plateaux et collines sont le domaine de la polyculture à base céréalière (à laquelle est fréquemment associé l'élevage des brebis) et sont entaillés par les vallées du Tarn et de l'Agout, qui portent des cultures maraîchères et, localement, des vignobles (Gaillac). L'industrie est représentée surtout par la métallurgie, la chimie, la verrerie, nées de l'extraction houillère (région d'Albi et de Carmaux), le textile (Castres), le délainage des peaux (Mazamet) et la mégisserie (Graulhet), branches souvent en difficulté.

TARN-ET-GARONNE (**82**), dép. de la Région Midi-Pyrénées ; ch.-l. de dép. *Montauban ;* ch.-l. d'arr. *Castelsarrasin ;* 2 arr., 30 cant., 195 comm. ; 3 718 km² ; 200 220 h. Le dép. est rattaché à l'académie de Toulouse, à la cour d'appel d'Agen, à la région militaire Atlantique. Entre le bas Quercy, domaine de la polyculture et de l'élevage, et la Lomagne, surtout consacrée au blé, la vaste plaine alluviale construite au confluent de la Garonne et du Tarn constitue la partie vitale du dép. Elle porte des cultures céréalières (blé, maïs), fruitières (prunes, chasselas, pêches), maraîchères (oignons, artichauts, etc.), des prairies (dans les vallées). L'industrie est représentée par l'agroalimentaire, des usines textiles et mécaniques et la centrale nucléaire de Golfech. *(V. carte p. 1704.)*

TARNIER (Stéphane), chirurgien-accoucheur français (Aiserey, Côte-d'Or, 1828 - Paris 1897). Il mit au point un forceps à tracteur, agissant

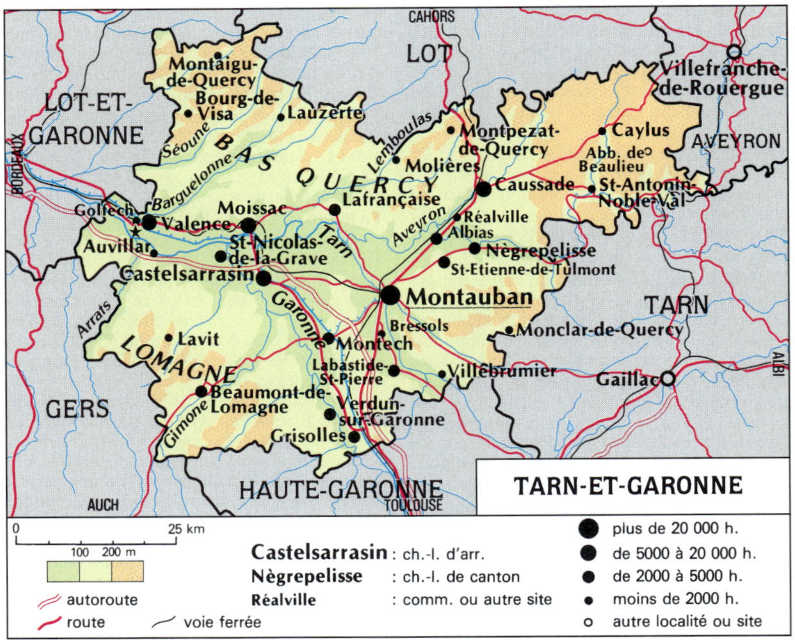

dans l'axe du bassin. Il appliqua à l'obstétrique les notions d'asepsie que Semmelweis avait tenté d'introduire sans succès.

TARNOBRZEG, v. de Pologne, sur la Vistule ; 42 000 h. Gisement de soufre. Chimie.

TARNOS (40220), comm. des Landes ; 9 162 h. Industrie aéronautique.

TĂRNOVO → ***Veliko Tarnovo.***

TARNÓW, v. de la Pologne méridionale, ch.-l. de voïévodie ; 113 000 h. Centre industriel. Hôtel de ville des XIVe-XVIe s., cathédrale gothique du XVIe.

TAROUDANNT, v. du Maroc méridional ; 36 000 h. Tourisme.

TARPEIA, jeune vestale romaine qui, selon la légende, livra la citadelle de Rome aux Sabins, avant d'être tuée par eux.

TARPÉIENNE *(roche),* extrémité sud-ouest du Capitole, d'où l'on précipitait les condamnés coupables de trahison.

TARQUIN l'Ancien, en lat. **Lucius Tarquinius Priscus,** cinquième roi de Rome, selon la tradition semi-légendaire (616-579 av. J.-C.). Premier roi étrusque de Rome, il aurait mené de grands travaux (Grand Cirque, temple de Jupiter Capitolin).

TARQUIN le Superbe, en lat. **Lucius Tarquinius Superbus,** septième et dernier roi de Rome, que la tradition présente comme un tyran (534 à 509 av. J.-C.). Après le viol de Lucrèce par son fils Sextus, les Romains révoltés le chassèrent et la république fut instaurée.

TARQUINIA, v. d'Italie (Latium) ; 13 784 h. Nécropoles aux tombes (VIe - Ier s. av. J.-C.) ornées de peintures. Tarquinia fut une des plus importantes cités étrusques.

TARRACONAISE, prov. septentrionale de l'Espagne romaine.

TARRAGONE, en esp. **Tarragona,** port d'Espagne (Catalogne), ch.-l. de prov., sur la Méditerranée ; 110 153 h. Centre touristique et industriel. Vestiges romains et paléochrétiens. Cathédrale surtout romane (fin XIIe-XIIIe s.). Musée diocésain et Musée archéologique.

TARRASA, v. d'Espagne (Catalogne) ; 158 063 h. Églises d'origine wisigothique, restaurées ou reconstruites aux IXe et XIIe s. Musées.

TARSKI (Alfred), logicien américain d'origine polonaise (Varsovie 1902 - Berkeley 1983). Fondateur de la sémantique logique, il se rattache au cercle de Vienne.

TARSUS, v. de Turquie, à l'ouest d'Adana ; 187 508 h. Vestiges de l'antique *Tarse,* patrie de saint Paul.

TARTAGLIA (Niccolo **Fontana,** dit), mathématicien italien (Brescia v. 1499 - Venise 1557). Il fut l'un des premiers algébristes à avoir résolu les équations du troisième degré et à en établir la théorie. Il appliqua également les mathématiques à l'art militaire et développa l'arithmétique commerciale.

TARTARE, région des Enfers gréco-romains, lieu de châtiment des grands coupables.

TARTARIE *(détroit de* ou *manche de),* détroit du Pacifique, entre la Sibérie et l'île de Sakhaline.

Tartarin de Tarascon *(les Aventures prodigieuses de),* roman d'A. Daudet (1872). Pour mériter la réputation que lui valent d'illusoires récits de chasse, un naïf Tarasconnais part pour l'Algérie, où il finit par tuer un lion. Ses aventures se continuent dans *Tartarin sur les Alpes* (1885) et *Port-Tarascon* (1890).

TARTAS (40400), ch.-l. de c. des Landes ; 2 809 h. *(Tarusates).* Papeterie.

TARTINI (Giuseppe), violoniste et compositeur italien (Pirano 1692 - Padoue 1770). On lui doit des concertos et des sonates pour son instrument *(le Trille du Diable),* et des traités.

TARTU, anc. **Dorpat,** v. d'Estonie ; 104 000 h. Université.

Tartuffe (le) ou **Tartufe,** comédie de Molière, en cinq actes et en vers. Les deux premières versions furent interdites (1664 et 1667), et la pièce ne fut autorisée qu'en 1669. Faux dévot, Tartuffe a surpris la confiance d'Orgon dont il obtient tout, y compris la promesse d'épouser sa fille. Démasqué, alors qu'il tente de séduire Elmire, femme d'Orgon, l'hypocrite essaie de nuire à ce dernier, mais la justice du roi met fin à l'imposture.

TARVIS *(col de),* en ital. **Tarvisio,** col des Alpes orientales, reliant l'Italie (Frioul) à l'Autriche (Carinthie) ; 812 m.

Tarzan, personnage du roman de E. R. Burroughs (1914), popularisé par les bandes dessinées et le cinéma. Ami de toutes les bêtes sauvages, il est le héros d'aventures fabuleuses.

TASCHER DE LA PAGERIE (Marie-Josèphe) → ***Joséphine.***

TASCHEREAU (Elzéar Alexandre), prélat canadien (Sainte-Marie 1820 - Québec 1898). Archevêque de Québec (1871), il fut le premier cardinal canadien (1886).

TASCHEREAU (Louis Alexandre), avocat et homme politique canadien (Québec 1867 - *id.* 1952). Libéral, il fut Premier ministre de la province de Québec de 1920 à 1936.

TASMAN (Abel Janszoon), navigateur néerlandais (Lutjegast, Groningue, 1603 - Batavia 1659). Il découvrit la Tasmanie, la Nouvelle-Zélande et les îles Fidji (1642-43).

TASMANIE, anc. **terre de Van Diemen,** île séparée du continent australien par le détroit de Bass et constituant le plus sud-oriental des États du Commonwealth d'Australie ; 68 000 km^2 ; 452 847 h. *(Tasmaniens).* Cap. *Hobart.* Peuplée de Mélanésiens, l'île fut abordée par A. Tasman en 1642. Occupée par les Britanniques au début du XIXe s., elle entra en 1901 dans le Commonwealth australien.

Tass (initiales des mots russes *Telegrafnoïe Aguentstvo Sovietskogo Soïouza*), agence de presse soviétique organisée en 1925. Elle a fusionné, en 1992, avec l'agence russe RIA-Novosti pour former l'Agence d'information télégraphique de Russie (ITAR - Tass). C'est l'une des plus grandes agences mondiales. Son siège est à Moscou.

TASSE (Torquato **Tasso,** en fr. **le**), poète italien (Sorrente 1544 - Rome 1595), auteur de la pastorale *Aminta* et du poème épique *la Jérusalem délivrée* (1581), où se mêlent les épisodes héroïques et romanesques. Il mourut dans un état voisin de la folie.

TASSILI DES AJJER → ***Ajjer.***

TASSILON III (v. 741 - apr. 794), duc de Bavière (748-788). Il voulut s'affranchir de la tutelle franque, mais Charlemagne le battit et s'empara de son duché.

TASSIN-LA-DEMI-LUNE (69160), ch.-l. de c. du Rhône ; 15 496 h. *(Tassilunois).*

TASSONI (Alessandro), poète italien (Modène 1565 - *id.* 1635), auteur du poème héroï-comique *le Seau enlevé* (1622), qui a inspiré Boileau dans *le Lutrin.*

TATA (Jamsetji Nasarwanji), industriel indien (Navsāri, Gujerat, 1839 - Bad Nauheim 1904), promoteur de l'industrialisation de son pays.

TATABÁNYA, v. de Hongrie, à l'ouest de Budapest ; 74 277 h. Lignite.

TATARS, nom donné par les Russes à partir du XIIIe s. aux populations d'origine mongole ou turque qui les dominèrent du XIIIe aux XVe-XVIe s., puis qui furent refoulées sur la moyenne Volga et en Crimée. Depuis la révolution de 1917, on appelle officiellement Tatars des groupes ethniques de musulmans de langue turque : les Tatars de Kazan ou Tatars de la Volga, qui habitent principalement le Tatarstan et la Bachkirie, ainsi que les Tatars de Crimée, privés depuis 1945 de territoire national.

TATARSTAN ou **TATARIE,** République de la Fédération de Russie, sur la Volga moyenne ; 68 000 km^2 ; 3 640 000 h. Cap. *Kazan.* Pétrole.

Tate Gallery, musée national de Londres (Chelsea), fondé en 1897 à partir de la collection de l'industriel sir Henry *Tate.* Il abrite de riches collections de peinture anglaise (dont le fonds Turner dans la « Clore Gallery »), d'art moderne (depuis l'impressionnisme et Rodin) et d'art contemporain.

TATI (Jacques **Tatischeff,** dit **Jacques**), cinéaste français (Le Pecq 1907 - Paris 1982). Reposant sur une observation minutieuse de la réalité quotidienne, ses films *(Jour de fête,* 1949 ; *les Vacances de M. Hulot,* 1953 ; *Mon oncle,* 1958 ; *Playtime,* 1967 ; *Trafic,* 1971) ont renouvelé le cinéma comique français.

TATIEN, apologiste syrien (en Syrie v. 120 - m. apr. 173). Disciple de saint Justin et adepte d'un ascétisme extrême (il fonda la secte des encratites), il fusionna dans son *Diatessaron* le texte des quatre Évangiles.

TATIUS, roi légendaire des Sabins, qui régna avec Romulus sur les Romains et les Sabins réunis.

TATLINE (Vladimir Ievgrafovitch), peintre, sculpteur et architecte russe (Moscou 1885 - *id.*

le Tasse
(A. Allori - Offices, Florence)

Jacques **Tati**

1953), un des principaux maîtres du constructivisme.

TA-T'ONG → *Datong.*

TATRAS ou **TATRY** (les), partie la plus élevée des Carpates, aux confins de la Pologne et de la Slovaquie ; 2 655 m. Parc national.

TATUM (Arthur, dit **Art**), pianiste de jazz noir américain (Toledo, Ohio, 1910 - Los Angeles 1956). Sa profonde musicalité, son sens du swing et la richesse de ses conceptions harmoniques en font l'un des plus brillants solistes virtuoses de l'histoire du jazz.

TAUBATÉ, v. du Brésil (São Paulo) ; 205 070 h.

TAUERN (les), massif des Alpes autrichiennes, où l'on distingue les *Hohe Tauern* (culminant au Grossglockner, à 3 796 m), à l'ouest, et les *Niedere Tauern,* à l'est.

TAULÉ (29670), ch.-l. de c. du Finistère ; 2 808 h.

TAULER (Jean), mystique alsacien (Strasbourg v. 1300 - *id.* 1361). Dominicain, disciple et continuateur de Maître Eckart, il fut, par ses sermons, un des maîtres de la spiritualité chrétienne.

TAUNUS, partie du Massif schisteux rhénan, au-dessus de Francfort-sur-le-Main ; 880 m.

TAUPO *(lac),* lac le plus vaste (606 km²) de la Nouvelle-Zélande.

TAUREAU (le), constellation zodiacale, dont l'étoile la plus brillante est *Aldébaran.* — Deuxième signe du zodiaque, que le Soleil traverse du 20 avril au 20 mai.

TAURIDE, anc. nom de la **Crimée.**

TAURUS, système montagneux de Turquie, dominant la Méditerranée ; 3 734 m à l'Aladağ.

TAUSUG, peuple des Philippines (archipel Sulu).

TAUTAVEL (66720), comm. des Pyrénées-Orientales ; 743 h. La « caune » (grotte) de l'Arago a livré, en 1971, un crâne humain daté de plus de 300 000 ans, qui pourrait être à l'origine de la lignée qui aboutit à l'homme de Neandertal. Musée.

TAUVES (63690), ch.-l. de c. du Puy-de-Dôme ; 1 015 h.

TAVANT (37220), comm. d'Indre-et-Loire ; 232 h. Peintures murales romanes du XIIe s. dans l'église, de la fin du XIe s. (?) dans sa crypte.

TAVAUX (39500), comm. du Jura ; 4 415 h. Industrie chimique.

TAVERNIER (Bertrand), cinéaste français (Lyon 1941). Alternant les sujets contemporains et les films historiques, il a réalisé *l'Horloger de Saint-Paul* (1974), *Que la fête commence* (1975), *le Juge et l'Assassin* (1976), *Coup de torchon* (1981), *la Vie et rien d'autre* (1989), *la Guerre sans nom* (1992, en collab. avec Patrick Rotman), *l'Appât* (1995).

TAVERNIER (Jean-Baptiste), voyageur français (Paris 1605 - Smolensk ? 1689), auteur de récits de voyages en Turquie, en Perse et aux Indes.

TAVERNY (95150), ch.-l. de c. du Val-d'Oise ; 25 191 h. *(Tabernaciens).* Église gothique du XIIIe s. Siège du commandement de la défense aérienne.

TAVIANI (Paolo et Vittorio), cinéastes italiens (San Miniato 1931 et 1929). Auteurs à la fois lyriques et rigoureux, privilégiant les thèmes sociohistoriques, les deux frères ont réalisé *Sous le signe du scorpion* (1969), *Allonsanfan* (1974), *Padre padrone* (1977), *Kaos* (1984), *Good Morning Babilonia* (1987), *Fiorile* (1993).

TAVOLIERE (le), plaine d'Italie, dans la Pouille.

TAVOY, port de Birmanie ; 102 000 h.

TAWFĪQ (Muḥammad) [Le Caire 1852 - Hélouân 1892], khédive d'Égypte (1879-1892), fils d'Ismā'īl Pacha. Il céda en 1881 au mouvement nationaliste d''Urābī Pacha, ce qui provoqua l'intervention des Britanniques (1882).

TAXCO DE ALARCÓN, v. du Mexique, au S.-O. de Mexico ; 27 000 h. Ville pittoresque, anc. centre minier. Église baroque S. Prisca (XVIIIe s.).

TAXILA, site archéologique du Pakistan, au nord-ouest de Rāwalpindī, sur la route de la soie. Vestiges du VIe s. av. J.-C. au XIe s. apr. J.-C.

TAY, fl. d'Écosse, aboutissant à la mer du Nord par un large estuaire *(Firth of Tay)* et dont le bassin constitue *la région du Tayside* (v. pr. *Dundee*) ; 193 km.

TAYGÈTE, montagne du sud du Péloponnèse (Grèce) ; 2 404 m.

TAYLOR (Brook), mathématicien anglais (Edmonton, Middlesex, 1685 - Londres 1731). Il est l'un des fondateurs du calcul des différences finies. Son nom est resté attaché à un développement en série d'une fonction.

TAYLOR (Elizabeth), actrice américaine d'origine britannique (Londres 1932). Débutant au cinéma à l'âge de dix ans, elle s'est imposée comme l'une des dernières grandes stars d'Hollywood (*Soudain l'été dernier,* de J. Mankiewicz, 1959 ; *Qui a peur de Virginia Woolf ?,* de M. Nichols, 1966).

TAYLOR (Frederick Winslow), ingénieur et économiste américain (Philadelphie 1856 - *id.* 1915). Promoteur de l'organisation scientifique du travail, il réalisa la première mesure pratique du temps d'exécution d'un travail et mit au point la composition des aciers à coupe rapide.

TAYLOR (Isidore, *baron*), écrivain et administrateur français (Bruxelles 1789 - Paris 1879), inspecteur des beaux-arts en 1838. Il a publié les *Voyages pittoresques et romantiques de l'ancienne France* (1820-1863), illustrés par de nombreux artistes et par lui-même.

TAYLOR (Paul), danseur et chorégraphe américain (Allegheny, Pennsylvanie, 1930). Formé aux techniques des « pionniers » (M. Graham, D. Humphrey), à celle de J. Limón et à celle de la danse classique, il est un des meilleurs représentants de l'avant-garde chorégraphique aux États-Unis (*Three Epitaphs,* 1960 ; *Aureole,* 1962 ; *Big Bertha,* 1971 ; *Noah's Minstrels,* 1973 ; *Mercuric Tidings,* 1982).

TAZA, v. du Maroc, ch.-l. de prov. entre le Rif et le Moyen Atlas, dans le *couloir de Taza ;* 77 000 h.

TAZIEFF (Haroun), géologue français (Varsovie 1914). Il s'est spécialisé dans la volcanologie et a réalisé de nombreux films documentaires sur des éruptions.

TAZOULT, anc. **Lambèse,** v. d'Algérie (wilaya de Batna), au nord de l'Aurès ; 9 000 h. Importantes ruines romaines.

TBESSA, anc. **Tébessa,** v. de l'est de l'Algérie, au nord des *monts de Tbessa,* ch.-l. de wilaya ; 67 000 h. Ruines romaines.

TBILISSI, anc. **Tiflis,** cap. de la Géorgie ; 1 260 000 h. Centre administratif, culturel et industriel. Cathédrale de Sion et basilique d'Antchiskhati, remontant au VIe s. Riches musées.

TCHAD, grand lac, peu profond et marécageux, de l'Afrique centrale, aux confins du Nigeria, du Niger, du Cameroun et du Tchad. Sa superficie varie entre 13 000 et 26 000 km².

TCHAD, État de l'Afrique centrale, à l'est du *lac Tchad ;* 1 284 000 km² ; 5 400 000 h. *(Tchadiens).* CAP. *N'Djamena.* LANGUES : *français* et *arabe.* MONNAIE : *franc C. F. A.*

GÉOGRAPHIE

Au nord, le Tchad (plus du double de la superficie de la France) s'étend sur le Sahara méridional, partiellement montagneux et volcanique (Tibesti), peu peuplé, domaine de l'élevage transhumant (bovin, ovin et caprin). Plus de la moitié de la population vit dans les vallées du Chari et du Logone (mil, arachide, coton). Le pays, enclavé, sans transports intérieurs, ruiné par la guerre civile, en conflit

latent avec la Libye voisine, est tributaire de l'aide internationale (France en tête).

HISTOIRE

Les origines et l'époque coloniale. Préhistoire : des populations de chasseurs et éleveurs, qui ont laissé des gravures rupestres, vivent dans la région. Ils en sont chassés après 7000 av. J.-C. par l'assèchement du climat. Fin du IXe s. apr. J.-C. - XIXe s. : le royaume du Kanem, bientôt islamisé, connaît au XVIe s. son apogée, avec pour centre le Bornou. Il vassalise les autres royaumes, notamm. celui, esclavagiste, du Baguirmi, apparu au XVIe s. Les Arabes, de plus en plus nombreux, s'implantent dans le pays. XIXe s. : le lac Tchad est le point de convergence des explorateurs européens. Les ambitions des pays occidentaux se heurtent à celles des négriers arabes (notamm. de Rabah) et l'emportent finalement : entre 1884 et 1899, les frontières du Tchad sont artificiellement fixées (accords franco-allemand et franco-britannique) ; entre 1895 et 1900, les missions françaises de Lamy, Foureau et Gentil éliminent les dernières résistances. 1920 : le Tchad devient colonie française. 1940 : avec son gouverneur, le Noir Félix Éboué, il se rallie à la France libre. 1958 : le Tchad devient république autonome, au sein de la Communauté.

L'État indépendant. 1960 : l'indépendance du Tchad est proclamée. 1962 : François Tombalbaye devient président de la République. 1968 : le Nord islamisé fait sécession, conduit par le Front de libération nationale du Tchad (Frolinat). 1969 : la France apporte son aide au gouvernement tchadien contre la rébellion soutenue par la Libye. 1975 : un coup d'État, au cours duquel Tombalbaye est assassiné, amène au pouvoir Félix Malloum, qui ne parvient pas à rétablir la situation. 1979 : Malloum doit se retirer. Une guerre civile touche tout le pays et particulièrement la capitale, N'Djamena. 1980 : après sa rupture avec Hissène Habré, avec qui il avait formé un gouvernement d'union nationale, Goukouni Oueddei, aidé par la Libye, devient président. 1981 : un accord de fusion est signé entre la Libye et le Tchad. La France se rapproche peu à peu de Goukouni Oueddei. 1982 : les forces de Hissène Habré occupent N'Djamena évacuée par la Libye. H. Habré devient président de la République. 1983 : la France reporte son aide sur Hissène Habré, alors que la Libye occupe les palmeraies du nord du pays. 1984 : les forces françaises se retirent en vertu d'un accord franco-libyen, que la Libye ne respecte pas. 1986 : la France met en place un dispositif de protection militaire du Tchad au sud du 16e parallèle. Une partie de l'opposition tchadienne se rallie au président, qui consolide sa position militaire face aux Libyens. 1987 : les troupes de H. Habré remportent d'importantes victoires sur les Libyens (reconquête de Faya-Largeau). 1988 : le Tchad et la Libye rétablissent leurs relations diplomatiques, mais la paix intérieure reste fragile. 1990 : H. Habré est renversé par Idriss Déby. 1994 : la bande d'Aozou, occupée par la Libye depuis 1973, est évacuée et rendue au Tchad.

TCHAÏKOVSKI (Petr Ilitch), compositeur russe (Votkinsk 1840 - Saint-Pétersbourg 1893). Il mena de front des activités de pédagogue au Conservatoire de Moscou, de chef d'orchestre et de compositeur. Son œuvre, nourrie d'art vocal italien et de romantisme allemand, se situe en marge du mouvement nationaliste du groupe des Cinq. Elle comprend des pièces pour piano, six symphonies dont la *Pathétique* (1893), des fantaisies-ouvertures *(Roméo et Juliette)*, des ballets (*le Lac des cygnes,* 1876 ; *la Belle au bois dormant,* 1890 ; *Casse-Noisette,* 1892), des concertos dont trois pour piano et des opéras *(Eugène Onéguine ; la Dame de pique)*.

Tchaïkovski
(par M. Seroff)

TCH'ANG-CHA → ***Changsha.***

TCHANG KAÏ-CHEK → ***Jiang Jieshi.***

TCH'ANG-TCHEOU → ***Changzhou.***

TCH'ANG-TCH'OUEN → ***Changchun.***

TCH'ANG-TÖ → ***Changde.***

TCHAN-KIANG → ***Zhanjiang.***

TCHAO MONG-FOU → ***Zhao Mengfu.***

TCHAO TSEU-YANG → ***Zhao Ziyang.***

TCHARDJOOU, v. du Turkménistan, sur l'Amou-Daria ; 161 000 h.

TCHEBOKSARY, v. de Russie, cap. de la Tchouvachie, sur la Volga ; 420 000 h.

TCHEBYCHEV (Pafnouti Lvovitch), mathématicien russe (Okatovo 1821 - Saint-Pétersbourg 1894). Fondateur d'une importante école mathématique, il s'intéressa aux problèmes d'approximation, aux fonctions elliptiques et à la théorie des nombres.

TCHÉCOSLOVAQUIE, en tchèque **Československo,** ancien État de l'Europe centrale, formé de la réunion de la *Bohême* et de la *Moravie* (qui constituent la République tchèque) et de la *Slovaquie.* CAP. *Prague.*

HISTOIRE

1918 : la République de Tchécoslovaquie, réunissant les Tchèques et les Slovaques de l'ancienne Autriche-Hongrie, est créée. 1919-20 : la Ruthénie subcarpatique lui est rattachée ; les traités de Saint-Germain et de Trianon fixent les frontières de l'État tchécoslovaque, présidé de 1918 à 1935 par T. Masaryk. 1935-1938 : E. Beneš est président de la République. 1938 : le pays doit accepter les décisions de la conférence de Munich et céder à l'Allemagne les Sudètes. 1939 : l'Allemagne occupe la Bohême-Moravie et y instaure son protectorat ; la Slovaquie forme un État séparé. 1940 : Beneš constitue à Londres un gouvernement en exil. 1943 : il signe un traité d'amitié avec l'U. R. S. S. 1945 : Prague est libérée par l'armée soviétique. L'U. R. S. S. se fait céder la Ruthénie subcarpatique. Beneš revient à la présidence de la République. 1946 : le communiste K. Gottwald devient président du Conseil. 1947 : l'U. R. S. S. oblige la Tchécoslovaquie à renoncer au plan Marshall. Févr. 1948 : les communistes s'emparent du pouvoir (« coup de Prague »). 1948-1953 : Gottwald préside à l'alignement sur l'U. R. S. S. Des procès (1952-1954) condamnent Slánský et les « nationalistes slovaques ». 1953-1957 : A. Novotný assume la direction du parti et A. Zápotocký celle de l'État. 1957-1968 : Novotný cumule l'une et l'autre. La fronde des intellectuels et le mécontentement slovaque se développent à partir de 1962-63. 1968 : lors du « printemps de Prague », le parti, dirigé par Dubček, tente de s'orienter vers un « socialisme à visage humain ». L'intervention soviétique, en août, met un terme au cours novateur. 1969 : la Tchécoslovaquie devient un État fédéral formé des Républiques tchèque et slovaque. Husák remplace Dubček à la tête du parti. C'est le début de la « normalisation ». 1975 : Husák succède à Svoboda à la présidence de la République. 1987 : Miloš Jakeš succède à Husák à la tête du parti. 1989 : d'importantes manifestations contre le régime (nov.) entraînent la démission des principaux dirigeants (M. Jakeš, G. Husák), l'abolition du rôle dirigeant du parti et la formation d'un gouvernement d'entente nationale, dirigé par Marian Čalfa, où les communistes sont minoritaires. Le dissident Václav Havel est élu à la présidence de la République. Le rideau de fer entre la Tchécoslovaquie et l'Autriche est démantelé. 1990 : le pays prend officiellement le nom de « République fédérative tchèque et slovaque ». Les premières élections libres (juin) sont remportées par les mouvements démocratiques (dont le Forum civique). 1991 : les troupes soviétiques achèvent leur retrait du pays. 1992 : V. Havel démissionne. Les autorités fédérales acceptent le processus de partition de la Tchécoslovaquie en deux États indépendants, négocié par le gouvernement tchèque de V. Klaus et le gouvernement slovaque de V. Mečiar. 1993 : la Tchécoslovaquie est divisée en deux États indépendants, la Slovaquie et la République tchèque (1er janv.).

Tcheka (abrév. des mots russes signifiant Commission extraordinaire), police chargée de combattre la contre-révolution et le sabotage en Russie soviétique (fin 1917-1922).

TCHEKHOV (Anton Pavlovitch), écrivain russe (Taganrog 1860 - Badenweiler, Allemagne, 1904). D'abord auteur de contes et de nouvelles *(la Salle nº 6, la Maison à mezzanine),* il se tourna vers le théâtre, où il entreprit de peindre l'enlisement de la vie dans les conventions de la société provinciale ou dans les vocations illusoires (*la Mouette**, 1896 ; *Oncle Vania,* 1897 ; *les Trois Sœurs,* 1901 ; *la Cerisaie,* 1904).

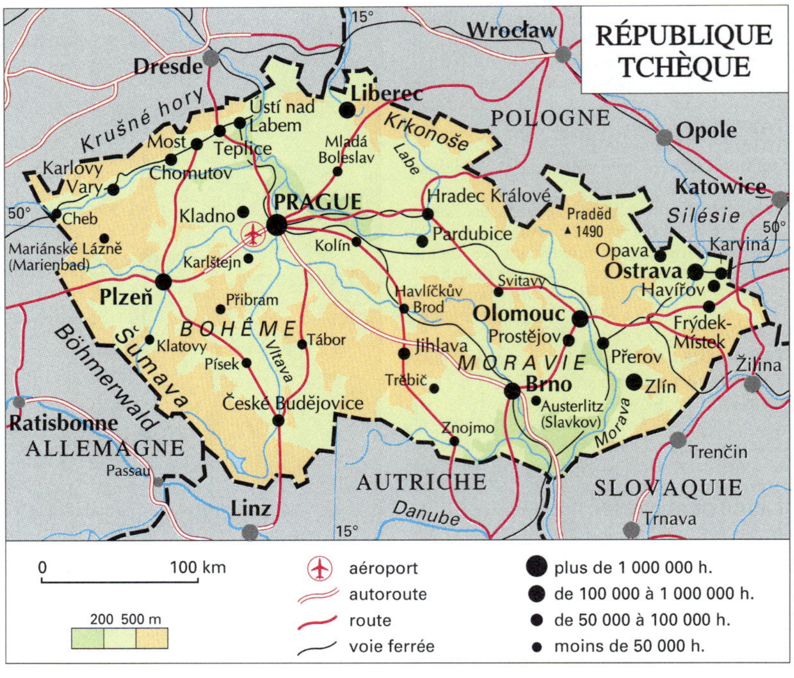

TCHELIABINSK, v. de Russie, dans l'Oural ; 1 143 000 h. Métallurgie.

TCHENG-TCHEOU → ***Zhengzhou.***

TCH'ENG-TOU → ***Chengdu.***

TCHEOU-K'EOU-TIEN → ***Zhoukoudian.***

TCHEOU NGEN-LAI → ***Zhou Enlai.***

TCHÈQUE *(République)*, en tchèque **Česká republika,** État de l'Europe centrale ; 79 000 km² ; 10 350 000 h. *(Tchèques).* CAP. *Prague.* LANGUE : *tchèque.* MONNAIE : *couronne tchèque.*

GÉOGRAPHIE

Le pays est constitué de la Bohême — quadrilatère de moyennes montagnes entourant la fertile plaine du Polabí, drainée par l'Elbe (Labe) et la Vltava — et de la Moravie, ouverte par la Morava et l'Odra supérieur. Il associe cultures (céréales, betterave à sucre), activités extractives (charbon surtout) et industries de transformation (chimie, verrerie, agroalimentaire). Celles-ci sont localisées en priorité dans les principales villes (Prague, Ostrava, Brno, Plzeň). Anciennement urbanisé, possédant une tradition commerciale et industrielle développée dès le XIXe s., le nouvel État, ethniquement homogène, est aujourd'hui proche géographiquement et économiquement de l'Allemagne, devenue le principal partenaire commercial et financier.

HISTOIRE

Les Tchèques, après avoir créé des États, la Bohême* et la Moravie*, sont dominés par les Habsbourg d'Autriche. En 1918, ils forment avec les Slovaques la République de Tchécoslovaquie. 1969 : après l'entrée en vigueur du statut fédéral de la Tchécoslovaquie, la République tchèque est dotée d'institutions propres. 1992 : V. Klaus, chef du gouvernement formé en juillet, prépare avec son homologue slovaque la partition de la Fédération tchèque et slovaque. 1993 : après la partition (1er janv.), Václav Havel est élu à la présidence de la République tchèque. 1996 : la République tchèque dépose une demande d'adhésion à l'Union européenne.

TCHÉRÉMISSES → ***Maris.***

TCHEREMKHOVO, v. de Russie, à l'ouest du lac Baïkal ; 99 000 h. Houille.

TCHERENKOV (Pavel Alekseïevitch), physicien soviétique (Tchigla, région de Voronej, 1904 - Moscou 1990). Il a découvert en 1934 l'émission de lumière par les particules chargées se déplaçant dans un milieu à une vitesse supérieure à celle qu'aurait la lumière dans ce milieu. (Prix Nobel 1958.)

TCHEREPOVETS, v. de Russie, à l'est de Saint-Pétersbourg ; 310 000 h. Centre industriel.

TCHERKASSY, v. d'Ukraine ; 290 000 h. Centre industriel.

TCHERKESSES ou **CIRCASSIENS,** peuple du Caucase septentrional, composé de trois groupes principaux, les Adyguéens, les Kabardes et les Tcherkesses proprement dits. Islamisés au XVIe s., les Tcherkesses ont lutté contre la pénétration russe jusqu'en 1859. La majeure partie d'entre eux émigra dans l'Empire ottoman.

TCHERNENKO (Konstantine Oustinovitch), homme politique soviétique (Bolchaïa Tes, gouvern. de l'Ienisseï, 1911 - Moscou 1985). Secrétaire général du P. C. U. S. et président du Praesidium du Soviet suprême en 1984-85.

TCHERNIGOV, v. d'Ukraine ; 296 000 h. Centre industriel. Églises des XIe-XIIIe s.

Tchekhov
(I. E. Bras - galerie Tretiakov, Moscou)

TCHERNIKHOVSKY (Saül), poète israélien (Mikhaïlovka, Ukraine, 1875 - Jérusalem 1943). Il réalise la synthèse des valeurs morales de la tradition juive et des principes esthétiques occidentaux *(Visions et mélodies, Cantiques du pays).*

TCHERNOBYL, v. d'Ukraine. Centrale nucléaire. En 1986, l'explosion d'un réacteur a provoqué une pollution radioactive, importante et étendue, de l'environnement.

TCHERNOVTSY, anc. en roum. **Cernăuţi,** v. d'Ukraine ; 257 000 h. Centre industriel.

TCHERNYCHEVSKI (Nikolaï Gavrilovitch), écrivain russe (Saratov 1828 - *id.* 1889). Concevant la littérature comme moyen d'action sociale, il écrivit son roman *Que faire ?* (1863) qui devint la bible de la jeunesse révolutionnaire russe.

TCHERRAPOUNDJI → ***Cherrapunji.***

TCHERSKI *(monts),* massif de la Sibérie orientale ; 3 147 m.

TCHÉTCHÈNES, peuple musulman du Caucase du Nord. Déportés en 1943-44, les Tchétchènes purent après 1957 regagner la *république autonome des Tchétchènes-Ingouches* (R.S.F.S. de Russie ; 980 000 h. Cap. *Groznyi*). En rébellion contre le pouvoir central, ils proclament en 1991 une république indépendante de Tchétchénie. Ils opposent une forte résistance à l'armée russe qui intervient, à partir de décembre 1994, pour réintégrer la Tchétchénie dans la Fédération de Russie.

TCHIATOURA, v. de Géorgie ; 25 000 h. Centre d'extraction du manganèse.

TCHICAYA U TAM'SI (Gérald), écrivain congolais (Mpili 1931 - Bazancourt, Oise, 1988). Poète exigeant et dramaturge acerbe, il a renouvelé l'écriture romanesque à travers ses romans *(les Cancrelats)* et ses nouvelles *(les Phalènes).*

TCHIMKENT, v. du Kazakhstan ; 393 000 h. Centre industriel.

TCHIRTCHIK, v. d'Ouzbékistan ; 153 000 h.

TCHISTIAKOVO → ***Torez.***

TCHITA, v. de Russie, à l'est du lac Baïkal ; 366 000 h. Centre industriel.

TCHITCHERINE (Gueorgui Vassilievitch), homme politique soviétique (Karaoul 1872 - Moscou 1936). Commissaire du peuple aux Affaires étrangères (1918-1930), il signa le traité de Rapallo (1922).

TCHOIBALSAN (Khorloguine), homme politique mongol (Tsetsenkhanski, auj. Vostotchni, 1895 - Moscou 1952). Commandant en chef de l'armée populaire (1924-1928), il fut Premier ministre et premier secrétaire du parti (1939-1952). Il instaura en Mongolie un régime stalinien.

TCHÖ-KIANG → ***Zhejiang.***

TCH'ONG-K'ING → ***Chongqing.***

TCHOUANG-TSEU → ***Zhuangzi.***

TCHOUDES *(lac des)* ou **LAC PEÏPOUS,** lac d'Estonie et de Russie qui se déverse par la Narva dans le golfe de Finlande ; 2 670 km².

TCHOU HI → ***Zhu Xi.***

TCHOU TÖ → ***Zhu De.***

TCHOUVACHES, peuple turc habitant principalement, sur la moyenne Volga, la *République de Tchouvachie* (Russie) [1 336 000 h. Cap. *Tcheboksary*].

TÉBESSA → ***Tbessa.***

TECH (le), fl. côtier des Pyrénées-Orientales, drainant le Vallespir ; 82 km.

TECTOSAGES, anc. peuple de la Gaule Narbonnaise.

TECUMSEH, chef indien (Old Piqua, Ohio, 1768 - région du lac Érié 1813). En 1812, il soutint les Anglais contre les Américains.

TEDDER (Arthur), maréchal britannique (Glenguin, Central, Écosse, 1890 - Banstead, près de Londres, 1967). Commandant l'aviation alliée en Tunisie et en Italie (1943), il fut l'adjoint d'Eisenhower dans le commandement des forces qui libérèrent l'Europe occidentale (1944-45).

TÉGÉE, anc. cité grecque d'Arcadie, soumise à Sparte v. 550 av. J.-C.

TEGETTHOFF (Wilhelm **von**), amiral autrichien (Maribor 1827 - Vienne 1871). Il battit près de Lissa la flotte italienne (1866).

TÉGLATH-PHALASAR, nom de trois rois d'Assyrie dont le plus notable est **Téglath-Phalasar III** (745-727 av. J.-C.). Il fit de l'Assyrie un empire fortement organisé. Vainqueur de l'Empire mède, de l'Ourartou, d'Israël et de Damas, il réprima la révolte de Babylone.

TEGNÉR (Esaias), poète suédois (Kyrkerud 1782 - près de Växjö 1846), auteur de poèmes patriotiques et de la populaire *Saga de Frithiof* (1820-1825).

TEGUCIGALPA, cap. du Honduras ; 533 000 h.

TÉHÉRAN, cap. de l'Iran (depuis 1788) ; 5 734 000 h. Centre administratif, commercial et industriel. Palais et jardin du Golestān (XVIIIe - XIXe s.) ; musées. Conférence (nov. 1943) entre Staline, Roosevelt et Churchill.

Vue de **Téhéran.**
(Au fond, la chaîne de l'Elbourz.)

TEHUANTEPEC, isthme du Mexique, large de 210 km, entre le golfe du Mexique et le Pacifique, traditionnelle limite entre l'Amérique du Nord et l'Amérique centrale.

TEIL (Le) [07400], comm. de l'Ardèche ; 8 074 h. Carrières de pierre à chaux. À Mélas, église des Xe(?)-XIIe s.

TEILHARD DE CHARDIN (Pierre), jésuite, théologien et paléontologue français (Sarcenat, Puy-de-Dôme, 1881 - New York 1955). Il a cherché à adapter le catholicisme au monde scientifique moderne, et a élaboré une conception originale de l'évolution, au terme de laquelle l'homme est censé atteindre un stade de spiritualité parfaite, nommé « point omega » *(le Phénomène humain,* 1955).

TEILLEUL (Le) [50640], ch.-l. de c. de la Manche ; 1 442 h.

TEISSERENC [tɛsrɛ̃k] **DE BORT** (Léon), météorologiste français (Paris 1855 - Cannes 1913), qui a développé les observations par ballons-sondes, permettant la découverte de la stratosphère.

TEISSIER (Georges), zoologiste français (Paris 1900 - Roscoff 1972). Il a promu la biométrie et dirigé le laboratoire maritime de Roscoff.

TEKAKWITHA (Catherine), jeune Iroquoise (Ossernenon, auj. Auriesville, État de New York, 1656 - Montréal 1680). Convertie à vingt ans, elle fit vœu de virginité. Elle a été béatifiée en 1980.

TÉKÉ ou **BATÉKÉ,** peuple du Congo parlant une langue bantoue.

TEL-AVIV-JAFFA, principale ville d'Israël, sur la Méditerranée ; 400 000 h. (1 200 000 h. dans l'agglomération). Centre administratif, culturel et industriel, Tel-Aviv a été la capitale de l'État d'Israël (jusqu'en 1980). Fondée en 1909, elle a été le centre du mouvement d'immigration juive en Palestine.

télécommunications *(Union internationale des)* [U. I. T.], institution spécialisée de l'O. N. U. depuis 1947, dont l'origine remonte à 1865, chargée d'établir la réglementation internationale des télécommunications. Siège : Genève.

TELEMANN (Georg Philipp), compositeur allemand (Magdebourg 1681 - Hambourg 1767).

Il réalise une synthèse de l'art musical européen, notamment par ses opéras, ses Passions, sa musique instrumentale (sonates, suites, concertos, ouvertures).

TÉLÉMAQUE. *Myth. gr.* Héros du cycle troyen, fils d'Ulysse et de Pénélope, dont l'éducation fut assurée par Mentor. Il aida son père contre les prétendants.

Télémaque *(les Aventures de),* ouvrage de Fénelon (1699), écrit pour l'éducation du duc de Bourgogne.

TELEMARK, région montagneuse du sud de la Norvège.

TELL (le), ensemble des régions humides d'Afrique du Nord, dominant les plaines littorales.

TELL (Guillaume) → ***Guillaume Tell.***

TELLIER (Charles), ingénieur français (Amiens 1828 - Paris 1913). Spécialiste de l'étude et de l'utilisation du froid industriel, il fut également l'un des premiers à s'intéresser à l'emploi thérapeutique de l'oxygène.

TELLO, nom actuel des ruines de la ville sumérienne de Girsou*.

Tel quel, revue littéraire (1960-1982) animée par Philippe Sollers.

TELUK BETUNG → ***Tanjung Karang-Teluk Betung.***

TEMA, port et centre industriel du Ghana ; 61 000 h.

TEMESVÁR → ***Timişoara.***

TEMIN (Howard Martin), biochimiste américain (Philadelphie 1934 - Madison 1994). Il a reçu en 1975 le prix Nobel de physiologie et de médecine, avec D. Baltimore et R. Dulbecco, pour sa découverte de l'enzyme transcriptase inverse, fondamentale pour la compréhension des mécanismes de reproduction des rétrovirus (V.I.H. notamm.) et de cancérisation de certaines cellules.

TEMIRTAOU, v. du Kazakhstan ; 212 000 h. Métallurgie.

TÉMISCAMINGUE *(lac),* lac du Canada, aux confins de l'Ontario et du Québec ; 310 km².

TEMNÉ ou **TIMNÉ,** peuple de la Sierra Leone.

TEMPELHOF, agglomération du sud de Berlin. Aéroport.

Tempête (la), comédie-féerie de Shakespeare, en vers mêlés de prose (1611-12).

Tempête (la), ou **l'Orage,** un des chefs-d'œuvre de Giorgione (v. 1507), petite toile à l'accent préromantique (Accademia, Venise).

La Tempête (ou *l'Orage*), peinture de Giorgione. (Accademia, Venise.)

Temple (le), anc. monastère fortifié des Templiers, à Paris, construit au XIIIe s., rasé en 1808. L'enclos jouissait du droit d'asile. Louis XVI et sa famille y furent emprisonnés pendant la Révolution. Pichegru, Moreau, Cadoudal y furent aussi captifs.

TEMPLE (*sir* William), diplomate et écrivain anglais (Londres 1628 - près de Farnham 1699). Ambassadeur à La Haye (1668-1671, 1674-1679), il négocia notamment la Triple-Alliance avec les Provinces-Unies et la Suède (1668), et le mariage de Marie II Stuart avec Guillaume III d'Orange (1677). Ses essais politiques font de lui un maître de la prose anglaise.

TEMPLEUVE (59242), comm. du Nord ; 5 379 h.

Templiers ou **Chevaliers du Temple,** ordre militaire et religieux fondé à Jérusalem en 1119, et dont les membres se distinguèrent particulièrement en Palestine. Ils acquirent d'importantes richesses et devinrent les banquiers de la papauté et de nombreux princes. Philippe le Bel, désirant s'emparer de leurs biens et détruire leur puissance, fit arrêter en 1307 cent trente-huit templiers. À la suite d'un long procès (1307-1314), il fit périr sur le bûcher un grand nombre d'entre eux ainsi que leur grand maître, Jacques de Molay. Dès 1312, le pape Clément V avait, à l'instigation du roi de France, supprimé l'ordre.

Temps (le), quotidien de tendance libérale fondé à Paris en 1861, qui eut une grande influence sous la IIIe République. Il cessa de paraître en 1942. Sa formule fut reprise par *le Monde.*

Temps modernes (les), revue mensuelle, politique et littéraire, fondée en 1945 par Jean-Paul Sartre.

TEMSE, comm. de Belgique (Flandre-Orientale) ; 23 839 h.

TEMUCO, v. du Chili ; 240 880 h.

TÉNARE *(cap),* anc. nom du cap Matapan.

TENASSERIM (le), partie méridionale de la Birmanie.

TENCE (43190), ch.-l. de c. de la Haute-Loire ; 2 824 h.

TENCIN (Pierre **Guérin de**), archevêque de Lyon et homme d'État français (Grenoble 1679 - Lyon 1758). Adversaire des jansénistes, il obtint la condamnation de Soanen au concile d'Embrun (1727). Nommé cardinal en 1739, il devint ministre d'État (1742-1751) grâce à Fleury. — Sa sœur **Claudine Alexandrine Guérin,** *marquise* **de Tencin** (Grenoble 1682 - Paris 1749), tint un salon célèbre et fut la mère de d'Alembert.

TENDE (06430), ch.-l. de c. des Alpes-Maritimes, au sud du *col de Tende ;* 2 123 h. Cédé par l'Italie à la France en 1947 à la suite d'un référendum. Église des XVe-XVIe s. — Le *col de Tende* est à 1 871 m d'alt. ; un tunnel, emprunté par la route de Nice à Turin, s'ouvre à 1 279 m d'alt.

TÈNE (La), village suisse, à l'extrémité orientale du lac de Neuchâtel (Suisse), devenu site éponyme du second âge du fer (450 av. J.-C. - début de notre ère). Riche nécropole au mobilier funéraire abondant.

TÉNÉRÉ (le), région du Sahara nigérien.

TENERIFE ou **TÉNÉRIFFE,** la plus grande des îles Canaries ; 1 919 km² ; 500 000 h. Ch.-l. *Santa Cruz de Tenerife.* Vignobles. Orangers. Bananiers. Tourisme.

TENG SIAO-P'ING → ***Deng Xiaoping.***

TENIENTE (El), centre minier (cuivre) du Chili central.

TENIERS, famille de peintres flamands dont le plus célèbre est **David II,** dit **le Jeune** (Anvers 1610 - Bruxelles 1690). Fécond, raffiné, il excelle notamment dans la scène de genre populaire.

TENNESSEE (le), riv. de l'est des États-Unis, affl. de l'Ohio (r. g.) ; 1 600 km. Son bassin a été mis en valeur par la Tennessee Valley Authority (TVA) : équipement hydroélectrique, irrigation, lutte contre l'érosion, développement industriel, etc.

TENNESSEE, un des États unis d'Amérique (Centre-Sud-Est), drainé par le *Tennessee ;* 4 877 185 h. Cap. *Nashville.* V. pr. *Memphis.*

TENNYSON (Alfred, *lord*), poète britannique (Somersby 1809 - Aldworth 1892). Auteur des *Idylles du roi* (1859-1885), d'*Enoch Arden* (1864), il est le poète aristocratique et national de l'ère victorienne.

TENOCHTITLÁN, cap. des Aztèques, fondée en 1325, prise par les Espagnols de Cortés en 1521. Mexico est située à son emplacement.

TÊNOS → ***Tínos.***

TENSIFT *(oued),* fl. du Maroc, qui rejoint l'Atlantique ; 260 km.

TENZIN GYATSO, quatorzième dalaï-lama du Tibet (Taktser, prov. du Qinghai, 1935). Intronisé en 1940, il exerce son pouvoir à titre personnel à partir de 1950. Il s'exile en Inde en 1959. (Prix Nobel de la paix 1989.)

TEOTIHUACÁN, localité du Mexique, au nord-est de Mexico, à l'emplacement d'une métropole religieuse précolombienne fondée au IVe s. av. notre ère et dont l'apogée se situe à l'époque classique (250 - 650 apr. J.-C.); grandes pyramides, temples et palais de cette période.

TEPIC, v. du Mexique, à proximité du Pacifique ; 238 101 h.

TEPLICE, v. de la République tchèque (Bohême) ; 53 039 h. Station thermale.

TERAMO, v. d'Italie (Abruzzes), ch.-l. de prov. ; 51 432 h. Cathédrale des XIIe et XIVe s.

TERAUCHI HISAICHI, maréchal japonais (Tōkyō 1879 - Saigon 1946). Il commanda les armées japonaises en Chine, puis dans le Pacifique (1942-1945). Il capitula à Saigon (1945).

TERBORCH ou **TER BORCH** (Gerard), peintre néerlandais (Zwolle 1617 - Deventer 1681), portraitiste puis auteur de scènes d'intimité bourgeoise d'une poésie raffinée (*les Soins maternels,* Mauritshuis, La Haye).

TERBRUGGHEN ou **TER BRUGGHEN** (Hendrik), peintre néerlandais (Deventer 1588 - Utrecht 1629). Installé à Utrecht après avoir travaillé en Italie, c'est un caravagesque adepte de la « manière claire » (*le Duo,* Louvre).

TERCEIRA, île des Açores. Ch.-l. *Angra do Heroísmo.* Base aérienne américaine.

Tercio (le), nom de la Légion étrangère de l'armée espagnole, créée en 1920.

TERECHKOVA (Valentina Vladimirovna), cosmonaute russe (Maslennikovo, près de Iaroslavl, 1937). Première femme lancée dans l'espace, elle a effectué 48 révolutions autour de la Terre (16-19 juin 1963).

TÉRENCE, en lat. **Publius Terentius Afer,** poète comique latin (Carthage v. 190-159 av. J.-C.). Esclave affranchi, membre du cercle de Scipion Émilien, il composa six comédies *(l'Andrienne, l'Eunuque, l'Hécyre, l'Heautontimoroumenos, Phormion, les Adelphes)* imitées des auteurs grecs et basées sur l'analyse psychologique. Il devint un modèle pour les classiques français, notamment pour Molière.

TERESA (Agnes Gonxha **Bajaxhiu**, dite **Mère**), religieuse indienne d'origine albanaise (Usküb, auj. Skopje, 1910). Son action en faveur des déshérités lui a valu le prix Nobel de la paix (1979).

TERESINA, v. du Brésil, cap. de l'État de Piauí, sur le Parnaíba ; 598 449 h.

Teotihuacán : partie centrale du site avec la place de la Lune (au premier plan), prolongée par l'allée des Morts ; à gauche, la pyramide du Soleil. Époque classique, 250-650 apr. J.-C.

TERGNIER (02700), ch.-l. de c. de l'Aisne, sur le canal de Saint-Quentin ; 11 798 h. Centre ferroviaire. Métallurgie.

TERMIER (Pierre), géologue français (Lyon 1859 - Grenoble 1930). Il a étudié les mouvements tangentiels dans les Alpes et publié *À la gloire de la Terre* (1922).

TERMINI IMERESE, port d'Italie (Sicile) ; 26 327 h. Station balnéaire et thermale.

TERMONDE → ***Dendermonde.***

TERNAUX (*baron* Guillaume), manufacturier français (Sedan 1763 - Saint-Ouen 1833). Il fonda en France de très grandes manufactures de textiles.

TERNEUZEN, port des Pays-Bas (Zélande), sur l'estuaire de l'Escaut occidental, à la tête du *canal Terneuzen-Gand ;* 35 065 h.

TERNI, v. d'Italie (Ombrie), ch.-l. de prov. ; 107 333 h. Métallurgie.

TERNOPOL, v. d'Ukraine ; 205 000 h.

TERPANDRE, poète et musicien grec (né à Antissa, Lesbos, v. 710 av. J.-C.). On lui attribue la fondation de l'école citharédique de Sparte et des inventions musicales (lyre à 7 cordes).

TERPSICHORE [-kɔr], muse de la Danse et du Chant choral. Son attribut est la lyre.

TERRASSON-LA-VILLEDIEU (24120), ch.-l. de c. de la Dordogne ; 6 051 h. Constructions mécaniques. Vestiges médiévaux.

TERRAY (Joseph Marie), ecclésiastique et homme d'État français (Boën 1715 - Paris 1778). Contrôleur général des Finances de 1769 à 1774, il forma avec Maupeou et d'Aiguillon un « triumvirat » qui se rendit impopulaire par ses mesures fiscales.

Terre (la), film soviétique d'A. Dovjenko (1930), l'un des chefs-d'œuvre lyriques du cinéma muet, célébrant la fécondité de la nature, le renouvellement des saisons, l'humanité réconciliée.

TERREBONNE, v. du Canada (Québec), banlieue de Montréal ; 39 014 h.

TERRE DE FEU, en esp. **Tierra del Fuego**, anc. **archipel de Magellan**, groupe d'îles au sud de l'Amérique méridionale (Argentine et Chili), séparées du continent par le détroit de Magellan. On réserve parfois le nom de *Terre de Feu* à la principale île de l'archipel.

TERRE-NEUVE, en angl. **Newfoundland**, grande île d'Amérique (112 299 km² ; hab. *Terre-Neuviens*), située à l'embouchure du Saint-Laurent, qui constitue, avec le nord-est du Labrador, une des provinces du Canada ; 406 000 km² ; 568 474 h. Cap. *Saint John's (Saint-Jean).* La province, au climat rude, vit surtout de l'exploitation de la forêt et de la pêche (sur les *bancs de Terre-Neuve,* notamment) ; le sous-sol recèle de grands gisements de fer, aux confins du Québec.

HISTOIRE

Découverte en 1497 par Jean Cabot, l'île fut disputée dès le XVIe s. entre colons français et anglais. Elle fut cédée à la Grande-Bretagne par le traité d'Utrecht (1713), mais la France conserva le monopole de la pêche sur la côte nord jusqu'en 1904. Terre-Neuve constitua un dominion à partir de 1917 et se vit rattacher la côte nord-est du Labrador en 1927. Elle est devenue la dixième province du Canada en 1949.

Terreur (la) [1792 et 1793-94], nom donné à deux périodes de la Révolution française. La *première Terreur* (10 août - 20 sept. 1792) eut pour cause l'invasion prussienne et se manifesta par l'arrestation du roi et les massacres de Septembre. La *seconde Terreur* (5 sept. 1793 - 28 juill. 1794) provoqua l'élimination des Girondins et le passage devant le Tribunal révolutionnaire de nombreux suspects, dont beaucoup furent guillotinés ; elle connut sa plus grande flambée lorsque Robespierre, en fait maître de la Convention (avr.-juill. 1794), imposa un régime d'exception.

Terreur blanche (la) [1815], nom donné aux persécutions et massacres commis à l'égard des bonapartistes, des républicains et des protestants par les royalistes du midi de la France durant l'été qui suivit la seconde abdication de Napoléon Ier.

Tertry *(bataille de)* [v. 687], victoire de Pépin de Herstal sur Thierry III, roi de Neustrie, à Tertry, dans la Somme. Cette victoire lui assura la domination sur la Neustrie.

TERTULLIEN, apologiste chrétien, le premier des écrivains chrétiens de langue latine (Carthage v. 155 - *id.* v. 222). Païen converti, il exerça en Afrique du Nord un véritable magistère doctrinal. Auteur de *l'Apologétique* et du *Contre Marcion,* son ascétisme le fit dévier vers l'hérésie montaniste. Il a eu une grande influence sur la formation de la langue théologique latine.

TERUEL, v. d'Espagne (Aragon), ch.-l. de prov. ; 28 487 h. Églises aux tours mudéjares des XIIe-XIIIe s. Cathédrale gothico-mudéjare reconstruite à la Renaissance. Combats pendant la guerre civile, de 1936 à 1938.

TERVILLE (57180), comm. de la Moselle ; 6 313 h.

TERVUREN, comm. de Belgique (Brabant flamand) ; 19 488 h. Musée royal de l'Afrique centrale, en bordure du parc de l'anc. domaine des ducs de Brabant.

TESLA (Nikola), physicien américain d'origine yougoslave (Smiljan 1856 - New York 1943). Il imagina les courants polyphasés et inventa le couplage de deux circuits oscillants par induction mutuelle.

TESSAI, peintre japonais (Kyōto 1836 - *id.* 1924). Inspiré par les textes anciens, ce lettré, qui n'ignore pas l'art occidental, renouvelle l'art pictural japonais de son temps.

TESSIER (Gaston), syndicaliste français (Paris 1887 - *id.* 1960), premier secrétaire général (1919-1948) puis président (1948-1953) de la C. F. T. C., et président de la Confédération internationale des syndicats chrétiens à partir de 1947. — Son fils **Jacques** (Paris 1914) fut secrétaire général (1964), puis président (1970-1981) de la C. F. T. C., après la scission de la C. F. D. T.

TESSIN (le), en ital. **Ticino**, riv. de Suisse et d'Italie, qui traverse le lac Majeur, passe à Pavie et se jette dans le Pô (r. g.) ; 248 km. Hannibal battit P. Cornelius Scipio sur ses bords (218 av. J.-C.).

TESSIN, cant. de Suisse, sur le versant méridional des Alpes ; 2 811 km² ; 282 181 h. *(Tessinois).* Ch.-l. *Bellinzona.* Tourisme (lac Majeur). C'est en 1803 que le canton du Tessin fut formé par l'union des cantons de Bellinzona et de Lugano.

TESSIN (Nicodemus), dit **le Jeune**, architecte suédois (Nyköping 1654 - Stockholm 1728). Il acheva la décoration du château de Drottningholm, près de Stockholm (entrepris en 1662 par son père, Nicodemus l'Ancien), et construisit à partir de 1697 le château royal de la capitale suédoise, synthèse des styles italien et français.

TESSY-SUR-VIRE (50420), ch.-l. de c. de la Manche ; 1 476 h.

Test Act (1673), loi votée par le Parlement anglais, imposant à tout candidat à un office public l'appartenance à la foi anglicane. Elle fut abrogée en 1828-29.

Testament (le), poème de Villon (1461), composé de legs burlesques que l'auteur fait à ses amis et à ses ennemis, de méditations lyriques et de ballades *(Ballades des dames du temps jadis, Ballade à sa mère pour prier Notre-Dame),* dont l'inspiration est dominée par l'angoisse de la mort.

TESTE-DE-BUCH (La) [33260], ch.-l. de c. de la Gironde, sur le bassin d'Arcachon ; 21 244 h. Station balnéaire. Ostréiculture.

TÊT [tɛt] (la), fl. côtier des Pyrénées-Orientales, tributaire de la Méditerranée ; 120 km. Il passe à Prades et à Perpignan.

Tête d'or, drame de P. Claudel (1890 ; version définitive, 1901). Le conquérant qui s'aventure « au-delà du bien et du mal » découvre la vanité de l'orgueil et du pouvoir.

TÉTEGHEM (59229), comm. du Nord ; 5 861 h.

TÉTHYS, déesse grecque de la Mer.

TÉTHYS (la), mer séparant le Gondwana de la Laurasie à partir du mésozoïque et pendant la majeure partie du cénozoïque.

TÉTOUAN, v. du Maroc, anc. cap. de la zone espagnole, près de la Méditerranée ; 365 000 h.

Tétralogie (la), titre sous lequel est communément désigné le cycle d'opéras de Richard Wagner, *l'Anneau du Nibelung,* qui groupe *l'Or du Rhin, la Walkyrie, Siegfried* et *le Crépuscule des dieux,* sur des livrets de Wagner lui-même, inspirés d'une vieille épopée germanique. L'ensemble, créé dans son intégralité à Bayreuth en 1876, est articulé sur un jeu de figures musicales *(leitmotive),* liées aux personnages, et sur le rôle initiatique de l'orchestre.

TETZEL (Johannes), dominicain allemand (Pirna v. 1465 - Leipzig 1519). Les excès de sa prédication sur les indulgences sont à l'origine des 95 thèses de Luther (1517), d'où sortit la Réforme.

TEUTATÈS ou **TOUTATIS**, dieu celte de la tribu, et dieu de la Guerre.

Teutonique *(ordre),* ordre hospitalier puis ordre militaire (1198), fondé en Terre sainte et recrutant des membres dans l'aristocratie allemande. Ayant absorbé en 1237 les chevaliers Porte-Glaive, l'ordre propagea la culture germanique en Prusse et se constitua un vaste État, dont la capitale fut Marienburg (XIVe s.). Sa puissance fut brisée par les Polonais à Grunwald (1410). Après le traité de Toruń (1466), l'ordre ne conserva plus que la Prusse-Orientale, sous suzeraineté polonaise. Il fut sécularisé en 1525 par son grand maître Albert de Brandebourg.

TEUTONS, peuple de Germanie, qui envahit la Gaule avec les Cimbres et fut vaincu par Marius près d'Aix-en-Provence (102 av. J.-C.).

TEWKESBURY, v. de Grande-Bretagne (Gloucestershire) ; 9 000 h. Église romane et gothique, anc. abbatiale. Édouard IV d'York y triompha des lancastriens, conduits par la reine Marguerite (3 mai 1471).

TEXAS, le plus vaste (en dehors de l'Alaska) des États unis d'Amérique ; 690 000 km² ; 16 986 510 h. *(Texans).* Cap. *Austin.* V. pr. *Houston, Dallas.* Grands gisements de pétrole et de gaz naturel. Possession espagnole puis mexicaine (1821), le Texas devint une république indépendante de fait en 1836. Il fut incorporé aux États-Unis en 1845.

TEXEL, île néerlandaise de la mer du Nord.

TEYJAT (24300), comm. de la Dordogne ; 310 h. La grotte de la Mairie possède de remarquables gravures pariétales (magdalénien).

TEZCATLIPOCA, divinité guerrière précolombienne arrivée dans le Mexique central avec les Toltèques et dont l'animal emblématique était le jaguar.

TF 1 (Télévision Française 1), chaîne de télévision française. Héritière de la première chaîne, constituée en société nationale de programmes (1974), elle a été privatisée en 1987.

THABOR ou **TABOR** *(mont),* montagne de l'État d'Israël, à l'ouest du Jourdain et du lac de Tibériade ; 588 m.

THABOR *(mont),* sommet des Alpes françaises, au sud-ouest de Modane (Savoie) ; 3 181 m.

THACKERAY (William Makepeace), écrivain britannique (Calcutta 1811 - Londres 1863), journaliste et caricaturiste, auteur d'essais et de romans qui font la satire des hypocrisies et des ridicules de la société britannique (*la Foire aux vanités,* 1847-48).

THAÏLANDE, en thaï **Muang Thaï**, anc. **Siam**, État de l'Asie du Sud-Est ; 514 000 km² ; 58 800 000 h. *(Thaïlandais).* CAP. *Bangkok.* LANGUE : *thaï.* MONNAIE : *baht.*

GÉOGRAPHIE

Les Thaïs, qui représentent 80 % de la population totale, vivent dans la plaine centrale (drainée par la Chao Phraya), partie vitale du pays, domaine de la culture intensive du riz et site des grandes villes parmi lesquelles émerge Bangkok. Le Nord et l'Ouest, montagneux, fournissent du bois de teck, tandis que des plantations d'hévéas et des mines d'étain sont situées au sud de l'isthme de Kra. La pêche est active. Le secteur industriel s'est développé (agroalimentaire, textile, montage automobile). Le tourisme a progressé et la croissance économique a été notable. Mais la balance commerciale reste déficitaire et la dette extérieure s'est accrue.

HISTOIRE

Des royaumes thaïs à la monarchie Chakri. VIIe s. : le royaume de Dvāravatī, peuplé de Môn et de culture bouddhique, se développe. XIe-XIIe s. : les Khmers conquièrent la région. XIIIe s. : les Thaïs, connus sous le nom de Syām (Siamois), fondent les royaumes de Sukhothai et de Lan Na (cap. Chiangmai). V. 1350 : ils créent le royaume d'Ayuthia. V. 1438 : celui-ci annexe Sukhothai. 1592 : le pays qu'avaient occupé les Birmans est libéré. XVIe-XVIIe s. : il

entretient des relations avec l'Occident, notamm. avec la France de Louis XIV. 1767 : les Birmans mettent à sac Ayuthia. 1782 : Rāma Ier est couronné à Bangkok, la nouvelle capitale, et fonde la dynastie Chakri. 1782-1851 : Rāma Ier, II, III dominent en partie le Cambodge, le Laos et la Malaisie. 1893-1909 : la Thaïlande doit reculer ses frontières au profit de l'Indochine française et de la Malaisie.
La Thaïlande contemporaine. 1932 : un coup d'État aboutit à la création d'un système dominé par les auteurs du putsch. 1938 : le maréchal Pibul Songgram prend le pouvoir. 1941-1944 : il s'allie au Japon. 1948 : il revient au pouvoir. 1950 : Bhumibol Adulyadej est couronné roi sous le nom de Rāma IX. 1957-1973 : le pouvoir demeure dominé par les militaires, Sarit Thanarat (1957-1963) puis Thanom Kittikachorn (1963-1973). La guérilla communiste se développe à partir de 1962. 1976 : l'armée reprend le pouvoir. 1979 : après l'invasion du Cambodge par le Viêt Nam, des réfugiés affluent. 1980 : le général Prem Tinsulanond devient Premier ministre. 1988 : Chatichai Choonhavan, chef du parti Chart Thaï, lui succède. 1991 : il est renversé par un coup d'État militaire. 1992 : de nombreuses manifestations d'opposition au régime sont violemment réprimées ; elles sont cependant suivies par une révision constitutionnelle qui réduit le rôle des militaires dans la vie politique. À l'issue des élections législatives, le leader du parti démocrate, Chuan Leekpai, est nommé Premier ministre. 1995 : le Chart Thaï remporte les élections ; son leader, Banharn Silpaarcha, devient Premier ministre.

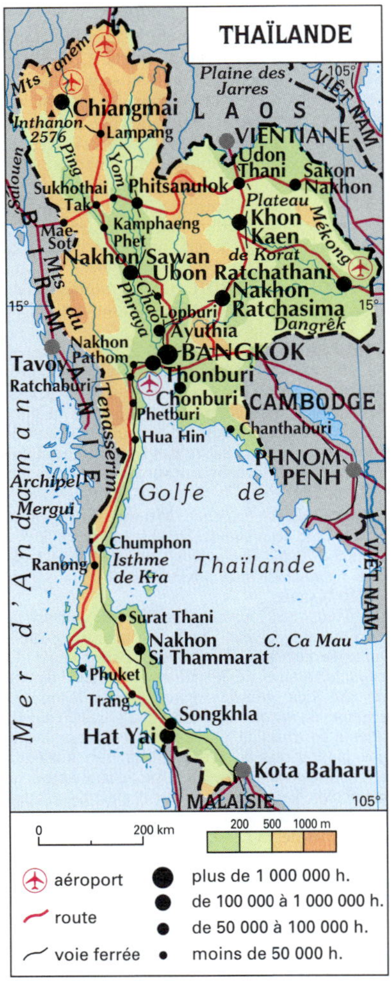

THAÏLANDE *(golfe de),* anc. **golfe du** ou **de Siam,** golfe de l'Asie du Sud-Est bordant notamment la Thaïlande.
THAÏS, groupe de peuples de l'Asie du Sud-Est : Chine du Sud, Viêt Nam, Laos, Thaïlande et Birmanie.
THAÏS, courtisane grecque du IVe s. av. J.-C., amie de Ménandre, d'Alexandre, puis de Ptolémée Ier.
THAÏS *(sainte),* courtisane égyptienne repentie (IVe s.). Selon *la Légende dorée,* elle aurait été convertie par un anachorète. Sa légende a inspiré A. France.
Thaïs, comédie lyrique en 3 actes de Jules Massenet sur un livret de L. Gallet d'après Anatole France (1894).
THALÈS, mathématicien et philosophe grec de l'école ionienne (Milet v. 625 av. J.-C. - v. 547 av. J.-C.). Il aurait rapporté d'Égypte et de Babylone les éléments de la géométrie et de l'algèbre. On lui attribue la première mesure exacte du temps à l'aide du *gnomon,* et certaines connaissances sur les rapports des angles avec les triangles auxquels ils appartiennent.
THALIE, muse de la Comédie.
THALWIL, v. de Suisse (cant. de Zurich) ; 15 647 h.
THAMES → ***Tamise.***
THĀNA, v. de l'Inde (Mahārāshtra) ; 389 000 h.
THANJĀVŪR ou **TANJORE,** v. de l'Inde (Tamil Nadu) ; 200 216 h. Monuments anciens, dont le grandiose sanctuaire sivaïte de Brihadīśvara élevé vers l'an 1000 et comportant un vimana de 13 étages (musée). Elle connut son apogée sous le roi Rājarāja Ier (985-1014) de la dynastie Cola qui en fit sa capitale.
THANN (68800), ch.-l. d'arr. du Haut-Rhin, sur la Thur ; 7 783 h. *(Thannois).* Industries mécaniques, textiles et chimiques. Belle collégiale des XIVe-XVIe s.
THANT (Sithu **U**), homme politique birman (Pantanaw 1909 - New York 1974), secrétaire général de l'O. N. U. de 1961 à 1971.
THAON DI REVEL (Paolo), amiral italien (Turin 1859 - Rome 1948). Commandant les forces navales alliées dans l'Adriatique (1917-18), il fut le ministre de la Marine de Mussolini.
THAON-LES-VOSGES [tɑ̃-] (88150), comm. des Vosges ; 7 667 h. Constructions mécaniques.
Thapsus *(bataille de)* [46 av. J.-C.], victoire décisive de J. César sur les partisans de Pompée, en Afrique proconsulaire.
THAR *(désert de),* région aride du Pakistan et de l'Inde, entre l'Indus et les monts Arāvalli.
THÁSSOS, île grecque du nord de la mer Égée. Nombreux vestiges antiques.
THATCHER (Margaret), femme politique britannique (Grantham 1925). Avocate, député conservateur de Finchley (1959), elle succède à E. Heath à la tête du parti conservateur (1975-1990). À la suite des élections de 1979, qui assurent la majorité à son parti, elle devient Premier ministre et met en place une politique de rigueur et d'austérité. Elle s'oppose avec succès à la tentative d'invasion des Falkland par l'Argentine. Réélue en 1983 et 1987, elle est le premier chef du gouvernement britannique, depuis 1945, à obtenir un troisième mandat. Elle démissionne en 1990.
THAU *(étang de),* lagune de l'Hérault, communiquant avec la mer par le canal de Sète ; 7 400 ha. Bassin industriel du port de Sète.
Théâtre-Libre, théâtre créé en 1887 par André Antoine, afin de rénover le spectacle par une mise en scène réaliste et par l'interprétation de jeunes auteurs naturalistes (Zola, Curel, Brieux) et de dramaturges étrangers (Ibsen, Strindberg). En 1897, il prit le nom de **Théâtre-Antoine.**
Théâtre national populaire (T. N. P.), théâtre subventionné, fondé par l'État en 1920 à l'instigation de Firmin Gémier, qui en fut le premier directeur. Installé au Trocadéro, puis au palais de Chaillot, le T. N. P. a connu une large audience sous la direction de Jean Vilar (1951-1963), puis sous celle de G. Wilson (jusqu'en 1972). Depuis 1972, son siège est à Villeurbanne.
THÉBAÏDE, partie méridionale de l'Égypte ancienne, qui avait Thèbes pour capitale. Elle fut aux premiers siècles chrétiens un centre important du monachisme.
THÈBES, v. de l'Égypte ancienne. Des princes thébains réunifièrent l'Égypte et fondèrent la XIe dynastie, au XXIIe s. av. J.-C. De même les princes thébains de la XVIIIe dynastie chassèrent les Hyksos (v. 1580). Au Nouvel Empire, Thèbes fut la capitale de l'Égypte et une grande métropole religieuse grâce au puissant clergé du dieu Amon. Elle fut détruite en 663 av. J.-C. lors de l'invasion assyrienne. Il reste d'elle les sanctuaires de Louqsor et de Karnak. En face se trouve l'immense nécropole de la rive occidentale (temples funéraires de Deir el-Bahari, hypogées de la Vallée des Rois, des Reines, des Nobles, etc.).
THÈBES, en gr. **Thívai,** v. de Grèce, en Béotie ; 18 191 h. La légende en a fait le théâtre du cycle d'Œdipe. Grâce à Épaminondas et à Pélopidas, elle eut un moment l'hégémonie sur les cités grecques (371-362 av. J.-C.). Alexandre la détruisit en 336 av. J.-C.
THEIL (Le) [61260], ch.-l. de c. de l'Orne ; 1 847 h.
Thélème *(abbaye de),* communauté laïque imaginée par Rabelais dans *Gargantua,* contre-pied exact de l'institution monacale et dont la règle est « Fais ce que voudras ».
THÉMINES (Pons **de Lauzières,** *marquis* **de**), maréchal de France (v. 1552 - Auray 1627). Il servit Henri IV puis fut créé maréchal de France après avoir arrêté Henri II de Condé (1616).
THÉMIS, déesse grecque de la Justice. Ses attributs sont le glaive et la balance.
THÉMISTOCLE, général et homme d'État athénien (Athènes v. 528 - Magnésie du Méandre v. 462 av. J.-C.). Il fit d'Athènes la grande puissance navale du monde hellénique, aménageant Le Pirée et réorganisant la flotte athénienne. Par la victoire de Salamine (480), il délivra la Grèce du péril perse *(guerres médiques).* En butte à la malveillance de ses adversaires politiques et aux intrigues de Sparte, il fut banni, à l'instigation de Cimon (partisan d'un partage de l'hégémonie sur la Grèce entre Sparte et Athènes), et se réfugia auprès d'Artaxerxès Ier.
THENARD (Louis Jacques, *baron*), chimiste français (La Louptière 1777 - Paris 1857). Collaborateur de Gay-Lussac, il découvrit l'eau oxygénée (1818), le bore et établit une classification des métaux.
THÉNEZAY (79390), ch.-l. de c. des Deux-Sèvres ; 1 520 h.
THENON (24210), ch.-l. de c. de la Dordogne ; 1 345 h.
THÉOCRITE, poète grec (Syracuse ? v. 310 - v. 250 av. J.-C.). Créateur de la poésie bucolique *(Idylles),* il exprime, au milieu d'une civilisation raffinée, la nostalgie de l'« état de nature ».
THÉODAT ou **THÉODAHAT** (m. à Ravenne en 536), roi des Ostrogoths (534-536), neveu de Théodoric le Grand.
THÉODEBALD ou **THIBAUD** (m. en 555), roi franc d'Austrasie (547/548-555). Il laissa son royaume à Clotaire Ier.
théodicée *(Essais de),* ouvrage de Leibniz (1710), où l'auteur développe sa théorie selon laquelle le monde qui existe est le meilleur de tous ceux qui, à chaque moment de l'histoire, auraient pu exister à sa place.
THÉODORA (Constantinople début VIe s. - *id.* 548), impératrice byzantine (527-548), femme de Justinien Ier. Elle fut l'âme du gouvernement de Justinien, qui lui dut de conserver son trône lors de la sédition Nika (532).
THÉODORA (m. en 867), impératrice régente de Byzance (842-856) pendant la minorité de son fils Michel III. Elle convoqua un concile qui rétablit définitivement le culte des images (843).
THÉODORE Ier LASCARIS (m. en 1222), premier empereur byzantin de Nicée (1204, en fait 1208-1222). — **Théodore II Doukas Lascaris** (1222-1258), empereur byzantin de Nicée (1254-1258), petit-fils du précédent.

Margaret **Thatcher**

l'impératrice **Théodora** (église San Vitale, Ravenne)

THÉODORIC Ier (m. en 451), roi des Wisigoths (418-451), tué en combattant Attila aux champs Catalauniques. — **Théodoric II** (m. en 466), roi des Wisigoths (453-466), fut le maître de la Gaule et de l'Espagne.

THÉODORIC le Grand (en Pannonie v. 454 - Ravenne 526), roi des Ostrogoths (493-526). Élevé à Constantinople, imprégné de culture gréco-romaine, il fit renaître un instant l'Empire d'Occident. L'empereur Zénon l'ayant envoyé arracher l'Italie à Odoacre (493), Théodoric se rendit maître de la péninsule et des côtes dalmates. Aidé par deux ministres de valeur, Cassiodore et Boèce, il tenta sans succès la fusion des Romains et des Goths. Sous son règne, Ravenne fut une brillante capitale.

THÉODOROS ou **THÉODORE II** (Sarge, Kouara, 1818 - Magdala 1868), empereur d'Éthiopie (1855-1868). Vaincu par l'armée britannique à Magdala, il se donna la mort.

THÉODOSE Ier, en lat. **Flavius Theodosius,** dit **le Grand** (Cauca, Espagne, v. 347 - Milan 395), empereur romain (379-395). Il fit du christianisme une religion d'État (380) et interdit toute pratique païenne. Les concessions accordées aux Barbares qu'il introduisit dans le territoire impérial et dans l'armée freinèrent pour un temps la désagrégation de l'Empire. À sa mort, celui-ci fut partagé entre ses deux fils, Honorius et Arcadius. — **Théodose II** (401-450), empereur d'Orient (408-450), petit-fils du précédent. Il donna son nom au *code Théodosien.* — **Théodose III** (m. à Éphèse en 722), empereur byzantin (715-717).

Théodosien *(code),* code de lois rédigé sur l'ordre de Théodose II de 435 à 438, et qui réunit les constitutions impériales promulguées depuis Constantin.

THÉODULF ou **THÉODULFE,** évêque d'Orléans (en Catalogne v. 750 - Angers ? 821), il fut aussi abbé de Fleury (Saint-Benoît-sur-Loire) dont il fit un très brillant centre de culture. Constructeur de l'église de Germigny-des-Prés, poète et théologien, il fut un des principaux représentants de la renaissance carolingienne.

Théogonie ou **Généalogie des dieux,** poème d'Hésiode (VIIIe s. av. J.-C.) : un essai d'harmonisation de l'ordre du monde et des croyances humaines.

THÉON d'Alexandrie, mathématicien et astronome grec de la fin du IVe s. de notre ère. Sa fille fut la célèbre Hypatie.

Théophilanthropie, mouvement déiste, fondé sur l'amour de Dieu et patronné par La Révellière-Lépeaux, qui eut quelque succès de 1797 à 1801.

THÉOPHRASTE, philosophe grec (Eresos, Lesbos, v. 372 - Athènes 287 av. J.-C.). Il a produit des ouvrages importants sur les plantes ; mais il est surtout l'auteur des *Caractères,* recueil d'études morales et de portraits pittoresques, dont La Bruyère a emprunté la manière et le style.

THÉOPOMPE, orateur et historien grec (Chio v. 378 - en Égypte apr. 323 av. J.-C.). Élève d'Isocrate, il se rendit célèbre par son éloge de Mausole (352). Ses *Helléniques* et ses *Philippiques* couvrent respectivement les années 409-394 et 359-336.

Théorie générale de l'emploi, de l'intérêt et de la monnaie, ouvrage de J. M. Keynes (1936). L'auteur y introduit l'idée d'un sous-emploi permanent et met en valeur le rôle de l'État, seul capable d'élever la demande au niveau requis pour la réalisation du plein emploi. L'ouvrage eut une influence considérable sur la pensée économique contemporaine.

Thérèse d'Ávila (Académie royale de la langue, Madrid)

Adolphe **Thiers** (L. Bonnat - château de Versailles)

théosophique *(Société),* société religieuse fondée en 1875 à New York par Elena Blavatsky (1831-1891) et dont le siège se situe à Adyār, près de Madras, en Inde, depuis 1886. Affirmant l'éternité de l'Univers et l'universalité du divin, elle vise à développer, en l'homme, les pouvoirs qu'il détient en lui de façon latente.

THÉOULE-SUR-MER (06590), comm. des Alpes-Maritimes ; 1 219 h. Station balnéaire.

THÉRAMÈNE, homme d'État athénien (Céos av. 450 - Athènes 404 av. J.-C.). Il contribua au renversement de la démocratie en 411. Membre du gouvernement des Trente, il s'opposa aux excès de Critias et fut condamné à mort.

THÉRÈSE d'Ávila *(sainte),* religieuse espagnole (Ávila 1515 - Alba de Tormes, prov. de León, 1582). Entrée au carmel d'Ávila (1535), elle entreprit, à partir de 1554, la réforme de son ordre avec l'aide de saint Jean de la Croix et ouvrit une quinzaine de monastères réformés. Ses écrits comptent parmi les chefs-d'œuvre de la langue castillane comme parmi ceux du mysticisme chrétien. Le plus caractéristique est le *Livre des demeures* ou *Château intérieur* (1577-1588), synthèse de sa doctrine sur l'oraison, moyen privilégié pour rencontrer le Christ. Thérèse fut canonisée en 1622 et proclamée docteur de l'Église en 1970.

THÉRÈSE de l'Enfant-Jésus *(sainte)* [Thérèse **Martin**], religieuse française (Alençon 1873 - Lisieux 1897). Entrée en 1888 au carmel de Lisieux, elle y mena une vie sans relief, mais son autobiographie, *l'Histoire d'une âme* (1897), témoigne d'une haute spiritualité fondée sur l'abandon à Dieu. Canonisée en 1925.

Thérèse Desqueyroux, roman de F. Mauriac (1927).

thermidor an II *(journées des 9 et 10)* [27-28 juill. 1794], journées révolutionnaires qui entraînèrent la chute de Robespierre et la fin de la Convention montagnarde. Le mouvement commença à la Convention, continua par une insurrection populaire et s'acheva par l'arrestation de Robespierre et de ses alliés, qui furent exécutés entre le 10 et le 12 thermidor.

Thermopyles *(combat des)* [480 av. J.-C.], bataille où Léonidas et 300 Spartiates se firent massacrer sans parvenir à arrêter l'armée de Xerxès Ier au défilé des Thermopyles, en Locride orientale.

THÉSÉE. *Myth. gr.* Roi légendaire d'Athènes, qui aurait délivré cette ville du joug de Minos en tuant le Minotaure. Les historiens grecs lui attribuaient le regroupement des villes de l'Attique en une seule cité autour d'Athènes. Son personnage apparaît dans de nombreuses légendes : expédition des Argonautes, lutte contre les Amazones, contre les Centaures.

THESPIS, poète tragique grec (près de Marathon VIe s. av. J.-C.), considéré comme le créateur de la tragédie.

THESSALIE, région de Grèce, au sud de l'Olympe, sur la mer Égée ; 731 230 h. V. pr. *Lárissa, Vólos* et, autref., *Pharsale, Phères.* (Hab. *Thessaliens.)*

THESSALONIQUE ou **SALONIQUE,** en gr. **Thessaloníki,** port de Grèce (Macédoine), au fond du *golfe de Thessalonique,* formé par la mer Égée ; 377 951 h. (739 998 h. dans l'agglomération). Centre industriel. Belles églises byzantines dont celle de Ste-Sophie (VIIIe s.). De 1204 à 1224, Thessalonique fut la capitale d'un royaume latin. Sous la domination ottomane (1430-1913), elle s'appela *Salonique.* Base d'opérations des forces alliées d'Orient (1915-1918).

THETFORD MINES, v. du Canada (Québec), dans les cantons de l'Est ; 17 273 h. Amiante.

THÉTIS. *Myth. gr.* Une des Néréides. Elle fut la mère d'Achille.

THIAIS (94320), ch.-l. de c. du Val-de-Marne, au sud de Paris ; 27 933 h. Cimetière parisien. Centre commercial.

THIAUCOURT-REGNIÉVILLE (54470), ch.-l. de c. de Meurthe-et-Moselle ; 1 061 h.

THIBAUD → ***Théodebald.***

THIBAUD, nom de plusieurs comtes de Champagne, dont **Thibaud IV le Chansonnier** (Troyes 1201 - Pampelune 1253), roi de Navarre de 1234 à 1253 sous le nom de Thibaud Ier, ennemi, puis allié de Blanche de Castille. Il est l'auteur de *Jeux partis* et de chansons qui comptent dans la poésie courtoise du XIIIe s.

THIBAUD (Jacques), violoniste français (Bordeaux 1880 - dans un accident d'avion près de Barcelonnette 1953). Il contribua avec Marguerite Long à la fondation d'un concours international d'interprétation.

THIBAUDET (Albert), critique littéraire français (Tournus 1874 - Genève 1936).

Thibault (les), cycle romanesque de R. Martin du Gard (1922-1940) : la vie d'une famille française au début du XXe s.

THIBERVILLE (27230), ch.-l. de c. de l'Eure ; 1 641 h.

THIÈLE → ***Orbe.***

THIÉRACHE, région occupant principalement l'extrémité nord-est du dép. de l'Aisne. Élevage bovin.

THIERRY ou **THIERRI Ier** (m. en 533 ou 534), roi de Reims (511 - v. 534), fils de Clovis, il ajouta à son domaine l'Albigeois, le Rouergue et l'Auvergne (507-508). — **Thierry II** (587 - Metz 613), roi de Bourgogne (fin 595 ou début 596-613) et d'Austrasie (612-613), fils de Childebert II. — **Thierry III** (m. en 690 ou 691), roi de Neustrie et de Bourgogne (673 et 675-690/691), fils de Clovis II. Détrôné par Childéric II, il remonta sur le trône en 675, mais fut vaincu à Tertry (v. 687) par Pépin de Herstal. — **Thierry IV** (m. en 737), roi franc (721-737), Charles Martel gouverna en son nom.

THIERRY (Augustin), historien français (Blois 1795 - Paris 1856). Écrivain à la plume alerte et colorée, il est l'auteur notamm. des *Lettres sur l'histoire de France,* des *Récits des temps mérovingiens* (1835-1840), de l'*Essai sur la formation et les progrès de l'histoire du tiers état.*

THIERS (63300), ch.-l. d'arr. du Puy-de-Dôme, sur la Durolle (affl. de la Dore) ; 15 407 h. *(Thiernois).* Centre de coutellerie. Église St-Genès, en partie du XIe s. Maison des Couteliers (musée) et autres maisons anciennes.

THIERS (Adolphe), homme politique, journaliste et historien français (Marseille 1797 - Saint-Germain-en-Laye 1877). Il publia une *Histoire de la Révolution* (1823-1827), fonda le journal *le National* (1830), où il défendit la thèse d'une monarchie parlementaire à l'anglaise, et contribua à l'établissement de la monarchie de Juillet. Ministre des Finances (1830-31), puis de l'Intérieur (1832-1836), deux fois président du Conseil et ministre des Affaires étrangères (1836, 1840), il s'opposa à la Grande-Bretagne, mais dut se retirer devant Guizot, chef du parti de la paix (1840). En févr. 1848, il ne put sauver Louis-Philippe. Représentant de la Seine-Inférieure en 1848 et en 1849, il fut l'âme de la réaction conservatrice sous la IIe République. Arrêté et banni en déc. 1851, il revint en 1852 et travailla à son *Histoire du Consulat et de l'Empire* (1845-1862). Élu député en 1863, il réclama de l'Empire les « libertés nécessaires » et s'opposa à la politique des « nationalistes », mettant le Corps législatif en garde contre un conflit avec la Prusse (juill. 1870). Nommé chef du pouvoir exécutif (févr. 1871), il conclut le traité de Francfort et écrasa l'insurrection de la Commune. Devenu président de la République (août 1871), il réorganisa la France vaincue. Mais, ayant préconisé ouvertement le régime républicain, il fut renversé par une coalition des partis monarchiste et conservateur (24 mai 1873). Il demeura le chef de l'opposition républicaine. (Acad. fr.)

THIÈS, v. du Sénégal, au nord-est de Dakar ; 150 000 h. Industries mécaniques et textiles.

THILL (Georges), ténor français (Paris 1897 - Lorgues 1984). Il chanta les rôles de premier plan du répertoire français et italien.

THILLOT (Le) [88160], ch.-l. de c. des Vosges, sur la Moselle ; 4 269 h. Textile.

THIMBU ou **TIMPHU,** cap. du Bhoutan ; 20 000 h.

THIMERAIS → ***Thymerais.***

THIMONNIER (Barthélemy), inventeur français (L'Arbresle 1793 - Amplepuis 1857). Il réalisa un prototype de machine à coudre, qu'il fit breveter en 1830.

THIO, comm. de Nouvelle-Calédonie ; 3 019 h. Nickel.

THIONVILLE (57100), ch.-l. d'arr. de la Moselle, sur la Moselle ; 40 835 h. *(Thionvillois).*

Métallurgie. Anc. place forte. Musée dans la tour aux Puces, des XIe-XIIe s.

THIRON GARDAIS (28480), ch.-l. de c. d'Eure-et-Loir ; 1 178 h.

THIRY (Marcel), écrivain belge d'expression française (Charleroi 1897 - Fraiture-en-Condroz 1977), auteur de recueils lyriques *(Plongeantes Proues),* de facture réaliste, et de nouvelles et de romans qui témoignent de sa passion de l'insolite *(Nouvelles du Grand Possible).*

THIVIERS (24800), ch.-l. de c. de la Dordogne ; 3 823 h.

THIZY (69240), ch.-l. de c. du Rhône ; 3 059 h. Textile.

THOIRY (78770), comm. des Yvelines ; 840 h. Château des XVIe-XVIIe s. Parc zoologique.

Thoiry *(conférence de)* [17 sept. 1926], entrevue entre Briand et Stresemann à Thoiry, dans l'Ain, sur les possibilités d'un rapprochement franco-allemand. Elle n'eut pas de suite à cause de l'hostilité de l'opinion française aux concessions envisagées.

THOISSEY (01140), ch.-l. de c. de l'Ain ; 1 312 h.

THOM (René), mathématicien français (Montbéliard 1923). Créateur de la théorie des catastrophes, il a reçu la médaille Fields (1958) pour ses travaux de topologie différentielle.

THOMAS *(saint),* surnommé **Didyme,** un des douze Apôtres (Ier s.). Une tradition veut qu'il ait évangélisé la Perse et l'Inde. Une interprétation de l'Évangile de Jean a fait de lui le modèle de l'incrédule, qui ne croit que ce qu'il voit.

THOMAS d'Aquin *(saint),* théologien italien (Roccasecca, Aquino, prov. de Frosinone, 1225 - abbaye de Fossanova, prov. de Latina, 1274). Dominicain, maître en théologie (1256), il professa surtout à Paris, où il avait reçu l'enseignement d'Albert le Grand. L'essentiel de son enseignement (thomisme) se trouve dans sa *Somme théologique* (1266-1273), qui s'organise autour du thème central d'une harmonie entre la foi et la raison. Docteur de l'Église.

THOMAS BECKET ou **BECKETT** *(saint),* prélat anglais (Londres 1118 - Canterbury 1170). Ami d'Henri II Plantagenêt, il fut fait par lui chancelier d'Angleterre (1155), puis archevêque de Canterbury (1162). Défenseur du clergé contre le roi, il rompit avec celui-ci, qui le fit assassiner dans sa cathédrale.

Assassinat de **Thomas Becket** dans la cathédrale de Canterbury. Détail d'une miniature du Maître de Boucicaut (v. 1405-1410). [Musée Jacquemart-André, Paris.]

THOMAS MORE ou **MORUS** *(saint),* chancelier d'Angleterre (Londres 1478 - *id.* 1535). Il s'initia au mouvement humaniste et devint juriste. Henri VIII le nomma chancelier du royaume (1529). Resté catholique dans le début de la Réforme, il désavoua Henri VIII lors de son divorce. Disgracié (1532), emprisonné, il fut exécuté. Il a écrit un ouvrage fondamental dans l'histoire des idées politiques, l'*Utopie* (1516).

THOMAS A KEMPIS (Thomas **Hemerken,** dit), écrivain mystique allemand (Kempen, Rhénanie, 1379 ou 1380 - monastère de Sint Agnietenberg, près de Zwolle, 1471). *L'Imitation de Jésus-Christ,* qu'on lui attribue, est le principal texte de la *Devotio* moderna.*

THOMAS d'Angleterre, trouvère anglo-normand du XIIe s., auteur d'un roman de *Tristan,* qui contient le récit de la mort du héros.

THOMAS de Celano, en ital. **Tommaso da Celano,** franciscain italien (Celano, prov. de L'Aquila, v. 1190 - près de L'Aquila v. 1260). L'un des premiers disciples de saint François, il fut également son premier biographe. On lui attribue une *Vie de sainte Claire* et des hymnes, en particulier le *Dies irae.*

THOMAS (Albert), homme politique français (Champigny-sur-Marne 1878 - Paris 1932). Député socialiste (1910), ministre de l'Armement (1916-17), il organisa et présida le B. I. T. (1920-1932).

THOMAS (Ambroise), compositeur français (Metz 1811 - Paris 1896), auteur de *Mignon* (1866).

THOMAS (Dylan Marlais), poète britannique (Swansea 1914 - New York 1953). Outre ses recueils (*Morts et initiations,* 1946), il est l'auteur d'un drame radiophonique (*Au bois de lait,* 1953) et de récits (*Aventures dans le commerce des peaux,* 1955).

THOMAS (Sidney Gilchrist), inventeur britannique (Londres 1850 - Paris 1885). Il découvrit, en collaboration avec son cousin Percy Gilchrist, le procédé d'affinage des fontes phosphoreuses (1876).

THOMIRE (Pierre Philippe), fondeur et ciseleur français (Paris 1751 - *id.* 1843), maître du bronze d'ameublement sous l'Empire.

THOMPSON, v. du Canada (Manitoba) ; 14 977 h. Extraction et raffinage du nickel.

THOMPSON (*sir* John Eric Sidney), archéologue britannique (Londres 1898 - Cambridge 1975). Ses travaux sont à l'origine des premiers déchiffrements de la langue maya.

THOMSEN (Christian Jürgensen), archéologue danois (Copenhague 1788 - *id.* 1865). Il est l'auteur d'un *Guide des antiquités nordiques* (1836), le premier ouvrage systématique de préhistoire européenne mettant en évidence la succession des âges de la pierre, du bronze et du fer.

Thomson, société française créée en 1893 pour l'application des brevets d'Elihu Thomson et Edwin Houston. Le groupe est spécialisé dans la production de matériels électriques et électroniques, de matériels militaires, etc.

THOMSON (Elihu), ingénieur américain d'origine britannique (Manchester 1853 - Swampscott, Massachusetts, 1937). Il est l'auteur de nombreuses inventions dans le domaine des applications industrielles de l'électricité. Il fut l'un des fondateurs de la Thomson-Houston Company (1883).

THOMSON (James), poète britannique (Ednam, Écosse, 1700 - Richmond 1748), auteur des *Saisons* (1726-1730).

THOMSON (*sir* Joseph John), physicien britannique (Cheetham Hill, près de Manchester, 1856 - Cambridge 1940). Il mesura le quotient e/m de la charge par la masse de l'électron (1897) et inventa le spectrographe de masse, qui devait servir à la découverte des isotopes. (Prix Nobel 1906.) — Son fils *sir* **George Paget Thomson,** physicien (Cambridge 1892 - *id.* 1975), a découvert la diffraction des électrons rapides dans les cristaux, confirmant ainsi le principe fondamental de la mécanique ondulatoire. (Prix Nobel 1937.)

THOMSON (*sir* William), *lord* **Kelvin,** physicien britannique (Belfast 1824 - Netherhall, Strathclyde, 1907). Il a découvert en 1852 le refroidissement des gaz par détente et contribué à l'établissement d'une échelle théorique des températures (température absolue). Il a étudié les marées terrestres, imaginé le galvanomètre à aimant mobile et mis au point un dispositif mécanique d'intégration des équations différentielles.

THONBURI, anc. cap. de la Thaïlande, auj. banlieue de Bangkok (695 000 h.). Temples (XVIIe-XIXe s.).

THÔNES (74230), ch.-l. de c. de la Haute-Savoie ; 4 987 h.

THONON-LES-BAINS (74200), ch.-l. d'arr. de la Haute-Savoie, sur le lac Léman ; 30 667 h. *(Thononais).* Station thermale (affections urinaires). Électronique. Anc. cap. du Chablais. Église des XVe-XVIIe s. avec crypte romane. Châteaux de Sonnaz (musée du Chablais) et de Ripaille.

THOR ou **TOR,** dieu guerrier scandinave, maître du Tonnerre. On trouve son emblème, le marteau, sur les pierres runiques.

THOR (Le) [84250], comm. de Vaucluse ; 5 973 h. Église de la fin du XIIe s.

Thora → ***Torah.***

THORBECKE (Johan Rudolf), homme politique néerlandais (Zwolle 1798 - La Haye 1872). Député libéral, il dirigea le gouvernement de 1849 à 1853, de 1862 à 1866 et en 1871-72. Partisan du libre-échange, il poursuivit aussi une politique de laïcisation.

THOREAU (Henry), écrivain américain (Concord, Massachusetts, 1817 - *id.* 1862). Disciple d'Emerson, influencé par les mystiques hindous et les idéalistes allemands, il créa une prose qui fait largement appel à la langue populaire (*Walden ou la Vie dans les bois,* 1854).

THORENS-GLIÈRES (74570), ch.-l. de c. de la Haute-Savoie ; 2 095 h. Château médiéval.

THOREZ (Maurice), homme politique français (Noyelles-Godault 1900 - en mer Noire 1964). Employé à la mine dès l'âge de douze ans, membre du parti communiste en 1920, il devint secrétaire général du P. C. F. en 1930 et député d'Ivry (1932). En oct. 1939, il abandonna son régiment et se réfugia en U. R. S. S. Amnistié en 1944, il fut ministre d'État (1945-46) puis vice-président du Conseil (1946-47). Il a retracé sa carrière dans *Fils du peuple* (1937-1960).

THOREZ → ***Torez.***

THORIGNY-SUR-MARNE (77400), ch.-l. de c. de Seine-et-Marne ; 8 380 h.

THORNDIKE (Edward Lee), psychologue américain (Williamsburg, Massachusetts, 1874 - Montrose, État de New York, 1949), auteur de travaux sur le comportement, l'apprentissage, qui ont marqué la pédagogie.

THORONET (Le) [83340], comm. du Var ; 1 164 h. Anc. abbaye cistercienne (église et cloître, v. 1160-1180).

THORVALDSEN (Bertel), sculpteur danois (Copenhague 1770 - *id.* 1844). Fixé à Rome, il fut un maître du néoclassicisme. Musée à Copenhague.

THOT, divinité égyptienne du Savoir, représentée avec une tête d'ibis. Elle fut assimilée à l'époque gréco-romaine à *Hermès Trismégiste.*

Anubis (à gauche) et **Thot.** Détail d'un décor en bois peint. Époque saïte. (Louvre, Paris.)

THOU (Jacques **de**), historien et magistrat français (Paris 1533 - *id.* 1617). Il soutint la politique d'Henri IV et publia en latin une *Histoire universelle* (1604-1608), ensuite traduite en français (1734) et qui inspira de nombreux ouvrages ultérieurs. — Son fils **François,** magistrat (Paris 1607 - Lyon 1642), fut décapité avec son ami Cinq-Mars, dont il n'avait pas révélé le complot.

THOUARCÉ (49380), ch.-l. de c. de Maine-et-Loire ; 1 558 h.

THOUARS (79100), ch.-l. de c. des Deux-Sèvres ; 11 338 h. *(Thouarsais).* Industrie alimentaire. Restes de fortifications médiévales, église des XIIe-XVe s., château du XVIIe.

THOUET (le), riv. de l'ouest de la France, qui passe à Parthenay, Thouars et rejoint la Loire (r. g.) à Saumur ; 140 km.

THOUNE, en all. **Thun,** v. de Suisse (Berne), près du *lac de Thoune* (48 km²) formé par l'Aar ; 38 211 h. Château en partie de la fin du XIIe s. (musée), église gothique et baroque.

THOUROTTE (60150), comm. de l'Oise ; 5 350 h. Verrerie.

THOUTMOSIS ou **THOUTMÈS,** nom de quatre pharaons de la XVIIIe dynastie, dont le plus important est **Thoutmosis III** (1505/1484-1450 av. J.-C.). D'abord tenu à l'écart du pouvoir par sa tante Hatshepsout, régente du royaume, il conquit la Palestine et la Syrie jusqu'à l'Euphrate et soumit définitivement la Nubie.

THRACE, région du sud-est de l'Europe, occupant l'extrémité nord-est de la Grèce *(Thrace occidentale ;* 337 536 h.), la Turquie d'Europe *(Thrace orientale)* et le sud de la Bulgarie. Le partage eut lieu en 1919 et en 1923.

THRASYBULE, général athénien (v. 445 - Aspendos 388 av. J.-C.). Avec l'aide des Thébains, il chassa les Trente d'Athènes (403 av. J.-C.) et rétablit la démocratie.

THUCYDIDE, historien grec (Athènes v. 460 - apr. 395 av. J.-C.), auteur de l'*Histoire de la guerre du Péloponnèse.* Il relate les faits avec rigueur et cherche à en expliquer les causes. Le premier des historiens grecs, il donne aux faits économiques et sociaux leur importance véritable.

THUIN, v. de Belgique, ch.-l. d'arr. du Hainaut ; 14 268 h. Tourisme. Restes d'enceinte médiévale.

THUIR (66300), ch.-l. de c. des Pyrénées-Orientales ; 6 661 h. Apéritifs.

THULÉ, nom donné par les Anciens à une île du nord de l'Europe (l'Islande ou l'une des Shetland). Sa légende a inspiré notamment Goethe dans sa ballade du *Roi de Thulé,* popularisée par Gounod *(Faust)* et Berlioz *(Damnation de Faust).*

THULÉ, station du nord-ouest du Groenland. Base aérienne américaine.

THUN → ***Thoune.***

THUNDER BAY, v. du Canada (Ontario), sur le lac Supérieur, formée par la fusion de Port Arthur et de Fort William ; 109 333 h.

THURET (Gustave Adolphe), botaniste français (Paris 1817 - Nice 1875). Il a décrit, le premier, la fécondation chez les algues. Il a fondé le jardin botanique d'Antibes.

THURGOVIE, en all. **Thurgau,** cant. de Suisse, sur le lac de Constance ; 1 013 km² ; 209 362 h. Ch.-l. *Frauenfeld.* La Thurgovie est canton libre depuis 1803.

THURINGE, en all. **Thüringen,** Land d'Allemagne ; 16 200 km² ; 2 683 877 h. Cap. *Erfurt.* Elle s'étend sur le *Thüringerwald* (« forêt de Thuringe ») et sur le *bassin de Thuringe.* Incorporée à la Germanie à la fin de l'époque carolingienne, la Thuringe est érigée en landgraviat en 1130. Son histoire se confond après 1264 avec celle de la Misnie puis de la Saxe. L'État de Thuringe est reconstitué en 1920. Son territoire fait partie de la R.D.A. de 1949 à 1990.

THURROCK, v. de Grande-Bretagne, sur l'estuaire de la Tamise ; 126 000 h.

THURSTONE (Louis Leon), psychologue américain (Chicago 1887 - Chapel Hill, Caroline du Nord, 1955). Il est l'un des premiers à avoir utilisé l'analyse factorielle pour la mesure de l'intelligence.

THURY-HARCOURT (14220), ch.-l. de c. du Calvados ; 1 818 h.

THYESTE. *Myth. gr.* Fils de Pélops, frère d'Atrée et père d'Égisthe. La haine qui l'opposa à son frère marque le début du drame des Atrides.

THYMERAIS ou **THIMERAIS,** partie nord-ouest de l'Eure-et-Loir.

THYSSEN (August), industriel allemand (Eschweiler 1842 - château de Landsberg, auj. dans Essen, 1926). Il fonda à Mülheim, en 1871, une société qui fut à l'origine d'un important konzern sidérurgique.

TIAHUANACO, site de la rive bolivienne du lac Titicaca. Entre le Ve s. av. J.-C. et le XIIe s. apr. J.-C., il fut le centre d'une civilisation originale qui a laissé d'imposants vestiges dont les monolithes de la porte du Soleil.

TIANJIN ou **T'IEN-TSIN,** principal port de la Chine du Nord, à l'embouchure du Hai He ; 5 130 000 h. (7 764 000 h. dans l'agglomération). Centre commercial et industriel. Le traité qui y fut signé en 1858 ouvrit la Chine aux Européens. Celui du 9 juin 1885 conclu entre la France et la Chine reconnut le protectorat français sur l'Annam et le Tonkin.

TIAN SHAN ou **T'IEN-CHAN,** chaîne montagneuse de Chine (Xinjiang) et du Kirghizistan ; 7 439 m au pic Pobedy.

TIARET → ***Tihert.***

TIBÈRE, en lat. **Tiberius Julius Caesar** (Rome v. 42 av. J.-C. - Misène 37 apr. J.-C.), empereur romain (14-37 apr. J.-C.). Fils de Livie, il fut adopté par Auguste (4 apr. J.-C.), à qui il succéda. Il exerça une rigoureuse administration financière. En politique extérieure, il ramena la frontière de l'Empire sur le Rhin (17). Mais en 27, aigri et malade, Tibère se retira à Capri, laissant au préfet du prétoire Séjan la direction des affaires. Le règne de Tibère, après l'exécution de Séjan (31), qui convoitait le trône, a été présenté par les partisans du sénat comme une époque de terreur.

TIBÉRIADE, v. de Galilée, fondée v. 18 apr. J.-C., sur les bords du lac de Génésareth, dit « lac de Tibériade », ou mer de Galilée. Après la ruine de Jérusalem en 70, elle devint un centre important de la vie intellectuelle et nationale juive. L'actuelle ville israélienne de Tibériade (25 000 h.) est située un peu au nord de la ville antique.

TIBESTI, massif montagneux (3 415 m) du Sahara, dans le nord du Tchad.

TIBET, région autonome de l'ouest de la Chine, au nord de l'Himalaya, formée de hauts plateaux désertiques dominés par de puissantes chaînes ouest-est (Kunlun, Transhimalaya) ; 1 221 000 km² ; 1 892 000 h. *(Tibétains).* Cap. *Lhassa.* L'élevage fournit l'essentiel des ressources (moutons, chèvres, yacks).

HISTOIRE

VIIe s. : le roi Srong-btsan-Sgam-po donne à son royaume une organisation centralisée et fonde Lhassa. VIIIe s. : les Tibétains font des incursions en Chine et agrandissent leur empire. 1042 : le bouddhiste indien Atīśa arrive à Lhassa ; il est à l'origine de la création des sectes lamaïques du Tibet. 1207 : le pays se soumet aux Mongols. 1447 : le monastère de Tashilhunpo (centre du lamaïsme « rouge », puis siège des panchen-lamas) est fondé. 1543-1583 : le prince mongol Altan Khān organise l'Église tibétaine sous l'autorité du dalaï-lama. 1642 : le dalaï-lama recouvre le pouvoir temporel et instaure un régime théocratique. 1751 : les empereurs Qing établissent leur domination sur le pays. 1912 : les Tibétains, avec l'aide des Britanniques, chassent les Chinois. 1950 : la Chine populaire occupe le Tibet. 1959 : le dalaï-lama part en exil. 1965 : le Tibet est doté du statut de région autonome. La résistance tibétaine reste vive (jacquerie de 1970, émeutes depuis 1987).

TIBRE (le), en lat. **Tiberis,** en ital. **Tevere,** fl. d'Italie, tributaire de la mer Tyrrhénienne ; 396 km. Il passe à Rome.

TIBULLE, en lat. **Albius Tibullus,** poète latin (v. 50-19 ou 18 av. J.-C.). Il composa trois livres d'*Élégies.*

TIBUR → ***Tivoli.***

TIDIKELT, groupe d'oasis du Sahara algérien, au sud du Tademaït. V. pr. *In Salah.*

TIECK (Ludwig), écrivain allemand (Berlin 1773 - *id.* 1853). Il orienta le romantisme allemand vers le fantastique (*Phantasus,* 1812-1816).

TIELT, v. de Belgique, ch.-l. d'arr. de la Flandre-Occidentale ; 19 339 h. Textile.

T'IEN-CHAN → ***Tian Shan.***

TIENEN → ***Tirlemont.***

T'IEN-TSIN → ***Tianjin.***

TIEPOLO (Giovanni Battista ou Giambattista), peintre et graveur italien (Venise 1696 - Madrid 1770). Fresquiste virtuose, aimant le mouvement et le faste, doué d'un sens raffiné de la couleur claire, il fut le dernier des grands décorateurs baroques italiens (travaux à Udine, à Venise et en Vénétie, à Würzburg, à Madrid). Aquafortiste, il est l'auteur des suites des *Capricci* et des *Scherzi di fantasia.* — Son fils **Giovan Domenico** ou **Giandomenico** (Venise 1727 - *id.* 1804) fut son collaborateur et, comme peintre de chevalet, se montra un observateur sensible et ironique de la vie vénitienne.

G.B. **Tiepolo :** *la Rencontre d'Antoine et de Cléopâtre.* Détail du décor (1747-1750) du palais Labia à Venise.

TIERCÉ (49125), ch.-l. de c. de Maine-et-Loire ; 3 058 h.

TIFLIS → ***Tbilissi.***

TIGHINA, v. de Moldavie, sur le Dniestr, 101 000 h.

TIGNES (73320), comm. de la Savoie, la plus haute d'Europe (2 100 m), dans la haute vallée de l'Isère ; 2 006 h. *(Tignards).* Sports d'hiver (jusqu'à 3 500 m).

TIGRANE II le Grand (v. 121 - v. 54 av. J.-C.), roi arsacide d'Arménie (95-54 av. J.-C.). Allié de Mithridate, il conquit la Syrie, le nord de la Mésopotamie et une partie de l'Asie Mineure. Battu par Pompée, il devint vassal de Rome (66).

TIGRE (le), fl. de Turquie et d'Iraq, qui passe à Bagdad et forme, avec l'Euphrate, le Chaṭṭ al-'Arab ; 1 950 km.

TIGRÉ (le), région du nord de l'Éthiopie.

TIHANGE, anc. comm. de Belgique (prov. de Liège), sur la Meuse, intégrée à Huy. Centrale nucléaire.

TIHERT, anc. **Tiaret,** v. d'Algérie, ch.-l. de wilaya, au pied de l'Ouarsenis ; 63 000 h.

TIJUANA, v. du Mexique (Basse-Californie) ; 742 686 h. Centre touristique et industriel.

TIKAL, centre cérémoniel maya du Guatemala (forêt du Petén). Cette cité, hérissée de temples, fut peut-être la capitale politique de la période classique (250 à 950 apr. J.-C.).

TILBURG, v. des Pays-Bas (Brabant-Septentrional) ; 158 846 h. Centre industriel.

TILBURY, avant-port de Londres.

TILDEN (William Tatem), joueur de tennis américain (Philadelphie 1893 - Hollywood 1953), notamment trois fois vainqueur à Wimbledon (1920, 1921, 1930) et sept fois de la coupe Davis (de 1920 à 1926).

TILIMSEN, anc. **Tlemcen,** v. de l'ouest de l'Algérie, ch.-l. de wilaya ; 109 000 h. Centre artisanal et industriel. Tlemcen fut la capitale du Maghreb central du XIIIe au XVIe s. Grande Mosquée (XIe-XIIe s.)

Till Eulenspiegel → ***Uilenspiegel.***

TILLICH (Paul), théologien protestant américain d'origine allemande (Starzeddel, Prusse, 1886 - Chicago 1965). Dans sa *Théologie systématique* (1951-1966), il propose une pensée religieuse dépouillée de son dogmatisme et de ses symboles incompréhensibles pour l'homme contemporain.

TILLIER (Claude), écrivain français (Clamecy 1801 - Nevers 1844), auteur de *Mon oncle Benjamin* (1841).

TILLY (Jean **t'Serclaes,** *comte* **de**), général wallon au service du Saint Empire (château de

Tilly, Brabant, 1559 - Ingolstadt 1632). Commandant l'armée de la Ligue catholique pendant la guerre de Trente Ans, il gagna la bataille de la Montagne Blanche (1620) sur les Tchèques et celle de Lutter (1626) sur les Danois. Il remplaça Wallenstein comme chef des troupes impériales (1630). Il fut battu (Breitenfeld, 1631) et tué par les Suédois.

TILLY-SUR-SEULLES (14250), ch.-l. de c. du Calvados ; 1 259 h.

Tilsit *(traités de)* [juill. 1807], traités signés à Tilsit, auj. Sovietsk, dans l'ancienne Prusse-Orientale, entre Napoléon Ier et, d'une part, la Russie d'Alexandre Ier (le 7) et, d'autre part, la Prusse (le 9). Le premier traité entérina la réconciliation des deux empereurs.

Times (The), quotidien britannique conservateur modéré, fondé en 1785, qui jouit d'une grande notoriété. Il a été racheté en 1981 par R. Murdoch.

TIMGAD, v. d'Algérie, à l'est de Batna ; 8 838 h. Colonie romaine fondée en 100 apr. J.-C., la cité fut ruinée par les Maures au VIe s. Imposants vestiges de l'époque trajane (mosaïques).

TIMIŞOARA, en hongr. **Temesvár,** v. de Roumanie (Banat) ; 334 278 h. Centre industriel. Université. Musée du Banat dans l'anc. château.

TIMMERMANS (Felix), écrivain belge d'expression néerlandaise (Lier 1886 - *id.* 1947), auteur de contes et de romans sur les mœurs flamandes (*Pallieter,* 1916).

TIMMINS, v. du Canada (Ontario), au nord de Sudbury ; 30 386 h. Centre minier.

TIMOCHENKO (Semen Konstantinovitch), maréchal soviétique (Fourmanka 1895 - Moscou 1970). Compagnon de Staline et de Vorochilov (1919), il devint commissaire à la Défense en 1940, dirigea en 1943-44 la reconquête de l'Ukraine, puis entra en Roumanie et en Hongrie.

TIMOLÉON, homme d'État grec (Corinthe v. 410 - Syracuse v. 336 av. J.-C.). Envoyé à Syracuse pour chasser le tyran Denys le Jeune, il vainquit ensuite les Carthaginois (341 ou 339 av. J.-C.). Son œuvre accomplie, il renonça au pouvoir (337-336).

Timon d'Athènes, drame, en cinq actes, de Shakespeare (1607-08).

TIMOR, île de l'Indonésie, au nord de la *mer de Timor ;* 30 000 km^2 ; 1 600 000 h. L'île est partagée à partir du XVIIe s. entre les Portugais et les Hollandais. La République indépendante d'Indonésie englobe la partie hollandaise en 1950 et occupe la partie portugaise (Timor-Oriental) en 1975. Un mouvement de guérilla s'oppose depuis lors à cette annexion.

TIMOTHÉE *(saint),* disciple de saint Paul (m. à Éphèse en 97 ?). La tradition en fait le premier évêque d'Éphèse, où il serait mort martyrisé. Les deux Épîtres de saint Paul dites *Épîtres à Timothée* concernent la vie spirituelle et matérielle des Églises ; leur authenticité est mise en doute par de nombreux historiens.

TIMPHU → ***Thimbu.***

TIMURIDES ou **TIMOURIDES,** dynastie issue de Tīmūr Lang, qui régna sur le Khorāsān et la Transoxiane de 1405 à 1507. Sa capitale, Harāt, fut un brillant foyer de culture.

TĪMŪR LANG, dit **Tamerlan,** émir de Transoxiane (1370-1405) et conquérant turc (Kech, près de Samarkand, 1336 - Otrar 1405). Se déclarant l'héritier et le continuateur de Gengis Khān, il conquit le Khārezm (1379-1388), l'Iran et l'Afghanistan (1381-1387). Il vainquit la Horde d'Or (1391-1395), le sultanat de Delhi (1398-99) et les Ottomans (1402). Son empire, partagé entre ses nombreux descendants, se disloqua rapidement.

TINBERGEN (Jan), économiste néerlandais (La Haye 1903 - *id.* 1994), un des fondateurs de l'économétrie. (Prix Nobel 1969.)

TINBERGEN (Nikolaas), éthologiste britannique d'origine néerlandaise (La Haye 1907 - Oxford 1988). Ses recherches sur les comportements instinctifs d'animaux dans leur milieu naturel en font un des fondateurs de l'éthologie moderne. (Prix Nobel 1973.)

TINCHEBRAY (61800), ch.-l. de c. de l'Orne ; 3 228 h. Quincaillerie. Deux églises (XIIe-XIIIe et XVIIe s.).

TINDEMANS (Léo), homme politique belge (Zwijndrecht 1922). Social-chrétien, plusieurs fois ministre, président du Conseil de 1974 à 1978, il a été ministre des Affaires étrangères de 1981 à 1989.

TINDOUF, oasis du Sahara algérien, aux confins du Maroc.

TINGUELY (Jean), sculpteur suisse (Fribourg 1925 - Berne 1991). L'un des « nouveaux réalistes », il est l'auteur de machines d'esprit dadaïste, dérisoires et inquiétantes (« Metamatics », robots dessinateurs, 1955-1959 ; « Rotozazas », ludiques ou destructeurs, 1967 et suiv. ; « Mengele », idole macabre, 1986).

TÍNOS ou **TÊNOS,** île grecque des Cyclades ; 195 km^2 ; 10 000 h.

TINQUEUX (51430), comm. de la Marne, banlieue de Reims ; 10 183 h.

TINTÉNIAC (35190), ch.-l. de c. d'Ille-et-Vilaine ; 2 453 h.

Tintin, héros de bande dessinée, créé en 1929 par Hergé. Avec son chien Milou, le capitaine ivrogne Haddock, le savant sourd et distrait Tournesol et les policiers farfelus Dupond(t), il connaît toutes sortes d'aventures.

Tintin, Milou, le capitaine Haddock et le professeur Tournesol. (Extrait de l'album : *les Bijoux de la Castafiore,* par Hergé. [© Éditions Casterman, 1963].)

TINTO *(río),* fl. de l'Espagne méridionale, tributaire de l'Atlantique ; 80 km. Il a donné son nom à des mines de cuivre.

TINTORET (Iacopo **Robusti,** dit **il Tintoretto,** en fr. **le**), peintre italien (Venise 1518 - *id.* 1594). Ses nombreux ouvrages religieux sont remarquables par la fougue inventive, la virtuosité maniériste des raccourcis et des éclairages. (Palais des Doges et Scuola di S. Rocco, à Venise.)

Le Tintoret : *la Montée au calvaire,* une des scènes du Nouveau Testament peintes à la Scuola di San Rocco à Venise, entre 1564 et 1587.

TIOUMEN, v. de Russie, en Sibérie occidentale ; 477 000 h. Centre industriel d'une région pétrolière.

TIOURATAM, v. du Kazakhstan, au N.-E. de la mer d'Aral. — À proximité, cosmodrome de Baïkonour.

TIPASA, v. d'Algérie, sur la Méditerranée ; 18 100 h. Ruines romaines et paléochrétiennes.

TIPPERARY, v. du sud de la République d'Irlande ; 4 783 h.

TIPPETT *(sir* Michael), compositeur britannique (Londres 1905), auteur de ballets, de symphonies, d'ouvrages dramatiques *(A Child of our Time, The Midsummer Marriage, King Priam, The Ice Break).*

TIPPOO SAHIB ou **TĪPŪ SĀHIB,** sultan du Mysore (Devanhalli 1749 - Seringapatam 1799). Allié de la France, il chassa les Anglais du Mysore (1784), mais fut tué en défendant Seringapatam.

TIRAN *(détroit de),* détroit entre le golfe d'ʿAqaba et la mer Rouge.

TIRANA, cap. de l'Albanie ; 206 000 h. Musée d'archéologie et d'ethnographie.

TIRASPOL, v. de Moldavie, sur le Dniestr ; 162 000 h.

TIRÉSIAS, devin aveugle de Thèbes. Son tombeau, dans l'Antiquité, était le siège d'un oracle réputé.

TÎRGOVIŞTE ou **TÂRGOVIŞTE,** v. de Roumanie (Munténie) ; 82 000 h. Églises valaques typiques (XVIe-XVIIe s.).

TÎRGU MUREŞ ou **TÂRGU MUREŞ,** v. de Roumanie (Transylvanie), sur le Mureş ; 163 625 h. Édifices baroques du XVIIIe s. — À proximité, gisement d'hydrocarbures.

TIRIDATE, nom porté par des souverains parthes arsacides et par des rois d'Arménie. Une branche arsacide régna en Arménie ; son plus illustre représentant fut **Tiridate II** (ou **III**), roi de 287 à 330 env. apr. J.-C. Il se convertit au christianisme.

TIRLEMONT, en néerl. **Tienen,** v. de Belgique (Brabant flamand) ; 31 567 h. Églises médiévales.

TIRNOVO → ***Veliko Tărnovo.***

TIRPITZ (Alfred **von**), amiral allemand (Küstrin 1849 - Ebenhausen, Bavière, 1930). Ministre de la Marine depuis 1898, il créa la flotte de haute mer allemande et dirigea la guerre sous-marine de 1914 jusqu'à sa démission en 1916.

TIRSO DE MOLINA (*Fray* Gabriel **Téllez,** dit), auteur dramatique espagnol (Madrid v. 1583 - Soria 1648). Il créa le théâtre de mœurs espagnol en composant plus de trois cents pièces, comédies *(Don Gil aux chausses vertes)* et drames religieux *(le Damné par manque de foi).*

TIRUCHIRAPALLI, anc. **Trichinopoly,** v. de l'Inde méridionale (Tamil Nadu) ; 711 120 h. Centre industriel et universitaire. Sanctuaires rupestres sivaïtes (VIIe s.). À Srīrangam, immense temple visnuiste de Ranganātha Swami (Xe-XVIe s.), aux nombreuses enceintes scandées de gopura, qui est un célèbre lieu de pèlerinage.

TIRYNTHE, anc. v. de l'Argolide, un des centres de la civilisation mycénienne, célèbre par ses puissantes fortifications en appareil cyclopéen, vestiges du complexe palatial du XIIIe s. av. J.-C.

TISSANDIER (Gaston), aéronaute et savant français (Paris 1843 - *id.* 1899). Avec son frère **Albert,** il expérimenta avec succès un dirigeable muni d'une hélice entraînée par un moteur électrique (1883).

TISSAPHERNE, satrape perse (m. à Colosses en 395 av. J.-C.). Il battit Cyrus le Jeune à Counaxa en 401, mais, vaincu par Agésilas II, roi de Sparte, il fut destitué et mis à mort par Artaxerxès II.

TISSERAND (Félix), astronome français (Nuits-Saint-Georges 1845 - Paris 1896). Son *Traité de mécanique céleste* (1889-1896) donne la solution de certains problèmes que n'avait pu résoudre Laplace.

TISZA (la), riv. de l'Europe centrale, née en Ukraine subcarpatique et qui traverse la Hongrie avant de rejoindre le Danube (r. g.) en Yougoslavie ; 966 km.

TISZA (Kálmán), homme politique hongrois (Geszt 1830 - Budapest 1902). Chef du parti libéral hongrois, il dirigea le gouvernement de 1875 à 1890. — Son fils **István** (Budapest 1861 - *id.* 1918), chef du gouvernement de 1903 à 1905 et de 1913 à 1917, fut assassiné.

Titanic, paquebot transatlantique britannique qui, lors de son premier voyage, coula dans la nuit du 14 au 15 avr. 1912, après avoir heurté un iceberg au S. de Terre-Neuve. Localisée en 1985 par 4 000 m de fond, son épave a été visitée en 1986-87 par une expédition franco-américaine mettant en œuvre une nouvelle technologie d'exploration sous-marine.

TITANS. *Myth. gr.* Divinités grecques primitives qui gouvernaient le monde avant Zeus et les dieux olympiens, par qui ils furent vaincus. Certains furent précipités dans le Tartare. D'autres se rallièrent.

TITCHENER (Edward Bradford), psychologue américain d'origine britannique (Chichester 1867 - Ithaca, État de New York, 1927), principal représentant de la psychologie expérimentale.

TITE *(saint),* disciple de saint Paul (Ier s.). La lettre de saint Paul, dite *Épître à Tite,* est considérée comme n'étant pas authentiquement de l'apôtre.

TITE-LIVE, en lat. **Titus Livius,** historien latin (Padoue 59 av. J.-C. - Rome 17 apr. J.-C.), auteur d'une *Histoire de Rome* (des origines jusqu'à 9 av. J.-C.) inachevée, en 142 livres, dont 35 à peine sont conservés. Dans ce chef-d'œuvre, l'auteur utilise, outre l'œuvre des historiens antérieurs, les anciennes annales de Rome et s'efforce de faire revivre dans un style vivant le passé romain.

TITELOUZE (Jehan), compositeur français (Saint-Omer 1563 ?- Rouen 1633), organiste de la cathédrale de Rouen. Par ses versets et ses « recherches » sur des thèmes de plain-chant, il créa l'école d'orgue française classique.

TITICACA *(lac),* grand lac des Andes (à 3 812 m d'alt.), entre la Bolivie et le Pérou ; 8 340 km².

TITIEN (Tiziano **Vecellio,** dit en fr.), peintre italien (Pieve di Cadore, Vénétie, 1488/89 - Venise 1576). Après une première période influencée par son maître Giorgione, il devint un artiste international, travaillant pour les papes, pour François Ier et surtout pour Charles Quint et Philippe II. À la fin de sa vie, son art atteignit un haut degré de lyrisme, allié à l'audace de ses innovations techniques. Son influence fut immense sur l'art européen. Parmi ses toiles, les nombreux portraits mis à part, citons : *l'Amour* sacré et l'Amour profane, l'Assomption* (1518, église des Frari, Venise), *Bacchanale* (1518-19, Prado), *la Mise au tombeau* (1523-1525, Louvre), *la Vénus d'Urbino* (1538, Offices), *Danaé* (Naples et Prado), *la Nymphe et le Berger* (v. 1570, Vienne), *Pietà* (achevée par Palma le Jeune, Accademia de Venise).

TITISEE, petit lac de la Forêt-Noire (Allemagne).

TITO (Josip **Broz,** dit), maréchal et homme politique yougoslave (Kumrovec, Croatie, 1892 - Ljubljana 1980). Secrétaire général du parti communiste yougoslave depuis 1936, il organisa la lutte contre l'occupation allemande (1941-1944). Chef du gouvernement (1945), il rompit avec Staline (1948) et s'imposa à l'extérieur comme un leader du neutralisme et des pays non-alignés. Président de la République (1953), président à vie en 1974, il tenta de mettre en place un socialisme autogestionnaire.

TITOGRAD → ***Podgorica.***

TITUS, en lat. **Titus Flavius Vespasianus** (Rome 39 apr. J.-C. - Aquae Cutiliae, Sabine, 81), empereur romain (79-81). Fils de Vespasien, il s'empara de Jérusalem (70). Son règne, très libéral, fut marqué par de grandes constructions (Colisée, arc de Titus) et par l'éruption du Vésuve (79), qui détruisit Pompéi, Herculanum et Stabies.

TIV, peuple du sud-est du Nigeria, parlant une langue bantoue.

TIVOLI, anc. **Tibur,** v. d'Italie (prov. de Rome) ; 50 559 h. Un des principaux lieux de villégiature des Romains, où Mécène, Horace, Catulle eurent leurs villas, ainsi qu'Hadrien (villa Hadriana*). Temples romains. Jardins de la villa d'Este.

Tito

TIZI OUZOU, v. d'Algérie, ch.-l. de wilaya, en Grande Kabylie ; 73 000 h.

TJIREBON → ***Cirebon.***

TLALOC, dieu de la Pluie, le plus ancien des dieux dans le panthéon du Mexique précolombien, représenté, dans toute la Mésoamérique, les yeux cernés de serpents et la bouche garnie de crocs.

Tlatelolco *(traité de)* [14 févr. 1967], traité visant à l'interdiction des armes nucléaires en Amérique latine. Signé et ratifié par l'ensemble des États de l'Amérique latine, il a été ratifié ultérieurement par des puissances nucléaires telles que la Grande-Bretagne, les États-Unis et la France.

TLEMCEN → ***Tilimsen.***

T. N. P., sigle de Théâtre* national populaire.

TOAMASINA, anc. **Tamatave,** port de Madagascar, sur l'océan Indien ; 83 000 h.

TOBA *(lac),* lac d'Indonésie (Sumatra) ; 1 240 km².

TOBAGO, l'une des Petites Antilles ; 301 km² ; 40 000 h. (V. ***Trinité et Tobago.***)

TOBEY (Mark), peintre américain (Centerville, Wisconsin, 1890 - Bâle 1976). Féru d'art extrême-oriental, il a transposé la calligraphie zen dans une sorte de foisonnement non-figuratif.

TOBIAS (Phillip Vallentine), paléontologue sud-africain (Durban 1925). À partir de ses études sur les australopithèques, il défend l'idée d'une origine africaine de l'homme.

Tobie *(livre de),* livre de l'Ancien Testament composé aux IIIe-IIe s. av. J.-C. Roman édifiant d'une famille juive déportée à Babylone (Tobie est le nom du père, aveugle, et du fils, qui part en voyage chercher le remède à sa cécité). On y retrouve les thèmes de la vie religieuse des communautés juives en exil à l'époque hellénistique.

TOBIN (James), économiste américain (Champaign, Illinois, 1918). On lui doit notamment une théorie générale de l'équilibre pour les avoirs financiers et réels. (Prix Nobel 1981.)

TOBOL (le), riv. de Russie, affl. de l'Irtych (r. g.) ; 1 591 km.

TOBROUK, port de Libye en Cyrénaïque ; 16 000 h. Combats entre les Britanniques et les forces de l'Axe (1941-42).

TOCANTINS (le), fl. du Brésil, tributaire de l'Atlantique ; 2 700 km.

TOCANTINS, État du Brésil ; 287 000 km² ; 920 133 h. Cap. *Palmas.*

TOCQUEVILLE (Charles Alexis **Clérel de**), écrivain et homme politique français (Paris 1805 - Cannes 1859). Magistrat, il étudia aux États-Unis le système pénitentiaire et en revint avec un ouvrage politique capital, *De la démocratie en Amérique* (1835-1840), qui devint aussitôt la bible des partisans du libéralisme politique. Il fut ministre des Affaires étrangères du 2 juin au 30 oct. 1849. En 1856, il publia *l'Ancien Régime et la Révolution* où il montre que la Révolution a accompli les tendances profondes de la monarchie française (centralisation administrative et désagrégation des corps constitués). [Acad. fr.]

Rodolphe **Toepffer :** « On frappe à la porte et M. Cryptogame a l'imprudence de crier qu'il n'y est pas. » Dessin extrait de l'album *Monsieur Cryptogame* (1830).

TÖDI, sommet des Alpes suisses ; 3 620 m.

TODLEBEN → ***Totleben.***

TODT (Fritz), général et ingénieur allemand (Pforzheim 1891 - Rastenburg 1942). Constructeur des autoroutes (1933-1938), puis de la ligne Siegfried (1938-1940), il donna son nom à une organisation paramilitaire qui, avec l'appoint forcé de travailleurs étrangers, réalisa notamment le mur de l'Atlantique.

TOEPFFER (Rodolphe), dessinateur et écrivain suisse d'expression française (Genève 1799 - *id.* 1846), auteur des *Voyages en zigzag,* des *Nouvelles genevoises* et d'albums de dessins comiques.

TOGLIATTI → ***Toliatti.***

TOGLIATTI (Palmiro), homme politique italien (Gênes 1893 - Yalta 1964). Il contribua à la création du parti communiste italien (1921), dont il devint le secrétaire général. Exilé au temps du fascisme, il fut vice-président du Conseil en 1944-45 et ministre de la Justice en 1945-46. Il prit position pour la déstalinisation et le « polycentrisme » à l'intérieur du mouvement communiste.

TOGO, État de l'Afrique occidentale, sur le golfe de Guinée ; 56 600 km² ; 4 100 000 h. *(Togolais).* CAP. *Lomé.* LANGUE : *français.* MONNAIE : *franc C. F. A.* Pays de savanes, le Togo est essentiellement rural. Les exportations de produits agricoles (palmistes, café, cacao, coton) viennent loin derrière celles des phosphates du *lac Togo.*

HISTOIRE

Avant le XVe s., l'histoire du Togo, peuplé de populations mêlées, n'est dominée par aucun grand royaume. XVe s. : la côte est visitée par les Portugais, puis par les Danois. XVIe s. : des missionnaires portugais apparaissent, mais un protectorat de fait est exercé par le Danemark. Le commerce des esclaves prospère. Seconde moitié du XIXe s. : le commerce d'huile de palme prend sa place. Des comptoirs français, allemands, britanniques sont créés v. 1870. 1884 : l'explorateur Nachtigal établit le protectorat allemand sur le pays, auquel il donne son nom actuel. 1897 : la capitale est établie à Lomé.

1914 : les Alliés conquièrent aisément le protectorat. 1919 : le pays est partagé entre la France (qui obtient la côte de Lomé) et la Grande-Bretagne (qui obtient les terres de l'Ouest). 1922 : le partage est confirmé par l'octroi de mandats de la S. D. N. 1946 : le Togo passe sous la tutelle de l'O. N. U. 1956-57 : le nord du Togo britannique est rattaché à la Côte-de-l'Or, qui devient l'État indépendant du Ghana. Le reste du pays forme une république autonome. 1960 : cette république devient indépendante. Sylvanus Olympio est son premier président. 1963 : Olympio est assassiné et remplacé par Nicolas Grunitzky, originaire du Nord, qui mène une politique libérale à l'intérieur et ouvre le pays à l'extérieur. 1967 : un coup d'État amène au pouvoir le lieutenant-colonel Étienne Eyadéma, également originaire du Nord, qui gouverne avec un parti unique. 1991 : sous la pression de l'opposition, Eyadéma doit restaurer le multipartisme. Mais la mise en place du processus démocratique se heurte à de fortes résistances. 1994 : les élections législatives sont remportées par l'opposition.

TŌGŌ HEIHACHIRO, amiral japonais (Kagoshima 1847 - Tōkyō 1934). Il vainquit les Russes à Port-Arthur et à Tsushima (1905).

Toison d'or. *Myth. gr.* Toison merveilleuse d'un bélier ailé, gardée en Colchide par un dragon. Sa conquête est à l'origine de l'expédition de Jason et des Argonautes.

Toison d'or *(ordre de la),* ordre fondé en souvenir de la toison dorée de Jason, en 1429, par Philippe le Bon, duc de Bourgogne. Il est passé à l'Autriche après la mort de Charles le Téméraire et à l'Espagne sous Charles Quint.

TŌJŌ HIDEKI, général et homme politique japonais (Tōkyō 1884 - *id.* 1948). Chef du gouvernement de 1941 à 1944, il lança son pays dans la Seconde Guerre mondiale. Il fut exécuté comme criminel de guerre par les Américains.

Tōkaidō (le) ou **Cinquante-Trois Relais du Tōkaidō,** célèbre suite d'estampes (1833-34) d'Hiroshige immortalisant les relais qui, depuis le XVIIe s., jalonnent la route entre Kyōto et Edo. Commerçants affairés, longs cortèges officiels ou paysans y sont représentés au cœur de paysages où s'affirment le lyrisme et la vision poétique de l'artiste.

TOKAJ ou **TOKAY,** v. de la Hongrie septentrionale ; 5 358 h. Vins blancs.

TOKIMUNE, homme d'État japonais (1251-1284). Régent Hōjō de Kamakura (1256-1284), il repoussa les invasions des Mongols.

TOKUGAWA, clan aristocratique japonais, issu des Minamoto et qui constitua la troisième, la dernière et la plus importante des dynasties shogunales (1603-1867).

TOKUGAWA IEYASU (1542-1616), fondateur de la dynastie des Tokugawa. Il se proclama shogun héréditaire (1603) après avoir vaincu les fidèles de Toyotomi Hideyoshi.

TOKUSHIMA, v. du Japon (Shikoku) ; 263 356 h. Centre industriel. Château et jardin du XVIe s.

TŌKYŌ, anc. **Edo** ou **Yedo,** cap. du Japon (Honshū), port au fond d'une baie du Pacifique ; 11 855 563 h. Grand centre administratif, culturel, commercial et industriel. Beaux jardins paysagers. Musées, dont le riche Musée national. Centre olympique et autres édifices dus à Tange Kenzō. — Dotée d'un château en 1457, la ville devint la capitale du Japon en 1868. Détruite par le séisme de 1923, reconstruite, elle fut bombardée par l'aviation américaine en 1945 (« typhon de feu » du 9-10 mars).

TOLBIAC, v. de l'anc. Gaule (auj. **Zülpich,** à l'ouest de Bonn). Les Francs du Rhin y remportèrent une victoire sur les Alamans en 496.

TOLBOUKHINE (Fedor Ivanovitch), maréchal soviétique (Androniki 1894 - Moscou 1949). Il se distingua à Stalingrad (1942), entra à Sofia et à Belgrade (1944), puis en Autriche (1945).

TOLEARA ou **TOLIARA,** anc. **Tuléar,** port de Madagascar, sur le canal de Mozambique ; 49 000 h.

TOLÈDE, en esp. **Toledo,** v. d'Espagne, cap. de Castille-La Manche et ch.-l. de prov., sur le Tage ; 59 802 h. Centre touristique. Archevêché. Importants vestiges mauresques. Églises mudéjares, cathédrale gothique (œuvres d'art) et autres édifices religieux. Musées, dont celui de l'hôpital de la S. Cruz, par E. Egas ; maison du Greco. Armes blanches renommées. — Cap. des Wisigoths (v. 554), siège de nombreux conciles, Tolède fut conquise par les Arabes en 711. Reprise par Alphonse VI de León et Castille en 1085, elle fut la capitale des rois castillans, puis de l'Espagne jusqu'en 1561.

TOLEDO, port des États-Unis (Ohio), sur le Maumee ; 332 943 h. Centre industriel, universitaire. Musée d'art.

Tolentino *(traité de)* [19 févr. 1797], traité signé par Bonaparte et le pape Pie VI, à Tolentino, dans les Marches, et qui consacrait la réunion d'Avignon à la France.

TOLIATTI ou **TOGLIATTI,** anc. **Stavropol,** v. de Russie, sur la Volga ; 630 000 h. Construction automobile.

TOLIMA *(Nevado del),* volcan des Andes de Colombie ; 5 215 m.

TOLKIEN (John Ronald Reuel), écrivain britannique (Bloemfontein, Afrique du Sud, 1892 - Bournemouth 1973). Il est l'auteur d'une épopée fantastique, qui est une démystification du genre (*le Seigneur des anneaux,* 1954-55).

Tolède : l'église Santa María la Blanca, ancienne synagogue (reconstruite au XIIIe s.).

TOLLAN → *Tula.*

TOLMAN (Edward Chace), psychologue américain (West Newton, Massachusetts, 1886 - Berkeley 1959). Il perfectionna le béhaviorisme à l'aide du concept de but que se propose tout être vivant dans son comportement. (*Purposive Behavior in Animals and Men,* 1932.)

TOLSTOÏ (Alekseï Nikolaïevitch), écrivain russe (Nikolaïevsk 1883 - Moscou 1945), auteur de récits qui peignent la vie des intellectuels russes pendant la révolution *(le Chemin des tourments)* et de romans historiques *(le Pain, Ivan le Terrible).*

TOLSTOÏ (Lev [en fr. **Léon**] Nikolaïevitch, *comte*), écrivain russe (Iasnaïa Poliana, gouvern. de Toula, 1828 - Astapovo, gouvern. de Riazan, 1910). Son œuvre, qui présente de la société et de l'âme russes une peinture d'une étonnante diversité, est au fond une tentative d'analyse personnelle et d'ascèse, à la lumière d'élans mystiques et de refus contestataires qui firent de lui l'idole de la jeunesse russe (*Guerre* et Paix,* 1865-1869 ; *Anna* Karenine,* 1875-1877 ; *la Sonate à Kreutzer,* 1890 ; *Résurrection,* 1899).

TOLTÈQUES, peuple indien, qui s'installa vers le milieu du Xe s. au N. de l'actuelle Mexico, et domina tout le Mexique central avec, jusqu'aux alentours de 1160, Tula pour capitale. Ses vestiges participent de conceptions architecturales neuves : temple vaste où est accueilli le guerrier, glorifié par une sculpture austère et rigide. Guerre et mort inspirent et hantent cet art, jusque dans son répertoire décoratif qui associe aigle et jaguar, symboles, comme plus tard chez les Aztèques, des ordres militaires.

TOLUCA ou **TOLUCA DE LERDO,** v. du Mexique, cap. de l'État de Mexico ; 487 630 h. Centre industriel.

TOMAKOMAI, port du Japon (Hokkaidō) ; 160 118 h.

TOMAR, v. du Portugal (Estrémadure) ; 14 003 h. Ce fut le siège principal des Templiers (église et couvent des XIIe-XVIe s.).

TOMBLAINE (54510), ch.-l. de c. de Meurthe-et-Moselle, banlieue de Nancy ; 8 369 h.

TOMBOUCTOU, v. du Mali ; 20 000 h. Centre commercial près du Niger. Mosquée du XIVe s. Fondée probablement v. 1100, la ville devint aux XVe-XVIe s. un important centre religieux et intellectuel. Elle fut visitée par R. Caillié en 1828.

TOMES ou **TOMIS,** en lat. **Tomi,** anc. cité grecque de la côte occidentale du Pont-Euxin, où Ovide mourut en exil. (C'est l'actuelle **Constanța,** en Roumanie.)

TOMMASO da Celano → ***Thomas de Celano.***

TOMSK, v. de Russie, en Sibérie occidentale, sur le *Tom* (827 km, affl. de droite de l'Ob) ; 502 000 h. Université. Pétrochimie.

TONGA, anc. **îles des Amis,** archipel de Polynésie ; 700 km² ; 110 000 h. CAP. *Nukualofa.* LANGUES : *anglais* et *tongan.* MONNAIE : *paanga.* Découvertes en 1616, les îles Tonga, monarchie polynésienne, protectorat britannique en 1900, sont devenues, en 1970, indépendantes dans le cadre du Commonwealth. (V. carte ***Océanie.***)

Quarante-Sixième Relais : Kameyama.
Une des estampes de la suite (1833-34) d'Hiroshige : *Cinquante-Trois Relais du* ***Tōkaidō.***
(MOA Museum of Art, Atami.)

Tōkyō : le quartier de Ginza, dans le centre de la ville.

Léon **Tolstoï**
(I.N. Kramskoï - galerie Tretiakov, Moscou)

TONGHUA ou **T'ONG-HOUA,** v. de la Chine du Nord-Est (Jilin) ; 158 000 h. Centre industriel.

TONG K'I-TCH'ANG → ***Dong Qichang.***

TONGRES, en néerl. **Tongeren,** v. de Belgique, ch.-l. d'arr. du Limbourg ; 29 451 h. Anc. ville romaine. Basilique médiévale Notre-Dame (trésor). Musées.

TONG-T'ING → ***Dongting.***

TONG YUAN → ***Dong Yuan.***

TONKIN, région du nord du Viêt Nam, correspondant au delta du Sông Hông (fleuve Rouge) et aux montagnes qui l'entourent. Le delta est très densément peuplé ; l'endiguement et l'irrigation y permettent la culture intensive du riz.

TONLÉ SAP, lac du Cambodge, qui s'écoule vers le Mékong (dont il reçoit des eaux lors des crues). Sa superficie varie de 2 700 km^2 à 10 000 km^2. Pêche.

TONNAY-BOUTONNE (17380), ch.-l. de c. de la Charente-Maritime, sur la *Boutonne ;* 1 093 h. *(Boutonnais).* Porte fortifiée du XIVe s.

TONNAY-CHARENTE (17430), ch.-l. de c. de la Charente-Maritime ; 6 941 h. *(Tonnacquois).* Port sur la Charente. Engrais.

TONNEINS [-nɛ̃s] (47400), ch.-l. de c. de Lot-et-Garonne, sur la Garonne ; 9 643 h. *(Tonneinquais).* Tabac.

TONNERRE (89700), ch.-l. de c. de l'Yonne, dans le *Tonnerrois,* sur l'Armançon ; 6 257 h. *(Tonnerrois).* Électronique. Hôpital fondé en 1293 (salle monumentale ; Mise au tombeau de 1453).

TÖNNIES (Ferdinand), sociologue allemand (Riep, auj. Oldenswort, Schleswig, 1855 - Kiel 1936), auteur de *Gemeinschaft und Gesellschaft* (1887), ouvrage dans lequel il distingue le lien social de type naturel et organique *(communauté)* et celui qui est dirigé vers un objectif *(société).*

TOPEKA, v. des États-Unis, cap. du Kansas, sur la Kansas River ; 119 883 h.

TOPELIUS (Zacharias), écrivain finlandais d'expression suédoise (Kuddnäs 1818 - Sipoo 1898), adversaire du naturalisme, auteur de poèmes *(Fleurs de la lande)* et de contes.

Topkapı, palais des sultans ottomans construit (XVe-XIXe s.) à Istanbul, devenu l'un des plus riches musées d'art islamique.

TOPOR (Roland), dessinateur et écrivain français d'origine polonaise (Paris 1938). Dans ses dessins et ses albums, il développe, à travers l'anachronisme du style, un humour décapant fondé sur le fantasme et l'absurde.

TOR → ***Thor.***

Torah, Tora ou Thora (la), nom donné dans le judaïsme aux cinq premiers livres de la Bible, ou Pentateuque, qui contiennent l'essentiel de la Loi mosaïque. Dans le langage courant, ce terme désigne l'ensemble de la Loi juive.

TORBAY, station balnéaire de la Grande-Bretagne (Devon), sur la Manche ; 116 000 h.

TORCELLO, petite île de la lagune de Venise. Cathédrale des VIIe-XIe s., de style vénéto-byzantin (mosaïques des XIIe-XIIIe s.).

TORCY (77200), ch.-l. de c. de Seine-et-Marne ; 18 704 h.

TORCY (Jean-Baptiste **Colbert,** *marquis* **de**), diplomate français (Paris 1665 - *id.* 1746), fils de Charles Colbert de Croissy*. Ayant succédé à son père comme secrétaire d'État aux Affaires étrangères (1696), il prit une grande part aux négociations qui précédèrent l'ouverture de la guerre de la Succession d'Espagne, puis à celles du traité d'Utrecht (1713). Le Régent l'écarta en 1715.

Tordesillas *(traité de)* [7 juin 1494], traité signé à Tordesillas (Vieille-Castille) entre l'Espagne et le Portugal, fixant la ligne de démarcation séparant les possessions coloniales des deux pays à 370 lieues à l'ouest des îles du Cap-Vert.

TORELLI (Giuseppe), violoniste et compositeur italien (Vérone 1658 - Bologne 1709), un des créateurs dans le domaine du concerto grosso, dont il imposa le cadre, et de la sonate.

TOREZ ou **THOREZ,** anc. **Tchistiakovo,** v. d'Ukraine, dans le Donbass ; 116 000 h. Centre houiller.

TORGAU, v. d'Allemagne (Saxe), sur l'Elbe ; 22 742 h. Château Renaissance. Point de jonction entre les armées soviétique et américaine (25 avr. 1945).

TORHOUT, v. de Belgique (Flandre-Occidentale) ; 18 166 h.

TORIGNI-SUR-VIRE (50160), ch.-l. de c. de la Manche ; 2 735 h.

TORNE (le), fl. de Laponie, qui rejoint le golfe de Botnie ; 510 km. Il sépare la Suède et la Finlande.

TORONTO, v. du Canada, cap. de la prov. d'Ontario, sur le lac de ce nom, et principale agglomération du Canada ; 635 395 h. (3 550 733 h. dans l'agglomération). Archevêché. Universités. Centre financier, commercial et industriel. Musées.

Toronto : l'hôtel de ville, construit par Viljo Revell (1958).

TORQUEMADA (Juan **de**), cardinal et dominicain espagnol (Valladolid 1388 - Rome 1468), auteur d'une *Summa de Ecclesia* (1448-49) qui est une apologie du pouvoir pontifical. — Son neveu **Tomás de Torquemada,** dominicain espagnol (Valladolid 1420 - Ávila 1498), inquisiteur général pour toute la péninsule Ibérique (1483), est resté célèbre pour son intolérance et sa rigueur. Son *Instruction* (1484) servit de base au droit propre de l'Inquisition.

TORRANCE, v. des États-Unis (Californie) ; 130 000 h.

TORRE ANNUNZIATA, v. d'Italie (Campanie), sur le golfe de Naples ; 50 346 h. Station balnéaire et thermale. Ruines d'Oplontis (villas romaines).

TORRE DEL GRECO, v. d'Italie (Campanie), sur le golfe de Naples ; 101 456 h.

TORREMOLINOS, station balnéaire d'Espagne, sur la Costa del Sol ; 27 543 h.

TORREÓN, v. du nord du Mexique ; 459 809 h.

TORRES *(détroit de),* bras de mer entre l'Australie et la Nouvelle-Guinée, reliant le Pacifique à l'océan Indien.

TORRES (Luis **Váez de**), navigateur espagnol du XVIIe s. Il découvrit en 1606 le détroit qui porte son nom, entre la Nouvelle-Guinée et l'Australie.

TORRES QUEVEDO (Leonardo), ingénieur et mathématicien espagnol (Santa Cruz, près de Santander, 1852 - Madrid 1936), auteur de travaux sur les machines à calculer et les automates. L'un des premiers, il utilisa les ondes hertziennes pour la commande à distance.

TORRES VEDRAS, v. du Portugal, au nord de Lisbonne ; 13 300 h. Clef des fortifications établies par Wellington pour couvrir Lisbonne en 1810.

TORRICELLI (Evangelista), mathématicien et physicien italien (Faenza 1608 - Florence 1647), un des élèves de Galilée. Il énonça implicitement le principe de la conservation de l'énergie et découvrit les effets de la pression atmosphérique. En 1644, il calcula l'aire de la cycloïde.

TORRINGTON (George **Byng,** *vicomte* **de**), amiral anglais (Wrotham 1663 - Southill 1733). Il détruisit la flotte espagnole au large du cap Passero (1718).

TORSTENSSON (Lennart), *comte* **d'Ortala,** maréchal suédois (château de Torstena 1603 - Stockholm 1651). Il s'illustra dans la guerre de Trente Ans (victoires de Breitenfeld [1642] et de Jankowitz [1645]).

TORTELIER (Paul), violoncelliste et chef d'orchestre français (Paris 1914 - Villarceaux, Val-d'Oise, 1990). Il a été professeur au Conservatoire de Paris (1957-1969) et a écrit une méthode, *How I Play, How I Teach.*

TORTUE *(île de la),* île au nord d'Haïti, anc. base des boucaniers, française de 1665 à 1804.

TORUŃ, v. de Pologne, ch.-l. de voïévodie, sur la Vistule ; 202 000 h. Nombreux monuments et maisons d'époque gothique. Ville fondée en 1233 par les chevaliers Teutoniques, elle appartint à la Hanse puis fut annexée par la Pologne (1454).

TORY (Geoffroy), typographe, graveur et écrivain français (Bourges v. 1480 - Paris apr. 1533). Il réforma l'art typographique. On lui doit *le Champfleury,* traité de calligraphie et de typographie.

TOSA, lignée de peintres japonais dont l'origine remonte au XIVe s. et qui maintint (avec brio pendant les XVe et XVIe s., puis avec formalisme jusqu'au XIXe s.) la tradition de la peinture profane nippone, ou *yamato-e,* à la cour de Kyōto. Son principal représentant, **Tosa Mitsunobu** (v. 1430 - 1522), fut le créateur de ce style nouveau, dû à l'association de coloris vifs et de jeux d'encre.

Tosca, opéra en 3 actes de Giacomo Puccini, sur un livret de G. Giacosa et L. Illica (Rome, 1900), d'après la pièce de V. Sardou, représentée en 1887.

TOSCANE, région de l'Italie centrale (comprenant les provinces d'Arezzo, Florence, Grosseto, Livourne, Lucques, Massa e Carrara, Pise, Pistoia et Sienne) ; 23 000 km^2 ; 3 510 114 h. *(Toscans).* Cap. *Florence.*

HISTOIRE

1115 : la comtesse Mathilde lègue la Toscane à la papauté. XIIe-XIVe s. : à la faveur des luttes d'influence entre papauté et Empire, des républiques urbaines se développent (Florence, Sienne, Pise, Lucques). 1569 : le grand-duché de Toscane est constitué au profit des Médicis. 1737 : à la mort de Jean-Gaston de Médicis, la Toscane passe dans la mouvance des Habsbourg. 1807 : Napoléon Ier réunit la Toscane à la France et la confie à sa sœur Élisa. 1814 : retour du grand-duc autrichien Ferdinand III. 1848-49 : échec de la révolution (restauration du grand-duc Léopold II). 1859 : le dernier grand-duc, Léopold II, est chassé du pays. 1860 : la Toscane se rattache au Piémont.

TOSCANINI (Arturo), chef d'orchestre italien (Parme 1867 - New York 1957). Directeur de la Scala de Milan (1898-1903 ; 1920-1929), du Metropolitan Opera de New York, puis de l'Orchestre symphonique de New York, il assura la création de beaucoup d'œuvres lyriques de son temps.

Total → ***C.F.P.***

TÔTES (76890), ch.-l. de c. de la Seine-Maritime ; 1 062 h.

TOTILA ou **BADUILA** (m. à Caprara en 552), roi des Ostrogoths (541-552). Malgré Bélisaire, il s'installa à Rome (549) et étendit sa domination sur l'Italie du Sud, la Sicile, la Sardaigne et la Corse. Mais Narsès le défit et il fut tué.

TOTLEBEN ou **TODLEBEN** (Edouard Ivanovitch), ingénieur et général russe (Mitau 1818 - Bad Soden 1884). Il dirigea la défense de Sébastopol (1855), puis le siège de Plevna (1877).

TOTO (Antonio **de Curtis Gagliardi Ducas Comneno di Bisanzio,** dit), acteur italien (Naples 1898 - Rome 1967). Il fut, à la scène et sur l'écran (série des *Toto*), l'un des acteurs comiques les plus populaires d'Italie.

TOTONAQUES, peuple indien anciennement établi dans la région du golfe du Mexique, actuellement localisé dans celle d'Oaxaca et dans les États de Veracruz et de Puebla (Mexique). La civilisation totonaque atteignit son apogée à l'époque classique (250 - 900 apr. J.-C.) avec le centre cérémoniel d'El Tajín*. Dominés par les Aztèques, les Totonaques s'allièrent aux colons espagnols, mais, affaiblis, ils déclinèrent après la conquête. Une architecture élaborée (pyramides, plates-formes, palais et terrains de jeux de balles) voisine avec une sculpture sur pierre au décor exubérant, et une céramique dominée par des figurines souriantes.

TOTTORI, v. du Japon (Honshū) ; 142 467 h.

TOUAREG, peuple nomade, de langue berbère et de religion musulmane. Il se divise en deux groupes, les *Touareg sahariens* (Sud algérien) et les *Touareg sahéliens* (régions septentrionales du Sahel malien et nigérien). Ils ont inventé un alphabet pour transcrire leur langue, le tifinagh. Ils formèrent des confédérations qui résistèrent longtemps à la colonisation, grâce à leurs pratiques nomades et guerrières (razzia).

TOUAT (le), groupe d'oasis du Sahara algérien. Ch.-l. *Adrar.*

TOUBKAL *(djebel),* sommet du Haut Atlas (Maroc), point culminant de l'Afrique du Nord ; 4 165 m.

TOUBOU, ensemble politique et religieux, qui regroupe des éléments de plusieurs peuples musulmans nomadisant dans l'Aïr et le Tibesti principalement.

TOUCOULEUR, peuple de la vallée du Sénégal, islamisé depuis le XIe s.

TOUCY (89130), ch.-l. de c. de l'Yonne ; 2 734 h. Patrie de Pierre Larousse.

TOUEN-HOUANG → ***Dunhuang.***

TOU FOU → ***Du Fu.***

TOUGGOURT, oasis du Sahara algérien ; 76 000 h. Centre commercial et touristique.

TOU-K'EOU → ***Dukou.***

TOUKHATCHEVSKI (Mikhaïl Nikolaïevitch), maréchal soviétique (Aleksandrovskoïe, gouvern. de Smolensk, 1893 - Moscou 1937). Ancien officier tsariste, il commanda le front ouest contre les Polonais (1920). Chef d'état-major général (1925-1928), adjoint au commissaire du peuple à la Défense (1931), fait maréchal en 1935, il fut un des créateurs de l'Armée rouge. Accusé de trahison en 1937, il fut fusillé. Il a été réhabilité en 1961.

TOUL (54200), ch.-l. d'arr. de Meurthe-et-Moselle, sur la Moselle et le canal de la Marne au Rhin ; 17 702 h. *(Toulois).* Pneumatiques. Anc. cathédrale des XIIIe-XVIe s. — Toul fut l'un des *Trois-Évêchés* lorrains, indépendants du duc de Lorraine. En 1552, Henri II l'occupa grâce à François de Guise ; le traité de Westphalie (1648) en confirma la possession à la France.

TOULA, v. de Russie, au sud de Moscou ; 540 000 h. Centre industriel.

TOULON, ch.-l. du dép. du Var, à 840 km au sud-est de Paris, sur la Méditerranée *(rade de Toulon)* ; 170 167 h. [plus de 430 000 h. dans l'agglomération] *(Toulonnais).* Siège de région maritime. Base navale. Centre administratif et commercial. Armement. Musées. — En 1793, les royalistes livrèrent le port aux Anglais, mais Dugommier, aidé de Bonaparte, le leur reprit. Le 27 nov. 1942, la flotte française s'y saborda pour ne pas tomber entre les mains des Allemands.

TOULON-SUR-ARROUX (71320), ch.-l. de c. de Saône-et-Loire ; 1 877 h.

TOULOUGES (66350), ch.-l. de c. des Pyrénées-Orientales ; 4 970 h.

TOULOUSE, anc. cap. du Languedoc, ch.-l. de la Région Midi-Pyrénées et du dép. de la Haute-Garonne, sur la Garonne, à 679 km au sud de Paris ; 365 933 h. *(Toulousains)* [env. 650 000 h. avec les banlieues]. Archevêché. Cour d'appel. Académie et université. Écoles aéronautiques. Centre commercial et industriel (constructions aéronautiques, chimie, etc.). Académie des jeux Floraux. — Basilique romane St-Sernin, vaste église de pèlerinage consacrée en 1096 (sculptures, peintures murales) ; cathédrale gothique ; église des Jacobins (XIIIe-XIVe s.) ; hôtels de la Renaissance ; Capitole (XVIIIe s.) ; etc. Musées, dont celui des Augustins (sculpture languedocienne ; peinture) et le musée Saint-Raymond (archéologie gauloise et romaine). — Capitale des Volques Tectosages, romaine à partir de 120 / 100 av. J.-C., Toulouse fut capitale du royaume wisigothique (Ve s.) puis du royaume franc d'Aquitaine et enfin du comté de Toulouse (IXe s.). Elle eut à souffrir lors de la croisade contre les albigeois (XIIIe s.), et Simon de Montfort fut tué en faisant le siège de la ville (1218). L'ordre des Dominicains et une université (1229) y furent fondés pour combattre l'hérésie. Le puissant comté de Toulouse, dont le fondateur fut Raimond Ier (852-864) et qui atteignit aux confins de la Provence, fut incorporé au domaine royal en 1271.

Toulouse : la basilique Saint-Sernin (XIe-XIIIe s.) [vue du chevet].

TOULOUSE (Louis Alexandre **de Bourbon,** *comte* **de**), prince français (Versailles 1678 - Rambouillet 1737), troisième fils de Louis XIV et de Mme de Montespan. Amiral de France (1683), il joua un rôle politique au début de la Régence et tint, avec son épouse Marie Victoire Sophie de Noailles, un salon brillant dans son château de Rambouillet.

TOULOUSE-LAUTREC (Henri **de**), peintre et lithographe français (Albi 1864 - château de Malromé, Gironde, 1901). Il a peint des scènes de music-hall et de divers lieux de plaisir parisiens, des portraits, etc. C'est un dessinateur au trait synthétique et fulgurant, et l'un des pères de l'affiche moderne (*la Goulue au Moulin-Rouge,* 1891). Une partie de son œuvre est conservée au musée d'Albi.

Toulon : vue de la place de la Liberté.

Tourgueniev
(I.I. Repine - galerie Tretiakov, Moscou)

TOUNGOUSES ou **TOUNGOUZES,** peuple d'Asie orientale, disséminé à travers toute la Sibérie orientale, de l'Ienisseï au Pacifique (Russie et Chine du Nord-Est).

TOUNGOUSKA, nom de trois riv. de la Sibérie, affl. de l'Ienisseï (r. dr.) : la *Toungouska inférieure* (2 989 km), la *Toungouska moyenne* ou *pierreuse* (1 865 km), la *Toungouska supérieure* ou Angara.

Toungouska *(cataclysme de la),* cataclysme survenu le 30 juin 1908 dans la région de la Toungouska pierreuse, en Sibérie centrale, à 800 km au nord-ouest du lac Baïkal. Il semble avoir été provoqué par l'explosion dans la haute atmosphère d'un fragment de noyau cométaire.

TOUQUES (la), fl. côtier de Normandie, qui se jette dans la Manche à Trouville ; 108 km.

TOUQUET-PARIS-PLAGE (Le) [62520], comm. du Pas-de-Calais ; 5 863 h. Station balnéaire. Thalassothérapie. Aérodrome.

TOURAINE, région du sud-ouest du Bassin parisien, de part et d'autre de la vallée de la Loire, ayant formé le dép. d'Indre-et-Loire. (Hab. *Tourangeaux.*) La Touraine fut annexée au domaine royal en 1259 (traité de Paris).

TOURAINE (Alain), sociologue français (Hermanville-sur-Mer, Calvados, 1925). Il s'est intéressé à la sociologie du travail (*la Conscience ouvrière,* 1966), puis à la sociologie générale (*Production de la société,* 1973).

TOURANE → ***Da Nang.***

TOURCOING (59200), ch.-l. de c. du Nord ; 94 425 h. *(Tourquennois).* Textile. Électronique. Musée des Beaux-Arts.

Tour de France, course cycliste annuelle par étapes (suivant approximativement initialement le contour de la France), créée en 1903. — Un *Tour de France féminin* (plus court) est disputé depuis 1984.

TOUR-DU-PIN (La) [38110], ch.-l. d'arr. de l'Isère, sur la Bourbre ; 6 926 h. *(Turripinois).* Chaussures. Textile.

TOURÉ (Sékou), homme politique guinéen (Faranah 1922 - Cleveland, Ohio, 1984). Président de la Confédération générale des travailleurs d'Afrique noire (1956), il refusa l'entrée de la Guinée dans la Communauté et la fit accéder à l'indépendance (1958). Il exerça un pouvoir dictatorial jusqu'à sa mort.

TOURFAN, oasis de la Chine (Xinjiang), anc. étape sur la route de la soie*. Mosquée (XVIIIe s.). Dans les env., grottes « des Mille Bouddhas », ensemble monastique (VIe-Xe s.), et vestiges des anc. cités caravanières de Yar (Jiahoe) et Kotcho (Gaochang).

TOURGUENIEV (Ivan Sergueïevitch), écrivain russe (Orel 1818 - Bougival 1883). Auteur de romans et de nouvelles (*Récits d'un chasseur,* 1852 ; *Pères et fils,* 1862 ; *les Eaux printanières,* 1872), de pièces de théâtre (*Un mois à la campagne,* 1879), il est l'écrivain russe le plus influencé par la pensée occidentale.

TOURLAVILLE (50110), ch.-l. de c. de la Manche, banlieue de Cherbourg ; 17 733 h. Constructions électriques. Château du XVIe s.

TOURMALET *(col du),* col routier des Pyrénées françaises, reliant la vallée de Campan à celle de Gavarnie ; 2 115 m.

TOURNAI, en néerl. **Doornik,** v. de Belgique, ch.-l. d'arr. du Hainaut ; 67 732 h. Centre industriel. Imposante cathédrale romane et gothique (trésor) et autres églises. Musées. Production de tapisseries aux XVe-XVIIIe s., de porcelaines aux XVIIIe et XIXe s. Capitale des Nerviens, Tournai fut au Ve s. celle des rois mérovingiens et eut un évêché dès le VIe s. Elle connut une grande prospérité durant tout le XVe s. grâce à la tapisserie de haute lisse.

TOURNAN-EN-BRIE (77220), ch.-l. de c. de Seine-et-Marne ; 5 592 h. Turbine à gaz pour la production d'électricité.

TOURNAY [-naj] (65190), ch.-l. de c. des Hautes-Pyrénées, sur l'Arros ; 1 130 h.

TOURNEFEUILLE (31170), comm. de la Haute-Garonne ; 16 696 h.

TOURNEFORT (Joseph **Pitton de**), botaniste et voyageur français (Aix-en-Provence 1656 - Paris 1708). Sa classification du règne végétal fait de lui le précurseur de Linné.

Le palmarès du Tour de France

Année	*Vainqueur*
1903	M. Garin (Fr.)
1904	H. Cornet (Fr.)
1905	L. Trousselier (Fr.)
1906	R. Pottier (Fr.)
1907	L. Petit-Breton (Fr.)
1908	L. Petit-Breton (Fr.)
1909	F. Faber (Lux.)
1910	O. Lapize (Fr.)
1911	G. Garrigou (Fr.)
1912	O. Defraye (Belg.)
1913	Ph. Thys (Belg.)
1914	Ph. Thys (Belg.)
1919	F. Lambot (Belg.)
1920	Ph. Thys (Belg.)
1921	L. Scieur (Belg.)
1922	F. Lambot (Belg.)
1923	H. Pélissier (Fr.)
1924	O. Bottecchia (It.)
1925	O. Bottecchia (It.)
1926	L. Buysse (Belg.)
1927	N. Frantz (Lux.)
1928	N. Frantz (Lux.)
1929	M. De Waele (Belg.)
1930	A. Leducq (Fr.)
1931	A. Magne (Fr.)
1932	A. Leducq (Fr.)
1933	G. Speicher (Fr.)
1934	A. Magne (Fr.)
1935	R. Maes (Belg.)
1936	S. Maes (Belg.)
1937	R. Lapébie (Fr.)
1938	G. Bartali (It.)
1939	S. Maes (Belg.)
1947	J. Robic (Fr.)
1948	G. Bartali (It.)
1949	F. Coppi (It.)
1950	F. Kubler (S.)
1951	H. Koblet (S.)
1952	F. Coppi (It.)
1953	L. Bobet (Fr.)
1954	L. Bobet (Fr.)
1955	L. Bobet (Fr.)
1956	R. Walkowiak (Fr.)
1957	J. Anquetil (Fr.)
1958	Ch. Gaul (Lux.)
1959	F. Bahamontes (Esp.)
1960	G. Nencini (It.)
1961	J. Anquetil (Fr.)
1962	J. Anquetil (Fr.)
1963	J. Anquetil (Fr.)
1964	J. Anquetil (Fr.)
1965	F. Gimondi (It.)
1966	L. Aimar (Fr.)
1967	R. Pingeon (Fr.)
1968	J. Janssen (P.-B.)
1969	E. Merckx (Belg.)
1970	E. Merckx (Belg.)
1971	E. Merckx (Belg.)
1972	E. Merckx (Belg.)
1973	L. Ocaña (Esp.)
1974	E. Merckx (Belg.)
1975	B. Thévenet (Fr.)
1976	L. Van Impe (Belg.)
1977	B. Thévenet (Fr.)
1978	B. Hinault (Fr.)
1979	B. Hinault (Fr.)
1980	J. Zoetemelk (P.-B.)
1981	B. Hinault (Fr.)
1982	B. Hinault (Fr.)
1983	L. Fignon (Fr.)
1984	L. Fignon (Fr.)
1985	B. Hinault (Fr.)
1986	G. LeMond (É.-U.)
1987	S. Roche (Irl.)
1988	P. Delgado (Esp.)
1989	G. LeMond (É.-U.)
1990	G. LeMond (É.-U.)
1991	M. Indurain (Esp.)
1992	M. Indurain (Esp.)
1993	M. Indurain (Esp.)
1994	M. Indurain (Esp.)
1995	M. Indurain (Esp.)

TOURNEMINE (René Joseph **de**), jésuite français (Rennes 1661 - Paris 1739). Il dirigea de 1704 à 1718 le *Journal de Trévoux.*

TOURNEMIRE (Charles), compositeur et organiste français (Bordeaux 1870 - Arcachon 1939). Élève de Franck, il a laissé de la musique de chambre, huit symphonies et un important recueil de musique pour orgue *(l'Orgue mystique).*

TOURNEUR (Cyril), auteur dramatique anglais (v. 1575 - Kinsale, Irlande, 1626), qui illustre le goût pour l'horreur du théâtre élisabéthain *(la Tragédie du vengeur).*

TOURNIER (Michel), écrivain français (Paris 1924), auteur de romans (*Vendredi ou les Limbes du Pacifique,* 1967 ; *le Roi des Aulnes,* 1970 ; *les Météores,* 1975) et de nouvelles.

TOURNON (François **de**), prélat et homme d'État français (Tournon 1489 - Paris 1562). Cardinal en 1530, il joua un rôle politique important sous le règne de François Ier, fut un adversaire déterminé de la Réforme et le fondateur du collège de Tournon (1536) dont il confia la direction aux jésuites (1560).

TOURNON-SAINT-MARTIN (36220), ch.-l. de c. de l'Indre, sur la Creuse ; 1 387 h.

TOURNON-SUR-RHÔNE (07300), anc. **Tournon,** ch.-l. d'arr. de l'Ardèche ; 10 165 h. *(Tournonais).* Château des XVe-XVIe s. et autres monuments.

TOURNUS [-ny] (71700), ch.-l. de c. de Saône-et-Loire, sur la Saône ; 7 036 h. Articles ménagers. Remarquable église romane St-Philibert, avec narthex à étages des environs de l'an 1000. Musée bourguignon et musée Greuze.

TOURNY (Louis, *marquis* **de**), administrateur français (Paris 1695 - *id.* 1760). Intendant du Limousin (1730), puis de la Guyenne (1743-1757), il a embelli Bordeaux.

TOUROUVRE (61190), ch.-l. de c. de l'Orne, dans le Perche ; 1 643 h.

TOURS [tur], anc. cap. de la Touraine, ch.-l. du dép. d'Indre-et-Loire, sur la Loire, à 225 km au sud-ouest de Paris ; 133 403 h. (plus de 280 000 h. avec les banlieues) [*Tourangeaux*]. Archevêché. Université. Industries mécaniques, électriques et chimiques. École d'application du train. Base aérienne militaire. — La ville conserve des églises, de vieux hôtels et la cathédrale St-Gatien (XIIIe-XVIe s.). Musées des Beaux-Arts, du Compagnonnage, etc. — Le rayonnement de saint Martin (m. en 397) et de l'abbaye qui porte son nom fit de Tours un des premiers centres religieux de la Gaule. Des états généraux y furent convoqués, notamm. en 1484. La ville fut (du 12 sept. au 9 déc. 1870) le siège de la délégation du gouvernement de la Défense nationale (Gambetta).

Tours : la cathédrale Saint-Gatien (XIIIe-XVIe s.).

Tours *(congrès de)* [25-30 déc. 1920], congrès qui marqua la scission entre les socialistes (minoritaires) et les communistes français.

TOURVILLE (Anne **de Cotentin,** *comte* **de**), maréchal de France (Tourville, Manche, 1642 - Paris 1701). Vice-amiral, il vainquit la flotte anglo-hollandaise à Beachy Head (1690), essuya un échec près de la Hougue (1692), mais remporta en 1693 la bataille du cap Saint-Vincent.

TOUSSAINES *(signal de),* point culminant de la Bretagne, dans les monts d'Arrée ; 384 m.

TOUSSAINT LOUVERTURE, homme politique et général haïtien (Saint-Domingue 1743 - fort de Joux, près de Pontarlier, 1803). Après avoir rallié le gouvernement français qui venait d'abolir l'esclavage (1794), il proclama son intention d'établir une république noire. Maître de l'île en 1801, il capitula devant l'expédition de Leclerc, et mourut interné en France.

TOUSSUIRE (la) [73300 Fontcouverte la Toussuire], station de sports d'hiver de Savoie (alt. 1 700-2 235 m), au sud-ouest de Saint-Jean-de-Maurienne.

TOUSSUS-LE-NOBLE (78117), comm. des Yvelines ; 928 h. Aéroport international de tourisme.

TOUTANKHAMON, pharaon de la XVIIIe dynastie (v. 1354-1346 av. J.-C.). Gendre d'Aménophis IV Akhenaton, il dut sous la pression du clergé rétablir le culte du dieu Amon. Mort à 18 ans, il est connu par la découverte (1922) de son riche tombeau, dans la Vallée des Rois.

TOUTATIS → ***Teutatès.***

TOUVA, République de la Fédération de Russie, dans le bassin supérieur de l'Ienisseï (170 500 km² ; 309 000 h. Cap. *Kyzyl*).

TOUVET (**Le**) [38660], ch.-l. de c. de l'Isère, au pied de la Chartreuse ; 2 238 h.

TOWNES (Charles Hard), physicien américain (Greenville, Caroline du Sud, 1915). En 1954, il a réalisé la première émission maser. (Prix Nobel 1964.)

TOWNSVILLE, port d'Australie (Queensland), sur la mer de Corail ; 109 700 h. Métallurgie. Pétrochimie.

TOYAMA, v. du Japon (Honshū), près de la *baie de Toyama* (mer du Japon) ; 321 254 h. Centre commercial et industriel.

TOYNBEE (Arnold), historien britannique (Londres 1889 - York 1975), auteur d'ouvrages sur les civilisations, dont il a établi une théorie cyclique (*Study of History,* 12 vol., 1934-1961).

TOYOHASHI, v. du Japon (Honshū) ; 337 982 h.

TOYONAKA, v. du Japon (Honshū), banlieue d'Ōsaka ; 409 837 h.

TOYOTA, v. du Japon (Honshū) ; 332 336 h. Automobiles.

TOYOTOMI HIDEYOSHI, général et homme d'État japonais (Nakamura 1536 - Fushimi 1598). Successeur d'Oda Nobunaga (1582), Premier ministre (1585-1598), il pacifia et unifia le Japon, mais échoua dans ses expéditions en Corée (1592 ; 1597).

TOZEUR, v. de Tunisie, dans une oasis au bord du chott el-Djérid ; 15 000 h. Tourisme.

Tractatus logico-philosophicus, œuvre de Wittgenstein (1921). Cette œuvre, qui cherche à définir un univers logiquement parfait par le langage employé pour le décrire, est à l'origine des idées du cercle de Vienne.

Tractatus theologico-politicus, traité de Spinoza (publié en 1670), dans lequel l'auteur

Toussaint Louverture
(B.N.F., Paris)

fonde les éléments de la critique biblique, et distingue révélation et raison.

Trafalgar *(bataille de)* [21 oct. 1805], victoire navale décisive de Nelson sur une flotte franco-espagnole sous les ordres de Villeneuve, au large du cap de Trafalgar (nord-ouest du détroit de Gibraltar).

Trafalgar Square, place de Londres, près de la Tamise, où a été érigée une colonne en l'honneur de Nelson.

Tragiques (les), poème épique en sept livres, d'Agrippa d'Aubigné (1616), où s'expriment la colère et la foi du militant huguenot.

TRAIT (Le) [76580], comm. de la Seine-Maritime ; 5 501 h. *(Traitons).* Métallurgie.

TRAJAN, en lat. **Marcus Ulpius Traianus** (Italica 53 - Sélinonte de Cilicie 117), empereur romain (98-117), successeur de Nerva. Par la conquête de la Dacie (101-107), il assura la sécurité des frontières sur le Danube et, en Orient (114-116), il lutta contre les Parthes et étendit l'Empire jusqu'à l'Arabie Pétrée, l'Arménie et la Mésopotamie. Il se montra excellent administrateur et fut un grand bâtisseur.

Trajan (Musée archéologique, Venise)

Trajane *(colonne),* colonne triomphale en marbre (diamètre : 4 m), érigée en 113, sur le forum de Trajan à Rome, pour commémorer les victoires (101 et 107) de l'empereur sur les Daces. Prototype de tous les édifices ultérieurs de ce genre, elle porte un décor en bas reliefs (près de 2 500 personnages) qui se déroule en hélice, sur toute la hauteur.

TRAKL (Georg), poète autrichien (Salzbourg 1887 - Cracovie 1914). Influencé par Rimbaud, Hölderlin et les expressionnistes, il est le poète de l'angoisse de la mort et du regret de l'innocence *(Crépuscule et déclin, Sébastien en rêve).*

Tranchée des baïonnettes (la), près de Douaumont, élément d'une tranchée française de la bataille de 1916 où seules émergèrent, après bombardement, les baïonnettes de ses défenseurs.

TRANCHE-SUR-MER (La) [85360], comm. de la Vendée ; 2 079 h. Station balnéaire. Tulipes.

TRANSALAÏ, partie septentrionale, la plus élevée du Pamir.

Transamazoniennes *(routes),* nom donné aux routes ouvertes dans la partie amazonienne du Brésil depuis 1970, et particulièrement à celle qui relie Imperatriz à la frontière péruvienne.

TRANSCAUCASIE, région au sud du Caucase. Elle est composée des trois Républiques de Géorgie, d'Arménie et d'Azerbaïdjan.

Transgabonais, voie ferrée du Gabon reliant l'agglomération de Libreville à Franceville.

TRANSHIMALAYA → ***Himalaya.***

TRANSJORDANIE, anc. État du Proche-Orient. Émirat créé en 1921 et placé sous mandat britannique en 1922, il fut érigé en royaume en 1946. Il devint le royaume de Jordanie* en 1949.

TRANSKEI (le), ancien bantoustan d'Afrique du Sud.

TRANSLEITHANIE, partie de l'Autriche-Hongrie (1867-1918) située à l'est de la Leitha (par opp. à la *Cisleithanie*). Elle comprenait la Hongrie, la Transylvanie et la Croatie-Slavonie.

TRANSNISTRIE, région de la République de Moldavie située sur la rive gauche du Dniestr. Elle est peuplée majoritairement de russophones.

TRANSOXIANE, région d'Asie centrale située au nord-est de l'Oxus (Amou-Daria) dont la ville principale fut Samarkand. Elle correspond à peu près à la Sogdiane.

Transsibérien, grande voie ferrée de Russie reliant Moscou à Vladivostok (9 297 km). Il a été construit entre 1891 et 1916.

TRANSVAAL, anc. prov. d'Afrique du Sud, partie nord-est du pays (v. pr. *Johannesburg* et *Pretoria*), ayant formé en 1994 les provinces du Nord, de Mpumalanga et de Gauteng, et une partie de la province du Nord-Ouest. — Le Transvaal, où les Boers s'installent lors du Grand Trek (1834-1839), obtient son indépendance, reconnue par les Britanniques en 1852. Un État afrikaner, appelé « République d'Afrique du Sud », y est organisé en 1857. Annexée temporairement par les Britanniques (1877-1881), cette république conserve son indépendance jusqu'à la victoire anglaise dans la guerre des Boers (1902). Devenu alors une colonie britannique, le Transvaal adhère à l'Union sud-africaine en 1910.

TRANSYLVANIE, en roumain **Transilvania** ou **Ardeal,** en hongr. **Erdély,** région de la Roumanie située à l'intérieur de l'arc formé par les Carpates *(Transylvaniens).* V. pr. *Braşov, Cluj-Napoca.* — Intégrée au royaume de Hongrie au début du XIe s., la Transylvanie devint une principauté vassale des Ottomans (1526-1691). Annexée par les Habsbourg (1691), elle fut rattachée à la Hongrie (1867). Sa réunion à la Roumanie (1918) fut entérinée par le traité de Trianon (1920).

TRANSYLVANIE *(Alpes de),* partie méridionale des Carpates, entre la Transylvanie et la Valachie ; 2 543 m au *Moldoveanul,* point culminant de la Roumanie.

TRAPANI, port de la Sicile, ch.-l. de prov. ; 69 273 h. C'est l'antique **Drepanum.** Églises allant de l'époque gothique au baroque.

Trappe *(Notre-Dame de la),* abbaye de l'ordre de Cîteaux, fondée en 1140 à Soligny (Orne), réformée par l'abbé Armand de Rancé (1664). C'est l'abbaye mère des cisterciens réformés de la stricte observance, appelés *trappistes.*

TRAPPES (78190), ch.-l. de c. des Yvelines, près de Versailles ; 30 938 h. *(Trappistes).* Gare de triage. Centre météorologique.

TRASIMÈNE *(lac),* lac d'Italie (Ombrie) à l'ouest de Pérouse. Victoire d'Hannibal (217 av. J.-C.) sur le consul romain Caius Flaminius.

TRÁS-OS-MONTES, anc. prov. du Portugal septentrional.

TRAUNER (Alexandre), décorateur de cinéma et de théâtre français d'origine hongroise (Budapest 1906 - Omonville-la-Petite, Manche, 1993). Il a créé les décors de nombreux classiques du cinéma : *le Quai des brumes, les Enfants du paradis, Irma la Douce, Monsieur Klein.*

Travailleurs de la mer (les), roman de Victor Hugo (1866).

travailliste *(parti)* [*Labour Party*], parti socialiste britannique. Fondé en 1893, il prend son nom actuel en 1906. Il est pour la première fois au pouvoir en 1924. Ses principaux leaders ont été : J. Ramsay MacDonald, C. Attlee, H. Gaitskell, H. Wilson, J. Callaghan, M. Foot, Neil Kinnock, John Smith et, depuis 1994, Tony Blair.

TRAVANCORE, région historique de l'Inde, dans le sud de l'État de Kerala.

Travaux et les Jours (les), poème didactique d'Hésiode (VIIIe s. av. J.-C.), édictant des sentences morales et des préceptes d'économie domestique.

Traviata (la), opéra de Giuseppe Verdi (1853), sur un livret de Piave, adaptation de *la Dame aux camélias* d'Alexandre Dumas fils.

TRÈBES (11800), comm. de l'Aude ; 5 683 h.

TRÉBEURDEN (22560), comm. des Côtes-d'Armor ; 3 134 h. Station balnéaire.

TRÉBIE (la), en ital. **Trebbia,** riv. d'Italie, affl. du Pô (r. dr.) ; 115 km. Victoires d'Hannibal sur le consul romain Sempronius Longus (218 av. J.-C.) et en 1799 de Souvorov sur Macdonald.

TRÉBIZONDE, en turc **Trabzon,** port de Turquie, sur la mer Noire ; 143 941 h. Monastères et églises (transformées en mosquées à l'époque ottomane) de style byzantin des XIIIe-XIVe s. — Capitale d'un empire grec (1204-1461) fondé par Alexis et David Comnène, et qui fut en lutte contre les Latins, l'empire de Nicée et les Turcs Seldjoukides, la ville fut conquise par les Ottomans en 1461.

Treblinka, camp d'extermination allemand (1942-1945) situé à 80 km de Varsovie. Près de 750 000 Juifs y périrent.

TŘEBOŇ *(le Maître du retable de),* peintre tchèque, actif à Prague v. 1380-1390, figure majeure de l'art gothique* de son temps (« beau style ») en Europe centrale.

TREFFORT-CUISIAT (01370), ch.-l. de c. de l'Ain ; 1 789 h. Monuments médiévaux.

TRÉFOUËL (Jacques), chimiste et bactériologiste français (Le Raincy 1897 - Paris 1977). Directeur de l'Institut Pasteur (1940-1964), il a étudié le mécanisme d'action des sulfamides. Ses travaux ont permis la découverte de nombreux corps bactériostatiques.

TRÉGASTEL (22730), comm. des Côtes-d'Armor ; 2 236 h. Station balnéaire.

TRÉGORROIS, région de Bretagne (Côtes-d'Armor), à l'ouest de la baie de Saint-Brieuc.

TRÉGUEUX (22950), comm. des Côtes-d'Armor, près de Saint-Brieuc ; 7 019 h.

TRÉGUIER (22220), ch.-l. de c. des Côtes-d'Armor ; 2 961 h. *(Trégorois).* Anc. cathédrale St-Tugdual (XIVe-XVe s.).

TRÉGUNC (29910), comm. du Finistère ; 6 238 h.

TREIGNAC (19260), ch.-l. de c. de la Corrèze ; 1 587 h. Bourg ancien et pittoresque.

Trek *(le Grand)* [1834-1839], mouvement d'émigration des Boers du Cap vers le Vaal et l'Orange à la suite de la poussée des Britanniques en Afrique du Sud.

TRÉLAZÉ (49800), comm. de Maine-et-Loire ; 10 607 h. *(Trélazéens).* Ardoisières.

TRÉLISSAC (24750), comm. de la Dordogne ; 6 807 h.

TRÉLON (59132), ch.-l. de c. du Nord ; 2 975 h. Verrerie.

TREMBLADE (La) [17390], ch.-l. de c. de la Charente-Maritime ; 4 645 h. Parcs à huîtres.

TREMBLAY (Michel), écrivain canadien d'expression française (Montréal 1942), auteur de pièces de théâtre dont le sujet traduit la difficulté d'être des Québécois *(les Belles-Sœurs).*

TREMBLAY-EN-FRANCE, anc. **Tremblay-lès-Gonesse,** ch.-l. de c. de la Seine-Saint-Denis ; 31 432 h. *(Tremblaysiens).* Circuit pour motos.

TRÉMERY (57300), comm. de la Moselle ; 818 h. Industrie automobile.

TRENET (Charles), chanteur français (Narbonne 1913). On lui doit des chansons pleines de poésie et de fantaisie *(Y a de la joie, Douce France, la Mer).*

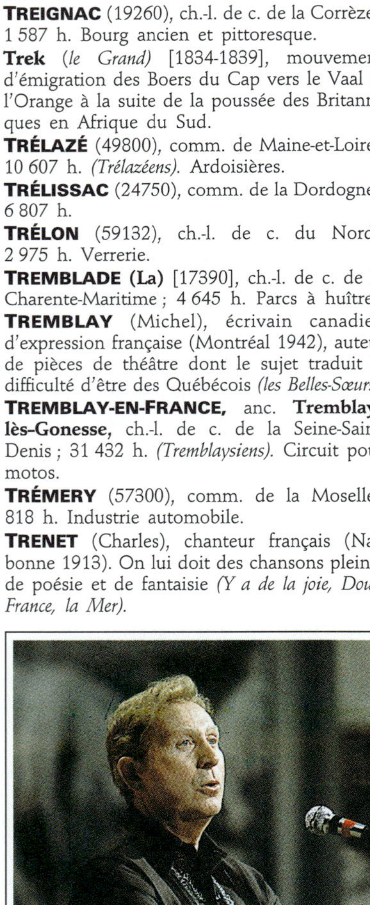

Charles **Trenet**

TRENT (la), riv. d'Angleterre, qui se réunit à l'Ouse pour former le Humber ; 270 km.

TRENTE, en ital. **Trento,** v. d'Italie, cap. du *Trentin-Haut-Adige* et ch.-l. de prov., sur l'Adige ;

101 430 h. Cathédrale romano-gothique des XIIIe-XVIe s. Château du Buonconsiglio (mêmes époques ; musée national du Trentin).

Trente (les), nom donné aux trente membres d'un conseil oligarchique imposé par les Spartiates aux Athéniens (404 av. J.-C.). Ils se signalèrent par leur despotisme et de nombreuses exécutions. Critias en fut l'animateur. Thrasybule les chassa (déc. 404 ou janv. 403), et la démocratie fut rétablie.

Trente *(combat des)* [27 mars 1351], combat entre Français et Anglais, qui se déroula près de Ploërmel, lors de la guerre de la Succession de Bretagne. Il opposa, en combat singulier à la suite du défi lancé aux Anglais par Jean de Beaumanoir, trente combattants désignés pour chaque armée. Les Français furent victorieux.

Trente *(concile de),* concile œcuménique qui se tint à Trente de 1545 à 1547, à Bologne de 1547 à 1549, puis de nouveau à Trente en 1551-52 et en 1562-63, et dont l'histoire fut mouvementée. Convoqué par Paul III en 1545 et clos par Pie IV, il fut la pièce maîtresse de la Réforme catholique (ou Contre-Réforme), par laquelle l'Église romaine opposa aux protestants une révision complète de sa discipline et une réaffirmation solennelle de ses dogmes.

Trente Ans *(guerre de)* [1618-1648], grand conflit religieux et politique qui ravagea l'Europe et surtout le Saint Empire. Elle eut pour causes essentielles l'antagonisme des protestants et des catholiques et les inquiétudes nées en Europe des ambitions de la maison d'Autriche. C'est en Bohême que la lutte éclata, à la suite de la Défenestration de Prague (1618). La guerre de Trente Ans se divise en quatre périodes : la *période palatine* (1618-1623), au cours de laquelle Frédéric, Électeur palatin, élu roi de Bohême, fut vaincu à la Montagne Blanche (1620) et dépouillé de ses États ; — la *période danoise* (1625-1629), pendant laquelle Christian IV de Danemark se mit à la tête des luthériens ; — la *période suédoise* (1630-1635), au cours de laquelle Gustave-Adolphe, vainqueur à Breitenfeld (1631) et au Lech, fut tué à Lützen (1632) ; — la *période française* (1635-1648), ainsi appelée parce que Richelieu, après avoir soutenu secrètement les adversaires de la maison d'Autriche, intervint directement contre elle. Les victoires françaises de Rocroi (1643) puis de Lens (1648) amenèrent les Habsbourg à signer les traités de Westphalie. L'Allemagne sortit ruinée et dévastée de ces trente années de guerre.

Trente Glorieuses (les), nom donné, d'après un ouvrage de J. Fourastié (1979), aux trente années de croissance de l'économie française entre la fin de la Seconde Guerre mondiale et 1975.

TRENTIN, en ital. **Trentino,** région de l'Italie continentale, correspondant à l'actuelle province de Trente et formant, avec le Haut-Adige (prov. de Bolzano), la région historique de la *Vénétie Tridentine.* Cet ensemble, annexé au Tyrol en 1816, et pour lequel l'Italie entra en guerre aux côtés des Alliés en 1915, fit retour à celle-ci par le traité de Saint-Germain-en-Laye (1919). Il constitue auj. la région autonome du *Trentin-Haut-Adige* (13 620 km^2 ; 886 914 h. ; cap. *Trente*), correspondant au bassin supérieur de l'Adige entre l'Ortler, l'Adamello et les Dolomites.

TRENTON, v. des États-Unis, cap. du New Jersey, sur la Delaware ; 88 675 h.

TRÉPASSÉS *(baie des),* baie du Finistère, entre les pointes du Raz et du Van.

TRÉPORT (Le) [76470], comm. de la Seine-Maritime, sur la Manche ; 6 287 h. Station balnéaire. Église des XIVe-XVIe s.

Trésor de la langue française, dictionnaire entrepris en 1960 et publié de 1971 à 1994 par le C. N. R. S. (16 vol.).

Très Riches Heures, manuscrit enluminé par les frères de Limbourg, de 1413 à 1416, pour le duc Jean de Berry (château de Chantilly) : livre d'heures célèbre pour ses peintures en pleine page qui unissent des qualités flamandes (observation précise du réel, apportant sur la vie de l'époque un témoignage captivant) et italiennes (valeurs plastiques nouvelles).

TRES ZAPOTES, important centre religieux des Olmèques (Mexique, au sud de l'État de Veracruz). L'on y a découvert plusieurs têtes colossales et la plus ancienne stèle gravée (31 av. J.-C.).

TRETS [trɛ] (13530), ch.-l. de c. des Bouches-du-Rhône ; 7 913 h. Monuments médiévaux.

TRÈVES, en all. **Trier,** v. d'Allemagne (Rhénanie-Palatinat), sur la Moselle ; 96 721 h. Vestiges romains (*Porta nigra,* thermes, basilique), cathédrale (IVe-XIIe s. ; trésor), église Notre-Dame (XIIIe s.), etc. Musées. Fondée par Auguste (v. 15 av. J.-C.), la ville fut intégrée au Saint Empire et ses archevêques en devinrent princes électeurs en 1257.

TRÉVIRES, peuple gaulois, établi dans la vallée inférieure de la Moselle.

TRÉVISE, v. d'Italie (Vénétie), ch.-l. de prov. ; 83 222 h. Monuments du Moyen Âge et de la Renaissance. Musée.

TREVITHICK (Richard), ingénieur britannique (Illogan, Cornwall, 1771 - Dartford, Kent, 1833). Il construisit et fit fonctionner en 1803 la première locomotive à vapeur.

TRÉVOUX (01600), ch.-l. de c. de l'Ain, sur la Saône ; 6 207 h. *(Trévoltiens).* Filières en diamants. La ville fut renommée pour son imprimerie, qui publia à partir de 1701 le *Journal de Trévoux,* créé par les jésuites pour combattre jansénistes et philosophes, puis le *Dictionnaire de Trévoux* (1704, 3 vol. ; 1771, 8 vol.). Anc. cap. de la principauté de la Dombes, Trévoux fut le siège d'un parlement de 1696 à 1771.

TRÉZÈNE, v. de la Grèce ancienne, sur la côte nord-est de l'Argolide.

TRIAL (Antoine), chanteur français (Avignon 1737 - Paris 1795). Excellent acteur, il donna son nom à un emploi de théâtre correspondant aux rôles de ténor léger (un « trial »).

TRIANGLE D'OR, nom parfois donné à la région de l'Asie du Sud-Est aux confins de la Birmanie, de la Thaïlande et du Laos, grande productrice d'opium.

Trianon *(le Grand* et *le Petit),* nom de deux châteaux bâtis dans le parc de Versailles, le premier par J. H.-Mansart en 1687, le second par J. A. Gabriel en 1762.

Trianon *(traité de)* [4 juin 1920], traité qui régla, au lendemain de la Première Guerre mondiale, le sort de la Hongrie.

TRIBONIEN, jurisconsulte et homme d'État byzantin (en Pamphylie v. 545). Il présida à la rédaction du *Code Justinien,* du *Digeste* et des *Institutes.*

TRIBOULET (Févrial ou **Le Feurial,** dit) [Blois v. 1498 - v. 1536], bouffon de Louis XII puis de François Ier.

Tribunal révolutionnaire, tribunal criminel d'exception, qui fonctionna du 17 août au 29 nov. 1792, puis du 10 mars 1793 au 31 mai 1795. Il fut un instrument de la Terreur ; après la chute de Robespierre (juill. 1794), ses attributions furent réduites.

Tribunat, une des assemblées instituées par la Constitution de l'an VIII. Composé de 100 membres nommés par le Sénat, il discutait les projets de loi ; ensuite des rapporteurs transmettaient les « vœux » du Tribunat au Corps législatif, qui, seul, avait le droit de voter les lois. Considéré par Napoléon Ier comme un élément d'opposition, le Tribunat vit sa compétence progressivement réduite, avant de disparaître (1807).

Tribune de Genève (la), quotidien suisse de langue française fondé en 1879.

TRICASTIN, anc. pays du bas Dauphiné ; cap. *Saint-Paul-Trois-Châteaux.* On a donné son nom à l'usine d'enrichissement de l'uranium, construite partiellement sur le territoire de la comm. de Saint-Paul-Trois-Châteaux.

TRICHINOPOLY → ***Tiruchirapalli.***

Tricorne (le), ballet de L. Massine, musique de M. de Falla, créé en 1919 par les Ballets russes.

TRIEL-SUR-SEINE (78510), ch.-l. de c. des Yvelines ; 9 633 h. Église gothique et Renaissance (vitraux du XVIe s.).

TRIESTE, port d'Italie, cap. du Frioul-Vénétie Julienne, et ch.-l. de prov. sur l'Adriatique, dans le *golfe de Trieste ;* 229 216 h. Centre industriel (raffinage du pétrole notamment). Vestiges romains ; cathédrale des XIe et XIVe s. ; château des XVe-XVIIe s. Musées. Trieste, ville irrédente et principal débouché maritime de l'Autriche, fut cédée à l'Italie en 1919/20. Elle fut prise par les Yougoslaves en 1945. Le traité de paix de 1947 créa le *Territoire libre de Trieste,* puis la ville revint à l'Italie en 1954.

TRIE-SUR-BAÏSE (65220), ch.-l. de c. des Hautes-Pyrénées ; 1 015 h. Bastide du XIIIe s.

TRIGNAC (44570), comm. de la Loire-Atlantique ; 7 065 h. Constructions mécaniques.

TRIMOUILLE (La) [86290], ch.-l. de c. de la Vienne ; 1 141 h.

TRIMŪRTI, la triade hindouiste composée des dieux Brahmā (qui préside à la création de l'univers), Viṣṇu (principe de conservation) et Śiva (principe de destruction).

TRINIL, localité de l'est de Java (Indonésie), près de laquelle fut découverte en 1891 la première calotte crânienne d'un pithécanthrope de type *Homo erectus.*

TRINITÉ (La) [97220], ch.-l. d'arr. de la Martinique ; 11 392 h.

TRINITÉ (La) [06340], comm. des Alpes-Maritimes ; 10 226 h.

TRINITÉ-ET-TOBAGO, en angl. **Trinidad and Tobago,** État des Antilles, à proximité du Venezuela ; 5 128 km^2 ; 1 300 000 h. CAP. *Port of Spain.* LANGUE : *anglais.* MONNAIE : *dollar de la Trinité.* L'île de la Trinité couvre 4 827 km^2 et concentre 96 % de la population totale. Pétrole et gaz naturel. Tourisme. Les deux îles de Trinité et de Tobago, découvertes en 1498, britanniques en 1802, forment un État indépendant dans le cadre du Commonwealth depuis 1962. (V. carte ***Venezuela.***)

TRINITÉ-PORHOËT (La) [56710], ch.-l. de c. du Morbihan ; 905 h. Église des XIIe-XVIe s.

TRINITÉ-SUR-MER (La) [56470], comm. du Morbihan ; 1 446 h. Petit port et station balnéaire.

TRIOLET (Elsa), femme de lettres française d'origine russe (Moscou 1896 - Saint-Arnoult-en-Yvelines 1970), femme de Louis Aragon. Elle est l'auteur de romans et de nouvelles.

tripartite *(pacte)* [27 sept. 1940], pacte signé entre l'Allemagne, l'Italie et le Japon et qui prévoyait l'instauration d'un ordre nouveau en Europe et en Extrême-Orient. La Hongrie, la Roumanie et la Slovaquie y adhérèrent en nov., la Bulgarie en mars 1941.

Triplice → ***Alliance*** *(Triple-).*

TRIPOLI, port du nord du Liban ; 240 000 h.

TRIPOLI, cap. de la Libye, sur la Méditerranée ; 980 000 h.

TRIPOLI *(comté de),* État latin fondé en Syrie par les comtes de Toulouse entre 1102 et 1109. Il fut reconquis par les musulmans de 1268 à 1289.

TRÍPOLIS, v. de Grèce (Péloponnèse), ch.-l. de l'Arcadie ; 21 772 h.

TRIPOLITAINE, anc. province du nord-ouest de la Libye. V. pr. *Tripoli,* sur la Méditerranée. Sous la domination de Carthage (Ve s. av. J.-C.), puis de Rome (106 av. J.-C.), elle fut conquise par les Arabes (643). Anc. régence turque de *Tripoli,* cédée par les Ottomans à l'Italie au traité d'Ouchy (1912), elle fut réunie à la Cyrénaïque pour constituer la *Libye italienne* (1934). Sous contrôle britannique à partir de 1943, elle fut intégrée au royaume de Libye, indépendant en 1951.

TRIPURA, État du nord-est de l'Inde ; 2 744 827 h. Cap. *Agartala.*

TRISSINO (Gian Giorgio), en fr. **le Trissin,** écrivain italien (Vicence 1478 - Rome 1550), auteur de la première tragédie régulière, *Sophonisbe* (1524).

TRISTAN (Flore **Tristan-Moscoso,** dite **Flora**), femme de lettres française (Paris 1803 - Bordeaux 1844). Elle fut l'initiatrice française du féminisme.

TRISTAN DA CUNHA, archipel britannique de l'Atlantique sud, découvert en 1506. (L'île principale porte aussi le nom de *Tristan da Cunha.*)

Tristan et Iseut, légende du Moyen Âge, connue par de nombreuses versions françaises et étrangères (XIIe et XIIIe s.), notamment celles de Béroul et de Thomas d'Angleterre, et qui inaugure en Europe le thème de la passion fatale et de la mort comme seul lieu de l'union des êtres.

Tristan et Isolde, drame lyrique en trois actes, de Richard Wagner sur un livret du compositeur d'après les légendes celtiques (Munich 1865).

TRISTAN L'HERMITE ou **L'ERMITE** → ***L'Hermite.***

TRISTAN L'HERMITE (François, dit), écrivain français (château de Soliers, Marche, v. 1601 - Paris 1655), auteur de tragédies *(Marianne),* d'une autobiographie romanesque *(le Page disgracié)* et de poésies lyriques *(les Amours).* [Acad. fr.]

TRISTÃO ou **TRISTAM** (Nuno), navigateur portugais (m. au Río de Oro en 1447). Il atteignit l'embouchure du Sénégal en 1444.

Tristesse du roi (la), grande composition de Matisse, faite de papiers gouachés découpés et marouflés sur toile (1952, M. N. A. M.). De cette brillante technique qui domina la dernière décennie de sa carrière, l'artiste a dit : « Le papier découpé me permet de dessiner dans la couleur. »

Tristram Shandy *(la Vie et les Opinions de),* roman de Sterne (1759-1767), recueil de scènes, de dialogues et de tableaux humoristiques.

TRITH-SAINT-LÉGER [tri-] (59125), comm. du Nord, sur l'Escaut ; 6 277 h. Métallurgie.

TRIVANDRUM, v. de l'Inde, cap. du Kerala ; 825 682 h. Université.

TRIVULCE, en ital. **Trivulzio,** nom de plusieurs seigneurs originaires de Milan qui prirent part, dans les rangs français, aux guerres d'Italie. L'un d'eux, **Giangiacomo** (Milan 1448 - Arpajon 1518), fut l'un des meilleurs généraux de Charles VIII. Nommé maréchal de France en 1499 par Louis XII, il contribua aux victoires d'Agnadel (1509) et de Marignan (1515).

TRNKA (Jiří), cinéaste d'animation tchécoslovaque (Plzeň 1912 - Prague 1969), auteur de nombreux films de marionnettes *(le Rossignol de l'empereur de Chine,* 1948 ; *les Vieilles Légendes tchèques,* 1952 ; *la Main,* 1965).

TROADE, anc. contrée du nord-ouest de l'Asie Mineure ; v. princ. *Troie.*

TROARN (14670), ch.-l. de c. du Calvados ; 3 177 h.

TROCADÉRO, bourg fortifié, sur la baie de Cadix, pris d'assaut par l'armée française en 1823.

Trocadéro *(palais du)* → ***Chaillot*** *(palais de).*

TROCHU (Louis), général français (Le Palais, Belle-Île, 1815 - Tours 1896). Gouverneur militaire de Paris en 1870, il présida le gouvernement de la Défense nationale (sept. 1870 - janv. 1871).

TROIE ou **ILION,** cité antique de l'Asie Mineure, située à l'emplacement de l'actuelle Hisarlık. Déjà florissante au IIIe millénaire, elle subit plusieurs dévastations provoquées par des guerres ou des catastrophes naturelles jusqu'à sa destruction à la fin du XIIIe ou au début du XIIe s. av. J.-C. Découverte au XIXe s. par Schliemann, Troie comprend neuf couches archéologiques superposées, depuis le simple village fortifié du IVe millénaire jusqu'à la bourgade de Troie IX, qui disparaît vers 400 apr. J.-C., en passant par Troie II, véritable ville ceinte de remparts (2300-2100) et dont la prospérité est attestée par les nombreux objets précieux recueillis à ce niveau.

Troie *(cheval de),* gigantesque cheval de bois que les Grecs auraient abandonné devant Troie. Les Troyens introduisirent avec lui dans leur ville les guerriers grecs qui s'y étaient cachés. Ce stratagème permit aux Grecs de s'emparer de Troie.

Troie *(guerre de),* guerre légendaire qui conserve le souvenir des expéditions des Achéens sur les côtes d'Asie Mineure, au XIIIe s. av. J.-C. Elle a été racontée, sous une forme poétique, dans *l'Iliade* d'Homère.

TROIS-BASSINS (Les) [97426], comm. de la Réunion ; 5 769 h.

Trois Contes, de Flaubert (1877), qui en a fait un résumé des différents aspects de son art. Ils ont pour titres : *Un cœur simple ; la Légende de saint Julien l'Hospitalier ; Hérodias.*

TROIS-ÉVÊCHÉS (les), gouvernement de l'ancienne France, constitué en territoire lorrain par les trois villes de Verdun, Metz et Toul. Il était indépendant du duc de Lorraine ; il fut conquis sur Charles Quint par Henri II en 1552, mais son appartenance à la France ne fut reconnue qu'en 1648. Il disparut en 1790.

TROISGROS (Pierre), cuisinier français (Chalon-sur-Saône 1928). Formé ainsi que son frère **Jean** (Chalon-sur-Saône 1926 - *id.* 1983) chez Lucas-Carton et Point. À partir de 1954, tous deux font de l'hôtel familial, à Roanne, un haut lieu gastronomique inspiré par la grande tradition.

Trois Mousquetaires (les), roman d'A. Dumas père (1844). Les héros en sont Athos, Porthos et Aramis, auxquels se joint d'Artagnan. Ce roman a pour suite *Vingt Ans après* et *le Vicomte de Bragelonne.*

TROIS-RIVIÈRES, v. du Canada (Québec), au confluent du Saint-Laurent et du Saint-Maurice ; 49 426 h. (111 393 h. dans l'agglomération). Université. Papier journal.

TROIS-RIVIÈRES (97114), comm. de la Guadeloupe ; 8 574 h.

TROIS-VALLÉES, région de la Tarentaise (Savoie), possédant plusieurs stations de sports d'hiver (Courchevel, Méribel-les-Allues, les Menuires).

TROLLOPE (Anthony), écrivain britannique (Londres 1815 - *id.* 1882), auteur de romans sur la vie de province *(les Tours de Barchester).*

TROMP (Maarten), amiral hollandais (Brielle 1598 - Ter Heijde 1653). Il écrasa la flotte espagnole au large du comté de Kent (1639). — Son fils **Cornelis** (Rotterdam 1629 - Amsterdam 1691) battit la flotte anglaise de Monk à Dunkerque (1666) et les Suédois à l'île d'Öland (1676).

TROMSØ, port de la Norvège sur le *fjord de Tromsø ;* 52 504 h.

La Tristesse du roi (1952), par Matisse. Papiers gouachés découpés et marouflés sur toile. (M.N.A.M., C.N.A.C. Georges-Pompidou, Paris.)

Trotski

TRONÇAIS *(forêt de),* forêt de l'Allier, à l'est de la vallée du Cher ; 10 400 ha.

TRONCHE (La) [38700], comm. de l'Isère, banlieue de Grenoble ; 6 670 h.

TRONCHET (François), juriste français (Paris 1726 - *id.* 1806). Il fut l'un des défenseurs de Louis XVI devant la Convention et participa à la rédaction du Code civil.

TRONDHEIM, port de la Norvège centrale ; 139 630 h. Université. Métallurgie. Cathédrale des XIIe-XIVe s. Musées. Fondée au Xe s., cap. de la Norvège jusqu'au XIVe s.

TRONVILLE-EN-BARROIS (55310), comm. de la Meuse ; 2 123 h. Textiles synthétiques.

Troppau *(congrès de)* [20 oct. - 30 déc. 1820], congrès européen qui se réunit à Troppau (auj. Opava), au cours duquel Metternich fit admettre le principe d'une action collective de la Sainte-Alliance contre les révolutions.

TROTSKI (Lev Davidovitch **Bronstein,** dit), homme politique soviétique (Ianovka, Ukraine, 1879 - Coyoacán, Mexique, 1940). Étudiant en mathématiques, puis en droit, il est arrêté pour son activité révolutionnaire (1898) et déporté en Sibérie (1900). Évadé, il rejoint à Londres Lénine et Martov. Il préside le soviet de Saint-Pétersbourg pendant la révolution de 1905. Arrêté, il s'échappe et vit en exil à partir de 1907, principalement à Vienne. De retour en Russie (mai 1917), il rallie les bolcheviks (août) et est l'un des organisateurs de la révolution d'Octobre. Commissaire du peuple à la Guerre (1918-1925), il crée l'Armée rouge et la dirige pendant la guerre civile (1918-1920). À partir de 1925, il dénonce le pouvoir grandissant de Staline et s'oppose à la « construction du socialisme dans un seul pays » au nom de « la révolution permanente ». Relevé de ses fonctions (1925-1927), il est exilé à Alma-Ata (1927) puis, expulsé du territoire soviétique (1929), s'installe en France (1933-1935), en Norvège puis au Mexique (1936). Il fonde la IVe Internationale en 1938, mais est assassiné en août 1940, à l'instigation de Staline.

TROUBETSKOÏ (Nikolaï Sergueïevitch), linguiste russe (Moscou 1890 - Vienne 1938). En relation avec R. Jakobson, il participa au cercle linguistique de Prague. Influencé par Saussure et par Baudouin de Courtenay, il définit rigoureusement la notion de phonème et établit la distinction entre phonétique et phonologie (*Principes de phonologie,* 1939).

troubles *(temps des),* période troublée de l'histoire de Russie qui débute, pour certains historiens en 1598 (mort de Fedor Ier), pour d'autres en 1605 (mort de Boris Godounov) et s'achève à l'avènement de Michel III Fedorovitch (1613).

TROUMOUSE *(cirque de),* site des Pyrénées françaises (Hautes-Pyrénées).

TROUSSEAU (Armand), médecin français (Tours 1801 - Paris 1867), auteur des célèbres volumes de *Clinique médicale de l'Hôtel-Dieu.*

Trouvère (le), opéra en 4 actes de Giuseppe Verdi (Rome 1853), sur un livret de S. Cammarano.

TROUVILLE-SUR-MER (14360), ch.-l. de c. du Calvados, à l'embouchure de la Touques ; 5 645 h. Station balnéaire.

TROYAT (Lev **Tarassov,** dit **Henri**), écrivain français (Moscou 1911), auteur de cycles romanesques et de biographies qui évoquent l'histoire de la France et de la Russie *(Tant que la terre durera ; les Semailles et les Moissons ; les Eygletière).* [Acad. fr.]

Troyens (les), opéra en 5 actes, d'Hector Berlioz sur un livret du compositeur. Il comporte deux parties inspirées de *l'Énéide : la Prise de Troie* et *les Troyens à Carthage* (1855-1858).

TROYES (10000), anc. cap. de la Champagne, ch.-l. du dép. de l'Aube, sur la Seine, à 158 km au sud-est de Paris ; 60 755 h. *(Troyens)* [env. 125 000 h. dans l'agglomération]. Évêché. Centre de la bonneterie. Constructions mécaniques. Cathédrale (XIIIe-XVIe s.), église St-Urbain (XIIIe s.) et autres églises médiévales (sculptures et vitraux troyens, surtout du XVIe s.). Musées.

Troyes *(traité de)* [21 mai 1420], traité signé à Troyes entre Henri V d'Angleterre et Charles VI, avec la complicité de la reine Isabeau de Bavière et l'appui du duc de Bourgogne. Il faisait du souverain anglais l'héritier du trône de France, à la mort de Charles VI, au détriment du Dauphin, le futur Charles VII.

TROYON (Constant), peintre français (Sèvres 1810 - Paris 1865), paysagiste et animalier.

TRUCHTERSHEIM (67370), ch.-l. de c. du Bas-Rhin ; 2 032 h.

TRUCIAL STATES → ***Émirats arabes unis.***

TRUDAINE (Daniel Charles), administrateur français (Paris 1703 - *id.* 1769). Intendant en Auvergne (1730), directeur des Ponts et Chaussées (1743), il fonda l'École des ponts et chaussées (1747) et le corps des ingénieurs des Ponts et Chaussées (1750).

TRUDEAU (Pierre Elliott), homme politique canadien (Montréal 1919). Chef du parti libéral et Premier ministre du Canada de 1968 à 1979 et de 1980 à 1984, il a œuvré pour le renforcement de la souveraineté canadienne.

TRUFFAUT (François), cinéaste français (Paris 1932 - Neuilly-sur-Seine 1984). D'abord critique de cinéma, il s'est imposé dès *les Quatre Cents Coups* (1959) comme l'un des auteurs marquants de la « nouvelle vague », élaborant son œuvre à mi-chemin de l'intimisme et du romanesque : *Jules et Jim* (1962), *Fahrenheit 451* (1966), *Baisers volés* (1968), *la Nuit américaine* (1973), *le Dernier Métro* (1980).

François **Truffaut** pendant le tournage de *l'Argent de poche* (1976).

TRUJILLO, port du Pérou ; 355 000 h. Centre commercial, industriel et touristique.

TRUJILLO Y MOLINA (Rafael), homme politique dominicain (San Cristóbal, 1891 - Ciudad Trujillo, auj. Santo Domingo, 1961). Élu président en 1930, il établit une dictature policière. Il fut assassiné.

TRUMAN (Harry S.), homme politique américain (Lamar, Missouri, 1884 - Kansas City 1972). Sénateur démocrate (1935), vice-président de F. D. Roosevelt, il fut président des États-Unis de 1945 à 1953. Il mit fin à la Seconde Guerre mondiale en utilisant la bombe atomique contre le Japon (1945). Il favorisa l'aide à l'Europe occidentale (plan Marshall) et entreprit de limiter l'expansion soviétique (politique du *containment*). Il réagit immédiatement à l'attaque de la Corée du Sud (juin 1950) en envoyant le secours des troupes américaines sous les ordres de MacArthur, mais il s'opposa au bombardement des bases chinoises. Il signa la paix avec le Japon (1951).

TRUN (61160), ch.-l. de c. de l'Orne ; 1 282 h.

TRUYÈRE [tryjɛr] (la), riv. du Massif central, affl. du Lot (r. dr.) ; 160 km. Aménagements hydroélectriques.

TS'AO TS'AO → *Cao Cao.*

TSARITSYNE → *Volgograd.*

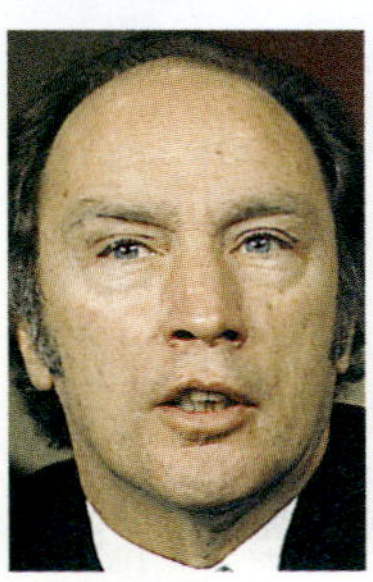

Pierre Elliott **Trudeau**

Harry **Truman**

TSARSKOÏE SELO, auj. **Pouchkine,** v. de Russie, près de Saint-Pétersbourg ; 50 000 h. Anc. résidence d'été des tsars (plusieurs palais et parcs du XVIIIe s.).

TSELINOGRAD → *Akmola.*

TS'EU-HI → *Cixi.*

TSEU-KONG → *Zigong.*

TSEU-PO → *Zibo.*

TSHIKAPA, v. du Zaïre, sur le Kasaï ; 39 000 h. Centre de production de diamants.

TSIANG TSÖ-MIN → *Jiang Zemin.*

TSIGANES ou **TZIGANES,** ensemble de peuples parlant le tsigane, et comprenant essentiellement trois grands groupes : les Rom, vivant en Europe centrale et de l'ouest, mais aussi au Canada, en Afrique du Sud et en Australie ; les Manouches, vivant en Italie et en France ; les Kalé ou Gitans, vivant en Espagne, au Portugal, en France, en Allemagne. Les Tsiganes français sont également appelés Bohémiens.

TSI-NAN → *Jinan.*

TS'ING → *Qing.*

TS'ING-HAI → *Qinghai.*

TS'ING-TAO → *Qingdao.*

TS'IN-LING → *Qinling.*

TSIOLKOVSKI (Konstantine Edouardovitch), savant russe (Ijevskoïe 1857 - Kalouga 1935). Précurseur et théoricien de l'astronautique, il fut le premier à énoncer les lois du mouvement d'une fusée (1903) et il eut l'idée des stations orbitales.

TSIRANANA (Philibert), homme politique malgache (Anahidrano 1910 - Antananarivo 1978), président de la République de Madagascar de 1959 à 1972.

TSITSIHAR ou **QIQIHAR,** v. de la Chine du Nord-Est (Heilongjiang) ; 1 200 000 h. Carrefour ferroviaire et grand centre industriel.

TSONGA ou **THONGA,** peuple bantou du Mozambique.

TSU, v. du Japon (Honshū) ; 157 177 h.

TSUBOUCHI SHŌYŌ, écrivain japonais (Ōta 1859 - Atami 1935). Théoricien du réalisme (*la Moelle du roman,* 1885), il est également un des fondateurs du théâtre japonais moderne.

TSUGARU (*détroit de*), détroit séparant les îles Honshū et Hokkaidō. Il est traversé par un tunnel sous-marin.

TSUSHIMA, archipel japonais, entre la Corée et le Japon, au nord-ouest du *détroit de Tsushima.* Les Japonais y détruisirent une escadre russe (27-28 mai 1905).

TSWANA, peuple bantou du Botswana et d'Afrique du Sud.

TUAMOTU, archipel de la Polynésie française, à l'est de Tahiti ; 880 km² ; 11 754 h.

TUBIANA (Maurice), médecin radiothérapeute français (Constantine 1920), directeur de l'Institut Gustave-Roussy de Villejuif de 1982 à 1988.

TÜBINGEN, v. d'Allemagne (Bade-Wurtemberg), sur le Neckar ; 78 643 h. Université. Monuments médiévaux.

TUBIZE, en néerl. **Tubeke,** comm. de Belgique (Brabant wallon) ; 20 555 h.

TUBMAN (William), homme politique libérien (Harper 1895 - Londres 1971). Il fut le président tout-puissant de la République libérienne de 1944 à sa mort.

TUBUAÏ, une des îles Australes (Polynésie française) ; 1 846 h.

TUBY ou **TUBI** (Jean-Baptiste), sculpteur français (Rome v. 1635 - Paris 1700). Collaborateur de Le Brun et de Coyzevox, il a réalisé le groupe d'*Apollon sur son char* du bassin d'Apollon à Versailles.

TUC-D'AUDOUBERT (le), site de la comm. de Montesquieu-Avantès (Ariège) où une grotte a livré des figures de bisons modelées dans l'argile et des gravures pariétales (magdalénien).

TUCSON, v. des États-Unis (Arizona) ; 405 390 h. Centre touristique et industriel.

TUDJMAN (Franjo), homme politique croate (Veliko Trgovišće, nord de la Croatie, 1922). Leader de la Communauté démocratique croate, à la tête de la République depuis 1990, il est le premier président de la Croatie indépendante, élu au suffrage universel en 1992.

TUDOR, famille anglaise, originaire, avec Owen Tudor (m. en 1461), du pays de Galles, qui, de 1485 à 1603, donna cinq souverains à l'Angleterre : Henri VII (1485-1509), Henri VIII (1509-1547), Édouard VI (1547-1553), Marie (1553-1558) et Élisabeth Ire (1558-1603).

TUDOR (William **Cook,** dit **Antony**), danseur et chorégraphe britannique (Londres 1909 - New York 1987), fondateur du London Ballet, auteur de *Pillar of Fire* (1942), directeur associé de l'American Ballet Theatre (1974).

TU DUC (Hoang Nham, dit) [1830-1883], empereur d'Annam (1848-1883). Il dut céder à la France la Cochinchine (1862-1867), et ne put pas résister à l'intervention française en Annam et au Tonkin (1883).

TUFFÉ (72160), ch.-l. de c. de la Sarthe ; 1 342 h.

Tugendbund (*« ligue de la Vertu »*), association patriotique que formèrent, à Königsberg, en 1808, les étudiants de l'Allemagne pour l'expulsion des Français. Dissoute en 1809 par Napoléon, elle influença le mouvement libéral naissant.

Tuileries (*palais des*), anc. palais de Paris, à l'ouest du Louvre. Commencé en 1564 par Delorme pour Catherine de Médicis, l'édifice fut continué et modifié, notamment, sous Henri IV et au début du règne personnel de Louis XIV. Abandonnées cependant par ce dernier, comme le Louvre, au profit de Versailles, les Tuileries furent, sous la Révolution, le siège du pouvoir exécutif et, depuis l'Empire, la résidence des souverains. Partiellement incendié en 1871, le palais a été démoli en 1882. Les jardins, en partie dus à Le Nôtre, subsistent (statuaire) ; musée de l'Orangerie.

TULA ou **TOLLAN,** anc. métropole de la civilisation toltèque, située près de l'actuel village de Tula au Mexique (État de Hidalgo). Pyramide dominée par des atlantes en basalte.

TULÉAR → *Toleara.*

TULLE (19000), ch.-l. du dép. de la Corrèze, sur la Corrèze, à 463 km au sud de Paris ; 18 685 h. (*Tullistes*). Évêché. Manufacture d'armes. Fabrication d'accordéons. Centre d'instruction des gendarmes auxiliaires. Cathédrale des XIIe-XIVe s.

Tullianum, cachot souterrain de la *prison Mamertine,* lieu de détention des condamnés à mort. Jugurtha, Vercingétorix et, selon la légende, saint Pierre y furent emprisonnés.

TULLINS (38210), ch.-l. de c. de l'Isère ; 6 368 h.

TULLUS HOSTILIUS, troisième roi de Rome, que la tradition fait régner v. 673-640 av. J.-C. Il conquit Albe (combat légendaire des Horaces et des Curiaces) et fit construire la Curie.

TULSA, v. des États-Unis (Oklahoma), sur l'Arkansas ; 367 302 h. Centre pétrolier.

TULSĪ DĀS, poète mystique indien d'expression hindi (Rajpur ? v. 1532 - Bénarès ? v. 1623).

TULUNIDES, dynastie de gouverneurs autonomes de l'Égypte et de la Syrie (868-905), fondée par Aḥmad ibn Ṭūlūn (m. en 884), officier du gouverneur abbasside d'Égypte.

TUMB (*Grande* et *Petite*), îles du détroit d'Ormuz, dans le golfe Persique. Occupées par l'Iran en 1971.

TUNIS, en ar. **Tūnus,** cap. de la Tunisie, au fond du *golfe de Tunis,* formé par la Méditerranée ; 774 000 h. (*Tunisois*). Centre administratif, commercial, culturel et industriel. Monuments anciens, dont la Grande Mosquée al-Zaytūna (du IXe au XVIIe s.). Musée du Bardo. — Tunis se développa à partir du faubourg de *Tynes,* après la conquête arabe de Carthage (v. 698) et devint la brillante capitale économique de l'Ifrīqiya. Résidence des Hafsides (1229-1574), assiégée vainement par Saint Louis en 1270, elle demeura la capitale de la Tunisie sous les dominations ottomane, puis française et après l'indépendance. (*V. illustration p. 1724.*)

TUNISIE, État d'Afrique du Nord, sur la Méditerranée ; 164 000 km² ; 8 400 000 h. (*Tunisiens*). CAP. *Tunis.* LANGUE : *arabe.* MONNAIE : *dinar tunisien.*

INSTITUTIONS

République depuis 1957. Constitution de 1959. Président de la République et *Assemblée nationale* élus en même temps pour 5 ans.

GÉOGRAPHIE

À la partie septentrionale, relativement arrosée, essentiellement montagneuse, ouverte par la

Tunis : vue du centre de la ville moderne avec la place de l'Indépendance, la cathédrale Saint-Vincent-de-Paul (XIXe s.) et l'avenue Ḥabīb Bourguiba.

vallée de la Medjerda, s'opposent le Centre et le Sud, formés de plateaux et de plaines steppiques et désertiques. La plus grande pluviosité explique la concentration des cultures (céréales, vigne, olivier) et de l'élevage bovin dans le Nord et sur le littoral, qui regroupent la majeure partie de la population. Le Sud est le domaine de l'élevage nomade des ovins, en dehors des oasis qui fournissent des dattes. La pêche se développe, mais ne revêt encore qu'une importance secondaire, comme l'industrie, en dehors d'activités extractives (phosphates et pétrole) et du textile. Le tourisme et les envois des émigrés ne comblent que partiellement le déficit commercial et le pays, au sous-emploi important, est endetté. Mis à part Kairouan, toutes les principales villes sont des ports (Tunis, Sfax, Sousse, Bizerte).

HISTOIRE

La Tunisie antique. V. 814 av. J.-C. : les Phéniciens fondent Utique et Carthage. 146 av. J.-C. : Carthage est détruite et la province romaine d'Afrique organisée. 193-235 apr. J.-C. : celle-ci connaît une grande prospérité sous le règne des Sévères. IIIe-IVe s. : le christianisme est florissant. 429-533 : les Vandales occupent le pays. 533 : les Byzantins rétablissent leur domination sur la région de Carthage.

La Tunisie musulmane. 669-705 : les Arabes conquièrent le pays et fondent Kairouan (670) où résident les gouverneurs omeyyades de l'Ifrīqiya. 800-909 : les Aghlabides gouvernent le pays. 909 : ils sont éliminés par les Fatimides. 969 : ceux-ci conquièrent l'Égypte et laissent l'Ifrīqiya à leurs vassaux zirides. Seconde moitié du XIe s. : les invasions des Banū Hilāl ruinent le pays, gouverné par les Zirides devenus indépendants en 1051. 1160-1229 : les Almohades règnent sur la Tunisie. 1229-1574 : sous les Hafsides, la capitale, Tunis, se développe grâce au commerce et aux établissements qu'y fondent diverses nations chrétiennes. Conquise par Charles Quint en 1535, elle est reprise en 1556-1558 par les corsaires turcs. 1574 : la Tunisie constitue un pachalik de l'Empire ottoman, la régence de Tunis, gouvernée par un dey, puis à partir du XVIIIe s. par un bey. 1869 : l'endettement conduisant à la banqueroute, une commission financière anglo-franco-italienne est créée.

Le protectorat français. 1881 : le bey Muḥammad al-Ṣadūq (1859-1882) signe le traité du Bardo qui établit le protectorat français sur la Tunisie. 1920 : le Destour, parti nationaliste, est créé. 1934 : le Néo-Destour d'Ḥabīb Bourguiba s'en sépare. Nov. 1942-mai 1943 : le pays est occupé par les Allemands. 1954 : Mendès France accorde l'autonomie interne.

La Tunisie indépendante. 1956 : la Tunisie accède à l'indépendance. Bourguiba promulgue le code du statut personnel, moderniste et laïque. 1957 : il proclame la république et en devient le président, régulièrement réélu. 1963 : la France évacue Bizerte. 1964 : le Néo-Destour prend le nom de parti socialiste destourien. Les terres des colons sont nationalisées. 1970-1978 : l'opposition syndicale et étudiante au régime de Bourguiba, président à vie depuis 1975, se développe ; des grèves et des émeutes éclatent. 1979 : Tunis devient (jusqu'en 1990) le siège de la Ligue arabe. 1982 : la Tunisie accueille (jusqu'en 1994) les organes directeurs de l'O. L. P. 1983 : le multipartisme est instauré officiellement. 1987 : le gouvernement doit faire face à la montée de l'islamisme. Bourguiba est destitué par son Premier ministre, Zine el Abidine Ben Ali, qui le remplace à la tête de l'État. 1988 : le parti socialiste destourien devient le Rassemblement constitutionnel démocratique (R. C. D.). 1989 : Ben Ali est élu à la présidence de la République. Les élections législatives sont remportées par le R. C. D. Le gouvernement renforce sa politique répressive à l'égard des islamistes. 1994 : Ben Ali est plébiscité à la tête de l'État et les élections législatives confirment la position de quasi-monopole du R.C.D.

TUPI, groupe ethnolinguistique de l'Amazonie.

TUPOLEV ou **TOUPOLEV** (Andreï Nikolaïevitch), constructeur aéronautique soviétique (Poustomazovo 1888 - Moscou 1972). Plus de 120 types d'avions civils et militaires ont été conçus et réalisés sous sa direction.

TURA (Cosme), peintre italien (Ferrare v. 1430 - *id.* 1495), chef de l'école ferraraise. Acuité graphique et puissance du modelé concourent au caractère hallucinant de son art.

TURATI (Filippo), homme politique italien (Canzo 1857 - Paris 1932). Il fut en 1892 l'un des leaders du parti socialiste, au sein duquel il joua un rôle considérable. Exclu du parti en 1922, il fonda le parti socialiste unifié et, opposé au fascisme, s'exila en France en 1926.

TURBALLE (La) [44420], comm. de la Loire-Atlantique ; 3 601 h. Pêche.

TURBIE (La) [06320], comm. des Alpes-Maritimes ; 2 617 h. Ruines d'un monument romain en l'honneur d'Auguste (« trophée des Alpes »).

TURBIGO, localité d'Italie (Lombardie), sur le Tessin ; 7 276 h. Victoire des Français de Bonaparte sur les Autrichiens de Melas (1800). Victoire de Mac-Mahon sur les Autrichiens de Clam-Gallas (3 juin 1859).

Turcaret, comédie en prose de Lesage (1709).

TURCKHEIM (68230), comm. du Haut-Rhin ; 3 583 h. Victoire de Turenne sur les impériaux (1675).

TURCS, peuples parlant des langues turques. Sans doute originaires de l'Altaï, les Turcs vivent auj. en Turquie, en Azerbaïdjan, au Turkménistan, en Ouzbékistan et au Kirghizistan ainsi qu'en Chine (Xinjiang). Dans le passé, les principaux Empires turcs furent ceux des Tujue (VIe-VIIIe s.), des Ouïgours* (v. 745-840), des Seldjoukides* (XIe-XIIIe s.) et des Ottomans*, qui régnèrent du début du XIVe s. à 1922.

TURENNE (Henri **de La Tour d'Auvergne,** *vicomte* **de**), maréchal de France (Sedan 1611 -

Sasbach 1675). Commandant de l'armée d'Allemagne pendant la guerre de Trente Ans, lieutenant général (1642), puis maréchal de France (1643), il occupa le Rhin de Philippsburg à Mayence ; avec Condé, il remporta la victoire de Nördlingen (1645), puis en 1648 gagna la bataille de Zusmarshausen. Pendant la Fronde, il fut d'abord entraîné dans le parti hostile à Mazarin, puis, battu à Rethel par l'armée royale (1650), se rallia à la Cour et vainquit Condé au faubourg Saint-Antoine (1652). Par la suite, ses succès à Arras (1654) et aux Dunes (1658) obligèrent Philippe IV à signer la paix des Pyrénées (1659), ce qui lui valut le titre de maréchal général des camps et armées du roi (1660). Commandant l'armée française pendant les guerres de Dévolution (1667) et de Hollande (1672), il conquit l'Alsace après avoir écrasé les impériaux à Turckheim (5 janv. 1675), mais il fut tué au cours de la bataille remportée par ses troupes à Sasbach (27 juill.). Protestant, il avait été converti au catholicisme par Bossuet.

TURGOT (Anne Robert Jacques), *baron* **de l'Eaune,** homme d'État et économiste français (Paris 1727 - *id.* 1781). Intendant de la généralité de Limoges (1761), il transforma le Limousin. Imprégné des idées des physiocrates, il plaça, dans ses *Réflexions sur la formation et la distribution des richesses* (1766), la question céréalière au centre de l'économie nationale. Contrôleur général des Finances et secrétaire d'État à la Marine (1774), il supprima les douanes intérieures et chercha à établir la liberté du commerce et de l'industrie par la suppression des maîtrises et des jurandes ; mais il se heurta aux privilégiés, hostiles à une subvention territoriale unique, et fut disgracié en 1776.

TURIN, en ital. **Torino,** v. d'Italie, cap. du Piémont et ch.-l. de prov., sur le Pô, anc. cap. des États de la maison de Savoie (1563), du royaume de Piémont-Sardaigne, puis de celui d'Italie

Turenne
(Le Brun [?] - château de Versailles)

Turgot
(château de Versailles)

(1861-1865) ; 961 916 h. *(Turinois).* [Env. 1,5 million dans l'agglomération]. Archevêché. Université. Centre administratif, culturel, touristique et industriel (automobiles surtout). Cathédrale de la Renaissance ; sobre palais Ducal, puis Royal, du XVIIe s. ; monuments baroques par Guarini (chapelle du Saint-Suaire à la cathédrale) et Juvarra. Riches musées.

TURING (Alan Mathison), mathématicien britannique (Londres 1912 - Wilmslow, Cheshire, 1954). Auteur de travaux de logique mathématique, il a élaboré le concept d'une machine à calculer *(machine de Turing)* qui simule les procédures de traitement de l'information à leur niveau le plus analytique.

TURKANA *(lac),* anc. **lac Rodolphe,** lac du nord du Kenya ; 8 500 km².

TURKESTAN, anc. dénomination administrative de l'Empire russe, désignant la cuvette aralo-caspienne et le rebord septentrional de l'Asie centrale. Le Turkestan correspond à l'ensemble formé par le sud du Kazakhstan, le Kirghizistan, l'Ouzbékistan, le Tadjikistan et le Turkménistan. Le Turkestan chinois correspond à l'actuel Xinjiang.

TURKMÈNES, peuple turc de langue turkmène, qui vit dans le Turkménistan, en Afghanistan et en Iran.

TURKMÉNISTAN, État de l'Asie centrale, sur la Caspienne ; 488 000 km² ; 3 500 000 h. *(Turkmènes).* CAP. *Achkhabad* (ou *Achgabat*). LANGUE : *turkmène.* MONNAIE : *manat.*

GÉOGRAPHIE

En grande partie désertique, le pays peuplé à près de 75 % de Turkmènes de souche, juxtapose élevage ovin, cultures irriguées (coton surtout) et industries extractives (hydrocarbures). [V. carte ***Kazakhstan.***]

HISTOIRE

Conquise par les Russes de 1863 à 1885, la région Transcaspienne est intégrée au Turkestan à partir de 1897. 1924 : la république socialiste soviétique du Turkménistan est créée. 1990 : les communistes remportent les premières élections républicaines libres. 1991 : le Soviet suprême proclame l'indépendance de la République (oct.), qui adhère à la C.E.I.

TURKS *(îles),* archipel, au nord d'Haïti, formant avec les îles *Caicos,* voisines, une colonie britannique (430 km² ; 7 000 h.).

TURKU, en suéd. **Åbo,** port de Finlande, sur la Baltique ; 163 000 h. Centre culturel et industriel. Cathédrale et château remontant à la fin du XIIIe s. ; autres monuments, musées.

TURLUPIN (Henri **Le Grand,** dit **Belleville** ou), acteur français (Paris 1587 - *id.* 1637). Farceur sur les tréteaux de la Foire, il fit partie de la troupe de l'Hôtel de Bourgogne.

TURNÈBE (Adrien **Tournebous,** dit), humaniste français (Les Andelys 1512 - Paris 1565).

— **Odet,** son fils (Paris 1552 - 1581), est l'auteur de la comédie *les Contents* (v. 1581).

TURNER (William), peintre britannique (Londres 1775 - *id.* 1851). Essentiellement paysagiste, il tendit de plus en plus, surtout après ses voyages en Italie (1819 et 1828), à dissoudre les formes dans le frémissement de l'atmosphère et de la lumière (*l'Incendie* du Parlement,* 1835 ; *Pluie, vapeur, vitesse,* 1844, National Gallery de Londres ; important fonds Turner dans une annexe de la Tate Gallery).

TURNHOUT, v. de Belgique (Anvers) ; 37 874 h. Monuments anciens.

TURPIN (Eugène), chimiste et inventeur français (Paris 1848 - Pontoise 1927). On lui doit l'invention des couleurs inoffensives, de la mélinite (1885) et des poudres chloratées.

TURQUIE, en turc **Türkiye,** État de l'Asie occidentale (englobant l'extrémité sud-est de la péninsule balkanique) ; 780 000 km² ; 60 700 000 h. *(Turcs).* CAP. *Ankara.* V. pr. *Istanbul.* LANGUE : *turc.* MONNAIE : *livre turque.*

INSTITUTIONS

République depuis 1923. Constitution de 1982, amendée en 1995. Le président de la République, élu pour 7 ans, nomme le Premier ministre. *Assemblée nationale* élue pour 5 ans.

GÉOGRAPHIE

En dehors de sa partie européenne, qui représente moins du trentième de la superficie totale, la Turquie est un pays de hautes terres. La chaîne Pontique, au nord, le Taurus, au sud, enserrent le lourd plateau anatolien, qui s'élève par gradins au-dessus de la mer Égée et cède la place, vers l'est, au massif arménien, socle affecté par le volcanisme (mont Ararat). En dehors du littoral, souvent méditerranéen, le climat est caractérisé par des hivers rudes. Les étés sont chauds et la plupart du temps secs. Ces traits se répercutent sur l'hydrographie (lacs salés, fréquent endoréisme), la végétation (souvent steppique), la population (groupée surtout près du littoral, en particulier sur le pourtour de la mer de Marmara) et l'économie. Le pays, encore largement rural, produit des céréales (orge et surtout blé), du tabac, des fruits et du coton, qui assurent l'essentiel des exportations avec les produits d'un élevage bovin et surtout ovin très développé (fabrication de tapis). Les ressources du sous-sol sont variées, mais peu abondantes (en dehors du chrome), ou insuffisamment exploitées, ce qui ne facilite pas l'industrialisation. Des progrès ont été enregistrés, freinés cependant par le manque de techniciens et de capitaux et la faiblesse de l'infrastructure économique (transports). Le déficit de la balance commerciale n'est que partiellement comblé par les revenus du tourisme et les envois des travailleurs émigrés (surtout en Allemagne).

HISTOIRE

1918 : l'Empire ottoman* est défait et occupé par les Alliés. 1919 : Mustafa Kemal entreprend de construire un État national turc à partir de l'Anatolie. 1920 : la Grande Assemblée nationale d'Ankara l'élit président (avr.). Les Grecs, soutenus par la Grande-Bretagne, débarquent en Asie Mineure (juin). Le sultan Mehmed VI signe le traité de Sèvres (août). 1922 : les Grecs, battus, signent l'armistice de Mudanya. Mustafa Kemal abolit le sultanat. 1923 : le traité de Lausanne fixe les frontières de la Turquie. Arméniens et Kurdes sont abandonnés par les Alliés, qui les soutenaient. La république est instaurée ; Mustafa Kemal en devient président et gouverne avec le parti républicain du peuple, qu'il vient de créer. Il entreprend la révolution nationale afin de faire de la Turquie un État laïc, moderne et occidentalisé. 1924 : le califat est aboli. 1938 : à la mort de Mustafa Kemal, dit Atatürk, Ismet Inönü devient président de la République. 1947 : restée neutre jusqu'en 1945, la Turquie bénéficie du plan Marshall. 1950 : Menderes, à la tête du parti démocratique, accède au pouvoir. Il rompt avec le dirigisme étatique et tolère le retour aux traditions islamiques. 1952 : la Turquie devient membre de l'O. T. A. N. 1960 : le général Gürsel prend le pouvoir et demeure à la présidence de la République de 1961 à 1966. 1961-1971 : des gouvernements de coalition sont formés par I. Inönü (1961-1965), puis S. Demirel (1965-1971). 1970-1972 : des troubles graves éclatent ; l'ordre est restauré par l'armée. 1974 : B. Ecevit, Premier ministre, fait débarquer les forces turques à Chypre. 1975-1980 : Demirel et Ecevit alternent au pouvoir. 1980 : l'aggravation des troubles, causés par la double agitation des marxistes et des intégristes musulmans, ainsi que par les séparatistes kurdes, provoque un coup d'État militaire, dirigé par Kenan Evren. 1983 : les partis politiques sont à nouveau autorisés et un gouvernement civil est formé par Turgut Özal. 1987 : la Turquie dépose une demande d'adhésion à la C.E.E. 1989 : T. Özal, élu à la présidence de la République, succède à K. Evren à la tête de l'État. 1991 : à l'issue des élections, S. Demirel revient à la tête du gouvernement. La rébellion kurde s'intensifie. 1993 : après la mort de T. Özal, S. Demirel est élu à la présidence de la République. Mme Tansu Ciller est nommée à la tête du gouvernement ; elle met en œuvre une politique de fermeté face à la radicalisation de la rébellion kurde. 1995 : les islamistes, qui avaient déjà réussi une percée lors des élections locales de 1994, arrivent en tête aux élections législatives. 1996 : l'union douanière conclue entre la Turquie et l'Union européenne entre en vigueur. Les deux partis conservateurs forment un gouvernement d'alliance, avec alternance au poste de Premier ministre de Mesut Yilmaz et de T. Çiller.

CULTURE ET CIVILISATION

□ ARCHÉOLOGIE ET ART

Principaux sites préhistoriques, hittites et gréco-romains : Çatal Höyük, Karkemish, Boğazköy, Yazilikaya, Troie, Sardes, Xanthos, Cnide, Priène, Gordion, Milet, Didymes, Halicarnasse, Pergame, Éphèse, Magnésie du Méandre, Antioche, Tarse, Pamukkale, Nemrut Dağ. ***Sites byzantins et islamiques :*** Constantinople avec Sainte-Sophie*, Ani, Iznik, la Cappadoce, Trébizonde, Erzurum, Konya, Diyarbakır, Malatya, Sıvas, Kayseri, Brousse, Edirne et Istanbul avec les chefs-d'œuvre de Sinan et Topkapı. Musées d'Ankara et d'Istanbul.

□ LITTÉRATURE

XIVe s. : Yunus Emre. XVIe s. : Baki, Fuzuli. XXe s. : Nazim Hikmet, Mahmut Makal, Yaşar Kemal.

TUTICORIN, port de l'Inde (Tamil Nadu) ; 284 193 h.

TUTSI, peuple du Rwanda et du Burundi.

TUTU (Desmond), évêque noir sud-africain (Klerksdorp, Transvaal, 1931). Évêque de Johannesburg (1985-86), chef de l'Église anglicane d'Afrique australe et archevêque du Cap (depuis 1986), il lutte activement mais pacifiquement contre l'apartheid. (Prix Nobel de la paix 1984.)

TUVALU *(îles),* anc. **îles Ellice,** archipel indépendant de Micronésie (24 km² ; 8 000 h.), au nord des Fidji. CAP : *Funafuti.* LANGUES : *anglais* et *tuvaluan.* MONNAIE : *dollar australien.* (V. carte ***Océanie.***)

TUXTLA GUTIÉRREZ, v. du Mexique, cap. de l'État de Chiapas ; 295 615 h.

Tuyên Quang *(siège de)* [1884-85], siège que soutint contre les Chinois une garnison française, aux ordres du commandant Dominé (1848-1921), à Tuyên Quang, v. du Viêt Nam (Tonkin), sur la riv. Claire, et au cours duquel se distingua le sergent Bobillot.

TUZLA, v. de Bosnie-Herzégovine ; 65 000 h.

TVER, de 1933 à 1990 **Kalinine,** v. de Russie, sur la Volga ; 451 000 h. Centrale nucléaire.

TWAIN (Samuel Langhorne **Clemens,** dit **Mark**), écrivain américain (Florida, Missouri, 1835 - Redding, Connecticut, 1910). Premier grand écrivain de l'ouest des États-Unis, il fut le maître des romanciers qui voulurent « découvrir » l'Amérique à travers ses paysages et son folklore (*les Aventures de Tom Sawyer,* 1876 ; *les Aventures de Huckleberry Finn,* 1884).

TWEED (la), riv. tributaire de la mer du Nord, entre l'Angleterre et l'Écosse ; 156 km.

TWICKENHAM, agglomération de la banlieue sud-ouest de Londres. Stade de rugby.

TYARD ou **THIARD** (Pontus **de**), poète français (château de Bissy, Mâconnais, 1521 - Bragny-sur-Saône 1605), évêque de Chalon-sur-Saône. Il fut un des membres de la Pléiade *(Livre des vers lyriques).*

TYLER (John), homme politique américain (Charles City County, Virginie, 1790 - Richmond 1862). Président des États-Unis de 1841 à 1845, il fit voter la réunion du Texas au territoire américain (1845).

Mark **Twain**

Tristan **Tzara**

TYLER (Wat ou Walter), agitateur anglais (m. en 1381). L'un des meneurs des paysans révoltés du Kent (1381), il obtint de Richard II d'importantes mesures sociales. Mais, les insurgés ayant commis pillages et meurtres, il fut tué par le maire de Londres.

TYLOR (*sir* Edward Burnett), anthropologue britannique (Camberwell, Londres, 1832 - Wellington, Somerset, 1917). Partisan de l'évolutionnisme, il s'est intéressé à la mythologie comparée et a proposé une théorie de l'animisme (*la Civilisation primitive,* 1871).

TYNDALL (John), physicien irlandais (Leighlin Bridge 1820 - Hindhead 1893). Il a découvert le phénomène de regel de la glace ainsi que l'effet, qui porte son nom, dû à la diffusion de la lumière par les colloïdes.

TYNDARE, roi légendaire de Sparte, époux de Léda, aimée de Zeus. Père des Dioscures et d'Hélène, il eut Ménélas pour successeur.

TYNE (la), fl. d'Angleterre, qui passe à *Newcastle upon Tyne* et se jette dans la mer du Nord ; 100 km.

TYNEMOUTH, port de Grande-Bretagne, sur l'estuaire de la *Tyne ;* 60 000 h. Station balnéaire.

TYR, auj. **Sour,** v. du Liban, au sud de Beyrouth. Archevêchés catholiques (rites maronite et grec). Ruines phéniciennes, hellénistiques et romaines. Port de la Phénicie antique, Tyr fonda (à partir du XIe s. av. J.-C.) sur les rives de la Méditerranée de nombreux comptoirs, dont Carthage. Rivale de Sidon, elle lutta longuement contre les Empires assyrien et babylonien. Soumise par Alexandre (332 av. J.-C.), elle fut disputée par les Lagides et les Séleucides. Malgré la concurrence d'Alexandrie, elle demeura un centre culturel et commercial important jusqu'à l'invasion arabe (638 apr. J.-C.).

TYROL, anc. prov. alpestre de l'Empire autrichien, correspondant aux bassins supérieurs de l'Inn, de la Drave et de l'Adige. Auj., le nom tend à désigner seulement une province de l'Autriche (12 649 km² ; 594 000 h. ; cap. *Innsbruck*) s'étendant sur la haute vallée de l'Inn, dont le tourisme d'été et d'hiver est la principale activité. — Partie intégrante du patrimoine héréditaire des Habsbourg à partir de 1363, le Tyrol fut cédé à la Bavière en 1805, mais rendu à l'Autriche en 1814. En 1919, le traité de Saint-Germain céda à l'Italie, outre le Trentin, la province de Bolzano, dont la population allemande devait poser la question du Haut-Adige. Les accords austro-italiens de 1946 (complétés en 1969 et en 1992) assurent une large autonomie à la région et l'égalité des droits des deux groupes ethniques.

TYRRHÉNIENNE *(mer),* partie de la Méditerranée comprise entre la péninsule italienne, la Corse, la Sardaigne et la Sicile.

TYRTÉE, poète lyrique grec (en Attique VIIe s. av. J.-C.). Il ranima par ses chants le courage des Spartiates dans la deuxième guerre de Messénie.

TZARA (Tristan), écrivain français d'origine roumaine (Moineşti 1896 - Paris 1963), l'un des fondateurs du groupe dada (*Sept Manifestes Dada,* 1924 ; *l'Homme approximatif,* 1931).

U·V

UBAYE [ybaj], torrent des Alpes du Sud, qui rejoint la Durance (r. g.) dans le lac formé par le barrage de Serre-Ponçon ; 80 km.

UBE, port du Japon (Honshū) ; 175 053 h.

Ubu roi, comédie burlesque d'A. Jarry (1896). Le héros en est le « père Ubu », caricature bouffonne de la stupidité bourgeoise et de la sauvagerie humaine.

UCAYALI, riv. du Pérou, l'une des branches mères de l'Amazone ; 1 600 km.

UCCELLO (Paolo **di Dono,** dit **Paolo**), peintre italien (Florence ? 1397 - *id.* 1475). Son traitement de la figure et de la perspective revêt un caractère de jeu intellectuel aigu et complexe (fresques de la *Vie de Noé,* cloître Vert de S. Maria Novella, Florence ; trois panneaux de la *Bataille* de San Romano*).

UCCLE, en néerl. **Ukkel,** comm. de Belgique, banlieue sud de Bruxelles ; 73 721 h.

UCKANGE (57270), comm. de la Moselle ; 9 239 h.

UDAIPUR, v. de l'Inde (Rājasthān) ; 307 682 h. Anc. cap. rajput. Nombreux monuments, dont l'immense palais royal (XVIe-XVIIIe s.). Musée.

U. D. F. (Union pour la démocratie française), formation politique, née en 1978, regroupant auj. le parti radical, le parti républicain, Force démocrate (structure issue de la refondation du Centre des démocrates sociaux avec, pour allié, le parti social-démocrate), le parti populaire pour la démocratie française et le groupe des adhérents directs.

UDINE, v. d'Italie, anc. cap. du Frioul, ch.-l. de prov. ; 99 157 h. Monuments du Moyen Âge au XVIIIe s.

U. D. R. (Union des Démocrates pour la République), formation politique française. En 1958 fut créée l'*Union pour la Nouvelle République* (U. N. R), destinée à soutenir la politique du général de Gaulle. En 1968 lui succéda l'*Union pour la défense de la République.* En 1971, le groupe parlementaire prit le nom d'*Union des Démocrates pour la République* (U. D. R), formation qui devint en 1976 le R. P. R.*.

U. E., sigle de Union européenne → ***Communautés européennes.***

UEDA AKINARI, écrivain japonais (Ōsaka 1734 - Kyōto 1809). Il a donné un style nouveau aux légendes traditionnelles (*Contes de pluie et de lune,* 1776).

UÉLÉ ou **OUELLÉ,** branche mère de l'Oubangui (r. g.) ; 1 300 km.

U. E. O. → ***Union de l'Europe occidentale.***

UGANDA → ***Ouganda.***

UGARIT → ***Ougarit.***

UGINE (73400), ch.-l. de c. de la Savoie ; 7 490 h. Électrométallurgie.

UGOLIN (Ugolino **della Gherardesca,** dit) → ***Gherardesca.***

UHLAND (Ludwig), poète allemand (Tübingen 1787 - *id.* 1862), auteur de poésies populaires, inspirées des légendes souabes.

UHURU *(pic)* → ***Kilimandjaro.***

Uilenspiegel ou **Uylenspiegel,** puis **Eulenspiegel** (Till) [*Till l'Espiègle*], personnage légendaire, d'origine allemande (XIVe s.), célèbre pour ses facéties. Il symbolisa la résistance du peuple des Pays-Bas contre l'Espagne.

Uitlanders, nom qui fut donné par les Boers aux immigrants anglo-saxons attirés à partir de 1884 par les gisements d'or et de diamants du Transvaal et de l'Orange.

UJI, v. du Japon (Honshū) ; 177 010 h. Pavillon* du Phénix.

UJJAIN, v. de l'Inde (Madhya Pradesh) ; 367 154 h. Université. Monuments anciens dont un observatoire du XVIIIe s. L'une des villes saintes de l'Inde.

UJUNGPANDANG, anc. **Macassar,** port d'Indonésie, dans le sud de Célèbes, sur le *détroit d'Ujungpandang* (qui sépare les îles de Bornéo et de Célèbes) ; 709 000 h.

UK, sigle de *United Kingdom.*

UKRAINE, État de l'Europe orientale, sur la mer Noire ; 604 000 km^2 ; 51 700 000 h. *(Ukrainiens).* CAP. *Kiev.* LANGUE : *ukrainien.* MONNAIE : *karbovanets. (V. carte p. 1728.)*

GÉOGRAPHIE

Un peu plus vaste que la France, mais un peu moins peuplée, l'Ukraine est un pays de relief peu accidenté, s'étendant sur la zone des riches terres noires. Elle englobe la majeure partie du bassin houiller du Donbass et possède les importants gisements de fer de Krivoï-Rog et de grands aménagements hydroélectriques. C'est une grande région agricole et industrielle, productrice notamment de blé, de charbon et d'acier. Peuplée de près de 75 % d'Ukrainiens de souche, l'Ukraine compte une importante minorité russe.

HISTOIRE

IXe-XIIe s. : l'État de Kiev se développe. XIIe s. : la Galicie-Volhynie recueille les traditions kiéviennes. 1238-1240 : la conquête mongole ruine la région de Kiev. XIIIe-XIVe s : la Lituanie et la Pologne annexent toutes les régions où se développe la civilisation ukrainienne, hormis la Ruthénie subcarpatique sous domination hongroise depuis le XIe s. XVe-XVIe s. : des communautés cosaques s'organisent sur le Don et le Dniepr. 1654 : l'hetman Khmelnitski se place sous la protection de la Moscovie. 1667 : l'Ukraine est partagée entre la Pologne et la Russie. 1709 : Pierre le Grand écrase à Poltava l'hetman Mazeppa, qui avait tenté de constituer une Ukraine réunifiée et indépendante. 1764 : l'hetmanat est aboli par Catherine II. 1793-1795 : à la suite des partages de la Pologne, toute l'Ukraine est sous la domination des Empires russe et autrichien. Fin 1917-début 1918 : une république soviétique est créée à Kharkov par les bolcheviks, et une république indépendante est proclamée à Kiev par les nationalistes. 1919-20 : les armées russes blanches puis les Polonais interviennent en Ukraine. 1922 : la République soviétique d'Ukraine adhère à l'Union soviétique. 1939-40 : l'U. R. S. S. annexe les territoires polonais peuplés d'Ukrainiens ainsi que la Bucovine du Nord et la Bessarabie. 1941-1944 : un régime d'occupation très rigoureux est imposé par les nazis. 1945 : l'Ukraine s'agrandit de la Ruthénie subcarpatique. 1954 : la Crimée lui est rattachée. 1990 : les communistes remportent les premières élections républicaines libres. 1991 : le Soviet suprême proclame l'indépendance du pays (août), qui adhère à la C.E.I. Le communiste Leonid Kravtchouk est élu à la présidence de la République. Des conflits d'intérêt opposent l'Ukraine à la Russie, notamment sur le statut de la Crimée et sur le contrôle de la flotte de la mer Noire. 1994 : un accord sur le démantèlement de l'arsenal nucléaire stationné en Ukraine est signé par L. Kravtchouk, B. Ieltsine et B. Clinton. Leonid Koutchma, favorable à un rapprochement avec la Russie, est élu à la présidence de la République.

UKRAINE SUBCARPATIQUE ou **RUTHÉNIE SUBCARPATIQUE,** région d'Ukraine. Annexée à la Hongrie au XIe s., elle fut rattachée à la Tchécoslovaquie de 1919 à 1938, puis cédée à l'U. R. S. S. et rattachée à l'Ukraine (1945).

ULBRICHT (Walter), homme politique allemand (Leipzig 1893 - Berlin 1973), l'un des fondateurs du parti communiste allemand (1919), premier secrétaire du parti socialiste unifié (SED) de 1950 à 1971, président du Conseil d'État de la République démocratique allemande de 1960 à sa mort.

ULFILAS, ULFILA ou **WULFILA,** évêque arien, apôtre des Goths (v. 311 - Constantinople 383). Il traduisit en gotique le Nouveau Testament.

ULHASNAGAR, v. de l'Inde (Mahārāshtra) ; 648 000 h.

ULIS (Les) [91940], ch.-l. de c. de l'Essonne ; 27 207 h. *(Ulissiens).*

ULM, v. d'Allemagne (Bade-Wurtemberg), sur le Danube ; 108 930 h. Centre industriel. Colossale église gothique commencée à la fin du XIVe s. (œuvres d'art). Musées. L'armée autrichienne de Mack y capitula devant les Français de Napoléon (20 oct. 1805).

ULPIEN, en lat. **Domitius Ulpianus,** jurisconsulte romain (Tyr - Rome 228). Préfet du prétoire sous Sévère Alexandre, il fut assassiné par les prétoriens.

ULSAN, port de la Corée du Sud ; 418 000 h. Centre industriel.

ULSTER, province de l'anc. Irlande. Depuis 1921, la partie nord-est de l'Ulster (14 000 km^2 ; 1 573 000 h.) constitue l'Irlande du Nord (cap. *Belfast*), unie à la Grande-Bretagne. D'âpres conflits y opposent la majorité protestante aux catholiques. Trois comtés, *Cavan, Donegal,*

Monaghan, se sont unis à la République d'Irlande, formant la *province de l'Ulster* (8 011 km² ; 232 012 h.).

ULYSSE, en gr. **Odusseus,** héros grec, roi légendaire d'Ithaque, fils de Laërte, époux de Pénélope, père de Télémaque, l'un des principaux acteurs des poèmes homériques. Il apparaît dans *l'Iliade* comme un guerrier habile et rusé ; il est l'auteur du stratagème du cheval de Troie. Le retour d'Ulysse dans sa patrie fait le sujet de *l'Odyssée.*

Ulysse, roman de James Joyce (1922), version moderne et parodie de *l'Odyssée,* riche de symbolisme et de correspondances, qui tente d'unifier tous les procédés de style.

Ulysse remet Chryséis à son père, toile de Cl. Lorrain (v. 1644, Louvre). Avec son navire en contre-jour, c'est l'un des « Ports de mer » les plus suggestifs du peintre, inspiré d'un épisode (lourd de menaces) de *l'Iliade.*

'UMAR Ier ou **OMAR Ier** (Abū Ḥafṣa ibn al-Khaṭṭāb) [La Mecque v. 581 - Médine 644], deuxième calife des musulmans (634-644). Il conquit la Syrie, la Perse, l'Égypte et la Mésopotamie.

UME ÄLV, fl. de Suède, qui se jette dans le golfe de Botnie, peu en aval d'*Umeå* (82 000 h.) ; 460 km.

UMM KULTHŪM (Fāṭima **Ibrāhīm,** dite), en fr. **Oum Kalsoum,** chanteuse égyptienne (Ṭamāy al-Zahīra, prov. de Dakahlièh, 1898 - Le Caire 1975). Elle fut de 1922 à sa mort la voix la plus adulée du monde arabe.

UMTALI → ***Mutare.***

UNAMUNO (Miguel **de**), écrivain espagnol (Bilbao 1864 - Salamanque 1936), auteur d'essais traitant de tous les problèmes de son temps (*le Sentiment tragique de la vie,* 1912 ; *l'Agonie du christianisme,* 1924).

UNDSET (Sigrid), femme de lettres norvégienne (Kalundborg, Danemark, 1882 - Lillehammer 1949), auteur de romans historiques (*Kristin Lavransdatter,* 1920-1922) et de récits inspirés par ses convictions religieuses (*le Buisson ardent,* 1930). [Prix Nobel 1928.]

Ulysse remet Chryséis à son père (v. 1644), par Claude Lorrain. (Louvre, Paris.)

Unesco, sigle de United Nations Educational Scientific and Cultural Organization (Organisation des Nations unies pour l'éducation, la science et la culture), institution spécialisée de l'O. N. U. créée en 1946 dans le but notamment de contribuer au maintien de la paix et de la sécurité internationales, en resserrant par l'éducation, la science, la culture et la communication la collaboration entre nations. Les États-Unis se sont retirés de l'Unesco en 1984 ainsi que la Grande-Bretagne et Singapour en 1985. Son siège, à Paris, est l'œuvre des architectes Breuer, Nervi et Zehrfuss.

UNGARETTI (Giuseppe), poète italien (Alexandrie, Égypte, 1888 - Milan 1970), le chef de file de l'hermétisme (*Sentiment du temps,* 1933 ; *Un cri et des paysages,* 1952-1954).

UNGAVA, baie de la côte du Québec (Canada). Elle donne parfois son nom à la région du *Nouveau-Québec,* partie nord de la province du Québec.

UNGERSHEIM (68190), comm. du Haut-Rhin ; 1 457 h. Vaste écomusée : maisons traditionnelles reconstituées ; anc. mine de potasse.

Unicef, sigle de United Nations International Children's Emergency Fund (Fonds des Nations unies pour l'enfance), organisme de l'O. N. U. institué en 1946 pour promouvoir une aide à l'enfance dans les pays du tiers monde. Siège : New York. (Prix Nobel de la paix 1965.)

UNIEUX (42240), comm. de la Loire ; 8 122 h. Métallurgie.

Unigenitus *(bulle)* [8 sept. 1713], constitution promulguée par le pape Clément XI et qui condamnait le jansénisme. Plusieurs prélats français refusèrent de recevoir la bulle, qui fut l'objet de longues polémiques.

UNION (**L'**) [31240], comm. de la Haute-Garonne ; 11 778 h.

union *(Actes d'),* nom porté par deux lois qui établirent, la première, l'union de l'Angleterre

et de l'Écosse (1707), formant le royaume de Grande-Bretagne, la seconde, l'union de la Grande-Bretagne et de l'Irlande (1800), formant le Royaume-Uni de Grande-Bretagne et d'Irlande.

Union de l'Europe occidentale (U. E. O.), organisation politique et militaire, créée en 1954 et regroupant auj. l'Allemagne, les pays du Benelux, l'Espagne, la France, la Grande-Bretagne, la Grèce, l'Italie et le Portugal.

Union des Démocrates pour la République → ***U. D. R.***

UNION DES RÉPUBLIQUES SOCIALISTES SOVIÉTIQUES ou **UNION SOVIÉTIQUE** → ***U. R. S. S.***

Union européenne → ***Communautés européennes.***

UNION FRANÇAISE, nom donné, de 1946 à 1958, à l'ensemble formé par la République française et les territoires et États associés d'outre-mer.

Union Jack, drapeau du Royaume-Uni, unissant la croix de Saint-Georges anglaise (rouge sur fond blanc), la croix de Saint-André écossaise (blanche sur fond bleu) et la croix de Saint-Patrick irlandaise (rouge sur fond blanc).

Union postale universelle (U. P. U.), institution spécialisée de l'O. N. U. depuis 1948 dont l'origine remonte à 1874, chargée d'assurer les relations postales entre les États membres et de favoriser la coopération internationale en matière postale. Siège : Berne.

Union pour la démocratie française → ***U. D. F.***

UNION SUD-AFRICAINE → ***Afrique du Sud*** *(République d').*

U. N. I. T. A. (Union nationale pour l'indépendance totale de l'Angola), organisation de lutte armée contre le gouvernement angolais, créée par J. Savimbi en 1965.

UNITED STATES OF AMERICA ou **USA,** nom amér. des **États-Unis d'Amérique.**

UNKEI, sculpteur japonais (Kyōto v. 1148 - ? 1223). Il est à l'origine du renouveau de la sculpture de l'époque Kamakura et de l'épanouissement du réalisme.

Unkiar-Skelessi *(traité d')* [8 juill. 1833], traité signé entre l'Empire ottoman et la Russie, qui s'était portée au secours du Sultan, attaqué par Méhémet-Ali. Il fermait les Détroits aux vaisseaux de guerre étrangers, mais la Grande-Bretagne réussit, au traité de Londres (1841), à rendre l'accord inopérant.

U. N. R. (Union pour la Nouvelle République) → ***U. D. R.***

Unter den Linden (« Sous les tilleuls »), avenue de Berlin, qui part de la porte de Brandebourg.

UNTERWALD, en all. **Unterwalden** (c'est-à-dire « Sous les forêts »), cant. de Suisse, dans la région des collines, au sud du lac des Quatre-Cantons, l'un des trois premiers de la Confédération. Il est divisé en deux demi-cantons : *Obwald* (491 km^2 ; 29 025 h. ; ch.-l. *Sarnen*) et *Nidwald* (276 km^2 ; 33 044 h. ; ch.-l. *Stans*).

Upaniṣad, mot sanskrit désignant les textes sacrés hindous considérés comme révélés et qui datent de la fin de la période védique (entre 700 et 300 av. J.-C.). Ils visent à libérer l'homme du cycle des renaissances.

UPDIKE (John), écrivain américain (Shillington, Pennsylvanie, 1932). Ses nouvelles et ses romans peignent les fantasmes et les mythes de la société américaine (*Cœur de lièvre,* 1960 ; *le Centaure,* 1963 ; *Couples,* 1968 ; *les Sorcières d'Eastwick,* 1984).

U P I (United Press International), agence de presse américaine.

UPOLU, île des Samoa occidentales.

UPPSALA, v. de Suède, sur un tributaire du lac Mälaren ; 167 508 h. Université (1477). L'une des anc. capitales de la Scandinavie. Siège de l'archevêque primat du royaume ; cathédrale gothique entreprise à la fin du XIIIe s.

'UQBA IBN NĀFI', général arabe (v. 630-683). Il conquit la Tunisie (670), fonda Kairouan, puis soumit le Maghreb central.

UR → ***Our.***

'URĀBĪ PACHA ou **'ARĀBĪ PACHA,** officier égyptien (près de Zagazig 1839 - Le Caire 1911). Chef de la résistance nationaliste, il fut imposé comme ministre de la Guerre au khédive Tawfīq (1881). Battu par les Britanniques (sept. 1882), il fut déporté.

URANIE, muse de l'Astronomie.

URANUS, planète du système solaire, découverte par Herschel en 1781, au-delà de Saturne (diamètre équatorial : 51 200 km). Elle possède une épaisse atmosphère d'hydrogène, d'hélium et de méthane, et elle est entourée de fins anneaux de matière sombre. On lui connaît 15 satellites.

URAWA, v. du Japon (Honshū) ; 418 271 h.

URBAIN II *(bienheureux)* [Odon ou Eudes **de Lagery**] (Châtillon-sur-Marne v. 1042 - Rome 1099), pape de 1088 à 1099, promoteur de la première croisade au concile de Clermont (1095). — **Urbain III** (Uberto **Crivelli**) [Milan v. 1120 - Ferrare 1187], pape de 1185 à 1187, lutta contre Frédéric Barberousse. — **Urbain IV** (Jacques **Pantaléon**) [Troyes v. 1200 - Pérouse 1264], pape de 1261 à 1264, institua la fête du Saint-Sacrement. — **Urbain V** *(bienheureux)* [Guillaume **de Grimoard**] (château de Grizac, Lozère, 1310 - Avignon 1370), pape de 1362 à 1370, résida en Avignon pendant l'essentiel de son pontificat malgré une tentative de retour à Rome (1367-1370). — **Urbain VI** (Bartolomeo **Prignano**) [Naples v. 1318 - Rome 1389], pape de 1378 à 1389 ; son élection, imposée par le peuple romain, qui souhaitait un pape italien, marqua le début du Grand Schisme. — **Urbain VIII** (Maffeo **Barberini**) [Florence 1568 - Rome 1644], pape de 1623 à 1644 ; adversaire du jansénisme, il condamna l'*Augustinus* de Jansénius (1643).

URBAIN (Georges), chimiste français (Paris 1872 - *id.* 1938). Il étudia les terres rares, dont il isola le lutécium.

URBINO, v. d'Italie, dans les Marches ; 15 125 h. Archevêché. Palais ducal du XVe s., chef-d'œuvre de la Renaissance (auj. Galerie nationale des Marches : Piero della Francesca, P. Berruguete, Barocci, etc. ; majoliques d'Urbino). Anc. ch.-l. du *duché d'Urbino,* créé en 1443, réuni en 1631 aux États de l'Église.

UREY (Harold Clayton), chimiste américain (Walkerton, Indiana, 1893 - La Jolla, Californie, 1981). Il découvrit l'eau lourde et le deutérium. (Prix Nobel 1934.)

URFA, anc. **Édesse***, v. de Turquie, près de la frontière syrienne ; 276 528 h. Barrage.

URFÉ (Honoré **d'**), écrivain français (Marseille 1567 - Villefranche-sur-Mer 1625), auteur d'un poème pastoral *(Sireine)* et du roman *l'Astrée**.

URGEL → ***Seo de Urgel.***

URI, canton suisse, drainé par la Reuss ; 1 076 km^2 ; 34 208 h. Ch.-l. *Altdorf.* C'est l'un des trois cantons primitifs de la Confédération.

URIAGE (38410), section de la comm. de Saint-Martin-d'Uriage (Isère). Station thermale (rhumatismes et maladies de la peau).

URRAQUE, en esp. **Urraca** (1081 - Saldaña 1126), reine de Castille et de León (1109-1122), fille d'Alphonse VI, épouse de Raimond de Bourgogne (dont elle eut Alphonse VII), puis d'Alphonse Ier d'Aragon (1109). Son mariage ayant été annulé, elle entra en guerre contre ce dernier (1110), qui dut reconnaître l'indépendance de la Castille.

URSINS (Marie-Anne **de La Trémoille,** *princesse* **des**) [Paris 1642 - Rome 1722]. Elle joua un grand rôle dans les intrigues de la cour du roi d'Espagne, Philippe V, jusqu'en 1714.

U. R. S. S. (Union des républiques socialistes soviétiques), en russe **S. S. S. R.** *(Soïouz Sovietskikh Sotsialistitcheskikh Respoublik),* ancien État d'Europe et d'Asie. Composée de 15 républiques à partir de la Seconde Guerre mondiale (Arménie, Azerbaïdjan, Biélorussie, Estonie, Géorgie, Kazakhstan, Kirghizistan, Lettonie, Lituanie, Moldavie, Ouzbékistan, Russie, Tadjikistan, Turkménistan, Ukraine), elle couvrait 22 400 000 km^2 et comptait, en 1990, 292 millions d'h. *(Soviétiques).* CAP. *Moscou.*

HISTOIRE

Les débuts du régime soviétique. 1917 : au lendemain de la révolution d'Octobre est formé le Conseil des commissaires du peuple, composé uniquement de bolcheviks et présidé par Lénine. 1918 : la République socialiste fédérative soviétique de Russie est proclamée. L'Allemagne lui impose le traité de Brest-Litovsk. La guerre civile oppose l'Armée rouge et les armées blanches. Le « communisme de guerre » est instauré et les nationalisations sont généralisées. 1919 : l'Internationale communiste est fondée à Moscou. 1920 : la Russie soviétique reconnaît l'indépendance des États baltes. La dernière armée blanche évacue la Crimée. 1921 : l'Armée rouge occupe l'Arménie et la Géorgie ; la paix est signée avec la Pologne. La nouvelle politique économique (NEP) est adoptée. 1922 : Staline devient secrétaire général du parti communiste. La Russie, la Transcaucasie (formée par la réunion de l'Azerbaïdjan, de l'Arménie et de la Géorgie), l'Ukraine et la Biélorussie s'unissent au sein de l'U. R. S. S. 1924 : Lénine meurt. 1925-1927 : Staline élimine de la direction du parti Zinoviev, Kamenev et Trotski.

La période stalinienne. 1929 : la NEP est abandonnée. Le premier plan quinquennal donne la priorité à l'industrie lourde, et la collectivisation massive des terres est entreprise. 1930 : les koulaks sont liquidés. 1934 : l'U. R. S. S. est admise à la S. D. N. 1936 : une nouvelle Constitution précise l'organisation de l'U. R. S. S. en 11 républiques fédérées : Russie, Ukraine, Biélorussie, Kazakhstan, Kirghizistan, Ouzbékistan, Tadjikistan, Turkménistan, Arménie, Azerbaïdjan, Géorgie. 1936-1938 : la Guépéou envoie dans les camps du Goulag de nombreux déportés et fait disparaître la vieille garde du parti. 1939 : le pacte germano-soviétique est conclu. 1939-40 : l'U. R. S. S. annexe la Pologne orientale, les États baltes, la Carélie, la Bessarabie et la Bucovine du Nord. 1941 : elle est attaquée par l'Allemagne. 1943 : elle remporte la bataille de Stalingrad. 1944-45 : les forces soviétiques progressent en Europe orientale et, conformément aux accords de Yalta (févr. 1945), occupent la partie orientale de l'Allemagne. 1947-1949 : le Kominform est créé et des régimes calqués sur celui de l'U. R. S. S. sont instaurés sur l'ensemble de l'Europe de l'Est. Les Soviétiques font le blocus de Berlin-Ouest (1948-49). La guerre froide se développe. 1950 : un traité d'amitié est signé avec la Chine populaire. 1953 : Staline meurt.

Les limites de la déstalinisation et de la détente. 1953 : Khrouchtchev est élu premier secrétaire du parti. 1955 : l'U. R. S. S. signe avec sept démocraties populaires le pacte de Varsovie. Les relations avec la Chine commencent à se détériorer. 1956 : le XXe Congrès dénonce certains aspects du stalinisme. Le Kominform est dissous. L'armée soviétique écrase la tentative de libéralisation de la Hongrie. 1957 : le premier satellite artificiel de la Terre (Spoutnik I) est lancé. 1962 : l'installation à Cuba de missiles soviétiques provoque une grave crise avec les États-Unis. 1964 : Khrouchtchev est destitué ; Brejnev le remplace à la tête du parti. 1968 : l'U. R. S. S. intervient militairement en Tchécoslovaquie. 1969 : la tension avec la Chine s'accroît. 1972-1979 : l'U. R. S. S. signe les accords SALT I et SALT II, qui tentent de limiter la course aux armements nucléaires. 1979 : les troupes soviétiques occupent l'Afghanistan. 1982 : à la mort de Brejnev, Andropov devient secrétaire général du parti. 1984 : Tchernenko lui succède.

La perestroïka. 1985-1987 : Gorbatchev assume la direction du parti et entreprend le renouvellement de ses cadres. Il met en œuvre la restructuration *(perestroïka)* promouvant des réformes en vue d'une plus grande efficacité économique et d'une démocratisation des institutions et relance la déstalinisation. Il renoue le dialogue avec les États-Unis (rencontres avec Reagan), avec lesquels il signe (1987) un accord sur l'élimination des missiles de moyenne portée en Europe. Depuis 1988 : l'U. R. S. S. achève le retrait de ses troupes d'Afghanistan (févr. 1989) et poursuit le rapprochement avec la Chine. Les premières élections à candidatures multiples ont lieu (mars 1989). Les revendications nationales se développent, notamment dans les pays Baltes et au Caucase. Les tensions entre les nationalités s'aggravent et s'exacerbent en Arménie et en Azerbaïdjan. 1990 : le rôle dirigeant du parti est aboli et un régime présidentiel est instauré. Gorbatchev est élu à la présidence de l'U. R. S. S. par le Congrès des députés du peuple (mars). L'U. R. S. S., en signant le traité de Moscou, accepte l'unification de l'Allemagne. La désorganisation économique, qui met en cause l'efficacité de la réforme visant à l'instauration d'une économie de marché, et les tensions entre le gouvernement central et les républiques fédérées menacent la survie de la fédération soviétique.

La dissolution de l'Union soviétique. 1991 : la tentative de coup d'État des conservateurs contre

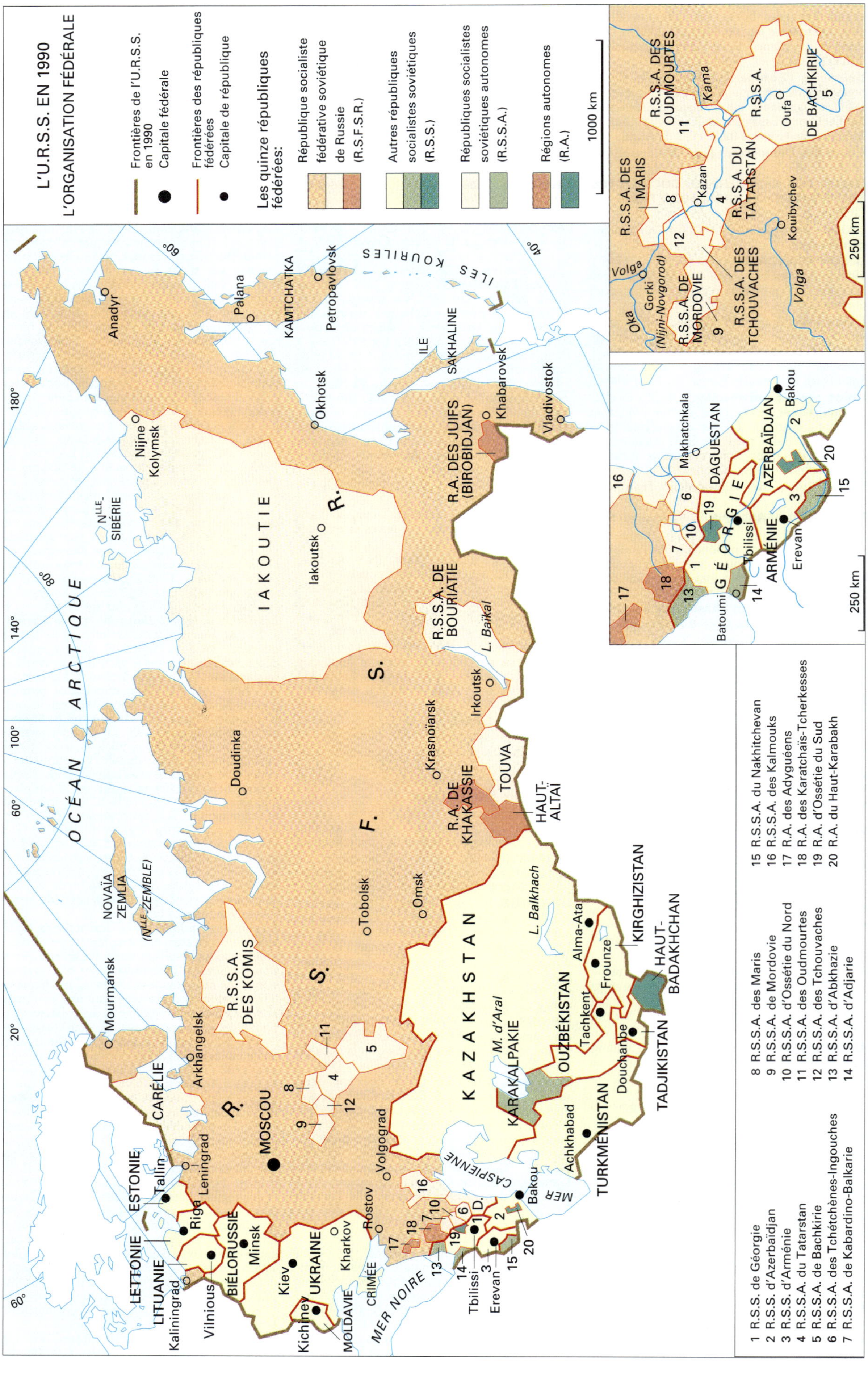
L'U.R.S.S. EN 1990
L'ORGANISATION FÉDÉRALE
Frontières de l'U.R.S.S. en 1990
Capitale fédérale
Frontières des républiques fédérées
Capitale de république
Les quinze républiques fédérées:
République socialiste fédérative soviétique de Russie (R.S.F.S.R.)
Autres républiques socialistes soviétiques (R.S.S.)
Républiques socialistes soviétiques autonomes (R.S.S.A.)
Régions autonomes (R.A.)
1000 km
OCÉAN ARCTIQUE
R. S. F. S. R.
MOSCOU
IAKOUTIE
KAZAKHSTAN
OUZBÉKISTAN
TURKMÉNISTAN
TADJIKISTAN
KIRGHIZISTAN
UKRAINE
BIÉLORUSSIE
MOLDAVIE
ESTONIE
LETTONIE
LITUANIE
CARÉLIE
R.S.S.A. DES KOMIS
KARAKALPAKIE
HAUT-BADAKHCHAN
R.A. DE KHAKASSIE
TOUVA
HAUT-ALTAÏ
R.S.S.A. DE BOURIATIE
R.A. DES JUIFS (BIROBIDJAN)
KAMTCHATKA
ÎLE SAKHALINE
ÎLES KOURILES
NOVAÏA ZEMLIA (NLLE-ZEMBLE)
NLLE-SIBÉRIE
CRIMÉE
MER NOIRE
MER CASPIENNE
M. d'Aral
L. Balkhach
L. Baïkal
Kaliningrad
Vilnious
Riga
Tallin
Minsk
Kiev
Kichinev
Kharkov
Rostov
Leningrad
Mourmansk
Arkhangelsk
Volgograd
Tobolsk
Omsk
Doudinka
Krasnoïarsk
Irkoutsk
Iakoutsk
Nijne Kolymsk
Anadyr
Okhotsk
Palana
Petropavlovsk
Khabarovsk
Vladivostok
Tbilissi
Erevan
Bakou
Achkhabad
Douchanbe
Tachkent
Frounze
Alma-Ata
20° 60° 100° 140° 180° 60° 80° 40°
R.S.S.A. DES MARIS
R.S.S.A. DES OUDMOURTES
R.S.S.A. DE MORDOVIE
R.S.S.A. DES TCHOUVACHES
R.S.S.A. DU TATARSTAN
R.S.S.A. DE BACHKIRIE
Gorki (Nijni-Novgorod)
Kazan
Kouïbychev
Oufa
Oka
Volga
Kama
250 km
GÉORGIE
ARMÉNIE
AZERBAÏDJAN
DAGUESTAN
Batoumi
Makhatchkala
250 km
1 R.S.S. de Géorgie
2 R.S.S. d'Azerbaïdjan
3 R.S.S. d'Arménie
4 R.S.S.A. du Tatarstan
5 R.S.S.A. de Bachkirie
6 R.S.S.A. des Tchétchènes-Ingouches
7 R.S.S.A. de Kabardino-Balkarie
8 R.S.S.A. des Maris
9 R.S.S.A. de Mordovie
10 R.S.S.A. d'Ossétie du Nord
11 R.S.S.A. des Oudmourtes
12 R.S.S.A. des Tchouvaches
13 R.S.S.A. d'Abkhazie
14 R.S.S.A. d'Adjarie
15 R.S.S.A. du Nakhitchevan
16 R.S.S.A. des Kalmouks
17 R.A. des Adyguéens
18 R.A. des Karatchaïs-Tcherkesses
19 R.A. d'Ossétie du Sud
20 R.A. du Haut-Karabakh

Gorbatchev échoue grâce à la résistance menée par B. Ieltsine (août). La restauration de l'indépendance des pays Baltes (Estonie, Lettonie, Lituanie), reconnue par la communauté internationale (sept.), est suivie par la dissolution de l'U.R.S.S. et la démission de Gorbatchev (déc.). La Russie, l'Ukraine, la Biélorussie, la Moldavie, les républiques d'Asie centrale et celles du Caucase (excepté la Géorgie), qui ont proclamé leur indépendance, créent la Communauté d'États indépendants (C.E.I.).

U. R. S. S. A. F. (Unions de recouvrement des cotisations de Sécurité sociale et d'Allocations familiales), organismes en principe départementaux, obligatoires depuis 1960, chargés du recouvrement des cotisations de sécurité sociale et d'allocations familiales.

URSULE, martyre (IIIe s. ?). Cette sainte connut une grande popularité, à la mesure de l'histoire des onze mille vierges qui auraient été martyrisées avec elle à Cologne.

URUGUAY, fl. de l'Amérique du Sud, séparant le Brésil et l'Uruguay de l'Argentine et formant, avec le Paraná, le Río de la Plata ; 1 580 km (bassin de 350 000 km²).

URUGUAY, État de l'Amérique du Sud, entre le Brésil, l'Atlantique et l'Argentine ; 177 500 km² ; 3 200 000 h. *(Uruguayens).* CAP. *Montevideo.* LANGUE : *espagnol.* MONNAIE : *peso uruguayen.*

GÉOGRAPHIE

L'élevage (bovins et ovins), avec les industries qui en dépendent (laines et peaux, viande), vient en tête des ressources du pays. Des cultures (agrumes, canne à sucre, riz, produits maraîchers) le complètent. Le potentiel hydroélectrique constitue la seule source énergétique. Montevideo regroupe près de la moitié de la population totale.

HISTOIRE

XVIe s. : les Espagnols explorent le littoral. V. 1726 : ils fondent la forteresse de Montevideo. 1821 : après l'échec du soulèvement de José Artigas, le pays est rattaché au Brésil. 1828 : l'Uruguay accède à l'indépendance. 1838-1865 : la vie politique est marquée par les luttes entre les libéraux *(colorados)* et les conservateurs *(blancos)* et la « grande guerre » (1839-1851) contre l'Argentine. 1890 : l'arrivée au pouvoir des « civilistes » ouvre une ère de démocratisation. La population s'accroît rapidement (90 000 h. en 1850, 1 million en 1900), grâce à une immigration massive. 1919 : une constitution libérale est mise en place. 1933-1942 : frappé par la crise économique mondiale, l'Uruguay connaît la dictature du président Terra. 1966 : une réforme constitutionnelle renforce le rôle du président. Le mouvement de révolte armée des Tupamaros se développe. 1972-1976 : le président Bordaberry laisse l'armée mener la répression. 1976-1984 : les militaires dirigent le pays. 1984 : le pouvoir civil est rétabli avec l'élection à la présidence du libéral Julio Sanguinetti (qui entre en fonctions en 1985). 1990 : le conservateur Luis Lacalle devient président de la République. 1995 : J. Sanguinetti revient à la tête de l'État.

URUNDI → ***Burundi.***

USA, sigle de *United States of America* (États-Unis d'Amérique).

USA Today, quotidien créé en 1982 par le groupe Gannett Newspapers, l'un des plus forts tirages des quotidiens américains.

USHUAIA, v. d'Argentine, ch.-l. de la prov. de la Terre de Feu ; 29 696 h. Tourisme. C'est l'agglomération la plus méridionale du monde.

USINGER (Robert), entomologiste américain (Fort Bragg, Californie, 1912 - San Francisco 1968). Il a évité l'expansion de la fièvre jaune dans le Pacifique pendant la Seconde Guerre mondiale, sauvegardé la faune des îles Galápagos et publié de nombreux travaux.

ÜSKÜDAR → ***Scutari.***

USSEL (19200), ch.-l. d'arr. de la Corrèze ; 11 988 h. *(Ussellois).* Métallurgie. Anc. cap. du duché de Ventadour. Maisons anciennes. Musée du Pays d'Ussel.

USTARITZ [-rits] (64480), ch.-l. de c. des Pyrénées-Atlantiques ; 4 502 h.

USTER, comm. de Suisse (Zurich) ; 25 182 h. Constructions mécaniques et électriques.

ÚSTÍ NAD LABEM, v. de la République tchèque (Bohême), sur l'Elbe ; 99 739 h. Centre industriel.

UTAH, un des États unis d'Amérique, dans les montagnes Rocheuses ; 220 000 km² ; 1 722 850 h. Cap. *Salt Lake City.* Ressources minières (cuivre). L'Utah est peuplé en majeure partie par les mormons, qui l'ont colonisé à partir de 1847.

UTAMARO KITAGAWA, graveur et peintre japonais (1753 - Edo 1806), l'un des grands maîtres de l'estampe japonaise, célèbre pour la sensualité et l'élégance de ses représentations féminines.

'UTHMĀN IBN 'AFFĀN (m. à Médine en 656), troisième calife (644-656). Il fit établir la version définitive du Coran. Il fut assassiné lors du conflit entre les Omeyyades et les partisans d''Alī.

UTIQUE, anc. v. d'Afrique du Nord, au N.-O. de Carthage. Elle prit parti pour Rome lors de la 3e guerre punique et devint la capitale de la province romaine d'Afrique.

Utopie, essai, en latin, de Thomas More (1516), traduit en anglais en 1551. L'auteur y fait un tableau critique de la société anglaise et européenne, et imagine une terre où serait réalisée l'organisation idéale de l'État.

UTRECHT, v. des Pays-Bas, ch.-l. de la *prov. d'Utrecht* au sud du Zuiderzee ; 231 231 h. (500 000 h. dans l'agglomération). Université. Centre administratif, commercial (foire) et industriel. Cathédrale gothique. Musées (peintres d'Utrecht, comme Van Scorel, Terbrugghen, Gerrit Van Honthorst). Au début du XVIIIe s., la diffusion du jansénisme y provoqua un schisme et la formation de l'Église des vieux-catholiques (1723).

Utrecht *(traités d')* [1713-1715], ensemble de traités qui mirent fin à la guerre de la Succession d'Espagne. Philippe V conservait la couronne d'Espagne, mais renonçait à la couronne de France. L'intégrité du territoire français était préservée, mais Louis XIV abandonnait plusieurs places (Tournai, Ypres, etc.) aux Provinces-Unies ; il reconnaissait la succession protestante en Angleterre et l'Électeur de Brandebourg comme roi de Prusse. L'Angleterre recevait d'importantes bases maritimes (Gibraltar, Minorque, Terre-Neuve, Acadie).

UTRECHT *(Union d')* [23 janv. 1579], union des sept provinces protestantes des Pays-Bas contre l'Espagne, en réponse à l'Union d'Arras (6 janv. 1579), formée par les provinces catholiques.

UTRILLO (Maurice), peintre français (Paris 1883 - Dax 1955), fils de S. Valadon. Il a peint, dans des tonalités d'abord sombres et désolées puis dans des couleurs vives, des paysages urbains (principalement Montmartre), inspirés souvent de cartes postales.

UTSUNOMIYA, v. du Japon (Honshū) ; 426 795 h.

UTTAR PRADESH, État le plus peuplé de l'Inde, situé dans la plaine du Gange ; 294 400 km² ; 138 760 417 h. Cap. *Lucknow.* V. pr. *Kānpur, Bénarès, Āgrā* et *Allāhābād.*

UUSIKAUPUNKI, nom finnois de **Nystad.**

UVÉA ou **OUVÉA,** la principale des îles Wallis ; 8 084 h.

UXELLODUNUM, oppidum de la Gaule, dans le pays des Cadurques (Quercy), pris par César en 51 av. J.-C. Son nom est le symbole de l'ultime résistance gauloise. Plusieurs sites du midi de la France, dont le Puy-d'Issolud, près de Vayrac (Lot), prétendent correspondre à la description de la forteresse gauloise.

UXMAL, site archéologique du Mexique (Yucatán), au sud de Mérida. Imposants vestiges d'un centre cérémoniel maya florissant entre 600 et 950.

UZERCHE (19140), ch.-l. de c. de la Corrèze, sur la Vézère ; 2 891 h. Industries du bois. Salaisons. Belle église romane, vieilles maisons.

UZÈS (30700), ch.-l. de c. du Gard ; 7 955 h. Anc. cathédrale avec clocher roman cylindrique (« tour Fenestrelle »), château des ducs (XIe-XVIe s.), nombreuses vieilles demeures.

V

VAAL (le), riv. de l'Afrique du Sud, affl. de l'Orange (r. dr.) ; 1 200 km.

VAASA, port de Finlande ; 54 000 h.

VACCARÈS *(étang de),* le plus grand étang (6 000 ha) de la Camargue (Bouches-du-Rhône). Réserve botanique et zoologique.

VADÉ (Jean Joseph), chansonnier et auteur dramatique français (Ham 1720 - Paris 1757). Auteur de vaudevilles et d'opéras-comiques, il créa la littérature « poissarde », consacrée à l'expression des mœurs et du langage des Halles.

VADODARA, anc. **Baroda,** v. de l'Inde (Gujerāt) ; 1 115 265 h. Chimie. Musée.

VADUZ, cap. du Liechtenstein ; 5 000 h. Tourisme.

VAGANOVA (Agrippina Iakovlevna), danseuse et pédagogue soviétique (Saint-Pétersbourg 1879 - *id.* 1951). Son enseignement et son traité des *Fondements de la danse classique* (1934) eurent une grande influence.

Vague (la) ou **l'Arc de la vague au large de Kanagowa,** estampe d'Hokusai, appartenant à la suite des *Trente-Six Vues du mont Fuji* (1831-1833). Adoptant, contrairement à la tradition japonaise, une vision surbaissée, elle témoigne de la fougue d'Hokusai et de son génie de la transposition du paysage.

VÁH (le), riv. de Slovaquie, affl. du Danube (r. g.) ; 378 km. Centrales hydroélectriques.

La Vague ou ***l'Arc de la vague au large de Kanagowa,*** estampe d'Hokusai. (Centre Claude-Debussy, Saint-Germain-en-Laye.)

VAILLAND (Roger), écrivain français (Acy-en-Multien, Oise, 1907 - Meillonnas, Ain, 1965). Fondateur d'une revue surréaliste *(le Grand Jeu),* il s'affirma dans ses romans *(Drôle de jeu, la Loi)* et son théâtre comme un moraliste ironique.

VAILLANT (Auguste), anarchiste français (Mézières v. 1861 - Paris 1894). Il lança une bombe à la Chambre des députés (déc. 1893). Condamné à mort, il fut exécuté.

VAILLANT (Édouard), socialiste français (Vierzon 1840 - Saint-Mandé 1915). Responsable de l'Éducation publique durant la Commune (1871), il dut se réfugier en Angleterre, où il devint le leader des blanquistes. Revenu en France en 1880, député à partir de 1893, il se montra hostile à la collaboration avec les partis bourgeois.

VAILLANT (Jean-Baptiste Philibert), maréchal de France (Dijon 1790 - Paris 1872). Ministre de la Guerre (1854), il commanda en chef l'armée d'Italie (1859).

VAILLANT-COUTURIER (Paul), journaliste et homme politique français (Paris 1892 - *id.* 1937), rédacteur en chef de *l'Humanité* (1928-1937).

VAILLY-SUR-AISNE (02370), ch.-l. de c. de l'Aisne ; 1 986 h.

VAIR (Guillaume **du**), homme politique et philosophe français (Paris 1556 - Tonneins 1621), garde des Sceaux (1615), évêque de Lisieux (1616). Il a cherché dans ses discours et ses traités une conciliation entre le christianisme et le stoïcisme.

VAIRES-SUR-MARNE (77360), ch.-l. de c. de Seine-et-Marne ; 11 227 h. Gare de triage. Centrale thermique.

VAISON-LA-ROMAINE (84110), ch.-l. de c. de Vaucluse ; 5 701 h. Tourisme. Ruines romaines importantes : théâtre, thermes, etc. Anc. cathédrale romane ; maisons médiévales.

Vaisseau fantôme (le), opéra en trois actes de R. Wagner (1843) sur un livret du compositeur d'après la légende du Hollandais volant.

VALACHIE, anc. principauté danubienne qui a formé avec la Moldavie le royaume de Roumanie. — V. 1310-1352 : Basarab Ier crée la voïévodie de Valachie. 1396 : les Ottomans la soumettent au tribut. 1774 : la Valachie passe sous la protection de la Russie. 1859 : Alexandre Cuza est élu prince de Moldavie et de Valachie.

VALADON (Marie Clémentine, dite **Suzanne**), peintre français (Bessines-sur-Gartempe 1865 - Paris 1938). Elle est l'auteur de nus, de natures mortes et de paysages d'un style ferme et intense. Elle suscita le goût de la peinture chez son fils, Utrillo.

VALAIS, cant. suisse, dans la vallée du Rhône ; 5 226 km² ; 249 817 h. *(Valaisans).* Ch.-l. *Sion.* Possession des évêques de Sion depuis 999, le Valais appartint à la République helvétique (1799), fut annexé à la France (1810) pour former le département du Simplon. Il entra dans la Confédération suisse en 1815.

VAL-ANDRÉ (le), écart de la comm. de *Pléneuf-Val-André.* Station balnéaire.

VALBERG *(col de),* col des Alpes-Maritimes, dominé par la *Croix de Valberg* (1 829 m). Station de sports d'hiver (alt. 1 600-2 100 m).

VALBONNE (06560), comm. des Alpes-Maritimes, en bordure du *plateau de Valbonne* ; 9 715 h. Armement.

Valbonne *(camp de la),* camp militaire de 1 600 ha situé à 25 km au nord-est de Lyon (Ain).

VALBONNE *(plateau de),* site d'un complexe culturel et scientifique *(Sophia-Antipolis),* au N. de Cannes.

VAL-CENIS (73480 Lanslebourg Mont Cenis), station de sports d'hiver (alt. 1 500-2 800 m) de la Savoie, en Maurienne (comm. de Lanslebourg-Mont-Cenis et Lanslevillard).

VALDAHON (25800), comm. du Doubs ; 4 679 h. Camp militaire de 2 760 ha.

VALDAÏ, plateau du nord-ouest de la Russie, où naissent la Volga et le Dniepr ; alt. 343 m.

VAL-D'AJOL (Le) [88340], comm. des Vosges ; 4 947 h. *(Ajolais).*

VAL D'ARLY → ***Flumet.***

Val-de-Grâce (le), anc. couvent de Paris (Ve arr.), construit au XVIIe s. d'après des plans de F. Mansart. Un dôme majestueux, dont la coupole est peinte par P. Mignard, surmonte la chapelle. Transformé en hôpital d'instruction et école du Service de santé des armées (avec un musée en annexe), l'ensemble a été agrandi, restauré et modernisé de 1975 à 1993.

VAL DE LOIRE → ***Loire*** (fl.).

VALDEMAR Ier le Grand (Slesvig 1131 - Vordingborg 1182), roi de Danemark (1157-1182). Il restitua au Danemark sa puissance et son unité intérieure. — **Valdemar II Sejr** (1170 - Vordingborg 1241), roi de Danemark (1202-1241). Il fit codifier les lois et établir un inventaire fiscal du royaume. — **Valdemar IV Atterdag** (v. 1320-1375), roi de Danemark (1340-1375). Il ne put empêcher la Hanse d'étendre son influence sur le Danemark.

VAL-DE-MARNE (**94**), dép. de la Région Île-de-France ; ch.-l. de dép. *Créteil ;* ch.-l. d'arr. *L'Haÿ-les-Roses, Nogent-sur-Marne ;* 3 arr., 49 cant., 47 comm. ; 245 km² ; 1 215 538 h. Le dép. appartient à l'académie de Créteil, à la cour d'appel de Paris, au commandement militaire d'Île-de-France. La vallée de la Seine, jalonnée de centres industriels (Villeneuve-Saint-Georges, Vitry-sur-Seine, Alfortville, Ivry-sur-Seine), sépare deux secteurs à caractère plus résidentiel (Arcueil, Cachan, L'Haÿ-les-Roses à l'ouest, vallée de la Marne et communes limitrophes du bois de Vincennes à l'est). Le sud-est, plus éloigné de Paris, conserve encore un caractère partiellement rural, malgré l'urbanisation progressive.

VAL-DE-MEUSE (Le) [52140], ch.-l. de c. de la Haute-Marne ; 2 261 h.

VAL-DE-REUIL (27100), ch.-l. de c. de l'Eure ; 11 828 h.

VALDÉS (Juan **de**), humaniste espagnol (Cuenca v. 1499 - Naples 1541), auteur d'un *Dialogue de la langue* (v. 1536), relatif au castillan de l'époque.

VALDÉS LEAL (Juan **de**), peintre espagnol (Séville 1622 - *id.* 1690). Il est le dernier maître andalou du « siècle d'or », et le plus résolument baroque.

VALDEZ, port de la côte sud de l'Alaska, point d'arrivée de l'oléoduc venant de Prudhoe Bay.

VAL-D'ISÈRE (73150), comm. de Savoie, en Tarentaise ; 1 702 h. Station de sports d'hiver (alt. 1 850-3 650 m).

VALDIVIA, port du Chili méridional ; 120 706 h.

VALDIVIA (Pedro **de**), conquistador espagnol (La Serena, prov. de Badajoz, 1497 - Tucapel, Chili, 1553). Compagnon de Pizarro, il acheva la conquête du Chili.

VALDO ou **VALDÈS** (Pierre), dit **Pierre de Vaux,** fondateur de la secte des vaudois (Lyon 1140 - en Bohême ? v. 1217). Riche marchand lyonnais, il se convertit en 1176 à la pauvreté absolue et entraîna autour de lui la création d'un groupe dit « des pauvres du Christ » ou « des pauvres de Lyon ».

VALDOIE (90300), ch.-l. de c. du Territoire de Belfort ; 4 354 h.

VAL-D'OISE (**95**), dép. de la Région Île-de-France ; ch.-l. de dép. *Pontoise ;* ch.-l. d'arr. *Argenteuil, Montmorency ;* 3 arr., 39 cant., 185 comm. ; 1 246 km² ; 1 049 598 h. Le dép. appartient à l'académie et à la cour d'appel de Versailles, au commandement militaire d'Île-de-France. En dehors de son extrémité méridionale et de la vallée de l'Oise (Persan, Beaumont et Cergy-Pontoise), secteurs correspondant à des axes de circulation où l'industrie (métallurgie, chimie) et les services se sont développés, le dép. a encore une vocation largement agricole. À l'ouest de l'Oise, les plateaux du Vexin français portent des cultures céréalières et betteravières. À l'est, au-delà des massifs forestiers (Montmorency, L'Isle-Adam), apparaissent les plateaux dénudés du pays de France, domaines de la grande culture. La proximité de Paris, l'aménagement de la ville nouvelle de Cergy-Pontoise expliquent l'importance des grands ensembles résidentiels (Sarcelles) et des lotissements.

VAL-D'OR, v. du Canada (Québec), dans l'Abitibi ; 19 189 h. Mines d'or et de cuivre.

VALÉE (Sylvain Charles, *comte*), maréchal de France (Brienne-le-Château 1773 - Paris 1846). Il réorganisa l'artillerie (1822), prit Constantine (1837) et fut gouverneur général de l'Algérie (1837-1840).

VALENÇAY (36600), ch.-l. de c. de l'Indre ; 3 122 h. *(Valencéens).* Fromages. Château des XVIe-XVIIIe s., qui a appartenu à Talleyrand.

VALENCE, en esp. **Valencia,** port d'Espagne, à l'embouchure du Guadalaviar, sur la Méditerranée, cap. d'une communauté autonome ; 752 909 h. Entourée d'une riche huerta (agrumes, primeurs, riz), c'est un centre in-

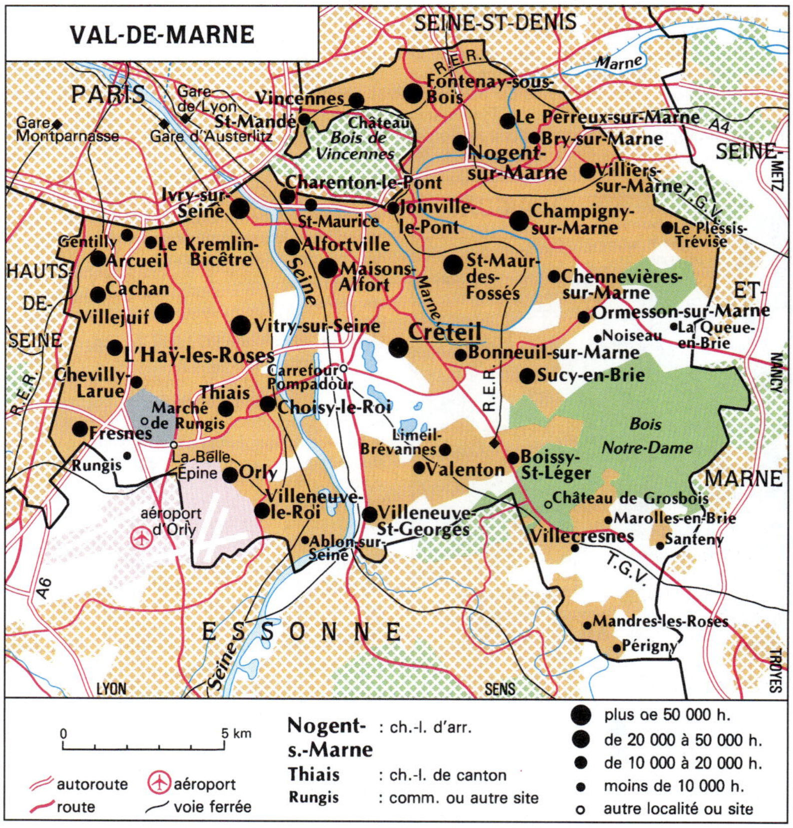

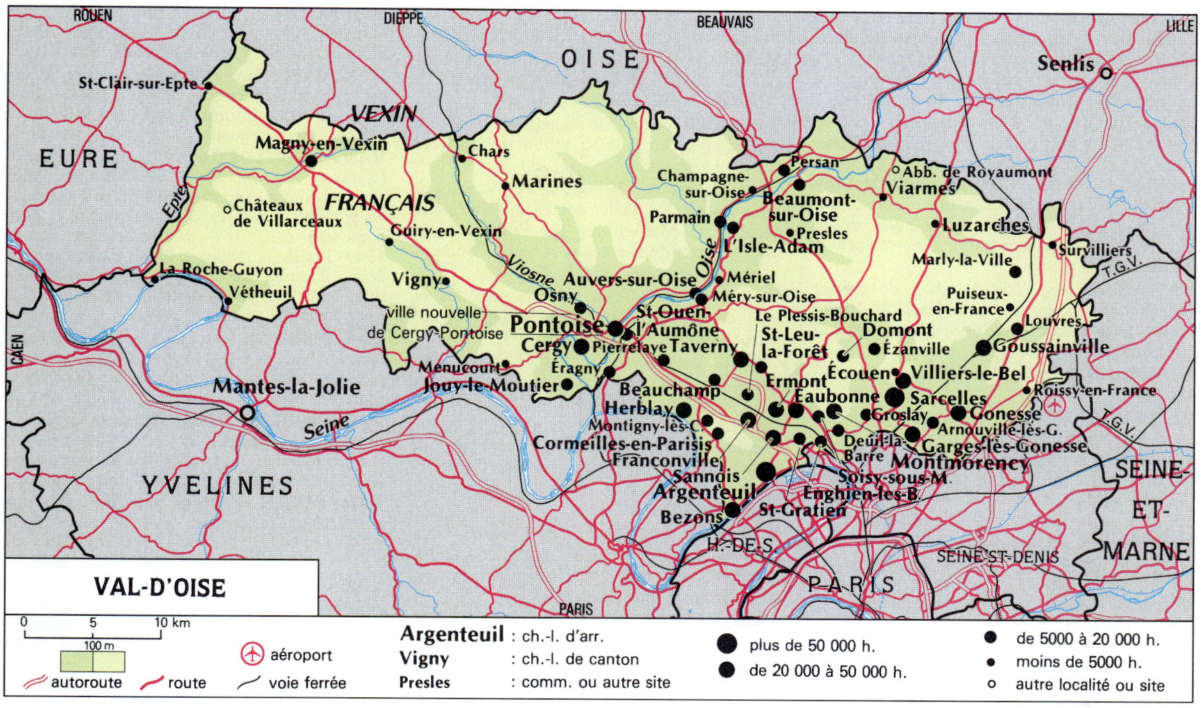

dustriel diversifié. — Cathédrale (XIIIe-XVIIIe s.), *Lonja de la Seda* (ou halle de la soie, gothique de la fin du XVe s.), palais de *Dos Aguas* (portail baroque du XVIIIe s.) et autres monuments. Musées. — Elle fut la capitale d'un royaume maure indépendant de 1021 à 1238. — La *communauté autonome de Valence* englobe les provinces d'Alicante, de Castellón de la Plana et de Valence ; 23 305 km^{2} ; 3 898 241 h.

VALENCE (26000), ch.-l. du dép. de la Drôme, sur le Rhône, à 560 km au sud-est de Paris ; 65 026 h. *(Valentinois).* Évêché. Constructions mécaniques et électriques. Textiles synthétiques. Cathédrale en partie romane. Musée.

VALENCE (82400) ou **VALENCE-D'AGEN,** ch.-l. de c. de Tarn-et-Garonne ; 5 130 h.

VALENCE-D'ALBIGEOIS (81340), ch.-l. de c. du Tarn ; 1 358 h.

VALENCE-SUR-BAÏSE (32310), ch.-l. de c. du Gers ; 1 166 h. Bastide du XIIIe s. Anc. abbaye cistercienne de Flaran.

VALENCIA, v. du Venezuela, à l'ouest de Caracas ; 922 000 h.

VALENCIENNES (59300), ch.-l. d'arr. du Nord, sur l'Escaut ; 39 276 h. *(Valenciennois)* [plus de 330 000 h. dans l'agglomération]. Métallurgie. Chimie. Riche musée des Beaux-Arts (écoles flamande et française, fonds Carpeaux).

VALENCIENNES (Achille), zoologiste français (Paris 1794 - *id.* 1865). Il a écrit une *Histoire naturelle des poissons,* en 22 volumes.

VALENCIENNES (Pierre Henri **de**), peintre français (Toulouse 1750 - Paris 1819). Maître du paysage historique, bon pédagogue, il a rapporté de ses voyages en Italie de nombreuses esquisses peintes sur le motif (Louvre).

VALENS (Flavius) [Cibalae, Pannonie, v. 328 - Hadrianopolis 378], empereur romain (364-378). Associé à son frère Valentinien Ier, il gouverna les provinces orientales de l'Empire. Il se rallia à l'arianisme et fut vaincu et tué par les Wisigoths.

VALENSOLE (04210), ch.-l. de c. des Alpes-de-Haute-Provence, sur le *plateau de Valensole* (culture de la lavande) ; 2 213 h.

VALENTIA, île des côtes occidentales de l'Irlande. Tête de ligne de câbles transatlantiques. Station météorologique.

VALENTIGNEY (25700), ch.-l. de c. du Doubs ; 13 204 h. Cycles. Industrie automobile.

VALENTIN *(saint),* martyr romain (IIIe s.). La Saint-Valentin (14 févr.) est traditionnellement la fête des amoureux.

VALENTIN, gnostique d'origine égyptienne (m. v. 160). Sa doctrine, répandue en Italie, à Rome et en Orient, fut combattue par saint Irénée et Tertullien.

VALENTIN (Valentin **de Boulogne,** dit), peintre français (Coulommiers 1590/91 - Rome 1632). Installé à Rome, il a interprété la leçon du Caravage avec une noblesse grave (*Judith,* musée de Toulouse ; *la Diseuse de bonne aventure,* deux *Concert,* etc., Louvre).

VALENTINIEN Ier, en lat. **Flavius Valentinianus** (Cibalae, Pannonie, 321 - Brigetio, Pannonie, 375), empereur romain (364-375). Associé à son frère Valens, il s'installa à Milan. Il contint les Barbares hors de l'Empire, dont il fortifia les frontières, et s'efforça d'améliorer la condition des classes populaires. — **Valentinien II** (v. 371 - Vienne 392), fils du précédent, empereur romain (375-392). Il régna sur l'Occident ; son tuteur, Arbogast, le fit peut-être assassiner. — **Valentinien III** (Ravenne 419 - Rome 455), empereur romain d'Occident (425-455). La Gaule, l'Espagne et l'Afrique lui échappèrent. Il fut assassiné par les fidèles d'Aetius, qu'il avait tué, en dépit de sa victoire sur Attila (451).

VALENTINO (Rodolfo **Guglielmi**, dit **Rudolph**), acteur américain d'origine italienne (Castellaneta 1895 - New York 1926). Incarnation du séducteur latin ou exotique, il fut l'une des premières grandes stars hollywoodiennes (*les Quatre Cavaliers de l'Apocalypse,* 1921 ; *le Cheikh,* 1921 ; *Arènes sanglantes,* 1922).

VALENTINOIS, anc. pays de France ; ch.-l. *Valence,* dans le dép. de la Drôme. Le titre ducal de Valentinois appartient à la famille de Monaco depuis le XVIIe s.

VALENTON (94460), ch.-l. de c. du Val-de-Marne ; 11 185 h.

VALERA (Eamon **de**) → ***De Valera.***

VALERA Y ALCALÁ GALIANO (Juan), écrivain espagnol (Cabra 1824 - Madrid 1905). Ses romans évoquent la société andalouse ou madrilène (*Pepita Jiménez,* 1874).

VALÈRE MAXIME, historien latin (Ier s. av. J.-C. - Ier s. apr. J.-C.). Il a laissé neuf livres de *Faits et dits mémorables,* dédiés à Tibère, compilation d'anecdotes morales.

VALÉRIEN, en lat. **Publius Licinius Valerianus** (m. en 260), empereur romain (253-260). Il associa à l'Empire son fils Gallien, auquel il confia l'Occident. Il persécuta les chrétiens (édits de 257 et 258) et fut vaincu par les Perses à Édesse. Fait prisonnier par Châhpuhr Ier, il fut mis à mort.

VALÉRIEN *(mont),* butte de la banlieue ouest de Paris ; 161 m. Fort où de nombreux Français furent fusillés par les Allemands lors de la Seconde Guerre mondiale. Mémorial.

VALERIUS PUBLICOLA (Publius), homme politique romain (m. en 503 av. J.-C.). Selon la tradition, il fut un des consuls de la première année de la République. Les mesures qu'il prit en faveur du peuple le firent surnommer **Publicola** (« Ami du peuple »).

VALÉRY (Paul), écrivain français (Sète 1871 - Paris 1945). Disciple de Mallarmé, il commence par publier des poèmes, puis se tourne vers l'étude des mathématiques et retrouve le goût de la création artistique en cherchant à établir l'unité créatrice de l'esprit (*Introduction à la méthode de Léonard de Vinci,* 1895). Il se compose une éthique intellectuelle (*la Soirée avec M. Teste,* 1896) et retrouve la poésie (*la Jeune Parque,* 1917 ; *Charmes,* 1922, où figure *le Cimetière* marin*), dont, à partir de 1937, il enseignera l'art au Collège de France. Il poursuit cependant ses réflexions sur la peinture, la musique, les sciences, qui donnent matière à des essais (*Variété,* 1924-1944), à des dialogues de forme socratique (*l'Âme et la Danse,* 1923) et à une abondante œuvre posthume (*Mon Faust, Cahiers*). [Acad. fr.]

VALETTE (La), cap. et port de l'île de Malte, sur la côte est ; 14 000 h. Tourisme. Ville neuve, fortifiée, construite à partir de 1566.

VALETTE-DU-VAR (La) [83160], ch.-l. de c. du Var ; 20 863 h. Église des XIIe-XVIe s.

Valeur militaire *(croix de la),* décoration militaire française, créée en 1956, à l'occasion de la guerre d'Algérie, pour récompenser les actions d'éclat dans les opérations de sécurité et de maintien de l'ordre.

Valeur militaire *(médaille de la),* décoration italienne, créée en 1833.

VAL-HALL → ***Walhalla.***

VALKYRIES → ***Walkyries.***

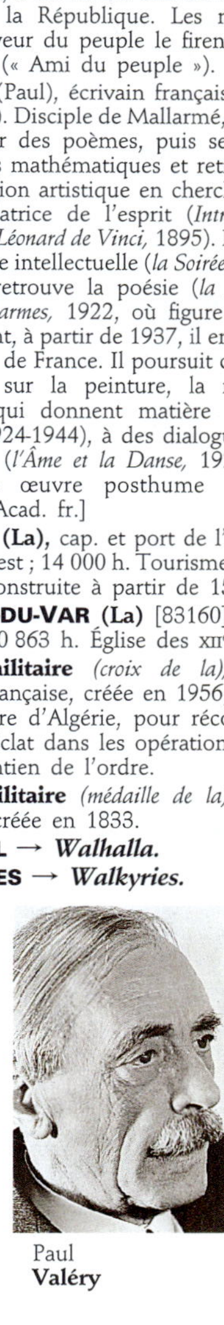

Paul
Valéry

VALLA ou **DELLA VALLE** (Lorenzo), dit **Laurentius Vallensis,** humaniste italien (Rome 1407 - Naples 1457). Il chercha à concilier la sagesse antique avec la foi chrétienne (*De la volupté,* 1431).

VALLADOLID, v. d'Espagne, cap. de la communauté autonome de Castille-León ; 330 700 h. Archevêché. Centre industriel. Église S. Pablo et collège S. Gregorio, aux façades-retables envahies d'un fantastique décor sculpté (fin du XVe s.). Cathédrale du style de la Contre-Réforme. Musée national de sculptures polychromes.

VALLAURIS [-ris] (06220), ch.-l. de c. des Alpes-Maritimes, près du golfe Juan ; 24 406 h. *(Vallauriens).* Céramiques, dont Picasso relança la fabrication. Musée municipal.

VALLEDUPAR, v. du nord de la Colombie ; 180 000 h.

VALLE-INCLÁN (Ramón María **del**), écrivain espagnol (Villanueva de Arosa 1866 - Saint-Jacques-de-Compostelle 1936). Après des romans et des comédies de facture moderniste *(Sonates, le Marquis de Bradomín),* il évolua vers un art plus réaliste avec ses *Comédies barbares* (1907-1922) et ses *esperpentos,* qui mettent en scène des personnages affligés de difformités physiques et morales.

VALLEJO (César), poète péruvien (Santiago de Chuco 1892 - Paris 1938). Son œuvre marque un bouleversement du lyrisme hispano-américain (*les Hérauts noirs,* 1918 ; *Trilce,* 1922 ; *Poèmes humains,* 1939).

VALLERAUGUE (30570), ch.-l. de c. du Gard ; 1 099 h.

VALLERY-RADOT (Pasteur) → ***Pasteur Vallery-Radot.***

VALLERYSTHAL, localité de la Moselle (comm. de Troisfontaines). Verrerie.

VALLÈS (Jules), écrivain et journaliste français (Le Puy 1832 - Paris 1885). Journaliste engagé *(l'Argent, la Rue),* il fit paraître *le Cri du peuple* et fut membre de la Commune : toutes ces expériences se retrouvent dans son cycle romanesque autobiographique *(l'Enfant, le Bachelier, l'Insurgé).*

VALLESPIR (le), région des Pyrénées orientales, parcourue par le Tech.

VALLET (44330), ch.-l. de c. de la Loire-Atlantique ; 6 293 h. Vins (muscadet).

VALLEYFIELD → ***Salaberry-de-Valleyfield.***

VALLOIRE (73450), comm. de Savoie ; 1 017 h. Sports d'hiver (alt. 1 430-2 450 m). Église du XVIIe s.

VALLONET (le), site proche de Roquebrune-Cap-Martin (Alpes-Maritimes). Grotte qui a livré les vestiges d'une faune villafranchienne et un outillage lithique parmi les plus anciens d'Europe (glaciation de Günz).

VALLON-PONT-D'ARC (07150), ch.-l. de c. de l'Ardèche ; 1 990 h. — Aux environs (La Combe d'Arc), grotte ornée de peintures préhistoriques (v. 30000 av. J.-C.).

VALLORBE, v. de Suisse (Vaud) ; 3 271 h. Gare internationale.

VALLORCINE (74660), comm. de Haute-Savoie ; 331 h. Centre touristique.

VALLOT (Joseph), astronome et géographe français (Lodève 1854 - Nice 1925). Il dressa une carte du massif du Mont-Blanc.

VALLOTTON (Félix), peintre et graveur français d'origine suisse (Lausanne 1865 - Paris 1925). Lié aux nabis, il est l'auteur de mordantes gravures sur bois et de toiles à la fois réalistes et audacieusement stylisées.

Jules **Vallès**
(musée Renan, Paris)

VĀLMĪKI, sage de l'Inde antique qui aurait vécu au IVe s. av. J.-C., à qui l'on attribue le *Rāmāyaṇa*.*

VALMOREL (73260 Aigueblanche), station de sports d'hiver (alt. 1 250-2 400 m) de la Savoie, près de Moûtiers.

Valmy *(bataille de)* [20 sept. 1792], victoire de Dumouriez et de Kellermann (près de Sainte-Menehould, Marne) sur les Prussiens, qui marqua l'arrêt de l'invasion et rendit confiance à l'armée française.

VALOGNES (50700), ch.-l. de c. de la Manche ; 7 651 h. Demeures anciennes échappées aux destructions de 1944.

VALOIS, pays de l'anc. France, sur la rive gauche de l'Oise, incorporé au domaine royal en 1213 ; ch.-l. *Crépy-en-Valois.*

VALOIS, branche des Capétiens, qui régna sur la France de 1328 à 1589, de l'avènement de Philippe VI, cousin du dernier des Capétiens directs, Charles IV le Bel, à la mort, sans postérité, d'Henri III.

VALOIS (Ninette **de**) → ***De Valois.***

VALPARAÍSO, principal port du Chili ; 276 737 h. (600 000 h. dans l'agglomération). Centre industriel.

VALRAS-PLAGE (34350), comm. de l'Hérault ; 3 054 h. Station balnéaire.

VALRÉAS [-as] (84600), ch.-l. de c. de Vaucluse, enclavé dans la Drôme ; 9 248 h. Cartonnages. Église romane, hôtel de ville dans un palais des XVe-XVIIIe s.

VALROMEY, anc. pays de France (auj. dans le dép. de l'Ain), cédé par la Savoie à la France (1601).

VAL-SAINT-LAMBERT, écart de la comm. belge de Seraing. Cristallerie.

VALS-LES-BAINS (07600), ch.-l. de c. de l'Ardèche ; 3 748 h. Station thermale (eaux minérales gazeuses).

VALTAT (Louis), peintre français (Dieppe 1869 - Paris 1952), précurseur du fauvisme.

VALTELINE, en ital. **Valtellina,** région d'Italie, formée par la haute vallée de l'Adda. V. pr. *Sondrio.* Pendant la guerre de Trente Ans, Richelieu l'occupa pour empêcher la jonction entre les possessions des Habsbourg d'Espagne et celles des Habsbourg d'Autriche.

VAL-THORENS (73440 St Martin de Belleville), station de sports d'hiver de Savoie (alt. 2 300-3 400 m), dans la Vanoise.

VAN, lac de la Turquie orientale, à 1 646 m d'alt. ; 3 700 km².

Van der Goes :
volet droit (représentant sainte Marguerite et sainte Madeleine avec Maria Portinari et sa fille) du *Triptyque Portinari* (v. 1475). [Offices, Florence.]

VAN ACKER (Achille), homme politique belge (Bruges 1898 - *id.* 1975). Socialiste, il fut Premier ministre en 1945-46 et de 1954 à 1958.

VAN ALLEN (James Alfred), physicien américain (Mount Pleasant, Iowa, 1914). Il a découvert les ceintures de radiation de la haute atmosphère, auxquelles on a donné son nom.

VAN ARTEVELDE (Jacob), bourgeois de Gand (Gand v. 1290 - *id.* 1345). Chef des Flamands révoltés contre le comte de Flandre, il se heurta au particularisme des villes flamandes et périt dans une émeute. — Son fils **Filips** (Gand 1340 - Rozebeke 1382), capitaine des Gantois, écrasa l'armée du comte de Flandre (1382), mais fut tué à la bataille de Rozebeke, remportée par le roi de France.

VAN BENEDEN (Édouard), zoologiste belge (Louvain 1846 - Liège 1910). Il a découvert la réduction chromatique, ou méiose, des cellules reproductrices.

VANBRUGH (*sir* John), architecte et auteur dramatique anglais (Londres 1664 - *id.* 1726). À la fois palladien et baroque, il a notamm. élevé le palais de Blenheim, près d'Oxford (1705).

VAN BUREN (Martin), homme politique américain (Kinderhook, État de New York, 1782 - *id.* 1862). Président des États-Unis de 1837 à 1841, il poursuivit l'œuvre de Jackson.

VAN CLEVE (Joos), peintre flamand (Clèves ? v. 1490 - Anvers v. 1541). Maître à Anvers en 1511, auteur de tableaux religieux (retables de *la Mort de Marie,* Munich et Cologne), il fut aussi un excellent portraitiste.

VAN COEHOORN (Menno, *baron*), ingénieur militaire néerlandais (Britsum, près de Leeuwarden, 1641 - La Haye 1704). Surnommé **le Vauban hollandais,** il dessina les fortifications de Nimègue, de Breda et de Bergen op Zoom.

VANCOUVER, port du Canada (Colombie-Britannique), sur le détroit de Georgie et près de l'embouchure du Fraser, en face de l'*île Vancouver ;* 471 844 h. (1 409 361 h. dans l'agglomération, la troisième du pays). Archevêché. Université. Débouché canadien sur le Pacifique, centre industriel (bois, construction navale, mécanique, alimentation) et touristique.

VANCOUVER (George), navigateur britannique (King's Lynn 1757 - Richmond 1798). Il fit le premier relevé exact de la côte ouest du Canada (1791-1795).

VANCOUVER *(île),* île canadienne de la côte de la Colombie-Britannique ; 32 137 km². V. pr. *Victoria.*

VANDALES, peuple germanique qui envahit la Gaule, l'Espagne, puis, sous la conduite de Geiséric (428-477), l'Afrique romaine, où il fonda un royaume qui s'étendit à la Sicile. Cet État, fondé sur la piraterie et le pillage, disparut en 533 lors de la conquête byzantine de l'Afrique.

VAN DAM (José), baryton-basse belge (Bruxelles 1940). Il a notamment créé le rôle-titre de l'opéra d'Olivier Messiaen *Saint François d'Assise* (1983, repris en 1992).

VAN DE GRAAFF (Robert Jemison), physicien américain (Tuscaloosa, Alabama, 1901 - Boston 1967). Il a réalisé les premières grandes machines électrostatiques, destinées à l'accélération des particules.

Vandenberg, base américaine de lancement d'engins spatiaux, en Californie du Sud, sur la côte du Pacifique.

Willem **Van de Velde** le Jeune : *la Mer par temps calme.* (Musée Condé, Chantilly.)

VAN DEN BOSCH (Johannes, *comte*), administrateur néerlandais (Herwijnen, Gueldre, 1780 - La Haye 1844). Gouverneur des Indes néerlandaises (1830-1833), il y imposa un système de cultures forcées. Il fut ministre des Colonies de 1835 à 1839.

VAN DEN VONDEL (Joost), poète hollandais (Cologne 1587 - Amsterdam 1679), auteur de poésies lyriques et satiriques et de 24 tragédies avec chœurs, d'inspiration chrétienne (*Lucifer,* 1654 ; *Adam exilé,* 1664).

VAN DE POELE (Karel Joseph), technicien belge (Lichtervelde 1846 - Lynn, Massachusetts, 1892). Parmi ses nombreuses inventions figure la traction électrique par trolley (1885).

VAN DER GOES (Hugo), peintre flamand (m. en 1482 au monastère d'Auderghem, en forêt de Soignes), maître à Gand en 1467. Monumental et pathétique, il a imprimé au réalisme flamand la marque de son esprit angoissé (*Triptyque Portinari,* v. 1475, Offices ; *la Mort de la Vierge,* Bruges).

VAN DER MEERSCH (Jan André), général flamand (Menin 1734 - Dadizeele 1792). Après avoir servi la France, puis l'Autriche, il se plaça en 1789 à la tête des insurgés brabançons.

VAN DER MEULEN (Adam Frans), peintre flamand (Bruxelles 1632 - Paris 1690), appelé en France par Le Brun (1664). Ses tableaux panoramiques relatent l'histoire militaire du règne de Louis XIV.

VANDERVELDE (Émile), homme politique belge (Ixelles 1866 - Bruxelles 1938). Député socialiste (1894), président de la IIe Internationale (1900), il fut notamment ministre des Affaires étrangères (1925-1927) et signa le pacte de Locarno (1925).

VAN DER WAALS (Johannes Diderik), physicien néerlandais (Leyde 1837 - Amsterdam 1923). Il étudia les forces d'attraction moléculaires et donna une équation d'état des fluides. (Prix Nobel 1910.)

VAN DER WEYDEN (Rogier **de La Pasture,** ou Rogier), peintre des Pays-Bas du Sud (Tournai v. 1400 - Bruxelles 1464), le plus célèbre des « primitifs flamands » après Van Eyck (*Descente de Croix,* v. 1435 ?, Prado ; *Saint* Luc peignant la Vierge* ; retable du *Jugement dernier,* v. 1445-1450, hôtel-Dieu de Beaune ; portrait de *l'Homme à la flèche,* Bruxelles).

VAN DE VELDE, famille de peintres paysagistes néerlandais du XVIIe s., dont les plus connus sont **Esaias** (Amsterdam v. 1590 - La Haye 1630), qui inaugure la vision réaliste du paysage hollandais, et **Willem le Jeune** (Leyde 1633 - Greenwich 1707), son neveu, peintre de marines d'une grande qualité poétique.

VAN DE VELDE (Henry), architecte, décorateur et peintre belge (Anvers 1863 - Zurich 1957). Il fut un des principaux animateurs du mouvement moderniste en Europe, à la fois attaché à un Art nouveau retenu et au fonctionnalisme.

VAN DE WOESTIJNE (Karel), écrivain belge d'expression néerlandaise (Gand 1878 - Zwijnaarde 1929). Ses poèmes et ses récits témoignent d'une lutte constante entre le mysticisme et la sensualité *(Janus au double visage, l'Ombre dorée).* — Son frère **Gustaaf** (Gand 1881 - Uccle 1947) fut un des peintres du premier groupe de Laethem-Saint-Martin.

VAN DIEMEN (Anthony), administrateur néerlandais (Culemborg 1593 - Batavia 1645). Gouverneur général de la Compagnie des Indes néerlandaises, il étendit son influence à Ceylan et à Malacca.

VAN DIJK (Peter), danseur et chorégraphe allemand (Brême 1929). Grand interprète *(Giselle, Petrouchka),* chorégraphe d'une rare musicalité *(la Symphonie inachevée),* il s'est affirmé comme directeur de troupe (Ballet de l'Opéra de Hambourg, Ballet du Rhin).

VANDŒUVRE-LÈS-NANCY (54500), ch.-l. de c. de Meurthe-et-Moselle, banlieue de Nancy ; 34 420 h.

VAN DONGEN (Kees), peintre français d'origine néerlandaise (Delfshaven, près de Rotterdam, 1877 - Monte-Carlo 1968). L'un des fauves, grand coloriste, il est l'auteur de scènes de la vie contemporaine et de portraits d'une valeur synthétique percutante.

VAN DYCK ou **VAN DIJCK** (Anton, Antoon ou Anthonie), peintre flamand (Anvers 1599 - Londres 1641). Collaborateur de Rubens d'env. 1618 à 1621, il travailla ensuite à Gênes, puis de nouveau à Anvers (peintures religieuses, portraits) ; en 1632, il devint le peintre de Charles Ier et de la cour d'Angleterre. Le succès de ses portraits, pleins de virtuosité et de distinction, fut immense.

VANEL (Charles), acteur français (Rennes 1892 - Cannes 1989). Au cours d'une carrière exceptionnellement longue et prolifique, il a joué notamment dans *le Grand Jeu* (J. Feyder, 1934), *la Belle Équipe* (J. Duvivier, 1936), *Le ciel est à vous* (J. Grémillon, 1944), *le Salaire de la peur* (H. G. Clouzot, 1953), *les Trois Frères* (F. Rosi, 1981).

VÄNERN, le plus grand lac de Scandinavie (Suède), se déversant dans le Cattégat par le Göta älv ; 5 585 km².

VANES, divinités germaniques agraires opposées aux dieux *Ases.*

VAN EYCK (Jan), peintre flamand (? v. 1390 - Bruges 1441). Il passe du service de Jean de Bavière, futur comte de Hollande (miniatures des *Très Belles Heures de Notre-Dame,* Turin), à celui de Philippe le Bon (1425), est chargé de missions diplomatiques et se fixe à Bruges vers 1430. Sa renommée grandit avec l'inauguration en 1432, à Gand, du retable de *l'Agneau mystique* (qu'avait entrepris, semble-t-il, un Hubert Van Eyck, son frère aîné). Associant diverses techniques (dont l'huile) pour donner à la matière picturale un pouvoir de suggestion inédit, dégagé, au profit d'un réalisme attentif, du maniérisme ornemental du style gothique international, il est, avec le Maître de Flémalle, le fondateur de la grande école flamande, tant par ses tableaux religieux (*Vierge au chancelier Rolin,* Louvre) que par ses portraits, dont celui d'*Arnolfini* et sa femme.*

VAN GENNEP (Arnold), anthropologue français (Ludwigsburg 1873 - Épernay 1957). Il est à l'origine d'une méthode rigoureuse d'analyse des faits recueillis sur le terrain. Il a écrit un *Manuel de folklore français contemporain* (1937-1958).

VAN GOGH (Vincent), peintre néerlandais (Groot-Zundert, Brabant, 1853 - Auvers-sur-Oise 1890). Sa vie, marquée d'inquiétude spirituelle, fut brève et tragique. Après des séjours dans le Borinage et à Nuenen, il vécut à Paris (1886-87), puis gagna la Provence. Interné un moment (1889) à l'asile psychiatrique de Saint-Rémy-de-Provence, il s'installa ensuite à Auvers-sur-Oise (1890), où il mit fin à ses jours. Il a cherché à obtenir le maximum d'intensité et de vibration chromatique dans ses natures mortes et ses bouquets *(Tournesols),* ses portraits, ses paysages (les *Pont de Langlois,* le *Champ de blé aux cyprès, la Nuit étoilée*), et fut ainsi le grand précurseur des fauves et des expressionnistes. Il est bien représenté au musée d'Orsay (*Campement de Bohémiens, la Chambre*, l'Église d'Auvers,* autoportraits), mais mieux encore au musée national Van Gogh d'Amsterdam et au musée Kröller-Müller d'Otterlo.

VAN GOYEN (Jan), peintre néerlandais (Leyde 1596 - La Haye 1656). L'un des meilleurs paysagistes de son pays, élève d'E. Van de Velde, il est renommé pour ses vues fluviales aux miroitements argentés ou dorés.

VAN HEEMSKERCK (Maarten), peintre et dessinateur néerlandais (Heemskerk, près de Haarlem, 1498 - Haarlem 1574). Italianisant, il est l'auteur de grands retables d'un expressionnisme tourmenté ainsi que de portraits.

VAN HELMONT (Jan Baptist), médecin et chimiste flamand (Bruxelles 1579 - Vilvoorde 1644). Il découvrit le gaz carbonique, l'acide chlorhydrique et reconnut le rôle du suc gastrique dans la digestion.

VANIKORO, île de la Mélanésie, au nord de Vanuatu, dépendance des Salomon, où, probablement, La Pérouse et son équipage périrent dans un naufrage (1788).

VANINI (Giulio Cesare), philosophe italien (Taurisano, Lecce, 1585 - Toulouse 1619). Prêtre, il proposa une philosophie naturaliste. Esprit caustique, accusé d'athéisme, il fut brûlé vif.

VAN LAER ou **VAN LAAR** (Pieter), dit **(il) Bamboccio,** peintre néerlandais (Haarlem 1599 - *id.* 1642). Installé à Rome, il excella à représenter des scènes de la vie populaire, qu'on appela, d'après son surnom, *bambochades.*

VAN LEEUWENHOEK (Antonie), naturaliste hollandais (Delft 1632 - *id.* 1723). Avec les microscopes qu'il fabriqua, il décrivit les spermatozoïdes, de nombreux protistes, la circulation des globules du sang et bien d'autres structures microscopiques.

VAN LOO ou **VANLOO,** famille de peintres français d'origine néerlandaise, dont les principaux sont : **Jean-Baptiste** (Aix-en-Provence 1684 - *id.* 1745), qui travailla en Italie, à Paris (académicien en 1731) et à Londres comme peintre d'histoire, décorateur, portraitiste ; — **Charles André,** dit **Carle,** frère du précédent (Nice 1705 - Paris 1765), formé en Italie, professeur à l'Académie royale de Paris en 1737, premier peintre du roi en 1762, qui représente le « grand style » au sein de l'esthétique rococo (tableaux religieux ou mythologiques, « turqueries », panneaux décoratifs) ; — **Louis Michel** (Toulon 1707 - Paris 1771), fils de Jean-Baptiste, qui fit carrière à la cour d'Espagne ; — **Charles Amédée** (Rivoli, Piémont, 1719 - Paris 1795), frère du précédent, surtout actif à la cour de Prusse ; — **César** (Paris 1743 - *id.* 1821), fils de Carle, paysagiste d'un goût préromantique.

VAN MANDER (Carel), peintre et écrivain d'art flamand (Meulebeke, Flandre-Occidentale, 1548 - Amsterdam 1606), cofondateur, avec Goltzius, de l'académie de Haarlem (1587). Son *Livre de peinture* (Haarlem, 1604) est un

Van Dyck : *Portrait du jeune prince Rupert* (1631). [Kunsthistorisches Museum, Vienne.]

Van Gogh : *l'Église d'Auvers-sur-Oise* (1890). [Musée d'Orsay, Paris.]

témoignage sur les peintres flamands, hollandais et allemands des XVe et XVIe s.

VAN MUSSCHENBROEK (Petrus), physicien néerlandais (Leyde 1692 - *id.* 1761), inventeur de la « bouteille de Leyde », le premier condensateur électrique.

VANNES (56000), ch.-l. du dép. du Morbihan, près de l'Atlantique, à 450 km à l'O.-S.-O. de Paris ; 48 454 h. *(Vannetais).* Évêché. Tréfilerie. Remparts, cathédrale des XIIIe-XVIIIe s. (trésor), vieilles maisons. Musées.

VANOISE *(massif de la),* massif des Alpes, entre les vallées de l'Arc et de l'Isère ; 3 852 m. Parc national (52 800 ha).

VAN ORLEY (Barend ou Bernard), peintre et décorateur des Pays-Bas du Sud (Bruxelles v. 1488 - *id.* 1541), artiste officiel au style de transition, auteur de retables, de portraits ainsi que de cartons pour des vitraux et des tapisseries (*Chasses de Maximilien,* Louvre).

VAN OSTADE (Adriaen), peintre néerlandais (Haarlem 1610 - *id.* 1685), auteur de scènes d'intérieur dans l'esprit de Brouwer. — Son frère **Isaac** (Haarlem 1621 - *id.* 1649) subit son influence, puis se spécialisa dans le paysage.

VAN RUISDAEL ou **RUYSDAEL** → ***Ruisdael.***

VAN RUUSBROEC ou **VAN RUYSBROECK** (Jan), dit **l'Admirable,** théologien et écrivain brabançon (Ruusbroec, près de Bruxelles, 1293 - Groenendaal, près de Bruxelles, 1381). Ses écrits mystiques, qui comptent parmi les premiers chefs-d'œuvre de la langue néerlandaise, marquèrent profondément le courant de la *Devotio moderna.*

VANS (Les) [07140], ch.-l. de c. de l'Ardèche ; 2 694 h.

VAN SCHENDEL (Arthur), romancier néerlandais (Batavia 1874 - Amsterdam 1946), peintre de la province hollandaise (*la Frégate « Jeanne-Marie »,* 1930).

VAN SCOREL (Jan), peintre néerlandais (Schoorl, près d'Alkmaar, 1495 - Utrecht 1562). Installé à Utrecht, v. 1525, après avoir voyagé (séjours à Venise et surtout à Rome...), il fut l'un des premiers à introduire l'influence italienne aux Pays-Bas. Réalisme nordique et expressionnisme n'en marquent pas moins son œuvre (retables, tel le *Polyptyque de Marchiennes* du musée de Douai ; portraits).

VANTAA, v. de Finlande, banlieue d'Helsinki ; 139 000 h. Aéroport.

VAN'T HOFF (Jacobus Henricus), chimiste néerlandais (Rotterdam 1852 - Berlin 1911), Créateur, avec Le Bel, de la stéréochimie, il posa les fondements de la cinétique chimique et donna une théorie de la pression osmotique. (Prix Nobel 1901.)

VANUA LEVU, une des îles Fidji ; 5 535 km² ; 94 000 h.

VANUATU, anc. **Nouvelles-Hébrides,** État de la Mélanésie, au nord-est de la Nouvelle-Calédonie ; 14 760 km² ; 200 000 h. CAP. *Port-Vila.* LANGUES : *bichlamar, anglais* et *français.* MONNAIE : *vatu.* Pêche. Coprah. Découvert en 1606 par les Portugais, l'archipel fut tardivement colonisé. La commission navale franco-britannique, instaurée en 1887, aboutit à l'établissement d'un condominium (1906), qui remplaça l'administration militaire par deux hauts-commissaires résidents. L'indépendance de l'archipel, qui prend le nom de *Vanuatu,* intervient en 1980.

VAN VELDE (Bram), peintre et lithographe néerlandais (Zoeterwoude, près de Leyde, 1895 - Grimaud, Var, 1981). L'orientation de son œuvre, depuis 1945 surtout, a fait de lui un des principaux représentants de l'abstraction lyrique européenne. — Son frère **Geer** (Lisse, près de Leyde, 1898 - Cachan 1977) fut également peintre.

VANVES (92170), ch.-l. de c. des Hauts-de-Seine, au sud de Paris ; 26 160 h. Centre national d'enseignement à distance.

VAN ZEELAND (Paul), homme politique belge (Soignies 1893 - Bruxelles 1973), membre du parti catholique, Premier ministre de 1935 à 1937, ministre des Affaires étrangères de 1949 à 1954.

VAR (le), fl. de la Provence orientale, qui s'écoule presque entièrement dans les Alpes-Maritimes et rejoint la Méditerranée ; 120 km.

VAR (**83**), dép. de la Région Provence-Alpes-Côte d'Azur ; ch.-l. de dép. *Toulon ;* ch.-l. d'arr. *Brignoles, Draguignan ;* 3 arr., 41 cant., 153 comm. ; 5 973 km² ; 815 449 h. *(Varois).* Le dép. est rattaché à l'académie de Nice, à la cour d'appel d'Aix-en-Provence, à la région militaire Méditerranée. Une dépression, domaine des cultures fruitières et du vignoble, importante voie de passage, sépare le massif des Maures, peu peuplé, des plateaux et chaînons calcaires du nord. Les cultures fruitières et légumières (souvent irriguées) se sont ajoutées à la vigne et à l'élevage ovin. L'industrie, en dehors de l'extraction de la bauxite (autour de Brignoles), est peu développée. L'importance du secteur tertiaire est partiellement liée à celle du tourisme estival, développé notamment sur l'ensemble du littoral, qui concentre plus de 80 % de la population (plus de 50 % dans la seule agglomération de Toulon).

VARADES (44370), ch.-l. de c. de la Loire-Atlantique ; 3 225 h.

VĀRĀṆASĪ → ***Bénarès.***

VARANGÉVILLE (54110), comm. de Meurthe-et-Moselle, sur la Meurthe et le canal de la Marne au Rhin ; 4 016 h. Salines. Chimie. Église du XIVe s.

VARCES-ALLIÈRES-ET-RISSET (38760), comm. de l'Isère ; 6 383 h.

VARDA (Agnès), cinéaste française (Ixelles, Belgique, 1928). Après *la Pointe courte* (1955), film qui annonçait la « nouvelle vague », elle a réalisé notamment *Cléo de 5 à 7* (1962), *le Bonheur* (1965), *L'une chante, l'autre pas* (1977), *Sans toit ni loi* (1985).

VARDAR (le), fl. de Yougoslavie, de Macédoine et de Grèce qui se jette dans la mer Égée ; 420 km.

VARÈGUES, Vikings qui, pendant la seconde moitié du IXe s., pénétrèrent en Russie et pratiquèrent un commerce actif entre la Baltique, la mer Noire et la Caspienne.

Varennes *(la fuite à)* [20-25 juin 1791], épisode décisif de la Révolution française, au cours duquel le roi Louis XVI et sa famille furent arrêtés, à Varennes-en-Argonne (Meuse), alors qu'ils cherchaient à gagner l'étranger. Cet évènement fut l'occasion pour les sentiments républicains de s'exprimer pour la première fois.

VARENNES-SUR-ALLIER (03150), ch.-l. de c. de l'Allier ; 4 650 h.

VARENNES-VAUZELLES (58640), comm. de la Nièvre, banlieue de Nevers ; 10 668 h.

VARÈSE, v. d'Italie (Lombardie), ch.-l. de prov., près du *lac de Varèse ;* 85 461 h. Centre touristique et industriel. Anc. palais d'Este (XVIIIe s.), avec beaux jardins.

VARÈSE (Edgard), compositeur français naturalisé américain (Paris 1883 - New York 1965). Se considérant comme compositeur et acousticien, il a renouvelé le matériel orchestral et bouleversé l'usage des instruments, auxquels il fut le premier à ajouter des bruits de machine (*Intégrales,* 1925 ; *Ionisation,* 1931). Ensuite, il aborda l'électroacoustique (*Déserts,* 1952).

VARGA (Ievgueni), homme politique et économiste soviétique d'origine hongroise (Budapest 1879 - Moscou 1964).

VARGAS (Getúlio), homme politique brésilien (São Borja, Rio Grande do Sul, 1883 - Rio de Janeiro 1954). Président de la République en 1934, il institua un régime corporatiste et autoritaire, l'« État nouveau ». Déposé en 1945, il fut réélu en 1950 et se suicida en 1954.

VARGAS LLOSA (Mario), écrivain possédant la double nationalité péruvienne (d'origine) et espagnole (Arequipa 1936). Ses romans forment une peinture ironique et satirique de la société péruvienne *(la Ville et les Chiens).* Candidat à l'élection présidentielle de 1990, il est battu.

VARIGNON (Pierre), mathématicien français (Caen 1654 - Paris 1722). Il énonça la règle de composition des forces concourantes et fut un des premiers, en France, à adopter le calcul infinitésimal.

VARILHES [varij] (09120), ch.-l. de c. de l'Ariège ; 2 361 h.

VARIN ou **WARIN** (Jean), médailleur et sculpteur français d'origine wallonne (Liège 1604 - Paris 1672). Artiste et technicien d'une égale valeur, il fut graveur général des Monnaies (1646).

VARLIN (Louis Eugène), socialiste et syndicaliste français (Claye-Souilly 1839 - Paris 1871). Ouvrier relieur, secrétaire de la section française de la Ire Internationale, membre de la Commune et délégué aux Finances (1871), il fut fusillé par les versaillais.

VARNA, port, station balnéaire et centre industriel de Bulgarie, sur la mer Noire ; 295 000 h.

Varna *(bataille de)* [10 nov. 1444], bataille remportée par les Ottomans sur les forces chrétiennes conduites par Ladislas III Jagellon et Jean Hunyadi.

VARRON, en lat. **Terentius Varro,** consul romain. Il livra et perdit la bataille de Cannes contre Hannibal, en 216 av. J.-C.

VARRON, en lat. **Marcus Terentius Varro,** écrivain latin (Reate, auj. Rieti, 116 - 27 av. J.-C.). Lieutenant de Pompée pendant la guerre civile, il se réconcilia avec César, qui le chargea d'organiser la première bibliothèque publique de Rome. De son œuvre encyclopédique, nous ne possédons que les trois livres d'un traité d'économie rurale, une partie d'un traité de philosophie et des fragments d'ouvrages historiques.

VARS *(col de),* col des Alpes, au sud de Guillestre ; 2 111 m. — À proximité, station de sports d'hiver (alt. 1 670-2 580 m).

VARSOVIE, en polon. **Warszawa,** cap. de la Pologne, sur la Vistule ; 1 653 500 h. Métropole politique, culturelle, commerciale et industrielle, la ville a été presque entièrement reconstruite après la Seconde Guerre mondiale. Musées. — Capitale de la Pologne en 1596, cédée à la Prusse en 1795, capitale du grand-duché de Varsovie (1807), du royaume de Pologne (1815), dont le souverain était l'empereur de Russie, Varsovie se révolta en 1830 et en 1863. Capitale de la République polonaise en 1918, elle fut occupée par les Allemands dès 1939. Elle subit d'énormes destructions et pertes humaines lors de l'anéantissement du ghetto de Varsovie (1943) et de l'écrasement de l'insurrection de 1944. La ville fut libérée par les forces polono-soviétiques en janv. 1945.

Varsovie : la place du Marché (reconstruite), dans la vieille ville.

Varsovie *(convention de)* [1929], convention instituant un régime juridique du transport aérien international, qui a unifié notamment les règles de responsabilité du transporteur.

Varsovie *(pacte de),* accords militaires conclus en 1955 entre l'U. R. S. S., l'Albanie, la République démocratique allemande, la Bulgarie, la Hongrie, la Pologne, la Roumanie et la Tchécoslovaquie. Le pacte, qui a perdu deux de ses membres en 1968 (Albanie) et en 1990 (R.D.A.), est dissous en 1991.

VARUS, en lat. **Publius Quintilius Varus,** général romain (v. 46 av. J.-C. - Teutoburger Wald 9 apr. J.-C.). Les Germains d'Arminius massacrèrent ses légions dans le Teutoburger Wald.

VARZY (58210), ch.-l. de c. de la Nièvre ; 1 533 h. Église du XIVe s. Musée.

VASA → ***Gustave Ier Vasa.***

Vasaloppet, célèbre course de ski nordique, disputée chaque année en Suède et longue de 85,8 km.

VASARELY (Victor), peintre français d'origine hongroise (Pécs 1908), un des maîtres de l'art cinétique « virtuel » *(op art).*

VASARI (Giorgio), peintre, architecte et historien d'art italien (Arezzo 1511 - Florence 1574), auteur d'un précieux recueil de *Vies* d'artistes qui privilégie l'école florentine.

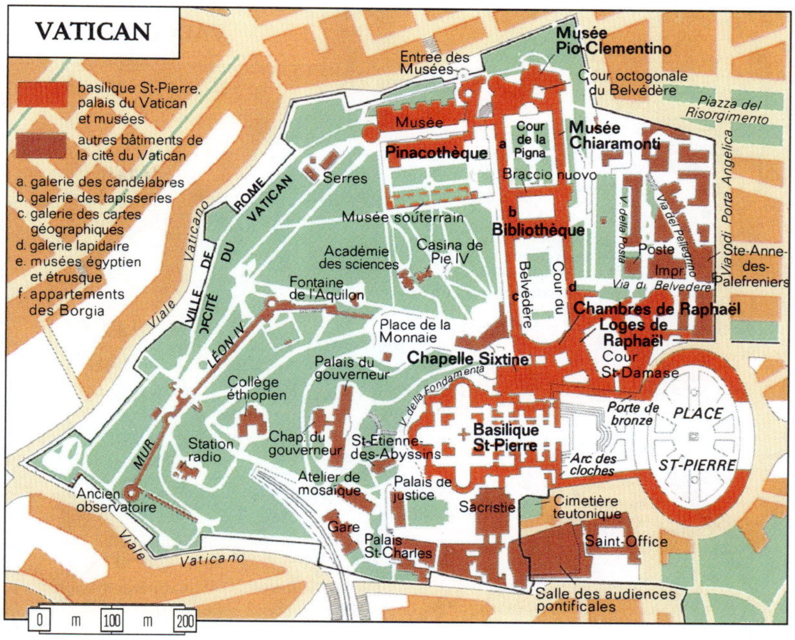

VASCONS, ancienne peuplade ibérique établie entre les Pyrénées et l'Èbre. De ce nom dérivent ceux de *Gascons* et de *Basques.*

VASSIEUX-EN-VERCORS (26420), comm. de la Drôme ; 283 h. Le village fut incendié par les Allemands et la Milice en juillet 1944. Soixante-quinze habitants furent massacrés.

VASSILEVSKI (Aleksandr Mikhaïlovitch), maréchal soviétique (Novaïa Goltchikha 1895 - Moscou 1977). Il fut chef d'état-major de l'Armée rouge de 1942 à 1947, puis ministre adjoint et ministre de la Défense (1947-1953).

VASSILI Ier (1371-1425), grand-prince de Vladimir et de Moscou (1389-1425). — **Vassili II l'Aveugle** (1415-1462), grand-prince de Vladimir et de Moscou (1425-1462). Il refusa l'union de l'Église russe avec Rome souscrite en 1439. — **Vassili III** (1479-1533), grand-prince de Vladimir et de Moscou (1505-1533), fils d'Ivan III et de Zoé (Sophie) Paléologue.

VASSILI CHOUÏSKI (1552 - Gotsynin, près de Varsovie, 1612), tsar de Russie (1606-1610). Il fut renversé lors de l'invasion polonaise.

VASSILIEV (Vladimir), danseur russe (Moscou 1940). Technicien et virtuose de la danse classique *(le Lac des cygnes, Spartacus, Ivan le Terrible),* il créa également la version de *Petrouchka* de M. Béjart (1977) avant de faire ses débuts de chorégraphe.

VASSIVIÈRE *(lac de),* lac du Limousin, aux confins de la Creuse et de la Haute-Vienne ; env. 10 km². Centre nautique. Centre d'art contemporain avec édifice de A. Rossi, sculptures, etc.

VASSY (14410), ch.-l. de c. du Calvados ; 1 618 h.

VÄSTERÅS, v. de la Suède, près du lac Mälaren ; 119 761 h. Centre industriel.

VATAN (36150), ch.-l. de c. de l'Indre ; 2 030 h.

VATANEN (Ari), coureur automobile finlandais (Tuupovaara 1952), vainqueur de la plupart des grands rallyes internationaux (dont le Paris-Dakar en 1987, 1990 et 1991).

VATÉ, île de l'archipel de Vanuatu où se trouve la capitale, Port-Vila ; 915 km².

VATEL, maître d'hôtel du Grand Condé (m. à Chantilly en 1671). Sa mort tragique a été rendue célèbre par Mme de Sévigné. À un dîner que Condé offrait à Louis XIV à Chantilly, le poisson n'ayant pas été livré à temps, Vatel se crut déshonoré et se perça de son épée.

Vatican, résidence des papes, à Rome. Ensemble palatial de dates et de styles divers (notamm. de la Renaissance : XVe et XVIe s.). Importants musées (antiques, peintures). Bibliothèque conservant de précieux manuscrits. C'est au Vatican que se trouvent la chapelle Sixtine*, les « Chambres » et les « Loges » de Raphaël.

VATICAN *(État de la cité du),* État dont la souveraineté temporelle a été reconnue au pape par les accords du Latran entre le Saint-Siège et Mussolini (11 févr. 1929) ; 700 h. env. Il se compose d'un territoire de 44 ha, qui comprend la place et la basilique Saint-Pierre*, le palais du Vatican et ses annexes, les jardins du Vatican. S'ajoute à ce domaine la pleine propriété de douze bâtiments, à Rome et à Castel Gandolfo (droits extra-territoriaux). Le pape exerce ses pouvoirs, à la fois législatifs et exécutifs, par l'intermédiaire d'une commission de cardinaux.

Vatican *(premier concile du)* [8 déc. 1869 - 18 juill. 1870], concile œcuménique tenu dans la basilique Saint-Pierre-de-Rome, sous Pie IX, et où fut proclamé le dogme de l'infaillibilité pontificale. Cette définition provoqua le schisme des vieux-catholiques.

Vatican *(deuxième concile du)* [11 oct. 1962-8 déc. 1965], concile œcuménique tenu dans la basilique Saint-Pierre de Rome, en quatre sessions, sous les pontificats de Jean XXIII et de Paul VI. Ce concile, réuni pour assurer le renouveau de l'Église face au monde moderne et pour restaurer l'unité chrétienne, s'est déroulé avec, pour la première fois dans un concile, la présence d'observateurs non catholiques.

VATNAJÖKULL, région englacée du sud-est de l'Islande.

VÄTTERN, lac de Suède, se déversant dans la Baltique ; 1 912 km².

VAUBAN (Sébastien **Le Prestre de**), maréchal de France (Saint-Léger-de-Foucheret, auj. Saint-Léger-Vauban, Yonne, 1633 - Paris 1707). Commissaire général des fortifications (1678), il fortifia de nombreuses places des frontières françaises et dirigea plusieurs sièges (Lille, 1667 ; Namur, 1692). Ses critiques de la politique de Louis XIV lui firent perdre la faveur du roi, et son *Projet d'une dîme royale,* préconisant un impôt sur le revenu, fut saisi peu avant sa mort.

VAUCANSON (Jacques **de**), mécanicien français (Grenoble 1709 - Paris 1782). Après avoir créé trois automates célèbres, le *Joueur de flûte traversière* (1737), le *Joueur de tambourin* (1738) et le *Canard* (1738), il se consacra au perfectionnement des machines employées dans l'industrie de la soie.

VAUCLIN (Le) [97280], comm. de la Martinique ; 7 769 h.

VAUCLUSE (84), dép. de la Région Provence-Alpes-Côte d'Azur ; ch.-l. de dép. *Avignon ;* ch.-l. d'arr. *Carpentras, Apt ;* 3 arr., 24 cant., 151 comm. ; 3 567 km² ; 467 075 h. *(Vauclusiens).* Le dép. est rattaché à l'académie d'Aix-en-Provence-Marseille, à la cour d'appel de Nîmes et à la région militaire Méditerranée. L'ouest est formé par la plaine du Comtat, transformée par l'irrigation en une riche région maraîchère et

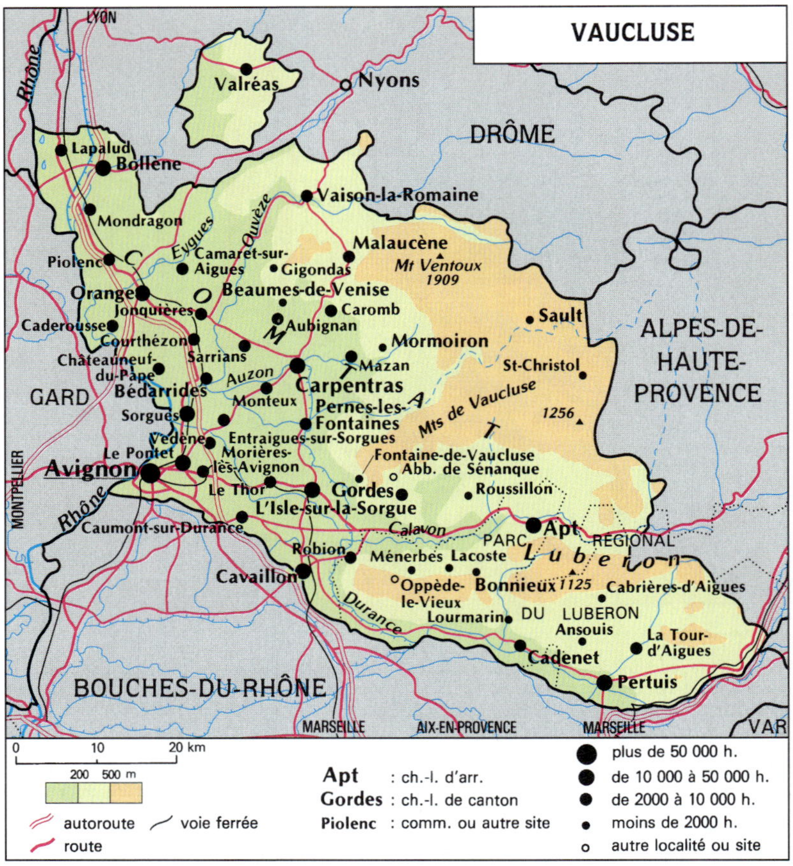

fruitière (fraises, melons, pêches, abricots, tomates), portant localement des vignobles (Châteauneuf-du-Pape). Densément peuplé, surtout dans la vallée du Rhône, grand axe de circulation, il s'oppose à l'est, constitué de hauteurs calcaires arides (Ventoux, monts de Vaucluse, Lubéron), domaines de l'élevage ovin et de la culture de la lavande et en voie de dépeuplement. L'industrie, partiellement liée à l'agriculture (agroalimentaire), est moins développée que le secteur tertiaire. Le tourisme est particulièrement actif (Avignon, Orange, Vaison-la-Romaine, fontaine de Vaucluse).

VAUCLUSE *(fontaine de),* source abondante, jaillissant à la comm. de *Fontaine-de-Vaucluse,* à 25 km d'Avignon, et donnant naissance à la Sorgue. Elle a été immortalisée par les vers de Pétrarque.

VAUCOULEURS (55140), ch.-l. de c. de la Meuse, sur la Meuse ; 2 413 h. C'est du capitaine de Vaucouleurs, Robert de Baudricourt, que Jeanne d'Arc obtint une escorte pour aller trouver Charles VII à Chinon (1429).

VAUCRESSON (92420), comm. des Hauts-de-Seine ; 8 304 h.

VAUD, un des cantons suisses de langue française ; 3 219 km² ; 601 816 h. *(Vaudois).* Ch.-l. *Lausanne.* Il fut créé en 1803.

VAUDÉMONT → ***Sion-Vaudémont.***

VAUDREUIL (Le) → ***Val-de-Reuil.***

VAUDREUIL (Philippe **de Rigaud,** *marquis* **de**), administrateur français (en Gascogne 1643 - Québec 1725), gouverneur du Canada (1703-1725). — Son fils **Pierre de Rigaud de Cavagnal,** *marquis* **de Vaudreuil** (Québec 1698 - Muides-sur-Loire 1778), fut le dernier gouverneur de la Nouvelle-France (1755-1760).

VAUGELAS [-la] (Claude **Favre,** *seigneur* **de**), grammairien français (Meximieux, Ain, 1585 - Paris 1650), auteur des *Remarques sur la langue française* (1647), dans lesquelles il s'attache à régler et à unifier la langue en se référant au « bon usage », celui de la Cour. (Acad. fr.)

VAUGHAN, v. du Canada (Ontario), banlieue de Toronto ; 103 535 h.

VAUGHAN (Sarah), chanteuse de jazz américaine (Newark, New Jersey, 1924 - Los Angeles 1990). Son registre de voix étendu, sa technique très travaillée lui ont permis d'interpréter un large répertoire (romances populaires, improvisations virtuoses, bop, swing).

VAUGHAN WILLIAMS (Ralph), compositeur britannique (Down Ampney, Gloucestershire, 1872 - Londres 1958). Puisant son inspiration dans le folklore, il est à l'origine d'une école musicale authentiquement nationale (six opéras, neuf symphonies, soixante mélodies, trois ballets).

VAUGNERAY (69670), ch.-l. de c. du Rhône ; 3 597 h.

VAUJOURS (93410), comm. de la Seine-Saint-Denis ; 5 480 h.

VAULX-EN-VELIN [vo-] (69120), ch.-l. de c. du Rhône ; 44 535 h. *(Vaudais).* Verrerie.

VAUQUELIN (Nicolas), *seigneur* **des Yveteaux,** écrivain français (La Fresnaye-au-Sauvage, Orne, 1567 - Brianval, Seine-et-Marne, 1649), fils de Vauquelin de La Fresnaye, considéré comme le maître des « libertins ».

VAUQUELIN (Nicolas Louis), chimiste français (Saint-André-d'Hébertot, Calvados, 1763 - *id.* 1829). Il isola le chrome, la glucine et étudia les sels de platine.

VAUQUELIN DE LA FRESNAYE (Jean), poète français (La Fresnaye-au-Sauvage, Orne, 1536 - Caen 1606), auteur d'un *Art poétique français,* qui rend hommage à la poésie du Moyen Âge.

VAUQUOIS (55270), comm. de la Meuse, en contrebas de la *butte de Vauquois,* dans la forêt de Hesse ; 29 h. La butte de Vauquois fut l'objet de violents combats de 1914 à 1918.

VAURÉAL (95000), comm. du Val-d'Oise ; 11 835 h.

Vautrin, personnage des romans d'H. de Balzac *le Père Goriot, Illusions perdues, Splendeurs et misères des courtisanes,* et du drame *Vautrin.* Forçat évadé, il mène contre la justice et la société une lutte gigantesque, réalisant ses rêves de puissance par l'intermédiaire de jeunes gens (Rastignac, Rubempré) qu'il pousse dans les sphères du pouvoir et de l'argent. Il finit par devenir chef de la Sûreté. Vidocq a en partie inspiré ce personnage.

VAUVENARGUES (Luc **de Clapiers,** *marquis* **de**), écrivain français (Aix-en-Provence 1715 - Paris 1747), auteur d'une *Introduction à la connaissance de l'esprit humain* (1746), accompagnée de *Réflexions,* de *Caractères et dialogues,* où il réhabilite l'homme contre La Rochefoucauld et réprouve l'esprit de salon et la grandiloquence.

VAUVERT (30600), ch.-l. de c. du Gard ; 10 333 h. Conserverie.

Vaux *(fort de),* fort situé sur un éperon des hauts de Meuse, au sud du village de *Vaux-devant-Damloup* (55400 Étain), dominant Verdun. Il succomba après une héroïque résistance le 7 juin 1916, mais il fut réoccupé par les Français de Mangin le 2 nov. suivant.

VAUX-LE-PÉNIL (77000), comm. de Seine-et-Marne ; 8 157 h.

Vaux-le-Vicomte, château de la comm. de Maincy (Seine-et-Marne), près de Melun, bâti par Le Vau pour le surintendant Fouquet et décoré par Le Brun, avec des jardins de Le Nôtre (1656-1661). Il annonce l'art de Versailles.

VAYRAC (46110), ch.-l. de c. du Lot ; 1 183 h.

VAZOV (Ivan), écrivain bulgare (Sopot, auj. Vazovgrad, 1850 - Sofia 1921). Fondateur du roman moderne bulgare (*Sous le joug,* 1890), il est l'auteur de poèmes et de drames historiques (*Borislav,* 1909).

VEAUCHE (42340), comm. de la Loire ; 7 317 h. Verrerie.

VEBLEN (Thorstein Bunde), économiste et sociologue américain (comté de Manitowoc, Wisconsin, 1857 - près de Menlo Park, Californie, 1929). Observateur de la société américaine, il dénonce l'exploitation de la masse exercée par la « classe oisive ».

VECELLIO (Tiziano) → ***Titien.***

Veda, livres sacrés de l'hindouisme, écrits en sanskrit à partir de 1800 av. J.-C. et au nombre de quatre, attribués à la révélation de Brahmā. Ce sont des recueils de prières, d'hymnes, de formules se rapportant au sacrifice et à l'entretien du feu sacré.

VEDEL (Georges), juriste français (Auch 1910). Professeur de droit, membre du Conseil constitutionnel (1980-1989), il a joué un grand rôle dans l'élaboration doctrinale du droit public (*Traité de droit administratif,* 1959).

VEDÈNE (84270), comm. de Vaucluse ; 6 959 h.

VÉDRINES (Jules), aviateur français (Saint-Denis 1881 - Saint-Rambert-d'Albon 1919). Vainqueur de la course « Paris-Madrid » en 1911, il exécuta des missions audacieuses pendant la Première Guerre mondiale et réussit en 1919 à atterrir sur le toit des Galeries Lafayette, à Paris.

VEGA CARPIO (Félix **Lope de**), écrivain espagnol (Madrid 1562 - *id.* 1635). Il a écrit 1 800 pièces profanes, 400 drames religieux, de nombreux intermèdes, un roman pastoral, *l'Arcadie,* des poèmes mystiques *(le Romancero spirituel)* et burlesques. Son génie dramatique est nourri de toutes les traditions historiques, religieuses et populaires de l'Espagne : *l'Alcade de Zalamea* (1600), *Peribáñez et le Commandeur d'Ocaña* (1614), *le Chien du jardinier* (1618), *Fuenteovejuna* (1618), *le Cavalier d'Olmedo* (1641).

VÉGÈCE, en lat. **Flavius Vegetius Renatus,** écrivain latin (fin du IVᵉ s. apr. J.-C.), auteur d'un *Traité de l'art militaire.*

Vehme ou **Sainte-Vehme,** tribunaux secrets qui, apparus en Westphalie au XIᵉ s., se répandirent dans le Saint Empire au XIIIᵉ s. et disparurent au XVIᵉ s.

VÉIES, en lat. **Veii,** en ital. **Veio,** cité étrusque qui fut soumise définitivement par Rome après un long siège (405-395 ou 396-386 av. J.-C.).

Lope de **Vega Carpio**
(par Fr. Pacheco)

Importants vestiges et nécropole aux tombes ornées de peintures murales.

VEIL (Simone), femme politique française (Nice 1927). Ministre de la Santé (1974-1979), elle libéralise l'accès à la contraception (1974) et fait voter la loi sur l'interruption volontaire de grossesse (1975). Premier président de l'Assemblée européenne (1979-1982), elle est ensuite ministre des Affaires sociales, de la Santé et de la Ville (1993-1995).

VEKSLER (Vladimir Iossifovitch), physicien soviétique (Jitomir 1907 - Moscou 1966), qui a donné le principe du synchrotron.

VELATE ou **BELATE** *(col de)*, col routier des Pyrénées espagnoles, entre Pampelune et Bayonne ; 847 m.

VELAUX (13880), comm. des Bouches-du-Rhône ; 7 297 h.

VELAY, région du Massif central, entre l'Allier supérieur et le Vivarais. (Hab. *Vellaves.*) Elle est formée de massifs et de plateaux, parfois volcaniques *(monts du Velay),* encadrant le bassin du Puy, drainé par la Loire.

VELÁZQUEZ (Diego **de Silva**), en fr. **Vélasquez,** peintre espagnol (Séville 1599 - Madrid 1660). Artiste préféré du roi Philippe IV, il est considéré comme un des plus grands coloristes de tous les temps. La plupart de ses toiles sont au musée du Prado : scènes de genre ; remarquables portraits (reines et infantes, nains de la Cour) ; œuvres profanes neuves par l'iconographie et la composition (*la Forge de Vulcain,* v. 1630 ; *la Reddition de Breda,* 1635) et qui atteignent en dernier lieu à une virtuosité unique dans le traitement de la lumière et de l'espace (*les Ménines* et *les Fileuses,* v. 1656-57).

VÉLEZ DE GUEVARA (Luis), écrivain espagnol (Écija 1579 - Madrid 1644). Lesage imita son roman satirique *le Diable boiteux* (1641).

VELIKO TĂRNOVO, anc. **Tărnovo** ou **Tirnovo,** v. de la Bulgarie septentrionale ; 65 000 hab. Elle fut la capitale du second Empire bulgare (1187-1393). Églises de cette période.

VÉLINES (24230), ch.-l. de c. de la Dordogne ; 1 097 h.

VÉLIZY-VILLACOUBLAY (78140), ch.-l. de c. des Yvelines ; 22 034 h. *(Véliziens).* Industrie aéronautique. Électronique. Base aérienne militaire. Siège de la région aérienne Nord-Est.

VELLÉDA, prophétesse germanique qui contribua à la révolte de Civilis et des Bataves contre les Romains en 69-70. Elle fut plus tard capturée et figura dans le triomphe de Domitien. Son personnage a inspiré à Chateaubriand un épisode des *Martyrs.*

VELLEIUS PATERCULUS, historien latin (v. 19 av. J.-C. - v. 31 apr. J.-C.), auteur d'une histoire de Rome des origines à l'an 30 apr. J.-C.

VELLUR ou **VELLORE,** v. de l'Inde (Tamil Nadu) ; 304 713 h.

VELPEAU (Alfred), chirurgien français (Parçay, Indre-et-Loire, 1795 - Paris 1867). Auteur de nombreux ouvrages, il fut célèbre par ses qualités de clinicien.

VELSEN, v. des Pays-Bas (Hollande-Septentrionale) ; 60 135 h.

VELUWE (la), région de collines boisées des Pays-Bas, au nord du Rhin. Parc national.

VENACO (20231), ch.-l. de c. de la Haute-Corse ; 626 h. Fromages.

VENAISSIN *(Comtat)* → ***Comtat Venaissin.***

VENANCE FORTUNAT *(saint),* poète latin

Velázquez : *l'Infante Marguerite* (à l'âge de trois ans [1654]). [Louvre, Paris.]

(Trévise v. 530 - Poitiers v. 600), évêque de Poitiers en 597. On le considère comme le dernier poète latin de l'Antiquité.

VENAREY-LÈS-LAUMES (21150), ch.-l. de c. de la Côte-d'Or ; 3 620 h.

VENCE (06140), ch.-l. de c. des Alpes-Maritimes ; 15 364 h. Anc. cathédrale en partie romane. Chapelle décorée par Matisse (1950).

VENCESLAS *(saint)* [v. 907 - Stará Boleslav 935], duc de Bohême (924-935), assassiné par son frère Boleslav le Cruel. Il est le saint patron de la Bohême.

VENCESLAS IV (Nuremberg 1361 - Prague 1419), roi de Bohême (1378-1419), roi des Romains (1376-1400), de la maison de Luxembourg. Déposé par les princes allemands (1400), il adopta en Bohême une attitude bienveillante à l'égard du mouvement hussite naissant.

VENDA, ancien bantoustan d'Afrique du Sud.

VENDÉE (85), dép. de la Région Pays de la Loire, formé de l'anc. bas Poitou ; ch.-l. de dép. *La Roche-sur-Yon ;* ch.-l. d'arr. *Fontenay-le-Comte, Les Sables-d'Olonne ;* 3 arr., 31 cant., 283 comm. ; 6 720 km² ; 509 356 h. *(Vendéens).* Le dép. est rattaché à l'académie de Nantes, à la cour d'appel de Poitiers et à la région militaire Atlantique. Le Bocage vendéen occupe la majeure partie du dép. Il est formé de hauteurs dominant des plateaux où les céréales ont reculé devant l'élevage et les plantes fourragères. Cette région sépare le Marais breton, transformé en polder (élevage de bovins et de volailles), du Marais poitevin (où se retrouve le même type d'économie, avec apparition de cultures sur les terres relativement hautes), qui est prolongé à l'est par la Plaine, où l'élevage bovin (pour le lait) a progressé aussi aux dépens des cultures céréalières. Le littoral est animé par la pêche, l'ostréiculture, la mytiliculture et le tourisme estival (Les Sables-d'Olonne, Saint-Jean-de-Monts, îles d'Yeu et de Noirmoutier). L'industrie s'est développée (constructions mécaniques et électriques, alimentation, mobilier), malgré la faiblesse de l'urbanisation.

Vendée *(guerre de)* [1793-1796], insurrection royaliste et contre-révolutionnaire qui bouleversa les départements de Vendée, Loire-Inférieure et Maine-et-Loire. À son origine se situe la levée de 300 000 hommes décidée par

la Convention le 23 févr. 1793. Cathelineau, Charette, Stofflet, Lescure, Bonchamps et La Rochejaquelein furent les principaux chefs de l'« armée catholique et royale », qui connut d'abord quelques succès à Cholet (mars), à Fontenay (mai) et à Saumur (juin 1793). Mais les vendéens furent refoulés sur la rive gauche de la Loire, après leur échec devant Granville et les défaites du Mans et de Savenay (déc. 1793). Cruautés et massacres de part et d'autre (institution par la Convention, en août 1793, de la tactique de la terre brûlée ; noyades de Carrier à Nantes) firent de ce combat une guerre sans merci. Calmée un temps par les thermidoriens, l'insurrection reprit en 1794 dans les Mauges, puis partout lors du débarquement de Quiberon (1795). En 1796, Hoche réussit à pacifier le pays. Les soulèvements reprirent sporadiquement de sept. 1799 à janv. 1800 et pendant les Cent-Jours (mai-juin 1815).

vendémiaire an IV *(journée du 13)* [5 oct. 1795], journée révolutionnaire parisienne marquée par le soulèvement des royalistes contre le décret par lequel la Convention voulait conserver les deux tiers de ses membres dans la nouvelle Assemblée. Bonaparte mitrailla les insurgés et écrasa le mouvement.

VENDEUVRE-SUR-BARSE (10140), ch.-l. de c. de l'Aube ; 2 846 h. Église du XVIe s.

VENDIN-LE-VIEIL (62880), comm. du Pas-de-Calais ; 6 954 h. Chimie.

VENDÔME (41100), ch.-l. d'arr. de Loir-et-Cher, sur le Loir ; 18 359 h. *(Vendômois).* Constructions mécaniques et électriques. Imprimerie. Ganterie. Église de la Trinité (XIe-XVIe s.), anc. abbatiale, avec clocher roman isolé et façade flamboyante. Porte du XIVe s. Musée.

VENDÔME *(maison de),* famille comtale mentionnée dès le XIe s., qui fut élevée au duché-pairie par François Ier (1515). Elle compta parmi ses membres : **César de Bourbon,** *duc* **de Vendôme,** fils légitimé d'Henri IV et de Gabrielle d'Estrées (Coucy-le-Château-Auffrique 1594 - Paris 1665). Il participa à plusieurs complots mais finalement, rentré en grâce, battit la flotte espagnole devant Barcelone (1655) ; — son petit-fils **Louis Joseph,** *duc* **de Vendôme,** *duc* **de Penthièvre** (Paris 1654 - Vinaroz 1712), se distingua en Flandre, en Catalogne, en Italie à Luzzara, Cassano d'Adda et, par la victoire de Villaviciosa (1710), consolida le trône de Philippe V ; — enfin **Philippe,** dit **le Prieur de Vendôme,** frère du précédent (Paris 1655 - *id.* 1727). Grand prieur de France et lieutenant général, il résida au Temple après 1715, où il mena la vie d'un libertin. Avec lui s'éteignit la maison de Vendôme.

Vendôme *(place),* place du Ier arr. de Paris (anc. place Louis-le-Grand, fin du XVIIe s., par J. H.-Mansart), au milieu de laquelle s'élève la colonne de la Grande Armée (1810), imitée de la colonne Trajane de Rome et dont le bronze provient de 1 200 canons pris à l'ennemi.

VENELLES (13770), comm. des Bouches-du-Rhône, près d'Aix-en-Provence ; 7 076 h.

VÉNÈTES, peuples indo-européens de l'Europe du Nord. Au Ier millénaire av. J.-C., un groupe s'installa en Italie du Nord (actuelle Vénétie) et un autre en Gaule dans l'Armorique (région de Vannes).

VÉNÉTIE, en ital. **Veneto,** région de l'Italie du Nord formée des prov. de Belluno, Padoue, Rovigo, Trévise, Venise, Vérone et Vicence ; 18 364 km² ; 4 363 157 h. Cap. *Venise.* Anc. territoire de la République de Venise, elle comprenait en outre la *Vénétie Tridentine* (Trentin-Haut-Adige*) et la *Vénétie Julienne.* Elle fut cédée à l'Autriche par le traité de Campoformio en 1797, intégrée au royaume d'Italie en 1805, rendue aux Habsbourg en 1815, réunie à l'Italie en 1866.

VÉNÉTIE JULIENNE, en ital. **Venezia Giulia,** petite région d'Italie (prov. de Trieste et Gorizia). → ***Frioul.***

VENEZIANO → ***Domenico Veneziano, Paolo (et Lorenzo) Veneziano.***

VENEZUELA, État de l'Amérique du Sud, sur la mer des Antilles ; 912 050 km² ; 20 700 000 h. *(Vénézuéliens).* CAP. *Caracas.* LANGUE : *espagnol.* MONNAIE : *bolívar.*

GÉOGRAPHIE

Les llanos, plaines du bassin de l'Orénoque, séparent l'extrémité septentrionale des Andes (cordillère de Mérida) des lourds massifs de la Guyane vénézuélienne. La population, qui s'accroît rapidement, se concentre près du littoral, dans la région de Caracas (20 % de la population totale) et autour du golfe de Maracaibo, centre de l'exploitation du pétrole. Celle-ci demeure le fondement de l'économie, malgré le développement de l'extraction du fer. Les productions agricoles (céréales, canne à sucre, café, cacao, élevage bovin) ne couvrent qu'un peu plus de la moitié des besoins. L'endettement et le sous-emploi témoignent des difficultés du pays, trop dépendant du pétrole et dont les États-Unis sont le premier partenaire commercial.

HISTOIRE

1498 : la contrée est découverte par Christophe Colomb. XVIIIe s. : la culture du cacao et du café enrichit le pays, qui accède (1777) au rang de capitainerie générale. 1811-12 : Miranda proclame l'indépendance du Venezuela ; vaincu, il est livré aux Espagnols. 1821-1830 : après la victoire de Carabobo, Bolívar organise la fédération de la Grande-Colombie (Venezuela, Colombie, puis Équateur). 1830-1848 : après sa démission, le Venezuela fait sécession. José Antonio Páez exerce une dictature militaire. 1858-1870 : le pays est agité par la guerre civile. 1870-1887 : A. Guzmán Blanco laïcise l'État et modernise l'économie. 1910-1935 : la longue dictature de Juan Vicente Gómez s'accompagne de l'essor pétrolier (1920). 1935-1941 : sous la présidence de López Contreras s'amorce un processus de démocratisation. 1948-1958 : l'armée impose le général Marco Pérez Jiménez comme président. 1959-1964 : Rómulo Betancourt consolide les institutions démocratiques, malgré l'opposition des militaires conservateurs et d'une guérilla castriste. Il est remplacé par Raúl Leoni, à qui succède Rafael Caldera Rodríguez (1969-1974). 1974-1979 : sous la présidence de Carlos Andrés Pérez Rodríguez, l'industrie pétrolière est nationalisée. 1979-1984 : présidence de Herrera Campins. 1984 : Jaime Lusinchi est élu président de la République. 1989 : C. A. Pérez Rodríguez revient au pouvoir. 1993 : accusé de corruption, il est destitué. 1994 : R. Caldera Rodríguez retrouve la présidence de la République ; il doit faire face à une grave crise financière.

VENING MEINESZ (Felix), géophysicien et géodésien néerlandais (Scheveningen 1887 - Amersfoort 1966).

VENISE, en ital. **Venezia,** v. d'Italie (Vénétie), bâtie sur un groupe d'îlots, au milieu de la *lagune de Venise* (dépendance du *golfe de Venise*), cap. de la Vénétie et ch.-l. de prov. ; 308 717 h. *(Vénitiens).* Centre administratif, culturel, touristique et industriel (artisanat d'art, métallurgie, chimie). — Venise, l'une des villes les plus captivantes du monde, conserve de très nombreux monuments et de magnifiques ensembles architecturaux : la basilique St-Marc (reconstruite selon une conception byzantine à partir du XIe s. ; mosaïques, œuvres d'art) et la place du même nom, le campanile, le palais des Doges (XIVe-XVe s. ; riches décors peints), 90 églises (dont le *Redentore,* de Palladio, et la *Salute,* de Longhena), les palais du Grand Canal (notamment de l'époque allant du gothique au baroque), le pont du Rialto, etc. Elle possède de riches musées (dont l'Accademia) où brille l'école vénitienne de peinture (les Bellini et Carpaccio ; Giorgione, Titien, Véronèse, le Tintoret ; Canaletto et F. Guardi, Piazzetta, les Tiepolo, les Ricci). Célèbre théâtre de la Fenice, détruit par un incendie en 1996. Biennale d'art. Festival annuel de cinéma.

HISTOIRE

VIe s. : les îlots de la lagune, refuges jusque-là provisoires des populations côtières contre les envahisseurs barbares, se transforment en un lieu de peuplement permanent. IXe s. : le *dux* byzantin (doge) se rend en fait indépendant. 1082 : Constantinople octroie d'importants privilèges commerciaux à Venise. 1143 : le

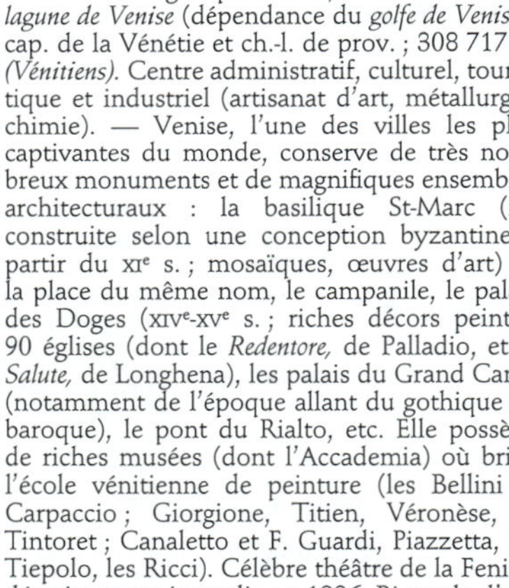

Venise : détails de la façade (ornementée aux XIIe-XVe s.) et des coupoles de la basilique Saint-Marc (XIe s.).

Grand Conseil est créé. 1204 : Venise détourne la quatrième croisade sur Constantinople et s'assure des principales escales sur les routes du Levant. 1204-1453 : apogée de Venise, qui contrôle les côtes de l'Adriatique et les routes méditerranéennes. XVe s. : les expéditions françaises en Italie précipitent le déclin de la République de Venise. 1797 : Bonaparte abolit l'État vénitien. La Vénétie devient autrichienne. 1815 : le royaume lombard-vénitien autrichien est constitué. 1848-49 : échec de la révolution conduite par Daniele Manin. 1866 : Venise est intégrée au royaume d'Italie.

VÉNISSIEUX (69200), ch.-l. de c. du Rhône, banlieue de Lyon ; 60 744 h. *(Vénissians).* Véhicules lourds.

VENIZÉLOS (Elefthérios), homme politique grec (La Canée, Crète, 1864 - Paris 1936). Après avoir été le véritable émancipateur de la Crète, il devint Premier ministre (1910), accordant au pays une constitution libérale et obtenant, à l'issue des guerres balkaniques (1912-13), d'importants avantages territoriaux. Partisan de l'Entente, il dut démissionner (1915) mais forma à Thessalonique un gouvernement dissident (1916) puis déclara la guerre aux empires centraux (1917). Président du Conseil (1928-1932), il dut s'exiler à la suite d'un coup d'État (1935) de ses partisans en Crète.

VENLO, v. des Pays-Bas (Limbourg), sur la Meuse ; 64 392 h. Monuments anciens.

VENT *(îles du),* partie orientale des Antilles, directement exposée à l'alizé, formant un chapelet d'îles entre Porto Rico et la Trinité, et englobant les Antilles françaises. Les Anglais appellent « îles du Vent » *(Windward Islands)* les États membres du Commonwealth qui forment la partie sud de cet archipel et qui sont constitués par l'île de Grenade, Saint-Vincent-et-les Grenadines, Sainte-Lucie, la Dominique.

VENTA (La), site du Mexique (État de Tabasco). Métropole de la civilisation olmèque, entre 1000 et 600 av. notre ère. Imposants vestiges dont des têtes colossales monolithiques.

VENTOUX *(mont),* montagne des Préalpes du Sud, près de Carpentras (Vaucluse) ; 1 909 m.

VENTURA (Angelo **Borrini,** dit **Lino**), acteur français d'origine italienne (Parme 1919 - Saint-Cloud 1987). Son physique solide et son naturel ont fait de lui l'interprète idéal du film noir ou policier : *Classe tous risques* (C. Sautet, 1960) ; *le Deuxième Souffle* (J.-P. Melville, 1966) ; *Cadavres exquis* (F. Rosi, 1976).

VENTURI, historiens d'art et professeurs italiens. **Adolfo** (Modène 1856 - Santa Margherita Ligure 1941) a donné une monumentale *Histoire de l'art italien* (1901-1941). — Son fils **Lionello** (Modène 1885 - Rome 1961) s'expatria de 1932 à 1945. Sa pensée, élargissement vigoureux de celle de B. Croce, s'exprime notamm. dans son *Histoire de la critique d'art* (1936).

VENTURI (Giovanni Battista), physicien italien (Bibbiano, près de Reggio Emilia, 1746 - Reggio Emilia 1822). Il a construit la tuyère à cônes divergents qui porte son nom et étudié l'étendue des sons audibles.

VÉNUS, déesse italique des Jardins, puis de l'Amour et de la Beauté, par son assimilation à l'*Aphrodite* des Grecs.

VÉNUS, planète du système solaire, située entre Mercure et la Terre (diamètre : 12 104 km). Visible tantôt dès le coucher du Soleil, tantôt avant son lever, elle est souvent appelée l'*étoile du Berger.* Elle est entourée d'une épaisse atmosphère de gaz carbonique. À sa surface règnent des températures voisines de 500 °C et des pressions de l'ordre de 90 bars.

Vêpres siciliennes [30 mars - fin avril 1282], massacre général des Français en Sicile. L'émeute débuta le lundi de Pâques au moment où les cloches appelaient les fidèles aux *vêpres.* Les Siciliens, révoltés contre Charles Ier d'Anjou et soutenus par Pierre III d'Aragon, massacrèrent les Français qui se trouvaient dans l'île. La maison d'Aragon succéda aux Angevins sur le trône de Sicile. — Sur cet évènement, G. Verdi a écrit un opéra (*les Vêpres siciliennes,* 1855).

VERACRUZ, port et station balnéaire du Mexique, dans l'*État de Veracruz,* sur le golfe du Mexique ; 327 522 h. Centre industriel.

VERBIER, station de sports d'hiver (alt. 1 500-3 023 m) de Suisse (Valais), dominant la vallée d'Entremont.

VERBRUGGEN, famille de sculpteurs flamands, dont les plus connus, nés et morts à Anvers, sont **Pieter le Vieux** (1615-1686) et ses fils **Pieter le Jeune** (v. 1640-1691) et **Hendrik Frans** (1655-1724), tous représentants de l'art baroque religieux (stalles et confessionnaux de Grimbergen, par Hendrik Frans).

VERCEIL, en ital. **Vercelli,** v. d'Italie (Piémont), ch.-l. de prov. ; 48 597 h. Monuments religieux des XIIIe-XVIe s. Musées (peintres de l'école piémontaise, dont G. Ferrari). Victoire de Marius sur les Cimbres (101 av. J.-C.).

VERCEL-VILLEDIEU-LE-CAMP (25530), ch.-l. de c. du Doubs ; 1 212 h.

VERCHÈRES (Madeleine **Jarret de**), héroïne canadienne (Verchères, Québec, 1678 - La Pérade 1747). En 1692, aidée de deux soldats, elle lutta bravement contre les Iroquois qui attaquaient le fort de Verchères.

VERCINGÉTORIX, chef gaulois (en pays arverne v. 72 av. J.-C. - Rome 46 av. J.-C.). Lors de la révolte de 52, il parvint à unir sous son commandement les peuples gaulois contre César. Il défendit avec succès Gergovie, mais fut enfermé par César dans Alésia. Une armée gauloise de secours n'ayant pu le débloquer, il se livra à son vainqueur. Conduit à Rome, il fut exécuté au bout de six ans de captivité, après avoir figuré dans le triomphe de César.

VERCORS (le), massif calcaire des Préalpes françaises du Nord, dans les dép. de la Drôme et de l'Isère ; 2 341 m. Parc naturel régional. (env. 150 000 ha). [Hab. *Vertacomiriens.*] Durant l'été 1944, 3 500 maquisards français y résistèrent pendant deux mois aux assauts des Allemands, qui se livrèrent ensuite à de sanglantes représailles.

VERCORS (Jean **Bruller,** dit), écrivain et dessinateur français (Paris 1902 - *id.* 1991). Célèbre pour *le Silence de la mer,* écrit dans la clandestinité (1942), il a poursuivi une méditation amère sur la condition humaine *(Zoo ou l'Assassin philanthrope).*

VERDAGUER I SANTALÓ (Jacint), poète espagnol d'expression catalane (Folgarolas 1845 - Vallvidrera 1902), auteur de l'*Atlàntida* et du *Canigou,* épopées qui mêlent les légendes locales au merveilleux chrétien et antique.

VERDI (Giuseppe), compositeur italien (Roncole 1813 - Milan 1901). Il a écrit de nombreux opéras, dont : *Rigoletto* (1851), *la Traviata* (1853), *le Trouvère* (1853), *les Vêpres siciliennes* (1855), *Un bal masqué* (1859), *Don Carlos* (1867), *Aïda* (1871), *Otello* (1887), *Falstaff* (1893) et un *Requiem* (1874) célèbre. Dramaturge d'instinct, il imposa face au courant wagnérien une tradition nationale qu'il devait à Bellini ou à Rossini. Son romantisme direct donne de plus en plus d'importance au rôle de l'orchestre et le pousse à évoluer sur une ligne mélodique continue, entre le récitatif et l'arioso.

VERDON (le), riv. de France, qui passe à Castellane et se jette dans la Durance (r. g.) ; 175 km. Gorges longées par une route touristique. Aménagements pour la production hydroélectrique et surtout l'irrigation.

VERDON-SUR-MER (Le) [33123], comm. de la Gironde, près de la pointe de Grave ; 1 352 h. Avant-port de Bordeaux.

VERDUN, v. du Canada (Québec), banlieue sud de Montréal ; 61 307 h.

Giuseppe **Verdi**
(G. Barchetta - Scala, Milan)

Verlaine
(Fantin-Latour - Louvre, Paris)

VERDUN (55100), ch.-l. d'arr. de la Meuse ; 23 427 h. *(Verdunois).* Évêché. Anc. camp retranché. Cathédrale de tradition carolingienne, en partie des XIe et XIIe s., et autres monuments. Musées. En 843, les trois fils de Louis le Pieux y signèrent un traité qui partageait l'Empire carolingien. En 1552, Henri II réunit à la Couronne les Trois-Évêchés, dont Verdun faisait partie.

Verdun *(bataille de)* [févr.-déc. 1916], la plus sanglante bataille de la Première Guerre mondiale, où les Français résistèrent victorieusement aux plus violentes offensives allemandes menées en direction de Verdun sur les deux rives de la Meuse (Douaumont, Vaux, cote 304, Mort-Homme).

VERDUN-SUR-GARONNE (82600), ch.-l. de c. de Tarn-et-Garonne ; 2 882 h. Église du XVe s., à deux vaisseaux.

VERDUN-SUR-LE-DOUBS (71350), ch.-l. de c. de Saône-et-Loire ; 1 080 h.

VERDY (Nelly **Guillerm,** dite **Violette**), danseuse française (Pont-l'Abbé 1933). Une des meilleures créatrices balanchiniennes, elle a été nommée à la direction de la danse à l'Opéra de Paris (1978-1980), après avoir effectué toute sa carrière au New York City Ballet.

VEREENIGING, v. de l'Afrique du Sud, au S. de Johannesburg ; 149 000 h. Métallurgie. Le traité de Pretoria, mettant fin à la guerre des Boers, y fut négocié (1902).

VERFEIL (31590), ch.-l. de c. de la Haute-Garonne ; 2 271 h.

VERGA (Giovanni), écrivain italien (Catane 1840 - *id.* 1922), le meilleur représentant du vérisme (*les Malavoglia,* 1881 ; *Maître Don Gesualdo,* 1889).

VERGENNES (Charles **Gravier,** *comte* **de**), homme d'État et diplomate français (Dijon 1719 - Versailles 1787). Ambassadeur à Constantinople (1754-1768) puis à Stockholm, ministre des Affaires étrangères de Louis XVI (1774-1787), il fut l'un des artisans de l'indépendance des États-Unis (1783) et signa un traité de commerce avec l'Angleterre (1786).

VERGÈZE (30310), comm. du Gard ; 3 152 h. Eau minérale gazeuse. Verrerie.

VERGNIAUD (Pierre Victurnien), Conventionnel français (Limoges 1753 - Paris 1793). Adversaire déterminé de la Commune, il fut exécuté avec les Girondins.

VERGT [vɛr] (24380), ch.-l. de c. de la Dordogne ; 1 441 h.

VERHAEREN (Émile), poète belge d'expression française (Sint-Amands 1855 - Rouen 1916). Auteur de contes, de critiques littéraires, de pièces de théâtre, il évolua du naturalisme (*les Flamandes,* 1883) au mysticisme et connut une crise spirituelle (*les Flambeaux noirs,* 1891). Puis il célébra la poésie de la foule et des cités industrielles (*les Villes tentaculaires,* 1895 ; *les Rythmes souverains,* 1910) aussi bien que les paysages de son pays natal (*Toute la Flandre,* 1904-1911).

Émile **Verhaeren** (par Albin)

Veritas ou **Bureau Veritas** (le), société française de classification des navires, fondée en 1828 à Anvers et qui siège à Paris depuis 1832.

VERKHOÏANSK, localité de Russie, en Sibérie orientale. Un des points les plus froids du globe, où l'on a relevé des températures proches de – 70 °C.

VERLAINE (Paul), poète français (Metz 1844 - Paris 1896). D'abord « poète-fonctionnaire » et de salon, il connaît le désarroi moral sous la triple influence d'un amour malheureux, de l'alcoolisme et de Baudelaire (*Poèmes saturniens,* 1866 ; *Fêtes galantes,* 1869). Après une période d'apaisement (*la Bonne Chanson,* 1870), la rencontre de Rimbaud* bouleverse sa vie. Il retrouve la foi catholique (*Sagesse,* 1881) et son énergie créatrice, et réclame une poésie plastique et musicale (*Jadis et naguère,* 1884). Devenu, malgré lui, le chef de l'école « décadente », il fait connaître *les Poètes maudits* (1884), puis erre de garnis en hôpitaux en publiant de petits recueils de circonstance (*Parallèlement,* 1889 ; *Invectives,* 1896).

VERMAND (02490), ch.-l. de c. de l'Aisne ; 1 120 h. *(Vermandois).* Outillage.

VERMANDOIS (le), anc. pays de la France du Nord, réuni à la Couronne en 1213 ; ch.-l. *Saint-Quentin.*

VERMEER (Johannes), dit **Vermeer de Delft,** peintre néerlandais (Delft 1632 - *id.* 1675). Longtemps oublié, il est considéré comme l'un des plus grands peintres du XVIIe s. Son œuvre, peu abondante, comprend des scènes d'intérieur, quelques portraits et deux paysages urbains qui témoignent d'une des visions les plus intériorisées qui soient. Son goût pour l'essence silencieuse des choses est servi par la rigueur d'une technique aussi subtile dans les jeux de la lumière et de l'espace que dans le rendu des matières et les accords chromatiques (*Gentilhomme et dame buvant du vin,* Berlin-Dahlem ; *Vue de Delft,* La Haye ; *la Dentellière,* Louvre ; *la Lettre,* Amsterdam ; *l'Atelier,* Vienne ; *Dame debout à l'épinette,* National Gallery de Londres).

Vermeer : *l'Astronome* ou *l'Astrologue* (1668). [Louvre, Paris.]

VERMENTON (89270), ch.-l. de c. de l'Yonne ; 1 114 h. Église des XIIe et XIIIe s.

VERMONT, l'un des États unis d'Amérique, en Nouvelle-Angleterre ; 24 887 km^2 ; 562 758 h. Cap. *Montpelier.*

VERNANT (Jean-Pierre), philosophe et historien français (Provins 1914). Il s'est spécialisé dans l'étude des sociétés antiques (*les Origines de la pensée grecque,* 1962 ; *Mythe et société en Grèce ancienne,* 1974).

VERNE (Jules), écrivain français (Nantes 1828 - Amiens 1905). Il créa le genre du roman scientifique d'anticipation (*Cinq Semaines en ballon,* 1863 ; *Voyage au centre de la Terre,* 1864 ; *De la Terre à la Lune,* 1865 ; *Vingt Mille Lieues sous les mers,* 1870 ; *le Tour du monde en quatre-vingts jours,* 1873 ; *Michel Strogoff,* 1876).

VERNEAU (Jean), général français (Vignot, Meuse, 1890 - Buchenwald 1944). Successeur du général Frère à la tête de l'Organisation de résistance de l'armée (1943), il fut arrêté par la Gestapo et mourut en déportation.

VERNET (Joseph), peintre français (Avignon 1714 - Paris 1789). Il a exécuté, notamment en Italie, de nombreux paysages, et surtout des marines, tantôt d'une harmonie classique, tantôt d'une veine préromantique. — Son fils **Antoine Charles Horace,** dit **Carle Vernet** (Bordeaux 1758 - Paris 1836), fut peintre et lithographe (scènes de chasse, de courses, de la vie élégante ou populaire). — **Horace** (Paris 1789 - *id.* 1863), fils et petit-fils des précédents, fut peintre de batailles.

VERNET-LES-BAINS (66820), comm. des Pyrénées-Orientales ; 1 637 h. Station thermale. Aux environs, abbaye de St-Martin-du-Canigou, avec parties romanes et préromanes.

VERNEUIL-EN-HALATTE (60550), comm. de l'Oise ; 3 629 h. Centre de recherches. Église des XIIe-XVIe s.

VERNEUIL-SUR-AVRE (27130), ch.-l. de c. de l'Eure ; 6 722 h. *(Vernoliens).* Disques. Produits alimentaires. Donjon du XIIe s. Deux églises médiévales.

VERNEUIL-SUR-SEINE (78480), comm. des Yvelines ; 12 703 h.

VERNIER, comm. de Suisse, banlieue de Genève ; 28 482 h.

VERNON (27200), ch.-l. de c. de l'Eure, sur la Seine ; 24 943 h. *(Vernonnais).* Aéronautique. Métallurgie. Église des XIe-XVIe s.

VERNOUILLET (28500), comm. d'Eure-et-Loir ; 11 775 h.

VERNOUILLET (78540), comm. des Yvelines ; 8 697 h. Église des XIIe-XIIIe s.

VERNOUX-EN-VIVARAIS (07240), ch.-l. de c. de l'Ardèche ; 2 083 h.

VERNY (57240), ch.-l. de c. de la Moselle ; 1 555 h.

VÉRONE, v. d'Italie (Vénétie), ch.-l. de prov., sur l'Adige ; 252 689 h. Centre commercial et touristique. Arènes romaines, église romane S. Zeno, cathédrale, monuments gothiques et Renaissance des places *delle Erbe* et *dei Signori.* Musée du Castelvecchio (peintures des écoles véronaise et vénitienne). — La ville, république indépendante aux XIIIe et XIVe s., fut longtemps sous la domination de Venise. Le 17 avr. 1797 eut lieu un massacre des Français appelé « Pâques véronaises ». Vérone devint, au XIXe s., l'une des places fortes du quadrilatère formé avec Mantoue, Peschiera et Legnago. En 1822, un congrès de la Sainte-Alliance y eut lieu, qui décida l'expédition en Espagne.

VÉRONÈSE (Paolo **Caliari,** dit **il Veronese,** en fr.), peintre italien (Vérone 1528 - Venise 1588), un des maîtres de l'école vénitienne. Ses tableaux, souvent ornés d'architectures somptueuses, brillent par leur mouvement, leur ampleur harmonieuse, la richesse de leur coloris clair. Les plus spectaculaires sont d'immenses toiles peintes pour des réfectoires de communautés, tels *les Noces de Cana* (1563) du Louvre et *le Repas chez Lévi* de l'Accademia de Venise.

VÉRONIQUE *(sainte),* femme juive qui, selon la légende, essuya le visage de Jésus montant au Calvaire avec un linge, qui conserva les traits du Sauveur.

VERPILLIÈRE (La) [38290], ch.-l. de c. de l'Isère ; 5 691 h. Constructions électriques.

VERRAZANO (Giovanni de) ou **VERRAZANE** (Jean de), explorateur d'origine italienne (Val di Greve, près de Florence, ou Lyon ? 1485 - Antilles 1528). Au service de François Ier, il explore, en 1524, la côte atlantique des États-Unis actuels (des Carolines au Maine) et reconnaît le site de New York. Il fait un second voyage au Brésil en 1526-27 puis un troisième aux Antilles où il est tué et dévoré par des cannibales.

Jules **Verne** (par Nadar)

VERRÈS (Caius Licinius), homme politique romain (Rome v. 119-43 av. J.-C.). Propréteur en Sicile (73-71), il s'y rendit odieux par ses malversations ; à sa sortie de charge, il fut accusé de concussion par les Siciliens, et Cicéron se fit l'avocat de l'accusation *(Verrines).* Verrès s'exila avant même d'être condamné (70). Cette affaire demeure le symbole du pillage des provinces à la fin de la République.

VERRIÈRE (La) [78320], comm. des Yvelines ; 6 289 h. Hôpital psychiatrique.

VERRIÈRES-LE-BUISSON (91370), comm. de l'Essonne ; 15 791 h. Laboratoires de recherche.

VERROCCHIO (Andrea **di Cione,** dit **il**), sculpteur, peintre et orfèvre italien (Florence 1435 - Venise 1488). À partir de 1465, il dirigea à Florence un important atelier, rival de celui des Pollaiolo. Sa statue équestre du condottiere B. Colleoni à Venise, fondue après sa mort, est célèbre. Léonard de Vinci fut son élève.

VERSAILLES (78000), ch.-l. du dép. des Yvelines, à 14 km au sud-ouest de Paris ; 91 029 h. *(Versaillais).* Évêché. Cour d'appel. Académie. Écoles nationales supérieures d'horticulture et du paysage. École supérieure technique du génie. Armement. — Le palais royal, dû à la volonté de Louis XIV, construit par Le Vau, D'Orbay, J. H.-Mansart, puis J. A. Gabriel, et décoré initialement sous la direction de Le Brun, fut l'un des foyers de l'art classique français. Ses jardins et ses plans d'eau, dessinés par Le Nôtre, furent enrichis de toute une statuaire élaborée sous la direction de Coyzevox et de Girardon. Le château comporte, outre ses appartements des XVIIe et XVIIIe s., un musée de peintures et de sculptures relatives à l'histoire de France et un centre de musique baroque. Dans le parc se trouvent le Grand et le Petit Trianon*. Sur la place d'Armes donnent les Grandes et Petites Écuries. Dans la ville, cathédrale St-Louis et église Notre-Dame, nombreux hôtels particuliers des XVIIe et XVIIIe s. — C'est à Versailles, devenue cité royale à partir de 1662, que fut signé, en 1783, le traité qui mettait fin à la guerre d'Amérique. Dans le palais, transformé par Louis-Philippe en musée (1837), l'Empire allemand fut proclamé (18 janv. 1871), et l'Assemblée nationale puis le Parlement français siégèrent de 1871 à 1879.

Versailles *(traité de)* [28 juin 1919], traité qui mit fin à la Première Guerre mondiale, conclu entre la France, ses alliés et l'Allemagne. Ses principales clauses étaient : la restitution de l'Alsace-Lorraine à la France ; l'administration de la Sarre par la S. D. N. ; l'organisation d'un plébiscite au Slesvig et en Silésie ; la création du « couloir de Dantzig » donnant à la Pologne un accès à la mer ; le versement par l'Allemagne de 20 milliards de marks-or au titre des réparations.

VERSEAU (le), constellation zodiacale. — Onzième signe du zodiaque, que le Soleil traverse du 20 janvier au 19 février.

VERT *(cap),* promontoire de la côte du Sénégal, le plus occidental de l'Afrique.

VERTAIZON (63910), ch.-l. de c. du Puy-de-Dôme ; 2 295 h.

VERTOLAYE (63480), comm. du Puy-de-Dôme, près d'Ambert ; 617 h. Industrie pharmaceutique.

Versailles : façade principale du château sur les jardins.

VERTOU (44120), ch.-l. de c. de la Loire-Atlantique, sur la Sèvre Nantaise ; 18 538 h. Vins. Agroalimentaire.

VERTOV (Denis Arkadevitch **Kaufman,** dit **Dziga**), cinéaste soviétique (Białystok 1895 - Moscou 1954). Il fut l'un des grands pionniers du documentaire, prônant un cinéma qui saisit « la vie à l'improviste », le « ciné-œil », (Kino-Glaz) : *Soviet en avant* (1926), *l'Homme à la caméra* (1929), *Trois Chants sur Lénine* (1934).

Verts (les), nom de plusieurs partis écologistes de l'Europe occidentale (en Allemagne [*Die Grünen*], parti fondé en 1980 ; en France, parti fondé en 1984).

VERTUMNE, dieu peut-être d'origine étrusque ou italique, protecteur de la végétation, et particulièrement des arbres fruitiers.

VERTUS [-ty] (51130), ch.-l. de c. de la Marne ; 2 556 h. Vins de Champagne. Église du XIIe s.

VERUS (Lucius) [Rome 130-169], empereur romain (161-169). Associé à l'empire par Marc Aurèle, il conduisit victorieusement la campagne contre les Parthes (161-166).

VERVIERS, v. de Belgique, ch.-l. d'arr. de la prov. de Liège, sur la Vesdre ; 53 482 h. Centre industriel. Monuments des XVIe-XIXe s. Musées.

VERVINS (02140), ch.-l. d'arr. de l'Aisne, anc. cap. de la Thiérache ; 2 923 h. *(Vervinois).* Église des XIIIe-XVIe s. Le 2 mai 1598, Henri IV et Philippe II y signèrent un traité qui mit fin à la guerre franco-espagnole.

VERZY (51380), ch.-l. de c. de la Marne ; 997 h. Vignobles.

VESAAS (Tarjei), écrivain norvégien (Ytre Vinje 1897 - Oslo 1970). Poète, auteur dramatique, il peint dans ses romans la vie paysanne (*le Grand Jeu,* 1934), puis évolue vers un mysticisme allégorique (*Kimen,* 1940) et lyrique (*les Oiseaux,* 1957 ; *les Ponts,* 1966).

VÉSALE (André), en néerl. **Andries Van Wesel,** anatomiste flamand (Bruxelles 1514 ou 1515 - île de Zante 1564). Il fut un des premiers à pratiquer la dissection du corps humain et attaqua les opinions traditionnelles de Galien.

VESCOVATO (20215), ch.-l. de c. de la Haute-Corse ; 2 344 h.

VÉSINET (Le) [78110], ch.-l. de c. des Yvelines ; 16 110 h. *(Vésinettois* ou *Vésigondins).*

VESLE [vɛl] (la), riv. de Champagne, qui passe à Reims et rejoint l'Aisne (r. g.) ; 143 km.

VESOUL (70000), ch.-l. du dép. de la Haute-Saône, sur le Durgeon, à 362 km au sud-est de Paris ; 19 404 h. *(Vésuliens).* Constructions mécaniques. Église du XVIIIe s.

VESPASIEN, en lat. **Titus Flavius Vespasianus** (près de Reate, auj. Rieti, 9 - Aquae Cutiliae, Sabine, 79), empereur romain (69-79). Son règne mit fin à la guerre civile qui avait suivi la mort de Néron. Issu de la bourgeoisie italienne, énergique et de mœurs simples, il pacifia la Judée, mit de l'ordre dans l'administration, rétablit les finances, commença la construction du Colisée, ou « amphithéâtre flavien », et reconstruisit le Capitole. Il réprima le soulèvement gaulois, envoya Agricola en Bretagne et entreprit la conquête des champs Décumates. Il affaiblit l'opposition de l'aristocratie en favorisant l'entrée des provinciaux au sénat. Il instaura le système de la succession héréditaire en faveur de ses fils Titus et Domitien, qui formèrent avec lui la dynastie des Flaviens.

VESPUCCI (Amerigo), en fr. **Améric Vespuce,** navigateur italien (Florence 1454 - Séville 1512). Il fit plusieurs voyages au Nouveau Monde. Le géographe Waldseemüller lui attribua la découverte du Nouveau Continent, désigné d'après son prénom.

VESTA, déesse romaine du Foyer, de l'État ou des Particuliers, dont le culte était desservi par le collège des vestales.

VESTDIJK (Simon), écrivain néerlandais (Harlingen 1898 - Utrecht 1971), célèbre pour ses romans psychologiques (*Anton Wachter,* 1934-1960) et historiques (*le Cinquième Sceau,* 1937).

VESTERÅLEN, archipel norvégien, au nord des îles Lofoten ; 35 000 h.

VESTMANNAEYJAR, archipel volcanique au large de la côte sud de l'Islande.

VESTRIS (Gaétan), danseur d'origine italienne (Florence 1729 - Paris 1808), surnommé *le Dieu de la danse.* Lui et son fils **Auguste** (Paris 1760 - *id.* 1842) furent attachés à l'Opéra de Paris.

VÉSUBIE (la), riv. des Alpes-Maritimes, affl. du Var (r. g.) ; 48 km. Gorges pittoresques.

VÉSUVE (le), en ital. **Vesuvio,** volcan actif, de 1 277 m de hauteur, à 8 km au sud-est de Naples. L'éruption de l'an 79 apr. J.-C. ensevelit Herculanum, Pompéi et Stabies.

VESZPRÉM, v. de Hongrie, près du lac Balaton ; 63 867 h. Monuments médiévaux et urbanisme du XVIIIe s.

VEUILLOT (Louis), journaliste et écrivain français (Boynes, Loiret, 1813 - Paris 1883). Rédacteur en chef (1848) de *l'Univers,* il fit de ce journal l'organe du catholicisme ultramontain et intransigeant.

VEURNE, en fr. **Furnes,** v. de Belgique, ch.-l. d'arr. de la Flandre-Occidentale ; 11 175 h. Grand-Place des XVe-XVIIe s., deux églises médiévales.

VEVEY, v. de Suisse (Vaud), sur le lac Léman ; 15 968 h. Centre touristique et industriel. Temple St-Martin, remontant aux XIIe et XVe s., et autres monuments.

VEXIN, pays de l'anc. France, entre le pays de Bray, la Seine et l'Oise, divisé par l'Epte en un *Vexin normand,* à l'ouest, et en un *Vexin français* (parc naturel régional, couvrant plus de 65 000 ha), à l'est. Constitué de plateaux calcaires, souvent limoneux, le Vexin est une riche région agricole.

VEYNE (Paul), historien français (Aix-en-Provence 1930), auteur d'ouvrages théoriques (*Comment on écrit l'histoire,* 1971) et de recherches sur la culture antique (*le Pain et le Cirque,* 1976 ; *Les Grecs ont-ils cru à leurs mythes ?,* 1983).

VEYNES (05400), ch.-l. de c. des Hautes-Alpes ; 3 295 h.

VEYRE-MONTON (63960), ch.-l. de c. du Puy-de-Dôme ; 3 406 h.

VÉZELAY (89450), ch.-l. de c. de l'Yonne ; 575 h. Remarquable basilique romane de la Madeleine, anc. abbatiale (sculptures des baies intérieures du narthex, apr. 1120 ; chœur gothique). C'est là que saint Bernard prêcha la deuxième croisade, le 31 mars 1146.

Vézelay :
portail central intérieur (apr. 1120)
de la basilique de la Madeleine.

VÉZELISE (54330), ch.-l. de c. de Meurthe-et-Moselle ; 1 397 h. Église des XVe-XVIe s. et autres monuments.

VÉZÉNOBRES (30360), ch.-l. de c. du Gard ; 1 391 h. Vestiges féodaux et maisons anciennes.

VÉZÈRE (la), affl. de la Dordogne (r. dr.), née sur le plateau de Millevaches ; 192 km. Sur ses bords, stations préhistoriques des Eyzies, de La Madeleine, etc. Gorges.

VIALA (Joseph Agricol), jeune patriote français (Avignon 1780 - près d'Avignon 1793), tué en défendant le passage de la Durance aux royalistes. Son héroïsme a été célébré par M. J. Chénier dans *le Chant du départ.*

VIAN (Boris), écrivain français (Ville-d'Avray 1920 - Paris 1959). Ingénieur, trompettiste de jazz, il fut une figure du Saint-Germain-des-Prés de l'après-guerre. Il a publié des poèmes *(Cantilènes en gelée),* des romans *(l'Automne à Pékin, l'Écume des jours)* et des pièces de théâtre qui tiennent à la fois de l'humour et de l'absurde.

VIANDEN, ch.-l. de c. du Luxembourg ; 1 471 h. Centrale hydroélectrique sur l'Our. Puissant château, ruiné, remontant à 1096.

VIANNET (Louis), syndicaliste français (Vienne, Isère, 1933). Membre du parti communiste, il est secrétaire général de la C. G. T. depuis 1992.

VIANNEY (Jean-Marie), curé d'Ars → ***Jean-Marie Vianney*** *(saint).*

VIARDOT-GARCÍA (Pauline), cantatrice française (Paris 1821 - *id.* 1910), sœur de la Malibran. Elle créa des opéras de Gounod et de Meyerbeer.

VIAREGGIO, station balnéaire d'Italie (Toscane), sur la côte tyrrhénienne ; 57 099 h.

VIARMES (95270), ch.-l. de c. du Val-d'Oise ; 4 329 h. Église des XIIe-XVIe s.

VIATKA, de 1934 à 1991 **Kirov,** v. de Russie, sur la *Viatka* ; 441 000 h. Métallurgie.

VIATKA (la), riv. de Russie, qui passe à Viatka, affl. de la Kama (r. dr.) ; 1 314 km.

VIAU (Théophile **de**), poète français (Clairac 1590 - Paris 1626). Libertin, poursuivi par les jésuites, il est l'auteur de poésies lyriques qui révèlent son opposition à la conception malherbienne de l'art (*le Parnasse des poètes satyriques,* 1622).

VIAUR (le), riv. du Massif central, affl. de l'Aveyron (r. g.) ; 155 km. Il est franchi par un grand viaduc qui le domine de 120 m et sur lequel passe la voie ferrée allant de Rodez à Albi.

VIBRAYE [vibrɛ] (72320), ch.-l. de c. de la Sarthe ; 2 618 h. Forêt. Produits pharmaceutiques.

VIC, étang littoral de l'Hérault, au S. de Montpellier ; environ 1 300 ha.

VICAT (Louis), ingénieur français (Nevers 1786 - Grenoble 1861). Spécialiste de l'étude des chaux et des mortiers, il détermina la composition des ciments naturels et indiqua le moyen d'en fabriquer d'artificiels.

VIC-BILH, petite région du nord-est des Pyrénées-Atlantiques. Pétrole.

VIC-EN-BIGORRE (65500), ch.-l. de c. des Hautes-Pyrénées ; 5 351 h.

VICENCE, v. d'Italie (Vénétie), ch.-l. de prov. ; 107 076 h. Églises et palais surtout du XIIe au XVIe s. ; édifices de Palladio, dont le palais Chiericati (musée) et la villa *la Rotonda**.

VICENTE (Gil), auteur dramatique portugais (Guimarães v. 1465 - v. 1537). Il écrivit également en espagnol. Ses pièces sont tantôt d'esprit aristocratique *(l'Exhortation à la guerre),* tantôt de caractère populaire *(Inês Pereira),* tantôt d'inspiration religieuse (*la Trilogie des barques,* 1516-1519).

VIC-FEZENSAC (32190), ch.-l. de c. du Gers ; 3 741 h. Eaux-de-vie.

VICHY (03200), ch.-l. d'arr. de l'Allier, sur l'Allier ; 28 048 h. *(Vichyssois).* Station thermale (maladies du foie et des voies biliaires, de l'estomac et de l'intestin). Cosmétiques.

Vichy *(gouvernement de)* [juill. 1940 - août 1944], gouvernement établi à Vichy sous la direction du maréchal Pétain et qui constitua le régime de la France au temps de l'occupation allemande. Président du Conseil depuis le 16 juin 1940, le maréchal Pétain, après avoir demandé l'armistice, signé le 22 juin, devint, par un vote de l'Assemblée nationale, chef de l'État français (juill.). Il instaura, sous la devise « Travail, Famille, Patrie » et l'emblème de la francisque, un régime autoritaire, corporatiste, antisémite et anticommuniste (la « Révolution nationale ») qui pratiqua dès l'automne de 1940 une politique de collaboration avec l'Allemagne. Après l'invasion de la zone libre par les Allemands (nov. 1942), le régime, de plus en plus inféodé à l'occupant, ne cessa de perdre du crédit auprès

Vespasien (musée du Capitole, Rome)

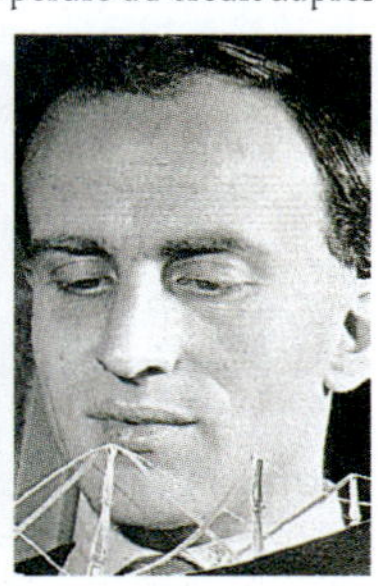

Boris **Vian**

des Français. La Libération entraîna son effondrement, tandis que le maréchal Pétain et le chef du gouvernement, Pierre Laval, étaient transférés en Allemagne.

VICKSBURG, v. des États-Unis (Mississippi), sur le Mississippi ; 25 434 h. Place sudiste pendant la guerre de Sécession, Vicksburg capitula en 1863.

VIC-LE-COMTE (63270), ch.-l. de c. du Puy-de-Dôme ; 4 175 h. Sainte-chapelle de 1510, chœur de l'actuelle église.

VICO (Giambattista), historien et philosophe italien (Naples 1668 - *id.* 1744). Ses *Principes de la philosophie de l'histoire* (1725) distinguent dans l'histoire cyclique de chaque peuple trois âges : l'âge divin, l'âge héroïque et l'âge humain.

VICQ D'AZYR (Félix), médecin français (Valognes 1748 - Paris 1794), auteur des premiers travaux d'anatomie comparée. (Acad. fr.)

VIC-SUR-AISNE (02290), ch.-l. de c. de l'Aisne ; 1 784 h. Agroalimentaire.

VIC-SUR-CÈRE (15800), ch.-l. de c. du Cantal ; 2 043 h. Eaux minérales. Maisons anciennes.

VIC-SUR-SEILLE (57170), ch.-l. de c. de la Moselle ; 1 534 h. Église surtout des XVe-XVIe s. et autres témoignages du passé.

Victoire de Samothrace, marbre hellénistique (Louvre), du début du IIe s. av. J.-C., commémorant une victoire navale de Démétrios Ier Poliorcète et représentant une femme ailée posée sur une proue de galère : l'un des fougueux chefs-d'œuvre de l'art grec finissant.

VICTOR II (Gebhard, *comte* **de Dollnstein-Hirschberg**) [m. à Arezzo en 1057], pape de 1055 à 1057. Il défendit la cause de l'Empire contre les Normands. — **Victor III** *(bienheureux)* [Desiderio **da Montecassino**] (Bénévent v. 1027 - Mont-Cassin 1087), élu pape en 1086 et sacré en 1087. Il poursuivit l'œuvre réformatrice de Grégoire VII.

VICTOR (Claude **Perrin,** dit), *duc* **de Bellune,** maréchal de France (Lamarche, Vosges, 1764 - Paris 1841). Il se distingua à Friedland (1807) et pendant la campagne de France (1814). Il fut ministre de la Guerre de Louis XVIII (1821-1823).

VICTOR (Paul-Émile), explorateur français (Genève 1907 - Bora Bora 1995). Il a dirigé de nombreuses expéditions au Groenland, en Laponie et en terre Adélie et a créé en 1947 les Expéditions polaires françaises.

VICTOR-AMÉDÉE Ier (Turin 1587 - Verceil 1637), duc de Savoie de 1630 à 1637, époux de Christine de France, fille d'Henri IV. — **Victor-Amédée II** (Turin 1666 - Rivoli 1732), duc de Savoie en 1675, roi de Sicile (1713), puis de Sardaigne (1720). Il abdiqua en 1730, tenta de reprendre le pouvoir et finit ses jours dans une forteresse. — **Victor-Amédée III** (Turin 1726 - Moncalieri 1796), roi de Sardaigne de 1773 à 1796. Il lutta contre la Révolution française, qui lui imposa le traité de Paris et lui enleva la Savoie et Nice (1796).

VICTOR-EMMANUEL Ier (Turin 1759 - Moncalieri 1824), roi de Sardaigne de 1802 à 1821. Les traités de 1815 lui rendirent tous ses États, mais l'insurrection de 1821 l'obligea à abdiquer. — **Victor-Emmanuel II** (Turin 1820 - Rome 1878), roi de Sardaigne (1849), puis roi d'Italie (1861), fils de Charles-Albert, qui abdiqua en sa faveur. Il fut l'allié de la France contre l'Autriche (1859) et le véritable créateur, avec son ministre Cavour, de l'unité italienne. Il dut céder à la France la Savoie et Nice (1860). — **Victor-Emmanuel III** (Naples 1869 - Alexandrie, Égypte, 1947), roi d'Italie (1900-1946), empereur d'Éthiopie (1936) et roi d'Albanie (1939). Fils d'Humbert Ier, il laissa, de 1922 à 1943, le pouvoir réel à Mussolini, favorisant ainsi le développement du fascisme en Italie. En 1943, il fit arrêter Mussolini mais il ne put rallier les partis politiques. Il nomma alors son fils Humbert (II) lieutenant général avant d'abdiquer (1946) et de s'exiler.

VICTORIA, État du sud-est de l'Australie ; 228 000 km² ; 4 243 719 h. Cap. *Melbourne.*

VICTORIA, grande île de l'archipel arctique canadien (Territoires du Nord-Ouest) ; 212 000 km².

VICTORIA, port du Canada, cap. de la Colombie-Britannique, dans l'île Vancouver ; 71 228 h. (262 223 h. dans l'agglomération). Université.

VICTORIA, cap. de Hongkong ; 675 000 h. Métallurgie et textile.

VICTORIA *(chutes),* chutes du Zambèze, hautes de 108 m, aux confins du Zimbabwe et de la Zambie.

VICTORIA *(lac),* anc. **Victoria Nyanza,** grand lac de l'Afrique équatoriale, d'où sort le Nil ; 68 100 km².

VICTORIA Ire (Londres 1819 - Osborne, île de Wight, 1901), reine de Grande-Bretagne et d'Irlande (1837-1901) et impératrice des Indes (1876-1901), petite-fille de George III. Elle accéda au trône après la mort de son oncle Guillaume IV. En 1840, elle épousa Albert de Saxe-Cobourg-Gotha (m. en 1861). Dernier souverain à marquer de son empreinte personnelle la vie politique, elle restaura le prestige monarchique, l'« ère victorienne » correspondant au sommet de la puissance britannique. En 1876, Disraeli la fit couronner impératrice des Indes.

VICTORIA (Tomás Luis **de**), compositeur espagnol (Ávila 1548 - Madrid 1611). Il vécut une grande partie de sa vie à Rome, où il professait au collège germanique. Il fut un des plus grands maîtres de la polyphonie religieuse (messes, motets, *Officium defunctorum*).

Victoria and Albert Museum, riche musée londonien d'arts décoratifs et de beaux-arts, fondé sous sa première forme en 1852 et installé en 1909 dans un édifice neuf du quartier de South Kensington.

Victoria Cross, la plus haute distinction militaire britannique, créée en 1856.

VICTORIAVILLE, v. du Canada (Québec), dans les cantons de l'Est ; 21 495 h.

VIDAL DE LA BLACHE (Paul), géographe français (Pézenas 1845 - Tamaris, Var, 1918). Véritable fondateur de l'école géographique française, il a étudié les rapports entre éléments naturels et humains. Auteur d'un *Tableau de la géographie de la France* (1903), il conçut une grande *Géographie universelle.*

VIDIE (Lucien), mécanicien français (Nantes 1805 - Paris 1866). En 1844, il inventa le baromètre anéroïde.

VIDOCQ (François), aventurier français (Arras 1775 - Paris 1857). Ancien bagnard, il fut chef de la brigade de sûreté, recrutée parmi les forçats libérés. Balzac s'est inspiré de lui pour le personnage de Vautrin.

VIDOR (King), cinéaste américain (Galveston 1894 - Pablo Robles 1982). Son œuvre abondante témoigne d'un lyrisme et d'une vigueur épique : *la Foule* (1928), *Hallelujah !* (1929), *Notre pain quotidien* (1934), *Duel au soleil* (1947).

VIDOURLE (le), fl. côtier du bas Languedoc, aux crues très fortes ; 85 km.

vie dévote *(Introduction à la),* ouvrage de saint François de Sales (écrit en 1604 et publié en 1609), traité de direction spirituelle adressé aux gens du monde.

VIEDMA, v. d'Argentine, sur le río Negro, qui doit être le site de la nouvelle capitale du pays ; 24 000 h.

vie est un songe (La), drame de Calderón (v. 1635), histoire d'un prince qui s'abandonne à ses passions et s'amende ensuite.

VIEIL-ARMAND (le) → ***Hartmannswillerkopf.***

Vieil Homme et la mer (le), roman de Hemingway (1952) : un corps à corps entre un vieux pêcheur et un espadon, qui illustre la conception, chère à l'auteur, de la lutte solitaire pour la vie et des fausses victoires de l'homme sur le destin.

Victor-Emmanuel II (musée du Risorgimento, Macerata)

Victoria Ire (v. 1870)

VIEILLE (Paul), ingénieur français (Paris 1854 - *id.* 1934). On lui doit l'invention des poudres B (1884) ainsi que de nombreuses recherches sur les ondes de choc (1898-99).

VIEILLEVILLE (François **de Scepeaux,** *seigneur* **de**), *comte* **de Durtal,** maréchal de France (1510 - Durtal, Maine-et-Loire, 1571). Il participa aux expéditions d'Italie, joua un rôle militaire et diplomatique sous Henri II puis Charles IX, et lutta contre les protestants pendant les trois premières guerres de Religion.

VIEIRA (António), écrivain et homme politique portugais (Lisbonne 1608 - Bahia 1697), jésuite, défenseur des Indiens, l'un des classiques de la prose portugaise *(Sermons, Correspondance).*

VIEIRA DA SILVA (Maria Elena), peintre français d'origine portugaise (Lisbonne 1908 - Paris 1992). Son graphisme aigu et ses perspectives disloquées engendrent un espace frémissant, souvent labyrinthique.

VIELÉ-GRIFFIN (Francis), poète français d'origine américaine (Norfolk, Virginie, 1864 - Bergerac 1937), d'inspiration symboliste *(Voix d'Ionie).*

VIELLA, v. d'Espagne (Catalogne), ch.-l. du Val d'Aran ; 3 109 h. Tunnel routier long de 5 km sous le *col de Viella.*

VIELMUR-SUR-AGOUT (81570), ch.-l. de c. du Tarn ; 1 001 h.

VIEN (Joseph Marie), peintre français (Montpellier 1716 - Paris 1809), un des initiateurs du néoclassicisme.

VIENNE (la), affl. de la Loire (r. g.), né sur le plateau de Millevaches, qui passe à Limoges, Châtellerault et Chinon ; 350 km (bassin de plus de 20 000 km²).

VIENNE (38200), ch.-l. d'arr. de l'Isère, sur le Rhône ; 30 386 h. *(Viennois).* Constructions électriques. Chimie. Vestiges gallo-romains (temple d'Auguste et de Livie, grand théâtre, etc.). Églises médiévales, dont St-Pierre (VIe et IXe-XIIe s.), auj. musée lapidaire antique, et St-Maurice (XIIe-XVIe s.), anc. cathédrale.

VIENNE, en all. **Wien,** cap. de l'Autriche, sur le Danube ; 1 512 000 h. *(Viennois).* Université. Centre administratif, culturel et commercial. — Cathédrale reconstruite aux XIVe-XVIe s. Nombreux édifices baroques, dus notamment à J. B. Fischer von Erlach et à Hildebrandt. Œuvres d'O. Wagner et de ses élèves. Nombreux musées, dont le Kunsthistorisches* Museum, l'Albertina* et, dans les deux palais du *Belvédère,* le musée du Baroque et la galerie d'Art autrichien des XIXe-XXe s. (œuvres de Klimt, Kokoschka et autres artistes de l'école de Vienne). — Forteresse romaine à la frontière de la Pannonie, la ville se développa au Moyen Âge. Résidence des empereurs du Saint Empire (la plupart du temps après 1438, définitivement à partir de 1611), elle fut assiégée par les Turcs (1529, 1683). De nombreux traités y furent signés, notamm. ceux de 1738 et de 1864 qui mirent fin à la guerre de la Succession de Pologne et à la guerre des Duchés. À son apogée, au XIXe s., elle fut la première ville germanique. De 1945 à 1955, elle fut divisée en quatre secteurs d'occupation alliés.

Vienne : le Burgtheater (Semper et Hasenauer, 1874-1888), sur le Ring (boulevard enserrant la vieille ville).

VIENNE (**86**), dép. de la Région Poitou-Charentes ; ch.-l. de dép. *Poitiers ;* ch.-l. d'arr. *Châtellerault, Montmorillon ;* 3 arr., 38 cant., 281 comm. ; 6 990 km² ; 380 005 h. Le dép. est rattaché à l'académie et à la cour d'appel de Poitiers, à la région militaire Atlantique. La majeure partie du dép. s'étend sur les plaines du haut Poitou (ou seuil du Poitou), où l'économie rurale varie avec la nature des sols : élevage (bovins, porcs) sur les terres de brandes, améliorées, du sud-est ; cultures céréalières et fourragères, localement vigne, à l'ouest du Clain, où affleurent les calcaires ; céréales et élevage bovin dans le nord. L'industrie est représentée par la petite métallurgie, quelques constructions électriques, le travail du bois, et se localise surtout à Châtellerault et à Poitiers desservies par autoroute.

Vienne *(cercle de),* groupe d'intellectuels d'entre les deux guerres, qui se donnèrent comme mission la constitution d'un savoir organisé à partir des découvertes de la science et formalisé selon les vues de Russell et de Wittgenstein. Ses principaux membres furent les physiciens M. Schlick et Ph. Frank, le mathématicien H. Hahn, les logiciens K. Gödel et R. Carnap, l'économiste O. Neurath.

Vienne *(congrès de)* [1814-15], congrès qui réorganisa l'Europe après la chute de Napoléon Ier, selon les principes du droit monarchique et de l'équilibre européen défendus par les quatre vainqueurs et leurs représentants : Autriche (Metternich), Russie (Nesselrode), Grande-Bretagne (Castlereagh), Prusse (Hardenberg).

VIENNE (HAUTE-) [**87**], dép. de la Région Limousin ; ch.-l. de dép. *Limoges ;* ch.-l. d'arr. *Bellac, Rochechouart ;* 3 arr., 42 cant., 201 comm. ; 5 520 km² ; 353 593 h. Le dép. est rattaché à l'académie et à la cour d'appel de Limoges, à la région militaire Atlantique. Il s'étend sur la majeure partie du Limousin, formé ici de lourds plateaux, entaillés par des vallées profondes (Vienne, Gartempe). L'amélioration des communications de la région, longtemps isolée, a permis l'essor d'un important élevage bovin, pour la viande, favorisé par l'humidité du climat et l'extension des prairies naturelles. En dehors des branches extractives (gisements d'uranium), l'industrie est représentée principalement par la porcelaine (née de la présence du kaolin à Saint-Yrieix), les constructions mécaniques, le travail du cuir, la papeterie. Elle se localise essentiellement à Limoges, dont l'agglomération groupe la moitié de la population totale du département.

VIENNE (Jean **de**), amiral de France (v. 1341 - Nicopolis 1396). Il se distingua pendant la guerre de Cent Ans, organisa la marine de Charles V et mourut en combattant les Turcs.

VIENNOISE (la), diocèse de la Gaule romaine, qui s'étendait de l'Aquitaine aux Alpes ; cap. *Vienne.*

VIENTIANE, cap. du Laos, sur le Mékong ; 377 000 h.

VIERGE (la), constellation zodiacale située de part et d'autre de l'équateur céleste. — Sixième signe du zodiaque, que le Soleil quitte à l'équinoxe d'automne.

Vierge aux rochers (la), célèbre tableau d'autel de Léonard de Vinci (huile sur toile), entrepris v. 1482-83 et dont il existe deux versions autographes, au Louvre (coll. de François Ier) et à la National Gallery de Londres. *(V. illustration p. 1746.)*

Vierge de Vladimir, icône du XIIe s. (Moscou, galerie Tretiakov), chef-d'œuvre de l'art byzantin, ramenée de Constantinople par un prince russe et offerte à la cathédrale de Vladimir ; elle a été à l'origine de toutes les variantes d'icônes dites « Vierge de tendresse ». *(V. illustration p. 1746.)*

VIERGES *(îles),* en angl. **Virgin Islands,** archipel des Petites Antilles, partagé entre la Grande-Bretagne (*Tortola, Anegada, Virgin Gorda,* etc.) et les États-Unis *(Saint Thomas, Sainte-Croix* et *Saint John).*

VIERNE (Louis), compositeur et organiste français (Poitiers 1870 - Paris 1937). Organiste de Notre-Dame de Paris (1900-1937), il a écrit 6 symphonies, *Vingt-Quatre Pièces en style libre*

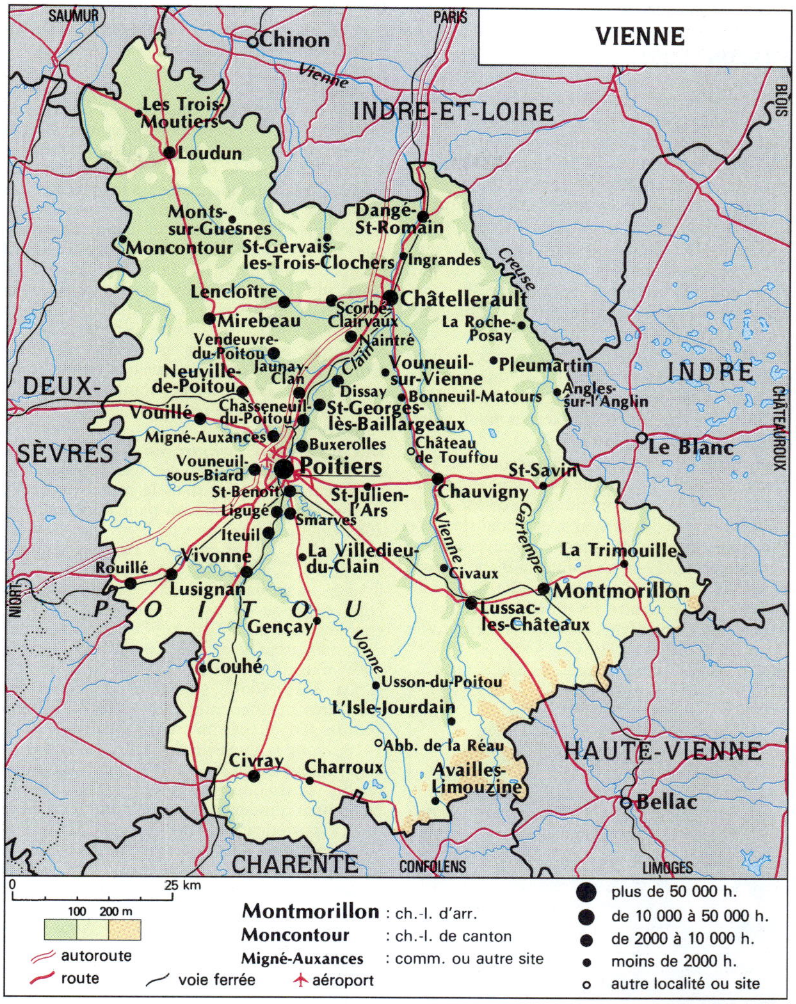

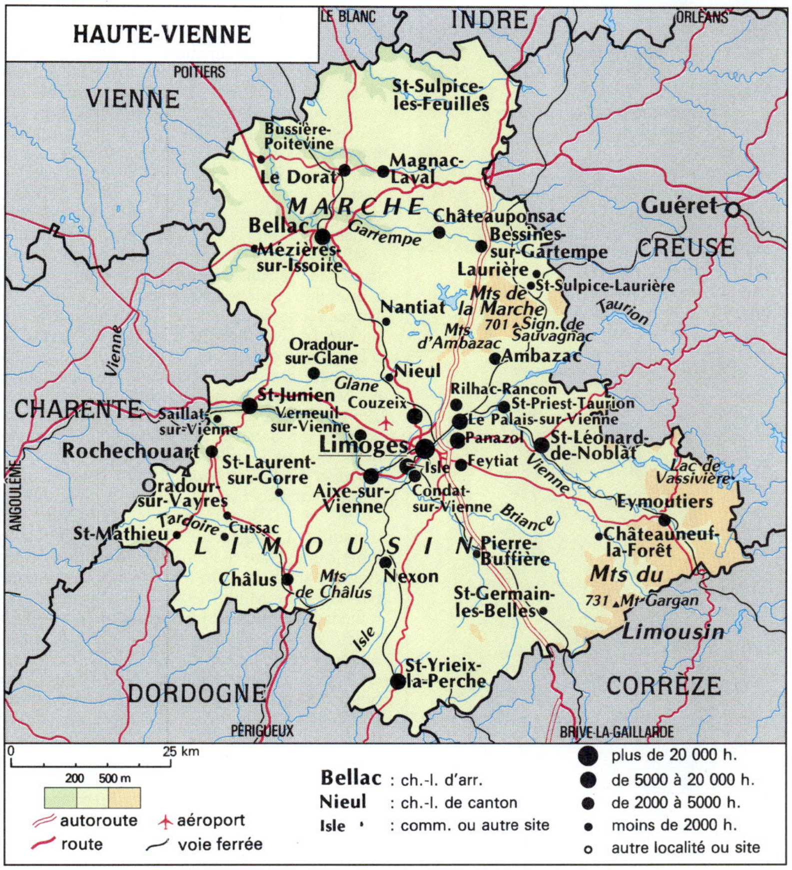

(1913), 4 suites de *Pièces de fantaisie* (1926-27), mais fut également un improvisateur réputé.

VIERZON (18100), ch.-l. d'arr. du Cher, sur le Cher ; 32 900 h. *(Vierzonnais).* Centre ferroviaire et industriel (constructions mécaniques). Église des XIIe et XVe s.

Vies parallèles (communément *Vies des hommes illustres*), par Plutarque (Ier s. apr. J.-C.), récits biographiques consacrés aux grands hommes de la Grèce et de Rome, et groupés deux par deux (Démosthène-Cicéron, Alexandre-César, etc.).

Viêt-cong (du vietnamien *Viêt*-nam et *công*-san, rouge), nom donné pendant la guerre du Viêt Nam aux communistes et à leurs alliés regroupés en 1960 dans le Front national de libération du Viêt Nam du Sud.

VIÈTE (François), mathématicien français (Fontenay-le-Comte 1540 - Paris 1603). Il fit faire un pas important vers la symbolisation en algèbre en introduisant l'usage des lettres pour représenter les quantités inconnues.

Viêt-minh (Front de l'indépendance du Viêt Nam), formation politique vietnamienne, issue en 1941 de la réunion du parti communiste indochinois et d'éléments nationalistes. Le Viêt-minh dirigea le premier gouvernement vietnamien en 1945, et composa d'abord avec la France (1946), avant de prendre la tête de la lutte armée contre les forces françaises et leurs alliés vietnamiens. Il s'imposa dans le Viêt Nam du Nord avec Hô Chi Minh.

La Vierge aux rochers,
par Léonard de Vinci.
(Version du Louvre, Paris.)

Vierge de Vladimir,
icône du XIIe s.
(Galerie Tretiakov, Moscou.)

VIÊT NAM ou **VIETNAM,** État de l'Asie du Sud-Est ; 335 000 km^2 ; 71 800 000 h. *(Vietnamiens).* CAP. *Hanoi.* LANGUE : *vietnamien.* MONNAIE : *dông.*

GÉOGRAPHIE

Au S. du tropique, dans ce pays étiré sur 1 400 km, la population proprement vietnamienne se concentre dans les plaines : delta du Tonkin, créé par le fleuve Rouge, et delta du Mékong, correspondant essentiellement à la Cochinchine, notamment. Entre les deux, les plateaux de la Cordillère annamitique isolent quelques plaines littorales. Des minorités ethniques occupent, faiblement, les régions montagneuses. L'agriculture domine toujours avec le riz pour base de l'alimentation, et quelques plantations (thé, caoutchouc). L'industrie dispose de peu de ressources minérales et est sous-développée. L'urbanisation a progressé avec la rapide croissance démographique. L'économie, ruinée par la guerre, a du mal à se redresser.

HISTOIRE

Des origines à l'empire du Viêt Nam. Au néolithique, le brassage des Muong, des Viêt et d'éléments chinois dans le bassin du fleuve Rouge donne naissance au peuple vietnamien. 208 av. J.-C. : le royaume du Nam Viêt est créé. 111 av. J.-C. : il est annexé à l'Empire chinois. 939 apr. J.-C. : Ngô Quyên fonde la première dynastie nationale. 968-980 : la dynastie des Dinh règne sur le pays, appelé Dai Cô Viêt, encore vassal de la Chine. 980-1225 : sous les dynasties impériales des Lê antérieurs (980-1009) puis des Ly (1010-1225), le pays, devenu le Dai Viêt (1054), s'organise et adopte des structures mandarinales et féodales. Il s'étend vers le sud au détriment du Champa. 1225-1413 : sous la dynastie des Trân, les Mongols sont repoussés (1257, 1287), mais la Chine rétablit sa domination (1406). 1428 : Lê Loi reconquiert l'indépendance et fonde la dynastie des Lê postérieurs (1428-1789). 1471 : le Dai Viêt remporte une victoire décisive sur le Champa. XVIe-XVIIe s. : les clans seigneuriaux rivaux, Mac, Nguyên (qui gouvernent le Sud) et Trinh (qui dominent le Nord), s'affrontent. Le catholicisme se répand grâce à l'œuvre des jésuites et des missions françaises. 1773-1792 : les trois frères Tây Son dirigent la révolte contre les Nguyên et les Trinh. 1802-1820 : Gialong fonde la dynastie des Nguyên (1802-1945) et unifie le pays, qui devient l'empire du Viêt Nam.

La domination française. 1859-1883 : la France conquiert la Cochinchine, qu'elle érige en colonie, et impose son protectorat à l'Annam et au Tonkin. 1885 : la Chine reconnaît ces conquêtes au traité de Tianjin. 1885-1896 : un soulèvement nationaliste agite le pays, qui est intégré à l'Union indochinoise, formée par la France en 1887. 1930 : Hô Chi Minh crée le parti communiste indochinois. 1932 : Bao Dai devient empereur. 1941 : le Front de l'indépendance du Viêt Nam (Viêt-minh) est fondé. 1945 : le coup de force japonais met fin à l'autorité française : Bao Dai abdique et une république indépendante est proclamée. La France reconnaît le nouvel État mais refuse d'y inclure la Cochinchine. 1946-1954 : la guerre d'Indochine oppose au Viêt-minh la France, qui a rappelé Bao Dai et reconnu l'indépendance du Viêt Nam au sein de l'Union française. 1954 : la perte de Diên Biên Phu conduit aux accords de Genève, qui partagent le pays en deux suivant le 17e parallèle.

Nord et Sud Viêt Nam. 1955 : dans le Sud, l'empereur Bao Dai est déposé par Ngô Dinh Diêm, et la République du Viêt Nam est instaurée à Saigon. Elle bénéficie de l'aide américaine. Dans le Nord, la République démocratique du Viêt Nam (cap. Hanoi) est dirigée par Hô Chi Minh. 1956 : les communistes rallient les opposants au régime de Ngô Dinh Diêm au sein du Viêt-cong. 1960 : le Front national de libération du Viêt Nam du Sud est créé. 1963 : l'assassinat de Ngô Dinh Diêm ouvre une période d'anarchie politique et de conflit entre bouddhistes et catholiques. 1964 : les États-Unis décident d'intervenir directement dans la guerre du Viêt Nam aux côtés des Sud-Vietnamiens. 1969 : à la mort d'Hô Chi Minh, Pham Van Dông devient Premier ministre et Lê Duan premier secrétaire du parti des travailleurs (communiste). 1973-1975 : en dépit des accords de Paris et du retrait américain, la guerre continue. 1975 : les troupes du Nord prennent Saigon.

Le Viêt Nam réunifié. 1976 : le Viêt Nam devient une république socialiste. Des milliers d'opposants tentent de fuir *(boat people),* tandis que se multiplient les « camps de rééducation ». 1978 : le Viêt Nam signe un traité d'amitié avec l'U. R. S. S. et envahit le Cambodge. 1979 : un conflit armé éclate avec la Chine. 1986 : Nguyên Van Linh remplace Lê Duan à la tête du parti. 1987 : Pham Hung succède au Premier ministre Pham Van Dông. 1988 : après le décès de Pham Hung, Do Muoi devient Premier ministre. 1989 : les troupes vietnamiennes se retirent totalement du Cambodge. 1991 : Do Muoi est nommé secrétaire général du parti tandis que Vo Van Kiet devient chef du gouvernement. La signature de l'accord de paix sur le Cambodge est suivie par la normalisation des relations avec la Chine. 1992 : une nouvelle Constitution est adoptée (avr.) ; l'Assemblée nationale, issue des élections de juillet, élit le général Lê Duc Anh à la tête de l'État et reconduit Vo Van Kiet à la tête du gouvernement. 1994 : l'embargo imposé par les États-Unis depuis 1975 est levé. 1995 : le Viêt Nam devient membre de l'ASEAN.

Viêt Nam *(guerre du),* conflit qui opposa de 1954 à 1975 le Viêt Nam du Nord au Viêt Nam du Sud. Après une période de guérilla marquée par l'infiltration progressive des forces nord-vietnamiennes au Sud, le conflit se radicalise entre le Viêt Nam du Nord, soutenu par l'U. R. S. S. et la Chine populaire, et le Viêt Nam du Sud, appuyé à partir de 1962 de façon massive par les États-Unis. Un accord de cessez-le-feu au Viêt Nam et au Laos est suivi par le retrait des forces américaines (1973). En 1975, tandis que les Khmers rouges l'emportent au Cambodge, les troupes du Viêt Nam du Nord entrent à Saigon (avr. 1975), préludant à l'unification, en 1976, des deux États vietnamiens.

VIEUX-CONDÉ (59690), comm. du Nord ; 10 939 h. Industrie automobile.

Vieux de la montagne, nom donné par les croisés et par les historiens occidentaux aux chefs de la secte chiite ismaélienne des Assassins.

VIEUX-HABITANTS (97119), comm. de la Guadeloupe ; 7 455 h.

VIF (38450), ch.-l. de c. de l'Isère ; 5 852 h. Cimenterie.

VIGAN (Le) [30120], ch.-l. d'arr. du Gard, dans les Cévennes ; 4 637 h. Bonneterie. Musée cévenol.

VIGÉE-LEBRUN (Élisabeth **Vigée,** Mme), peintre français (Paris 1755 - *id.* 1842). Elle a laissé des portraits délicats et flatteurs, notamment ceux de la reine Marie-Antoinette.

VIGEOIS (19410), ch.-l. de c. de la Corrèze ; 1 213 h.

VIGEVANO, v. d'Italie (Lombardie) ; 60 165 h. Monuments des XIVe-XVIe s.

VIGNEAULT (Gilles), auteur-compositeur et interprète canadien (Natashquan, Québec, 1928). Il évoque à travers de nombreuses chansons les diverses facettes de son patrimoine culturel.

VIGNEMALE (le), point culminant des Pyrénées françaises, au sud de Cauterets ; 3 298 m.

VIGNEULLES-LÈS-HATTONCHÂTEL (55210), ch.-l. de c. de la Meuse ; 1 422 h. À *Hattonchâtel,* église du XIVe s. (retable attribué à L. Richier).

VIGNEUX-SUR-SEINE (91270), ch.-l. de c. de l'Essonne ; 25 265 h.

VIGNOBLE, région viticole, partie de la bordure occidentale du Jura, dans le dép. du même nom.

VIGNOLE (Iacopo **Barozzi,** dit **il Vignola,** en fr.), architecte italien (Vignola, Modène, 1507 - Rome 1573). Formé à Bologne, travaillant surtout à Rome, il a réalisé une œuvre considérable, de transition entre Renaissance maniériste et baroque : villa Giulia (Rome), palais Farnèse de Caprarola, etc., et église du Gesù (Rome, commencée en 1568), œuvre type de la Contre-Réforme, qui sera le modèle le plus suivi pendant deux siècles dans l'Occident catholique. Son traité intitulé *Règle des cinq ordres* (1562), interprétation simple et vigoureuse de Vitruve, n'aura pas moins de succès.

VIGNOLES (Charles Blacker), ingénieur britannique (Woodbrook, Irlande, 1793 - Hythe, Hampshire, 1875). Il introduisit en Grande-Bretagne le rail à patin, dû à l'Américain Robert Stevens et qui, depuis, porte à tort son nom.

VIGNON (Claude), peintre et graveur français (Tours 1593 - Paris 1670). Ayant fréquenté à Rome les caravagesques, connaissant la peinture vénitienne, audacieux et varié, il s'installa à Paris vers 1627 et enseigna à l'Académie royale à partir de 1651 (*Adoration des Mages* et *Décollation de saint Jean-Baptiste,* église St-Gervais, Paris).

VIGNORY (52320), ch.-l. de c. de la Haute-Marne ; 339 h. Église en partie de la 1re moitié du XIe s.

VIGNY (95450), ch.-l. de c. du Val-d'Oise ; 1 008 h.

VIGNY (Alfred, *comte* **de**), écrivain français (Loches 1797 - Paris 1863). Auteur de recueils lyriques (*Poèmes* antiques et modernes,* 1826), d'un roman historique (*Cinq-Mars,* 1826), il illustre la conception romantique du théâtre (*Chatterton,* 1835), exprime dans des ouvrages à thèse (*Stello,* 1832 ; *Servitude et grandeur militaires,* 1835) et quelques grands poèmes (*la Mort du loup, la Maison du berger, le Mont des Oliviers)* la solitude à laquelle condamne le génie, l'indifférence de la nature et des hommes, et exalte la résignation stoïque qu'il convient de leur opposer. (Acad. fr.)

VIGO, port d'Espagne, en Galice, sur l'Atlantique ; 276 109 h. Pêche. Construction automobile.

Alfred de **Vigny** (musée Renan, Paris)

VIGO (Jean), cinéaste français (Paris 1905 - *id.* 1934). Il lui a suffi de trois films (*À propos de Nice,* 1930 ; *Zéro de conduite,* 1933 ; *l'Atalante,* 1934) pour affirmer une vision du monde profondément personnelle, toute de révolte, d'amour et de poésie.

VIGY (57640), ch.-l. de c. de la Moselle ; 1 174 h.

VIHIERS [vije] (49310), ch.-l. de c. de Maine-et-Loire ; 4 157 h.

VIIPURI → ***Vyborg.***

VIJAYANAGAR, cap., auj. en ruine, d'un grand empire du même nom (1336-1565), située sur l'actuel village de **Hampi**, dans le Karnātaka. L'Empire se souleva pour la défense de l'hindouisme et atteignit son apogée au début du XVIe s. Remarquables exemples d'architectures du XVIe s. aux décors sculptés.

VIJAYAVADA ou **BEZWADA,** v. de l'Inde (Andhra Pradesh), sur la Krishnā ; 845 305 h.

VIKINGS, guerriers, navigateurs et marchands des pays scandinaves, qui entreprirent des expéditions maritimes et fluviales de la Russie à l'Atlantique depuis le VIIIe s. jusqu'au début du XIe s. (V. ***Normands.***)

VILA → ***Port-Vila.***

VILAINE (la), fl. de la Bretagne orientale, qui passe à Vitré, Rennes, Redon et rejoint l'Atlantique ; 225 km. Barrage à Arzal.

VILA NOVA DE GAIA, v. du Portugal, sur le Douro ; 67 992 h. Commerce de vins (porto).

VILAR (Jean), acteur et metteur en scène de théâtre français (Sète 1912 - *id.* 1971). Directeur du festival d'Avignon (à partir de 1947) et du Théâtre national populaire (1951-1963), il a donné une vie nouvelle aux œuvres classiques.

VILIOUÏ, riv. de Russie, affl. de la Lena (r. g.) ; 2 650 km (bassin de 454 000 km²).

VILLA (Doroteo **Arango,** dit **Francisco Villa** et surnommé **Pancho**), révolutionnaire mexicain (San Juan del Río 1878 - Parral 1923). Paysan pauvre devenu voleur de bétail, il fut l'un des principaux chefs de la révolution avant de se rallier au président Obregón (1920). Il mourut assassiné.

VILLACH, v. d'Autriche (Carinthie) ; 53 000 h. Église St-Jacques, des XIVe-XVe s.

VILLACOUBLAY → ***Vélizy-Villacoublay.***

VILLAFRANCA DI VERONA, v. d'Italie (Vénétie) ; 26 632 h. En 1859, Napoléon III y signa l'armistice et les préliminaires de paix qui mirent fin à la campagne d'Italie.

VILLAHERMOSA, v. du Mexique, cap. de l'État de Tabasco ; 390 161 h.

VILLAINES-LA-JUHEL (53700), ch.-l. de c. de la Mayenne ; 3 273 h. Constructions mécaniques.

VILLA-LOBOS (Heitor), compositeur brésilien (Rio de Janeiro 1887 - *id.* 1959). Sa musique symphonique, sa musique de chambre et ses opéras entendent évoquer l'âme brésilienne (*Chôros,* 1920-1929 ; *Bachianas Brasileiras,* 1930-1945).

VILLANDRAUT (33730), ch.-l. de c. de la Gironde ; 787 h. Ruines d'un château du XIVe s.

VILLANDRY (37510), comm. d'Indre-et-Loire, sur le Cher ; 778 h. Château des XIVe et XVIe s. (jardin aux parterres Renaissance).

VILLARD (Paul), physicien français (Lyon 1860 - Bayonne 1934). Il a découvert en 1900 le rayonnement gamma des corps radioactifs.

VILLARD-BONNOT (38190), comm. de l'Isère ; 6 395 h.

VILLARD de Honnecourt, architecte français du début du XIIIe s. Son carnet de croquis (B. N., Paris) constitue une source précieuse de connaissance sur les conceptions artistiques et les techniques de son temps.

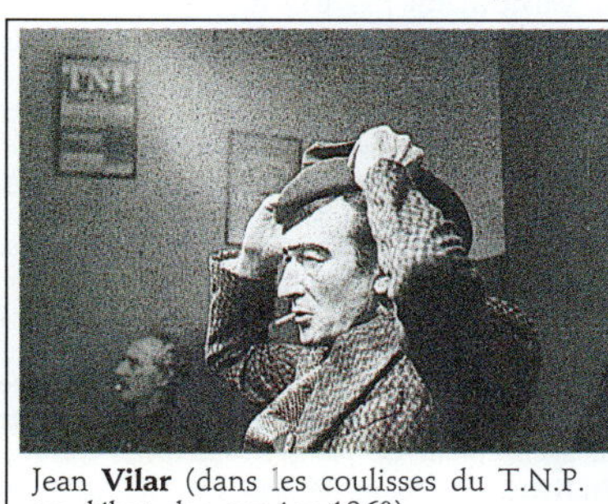

Jean **Vilar** (dans les coulisses du T.N.P. au début des années 1960).

VILLARD-DE-LANS [-lɑ̃s] (38250), ch.-l. de c. de l'Isère, dans le Vercors ; 3 497 h. Station d'altitude et de sports d'hiver (alt. 1 050-2 170 m).

VILLARET DE JOYEUSE (Louis Thomas), amiral français (Auch 1747 - Venise 1812). Il se distingua contre les Britanniques en 1794 et commanda en 1801 l'expédition de Saint-Domingue.

VILLARODIN-BOURGET (73500), comm. de la Savoie ; 514 h. Centrale hydroélectrique.

VILLARS (42390), comm. de la Loire ; 8 295 h.

VILLARS (Claude Louis Hector, *duc* **de**), maréchal de France (Moulins 1653 - Turin 1734). Lieutenant général (1693), il remporta contre l'Autriche la victoire de Friedlingen (1702), qui lui valut le bâton de maréchal, puis celle de Höchstädt (1703). Commandant de l'armée de la Moselle (1705-06), il combattit aussi les camisards, résista vaillamment à Malplaquet, où il fut blessé (1709), et sauva la France à Denain en 1712. (Acad. fr.)

VILLARS-LES-DOMBES (01330), ch.-l. de c. de l'Ain ; 3 449 h. Parc ornithologique.

Villaviciosa *(bataille de)* [10 déc. 1710], victoire du duc de Vendôme sur les impériaux au cours de la guerre de la Succession d'Espagne.

VILLÉ (67220), ch.-l. de c. du Bas-Rhin ; 1 556 h.

VILLEBON-SUR-YVETTE (91140), ch.-l. de c. de l'Essonne ; 9 183 h.

VILLECRESNES (94440), ch.-l. de c. du Val-de-Marne ; 7 995 h.

VILLE-D'AVRAY (92410), comm. des Hauts-de-Seine ; 11 645 h. Église d'époque Louis XVI (peintures de Corot).

VILLEDIEU-DU-CLAIN (La) [86340], ch.-l. de c. de la Vienne ; 1 367 h. Église romane.

VILLEDIEU-LES-POÊLES (50800), ch.-l. de c. de la Manche ; 4 615 h. Objets en cuivre et en aluminium. Église des XVe-XVIe s.

VILLE-DU-BOIS (La) [91620], comm. de l'Essonne ; 5 421 h. Matériel de télécommunications.

VILLEFAGNAN (16240), ch.-l. de c. de la Charente ; 1 010 h.

VILLEFONTAINE (38090), ch.-l. de c. du nord-ouest de l'Isère ; 16 295 h.

VILLEFRANCHE-DE-CONFLENT (66500), comm. des Pyrénées-Orientales ; 264 h. Enceinte des XIIIe-XVe s.

VILLEFRANCHE-DE-LAURAGAIS (31290), ch.-l. de c. de la Haute-Garonne, sur l'Hers et le canal du Midi ; 3 337 h. Église de style gothique méridional (XIIIe-XIVe s.).

VILLEFRANCHE-DE-ROUERGUE (12200), ch.-l. d'arr. de l'Aveyron, sur l'Aveyron ; 13 301 h. *(Villefranchois).* Agroalimentaire. Bastide du XIIIe s. Monuments religieux, dont l'anc. chartreuse du XVe s.

VILLEFRANCHE-SUR-MER (06230), ch.-l. de c. des Alpes-Maritimes ; 8 123 h. Rade sur la Méditerranée. Station balnéaire. Vieille ville pittoresque.

VILLEFRANCHE-SUR-SAÔNE (69400), anc. cap. du Beaujolais, ch.-l. d'arr. du Rhône ; 29 889 h. *(Caladois).* Industries métallurgiques, textiles et chimiques. Église des XIIe-XVIe s., maisons anciennes.

VILLEHARDOUIN, famille française d'origine champenoise, dont une branche s'illustra en Orient, à partir du XIIIe s. Elle compta parmi ses membres : **Geoffroi,** chroniqueur (1148 - en Thrace v. 1213), maréchal de Champagne, maréchal de Romanie après la quatrième croisade, à laquelle il prit part, et qui écrivit une *Histoire de la conquête de Constantinople ;* — **Geoffroi Ier,** son neveu, prince d'Achaïe (v. 1209-1228/1230), et le fils de celui-ci, **Geoffroi II,** également prince d'Achaïe (1228/30-1246) ; — **Guillaume II,** fils du précédent, prince d'Achaïe de 1246 à 1278.

VILLEJUIF (94800), ch.-l. de c. du Val-de-Marne ; 48 671 h. *(Villejuifois).* Hôpital psychiatrique. Institut Gustave-Roussy (traitement du cancer).

VILLÈLE (Jean-Baptiste Guillaume Joseph, *comte* **de**), homme d'État français (Toulouse 1773 - *id.* 1854). Chef des ultras sous la Restauration, président du Conseil en 1822, il se rendit impopulaire en faisant voter des lois réactionnaires (du milliard des émigrés, du sacrilège). Ayant dissous la Garde nationale, puis la Chambre (1827), il dut démissionner (1828).

VILLEMAIN (Abel François), critique et homme politique français (Paris 1790 - *id.* 1870), ministre de l'Instruction publique de 1839 à 1844. Il fut un des pionniers de la littérature comparée. (Acad. fr.)

VILLEMIN (Jean Antoine), médecin militaire français (Prey, Vosges, 1827 - Paris 1892). Il démontra la transmissibilité de la tuberculose.

VILLEMOMBLE (93250), ch.-l. de c. de la Seine-Saint-Denis, à l'est de Paris ; 27 000 h. *(Villemomblois).*

VILLEMUR-SUR-TARN (31340), ch.-l. de c. de la Haute-Garonne ; 4 903 h. Constructions électriques.

VILLENA (Enrique **de Aragón,** dit **marquis de**), poète aragonais (Torralba 1384 - Madrid 1434), traducteur de Virgile et de Dante, auteur de *Coplas.*

VILLENAUXE-LA-GRANDE (10370), ch.-l. de c. de l'Aube ; 2 157 h. Église des XIIIe-XVIe s.

VILLENAVE-D'ORNON (33140), ch.-l. de c. de la Gironde, dans les Graves ; 25 957 h. Vins rouges. Triage ferroviaire.

VILLENEUVE (12260), ch.-l. de c. de l'Aveyron ; 1 907 h. Église romane et gothique.

VILLENEUVE (Pierre Charles **de**), marin français (Valensole 1763 - Rennes 1806). Commandant l'escadre de Toulon, il fut pris après avoir été battu par Nelson à Trafalgar (1805). Libéré, il se suicida.

VILLENEUVE-D'ASCQ (59650), ch.-l. de c. du Nord, banlieue est de Lille ; 65 695 h. Cellulose. Musée d'art moderne.

VILLENEUVE-DE-BERG (07170), ch.-l. de c. de l'Ardèche ; 2 373 h.

VILLENEUVE-DE-MARSAN (40190), ch.-l. de c. des Landes ; 2 124 h.

VILLENEUVE-LA-GARENNE (92390), ch.-l. de c. des Hauts-de-Seine, sur la Seine ; 23 872 h.

VILLENEUVE-L'ARCHEVÊQUE (89190), ch.-l. de c. de l'Yonne ; 1 153 h. Église des XIIIe et XVIe s. (sculptures).

VILLENEUVE-LE-ROI (94290), ch.-l. de c. du Val-de-Marne, sur la Seine, près d'Orly ; 20 378 h. Constructions mécaniques.

VILLENEUVE-LÈS-AVIGNON (30400), ch.-l. de c. du Gard, sur le Rhône ; 10 785 h. Résidence d'été des papes au XIVe s. Fort Saint-André. Anc. chartreuse, fondée en 1356, auj. centre culturel. Musée (*Couronnement de la Vierge* d'E. Quarton).

VILLENEUVE-LOUBET (06270), comm. des Alpes-Maritimes ; 11 625 h. Électronique.

VILLENEUVE-SAINT-GEORGES (94190), ch.-l. de c. du Val-de-Marne, sur la Seine ; 27 476 h. *(Villeneuvois).* Gare de triage. Église des XIIIe-XVIe s.

VILLENEUVE-SUR-LOT (47300), ch.-l. d'arr. de Lot-et-Garonne, sur le Lot ; 23 760 h. *(Villeneuvois).* Agroalimentaire. Centrale hydroélectrique. Bastide du XIIIe s.

VILLENEUVE-SUR-YONNE (89500), ch.-l. de c. de l'Yonne ; 5 072 h. Bastide du XIIe s., avec église des XIIIe-XVIe s.

VILLENEUVE-TOLOSANE (31270), comm. de la Haute-Garonne ; 7 594 h.

VILLEPARISIS (77270), comm. de Seine-et-Marne ; 18 925 h.

VILLEPINTE (93420), ch.-l. de c. de la Seine-Saint-Denis, au nord-est de Paris ; 30 412 h. Parc des expositions.

VILLEPREUX (78450), comm. des Yvelines ; 8 847 h.

VILLEQUIER (76490), comm. de la Seine-Maritime, sur la Seine ; 831 h. Sépulture de Léopoldine Hugo et de son mari, noyés dans la Seine, ainsi que de Mme Victor Hugo et de sa dernière fille, Adèle.

VILLERÉAL (47210), ch.-l. de c. de Lot-et-Garonne ; 1 217 h. Bastide du XIIIe s., avec église fortifiée et halle à étage.

VILLEREST (42300), comm. de la Loire ; 4 157 h. Barrage sur la Loire.

VILLERMÉ (Louis René), médecin français (Paris 1782 - *id.* 1863). Ses enquêtes, notamment son *Tableau de l'état physique et moral des ouvriers dans les fabriques de coton, de laine et de soie* (1840), ont été à l'origine de la loi de 1841 portant limitation du travail des enfants.

VILLEROI (*famille* **de**), famille française dont les membres eurent le titre de seigneur, de marquis puis de duc (1663) et qui compta notamm. : **Nicolas de Neufville,** maréchal de France (Paris 1598 - *id.* 1685), gouverneur de Louis XIV (1646) ; — **François,** son fils (Lyon 1644 - Paris 1730), maréchal (1693), qui fut battu en Italie (1701-02), puis à Ramillies (1706), avant d'être gouverneur de Louis XV (1716-1722).

VILLERS-BOCAGE [vilɛr-] (14310), ch.-l. de c. du Calvados ; 2 851 h.

VILLERS-BOCAGE (80260), ch.-l. de c. de la Somme ; 1 158 h.

VILLERS-COTTERÊTS (02600), ch.-l. de c. de l'Aisne ; 8 904 h. *(Cotteréziens).* Château reconstruit pour François Ier. En 1539, le roi y signa une ordonnance qui imposait le français dans les actes officiels et de justice. De la forêt de Villers-Cotterêts déboucha la première contre-offensive victorieuse de Foch le 18 juill. 1918.

VILLERSEXEL (70110), ch.-l. de c. de la Haute-Saône ; 1 560 h. Bourbaki y battit les Prussiens le 8 janv. 1871.

VILLERS-LE-LAC (25130), comm. du Doubs ; 4 217 h. Horlogerie et décolletage.

VILLERS-LÈS-NANCY (54600), comm. de Meurthe-et-Moselle ; 16 601 h.

VILLERS-SAINT-PAUL (60870), comm. de l'Oise ; 5 441 h. Église romane et gothique.

VILLERS-SEMEUSE (08000), ch.-l. de c. des Ardennes ; 3 608 h.

VILLERS-SUR-MER (14640), comm. du Calvados ; 2 023 h. Station balnéaire.

VILLERUPT [-ry] (54190), ch.-l. de c. de Meurthe-et-Moselle ; 10 139 h. Métallurgie.

VILLETANEUSE (93430), comm. de la Seine-Saint-Denis, près de Saint-Denis ; 11 194 h. Centre universitaire.

Villette *(parc de la),* établissement public créé en 1979, à Paris, dans le quartier du même nom (XIXe arr.). Sur le site de l'ancien marché national de la viande sont aménagés la *Cité des sciences et de l'industrie* *, la *Cité de la musique* (inaugurée en 1990, pour la partie abritant notamm. le Conservatoire national supérieur de musique, et en 1995) et un parc de près de 35 ha.

VILLEURBANNE (69100), ch.-l. de c. du Rhône, banlieue est de Lyon ; 119 848 h. *(Villeurbannais).* Centre industriel. Théâtre national populaire. Musée d'art contemporain.

VILLIERS DE L'ISLE-ADAM (Auguste, *comte* **de**), écrivain français (Saint-Brieuc 1838 - Paris 1889). Auteur de vers romantiques, de romans *(Isis)* et de drames *(Axel),* il exprime dans ses contes son désir d'absolu et son dégoût de la vulgarité quotidienne (*Contes* cruels,* 1883 ; *l'Ève future,* 1886 ; *Tribulat Bonhomet,* 1887 ; *Histoires insolites,* 1888).

VILLIERS DE L'ISLE-ADAM (Philippe **de**), grand maître de l'ordre de Saint-Jean-de-Jérusalem (Beauvais 1464 - Malte 1534). Il soutint dans Rhodes (1522) un siège fameux contre Soliman le Magnifique. Charles Quint, en 1530, lui céda, pour son ordre, l'île de Malte.

VILLIERS-LE-BEL (95400), ch.-l. de c. du Val-d'Oise ; 26 223 h. *(Beauvilérois* ou *Beauvilésois).* Église gothique et Renaissance.

VILLIERS-SUR-MARNE (94350), ch.-l. de c. du Val-de-Marne ; 22 815 h.

VILLON [vijɔ̃ ou -lɔ̃] (François), poète français (Paris 1431 - apr. 1463). Il mena une vie aventureuse et risqua plusieurs fois la potence. Auteur du *Lais,* ou *Petit Testament,* et du *Grand Testament,* de l'*Épitaphe Villon* (dite *Ballade des pendus*), il apparaît comme le premier en date des grands poètes lyriques français modernes.

VILLON (Gaston **Duchamp,** dit **Jacques**), peintre, dessinateur et graveur français (Damville, Eure, 1875 - Puteaux 1963). Proche du cubisme dans les années 1911-12, il s'est ensuite attaché à exprimer l'espace et les formes par un agencement de plans subtilement colorés.

VILNIUS, en polon. **Wilno,** cap. de la Lituanie ; 582 000 h. Noyau monumental ancien. Enlevée à la Lituanie en 1920, elle fit partie de la Pologne jusqu'en 1939.

VILVOORDE, en fr. **Vilvorde,** comm. de Belgique, ch.-l. d'arr. (avec Halle) du Brabant flamand ; 32 894 h. Centre industriel. Église Notre-Dame, des XIVe-XVe s.

VIMEU (le), région de la Picardie, entre la Somme et la Bresle. Serrurerie et robinetterie.

VIMINAL *(mont),* l'une des sept collines de Rome, au nord-est de la ville.

VIMOUTIERS (61120), ch.-l. de c. de l'Orne ; 4 801 h. *(Vimonastériens).*

VIMY (62580), ch.-l. de c. du Pas-de-Calais ; 4 594 h. Monument commémorant les violents combats de 1915 et 1917, où s'illustrèrent les Canadiens.

VIÑA DEL MAR, v. du Chili, près de Valparaíso ; 302 765 h. Station balnéaire.

VINAY (38470), ch.-l. de c. de l'Isère ; 3 444 h.

VINÇA (66320), ch.-l. de c. des Pyrénées-Orientales ; 1 677 h. Barrage-réservoir sur la Têt. Église du XVIIIe s., au riche mobilier.

VINCENNES (94300), ch.-l. de c. du Val-de-Marne, à l'est de Paris, au nord du *bois de Vincennes ;* 42 651 h. *(Vincennois).* Château fort quadrangulaire du XIVe s. (puissant donjon [musée] ; sainte-chapelle achevée au XVIe s. ; pavillons du XVIIe s.) qui fut résidence royale, abrita une manufacture de porcelaine et dans les fossés duquel le duc d'Enghien fut fusillé (1804). Le château abrite le Service historique de l'armée de terre (1946), de l'armée de l'air et de la marine (1974). — Le *bois de Vincennes* (appartenant à la Ville de Paris) englobe notamment un parc zoologique, un parc floral, un hippodrome, l'Institut national du sport et de l'éducation physique.

VINCENT (Hyacinthe), médecin militaire français (Bordeaux 1862 - Paris 1950). Il a découvert l'infection fuso-spirillaire *(angine de Vincent)* et mis au point pendant la Première Guerre mondiale un vaccin contre la fièvre typhoïde et un sérum contre la gangrène gazeuse.

Villon. (Détail d'une gravure de l'édition princeps de ses œuvres.) [B.N.F., Paris.]

Jacques **Villon :** *Portrait de Marcel Duchamp* (1951). [Fondation Sonja Henie, Oslo.]

VINCENT *(saint),* diacre et martyr (Huesca ? - Valence 304). Son culte, très populaire en Espagne, se répandit en France, où il est devenu le patron des vignerons.

VINCENT de Lérins *(saint),* écrivain ecclésiastique (m. à Saint-Honorat v. 450). Moine de Lérins, adversaire de la pensée de saint Augustin sur la grâce, il se fit le défenseur d'une forme adoucie du pélagianisme *(semi-pélagianisme).*

VINCENT DE PAUL *(saint),* prêtre français (Pouy, auj. Saint-Vincent-de-Paul, 1581 - Paris 1660). Prêtre (1600), il occupa des postes d'aumônier, de précepteur et de curé avant d'être aumônier général des galères (1619). La misère matérielle et spirituelle du temps l'amena à fonder un institut missionnaire pour les campagnes, les Prêtres de la Mission ou *lazaristes* (1625), et à multiplier les fondations de charité : œuvre des Enfants trouvés, Dames de Charité et surtout congrégation des *Filles de la Charité,* fondée en 1633 avec Louise de Marillac et qui devint extrêmement populaire.

saint **Vincent de Paul** (S. Bourdon - église St-Étienne-du-Mont, Paris)

VINCENT FERRIER *(saint),* dominicain espagnol (Valence 1350 - Vannes 1419). Il travailla à éteindre le grand schisme d'Occident et joua le rôle d'un médiateur dans la guerre de Cent Ans. Il parcourut l'Europe, attirant les foules par ses miracles et sa prédication.

VINCI (Léonard **de**) → ***Léonard de Vinci.***

VINDEX (Caius Julius), général romain d'origine gauloise (Ier s. apr. J.-C.). Il se souleva contre Néron en faveur de Galba, mais il fut vaincu (68) et se tua.

VINDHYA, hauteurs de l'Inde continentale, au-dessus de la Narbadā.

VINET (Alexandre), critique littéraire et théologien protestant suisse (Ouchy 1797 - Clarens 1847). Auteur d'études sur Pascal et sur la littérature française des xviie et xviiie s., il défendit dans son œuvre théologique l'indépendance des Églises vis-à-vis de l'État et la liberté intérieure du chrétien.

VINEUIL (41350), ch.-l. de c. de Loir-et-Cher, près de la Loire ; 6 288 h.

VINLAND, le plus occidental des pays découverts par les Vikings vers 1000 apr. J.-C., situé sans doute en Amérique du Nord, peut-être à Terre-Neuve.

VINNITSA, v. d'Ukraine ; 374 000 h. Centre industriel.

VINOGRADOV (Ivan Matveïevitch), mathématicien soviétique (Milolioub 1891 - Moscou 1983). Il est le principal représentant de l'école soviétique en théorie des nombres.

VINOY (Joseph), général français (Saint-Étienne-de-Saint-Geoirs 1800 - Paris 1880). Successeur de Trochu à la tête de l'armée de Paris, il signa l'armistice qui mit fin au siège de la capitale en 1871.

VINSON *(mont),* point culminant de l'Antarctique, dans la partie occidentale du continent ; 4 897 m.

VINTIMILLE, en ital. **Ventimiglia,** v. d'Italie (Ligurie), sur le golfe de Gênes, à l'embouchure de la Roya ; 25 221 h. Gare internationale entre la France et l'Italie. Fleurs.

VIOLLET-LE-DUC (Eugène), architecte et théoricien français (Paris 1814 - Lausanne 1879). Il restaura un grand nombre de monuments du Moyen Âge, notamment l'abbatiale de Vézelay, Notre-Dame de Paris et d'autres cathédrales, le château de Pierrefonds, la cité de Carcassonne. Il est l'auteur, entre autres ouvrages, du monumental *Dictionnaire raisonné de l'architecture française du XIe au XVIe siècle* (1854-1868) et des *Entretiens sur l'architecture,* qui ont défini les bases d'un nouveau rationalisme, incluant l'emploi du métal.

VIOTTI (Giovanni Battista), violoniste et compositeur piémontais (Fontanetto Po 1755 - Londres 1824). Il fut directeur de l'Opéra de Paris et l'un des créateurs, par ses concertos, de l'école moderne du violon.

VIRCHOW (Rudolf), médecin et homme politique allemand (Schivelbein, Poméranie, 1821 - Berlin 1902). Il est le créateur de la pathologie cellulaire. Il lança l'expression de « Kulturkampf » et soutint Bismarck dans sa lutte contre les catholiques.

VIRE (la), fl. côtier du Bocage normand, qui passe à Vire et à Saint-Lô, et se jette dans la Manche ; 118 km.

VIRE (14500), ch.-l. d'arr. du Calvados, sur la *Vire ;* 13 869 h. *(Virois).* Marché. Laiterie. Articles de table. Industrie automobile. Église des xiiie-xve s. ; restes de fortifications.

VIRET (Pierre), réformateur suisse (Orbe 1511 - Orthez 1571). Pasteur à Lausanne, il en est chassé par les autorités bernoises en 1559. La reine de Navarre l'appela en Béarn pour enseigner au collège d'Orthez.

VIRGILE, en lat. **Publius Vergilius Maro,** poète latin (Andes, auj. Pietole, près de Mantoue, v. 70 - Brindes 19 av. J.-C.). D'origine provinciale et modeste, membre du cercle cultivé d'Asinius Pollio, il composa les *Bucoliques** (42-39 av. J.-C.). Ami d'Octave, il rencontra Mécène et Horace et s'établit à Rome, où il publia les *Géorgiques** (39-29 av. J.-C.). Il entreprit ensuite une grande épopée nationale, *l'Énéide*,* qu'il ne put terminer. Son influence fut immense sur les littératures latine et occidentale, et tout un cycle de légendes se forma autour de sa mémoire.

VIRGINIA BEACH, v. des États-Unis (Virginie) ; 393 069 h. Station balnéaire.

VIRGINIE, un des États unis d'Amérique, sur l'Atlantique ; 6 187 358 h. Cap. *Richmond.*

VIRGINIE-OCCIDENTALE, un des États unis d'Amérique ; 1 793 477 h. Cap. *Charleston.* Houille.

VIRIAT, ch.-l. de c. de l'Ain ; 4 723 h.

VIRIATHE, chef des Lusitains révoltés contre la domination romaine (m. en 139 av. J.-C.). Il tint les troupes romaines en échec de 148 à 143 av. J.-C. Rome n'en triompha qu'en le faisant assassiner.

VIROFLAY (78220), ch.-l. de c. des Yvelines ; 14 735 h.

VIRTON, v. de Belgique, ch.-l. d'arr. de la prov. de Luxembourg ; 10 720 h. Tourisme.

VIRUNGA *(chaîne des),* massif volcanique aux confins du Rwanda, de l'Ouganda et du Zaïre ; 4 507 m au Karisimbi.

VIRY-CHÂTILLON (91170), ch.-l. de c. de l'Essonne, sur la Seine ; 30 738 h. *(Castelvirois).*

VIS, anc. **Lissa,** île croate de l'Adriatique. Ch.-l. *Vis.* Victoire navale autrichienne sur les Italiens (1866).

VISAKHAPATNAM ou **VISHAKHAPATNAM,** port de l'Inde (Andhra Pradesh) ; 1 051 918 h. Centre industriel.

VISAYA ou **BISAYAN,** population malaise des Philippines, qui a donné son nom à l'*archipel des Visayas* (entre Luçon et Mindanao).

VISCHER, famille de fondeurs et sculpteurs nurembergeois des xve-xvie s. **Peter l'Ancien** (v. 1460 - 1529) et ses quatre fils eurent une importante production de sculptures funéraires, dont le style, décoratif et animé, évolua par une adhésion progressive à l'italianisme (mausolée ou « châsse » de saint Sebald [1488-1519], en laiton, Nuremberg).

VISCONTI, famille italienne, dont la branche la plus connue domina Milan de 1277 à 1447. Les plus célèbres de ses membres sont : **Mathieu Ier** (Invorio 1250 - Crescenzago 1322), vicaire impérial de Lombardie (1294) ; — **Jean-Galéas** (1351 - Melegnano 1402), qui obtint de l'empereur le titre de duc de Milan (1395) et de Lombardie (1397), et dont la fille **Valentine** (1366 - Blois 1408) épousa Louis, duc d'Orléans ; — **Jean-Marie** (1389-1412), duc de Milan de 1402 à 1412 ; — **Philippe-Marie** (1392-1447), duc de Milan de 1412 à 1447. À la mort de ce dernier, la branche ducale s'éteignit ; en 1450, le pouvoir passa à François Sforza, qui avait épousé une fille naturelle de Philippe-Marie.

VISCONTI (Ennio Quirino), archéologue italien (Rome 1751 - Paris 1818). — Son fils **Louis Tullius Joachim,** architecte français (Rome 1791 - Paris 1853), a construit le tombeau de Napoléon Ier aux Invalides et donné, dans un style néo-Renaissance, les plans du nouveau Louvre (dont Hector Lefuel poursuivit les travaux).

VISCONTI (Luchino), metteur en scène de théâtre et de cinéma italien (Milan 1906 - Rome 1976). Il sut concilier le faste d'un art raffiné et lyrique et la rigueur du constat social : *Ossessione* (1943), *La terre tremble* (1950), *Senso* (1954), *Rocco et ses frères* (1960), *le Guépard* (1963), *Mort à Venise* (1971).

Luchino **Visconti :** *le Guépard* (1963), avec Alain Delon et Claudia Cardinale.

VISÉ, v. de Belgique (Liège), sur la Meuse ; 17 019 h. Dans l'église, châsse de saint Hadelin, une des plus anciennes du pays mosan (xie et xiie s.).

VISIGOTHS → ***Wisigoths.***

Visitation Sainte-Marie *(ordre de la),* ordre de moniales, fondé à Annecy par saint François de Sales et par sainte Jeanne de Chantal en 1610.

VIṢṆU, VISHNU ou **VISHNOU,** divinité hindouiste qui est le principe de la conservation du monde. Il revêt parfois des formes humaines, ses *avatāra.*

VISO *(mont),* montagne des Alpes occidentales, entre la France et l'Italie ; 3 841 m.

VISTULE (la), en polon. **Wisła,** principal fl. de Pologne, qui naît dans les Carpates, passe à Cracovie et Varsovie et rejoint la Baltique dans le golfe de Gdańsk ; 1 068 km (bassin de 194 000 km²).

Viṣṇu. Bronze. Art Cola, xiie s. (Musée national, Madras.)

VITAL *(saint),* martyr milanais (m. à Ravenne au Ier s.), patron de Ravenne.

Vita nuova, œuvre de Dante (v. 1294), qui réunit dans la trame d'un commentaire en prose des poésies qui font de l'amour la source de toute aventure spirituelle et poétique.

VITEBSK, port de Biélorussie, sur la Dvina occidentale ; 350 000 h. Centre industriel.

VITELLIUS (Aulus) [15 apr. J.-C. - Rome 69], empereur romain (69). Proclamé empereur par les légions de Germanie, il battit Othon à Bédriac (69). Vaincu par les partisans de Vespasien à Crémone, il fut massacré par le peuple.

VITERBE, v. d'Italie (Latium), ch.-l. de prov. ; 58 353 h. Quartier médiéval et nombreux monuments, dont l'anc. palais des papes, du XIIIe s.

VITEZ (Antoine), metteur en scène de théâtre et acteur français (Paris 1930 - *id.* 1990). Directeur du Théâtre national de Chaillot (1981-1988), puis administrateur général de la Comédie-Française (1988-1990), il a contribué à renouveler la formation et le travail de l'acteur.

VITIGÈS (m. en Asie en 542), roi des Ostrogoths d'Italie de 536 à 540, vaincu par les Byzantins.

VITI LEVU, la plus grande des îles Fidji ; 10 400 km^2.

VITIM, riv. de Russie, en Sibérie, affl. de la Lena (r. dr.) ; 1 837 km (bassin de 225 000 km^2).

VITÓRIA, port du Brésil, sur l'*île Vitória,* cap. de l'État d'Espírito Santo ; 258 245 h.

VITORIA, v. d'Espagne, cap. du Pays basque et ch.-l. de la prov. d'Álava ; 206 116 h. Centre industriel. Cathédrale du XIVe s. Victoire de Wellington sur les Français (21 juin 1813).

VITRAC (Roger), écrivain français (Pinsac, Lot, 1899 - Paris 1952), l'un des initiateurs du théâtre surréaliste (*Victor ou les Enfants au pouvoir,* 1928).

VITRÉ (35500), ch.-l. de c. d'Ille-et-Vilaine, sur la Vilaine ; 15 055 h. *(Vitréens).* Machines agricoles. Chaussures. Château des XIVe-XVe s. et fortifications, église gothique des XVe-XVIe s., maisons anciennes.

VITROLLES (13127), ch.-l. de c. des Bouches-du-Rhône, près de l'étang de Berre ; 35 617 h.

VITRUVE, en lat. **Vitruvius,** ingénieur militaire et architecte romain du Ier s. av. J.-C., auteur du traité *De architectura,* dont les copies et les adaptations, à partir du XVe s., ont nourri l'évolution du classicisme européen.

VITRY (Philippe **de**) → ***Philippe de Vitry.***

VITRY-EN-ARTOIS (62490), ch.-l. de c. du Pas-de-Calais ; 4 750 h.

VITRY-LE-FRANÇOIS (51300), ch.-l. d'arr. de la Marne, sur la Marne ; 17 483 h. *(Vitryats).* Industrie du bois. Métallurgie. Église classique, surtout des XVIIe-XVIIIe s. En 1545, François Ier bâtit cette ville pour les habitants de Vitry-en-Perthois, appelée « Vitry-le-Brûlé », détruite par Charles Quint en 1544.

VITRY-SUR-SEINE (94400), ch.-l. de c. du Val-de-Marne, sur la Seine ; 82 820 h. *(Vitriots).* Centre industriel. Église des XIIIe et XIVe s.

VITTEAUX (21350), ch.-l. de c. de la Côte-d'Or ; 1 072 h. Église gothique (œuvres d'art).

VITTEL (88800), ch.-l. de c. des Vosges ; 6 340 h. *(Vittellois).* Station thermale (lithiases et affections urinaires). Eaux minérales. Église St-Rémy, des XIIe-XVIe s.

VITTORINI (Elio), écrivain italien (Syracuse 1908 - Milan 1966). Ses romans forment une analyse sociologique et dramatique des classes déshéritées *(les Femmes de Messine).*

Vittorio Veneto *(bataille de)* [24 oct. 1918], victoire décisive des Italiens de Diaz sur les Autrichiens. Elle entraîna la signature de l'armistice de Villa Giusti.

VIVALDI (Antonio), dit **Il Prete rosso** *(le Prêtre roux),* violoniste et compositeur italien (Venise 1678 - Vienne 1741). Ordonné prêtre, il n'exerça pas complètement son ministère et fut nommé maître de violon à l'Ospedale della Pietà de Venise. Il écrivit ses œuvres à l'intention des orphelines recueillies dans cette institution. Célèbre virtuose, il a marqué de sa personnalité l'écriture du violon. Il fixa également la forme du concerto en trois parties. Il écrivit des opéras et de la musique religieuse, mais sa réputation lui vient surtout de la musique instrumentale (sonates, concertos pour un ou plusieurs solistes [*La Notte*]), dont certains regroupés en recueils (*L'Estro armonico ; Il Cimento dell'armonia,* v. 1725, qui comporte « les Quatre Saisons »).

VIVARAIS, région de la bordure orientale du Massif central, entre la Loire et le Rhône, correspondant à l'actuel dép. de l'Ardèche.

VIVARINI, famille de peintres vénitiens comprenant **Antonio** (Murano v. 1420 - ? apr. 1470), son frère **Bartolomeo** (Murano v. 1430 - ? apr. 1491) et **Alvise** (Venise v. 1445 - *id.* v. 1505), fils d'Antonio.

VIVIANI (René), homme politique français (Sidi-bel-Abbès 1863 - Le Plessis-Robinson 1925). Un des chefs du parti socialiste, il fut le premier ministre du Travail (1906-1910) et présida le gouvernement de juin 1914 à oct. 1915.

VIVIER (Robert), écrivain belge d'expression française (Chênée-lès-Liège 1894 - La Celle-Saint-Cloud 1989), romancier populiste (*Mesures pour rien,* 1947) et poète symboliste, attiré par le surréalisme (*S'étonner d'être,* 1978).

VIVIERS (07220), ch.-l. de c. de l'Ardèche, près du Rhône ; 3 430 h. Évêché. Cimenterie. Cathédrale des XIIe-XVIIe s., maisons anciennes.

VIVONNE (86370), ch.-l. de c. de la Vienne ; 2 966 h. Église des XIIe-XVe s.

VIX (21400), comm. de la Côte-d'Or ; 95 h. Site d'un oppidum ; une sépulture du Ve s. av. J.-C. a livré en 1953 un trésor, dont un grand cratère de bronze d'origine grecque (musée de Châtillon-sur-Seine).

VIZILLE (38220), ch.-l. de c. de l'Isère, sur la Romanche ; 7 268 h. Papeterie. Chimie. Métallurgie. Château de Lesdiguières (auj. musée de la Révolution française), reconstruit de 1611 à 1620 et où se tinrent en juill. 1788 les états du Dauphiné : ceux-ci préludèrent à la convocation des états généraux de 1789.

VLAARDINGEN, port des Pays-Bas (Hollande-Méridionale), sur la Meuse, banlieue de Rotterdam ; 73 719 h. Centre industriel.

VLADIKAVKAZ, de 1954 à 1990 **Ordjonikidze,** v. de Russie, dans le Caucase, cap. de l'Ossétie du Nord ; 300 000 h. Centre industriel.

VLADIMIR, v. de Russie, au nord-est de Moscou ; 350 000 h. Centre industriel. Églises du XIIe s. Anc. cap. de la *principauté de Vladimir-Souzdal.*

VLADIMIR Ier le Saint ou **le Grand** (v. 956-1015), grand-prince de Kiev (980-1015). Il reçut le baptême et imposa à son peuple le christianisme de rite byzantin (v. 988). — **Vladimir II Monomaque** (1053-1125), grand-prince de Kiev de 1113 à 1125. Il a laissé une *Instruction* qui est l'une des premières œuvres de la littérature russe.

VLADIMIR-SOUZDAL *(principauté de),* État russe qui se développa au XIIe s. quand le prince André Bogolioubski (1157-1174) délaissa Kiev pour Vladimir. Son essor fut interrompu en 1238 par la conquête mongole.

VLADIVOSTOK, port de Russie, sur la mer du Japon, au terminus du Transsibérien ; 648 000 h. Centre industriel. La ville fut fondée en 1860.

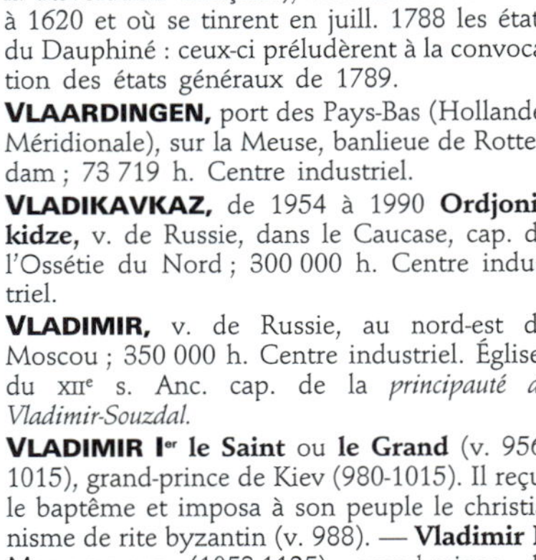

Antonio **Vivaldi** (Musée municipal, Bologne)

VLAMINCK (Maurice **de**), peintre français (Paris 1876 - Rueil-la-Gadelière, Eure-et-Loir, 1958). Surtout paysagiste, il fut l'un des maîtres du fauvisme.

VLASSOV (Andreï Andreïevitch), général soviétique (Lomakino, prov. de Nijni Novgorod, 1900 - Moscou 1946). Après avoir combattu dans l'Armée rouge, il fut fait prisonnier par les Allemands, passa à leur service (1942) et leva une armée dite « de la libération russe ». Capturé par les Américains en 1945, remis aux Soviétiques, il fut pendu en 1946.

VLISSINGEN → ***Flessingue.***

VLORË ou **VLORA,** port d'Albanie ; 55 000 h.

VLTAVA (la), en all. **Moldau,** riv. de la République tchèque (Bohême), affl. du Labe (Elbe), passant à Prague ; 434 km. Hydroélectricité.

VOGELGRUN (68600), comm. du Haut-Rhin ; 418 h. Centrale hydroélectrique sur le grand canal d'Alsace.

VOGOUL, peuple finno-ougrien de la Sibérie occidentale (région de l'Ob).

VOGÜÉ [vɔgɥe] (Eugène Melchior, *vicomte* **de**), écrivain français (Nice 1848 - Paris 1910). Il révéla au public français la littérature russe (*le Roman russe,* 1886 ; *Maxime Gorki,* 1905). [Acad. fr.]

VOID-VACON (55190), ch.-l. de c. de la Meuse ; 1 630 h. Ruines (XIVe s.) d'un château des évêques de Toul.

VOIRON (38500), ch.-l. de c. de l'Isère ; 19 221 h. *(Voironnais).* Liqueur. Skis. Papeterie.

VOISARD (Alexandre), écrivain suisse d'expression française (Porrentruy 1930), poète régionaliste (*Liberté à l'aube,* 1973) et auteur de récits fantastiques (*l'Année des treize lunes,* 1984).

VOISIN (Catherine **Monvoisin,** née **Deshayes,** dite **la**), aventurière française (Paris v. 1640 - *id.* 1680). Avorteuse et diseuse de bonne aventure, elle fut compromise comme sorcière dans l'affaire des Poisons (1679), décapitée et brûlée en place de Grève.

VOISIN (les frères), ingénieurs et industriels français. **Gabriel** (Belleville-sur-Saône 1880 - Ozenay, Saône-et-Loire 1973) et **Charles** (Lyon 1882 - Corselles, Rhône, 1912) furent les premiers en France à construire industriellement des avions (1908).

VOISINS-LE-BRETONNEUX (78960), comm. des Yvelines ; 11 242 h.

VOITURE (Vincent), écrivain français (Amiens 1597 - Paris 1648), l'un des modèles de la préciosité. (Acad. fr.)

Voix du Nord (la), journal et mouvement de la Résistance créés à Lille en 1941. Le journal est le plus important quotidien du nord de la France.

VOJVODINE, en serbo-croate **Vojvodina,** région de la Yougoslavie (Serbie), au nord du Danube ; 21 506 km^2 ; 2 043 000 h. ; ch.-l. *Novi Sad.* Elle compte une importante minorité hongroise.

Volcans d'Auvergne *(parc naturel régional des),* parc régional englobant les massifs des monts Dôme, des monts Dore et du Cantal ; env. 400 000 ha.

Vol de nuit, roman de Saint-Exupéry (1931), témoignage sur l'héroïsme quotidien des pilotes de l'aviation civile.

Voleur de bicyclette (le), film italien de V. De Sica (1948) qui, par la simplicité du sujet (un chômeur romain cherche avec son fils la bicyclette qu'on lui a volée) et la justesse de la peinture sociale, demeure l'un des chefs-d'œuvre du néoréalisme.

VOLGA (la), fl. de Russie, le plus long d'Europe ; 3 690 km (bassin de 1 360 000 km^2). La Volga prend sa source au plateau du Valdaï, puis traverse Iaroslavl, Nijni Novgorod, Kazan, Samara, Saratov, Volgograd et Astrakhan et se jette dans la Caspienne par un large delta. Importante artère navigable (plus de la moitié du trafic fluvial russe) reliée à la mer Blanche et à la Baltique (canal Volga-Baltique), à la mer d'Azov et à la mer Noire (canal Volga-Don), la Volga est coupée d'importants aménagements hydroélectriques.

VOLGA *(République des Allemands de la),* anc. république autonome de la R. S. F. S. de Russie (U. R. S. S.) [1924-1945], sur le cours inférieur de la Volga, où vivaient les descendants de colons allemands établis par Catherine II.

VOLGOGRAD, anc. **Tsaritsyne** puis, de 1925 à 1961, **Stalingrad,** v. de Russie, sur la Volga (r. dr.) ; 999 000 h. Centre industriel. Aménagement hydroélectrique sur la Volga. (V. ***Stalingrad.***)

VOLHYNIE, en polon. **Wołyń,** région du nord-ouest de l'Ukraine. Rattachée à la Lituanie (XIVe s.) puis à la Pologne (1569), elle fut annexée par la Russie en 1793-1795. De nouveau partagée entre l'U. R. S. S. et la Pologne (1921), elle revint tout entière à l'Union soviétique en 1939.

VOLJSKI, v. de Russie, sur la Volga, en face de Volgograd ; 269 000 h.

VÖLKLINGEN, v. d'Allemagne (Sarre) ; 43 471 h. Houille. Métallurgie.

Volkswagen, société allemande de construction automobile, fondée en 1937 à Wolfsburg pour la production d'une voiture populaire. Elle figure parmi les principaux producteurs européens.

VOLLARD (Ambroise), marchand de tableaux et éditeur d'estampes français (Saint-Denis de la Réunion 1868 - Paris 1939). Il s'intéressa notamment à Cézanne (qu'il exposa en 1895), Gauguin, Bonnard, Picasso, Rouault. Il a publié un volume de *Souvenirs* (1937).

VOLNAY (21190), comm. de la Côte-d'Or ; 355 h. Vins de la côte de Beaune.

VOLNEY (Constantin François **de Chassebœuf,** *comte* **de**), philosophe français (Craon, Anjou, 1757 - Paris 1820), auteur d'une philosophie qui montre que les peuples, malgré leur diversité, sont unis dans la fraternité et le progrès (*les Ruines ou Méditation sur les révolutions des empires,* 1791). [Acad. fr.]

VOLOGDA, v. de Russie ; 283 000 h. Centre industriel.

VOLOGÈSE, nom de cinq rois parthes arsacides, dont le plus important est **Vologèse Ier,** qui régna de 50/51 à 77 env. Il donna la couronne d'Arménie à son frère Tiridate.

VOLONNE (04290), ch.-l. de c. des Alpes-de-Haute-Provence ; 1 399 h.

VÓLOS, port de Grèce (Thessalie), sur le *golfe de Vólos ;* 77 907 h.

Volpone ou le Renard, comédie en cinq actes et en vers de Ben Jonson (1606). — Jules Romains et Stefan Zweig ont donné, sous le titre de *Volpone* (1928), une libre adaptation de cette œuvre.

VOLSQUES, peuple de l'Italie ancienne, dans le sud-est du Latium. Ennemis acharnés de Rome, ils ne furent soumis qu'au cours du IVe s. av. J.-C.

VOLTA (la), fl. du Ghana, formé par la réunion du Mouhoun (anc. *Volta Noire*), du Nakambe (anc. *Volta Blanche*) et du Nazinon (anc. *Volta Rouge*), issus du Burkina. Le barrage d'Akosombo a créé le *lac Volta* (plus de 8 000 km²).

VOLTA (Alessandro, *comte*), physicien italien (Côme 1745 - *id.* 1827), inventeur de l'eudiomètre (1776) et de la pile électrique (1800). Bonaparte le nomma comte et sénateur du royaume d'Italie.

VOLTA (HAUTE-) → ***Burkina.***

VOLTAIRE (François Marie **Arouet,** dit), écrivain français (Paris 1694 - *id.* 1778). Ses débuts dans les lettres (des vers contre le Régent) sont aussi ceux de ses démêlés avec le pouvoir (il sera embastillé) et, après un exil de trois ans en Angleterre, dont il fait l'éloge dans les *Lettres* philosophiques* (1734), il ne cessera plus de chercher la sécurité, à Cirey, chez Mme du Châtelet, auprès de Frédéric de Prusse (1750-1753), puis dans ses domaines des Délices (1755) et de Ferney (1759). Admirateur du XVIIe s., il cherche à s'égaler aux écrivains classiques dans l'épopée (*la Henriade,* 1728), la tragédie (*Zaïre,* 1732). Mais il est surtout pour l'Europe un prince de l'esprit et des idées philosophiques, qu'il répand par ses poèmes (*Poème sur le désastre de Lisbonne,* 1756), ses contes (*Zadig**, 1747 ; *Candide**, 1759), ses essais historiques (*le Siècle* de Louis XIV,* 1751), son *Dictionnaire philosophique* (1764) et ses campagnes en faveur des victimes d'erreurs judiciaires (Calas, Sirven, Lally-Tollendal). Idole d'une bourgeoisie libérale anticléricale, il reste un maître du récit vif et spirituel. (Acad. fr.)

VOLTA REDONDA, v. du Brésil, au nord-ouest de Rio de Janeiro ; 220 086 h. Sidérurgie.

VOLTERRA, v. d'Italie (Toscane) ; 12 885 h. Porte de l'Arc, enceinte et nécropole, vestiges de Velathri (en lat. *Volaterrae*), puissante cité étrusque prise par les Romains en 81-80 av. J.-C. Monuments médiévaux, dont la cathédrale. Musées.

VOLTERRA (Vito), mathématicien italien (Ancône 1860 - Rome 1940). Il fut l'un des créateurs de l'analyse fonctionnelle, qu'il appliqua à des problèmes de biologie et de physique.

VOLUBILIS, site archéologique du Maroc, au N. de Meknès. Imposantes ruines romaines (thermes, temple, arc de Caracalla, etc.).

VOLVIC (63530), comm. du Puy-de-Dôme ; 4 165 h. Eaux minérales. Église à chœur roman.

VÔ NGUYÊN GIAP, général vietnamien (An Xa 1912). Il commande les forces du Viêt-minh contre les Français (1947-1954). Ministre de la Défense du Viêt Nam du Nord à partir de 1960 (et de 1976 à 1980 du Viêt Nam réunifié), il dirige l'effort de guerre contre les Américains pendant la guerre du Viêt Nam (1964-1975). Il est vice-Premier ministre de 1976 à 1991.

VORARLBERG, prov. d'Autriche, à l'ouest du col de l'Arlberg ; 2 601 km² ; 307 000 h. ; ch.-l. *Bregenz.*

VOREPPE (38340), comm. de l'Isère, dans la *cluse de Voreppe* (entre la Chartreuse et le Vercors) ; 8 668 h. Papeterie.

VOREY (43800), ch.-l. de c. de la Haute-Loire ; 1 337 h.

VOROCHILOV (Kliment Iefremovitch), maréchal soviétique (Verkhneïe, Ukraine, 1881 - Moscou 1969). Défenseur de Tsaritsyne contre les Russes blancs, il devint commissaire du peuple pour la Défense (1925-1940), puis président du Praesidium du Soviet suprême de l'U. R. S. S. (1953-1960).

VOROCHILOVGRAD → ***Lougansk.***

VORONEJ, v. de Russie, près du Don ; 887 000 h. Centre industriel.

VÖRÖSMARTY (Mihály), poète hongrois (Kápolnásnyék 1800 - Pest 1855), auteur de drames romantiques et de poèmes épiques (*la Fuite de Zalán,* 1825).

VORSTER (Balthazar Johannes), homme politique sud-africain (Jamestown 1915 - Le Cap 1983). Premier ministre (1966-1978), président de la République (1978-79), il a mené une rigoureuse politique d'apartheid.

VOSGES, région de l'est de la France, formée par un massif dissymétrique, souvent boisé, dont le versant occidental, long et en pente douce, appartient à la Lorraine et le versant oriental, court et abrupt, à l'Alsace ; 1 424 m au *Grand Ballon.* (Hab. *Vosgiens.*) Primitivement unies à la Forêt-Noire, les Vosges en ont été séparées par la formation du fossé rhénan. Les *hautes Vosges,* au sud, aux sommets (« ballons ») parfois arrondis et aux cols élevés (Bussang, Schlucht), s'opposent aux *basses Vosges,* au nord, aux formes tabulaires, plus aisément franchissables (col de Saverne). La population et les activités se concentrent dans les vallées (Meurthe, Moselle, Thur, Fecht, etc.), sites des principales villes (Saint-Dié, Remiremont, Thann). L'élevage bovin (fromages) et les cultures (céréales, arbres fruitiers, vigne) sont surtout développés sur le versant alsacien, au climat d'abri. L'élevage transhumant sur les pâturages d'altitude, ou « hautes chaumes », a décliné comme le traditionnel textile. L'exploitation de la forêt, alimentant scieries et papeteries, constitue aujourd'hui la principale ressource de la montagne, qui bénéficie, en outre, de l'essor du tourisme.

Alessandro **Volta** (gravure d'A. Tardieu)

Voltaire (Quentin de La Tour - château de Versailles)

VOSGES (**88**), dép. de la Région Lorraine ; ch.-l. de dép. *Épinal ;* ch.-l. d'arr. *Neufchâteau, Saint-Dié ;* 3 arr., 31 cant., 516 comm. ; 5 874 km² ; 386 258 h. *(Vosgiens).* Le dép. est rattaché à l'académie de Nancy-Metz, à la cour d'appel de Nancy et à la région militaire Nord-Est. Il s'étend principalement sur les *hautes Vosges* à l'est, région d'élevage et de forêts, sur le Plateau lorrain, gréseux et calcaire, à l'ouest, pays découvert, d'habitat groupé, où la polyculture à base céréalière a reculé devant l'élevage, favorisé par l'humidité du climat. Le textile, développé après 1870 avec le repli d'Alsaciens, représenté dans les principales villes (Épinal, Saint-Dié, Remiremont) et bien qu'en déclin, demeure la branche majeure d'une industrie complétée par le travail du bois, la papeterie, la verrerie, le tourisme et le thermalisme (Vittel, Contrexéville, Plombières-les-Bains). [*V. carte p. 1752.*]

Vosges *(place des),* anc. **place Royale,** à Paris, dans le Marais, commencée en 1605 par Henri IV et inaugurée en 1612.

Vosges du Nord *(parc naturel régional des),* parc régional englobant l'extrémité nord du *massif des Vosges* (Bas-Rhin et Moselle), à la frontière de l'Allemagne ; env. 120 000 ha.

VOSNE-ROMANÉE [von-] (21700), comm. de la Côte-d'Or ; 467 h. Vins rouges.

VOSS (Johann Heinrich), poète allemand (Sommersdorf, Mecklembourg, 1751 - Heidelberg 1826), auteur de l'épopée paysanne et bourgeoise *Louise* (1795).

VOSSIUS (Gerardus Johannis), humaniste hollandais (Heidelberg 1577 - Amsterdam 1649). Il a laissé des ouvrages pédagogiques pour l'étude du grec et du latin ainsi que des travaux sur l'étude des religions. — Son fils **Isaacus** (Leyde 1618 - Windsor 1689) fut bibliothécaire de Christine de Suède.

VOTYAKS → ***Oudmourtes.***

VOUET (Simon), peintre français (Paris 1590 - *id.* 1649). Après une importante période romaine (1614-1627), il fit à Paris, grâce à son style aisé et décoratif (coloris vif, mouvement des compositions), une carrière officielle brillante (*le Temps vaincu par l'Amour, Vénus et l'Espérance,* musée de Bourges ; *Présentation au Temple,* allégorie dite *la Richesse,* Louvre).

VOUGEOT (21640), comm. de la Côte-d'Or ; 176 h. Vins rouges du *clos Vougeot.* Château du XVIe s.

Vouglans, aménagement hydroélectrique sur l'Ain : barrage et lac de retenue (env. 1 500 ha), centrale.

VOUILLÉ (86190), ch.-l. de c. de la Vienne ; 2 610 h. Clovis y vainquit et tua Alaric II, roi des Wisigoths (507).

VOUJEAUCOURT (25420), comm. du Doubs ; 3 199 h. Industrie automobile.

VOULTE-SUR-RHÔNE (La) [07800], ch.-l. de c. de l'Ardèche ; 5 141 h. *(Voultains).* Textile. Château des XIVe-XVIe s.

VOUNEUIL-SUR-VIENNE (86210), ch.-l. de c. de la Vienne ; 1 634 h.

VOUVRAY (37210), ch.-l. de c. d'Indre-et-Loire, sur la Loire ; 2 973 h. *(Vouvrillons).* Vins blancs et vins mousseux.

VOUZIERS (08400), ch.-l. d'arr. des Ardennes, sur l'Aisne ; 5 081 h. *(Vouzinois).* Église du XVIe s.

VOVES (28150), ch.-l. de c. d'Eure-et-Loir, en Beauce ; 2 824 h.

Voyage au bout de la nuit, roman de L.-F. Céline (1932). Cette histoire d'un médecin anarchiste et voyageur, Bardamu, écrite dans un style disloqué, débordant d'inventions

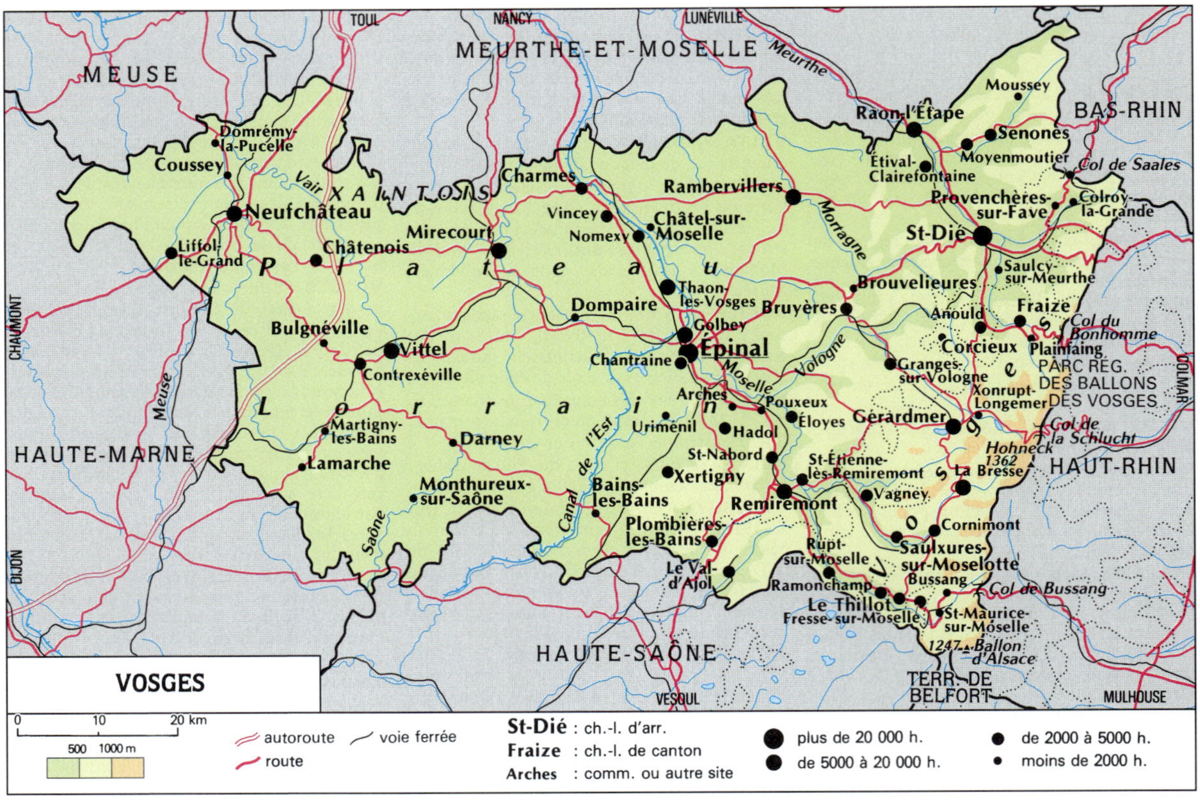

verbales, a profondément influencé la littérature française contemporaine.

Voyage de M. Perrichon (le), comédie d'Eugène Labiche (1860).

Voyage du pèlerin (le), allégorie mystique de J. Bunyan (1678-1684), qui exerça une influence considérable sur l'évolution de l'esprit religieux en Angleterre.

Voyager 1 et **2,** sondes spatiales automatiques américaines, lancées en 1977 et destinées à l'exploration de Jupiter (survolé en 1979), de Saturne (survolé en 1980 et 1981), puis d'Uranus et de Neptune (survolés par Voyager 2 respectivement en 1986 et 1989).

Voyage sentimental (le), de Sterne (1768), suite de descriptions ou de réflexions, un des chefs-d'œuvre de l'humour anglais.

VOYER D'ARGENSON (de) → ***Argenson*** *(de Voyer d').*

VRACA, v. du nord-ouest de la Bulgarie, au pied du Balkan ; 73 000 h.

VRANGEL ou **WRANGEL** *(île),* île russe, dans la mer de Sibérie orientale ; 7 300 km².

VRANGEL (Petr) → ***Wrangel.***

VRANITZKY (Franz), homme politique autrichien (Vienne 1937), chancelier de la République d'Autriche depuis 1986.

VREDEMAN DE VRIES (Hans), dessinateur, peintre et architecte néerlandais (Leeuwarden 1527 - ? v. 1604). Il publia à Anvers des traités d'architecture et de perspective ainsi que des recueils gravés d'ornements de style maniériste italien et bellifontain, qui furent très suivis en Europe du Nord.

VRIES (Hugo **de**) → ***De Vries.***

VROUBEL (Mikhaïl), peintre russe (Omsk 1856 - Saint-Pétersbourg 1910), importante figure du symbolisme et de l'Art nouveau.

Vue de Delft, toile de Vermeer (v. 1658) au Mauritshuis de La Haye, popularisée par Proust.

Vue de Tolède, toile du Greco, d'époque tardive, au Metropolitan Museum de New York. Lividement étagée sous un violent ciel d'orage, réduite à quelques édifices essentiels (pont d'Alcántara, cathédrale, Alcazar) et sans présence humaine visible, la ville mystique semble en attente du Jugement dernier.

Vuelta, Tour d'Espagne cycliste.

VUILLARD (Édouard), peintre français (Cuiseaux 1868 - La Baule 1940). Intimiste nuancé, il fit partie du groupe des nabis.

VULCAIN, dieu romain du Feu et du Travail des métaux, identifié au dieu grec *Héphaïstos.*

Vulgate, traduction latine de la Bible, œuvre de saint Jérôme. Elle est la version officielle de l'Église latine, le concile de Trente l'ayant approuvée en 1546.

VULPIAN (Alfred), médecin et physiologiste français (Paris 1826 - *id.* 1887), auteur de travaux sur le système nerveux.

VUNG TAU, port du sud du Viêt Nam ; 108 000 h.

VYBORG, en finnois **Viipuri,** v. de Russie, sur le golfe de Finlande ; 65 000 h. La ville a été cédée par la Finlande à l'U. R. S. S. en 1947.

W·X

WAAL (le), bras méridional du delta du Rhin. Il passe à Nimègue, puis se confond avec la Meuse.

WAAS ou **WAES,** région de Belgique (Flandre-Orientale), sur l'Escaut (r. g.), à la frontière néerlandaise.

WABUSH *(lac),* lac du Canada, dans le Labrador. Gisement de fer.

WACE, poète anglo-normand (Jersey v. 1100 - 1175), auteur du *Roman de Brut,* première œuvre en langue vulgaire, qui raconte les aventures du roi Arthur, et du *Roman de Rou,* ou *Geste des Normands.*

WACKENRODER (Wilhelm Heinrich), poète allemand (Berlin 1773 - *id.* 1798), l'un des promoteurs du romantisme (*Effusions sentimentales d'un moine ami des arts,* 1797).

WAD (El-), anc. **El-Oued,** oasis du Sahara algérien (wilaya de Beskra) ; 72 000 h.

WADDEN *(mer des)* ou **WADDENZEE,** partie de la mer du Nord comprise entre le continent et l'archipel de la Frise occidentale.

WADDINGTON (William Henry), homme politique et archéologue français né de père britannique (Saint-Rémy-sur-Avre 1826 - Paris 1894). Plusieurs fois ministre, il fut président du Conseil de févr. à déc. 1879.

WÄDENSWIL, v. de Suisse (Zurich) ; 19 440 h.

WAES → ***Waas.***

Wafd, parti nationaliste égyptien fondé en 1918-1923, qui milita pour l'indépendance de l'Égypte et l'abolition de la monarchie. Interdit en 1953, il fut reconstitué en 1977 et légalisé en 1983.

WAGNER (Otto), architecte, urbaniste et théoricien autrichien (Penzing, près de Vienne, 1841 - Vienne 1918). D'abord éclectique, il devint dans les années 90 le chef de file de l'école moderniste viennoise (église *Am Steinhof,* 1905).

WAGNER (Richard), compositeur allemand (Leipzig 1813 - Venise 1883). Maître de chapelle de la cour de Dresde, mais réfugié en Suisse (1849-1861) à cause de ses idées révolutionnaires, il bénéficia de l'aide de F. Liszt (dont il épousa la fille, Cosima) et de Louis II de Bavière pour mener à bien son œuvre : *le Vaisseau fantôme* (1841), *Tannhäuser* (1845), *Lohengrin* (1850), *l'Anneau du Nibelung,* dit la *Tétralogie** (1852-1876), *Tristan et Isolde* (1865), *les Maîtres chanteurs de Nuremberg* (1868), *Parsifal* (1876-1882). S'éloignant de l'opéra italien, il renonce aux fioritures vocales et à la virtuosité et intensifie la participation orchestrale. Partisan d'un théâtre mythique (il puise ses livrets dans les légendes germaniques), voire mystique et symbolique, il parvient à une fusion étroite entre texte et musique, à une harmonie heureuse entre la voix et les instruments et à une profonde unité thématique, grâce à l'emploi qu'il fait du leitmotiv.

WAGNER-JAUREGG (Julius), psychiatre autrichien (Wels, Haute-Autriche, 1857 - Vienne 1940), prix Nobel en 1927 pour ses recherches sur la malariathérapie dans le traitement de la paralysie générale.

Wagram *(bataille de)* [6 juill. 1809], victoire de Napoléon sur l'archiduc Charles, en Autriche, au N.-E. de Vienne.

WAHRĀN → ***Oran.***

WAIKIKI, plage d'Honolulu (Hawaii).

WAJDA (Andrzej), cinéaste polonais (Suwałki 1926). Dominée par le thème national, son œuvre allie une grande lucidité critique à un art baroque et romantique : *Cendres et diamant* (1958), *le Bois de bouleaux* (1970), *la Terre de la grande promesse* (1975), *l'Homme de marbre* (1976), *les Possédés* (1988), *Korczak* (1990), *l'Anneau de crin* (1994).

WAKAYAMA, port du Japon (Honshū) ; 396 553 h. Centre industriel.

WAKE *(île de),* atoll du Pacifique, au N.-N.-O. des îles Marshall. Base aérienne sur le trajet Hawaii-Philippines, l'île fut occupée par les Japonais de 1941 à 1945.

WAKHĀN, extrémité nord-est de l'Afghanistan.

WAKSMAN (Selman Abraham), microbiologiste américain d'origine russe (Prilouki, près de Kiev, 1888 - Hyannis, Massachusetts, 1973), prix Nobel en 1952 pour sa découverte, avec Albert Schatz, de la streptomycine.

WAŁBRZYCH, v. de Pologne, en basse Silésie ; 141 200 h. Houille. Centre industriel.

WALBURGE *(sainte)* → ***Walpurgis.***

WALDECK-ROUSSEAU (Pierre), homme politique français (Nantes 1846 - Corbeil 1904). Ministre de l'Intérieur (1881-82, 1883-1885), il attacha son nom à la loi sur les associations professionnelles (1884). Président du Conseil de 1899 à 1902, il fit voter la loi sur les associations (1901).

WALDERSEE (Alfred, *comte* **von**), maréchal allemand (Potsdam 1832 - Hanovre 1904). Il commanda en 1900 les troupes internationales envoyées en Chine pendant la guerre des Boxers.

WALDHEIM (Kurt), diplomate et homme politique autrichien (Sankt Andrä-Wördern 1918). Secrétaire général de l'O. N. U. de 1972 à 1981, il a été président de la République autrichienne de 1986 à 1992.

WALENSEE ou **WALLENSEE,** lac de Suisse ; 30 km² environ.

WALES, nom angl. du **pays de Galles.**

WAŁĘSA (Lech), homme politique polonais (Popowo 1943). Il est le principal leader des mouvements revendicatifs de 1980, qui ont abouti à la création du syndicat Solidarność (qu'il préside de 1981 à 1990). Arrêté en 1981,

Richard **Wagner**
(Scala, Milan)

Andrzej **Wajda :** une scène de *la Terre de la grande promesse* (1975).

il est libéré en 1982. Il est président de la République de 1990 à 1995. (Prix Nobel de la paix 1983.)

WALEWSKI (Alexandre Joseph **Colonna,** *comte*), homme politique français (Walewice, Pologne, 1810 - Strasbourg 1868), fils naturel de Napoléon Ier et de la comtesse Walewska. Ministre des Affaires étrangères de Napoléon III (1855-1860), il présida le congrès de Paris (1856).

WALHALLA (le) ou **VAL-HALL.** *Myth. germ.* Séjour paradisiaque réservé aux guerriers morts en héros.

Walkyrie (la) → ***Tétralogie.***

WALKYRIES ou **VALKYRIES.** *Myth. germ.* Divinités féminines, messagères de Wotan et hôtesses du Walhalla, où elles conduisent les héros morts.

WALLACE (Alfred Russel), naturaliste britannique (Usk, Monmouthshire, 1823 - Broadstone, Dorset, 1913), un des fondateurs de la géographie zoologique et de la doctrine de la sélection naturelle, qu'il énonça en même temps que Darwin.

WALLACE (*sir* Richard), philanthrope britannique (Londres 1818 - Paris 1890). Il dota Paris de cinquante petites fontaines d'eau potable. Sa collection de tableaux et d'objets d'art, léguée à l'Angleterre, est riche en pièces du XVIIIe s. français (*Wallace Collection,* Londres).

WALLACE (*sir* William), héros de l'indépendance écossaise (près de Paisley 1270 - Londres 1305). À partir de 1297, il lutta contre Édouard Ier. Capturé, il fut décapité.

WALLASEY, v. de Grande-Bretagne, sur la mer d'Irlande ; 90 000 h.

WALLENSEE → ***Walensee.***

WALLENSTEIN (Albrecht Wenzel Eusebius **von**) ou **WALDSTEIN,** général d'origine tchèque (Hermanič 1583 - Eger, auj. Cheb, 1634). Il mit, en 1618, une armée à la disposition de l'empereur et combattit avec succès pendant la guerre de Trente Ans. Mais les princes de la Ligue contraignirent Ferdinand II à le congédier (1630). Rappelé en 1631, vaincu à Lützen (1632), il entama des négociations secrètes avec les protestants. Révoqué par l'empereur, il fut assassiné.

Wallenstein, trilogie dramatique de Schiller (1798-99), comprenant *le Camp de Wallenstein, les Piccolomini* et *la Mort de Wallenstein,* mise en musique par V. d'Indy (1873-1881).

WALLER (Thomas, dit **Fats**), pianiste, chanteur et compositeur de jazz noir américain (New York 1904 - Kansas City 1943), un des grands maîtres du piano stride.

WALLERS (59135), comm. du Nord ; 5 883 h.

WALLIS (John), mathématicien anglais (Ashford 1616 - Oxford 1703). Membre fondateur de la Royal Society, il a exprimé π sous forme de produit infini.

WALLIS-ET-FUTUNA, territoire français d'outre-mer au nord-est des Fidji ; 255 km² ; 13 705 h. Ch.-l. *Mata-Utu.* Il est formé des îles Wallis (96 km²), de Futuna et Alofi. L'archipel, découvert en 1767 par l'Anglais Samuel Wallis, devint protectorat français en 1886 et territoire français d'outre-mer en 1959.

WALLON (Henri), historien et homme politique français (Valenciennes 1812 - Paris 1904). Professeur à la Sorbonne, représentant du peuple en 1849-50, député de 1871 à 1875, il fit adopter à une voix de majorité, le 30 janv. 1875, l'amendement aux lois constitutionnelles

Wallenstein
(A. Van Dyck - Bayerisches National - Museum, Munich)

Robert **Walpole**
(d'après J.-B. Van Loo - National Portrait Gallery, Londres)

qui, en évoquant l'élection du « président de la République », instaurait le régime républicain. Ministre de l'Instruction publique en 1875-76, il contribua au vote de la loi instaurant la liberté de l'enseignement supérieur (juill. 1875).

WALLON (Henri), psychologue français (Paris 1879 - *id.* 1962). Il est l'auteur d'importants travaux sur le développement de l'enfant *(l'Évolution psychologique de l'enfant,* 1941) et d'un projet de réforme de l'enseignement avec Langevin.

WALLONIE ou **RÉGION WALLONNE,** Région de la Belgique, de langue française (avec une minorité germanophone d'à peine 70 000 h.), formée de cinq provinces (Brabant wallon, Hainaut, Liège, Luxembourg et Namur) ; 16 847 km² ; 3 255 711 h. *(Wallons).* Cap. *Namur.* — La Wallonie s'est affirmée à partir de la fin du XIXe s. comme une entité culturelle dans les régions de Belgique où sont traditionnellement parlés le français et des dialectes romans, principalement le wallon. Elle est devenue une région partiellement autonome (1970), puis l'une des trois Régions de l'État fédéral de Belgique (1993).

Wall Street, rue de New York, dans le sud de Manhattan, où est située la Bourse.

Wall Street Journal (The), quotidien américain économique et financier créé en 1889 à New York par H. Dow et E. D. Jones.

WALPOLE (Robert), 1er *comte* **d'Orford,** homme politique britannique (Houghton 1676 - Londres 1745). L'un des chefs du parti whig, premier lord du Trésor et chancelier de l'Échiquier (1715-1717 ; 1721-1742), il contrôla en fait la politique du pays et jeta les bases du régime parlementaire britannique. — Son fils **Horace** (Londres 1717 - *id.* 1797) fut un des initiateurs du « roman noir » (*le Château d'Otrante,* 1764).

WALPURGIS ou **WALBURGE** *(sainte),* religieuse anglaise (dans le Wessex v. 710 - Heidenheim, Allemagne, 779). Elle fut abbesse du monastère de Heidenheim et son tombeau devint un centre de pèlerinage. Sa fête, qui se célébrait le 1er mai, fut associée par la ferveur populaire à d'anciennes légendes du folklore germanique sur le retour du printemps.

WALRAS (Léon), économiste français (Évreux 1834 - Clarens, Suisse, 1910). Il a contribué à introduire en économie la méthode mathématique et le calcul à la marge. Fondateur de l'« école de Lausanne », son influence fut considérable sur la pensée économique.

WALSALL, v. de Grande-Bretagne, dans les Midlands ; 179 000 h. Métallurgie. Chimie.

WALSCHAP (Gerard), écrivain belge d'expression néerlandaise (Londerzeel 1898 - Anvers 1989). Poète mystique, le romancier s'est fait l'adepte d'un vitalisme matérialiste et de la tolérance (*Alter ego,* 1964 ; *l'Enfant,* 1982).

WALSER (Martin), écrivain allemand (Wasserburg 1927). Ses romans *(Au-delà de l'amour)* et son théâtre *(Chêne et lapins angoras, le Cygne noir)* dénoncent l'absurdité du monde contemporain.

WALSER (Robert), écrivain suisse d'expression allemande (Bienne 1878 - Herisau 1956). Interné en 1929, il ne sera reconnu comme l'un des plus grands écrivains suisses qu'après sa mort (*l'Homme à tout faire,* 1908).

WALSH (Raoul), cinéaste américain (New York 1887 - Simi Valley, Californie, 1980). Il a excellé dans les westerns et les films de guerre et d'aventures : *le Voleur de Bagdad* (1924), *la Piste des géants* (1930), *Gentleman Jim* (1942), *Aventures en Birmanie* (1945), *L'enfer est à lui* (1949).

WALTARI (Mika), écrivain finlandais (Helsinki 1908 - *id.* 1979), auteur de romans historiques *(Sinouhé l'Égyptien)* et sociaux *(Un inconnu vint à la ferme).*

WALTER (Bruno Walter **Schlesinger,** dit **Bruno**), chef d'orchestre allemand naturalisé américain (Berlin 1876 - Hollywood 1962). Il fit connaître Bruckner et G. Mahler.

WALTER TYLER → ***Tyler.***

WALTHER von der Vogelweide, poète allemand (v. 1170 - Würzburg v. 1230), le premier des minnesänger qui ait fait de ses poésies une arme politique, qu'il dirigea contre la papauté.

WALVIS BAY, port de Namibie sur l'Atlantique ; 20 000 h. Base de pêche. Zone franche.

WAMBRECHIES [vɑ̃brəʃi] (59118), comm. du Nord, banlieue de Lille ; 8 271 h. Textile.

WANG MENG ou **WANG MONG,** peintre chinois (Wuxing, Zhejiang, v. 1308-1385), l'un des plus réputés de la dynastie Yuan. Rochers, arbres et torrents envahissent ses paysages à la touche énergique et leur confèrent puissance et intensité dramatique.

Wang Meng : *Paysage* (1367).
(Musée Cernuschi, Paris.)

WANG WEI, peintre, calligraphe et poète chinois (Taiyuan, Shanxi, 699-759). Créateur probable de la peinture monochrome à l'encre, son œuvre de poète paysagiste (connue par des copies) a été à l'origine de la peinture lettrée chinoise.

WANTZENAU (La) [67610], comm. du Bas-Rhin ; 4 401 h. Caoutchouc.

WANZA (*djebel* **El-**) ou **OUENZA** *(djebel),* montagne de l'est de l'Algérie ; 1 289 m. Minerai de fer.

WARANGAL, v. de l'Inde (Andhra Pradesh) ; 466 877 h. Temple de Hanamkonda (XIIe s.).

WARBURG (Otto), physiologiste allemand (Fribourg-en-Brisgau 1883 - Berlin 1970). Ses recherches ont porté sur les enzymes des oxydations cellulaires, en particulier dans les chaînes respiratoires. (Prix Nobel 1931.)

WAREGEM, comm. de Belgique (Flandre-Occidentale) ; 34 902 h.

WAREMME, comm. de Belgique, ch.-l. d'arr. de la prov. de Liège ; 12 640 h.

WARENS [varɑ̃] (Louise Éléonore **de La Tour du Pil,** *baronne* **de**) [Vevey, Suisse, 1700 - Chambéry 1762]. Elle accueillit J.-J. Rousseau aux Charmettes.

WARGLA, anc. **Ouargla,** oasis du Sahara algérien, ch.-l. de wilaya ; 77 000 h.

WARHOL (Andy), peintre et cinéaste américain d'origine slovaque (Pittsburgh 1929 - New York 1987). Comme plasticien, un des représentants du *pop art,* il a procédé par multiplication d'une même image à base photographique (boîte de soupe, portrait de Marilyn Monroe, cliché de la chaise électrique, etc.), avec permutations de coloris. Il fut l'un des chefs de file de la contre-culture, tant par ses attitudes que par ses œuvres.

WARIN (Jean) → ***Varin.***

WARNDT (la), région forestière à l'ouest de Forbach. Houille.

WARNEMÜNDE, avant-port de Rostock.

WARREN, v. des États-Unis (Michigan), banlieue nord de Detroit ; 161 000 h.

WARREN (Robert Penn), écrivain américain (Guthrie, Kentucky, 1905 - Stratton, Vermont, 1989). Ses romans et ses poèmes (*le Grand Souffle,* 1950) posent le problème fondamental de la liberté humaine.

WARRINGTON, v. de Grande-Bretagne, sur la Mersey, fusionnée avec Runcorn ; 205 000 h. Centre industriel.

WARSZAWA → ***Varsovie.***

WARTA (la), riv. de Pologne, affl. de l'Odra (r. dr.) ; 808 km.

Wartburg *(château de la),* château fort de Thuringe, près d'Eisenach, fameux par les concours des minnesänger, qu'évoque R. Wagner dans *Tannhäuser,* et par les séjours qu'y firent sainte Élisabeth de Hongrie, puis Luther (1521).

WARTBURG (Walther **von**), linguiste suisse (Riedholz, Soleure, 1888 - Bâle 1971), auteur d'un monumental *Dictionnaire étymologique de la langue française.*

WARWICK (Richard **Neville,** *comte* **de**) → ***Neville.***

WARWICKSHIRE, comté d'Angleterre ; ch.-l. *Warwick.*

WASATCH, chaîne montagneuse de l'ouest des États-Unis (Utah) ; 3 750 m.

WASH (le), golfe formé par la mer du Nord, sur la côte orientale de l'Angleterre.

WASHINGTON, un des États unis d'Amérique, sur le Pacifique ; 176 500 km² ; 4 866 692 h. Cap. *Olympia.*

WASHINGTON, cap. fédérale des États-Unis d'Amérique, dans le district fédéral de Columbia, sur le Potomac ; 606 900 h. (3 923 574 h. dans l'agglomération). Ville administrative, édifiée de 1800 à 1871, et résidence du président des États-Unis depuis 1800 (Maison-Blanche). Importants musées d'art.

WASHINGTON (George), homme politique américain (comté de Westmoreland, Virginie, 1732 - Mount Vernon 1799). Riche propriétaire, représentant de la Virginie aux congrès de Philadelphie (1774 et 1775), il prend position en faveur de l'indépendance. Commandant en chef (1775), aidé par la France, il bat les Anglais et devient le héros de l'indépendance américaine (1781). Premier président de l'Union (1789), réélu en 1792, il se montre partisan d'un fédéralisme fort.

Washington *(accord de)* ou **Oslo** *(accord d')* [13 sept. 1993], accord israélo-palestinien conclu après la reconnaissance mutuelle d'Israël et de l'O.L.P. Les deux parties souscrivent à la déclaration de principe sur des arrangements intérimaires d'autonomie s'appliquant à une période de cinq ans, au terme de laquelle doit entrer en vigueur le statut définitif, préalablement négocié, des territoires occupés. Il concerne, dans un premier temps, la bande de Gaza et la zone de Jéricho, y prévoyant l'instauration d'un régime d'autonomie administrative et le retrait de l'armée israélienne, à l'exclusion des colonies de peuplement.

Washington Post (The), quotidien américain créé en 1877, de tradition libérale. Il a joué un rôle déterminant dans l'affaire du *Watergate.*

WĀSIṬĪ (Yaḥyā ibn Maḥmūd, dit **al-**), calligraphe et miniaturiste arabe, originaire d'Iraq. Actif au début du XIIIe s., il est l'un des principaux représentants de l'école de Bagdad.

WASQUEHAL [waskal] (59290), comm. du Nord ; 18 067 h. Chimie. Ficellerie.

WASSELONNE (67310), ch.-l. de c. du Bas-Rhin ; 4 923 h.

WASSERBILLIG, port fluvial du Luxembourg, sur la Moselle ; 3 000 h.

WASSERMANN (August **von**), médecin allemand (Bamberg 1866 - Berlin 1925). Il a mis au point une réaction sérologique permettant de déceler l'existence de la syphilis.

Washington : la Maison-Blanche, édifiée par James Hoban (1792-1800 ; portique ajouté en 1824).

George **Washington** (G. Healy - château de Versailles)

James **Watt** (C.F. Van Breda - National Portrait Gallery, Londres)

WASSIGNY (02630), ch.-l. de c. de l'Aisne ; 1 046 h.

WASSY (52130), ch.-l. de c. de la Haute-Marne ; 3 566 h. Église avec parties romanes. Le 1er mars 1562, le massacre d'une soixantaine de protestants de cette ville par les gens du duc de Guise déclencha les guerres de Religion.

WATERBURY, v. des États-Unis (Connecticut) ; 108 961 h.

WATERFORD, en gaélique **Port Láirge,** port de la République d'Irlande (Munster) ; 40 345 h. Verrerie.

Watergate *(scandale du),* affaire d'espionnage politique américaine qui eut lieu dans le Watergate, immeuble de Washington utilisé par le parti démocrate, en 1972. Les enquêtes du *Washington Post* conduisirent à l'inculpation de cinq collaborateurs du président Nixon. Le scandale qui en résulta contraignit ce dernier à démissionner (1974).

WATERLOO, comm. de Belgique (Brabant wallon), au sud de Bruxelles ; 27 860 h.

WATERLOO, v. du Canada (Ontario) ; 71 181 h.

Waterloo *(bataille de)* [18 juin 1815], victoire décisive des Anglais et des Prussiens sur Napoléon, au sud de Waterloo (Belgique).

WATERMAEL-BOITSFORT, en néerl. **Watermaal-Bosvoorde,** comm. de Belgique, banlieue sud-est de Bruxelles ; 24 567 h.

WATSON (James Dewey), biologiste américain (Chicago 1928). Il découvrit avec Crick et Wilkins la structure de l'A. D. N. (Prix Nobel 1962.)

WATSON (John Broadus), psychologue américain (Greenville, Caroline du Sud, 1878 - New York 1958). Il est à l'origine de la psychologie du comportement, ou *béhaviorisme* (*Comportement,* 1914).

WATSON-WATT (*sir* Robert Alexander), physicien britannique (Brechin, district d'Angus, Écosse, 1892 - Inverness 1973). Il conçut le système de détection et de mesure de la distance d'un obstacle au moyen d'ondes hertziennes, ou radar.

WATT (James), ingénieur britannique (Greenock, Écosse, 1736 - Heathfield, près de Birmingham, 1819). Il apporta de multiples améliorations à la machine à vapeur, telles que le condenseur (1769), l'action alternative de la vapeur sur les deux faces du piston (1780), le volant, le régulateur à boules, etc.

WATTASSIDES, dynastie qui régna au Maroc de 1472 à 1554.

WATTEAU (Antoine), peintre français (Valenciennes 1684 - Nogent-sur-Marne 1721). Rompant avec l'académisme du XVIIe s., empruntant à Rubens et aux Vénitiens, il a développé, dans l'ambiance d'une société raffinée, son art des scènes de comédie (*l'Amour au théâtre français* [v. 1712 ?], musée de Berlin-Dahlem) et surtout des « fêtes galantes », genre créé par lui et dont le *Pèlerinage* à l'île de Cythère* est le chef-d'œuvre. Watteau est un dessinateur et un coloriste de premier ordre ; sa touche est d'une nervosité originale, son inspiration d'une poésie nostalgique et pénétrante (*l'Indifférent* et *la Finette, Nymphe et satyre, Gilles* [ou *Pierrot*], Louvre ; *les Champs-Élysées, les Charmes de la vie,* Wallace Collection, Londres ; *les Plaisirs d'amour,* Dresde ; *l'Enseigne* de Gersaint,* Berlin).

WATTIGNIES [wa-] (59139), comm. du Nord, au sud de Lille ; 14 636 h.

WATTIGNIES-LA-VICTOIRE (59680), comm. du Nord ; 226 h. Victoire de Jourdan sur les Autrichiens (16 oct. 1793).

WATTRELOS [watrəlo] (59150), comm. du Nord, près de Roubaix ; 43 784 h. *(Wattrelosiens).* Filature.

WAT TYLER → ***Tyler.***

WAUGH (Evelyn), écrivain britannique (Londres 1903 - Combe Florey, près de Taunton, Somerset, 1966). Ses romans sont une violente satire de l'humanité contemporaine (*l'Épreuve de Gilbert Pinfold,* 1957).

WAVELL (Archibald Percival, 1er *comte*), maréchal britannique (Colchester 1883 - Londres 1950). Commandant au Moyen-Orient en 1939, il vainquit les Italiens en Libye (1941) et fut vice-roi des Indes de 1943 à 1947.

WAVRE, v. de Belgique, ch.-l. du Brabant wallon ; 28 565 h. Église des XVe-XVIIe s.

WAVRE-SAINTE-CATHERINE → ***Sint-Katelijne-Waver.***

WAVRIN [wa-] (59136), comm. du Nord ; 7 486 h.

Antoine **Watteau** : *l'Amour au théâtre français.* (Musée de Berlin-Dahlem.)

WAYNE (Marion Michael **Morrison**, dit **John**), acteur américain (Winterset, Iowa, 1907 - Los Angeles 1979). L'un des acteurs les plus populaires du western, il a tourné notamment sous la direction de J. Ford (*la Chevauchée fantastique,* 1939 ; *l'Homme tranquille,* 1952) et de H. Hawks (*la Rivière rouge,* 1948 ; *Rio Bravo,* 1959).

WAZIERS [wa-] (59119), comm. du Nord ; 8 862 h.

WAZIRISTĀN, région du nord-ouest du Pakistan.

WEALD (le), région humide et boisée du sud-est de l'Angleterre, entre les Downs.

WEAVER (Warren), mathématicien américain (Reedsburg, Wisconsin, 1894 - New Milford 1978), auteur, avec Shannon, de la *Théorie mathématique de la communication* (1949).

WEBB (Sidney), *baron* **Passfield,** homme politique et économiste britannique (Londres 1859 - Liphook 1947). L'un des fondateurs de la Fabian Society (1884), il marqua profondément le mouvement travailliste. Il avait épousé en 1892 **Beatrice Potter** (près de Gloucester 1858 - Liphook 1943), qui collabora à ses travaux.

WEBER (Carl Maria **von**), compositeur et chef d'orchestre allemand (Eutin 1786 - Londres 1826). Auteur du *Freischütz* (1821), d'*Euryanthe* (1823), d'*Oberon* (1826), Weber est l'un des créateurs de l'opéra national allemand. Il composa des œuvres brillantes pour piano *(Invitation à la valse)* et pour clarinette.

WEBER (Max), économiste et sociologue allemand (Erfurt 1864 - Munich 1920), promoteur d'une sociologie « compréhensive », utilisant des « types idéaux » (*Économie et société,* 1922).

WEBER (Wilhelm Eduard), physicien allemand (Wittenberg 1804 - Göttingen 1891). Il donna en 1846 la loi fondamentale concernant les forces exercées par les particules électrisées en mouvement.

WEBERN (Anton **von**), compositeur autrichien (Vienne 1883 - Mittersill 1945). Un des pionniers du dodécaphonisme sériel (*Bagatelles,* pour quatuor à cordes, 1913), il se forgea un style personnel caractérisé par l'abandon du développement, la rigueur, l'absence de virtuosité.

WEBSTER (John), auteur dramatique anglais (Londres v. 1580 - *id.* v. 1624). Le réalisme de ses tragédies confine à l'atroce (*la Duchesse de Malfi,* 1614).

WEBSTER (Noah), lexicographe américain (West Hartford, Connecticut, 1758 - New Haven 1843). Son *American Dictionary of the English Language* paru en 1828 a été, depuis, constamment mis à jour et réédité.

WEDEKIND (Frank), auteur dramatique allemand (Hanovre 1864 - Munich 1918), un des meilleurs représentants de l'expressionnisme (*l'Éveil du printemps,* 1891 ; *la Danse de mort,* 1906).

WEDGWOOD (Josiah), céramiste et industriel britannique (Burslem, Staffordshire, 1730 - *id.* 1795). Créateur, vers 1760, de la *faïence fine,* il rencontra un tel succès qu'il put fonder en 1768, à Burslem, la manufacture *Etruria,* où il produisit des modèles de style néoclassique. Son nom reste attaché à des grès fins et mats ornés de bas-reliefs à l'antique se détachant en blanc sur un fond coloré.

WEENIX (Jan Baptist), peintre néerlandais (Amsterdam 1621 - près d'Utrecht 1663), auteur de paysages dans le goût italien, de bambochades et de natures mortes de gibier. — Son fils **Jan** (Amsterdam v. 1640 - *id.* 1719) a traité des sujets voisins.

WEGENER (Alfred), géophysicien et météorologue allemand (Berlin 1880 - au Groenland 1930), théoricien de la dérive des continents.

WEHNELT (Arthur), physicien allemand (Rio de Janeiro 1871 - Berlin 1944). Auteur de travaux sur l'émission thermoélectronique, il perfectionna les tubes électroniques.

Wehrmacht (mot all. signif. *force de défense*), nom donné de 1935 à 1945 à l'ensemble des forces armées allemandes de terre, de mer et de l'air. (De 1939 à 1945, près de 18 millions d'hommes passèrent dans ses rangs.)

WEIDMAN (Charles), danseur, chorégraphe et pédagogue américain (Lincoln, Nebraska, 1901 - New York 1975). Collaborateur de D. Humphrey, il fut un des chefs de file de la modern dance aux États-Unis.

WEIERSTRASS (Karl), mathématicien allemand (Ostenfelde 1815 - Berlin 1897). Il fut l'un des grands rénovateurs de l'analyse. Voulant fonder celle-ci sur l'arithmétique, il fournit une construction des nombres réels. Il développa considérablement la théorie des fonctions analytiques.

WEIFANG ou **WEI-FANG,** v. de Chine (Shandong) ; 190 000 h.

WEIL (André), mathématicien français (Paris 1906), théoricien des nombres, l'un des membres fondateurs du groupe Bourbaki.

WEIL (Simone), philosophe française (Paris 1909 - Londres 1943), sœur du précédent. Sa vie et son œuvre (*la Pesanteur et la Grâce,* 1947) révèlent son mysticisme chrétien et son ardente recherche de la justice sociale.

WEILL (Kurt), compositeur allemand naturalisé américain (Dessau 1900 - New York 1950), auteur de la musique de certaines pièces de B. Brecht (*l'Opéra de quat' sous,* 1928).

WEIMAR, v. d'Allemagne (Thuringe) ; 61 583 h. Centre universitaire, touristique et industriel. Monuments surtout du XVIIIe s. La ville fut, sous le règne de Charles-Auguste (1775-1828), un foyer intellectuel autour de Goethe.

Weimar *(République de),* régime politique de l'Allemagne de 1919 à 1933. L'insurrection spartakiste réprimée (janv. 1919), l'Assemblée constituante, réunie à Weimar, promulgue une constitution démocratique qui crée une fédération de 17 États autonomes. Le premier président de la République est F. Ebert (1919-1925), qui doit faire face à une situation financière et économique catastrophique et à l'opposition des communistes et des nationalistes. Le second président, le maréchal Hindenburg (m. en 1934), fait évoluer la république vers un régime de type présidentiel ; la crise mondiale, qui s'amorce en 1930, favorise le succès du national-socialisme, dont le leader, Adolf Hitler, accède au pouvoir en 1933.

WEINBERG (Steven), physicien américain (New York 1933), auteur d'une théorie permettant d'unifier l'interaction électromagnétique et l'interaction faible. (Prix Nobel 1979.)

WEIPA, port d'Australie (Queensland). Extraction, traitement et exportation de la bauxite.

WEISMANN (August), biologiste allemand (Francfort-sur-le-Main 1834 - Fribourg-en-Brisgau 1914). Il a établi l'indépendance précoce de la lignée cellulaire germinale dans l'embryon.

WEISS (Peter), écrivain suédois d'origine allemande (Nowaves, près de Berlin, 1916 - Stockholm 1982), auteur d'un théâtre engagé dans les luttes sociales et politiques contemporaines (*Marat-Sade,* 1964 ; *Hölderlin,* 1971).

WEISS (Pierre), physicien français (Mulhouse 1865 - Lyon 1940), créateur de la théorie du ferromagnétisme.

WEISSHORN, sommet des Alpes suisses (Valais), au-dessus de Zermatt ; 4 505 m.

WEISSMULLER (John, dit **Johnny**), nageur américain (Winbar, Pennsylvanie, 1904 - Acapulco 1984). Premier homme à nager le 100 m nage libre en moins d'une minute, cinq fois champion olympique (1924 et 1928), il fut l'interprète de Tarzan à l'écran.

WEITLING (Wilhelm), révolutionnaire allemand (Magdebourg 1808 - New York 1871). Partisan d'un communisme chrétien, il s'opposa à Marx et participa à la révolution de 1848 (*l'Évangile d'un pauvre pécheur,* 1845).

WEIZMANN (Chaïm), homme politique israélien (Motyl, Biélorussie, 1874 - Rehovot 1952). Il fut le premier président de l'État d'Israël (1949-1952).

WEIZSÄCKER (Richard, *baron* **von**), homme politique allemand (Stuttgart 1920). Démocrate-chrétien, il est président de la République fédérale de 1984 à 1994.

WELHAVEN (Johan Sebastian), écrivain norvégien (Bergen 1807 - Christiania 1873). Chantre de la nature et du folklore norvégiens, il s'opposa cependant au « norvégianisme » de Wergeland.

Welland *(canal),* canal (44 km) qui relie les lacs Érié et Ontario en évitant à la navigation les chutes du Niagara.

WELLES (Orson), cinéaste et acteur américain (Kenosha, Wisconsin, 1915 - Los Angeles 1985). Il débuta au théâtre puis à la radio avant de révolutionner la mise en scène cinématographique avec *Citizen Kane* (1941). Génie multiple, exubérant et singulier, il a réalisé aussi *la Splendeur des Amberson* (1942), *la Dame de Shanghai* (1948), *le Procès* (1962), *Vérités et mensonges* (1975).

WELLESLEY (Richard **Colley** [ou **Cowley**] **Wellesley,** *marquis*), homme politique britannique (château de Dangan, près de Trim, Irlande, 1760 - Londres 1842). Il fut gouverneur général de l'Inde, où il étendit la suzeraineté britannique (1797-1805), puis ministre des Affaires étrangères (1809-1812). Lord-lieutenant d'Irlande (1821-1828, 1833-34), il prit la défense des catholiques irlandais.

WELLINGTON, cap. et port de la Nouvelle-Zélande, dans l'île du Nord, sur le détroit de Cook ; 343 000 h. Centre industriel.

John **Wayne** dans *El Dorado* (1967) de Howard Hawks.

Chaïm **Weizmann**

Orson **Welles** auteur et interprète de *Citizen Kane* (1941).

WELLINGTON (Arthur **Wellesley,** *duc* **de**), général britannique (Dublin 1769 - Walmer Castle, Kent, 1852). Commandant les troupes anglaises au Portugal et en Espagne, il battit les Français à Vitoria (1813), puis envahit le sud de la France jusqu'à Toulouse (1814). À la tête des forces alliées aux Pays-Bas, il remporta la victoire de Waterloo (1815), puis commanda les forces d'occupation en France (1815-1818). Il fut Premier ministre de 1828 à 1830.

WELLS, v. de Grande-Bretagne (Somerset) ; 8 600 h. Importante cathédrale gothique (fin XIIe - fin XIVe s.).

WELLS (Herbert George), écrivain britannique (Bromley 1866 - Londres 1946), auteur de romans satiriques et de récits d'imagination scientifique (*l'Homme invisible,* 1897 ; *la Guerre des mondes,* 1898 ; *l'Esprit au bout du rouleau,* 1945).

WELS, v. d'Autriche (Haute-Autriche) ; 51 000 h. Centre commercial. Église du XIVe s. et belle place aux maisons des XVIe-XVIIIe s.

Welt (Die), quotidien allemand de tendance conservatrice créé en 1946 et contrôlé par le groupe A. Springer depuis 1953.

WELWYN GARDEN CITY, agglomération résidentielle (« cité-jardin » créée en 1920) de la région de Londres.

WEMBLEY, agglomération de la banlieue nord-ouest de Londres. Stade de football.

WEMYSS (Rosslyn Erskine, *lord* **Wester**), amiral britannique (Wemyss Castle, Fife, Écosse, 1864 - Cannes 1933). Chef d'état-major naval en 1918, il signa l'armistice de Rethondes au nom de la Grande-Bretagne.

WENDEL (**de**), famille de maîtres de forges lorrains. — **Ignace** (1741-1795) créa, avec J. Wilkinson, en 1781, une fonderie qui fut à l'origine de la métallurgie du Creusot. — Ses arrière-petits-fils, **Henri** et **Robert,** avec leur cousin **Théodore de Gargan,** acquirent en 1879 le procédé Thomas et accrurent l'empire industriel de la famille.

WENDERS (Wim), cinéaste allemand (Düsseldorf 1945). Sa thématique est celle de la solitude, de la marginalité et de l'errance : *Alice dans les villes* (1973), *Au fil du temps* (1976), *Paris, Texas* (1984), *les Ailes du désir* (1987), *Jusqu'au bout du monde* (1991), *Si loin, si proche* (1993).

WENDES, anc. nom donné au Moyen Âge par les Allemands à tous les Slaves entre l'Oder et l'Elbe.

WENGEN, station d'été et de sports d'hiver (alt. 1 300-3 454 m) de Suisse, dans l'Oberland bernois, au pied de la Jungfrau. Célèbre descente du Lauberhorn.

WENZHOU ou **WEN-TCHEOU,** port de Chine (Zhejiang) ; 200 000 h.

WEÖRES (Sándor), poète hongrois (Szombathely 1913 - Budapest 1989). Une virtuosité formelle, des aspirations métaphysiques élevées caractérisent son œuvre *(la Tour du silence).*

WERFEL (Franz), écrivain autrichien (Prague 1890 - Beverly Hills, Californie, 1945), auteur de drames et de romans expressionnistes ainsi que de biographies romancées.

WERGELAND (Henrik), poète norvégien (Kristiansand 1808 - Christiania 1845), considéré comme le père du romantisme en Norvège, partisan d'une culture spécifiquement norvégienne (*la Création, l'Homme et le Messie,* 1830).

WERNER (Abraham Gottlob), géologue allemand (Wehrau, Saxe, 1749 - Dresde 1817). Un des créateurs de la minéralogie, il affirme l'origine marine des roches.

le duc de **Wellington** (musée Lazaro Galdiano, Madrid)

John **Wesley** (N. Home - National Portrait Gallery, Londres)

WERNER (Alfred), chimiste suisse (Mulhouse 1866 - Zurich 1919), auteur de travaux sur les complexes organiques de divers métaux. (Prix Nobel 1913.)

WERNER (Zacharias), auteur dramatique allemand (Königsberg 1768 - Vienne 1823), d'inspiration mystique (*le Vingt-Quatre Février,* 1810).

WERNICKE (Carl), neurologue allemand (Tarnowitz 1848 - Thüringer Wald 1905), qui décrivit le premier l'aphasie sensorielle.

WERTHEIMER (Max), psychologue allemand (Prague 1880 - New York 1943), un des promoteurs du gestaltisme.

Werther *(les Souffrances du jeune),* roman épistolaire de Goethe (1774), qui contribua à créer l'image du héros romantique. — Drame lyrique de Jules Massenet (1892), sur un livret de E. Blau et P. Milliet d'après Goethe.

WERVIK, comm. de Belgique (Flandre-Occidentale), sur la Lys ; 17 986 h. Église des XIVe-XVe s.

WESER (la), fl. d'Allemagne, réunion de la Werra et de la Fulda. Elle passe à Minden, à Brême et se jette dans la mer du Nord ; 440 km.

WESLEY, famille de réformateurs et de musiciens britanniques. **John,** théologien (Epworth 1703 - Londres 1791), est avec son frère **Charles** (1707-1788) le fondateur en Angleterre du méthodisme, qui prône un retour aux sources de la Réforme.

WESSEX, royaume saxon, fondé à la fin du Ve s. Au début du IXe s., ses souverains réalisèrent l'unité anglo-saxonne.

WEST (Morris), écrivain australien (Melbourne 1916), romancier des passions sourdes et des déchirements de la conscience (*l'Avocat du diable,* 1959 ; *les Bouffons de Dieu,* 1981).

WEST BROMWICH, v. de Grande-Bretagne, près de Birmingham ; 155 000 h.

WEST END, quartiers résidentiels de l'ouest de Londres.

WESTERLO, comm. de Belgique (prov. d'Anvers), en Campine ; 20 607 h.

WESTERWALD (le), partie du Massif schisteux rhénan ; 657 m.

WESTINGHOUSE (George), inventeur et industriel américain (Central Bridge, New York, 1846 - *id.* 1914). On lui doit le frein à air comprimé (1872), adopté sur les chemins de fer du monde entier.

WESTMINSTER, borough du centre de Londres, autour de *Westminster Abbey,* dont il subsiste l'église (surtout des XIIIe-XVe s.), qui renferme les tombeaux des rois et des grands hommes de la Grande-Bretagne. — Le *palais de Westminster* a été construit à partir de 1840 sur plans de Charles Barry, en style néogothique, pour servir de siège au Parlement.

WESTMOUNT, v. du Canada (Québec), dans l'agglomération de Montréal ; 20 239 h.

WESTON (Edward), photographe américain (Highland Park, Illinois, 1886 - Carmel, Californie, 1958). En réaction au pictorialisme, il a fondé avec Adams le Groupe f. 64 et laisse une œuvre marquée par la rigueur et le rendu de la matière.

WESTPHALIE, en all. **Westfalen,** région historique d'Allemagne, qui fait partie, depuis 1946, du *Land* de *Rhénanie-du-Nord-Westphalie**. Elle fut érigée en duché en 1180. Napoléon Ier créa le royaume de Westphalie (1807-1813), comprenant les territoires de la Hesse électorale, du Hanovre et du Brunswick, et le confia à son frère Jérôme.

Westphalie *(traités de)* [1648], traités qui mirent fin à la guerre de Trente Ans. Ils furent signés à Münster entre l'Espagne et les Provinces-Unies et entre l'Empire germanique et la France, et à Osnabrück entre l'Empire et la Suède. Ils ont réglé les différends confessionnels et territoriaux et contribué à la ruine du Saint Empire.

West Point, terrain militaire des États-Unis (New York), sur l'Hudson. École de formation des officiers américains des armées de terre et de l'air, créée en 1802.

WETTEREN, comm. de Belgique (Flandre-Orientale) ; 22 655 h.

WETTERHORN (le), un des sommets de l'Oberland bernois (Suisse) ; 3 701 m.

WETTINGEN, comm. de Suisse (Argovie), sur la Limmat ; 17 706 h. Anc. abbatiale cistercienne reconstruite au XVIe s. (mobilier baroque ; vitraux dans le cloître).

WETZIKON, comm. de Suisse (Zurich) ; 16 696 h. Industries mécaniques et alimentaires.

WEVELGEM, comm. de Belgique (Flandre-Occidentale) ; 30 566 h.

WEYGAND (Maxime), général français (Bruxelles 1867 - Paris 1965). Chef d'état-major de Foch de 1914 à 1923, il anima la résistance des Polonais à l'Armée rouge pendant la guerre polono-soviétique de 1920. Haut-commissaire en Syrie (1923), chef d'état-major de l'armée (1930), il reçut au milieu de la débâcle le commandement de tous les théâtres d'opération (mai 1940) et recommanda l'armistice. Délégué général en Afrique du Nord (1940), il fut rappelé sur l'ordre de Hitler (1941), puis arrêté par la Gestapo et interné en Allemagne (1942-1945). Libéré par les Alliés (1945) et traduit en Haute Cour, il obtint, en 1948, un non-lieu sur tous les chefs d'accusation. (Acad. fr.)

WHARTON (Edith **Newbold Jones,** Mrs.), romancière américaine (New York 1862 - Saint-Brice, Seine-et-Marne, 1937), peintre des mœurs de la haute société américaine (*l'Âge de l'innocence,* 1920).

WHEATSTONE (*sir* Charles), physicien britannique (Gloucester 1802 - Paris 1875). Il inventa le stéréoscope, un télégraphe électrique à cadran et un appareil de mesure des résistances électriques.

WHEELER (*sir* Robert Eric Mortimer), archéologue britannique (Édimbourg 1890 - Leatherhead 1976), célèbre pour sa méthode de fouilles (information stratigraphique généralisée à l'ensemble d'un chantier et préservée pendant les travaux).

WHIPPLE (George Hoyt), médecin américain (Ashland, New Hampshire, 1878 - Rochester 1976), auteur de travaux sur les anémies. (Prix Nobel 1934.)

WHISTLER (James Abbott **McNeill**), peintre et graveur américain (Lowell, Massachusetts, 1834 - Londres 1903). Installé à Londres après

Westminster : l'église (XIIIe-XVe s. pour l'essentiel) de l'ancienne abbaye.

quelques années parisiennes (1855-1859), admirateur de l'art japonais et de Manet, il a poussé jusqu'à un extrême raffinement l'étude des harmonies chromatiques (*Jeune Fille en blanc,* 1862, National Gallery de Washington ; *Nocturne en bleu et argent,* 1872, Tate Gallery).

WHITBY, v. du Canada (Ontario) ; 46 932 h. Sidérurgie.

WHITE (Kenneth), écrivain britannique (Glasgow 1936). Poète et romancier, il cherche un nouvel art de vivre dans le contact direct avec la nature et le retour sur soi *(les Limbes incandescents).*

WHITE (Patrick), écrivain australien (Londres 1912 - Sydney 1990), auteur de romans et de drames sociaux et politiques (*l'Enterrement au jambon,* 1947 ; *le Mystérieux Mandala,* 1966 ; *Netherwood,* 1983). [Prix Nobel 1973.]

Whitehall, avenue de Londres, entre Trafalgar Square et Westminster, siège des principaux ministères. Elle fut percée sur l'emplacement d'un ancien palais qui portait ce nom et dont un bâtiment *(Banqueting House)* a été reconstruit par I. Jones.

WHITEHEAD (Alfred North), logicien et mathématicien britannique (Ramsgate 1861 - Cambridge, Massachusetts, 1947). Un des fondateurs de la logique mathématique, il est l'auteur avec B. Russell des *Principia mathematica* (1910-1913).

WHITEHEAD (Robert), ingénieur britannique (Bolton-Le-Moors, Lancashire, 1823 - Beckett Park, Berkshire, 1905). Spécialiste des constructions navales, il inventa les torpilles automobiles (1867) puis les perfectionna en les dotant d'un servomoteur (1876).

WHITEHORSE, v. du Canada, ch.-l. du Yukon ; 16 335 h.

WHITMAN (Walt), poète américain (West Hills 1819 - Camden 1892), auteur des *Feuilles* d'herbe* (1855-1892), où il exalte, dans les termes les plus directs de la langue populaire, la sensualité et la liberté. Son lyrisme est représentatif de la sensibilité américaine.

WHITNEY *(mont),* point culminant des États-Unis (en dehors de l'Alaska), dans la sierra Nevada ; 4 418 m.

WHITNEY (William Dwight), linguiste américain (Northampton, Massachusetts, 1827 - New Haven, Connecticut, 1894). Auteur de travaux sur le sanskrit et les langues amérindiennes, ses études de linguistique générale *(Language and the Study of Language)* ont influencé F. de Saussure.

WHITTLE (*sir* Frank), ingénieur britannique (Coventry 1907). Il a mis au point le premier turboréacteur, réalisé en 1941 par Rolls Royce.

WHITWORTH (*sir* Joseph), ingénieur et industriel britannique (Stockport, Cheshire, 1803 - Monte-Carlo 1887). Il préconisa un système uniforme de filetage pour les vis (1841) et remplaça le marteau par la presse hydraulique pour le forgeage de l'acier (1870).

WHORF (Benjamin Lee), linguiste américain (Winthrop, Massachusetts, 1897 - Wethersfield, Connecticut, 1941). Disciple d'E. Sapir, il a émis l'hypothèse que le langage est en relation causale avec le système de représentation du monde.

WHYALLA, port et centre minier (fer) d'Australie (Australie-Méridionale) ; 33 000 h. Sidérurgie.

WHYMPER (Edward), alpiniste britannique (Londres 1840 - Chamonix 1911). Il effectua la première ascension du Cervin (1865).

WICHITA, v. des États-Unis (Kansas) ; 304 011 h. Centre commercial et industriel.

Walt **Whitman**

Oscar **Wilde**

WICKSELL (Knut), économiste suédois (Stockholm 1851 - Stocksund, près de Stockholm, 1926), auteur de travaux sur l'équilibre monétaire. Il annonce Keynes.

WIDAL (Fernand), médecin français (Dellys, auj. Delles, Algérie, 1862 - Paris 1929), auteur d'importants travaux sur la fièvre typhoïde et les maladies des reins.

WIDOR (Charles-Marie), organiste et compositeur français (Lyon 1844 - Paris 1937). Organiste de St-Sulpice à Paris, professeur au Conservatoire, il est l'initiateur d'un style d'orgue très symphonique (10 symphonies pour orgue).

WIECHERT (Ernst), écrivain allemand (Kleinort, Prusse-Orientale, 1887 - Uerikon, canton de Zurich, 1950), auteur de nouvelles et de récits marqués d'une inquiétude romantique (*les Enfants Jéromine,* 1945-1947).

WIELAND (Christoph Martin), écrivain allemand (Oberholzheim 1733 - Weimar 1813). Il fonda *le Mercure allemand* et exerça par ses poèmes *(Oberon),* ses essais et ses récits *(Agathon, les Abdéritains)* une influence profonde sur Goethe et les écrivains allemands.

WIELICZKA, v. de Pologne, près de Cracovie ; 17 700 h. Mines de sel exploitées depuis le Moyen Âge. Musée de la Mine.

WIEN (Wilhelm), physicien allemand (Gaffken 1864 - Munich 1928). Il a donné la loi relative au maximum d'émission du corps noir à une température donnée. (Prix Nobel 1911.)

WIENE (Robert), cinéaste allemand d'origine tchèque (en Saxe 1881 - Paris 1938), auteur du *Cabinet du docteur Caligari* (1919), film manifeste du courant expressionniste, de *Raskolnikov* (1923), des *Mains d'Orlac* (1925).

WIENER (Norbert), savant américain (Columbia, Missouri, 1894 - Stockholm 1964), fondateur de la cybernétique.

WIENERWALD, massif boisé d'Autriche, près de Vienne.

WIERTZ (Antoine), peintre belge (Dinant 1806 - Bruxelles 1865), principal représentant du romantisme dans son pays (*la Belle Rosine,* musée Wiertz, Bruxelles).

WIESBADEN, v. d'Allemagne, cap. de la Hesse, anc. cap. du duché de Nassau ; 256 885 h. Station thermale. Ville de congrès, centre administratif et industriel.

WIESEL (Élie), écrivain américain d'expression française (Sighet, Roumanie, 1928). Survivant des camps d'Auschwitz et de Buchenwald, il a fait de son œuvre un mémorial de l'holocauste juif (*le Mendiant de Jérusalem,* 1968). [Prix Nobel de la paix 1986.]

WIGHT *(île de),* île et comté anglais de la Manche ; 381 km² ; 126 600 h. V. pr. *Newport.* Navigation de plaisance. Tourisme.

WIGMAN (Mary), danseuse et chorégraphe allemande (Hanovre 1886 - Berlin 1973). Expressionniste, elle fut l'une des premières à utiliser les instruments à percussion.

WIL, comm. de Suisse (Saint-Gall) ; 16 450 h. Maisons et monuments anciens.

Mary **Wigman** dans *le Chant du destin* (1935).

WILD (Heinrich), ingénieur suisse (Bilten 1877 - Baden 1951), créateur des instruments modernes de géodésie et de photogrammétrie.

WILDE (Oscar **Fingal O'Flahertie Wills**), écrivain irlandais (Dublin 1854 - Paris 1900). Adepte de l'*esthétisme,* célèbre autant par son personnage que par son œuvre : contes *(le Crime de lord Arthur Savile),* théâtre (*l'Éventail de lady Windermere,* 1892 ; *De l'importance d'être constant,* 1895), roman (*le Portrait de Dorian Gray,* 1891), il fut emprisonné pour une affaire de mœurs (*Ballade de la geôle de Reading,* 1898) et se retira ensuite en France.

WILDER (Samuel, dit **Billy**), cinéaste américain d'origine autrichienne (Vienne 1906). Dans la lignée d'E. Lubitsch, il a réussi plusieurs comédies légères (*Certains l'aiment chaud,* 1959) ainsi que des films noirs ou dramatiques (*Assurance sur la mort,* 1944 ; *Boulevard du crépuscule,* 1950).

WILDER (Thornton Niven), écrivain américain (Madison, Wisconsin, 1897 - Hamden, Connecticut, 1975), auteur de romans et de pièces de théâtre *(Notre petite ville)* qui analysent la nature et le destin des valeurs spirituelles.

WILES (Andrew John), mathématicien britannique (Cambridge 1953). En 1993, il a proposé la première démonstration intégrale du « grand théorème de Fermat », qu'il a complétée en 1994 avec Richard Taylor.

WILHELMINE (La Haye 1880 - château de Het Loo 1962), reine des Pays-Bas de 1890 à 1948. Fille de Guillaume III, elle régna d'abord sous la régence de sa mère, Emma (1890-1898). Elle dut se réfugier à Londres de 1940 à 1945. En 1948, elle abdiqua en faveur de sa fille, Juliana.

Wilhelm Meister, roman de Goethe, en deux parties : *les Années d'apprentissage de Wilhelm Meister* (1796) et *les Années de voyage de Wilhelm Meister* (1821). C'est le modèle du roman de formation.

WILHELMSHAVEN, v. d'Allemagne (Basse-Saxe), sur la mer du Nord ; 90 051 h. Port pétrolier. Centre industriel.

Wilhelmstrasse, rue de Berlin où se trouvait le ministère des Affaires étrangères.

WILKES (Charles), marin américain (New York 1798 - Washington 1877). Il explora la région antarctique.

WILKES (John), homme politique britannique (Londres 1725 - *id.* 1797). Hostile aux tories et à George III, il se rendit populaire par ses écrits contre le gouvernement. Il fut lord-maire de la Cité de Londres (1774).

WILKINS (*sir* George Hubert), explorateur australien (Mount Bryan, Australie, 1888 - Framingham, Massachusetts, 1958). À partir de 1913, il participe à plusieurs expéditions dans l'Arctique et accomplit, en 1928 et 1929, deux raids aériens au-dessus de l'Antarctique.

WILKINS (Maurice Hugh Frederick), biophysicien britannique (Pongaroa, Nouvelle-Zélande, 1916). Il découvrit avec Crick et Watson la structure de l'acide désoxyribonucléique (A. D. N.). [Prix Nobel 1962.]

WILKINSON (John), industriel britannique (Little Clifton, Cumberland, 1728 - Bradley, Staffordshire, 1808). On lui doit le premier pont en fonte (1776-1779) et le premier navire en fer (1787).

WILLAERT (Adriaan), compositeur flamand (Bruges ou Roulers v. 1485 - Venise 1562), maître de chapelle à St-Marc de Venise. Il est l'auteur de grands motets à double chœur, de madrigaux expressifs, de chansons françaises et de ricercari.

WILLEBROEK, comm. de Belgique (prov. d'Anvers) ; 22 146 h.

WILLEMSTAD, ch.-l. des Antilles néerlandaises, dans l'île de Curaçao ; 50 000 h. Raffinerie de pétrole.

WILLENDORF, localité d'Autriche (Basse-Autriche), près de Krems. Gisement paléolithique qui a livré une statuette féminine stéatopyge en calcaire appartenant à l'aurignacien et dite *Vénus de Willendorf.*

WILLIAMS (Thomas Lanier, dit **Tennessee**), écrivain américain (Columbus, Mississippi, 1911 - New York 1983). Ses pièces mettent en scène des héros culpabilisés et frustrés *(Soudain l'été dernier, Un tramway nommé Désir, la Rose tatouée, la Chatte sur un toit brûlant).*

WILLIBRORD ou **WILLIBROD** *(saint)* [en Northumbrie 658 - Echternach 739]. Archevêque d'Utrecht, il évangélisa la Frise, la Flandre et le Luxembourg. Pèlerinage sur sa tombe.

WILLOUGHBY (*sir* Hugh), navigateur anglais (Risley ? - presqu'île de Kola 1554). Parti à la recherche du passage du Nord-Est (1553), il explora l'océan Arctique.

WILMINGTON, v. des États-Unis (Delaware) ; 71 529 h. Industrie chimique.

WILSON *(mont)*, sommet des États-Unis (Californie) dominant Los Angeles ; 1 740 m. Observatoire d'astrophysique.

WILSON (Angus Frank **Johnstone-Wilson**, dit **Angus**), écrivain britannique (Bexhill 1913 - Bury Saint Edmunds 1991), auteur de pièces de théâtre, de nouvelles et de romans d'inspiration satirique *(la Ciguë et après, Comme par magie)*.

WILSON (Charles Thomson Rees), physicien britannique (Glencorse, Écosse, 1869 - Carlops, Borders, 1959). Il inventa (1912) la chambre à condensation pour la détection des particules chargées. (Prix Nobel 1927.)

WILSON (Colin), écrivain britannique (Leicester 1931), porte-drapeau théorique des « Jeunes Gens en colère » (*l'Homme en dehors,* 1956).

WILSON (Edmund), écrivain américain (Red Bank, New Jersey, 1895 - Talcottville, État de New York, 1972), témoin de la culture et des problèmes américains (*Mémoires du comté d'Hécate,* 1946).

WILSON (Edward Osborne), biologiste américain (Birmingham, Alabama, 1929). Ses études sur les insectes sociaux l'ont conduit à élaborer une vaste synthèse unissant l'écologie, la génétique et l'éthologie et à fonder la théorie de la sociobiologie.

WILSON (*sir* Harold), homme politique britannique (Huddersfield 1916 - Londres 1995). Leader du parti travailliste (1963), il fut Premier ministre de 1964 à 1970. De nouveau au pouvoir en 1974, il démissionna en 1976.

WILSON (*sir* Henry Hughes), maréchal britannique (Edgeworthstown, Irlande, 1864 - Londres 1922). Ami de Foch, promoteur de la coopération militaire franco-britannique pendant la Première Guerre mondiale, il fut chef d'état-major impérial de 1918 à 1922.

WILSON (Henry Maitland, *baron*), maréchal britannique (Stowlangtoft Hall 1881 - près d'Aylesbury 1964). Commandant les forces britanniques en Grèce (1941) puis au Moyen-Orient (1943), il remplaça Eisenhower en 1944 à la tête des opérations en Méditerranée.

WILSON (Robert, dit **Bob**), metteur en scène américain (Waco, Texas, 1941). Il recherche dans son théâtre, où la parole est souvent détournée et le temps distendu *(le Regard du sourd, The Black Rider, Orlando)*, une nouvelle forme de « spectacle total ».

WILSON (Thomas Woodrow), homme politique américain (Staunton, Virginie, 1856 - Washington 1924). Professeur de sciences politiques à Princeton, leader du parti démocrate, il fut élu, en 1912, président des États-Unis ; il appliqua alors un programme réformiste et antitrust. Réélu en 1916, il engagea son pays dans la guerre aux côtés des Alliés (1917). Après le conflit, il s'efforça d'appliquer en Europe un système de sécurité collective, les « quatorze points de Wilson ». Mais, s'il fut le créateur de la Société des Nations, il ne put obtenir l'adhésion de ses concitoyens. (Prix Nobel de la paix 1919.)

WILTSHIRE, comté de l'Angleterre méridionale. Ch.-l. *Trowbridge.*

WILTZ, ch.-l. de cant. du Luxembourg ; 3 957 h.

WIMBLEDON, quartier de la banlieue sud-ouest de Londres. Site d'un championnat international de tennis, créé en 1877.

WIMEREUX (62930), comm. du Pas-de-Calais ; 7 132 h. Station balnéaire.

WIMPFFEN (Félix, *baron* **de**), général français (Minfeld 1744 - Bayeux 1814). En 1792, il défendit Thionville contre les Prussiens. — Son petit-fils **Emmanuel Félix**, général français (Laon 1811 - Paris 1884), commanda, à la dernière heure, l'armée française à Sedan (1870), mais ne put éviter la capitulation.

WINCHESTER, v. de Grande-Bretagne (Angleterre), ch.-l. du Hampshire ; 31 000 h. Vaste cathédrale romane et gothique. Centre monastique d'enluminure de manuscrits aux Xe-XIIe s.

WINCKELMANN (Johann Joachim), historien de l'art et archéologue allemand (Stendal, Brandebourg, 1717 - Trieste 1768). Il fut l'un des inspirateurs de l'art néoclassique.

WINDHOEK, cap. de la Namibie ; 96 000 h.

WINDISCHGRÄTZ (Alfred, *prince* **zu**), maréchal autrichien (Bruxelles 1787 - Vienne 1862). Il réprima, en 1848, les insurrections de Prague et de Vienne, mais fut battu par les Hongrois en 1849.

WINDSOR, v. du Canada (Ontario), sur la rivière Detroit ; 191 435 h. Port et centre de l'industrie automobile canadienne.

WINDSOR ou **NEW WINDSOR**, v. de Grande-Bretagne (Berkshire) ; 30 000 h. Château royal construit et remanié du XIIe au XIXe s. — La maison royale britannique de Hanovre-Saxe-Cobourg-Gotha a pris en 1917 le nom de *maison de Windsor.*

WINDSOR (*duc* **de**) → ***Édouard VIII.***

WINDWARD ISLANDS → ***Vent*** *(îles du).*

WINGLES (62410), ch.-l. de c. du Pas-de-Calais ; 8 783 h. Chimie. Verrerie.

WINNICOTT (Donald Woods), pédiatre et psychanalyste britannique (Plymouth 1896 - Londres 1971). Il a montré que le développement le plus précoce du nourrisson dépend notamment des liens corporels entre la mère et l'enfant, qui traduisent leurs états affectifs. L'enfant passe ensuite au monde extérieur par l'intermédiaire d'« objets transitionnels » (*Jeu et réalité,* 1971).

WINNIPEG, v. du Canada, cap. du Manitoba ; 610 773 h. Nœud ferroviaire et centre industriel et commercial.

WINNIPEG *(lac)*, lac du Canada (Manitoba), s'écoulant vers la baie d'Hudson par le Nelson ; 24 500 km^2.

WINNIPEGOSIS, lac du Canada (Manitoba), à l'ouest du lac Winnipeg ; 5 440 km^2.

WINSTON-SALEM, v. des États-Unis (Caroline du Nord) ; 143 485 h. Tabac.

WINTERHALTER (Franz Xaver), peintre allemand (Menzenschwand, Forêt-Noire, 1805 - Francfort-sur-le-Main 1873). Fixé en France, il y exécuta, sous la protection de la reine Marie-Amélie, puis de l'impératrice Eugénie, d'élégants portraits et des scènes de cour.

WINTERTHUR, v. de Suisse (Zurich), sur un affl. du Rhin ; 86 959 h. Centre industriel. Riches collections et musée de peinture.

WINTZENHEIM (68000), ch.-l. de c. du Haut-Rhin ; 6 907 h.

WISCONSIN (le), riv. des États-Unis, affl. du Mississippi (r. g.) ; 690 km.

WISCONSIN, un des États unis d'Amérique (Centre-Nord-Est) ; 145 438 km^2 ; 4 891 769 h. Cap. *Madison.*

WISEMAN (Nicholas Patrick), prélat catholique britannique (Séville 1802 - Londres 1865). Recteur du collège anglais de Rome (1828), il contribua au succès du mouvement d'Oxford. Archevêque de Westminster et cardinal (1850), il est l'auteur du roman historique *Fabiola* (1854).

WISIGOTHS ou **VISIGOTHS**, branche des Goths (« Goths sages » ou « Goths vaillants »), installée au IVe s. dans la région danubienne et convertie à l'arianisme. Vainqueurs de Valens à Andrinople en 378, ils prirent Rome en 410 ; installés comme fédérés dans le sud-ouest de la Gaule (v. 418), ils conquirent une bonne partie de l'Espagne (412-476). Clovis les chassa de Gaule après 507. Leur roi Reccared (586-601) se convertit au catholicisme. En 711, les Wisigoths furent submergés par les Arabes.

Thomas Woodrow **Wilson**

Ludwig **Wittgenstein**

WISMAR, port d'Allemagne (Mecklembourg-Poméranie-Occidentale), sur la Baltique ; 57 173 h. Centre industriel. Église gothique St-Nicolas, en brique, des XIVe-XVe s. Point de jonction des forces britanniques et soviétiques le 3 mai 1945.

WISSANT [wisɑ̃] (62179), comm. du Pas-de-Calais ; 1 306 h. Station balnéaire.

WISSEMBOURG (67160), ch.-l. d'arr. du Bas-Rhin, sur la Lauter ; 7 533 h. *(Wissembourgeois).* Outillage. Église gothique (tour romane), maisons anciennes, musée.

Wissembourg *(bataille de)* [4 août 1870], première bataille de la guerre franco-allemande, qui se solda par la retraite des Français de Mac-Mahon.

WITKIEWICZ (Stanisław Ignacy), dit **Witkacy**, peintre et écrivain polonais (Varsovie 1885 - Jeziory 1939). Son œuvre affirme « l'inadaptation absolue de l'homme à la fonction de l'existence » *(l'Inassouvissement).*

WITT (Johan, en fr. **Jean, de**), homme d'État hollandais (Dordrecht 1625 - La Haye 1672). Conseiller-pensionnaire de Hollande en 1653, il conclut la paix avec Cromwell (1654) et fit voter l'Acte d'exclusion contre la maison d'Orange (1667). En 1668, il s'allia à l'Angleterre et à la Suède contre la France, mais l'invasion victorieuse de Louis XIV (1672) lui fut imputée par les orangistes, qui le laissèrent assassiner, ainsi que son frère **Cornelis** (Dordrecht 1623 - La Haye 1672), par la population de La Haye.

WITTE ou **VITTE** (Sergueï Ioulievitch, *comte*), homme d'État russe (Tiflis 1849 - Petrograd 1915). Ministre des Finances de 1892 à 1903, il favorisa l'industrialisation grâce aux capitaux français. Rappelé par Nicolas II lors de la révolution de 1905, il fut limogé quand l'ordre fut rétabli (1906).

WITTELSBACH, famille princière de Bavière. Elle régna de 1180 à 1918 sur la Bavière.

WITTELSHEIM (68310), comm. du Haut-Rhin ; 10 482 h. Potasse.

WITTEN, v. d'Allemagne, dans la Ruhr ; 104 701 h. Centre industriel.

WITTENBERG, v. d'Allemagne (Saxe-Anhalt), sur l'Elbe ; 51 754 h. C'est sur les portes de l'église du château que Luther afficha, le 31 oct. 1517, ses 95 thèses, déclenchant ainsi le mouvement de la Réforme.

WITTENHEIM (68270), ch.-l. de c. du Haut-Rhin ; 14 366 h. Potasse.

WITTGENSTEIN (Ludwig), logicien autrichien naturalisé britannique (Vienne 1889 - Cambridge 1951). Sa première théorie pose qu'il existe une relation biunivoque entre les mots et les choses et que les propositions qui enchaînent les mots constituent des « images » de la réalité (*Tractatus logico-philosophicus,* 1921). Cette théorie, baptisée « atomisme logique », eut une certaine influence sur le cercle de Vienne, puis fut abandonnée par Wittgenstein lui-même au profit d'une conception plus restreinte et plus concrète, qualifiée de « jeu de langage », où il met en lumière l'aspect humain du langage, c'est-à-dire imprécis, variable suivant les situations (*Investigations philosophiques,* écrit en 1936-1949 et publié en 1953).

WITWATERSRAND (en abrégé **Rand**), région d'Afrique du Sud (autour de Johannesburg), partie de la province de Gauteng. Importantes mines d'or.

WITZ (Konrad), peintre d'origine souabe installé à Bâle en 1431 (m. v. 1445 à Bâle ou à Genève). Sous l'influence des arts bourguignon et flamand, il a composé des panneaux de retables remarquables par la puissance plastique et par l'attention portée au réel (*Pêche miraculeuse,* musée d'Art et d'Histoire, Genève).

WŁOCŁAWEK, v. de Pologne, ch.-l. de voïévodie sur la Vistule ; 122 800 h.

WŒRTH (67360), ch.-l. de c. du Bas-Rhin ; 1 644 h. Matériel téléphonique. Musée « du 6 août 1870 » (bataille de Frœschwiller).

WOËVRE [vwavr] (la), région de la Lorraine, au pied des Côtes de Meuse.

WÖHLER (Friedrich), chimiste allemand (Eschersheim 1800 - Göttingen 1882). Il isola l'aluminium, le bore, et réalisa en 1828 la première synthèse organique, celle de l'urée.

WOIPPY (57140), ch.-l. de c. de la Moselle ; 14 385 h. Gare de triage. Matériel agricole.

WOLF (Christa), femme de lettres allemande (Landsberg 1929) dont les romans évoquent les problèmes politiques et culturels de l'Allemagne de l'Est (*Cassandre,* 1983).

WOLF (Hugo), compositeur autrichien (Windischgraz, auj. Slovenj Gradec, Slovénie, 1860 - Vienne 1903), un des maîtres du lied *(Italienisches Liederbuch, Spanisches Liederbuch).*

WOLFE (James), général britannique (Westerham 1727 - Québec 1759). Il vainquit Montcalm devant Québec (bataille des plaines d'Abraham), mais fut mortellement blessé au cours du combat.

WOLFE (Thomas Clayton), écrivain américain (Asheville, Caroline du Nord, 1900 - Baltimore 1938), auteur de romans lyriques et autobiographiques *(Ange, regarde de ce côté ; la Toile et le Roc).*

WOLFE (Tom), écrivain et journaliste américain (Richmond 1931). Son œuvre critique et romanesque (*Acid Test,* 1968 ; *l'Étoffe des héros,* 1979 ; *le Bûcher des vanités,* 1987) offre une peinture acerbe de l'Amérique contemporaine.

WOLFF ou **WOLF** (Christian, *baron* **von**), mathématicien et philosophe allemand (Breslau 1679 - Halle 1754). Disciple de Leibniz, auteur d'un système totalement rationaliste (*Philosophie première,* 1729), il eut une influence considérable sur l'Aufklärung et sur Kant.

WOLFF (Étienne), biologiste français (Auxerre 1904). Il s'est illustré dans la tératologie expérimentale. (Acad. fr.)

WÖLFFLIN (Heinrich), historien d'art et professeur suisse (Winterthur 1864 - Zurich 1945). Ses *Principes fondamentaux de l'histoire de l'art* (1915) ont renouvelé les bases de l'étude stylistique de l'œuvre.

WOLFRAM von Eschenbach, poète allemand (Eschenbach, Bavière, v. 1170 - v. 1220), auteur de poèmes épiques *(Parzival)* et lyriques *(Titurel).*

WOLFSBURG, v. d'Allemagne (Basse-Saxe) ; 126 708 h. Automobiles.

WOLIN, île polonaise qui ferme le golfe de Szczecin. Parc national.

WOLLASTON (William Hyde), physicien et chimiste britannique (East Dereham, Norfolk, 1766 - Londres 1828). Il découvrit le palladium, le rhodium et perfectionna la pile de Volta.

WOLLONGONG, anc. **Greater Wollongong,** v. d'Australie (Nouvelle-Galles du Sud) ; 235 300 h. Centre houiller et industriel. Université.

WOLOF → ***Ouolof.***

WOLS (Wolfgang **Schultze,** dit), dessinateur et peintre allemand (Berlin 1913 - Paris 1951). Installé à Paris en 1932, d'abord photographe, il fut un des créateurs, vers 1945-46, de la peinture informelle.

WOLSELEY (*sir* Garnet Joseph, *vicomte*), maréchal britannique (Golden Bridge, comté de Dublin, 1833 - Menton 1913). Il se distingua dans de nombreuses campagnes coloniales, notamm. au Transvaal (1879) et en Égypte (1884).

WOLSEY (Thomas), prélat et homme politique anglais (Ipswich v. 1475 - Leicester 1530). Archevêque d'York (1514), cardinal et lord-chancelier du roi Henri VIII (1515), il dirigea pendant près de 15 ans la politique anglaise. Il ne put obtenir du pape le divorce du roi.

WOLUWE-SAINT-LAMBERT, en néerl. **Sint-Lambrechts-Woluwe,** comm. de Belgique, banlieue est de Bruxelles ; 47 963 h.

WOLUWE-SAINT-PIERRE, en néerl. **Sint-Pieters-Woluwe,** comm. de Belgique, banlieue est de Bruxelles ; 38 160 h.

WOLVERHAMPTON, v. de Grande-Bretagne, dans les Midlands ; 239 800 h. Métallurgie.

WONSAN, port de la Corée du Nord, sur la mer du Japon ; 215 000 h. Centre industriel.

WOOD (Robert Williams), physicien américain (Concord, Massachusetts, 1868 - Amityville, New York, 1955). Il étudia certaines radiations ultraviolettes *(lumière de Wood* ou *lumière noire)* capables d'induire des fluorescences.

WOODSTOCK, v. du Canada (Ontario) ; 30 075 h.

WOOLF (Virginia), romancière britannique (Londres 1882 - Lewes 1941). Dans ses romans, pratiquement dépourvus d'intrigue, elle s'efforce de rendre sensible la vie mouvante de la conscience (*Mrs. Dalloway,* 1925 ; *les Vagues,* 1931).

WORCESTER, v. des États-Unis (Massachusetts) ; 169 759 h. Centre universitaire et industriel. Musée d'art.

WORCESTER, v. de Grande-Bretagne, sur la Severn ; 81 000 h. Cathédrale surtout des XIIIe-XIVe s. Musées (porcelaines de Worcester). Charles II y fut battu par Cromwell (1651).

WORDSWORTH (William), poète britannique (Cockermouth 1770 - Rydal Mount 1850). Auteur, avec son ami Coleridge, des *Ballades lyriques* (1798), véritable manifeste du romantisme, il rejeta la phraséologie des poètes du XVIIIe s. au profit du pittoresque de la langue quotidienne *(l'Excursion, Peter Bell).*

WORMHOUT (59470), ch.-l. de c. du Nord ; 5 131 h. Église du XVIe s.

WORMS, v. d'Allemagne (Rhénanie-Palatinat), sur le Rhin ; 75 326 h. Cathédrale romane à deux absides opposées (XIIe-XIIIe s.). Un concordat y fut conclu en 1122 entre Calixte II et l'empereur Henri V, mettant fin à la querelle des Investitures. Là se tint, en 1521, une diète qui mit Luther au ban de l'Empire.

WORTH (Charles Frédéric), couturier français (Bourn, Lincolnshire, 1825 - Paris 1895). Couturier de l'impératrice Eugénie, il fut le premier à présenter ses modèles sur des mannequins vivants, puis à délivrer la femme de la crinoline.

WORTHING, station balnéaire de Grande-Bretagne, sur la Manche ; 94 100 h.

WOTAN ou **ODIN,** grand dieu du panthéon germanique ; dieu de la Guerre et du Savoir.

WOU-HAN → ***Wuhan.***

WOU-HOU → ***Wuhu.***

WOU-SI → ***Wuxi.***

WOU TCHEN → ***Wu Zhen.***

WOU-TCHEOU → ***Wuzhou.***

WOUTERS (Rik), peintre et sculpteur belge (Malines 1882 - Amsterdam 1916), principal représentant du « fauvisme brabançon ».

WOU-T'ONG-K'IAO → ***Wutongqiao.***

WOUWERMAN (Philips), peintre néerlandais (Haarlem 1619 - *id.* 1668), spécialisé dans les scènes de genre où intervient le cheval (chasses, escarmouches, haltes devant une auberge).

Wozzeck, opéra d'Alban Berg (1925), d'après le drame de G. Büchner, œuvre la plus originale du début du siècle, utilisant le *Sprechgesang* (parlé/chanté).

WRANGEL (Carl Gustaf), général suédois (Skokloster 1613 - Spieker 1676). Il prit part à la guerre de Trente Ans et aux expéditions du règne de Charles X.

WRANGEL ou **VRANGEL** (Petr Nikolaïevitch, *baron*), général russe (Novo-Aleksandrovsk 1878 - Bruxelles 1928). Successeur de Denikine à la tête des armées blanches de la Russie du Sud (1920), il combattit l'Armée rouge en Ukraine et en Crimée.

WRAY (John) → ***Ray.***

WREN (*sir* Christopher), architecte et mathématicien britannique (East Knoyle, Wiltshire, 1632 - Hampton Court 1723). Après l'incendie de Londres (1666), il fut chargé de reconstruire de nombreuses églises ainsi que la cathédrale St Paul (1675-1710), d'une structure savante, d'un style grandiose et élégant. Il fut « Surveyor general » des bâtiments royaux.

Virginia **Woolf** (Gold - National Portrait Gallery, Londres)

Richard **Wright**

WRIGHT (Frank Lloyd), architecte américain (Richland Center, Wisconsin, 1867 - Taliesin West, près de Phoenix, Arizona, 1959). Aussi inventif dans ses grands édifices (musée Guggenheim, New York, 1943 et suiv.) que dans ses maisons particulières (« maisons de la prairie », du début du siècle), maître du courant *organique* dans l'architecture moderne, il a exercé une immense influence.

Frank Lloyd **Wright :** hall central de l'immeuble de la Johnson Wax (1936-1939) à Racine (Wisconsin, États-Unis).

WRIGHT (les frères), précurseurs de l'aviation américains, **Wilbur** (Millville, Indiana, 1867 - Dayton, Ohio, 1912), et **Orville** (Dayton 1871 - *id.* 1948). Le 17 déc. 1903, à bord d'un avion à deux hélices, Orville réussit, à Kitty Hawk, le premier vol propulsé et soutenu d'un appareil plus lourd que l'air. En sept. 1904, Wilbur effectua le premier virage en vol, puis réussit le premier vol en circuit fermé.

Orville (à gauche) et Wilbur **Wright**

WRIGHT (Richard), écrivain américain (Natchez, Mississippi, 1908 - Paris 1960). De race noire, il traita dans ses romans des problèmes sociaux et psychologiques des hommes de couleur (*les Enfants de l'oncle Tom,* 1938 ; *Black Boy,* 1945).

WROCŁAW, en all. **Breslau,** v. de Pologne, en basse Silésie, ch.-l. de voïévodie, sur l'Odra ; 643 600 h. Centre administratif, culturel et industriel. Cathédrale et hôtel de ville gothiques, et autres monuments. Musée de Silésie.

WROŃSKI (Józef **Hoene-**), philosophe polonais (Wolsztyn, près de Poznań, 1776 - Neuilly 1853). Il est l'auteur d'une philosophie messianique à laquelle il joint une morale et une conception mathématique de l'univers. (*Philosophie de l'infini,* 1814.)

WUHAN ou **WOU-HAN,** conurbation de la Chine centrale, cap. du Hubei ; 3 200 000 h. Carrefour ferroviaire et centre industriel.

WUHU ou **WOU-HOU,** port de Chine (Anhui) sur le Yangzi Jiang ; 350 000 h.

WULFILA → ***Ulfilas.***

WULUMUQI → ***Ouroumtsi.***

WUNDT (Wilhelm), philosophe et psychologue allemand (Neckarau, auj. dans Mannheim, 1832 - Grossbothen, près de Leipzig, 1920). Il est l'un des fondateurs de la psychologie expérimentale (*Éléments de psychologie physiologique,* 1873-74).

WUPPERTAL, v. d'Allemagne, près de la Ruhr, sur la *Wupper ;* 378 312 h. Centre industriel. Université.

WURMSER (Dagobert Siegmund, *comte* **von**), général autrichien (Strasbourg 1724 - Vienne 1797). Battu à Castiglione par Bonaparte (1796), il dut capituler à Mantoue (1797).

WURTEMBERG, en all. **Württemberg,** anc. État de l'Allemagne du Sud-Ouest, qui s'étendait sur la bordure nord-est de la Forêt-Noire et sur la partie méridionale du bassin de Souabe-Franconie, auj. partie du Bade-Wurtemberg. Issu du duché de Souabe, le Wurtemberg fut comté en 1135, duché en 1495 puis tomba sous la suzeraineté des Habsbourg (1520-1599). Érigé en royaume en 1805, il fit partie de l'Empire allemand de 1871 à 1918. République, le Wurtemberg fut intégré au IIIe Reich en 1934.

WURTZ (Adolphe), chimiste français (près de Strasbourg 1817 - Paris 1884), un des créateurs de la théorie atomique. Il découvrit les amines, le glycol et établit la formule de la glycérine.

WÜRZBURG, v. d'Allemagne (Bavière), sur le Main ; 125 953 h. Centre commercial, universitaire et industriel. Églises des XIIe-XIVe s. Magnifique Résidence des princes évêques, construite à partir de 1719 par J. B. Neumann (fresques de Tiepolo). Musée.

WUTONGQIAO ou **WOU-T'ONG-K'IAO,** v. de Chine (Sichuan) ; 140 000 h.

WUXI ou **WOU-SI,** v. de Chine (Jiangsu) ; 799 000 h.

WU ZHEN ou **WOU TCHEN,** peintre, calligraphe et poète chinois (Jiaxing, Zhejiang, 1280 - 1354) de l'époque Yuan, inspiré par le taoïsme et célèbre pour ses représentations de bambous.

WUZHOU ou **WOU-TCHEOU,** v. de Chine (Guangxi), sur le Xi Jiang ; 200 000 h.

WWF, sigle de World Wildlife Fund, en fr. Fonds mondial pour la nature, organisation internationale privée de protection de la nature. Le WWF collecte des capitaux et finance des projets de sauvegarde des espèces et de protection de l'environnement.

WYAT ou **WYATT** (*sir* Thomas), poète et diplomate anglais (Allington Castle, Kent, v. 1503 - Sherborne 1542). Il introduisit le sonnet dans la poésie anglaise.

WYCHERLEY (William), écrivain anglais (Clive 1640 - Londres 1716), auteur de comédies satiriques inspirées de Molière (*la Provinciale, l'Homme sans détours).*

WYCLIFFE ou **WYCLIF** (John), théologien anglais précurseur de la Réforme (North Riding of Yorkshire v. 1330 - Lutterworth, Leicestershire, 1384). Chef d'un mouvement hostile au pape et au clergé, il passa par la suite à une attitude proche de celle des vaudois, voyant dans une Église pauvre la seule qui soit conforme à l'Évangile. Rejetant la transsubstantiation dans l'eucharistie, il mit l'accent sur l'autorité exclusive de la Bible. Il fut condamné comme hérétique, à titre posthume, par le concile de Constance (1415).

John **Wycliffe**

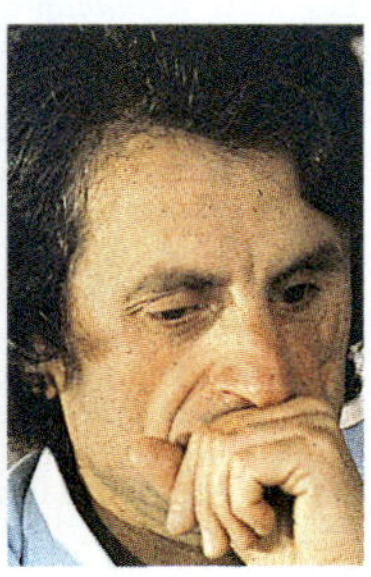

Iannis **Xenakis**

WYLER (William), cinéaste américain d'origine suisse (Mulhouse 1902 - Los Angeles 1981). Spécialiste des drames psychologiques et des adaptations littéraires, il a réalisé *la Vipère* (1941), *les Plus Belles Années de notre vie* (1946), *Ben Hur* (1959), *l'Obsédé* (1965).

WYOMING, un des États unis d'Amérique ; 253 500 km^2 ; 453 588 h. Cap. *Cheyenne.*

WYSPIAŃSKI (Stanisław), auteur dramatique et peintre polonais (Cracovie 1869 - *id.* 1907). Il exerça une influence profonde sur l'esprit national et la littérature polonaise (*la Varsovienne,* 1898 ; *les Noces,* 1901).

WYSS (Johann David), pasteur suisse (Berne 1743 - *id.* 1818), auteur du *Robinson* suisse.*

Stanisław **Wyspiański**
(autoportrait - Musée national, Varsovie)

X

XAINTRAILLES [sɛ̃-] ou **SAINTRAILLES** (Jean **Poton de**), maréchal de France (v. 1400 - Bordeaux 1461). Grand écuyer de Charles VII, compagnon de Jeanne d'Arc, il continua, en Normandie et en Guyenne, la lutte contre l'Angleterre, mais échoua devant Rouen (1437).

XANTHE, en gr. **Xanthos,** autre nom du **Scamandre.**

XÁNTHI ou **XANTE,** v. de Grèce (Thrace) ; 37 462 h.

XANTHOS, anc. ville de Lycie (auj. au sud-ouest de la Turquie). Vestiges datant du Ve s. av. J.-C. à l'époque byzantine.

XENAKIS (Iannis), compositeur grec naturalisé français (Brăila, Roumanie, 1922). Il travailla avec Le Corbusier et établit des correspondances entre la musique et l'architecture. Créateur du CÉMAMU (Centre d'études de mathématique et automatique musicales) pour appliquer les connaissances et les techniques scientifiques à la musique, il use, dans ses compositions, d'un ordinateur (*Metastasis,* 1954 ; *Nomos Alpha,* pour violoncelle seul, 1966 ; *Persépolis,* 1971 ; *Jonchaies,* 1977 ; *Shaar,* 1982 ; *Akea,* 1986 ; *Waarg,* 1988 ; *Roaï,* 1991).

XÉNOCRATE, philosophe grec (Chalcédoine v. 400 - m. en 314 av. J.-C.). Il s'efforça de concilier la doctrine de Platon avec le pythagorisme.

XÉNOPHANE, philosophe grec (Colophon fin du VIe s. av. J.-C.), fondateur de l'*école d'Élée,* qui faisait de l'Être un éternel absolu.

XÉNOPHON, écrivain, philosophe et homme politique grec (Erkhia, Attique, v. 430 - m. v. 355 av. J.-C.). Il fut un des disciples de Socrate. Il dirigea la retraite des Dix Mille (dont il fit le récit dans *l'Anabase**). Il est l'auteur de traités relatifs à Socrate *(les Mémorables),* de récits historiques *(les Helléniques),* d'ouvrages d'économie domestique et de politique *(l'Économique, la Constitution des Lacédémoniens),* d'un roman *(la Cyropédie).*

XERES → ***Jerez de la Frontera.***

XERTIGNY (88220), ch.-l. de c. des Vosges ; 2 995 h. Laiterie. Mobilier.

XERXÈS Ier, roi perse achéménide (486-465 av. J.-C.), fils de Darios Ier. Il réprima avec brutalité les révoltes de Babylone et de l'Égypte. Mais il ne put venir à bout des cités grecques *(seconde guerre médique).* Victime d'intrigues de palais, il mourut assassiné.

XHOSA ou **XOSA,** peuple de l'Afrique australe, parlant une langue bantoue (groupe khoisan) et rattaché au groupe des Ngoni.

XIA GUI ou **HIA KOUEI,** peintre chinois originaire de Qiantang (Zhejiang), actif vers 1190-1225. Son écriture à la fois elliptique et expressive fait de lui l'un des principaux paysagistes des Song du Sud.

XIAMEN → ***Amoy.***

XI'AN ou **SI-NGAN** ou **SIAN,** v. de Chine, cap. du Shaanxi ; 2 180 000 h. Centre industriel. Capitale de la Chine, sous les Zhou, et, sous le nom de Changan, sous les Han et les Tang, elle garde de cette époque sa configuration urbaine. Riche musée. Monuments anciens dont la Grande Pagode des oies sauvages (Dayanta), d'époque Tang. Aux env., nombreuses et riches nécropoles (tumulus impériaux dont celui de Qin Shi Huangdi).

XIANGTAN ou **SIANG-T'AN,** port de Chine (Hunan), sur le Xiang Jiang ; 281 000 h. Centre industriel.

XIANYANG ou **HIEN-YANG,** v. de Chine (Shaanxi) au N.-O. de Xi'an ; 70 000 h. Anc. cap. de Qin Shi Huangdi. Important site archéologique (nécropoles au riche mobilier funéraire). Riche musée.

XI JIANG ou **SI-KIANG,** fl. de Chine méridionale ; 2 000 km. Sur une des branches de son delta est établie Canton.

XINGU (le), riv. du Brésil, affl. de l'Amazone (r. dr.) ; 1 980 km.

XINING ou **SI-NING,** v. de Chine, cap. du Qinghai ; 300 000 h. Centre commercial et industriel.

XINJIANG ou **SIN-KIANG** *(région autonome ouïgoure du),* région du nord-ouest de la Chine ; 1 646 800 km^2 ; 13 082 000 h. Cap. *Ouroumtsi.* Région aride, vide en dehors des oasis (sur l'ancienne route de la soie). Élevage ovin. Extraction du pétrole.

XINXIANG ou **SIN-HIANG,** v. de Chine (Henan) ; 200 000 h.

XINZHU → ***Hsinchu.***

XIXABANGMA ou **SHISHA PANGMA,** ou **GOSAINTHAN,** sommet de l'Himalaya (Tibet) ; 8 046 m.

XUANHUA ou **SIUAN-HOUA,** v. de Chine (Hebei), au N.-O. de Pékin ; 200 000 h.

XUZHOU ou **SIU-TCHEOU,** v. de Chine (Jiangsu), 1 100 000 h. Centre d'une région charbonnière.

XYLANDER, nom hellénisé de **Wilhelm Holzmann,** humaniste allemand (Augsbourg 1532 - Heidelberg 1576). Il édita de nombreux textes antiques et notamm. des écrits d'Aristote.

Y·Z

YACIRETÁ, barrage sur le Paraná, à la frontière de l'Argentine et du Paraguay.

YAFO → ***Jaffa.***

YAHVÉ ou **JAHVÉ** (« Celui qui est »), nom du Dieu d'Israël, cité dans la Bible (Genèse II, 4) après le récit de la Création.

Yale *(université),* université américaine, fondée en 1701 à New Haven (Connecticut). Elle doit son nom à Elihu *Yale,* l'un de ses bienfaiteurs. Musées.

YALONG JIANG ou **YA-LONG-KIANG,** riv. de la Chine centrale, affl. du Yangzi Jiang (r. g.) ; 1 100 km.

YA-LOU → ***Yalu.***

YALTA ou **IALTA,** v. d'Ukraine, en Crimée, sur la mer Noire ; 77 000 h. Station balnéaire.

Yalta *(conférence de)* [4-11 févr. 1945], conférence qui réunit Churchill, Roosevelt et Staline en vue de régler les problèmes posés par la proche défaite de l'Allemagne. Elle admit le principe d'une amputation de la Pologne orientale au bénéfice de l'U. R. S. S., qui s'engagea en outre à attaquer le Japon. Elle prévoyait également la formation de gouvernements démocratiques dans l'Europe libérée.

YALU ou **YA-LOU,** fl. d'Asie orientale, suivi par la frontière entre la Chine et la Corée du Nord ; 790 km.

YAMAGATA, v. du Japon (Honshū) ; 249 487 h. Centre industriel.

YAMAGUCHI, v. du Japon (Honshū) ; 129 461 h. Centre industriel.

YAMAMOTO ISOROKU, amiral japonais (Nagaoka 1884 - dans les îles Salomon 1943). Il commanda les opérations navales contre les Américains de 1941 à 1943.

YAMOUSSOUKRO, cap. de la Côte d'Ivoire (depuis 1983), au centre du pays ; 85 000 h. Université. Basilique Notre-Dame-de-la-Paix.

YAMUNĀ, JUMNA ou **JAMNĀ,** riv. de l'Inde, qui passe à Delhi et Āgrā, affluent du Gange (r. dr.) ; 1 370 km.

YAN'AN ou **YEN-NGAN,** v. de Chine, dans le nord du Shaanxi. Siège du gouvernement communiste chinois après la Longue Marche (1935).

YANAON, un des anc. établissements français dans l'Inde, sur la côte de Coromandel. Rattaché à l'Inde en 1954.

YANGQUAN ou **YANG-TS'IUAN,** v. de Chine (Shanxi) ; 200 000 h. Métallurgie.

YANG SHANGKUN ou **YANG CHANG-K'OUEN,** homme politique chinois (dans le Sichuan 1907), président de la République de 1988 à 1993.

YANGZHOU ou **YANG-TCHEOU,** v. de Chine (Jiangsu) ; 200 000 h. Musée. Monuments anciens des époques Tang et Song. Jardins jalonnés de pavillons (XVIIIe et XIXe s.).

YANGZI JIANG ou **YANG-TSEU-KIANG,** le plus long fleuve de Chine ; 5 980 km (bassin de 1 830 000 km² où vivent plus de 200 millions de Chinois). Issu du Tibet et coulant d'abord en gorges, mais partiellement régularisé en aval de Yichang, il devient la principale voie navigable de Chine, passant à Wuhan et Nankin. Il rejoint la mer de Chine orientale par un estuaire au sud duquel s'est développée Shanghai. C'est l'anc. **fleuve Bleu**.

YANOMAMI ou **YANOMANI,** Indiens d'Amérique du Sud qui occupent les régions frontalières entre le Venezuela et le Brésil.

YANTAI ou **YEN-T'AI,** port de Chine (Shandong) ; 200 000 h. Pêche. Centre industriel.

YAO, v. du Japon (Honshū), banlieue d'Ōsaka ; 277 568 h.

YAOUNDÉ, cap. du Cameroun, vers 700 m d'alt. ; 500 000 h.

YAPURÁ ou **JAPURÁ,** riv. de la Colombie et du Brésil, affl. de l'Amazone (r. g.) ; 2 800 km.

YARKAND ou **SUOCHE** ou **SO-TCH'Ö,** v. de Chine (Xinjiang) ; 100 000 h. Oasis.

YARMOUTH → ***Great Yarmouth.***

YAŞAR KEMAL (Kemal Sadık **Gökçeli,** dit), écrivain turc (Osmaniye, près d'Adana, 1923). Ses poèmes et ses romans évoquent les paysans d'Anatolie *(Mèmed le Mince ; Terre de fer, ciel de cuivre ; l'Herbe qui ne meurt pas).*

YATSUSHIRO, port du Japon (Kyūshū) ; 108 135 h.

YAZD → ***Yezd.***

YAZDGARD, nom de trois rois sassanides de Perse (V^e^-VIIe s.). **Yazdgard III** (617 - près de Merv 651) fut le dernier souverain sassanide (632-651), vaincu par l'invasion arabe.

YAZILIKAYA, lieu-dit de Turquie, à 3 km de Boğazköy. Sanctuaire rupestre hittite (XIIIe s. av. J.-C.). Reliefs sculptés.

YEATS (William Butler), écrivain irlandais (Sandymount 1865 - Roquebrune-Cap-Martin 1939), cofondateur de l'Abbey Theatre, auteur d'essais, de poèmes et de drames (*la Comtesse Kathleen,* 1892 ; *Deirdre,* 1907) inspirés de l'esprit national. (Prix Nobel 1923.)

YEDO → ***Edo.***

YELLOWKNIFE, v. du Canada, ch.-l. des Territoires du Nord-Ouest, sur la rive nord du Grand Lac de l'Esclave ; 11 860 h. À proximité, gisements aurifères.

YELLOWSTONE (le), riv. des États-Unis, affl. du Missouri (r. dr.), qui traverse le *parc national de Yellowstone* (Wyoming), aux nombreux geysers ; 1 080 km (bassin de 181 300 km²).

YÉMEN, en ar. **al-Yaman,** État du sud de l'Arabie, sur la mer Rouge et le golfe d'Aden ; 485 000 km² ; 10 100 000 h. *(Yéménites).* CAP. *Sanaa.* LANGUE : *arabe.* MONNAIE : *rial.* (V. carte ***Arabie.***)

GÉOGRAPHIE

Presque aussi vaste que la France, le Yémen est en grande partie désertique. La population, islamisée, se concentre sur les hauteurs de l'ouest (dominant la mer Rouge), plus arrosées, et en quelques points du littoral, sites des deux grandes villes, la capitale et le principal port, Aden. L'émigration a traditionnellement pallié la faiblesse des ressources (toutefois l'extraction du pétrole s'est développée après 1985).

HISTOIRE

L'Antiquité. Ier millénaire av. J.-C. : divers royaumes se développent en Arabie du Sud, dont ceux de Saba et de l'Hadramaout. VIe s. apr. J.-C. : la région est occupée par les Éthiopiens puis par les Perses Sassanides.

Au sein du monde musulman. Après 628 : le Yémen devient une province de l'Empire musulman. 893 : les imams zaydites, professant un chiisme modéré, deviennent les maîtres du pays, où leur dynastie va se perpétuer jusqu'en 1962. 1517-1538 : les Ottomans s'emparent des plaines côtières et d'Aden. 1839 : les Britanniques conquièrent Aden et établissent leur protectorat sur le sud du Yémen. 1871 : les Ottomans organisent, après la conquête de Sanaa, le vilayet du Yémen. 1920 : l'indépendance du royaume gouverné par les imams zaydites est reconnue. 1959-1963 : Aden et la plupart des sultanats du protectorat britannique d'Aden forment la fédération de l'Arabie du Sud. 1967 : celle-ci accède à l'indépendance.

Les deux Républiques.

— La République arabe du Yémen, ou Yémen du Nord. 1962 : la République est proclamée à l'issue d'un coup d'État. 1962-1970 : la guerre civile oppose les royalistes, qui s'appuient sur l'Arabie saoudite, et les républicains, soutenus par l'Égypte. À partir de 1972 : des affrontements éclatent sporadiquement à la frontière des deux Yémens. 1974 : le colonel Ibrāhīm al-Ḥamdī prend le pouvoir et parvient à établir l'autorité du gouvernement central sur tout le Yémen septentrional. 1977 : il est assassiné. 1978 : 'Alī 'Abdallāh al-Ṣaliḥ devient président de la République. 1979 : un processus d'unification est relancé.

— La République démocratique et populaire du Yémen, ou Yémen du Sud. 1970 : 'Alī Rubayyi', au pouvoir depuis 1969, instaure une République démocratique et populaire dotée d'une Constitution marxiste-léniniste. 1978 : il est assassiné. 1978-1986 : 'Alī Nāṣir Muḥammad, Premier ministre, cumule à partir de 1980

la présidence du parti et celle de l'État. 1986 : Abū Bakr al-'Aṭṭās le renverse et prend le pouvoir.
L'unification. À la suite des accords signés en 1988 et en 1989 entre les deux Yémens, l'unification est proclamée en mai 1990. La République du Yémen, nouvellement créée, a pour président 'Alī 'Abdallāh al-Ṣaliḥ. Mais, très rapidement, des tensions apparaissent entre le Nord et le Sud qui dégénèrent, en 1994, en une guerre civile (remportée par les nordistes), mettant en danger l'unité du pays.

YENNE (73170), ch.-l. de c. de la Savoie ; 2 477 h. Église romane et gothique.

YEN-T'AI → ***Yantai.***

YERRES (91330), ch.-l. de c. de l'Essonne, sur l'*Yerres* ; 27 268 h. *(Yerrois).*

YERSIN (Alexandre), microbiologiste français d'origine suisse (Aubonne, cant. de Vaud, Suisse, 1863 - Nha Trang, Viêt Nam, 1943). Il découvrit le bacille de la peste (1894).

YERVILLE (76760), ch.-l. de c. de la Seine-Maritime ; 1 956 h.

YEU *(île d')*, île de la côte française de l'Atlantique (Vendée), formant une commune et le canton de *L'Île-d'Yeu* (85350) ; 23 km² ; 4 951 h. ; ch.-l. *Port-Joinville.*

YEZD ou **YAZD,** v. de l'Iran, à l'est d'Ispahan ; 136 000 h. Mausolée (XIe s.).

YIBIN ou **YI-PIN,** v. de Chine (Sichuan), sur le Yangzi Jiang ; 190 000 h.

YICHANG ou **YI-TCH'ANG,** port de Chine (Hubei), sur le Yangzi Jiang ; 200 000 h.

Yijing ou **Yi-king** (livre des mutations), l'un des cinq classiques chinois, constituant essentiellement une cosmologie.

YINCHUAN ou **YIN-TCH'OUAN,** v. de Chine, cap. de la région autonome du Ningxia ; 200 000 h. Centre administratif et industriel.

YINGKOU ou **YING-K'EOU,** port de Chine (Liaoning) ; 200 000 h.

YIN-TCH'OUAN → ***Yinchuan.***

yin/yang *(école du)*, école philosophique chinoise (IVe-IIIe s. av. J.-C.) qui établissait une opposition dialectique entre deux principes de la réalité : le *yin* (femme, passivité, ombre, absorption, Terre) et le *yang* (mâle, activité, lumière, pénétration, Ciel).

YI-PIN → ***Yibin.***

YI-TCH'ANG → ***Yichang.***

YMIR ou **YMER,** géant de la mythologie germanique.

YOCCOZ (Jean-Christophe), mathématicien français (Paris 1957). Spécialiste de la théorie des systèmes dynamiques, on lui doit aussi, dans le cadre de l'étude des fractales de Mandelbrot, l'invention des « puzzles de Yoccoz ». Il a reçu la médaille Fields en 1994.

YOFF, banlieue de Dakar. Aéroport.

YOKKAICHI, port du Japon (Honshū) ; 274 180 h. Centre industriel.

YOKOHAMA, port du Japon (Honshū), sur la baie de Tōkyō ; 3 220 331 h. Centre industriel (pétrochimie, sidérurgie, chantiers navals, automobile). Parc de Sankei.

YOKOSUKA, port du Japon (Honshū), sur la baie de Tōkyō ; 433 358 h. Centre industriel.

Yomiuri Shimbun, quotidien japonais créé en 1874, qui a le plus fort tirage mondial des quotidiens.

YONKERS, v. des États-Unis (État de New York), sur l'Hudson ; 195 000 h.

YONNE, riv. du Bassin parisien, descendue du Morvan, qui passe à Auxerre et Sens et rejoint la Seine (r. g.) à Montereau ; 293 km (bassin de près de 11 000 km²).

YONNE (**89**), dép. de la Région Bourgogne ; ch.-l. de dép. *Auxerre ;* ch.-l. d'arr. *Avallon, Sens ;* 3 arr., 42 cant., 451 comm. ; 7 427 km² ; 323 096 h. *(Icaunais).* Le dép. est rattaché à l'académie de Dijon, à la cour d'appel de Paris et à la région militaire Nord-Est. Il est formé de plateaux et de plaines calcaires (Sénonais, Auxerrois, Tonnerrois), voués surtout aux cultures céréalières, localement à la vigne (Chablis), ou argileux et marneux (pays d'Othe, Puisaye), régions d'élevage bovin. La vallée de l'Yonne, voie de passage importante (avec celle de l'Armançon), est jalonnée par les principales

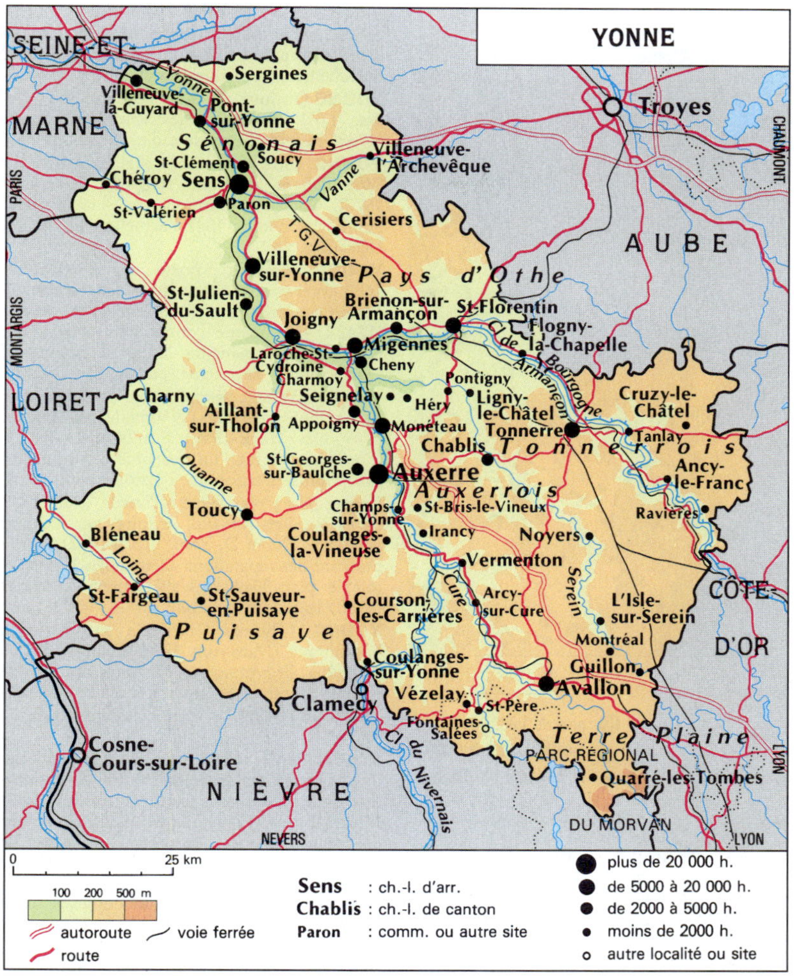

villes (Auxerre et Sens) et juxtapose peupleraies et prairies. L'industrie est représentée par les constructions mécaniques et électriques, le travail du bois, l'agroalimentaire.

YORCK VON WARTENBURG (Ludwig, *comte*), feld-maréchal prussien (Potsdam 1759 - Klein Oels, auj. Oleśniczka, Pologne, 1830). Commandant en 1812 le corps prussien de la Grande Armée contre les Russes, il négocia avec eux la convention de Tauroggen, préparant le passage de la Prusse aux côtés des ennemis de la France.

YORITOMO (1147-1199), membre du clan Minamoto, premier shogun (1192-1199) de l'histoire du Japon.

YORK, v. du Canada (Ontario), banlieue de Toronto ; 140 525 h.

YORK, v. de Grande-Bretagne, sur l'Ouse ; 100 600 h. Prestigieuse cathédrale gothique des XIIIe-XVe s. (vitraux) et autres monuments. Maisons anciennes. Musées. Capitale de la Bretagne romaine, puis (VIe s.) du royaume angle de Northumbrie, évêché, puis archevêché dès le VIIe s., York fut un important établissement danois (IXe s.). Elle fut la deuxième ville du royaume durant tout le Moyen Âge.

YORK, branche de la famille des Plantagenêts, issue d'**Edmond de Langley** (King's Langley 1341 - *id.* 1402), fils d'Édouard III, duc d'York en 1385. Elle disputa le trône aux Lancastres (guerre des *Deux-Roses*), fournit trois rois à l'Angleterre (Édouard IV, Édouard V, Richard III) et fut supplantée par les Tudors en 1485.

YORKSHIRE, anc. comté du nord-est de l'Angleterre, sur la mer du Nord, aujourd'hui divisé en *North Yorkshire, South Yorkshire* et *West Yorkshire.* V. pr. *Leeds* et *Bradford.*

YORKTOWN, village des États-Unis (Virginie), au sud-est de Richmond ; 400 h. Le 19 oct. 1781, Washington et Rochambeau y firent capituler l'armée de Cornwallis. Cette victoire marqua pratiquement la fin de la guerre de l'Indépendance américaine.

YORUBA ou **YOROUBA,** peuple de l'Afrique occidentale (Nigeria principalement ; Togo et Bénin), parlant une langue du groupe kwa. Ils avaient fondé des royaumes (Ife*, Bénin*) dès le XVe s.

Yosemite National Park, parc national des États-Unis (Californie), sur le versant occidental de la sierra Nevada. Sites pittoresques, dont la *Yosemite Valley.*

YOUGOSLAVIE, en serbe **Jugoslavija**, ancien État de l'Europe méridionale, composé à partir de la Seconde Guerre mondiale de six républiques : Bosnie-Herzégovine, Croatie, Macédoine, Monténégro, Serbie et Slovénie. CAP. *Belgrade.*

HISTOIRE

1918 : le royaume des Serbes, Croates et Slovènes est créé au profit de Pierre Ier Karadjordjević. 1919-20 : les traités de Neuilly-sur-Seine, de Saint-Germain-en-Laye, de Trianon et de Rapallo fixent ses frontières. 1921 : une Constitution centraliste et parlementaire est adoptée. 1929 : Alexandre Ier (1921-1934) établit un régime autoritaire. Le pays prend le nom de Yougoslavie. 1934 : Alexandre Ier est assassiné par un extrémiste croate. Son cousin Paul assume la régence au nom de Pierre II. 1941 : Paul signe le pacte tripartite et est renversé par une révolution à Belgrade. La Yougoslavie est occupée par l'Allemagne. La résistance est organisée d'une part par D. Mihailović, de tendance royaliste et nationaliste, d'autre part par le communiste J. Broz Tito. Pierre II se réfugie à Londres. 1943 : Tito crée le Comité national de libération. 1945-46 : la République populaire fédérative est créée ; elle regroupe six républiques : Bosnie-Herzégovine, Croatie, Macédoine, Monténégro, Serbie, Slovénie. Tito dirige le gouvernement. 1948-49 : Staline exclut la Yougoslavie du monde socialiste et du Kominform. 1950 : l'autogestion est instaurée. 1955 : Khrouchtchev renoue les relations avec la Yougoslavie. 1961 : une conférence des pays non-alignés se réunit à Belgrade. 1963 : la République socialiste fédérative de Yougoslavie

(R.S.F.Y.) est proclamée. 1971 : le développement du nationalisme entraîne le limogeage des dirigeants croates. 1974 : une nouvelle Constitution renforce les droits des républiques. 1980 : après la mort de Tito, les fonctions présidentielles sont exercées collégialement. À partir de 1988 : les tensions interethniques se développent (notamment au Kosovo) et la situation économique, politique et sociale se détériore. 1990 : la Ligue communiste yougoslave renonce au monopole politique. La Croatie et la Slovénie, désormais dirigées par l'opposition démocratique, s'opposent à la Serbie et cherchent à redéfinir leur statut dans la fédération yougoslave. 1991 : elles proclament leur indépendance (juin). Après des affrontements, l'armée fédérale se retire de Slovénie ; des combats meurtriers opposent les Croates à l'armée fédérale et aux Serbes de Croatie. La Macédoine proclame son indépendance (sept.). 1992 : la communauté internationale reconnaît l'indépendance de la Croatie et de la Slovénie (janv.), puis celle de la Bosnie-Herzégovine (avr.), où éclate une guerre particulièrement meurtrière. La Serbie et le Monténégro décident de proclamer la République fédérale de Yougoslavie (avr.).

YOUGOSLAVIE *(République fédérale de)*, en serbe **Jugoslavija,** État de l'Europe balkanique formé de la Serbie (avec ses dépendances, Kosovo et Vojvodine) et du Monténégro ; 102 200 km² ; 10 400 000 h. *(Yougoslaves).* CAP. *Belgrade.* LANGUE : *serbe.* MONNAIE : *dinar.*

GÉOGRAPHIE

Du Danube à l'Adriatique, la Yougoslavie juxtapose une partie septentrionale basse, intensément cultivée (céréales notamment), et une partie méridionale plus étendue, appartenant aux Alpes dinariques, au relief accidenté, encore largement forestière et pastorale. L'activité extractive (lignite, cuivre, plomb) y est localement présente ; les industries de transformation (constructions mécaniques, chimie, agroalimentaire) sont surtout développées dans la région de Belgrade. La population est majoritairement serbe, mais des minorités deviennent régionalement majoritaires, au nord (Hongrois dans l'extrémité septentrionale de la Vojvodine) et surtout au sud (les Albanais constituent la majeure partie de la population du Kosovo).

HISTOIRE

La Serbie et le Monténégro proclament, en avril 1992, la République fédérale de Yougoslavie, qui n'est pas reconnue par la communauté internationale. De nombreux Serbes vivant en Croatie et en Bosnie-Herzégovine revendiquent leur rattachement au nouvel État.

YOUNG (Arthur), agronome britannique (Londres 1741 - *id.* 1820). Ses *Voyages en France* (1792) restent un modèle d'observation.

YOUNG (Brigham), chef religieux américain (Whitingham, Vermont, 1801 - Salt Lake City 1877). Chef des mormons après la mort de Smith, il fonda en 1847 l'actuelle ville de Salt Lake City.

YOUNG (Edward), poète anglais (Upham 1683 - Welwyn 1765), auteur des *Plaintes ou Pensées nocturnes sur la vie, la mort et l'immortalité* (1742-1745), poème connu sous le nom de *Nuits** et qui inaugura le genre sombre et mélancolique développé par le romantisme.

YOUNG (Lester), saxophoniste et clarinettiste de jazz noir américain (Woodville, Mississippi, 1909 - New York 1959). Surnommé « Prez » (Président), il fut l'un des plus remarquables saxophonistes ténors de l'histoire du jazz.

Young *(plan),* plan signé à Paris le 7 juin 1929 par les Alliés et qui, inspiré par l'expert américain Owen D. *Young* (1874-1962), fixa le montant des réparations allemandes. Il remplaçait le plan Dawes. L'avènement de Hitler (1933) le rendit inopérant.

YOUNG (Thomas), médecin et physicien britannique (Milverton 1773 - Londres 1829). Il étudia l'égyptologie, l'accommodation de l'œil et découvrit les interférences lumineuses.

YOUNGSTOWN, v. des États-Unis (Ohio) ; 95 732 h.

YOURCENAR (Marguerite **de Crayencour,** dite **Marguerite**), femme de lettres de nationalités française et américaine (Bruxelles 1903 - Mount Desert, Maine, États-Unis, 1987), auteur de poèmes, d'essais, de pièces de théâtre, de romans historiques *(Mémoires d'Hadrien, l'Œuvre au noir)* ou autobiographiques *(Souvenirs pieux)* dans lesquels les problèmes modernes se lisent à travers les mythes antiques. Elle fut la première femme élue à l'Académie française (1980).

YOUSOUF (Joseph **Vantini** ou **Vanini,** dit), général français d'origine italienne (île d'Elbe 1808 - Cannes 1866). Il s'illustra en Algérie contre Abd el-Kader (1843) et prit part à la guerre de Crimée (1854-1856).

YOUSSOUFIA, anc. **Louis-Gentil,** v. du Maroc ; 22 000 h. Phosphates.

YPORT (76111), comm. de la Seine-Maritime ; 1 148 h. Station balnéaire.

YPRES, en néerl. **Ieper,** v. de Belgique, ch.-l. d'arr. de la Flandre-Occidentale ; 35 235 h. *(Yprois).* Monuments gothiques (halle aux draps, cathédrale) reconstruits après 1918. Fondée au Xᵉ s., Ypres fut l'un des grands centres drapiers du monde occidental du XIIᵉ au XVᵉ s. et participa aux grandes révoltes du XIVᵉ s. contre le pouvoir comtal. En saillant sur le front allié, la ville fut de 1914 à 1918 l'objet de violentes attaques allemandes.

YPSILANTI, famille phanariote qui donna à la Moldavie et à la Valachie plusieurs princes entre 1774 et 1806. — **Alexandre** (Istanbul 1792 - Vienne 1828) présida l'Hétairie* (1820-21) et prépara la révolte des peuples des Balkans contre les Ottomans.

YS, cité légendaire bretonne, qui aurait été engloutie par les flots au IVᵉ ou au Vᵉ s.

YSAYE [izai] (Eugène), violoniste belge (Liège 1858 - Bruxelles 1931). Grand interprète, il créa la sonate de Frank, le *Poème* de Chausson, le quatuor de Debussy.

YSER, fl. côtier, né en France, qui entre en Belgique et rejoint la mer du Nord ; 78 km. — Sa vallée fut le théâtre d'une bataille

Thomas **Young**

Marguerite **Yourcenar**

acharnée au cours de laquelle les troupes belges et alliées arrêtèrent les Allemands en octobre et en novembre 1914.

YSSINGEAUX (43200), ch.-l. d'arr. de la Haute-Loire ; 6 689 h. *(Yssingelais).*

YUAN, dynastie mongole qui régna en Chine de 1279 à 1368.

YUAN SHIKAI ou **YUAN CHE-K'AI,** homme politique chinois (Xiangcheng, Henan, 1859 - Pékin 1916). Chef de l'armée et Premier ministre (1911), il fut président de la République (1913-1916) et gouverna en dictateur. Il tenta sans succès de se faire reconnaître empereur en 1915-16.

YUCATÁN (le), presqu'île du Mexique, entre le golfe du Mexique et la mer des Antilles. Il est constitué de bas plateaux calcaires, forestiers, peu peuplés, qui furent l'un des centres de la civilisation des Mayas.

YUKAWA HIDEKI, physicien japonais (Tōkyō 1907 - Kyōto 1981). Pour expliquer les forces nucléaires, il émit l'hypothèse du méson, particule découverte peu après. (Prix Nobel 1949.)

YUKON (le), fl. de l'Amérique du Nord, tributaire de la mer de Béring ; 2 554 km. Il donne son nom à une division administrative de l'Alaska et à un territoire du Canada.

YUKON, territoire fédéré du Canada, 482 515 km^2 ; 27 797 h. ; ch.-l. *Whitehorse.*

Richesses minières : or, argent, plomb, zinc, cuivre.

YUMEN ou **YU-MEN,** centre pétrolier de Chine (Gansu).

YUN (Isang), compositeur coréen (Tongyong 1917). Il a tenté une synthèse entre les musiques extrême-orientale et occidentale dodécaphonique.

Yungang ou **Yun-kang,** monastères rupestres bouddhiques de la Chine, près de Datong (Shanxi), aux grottes ornées de sculptures (milieu du ve s. - viie s.).

YUNNAN ou **YUN-NAN,** prov. de Chine, près du Tonkin ; 436 200 km^2 ; 32 554 000 h. Cap. *Kunming.*

YUNUS EMRE, poète mystique turc (v. 1238 - v. 1320), héros de nombreuses légendes.

Yuste, monastère d'Espagne (Estrémadure), où se retira Charles Quint en 1556 et où il mourut (1558).

YUTZ (57110), ch.-l. de c. de la Moselle, formé par la fusion de *Basse-Yutz* et de *Haute-Yutz ;* 13 987 h. Métallurgie.

YVAIN (Maurice), compositeur français (Paris 1891 - Suresnes 1965), auteur d'opérettes et de chansons pour Mistinguett *(Mon homme)* et Maurice Chevalier.

Yvain ou le Chevalier au lion, roman de Chrétien de Troyes (v. 1177). Un chevalier qui a délaissé la prouesse pour l'amour se lance dans de folles aventures pour reconquérir l'estime de sa dame. Ce poème, où le merveilleux celtique se mêle à l'analyse psychologique, est le modèle parfait du roman courtois.

YVELINES (78), dép. de la Région Île-de-France ; ch.-l. de dép. *Versailles ;* ch.-l. d'arr. *Mantes-la-Jolie, Rambouillet, Saint-Germain-en-Laye ;* 4 arr., 40 cant., 262 comm. ; 2 284 km^2 ; 1 307 150 h. Le dép. est rattaché à l'académie et à la cour d'appel de Versailles, au commandement militaire d'Île-de-France. La forêt de Rambouillet sépare l'extrémité nord-est de la Beauce, céréalière, des plateaux limoneux du Mantois, également céréaliers, entaillés de vallons (qui portent des vergers) et limités au nord par la vallée de la Seine. Celle-ci s'est urbanisée et industrialisée, comme le nord-est, où cependant l'industrie s'efface largement devant les services et la fonction résidentielle (Versailles, Saint-Germain-en-Laye, Chevreuse), celle-ci liée au maintien des forêts (Saint-Germain, Marly).

YVERDON-LES-BAINS, v. de Suisse (Vaud), sur le lac de Neuchâtel ; 22 758 h. Station thermale. Château du xiiie s. (musée).

YVES *(saint),* prêtre et juriste (Kermartin, Bretagne, 1253 - Louannec 1303), patron des gens de loi. Son tombeau, à Tréguier, fait l'objet d'un pèlerinage.

YVES de Chartres *(saint)* [en Beauvaisis v. 1040 - Chartres 1116], évêque de Chartres. Son œuvre eut une grande influence sur l'élaboration du droit canon.

YVETOT (76190), ch.-l. de c. de la Seine-Maritime, dans le pays de Caux ; 10 968 h. *(Yvetotais).* Bonneterie. Église circulaire à paroi-vitrail (1951-1956).

YZEURE (03400), ch.-l. de c. de l'Allier ; 13 890 h. Constructions mécaniques. Église en partie romane.

Z

ZAANSTAD, v. des Pays-Bas, banlieue d'Amsterdam ; 130 705 h.

ZĀB *(Grand* et *Petit),* riv. de l'Iraq, affl. du Tigre (r. g.).

ZAB *(monts du)* ou **MONTS DES ZIBAN,** montagnes d'Algérie entre les Ouled Nail et les Aurès. Les oasis du Zab ou des Ziban s'allongent au S. des monts du Zab et des Aurès.

ZABRZE, v. de Pologne, en haute Silésie ; 205 800 h. Centre minier (charbon) et industriel.

ZABULON *(tribu de),* tribu israélite de Galilée dont l'ancêtre éponyme est *Zabulon,* dixième fils de Jacob.

ZACHARIE, prophète biblique de la fin du vi^e s. av. J.-C.

ZACHARIE *(saint),* prêtre juif (i^{er} s.), époux de sainte Élisabeth et père de saint Jean-Baptiste.

ZACHARIE *(saint)* [m. à Rome en 752], pape de 741 à 752. S'appuyant sur Pépin le Bref, il travailla à la première réforme de l'Église.

ZACHÉE, personnage de l'Évangile de saint Luc, publicain ou chef des collecteurs d'impôts de Jéricho, converti par le Christ. On l'a confondu avec saint Amadour, fondateur du pèlerinage de Rocamadour, site où il aurait été enterré.

ZADAR, port de Croatie, en Dalmatie, sur l'Adriatique ; 43 000 h. Église St-Donat, rotonde du IXe s. Cathédrale romane du XIIe s. Musée archéologique.

Zadig *ou la Destinée,* conte de Voltaire (1747), qui affirme sa foi dans la Providence, dans un monde où les folies et les misères participent à l'harmonie générale.

ZADKINE (Ossip), sculpteur français d'origine russe (Vitebsk 1890 - Neuilly-sur-Seine 1967). Il a pratiqué une sorte de cubisme de tendance tantôt baroque et décorative, tantôt expressionniste (*la Ville détruite,* 1947-1953, Rotterdam). Musée dans son atelier, à Paris.

ZAFFARINES *(îles),* en esp. **Chafarinas,** îles espagnoles de la côte méditerranéenne du Maroc.

ZAGAZIG, v. d'Égypte, sur le delta du Nil ; 203 000 h.

ZAGORSK → ***Serguiev Possad.***

ZAGREB, en all. **Agram,** cap. de la Croatie, sur la Save ; 1 175 000 h. Centre administratif, commercial (foire internationale), culturel et industriel. Cathédrale gothique et autres monuments. Musées.

ZAGROS (le), chaîne de montagnes du S.-O. de l'Iran dominant la Mésopotamie irakienne et le golfe Persique.

ẒĀHER CHĀH (Moḥammed) [Kaboul 1914], roi d'Afghanistan (1933-1973). Il fut renversé par un coup d'État et dut s'exiler.

ZAHLÉ ou **ZAHLEH,** v. du Liban, dans la Beqaa ; 60 000 h.

ZAÏRE, anc. **Congo,** fl. d'Afrique, long de 4 700 km (bassin de 3 800 000 km²). Né sur le plateau du Shaba, il porte le nom de Lualaba jusqu'à Kisangani. Il reçoit l'Oubangui et le Kasaï avant de déboucher dans le Pool Malébo (anc. Stanley Pool), site de Kinshasa et Brazzaville. Vers l'aval, Matadi est accessible aux navires de haute mer. Navigable par biefs, le Zaïre a un régime assez régulier. La pêche est active.

ZAÏRE *(République du),* anc. **Congo belge** puis **République du Congo,** État d'Afrique centrale, 2 345 000 km² ; 41 200 000 h. *(Zaïrois).* CAP. *Kinshasa.* LANGUE : *français.* MONNAIE : *zaïre.*

GÉOGRAPHIE

Traversé par l'équateur, le pays s'étend sur la cuvette forestière humide et chaude qui correspond à la majeure partie du bassin du fleuve Zaïre et sur les plateaux ou hauteurs de l'Est. La population (plus de 500 ethnies), très inégalement répartie, a une forte croissance démographique ; l'exode rural a gonflé les villes (surtout Kinshasa). Le secteur agricole, toujours dominant, est surtout vivrier (manioc, maïs, banane-plantain). Mais le pays ne couvre pas ses besoins alimentaires. Des plantations fournissent huile de palme, palmistes, café et cacao. Les ressources minières abondantes et variées (cuivre en tête, cobalt et diamants industriels notamment) fournissent l'essentiel des exportations. Kinshasa, Lubumbashi et Kisangani concentrent les quelques activités industrielles. Mais le pays est trop dépendant du cours des matières premières. La pression démographique accroît le sous-emploi, et le Zaïre a dû lourdement s'endetter. Ces difficultés sont encore aggravées par l'afflux de réfugiés du Rwanda et du Burundi.

HISTOIRE

Les origines et l'époque coloniale. La région est occupée par deux groupes ethniques : Pygmées et Bantous. XVIIe-XVIIIe s. : le royaume kouba est créé sur la rivière Kasaï, tandis qu'au Shaba (Katanga) le royaume luba est à son apogée ; le royaume lunda s'en détache v. 1750. 1876 : le roi des Belges Léopold II crée l'Association internationale africaine (A. I. A.), bientôt transformée en Association internationale du Congo. 1885 : l'État indépendant du Congo reçoit à Berlin une consécration internationale. Son union avec la Belgique est purement personnelle, le Congo étant propriété du souverain Léopold II. 1908 : la Belgique assume l'héritage de Léopold II. 1918-1939 : le développement économique de la colonie est poussé activement.

L'indépendance. 1960 : après quatre années d'effervescence nationaliste, le Congo belge accède à l'indépendance sous le nom de République du Congo. P. Lumumba devient Premier ministre, Joseph Kasavubu est président de la République. Le Katanga, avec Moïse Tschombé, fait sécession. 1961-1965 : les troubles continuent, marqués notamm. par l'assassinat de Lumumba (1961), l'intervention des Casques bleus de l'O. N. U. (1961-62) et celle des parachutistes belges (1964) pour réduire la sécession katangaise. Nov. 1965 : l'accession à la présidence de la République de J. Mobutu, à la suite d'un coup d'État, inaugure une ère de stabilité. 1966 : Mobutu devient aussi chef du gouvernement. 1969-1972 : le Mouvement populaire de la Révolution devient le parti unique et prend progressivement le contrôle de tout l'appareil d'État. 1971 : la République du Congo prend le nom de Zaïre. 1977-78 : Mobutu fait appel à la France pour mater des rébellions. 1984 : il est réélu président de la République. 1990 : le pays s'ouvre au multipartisme. 1991 : devant la montée des oppositions, Mobutu convoque une conférence nationale, chargée de préparer la transition démocratique. Depuis 1992 : la crise politique provoquée par la lutte entre Mobutu et le pouvoir de transition ne cesse de s'aggraver.

ZAKHAROV (Rostislav Vladimirovitch), danseur et chorégraphe soviétique (Astrakhan 1907 - Moscou 1984), auteur de ballets très appréciés *(la Fontaine de Bakhtchissaraï, le Cavalier de bronze)* et considéré, en U. R. S. S., comme un novateur.

ZAKOPANE, v. de Pologne, dans les Tatras ; 28 600 h. Centre touristique. Sports d'hiver.

ZÁKROS, site archéologique de Crète orientale. Vestiges d'une ville et d'un palais minoens du XVIe s. av. J.-C.

ZÁKYNTHOS ou **ZANTE,** une des îles Ioniennes (Grèce) ; ch.-l. *Zákynthos* ou *Zante.* Citadelle vénitienne.

Zama *(bataille de)* [202 av. J.-C.], bataille, en Numidie, au cours de laquelle Scipion l'Africain vainquit Hannibal ; cette victoire mit fin à la deuxième guerre punique.

ZAMBÈZE (le), fl. de l'Afrique australe qui se jette dans l'océan Indien après un cours semé de rapides et de chutes ; 2 660 km. Importants barrages (Kariba et Cabora Bassa).

ZAMBIE, État de l'Afrique australe ; 746 000 km² ; 8 600 000 h. *(Zambiens).* CAP. *Lusaka.* LANGUE : *anglais.* MONNAIE : *kwacha.* La Zambie, au climat tropical tempéré par l'altitude, est formée surtout de collines et de plateaux. La majorité de la population vit de l'agriculture, mais ce sont les mines (cuivre en tête, cobalt, or, argent, etc.) de la Copperbelt qui fournissent l'essentiel des ressources commerciales du pays.

HISTOIRE

Le pays, peuplé sans doute d'abord par des Pygmées puis par des Bantous, est divisé en chefferies jusqu'à l'arrivée des Européens. 1853-1873 : trois voyages de Livingstone préludent à la pénétration britannique. 1890 : la British South Africa Company de Cecil Rhodes obtient du roi des Lozi le monopole de l'économie du pays. 1890-1899 : à l'influence économique succède l'occupation britannique. L'ensemble des régions sur lesquelles elle s'étend prend en 1895 le nom de Rhodésie. 1911 : cette zone est divisée en deux régions, la Rhodésie du Nord, actuelle Zambie, et la Rhodésie du Sud, actuel Zimbabwe. 1924 : un an après que la Rhodésie du Sud a accédé à l'autonomie, la Rhodésie du Nord devient colonie de la Couronne, dotée d'un Conseil législatif. La même année, d'importants gisements de cuivre sont découverts. 1948 : un mouvement nationaliste se constitue, animé par Kenneth Kaunda. 1953 : une fédération d'Afrique-Centrale est néanmoins instaurée, unissant les deux Rhodésies et le Nyassaland. 1963 : les progrès de la revendication nationaliste aboutissent à la dissolution de la fédération. 1964 : la Rhodésie du Nord accède à l'indépendance sous

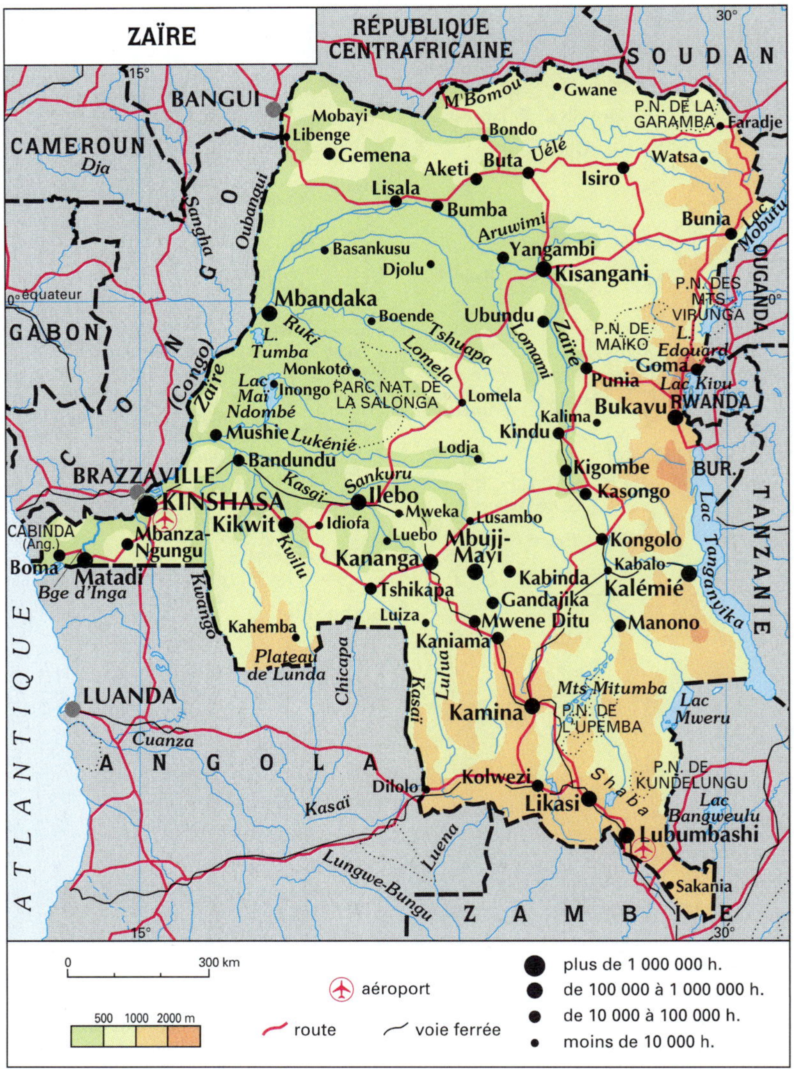

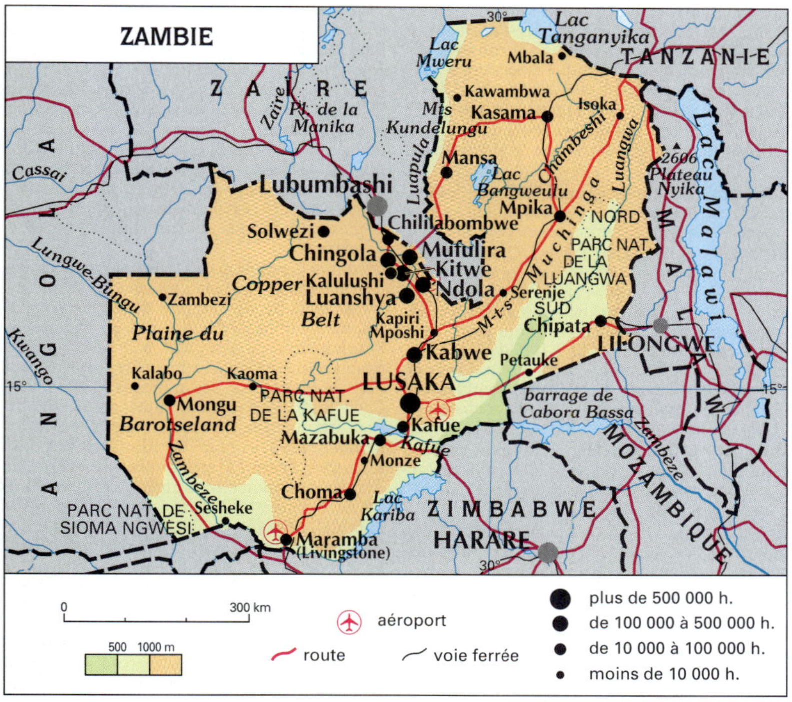

le nom de Zambie dans le cadre du Commonwealth. K. Kaunda y devient chef de l'État. 1972 : il instaure un régime de parti unique. 1990 : la contestation de plus en plus vive du régime conduit K. Kaunda à revenir au multipartisme. 1991 : l'opposition remporte les élections législatives et présidentielles ; Frederick Chiluba est élu à la tête de l'État face à Kaunda.

ZAMBOANGA, port des Philippines (Mindanao) ; 344 000 h.

ZAMENHOF (Lejzer Ludwik), linguiste polonais (Białystok 1859 - Varsovie 1917). Il est le créateur de l'espéranto.

ZAMIATINE (Ievgueni Ivanovitch), écrivain russe (Lebedian, gouv. de Tambov, 1884 - Paris 1937), l'un des chefs du groupe expérimentaliste et réaliste des Frères Sérapion.

ZAMORA, v. d'Espagne, ch.-l. de prov., en Castille-León, sur le Douro ; 64 476 h. Églises romanes du XIIe s., dont la cathédrale ; musée.

ZAMPIERI → ***Dominiquin** (le).*

ZANDÉ, peuple du Soudan et du Zaïre.

ZANGWILL (Israel), écrivain britannique (Londres 1864 - Midhurst 1926), propagandiste de la cause sioniste à travers ses récits *(le Roi des mendigots)* et ses pièces de théâtre.

ZANTE → ***Zákynthos.***

ZANZIBAR, île de l'océan Indien, près de la côte d'Afrique ; 1 658 km² ; 310 000 h. Ch.-l. *Zanzibar* (125 000 h.). Zanzibar et l'île voisine de Pemba forment la Tanzanie insulaire.

HISTOIRE

1503 : les Portugais s'installent à Zanzibar. XVIIe s. : ils sont remplacés par les sultans d'Oman, qui donnent à Zanzibar un grand essor. 1873 : cet essor est brisé par la suppression du marché d'esclaves. 1890 : les îles de Zanzibar et de Pemba passent sous protectorat britannique. 1963 : le sultanat accède à l'indépendance. 1964 : la république est proclamée et Zanzibar s'unit au Tanganyika pour constituer la République unie de Tanzanie*.

ZAO WOU-KI, peintre français d'origine chinoise (Pékin 1921), installé à Paris en 1948. D'un lyrisme intense, ses œuvres tiennent du « paysagisme » abstrait et de la calligraphie.

ZAPATA (Emiliano), révolutionnaire mexicain (Anenecuilco, Morelos, v. 1879 - hacienda de Chinameca, Morelos, 1919). Paysan indien, il souleva les péons (1910) et voulut réaliser une réforme agraire, mais fut assassiné.

ZÁPOLYA ou **SZAPOLYAI,** famille hongroise dont les membres les plus importants sont **Jean,** roi de Hongrie (1526-1540), et **Jean Sigismond,** prince de Transylvanie (1541-1571).

ZAPOROGUES, cosaques établis au-delà des rapides du Dniepr (XVIe-XVIIIe s.).

ZAPOROJIE, v. d'Ukraine ; 884 000 h. Port fluvial sur le Dniepr et centre industriel.

ZAPOTÈQUES, peuple de la vallée d'Oaxaca (Mexique), fondateur d'une civilisation théocratique qui fut à son apogée à l'époque classique (300-900). Leur principal centre était Monte Albán, dont les vestiges (architecture, inscriptions, mobilier funéraire) témoignent d'une religion complexe et d'un art raffiné.

ZARATHUSHTRA, ZARATHOUSTRA ou **ZOROASTRE,** réformateur du mazdéisme et fondateur du zoroastrisme (env. 660 av. J.-C. - 583 av. J.-C.). En butte à l'opposition du clergé mazdéen, il connut de grandes épreuves, mais la protection du roi Vishtâspa assura le succès de sa doctrine. Sa réforme met l'accent sur la transcendance divine et prêche une morale d'action fondée sur la certitude du triomphe de la justice.

ZARIA, v. du Nigeria ; 224 000 h. Anc. cap. d'un royaume haoussa.

ZARLINO (Gioseffo), théoricien et compositeur italien (Chioggia 1517 - Venise 1590), auteur d'ouvrages qui sont à la base du système tonal moderne.

ZARQĀ', v. de Jordanie, au nord-est d'‘Ammān ; 392 000 h. Raffinage du pétrole.

ZARQĀLĪ (al-) ou **ARZACHEL,** astronome et mathématicien arabe (? v. 1029 - Cordoue 1100). On lui doit les premières tables astronomiques, dites *tables de Tolède,* et des instruments d'observation du ciel.

ZÁTOPEK (Emil), athlète tchèque (Kopřivnice 1922), triple champion olympique en 1952 (5 000 m, 10 000 m, marathon).

ZAVENTEM, comm. de Belgique (Brabant flamand) ; 26 062 h. À proximité, aéroport de Bruxelles.

ZEAMI MOTOKIYO, acteur et écrivain japonais (1363-1443). Avec son père, **Kanami** (1333-1384), il fut acteur de nô ; il écrivit plus de la moitié des pièces du répertoire actuel et des traités de doctrine théâtrale, transmis de père en fils jusqu'à nos jours *(Kadenshō).*

ZÉDÉ (Gustave), ingénieur français (Paris 1825 - *id.* 1891). Il établit les plans du premier sous-marin français, le *Gymnote* (1887).

ZEDELGEM, comm. de Belgique (Flandre-Occidentale) ; 20 454 h.

ZEDILLO PONCE DE LEÓN (Ernesto), homme politique mexicain (Mexico 1951), président de la République depuis 1994.

ZEEBRUGGE, port de Bruges, sur la mer du Nord, relié à Bruges par un canal de 10 km. Port pétrolier et centre industriel. Pendant la Première Guerre mondiale, les Allemands y aménagèrent une base navale, qui fut attaquée en 1918 par les Anglais.

ZEEMAN (Pieter), physicien néerlandais (Zonnemaire, Zélande, 1865 - Amsterdam 1943). Il découvrit l'action des champs magnétiques sur l'émission de la lumière *(effet Zeeman)* et confirma expérimentalement les théories relativistes. (Prix Nobel 1902.)

ZEHRFUSS (Bernard), architecte français (Angers 1911). Il est l'un des auteurs du hall du Centre national des industries et des techniques (C. N. I. T.) à la Défense (1958) et des édifices de l'Unesco à Paris.

ZEIST, v. des Pays-Bas, près du delta du Rhin ; 59 357 h.

ZÉLANDE, en néerl. **Zeeland,** prov. des Pays-Bas, à l'embouchure de l'Escaut et de la Meuse ; 1 785 km² ; 355 000 h. *(Zélandais) ;* ch.-l. *Middelburg.*

ZELE, comm. de Belgique (Flandre-Orientale) ; 20 097 h.

ŻELEŃSKI (Tadeusz), dit **Boy,** écrivain polonais (Varsovie 1874 - Lwów 1941), traducteur et auteur d'ouvrages critiques et historiques.

ZELENTCHOUK, localité de Russie, au nord du Caucase. À proximité, à 2 070 m d'alt., observatoire astronomique (télescope de 6 m de diamètre).

ŽELEV (Želju) ou **JELEV** (Jeliou), philosophe et homme politique bulgare (Veselinovo, près de Šumen, 1935). Ancien opposant au régime communiste, il est élu président de la République en 1990.

ZELL AM SEE, v. d'Autriche (prov. de Salzbourg), au bord du *lac de Zell ;* 7 500 h. Tourisme.

ZELZATE, comm. de Belgique (Flandre-Orientale) ; 12 373 h. Sidérurgie.

ZEMAN (Karel), cinéaste tchécoslovaque (Ostroměř 1910 - Gottwaldov 1989), auteur de films d'animation combinant les marionnettes, le jeu d'acteur et le dessin animé (*Aventures fantastiques,* 1958 ; *le Baron de Crac,* 1961).

ZEMST, comm. de Belgique (Brabant flamand) ; 18 992 h.

Zend-Avesta → ***Avesta.***

ZÉNÈTES ou **ZENĀTA,** Berbères de l'Afrique du Nord (Aurès et Maroc oriental).

ZENICA, v. de Bosnie-Herzégovine ; 63 000 h. Sidérurgie.

ZÉNOBIE (m. en Italie v. 274), reine de Palmyre (267-272). Elle gouverna après la mort de son époux, Odenath, et étendit son autorité de l'Asie Mineure à l'Égypte. L'empereur Aurélien la vainquit après deux ans de campagne (271-272). Amenée captive à Rome, elle orna le triomphe d'Aurélien.

ZÉNON (v. 426-491), empereur romain d'Orient (474-491). Son *Édit d'union* avec les monophysites (*Henotikon,* 482) provoqua avec Rome un schisme qui dura jusqu'à Justinien.

ZÉNON de Kition, philosophe grec (Kition, Chypre, v. 335 - v. 264 av. J.-C.), fondateur du stoïcisme.

ZÉNON d'Élée, philosophe grec (Élée entre 490 et 485 - m. v. 430 av. J.-C.). Il a proposé des paradoxes (antinomies) tels qu'« Achille ne rattrape pas la tortue », « la flèche vole et est immobile », paradoxes qui posent la question

Art des **Zapotèques :** urne funéraire de Monte Albán, représentant une divinité. Terre cuite polychrome.

de la divisibilité de l'espace et du mouvement et dont la fécondité est toujours actuelle pour les logiciens du XXe s.

ZEPPELIN (Ferdinand, *comte* **von**), officier puis industriel allemand (Constance 1838 - Berlin 1917). Il construisit, à partir de 1890, les grands dirigeables rigides auxquels son nom est resté attaché.

ZERAVCHAN *(chaîne du),* montagnes du Tadjikistan dont les torrents alimentent en eau les oasis de Samarkand et de Boukhara.

ZERMATT, comm. de Suisse (Valais), au pied du Cervin ; 4 225 h. Grand centre touristique ; sports d'hiver.

ZERMATTEN (Maurice), écrivain suisse d'expression française (Saint-Martin, près de Sion, 1910). Un des romanciers les plus représentatifs de la littérature du Valais (*la Colère de Dieu,* 1940 ; *À l'est du grand couloir,* 1983).

ZERMELO (Ernst), mathématicien et logicien allemand (Berlin 1871 - Fribourg-en-Brisgau 1953). Disciple de Cantor, il développa la théorie des ensembles, dont il tenta l'axiomatisation.

ZERNIKE (Frederik), physicien néerlandais (Amsterdam 1888 - Naarden 1966). Il imagina le microscope à contraste de phase. (Prix Nobel 1953.)

ŻEROMSKI (Stefan), écrivain polonais (Strawczyn 1864 - Varsovie 1925), auteur de drames et de romans où il combat les oppressions politiques et sociales (*les Cendres,* 1904).

ZEROUAL (Liamine), militaire et homme politique algérien (Batna 1941). Ministre de la Défense depuis 1993, il est nommé à la tête de l'État en 1994. Il est confirmé dans ses fonctions par une élection présidentielle en 1995.

ZETKIN (Clara), révolutionnaire allemande (Wiederau 1857 - Arkhanguelskoïe, près de Moscou, 1933). Membre du parti social-démocrate depuis 1878, elle participa au mouvement spartakiste, puis adhéra au parti communiste allemand (1919). Elle fut député au Reichstag de 1920 à 1933.

ZETLAND → ***Shetland.***

ZEUS, dieu suprême du panthéon grec. Dieu du Ciel et maître des dieux, il fait régner sur la Terre l'ordre et la justice. Son attribut est le foudre. Ses sanctuaires les plus célèbres étaient ceux de Dodone, d'Olympie et ceux de Crète. Les Romains l'assimilèrent à *Jupiter.*

ZEUXIS, peintre grec de la seconde moitié du Ve s. av. J.-C. Connu par les auteurs anciens, il a été, comme Polygnote, l'un des novateurs de son temps.

ZHANGHUA → ***Changhua.***

ZHANJIANG ou **TCHAN-KIANG,** port de Chine (Guangdong) ; 200 000 h. Centre industriel.

ZHAO MENGFU ou **TCHAO MONG-FOU,** peintre chinois (Huzhou, Zhejiang, 1254-1322), célèbre pour son style archaïsant et ses représentations de chevaux très réalistes.

ZHAO ZIYANG ou **TCHAO TSEU-YANG,** homme politique chinois (distr. de Huaxian, Henan, 1919). Il est à la tête du gouvernement de 1980 à nov. 1987. Devenu secrétaire général du parti en janv. 1987, il est limogé en juin 1989.

ZHEJIANG ou **TCHÖ-KIANG,** prov. du sud-est de la Chine ; 101 000 km² ; 38 885 000 h. Cap. *Hangzhou.*

ZHENGZHOU ou **TCHENG-TCHEOU,** v. de Chine, cap. du Henan ; 1 400 000 h. Centre industriel. Cap. de la dynastie Shang, dont elle conserve une nécropole (mobilier funéraire au musée).

ZHOU ENLAI ou **TCHEOU NGEN-LAI** ou **CHOU EN-LAI,** homme politique chinois (Huai'an, Jiangsu, 1898 - Pékin 1976). Il participa à la fondation du parti communiste chinois (1920-21). Ministre des Affaires étrangères (1949-1958) et Premier ministre, il conserva un rôle prépondérant en politique extérieure et prépara le rapprochement sino-américain (1972).

Zhou Enlai

Grigori **Zinoviev**

ZHOUKOUDIAN ou **TCHEOU-K'EOU-TIEN,** village de Chine, au sud-ouest de Pékin. Site préhistorique où fut découvert le sinanthrope en 1921.

Zhuangzi ou **Tchouang-tseu,** ouvrage fondamental du taoïsme dit « philosophique ». Son auteur, Zhuangzi, vivait à la fin du IVe s. av. J.-C.

ZHU DE ou **TCHOU TÖ** ou **CHOU TEH,** homme politique et maréchal chinois (Manchang, Sichuan, 1886 - Pékin 1976). Compagnon de Mao Zedong, il commanda l'armée rouge à partir de 1931. Il collabora avec Jiang Jieshi contre les Japonais (1937-1941), puis mena séparément une guerre contre ceux-ci (1941-1945). Il conquit la Chine continentale (1946-1949) en éliminant les nationalistes et devint commandant suprême.

ZHU XI ou **TCHOU HI,** philosophe chinois (You Xi, Fujian, v. 1130 - 1200), à l'origine d'une importante école confucianiste, auteur d'une histoire de la Chine.

ZIA UL-HAQ (Mohammad), officier et homme politique pakistanais (Jullundur 1924 - dans un accident d'avion, près de Bahāwalpur, 1988). Chef d'état-major de l'armée en 1976, il dirigea le coup d'État militaire de juill. 1977. Il fut président de la République de 1978 à sa mort.

ZIBAN → *Zab (monts du).*

ZIBO ou **TSEU-PO,** v. de Chine (Shandong) ; 1 200 000 h. Centre industriel.

ZIELONA GÓRA, v. de Pologne (Silésie) ; 144 900 h. Centre industriel.

ZIGONG ou **TSEU-KONG,** v. de Chine (Sichuan) ; 300 000 h. Pétrole et gaz naturel.

ZIGUINCHOR, port du Sénégal, sur l'estuaire de la Casamance ; 105 000 h. Pêche.

ŽILINA, v. du nord-ouest de la Slovaquie ; 83 853 h. Monuments anciens.

ZIMBABWE, site d'une ancienne ville du sud de l'actuel Zimbabwe. Fondée vers le Ve s. apr. J.-C., elle s'est développée à partir des Xe-XIe s. Elle fut la capitale d'un État qui devint au XVe s. l'empire du Monomotapa. Son apogée se situe du XIIIe au XVe s. Ruines imposantes.

ZIMBABWE, État de l'Afrique australe ; 390 000 km² ; 10 700 000 h. *(Zimbabwéens).* CAP. *Harare.* LANGUE : *anglais.* MONNAIE : *dollar du Zimbabwe.*

GÉOGRAPHIE

C'est une région de plateaux, domaine de la forêt claire et de la savane. Héritage de la colonisation, le pays juxtapose cultures vivrières (maïs) et commerciales (coton, tabac) à côté de l'élevage. Le sous-sol fournit surtout du chrome et de l'amiante. Le départ de la majeure partie de la minorité blanche a désorganisé le pays. Celui-ci, enclavé, en proie aussi à des luttes internes, subissant une très rapide croissance démographique, est partiellement dépendant de la puissante Afrique du Sud voisine.

HISTOIRE

IIIe-XVIe s. : peuplé par des Bochiman puis par des Bantous, l'actuel Zimbabwe fournit au XVe s. le cadre de l'empire du Monomotapa* (capitale Zimbabwe*), qui tire sa richesse de l'exploitation de l'or. XVIe s. : les Portugais supplantent progressivement les musulmans dans le commerce des minerais. 1885-1896 : Cecil Rhodes, pour le compte de la Grande-Bretagne, occupe de vastes régions, qui prennent en 1895 le nom de Rhodésie et parmi lesquelles figure l'actuel Zimbabwe. 1911 : la Rhodésie est morcelée ; l'unification des régions du nord forme la Rhodésie du Nord (actuelle Zambie), celle des régions du sud constitue la Rhodésie du Sud (le futur Zimbabwe). 1923 : la Rhodésie du Sud devient colonie de la Couronne, dotée de l'autonomie interne. 1940-1953 : la Seconde Guerre mondiale provoque une expansion économique rapide et l'arrivée de nombreux immigrants blancs. 1953-1963 : une fédération unit le Nyassaland et les deux Rhodésies. 1965-1978 : le Premier ministre Ian Smith, chef de la minorité blanche, proclame unilatéralement (1965) l'indépendance de la Rhodésie du Sud, puis instaure (1970) la République rhodésienne. Le nouvel État modèle sa politique sur celle de l'Afrique du Sud (apartheid) malgré une opposition intérieure grandissante et, à partir de 1972, la naissance d'une guérilla soutenue par le Mozambique. 1978 : Ian Smith signe un accord avec les opposants les plus modérés. 1979 : un gouvernement multiracial est constitué. 1980 : des élections reconnues par la communauté internationale portent au pouvoir R. Mugabe, chef de l'aile radicale du mouvement nationaliste. L'indépendance du Zimbabwe entraîne un exode des Blancs, qui continuent néanmoins à contrôler l'essentiel de la richesse économique du pays. 1987 : établissement d'un régime présidentiel. R. Mugabe devient chef de l'État.

ZIMMERMANN (Bernd Alois), compositeur allemand (Bliesheim, près de Cologne, 1918 - Königsdorf, auj. dans Cologne, 1970), auteur de l'opéra *les Soldats* et d'œuvres de musique électronique (*Requiem pour un jeune poète,* 1969).

ZIMMERMANN (Dominikus), architecte et stucateur allemand (près de Wessobrunn, Bavière, 1685 - Wies, Bavière, 1766). Son chef-d'œuvre est l'abbatiale de Wies (1746 et suiv.), une des créations les plus raffinées du rococo germanique. — Son frère aîné **Johann Baptist** (près de Wessobrunn 1680 - Munich 1758) a assuré la riche décoration (fresques, stucs) de plusieurs des édifices construits par lui (Steinhausen, en Souabe, Wies, etc.).

ZINDER, v. du sud du Niger ; 83 000 h.

ZINOVIEV (Grigori Ievseïevitch **Radomylski,** dit), homme politique soviétique (Ielizavetgrad 1883 - ? 1936). Proche collaborateur de Lénine depuis 1902-03, membre du bureau politique du parti (1917-1926), il dirigea le Comité exécutif de l'Internationale communiste (1919-1926). Il rejoignit Trotski dans l'opposition à Staline (1925-1927). Jugé lors des procès de Moscou (1935-36), il fut exécuté. Il a été réhabilité en 1988.

ZINZENDORF (Nikolaus Ludwig, *comte* **von**), chef religieux allemand (Dresde 1700 - Herrnhut 1760), restaurateur de l'ordre des Frères moraves.

ZIRIDES, dynastie berbère, dont une branche régna dans l'est de l'Afrique du Nord de 972 à 1167 et une autre en Espagne (Grenade) de 1025 à 1090.

ZITA *(sainte),* femme du peuple italienne (Monsagrati, près de Lucques, 1218 - Lucques 1278). Elle est la patronne des gens de maison.

ZITA DE BOURBON-PARME (Villa Pianore 1892 - abbaye de Zizers, Grisons, 1989), impératrice d'Autriche. Elle épousa en 1911 Charles Ier.

ŽIVKOV (Todor), homme politique bulgare (Pravec 1911). Premier secrétaire du parti communiste à partir de 1954, président du Conseil de 1962 à 1971, chef de l'État à partir de 1971, il démissionne de toutes ses fonctions en 1989.

ŽIŽKA (Jan), patriote tchèque (Trocnov v. 1360 ou 1370 - près de Přibyslav 1424). Chef hussite, puis taborite (1420), il devint aveugle, mais poursuivit la lutte contre l'empereur Sigismond.

ZLATOOUST, v. de Russie, dans l'Oural ; 208 000 h. Métallurgie.

ZLÍN, de 1948 à 1990 **Gottwaldov,** v. de la République tchèque (Moravie) ; 84 634 h. Chaussures.

ZOERSEL, comm. de Belgique (prov. d'Anvers) ; 18 177 h.

ZOG ou **ZOGU Ier** (Ahmed **Zogu,** dit), roi d'Albanie (1928-1939) [Burgajet 1895 - Suresnes 1961]. Président de la République (1925), il institua la monarchie (1928) et s'exila lors de l'invasion italienne (1939).

Zohar, livre fondamental de la kabbale juive, dont Moïse de León a rédigé la plus grande part entre 1270 et 1300. Son mysticisme aura une influence considérable.

ZOLA (Émile), écrivain français (Paris 1840 - *id.* 1902). Chef de l'école naturaliste, il voulut appliquer à la description des faits humains et sociaux la rigueur scientifique. Accordant une importance capitale aux déterminations matérielles des passions humaines, il entreprit une grande œuvre cyclique reposant sur son expérience vécue et sur une minutieuse enquête préalable, *les Rougon-Macquart**, *histoire naturelle et sociale d'une famille sous le second Empire* (1871-1893). Attiré par les théories socialistes, puis évoluant vers une vision messianique de l'avenir humain (*les Quatre Évangiles,* 1899-1903), il prit violemment parti dans l'Affaire Dreyfus (*J'accuse,* 1898). Il est également l'auteur d'importants ouvrages de critique d'art (*Édouard Manet,* 1867) et de critique littéraire (*le Roman expérimental,* 1880).

Zolder (le), circuit automobile de Belgique, dans le Limbourg, au N. de Hasselt.

Zollverein *(Deutscher)* [« Union douanière allemande »], association douanière entrée en vigueur en 1834 sous l'impulsion de la Prusse. De 1834 à 1867, elle engloba l'ensemble des États allemands, jouant ainsi un rôle déterminant dans la formation de l'unité allemande.

ZOMBA, anc. capitale du Malawi ; 53 000 h.

ZONGULDAK, port de Turquie, sur la mer Noire ; 116 725 h. Centre houiller.

ZONHOVEN, comm. de Belgique (Limbourg) ; 17 378 h.

ZORN (Anders), peintre et graveur suédois (Mora, Dalécarlie, 1860 - *id.* 1920), spécialement estimé pour ses portraits à l'eau-forte aux hachures énergiques.

ZOROASTRE → ***Zarathushtra.***

ZOROBABEL, prince juif, gouverneur de la province de Judée entre 520 et 518 sous la domination perse. Il aida les exilés juifs à rentrer dans leur patrie et à reconstruire le Temple de Jérusalem.

ZORRILLA Y MORAL (José), poète espagnol (Valladolid 1817 - Madrid 1893), auteur de poésies et de drames romantiques aux thèmes empruntés aux légendes et aux traditions populaires de l'Espagne (*Don Juan Tenorio,* 1844).

Zorro, personnage de roman créé en 1919 par l'Américain Johnston McCulley et popularisé par le cinéma.

ZOSIME *(saint)* [m. à Rome en 418], pape en 417 et 418. Il défendit puis condamna le pélagianisme.

ZOTTEGEM, comm. de Belgique (Flandre-Orientale) ; 24 503 h.

ZOUG, en all. **Zug,** v. de Suisse, ch.-l. du cant. de même nom, sur le *lac de Zoug ;* 21 705 h. Centre commercial, touristique et industriel. Noyau ancien pittoresque. — Le *canton de Zoug* a 240 km² et 85 546 h. Il est entré dans la Confédération suisse en 1352.

ZOUG *(lac de),* lac de Suisse, entre les cant. de Zoug, de Lucerne et de Schwyz ; 38 km².

ZOULOUS, peuple bantou de l'Afrique australe, établi principalement au Kwazulu-Natal, en Afrique du Sud. Le royaume zoulou fut créé par le conquérant Chaka, roi de 1816 à 1828, qui avait unifié les différents clans. Plusieurs des généraux de Chaka fondèrent leurs propres royaumes au Mozambique, au Zimbabwe et au Malawi. Le royaume zoulou résista jusqu'en 1879 à la colonisation britannique. En 1972, la réserve tribale des Zoulous fut érigée en un bantoustan autonome appelé Kwazulu. Celui-ci a été aboli par la nouvelle Constitution de l'Afrique du Sud, entrée en vigueur en 1994.

ZRENJANIN, v. de Yougoslavie (Vojvodine) ; 81 000 h.

ZSIGMONDY (Richard), chimiste autrichien (Vienne 1865 - Göttingen 1929), prix Nobel en 1925 pour son invention de l'ultramicroscope.

ZUCCARI (Taddeo), peintre italien (Sant' Angelo in Vado, Urbino, 1529 - Rome 1566). Représentant du maniérisme tardif, il a réalisé de nombreux décors monumentaux (fresques) à Rome et dans la région. — Son frère **Federico,** peintre et théoricien (Sant' Angelo in Vado v. 1540 - Ancône 1609), collabora avec lui et évolua vers l'éclectisme académique.

ZUG → ***Zoug.***

ZUGSPITZE, sommet des Alpes, à la frontière de l'Autriche et de l'Allemagne (dont il constitue le point culminant) ; 2 963 m.

ZUIDERZEE, anc. golfe des Pays-Bas fermé par une digue et constituant auj. un lac intérieur (lac d'*IJssel* ou *IJsselmeer*), sur lequel ont été reconquis de grands polders. Ce fut autrefois le *lac Flevo,* qu'un raz de marée réunit à la mer du Nord au XIIIe s.

Émile **Zola**
(E. Manet - musée d'Orsay, Paris)

Ulrich **Zwingli**
(Bibliothèque de Zurich)

ZULIA, État du Venezuela ; 2 235 305 h. Cap. *Maracaibo.* Pétrole.

ZÜLPICH, localité d'Allemagne, à l'ouest de Bonn, considérée comme l'anc. **Tolbiac.**

ZUÑI, Indiens Pueblo vivant auj. dans les réserves des États-Unis (Nouveau-Mexique, Arizona).

ZURBARÁN (Francisco **de**), peintre espagnol (Fuente de Cantos, Badajoz, 1598 - Madrid 1664). Surtout peintre religieux (ce qui n'exclut ni les natures mortes ni les portraits), il a notamment travaillé pour les couvents de Séville, a donné de grands ensembles pour la chartreuse de Jerez (musées de Cadix, de Grenoble, etc.) et pour le monastère de Guadalupe (Estrémadure). Ses qualités plastiques (statisme monumental, beauté du coloris), sa spiritualité alliée à une simplicité rustique l'ont fait particulièrement apprécier au XXe s.

ZURICH, en all. **Zürich,** v. de Suisse, ch.-l. du cant. du même nom (1 729 km² ; 1 179 044 h.), sur la Limmat, qui sort à cet endroit du *lac de Zurich ;* 365 043 h. (plus de 800 000 h. dans l'agglomération) [*Zurichois*]. Université. Zurich est la plus grande ville de la Suisse et le principal centre industriel de la Confédération, son grand centre financier. Cathédrale romane des XIIe-XIIIe s. et autres monuments. Importants musées. — Ville impériale libre en 1218, Zurich adhéra à la Confédération en 1351 ; Zwingli en fit un des centres de la Réforme (1523). En 1830, la ville se dota d'une constitution libérale qui supprima l'antagonisme entre elle et le reste du canton. Victoire de Masséna sur les Autrichiens et les Russes en 1799. Traité signé à la suite de la victoire des Franco-Sardes sur les Autrichiens (1859).

Zurich : quartiers bordant la Limmat avec, à droite, les tours de la cathédrale (XIIe-XIIIe s.).

ZURICH *(lac de),* lac de Suisse, entre les cant. de Zurich, de Schwyz et de Saint-Gall ; 90 km².

ZWEIG (Stefan), écrivain autrichien (Vienne 1881 - Petrópolis, Brésil, 1942), auteur de drames, de nouvelles *(Amok, la Confusion des sentiments)* et d'essais littéraires, qui analysent la civilisation européenne.

ZWEVEGEM, comm. de Belgique (Flandre-Occidentale) ; 23 053 h.

ZWICKAU, v. d'Allemagne (Saxe), au sud de Leipzig ; 118 914 h. Centre industriel. Cathédrale du XVe s.

ZWICKY (Fritz), astrophysicien suisse d'origine bulgare (Varna 1898 - Pasadena 1974). Il a étudié les supernovae, prédit l'existence des étoiles à neutrons (1935), étudié la répartition des galaxies dans l'Univers et dressé un catalogue photographique de galaxies.

ZWIJNDRECHT, comm. de Belgique (prov. d'Anvers) ; 18 239 h. Chimie.

ZWINGLI (Ulrich ou Huldrych), réformateur suisse (Wildhaus, cant. de Saint-Gall, 1484 - Kappel 1531). Curé de Glaris, il subit l'influence d'Érasme, puis adhéra vers 1520 à la Réforme, qu'il introduisit à Zurich. Parallèlement à la réforme du culte et de la constitution de l'Église, il s'efforça d'instituer un véritable État chrétien, idée qui sera reprise par Calvin à Genève. Il mourut en 1531 au cours d'un affrontement entre catholiques et protestants.

ZWOLLE, v. des Pays-Bas, ch.-l. de la prov. d'Overijssel, sur l'IJssel ; 95 572 h. Centre administratif, commercial et industriel. Église et hôtel de ville du XVe s.

ZWORYKIN (Vladimir), ingénieur américain d'origine russe (Mourom 1889 - Princeton 1982). Il a inventé l'*iconoscope* (1934), premier d'une longue lignée de tubes électroniques utilisés en télévision.

ZYRIANES → ***Komis.***

INSTITUT DE FRANCE

Institut en mars 1996

Chancelier de l'Institut : Marcel Landowski.

L'Institut se compose de cinq classes : l'Académie française, l'Académie des inscriptions et belles-lettres, l'Académie des sciences, l'Académie des beaux-arts et l'Académie des sciences morales et politiques. Chaque Académie a son régime indépendant, c'est-à-dire que les candidats sont élus par les académiciens de la classe dont ils demandent à faire partie. Des prix, créés par l'État ou par des fondations privées, sont décernés par les Académies.

Académie française

40 membres

	né en	élu en
Henri Troyat, écrivain	1911	1959
René Huyghe, historien de l'art	1906	1960
Jean Guitton, philosophe	1901	1961
Louis Leprince-Ringuet, physicien	1901	1966
Maurice Druon, écrivain	1918	1966
Julien Green, écrivain	1900	1971
Étienne Wolff, biologiste	1904	1971
Claude Lévi-Strauss, ethnologue	1908	1973
Jean d'Ormesson, écrivain	1925	1973
Maurice Schumann, écrivain et homme politique	1911	1974
Jean Bernard, médecin	1907	1975
Ambroise-Marie Carré, O.P.	1908	1975
Félicien Marceau, écrivain	1913	1975
Maurice Rheims, écrivain	1910	1976
Alain Peyrefitte, écrivain et homme politique	1925	1977
Michel Déon, écrivain	1919	1978
Jean Dutourd, écrivain	1920	1978
Alain Decaux, historien	1925	1979
Michel Droit, écrivain	1923	1980
Jacques de Bourbon Busset, écrivain	1912	1981
Pierre Moinot, écrivain	1920	1982
Léopold Sédar Senghor, homme politique et écrivain	1906	1983
Michel Mohrt, écrivain	1914	1985
Bertrand Poirot-Delpech, écrivain	1929	1986
Jacques Laurent, écrivain	1919	1986
Georges Duby, historien	1919	1987
Michel Debré, homme politique	1912	1988
Pierre-Jean Remy, écrivain	1937	1988
Jacques-Yves Cousteau, océanographe	1910	1988
Jacqueline de Romilly, helléniste	1913	1988
Jean-Denis Bredin, écrivain	1929	1989
Michel Serres, philosophe	1930	1990
José Cabanis, écrivain	1922	1990
Hélène Carrère d'Encausse, historienne	1929	1990
Jean-François Deniau, homme politique	1928	1992
Marc Fumaroli, écrivain	1932	1995
Jean-Marie Lustiger, cardinal	1926	1995
Pierre Rosenberg, historien de l'art	1936	1995
Hector Bianciotti, écrivain	1930	1996
X***.		

Secrétaire perpétuel : Maurice Druon.

Académie des inscriptions et belles-lettres

45 membres

Jean-Pierre Babelon, Robert-Henri Bautier, Louis Bazin, Paul Bernard, Raymond Bloch, Colette Caillat, Jean-Pierre Callu, André Caquot, François Chamoux, Philippe Contamine, Jean Delumeau, Pierre Demargne, Gilbert Dagron, Georges Duby, Paul-Marie Duval, Jean Favier, Jacques Fontaine, Bernard Frank, Paul Garelli, Jacques Gernet, Daniel Gimaret, Pierre Grimal, Bernard Guenée, Antoine Guillaumont, Jean Irigoin, Gilbert Lazard, Jean Leclant, Félix Lecoy, Michel Lejeune, Georges Le Rider, Jean Marcadé, Robert Marichal, Roland Martin, Michel Mollat du Jourdin, Jacques Monfrin, Claude Nicolet, Jean Pouilloux, Jacqueline de Romilly, Francis Salet, Pierre Toubert, Robert Turcan, Jean Vercoutter, André Vernet, X***, X***.

10 membres libres : Pierre Amandry, Maurice Euzennat, Robert Mantran, Henri Metzger, Paul Ourliac, Francis Rapp, Jean Richard, Jean Schneider, Ernest Will, Philippe Wolff.

Secrétaire perpétuel : Jean Leclant.

Académie des sciences

nombre de membres non défini

Mathématique

Jean-Michel Bismut, Haïm Brezis, Henri Cartan, Gustave Choquet, Alain Connes, Michaël Herman, Pierre Lelong, Pierre-Louis Lions, Bernard Malgrange, Paul Malliavin, Laurent Schwartz, Jean-Pierre Serre, René Thom, Jacques Tits, André Weil, Jean-Christophe Yoccoz.

Physique

Anatole Abragam, Pierre Aigrain, Roger Balian, Félix Bertaut, André Blanc-Lapierre, Marie-Anne Bouchiat, Édouard Brézin, Jean Brossel, Raimond Castaing, Georges Charpak, Claude Cohen-Tannoudji, Jacques Friedel, Pierre-Gilles de Gennes, Serge Gorodetzky, André Guinier, Serge Haroche, Pierre Jacquinot, Louis Leprince-Ringuet, André Maréchal, Louis Michel, Louis Néel, Philippe Nozières, Yves Quéré, David Ruelle, Ionel Solomon.

Sciences mécaniques

Huy-Duong Bui, Henri Cabannes, Yvonne Choquet-Bruhat, Philippe Ciarlet, Robert Dautray, Pierre Faurre, Alexandre Favre, Paul Germain, Jean Leray, André Lichnerowicz, Jacques Louis Lions, Yves Meyer, René Moreau, Maurice Roseau, Jean Salençon, Marcel Schützenberger.

Sciences de l'univers

Claude Allègre, Jean Aubouin, Reynold Barbier, Jacques Blamont, Yves Coppens, Jean Coulomb, Georges Courtès, Hubert Curien, Jean-François Denisse, Jean Dercourt, Charles Fehrenbach, Jean Kovalevsky, Antoine Labeyrie, Henri Lacombe, Jean-Louis Le Mouël, Pierre Léna, Xavier Le Pichon, Claude Lorius, Jean-Claude Pecker, Évry Schatzman, Gérard Wlérick.

Chimie

Robert Corriu, Fernand Gallais, Henri Kagan, Marc Julia, Paul Lacombe, Jean-Marie Lehn, Henri Normant, Jean-François Normant, Guy Ourisson, Pierre Potier, Michel Pouchard, Jean Rouxel.

Biologie cellulaire et moléculaire

Pierre Chambon, Jean-Pierre Changeux, René Couteaux, Pierre Douzou, François Gros, Marianne Grunberg-Manago, Claude Hélène, François Jacob, Pierre Joliot, Raymond Latarjet, Michel Lazdunski, Roger Monier, François Morel, Bernard Pullman, Bernard Roques, Piotr Slonimski, Moshe Yaniv.

Biologie animale et végétale

Ivan Assenmacher, Jean-Louis Bonnemain, Édouard Boureau, Pierre Buser, Roger Buvat, André Cauderon, Pierre Dejours, Jean Dorst, Henri Duranton, Maurice Fontaine, Roger Gautheret, Jules Hoffmann, Nicole Le Douarin, Théodore Monod, Paul Ozenda, Jean-Marie Pérès, Michel Thellier, André Thomas, Constantin Vago, Étienne Wolff.

Biologie humaine et sciences médicales

Jean-François Bach, Étienne Émile Baulieu, Jean Bernard, André Capron, Pierre Corvol, Jean Dausset, Jacques Glowinski, Michel Jouvet, Pierre Karli, Yves Laporte, Guy Lazorthes, Jean Rosa, Jacques Ruffié, Pierre Tiollais, Maurice Tubiana.

Secrétaires perpétuels :
Sciences mathématiques et physiques, et leurs applications : Jean Dercourt.
Sciences chimiques, naturelles, biologiques et médicales, et leurs applications : François Gros.

Académie des beaux-arts

Peinture, *11 membres*

Jean Bertholle, Bernard Buffet, Pierre Carron, Jean Carzou, Georges Cheyssial, Jean Dewasne, Arnaud d'Hauterives, Georges Mathieu, Georges Rohner, X***, X***.

Sculpture, *7 membres*

Claude Abeille, Jean Cardot, Albert Féraud, Gérard Lanvin, Antoine Poncet, François Stahly, X***.

Architecture, *8 membres*

Christian Langlois, Maurice Novarina, André Remondet, Marc Saltet, Roger Taillibert, Bernard Zehrfuss, X***, X***.

Gravure, *4 membres*

Raymond Corbin, Jean-Marie Granier, René Quillivic, Pierre-Yves Trémois.

Composition musicale, *6 membres*

Marius Constant, Daniel-Lesur, Jean-Louis Florentz, Marcel Landowski, Serge Nigg, Iannis Xenakis.

Créations artistiques dans le cinéma et l'audiovisuel, *5 membres*

Claude Autant-Lara, Marcel Carné, Jean Prodomidès, Pierre Schoendoerffer, X***.

9 membres libres :

Maurice Béjart, André Bettencourt, Pierre Cardin, Michel David-Weill, Pierre Dehaye, Marcel Marceau, Louis Pauwels, Gérald Van der Kemp, Daniel Wildenstein.

Secrétaire perpétuel : Bernard Zehrfuss.

Académie des sciences morales et politiques

Philosophie, *8 membres*

Roger Arnaldez, Raymond Boudon, R. P. Bruckberger, Jean Guitton, Olivier Lacombe, Raymond Polin, X***, X***.

Morale et sociologie, *8 membres*

Jean Cazeneuve, Jean Cluzel, Jean Imbert, Lucien Israël, François Lhermitte, René Pomeau, X***, X***.

Législation, droit public et jurisprudence, *8 membres*

Jacques Boré, André Damien, Roland Drago, René-Jean Dupuy, Jean Foyer, Alain Plantey, François Terré, Jean-Marc Varaut.

Économie politique, statistique et finances, *8 membres*

Michel Albert, Maurice Allais, Pierre Bauchet, Marcel Boiteux, Gaston Défossé, Yvon Gattaz, Jean Marchal, Pierre Tabatoni.

Histoire et géographie, *8 membres*

Henri Amouroux, Pierre Chaunu, Claude Dulong-Sainteny, Pierre George, Emmanuel Le Roy Ladurie, Alain Peyrefitte, Jean Tulard, X***.

Section générale, *10 membres*

Édouard Bonnefous, Oscar Cullmann, Bernard Destremau, cardinal Roger Etchegaray, Jacques de Larosière, Pierre Messmer, Thierry de Montbrial, François Puaux, Alice Saunier-Seïté, Raymond Triboulet.

Secrétaire perpétuel : Pierre Messmer.

ACADÉMIE DES GONCOURT

membres de l'Académie des Goncourt

premier couvert
Léon Daudet, prenant la place de son père Alphonse Daudet, décédé ; Jean de La Varende (1942), démissionne en 1945 ; Colette (1945) ; Jean Giono (1954) ; Bernard Clavel (1971), démissionne en 1977 ; André Stil (1977).

deuxième couvert
J.-K. Huysmans ; Jules Renard (1908) ; Judith Gautier (1910) ; Henry Céard (1918) ; Pol Neveux (1924) ; Sacha Guitry (1939), démissionne en 1948 ; Armand Salacrou (1949) ; Edmonde Charles-Roux (1983).

troisième couvert
Octave Mirbeau ; Jean Ajalbert (1917) ; Alexandre Arnoux (1947) ; Jean Cayrol (1973), démissionne en 1995 ; Didier Decoin (1995).

quatrième couvert
J.-H. Rosny aîné ; Pierre Champion (1941) ; André Billy (1943) ; Robert Sabatier (1971).

cinquième couvert
J.-H. Rosny jeune ; Gérard Bauër (1948) ; Aragon (1967), démissionne en 1968 ; Armand Lanoux (1969) ; Daniel Boulanger (1983).

sixième couvert
Léon Hennique ; Léo Larguier (1936) ; Raymond Queneau (1951) ; François Nourissier (1977).

septième couvert
Paul Margueritte ; Émile Bergerat (1919) ; Raoul Ponchon (1924) ; René Benjamin (1938) ; Philippe Hériat (1949) ; Michel Tournier (1972).

huitième couvert
Gustave Geffroy ; Georges Courteline (1926) ; Roland Dorgelès (1929) ; Emmanuel Robles (1973) ; Françoise Chandernagor (1995).

neuvième couvert
Élémir Bourges ; Gaston Chérau (1926) ; Francis Carco (1937) ; Hervé Bazin (1958) ; X***.

dixième couvert
Lucien Descaves ; Pierre Mac Orlan (1950) ; Françoise Mallet-Joris (1970).

lauréats du prix Goncourt

1903 John-Antoine Nau : *Force ennemie.*
1904 Léon Frapié : *la Maternelle.*
1905 Claude Farrère : *les Civilisés.*
1906 Jérôme et Jean Tharaud : *Dingley, l'illustre écrivain.*
1907 Émile Moselly : *Terres lorraines.*
1908 Francis de Miomandre : *Écrit sur de l'eau.*
1909 Marius et Ary Leblond : *En France.*
1910 Louis Pergaud : *De Goupil à Margot.*
1911 Alphonse de Châteaubriant : *Monsieur des Lourdines.*
1912 André Savignon : *les Filles de la pluie.*
1913 Marc Elder : *le Peuple de la mer.*
1914 Prix décerné en 1916.
1915 René Benjamin : *Gaspard.*
1916 Henri Barbusse : *le Feu ;* Adrien Bertrand : *l'Appel du sol.*
1917 Henri Malherbe : *la Flamme au poing.*
1918 Georges Duhamel : *Civilisation.*
1919 Marcel Proust : *À l'ombre des jeunes filles en fleurs.*
1920 Ernest Pérochon : *Nêne.*
1921 René Maran : *Batouala.*
1922 Henri Béraud : *le Vitriol de lune* et *le Martyre de l'obèse.*
1923 Lucien Fabre : *Rabevel ou le Mal des ardents.*
1924 Thierry Sandre : *le Chèvrefeuille ; le Purgatoire ; le Chapitre XIII d'Athénée.*
1925 Maurice Genevoix : *Raboliot.*
1926 Henri Deberly : *le Supplice de Phèdre.*
1927 Maurice Bedel : *Jérôme 60° latitude Nord.*
1928 Maurice Constantin-Weyer : *Un homme se penche sur son passé.*
1929 Marcel Arland : *l'Ordre.*
1930 Henri Fauconnier : *Malaisie.*
1931 Jean Fayard : *Mal d'amour.*
1932 Guy Mazeline : *les Loups.*
1933 André Malraux : *la Condition humaine.*
1934 Roger Vercel : *Capitaine Conan.*
1935 Joseph Peyré : *Sang et Lumières.*
1936 Maxence Van der Meersch : *l'Empreinte du dieu.*
1937 Charles Plisnier : *Faux Passeports.*
1938 Henri Troyat : *l'Araigne.*
1939 Philippe Hériat : *les Enfants gâtés.*
1940 Prix réservé à un prisonnier ou à un déporté politique et décerné en juin 1946 à Francis Ambrière : *les Grandes Vacances.*
1941 Henri Pourrat : *Vent de mars.*
1942 Marc Bernard : *Pareils à des enfants.*
1943 Marius Grout : *Passage de l'homme.*
1944 Elsa Triolet : *Le premier accroc coûte deux cents francs.*
1945 Jean-Louis Bory : *Mon village à l'heure allemande.*
1946 Jean-Jacques Gautier : *Histoire d'un fait divers.*
1947 Jean-Louis Curtis : *les Forêts de la nuit.*
1948 Maurice Druon : *les Grandes Familles.*
1949 Robert Merle : *Week-End à Zuydcoote.*
1950 Paul Colin : *les Jeux sauvages.*
1951 Julien Gracq : *le Rivage des Syrtes* (décline le prix).
1952 Béatrice Beck : *Léon Morin, prêtre.*
1953 Pierre Gascar : *le Temps des morts ; les Bêtes.*
1954 Simone de Beauvoir : *les Mandarins.*
1955 Roger Ikor : *les Eaux mêlées.*
1956 Romain Gary : *les Racines du ciel.*
1957 Roger Vailland : *la Loi.*
1958 Francis Walder : *Saint-Germain ou la Négociation.*
1959 André Schwarz-Bart : *le Dernier des justes.*
1960 Prix non attribué après le refus de Vintila Horia *(Dieu est né en exil).*
1961 Jean Cau : *la Pitié de Dieu.*
1962 Anna Langfus : *les Bagages de sable.*
1963 Armand Lanoux : *Quand la mer se retire.*
1964 Georges Conchon : *l'État sauvage.*
1965 Jacques Borel : *l'Adoration.*
1966 Edmonde Charles-Roux : *Oublier Palerme.*
1967 André Pieyre de Mandiargues : *la Marge.*
1968 Bernard Clavel : *les Fruits de l'hiver.*
1969 Félicien Marceau : *Creezy.*
1970 Michel Tournier : *le Roi des Aulnes.*
1971 Jacques Laurent : *les Bêtises.*
1972 Jean Carrière : *l'Épervier de Maheux.*
1973 Jacques Chessex : *l'Ogre.*
1974 Pascal Lainé : *la Dentellière.*
1975 Émile Ajar : *la Vie devant soi.*
1976 Patrick Grainville : *les Flamboyants.*
1977 Didier Decoin : *John l'Enfer.*
1978 Patrick Modiano : *Rue des boutiques obscures.*
1979 Antonine Maillet : *Pélagie la Charrette.*
1980 Yves Navarre : *le Jardin d'acclimatation.*
1981 Lucien Bodard : *Anne-Marie.*
1982 Dominique Fernandez : *Dans la main de l'Ange.*
1983 Frédérick Tristan : *les Égarés.*
1984 Marguerite Duras : *l'Amant.*
1985 Yann Queffélec : *les Noces barbares.*
1986 Michel Host : *Valet de nuit.*
1987 Tahar Ben Jelloun : *la Nuit sacrée.*
1988 Erik Orsenna : *l'Exposition coloniale.*
1989 Jean Vautrin : *Un grand pas vers le Bon Dieu.*
1990 Jean Rouaud : *les Champs d'honneur.*
1991 Pierre Combescot : *les Filles du calvaire.*
1992 Patrick Chamoiseau : *Texaco.*
1993 Amin Maalouf : *le Rocher de Tanios.*
1994 Didier Van Cauwelaert : *Un aller simple.*
1995 Andreï Makine : *le Testament français.*

LISTE DES LAURÉATS DES PRIX NOBEL

physique

1901 W. C. Röntgen (All.)
1902 H. A. Lorentz (P.-B.)
P. Zeeman (P.-B.)
1903 H. Becquerel (Fr.)
P. Curie (Fr.)
M. Curie (Fr.)
1904 J. W. S. Rayleigh (G.-B.)
1905 P. Lenard (All.)
1906 J. J. Thomson (G.-B.)
1907 A. A. Michelson (É.-U.)
1908 G. Lippmann (Fr.)
1909 G. Marconi (It.)
K. F. Braun (All.)
1910 J. D. Van der Waals (P.-B.)
1911 W. Wien (All.)
1912 G. Dalén (Suède)
1913 H. Kamerlingh Onnes (P.-B.)
1914 M. von Laue (All.)
1915 W. H. Bragg (G.-B.)
W. L. Bragg (G.-B.)
1916 Non attribué
1917 C. G. Barkla (G.-B.)
1918 M. Planck (All.)
1919 J. Stark (All.)
1920 C. E. Guillaume (Suisse)
1921 A. Einstein (All.)
1922 N. Bohr (Dan.)
1923 R. A. Millikan (É.-U.)
1924 K. M. G. Siegbahn (Suède)
1925 J. Franck (All.)
G. Hertz (All.)
1926 J. Perrin (Fr.)
1927 A. H. Compton (É.-U.)
C. T. R. Wilson (G.-B.)
1928 O. W. Richardson (G.-B.)
1929 L. V. de Broglie (Fr.)
1930 C. V. Raman (Inde)
1931 Non attribué
1932 W. Heisenberg (All.)
1933 E. Schrödinger (Autr.)
P. A. M. Dirac (G.-B.)
1934 Non attribué
1935 J. Chadwick (G.-B.)
1936 V. F. Hess (Autr.)
C. D. Anderson (É.-U.)
1937 C. J. Davisson (É.-U.)
G. P. Thomson (G.-B.)
1938 E. Fermi (It.)
1939 E. O. Lawrence (É.-U.)
1940 à 1942 Non attribué
1943 O. Stern (É.-U.)
1944 I. I. Rabi (É.-U.)
1945 W. Pauli (Suisse)
1946 P. W. Bridgman (É.-U.)
1947 E. V. Appleton (G.-B.)

1948 P. M. S. Blackett (G.-B.)
1949 Yukawa Hideki (Jap.)
1950 C. F. Powell (G.-B.)
1951 J. D. Cockcroft (G.-B.)
E. T. S. Walton (Irl.)
1952 F. Bloch (É.-U.)
E. M. Purcell (É.-U.)
1953 F. Zernike (P.-B.)
1954 M. Born (G.-B.)
W. Bothe (R.F.A.)
1955 W. E. Lamb (É.-U.)
P. Kusch (É.-U.)
1956 W. Shockley (É.-U.)
J. Bardeen (É.-U.)
W. H. Brattain (É.-U.)
1957 C. N. Yang (Chine-É.-U.)
T. D. Lee (Chine-É.-U.)
1958 P. A. Tcherenkov (U.R.S.S.)
I. M. Frank (U.R.S.S.)
I. E. Tamm (U.R.S.S.)
1959 E. Segrè (É.-U.)
O. Chamberlain (É.-U.)
1960 D. A. Glaser (É.-U.)
1961 R. Hofstadter (É.-U.)
R. Mössbauer (R.F.A.)
1962 L. Landau (U.R.S.S.)
1963 E. Wigner (É.-U.)
M. Goeppert-Mayer (É.-U.)
J. Hans D. Jensen (R.F.A.)
1964 Ch. H. Townes (É.-U.)
N. G. Bassov (U.R.S.S.)
A. M. Prokhorov (U.R.S.S.)
1965 Tomonaga Shinichirō (Jap.)
J. Schwinger (É.-U.)
R. Feynman (É.-U.)
1966 A. Kastler (Fr.)
1967 H. Bethe (É.-U.)
1968 L. Alvarez (É.-U.)
1969 M. Gell-Mann (É.-U.)
1970 H. Alfvén (Suède)
L. Néel (Fr.)
1971 D. Gabor (G.-B.)
1972 J. Bardeen (É.-U.)
L. Cooper (É.-U.)
J. Schrieffer (É.-U.)
1973 Esaki Leo (Jap.)
I. Giaever (É.-U.)
B. D. Josephson (G.-B.)
1974 M. Ryle (G.-B.)
A. Hewish (G.-B.)
1975 J. Rainwater (É.-U.)
A. Bohr (Dan.)
B. Mottelson (Dan.)
1976 B. Richter (É.-U.)
S. Ting (É.-U.)
1977 P. Anderson (É.-U.)
N. Mott (G.-B.)
J. H. Van Vleck (É.-U.)
1978 P. L. Kapitsa (U.R.S.S.)
A. A. Penzias (É.-U.)
R. W. Wilson (G.-B.)
1979 S. Glashow (É.-U.)
A. Salam (Pakistan)
S. Weinberg (É.-U.)
1980 J. W. Cronin (É.-U.)
V. L. Fitch (É.-U.)
1981 N. Bloembergen (É.-U.)
A. L. Schawlow (É.-U.)
K. M. Siegbahn (Suède)
1982 K. G. Wilson (É.-U.)
1983 S. Chandrasekhar (É.-U.)
W. A. Fowler (É.-U.)
1984 C. Rubbia (It.)
S. Van der Meer (P.-B.)
1985 K. von Klitzing (R.F.A.)
1986 G. Binnig (R.F.A.)
H. Rohrer (Suisse)
E. Ruska (R.F.A.)
1987 J. G. Bednorz (R.F.A.)
K. A. Müller (Suisse)
1988 L. Lederman (É.-U.)
M. Schwartz (É.-U.)
J. Steinberger (É.-U.)
1989 H. G. Dehmelt (É.-U.)
W. Paul (R.F.A.)
N. F. Ramsey (É.-U.)
1990 J. I. Friedman (É.-U.)
H. W. Kendall (É.-U.)
R. E. Taylor (Can.)
1991 P.-G. de Gennes (Fr.)
1992 G. Charpak (Fr.)
1993 R.A. Hulse (É.-U.)
J.H. Taylor (É.-U.)
1994 B. N. Brockhouse (Can.)
C. G. Shull (É.-U.)
1995 M. L. Perl (É.-U.)
F. Reines (É.-U.)

chimie

1901 J. H. Van't Hoff (P.-B.)
1902 E. Fischer (All.)
1903 S. A. Arrhenius (Suède)
1904 W. Ramsay (G.-B.)
1905 A. von Baeyer (All.)
1906 H. Moissan (Fr.)
1907 E. Buchner (All.)
1908 E. Rutherford (G.-B.)
1909 W. Ostwald (All.)
1910 O. Wallach (All.)
1911 M. Curie (Fr.)
1912 V. Grignard (Fr.)
P. Sabatier (Fr.)
1913 A. Werner (Suisse)
1914 T. W. Richards (É.-U.)
1915 R. M. Willstätter (All.)
1916 Non attribué
1917 Non attribué
1918 F. Haber (All.)
1919 Non attribué
1920 W. Nernst (All.)
1921 F. Soddy (G.-B.)
1922 F. W. Aston (G.-B.)
1923 F. Pregl (Autr.)
1924 Non attribué
1925 R. Zsigmondy (Autr.)
1926 T. Svedberg (Suède)
1927 H. Wieland (All.)
1928 A. Windaus (All.)
1929 A. Harden (G.-B.)
H. von Euler-Chelpin (Suède)
1930 H. Fischer (All.)
1931 C. Bosch (All.)
F. Bergius (All.)
1932 I. Langmuir (É.-U.)
1933 Non attribué
1934 H. C. Urey (É.-U.)
1935 F. Joliot-Curie (Fr.)
I. Joliot-Curie (Fr.)
1936 P. J. W. Debye (P.-B.)
1937 W. N. Haworth (G.-B.)
P. Karrer (Suisse)
1938 R. Kuhn (All.)
1939 A. F. J. Butenandt (All.)
L. Ružička (Suisse)
1940 à 1942 Non attribué
1943 G. Hevesy de Heves (Suède)
1944 O. Hahn (All.)
1945 A. I. Virtanen (Finl.)
1946 J. B. Sumner (É.-U.)
J. H. Northrop (É.-U.)
W. M. Stanley (É.-U.)
1947 R. Robinson (G.-B.)
1948 A. W. K. Tiselius (Suède)
1949 W. F. Giauque (É.-U.)
1950 O. Diels (R.F.A.)
K. Alder (R.F.A.)
1951 E. M. McMillan (É.-U.)
G. T. Seaborg (É.-U.)
1952 A. J. P. Martin (G.-B.)
R. L. M. Synge (G.-B.)
1953 H. Staudinger (R.F.A.)
1954 L. C. Pauling (É.-U.)
1955 V. Du Vigneaud (É.-U.)
1956 C. N. Hinshelwood (G.-B.)
N. N. Semionov (U.R.S.S.)
1957 A. R. Todd (G.-B.)
1958 F. Sanger (G.-B.)
1959 J. Heyrovský (Tchécosl.)
1960 W. F. Libby (É.-U.)
1961 M. Calvin (É.-U.)
1962 J. C. Kendrew (G.-B.)
M. F. Perutz (G.-B.)
1963 G. Natta (It.)
K. Ziegler (R.F.A.)
1964 D. M. C. Hodgkin (G.-B.)
1965 R. B. Woodward (É.-U.)
1966 R. S. Mulliken (É.-U.)
1967 M. Eigen (R.F.A.)
R. G. W. Norrish (G.-B.)
G. Porter (G.-B.)
1968 L. Onsager (É.-U.)
1969 D. H. R. Barton (G.-B.)
O. Hassel (Norv.)
1970 L. F. Leloir (Arg.)
1971 G. Herzberg (Can.)
1972 C. Anfinsen (É.-U.)
S. Moore (É.-U.)
W. Stein (É.-U.)
1973 E. O. Fischer (R.F.A.)
G. Wilkinson (G.-B.)
1974 P. J. Flory (É.-U.)
1975 V. Prelog (Suisse)
J. Cornforth (Austr.)
1976 W. N. Lipscomb (É.-U.)
1977 I. Prigogine (Belg.)
1978 P. Mitchell (G.-B.)
1979 H. C. Brown (É.-U.)
G. Wittig (R.F.A.)
1980 F. Sanger (G.-B.)
P. Berg (É.-U.)
W. Gilbert (É.-U.)
1981 R. Hoffmann (É.-U.)
Fukui Kenishi (Jap.)
1982 A. Klug (G.-B.)
1983 H. Taube (É.-U.)
1984 B. Merrifield (É.-U.)
1985 H. Hauptman (É.-U.)
J. Karle (É.-U.)
1986 D. R. Herschbach (É.-U.)
J. Ch. Polanyi (Can.)
Yuan Tseh Lee (É.-U.)
1987 D. J. Cram (É.-U.)
J.-M. Lehn (Fr.)
Ch. J. Pedersen (É.-U.)
1988 J. Deisenhofer (R.F.A.)
R. Huber (R.F.A.)
H. Michel (R.F.A.)
1989 S. Altman (É.-U.)
T. Cech (É.-U.)
1990 E. J. Corey (É.-U.)
1991 R. Ernst (Suisse)
1992 R. A. Marcus (É.-U.)
1993 K.B. Mullis (É.-U.)
M. Smith (Can.)
1994 G. A. Olah (É.-U.)
1995 P. Crutzen (P.-B.)
M. J. Molina (É.-U.)
F. S. Rowland (É.-U.)

physiologie ou médecine

1901 E. A. von Behring (All.)
1902 R. Ross (G.-B.)
1903 N. R. Finsen (Dan.)
1904 I. P. Pavlov (Russ.)
1905 R. Koch (All.)
1906 C. Golgi (It.)
S. Ramón y Cajal (Esp.)
1907 A. Laveran (Fr.)
1908 P. Ehrlich (All.)
E. Metchnikov (Russ.)
1909 T. Kocher (Suisse)
1910 A. Kossel (All.)
1911 A. Gullstrand (Suède)
1912 A. Carrel (Fr.)
1913 C. Richet (Fr.)
1914 R. Bárány (Autr.-Hongr.)
1915 Non attribué
1916 Non attribué
1917 Non attribué
1918 Non attribué
1919 J. Bordet (Belg.)
1920 A. Krogh (Dan.)
1921 Non attribué
1922 A. V. Hill (G.-B.)
O. Meyerhof (All.)
1923 F. G. Banting (Can.)
J. J. R. Macleod (Can.)
1924 W. Einthoven (P.-B.)
1925 Non attribué
1926 J. Fibiger (Dan.)
1927 J. Wagner-Jauregg (Autr.)
1928 C. Nicolle (Fr.)
1929 C. Eijkman (P.-B.)
F. G. Hopkins (G.-B.)
1930 K. Landsteiner (Autr.)
1931 O. Warburg (All.)
1932 C. S. Sherrington (G.-B.)
E. D. Adrian (G.-B.)
1933 T. H. Morgan (É.-U.)
1934 G. H. Whipple (É.-U.)
W. P. Murphy (É.-U.)
G. R. Minot (É.-U.)
1935 H. Spemann (All.)
1936 H. H. Dale (G.-B.)
O. Loewi (All.)
1937 A. Szent-Györgyi (Hongr.)
1938 C. Heymans (Belg.)
1939 G. Domagk (All.)
1940 à 1942 Non attribué
1943 E. A. Doisy (É.-U.)
H. Dam (Dan.)
1944 J. Erlanger (É.-U.)
H. S. Gasser (É.-U.)
1945 A. Fleming (G.-B.)
E. B. Chain (G.-B.) →
H. Florey (Austr.)
1946 H. J. Muller (É.-U.)
1947 C. F. Cori (É.-U.)
G. T. Cori (É.-U.)
B. A. Houssay (Arg.)
1948 P. H. Müller (Suisse)
1949 A. C. de Abreu Freire Egas Moniz (Port.)
W. R. Hess (Suisse)
1950 P. S. Hench (É.-U.)
E. C. Kendall (É.-U.)
T. Reichstein (Suisse)
1951 M. Theiler (Un. sud-afr.)
1952 S. A. Waksman (É.-U.)
1953 H. A. Krebs (G.-B.)
F. A. Lipmann (É.-U.)
1954 J. F. Enders (É.-U.)
T. H. Weller (É.-U.)
F. C. Robbins (É.-U.)
1955 A. H. T. Theorell (Suède)
1956 A. F. Cournand (É.-U.)
W. Forssmann (R.F.A.)
D. W. Richards Jr. (É.-U.)
1957 D. Bovet (It.)
1958 G. W. Beadle (É.-U.)
E. L. Tatum (É.-U.)
J. Lederberg (É.-U.)
1959 S. Ochoa (É.-U.)
A. Kornberg (É.-U.)
1960 F. M. Burnet (Austr.)
P. B. Medawar (G.-B.)
1961 G. von Bekesy (É.-U.)
1962 M. H. F. Wilkins (G.-B.)
F. H. C. Crick (G.-B.)
J. D. Watson (É.-U.)
1963 A. L. Hodgkin (G.-B.)
A. F. Huxley (G.-B.)
J. C. Eccles (Austr.)
1964 K. E. Bloch (É.-U.)
F. Lynen (R.F.A.)
1965 F. Jacob (Fr.)
A. Lwoff (Fr.)
J. Monod (Fr.)
1966 F. P. Rous (É.-U.)
C. B. Huggins (É.-U.)
1967 R. Granit (Suède)
H. K. Hartline (É.-U.)
G. Wald (É.-U.)
1968 R. Holley (É.-U.)
G. Khorana (É.-U.)
M. Nirenberg (É.-U.)
1969 M. Delbruck (É.-U.)
A. Hershey (É.-U.)
S. Luria (É.-U.)
1970 J. Axelrod (É.-U.)
B. Katz (G.-B.)
U. von Euler (Suède)
1971 E. Sutherland (É.-U.)
1972 G. Edelman (É.-U.)
R. Porter (G.-B.)
1973 K. Lorenz (Autr.)
K. von Frisch (Autr.)
N. Tinbergen (P.-B.)
1974 A. Claude (Belg.)
C. De Duve (Belg.)
G. Palade (É.-U.)
1975 H. M. Temin (É.-U.)
R. Dulbecco (É.-U.)
D. Baltimore (É.-U.)
1976 D. C. Gajdusek (É.-U.)
B. S. Blumberg (É.-U.)
1977 R. Guillemin (É.-U.)
A. V. Schally (É.-U.)
R. Yalow (É.-U.)
1978 W. Arber (Suisse)
D. Nathans (É.-U.)
H. Smith (É.-U.)
1979 A. M. Cormack (Afr. du S.)
G. N. Hounsfield (G.-B.)
1980 J. Dausset (Fr.)
G. D. Snell (É.-U.)
B. Benacerraf (É.-U.)
1981 D. H. Hubel (É.-U.)
R. W. Sperry (É.-U.)
T. N. Wiesel (Suède)
1982 S. K. Bergström (Suède)
B. I. Samuelsson (Suède)
J. R. Vane (G.-B.)
1983 B. McClintock (É.-U.)
1984 N. Jerne (Dan.)
G. Köhler (R.F.A.)
C. Milstein (Arg. et G.-B.)
1985 M. S. Brown (É.-U.)
J. L. Goldstein (É.-U.)

1986 S. Cohen (É.-U.)
R. Levi-Montalcini (It. et É.-U.)
1987 Tonegawa Susumu (Jap.)
1988 J. Black (G.-B.)
G. B. Elion (É.-U.)
G. H. Hitchings (É.-U.)
1989 M. Bishop (É.-U.)
H. Varmus (É.-U.)
1990 J. E. Murray (É.-U.)
E. D. Thomas (É.-U.)
1991 E. Neher (All.)
B. Sakmann (All.)
1992 E. H. Fischer (É.-U.)
E. G. Krebs (É.-U.)
1993 R. J. Roberts (G.-B.)
P. A. Scharp (É.-U.)
1994 A. G. Gilman (É.-U.)
M. Rodbell (É.-U.)
1995 E. B. Lewis (É.-U.)
C. Nuesslein-Volhard (All.)
E. F. Wieschaus (É.-U.)

littérature

1901 R. Sully Prudhomme (Fr.)
1902 T. Mommsen (All.)
1903 B. Bjørnson (Norv.)
1904 F. Mistral (Fr.)
J. Echegaray (Esp.)
1905 H. Sienkiewicz (Pol.)
1906 G. Carducci (It.)
1907 R. Kipling (G.-B.)
1908 R. Eucken (All.)
1909 S. Lagerlöf (Suède)
1910 P. von Heyse (All.)
1911 M. Maeterlinck (Belg.)
1912 G. Hauptmann (All.)
1913 Rabindranath Tagore (Inde)
1914 Non attribué
1915 Romain Rolland (Fr.)
1916 V. von Heidenstam (Suède)
1917 K. Gjellerup (Dan.)
H. Pontoppidan (Dan.)
1918 Non attribué
1919 C. Spitteler (Suisse)
1920 K. Hamsun (Norv.)
1921 A. France (Fr.)
1922 J. Benavente (Esp.)
1923 W. B. Yeats (Irl.)
1924 W. Reymont (Pol.)
1925 G. B. Shaw (Irl.)
1926 G. Deledda (It.)
1927 H. Bergson (Fr.)
1928 S. Undset (Norv.)
1929 T. Mann (All.)
1930 S. Lewis (É.-U.)
1931 E. A. Karlfeldt (Suède)
1932 J. Galsworthy (G.-B.)
1933 I. A. Bounine (Russ.)
1934 L. Pirandello (It.)
1935 Non attribué
1936 E. O'Neill (É.-U.)
1937 R. Martin du Gard (Fr.)
1938 Pearl Buck (É.-U.)
1939 F. E. Sillanpää (Finl.)
1940 Non attribué
1941 Non attribué
1942 Non attribué
1943 Non attribué
1944 J. V. Jensen (Dan.)
1945 G. Mistral (Chili)
1946 H. Hesse (Suisse)
1947 A. Gide (Fr.)
1948 T. S. Eliot (G.-B.)
1949 W. Faulkner (É.-U.)
1950 B. Russell (G.-B.)
1951 Pär Lagerkvist (Suède)
1952 F. Mauriac (Fr.)
1953 W. L. S. Churchill (G.-B.)
1954 E. Hemingway (É.-U.)
1955 H. Laxness (Isl.)
1956 J. R. Jiménez (Esp.)
1957 A. Camus (Fr.)
1958 B. Pasternak (U.R.S.S.)
[décline le prix]
1959 S. Quasimodo (It.)
1960 Saint-John Perse (Fr.)
1961 Ivo Andrić (Yougosl.)
1962 J. Steinbeck (É.-U.)
1963 G. Séféris (Grèce)
1964 J.-P. Sartre (Fr.)
[décline le prix]
1965 M. A. Cholokhov (U.R.S.S.)
1966 N. Sachs (Suède)
1966 S. J. Agnon (Isr.)
1967 M. A. Asturias (Guat.)
1968 Kawabata Yasunari (Jap.)
1969 S. Beckett (Irl.)
1970 A. Soljenitsyne (U.R.S.S.)
1971 P. Neruda (Chili)
1972 H. Böll (R.F.A.)
1973 P. White (Austr.)
1974 E. Johnson (Suède)
H. Martinson (Suède)
1975 E. Montale (It.)
1976 S. Bellow (É.-U.)
1977 V. Aleixandre (Esp.)
1978 I. B. Singer (É.-U.)
1979 O. Elytis (Grèce)
1980 C. Miłosz (Pol.)
1981 E. Canetti (G.-B.)
1982 G. García Márquez (Colomb.)
1983 W. Golding (G.-B.)
1984 J. Seifert (Tchécosl.)
1985 C. Simon (Fr.)
1986 W. Soyinka (Nigeria)
1987 J. Brodsky (É.-U.)
1988 N. Maḥfūẓ (Égypte)
1989 C. J. Cela (Esp.)
1990 O. Paz (Mex.)
1991 N. Gordimer (Afr. du S.)
1992 D. Walcott (Sainte-Lucie)
1993 T. Morrison (É.-U.)
1994 Ōe Kenzaburō (Jap.)
1995 S. Heaney (Irl.)

paix

1901 H. Dunant (Suisse)
F. Passy (Fr.)
1902 E. Ducommun (Suisse)
A. Gobat (Suisse)
1903 W. R. Cremer (G.-B.)
1904 Institut de droit international
1905 B. von Suttner (Autr.)
1906 T. Roosevelt (É.-U.)
1907 E. T. Moneta (It.)
L. Renault (Fr.)
1908 K. P. Arnoldson (Suède)
F. Bajer (Dan.)
1909 A. M. F. Beernaert (Belg.)
P. H. B. Balluet d'Estournelles de Constant (Fr.)
1910 Bureau international de la paix, à Berne
1911 T. M. C. Asser (P.-B.)
A. H. Fried (Autr.)
1912 E. Root (É.-U.)
1913 H. La Fontaine (Belg.)
1914 à 1916 Non attribué
1917 Comité international de la Croix-Rouge, à Genève
1918 Non attribué
1919 T. W. Wilson (É.-U.)
1920 L. Bourgeois (Fr.)
1921 K. H. Branting (Suède)
C. L. Lange (Norv.)
1922 F. Nansen (Norv.)
1923 Non attribué
1924 Non attribué
1925 J. A. Chamberlain (G.-B.)
C. G. Dawes (É.-U.)
1926 A. Briand (Fr.)
G. Stresemann (All.)
1927 F. Buisson (Fr.)
L. Quidde (All.)
1928 Non attribué
1929 F. B. Kellogg (É.-U.)
1930 Nathan Söderblom (Suède)
1931 J. Addams (É.-U.)
N. M. Butler (É.-U.)
1932 Non attribué
1933 N. Angell (G.-B.)
1934 A. Henderson (G.-B.)
1935 C. von Ossietzky (All.)
1936 C. Saavedra Lamas (Argent.)
1937 Vicomte E. Cecil of Chelwood (G.-B.)
1938 Comité Nansen
1939 Non attribué
1940 Non attribué
1941 Non attribué
1942 Non attribué
1943 Non attribué
1944 Comité international de la Croix-Rouge, à Genève
1945 C. Hull (É.-U.)
1946 E. G. Balch (É.-U.)
J. R. Mott (É.-U.)
1947 The Friends Service Council (G.-B.)
The American Friends Service Committee (É.-U.)
1948 Non attribué
1949 J. Boyd Orr (G.-B.)
1950 R. Bunche (É.-U.)
1951 L. Jouhaux (Fr.)
1952 A. Schweitzer (Fr.)
1953 G. C. Marshall (É.-U.)
1954 Haut-Commissariat des Nations unies pour les réfugiés, à Genève
1955 Non attribué
1956 Non attribué
1957 L. B. Pearson (Can.)
1958 D. Pire (Belg.)
1959 P. Noel-Baker (G.-B.)
1960 A. Luthuli (Union sud-afr.)
1961 D. Hammarskjöld (Suède)
1962 Linus C. Pauling (É.-U.)
1963 Comité international de la Croix-Rouge
Ligue internationale des sociétés de la Croix-Rouge
1964 M. L. King (É.-U.)
1965 Unicef
1966 Non attribué
1967 Non attribué
1968 R. Cassin (Fr.)
1969 Organisation internationale du travail
1970 N. E. Borlaug (É.-U.)
1971 W. Brandt (R.F.A.)
1972 Non attribué
1973 H. Kissinger (É.-U.)
Le Duc Tho (Viêt-nam)
[refuse le prix]
1974 Satō Eisaku (Jap.)
S. MacBride (Irl.)
1975 A. Sakharov (U.R.S.S.)
1976 M. Corrigan (Irl.)
B. Williams (Irl.)
1977 Amnesty International
1978 M. Begin (Isr.)
A. el-Sadate (Égypte)
1979 Mère Teresa (Inde)
1980 A. Pérez Esquivel (Argent.)
1981 Haut-Commissariat de l'O.N.U. pour les réfugiés
1982 A. Myrdal (Suède)
A. García Robles (Mexique)
1983 L. Wałęsa (Pol.)
1984 D. Tutu (Afr. du S.)
1985 Internationale des médecins pour la prévention de la guerre nucléaire
1986 E. Wiesel (É.-U.)
1987 Ó. Arias Sánchez (Costa Rica)
1988 Forces de l'O. N. U. pour le maintien de la paix
1989 dalaï-lama (Tibet)
1990 M. Gorbatchev (U.R.S.S.)
1991 Aung San Suu Kyi (Birm.)
1992 R. Menchú (Guat.)
1993 F. De Klerk (Afr. du S.)
N. Mandela (Afr. du S.)
1994 Y. 'Arafāt (Palest.)
S. Peres (Isr.)
Y. Rabin (Isr.)
1995 J. Rotblat (G.-B.) et les Conférences Pugwash (mouvement antinucléaire)

sciences économiques

1969 J. Tinbergen (P.-B.)
R. Frisch (Norv.)
1970 P. Samuelson (É.-U.)
1971 S. Kuznets (É.-U.)
1972 J. R. Hicks (G.-B.)
K. J. Arrow (É.-U.)
1973 W. Leontief (É.-U.)
1974 F. von Hayek (G.-B.)
K. G. Myrdal (Suède)
1975 T. C. Koopmans (É.-U.)
L. Kantorovitch (U.R.S.S.)
1976 M. Friedman (É.-U.)
1977 B. Ohlin (Suède)
J. E. Meade (G.-B.)
1978 H. A. Simon (É.-U.)
1979 Sir A. Lewis (G.-B.)
T. W. Schultz (É.-U.)
1980 L. Klein (É.-U.)
1981 J. Tobin (É.-U.)
1982 G. Stigler (É.-U.)
1983 G. Debreu (É.-U.)
1984 R. Stone (G.-B.)
1985 F. Modigliani (É.-U.)
1986 J. M. Buchanan (É.-U.)
1987 R. M. Solow (É.-U.)
1988 M. Allais (Fr.)
1989 T. Haavelmo (Norv.)
1990 H. Markowitz (É.-U.)
M. Miller (É.-U.)
W. Sharpe (É.-U.)
1991 R. Coase (G.-B.)
1992 G. S. Becker (É.-U.)
1993 R.W. Fogel (É.-U.)
D.C. North (É.-U.)
1994 J. C. Harsanyi (É.-U.)
J. F. Nash (É.-U.)
R. Selten (All.)
1995 R. E. Lucas (É.-U.)

LISTE DES LAURÉATS DE LA MÉDAILLE FIELDS

1936 L. Ahlfors (Finl.)
J. Douglas (É.-U.)
1950 A. Selberg (Norv.)
L. Schwartz (Fr.)
1954 Kodaira Kunihiko (Jap.)
J. P. Serre (Fr.)
1958 K. F. Roth (G.-B.)
R. Thom (Fr.)
1962 L. Hörmander (Suède)
J. W. Milnor (É.-U.)
1966 M. F. Atiyah (G.-B.)
P. J. Cohen (É.-U.)
A. Grothendieck (Fr.)
S. Smale (É.-U.)
1970 A. Baker (G.-B.)
Hironaka Heisuke (Jap.)
S. P. Novikov (U.R.S.S.)
J. G. Thompson (G.-B.)
1974 E. Bombieri (It.)
D. Mumford (É.-U.)
1978 P. Deligne (Belg.)
C. Fefferman (É.-U.)
D. Quillen (É.-U.)
G. A. Margoulis (U.R.S.S.)
1982 A. Connes (Fr.)
W. P. Thurston (É.-U.)
Shing Tung-Yau (É.-U.)
1986 G. Faltings (R.F.A.)
M. Freedman (É.-U.)
S. Donaldson (G.-B.)
1990 V. Drinfeld (U.R.S.S.)
V. F. R. Jones (Nouv.-Zél.)
Shigefumi Mori (Jap.)
E. Witten (É.-U.)
1994 J. Bourgain (Belg.)
P.-L. Lions (Fr.)
J.-C. Yoccoz (Fr.)
I. Zelmanov (Russie)

CRÉDITS PHOTOGRAPHIQUES

Les sources des photographies ont été classées par ordre alphabétique des noms des organismes (agences photographiques, musées, entreprises, etc.) et/ou des photographes ayant fourni les documents reproduits. Ces noms sont suivis du folio de la page où se trouve la photographie et, éventuellement, d'une lettre indiquant la position de celle-ci dans la page, la lecture se faisant par colonne (en commençant par la colonne de gauche), de haut en bas et de gauche à droite ; toute photographie commençant sur une partie de colonne et s'étendant sur la (les) colonne(s) voisine(s) est située dans la page par rapport à la colonne où elle débute. Pour les autres tables récapitulatives, seuls sont donnés le folio et la lettre de position dans la page, le principe de lecture restant le même.

PARTIE LANGUE

sources des photographies

Aalborg Vaerft A/S 634a
Aérospatiale 99c, 254
Airbus Industrie 940
Airship Industries 345
Algar 267
Armorial Films 70f
Artéphot *Babey* 539f / *Bauer* 508, 851 / *Held (A.)* 689 / *Held (S.)* 736 / *Kersting* 487d / *Lavaud* 494 / *Nimatallah* 515, 583 / *Oronoz* 897c / *Phedon-Salou* 487b, 565f / *Roland* 435 / *Schneiders* 487g / *Varga* 97
Atlas-Photo 101
Baltimore Museum of Art 264b
Berlin (André) 390
Bibliothèque des Arts décoratifs, Paris 44e
Bibliothèque nationale, Paris 40, 188a, 407a, b, 659, 681c, 897b, 976a
Birgit 664a, b
Boeing Aircraft 112c
Bottin (J.) 565a
Bressy (Y.) 698
Bricaud (P.) 654, 724b, 1084b
Cameraphoto 979d
Camprubi 989b
Canada-France-Hawaii Telescope 692
Caterpillar 760
C.E.D.R.I. *Marmounier* 644 / *Quéméré-Marina* 176 / *Sappa* 52
Cern 31c
C.F.E.M. 141
Chirol (Serge) 897e
C.N.A.C. Georges-Pompidou, Paris *Hatala* 30e
C.N.R.I. 117, 533a, 849 / *Bories (Pr. J.)* 533c, 920a / *Elscinri* 533b / *Pol* 365
C.N.R.S. *C.R.P.E.* 105 / *Institut d'Astrophysique* 284 / *Koutchmy-Institut d'Astrophysique* 247
Collection Christophe L. 70g
Collection du musée des Arts décoratifs, Paris *Sully-Jaulmes* 806c
Collection Hinz (Hans) 30a
Collection Marinie (A.) 70d, 1081
Collection Passek (J.-L.) *D.R.* 921
Constructions mécaniques de Normandie 634c
Dagli Orti (G.) 667, 694a
Degeorge (G.) 568
Demailly 73
Descharnes (Robert) 976d
Diathèque C.N.A.C. Georges-Pompidou, Paris 924d, 976b
Direction des câbles sous-marins 306
Document Bill (Max) 30b
D.R. 70b, e
Edimage *Jourdes* 44b
Edimédia *Guillemot-C.D.A.* 378a, 966a
ESA 99d, 100e
ESO 100a
Explorer *Anderson-Fournier* 83 / *Boutin* 127i / *Bras* 364 / *Cambazard* 487a / *Clément* 243 / *Cochin* 742, 755b / *Collection Bauer* 1008 / *Delaborde* 580b / *Delu* 299b / *Duboutin* 230a / *Errath* 803a / *Forestier* 803b / *Gohier* 396 / *Grandadam* 574 / *Jalain* 761a / *Klerm (de)* 573 / *Le Toquin* 299a / *Meury* 62b / *Nou* 565b / *Pascal* 160, 920b / *Plisson* 193, 580c, 814 / *Roux* 351a / *Seares* 148 / *Tétrel* 833 / *Thomas* 933 / *Villarosa* 960c / *Vogel* 123a
Explorer Archives 355b / *Bauer* 355a / *Charmet* 108a, c / *Collection Bauer* 108d
Fabbri 30d, 487f / *Baguzzi* 804c
Fotogram *Stone* 691 / *Truchet* 432
Fovea *Layma* 1006
Frédéric (Louis) 913
Froissardey 565e
Galerie Bucher 30c
Galerie Chauvelin, Paris 264c
Galerie Lambert *Morain* 439b
Gamma *Guichard* 1073a
Giraudon 61, 84, 115, 134, 137, 181b, 407c, 421c, 497, 539e, 811, 966b, c, 967b, c, 1048
Godin (André) 421a
Grapus 44c
Gray (Camilla) 264a
Green Studio Limited 681d
Grouchy (Dr. de) 224
Guillou 570b
Held (S.) 166, 191b, 221, 486, 957a
Hétier (Michel) 906
Historika Museet, Stockholm 565d
Institut royal du patrimoine artistique 421f
International Harvester 167
Jacana *Varin* 57a
Jahan (Loïc) 408
Jonsson (Rolf) 112b
Josse (Hubert) 778
Jungheirrich France 479
Kersting 897g
Kipa 506
Krupp Industrie und Stahlbau 902
Larousse 49a, 93e, 131a, 175, 233b, 421e, 559, 590, 679, 783, 805a, 850a, b, 860a, 967a, 976c, 997a, b, 1011a, c / *Bricaud* 779, 986, 1035b / *Riby* 131b
La Table lumineuse 93a
Lauros-Giraudon 44a, 62c, 81, 82b, 89, 95, 127f, 143, 163, 262, 288, 296a, b, c, 301, 421d, 427a, b, 437b, 456, 465a, b, 523, 539a, b, c, d, 613, 626, 675b, 681a, 758, 860b, d, 897d, 899a, b, c, 914, 924a, 988, 1035a, 1042, 1068, 1071a, b, c / *Candelier* 127b / *Pavlovsky* 82a
Leloir (J.-P.) 124, 132, 272, 507a
Lénars (Ch.) 191a, 299c, 1033
L'Express 188b
Lido (Serge) 121e, 1041c
L.L. 70a, 99b, 108b, 123b, d, e, 169, 281, 313, 351b, 397, 421b, 434, 439a, 501, 805b, 806b, 895, 908, 1011d, e, f, 1075a, b, c, d, e, f / *Collection Passek (J.-L.)* 44d
Lockheed Corporation 848
Magnum *Capa* 128a / *Lessing* 530
M.A.N. *Atelier Flad* 804b, 1023
Marine nationale 634b
Masson (Colette) 121a, b, c, d, 1041a
Maylin 1086
Metropolitan Museum of Art, New York 93c, 891
M.N.A.M., C.N.A.C. Georges-Pompidou 757, 860c / *Hatala* 924e
Morain (André) 30f, 924c
Musée de la Poste, Paris 1011b
Musée de l'Ermitage, Leningrad *D.R.* 962
Musée des Antiquités nationales, Stockholm 394
Musée des Arts décoratifs, Paris 64, 93b
Musées royaux des Beaux-Arts, Bruxelles 127a
Museum of Modern Art, New York 804a
Newport News Shipbuilding Corporation 807
Nippon Kokan 634d
Office national du Film du Canada 70h
Österreichische Nationalbibliothek, Vienne 510
Palais de la Découverte, Paris 956a, b
Perkin-Elmer 100c
Philadelphia Museum of Art 303b
Pierre (José) 303a
Pitch 230b / *Binois* 965 / *Delatre* 230c, 964 / *Gonnet* 339 / *Petzold* 452 / *Vienne* 57b
Pix *Berenger* 1034 / *Ledanois* 1065 / *Mathers* 724a / *Revault* 234
Prodis 788a
Puig 629, 681b
Rampazzi (G.) 979c
Rapho *Doisneau* 897f / *Everts* 127h, 442 / *Granet* 119 / *Marry* 960a / *Michaud (R.)* 283, 805c / *Michel* 676 / *Seynes (de)* 51 / *Weiss* 62a
Relais Photo *Camboulive* 487c
Réunion des musées nationaux 31b, 233c, 248, 378b, 407e, 623, 688, 694b, 806a, 819, 924b, 979a, 989c, 1052, 1084a
Richier 250
Robbins Cy *Atteberg* 1039
Rockwell International 112a
Roger-Viollet 31a
Rousseau (Marc) 385
Royal Ordnance 675a
Saab Aircraft 112d
S.A.M. 289, 353, 406, 503, 571, 575, 761b, 942b / *Bedeau* 636 / *Buguin* 755a / *Colorsport* 357, 1017 / *Joch* 800 / *Ohsumi* 282
Sanks Line 634e
Scala 102, 127c, d, 220, 487e, 801, 897a, 979b
Schambach et Pottkampes 421g
Scope *Fouchez* 50 / *Sudres* 136
S.E.P. 1041b
Shin Meiwa Industry Co. Ltd. 524
Siemens AG 656
Siemens Pressebild 437a
Sotheby's France 407d
Stedelijk Museum, Amsterdam 264d
Sully-Jaulmes 196
Sygma 99a / *Vauthey* 121f
Tétrel *Loirat* 565c, 706
Top 989a / *Desjardins* 570a / *Detremaud* 150 / *Freeman* 966d / *Hinous* 93d, 466 / *Jalain* 127g / *Mazin* 233a
United Feature Syndicate Inc. *L.L.* 123c
Vandystadt 128c, d, 522, 609, 796, 1073b / *Aschendorf* 959 / *Barutel* 746 / *Cannon* 158 / *Cavataio-All Sport* 974 / *Duffy* 128b, 347 / *Givois* 49b / *Guichaoua* 960b / *Jauffret* 991a, b / *Loubat* 181a, 645 / *Martini* 957b / *Moulu* 1043 / *Petit* 971 / *Petit-Wind* 788b / *Sporting Pictures* 942a / *Vandystadt (G.)* 71, 330, 485, 500, 507b, 580a, 678, 764
Vloo *Abbe* 127e / *Heaton (D. et J.)* 274
Zefa *Damm* 178
© by Greenwich Observatory 100b
© by MPIFR *Hutschenreiter* 100d
© by Walt Disney Productions 70c
© C.N.E.S. 1988 -Distribution Spot Image 99e, 320
© Demart Pro Arte B.V.-A.D.A.G.P. Paris 1997 976d
© Succession H. Matisse Paris 421b
© Munich-Museum/Munch-Ellingsen Group-A.D.A.G.P. Paris 1997 407d

artistes représentés par l'A.D.A.G.P. ou par la S.P.A.D.E.M.

© by A.D.A.G.P. Paris 1997 : 30a, c, e, 44b, d, 93b, 264b, 296b, c, 303a, b, 407d, 421a, c, d, g, 465b, 860c, 924a, b, c, 976d, 989b
© by S.P.A.D.E.M. Paris 1997 : 30f, 95, 264a, 296a, 421d, f, 439a

droits réservés

30b, d, 44c, 70f, 439b, 465a, 804b, d, 924d, e

PARTIE NOMS PROPRES

sources des photographies

Académie royale des sciences, Stockholm 1180c
Actualités 1626b
Ader, Picard, Tajan 1398c
ADN-Zentralbild, Berlin 1391b
A.F.P. 1395b, f, 1529a, 1562c
Albin Michel *Rush/Bassoul S.* 1363a
Algar 1151c, 1351f
Alpenland 1439c, 1516a
Altitude *Arthus-Bertrand Y.* 1576c
Ambassade d'Allemagne 1387b
Ambassade de la Rép. tchèque 1255a
Ambassade d'Israël 1113a
Ambassade du Canada 1567
A. M. Fotografi A.P.S. 1188b
Anders 1755d
Angeli 1171c
A.P.N. 1349a, 1423, 1606b, 1707b, 1718c
Archives I.R.L. 1233, 1344d, 1435a
Archives photographiques 1560
Archives publiques du Canada 1529d, 1574d
Archives Tallandier 1491b, 1722b
Arsicaud 1163c
Artéphot 1284d / *Agraci* 1494a / *AKG, Berlin* 1197d, 1303d, 1387a, 1390a, c, 1399b, 1441a, 1444a, 1445a, 1447c, 1462b, 1505a, 1548d, 1669b, c / *Artothek* 1234a, 1754a / *Babey* 1299c, f, 1610a / *Bapier* 1430a / *Bridgeman* 1644 / *Cauboue* 1205d, 1271c, 1680a / *Cercle d'art* 1288b / *Collection Sirot (G.)* 1354c, e / *Fabbri* 1530c / *Faillet* 1169a, 1257b, 1435b, 1481d, 1555a / *Held* 1111a, b, 1119a / *Held (A.)* 1153, 1282c, 1735a / *Kersting* 1213b, 1218a, 1757c / *Lalance* 1281 / *Lavaud* 1580d / *Mandel* 1355a / *Musée du Palais, Taibei* 1244d / *Nimatallah* 1119c, 1179a, 1187c, 1245b, 1258c, 1274a, 1295a, 1322d, 1344a, 1392b, 1404c, 1434b, 1472b, 1484a, b, 1508b, 1546b, 1589b, 1591b, 1704a, 1741a, 1750, 1753a / *Ogawa* 1351b, 1428e / *Oronoz* 1211e, 1228a, 1247b, 1259, 1375, 1406c, 1418, 1436a, 1481b, 1499b, 1500b, 1591c, 1631a, 1676b, 1689, 1711a / *Percheron* 1249d, 1284c, 1305, 1534, 1746b / *Phedon-Salou* 1249c, 1265b, 1279b, 1349b, 1541a, 1693a / *Roland* 1195, 1343c / *Salou* 1113b, 1657 / *Schneiders* 1362a, 1383b, 1546a / *Shogakukan* 1428d, f / *Takase* 1237b, 1513d / *Tréla* 1297b, 1332a, 1350b, 1363b, 1395d, 1433, 1609b / *Varga* 1451a, 1481c, 1618c, 1690a / *W.P.E.* 1566b / *WPS* 1274c, 1277c, 1282b, 1399c, 1446c, 1537b, 1598a, 1670a, 1692a / *Zucconi* 1488a
Art Institute, Chicago 1284b
Artistes Associés 1232a
Associated Press 1276b, 1756b
Atget (Eugène) 1151e
Bahier (Ch.)-Migeat (Ph.) 1229
Bassano (Brighton) 1744b
Baugey 1150a
Bavaria Verlag *Eschen F.* 1671a
Bayerische Staatsgemmäldesammlungen 1479c
Bernand 1199d, 1212, 1214b, 1240a, 1435e, 1590b
Bibliothèque nationale, Vienne 1251c, 1491c, 1632a
Bibliothèque nationale de France, Paris 1135b, 1154a, 1179b, 1272a, 1293f, 1298a, 1350c, 1381, 1429c, 1480a, b
Bibliothèque universitaire et cantonale, Lausanne 1621a
Bibliothèque vaticane 1392c
Bildarchiv Jürgens 1568
Bildarchiv Preussischer Kulturbesitz 1486a, 1574c, 1640a
Bottin (J.) 1207b, 1247a, 1450e, 1468a, 1654
Bottin-Ferlet 1190a
Boucaud 1620b
Boutin 1267b, 1304b, 1482c
Boyer 1106a
Brassaï 1491e
Bridgeman Art Library 1626c
British Council 1404d, 1444b, 1758b
British Museum, Londres 1150b, 1586a
Brooklyn Museum, New York 1481a
Brunel (F.) 1115b, 1182a, 1412
B.S.I. 1716d
Bulloz 1252d, 1390b, 1481f, 1576a, 1640b, 1655, 1669a, 1676a, 1712a / *Ciccione* 1591d
Bundespressedienst 1759b
Bureau français de diffusion de presse 1348
Burgevin 1585a
Candelier 1191a
Cané 1464b
Carjat 1169c, 1275c, 1668b, 1671b
C.E.D.R.I. *Sioen G.* 1472a / *Adamini* 1575 / *Annebicque* 1389b / *Bevilacqua* 1155, 1625d, 1639a / *Ledoux* 1301b / *Magin* 1642b / *Rives* 1227b / *Sappa* 1106b, 1201a, 1275a, 1469, 1485, 1516b, 1653b / *Sappa C.* 1532a / *Sioen* 1479a, 1662a, 1718b / *Titus* 1514c
Centre culturel 1288a
Centre culturel américain 1582d
Charmet (J.-L.) 1314a, 1670b, 1690b, 1719b
Château de Gripsholm 1382b
Cinédis 1450d
Cinémathèque française 1455b
Citroën 1248
City Museum and Art Gallery, Birmingham 1185e
C.N.A.C. Georges-Pompidou, Paris 1198c, 1446a, 1450c, 1522c / *Hatala* 1748b
C.N.M.H.S., Paris *Feuillie* 1211a / *Nadar* 1199a
Collection Berthomé (J.-P.) 1207a
Collection Boschot 1179c
Collection Christophe L. 1749b, 1680b
Collection du Palais de la Découverte 1588a
Collection Fildier 1185a
Collection Marinie (A.) *D.R.* 1397g, 1529b
Collection Passek (J.-L.) *Artistes Associés* 1324a / *Athos Film* 1220c / *Film Polski/Films Molière* 1753b / *Franfilmdis* 1681c / *Galba Films* 1442b / *Paramount* 1691b / *Sofar Film* 1351e / *Svenska Filminstitutet* 1178a / *Warner Bros* 1187d, 1258a, 1756a
Collection Viollet 1491d
Coll. M. Max-Linder 1471d
Compagnie française de distribution cinématographique 1279c
Cunha (J. da) 1372c
Dagli Orti (G.) 1167b, 1188c, 1190e, 1194a, 1204c, 1209d, 1241, 1262a, 1309a, 1315c, 1325b, 1352a, 1392d, 1403, 1431b, 1438, 1441c, 1452d, 1457a, 1484c, 1492a, 1509b, 1512b, 1524, 1545a, 1603a, 1710b, 1720a, 1725a, 1731, 1743b, 1744a, 1755a
Dagron 1328c
Daspet 1265a
Dazy (René) 1697b
Délégation générale du Québec *Gaby* 1465b
Delius 1594f
Delphin 1479b
Diaf *Duchêne* 1573a, 1708b / *Pratt-Pries* 1692c / *Rozencwajg* 1503b / *Schoenahl* 1407
Documentation C.C.I. 1760c
D.R. 1185b, 1186a, 1290a, 1301a, 1325c, 1331e, 1351a, 1366a, 1390d, 1693d, 1756c
Dupaquier 1299d, 1582c
E.C.P.A. 1436b
Edimage *Jourdes* 1204a
Edimédia 1169b, 1344c, 1429b, 1741c / *Hinous-C.D.A.* 1683 / *Réalité-C.D.A.* 1722a
Erlanger de Rosen (Max) 1330a
Explorer *Boizot* 1416e / *Boutin* 1188a, 1219b, 1240d, 1565c, 1724 / *Cambazard* 1131a, 1456b / *Claquin* 1482a / *Claye* 1266a / *Courau* 1516c / *Dubois* 1222a / *Dupont* 1219c / *Fiore* 1420 / *Fournie* 1398a / *Gérard* 1477a / *Hervy* 1272b / *Kalicanin* 1564a / *Kraft* 1314b / *Lanceau* 1563a / *Lénars* 1425a / *Loirat* 1138a, 1209b, 1370c / *Morath* 1160c / *Nacivet* 1400 / *Negre* 1211c / *Roy* 1124 / *Roy P.* 1656 / *Souricat* 1364c / *Straiton K.* 1563b / *Tétrel* 1458c / *Thomas* 1121 / *Valentin* 1559a / *Veiller* 1445c, 1550b / *Viard* 1133 / *Wolf* 1566a
Explorer Archives 1619b / *Charmet* 1364b, 1707a / *Collection Lausat* 1262b / *Evans Picture Library* 1669d, 1677 / *Fox* 1471c
Fabbri 1504, 1506a
Fava (Chantal) 1244e
Fay Godwin's Photo 1465d
Feuillie 1331a
Films du Carrosse 1176b, 1280a
Films du Carrosse-Artistes Associés 1723a
Fiorepress 1349c
Fleming 1108a, 1208b, 1267a, 1514a, 1631b, 1698b, 1755b, 1760a
Fondation Nobel 1551c
Fotogram 1515a
Freund (G.) 1159c, 1249a, 1303a, c, 1359c, d, 1435f, 1494b, 1519b, 1733, 1760b, 1764b
Gad-Borel Boissonnas 1293e
Galerie Maeght 1358b
Gamma 1395a, 1445d, 1678a, 1682 / *Achache* 1173a / *Apesteguy F.* 1406b / *Burnett* 1492b / *Campion* 1661 / *de Decker L.* 1681b / *Denize* 1491g / *Depardon* 1123b, 1603c / *Deville M.* 1496a / *Evans* 1622 / *Farza* 1510a / *Ginfray* 1181b / *Guenet* 1441b / *Hires* 1178b / *Kaku Kurita* 1397b / *Labbe* 1387c / *Langray* 1123a / *Laurent* 1385 / *Maitre* 1707c / *Mali* 1761b / *Maous* 1447e / *Markel/Liaison* 1208a / *Mathieu* 1388c / *Perrin* 1439b / *Rey* 1140b / *Ribeiro* 1538c / *Rudling* 1580b / *Simon (D.)* 1388b / *Vioujard* 1169d, 1197a, 1245a
Garanger 1197f, 1625c
Gerschel 1598b
Giraudon 1134a, 1138b, 1154b, 1158, 1177a, 1186c, 1192, 1235b, 1283b, 1297a, 1333, 1343a, 1470d, 1511, 1529c, 1594b, 1595e, 1603b, 1607b, 1609d, 1611, 1640d, 1660, 1712b, 1739, 1757a / *Alinari* 1224e, 1594e / *Borromeo* 1164a / *Bridgeman* 1146b, 1257a, 1269a, 1398b, 1515b / *C.F.L.* 1500a / *Lorette* 1464c, 1465a
Gribayedoff 1271a
Guiley-Lagache 1171d
Halberstadt 1345b
Hassia 1250a
Hede (M.) 1159a
Held (S.) 1193b, 1198d, 1271d, 1401b, 1442a, 1562a, 1590a
Hoa Qui 1406a
Hogarth Press 1447b
Hulton Picture Library *BBC* 1473a, 1505b, 1597b, 1761a
Imapress 1351c, 1384a, 1397c, 1435g, 1460b, 1487b, 1497b, 1571, 1574a, 1640c, 1710a, 1743c / *Adam* 1361b / *Bristol* 1432b / *Camera Press* 1607a / *Fischbeck* 1768a / *Gysembergh* 1444d / *Harvey* 1404a / *Karsh* 1301d, 1302b, 1443b, 1444e, 1466c, 1543a, 1595a, 1715a / *Lacroix* 1523b / *Launois* 1723c / *Mc Cabe* 1431a / *Snowdon* 1401a / *Steffen (Don Carl)* 1446d
Imperial War Museum, Londres 1329b, 1435c
Institut Courtauld, Londres 1165b, 1228c
Institut Max-Planck 1301c, 1582b
Interfoto M.T.C. *Lajos* 1448b
IPS 1357, 1373, 1758a
IPS-coll. P.P.P. 1328b, 1365, 1402b, 1471b, 1580c, 1600, 1726a, 1759a / *NASA* 1326b
Izis 1179d
Josse (Hubert) 1190b, 1213a, 1224d, 1251a, d, 1302a, 1362c, 1404e, 1411, 1454a, 1481e, 1500c, e, 1530a, 1548b, 1668a, 1751b
JPL-NASA 1437, 1503a, 1513a, 1665
Keystone 1132c, 1186b, 1187b, 1282a, 1343b, 1346, 1351d, 1397e, 1429d, 1450a, 1455a, 1459a, 1460c, 1462c, 1473b, 1487a, 1535, 1544c, 1551b, 1650, 1723b, 1768b / *Aubert* 1684b / *Boccon-Gibod* 1362b
Kleinhemper 1391a
Kohler (F.) 1453a
Kunsthistorisches Museum, Vienne 1625g
Lam 1453b
Larousse 1170b, 1244b, 1249b, 1255b, 1276c, 1401d, 1432a, 1444c, 1488d, 1496b, 1522b, 1591e, 1626e, 1698a, 1714a, 1742c, 1764a / *Document « Signal »* 1497a, 1538b / *Dornac* 1198a / *Prud'homme* 1252a
Lauros-Giraudon 1119b, 1127c, 1140a, 1141, 1159b, 1160b, 1161c, 1163b, 1168b, 1171a, 1180a, 1182c, 1190c, d, g, i, j, 1193a, c, 1197b, 1209e, 1220a, 1224b, 1230b, 1232b, 1234b, 1235a, c, d, 1236a, 1244a, f, 1246a, 1255c, d, 1261a, 1264b, 1274d, 1277b, 1278a, b, c, d, 1284a, 1290b, 1292a, b, c, d, 1293c, 1299e, 1304a, 1315d, 1322a, 1324b, 1325a, 1328d, 1330c, 1332d, 1343d, 1350d, 1353, 1354a, d, 1360, 1366b, 1370b, 1372a, 1374, 1382a, 1386b, 1391c, 1392e, 1402c, 1410f, 1413a, c, 1419a, 1424b, 1425c, 1428a, 1430b, 1434a, 1448a, 1452a, c, 1458b, 1460a, 1462a, 1463, 1466e, 1468b, 1476a, 1478, 1479d, 1482b, 1489, 1490b, 1491a, 1499a, 1500d, 1501a, 1505c, 1506b, 1509a, 1510b, 1513b, 1515c, 1519c, 1521b, 1522a, 1523c, 1525a, 1530b, 1531a, 1533, 1538a, 1542b, c, 1546c, 1548c, 1562b, 1564b, 1565a, b, 1572, 1580a, 1585c, 1593b, 1594c, 1596a, c, 1618b, 1621c, 1624b, 1625f, 1632b, 1634, 1643, 1691a, 1693b, 1697a, 1701, 1711b, 1725b, 1728, 1734a, c, 1741b, 1742a, 1747a, 1749a, c, 1769a
Legouhy 1250c
Lehtikuva Oy 1105
Leloir (J.-P.) 1132e, 1146a, 1328a, 1593a, 1692b, 1720b
Le Monier 1414
Lénars (Ch.) 1238, 1302c, 1323d, 1410b, 1416d, 1488a, 1498, 1508c, 1547b, 1559b, c, 1767
Levassort (M.) 1132a, 1204d, 1299b, 1397f, 1545c, 1716b
Lido (Serge) 1114, 1331b, 1470a
Ligey (Agnès et Pierre) 1508a
L.L. 1117d, 1132b, 1151a, 1162, 1172b, 1180b, 1190h, 1202a, 1222c, 1231a, 1265c, 1293b, 1294a, 1330b, 1345a, 1350a, 1359b, 1388a, 1397a, 1432c, 1435d, 1443a, 1448c, 1452b, 1453c, d, 1457b, 1458a, 1466b, 1472c, 1486b, 1488b, 1506c, 1512a, 1588b, 1610b, 1621b, 1631c, 1715b, 1751a, 1754c / *Biazi (de)* 1161a / *Document « l'Illustration »* 1249b
Loirat (L.Y.) 1573b, 1579
Lorenzo 1322b
Lorette (Patrick) 1117b, 1151b
Magnin (P.L.) 1532b
Magnum 1176c, 1678b / *Abbas* 1182b / *Barbey* 1416f, 1542a / *Berry* 1582a / *Burri* 1552 / *Glinn* 1108b / *Haas* 1445b / *Halsman* 1246c / *Lessing* 1128, 1203b, 1226a, 1271b, 1521a, 1537a, 1591a, 1625b, 1639c / *Manos* 1152 / *McCullin* 1171b / *Morath* 1211d / *Riboud* 1134b, 1199c, 1280b, 1398e / *Suyin* 1606a
Maison de l'Argentine 1261b
Man Ray 1201b
Manuel 1167c, 1295b, 1322c, 1594a, 1596b
Marmounier 1179e, 1326a, 1618a
Mascolo-Cinéma 9 1294b
Masson (Colette) 1173b, 1555b, 1589a
Mayer 1138c, 1364a
Maylin (M.L.) 1370a
Meauxsonne (J.-C.) 1252b
Metropolitan Museum of Art, New York 1298b, 1329a, 1428c
Meyer 1237a, 1446b
M.N.A.M., C.N.A.C. Georges-Pompidou, Paris 1291, 1609c
MOA Museum of Art, Atami 1716a
Monde et Caméra 1653c
Monier (Louis) 1460d
Munchow (A.) 1115a
Musée Andersen, Odense 1132d
Musée August-Strindberg, Stockholm 1693c
Musée de Berlin-Dahlem 1234c
Musée de l'Air 1760d
Musée du séminaire de Québec 1459b
Musée Kröller-Müller, Otterloo 1525c
Musée national d'Art moderne, Paris 1146c, 1440
Musées du Vatican 1456a
Museum of Fine Arts, Boston 1289
Nadar 1545b, 1742b
Nadar Père 1269b
Nasjonalgalleriet, Oslo *Vaering* 1405
National Gallery of Art, Washington 1424a
Nationalhistoriske Museum Frederiksborg 1197c
National Maritime Museum, Gree 1217
Nationalmuseum, Stockholm 1471e
National Portrait Gallery, Londres 1161b, 1275b, 1284e, 1344b, 1361c, 1386c, 1392a, 1395c, 1398d, 1425b, 1544d, 1574b, 1754b, 1757b
Nou (J.-L.) 1197e, 1410a, c, d
N.R.F. *Garanger* 1332b
Objectif 2000 *Civet* 1439a / *Jannel* 1389a
Office national suisse du tourisme 1436d
O'Sughrue 1190f, 1265d
Pagès (Fr.) 1226c
Paramount 1166b
Paris-Match *Le Tac* 1477b
Petersen 1266b
Philippot (Jean-Claude) 1697c
Pic 1199b

Pitch *Cordier* 1181a / *Peuriot* 1258b
Pix 1196, 1548a / *La Cigogne* 1470b
Popperfoto 1530d
Puig 1120
Quilici (F.) 1198b
Ramos (Dominguez) 1738
Rap 1404b
Rapho 1251b, 1273 / *Berli* 1359a, 1490a / *Berlitz* 1531c / *Beretty* 1354b / *Black Star* 1645b / *Brack* 1224a / *Butler* 1176a / *Charbonnier* 1117a / *Charles* 1396, 1737 / *Charliat* 1633 / *Danèse* 1719a / *Doisneau* 1227a, 1380b, 1609a / *Everts* 1350e, 1520b / *Frédéric* 1240b / *Funk* 1205a, 1659 / *Gerster* 1161d, 1514b, 1692d / *Goldman* 1205c, 1431c, 1547a / *Goursat* 1476b / *Granham* 1211b / *Halary* 1576b / *Halin* 1329c, 1355b / *Heyman* 1391d / *Joly* 1205b / *Koch* 1416b, 1428b, 1595c, 1601, 1616, 1700 / *Larrieu* 1252c / *Lawson* 1639d, f / *Le Diascorn* 1189 / *Luider* 1641b / *Martel* 1218b, 1402a / *Michaud* 1203a, 1279a, 1416c / *Michaud (R. et S.)* 1323a, 1410e, 1685a / *Michaud (R.)* 1209a / *Mopy* 1145 / *Niepce* 1626d / *Ohanian* 1166a / *Pavlovsky* 1664 / *Ross* 1299a, 1662b / *Santos* 1674a / *Sazo (de)* 1623a / *Serraillier* 1470c, 1755c / *Silberstein* 1419b, 1448d, 1717 / *Tholy* 1471a / *Tulane* 1523a / *Yamashita* 1347, 1386a, 1674b
Renault 1624a
Réunion des musées nationaux 1135a, 1231b, 1264a, 1274b, 1276a, 1293d, 1397d, 1401c, 1416a, 1425d, 1428g, 1447a, 1454b, 1483a, 1514d, 1528, 1543b, 1573c, 1608b, 1615, 1649, 1684a, 1735b
Rijksmuseum, Amsterdam 1595d, 1623b, 1645a
Rivière (C.) 1240c
Roger-Viollet 1187a, 1201c, 1246b, 1298c, 1309, 1325e, 1331d, 1395e, 1429a, 1450b, 1598c, 1748a / *Harlingue* 1202b, 1323b / *Lipnitzki* 1167a, 1168a, 1250b, 1283a, 1293a, 1361a, 1505d, 1550a
Roger-Viollet (collection Viollet) 1282d
Roger-Viollet (H.) 1323c
Rol 1151d
Sappa (Ch.) 1185d
Sarramon (Ch.) 1461b
Scala 1118, 1127a, b, 1131b, 1175, 1177b, 1204b, 1219a, 1220b, 1221, 1226b, 1228b, 1246d, 1260, 1266c, 1276d, 1277a, 1286a, b, 1303e, 1315b, 1352b, 1358a, 1359e, 1370d, e, 1383a, 1384b, 1393, 1413b, 1436c, 1464a, 1497c, 1501b, 1519a, 1594d, 1595b, 1597a, 1608a, c, 1620a, c, 1621d, 1625a, e, 1626a, 1639b, e, 1641a, 1667, 1669e, 1675, 1708a, 1713, 1714b, 1734b, 1743a, 1746a
Schaarwächter, Berlin 1380a
Schwarze (Werner) 1436e
Schwitters 1559d
Scope *Barde* 1486c / *Bowman* 1483b / *Guillard* 1191b, 1541b, 1718a / *Sierpinski* 1525b, 1531b, 1613
Seattle Art Museum 1244c
Secrétariat à l'information, Lisbonne 1214a
Sipa Press 1224c / *Charlier* 1117c / *Goess* 1290c / *Nunn* 1685b / *Robert* 1351g
Snark International 1332e, 1370f
Specta-films 1704b
Staatliche Museen, Berlin-Dahlem 1399a / *Anders* 1332c
Stanimirovitch 1561
Stenders Forlag 1386d
Stierlin 1315a
S.V.Z. *Giegel* 1769b
Sygma 1194b, 1586b / *Andanson* 1681a / *Goldberg* 1513c / *Hernandez* 1138d / *Ledru* 1198e, 1619a / *Pavlovski* 1228d / *Philippot* 1491f / *Vauthey* 1303b, 1466d / *Wyman* 1249e
Tajan (Hubert) 1520a
Tallandier 1368, 1465c, 1488d
Tétrel 1544b / *Bérenger* 1164b / *Loirat* 1209c
Thote (A.) 1585b
Todd (A.) 1372b
Top 1451b / *Desjardins* 1186d, 1230a, 1642a / *Guillemot* 1461a / *Hinous* 1236b / *Jalain* 1160a, 1607c / *Martinot* 1157, 1544a / *Mazin* 1163a, 1466a, 1563c, 1576d
Tweedy (E.) 1222b
Ullstein 1758c
Unesco *Vorontzoff* 1165a
Unifrance Film *Doumic* 1361d
University of Chicago 1325d
Vaering (O.) 1185c
Verroust 1172a, 1740
Veyres 1653a
Vloo 1170a / *Abbe* 1637 / *Heaton (D. et J.)* 1716c / *Messerschmidt* 1744c / *Richoillez* 1119d
Walser (Peter) 1694
Weidener 1447d
Weill (E.B.) 1726b
Weiss (Sabine) 1747b
Wolf (A.) 1551a
XXth Century Fox 1331c
Zoltowska 1761c
© by Walt Disney Productions 1285
© Demart Pro Arte B.V. Genève-A.D.A.G.P. Paris 1997 1515b
© Succession H. Matisse Paris 1506a, 1722a
© Man Ray Trust-A.D.A.G.P. Paris 1997, 1201b

artistes représentés par l'A.D.A.G.P. ou par la S.P.A.D.E.M.

© by A.D.A.G.P. Paris 1997 : 1138c, 1146c, 1190j, 1198c, 1201b, 1211d, 1216, 1277a, 1278d, 1291, 1304a, 1324b, 1358b, 1440, 1446a, 1450c, 1462a, 1476a, 1490b, 1491e, 1515b, 1522c, 1609c, 1621c, 1748b, 1760c
© by S.P.A.D.E.M. Paris 1997 : 1283a, 1292b, 1375, 1434a, 1461b, 1593b

droits réservés

1161c, 1163b, 1185e, 1186c

FRANCE
ADMINISTRATION ET ENSEIGNEMENT

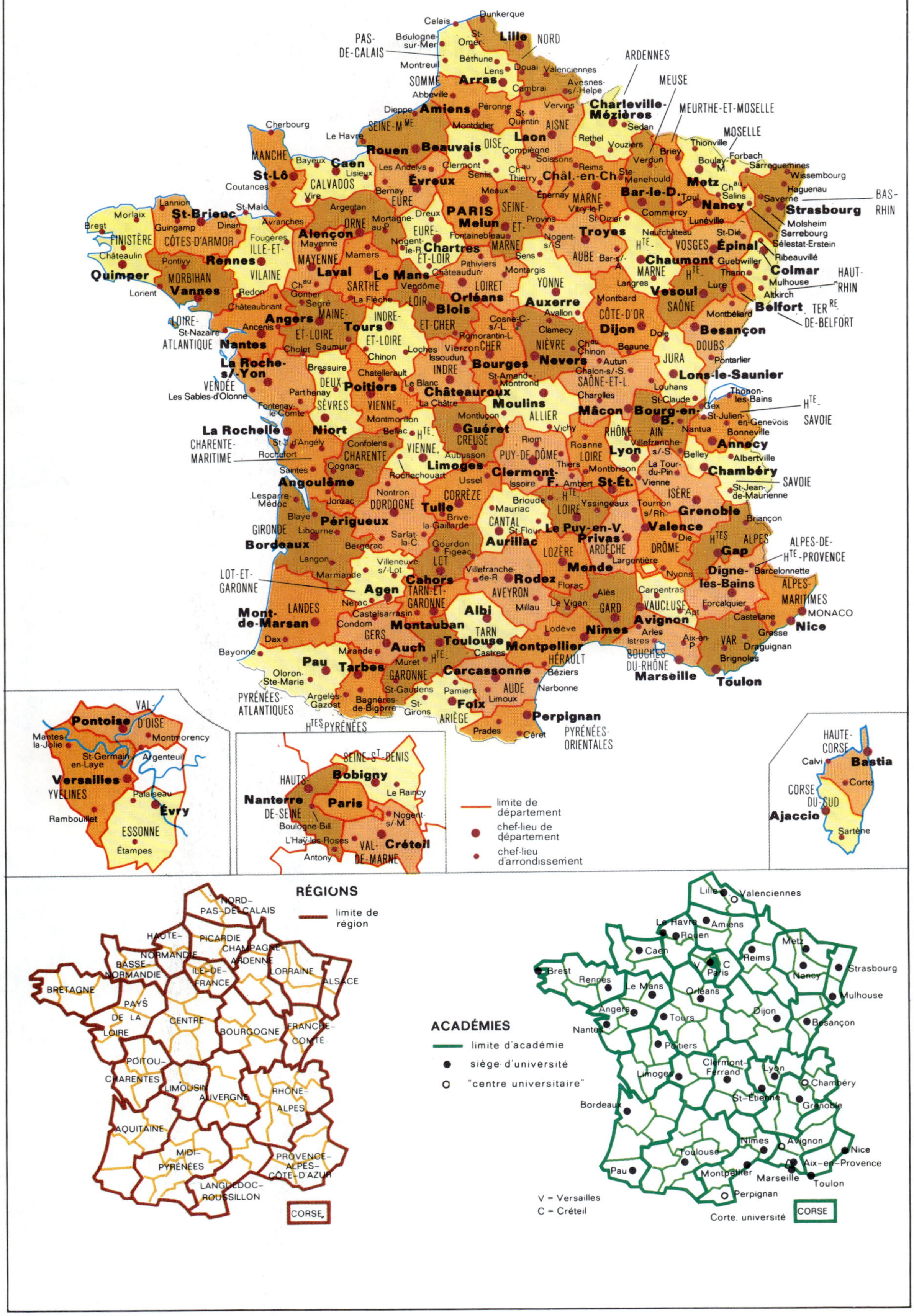

FRANCE
WEST GLAMORGAN
Cwmbran
Cardiff
SOUTH GLAM.
Newport
Bristol
AVON
Bath
Swindon
Abingdon
BERK-SHIRE
Reading
Slough
LONDRES
Basildon
Tilbury
Southend-on-Sea
Gillingham
Tamise
Windsor
Heathrow
Newbury
Weston-super-Mare
Trowbridge
GRANDE
BRETAGNE
WILTSHIRE
Basingstoke
Farnborough
SURREY
Guildford
Maidstone
KENT
Canterb
Ashford
Barnstaple
SOMERSET
Bridgwater
Taunton
Salisbury
HAMPSHIRE
Winchester
Crawley
Gatwick
WEST SUSSEX
EAST SUSSEX
Lydd
Bideford
Yeovil
DEVON
DORSET
Southampton
Chichester
Fareham
Worthing
Lewes
Hastings
Exeter
Dorchester
Poole
Bournemouth
Gosport
Portsmouth
Brighton
Newhaven
Bexhill
Eastbourne
Exmouth
Cowes
Ryde
Bodmin
Newton Abbot
WIGHT
Newport
I. de Wight
CORNWALL
Plymouth
Torbay
Truro
St Austell
Falmouth
MANCHE
Le Trép
Dieppe
St-Valery-en-Caux
Fécamp
76
SEINE-
MA
Port d'Antifer
Bolbec
Yvetot
Lillebonne
Le Havre
Pt-Jérôme
Le Trait
Rou
Cherbourg
La Hague
Octeville
Tourlaville
St-Vaast-la-Hougue
50
Valognes
Ste-Mère-Eglise
Guernesey
Barneville-Carteret
MANCHE
Port-en-Bessin-Huppain
Courseulles-s/-Mer
Ouistreham
Cabourg
Honfleur
Pont-Audemer
Deauville
Elbeuf
Louviers
Isigny-s/-Mer
Carentan
Jersey
Lessay
Périers
Bayeux
14
Caen
Hérouville-St-Clair
Mondeville
Lisieux
Le Neubourg
Bernay
EURE
27
Evreux
St-Lô
Coutances
Villers-Bocage
CALVADOS
Iles Chausey
Villedieu-les-Poêles
Vire
Condé-s/-N.
Falaise
Vimoutiers
Breteuil
Le Mont-St-Michel
Granville
Argentan
Orne
L'Aigle
Dre
Perros-Guirec
Trébeurden
Paimpol
Roscoff
Plouescat
Lannion
St-Quay-Portrieux
St-Malo
Avranches
Mortain
Flers
La Ferté-Macé
St-Pol-de-Léon
Morlaix
CÔTES-
Pléneuf-Val-André
Dinard
Cancale
St-Hilaire-du-Harcouët
ORNE
61
Ploudalmézeau
Brest
Landerneau
29
Guingamp
St-Brieuc
Lamballe
Domfront
Bagnoles-de-l'Orne
Alençon
Mortagne-au-P.
E
FINISTÈRE
D'ARMOR
22
Dinan
Combourg
Fresnay-s/-Sarthe
Bellême
La Loupe
Crozon
Châteaulin
Rostrenen
ILLE-
Fougères
Ernée
Mayenne
Mamers
Nogent-le-Rotrou
Douarnenez
Loudéac
53
Bonnétable
Quimper
Pontivy
Rennes
35
Vitré
MAYENNE
Sillé-le-Guillaume
Audierne
MORBIHAN
Josselin
St-Jacques-de-la-Lande
ET-
Châteaubourg
Laval
SARTHE
Pont-l'Abbé
Quimperlé
Ploërmel
Connerré
St-Guénolé
Guilvinec
Concarneau
Pont-Aven
Lanester
Hennebont
56
VILAINE
La Guerche-de-Bretagne
Château-Gontier
Allonnes
Le Mans
Iles de Glénan
Lorient
Bain-de-Bretagne
Craon
Sablé-s/-Sarthe
72
Vendôme
I. de Groix
Auray
Vannes
Redon
Pouancé
La Flèche
Château-du-Loir
La Trinité-s/-Mer
Vilaine
Châteaubriant
LOIRE-
Segré
Durtal
Le Lude
LOIR-
Quiberon
44
MAINE-
Château-Renault
Pontchâteau
Nort-s/-Erdre
Candé
49
Angers
Baugé
INDRE-
Onzain
Belle-Ile
La Turballe
Donges
Savenay
Ancenis
ET-
Beaufort-en-Vallée
Tours
Amboise
Le Croisic
La Baule-Escoublac
St-Nazaire
Paimbœuf
Nantes
Chalonnes-s/-Loire
Les Ponts-de-Cé
Longué-J.
Bourgueil
Bléré
Couëron
Rezé
Saumur
Langeais
ATLANTIQUE
Chemillé
Azay-le-Rideau
Montbazon
Pornic
Beaupréau
LOIRE
Montreuil-Bellay
Chinon
Loches
I. de Noirmoutier
Clisson
Cholet
Thouars
Richelieu
Machecoul
Mortagne-s/-Sèvre
DEUX-
Loudun
Descartes
St-Jean-de-Monts
Bressuire
37
I. d'Yeu
Pouzauges
Cerizay
Châtellerault
86
85
VENDÉE
Parthenay
VIENNE
St-Gilles-Croix-de-Vie
La Roche-sur-Yon
SÈVRES
Poitiers
Les Sables-d'Olonne
Fontenay-le-Comte
St-Savin
St-Maixent-l'Ecole
Lusignan
Luçon
Montmorillon
Niort
79
Melle
Ile de Ré
Surgères
Civray
Bellac
La Rochelle
Chef-Boutonne
St-Jean-d'Angély
Ruffec
Confolens
Rochefort
Tonnay-Ch.
I. d'Oléron
CHARENTE-MARITIME
CHARENTE
Oradour-s/-G.
Marennes
Saintes
16
Rochechouart
Aixe-s/-V.
17
Cognac
La Rochefoucauld
87
Royan
ADMINISTRATION
France
limite de département
chef-lieu de département
chef-lieu d'arrondissement
hors de France
limite et chef-lieu de division de premier ordre
COMMUNICATIONS
autoroute
route
voie ferrée
0
50
100
150 km

DU NORD

MER DU NORD
PAYS-BAS
BELGIQUE
ALLEMAGNE
LUXEMBOURG
SUISSE
RHÉNANIE-DU-N.-WESTPHALIE
RHÉNANIE-PALATINAT
SARRE
Breda
Tilburg
Eindhoven
Venlo
Essen
Duisbourg
Düsseldorf
Wuppertal
Solingen
Mönchen-gladbach
Cologne
Bonn
Coblence
Wiesbaden
Mayence
Trèves
Kaiserslautern
Pirmasens
Sarrebruck
Flessingue
Zeebrugge
Ostende
Bruges
Terneuzen
Anvers
ANVERS
Herentals
St-Nicolas
FLANDRE-OCC.
FLANDRE-OR.
Gand
Malines
LIMBOURG
Genk
Hasselt
Maastricht
Aix-la-Chapelle
BRABANT FL.
Louvain
BRUXELLES
BRABANT W.
Liège
LIÈGE
Seraing
Verviers
HAINAUT
Mons
Namur
NAMUR
Dinant
Givet
LUXEMBOURG
Arlon
Dunkerque
Furnes
Ypres
Courtrai
Roulers
Audenarde
Alost
Tourcoing
Roubaix
Lille
Hazebrouck
Armentières
St-Omer
Béthune
Lens
Bruay-en-Artois
Arras
Douai
Valenciennes
Cambrai
Maubeuge
Avesnes-s/-Helpe
PAS-DE-CALAIS
NORD
Montreuil
Hesdin
Abbeville
Doullens
Albert
Péronne
SOMME
Amiens
St-Quentin
Guise
Hirson
Vervins
Rocroi
Revin
Charleville-Mézières
Sedan
Carignan
Montmédy
ARDENNES
Rethel
Vouziers
Laon
AISNE
Soissons
Noyon
Compiègne
Beauvais
Clermont
OISE
Senlis
Crépy-en-Valois
Villers-Cotterêts
Château-Thierry
Reims
Fismes
Ste-Menehould
MARNE
Épernay
Châlons-en-Champagne
Vitry-le-François
St-Dizier
Montmirail
Sézanne
Meaux
SEINE-ET-MARNE
Melun
Provins
Fontainebleau
Montereau-faut-Yonne
Nemours
PARIS
Versailles
Évry
ESSONNE
Étampes
Pithiviers
LOIRET
Montargis
Gien
Troyes
AUBE
Nogent-s/-Seine
Bar-s/-Aube
Bar-s/-Seine
YONNE
Sens
Auxerre
Tonnerre
Avallon
Clamecy
Chaumont
HTE-MARNE
Langres
Verdun
MEUSE
Bar-le-Duc
Commercy
St-Mihiel
Stenay
Thionville
Metz
Briey
MOSELLE
MEURTHE-ET-MOSELLE
Nancy
Toul
Lunéville
Pont-à-Mousson
Sarreguemines
Forbach
Sarrebourg
Château-Salins
Wissembourg
Haguenau
Saverne
Strasbourg
BAS-RHIN
Molsheim
Sélestat
HAUT-RHIN
Colmar
Ribeauvillé
Guebwiller
Thann
Mulhouse
Altkirch
St-Louis
Bâle
Belfort
Montbéliard
VOSGES
Épinal
St-Dié
Neufchâteau
Vittel
Contrexéville
Gérardmer
Remiremont
HTE-SAÔNE
Vesoul
Lure
Luxeuil-les-Bains
Gray
CÔTE-D'OR
Dijon
Montbard
Beaune
Nuits-St-Georges
Auxonne
DOUBS
Besançon
Pontarlier
Baume-les-Dames
Dole
JURA
Lons-le-Saunier
St-Claude
Morez
Delémont
Soleure
Bienne
Neuchâtel
NEUCH.
BERNE
Thoune
Fribourg
FRIBOURG
VAUD
Lausanne
Montreux
Gstaad
Montana
Sion
VALAIS
Zermatt
Martigny
Genève
Thonon-les-Bains
Évian-les-Bains
HTE-SAVOIE
Annecy
Bonneville
Cluses
Chamonix
SAVOIE
Albertville
Aoste
VAL D'AOSTE
NIÈVRE
Nevers
Cosne-Cours-s/-Loire
La Charité-s/-Loire
Château-Chinon
Decize
CHER
Bourges
Vierzon
St-Amand-Montrond
Sancerre
Romorantin-Lanthenay
INDRE
La Châtre
ALLIER
Moulins
Montluçon
Vichy
Gannat
CREUSE
Guéret
Aubusson
PUY-DE-DÔME
Clermont-Ferrand
Riom
Thiers
Royat
LOIRE
Roanne
Montbrison
SAÔNE-ET-LOIRE
Chalon-s/-Saône
Mâcon
Autun
Le Creusot
Charolles
Louhans
Tournus
Cluny
Paray-le-Monial
AIN
Bourg-en-Bresse
Nantua
Belley
Oyonnax
Gex
RHÔNE
Villefranche-s/-S.
Lyon
Vénissieux
Ambérieu-en-Bugey

FRANCE

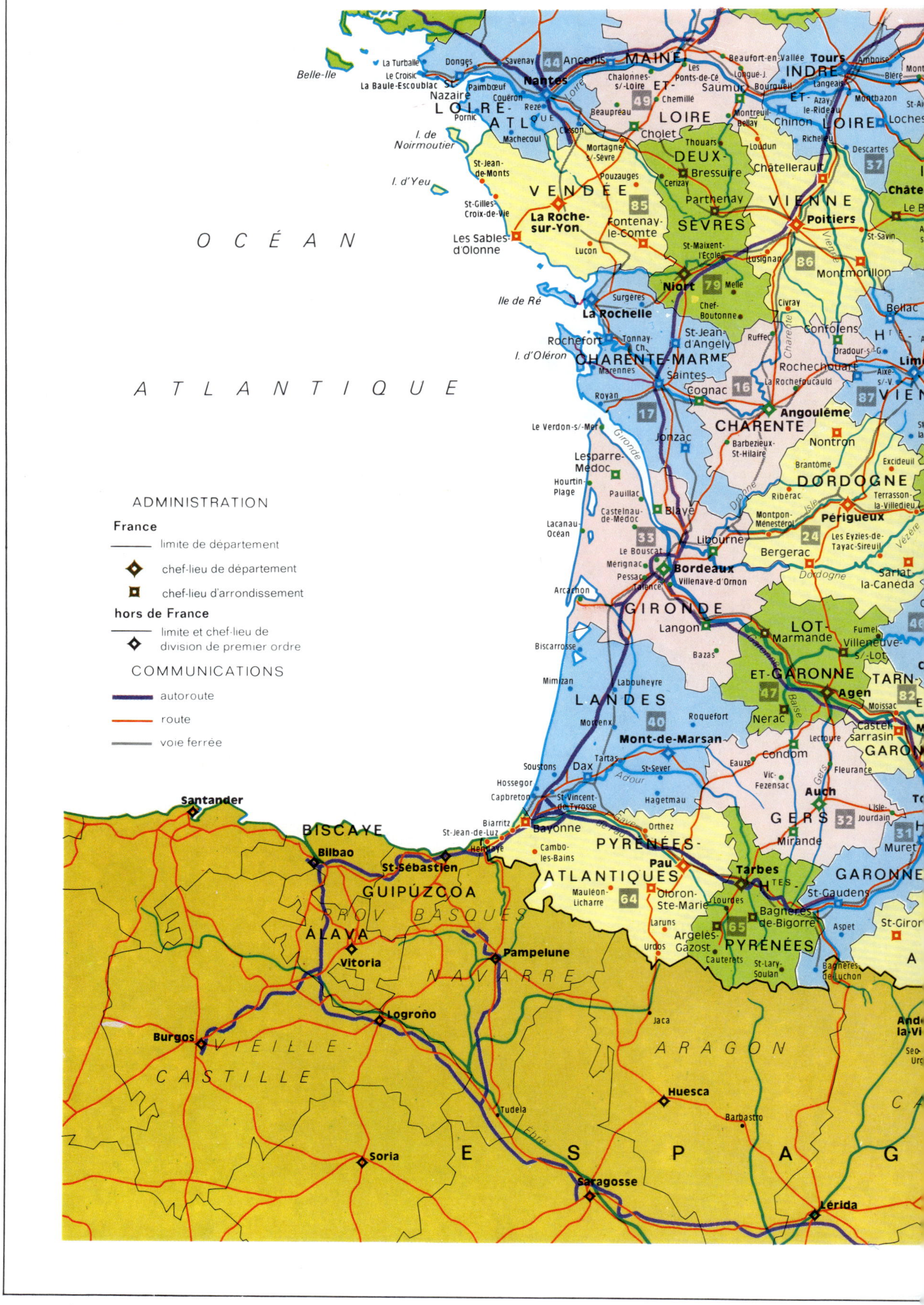
OCÉAN
ATLANTIQUE
ADMINISTRATION
France
limite de département
chef-lieu de département
chef-lieu d'arrondissement
hors de France
limite et chef-lieu de division de premier ordre
COMMUNICATIONS
autoroute
route
voie ferrée
Belle-Ile
La Turballe
Le Croisic
La Baule-Escoublac
St-Nazaire
Donges
Savenay
Paimbœuf
Couëron
Nantes
Ancenis
MAINE-ET-LOIRE
LOIRE-ATLANTIQUE
Pornic
Rezé
Clisson
Machecoul
I. de Noirmoutier
I. d'Yeu
St-Jean-de-Monts
St-Gilles-Croix-de-Vie
Les Sables-d'Olonne
VENDÉE
La Roche-sur-Yon
Luçon
Fontenay-le-Comte
Pouzauges
Mortagne-s/-Sèvre
Chalonnes-s/-Loire
Chemillé
Beaupréau
Cholet
Les Ponts-de-Cé
Saumur
Longué-J.
Beaufort-en-Vallée
Bourgueil
Montreuil-Bellay
Thouars
DEUX-SÈVRES
Bressuire
Cerizay
Parthenay
St-Maixent-l'École
Niort
Melle
Chef-Boutonne
Tours
Amboise
Bléré
INDRE-ET-LOIRE
Langeais
Azay-le-Rideau
Chinon
Montbazon
Loches
Richelieu
Loudun
Descartes
Châtellerault
VIENNE
Poitiers
Lusignan
Montmorillon
St-Savin
Civray
Confolens
Bellac
Ruffec
Rochechouart
La Rochefoucauld
Ile de Ré
La Rochelle
Surgères
Rochefort
Tonnay-Ch.
St-Jean-d'Angély
I. d'Oléron
CHARENTE-MARITIME
Marennes
Saintes
Cognac
Royan
Jonzac
CHARENTE
Angoulême
Barbezieux-St-Hilaire
Nontron
Brantôme
Excideuil
DORDOGNE
Ribérac
Périgueux
Terrasson-la-Villedieu
Montpon-Ménestérol
Bergerac
Les Eyzies-de-Tayac-Sireuil
Sarlat-la-Canéda
Le Verdon-s/-Mer
Gironde
Lesparre-Médoc
Hourtin-Plage
Pauillac
Castelnau-de-Médoc
Lacanau-Océan
Blaye
Libourne
Le Bouscat
Mérignac
Pessac
Talence
Bordeaux
Villenave-d'Ornon
Arcachon
GIRONDE
Langon
Bazas
Biscarrosse
Mimizan
Labouheyre
LANDES
Morcenx
Roquefort
Mont-de-Marsan
LOT-ET-GARONNE
Marmande
Villeneuve-s/-Lot
Agen
Nérac
Moissac
Castelsarrasin
Lectoure
Condom
Eauze
Tartas
Soustons
Dax
St-Sever
Adour
Hossegor
Capbreton
St-Vincent-de-Tyrosse
Hagetmau
Vic-Fezensac
Auch
GERS
Mirande
Fleurance
L'Isle-Jourdain
Muret
Biarritz
St-Jean-de-Luz
Bayonne
Hendaye
Cambo-les-Bains
Orthez
PYRÉNÉES-ATLANTIQUES
Pau
Mauléon-Licharre
Oloron-Ste-Marie
Laruns
Urdos
Argelès-Gazost
Cauterets
Lourdes
Tarbes
HTES-PYRÉNÉES
Bagnères-de-Bigorre
St-Lary-Soulan
Bagnères-de-Luchon
GARONNE
St-Gaudens
Aspet
St-Girons
TARN
Santander
BISCAYE
Bilbao
St-Sébastien
GUIPÚZCOA
PROV. BASQUES
ÁLAVA
Vitoria
Pampelune
NAVARRE
Logroño
Burgos
VIEILLE-CASTILLE
Jaca
ARAGON
Huesca
Barbastro
Tudela
Ebre
Soria
ESPAGNE
Saragosse
Lérida
44
49
85
79
86
37
17
16
87
33
24
47
40
64
65
32
31
82

DU SUD

Dijon
Besançon
DOUBS
Bourges
CHER
NIÈVRE
Nevers
SAÔNE-ET-LOIRE
Mâcon
JURA
Lons-le-Saunier
ALLIER
Moulins
Vichy
Montluçon
Guéret
CREUSE
PUY-DE-DÔME
Clermont-Ferrand
LOIRE
St-Étienne
RHÔNE
Lyon
AIN
Bourg-en-Bresse
SAVOIE
Chambéry
Annecy
Genève
ISÈRE
Grenoble
CANTAL
Aurillac
HTE-LOIRE
Le Puy-en-Velay
ARDÈCHE
Privas
DRÔME
Valence
HAUTES-ALPES
Gap
LOZÈRE
Mende
AVEYRON
Rodez
TARN
Albi
GARD
Nîmes
VAUCLUSE
Avignon
ALPES-DE-HTE-PROVENCE
Digne-les-Bains
ALPES-MARITIMES
Nice
VAR
Draguignan
Toulon
BOUCHES-DU-RHÔNE
Marseille
Aix-en-Provence
HÉRAULT
Montpellier
AUDE
Carcassonne
PYRÉNÉES-ORLES
Perpignan
Narbonne
Béziers
SUISSE
BERNE
Lausanne
Neuchâtel
Fribourg
VAUD
VALAIS
Sion
VAL D'AOSTE
Aoste
PIÉMONT
Turin
ITALIE
Tulle
MER MÉDITERRANÉE
Bastia
Calvi
HTE-CORSE
Corte
CORSE-DU-SUD
Ajaccio
Sartène
Porto-Vecchio
Bonifacio
Gérone
Figueras
0 50 100 150 km

BELGIQUE OCCIDENTALE

BELGIQUE ORIENTALE

SUISSE

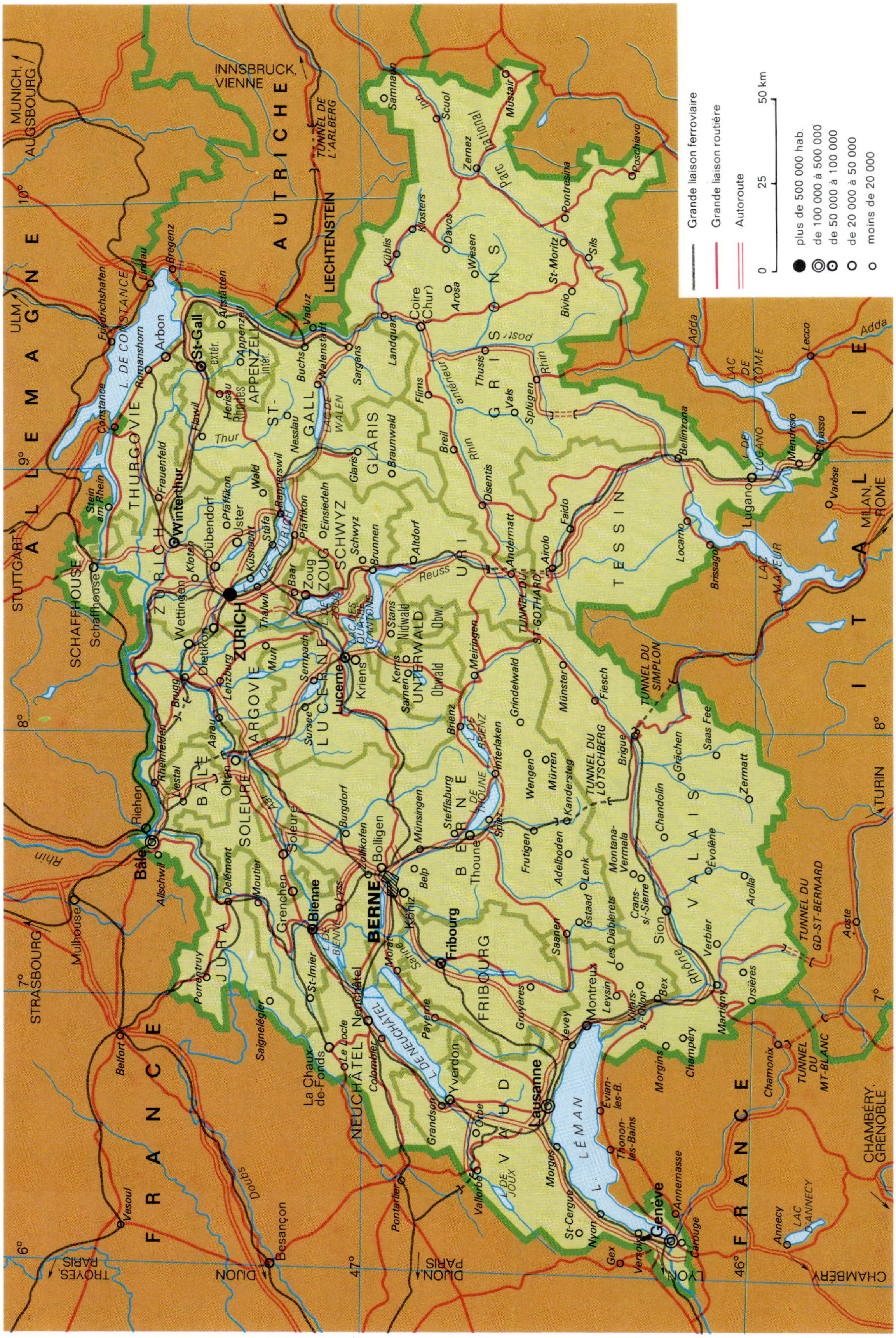

Grande liaison ferroviaire
Grande liaison routière
Autoroute
0 25 50 km
plus de 500 000 hab.
de 100 000 à 500 000
de 50 000 à 100 000
de 20 000 à 50 000
moins de 20 000
ALLEMAGNE
AUTRICHE
LIECHTENSTEIN
FRANCE
ITALIE
ZURICH
BERNE
Bâle
Genève
Lausanne
Lucerne
St-Gall
Winterthur
Bienne
Fribourg
Neuchâtel
Lugano
Sion
L. DE CONSTANCE
L. LÉMAN
L. DE NEUCHÂTEL
LAC MAJEUR
LAC DE COME
JURA
VAUD
VALAIS
TESSIN
GRISONS
URI
GLARIS
SCHWYZ
ZOUG
ARGOVIE
THURGOVIE
SOLEURE
SCHAFFHOUSE
APPENZELL
UNTERWALD
FRIBOURG
TUNNEL DU ST-GOTHARD
TUNNEL DU SIMPLON
TUNNEL DU LÖTSCHBERG
TUNNEL DU GD-ST-BERNARD
TUNNEL DU MT-BLANC
TUNNEL DE L'ARLBERG
INNSBRUCK, VIENNE
MUNICH, AUGSBOURG
STUTTGART
STRASBOURG
TROYES, PARIS
DIJON
DIJON, PARIS
LYON
CHAMBÉRY
CHAMBÉRY, GRENOBLE
TURIN
MILAN, ROME

SUPPLÉMENT

GÉOGRAPHIE

ATLAS DU MONDE
pages 1786 - 1816

INDEX DE L'ATLAS DU MONDE
pages 1817 - 1828

DRAPEAUX
pages 1829 - 1832

HISTOIRE

ATLAS HISTORIQUE
pages 1834 - 1856

CHRONOLOGIE UNIVERSELLE
pages 1857 - 1872

ATLAS DU MONDE

FRANCE, BELGIQUE ET SUISSE ; RÉGION PARISIENNE
pages 1788-1789

ÎLES BRITANNIQUES
page 1790

ESPAGNE ET PORTUGAL
page 1791

ITALIE ET BALKANS
pages 1792-1793

EUROPE CENTRALE
pages 1794-1795

EUROPE ORIENTALE ET ASIE DU NORD
pages 1796-1797

EXTRÊME-ORIENT
pages 1798-1799

MOYEN-ORIENT ET ASIE MÉRIDIONALE
pages 1800-1801

AFRIQUE DU NORD ET DE L'OUEST
page 1802

AFRIQUE DU NORD-EST
page 1803

AFRIQUE CENTRALE ET MÉRIDIONALE ; MADAGASCAR
pages 1804-1805

AUSTRALIE ET PACIFIQUE DU SUD-OUEST
pages 1806-1807

CANADA
pages 1808-1809

ÉTATS-UNIS
pages 1810-1811

MEXIQUE ET AMÉRIQUE CENTRALE
page 1812

ANTILLES
page 1813

AMÉRIQUE DU SUD (PARTIE NORD)
pages 1814-1815

AMÉRIQUE DU SUD (PARTIE SUD)
page 1816

INDEX
pages 1817-1828

ATLAS DU MONDE

LÉGENDE GÉNÉRALE

Les abréviations et les expressions régionales figurant sur les cartes sont expliquées en tête de l'Index.

FRONTIÈRES

- Internationale
- Internationale contestée
- Ligne de cessez-le-feu
- Régionale
- Autre limite administrative
- Maritime (Internationale)
- Ligne de changement de date

TRANSPORTS

- Autoroute / Voie rapide
- En construction
- Route principale
- Autre route
- En construction
- Chemin
- Tunnel routier
- Car-ferry
- Grande ligne ferroviaire
- Autre ligne ferroviaire
- En construction
- Tunnel ferroviaire
- Ferry-boat
- Canal
- Aéroport international
- Autre aéroport

TYPES DE LACS

- Eau douce
- Eau salée
- Saisonnier
- Lac asséché

GLACIERS, MARAIS, SABLES

- Glacier
- Marais, marécage
- Désert de sable, dune

AUTRES SYMBOLES

- Cours d'eau
- Cours d'eau saisonnier
- Col, gorge
- Barrage et retenue
- Chutes, rapides
- Aqueduc
- Récif
- 4231 Sommet, altitude
- 217 Profondeur
- Puits
- Gisement de pétrole
- Gisement de gaz
- Gaz / Pétrole — Oléoduc / Gazoduc
- Vanoise — Parc national
- ÉPHÈSE — Site historique

PAYS ET RÉGIONS

FRANCE	État indépendant
FLORIDE	État, province ou région autonome
Gibraltar (G.-B.)	Dépendance
Rhône-Alpes	Région administrative
ANJOU	Région historique
Adour *Aubrac*	Termes de géographie physique

VILLES OU AGGLOMÉRATIONS

Les carrés individualisent les capitales — *Population*

Paris	Plus de 5 000 000 h.
Lyon	Plus de 1 000 000 h.
Bordeaux	Plus de 500 000 h.
Rennes	Plus de 100 000 h.
Bourges	Plus de 50 000 h.
Chaumont	Plus de 10 000 h.
Ruffec	Moins de 10 000 h.
	Superficie bâtie

Altitude

6000m
5000m
4000m
3000m
2000m
1000m
500m
200m
0 — Niveau de la mer
200m
2000m
4000m
6000m
8000m

Profondeur

FRANCE, BELGIQUE ET SUISSE ; RÉGION PARISIENNE

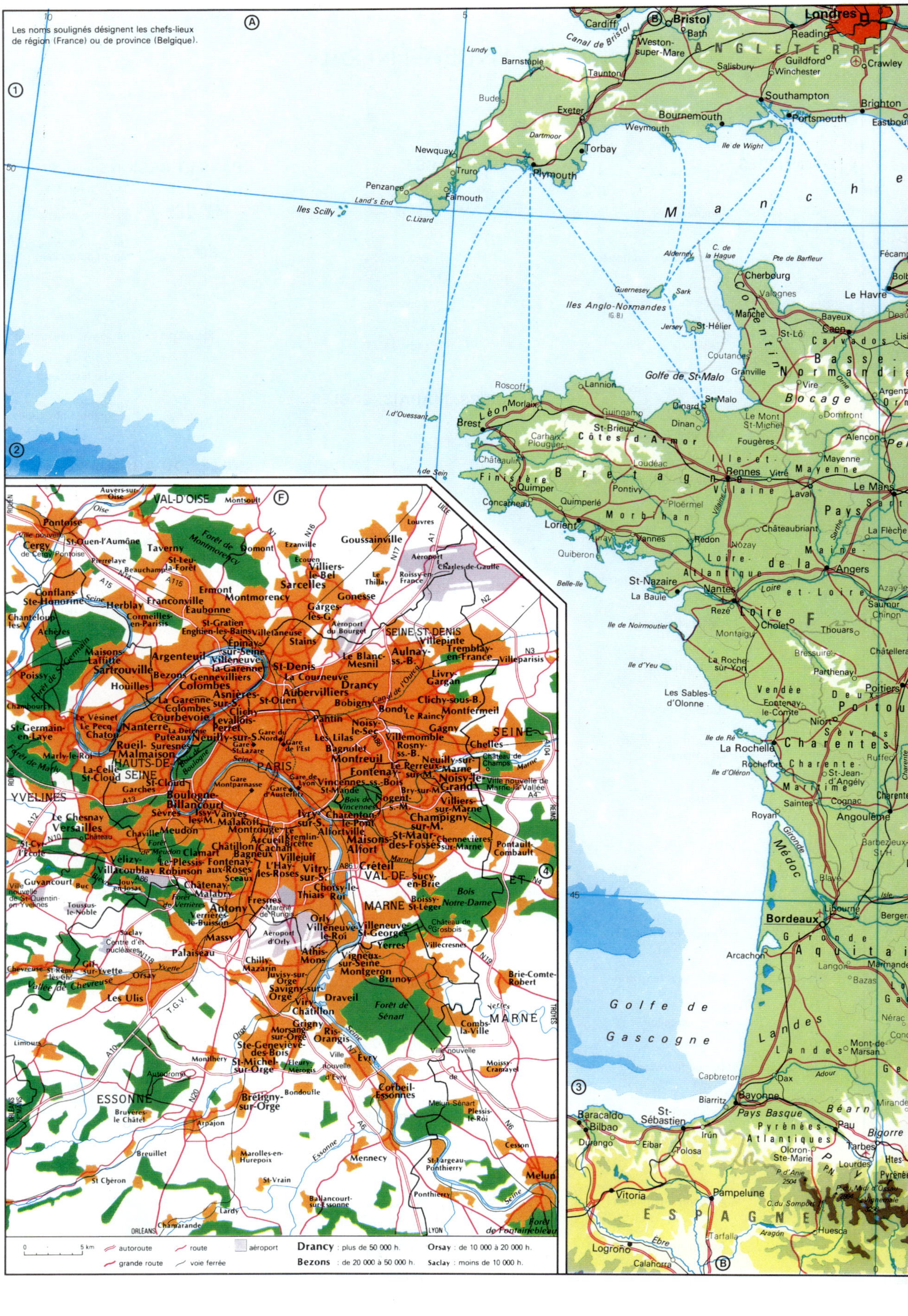

0
50
100
150 km
Southend-on-Sea
Canterbury
Folkestone
Douvres
Pas de Calais
Calais
Boulogne-sur-Mer
Dunkerque
Ostende
Bruges
Gand
Anvers (Antwerpen)
Bruxelles
Lille
Roubaix
Tourcoing
Nord
Pas-de-Calais
Somme
Amiens
Picardie
Rouen
Haute-Normandie
Dieppe
Le Tréport
Abbeville
Valenciennes
Charleroi
Namur
Liège
Maastricht
Aix-la-Ch.
Breda
Eindhoven
Duisburg
Düsseldorf
Cologne
Bonn
Coblence
Francfort
Wiesbaden
Mayence
Darmstadt
Würzburg
Erlangen
Fürth
Nuremberg
Mannheim
Heidelberg
Ludwigshafen
Worms
Heilbronn
Karlsruhe
Pforzheim
Stuttgart
Esslingen
Ulm
Augsburg
Jura Souabe
Danube
Kassel
Erfurt
Iéna (Jena)
Eisenach
Marburg
Giessen
Siegen
Fulda
Offenbach
Aschaffenburg
Bamberg
Schweinfurt
Coburg
ALLEMAGNE
Ardennes
LUXEMBOURG
Luxembourg
Trèves
Arlon
Sedan
Charleville-Mézières
Thionville
Metz
Moselle
Sarrebruck
Sarreguemines
Forbach
Kaiserslautern
Pirmasens
Nancy
Lunéville
Lorraine
Vosges
Épinal
Strasbourg
Bas-Rhin
Haut-Rhin
Alsace
Colmar
Mulhouse
Belfort
Montbéliard
Bâle
Fribourg
Forêt-Noire
Offenbach
Rhin
Reims
Marne
Champagne-Ardenne
Troyes
Aube
Saint-Quentin
Aisne
Laon
Soissons
Compiègne
Beauvais
Oise
Paris
Versailles
Meaux
Seine-et-Marne
Melun
Fontainebleau
Provins
Chartres
Eure
Eure-et-Loir
Dreux
Évreux
Rambouillet
Étampes
Beauce
Orléans
Loiret
Gâtinais
Montargis
Sens
Auxerre
Yonne
Bourgogne
Dijon
Côte-d'Or
Beaune
Chalon-s-S.
Mâcon
Saône-et-Loire
Nièvre
Nevers
Cher
Bourges
Vierzon
Loir-et-Cher
Blois
Sologne
Chambord
Indre
Châteauroux
Issoudun
Centre
Allier
Moulins
Montluçon
Vichy
Bourbonnais
Creuse
Guéret
Limoges
Haute-Vienne
Limousin
Corrèze
Tulle
Brive-la-Gaillarde
Périgord
Sarlat
Cahors
Lot
Quercy
Aurillac
Cantal
Auvergne
Clermont-Ferrand
Puy-de-Dôme
Massif Central
Le Puy
Haute-Loire
Saint-Étienne
Loire
Roanne
Lyon
Villeurbanne
Rhône
Ain
Bourg-en-Bresse
Dombes
Vienne
Valence
Drôme
Ardèche
Vivarais
Lozère
Mende
Aubrac
Causses
Aveyron
Rodez
Millau
Tarn
Albi
Montauban
Toulouse
Tarn-et-Garonne
Haute-Garonne
Pyrénées
Midi
Cévennes
Gard
Nîmes
Alès
Languedoc-Roussillon
Hérault
Montpellier
Sète
Béziers
Narbonne
Aude
Carcassonne
Perpignan
Pyrénées-Orientales
Andorre
Golfe du Lion
MÉDITERRANÉE
Camargue
Arles
Avignon
Vaucluse
Bouches-du-Rhône
Marseille
Aix-en-Provence
Toulon
La Seyne-sur-Mer
Hyères
Îles d'Hyères
Var
Fréjus
St-Raphaël
Cannes
Nice
MONACO
Côte d'Azur
Alpes-Maritimes
Alpes-de-Haute-Provence
Digne-les-Bains
Provence
Gap
Hautes-Alpes
Briançon
Grenoble
Isère
Vercors
Chartreuse
Savoie
Chambéry
Annecy
Haute-Savoie
Chamonix
Genève
Lausanne
L. Léman
Besançon
Doubs
Franche-Comté
Jura
Neuchâtel
Berne
SUISSE
Lucerne
Zurich
Bâle
St-Gall
LIECHTENSTEIN
Constance
Winterthur
Lugano
Côme
Milan
Monza
Bergame
Brescia
Novare
Turin
Asti
Alessandria
Gênes
G. de Gênes
La Spezia
Savona
Cuneo
San Remo
Apennin Ligure
ITALIE
Pô
Méditerranée
Cap Corse
Bastia
Calvi
Haute-Corse
Corse
Corse-du-Sud
Ajaccio
G. d'Ajaccio
Porto-Vecchio
Bonifacio
Bouches de Bonifacio

ÎLES BRITANNIQUES

0 50 100 150 200 km

ESPAGNE ET PORTUGAL

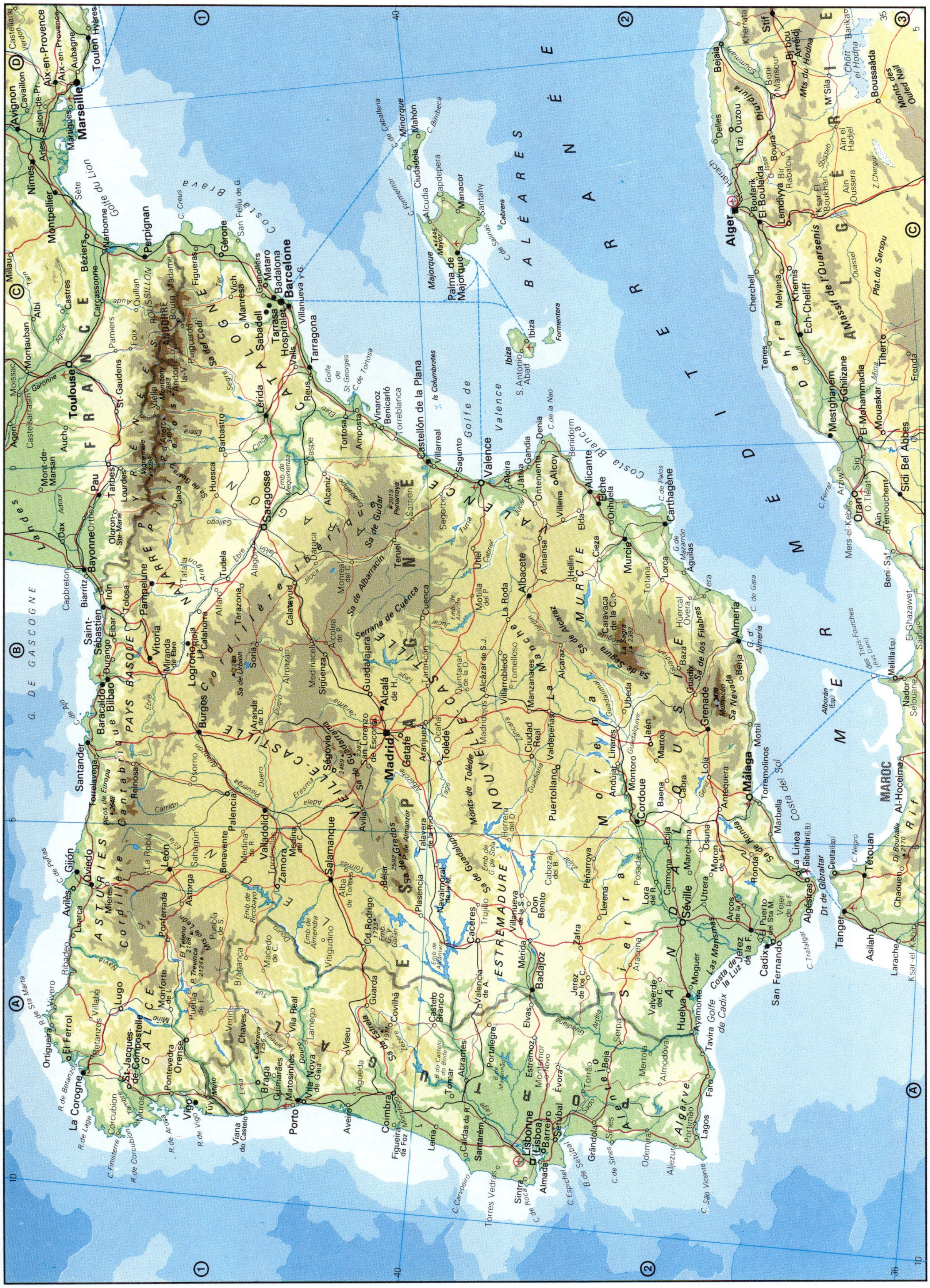

ITALIE ET BALKANS

0 50 100 150 200 km
Budapest
Miskolc
Nyíregyháza
Debrecen
Eger
Szolnok
Kecskemét
Székesfehérvár
Szeged
Pécs
Kaposvár
Satu Mare
Baia Mare
Oradea
Cluj-Napoca
Tirgu Mureş
Suceava
Iaşi
Chişinău
MOLDAVIE
UKRAINE
Odessa
Bendery
Tiraspol'
Bacău
Arad
Timişoara
Sibiu
Braşov
Galaţi
Brăila
Tulcea
Buzău
Ploieşti
Bucarest
Constanţa
Mangalia
Craiova
Pitești
Carpates méridionales
(Alpes de Transylvanie)
Mts Apuseni
Subotica
Novi Sad
Belgrade
Osijek
Sarajevo
Zenica
Mostar
Tuzla
Kragujevac
Niš
YOUGOSLAVIE
SERBIE
MONTÉNÉGRO
Kosovo
Priština
Podgorica
Skopje
MACÉDOINE
Bitola
Ohrid
Tirana
Durrës
Elbasan
Vlorë
Shkodër (Scutari)
Sofia
Plovdiv
Pleven
Varna
Burgas
Ruse
Stara Zagora
Vidin
Stara Planina (Balkan)
Rhodopes
MER NOIRE
Istanbul
Edirne
Tekirdağ
Üsküdar
Bursa
Mer de Marmara
Izmir
Manisa
Aydın
Denizli
Muğla
TURQUIE
Thessalonique (Salonique)
Chalcidique
Kavála
Alexandroúpolis
Lárissa
Vólos
Ioánnina
Patras
Athènes
Le Pirée
Corinthe
Péloponnèse
Tripolis
Kalamáta
GRÈCE
Mt Olympe 2917
Lesbos
Khios (Chio)
Sámos
Eubée
MER ÉGÉE
SPORADES DU NORD
Cyclades
DODÉCANÈSE
Rhodes
Kárpathos
Mer de Crète
Crète
Iráklion
Khaniá
Réthimnon
Corfou (Kérkyra)
Céphalonie (Kefallinía)
Zante (Zákinthos)
ILES IONIENNES
MER IONIENNE
Canal d'Otrante
Brindisi
Lecce
Gallipoli

EUROPE CENTRALE

0 50 100 150 200 km
Golfe de Riga
Gotland
Visby
Ventspils
Riga
Jūrmala
Jelgava
Liepaïa
Klaipeda
LETTONIE
LITUANIE
Šiauliai
Panevežys
Daugavpils
Kaunas (Kovno)
Vilnius
RUSSIE
Kaliningrad (Königsberg)
Baie de Gdańsk
Gdynia
Gdańsk (Dantzig)
Elbląg
Olsztyn
Toruń
POLOGNE
Varsovie
Łódź
Płock
Radom
Lublin
Kielce
Częstochowa
Cracovie
Katowice
Tarnów
Rzeszów
Przemyśl
Grodno
Białystok
Brest
Pinsk
Minsk
BIÉLORUSSIE
Molodechno
Borisov
Bobruysk
Gomel
Mogilev
Orsha
Vitebsk
Polotsk
Novopolotsk
Smolensk
Velikiye-Luki
Baranovichi
Slonim
Lida
Mozyr
Plaine du Dniepr
Kiev
Tchernigov
Jitomir
Berdichev
Rovno
Lutsk
Kovel
Lvov
Ternopol
Khmel'nitskiy
Vinnitsa
Ivano-Frankovsk
Tchernovtsy
Hauteurs de Podolie
Plateau du Dniepr
UKRAINE
Uman
Belaya Tserkov'
Cherkassy
Kirovograd
Pervomaysk
Odessa
Chişinău
Tiraspol'
Bendery
MOLDAVIE
Bălţi
Iaşi
Botoşani
Suceava
Bacău
Galaţi
Brăila
Tulcea
Izmail
Mer Noire
Ploieşti
Braşov
Sibiu
Cluj-Napoca
Tîrgu Mureş
Oradea
Arad
Timişoara
ROUMANIE
Carpates méridionales (Alpes de Transylvanie)
Carpates
Mts Apuseni
Mts Métallifères
Baia Mare
Satu Mare
Budapest
HONGRIE
Debrecen
Miskolc
Szeged
Kecskemét
Szolnok
Nyíregyháza
Košice
Prešov
Žilina
Beskides occidentales
Bratislava
Subotica
Novi Sad
Osijek
Ostrava
Bielsko-Biala
Mukachevo
Uzhgorod
Drogobych
Stryy
Kalush
Kolomyya
Brody
Kremenets
Korosten
Ovruch
Chernobyl'
Nezhin
Priluki
Pereyaslav
Gorlovka
Kirovograd

EUROPE ORIENTALE ET ASIE DU NORD

0 200 400 600 800 km
A R C T I Q U E
SEVERNAYA ZEMLYA (TERRE DU NORD)
ARCHIPEL DE NOUVELLE SIBÉRIE
MER DES LAPTEV
MER DE SIBÉRIE ORIENTALE
Péninsule Tchoukotski
Golfe d'Anadyr
MER DE BÉRING
Pén. Taymyr
Mts Byrranga
Monts de Verkhoïansk
Monts Tcherski
Hauteurs de la Kolyma
Hauteurs des Koryaks
KAMTCHATKA
Petropavlovsk Kamchatskiy
Golfe Shelekhova
Magadan
MER D' OKHOTSK
Plateau de Sibérie Centrale
R U S S I E
Iakoutsk
Monts Stanovoï
Hauteurs de l'Aldan
Mts Djougdjour
SAKHALINE
Iles Kouriles
Dt de Tartarie
Lac Baïkal
Irkoutsk
Oulan-Oude
Tchita
Bratsk
Krasnoïarsk
Khabarovsk
Vladivostok
Harbin
MANDCHOURIE
Qiqihar
Changchun
Jilin
Shenyang
M O N G O L I E
Oulan-Bator
G O B I
MONGOLIE INTÉRIEURE
Grand Khingan
C H I N E
Pékin (Beijing)
Tianjin
Taiyuan
Jinan
Qingdao
Bo Hai
MER JAUNE
CORÉE DU NORD
Pyongyang
CORÉE DU SUD
Séoul
Pusan
MER DU JAPON
J A P O N
HOKKAIDO
Sapporo
Tôkyô
Yokohama
Nagoya
Ôsaka
Kyôto
Kôbe
Hiroshima
Kyûshû
Shikoku
Fukuoka
Kagoshima
Sendai
Vladivostok

EXTRÊME-ORIENT

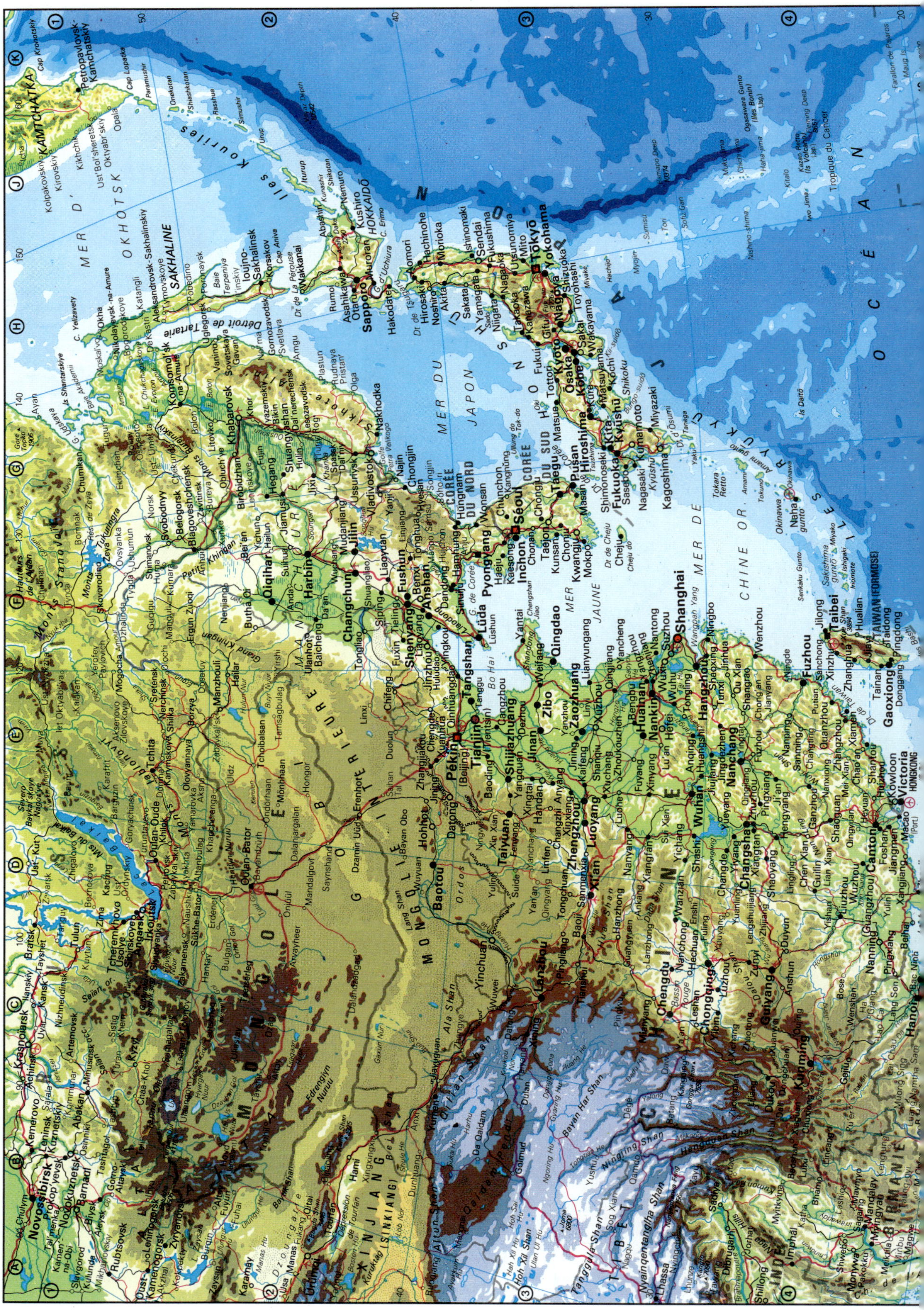

OCÉAN PACIFIQUE
OCÉAN INDIEN
PHILIPPINES
MER DE CHINE MÉRIDIONALE
MER DE CÉLÈBES
MER DE JAVA
MER DE FLORES
MER DE BANDA
MER D'ARAFURA
MER DE TIMOR
MER DE CORAIL
MER DE SULU
INDONÉSIE
MALAISIE
BORNÉO
KALIMANTAN
SUMATRA
JAVA
CÉLÈBES (SULAWESI)
MOLUQUES
NLLE-GUINÉE
PAPOUASIE NLLE-GUINÉE
IRIAN JAYA
AUSTRALIE
THAÏLANDE
CAMBODGE
VIET NAM
SINGAPOUR
BRUNEI
MINDANAO
LUCON
ILES CAROLINES
ETATS FÉDÉRÉS DE MICRONÉSIE
MARIANNES DU NORD
PALAU
TIMOR
Manille
Quezon City
Bangkok
Hô Chi Minh-Ville (Saigon)
Kuala Lumpur
Jakarta
Surabaya
Semarang
Bandung
Medan
Palembang
Ujung Pandang (Macassar)
Manado
Davao
Zamboanga
Cebu
Darwin
Jayapura
Port Moresby
Ambon (Amboine)
Kupang
Rangoon
Phnom Penh
Da Nang
Pontianak
Banjarmasin
Balikpapan
Samarinda
Kota Kinabalu
Bandar Seri Begawan
Kuching
Padang
Banda Aceh
Equateur

MOYEN-ORIENT ET ASIE MÉRIDIONALE

0 200 400 600 800 km
MONGOLIE
MONGOLIE INTÉRIEURE
Dzoungarie
XINJIANG (SINKIANG)
Bassin du Tarim
Qaidam
TIBET
CHINE
Qing Zang
Tanggula Shan
Kunlun Shan
Hoh Xil Shan
Bayan Har Shan
Qilian Shan
Gangdise Shan
Karakorum
Pamir
Tian Shan
Altai
Gobi
CACHEMIRE
INDE
NÉPAL
BHOUTAN
BANGLADESH
BIRMANIE
THAÏLANDE
CAMBODGE
VIÊT NAM
LAOS
SRI LANKA (CEYLAN)
SUMATRA
MALAISIE
SINGAPOUR
PAKISTAN
Thar
Kutch
GOLFE DU BENGALE
MER D'ANDAMAN
OCÉAN INDIEN
Golfe de Thaïlande
ILES ANDAMAN
ILES NICOBAR
LAQUEDIVES
MALDIVES
Dorsale des Maldives
Fosse des Mentawai
Alma-Ata
Tachkent
Douchanbe
Pékin (Beijing)
Lanzhou
Xi'an
Chengdu
Chongqing
Kunming
Guiyang
Nanning
Hanoi
Haiphong
Lhassa
Katmandou
Delhi
New Delhi
Lahore
Islamabad
Rawalpindi
Srinagar
Faisalabad
Jaipur
Agra
Lucknow
Kanpur
Patna
Dacca
Calcutta
Chittagong
Mandalay
Rangoon
Bangkok (Krung Thep)
Vientiane
Phnom Penh
Kuala Lumpur
Medan
Ahmadabad
Bombay
Pune (Poona)
Hyderabad
Nagpur
Bangalore
Madras
Colombo
Male
Mts Everest

AFRIQUE DU NORD ET DE L'OUEST

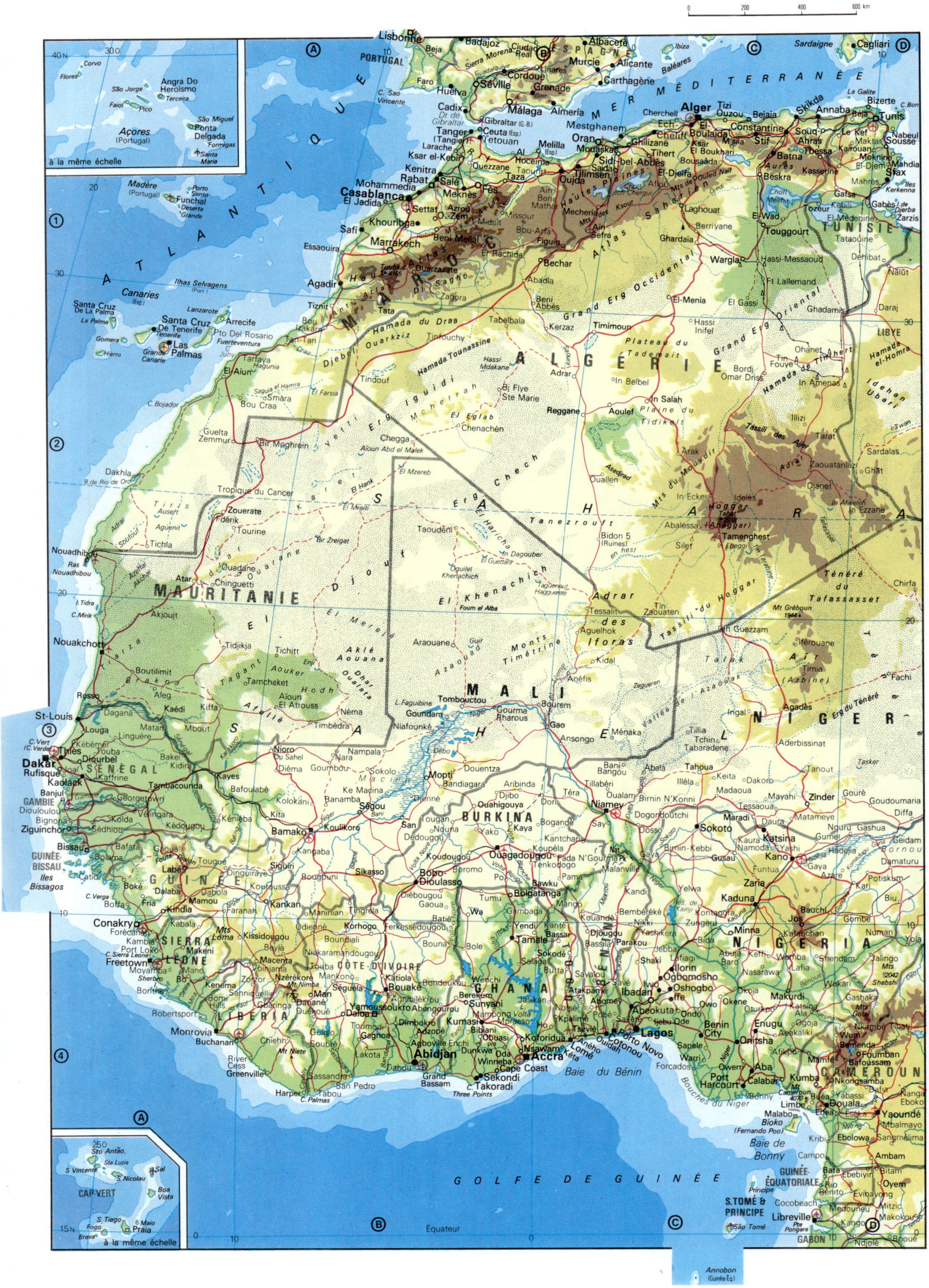

AFRIQUE DU NORD-EST

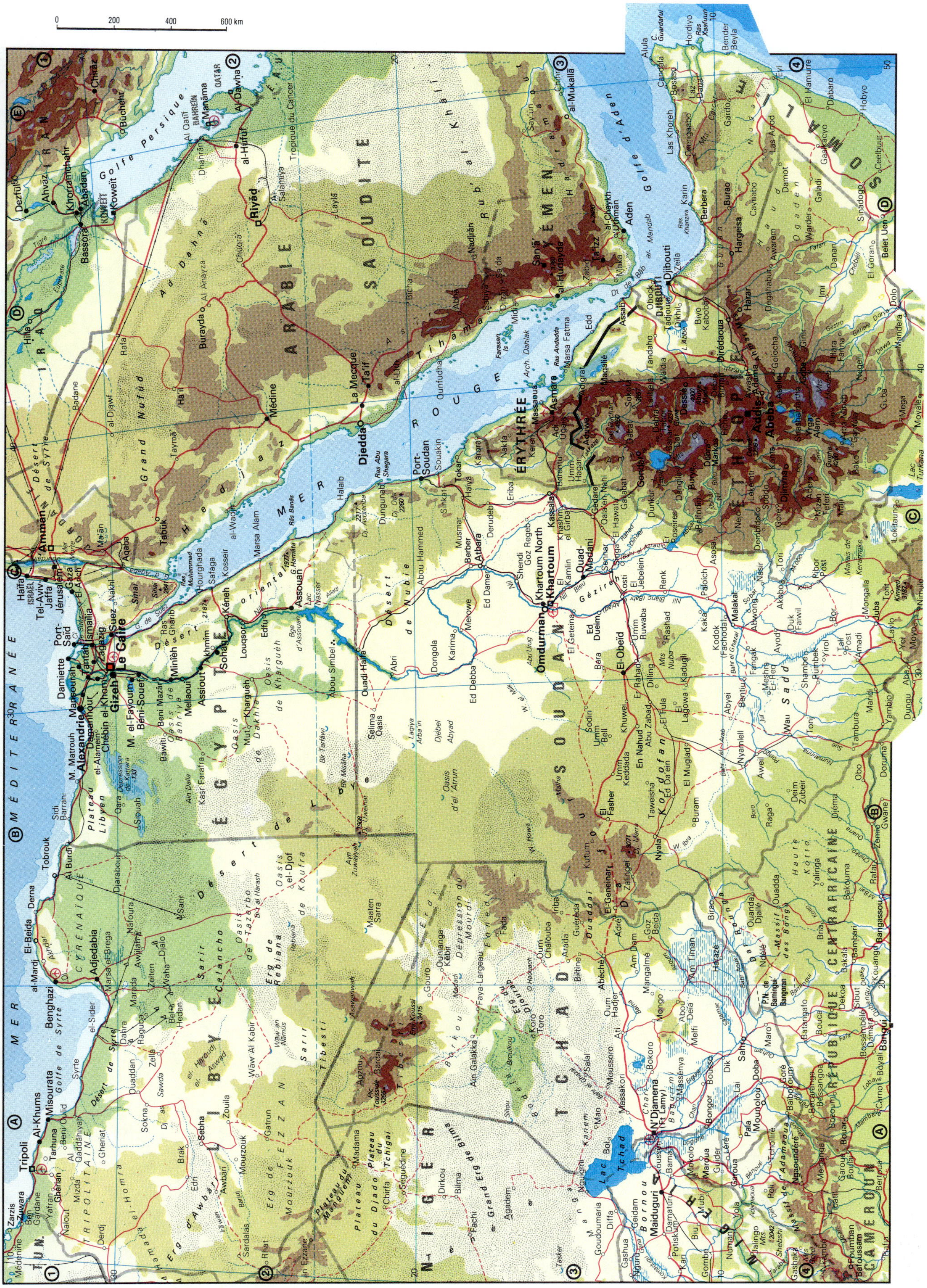

AFRIQUE CENTRALE ET MÉRIDIONALE ; MADAGASCAR

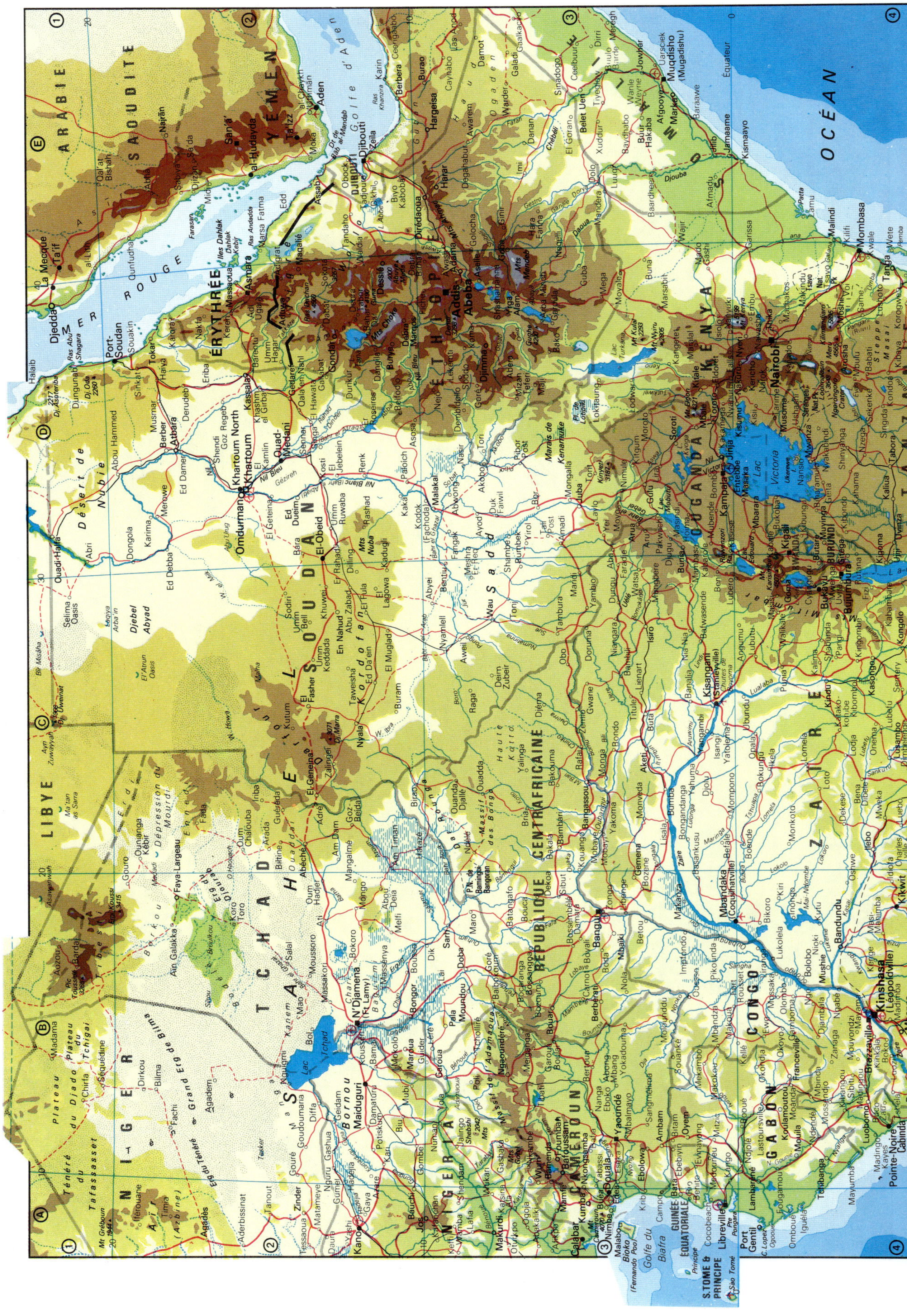

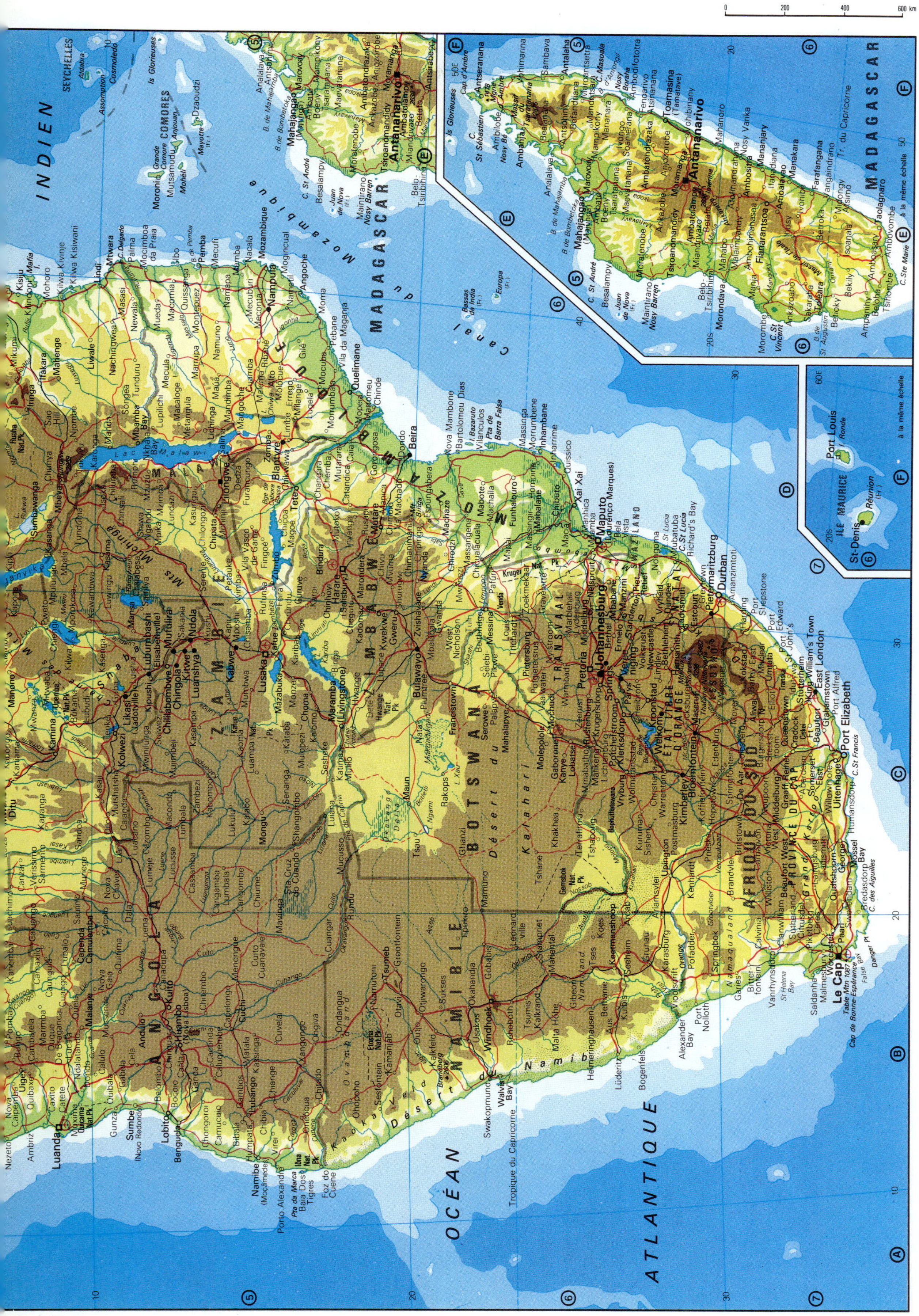
0 200 400 600 km
OCÉAN
INDIEN
ATLANTIQUE
Canal du Mozambique
MADAGASCAR
ANGOLA
ZAMBIE
NAMIBIE
BOTSWANA
ZIMBABWE
AFRIQUE DU SUD
Désert du Kalahari
SEYCHELLES
COMORES
ILE MAURICE
Port Louis
Réunion
St-Denis
à la même échelle
Luanda
Lusaka
Harare
Windhoek
Gaborone
Pretoria
Johannesburg
Maputo
Durban
Le Cap
Port Elizabeth
Antananarivo
Tropique du Capricorne

AUSTRALIE ET PACIFIQUE DU SUD-OUEST

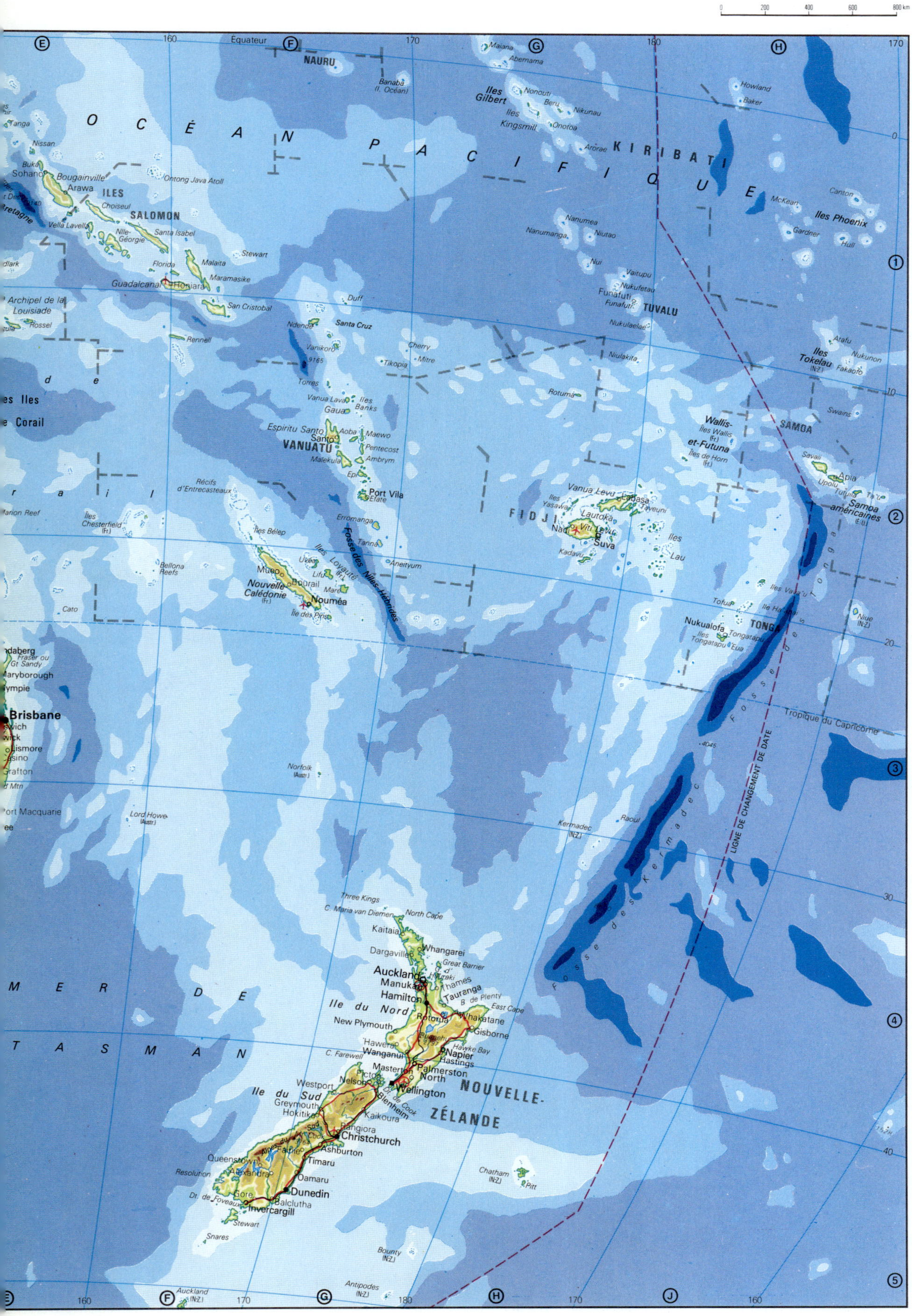

0 200 400 600 800 km
OCÉAN PACIFIQUE
Equateur
NAURU
Banaba (I. Océan)
Maiana
Abemama
Iles Gilbert
Nonouti
Beru
Nikunau
Iles Kingsmill
Onotoa
Arorae
KIRIBATI
Howland
Baker
McKean
Canton
Iles Phoenix
Gardner
Hull
Nanumea
Nanumanga
Niutao
Nui
Vaitupu
Nukufetau
Funafuti
TUVALU
Nukulaelae
Niulakita
Rotuma
Iles Tokelau (N-Z)
Atafu
Nukunon
Fakaofo
Swains
SAMOA
Savaii
Apia
Upolu
Tutuila
Samoa américaines (E-U)
Wallis-et-Futuna (Fr.)
Iles Wallis
Iles de Horn
Nissan
Buka
Sohano
Bougainville
Arawa
ILES SALOMON
Choiseul
Ontong Java Atoll
Vella Lavella
Nlle-Géorgie
Santa Isabel
Stewart
Florida
Malaita
Maramasike
Guadalcanal
Honiara
San Cristobal
Archipel de la Louisiade
Rossel
Rennell
Duff
Santa Cruz
Ndende
Vanikoro
9165
Cherry
Mitre
Tikopia
Torres
Vanua Lava
Iles Banks
Gaua
Espiritu Santo
Santo
Aoba
Maewo
Pentecost
Ambrym
VANUATU
Malekula
Epi
Port Vila
Efate
Erromanga
Tanna
Aneityum
Fosse des Nlles-Hébrides
Récifs d'Entrecasteaux
Iles Chesterfield (Fr.)
Iles Bélep
Bellona Reefs
Nouvelle-Calédonie (Fr.)
Nouméa
Bourail
Ile des Pins
Iles Loyauté
Ouvéa
Lifou
Maré
Cato
Mer de Corail
Marion Reef
FIDJI
Vanua Levu
Labasa
Taveuni
Yasawa
Lautoka
Viti Levu
Nadi
Suva
Kadavu
Iles Lau
Tofua
Iles Vava'u
Ile Ha'apai
TONGA
Nukualofa
Tongatapu
Iles Tongatapu
Eua
Niue (N-Z)
Fosse des Tonga
Tropique du Capricorne
4045
Bundaberg
Fraser ou Gt Sandy
Maryborough
Gympie
Brisbane
Lismore
Grafton
Port Macquarie
Norfolk (Austr.)
Lord Howe (Austr.)
Kermadec (N-Z)
Raoul
Fosse des Kermadec
LIGNE DE CHANGEMENT DE DATE
MER DE TASMAN
Three Kings
C. Maria van Diemen
North Cape
Kaitaia
Dargaville
Whangarei
Great Barrier
Auckland
Manukau
Thames
Hamilton
Tauranga
B. de Plenty
East Cape
Ile du Nord
Rotorua
Whakatane
New Plymouth
Gisborne
Hawera
Wanganui
Napier
Hastings
Hawke Bay
C. Farewell
Palmerston North
Masterton
Nelson
Picton
Wellington
Westport
Ile du Sud
Greymouth
Blenheim
Détroit de Cook
Hokitika
Kaikoura
Rangiora
Christchurch
Ashburton
Queenstown
Alexandra
Timaru
Oamaru
Resolution
Dunedin
Gore
Balclutha
Dt. de Foveaux
Invercargill
Stewart
Snares
NOUVELLE-ZÉLANDE
Chatham (N-Z)
Pitt
Bounty (N-Z)
Antipodes (N-Z)
Auckland (N-Z)
160
170
180
0
10
20
30
40
E F G H J
1 2 3 4 5

CANADA

0 200 400 600 km
OCÉAN ARCTIQUE
MER DE BEAUFORT
MER DE BÉRING
Golfe d'Alaska
OCÉAN PACIFIQUE
ALASKA
YUKON
TERRITOIRES DU NORD-OUEST
COLOMBIE-BRITANNIQUE
ALBERTA
SASKATCHEWAN
MANITOBA
MONTANA
DAKOTA DU N.
DAKOTA DU S.
OREGON
WYOMING
ÉTATS-UNIS
CANADA
RUSSIE
Chaîne de Brooks
Mts Mackenzie
Mts Richardson
Mts Ogilvie
Mts Selwyn
Monts Rocheuses
Mts Kuskokwim
Île Kodiak
Ch. des Aléoutiennes
Dt de Shelikof
Dt de Béring
I. St-Laurent
Île de Banks
Île Victoria
Île Melville
Détroit de Melville
Grand Lac de l'Ours
Grand Lac de l'Esclave
Lac Athabasca
Îles de la Reine-Charlotte
Île Vancouver
Anchorage
Fairbanks
Whitehorse
Dawson
Inuvik
Yellowknife
Fort Smith
Prince George
Prince Rupert
Vancouver
Victoria
Seattle
Portland
Spokane
Kamloops
Calgary
Edmonton
Red Deer
Medicine Hat
Lethbridge
Saskatoon
Regina
Prince Albert
Moose Jaw
Winnipeg
Brandon
Bismarck
Great Falls
Helena
Billings
Boise
Missoula
Eugene
Salem
Nom souligné: capitale de province ou d'État

GROENLAND
(Danemark)
ISLANDE
Reykjavik
DÉTROIT DU DANEMARK
BAIE DE BAFFIN
TERRE DE BAFFIN
DÉTROIT DE DAVIS
Cercle polaire arctique
MER DU LABRADOR
DÉTROIT D'HUDSON
BAIE D'HUDSON
BASSIN DE FOXE
Canal de Foxe
Baie d'Ungava
Péninsule d'Ungava
Nouveau-Québec
Labrador
TERRE-NEUVE
St John's
Ile d'Anticosti
Golfe du Saint-Laurent
Cap-Breton
NOUVELLE-ÉCOSSE
NOUVEAU BRUNSWICK
ILE DU PRINCE-ÉDOUARD
Halifax
QUÉBEC
Québec
Montréal
Ottawa
Toronto
ONTARIO
LAC SUPÉRIEUR
L. MICHIGAN
HURON
L. Ontario
Buffalo
Detroit
Milwaukee
Boston
Providence
MAINE
VERMONT
NEW HAMPSHIRE
OCÉAN ATLANTIQUE
Baie James
Détroit de Belle Isle
Passage Lancaster
Ile Devon
ILE ELLESMERE
Thunder Bay
Sault-Ste-Marie
St Paul
Madison
Churchill
Mer du Labrador

ÉTATS-UNIS

COLOMBIE BRITANNIQUE
ALBERTA
SASKATCHEWAN
MANITOBA
WASHINGTON
OREGON
IDAHO
MONTANA
WYOMING
DAKOTA DU N.
DAKOTA DU S.
NEBRASKA
KANSAS
OKLAHOMA
TEXAS
NOUVEAU MEXIQUE
ARIZONA
UTAH
NEVADA
COLORADO
CALIFORNIE
BASSE CALIFORNIE
MEXIQUE
ÉTATS-UNIS
OCÉAN PACIFIQUE
Golfe de Californie
Tropique du Cancer
Île Vancouver
Vancouver
Seattle
Tacoma
Olympia
Portland
Salem
Eugene
Spokane
Boise
Edmonton
Calgary
Lethbridge
Saskatoon
Regina
Winnipeg
Helena
Billings
Bismarck
Pierre
Rapid City
Cheyenne
Denver
Colorado Springs
Pueblo
Salt Lake City
Ogden
Provo
Reno
Sacramento
San Francisco
Oakland
San Jose
Fresno
Bakersfield
Los Angeles
Long Beach
San Bernardino
San Diego
Tijuana
Mexicali
Las Vegas
Phoenix
Tucson
Albuquerque
El Paso
Ciudad Juarez
Chihuahua
Hermosillo
Lubbock
Amarillo
Wichita
Oklahoma City
San Antonio
Austin
Monterrey
Torreón
Durango
Mazatlán
La Paz
Culiacán
Grand Canyon
Lac Salé
Désert Mojave
Llano Estacado
Plateau d'Edouard
Nom souligné: capitale d'État ou de province

0 100 200 300 400 500 km
OCÉAN
ATLANTIQUE
GOLFE DU MEXIQUE
Golfe du Saint-Laurent
LAC SUPÉRIEUR
LAC HURON
L. MICHIGAN
L. ONTARIO
L. ÉRIÉ
Baie James
ONTARIO
QUÉBEC
NOUVEAU-BRUNSWICK
NOUVELLE-ÉCOSSE
MAINE
VERMONT
NEW HAMPSHIRE
NEW YORK
PENNSYLVANIE
OHIO
MICHIGAN
WISCONSIN
INDIANA
ILLINOIS
MISSOURI
KENTUCKY
TENNESSEE
VIRGINIE
CAROLINE DU NORD
CAROLINE DU SUD
GÉORGIE
ALABAMA
MISSISSIPPI
LOUISIANE
ARKANSAS
FLORIDE
APPALACHES
BAHAMAS
CUBA
Montréal
Québec
Ottawa
Toronto
Boston
New York
Philadelphia
Baltimore
Washington
Pittsburgh
Cleveland
Detroit
Chicago
Milwaukee
Indianapolis
Cincinnati
St Louis
Atlanta
Memphis
Nashville
La Nouvelle-Orléans
Miami
La Havane
Buffalo
Halifax
Jacksonville
Tampa
Kansas City
St Paul
Détroit de Floride

MEXIQUE ET AMÉRIQUE CENTRALE

ANTILLES

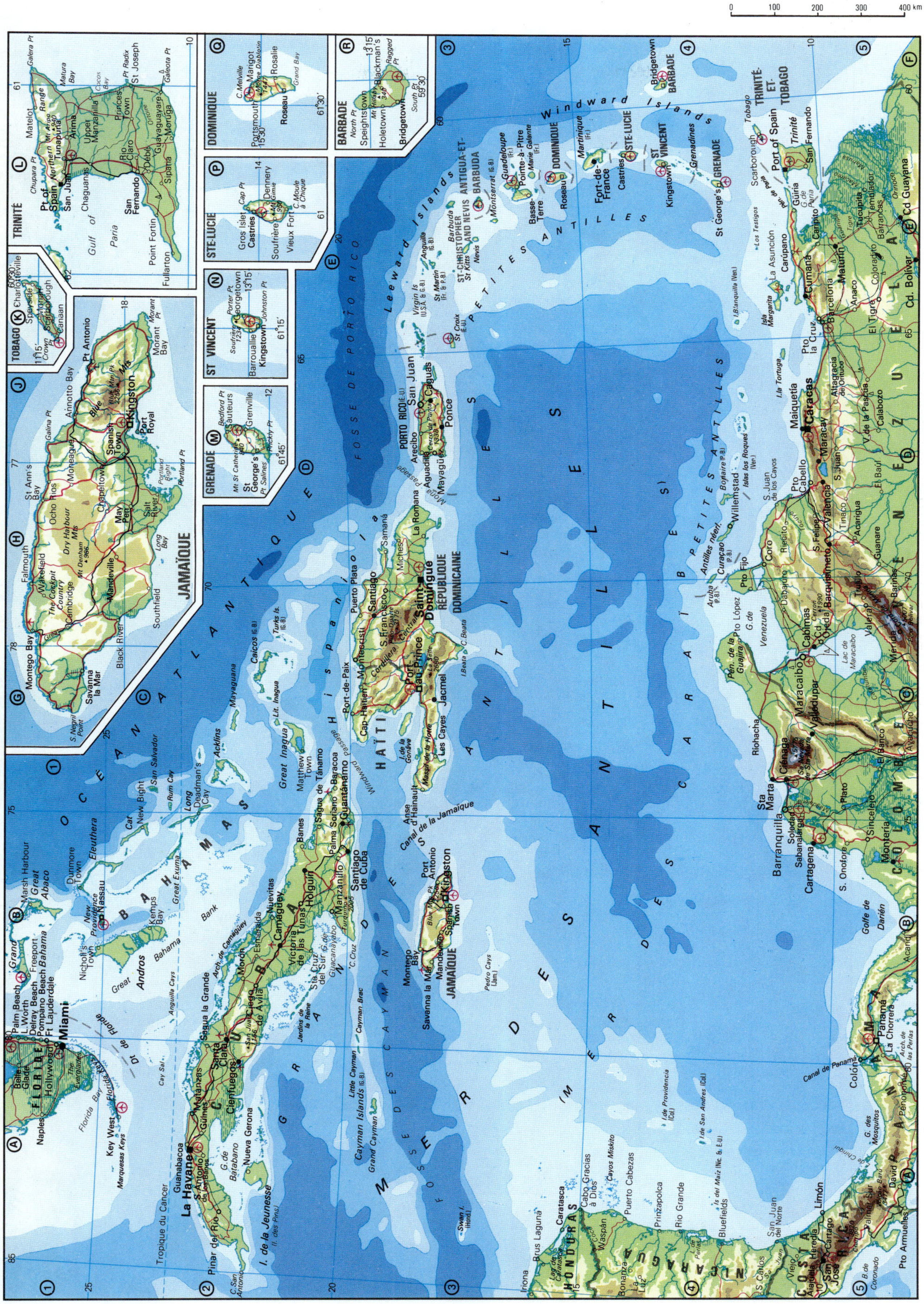
0 100 200 300 400 km
TRINITÉ
TOBAGO
JAMAÏQUE
DOMINIQUE
STE-LUCIE
ST VINCENT
GRENADE
BARBADE
OCÉAN ATLANTIQUE
BAHAMAS
Hispaniola
HAÏTI
RÉPUBLIQUE DOMINICAINE
PORTO RICO
FOSSE DE PORTO RICO
GRANDES ANTILLES
PETITES ANTILLES
Leeward Islands
Windward Islands
MER DES ANTILLES
FOSSE DES CAYMAN
Canal de la Jamaïque
Canal de Panama
La Havane
Miami
Nassau
Kingston
Port-au-Prince
Saint-Domingue
San Juan
Caracas
Maracaibo
Barranquilla
Cartagena
Santiago de Cuba
Camagüey
Guantánamo
Cabo Gracias a Dios
Limón
Colón
Panamá
Port of Spain
Bridgetown
Kingstown
Castries
Roseau
Fort-de-France
Pointe-à-Pitre
Basse-Terre
St George's
Willemstad
Tropique du Cancer
HONDURAS
NICARAGUA
COSTA RICA
PANAMA
COLOMBIE
VENEZUELA
FLORIDE

AMÉRIQUE DU SUD (PARTIE NORD)

O C É A N
A T L A N T I Q U E
BARBADE
Bridgetown
SURINAME
GUYANE FRANÇAISE
AMAPÁ
P A R Á
M A R A N H Ã O
P I A U Í
C E A R Á
RIO GRANDE DO NORTE
P A R A Í B A
PERNAMBUCO
ALAGOAS
SERGIPE
B A H I A
TOCANTINS
G O I Á S
M I N A S G E R A I S
MATO GROSSO
MATO GROSSO DO SUL
S Ã O P A U L O
ESPÍRITO SANTO
P A R A N Á
PARAGUAY
Georgetown
New Amsterdam
Paramaribo
Nieuw Amsterdam
Cayenne
C. Orange
Oiapoque
Serra Tumucumaque
Ile de Maracá
Macapá
I. de Marajó
Amazone
Óbidos
Santarém
Monte Alegre
Belém
Bragança
Salinópolis
Capanema
Abaetetuba
Cametá
Altamira
Tucuruí
Marabá
Imperatriz
São Luís
B. de São Marcos
Parnaíba
Camocim
Acaraú
Sobral
Fortaleza (Ceará)
Teresina
Caxias
Crateús
Mossoró
Natal
Équateur
I. Fernando de Noronha
Rocas
João Pessoa
Campina Grande
Olinda
Recife (Pernambuco)
Maceió
Aracajú
Petrolina
Juazeiro
Barrage de Sobradinho
Serra do Cachimbo
Jacareacanga
Itaituba
Parc National de l'Amazonie
Carolina
Araguaína
Feira de Santana
Salvador (Bahia)
B. de T. os Santos
Ilhéus
Vitória da Conquista
Planalto de Mato Grosso
Cuiabá
Cáceres
Rondonópolis
Brasília
Goiânia
Anápolis
Montes Claros
Uberlândia
Uberaba
Belo Horizonte
Governador Valadares
Vitória
Vila Velha
Cachoeiro de Itapemirim
Campos
Campo Grande
Corumbá
Dourados
Ribeirão Preto
Campinas
São Paulo
Santos
São Vicente
Rio de Janeiro
Niterói
Petrópolis
Nova Friburgo
Londrina
Maringá
Cascavel
Asunción
0 200 400 600 km

AMÉRIQUE DU SUD (PARTIE SUD)

INDEX
DE L'ATLAS DU MONDE

Dans l'index, le premier chiffre indique la page, la lettre et le dernier chiffre précisent la section de la carte où le nom peut être trouvé. Par exemple, Berlin 1794 C2 signifie que Berlin peut être trouvé page 1794 à l'intersection de la colonne C et de la bande 2.

A

Aalst 1789 C1
Aba 1802 C4
Ābādān 1800 C2
Abbe (lac) 1804 E2
Abbeville 1789 C1
Abengourou 1802 B4
Abenrå 1794 B1
Abeokuta 1802 C4
Aberdeen 1790 C2
Aberdeen (lac) 1808 J3
Abhā 1800 C4
Abidjan 1802 B4
Abitibi (lac) 1809 L5
Abomey 1802 C4
Abou Simbel 1803 C2
Abrantes 1791 A2
Abruzzes 1792 C2
Abuja 1802 C4
Abū Ẓabī 1800 D3
Acapulco 1812 B3
Accra 1802 B4
Achères 1788 F4
Achkhabad 1796 G6
Aconcagua 1816 B4
Açores 1802 A1
Acre 1814 D5
Adamaoua 1804 B3
Adana 1800 B2
Addis-Abeba 1804 D3
Adélaïde 1806 C4
Aden 1800 C4
Aden (golfe d') 1800 C4
Adige 1792 C1
Adirondack (monts) 1811 F2
Adour 1788 B3
Adriatique 1792 C2
Afghanistan 1800 E2
Afrique du Sud 1805 C7
Agadir 1802 B1
Agen 1789 C3
Agout 1789 C3
Agra 1801 F3
Agrigente 1792 C3
Aguascalientes 1812 B2
Ahmadābād 1801 F3
Ahvāz 1800 C2
Aigoual 1789 C3
Aiguilles (cap des) 1805 C7
Ain (dép.) 1789 D2
Ain (r.) 1789 D2
Aïn Sefra 1802 B1
Aïr 1802 C3
Aisne (dép.) 1789 C2
Aisne (r.) 1789 C2
Aiun (El-) 1802 A2
Aix-en-Provence 1789 D3
Aix-la-Chapelle 1794 B2
Aix-les-Bains 1789 D2
Ajaccio 1789 D3
Ajjer (tassili des) 1802 C2
Ajmer 1801 F3
Akimiski (île) 1809 K4
Akita 1798 G3
Akjoujt 1802 A3
Akureyri 1809 R3
Alabama 1811 E3
Alagoas 1815 L5
Alaï 1801 F2
Alamein (el-) 1803 B1
Ala Shan (massif) 1798 D3
Alaska 1808 C3
Alaska (chaîne de l') 1808 C3
Albacete 1791 B2
Alba Iulia 1793 E1
Albanie 1793 D2
Albany 1811 E3
Alberta 1808 G4
Albi 1789 C3
Ålborg 1794 B1
Albuquerque 1810 C3
Alcalá de Henares 1791 B1
Alcoy 1791 B2
Aldabra (îles) 1805 E4
Alençon 1788 C2
Alentejo 1791 A2
Alep 1800 B2
Aléria 1789 D3
Alès 1789 C3
Alexandrie (Ég.) 1803 B1
Alexandrie (It.) 1792 B2
Alfortville 1788 F4
Algarve 1791 A2
Alger 1802 C1
Algérie 1802 B2
Algésiras 1791 A2
Alicante 1791 B2
Alice Springs 1806 C3
Aligarh 1801 F3
Alkmaar 1794 A2
Allāhābād 1801 G3
Allegheny 1811 F3
Allemagne 1794 B2
Allier (dép.) 1789 C2
Allier (r.) 1789 C2
Alma-Ata 1796 J5
Almería 1791 B2
Alpes 1792 B1
Alpes (Hautes-) 1789 D3
Alpes Australiennes 1806 D4
Alpes-de-Haute-Provence 1789 D3
Alpes-Maritimes 1789 D3
Alsace 1789 D2
Altaï 1796 K5
Amapá (territoire de l') 1815 H3
'Amāra 1800 C2
Amarillo 1810 C3
Amazonas 1814 E4
Amazone 1815 H4
Amberg 1794 C3
Ambert 1789 C2
Ambon (île) 1799 E6
Ambre (cap d') 1805 E5
Amiens 1789 C2
Amirauté (îles de l') 1806 D1
'Ammān 1800 B2
Amos 1809 L5
Amou-Daria 1796 H5
Amour 1797 O4
Amritsar 1801 F2
Amsterdam 1794 A2
Anabar (r.) 1797 N2
Anadyr (golfe d') 1797 U3
Anadyr (plateau de l') 1797 T3
Anadyr (r.) 1797 T3
Anchorage 1808 D3
Ancohuma 1814 E7
Ancône 1792 C2
Andalousie 1791 A2
Andaman (îles) 1801 H4
Andaman (mer d') 1801 H4
Andernach 1794 B2
Andes (cordillère des) 1814 C5
Andijan 1796 J5
Andorre 1789 C3
Andorre-la-Vieille 1789 C3
Andros (îles) 1813 E2
Aného 1802 C4
Angara 1797 L4
Angers 1788 B2
Angkor 1799 D5
Anglesey 1790 C3
Angleterre 1790 C3
Anglo-Normandes (îles) 1788 B2
Angmagssalik 1809 P3
Angola 1805 B5
Angoulême 1788 C2
Angra do Heroísmo 1802 A1
Anguilla 1813 E3
Anie (pic d') 1788 B3
Anjero-Soudjensk 1796 K4
Anjouan 1805 E5
Ankara 1800 B2
Ankaratra 1805 E5
Annaba 1802 C1
Annapolis 1811 F3
Annapurna 1801 G3
Ann Arbor 1811 E2
Annecy 1789 D2
Annemasse 1789 D2
Annonay 1789 C2
Anshan 1798 F2
Antalya 1800 B2
Antananarivo 1805 E5
Anti-Atlas 1802 B1
Anticosti 1809 M5
Anticythère 1793 E3
Antigua-et-Barbuda 1813 E3
Antilles (mer des) 1813 A3
Antilles Néerlandaises 1813 D4
Antipodes (îles) 1807 G5
Antofagasta 1816 B2
Antongil (baie d') 1805 F5
Antony 1788 F4
Antseranana 1805 E5
Antsirabe 1805 E5
Anvers 1789 C1
Anzio 1792 C2
Aomori 1798 H2
Aoste 1792 B1
Aoste (val d') 1792 B1
Aozou (bande d') 1804 B1
Apeldoorn 1794 B2
Apennin 1792 C2
Appalaches 1811 E3
Apt 1789 D3
Apurímac 1814 D6
Apuseni (monts) 1793 E1
Aqaba 1800 B3
Aqaba (golfe d') 1800 B3
Aquila (L') 1792 C2
Aquitaine 1788 B3
Arabie saoudite 1800 C3
Aracaju 1815 L6
Arad 1793 E1
Arafura (mer d') 1806 C1
Aragon 1791 B1
Arakan 1801 H3
Aral (mer d') 1796 G5
Aran (îles d') 1790 B2
Aranjuez 1791 B1
Ararat (mont) 1800 C2
Arbil 1800 C2
Arcachon 1788 B3
Arcueil 1788 F4
Ardabil 1800 C2
Ardèche (dép.) 1789 C3
Ardenne (région) 1789 D2
Ardennes (dép.) 1789 C2
Arecibo 1813 D3
Arequipa 1814 D7
Arezzo 1792 C2
Argentan 1788 B2
Argenteuil 1788 F4
Argentine 1816
Århus 1794 C1
Arica 1816 B1
Ariège (dép.) 1789 C3
Ariège (r.) 1789 C3
Arizona 1810 B3
Arkansas (État) 1811 D3
Arkansas (r.) 1811 D3
Arkhangelsk 1796 F3
Arles 1789 C3
Arlon 1789 D2
Armagh 1790 B3
Arménie 1796 F5
Arnhem 1794 B2
Arnhem (terre d') 1806 C2
Arosa 1789 D2
Arpajon 1788 F4
Arran (île d') 1790 B2
Arras 1789 C1
Aruba 1813 C4
Arvida 1809 L5
Asansol 1801 G3
Aschaffenburg 1794 B3
Ascoli Piceno 1792 C2
Asmara 1804 D2
Asnières-sur-Seine 1788 F4
Assab 1804 E2
Assen 1794 B2
Assiniboine (mont) 1808 G4
Assiout 1803 C2
Assouan 1803 C2
Assouan (barrage d') 1803 C2
Asti 1792 B2
Astrakhan 1796 F5
Asturies 1791 A1
Asunción 1816 E3
Atacama (désert d') 1816 C2
Atacama (puna d') 1816 C3
Atakpamé 1802 C4
Athabasca (lac) 1808 H4
Athabasca (r.) 1808 G4
Athènes 1793 E3
Athis-Mons 1788 F4
Athos (mont) 1793 E2
Atlanta 1811 E3
Atlantic City 1811 F3
Atlas (Haut) 1802 B1
Atlas (Moyen) 1802 B1
Atlas Saharien 1802 C1
Aubagne 1789 D3
Aube 1789 C2
Aubenas 1789 C3
Aubervilliers 1788 F4
Aubrac 1789 C3
Aubusson 1789 C2
Auch 1789 C3
Auckland 1807 G4
Auckland (îles) 1807 F6
Aude (dép.) 1789 C3
Aude (r.) 1789 C3
Augsbourg 1794 C3
Aulnay-sous-Bois 1788 F4
Aurangābād 1801 F4
Auray 1788 B2
Aurès 1802 C1
Aurillac 1789 C3
Austin 1810 D3
Australie-Méridionale 1806 C3
Australienne (grande baie) 1806 B4
Australie-Occidentale 1806 B3
Autriche 1794 C3
Autun 1789 C2
Auvergne 1789 C2
Auvers-sur-Oise 1788 F4
Auxerre 1789 C2
Avallon 1789 C2
Avalon 1809 N5
Aveiro 1791 A1
Avellaneda 1816 E4
Avellino 1792 C2
Aveyron 1789 C3
Avezzano 1792 C2
Avignon 1789 C3
Avila 1791 B1
Avilés 1791 A1
Axel Heiberg 1809 J1
Ayers Rock 1806 C3
Ayr 1790 C2
Ayuthia 1799 D5
Azay-le-Rideau 1788 C2
Azerbaïdjan 1796 F5
Azov (mer d') 1796 E5

B

Bāb al-Mandab (détroit de) 1803 D3
Bacău 1793 F1
Bachkirie 1796 G4
Bacolod 1799 F5
Badajoz 1791 A2
Baden-Baden 1794 B3
Bade-Wurtemberg 1794 B3
Badgastein 1794 C3

Bad Godesberg 1794 B2
Baffin (baie de) 1809 L2
Baffin (terre de) 1809 L2
Bagdad 1800 C2
Bagneux 1788 F4
Bagnolet 1788 F4
Bagnols-sur-Cèze 1789 C3
Baguio 1799 F5
Bahamas 1811 F4
Bahawalpur 1801 F3
Bahia 1815 K6
Bahía Blanca 1816 D5
Bahreïn 1800 D3
Bahr el Abiad 1804 C3
Bahr el Ghazal 1804 D3
Baia Mare 1793 E3
Baie-Comeau 1809 M5
Baïkal (lac) 1797 M4
Bakersfield 1810 B3
Bākhtarān 1800 C2
Bakou 1796 F5
Balagne 1789 D3
Balaton (lac) 1795 D1
Bâle 1789 D2
Baléares 1791 C2
Bali 1799 E7
Balikesir 1800 A2
Balikpapan 1799 E7
Balkhach (lac) 1796 J5
Ballancourt-sur-Essonne 1788 F4
Ballarat 1806 D4
Ballymena 1790 B3
Baloutchistan 1800 E3
Baltimore 1811 F3
Baltique (mer) 1795 C4
Bamako 1802 B3
Bamberg 1794 C3
Banda (mer de) 1799 F7
Bandama 1802 B4
Bandar Abbās 1800 D3
Bandar Seri Begawan 1799 E6
Bandiagara 1802 B3
Bandirma 1793 F2
Bandundu 1804 B4
Bandung 1799 D7
Bangalore 1801 F4
Bangka 1799 D7
Bangkok 1801 J4
Bangladesh 1801 G3
Bangui 1804 B2
Bangweulu (lac) 1805 D5
Banja Luka 1792 D2
Banjermassin 1799 E7
Banjul 1802 A3
Banks (île de) 1808 F2
Banská Bystrica 1795 D3
Bantry Bay 1790 A3
Baoding 1798 E3
Baotou 1798 D2
Barbade 1813 F4
Barbezieux-Saint-Hilaire 1788 B2
Barbuda 1813 E3
Barcelone 1791 C1
Bareilly 1801 F3
Barents (mer de) 1796 E2
Barfleur (pointe de) 1788 B2
Bari 1792 D2
Barisan (monts) 1799 D7
Bar-le-Duc 1789 D2
Barletta 1792 D2
Barnaoul 1796 K4
Barranquilla 1814 D1
Barreiro 1791 A2
Barrow (détroit de) 1809 J2
Bar-sur-Aube 1789 C2
Basilan 1799 F6
Basilicate 1792 D2
Basque (Pays) [Esp.] 1791 B1
Basque (Pays) [Fr.] 1788 B3
Bass (détroit de) 1806 D5
Bassein 1801 H4
Basse-Terre 1813 E3
Bassin rouge 1798 D3
Bassora 1800 C2
Bastia 1789 D3
Bastogne 1789 D1
Bata 1804 A3
Bath 1790 C3
Bathurst 1809 M5
Bathurst (île) 1808 H3
Batna 1802 C1
Baton Rouge 1811 D3
Batoumi 1796 F5
Battambang 1799 D5
Bauchi 1804 A2
Bauges 1789 D2
Baule (La) 1788 B2
Bautzen 1794 C2
Bavière 1794 C3
Bayeux 1788 B2
Bayonne 1788 B3
Bayreuth 1794 C3
Bazas 1788 B3
Beagle (canal) 1816 B9
Béarn 1788 B3
Beauce 1789 C2
Beauchamp 1788 F4
Beaufort (massif de) 1789 D2
Beaujolais 1789 C2
Beaumont 1811 D3
Beaune 1789 C2
Beauvais 1789 C2
Bechar 1802 B1
Bedford 1790 C3
Beida (El-) 1803 B1
Beira 1805 D5
Beja (Port.) 1791 A2
Beja (Tun.) 1802 C1
Bejaia 1802 C1
Belau 1799 G6
Belcher (îles) 1809 L4
Belém 1815 J4
Belfast 1790 B3
Belfort 1789 D2
Belfort (territoire de) 1789 D2
Belgique 1789 C1
Belgrade 1793 E2
Belitung 1799 D7
Belize (État) 1812 D3
Belize (ville) 1812 D3
Bellac 1789 C2
Belle-Ile 1788 B2
Belle-Isle (détroit de) 1809 N4
Bellingham 1810 A2
Bellinzona 1789 D2
Belluno 1792 C1
Belmopan 1812 D3
Belo Horizonte 1815 K7
Bengale (golfe du) 1801 G4
Benghazi 1803 B1
Benguela 1805 B5
Benidorm 1791 B2
Beni Mellal 1802 B1
Bénin 1802 C4
Bénin (baie du) 1802 C4
Benin City 1802 C4
Ben Nevis 1790 C2
Bénoué 1804 B3
Berbera 1803 D3
Berberati 1804 B3
Berck 1789 C1
Bergame 1792 B1
Bergen 1796 B3
Bergerac 1788 C3
Béring (détroit de) 1808 B3
Béring (mer de) 1808 A3
Berkeley 1810 A3
Berlin 1794 C2
Bermejo 1816 E3
Bernay 1789 C2
Berne 1789 D2
Besançon 1789 D2
Beskides 1795 E3
Beskra 1802 C1
Béthune 1789 C1
Beyrouth 1800 B2
Béziers 1789 C3
Bezons 1788 F4
Bhāgalpur 1801 G3
Bhopāl 1801 F3
Bhoutan 1801 G3
Białystok 1795 E2
Biarritz 1788 B3
Bichkek 1796 J5
Bielefeld 1794 B2
Biella 1792 B1
Biélorussie 1795 F2
Bielsko-Biała 1795 D3
Bienne 1789 D2
Bièvre 1788 F4
Bigorre 1788 B3
Bilbao 1791 B1
Bingen 1789 D2
Bioko 1802 C4
Birkenhead 1790 C3
Birmanie 1801 H3
Birmingham (G.-B.) 1790 C3
Birmingham (É.-U.) 1811 E3
Bismarck (archipel) 1806 D1
Bissagos (îles) 1802 A3
Bissau 1802 A3
Bitola 1793 E2
Bizerte 1802 C1
Blackpool 1790 C3
Blanc (mont) 1789 D2
Blanche (mer) 1796 E3
Blanc-Mesnil (Le) 1788 F4
Blantyre 1805 D5
Blaye 1788 B2
Bloemfontein 1805 C6
Blois 1789 C2
Blumenau 1816 G3
Boa Vista 1802 A4
Bobigny 1788 F4
Bobo-Dioulasso 1802 B3
Bocage (normand) 1788 B2
Bodø 1796 C3
Bogor 1799 D7
Bogotá 1814 D3
Bohai (golfe) 1798 E3
Bohême 1794 C3
Boise 1810 B2
Bois-le-Duc 1794 B2
Boissy-Saint-Léger 1788 F4
Boké 1802 A3
Bolbec 1788 C2
Bolívar (pic) 1814 D2
Bolivie 1814 E7
Bologne 1792 C2
Bolsena (lac de) 1792 C2
Bolton 1790 C3
Bolzano 1792 C1
Bombay 1801 F4
Bon (cap) 1802 D1
Bonaire 1813 D4
Bondoufle 1788 F4
Bondy 1788 F4
Bonifacio 1789 D3
Bonifacio (bouches de) 1789 D3
Bonn 1794 B2
Bonne-Espérance (cap de) 1805 B7
Boothia (golfe de) 1809 J2
Boothia (péninsule de) 1809 J2
Bophuthatswana 1805 C6
Borås 1794 C1
Bordeaux 1788 B3
Borkou 1804 B2
Bornéo 1799 E6
Bornes (massif des) 1789 D2
Bornholm 1794 D1
Bosnie-Herzégovine 1793 D2
Bosphore 1793 F2
Boston 1811 F2
Botnie (golfe de) 1796 C3
Botswana 1805 C6
Bouaké 1802 B4
Bouches-du-Rhône 1789 D3
Bou Craa 1802 A2
Bougainville 1807 E1
Boukhara 1796 H6
Boulaïda (El-) 1802 C1
Boulogne-Billancourt 1788 F4
Boulogne-sur-Mer 1789 C1
Bounty (île) 1807 G5
Bourg-en-Bresse 1789 D2
Bourges 1789 C2
Bourget (lac du) 1789 D2
Bourg-Madame 1789 C3
Bourgogne 1789 C2
Bournemouth 1790 C3
Bradford 1790 C3
Braemar 1790 C2
Braga 1791 A1
Bragance 1791 A1
Brahmapoutre 1801 H3
Brăila 1793 F1
Brandebourg (Land) 1794 C2
Brandenburg 1794 C2
Brantford 1811 E2
Brasília 1815 J7
Braşov 1793 F1
Bratislava 1794 D3
Bratsk 1797 M4
Bravo (río) 1810 C3
Brazzaville 1804 B4
Breda 1794 A2
Brême 1794 B2
Bremerhaven 1794 B2
Brenner (col du) 1794 C3
Brescia 1792 C1
Bresse 1789 C2
Bressuire 1788 B2
Brest (France) 1788 B2
Brest (Biélorussie) 1795 E2
Bretagne 1788 B2
Brétigny-sur-Orge 1788 F4
Breuillet 1788 F4
Briançon 1789 D3
Briansk 1796 E4
Briare 1789 C2
Bridgetown 1813 F4
Brie 1788 C2
Brie-Comte-Robert 1788 F4
Brighton 1790 C3
Brignoles 1789 D3
Brigue 1789 D2
Brindisi 1793 D2
Brioude 1789 C2
Brisbane 1807 E3
Bristol 1790 C3
Bristol (canal de) 1790 C3
Brive-la-Gaillarde 1789 C2
Brno 1794 B3
Brooks (chaîne de) 1808 C3
Brownsville 1810 D4
Bruges 1789 C1
Brunei 1799 E6
Brunoy 1788 F4
Brunswick 1794 C2
Brunswick (péninsule de) 1816 B8
Bruxelles 1789 C1
Bruyères-le-Châtel 1788 F4
Bry-sur-Marne 1788 F4
Buc 1788 F4
Bucaramanga 1814 D2
Bucarest 1793 F2
Buchanan 1802 A4
Budapest 1795 D3
Buenaventura 1814 C3
Buenos Aires 1816 E4
Buenos Aires (lac) 1816 B7
Buffalo 1811 F2
Bugey 1789 D2
Bujumbura 1804 C4
Bukavu 1804 C4
Bukittinggi 1799 D7
Bulawayo 1805 C6
Bulgarie 1793 E2
Burayda 1800 C3
Burgas 1793 F2
Burgos 1791 B1
Burkina 1802 B3
Burlington 1811 F2
Bursa 1800 A1
Burundi 1804 C4
Busto Arsizio 1792 B1
Butte 1810 B2
Bydgoszcz 1795 D2
Byrranga (monts) 1797 L2
Bytom 1795 D2

C

Cabimas 1814 D1
Cabinda 1805 B4
Cabora Bassa 1805 D5
Cabot (détroit de) 1809 M5
Cáceres 1791 A2
Cachan 1788 F4
Cachemire 1801 F2
Cadix 1791 A2
Cadix (golfe de) 1791 A2
Caen 1788 B2
Cagliari 1792 B3
Cahors 1789 C3
Caicos (îles) 1813 C2
Caire (Le) 1803 C1
Cajamarca 1814 C5
Calabar 1804 C4
Calabre 1792 D3
Calais 1789 C1
Calais (pas de) 1789 C1
Calamian (îles) 1799 E5
Calcutta 1801 G3
Calgary 1808 G4
Cali 1814 C3
Calicut 1801 F4
Californie 1810 A3
Californie (Basse-) 1812 A1
Californie (golfe de) 1812 A1
Callao 1814 C6
Caltanissetta 1792 C3
Calvados 1788 B2
Calvi 1789 D3
Camagüey 1813 B2
Camagüey (archipel de) 1813 B2

Camargue 1789 C3
Cambay (golfe de) 1801 F3
Cambodge 1799 D5
Cambrai 1789 C1
Cambridge 1790 D3
Cameroun 1804 B3
Cameroun (mont) 1804 A3
Campanie 1792 C2
Campeche (baie de) 1812 C2
Campina Grande 1815 L5
Campinas 1815 J8
Campobasso 1792 C2
Campo Grande 1816 F2
Canadian River 1810 C3
Canakkale 1793 F2
Canaries 1802 A2
Canaveral (cap) 1811 E4
Canberra 1806 D4
Cancún 1812 D2
Cannes 1789 D3
Cantabrique (cordillère) 1791 A1
Cantal 1789 C2
Canterbury 1790 D3
Cantho 1799 D5
Canton (Chine) 1798 E5
Canton (île) 1807 H1
Cap (Le) 1805 B7
Cap (province du) 1805 C7
Capbreton 1788 B3
Cap-Breton (île du) 1809 N5
Cape Coast 1802 B4
Cap-Haïtien 1813 C3
Capri 1792 C2
Caprivi (pointe de) 1805 C5
Cap-Vert 1802 A4
Caracas 1814 E1
Caraïbes (mer des) 1813 A3
Carcassonne 1789 C3
Cardiff 1790 C3
Cardigan (baie de) 1790 C3
Carélie 1796 E3
Carhaix-Plouguer 1788 B2
Cariboo (monts) 1808 G4
Carinthie 1792 C1
Carlisle 1790 C3
Carmaux 1789 C3
Caroline du Nord 1811 E3
Caroline du Sud 1811 E3
Carolines (îles) 1799 G6
Carpates 1795 E3
Carpentarie (golfe de) 1806 C2
Carpentras 1789 D3
Carrantuohill 1790 B3
Carrare 1792 C2
Carson City 1810 B3
Cartagena 1814 C1
Carthagène 1791 B2
Casablanca 1802 B1
Cascades (chaîne des) 1808 F5
Caserte 1792 C2
Caspienne (mer) 1800 C1
Castagniccia 1789 D3
Castellane 1789 D3
Castellón de la Plana 1791 C1
Castelsarrasin 1789 C3
Castille (Nouvelle-) 1791 B2
Castille (Vieille-) 1791 B1
Castres 1789 C3
Castries 1813 E4
Catalogne 1791 C1
Catane 1792 D3
Catanzaro 1792 D3
Cattégat 1794 C1
Cauca 1814 D2
Caucase 1796 F5
Causses 1789 C3
Caux (pays de) 1789 C2
Cavaillon 1789 D3
Caxias do Sul 1816 F3
Cayenne 1815 H3
Cayes (Les) 1813 C3
Cayman (îles) 1813 A3
Ceará 1815 K5
Cebu 1799 F6
Cedar (lac) 1808 J4
Cefalu 1792 C3
Célèbes (île de) 1799 E7
Célèbes (mer de) 1799 F6
Celle 1794 C2
Celle-Saint-Cloud (La) 1788 F4
Cenis (col du Mont-) 1789 D2
Centrafricaine (république) 1804 B3
Centre 1789 C2
Céram 1799 F7
Cergy 1788 F4
Cervin 1792 D2
České Budějovice 1794 C3
Cesson 1788 F4
Ceuta 1791 A2
Cévennes 1789 C3
Chablais 1789 D2
Chaco 1816 D3
Chalcidique 1793 E2
Chaleurs (baie des) 1811 G2
Châlons-en-Champagne 1789 C2
Chalon-sur-Saône 1789 C2
Chambéry 1789 D2
Chambord 1789 C2
Chambourcy 1788 F4
Chamonix 1789 D2
Champagne-Ardenne 1789 C2
Champigny-sur-Marne 1788 F4
Champlain (lac) 1811 F2
Champsaur 1789 D3
Chandigarh 1801 F2
Changchun 1798 F2
Changsha 1798 E4
Chanteloup-les-Vignes 1788 F4
Chārdja 1800 D3
Charente (dép.) 1788 C2
Charente (r.) 1788 C2
Charente-Maritime 1788 B2
Charenton-le-Pont 1788 F4
Chari 1804 B2
Charleroi 1789 C1
Charles (cap) 1811 F3
Charleston 1811 F3
Charleston 1811 E3
Charleville-Mézières 1789 C2
Charlotte 1811 E3
Charlottesville 1811 F3
Charlottetown 1809 M5
Chartres 1789 C2
Chartreuse 1789 D2
Châteaubriant 1788 B2
Châteaudun 1789 C2
Châteaulin 1788 B2
Châteauroux 1789 C2
Château-Thierry 1789 C2
Châtellerault 1788 C2
Châtenay-Malabry 1788 F4
Châtillon 1788 F4
Châtillon-sur-Seine 1789 C2
Chatou 1788 F4
Châtre (La) 1789 C2
Chattanooga 1811 E3
Chaumont 1789 D2
Chaux-de-Fonds (La) 1789 D2
Chaville 1788 F4
Chébéli (r.) 1804 E3
Cheju (île) 1798 F3
Cheliff (Ech-) 1802 C1
Chelles 1788 F4
Chemnitz 1794 C2
Chengdu 1798 D3
Chennevières-sur-Marne 1788 F4
Chenonceaux 1789 C2
Cher (dép.) 1789 C2
Cher (r.) 1789 C2
Cherbourg 1788 B2
Cherchell 1802 C1
Chergui (Chott ech-) 1802 C1
Chesapeake (baie de) 1811 F3
Chesnay (Le) 1788 F4
Chester 1790 C3
Cheviots (monts) 1790 C2
Chevreuse 1788 F4
Chevreuse (vallée de) 1788 F4
Cheyenne 1810 C2
Chiangmai 1801 H4
Chibougamau 1809 L4
Chicago 1811 E2
Chiclayo 1814 B5
Chihuahua 1812 B2
Chillán 1816 B5
Chilly-Mazarin 1788 F4
Chimborazo 1814 C4
Chimbote 1814 C5
Chindwin 1801 H3
Chine méridionale (mer de) 1799 E5
Chine orientale (mer de) 1798 F3
Chinon 1788 C2
Chioggia 1792 C1
Chirāz 1800 D3
Chittagong 1801 H3
Chişinău 1795 F3
Choisy-le-Roi 1788 F4
Cholet 1788 B2
Chongjin 1798 F2
Chongqing 1798 D4
Chonos (archipel des) 1816 B6
Chorzów 1795 D2
Christchurch 1807 G5
Christmas 1799 D8
Chuquicamata 1816 C2
Churchill (r.) 1808 H4
Churchill (r.) 1809 J4
Churchill Falls 1809 M4
Chypre 1800 B2
Ciego de Avila 1813 B2
Cienfuegos 1813 A2
Cincinnati 1811 E3
Cinto (monte) 1789 D3
Cirebon 1799 D7
Ciskei 1805 C7
Ciudad Bolívar 1814 F2
Ciudad Guayana 1814 F2
Ciudad Juárez 1812 D1
Ciudad Obregón 1812 B2
Ciudad Real 1791 B2
Civitavecchia 1792 C2
Clamart 1788 F4
Clermont-Ferrand 1789 C2
Cleveland 1811 E2
Clichy 1788 F4
Clichy-sous-Bois 1788 F4
Cluj-Napoca 1793 E1
Clyde 1790 C2
Cnossos 1793 F3
Coast Ranges 1810 A2
Coatzacoalcos 1812 C3
Cobalt 1809 L5
Coblence 1794 B2
Coburg 1794 C2
Cochabamba 1814 E7
Cochin 1801 F5
Cod (cap) 1811 F2
Cognac 1788 B2
Coimbatore 1801 F4
Coimbra 1791 A1
Coire 1789 D2
Colchester 1790 D3
Coleraine 1790 B2
Colmar 1789 D2
Cologne 1794 B2
Colombes 1788 F4
Colombie 1814 D3
Colombie-Britannique 1808 F4
Colombo 1801 F5
Colón 1812 D2
Colorado (État) 1810 C3
Colorado (plateaux du) 1810 B3
Colorado (rio) 1810 B3
Colorado (rio) 1810 D3
Colorado (río) 1816 D5
Colorado Springs 1810 C3
Columbia 1811 E3
Columbia (r.) 1810 A2
Columbus 1811 E3
Combs-la-Ville 1788 F4
Côme 1792 B1
Côme (lac de) 1792 B1
Commercy 1789 D2
Comodoro Rivadavia 1816 C7
Comores 1805 E5
Comorin (cap) 1801 F5
Compiègne 1789 C2
Conakry 1802 A4
Concarneau 1788 B2
Concepción 1816 B5
Concord 1811 F2
Condom 1788 C2
Conflans-Sainte-Honorine 1788 F4
Congo (État) 1804 B4
Congo (r.) v. Zaïre
Connaught 1790 B3
Connecticut 1811 F2
Constance 1794 B3
Constanţa 1793 F2
Constantine 1802 C1
Cook (détroit de) 1807 G5
Cook (mont) 1807 G5
Copenhague 1794 C1
Coquimbo 1816 B3
Corail (mer de) 1806 D2
Corbeil-Essonnes 1788 F4
Córdoba 1816 D4
Cordoue 1791 B2
Corée du Nord 1798 F2
Corée du Sud 1798 F3
Corfou (île) 1793 D3
Corfou (ville) 1793 D3
Corinthe 1793 E3
Corinthe (isthme de) 1793 E3
Cork 1790 B3
Cormeilles-en-Parisis 1788 F4
Corner Brook 1809 N5
Cornwall 1809 L5
Cornwallis 1809 J2
Corogne (La) 1791 A1
Corpus Christi 1810 D4
Corrèze 1789 C2
Corrientes 1816 E3
Corse 1789 D3
Corse (cap) 1789 D3
Corte 1789 D3
Cortina d'Ampezzo 1792 C1
Cosne 1789 C2
Costa Brava 1791 C1
Costa del Sol 1791 B2
Costa Rica 1812 D3
Côte d'Azur 1789 D3
Côte d'Ivoire 1802 B4
Côte-d'Or 1789 C2
Cotentin 1788 B2
Côtes-d'Armor 1788 B2
Cotonou 1802 C4
Cotopaxi 1814 C4
Cottbus 1794 C2
Courbevoie 1788 F4
Courneuve (La) 1788 F4
Courtrai 1789 C1
Coutances 1788 B2
Coventry 1790 C3
Covilhā 1791 A1
Cracovie 1795 D2
Craiova 1793 E2
Crans 1789 D2
Creil 1789 C2
Crémone 1792 C1
Crète 1793 E3
Créteil 1788 F4
Creuse (dép.) 1789 C2
Creuse (r.) 1789 C2
Creusot (Le) 1789 C2
Crimée 1796 E5
Croatie 1792 D2
Crotone 1792 D3
Cuba 1813 A2
Cúcuta 1814 D2
Cuenca 1791 B1
Cuiabá 1815 G7
Culiacán 1812 B2
Cumberland (péninsule du) 1809 M3
Cuneo 1792 B2
Curaçao 1813 D4
Curitiba 1816 G3
Cuttack 1801 G3
Cuxhaven 1794 B2
Cuzco 1814 D6
Cyclades 1793 E3
Cyrénaïque 1803 B1
Cythère 1793 E3
Częstochowa 1795 D2

D

Dacca 1801 H3
Dachau 1794 C3
Dacht-e Kavir 1800 D2
Dacht-e Lut 1800 D2
Daguestan 1796 F5
Dakar 1802 A3
Dakhla 1802 A2
Dakhla (oasis de) 1803 B2
Dakota du Nord 1810 C2
Dakota du Sud 1810 C2
Dalat 1799 D5
Dallas 1810 D3
Dalmatie 1792 D2
Daloa 1802 B4
Damān 1801 F3
Damas 1800 B2
Damiette 1803 C1
Dammām 1800 D3
Da Nang 1799 D5
Danemark 1794 B1
Dangrêk 1799 D5
Danube 1794 C3
Dardanelles 1793 F2
Dar es-Salaam 1804 D4
Darfour 1804 C2
Darién (golfe de) 1813 B5

Darjeeling 1801 G3
Darling 1806 D4
Darlington 1790 C3
Darmstadt 1794 B3
Dartmoor 1790 C3
Dartmouth 1809 M5
Darwin 1806 C2
Datong 1798 E2
Daugavpils 1795 F1
Davao 1799 F6
Davis (détroit de) 1809 N3
Davos 1789 D2
Dawḥa (al-) 1800 D3
Dawson 1808 E3
Dax 1788 B3
Daytona Beach 1811 E4
Deauville 1788 C2
Debra Marqos 1804 D2
Debrecen 1795 E3
Decazeville 1789 C3
Deccan 1801 F4
Défense (La) 1788 F4
Deir ez-Zor 1800 C2
Delaware (baie de la) 1811 F3
Delaware (État) 1811 F3
Delémont 1789 D2
Delhi 1801 F3
Délos 1793 F3
Delphes 1793 E3
Demāvend 1800 D2
Denain 1789 C1
Denver 1810 C3
Derby 1790 C3
Derg (lough) 1790 B3
Des Moines 1811 D2
Dessau 1794 C2
Detroit 1811 E2
Dévoluy 1789 D3
Devon (île) 1809 J2
Dharān 1800 D3
Diable (île du) 1815 H2
Die 1789 D3
Dieppe 1789 C2
Digne-les-Bains 1789 D3
Digoin 1789 C2
Dijon 1789 D2
Dinan 1788 B2
Dinard 1788 B2
Diourbel 1802 A3
Dirédaoua 1804 E3
Disko 1809 N3
Diu 1801 F3
Dīwanīyya (al-) 1800 C2
Diyarbakir 1800 C2
Djalo (oasis de) 1803 B2
Djamboul 1796 J5
Djedda 1800 B3
Djelfa (El-) 1802 C1
Djem (El-) 1802 D1
Djenné 1802 B3
Djerba 1802 D1
Djibouti (État) 1804 E2
Djibouti (ville) 1804 E2
Djouba 1804 E3
Dniepr 1796 E4
Dniepropetrovsk 1796 E5
Dniestr 1796 D5
Dobroudja 1793 F2
Dodécanèse 1793 F3
Dodoma 1804 D4
Dole 1789 D2
Dolomites 1792 C1
Dombes 1789 C2
Domfront 1788 B2
Dominicaine (république) 1813 C3
Dominique 1813 E3
Domodossola 1792 B1
Domont 1788 F4
Don 1796 F5
Doncaster 1790 C3
Donegal 1790 B3
Donetsk 1796 E5
Dongting (lac) 1798 E4
Dordogne (dép.) 1788 C2
Dordogne (r.) 1789 C2
Dordrecht 1794 A2
Dortmund 1794 B2
Douai 1789 C1
Douala 1804 A3
Doubs (dép.) 1789 D2
Doubs (r.) 1789 D2
Douchanbe 1796 H6
Douglas 1790 C3
Douro 1791 A1
Douvres 1790 D3
Dover 1811 F3
Draa 1802 A2
Draguignan 1789 D3
Drakensberg 1805 D6
Drancy 1788 F4
Draveil 1788 F4
Dresde 1794 C2
Dreux 1789 C2
Drôme 1789 D3
Duarte (pic) 1813 C3
Dubayy 1800 D3
Dublin 1790 B3
Dubrovnik 1793 D2
Duero 1791 B1
Duisburg 1794 B2
Duluth 1811 D2
Dunaújváros 1795 D3
Dundee 1790 C2
Dunedin 1807 G5
Dunkerque 1789 C1
Dun Laoghaire 1790 B3
Durance 1789 D3
Durango 1812 B2
Durban 1805 D6
Durham 1790 C3
Durmitor 1793 D2
Durrës 1793 D2
Düsseldorf 1794 B2
Dvina Occidentale 1795 G1
Dvina Septentrionale 1796 F3
Dzoungarie 1798 B2

E

Eastbourne 1790 D3
East London 1805 C7
Eastmain 1809 L4
Eaubonne 1788 F4
Èbre (r.) 1791 B1
Écosse 1790 C2
Écouen 1788 F4
Écrins (parc national des) 1789 D3
Édéa 1804 A3
Édimbourg 1790 C2
Édirne 1793 F2
Edmonton 1808 G4
Edmundston 1809 M5
Édouard (lac) 1804 C4
Égates (îles) 1792 C3
Égée (mer) 1793 E3
Eger 1795 E3
Égypte 1803 B2
Eindhoven 1794 B2
Eisenerz 1794 C3
Elbe (île d') 1792 C2
Elbe (r.) 1794 C2
Elbourz 1800 D2
Elbrous 1796 F5
Elche 1791 B2
Elgon (mont) 1804 D3
Ellesmere (île) 1809 K2
Elliot Lake 1809 K5
El Paso 1810 C3
Emba 1796 G5
Emden 1794 B2
Emi Koussi 1804 B1
Émilie 1792 B2
Émirats Arabes Unis 1800 D3
Emmen 1794 B2
Ems 1794 B2
Enghien-les-Bains 1788 F4
Ennedi 1804 C3
Enns 1794 C3
Entebbe 1804 D4
Entrecasteaux (îles d') 1806 E1
Épernay 1789 C2
Éphèse 1793 F3
Épidaure 1793 E3
Épinal 1789 D2
Épinay-sur-Seine 1788 F4
Équateur 1814 C4
Erevan 1796 F5
Erfurt 1794 C2
Érié (lac) 1811 E2
Erlangen 1794 C3
Ermont 1788 F4
Erne (lac) 1790 B3
Érythrée 1804 D2
Erzgebirge 1794 C2
Erzurum 1800 C2
Esbjerg 1794 B1
Escaut 1794 A2
Esclave (grand lac de l') 1808 G3
Espalion 1789 C3
Espinhaço (serra do) 1815 K7
Espírito Santo (État) 1815 K7
Espiritu Santo (île) 1807 F2
Essaouira 1802 B1
Essen 1794 B2
Essequibo 1815 G3
Essonne 1788 F4
Esterel 1789 D3
Estevan 1808 H5
Estonie 1796 D4
Estrela (serra da) 1791 A1
Estrémadure 1791 A2
Esztergom 1795 D3
Étampes 1789 C2
Éthiopie 1804 D3
Etna 1792 C3
Eton 1809 L2
Eubée 1793 E3
Euphrate 1800 C2
Eure (dép.) 1789 C2
Eure (r.) 1789 C2
Eure-et-Loir 1789 C2
Europa (picos de) 1791 B1
Everest 1801 G3
Everglades 1811 E4
Évian-les-Bains 1789 D2
Evora 1791 A2
Évreux 1789 C2
Évry 1788 F4
Exeter 1790 C3
Eyre (lac) 1806 C3
Eyre (péninsule d') 1806 C4
Ézanville 1788 F4

F

Faenza 1792 C2
Fairbanks 1808 D3
Faisalabad 1801 F2
Falémé 1802 A3
Falkland 1816 D8
Falmouth 1790 B3
Falster 1794 C2
Famagouste 1800 B2
Faro 1791 A2
Farvel (cap) 1809 O4
Faya-Largeau 1804 B2
Fécamp 1788 C2
Feira de Santana 1815 L6
Fergana 1796 J5
Ferkessédougou 1802 B4
Fernando de Noronha 1815 M4
Féroé 1796 A3
Ferrare 1792 C2
Ferrol (El) 1791 A1
Fès 1802 B1
Fezzan 1803 A2
Fianarantsoa 1805 E6
Fidji 1807 G2
Figeac 1789 C3
Figuig 1802 B1
Finistère 1788 B2
Finisterre (cap) 1791 A1
Finlande 1796 D3
Finlande (golfe de) 1796 D4
Flandre 1789 C1
Flèche (La) 1788 B2
Flessingue 1794 A2
Fleury-Mérogis 1788 F4
Flin Flon 1808 H4
Flint 1811 E2
Florac 1789 C3
Florence 1792 C2
Flores (Açores) 1802 E7
Flores (Indon.) 1799 D3
Florianópolis 1816 G3
Florida Keys 1811 E4
Floride 1811 E3
Floride (détroit de) 1811 E4
Foggia 1792 D2
Foix 1789 C3
Folkestone 1790 D3
Fontainebleau 1789 C2
Fontainebleau (forêt de) 1788 F4
Fontenay-aux-Roses 1788 F4
Fontenay-le-Comte 1788 B2
Fontenay-sous-Bois 1788 F4
Foraker (mont) 1808 C3
Forbach 1789 D2
Forêt-Noire 1794 B3
Forli 1792 C2
Formentera 1791 C2
Formentor (cap) 1791 C1
Fortaleza 1815 L4
Fort-de-France 1813 E4
Forth 1790 C2
Fort Lauderdale 1811 E4
Fort McMurray 1808 G4
Fort Smith (district) 1808 F3
Fort William 1790 B2
Fort Worth 1810 D3
Fougères 1788 B2
Fourmies 1789 C1
Fouta-Djalon 1802 A3
Foveaux (détroit de) 1807 F5
Foxe (bassin de) 1809 K3
Francfort-sur-le-Main 1794 B2
Francfort-sur-l'Oder 1794 C2
Franche-Comté 1789 D2
François-Joseph (archipel) 1796 F2
Franconville 1788 F4
Frankfort 1811 E3
Franklin (détroit de) 1808 J2
Fraser 1808 F5
Fredericton 1809 M5
Freetown 1802 A4
Fréjus 1789 D3
Fresnes 1788 F4
Fresno 1810 B3
Fribourg 1789 D2
Fribourg-en-Brisgau 1794 B3
Friedrichshafen 1794 B3
Frioul 1792 C1
Frobisher Bay 1809 M3
Frosinone 1792 C2
Fuerteventura 1802 A2
Fuji-San 1798 G3
Fukuoka 1798 G3
Fukushima 1798 H3
Fulda 1794 B2
Funchal 1802 A1
Fundy (baie de) 1809 M5
Furneaux (îles) 1806 D5
Fürth 1794 C3
Fushun 1798 F2

G

Gabès 1802 C1
Gabon 1804 B4
Gaborone 1805 C6
Gaeta 1792 C2
Gafsa 1802 C1
Gagnoa 1802 B4
Gagnon 1809 M4
Gagny 1788 F4
Gaillac 1789 C3
Galapagos 1814 N
Galaţi 1793 F1
Galice 1791 A1
Galle 1801 G5
Galles (pays de) 1790 C3
Gallipoli 1793 F2
Galveston 1811 D4
Galway 1790 B3
Gambie 1802 A3
Gand 1789 C1
Gander 1809 N5
Gandja 1796 F5
Gange 1801 G3
Gange (bouches du) 1801 G3
Ganzhou 1798 E3
Gao 1802 C3
Gaoxiong 1798 F4
Gap 1789 D3
Garches 1788 F4
Gard 1789 C3
Garde (lac de) 1792 C1
Garenne-Colombes (La) 1788 F4
Garges-lès-Gonesse 1788 F4
Garmisch-Partenkirchen 1794 C3
Garonne 1789 C3
Garonne (Haute-) 1789 C3
Garoua 1804 B3
Gary 1811 E2
Gascogne (golfe de) 1788 B3
Gaspé 1811 G2
Gaspésie 1811 G2

Gâtinais 1789 C2
Gauhāti 1801 H3
Gävle 1796 C3
Gaziantep 1800 B2
Gdańsk 1795 D2
Gdynia 1795 D2
Geelong 1806 D4
Gela 1792 C2
Gênes 1792 B2
Gênes (golfe de) 1792 B2
Genève 1789 D2
Genk 1789 D1
Gennargentu 1792 B2
Gennevilliers 1788 F4
Georgetown 1815 G2
George Town 1799 D6
Géorgie 1796 F5
Géorgie (détroit de) 1808 F5
Géorgie (É.-U.) 1811 E3
Géorgie du Sud 1816 J8
Géorgienne (baie) 1809 K5
Gera 1794 C2
Gérardmer 1789 D2
Gerlachovka 1795 E3
Gérone 1791 C1
Gers (dép.) 1788 C3
Gers (r.) 1788 C3
Ghana 1802 B4
Ghardaia 1802 C1
Ghilizane 1802 C1
Ghisonaccia 1789 D3
Gibraltar 1791 A2
Gibraltar (détroit de) 1791 A2
Gibson (désert de) 1806 B3
Gien 1789 C2
Giessen 1794 B2
Gif-sur-Yvette 1788 F4
Gifu 1798 G3
Gijón 1791 A1
Gironde (dép.) 1788 B3
Gironde (estuaire) 1788 B2
Gizeh 1803 C1
Gjirokastër 1793 E2
Glace Bay 1809 M5
Glasgow 1790 C2
Glorieuses (îles) 1805 E5
Gloucester 1790 C3
Gobi (désert de) 1798 D2
Godāvari 1801 G4
Goiânia 1815 J7
Goiás (État) 1815 J6
Goiás (ville) 1815 J6
Gomel 1796 E4
Gomera 1802 A2
Gonâve (île de la) 1813 C3
Gondar 1804 D2
Gonesse 1788 F4
Goose Bay 1809 N4
Gorakhpur 1801 G3
Gorizia 1792 C1
Görlitz 1794 C2
Göteborg 1796 C4
Gotland 1796 C4
Göttingen 1794 B2
Gourdon 1789 C3
Gouriev 1796 G5
Goussainville 1788 F4
Gozo 1792 C3
Graham (île) 1808 E4
Grampians 1790 C2
Grand Ballon 1789 D2
Grand-Bassam 1802 B4
Grand Bassin 1810 B2
Grand Canyon 1810 B3
Grand Cayman 1813 A3
Grande (rio) 1810 C4
Grande (rio) 1815 K6
Grande Barrière 1806 D2
Grande Rivière (La) 1809 L4
Grand Lac Salé 1810 B2
Grand Paradis 1792 B1
Grand-Saint-Bernard (col du) 1789 D2
Grands Lacs 1811 E2
Gran Sasso d'Italia 1792 C2
Granville 1788 B2
Grasse 1789 D3
Graulhet 1789 C3
Gray 1789 D2
Graz 1794 D3
Great Inagua 1813 C2
Grèce 1793 E3
Gredos (sierra de) 1791 A1
Greenock 1790 C2
Grenade (État) 1813 E4
Grenade (ville) 1791 B2
Grenadines 1813 E4
Grenoble 1789 D2
Grigny 1788 F4
Grimsby 1790 C3
Grindelwald 1789 D2
Grisons 1789 D2
Grodno 1795 E2
Groenland 1809 O2
Groningue 1794 B2
Groote Eylandt 1806 C2
Grosseto 1792 C2
Grossglockner 1794 C3
Groznyy 1796 F5
Gruyères 1789 D2
Gstaad 1789 D2
Guadalajara (Esp.) 1791 B1
Guadalajara (Mex.) 1812 B2
Guadalcanal 1807 E1
Guadalquivir 1791 B2
Guadalupe (sierra de) 1791 A2
Guadarrama (sierra de) 1791 B1
Guadeloupe 1813 E3
Guadiana 1791 B2
Guajira (péninsule de la) 1814 D1
Guam 1799 H5
Guangzhou 1798 E4
Guantánamo 1813 B2
Guaporé 1814 F6
Guarda 1791 A1
Guardafui (cap) 1803 E3
Guatemala (État) 1812 C3
Guatemala (ville) 1812 C3
Guayaquil 1814 B4
Guebwiller 1789 D2
Guéret 1789 C2
Guernesey 1788 B2
Guildford 1790 C3
Guilin 1798 E4
Guimarães 1791 A1
Guinée 1802 A3
Guinée (golfe de) 1802 C4
Guinée-Bissau 1802 A3
Guinée-Équatoriale 1804 A3
Guines 1813 A2
Guingamp 1788 B2
Guiyang 1798 D4
Gütersloh 1794 B2
Guyana 1815 G3
Guyancourt 1788 F4
Guyane française 1815 H3
Gwālior 1801 F3
Gweru 1805 C5
Györ 1795 D3

H

Haarlem 1794 A2
Hachinohe 1798 H2
Hadramaout 1800 C4
Hagen 1794 B2
Hague (cap de la) 1788 B2
Haguenau 1789 D2
Haïfa 1800 B2
Haikou 1799 E5
Hainan 1799 E5
Haiphong 1798 D4
Haïti (État) 1813 C3
Haïti (île) 1813 C3
Hakodate 1798 H2
Halifax 1809 M5
Halle 1794 C2
Halmahera 1799 F6
Ḥamā 1800 B2
Hamadhān 1800 C2
Hambourg 1794 B2
Hamersley Range 1806 A3
Hamilton (Canada) 1809 K5
Hamilton (N.-Z.) 1807 G4
Hamm 1794 B2
Hammerfest 1796 D2
Hangzhou 1798 F3
Hanoi 1798 D4
Hanovre 1794 B2
Haparanda 1796 D3
Harar 1804 E3
Harare 1805 D5
Harbin 1798 F2
Hargeisa 1803 D4
Harris 1790 B2
Harrisburg 1811 F2
Harrogate 1790 C3
Hartford 1811 F2
Hartlepool 1790 C3
Haskovo 1793 F2
Hasselt 1789 D1
Hassetché 1800 C2
Hassi-Messaoud 1802 C1
Hastings 1790 D3
Hatteras (cap) 1811 F3
Hauts-de-Seine 1788 F4
Havane (La) 1813 A2
Havre (Le) 1788 C2
Havre-Saint-Pierre 1809 M4
Haye (La) 1794 A2
Haÿ-les-Roses (L') 1788 F4
Hébrides 1790 B2
Hedjaz 1800 B3
Heidelberg 1794 B3
Heilbronn 1794 B3
Hekla 1809 R3
Helder (Le) 1794 A2
Helena 1810 B2
Helmand 1800 E2
Helsingborg 1796 C4
Helsingør 1794 C1
Helsinki 1796 D3
Hengelo 1794 B2
Hérault 1789 C3
Herblay 1788 F4
Hermosillo 1812 A2
Hesse 1794 B2
Hildesheim 1794 B2
Hilversum 1794 B2
Himālaya 1801 G3
Hindu Kuch 1800 E2
Hiroshima 1798 G3
Hobart 1806 D5
Hoceima (Al) 1802 B1
Hô Chi Minh-Ville 1799 D5
Hoggar 1802 C2
Hokkaidō 1798 H2
Holguín 1813 B2
Holyhead 1790 C3
Homs 1800 B2
Honduras 1812 D3
Honduras (golfe du) 1812 D3
Hongkong 1798 E4
Hongrie 1795 D3
Honiara 1807 E1
Honshū 1798 G3
Horn (cap) 1816 C9
Hospitalet 1791 C1
Hotte (massif de la) 1813 C3
Houilles 1788 F4
Houston 1811 D4
Howrah 1801 G3
Hradec Králové 1794 D2
Huallaga 1814 C5
Huambo 1805 B5
Huang He 1798 D3
Huascarán 1814 C5
Hubli 1801 F4
Huddersfield 1790 C3
Hudson 1811 F2
Hudson (baie d') 1809 K4
Hudson (détroit d') 1809 L3
Huê 1799 D5
Huelva 1791 A2
Huesca 1791 B1
Hufūf (al-) 1800 C3
Hull (G.-B.) 1790 C3
Hull (Canada) 1809 L5
Humber 1790 C3
Hunedoara 1793 E1
Huron (lac) 1811 E2
Hyderābād (Inde) 1801 F4
Hyderābād (Pakistan) 1801 E3
Hydra 1793 E3
Hyères 1789 D3
Hyères (îles d') 1789 D3

I

Iablonovyï (monts) 1797 N4
Iakoutie 1797 N3
Iakoutsk 1797 O3
Iamal (péninsule de) 1796 J2
Iaroslavl 1796 E4
Iaşi 1793 F1
Ibadan 1802 C4
Ibérique (cordillère) 1791 B1
Ibiza 1791 C2
Ica 1814 C6
Idaho 1810 B2
Iekaterinbourg 1796 H4
Ielizavetgrad 1796 E5
Iéna 1794 C2
Ienisseï 1796 K3
Ife 1802 C4
Iforas (Adrar des) 1802 C2
Iguaçu (chutes de l') 1816 F3
Iguidi (erg) 1802 B2
Ijevsk 1796 G4
IJsselmeer 1794 B2
Ilebo 1804 C4
Ile-de-France 1788 C2
Ile-Rousse (L') 1789 D3
Ille-et-Vilaine 1788 B2
Illinois 1811 D2
Ilmen (lac) 1796 E4
Iloilo 1799 F5
Ilorin 1802 C4
Imerina 1805 E5
Imola 1792 C2
Imperia 1792 B2
Imphāl 1801 H3
Imroz 1793 F2
Inari 1796 D3
Inchon 1798 F3
Incudine 1789 D3
Inde 1801 F3
Indiana 1811 E2
Indianapolis 1811 E3
Indigirka 1797 Q3
Indonésie 1799 F7
Indore 1801 F3
Indre (dép.) 1789 C2
Indre (r.) 1789 C2
Indre-et-Loire 1789 C2
Indus 1801 E3
Ingolstadt 1794 C3
Inhambane 1805 D6
Inn 1794 C3
Innsbruck 1794 C3
In Salah 1802 C2
Interlaken 1789 D2
Invercargill 1807 F5
Inverness 1790 C2
Ioánnina 1793 E3
Iochkar-Ola 1796 F4
Ionienne (mer) 1793 D3
Ioniennes (îles) 1793 E3
Ioujno-Sakhalinsk 1797 Q5
Iowa 1811 D2
Ipoh 1799 D6
Ipswich 1790 D3
Iquique 1816 B2
Iquitos 1814 D2
Iráklion 1793 F3
Iran 1800 D2
Iraq 1800 C2
Irian Jaya 1799 G7
Irkoutsk 1797 M4
Irlande 1790 B3
Irlande (mer d') 1790 B3
Irlande du Nord 1790 B3
Irrawaddy (bouches de l') 1801 J4
Irrawaddy (r.) 1801 H3
Irtych (r.) 1796 H4
Irún 1791 B1
Isabela 1814 N
Ischia 1792 C2
Isère (dép.) 1789 D2
Isère (r.) 1789 D2
Iskăr (r.) 1793 E2
Islāmābād 1801 F2
Islande 1809 Q3
Isle 1788 C2
Ismaïlia 1803 C1
Ispahan 1800 D2
Israël 1800 B2
Issoire 1789 C2
Issoudun 1789 C2
Issyk-Koul (lac) 1796 J4
Issy-les-Moulineaux 1788 F4
Istanbul 1793 F2
Istres 1789 C3
Istrie 1792 C1
Ivanovo 1796 F4
Ivrée 1792 B1
Ivry-sur-Seine 1788 F4
Iwo 1802 C4
Iwo Jima 1798 H4
Izmir 1793 F3

J

Jabalpur 1801 F3
Jackson 1811 D3
Jackson 1811 E3
Jacksonville 1811 E3
Jacmel 1813 C3
Jadida (El) 1802 B1
Jaén 1791 B2
Jaffna 1801 F5
Jaipur 1801 F3
Jajce 1792 D2
Jakarta 1799 D7
Jālna 1801 F4
Jamaïque 1813 B3
James (baie) 1809 K4
James (r.) 1810 D2
Jammu 1801 F2
Jamshedpur 1801 G3
Japon 1798 G3
Japon (mer du) 1798 G3
Japurá (r.) 1814 E4
Jaune (mer) 1798 F3
Java 1799 D7
Java (mer de) 1799 D7
Jendouba 1792 B3
Jerez de la Frontera 1791 A2
Jersey 1788 B2
Jersey City 1811 F2
Jérusalem 1800 B2
Jeunesse (île de la) 1813 A2
Jilin 1798 F2
Jinan 1798 E3
Jinja 1804 D3
Jitomir 1796 D4
Jodhpur 1801 F3
Jogjakarta 1799 E7
Johannesburg 1805 C6
Joliette 1809 L5
Jönköping 1796 C4
Jordanie 1800 B2
Jos 1804 C4
Jotunheim 1796 B3
Jouy-en-Josas 1788 F4
João Pessoa 1815 M5
Juan de Fuca (détroit de) 1808 F5
Juan de Nova 1805 E5
Juan Fernández 1814 Q
Juby (cap) 1802 A2
Juiz de Fora 1815 K8
Jujuy 1816 C2
Juneau 1808 E4
Jungfrau 1789 D2
Jura (dép.) 1789 D2
Juvisy-sur-Orge 1788 F4
Jylland 1794 B1

K

K2 1801 F2
Kaboul 1801 E2
Kabwe 1805 C5
Kaduna 1802 C3
Kaédi 1802 A3
Kaesong 1798 F3
Kagoshima 1798 G3
Kairouan 1802 C1
Kaiserslautern 1794 B3
Kalahari (désert du) 1805 C6
Kalimantan 1799 E7
Kaliningrad 1795 E2
Kalmar 1794 D1
Kampala 1804 D3
Kamtchatka 1797 S4
Kananga 1804 C4
Kanazawa 1798 G3
Kandahar 1800 E2
Kandy 1801 G5
Kangchenjunga 1801 G3
Kankan 1802 B3
Kano 1802 C3
Kānpur 1801 G3
Kansas 1810 D3
Kansas City 1811 D3
Kaolack 1802 A3
Kara (mer de) 1796 J2
Kara-Bogaz Gol 1796 G5
Karāchi 1800 E3
Karaganda 1796 J5
Karakalpakie 1796 G5
Karakorum 1801 F2
Karakoum 1796 G6
Karbalā' 1800 C2
Kariba (lac) 1805 C5
Karlovy Vary 1794 C2
Karlskrona 1794 D1
Karlsruhe 1794 B3
Karroo (Grand) 1805 C7
Kasai (r.) 1804 B4
Kassel 1794 B2
Kasserine 1802 C1
Kastoriá 1793 E2
Kāthiāwār (péninsule de) 1801 F3
Katmandou 1801 G3
Katowice 1795 D2
Kattara (dépression de) 1803 B2
Kaunas 1795 E2
Kavála 1793 E2
Kayes 1802 A3
Kayseri 1800 B2
Kazakhstan 1796 G5
Kazan 1796 G4
Kecskemét 1795 D3
Keewatin 1809 J3
Kef (Le) 1802 C1
Keflavík 1809 Q3
Kemerovo 1796 K7
Kenai (péninsule de) 1808 C3
Kenitra 1802 B1
Kentucky 1811 E3
Kenya (État) 1804 D3
Kenya (mont) 1804 D4
Kerkenna (îles) 1802 D1
Kermadec (îles) 1807 H3
Kermān 1800 D2
Kertch 1796 E5
Ketchikan 1808 E4
Key West 1811 E4
Khabarovsk 1797 P5
Kharguèh 1803 C2
Kharkov 1796 E4
Khartoum 1804 D2
Khaybar (passe de) 1801 F2
Kherson 1796 E5
Khingan (Grand) 1798 F2
Khingan (Petit) 1798 F1
Khíos 1793 F3
Khodjent 1796 H5
Khorramābād 1800 C2
Khouribga 1802 B1
Kiel 1794 C2
Kielce 1795 E2
Kiev 1795 G2
Kigali 1804 D4
Kikwit 1804 B4
Kilimandjaro 1804 D4
Kilmarnock 1790 C2
Kimberley 1805 C6
Kimberley 1810 B2
Kimberley (plateau de) 1806 B2
Kinabalu (mont) 1799 E6
Kindia 1802 A3
Kingston 1809 L5
Kingston 1813 B3
Kingstown 1813 E4
Kinshasa 1804 B4
Kirghizstan 1796 J5
Kiribati 1807 G1
Kirkcaldy 1790 C2
Kirkenes 1796 D3
Kirkūk 1800 C2
Kisangani 1804 C3
Kismaayo 1804 E4
Kita-Kyūshū 1798 G3
Kitchener 1809 K5
Kitimat 1808 F4
Kitzbühel 1794 C3
Kivu (lac) 1805 C4
Kizil Irmak 1800 B1
Klagenfurt 1794 C3
Klaïpeda 1795 E1
Klerksdorp 1805 C6
Knin 1792 D2
Knoxville 1811 E3
Kōbe 1798 G3
Kodiak (île) 1808 C4
Kola (péninsule de) 1796 E3
Kolding 1794 B1
Kolguyev (île) 1796 F3
Kolhāpur 1801 F4
Kolín 1794 D2
Kolwezi 1805 C5
Kolyma (hauteurs de la) 1797 S3
Kolyma (r.) 1797 R3
Komárno 1795 D3
Komotiní 1793 F2
Kompong Cham 1799 D5
Kompong Som 1799 D5
Komsomolsk-sur-l'Amour 1797 P4
Konya 1800 B2
Kopet Dag 1796 G6
Korčula 1792 D2
Kordofan 1804 C2
Kosciusko (mont) 1806 D4
Košice 1795 E3
Kosovo 1793 E2
Kossou 1802 B4
Kotor 1793 D2
Koufra 1803 B2
Koulikoro 1802 B3
Kouriles 1797 Q5
Kourou 1815 H2
Koursk 1796 E4
Kousseri 1804 B2
Koweït (État) 1800 C3
Koweït (ville) 1800 C3
Kowloon 1798 E4
Kra (isthme de) 1799 C5
Krasnodar 1796 E5
Krasnoïarsk 1797 K4
Krefeld 1794 B2
Kremlin-Bicêtre (Le) 1788 F4
Kristiansand 1796 B4
Kristiansund 1796 B3
Krivoï-Rog 1796 E5
Krk (île) 1792 C1
Krugersdorp 1805 C6
Ksar el-Kébir 1802 B1
Ksour (monts des) 1802 B1
Kuala Lumpur 1799 D6
Kuching 1799 E6
Kumaïri 1796 F5
Kumasi 1802 B4
Kunlun 1801 G2
Kunming 1798 D4
Kuopio 1796 D3
Kure 1798 G3
Kutch 1801 E3
Kutch (golfe de) 1801 E3
Kwangju 1798 F3
Kwekwe 1805 C6
Kyōto 1798 G3
Kyūshū 1798 F3
Kyzylkoum 1796 H5
Kzyl-Orda 1796 H5

L

Labé 1802 A3
Labrador 1809 M4
Labrador (mer du) 1809 N4
Labrador City 1809 M4
Ladoga (lac) 1796 E3
Laghouat 1802 C1
Lagos 1802 C4
Lahore 1801 F2
Lahti 1796 D3
Lambaréné 1804 B4
Lancaster 1790 C3
Landeck 1794 C3
Landes (dép.) 1788 B3
Landes (région) 1788 B3
Land's End (cap) 1808 F4
Langon 1788 B3
Langres 1789 D2
Lang Son 1798 D5
Languedoc-Roussillon 1789 C3
Lannion 1788 B2
Lansing 1811 E2
Lanzarote 1802 A2
Lanzhou 1798 D3
Laon 1789 C2
Laos 1799 D5
La Pérouse (détroit de) 1797 Q5
Laponie 1796 D3
Laptev (mer des) 1797 O2
Laquedives (îles) 1801 F4
Lardy 1788 F4
Laredo 1810 D4
Lárissa 1793 E3
Las Vegas 1810 B3
Latina 1792 C2
Latium 1792 C2
Lattaquié 1800 B2
Launceston 1806 D5
Lausanne 1789 D2
Laval 1788 B2
Lecce 1793 D2
Lecco 1792 B1
Leeds 1790 C3
Leeuwarden 1794 B2
Leeward Islands 1813 E3
Legnica 1794 D2
Leicester 1790 C3
Leine 1794 B2
Leipzig 1794 C2
Leiria 1791 A2
Léman (lac) 1789 D2
Lemnos 1793 F3
Lena 1797 O3
Leninogorsk 1796 K5
Lenkoran 1796 F6
Lens 1789 C1
Leoben 1794 D3
León (Esp.) 1791 A1
Léon (Fr.) 1788 B2
León (Mex.) 1812 B2
León (Nic.) 1812 D3
Lérida 1791 C1
Lérins (îles de) 1789 D3
Lesbos 1793 F3
Lesotho 1805 C6
Lettonie 1796 D4
Leucade 1793 E3
Levallois-Perret 1788 F4
Lewis 1790 B2
Leyde 1794 A2
Leyte 1799 F5
Lhassa 1798 C4
Liaodong 1798 F2
Liard 1808 F3
Liban 1800 B2
Liberec 1794 C2
Liberia 1802 A4
Libourne 1788 B3
Libreville 1804 A3
Libye 1803 A2
Libye (désert de) 1803 B2
Liechtenstein 1789 D2
Liège 1789 D1
Liepaja 1796 D4
Ligurie 1792 B2
Likasi 1805 C5
Lilas (Les) 1788 F4
Lille 1789 C1
Lilongwe 1805 D5
Lima 1814 C6
Limerick 1790 B3
Limoges 1789 C2
Limón 1812 D4
Limours 1788 F4
Limousin 1789 C2
Limoux 1789 C3
Limpopo 1805 D6
Linares 1791 B2
Lincoln (É.-U.) 1810 D2
Lincoln (G.-B.) 1790 C3
Lindau 1794 B3
Línea (La) 1791 A2
Linz 1794 C3
Lion (golfe du) 1789 C3
Lipari 1792 C3
Lippe 1794 B2
Lisbonne 1791 A2
Lisieux 1788 C2
Little Rock 1811 D3
Lituanie 1795 E1
Liverpool 1790 C3
Livourne 1792 C2
Livry-Gargan 1788 F4
Lizard (cap) 1790 B4
Ljubljana 1792 C1
Llano Estacado 1810 C3
Lloydminster 1808 H4
Llullaillaco 1816 C2
Lobito 1805 B5
Lob Nor (lac) 1798 C2
Locarno 1789 D2
Loches 1789 C2
Lodi 1792 B1
Łódź 1795 D2
Lofoten (îles) 1796 C3
Logan (mont) 1808 D3
Logroño 1791 B1
Loir 1789 C2
Loire (dép.) 1789 C2
Loire (Haute-) 1789 C2
Loire (Pays de la) 1788 B2
Loire (r.) 1789 C2
Loire-Atlantique 1788 B2

Loiret 1789 C2
Loir-et-Cher 1789 C2
Lolland 1794 C2
Loma (monts de) 1802 A4
Lombardie 1792 B1
Lombok 1799 E7
Lomé 1802 C4
Lomond (loch) 1790 C2
London 1809 K5
Londonderry 1790 B3
Londres 1790 C3
Long Beach 1810 B3
Long Island 1811 F2
Longwy 1789 D2
Lons-le-Saunier 1789 D2
Lopez (cap) 1804 A4
Lorient 1788 B2
Lörrach 1794 B3
Lorraine 1789 D2
Los Alamos 1810 C3
Los Angeles 1810 B3
Lot (dép.) 1789 C3
Lot (r.) 1789 C3
Lot-et-Garonne 1788 C3
Loudéac 1788 B2
Lougansk 1796 E5
Louhans 1789 D2
Louisiade (archipel de la) 1807 E2
Louisiane 1811 D3
Louisville 1811 E3
Louqsor 1803 C2
Lourdes 1788 B3
Louvain 1789 C1
Louvière (La) 1789 C1
Louvres 1788 F4
Loyauté (îles) 1807 F3
Lozère (dép.) 1789 C3
Lozère (mont) 1789 C3
Lualaba 1804 C4
Luanda 1805 B4
Luang Prabang 1798 D5
Lubbock 1810 C3
Lübeck 1794 C2
Lubéron 1789 D3
Lublin 1795 E2
Lubumbashi 1805 C5
Lucerne 1789 D2
Lucknow 1801 G3
Luçon 1799 F5
Lucques 1792 C2
Lüda 1798 F3
Ludwigshafen am Rhein 1794 B3
Lugano 1789 D2
Lugo 1791 A1
Luleå 1796 D3
Lund 1794 C1
Lunéville 1789 D2
Luoyang 1798 E3
Lure 1789 D2
Lusaka 1805 C5
Luton 1790 C3
Luxembourg (État) 1789 D2
Luxembourg (ville) 1789 D2
Luxeuil-les-Bains 1789 D2
Lvov 1795 E3
Lyon 1789 C2

M

Maastricht 1794 B2
Macao 1798 E5
Macapá 1815 H3
Macassar (détroit de) 1799 E7
Macédoine (Grèce) 1793 E2
Macédoine (rép. de) 1793 E2
Maceió 1815 L5
Macerata 1792 C2
Machu Picchu 1814 D6
Macina 1802 B3
Mackenzie (monts) 1808 E3
Mackenzie (r.) 1808 F3
Macon 1811 E3
Mâcon 1789 C2
Madagascar 1805 E5
Madeira 1814 F5
Madeleine (îles de la) 1809 M5
Madère 1802 A1
Madison 1811 E2
Madras 1801 G4
Madre de Dios 1814 E6
Madre méridionale (sierra) 1812 B3
Madre occidentale (sierra) 1812 B2
Madre orientale (sierra) 1812 B2
Madrid 1791 B1
Madura 1799 E7
Madurai 1801 F5
Magadan 1797 Q4
Magdalena 1814 D2
Magdeburg 1794 C2
Magellan (détroit de) 1816 B8
Magnitogorsk 1796 G4
Mahānadi 1801 G3
Mahón 1791 C2
Maidstone 1790 D3
Main 1794 B3
Mai-Ndombe (lac) 1804 B4
Maine (État) 1811 G2
Maine-et-Loire 1788 B2
Maiquetía 1814 E1
Maisons-Alfort 1788 F4
Maisons-Laffitte 1788 F4
Majeur (lac) 1792 B1
Majorque 1791 C2
Malabo 1802 C4
Malacca (détroit de) 1799 D6
Málaga 1791 B2
Malaise (péninsule) 1799 D6
Malaisie 1799 D6
Malakoff 1788 F4
Malatya 1800 B2
Malawi 1805 D5
Malawi (lac) 1805 D5
Malbaie (La) 1809 L5
Maldives 1801 F5
Male 1801 F5
Malée (cap) 1793 E3
Mali 1802 B3
Malines 1789 C1
Malmö 1796 C4
Malouines v. Falkland
Malte 1792 C3
Mamoré 1814 E6
Man (île de) 1790 C3
Managua 1812 D3
Managua (lac de) 1812 D3
Manāma 1800 D3
Manaus 1815 G4
Manche (dép.) 1788 B2
Manche (La) 1791 B2
Manche (mer) 1788 B1
Manchester (É.-U.) 1811 F2
Manchester (G.-B.) 1790 C3
Mandalay 1801 H3
Mandchourie 1798 F2
Manguychlak (péninsule de) 1796 G5
Manicouagan 1809 M5
Manille 1799 F5
Manisa 1793 F3
Manitoba (lac) 1808 J4
Manitoba (province) 1808 J4
Mannheim 1794 B3
Manresa 1791 C1
Mans (Le) 1788 C2
Mansourah 1803 C1
Mantes-la-Jolie 1789 C2
Mantiqueira (serra da) 1815 J8
Mantoue 1792 C1
Manzanillo 1813 B2
Maputo 1805 D6
Maqalié 1804 D2
Mar (serra do) 1816 G3
Maracaibo 1814 D1
Maracaibo (lac de) 1814 D2
Maradi 1802 C3
Marajó (île de) 1815 H4
Maranhão 1815 J4
Marañón 1814 C4
Marbella 1791 B2
Marches 1792 C2
Mar del Plata 1816 E5
Margarita 1814 F1
Mariannes 1799 H5
Mariannes du Nord 1799 H5
Mariazell 1794 D3
Maribor 1792 D1
Marie-Galante 1813 E3
Marioupol 1796 E5
Marismas (Las) 1791 A2
Marly-le-Roi 1788 F4
Marmande 1788 C3
Marmara (mer de) 1793 F2
Marmolada 1792 C1
Marne (dép.) 1789 C2
Marne (Haute-) 1789 D2
Marne (r.) 1789 D2
Marne-la-Vallée 1788 F4
Maroc 1802 B1
Marolles-en-Hurepoix 1788 F4
Maroni 1815 H3
Marquette 1811 E2
Marrakech 1802 B1
Marsa el-Brega 1803 B1
Marsala 1792 C3
Marseille 1789 D3
Martaban (golfe de) 1801 H4
Martigny 1789 D2
Martigues 1789 D3
Martinique 1813 E4
Maryland 1811 F3
Mascate 1800 D3
Maseru 1805 C6
Massa 1792 C2
Massachusetts 1811 F2
Massaoua 1804 D2
Massif Central 1789 C2
Massy 1788 F4
Matadi 1804 B4
Matamoros 1812 C2
Matanzas 1813 A2
Matapan (cap) 1793 E3
Matera 1792 D2
Mato Grosso 1815 G6
Mato Grosso do Sul 1815 G7
Matsue 1798 G3
Maubeuge 1789 C1
Maures 1789 D3
Mauriac 1789 C2
Maurice (île) 1805 F6
Maurienne 1789 D2
Mauritanie 1802 A2
Mayagüez 1813 D3
Mayence 1794 B2
Mayenne (dép.) 1788 B2
Mayenne (ville) 1788 B2
Maykop 1796 F5
Mayotte 1805 E5
Mazār-e-Charif 1801 E2
Mazatlán 1812 B2
Mbabane 1805 D6
Mbandaka 1804 B3
Mbanza-Ngungu 1804 B4
Mbuji-Mayi 1804 C4
McKinley (mont) 1808 C3
Meaux 1789 C2
Mechhed 1800 D2
Mecklembourg-Poméranie-Occidentale 1794 C2
Mecque (La) 1800 B3
Medan 1799 C6
Medellín 1814 C2
Médenine (El) 1802 C1
Medicine Hat 1808 G5
Médine 1800 B3
Médoc 1788 B2
Megève 1789 D2
Meknès 1802 B1
Mékong 1799 D5
Melaka 1799 D6
Melbourne 1806 D4
Melilla 1791 B2
Melun 1789 C2
Melun-Sénart 1788 F4
Melville (baie de) 1809 M2
Melville (île) [Australie] 1806 C2
Melville (île) [Canada] 1808 G2
Melville (lac) [Canada] 1809 N4
Melville (péninsule de) 1809 K3
Memphis 1811 E3
Mende 1789 C3
Mendoza 1816 C4
Menia (El-) 1802 C1
Mennecy 1788 F4
Mentawai (îles) 1799 C7
Merano 1792 C1
Mercantour 1789 D3
Mergui (archipel) 1801 H4
Mérida (Esp.) 1791 A2
Mérida (Mex.) 1812 D2
Meru (mont) 1804 D4
Messine 1792 D3
Messine (détroit de) 1792 D3
Mestghanem 1802 C1
Metz 1789 D2
Meudon 1788 F4
Meudon (forêt de) 1788 F4
Meurthe-et-Moselle 1789 D2
Meuse (dép.) 1789 D2
Meuse (r.) 1789 D2
Mexicali 1812 A1
Mexico 1812 C3
Miami 1811 E4
Miami Beach 1811 E4
Michigan (État) 1811 E2
Michigan (lac) 1811 E2
Micronésie (États fédérés de) 1799 H6
Middlesbrough 1790 C3
Midelt 1802 B1
Midi d'Ossau (pic du) 1788 B3
Midi-Pyrénées 1789 C3
Milan 1792 B1
Millau 1789 C3
Mílos 1793 E3
Milwaukee 1811 E2
Minas Gerais 1815 J7
Mindanao 1799 F6
Minden 1794 B2
Mindoro 1799 F5
Minîèh 1803 C2
Minneapolis 1811 D2
Minnesota 1811 D2
Minorque 1791 C1
Minsk 1795 F2
Miquelon 1809 N5
Miranda de Ebro 1791 B1
Mirande 1788 C2
Miskolc 1795 E3
Missilonghi 1793 E3
Mississippi (État) 1811 D3
Mississippi (r.) 1811 D3
Missouri (État) 1811 D3
Missouri (r.) 1810 D3
Mistassini 1809 L4
Mistra 1793 E3
Mitchell (mont) 1811 E3
Mladá Boleslav 1794 C2
Mobutu (lac) 1804 D3
Modène 1792 C2
Moguilev 1796 D4
Mohammedia 1802 B1
Mohave (désert) 1810 B3
Moissac 1789 C3
Moissy-Cramayel 1788 F4
Moka 1800 B4
Moldavie 1795 F3
Moldavie (Roumanie) 1793 F1
Molise 1792 C2
Moluques 1799 F7
Mombasa 1804 D4
Monaco 1789 D3
Monastir 1792 C3
Mönchengladbach 1794 B2
Moncton 1809 M5
Mongolie 1798 C2
Mongolie-Intérieure 1798 D2
Monrovia 1802 A4
Mons 1789 C1
Montaigu 1788 B2
Montana (Suisse) 1789 D2
Montana (É.-U.) 1810 B2
Montargis 1789 C2
Montauban 1789 C3
Montbéliard 1789 D2
Montbrison 1789 C2
Montceau-les-Mines 1789 C2
Mont-de-Marsan 1788 B3
Montdidier 1789 C2
Montego Bay 1813 B3
Montélimar 1789 C3
Monténégro 1793 D2
Monterrey 1812 B2
Montevideo 1816 E4
Montfermeil 1788 F4
Montgeron 1788 F4
Montgomery 1811 E3
Mont-Laurier 1809 L5
Montlhéry 1788 F4
Montluçon 1789 C2
Montmagny 1809 L5
Montmorency 1788 F4
Montpelier 1811 F2
Montpellier 1789 C3
Montréal 1809 L5
Montreuil 1789 C1
Montreuil 1788 F4
Montreux 1789 D2
Montrouge 1788 F4
Mont-Saint-Michel (Le) 1788 B2
Montserrat 1813 E3

Montsoult 1788 F4
Monza 1792 B1
Mopti 1802 B3
Morava (r.) 1794 D3
Morava (r.) 1793 E2
Moravie 1794 D3
Morbihan 1788 B2
Morena (sierra) 1791 A2
Morioka 1798 H3
Morlaix 1788 B2
Moroni 1805 E5
Morsang-sur-Orge 1788 F4
Mort (vallée de la) 1810 B3
Mortagne-au-Perche 1789 C2
Moscou 1796 E4
Moselle (dép.) 1789 D2
Moselle (r.) 1794 B2
Mossoul 1800 C2
Most 1794 C2
Mostar 1793 D2
Mouaskar 1802 A1
Moulins 1789 C2
Moulmein 1801 H4
Moulouya 1802 B1
Mourmansk 1796 E3
Mouscron 1789 C1
Mozambique 1805 E5
Mozambique (canal du) 1805 D6
M'Sila 1802 C1
Mukallā (al-) 1800 C4
Mulhacén 1791 B2
Mulhouse 1789 D2
Mull 1790 B2
Multan 1801 F2
Munich 1794 C3
Münster (All.) 1794 B2
Munster (Irl.) 1790 B3
Muqdisho 1804 E3
Murcie 1791 B2
Mureş 1793 E1
Muret 1789 C3
Muroran 1798 H2
Murray 1806 D4
Mutare 1805 D5
Mycènes 1793 E3
Myitkyina 1801 H3
Mýkonos 1793 F3
Mysore 1801 F4
My Tho 1799 D5
Mytilène 1793 F3

N

Nabeul 1802 D1
Nadjaf 1800 C2
Nadjd 1800 C3
Nagasaki 1798 F3
Nagoya 1798 G3
Nāgpur 1801 F3
Naha 1798 F4
Nahuel Huapí (lac) 1816 B6
Nairobi 1804 D4
Nakhitchevan 1796 F6
Nakhodka 1797 P5
Namaqualand 1805 B7
Namib (désert du) 1805 B6
Namibie 1805 B6
Namur 1789 C1
Nancy 1789 D2
Nanga Parbat 1801 F2
Nankin 1798 E3
Nanning 1798 D4
Nanterre 1788 F4
Nantes 1788 B2
Nantucket 1811 G2
Nao (cap de la) 1791 C2
Naples 1792 C2
Narbadā 1801 F3
Narbonne 1789 C3
Narew 1795 E2
Narvik 1796 C3
Nashville 1811 E3
Nassau 1813 B1
Nasser (lac) 1803 C2
Natal (prov.) 1805 D6
Natal (ville) 1815 L5
Natron (lac) 1804 D4
Nauplie 1793 E3
Nauru 1807 F1
Navarre 1791 B1
Naxos 1793 F3
N'Djamena 1804 B2
Nebraska 1810 C2
Negro (río) 1814 E3
Negro (río) 1816 D5
Negros 1799 F6
Neige (crêt de la) 1789 D2
Neisse 1794 D2
Nelson 1808 J4
Népal 1801 G3
Nérac 1788 C2
Neretva 1793 D2
Ness (loch) 1790 C2
Neuchâtel 1789 D2
Neufchâteau 1789 D2
Neufchâtel-en-Bray 1789 C2
Neuilly-sur-Marne 1788 F4
Neuilly-sur-Seine 1788 F4
Nevada (État) 1810 B3
Nevada (sierra) 1791 B2
Nevada (sierra) 1810 B3
Nevers 1789 C2
Nevis 1813 E3
New Amsterdam 1815 G2
Newark 1811 F2
New Bedford 1811 F2
Newcastle (Afr. du Sud) 1805 C6
Newcastle (Australie) 1806 E4
Newcastle upon Tyne 1790 C2
New Delhi 1801 F3
New Hampshire 1811 F2
New Haven 1811 F2
New Jersey 1811 F2
Newport (É.-U.) 1811 F2
Newport (G.-B.) 1790 C3
Newport News 1811 F3
New Providence 1813 B1
New Westminster 1808 F5
New York 1811 F2
New York (État) 1811 F2
N'Gaoundéré 1804 B3
Nha Trang 1799 D5
Niagara Falls 1811 F2
Niamey 1802 C3
Nicaragua 1812 D3
Nicaragua (lac de) 1812 D3
Nice 1789 D3
Nicobar (îles) 1801 H5
Nicosie 1800 B2
Niémen 1795 F2
Nièvre 1789 C2
Niger (État) 1802 C3
Niger (r.) 1802 C3
Nigeria 1802 C4
Niigata 1798 G3
Nijni Novgorod 1796 F4
Nijni Taguil 1796 G4
Nil (r.) 1800 B3
Nil Blanc (r.) 1804 D2
Nil Bleu (r.) 1804 D2
Nimba (monts) 1802 B4
Nimègue 1794 B2
Nîmes 1789 C3
Niort 1788 B2
Niš 1793 E2
Niterói 1815 K8
Niue (île) 1807 J2
Nogent-le-Rotrou 1789 C2
Nogent-sur-Marne 1788 F4
Noire (mer) 1800 B1
Noirmoutier 1788 B2
Noisy-le-Grand 1788 F4
Noisy-le-Sec 1788 F4
Nome 1808 B3
Noranda 1809 L5
Nord (cap) 1796 D2
Nord (dép.) 1789 C1
Nord (île du) 1807 G4
Nord (mer du) 1790 D2
Nord (territoire du) 1806 C2
Nord-Ouest (territoires du) 1808 G3
Nord-Pas-de-Calais 1789 C1
Norfolk 1811 F3
Normandie (Basse-) 1788 B2
Normandie (Haute-) 1789 C2
Norrköping 1796 C4
Northampton 1790 C3
Northumberland (détroit de) 1809 M5
Norvège 1796 B3
Norvège (mer de) 1796 B3
Norwich 1790 D3
Nosy Be 1805 E5
Notre-Dame (baie de) 1809 N5
Nottingham 1790 C3
Nouadhibou 1802 A2
Nouakchott 1802 A3
Nouméa 1807 F3
Nouveau-Brunswick 1809 M5
Nouveau-Mexique 1810 C3
Nouveau-Québec 1809 L4
Nouvelle-Bretagne 1806 E1
Nouvelle-Calédonie 1807 F3
Nouvelle-Écosse 1809 M5
Nouvelle-Galles du Sud 1806 D4
Nouvelle-Géorgie 1807 E1
Nouvelle-Guinée 1806 C1
Nouvelle-Irlande 1806 E1
Nouvelle-Orléans (La) 1811 D3
Nouvelle-Sibérie (archipel de la) 1797 P2
Nouvelle-Zélande 1807 G5
Nouvelle-Zemble 1796 G2
Novare 1792 B1
Novgorod 1796 E3
Novi Ligure 1792 B2
Novi Sad 1793 D1
Novokouznetsk 1796 K4
Novossibirsk 1796 K4
Nubie (désert de) 1803 C2
Nuevo Laredo 1812 C2
Nufūd (Grand) 1800 C3
Nukualofa 1807 H3
Nullarbor (plaine de) 1806 B4
Nuremberg 1794 C3
Nuuk 1809 N3
Nyon 1789 D2

O

Oakland 1810 A3
Oak Ridge 1811 E3
Oaxaca 1812 C3
Ob 1796 J3
Ob (golfe de l') 1796 J3
Obeïd (El-) 1804 D2
Obock 1804 E2
Odense 1794 C1
Oder 1794 C2
Odessa 1796 E5
Odra 1795 D2
Offenbach 1794 B2
Ogaden 1804 E3
Ogbomosho 1802 C4
Ogooué 1804 A4
Ohio (État) 1811 E2
Ohio (r.) 1811 E3
Ohrid (lac d') 1793 E2
Oisans 1789 D2
Oise (dép.) 1789 C2
Oise (r.) 1789 C2
Okavango 1805 B5
Okhotsk (mer d') 1797 Q4
Okinawa 1798 F4
Oklahoma 1810 D3
Oklahoma City 1810 D3
Oland 1796 C4
Oldenburg 1794 B2
Oléron 1788 B2
Olinda 1815 M5
Olomouc 1794 D3
Oloron-Sainte-Marie 1788 B3
Olsztyn 1795 E2
Olympe (mont) 1793 E2
Olympia 1810 A2
Olympie 1793 E3
Omaha 1810 D2
Oman 1800 D3
Oman (golfe d') 1800 D3
Oman (mer d') 1800 E4
Ombrie 1792 C2
Omdurman 1804 D2
Omsk 1796 J4
Onega (lac) 1796 E3
Ontario (lac) 1811 F2
Ontario (prov.) 1809 J4
Opava 1795 D3
Opole 1795 D2
Oradea 1793 E1
Oran 1802 B1
Orange 1789 C3
Orange (r.) 1805 B6
Orange (État libre d') 1805 C6
Orbetello 1792 C2
Orcades 1790 C2
Ordos (plateau de l') 1797 M6
Orebro 1796 C3
Oregon 1810 A2
Orel 1796 E4
Orenburg 1796 G4
Orénoque 1814 F2
Orense 1791 A1
Oristano 1792 B3
Orizaba 1812 C3
Orlando 1811 E4
Orléans 1789 C2
Orly 1788 F4
Ormuz (détroit d') 1800 D3
Orne (dép.) 1788 C2
Orsay 1788 F4
Oruro 1814 E7
Ōsaka 1798 G3
Oshogbo 1802 C4
Osijek 1793 D1
Oslo 1796 C3
Osnabrück 1794 B2
Ostende 1789 C1
Ostie 1792 C2
Ostrava 1795 D3
Otaru 1798 H2
Otrante 1793 D2
Otrante (canal d') 1793 D2
Ottawa 1811 F2
Ottawa (r.) 1811 F2
Ouaddaï 1804 C2
Ouadi-Halfa 1804 D1
Ouad-Madani 1804 D2
Ouagadougou 1802 B3
Ouarzazate 1802 B1
Oubangui 1804 B3
Oudmourtes (rép. des) 1796 G3
Oued-Zem 1802 B1
Ouessant 1788 A2
Ouezzane 1802 B1
Oufa 1796 G4
Ouganda 1804 D3
Oujda 1802 B1
Oulan-Bator 1798 D2
Oulan-Oude 1797 M4
Ouled Naïl (monts des) 1802 C1
Oural 1796 G4
Oural (r.) 1796 G4
Ourmia 1800 C2
Ourmia (lac d') 1800 C2
Ours (Grand Lac de l') 1808 F3
Oussouri (r.) 1797 P5
Ouvéa 1807 F3
Ouzbékistan 1796 H5
Ovamboland 1805 B5
Oviedo 1791 A1
Owen Sound 1811 E2
Oxford 1790 C3
Ozark (monts) 1811 D3

P

Pabianice 1795 D2
Padang 1799 D7
Paderborn 1794 B2
Padoue 1792 C1
Paestum 1792 C2
Pākistān 1800 E3
Palaiseau 1788 F4
Palau (îles) 1799 G6
Palawan 1799 E6
Palembang 1799 D7
Palencia 1791 B1
Palerme 1792 C3
Palk (détroit de) 1801 G4
Palma de Majorque 1791 C2
Palmas (Las) 1802 A2
Palm Springs 1810 B3
Pamiers 1789 C3
Pamir 1801 F2
Pampa 1816 D5
Pampelune 1791 B1
Panaji 1801 F4
Panamá (canal de) 1813 B5
Panamá (État) 1812 D4
Panamá (golfe de) 1812 E4
Panamá (ville) 1812 E4
Pantelleria (île) 1792 C3
Pantin 1788 F4
Papouasie-Nouvelle-Guinée 1806 D1
Pará (État) 1815 H4
Pará (r.) 1815 J4

Paracels (îles) 1799 E5
Paraguay 1816 E2
Paraguay (r.) 1816 E2
Paramaribo 1815 G2
Paraná (État) 1816 F2
Paraná (r.) 1816 E4
Paraná (ville) 1816 D4
Paranaíba 1815 H7
Pardubice 1794 D2
Paria (golfe de) 1814 F1
Paris 1789 C2
Parme 1792 C2
Parnaíba 1815 K4
Parnasse (mont) 1793 E3
Páros 1793 F3
Parry (îles) 1808 G2
Parthenay 1788 B2
Pasadena 1810 B3
Pas-de-Calais 1789 C1
Passau 1794 C3
Pasto 1814 C3
Patagonie 1816 B8
Pátmos 1793 F3
Paṭnā 1801 G3
Patras 1793 E3
Pau 1788 B3
Pavie 1792 B1
Pavlodar 1796 J4
Paysandú 1816 E4
Pays-Bas 1794 B2
Paz (La) 1814 E7
Pecos 1810 C3
Pecq (Le) 1788 F4
Pécs 1795 D3
Pegu 1801 H4
Pékin 1798 E2
Péloponnèse 1793 E3
Pemba 1805 E5
Pendjab 1801 F2
Pennines 1790 C3
Pennsylvanie 1811 F2
Pensacola 1811 E3
Penza 1796 F4
Peoria 1811 E2
Perche 1788 C2
Périgord 1789 C2
Périgueux 1789 C2
Perm 1796 G4
Pernambuco 1815 L5
Pernik 1793 E2
Pérou 1814 D6
Pérouse 1792 C2
Perpignan 1789 C3
Perreux-sur-Marne (Le) 1788 F4
Persique (golfe) 1800 D3
Perth (G.-B.) 1790 C2
Perth (Australie) 1806 A4
Pesaro 1792 C2
Pescara 1792 C2
Peshāwar 1801 F2
Petchora (mer de la) 1796 G3
Petchora (r.) 1796 G3
Peterborough 1790 C3
Petrozavodsk 1796 E3
Pforzheim 1794 B3
Philadelphie 1811 F2
Philippines 1799 F5
Phnom Penh 1799 D5
Phoenix 1810 B3
Phoenix (îles) 1807 H1
Phuket 1799 C6
Piauí 1815 K5
Piave 1792 C1
Picardie 1789 C2
Piémont 1792 B1
Pierre 1810 C2
Pierrelaye 1788 F4
Pietermaritzburg 1805 D6
Pilcomayo 1816 D2
Pinar del Río 1813 A2
Pinde 1793 E3
Pins (île des) 1807 F3
Piombino 1792 C2
Pirée (Le) 1793 E3
Pirmasens 1794 B3
Pise 1792 C2
Pistoia 1792 C2
Piteşti 1793 E2
Pittsburgh 1811 D3
Plaisance 1792 B1
Plasencia 1791 A1
Plata (La) 1816 E4
Plauen 1794 C2
Pleiku 1799 D5
Plessis-Robinson (Le) 1788 F4
Pleven 1793 E2
Płock 1795 D2
Ploërmel 1788 B2
Ploieşti 1793 F2
Plovdiv 1793 E2
Plymouth 1790 C3
Plzeň 1794 C3
Pô 1792 C2
Podgorica 1793 D2
Pointe-à-Pitre 1813 E3
Pointe-Noire 1804 B4
Poissy 1788 F4
Poitiers 1788 C2
Poitou-Charentes 1788 B2
Pokrovsk 1796 F4
Pologne 1795 D2
Polotsk 1796 D4
Poltava 1796 E5
Pompéi 1792 C2
Ponce 1813 D3
Pondichéry 1801 F4
Ponferrada 1791 A1
Ponta Delgada 1802 A1
Pontarlier 1789 D2
Pontault-Combault 1788 F4
Pontedera 1792 C2
Ponte-Leccia 1792 B2
Pontevedra 1791 A1
Ponthierry 1788 F4
Pontiac 1811 E2
Pontianak 1799 D7
Pontique (chaîne) 1800 B1
Pontivy 1788 B2
Pontoise 1788 C2
Poopó (lac) 1814 E7
Popocatépetl 1812 C3
Port Arthur 1811 D4
Port-au-Prince 1813 C3
Port-aux-Basques 1809 N5
Port-Cartier 1809 M5
Port-Cros 1789 D3
Port Elizabeth 1805 C7
Portes de Fer 1793 E2
Port-Gentil 1804 A4
Port Harcourt 1802 C4
Portland 1810 A2
Portland 1811 F2
Port Louis 1805 F6
Port Moresby 1806 D1
Porto 1791 A1
Porto (golfe de) 1789 D3
Pôrto Alegre 1816 F4
Portoferraio 1792 C2
Port of Spain 1813 E4
Porto Novo 1802 C4
Porto Rico 1813 D3
Porto Torres 1792 B2
Porto-Vecchio 1789 D3
Pôrto Velho 1814 F5
Port-Saïd 1803 C1
Portsmouth (G.-B.) 1790 C3
Portsmouth (É.-U.) 1811 F3
Port-Soudan 1804 D2
Portugal 1791 A2
Port-Vila 1807 F2
Potenza 1792 D2
Potosí 1814 E7
Potsdam 1794 C2
Pouille 1792 D2
Poznań 1794 D2
Prague 1794 C2
Praia 1802 A4
Prato 1792 C2
Preston 1790 C3
Pretoria 1805 C6
Prince-de-Galles (île du) 1808 G2
Prince-Édouard (île du) 1809 M5
Prince George 1808 F4
Prince Rupert 1808 E4
Principe 1802 C4
Pripiat 1795 F2
Privas 1789 C3
Propriano 1789 D3
Prout 1795 F3
Provence-Alpes-Côte d'Azur 1789 D3
Providence 1811 F2
Provins 1789 C2
Prudhoe Bay 1808 D2
Pskov 1796 D4
Puebla 1812 C3
Pueblo 1810 C3
Puertollano 1791 B2
Puerto Montt 1816 B6
Puigcerdá 1791 C1
Pune 1801 F4
Punta Arenas 1816 B8
Punta del Este 1816 F4
Purus 1814 F4
Pusan 1798 F3
Puteaux 1788 F4
Putumayo 1814 C4
Puy de Dôme 1789 C2
Puy-de-Dôme 1789 C2
Puy-en-Velay (Le) 1789 C2
Pyongyang 1798 F3
Pyrénées 1788 B3
Pyrénées (Hautes-) 1788 C3
Pyrénées-Atlantiques 1788 B3
Pyrénées-Orientales 1789 C3

Q

Qaṭar 1800 D3
Qazvin 1800 C2
Qingdao 1798 F3
Qiqihar 1798 F2
Qom 1800 D2
Qu'Appelle 1808 H4
Québec 1809 L5
Québec (province) 1809 L4
Queensland 1806 D3
Quelimane 1805 D5
Quercy 1789 C3
Querétaro 1812 B2
Quetta 1801 E2
Queyras 1789 D3
Quezaltenango 1812 C3
Quezón City 1799 F5
Quibdó 1814 C2
Quiberon 1788 B2
Quillan 1789 C3
Quimper 1788 B2
Quimperlé 1788 B2
Qui Nhon 1799 D5
Quito 1814 C4

R

Rabat 1802 B1
Raguba 1803 A2
Raguse 1792 C3
Raincy (Le) 1788 F4
Rainier (mont) 1810 A2
Rājkot 1801 F3
Raleigh 1811 F3
Rambouillet 1789 C2
Rancagua 1816 B4
Rānchī 1801 G3
Rangoon 1801 H4
Rapallo 1792 B2
Ras Dachan 1804 D2
Rastatt 1794 B3
Ratisbonne 1794 C3
Ravenne 1792 C2
Rāwalpindī 1801 F2
Ré 1788 B2
Reading 1790 C3
Reading 1811 F2
Recht 1800 C2
Recife 1815 M5
Redon 1788 B2
Red River 1811 D3
Reggane 1802 C2
Reggio di Calabria 1792 D3
Reggio nell'Emilia 1792 C2
Regina 1808 H4
Reims 1789 C2
Reine-Adélaïde (archipel de la) 1816 B8
Reine-Charlotte (détroit de la) 1808 F4
Reine-Charlotte (îles de la) 1808 E4
Reine-Élisabeth (îles de la) 1808 H1
Rennes 1788 B2
Reno 1810 B3
Republican (r.) 1810 D2
Resistencia 1816 E3
Réunion 1805 F6
Reus 1791 C1
Revillagigedo (îles) 1812 A3
Reykjavik 1809 Q3
Rezé 1788 B2
Rhénanie-du-Nord-Westphalie 1794 B2
Rhénanie-Palatinat 1794 B3
Rhin 1794 B2
Rhin (Bas-) 1789 D2
Rhin (Haut-) 1789 D2
Rhode Island (R. I.) 1811 F2
Rhodes (île) 1793 F3
Rhodes (ville) 1793 F3
Rhodopes 1793 E2
Rhône (dép.) 1789 C2
Rhône (r.) 1789 C3
Rhône-Alpes 1789 D2
Ribeirão Preto 1815 J8
Richard's Bay 1805 D6
Richmond 1811 F3
Rieti 1792 C2
Rif 1802 B1
Riga 1795 E1
Riga (golfe de) 1795 E1
Rijeka 1792 C1
Rimini 1792 C2
Rimouski 1811 G2
Rio Branco 1814 E5
Rio de Janeiro 1815 K8
Río de La Plata 1816 E5
Rio Grande 1816 F4
Rio Grande do Norte 1815 L5
Rio Grande do Sul 1816 F3
Rioja (La) 1816 C3
Riom 1789 C2
Ris-Orangis 1788 F4
Riverside 1810 B3
Riyāḍ 1800 C3
Roanne 1789 C2
Rocamadour 1789 C3
Rochefort 1788 B2
Rochelle (La) 1788 B2
Rochester 1811 F2
Roche-sur-Yon (La) 1788 B2
Rocheuses (montagnes) 1810 B1
Rockhampton 1806 E3
Rodez 1789 C3
Roi-Guillaume (île du) 1808 J3
Roissy-en-France 1788 F4
Romagne 1792 C2
Romans-sur-Isère 1789 D2
Rome 1792 C2
Romorantin-Lanthenay 1789 C2
Rondônia 1814 F6
Roraima (mont) 1814 F2
Roraima (territoire) 1814 F3
Rosario 1816 D4
Roscoff 1788 B2
Roseau 1813 E3
Roskilde 1794 C1
Rosny-sous-Bois 1788 F4
Rosslare 1790 B3
Rostock 1794 C2
Rostov-sur-le-Don 1796 E5
Rotondo (monte) 1789 D3
Rotterdam 1794 A2
Roubaix 1789 C1
Rouen 1789 C2
Rouge (mer) 1800 B3
Roumanie 1793 E1
Rouyn 1811 F2
Rovigo 1792 C1
Royan 1788 B2
Rub'al-Khālī 1800 C4
Rueil-Malmaison 1788 F4
Ruffec 1788 C2
Rufisque 1802 A3
Rügen 1794 C2
Ruhr (r.) 1794 B2
Rukwa (lac) 1805 D4
Rungis 1788 F4
Ruse 1793 F2
Russie 1796
Rustenburg 1805 C6
Ruwenzori 1804 C6
Rwanda 1804 C4
Rybinsk 1796 E4
Ryūkyū (îles) 1798 F4
Rzeszów 1795 E2

S

Saale 1794 C2
Saas Fee 1789 D2

Sabadell 1791 C1
Sabah 1799 E6
Sables-d'Olonne (Les) 1788 B2
Sables-d'Or (Les) 1793 F2
Saclay 1788 F4
Sacramento 1810 A3
Safi 1802 B1
Sagho (djebel) 1802 B1
Saginaw 1811 E2
Saguenay 1809 L5
Sagunto 1791 B2
Sahara 1802 C2
Sahel 1802 A3
Saïan 1797 L4
Saida 1802 C1
Saint-Amand-Montrond 1789 C2
Saint-Brieuc 1788 B2
Saint Catharines 1811 K5
Saint-Chamond 1789 C2
Saint-Chéron 1788 F4
Saint Christopher 1813 E3
Saint-Claude 1789 D2
Saint-Cloud 1788 F4
Saint-Cyr-l'École 1788 F4
Saint-Denis 1788 F4
Saint-Denis (Réunion) 1805 F6
Saint-Dié 1789 D2
Saint-Dizier 1789 C2
Saint-Domingue 1813 D3
Sainte-Croix 1813 E3
Sainte-Geneviève-des-Bois 1788 F4
Saint-Élie (monts) 1808 E3
Sainte-Lucie 1813 E4
Saintes 1788 B2
Saint-Étienne 1789 C2
Saint-Fargeau-Ponthierry 1788 F4
Saint-Florent 1789 D3
Saint-Gall 1789 D2
Saint-Gaudens 1789 C3
Saint George's 1813 E4
Saint-Germain-en-Laye 1788 F4
Saint-Germain-en-Laye (forêt de) 1788 F4
Saint-Gervais-les-Bains 1789 D2
Saint-Gothard 1789 D2
Saint-Gratien 1788 F4
Saint-Hélier 1790 B2
Saint-Hyacinthe 1809 L5
Saint-Jacques-de-Compostelle 1791 A1
Saint-Jean (lac) 1809 L5
Saint-Jean-d'Angély 1788 B2
Saint-Jean-de-Maurienne 1789 D2
Saint John's 1809 N5
Saint-Junien 1789 C2
Saint-Kitts 1813 E3
Saint-Laurent 1809 L5
Saint-Laurent (île) 1808 A3
Saint-Lô 1788 B2
Saint Louis 1811 A3
Saint-Louis 1802 D3
Saint-Malo 1788 B2
Saint-Mandé 1788 F4
Saint-Marin 1792 C2
Saint-Martin (île) 1813 E3
Saint-Maur-des-Fossés 1788 F4
Saint-Michel-sur-Orge 1788 F4
Saint-Moritz 1789 D2
Saint-Nazaire 1788 B2
Saint-Omer 1789 C1
Saint-Ouen 1788 F4
Saint-Ouen-l'Aumône 1788 F4
Saint Paul 1811 D2
Saint-Pétersbourg 1796 E3
Saint Petersburg 1811 E4
Saint-Pierre-et-Miquelon 1809 N5
Saint-Quentin 1789 C2
Saint-Quentin-en-Yvelines 1788 F4
Saint-Raphaël 1789 D3
Saint-Sébastien 1791 B1
Saint-Trond 1789 D1
Saint-Tropez 1789 D3
Saint-Vincent 1813 E4
Saint-Vrain 1788 F4
Sakai 1798 G3
Sakhaline 1797 Q4
Salado 1816 D3
Salamanque 1791 A1
Salbris 1789 C2
Salé 1802 B1
Salem (É.-U.) 1810 A2
Salem (Inde) 1801 F4
Salerne 1792 C2
Salisbury 1790 C3
Salomon (îles) 1807 E1
Salon-de-Provence 1789 D3
Salouen 1801 H3
Salta 1816 C2
Saltillo 1812 B2
Salt Lake City 1810 B2
Salto 1816 E4
Salvador 1815 L6
Salvador (El) 1812 C3
Salzbourg 1794 C3
Salzgitter 1794 C2
Samara 1796 G4
Samarinda 1799 E7
Samarkand 1796 H6
Sāmarrā 1800 C2
Sambre 1789 C1
Samoa 1807 H2
Samoa Américaines 1807 H2
Sámos 1793 F3
Samothrace 1793 F2
Samsun 1800 B1
Ṣan'ā' 1800 C4
Sanaga 1804 B3
San Antonio 1810 D4
San Bernardino 1810 B3
San Carlos de Bariloche 1816 B6
Sancy (puy de) 1789 C2
San Diego 1810 B3
San Francisco 1810 A3
Sangha 1804 B3
Sangre de Cristo (monts) 1810 C3
San Joaquin 1810 A3
San José (Costa Rica) 1812 C3
San Jose (É.-U.) 1810 A3
San Juan 1813 D3
Sankt Pölten 1794 D3
San Luis Potosí 1812 B2
San Matías (golfe) 1816 D6
San Miguel de Tucumán 1816 C3
San Pedro 1802 B4
San Pedro Sula 1812 D3
San Remo 1792 B2
San Salvador 1812 D3
San Salvador (île) 1813 C2
San Salvador de Jujuy 1816 C2
Santa Barbara 1810 B3
Santa Cruz (île) 1807 F2
Santa Cruz de la Palma 1802 A2
Santa Cruz de Tenerife 1802 A2
Santa Fé (Argentine) 1816 D4
Santa Fe (É.-U.) 1810 C3
Santander 1791 B1
Santarém 1791 A2
Santiago 1816 B4
Santiago 1813 C3
Santiago de Cuba 1813 B2
Santiago del Estero 1816 D3
Santorin 1793 F3
Santos 1815 G2
São Francisco 1815 K7
São Luís 1815 K4
São Miguel 1802 A1
Saône 1789 C2
Saône (Haute-) 1789 D2
Saône-et-Loire 1789 C2
São Paulo (État) 1815 H8
São Paulo (ville) 1815 J8
São Tiago 1802 A4
São Tomé et Principe 1802 C4
São Vicente (cap) 1815 A2
São Vicente (île) 1802 A4
Sapporo 1798 H2
Saragosse 1791 B1
Sarajevo 1793 D2
Saratov 1796 F4
Sarawak 1799 E6
Sarcelles 1788 F4
Sardaigne 1792 B2
Sarh 1804 B3
Sark 1788 B2
Sarlat 1789 C3
Sarnia 1811 E2
Sarre 1794 B3
Sarrebourg 1789 D2
Sarrebruck 1794 B3
Sarreguemines 1789 D2
Sartène 1789 D3
Sarthe (dép.) 1788 B2
Sarthe (r.) 1788 B2
Sartrouville 1788 F4
Sasebo 1798 F3
Saskatchewan (prov.) 1808 H4
Saskatchewan (r.) 1808 H4
Saskatoon 1808 H4
Sassari 1792 B2
Sātpura (monts) 1801 F3
Sault-Sainte-Marie 1811 E2
Saumur 1788 B2
Savaii 1807 H2
Savannakhet 1799 D5
Save 1792 D1
Saverne 1789 D2
Savigny-sur-Orge 1788 F4
Savoie 1789 D2
Savoie (Haute-) 1789 D2
Saxe 1794 C2
Saxe (Basse-) 1794 B2
Saxe-Anhalt 1794 C2
Sceaux 1788 F4
Schaffouse 1789 D2
Schefferville 1809 M4
Schleswig-Holstein 1794 B2
Schweinfurt 1794 C2
Schwerin 1794 C2
Schwyz 1789 D2
Scilly (îles) 1790 B4
Seattle 1810 A2
Sébastopol 1796 E5
Sedan 1789 C2
Ségou 1802 B3
Ségovie 1791 B1
Sègre 1791 C1
Sein (île de) 1788 B2
Seine 1789 C2
Seine-et-Marne 1789 C2
Seine-Maritime 1789 C2
Seine-Saint-Denis 1788 F4
Sekondi 1802 B4
Sélestat 1789 D2
Selkirk (monts) 1808 J4
Selle (massif de la) 1813 C3
Selwyn (monts) 1808 E3
Semarang 1799 E7
Semipalatinsk 1796 K4
Sénart (forêt de) 1788 F4
Sendai 1798 H3
Sénégal 1802 A3
Sénégal (r.) 1802 A3
Senlis 1789 C2
Sennar 1804 D2
Sens 1789 C2
Séoul 1798 F3
Sept-Iles 1809 M4
Seraing 1789 D1
Serbie 1793 D2
Sergipe 1815 L6
Sète 1789 C3
Settat 1802 B1
Setúbal 1791 A2
Severn 1790 C3
Severnaïa Zemlia 1797 M2
Séville 1791 A2
Sèvres 1788 F4
Sèvres (Deux-) 1788 B2
Seychelles 1805 E4
Seyne-sur-Mer (La) 1789 D3
Sézanne 1789 C2
Sfax 1802 D1
Shaba 1804 C5
Shandong 1798 F3
Shanghai 1798 F3
Shannon 1790 B3
Shawinigan 1811 F2
Sheffield 1790 C2
Shenyang 1798 F2
Sherbrooke 1811 F2
Shetland 1790 C1
Shijiazhuang 1798 E3
Shikoku 1798 G3
Shillong 1801 H3
Shimonoseki 1798 G3
Shizuoka 1798 G3
Shkodër 1793 D2
Shkodër (lac de) 1793 D2
Sholāpur 1801 F4
Shreveport 1811 D3
Shrewsbury 1790 C2
Sialkot 1801 F2
Šibenik 1792 D2
Sibérie 1796 H3
Sibérie orientale (mer de) 1797 R2
Sibiu 1793 E1
Sicile 1792 C3
Sider (El-) 1803 A1
Sidi-bel-Abbès 1802 B1
Siegen 1794 B2
Sienne 1792 C2
Sierra Leone 1802 A4
Sikhote-Aline 1797 P5
Sila 1792 D3
Silésie 1794 D2
Simbirsk 1796 F4
Simferopol 1796 E5
Simla 1801 F2
Simplon 1789 D2
Simpson (désert de) 1806 C3
Sinaï 1800 B3
Sines 1791 A2
Singapour 1799 D6
Sinnamary 1815 H2
Sinop 1800 B1
Sint-Niklaas 1789 C1
Sintra 1791 A2
Sinuiju 1798 F2
Sion 1789 C2
Siret 1793 F1
Sisteron 1789 D3
Sjaelland 1794 C1
Skagen 1794 C1
Skagerrak 1796 B4
Skikda 1802 C1
Skíros 1793 E3
Skopje 1793 E2
Skye 1790 B2
Slatina 1793 E2
Sligo 1790 B3
Sliven 1793 F2
Slovaquie 1795 D3
Slovénie 1792 C1
Smederevo 1793 E2
Smolensk 1795 G2
Snake River 1810 B2
Śniardwy (lac) 1795 E2
Snowdon 1790 C2
Socotora 1800 D4
Sofia 1793 E2
Soignies 1789 C1
Soissons 1789 C2
Sokoto 1802 C3
Solenzara 1789 D3
Soleure 1789 D2
Sologne 1789 C2
Solway Firth 1790 C2
Somalie 1804 E3
Someş 1793 E1
Somme (dép.) 1789 C2
Somme (r.) 1789 C2
Sonde (détroit de la) 1799 D7
Sondrio 1792 B1
Sopot 1795 D2
Sopron 1794 D3
Sorel 1811 F2
Soria 1791 B1
Sorrente 1792 C2
Sotchi 1796 E5
Soudan 1804 C2
Soukhoumi 1796 F5
Souq Ahras 1802 C1
Sousse 1802 D1
Southampton 1790 C3
Southampton (île) 1809 K3
Southend-on-Sea 1790 D3
Spanish Town 1813 B3
Sparte 1793 E3
Spartivento (cap) 1792 D3
Spezia (La) 1792 B2
Spire 1794 B3
Spittal 1794 C3
Spitzberg 1794 C2
Split 1792 D2
Spokane 1810 B2
Sporades 1793 E3
Spratly (îles) 1799 E6
Springfield 1811 E3
Springfield 1811 D3
Springs 1805 C6
Sri Lanka 1801 G5
Srinagar 1801 F2
Stains 1788 F4
Stanovoï (monts) 1797 O4
Stara Planina 1793 E2
Stara Zagora 1793 F2
Stavanger 1796 B4
Stavropol 1796 F5
Stewart (île) 1807 F1
Steyr 1794 C3
Stif 1802 C1
Stikine 1808 F4
Stirling 1790 C2
Stockholm 1796 C3

Stoke-on-Trent 1790 C3
Stralsund 1794 C2
Strasbourg 1789 D2
Stromboli 1792 D3
Stuttgart 1794 B3
Subotica 1793 D1
Suceava 1793 F1
Sucre 1814 E7
Sucy-en-Brie 1788 F4
Sud (île du) 1807 G5
Sudbury 1811 E2
Suède 1796 C3
Suez 1803 C1
Suez (canal de) 1803 C1
Suez (golfe de) 1803 C2
Suisse 1789 D2
Sukkur 1801 E3
Sula (archipel) 1799 F7
Sulaimāniya 1800 C2
Sulaymān (monts) 1801 E3
Sulina 1793 F1
Sulu (archipel des) 1799 F6
Sulu (mer de) 1799 E6
Sumatra 1799 C6
Sumba 1799 E8
Sumbawa 1799 E7
Šumen 1793 F2
Sunderland 1790 C2
Supérieur (lac) 1811 E2
Surabaya 1799 E7
Surakarta 1799 E7
Sūrat 1801 F3
Suresnes 1788 F4
Suriname 1815 G3
Suse 1792 B1
Sutlej 1801 F3
Suva 1807 G2
Svalbard 1796 C2
Sverdrup (îles) 1808 H2
Swansea 1790 C3
Swaziland 1805 D6
Sydney (Australie) 1806 E4
Sydney (Canada) 1809 M5
Syktyvkar 1796 G3
Sylhet 1801 H3
Syracuse (Italie) 1792 D3
Syracuse (É.-U.) 1811 F2
Syr-Daria 1796 H5
Syrie 1800 B2
Syrte (désert de) 1803 A1
Syrte (golfe de) 1803 A1
Szczecin 1794 C2
Szeged 1795 E3
Székesfehérvár 1795 D3

T

Tabriz 1800 C2
Tachkent 1796 H5
Tacna 1814 D7
Tacoma 1810 A2
Tademaït 1802 C2
Tadjikistan 1796 H6
Taegu 1798 F3
Taejon 1798 F3
Tage 1791 A2
Taibei 1798 F4
Ta'if 1800 C3
Tainan 1798 F4
Taiwan 1798 F4
Taiyuan 1798 E3
Ta'izz 1800 C4
Takoradi 1802 B4
Talca 1816 B5
Talcahuano 1816 B5
Tallahassee 1811 E3
Tallinn 1796 D4
Tamale 1802 B4
Tambacounda 1802 A3
Tamenghest 1802 C2
Tamise 1790 D3
Tampa 1811 E4
Tampere 1796 D3
Tanezrouft 1802 B2
Tanganyika (lac) 1804 C4
Tanger 1802 B1
Tangshan 1798 E3
Tanimbar (îles) 1799 G7
Tantah 1803 C1
Tanzanie 1804 D4
Taolagnaro 1805 E6
Taoudéni 1802 B2
Tapajós 1815 G4
Tarare 1789 C2
Tarbes 1788 B3
Tarente 1792 D2
Tarente (golfe de) 1792 D2
Tarim 1801 G2
Tarim (bassin du) 1801 G2
Tarn (dép.) 1789 C3
Tarn (r.) 1789 C3
Tarn-et-Garonne 1789 C3
Tartu 1796 D4
Tarvisio 1792 C1
Tasman (mer de) 1807 E4
Tasmanie 1806 D5
Tatabánya 1795 D3
Tataouine 1802 D1
Tatras 1795 D3
Taurus 1800 B2
Taverny 1788 F4
Tavoy 1801 H4
Taza 1802 B1
Tbessa 1802 C1
Tbilissi 1796 F5
Tchad 1804 B2
Tchad (lac) 1804 B2
Tcheliabinsk 1796 H4
Tchèque (Rép.) 1794 D3
Tcheremkhovo 1797 M4
Tchernobyl 1795 G2
Tcherski (monts) 1797 Q3
Tchita 1797 N4
Tchoibalsan 1798 E2
Tchoudes (lac des) 1796 D4
Tegucigalpa 1812 D3
Téhéran 1800 D2
Tehuantepec (golfe du) 1812 C3
Tehuantepec (isthme de) 1812 C3
Tel-Aviv-Jaffa 1800 B2
Ténéré 1802 D3
Tenerife 1802 A2
Tennessee 1811 E3
Terceira 1802 A1
Teresina 1815 K5
Terni 1792 C2
Ternopol 1795 F3
Terre de Feu 1816 C8
Terre-Neuve 1809 N5
Teruel 1791 B1
Tessin 1789 D2
Tétouan 1802 B1
Texas 1810 C3
Texel 1794 A2
Thaïlande 1799 C5
Thaïlande (golfe de) 1799 D5
Thanh Hoa 1799 D5
Thar (désert de) 1801 F3
Thássos 1793 E2
Thèbes 1793 E3
Thessalonique 1793 E2
Thessalonique (golfe de) 1793 E2
Thiais 1788 F4
Thiers 1789 C2
Thiès 1802 A3
Thillay (Le) 1788 F4
Thimbu 1801 G3
Thionville 1789 D2
Thíra 1793 F3
Thiviers 1789 C2
Thompson 1808 J4
Thonon-les-Bains 1789 D2
Thouars 1788 B2
Thoune 1789 D2
Thrace 1793 F2
Thulé 1809 M2
Thunder Bay 1811 E2
Thuringe 1794 C3
Tianjin 1798 E3
Tian Shan 1801 F1
Tibesti 1804 B1
Tibet 1801 G2
Tibre 1792 C2
Tigre 1800 C2
Tigré 1804 D2
Tihāma 1800 C4
Tihert 1802 C1
Tijuana 1812 A1
Tilburg 1794 B2
Tilimsen 1802 B1
Timişoara 1793 E1
Timmins 1811 E2
Timor 1799 F7
Timor (mer de) 1806 B2
Tindouf 1802 B2
Tipperary 1790 B3
Tirana 1793 D2
Tiraspol 1795 F3
Tîrgu-Jiu 1793 E1
Tisza 1795 E3
Titicaca (lac) 1814 E7
Tivoli 1792 C2
Tizi Ouzou 1802 C1
Toamasina 1805 E5
Tobago 1813 E4
Tobrouk 1803 B1
Tocantins (État) 1815 J4
Tocantins (r.) 1815 J4
Togo 1802 C4
Tōkyō 1798 H3
Toleara 1805 E6
Tolède 1791 B2
Tolède (monts de) 1791 B2
Toledo 1811 E2
Tomar 1791 A2
Tombouctou 1802 B3
Tomsk 1796 K4
Tonga 1807 H3
Tonkin (golfe du) 1798 D5
Topeka 1810 D3
Tordesillas 1791 A1
Torgau 1794 C2
Toronto 1811 F2
Torremolinos 1791 B2
Torreón 1812 B2
Toruń 1795 D2
Toscane 1792 C2
Toubkal (djebel) 1802 B1
Touggourt 1802 C1
Toul 1789 D2
Toula 1796 E4
Toulon 1789 D3
Toulouse 1789 C3
Toungouska Inférieure 1797 L3
Toungouska Moyenne 1797 L3
Tourcoing 1789 C1
Tournai 1789 C1
Tours 1789 C2
Toussidé (pic) 1804 B1
Toussus-le-Noble 1788 F4
Touva (rép. de) 1797 L4
Tozeur 1802 C1
Trabzon 1800 B1
Transvaal 1805 C6
Transylvanie (Alpes de) 1793 E1
Trasimène (lac) 1792 C2
Tremblay-en-France 1788 F4
Trent 1790 C3
Trente 1792 C1
Trentin-Haut-Adige 1792 C1
Trenton 1811 F2
Tréport (Le) 1789 C1
Trèves 1794 B3
Trévise 1792 C1
Trieste 1792 C1
Trinité (île) 1813 E4
Trinité-et-Tobago 1813 E4
Tripoli 1803 A1
Tripolitaine 1803 A1
Trivandrum 1801 F5
Troie 1793 F3
Trois-Rivières 1811 F2
Tromsø 1796 C3
Trondheim 1796 C3
Troyes 1789 C2
Truro 1809 M5
Tsaratanana (massif de) 1805 E5
Tsugaru (détroit de) 1798 H2
Tsushima (îles) 1798 G3
Tübingen 1794 B3
Tucson 1810 B3
Tulle 1789 C2
Tunis 1802 C1
Tunisie 1802 C1
Turin 1792 B1
Turkana (lac) 1804 D3
Turkestan 1800 E1
Turkménistan 1796 G5
Turks (îles) 1813 C2
Turku 1796 D3
Turquie 1800 A2
Turquino (pico) 1813 B2
Tuticorin 1801 F5
Tuvalu 1807 G1
Tver 1796 E4
Tyrol 1792 C1
Tyrrhénienne (mer) 1792 C2

U

Ucayali 1814 D5
Udine 1792 C1
Uélé 1804 C3
Uitenhage 1805 C7
Ukraine 1796 D5
Ulis (Les) 1788 F4
Ulm 1794 C3
Ulster 1790 B3
Umeå 1796 D3
Umtata 1805 C7
Ungava (baie d') 1809 M4
Ungava (péninsule d') 1809 L3
Upolu 1807 H2
Uppsala 1796 C4
Urbino 1792 C2
Uruguay 1816 E4
Uruguay (r.) 1816 E4
Urümqi 1798 B2
Ushuaia 1816 C8
Ústí nad Labem 1794 C2
Utah 1810 B3
Utrecht 1794 B2
Uzerche 1789 C2

V

Vaasa 1796 D3
Vadodara 1801 F3
Vaduz 1789 D2
Valachie 1793 E2
Valais 1789 D2
Val-de-Marne 1788 F4
Valdez 1808 D3
Valdivia 1816 B5
Val-d'Oise 1788 F4
Val-d'Or 1811 F2
Valence (Esp.) 1791 B2
Valence (Fr.) 1789 C3
Valence (région de) 1791 B2
Valencia 1814 E1
Valenciennes 1789 C1
Valette (La) 1792 C3
Valladolid 1791 A1
Valognes 1788 B2
Valparaíso 1816 B4
Van (lac de) 1800 C2
Vancouver 1808 F5
Vancouver (île) 1808 F5
Vänern (lac) 1796 C4
Vanikoro 1807 F2
Vannes 1788 B2
Vanoise 1789 D2
Vanua Levu 1807 G2
Vanuatu 1807 F2
Vanves 1788 F4
Var (dép.) 1789 D3
Var (r.) 1789 D3
Vārānāsī 1801 G3
Vardar 1793 E2
Varese 1792 B1
Varna 1793 F2
Varsovie 1795 E2
Vatican (cité du) 1792 C2
Vatnajökull 1809 R3
Vättern (lac) 1796 C4
Vaucluse 1789 D3
Vaud 1789 D2
Velay 1789 C3
Vélizy-Villacoublay 1788 F4
Vendée 1788 B2
Vendôme 1789 C2
Vénétie 1792 C1
Vénétie Julienne 1792 C1
Venezuela 1814 E2
Venezuela (golfe de) 1814 D1
Venise 1792 C1
Venise (golfe de) 1792 C1
Ventoux 1789 D3
Ventspils 1796 D4
Veracruz 1812 C3
Vercelli 1792 B1
Vercors 1789 D2
Verdon 1789 D3
Verdun 1789 D2
Vereeniging 1805 C6
Verkhoïansk 1797 P3
Verkhoïansk (monts de) 1797 O3
Vermont 1811 F3
Vernon 1789 C2
Vérone 1792 C1

Verrières-le-Buisson 1788 F4
Versailles 1788 F4
Vert (cap) 1802 A3
Verviers 1789 D1
Vésinet (Le) 1788 F4
Vesoul 1789 D2
Vesterålen 1796 C3
Vésuve 1792 C2
Vevey 1789 D2
Viareggio 1792 C2
Viatka 1796 F4
Viborg 1794 B1
Vicence 1792 C1
Vichy 1789 C2
Vicksburg 1811 D3
Victoria (État) 1806 D4
Victoria (grand désert) 1806 B3
Victoria (île) 1808 G2
Victoria (lac) 1804 D4
Victoria (ville) 1808 H3
Viedma 1816 D6
Vienne (Autriche) 1794 D3
Vienne (Fr.) 1789 C2
Vienne (dép.) 1788 C2
Vienne (Haute-) 1789 C2
Vienne (r.) 1789 C2
Vientiane 1799 D5
Vierzon 1789 C2
Viêt Nam 1799 D5
Vignemale 1788 B3
Vigneux-sur-Seine 1788 F4
Vigo 1791 A1
Vilaine 1788 B2
Vila Nova de Gaia 1791 A1
Vila Real 1791 A1
Villach 1794 C3
Villa Hermosa 1812 C3
Villecresnes 1788 F4
Villefranche-de-Rouergue 1789 C3
Villejuif 1788 F4
Villemomble 1788 F4
Villeneuve-la-Garenne 1788 F4
Villeneuve-le-Roi 1788 F4
Villeneuve-Saint-Georges 1788 F4
Villeneuve-sur-Lot 1789 C3
Villeparisis 1788 F4
Villepinte 1788 F4
Villetaneuse 1788 F4
Villeurbanne 1789 C2
Villiers-sur-Marne 1788 F4
Vilnius 1795 F2
Viña del Mar 1816 B4
Vincennes 1788 F4
Vindhya (monts) 1801 F3
Vinnitsa 1795 F3
Vire 1788 B2
Virginie 1811 F3
Virginie-Occidentale 1811 E3
Viry-Châtillon 1788 F4
Vis 1792 D2
Viso (mont) 1792 B2
Vistule 1795 D2
Vitebsk 1796 D4
Viterbe 1792 C2
Viti Levu 1807 G2
Vitoria 1791 B1
Vitré 1788 B2
Vitry-le-François 1789 D2
Vitry-sur-Seine 1788 F4
Vittel 1789 D2
Vladikavkaz 1796 F5
Vladimir 1796 F4
Vladivostok 1797 P5
Vlorë 1793 D2
Vltava 1794 C3
Vojvodine 1793 D1
Volga 1796 F5
Volgograd 1796 F5
Volta (lac) 1802 B4
Volta Redonda 1815 K8
Voronej 1796 E4
Vosges 1789 D2
Vrangel (île) 1797 T2
Vukovar 1793 D1
Vulcano (île) 1792 C3
Vyborg 1796 D3

W

Wad (El-) 1802 C1
Waddington (mont) 1808 F4
Wakayama 1798 H3
Wałbrzych 1794 D2
Wallis-et-Futuna 1807 H2
Walvis Bay 1805 B6
Wargla 1802 C1
Warnemünde 1794 C2
Warta 1795 D2
Washington (État) 1810 A2
Washington (mont) 1811 F2
Washington (ville) 1811 F3
Waterford 1790 B3
Welkom 1805 C6
Wellington 1807 G5
Wels 1794 C3
Wengen 1789 D2
Weser 1794 B2
Weymouth 1790 C3
Whitehorse 1808 E3
Whitney (mont) 1810 B3
Wichita 1810 D3
Wicklow (monts de) 1790 B3
Wiener Neustadt 1794 D3
Wiesbaden 1794 B2
Wight (île de) 1790 C3
Wilhelmshaven 1794 B2
Wilkes-Barre 1811 F2
Willemstad 1813 D4
Wilmington 1811 F3
Winchester 1790 C3
Windhoek 1805 B6
Windsor 1790 C3
Windsor 1809 M5
Winnipeg 1808 J4
Winnipeg (lac) 1808 J4
Winnipegosis 1808 J4
Winston Salem 1811 E3
Winterthur 1789 D2
Wisconsin 1811 E2
Wismar 1794 C2
Wittenberg 1794 C2
Wolfsburg 1794 C2
Wollongong 1806 E4
Worcester 1790 C3
Worms 1794 B3
Wrocław 1794 D2
Wuhan 1798 E3
Wuppertal 1794 B2
Würzburg 1794 B3
Wyoming 1810 C2

X

Xánthi 1793 E2
Xiamen 1798 E4
Xi'an 1798 D3
Xingu 1815 H5
Xining 1798 D3
Xinjiang 1798 B2

Y

Yalu 1798 F2
Yamoussoukro 1802 B4
Yamunā 1801 F3
Yangzhou 1798 E3
Yangzi Jiang 1798 E3
Yaoundé 1804 B3
Yarkand 1796 J6
Yarmouth 1809 M5
Yellowhead Pass 1810 B1
Yellowknife 1808 G3
Yellowstone 1810 C2
Yémen 1800 D3
Yerres 1788 F4
Yeu (île d') 1788 B2
Yokohama 1798 G3
Yonne (dép.) 1789 C2
Yonne (r.) 1789 C2
York 1790 C3
Yougoslavie 1792 D2
Yucatán 1812 C2
Yucatán (détroit du) 1798 D2
Yukon (r.) 1808 D3
Yukon (territoire) 1808 E3
Yumen 1798 C3
Yvelines 1788 F4

Z

Zadar 1792 D2
Zagora 1802 B1
Zagreb 1792 D1
Zagros 1800 D2
Zaïre 1804 C4
Zaïre (r.) 1804 B4
Zakopane 1795 D3
Zambèze 1805 C5
Zambie 1805 C5
Zamora 1791 A1
Zante 1793 E3
Zanzibar 1804 D4
Zaria 1802 C3
Zenica 1793 D2
Zermatt 1789 D2
Zibo 1798 E3
Ziguinchor 1802 A3
Zimbabwe 1805 C5
Zinder 1802 C3
Zittau 1794 C2
Zlín 1795 D3
Zomba 1805 D5
Zonguldak 1800 B1
Zonza 1789 D3
Zoug 1789 D2
Zrenjanin 1793 E1
Zurich 1789 D2
Zwickau 1794 C2
Zwolle 1794 B2

AFGHANISTAN — AFRIQUE DU SUD — ALBANIE — ALGÉRIE — ALLEMAGNE

ANDORRE — ANGOLA — ANTIGUA-et-BARBUDA — ARABIE SAOUDITE — ARGENTINE

ARMÉNIE — AUSTRALIE — AUTRICHE — AZERBAÏDJAN — BAHAMAS

BAHREÏN — BANGLADESH — BARBADE — BELGIQUE — BELIZE

BÉNIN — BHOUTAN — BIÉLORUSSIE — BIRMANIE (MYANMAR) — BOLIVIE

BOSNIE-HERZÉGOVINE — BOTSWANA — BRÉSIL — BRUNEI — BULGARIE

BURKINA — BURUNDI — CAMBODGE — CAMEROUN — CANADA

CAP-VERT — CENTRAFRICAINE (Rép.) — CHILI — CHINE — CHYPRE

COLOMBIE — COMORES — CONGO — CORÉE DU NORD — CORÉE DU SUD

COSTA RICA — CÔTE D'IVOIRE — CROATIE — CUBA — DANEMARK

DJIBOUTI | DOMINICAINE (Rép.) | DOMINIQUE | ÉGYPTE | ÉMIRATS ARABES UNIS

ÉQUATEUR | ÉRYTHRÉE | ESPAGNE | ESTONIE | ÉTATS-UNIS

ÉTHIOPIE | FIDJI | FINLANDE | FRANCE | GABON

GAMBIE | GÉORGIE | GHANA | GRANDE-BRETAGNE | GRÈCE

GRENADE | GUATEMALA | GUINÉE | GUINÉE-BISSAU | GUINÉE ÉQUATORIALE

GUYANA | HAÏTI | HONDURAS | HONGRIE | INDE

INDONÉSIE | IRAN | IRAQ | IRLANDE | ISLANDE

ISRAËL | ITALIE | JAMAÏQUE | JAPON | JORDANIE

KAZAKHSTAN | KENYA | KIRGHIZISTAN | KIRIBATI | KOWEÏT

LAOS | LESOTHO | LETTONIE | LIBAN | LIBERIA

LIBYE — LIECHTENSTEIN — LITUANIE — LUXEMBOURG — MACÉDOINE

MADAGASCAR — MALAISIE — MALAWI — MALDIVES — MALI

MALTE — MAROC — MARSHALL — MAURICE — MAURITANIE

MEXIQUE — MICRONÉSIE (États fédérés de) — MOLDAVIE — MONACO — MONGOLIE

MOZAMBIQUE — NAMIBIE — NAURU — NÉPAL — NICARAGUA

NIGER — NIGERIA — NORVÈGE — NOUVELLE-ZÉLANDE — OMAN

OUGANDA — OUZBÉKISTAN — PAKISTAN — PALAU — PANAMÁ

PAPOUASIE-NOUVELLE-GUINÉE — PARAGUAY — PAYS-BAS — PÉROU — PHILIPPINES

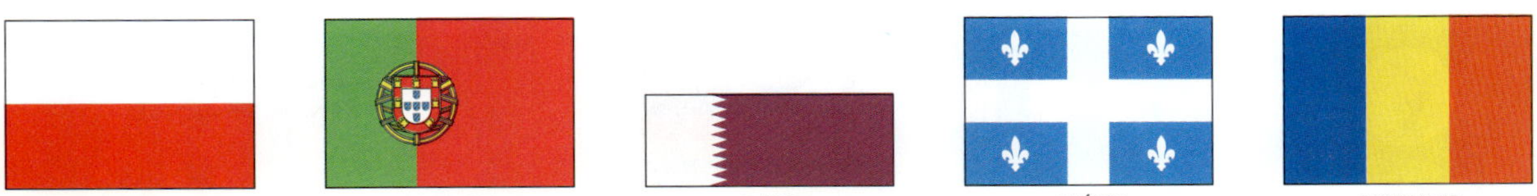

POLOGNE — PORTUGAL — QATAR — QUÉBEC — ROUMANIE

RUSSIE — RWANDA — SAINT CHRISTOPHER and NEVIS — SAINTE-LUCIE — SAINT-MARIN

SAINT-VINCENT-et-les GRENADINES | SALOMON | SALVADOR | SAMOA OCCIDENTALES | SÃO TOMÉ et PRÍNCIPE

SÉNÉGAL | SEYCHELLES | SIERRA LEONE | SINGAPOUR | SLOVAQUIE

SLOVÉNIE | SOMALIE | SOUDAN | SRI LANKA | SUÈDE

SUISSE | SURINAME | SWAZILAND | SYRIE | TADJIKISTAN

TAÏWAN | TANZANIE | TCHAD | TCHÈQUE (Rép.) | THAÏLANDE

TOGO | TONGA | TRINITÉ-et-TOBAGO | TUNISIE | TURKMÉNISTAN

TURQUIE | TUVALU | UKRAINE | URUGUAY | VANUATU

VATICAN | VENEZUELA | VIÊT NAM | YÉMEN | YOUGOSLAVIE

ZAÏRE | ZAMBIE | ZIMBABWE

ORGANISATIONS RÉGIONALES
ET INSTITUTIONS INTERNATIONALES

CROISSANT-ROUGE | CROIX-ROUGE | OLYMPIQUES (jeux) | O.N.U. | UNION EUROPÉENNE

ATLAS HISTORIQUE

LES DÉBUTS DE L'AVENTURE HUMAINE *page 1834*

LE MONDE OCCIDENTAL

LE BASSIN MÉDITERRANÉEN IXe - IIIe s. AV. J.-C. *page 1835*
LE MONDE GREC VIe - IIIe s. AV. J.-C. *page 1836*
LE MONDE HELLÉNISTIQUE EN 188 AV. J.-C. *page 1836*
LE MONDE ROMAIN À LA FIN DE LA RÉPUBLIQUE *page 1837*
LE CHRISTIANISME DANS L'EMPIRE ROMAIN JUSQU'EN 395 *page 1837*
LE MONDE OCCIDENTAL AN MILLE *page 1838*
LE MONDE OCCIDENTAL XIIIe - XVe s. *page 1839*
LES GRANDES DÉCOUVERTES XVe - XVIe s. *page 1840*
L'EMPIRE DE CHARLES QUINT *page 1841*
L'EUROPE RÉVOLUTIONNAIRE 1789 - 1799 *page 1842*
L'EUROPE DES NATIONS 1850 - 1914 *page 1843*
LA GUERRE DANS LE MONDE 1914 - 1918 *page 1844*
LA GUERRE DANS LE MONDE 1939 - 1945 *page 1844*
LES RAPPORTS EST-OUEST EN 1985 *page 1845*
LES RAPPORTS NORD-SUD EN 1985 *page 1845*

LE MONDE EXTRA-EUROPÉEN

LES PREMIERS EMPIRES TURCS VIe - Xe s. *page 1846*
LA CHINE DES TANG VIIe - Xe s. *page 1846*
L'EMPIRE MUSULMAN VIIIe - IXe s. *page 1847*
LE MAGHREB XIIIe - XVIe s. *page 1847*
LA CHINE DES SONG Xe - XIIIe s. *page 1848*
L'EMPIRE MONGOL XIIIe s. *page 1848*
L'ORIENT MUSULMAN XIIIe - MILIEU XVe s. *page 1849*
L'ISLAM EN ASIE DU SUD XIIIe - XVIIe s. *page 1849*
L'AFRIQUE XVIe s. *page 1850*
L'AFRIQUE XIXe s. *page 1850*
L'AMÉRIQUE XVIIe - XVIIIe s. *page 1851*
AMÉRIQUE LATINE : FORMATION DES ÉTATS *page 1852*
LE CANADA EN 1882 *page 1853*
ÉTATS-UNIS : ENTRÉE DES ÉTATS DANS L'UNION *page 1853*
EXTRÊME-ORIENT 1934 - 1944 *page 1854*
LE SOUS-CONTINENT INDIEN 1947 - 1975 *page 1854*
LE MOYEN-ORIENT APRÈS LA PREMIÈRE GUERRE MONDIALE *page 1855*
LE MOYEN-ORIENT 1981 - 1991 *page 1855*
LA DÉCOLONISATION 1945 - 1990 *page 1856*

CHRONOLOGIE UNIVERSELLE

pages 1857 à 1872

LES DÉBUTS DE L'AVENTURE HUMAINE

■ LE BASSIN MÉDITERRANÉEN IXᵉ - IIIᵉ s. AV. J.-C.

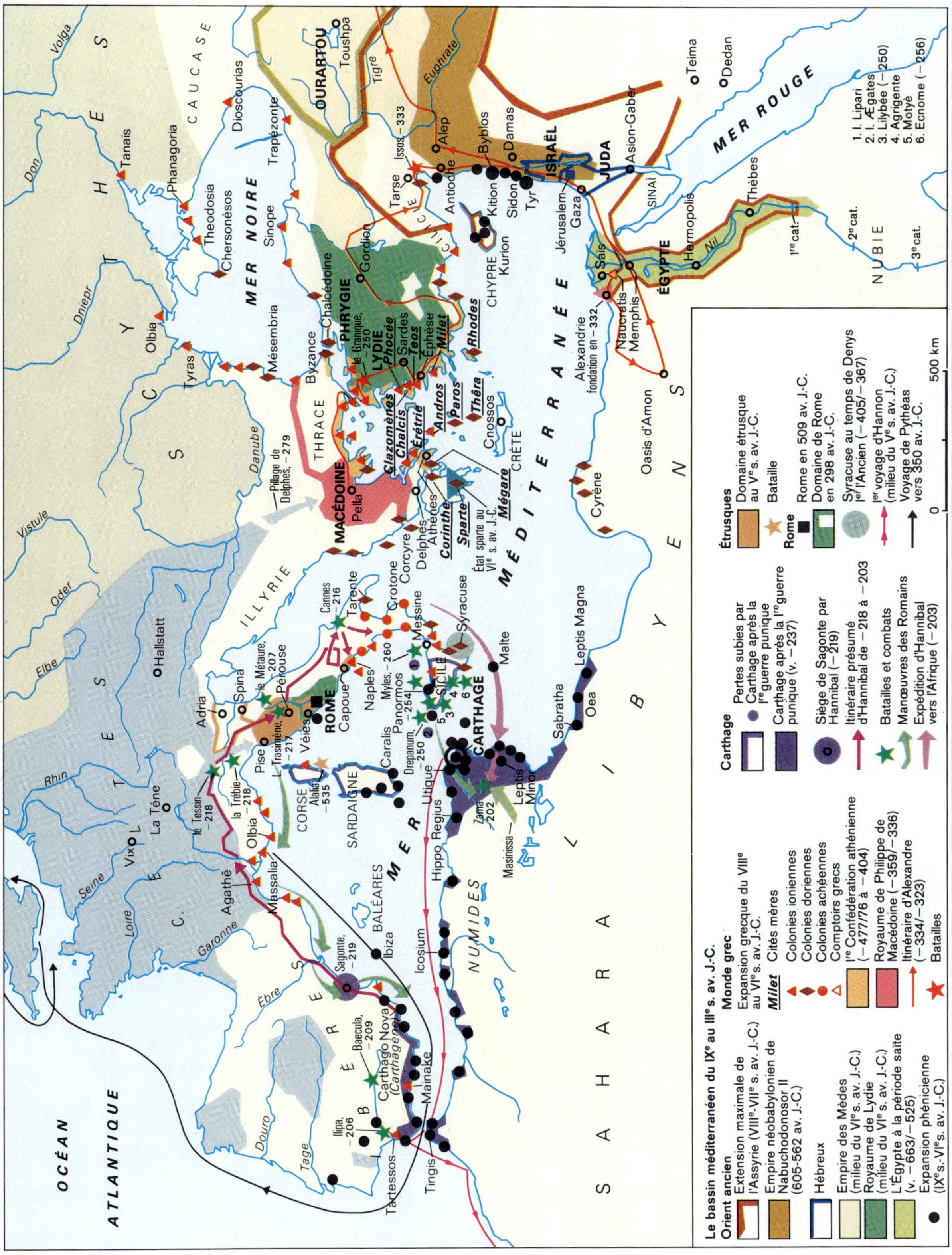

■ LE MONDE GREC VIe - IIIe s. AV. J.-C.

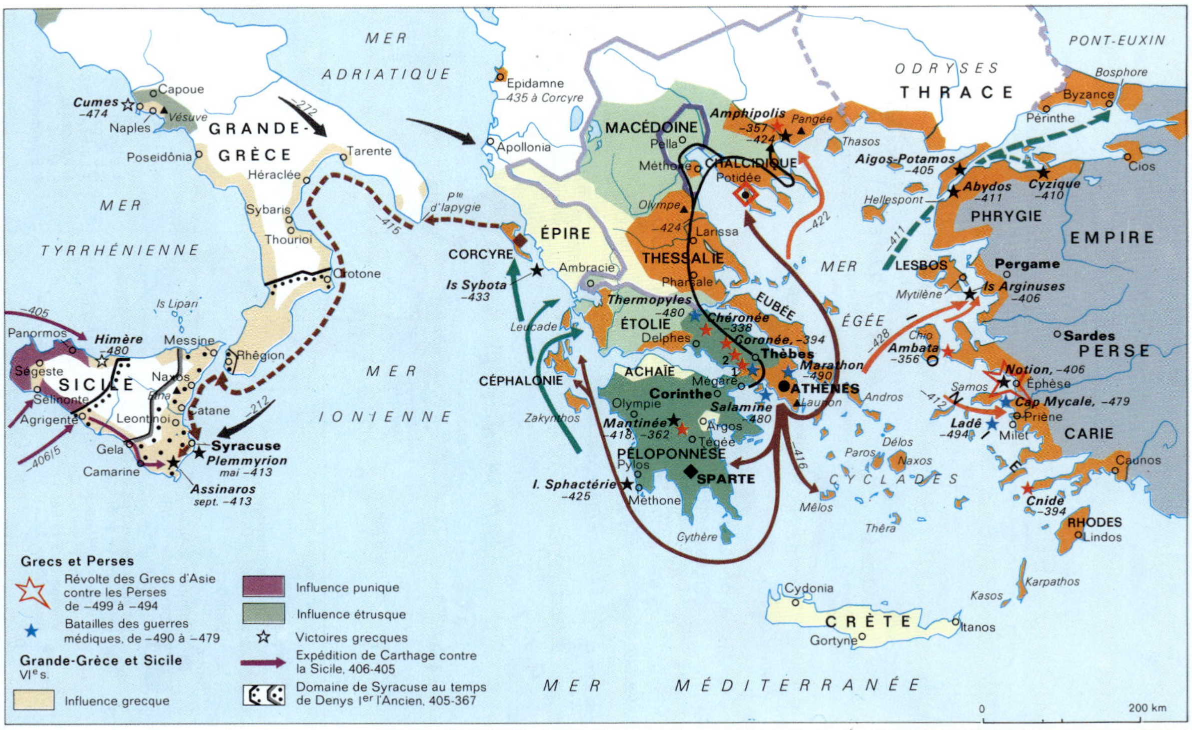

Guerre du Péloponnèse, 431-404

- Extension de l'empire athénien avant la guerre du Péloponnèse
- 431-429, guerre de Périclès
- Révolte de Corcyre, colonie de Corinthe
- Siège de Potidée par Athènes, 432-429
- Expéditions de la flotte athénienne de 432 à 430
- 429-404
- Expédition d'Alcibiade contre Syracuse, 415-413
- Autres expéditions
- Batailles
- Neutres
- Sparte et la ligue du Péloponnèse
- Alliés de Sparte
- Expéditions spartiates de 431 à 421
- Expéditions spartiates de 415 à 404

La Grèce de la fin du Ve s. à la fin du IIIe s.

- Royaume de Philippe II de Macédoine, 359-336
- Conquête romaine IIIe-IIe s. av. J.-C.
- Batailles
- 1 Platées (479, 431)
- 2 Leuctres (371)
- P. Propontide

■ LE MONDE HELLÉNISTIQUE EN 188 AV. J.-C.

- Paix d'Apamée-Kibôtos, 188 av. J.-C.
- Limites probables des États hellénistiques au lendemain de la paix d'Apamée
- États grecs libres (cités ou ligues)
- État gréco-bactrien de -250 à -130
- et son expansion de -185 à -130
- Cité de Rhodes et territoires (Pérée)
- Conquête romaine des Balkans à partir de -216
- Batailles
- 1 Paphlagonie
- 2 Cynoscéphales
- 3 Thermopyles
- 4 Smyrne
- 5 Magnésie du Sipyle, -189
- 6 Éphèse
- 7 Priène
- 8 Milet
- 9 Séleucie de Piérie
- 10 Laodicée
- 11 Apamée-sur-l'Oronte
- 12 Doura-Europos

LE MONDE ROMAIN À LA FIN DE LA RÉPUBLIQUE

LE CHRISTIANISME DANS L'EMPIRE ROMAIN JUSQU'EN 395

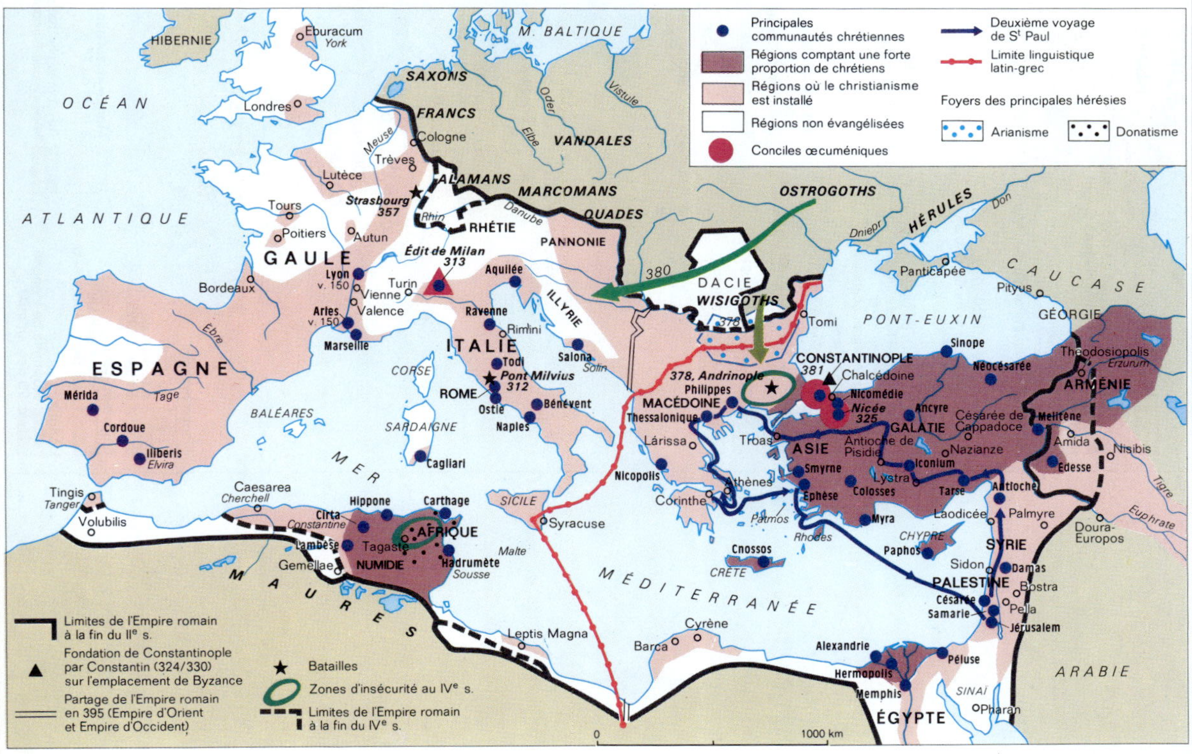

■ LE MONDE OCCIDENTAL AN MILLE

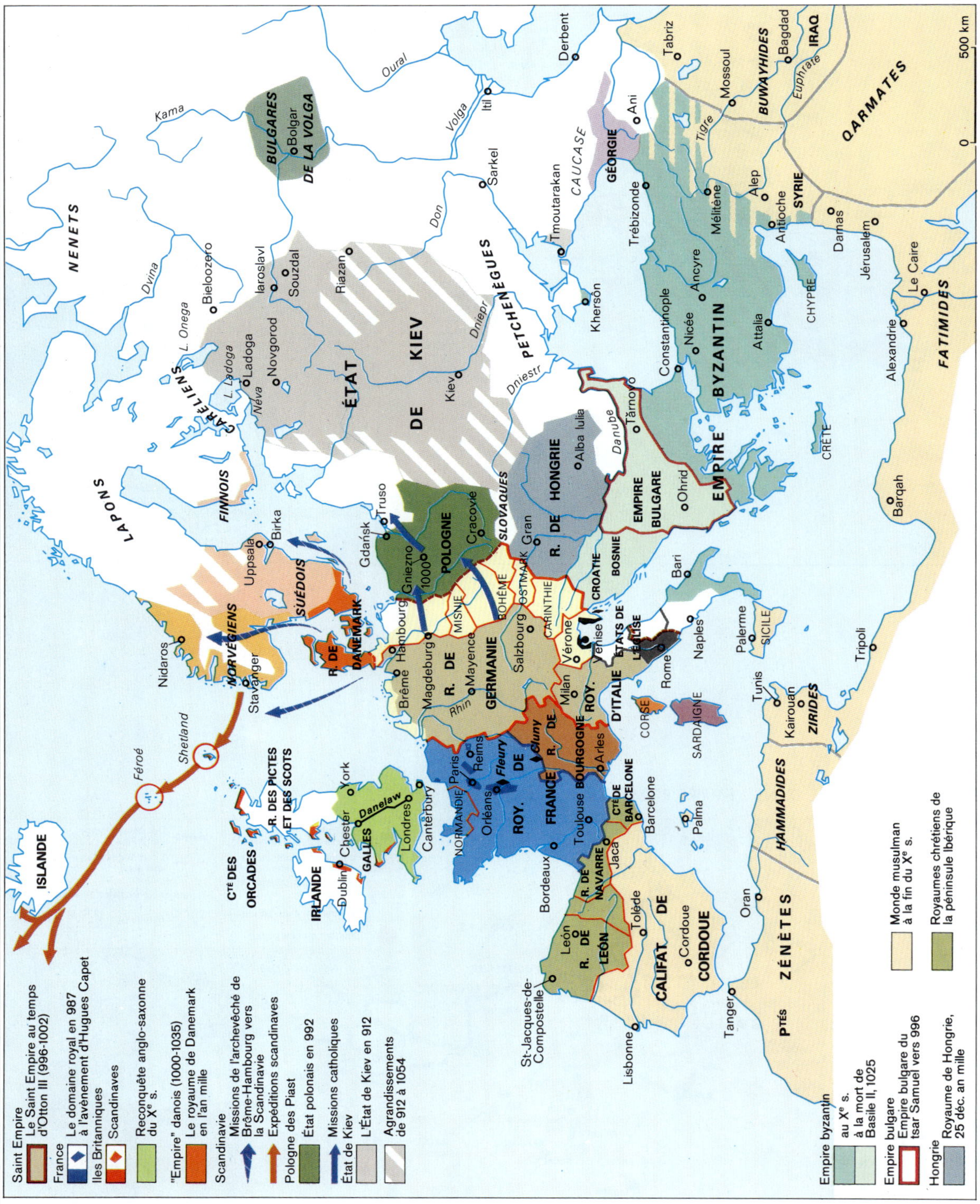

■ LE MONDE OCCIDENTAL XIIIe - XVe s.

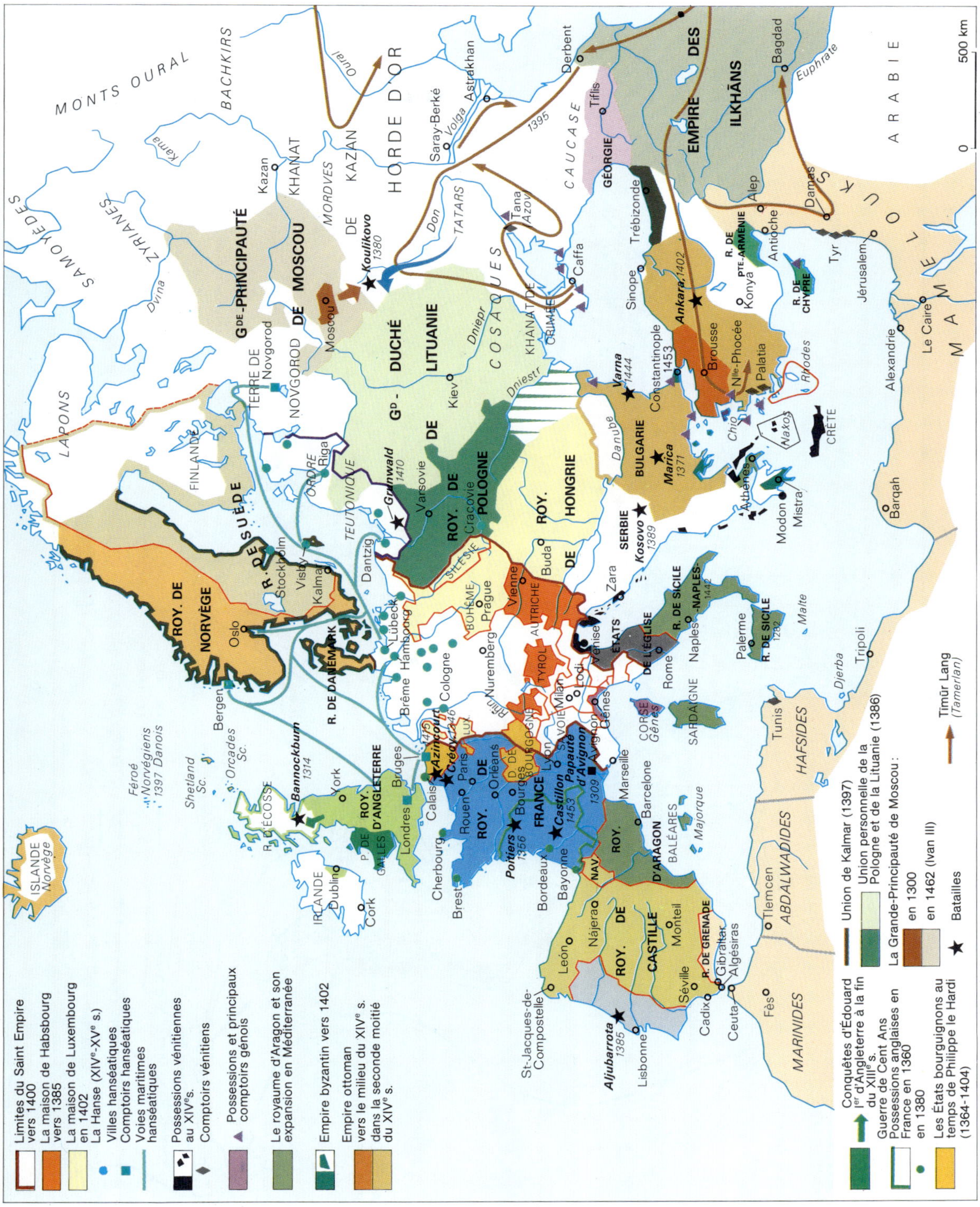

■ LES GRANDES DÉCOUVERTES XVe - XVIe s

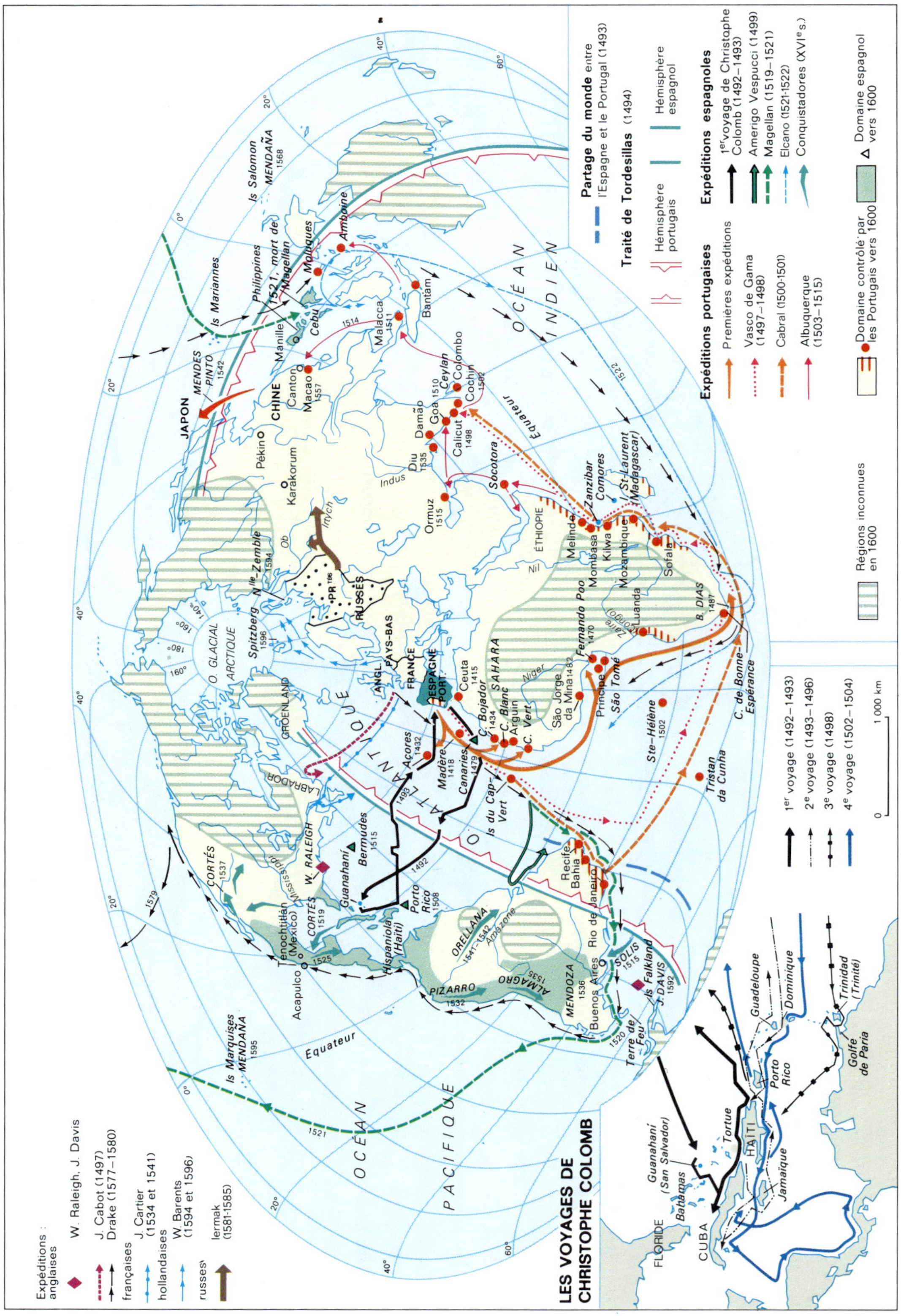

■ L'EMPIRE DE CHARLES QUINT

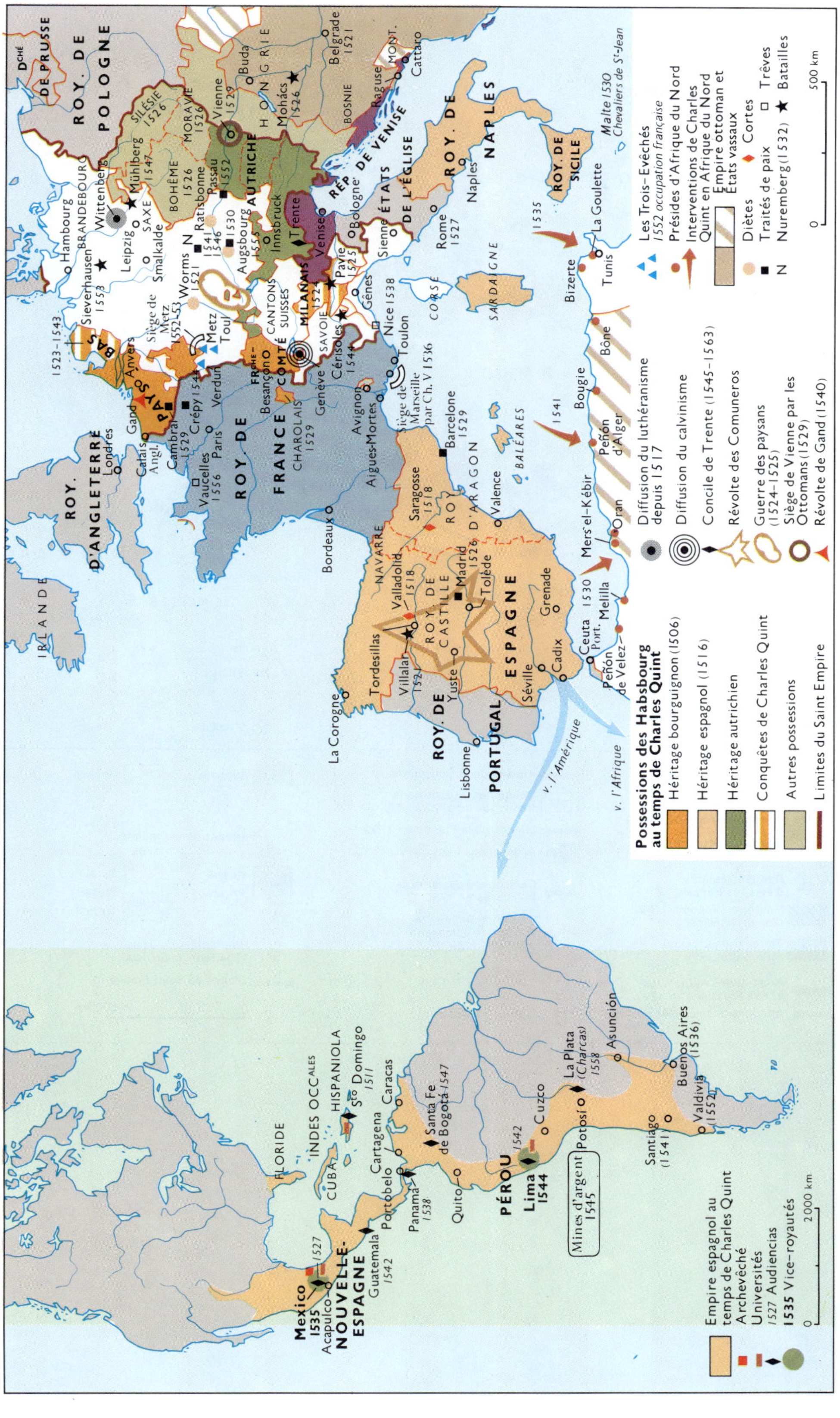

■ L'EUROPE RÉVOLUTIONNAIRE 1789 - 1799

■ L'EUROPE DES NATIONS 1850 - 1914

LA GUERRE DANS LE MONDE 1914-1918

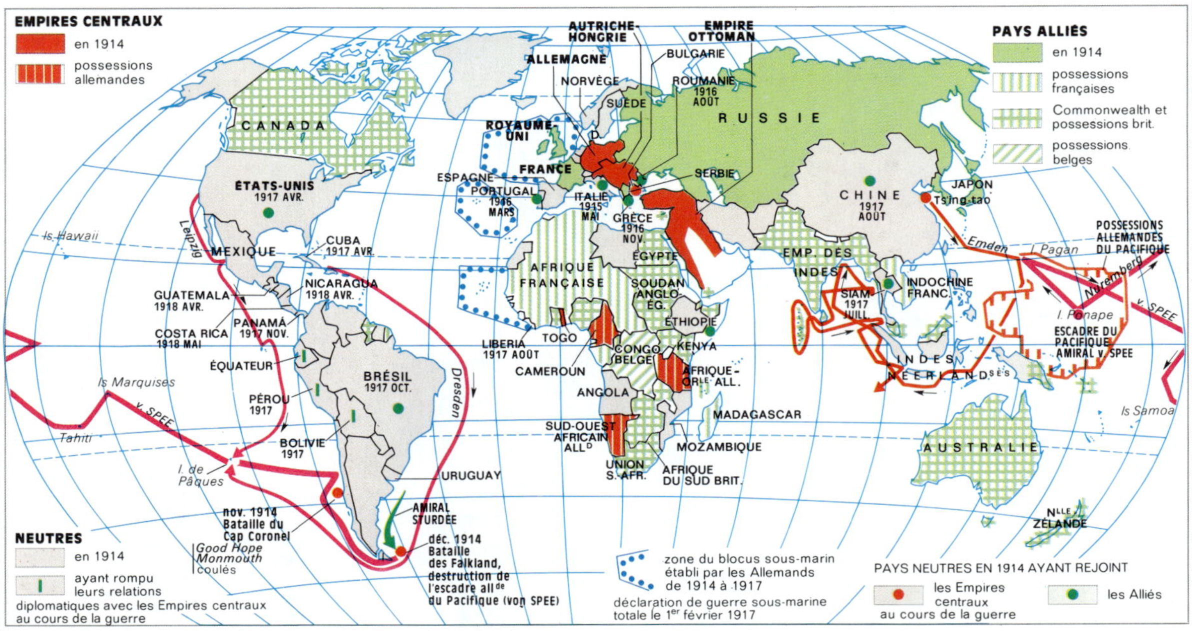

LA GUERRE DANS LE MONDE 1939-1945

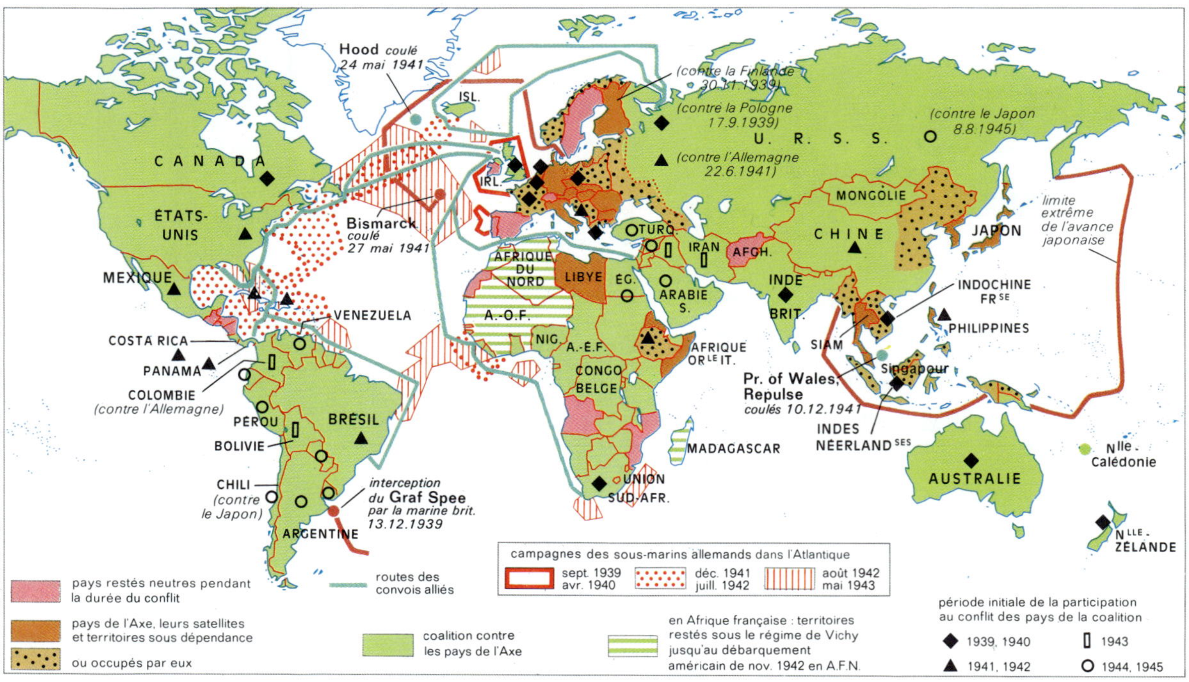

■ LES RAPPORTS EST-OUEST EN 1985

États-Unis

Pays membres de l'O.T.A.N.
(traité signé en 1949)

★ Pays membres de l'O.T.A.N. n'appartenant pas au commandement intégré de l'O.T.A.N.

Frontières de 1985

U.R.S.S.

Pays membres du pacte de Varsovie
(traité signé en 1955)

* Retrait de l'Albanie en 1968

Alliés de l'U.R.S.S.

■ LES RAPPORTS NORD-SUD EN 1985

Pays membres de la conférence des non-alignés

Pays membres du "Groupe des 77"
(constitué en 1964)

Pays membres du "Groupe des 7"
(constitué en 1975)

Belgrade 1961 — Dates et lieux des "sommets" de la conférence des non-alignés

Frontières de 1985

■ LES PREMIERS EMPIRES TURCS VIe - Xe s.

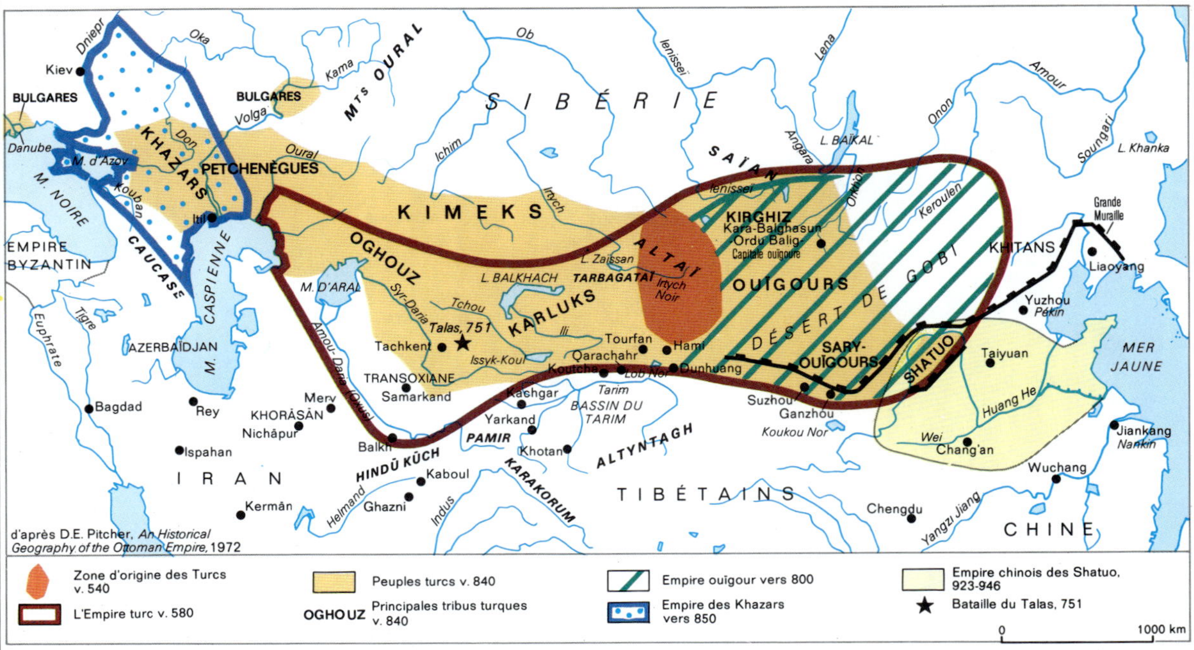

■ LA CHINE DES TANG VIIe - Xe s.

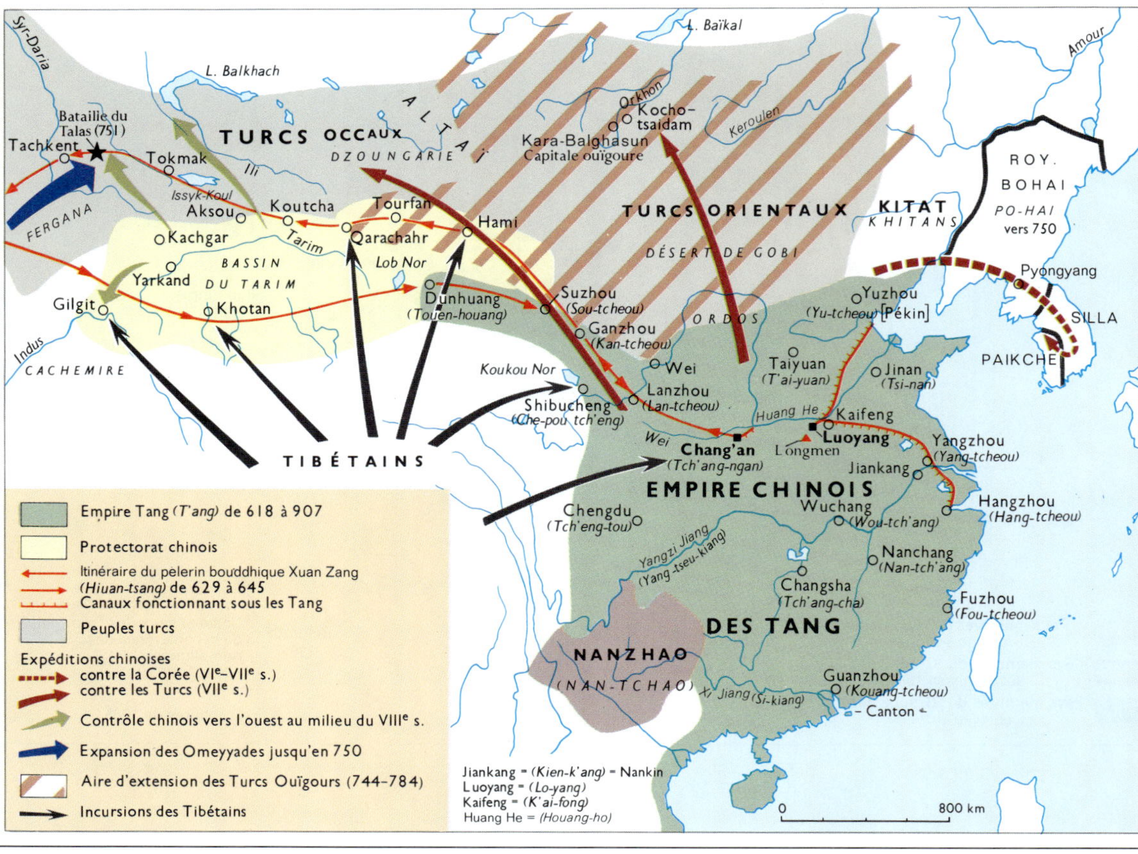

L'EMPIRE MUSULMAN VIIIe - IXe s.

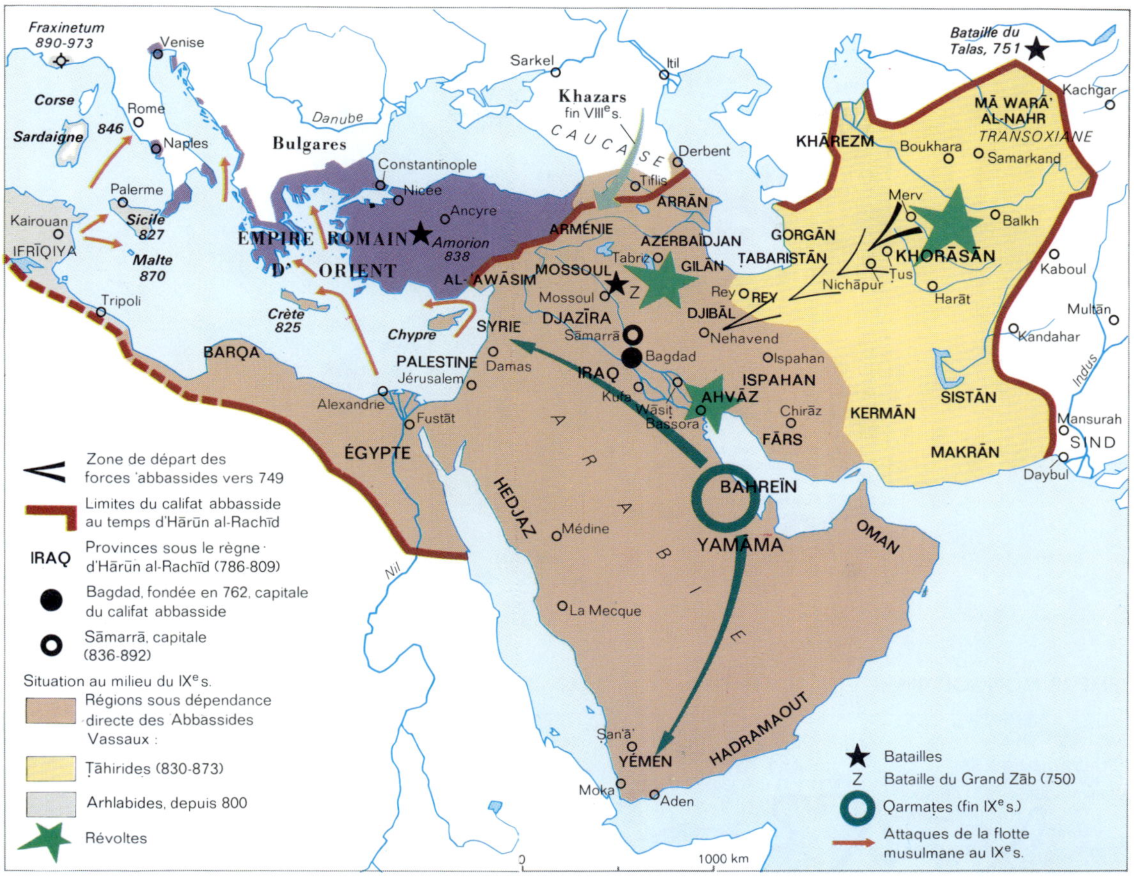

LE MAGHREB XIIIe - XVIe s.

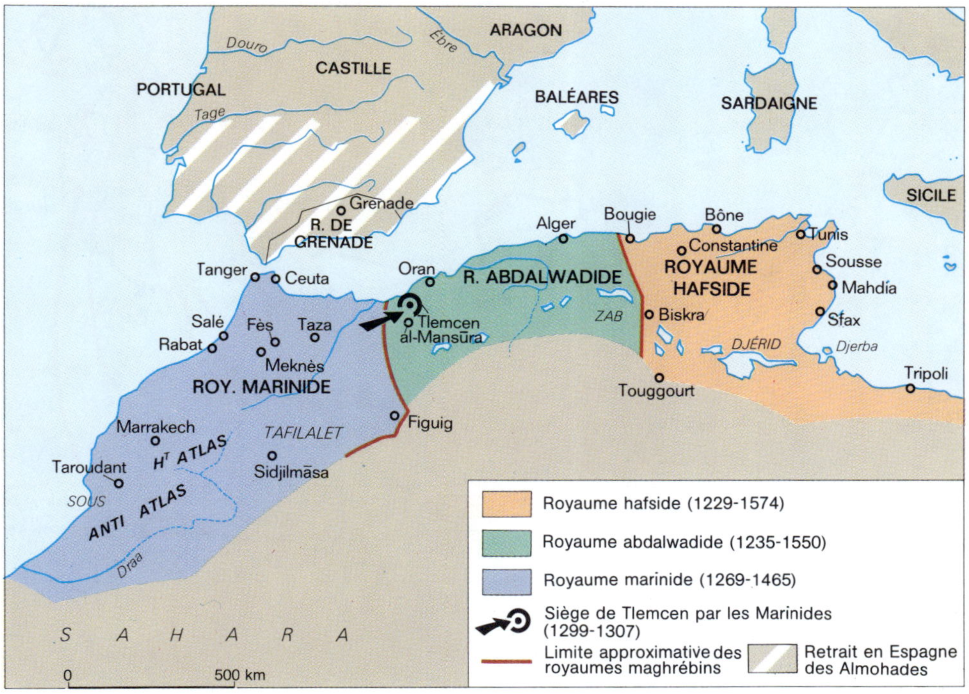

LA CHINE DES SONG Xe - XIIIe s.

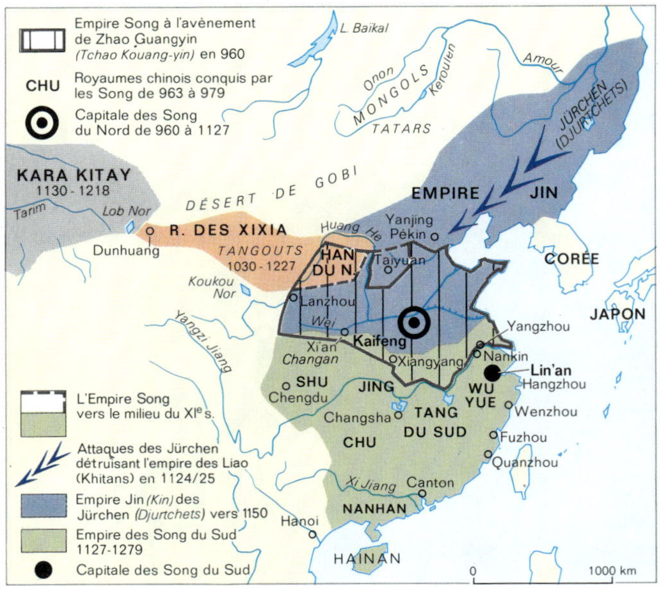

L'EMPIRE MONGOL XIIIe s.

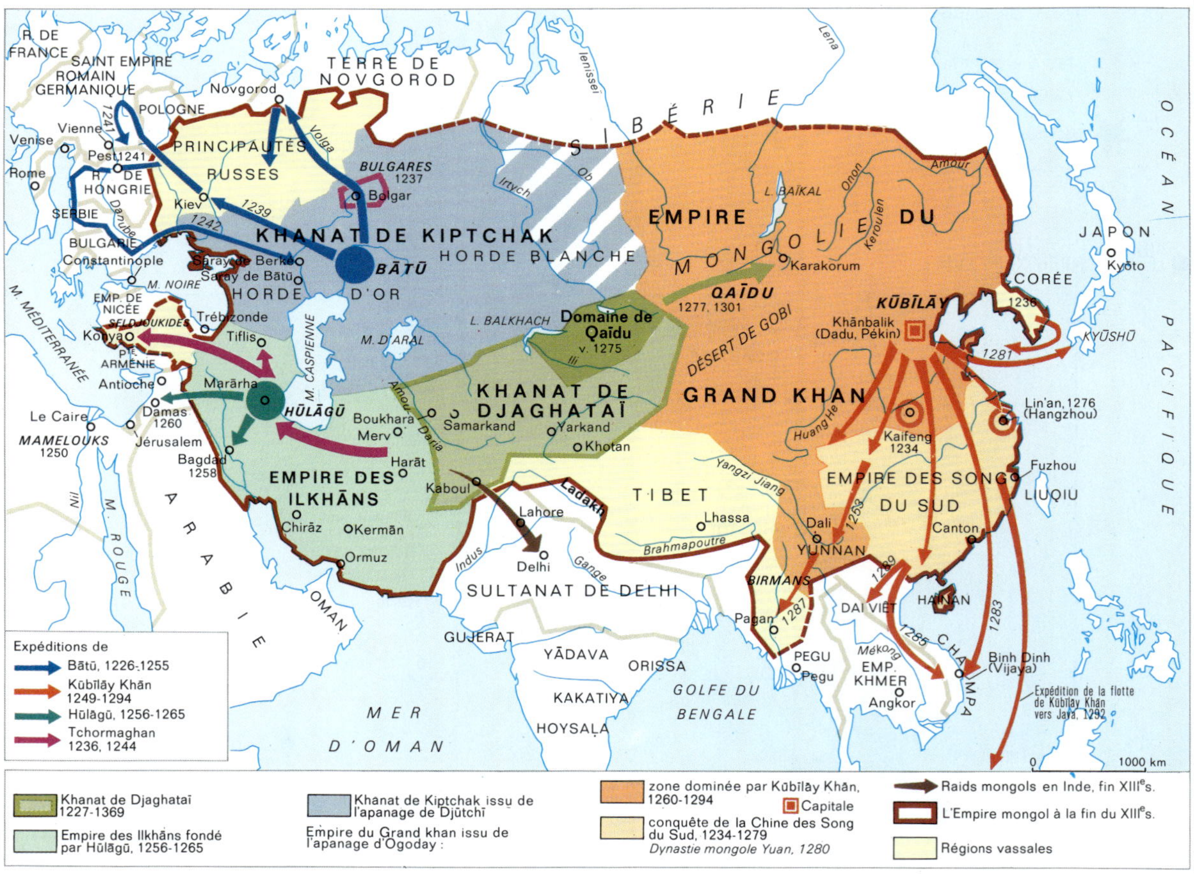

L'ORIENT MUSULMAN XIIIe - MILIEU XVe s.

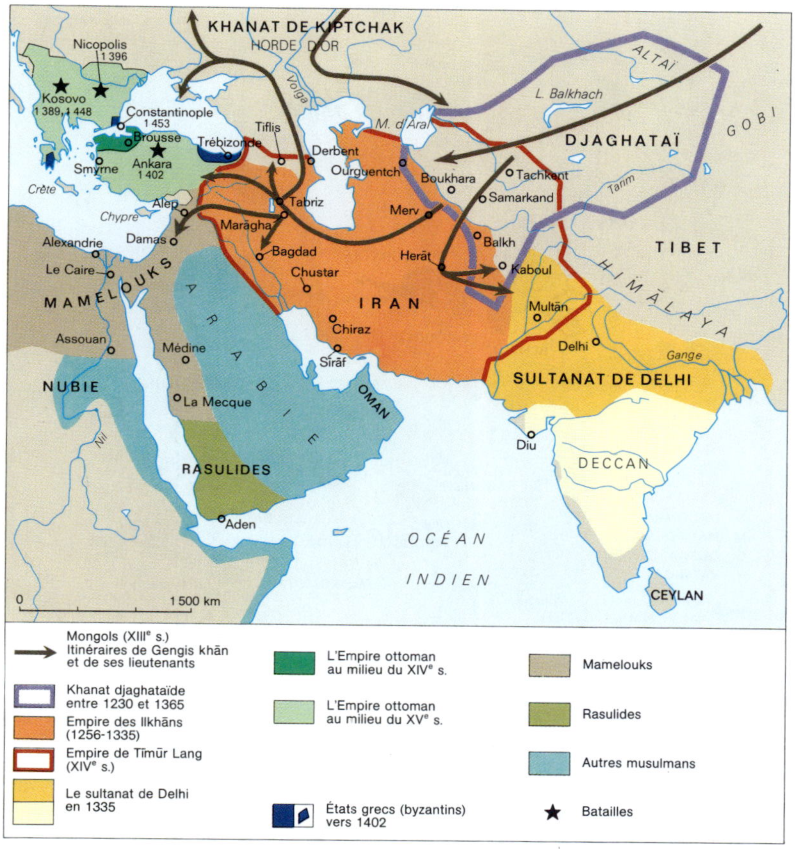

L'ISLAM EN ASIE DU SUD XIIIe - XVIIe s.

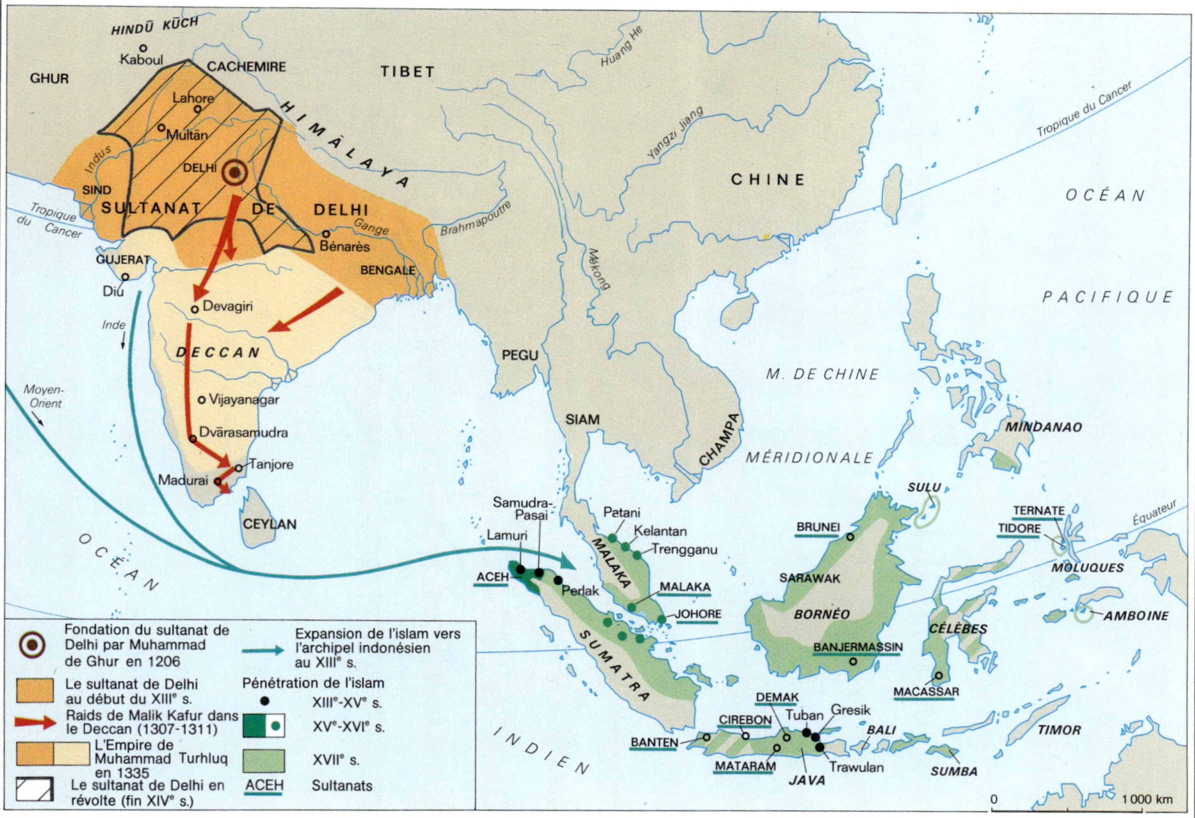

■ L'AFRIQUE XVIe s.

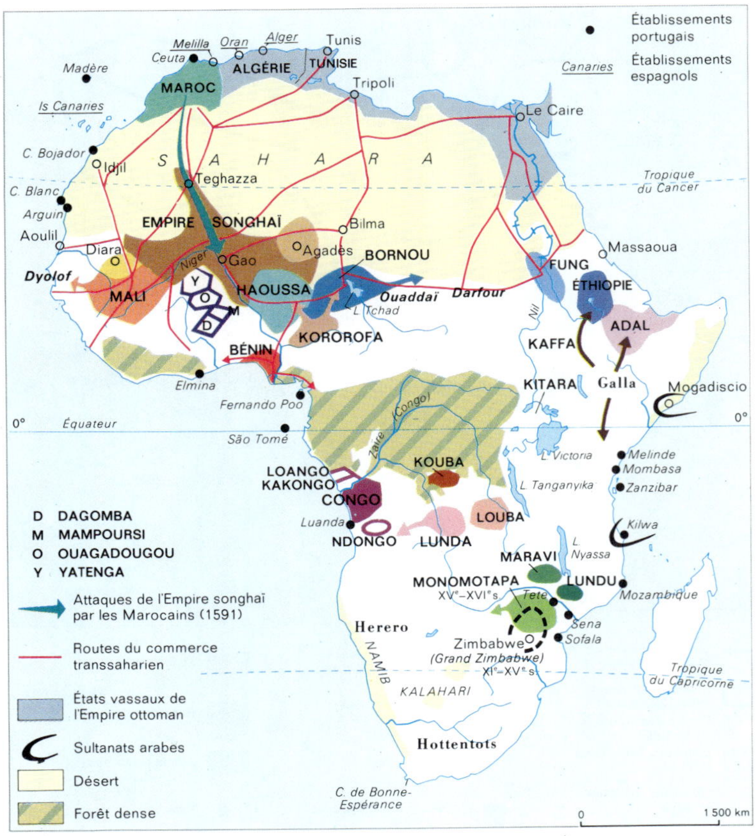

■ L'AFRIQUE XIXe s.

■ L'AMÉRIQUE XVIIe - XVIIIe s.

■ AMÉRIQUE LATINE : FORMATION DES ÉTATS

■ LE CANADA EN 1882

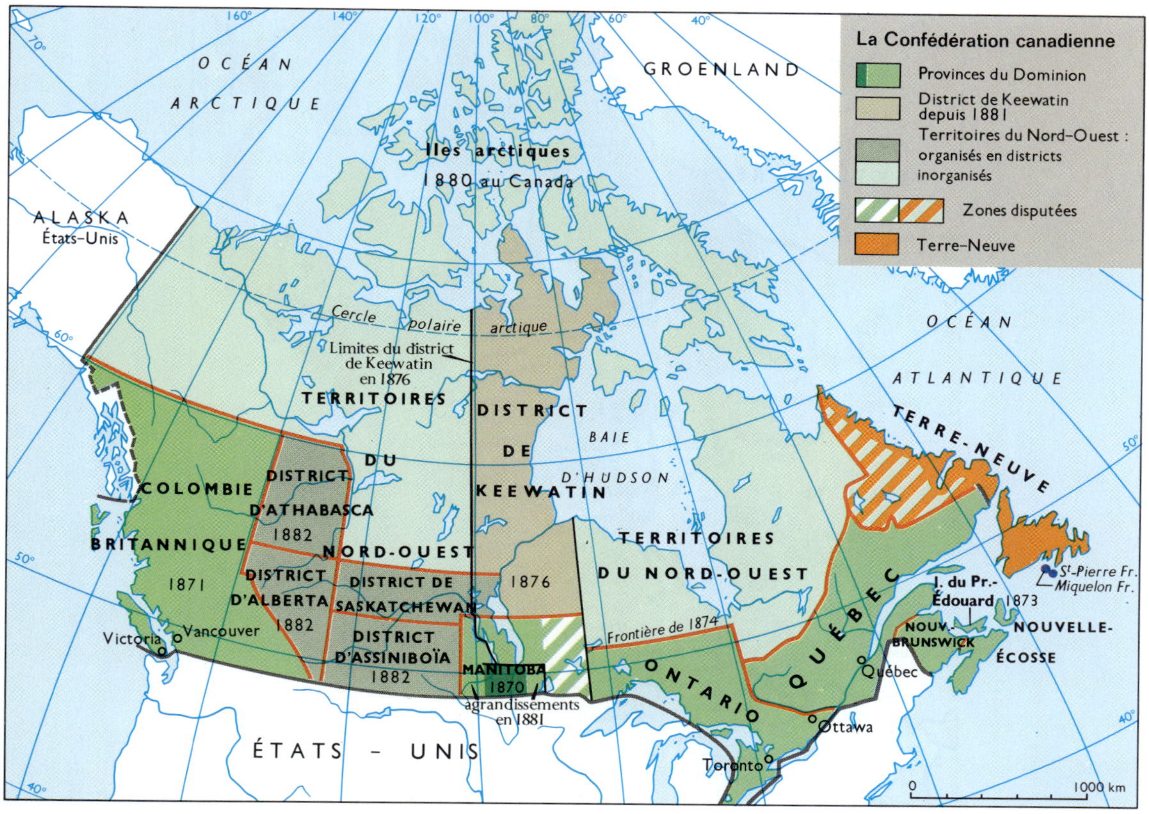

■ ÉTATS-UNIS : ENTRÉE DES ÉTATS DANS L'UNION

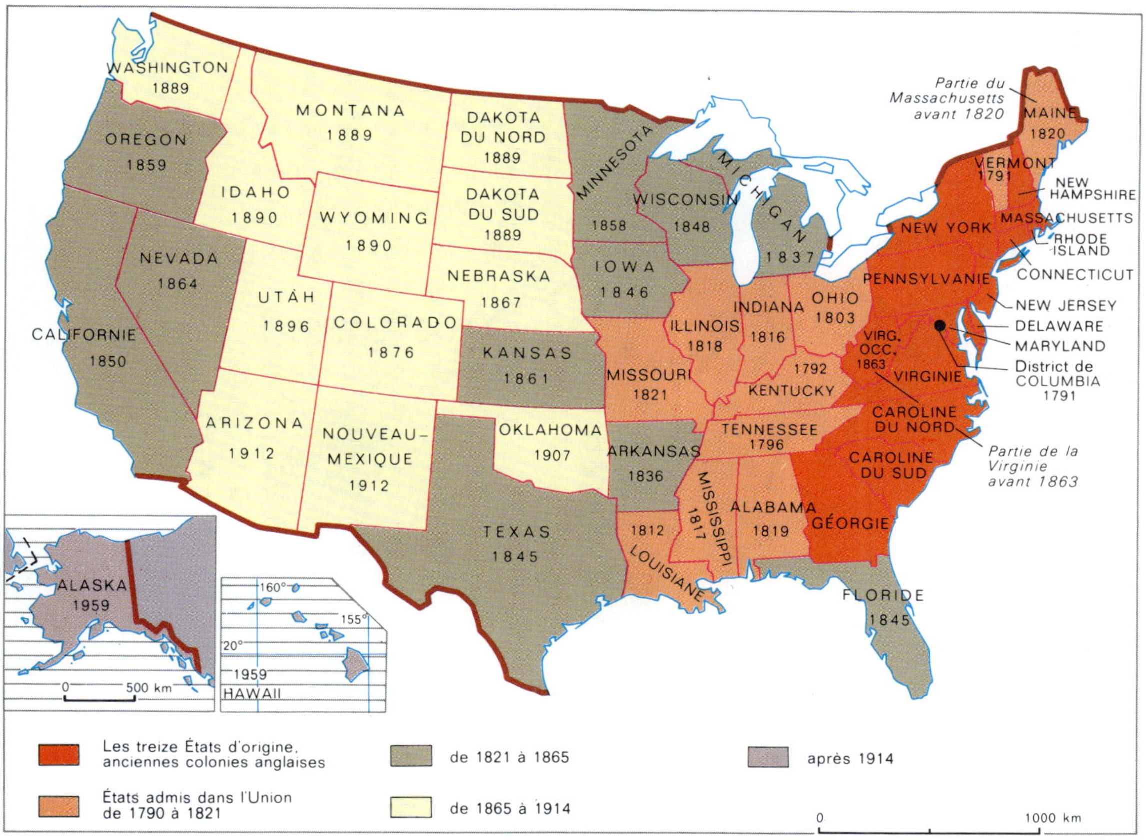

■ EXTRÊME-ORIENT 1934 - 1944

■ LE SOUS-CONTINENT INDIEN 1947 - 1975

LE MOYEN-ORIENT APRÈS LA PREMIÈRE GUERRE MONDIALE

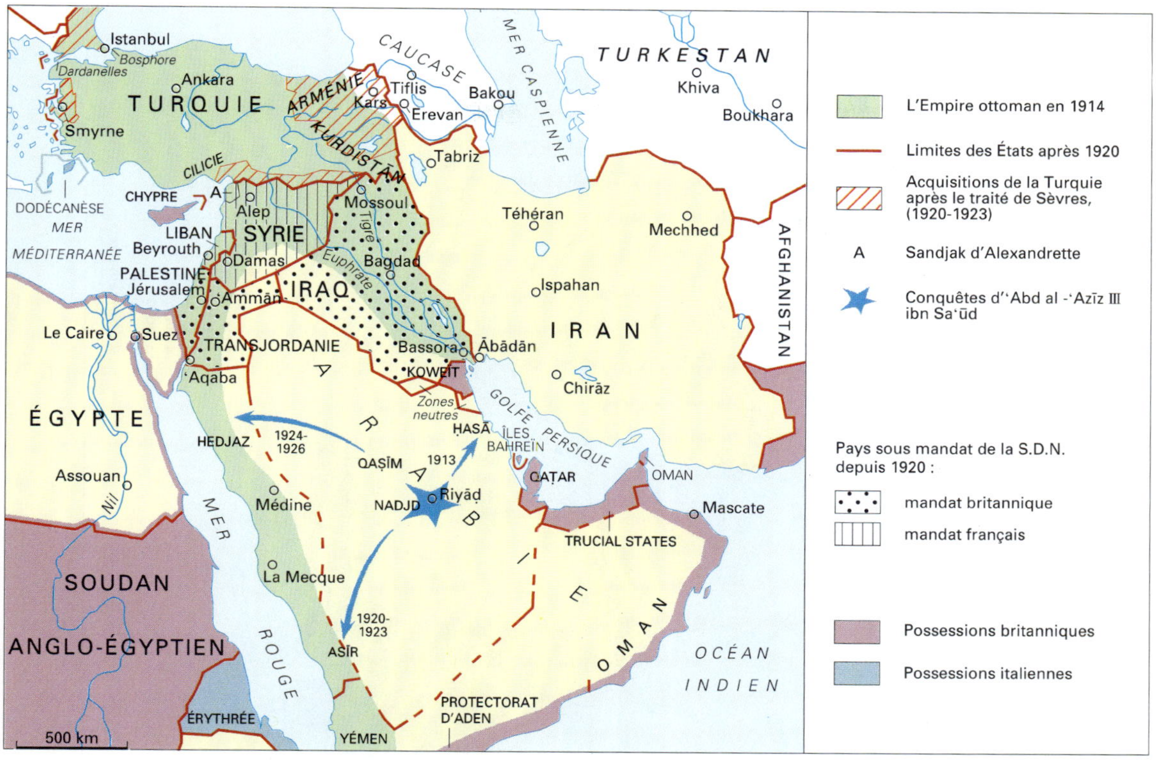

LE MOYEN ORIENT 1981 - 1991

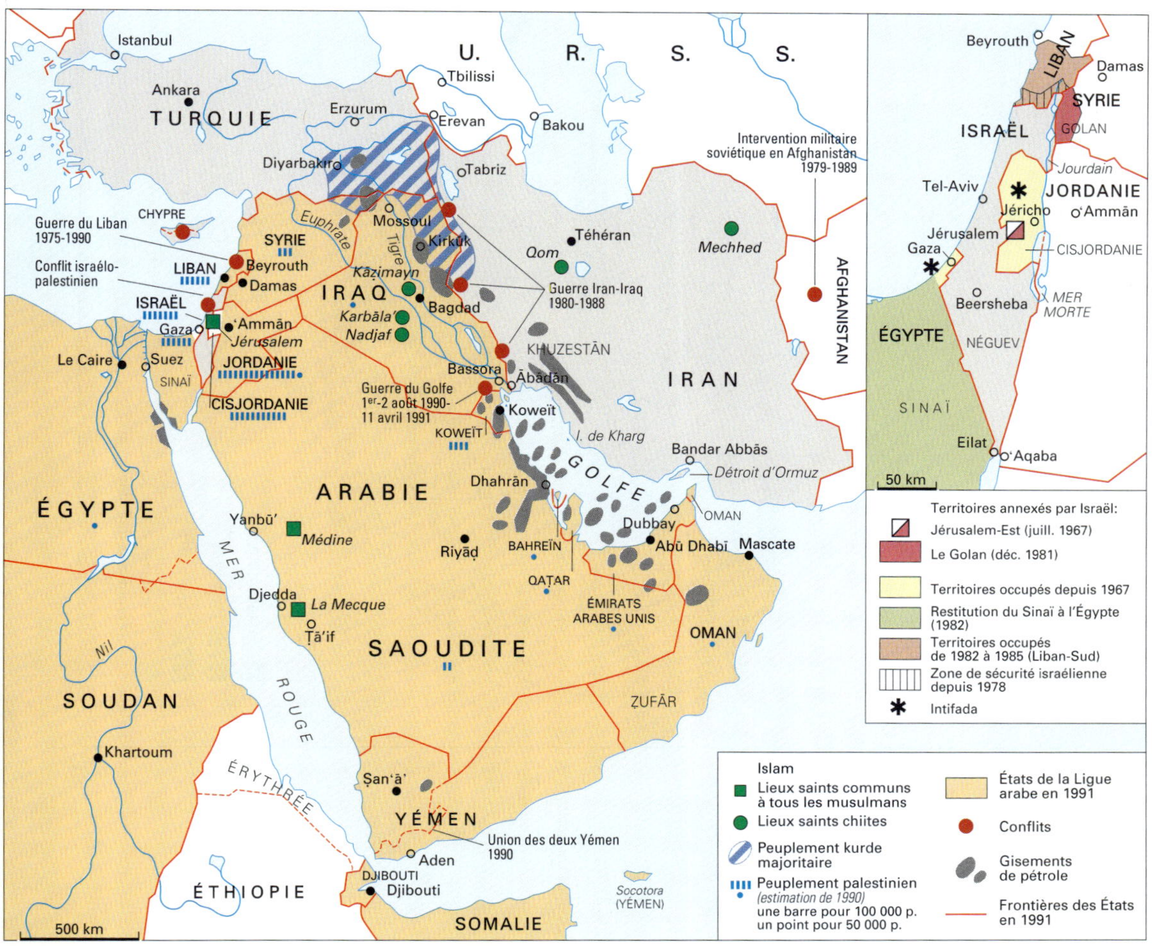

■ LA DÉCOLONISATION 1945 - 1990

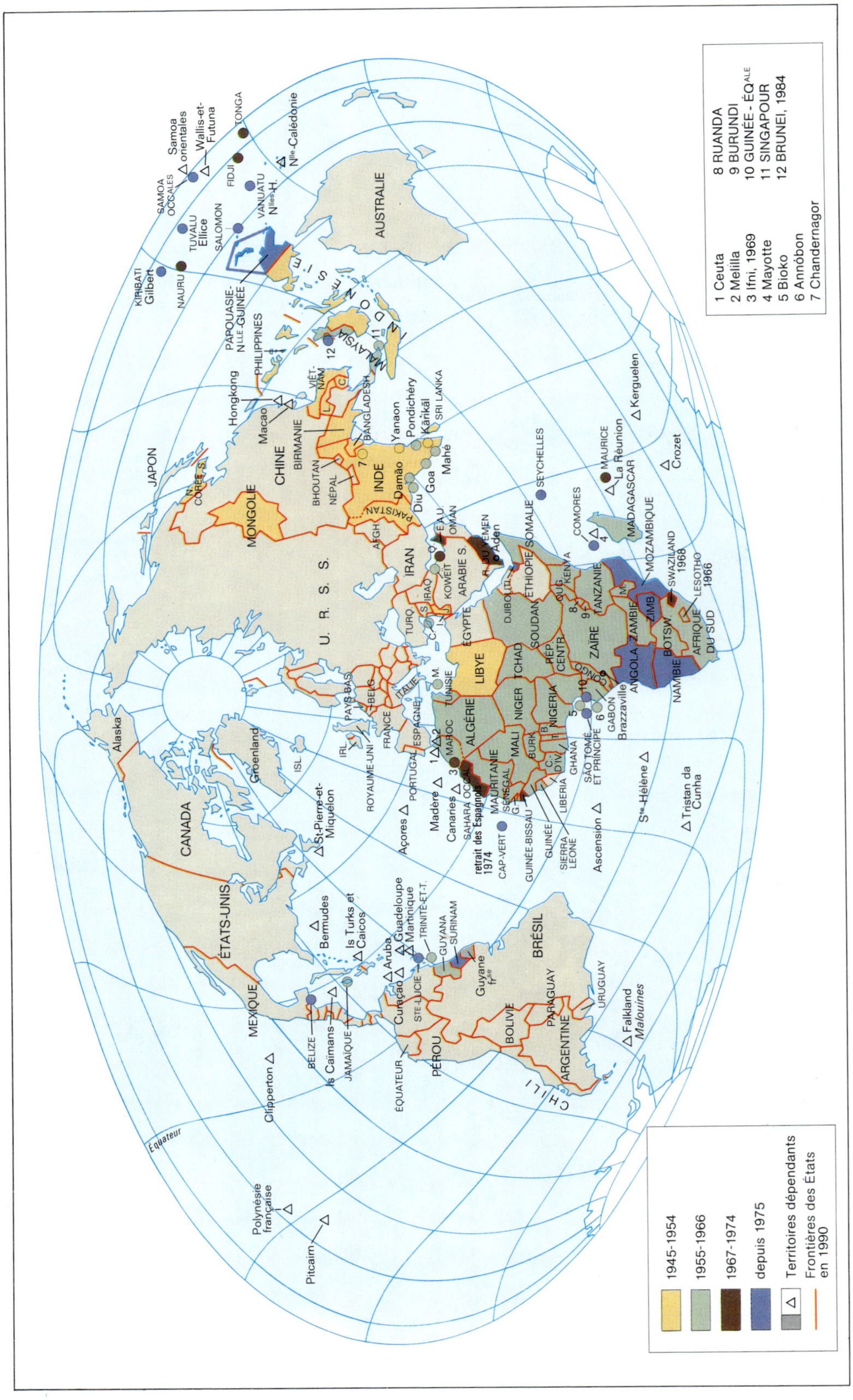

CHRONOLOGIE UNIVERSELLE

Pour chaque date, on trouvera, le cas échéant, dans l'ordre : les événements historiques, les événements culturels signalés par un □, les événements scientifiques ou techniques signalés par un △.

-3 000 000
L'australopithèque invente l'outil.

-2 500 000
Homo habilis vit en même temps que les australopithèques et leur survit (Oldoway).

-1 900 000
Homo erectus coexiste avec *homo habilis*, lui survit et essaime peu à peu dans le monde (Zhoukoudian, Mauer, Tautavel, etc.)

-1 000 000
Homo erectus invente les premiers bifaces.

-450 000
Homo erectus maîtrise le feu et délimite un foyer dans son habitat (Hongrie, Tautavel).

-200 000 - -40 000
L'homme de Neandertal peuple l'Europe. En Afrique et en Asie apparaissent d'autres types d'*homo sapiens* archaïques. Début de la technique Levallois ; premiers rites funéraires (La Ferrassie).

-40 000 - -35 000
Émergence dans le monde de l'homme moderne : *homo sapiens sapiens* (Cro-Magnon).

-40 000
Peuplement du continent américain.

-33 000 - -28 000
□ Europe : l'aurignacien, naissance de l'art.
△ Invention de l'aiguille à chas.

-27 000 - -19 000
De l'Europe occidentale à la Sibérie : le gravettien, culte de la fécondité (Lespugue, etc.).

-16 000 - -10 000
□ Europe occidentale : le magdalénien, épanouissement de l'art (Lascaux, Altamira, La Madeleine).
△ Invention du harpon.

v. 9000 av. J.-C.
Peuplement du Japon.

v. 9000 - 8000 av. J.-C.
Proche-Orient : prémices du néolithique ; agriculture (Mureybat) ; premiers villages (Jéricho).

v. 8000 av. J.-C.
□ Japon : céramique pré-Jomon.

v. 7500 av. J.-C.
Çatal Höyük : communauté villageoise, première architecture.

v. 7000 av. J.-C.
Mehrgarh : début de la civilisation de l'Indus.

v. 7000 - 6000 av. J.-C.
□ Levant espagnol : peintures rupestres ; homme représenté avec arcs et flèches.

v. 6500 av. J.-C.
□ Proche-Orient, Égypte, Indus : invention de la céramique • Première occupation d'Ourouk.

v. fin VIIe millénaire
Grèce du Nord : pratiques néolithiques.

v. 6000 av. J.-C.
Chine : néolithique.

v. VIe millénaire av. J.-C.
Éridou : premières constructions religieuses.

v. 5500 av. J.-C.
□ Çatal Höyük : premier martelage du cuivre et de l'or • Europe : néolithisation par la voie du Danube.

v. 5000 av. J.-C.
Bassin méditerranéen : diffusion du néolithique.

v. 5000 - 4000 av. J.-C.
Sahara : domestication des bovins.
□ Peintures rupestres (massif de l'Ajjer).

v. 5000 - 3400 av. J.-C.
Mexique : domestication du maïs.

v. 4500 av. J.-C.
Chine : culture de Yangshao • Italie : villages d'agriculteurs • Mésopotamie : épanouisssement d'Obeïd.

v. 4000 av. J.-C.
Bretagne, Gavrinis ; Malte : mégalithisme.
△ Iran : première véritable métallurgie avec fusion du métal qui donne le bronze.

v. 3500 av. J.-C.
En Mésopotamie et à Suse : invention du cylindre-sceau.

v. 3400 av. J.-C.
△ Mésopotamie, invention d'un voilier à voile carrée : navigation en haute mer.

v. 3400-2000 av. J.-C.
△ Proche-Orient : généralisation du bronze.

v. 3200 av. J.-C.
Union des royaumes de Haute- et Basse-Égypte.
□ Ourouk : naissance de l'écriture et de l'urbanisme • En Égypte : *palette du roi Narmer.*

v. 3000 av. J.-C.
Développement des cités-États de Mésopotamie (Kish, Our, Ourouk, Mari).
△ Mésopotamie et Proche-Orient : domestication du cheval ; invention de la roue, du chariot, du tour de potier ; arithmétique sumérienne (numérations sexagésimale et décimale).

v. 3000 - 2000 av. J.-C.
Malte : floraison du mégalithisme.

v. 2900 av. J.-C.
Égypte : *stèle du roi serpent.*

v. 2800 av. J.-C.
□ *Enseignement d'Imhotep.*

v. 2778 av. J.-C.
Djoser, premier roi de l'Ancien Empire. Saqqarah : pyramide de Djoser • Mari : construction de la ville et du canal qui l'alimente en eau.

v. 2600 av. J.-C.
Gizeh : les pyramides • Grèce : début de la métallurgie du bronze.

v. 2500 av. J.-C.
Our : nécropole royale • Cyclades : apogée culturelle • Indus : Mohenjo-Daro à son apogée • L'Europe entre dans le chalcolithique.

v. 2400 av. J.-C.
Ebla adopte le caractère cunéiforme. Europe : 1er état de Stonehenge ; généralisation de l'usage de l'araire.

v. 2300 av. J.-C.
Fondation d'Akkad.
□ Ourouk : le temple blanc, ancêtre de la ziggourat.

v. 2300 - 2100 av. J.-C.
Fortification de Troie II ; le palais s'organise autour du mégaron.

2250 av. J.-C.
△ À Babylone, première mention de ce qui deviendra le *théorème de Pythagore.*

v. 2200 av. J.-C.
□ Mésopotamie : Akkad, stèle de Narām-Sin.

2160 av. J.-C.
△ En Chine, premier témoignage de l'observation d'une éclipse de Soleil.

2160 - 1785 av. J.-C.
Moyen Empire égyptien.

2111 av. J.-C.
Fondation de la IIIe dynastie d'Our.

Fin IIIe millén. av. J.-C.
Mari : aménagement du centre monumental.

v. 2000 av. J.-C.
Diffusion de la culture polynésienne en Mélanésie et en Micronésie.
□ Égypte : Karnak, premières constructions.
△ En Égypte, papyrus de Kahoun : éléments de gynécologie et d'art vétérinaire • En Europe, métallurgie du bronze.

2000 - 1950 av. J.-C.
□ *Épopée de Gilgamesh.*

2000 - 1750 av. J.-C.
Les Hébreux en pays de Canaan.

2000 - 1500 av. J.-C.
Des populations indo-européennes venues de l'Asie centrale envahissent le nord de l'Inde.

v. 2000 - XIIe s. av. J.-C.
Crète : floraison du minoen (Cnossos, Phaistos).

XIXe - XVIIIe s. av. J.-C.
Installation des Hittites en Anatolie.

1850 av. J.-C.
△ En Égypte, papyrus *Rhind* : calcul d'aires et de volumes, écriture de fractions.

1800 - 1200 av. J.-C.
□ Les *Veda*, livres sacrés de l'hindouisme.

1785 - 1750 av. J.-C.
Hammourabi, roi de Babylone.
□ *Code d'Hammourabi.*

1785 - 1580 av. J.-C.
Les Hyksos en Égypte.

v. 1700 av. J.-C.
□ Chine : plus anciens bronzes rituels Shang.

v. 1600 av. J.-C.
Les Achéens s'installent en Grèce • Égypte : introduction du cheval.

1595 av. J.-C.
Babylone détruite par les Hittites.

1580 - 1085 av. J.-C.
Nouvel Empire égyptien.

1550 av. J.-C.
△ En Égypte, papyrus *Ebers* : description de maladies, prescriptions pharmacologiques.

v. 1500 av. J.-C.
Premier peuplement des îles Mariannes par des populations venues des Philippines centrales • Apogée de la civilisation mycénienne • Guatemala, Kaminaljuyu : prémices mayas.
□ Égypte, Deir el-Bahari : temple de la reine Hatshepsout.
△ En Égypte, papyrus *Edwin-Smith* : notions d'anatomie et de chirurgie • Plus ancien cadran solaire connu • Premières clepsydres.

v. 1500 - 200 av. J.-C.
Mexique : civilisation olmèque.

v. 1400 av. J.-C.
□ Premiers documents en linéaire *B.* Mycènes : cercle des tombes royales, porte des lions.

XIVe - XIIIe s. av. J.-C.
Épanouissement d'Ougarit.

1380 av. J.-C.
□ Égypte : temple de Louqsor.

1372 - 1354 av. J.-C.
Règne d'Aménophis IV (Akhénaton).

1360 av. J.-C.
□ Égypte : bustes de Nefertiti ; Amarna.

1346 av. J.-C.
□ Égypte : trésor de Toutankhamon.

v. 1345 av. J.-C.
□ Chine : plan en damier à Anyang ; inscriptions oraculaires sur os Shang.

1300 av. J.-C.
□ Égypte : Karnak, grande salle hypostyle.

1299 av. J.-C.
Moïse en Égypte.

v. 1250 av. J.-C.
Exode des Hébreux hors d'Égypte sous la conduite de Moïse.

v. 1250 - 1200 av. J.-C.
Débuts des invasions araméennes : destruction du premier Empire assyrien.

1245 av. J.-C.
□ Égypte : Abou-Simbel.

Fin du XIIIe s av. J.-C.
Invasions doriennes : destruction de la civilisation mycénienne

XIIe s. av. J.-C.
En Phénicie, développement de cités-États (Tyr, Byblos, Sidon).

Fin XIIIe s. av. J.-C.
△ Zagros : début métallurgie du fer.

1198 - 1166 av. J.-C.
Destruction de l'Empire hittite par les Peuples de la Mer.

1085 av. J.-C.
Début de la Basse Époque en Égypte.

1040 av. J.-C.
□ Samuel, dernier juge d'Israël.

v. 1010 - 970 av. J.-C.
David unifie le royaume d'Israël.

v. 1000 av. J.-C.
Afrique : première utilisation du fer • Pérou : apogée de Chavín.

v. 970 av. J.-C.
Salomon édifie le Temple de Jérusalem.

900 av. J.-C.
△ En Assyrie, premières poulies.

900 - 850 av. J.-C.
☐ Prédication d'Élie.
883 - 858 av. J.-C.
☐ Assyrie, Ninive : reliefs d'Assournazirpal.
v. 850 av. J.-C.
☐ *l'Iliade* et *l'Odyssée*, attribuées à Homère.
850 - 800 av. J.-C.
☐ Le prophète Élisée.
814 av. J.-C.
Fondation de Carthage.
v. 800 av. J.-C.
Apparition des Étrusques en Toscane.
776 av. J.-C.
Premiers jeux Olympiques.
753 av. J.-C.
Fondation de Rome.
v. 750 av. J.-C.
Débuts de la colonisation grecque vers l'Occident.
v. 750 av. J.-C.
☐ Hésiode : *les Travaux et les jours.*
△ Babylone : premières prédictions d'éclipses de Soleil et de Lune.
v. 750 - 450 av. J.-C.
☐ Europe : Hallstatt (Vix).
669 - v. 627 av. J.-C.
Règne d'Assourbanipal.
647 av. J.-C.
☐ Début de l'École des lois en Chine.
625 - 547 av. J.-C.
△ Thalès de Milet mesure le temps à l'aide du gnomon et élabore la géométrie du triangle.
610 - 547 av. J.-C.
☐ Anaximandre fait de l'indéfini le principe de toute chose.
v. 600 av. J.-C.
☐ Sappho, poétesse grecque • Ésope : *Fables* • Le *Shijing,* un des cinq classiques chinois.
600 - 580 av. J.-C.
☐ Prédication de Jérémie.
600 av. J.-C. - 300 apr. J.-C.
☐ Le *Mahābhārata,* épopée sanskrite.
599 av. J.-C.
☐ Anaximène de Milet fait de l'air le principe de toute chose.
598 - 591 av. J.-C.
☐ Activité du prophète Ézéchiel.
v. 594 av. J.-C.
Solon, archonte à Athènes.
587 av. J.-C.
Prise de Jérusalem par Nabuchodonosor II et destruction du Temple ; début de la captivité des Hébreux à Babylone.
575 av. J.-C.
Rome sous la domination des Étrusques.
570 - 480 av. J.-C.
△ Pythagore : arithmétique.
559 av. J.-C.
☐ Babylone : la porte d'Ishtar.
559 - v. 479 av. J.-C.
☐ Laozi : origine du taoïsme.
556 - 530 av. J.-C.
Cyrus II fonde l'Empire perse.
551 - 479 av. J.-C.
☐ Confucius : *confucianisme.*
550 - 500 av. J.-C.
☐ Grèce : Poteries d'Amasis et d'Exékias • Étrurie : tombes peintes (Tarquinia, Cerveteri).
550 - 480 av. J.-C.
☐ Héraclite d'Éphèse fait du mouvement le principe créateur de la contradiction.
v. 527 av. J.-C.
Mort de Mahāvīra, fondateur du jaïnisme.
v. 525 av. J.-C.
☐ Gautama atteint l'illumination et, devenu Bouddha, prêche le bouddhisme.
522 - 486 av. J.-C.
Règne de Darios Ier.
518 av. J.-C.
☐ Iran : Persépolis.
515 - 440 av. J.-C.
☐ Parménide : *De la nature.*
510 - 490 av. J.-C.
☐ Étrurie : Apollon de Véies.
509 av. J.-C.
Fondation de la république romaine.
500 av J.-C.
☐ Pérou : floraison de la culture de Paracas.
v. 500 av. J.-C. - 200 apr. J.-C
☐ Afrique : civilisation de Nok.
499 av. J.-C.
☐ Empédocle d'Agrigente : cosmogonie fondée sur les 4 éléments.
490 av. J.-C.
Victoire de Miltiade à Marathon.
☐ Grèce, Delphes : *l'Aurige* ; le trésor des Athéniens.
490 - 449 av. J.-C.
Guerres médiques contre l'Empire perse.
490/85 - 430 av. J.-C.
☐ Zénon d'Élée, auteur des antinomies ou paradoxes.
484 - 420 av. J.-C.
☐ Hérodote : *Histoires.*
481 - 221 av. J.-C.
En Chine, époque des Royaumes combattants.
479 - 381 av. J.-C.
☐ Mozi : philosophie logique.
469 - 399 av. J.-C.
☐ Socrate enseigne, à Athènes, notamment Platon, Xénophon et Alcibiade.
460 av. J.-C.
☐ Grèce, Olympie : temple de Zeus.
458 av. J.-C.
☐ Eschyle : *l'Orestie.*
v. 450 av. J.-C.
☐ Le *Cantique des cantiques.* Grèce, le *Doryphore* de Polyclète. Lois des Douze Tables à Rome.
△ Leucippe et Démocrite : conception atomique de la matière.
v. 450 - Ier s. av. J.-C.
☐ Europe, La Tène : deuxième âge du fer.
447 - 432 av. J.-C.
☐ Grèce, Acropole d'Athènes : le *Parthénon*
443 - 438 av. J.-C.
☐ Grèce, Athènes : *Panathénées* de Phidias.
431 av. J.-C.
☐ Euripide : *Médée.*
431 - 404 av. J.-C.
Guerre du Péloponnèse entre Sparte et Athènes.
430 av. J.-C.
☐ Sophocle : *Œdipe roi.*
v. 430 av. J.-C.
☐ Agrigente : temple de la Concorde.
427 - 348 av. J.-C.
☐ Platon : le *Théétète,* le *Parménide,* la *République.*
422 av. J.-C.
☐ Aristophane : *les Guêpes.*
v. 410 av. J.-C.
☐ Grèce, Athènes : achèvement de l'*Érechtheion.*
400 av. J.-C.
△ Hippocrate : observation clinique ; traités de médecine.
384 - 322 av. J.-C.
☐ Aristote : *Catégories, Analytiques.*
371 av. J.-C.
Victoire d'Épaminondas à Leuctres.
365 - 275 av. J.-C.
☐ Pyrrhon, auteur d'une philosophie sceptique.
359 av. J.-C.
Avènement de Philippe II de Macédoine.
353 av. J.-C.
☐ Halicarnasse : le Mausolée.
v. 350 av. J.-C.
☐ Grèce, Épidaure : le théâtre.
350 av. J.-C.
△ Héraclide du Pont : hypothèse de la rotation de la Terre sur elle-même.
341 - 270 av. J.-C.
☐ Épicure fonde le *jardin* à Athènes.
v. 340 - 330 av. J.-C.
☐ Grèce : activité de Praxitèle.
335 - 264 av. J.-C.
☐ Zénon de Kition, fondateur du stoïcisme.
333 av. J.-C.
Alexandre le Grand vainqueur de Darios III à Issos.
327 - 325 av. J.-C.
Expédition d'Alexandre jusqu'au bassin de l'Indus.
321 av. J.-C.
L'empire d'Alexandre est partagé entre ses lieutenants • Défaite des Romains aux fourches caudines.
320 av. J.-C.
Inde : fondation de la dynastie des Maurya.
v. 300 av. J.-C.
Guatemala : premières cités mayas, Tikal.
300 av. J.-C.
△ Euclide : *Éléments* (traité de géométrie).
v. 299 av. J.-C.
☐ Rédaction de l'*Ecclésiaste.*
285 av. J.-C.
△ Construction de la tour de Pharos (premier phare).
269 av. J.-C.
Premier monnayage en argent au nom de Rome.
269 - 232 av. J.-C.
Règne d'Aśoka en Inde.
264 - 241 av. J.-C.
Première guerre punique.
v. 250 av. J.-C.
△ Archimède : géométrie ; hydrostatique ; invention d'instruments de levage et de machine de guerre • Ératosthène : première mesure de la circonférence terrestre ; arithmétique • Aristarque de Samos : hypothèse du mouvement de la Terre autour du Soleil.
250 - 130 av. J.-C.
☐ Traduction des textes bibliques en grec (*les Septante*).
237 - 57 av. J.-C.
☐ Égypte : Edfou.
221 - 210 av. J.-C.
Règne de Qin Shi Huangdi en Chine ; la grande muraille aménagée.
218 - 201 av. J.-C.
Deuxième guerre punique.
216 av. J.-C.
Hannibal vainqueur à Cannes.
206 av. J.-C.
Fondation de la dynastie des Han.
202 av. J.-C.
Scipion l'Africain vainc Hannibal à Zama.
201 av. J.-C.
Masinissa, roi de Numidie.
IIe s. av. J.-C.
Ouverture de la route de la soie.
v. 200 av. J.-C.
△ Apollonios de Perga : théorie des coniques • En Perse, premiers moulins à vent.
197 av. J.-C.
Bataille de Cynoscéphales.
180 - 160 av. J.-C.
☐ Pergame : *Grand Autel de Zeus.*
167 av. J.-C.
Révolte des Maccabées.
149 - 146 av. J.-C.
Troisième guerre punique.
146 av. J.-C.
Carthage détruite et rasée par Rome.
v. 130 av. J.-C.
△ Hipparque : invention de la trigonométrie ; découverte de la précession des équinoxes ; premier catalogue d'étoiles.
112 av. J.-C.
Jugurtha, roi de Numidie.
111 av. J.-C.
Mithridate VI Eupator, roi du Pont.
107 av. J.-C.
Marius, consul.
100 av. J.-C.
☐ Inde : premier stupa à Sāñcī.
91 - 88 av. J.-C.
Rome : Guerre sociale.
82 - 79 av. J.-C.
Dictature de Sulla.
73 - 71 av. J.-C.
Révolte de Spartacus.
63 av. J.-C.
Consulat de Cicéron.
60 av. J.-C.
Premier triumvirat : César, Crassus et Pompée.
55 av. J.-C.
☐ Cicéron : *De oratore.*
52 av. J.-C.
Vercingétorix assiégé dans Alésia.
52 - 50 av. J.-C.
☐ J. César : *la Guerre des Gaules.*
48 av. J.-C.
☐ Incendie de la bibliothèque d'Alexandrie.
46 av. J.-C.
△ J. César : réforme du calendrier.
44 av. J.-C.
Assassinat de Jules César.
43 av. J.-C.
Formation du second triumvirat : Octave, Marc Antoine et Lépide.
43 av. J.-C. - 18 apr. J.-C.
☐ Ovide : *l'Art d'aimer.*
39 - 29 av. J.-C.
☐ Virgile : *les Géorgiques.*
31 av. J.-C.
☐ Mexique, Tres Zapotès : stèle olmèque.
30 av. J.-C.
Mort d'Antoine et de Cléopâtre ; l'Égypte sous la domination de Rome.
30 - 8 av. J.-C.
☐ Horace : *Épîtres.*

27 av. J.-C.
☐ Rome : Vitruve écrit *De Architectura*.
27 - 9 av. J.-C.
Tite-Live : *Histoire de Rome*.
9 av. J.-C.
☐ Rome : autel de *l'Ara Pacis*.
14 apr. J.-C.
Mort d'Auguste : Tibère lui succède.
26
Ponce Pilate, préfet de Judée.
27 - 28
Baptême de Jésus par saint Jean-Baptiste.
30 ou 33
Crucifixion de Jésus.
37
Caligula, empereur.
38
Conversion de Paul.
50
△ Héron d'Alexandrie : invention de machines diverses • Pline l'Ancien : *Histoires naturelles*.
50 - 125
☐ Plutarque : *Vies parallèles*.
64
Néron, empereur ; incendie de Rome.
69
Vespasien, premier empereur flavien.
70
Destruction de Jérusalem par Titus.
△ Dioscoride : traité de pharmacologie ; botanique.
70 - 80
☐ Matthieu, Marc, Luc : rédaction des *Évangiles*.
70 - 82
☐ Rome : le *Colisée*.
78 - 120
Apogée de l'empire Kuṣāna en Inde.
88 - 89
Lutte des armées de Domitien contre les Daces entre Rhin et Danube (Champs Décumates).
100
Fondation du royaume d'Aksoum.
☐ Jean : rédaction du quatrième *Évangile* et de l'*Apocalypse* • Fixation des textes juifs : *Torah, Mishna* et *Talmud*.
100 - 170
☐ Ptolémée : *Almageste* : cosmologie géocentrique ; *Géographie*.
Iᵉʳ - VIᵉ s.
Migration des Bantous vers le sud de l'Afrique à partir du Shaba.
101 - 107
Conquête de la Dacie par Trajan.
113
☐ Rome : la *colonne Trajane*.
117 - 138
☐ Rome : Hadrien reconstruit le *Panthéon*.
120 - 175 ?
☐ Arrien rédige le *Manuel* d'Épictète.
121
☐ Celse : *le Discours véritable*.
122 - 127
Édification du mur d'Hadrien.
138 - 161
Règne d'Antonin.
150
☐ Justin : *Apologies*.
△ C. Ptolémée : cosmologie géocentrique ; cartographie.
155 - 225
☐ Tertullien : *Apologétique* • Fixation des *Veterum et Novum Testamentum*.
166 - 175
Marc Aurèle lutte contre les Germains.
192
Fondation du royaume du Champa.
197
Septime Sévère en campagne contre les Parthes.
199
☐ Rédaction de la *Mishna*.
200
△ Galien : traités de médecine.
210 - 240
☐ Rome : catacombes Priscilla et Domitilla.
212
Édit de Caracalla.
218
Élagabal, empereur romain.
235
Assassinat de Sévère Alexandre ; début de l'anarchie militaire.
240
Naissance du manichéisme.
247
☐ Plotin s'installe à Rome et donne ses leçons *(Ennéades)*.
260
Châhpuhr Iᵉʳ capture l'empereur Valérien.
270 - 275
Règne d'Aurélien ; rétablissement de l'unité de l'Empire.
293
Dioclétien organise la tétrarchie.
v. 300
△ Diophante : algèbre.
300 - 900
☐ Mexique : épanouissement des Zapotèques.
303
Début de la persécution des chrétiens.
312
Victoire de Constantin au pont Milvius.
313
Premier concile de Nicée.
318
☐ Rome : consécration de la première basilique du Latran, commencée par Constantin en 312 (?).
v. 320
En Inde, fondation de la dynastie Gupta.
325
△ Ge Hong : description de la variole.
330
Inauguration officielle de Constantinople.
337
Conversion de Constantin au christianisme • Assauts perses contre la Mésopotamie.
344
☐ Rome : achèvement de la basilique St-Pierre de Constantin.
350
Conversion au christianisme de l'empereur d'Aksoum.
△ Oribase : compilation des connaissances médicales de son temps.
353
Constance II rétablit l'unité de l'Empire.
361
Mort de Constance, Julien seul empereur.
366 - 374
Valentinien Iᵉʳ lutte contre les Alamans.
370 ou 371
Saint Martin élu évêque de Tours.
374
Saint Ambroise évêque de Milan.
378
Valens tué par les Wisigoths.
379
Théodose Iᵉʳ empereur d'Orient.
381
Concile de Constantinople, condamnant l'arianisme ; Grégoire de Naziance, évêque de Constantinople.
384 - 404
☐ Saint Jérôme : rédaction de la *Vulgate*.
395
Mort de Théodose ; Honorius empereur d'Occident ; Arcadius, empereur d'Orient.
397
Jean Chrysostome, évêque de Constantinople.
397 - 401
☐ Saint Augustin : *les Confessions*.
400
☐ Mexique : Teotihucán à son apogée • Chine : activité du peintre Gu Kaizhi.
Vᵉ - VIᵉ s.
☐ Inde, Ajaṇṭā, Sārnāth : iconographie du Bouddha parvenue à son sommet.
Vᵉ - XIIIᵉ s.
☐ Bolivie : civilisation de Tiahuanaco.
406 - 409
Invasions barbares en Gaule.
410
Sac de Rome par Alaric.
418
Théodoric Iᵉʳ, roi des Wisigoths.
425 - 476
☐ Ravenne : premières constructions.
429
Invasion de l'Afrique romaine par les Vandales.
431
Nestorius déposé par le concile d'Éphèse.
432
☐ Saint Patrick, évêque d'Irlande.
435 - 438
Rédaction du code théodosien.
439
Geiséric s'empare de Carthage.
451
Attila battu aux champs Catalauniques.
457 - 474
Léon Iᵉʳ, empereur romain d'Orient.
465 - 550
Les Huns établis dans la majeure partie du bassin de l'Indus.
474
Zénon, empereur romain d'Orient.
476
Prise de Rome par Odoacre ; fin de l'Empire romain d'Occident.
486
Bataille de Soissons.
488 - 489
Conquête de l'Italie par les Ostrogoths.
493
Théodoric le Grand, roi des Ostrogoths.
v. 498
Baptême de Clovis.
500
△ Āryabhaṭa : numération décimale et zéro, table de sinus, valeurs approchées de π.
507
Bataille de Vouillé • Rédaction de la loi salique.
520 - 572
Apogée du royaume d'Aksoum.
524
☐ Boèce : *De la Consolation de la philosophie*.
525
△ Denys le Petit : table pascale (chronologie chrétienne).
527
Justinien, empereur byzantin.
529
☐ Fermeture de l'école d'Athènes par Justinien • Code Justinien.
v. 529
☐ Fondation du monastère du Mont-Cassin par saint Benoît de Nursie.
532
☐ Ravenne : église S. Vitale.
532 - 537
☐ Constantinople : construction de Ste-Sophie.
534
Reconquête byzantine de l'Afrique du Nord sur les Vandales.
538
Arrivée du bouddhisme au Japon.
v. 550
☐ Basilique mérovingienne, future abbatiale St-Germain-des-Prés à Paris.
551
Adoption du monophysisme par l'Arménie.
555
Reconquête de l'Italie par les Byzantins.
563
Début de l'évangélisation de l'Écosse par Colomba, venu d'Irlande.
568
Les Avars en Hongrie.
568 - 572
L'Italie du Nord occupée par les Lombards.
580
Les Slaves en Thrace et en Macédoine.
587
Reccared Iᵉʳ, roi des Wisigoths d'Espagne, converti au catholicisme.
587 - 608
Construction en Chine d'un réseau de canaux reliant le bas Yangzi au Huang He.
600
△ En Chine, invention de la poudre noire.
600 - 622
Régence de Shōtoku Taishi, au Japon.
600 - 950
☐ Mexique, Uxmal : pyramide du Devin.
v. 606 - 647
Règne de Harṣa en Inde du Nord.
607
☐ Japon, Nara : fondation du Hōryū-ji.
611 - 613
Invasion de la Cappadoce, de la Cilicie et de la Palestine par Khosrô II.
v. 614
☐ Fondation par le moine irlandais saint Gall d'un ermitage qui deviendra l'abbaye bénédictine de Saint-Gall.
618
Fondation de la dynastie des Tang en Chine.
618 - 667
☐ Chine : floraison artistique des Tang (Xi'an, Dunhuang, Longmen ; et premières porcelaines).

622
Les Perses chassés d'Asie Mineure par Héraclius • Fuite de Mahomet de La Mecque à Médine (l'hégire).
629
Dagobert, roi des Francs.
630
□ Isidore de Séville : *Étymologies.*
630 - 635
Naissance d'une chrétienté nestorienne en Chine.
630 - 645
Les routes de l'Asie centrale sous le contrôle des Chinois.
634
'Umar, deuxième calife des musulmans.
636
Conquête de la Syrie par les Arabes.
638
Conquête de Jérusalem par les Arabes.
640 - 642
Conquête de l'Égypte par les Arabes.
642
Conquête de l'Iran par les Arabes.
646
Réforme de Taika : organisation des institutions japonaises sur le modèle chinois.
650
△ Invention du feu grégeois.
v. 650 - 670
□ Trésor wisigothique de Guarrazar.
650 - 749
□ Jean Damascène, auteur de *De la foi orthodoxe.*
651
□ Recension écrite du *Coran.*
653 - 661
L'État lombard converti au catholicisme.
656
Révolte de 'Alī, gendre de Mahomet.
660 - 670
Nouveau système monétaire du denier franc en argent.
661
Fondation du califat ommeyade à Damas.
670
Conquête arabe de l'Ifrīqiya et fondation de Kairouan.
677
△ Premier acte royal sur parchemin en Gaule (auparavant les Mérovingiens employaient le papyrus).
678 - 679
Début de l'évangélisation des Frisons.
680
Fondation du premier Empire bulgare.
v. 680
□ Sarcophage de l'évêque Agilbert, sculpté d'un Jugement dernier, dans la crypte St-Paul de Jouarre.
681 - 682
Conquête arabe de l'Algérie.
687
Thierry III, roi des Francs.
690
Premières monnaies d'or musulmanes.
691 - 692
□ Jérusalem : *Coupole du Rocher.*
698
Conquête de Carthage par les Arabes.
699 - 759
□ Chine : Wang Wei.
fin du VIIe s.
Le latin disparaît comme langue parlée en Gaule.
v. 700
Premiers établissements vikings aux îles Shetland.
700 - 710
Conquête arabe du Maroc.
705
□ Damas : fondation de la Grande Mosquée.
710
Fondation de la capitale japonaise de Nara.
711
Conquête de l'Espagne par les musulmans.
712 - 713
Conquête du Sind par les armées arabes.
712 - 770
Du Fu, poète chinois.
714
Les musulmans conquièrent la Transoxiane • Charles Martel, maire du palais en Austrasie.
717
Léon III, empereur byzantin.
725
△ En Chine, échappement d'horlogerie.
731
Le pape Grégoire III condamne l'iconoclasme.
732
Charles Martel arrête les Arabes à Poitiers.
732 - 754
Boniface évangélise la Germanie.
735
Unification de la Corée par le royaume de Silla, allié des Tang de Chine.
□ Bède le Vénérable : *Histoire ecclésiastique de la nation anglaise.*
741
□ Mexique, Tikal : achèvement de la grande pyramide.
750
Les Abbassides, califes de l'islam.
751
Victoire des Arabes sur les armées chinoises près de l'actuelle Alma-Ata • Pépin le Bref, roi de France.
□ Inde, Ellorā : le Kailāsa.
△ Communication aux Arabes, par les Chinois, de la technique de fabrication du papier.
756
Création de l'émirat omeyyade de Cordoue.
762
Fondation de Bagdad.
770
△ En Chine, xylographie.
771
Charlemagne seul maître du royaume franc.
772
□ Reconstruction de S. Maria in Cosmedin à Rome.
772 - 846
□ Bo Juyi : *le Chant de l'amour éternel.*
778
Bataille de Roncevaux.
780
Irène, régente de Byzance.
v. 782
□ Évangéliaire de Charlemagne, dit *de Godescalc* (B.N. Paris).
785 - 987
□ Espagne, Cordoue : la Grande Mosquée.
786
Avènement du calife Hārūn al-Rachīd.
787
Concile de Nicée.
v. 790 - 800
□ Chapelle palatine d'Aix-la-Chapelle • Abbaye de Saint-Riquier.
793
□ Alcuin inspire la réforme scolaire de Charlemagne.
794
Fondation de Heian (auj. Kyōto), la nouvelle capitale du Japon.
795
Premiers raids vikings en Angleterre.
795 - 810
□ Mexique, Copán : dernières constructions.
796
□ Tunisie, Monastir : le ribat.
800
Sacre de Charlemagne à Rome.
v. 800
□ *Livre de Kells* (Dublin), chef-d'œuvre de l'enluminure irlandaise • Mexique, Bonampak : peintures murales • Java : Bārābudur • Tunisie, Kairouan : la Grande Mosquée.
△ Geber (Djabir) : premier traité de chimie.
800 - 850
△ Apparition de la *monnaie volante* (billet à ordre) en Chine.
IXe s.
Fondation du royaume du Kanem.
802
Instauration du culte du dieu-roi au Cambodge.
v. 805
□ Oratoire de Germigny-des-Prés (près de Saint-Benoît-sur-Loire), avec sa mosaïque absidale.
808
□ Le *Manyo-shu,* première anthologie littéraire japonaise.
814
Louis Ier le Pieux, empereur.
820
Michel II le Bègue, empereur byzantin.
□ Église St-Michel de Fulda, de plan circulaire.
826 - 830
Début de la christianisation de la Scandinavie.
827
Début de la conquête de la Sicile par les Arabes.
830
△ al-Kharezmi : création de l'algèbre, résolution des équations du premier et du second degré, usage des chiffres arabes.
832
□ Fondation de la *Maison de la sagesse* à Bagdad.
834 - 841
Les Normands s'installent en Frise.
v. 840
□ *Paliotto,* autel d'orfèvrerie de St-Ambroise de Milan.
841 - 858
□ Agrandissement des cryptes de St-Germain d'Auxerre (fresques).
842
□ *Serment de Strasbourg.*
842 - 845
Interdiction des religions étrangères en Chine.
843
Fin de la crise iconoclaste ; restauration du culte des icônes dans l'Empire byzantin • Partage de l'Empire carolingien au traité de Verdun.
845
Les Normands pillent Paris.
846
Les Arabes pillent Saint-Pierre de Rome.
v. 846
□ Première *Bible de Charles le Chauve* (B.N. Paris), enluminée à l'abbaye St-Martin de Tours.
v. 847
□ Sāmarrā : la Grande Mosquée.
849
Fondation du royaume birman de Pagan.
850
Installation des Toltèques au Mexique.
v. 850
□ Fresques de S. Clemente à Rome.
858
Début du pouvoir des Fujiwara au Japon.
860
Fondation de Novgorod par les Varègues.
863
Le pape Nicolas Ier dépose le patriarche de Constantinople Photios • Début de la mission de Cyrille et Méthode chez les Slaves.
864
Conversion de Boris Ier, khan des Bulgares, au christianisme.
865
□ J. Scot Érigène : *De divisione naturae.*
866
Alphonse III le Grand, roi des Asturies et du León.
867
Basile Ier, empereur byzantin ; contre-offensive victorieuse contre les Arabes en Asie Mineure.
868
Création de la dynastie des Tulunides en Égypte.
870
Rétablissement de l'union religieuse entre Constantinople et Rome.
872 - 879
□ Égypte, Le Caire : mosquée d'Ibn Ṭūlūn.
874
□ Photios : *Mystagogie de l'Esprit saint.*
878
Alfred le Grand, roi des Anglo-Saxons.
881
□ *Séquence de sainte Eulalie,* premier poème en langue d'oïl.
882
Kiev, centre du premier État russe.
885
Les Byzantins en Italie du Sud • Abandon de Changan ; Luoyang nouvelle capitale des Tang.
887
Fin de l'Empire carolingien.
896
Installation des Hongrois dans la plaine danubienne.
898
Charles III le Simple, roi de France.
fin du IXe s.
Disparition de la dynastie Pallava dans le sud de l'Inde et début de l'expansion de la dynastie Cola.
900 ?
□ Al-Ḥallādj : *Passion d'al-Ḥallādj.*
900
△ Al-Rāzī (Rhazès) : description de la variole, encyclopédie médicale • Al-Bāttanī (Albategnius) :

introduction de la trigonométrie dans l'astronomie arabe, détermination précise de la longueur de l'année tropique et de la précession des équinoxes.

Xe - XIe s.
Fondation de l'empire du Mali • Apogée des Cola qui dominent l'Inde du Sud et Ceylan.

900 - 1150
☐ Mexique : Tula.

Xe - XIIe s.
Les Mayas sous l'influence toltèque.

907
Fin de la dynastie des Tang, début d'une période de morcellement de la Chine.
☐ Boukhara : mausolée d'Ismā'īl le Samanide.

v. 910
☐ Fondation de l'abbaye de Cluny.

911
Traité de Saint-Clair-sur-Epte.

913
Siméon Ier le Grand, empereur des Bulgares.

919
Henri Ier l'Oiseleur élu roi de Germanie.

929
Fondation du califat de Cordoue par 'Abd al-Raḥmān III.

936
Otton Ier élu roi de Germanie.

940
Début du règne d'Harald Blåtand, premier roi de Danemark à adopter le christianisme.

940 ?
☐ al-Fārābī : *Opinions des habitants de la cité vertueuse.*

945
Début du règne personnel de Constantin VII Porphyrogénète.

v. 950
☐ Première rédaction des *Mille et Une Nuits.*

960
Fondation de la dynastie des Song en Chine.

962
Otton Ier sacré empereur à Rome ; création du Saint Empire romain germanique. Fondation de la dynastie turque musulmane des Ghaznévides.

966
Baptême de Mieszko Ier ; entrée de la Pologne dans la chrétienté romaine.

969
Création du Caire par les Fatimides.

970
☐ Chine, Hangzhou : pagode des Six Harmonies.
△ Gerbert d'Aurillac : introduction en Europe de l'abaque et des chiffres arabes.

v. 973
Fondation de la dynastie des Cālukya orientaux dans le sud du Deccan.

976
Début du règne personnel de Basile II.
☐ Chine : mort du paysagiste Dong Yuan.

978 - 1020
☐ Murasaki Shikibu : le *Genji monogatari.*

980 - 1037
☐ Avicenne : le *Canon de la médecine.*

986
Découverte du Groenland par Erik le Rouge.

987
Élection et sacre d'Hugues Capet, fondateur de la dynastie capétienne.

988
Vladimir Ier fait baptiser ses sujets à Kiev.

996
Robert II le Pieux, roi de France.

1000
Étienne Ier, roi de Hongrie.
☐ À Chichén Itzá, constructions mayas-toltèques • En Inde, fondation des principaux temples de Bhubaneswar, Khajurāho, Thanjāvūr.

1000 - 1050
△ En Chine, première mention de l'aiguille aimantée.

XIe s.
Des Polynésiens commencent à peupler la Micronésie orientale • Essor du bouddhisme et du confucianisme au Viêt Nam.

XIe - XVe s.
☐ Nigeria : art du royaume d'Ife.

1001 - 1027
Expéditions de Maḥmūd de Ghazni dans l'Inde du Nord.

1008
Baptême du roi de Suède, Olof Skötkonung.

1010
☐ Ferdowsi : le *Chah-namè,* épopée nationale perse.

v. 1010
☐ Début de construction de l'église ottonienne St-Michel à Hildesheim et de l'abbatiale clunisienne de Romainmôtier (Cant. de Vaud) ; Ste-Gertrude de Nivelles en construction.

1014
Henri II, empereur du Saint Empire • Victoire des Byzantins sur les Bulgares

1016
Le Danois Knud Ier, roi d'Angleterre.

1016 - 1028
Olav II, roi de Norvège.

1020
☐ Chine, activité du peintre Fan Kuan.
△ Ibn al-Haytham, dit Alhazen : lois de la réflexion et de la réfraction de la lumière.

v. 1030
☐ Début de la cathédrale de Spire.

1031
Henri Ier, roi de France • Fin du califat de Cordoue.

1037
☐ Avicebron : *le Livre du salut* • Début de construction de Ste-Sophie d'Ohrid.

1040
Les Turcs seldjoukides, maîtres de l'Iran oriental.

v. 1040 - 1046
☐ Ste-Sophie de Kiev, construction et décor de mosaïques.

1042
Édouard le Confesseur, roi d'Angleterre • Arrivée au Tibet du bouddhiste indien Atīśa.

1050
Dévastation des campagnes de l'Ifrīqiya (Tunisie) par les Banū Hilāl.
△ En Chine, usage des caractères mobiles d'imprimerie.

1053
☐ Le pavillon du Phénix (Byōdō-in) à Uji.

1054
Schisme d'Orient.

1055
Conquête de Bagdad par les Seldjoukides.

1056
Henri IV, roi de Germanie.

1059 - 1078
☐ Psellos, historien byzantin : *Chronographie.*

1060
Philippe Ier, roi de France.

1061
Fondation de la dynastie almoravide.

1063
☐ Début de la cathédrale de Pise • Début de reconstruction de St-Marc de Venise.

v. 1065
☐ La *Chanson de Roland.*

1066
Bataille de Hastings.

1070
Ceylan libérée de la domination des Cola.

1070 - 1073
☐ Saint Anselme : exposé de la preuve ontologique.

1071
Victoire turque sur les Byzantins à Malazgirt (Mandzikert).

1072 - 1091
Les Normands maîtres de la Sicile.

1072 - 1092
☐ Ispahan, grande mosquée du Vendredi.

1073
Grégoire VII, pape.

1076 - 1122
Querelle des Investitures.

1077 - 1078
Conquête du Ghāna par les Almoravides qui imposent l'islam.

1078
☐ Début de l'abbatiale de pèlerinage St-Jacques à Compostelle.

1080
Création de l'État de Petite-Arménie en Cilicie.
☐ Mosaïques de Dháfni.

1082
Avantages commerciaux consentis à Venise par les Byzantins.

1086
Reconquête de Tolède par Alphonse VI.

1087 - 1091
☐ Portes du Caire, Bāb al-Futuḥ et Bāb al-Naṣr.

1088
☐ Début de l'immense abbatiale de « Cluny III » • Fondation de l'université de Bologne (enseignement juridique).

v. 1090
☐ Début de la cathédrale de Durham.

1090 ? - 1138
☐ Avempace (Ibn Bādjdja) : *le Régime du solitaire.*

1091
☐ Birmanie, Pagan : pagode Ananda.

1095
☐ al-Ghazālī : *Écroulement des philosophes.*

1095 - 1099
Première croisade.

1097
Création du comté de Portugal.

1099
Les croisés maîtres de Jérusalem.

1100
Fondation de l'Empire inca par Manco Capac Ier.

début XIIe s.
☐ Russie : *Vierge de Vladimir.*

1107 - 1118
☐ Renier de Huy : fonts baptismaux de Liège.

1108
Louis VI le Gros, roi de France.
☐ Guillaume de Champeaux s'oppose à son élève Abélard dans la querelle des universaux.

v. 1110 - 1115
☐ Tympan de l'Apocalypse au portail de Moissac.

1113 - apr. 1144
Règne de Sūryavarman II et apogée de l'empire d'Angkor.

1115
☐ Saint Bernard fonde l'abbaye de Clairvaux.

v. 1120 - 1123
☐ Fresques absidales de St-Clément et de Ste-Marie de Tahull (Catalogne) [transférées à Barcelone].

v. 1125 - v. 1200
☐ Bernard de Ventadour : *Chansons.*

1127
Repli des Song dans le Sud de la Chine.

1130 - 1140
☐ Angkor Vat.

1132
☐ Chapelle palatine de Palerme.

1136
☐ Grande Mosquée de Tilimsen.

1137
Louis VII le Jeune, roi de France.

1139 sqq.
☐ Abbatiale cistercienne de Fontenay.

1140
☐ Le *Cantar del Mio Cid,* épopée nationale espagnole.

v. 1140
☐ L'abbé Suger à Saint-Denis : début de construction du chœur gothique.

1147
Fondation de la dynastie almohade.

1147 - 1149
Deuxième croisade.

1153 - 1186
☐ Ceylan, Polonnaruwa : intense activité architecturale.

1155
☐ Wace : *Roman de Brut.*

1157
Début de la lutte du Sacerdoce et de l'Empire.

1160
☐ Début de la cathédrale de Laon.

1160 - 1170
☐ Averroès : commentaires d'Aristote.

1165 - 1240
☐ Ibn al-'Arabī : *le Traité de la majesté.*

1169
Vladimir, capitale du second État russe (la principauté de Vladimir-Souzdal).

1170
☐ Béroul : *Tristan* • Chrétien de Troyes : *Lancelot ou le Chevalier à la charrette.*

v. 1170 - v. 1230
☐ Walther von der Vogelweide, premier des minnesänger.

1171
Saladin prend le pouvoir au Caire.

v. 1175
☐ Début de reconstruction de la cathédrale de Canterbury par Guillaume de Sens.

1177 - 1236
☐ Gautier de Coincy : *Miracles de Notre-Dame.*

1180
Philippe II Auguste, roi de France.
1181
☐ Nicolas de Verdun : retable émaillé de Klosterneuburg.
v. 1185
☐ Sculpture du portail de la Vierge à la cathédrale de Senlis.
1187
Reconquête de Saint-Jean-d'Acre et de Jérusalem par Saladin.
1189
Richard Ier Cœur de Lion, roi d'Angleterre.
1189 - 1192
Troisième croisade.
1190
☐ Maimonide : *le Guide des égarés.*
1192
Fondation du shogunat de Kamakura par Minamoto no Yoritomo.
1193
Conquête de Delhi par les Ghurides.
1194
Les Hohenstaufen, rois de Sicile.
☐ Début de reconstruction de la cathédrale de Chartres, type du gothique classique.
1198
Innocent III, pape.
1199
Jean sans Terre, roi d'Angleterre.
☐ Delhi : début de la construction du Quṭb Mīnār.
1200
Apogée du royaume du Kanem • Les Aztèques pénètrent dans la vallée de Mexico.
☐ École des peintres Song (Ma Yuan, Xia Gui).
v. 1200
☐ Épopée des *Nibelungen* • École de Notre-Dame (Pérotin) • Début de construction des halles d'Ypres.
1200 - 1250
△ Europe, apparition des premières lunettes correctrices.
1202 - 1204
Quatrième croisade.
1204
Constantinople prise par les croisés, création de l'Empire latin de Constantinople.
1206
Gengis Khān, empereur des Mongols.
v. 1210 - v. 1298
☐ Guan Hanqing, dramaturge chinois.
1211 - 1216
Gengis Khān conquiert la Chine du Nord.
1212
Bataille de Las Navas de Tolosa.
1214
Bataille de Bouvines.
1215
Concile de Latran • Grande Charte en Angleterre.
☐ Fondation de la première université de Paris.
1217 - 1219
Cinquième croisade.
1220
Frédéric II de Hohenstaufen, empereur.
v. 1220
☐ Snorri Sturluson : *Edda* prosaïque • Début de la cathédrale d'Amiens, type du gothique rayonnant.
1224
☐ Saint François d'Assise : *le Cantique des créatures,* en langue italienne.
1226
Louis IX (Saint Louis), roi de France
1228 - 1229
Sixième croisade.
1229
Les Hafsides, maîtres de l'Ifrīqiya.
1230 - 1235
☐ *Roman de la rose* (première partie).
1230 - 1280
La Prusse conquise par les chevaliers Teutoniques.
1231
Les Mongols envahissent la Corée.
1233
☐ Bagdad : madrasa Mustanṣiriyya.
1238 - 1240
Les Mongols maîtres de la Russie.
1241 - 1248
☐ Sainte-Chapelle de Paris.
1242
Victoire d'Alexandre Nevski sur les chevaliers Porte-Glaive.
1248
Reconquête de Séville.
1248 - 1250
Septième croisade.
1249
☐ Fondation de l'*University College* d'Oxford.
1250
Début du Grand Interrègne (Saint Empire) • Les Mamelouks prennent le pouvoir en Égypte.
☐ Fondation de Mayapán.
1252
△ *Tables alphonsines,* tables astronomiques.
1256
Le Mongol Hūlāgū, maître de l'Iran.
1257
☐ Fondation de la Sorbonne.
1258
Destruction de Bagdad par Hūlāgū et fin du califat abbasside.
1259
☐ Saint Bonaventure : *Itinéraire de l'âme à Dieu.*
1260
Kūbīlāy, grand-khan des Mongols • Victoire des Mamelouks sur les Mongols.
☐ Consécration de la cathédrale de Burgos.
1260 - 1327
☐ Maître Eckart : *Livre de la consolation divine.*
1261
La colonie scandinave du Groenland rattachée à la Norvège.
1262 - 1280
☐ Jeux musicaux d'Adam de la Halle.
1266
Charles Ier d'Anjou, roi de Sicile.
1266 - 1273
Thomas d'Aquin : *Somme théologique.*
1267 - 68
☐ R. Bacon : *Opus majus.*
1269
Les Marinides, maîtres du Maroc.
1270
Huitième croisade • Philippe III le Hardi, roi de France.
☐ Rutebeuf : *Renard le Bestourné* • R. Lulle : *Ars Magna.*
1271 - 1295
Séjour de Marco Polo en Chine.
1275 - 1280
☐ *Roman de la rose* (seconde partie).
1277
Rodolphe Ier de Habsbourg, maître de l'Autriche.
☐ Début de construction de la façade de la cathédrale de Strasbourg.
1279
Suicide du dernier empereur Song et fondation de la dynastie mongole des Yuan.
1280
Lübeck à la tête de la Hanse.
v. 1280
☐ Début de la cathédrale d'Albi, de type gothique méridional.
1282
Vêpres siciliennes.
1285
Philippe IV le Bel, roi de France.
1289
☐ Fondation de l'université de Montpellier.
1291
Fin de la présence franque en Palestine • Naissance de la Confédération suisse.
v. 1298
☐ Marco Polo : *le Livre des merveilles du monde.*
1299
Osman Ier fonde la dynastie ottomane.
XIVe s.
Apparition du royaume du Bénin.
1300
☐ Dun Scot : *Opus oxoniensis* • Deuxième âge d'or de la peinture chinoise : Ni Zan, etc.
△ L'usage de la brouette se répand en Europe.
1301
☐ Giovanni Pisano : achèvement de la chaire de S. Andrea de Pistoia.
1302
Bataille de Courtrai.
1303 - 1305
☐ Giotto : fresques de la chapelle des Scrovegni à Padoue.
1306 - 1321
☐ Dante : *la Divine Comédie.*
1309
Clément V, premier pape d'Avignon.
☐ Joinville : *Livre des saintes paroles et des bons faits de notre roi Louis.*
1310
△ Premières horloges mécaniques à poids.
1312 - 1337
Apogée de l'empire du Mali sous Kankan Moussa.
v. 1320
☐ Philippe de Vitry : *Ars nova.*
1315 - 1320
☐ Guillaume d'Occam : *Somme de toute logique* • Constantinople, St-Sauveur in Chora : cycle décoratif de mosaïques et de fresques.
1326
Brousse (Bursa), capitale ottomane.
1327
Édouard II, roi d'Angleterre.
☐ Pétrarque commence le *Canzoniere.*
1328
Les Valois succèdent aux Capétiens directs.
1330
☐ Jan Van Ruusbroec : *le Joyau des noces spirituelles.*
1331
☐ Apparition du style gothique perpendiculaire au chœur de la cathédrale de Gloucester.
1333 - 1354
☐ À Grenade, construction à l'Alhambra, des cours des Myrtes et des Lions.
1335
Fin de la domination mongole en Iran.
1336
Création de l'empire hindouiste de Vijayanagar dans l'Inde du Sud.
1337
Début de la guerre de Cent Ans.
1338
Ashikaga Takauji, shogun à Kyōto.
1340
△ Premiers hauts-fourneaux, près de Liège.
1346
Bataille de Crécy • Charles IV de Luxembourg, roi de Germanie • Les Serbes maîtres des Balkans.
△ Premiers canons en Europe, à la bataille de Crécy.
1347 - 1352
Peste noire dans toute l'Europe.
1347
Fondation du royaume thaï d'Ayuthia.
1348 - 1353
☐ Boccace : le *Décaméron.*
1348
☐ Création de l'université de Prague.
v. 1349
☐ Guillaume de Machaut : *Messe Notre-Dame.*
1350 - 1357
☐ À Fès, madrasa Bū 'Ināniyya.
1350 - 1389
Apogée de l'empire de Majapahit, qui domine l'archipel indonésien.
1351
☐ Heinrich Parler : chœur de Ste-Croix de Schwäbisch Gmünd (type de l'église-halle).
1353
Création du royaume de Lan Xang au Laos et dans le Nord-Est de la Thaïlande.
1354
Premier établissement ottoman en Europe.
1356
Bulle d'Or du Saint Empire.
1356 - 1359
☐ Au Caire, madrasa du sultan Ḥasan.
1359
Murad Ier, sultan ottoman.
1360
Traité de Brétigny.
1364
Fondation de la dynastie chan, dite d'Ava (Birmanie centrale) • Charles V, roi de France.
1365
☐ Fondation de l'université de Vienne.
1367
☐ Fondation de l'université de Cracovie.
1368
Fondation de la dynastie Ming en Chine.
1368 - 1398
Règne de Hongwu : réunification de la Chine.
1369
☐ Ayuthia, monastère du Vat Pra Ram.
1370
Hégémonie de la Hanse dans la Baltique. • Fondation de Tenochtitlán (Mexico).

1373
□ Début du tissage de la tenture de l'*Apocalypse* pour le duc Louis Ier d'Anjou.
1375
Destruction du royaume de Petite-Arménie en Cilicie par les Mamelouks.
1380
Charles VI, roi de France • Dimitri Donskoï victorieux des Mongols.
v. 1380
□ Le « Maître de Třeboň » (Bohême) : retable de la Passion du Christ.
1381
Début des raids de Tīmūr Lang en Iran et en Afghanistan.
1382 - 1384
□ Ibn Khaldūn : *Chronique universelle.*
1386
Union de la Pologne et de la Lituanie.
□ Fondation de l'université de Heidelberg.
1389
Vassalisation de la Serbie par les Turcs • Bayezid Ier, sultan ottoman.
v. 1390
□ Geoffrey Chaucer : *Contes de Cantorbéry.*
1395
□ Claus Sluter : calvaire, dit « puits de Moïse », à la chartreuse de Champmol.
1395 - 1396
□ Brousse, la Grande Mosquée.
1397
Union de Kalmar.
1398
Campagne de Tīmūr Lang dans l'Inde du Nord.
1399
Henri IV de Lancastre, roi d'Angleterre.
1399 - 1420
□ Samarkand, programme monumental de Tīmūr Lang : mausolée, mosquée Bībī Khānum, etc.
XVe s.
Progrès de l'islam à Java et dans toutes les régions côtières de l'Indonésie • Royaume de Loango fondé sur le Congo.
1400 - 1521
□ École musicale franco-flamande (Dufay, Ockeghem, Josquin des Prés).
1401
□ Concours pour la 2e des portes (en bronze) du baptistère de Florence, remporté par L. Ghiberti.
1401 - 1403
Gujerat et Malva (Madhya Pradesh et Rājasthān), indépendants du sultanat de Delhi.
1402
Capture de Bayezid Ier par Tīmūr Lang.
1406
□ Pékin : construction de la *Cité interdite.*
1410
Bataille de Grunwald (Tannenberg).
1413 - 1416
□ Les frères de Limbourg : enluminure des *Très Riches Heures* de Jean de Berry.
1414 - 1418
Concile de Constance ; fin du grand schisme d'Occident.
1415
Bataille d'Azincourt • Condamnation et supplice de Jan Hus • Conquête de Ceuta par les Portugais.
1419
□ Brunelleschi : début de construction de l'hôpital des Innocents à Florence.
1420
Traité de Troyes.
□ Grèce, Mistra : église de la Pantánassa.
△ Premières caravelles, au Portugal.
1421
Murad II, sultan ottoman.
1423
□ Inde, Ahmadābād : mosquée du Vendredi ; réussite de l'école architecturale du Gujerat.
v. 1423 - 1426
□ Donatello : Prophètes du Campanile de la cathédrale de Florence.
v. 1425 - 1427
□ Masaccio : fresques dans la chapelle Brancacci de l'église du Carmine à Florence.
1429
Libération de Reims par Jeanne d'Arc ; Charles VII, sacré roi de France.
1430 - 1440
Expansion de l'Empire inca.
1432
□ Fondation de l'université de Poitiers • Inauguration du polyptyque de *l'Agneau mystique,* œuvre des Van Eyck, à Gand.
1434
Pnom Penh, capitale du Cambodge.
1435 - 1488
Domination des Hafsides sur tout le Maghreb.
1438
□ Fondation de l'académie platonicienne de Florence.
1439
Union des Églises grecque et romaine.
1440
□ Pérou : Pachacútec reconstruit Cuzco.
△ Nicolas de Cues : *De Docta ignorantia* (De la docte ignorance), hypothèse de l'héliocentrisme et de l'infinitude de l'Univers • Gutenberg : imprimerie à caractères mobiles.
1442
Création du royaume des Deux-Siciles.
1443
□ Fondation de l'hôtel-Dieu de Beaune.
1444
Défaite des forces chrétiennes par Murad II à Varna.
□ Michelozzo : début de construction du palais Médecis à Florence • K. Witz : la *Pêche miraculeuse.*
1447 - 1467
□ Iran, Tabriz : la mosquée Bleue.
1451
Fondation de l'empire du Monomotapa (vallée du Zambèze) • Renaissance timuride à Harāt.
v. 1452
□ J. Fouquet : « Diptyque de Melun ».
1453
Constantinople conquise par les Turcs de Mehmed II • Fin de la guerre de Cent Ans.
1455
△ Gutenberg : impression de la Bible de Mayence, à 42 lignes.
v. 1455
□ *Pietà d'Avignon,* attribuée à E. Quarton • Piero della Francesca : fresques d'Arezzo.
1455 - 1485
Guerre des Deux-Roses.
1456
Conquête d'Athènes par les Turcs.
1458
Mathias Ier Corvin, roi de Hongrie • Domination aztèque sur la quasi-totalité du Mexique central.
1461
Louis XI, roi de France.
□ F. Villon : *Testament.*
1467 - 1477
Lutte entre Louis XI et Charles le Téméraire.
1469
Mariage d'Isabelle de Castille et de Ferdinand d'Aragon et union de leurs royaumes.
1470
△ Premiers laminoirs.
1470 - 1506
□ Iran, Harāt, Tabriz : le miniaturiste Behzād.
1471
Conquête de Tanger par les Portugais • Le Viêt Nam écrase le Champa.
1471 - 1481
□ Michael Pacher : retable peint et sculpté, gothique, de Sankt Wolfgang (Haute-Autriche).
1472 - 1474
□ Le Caire : mausolée de Qā'it Bāy.
1474
△ Regiomontanus : éphémérides astronomiques.
v. 1475
□ Van der Goes : *Retable Portinari.*
1478
□ Botticelli : *le Printemps.*
1480
Libération définitive de la Russie de la domination mongole par Ivan III.
□ Japon : Kanō Masanōbu fonde l'école Kanō.
△ Léonard de Vinci : description d'un parachute.
v. 1480
□ Façade, de style gothique flamboyant, de St-Maclou de Rouen.
1481
Bayezid II, sultan ottoman.
1483
D. Cão reconnaît l'embouchure du Congo.
v. 1483
□ Léonard de Vinci : *la Vierge aux rochers.*
1484
△ N. Chuquet : traité d'algèbre.
1487
□ Mexique, Tenochtitlán : consécration du *Templo Mayor.*
1488
Cap de Bonne-Espérance doublé par B. Dias.
1489
□ J. Buridan : *Compendium logicae* • M. Ficin : *De la triple vie.*
1490
Création de l'Empire luba (Zaïre).
1492
C. Colomb atteint Cuba et Haïti • Reconquête de Grenade • Expulsion des juifs d'Espagne.
△ Léonard de Vinci : description d'une machine volante.
1492 - 1528
Apogée de l'Empire songhaï.
1493
Maximilien Ier, empereur germanique.
□ A. Dürer : premier *Autoportrait* (Louvre).
1493 - 1496
Deuxième voyage de Christophe Colomb ; découverte des Petites Antilles.
1493 - 1525
Apogée de l'Empire inca.
1494
Début des guerres d'Italie (campagne de Charles VIII) • Partage du Nouveau Monde entre l'Espagne et le Portugal (traité de Tordesillas).
△ L. Pacioli : *Summa de arithmetica...*
1497
J. Cabot longe une partie des côtes d'Amérique du Nord.
1498
Colomb atteint le continent américain (Venezuela) • Vasco de Gama atteint l'Inde à Calicut.
1499
Amerigo Vespucci longe les côtes guyanaises • Louis XII, roi de France.
□ F. de Rojas : *la Célestine.*
Début XVIe s.
□ Vijayanagar : fécondité architecturale.
v. 1500 - 1505
□ Jérôme Bosch : *le Jardin des délices.*
XVIe - XVIIe s.
□ Nigeria : art du bronze du Bénin.
1502 - 1505
□ Japon : Sesshū peint son œuvre ultime *Paysage d'Amano-hashidate.*
1503
Jules II, pape • Les Portugais, maîtres de Zanzibar.
1505
Arrivée des Portugais à Ceylan.
□ Lemaire de Belges : *Épîtres de l'amant vert.* D. Bramante : début de la cour du Belvédère au Vatican • Michel-Ange : premier projet pour le tombeau de Jules II.
v. 1507 - 1508
□ Giorgione : *la Tempête, les Trois Philosophes.*
1508 - 1509
□ Michel-Ange : début de la voûte de la chapelle Sixtine • Raphaël : début des Chambres du Vatican.
1509
□ T. Cajetan : *De l'âme.*
1510
Ismā'īl Ier, chah séfévide, impose le chiisme duodécimain en Iran • Conquête de Goa par Albuquerque.
1511
Cuba colonisé par les Espagnols • Arrivée des Portugais à Java et prise de Malacca.
□ D. Érasme : *Éloge de la folie.*
△ P. Henlein : première montre.
1511 - 1516
□ Grünewald : *Polyptyque d'Issenheim.*
1512
Selim Ier, empereur ottoman.
1513
Balboa atteint l'océan Pacifique.
□ N. Machiavel : *le Prince.*
1514
△ Van der Hoecke : première utilisation des signes + et − en algèbre.
□ A. Dürer : la *Mélancolie.*
1515
François Ier, roi de France • Bataille de Marignan.
△ S. Del Ferro : résolution de l'équation du troisième degré.
v. 1515
□ Titien : *l'Amour sacré et l'Amour profane.*
1516
Charles Quint, roi d'Espagne.
□ L'Arioste : *Roland furieux.* T. More : *Utopie.*
1516 - 1517
Les Ottomans, maîtres de la Syrie, la Palestine et l'Égypte et protecteurs des villes saintes d'Arabie.

1517
Début de la Réforme (thèses de Luther).
1518
Barberousse, maître d'Alger.
□ A. da Sangallo l'Ancien : début de S. Biagio de Montepulciano.
1519
Charles Quint, empereur germanique • Cortés fonde Veracruz (au Yucatán).
□ Début de construction du château de Chambord.
1520
Soliman le Magnifique, empereur ottoman.
□ M. Luther : *la Captivité de Babylone.*
1521
Magellan découvre les Philippines • Tenochtitlán prise par les Espagnols.
1521 - 1523
Fin de l'Union de Kalmar.
1523
□ U. Zwingli : *Commentaire des 67 thèses.*
1524
L'empereur aztèque Cuauhtémoc exécuté.
1525
François Ier fait prisonnnier à Pavie.
1525 - 1526
Expansion de la Réforme aux Pays-Bas, au Danemark et en Norvège.
1525 - 1534
□ J. Romain : palais du Te à Mantoue (architecture et fresques d'orientation maniériste).
1526
Bataille de Mohács • Fondation à Delhi de la dynastie moghole • Les Portugais arrivent en Nouvelle-Guinée.
1526 - 1529
□ le Corrège : *Assomption de la Vierge* à la coupole de la cathédrale de Parme.
1528
□ Diego de Siloé : début de la reconstruction en style classique de la cathédrale de Grenade.
v. 1528
□ C. Janequin : *la Guerre.*
1529
□ A. Altdorfer : *la Bataille d'Alexandre* (Munich).
1530
□ Melanchthon : *Confession d'Augsbourg* • Fondation du Collège de France.
△ Girolamo Fracastoro : description des symptômes et du traitement de la syphilis (terme qu'il introduit) • Paracelse : précurseur de la thérapeutique clinique.
1531
Henri VIII, chef de l'Église d'Angleterre.
1532
□ F. Rabelais : *Pantagruel.*
1533
F. Pizarro à Cuzco ; mort d'Atahualpa.
□ Holbein le Jeune : *les Ambassadeurs* (Londres).
1534
J. Cartier au Canada ; exploration du Saint-Laurent.
1534 - 1540
□ Le Rosso : galerie « François Ier » au château de Fontainebleau.
1535
Capitulations entre la France et l'Empire ottoman • Création de la vice-royauté de Mexico.
1536
J. Calvin s'établit à Genève et y publie *l'Institution de la religion chrétienne.*
1537
□ M. Luther : *Articles de Smalkalde.*
1538
Les Espagnols fondent Bogotá.
1540
Les Ottomans, maîtres de la grande plaine hongroise.
1542
L'Amérique centrale forme la capitainerie générale du Guatemala.
△ J. Fernel : description de l'appendicite.
1543
△ N. Copernic : *De revolutionibus orbium coelestium,* système du monde héliocentrique • A. Vésale : *De humani corporis fabrica,* 1er traité d'anatomie humaine.
1544
Création de la vice-royauté de Lima au Pérou.
□ G. Postel : *De orbis terrae concordia.*
△ G. Hartmann : découverte de l'inclinaison magnétique.
1545
Découverte des mines d'argent du Potosí.
△ A. Paré : traité de chirurgie préconisant l'usage de pansements • J. Cardan : *Ars magna* (théorie des équations du troisième degré, nombres imaginaires).
1546
□ Michel-Ange prend la direction du chantier de St-Pierre de Rome • À Paris, P. Lescot est chargé de la construction du nouveau Louvre.
△ G. Fracastoro : hypothèse de la transmission des maladies par contagion • Tartaglia : théorie des équations du troisième degré.
1547
Édouard VI, roi d'Angleterre • Henri II, roi de France • Ivan IV, tsar de Russie.
1547 - 1555
□ Philibert Delorme : château d'Anet.
1549
Début de l'évangélisation du Japon (François Xavier).
□ J. du Bellay : *Défense et illustration de la langue française.*
v. 1550
△ B. Palissy : perfectionnement des techniques de la céramique (poterie vernissée).
1550 - 1557
□ Istanbul : mosquée Süleymaniye par Sinan.
1552
△ A. Paré : ligature des artères lors des amputations.
1552 - 1578
□ P. de Ronsard : *Amours.*
1555
Division de l'Allemagne entre principautés catholiques et protestantes (paix d'Augsbourg).
□ Louise Labé : *Œuvres.*
1556
Abdication de Charles Quint : Philippe II, roi d'Espagne ; Ferdinand Ier, empereur germanique • Akbar, empereur moghol.
△ Agricola (G. Bauer) : *De re metallica,* description des connaissances géologiques, minières et métallurgiques de l'époque.
1557
□ Maroc, Marrakech : tombeaux des Sadiens.
△ R. Recorde, Angleterre : introduction du signe = en mathématiques.
1558
Élisabeth Ire, reine d'Angleterre.
△ Pèlerin de Maricourt : bases du magnétisme.
1559
Fin des guerres d'Italie (traité du Cateau-Cambrésis).
1560
Catherine de Médicis, régente en France.
1560 - 1562
□ Palladio : villa Barbaro à Maser, près de Trévise (fresques de Véronèse).
1562
Massacre de protestants à Wassy ; début des guerres de Religion en France.
1563
□ Début de construction de l'Escurial.
1564
Maximilien II, empereur germanique.
□ Inde, Delhi : mausolée d'Humāyūn.
1564 - 1587
□ Le Tintoret : peintures de la Scuola di S. Rocco à Venise.
1565
Destruction de l'empire de Vijayanagar • Premiers galions espagnols d'Acapulco à Manille.
□ Bruegel l'Ancien : cinq tableaux des « Mois », dont *les Chasseurs dans la neige.*
1567
□ G.P. da Palestrina : *Messe du pape Marcel.*
1568
□ Vignole : début du Gesù à Rome.
1569
△ G. Mercator : système de projection cartographique.
1569 - 1574
□ Edirne : mosquée Selimiye par Sinan.
1569 - 1586
□ Inde : Fatḥpūr Sīkrī est construite par Akbar.
1570
Chypre conquise par les Ottomans.
1571
Bataille de Lépante • Domination espagnole sur les Philippines.
1572
Exécution du dernier souverain inca • Massacre de la Saint-Barthélemy.
△ Tycho Brahe : observation d'une supernova • R. Bombelli : application des nombres complexes à la résolution d'équations.
1574
Henri III, roi de France • Domination ottomane sur la Tunisie.
1575
Etablissement de colons portugais en Angola.
1576
□ Mort de Titien, laissant sa *Pietà* inachevée.
1577
□ J. Bodin : *la République.*
1578
Victoire des Marocains sur les Portugais à Alcaçar-Quivir.
1579 - 1581
Sécession des provinces calvinistes des Pays-Bas.
1580
Philippe II s'empare du Portugal.
1580 - 1595
□ M. de Montaigne : *Essais.*
v. 1580 - 1612
□ Maniérisme à la cour de Prague (Arcimboldo, Spranger...)
1581
□ Le Tasse : *la Jérusalem délivrée.*
1582
△ Grégoire XIII : réforme du calendrier julien.
1583
△ A. de Césalpin : premier essai de classification des plantes.
1584
Fondation de la Virginie par W. Raleigh.
△ G. Bruno : hypothèse de l'infinitude de l'Univers et de l'existence d'autres systèmes planétaires.
1586 - 1588
□ Le Greco : *l'Enterrement du comte d'Orgaz.*
1587
'Abbās Ier le Grand, chah d'Iran • Domination ottomane de l'Algérie.
1588
Échec de l'*Invincible Armada.*
□ L. de Molina : *Concordance entre le libre arbitre et les dons de la grâce.*
1589
Henri IV, roi de France • Création du patriarcat orthodoxe de Moscou.
□ C. Marlowe : *la Tragique Histoire du Docteur Faustus.*
1589 - 1591
□ W. Byrd : *Cantiones.*
1590
△ Z. Jansen : microscope composé.
1591
Fin de l'Empire songhaï.
1592
△ Galilée : le thermomètre.
v. 1595 - 1600
□ Annibal Carrache et collab. : décor à fresque de la galerie du palais Farnèse à Rome.
1596
△ D. Fabricius : première étoile variable.
1597
□ F. Bacon : *Essais.*
1597 - 1617
□ Ispahan : intense activité architecturale.
1598
Fin des guerres de Religion (édit de Nantes) • Boris Godounov, tsar de Russie • Victoire de la Corée sur le Japon.
1599 - 1602
□ Le Caravage : cycle de saint Matthieu à St-Louis-des-Français, Rome.
1600
Fondation de la Compagnie anglaise des Indes orientales.
□ Lope de Vega : *l'Alcade de Zalamea.* Inde, Madurai : le temple de Mīnākṣī.
v. 1600 - 1630
□ Japon, Kyōto : activité du peintre Sōtatsu.
1601
□ W. Shakespeare : *Hamlet.*
1602
Fondation de la Compagnie hollandaise des Indes orientales.
□ T. Campanella : *la Cité du Soleil.*
1603
Jacques Ier, roi d'Angleterre • Le shogun Tokugawa établit son gouvernement à Edo (Tōkyō).
△ J. Bayer : nomenclature des étoiles.
1604
Organisation du Paraguay par les jésuites.
1605 - 1612
□ Place Royale (auj. « des Vosges ») à Paris.

1605 - 1615
☐ Cervantès : *Don Quichotte de la Manche.*
1606
☐ Ben Jonson : *Volpone.*
1607
☐ C. Monteverdi : *l'Orfeo.* Le Caravage : *les Sept Œuvres de miséricorde* à Naples.
1607 - 1628
☐ Honoré d'Urfé : *l'Astrée.*
1608
S. de Champlain fonde Québec.
1609
△ J. Kepler : deux premières lois du mouvement des planètes • Galilée : premières observations astronomiques à la lunette.
1610
Assassinat d'Henri IV • Louis XIII, roi de France • Régence de Marie de Médicis • Exploration d'H. Hudson au Canada.
△ Galilée : découverte des 4 principaux satellites de Jupiter.
1610 - 1612
☐ Rubens : *Érection de la Croix* puis *Descente de Croix* pour la cathédrale d'Anvers.
1611
☐ W. Shakespeare : *la Tempête.*
1612 - 1620
☐ Salomon de Brosse : palais du Luxembourg à Paris (galerie peinte par Rubens, 1622-1625).
1613
Michel Fedorovitch Romanov, tsar de Russie.
1614
△ J. Napier : logarithmes.
1615 - 1625
☐ Église St-Charles-Borromée à Anvers, à façade baroque.
1616
☐ Frans Hals : *le Banquet du corps des archers de Saint-Georges* à Haarlem.
1618
Défenestration de Prague et début de la guerre de Trente Ans.
1619
Indes néerlandaises : fondation de Batavia.
△ J. Kepler : troisième loi du mouvement des planètes.
1620
☐ F. Bacon : *le Nouvel Organon.*
△ Snel Van Royen (W. Snellius) : loi de la réfraction.
1624 - 1633
☐ Le Bernin : baldaquin en bronze du chœur de St-Pierre de Rome, typique de l'art baroque.
1625
Création du royaume de Dahomey.
1626
La Nouvelle-Amsterdam fondée par les Hollandais.
1627
☐ Poussin : *la Mort de Germanicus* (Minneapolis), prototype de la peinture d'histoire d'esprit classique • P. Claesz. : *Nature morte au bougeoir* (La Haye).
1627 - 1656
☐ Inde, Bijāpur : le Gol Gunbadh.
1628
△ W. Harvey : première description correcte de la circulation du sang.
1629
Richelieu, principal ministre.
1630
☐ Tirso de Molina : *le Trompeur de Séville.*
1631
☐ B. Longhena : début de l'église de la Salute à Venise • Inde, Āgrā : le Tādj Maḥall.
1632
Bataille de Lützen, mort de Gustave-Adolphe • Christine, reine de Suède.
☐ Rembrandt : *la Leçon d'anatomie du docteur Tulp* (La Haye).
△ Galilée : loi de la chute des corps.
1634
☐ Borromini : début de construction de St-Charles-aux-Quatre-Fontaines à Rome.
1635
Intervention directe de la France dans la guerre de Trente Ans • Exécution de l'émir du Liban, Fakhr al-Dīn, par les Ottomans • Début de la colonisation de la Guadeloupe et de la Martinique par les Français.
☐ Calderón : *La vie est un songe.*
1636
☐ Fondation de l'université d'Harvard.
△ Première carte de la Lune, par le buriniste français Claude Mellan.
1636 - 1639
☐ Pierre de Cortone : plafond (*Gloire des Barberini*) au palais Barberini à Rome.
1637
Fermeture du Japon aux étrangers.
☐ Corneille : *le Cid.* R. Descartes : *Discours de la méthode.*
1638
Occupation de l'île de la Réunion par les Français.
△ Galilée : loi du mouvement du pendule ; loi du mouvement des projectiles dans le vide.
1639
Paix entre l'Iran séfévide et l'Empire ottoman qui conserve Bagdad et Bassora.
☐ Le Lorrain : *Port au soleil couchant* (Louvre).
1640
Début de la révolution d'Angleterre • Le Portugal reprend son indépendance.
☐ Corneille : *Horace.* Jansénius : *Augustinus.*
v. 1640 - 1645 ?
☐ Les Le Nain : *la Famille de paysans* • G. de La Tour : *la Madeleine à la veilleuse.*
1642
Entrée de Mazarin au Conseil du roi • Fondation de Montréal.
☐ Rembrandt : *la Ronde de nuit* • E. Mansart : début de construction du château de Maisons (auj. Maisons-Laffitte).
△ B. Pascal : machine à calculer.
1642 - 1644
A.J. Tasman découvre la Nouvelle-Zélande et fait le tour de l'Australie.
1642 - 1648
☐ B. Gracián : *Finesse et art du bel esprit.*
1643
Louis XIV, roi de France ; Anne d'Autriche, régente.
△ E. Torricelli : baromètre à mercure.
1644
Fondation par les Mandchous de la dynastie des Qing.
1645
☐ H. Schütz : *les Sept Paroles du Christ.*
1645 - 1652
☐ Bernin : chapelle Cornaro à S. Maria della Vittoria, à Rome, avec *l'Extase de sainte Thérèse.*
1647
☐ C. Vaugelas : *Remarques sur la langue française.*
1648
Traités de Westphalie : reconnaissance par l'Espagne de l'indépendance des Provinces-Unies.
☐ Fondation, à Paris, de l'Académie royale de peinture et de sculpture.
△ Van Helmont : *Ortus medicinae,* première chimie des gaz.
1648 - 1653
La Fronde.
1649
Charles Ier décapité ; la république proclamée en Angleterre ; dictature de Cromwell.
v. 1650 - 1655
☐ J. Van Ruisdael : *le Cimetière juif.*
1651
☐ T. Hobbes : *Leviathan.*
1651 - 1657
☐ Scarron : *le Roman comique.*
1651 - 1658
☐ Façade baroque de l'église des Jésuites à Cuzco.
1652
Le Cap fondé par les Hollandais • Les Arabes chassent les Portugais de Zanzibar.
☐ Le kabuki trouve sa forme définitive.
1653
☐ Rembrandt : *les Trois Croix,* eau forte.
1654
△ P. Fermat, B. Pascal : calcul des probabilités.
1654 - 1660
☐ Mlle de Scudéry : *Clélie.*
1655
△ C. Huygens : découverte de l'anneau de Saturne.
1655 - 1658
Les Anglais s'emparent de la Jamaïque.
1656
M. Köprülü, grand vizir ottoman.
☐ Consécration de la cathédrale de Mexico • Le Vau, Le Brun et Le Nôtre : chantier du château de Vaux-le-Vicomte • Velázquez : *les Ménines.*
1657
△ C. Huygens : l'horloge à pendule.
1658
Aurangzeb, empereur moghol • Les Hollandais éliminent les Portugais de Ceylan.
1659
Saint-Louis du Sénégal fondé par les Français.
1660
Restauration des Stuarts en Angleterre.
v. 1660 - 1665
☐ J. Vermeer : *Vue de Delft, la Jeune Fille au turban* (La Haye).
1661
Début du règne personnel de Louis XIV, Colbert ministre des Finances.
1661 - 1665
☐ B. Spinoza : *l'Éthique.*
1663
Louis XIV intègre la Nouvelle-France (Canada) au domaine royal.
1664
Fondation de la Compagnie française des Indes orientales • Les Anglais s'emparent de la Nouvelle-Amsterdam (New York).
☐ Molière : *le Tartuffe* • La Rochefoucault : *Maximes.*
1665
☐ Molière : *Dom Juan.*
△ R. Hooke : première mention de la cellule.
1666
La dynastie alawite fondée au Maroc.
☐ G. Leibniz : *De arte combinatoria.*
△ I. Newton : découverte de la dispersion de la lumière blanche par le prisme • Fondation de l'Académie des sciences, à Paris.
1666 - 1673
☐ Girardon : *Apollon servi par les nymphes* dans les jardins de Versailles.
1667
Les Hollandais évincent les Anglais en Guyane.
☐ Racine : *Andromaque* • J. Milton : *le Paradis perdu.*
△ Fondation de l'Observatoire de Paris.
1667 - 1678
☐ Cl. Perrault (?) : la « Colonnade » du Louvre.
1668
☐ Molière : *le Misanthrope* • La Fontaine : *Fables.*
1669
☐ Racine : *Britannicus* • Grimmelshausen : *la Vie de l'aventurier Simplicius Simplicissimus.*
△ Nicolas Sténon, Danemark : bases de la stratigraphie et de la tectonique.
1670
☐ B. Pascal : *Pensées.*
△ G. de Roberval : balance à deux fléaux.
1671
△ I. Newton : construction du premier télescope.
1672
Guillaume III, stathouder des Provinces-Unies • Fondation de la Compagnie royale africaine (anglaise) pratiquant la traite des Noirs.
1672 - 1679
Guerre de Hollande.
1673
☐ J.B. Lully : *Cadmus et Hermione.*
1674
Fondation de l'Empire marathe par Śivājī Bhonsle, en Inde.
☐ Boileau : *Art poétique.* N. de Malebranche : *De la recherche de la vérité.*
1675
△ Fondation de l'Observatoire de Greenwich.
1676
△ O. Römer : première mesure de la vitesse de la lumière • E. Mariotte : loi de compressibilité des gaz.
1676 - 1706
☐ J. H.-Mansart : « Dôme » des Invalides.
1677
Reconquête de la Guyane par la France.
☐ Racine : *Phèdre.*
△ J.L. Ham, Hollande : découverte des spermatozoïdes.
1678
☐ Mme de Lafayette : *la Princesse de Clèves.*
1679
△ G.W. Leibniz : exposé des règles fondamentales du calcul différentiel.
1682
Philadelphie fondée par W. Penn.
☐ Installation de Louis XIV et de la Cour au château de Versailles, amplifié par Mansart à partir de 1678 (« galerie des Glaces », décorée par Le Brun ; jardins par Le Nôtre).

1683
Siège de Vienne par les Ottomans • Conquête de Taiwan par Kangxi.
1685
Révocation de l'édit de Nantes et exode des protestants hors de France.
1686 - 1687
Annexion de Bījāpur et de Golconde par Aurangzeb.
1687
△ I. Newton : *Principes mathématiques de philosophie naturelle* ; loi de l'attraction universelle.
1688 - 1697
Guerre de la ligue d'Augsbourg.
1689
Guillaume III et Marie II Stuart, souverains d'Angleterre • Début du règne personnel de Pierre le Grand.
□ Basho : *la Sente étroite du bout du monde* • H. Purcell : *Didon et Énée.*
1690
Fondation d'un comptoir de la Compagnie anglaise des Indes orientales à Calcutta.
□ J. Locke : *Essai sur l'entendement humain.*
△ C. Huygens : théorie ondulatoire de la lumière.
1695
Création du royaume achanti (Ghana).
1696
△ G. de L'Hospital : premier traité de calcul différentiel.
1696 - 1707
□ Fischer von Erlach : Kollegienkirche (église de l'Université) à Salzbourg.
1697
Traités de Ryswick • Charles XII, roi de Suède.
△ G.E. Stahl : théorie du phlogistique.
1698
Saigon fondée par les Vietnamiens.
1699
□ Première exposition des artistes de l'Académie royale au Louvre (futur « Salon »).
XVIIIe s.
Apogée de la traite et du commerce triangulaire.
1700
Philippe V, roi d'Espagne.
△ Fondation de l'Académie des sciences de Berlin.
1701
Frédéric Ier, roi en Prusse.
1701 - 1714
Guerre de la Succession d'Espagne.
1702
□ Début de reconstruction de l'abbaye de Melk.
1703
□ Christoph Dientzenhofer : début de l'église St-Nicolas de Malá Strana à Prague.
1705
△ T. Newcomen et T. Savery : première machine à vapeur atmosphérique • E. Halley : étude du mouvement des comètes.
1707
Union définitive de l'Angleterre et de l'Écosse.
1709
Charles XII défait par Pierre le Grand à Poltava.
1710
□ G. Leibniz : *Théodicée* • G. Berkeley : *Traité sur les principes de la connaissance humaine* • Allemagne : fondation de Meissen.
1710 - 1780
□ Chine, Pékin : le Palais d'Été.
1712
Saint-Pétersbourg, capitale de la Russie.
1713
Pragmatique sanction de Charles VI.
△ J. Bernoulli : fondements du calcul des probabilités.
1713 - 1714
Traités d'Utrecht et de Rastatt.
1713 - 1730
□ F. Couperin : 4 livres pour le clavecin.
1714
□ A. Corelli : *Concertos grossos* op. 6. G.
△ D.G. Fahrenheit : échelle de température.
1714 - 1723
□ L. von Hildebrandt : les deux palais du Belvédère à Vienne.
1715
Louis XV, roi de France ; Philippe d'Orléans, régent.
△ G. Graham : perfectionnement de l'échappement en horlogerie.
1717
Création du vice-royaume de la Nouvelle-Grenade (Colombie).
□ Watteau : *Pèlerinage à l'île de Cythère.*
1718
Louisiane : fondation de la Nouvelle-Orléans.
□ A. Scarlatti : *Il Trionfo dell'onore.*
△ E. Halley : découverte du mouvement propre des étoiles.
1719
□ D. Defoe : *Robinson Crusoé.*
1719 - 1746
□ B. Neumann : Résidence de Würzburg.
1721
Pierre le Grand, empereur de Russie.
□ Montesquieu : *Lettres persanes.*
1722
La hiérarchie chiite d'Iran se réfugie en Iraq.
1722 - 1742
□ J.S. Bach : *le Clavier bien tempéré.*
1723
Majorité de Louis XV (fin de la Régence).
1723 - 1750
□ Saint-Simon écrit ses *Mémoires.*
1724
Fondation de Montevideo (Uruguay).
□ Métastase : *Didon abandonnée.*
1725
Les Peuls créent au Fouta-Dialon (Guinée) un État musulman théocratique.
□ A. Vivaldi : *les Quatre Saisons* • Fondation de l'Académie des sciences de Saint-Pétersbourg • G. Vico : *Principes de la philosophie de l'histoire.*
△ P. Varignon : règle de composition des forces.
1726
□ J. Swift : *les Voyages de Gulliver.*
1727
□ J.S. Bach : *Passion selon saint Matthieu* • Luis de Arevalo : début de la sacristie de la chartreuse de Grenade, au décor foisonnant.
1729
△ P. Bouguer : bases de la photométrie.
1730
□ Marivaux : *le Jeu de l'amour et du hasard.*
1731
□ Abbé Prévost : *Manon Lescaut.*
△ John Hadley, Angleterre : sextant.
1733
△ John Kay, Angleterre : navette volante (pour le tissage mécanique).
1734
△ J. Le Roy : le dynamomètre • L. Euler : introduction de la notion d'équation aux dérivées partielles.
1734 - 1739
□ F. de Cuvilliés : pavillon d'Amalienburg dans le parc de Nymphenburg à Munich.
1735
□ J.P. Rameau : *les Indes galantes.* Hogarth : 8 peintures, 8 gravures du cycle *la Carrière du roué.*
△ C. von Linné : classification des espèces animales et végétales • Abraham Darby II, Angleterre : premier haut-fourneau industriel à coke.
1736
Fin de la dynastie séfévide ; Nāder Chāh, maître de l'Iran • Qianlong, empereur de Chine.
△ J. Harrison : chronomètre de marine • L. Euler : traité de mécanique.
1737
Les Touareg, maîtres de Tombouctou dont ils évincent les Marocains.
1738
□ D. Scarlatti : *Essercizi.*
△ D. Bernoulli : traité d'hydrodynamique, fondements de la théorie cinétique des gaz.
1739 - 1740
□ D. Hume : *Traité de la nature humaine.*
1740
Frédéric II, roi de Prusse • Marie-Thérèse, impératrice d'Autriche.
□ Chardin expose, notamment, *le Bénédicité, la Mère laborieuse, le Singe antiquaire.*
△ C. Bonnet : découverte de la parthénogenèse chez le puceron.
1740 - 1745
□ G. Coustou : *les Chevaux de Marly.*
1741 - 1748
Guerre de la Succession d'Autriche.
1742
Dupleix, gouverneur général des établissements français dans l'Inde.
□ G.H. Händel : *le Messie.* Boucher : *Diane au bain.*
△ C. Maclaurin : formules de développements en série • A. Celsius : échelle thermométrique centésimale.
1742 - 1745
□ E. Young : *Nuits.*
1743
△ J. d'Alembert : traité de dynamique • A. Clairaut : traité de géodésie (aplatissement de la Terre aux pôles).
1744
Création d'un État saoudien en Arabie ; réforme puritaine de Muḥammad ibn 'Abd al-Waḥhāb.
△ P.L.M. de Maupertuis : principe de moindre action.
1744 - 1780
Unification du Népal.
1745
François Ier de Habsbourg-Lorraine, empereur germanique.
△ P. Van Musschenbroek, E.J. von Kleist : premier condensateur électrique (bouteille de Leyde).
1747
□ Voltaire : *Zadig.*
△ C.F. Cassini de Thury : début de l'établissement de la carte de France au 1/86 400.
1748
□ C. de S. de Montesquieu : *l'Esprit des lois.* Début des fouilles de Pompéi, qui participeront à l'éclosion de l'art néoclassique.
△ J.A. Nollet : découverte de l'osmose • L. Euler : théorie des fonctions.
1749
□ D. Diderot : *Lettre sur les aveugles.*
△ Buffon : premier volume de *l'Histoire naturelle.*
v. 1750
□ Tiepolo, début de décoration de la « Salle impériale » de la Résidence de Würzburg • Gainsborough : portrait, de plein air, de *M. et Mme Andrews* (Londres).
1751
Domination de la Chine sur le Tibet.
□ P.L.M. de Maupertuis : *Système de la nature.*
1751 - 1772
□ Publication de l'*Encyclopédie.*
1752
Alaungpaya, fondateur d'un nouvel Empire birman.
△ B. Franklin : le paratonnerre • J.A. von Segner : théorie de la capillarité.
1753
□ C. Goldoni : *la Villégiature* • G. Lessing : *Du bonheur humain.*
1754
□ E. B. de Condillac : *Traité des sensations.*
1754 - 1776
□ J.-B. Pigalle : mausolée du maréchal de Saxe à Strasbourg.
1755
□ La manufacture de Vincennes produit de la porcelaine tendre avant d'être transférée à Sèvres (1756).
1756
Pombal, secrétaire aux Affaires du royaume du Portugal • Occupation des Seychelles par la France.
□ Voltaire : *Essai sur les mœurs* • Piranèse : *Antiquités de Rome.*
1756 - 1763
Guerre de Sept Ans.
1757
△ J.A. Dollond : lunette astronomique à objectif achromatique.
1758
□ C. Helvétius : *De l'esprit* • F. Quesnay : *Tableau économique.*
1759
Mort de Montcalm à Québec.
1759 - 1767
□ L. Sterne : *Tristram Shandy.*
1760
□ Macpherson : poèmes d'Ossian.
△ J.H. Lambert : lois de la photométrie.
1761
Victoire moghole et début du déclin des Marathes.
□ J.-B. Greuze : *l'Accordée de Village.*
v. 1761 - 1766
□ R. Adam : refonte d'Osterley et de Syon House, résidences des environs de Londres.
1762
Catherine II, impératrice de Russie.
□ D. Diderot : *le Neveu de Rameau* • C.W. von Gluck : *Orfeo* • J.-J. Rousseau : *Émile* ; *Du contrat social.*
1762 - 1769
□ J. A. Gabriel : Petit Trianon et Opéra à Versailles.
1763
Traité de Paris : perte des possessions françaises

en Inde et au Canada • Création de la province du Québec.

1764
☐ C.B. de Beccaria : *Des délits et des peines* • G. Soufflot : début de Ste-Geneviève (le Panthéon) à Paris.
△ J. Hargreaves : premier métier à filer mécanique.

1765
Joseph II, empereur germanique.
△ J. Watt : perfectionnement de la machine à vapeur par l'invention du condenseur.

1767 - 1778
☐ É. Falconet : statue de Pierre le Grand à Saint-Pétersbourg.

1768
△ G. Monge : fondements de la géométrie descriptive.

1768 - 1774
Guerre russo-turque.

1770
△ J. Cugnot : fardier à vapeur.

v. 1770
☐ L'Aleijadinho : église St-François d'Assise à Ouro Preto.

1770 - 1775
☐ Le Sturm und Drang, en Allemagne.

1772
Premier partage de la Pologne.
△ D. Rutherford : découverte de l'azote.

1773
△ C.W. Scheele : découverte de l'oxygène.

1774
Louis XVI, roi de France • Traité de Kutchuk-Kaïnardji • Découverte de la Nouvelle-Calédonie par J. Cook.
☐ Goethe : *les Souffrances du jeune Werther.*
△ J. Priestley : découverte de l'oxygène (indépendamment de C.W. Scheele).

1775
Début de la guerre d'Indépendance américaine, dirigée par G. Washington.

1775 - 1779
☐ C.N. Ledoux : salines d'Arc-et-Senans.

1776
Indépendance des États-Unis • Création de la vice-royauté espagnole de La Plata (Argentine) • San Francisco fondée par les Espagnols.
☐ Ueda Akinari : *Contes de pluie et de lune* • G. B. de Mably : *De la législation ou principe des lois.*
△ D. Bushnell : premier sous-marin.

1777
△ A.L. de Lavoisier : analyse de l'air.

1778
Intervention de la France dans la guerre de l'Indépendance américaine • Suzeraineté du Siam sur les royaumes de Vientiane et de Luang Prabang • Découverte des îles Hawaii par J. Cook.
☐ G.L. de Buffon : *les Époques de la nature.*

1779 - 1781
☐ J.A. Houdon : statue de *Voltaire assis.*

1780
△ P.S. de Laplace et A.L. de Lavoisier : premières mesures calorimétriques • L. Spallanzani : étude de la fécondation des batraciens.

1781
☐ E. Kant : *Critique de la raison pure.*
△ W. Herschel : découverte de la planète Uranus.

1782
☐ Schiller : *les Brigands.*

1783
Le Second Pitt, Premier ministre britannique.
△ H. Cavendish : synthèse de l'eau • F. Pilâtre de Rozier et F. d'Arlandes : premier vol humain en aérostat • C.F. de Jouffroy d'Abbans : le bateau à vapeur.

1784
☐ Beaumarchais : *le Mariage de Figaro* •
△ R.J. Haüy : premières études de cristallographie • J. Watt : la machine à vapeur à double effet.

1785
☐ David : *le Serment des Horaces* au Salon • T. Jefferson : début du Capitole de Richmond, inspiré de la Maison carrée de Nîmes.
△ C. de Coulomb : loi des forces électrostatiques • J.P. Blanchard : le parachute • E. Cartwright : le métier à tisser mécanique.

1786
☐ W.A. Mozart : *les Noces de Figaro.*
△ L. Galvani : étude de l'effet du courant électrique sur la contraction musculaire.

1787
Achat du littoral de la Sierra Leone par une société antiesclavagiste britannique.

1788
Débuts de la colonisation de l'Australie.
△ J.L. de Lagrange : traité de mécanique analytique.

1789
Début de la Révolution française ; déclaration des droits de l'homme et du citoyen.
☐ J. Bentham : *Introduction aux principes de la morale et de la législation.*
△ A.L. de Lavoisier : loi de conservation de la masse • M.H. Klaproth : découverte de l'uranium.

1789 - 1797
G. Washington, premier président de l'Union.

1790
△ J. Ramsden : monture équatoriale pour les instruments astronomiques • N. Appert : conservation des aliments en vase clos.

1791
☐ W.A. Mozart : *la Flûte enchantée* et le *Requiem.*

1792
Proclamation de la Ire République française.
☐ D. Cimarosa : *le Mariage secret.*

1793
Exécution de Louis XVI • Bataille de Hondschoote.
☐ Canova : *Amour et Psyché* • David : *la Mort de Marat* • Ouverture, au Louvre, du « Museum central des arts », premier musée public.
△ C. Chappe : le télégraphe optique.

1793 - 1797
Première coalition contre la France.

1794
Bataille de Fleurus.
☐ W. Blake : *Chants d'expérience.*

1795
Abdication de l'empereur Qianlong.
△ Institution du système métrique en France.

1796
Fondation de la dynastie qadjar en Iran • Annexion de Ceylan par la Grande-Bretagne.
△ E. Jenner : première vaccination antivariolique • C.F. Hahnemann : l'homéopathie • P.S. de Laplace : *Exposition du système du monde.*

1797
Bataille de Rivoli.
☐ L. Cherubini : *Médée.*

1798
☐ J. Haydn : *la Création.*

1797 - 1799
☐ F. Hölderlin : *Hyperion.*

1798 - 1801
Campagne de Bonaparte en Égypte.

1799
Fin de la Révolution française (18-Brumaire).

1800
Union de l'Irlande à l'Angleterre et à l'Écosse • Bataille de Marengo.
☐ Novalis : *Hymnes à la nuit.*
△ W. Herschel : découverte du rayonnement infrarouge • A. Volta : la pile électrique • J.L. McAdam : revêtement des routes à l'aide de pierres cassées (*macadam*).

1801
Alexandre Ier, empereur de Russie.
△ X. Bichat : traité d'anatomie • G. Piazzi : découverte du premier astéroïde • Th. Young : découverte des interférences lumineuses • J.W. Ritter : découverte du rayonnement ultraviolet.

1801 - 1839
Ranjit Singh gouverne l'Empire sikh du Pendjab.

1802
Gia Long, empereur du Viêt Nam.
☐ Chateaubriand : *René.*
△ L.J. Gay-Lussac : loi de dilatation des gaz.

1802 - 1817
Ousmane dan Fodio crée un grand Empire peul (Nigeria, Niger)

1803
△ C.L. Berthollet : lois régissant les réactions de double décomposition entre sels, acides et bases • R. Trevithick : la locomotive à vapeur.

1804
Napoléon sacré empereur • François Ier, empereur héréditaire d'Autriche.
☐ L. van Beethoven : symphonie n° 3 dite *Héroïque* • A.J. Gros : *les Pestiférés de Jaffa.*
△ J.B. Biot et L.J. Gay-Lussac : première ascension scientifique en ballon.

1805
Troisième coalition (anglo-austro-russe) contre Napoléon Ier • Batailles de Trafalgar et d'Austerlitz • Méhémet-Ali, vice-roi d'Égypte.
△ J.M. Jacquard : perfectionnement du métier à tisser.

1806
Dissolution du Saint Empire • Instauration du Blocus continental.
☐ F. Hegel : *Phénoménologie de l'esprit.*

1807 - 1813
Guerre d'Espagne opposant les Espagnols, les Portugais et les Anglais à Napoléon.

1808
Mahmud II, sultan ottoman.
△ J. Dalton : loi des proportions multiples (chimie) • J.L. Proust : loi des proportions définies (chimie) • E.L. Malus : découverte de la polarisation de la lumière.

1809
Bataille de Wagram • Annexion de la Finlande par l'Empire russe.
△ L. Rolando : description de la structure du cerveau • J.B. de Lamarck : théorie de l'évolution des espèces.

1810
☐ Mme de Staël : *De l'Allemagne* • H. von Kleist : *le Prince de Hombourg.*

1811
△ A. Avogadro : hypothèse de la constance du nombre de molécules dans des volumes égaux de gaz différents • J. Fourier : développement des fonctions sous forme de séries trigonométriques.

1812
Campagne de Russie.
☐ Byron : *Childe Harold* • J. et W. Grimm : *Contes.*
△ G. Cuvier : premières recherches en paléontologie.

1812 - 1815
Seconde guerre de l'Indépendance opposant la Grande-Bretagne aux États-Unis.

1813
L'Iran cède à la Russie le Daguestan, la Géorgie et l'Azerbaïdjan • Indépendance du Paraguay.

1813 - 1814
Sixième coalition ; campagnes d'Allemagne puis de France.

1814
L'Afrique du Sud sous administration britannique.
☐ Goya : les *Dos* et *Tres de mayo 1808* • Ingres : *la Grande Odalisque.*
△ J. von Fraunhofer : le spectroscope.

1815
Seconde abdication de Napoléon Ier ; seconde restauration de Louis XVIII • Congrès de Vienne : création de la Confédération germanique et du royaume des Pays-Bas (Hollande, Belgique, Luxembourg) ; restauration de la domination autrichienne en Italie du Nord et du Centre ; rattachement de la majeure partie de la Pologne à l'Empire russe.

1816
Les Britanniques rétrocèdent Java et les Moluques aux Pays-Bas • Indépendance de l'Argentine.
☐ G. Rossini : *le Barbier de Séville.*
△ N. Niepce : la photographie • R.T.H. Laennec : le stéthoscope.

v. 1816 - 1830
☐ L. von Klenze : la Glyptothèque de Munich.

1818
Indépendance du Chili.

1819
Domination britannique sur Singapour • Bataille de Boyacá ; Bolívar proclame la république en Grande Colombie (Nouvelle-Grenade, Venezuela, Équateur).
☐ J. Keats : *Odes* • E.T.A. Hoffmann : *Contes des frères Sérapion* • C.D. Friedrich : *Deux Hommes contemplant la lune* (Dresde) • J. Constable : *le Cheval blanc* (New York) • T. Géricault : *le Radeau de la Méduse.*

1820
☐ A. de Lamartine : *Méditations poétiques* • N. Paganini : *24 caprices.*
△ H.G. Œrsted : découverte des effets magnétiques du courant électrique.

1820 - 1823
Le Soudan conquis par Méhémet-Ali.

1821
Indépendance du Mexique et du Costa Rica.
☐ C.-M. von Weber : *le Freischütz.*

1822
Pierre Ier, empereur du Brésil.
△ A. Fresnel : théorie ondulatoire de la lumière.

1822 - 1826
☐ A. de Vigny : *Poèmes antiques et modernes.*

1823
Claperton atteint le lac Tchad • Énoncé de la doctrine de Monroe.
1824
Charles X, roi de France • Bataille d'Ayacucho ; indépendance du Pérou.
□ L. van Beethoven : *9e Symphonie* • E. Delacroix : *Scènes des Massacres de Scio.*
△ S. Carnot : énoncé du deuxième principe de la thermodynamique.
1825
Nicolas Ier, empereur de Russie • Indépendance de la Bolivie.
□ A. Manzoni : *les Fiancés.*
1826
Suppression des janissaires.
1827
□ H. Heine : *le Livre des chants.* F. Schubert : *le Voyage d'hiver.*
△ A.M. Ampère : théorie mathématique des phénomènes électrodynamiques • G.M. Ohm : loi fondamentale du courant électrique.
1828
L'Iran cède à la Russie ses possessions en Arménie orientale • Caillié entre à Tombouctou • Les Hollandais occupent la partie occidentale de la Nouvelle-Guinée • Indépendance de l'Uruguay.
△ F. Wöhler : synthèse de l'urée (première synthèse d'un corps organique).
1829
□ W. Turner : *Ulysse raillant Polyphème.*
△ G. Stephenson : la locomotive à vapeur à chaudière tubulaire • N.I. Lobatchevski : géométrie non-euclidienne.
1829 - 1848
□ H. de Balzac : *la Comédie humaine.*
1830
Révolution de Juillet ; Louis-Philippe, roi des Français • Révolution belge et indépendance de la Belgique • Indépendance de la Grèce • Prise d'Alger par les Français • Indépendance de la Colombie, de l'Équateur et du Venezuela.
□ V. Hugo : *Hernani* • Stendhal : *le Rouge et le Noir* • H. Berlioz : *Symphonie fantastique.*
△ B. Thimonnier : la machine à coudre.
1831
□ V. Hugo : *Notre-Dame de Paris* • V. Bellini : *Norma* • Japon, Hokusai : *Trente-six vues du Mont Fuji.*
△ M. Faraday : découverte de l'induction électromagnétique • R. Brown : découverte du noyau cellulaire.
1831 - 1840
Ibrahim Pacha, maître de la Syrie et du Liban.
1832
Les sultans d'Oman s'établissent à Zanzibar.
□ Goethe : second *Faust.*
△ F. Sauvage : l'hélice pour la propulsion navale • J. Bolyai : géométrie non-euclidienne.
1832 - 1834
□ C. von Clausewitz : *De la Guerre.*
1832 - 1835
□ F. Rude : « la Marseillaise », haut-relief de l'arc de triomphe de l'Étoile à Paris.
1832 - 1847
Résistance d'Abd el-Kader en Algérie.
1833
Santa Anna, président du Mexique.
□ A. Pouchkine : *Eugène Onéguine.*
△ M. Faraday : théorie de l'électrolyse.
1833 - 1834
□ Japon, Hiroshige : *Cinquante Trois Relais du Tōkaidō.*
1834
□ A. de Musset : *Lorenzaccio* • H. Daumier : *Rue Transnonain,* lithographie.
1834 - 1839
Grand Trek des Boers.
1835
□ H. Andersen : *Contes* • R. Schumann : *Carnaval* • G. Donizetti : *Lucia di Lammermoor.*
△ S. Colt : le revolver • L. Braille : système d'écriture pour les aveugles.
1837
Victoria Ire, reine de Grande-Bretagne.
△ S. Morse : premières démonstrations de télégraphie électrique.
1837 - 1838
□ F. Chopin : *24 Préludes opus 28.*
1838
□ C. Dickens : *Oliver Twist.*
△ F.W. Bessel : première détermination de la parallaxe d'une étoile • J. Daguerre : le daguerréotype.
1839
Début de l'ère des réformes dans l'Empire ottoman.
△ T. Schwann, M.J. Schleiden : théorie de la cellule • C. Goodyear : vulcanisation du caoutchouc.
1839 - 1842
Première guerre anglo-afghane.
1840
Traité de Londres, qui ne laisse à Méhémet-Ali que l'Égypte et le Soudan.
□ E. Poe : *Histoires extraordinaires.*
△ C.H. McCormick : la moissonneuse • A. Masson et L. Bréguet : le transformateur électrique.
1840 - 1867
□ Charles Barry et Augustus Welby Pugin : parlement de Westminster, néogothique.
1841
Les Français s'emparent de Mayotte.
△ J.P. Joule : découverte de l'effet Joule.
1842
Traité de Nankin : la Chine cède Hongkong aux Britanniques et ouvre cinq ports aux importations d'opium.
□ N. Gogol : *les Âmes mortes.*
△ C. Doppler : découverte de l'effet Doppler en acoustique.
1843
Tahiti sous protectorat français.
□ F. Mendelssohn-Bartholdy : *le Songe d'une nuit d'été* • H. Labrouste : début de la bibliothèque Ste-Geneviève.
△ J.P. Joule : équivalent mécanique de la calorie.
1844
Le Natal sous administration britannique.
□ A. Dumas : *les Trois Mousquetaires.*
△ L. Vidie : le baromètre anéroïde.
1845
△ R.M. Hoe : presse rotative pour l'imprimerie.
1846
△ U. Le Verrier et J. Galle : découverte de la planète Neptune.
1846 - 1848
Guerre entre le Mexique et les États-Unis, qui annexent le Texas, le Nouveau Mexique et la Californie.
1847
Création de l'État du Liberia.
□ E. Brontë : *les Hauts de Hurlevent.*
△ G. Boole : traité de logique mathématique • J.Y. Simpson : anesthésie générale au chloroforme.
1848
Révolution française de février ; proclamation de la République • Insurrections en Italie : Charles-Albert, roi de Sardaigne, vaincu par les Autrichiens • Insurrections dans les États allemands, en Autriche et en Hongrie • François-Joseph, empereur d'Autriche • Abolition de l'esclavage dans les possessions françaises • Tu Duc, empereur du Viêt Nam.
□ D.G. Rossetti, W.H. Hunt,J.E. Millais, etc. : fondation de la Confrérie préraphaélite.
△ W. Thomson (lord Kelvin) : échelle thermodynamique de température.
1849
△ W. Hofmeister : création de l'embryologie végétale • J.B. Francis : la turbine hydraulique à réaction.
1850
□ G. Courbet : *Un enterrement à Ornans* • J.-F. Millet : *le Semeur* (Boston, Philadelphie).
△ R. Clausius : notion d'entropie.
1851
Première Exposition universelle à Londres, dans le Crystal Place de J. Paxton.
△ B. Riemann : théorie d'une variable complexe • C. Bernard : fonction glycogénique du foie • Premier câble de télécommunication sous-marin.
1851 - 1864
Révolte des Taiping en Chine.
1852
Instauration du second Empire • Reconnaissance de l'indépendance de la République du Transvaal.
1853
La Nouvelle-Calédonie rattachée à la France.
□ F. Liszt : *Sonate en « si » mineur* • G. Verdi : *la Traviata.*
1854
□ G. de Nerval : *les Chimères.*
△ B. Riemann : géométrie non-euclidienne • H. Sainte-Claire-Deville : préparation industrielle de l'aluminium.
1854 - 1855
Guerre de Crimée.
1855
△ N. Lobatchevski : géométrie non-euclidienne.
1856
□ V. Hugo : *les Contemplations.* C.A.C. de Tocqueville : *l'Ancien Régime et la Révolution.*
△ J. Fuhlrott : découverte du squelette de l'homme de Neandertal • H. Bessemer : convertissage de la fonte en acier • W. Perkin : premier colorant artificiel • W. von Siemens : four à récupérateur de chaleur pour la fonte de l'acier et du verre.
1857
□ Ch. Baudelaire : *les Fleurs du mal* • G. Flaubert : *Madame Bovary.*
△ R. Clausius : théorie cinétique des gaz • L. Foucault : le télescope à miroir argenté.
1857 - 1858
Révolte des Cipayes aux Indes ; transfert de l'Inde britannique à la Couronne.
1859
Victoires françaises à Magenta et à Solférino.
△ C. Darwin : *De l'origine des espèces par voie de sélection naturelle* • G. Kirchhoff et R. Bunsen : l'analyse spectrale.
1860
Expédition de Garibaldi en Sicile et à Naples • Abraham Lincoln, président des États-Unis • Intervention de la France au Liban.
△ E. Lenoir : le moteur thermique à explosion.
1861
Victor-Emmanuel II, roi de Sardaigne, proclamé roi d'Italie • Abolition du servage en Russie.
△ P. et E. Michaux : le vélocipède • L. Pasteur : vie anaérobie des microbes.
1861 - 1865
Guerre de Sécession.
1862
Bismark, président du Conseil de Prusse.
□ Ch. Garnier : début de l'Opéra de Paris.
1862 - 1867
Expédition française au Mexique ; Maximilien Ier d'Autriche, empereur du Mexique.
1863
Protectorat français sur le Cambodge.
□ E. Manet : *le Déjeuner sur l'herbe, Olympia.*
1864
Guerre des duchés entre l'Allemagne et le Danemark Fondation à Londres de la Ire Internationale.
1865
Fondation de la Croix-Rouge • Assassinat du président Lincoln • L'esclavage aboli aux États-Unis.
□ L. Carroll : *Alice au pays des merveilles* • R. Wagner : *Tristan et Isolde.*
△ G. Mendel : les lois de l'hérédité • J. Maxwell : théorie électromagnétique de la lumière.
1865 - 1869
□ L. Tolstoï : *Guerre et Paix.*
1865 - 1870
Guerre de la Triple-Alliance (Argentine, Brésil, Uruguay).
1866
Bataille de Sadowa.
△ A. Nobel : la dynamite.
1867
Constitution de la monarchie dualiste d'Autriche-Hongrie • Création du dominion du Canada • L'Alaska acheté par les États-Unis à la Russie • Ismā'īl Pacha khédive d'Égypte.
□ K. Marx : Premier livre du *Capital.*
△ J. Lister : lois d'asepsie et d'antisepsie en chirurgie.
1867 - 1868
Mitsuhito, empereur du Japon ; ère Meiji (début de l'occidentalisation).
1868
□ F. Dostoïevski : *l'Idiot.*
1869
Inauguration du canal de Suez.
□ P. Verlaine : *Fêtes galantes* • Lautréamont : *les Chants de Maldoror* • J. Brahms : *Requiem allemand*
△ D. Mendeleïev : classification périodique des éléments chimiques • W. Hittorf : découverte des rayons cathodiques • L. G. Perreaux : le cyclomoteur.
1870
Amédée de Savoie, roi d'Espagne.
1870 - 1871
Guerre franco-allemande • Chute du second Empire.

1871
Guillaume Ier, empereur allemand • Thiers, chef du pouvoir exécutif en France ; insurrection de la Commune • Rencontre de Stanley et de Livingstone en Afrique orientale.
1873
□ A. Rimbaud : *Une saison en enfer.*
1874
□ M. Moussorgski : *Boris Godounov* • Première exposition impressionniste à Paris.
△ G. Cantor : théorie des ensembles.
1875
Lois constitutionnelles de la IIIe République.
□ G. Bizet : *Carmen* • E. Grieg : *Peer Gynt.*
1876
P. Díaz, président du Mexique • Abdülhamid II, sultan ottoman • Victoria Ire, impératrice des Indes.
□ Inauguration du théâtre de Bayreuth avec la *Tétralogie* de R. Wagner • P. Tchaïkovski : *le Lac des cygnes* • A. Renoir : *le Moulin de la Galette.*
△ N. Otto, G. Daimler et W. Maybach : le moteur à combustion interne à cycle à quatre temps • A. G. Bell : le téléphone.
1877
□ É. Zola : *l'Assommoir.*
△ T. Edison : le phonographe • L. Boltzmann : la mécanique statistique.
1877 - 1878
Indépendance de la Roumanie et de la Serbie • Autonomie de la Bulgarie.
1878
△ G. Eastman : la plaque photographique au gélatino-bromure d'argent • T. Edison : la lampe à incandescence.
1879
△ W. von Siemens : la locomotive électrique.
1879 - 1880
Gallieni au Sénégal et au Niger.
1880
Tahiti, colonie française • Savorgnan de Brazza au Congo.
1881
Assasssinat du tsar Alexandre II • Protectorat français sur la Tunisie.
△ H. Poincaré : méthode générale de résolution d'équations différentielles.
1882
Formation de la Triplice.
1883
Charles de Foucauld dans le Sud marocain.
□ F. Nietzsche : *Ainsi parlait Zarathoustra* • William Le Baron Jenney : premier « gratte-ciel » à Chicago.
△ N. Tesla : le moteur électrique à champ tournant.
1883 - 1885
Protectorats allemand et britannique sur la Nouvelle-Guinée.
1884
□ H. Ibsen : *le Canard sauvage* • M. Twain : *les Aventures de Huckleberry Finn* • A. Rodin : début du groupe des *Bourgeois de Calais.*
△ G. Eastman : la pellicule photographique • L.E. Waterman : le stylo à réservoir • Système international des fuseaux horaires • L. Gaulard : le transformateur électrique.
1884 - 1885
Conférence coloniale de Berlin.
1885
Création de l'État indépendant du Congo • Protectorat français sur l'Annam et sur le Tonkin.
□ G. de Maupassant : *Bel-Ami.*
1886
La Birmanie annexée à l'Empire des Indes.
△ P. Héroult, Ch. Hall : métallurgie de l'aluminium par électrolyse.
1887
La Cochinchine, colonie française.
△ H. Hertz : les ondes électromagnétiques.
1888
Guillaume II, empereur d'Allemagne.
□ A. Strindberg : *Mademoiselle Julie* • E. Satie : *Trois Gymnopédies.* V. Van Gogh : *la Chaise et la pipe* (Tate Gallery) • P. Gauguin : *la Vision après le sermon* • J. Ensor : *l'Entrée du Christ à Bruxelles* • Formation du groupe des nabis (Sérusier, M. Denis, Bonnard...).
△ J. Dunlop : le pneumatique.
1889
Proclamation de la République du Brésil • Fondation à Paris de la IIe Internationale.
□ G. D'Annunzio : *l'Enfant de volupté* • G. Eiffel : *la Tour de 300 mètres* à Paris.
△ Étalon définitif du mètre et du kilogramme.
1890
□ P. Claudel : *Tête d'or.*
△ Première ligne de métro à Londres • E. Branly : le cohéreur à limaille.
v. 1890 - 1895
□ Cézanne : *les Joueurs de cartes.*
1891
□ O. Wilde : *le Portrait de Dorian Gray.*
△ R. Panhard et E. Levassor : la voiture à essence.
1892
□ W. Whitman : *les Feuilles d'herbe.*
△ R. Diesel : le moteur à combustion interne à autoallumage.
1893
Protectorat français au Dahomey.
□ A. Dvorák : *Symphonie du Nouveau Monde* • V. Horta : hôtel Tassel à Bruxelles • E. Munch : *le Cri.*
△ A. Popov : l'antenne radioélectrique.
1894
Nicolas II, empereur de Russie ; ratification de l'alliance franco-russe.
□ É. Durkheim : *Règles de la méthode sociologique.*
△ E. Michelin : le pneu démontable pour automobile.
1894 - 1895
Guerre sino-japonaise.
1894 - 1906
Affaire Dreyfus.
1895
□ Première projection publique du Cinématographe des frères Lumière • M. Petipa : *le Lac des cygnes.*
△ W. Röntgen : découverte des rayons X.
1895 - 1896
Madagascar conquise par la France.
1896
Ménélik II vainqueur des Italiens à Adoua.
□ A. Jarry : *Ubu roi* • A. Tchekhov : *la Mouette.*
△ H. Becquerel : découverte de la radioactivité naturelle de l'uranium • G. Marconi : la T.S.F.
1897
La Crète autonome dans l'Empire ottoman.
□ A. Gide : *les Nourritures terrestres* • S. Mallarmé : *Un coup de dés jamais n'abolira le hasard.* A. de Baudot : église Saint-Jean de Montmartre • Fondation de la *Sécession* de Vienne (Art nouveau autrichien) par G. Klimt, J. Hoffmann, etc.
△ J. Thomson : mesure du rapport de la charge à la masse de l'électron.
1898
Guerre hispano-américaine • Affaire de Fachoda • Samory Touré capturé par les Français au Niger.
□ É. Zola : article *J'accuse* dans *l'Aurore*
△ P. et M. Curie : découverte du polonium et du radium • W. Ramsay et M. Travers : découverte du néon, du krypton et du xénon • F. Löffler et P. Frosch : preuve de l'existence des virus.
1899
Condominium anglo-égyptien sur le Soudan.
□ C. Monet : premiers « Nymphéas ».
△ D. Hilbert : *Fondements de la géométrie.*
1899 - 1900
Révolte des Boxers en Chine.
1899 - 1902
Guerre des Boers.
1900
Assassinat du roi d'Italie Humbert Ier.
□ G. Puccini : *Tosca* • J. Conrad : *Lord Jim.* • S. Freud : *l'Interprétation des rêves.*
△ K. Landsteiner : découverte des groupes sanguins A, B et O • M. Planck : théorie des quanta • F. von Zeppelin : dirigeable rigide.
1901
Édouard VII, roi de Grande-Bretagne • Proclamation du Commonwealth d'Australie.
1902
□ M. Gorki : *les Bas-Fonds* • C. Debussy : *Pelléas et Mélisande* • G. Méliès : *le Voyage dans la lune.*
1903
Indépendance du Panamá.
△ O. et W. Wright : premier vol soutenu et propulsé d'un avion à moteur.
1904
Signature de l'Entente cordiale.
□ L. Janácek : *Jenufa*
1904 - 1905
Guerre russo-japonaise ; protectorat japonais sur la Corée.
1905
Première révolution russe • Indépendance du royaume de Suède.
□ R. Strauss : *Salomé* • A. Binet : Test Binet-Simon • Création du groupe d'artistes *Die Brücke* à Dresde • La « Cage aux fauves » du Salon d'Automne à Paris (Matisse, Vlaminck, Derain...).
△ A. Einstein : théorie de la relativité restreinte.
1906
Conférence d'Algésiras.
△ E. Rutherford : identification des particules alpha aux noyaux d'hélium • L. Baekeland : la Bakélite.
1907
Constitution de la Triple Entente • Création du dominion de Nouvelle-Zélande.
□ P. Picasso : *les Demoiselles d'Avignon* • F.L. Wright : maison Robie à Chicago.
△ F. Soddy : découverte de l'isotopie • E. Fischer : les protéines sont formées d'acides aminés.
1908
Léopold lègue le Congo à la Belgique • En Chine, mort de l'impératrice Cixi.
□ G. Mahler : *le Chant de la terre* • C. Brancusi : premières versions du *Baiser* et de la *Muse endormie.*
1909
Révolution des Jeunes-Turcs.
□ F.T. Marinetti : premier *Manifeste futuriste* • H. Matisse : *la Danse* (1re version) • P. Behrens : Turbinenfabrik de AEG à Berlin.
△ L. Blériot : traversée de la Manche en avion.
1910
Constitution de l'Union sud-africaine • Proclamation de la République au Portugal • Annexion de la Corée par le Japon.
□ W. Kandinsky : première aquarelle abstraite.
1911
Fin de la dynastie des Qing, débuts de la Républiquee Chine • Début de la révolution mexicaine • Deuxième crise marocaine (Agadir).
□ Fondation *Blaue Reiter* à Munich (Kandinsky, Marc, Jawlensky, etc.).
△ H. Kamerlingh Onnes : découverte de la supraconductivité.
1911 - 1915
□ C. Ives : *Concord Sonata.*
1912
Adoption du Home Rule pour l'Irlande • Domination italienne en Tripolitaine • Protectorat français sur le Maroc ; Lyautey, résident général • Fondation du Guomindang par Sun Yat-sen.
□ A. Schönberg : *Pierrot lunaire* • G. Braque : premiers papiers collés • R. Delaunay : premières « Formes circulaires ».
1912 - 1913
Guerres balkaniques ; Serbie, Bulgarie et Grèce alliées contre la Turquie puis se battant entre elles.
1913
□ G. Apollinaire : *Alcools* • M. Proust : *Du côté de chez Swann* • I. Stravinski : *le Sacre du printemps,* créé par les Ballets russes • E. Husserl : *Idées directrices pour une phénoménologie* • « Armory Show », exposition de l'art d'avant-garde à New York.
△ H. Ford : première chaîne de montage d'automobile en série • N. Bohr : premier modèle quantique d'atome.
1914
Ouverture du canal de Panamá • Pancho Villa à Mexico • Protectorat britannique en Égypte • Assassinat de l'archiduc d'Autriche François-Ferdinand à Sarajevo ; début de la Première Guerre mondiale ; bataille de la Marne ; la Turquie en guerre aux côtés des Allemands ; les dominions britanniques et le Japon en guerre contre l'Allemagne.
□ V. Tatline : premiers *Contre-Reliefs.*
1915
Offensives alliées en Artois, alllemande en Pologne ; entrée en guerre de l'Italie aux côtés des Alliés, de la Bulgarie aux côtés des puissances centrales ; échec de l'expédition des Dardanelles • Massacre des Arméniens de l'Empire ottoman.
□ D.W. Griffith : *la Naissance d'une nation* • K. Malevitch : le *Carré noir sur fond blanc* exposé à Saint-Pétersbourg • Marcel Duchamp entreprend *la Mariée.*
△ T. Morgan : mécanismes de l'hérédité • A. Wegener : théorie de la dérive des continents.
1916
Bataille de Verdun ; entrée en guerre de la Roumanie et du Portugal aux côtés des Alliés • Insurrection irlandaise à Dublin.
□ F. Kafka : *la Métamorphose* • Giorgo De Chirico : *les Muses inquiétantes.*
△ G. Lewis : théorie de la liaison chimique • A. Einstein : théorie de la relativité générale.
1917
Révolution russe • La Grèce et les États-Unis en guerre aux côtés des Alliés ; défaite italienne de

Caporetto ; mutineries sur le front français ; Pétain remplace Nivelle ; armistice de Brest-Litovsk • Déclaration Balfour.

□ P. Valéry : *la Jeune Parque* • F. Pessoa : *Ultimatum* • Fondation du mouvement artistique *De Stijl* à Leyde.

1918

Foch généralissime ; contre-offensives alliées ; fin de la Première Guerre mondiale • Abdication de Guillaume II • Indépendance de la Tchécoslovaquie, de la Hongrie et du royaume des Serbes, Croates et Slovènes.

1919

Traité de Versailles • Fondation de la IIIe Internationale communiste à Moscou • Mustafa Kemal à la tête de la résistance turque aux Alliés.

□ B. Russell : *Introduction to Mathematical Philosophy* • Fondation du *Bauhaus* à Weimar • Début du mouvement dada à Paris, après New York.

△ Adoption du temps universel (Greenwich).

1920

Création de la Société des Nations (S.D.N.) • Congrès de Tours.

1920 - 1925

□ M. Ravel : *l'Enfant et les sortilèges*

1921

L'émir hachémite Fayṣal, premier roi d'Iraq • Création du Parti commnuniste chinois • Hitler à la tête du Parti national-socialiste • Indépendance de l'Afghanistan • Reconnaissance de l'État libre d'Irlande.

□ L. Wittgenstein : *Tractatus logico-philosophicus* • P. Mondrian : premiers tableaux « néoplastiques » • C. Permeke : *la Kermesse* (Anvers).

△ A. Calmette et C. Guérin : le vaccin antituberculeux (B.C.G.).

1922

Création de l'U.R.S.S • Marche sur Rome des Chemise noires de Mussolini • Mandat britannique sur la Palestine et la Transjordanie • Indépendance nominale de l'Égypte.

□ J. Joyce : *Ulysse* • F.W. Murnau : *Nosferatu le vampire.*

△ H. Staudinger : notion de macromolécule.

1923

Admission de l'Éthiopie à la S.D.N • Mustafa Kemal président de la République de Turquie.

□ L. Pirandello : *Six Personnages en quête d'auteur* • Z. Kodály : *Psalmus hungaricus* • A. Honegger : *Pacific 231.*

1923 - 1925

□ E. von Stroheim : *les Rapaces* • Antoine Pevsner : *Construction dans l'espace* (Paris).

1924

Mort de Lénine • Cartel des gauches en France • Abolition du califat en Turquie • La Rhodésie du Nord, protectorat britannique.

□ A. Breton : *Manifeste du surréalisme* • T. Mann : *la Montagne magique ;*

△ E. Hubble : découverte des galaxies • L. de Broglie : la mécanique ondulatoire.

1925

Hindenburg, président de la République de Weimar • Mussolini obtient les pleins pouvoirs.

□ Dos Passos : *Manhattan Transfert* • F.S. Fitzgerald : *Gatsby le Magnifique* • A. Berg : *Wozzeck* • S.M. Eisenstein : *le Cuirassé Potemkine* • C. Chaplin : *la Ruée vers l'or* • G.W. Pabst : *la Rue sans joie* • Armstrong : *Saint Louis Blues* • Première exposition surréaliste, Paris • Exposition de la *Nouvelle Objectivité* (Beckmann, Dix, Grosz...) à Mannheim.

△ W. Heisenberg : formalisme matriciel de la mécanique quantique.

1925 - 1926

Guerre du Rif • Chypre, colonie britannique • En Iran, fondation de la dynastie Pahlavi par Reza Khān • Mort de Sun Yat-sen.

1926

Hirohito, empereur du Japon • Jiang Jieshi, chef militaire du Guomindang.

□ L. Aragon : *le Paysan de Paris* • P. Eluard : *Capitale de la douleur* • F. Lang : *Metropolis* • A. Gance : *Napoléon* • Max Ernst : *l'Histoire naturelle* (« frottages »).

△ J. Baird : première démonstration de télévision en couleur • R.Goddard : premier lancement d'une fusée à ergols liquides • E. Freyssinet : le béton précontraint.

1927

□ *Le Chanteur de jazz*, premier film parlant.

△ W. Heisenberg : les relations d'incertitude en mécanique quantique • C. Lindbergh : traversée sans escale de l'Atlantique Nord en avion.

1928

Premier plan quinquennal en U.R.S.S. • Pacte pacifiste Briand-Kellog.

□ B. Brecht et K. Weill : *l'Opéra de quat'sous* • A. Webern : *Symphonie opus 21.* • C. Dreyer : *la Passion de Jeanne d'Arc* • Fondation des C.I.A.M. (Congrès d'architecture moderne) avec Le Corbusier.

△ A. Fleming : découverte de la pénicilline.

1928 - 1929

□ Picasso : sculptures en métal soudé, avec la collaboration de J. González.

1928 - 1940

□ M. Cholokhov : *le Don paisible.*

1929

Crack boursier à New York ; début de la crise économique mondiale • Accords du Latran.

□ W. Faulkner : *le Bruit et la Fureur* • D. Vertov : *l'Homme à la caméra* • École des Annales (L. Febvre ; M. Bloch) • M. Heidegger : *Être et temps.* L. Mies van der Rohe : pavillon allemand de l'Exposition internationale de Barcelone • R. Magritte : *la Trahison des images* (« Ceci n'est pas une pipe ») [Los Angeles].

△ E. Hubble : découverte de la récession des galaxies.

1930

□ R. Musil : *l'Homme sans qualités* • J. von Sternberg : *l'Ange bleu* • L. Buñuel : *l'Âge d'or* • Fernand Léger : *la Joconde aux clés.*

△ C. Tombaugh : découverte de la planète Pluton • E. Lawrence : le cyclotron.

1931

La crise économique mondiale gagne l'Europe • Indépendance du Canada, de l'Australie et de la Nouvelle-Zélande • Invasion de la Mandchourie par les Japonais.

□ V. Woolf : *les Vagues* • H. Miller : *Tropique du Cancer* • E. Husserl :Méditations cartésiennes.

△ K. Gödel : logique mathématique • G. Lemaître : théorie cosmologique de l'atome primitif.

1932

Fondation de l'Arabie saoudite.

□ L.F. Céline : *Voyage au bout de la nuit* • H. Hawks : *Scarface* • A. Calder : premiers « mobiles ».

△ H. Urey : découverte du deutérium et de l'eau lourde • J. Chadwick : découverte du neutron • C. Anderson : découverte du positon.

1932 - 1935

Guerre du Chaco.

1933

Hitler, chancelier • Roosevelt, président des États-Unis.

□ A. Malraux : *la Condition humaine.*

△ E. Brüche, M. Knoll et E. Ruska : le microscope électronique.

1934

□ D. Chostakovitch : *Lady Macbeth de Mzensk.*

△ I. et F. Joliot-Curie : découverte de la radioactivité artificielle.

1934 - 1935

Mao Zedong conduit la Longue Marche.

□ A. Giacometti : *l'Objet invisible* (période surréaliste).

1935

□ G. Gershwin : *Porgy and Bess* • J. Prouvé : le mur-rideau.

△ W.M. Stanley : premier virus isolé • G. Domagk : découverte des sulfamides • R.A. Watson-Watt : le radar.

1935 - 1936

Guerre italo-éthiopienne.

1935 - 1948

□ Kawabata : *Pays de neige.*

1936

Front populaire en France • Formation de l'Axe Rome-Berlin.

□ G. Bernanos : *Journal d'un curé de campagne* • F. García Lorca : *la Maison de Bernarda* • B. Bartók : *Musique pour cordes, percussions et célesta.*

△ A. Oparine : première théorie moderne de l'origine de la vie • G. Reber : le radiotélescope.

1936 - 1939

Guerre civile en Espagne ; Franco prend la tête des nationalistes.

1937

□ Occupation du N.-E. de la Chine par le Japon • A. Aalto : pavillon finlandais à l'Exposition universelle de Paris • Picasso : *Guernica* • S. Dalí : *Métamorphose de Narcisse* • P. Bonnard : *Nu dans le bain.*

1937 - 1938

Grandes purges en U.R.S.S. (déportations dans les camps du Goulag et exécutions).

1938

Anschluss de l'Autriche et de l'Allemagne • Conférence de Munich • Mort d'Atatürk.

□ H. Michaux : *Plume* • J.-P. Sartre : *la Nausée* • W. Gombrowicz : *Ferdydurke* • S. Prokofiev : *Roméo et Juliette.*

△ O. Hahn et F. Strassmann : fission de l'uranium • H.A. Bethe : cycle de réactions nucléaires à l'origine du rayonnement des étoiles chaudes • C.F. Carlson : la Xérographie.

1939

Pacte d'Acier • Pacte germano-soviétique • Invasion de la Pologne par les Allemands ; début de la Seconde Guerre mondiale.

□ J. Renoir : *la Règle du jeu* • V. Fleming : *Autant en emporte le vent.*

△ N. Bourbaki : début de la publication des *Éléments de mathématiques* • F. Joliot-Curie : réaction nucléaire en chaîne.

1940

Invasion allemande de la Norvège, des Pays-Bas, de la Belgique et de la France ; entrée en guerre de l'Italie ; armistice de la France ; Pétain, chef de l'État français ; appel du général de Gaulle à Londres ; Churchill, Premier ministre ; bombardement de la flotte française à Mers-el-Kébir ; début de la campagne de Libye ; signature du pacte tripartite.

△ K. Landsteiner et S. Wiener : le facteur Rhésus.

1941

Les Allemands en Grèce et en Yougoslavie ; attaque allemande contre l'U.R.S.S. ; offensive de Rommel en Libye ; restauration du négus Haïlé Sélassié en Éthiopie ; attaque japonaise à Pearl Harbor ; entrée en guerre des États-Unis.

□ J. Huston : *le Faucon maltais* • O. Welles : *Citizen Kane.*

△ G. Seaborg et E.M. McMillan : découverte du plutonium • F.S. Kipping : découverte des silicones.

1942

Bataille d'El-Alamein ; débarquement anglo-américain en Afrique du Nord ; conquête par le Japon de la plus grande partie de l'Asie du Sud-Est et du Pacifique ; siège de Stalingrad ; décision nazie d'exterminer les Juifs d'Europe.

□ A. Camus : *l'Étranger* • Vercors : *le Silence de la mer* • New York : exposition à la galerie *Art of this Century* de Peggy Guggenheim de nombreux artistes européens émigrés, dont les surréalistes Tanguy, Ernst, Matta, Masson. Dans la même galerie seront présentés les peintres américains de l'expressionnisme abstrait, Pollock, Kline, De Kooning, Rothko, Newman, etc.

△ E. Fermi : première pile atomique.

1943

Débarquement allié en Sicile et signature d'un armistice par le gouvernement de Badoglio ; conférence de Téhéran ; contre-offensive soviétique • Fin du mandat français en Syrie et au Liban.

□ Matisse : premiers « papiers découpés ».

1943 - 1959

□ F.L. Wright : musée Solomon R. Guggenheim à New York.

1944

Débarquement allié en Normandie et en Provence • Conférence de Brazzaville • Constitution du Gouvernement provisoire de la République française à Alger • Contre-offensive américaine dans le Pacifique.

□ J.L. Borges : *Fictions* • F. Bacon : *Trois Études de figures au pied d'une crucifixion* (Tate Gallery) • Première exposition de J. Dubuffet.

1945

Conférence de Yalta ; exécution de Mussolini ; suicide d'Hitler ; bombardement atomique d'Hiroshima et de Nagasaki ; capitulation du Japon ; procès de Nurenberg • Mort de Roosevelt • Signature de la charte de l'Organisation des Nations unies (O.N.U.) • Reprise de la guerre civile en Chine • Constitution de la Ligue arabe.

□ B. Britten : *Peter Grimes* • M. Carné : *les Enfants du paradis* • R. Rossellini : *Rome ville ouverte* • R. Bresson : *les Dames du bois de Boulogne* À la galerie R. Drouin, expositions des aquarelles de Wols, des « Otages » de J. Fautrier • Ouverture à Paris de la galerie Denise René, vouée à l'abstraction géométrique.

1946

Quatrième République en France • Proclamation de la République italienne • L'Albanie et la Bulgarie, républiques populaires • Fondation de l'Union française • Indépendance des Philippines • Début de la guerre d'Indochine.

□ J. Prévert : *Paroles* • M.A. Asturias : *Monsieur le Président* • Germaine Richier : *la Sauterelle*, bronze.

△ J.P. Eckert et J.W. Mauchly : premier calculateur électronique.

1947
Traités de paix de Paris • Plan Marshall • La Roumanie, république populaire • Indépendance de l'Inde.
☐ B. Vian : *l'Automne à Pékin* • Premiers *drippings* de Pollock.
△ C. Yeager : premier vol supersonique.

1948
Coup d'État communiste en Tchécoslovaquie • La Pologne s'aligne sur le modèle soviétique • Début de la guerre froide • Fondation de l'État d'Israël • Indépendance de Ceylan et de la Birmanie • Assassinat de Gāndhī.
☐ R. Char : *Fureur et mystère* • V. de Sica : *le Voleur de bicyclette* • Création du mouvement artistique Cobra.
△ N. Wiener : fondements de la cybernétique • G.A. Gamow : théorie cosmologique de l'explosion primordiale (*Big Bang*) • W.F. Libby : méthode de datation au carbone-14 • R. Feynman, J.S. Schwinger et Tomonaga Shinichiro : l'électrodynamique quantique.

1948 - 1949
Blocus de Berlin • Première guerre israélo-arabe.

1949
Proclamation de la République fédérale d'Allemagne et de la République démocratique allemande ; K. Adenauer, chancelier de l'Allemagne fédérale • Création du royaume de Jordanie • Proclamation de la République populaire de Hongrie • Création du Comecon • Fondation de la République populaire de Chine • Indépendance de l'Indonésie (Sukarno) et du Laos • Signature du pacte de l'Atlantique Nord (O.T.A.N.).
☐ S. de Beauvoir : *le Deuxième Sexe* • C. Pavese : *le Bel Été* • F. Braudel : *la Méditerranée.*

1950
☐ E. Ionesco : *la Cantatrice chauve* • M. Duras : *Un barrage contre le Pacifique.*

1950 - 1953
Guerre de Corée.

v. 1950 - 1955
☐ Tange Kenzo : Centre de la paix à Hiroshima • Le Corbusier : chapelle de Ronchamp.

1951
Traité de San Francisco • Création de la C.E.C.A. • Baudouin Iᵉʳ, roi des Belges • Indépendance de la Libye.
☐ J. Gracq : *le Rivage des Syrtes* • J. Cage : *Concerto pour piano préparé et orchestre de chambre* • Nicolas de Staël : *les Toits de Paris* (M.N.A.M.).

1952
Élisabeth II reine de Grande-Bretagne.
☐ S. Beckett : *En attendant Godot* • E. Hemingway : *le Vieil Homme et la mer.*
△ H. Laborit : découverte du premier neuroleptique • D.A. Glaser : la chambre à bulles • Aux États-Unis : mise au point de la première bombe H.

1953
Eisenhower président des États-Unis • Mort de Staline ; Khrouchtchev, secrétaire général du P.C. soviétique.
☐ A. Robbe-Grillet : *les Gommes* • C. Milosz : *la Pensée captive* • Mizoguchi : *Contes de la lune vague après la pluie* • J. Tinguely : premières « méta-mécaniques ».
△ J.D. Watson et F.H.C. Crick : structure de l'A.D.N.

1954
Nasser, maître de l'Égypte • Chute de Diên Biên Phu ; conférence de Genève • Début de la guerre d'Algérie.
☐ W. Golding : *Sa majesté des mouches* • Kurosawa : *les Sept Samouraïs* • N. Ray : *Johnny Guitare.*
△ J.E. Salk, P. Lépine : vaccin antipoliomyélitique • C.H. Townes : maser • Aux États-Unis : premier sous-marin à propulsion nucléaire.

1954 - 1958
☐ M. Breuer, P.L. Nervi et B. Zehrfuss : maison de l'Unesco à Paris • Mies van der Rohe : Seagram Building, gratte-ciel new-yorkais • Débuts du pop art à Londres.

1955
Conférence afro-asiatique de Bandung • Création du pacte de Varsovie.
☐ P. Boulez : *le Marteau sans maître* • I. Xenakis : *Metastasis* • E. Kazan : *À l'est d'Eden* • Nabokov : *Lolita* • Exposition *le Mouvement* chez Denise René à Paris : art cinétique (Y. Agam, J.R. Soto, Vasarely, etc.) • J. Johns : « Drapeaux américains ».
△ C.W. Lillehei : système cœur-poumon artificiel • Aux États-Unis : première centrale nucléaire (Calder Hall).

1956
Insurrection antisoviétique en Hongrie • Nationalisation du canal de Suez • Deuxième guerre israélo-arabe • Indépendance de la Tunisie et du Maroc.
☐ Y. Kateb : *Nedjma.*
△ G.G. Pincus : pilule anticonceptionnelle • H. de France : procédé SECAM de télévision en couleurs • J. Backus : langage Fortran.

1956 sqq.
☐ O. Niemeyer : édifices de Brasilia • E. Saarinen : aérogare TWA à New York-Idlewild.

1956 - 1958
☐ O. Messiaen : *Catalogue d'oiseaux.*

1957
Signature du traité de Rome • Indépendance de la Fédération malaise (auj. Malaisie) et du Ghana • Muḥammad V, roi du Maroc • Bourguiba, président de la république tunisienne.
☐ Saint-John Perse : *Amers* • M. Butor : *la Modification* • I. Calvino : *le Baron perché* • J. Kerouac : *Sur la route* • I. Bergman : *le Septième Sceau* • G. Balanchine : *Agon* • Yves Klein : premiers monochromes bleus.
△ G. Mathé : première greffe réussie de moelle osseuse • E. Leo : la diode tunnel • Mise en orbite, par l'U.R.S.S., du premier satellite artificiel.

1958
Crise algérienne ; Constitution de la Vᵉ République • Élection du pape Jean XXIII.
☐ K. Stockhausen : *Gruppen* • C.B. De Mille : *les Dix Commandements* • S. Ray : *le Salon de musique* • J. Tati : *Mon oncle* • C. Chabrol : *le Beau Serge* • C. Lévi-Strauss : *Anthropologie structurale.*
△ J. Dausset : découverte des groupes tissulaires et du système H.L.A. • J.A. Van Allen : découverte des ceintures de rayonnement terrestres.

1959
De Gaulle président de la République • Triomphe de la révolution castriste à Cuba.
☐ G. Grass : *le Tambour* • A. Hitchcock : *la Mort aux trousses* • A. Resnais : *Hiroshima mon amour* • F. Truffaut : *les 400 Coups* • M. Antonioni : *l'Avventura* • P. Soulages : *Peinture, 16 décembre 1959* (M.N.A.M.).
△ J. Lejeune et R. Turpin : découverte de la trisomie 21 responsable du mongolisme • J.P. Merril : première greffe de rein.

1960
Accession des États de la Communauté à l'indépendance • Indépendance du Nigeria et du Congo belge.
☐ C. Simon : *la Route des Flandres* • F. Fellini : *la Dolce Vita* • Fondation du Nouveau Réalisme à Paris • César : « Compressions » d'automobiles • F. Stella : « toiles découpées » • A. Caro : sculptures faites de poutrelles soudées et boulonnées.
△ T.H. Maiman : construction du premier laser • A.R. Sandage : découverte des quasars.

1961
Proclamation de la république d'Afrique du Sud • Ḥasan II, roi du Maroc • Échec du Putsch d'Alger • Construction du mur de Berlin • J.F. Kennedy président des États-Unis.
☐ J. Genet : *les Paravents* • L.S. Senghor : *Nocturnes* • G. Ligeti : *Atmosphères.*
△ F. Jacob et J. Monod : élucidation des mécanismes de la régulation génétique au niveau cellulaire • I. Gagarine : premier vol spatial humain.

1962
Indépendance de l'Algérie • Indépendance du Rwanda, du Burundi et de l'Ouganda • Crise des fusées à Cuba.
☐ Ozu : *le Goût du saké.*
△ N.E. Borlaug : mise au point de variétés de blé à haut rendement • H.H. Hess : hypothèse de l'expansion des fonds océaniques • Première liaison transatlantique de télévision par satellite.

1962 sqq.
☐ L.I. Kahn : bâtiments officiels de Dacca • Débuts du pop art aux États-Unis (Oldenburg, Warhol, Lichtenstein, etc.) • Nouvelle Figuration en Europe • J. Beuys participe au mouvement international Fluxus.

1962 - 1965
Concile de Vatican II.

1963
Indépendance du Kenya • Assassinat de J.F. Kennedy.
☐ Mishima : *le Marin rejeté par la mer* • J.L. Godard : *le Mépris* • J. Losey : *The Servant.*
△ Mise en orbite, par les États-Unis, du premier satellite de télécommunications géostationnaire.

1963 - 1977
☐ E. Kienholz : *The Art Show* (« l'Exposition »), environnement évolutif.

1964
Indépendance de Malte et de la Zambie • Khrouchtchev est destitué • Fondation de l'O.L.P. • Formation de la Tanzanie • Intervention directe des États-Unis au Viêt Nam.
☐ I.B. Singer : *le Magicien de Lublin* • H. Dutilleux : *Métaboles* • B. Maderna : *Hypérion* • P.P. Pasolini : *l'Évangile selon saint Matthieu* • R. Rauschenberg : *Tracer,* exemple d'œuvre utilisant le report de clichés photographiques sur toile par sérigraphie • A. Warhol : les « Marilyn », même technique.

1965
Indépendance de Singapour et de la Gambie.
☐ H. Pinter : *le Retour* • L. Berio : *Laborintus 2.*
△ A. Penzias et R. Wilson : découverte du rayonnement thermique à 3 K du fond de ciel • L.A. Zadeh : théorie des ensembles flous • A. Leonov : première sortie dans l'espace d'un cosmonaute.

1965 - 1970
☐ Apparition des mouvements d'avant-garde américains et/ou européens : art minimal, art conceptuel, art corporel, land art, art pauvre..., que dément l'hyperréalisme.

1966
Révolution culturelle en Chine.
☐ D. Buzzati : *le K* • M. Foucault : *les Mots et les choses* • J. Lacan : *Écrits.*
△ M. Gell-Mann : hypothèse des quarks • W. Watt, L.N. Phillips, W. Johnson : première fibre de carbone.

1967
Troisième guerre israélo-arabe • Coup d'État militaire en Grèce.
☐ N. Maḥfūẓ : *les Fils de la médina* • O. Paz : *Courant alternatif* • G. García Márquez : *Cent Ans de solitude* • M. Kundera : *la Plaisanterie* • M. Béjart : *Messe pour le temps présent* • J. Galbraith : *le Nouvel État industriel.*
△ C. Barnard : première greffe cardiaque • A. Hewish et J. Bell : découverte des pulsars • S. Weinberg et A. Salam : théorie électrofaible.

1968
Événements de mai en France • Intervention soviétique en Tchécoslovaquie.
☐ A. Cohen : *Belle du seigneur* • S. Kubrick : *2001, l'Odyssée de l'espace* • G. Dumézil : *Mythe et épopée* • Christo : « empaquetage » de la Kunsthalle de Berne.
△ F.X. Le Pichon et W.J. Morgan : théorie des plaques tectoniques.

1969
Richard Nixon, président des États-Unis • Démission du général de Gaulle • Coup d'État de Kadhafi en Libye.
☐ P. Roth : *Portnoy et son complexe.*
△ N. Armstrong et E. Aldrin : première exploration humaine de la Lune • Création, aux États-Unis, d'un réseau militaire de télécommunications, dont dérivera le réseau Internet.

1970
S. Allende président du Chili.
△ H.G. Khorana : synthèse d'un gène • A. Piwnica, M. Robin et P. Laurens : implantation du premier stimulateur cardiaque.

v. 1970 - 1976
☐ R. Piano et R. Rogers : Centre G.-Pompidou à Paris • A. Rossi : quartier Gallaratese à Milan.

1971
Création du Bangladesh • Entrée de la Chine populaire à l'O.N.U.
☐ L. Visconti : *Mort à Venise.*
△ Premier microprocesseur (Intel, É.-U.).

1972
Entrée de la Grande-Bretagne et de la république d'Irlande dans la C.E.E. • Émeutes catholiques en Irlande du Nord • Visite de Nixon en Chine • Signature du traité SALT I.
☐ F.F. Coppola : *le Parrain* • C. Saura : *Ana et les loups* • B. Bertolucci : *le Dernier Tango à Paris.*
△ R. Thom : théorie des catastrophes • Premières fibres optiques (É.-U.).

1972 - 1974
Affaire du Watergate.

1973
Le Danemark dans la C.E.E. • Quatrième guerre israélo-arabe • Retrait des troupes américaines du Viêt Nam • Coup d'État de Pinochet au Chili.
☐ I. Kadaré : *le Grand Hiver.*
△ S. Cohen et H. Boyer : introduction de gènes dans les bactéries (génie génétique) • J.M. Lehn : synthèse des cryptates • G.N. Hounsfield : le scanographe • Premier micro-ordinateur (R2E, Fr.).

1973 - 1976
☐ A. Soljenitsyne : *l'Archipel du Goulag.*

1974
Chute de l'empereur Haïlé Sélassié • Débarque-

ment turc à Chypre • Fin du régime dictatorial en Grèce • « Révolution des œillets » au Portugal.

☐ L. Sciascia : *Todo Moro* • C. Boltanski : exposition inventaire des *Objets ayant appartenu à une femme de Bois-Colombes.*

△ Premier système expert (É.-U.).

1975

Mort de Franco, Juan Carlos Ier, roi d'Espagne • Indépendance de l'Angola et du Mozambique • Début de l'intervention militaire cubaine en Afrique • Début de la guerre civile au Liban • Création de la Papouasie-Nouvelle-Guinée • Chute de Saigon • Instauration du pouvoir des Khmers rouges au Cambodge.

☐ H. Böll : *l'Honneur perdu de Katharina Blum* • C. Fuentes : *Terra nostra.*

△ B. Mandelbrot : théorie des fractales • C. Milstein et G. Köhler : mise au point d'anticorps monoclonaux.

1976

Réunification du Viêt Nam • Mort de Mao Zedong.

☐ M. Leiris : *la Règle du jeu* • P. Handke : *la Femme gauchère* • A. Wajda : *l'Homme de marbre* • Oshima : *l'Empire des sens* • M. Scorsese : *Taxi Driver.*

△ Sondes américaines Viking sur Mars • Commercialisation du premier superordinateur (Cray, É.-U.).

1977

☐ W. Allen : *Annie Hall* • E. Scola : *Une journée particulière* • M. Cunningham : *Travelogue.*

△ R.G. Edwards et P.C. Steptoe : fécondation in vitro et transfert embryonnaire (FIVETE) • Bombe à neutrons (É.-U.).

1978

Jean-Paul II, pape • Accords de Camp David • Insurrection sandiniste au Nicaragua • Invasion du Cambodge par le Viêt Nam.

☐ G. Perec : *la Vie, mode d'emploi.*

△ Premier bébé-éprouvette (G.-B.) • Imagerie médicale par résonance magnétique (R.M.N.) • Photocomposeuse à laser.

1979

Élection de la première Assemblée européenne • Instauration d'une république islamique en Iran • Intervention soviétique en Afghanistan.

☐ N. Foster : début de son gratte-ciel banquaire à Hongkong.

△ Premier vol de la fusée européenne Ariane • le Compact Disc (Philips, Holl.) • Commercialisation de l'ordinateur personnel IBM PC.

1980

Création du syndicat Solidarność • Mort de Tito • Début de la guerre Iran-Iraq.

☐ U. Eco : *le Nom de la rose.* Exposition « les Nouveaux Fauves » à Aix-la-Chapelle • Première exposition de graffiti (graffs) à New York.

△ Visioconférence • Le Publiphone à cartes.

1981

Reagan, président des États-Unis • François Mitterrand, président de la République • Assassinat de Sadate.

☐ W. Soyinka : *Aké, les années d'enfance* • Norbert Frye : *Le grand Code* • Exposition « Baroques 81 » à l'ARC (M.A.M. Ville de Paris) : trans-avant-garde italienne, Nouveaux Fauves, Figuration libre, nouvelle génération de peintres américains, etc. • Isozaki Arata : début de construction du musée d'Art contemporain de Los Angeles.

△ Synthèse d'un gène humain (G.-B.) • G. Binnig et H. Röhrer : le microscope à effet tunnel • Premier vol de la navette spatiale (É.-U.) • Mise en service du T.G.V. (Fr.) • Conception et fabrication assistées par ordinateur (É.-U.).

1982

Israël restitue le Sinaï à l'Égypte • Échec de la conquête des îles Falkland par les Argentins • Rapatriement de la Constitution du Canada.

△ R.K. Jarvik : implantation d'un cœur artificiel sur l'homme.

1983

△ L. Montagnier : identification du virus du sida • Mise en service du JET, réacteur européen pour l'étude de la fusion thermonucléaire contrôlée.

1984

Assassinat d'Indira Gāndhī.

☐ L. Nono : *Verso Prometeo* • W. Wenders : *Paris, Texas.*

△ Naissance du premier bébé-éprouvette issu d'un embryon congelé (Australie) • D. Shechtman, J. Blech, J.W. Cahn et D. Gratias : mise en évidence du premier quasi-cristal.

1985

Gorbatchev secrétaire général du P.C. soviétique.

☐ J.M.G. Le Clézio : *le Chercheur d'or.*

△ Détection du trou d'ozone de l'Antarctique.

1985 - 1990

☐ Otto von Spreckelsen : Grande Arche de la Défense • I.M. Pei : « Pyramide » du Louvre.

1986

L'Espagne et le Portugal membres de la C.E.E. • Cory Aquino, présidente des Philippines.

☐ T. Bernhard : *Extinction* • A. Tarkovski : *le Sacrifice.*

△ S. Willedson : clonage de brebis • J.G. Bednorz et K.A. Müller : découverte de la supraconductivité à haute température • Survol de la comète de Halley par cinq sondes spatiales • Mise en service de la station orbitale Mir (U.R.S.S.) • Catastrophe nucléaire de Tchernobyl (U.R.S.S.).

1987

Destitution de Bourguiba • Début de l'Intifada.

☐ T. Ben Jelloun : *la Nuit sacrée.*

△ É.É. Baulieu : mise au point de la pilule abortive • L. Kunkel : identification du gène de la myopathie de Duchenne • Découverte d'une brillante supernova dans le Grand Nuage de Magellan • Compact Disc vidéo (Philips).

1988

Fin de la guerre Iran-Iraq • Proclamation d'un « État indépendant en Palestine » par l'O.L.P.

△ Réseau numérique à intégration de services (R.N.I.S.) • Premier télescope à optique active, au Chili.

1989

Bouleversements en Europe de l'Est : formation du gouvernement d'entente nationale ou de coalition en Pologne et en Tchécoslovaquie ; ouverture du mur de Berlin ; fin du régime de Ceaușescu en Roumanie ; abolition du rôle dirigeant du parti communiste en Hongrie, Pologne, R.D.A., Tchécoslovaquie • George Bush, président des États-Unis • A. Azócar, président du Chili • Mort de Khomeyni • Retrait des troupes soviétiques d'Afghanistan, des troupes vietnamiennes du Cambodge.

△ Mise en service du LEP (grand collisionneur électrons-positons) au Cern • Survol de la planète Neptune par la sonde Voyager 2 (É.-U.).

1990

Unification de l'Allemagne • Démission de M. Thatcher • Abolition du rôle dirigeant du parti communiste en Albanie, Bulgarie, U.R.S.S. • Indépendance de la Namibie • Démocratisation de nombreux régimes de l'Afrique subsaharienne • Invasion du Koweït par l'Iraq • L. Wałęsa, président de la Pologne.

1991

Victoire de la coalition alliée dans la guerre du Golfe • Abolition des lois d'apartheid en Afrique du Sud • Assassinat de R. Gāndhī • B. Ieltsine, président de la Russie ; putsch contre Gorbatchev ; dissolution du Comecon, du pacte de Varsovie, de l'U.R.S.S. ; indépendance des pays Baltes • Démission de Gorbatchev • Guerre civile en Yougoslavie • Succès électoral des islamistes en Algérie.

1992

Traité de Maastricht qui consacre la naissance de l'Union européenne • Reconnaissance de l'indépendance des Républiques issues du démembrement de l'U.R.S.S., ainsi que de la Croatie, de la Slovénie, de la Bosnie-Herzégovine • Début de la guerre en Bosnie-Herzégovine • Conférence des Nations unies sur le développement et l'environnement, à Rio de Janeiro.

☐ Dominique Perrault : début de construction de la Bibliothèque de France à Paris.

△ Radiotéléphone cellulaire européen GSM • Photographie numérique sur puce • Le Compact Disc interactif et le Compact Disc photo.

1993

Partition de la Tchécoslovaquie (Rép. tchèque et Slovaquie) • Bill Clinton, président des États-Unis • Indépendance de l'Érythrée • Accord israélo-palestinien de Washington • Entrée en vigueur du traité de Maastricht.

☐ S. Spielberg : *Jurassic Park.*

△ Mise en service à Hawaii du télescope Keck, le plus grand du monde (10 m de diamètre) • Publication par une équipe française de la première carte physique de l'ensemble du génome humain.

1994

Mise en place des zones de libre-échange européenne (E.E.E.) et nord-américaine (NAFTA) • Instauration d'une démocratie multiraciale en Afrique du Sud • Multiplication des attentats islamistes en Algérie • Massacres au Rwanda • Début de l'intervention militaire russe en Tchétchénie • Grave crise financière au Mexique.

△ Démonstration du « grand théorème de Fermat » • Premières preuves de l'existence du quark « top », le dernier des 6 quarks.

1995

Europe des Quinze : l'Autriche, la Finlande et la Suède adhèrent à l'Union européenne • Entrée en vigueur du Mercosur • Jacques Chirac, président de la République • Traité de non-prolifération nucléaire prorogé indéfiniment • Assassinat de Y. Rabin • A. Kwaśniewski (social-démocrate, ex-communiste), président de la Pologne • Accord de Dayton sur la paix en Bosnie-Herzégovine.

☐ Inauguration de la Cité de la musique à Paris • 6 oscars pour *Forrest Gump,* de Robert Zemeckis • Inauguration de la cathédrale d'Évry, œuvre du Suisse Mario Botta.

△ Survol du pôle nord du Soleil par la sonde spatiale européenne Ulysse (pôle sud survolé en 1994) • Climat : année la plus chaude du siècle.

1996

Premières élections palestiniennes.

☐ Théâtre de la Fenice, à Venise, détruit par un incendie.

△ Création des premiers atomes d'antimatière au Cern.

Photogravure et photocomposition : MAURY IMPRIMEUR S.A. – MALESHERBES
Reliure et Impression : BREPOLS – TURNHOUT – Dépôt légal mai 1996
N° de série : 18974 – IMPRIMÉ EN BELGIQUE *(Printed in Belgium)* 301 297 mai 1996

SIGNALISATION